LAROUSSE

diccionario compactplus

español-inglés
english-spanish

21, rue du Montparnasse
75283 Paris Cedex 06, France

ISBN 84-8332-671-X
SPES Editorial
Aribau, 197-199, 3ª, 08021 Barcelona

ISBN 970-22-1216-2
Ediciones Larousse, S.A. de C.V.
Dinamarca núm. 81, México 06600, D.F.

ISBN 2-03-542141-1
Distribución/Sales: Houghton Mifflin Company, Boston
Library Of Congress CIP Data has been applied for

Depósito legal: B. 9.668-2005
Imprime: Egedsa

LAROUSSE

diccionario
compact*plus*

español-inglés
english-spanish

LAROUSSE

Coordinación de la obra / Project Management
Teresa Álvarez   Liam Rodger

◆

Redacción / Editors
José A. Gálvez, Kate Nicholson, Óscar Ramírez Molina,
Elena Ron Díaz, José María Ruíz Vaca, Alison Sadler

◆

Dirección general / Publishing Manager
Patrick White

◆

Dirección de preimpresión / Prepress Manager
Sharon McTeir

◆

Preimpresión / Prepress
David Reid
Vienna Leigh   Kirsteen Wright

Índice

Contents

A nuestros lectores

Este nuevo diccionario de la gama Larousse está concebido para satisfacer las necesidades de usuarios con un nivel intermedio de inglés.

Nuestro objetivo es reunir los criterios que aseguran la alta calidad de nuestros diccionarios: un contenido completo y actualizado presentado con un diseño que facilita su uso.

Las entradas y expresiones que figuran en este diccionario han sido minuciosamente seleccionadas para ofrecer una imagen fiel del inglés y el español tal y como se hablan actualmente. Se ha prestado una atención especial a las nuevas palabras y expresiones, principalmente en campos como la tecnología, la política, la cultura y el mundo de los negocios.

El aprendizaje de una lengua implica no sólo la memorización de gramática y vocabulario, sino también el saber cómo utilizar las palabras en un contexto determinado. Este nuevo diccionario incluye miles de construcciones léxicas y ejemplos que ayudarán al usuario a reconocer los contextos más representativos en los que se usa cada palabra.

Como es de esperar de un diccionario Larousse, el diseño es elegante a la par que claro y bien estructurado, lo que permite distinguir al acto entre las dos lenguas y facilita la búsqueda de las palabras.

El texto refleja el carácter internacional de los dos idiomas de esta obra: se han incluido un gran número de términos y expresiones del inglés americano en ambas partes del diccionario. Asimismo, se han tratado en detalle numerosas palabras del español de América.

En ocasiones una traducción no es suficiente para explicar el significado de un término porque éste está ligado a la cultura del país donde se utiliza y no existe un equivalente exacto en otra lengua. Para facilitar la comprensión de estas palabras y expresiones se han utilizado glosas explicativas y añadido equivalentes culturales aproximativos. Ciertas entradas cuentan además con recuadros con información aún más completa sobre una institución o concepto determinado.

Una serie de recuadros pretenden llamar la atención sobre falsos amigos y términos que suelen inducir a traducciones erróneas. Así, "jornal" no es la traducción del término inglés *journal*, y "tarde" se traduce por *afternoon* o *evening*, dependiendo de la hora del día.

Otra particularidad de este diccionario son sus módulos de uso, que aparecen al pie de página y están destinados a responder a las necesidades específicas de nuestros usuarios en cuanto a comunicación oral y escrita se refiere. Presentan expresiones y construcciones que un nativo utilizaría en situaciones cotidianas, tales como al expresar opiniones, dar consejos o pedir favores, y en contextos más específicos, como en una entrevista de trabajo o una reunión.

En la misma línea, el diccionario incluye una guía de comunicación en un suplemento. En él se puede encontrar información clara y útil sobre cómo comunicarse en español por carta, correo electrónico, teléfono e incluso mensajes de móvil.

Con este nuevo diccionario nos hemos propuesto ofrecer una herramienta de comunicación que vaya más allá de un diccionario bilingüe tradicional. Tenemos la certeza de que esta obra será de una gran utilidad para nuestros usuarios en sus intercambios con el mundo anglófono, y sin duda alguna les ayudará a perfeccionar rápidamente el inglés.

El editor

To our readers

This new Larousse Spanish-English dictionary is designed specifically to meet the needs of the intermediate-level user.

Our aim throughout has been to provide a dictionary which is comprehensive and up-to-date in its coverage, as well as easy to use and reliable.

Entries have been carefully chosen to provide an accurate reflection of current idiomatic Spanish and English, in both written and spoken forms. Special attention has been given to new words and phrases, especially in key fields such as business, information technology, politics and culture.

Learning a language involves not only learning grammar and vocabulary, but also how to use a word correctly in context, so the dictionary includes thousands of set phrases and examples to help the user recognise the most representative contexts in which a word is used.

As you would expect from a Larousse dictionary, the layout is clear and well-structured, making it easy to distinguish between the two languages and find what you're looking for.

The text also reflects the international nature of the two languages: many Latin American terms are included and are labelled according to country or region as appropriate. American English has also been given generous treatment throughout.

Sometimes a translation alone is not enough to render the full meaning of certain words and expressions, many of which have a cultural resonance for which there is no direct equivalent in the other language. Special emphasis is placed on such 'culture-bound' items, using explanatory glosses and, where possible, giving approximate cultural equivalents in order to make the significance of the term clearer to the non-native speaker. In addition, certain entries are accompanied by boxed cultural notes which provide even fuller information about the significance of a particular institution or concept.

False friends and confusables are highlighted in the text to help the user avoid common translation errors which result from misleading similarities between words in the two languages. For example, "topic" is not a translation of the Spanish word *tópico*, while "day" isn't only translated by *día*, but also by *jornada* when referring to the working day.

In order to help the user when speaking or writing in the foreign language, the dictionary includes a number of usage notes at the foot of the page. These show typical expressions and structures used in everyday situations, such as expressing opinions, giving advice, or making a complaint, and also in more specific contexts, such as during a job interview, or when chairing a meeting.

The emphasis on communication is developed further in a separate communication guide. Here you'll find clear and practical help with communicating in Spanish by letter, e-mail, telephone and even text-messaging.

Our aim with this dictionary is to offer you an educational and communication tool that goes beyond the traditional bilingual dictionary. We're sure that this dictionary will be invaluable to you in your dealings with the Spanish-speaking world, and will help you on your way to mastering the Spanish language.

The Publisher

Cómo utilizar el diccionario

entrada

headword

abdicar [59] ■ vt **~ el trono (en alguien)** to abdicate the throne (in favour of sb)
■ vi to abdicate ▸ *Fig* **~ de** [principios, ideales] to renounce

introduce una nueva categoría gramatical

introduces a new grammatical category

transcripción fonética según el Alfabeto Fonético Internacional

pronunciation shown in International Phonetic Alphabet

abertzale [aβer'tʃale] adj & nmf *ESP* POL (radical) Basque nationalist

número de remisión a las tablas de verbos españoles

cross-reference number to Spanish verb tables

introduce una sub-entrada

introduces a sub-entry

abstraer [66] vt to consider separately, to detach
◆ ***abstraerse*** vpr to detach oneself (**de** from)

números que indican los distintos sentidos dentro de una misma categoría gramatical

numbered sense divisions within a grammatical category

aguar [11] vt **1.** [mezclar con agua] to water down ▸ **~ el vino** to water the wine **2.** [estropear] to spoil, to ruin ▸ **la noticia nos aguó la fiesta** the news spoiled our enjoyment
◆ ***aguarse*** vpr to be spoiled

indicadores de campos especializados

specialist field labels

alero nm **1.** [del tejado] eaves **2.** DEP winger, wing **3.** AUT wing

introduce un ejemplo ilustrativo, una construcción o una frase hecha

introduces an illustrative example, construction or fixed phrase

alfa nf FÍS & MAT alpha ▸ **~ y omega** beginning and end

variantes ortográficas británicas y americanas

British and American spellings given

aluminio nm *BR* aluminium, *US* aluminum

números de los homógrafos

homograph numbers

anular[1] ■ adj [en forma de anillo] ring-shaped ▸ **dedo ~** ring finger
■ nm [dedo] ring finger

anular[2] vt **1.** [cancelar] to cancel / [ley] to repeal / [matrimonio, contrato] to annul **2.** DEP [partido] to call off / [gol] to disallow / [resultado] to declare void **3.** [reprimir] to repress

información de carácter cultural o enciclopédico

information of a cultural or encylopedic nature

aymara adj, nm & nmf Aymara

CULTURA / CULTURE

aymara

Aymara was the language of an ancient culture which flourished between the fifth and eleventh centuries at Tiahuanaco (in the highlands of today's Bolivia), which was subsequently conquered by the Incas. In the last fifty years there has been a renaissance in **Aymara** culture and of the language itself, which today has over one and a half million speakers of its various dialects in the mountain areas of Peru, Bolivia and Chile.

Cómo utilizar el diccionario

bagre nm **1.** [pez] catfish **2.** *Fam Pey ANDES, RP* [mujer] hag, dog / *ANDES* [hombre] face-ache, ugly mug **3.** *CRICA Pey* [prostituta] prostitute **4.** *CAM* [persona astuta] astute person **5.** *ANDES* [persona desagradable] fool, idiot

variantes semánticas de Latinoamérica

coverage of Latin American Spanish

glosa explicativa

explanatory gloss

balotaje nm *AM* run-off, = *second round of voting*

remisión de formas verbales irregulares al infinitivo

cross-reference from irregular verb forms to main verb

brinque *etc ver* **brincar**

marcas de registro

register markers

cojudo, -a adj *ANDES muy Fam BR* bloody *o US* goddamn stupid

abreviaturas y acrónimos

abbreviations and acronyms

DGI nf *RP* (abrev de **Dirección General Impositiva**) *BR* ≃ Inland Revenue, *US* ≃ IRS

equivalentes culturales

cultural equivalents

remisión de una forma de adjetivo a la entrada principal

cross reference from adjective form to main entry

gran *ver* **grande**

símbolo utilizado para reemplazar al lema

symbol used to replace headword

histórico, -a adj **1.** [de la historia] [novela, legado] historical / [centro] historic **2.** [verídico] factual **3.** [importante] historic ▶ **máximo/mínimo ~** all-time high/low

¡CUIDADO! / CAREFUL!

histórico

Historic se utiliza como traducción para calificar a algo que ha tenido importancia o relevancia en la historia y que por lo tanto ocupa un lugar destacado en ella; **historical** es un adjetivo más general que se refiere a algo que forma parte de la historia porque ha ocurrido en el pasado.

las *palabras problemáticas* advierten al usuario sobre problemas comunes de traducción

confusables warn the user of common translation problems

los *falsos amigos* advierten al usuario sobre problemas comunes de traducción

false friends warn the user of common translation problems

forma femenina

feminine form

inhabitado, -a adj uninhabited

FALSO AMIGO / FALSE FRIEND

inhabitado

Inhabited is not a translation of the Spanish word *inhabitado*, which in fact means the opposite ("uninhabited"). **Inhabited** is translated by *habitado*.

información adicional sobre la traducción

extra information that clarifies the translation

lactante nmf baby *(not yet eating solid food)*

How to use the dictionary

headword

entrada

abandon [əˈbændən] ■ n **with reckless ~** como loco(a)
■ vt [give up, leave] abandonar / [match] suspender ▸ **to ~ ship** abandonar el barco

introduces a new grammatical category

introduce una nueva categoría gramatical

pronunciation shown in International Phonetic Alphabet

transcripción fonética según el Alfabeto Fonético Internacional

acid [ˈæsɪd] ■ n **1.** [chemical] ácido *m* **2.** *Fam* [LSD] ácido *m* ▸ **~ house** [music] acid house *m*
■ adj **1.** [chemical, taste] ácido(a) ▸ **~ rain** lluvia *f* ácida ▸ *Fig* **~ test** prueba *f* de fuego **2.** [tone, remark] sarcástico(a)

numbered sense divisions within a grammatical category

números que indican los distintos sentidos dentro de una misma categoría gramatical

homograph numbers

números de los homógrafos

anon[1] [əˈnɒn] adv *Literary* [soon] pronto
anon[2] n (abbr ***anonymous***) anón., anónimo(a)

audience [ˈɔːdɪəns] n **1.** [spectators] público *m* / TV & RAD audiencia *f* ▸ **~ participation** participación *f* del público **2.** [meeting with monarch, Pope] audiencia *f* ▸ **to grant sb an ~** conceder una audiencia a alguien

specialist field labels

indicadores de campos especializados

beaker [ˈbiːkə(r)] n vaso *m* *(generalmente de plástico)*

extra information that clarifies the translation

información adicional sobre la traducción

bitch [bɪtʃ] ■ n **1.** [female dog] perra *f* **2.** *very Fam Pej* [unpleasant woman] bruja *f*, zorra *f* ▸ **I've had a ~ of a day** he tenido un día bien jodido ▸ **life's a ~!** ¡qué vida más perra!
■ vi *Fam* [complain] quejarse, *ESP* dar la tabarra ▸ **he's always bitching about his colleagues** siempre está poniendo a parir *or RP* sacándole el cuero a sus compañeros

register markers

marcas de registro

symbol used to replace headword

símbolo utilizado para reemplazar al lema

candid [ˈkændɪd] adj sincero(a), franco(a)

feminine form

forma femenina

Capitol [ˈkæpɪtəl] n *US* POL **the ~** el Capitolio

CULTURE / CULTURA

Capitol Hill

En **Capitol Hill**, Washington, se encuentran las dos cámaras legislativas del gobierno estadounidense, "the House of Representatives" y "the Senate" (conocidos colectivamente como "Congress"). El término **Capitol Hill** se utiliza a veces para referirse a estas instituciones, especialmente cuando se las quiere contrastar con el poder ejecutivo, al que se alude con los términos "the Administration" o "the White House".

information of a cultural or encylopedic nature

información de carácter cultural o enciclopédico

cashback [ˈkæʃbæk] n [in supermarket] = *servicio que ofrece la posibilidad de sacar dinero de una cuenta en el momento de pagar con tarjeta de débito una compra* ▸ **would you like any ~?** ¿quiere sacar dinero de la cuenta?

explanatory gloss provided where there is no direct translation

glosa explicativa cuando no existe una traducción directa

How to use the dictionary

British and American spellings given

variantes ortográficas británicas y americanas

draught, *US* ***draft*** [drɑːft] n **1.** [wind] corriente *f* (de aire) ▸ **~ excluder** burlete *m* **2.** [drink] trago *m* ▸ **on ~** [beer] de barril ▸ **~ beer** cerveza *f* de barril

cross-reference from irregular verb forms to main verb

remisión de formas verbales irregulares al infinitivo

had [hæd] pt & pp *of* ***have***

contracted verb forms given with cross-references to full forms

remisión de formas verbales contractas a las formas completas

he's [hiːz] ➤ ***he is, he has***

IRS [aɪɑː'res] n *US* (abbr ***Internal Revenue Service***) **the ~** Hacienda, *ESP* ≃ la Agencia Tributaria, *MÉX* ≃ el Servicio de Administración Tributaria

abbreviations and acronyms

abreviaturas y acrónimos

kneel [niːl] (pt & pp **knelt** [nelt]) vi [go down on one's knees] arrodillarse, ponerse de rodillas / [be on one's knees] estar de rodillas

irregular verb forms shown with pronunciation

formas verbales irregulares con su transcripción fonética

irregular plurals given

plurales irregulares

loaf [ləʊf] (pl **loaves** [ləʊvz]) n pan *m* ▸ **a ~ of bread** [in general] un pan / [brick-shaped] un pan de molde, *COL* un pan tajado, *RP* un pan lactal / [round and flat] una hogaza de pan ▸ *BR Fig* **use your ~!** ¡utiliza la mollera!
◆ ***loaf about, loaf around*** vi haraganear, gandulear

coverage of Latin American Spanish

variantes de Latinoamérica

introduces a sub-entry

introduce una sub-entrada

parent ['peərənt] n [father] padre *m* / [mother] madre *f* ▸ **parents** padres *mpl* ▸ **~ company** empresa *f* matriz ▸ **~-teacher association** = *asociación de padres de alumnos y profesores,* ≃ *APA f*

cultural equivalent

equivalente cultural

confusables warn the user of common translation problems

las *palabras problemáticas* advierten al usuario sobre problemas comunes de traducción

CAREFUL! / ¡CUIDADO!

parent

Although **padres** is the translation for *parents*, a woman would only ever refer to herself as a **madre** - so *as a parent* would have to be translated as **como madre.**

presumed [prɪ'zjuːmd] adj **twenty people are missing, ~ dead** han desaparecido veinte personas, por cuyas vidas se teme ▸ **everyone is ~ innocent until proven guilty** todo el mundo es inocente hasta que no se demuestre lo contrario

introduces an illustrative example, construction or fixed phrase

introduce un ejemplo ilustrativo, una construcción o una frase hecha

false friends warn the user of common translation problems

los *falsos amigos* advierten al usuario sobre problemas comunes de traducción

FALSE FRIEND / FALSO AMIGO

presumed

Presumido no es la traducción del inglés *presumed*. **Presumido** se traduce por *vain*.

Lista de recuadros / List of boxes

◆

NOTAS CULTURALES

En la lista siguiente se muestran los títulos de las notas culturales que figuran en la parte inglés-español del diccionario. Dichas notas están presentadas en recuadros al final de las entradas a las que pertenecen.

◆

CULTURAL NOTES

Below is a list of the cultural notes about Spain and Spanish-speaking countries in this dictionary. They appear immediately after the entry to which they belong.

MÓDULOS DE USO

Los módulos de uso ofrecen ejemplos de frases que se suelen emplear para expresarse en inglés ante una situación determinada. Aparecen al pie de la página donde se encuentra la entrada a la que pertenecen bajo la rúbrica "Cómo expresar..." o "Cómo..."

el acuerdo
decir adiós
el agradecimiento
la amenaza
animar a alguien
antipatía hacia alguien
responder a un anuncio
arrepentirse de algo
la certeza
la comparación
la comprensión
la condición
pedir confirmación
los consejos
convencer a alguien
entablar conversación
corregir a alguien
el desacuerdo
la desaprobación
los deseos
las disculpas
explicar que algo no gusta
organizar un encuentro
la enhorabuena
decir que se ha entendido/no se ha entendido
la entrevista de trabajo
las explicaciones
las felicitaciones
la incertidumbre
la indiferencia
la indignación
las invitaciones
el miedo
la negación
la obligación
la opinión
dar ordenes
pedir algo
el permiso
las preferencias
las presentaciones
la prohibición
las quejas
dar la razón a alguien
hacer un resumen
presidir una reunión
la sorpresa
las sugerencias
la suposición
cambiar de tema/conectar ideas

◆

USAGE NOTES

The usage panels give typical examples of ways in which you can express yourself in Spanish in a particular situation or context. They appear at the bottom of the page containing the entry to which they belong and are entitled "How to . . .".

reply to adverts
ask for and give advice
agree with someone
make and accept apologies
say you're certain about something
make comparisons
make a complaint
condede a point
talk about conditions
give and ask for confirmation
congratulate someone
start a conversation
correct someone
disagree with someone
disapprove of something
say what you dislike
encourage someone
ask for and give an explanation
express fear
say goodbye
express indifference
express indignation
express yourself in a job interview
introduce yourself and other people
make and reply to invitations
say what you like
arrange a meeting
chair a meeting
say what is necessary
make and reply to an offer
give and ask for an opinion
give orders
ask for and give permission
persuade or dissuade someone
say what you prefer
express prohibition
make a refusal
express regrets
make and reply to requests
change the subject
make a suggestion
summarize
suppose
express surprise
express sympathy
thank and be thanked
make threats
express uncertainty
say you have or haven't understood
express wishes

FALSOS AMIGOS

Los recuadros sobre los falsos amigos en la parte inglés-español del diccionario pretenden advertir al usuario sobre errores comunes de traducción y contienen ejemplos de uso y la traducción adecuada.

actual	deception	inhabited	occurrence	sensible
bland	disgust	large	presumed	stamp
coloured	embarrassed	library	relevant	success
comprehensive	equivocation	luxury	retribution	sympathetic
compromise	fastidious	notice	revolve	topic
constipated	genial	notorious	sane	vicious

◆

FALSE FRIENDS

The false friends boxes on the Spanish side of the dictionary offer a warning to the English user on how to avoid common mistakes when translating into English. They also give the correct translation into Spanish, and supporting examples where appropriate.

actual	decepción	genial	notorio	sano
blando	disgustar	inhabitado	ocurrencia	sensible
colorado	embarazado	largo	presumido	suceso
comprensivo	equivocación	librería	relevante	simpático
compromiso	estampa	lujuria	retribución	tópico
constipado	fastidioso	noticia	revolver	vicioso

◆

PALABRAS PROBLEMÁTICAS

En los recuadros encabezados con la palabra “¡Cuidado!”, en la parte español-inglés del diccionario, se indica al lector hispanohablante cómo evitar errores comunes de traducción cuando se expresa en inglés o traduce a dicho idioma.

alegrar	continuo	esperar	piel	sombra
campo	decir	histórico	política	tarde
caza	dudoso	humano	prueba	tierra
clásico	enfadar	libertad	robar	trabajo
colgado	enfermedad	menos	seguridad	viaje
cómico	especialmente	motor	solo	vivo

◆

CONFUSABLES

The “confusables” boxes on the English side of the dictionary offer a warning to the English user on how to avoid common translation mistakes when translating into or speaking in Spanish.

apply	day	know	native	sick
bird	evening	land	nut	take
can	happy	language	over	tell
confidence	have	leave	parent	try
couple	health	lie down	red	wrong
crime	involve	meet	school	you

Pronunciación del inglés

Para ilustrar la pronunciación inglesa, en este diccionario utilizamos los símbolos del AFI (Alfabeto Fonético Internacional). En el siguiente cuadro, para cada sonido del inglés hay ejemplos de palabras en inglés y de palabras en español donde aparece un sonido similar. En los casos en los que no haya un sonido similar en español, ofrecemos una explicación de cómo se pronuncian.

Carácter AFI	*Ejemplo en inglés*	*Ejemplo en español*
Consonantes		
[b]	**b**a**bb**le	**b**ebé
[d]	**d**ig	**d**edo
[dʒ]	giant, jig	se pronuncia como [ʒ] en "pleasure" pero con una "**d**" adelante, o como "**gi**" en italiano – **Gi**ovanna
[f]	fit, **ph**ysics	**f**aro
[g]	grey, big	gris
[h]	**h**appy	"**h**" aspirada
[j]	yellow	se pronuncia como "**y**" o "**ll**" en España – **y**o, **ll**uvia
[k]	clay, **k**ic**k**	**c**asa
[l]	lip	labio
	pi**ll**	pape**l**
[m]	**m**u**mm**y	**m**a**m**á
[n]	**n**ip, pi**n**	**n**ada
[ŋ]	si**ng**	se pronuncia como "**n**" antes de "**c**" – ba**n**co
[p]	**p**i**p**	**p**a**p**á
[r]	**r**ig, **wr**ite	sonido entre "**r**" y "**rr**"
[s]	**s**ick, **sc**ience	**s**apo
[ʃ]	**sh**ip, na**ti**on	**sh**ow
[t]	**t**ip, bu**tt**	**t**ela
[tʃ]	**ch**ip, ba**tch**	cau**ch**o
[θ]	**th**ick	**z**apato (como se pronuncia en España)
[ð]	**th**is	se pronuncia como la "**d**" de "ha**d**a" pero más fuerte
[v]	**v**ague, gi**v**e	se pronuncia como "**v**" de "**v**ida", con los dientes apoyados sobre el labio inferior
[w]	**w**it, **wh**y	**wh**isky
[z]	**z**ip, physic**s**	"**s**" con sonido zumbante
[ʒ]	plea**s**ure	se pronuncia como "**y**" o "**ll**" en el Río de la Plata – **y**o, **ll**uvia
[χ]	lo**ch**	**j**ota
Vocales		
En inglés, las vocales marcadas con dos puntos son mucho más alargadas		
[æ]	r**a**g	se pronuncia "**a**" con posición bucal para "**e**"
[ɑː]	l**ar**ge, b**a**th	"**a**" muy alargada
[ʌ]	c**u**p	"**a**" breve y cerrada
[e]	s**e**t	se pronuncia como "**e**" de "**e**l**e**fant**e**" pero más corta
[ɜː]	c**ur**tain, w**ere**	se pronuncia como una "**e**" larga con posición bucal entre "**o**" y "**e**"
[ə]	utt**er**	se pronuncia como "**e**" con posición bucal para "**o**"
[ɪ]	b**i**g, w**o**men	"**i**" breve, a medio camino entre "**e**" e "**i**"
[iː]	l**ea**k, w**ee**	"**i**" muy alargada
[ɒ]	l**o**ck	"**o**" abierta
[ɔː]	w**a**ll, c**or**k	"**o**" cerrada y alargada
[ʊ]	p**u**t, l**oo**k	"**u**" breve
[uː]	m**oo**n	"**u**" muy alargada

Diptongos

[aɪ]	why, **high**, lie	**aire**
[aʊ]	**how**	**aura**
[eə]	bear	"**ea**" pronunciado muy brevemente y con sonido de "**e**" más marcado que el de "**a**"
[eɪ]	**day**, make, main	**reina**
[əʊ]	sh**ow**, go	"**ou**" como en COU
[ɪə]	here, gear	"h**i**elo" pronunciado con el sonido de "**i**" más marcado y alargado que el de "**e**"
[ɔɪ]	**boy**, soil	**voy**
[ʊə]	poor	"c**u**erno" pronunciado con el sonido de "**u**" más marcado y alargado que el de "**e**"

Spanish pronunciation guide

The pronunciation of most Spanish words is predictable as there is a close match between spelling and pronunciation. The table below gives an explanation of that pronunciation. In the dictionary text therefore pronunciation is only given when the word does not follow these rules, often because it is a word of foreign origin. In these cases, the IPA (International Phonetic Alphabet) is used (see column 2 of the table below).

Letter in Spanish	*IPA Symbol*	*Example in Spanish*	*Pronunciation (example in English)*
Vowels (Note that all vowel sounds in Spanish are shorter than in English)			
a	a	**a**l**a**	Similar to the sound in "f**a**ther" but more central
e	e	**e**m**e**	Similar to the sound in "m**e**t"
i	i	**i**r**i**s	m**ea**t
o	o	**o**s**o**	**o**ff, **o**n
u	u	**u**va	s**oo**n
Semiconsonants			
"i" in the diphthongs: ia, ie, io, iu	j	h**i**ato, h**i**elo, av**i**ón, v**i**uda	**y**es
"u" in the diphthongs ua, ue, ui, uo	w	s**u**ave, f**u**ego, h**u**ida	**w**in
Consonants			
b	b	**b**om**b**a (at beginning of word or after "m")	**b**oom
	β	a**b**ajo (all other contexts)	A "**b**" pronounced without quite closing the lips completely
c	θ	**c**eca (before "e") **c**inco (before "i")	**th**anks
	k	**c**asa (all other contexts)	**c**at
ch	tʃ	**ch**au**ch**a	ar**ch**
d	d	**d**on**d**e (beginning of word or after "n") al**d**ea (after "l")	**d**ay
	ð	ado**r**no (all other contexts)	Similar to the sound in "mo**th**er" but less strong
f	f	**f**uria	**f**ire
g	χ	**g**ema (before "e") **g**irasol (before"i")	Like an "**h**" but pronounced at the back of the throat (similar to Scottish "lo**ch**")
	g	**g**ato (at beginning of word) len**g**ua (after "n")	**g**oose
	ɣ	a**g**ua (all other contexts)	Like a "**w**" pronounced while trying to say "**g**"
j	χ	**j**abalí	Like an "**h**" but pronounced at the back of the throat (similar to Scottish "lo**ch**")
l	l	**l**ado	**l**ake
ll	j	**ll**uvia	mi**ll**ion
	ʒ		In some regions (eg the Rio de la Plata area of South America) it is pronounced like the "**s**" in "plea**s**ure"
m	m	**m**ano	**m**an
n	n	**n**ulo	**n**o
	ŋ	fa**n**go	parki**ng**
ñ	ɲ	**ñ**ato	o**n**ion

p	p	**p**a**p**a	**p**ool
q	k	**q**ueso	**c**at
r	r	dorado (in between vowels) habla**r** (at end of syllable or word)	A rolled "**r**" sound (similar to Scottish "**r**")
	r	**r**osa (beginning of word) al**r**ededor (after "l") en**r**edo (after "n")	A longer rolled "**r**" sound (similar to Scottish "**r**")
rr	r	a**rr**oyo	A much longer rolled "**r**" sound (similar to Scottish "**r**")
s	s	saco	sound
sh	ʃ	**sh**ow	**sh**ow
t	t	**t**ela	**t**ea
v	b	invierno (after "n")	**b**oom
	β	ave (all other contexts)	A "**b**" pronounced without quite closing the lips completely
x	ks	examen	extra
y	j	ayer	**y**es
	ʒ		In some regions (eg the Rio Plata area of South America) it is pronounced like the "**s**" in "plea**s**ure"
z	θ	zapato	**th**anks (in Spain)
	s		sun (in Latin America and Southern Spain)

Abbreviations used in this dictionary

cultural equivalent	≃	equivalente cultural
gloss [introduces an explanation]	=	glosa [precede a una explicación]
abbreviation	*abbr/abrev*	abreviatura
adjective	*adj*	adjetivo
adverb	*adv*	adverbio
agriculture	AGR	agricultura
Latin American Spanish	*Am*	español de América
anatomy	ANAT	anatomía
Andean Spanish (Bolivia, Chile, Colombia, Ecuador, Peru)	*Andes*	español andino (Bolivia, Chile, Colombia, Ecuador, Perú)
architecture	ARCHIT	arquitectura
Argentinian Spanish	*Arg*	español de Argentina
architecture	ARQUIT	arquitectura
article	*art*	artículo
astronomy	ASTRON	astronomía
Australian English	*Austr*	inglés de Australia
cars	AUT	automoción
auxiliary	*aux*	auxiliar
aviation	AV	aviación
biochemistry	BIOCHEM	bioquímica
biology	BIOL	biología
biochemistry	BIOQUÍM	bioquímica
Bolivian Spanish	*Bol*	español de Bolivia
stock exchange	BOLSA	bolsa
botany	BOT	botánica
British English	*Br*	inglés británico
Central American Spanish	*CAm*	español centroamericano
Canadian English	*Can*	inglés de Canadá
Caribbean Spanish (Cuba, Puerto Rico, Dominican Republic, Venezuela)	*Carib*	español caribeño (Cuba, Puerto Rico, República Dominicana, Venezuela)
chemistry	CHEM	química
Chilean Spanish	*Chile*	español de Chile
cinema	CIN, CINE	cine
Colombian Spanish	*Col*	español de Colombia
commerce	COM	comercio
computing	COMPTR	informática
conjunction	*conj*	conjunción
construction	CONSTR	construcción
accounting	CONT	contabilidad
Costa Rican Spanish	*CRica*	español de Costa Rica
Cono Sur Spanish	*CSur*	español del Cono Sur
Cuban Spanish	*Cuba*	español de Cuba
cooking	CULIN	cocina
sport	DEP	deporte
law	DER	derecho
economics	ECON	economía
Ecuadoran Spanish	*Ecuad*	español de Ecuador
education	EDUC	educación
electricity and electronics	ELEC	electricidad y electrónica
Peninsular Spanish	*Esp*	español de España
especially	*esp*	especialmente
specialist term	*Espec*	término especializado
euphemism	*Euph/Euf*	eufemismo
exclamation	*exclam*	interjección
feminine	*f*	femenino
informal	*Fam*	familiar
pharmacy	FARM	farmacia
rail	FERROC	ferrocarril
figurative	*Fig*	sentido figurado
finance	FIN	finanzas
physics	FÍS	física
physiology	FISIOL	fisiología
photography	FOT	fotografía
geography	GEOG	geografía
geology	GEOL	geología
geometry	GEOM	geometría
grammar	GRAM	gramática
Guatemalan Spanish	*Guat*	español de Guatemala
history	HIST	historia
humorous	*Hum*	humorístico
industry	IND	industria
computing	INFORM	informática
interjection	*interj*	interjección
invariable	*inv*	invariable
Irish English	*Irish*	inglés de Irlanda
journalism	JOURN	periodismo
law	LAW	derecho
linguistics	LING	lingüística
literature	LIT	literatura

Abreviaturas utilizadas en este diccionario

phrase	*loc*	locución
masculine	*m*	masculino
mathematics	MATH, MAT	matemáticas
mechanics	MEC	mecánica
medicine	MED	medicina
weather	MET, METEO	meteorología
Mexican Spanish	*Méx*	español de México
masculine or feminine noun [different form in the feminine]	*m,f*	nombre masculino o femenino [forma femenina diferente]
masculine or feminine noun [same form for both genders]	*mf*	nombre masculino o femenino [formas idénticas]
military	MIL	militar
mining	MIN	minería
mythology	MITOL	mitología
marketing	MKTG	marketing
music	MUS, MÚS	música
noun	*n*	nombre
shipping	NAUT, NÁUT	náutica
feminine noun	*nf*	nombre femenino
plural feminine noun	*nfpl*	nombre femenino plural
Nicaraguan Spanish	*Nic*	español de Nicaragua
masculine noun	*nm*	nombre masculino
masculine or feminine noun [different form in the feminine]	*nm,f*	nombre masculino o femenino [forma femenina diferente]
masculine or feminine noun [same form for both genders]	*nmf*	nombre masculino o femenino [formas idénticas]
plural masculine noun	*nmpl*	nombre masculino plural
plural noun	*npl*	nombre plural
numeral	*núm*	número
Panamanian Spanish	*Pan*	español de Panamá
Paraguayan Spanish	*Par*	español de Paraguay
parliament	PARL	parlamento
pejorative	*Pej/Pey*	peyorativo
Peruvian Spanish	*Perú*	español de Perú
philosophy	PHIL	filosofía
photography	PHOT	fotografía
physics	PHYS	física
physiology	PHYSIOL	fisiología
plural	*pl*	plural
politics	POL	política
past participle	*pp*	participio pasado
proper	*pr*	proprio
preposition	*prep*	preposición
Puerto Rican Spanish	*PRico*	español de Puerto Rico
pronoun	*pron*	pronombre
proverb	*Prov*	proverbio
psychology	PSY, PSI	psicología
past tense	*pt*	pretérito
chemistry	QUÍM	química
radio	RAD	radio
rail	RAIL	ferrocarril
Dominican Spanish	*RDom*	español de la República Dominicana
religion	REL	religión
River Plate Spanish (Argentina, Uruguay, Paraguay)	*RP*	español de los países ribereños del Río de la Plata (Argentina, Uruguay, Paraguay)
Salvadoran Spanish	*Salv*	español de El Salvador
school	SCH	escuela
Scottish English	*Scot*	inglés de Escocia
specialist term	*Spec*	término especializado
stock exchange	ST EXCH	bolsa
bullfighting	TAUROM	tauromaquia
technology	TECH, TEC	tecnología
telecommunications	TEL	telecomunicaciones
textiles	TEX	textil
television	TV	televisión
printing	TYP	imprenta
university	UNIV	universidad
Uruguayan Spanish	*Urug*	español de Uruguay
American English	*US*	inglés norteamericano
verb	*v*	verbo
Venezuelan Spanish	*Ven*	español de Venezuela
intransitive verb	*vi*	verbo intransitivo
pronominal verb	*vpr*	verbo pronominal
transitive verb	*vt*	verbo transitivo
inseparable phrasal verb	*vt insep*	verbo transitivo con partícula inseparable
separable phrasal verb	*vt sep*	verbo transitivo con partícula separable
vulgar	*Vulg*	vulgar
zoology	ZOOL	zoología

Español-Inglés

Spanish-English

A, a [a] nf [letra] A, a

a prep

> a combines with the article **el** to form the contraction **al** (e.g. **al centro** to the centre).

1. [dirección] to ▸ **voy a Sevilla** I'm going to Seville ▸ **me voy al extranjero** I'm going abroad ▸ **llegó a Barcelona/a la fiesta** he arrived in Barcelona/at the party **2.** [posición] **está a la derecha/izquierda** it's on the right/left ▸ **a orillas del mar** by the sea **3.** [distancia] **está a más de 100 kilómetros** it's more than 100 kilometres away ▸ **de Segovia a Madrid** from Segovia to Madrid **4.** [periodo de tiempo] **a las pocas semanas** a few weeks later ▸ **al mes de casados** a month after they were married ▸ **al día siguiente** the following day **5.** [momento preciso] at ▸ **a las siete** at seven o'clock ▸ **a los once años** at the age of eleven ▸ **al caer la noche** at nightfall ▸ **al oír la noticia se desmayó** on hearing the news, she fainted **6.** [frecuencia] per, every ▸ **40 horas a la semana** 40 hours per *o* a week ▸ **tres veces al día** three times a day **7.** [con complemento indirecto] to ▸ **dáselo a Juan** give it to Juan ▸ **dile a Juan que venga** tell Juan to come **8.** [con complemento directo] **quiere a sus hijos/su gato** she loves her children/her cat ▸ **me cuidan como a un enfermo** they look after me as if I was an invalid **9.** [cantidad, medida, precio] **a cientos/miles/docenas** by the hundred/thousand/dozen ▸ **la leche se vende a litros** milk is sold by the litre ▸ **~... kilómetros por hora** at... kilometres per *o* an hour ▸ **¿a cuánto están las peras?** how much are the pears? ▸ **tiene las peras a 2 euros** she's selling pears for *o* at 2 euros ▸ **ganaron tres a cero** they won three nil **10.** [modo] **lo hace a la antigua** he does it the old way ▸ **a lo bestia** rudely ▸ **a lo grande** in style ▸ **a lo Mozart** after Mozart ▸ **a escondidas** secretly ▸ CULIN **merluza a la vasca/gallega** Basque-style/Galician-style hake **11.** [instrumento] **escribir a máquina** to type ▸ **a lápiz** in pencil ▸ **a mano** by hand ▸ **olla a presión** pressure cooker **12.** [finalidad] to ▸ **entró a pagar** he came in to pay ▸ **aprender a nadar** to learn to swim **13.** [complemento de nombre] **sueldo a convenir** salary to be agreed ▸ **temas a tratar** matters to be discussed **14.** [condición] **a no ser por mí, hubieses fracasado** if it hadn't been *o* had it not been for me, you would have failed **15.** [en oraciones imperativas] **¡a la cama!** go to bed! ▸ **¡a callar todo el mundo!** quiet, everyone! ▸ **¡a bailar!** let's dance! ▸ **¡a trabajar!** let's get to work! **16.** [en busca de] **ir a por pan** to go for bread **17.** [indica desafío] **¿a que no lo haces?** I bet you won't do it!

AA ■ nmpl (abrev de ***Alcohólicos Anónimos***) AA ■ nfpl (abrev de ***Aerolíneas Argentinas***) = *Argentinian state airline*

AA. EE. (abrev de ***Asuntos Exteriores***) **Ministerio de AA. EE.** Ministry of Foreign Affairs, *BR* ≃ Foreign Office, *US* ≃ State Department

ababol nm poppy

ábaco nm abacus

abad nm abbot

abadejo nm cod

abadesa nf abbess

abadía nf abbey

abajeño, -a, abajero, -a *AM* ■ adj lowland ■ nm,f lowlander

abajo ■ adv **1.** [posición] [en general] below / [en edificio] downstairs ▸ **de ~** bottom ▸ **el estante de ~** the bottom shelf ▸ **vive (en el piso de) ~** she lives downstairs ▸ **está aquí/allí ~** it's down here/there ▸ **si no quieres subir hasta la cumbre, espérame ~** if you don't want to climb to the top, wait for me at the bottom ▸ **~ del todo** right at the bottom ▸ **más ~** further down ▸ **la parte de ~** the bottom **2.** [dirección] down ▸ **ve ~** [en edificio] go downstairs ▸ **hacia** *o* **para ~** down, downwards ▸ **calle/escaleras ~** down the street/the stairs ▸ **tres portales más ~** three doors further along **3.** [en una escala] **niños de diez años para ~** children aged ten or under ▸ **de tenientes para ~** everyone of the rank of lieutenant and below ▸ **~ de** less than **4.** [en un texto] below ▸ **el ~ citado** the

undermentioned ▸ **el ~ firmante** the undersigned **5.** *AM* **~ de** below, under
■ interj **¡~...!** down with...! ▸ **¡~ la dictadura!** down with the dictatorship!

abalanzarse [14] vpr **~ hacia** to rush towards ▸ **~ sobre** to pounce on

abalear vt *ANDES, CAM, VEN* to shoot at

abalorio nm **1.** [cuenta] glass bead **2.** [bisutería] trinket

abanderado nm *también Fig* standard-bearer

abandonado, -a adj **1.** [desierto] deserted **2.** [desamparado] abandoned **3.** [descuidado] [persona] unkempt / [jardín, casa] neglected

abandonar vt **1.** [lugar] to leave / [barco, vehículo] to abandon **2.** [persona] to leave / [hijo, animal] to abandon **3.** [estudios] to give up / [proyecto] to abandon ▸ **abandonó la carrera en el tercer año** she dropped out of university in her third year, she gave up her studies in her third year
◆ ***abandonarse*** vpr [de aspecto] to neglect oneself, to let oneself go ▸ **abandonarse a** [desesperación, dolor] to succumb to / [placer, sentidos] to abandon oneself to / [vicio] to give oneself over to

abandono nm **1.** [de lugar, profesión, cónyuge] leaving / [de hijo, proyecto] abandonment ▸ DEP **ganar por ~** to win by default ▸ DER **~ de hogar** desertion *(of family, spouse)* **2.** [descuido] [de aspecto, jardín] state of abandon / [de obligaciones] neglect

abanicar [59] vt to fan
◆ ***abanicarse*** vpr to fan oneself ▸ **se abanicó la cara** she fanned her face

abanico nm **1.** [para abanicarse] fan ▸ **hizo un ~ con los naipes** he fanned out the cards **2.** [gama] range

abaratar vt [precio, coste] to bring down, to reduce / [artículo] to reduce the price of
◆ ***abaratarse*** vpr to go down in price, to become cheaper

abarca nf = *type of sandal worn by country people*

abarcar [59] vt **1.** [incluir] to embrace, to cover ▸ *Prov* **quien mucho abarca poco aprieta** don't bite off more than you can chew **2.** [ver] to be able to see, to have a view of ▸ **desde la torre se abarca todo el valle** you can see the whole valley from the tower

abaritonado, -a adj MÚS baritone

abarque *etc ver* ***abarcar***

abarquillar vt [madera] to warp
◆ ***abarquillarse*** vpr [madera] to warp

abarrotado, -a adj [teatro, autobús] packed (**de** with) / [desván, baúl] crammed (**de** with)

abarrotar vt [teatro, autobús] to pack (**de** *o* **con** with) / [desván, baúl] to cram full (**de** *o* **con** of)

abarrotería nf *CAM, MÉX* grocer's (shop), *US* grocery store

abarrotero, -a nm,f *CAM, MÉX* grocer

abarrotes nmpl *CAM, MÉX* groceries ▸ **tienda de ~** grocer's shop, *US* grocery store

abastecedor, -ora nm,f supplier

abastecer [46] vt to supply (**de** with) ▸ **~ de agua a la ciudad** to supply the city with water ▸ **esa región nos abastece de materias primas** that region supplies *o* provides us with raw materials
◆ ***abastecerse*** vpr to stock up (**de** on)

abastecimiento nm supplying ▸ **se ha interrumpido el ~** they've cut off the supply ▸ **~ de aguas** water supply

abasto nm **no dar ~** to be unable to cope ▸ **no da ~ con tanto trabajo** she can't cope with so much work

abate nm abbé *(title given to French or Italian priest)*

abatible adj **mesa ~** foldaway table ▸ **asientos abatibles** [en coche] = *seats that tip forwards or fold flat*

abatido, -a adj dejected, downhearted

abatimiento nm [desánimo] low spirits, dejection

abatir vt **1.** [derribar] [muro] to knock down / [avión] to shoot down **2.** [desanimar] to depress, to dishearten ▸ **no te dejes ~ por tan poca cosa** don't let something so trivial get you down
◆ ***abatirse*** vpr **1.** [caer] **abatirse sobre algo/alguien** to pounce on sth/sb **2.** [desanimarse] to become dejected *o* disheartened

abdicación nf [de monarca] abdication

abdicar [59] ■ vt **~ el trono (en alguien)** to abdicate the throne (in favour of sb)
■ vi to abdicate ▸ *Fig* **~ de** [principios, ideales] to renounce

abdomen nm [de persona, insecto] abdomen

abdominal ■ adj abdominal ▸ **dolores abdominales** abdominal pains
◆ ***abdominales*** nmpl sit-ups

abductor nm ANAT abductor

abecé nm *también Fig* ABC

abecedario nm **1.** [alfabeto] alphabet **2.** [libro] spelling book

abedul nm birch (tree)

abeja nf bee ▸ **~ obrera** worker bee ▸ **~ reina** queen bee

abejaruco nm bee-eater

abejorro nm bumblebee

Abel n pr Abel

aberración nf **1.** [desviación de la norma] **me parece una ~** I find it ridiculous ▸ **echó gaseosa al champán, ¡qué ~!** he put lemonade in the champagne? that's sacrilege! ▸ **~ sexual** sexual perversion **2.** FOT aberration

aberrante adj **1.** [absurdo] ridiculous, idiotic **2.** [perverso] perverse

abertura nf **1.** [agujero] opening / [ranura] crack **2.** FOT aperture ▸ **~ del diafragma** aperture

abertzale [aβer'tʃale] adj & nmf *ESP* POL (radical) Basque nationalist

abeto nm fir

abiertamente adv [claramente] openly

abierto, -a ■ participio *ver* ***abrir***
■ adj **1.** [puerta, boca, tienda] open ▸ **dejar el grifo ~** to leave the tap on *o* running ▸ **bien** *o* **muy ~** wide open ▸ **~ al público** open to the public ▸ **~ al tráfico** open to traffic ▸ **~ de nueve a cinco** open from nine to five ▸ **~ hasta tarde** open late ▸ **~ toda la noche** *o* **las 24**

horas open all night **2.** [liberal] open-minded ▸ **estar ~ a cualquier sugerencia** to be open to suggestions

abigarrado, -a adj **1.** [mezclado] **la habitación está ~** the room is a real jumble of different things **2.** [multicolor] multi-coloured

abisal adj **fosa ~** ocean trough ▸ **pez ~** abyssal fish

abismal adj [diferencia, distancia] vast, colossal

abismar vt *Formal* **~ a alguien en la desesperación** to plunge sb into despair

◆ ***abismarse*** vpr **abismarse en** [lectura] to become engrossed in

abismo nm **1.** [profundidad] abyss ▸ *Fig* **estar al borde del ~** to be on the brink of ruin *o* disaster **2.** [diferencia] gulf ▸ **entre su sueldo y el mío hay un ~** there's a huge difference between our salaries

Abiyán n Abidjan

abjurar *Formal* ■ vt [fe, creencias] to abjure, to renounce

■ vi **~ de** [fe, creencias] to abjure, to renounce

ablación nf MED [de tejido, órgano] excision, surgical removal ▸ **~ del clítoris** female circumcision

ablandamiento nm *también Fig* softening

ablandar vt *también Fig* to soften

◆ ***ablandarse*** vpr [material] to soften, to become softer / *Fig* [actitud, rigor] to soften ▸ **su padre se ablandó cuando la vio llorar** her father relented when he saw her cry

ablativo nm GRAM ablative ▸ **~ absoluto** ablative absolute

abluciones nfpl ablutions

ablusado, -a adj [vestido, camisa] loose, baggy

abnegación nf abnegation, self-denial

abnegado, -a adj selfless, unselfish

abobado, -a adj *Fam* **1.** [estupefacto] blank, uncomprehending **2.** [estúpido] stupid

abocado, -a adj destined (**a** to)

abocar [59] vi **~ en un fracaso** to end in failure

abochornado, -a adj embarrassed

abochornar vt to embarrass

◆ ***abochornarse*** vpr to get embarrassed

abofetear vt to slap *(on the face)*

abogacía nf legal profession

abogado, -a nm,f **1.** DER *BR* lawyer, *US* attorney ▸ **~ criminalista** criminal lawyer ▸ **~ defensor** counsel for the defence ▸ **~ del estado** public prosecutor ▸ **~ laboralista** labour lawyer ▸ **~ de oficio** legal aid lawyer ▸ **~ en prácticas** articled clerk **2.** [intercesor] intermediary / [defensor] advocate ▸ **~ del diablo** devil's advocate

abogar [40] vi **1.** DER **~ por alguien** to represent sb **2.** [defender] **~ por algo** to advocate sth ▸ **~ por alguien** to stand up for sb, to defend sb

abolengo nm lineage ▸ **de (rancio) ~** of noble lineage

abolición nf abolition

abolicionismo nm HIST abolitionism *(opposition to slavery)*

abolicionista adj & nmf HIST abolitionist

abolir vt to abolish

abolladura nf dent

abollar vt to dent

◆ ***abollarse*** vpr to get dented

abombado, -a adj [hacia fuera] buckled ▸ **la lata está un poco abombada** the tin has buckled slightly outwards

abombar vt to buckle (outwards)

◆ ***abombarse*** vpr to buckle (outwards)

abominable adj abominable ▸ **el ~ hombre de las nieves** the abominable snowman

abominación nf abomination

abominar ■ vt [detestar] to abhor, to abominate

■ vi **~ de** [condenar] to condemn, to criticize

abonable adj FIN [pagadero] payable

abonado, -a nm,f [a telefónica, revista] subscriber / [al fútbol, teatro] season-ticket holder

abonar vt **1.** [pagar] [factura, cuenta] to pay ▸ **~ algo en la cuenta de alguien** to credit sb's account with sth **2.** [tierra] to fertilize

◆ ***abonarse*** vpr [a revista] to subscribe (**a** to) / [al fútbol, teatro] to buy a season ticket (**a** for)

abonero, -a nm,f *MÉX* hawker, street trader

abono nm **1.** [pase] season ticket ▸ **un ~ de diez viajes** a ten-journey ticket ▸ **~ transporte** travel pass *(for bus, train and underground)* **2.** [fertilizante] fertilizer **3.** [pago] payment **4.** COM credit entry **5.** *MÉX* [plazo] instalment ▸ **pagar en abonos** to pay by instalments

abordable adj [persona] approachable / [tema] that can be tackled / [tarea] manageable

abordaje nm NÁUT boarding

abordar vt **1.** [barco] to board *(in attack)* **2.** [persona] to approach **3.** [tema, tarea] to tackle **4.** *MÉX, VEN* [avión, barco] to board / [tren, autobús] to get on / [automóvil] to get into

aborigen adj [indígena] indigenous / [de Australia] Aboriginal ▸ **aborígenes** [población indígena] indigenous population / [de Australia] Aborigenes

aborrecer [46] vt to abhor, to loathe

aborrecible adj abhorrent, loathsome

aborrecimiento nm loathing, hatred

aborregado, -a adj **1.** *Fam* [adocenado] **estar ~** to be like a sheep **2. cielo ~** mackerel sky

abortar ■ vt [feto] to abort / *Fig* [hacer fracasar] to foil

■ vi MED [espontáneamente] to have a miscarriage, to miscarry / [intencionadamente] to have an abortion

abortista adj & nmf abortionist

abortivo nm abortifacient

aborto nm **1.** [espontáneo] miscarriage / [intencionado] abortion ▸ **~ clandestino** backstreet abortion **2.** *muy Fam* [persona fea] freak / [idiota] moron

abotargado, -a adj **1.** [hinchado] swollen / [cara] puffy **2.** [atontado] **tengo la mente abotargada** my mind has gone fuzzy

abotargarse [40] vpr to swell (up)

abotonar vt to button up

◆ ***abotonarse*** vpr to do one's buttons up ▸

abotonarse la camisa to button one's shirt up

abovedado, -a adj ARQUIT vaulted

abracadabra nm abracadabra

abrace *etc ver* ***abrazar***

abrasador, -ora adj burning

abrasar ■ vt [quemar] [casa, bosque] to burn down / [persona, mano, garganta] to burn / [desecar] to scorch ▸ **el sol abrasó los campos** the sun parched the fields
■ vi [café, sopa] to be boiling hot ▸ **este sol abrasa** the sun is really hot today
◆ ***abrasarse*** vpr [casa, bosque] to burn down / [persona] to burn oneself ▸ **me abrasé los brazos** I burnt my arms ▸ **los campos se abrasaron con el calor** the heat parched the fields

abrasión nf **1.** [fricción] abrasion **2.** MED [por fricción] abrasion / [por agente corrosivo] burn

abrasivo, -a ■ adj abrasive
■ nm abrasive

abrazadera nf TEC brace, bracket / [en carpintería] clamp

abrazar [14] vt [rodear con los brazos] to hug, to embrace / *Fig* [doctrina] to embrace / *Fig* [profesión] to go into
◆ ***abrazarse*** vpr to hug, to embrace ▸ **abrazarse a alguien** to hug sb, to cling to sb ▸ **se abrazaron con pasión** they embraced passionately

abrazo nm embrace, hug ▸ **un (fuerte) ~** [en cartas] Yours, Best wishes

abrebotellas nm inv bottle opener

abrecartas nm inv paper knife, letter opener

abrelatas nm inv can opener, *BR* tin opener

abrevadero nm [construido] drinking trough / [natural] watering place

abrevar vt to water, to give water to

abreviación nf [de texto] abridgement

abreviado, -a adj [texto] abridged

abreviar ■ vt [proceso, explicación] to shorten / [texto] to abridge / [palabra] to abbreviate / [viaje, estancia] to cut short
■ vi [darse prisa] to hurry up ▸ **para ~** [al hacer algo] to keep it quick / [al narrar algo] to cut a long story short

abreviatura nf abbreviation

abridor nm **1.** [abrebotellas] (bottle) opener **2.** [abrelatas] (can) opener, *BR* (tin) opener

abrigado, -a adj [persona] well wrapped-up / [prenda] warm

abrigador, -ora nm,f *MÉX* DER accessory (after the fact)

abrigar [40] ■ vt **1.** [persona] [arropar] to wrap up / [calentar] to keep warm **2.** [tener] [esperanza] to cherish / [sospechas, malas intenciones] to harbour
■ vi [ropa, manta] to be warm ▸ **esta chaqueta no abriga nada** this jacket is useless at keeping you warm
◆ ***abrigarse*** vpr **1.** [arroparse] to wrap up **2.** [resguardarse] to shelter (**de** from)

abrigo nm **1.** [prenda] coat, overcoat ▸ **~ de piel** fur coat **2.** [refugio] shelter ▸ **al ~ de** [peligro, ataque] safe from / [lluvia, viento] sheltered from / [ley] under the protection of

abrigue *etc ver* ***abrigar***

abril nm April ▸ **tiene catorce abriles** he is fourteen (years of age) ▸ *Prov* **en ~, aguas mil** March winds, April showers / *ver también* ***septiembre***

abrillantador nm polish ▸ **~ de metales** metal polish ▸ **~ de muebles** furniture polish

abrillantar vt to polish

abrir ■ vt **1.** [en general] to open / [alas] to spread / [melón] to cut open / [agua, gas] to turn on / [cerradura] to unlock, to open / [cremallera] to undo **2.** [túnel] to dig / [canal, camino] to build / [agujero, surco] to make ▸ **le abrieron la cabeza de un botellazo** they smashed his head open with a bottle ▸ *también Fig* **~ paso** *o* **camino** to clear the way **3.** [negocio, colegio, mercado] to open **4.** [apetito] to whet ▸ **la natación abre el apetito** swimming makes you hungry **5.** [encabezar] [lista] to head / [manifestación] to lead **6. ~ fuego (sobre** *o* **contra)** to open fire (on)
■ vi **1.** [en general] to open ▸ **la tienda abre a las cinco** the shop opens at five (o'clock) **2.** [abrir la puerta] to open the door ▸ **¡abra, policía!** open up, it's the police!
◆ ***abrirse*** vpr **1.** [puerta, caja] to open ▸ **este bote no se abre** this jar won't open ▸ **se te ha abierto la camisa** your shirt has come undone **2.** [empezar] [película, función] to open, to begin **3.** [sincerarse] to open up ▸ **abrirse a alguien** to open up to sb, to confide in sb ▸ **abrirse más a la gente** to be more open with people **4.** [posibilidades] to open up **5.** [cielo] to clear **6.** [rajarse] to split open ▸ **se cayó del caballo y se abrió la cabeza** she fell off her horse and split her head open **7.** *también Fig* **abrirse paso** *o* **camino** to make one's way **8.** *Fam* [irse] to clear off

abrochadora nf *RP* [para papeles] stapler

abrochar vt **1.** [botones, camisa] to do up / [cinturón] to fasten **2.** *RP* [papeles] to staple
◆ ***abrocharse*** vpr [botones, camisa] to do up / [cinturón] to fasten ▸ **abrocharse la camisa** to do up one's shirt ▸ **¡abróchate!** [el abrigo] do your coat up! ▸ **abróchense los cinturones de seguridad** fasten your seatbelts

abrogar [40] vt DER to abrogate, to repeal

abroncar [59] vt **1.** [reprender] to tell off **2.** [abuchear] to boo

abrótano nm southernwood

abrumador, -ora adj overwhelming

abrumar vt [agobiar] to overwhelm

abrupto, -a adj [escarpado] sheer / [accidentado] rugged

ABS nm (abrev de ***antilock braking system***) ABS ▸ **frenos ~** antilock brakes

absceso nm MED abscess

abscisa nf MAT x-axis

absenta nf [bebida] absinthe

absentismo nm *ESP* **1.** [de terrateniente] absentee landownership **2.** [de trabajador] **~ laboral** [justificado] absence from work / [injustificado] absenteeism

ábside nm ARQUIT apse

absolución nf **1.** DER acquittal **2.** REL absolution

absolutismo nm absolutism

absolutista adj & nmf absolutist

absoluto, -a adj [no relativo] absolute / [completo] total, absolute
◆ ***en absoluto*** loc adv **nada en ~** nothing at all ▸ **no me gustó en ~** I didn't like it at all ▸ **¿te gusta?/¿te importa? – en ~** do you like it?/do you mind? – not at all

absolver [41] vt **1.** DER to acquit **2.** REL to absolve

absorbente adj [esponja, material] absorbent / [persona, carácter] demanding / [actividad] absorbing

absorber vt **1.** [líquido, gas] to absorb ▸ **esta aspiradora no absorbe el polvo muy bien** this vacuum doesn't pick up dust very well ▸ **esta crema se absorbe muy bien** this cream works into the skin very well **2.** [consumir] to take up, to soak up ▸ **esta tarea absorbe mucho tiempo** this task takes up a lot of time **3.** [atraer, dominar] **este trabajo me absorbe mucho** this job takes up a lot of my time ▸ **su mujer le absorbe mucho** his wife is very demanding ▸ **la televisión los absorbe** television dominates their lives **4.** [empresa] to absorb by merger

absorción nf **1.** [de líquido, gas] absorption **2.** [de empresa] absorption (by merger)

absorto, -a adj absorbed (**en** in)

abstemio, -a ■ adj teetotal
■ nm,f teetotaller

abstención nf abstention ▸ **hubo mucha ~** [en elecciones] there was a low turnout

abstencionismo nm POL abstentionism

abstenerse [65] vpr **1.** [guardarse] to abstain (**de** from) ▸ **se abstuvo de mencionar su embarazo** she refrained from mentioning her pregnancy **2.** [en votación] to abstain ▸ **me abstuve en las últimas elecciones** I didn't vote in the last election

abstinencia nf abstinence

abstracción nf abstraction

abstracto, -a ■ adj abstract
■ nm **en ~** in the abstract

abstraer [66] vt to consider separately, to detach
◆ ***abstraerse*** vpr to detach oneself (**de** from)

abstraído, -a adj lost in thought

abstruso, -a adj abstruse

abstuviera *etc ver* ***abstenerse***

absuelto, -a participio *ver* ***absolver***

absuelvo *etc ver* ***absolver***

absurdo, -a ■ adj absurd ▸ **lo ~ sería que no lo hicieras** it would be absurd for you not to do it
■ nm **decir/hacer un ~** to say/do something ridiculous *o* idiotic ▸ **reducción al ~** reductio ad absurdum

abubilla nf hoopoe

abuchear vt to boo

abucheo nm booing

Abu Dabi n Abu Dhabi

abuelo, -a nm,f **1.** [familiar] grandfather, *f* grandmother ▸ **abuelos** grandparents ▸ *Fam* **¡cuéntaselo a tu abuela!** pull the other one! ▸ *Fam* **éramos pocos y parió la abuela** that was all we needed ▸ *Fam* **no necesitar abuela** to be full of oneself **2.** [anciano] [hombre] old man, old person / [mujer] old woman, old person

abuhardillado, -a adj **habitación abuhardillada** attic room

abulense ■ adj of/from Avila
■ nmf person from Avila

abulia nf apathy, lethargy

abúlico, -a ■ adj apathetic, lethargic
■ nm,f apathetic *o* lethargic person

abultado, -a adj [paquete] bulky / [labios] thick / [frente] prominent ▸ **estómago ~** pot belly ▸ **ganaron por una abultada mayoría** they won by a large majority

abultamiento nm [bulto] bulkiness

abultar ■ vt [hinchar] [mejillas] to puff out / [cifras, consecuencias] to exaggerate
■ vi [ocupar mucho espacio] to be bulky / [formar un bulto] to bulge ▸ **el equipaje abulta mucho** the luggage takes up a lot of room

abundamiento nm *Formal* **a mayor ~, presenté las cifras** I provided the figures for further clarification

abundancia nf **1.** [gran cantidad] abundance ▸ **en ~** in abundance **2.** [riqueza] plenty, prosperity ▸ **nadar** *o* **vivir en la ~** to be filthy rich

abundante adj abundant

abundar vi **1.** [ser abundante] to abound ▸ **aquí abundan los camaleones** there are lots of chameleons here **2. ~ en** [tener] to be rich in ▸ **la región abunda en recursos naturales** the region is rich in natural resources **3. ~ en** [insistir] to insist on ▸ **en su discurso abundó en la necesidad de recortar gastos** in her speech she insisted on the need to cut costs **4. ~ en** [estar de acuerdo] to agree completely with

aburguesado, -a adj bourgeois

aburguesamiento nm bourgeoisification

aburguesarse vpr to adopt middle-class ways ▸ **se han aburguesado mucho desde que se casaron** they've become very bourgeois *o* middle-class since they married

aburrido, -a ■ adj **1.** [harto, fastidiado] bored ▸ **estar ~ de hacer algo** to be fed up with doing sth ▸ *Fam* **estar ~ como un hongo** to be bored stiff **2.** [que aburre] boring
■ nm,f bore ▸ **¡eres un ~!** you're so boring!

aburrimiento nm boredom

aburrir vt to bore ▸ **este trabajo me aburre** this job is boring ▸ **aburre a todo el mundo con sus batallitas** he bores everyone with his old stories
◆ ***aburrirse*** vpr to get bored / [estar aburrido] to be bored / [hartarse] to be bored sick (**de** of) ▸ *Fam* **aburrirse como una ostra** to be bored stiff

abusado, -a *MÉX Fam* ■ adj smart, sharp
■ interj **¡~!** look out!

abusar vi [excederse] to go too far ▸ **~ de algo** to abuse sth ▸ **~ del alcohol** to drink to excess ▸ **puedes comer**

dulces, pero sin ~ you can eat sweets, but don't overdo it ▸ **~ de alguien** [aprovecharse] to take advantage of sb / [sexualmente] to sexually abuse sb

abusivo, -a adj [trato] very bad, appalling / [precio] extortionate

abuso nm **1.** [uso excesivo] abuse (**de** of) ▸ **~ de confianza** breach of confidence ▸ DER **abusos deshonestos** indecent assault ▸ **~ de poder** abuse of power ▸ **abusos sexuales** sexual abuse **2.** [escándalo] scandal, sin

abusón, -ona *ESP Fam* ■ adj [caradura] selfish / [matón] bullying

■ nm,f [caradura] selfish person / [matón] bully

abyección nf *Formal* [bajeza] vileness / [pobreza] wretchedness

abyecto, -a adj *Formal* [malo] vile / [pobre] wretched

a. C. (abrev de ***antes de Cristo***) BC

ACA ['aka] nm (abrev de ***Automóvil Club Argentino***) = *Argentinian automobile association, BR ≃* AA, RAC, *US ≃* AAA

acá adv **1.** [lugar] here ▸ **de ~ para allá** back and forth ▸ **más ~** closer ▸ **¡ven ~!** come (over) here! **2.** [tiempo] **de una semana ~** during the last week ▸ **de un tiempo ~** recently

acabado, -a ■ adj **1.** [terminado] finished **2.** [completo] perfect, consummate **3.** [fracasado] finished, ruined

■ nm [de producto] finish / [de piso] décor ▸ **~ mate/satinado** matt/satin finish

acabar ■ vt [terminar] to finish / [consumir] [provisiones, dinero] to use up ▸ **hemos acabado el trabajo** we've finished the work ▸ **acabó sus días en el exilio** he ended his days in exile

■ vi **1.** [terminar] to finish, to end ▸ **el asunto acabó mal** the affair finished *o* ended badly ▸ **~ bien** [película] to have a happy ending ▸ **cuando acabes, avísame** tell me when you've finished ▸ **~ de trabajar/comer** to finish working/eating ▸ **el cuchillo acaba en punta** the knife ends in a point ▸ *Fam* **¡acabáramos!** at last!, about time! **2. ~ de hacer algo** [haber hecho recientemente] to have just done sth ▸ **acabo de llegar** I've just arrived **3. ~ con** [poner fin a] to put an end to / [enemigo] to destroy / [salud] to ruin ▸ **acabaron con todas las provisiones** they used up all the provisions ▸ **~ con la paciencia de alguien** to exhaust sb's patience ▸ **~ con alguien** [matar] to kill sb ▸ **ese niño va a ~ conmigo** that boy will be the death of me! **4. ~ por hacer algo** to end up doing sth ▸ **acabarán por llamar** *o* **llamando** they'll call eventually *o* sooner or later **5.** [tener un fin determinado] to end up ▸ **~ loco** to end up (going) mad ▸ **ese acabará en la cárcel** he'll end up in jail **6. no acabo de entenderlo** I can't quite understand it ▸ **no acaba de gustarme del todo** I just don't really like it **7. de nunca ~** never-ending ▸ **este proyecto es el cuento de nunca ~** this project just seems to go on and on

◆ ***acabarse*** vpr **1.** [agotarse] to be used up, to be gone ▸ **se ha acabado la comida** there's no more food left ▸ **se (nos) ha acabado la leche** the milk has run out, we've run out of milk **2.** [terminar] [guerra, película] to finish, to be over **3.** [consumir] [comida] to eat up ▸ **¡acábatelo todo y no dejes ni una miga!** make sure you eat it all up! **4. ¡se acabó!** [¡basta ya!] that's enough! ▸ **¡cómprate uno nuevo y se acabó!** buy a new one and have done with it

acabóse nm **¡es el ~!** it really is the limit!

acacia nf acacia

academia nf **1.** [colegio] school, academy ▸ **~ de idiomas** language school ▸ **~ militar** military academy **2.** [sociedad] academy

academicismo nm academicism

académico, -a ■ adj academic

■ nm,f academician

acaecer [46] vi *Formal* to take place, to occur

acallar vt to silence

acalorado, -a adj **1.** [por calor] hot **2.** [por esfuerzo] flushed (with effort) **3.** [apasionado] [debate] heated / [persona] hot under the collar / [defensor] fervent

acalorar vt **1.** [dar calor] to (make) warm **2.** [excitar] **~ a alguien** to make sb hot under the collar

◆ ***acalorarse*** vpr **1.** [sentir más calor] to get hot **2.** [excitarse] to get hot under the collar

acampada nf [acción] camping ▸ **ir/estar de ~** to go/be camping ▸ **zona de ~ libre** [en letrero] free campsite

acampanado, -a adj [pantalones] flared

acampar vi to camp

acanalado, -a adj [columna] fluted / [tejido] ribbed / [hierro] corrugated

acanalar vt **1.** [terreno] to dig channels in **2.** [plancha] to corrugate

acantilado nm cliff

acanto nm acanthus

acantonamiento nm MIL [acción] billeting / [lugar] billet

acantonar MIL vt to billet

◆ ***acantonarse*** vpr to be billeted

acaparador, -ora ■ adj greedy

■ nm,f hoarder

acaparamiento nm [monopolio] monopolization / [en tiempo de escasez] hoarding

acaparar vt **1.** [monopolizar] to monopolize / [mercado] to corner ▸ **acaparaba las miradas de todos** all eyes were upon her ▸ **los atletas alemanes acapararon las medallas** the German athletes swept the board **2.** [aprovisionarse de] to hoard

acápite nm *AM* paragraph

acaramelado, -a adj **1.** *Fam* [pareja] lovey-dovey **2.** *Fam* [afectado] sugary (sweet) **3.** [con caramelo] covered in caramel

acariciar vt **1.** [persona] to caress / [animal, pelo, piel] to stroke ▸ **la brisa acariciaba su piel** the breeze caressed her skin **2.** [idea, proyecto] to cherish

◆ ***acariciarse*** vpr [mutuamente] to caress (each other) ▸ **se acarició el pelo** she stroked her hair

ácaro nm mite

acarrear vt **1.** [transportar] to carry / [carbón] to haul **2.** [ocasionar] to give rise to

acartonado, -a adj [persona, piel] wizened

acartonarse vpr to become wizened

acaso adv perhaps ▸ **¿~ no lo sabías?** are you trying to tell me you didn't know?

◆ ***si acaso*** loc adv **si ~ lo vieras...** if you should see him... ▸ **¿te traigo algo? – si ~, una botella de vino** can I get you anything? – you could get me a bottle of wine, if you like

◆ ***por si acaso*** loc adv (just) in case

acatamiento nm compliance (**de** with)

acatar vt [normas] to respect, to comply with / [órdenes] to obey

acatarrado, -a adj **estar ~** to have a cold

acatarrarse vpr to catch a cold

acaudalado, -a adj well-to-do, wealthy

acaudillar vt *también Fig* to lead

acceder vi **1.** [consentir] to agree (**a algo/a hacer algo** to sth/to do sth) ▸ **~ a una petición** to grant a request **2.** [tener acceso] **~ a algo** to enter sth, to gain entry to sth **3.** [alcanzar] **~ al trono** to accede to the throne ▸ **~ al poder** to come to power ▸ **accedió al cargo de presidente** he became president

accesible adj **1.** [lugar] accessible **2.** [persona] approachable

accésit nm inv runners-up prize

acceso nm **1.** [entrada] entrance (**a** to) **2.** [paso] access (**a** to) **3.** [carretera] approach road **4.** [ataque] fit / [de fiebre, gripe] bout ▸ **un ~ de tos** a fit of coughing

accesorio, -a ■ adj incidental, of secondary importance

■ nm [utensilio] accessory ▸ **accesorios** [de moda, automóvil] accessories ▸ **accesorios opcionales** optional extras

accidentado, -a ■ adj **1.** [vida] turbulent / [viaje] eventful **2.** [terreno, camino] rough, rugged

■ nm,f injured person, victim

accidental adj **1.** [no esencial] incidental, of secondary importance **2.** [imprevisto] chance, unforeseen

accidentarse vpr to be involved in *o* have an accident

accidente nm **1.** [suceso] accident ▸ **tener** *o* **sufrir un ~** to have an accident ▸ **por ~** by accident, accidentally ▸ **~ aéreo** plane crash ▸ **~ de carretera** road *o* traffic accident ▸ **~ de circulación** road *o* traffic accident ▸ **~ de coche** car crash ▸ **~ ferroviario** railway accident, train crash ▸ **~ laboral** industrial accident ▸ **~ mortal** fatal accident ▸ **~ de trabajo** industrial accident ▸ **~ de tráfico** road *o* traffic accident **2.** [irregularidad] **los accidentes del terreno** the unevenness of the terrain ▸ **~ geográfico** geographical feature

acción nf **1.** [efecto de hacer] action ▸ **rocas erosionadas por la ~ del viento** rocks eroded by the wind ▸ **en ~** in action, in operation ▸ **entrar** *o* **ponerse en ~** [persona] to go into action ▸ **pasar a la ~** to take action **2.** [hecho] deed, act ▸ **una buena ~** a good deed ▸ REL **~ de gracias** thanksgiving ▸ **~ de guerra** act of war **3.** FIN share ▸ **acciones en cartera** *BR* shares *o* *US* stock in portfolio ▸ **acciones ordinariarias** *BR* ordinary shares, *US* common stocks ▸ **~ de oro** golden share ▸ **acciones preferentes** *BR* preference shares, *US* preferred stock **4.** [de relato, película] action ▸ **la ~ tiene lugar en Venezuela** the action takes place in Venezuela ▸ **película de ~** action movie *o* *BR* film **5.** DER **iniciar acciones legales contra alguien** to take legal action against sb ▸ **~ popular** action brought by the People

accionamiento nm activation

accionar ■ vt **1.** [mecanismo, palanca] to activate **2.** *AM* DER to bring a suit against

■ vi [gesticular] to gesture, to gesticulate

accionariado nm FIN *BR* shareholders, *US* stockholders

accionista nmf FIN *BR* shareholder, *US* stockholder

Accra n Accra

acebo nm [hojas] holly / [árbol] holly bush *o* tree

acebuche nm wild olive tree

acechanza nf observation, surveillance

acechar vt to watch, to spy on ▸ **el cazador acechaba a su presa** the hunter was stalking his prey

acecho nm observation, surveillance ▸ **estar al ~ de** to lie in wait for / *Fig* to be on the lookout for

acedera nf sorrel

acéfalo, -a adj [estado, organización] leaderless

aceitar vt [motor] to lubricate / [comida] to pour oil onto

aceite nm oil ▸ **~ de cacahuete/colza** peanut/rapeseed oil ▸ **~ esencial** essential oil ▸ **~ de girasol** sunflower oil ▸ **~ de hígado de bacalao** cod-liver oil ▸ **~ de linaza/maíz/oliva/sésamo** linseed/corn/olive/sesame oil ▸ **~ vegetal** vegetable oil

aceitera nf oilcan ▸ **aceiteras** cruet set *(for oil and vinegar)*

aceitoso, -a adj oily

aceituna nf olive ▸ **~ rellena** stuffed olive

aceitunado, -a adj olive ▸ **piel aceitunada** olive skin

aceitunero, -a nm,f **1.** [recogedor] olive picker **2.** [vendedor] olive merchant

aceituno nm olive tree

aceleración nf acceleration

acelerada nf *AM* acceleration, burst of speed

acelerado, -a adj rapid, quick / FÍS accelerated ▸ *Fam Fig* **estar ~** to be hyper

acelerador, -ora ■ adj accelerating

■ nm [de coche] accelerator ▸ **pisar el ~** to step on the accelerator / *Fig* to step on it ▸ FÍS **~ de partículas** particle accelerator

acelerar ■ vt [proceso] to speed up / [vehículo] to accelerate / [motor] to gun

■ vi [conductor] to accelerate

◆ ***acelerarse*** vpr [proceso] to speed up / [motor] to accelerate / *Fam Fig* [persona] to get hyper

acelerón nm [de corredor, coche] burst of speed ▸ **dar un ~** [conductor, coche] to speed up / *Fig* to get a move on

acelga nf chard

acendrado, -a adj *Formal* untarnished, pure

acendrar vt *Formal* [cualidad, sentimiento] to refine

acento nm **1.** [entonación] accent ▸ **tener ~ andaluz** to have an Andalusian accent **2.** [ortográfico] accent **3. poner el ~ en algo** [enfatizar] to emphasize sth

acentuación nf **1.** [de palabra, sílaba] accentuation **2.** [intensificación] intensification / [de problema] worsening ▸ **una ~ de las actitudes racistas** a rise in racist attitudes

acentuado, -a adj **1.** [sílaba] stressed / [vocal] [con tilde] accented **2.** [marcado] marked, distinct

acentuar [4] vt **1.** [palabra, letra] [al escribir] to accent, to put an accent on / [al hablar] to stress **2.** [intensificar] to accentuate ▸ **la inflación acentuó la crisis** inflation made the recession even worse **3.** [recalcar] to stress, to emphasize ▸ **~ la necesidad de hacer algo** to emphasize the need to do sth

◆ ***acentuarse*** vpr **1.** [intensificarse] to deepen, to increase **2.** [llevar acento] **las consonantes nunca se acentúan** consonants never have an accent

acepción nf [de palabra, frase] meaning, sense

aceptable adj acceptable

aceptación nf **1.** [aprobación] acceptance **2.** [éxito] success, popularity ▸ **tener gran ~** to be very popular

aceptar vt to accept ▸ **no aceptaron sus condiciones** they didn't accept his conditions ▸ **no se aceptan cheques** [en letrero] we do not take cheques ▸ **se aceptan donativos** [en letrero] donations welcome

acequia nf irrigation channel *o* ditch

acera nf **1.** [para peatones] *BR* pavement, *US* sidewalk **2.** [lado de la calle] side of the street ▸ *Fam* **ser de la otra ~** [ser homosexual] to be one of them

acerado, -a adj **1.** [con acero] containing steel **2.** [fuerte, resistente] steely, tough **3.** [mordaz] cutting, biting

acerar vt **1.** [poner aceras] to pave **2.** [convertir en acero] to turn into steel

acerbo, -a adj *Formal* **1.** [áspero] bitter **2.** [mordaz] caustic, cutting

acerca: acerca de loc prep about

acercamiento nm [de personas, estados] rapprochement / [de suceso, fecha] approach

acercar [59] vt **1.** [aproximar] to bring nearer ▸ **acerca la mesa a la pared** [sin tocar la pared] move the table closer to the wall / [tocando la pared] push o move the table up against the wall ▸ **acércame el pan** could you pass me the bread? **2.** [llevar] **la acercó a la estación en moto** he gave her a *BR* lift *o US* ride to the station on his bike **3.** [personas, posturas] **la desgracia común los acercó** shared misfortune brought them together ▸ **han acercado posturas tras dos semanas de negociaciones** after two weeks of negotiations the two sides are now closer to each other

◆ ***acercarse*** vpr **1.** [aproximarse] to come closer, to approach ▸ **acércate a ver esto** come and have a look at this ▸ **no te acerques al precipicio** don't go near the edge ▸ *Fig* **se acercó a él en busca de protección** she turned to him for protection **2.** [ir] to go / [venir] to come ▸ **se acercó a la tienda a por pan** she popped out to the shops for some bread ▸ **acércate por aquí un día de estos** come over and see us some time **3.** [tiempo] to draw nearer, to approach ▸ **se acerca la Navidad** Christmas is coming ▸ **nos acercamos al verano** it will soon be summer **4.** [parecerse] **acercarse a** to resemble ▸ **su estilo se acerca más a la poesía que a la prosa** his style is closer to poetry than to prose **5.** [en negociaciones] [países, bandos] to come closer ▸ **sus posturas se han acercado mucho en las últimas semanas** the differences between them have narrowed considerably over recent weeks

acería nf steelworks *(singular)*

acerico nm pincushion

acero nm steel ▸ **~ galvanizado** galvanized steel ▸ **~ inoxidable** stainless steel ▸ **~ de tungsteno** tungsten steel

acerque *etc ver* ***acercar***

acérrimo, -a adj [defensor] diehard, fervent / [enemigo] bitter

acertado, -a adj **1.** [certero] [respuesta] correct / [disparo] on target / [comentario] appropriate **2.** [oportuno] good, clever

acertante ■ adj winning

■ nmf winner ▸ **los máximos acertantes** [de quiniela, lotería] the jackpot winners

acertar [3] ■ vt **1.** [adivinar] to guess (correctly) ▸ **acerté dos respuestas** I got two answers right **2.** [blanco] to hit

■ vi **1.** [al contestar, adivinar] to be right / [al escoger, decidir] to make a good choice ▸ **acerté a la primera** I got it right first time ▸ **acertó al elegir esa profesión** she made the right decision when she chose that career ▸ **acertaste con su regalo** you chose her present well, you chose just the right present for her **2.** [conseguir] **~ a hacer algo** to manage to do sth ▸ **no acierto a entenderlo** I can't understand it at all ▸ **acertaba a pasar por allí** she happened to pass that way **3.** [hallar] **~ con** to find

acertijo nm riddle

acervo nm **~ cultural** [de una nación, región] cultural heritage ▸ POL **~ comunitario** acquis communautaire ▸ **~ popular** popular culture

acetato nm QUÍM acetate

acético, -a adj QUÍM acetic

acetileno nm QUÍM acetylene

acetona nf QUÍM acetone / [quitaesmaltes] nail-polish remover

achacable adj attributable (**a** to)

achacar [59] vt to attribute (**a** to)

achacoso, -a adj **1.** [persona] frail **2.** [cosa] faulty, defective

achampañado, -a adj sparkling

achantar vt *Fam* to put the wind up

◆ ***achantarse*** vpr *Fam* to get the wind up

achaparrado, -a adj squat

achaque ■ *ver* ***achacar***

■ nm ailment, complaint

achatado, -a adj flattened ▸ **la Tierra está achatada por los polos** the Earth is flattened at the poles

achatar vt to flatten

◆ ***achatarse*** vpr to level out

achicar [59] vt **1.** [empequeñecer] to make smaller / *Fig* [acobardar] to intimidate **2.** [agua] [de barco] to bale out / [de mina] to pump out

◆ ***achicarse*** vpr [acobardarse] to be intimidated

achicharrado, -a adj [quemado] burnt to a crisp / [acalorado] boiling (hot)

achicharrante adj [calor, sol] boiling

achicharrar ■ vt **1.** [quemar] to burn **2.** [a preguntas] to plague, to overwhelm (**a** with)
■ vi [sol, calor] to be boiling
◆ ***achicharrarse*** vpr *Fam* [quemarse] to fry, to get burnt / [de calor] to be boiling (hot)

achicoria nf chicory

achinado, -a adj **1.** [ojos] slanting **2.** [persona] Chinese-looking **3.** *RP* [aindiado] Indian-looking

achique ■ *ver* ***achicar***
■ nm NÁUT baling out

achispado, -a adj *Fam* tipsy

achispar vt to make tipsy
◆ ***achisparse*** vpr to get tipsy

acholado, -a adj *BOL, CHILE, PERÚ Pey* [físicamente] Indian-looking, mestizo / [culturalmente] = *who has adopted Indian ways*

achuchado, -a adj *ESP Fam* hard, tough ▸ **la vida está muy achuchada** life is very hard, money is tight

achuchar vt *Fam* **1.** [abrazar] to hug **2.** [presionar] to be on at, to badger

achuchón nm *Fam* **1.** [abrazo] big hug **2.** [indisposición] mild illness ▸ **le dio un ~** he got sick

achulado, -a adj *ESP* cocky

achunchar *ANDES Fam* vt [avergonzar] to shame
◆ ***achuncharse*** vpr [avergonzarse] to be ashamed

achurar vt *RP Fam* **1.** [acuchillar] to stab to death **2.** [animal] to disembowel

achuras nfpl *PERÚ, RP* (dish of) offal

aciago, -a adj *Formal* black, fateful ▸ **un día ~** a fateful day

acicalado, -a adj dapper

acicalar vt to do up
◆ ***acicalarse*** vpr to do oneself up

acicate nm **1.** [espuela] spur **2.** [estímulo] incentive

acidez nf acidity ▸ **~ (de estómago)** heartburn

acid house nm acid house

ácido, -a ■ adj [bebida, sabor, carácter] acid, sour / QUÍM acidic
■ nm **1.** QUÍM acid ▸ **~ desoxirribonucleico** deoxyribonucleic acid ▸ **~ graso** fatty acid ▸ **~ sulfúrico** sulphuric acid **2.** *Fam* [droga] acid

acierto ■ *ver* ***acertar***
■ nm **1.** [a pregunta] correct answer **2.** [en quinielas] = *correct prediction of results in football pools entry* **3.** [habilidad, tino] good *o* sound judgement ▸ **fue un ~ vender las acciones** it was a good *o* smart idea to sell the shares

ácimo adj [pan] unleavened

acimut nm ASTRON azimuth

aclamación nf acclamation, acclaim ▸ **por ~** unanimously

aclamar vt to acclaim ▸ **fue aclamado emperador** he was acclaimed emperor

aclaración nf explanation, clarification

aclarado nm *ESP* rinsing ▸ **dar un ~ a algo** to rinse sth, to give sth a rinse

aclarar ■ vt **1.** *ESP* [enjuagar] to rinse **2.** [explicar] to clarify, to explain ▸ **aclaremos una cosa** let's get one thing clear **3.** [color] to make lighter ▸ **el sol aclara el pelo** the sun makes one's hair lighter **4.** [lo espeso] [chocolate, sopa] to thin (down) / [bosque] to thin out
■ v impersonal **ya aclaraba** [amanecía] it was getting light / [se despejaba] the sky was clearing
◆ ***aclararse*** vpr **1.** [entender] to understand ▸ **no me aclaro con este programa** I can't get the hang of this program ▸ **a ver si nos aclaramos** let's see if we can get this straight ▸ **con tres monedas diferentes no hay quién se aclare** with three different currencies nobody knows where they are **2.** [explicarse] **se aclaró la situación** the situation became clear **3.** [tener las cosas claras] **mi jefe no se aclara** my boss doesn't know what he wants **4. aclararse la garganta** to clear one's throat **5. aclararse el pelo** [de color] to dye one's hair a lighter colour

aclaratorio, -a adj explanatory

aclimatación nf acclimatization

aclimatar vt [planta, animal] to acclimatize (**a** to)
◆ ***aclimatarse*** vpr **1.** [planta, animal] to acclimatize (**a** to) **2.** [acostumbrarse] to settle in ▸ **aclimatarse a algo** to get used to sth

acné nm MED **~ (juvenil)** acne

ACNUR [ak'nur] nf (abrev de ***Alto Comisionado de las Naciones Unidas para los Refugiados***) UNHCR

acobardar vt to frighten, to scare
◆ ***acobardarse*** vpr to get frightened *o* scared ▸ **acobardarse ante algo** to shrink back from sth

acodado, -a adj **1.** [persona] leaning (on his/her elbows) **2.** [cañería] elbowed

acodarse vpr to lean (**en** on)

acogedor, -ora adj [país, persona] friendly, welcoming / [casa, ambiente] cosy

acoger [52] vt **1.** [recibir] [persona] to welcome / [idea, noticia] to receive **2.** [dar refugio a] to take in ▸ **Suecia acogió a los refugiados políticos** Sweden took in the political refugees ▸ **que Dios lo/la acoja en su seno** God rest his/her soul
◆ ***acogerse*** vpr **acogerse a** [ley, derecho] to take refuge in, to have recourse to ▸ **acogerse a un plan de pensiones** to sign up for a pension scheme

acogida nf **1.** [de persona] welcome, reception / [de idea, película] reception ▸ **tener buena/mala ~** to be well/badly received, to go down well/badly **2. ~ (familiar)** fostering ▸ **familia/hogar de ~** foster parents/home

acojo *ver* ***acoger***

acojonado, -a adj *ESP muy Fam* **está acojonada ante la entrevista del martes** she's crapping herself about her interview on Tuesday

acojonante adj *ESP muy Fam* **1.** [impresionante] damn fine, *BR* bloody incredible **2.** [que da miedo] damn *o BR* bloody scary

acojonar *ESP muy Fam* ■ vt **1.** [asustar] **~ a alguien** to scare the crap out of sb **2.** [impresionar] **nos acojonó con su última película** we were damn *o BR* bloody impressed by his last film

■ vi [asustar] to be damn *o BR* bloody scary

◆ ***acojonarse*** vpr **me acojoné y no se lo dije** I crapped out of telling her

acojono nm *ESP muy Fam* **me entró un ~ terrible** I started crapping myself

acolchado, -a adj padded

acolchar vt to pad

acólito nm **1.** [seguidor] acolyte **2.** [monaguillo] altar boy

acollarar vt *CSUR* [unir] to tie together

acomedido, -a adj *ANDES, CAM, MÉX* accommodating, obliging

acometer ■ vt **1.** [atacar] to attack ▸ **le acometió el sueño** he was overcome by tiredness **2.** [emprender] to undertake

■ vi [embestir] **~ contra** to hurtle into

acometida nf **1.** [ataque] attack, charge **2.** [de luz, gas] (mains) connection

acomodadizo, -a adj accommodating, easy-going

acomodado, -a adj **1.** [rico] well-off, well-to-do **2.** [instalado] ensconced

acomodador, -ora nm,f CINE & TEATRO usher, *f* usherette

acomodar vt **1.** [instalar] [persona] to seat, to instal / [cosa] to place **2.** [adaptar] to fit

◆ ***acomodarse*** vpr **1.** [instalarse] to make oneself comfortable ▸ **se acomodó en el sillón** he settled down in the armchair **2.** [adaptarse] to adapt (**a** to) ▸ **el presupuesto deberá acomodarse a nuestras necesidades** our budget should meet our needs

acomodaticio, -a adj [complaciente] accommodating, easy-going

acomodo nm **1.** [alojamiento] accommodation ▸ *Fig* **dar ~ a algo** to allow for sth, to take sth into account **2.** *CSUR, MÉX* [influencia] string-pulling, influence / *MÉX* [empleo temporal] seasonal job

acompañado, -a adj accompanied (**de** by)

acompañamiento nm **1.** [comitiva] [en entierro] cortege / [de rey] retinue **2.** CULIN & MÚS accompaniment

acompañante nmf companion

acompañar ■ vt **1.** [ir con] to go with, to accompany ▸ **su esposa lo acompaña en todos sus viajes** his wife goes with him on all his trips ▸ **~ a alguien a la puerta** to show sb out ▸ **~ a alguien a casa** to walk sb home **2.** [hacer compañía] **~ a alguien** to keep sb company ▸ **la radio me acompaña mucho** I listen to the radio for company **3.** [compartir emociones con] **~ en algo a alguien** to be with sb in sth ▸ **le acompaño en el sentimiento** (you have) my condolences **4.** [adjuntar] to enclose ▸ **acompañó la solicitud de** *o* **con su curriculum vitae** he sent his *BR* CV *o US* résumé along with the application **5.** [con música] to accompany **6.** [añadir] **~ la carne con verduras** to serve the meat with vegetables

■ vi [hacer compañía] to provide company

◆ ***acompañarse*** vpr MÚS **canta y se acompaña con el piano** she sings and accompanies herself on the piano

acompasado, -a adj [crecimiento, desarrollo] steady / [pasos] measured

acompasar vt **~ algo** to synchronize sth (**a** with)

acomplejado, -a ■ adj **está ~ por su calvicie** he has a complex about his bald patch

■ nm,f **es un ~** he has got a complex

acomplejar vt to give a complex

◆ ***acomplejarse*** vpr to develop a complex

Aconcagua nm **el ~** Aconcagua

acondicionado, -a adj **1.** [equipado] equipped ▸ **estar bien/mal ~** to be in a fit/no fit state **2. aire ~** air-conditioning

acondicionador nm [de aire] air-conditioner

acondicionamiento nm [reforma] conversion, upgrading

acondicionar vt **1.** [reformar] to convert, to upgrade **2.** [preparar] to prepare, to get ready

aconfesional adj secular

acongojado, -a adj [apenado] distressed, anguished

acongojar vt to distress, to cause anguish to

◆ ***acongojarse*** vpr to be distressed

aconsejable adj advisable

aconsejar vt **1.** [dar consejos] **~ a alguien (que haga algo)** to advise sb (to do sth) ▸ **le pedí que me aconsejara (acerca de)** I asked him for advice (about) ▸ **¿y tú qué me aconsejas que haga?** and what do you think I should do?, and what would your advice be? ▸ **los expertos aconsejan beber dos litros de agua al día** experts recommend that you drink two litres of water a day **2.** [hacer aconsejable] to make advisable ▸ **la delicadeza de la situación aconseja actuar con prudencia** the delicacy of the situation makes caution advisable

acontecer [46] vi to take place, to happen

acontecimiento nm event ▸ **esto es todo un ~** this is quite an event *o* occasion! ▸ **adelantarse a los acontecimientos** [precipitarse] to jump the gun / [prevenir] to take preemptive measures

acopiar vt to gather

acopio nm stock, store ▸ **hacer ~ de** [existencias, comestibles] to stock up on / [valor, paciencia] to summon up

acoplable adj attachable (**a** to)

acoplamiento nm [de piezas] attachment, connection / [de módulo espacial] docking

acoplar vt **1.** [encajar] to attach, to fit together **2.** [adaptar] to adapt, to fit

◆ ***acoplarse*** vpr **1.** [adaptarse] to adjust (**a** to) / [mutuamente] to adjust to each other **2.** [encajar] to fit together ▸ **acoplarse a algo** to fit sth **3.** [micrófono] to give feedback

acoquinado, -a adj *Fam* timid, nervous

acoquinar *Fam* vt to put the wind up

◆ ***acoquinarse*** vpr to get the wind up

acorazado, -a ■ adj armour-plated

■ nm [buque de guerra] battleship

acorazar [14] vt to armour-plate, to armour

acordar [63] vt **1.** [ponerse de acuerdo en] to agree (on) ▸ **~ hacer algo** to agree to do sth ▸ **acordaron que lo harían** they agreed to do it **2.** *AM* [conceder] to award **3.** *AM* [recordar] to remind ▸ **acuérdame de llamar** remind me to call

◆ ***acordarse*** vpr **acordarse (de algo/de hacer algo)** to remember (sth/to do sth) ▸ **si mal no me acuerdo** if I remember correctly, if my memory serves me right ▸ *Fam* **¡te vas a ~!** [como amenaza] you're in for it!, you'll catch it!

acorde ■ adj [conforme] in agreement ▸ **estar ~ con** to be in keeping with

■ nm MÚS chord

acordeón nm **1.** [instrumento] accordion **2.** *COL, MÉX Fam* [en examen] crib

acordeonista nmf accordionist

acordonado, -a adj cordoned off

acordonar vt **1.** [cercar] to cordon off **2.** [atar] to do *o* lace up

acornear vt to gore

acorralamiento nm [de malhechor, animal de caza] cornering

acorralar vt *también Fig* to corner

acortar ■ vt [longitud, cuerda] to shorten / [falda, pantalón] to take up / [reunión, viaje] to cut short

■ vi **por este camino acortaremos** we'll get there quicker this way

◆ ***acortarse*** vpr [días] to get shorter

acosado, -a adj hounded, pursued

acosador, -ora adj relentless, persistent

acosamiento nm harassment

acosar vt **1.** [perseguir] to pursue relentlessly **2.** [hostigar] to harass

acoso nm **1.** [persecución] relentless pursuit **2.** [hostigamiento] harassment ▸ **~ y derribo** constant harrying ▸ **~ sexual** sexual harassment

acostado, -a adj [en la cama] in bed / [tumbado] lying down

acostar [63] vt **1.** [en la cama] to put to bed **2.** NÁUT to bring alongside

◆ ***acostarse*** vpr [irse a la cama] to go to bed / [tumbarse] to lie down ▸ **suele acostarse tarde** he usually goes to bed late ▸ *Fam* **acostarse con alguien** [tener relaciones sexuales] to sleep with sb

acostumbrado, -a adj **1.** [habitual] usual **2.** [habituado] **estamos acostumbrados** we're used to it ▸ **estar ~ a algo/a hacer algo** to be used to sth/to doing sth

acostumbrar ■ vt [habituar] **~ a alguien a algo/a hacer algo** to get sb used to sth/to doing sth

■ vi [soler] **~ a hacer algo** to be in the habit of doing sth ▸ **acostumbra a trabajar los sábados** he usually works on Saturdays

◆ ***acostumbrarse*** vpr [habituarse] **te acostumbrarás pronto** you'll soon get used to it ▸ **acostumbrarse a algo/a hacer algo** to get used to sth/to doing sth

acotación nf [nota] note in the margin / TEATRO stage direction

acotado, -a adj enclosed

acotamiento nm **1.** [de terreno, campo] enclosing, demarcation **2.** *MÉX* [arcén] *BR* hard shoulder, *US* shoulder

acotar vt **1.** [terreno, campo] to enclose, to demarcate / [tema, competencias] to delimit **2.** [texto] to write notes in the margin of

acotejar vt *ANDES, CARIB* to arrange

ACP (abrev de ***África, el Caribe y el Pacífico***) ACP ▸ **países ~** ACP countries

ácrata adj & nmf POL anarchist

acre ■ adj **1.** [olor] acrid, pungent / [sabor] bitter **2.** [brusco, desagradable] caustic

■ nm acre

acrecentar [3] vt to increase

◆ ***acrecentarse*** vpr to increase

acreditación nf [de periodista] press card / [de diplomático] credentials

acreditado, -a adj **1.** [médico, abogado] distinguished / [marca] reputable **2.** [embajador, representante] accredited

acreditar vt **1.** [certificar] to certify / [autorizar] to authorize, to entitle **2.** [demostrar] to prove, to confirm **3.** [dar fama a] to do credit to **4.** [embajador] to accredit **5.** FIN to credit

acreedor, -ora ■ adj **hacerse ~ de algo** to earn sth

■ nm,f FIN creditor

acribillado, -a adj **~ a balazos** riddled with bullets

acribillar vt to perforate, to pepper with holes ▸ **~ a alguien a balazos** to riddle sb with bullets ▸ **me han acribillado los mosquitos** the mosquitoes have bitten me all over ▸ *Fig* **~ a alguien a preguntas** to fire questions at sb

acrílico, -a ■ adj acrylic

■ nm ARTE painting done in acrylics

acrimonia nf [aspereza] acrimony

acriollarse vpr *AM* to adopt local ways

acrisolado, -a adj proven, tried and tested

acristalado, -a adj [terraza, galería] glazed

acristalar vt to glaze

acrítico, -a adj uncritical

acritud nf [aspereza] acrimony

acrobacia nf **1.** [en circo] acrobatics **2.** [de avión] aerobatic manoeuvre ▸ *Fig* **hacer acrobacias con las cifras** to massage the figures

acróbata nmf acrobat

acrobático, -a adj [ejercicios, espectáculo] acrobatic

acrónimo nm acronym

acrópolis nf inv acropolis

acróstico nm acrostic

acta nf **1. acta(s)** [de junta, reunión] minutes / [de congreso] proceedings ▸ **constar en ~** to be recorded in the minutes ▸ **levantar ~** to take the minutes **2.** [certificado] certificate ▸ **~ de defunción** death certificate ▸ **~ notarial** affidavit ▸ **~ (de nombramiento)** certificate of appointment

actinia nf sea anemone

actitud nf **1.** [disposición de ánimo] attitude ▸ **con esa ~ no vamos a ninguna parte** we won't get anywhere with that attitude **2.** [postura] posture, position ▸ **el león estaba en ~ vigilante** the lion had adopted an alert pose

activación nf stimulation

activar vt [alarma, mecanismo] to activate / [explosivo] to detonate / [economía] to stimulate

actividad nf activity ▸ **desplegar una gran ~** to be in a flurry of activity ▸ **en ~** active ▸ EDUC **actividades extraescolares** extracurricular activities ▸ **actividades para el tiempo libre** leisure activities

activismo nm POL activism

activista nmf POL activist

activo, -a ■ adj **1.** [dinámico] active **2.** [que trabaja] working ▸ **en ~** [en funciones] on active service ▸ **todavía está en ~** he's still working **3.** GRAM active **4.** [volcán] active

■ nm FIN assets ▸ **~ circulante** current assets ▸ **~ disponible** liquid assets ▸ **~ fijo** fixed assets ▸ **~ financiero** financial assets ▸ **~ inmovilizado** fixed assets, tangible assets ▸ **activos intangibles** invisible assets ▸ **~ líquido** liquid assets

acto nm **1.** [acción] act ▸ **no es responsable de sus actos** he's not responsible for his actions ▸ **hacer ~ de presencia** to show one's face ▸ **~ de fe** act of faith ▸ **~ reflejo** reflex action ▸ **~ sexual** sexual act **2.** [ceremonia] ceremony ▸ **actos culturales** cultural events ▸ **~ electoral** election rally **3.** TEATRO act **4.** [expresiones] **~ seguido** immediately after ▸ **en el ~** on the spot, there and then ▸ **reparaciones en el ~** repairs done while you wait

actor nm actor ▸ **~ de cine** movie *o* *BR* film actor ▸ **~ de reparto** *o* **secundario** supporting actor

actriz nf actress ▸ **~ de cine** movie *o* *BR* film actress

actuación nf **1.** [conducta, proceder] conduct, behaviour **2.** [interpretación] performance ▸ **~ estelar** star turn ▸ **~ de gala** gala performance ▸ **~ en vivo** live performance **3.** DER **actuaciones** proceedings

actual adj **1.** [del momento presente] present, current ▸ **el ~ alcalde** the present *o* current mayor ▸ **las tendencias actuales de la moda** current fashion trends ▸ **el ~ campeón del mundo** the current *o* reigning world champion **2.** [de moda] modern, present-day ▸ **tiene un diseño muy ~** it has a very modern *o* up-to-date design **3.** [de interés] topical ▸ **un tema muy ~** a very topical issue

FALSO AMIGO / FALSE FRIEND

actual

Actual is not a translation of the commonest senses of the Spanish word *actual*. **Actual** is translated by *real* o *en sí*:

the actual result was higher *el resultado real fue superior*

the actual house is small *la casa en sí es pequeña*

actualidad nf **1.** [momento presente] current situation ▸ **la ~ política** the current political situation ▸ **cuentan en la ~ con un millón de socios** they currently have a million members ▸ **estas piezas en la ~ se fabrican en serie** these parts are mass-produced nowadays **2.** [de asunto, noticia] topicality ▸ **estar de ~** to be topical ▸ **una noticia de rabiosa ~** an extremely topical news item ▸ **temas de ~** current affairs **3.** [noticia] news *(singular)* ▸ **la ~ informativa** the news ▸ **la ~ deportiva** the sports news ▸ **ser ~** to be making the news **4.** [vigencia] relevance to modern society ▸ **sus libros siguen teniendo gran ~** her books are still very relevant today

actualización nf [de información, datos] updating / [de tecnología, industria] modernization / INFORM [de software, hardware] upgrade

actualizar [14] vt [información, datos] to update / [tecnología, industria] to modernize / INFORM [nueva versión] to upgrade

actualmente adv **1.** [en estos tiempos] these days, nowadays ▸ **~ casi nadie viaja en burro** hardly anyone travels by donkey nowadays **2.** [en este momento] at the (present) moment ▸ **su padre está ~ en paradero desconocido** his father's present whereabouts are unknown

actuar [4] vi **1.** [obrar, producir efecto] to act ▸ **actúa de** *o* **como escudo** it acts *o* serves as a shield ▸ **este tranquilizante actúa directamente sobre los centros nerviosos** this tranquilizer acts directly on the nerve centres **2.** DER to undertake proceedings **3.** [en película, teatro] to perform, to act ▸ **en esta película actúa Victoria Abril** Victoria Abril appears in this film

actuario, -a nm,f **1.** DER clerk of the court **2.** FIN **~ de seguros** actuary

acuarela nf [técnica, pintura] watercolour

acuarelista nmf [pintor] watercolourist

acuario ■ nm **1.** [edificio, pecera grande] aquarium / [pecera] fish-tank **2.** [zodiaco] Aquarius ▸ *ESP* **ser ~** to be (an) Aquarius

■ nmf *ESP* [persona] Aquarius

acuartelamiento nm MIL **1.** [acción] confinement to barracks **2.** [lugar] barracks

acuartelar vt MIL **1.** [alojar] to quarter **2.** [retener] to confine to barracks

acuático, -a adj aquatic

acuchillador nm [de suelos] floor sander

acuchillar vt **1.** [apuñalar] to stab **2.** [suelo de madera] to sand

acuciante adj urgent, pressing

acuciar vt **1.** [instar] to goad ▸ **el deseo me acuciaba** I was driven by desire **2.** [ser urgente] **le acucia encontrar un nuevo trabajo** he urgently needs to find a new job

acuclillarse vpr [agacharse] to squat (down)

acudir vi **1.** [ir] to go / [venir] to come ▸ **~ a una cita/un mitin** to turn up for an appointment/at a rally ▸ **nadie acudió a mi llamada de auxilio** no-one answered my cry for help ▸ *Fig* **~ a la mente** to come to mind **2.** [recurrir] **~ a alguien** to turn to sb ▸ **si necesitas ayuda, puedes ~ a mí** if you need help you can come to *o* ask me

acueducto nm aqueduct

acuerdo ■ *ver* ***acordar***

■ nm **1.** [pacto] agreement ▸ **llegar a un ~** to reach (an) agreement ▸ **Acuerdo General sobre Aranceles y Comercio** General Agreement on Tariffs and Trade ▸ IND **~ marco** framework agreement ▸ IND **~ sobre productividad** productivity agreement ▸ **~ tácito** tacit agreement **2.** *AM* [recuerdo] **hazme ~ de comprar pan** remind me to buy some bread

◆ ***de acuerdo*** loc adv **1.** [bien] all right **2. de ~ con** [conforme a] in accordance with ▸ **estar de ~ (con alguien/en hacer algo)** to agree (with sb/to do sth) ▸ **ponerse de ~ (con alguien)** to agree (with sb), to come to an agreement (with sb) ▸ **de común ~** by common consent

acuesto *etc ver* ***acostar***

acuicultivo nm hydroponics *(singular)*

acuicultura nf [explotación de recursos] aquiculture, aquaculture / [de peces] fish farming

acuífero nm GEOL aquifer

acumulación nf accumulation

acumulador nm ELEC accumulator, storage battery ▸ **~ de calor** storage heater

acumular vt to accumulate ▸ **le gusta ~ recuerdos de sus viajes** she likes collecting souvenirs of her trips

◆ ***acumularse*** vpr to accumulate, to build up ▸ **se me acumula el trabajo** work is piling up on me

acumulativo, -a adj cumulative

acunar vt [en cuna] to rock / [en brazos] to cradle

acuñar vt [moneda] to mint / [palabra] to coin

acuoso, -a adj **1.** [que contiene agua] watery **2.** [jugoso] juicy

acupuntor, -ora nm,f acupuncturist

acupuntura nf acupuncture

acurrucarse [59] vpr to crouch down / [por frío] to huddle up / [por miedo] to cower ▸ **se acurrucó en un sillón** he curled up in an armchair

acusación nf **1.** [inculpación] charge **2.** DER **la ~** the prosecution ▸ **~ particular** private action

acusado, -a ■ adj [marcado] marked, distinct

■ nm,f [procesado] accused, defendant

acusador, -ora adj accusing

acusar vt **1.** [culpar] to accuse / DER to charge ▸ **lo acusaron de asesinato** he was accused of *o* charged with murder **2.** [mostrar] to show ▸ **su rostro acusaba el paso del tiempo** his face showed the passage of time ▸ **~ el golpe** to show the effects ▸ **su espalda acusó el esfuerzo** the effort had taken its toll on his back **3.** [recibo] to acknowledge ▸ **acusamos la recepción del paquete** we acknowledge receipt of your package

◆ ***acusarse*** vpr **1.** [mutuamente] to blame one another (**de** for) **2.** [uno mismo] **acusarse de haber hecho algo** to confess to having done sth

acusativo nm GRAM accusative

acusatorio, -a adj DER accusatory

acuse nm **~ de recibo** acknowledgement of receipt

acusica nmf *Fam* telltale

acústica nf **1.** [ciencia] acoustics *(singular)* **2.** [de local] acoustics

acústico, -a adj acoustic

ADA ['aða] nf (abrev de ***Ayuda del Automovilista***) = *Spanish motoring association,* *BR* ≃ AA, *US* ≃ AAA

adagio nm **1.** [sentencia breve] adage **2.** MÚS adagio

adalid nm champion

Adán n pr Adam

adán nm *Fam* ragamuffin, scruffy man ▸ *Fam* **ir hecho un ~** to be scruffily dressed, to go about in rags

adaptable adj adaptable

adaptación nf **1.** [acomodación] adaptation (**a** to) ▸ **~ al medio** adaptation to the environment **2.** [de libro, obra de teatro] adaptation ▸ **la película es una buena ~ del libro** the film is a good adaptation of the book

adaptado, -a adj suited (**a** to)

adaptador nm ELEC adapter

adaptar vt **1.** [modificar] to adapt (**a** to) ▸ **un modelo adaptado a condiciones desérticas** a model adapted to suit desert conditions **2.** [libro, obra de teatro] to adapt (**a** for)

◆ ***adaptarse*** vpr to adjust (**a** to) ▸ **no se ha adaptado al clima local** he hasn't adjusted *o* got used to the local climate ▸ **el nuevo local se adapta a las necesidades de la tienda** the new premises meet *o* are well suited to the shop's requirements

Addis Abeba n Addis Ababa

adecentar vt to tidy up

◆ ***adecentarse*** vpr to smarten oneself up

adecuación nf *Formal* [idoneidad, conveniencia] suitability

adecuado, -a adj appropriate, suitable

adecuar vt to adapt

◆ ***adecuarse*** vpr [ser apropiado] to be appropriate (**a** for) ▸ **el programa puede adecuarse a las necesidades**

CÓMO EXPRESAR...

el acuerdo

I quite agree. / Estoy de acuerdo.
It's true. / Es cierto.
You're right. / Tienes razón.
I couldn't agree (with you) more. / Estoy totalmente de acuerdo (con usted).
Absolutely. / Desde luego.
I think so too. / Yo también lo creo.
That's just what I was thinking. / Es justo lo que estaba pensando.
That's fine *o* OK by me. / Me parece bien.
That sounds like a good idea. / Parece una buena idea.
I don't see why not. / No veo por qué no.

del cliente the program can be adapted to the customer's needs ◗ **este apartamento se adecua a nuestras necesidades** this apartment is well suited to *o* meets our needs

adefesio nm *Fam* **1.** [persona] fright, sight **2.** [cosa] eyesore, monstrosity

a. de JC. (abrev de ***antes de Jesucristo***) BC

adelantado, -a adj advanced ◗ **Galileo fue un hombre ~ a su tiempo** Galileo was a man ahead of his time ◗ **llevo el reloj ~** my watch is fast

◆ ***por adelantado*** loc adv in advance

adelantamiento nm [en carretera] overtaking

adelantar ■ vt **1.** [vehículo, competidor] to overtake **2.** [mover hacia adelante] to move forward / [pie, reloj] to put forward ◗ **adelantó su coche para que yo pudiera aparcar** she moved her car forward so I could park **3.** [en el tiempo] [reunión, viaje] to bring forward ◗ **me quedaré en la oficina para ~ el trabajo** I'm going to stay on late at the office to get ahead with my work **4.** [dinero] to pay in advance ◗ **pedí que me adelantaran la mitad del sueldo de julio** I asked for an advance of half of my wages for July **5.** [información] to release ◗ **el gobierno adelantará los primeros resultados a las ocho** the government will announce the first results at eight o'clock ◗ **no podemos ~ nada más por el momento** we can't tell you *o* say any more for the time being **6.** [mejorar] to promote, to advance ◗ **¿qué adelantas con eso?** what do you hope to gain *o* achieve by that?

■ vi **1.** [progresar] to make progress ◗ **la informática ha adelantado mucho en la última década** there has been a lot of progress in information technology over the past decade **2.** [reloj] to be fast **3.** [en carretera] to overtake ◗ **prohibido ~** [en señal] no overtaking

◆ ***adelantarse*** vpr **1.** [en el tiempo] to be early / [frío, verano] to arrive early ◗ **este año se ha adelantado la primavera** spring has come early this year **2.** [en el espacio] to go on ahead ◗ **me adelanto para comprar el pan** I'll go on ahead and buy the bread **3.** [reloj] to gain ◗ **mi reloj se adelanta cinco minutos al día** my watch is gaining five minutes a day **4.** [anticiparse] **adelantarse a alguien** to beat sb to it ◗ **se adelantó a mis deseos** she anticipated my wishes ◗ **se adelantaron a la competencia** they stole a march on their rivals

adelante ■ adv forward, ahead ◗ **(de ahora) en ~** from now on ◗ **más ~** [en el tiempo] later (on) / [en el espacio] further on ◗ **sacar ~** [proyecto, empresa] to rescue ◗ **salimos ~** we put our problems behind us ◗ *AM* **~ de** in front of

■ interj **¡~!** [¡siga!] go ahead! / [¡pase!] come in!

adelanto nm [técnico, de dinero] advance

adelfa nf oleander

adelgazamiento nm slimming

adelgazante adj slimming

adelgazar [14] ■ vt [kilos] to lose

■ vi to lose weight, to slim

ademán nm [gesto] [con las manos] gesture / [con la cara] face, expression ◗ **hizo ~ de decir algo/huir** he made as if to say sth/run away

además adv moreover, besides / [también] also ◗ **~ hay que tener en cuenta que...** it should, moreover, be remembered that... ◗ **es guapa y ~ inteligente** she's beautiful, and clever too ◗ **no sólo es demasiado grande, sino que ~ te queda mal** it's not just that it's too big, it doesn't suit you either ◗ **~ de** as well as ◗ **~ de simpático es inteligente** as well as being nice, he's intelligent

ADENA [a'ðena] nf (abrev de ***Asociación para la Defensa de la Naturaleza***) = *Spanish nature conservancy organization, BR* ≃ NCC

adentrarse vpr **~ en** [jungla, barrio] to go deep into / [asunto] to study in depth

adentro adv inside ◗ **quédate ~ y no salgas** stay inside *o* indoors and don't go out ◗ **le clavó el cuchillo muy ~** he plunged the knife deep into her ◗ **tierra ~** inland ◗ **mar ~** out to sea ◗ *AM* **~ de** inside

◆ ***adentros*** nmpl **para mis/tus/***etc* **adentros** [pensar, decir] to myself/yourself/*etc* ◗ **sonrió para sus adentros** he smiled to himself

adepto, -a ■ adj [partidario] supporting ◗ **ser ~ a** to be a follower of

■ nm,f follower (**a** *o* **de** of)

aderezar [14] vt **1.** [sazonar] [ensalada] to dress / [comida] to season **2.** [conversación] to liven up, to spice up

aderezo nm **1.** [aliño] [de ensalada] dressing / [de comida] seasoning **2.** [adorno] adornment

adeudar vt **1.** [deber] to owe **2.** FIN to debit ◗ **~ 500 euros a una cuenta** to debit 500 euros to an account

◆ ***adeudarse*** vpr to get into debt

adeudo nm **1.** FIN debit **2.** *MÉX* [deuda] debt

adherencia nf **1.** [de sustancia, superficie] stickiness, adhesion / AUT [de ruedas] roadholding **2.** [parte añadida] appendage

adherente adj adhesive, sticky

adherir [62] vt to stick

◆ ***adherirse*** vpr **1.** [pegarse] to stick **2. adherirse a** [opinión, idea] to adhere to / [partido, asociación] to join

adhesión nf **1.** [a opinión, idea] support (**a** of) **2.** [a una organización] entry (**a** into)

adhesivo, -a ■ adj adhesive

■ nm **1.** [pegatina] sticker **2.** [sustancia] adhesive

adhiero *etc ver* ***adherir***

adhiriera *etc ver* ***adherir***

ad hoc adj ad hoc ◗ **una medida ~** an ad hoc measure

adicción nf addiction (**a** to)

adición nf addition

adicional adj additional

adictivo, -a adj addictive

adicto, -a ■ adj addicted (**a** to)

■ nm,f addict ◗ **un ~ a la heroína/al tabaco** a heroin/nicotine addict

adiestrador, -ora nm,f [de animales] trainer ◗ **~ de perros** dog handler

adiestramiento nm training

adiestrar vt to train ◗ **~ a alguien en algo/para hacer algo** to train sb in sth/to do sth

adinerado, -a adj wealthy

adiós (pl **adioses**) ■ nm goodbye ▸ *Fig* **decirle ~ a algo** to wave *o* kiss sth goodbye ▸ **~ a mi esperado fin de semana tranquilo** there go my hopes of a quiet weekend
■ interj **¡~!** goodbye! / [al cruzarse con alguien] hello!

adiposidad nf MED fattiness

adiposo, -a adj MED fatty

aditamento nm [complemento] accessory / [cosa añadida] addition

aditivo nm additive

adivinador, -ora nm,f fortune-teller

adivinanza nf riddle

adivinar vt **1.** [acertar] to guess ▸ **¡adivina en qué mano está la moneda!** guess which hand the coin is in! ▸ **adivinó el acertijo** he worked out the riddle **2.** [predecir] to foretell / [el futuro] to tell **3.** [entrever] **la propuesta deja ~ las verdaderas intenciones de los generales** this proposal reveals the generals' true intentions
◆ ***adivinarse*** vpr [vislumbrarse] to be visible ▸ **el castillo apenas se adivinaba en la lejanía** the castle could just be made out in the distance

adivino, -a nm,f fortune-teller ▸ **no soy ~** I'm not psychic

adjetivar vt GRAM to use adjectivally

adjetivo, -a ■ adj adjectival
■ nm GRAM adjective ▸ **~ calificativo** qualifying adjective ▸ **~ demostrativo** demonstrative adjective ▸ **~ numeral** quantitative adjective

adjudicación nf awarding ▸ COM **~ por concurso público** competitive tendering

adjudicar [59] vt [asignar] to award
◆ ***adjudicarse*** vpr [apropiarse] to take for oneself

adjudicatario, -a nm,f awardee

adjuntar vt to enclose *(in letter)*

adjunto, -a ■ adj **1.** [incluido] enclosed ▸ **~ le remito...** please find enclosed... **2.** [auxiliar] assistant ▸ **profesor ~** assistant lecturer
■ nm,f [auxiliar] assistant

adlátere nmf *Formal* cohort, acolyte

adminículo nm gadget

administración nf **1.** [de empresa] administration, management ▸ **~ de recursos** resource management **2.** [oficina] manager's office ▸ **la Administración** [Gobierno] *BR* the Government, *US* the Administration ▸ **~ de justicia** legal system ▸ **~ local** local government ▸ **~ pública** civil service **3.** [de medicamentos] administering

administrador, -ora ■ nm,f [de empresa] manager / [de bienes ajenos] administrator
■ nm INFORM **~ de archivos** file manager

administrar vt **1.** [empresa, finca] to manage, to run / [casa] to run / [país] to govern, to run / [recursos] to manage ▸ **~ justicia** to administer justice **2.** [medicamento, sacramentos] to administer
◆ ***administrarse*** vpr [organizar dinero] to manage one's finances

administrativo, -a ■ adj administrative
■ nm,f white-collar worker

admirable adj admirable

admiración nf **1.** [sentimiento] admiration **2.** [signo ortográfico] *BR* exclamation mark, *US* exclamation point

admirador, -ora nm,f admirer

admirar vt **1.** [personaje, obra de arte] to admire ▸ **lo admiro por su honradez** I admire his honesty ▸ **ser de ~** to be admirable **2.** [sorprender] to amaze ▸ **me admira su descaro** I can't believe his cheek
◆ ***admirarse*** vpr to be amazed ▸ **admirarse de algo** to be amazed at sth

admisibilidad nf acceptability

admisible adj acceptable

admisión nf [de persona] admission / [de solicitudes] acceptance ▸ **reservado el derecho de ~** [en letrero] the management reserves the right to refuse admission

admitir vt **1.** [dejar entrar] to admit, to allow in ▸ **~ a alguien en** to admit sb to ▸ **no se admiten perros** [en letrero] no dogs ▸ **no se admite la entrada a menores de dieciocho años** [en letrero] no admittance for under-eighteens **2.** [reconocer] to admit ▸ **admito que estaba equivocado** I admit I was wrong **3.** [aceptar] to accept ▸ **admitimos todas las tarjetas de crédito** we accept all credit cards **4.** [permitir, tolerar] to allow, to permit ▸ **no admite ni un error** he won't stand for a single mistake **5.** [tener capacidad para] to hold ▸ **la sala admite doscientas personas** the room holds *o* has room for two hundred people

admón. (abrev de ***administración***) admin.

admonición nf *Formal* warning

admonitorio, -a adj *Formal* warning ▸ **voz admonitoria** voice with a note of warning

ADN nm (abrev de ***ácido desoxirribonucleico***) DNA

ad nauseam adv ad nauseam

CÓMO...
decir adiós

Goodbye Mrs Jones! It was nice meeting you. / ¡Adiós, señora Jones! Encantado de haberla conocido.
See you soon. / Hasta pronto.
See you tomorrow. / Hasta mañana.
See you around. / Nos vemos.
See you! / ¡Hasta luego!
Bye! / ¡Adiós!
Right, I'm off. / Bueno, me voy.
I have to go. / Me tengo que ir.
Take care. / Cuídate.
All the best. / Que te vaya bien.
Give my love to Anne. / Da recuerdos a Anne.
Speak to you soon. *(por teléfono)* / Hablamos pronto.

adobado, -a adj marinated
adobar vt to marinate
adobe nm adobe
adobo nm [acción] marinating / [salsa] marinade ▸ **en ~** marinated
adocenado, -a adj mediocre, run-of-the-mill
adocenarse vpr to lapse into mediocrity
adoctrinamiento nm [de ideas] indoctrination / [enseñanza] instruction
adoctrinar vt [inculcar ideas] to indoctrinate / [enseñar] to instruct
adolecer [46] vi **~ de** [enfermedad] to suffer from / [defecto] to be guilty of
adolescencia nf adolescence
adolescente adj & nmf adolescent
adonde ■ adv where ▸ **la ciudad ~ vamos** the city we are going to
■ prep *Fam* [a casa de] **vamos ~ la abuela** we're going to granny's
adónde *ver* ***dónde***
adondequiera adv wherever
adonis nm inv Adonis, handsome young man
adopción nf [de hijo, moda, decisión] adoption ▸ **Uruguay es mi país de ~** Uruguay is my adopted country
adoptar vt **1.** [hijo, nacionalidad] to adopt **2.** [medida, decisión] to take ▸ **~ medidas para luchar contra el desempleo** to take measures to combat unemployment **3.** [forma] **el insecto adopta la forma de una bola para protegerse** the insect curls itself into a ball in order to protect itself ▸ **su timidez adopta la forma de agresividad** his shyness manifests itself as aggressiveness
adoptivo, -a adj [hijo, país] adopted / [padre] adoptive
adoquín nm **1.** [piedra] cobblestone **2.** *Fam* [persona] blockhead
adoquinado, -a ■ adj cobbled
■ nm **1.** [suelo] cobbles **2.** [acción] cobbling
adoquinar vt to cobble
adorable adj [persona] adorable / [lugar, película] wonderful
adoración nf [de dios, ídolo] adoration, worship / [de persona, comida] adoration ▸ **sentir ~ por alguien** to worship sb ▸ REL **la Adoración de los Reyes Magos** the Adoration of the Magi
adormecer [46] vt **1.** [producir sueño] to lull to sleep **2.** [aplacar] [miedo, ira] to calm / [pena, dolor] to alleviate, to lessen
◆ ***adormecerse*** vpr to nod off, to drop off
adormidera nf poppy
adormilado, -a adj [dormido] dozing / [con sueño] sleepy
adormilarse vpr to doze
adornado, -a adj decorated
adornar ■ vt **1.** [decorar] to decorate **2.** [aderezar] to adorn (**con** with)
■ vi to be decorative ▸ **hace falta algo que adorne** we need to add some sort of decorative touch
adorno nm decoration ▸ **de ~** [árbol, figura] decorative ▸ *Fam Fig* **estar de ~** [persona] to be a waste of space
adosado, -a adj [casa] semi-detached
adosar vt **~ algo a algo** to push sth up against sth
adquirir [5] vt **1.** [comprar] to acquire, to purchase **2.** [conseguir] [conocimientos, hábito, cultura] to acquire / [éxito, popularidad] to achieve
adquisición nf **1.** [compra, cosa comprada] purchase ▸ **ser una buena/mala ~** to be a good/bad buy **2.** [de conocimiento, hábito] acquisition
adquisitivo, -a adj **poder ~** purchasing power
adrede adv on purpose, deliberately
adrenalina nf MED adrenalin
Adriático nm **el (mar) ~** the Adriatic (Sea)
adscribir vt **1.** [asignar] to assign **2.** [destinar] to appoint
◆ ***adscribirse*** vpr **adscribirse a** [grupo, partido] to become a member of / [ideología] to subscribe to
adscrito, -a ■ participio *ver* ***adscribir***
■ adj assigned
aduana nf customs ▸ **derechos de ~** customs duty ▸ **pasar por la ~** to go through customs
aduanero, -a ■ adj customs ▸ **controles aduaneros** customs controls
■ nm,f customs officer
aducir [18] vt [motivo, pretexto] to give, to furnish ▸ **"estaba muy cansado", adujo** "I was very tired," he explained
adueñarse vpr **~ de** [apoderarse de] to take over, to take control of / *Fig* [dominar] to take hold of ▸ **el pánico se adueñó de ellos** panic took hold of them
adujera *etc ver* ***aducir***
adulación nf flattery
adulador, -ora ■ adj flattering
■ nm,f flatterer
adular vt to flatter
adulón, -ona nm,f toady
adulteración nf adulteration
adulterar vt **1.** [alimento] to adulterate **2.** [falsear] to doctor, to distort
adulterio nm adultery
adúltero, -a ■ adj adulterous
■ nm,f adulterer, *f* adulteress
adulto, -a ■ adj adult ▸ **la edad adulta** adult age, adulthood
■ nm,f adult ▸ **película para adultos** adult film
adusto, -a adj dour
aduzco *ver* ***aducir***
advenedizo, -a adj & nm,f upstart
advenimiento nm [llegada] advent / [ascenso al trono] accession
adventismo nm (Seventh Day) Adventism
adventista adj & nmf (Seventh Day) Adventist
adverbial adj GRAM adverbial

adverbio nm GRAM adverb ▸ **~ de cantidad/lugar/modo/tiempo** adverb of degree/place/manner/time

adversario, -a nm,f adversary

adversativo, -a adj GRAM adversative

adversidad nf adversity

adverso, -a adj [condiciones] adverse / [destino] unkind / [suerte] bad / [viento] unfavourable

advertencia nf warning ▸ **una ~** a word of warning ▸ **servir de ~** to serve as a warning ▸ **~ previa** advance warning

advertir [62] vt **1.** [notar] to notice **2.** [prevenir, avisar] to warn ▸ **me advirtió del peligro** he warned me of the danger ▸ **te advierto que no me sorprende** mind you, it doesn't surprise me

adviento nm REL Advent

advierto *etc ver* ***advertir***

advirtiera *etc ver* ***advertir***

adyacente adj adjacent

AEE nf (abrev de ***Agencia Espacial Europea***) ESA

Aenor nf (abrev de ***Asociación Española para la Normalización y Certificación***) = *Spanish body which certifies quality and safety standards for manufactured goods, BR* ≃ BSI, *US* ≃ ANSI

aeración nf aeration

aéreo, -a adj [del aire] aerial / [de la aviación] air ▸ **base aérea** airbase ▸ **controlador ~** air-traffic controller

aerobic, aeróbic nm aerobics *(singular)*

aeróbico, -a adj aerobic

aerobio, -a adj BIOL aerobic

aeroclub (pl **aeroclubes** *o* **aeroclubs**) nm flying club

aerodeslizador nm hovercraft

aerodinámica nf aerodynamics *(singular)*

aerodinámico, -a adj **1.** FÍS aerodynamic **2.** [forma, línea] streamlined

aeródromo nm airfield, aerodrome

aeroembolismo nm MED decompression sickness

aeroespacial adj aerospace

aerofaro nm AV beacon

aerógrafo nm ARTE airbrush

aerolínea nf airline

aerolito nm aerolite

aeromodelismo nm airplane modelling

aeromozo, -a nm,f *AM* air steward, *f* air hostess

aeronauta nmf aeronaut

aeronáutica nf aeronautics *(singular)*

aeronáutico, -a adj aeronautic

aeronaval adj **fuerzas aeronavales** air and sea forces

aeronave nf [avión, helicóptero] aircraft / [dirigible] airship

aeroplano nm aeroplane

aeropuerto nm airport

aerosol nm aerosol (spray)

aerospacial AV aerospace

aerostático, -a adj **globo ~** hot-air balloon

aerostato, aeróstato nm hot-air balloon

aerotaxi nm light aircraft *(for hire)*

aerotransportado, -a adj [tropas, polen] airborne

aerotransportar vt to airlift

afabilidad nf affability

afable adj affable

afamado, -a adj famous

afán nm **1.** [esfuerzo] hard work ▸ **con ~** energetically, enthusiastically **2.** [anhelo] urge **3. lo único que le mueve es el ~ de lucro** he's only interested in money

afanador, -ora nm,f *MÉX* cleaner

afanar vt *Fam* [robar] to pinch, to swipe
◆ ***afanarse*** vpr [esforzarse] to do everything one can

afanoso, -a adj [trabajador, diligente] keen, eager

afasia nf PSI aphasia

afear vt to make ugly, to scar ▸ **~ a alguien su conducta** [criticar] to condemn sb's behaviour

afección nf complaint, disease ▸ **~ cutánea/intestinal/del riñón** skin/bowel/kidney complaint

afectación nf affectation

afectado, -a ■ adj **1.** [amanerado] affected **2.** [afligido] upset, badly affected
■ nm,f victim ▸ **los afectados por las inundaciones serán indemnizados** the people affected by the floods will receive compensation

afectar vt **1.** [influir] to affect ▸ **las medidas afectan a los pensionistas** the measures affect pensioners **2.** [afligir] to upset, to affect badly ▸ **le afectó mucho la muerte de su hermano** his brother's death hit him hard **3.** [alterar] to damage ▸ **a esta madera le afecta mucho la humedad** this wood is easily damaged by damp **4.** [simular] to affect, to feign ▸ **afectó enfado** he feigned *o* affected anger

afectísimo, -a adj [en carta] **suyo ~** Best wishes

afectividad nf emotions ▸ **la ~ en el niño** the emotional world of the child

afectivo, -a adj [emocional] emotional ▸ **tener problemas afectivos** to have emotional problems

afecto nm affection, fondness ▸ **sentir ~ por alguien** to be fond of sb

afectuosamente adv [en carta] (yours) affectionately

afectuoso, -a adj affectionate, loving

afeitada nf *AM* [del pelo, barba] shave

afeitado nm **1.** [del pelo] shave ▸ **un ~ suave** a smooth shave **2.** TAUROM = *blunting of the bull's horns for safety reasons*

afeitar vt **1.** [barba, pelo, persona] to shave **2.** TAUROM = *to blunt the bull's horns for safety reasons*
◆ ***afeitarse*** vpr [uno mismo] to shave ▸ **se afeitó la barba** he shaved his beard off ▸ **se afeitó las piernas** she shaved her legs

afeite nm *Anticuado* [cosmético] make-up ▸ **no usa afeites** she doesn't use any make-up

afelpado, -a adj plush

afeminado, -a ■ adj effeminate
■ nm effeminate man

afeminarse vpr to become effeminate

aferrar vt to grab (hold of)
◆ ***aferrarse*** vpr *también Fig* **aferrarse a algo** to cling to sth

affaire [a'fer] nm affair

affmo., -a., afmo., -a. (abrev de ***afectísimo, -a***) [en carta] **suyo ~** [si se desconoce el nombre del destinatario] yours faithfully / [si se conoce el nombre del destinatario] yours sincerely

Afganistán n Afghanistan

afgano, -a adj & nm,f Afghan

afianzamiento nm **1.** [de construcción] reinforcement **2.** [de situación, relación] consolidation

afianzar [14] vt **1.** [construcción] to reinforce **2.** [situación, relación] to consolidate
◆ ***afianzarse*** vpr to steady oneself ▸ **se afianzó en su opinión** he became more convinced of his opinion ▸ **afianzarse en una posición** to establish oneself in a position

afiche nm *AM* poster

afición nf **1.** [inclinación] fondness, liking ▸ **por ~** as a hobby ▸ **tener ~ a algo** to be keen on sth **2.** [aficionados] fans ▸ **la ~ futbolística** football fans ▸ **la ~ taurina** followers of bullfighting

aficionado, -a ■ adj **1.** [interesado] keen ▸ **ser ~ a algo** to be keen on sth ▸ **el público ~ al cine** the cinema-going public **2.** [no profesional] amateur
■ nm,f **1.** [interesado] fan ▸ **los aficionados a los toros** followers of bullfighting, bullfighting fans ▸ **un ~ al cine** a keen cinema-goer ▸ **un gran ~ a la música clásica** a great lover of classical music **2.** [no profesional] amateur ▸ **un trabajo de aficionados** an amateurish piece of work

aficionar vt **~ a alguien a algo** to make sb keen on sth
◆ ***aficionarse*** vpr to become keen (**a** on)

afijo, -a GRAM ■ adj affixed
■ nm affix

afilado, -a ■ adj **1.** [cuchillo, punta] sharp **2.** [dedos, rasgos] pointed **3.** [comentario, crítica] cutting
■ nm sharpening

afilador, -ora ■ adj sharpening
■ nm,f [persona] knifegrinder
■ nm [objeto] sharpener ▸ **~ de cuchillos** knife sharpener

afilalápices nm inv pencil sharpener

afilar vt [cuchillo, lápiz] to sharpen ▸ **piedra de ~** whetstone, grindstone
◆ ***afilarse*** vpr [nariz, dedos] to taper

afiliación nf **1.** [acción] joining **2.** [efecto] membership

afiliado, -a nm,f member (**a** of)

afiliarse vpr **~ a un partido** to join a party

afín adj similar ▸ **su postura es ~ a la nuestra** his opinion is close to ours

afinador, -ora nm,f [de instrumentos] tuner ▸ **~ de pianos** piano tuner

afinar ■ vt **1.** MÚS [instrumento] to tune ▸ **~ la voz** to sing in tune **2.** [perfeccionar, mejorar] to fine-tune ▸ **~ la puntería** to improve one's aim **3.** [pulir] to refine
■ vi [cantar] to sing in tune

afincarse [59] vpr to settle (**en** in)

afinidad nf **1.** [gen] & QUÍM affinity **2.** (parentesco) **por ~** by marriage

afinque *etc ver* ***afincarse***

afirmación nf statement, assertion

afirmar ■ vt **1.** [decir] to say, to declare ▸ **afirmó que...** he stated that... ▸ **afirmó haber hablado con ella** he said *o* stated that he had talked to her **2.** [reforzar] to reinforce
■ vi [asentir] to agree, to consent ▸ **~ con la cabeza** to nod (in agreement)
◆ ***afirmarse*** vpr **1.** [asegurarse] **afirmarse en los estribos** to steady oneself in the stirrups **2.** [ratificarse] **afirmarse en algo** to reaffirm sth

afirmativa nf affirmative

afirmativo, -a adj affirmative ▸ **una respuesta afirmativa** an affirmative answer

aflautado, -a adj high-pitched

aflicción nf suffering, sorrow

afligir [24] vt [causar daño] to afflict / [causar pena] to distress
◆ ***afligirse*** vpr to be distressed (**por** by)

aflojar ■ vt **1.** [presión, tensión] to reduce / [cinturón, corbata] to loosen / [cuerda] to slacken **2.** *Fam* [dinero] to fork out
■ vi **1.** [disminuir] to abate, to die down **2.** [ceder] to ease off
◆ ***aflojarse*** vpr [presión, cinturón] to come loose / [cuerda] to slacken

afloramiento nm [de mineral] outcrop

aflorar vi **1.** [surgir] to (come to the) surface, to show ▸ **~ a la superficie** to come to the surface **2.** [mineral] to outcrop

afluencia nf **1.** [concurrencia] influx ▸ **hubo una gran ~ de público** the attendance was high **2.** [abundancia] abundance

afluente nm tributary

afluir [36] vi [gente] to flock (**a** to) / [río] to flow (**a** into) / [sangre, fluido] to flow (**a** to)

afluyo *etc ver* ***afluir***

afmo., -a. = ***affmo.***

afonía nf **tener ~** to have lost one's voice

afónico, -a adj **quedarse ~** to lose one's voice

aforado, -a nm,f DER [parlamentario] = *person enjoying parliamentary immunity*

aforar vt TEC to gauge

aforismo nm aphorism

aforo nm [de teatro, plaza de toros] seating capacity

afortunadamente adv fortunately, luckily

afortunado, -a ■ adj **1.** [persona] lucky, fortunate **2.** [coincidencia, frase] happy, felicitous
■ nm,f [persona] lucky person / [en lotería] lucky winner

afrancesado, -a ■ adj Frenchified

■ nm,f HIST = *supporter of the French during the Peninsular War*

afrenta nf [ofensa, agravio] affront

afrentar vt [ofender] to affront

África n Africa ▸ **~ del Norte** North Africa ▸ **~ Occidental** West Africa ▸ **~ Oriental** East Africa ▸ **el ~ subsahariana** sub-Saharan Africa

africada nf LING affricate

africado, -a adj LING affricative

africanismo nm Africanism

africano, -a adj & nm,f African ▸ **~ occidental** West African

afrikaans nm [idioma] Afrikaans

afrikáner adj & nmf Afrikaner

afro adj inv afro ▸ **un peinado ~** an afro (hairstyle)

afroamericano, -a adj & nm,f Afro-American, African-American

afrodisíaco, -a, afrodisiaco, -a adj & nm aphrodisiac

afrontar vt [hacer frente a] to face ▸ **~ las consecuencias** to face (up to) the consequences ▸ **afrontó la situación con entereza** she faced up squarely to the situation

afrutado, -a adj fruity

afta nf MED mouth ulcer

after, after hour(s) ['after 'awars] nm inv *Fam* = *club which opens well after midnight and stays open into the following morning*

after shave ['after seif] nm aftershave

afuera ■ adv outside ▸ **hace frío ~** it's cold outside ▸ **vamos ~ a pasear** let's go out for a walk ▸ **por (la parte de) ~** on the outside ▸ *AM* **~ de** outside

■ nfpl **las afueras** the outskirts ▸ **en las afueras** on the outskirts

agachadiza nf snipe

agachar vt to lower ▸ **~ la cabeza** [por vergüenza, deferencia] to bow one's head / [para evitar un puñetazo, pelota, bala] to duck (one's head) ▸ **agacha la cabeza, que no me dejas ver** move your head down a bit, I can't see

◆ ***agacharse*** vpr [en cuclillas] to crouch down / [inclinarse] to bend down ▸ **nos agachamos al empezar el tiroteo** we ducked down when the shooting began

agalla nf **1.** [de pez] gill **2.** [de árbol] gall

◆ ***agallas*** nfpl [valor] guts, pluck ▸ **tener agallas para hacer algo** to have the guts to do sth

ágape nm banquet, feast

agarrada nf *Fam* row, bust-up

agarradera nf *AM* handle

agarradero nm **1.** [asa] hold **2.** *Fam* [pretexto] pretext, excuse

agarrado, -a ■ adj **1.** [asido] **me tenía ~ de un brazo/del cuello** he had me by the arm/the throat ▸ **agarrados del brazo** arm in arm ▸ **agarrados de la mano** hand in hand **2.** *Fam* [tacaño] tight, stingy

■ nm *Fam* [baile] slow dance

agarrar ■ vt **1.** [asir] to grab ▸ **me agarró de la cintura** he grabbed me by the waist **2.** [atrapar] [ladrón] to catch ▸ **¡si la agarro, la mato!** if I catch her I'll kill her! ▸ **me agarró desprevenido** he caught me off guard **3.** *ESP Fam* [enfermedad] to catch **4.** *AM* [tren, avión, autobús] to get, to take **5.** [expresiones] *Fam* **agarrarla, ~ una buena** to get sloshed ▸ **esto no hay por dónde agarrarlo** this is a mess!

■ vi **1.** [tinte] to take / [planta] to take root **2.** *AM* [encaminarse] **~ para** to head for ▸ **agarró para la izquierda** he took a left

◆ ***agarrarse*** vpr **1.** [sujetarse] to hold on ▸ **agarrarse de** to hold on to ▸ *Fam Fig* **¡agárrate!** guess what! **2.** [pegarse] to stick ▸ **el arroz se ha agarrado a la cazuela** the rice has stuck to the pot **3.** *Fam* [pelearse] to scrap, to have a fight ▸ *AM* **agarrarse a golpes** to get into a fistfight **4.** [pretextar] **agarrarse a algo** to use sth as an excuse

agarrón nm **1.** [tirón] pull, tug **2.** *AM Fam* [altercado] scrap, fight

agarrotamiento nm stiffness, tenseness

agarrotar vt **1.** [parte del cuerpo] to cut off the circulation in **2.** [ejecutar con garrote] to garotte

◆ ***agarrotarse*** vpr [parte del cuerpo] to go stiff / [mecanismo] to seize up

agasajar vt to lavish attention on, to treat like a king ▸ **~ a alguien con algo** to lavish sth upon sb

agasajo nm lavish attention

ágata nf agate

agave nm agave

agazapado, -a adj crouching

agazaparse vpr [ocultarse] to crouch (down)

agencia nf **1.** [empresa] agency ▸ **~ de aduanas** customs agent's ▸ **~ de colocación** employment agency o bureau ▸ **~ de contactos** escort agency ▸ **~ inmobiliaria** *BR* estate agent's, *US* real estate office ▸ **~ matrimonial** marriage bureau ▸ **~ de noticias** news agency ▸ **~ de prensa** press agency ▸ **~ de publicidad** advertising agency ▸ **~ de seguros** insurance company ▸ **~ de viajes** travel agency **2.** [organismo] agency ▸ *ESP* **la Agencia Tributaria** *BR* ≃ the Inland Revenue, *US* ≃ the IRS **3.** [sucursal] branch

agenciar vt **~ algo a alguien** to fix sb up with sth

◆ ***agenciarse*** vpr to get hold of, to fix oneself up with

agenda nf **1.** [de notas, fechas] diary / [de anillas] Filofax® ▸ **~ (de direcciones)** address book ▸ **~ electrónica** electronic personal organizer **2.** [de trabajo, reunión] agenda

agente ■ nmf **1.** [representante] agent ▸ **~ de cambio (y bolsa)** stockbroker ▸ **~ comercial** broker ▸ **~ en exclusiva** sole agent ▸ **~ inmobiliario(a)** *BR* estate agent, *US* real estate agent ▸ **~ libre de seguros** insurance broker ▸ **~ marítimo(a)** shipping agent **2.** [funcionario] officer ▸ **~ de aduanas** customs officer ▸ **~ doble** double agent ▸ **~ especial** special agent ▸ **~ de inmigración** immigration officer ▸ **~ de policía** police officer, policeman, *f* policewoman ▸ **~ secreto** secret agent ▸ **~ de seguridad** security officer

■ nm **1.** [causa activa] agent **2.** ECON **agentes económicos** social partners

agigantar vt to blow up, to magnify

ágil adj [movimiento, persona] agile / [estilo, lenguaje] fluent / [respuesta, mente] nimble, sharp

agilidad nf agility ▸ **~ mental** mental agility

agilipollado, -a adj *ESP muy Fam* **estar ~** [estúpido] to be daft, *US* to be dumb / [atontado] to be out of it

agilizar [14] vt to speed up

agio nm ECON agio

agiotaje nm ECON agiotage, speculation

agitación nf **1.** [de las aguas] choppiness **2.** [intranquilidad] restlessness, agitation **3.** [jaleo] racket, commotion **4.** [conflicto] unrest

agitado, -a adj [persona] upset, agitated / [mar] rough, choppy

agitador, -ora nm,f agitator ▸ **~ (de masas)** rabble rouser

agitanado, -a adj gypsy-like

agitar vt **1.** [sacudir] to shake / [remover] to stir ▸ **~ los brazos/un pañuelo** to wave one's arms/a handkerchief ▸ **agítese antes de usar** shake before use **2.** [poner nervioso a] to get worked up / [inquietar] to worry, to upset **3.** [masas, pueblo] to stir up

◆ ***agitarse*** vpr **1.** [moverse] to move, shake **2.** [ponerse nervioso] to get worked up / [inquietarse] to become agitated

aglomeración nf [de objetos, sustancia] build-up / [de gente] crowd ▸ **~ urbana** urban sprawl

aglomerado nm [de madera] chipboard

aglomerar vt to bring together

◆ ***aglomerarse*** vpr to amass

aglutinante ■ adj **1.** [sustancia] binding **2.** LING agglutinative

■ nm binding agent

aglutinar vt [aunar, reunir] [personas] to unite, to bring together / [ideas, esfuerzos] to pool

◆ ***aglutinarse*** vpr [pegarse] to bind (together) / [agruparse] to gather, to come together

agnosticismo nm agnosticism

agnóstico, -a adj & nm,f agnostic

agobiado, -a adj [trabajo] snowed under (**de** with) / [problemas] weighed down (**de** with)

agobiante adj [presión, trabajo, persona] overwhelming / [calor] oppressive

agobiar vt to overwhelm

◆ ***agobiarse*** vpr to feel overwhelmed ▸ **¡no te agobies!** don't worry!

agobio nm **1.** [físico] choking, suffocation ▸ **¡qué ~!** it's stifling! **2.** [psíquico] pressure ▸ **¡qué ~!** this is murder *o* a nightmare!

agolparse vpr [gente] to crowd round / [sangre] to rush / [problemas] to come to a head

agonía nf **1.** [del moribundo] death throes **2.** [decadencia] decline, dying days **3.** [pena] agony

agónico, -a adj *también Fig* dying

agonizante adj *también Fig* dying

agonizar [14] vi **1.** [expirar] to be dying **2.** [extinguirse] to fizzle out **3.** [sufrir] to be in agony

ágora nf HIST agora

agorafobia nf agoraphobia

agorar [6] vt to predict

agorero, -a nm,f prophet of doom

agostado, -a adj parched

agosto nm [mes] August ▸ *Fig* **hacer el ~** to line one's pockets / *ver también* ***septiembre***

agotado, -a adj **1.** [persona, animal] exhausted ▸ **estar ~ de hacer algo** to be tired out from doing sth **2.** [producto] out of stock, sold out **3.** [pila, batería] flat

agotador, -ora adj exhausting

agotamiento nm **1.** [cansancio] exhaustion ▸ **~ nervioso** nervous exhaustion **2.** [de producto] selling-out / [de reservas] exhaustion

agotar vt **1.** [cansar] to exhaust **2.** [producto] to sell out of / [agua] to use up, to run out of / [recursos] to exhaust, to use up ▸ **este niño me agota** this child tires me out

◆ ***agotarse*** vpr **1.** [cansarse] to tire oneself out **2.** [acabarse] to run out / [libro, disco, entradas] to sell out / [pila, batería] to go flat ▸ **las entradas se agotaron en seguida** the tickets sold out almost immediately

agraciado, -a ■ adj **1.** [atractivo] attractive, fetching **2.** [afortunado] **~ con algo** lucky enough to win sth

■ nm,f [afortunado] lucky winner

agraciar vt **1.** [embellecer] to make more attractive **2.** [conceder una gracia] to pardon **3.** *Formal* [premiar] to reward

agradable adj **1.** [persona] pleasant ▸ **son muy agradables** they're very pleasant **2.** [clima, temperatura] pleasant / [olor, sabor, película, ciudad] nice, pleasant ▸ **es muy ~ al tacto** it feels very nice ▸ **¡qué sorpresa tan ~!** what a nice o pleasant surprise!

agradar ■ vi to be pleasant ▸ **siempre trata de ~** she always tries to please

■ vt to please ▸ **me agradó recibir tu carta** I was pleased to receive your card

agradecer [46] vt **1.** [sujeto persona] **~ algo a alguien** [dar las gracias] to thank sb for sth / [estar agradecido] to be grateful to sb for sth ▸ **quisiera agradecerles su presencia aquí** I would like to thank you for coming *o* being here ▸ **te lo agradezco mucho** I'm very grateful to you ▸ **le agradezco su interés** thank you for your interest **2.** [sujeto: cosa] **esa pared agradecería una mano de pintura** that wall could do with a lick of paint

agradecido, -a adj grateful ▸ **estar muy ~ (por algo)** to be very grateful (for sth) ▸ **ser muy ~** [cosa] to be very pleasing

agradecimiento nm gratitude

agrado nm [gusto] pleasure ▸ **esto no es de mi ~** this is not to my liking

agrandar vt [en general] to make bigger / [imagen] to magnify

◆ ***agrandarse*** vpr to get bigger

agrario, -a adj [reforma] agrarian / [producto, política] agricultural

agravación nf, ***agravamiento*** nm worsening, exacerbation

agravante ■ adj aggravating
■ nm o nf [problema] additional problem / DER aggravating circumstance

agravar vt [situación, enfermedad] to aggravate
◆ ***agravarse*** vpr to get worse, to worsen

agraviado, -a adj offended ▸ **sentirse ~ (por algo)** to feel offended (by sth)

agraviar vt to offend

agravio nm **1.** [ofensa] offence, insult **2.** [perjuicio] wrong ▸ **~ comparativo** unequal treatment

agredido, -a nm,f victim

agredir vt to attack

agregación nf addition

agregado, -a ■ adj [añadido] added on
■ nm,f **1.** EDUC assistant teacher **2.** [de embajada] attaché ▸ **~ cultural** cultural attaché
■ nm **1.** [conjunto] aggregate / [añadido] addition **2.** ECON aggregate

agregar [40] vt to add (**a** to)

agresión nf [ataque] act of aggression, attack ▸ **sufrir una ~** to be the victim of an attack

agresividad nf aggression

agresivo, -a adj *también Fig* aggressive

agresor, -ora nm,f attacker, assailant

agreste adj [abrupto, rocoso] rough, rugged / [basto, rudo] coarse, uncouth

agriar [32] vt [vino, leche] to (turn) sour / [carácter] to sour, to embitter
◆ ***agriarse*** vpr [vino, leche] to turn sour / [carácter] to become embittered

agrícola adj [sector, política] agricultural ▸ **región ~** farming region

agricultor, -ora nm,f farmer

agricultura nf agriculture ▸ **~ extensiva/intensiva** extensive/intensive farming

agridulce adj bittersweet / CULIN sweet-and-sour

agrietado, -a adj [muro, tierra, plato] cracked, covered with cracks / [labios, piel] chapped

agrietar vt [muro, tierra, plato] to crack / [labios, piel] to chap
◆ ***agrietarse*** vpr [muro, tierra, plato] to crack / [labios, piel] to chap

agrimensor, -ora nm,f surveyor

agrio, -a adj **1.** [ácido] sour **2.** [discusión] bitter
◆ ***agrios*** nmpl citrus fruits

agriparse vpr *ANDES, MÉX* to catch the flu

agro nm agricultural sector ▸ **el ~ español** Spanish agriculture

agroalimentario, -a adj **sector ~** food-processing industry

agronomía nf agronomy

agrónomo, -a nm,f agronomist

agropecuario, -a adj **sector ~** farming and livestock sector

agroturismo nm rural tourism

agrupación nf **1.** [asociación] group, association **2.** [agrupamiento] grouping

agrupamiento nm [concentración] grouping

agrupar ■ vt to group (together)
◆ ***agruparse*** vpr [congregarse] to gather (**en torno a** round) / [unirse] to form a group

agua nf **1.** [líquido] water ▸ **~ de colonia** eau de cologne ▸ **~ corriente** running water ▸ **~ destilada** distilled water ▸ **~ dulce** fresh water ▸ **~ embotellada** bottled water ▸ **~ del grifo** tap water ▸ **~ con hielo** iced water ▸ **~ de lavanda** lavender water ▸ **aguas menores** urine ▸ **~ mineral (sin gas/con gas)** (still/sparkling) mineral water ▸ **~ oxigenada** hydrogen peroxide ▸ **~ potable** drinking water ▸ **aguas residuales** sewage ▸ **~ salada** salt water ▸ **aguas termales** thermal spring waters ▸ **aguas territoriales** territorial waters **2.** [de tejado] slope ▸ **un tejado de dos aguas** a ridged roof **3. aguas** [en diamante, tela] water **4.** [expresiones] **claro como el ~** as clear as day ▸ *MÉX Fam* **como ~ para chocolate** hopping mad, fizzing ▸ *Fig* **estar con el ~ al cuello** to be up to one's neck (in it) ▸ NÁUT **hacer ~** to leak / *Fig* to go under ▸ **la empresa está haciendo ~** the company is going under ▸ *Fig* **nadar entre dos aguas** to sit on the fence ▸ **quedar en ~ de borrajas** to come to nothing ▸ **ha roto aguas** her waters have broken ▸ *Fig* **eso es ~ pasada** that's water under the bridge ▸ **venir como ~ de mayo** to be a godsend

aguacate nm [fruto] avocado (pear) / [árbol] avocado (tree)

aguacero nm shower

aguachento, -a, adj *AM* watery

aguachirle nf *ESP Fam* **este café es un ~** this coffee tastes like dishwater

aguacil nm *RP* dragonfly

aguada nf ARTE gouache

aguadilla nf *ESP Fam* ducking

CÓMO EXPRESAR...

el agradecimiento

Dar las gracias a alguien
Thank you (very much)! / ¡(Muchas) gracias!
Thanks, it's lovely! / ¡Gracias, es muy bonito!
Thank you for your help. / Gracias por su ayuda.
Thank you for being so patient with me. / Gracias por ser tan paciente conmigo.
It's very kind of you to take me back to the hotel. / Es muy amable por su parte acompañarme al hotel.
I really appreciate this. / Se lo agradezco mucho.
I don't know how to thank you. / No sé como agradecérselo.

Responder a un agradecimiento
Not at all. / De nada.
Don't mention it. / No te preocupes.
It was nothing. / No ha sido nada.
My pleasure. / Ha sido un placer.
Any time! / ¡Aquí me tienes!

aguado, -a adj [con demasiada agua] watery / [diluido a propósito] watered-down

aguafiestas nmf inv spoilsport

aguafuerte nm ARTE etching

aguamanil nm ewer and basin

aguamarina nf aquamarine

aguamiel nm **1.** *AM* [bebida] = *water mixed with honey or, in Mexico, cane syrup* **2.** *CARIB, MÉX* [jugo] = *sap of the agave cactus used to make alcoholic drinks*

aguanieve nf sleet ▸ **está cayendo ~** it's sleeting

aguantar ■ vt **1.** [peso, presión] to bear ▸ **está aguantando bien las presiones** she's holding *o* bearing up well under the pressure ▸ **esa estantería no va a ~ el peso de los libros** that shelf won't take the weight of the books **2.** [tolerar, soportar] to bear, to stand ▸ **no lo aguanto** I can't bear him ▸ **no sé cómo la aguantas** I don't know how you put up with her ▸ **no sabe ~ una broma** he doesn't know how to take a joke **3.** [sostener] to hold ▸ **aguanta los libros mientras limpio la estantería** hold the books while I dust the shelf **4.** [contener] [respiración, mirada] to hold ▸ **apenas pude ~ la risa** it was all I could do not to laugh **5.** [durar] **no creo que aguante mucho tiempo** I don't think he'll be able to last long **6.** *MÉX, RP* [esperar] to wait for

■ vi **1.** [tiempo] to hold on ▸ **aguanta un poco más** hold on a bit longer ▸ **no aguanto más** I can't take any more **2.** [resistir] to last ▸ **estas botas aguantarán hasta al año que viene** these boots should last me till next year ▸ **~ hasta el final** to stay the course *o* the distance

◆ ***aguantarse*** vpr **1.** [contenerse] to restrain oneself, to hold oneself back **2.** [resignarse] **tendrán que aguantarse** they'll just have to put up with it, too bad

aguante nm **1.** [paciencia] self-restraint, tolerance **2.** [resistencia] strength / [de persona] stamina

aguar [11] vt **1.** [mezclar con agua] to water down ▸ **~ el vino** to water the wine **2.** [estropear] to spoil, to ruin ▸ **la noticia nos aguó la fiesta** the news spoiled our enjoyment

◆ ***aguarse*** vpr to be spoiled

aguardar vt to wait for, to await

aguardentoso, -a adj **1.** [voz] hoarse, gravelly **2.** *ECUAD* [ebrio] drunk

aguardiente nm spirit, liquor

aguarrás nm turpentine

aguaturma nf Jerusalem artichoke

aguce *etc ver* ***aguzar***

aguda nf word stressed on the last syllable

agudeza nf **1.** [de vista, olfato] keenness **2.** [mental] sharpness, shrewdness **3.** [de filo, punta] sharpness **4.** [dicho ingenioso] witticism

agudizar [14] vt **1.** [sentido] to make keener / [mente] to sharpen ▸ **~ el ingenio** to sharpen one's wits **2.** [problema, crisis] to exacerbate, to make worse ▸ **el frío agudizó el dolor** the cold made the pain worse

◆ ***agudizarse*** vpr **1.** [problema, crisis] to get worse **2.** [ingenio] to get sharper

agudo, -a adj **1.** [vista, olfato] keen **2.** [crisis, problema, enfermedad] serious, acute **3.** [dolor] sharp **4.** [sonido] high, high-pitched **5.** [perspicaz] keen, sharp / [ingenioso] witty **6.** GRAM [palabra] stressed on the last syllable **7.** [filo, punta] sharp

agüe *etc ver* ***aguar***

agüero nm **de buen/mal ~** that bodes well/ill

aguerrido, -a adj [valiente] battle-hardened / [experimentado] veteran

aguijar vt [caballo] to spur / [buey] to goad

aguijón nm **1.** [de insecto, escorpión] sting **2.** [vara afilada] goad **3.** [estímulo] spur, stimulus

aguijonear vt **1.** [animal] to goad on **2.** [estimular] to drive on ▸ **~ a alguien para que haga algo** to spur sb on to do sth

águila nf [ave] eagle ▸ *Fig* **ser un ~** [ser vivo, listo] to be sharp *o* perceptive ▸ *MÉX* **¿~ o sol?** heads or tails? ▸ **~ imperial** Spanish imperial eagle ▸ **~ real** golden eagle

aguileño, -a adj aquiline

aguilucho nm **1.** [polluelo de águila] eaglet **2.** [ave rapaz] harrier

aguinaldo nm **1.** [propina] = *tip given at Christmas, BR* Christmas box **2.** *AM* [paga extra] = *extra month's pay at Christmas*

aguja nf **1.** [de coser, jeringuilla] needle / [de hacer punto] knitting needle / [de tocadiscos] stylus, needle ▸ **es como buscar una ~ en un pajar** it's like looking for a needle in a haystack ▸ **~ de ganchillo** crochet hook ▸ **~ hipodérmica** hypodermic needle ▸ **~ de punto** knitting needle **2.** [de reloj] hand / [de brújula] pointer / [de iglesia] spire **3.** [de conífera] needle ▸ **~ de pino** pine needle **4.** FERROC point **5. agujas** [de res] ribs

agujerear vt to make a hole/holes in

◆ ***agujerearse*** vpr **se me han agujereado los pantalones** I've got a hole in my trousers

agujero nm **1.** [hueco, abertura] hole ▸ **~ de bala** bullet hole ▸ ASTRON **~ negro** black hole **2.** [deuda] deficit ▸ **hay un ~ de cien millones** a hundred million are unaccounted for

agujetas nfpl **1.** [en los músculos] **tener ~** to feel stiff **2.** *MÉX* shoelaces

agustino, -a adj & nm,f REL Augustinian

aguzar [14] vt **1.** [apetito] to whet / [ingenio, oído] to sharpen **2.** [afilar] to sharpen

ah interj [admiración] ooh! / [sorpresa] oh! / [pena] ah! / [al caer en la cuenta de algo] ah, I see!

ahí adv **1.** [lugar determinado] there ▸ **~ arriba/abajo** up/down there ▸ **ponlo ~** put it over there ▸ **vino por ~** he came that way ▸ **¡~ tienes!** here *o* there you are! ▸ **~ vienen los niños** here *o* there come the children ▸ **~ mismo** right there **2.** [lugar indeterminado] **~ es donde te equivocas** that's where you are mistaken ▸ **la solución está ~** that's where the solution lies ▸ **andan por ~ diciendo tonterías** they're going around talking nonsense ▸ **está por ~** [en lugar indeterminado] she's around (somewhere) / [en la calle] she's out ▸ **por ~** [aproximadamente eso] something like that; **3. de ~ que...** [por eso] that's why... ▸ **es un mandón, de ~ que no lo aguante nadie** he's very bossy, that's why nobody likes him ▸ **de ~ su enfado** that's why she was so angry **4.** [momento] then ▸ **de ~ en adelante** from then on

ahijado, -a nm,f [de padrinos] godson, *f* goddaughter / *Fig* [protegido] protégé, *f* protégée

ahijar vt to adopt

ahínco nm enthusiasm, devotion ▸ **con ~** [estudiar, trabajar] hard, enthusiastically / [solicitar] insistently

ahíto, -a adj **estar ~ de algo** [saciado] to be full of sth / [harto] to have had enough of sth

ahogadilla nf ducking

ahogado, -a ■ adj **1.** [en el agua] drowned **2.** [falto de aliento] [respiración] laboured / [grito] muffled / [persona] out of breath
■ nm,f drowned person
■ nm *ANDES, MÉX* [guiso] stew / [sofrito] = *mixture of onion, garlic, peppers etc fried together as base for stews*

ahogar [40] vt **1.** [asfixiar] [en el agua] to drown / [cubriendo la boca y nariz] to smother, to suffocate **2.** [estrangular] to strangle **3.** [extinguir] to extinguish, to put out **4.** [dominar] [levantamiento] to put down, to quell / [pena] to hold back, to contain ▸ **ahogó sus penas** [con la bebida] he drowned his sorrows **5.** AUT [vehículo] to flood
◆ ***ahogarse*** vpr **1.** [en el agua] to drown / [asfixiarse] to suffocate ▸ *Fig* **ahogarse en un vaso de agua** to make heavy weather of it **2.** [de calor] to be stifled **3.** AUT [motor] to flood

ahogo nm **1.** [asfixia] breathlessness, difficulty in breathing **2.** [angustia] anguish, distress **3.** [económico] financial difficulty

ahogue *etc ver* ***ahogar***

ahondar ■ vt [hoyo, túnel] to deepen
■ vi **~ en** [penetrar] to penetrate deep into / [profundizar] to study in depth

ahora ■ adv **1.** [en el presente] now ▸ **~ mismo** right now ▸ **~ es el momento de...** now is the time to... ▸ **~ o nunca** it's now or never ▸ **a partir de ~, de ~ en adelante** from now on ▸ **~ que lo dices,...** now (that) you mention it,... ▸ **~ que soy más viejo, ya no pienso igual** now (that) I'm older I think differently ▸ **hasta ~ sólo se han presentado dos voluntarios** so far only two people have volunteered ▸ **por ~** for the time being **2.** [pronto] **~ cuando venga descubriremos la verdad** we'll find out the truth in a moment, when she gets here ▸ **~ voy, déjame terminar** let me finish, I'm coming in a minute ▸ **justo ~ iba a llamarte** I was just about to ring you this minute **3.** [hace poco] just now, a few minutes ago ▸ **he leído tu mensaje ~** I've just read your message ▸ **se acaban de marchar ~ mismo** they just left a few moments ago, they've just left
■ conj **1.** [ya... ya] **~ habla, ~ canta** one minute she's talking, the next she's singing **2.** [pero] but, however ▸ **~ bien** but

ahorcado, -a nm,f hanged man, *f* hanged woman

ahorcamiento nm hanging

ahorcar [59] vt to hang ▸ **~ los hábitos** to give up the cloth, to leave the clergy
◆ ***ahorcarse*** vpr to hang oneself

ahorita, ahoritita adv *AM salvo RP Fam* (right) now

ahorque *etc ver* ***ahorcar***

ahorrador, -ora ■ adj thrifty, careful with money
■ nm,f thrifty person

ahorrar vt **1.** [guardar] to save **2.** [evitar] **ahórrame los detalles** spare me the details
◆ ***ahorrarse*** vpr **ahorrarse la molestia (de hacer algo)** to save oneself the trouble (of doing sth) ▸ **me ahorré un viaje** I saved myself a journey

ahorrativo, -a adj [persona] thrifty / [medida] money-saving

ahorrista nmf *RP* saver

ahorro nm saving ▸ **ahorros** savings

ahuecar [59] ■ vt **1.** [poner hueco] [manos] to cup / [tronco] to hollow out **2.** [mullir] [colchón] to plump up / [tierra] to hoe ▸ *Fam* **~ el ala** to clear off
■ vi *Fam* [irse] to clear off
◆ ***ahuecarse*** vpr [persona] to puff up *(with pride)*

ahuevar vt *CAM, ECUAD, PERÚ Fam* **~ a alguien** [volver tonto] to leave sb lost for words, *BR* to leave sb gobsmacked / [acobardar] to scare sb, to put the wind up sb
◆ ***ahuevarse*** vpr [atontarse] to be lost for words, *BR* to be gobsmacked

ahumado, -a ■ adj [alimento, cristal] smoked
■ nm smoking

ahumar vt **1.** [jamón, pescado] to smoke **2.** [lugar] to fill with smoke
◆ ***ahumarse*** vpr [ennegrecerse de humo] to become blackened with smoke

ahuyama ➤ ***auyama***

ahuyentar vt [espantar, asustar] to scare away / *Fig* [apartar] to drive away ▸ **el elevado precio ahuyentó a los compradores** the high price put buyers off

AI nf (abrev de ***Amnistía Internacional***) AI

AID nf (abrev de ***Asociación Internacional de Desarrollo***) IDA

AIEA nf (abrev de ***Agencia Internacional de Energía Atómica***) IAEA

aikido nm aikido

aimara adj & nmf Aymara

aindiado, -a adj Indian *(used of American Indians)*

airado, -a adj angry

airar vt to anger, to make angry
◆ ***airarse*** vpr to get angry

airbag ['erβaγ, air'βaγ] (pl **airbags**) nm [en vehículo] airbag

aire nm **1.** [fluido] air ▸ **al ~ libre** in the open air ▸ **con el pecho al ~** bare-chested ▸ **cambiar de aires** to have a change of scene ▸ **dejar algo en el ~** to leave sth up in the air ▸ **estar en el ~** to be in the air ▸ **saltar** *o* **volar por los aires** to be blown sky high ▸ **tomar el ~** to go for a breath of fresh air ▸ **a mi ~** in my own way ▸ **~ acondicionado** air-conditioning ▸ **~ comprimido** compressed air ▸ **~ puro** fresh air ▸ **~ viciado** foul air **2.** [viento] wind / [corriente] draught ▸ **hoy hace mucho ~** it's very windy today **3.** [aspecto] air, appearance / [parecido] **tiene un ~ a su madre** she has something of her mother ▸ **aires** [vanidad] airs (and graces) ▸ **darse aires (de algo)** to put on airs (about sth)

aireación nf ventilation

aireado, -a adj airy

airear vt [ventilar] to air / [contar] to air (publicly)

◆ ***airearse*** vpr to get a breath of fresh air

airoso, -a adj **1.** [garboso] graceful, elegant **2.** [triunfante] **salir ~ de algo** to come out of sth with flying colours

aislacionismo nm POL isolationism

aislado, -a adj **1.** [lugar, suceso] isolated **2.** [cable, pared] insulated

aislamiento nm **1.** [de lugar, persona] isolation **2.** [de cable, vivienda] insulation ▸ **~ de doble pared** cavity wall insulation

aislante ■ adj insulating

■ nm insulating material

aislar ■ vt **1.** [persona] to isolate **2.** [del frío, de la electricidad] to insulate / [del ruido] to soundproof **3.** [lugar] to cut off ▸ **la nevada aisló la comarca del resto del país** the snow cut the area off from the rest of the country **4.** [virus] to isolate

■ vi **estas ventanas aíslan muy bien del frío/ruido** these windows are very good at keeping the cold/noise out

◆ ***aislarse*** vpr to isolate oneself, to cut oneself off (**de** from)

aizkolari nm = *competitor in the rural Basque sport of chopping felled tree-trunks*

ajá interj **¡~!** [sorpresa] aha!

ajado, -a adj [flor] withered / [persona] wizened

ajar vt [flores] to wither, to cause to fade / [piel] to wrinkle / [colores] to cause to fade / [ropa] to wear out

◆ ***ajarse*** vpr [flores] to fade, to wither / [piel] to wrinkle, to become wrinkled / [belleza, juventud] to fade

ajardinado, -a adj landscaped

a. JC. (abrev de ***antes de Jesucristo***) BC

ajedrea nf savory *(plant)*

ajedrecista nmf chess player

ajedrez nm inv chess

ajenjo nm **1.** [planta] wormwood, absinthe **2.** [licor] absinthe

ajeno, -a adj **1.** [de otro] of others ▸ **jugar en campo ~** to play away from home **2.** [no relacionado] **es un problema ~ a la sociedad de hoy** it's a problem that no longer exists in today's society ▸ **esto es ~ a nuestro departamento** our department doesn't deal with that ▸ **por causas ajenas a nuestra voluntad** for reasons beyond our control **3.** [no enterado, indiferente] **era ajena a lo que estaba ocurriendo** she had no knowledge of what was happening

ajete nm = *green stalk of young garlic plant* ▸ **revuelto de ajetes** = *dish of scrambled egg with garlic stalks*

ajetreado, -a adj busy ▸ **he tenido un día muy ~** I've had a very busy day

ajetreo nm [gestiones, molestias] running around, hard work / [actividad] (hustle and) bustle

ají (pl **ajís** *o* **ajíes**) nm *ANDES, RP* [pimiento] chilli (pepper) / [salsa] = *sauce made from oil, vinegar, garlic and chilli*

ajiaceite nm = *sauce made from garlic and olive oil*

ajiaco nm *ANDES, CARIB* [estofado] = *chilli-based stew*

ajillo nm **al ~** = *in a sauce made with oil, garlic and sometimes chilli*

ajo nm garlic ▸ CULIN **~ blanco** cold garlic soup ▸ **~ tierno** = *green stalk of young garlic plant* ▸ *Fam* **¡~ y agua!** too bad!, tough! ▸ *Fig* **andar** *o* **estar en el ~** to be in on it

ajuar nm **1.** [de casa] furnishings **2.** [de novia] trousseau

ajuntar *Fam* vt [lenguaje infantil] **¿me ajuntas?** will you be my friend again?

◆ ***ajuntarse*** vpr [irse a vivir juntos] to move in together

ajustable adj adjustable ▸ **sábana ~** fitted sheet

ajustado, -a ■ adj **1.** [ceñido] [ropa] tight-fitting / [tuerca, pieza] tight / [resultado, final] close **2.** [justo] correct, right / [precio] reasonable

■ nm fitting

ajustador, -ora ■ adj adjusting

■ nm,f IMPRENTA typesetter

ajustar ■ vt **1.** [encajar] [piezas de motor] to fit / [puerta, ventana] to push to **2.** [arreglar] to adjust **3.** [apretar] to tighten ▸ **ajusta bien la tapa** screw the lid on tight **4.** [pactar] [matrimonio] to arrange / [pleito] to settle / [paz] to negotiate / [precio] to fix, to agree

■ vi [venir justo] to fit properly, to be a good fit ▸ **la ventana no ajusta bien** the window won't close properly

◆ ***ajustarse*** vpr **1.** [encajarse] to fit ▸ *Fig* **tu relato no se ajusta a la verdad** your account is at variance with the truth, your account doesn't match the facts **2.** [adaptarse] to fit in (**a** with) ▸ **tu plan no se ajusta a nuestras necesidades** your plan doesn't meet our needs ▸ **tenemos que ajustarnos al presupuesto del que disponemos** we have to keep within the limits of our budget

ajuste nm [de pieza] fitting / [de mecanismo] adjustment / [de salario] agreement ▸ **~ de cuentas** settling of scores

ajusticiar vt to execute

al *ver* ***a, el***

Alá nm Allah

ala ■ nf **1.** [de ave, avión] wing ▸ **cortar las alas a alguien** to clip sb's wings ▸ DEP **~ delta** [aparato] hang glider **2.** [parte lateral] [de tejado] eaves / [de sombrero] brim / [de nariz] side / [de mesa] leaf **3.** [de edificio, partido] wing

■ nmf DEP winger, wing

alabanza nf praise

alabar vt to praise ▸ *Fam* **¡alabado sea (el Señor)!** thank heavens!

◆ ***alabarse*** vpr to boast ▸ **se alaba de valiente** he is always boasting about how brave he is

alabarda nf halberd

alabardero nm halberdier

alabastro nm alabaster

alabear vt to warp
◆ ***alabearse*** vpr to warp

alacena nf **1.** [mueble] kitchen cupboard **2.** [en la pared] wall cupboard

alacrán nm scorpion

alado, -a adj [con alas] winged / [ligero] swift, fleet

ALALC nf *Antes* (abrev de ***Asociación Latinoamericana de Libre Comercio***) LAFTA

alambicado, -a adj elaborate, involved

alambicar [59] vt [destilar] to distil / [complicar] to over-complicate

alambique nm still

alambrada nf wire fence

alambrar vt to fence with wire

alambre nm wire ▸ **~ de espino** *o* **de púas** barbed wire

alameda nf **1.** [sitio con álamos] poplar grove **2.** [paseo] tree-lined avenue

álamo nm poplar

alano nm [perro] mastiff

alante *Fam* ➤ ***adelante***

alarde nm show *o* display (**de** of) ▸ **hacer ~ de algo** to show sth off, to flaunt sth

alardear vi **~ de** to show off about

alargadera nf extension lead *o* cable

alargado, -a adj long

alargador nm extension lead *o* cable

alargamiento nm extension, lengthening

alargar [40] vt **1.** [ropa] to lengthen **2.** [viaje, visita, plazo] to extend ▸ **el árbitro alargó el primer tiempo cinco minutos** the referee added five minutes' stoppage time to the end of the first half **3.** [brazo, mano] to stretch out ▸ **~ el brazo** to stretch out one's arm **4.** [pasar] **~ algo a alguien** to pass sth (over) to sb
◆ ***alargarse*** vpr [hacerse más largo] to get longer / [hacerse muy largo] to go on for ages ▸ **la reunión se alargó hasta el alba** the meeting went on *o* stretched on until dawn

alarido nm shriek, howl

alarma nf alarm / MIL call to arms ▸ **dar la ~** to raise the alarm ▸ **cundió la ~** panic spread ▸ **~ antirrobo** burglar alarm ▸ **~ contra incendios** fire alarm

alarmante adj alarming

alarmar vt [avisar] to alert / [asustar] to alarm
◆ ***alarmarse*** vpr [inquietarse] to be alarmed

alarmismo nm alarmism

alarmista nmf alarmist

Alaska n Alaska

alavés, -esa ■ adj of/from Alava
■ nm,f person from Alava

alazán, -ana ■ adj chestnut
■ nm,f chestnut (horse)

alba nf **1.** [amanecer] dawn, daybreak ▸ **al ~** at dawn **2.** [vestidura] alb

albacea nmf DER executor, *f* executrix

albaceteño, -a ■ adj of/from Albacete
■ nm,f person from Albacete

albahaca nf basil

albanés, -esa ■ adj & nm,f Albanian
■ nm [lengua] Albanian

Albania n Albania

albañil nm bricklayer

albañilería nf **1.** [oficio] bricklaying **2.** [obra] brickwork

albarán nm *ESP* COM delivery note

albaricoque nm *ESP* apricot

albaricoquero nm *ESP* apricot tree

albatros nm inv albatross

albedrío nm [antojo, elección] fancy, whim ▸ **a su ~** as takes his/her fancy ▸ FILOSOFÍA **libre ~** free will ▸ **a su libre ~** of his/her own free will

alberca nf **1.** [depósito] water tank **2.** *COL, MÉX* [piscina] swimming pool

albérchigo nm peach tree

albergar [40] vt **1.** [personas] to accommodate, to put up **2.** [odio] to harbour / [esperanzas] to cherish
◆ ***albergarse*** vpr to stay ▸ **¿en qué hotel se albergan?** what hotel are they staying in?

albergue nm [alojamiento] accommodation, lodgings / [de montaña] shelter, refuge ▸ **~ de juventud** *o* **juvenil** youth hostel ▸ *RP* **~ transitorio** hourly hotel

alberguista nmf youth hosteller

albino, -a adj & nm,f albino

albo, -a adj *Literario* white

albóndiga nf meatball

albor nm **1.** *Literario* [blancura] whiteness **2.** *Formal* [luz del alba] first light of day **3.** **albores** [principio] dawn, earliest days ▸ **los albores de la civilización** the dawn of civilization

alborada nf **1.** [amanecer] dawn, daybreak **2.** MÚS = *popular song sung at dawn* **3.** MIL reveille

alborear v impersonal **empezaba a ~** dawn was breaking

albornoz nm bathrobe

alborotado, -a adj [agitado] rowdy / [pelo] messed up, tousled ▸ **los niños están alborotados con la excursión** the children are all excited about the trip ▸ **los ánimos están alborotados** feelings are running high

alborotador, -ora ■ adj rowdy
■ nm,f troublemaker

alborotar ■ vt [perturbar] to disturb, to unsettle / [amotinar] to stir up, to rouse / [desordenar] to mess up ▸ **el viento le alborotó el pelo** the wind messed up her hair
■ vi to be rowdy ▸ **¡niños, no alborotéis!** calm down, children!
◆ ***alborotarse*** vpr [perturbarse] to get worked up

alboroto nm **1.** [ruido] din **2.** [jaleo] fuss, to-do

alborozado, -a adj overjoyed, delighted
alborozar [14] vt to delight
alborozo nm delight, joy
albricias interj **¡~!** great!, fantastic!
albufera nf lagoon
álbum nm album ▸ **~ de autógrafos** autograph album ▸ **~ de fotos/sellos** photo/stamp album
albúmina nf QUÍM albumin
albuminoide adj QUÍM albuminoid
albur nm **1.** [pez] bleak **2.** [azar] chance **3.** *MÉX, RDOM* [juego de palabras] pun / [doble sentido] double meaning

CULTURA / CULTURE

albures

Albures are a distinctive feature of male Mexican lower-class speech. They are rapid-fire puns, chiefly of a sexual nature, which can be stretched into extensive exchanges as each participant tries to top the last speaker's remark. Non-native speakers, no matter how fluent their Spanish, are unlikely to make much sense of an exchange of albures, let alone be able to participate. Indeed, they can be largely incomprehensible even to many Mexicans.

alburear vi *MÉX Fam* to pun, to make a pun
ALCA ['alka] nf (abrev de ***Área de Libre Comercio de las Américas***) FTAA
alcachofa nf **1.** [planta] artichoke **2.** *ESP* [pieza] [de regadera] rose, sprinkler / [de ducha] shower head
alcahuete, -a nm,f **1.** [mediador] lover's go-between **2.** [chismoso] gossipmonger
alcaide nm prison governor
alcalde, -esa nm,f mayor, *f* mayoress
alcaldía nf **1.** [cargo] mayoralty **2.** [sede] mayor's office **3.** [término municipal] municipality
álcali nm QUÍM alkali
alcalino, -a adj QUÍM alkaline
alcaloide nm QUÍM alkaloid
alcance nm **1.** [de arma, misil, emisora] range ▸ **de corto/largo ~** short-/long-range **2.** [de persona] **a mi ~** within my reach ▸ **al ~ de la mano** within arm's reach ▸ **al ~ de la vista** within sight ▸ **dar ~ a alguien** to catch up with sb ▸ **fuera del ~ de** beyond the reach of **3.** [de reformas, medidas] scope, extent ▸ **de ~** important **4.** [inteligencia] **de pocos alcances** slow, dim-witted
alcancía nf *esp AM* money box
alcanfor nm camphor
alcantarilla nf [conducto] sewer / [boca] drain
alcantarillado nm sewers, sewage system
alcanzar [14] ■ vt **1.** [igualarse con] to catch up with ▸ **¿a que no me alcanzas?** bet you can't catch me! **2.** [llegar a] to reach ▸ **~ la meta** to reach the finishing line ▸ **lo alcancé con una escalera** I used a ladder to reach it ▸ **alcanzó la costa a nado** he swam to the coast ▸ **este coche alcanza los 200 km/h** this car can do up to *o* reach 200 km/h ▸ **el desempleo ha alcanzado un máximo histórico** unemployment is at *o* has reached an all-time high **3.** [lograr] [objetivo] to achieve ▸ **~ la fama/el éxito** to achieve fame/success **4.** [entregar] **alcánzame ese jarrón, que no llego hasta el estante** could you get that vase down for me, I can't reach the shelf **5.** [golpear, dar] to hit ▸ **le alcanzaron dos disparos** he was hit by two shots
■ vi **1.** [ser suficiente] **~ para algo/alguien** to be enough for sth/sb ▸ **~ para hacer algo** to be enough to do sth ▸ **no sé si alcanzará para todos** I don't know if there'll be enough for everyone **2.** [poder] **~ a hacer algo** to be able to do sth ▸ **alcancé a verlo unos segundos** I managed to see him for a few seconds ▸ **no alcanzo a comprender por qué** I can't begin to understand why **3.** [llegar] **no alcanzo** I can't reach it ▸ **hasta donde alcanza la vista** as far as the eye can see
alcaparra nf caper
alcatraz nm gannet
alcaucil nm *RP* [alcachofa] artichoke
alcayata nf hook
alcazaba nf citadel
alcázar nm fortress
alce ■ *ver* ***alzar***
■ nm elk, moose
alcista adj FIN **mercado ~** bull market
alcoba nf bedroom
alcohol nm alcohol ▸ **~ desinfectante** surgical spirit ▸ QUÍM **~ etílico** ethyl alcohol ▸ **~ de quemar** methylated spirits
alcoholemia nf blood alcohol level ▸ **test de ~** Breathalyzer® test
alcohólico, -a adj & nm,f alcoholic
alcoholímetro nm **1.** [para bebida] alcoholometer **2.** [para la sangre] *BR* Breathalyzer®, *US* drunkometer
alcoholismo nm alcoholism
alcoholizado, -a adj **estar ~** to be an alcoholic
alcoholizar [14] vt to turn into an alcoholic
◆ ***alcoholizarse*** vpr to become an alcoholic
alcornoque nm **1.** [árbol] cork oak / [madera] cork, corkwood **2.** [persona] idiot, fool
alcotán nm hobby *(bird)*
alcurnia nf lineage, descent
aldaba nf **1.** [llamador] doorknocker **2.** [pestillo] latch
aldabonazo nm loud knock *(with doorknocker)* ▸ *Fig* **ser un ~** to be a bombshell
aldea nf small village ▸ **la ~ global** the global village
aldeano, -a ■ adj [pueblerino, rústico] rustic
■ nm,f villager
aldehído nm QUÍM aldehyde
ale interj **¡~!** come on!
aleación nf **1.** [acción] alloying **2.** [producto] alloy
alear vt to alloy
aleatorio, -a adj random
alebrestarse vpr *COL* **1.** [rebelarse] to rebel **2.** [ponerse nervioso] to get worked up

aleccionador, -ora adj **1.** [instructivo] instructive **2.** [ejemplar] exemplary

aleccionar vt to instruct, to teach

aledaño, -a adj adjacent

◆ ***aledaños*** nmpl surrounding area ▸ **en los aledaños del estadio** in the vicinity of the stadium

alegación nf allegation

alegar [40] ■ vt [motivos, pruebas] to put forward ▸ **~ que** to claim (that)

■ vi *AM* [quejarse] to complain

alegato nm DER plea ▸ *Fig* **hacer un ~ a favor de/en contra de** to make a case for/against

alegoría nf allegory

alegórico, -a adj allegorical

alegrar vt **1.** [persona] to cheer up, to make happy / [fiesta] to liven up ▸ **le alegró mucho su visita** his visit really cheered her up ▸ **me alegró el día** it made my day **2.** [habitación, decoración] to brighten up **3.** [emborrachar] to make tipsy

◆ ***alegrarse*** vpr **1.** [sentir alegría] to be pleased (**de algo/por alguien** about sth/for sb) ▸ **me alegro de que me hagas esa pregunta** I'm glad you asked me that ▸ **me alegro!** good! **2.** [emborracharse] to get tipsy

¡CUIDADO! / CAREFUL!

alegrar

Las traducciones **glad** y **pleased** son prácticamente sinónimas, excepto que **pleased** se utiliza también para expresar que alguien está satisfecho con algo o alguien. **Pleased** se construye con la preposición "with" (**I am pleased with the results**) y **glad** con una frase introducida por "that" (**I am glad that we came**).

alegre adj **1.** [contento] happy / [irreflexivo] happy-go-lucky ▸ **una mujer de vida ~** a loose woman **2.** [que da alegría] cheerful, bright **3.** [borracho] tipsy

alegremente adv [con alegría] happily, joyfully / [irreflexivamente] blithely

alegría nf **1.** [gozo] happiness, joy / [motivo de gozo] joy ▸ **con ~** happily, joyfully **2.** [irresponsabilidad] rashness, recklessness ▸ **gastaron el dinero con demasiada ~** they spent the money too freely

alegro adv & nm MÚS allegro

alegrón nm pleasant surprise

alegue *etc ver* ***alegar***

alejado, -a adj distant (**de** from)

alejamiento nm **1.** [lejanía] remoteness **2.** [distancia] distance **3.** [separación] [de objetos] separation / [entre personas] estrangement

Alejandría n Alexandria

alejar vt [poner más lejos] to move away / [ahuyentar] [sospechas, temores] to allay

◆ ***alejarse*** vpr **1.** [ponerse más lejos] to go away (**de** from) / [retirarse] to leave ▸ **se alejaron demasiado del refugio** they strayed too far from the shelter ▸ **¡aléjate de mí!** go away! **2.** [distanciarse] to grow apart ▸ **se fue alejando de sus amigos** he grew apart from his friends

alelado, -a adj stupid

alelar vt to daze, to stupefy

aleluya ■ nm o nf hallelujah

■ interj **¡~!** hallelujah!

alemán, -ana ■ adj & nm,f German

■ nm [lengua] German

Alemania n Germany ▸ *Antes* **~ Occidental/Oriental** West/East Germany

alentador, -ora adj encouraging

alentar [3] vt [animar] to encourage

◆ ***alentarse*** vpr *ANDES, MÉX, VEN* [recuperarse] to recover, to get better

alerce nm larch

alergeno, alérgeno nm MED allergen

alergia nf *también Fig* allergy ▸ **tener ~ a algo** to be allergic to sth ▸ **~ a la primavera** *o* **al polen** hayfever

alérgico, -a adj *también Fig* allergic (**a** to)

alero nm **1.** [del tejado] eaves **2.** DEP winger, wing **3.** AUT wing

alerón nm **1.** AV aileron **2.** *ESP Fam* [axila] armpit

alerta ■ adj inv & adv alert

■ nf alert ▸ **~ roja** red alert

■ interj **¡~!** watch *o* look out!

alertar vt to alert (**de** about, to)

aleta nf **1.** [de pez] fin **2.** [de buzo, foca] flipper **3.** [de coche] wing **4.** [de nariz] flared part

aletargado, -a adj drowsy, lethargic

aletargar [40] vt to make drowsy, to send to sleep

◆ ***aletargarse*** vpr [adormecerse] to become drowsy / [hibernar] to hibernate

aletear vi [ave] to flap its wings

aleteo nm flapping (of wings)

Aleutianas nfpl **las (Islas) ~** the Aleutian Islands, the Aleutians

alevín nm **1.** [cría de pez] fry, young fish **2.** [persona] novice, beginner **3.** DEP **alevines** colts *(youngest category of players)*

alevosía nf **1.** [premeditación] premeditation ▸ **con premeditación y ~** with malice aforethought **2.** [traición] treachery

alevoso, -a adj **1.** [premeditado] premeditated **2.** [traidor] treacherous

alfa nf FÍS & MAT alpha ▸ **~ y omega** beginning and end

alfabético, -a adj alphabetical

alfabetización nf **1.** [de personas] [acción] teaching to read and write / [estado] literacy **2.** [de palabras, letras] alphabetization

alfabetizar [14] vt **1.** [personas] to teach to read and write **2.** [palabras, letras] to put into alphabetical order

alfabeto nm alphabet ▸ **~ Morse** Morse code

alfajor nm **1.** [de ajonjolí] = *crumbly shortbread, flavoured with sesame seeds* **2.** [en Argentina] = *small sponge cake filled with creamy toffee*

alfalfa nf alfalfa, lucerne

alfanje nm scimitar

alfanumérico, -a adj INFORM alphanumeric

alfaque nm sandbank, bar

alfarería nf **1.** [técnica] pottery **2.** [lugar] potter's, pottery shop

alfarero, -a nm,f potter

alféizar nm windowsill

alfeñique nm [persona] weakling

alférez nm MIL second lieutenant

alfil nm [pieza de ajedrez] bishop

alfiler nm **1.** [para coser] pin ▸ *ANDES, CSUR, VEN* **~ de gancho** safety pin ▸ **no cabe ni un ~** it's jam-packed ▸ *Fig* **prendido con alfileres** sketchy **2.** [joya] brooch, pin ▸ **~ de corbata** tie-pin

alfiletero nm pin box

alfombra nf [grande] carpet / [pequeña] rug / *AM salvo RP* fitted carpet ▸ **una ~ de flores** a carpet of flowers ▸ **~ voladora** magic carpet

alfombrar vt to carpet

alfombrilla nf [alfombra pequeña] rug / [felpudo] doormat / INFORM [para ratón] mouse mat ▸ **~ (de baño)** bathmat

alforja nf **1.** [de persona] knapsack **2.** [de caballo] saddlebag

alga nf **algas** [plantas de mar] seaweed / BIOL [microscópicas] algae ▸ **un ~** a piece of seaweed

algarabía nf **1.** [habla confusa] gibberish **2.** [alboroto] racket

algarada nf racket, din

algarroba nf **1.** [planta] vetch **2.** [fruto] carob *o* locust bean

algarrobo nm carob tree

algazara nf racket, uproar

álgebra nf algebra ▸ **~ elemental** elementary algebra

algebraico, -a adj algebraic

álgido, -a adj [culminante] critical ▸ **en el punto ~ del conflicto** at the height of the conflict

algo ■ pron **1.** [alguna cosa] something / [en interrogativas] anything ▸ **¿te pasa ~?** is anything the matter? ▸ **~ es ~** something is better than nothing ▸ **~ así, ~ por el estilo** something like that ▸ **~ así como...** something like... ▸ **por ~ lo habrá dicho** he must have said it for a reason **2.** [cantidad pequeña] a bit, a little ▸ **~ de** some **3.** *Fam* [ataque] **te va a dar ~ como sigas trabajando así** you'll make yourself ill if you go on working like that ▸ **¡a mí me va a dar ~!** [de risa] I'm going to do myself an injury (laughing)! / [de enfado] this is going to drive me mad! **4.** [cosa importante] something ▸ **se cree que es ~** he thinks he's something (special)

■ adv [un poco] a bit ▸ **es ~ más grande** it's a bit bigger

algodón nm cotton ▸ **~ (hidrófilo)** *BR* cotton wool, *US* absorbent cotton ▸ **una camisa de ~** a cotton shirt ▸ *Fig* **criado entre algodones** pampered ▸ **~ dulce** *BR* candyfloss, *US* cotton candy

algodonero, -a adj cotton ▸ **la industria algodonera** the cotton industry

algodonoso, -a adj fluffy ▸ **nubes algodonosas** cotton-wool clouds

algoritmo nm MAT algorithm

alguacil nm **1.** [del ayuntamiento] mayor's assistant **2.** [del juzgado] bailiff

alguacilillo nm TAUROM = *mounted official at bullfight*

alguien pron **1.** [alguna persona] someone, somebody / [en interrogativas] anyone, anybody ▸ **¿hay ~ ahí?** is anyone there? **2.** [persona de importancia] somebody ▸ **se cree ~** she thinks she's somebody (special)

alguno, -a

> **algún** is used instead of **alguno** before masculine singular nouns (e.g. **algún día** some day).

■ adj **1.** [indeterminado] some / [en interrogativas] any ▸ **¿tienes algún libro?** do you have any books? ▸ **algún día** some *o* one day ▸ **compró algunas cosas** he bought some things ▸ **algunas mañanas no me apetece levantarme** some mornings I don't feel like getting up ▸ **algunos amigos míos** some of my friends ▸ **ha surgido algún (que otro) problema** the odd problem has come up ▸ **algún idiota dejó la puerta abierta** some fool left the door open **2.** [ninguno] any ▸ **no tengo interés ~ (en hacerlo)** I'm not in the least (bit) interested (in doing it)

■ pron **1.** [persona] someone, somebody / (plural) some people / [en interrogativas] anyone, anybody ▸ **¿conociste a algunos?** did you get to know any? ▸ **algunos de** some *o* a few of ▸ **algunos de nosotros** a few of us **2.** [cosa] the odd one / (plural) some, a few / [en interrogativas] any ▸ **me salió mal ~** I got the odd one wrong ▸ **algunos de** some *o* a few of

alhaja nf [joya] jewel / [objeto de valor] treasure / [persona] gem ▸ *Irónico* **¡menuda ~!** he's a right one!

alharaca nf fuss ▸ **hacer alharacas** to kick up a fuss

alhelí (pl **alhelíes**) nm wallflower

alheña nf privet

aliado, -a ■ adj allied

■ nm,f ally ▸ HIST **los Aliados** the Allies

alianza nf **1.** [pacto, parentesco] alliance **2.** [anillo] wedding ring

aliar [32] vt [naciones] to ally (**con** with) / [cualidades] to combine

◆ ***aliarse*** vpr to form an alliance (**con** with)

alias adv & nm inv [gen] & INFORM alias

alicaído, -a adj **1.** [triste] depressed **2.** [débil] weak

alicantino, -a ■ adj of/from Alicante

■ nm,f person from Alicante

alicatado nm *ESP* tiling

alicatar vt *ESP* to tile

alicate nm **1. alicates** [herramienta] pliers **2.** *AM* [para uñas] nail clippers

aliciente nm **1.** [incentivo] incentive **2.** [atractivo] attraction

alícuota adj MAT aliquot

alienación nf **1.** [sentimiento] alienation **2.** [trastorno psíquico] derangement, madness

alienado, -a ■ adj insane

■ nm,f insane person, lunatic

alienante adj alienating

alienar vt **1.** [enajenar] to derange, to drive mad **2.** FILOSOFÍA to alienate

alienígena nmf alien

aliento ■ *ver* ***alentar***
■ nm **1.** [respiración] breath ▸ **cobrar ~** to catch one's breath ▸ **sin ~** breathless ▸ **~ fétido** foul breath **2.** [ánimo] strength

aligerar ■ vt **1.** [peso] to lighten / *Fig* [pena] to relieve, to ease **2.** [ritmo] to speed up ▸ **~ el paso** to quicken one's pace
■ vi [darse prisa] to hurry up ▸ **aligera, que llegamos tarde** hurry up, or we'll be late

alijo nm contraband ▸ **~ de drogas** consignment of drugs

alimaña nf pest *(animal)*

alimentación nf **1.** [acción] feeding **2.** [comida] food ▸ **el sector de la ~** the food industry ▸ **tienda de ~** *BR* grocer's shop, *US* grocery store **3.** [régimen alimenticio] diet ▸ **una ~ equilibrada** a balanced diet **4.** TEC feed, input / INFORM **~ de papel** paper feed

alimentador, -ora ■ adj TEC feeding
■ nm TEC feed, feeder ▸ **~ de corriente** power supply unit ▸ INFORM **~ de papel** paper feed

alimentar ■ vt **1.** [dar comida] to feed ▸ **tengo cinco hijos que ~** I've got five kids to feed **2.** [dar energía, material] to feed ▸ **la lectura alimenta el espíritu** reading improves your mind **3.** [motor, vehículo] to fuel
■ vi to be nourishing ▸ **los garbanzos alimentan mucho** chickpeas are very nutritious
◆ ***alimentarse*** vpr **alimentarse de** to live on

alimentario, -a adj food ▸ **la industria alimentaria** the food industry

alimenticio, -a adj nourishing ▸ **productos alimenticios** foodstuffs

alimento nm food ▸ **la lectura es un ~ para el espíritu** reading improves your mind ▸ **alimentos grasos** fatty foods

alimoche nm Egyptian vulture

alimón: al alimón loc adv *ESP* jointly, together

alineación nf **1.** [colocación en línea] alignment **2.** DEP [composición de equipo] line-up

alineado, -a adj **1.** [en línea recta] lined up **2.** DEP [en equipo] selected **3.** POL **países no alineados** non-aligned countries

alineamiento nm alignment ▸ POL **no ~** non-alignment

alinear vt **1.** [colocar en línea] to line up **2.** DEP [seleccionar] to include in the starting line-up
◆ ***alinearse*** vpr POL to align

aliñar vt [ensalada] to dress / [carne] to season

aliño nm [para ensalada] dressing / [para carne] seasoning

alioli nm garlic mayonnaise

alirón nm interj **¡~!** hooray!

alisar vt to smooth (down)

alisio METEO ■ adj **vientos alisios** trade winds
■ nm trade wind

aliso nm alder

alistamiento nm MIL enlistment

alistarse vpr **1.** MIL to enlist **2.** *AM* [prepararse] to get ready

aliteración nf alliteration

alivianarse vpr **1.** *AM* [tranquilizarse] to take it easy **2.** *MÉX* [ser comprensivo] **ya se alivianó y sí va a participar** he's come round and he WILL be taking part

aliviar vt **1.** [atenuar] to soothe **2.** [aligerar] [persona] to relieve / [carga] to lighten

alivio nm relief ▸ **de ~** [terrible] dreadful

aljibe nm **1.** [de agua] cistern **2.** NÁUT tanker

allá adv **1.** [indica espacio] over there ▸ **no te pongas tan ~, que no te oigo** don't stand so far away, I can't hear you ▸ **~ donde sea posible** wherever possible ▸ **~ abajo/arriba** down/up there ▸ **~ lejos** right back there ▸ **hacia ~** that way, in that direction ▸ **más ~** further on ▸ **más ~ de** beyond ▸ **échate para ~** move over **2.** [tiempo] **~ por los años cincuenta** back in the 50s ▸ **~ para el mes de agosto** around August some time **3.** [en frases] **~ él/ella** that's his/her problem ▸ **~ cada cual** each person will have to decide for themselves ▸ **el más ~** the great beyond ▸ **no ser muy ~** to be nothing special ▸ **no encontrarse** *o* **sentirse muy ~** to feel a bit funny

allanamiento nm *ESP* [sin autorización] forceful entry / *AM* [con autorización] raid ▸ DER **~ de morada** breaking and entering

allanar vt **1.** [terreno] to flatten, to level / *Fig* [dificultad] to overcome ▸ **allanarle el camino a alguien** to smooth the way for sb **2.** [irrumpir en] to break into / *AM* [hacer una redada en] to raid ▸ **las tropas allanaron las viviendas de los campesinos** the troops sacked the peasants' houses

allegado, -a ■ adj close
■ nm,f **1.** [familiar] relative **2.** [amigo] close friend

allende prep *Literario* beyond ▸ **~ los mares** across the seas

allí adv there ▸ **~ abajo/arriba** down/up there ▸ **~ mismo** right there ▸ **está por ~** it's around there somewhere

alma nf **1.** [espíritu] soul ▸ **sentir algo en el ~** to be truly sorry about sth ▸ **agradecer algo en el ~** to be deeply grateful for sth ▸ **lo que dijo me llegó al ~** her words really struck home ▸ **se le cayó el ~ a los pies** his heart sank ▸ **como ~ en pena** like a lost soul ▸ **como ~ que lleva el diablo** like a bat out of hell ▸ *Fig* **el ~ de la fiesta** the life and soul of the party ▸ *Fig* **el ~ del proyecto** the driving force behind the project **2.** [persona] soul ▸ **un pueblo de doce mil almas** a town of twelve thousand people ▸ **no se ve un ~** there isn't a soul to be seen ▸ **almas gemelas** kindred spirits **3.** [de cañón] bore

almacén nm **1.** [depósito] warehouse ▸ **~ de mercancías** goods depot **2. (grandes) almacenes** department store **3.** *ANDES, RP* [de alimentos] grocery store

almacenaje nm storage

almacenamiento nm [gen] & INFORM storage

almacenar vt **1.** [guardar] [gen] & INFORM to store **2.** [reunir] to collect

almanaque nm **1.** [calendario] calendar **2.** [publicación anual] almanac

almeja nf clam

almena nf **almenas** battlements

almendra nf almond

almendrado, -a ■ adj almond-shaped ▸ **ojos almendrados** almond eyes
■ nm CULIN almond paste

almendro nm almond (tree)

almendruco nm green almond

almeriense ■ adj of/from Almería
■ nm,f person from Almería

almíbar nm syrup

almibarado, -a adj **1.** [con almíbar] covered in syrup **2.** [afectado] syrupy, sugary

almibarar vt to cover in syrup

almidón nm starch

almidonado, -a ■ adj starched
■ nm starching

almidonar vt to starch

alminar nm minaret

almirantazgo nm **1.** [dignidad] admiralty **2.** [de la Armada] Admiralty

almirante nm admiral

almirez nm mortar

almizcle nm musk

almizclero nm musk deer

almohada nf pillow ▸ *Fig* **consultarlo con la ~** to sleep on it

almohadilla nf **1.** [cojín] small cushion **2.** [de animal] pad

almohadillado, -a adj padded

almohadón nm cushion

almoneda nf **1.** [subasta] auction **2.** [local] discount store

almorávide adj & nmf Almoravid

almorranas nfpl piles

almorzar [31] ■ vt [a mediodía] to have for lunch / [a media mañana] to have as a mid-morning snack ▸ **los viernes almuerzan pescado** on Fridays they have fish for lunch
■ vi [a mediodía] to have lunch / [a media mañana] to have a mid-morning snack

almuerzo nm [a mediodía] lunch / [a media mañana] mid-morning snack ▸ **~ tipo bufé** buffet lunch ▸ **~ de trabajo** working lunch

aló interj ANDES, CARIB [al teléfono] hello

alocado, -a ■ adj crazy
■ nm,f **es un ~** he's crazy

alocución nf address, speech

aloe, áloe nm common aloe

alojamiento nm accommodation ▸ **dar ~ a** to put up ▸ **~ y comida** board and lodging

alojar vt to put up

◆ ***alojarse*** vpr **1.** [hospedarse] to stay **2.** [introducirse] to lodge ▸ **la bala se alojó en el pulmón derecho** the bullet lodged in her right lung

alondra nf lark

alopatía nf allopathy

alopecia nf hair loss, *Espec* alopecia

alpaca nf alpaca

alpargata nf espadrille

Alpes nmpl **los ~** the Alps

alpinismo nm mountaineering, mountain climbing

alpinista nmf mountaineer

alpino, -a adj Alpine

alpiste nm **1.** [planta] canary grass **2.** [semilla] birdseed

alquería nf ESP farmstead

alquilado, -a adj [casa, oficina, televisor] rented / [vehículo, traje] hired

alquilar vt **1.** [dejar en alquiler] [vivienda, oficina, aparato] to rent (out) / [vehículo, traje] to hire out ▸ **le alquilamos nuestra casa** we rented our house (out) to him ▸ **se alquila** [en letrero] to let **2.** [tomar en alquiler] [casa, oficina, aparato] to rent / [vehículo, traje] to hire

alquiler nm **1.** [acción] [de vivienda, televisión, oficina] renting / [de vehículo] hiring ▸ **¿está en venta o en alquiler?** is it for sale or to let? ▸ **coche de ~** hire car ▸ **tenemos viviendas de alquiler** we have homes to let ▸ **~ de coches** car rental, *BR* car hire, ▸ IND **~ de equipo** *BR* plant hire, *US* plant leasing **2.** [precio] [de vivienda, oficina] rent / [de aparato] rental / [de vehículo] *BR* hire charge, *US* rental charge

alquimia nf alchemy

alquimista nmf alchemist

alquitrán nm tar ▸ **~ mineral** coal tar

alquitranar vt to tar

alrededor ■ adv **1.** [en torno] around ▸ **~ de** around ▸ **de ~** surrounding **2.** [aproximadamente] **~ de** around
■ nm **miré a mi ~** I looked around (me) ▸ **alrededores** surrounding area

Alsacia nf Alsace

alsaciano, -a adj & nm,f Alsatian

alta nf **1.** [del hospital] **~ (médica)** discharge ▸ **dar de ~ a alguien, dar el ~ a alguien** to discharge sb (from hospital) **2.** [en una asociación] membership ▸ **darse de ~ (en)** to become a member (of) ▸ **dar de ~ a alguien** to enrol sb / [en teléfono, Internet] to connect sb

altanería nf haughtiness

altanero, -a adj haughty

altar nm altar ▸ *Fig* **conducir** *o* **llevar a alguien al ~** to lead sb down the aisle ▸ **~ mayor** high altar

altavoz nm [para anuncios] loudspeaker / [de tocadiscos] speaker

alteración nf **1.** [cambio] alteration **2.** [excitación] agitation **3.** [alboroto] disturbance ▸ **~ del orden público** breach of the peace

alterado, -a adj **1.** [cambiado] altered, changed **2.** [perturbado] disturbed, upset / [enfadado] angry, annoyed ▸ **los niños están muy alterados con la llegada de las vacaciones** the children are rather overexcited with the holidays coming up

alterar vt **1.** [cambiar] to alter ▸ **~ el orden de las palabras** to change the order of the words ▸ **esto altera nuestros planes** that changes our plans **2.** [perturbar] [persona] to agitate, to fluster ▸ **le alteran mucho los cambios** change upsets him a lot **3.** [orden público] to disrupt ▸ **fue detenido por ~ el orden público** he was arrested for causing a breach of the peace **4.** [estropear] **el calor alteró los alimentos** the heat made the food go off

◆ ***alterarse*** vpr **1.** [perturbarse] to get agitated *o* flustered **2.** [estropearse] to go off

altercado nm argument, row

álter ego nm alter ego

alternador nm ELEC alternator

alternancia nf alternation

alternar ■ vt to alternate ▸ **alterna el estudio con la diversión** she alternates studying with having fun

■ vi **1.** [relacionarse] to socialize (**con** with) ▸ **no suelen ~ mucho** they don't usually socialize much **2.** [sucederse] **~ con** to alternate with

◆ ***alternarse*** vpr **1.** [en el tiempo] to take turns ▸ **los dos partidos se alternan en el poder** the two parties take turns in office **2.** [en el espacio] to alternate

alternativa nf **1.** [opción] alternative ▸ **~ de poder** alternative party of government **2.** TAUROM = *ceremony in which bullfighter shares the kill with his novice, accepting him as a professional* ▸ **tomar la ~** to become a professional bullfighter

alternativamente adv alternately

alternativo, -a adj **1.** [movimiento] alternating **2.** [posibilidad] alternative **3.** [cine, teatro] alternative

alterne nm **bar de ~** = *bar where women encourage people to drink in return for a commission*

alterno, -a adj alternate / ELEC alternating

alteza nf [de sentimientos] loftiness ▸ **Alteza** [tratamiento] Highness ▸ **Su Alteza Real** His/Her Royal Highness

altibajos nmpl [del terreno] unevenness / [de la vida] ups and downs

altillo nm **1.** [desván] attic, loft **2.** *ESP* [armario] = *small storage cupboard above head height, usually above another cupboard* **3.** [cerro] hillock

altímetro nm altimeter

altiplanicie nf, ***altiplano*** nm high plateau

altísimo, -a ■ adj [precios, costes] sky high

■ **el Altísimo** REL the Most High

altisonante adj high-sounding

altitud nf altitude ▸ **~ por encima del nivel del mar** altitude above sea level

altivez nf haughtiness

altivo, -a adj haughty

alto, -a ■ adj **1.** [persona, árbol, edificio] tall / [montaña] high **2.** [indica posición elevada] high / [piso] top, upper ▸ **en lo ~ de** at the top of **3.** [cantidad, intensidad] high ▸ **tiene la fiebre alta** her temperature is high, she has a high temperature ▸ **pasar algo por ~** to pass over sth ▸ **hacer algo por todo lo ~** to do sth in (great) style ▸ **~ horno** blast furnace ▸ INFORM **alta resolución** high resolution ▸ **alta traición** high treason ▸ **~ voltaje** high voltage **4.** [en una escala] high ▸ **de ~ nivel** [delegación] high-level ▸ **un ~ dirigente** a high-ranking leader ▸ **alta cocina** haute cuisine ▸ MIL **~ mando** [jefatura] high command / [persona] high-ranking officer ▸ **alta sociedad** high society **5.** [sonido, voz] loud ▸ **en voz alta** in a loud voice **6.** GEOG upper ▸ **el Alto Egipto** Upper Egypt **7.** [hora] late ▸ **a altas horas de la noche** late at night

■ nm **1.** [altura] height ▸ **mide 2 metros de ~** [cosa] it's 2 metres high / [persona] he's 2 metres tall **2.** [lugar elevado] height ▸ **en lo ~ de** at the top of ▸ **los Altos del Golán** the Golan Heights **3.** [detención] stop ▸ **hacer un ~** to make a stop ▸ **dar el ~ a alguien** to challenge sb ▸ **~ el fuego** [cese de hostilidades] ceasefire

■ adv **1.** [arriba] high (up) **2.** [hablar] loud

■ interj **¡~!** halt!, stop! ▸ **¡~! ¿quién va?** halt! who goes there? ▸ **¡~ ahí!** [a un fugitivo] stop!

altoparlante nm *AM* loudspeaker

altozano nm hillock

altramuz nm lupin

altruismo nm altruism

altruista ■ adj altruistic

■ nmf altruist

altura nf **1.** [de persona, cosa] height ▸ **tiene 2 metros de ~** [persona] he's 2 metres tall / [cosa] it's 2 metres high **2.** [posición] height ▸ **a la ~ de los ojos** at eye level ▸ **pon los dos altavoces a la misma ~** put both speakers level with each other ▸ **el tráfico está congestionado a la ~ del ayuntamiento** there's a traffic jam in the area of the town hall **3.** [altitud] height ▸ **Viella está a 1.000 m de ~** Viella is 1,000 m above sea level ▸ **ganar** *o* **tomar ~** [avión] to climb ▸ **perder ~** [avión] to lose height ▸ **se esperan nevadas en alturas superiores a los 800 metros** snow is forecast on high ground above 800 metres ▸ *Fig* **las alturas** [el cielo] Heaven **4.** [nivel] **a la ~ de** on a par with ▸ **estar a la ~ de las circunstancias** to be worthy of the occasion, to be equal to the challenge **5.** [tiempo] **a estas alturas** by now ▸ **si a estas alturas no te has decidido...** if you haven't decided by now... ▸ **a estas alturas del año ya es muy tarde para ponerse a estudiar** it's a bit late in the year to start studying

alubia nf bean ▸ **~ blanca** cannellini bean ▸ **~ roja** kidney bean

alucinación nf hallucination

alucinado, -a adj **1.** MED hallucinating **2.** *Fam* [sorprendido] staggered, *BR* gobsmacked

alucinante adj **1.** MED hallucinatory **2.** *Fam* [extraordinario] amazing, awesome

alucinar ■ vi **1.** MED to hallucinate **2.** *Fam* **¡tú alucinas!** you must be dreaming! ▸ **¡yo alucino!** I can't believe it!

■ vt *Fam* **1.** [seducir] to hypnotize, to captivate **2.** [gustar] **le alucinan las motos** he's crazy about motorbikes

alucine nm *Fam* **¡qué ~!** bloody hell!, *BR* well stone me! ▸ **un ~ de moto** a humdinger of a bike, a bloody amazing bike

alucinógeno, -a ■ adj hallucinogenic
■ nm hallucinogen

alud nm *también Fig* avalanche

aludido, -a nm,f **el ~** the aforesaid ▸ **darse por ~** [ofenderse] to take it personally / [reaccionar] to take the hint

aludir vi **~ a algo** [sin mencionar] to allude to sth / [mencionando] to refer to sth

alumbrado nm lighting ▸ **~ público** street lighting

alumbramiento nm **1.** [con luz] lighting **2.** [parto] delivery

alumbrar ■ vt **1.** [iluminar] to light up **2.** [dar a luz] to give birth to
■ vi [iluminar] to give light

aluminio nm *BR* aluminium, *US* aluminum

aluminosis nf inv CONSTR = *structural weakness of buildings as a result of inadequate building materials containing aluminium*

alumnado nm [de escuela] pupils / [de universidad] students

alumno, -a nm,f [de escuela, profesor particular] pupil / [de universidad] student ▸ **~ externo** day pupil

alunado, -a adj *RP* annoyed, in a bad mood

alunizaje nm landing on the moon, lunar landing

alunizar [14] vi to land on the moon

alusión nf [sin mencionar] allusion / [mencionando] reference ▸ **hacer ~ a** [sin mencionar] to allude to / [mencionando] to refer to

alusivo, -a adj allusive

aluvión nm **1.** [de agua] flood ▸ **un ~ de críticas** a battery of criticism ▸ **un ~ de insultos** a torrent of abuse **2.** GEOL [sedimento] alluvium ▸ **tierras de ~** alluvial deposits

alveolar adj ANAT & LING alveolar

alveolo, alvéolo nm **1.** [de panal] cell **2.** ANAT alveolus

alza nf **1.** [subida] rise ▸ **en ~** FIN rising / *Fig* gaining in popularity ▸ **jugar al ~** FIN to bull the market **2.** [de zapato] raised insole

alzacuello nm [en traje eclesiástico] dog collar

alzada nf **1.** [de caballo] height **2.** DER appeal

alzado, -a ■ adj **1.** [militar] rebel **2.** [precio] fixed ▸ **a tanto ~** [modo de pago] in a single payment
■ nm [proyección vertical] elevation

alzamiento nm uprising, revolt ▸ HIST **el Alzamiento Nacional** = *Francoist term for the 1936 rebellion against the Spanish Republican Government*

alzar [14] vt **1.** [levantar] to lift, to raise / [voz] to raise / [cuello de abrigo] to turn up **2.** [aumentar] to raise **3.** [construir] to erect **4.** [sublevar] to stir up, to raise
◆ ***alzarse*** vpr **1.** [levantarse] to rise **2.** [sublevarse] to rise up, to revolt ▸ **alzarse en armas** to take up arms **3.** [conseguir] **alzarse con la victoria** to win, to be victorious ▸ **los ladrones se alzaron con un cuantioso botín** the thieves made off with a large sum

Alzheimer nm **(mal** *o* **enfermedad de) ~** Alzheimer's (disease)

AM (abrev de ***amplitude modulation***) AM

a.m. (abrev de ***ante meridiem***) a.m.

ama nf **1.** [dueña] owner **2.** [de criado] mistress ▸ **~ de casa** housewife ▸ **~ de cría** wet nurse ▸ **~ de llaves** housekeeper

amabilidad nf kindness ▸ **¿tendría la ~ de...?** would you be so kind as to...?

amabilísimo, -a superlativo *ver* ***amable***

amable adj kind ▸ **¿sería tan ~ de...?** would you be so kind as to...?

amado, -a ■ adj **mis seres amados** my loved ones
■ nm,f loved one

amaestrado, -a adj [animal] trained / [en circo] performing

amaestrar vt to train

amagar [40] ■ vt **1. le amagó un golpe** he made as if to hit him ▸ **amagó una sonrisa** she gave a hint of a smile **2.** [dar indicios de] to show signs of
■ vi [tormenta] to be imminent, to threaten

amago nm **1.** [en boxeo] feint ▸ **hizo ~ de darle un puñetazo** she made as if to punch him ▸ **hizo ~ de salir corriendo** he made as if to run off **2.** [indicio] sign, hint ▸ **tuve un ~ de gripe** I felt like I had a bout of flu coming on

amague *etc ver* ***amagar***

amainar ■ vt NÁUT to take in
■ vi *también Fig* to abate, to die down

amalgama nf *también Fig* amalgam

amalgamar vt *también Fig* to amalgamate

amamantar vt [animal] to suckle / [bebé] to breastfeed

amancebamiento nm living together, cohabitation

amancebarse vpr to live together, to cohabit

amanecer [46] ■ nm dawn ▸ **al ~** at dawn
■ v impersonal **amaneció a las siete** dawn broke at seven
■ vi [en un lugar] to see in the dawn ▸ **amanecimos en Estambul** we arrived in Istanbul at dawn ▸ *AM* **¿cómo amaneciste?** how did you sleep?

amanerado, -a adj **1.** [afeminado] effeminate **2.** [afectado] mannered, affected

amaneramiento nm **1.** [afeminamiento] effeminacy **2.** [afectación] affectation

amanerarse vpr **1.** [afeminarse] to become effeminate **2.** [volverse afectado] to become affected

amanita nf amanita

amansadora nf *RP Fam* tedious wait

amansar vt [animal] to tame / [persona] to calm down / [pasiones] to calm ▸ **la música amansa a las fieras** music hath charms to soothe the savage breast
◆ ***amansarse*** vpr to calm down

amante nmf **1.** [querido] lover **2.** [aficionado] **ser ~ de algo/de hacer algo** to be keen on sth/doing sth ▸ **los amantes del arte** art lovers ▸ **los amantes del bricolage** do-it-yourself enthusiasts ▸ **un ~ de la naturaleza** a nature lover

amanuense nmf scribe

amañado, -a adj [elecciones, resultado] rigged

amañar vt [elecciones, resultado] to rig / [documento] to doctor
◆ ***amañarse*** vpr to manage

amaño nm [treta] ruse, trick

amapola nf poppy

amar vt to love ▸ **ama a tu prójimo como a ti mismo** love thy neighbour as thyself
◆ ***amarse*** vpr **se aman** they love each other

amaraje nm [de hidroavión] landing at sea / [de vehículo espacial] splashdown

amaranto nm amaranth

amarar vi [hidroavión] to land at sea / [vehículo espacial] to splash down

amargado, -a ■ adj [resentido] bitter ▸ **estar ~ de la vida** to be bitter and twisted
■ nm,f bitter person

amargar [40] vt [día, vacaciones] to spoil, to ruin ▸ **~ la vida a alguien** to make sb's life hell
◆ ***amargarse*** vpr [alimento, persona] to become bitter ▸ **no te amargues por eso** don't let it bother you

amargo, -a adj [sabor, recuerdo, persona] bitter

amargor nm [sabor] bitterness

amargue *etc ver* ***amargar***

amargura nf [disgusto] sorrow

amariconado, -a *Fam Pey* ■ adj [afeminado] limp-wristed, *BR* poofy, *US* faggy
■ nm [delicado] wimp

amarillear ■ vt to turn yellow
■ vi to (turn) yellow

amarillento, -a adj yellowish

amarillismo nm PRENSA sensationalism

amarillo, -a ■ adj **1.** [color] yellow ▸ **~ canario** canary yellow ▸ **~ limón** lemon (coloured) **2.** PRENSA sensationalist **3.** IND **sindicato ~** = *union controlled by the employers*
■ nm [color] yellow

amariposado, -a adj *Fam* [afeminado] effeminate

amarra nf NÁUT mooring rope ▸ **largar** *o* **soltar amarras** to cast off ▸ *Fig* **tener amarras** [contactos] to have connections, to have friends in high places

amarradero nm NÁUT [poste] bollard / [argolla] mooring ring

amarrar vt **1.** NÁUT to moor **2.** [atar] to tie (up) ▸ **~ algo/a alguien a algo** to tie sth/sb to sth
◆ ***amarrarse*** vpr *AM salvo RP* [pelo] to tie up / [cordones] to tie

amarre nm NÁUT mooring

amarrete *ANDES, RP Fam* ■ adj mean, tight
■ nmf mean person, miser

amartelado, -a adj [ojos, mirada] adoring ▸ **están amartelados** they are very much in love

amartillar vt [arma] to cock

amasar vt **1.** [masa] to knead / [yeso] to mix **2.** [riquezas] to amass

amasiato nm *CAM, CHILE, MÉX* **vivir en ~** to live together

amasijo nm [mezcla] hotchpotch

amasio, -a nm,f *CAM, MÉX* common-law husband, *f* common-law wife

amateur [ama'ter] (pl **amateurs**) adj & nmf amateur

amatista nf amethyst

amazacotado, -a adj [comida] stodgy

amazona nf **1.** [jinete] horsewoman **2.** MITOL Amazon

Amazonas nm **el ~** the Amazon

Amazonia nf **la ~** the Amazon

amazónico, -a adj [selva, región] Amazon / [tribu, cultura] Amazonian

ambages nmpl **sin ~** without beating about the bush

ámbar nm amber

ambarino, -a adj amber

Amberes n Antwerp

ambición nf ambition

ambicionar vt to have as one's ambition ▸ **ambiciona el puesto de presidente** it is his ambition to become president

ambicioso, -a ■ adj ambitious
■ nm,f ambitious person

ambidextro, -a, ambidiestro, -a ■ adj ambidextrous
■ nm,f ambidextrous person

ambientación nf **1.** CINE, LIT & TEATRO setting **2.** RAD sound effects

ambientador nm [de aire] air freshener

ambiental adj **1.** [físico, atmosférico] ambient **2.** [del medio ambiente] environmental

ambientar vt **1. la película/historia está ambientada en...** the film/story is set in... **2.** [iluminar] to light / [decorar] to decorate
◆ ***ambientarse*** vpr [acostumbrarse] to settle down *(in new place, job)*

ambiente ■ adj ambient
■ nm **1.** [entorno] atmosphere ▸ **se respira una enorme tensión en el ~** the tension (in the atmosphere) is palpable ▸ **abre la ventana, el ~ está muy cargado** open the window, it's very stuffy in here **2.** [animación] life, atmosphere ▸ **en esta discoteca no hay ~** there's no atmosphere in this disco **3.** *ESP Fam* **el ~** [homosexual] the gay scene **4.** *ANDES, RP* [habitación] room

ambigú (pl **ambigús** *o* **ambigúes**) nm buffet

ambigüedad nf ambiguity

ambiguo, -a adj **1.** ambiguous **2.** GRAM **sustantivo ~** noun that may be either masculine or feminine

ámbito nm **1.** [espacio, límites] confines, scope ▸ **una ley de ~ provincial** a law which is applicable at provincial level ▸ **dentro del ~ de** within the scope of ▸ **fuera del ~ de** outside the realm of ▸ **~ de influencia** sphere of influence **2.** [ambiente] world, circles

ambivalencia nf ambivalence

ambivalente adj ambivalent

ambos, -as ■ adj pl both ▸ **~ actores resultaron premiados** both actors received an award, the two actors both received an award
■ pron pl both (of them) ▸ **me gustan ~** I like

both of them, I like them both

ambrosía nf MITOL ambrosia

ambulancia nf ambulance

ambulante adj travelling ▸ **vendedor ~** pedlar, hawker ▸ **prohibida la venta ~** [en letrero] no hawking

ambulatorio, -a ■ adj **tratamiento ~** out-patient treatment
■ nm clinic, health centre

ameba nf amoeba

amedrentar vt to scare, to frighten
◆ ***amedrentarse*** vpr to get scared *o* frightened

amén interj amen ▸ *Fig* **decir ~ a** to accept unquestioningly ▸ *Fig* **en un decir ~** in the twinkling of an eye
◆ ***amén de*** loc adv [además de] in addition to

amenaza nf threat ▸ **~ de bomba** bomb scare ▸ **~ de muerte** death threat

amenazador, -ora adj threatening, menacing

amenazante adj threatening, menacing

amenazar [14] ■ vt **1.** [persona] to threaten ▸ **~ a alguien con hacer algo** to threaten sb with doing sth ▸ **~ a alguien con el despido/de muerte** to threaten to sack/kill sb **2.** [dar señales de] **esos nubarrones amenazan lluvia** those dark clouds are threatening rain ▸ **esa casa amenaza ruina** that house is in danger of collapsing
■ v impersonal **amenaza lluvia/tormenta** it looks like it's going to rain/there's going to be a storm

amenidad nf **1.** [entretenimiento] entertaining qualities **2.** [agrado] pleasantness

amenizar [14] vt to liven up

ameno, -a adj **1.** [entretenido] entertaining **2.** [placentero] pleasant

amenorrea nf MED amenorrhea

América n [continente] the Americas, America / *AM* [Latinoamérica] Latin America ▸ **~ Central** Central America ▸ **~ del Sur/Norte** South/North America

americana nf [chaqueta] jacket

americanada nf *Fam Pey* [película] typical Hollywood film

americanismo nm **1.** [carácter] American character **2.** LING Americanism

americanizar [14] vt to Americanize
◆ ***americanizarse*** vpr to become Americanized

americano, -a adj & nm,f American

amerindio, -a adj & nm,f American Indian, Amerindian

ameritar vt *AM* to deserve

amerizaje nm [de hidroavión] landing at sea / [de vehículo espacial] splashdown

amerizar [14] vi [hidroavión] to land at sea / [vehículo espacial] to splash down

ametralladora nf machine gun

ametrallar vt **1.** [con ametralladora] to machinegun **2.** [con metralla] to shower with shrapnel

amianto nm asbestos

amigable adj amicable

amígdala nf tonsil

amigdalitis nf inv MED tonsillitis

amigo, -a ■ adj **1.** [no enemigo] friendly ▸ **México y otros países amigos** Mexico and other friendly nations ▸ **un pintor ~ me lo regaló** a painter friend of mine gave it to me **2.** [aficionado] **ser ~ de algo/hacer algo** to be keen on sth/doing sth ▸ **~ de la buena mesa** partial to good food
■ nm,f **1.** [persona] friend ▸ **hacerse ~ de** to make friends with ▸ **hacerse amigos** to become friends ▸ *Fam* **los amigos de lo ajeno** the light-fingered ▸ **un ~ del colegio** a school friend ▸ **un ~ íntimo** a close friend **2.** *Fam* [compañero, novio] partner **3.** [tratamiento] (my) friend ▸ **¡~, eso es otra cuestión!** that's another matter, my friend!

amigote, amiguete nm *Fam* pal, *BR* mate, *US* buddy

amiguismo nm **hay mucho ~** there are always jobs for the boys

amilanamiento nm **su ~ le impedía hablar** he was so intimidated he couldn't speak

amilanar vt **1.** [intimidar] to intimidate **2.** [desanimar] to discourage
◆ ***amilanarse*** vpr [acobardarse] to be discouraged, to lose heart

aminoácido nm BIOL amino acid

aminorar ■ vt to reduce
■ vi to decrease, to diminish

amistad nf friendship ▸ **hacer** *o* **trabar ~ (con)** to make friends (with) ▸ **amistades** friends

amistoso, -a ■ adj friendly ▸ DEP **un partido ~** a friendly
■ nm DEP friendly

amnesia nf PSI amnesia

amnésico, -a PSI ■ adj amnesic, amnesiac
■ nm,f amnesiac

amniocentesis nf inv MED amniocentesis

amniótico, -a adj MED amniotic ▸ **líquido ~** amniotic fluid

amnistía nf amnesty ▸ **~ fiscal** = *amnesty during*

CÓMO EXPRESAR...

la amenaza

Get out or I'll call the police! / ¡Salga de aquí o llamo a la policía!

I'm warning you, you'd better not say anything. / Te estoy avisando, más te vale no decir nada.

It'll be ready tomorrow. — It'd better be! / Estará listo mañana. — ¡Más te vale!

Give it to me right now, or else! / ¡Dame eso ahora mismo, o si no...!

You'll be sorry for this! / ¡Te arrepentirás de esto!

If you ever do that again,...! / ¡Como vuelvas a hacerlo,...!

which people guilty of tax evasion may pay what they owe without being prosecuted ▸ **Amnistía Internacional** Amnesty International

amnistiar [32] vt to grant amnesty to

amo nm **1.** [dueño] owner **2.** [de criado] master ▸ *Fam* **ser el ~ del cotarro** to rule the roost

amodorrado, -a adj drowsy

amodorrarse vpr to get drowsy

amolar [63] *Fam* vt to irritate, to annoy
◆ ***amolarse*** vpr *AM* to become irritated o annoyed

amoldable adj adaptable ▸ **ser ~ a** to be able to adapt to

amoldar vt [adaptar] to adapt (**a** to)
◆ ***amoldarse*** vpr [adaptarse] to adapt (**a** to)

amonal nm ammonal

amonestación nf **1.** [reprimenda] reprimand **2.** DEP warning **3. amonestaciones** [para matrimonio] banns

amonestar vt **1.** [reprender] to reprimand **2.** DEP to caution **3.** [para matrimonio] to publish the banns of

amoniacal adj with ammonia

amoníaco, amoniaco nm [gas] ammonia / [líquido] liquid ammonia

amontillado ■ adj **vino ~** amontillado, = *medium-dry sherry*
■ nm amontillado, = *medium-dry sherry*

amontonar vt [apilar] to pile up / [reunir] to accumulate
◆ ***amontonarse*** vpr [personas] to form a crowd / [problemas, trabajo] to pile up / [ideas, solicitudes] to come thick and fast

amor nm **1.** [sentimiento] love ▸ **hacer el ~** to make love ▸ **de mil amores** with pleasure ▸ **por ~ al arte** for the love of it ▸ **¡por el ~ de Dios!** for God's sake! ▸ **al ~ de la lumbre** *o* **del fuego** by the fireside ▸ **~ libre** free love ▸ **~ platónico** platonic love ▸ **~ propio** pride **2.** [persona amada] love ▸ **su primer ~** his first love ▸ **el ~ de mi vida** the love of my life ▸ **un antiguo ~** an old flame **3.** [esmero] devotion ▸ **escribe con ~ su última novela** she's lovingly crafting her latest novel

amoral adj amoral

amoralidad nf amorality

amoratado, -a adj [de frío] blue / [por golpes] black and blue

amoratarse vpr [por el frío] to turn blue / [por golpes] to turn black and blue

amordazar [14] vt [persona] to gag / [perro] to muzzle ▸ **~ a la prensa** to gag the press

amorfo, -a adj **1.** [sin forma] amorphous **2.** [persona] lacking in character

amorío nm fling

amoroso, -a adj [trato, sentimiento] loving ▸ **carta/relación amorosa** love letter/affair

amortajar vt [difunto] to shroud

amortiguación nf **1.** [de ruido] muffling / [de golpe] softening, cushioning **2.** AUT shock absorbers

amortiguador, -ora ■ adj [de ruido] muffling / [de golpe] softening, cushioning
■ nm AUT shock absorber

amortiguar [11] vt [ruido] to muffle / [golpe] to soften, to cushion
◆ ***amortiguarse*** vpr [ruido] to die away / [golpe] to be cushioned

amortizable adj FIN [bonos, acciones] redeemable

amortización nf FIN [de deuda, préstamo] repayment, paying-off / [de inversión, capital] recouping / [de bonos, acciones] redemption / [de bienes de equipo] depreciation

amortizar [14] vt **1.** [sacar provecho] to get one's money's worth out of **2.** FIN [deuda, préstamo] to repay, to pay off / [inversión, capital] to recoup / [bonos, acciones] to redeem / [bienes de equipo] to depreciate **3.** [puesto de trabajo] to abolish, to do away with

amoscarse [59] vpr *Fam* to get in a huff

amotinado, -a adj & nm,f rebel, insurgent

amotinamiento nm [de subordinados] rebellion, uprising / [de marineros] mutiny

amotinar vt [a subordinados] to incite to riot / [a marineros] to incite to mutiny
◆ ***amotinarse*** vpr [subordinados] to riot / [marineros] to mutiny

amovible adj [cargo] revocable

amparar vt [proteger] to protect / [dar cobijo a] to give shelter to, to take in ▸ **ese derecho lo ampara la Constitución** that right is enshrined in the Constitution
◆ ***ampararse*** vpr [cobijarse] **ampararse de** to (take) shelter from ▸ **ampararse en una ley** to have recourse to a law ▸ **se ampara en la excusa de que no sabía nada** she uses her ignorance as an excuse

amparo nm protection ▸ **al ~ de** [persona, caridad] with the help of / [ley] under the protection of

amperaje nm ELEC amperage

amperímetro nm ELEC ammeter

amperio nm ELEC amp, ampere

ampliable adj [plazo] extendible / INFORM expandable

ampliación nf **1.** [aumento] expansion / [de edificio, plazo] extension ▸ FIN **~ de capital** share issue **2.** FOT enlargement

ampliadora nf FOT enlarger

ampliamente adv **1.** [con espacio] easily ▸ **aquí cabe todo ~** there's more than enough room for everything here **2.** [extensamente] [aceptado, admitido] widely

ampliar [32] vt **1.** [agrandar] to expand / [local, vivienda, plazo] to extend **2.** FOT to enlarge, to blow up **3.** [estudios] to further, to continue

amplificación nf amplification

amplificador nm ELEC amplifier

amplificar [59] vt to amplify

amplio, -a adj **1.** [sala, maletero] roomy, spacious / [avenida, gama] wide **2.** [ropa] loose **3.** [explicación, cobertura] comprehensive ▸ **en el sentido más ~ de la palabra** in the broadest sense of the word **4. de amplias miras** broadminded

amplitud nf **1.** [espaciosidad] roominess, spaciousness / [de avenida] wideness **2.** [de ropa] looseness **3.** [extensión] extent, comprehensiveness ▸ **~ de miras** broadmindedness **4.** FÍS **~ de onda** amplitude

ampolla nf **1.** [en piel] blister ▸ *Fig* **levantar ampollas** to create bad feeling **2.** [para inyecciones] ampoule / [frasco] phial

ampollarse vpr to blister ▸ **se me han ampollado los pies** I've got blisters on my feet

ampulosidad nf pomposity

ampuloso, -a adj pompous

amputación nf amputation

amputar vt to amputate

Amsterdam n Amsterdam

amueblado, -a ■ adj [piso] furnished
■ nm *RP* room hired for sex

amueblar vt to furnish

amuermar *ESP Fam* vt [aburrir] to bore senseless
◆ ***amuermarse*** vpr [aburrirse] to get bored senseless / [adormilarse] to get sleepy

amuleto nm [antiguo] amulet / [de la suerte] lucky charm

amurallado, -a adj walled

amurallar vt to build a wall around

anabaptista adj & nmf Anabaptist

anabolismo nm BIOL anabolism

anabolizante ■ adj anabolic
■ nm anabolic steroid

anacarado, -a adj pearly

anacardo nm cashew (nut)

anaconda nf anaconda

anacoreta nmf anchorite, hermit

anacrónico, -a adj anachronistic

anacronismo nm anachronism

ánade nm duck

anaerobio, -a adj BIOL anaerobic

anáfora nf GRAM anaphora

anagrama nm anagram

anal adj ANAT anal

anales nmpl *también Fig* annals

analfabetismo nm illiteracy

analfabeto, -a adj & nm,f illiterate

analgesia nf analgesia

analgésico, -a adj & nm analgesic

análisis nm inv **1.** [estudio] analysis ▸ FIN **~ coste-beneficio** cost benefit analysis ▸ **~ gramatical** sentence analysis ▸ **~ de mercado** market analysis ▸ **~ sintáctico** syntactic analysis **2.** [prueba médica] test ▸ **~ clínico** (clinical) test ▸ **~ de orina** urine analysis ▸ **~ de sangre** blood test

analista nmf analyst / INFORM (computer) analyst ▸ **~ financiero** *o* **de inversiones** investment analyst ▸ **~ de mercados** market analyst ▸ **~ de sistemas** systems analyst

analítica nf MED clinical testing

analítico, -a adj analytical

analizar [14] vt to analyse ▸ **~ sintácticamente la siguiente oración** parse the following sentence

analogía nf similarity ▸ **por ~** by analogy

analógico, -a adj **1.** [análogo] analogous, similar **2.** INFORM & TEC analogue, analog

análogo, -a adj analogous *o* similar (**a** to)

ananá, ananás nm *RP* pineapple

anaquel nm shelf

anaranjado, -a adj orange

anarco *Fam* ■ adj anarchistic
■ nmf anarchist

anarcosindicalismo nm POL anarchosyndicalism

anarcosindicalista adj & nmf POL anarchosyndicalist

anarquía nf **1.** [falta de gobierno] anarchy **2.** [doctrina política] anarchism **3.** [desorden] chaos, anarchy

anárquico, -a adj anarchic

anarquismo nm POL anarchism

anarquista adj & nmf anarchist

anatema nm REL curse, anathema / *Fig* curse

anatematizar vt to condemn

anatomía nf anatomy

anatómico, -a adj **1.** ANAT anatomical **2.** [asiento, diseño, calzado] orthopaedic

anca nf haunch ▸ **ancas de rana** frogs' legs

ancestral adj [costumbre] age-old

ancestro nm ancestor

ancho, -a ■ adj **1.** [abertura, carretera, río] wide / [ropa] loose-fitting ▸ **te está ~** it's too big for you ▸ **había rocas a lo ~ de la carretera** there were rocks across the middle of the road **2.** *ESP* [persona] [satisfecha, orgullosa] smug, self-satisfied ▸ **lo dijo delante de todos y se quedó tan ~** he said it in front of everyone, just like that ▸ *Irónico* **¡se habrá quedado ~ con la tontería que ha dicho!** he must be delighted with himself for making that stupid remark ▸ **a mis/tus anchas** at ease
■ nm width ▸ **¿cuánto mide** *o* **tiene de ~?** how wide is it? ▸ **tener 5 metros de ~** to be 5 metres wide ▸ INFORM **~ de banda** bandwidth ▸ FERROC **~ de vía** gauge

anchoa nf anchovy

anchura nf width

anciano, -a ■ adj old
■ nm,f [hombre] old man, old person / [mujer] old woman, old person ▸ **los ancianos** the elderly, old people
■ nm [de tribu] elder

ancla nf anchor ▸ **echar/levar anclas** to drop/weigh anchor

anclado, -a adj **una aldea anclada en el pasado** a village stuck in the past

anclaje nm NÁUT anchoring / TEC **los anclajes de una grúa** the moorings of a crane

anclar vi to (drop) anchor

áncora nf anchor

anda interj **1.** [indica sorpresa] **¡~!** gosh! ▸ **¡~ la osa!** good grief! **2.** [por favor] go on! **3.** [venga] come on! **4. ¡~ ya!** [negativa despectiva] get away!, come off it!

andadas nfpl *Fam* **volver a las ~** to return to one's bad old ways

andaderas nfpl baby-walker

andador, -ora ■ adj fond of walking
■ nm [tacataca] babywalker / [para adultos] walking frame, Zimmer frame®

andadura nf **la ~ de un país** the evolution of a country ▸ **su ~ por Europa** his travels through Europe

ándale interj *CAM, MÉX Fam* **¡~!** come on!

Andalucía n Andalusia

andalucismo nm **1.** POL [doctrina] = *doctrine favouring Andalusian autonomy* **2.** [palabra] = *Andalusian word or expression*

andalusí HIST ■ adj Moorish
■ nmf Moor, = *of or related to the Arab empire of Al-Andalus in southern Spain (711—1492)*

andaluz, -uza adj & nm,f Andalusian

andamiaje nm scaffolding / *Fig* structure, framework

andamio nm scaffold

andanada nf **1.** [gen] & MIL broadside **2.** TAUROM = *covered stand in a bullring*

andando interj **¡~!** come on!, let's get a move on!

andante adv **1.** [que anda] walking **2.** MÚS andante

andanzas nfpl adventures

andar [7] ■ vi **1.** *esp ESP* [caminar] to walk ▸ **¿fuiste en autobús o andando?** did you go by bus or on foot?, did you go by bus or did you walk? ▸ **~ por la calle** to walk in the street **2.** [funcionar] to work, to go ▸ **el reloj no anda** the clock has stopped ▸ **las cosas andan mal** things are going badly ▸ **los negocios andan muy bien** business is going very well **3.** [estar] to be ▸ **¿qué tal andas?** how are you (doing)? ▸ **~ preocupado** to be worried ▸ **creo que anda por el almacén** I think he is somewhere in the warehouse ▸ **~ haciendo algo** to be doing sth ▸ **anda explicando sus aventuras** he's talking about his adventures ▸ **~ tras algo/alguien** to be after sth/sb ▸ **de ~ por casa** [explicación, método] basic, rough and ready ▸ **mi ropa de ~ por casa** my clothes for wearing around the house **4.** [ocuparse] **~ en** [asuntos, líos] to be involved in / [papeleos, negocios] to be busy with **5.** [hurgar] **~ en** to rummage around in ▸ **¿quién ha andado en mis papeles?** who has been messing around with my papers? **6.** [indica acción] **en ese país andan a tiros** in that country they go round shooting one another ▸ **andan a voces todo el día** they spend the whole day shouting at each other **7.** [alcanzar, rondar] **~ por** to be about ▸ **anda por los sesenta** he's about sixty ▸ **debe de ~ por el medio millón** it must be *o* cost about half a million **8.** *Fam* [enredar] **~ con algo** to play with sth
■ vt **1.** [recorrer] to go, to travel ▸ **anduvimos 15 kilómetros** we walked (for) 15 kilometres **2.** *CAM* [llevar puesto] to wear **3.** *CAM* [llevar] to carry
◆ ***andarse*** vpr **1.** [obrar] **andarse con cuidado/misterios** to be careful/secretive ▸ **andarse con rodeos, andarse por las ramas** to beat about the bush **2. todo se andará** all in good time **3.** *AM* [marcharse] to go, to leave ▸ **¡ándate de una vez!** go away!
■ nm gait, walk ▸ **andares** [de persona] gait ▸ **tener andares de** to walk like

andarín, -ina adj **ser muy ~** to be a very keen walker

andas nfpl **llevar a alguien en ~** to give sb a chair-lift

ándele interj *CAM, MÉX Fam* **¡~!** come on!

andén nm **1.** FERROC platform **2.** *ANDES, CAM* [acera] *BR* pavement, *US* sidewalk

Andes nmpl **los ~** the Andes

andinismo nm *AM* mountaineering

andinista nmf *AM* mountaineer

andino, -a adj & nm,f Andean

Andorra n Andorra

andorrano, -a adj & nm,f Andorran

andrajo nm [harapo] rag

andrajoso, -a ■ adj ragged
■ nm,f person dressed in rags

andrógeno nm androgen

andrógino, -a ■ adj androgynous
■ nm hermaphrodite

androide nm [autómata] android

andurriales nmpl remote place ▸ **¿qué haces por estos ~?** what are you doing as far off the beaten track as this?

anduviera *etc ver* ***andar***

anea nf *BR* bulrush, *US* cattail ▸ **silla de ~** chair with a wickerwork seat

anécdota nf anecdote

anecdotario nm collection of anecdotes

anecdótico, -a adj **1.** [con historietas] anecdotal **2.** [no esencial] incidental

anegar [40] vt **1.** [inundar] to flood **2.** [ahogar] [planta] to drown
◆ ***anegarse*** vpr **1.** [inundarse] to flood ▸ **sus ojos se anegaron de lágrimas** tears welled up in his eyes **2.** [ahogarse] to drown

anejo, -a ■ adj [edificio] connected (**a** to) / [documento] attached (**a** to)
■ nm annexe

anemia nf MED anaemia

anémico, -a MED ■ adj anaemic
■ nm,f anaemia sufferer

anemómetro nm wind gauge, TEC anemometer

anémona nf [planta] anemone ▸ **~ de mar** sea anemone

anestesia nf MED [técnica] anaesthesia / [sustancia] anaesthetic ▸ **~ general** general anaesthesia/anaesthetic ▸ **~ local** local anaesthesia/anaesthetic

anestesiar vt MED to anaesthetize, to place under anaesthetic

anestésico, -a adj & nm MED anaesthetic

anestesista nmf anaesthetist

Aneto nm **el ~** Aneto

aneurisma nm MED aneurysm

anexar vt [documento] to attach

anexión nf annexation

anexionar vt to annex

anexionista nmf POL annexationist

anexo, -a ■ adj [edificio] connected / [documento] attached
■ nm annexe

anfeta nf *Fam* tab of speed

anfetamina nf amphetamine

anfibio, -a ■ adj *también Fig* amphibious
■ nm amphibian

anfiteatro nm **1.** [en teatro] circle / [en cine] balcony **2.** [romano] amphitheatre

anfitrión, -ona ■ adj host ▸ **país ~** host country
■ nm,f host, *f* hostess

ánfora nf **1.** [cántaro] amphora **2.** *MÉX, PERÚ* [electoral] ballot box

ángel nm angel ▸ **~ custodio** *o* **de la guarda** guardian angel ▸ **tener ~** to have something special ▸ **¡eres un ~!** you're an angel!

angélica nf angelica

angelical adj angelic

angelote nm **1.** [estatua] large figure of an angel **2.** [niño] chubby child

ángelus nm inv REL angelus

angina nf **1. anginas** [amigdalitis] sore throat ▸ **tener anginas** to have a sore throat **2. ~ de pecho** angina (pectoris)

anglicanismo nm REL Anglicanism

anglicano, -a adj & nm,f REL Anglican

anglicismo nm anglicism

angloamericano, -a adj & nm,f Anglo-American

anglófilo, -a adj & nm,f anglophile

anglofobia nf anglophobia

anglófobo, -a adj & nm,f anglophobe

anglófono, -a, angloparlante ■ adj English-speaking, anglophone
■ nm,f English speaker, anglophone

anglosajón, -ona adj & nm,f Anglo-Saxon

Angola n Angola

angoleño, -a, angolano, -a adj & nm,f Angolan

angora nf [de conejo] angora / [de cabra] mohair

angosto, -a adj narrow

angostura nf **1.** [estrechez] narrowness **2.** [extracto] angostura

ángstrom (pl **ángstroms**) nm FÍS angstrom

anguila nf eel ▸ **~ de mar** conger eel

angula nf elver

angular ■ adj angular
■ nm FOT **gran ~** wide-angle lens

ángulo nm **1.** [figura geométrica] angle ▸ **~ agudo/obtuso/recto** acute/obtuse/right angle ▸ MIL **~ de mira** line of sight ▸ AUT **~ muerto** blind spot ▸ MIL **~ de tiro** elevation **2.** [rincón] corner

anguloso, -a adj angular

angurria nf *AM* **1.** [hambre] hunger **2.** [codicia, avidez] greed

angustia nf **1.** [aflicción] anxiety **2.** PSI distress

angustiado, -a adj anguished, distressed

angustiar vt to distress
◆ ***angustiarse*** vpr [agobiarse] to get worried (**por** about)

angustioso, -a adj [espera, momentos] anxious / [situación, noticia] distressing

anhelante adj longing (**por algo/por hacer algo** for sth/to do sth)

anhelar vt to long *o* wish for ▸ **~ hacer algo** to long to do sth

anhelo nm longing

anhídrido nm QUÍM anhydride ▸ **~ carbónico** carbon dioxide

anidar vi **1.** [pájaro] to nest **2.** [sentimiento] **~ en** to find a place in

anilina nf QUÍM aniline

anilla nf ring ▸ **anillas** DEP rings

anillar vt **1.** [sujetar] to fasten with rings **2.** [aves] to ring

anillo nm **1.** [de dedo, cortina] ring ▸ **~ de boda** wedding ring ▸ *Fam Fig* **me viene como ~ al dedo** [cosa] it's just what I needed ▸ **me vienes como ~ al dedo, necesitaba un fontanero** how lucky that you should have come, I was looking for a plumber! ▸ *Fam Fig* **no se me van a caer los anillos** it won't hurt me (to do it) ▸ **~ de compromiso** *o* **de pedida** engagement ring **2.** ZOOL annulus **3.** [de planeta] ring

ánima nf soul ▸ **~ bendita** soul in purgatory

animación nf **1.** [alegría] liveliness **2.** [bullicio] hustle and bustle, activity **3.** CINE animation

animado, -a adj **1.** [con buen ánimo] cheerful **2.** [divertido] lively **3.** CINE animated

animador, -ora nm,f **1.** [en espectáculo] compere **2.** [en fiesta de niños] children's entertainer **3.** [en deporte] cheerleader

animadversión nf animosity

animal ■ adj **1.** [instintos, funciones] animal ▸ **el reino ~** the animal kingdom **2.** [persona] [basto] rough / [ignorante] ignorant
■ nm animal ▸ **~ de carga** beast of burden ▸ **~ de compañía** pet ▸ **~ doméstico** [de granja] farm animal / [de compañía] pet ▸ **~ protegido** protected species
■ nmf [persona] animal, brute

animalada nf **decir/hacer una ~** to say/do something outrageous

animar vt **1.** [alegrar] [persona] to cheer up / [fuego, diálogo, fiesta] to liven up ▸ **tu regalo le animó mucho**

CÓMO...

animar a alguien

Go on, ask her! / ¡Venga, pregúntaselo!
Oh, come on, you know you'll enjoy it. / Venga, sabes que te va a gustar.
I have a good feeling about this. / Tengo un buen presentimiento.
You look just fine. / Estás bien así.
You can't give up now! / ¡No puedes dejarlo ahora!

your present really cheered her up ▸ **los fans animaban a su equipo** the fans were cheering their team on **2.** [estimular] to encourage ▸ **~ a alguien a hacer algo** to encourage sb to do sth **3.** [impulsar] to motivate, to drive ▸ **no le anima ningún afán de riqueza** she's not driven by any desire to be rich

◆ ***animarse*** vpr **1.** [persona] to cheer up / [fiesta, ambiente] to liven up ▸ **¡anímate!** cheer up! **2.** [decidir] **¿quién se anima a subir hasta la cumbre?** who's up for climbing right to the top? ▸ **no me animo a decírselo** I can't bring myself to tell her

anímico, -a adj **estado ~** state of mind

animismo nm animism

ánimo ■ nm **1.** [aliento] encouragement ▸ **dar ánimos a alguien** to encourage sb **2.** [energía] energy, vitality / [humor] disposition ▸ **¡levanta ese ~!** cheer up! ▸ **no tiene ánimos para nada** she doesn't feel like doing anything ▸ **los ánimos estaban revueltos** feelings were running high **3.** [intención] **con/sin ~ de** with/without the intention of ▸ **lo hice sin ~ de ofenderte** I didn't mean to offend you ▸ **sin ~ de lucro** [organización] not-for-profit, *BR* non-profit-making **4.** [valor] courage **5.** [alma] mind

■ interj **¡~!** [¡anímate!] cheer up! / [¡adelante!] come on!

animosidad nf animosity

animoso, -a adj [valiente] courageous / [decidido] undaunted

aniñado, -a adj [comportamiento] childish / [voz, rostro] childlike

aniquilación nf annihilation

aniquilar vt to annihilate, to wipe out

anís (pl **anises**) nm **1.** [planta] anise **2.** [grano] aniseed **3.** [licor] anisette

anisete nm anisette

aniversario nm [de muerte, fundación, suceso] anniversary / [cumpleaños] birthday ▸ **~ de boda** wedding anniversary

Ankara n Ankara

ano nm anus

anoche adv last night ▸ **antes de ~** the night before last

anochecer [46] ■ nm dusk, nightfall ▸ **al ~** at dusk

■ v impersonal to get dark ▸ **anochecía** it was getting dark

■ vi **~ en algún sitio** to be somewhere at nightfall

anodino, -a adj unremarkable

ánodo nm ELEC anode

anomalía nf anomaly

anómalo, -a adj anomalous

anonadado, -a adj **1.** [sorprendido] astonished, bewildered **2.** [abatido] stunned

anonadamiento nm astonishment, bewilderment

anonadar vt **1.** [sorprender] to astonish, to bewilder **2.** [abatir] to stun

◆ ***anonadarse*** vpr **1.** [sorprenderse] to be astonished, to be bewildered **2.** [abatirse] to be stunned

anonimato nm anonymity ▸ **permanecer en el ~** to remain nameless ▸ **vivir en el ~** to live out of the public eye ▸ **salir del ~** to reveal one's identity

anónimo, -a ■ adj anonymous

■ nm anonymous letter

anorak (pl **anoraks**) nm anorak

anorexia nf MED anorexia ▸ **~ nerviosa** anorexia nervosa

anoréxico, -a adj & nm,f anorexic

anormal ■ adj **1.** [anómalo] abnormal **2.** [subnormal] subnormal / [como insulto] moronic

■ nmf [persona] subnormal person / [como insulto] moron

anormalidad nf **1.** [anomalía] abnormality **2.** [defecto físico o psíquico] handicap, disability

anotación nf [nota escrita] note / [en registro] entry ▸ COM **~ contable** book entry

anotar vt **1.** [escribir] to note down, to make a note of **2.** [tantos] to score

anovulatorio, -a ■ adj [anticonceptivo] anovulatory

■ nm [anticonceptivo] anovulant

anquilosamiento nm **1.** [de articulación] paralysis **2.** [de economía, ciencia] stagnation

anquilosar vt **1.** [articulación] to paralyse **2.** [economía, ciencia] to cause to stagnate

◆ ***anquilosarse*** vpr **1.** [articulación] to become paralysed **2.** [economía, ciencia] to stagnate

ánsar nm goose

ansarón nm gosling

ansia nf **1.** [afán] longing, yearning (**de** for) **2.** [ansiedad] anxiousness / [angustia] anguish ▸ **ansias** [náuseas] sickness, nausea

ansiar [32] vt **~ algo** to long for sth ▸ **~ hacer algo** to long to do sth

ansiedad nf **1.** [inquietud] anxiety ▸ **con ~** anxiously **2.** PSI nervous tension

ansiolítico, -a adj & nm MED sedative, *Espec* anxiolytic

ansioso, -a adj **1.** [impaciente] impatient ▸ **estar ~ por** *o* **de hacer algo** to be impatient to do sth **2.** [angustiado] in anguish

antagónico, -a adj antagonistic

antagonismo nm antagonism

antagonista nmf opponent

antaño adv in days gone by

antártico, -a ■ adj Antarctic

■ nm **el Antártico** the Antarctic ▸ **el océano Glacial Antártico** the Antarctic Ocean

Antártida nf **la ~** the Antarctic

ante[1] nm **1.** [piel] suede **2.** [animal] elk, moose

ante[2] prep **1.** [delante de, en presencia de] before ▸ **~ mis propios ojos** before my very eyes **2.** [frente a] [hecho, circunstancia] in the face of **3.** [respecto de] compared to ▸ **su opinión prevaleció ~ la mía** his opinion prevailed over mine ▸ **~ todo** [sobre todo] above all / [en primer lugar] first of all

anteanoche adv the night before last

anteayer adv the day before yesterday

antebrazo nm forearm

antecámara nf antechamber

antecedente ■ adj preceding, previous
■ nm **1.** [precedente] precedent **2.** GRAM & MAT antecedent
◆ ***antecedentes*** nmpl [de asunto] background ▸ **poner a alguien en antecedentes de** [informar] to fill sb in on ▸ **antecedentes penales** *o* **policiales** criminal record

anteceder vt to come before, to precede

antecesor, -ora nm,f [predecesor] predecessor ▸ **antecesores** [antepasados] ancestors

antedicho, -a adj aforementioned

antediluviano, -a adj *también Fig* antediluvian

antelación nf **con ~** in advance ▸ **con dos horas de ~** two hours in advance

antemano adv **de ~** beforehand, in advance

antena nf **1.** RAD & TV aerial, antenna ▸ **estar/salir en ~** to be/go on the air ▸ **~ colectiva** = *aerial shared by all the inhabitants of a block of flats,* US CATV ▸ **~ parabólica** satellite dish **2.** [de animal] antenna

anteojeras nfpl *BR* blinkers, *US* blinders

anteojos nmpl **1.** [prismáticos] binoculars **2.** [quevedos] pince-nez **3.** *AM* [gafas] spectacles, glasses

antepasado, -a nm,f ancestor

antepecho nm [de puente] parapet / [de ventana] sill

antepenúltimo, -a adj & nm,f last but two

anteponer [50] vt **~ algo a algo** to put sth before sth
◆ ***anteponerse*** vpr **anteponerse a algo** to come before sth

anteproyecto nm draft ▸ POL **~ de ley** draft bill

antepuesto, -a participio *ver* ***anteponer***

anterior adj **1.** [previo] previous (**a** to) ▸ **un modelo muy parecido al ~** a model which is very similar to the previous *o* last one ▸ **el año ~** the year before, the previous year **2.** [delantero] front ▸ **la parte ~ de un edificio** the front of a building

anterioridad nf **con ~** beforehand ▸ **con ~ a** before, prior to

anteriormente adv previously

antes adv **1.** [en el tiempo] before / [antaño] formerly, in the past ▸ **no importa si vienes ~** it doesn't matter if you come earlier ▸ **ya no nado como ~** I can't swim as I used to ▸ **mucho/poco ~** long/shortly before ▸ **lo ~ posible** as soon as possible ▸ **~ de Cristo** before Christ, BC ▸ **~ de tiempo** ahead of time ▸ **~ de hacer algo** before doing sth ▸ **~ de que** before ▸ **~ de que llegaras** before you arrived ▸ **de ~** [antiguo] old / [anterior] previous **2.** [en el espacio] before ▸ **me bajo dos pisos ~** I get off two floors before (you) ▸ **~ de** before **3.** [primero] first ▸ **esta señora está ~** this lady is first ▸ **entraron ~ que yo** they went in in front of me **4.** [expresa preferencia] **~... que** rather... than ▸ **prefiero la sierra ~ que el mar** I like the mountains better than the sea ▸ **iría a la cárcel ~ que mentir** I'd rather go to prison than lie ▸ **~ que nada** [expresando preferencia] above all, first and foremost
◆ ***antes bien, antes al contrario*** loc adv on the contrary

antesala nf anteroom ▸ *Fig* **estar en la ~ de** to be on the verge of ▸ **hacer ~** [esperar] to wait

antevíspera nf day before yesterday ▸ **la ~ de...** two days before...

antiabortista ■ adj anti-abortion, pro-life
■ nmf anti-abortion *o* pro-life campaigner

antiácido, -a adj & nm [medicamento] antacid

antiadherente adj nonstick

antiaéreo, -a adj anti-aircraft

antiamericano, -a adj anti-American

antiarrugas adj inv anti-wrinkle

antibalas, antibala adj inv bullet-proof

antibiótico, -a adj & nm antibiotic

antibloqueo ■ adj inv **frenos ~** anti-lock brakes
■ nm inv anti-lock braking system

anticancerígeno nm cancer drug

anticarro adj inv antitank

anticaspa adj anti-dandruff ▸ **champú ~** (anti-) dandruff shampoo

anticatarral ■ adj **medicamento ~** cold remedy
■ nm cold remedy

anticelulítico, -a adj anticellulite

antichoque adj shockproof

anticiclón nm METEO anticyclone

anticipación nf earliness ▸ **con ~** in advance ▸ **con un mes de ~** a month in advance ▸ **con ~ a** prior to

anticipadamente adv in advance, beforehand

anticipado, -a adj [elecciones] early / [pago] advance ▸ **por ~** in advance

anticipar vt **1.** [prever] to anticipate **2.** [adelantar] to bring forward **3.** [pago] to pay in advance **4.** [información] **no te puedo ~ nada** I can't tell you anything just now
◆ ***anticiparse*** vpr **1.** [suceder antes] to arrive early ▸ **se anticipó a su tiempo** he was ahead of his time **2.** [adelantarse] **anticiparse a alguien** to beat sb to it

anticipo nm **1.** [de dinero] advance **2.** [presagio] foretaste

anticlerical adj anticlerical

anticlericalismo nm anticlericalism

anticlímax nm inv [en obra, película] aftermath *(of climax)*

anticoagulante adj & nm MED anticoagulant

anticomunismo nm anti-communism

anticomunista adj & nmf anti-communist

anticoncepción nf contraception

anticonceptivo, -a adj & nm contraceptive

anticonformismo nm non-conformism

anticongelante adj & nm antifreeze

anticonstitucional adj DER unconstitutional

anticonstitucionalidad nf DER unconstitutional nature

anticorrosivo, -a ■ adj anticorrosive
■ nm anticorrosive substance

anticorrupción adj inv anticorruption

anticristo nm Antichrist

anticuado, -a adj old-fashioned
anticuario, -a ▪ nm,f [comerciante] antique dealer / [experto] antiquarian
▪ nm [establecimiento] antique shop
anticuerpo nm MED antibody
antidemocrático, -a adj undemocratic
antideportivo, -a adj unsporting, unsportsmanlike
antidepresivo, -a ▪ adj antidepressant
▪ nm antidepressant (drug)
antideslizante adj AUT [ruedas] non-skid
antideslumbrante adj anti-dazzle
antidisturbios ▪ adj inv riot ▸ **material ~** riot gear
▪ nmpl [policía] riot police
antidopaje nm DEP dope tests
antidoping [anti'ðopin] adj DEP doping ▸ **prueba ~** doping test
antídoto nm antidote
antidroga adj antidrug ▸ **la lucha ~** the fight against drugs
antidumping [anti'ðumpin] adj ECON [medidas, leyes] antidumping
antier adv *esp AM Fam* the day before yesterday
antiestético, -a adj unsightly
antifascista adj & nmf anti-fascist
antifaz nm mask
antigás adj inv gas ▸ **careta ~** gas mask
antígeno nm MED antigen
antiglobalización nf antiglobalization
antigripal ▪ adj designed to combat flu
▪ nm flu remedy
antigualla nf *Pey* [cosa] museum piece / [persona] old fogey, old fossil
antiguamente adv [hace mucho] long ago / [previamente] formerly
Antigua y Barbuda n Antigua and Barbuda
antigubernamental adj anti-government
antigüedad nf **1.** [edad] antiquity ▸ HIST **la Antigüedad (clásica)** (Classical) Antiquity **2.** [veteranía] seniority ▸ **~ en la empresa** length of service **3. antigüedades** [objetos] antiques
antiguo, -a ▪ adj **1.** [viejo] old / [inmemorial] ancient ▸ **~ alumno** ex-pupil, former pupil, *US* alumnus ▸ **la antigua Roma** ancient Rome ▸ **el Antiguo Testamento** the Old Testament **2.** [anterior, previo] former ▸ **el ~ régimen** the former regime / HIST the ancien régime **3.** [veterano] senior **4.** [pasado de moda] old-fashioned ▸ **a la antigua** in an old-fashioned way
▪ nm,f **1.** [persona] old-fashioned person ▸ **su tío es un ~** her uncle is very old-fashioned **2. los antiguos** [de la Antigüedad] the ancients
antihéroe nm antihero
antihielo nm de-icer
antihigiénico, -a adj unhygienic
antihistamínico nm [medicamento] antihistamine
antiinflacionista adj ECON anti-inflationary
antiinflamatorio, -a ▪ adj anti-inflammatory
▪ nm anti-inflammatory drug
antillano, -a ▪ adj West Indian, of/from the Caribbean
▪ nm,f West Indian, person from the Caribbean
Antillas nfpl **las ~** the West Indies
antílope nm antelope
antimateria nf FÍS antimatter
antimilitarismo nm antimilitarism
antimilitarista adj & nmf antimilitarist
antimisil nm MIL antimissile
antimonio nm QUÍM antimony
antimonopolio adj inv ECON antitrust
antinatural adj unnatural
antiniebla adj inv AUT **faros ~** fog lamps
antioxidante ▪ adj [contra el óxido] anti-rust / [contra la oxidación] antioxidant
▪ nm [contra el óxido] rustproofing agent / [contra la oxidación] antioxidant
antipapa nm antipope
antiparasitario, -a ▪ adj [para perro, gato] **collar ~** flea collar ▸ **pastillas antiparasitarias** worming tablets
▪ nm **1.** [para perro, gato] [collar] flea collar / [pastilla] worming tablet **2.** TEL suppressor
antiparras nfpl **1.** *CSUR* [de esquiar, nadar, protectoras] goggles **2.** *ESP Fam* specs
antipatía nf dislike ▸ **tener ~ a alguien** to dislike sb
antipático, -a ▪ adj unpleasant
▪ nm,f unpleasant person
antipirético, -a adj & nm [medicamento] antipyretic
antípodas nfpl **las ~** the Antipodes
antiquísimo, -a superlativo *ver* ***antiguo***
antirreflectante adj non-reflective
antirreglamentario, -a adj against the rules ▸ **un procedimiento ~** a procedure which contravenes the rules
antirrobo ▪ adj inv antitheft ▸ **dispositivo ~** antitheft device
▪ nm [en coche] antitheft device / [en edificio] burglar alarm

CÓMO EXPRESAR...
antipatía hacia alguien

I don't really like him. / No me cae muy bien.
I hate him. / Lo odio.
I can't stand him. / No lo soporto.
He gets on my nerves. / Me pone de los nervios.
I find him really unpleasant. / Lo encuentro muy antipático.
I'm not very keen on my boss. / No me gusta mucho mi jefe.

antisemita ■ adj anti-Semitic
■ nmf anti-Semite
antisemitismo nm anti-Semitism
antiséptico, -a adj & nm antiseptic
antisocial adj antisocial
antitanque adj MIL antitank
antiterrorismo nm fight against terrorism
antiterrorista adj anti-terrorist
antítesis nf inv antithesis
antitetánico, -a adj anti-tetanus
antitético, -a adj *Formal* antithetical
antivirus nm inv INFORM antivirus system
antojadizo, -a adj capricious
antojarse vpr **1.** [capricho] **se le antojaron esos zapatos** she fancied those shoes ▸ **se le ha antojado ir al cine** he felt like going to the cinema ▸ **cuando se me antoje** when I feel like it **2.** [posibilidad] **se me antoja que...** I have a feeling that... **3.** *MÉX* [apetecer] to feel like, to want
antojitos nmpl *ECUAD, MÉX* snacks, tapas
antojo nm **1.** [capricho] whim / [de embarazada] craving ▸ **a mi/tu ~** my/your (own) way **2.** [lunar] birthmark
antología nf anthology ▸ **de ~** memorable, unforgettable
antológico, -a adj **1.** [recopilador] anthological **2.** [inolvidable] memorable, unforgettable
antonimia nf GRAM antonymy
antónimo nm antonym
antonomasia nf **por ~** par excellence
antorcha nf torch ▸ **~ olímpica** Olympic torch
antracita nf anthracite
ántrax nm inv MED [por estafilococo] carbuncle / [por bacilo] anthrax
antro nm *Fam Pey* dive, dump ▸ **un ~ de depravación** a den of iniquity
antropocéntrico, -a adj anthropocentric
antropocentrismo nm anthropocentrism
antropofagia nf anthropophagy, cannibalism
antropófago, -a ■ adj anthropophagous
■ nm,f cannibal
antropología nf anthropology
antropológico, -a adj anthropological
antropólogo, -a nm,f anthropologist
antropomórfico, -a adj anthropomorphic
antropomorfo, -a adj anthropomorphous
anual adj annual
anualidad nf annuity, yearly payment
anualmente adv annually, yearly
anuario nm yearbook
anudar vt to knot, to tie in a knot
◆ ***anudarse*** vpr [atarse] to get into a knot ▸ **anudarse los cordones** to tie one's (shoe)laces
anuencia nf *Formal* consent, approval
anulación nf **1.** [cancelación] cancellation / [de ley] repeal / [de matrimonio, contrato] annulment **2.** DEP [de un partido] calling-off / [de un gol] disallowing / [de un resultado] declaration as void
anular[1] ■ adj [en forma de anillo] ring-shaped ▸ **dedo ~** ring finger
■ nm [dedo] ring finger
anular[2] vt **1.** [cancelar] to cancel / [ley] to repeal / [matrimonio, contrato] to annul **2.** DEP [partido] to call off / [gol] to disallow / [resultado] to declare void **3.** [reprimir] to repress
anunciación nf announcement ▸ REL **Anunciación** Annunciation
anunciante ■ adj advertising
■ nmf advertiser
anunciar vt **1.** [notificar] to announce ▸ **hoy anuncian los resultados** the results are announced today **2.** [hacer publicidad de] to advertise **3.** [presagiar] to herald ▸ **esas nubes anuncian tormenta** by the look of those clouds, it's going to rain
◆ ***anunciarse*** vpr **1.** [con publicidad] to advertise (**en** in) **2.** [presentarse] **las elecciones se anuncian reñidas** the election promises to be a hard-fought one
anuncio nm **1.** [notificación] announcement / [cartel, aviso] notice / [póster] poster **2. ~ (publicitario)** advertisement, advert ▸ **anuncios por palabras** classified adverts **3.** [presagio] sign, herald
anverso nm [de moneda] head, obverse / [de hoja] front
anzuelo nm (fish) hook / *Fam Fig* bait ▸ **tragarse el ~** to take the bait
añadido, -a ■ adj added (**a** to)
■ nm addition
añadidura nf addition ▸ **por ~** in addition

CÓMO...

responder a un anuncio

I saw your ad in today's paper. / He visto su anuncio en el periódico de hoy.
I'm calling about the flat advertised in yesterday's paper. / Llamo por el piso anunciado en el periódico de ayer.
Is the flat still available? / ¿El piso está todavía disponible?
I'm phoning to enquire about office cleaning services. / Llamo para preguntar por el servicio de limpieza de oficinas.
I was very interested to see your advertisement for the post of translator. / Me ha interesado mucho ver su anuncio sobre el puesto de traductor.
I decided to apply for the advertised post because I want to work abroad. / He decidido presentarme al puesto anunciado porque quiero trabajar en el extranjero.

añadir vt to add ▸ **a ese precio hay que ~ el IVA** you have to add VAT to that price ▸ **"y estará acabado el próximo año", añadió** "and it will be finished next year," she added

añagaza nf trick, ruse

añejo, -a adj **1.** [vino, licor] mature **2.** [costumbre] long-established

añicos nmpl **hacer algo ~** to smash sth to pieces, to shatter sth ▸ **hacerse ~** to shatter

añil adj & nm indigo

año nm **1.** [periodo] year ▸ **en el ~ 1972** in 1972 ▸ **los años 30** the thirties ▸ **~ académico** academic year ▸ **~ bisiesto** leap year ▸ *AM* **~ calendario** calendar year ▸ **~ escolar** school year ▸ **~ fiscal** tax year, *BR* financial year, *US* fiscal year ▸ ASTRON **~ luz** light year ▸ *Fig* **estar a años luz de** to be light years away from ▸ **~ nuevo** New Year ▸ **¡feliz ~ nuevo!** Happy New Year! ▸ *Fam* **el ~ de la pera** the year dot ▸ **~ sabático** sabbatical (year) ▸ **~ solar** solar year **2. años** [edad] age ▸ **¿cuántos años tienes?** how old are you? ▸ **cumplir años** to have one's birthday ▸ **cumplo años el 25** it's my birthday on the 25th ▸ **estar entrado en años** to be getting on ▸ **te has quitado años de encima** [rejuvenecer] you look much younger

añojo nm [animal] yearling / [carne] veal *(from a yearling calf)*

añoranza nf [persona, pasado] nostalgia (**de** for) / [hogar, país] homesickness (**de** for)

añorar vt to miss

aorta nf ANAT aorta

aovado, -a adj egg-shaped

aovar vi [aves, reptiles] to lay eggs / [peces] to spawn

APA ['apa] nf (abrev de ***Asociación de Padres de Alumnos***) = *Spanish association for parents of schoolchildren,* ≃ PTA

apabullante adj overwhelming

apabullar vt to overwhelm

◆ ***apabullarse*** vpr to be overwhelmed

apacentar [3] vt to graze

apache adj & nmf Apache

apachurrar vt *Fam* to squash, to crush

apacible adj [temperamento, trato] mild, gentle / [lugar, ambiente] pleasant

apaciento *etc ver* ***apacentar***

apaciguador, -ora adj calming

apaciguamiento nm calming / POL appeasement

apaciguar [11] vt [tranquilizar] to calm down / [dolor] to soothe

◆ ***apaciguarse*** vpr [tranquilizarse] to calm down / [dolor] to abate

apadrinar vt **1.** [niño] to act as a godparent to **2.** [artista] to sponsor

apagado, -a adj **1.** [luz, fuego] out / [aparato] off **2.** [color, persona] subdued **3.** [sonido] dull, muffled / [voz] low, quiet

apagar [40] vt **1.** [fuego, incendio] to put out / [luz] to switch off / [vela] to extinguish / [aparato] to turn *o* switch off ▸ **~ el fuego de la cocina** to turn *o* switch off the cooker ▸ **"por favor apaguen sus cigarrillos"** "please extinguish your cigarettes" **2.** [sed] to quench / [dolor] to get rid of / [color] to soften / [sonido] to muffle

◆ ***apagarse*** vpr **1.** [fuego, vela, luz] to go out ▸ **tarda un par de minutos en apagarse** [aparato] it takes a couple of minutes to switch itself off **2.** [sed] to be quenched / [dolor, rencor] to die down / [color] to fade / [sonido] to die away / [brillo] to become dull / [ilusión] to die, to be extinguished

apagón nm power cut

apague *etc ver* ***apagar***

apaisado, -a adj INFORM landscape ▸ **un cuadro/espejo ~** a painting/mirror which is wider than it is high

apalabrar vt [concertar] to make a verbal agreement regarding / [contratar] to engage on the basis of a verbal agreement

Apalaches nmpl **los ~** the Appalachians

apalancado, -a adj *ESP Fam* **se pasó la tarde ~ delante del televisor** he spent the afternoon lounging in front of the television

apalancamiento nm **1.** ECON leverage **2.** *Fam* lounging (about)

apalancar [59] vt [para abrir] to lever open / [para mover] to lever

◆ ***apalancarse*** vpr *ESP Fam* [apoltronarse] to install oneself

apalear vt to beat up

apantallar vt *MÉX* to impress

apañado, -a adj *Fam* [hábil, mañoso] clever, resourceful ▸ **estar ~** to have had it ▸ **¡estamos apañados!** we've had it!

apañar *Fam* vt **1.** [reparar] to mend **2.** [amañar] to fix, to arrange

◆ ***apañarse*** vpr *ESP* [arreglarse] to cope, to manage ▸ **se apaña con muy poco dinero** she gets by on very little money ▸ **apañárselas (para hacer algo)** to manage (to do sth)

apaño nm *Fam* **1.** [reparación] patch **2.** [chanchullo] fix, shady deal **3.** [acuerdo] compromise

apapachado, -a adj *MÉX Fam* pampered, spoilt

apapachador, -ora adj *MÉX Fam* comforting

apapachar vt *MÉX Fam* [mimar] to cuddle / [consentir] to spoil

apapachos nmpl *MÉX Fam* cuddles

aparador nm **1.** [mueble bajo] sideboard / [mueble alto] dresser **2.** [escaparate] shop window

aparato nm **1.** [máquina] machine / [electrodoméstico] appliance ▸ **~ de diálisis** kidney machine ▸ **aparatos gimnásticos** [en competición, escuela] apparatus ▸ **~ de radio** radio ▸ **~ de televisión** television set ▸ **~ de vídeo** video (cassette) recorder **2.** [teléfono] **¡al ~!** speaking! **3.** [avión] plane **4.** MED [prótesis] aid / [para dientes] braces, *BR* brace **5.** ANAT system ▸ **~ circulatorio** circulatory system ▸ **~ digestivo** digestive system ▸ **~ reproductor** reproductive system ▸ **~ respiratorio** respiratory system ▸ **~ urinario** urinary tract **6.** POL machinery **7.** [ostentación] pomp, ostentation **8.** METEO **~ eléctrico** thunder and lightning

aparatoso, -a adj **1.** [ostentoso] ostentatious, showy **2.** [espectacular] spectacular

aparcacoches nmf inv *ESP* [en hotel, discoteca] parking valet

aparcamiento nm *ESP* [para muchos vehículos] *BR* car park, *US* parking lot / [hueco] parking place ▸ **~ subterráneo** underground car park

aparcar [59] ■ vt *ESP* [estacionar] to park / *Fig* [posponer] to shelve
■ vi to park

aparcero, -a nm,f sharecropper

apareamiento nm mating

aparear vt [animales] to mate
◆ ***aparearse*** vpr [animales] to mate

aparecer [46] vi **1.** [ante la vista] to appear / [publicación] to come out ▸ **su número de teléfono no aparece en la guía** her phone number isn't (listed) in the phone book **2.** [algo perdido] to turn up ▸ **¿ya ha aparecido el perro?** has the dog been found yet? **3.** [persona] to appear ▸ *Fam* **~ por** [lugar] to turn up at
◆ ***aparecerse*** vpr **1.** [santo] to appear ▸ **se le apareció la Virgen** the Virgin Mary appeared to him / *Fam Fig* he had a real stroke of luck **2.** *AM Fam* [persona] to turn up ▸ **siempre se aparece sucio** he always turns up dirty

aparecido, -a nm,f ghost

aparejado, -a adj **llevar** *o* **traer ~** [conllevar] to entail

aparejador, -ora nm,f quantity surveyor

aparejar vt **1.** [preparar] to get ready, to prepare **2.** [caballerías] to harness **3.** NÁUT to rig (out)

aparejo nm **1.** [de caballerías] harness **2.** [de pesca] tackle **3.** TEC block and tackle **4.** NÁUT rigging ▸ **aparejos** equipment

aparentar ■ vt **1.** [parecer] to look, to seem ▸ **no aparenta más de treinta** she doesn't look more than thirty **2.** [fingir] to feign ▸ **aparentó estar enfadado** he pretended to be angry, he feigned anger
■ vi [presumir] to show off ▸ **viste así sólo para ~** she just dresses like that to show off

aparente adj **1.** [falso, supuesto] apparent **2.** [visible] visible **3.** [llamativo] striking

aparentemente adv apparently, seemingly ▸ **~ fácil/inocente** apparently easy/innocent

aparición nf [de persona, cosa] appearance / [de ser sobrenatural] apparition

apariencia nf **1.** [aspecto] appearance ▸ **en ~** apparently ▸ **guardar las apariencias** to keep up appearances ▸ **las apariencias engañan** appearances can be deceptive **2.** [falsedad] illusion

aparque *etc ver* ***aparcar***

apartado, -a ■ adj **1.** [separado] **~ de** away from **2.** [alejado] remote
■ nm [párrafo] paragraph / [sección] section ▸ *COL, ECUAD* **~ aéreo** Post Office box, PO Box ▸ **~ de correos** PO Box ▸ **~ de correos número 126** PO Box 126

apartamento nm *esp AM* [en edificio] *BR* flat, *US* apartment / *ESP* [más pequeño] apartment

apartar vt **1.** [alejar] to move away / [quitar] to remove ▸ **el polémico ministro ha sido apartado de su cargo** the controversial minister has been removed from office ▸ **~ la mirada** to look away **2.** [separar] to separate **3.** [escoger] to take, to select ▸ **ya he apartado la ropa para el viaje** I've already put out the clothes for the journey
◆ ***apartarse*** vpr **1.** [hacerse a un lado] to move to one side, to move out of the way ▸ **¡apártense, es una emergencia!** make way, it's an emergency! ▸ **se apartó para dejarme pasar** he stood aside to let me pass **2.** [separarse] [dos personas] to separate, to move away from each other ▸ **apartarse de** [grupo, lugar] to move away from / [tema] to get away from / [mundo, sociedad] to cut oneself off from ▸ **nos apartamos de la carretera** we left the road

aparte ■ adv **1.** [en otro lugar, a un lado] aside, to one side ▸ **bromas ~** joking apart **2.** [por separado] separately ▸ **la bufanda envuélvala ~, es para regalar** please wrap the scarf up separately, it's a gift **3.** [además] besides ▸ **y ~ tiene otro todoterreno** and she has another four-wheel drive besides *o* too ▸ **~ de** [excepto] apart from, except from ▸ **~ de feo...** besides being ugly...
■ adj inv separate ▸ **lo guardaré en un cajón ~** I'll keep it in a separate drawer ▸ **ser caso** *o* **capítulo ~** to be a different matter
■ nm **1.** [párrafo] new paragraph **2.** TEATRO aside

apartheid [apar'xeið] (pl **apartheids**) nm POL apartheid

aparthotel, apartahotel nm = *hotel with self-catering facilities*

apasionado, -a ■ adj passionate
■ nm,f lover, enthusiast

apasionamiento nm passion, enthusiasm ▸ **con ~** passionately

apasionante adj fascinating

apasionar vt to fascinate ▸ **le apasiona la música** he's mad about music
◆ ***apasionarse*** vpr to get excited ▸ **apasionarse por** to be mad about

apatía nf apathy

apático, -a ■ adj apathetic
■ nm,f apathetic person

apátrida ■ adj stateless
■ nmf stateless person

apdo. (abrev de ***apartado***) PO Box ▸ **~ de correos 8000** PO Box 8000

apeadero nm [de tren] = *minor train stop with no permanent buildings, BR* halt

apear vt **1.** [bajar] to take down **2.** *Fam* [disuadir] **~ a alguien de** to talk sb out of ▸ **no pudimos apearle de su idea** we couldn't get him to give up his idea
◆ ***apearse*** vpr **1.** [bajarse] **apearse (de)** [tren] to alight (from), to get off / [coche, autobús] to get out (of) / [caballo] to dismount (from) **2.** *Fam* **apearse de** [abandonar] [idea] to give up ▸ *Fam Fig* **apearse del burro** to back down

apechugar [40] vi *Fam* **~ con** to put up with

apedrear vt [persona] to stone / [cosa] to throw stones at

apegarse [40] vpr **~ a** to become fond of

apego nm fondness, attachment ▸ **tener/tomar ~ a** to be/become fond of

apelación nf appeal

apelar vi **1.** DER to (lodge an) appeal ▸ **~ ante/contra** to appeal to/against **2.** [recurrir] **~ a** [persona] to go to / [sentido común, bondad] to appeal to / [violencia] to resort to

apelativo nm **1.** [nombre] name ▸ **más conocido con el ~ de...** better known by the name of..., better known as... **2.** LING form of address ▸ **un ~ cariñoso** an affectionate form of address, a term of endearment

apellidarse vpr **se apellida Suárez** his surname is Suárez

apellido nm surname, family name ▸ **~ de soltera** maiden name

CULTURA / CULTURE

apellidos

In the Spanish-speaking world people commonly use the last name of both their father and their mother (in that order). Thus, if Pedro García Fernández and María Piñedo Saavedra have a daughter called Eva, she will be known as Eva García Piñedo. This custom is followed in all official documents, though in everyday use many people use only their first surname. When a woman gets married she usually keeps her full maiden name, rather than adopting her husband's, though she can be known by her husband's name. So, if Eva García Piñedo married Carlos Hernández Río, she could either keep her own name intact, or be known as Señora de Hernández Río. In Latin America she might also be known as Eva García Piñedo de Hernández.

apelmazado, -a adj [pelo] matted / [arroz, bizcocho] stodgy ▸ **el jersey está todo ~** the jumper has lost its fluffiness

apelmazar [14] vt [jersey, pelo] to matt / [arroz, bizcocho] to make stodgy
◆ ***apelmazarse*** vpr [jersey, pelo] to get matted / [arroz, bizcocho] to go stodgy

apelotonar vt to bundle up
◆ ***apelotonarse*** vpr [gente] to crowd together

apenado, -a adj **1.** [entristecido] sad **2.** *AM salvo RP* [avergonzado] ashamed, embarrassed

apenar vt [entristecer] to sadden
◆ ***apenarse*** vpr **1.** [entristecerse] to be saddened **2.** *AM salvo RP* [avergonzarse] to be ashamed, to be embarrassed

apenas adv **1.** [casi no] scarcely, hardly ▸ **~ me puedo mover** I can hardly move **2.** [tan sólo] only ▸ **hace ~ dos minutos** only two minutes ago **3.** [tan pronto como] as soon as ▸ **~ llegó, sonó el teléfono** no sooner had he arrived than the phone rang

apencar [59] vi *Fam* **~ con** [trabajo] to take on / [responsabilidad] to shoulder / [consecuencias, dificultad] to live with

apéndice nm [gen] & ANAT appendix

apendicitis nf inv MED appendicitis

Apeninos nmpl **los ~** the Appenines

apercibir vt [reprender, advertir] to reprimand, to give a warning to / DER to issue with a warning
◆ ***apercibirse*** vpr **apercibirse de algo** to notice sth ▸ **no se apercibió de mi llegada** he didn't notice my arrival

apergaminado, -a adj [piel, papel] parchment-like

apergaminarse vpr [piel] to become parchment-like

aperitivo nm [bebida] aperitif / [comida] appetizer / [pincho con una bebida] bar snack

aperos nmpl **1. ~ (de labranza)** farming implements **2.** *ANDES, RP* [arneses] riding gear, trappings

apertura nf **1.** [acción de abrir] opening / [de año académico, temporada] start **2.** DEP [en rugby] kick-off / [en ajedrez] opening (move) **3.** POL [liberalización] liberalization

aperturismo nm POL progressive policies

aperturista adj & nmf POL progressive

apesadumbrado, -a adj [apenado] grieving, sorrowful

apesadumbrar vt to sadden
◆ ***apesadumbrarse*** vpr to be saddened

apestado, -a nm,f plague victim

apestar ■ vi to stink (**a** of) ▸ **huele que apesta** it stinks to high heaven
■ vt **1.** [hacer que huela mal] to stink out **2.** [contagiar la peste] to infect with the plague

apestoso, -a adj foul

apetecer [46] ■ vi *ESP* **¿te apetece un café?** do you fancy a coffee? ▸ **me apetece salir** I feel like going out
■ vt **tenían todo cuanto apetecían** they had everything they wanted

apetecible adj [comida] appetizing, tempting / [vacaciones] desirable

apetito nm appetite ▸ **abrir el ~** to whet one's appetite ▸ **perder el ~** to lose one's appetite ▸ **tener ~** to be hungry ▸ **un ~ voraz** a keen appetite

apetitoso, -a adj **1.** [comida] appetizing, tempting **2.** [oferta, empleo] tempting

apiadar vt to earn the pity of
◆ ***apiadarse*** vpr to show compassion ▸ **apiadarse de** to take pity on

ápice nm **1.** [vértice] [de montaña] peak / [de hoja, lengua] tip **2.** [punto culminante] peak, height **3.** [pizca] iota ▸ **ni un ~** not a single bit ▸ **no cedió un ~** he didn't budge an inch

apícola adj **la industria ~** the beekeeping industry

apicultor, -ora nm,f beekeeper

apicultura nf beekeeping

apilar vt to pile up
◆ ***apilarse*** vpr to pile up

apiñado, -a adj [apretado] packed, crammed

apiñar vt to pack
◆ ***apiñarse*** vpr [agolparse] to crowd together / [para protegerse, por miedo] to huddle together ▸ **apiñarse en torno a algo/alguien** to huddle round sth/sb

apio nm celery

apisonadora nf steamroller

apisonar vt [con vehículo apisonadora] to roll / [con apisonadora manual] to tamp down

aplacar [59] vt [persona, ánimos] to placate / [hambre] to satisfy / [sed] to quench / [dolor] to ease
◆ ***aplacarse*** vpr [persona, ánimos] to calm down / [dolor] to abate

aplace *etc ver* ***aplazar***

aplanadora nf *AM* [vehículo] steamroller

aplanar vt to level

aplaque *etc ver* ***aplacar***

aplastamiento nm squashing, crushing

aplastante adj [victoria, derrota] crushing, overwhelming / [mayoría, superioridad] overwhelming

aplastar vt [por el peso] to squash, to crush / *Fig* [derrotar] to crush

aplatanado, -a adj *ESP, MÉX Fam* listless

aplatanar *ESP, MÉX Fam* vt to make listless ▸ **este calor me aplatana** this heat makes me feel listless
◆ ***aplatanarse*** vpr to become listless

aplaudir ■ vt to applaud ▸ **aplaudo su propuesta** I applaud your proposal
■ vi to applaud, to clap

aplauso nm [ovación] round of applause / *Fig* [alabanza] applause ▸ **aplausos** applause

aplazamiento nm postponement

aplazar [14] ■ vt to postpone
■ vi *RP* [en examen] to fail

aplicable adj applicable (**a** to)

aplicación nf **1.** [uso, utilidad] application, use / INFORM application **2.** [al estudio] application **3.** [decoración] appliqué

aplicado, -a adj **1.** [estudioso] diligent **2.** [ciencia] applied

aplicar [59] vt [técnica, pintura, teoría] to apply / [nombre, calificativo] to give, to apply
◆ ***aplicarse*** vpr **1.** [esmerarse] to apply oneself (**en algo** to sth) ▸ **se aplicó mucho en los estudios** he applied himself very hard to his studies **2.** [concernir] **aplicarse a** to apply to **3.** [a uno mismo] **... ¡y aplícate eso a ti también!** ...and that goes for you as well!

aplique nm wall lamp

aplomo nm composure ▸ **perder el ~** to lose one's composure

apnea nf **1.** MED apnoea ▸ **~ del sueño** sleep apnoea **2.** DEP [buceo] free diving

apocado, -a adj timid

apocalipsis nm inv calamity ▸ **Apocalipsis** Apocalypse

apocalíptico, -a adj apocalyptic

apocamiento nm timidity

apocarse [59] vpr [intimidarse] to be frightened / [humillarse] to humble oneself

apocopar vt GRAM to apocopate

apócope nf GRAM apocopation

apócrifo, -a adj apocryphal

apodar vt to nickname
◆ ***apodarse*** vpr to be nicknamed

apoderado, -a nm,f **1.** DER (official) representative **2.** TAUROM agent, manager

apoderarse vpr **1. ~ de** [adueñarse de] to seize ▸ **los sublevados se apoderaron del aeropuerto** the rebels took control of *o* seized the airport **2. ~ de** [dominar] to take hold of, to grip ▸ **el miedo se apoderó de él** he was overcome with *o* by fear

apodo nm nickname

apogeo nm height, apogee ▸ **está en (pleno) ~** it is at its height

apolillado, -a adj *también Fig* moth-eaten

apolillar vt to eat holes in
◆ ***apolillarse*** vpr to get moth-eaten

apolíneo, -a adj ravishing, stunning ▸ **un joven ~** a young Adonis

apolítico, -a adj apolitical

apología nf apology, eulogy ▸ DER **~ del terrorismo** defence of terrorism

apoltronarse vpr **1.** [hacerse sedentario] to become less active ▸ **desde que se casaron se han apoltronado mucho** they've been going out a lot less since they got married **2.** [acomodarse] **~ en** to lounge in

apoplejía nf MED apoplexy

apopléjico, -a, apoplético, -a adj apoplectic

apoquinar vt & vi *ESP Fam* to fork out

aporrear vt [puerta] to bang on ▸ **~ el piano** to bang *o* plonk away on the piano

aportación nf **1.** [suministro] provision **2.** [contribución] contribution ▸ **hacer una ~** to contribute

aportar vt **1.** [proporcionar] to provide **2.** [contribuir con] to contribute

aporte nm **1.** [aportación] contribution ▸ **~ vitamínico** vitamin content **2.** *RP* [a seguridad social] social security contribution

aposentar vt to put up, to lodge
◆ ***aposentarse*** vpr to take up lodgings

aposento nm **1.** [habitación] room ▸ *Anticuado & Hum* **se retiró a sus aposentos** she withdrew (to her chamber) **2.** [alojamiento] lodgings

aposición nf GRAM apposition

apósito nm dressing

aposta adv *ESP* on purpose, intentionally

apostante nmf [que apuesta] *BR* better, *US* bettor / [en lotería] lottery player

apostar [63] ■ vt **1.** [jugarse] to bet ▸ **te apuesto una cena a que gana el Madrid** I bet you the price of a dinner that Madrid will win **2.** [emplazar] to post
■ vi to bet (**por** on) ▸ **apuesto a que no viene** I bet he doesn't come
◆ ***apostarse*** vpr **1.** [jugarse] to bet ▸ **apostarse algo**

con alguien to bet sb sth **2.** [colocarse] to post oneself

apostasía nf apostasy

apóstata nmf apostate

apostatar vi to apostatize

a posteriori adv with hindsight ▸ **habrá que juzgarlo ~** we'll have to judge it after the event

apostilla nf [nota] note / [comentario] comment

apostillar vt [anotar] to annotate / [añadir] to add

apóstol nm *también Fig* apostle

apostolado nm REL **1.** [de apóstol] apostolate **2.** [de ideales] mission

apostólico, -a adj REL apostolic

apóstrofe nm o nf LIT apostrophe

apóstrofo nm GRAM apostrophe

apostura nf dashing appearance

apoteósico, -a adj tremendous ▸ **un final ~** a grand finale

apoteosis nf inv [final] grand finale

apoyabrazos nm inv armrest

apoyacabezas nm inv headrest

apoyamuñecas nm inv wrist rest

apoyar vt **1.** [inclinar] to lean, to rest ▸ **apoya la cabeza en mi hombro** rest your head on my shoulder ▸ **apoyó la bicicleta contra la pared** she leant the bicycle against the wall **2.** [respaldar] to support ▸ **lo apoyó mucho durante su depresión** she gave him a lot of support when he was depressed

◆ ***apoyarse*** vpr **1.** [sostenerse] **apoyarse en** to lean on ▸ **la anciana se apoyaba en un bastón** the old woman was leaning on a walking stick **2.** [basarse] **apoyarse en** [sujeto: tesis, conclusiones] to be based on / [sujeto: persona] to base one's arguments on **3.** [buscar respaldo] **apoyarse en** to rely on **4.** [respaldarse mutuamente] to support one another

apoyo nm *también Fig* support

APRA ['apra] nf (abrev de ***Alianza Popular Revolucionaria Americana***) = *Peruvian political party to the centre-right of the political spectrum*

apreciable adj **1.** [perceptible] appreciable, significant **2.** [estimable] worthy

apreciación nf **1.** [estimación] evaluation, assessment **2.** FIN [de moneda] appreciation

apreciado, -a adj **1.** [querido] esteemed, highly regarded **2.** [valorado] prized (**por** by)

apreciar vt **1.** [valorar] to appreciate ▸ **aprecio mucho tu ayuda** I really appreciate your help **2.** [sentir afecto por] to be fond of **3.** [percibir] to detect, to notice ▸ **apreciaron una mejora significativa** they detected o noticed a significant improvement ▸ **para ~ mejor los detalles** to be able to see the detail better

◆ ***apreciarse*** vpr **1.** FIN [moneda] to appreciate **2.** [notarse] to be noticeable ▸ **no se apreciaba ninguna diferencia entre los dos** there was no noticeable difference between them ▸ **en el gráfico se aprecia un incremento espectacular de los ingresos** in the graph we can see a spectacular growth in income, the graph shows a spectacular growth in income

aprecio nm esteem ▸ **sentir ~ por alguien** to think highly of sb

aprehender vt **1.** [atrapar] [persona] to apprehend / [alijo, mercancía] to seize **2.** [comprender] to take in

aprehensión nf [de persona] arrest, capture / [de alijo, mercancía] seizure

apremiante adj pressing, urgent

apremiar ■ vt **1.** [meter prisa] **~ a alguien para que haga algo** to urge sb to do sth **2.** [obligar] **~ a alguien a hacer algo** to compel sb to do sth

■ vi [ser urgente] to be pressing ▸ **¡el tiempo apremia!** we're running out of time, time is short

apremio nm **1.** [urgencia] urgency **2.** DER writ

aprender ■ vt [adquirir conocimientos de] to learn / [memorizar] to memorize ▸ **~ a hacer algo** to learn to do sth ▸ *Fig* **aprendieron la lección** they learned their lesson

■ vi to learn ▸ **¡para que aprendas!** that'll teach you!

◆ ***aprenderse*** vpr [memorizar] to memorize ▸ **aprenderse algo de memoria** to learn sth by heart

aprendiz, -iza nm,f **1.** [ayudante] apprentice, trainee **2.** [novato] beginner

aprendizaje nm **1.** [adquisición de conocimientos] learning ▸ **el ~ de idiomas** language learning **2.** [tiempo, situación] apprenticeship

aprensión nf [miedo] apprehension (**por** about) / [escrúpulo] squeamishness (**por** about)

aprensivo, -a adj **1.** [miedoso] apprehensive **2.** [escrupuloso] squeamish **3.** [hipocondríaco] hypochondriac

apresar vt [presa] to catch / [delincuente] to catch, to capture

apres-ski adj inv & nm après-ski

aprestar vt **1.** [preparar] to prepare, to get ready **2.** [tela] to size

◆ ***aprestarse*** vpr **aprestarse a hacer algo** to get ready to do sth

apresto nm [rigidez de la tela] stiffness / [sustancia] size ▸ **el almidón da ~ a las telas** starch is used to stiffen cloth

apresurado, -a adj hasty, hurried

apresuramiento nm haste

apresurar vt to hurry along, to speed up ▸ **~ a alguien para que haga algo** to try to make sb do sth more quickly

◆ ***apresurarse*** vpr to hurry ▸ **apresurarse a hacer algo** to rush to do sth ▸ **se apresuró a aclarar que no sabía nada** she was quick to point out that she knew nothing

apretado, -a adj **1.** [ropa] tight / [triunfo] narrow / [esprint] close / [caligrafía] cramped **2.** [estrujado] cramped ▸ **íbamos un poco apretados en el coche** it was a bit of a squeeze in the car

apretar [3] ■ vt **1.** [oprimir] [botón, tecla] to press / [gatillo] to pull, to squeeze / [nudo, tuerca, cinturón] to tighten / [acelerador] to step on ▸ **me aprietan las botas** my boots are too tight **2.** [juntar] [dientes] to grit / [labios] to press together / [puño] to clench **3.** [estrechar] to squeeze / [abrazar] to hug ▸ **~ la mano a alguien** to shake sb's hand **4. ~ el paso** to

quicken one's pace **5.** [presionar] to press ▸ **lo están apretando para que acepte la oferta** they are pressing him *o* putting pressure on him to accept the offer
■ vi [calor, lluvia] to get worse, to intensify
◆ ***apretarse*** vpr [agolparse] to crowd together / [acercarse] to squeeze up ▸ *Fig* **apretarse el cinturón** to tighten one's belt

apretón nm [estrechamiento] squeeze ▸ **~ de manos** handshake ▸ **apretones** crush ▸ **hubo apretones para entrar** there was a crush to get in

apretujar vt [aplastar] to squash / [hacer una bola con] to screw up
◆ ***apretujarse*** vpr [en banco, autobús] to squeeze together / [por frío] to huddle up

apretujón nm [abrazo] bearhug ▸ **hubo apretujones para entrar en el cine** there was a crush to get into the cinema

apretura nf [estrechez] crush ▸ *Fig* **pasar apreturas** to be hard up

aprieta *etc ver* ***apretar***

aprieto nm fix, difficult situation ▸ **poner en un ~ a alguien** to put sb in a difficult position ▸ **estar en un ~** to be in a fix

a priori adv in advance, a priori

apriorístico, -a adj **hacer juicios apriorísticos** to prejudge things

aprisa adv quickly

aprisco nm fold, pen

aprisionar vt **1.** [encarcelar] to imprison **2.** [inmovilizar] **~ a alguien con cadenas** to put sb in chains ▸ **quedaron aprisionados bajo los escombros** they were trapped under the rubble

aprobación nf approval

aprobado, -a ■ adj [aceptado] approved
■ nm EDUC pass ▸ *Fam* **un ~ raspado** *o* **por los pelos** a bare pass

aprobar [63] vt **1.** [proyecto, medida] to approve / [ley, moción] to pass **2.** [examen, asignatura] to pass ▸ **me han aprobado en química** I passed my chemistry exam **3.** [comportamiento] to approve of

aprobatorio, -a adj [gesto, mirada] approving

aprontarse vpr *RP* to get ready

apropiación nf [incautación, ocupación] appropriation / [robo] theft ▸ DER **~ indebida** embezzlement

apropiado, -a adj suitable, appropriate

apropiar vt to adapt (**a** to)
◆ ***apropiarse*** vpr **apropiarse de** [tomar posesión de] to appropriate / [robar] to steal

aprovechable adj usable

aprovechado, -a ■ adj **1.** [caradura] **es muy ~** he's a real opportunist, he always has an eye for the main chance **2.** [bien empleado] [tiempo] well-spent / [espacio] well-planned **3.** [aplicado] diligent
■ nm,f [caradura] sponger

aprovechamiento nm **1.** [utilización] use **2.** [en el estudio] progress, improvement

aprovechar ■ vt **1.** [tiempo, dinero] to make the most of / [oferta, ocasión] to take advantage of / [conocimientos, experiencia] to use, to make use of ▸ **me gustaría ~ esta oportunidad para...** I'd like to take this opportunity to... ▸ **~ que...** to make the most of the fact that... **2.** [lo inservible] to put to good use ▸ **no tires los restos de la paella, los aprovecharé para hacer sopa** don't throw what's left of the paella away, I'll use it to make a soup
■ vi **aprovecha mientras puedas** make the most of it *o* enjoy it while you can ▸ **¡cómo aprovechas para comer chocolate, ahora que no te ve nadie!** you're really making the most of the opportunity to eat chocolate while nobody can see you! ▸ **¡que aproveche!** enjoy your meal!
◆ ***aprovecharse*** vpr **1.** [sacar provecho] to take advantage (**de** of) ▸ **se aprovechó de que nadie vigilaba para salir sin pagar** she took advantage of the fact that nobody was watching to leave without paying **2.** [abusar de alguien] to take advantage (**de** of) ▸ **fue acusado de aprovecharse de una menor** he was accused of child abuse

aprovisionamiento nm supplying

aprovisionar vt to supply
◆ ***aprovisionarse*** vpr **aprovisionarse de algo** to stock up on sth

aprox. (abrev de ***aproximadamente***) approx.

aproximación nf **1.** [acercamiento] approach / [en cálculo] approximation / [de países] rapprochement / [de puntos de vista] converging **2.** [en lotería] = *consolation prize given to numbers immediately before and after the winning number*

aproximadamente adv approximately

aproximado, -a adj approximate

aproximar vt to move closer ▸ **aproxima la mesa a la puerta** move the table closer to *o* over towards the door ▸ **un intento de ~ posturas** an attempt at a rapprochement *o* to bring the two sides closer together
◆ ***aproximarse*** vpr **1.** [en el espacio] to approach, to come closer ▸ **el autobús se aproximaba a la parada** the bus was approaching the stop ▸ **el déficit se aproxima a los seis millones** the deficit is close to six million **2.** [en el tiempo] **se aproximan las vacaciones** the holidays are drawing nearer *o* approaching

aproximativo, -a adj approximate, rough

apruebo *etc ver* ***aprobar***

aptitud nf ability, aptitude ▸ **tener ~ para algo** to have an aptitude for sth

apto, -a adj [adecuado, conveniente] suitable (**para** for) / [capacitado] [intelectualmente] capable, able / [físicamente] fit ▸ CINE **~/no ~ para menores** suitable/ unsuitable for children

apuesta ■ *ver* ***apostar***
■ nf bet

apuesto, -a adj dashing

apunar *ANDES* vt to cause to have altitude sickness
◆ ***apunarse*** vpr to get altitude sickness

apuntador, -ora nm,f TEATRO prompter

apuntalamiento nm *también Fig* underpinning

apuntalar vt *también Fig* to underpin

apuntar ■ vt **1.** [anotar] to make a note of, to note down ▸ **~ a alguien** [en lista] to put sb down (**en** on) / [en curso] to put sb's name down (**en** *o* **a** for), to sign sb up (**en** *o* **a** for) ▸ **he apuntado a mi hijo a clases de natación** I've put my son's name down for swimming lessons, I've signed my son up for swimming lessons ▸ **apúntamelo (en la cuenta)** put it on my account **2.** [dirigir] [dedo] to point / [arma] to aim ▸ **~ a alguien** [con el dedo] to point at sb / [con un arma] to aim at sb ▸ **~ una pistola hacia alguien, ~ a alguien con una pistola** to aim a gun at sb **3.** TEATRO to prompt ▸ **fue expulsada de clase por ~ las respuestas a un compañero** she was thrown out of the classroom for whispering the answers to a classmate **4.** [sugerir] to hint at / [indicar] to point out

■ vi **1.** [vislumbrarse] to appear / [día] to break **2.** [indicar] **~ a** to point to ▸ **todo apunta a que ganará Brasil** everything points to a win for Brazil

◆ ***apuntarse*** vpr **1.** [en lista] to put one's name down / [en curso] to enrol ▸ **me he apuntado a** *o* **en un curso de alemán** I've enrolled on a German course **2.** [participar] to join in (**a hacer algo** doing sth) ▸ **yo me apunto** I'm in ▸ *ESP Fam* **ese se apunta a un bombardeo** he's game for anything **3.** [tantos, éxitos] to score, to notch up ▸ *Fam* **¡apúntate diez!** [al acertar] bingo!, bang on!

apunte nm **1.** [nota] note **2.** [boceto] sketch **3.** COM entry **4.** TEATRO prompt ▸ **apuntes** [en colegio, universidad] notes ▸ **tomar apuntes** to take notes

apuñalamiento nm stabbing

apuñalar vt to stab

apurado, -a adj **1.** [necesitado] in need ▸ **~ de** short of **2.** [avergonzado] embarrassed **3.** [difícil] awkward, difficult ▸ **una situación apurada** a tricky situation **4.** *ESP* [afeitado] smooth, close **5.** *AM* [con prisa] **estar ~** to be in a hurry

apurar vt **1.** [agotar] to finish off / [existencias, la paciencia] to exhaust **2.** [meter prisa] to hurry **3.** [preocupar] to trouble **4.** [avergonzar] to embarrass

◆ ***apurarse*** vpr **1.** *ESP, MÉX* [preocuparse] to worry (**por** about) **2.** [darse prisa] to hurry

apuro nm **1.** [dificultad] fix, difficult situation ▸ **estar en un ~** to be in a tight spot **2.** [penuria] **pasar apuros** to undergo *o* experience hardship **3.** [vergüenza] embarrassment ▸ **me da ~ (decírselo)** I'm embarrassed (to tell her) **4.** *AM* [prisa] **tener ~** to be in a hurry

aquejado, -a adj **~ de** suffering from

aquejar vt to afflict ▸ **le aquejan varias enfermedades** he suffers from a number of illnesses

aquel, aquella (pl **aquellos, -ellas**) adj demostrativo that / [plural] those

aquél, -élla (pl **aquéllos, -éllas**) pron demostrativo

> Note that **aquél** and its various forms can be written without an accent when there is no risk of confusion with the adjective.

1. [ese] that (one) / (plural) those (ones) ▸ **este cuadro me gusta pero ~ del fondo no** I like this picture, but I don't like that one at the back ▸ **~ fue mi último día en Londres** that was my last day in London **2.** [nombrado antes] the former ▸ **teníamos un coche y una moto, ésta estropeada y ~ sin gasolina** we had a car and a motorbike, the former was out of *BR* petrol *o* *US* gas, the latter had broken down **3.** [con oraciones relativas] whoever, anyone who ▸ **~ que quiera hablar que levante la mano** whoever wishes *o* anyone wishing to speak should raise their hand ▸ **aquéllos que...** those who...

aquelarre nm coven

aquella *ver* ***aquel***

aquélla *ver* ***aquél***

aquello pron demostrativo that ▸ **no consiguió saber si ~ lo dijo en serio** he never found out whether she meant those words *o* that seriously ▸ **~ de su mujer es una mentira** all that about his wife is a lie

aquellos, -ellas *ver* ***aquel***

aquéllos, -éllas *ver* ***aquél***

aquí adv **1.** [indica lugar] here ▸ **~ abajo/arriba** down/up here ▸ **~ dentro/fuera** in/out here ▸ **~ mismo** right here ▸ **~ y ahora** here and now ▸ **~ y allá** here and there ▸ **~ está** here it/he is ▸ **~ tienes** here you are! ▸ **~ viene** here it/he comes ▸ **de ~ para allá** [de un lado a otro] to and fro ▸ **por ~** over here ▸ **por ~ cerca** nearby, not far from here **2.** [ahora] now ▸ **de ~ a mañana** between now and tomorrow ▸ **de ~ a poco** shortly, soon ▸ **de ~ a un mes** a month from now, in a month ▸ **de ~ en adelante** from now on **3.** [en tiempo pasado] **~ empezaron los problemas** that was when the problems started **4. de ~ que** [por eso] hence, therefore

aquiescencia nf *Formal* approval

aquietar vt to calm down

◆ ***aquietarse*** vpr to calm down

aquilatar vt [metales, joyas] to assay / *Fig* [examinar] to assess

aquilino, -a adj [nariz] aquiline

ara nf *Formal* [losa] altar stone / [altar] altar ▸ **en aras de** for the sake of

árabe ■ adj Arab, Arabian

■ nmf [persona] Arab

■ nm [lengua] Arabic

arabesco nm arabesque

Arabia Saudí, Arabia Saudita n Saudi Arabia

arábigo, -a adj [de Arabia] Arab, Arabian / [numeración] Arabic

arabista nmf Arabist

arácnido nm arachnid

arado nm plough ▸ *Fam* **es más bruto** *o* **bestia que un ~** he's a complete Neanderthal

Aragón n Aragon

aragonés, -esa adj & nm,f Aragonese

Aral nm **el mar de ~** the Aral Sea

arameo nm [lengua] Aramaic

arancel nm COM tariff ▸ **~ aduanero** customs duty

arancelario, -a adj COM tariff ▸ **barreras (no) arancelarias** (non) tariff barriers

arándano nm bilberry, blueberry

arandela nf [pieza] washer

araña nf **1.** [animal] spider ▸ **~ de mar** spider crab **2.** [lámpara] chandelier

arañar vt [raspar] to scratch / *Fig* [reunir, conseguir] to scrape together

arañazo nm scratch

arar vt to plough

araucano, -a adj & nm,f Araucanian

araucaria nf monkey puzzle tree

arbitraje nm **1.** DEP [en fútbol, baloncesto] refereeing / [en tenis, voleibol] umpiring **2.** DER arbitration

arbitral adj **1.** DEP **una polémica decisión ~** a controversial decision by the referee **2.** DER **procedimiento ~** arbitration process

arbitrar ■ vt **1.** DEP [en fútbol, baloncesto] to referee / [en tenis, voleibol] to umpire **2.** [medidas, recursos] to bring together **3.** DER to arbitrate
■ vi **1.** DEP [en fútbol, baloncesto] to referee / [en tenis, voleibol] to umpire **2.** DER to arbitrate

arbitrariedad nf **1.** [cualidad] arbitrariness **2.** [acción] arbitrary action

arbitrario, -a adj arbitrary

arbitrio nm [decisión] judgement ▸ **dejar algo al ~ de alguien** to leave sth to sb's discretion ▸ **arbitrios** [impuestos] taxes

árbitro, -a nm,f **1.** DEP referee / [en tenis, críquet] umpire **2.** DER arbitrator

árbol nm **1.** tree ▸ **~ frutal** fruit tree ▸ **~ de Navidad** Christmas tree ▸ **~ genealógico** family tree **2.** TEC shaft ▸ **~ de levas** camshaft **3.** NÁUT mast

arbolado, -a ■ adj **1.** [terreno] wooded / [calle] tree-lined **2.** [mar] tempestuous
■ nm woodland

arboladura nf NÁUT masts and spars

arboleda nf wood

arbotante nm **1.** ARQUIT flying buttress **2.** *MÉX* [poste] [de luz] lamppost / [de teléfono] *BR* telegraph *o US* telephone pole

arbusto nm bush, shrub

arca nf **1.** [arcón] chest ▸ *Fig* **arcas** [fondos] coffers ▸ *Fig* **las arcas públicas** the Treasury **2.** [barco] **~ de Noé** Noah's Ark

arcabuz nm arquebus

arcada nf **1.** [de estómago] **me dieron arcadas** I retched **2.** ARQUIT [arcos] arcade / [de puente] arch

arcaico, -a adj archaic

arcaísmo nm archaism

arcaizante adj archaizing

arcángel nm archangel

arcano, -a ■ adj arcane
■ nm [misterio] mystery

arce nm maple

arcén nm *ESP BR* hard shoulder, *US* shoulder

archiconocido, -a adj very well-known

archidiócesis nf inv archdiocese

archiduque, -esa nm,f archduke, *f* archduchess

archimillonario, -a nm,f multimillionaire

archipiélago nm archipelago

archisabido, -a adj very well-known

archivador, -ora ■ nm,f archivist
■ nm [mueble] filing cabinet

archivar vt [gen] & INFORM to file / *Fig* [olvidar] to push to the back of one's mind

archivo nm **1.** [lugar] archive / [documentos] archives ▸ TV **imágenes de ~** library pictures **2.** [informe, ficha] file **3.** INFORM file

arcilla nf clay

arcilloso, -a adj clay-like, clayey ▸ **suelo arcilloso** clayey soil

arcipreste nm archpriest

arco nm **1.** [gen] & ARQUIT [forma] arch ▸ **~ apuntado** Gothic arch ▸ **~ de herradura** horseshoe arch ▸ **~ iris** rainbow ▸ **~ de medio punto** semicircular arch ▸ **~ triunfal** triumphal arch **2.** [para flechas] bow **3.** MÚS [de instrumento] bow **4.** GEOM arc **5.** *esp AM* DEP [portería] goal, goalmouth

arcón nm large chest

arder vi **1.** [quemarse] [bosque, casa] to burn ▸ **la iglesia está ardiendo** the church is burning *o* on fire ▸ *Fam Fig* **con eso va que arde** that's more than enough **2.** [estar caliente] [café, sopa] to be boiling hot ▸ *Fig* **¡está que arde!** [persona] he's fuming / [reunión] it's getting pretty heated **3.** [sentir ardor] **le arde la cara** her face is burning **4.** [por deseos] **~ de rabia** to burn with rage ▸ **~ en deseos de hacer algo** to be dying to do sth **5.** [por agitación] **la ciudad ardía en fiestas** the city was one great party

ardid nm ruse, trick

ardiente adj [en llamas] burning / [líquido] scalding / [deseo] burning / [admirador, defensor] ardent

ardientemente adv ardently, fervently

ardilla nf squirrel ▸ **~ gris** grey squirrel

ardite nm **no vale un ~** it isn't worth a brass farthing

ardor nm [calor] heat / [quemazón] burning (sensation) / [entusiasmo] fervour ▸ **~ de estómago** heartburn

ardoroso, -a adj ardent, fervent

arduo, -a adj arduous

área nf **1.** [zona] area ▸ **~ de descanso** [en carretera] *BR* lay-by, *US* rest area ▸ **~ metropolitana** metropolitan area ▸ ECON **~ de libre cambio** free exchange area ▸ **~ de servicio** [en carretera] service area **2.** [ámbito] area ▸ **la investigación en áreas como la inteligencia artificial** research in areas such as artificial intelligence **3.** [medida] are, = $100\ m^2$ **4.** GEOM [superficie] area **5.** DEP **~ (de penalty *o* castigo)** (penalty) area

areca nf [árbol] areca, betel palm / [fruto] betel nut

arena nf **1.** [de playa] sand ▸ **arenas movedizas** quicksand **2.** [escenario de la lucha] arena ▸ **la ~ política** the political arena **3.** TAUROM bullring

arenal nm area of sandy ground

arenga nf harangue

arengar [40] vt to harangue

arenilla nf [polvo] dust ▸ **arenillas** [cálculos de la vejiga] bladder stones

arenisca nf sandstone

arenoso, -a adj sandy

arenque nm herring

arepa nf CARIB, COL = *pancake made of maize flour*

arete nm ANDES, MÉX [pendiente] earring / ESP [en forma de aro] hoop earring

argamasa nf mortar

Argel n Algiers

Argelia n Algeria

argelino, -a adj & nm,f Algerian

argentífero, -a adj silver-bearing

Argentina nf **(la) ~** Argentina

argentinismo nm = *word peculiar to Argentinian Spanish*

argentino, -a adj & nm,f Argentinian

argolla nf **1.** [aro] (large) ring **2.** ANDES, MÉX [alianza] wedding ring

argonauta nm Argonaut

argot (pl **argots**) nm [popular] slang / [técnico] jargon

argucia nf sophism

argüir [8] ■ vt **1.** *Formal* [argumentar] to argue **2.** [demostrar] to prove, to demonstrate **3.** [deducir] to deduce
■ vi [argumentar] to argue

argumentación nf line of argument

argumentar ■ vt [alegar] to argue (**que** that) ▸ **no argumentó bien su hipótesis** he didn't argue his theory very well
■ vi [discutir] to argue

argumento nm **1.** [razonamiento] argument ▸ **un ~ a favor de/en contra de hacer algo** an argument for/against doing sth **2.** [trama] plot

arguya *ver* ***argüir***

arguyera *ver* ***argüir***

aria nf [de ópera] aria

aridez nf [de terreno, clima] aridity, dryness

árido, -a adj [terreno, clima] arid, dry / [libro, tema] dry
◆ ***áridos*** nmpl dry goods

aries ■ nm inv Aries ▸ ESP **ser ~** to be (an) Aries
■ nmf inv ESP [persona] Aries

ariete nm HIST & MIL battering ram / DEP centre forward

ario, -a adj & nm,f Aryan

arisco, -a adj surly

arista nf edge

aristocracia nf aristocracy

aristócrata nmf aristocrat

aristocrático, -a adj aristocratic

aristotélico, -a adj & nm,f FILOSOFÍA Aristotelian

aritmética nf arithmetic ▸ **~ parlamentaria** parliamentary arithmetic

aritmético, -a adj arithmetic(al)

arlequín nm harlequin

arma nf **1.** [instrumento] arm, weapon ▸ **alzarse en armas** to rise up in arms ▸ **presentar/rendir armas** to present/surrender arms ▸ *Fig* **ser de armas tomar** to be someone to be reckoned with ▸ **~ blanca** blade *(weapon with a sharp blade)* ▸ *Fig* **~ de doble filo** double-edged sword ▸ **~ de fuego** firearm ▸ **~ homicida** murder weapon ▸ **~ nuclear** nuclear weapon ▸ **~ química** chemical weapon ▸ **~ secreta** secret weapon **2.** [medio] weapon ▸ **la vacuna será una poderosa ~ contra la malaria** the vaccine will be a powerful weapon against malaria **3. las armas** [profesión] the military career, the Army

armada nf [marina] navy / [escuadra] fleet ▸ **la Armada** the Navy ▸ HIST **la Armada Invencible** the Spanish Armada

armadillo nm armadillo

armado, -a adj **1.** [con armas] armed **2.** [con armazón] reinforced

armador, -ora nm,f [dueño] shipowner / [constructor] shipbuilder

armadura nf **1.** [de guerrero] armour / [traje completo] suit of armour **2.** [de barco, tejado] framework

armamentista, armamentístico, -a adj arms ▸ **carrera armamentista** arms race

armamento nm **1.** [armas] arms **2.** [acción] arming

armar vt **1.** [montar] [mueble, modelo] to assemble / [tienda] to pitch **2.** [ejército, personas] to arm **3.** [fusil, pistola] to load **4.** *Fam* [lío, escándalo] to cause ▸ **armarla** to cause trouble ▸ **armó una buena con sus comentarios** she really went and did it with the comments she made
◆ ***armarse*** vpr **1.** [con armas] to arm oneself ▸ *Fig* **armarse de** [valor, paciencia] to summon up **2.** *Fam* [organizarse] **se armó un gran escándalo** there was a huge fuss ▸ **la que se va a ~ cuando se entere tu padre** all hell's going to break loose when your father finds out ▸ **se armó la gorda** *o* **la de Troya** all hell broke loose

armario nm [para objetos] cupboard / [para ropa] wardrobe ▸ *Fam Fig* **salir del armario** to come out of the closet ▸ **~ empotrado** fitted cupboard/wardrobe

armatoste nm [mueble, objeto] unwieldy object / [máquina] contraption

armazón nm o nf [estructura] framework, frame / [de avión, coche] chassis / [de edificio] skeleton

Armenia n Armenia

armenio, -a adj & nm,f Armenian

armería nf **1.** [depósito] armoury **2.** [tienda] gunsmith's (shop) **3.** [arte] gunsmith's craft

armero nm [fabricante] gunsmith / MIL armourer

armiño nm [piel] ermine / [animal] stoat

armisticio nm armistice

armonía nf harmony

armónica nf harmonica, mouth organ

armónico, -a ■ adj harmonic
■ nm MÚS harmonic

armonio nm harmonium

armonioso, -a adj harmonious

armonización nf harmonization

armonizar [14] ▪ vt **1.** [concordar] to match ▸ **~ las políticas de los Estados miembros** to harmonize the policies of the member states **2.** MÚS to harmonize
▪ vi [concordar] **~ con** to match

ARN nm (abrev de ***ácido ribonucleico***) RNA

arnés (pl **arneses**) nm armour ▸ **arneses** [de animales] trappings, harness

árnica nf arnica

aro nm **1.** [círculo] hoop / TEC ring ▸ **los aros olímpicos** the Olympic rings ▸ *Fig* **pasar por el ~** to knuckle under ▸ **un sostén de aros** an underwired bra **2.** *AM* [pendiente] earring / *ESP* [en forma de aro] hoop earring

aroma nm [de café] aroma / [de flores] scent / [de vino] bouquet ▸ **~ artificial** artificial flavouring

aromaterapia nf aromatherapy

aromático, -a adj aromatic

aromatizante nm flavouring

aromatizar [14] vt [con perfume] to perfume / [comida] to flavour

arpa nf harp ▸ **~ de boca** Jew's harp

arpegio nm MÚS arpeggio

arpía nf MITOL harpy / *Fig* old hag

arpillera nf sacking, *BR* hessian, *US* burlap

arpón nm harpoon

arponear vt to harpoon

arquear vt [madera] to warp / [vara, fusta] to flex / [cejas, espalda] to arch ▸ **el gato arqueó el lomo** the cat arched its back
◆ ***arquearse*** vpr to warp

arqueo nm **1.** [de cejas, espalda, lomo] arching **2.** COM cashing up **3.** NÁUT registered tonnage

arqueología nf archeology

arqueológico, -a adj archeological

arqueólogo, -a nm,f archeologist

arquero, -a nm,f **1.** DEP & MIL [tirador] archer **2.** [tesorero] treasurer **3.** *AM* DEP [portero] goalkeeper

arqueta nf casket

arquetípico, -a adj archetypal

arquetipo nm archetype

arquitecto, -a nm,f architect

arquitectónico, -a adj architectural

arquitectura nf [gen] & INFORM architecture

arquitrabe nm ARQUIT architrave

arquivolta nf ARQUIT archivolt

arrabal nm [barrio pobre] slum / [barrio periférico] outlying district

arrabalero, -a adj *ESP* [barriobajero] rough, coarse

arracimarse vpr to cluster together

arraigado, -a adj [costumbre, idea] deeply rooted / [persona] established

arraigar [40] ▪ vt to establish
▪ vi *también Fig* to take root
◆ ***arraigarse*** vpr [establecerse] to settle down

arraigo nm roots ▸ **tener mucho ~** to be deeply rooted

arramblar vi **~ con** [destruir] to sweep away / *Fam* [arrebatar] to make off with

arrancada nf sudden start

arrancar [59] ▪ vt **1.** [sacar de su sitio] [árbol] to uproot / [malas hierbas, flor] to pull up / [cable, página, pelo] to tear out / [cartel, cortinas] to tear down / [muela] to pull out, to extract / [ojos] to gouge out ▸ *Fig* **~ a alguien de un sitio** to shift sb from somewhere **2.** [arrebatar] **~ algo a alguien** to grab *o* snatch sth from sb ▸ **~ algo de las manos de alguien** to snatch sth out of sb's hands **3.** [poner en marcha] [coche, máquina] to start / INFORM to start up, to boot (up) **4.** [obtener] **~ algo a alguien** [confesión, promesa, secreto] to extract sth from sb / [sonrisa, dinero, ovación] to get sth out of sb / [suspiro, carcajada] to bring sth from sb
▪ vi **1.** [partir] to set off **2.** [máquina, coche] to start **3.** [provenir] **~ de** to stem from
◆ ***arrancarse*** vpr *CHILE* [salir corriendo] to rush off

arranque nm **1.** [comienzo] start **2.** AUT [motor] starter (motor) ▸ **~ eléctrico** electrical starting **3.** [arrebato] fit ▸ **en un ~ de ira/generosidad** in a fit of anger/generosity

arras nfpl **1.** [fianza] deposit **2.** [en boda] = *coins given by the bridegroom to the bride*

arrasar ▪ vt to destroy, to devastate
▪ vi *Fam* [triunfar] **el equipo brasileño arrasó en la primera fase** the Brazilian team swept everything before it in the first stage ▸ **esa película arrasó en toda Europa** the film was a massive success throughout Europe

arrastrado, -a ▪ adj **1.** [vida] miserable, wretched **2.** *MÉX, RP* [servil] grovelling
▪ nm,f *MÉX, RP* [persona servil] groveller

arrastrar ▪ vt **1.** [objeto, pies] [gen] & INFORM to drag / [carro, vagón] to pull ▸ **el viento arrastró las hojas** the wind blew the leaves along ▸ INFORM **~ y soltar** to drag and drop **2.** [convencer] to win over, to sway ▸ **~ a alguien a algo/a hacer algo** to lead sb into sth/to do sth ▸ **dejarse ~ por algo/alguien** to allow oneself to be swayed by sth/sb **3.** [soportar] **arrastra una vida miserable** she leads a miserable life ▸ **arrastra muchas deudas** he has a lot of debts hanging over him **4.** [al hablar] **arrastra las erres** he rolls his r's
▪ vi [rozar el suelo] to drag along the ground ▸ **te arrastra el vestido** your dress is dragging on the ground
◆ ***arrastrarse*** vpr **1.** [por el suelo] to crawl ▸ **los soldados se arrastraban por el barro** the soldiers crawled through the mud **2.** [humillarse] to grovel ▸ **se arrastró ante ella** he grovelled to her

arrastre nm **1.** [acarreo] dragging ▸ *ESP Fam Fig* **estar para el ~** to have had it **2.** [pesca] trawling

arrayán nm myrtle

arre interj **¡~!** gee up!

arrear vt **1.** [azuzar] to gee up **2.** [propinar] to give ▸ **~ una bofetada a alguien** to give sb a thump **3.** [poner arreos] to harness

arrebatado, -a adj **1.** [impetuoso] impulsive, impetuous **2.** [iracundo] enraged

arrebatador, -ora adj captivating

arrebatar vt **1.** [quitar] **~ algo a alguien** to snatch sth from sb **2.** [cautivar] to captivate
◆ ***arrebatarse*** vpr [enfurecerse] to get furious

arrebato nm **1.** [arranque] fit, outburst ▸ **un ~ de amor** a crush **2.** [furia] rage, fury

arrebol nm **1.** [de cara] rosiness, ruddiness **2.** [de nubes] red glow

arrebolado, -a adj blushing

arrebujar vt **1.** [amontonar] to bundle (up) **2.** [arropar] to wrap up (warmly)
◆ ***arrebujarse*** vpr [arroparse] to wrap oneself up / [encogerse] to huddle up

arrechar *CAM, COL, MÉX, VEN Vulg* vt to make horny, to turn on
◆ ***arrecharse*** vpr to get horny

arrecho, -a adj **1.** *CAM, COL, MÉX, VEN Vulg* [sexualmente] horny **2.** *CAM, MÉX, VEN Fam* [furioso] mad, furious

arrechucho nm *Fam* **me dio un ~** I was ill, I wasn't feeling too well

arreciar vi [temporal, lluvia] to get worse / [críticas] to intensify

arrecife nm reef ▸ **~ de coral** coral reef

arredrar vt to put off, to frighten off ▸ **no le arredra nada** nothing puts him off
◆ ***arredrarse*** vpr **arredrarse ante** to be put *o* frightened off by

arreglado, -a adj **1.** [reparado] fixed, repaired / [ropa] mended **2.** [ordenado] tidy **3.** [bien vestido] smart **4.** [solucionado] sorted out ▸ **¡y asunto ~!** that's that! ▸ *Fig* **estamos arreglados** we're really done for **5.** [precio] reasonable

arreglar ■ vt **1.** [reparar] to fix, to repair / [ropa] [estrechar] to take in / [agrandar] to let out **2.** [ordenar] to tidy (up) **3.** [solucionar] to sort out ▸ **todo arreglado, podemos pasar** everything's been sorted out now, we can go in **4.** MÚS to arrange **5.** [acicalar] to smarten up / [cabello] to do ▸ **arregla a los niños, que vamos a dar un paseo** get the children ready, we're going for a walk **6.** *Fam* [escarmentar] **¡ya te arreglaré yo!** I'm going to sort you out!
■ vi *AM* [quedar] **¿cómo vas a ir? – ya arreglé con Carlos** how are you going? – I've already arranged to go with Carlos
◆ ***arreglarse*** vpr **1.** [asunto, problema] to sort itself out ▸ **no llores, todo se arreglará** don't cry, it'll all sort itself out *o* work out in the end **2.** [tiempo] to improve, to get better ▸ **si se arregla el día saldremos de excursión** if the weather improves *o* gets better we can go on a trip somewhere **3.** [apañarse] to make do (**con algo** with sth) ▸ **arreglárselas (para hacer algo)** to manage (to do sth) ▸ **nos las arreglamos como pudimos** we did the best we could ▸ **¡arréglatelas como puedas!** that's your problem! **4.** [acicalarse] to smarten up

arreglista nmf MÚS (musical) arranger

arreglo nm **1.** [reparación] mending, repair ▸ **hacer un ~ a** [ropa] [estrechar] to take in / [agrandar] to let out **2.** [solución] settlement **3.** [acuerdo] agreement ▸ **llegar a un ~** to reach agreement ▸ **con ~ a** in accordance with ▸ **un ~ pacífico de las diferencias** an amicable settlement of differences **4.** MÚS **arreglos musicales** musical arrangements

arrejuntarse vpr *Fam* [pareja] to shack up together

arrellanarse vpr to settle back

arremangado, -a adj rolled-up

arremangar [40] *Fam* vt to roll up
◆ ***arremangarse*** vpr to roll up one's sleeves

arremeter vi **~ contra** to attack

arremetida nf attack

arremolinarse vpr [agua, hojas] to swirl (about) ▸ **~ alrededor de** *o* **en torno a** [personas] to mill round about, to crowd round

arrendador, -ora nm,f DER lessor

arrendamiento nm DER **1.** [acción] renting, leasing ▸ **contrato de ~** lease **2.** [precio] rent

arrendar [3] vt DER **1.** [dar en arriendo] to let, to lease **2.** [tomar en arriendo] to rent, to lease ▸ *AM* **se arrienda** [en letrero] for *o* to rent

arrendatario, -a DER ■ adj leasing
■ nm,f leaseholder, tenant

arreos nmpl harness

arrepanchigarse [40] vpr *Fam* to stretch out, to sprawl

arrepentido, -a ■ adj repentant
■ nm,f **1.** REL penitent **2.** POL = *person who renounces terrorist activities*

arrepentimiento nm [de pecado, crimen] repentance

arrepentirse [62] vpr **1.** [lamentar] [de acción] to regret it / [de pecado, crimen] to repent ▸ **~ de algo/de haber hecho algo** [acción] to regret sth/having done sth / [pecado, crimen] to repent (of) sth/having done sth ▸ **ven a Escocia, no te arrepentirás** come to Scotland, you won't regret it ▸ **como no me hagas caso, te arrepentirás** you'll be sorry if you don't listen to me, if

CÓMO...

arrepentirse de algo

I wish I hadn't eaten so much. / Ojalá no hubiera comido tanto.
I only wish I'd told him earlier. / Ojalá se lo hubiera dicho antes.
I'd like to have visited the museum. / Me habría gustado visitar el museo.
I'm sorry I ever mentioned it now! / ¡Ahora me arrepiento de haberlo mencionado!
If only I could drive! / ¡Ojalá supiera conducir!
What a pity she isn't here! / ¡Qué pena que no esté aquí!
Unfortunately, we didn't get there on time. / Desgraciadamente, no llegamos a tiempo.

you don't listen to me you'll live to regret it **2.** [volverse atrás] **al final, me arrepentí y no fui** in the end, I decided not to go ▸ **no te arrepientas en el último momento** don't change your mind at the last minute

arrestado, -a ■ adj under arrest
■ nm,f detainee, person under arrest

arrestar vt to arrest

arresto nm **1.** [detención] arrest ▸ DER ~ **domiciliario** house arrest **2. arrestos** courage ▸ **tener arrestos para hacer algo** to have the courage to do sth

arriar [32] vt [velas] to lower

arriate nm (flower) bed

arriba ■ adv **1.** [posición] [en general] above / [en edificio] upstairs ▸ **te esperaremos ~, en la cumbre** we'll wait for you up at the top ▸ **el estante de ~** the top shelf ▸ **el apartamento de ~** [el siguiente] the upstairs *BR* flat *o US* apartment / [el último] the top *BR* flat *o US* apartment ▸ **vive ~** she lives upstairs ▸ **está aquí/allí ~** it's up here/there ▸ **~ del todo** right at the top ▸ **más ~** further up ▸ **ponlo un poco más ~** put it a bit higher up **2.** [dirección] up ▸ **ve ~** [en edificio] go upstairs ▸ **hacia** *o* **para ~** up, upwards ▸ **calle/escaleras ~** up the street/stairs **3.** [en un texto] above ▸ **el ~ mencionado...** the above-mentioned... **4.** [en una escala] **personas de metro y medio para ~** people of one and a half metres or over ▸ **~ de** more than **5.** [expresiones] **de ~ abajo** [cosa] from top to bottom / [persona] from head to toe ▸ **mirar a alguien de ~ abajo** [con desdén] to look sb up and down **6.** *AM* **~ de** [encima de] above
■ interj **¡~, que se hace tarde!** come on, get up, it's getting late! ▸ **¡~ los mineros!** up (with) the miners! ▸ **¡~ las manos!** hands up!

arribar vi **~ a** [lugar] to reach ▸ **~ a puerto** to reach port

arribista nmf [profesionalmente] careerist / [socialmente] social climber

arriende *etc ver* ***arrendar***

arriendo nm DER **1.** [acción] leasing **2.** [precio] rent

arriero, -a nm,f muleteer

arriesgado, -a adj **1.** [peligroso] risky **2.** [osado] daring

arriesgar [40] vt [exponer a peligro] to risk / [proponer] to venture, to suggest
◆ ***arriesgarse*** vpr to take risks/a risk ▸ **no quiero arriesgarme** I don't want to risk it

arrimar vt **1.** [acercar] to move *o* bring closer ▸ **~ algo a algo** [pared, mesa] to move sth up against sth ▸ *Fam Fig* **~ el hombro** to lend a hand, to muck in **2.** [arrinconar] to put away
◆ ***arrimarse*** vpr **1.** [acercarse] to come closer ▸ **arrimaos que no cabemos** move up or we won't all fit in ▸ **arrimarse a algo** [acercándose] to move closer to sth / [apoyándose] to lean on sth **2.** [ampararse] **arrimarse a alguien** to seek sb's protection ▸ *Prov* **quien a buen árbol se arrima (buena sombra le cobija)** it pays to have friends in high places

arrinconado, -a adj [acorralado] cornered / [abandonado] discarded, forgotten

arrinconar vt **1.** [apartar] to put in a corner / [dar de lado] **~ a alguien** to leave sb out in the cold **2.** [abandonar] to discard **3.** [acorralar] to (back into a) corner

arritmia nf MED arrythmia

arrítmico, -a adj arrythmic

arroba nf **1.** INFORM [en dirección de correo electrónico] at, @ symbol **2.** [peso] = *11.5 kg* ▸ *Fig* **por arrobas** by the sackful

arrobado, -a adj enraptured

arrobamiento nm rapture

arrobar vt to captivate
◆ ***arrobarse*** vpr to go into raptures

arrobo nm rapture

arrocero, -a ■ adj rice ▸ **una región arrocera** a rice-growing region
■ nm,f rice grower

arrodillarse vpr to kneel down / *Fig* to go down on one's knees, to grovel

arrogancia nf arrogance

arrogante adj arrogant

arrogarse [40] vpr to assume, to claim for oneself

arrojadizo, -a adj **utilizar algo como arma arrojadiza** [botella, ladrillo] to use sth as a missile

arrojado, -a adj bold, fearless

arrojar vt **1.** [lanzar] to throw / [con violencia] to hurl, to fling **2.** [despedir] [humo] to send out / [olor] to give off / [lava] to spew out ▸ *Fig* **~ luz sobre algo** to throw light on sth **3.** [echar] **~ a alguien de** to throw sb out of **4.** [resultado] **las cuentas arrojaban un déficit de 5.000 millones** the accounts showed a deficit of five billion ▸ **el resultado arroja dudas sobre la popularidad del gobierno** the result casts doubt on the government's popularity **5.** [vomitar] to throw up
◆ ***arrojarse*** vpr to hurl oneself ▸ **arrojarse en los brazos de alguien** to fling *o* throw oneself at sb ▸ **se arrojaron al río** they threw themselves *o* jumped into the river

arrojo nm courage, fearlessness

arrollador, -ora adj [victoria, superioridad] overwhelming / [belleza, personalidad] dazzling

arrollar vt **1.** [enrollar] to roll (up) **2.** [atropellar] to knock down, to run over **3.** [tirar] [sujeto: agua, viento] to sweep away **4.** [vencer] to crush

arropar vt [con ropa] to wrap up / [en cama] to tuck up / [proteger] to protect
◆ ***arroparse*** vpr to wrap oneself up

arrorró (pl **arrorroes**) nm *ANDES, RP Fam* lullaby

arrostrar vt to face up to

arroyo nm **1.** [riachuelo] stream **2.** [de la calle] gutter ▸ *Fig* **sacar a alguien del ~** to drag sb out of the gutter

arroz nm rice ▸ **~ blanco** boiled rice ▸ **~ integral** brown rice ▸ **~ con leche** rice pudding ▸ *Fig* **¡que si quieres ~, Catalina!** for all the good that did!

arrozal nm rice field

arruga nf [en ropa, papel] crease / [en piel] wrinkle, line

arrugar [40] vt [ropa, papel] to crease, to crumple / [piel] to wrinkle
◆ ***arrugarse*** vpr **1.** [ropa] to get creased / [piel] to

get wrinkled **2.** *Fam* [acobardarse] to be intimidated ▸ **no se arrugaron** they were undaunted

arruinado, -a adj ruined

arruinar vt *también Fig* to ruin

◆ ***arruinarse*** vpr to go bankrupt, to be ruined

arrullar vt to lull to sleep

◆ ***arrullarse*** vpr [animales] to coo / *Fam* [personas] to whisper sweet nothings

arrullo nm [de palomas] cooing / [nana] lullaby / [de agua, olas] murmur

arrumaco nm *Fam* **hacerse arrumacos** [amantes] to kiss and cuddle ▸ **hacer arrumacos a** [bebé] to coo at

arrumbar vt to put away

arrume nm *COL, VEN* pile

arsenal nm **1.** *ESP* [de barcos] shipyard **2.** [de armas] arsenal **3.** [de cosas, pruebas] array

arsénico nm QUÍM arsenic

art. (abrev de ***artículo***) art.

arte nm o nf **1.** [creación estética] art ▸ **~ abstracto** abstract art ▸ **~ dramático** drama ▸ **~ figurativo** figurative art ▸ **~ floral** flower arranging ▸ **bellas artes** fine arts ▸ **artes gráficas** graphic arts ▸ **artes interpretativas** performing arts ▸ **artes liberales** liberal arts ▸ **artes marciales** martial arts ▸ **(escuela de) artes y oficios** = *college for the study of arts and crafts* ▸ **artes plásticas** visual arts ▸ **~ pop** pop art **2.** [habilidad] artistry ▸ **el ~ de la la conversación** the art of conversation **3.** [astucia] artfulness, cunning ▸ **malas artes** trickery **4.** [expresiones] **no tener ~ ni parte en** to have nothing whatsoever to do with ▸ **como por ~ de birlibirloque** *o* **de magia** as if by magic

artefacto nm device ▸ *RP* **~ eléctrico** electrical household appliance ▸ **~ explosivo** explosive device ▸ *RP* **artefactos de iluminación** light fittings and fixtures

artemisa, artemisia nf [hierba] mugwort

arteria nf *también Fig* artery

arterial adj arterial

arterioesclerosis, arteriosclerosis nf inv MED arteriosclerosis

artero, -a adj cunning, sly

artesa nf trough

artesanado nm **1.** [artesanos] craftsmen **2.** [arte] artisanship, artisanry

artesanal ■ adj [queso, miel] handmade, produced using traditional methods / [zapatos] handcrafted / [agricultura, método] traditional

artesanía nf **1.** [arte] craftsmanship ▸ **taller de ~** crafts workshop ▸ **objetos de ~** crafts, handicrafts **2.** [productos] crafts, handicrafts ▸ **feria de ~** craft fair

artesano, -a ■ adj [queso, miel] handmade, produced using traditional methods / [zapatos] handcrafted / [agricultura, método] traditional

■ nm,f craftsman, *f* craftswoman

artesiano, -a adj **pozo ~** artesian well

artesonado nm ARQUIT coffered ceiling

ártico, -a ■ adj arctic ▸ **el océano (Glacial) Ártico** the Arctic Ocean

■ nm **el Ártico** the Arctic

articulación nf **1.** ANAT & TEC joint ▸ **~ de la cadera** hip joint **2.** LING articulation **3.** [estructuración] coordination

articulado, -a adj articulated

articular vt **1.** [piezas] to articulate **2.** [palabras] to articulate ▸ **no pude ~ palabra** I couldn't utter *o* say a word **3.** [plan, política] to develop, to produce ▸ **esta reforma está articulada en torno a tres principios** this reform is structured around o built on three principles **4.** [ley, contrato] to break down into separate articles

articulista nmf feature writer

artículo nm **1.** GRAM article ▸ **~ definido** definite article ▸ **~ determinado** definite article ▸ **~ indefinido** indefinite article ▸ **~ indeterminado** indefinite article **2.** [periodístico] article / [de diccionario] entry ▸ **~ de fondo** editorial **3.** COM article, item ▸ **~ básico** basic product ▸ **~ de importación** import ▸ **~ líder** product leader ▸ **~ de primera necesidad** basic commodity ▸ **artículos de regalo** gift items ▸ **artículos de viaje** travel accessories **4.** REL & *Fig* **~ de fe** article of faith ▸ **tomar algo como ~ de fe** to take sth as gospel

artífice nmf architect

artificial adj artificial

artificiero nm [desactivador] bomb disposal expert

artificio nm **1.** [aparato] device **2.** [falsedad] artifice / [artimaña] trick ▸ FIN **artificios contables** creative accounting

artificioso, -a adj [engañoso] deceptive

artillería nf MIL artillery ▸ **~ ligera** light artillery

artillero nm MIL artilleryman

artilugio nm gadget, contrivance

artimaña nf trick, ruse

artista nmf [creador] artist / [de espectáculos] artiste ▸ **es una ~ en la cocina** she is a superb cook ▸ **~ gráfico** graphic artist ▸ **~ invitado** guest artist

artístico, -a adj artistic

artrítico, -a adj & nm,f arthritic

artritis nf inv MED arthritis

artrópodo nm ZOOL arthropod

artrosis nf inv MED arthrosis

arveja nf *RP* pea

arzobispado nm archbishopric

arzobispal adj archiepiscopal

arzobispo nm archbishop

as nm **1.** [carta, dado] ace **2.** [campeón] **un ~ del volante** an ace driver ▸ **ser un ~** to be brilliant

asa nf handle

asado nm **1.** [carne] roast **2.** *COL, CSUR* [barbacoa] barbecue

asador nm **1.** [aparato] roaster **2.** [varilla] spit **3.** [restaurante] grill, grillroom

asaduras nfpl [de cordero, ternera] offal / [de pollo, pavo] giblets

asaetear vt [disparar] to shoot arrows at / [matar] to kill with arrows

asalariado, -a ▪ adj salaried
▪ nm,f salaried employee

asalariar vt to take on

asalmonado, -a adj [trucha, color] salmon

asaltante nmf [agresor] attacker / [atracador] robber

asaltar vt **1.** [atacar] to attack / [castillo, ciudad] to storm **2.** [robar] to rob **3.** [sujeto: dudas] to seize ▸ **iba a ir pero al final le asaltaron las dudas** he was going to go, but he was seized by doubts at the last minute ▸ **le asaltó el pánico** he was overcome by panic **4.** [importunar] **los periodistas asaltaron al actor a preguntas** the journalists bombarded the actor with questions

asalto nm **1.** [ataque] attack / [de castillo, ciudad] storming ▸ **tomar algo por ~** to storm sth **2.** [robo] robbery **3.** DEP [en boxeo] round

asamblea nf [reunión] meeting / [de trabajadores] mass meeting / [cuerpo político] assembly ▸ **~ general** general meeting ▸ **Asamblea General** [de la ONU] general Assembly ▸ **~ general anual** annual general meeting ▸ **~ plenaria** plenary assembly ▸ **~ de trabajadores** works meeting

asambleario, -a adj **reunión asamblearia** full meeting ▸ **decisión asamblearia** decision taken by a meeting

asar vt [alimentos] [al horno] to roast / [a la parrilla] to grill ▸ *Fam* [importunar] **~ a alguien a preguntas** to plague sb with questions
◆ ***asarse*** vpr [persona] to be boiling hot

asaz adv *Anticuado & Hum* very, exceedingly

asbestosis nf inv MED asbestosis

ascendencia nf [linaje] descent / [extracción social] extraction / [influencia] ascendancy

ascendente ▪ adj rising
▪ nm [en astrología] ascendant

ascender [64] ▪ vi **1.** [subir] to go up, to climb **2.** [aumentar, elevarse] to rise, to go up **3.** [en empleo, deportes] to be promoted (**a** to) **4.** **~ a** [totalizar] to come *o* amount to
▪ vt **~ a alguien (a)** to promote sb (to)

ascendiente ▪ nmf [antepasado] ancestor
▪ nm [influencia] influence

ascensión nf ascent ▸ REL **Ascensión** Ascension

ascenso nm **1.** [en empleo, deportes] promotion **2.** [a montaña] ascent **3.** [de precios, temperaturas] rise

ascensor nm *BR* lift, *US* elevator

ascensorista nmf *BR* lift attendant, *US* elevator attendant

asceta nmf ascetic

ascético, -a adj ascetic

ascetismo nm asceticism

ASCII ['asθi] nm INFORM (abrev de ***American Standard Code for Information Interchange***) ASCII

asco nm **1.** [sensación] disgust, revulsion ▸ **me da ~** I find it disgusting ▸ **las anguilas me dan ~** I find eels disgusting ▸ **¡me das ~!** you make me sick! ▸ **siento ~** I feel sick ▸ **¡qué ~!** how disgusting! ▸ **tener ~ a algo** to find sth disgusting ▸ **hacer ascos a** to turn one's nose up at ▸ **no le hace ascos a nada/nadie** he won't turn down anything/anyone **2.** *Fam* [persona, cosa] **ser un ~** to be the pits ▸ **es un ~ de lugar** it's a hole ▸ **estar hecho un ~** [cosa] to be filthy / [persona] to be a real sight ▸ **¡qué ~ de tiempo!** what foul weather! ▸ **¡qué ~ de vida!** what a life!

ascórbico adj QUÍM ascorbic

ascua nf ember ▸ **siempre quieren arrimar el ~ a su sardina** they always put themselves first ▸ **tener a alguien en ascuas** to keep sb on tenterhooks

aseado, -a adj [limpio] clean / [arreglado] smart

ASEAN [ase'an] (abrev de ***Asociación de Naciones del Sudeste Asiático***) ASEAN

asear vt to clean
◆ ***asearse*** vpr to get washed and dressed

asechanza nf snare

asediar vt MIL to lay siege to / *Fig* to pester, to badger

asedio nm MIL siege / *Fig* pestering, badgering

asegurado, -a nm,f policy holder

asegurador, -ora ▪ adj insurance ▸ **compañía aseguradora** insurance company
▪ nm,f insurer

asegurar vt **1.** [fijar] to secure **2.** [garantizar] to assure ▸ **te lo aseguro** I assure you ▸ **~ a alguien que...** to assure sb that... ▸ **el gobierno aseguró que no subiría los impuestos** the government promised it would not increase taxes ▸ **¿y quién me asegura que no me está mintiendo?** and what guarantee do I have he isn't lying to me? **3.** [contra riesgos] to insure (**contra** against) ▸ **~ algo a todo riesgo** to take out comprehensive insurance on sth ▸ **~ algo en** [cantidad] to insure sth for
◆ ***asegurarse*** vpr **1.** [cerciorarse] **asegurarse de que...** to make sure that... ▸ **asegúrate de cerrar la puerta** make sure you close the door **2.** FIN to insure oneself, to take out an insurance policy

asemejar vi **~ a** to be similar to, to be like
◆ ***asemejarse*** vpr to be similar ▸ **asemejarse a** to be similar to

asentado, -a adj [establecido] settled, established

asentamiento nm [de población] settlement

asentar [3] vt **1.** [instalar] [empresa, campamento] to set up / [comunidad, pueblo] to settle **2.** [asegurar] to secure / [cimientos] to lay
◆ ***asentarse*** vpr **1.** [instalarse] to settle down **2.** [sedimentarse] to settle

asentimiento nm approval, assent

asentir [62] vi **1.** [estar conforme] to agree (**a** to) **2.** [afirmar con la cabeza] to nod

aseo nm **1.** [limpieza] [acción] cleaning / [cualidad] cleanliness ▸ **~ personal** personal cleanliness *o* hygiene **2.** *ESP* [habitación] bathroom ▸ **aseos** *BR* toilets, *US* rest room ▸ **aseos públicos** public convenience

asepsia nf MED asepsis / [indiferencia] detachment

aséptico, -a adj MED aseptic / [indiferente] detached

asequible adj **1.** [accesible, comprensible] accessible **2.** [razonable] [precio, producto] affordable

aserción nf assertion

aserradero nm sawmill

aserrar [3] vt to saw

aserto nm assertion

asesinar vt [persona] to murder / [rey, jefe de Estado] to assassinate

asesinato nm [de persona] murder / [de rey, jefe de Estado] assassination ▸ **un ~ a sangre fría** a cold-blooded murder

asesino, -a ■ adj *también Fig* murderous
■ nm,f [de persona] murderer, *f* murderess / [de rey, jefe de Estado] assassin ▸ **~ profesional** professional killer ▸ **~ en serie** serial killer ▸ **~ a sueldo** contract killer

asesor, -ora nm,f adviser ▸ **~ de imagen** image consultant ▸ **~ financiero** financial adviser ▸ **~ fiscal** tax adviser

asesoramiento nm advice / [de empresa] consultancy

asesorar vt to advise / [empresa] to provide with consultancy services
◆ ***asesorarse*** vpr to seek advice ▸ **asesorarse de** *o* **con** to consult

asesoría nf consultancy ▸ **~ fiscal** tax consultancy ▸ **~ jurídica** *o* **legal** legal advice

asestar vt [golpe] to deal / [tiro] to fire

aseveración nf assertion

aseverar vt to assert

asexuado, -a adj asexual

asexual adj asexual

asfaltado nm [acción] asphalting, surfacing / [asfalto] asphalt, (road) surface

asfaltadora nf (road) surfacer

asfaltar vt to asphalt, to surface

asfalto nm asphalt

asfixia nf asphyxiation, suffocation

asfixiante adj asphyxiating / [calor] stifling

asfixiar vt [ahogar] to asphyxiate, to suffocate / [agobiar] to overwhelm
◆ ***asfixiarse*** vpr [ahogarse] to asphyxiate, to suffocate / [agobiarse] to be overwhelmed ▸ **¡aquí me asfixio!** [de calor] I'm suffocating in here!

así ■ adv [de este modo] this way, like this / [de ese modo] that way, like that ▸ **ellos lo hicieron ~** they did it this way ▸ **¿~ me agradeces todo lo que he hecho por ti?** is this how you thank me for everything I've done for you? ▸ **~ no vamos a ninguna parte** we're not getting anywhere like this *o* this way ▸ **era ~ de largo** it was this/that long ▸ **es ~ de fácil** it's as easy as that ▸ **~ es/era/fue como...** that is/was how... ▸ **~ ~** [no muy bien] so so ▸ **algo ~** [algo parecido] something like that ▸ **~ como** [también] as well as / [tal como] just as ▸ **¡no puedes marcharte ~ como ~!** you can't leave just like that! ▸ **algo ~ como** [algo igual a] something like ▸ **~ es** [para asentir] that is correct ▸ **¡~ me gusta!** that's what I like (to see)! ▸ **y ~ sucesivamente** and so on, and so forth ▸ **y ~ todos los días** and the same thing happens day after day ▸ **~ y todo, aun ~** even so
■ conj **1.** [aunque] even if ▸ **~ tenga que...** even if I have to... **2.** *AM* [aun si] even if ▸ **no nos lo dirá, ~ le paguemos** he won't tell us, even if we pay him
■ adj inv [como éste] like this / [como ése] like that ▸ **no seas ~** don't be like that
◆ ***así que*** loc conj [de modo que] so / [tan pronto como] as soon as ▸ **la película empieza dentro de media hora, ~ que no te entretengas** the film starts in half an hour, so don't be long ▸ **~ que tengamos los resultados del análisis, le citaremos para la visita** as soon as we have the results of the test we'll make an appointment for you
◆ ***así pues*** loc conj so, therefore

Asia n Asia ▸ **~ Menor** Asia Minor

asiático, -a adj & nm,f Asian, Asiatic

asidero nm [agarradero] handle / *Fig* [apoyo] support

asiduidad nf frequency

asiduo, -a adj & nm,f regular

asienta **1.** *ver* ***asentar*** **2.** *ver* ***asentir***

asiento nm **1.** [silla, butaca] seat ▸ **tomar ~** to sit down ▸ **~ abatible** = *seat that tips forwards or folds flat* ▸ **~ delantero** [en coche] front seat ▸ **~ de pasillo** [en avión] aisle seat ▸ **~ reclinable** reclining seat ▸ **~ trasero** back seat ▸ **~ de ventana** [en avión] window seat **2.** [base] bottom **3.** COM entry ▸ **~ contable** book entry

asierre *ver* ***aserrar***

asignación nf **1.** [atribución] allocation **2.** [sueldo] salary

asignar vt **1.** [atribuir] **~ algo a alguien** to assign *o* allocate sth to sb **2.** [destinar] **~ a alguien a** to assign sb to

asignatura nf EDUC subject ▸ **~ optativa** optional subject ▸ **~ pendiente** subject which a pupil has to resit / *Fig* unresolved matter ▸ **asignaturas troncales** core curriculum

asilado, -a nm,f **~ (político)** political refugee

asilar vt [huérfano, anciano] to put into a home / [refugiado político] to grant political asylum to

asilo nm **1.** [hospicio] home ▸ **~ de ancianos** old people's home **2.** [refugio] refuge, sanctuary / *Fig* [amparo] asylum ▸ **~ político** political asylum

asilvestrado, -a adj feral

asimetría nf asymmetry

asimétrico, -a adj asymmetric(al)

asimilación nf **1.** [gen] & LING assimilation **2.** [comparación] comparison **3.** [equiparación] granting of equal rights

asimilar vt **1.** [idea, conocimientos, alimentos] to assimilate **2.** [comparar] to compare **3.** [equiparar] to grant equal rights to
◆ ***asimilarse*** vpr LING to become assimilated ▸ **asimilarse a algo** [parecerse] to resemble sth

asimismo adv [también] also, as well / [a principio de frase] likewise

asíncrono, -a adj INFORM asynchronous

asintiera *ver* ***asentir***

asir [9] vt to grasp, to take hold of
◆ ***asirse*** vpr *también Fig* to cling (**a** to)

asirio, -a adj & nm,f HIST Assyrian

asistencia nf **1.** [ayuda] assistance ▸ **~ letrada** *o* **jurídica** legal advice ▸ **~ jurídica de oficio** legal aid ▸

~ **médica** medical attention ▸ ~ **pública** social security ▸ ~ **sanitaria** health care ▸ ~ **social** social work ▸ ~ **técnica** technical assistance **2.** [presencia] [acción] attendance / [hecho] presence **3.** [afluencia] attendance **4.** DEP assist

asistencial adj MED healthcare ▸ **servicios asistenciales** healthcare services

asistenta nf *ESP* cleaning lady

asistente nmf **1.** [ayudante] assistant, helper ▸ ~ **social** social worker **2.** [presente] person present ▸ **los asistentes** [el público] the audience

asistido, -a adj ~ **por ordenador** computer-assisted ▸ **dirección asistida** power steering

asistir ■ vt **1.** [ayudar] to attend to ▸ **le asiste el doctor Jiménez** he is being treated by Dr Jiménez **2.** [acompañar] to accompany

■ vi to attend ▸ ~ **a un acto** to attend an event

asma nf MED asthma

asmático, -a adj & nm,f asthmatic

asno nm **1.** [animal] ass **2.** *Fam* [necio] ass

asociación nf association ▸ ~ **de consumidores** consumer association ▸ **Asociación Europea de Libre Comercio** European Free Trade Association ▸ ~ **de ideas** association of ideas ▸ ~ **de vecinos** residents' association

asociacionismo nm **una época caracterizada por el** ~ a period which saw the formation of many organizations

asociado, -a ■ adj **1.** [relacionado] associated **2.** [miembro] associate

■ nm,f **1.** [miembro] associate, partner **2.** EDUC associate lecturer

asocial adj asocial

asociar vt **1.** [relacionar] to associate **2.** COM to take into partnership

◆ ***asociarse*** vpr to form a partnership

asociativo, -a adj associative

asolado, -a adj devastated

asolar vt to devastate

asolearse vpr *ANDES, MÉX, RP* to bask in the sun

asomar ■ vt ~ **la cabeza por la ventana** to stick one's head out of the window ▸ **asomaron el bebé al balcón** they took the baby out onto the balcony

■ vi [sobresalir] to peep up / [del interior de algo] to peep out ▸ **asoma el día** day is breaking

◆ ***asomarse*** vpr **asomarse a la ventana** to stick one's head out of the window ▸ **asomarse al balcón** to go out onto the balcony, to appear on the balcony ▸ **prohibido asomarse por la ventanilla** [en letrero] do not lean out of the window

asombrar vt [causar admiración] to amaze / [causar sorpresa] to surprise

◆ ***asombrarse*** vpr [sentir admiración] to be amazed (**de** at) / [sentir sorpresa] to be surprised (**de** at)

asombro nm [admiración] amazement / [sorpresa] surprise

asombroso, -a adj [sensacional] amazing / [sorprendente] surprising

asomo nm [indicio] trace, hint / [de esperanza] glimmer ▸ **ni por** ~ not under any circumstances

asonancia nf [en poesía] assonance

asonante adj [rima] assonant

asorochar *ANDES* vt to cause to have altitude sickness

◆ ***asorocharse*** vpr to get altitude sickness

aspa nf [figura] X-shaped cross / [de molino] arm

aspaviento nm furious gesticulations

aspecto nm **1.** [apariencia] appearance ▸ **tener buen** ~ [persona] to look well / [comida] to look nice ▸ **tiene mal** ~ [persona] he doesn't look well / [comida] it doesn't look very nice ▸ **tenía** ~ **de vagabundo** he looked like a tramp **2.** [faceta] aspect ▸ **bajo este** ~ from this angle ▸ **en todos los aspectos** in every respect

aspereza nf roughness / *Fig* sharpness, sourness ▸ **limar asperezas** to smooth things over

áspero, -a adj [rugoso] rough / [desagradable] [sabor] sharp, sour / [persona, carácter] sour, unpleasant ▸ **una áspera disputa** [entre grupos] a bitter dispute

aspersión nf [de jardín] sprinkling / [de cultivos] spraying ▸ **riego por** ~ spraying *(of garden or field with sprinkler)*

aspersor nm [para jardín] sprinkler / [para cultivos] sprayer

áspid nm asp

aspillera nf [abertura] loophole, crenel

aspiración nf **1.** [pretensión] aspiration **2.** [de aire] [por una persona] breathing in / [por una máquina] suction

aspiradora nf, ***aspirador*** nm vacuum cleaner, *BR* Hoover ▸ **pasar la** ~ to vacuum, *BR* to hoover

aspirante ■ adj [persona] aspiring

■ nmf candidate (**a** for) / [en deportes, concursos] contender (**a** for) ▸ **un** ~ **a actor/político** a would-be actor/politician

aspirar ■ vt **1.** [aire] [sujeto: persona] to breathe in, to inhale / [sujeto: máquina] to suck in **2.** [limpiar con aspirador] to vacuum, *BR* to hoover **3.** LING to aspirate

■ vi ~ **a algo** [ansiar] to aspire to sth ▸ **aspira a (ser) ministro** he aspires to become a minister

aspirina nf aspirin

asquear vt to disgust, to make sick

asquerosidad nf disgusting *o* revolting thing

asqueroso, -a adj disgusting, revolting

asta nf **1.** [de bandera] flagpole, mast ▸ **a media** ~ at half-mast **2.** [de lanza] shaft / [de brocha] handle **3.** [de toro] horn

astado nm TAUROM bull

astenia nf [debilidad] fatigue, MED asthenia

asténico, -a adj [débil] easily fatigued, MED asthenic

asterisco nm asterisk

asteroide nm asteroid

astigmatismo nm MED astigmatism

astil nm [de hacha, pico] haft / [de azada] handle

astilla nf splinter ▸ *Fig* **hacer astillas** to smash to smithereens

astillar vt [mueble] to splinter / [tronco] to chop up

◆ ***astillarse*** vpr to splinter

astillero nm shipyard

astracán nm astrakhan

astracanada nf *Fam* farce

astrágalo nm **1.** ANAT anklebone, *Espec* astragalus **2.** ARQUIT astragal

astral adj astral

astringente adj astringent

astro nm ASTRON heavenly body / *Fig* star

astrofísica nf astrophysics *(singular)*

astrolabio nm astrolabe

astrología nf astrology

astrólogo, -a nm,f astrologer

astronauta nmf astronaut

astronáutica nf astronautics *(singular)*

astronave nf spacecraft, spaceship

astronomía nf astronomy

astronómico, -a adj *también Fig* astronomical

astrónomo, -a nm,f astronomer

astroso, -a adj [andrajoso] shabby, ragged

astucia nf [trampas] cunning / [sagacidad] astuteness

asturiano, -a adj & nm,f Asturian

Asturias n Asturias

astuto, -a adj [ladino, tramposo] cunning / [sagaz, listo] astute

asuelo *etc ver* ***asolar***

asueto nm break, rest ▸ **unos días de ~** a few days off

asumir vt **1.** [adoptar] to assume ▸ **el descontento asumió caracteres alarmantes** the discontent began to take on alarming proportions **2.** [aceptar] to accept ▸ **~ la responsabilidad de algo** to take on responsibility for sth

asunceño, -a ■ adj of/from Asunción
■ nm,f person from Asunción

Asunción n Asunción

asunción nf assumption ▸ REL **la Asunción** the Assumption

asunto nm **1.** [cuestión] matter / [problema] issue ▸ **necesitamos hablar de un ~ importante** we need to talk about an important matter ▸ **anda metido en un ~ turbio** he's mixed up *o* involved in a dodgy affair ▸ **no es ~ tuyo** it's none of your business ▸ **el ~ es que...** the thing is that... ▸ **¡...y ~ concluido!** and that's that! ▸ POL **asuntos exteriores** foreign affairs ▸ **asuntos a tratar** agenda **2.** [de obra, libro] theme **3.** [romance] affair

asustadizo, -a adj easily frightened

asustado, -a adj frightened, scared

asustar vt to frighten, to scare ▸ **¡me has asustado!** you gave me a fright! ▸ **me asusta pensar que pueda tener razón** the scary thing is she may be right
◆ ***asustarse*** vpr **1.** [tener miedo] to be frightened (**de** of) ▸ **me asusté al verlo** I got a shock when I saw him **2.** [preocuparse] to get worried ▸ **no te asustes, seguro que no le ha pasado nada grave** don't get worried, I'm sure nothing bad has happened to him

Atacama nm **el (desierto de) ~** the Atacama (Desert)

atacante ■ adj attacking
■ nmf [agresor] attacker
■ nm DEP forward

atacar [59] vt **1.** [acometer] to attack ▸ **esta enfermedad ataca el sistema respiratorio** this disease attacks the respiratory system **2.** DEP to attack **3.** [criticar] to attack **4.** [afectar] **le atacó la risa/fiebre** he had a fit of laughter/a bout of fever **5.** [poner nervioso] **ese ruido me ataca (los nervios)** that noise gets on my nerves **6.** [corroer] to corrode

atado nm bundle

atadura nf *también Fig* tie

atajar ■ vi [acortar] to take a shortcut (**por** through) ▸ **si bajas por aquí atajas** it's quicker if you go down this way
■ vt **1.** [contener] to put a stop to / [hemorragia, inundación] to stem ▸ **las medidas pretenden ~ el problema de la evasión de impuestos** the measures are intended to put a stop to the problem of tax evasion **2.** *AM* [agarrar] to catch

atajo nm **1.** [camino corto, medio rápido] short cut ▸ **tomar** *o ESP* **coger un ~** to take a short cut **2.** *ESP Pey* [panda] bunch

atalaya nf [torre] watchtower / [altura] vantage point

atañer vi **1.** [concernir] **~ a** to concern ▸ **en lo que atañe a este asunto** as far as this subject is concerned **2.** [corresponder] **~ a** to be the responsibility of

ataque ■ *ver* ***atacar***
■ nm **1.** [acometida] attack ▸ **¡al ~!** charge! ▸ **~ aéreo** air raid ▸ **~ preventivo** pre-emptive strike **2.** DEP attack **3.** [crítica] attack ▸ **lanzó duros ataques contra el presidente** she launched several harsh attacks on the president **4.** [acceso] fit ▸ **le dio un ~ de risa** he had a fit of the giggles ▸ **~ cardíaco** *o* **al corazón** heart attack ▸ **~ epiléptico** epileptic fit ▸ **~ de nervios** attack of nerves ▸ **~ de pánico** panic attack

atar vt **1.** [unir] [nudo, cuerda] to tie ▸ *Fig* **~ cabos** to put two and two together **2.** [con cuerdas] [persona caballo, barco] to tie up ▸ **lo ataron de pies y manos** they tied his hands and feet ▸ **esa cláusula nos ata las manos** our hands are tied by that clause ▸ *Fig* **~ corto a alguien** to keep a tight rein on sb **3.** [constreñir] to tie down ▸ **su trabajo le ata mucho** her work takes up a lot of her time
◆ ***atarse*** vpr **1.** [uno mismo] to tie oneself down **2. se ató el pelo** she tied her hair up ▸ **atarse los zapatos** to tie one's shoes *o* shoelaces

atarazana nf shipyard

atardecer [46] ■ nm dusk
■ v impersonal to get dark ▸ **está atardeciendo** it's getting dark

atareado, -a adj busy

atascar [59] vt to block (up)
◆ ***atascarse*** vpr [obstruirse] to get blocked up / *Fig* [detenerse] to get stuck / [al hablar] to dry up

atasco nm [obstrucción] blockage / [de vehículos] traffic jam

atasque *etc ver* ***atascar***

ataúd nm coffin

ataviar [32] vt to dress up
◆ ***ataviarse*** vpr to dress up

atávico, -a adj atavistic

atavío nm **1.** [adorno] adornment **2.** [indumentaria] attire ▸ **llevaba sus mejores atavíos** she was wearing her finest attire

ate nm *MÉX* quince jelly

ateísmo nm atheism

atemorizado, -a adj frightened

atemorizar [14] vt to frighten
◆ ***atemorizarse*** vpr to get frightened

atemperar vt [críticas, protestas] to temper, to tone down / [ánimos, nervios] to calm

atemporal adj timeless

Atenas n Athens

atenazar [14] vt **1.** [sujetar] to clench **2.** *Fig* **el miedo la atenazaba** she was gripped by fear

atención ■ nf **1.** [interés] attention ▸ **escucha con ~** listen carefully ▸ **a la ~ de** for the attention of ▸ **llamar la ~** [atraer] to attract attention ▸ **lo que más me llamó la ~ fue...** what struck me most was... ▸ **al principio no me llamó la ~** at first I didn't notice anything unusual ▸ **llamar la ~ a alguien** [amonestar] to tell sb off ▸ **poner** *o* **prestar ~** to pay attention **2.** [cortesía] attentiveness ▸ **en ~ a** [teniendo en cuenta] out of consideration for / [en honor a] in honour of ▸ **atenciones** attentions, attentiveness ▸ **nos colmaron de atenciones** they waited on us hand and foot ▸ **deshacerse en atenciones con** to lavish attention on **3.** [servicio] **horario de ~ al público** opening hours ▸ **~ al cliente** customer service, customer care ▸ **~ hospitalaria** hospital care ▸ **~ sanitaria** health care
■ interj **¡~!** [en aeropuerto, conferencia] your attention please!

atender [64] ■ vt **1.** [satisfacer] [petición, ruego] to attend to / [consejo, instrucciones] to heed / [propuesta] to agree to **2.** [cuidar de] [necesitados, invitados] to look after / [enfermo] to care for / [cliente] to serve ▸ **¿le atienden?** are you being served?
■ vi **1.** [estar atento] to pay attention (**a** to) **2.** [considerar] **atendiendo a...** taking into account... **3.** [llamarse] [animales] **~ por** to answer to the name of

ateneo nm athenaeum

atenerse [65] vpr **1. ~ a** [promesa, orden] to stick to / [ley, normas] to observe, to abide by **2. ~ a** [consecuencias] to bear in mind

ateniense adj & nmf Athenian

atentado nm **~ contra alguien** attempt on sb's life ▸ **~ contra algo** crime against sth ▸ **~ (terrorista)** terrorist attack ▸ **sufrir un ~ (terrorista)** to be the victim of a terrorist attack

atentamente adv **1.** [con atención, cortesía] attentively ▸ **mire ~** watch carefully **2.** [en cartas] Yours (sincerely/faithfully)

atentar vi **~ contra (la vida de) alguien** to make an attempt on sb's life ▸ **~ contra algo** [principio] to be a crime against sth

atento, -a adj **1.** [pendiente] attentive ▸ **estar ~ a** [explicación, programa, lección] to pay attention to / [ruido, sonido] to listen out for / [acontecimientos, cambios, avances] to keep up with **2.** [cortés] considerate, thoughtful

atenuación nf [de dolor] easing, alleviation / [de sonido, luz] attenuation

atenuante nm DER extenuating circumstance

atenuar [4] vt [disminuir, suavizar] to diminish / [dolor] to ease, to alleviate / [sonido, luz] to attenuate
◆ ***atenuarse*** vpr [disminuir, suavizarse] to lessen, to diminish

ateo, -a ■ adj atheistic
■ nm,f atheist

aterciopelado, -a adj velvety

aterido, -a adj freezing ▸ **~ de frío** shaking *o* shivering with cold

aterirse vpr to be freezing

aterrado, -a adj terror-stricken

aterrador, -ora adj terrifying

aterrar vt to terrify
◆ ***aterrarse*** vpr to be terrified

aterrizaje nm [de avión] landing ▸ **~ de emergencia** emergency landing ▸ **~ forzoso** forced landing

aterrizar [14] vi [avión] to land / [persona] to turn up / *Hum* [objeto] to land ▸ **el tapón aterrizó en mi plato** the cork landed on my plate

aterrorizado, -a adj terrified, terrorized

aterrorizar [14] vt to terrify ▸ **me aterrorizan las arañas** I'm terrified of spiders ▸ **el atracador aterrorizaba a sus víctimas** the robber terrorized his victims
◆ ***aterrorizarse*** vpr to be terrified

atesorar vt [riquezas] to amass / [virtudes] to be blessed with

atestado nm official report

atestar vt **1.** [llenar] to pack, to cram **2.** DER to testify to

atestiguar [11] vt to testify to

atezado, -a adj tanned

atiborrar *Fam* vt to stuff full
◆ ***atiborrarse*** vpr to stuff one's face (**de** with)

atice *etc ver* ***atizar***

ático nm [piso] = *attic apartment, usually with a roof terrace* / [desván] attic

atiendo *etc ver* ***atender***

atigrado, -a adj [gato] tabby

atildado, -a adj smart, spruce

atildar vt [acicalar] to smarten up
◆ ***atildarse*** vpr to smarten oneself up

atinado, -a adj **1.** [respuesta] correct / [comentario] appropriate **2.** [oportuno] good, clever

atinar vi [adivinar] to guess correctly / [dar en el blanco] to hit the target ▸ **~ a hacer algo** to succeed in doing sth ▸ **~ con** to hit upon

atingencia nf *ARG, CAM, CHILE, MÉX* [relación] connection

atípico, -a adj atypical

atiplado, -a adj shrill

atisbar vt **1.** [divisar, prever] to make out **2.** [acechar] to observe, to spy on

atisbo nm [indicio] trace, hint / [de esperanza] glimmer

atizador nm poker

atizar [14] vt **1.** [fuego] to poke, to stir **2.** [sospechas, discordias] to stir up **3.** *ESP* [persona] **me atizó bien fuerte** [un golpe] he hit me really hard / [una paliza] he gave me a good hiding
◆ ***atizarse*** vpr *Fam* [comida, bebida] to guzzle

atlante nm ARQUIT atlas, telamon

atlántico, -a ■ adj Atlantic ▸ **el océano Atlántico** the Atlantic (Ocean)
■ nm **el Atlántico** the Atlantic (Ocean)

atlantismo nm POL pro-NATO stance

atlas nm inv atlas

atleta nmf athlete ▸ **un ~ completo** an all-round athlete

atlético, -a adj athletic

atletismo nm athletics *(singular)* ▸ **~ en pista cubierta** indoor athletics

atmósfera nf *también Fig* atmosphere

atmosférico, -a adj atmospheric

atole nm *CAM, MÉX = drink made of cornflour*

atolladero nm [apuro] fix, jam ▸ **meter en/sacar de un ~ a alguien** to put sb in/get sb out of a tight spot

atolón nm atoll

atolondrado, -a ■ adj **1.** [precipitado] hasty, disorganized **2.** [aturdido] bewildered
■ nm,f [precipitado] hasty o disorganized person

atolondramiento nm **1.** [precipitación] haste, disorganization **2.** [aturdimiento] bewilderment

atolondrar vt to bewilder ▸ **me atolondra tanto griterío** all this shouting is making my head spin
◆ ***atolondrarse*** vpr [por golpe] to be stunned / [por griterío, confusión] to be bewildered ▸ **se atolondró con el golpe** she was stunned by the blow

atómico, -a adj [energía, armas] atomic, nuclear / [central] nuclear ▸ **núcleo ~** (atomic) nucleus

atomización nf atomization

atomizador nm atomizer, spray

atomizar [14] vt [líquido] to atomize

átomo nm *también Fig* atom ▸ **~ gramo** gram atom

atonal adj MÚS atonal

atonalidad nf MÚS atonality

atonía nf [de mercado, economía] sluggishness

atónito, -a adj astonished, astounded

átono, -a adj atonic

atontado, -a ■ adj **1.** [aturdido] dazed, stunned **2.** [tonto] stupid
■ nm,f idiot, half-wit

atontamiento nm **1.** [aturdimiento] confusion, bewilderment **2.** [alelamiento] **¡tengo un ~ hoy!** I really can't think straight today!

atontar vt **1.** [aturdir] to daze, to stun **2.** [volver tonto] to dull the mind of

atontolinar *Fam* vt to daze, to stun

atorar vt to obstruct, to clog
◆ ***atorarse*** vpr **1.** [atragantarse] to choke (**con** on) **2.** [cortarse, trabarse] to get stuck **3.** *AM* [atascarse] to get blocked, to get clogged up **4.** *AM* [meterse en un lío] to get into a mess

atormentado, -a adj tormented

atormentar vt to torture / *Fig* to torment

atornillar vt to screw

atorrante *RP* ■ adj lazy
■ nmf layabout

atosigamiento nm urging, pressing

atosigar [40] vt [con prisas] to harass / [con exigencias] to pester, to badger

atrabiliario, -a adj foul-tempered, bilious

atracadero nm landing stage

atracador, -ora nm,f [de banco] bank robber / [en la calle] mugger

atracar [59] ■ vt [banco] to rob / [persona] to mug
■ vi NÁUT to dock (**en** at)
◆ ***atracarse*** vpr to eat one's fill (**de** of)

atracción nf **1.** [física, magnética] attraction ▸ **~ gravitatoria** gravitational pull **2.** [atractivo] attractiveness, charm **3.** [espectáculo] act **4.** [centro de atención] centre of attention ▸ **~ turística** tourist attraction **5.** [diversión infantil] fairground attraction

atraco nm robbery ▸ **~ a mano armada** armed robbery ▸ **¿1.000 euros por eso? ¡menudo ~!** 1,000 euros for that? that's daylight robbery!

atracón nm *Fam* feast ▸ **darse un ~ de algo** [comida] to stuff one's face with sth / [películas, televisión] to overdose on sth

atractivo, -a ■ adj attractive
■ nm [de persona] attractiveness, charm / [de cosa] attraction ▸ **~ sexual** sex appeal

atraer [66] vt **1.** [causar acercamiento] to attract / [atención] to attract, to draw ▸ **lo atrajo hacia sí tirándole de la corbata** she pulled him towards her by his tie **2.** [gustar] to attract ▸ **la miel atrae a las moscas** honey attracts flies ▸ **me atrae tu hermana** I'm attracted to your sister, I find your sister attractive ▸ **no me atrae mucho la comida china** I'm not too keen on Chinese food ▸ **no me atrae mucho la idea** the idea doesn't appeal to me much ▸ **la asistencia de personajes famosos atrajo a gran cantidad de público** the presence of the famous drew huge crowds
◆ ***atraerse*** vpr [mutuamente] to attract one another

atragantarse vpr to choke (**con** on) ▸ *Fig* **se me ha atragantado este libro/tipo** I can't stand that book/guy

atraiga *etc ver* ***atraer***

atrajera *etc ver* ***atraer***

atrancar [59] vt **1.** [cerrar] to bar **2.** [obstruir] to block
◆ ***atrancarse*** vpr **1.** [encerrarse] to lock oneself in **2.** [atascarse] to get blocked **3.** [al hablar, escribir] to dry up

atrapamoscas nf inv [planta] Venus flytrap

atrapar vt [agarrar, alcanzar] to catch

atraque *ver* ***atracar***

atrás ■ adv **1.** [posición] behind, at the back ▸ **la falda**

es más larga por ~ the skirt is longer at the back ▸ **el asiento de ~** the back seat ▸ **dejar a alguien ~** to leave sb behind ▸ **quedarse ~** to fall behind ▸ *MÉX Fam Fig* **estar hasta ~** [borracho] to be plastered **2.** [movimiento] backwards ▸ **echarse para ~** to move backwards ▸ **dar un paso ~** to take a step backwards ▸ **hacia ~** backwards **3.** [en el tiempo] earlier ▸ **se habían casado tres años ~** they had married three years earlier ▸ **cuarenta años ~ pocos tenían televisores** not many people had televisions forty years ago **4.** *AM* **~ de** behind
■ interj **¡~!** get back!

atrasado, -a adj **1.** [en el tiempo] delayed / [reloj] slow / [pago] overdue, late ▸ **vamos atrasados en este proyecto** we're behind schedule on this project ▸ **número ~** back number ▸ **mi reloj va ~** my watch is slow ▸ *AM* **mi vuelo salió ~** my flight was delayed, my flight departed late **2.** [en evolución, capacidad] backward ▸ **las regiones más atrasadas del país** the most backward regions of the country

atrasar ■ vt [retrasar] [cita, reloj] to put back / [poner más atrás] to move (further) back
■ vi [reloj] to be slow
◆ ***atrasarse*** vpr **1.** [en el tiempo] to be late **2.** [quedarse atrás] to fall behind **3.** [reloj] to lose time ▸ **mi reloj se atrasa 5 minutos al día** my watch loses 5 minutes a day **4.** [llegar tarde] to be delayed ▸ **su vuelo se atrasó** her flight was delayed ▸ **se atrasaron media hora** they were delayed by half an hour ▸ **nos atrasamos hablando con mi tía** we got held up talking to my aunt

atraso nm **1.** [del reloj] slowness **2.** [de evolución] backwardness **3.** FIN **atrasos** arrears

atravesado, -a adj **hay un árbol atravesado en la carretera** there's a tree lying across the road ▸ *Fam Fig* **tengo ~ a Tomás** I can't stand Tomás

atravesar [3] vt **1.** [interponer] to put across **2.** [cruzar] to cross ▸ **atravesó el río a nado** she swam across the river ▸ **atravesó la calle corriendo** he ran across the street **3.** [traspasar] to pass *o* go through ▸ **la bala le atravesó un pulmón** the bullet went through one of his lungs ▸ **el río atraviesa el pueblo** the river goes *o* runs through the village **4.** [pasar] to go through, to experience ▸ **~ una mala racha** to be going through a bad patch ▸ **atraviesan un buen momento** things are going well for them at the moment
◆ ***atravesarse*** vpr **se nos atravesó una moto** a motorbike crossed in front of us ▸ **se le atravesó una espina en la garganta** he got a fish bone caught in his throat ▸ *Fam Fig* **se me ha atravesado la vecina** I can't stand my neighbour

atrayente adj attractive

atrechar vi *PRICO Fam* to take a short cut

atreverse vpr to dare (**a hacer algo** to do sth) ▸ **~ a algo** to be bold enough for sth ▸ **~ con alguien** to take sb on ▸ **¡atrévete y verás!** just you dare and see what happens!

atrevido, -a ■ adj [osado] daring / [caradura] cheeky
■ nm,f [osado] daring person / [caradura] cheeky person

atrevimiento nm **1.** [osadía] daring **2.** [insolencia] cheek

atrezo nm TEATRO & CINE props

atribución nf **1.** [imputación] attribution **2.** [competencia] responsibility, duty

atribuir [36] vt **~ algo a** to attribute sth to ▸ **un cuadro atribuido a Goya** a painting attributed to Goya ▸ **atribuyen la autoría del delito al contable** they think the accountant committed the crime
◆ ***atribuirse*** vpr [méritos] to claim to have / [poderes] to assume for oneself / [culpa] to take, to accept ▸ **se atribuye el éxito de la película** she is claiming the credit for the film's success ▸ **se atribuyó la autoría del secuestro** he admitted to having carried out the kidnapping

atribulado, -a adj distressed

atribular *Formal* vt to distress
◆ ***atribularse*** vpr to be distressed

atributivo, -a adj GRAM attributive

atributo nm attribute

atril nm [para libros] lectern / [para partituras] music stand

atrincherado, -a adj entrenched, dug in / [en una postura] entrenched

atrincherarse vpr **1.** MIL to entrench oneself, to dig oneself in **2.** [en una postura] **se atrincheró en su oposición a la propuesta** he persisted in his opposition to the proposal ▸ **se atrincheraron en su postura** [en negociación] they dug their heels in and refused to give up their position

atrio nm **1.** [pórtico] portico **2.** [patio interior] atrium

atrocidad nf [cualidad] barbarity / [acción] atrocity ▸ **me parece una ~ que no tengan calefacción** I think it's terrible *o* awful that they don't have heating

atrofia nf MED atrophy / *Fig* deterioration

atrofiado, -a adj *también Fig* atrophied

atrofiar vt MED to atrophy / *Fig* to weaken
◆ ***atrofiarse*** vpr MED to atrophy / *Fig* to deteriorate, to become atrophied

atronador, -ora adj deafening

atropellado, -a adj hasty

atropellar vt **1.** [sujeto: vehículo] to run over ▸ **le atropelló un coche** he was knocked down *o* run over by a car **2.** *también Fig* [sujeto: persona] to trample on
◆ ***atropellarse*** vpr [al hablar] to trip over one's words

atropello nm **1.** [por vehículo] running over **2.** [moral] abuse **3.** [precipitación] **con ~** hastily

atroz adj terrible, awful ▸ **hace un frío ~** it's terribly *o* awfully cold

ATS nmf *ESP* (abrev de ***ayudante técnico sanitario***) qualified nurse

attaché [ata'tʃe] nm attaché case

atte. (abrev de ***atentamente***) Yours faithfully/sincerely

atuendo nm attire

atufar *Fam* ■ vi to stink ▸ **¡huele que atufa!** it really stinks!
■ vt [persona] to overpower

atún nm tuna

aturdido, -a adj dazed

aturdimiento nm **1.** [desconcierto] bewilderment, confusion **2.** [torpeza mental] slowness

aturdir vt [sujeto: golpe, noticia] to stun / [sujeto: alcohol] to fuddle / [sujeto: ruido, luz] to confuse, to bewilder

◆ ***aturdirse*** vpr [por golpe, noticia] to be stunned / [por alcohol] to get fuddled / [con ruido, luz] to get confused

aturullar *Fam* vt to fluster

◆ ***aturrullarse*** vpr to get flustered

atusarse vpr to preen oneself ▸ **~ el bigote/pelo** to smooth one's moustache/hair

audacia nf [valentía] daring, boldness / [descaro] gall, cheek

audaz adj daring, bold

audible adj audible

audición nf **1.** [acción de oír] hearing **2.** MÚS & TEATRO audition

audiencia nf **1.** [público, recepción] audience ▸ **dar ~** to grant an audience **2.** DER [juicio] hearing / [tribunal, edificio] court ▸ **~ provincial** provincial court ▸ **Audiencia Nacional** = *court in Madrid dealing with cases that cannot be dealt with at regional level* ▸ **~ pública** public hearing

audífono nm [para sordos] hearing aid

◆ ***audífonos*** nmpl *AM* [para música] headphones

audímetro nm TV audiometer, audience-monitoring device

audiolibro nm audiobook, talking book

audiometría nf audiometry

audiómetro nm audiometer

audiovisual adj audiovisual

auditar vt FIN to audit

auditivo, -a adj ANAT **pabellón ~** (outer) ear

auditor, -ora nm,f FIN auditor

auditoría nf FIN **1.** [profesión] auditing **2.** [despacho] auditor's, auditing company **3.** [balance] audit ▸ **~ externa/interna** external/internal audit

auditorio nm **1.** [público] audience **2.** [lugar] auditorium

auge nm [gen] & ECON boom ▸ **estar en (pleno) ~** to be booming

augurar vt [sujeto: persona] to predict / [sujeto: suceso] to augur

augurio nm omen, sign

augusto, -a adj august

aula nf [de escuela] classroom / [de universidad] lecture room ▸ **~ magna** great hall

aulaga nf gorse

aullar vi to howl

aullido nm howl

aumentar ■ vt to increase ▸ **~ la producción** to increase production ▸ **la lente aumenta la imagen** the lens magnifies the image ▸ **me han aumentado el sueldo** my salary has been raised ▸ **aumentó casi 10 kilos** he put on almost 10 kilos

■ vi [temperatura, gastos, sueldo, tensión] to increase, to rise / [velocidad] to increase ▸ **~ de peso/tamaño** to increase in weight/size ▸ **~ de precio** to go up *o* increase in price ▸ **el desempleo aumentó en un 4 por ciento** unemployment rose o increased by 4 percent

aumentativo, -a adj & nm augmentative

aumento nm **1.** [de temperatura, gastos, tensión] increase, rise / [de velocidad] increase ▸ **un ~ del 10 por ciento** a 10 percent increase ▸ **un ~ de los precios** a price rise ▸ **las temperaturas experimentarán un ligero ~** temperatures will rise slightly ▸ **ir en ~** to be on the increase ▸ **~ lineal** [de sueldo] across-the-board pay rise ▸ **~ de sueldo** pay rise **2.** [en óptica] **una lente de 20 aumentos** a lens of magnification x 20

aun ■ conj even ▸ **~ estando cansado, lo hizo** even though he was tired, he did it ▸ **ni ~ puesta de puntillas logra ver** she can't see, even on tiptoe ▸ **~ así** even so ▸ **~ así, deberías decirle algo** even so, you ought to say something to her ▸ **ni ~ así lograron la victoria** even then they still didn't manage to win

■ adv even ▸ **~ los más fuertes lloran** even the strongest people cry

◆ ***aun cuando*** loc conj [incluso si] even if / [a pesar de que] even though, although ▸ **no mentiría ~ cuando le fuera en ello la vida** she wouldn't lie even if her life depended on it

aún adv **1.** [con afirmación] still / [con negación] yet, still ▸ **~ respira** he's still breathing ▸ **están ~ aquí** they are still here ▸ **~ no** not yet ▸ **~ no lo he recibido** I still haven't got it, I haven't got it yet ▸ **¿~ no has terminado?** haven't you finished yet? ▸ **si nos sobrara el tiempo, ~, pero no nos sobra** if we had plenty of time, maybe, but we don't **2.** [incluso] even ▸ **~ más** even more ▸ **si ganamos, lo pasaremos ~ mejor que ayer** if we win, we'll have an even better time than yesterday

aunar vt to join, to pool ▸ **~ esfuerzos** to join forces

◆ ***aunarse*** vpr [aliarse] to unite

aunque conj **1.** [a pesar de que] even though, although / [incluso si] even if ▸ **tendrás que venir ~ no quieras** you'll have to come, even if you don't want to ▸ **~ es caro, me lo voy a comprar** although it's expensive I'm going to buy it, I'm going to buy it even though it's expensive **2.** [pero] although ▸ **es lista, ~ un poco perezosa** she's clever, although *o* if a little lazy

aúpa interj *ESP* **1. ¡~!** [¡levántate!] get up! / [al coger a un niño en brazos] ups-a-daisy! **2.** [¡viva!] **¡~ (el) Atleti!** up the Athletic! **3.** *Fam* **una comida de ~** a brilliant meal ▸ *Fam* **un susto de ~** a hell of a fright

au pair [o'per] (pl **au pairs**) nf au pair

aupar vt [subir] to help up / [coger en brazos] to lift up in one's arms / [animar] to cheer on

◆ ***auparse*** vpr to climb up

aura nf **1.** [halo] [gen] & MED aura **2.** [viento] gentle breeze

áureo, -a adj golden

aureola nf ASTRON & REL halo / [fama] aura

aurícula nf ANAT [del corazón] auricle, atrium

auricular ■ adj auricular

■ nm [de teléfono] receiver ▸ **auriculares** [cascos] headphones

aurífero adj gold-bearing

aurora nf first light of dawn ▸ **al despuntar** *o* **romper la ~** at dawn ▸ **~ boreal** aurora borealis, northern lights

auscultación nf MED auscultation

auscultar vt MED **~ a alguien** to listen to sb's chest *(with a stethoscope)*

ausencia nf absence ▸ **brillar por su ~** to be conspicuous by one's/its absence ▸ **en ~ de** in the absence of ▸ **si llama alguien en mi ~, toma el recado** if anyone calls while I'm out, take a message

ausentarse vpr to go away

ausente ■ adj **1.** [no presente] absent ▸ **estará ~ todo el día** he'll be away all day **2.** [distraído] absent-minded
■ nmf **1.** [no presente] **hay varios ausentes** there are a number of absentees ▸ **criticó a los ausentes** she criticized the people who weren't there **2.** DER missing person

auspiciar vt [apoyar] to back

auspicio nm [protección] protection ▸ **bajo los auspicios de** under the auspices of ▸ **auspicios** [señales] omens

austeridad nf austerity

austero, -a adj austere ▸ **adoptar un presupuesto ~** to limit budgetary expenditure

austral ■ adj southern
■ nm *Antes* [moneda] austral

Australia n Australia

australiano, -a adj & nm,f Australian

Austria n Austria

austriaco, -a adj & nm,f Austrian

autarquía nf **1.** ECON autarky, self-sufficiency **2.** POL autarchy

autárquico, -a adj **1.** ECON autarkic, self-sufficient **2.** POL autarchical

autenticar [59] vt DER [firma, documento] to authenticate

autenticidad nf authenticity

auténtico, -a adj genuine, real ▸ **ser ~** to be genuine ▸ **un ~ imbécil** a real idiot

autentificar [59] vt to authenticate

autismo nm PSI autism

autista PSI ■ adj autistic
■ nmf autistic person

autito nm *CSUR* **autitos chocadores** Dodgems®, bumper cars

auto nm **1.** [coche] car ▸ **autos de choque** Dodgems®, bumper cars **2.** DER **~ (judicial)** judicial decree ▸ **~ de procesamiento** indictment ▸ **autos** case documents ▸ **constar en autos** to be recorded in the case documents ▸ **la noche de autos** the night of the crime **3.** HIST **~ de fe** auto-da-fé *(public punishment of heretics by the Inquisition)* **4.** LIT (mystery) play ▸ **~ de Navidad** Nativity play

autoabastecerse vpr [ser autosuficiente] to be self-sufficient (**de** in)

autoabastecimiento nm self-sufficiency

autoadhesivo, -a adj self-adhesive

autoafirmación nf assertiveness

autoalimentación nf INFORM automatic paper feed

autoaprendizaje nm self-directed learning ▸ **un libro de ~** a teach-yourself book

autoayuda nf self-help

autobanco nm drive-in cash machine

autobiografía nf autobiography

autobiográfico, -a adj autobiographical

autobombo nm *Fam* **darse ~** to blow one's own trumpet

autobronceador nm self-tanning cream

autobús (pl **autobuses**) nm bus

autocar nm *ESP* [vehículo] bus, *BR* coach

autocaravana nf *ESP* motor home, *US* RV

autocartera nf FIN *BR* bought-back shares, *US* treasury stock

autocensura nf self-censorship

autocine nm drive-in (cinema)

autoclave nm MED autoclave, sterilizing unit

autocomplacencia nf self-satisfaction

autocomplaciente adj self-satisfied

autocontrol nm self-control

autocracia nf POL autocracy

autócrata nmf POL autocrat

autocrático, -a adj autocratic

autocrítica nf self-criticism

autocrítico, -a adj self-critical

autóctono, -a ■ adj indigenous, native
■ nm,f native

autodefensa nf self-defence

autodefinido nm = *type of crossword*

autodestrucción nf self-destruction

autodestruirse vpr to self-destruct

autodeterminación nf POL self-determination

autodiagnóstico nm INFORM self-test

autodidacta ■ adj self-taught
■ nmf self-taught person

autodirigido, -a adj guided

autodisciplina nf self-discipline

autodominio nm self-control

autódromo nm motor racing circuit

autoedición nf INFORM desktop publishing

autoempleo nm self-employment

autoencendido nm AUT automatic ignition

autoescuela nf driving school

autoestima nf self-esteem

autoestop nm hitch-hiking ▸ **hacer ~** to hitch-hike

autoestopista nmf hitch-hiker

autoexec [auto'eksek] nm INFORM autoexec file

autofinanciación nf FIN self-financing

autofocus nm inv autofocus

autogestión nf self-management

autogestionar vt **autogestionan sus fondos** they

manage their own finances
◆ ***autogestionarse*** vpr **1.** [empresa] to manage itself **2.** [región, país] to govern itself

autogiro nm autogiro

autogobierno nm POL self-government, self-rule

autogol nm DEP own goal

autógrafo nm autograph

autoinculparse vpr ~ **de algo** to incriminate oneself of sth

autoinmune adj MED autoimmune

autómata nm *también Fig* automaton, robot

automáticamente adv automatically

automático, -a ■ adj automatic
■ nm [cierre] press stud

automatismo nm automatism

automatización nf automation

automatizar [14] vt to automate

automedicarse [59] vpr to self-administer medicine

automoción nf [sector] car industry

automotor, -triz adj self-propelled

automóvil nm *BR* car, *US* automobile

automovilismo nm motoring / DEP motor racing

automovilista nmf motorist, driver

automovilístico, -a adj motor / DEP motor-racing ▸ **industria automovilística** car *o BR* motor *o US* automobile industry

autonomía nf **1.** POL [facultad] autonomy / [territorio] autonomous region ▸ **quieren la ~** they want home rule **2.** [de persona] independence **3.** [de vehículo] range / [de videocámara] recording time / [de computadora portátil, teléfono móvil] battery life ▸ **~ de vuelo** range

CULTURA / CULTURE
autonomía

The Spanish Constitution of 1978 approved the reorganization of Spain into autonomous regions corresponding to traditional geographical and/or cultural divisions. Each region has devolved authority in defined areas, exercised by an elected assembly. Regions with a strong sense of distinct identity such as Catalonia, Galicia and the Basque Country (which each have their own language) have extended these devolved powers and now have control over their own education, health, police and public services (and certain tax-raising powers). Other regions, however, still retain the initial more limited powers.

autonómico, -a adj POL autonomous

autonomismo nm POL autonomy movement

autonomista adj & nmf POL autonomist

autónomo, -a ■ adj **1.** POL autonomous **2.** [trabajador] self-employed / [traductor, periodista] freelance
■ nm,f [trabajador] self-employed person / [traductor, periodista] freelance(r)

autopista nf *BR* motorway, *US* freeway ▸ **~ de peaje,** *MÉX* **~ de cuota** *BR* toll motorway, *US* turnpike ▸ **~ de información** information superhighway

autoproclamarse vpr to proclaim oneself

autopropulsado, -a adj self-propelled

autopropulsión nf self-propulsion

autopsia nf MED autopsy, post-mortem

autor, -ora nm,f [de libro] author / [de cuadro] painter / [de canción] writer / [de sinfonía] composer / [de crimen, fechoría] perpetrator / [de gol] scorer ▸ DER **~ material del hecho** actual perpetrator of the crime

autoría nf [de obra] authorship / [de crimen] perpetration

autoridad nf **1.** [poder] authority ▸ **impusieron su ~** they imposed their authority ▸ **~ moral** moral authority **2.** [persona al mando] **las autoridades militares/religiosas** the military/religious authorities ▸ **entregarse a las autoridades** [a la policía] to give oneself up ▸ **la ~** the authorities **3.** [eminencia] authority ▸ **es una ~ en historia** he is an authority on history **4.** [control, dominio] authority ▸ **habla siempre con mucha ~** she always talks with great authority

autoritariamente adv in an authoritarian way, dictatorially

autoritario, -a adj & nm,f authoritarian

autoritarismo nm POL authoritarianism

autorización nf authorization ▸ **dar ~ a alguien (para hacer algo)** to authorize sb (to do sth) ▸ **pedir ~ para hacer algo** to request authorization to do sth ▸ **tenemos ~ para usar la sala** we have been authorized *o* we have permission to use the hall ▸ **necesitan la ~ de sus padres** they need their parents' consent

autorizado, -a adj **1.** [permitido a] authorized **2.** [digno de crédito] authoritative

autorizar [14] vt **1.** [dar permiso a] to allow / [en situaciones oficiales] to authorize ▸ **~ la publicación de un informe** to authorize the publication of a report ▸ **autoricé a mi hermano para que recogiera el paquete** I authorized my brother to collect the package **2.** [capacitar] **su cargo no lo autoriza para insultarme** his position doesn't give him the right to insult me ▸ **este título nos autoriza para ejercer en la UE** this qualification allows us to practise in the EU

autorradio nm o nf car radio

autorregulación nf self-regulation

autorretrato nm self-portrait

autoservicio nm **1.** [restaurante] self-service restaurant **2.** [supermercado] supermarket

autostop nm hitch-hiking ▸ **hacer ~** to hitch-hike

autostopista nmf hitch-hiker

autosuficiencia nf self-sufficiency

autosuficiente adj self-sufficient

autosugestión nf autosuggestion

autosugestionarse vpr to convince oneself (**de** of)

autovacuna nf MED autoinoculation

autovía nf *BR* dual carriageway, *US* divided highway

auxiliar ■ adj [gen] & GRAM auxiliary
■ nmf assistant ▸ **~ administrativo** administrative

assistant ▸ **~ de vuelo** flight attendant
■ nm GRAM auxiliary
■ vt to assist, to help

auxilio nm assistance, help ▸ **una llamada de ~** a 8call for help ▸ **grité pidiendo ~** I shouted for help ▸ **pedir/prestar ~** to call for/give help ▸ **acudir en ~ de alguien** to come to sb's assistance ▸ **primeros auxilios** first aid

auyama, ahuyama nf *CARIB, COL* pumpkin

av. (abrev de ***avenida***) Ave

aval nm **1.** [documento] guarantee, reference ▸ **~ bancario** bank guarantee **2.** [respaldo] backing

avalancha nf *también Fig* avalanche

avalar vt [préstamo, crédito] to guarantee ▸ **su reputación lo avala** his reputation speaks for itself

avalista nmf guarantor

avance ■ *ver* ***avanzar***
■ nm **1.** [movimiento hacia delante] advance ▸ **avances científicos** scientific advances **2.** FIN [anticipo] advance payment **3.** RAD & TV [de futura programación] preview ▸ **~ informativo** [resumen] news summary / [por noticia de última hora] newsflash

avanzada nf MIL advance patrol
◆ ***de avanzada*** loc adj *AM* [tecnología] cutting-edge / [ideas] avant-garde

avanzadilla nf advance party / MIL advance patrol

avanzado, -a ■ adj [adelantado] advanced / [progresista] progressive
■ nm,f person ahead of his/her time

avanzar [14] ■ vi **1.** [moverse] to advance ▸ **las tropas continúan avanzando** the troops are still advancing ▸ **el tráfico no avanzaba** the traffic wasn't moving **2.** [progresar] to make progress ▸ **está avanzando mucho en sus estudios** she's making very good progress with her studies ▸ **esta tecnología avanza a gran velocidad** this technology is developing very quickly **3.** [tiempo] to pass ▸ **el tiempo avanza muy deprisa** time passes quickly ▸ **a medida que avanza el siglo** as the century draws on
■ vt **1.** [adelantar] to move forward **2.** [noticias] **~ algo a alguien** to inform sb of sth in advance

avaricia nf greed, avarice ▸ **la ~ rompe el saco** greed doesn't pay ▸ *Fam* **ser feo/pesado con ~** to be ugly/boring in the extreme

avaricioso, -a ■ adj avaricious, miserly
■ nm,f miser

avariento, -a ■ adj avaricious, miserly
■ nm,f miser

avaro, -a ■ adj miserly, mean
■ nm,f miser

avasallador, -ora ■ adj overwhelming
■ nm,f slave driver

avasallamiento nm [de pueblo] subjugation

avasallar ■ vt **1.** [dominar] **dejarse ~** to let oneself be pushed o ordered around **2.** [rival, oponente] to overwhelm **3.** [pueblo] to subjugate
■ vi **va por la vida avasallando** he'll trample over people to get what he wants

avatar nm vagary, sudden change ▸ **los avatares de la vida** the ups and downs of life

Avda., avda. (abrev de ***avenida***) Ave

AVE nm (abrev de ***alta velocidad española***) = *Spanish high-speed train*

CULTURA / CULTURE

AVE

The AVE is Spain's most modern train, and is designed to travel at speeds of over 300 km/h. It is a development of the French TGV, and Spanish, German and French companies are involved in its manufacture. It runs on a separate track from ordinary Spanish rolling stock, as the latter has a wider gauge than the European standard of the AVE track. The first AVE line was opened from Madrid to Seville to coincide with the Expo '92 in the latter city. The final section of the line from Madrid to Barcelona is under construction, and this will eventually extend to the French border. A further line is also being built between the capital and the northern city of Valladolid, and eventually it is intended that a single high-speed network will connect the cities of the Atlantic and Mediterranean coasts via Madrid.

ave ■ nf [animal] bird ▸ **el Ave Fénix** the phoenix ▸ **~ del Paraíso** bird of paradise ▸ *Fig* **ser un ~ de paso** to be a rolling stone ▸ **~ de presa** bird of prey ▸ *también Fig* **~ rapaz** *o* **de rapiña** bird of prey
■ interj **¡Ave María Purísima!** [indica sorpresa] saints preserve us!

avecinarse vpr to be on the way ▸ **¡la que se nos avecina!** are we in for it!

avefría nf lapwing

avejentado, -a adj [persona, cuero] aged

avejentar vt to age, to put years on
◆ ***avejentarse*** vpr to age

avellana nf hazelnut

avellano nm hazel (tree)

avemaría nf [oración] Hail Mary

avena nf **1.** [planta] oat **2.** [grano] oats

avenencia nf [acuerdo] compromise

avenida nf **1.** [calle] avenue **2.** [crecida de río] flood

avenido, -a adj **bien/mal avenidos** on good/bad terms

avenirse [69] vpr **1.** [llevarse bien] to get on (well) **2.** [ponerse de acuerdo] to come to an agreement ▸ **~ a algo/a hacer algo** to agree on sth/to do sth

aventajado, -a adj [adelantado] outstanding

aventajar vt [rebasar] to overtake / [estar por delante de] to be ahead of ▸ **~ a alguien en algo** to surpass sb in sth

aventar [3] vt **1.** [abanicar] to fan **2.** [trigo] to winnow **3.** *ANDES, CAM, MÉX Fam* [tirar] to throw / [empujar] to push, to shove
◆ ***aventarse*** vpr *MÉX* **1.** [tirarse] to throw oneself **2.** [atreverse] to dare (**a** to)

aventón nm *CAM, MÉX, PERÚ* **1.** [en vehículo] **pedir/**

dar ~ to hitch/give a *BR* lift *o US* ride **2.** [empujón] push, shove

aventura nf **1.** [suceso, empresa] adventure ▸ **embarcarse en una ~** to set off on an adventure **2.** [relación amorosa] affair

aventurado, -a adj risky

aventurar vt [opinión] to venture, to hazard
◆ ***aventurarse*** vpr to take a risk/risks ▸ **aventurarse a hacer algo** to dare to do sth

aventurero, -a ■ adj adventurous
■ nm,f adventurer, *f* adventuress

avergonzado, -a adj [humillado, dolido] ashamed / [abochornado] embarrassed

avergonzar [10] vt [deshonrar, humillar] to shame / [abochornar] to embarrass ▸ **el comportamiento de mi marido me avergüenza** I feel embarrassed by my husband's behaviour
◆ ***avergonzarse*** vpr [por remordimiento] to be ashamed (**de** of) / [por timidez] to be embarrassed (**de** about) ▸ **me avergüenzo de haberla insultado** I'm ashamed to have insulted her

avería nf [de máquina] fault / [de coche] breakdown ▸ **llamar a averías** [para coche] to call the garage / [para aparato] to call the repair service ▸ *Fam* **hacerse una ~** [herida] to hurt oneself

averiado, -a adj [máquina] out of order / [coche] broken down

averiar [32] vt to damage
◆ ***averiarse*** vpr [máquina, coche] to break down

averiguación nf investigation ▸ **hacer averiguaciones** to make inquiries

averiguar [11] vt to find out

aversión nf aversion ▸ **tener ~ a** to feel aversion towards

avestruz nm ostrich ▸ **la política/táctica del ~** burying one's head in the sand

avezado, -a adj accustomed (**a** to)

aviación nf **1.** [navegación] aviation ▸ **~** civil aviation **2.** [ejército] airforce

aviador, -ora nm,f pilot

aviar [32] vt [comida] to prepare ▸ *Fam* **estar aviado** to be in a mess
◆ ***aviarse*** vpr *Fam* [manejarse] to manage ▸ **se las avía muy bien solo** he manages very well on his own

avícola adj poultry ▸ **granja ~** poultry farm

avicultor, -ora nm,f poultry breeder, poultry farmer

avicultura nf poultry farming

ávidamente adv avidly, eagerly

avidez nf eagerness

ávido, -a adj eager (**de** for)

aviento *etc ver* ***aventar***

avieso, -a adj [malo] evil, twisted

avinagrado, -a adj *también Fig* sour

avinagrar vt [vino, alimento] to sour, to make sour
◆ ***avinagrarse*** vpr **1.** [vino, alimento] to go sour **2.** [persona, carácter] to become sour ▸ **se le avinagró el carácter** she became bitter

avío nm **1.** [preparativo] preparation **2.** [víveres] provisions ▸ *Fam* **avíos** [equipo] things, kit

avión nm **1.** [aeronave] plane, *BR* aeroplane, *US* airplane ▸ **en ~** by plane ▸ **por ~** [en un sobre] airmail ▸ **~ de carga** cargo plane ▸ **~ espía** *o* **de espionaje** spy plane ▸ **~ nodriza** supply plane ▸ **~ a reacción** jet **2.** [pájaro] house martin

avioneta nf light aircraft

avisar ■ vt **1.** [informar] **~ a alguien de algo** to let sb know sth, to tell sb sth ▸ **llamó para ~ que llegaría tarde** she called to say she would be late **2.** [advertir] to warn (**de** of) ▸ **yo ya te había avisado** I did warn you ▸ **estás avisado** you've been warned **3.** [llamar] to call, to send for ▸ **hay que ~ al electricista** we'll have to call the electrician ▸ **corre, avisa a la policía** go and get the police
■ vi **entró sin ~** he came in without knocking ▸ **avisa cuando acabes** let me/us/etc know when you've finished

aviso nm **1.** [advertencia, amenaza] warning ▸ **andar sobre ~** to be on the alert ▸ **estar sobre ~** to be forewarned ▸ **poner sobre ~ a alguien** to warn sb ▸ **¡que te sirva de ~!** let that be a warning to you! ▸ **~ de bomba** bomb warning **2.** [notificación] notice / [en teatros, aeropuertos] call ▸ **hasta nuevo ~** until further notice ▸ **llegó sin previo ~** he arrived without warning ▸ **último ~ para los pasajeros del vuelo IB 257** last call for passengers of flight IB 257 ▸ COM **~ de vencimiento** due-date reminder **3.** TAUROM = *warning to matador not to delay the kill any longer* **4.** *AM* [anuncio] advertisement, advert

avispa nf wasp

avispado, -a adj *Fam* sharp, quick-witted

avispero nm **1.** [nido] wasp's nest **2.** *Fam* [lío] mess ▸ **meterse en un ~** to get into a mess

avistar vt to sight, to make out

avitaminosis nf inv MED vitamin deficiency

avituallamiento nm provisioning

avituallar vt to provide with food

avivar vt [sentimiento] to rekindle / [color] to brighten / [fuego] to stoke up
◆ ***avivarse*** vpr [sentimiento] to be rekindled / [color] to brighten / [fuego] to flare up

avizor adj **estar ojo ~** to be on the lookout

avutarda nf great bustard

axial adj axial

axila nf armpit

axioma nm axiom

axiomático, -a adj axiomatic

ay (pl **ayes**) ■ nm groan
■ interj **¡ay!** [dolor físico] ouch! / [sorpresa, pena] oh! ▸ **¡ay de ti si te cojo!** heaven help you if I catch you!

aya nf governess

ayatola, ayatolá nm ayatollah

ayer ■ adv **1.** yesterday ▸ **~ por la mañana** yesterday morning ▸ **~ (por la) noche** last night **2.** [en el pasado] in the past
■ nm **el ~** yesteryear

aymara adj, nm & nmf Aymara

CULTURA / CULTURE

aymara

Aymara was the language of an ancient culture which flourished between the fifth and eleventh centuries at Tiahuanaco (in the highlands of today's Bolivia), which was subsequently conquered by the Incas. In the last fifty years there has been a renaissance in **Aymara** culture and of the language itself, which today has over one and a half million speakers of its various dialects in the mountain areas of Peru, Bolivia and Chile.

ayo nm [tutor] tutor

ayuda nf **1.** [asistencia] help, assistance ▸ **acudir en ~ de alguien** to come/go to sb's assistance ▸ **nos fuiste de gran ~** you were a great help to us ▸ **no me sirvió de mucha ~** it wasn't much help to me ▸ **prestar ~** to help, to assist ▸ **~ en carretera** breakdown service **2.** [económica, alimenticia] aid ▸ **~ al desarrollo** development aid ▸ **~ humanitaria** humanitarian aid **3.** [limosna] **una ~, por favor** could you spare me some change, please?

ayudante adj & nmf assistant ▸ **~ de laboratorio** laboratory assistant

ayudar ■ vt to help ▸ **~ a alguien a hacer algo** to help sb (to) do sth ▸ **¿en qué puedo ayudarle?** how can I help you?
■ vi to help ▸ **¿puedo ~?** can I help?
◆ ***ayudarse*** vpr **ayudarse de** *o* **con** to make use of

ayunar vi to fast

ayunas nfpl **estar en ~** [sin comer] not to have eaten / *Fig* [sin enterarse] to be in the dark

ayuno nm fast ▸ **hacer ~** to fast

ayuntamiento nm **1.** [corporación] *BR* town council, *US* city council **2.** [edificio] *BR* town hall, *US* city hall

azabache nm jet ▸ **negro como el ~** jet-black

azada nf hoe

azadón nm (large) hoe

azafata nf **~ (de vuelo)** air stewardess, *BR* air hostess ▸ **~ de exposiciones y congresos** (conference) hostess ▸ **~ de tierra** ground stewardess

azafrán nm [condimento] saffron

azahar nm [del naranjo] orange blossom / [del limonero] lemon blossom

azalea nf azalea

azar nm chance, fate ▸ **al ~** at random ▸ **por (puro) ~** by (pure) chance

azarar vt [avergonzar] to embarrass, to fluster ▸ **~ a alguien** [ruborizar] to make sb blush
◆ ***azararse*** vpr [avergonzarse] to be embarrassed, to be flustered / [ruborizarse] to blush

azaroso, -a adj [vida, viaje] eventful

Azerbaiyán n Azerbaijan

azerbaiyano, -a adj & nm,f Azerbaijani

azerí (pl **azeríes**) adj & nm Azeri

ázimo adj [pan] unleavened

azimut (pl **azimutes**) nm ASTRON azimuth

azogue nm *Anticuado* quicksilver, mercury

azor nm goshawk

azorado, -a adj embarrassed, flustered

azoramiento nm embarrassment

azorar vt to embarrass
◆ ***azorarse*** vpr to be embarrassed

Azores nfpl **las ~** the Azores

azotaina nf *Fam* **dar una ~ a alguien** to give sb a good smacking

azotar vt [pegar, golpear] to beat / [en el trasero] to smack, to slap / [con látigo] to whip ▸ *Fig* **la epidemia azotó la región** the region was devastated by the epidemic

azote nm **1.** [utensilio para golpear] whip, scourge **2.** [latigazo] lash / [golpe] blow / [en el trasero] smack, slap / *Fig* [calamidad] scourge

azotea nf [de edificio] terraced roof ▸ *Fam Fig* **estar mal de la ~** to be funny in the head

azteca ■ adj Aztec ▸ *Fam* **el equipo ~** the Mexican team
■ nmf Aztec
■ nm [lengua] Nahuatl, Aztec

azúcar nm o nf sugar ▸ **~ blanquilla** granulated sugar ▸ **~ cande** sugar candy, rock candy ▸ **~ de caña** cane sugar ▸ *CHILE* **~ flor** *BR* icing *o US* confectioner's sugar ▸ *ESP, MÉX* **~ glas** *BR* icing *o US* confectioner's sugar ▸ *RP* **~ impalpable** *BR* icing *o US* confectioner's sugar ▸ *ESP* **~ de lustre** *BR* icing *o US* confectioner's sugar ▸ **~ moreno** brown sugar

azucarado, -a adj sweet, sugary

azucarar vt **1.** [endulzar] to sugar-coat, to sugar **2.** *Pey* [suavizar] to sweeten
◆ ***azucararse*** vpr *AM* [cristalizar] to crystallize

azucarera nf [fábrica] sugar refinery / [recipiente] sugar bowl

azucarero, -a ■ adj sugar ▸ **la industria azucarera** the sugar industry
■ nm sugar bowl

azucarillo nm **1.** CULIN lemon candy **2.** [terrón] sugar lump

azuce *etc ver* ***azuzar***

azucena nf white lily

azufre nm sulphur

azul adj & nm blue ▸ **~ celeste/marino/eléctrico** sky/navy/electric blue ▸ **~ (de) cobalto** cobalt blue ▸ **~ turquesa** turquoise

azulado, -a adj bluish

azulejo nm (glazed) tile

azulete nm [para lavar] blue

azulgrana adj inv DEP = *relating to Barcelona football club*

azuzar **[14]** vt [animal] to set on / [persona] to egg on

B, b [*ESP* be, *AM* be('larγa)] nf [letra] B, b

baba nf **1.** [saliva] [de niño] dribble / [de adulto] spittle, saliva / [de animal] slobber **2.** [de caracol] slime **3.** *Fam* **se le cae la ~ con su hija** she drools over her daughter ▸ *Fam* **tener mala ~** to be a nasty piece of work

babear vi **1.** [niño] to dribble **2.** [adulto, animal] to slobber **3.** *Fig* to drool

babel nm o nf *Fam* **el debate se convirtió en una ~** the debate degenerated into noisy chaos

babero nm bib

babi nm *ESP Fam* = *child's overall*

Babia nf **estar** *o* **quedarse en ~** to have one's head in the clouds

Babilonia n HIST Babylon

babilónico, -a adj **1.** HIST Babylonian **2.** [fastuoso] lavish

bable nm = *Asturian dialect*

babor nm port ▸ **a ~** to port

babosa nf ZOOL slug

babosada nf *CAM, MÉX Fam* [disparate] daft thing ▸ **no digas babosadas** don't talk *BR* rubbish *o US* bull!

babosear ■ vt to slobber on *o* all over
■ vi *CAM, MÉX Fam* to talk *BR* rubbish *o US* bull

baboso, -a ■ adj **1.** [niño] dribbling / [adulto, animal] slobbering **2.** *AM Fam* [tonto] daft, stupid **3.** *Fam* [despreciable] slimy
■ nm,f *Fam* **1.** [persona despreciable] creep **2.** *AM* [tonto] twit, idiot

babucha nf [zapatilla] slipper / [árabe] Moorish slipper

baca nf roof rack

bacaladero, -a ■ adj cod-fishing ▸ **la flota bacaladera** the cod-fishing fleet
■ nm cod-fishing boat

bacaladilla nf blue whiting

bacalao nm cod ▸ CULIN **~ a la vizcaína** = *Basque dish of salt cod cooked in a tomato and red pepper sauce* ▸ CULIN **~ al pil-pil** = *Basque dish of salt cod cooked with olive oil and garlic* ▸ **~ salado** salt cod ▸ *ESP Fam Fig* **partir** *o* **cortar el ~** to call the shots

bacán *Fam* ■ adj **1.** *CUBA, PERÚ* [bueno] cool, wicked **2.** *RP* [caro] steep
■ nm *RP* [rico] toff ▸ **como un ~** like a real gentleman

bacanal nf orgy

bacarrá, bacará nm baccarat

bache nm **1.** [en carretera] pothole **2.** [en un vuelo] air pocket **3.** [dificultades] bad patch

bachiller nmf = *person who has passed the "bachillerato"*

bachillerato nm = *Spanish course of secondary studies for academically orientated 16-18-year-olds*

bacilo nm bacillus ▸ **~ de Koch** tubercle bacillus

bacín nm, ***bacinilla*** nf chamberpot

backgammon nm backgammon

bacon ['beikon] nm inv *ESP* bacon ▸ **~ entreverado** streaky bacon

bacteria nf germ ▸ **bacterias** germs, bacteria

bacteriano, -a adj bacterial

bactericida ■ adj bactericidal
■ nm bactericide

bacteriología nf bacteriology

bacteriológico, -a adj **guerra bacteriológica** germ *o* bacteriological warfare

bacteriólogo, -a nm,f bacteriologist

báculo nm **1.** [de obispo] crosier **2.** [sostén] support ▸ **ella será el ~ de mi vejez** she'll comfort me in my old age

badajo nm clapper *(of bell)*

badajocense ■ adj of/from Badajoz
■ nm,f person from Badajoz

badana nf [de sombrero] hatband ▸ *ESP Fam* **zurrarle a alguien la ~** to tan sb's hide

badén nm **1.** [de carretera] ditch **2.** [cauce] channel

bádminton nm inv badminton

bafle (pl **bafles**), ***baffle*** ['bufle] (pl **baffles**) nm loudspeaker

bagaje nm background ▸ **~ cultural** cultural baggage

bagatela nf trifle

Bagdad n Baghdad

bagre nm **1.** [pez] catfish **2.** *Fam Pey ANDES, RP* [mujer] hag, dog / *ANDES* [hombre] face-ache, ugly mug **3.** *CRICA Pey* [prostituta] prostitute **4.** *CAM* [persona astuta] astute person **5.** *ANDES* [persona desagradable] fool, idiot

Bahamas nfpl **las ~** the Bahamas

bahía nf bay

Bahráin n Bahrain

Baikal nm **el (lago) ~** Lake Baikal

bailable adj danceable ▸ **música ~** music you can dance to

bailaor, -ora nm,f flamenco dancer

bailar ■ vt to dance ▸ **~ una rumba** to dance a rumba ▸ **es difícil ~ esta música** it's difficult to dance to this music ▸ *Fam Fig* **que me quiten lo bailado** no one can take away the good times

■ vi **1.** [danzar] to dance ▸ **¿bailas?** would you like to dance? ▸ **sacar a alguien a ~** to ask sb to dance *o* for a dance ▸ *Fam Fig* **es otro que tal baila** he's just the same, he's no different **2.** [no encajar] to be loose ▸ **le baila un diente** he has a loose tooth ▸ **los pies me bailan (en los zapatos)** my shoes are too big

bailarín, -ina nm,f dancer / [de ballet] ballet dancer

baile nm **1.** [pieza, arte] dance ▸ **~ clásico** ballet ▸ **~ regional** regional folk dancing ▸ **~ de salón** ballroom and Latin dance *o* dancing ▸ **¿me concede este ~?** may I have the pleasure of this dance? **2.** [fiesta] ball **3.** [en contabilidad] **~ de cifras** number transposition **4.** MED **~ de San Vito** St Vitus' dance

bailongo nm *Fam* bop, boogie

bailotear vi *Fam* to bop, to boogie

biloteo nm *Fam* bopping

baja nf **1.** [descenso] drop, fall ▸ **redondear el precio a la ~** to round the price down ▸ **el precio del cacao sigue a la ~** the price of cocoa is continuing to fall ▸ **tendencia a la ~** downward trend ▸ FIN **jugar a la ~** to bear the market **2.** [cese] [forzado] redundancy ▸ **dar de ~ a alguien** [en empresa] to lay sb off / [en club, sindicato] to expel sb ▸ **darse de ~ (de)** [dimitir] to resign (from) / [salirse] to drop out (of) / [de subscripción] to unsusbscribe (from) **3.** *ESP* [por enfermedad] [permiso] sick leave / [documento] sick note, doctor's certificate ▸ **estar/darse de ~** to be on/take sick leave ▸ **~ por maternidad** maternity leave **4.** MIL loss, casualty ▸ **bajas civiles** civilian casualties

bajada nf **1.** [descenso] descent ▸ **cuando veníamos de ~** on our way (back) down ▸ **~ de bandera** [de taxi] minimum fare **2.** [pendiente] (downward) slope **3.** [disminución] decrease, drop ▸ **~ de los precios** [caída] drop *o* fall in prices / [rebaja] reduction in prices

bajamar nf low tide

bajante nmf [tubería] drainpipe

bajar ■ vt **1.** [poner abajo] [libro, cuadro] to take/bring down / [telón, ventanilla, mano] to lower ▸ **ayúdame a ~ la caja** [desde lo alto] help me get the box down / [al piso de abajo] help carry the box downstairs **2.** [descender] [montaña, escaleras] to go/come down ▸ **bajó las escaleras a toda velocidad** she ran down the stairs as fast as she could **3.** [precios, inflación, hinchazón] to reduce / [música, volumen, radio] to turn down / [fiebre] to bring down ▸ **~ el fuego (de la cocina)** to reduce the heat **4.** [ojos, cabeza, voz] to lower **5.** *Fam* INFORM to download

■ vi **1. ~ (de)** [coche] to get out (of) / [moto, bicicleta, tren, avión] to get off / [caballo] to get off, to dismount / [árbol, escalera, silla, mesa] to come/get down (from) ▸ **bajo en la próxima parada** I'm getting off at the next stop **2.** [descender] to go/come down ▸ **~ en ascensor** to go/come down in the *BR* lift *o US* elevator ▸ **~ por la escalera** to go/come down the stairs ▸ **~ (a) por algo** to go out and get sth ▸ **~ corriendo** to run down **3.** [disminuir] to fall, to drop / [fiebre, hinchazón] to go/come down ▸ **bajó la gasolina** the price of *BR* petrol *o US* gasoline fell ▸ **este modelo ha bajado de precio** this model has gone down in price, the price of this model has gone down ▸ **bajó la Bolsa** share prices fell ▸ **las acciones de C & C han bajado** C & C share prices have fallen

◆ ***bajarse*** vpr **1. bajarse (de)** [coche] to get out (of) / [moto, bicicleta, tren, avión] to get off / [caballo] to get off, to dismount / [árbol, escalera, silla] to come/get down (from) ▸ **nos bajamos en la próxima** we get off at the next stop **2.** *Fam* [ir, venir] to come/go down ▸ **bájate a la playa conmigo** come down to the beach with me **3.** *Fam* INFORM to download ▸ **me he bajado un juego estupendo** I've downloaded an excellent game onto my computer

bajativo nm *ANDES, RP* [licor] digestive liqueur / [tisana] herbal tea

bajel nm *Literario* vessel, ship

bajero, -a adj lower / [sábana] bottom

bajeza nf **1.** [cualidad] baseness **2.** [acción] vile deed

bajial nm *MÉX, PERÚ* lowland

bajinis nm *Fam* **decir algo por lo ~** to whisper sth, to say sth under one's breath

bajío nm sandbank

bajista ■ adj FIN bearish ▸ **mercado ~** bear market

■ nmf MÚS bass player, bassist

bajo, -a ■ adj **1.** [objeto, cifra] low / [persona, estatura] short ▸ **planta baja** ground floor ▸ **me lo dijo por lo ~** he said it to me under his breath ▸ **tirando por lo ~** at least, at the minimum **2.** [cabeza] bowed / [ojos] downcast ▸ **paseaba con la cabeza baja** she was walking with her head down **3.** [poco audible] low / [sonido] soft, faint ▸ **en voz baja** softly, in a low voice ▸ **pon la música más baja, por favor** turn the music down, please ▸ **por lo ~** [en voz baja] in an undertone / [en secreto] secretly **4.** [territorio, época] lower ▸ **el ~ Amazonas** the lower Amazon ▸ **la baja Edad Media** the late Middle Ages **5.** [pobre] lower-class **6.** [vil] base

■ nm **1.** [planta baja] [piso] *BR* ground floor flat, *US* first floor apartment ▸ **los bajos** *BR* the ground floor, *US* the first floor **2.** MÚS [instrumento, cantante] bass /

[instrumentista] bassist **3.** [de ropa] hem **4.** AUT **bajos** [de vehículo] underside
■ adv **1.** [hablar] quietly, softly ▸ **¡habla más ~!** keep your voice down! **2.** [caer, volar] low ▸ *Fig* **¡qué ~ has caído!** how low you have sunk!
■ prep **1.** [debajo de] under ▸ **~ cero** below zero ▸ *Fig* **~ cuerda** *o* **mano** secretly, in an underhand manner **2.** [sometido a] under ▸ **~ control** under control ▸ **~ el régimen de Franco** under Franco's regime ▸ **prohibido aparcar ~ multa de 100 euros** no parking – penalty 100 euros

bajón nm slump ▸ **dar un ~** to slump

bajonazo nm **dar un ~** [salud] to get worse / [ventas] to decline

bajorrelieve nm bas-relief

bajura nf **pesca de ~** coastal fishing

bakalao *ESP Fam* ■ adj dance
■ nm [música] dance (music)

bala nf **1.** [proyectil] bullet ▸ **entró como una ~** she rushed in ▸ **salió como una ~** he shot off ▸ **~ de goma** plastic bullet ▸ *Fam Fig* **~ perdida** good-for-nothing **2.** [fardo] bale

balacear vt *AM* [tirotear] to shoot

balacera nf *AM* shootout

balada nf ballad

baladí (pl **baladíes**) adj trivial

baladrón, -ona nm,f braggart

baladronada nf boast

balalaika, balalaica nf balalaika

balance nm **1.** FIN [documento] balance sheet / [operación] balance ▸ **~ consolidado** consolidated balance sheet ▸ *AM* **~ de pagos** balance of payments **2.** [resultado] outcome ▸ **hacer ~ (de)** to take stock (of) ▸ **el accidente tuvo un ~ de seis heridos** a total of six people were wounded in the accident

balancear vt [cuna] to rock / [columpio] to swing
◆ ***balancearse*** vpr [en columpio, hamaca] to swing / [de pie] to sway / [en cuna, mecedora] to rock / [barco] to roll

balanceo nm **1.** [de columpio, hamaca] swinging / [de cuna, mecedora] rocking / [de barco] roll **2.** *AM* AUT wheel balance

balancín nm **1.** [mecedora] rocking chair / [en el jardín] swing hammock **2.** [columpio] seesaw **3.** AUT rocker arm

balandrista nmf yachtsman, *f* yachtswoman

balandro nm yacht

balanza nf **1.** [báscula] scales ▸ **~ de cocina** kitchen scales ▸ **~ de precisión** precision balance ▸ **la ~ se inclinó a nuestro favor** the balance *o* scales tipped in our favour **2.** FIN **~ comercial/de pagos** balance of trade/payments

balar vi to bleat

balarrasa nm *Fam* good-for-nothing

balaustrada nf balustrade / [de escalera] banister

balazo nm [disparo] shot / [herida] bullet wound

balbucear vi & vt to babble

balbuceo nm babbling

balbucir vi & vt to babble

Balcanes nmpl **los ~** the Balkans

balcánico, -a adj Balkan

balcanización nf POL balkanization

balcón nm **1.** [terraza] balcony **2.** [mirador] vantage point

balconada nf [balcón corrido] long balcony *(running across building)*

balda nf *ESP* shelf

baldado, -a adj **1.** [tullido] crippled **2.** *ESP Fam* [exhausto] shattered

baldar vt to cripple
◆ ***baldarse*** vpr to injure oneself

balde nm pail, bucket ▸ **de ~** free (of charge) ▸ **estar de ~** [estar sin hacer nada] to be hanging around doing nothing ▸ **en ~** in vain

baldear vt to sluice down

baldío, -a ■ adj **1.** [sin cultivar] uncultivated / [no cultivable] barren ▸ **un terreno ~** an area of wasteland **2.** [inútil] fruitless
■ nm *MÉX, RP* [terreno] vacant lot

baldón nm **ser un ~ para** to bring shame upon

baldosa nf [en casa, edificio] floor tile / [en la acera] paving stone

baldosín nm tile

baleado nm *AM* **el saldo fue de tres baleados** three people suffered bullet wounds

balear ■ vt *AM* to shoot
■ adj Balearic ▸ **el archipiélago ~** the Balearic Islands
■ nmf = *person from the Balearic Islands*

Baleares nfpl **las ~** the Balearic Islands

baleárico, -a adj Balearic

balero nm **1.** [juguete] *MÉX, RP* cup and ball **2.** *MÉX* [articulación] bearing

Bali n Bali

balido nm bleat, bleating

balín nm pellet

balística nf ballistics *(singular)*

balístico, -a adj ballistic

baliza nf NÁUT marker buoy / AV beacon / AUT warning light *(for roadworks)*

balizamiento nm NÁUT marker buoys / AV beacons / AUT warning lights *(for roadworks)*

balizar [14] vt NÁUT to mark out with buoys / AV to mark out with beacons / AUT to mark out with warning lights

ballena nf **1.** [animal] whale ▸ **~ azul** blue whale **2.** [varilla] [de corsé] stay

ballenato nm whale calf

ballenero, -a ■ adj whaling ▸ **barco ~** whaler, whaling ship
■ nm [barco] whaler, whaling ship

ballesta nf **1.** HIST crossbow **2.** AUT (suspension) spring

ballet [ba'le] (pl **ballets**) nm ballet

balneario nm **1.** [de baños medicinales] spa **2.** *AM* [centro turístico] seaside resort

balompié nm soccer, *BR* football

balón nm [pelota] ball ▸ **echar balones fuera** to evade the issue ▸ **~ de oxígeno** oxygen bag / *Fig* shot in the arm

balonazo nm **rompió la ventana de un ~** he smashed the window with the football ▸ **me dio un ~ en la cara** he hit me right in the face with the ball

baloncestista nmf basketball player

baloncestístico, -a adj basketball

baloncesto nm basketball

balonmano nm handball

balonvolea nm volleyball

balotaje nm *AM* run-off, = *second round of voting*

balsa nf **1.** [embarcación] raft **2.** [estanque] pond, pool ▸ *Fig* **ser una ~ de aceite** [mar] to be as calm as a millpond / [reunión] to go smoothly

balsámico, -a adj balsamic

bálsamo nm **1.** MED balsam **2.** [alivio] balm

balsero, -a nm,f = *refugee fleeing Cuba on a raft*

báltico ■ adj [país, mar] Baltic
■ nm **el Báltico** the Baltic (Sea)

baluarte nm **1.** [fortificación] bulwark **2.** *Fig* [bastión] bastion, stronghold

bamba nf **1.** [bollo] cream bun **2.** [composición musical] bamba **3.** *ESP* **bambas** [zapatillas de deporte] *BR* plimsolls, *US* sneakers

bambalina nf backdrop ▸ *Fig* **entre bambalinas** backstage

bambolear vt to shake
◆ ***bambolearse*** vpr [árbol, persona] to sway / [mesa, silla] to wobble / [tren, autobús] to judder

bamboleo nm [de árbol, persona] swaying / [de mesa, silla] wobbling / [de tren, autobús] juddering

bambú (pl **bambúes** *o* **bambús**) nm bamboo

banal adj banal

banalidad nf banality

banalizar [14] vt to trivialize

banana nf banana ▸ **~ split** banana split

bananero, -a ■ adj banana ▸ **república bananera** banana republic
■ nm [árbol] banana tree

banano nm banana tree

banca nf **1.** [actividad] banking ▸ **~ electrónica** electronic banking ▸ **~ por Internet** Internet banking **2.** [institución] **la ~** the banks **3.** [en juegos] bank ▸ **hacer saltar la ~** to break the bank **4.** [asiento] bench

bancal nm AGR [terraza] terrace / [parcela] plot

bancario, -a adj bank ▸ **crédito ~** bank loan ▸ **sector ~** banking sector

bancarrota nf bankruptcy ▸ **estar en ~** to be bankrupt ▸ **ir a la ~** to go bankrupt

banco nm **1.** [asiento] bench / [de iglesia] pew ▸ POL **~ azul** = *seats in Spanish parliament where government ministers sit* ▸ **~ de remo** rowing machine **2.** [institución financiera] bank ▸ **Banco Central Europeo** European Central Bank ▸ **el Banco Mundial** the World Bank **3.** [de peces] shoal **4.** [depósito] bank ▸ INFORM **~ de datos** data bank ▸ **~ de sangre** blood bank ▸ **~ de esperma** sperm bank **5.** [de carpintero, artesano] workbench **6.** TEC **~ de pruebas** test bench / *Fig* testing ground **7.** **~ de arena** sandbank ▸ **~ de hielo** pack ice ▸ **~ de niebla** fog bank

banda nf **1.** [de personas] [cuadrilla] gang / MÚS band ▸ **~ armada** terrorist organization **2.** [faja] sash / [cinta] ribbon / [franja] stripe ▸ **~ magnética** magnetic strip ▸ **~ sonora** [de película] soundtrack / [en carretera] rumble strip **3.** FIN [tramo] band ▸ **~ impositiva** tax bracket ▸ **~ salarial** wage bracket, salary band **4.** RAD waveband ▸ TEL **~ ancha** broadband ▸ **~ de frecuencias** frequency (band) **5.** [en fútbol] **línea de ~** touchline ▸ **saque de ~** throw-in ▸ **avanzar por la ~** to come/go down the wing **6.** [en billar] cushion **7.** **cerrarse en ~** to dig one's heels in

bandada nf [de aves] flock / [de peces] shoal

bandazo nm [del barco] lurch ▸ **dar bandazos** [barco, borracho] to lurch / [ir sin rumbo] to chop and change ▸ **dar un ~** [con el volante] to swerve violently

bandear vt to buffet
◆ ***bandearse*** vpr to look after oneself, to cope

bandeja nf tray ▸ *Fig* **servir** *o* **poner algo a alguien en ~** to hand sth to sb on a plate ▸ INFORM **~ del papel** paper tray

bandera nf flag ▸ **jurar ~** to swear allegiance (to the flag) ▸ **la ~ pirata** the Jolly Roger ▸ **~ blanca** white flag ▸ *ESP Fam* **de ~** [magnífico] fantastic, terrific

banderazo nm DEP **~ de llegada** waving of flag *(as racing car or bike crosses finishing line)* ▸ **~ de salida** starting signal *(with flag)*

banderilla nf **1.** TAUROM banderilla, = *barbed dart thrust into bull's back* **2.** *ESP* [aperitivo] = *hors d'oeuvre of pickles and olives on a cocktail stick*

banderillear vi TAUROM to stick "banderillas" in the bull's back

banderillero, -a nm,f TAUROM banderillero, = *bullfighter's assistant who sticks "banderillas" into the bull*

banderín nm **1.** [bandera] pennant **2.** MIL pennant-bearer

banderola nf pennant

bandidaje nm banditry

bandido, -a nm,f [delincuente] bandit / [granuja] rascal, scamp ▸ **ese tendero es un ~** that shopkeeper is a shark

bando nm **1.** [facción] side ▸ **pasarse al otro ~** to change sides **2.** [edicto] [de alcalde] edict

bandolera nf [correa] bandoleer ▸ **en ~** slung across one's chest

bandolerismo nm banditry

bandolero, -a nm,f bandit

bandoneón nm bandoneon, = *musical instrument, similar to accordion, used in tango music*

bandurria nf = *small 12-stringed guitar*

Bangkok n Bangkok

Bangladesh [bangla'ðeʃ] n Bangladesh

Bangui n Bangui

banjo ['banjo] nm banjo

Banjul [ban'jul] n Banjul

banquero, -a nm,f banker

banqueta nf **1.** [asiento] stool **2.** *CAM, MÉX* [acera] *BR* pavement, *US* sidewalk

banquete nm [comida] banquet ▸ **~ de boda** wedding breakfast ▸ **~ eucarístico** holy communion

banquillo nm [asiento] low stool / DEP bench ▸ DER **~ de los acusados** dock

banquina nf *RP* [arcén] *BR* hard shoulder, *US* shoulder

banquito nm *RP* stool

bantú (pl **bantúes**) nm [pueblo] Bantu

bañadera nf **1.** *ARG* [bañera] bath **2.** *RP* [vehículo] = *old-fashioned school bus*

bañado nm *BOL, RP* [terreno] marshy area

bañado, -a adj **1. ~ en oro/plata** gold-/silver-plated **2. ~ en sudor** bathed in sweat

bañador nm *ESP* [de mujer] swimsuit / [de hombre] swimming trunks

bañar vt **1.** [asear] to bath / MED to bathe **2.** [remojar] to soak **3.** [revestir] to coat **4.** [sujeto: río] to flow through ▸ **el Índico baña las costas del país** the Indian Ocean laps the coast of the country **5.** [sujeto: sol, luz] to bathe

◆ ***bañarse*** vpr **1.** [en el baño] to have *o* take a bath **2.** [en playa, piscina] to go for a swim ▸ **prohibido bañarse** [en letrero] no bathing **3.** *AM* [ducharse] to have a shower

bañera nf bathtub, bath

bañista nmf bather

baño nm **1.** [acción] [en bañera] bath / [en playa, piscina] swim ▸ **darse un ~** [en bañera] to have *o* take a bath / [en playa, piscina] to go for a swim ▸ *ESP Fig* **dar un ~ a alguien** to take sb to the cleaners ▸ **~ de asiento** hip bath ▸ **~ María** bain Marie ▸ **~ de espuma** bubble bath ▸ **~ turco** Turkish bath ▸ **~ de vapor** steam bath **2.** [bañera] bathtub, bath **3.** [cuarto de aseo] bathroom ▸ **una casa con tres baños** a three-bathroom house **4.** [servicios] *BR* toilet, *US* bathroom, washroom ▸ **necesito ir al ~** I need to go to the *BR* toilet *o US* bathroom **5. baños** [balneario] spa ▸ **baños termales** thermal baths **6.** *AM* [ducha] shower ▸ **darse un ~** to have a shower **7.** [vahos] inhalation **8.** [capa] coat

baobab (pl **baobabs**) nm baobab (tree)

baptista adj & nmf Baptist

baptisterio nm baptistry

baquelita nf Bakelite®

baqueta nf **1.** [de fusil] ramrod ▸ *Fig* **tratar** *o* **llevar a la ~** to treat harshly **2.** MÚS drumstick

baquetazo nm *Fam* **1.** [golpe] thump ▸ **tratar a alguien a baquetazos** to treat sb like dirt **2.** [caída] fall ▸ **darse** *o* **pegarse un ~** to give oneself a real thump, to have a nasty fall

baqueteado, -a adj *Fam* **estar muy ~** to have been to the school of hard knocks

baquetear vt *Fam* [maltratar, molestar] to push around

bar nm bar ▸ **ir de bares** to go out drinking, to go on a pub crawl

barahúnda nf racket, din

baraja nf *BR* pack *o US* deck (of cards) ▸ *Fig* **jugar con dos barajas** to play a double game

barajar vt **1.** [cartas] to shuffle **2.** [considerar] [nombres, posibilidades] to consider / [datos, cifras] to mention

baranda, *ESP* ***barandilla*** nf handrail

barata nf **1.** *MÉX* [rebaja] sale **2.** *CHILE* [insecto] cockroach

baratija nf trinket, knick-knack

baratillo nm **1.** [género] junk **2.** [tienda] junkshop / [mercadillo] flea market

barato, -a ■ adj **1.** [objeto] cheap ▸ **lo ~ sale caro** buying cheap is a false economy **2.** [sentimentalismo] cheap / [literatura] trashy

■ adv cheap, cheaply ▸ **me costó ~** it was cheap, I got it cheap ▸ **vender algo ~** to sell sth cheaply ▸ **en este bar se come muy ~** you can eat very cheaply in this bar, the food's very cheap in this bar

barba nf beard ▸ **apurarse la ~** to shave close ▸ **dejarse ~** to grow a beard ▸ **barbas** [de persona] beard / [de pez] barbel ▸ **un hombre con toda la ~** a real man ▸ *ESP* **por ~** [cada uno] per head ▸ **lo hizo en sus (propias) barbas** he did it right under her nose ▸ **reírse de alguien en sus propias barbas** to laugh in sb's face ▸ **~ incipiente** stubble

barbacoa nf barbecue ▸ **hacer una ~** to have a barbecue

Barbados n Barbados

barbaridad nf **1.** [cualidad] cruelty **2.** [disparate] stupid thing ▸ **¡qué ~!** that's ridiculous! **3.** [montón] **una ~ (de)** tons (of) ▸ **se gastó una ~** she spent a fortune

barbarie nf **1.** [crueldad] [cualidad] cruelty, savagery / [acción] atrocity **2.** [incultura] barbarism

barbarismo nm **1.** [extranjerismo] foreign word *(that has not yet been fully accepted as part of the language)* **2.** [incorrección] substandard usage

bárbaro, -a ■ adj **1.** HIST barbarian **2.** [cruel] barbaric, cruel **3.** [bruto] uncouth, coarse **4.** *Fam* [extraordinario] brilliant, great

■ nm,f HIST barbarian

■ adv *Fam* [magníficamente] **pasarlo ~** to have a wild time

barbear vt *CAM, MÉX* to flatter, to butter up

barbechar vt AGR **1.** [no cultivar] to leave fallow **2.** [arar] to plough for sowing

barbecho nm [sistema] land set aside / [terreno] fallow field ▸ **tierras en barbecho** fallow land

barbería nf barber's (shop)

barbero nm barber

barbilampiño, -a ■ adj smooth-faced, beardless

■ nm beardless man

barbilla nf chin

barbitúrico nm barbiturate

barbo nm barbel ▸ **~ de mar** red mullet

barboquejo nm chinstrap

barbotar vi & vt to mutter

barbudo, -a ■ adj bearded ▸ **la mujer barbuda** [en circo] the bearded woman
■ nm man with a beard

barbullar vi to jabber

barca nf dinghy, small boat ▸ **~ de remos** rowing boat

barcarola nf barcarole, gondolier's song

barcaza nf barge, lighter

Barcelona n Barcelona

barcelonés, -esa ■ adj of/from Barcelona
■ nm,f person from Barcelona

barco nm [más pequeño] boat / [de gran tamaño] ship ▸ **en ~** by boat ▸ **~ de carga** cargo boat *o* ship ▸ **~ cisterna** tanker ▸ **~ de guerra** warship ▸ **~ mercante** cargo ship ▸ **~ de pesca** *o* **pesquero** fishing boat ▸ **~ de recreo** pleasure boat ▸ **~ torpedero** torpedo boat ▸ **~ de vapor** steamer, steamboat ▸ **~ de vela** sailing ship

bardo nm bard

baremo nm [escala] scale / [norma] yardstick

bareto nm *ESP Fam* [bar] boozer

bario nm barium

barítono nm baritone

barlovento nm windward (side)

barman (pl **barmans**) nm barman

Barna. abrev de ***Barcelona***

barniz nm [para madera] varnish / [para cerámica] glaze

barnizado, -a ■ adj [madera] varnished / [cerámica] glazed
■ nm [acción] [de madera] varnishing / [de cerámica] glazing

barnizador, -ora nm,f French polisher

barnizar [14] vt [madera] to varnish / [cerámica] to glaze

barómetro nm barometer

barón nm baron

baronesa nf baroness

barquero, -a nm,f boatman, *f* boatwoman

barquilla nf [de globo] basket

barquillo nm [plano] wafer / [cono] cone, *BR* cornet / [enrollado] rolled wafer

barra nf **1.** [pieza alargada] bar / [pieza redonda] rod / [de hielo] block / [para cortinas] rod / [de bicicleta] crossbar ▸ **~ espaciadora** space bar ▸ **~ de labios** lipstick ▸ **~ (de pan)** baguette, French stick **2.** [de bar, café] bar *(counter)* ▸ **~ americana** = *bar where hostesses chat with clients* ▸ **~ libre** = *unlimited drink for a fixed price* **3.** [para bailarines] barre **4.** DEP **~ fija** horizontal bar ▸ **barras paralelas** parallel bars **5.** [signo gráfico] slash, oblique **6. no se paró en barras** he stopped at nothing to get what he wanted **7.** *RP Fam* [grupo de amigos] gang / *ANDES, RP* [público] crowd, spectators ▸ **~ brava** = *group of violent soccer supporters*

barrabasada nf *Fam* **hacer barrabasadas** to get up to mischief ▸ **aquello fue una ~** that was a really mischievous thing to do

barraca nf **1.** [chabola] shack **2.** [caseta de feria] stall **3.** [en Valencia y Murcia] thatched farmhouse

barracón nm large hut

barragana nf [concubina] concubine

barranca nf **1.** [precipicio] precipice / [hondonada] ravine / [menos profunda] gully **2.** *RP* [cuesta] hill ▸ **ir(se) ~ abajo** to go downhill

barranco nm [precipicio] precipice / [hondonada] ravine / [menos profunda] gully

barranquismo nm DEP canyoning

barraquismo nm **erradicar el ~** to deal with the shanty-town problem

barreminas nm inv minesweeper

barrena nf **1.** [herramienta] drill **2. entrar en ~** AV to go into a spin / [persona, gobierno] to totter

barrenar vt **1.** [taladrar] to drill **2.** [frustrar] to scupper

barrendero, -a nm,f street sweeper

barreno nm **1.** [instrumento] large drill **2.** [agujero] [para explosiones] blast hole

barreño nm *ESP* washing-up bowl

barrer ■ vt **1.** [con escoba] to sweep **2.** [sujeto: viento, olas] to sweep away ▸ **el huracán barrió todo a su paso** the hurricane destroyed everything in its path **3.** INFORM & MED [con escáner] to scan **4.** *Fam* [derrotar] to thrash, to annihilate
■ vi **~ con** [llevarse] to finish off, to make short work of ▸ *Fig* **~ hacia** *o* **para adentro** to look after number one

barrera nf **1.** [obstáculo] barrier / FERROC crossing gate / [de campo, casa] fence ▸ *Fig* **poner barreras a algo** to erect barriers against sth, to hinder sth ▸ **barreras arancelarias** tariff barriers ▸ **~ del sonido** sound barrier **2.** TAUROM = *barrier around the edge of a bullring* **3.** DEP [de jugadores] wall

barriada nf [barrio] neighbourhood, area / *AM* shanty town

barrica nf keg

barricada nf barricade

barrida nf **dar una ~ a algo** to give sth a sweep

barrido nm **1.** [con escoba] **dar un ~ a algo** to give sth a sweep ▸ *Fig* **servir** *o* **valer tanto para un ~ como para un fregado** [persona] to be a jack-of-all-trades **2.** INFORM & MED scan, scanning **3.** CINE pan, panning

barriga nf belly ▸ **echar ~** to get a paunch ▸ *Fig* **rascarse** *o* **tocarse la ~** to twiddle one's thumbs, to laze around

barrigazo nm *Fam* **darse un ~** to fall flat on one's face

barrigón, -ona, barrigudo, -a *Fam* ■ adj paunchy
■ nm,f [persona] portly person
■ nm [barriga] big belly

barril nm barrel ▸ **de ~** [bebida] draught

barrila nf *Fam* **dar la ~** to go on and on

barrilete nm **1.** [de revólver] chamber **2.** *ARG* [cometa] kite

barrillo nm [granito] blackhead

barrio nm area, district, *US* neighborhood ▸ **los barrios bajos** the rough parts of town ▸ **de ~** [cine, tienda] local

▸ *ESP Fam Fig* **mandar a alguien al otro ~** to do sb in, to kill sb ▸ **~ chino** [de chinos] Chinatown / *ESP* [de prostitución] red light district ▸ **~ comercial/periférico** shopping/outlying district ▸ **~ latino** Latin Quarter

barriobajero, -a *Pey* ■ adj **un chico ~** a lout, *BR* a yob ▸ **ese acento es muy ~** that accent is very common *o* vulgar

■ nm,f lout, *BR* yob

barrizal nm mire

barro nm **1.** [fango] mud **2.** [arcilla] clay ▸ **una figurita de ~** a clay figure **3.** [grano] blackhead **4. arrastrarse por el ~** to abase oneself

barroco, -a ■ adj **1.** ARTE baroque **2.** [recargado] ornate

■ nm ARTE baroque

barroquismo nm ARTE baroque style

barrote nm bar ▸ **estar entre barrotes** [en prisión] to be behind bars

barruntar vt [presentir] to suspect

barrunto nm **1.** [presentimiento] suspicion **2.** [indicio] sign, indication

bartola nf *Fam* **tumbarse a la ~** to lounge around

bártulos nmpl things, bits and pieces ▸ *Fam Fig* **liar los ~** to pack one's bags

barullento, -a adj *RP Fam* noisy

barullo nm *Fam* **1.** [ruido] din, racket ▸ **armar ~** to make a racket **2.** [desorden] mess

basa nf ARQUIT base

basalto nm basalt

basamento nm ARQUIT base, plinth

basar vt **~ algo en** to base sth on

◆ ***basarse*** vpr **basarse en** [persona] to base one's argument on / [teoría, obra] to be based on ▸ **¿en qué te basas (para decir eso)?** what basis do you have for saying that?

basca nf **1.** *ESP Fam* [de amigos] crowd **2. bascas** [náuseas] nausea / [ganas de vomitar] retching

báscula nf scales ▸ **~ de baño/de precisión** bathroom/precision scales

basculador nm dumper truck

bascular vi to tilt

base nf **1.** [parte inferior] [de edificio] foundations ▸ **~ de maquillaje** foundation (cream) **2.** [fundamento, origen] basis ▸ **el petróleo es la ~ de su economía** their economy is based on oil ▸ **ese argumento se cae por su ~** that argument is built on sand ▸ **partimos de la ~ de que...** we assume that... ▸ **sentar las bases para** to lay the foundations of ▸ FIN **~ imponible** taxable income **3.** [de partido, sindicato] **las bases** the grass roots, the rank and file ▸ **militante/afiliado de ~** grassroots member **4.** [militar, científica] base ▸ **~ aérea** air base ▸ **~ espacial** space station ▸ **~ de lanzamiento** launch site ▸ **~ naval** naval base ▸ **~ de operaciones** operational base **5.** QUÍM base **6.** MAT & GEOM base **7.** INFORM **~ de datos** database ▸ **~ de datos documental/relacional** documentary/relational database **8. bases** [para prueba, concurso] rules **9.** [en béisbol] base

◆ ***a base de*** loc prep by (means of) ▸ **a ~ de no hacer nada** by not doing anything ▸ **me alimento a ~ de verduras** I live on vegetables ▸ *ESP Fam* **los niños disfrutaron a ~ de bien** the children had a great time

BASIC, basic ['beisik] nm INFORM BASIC

básico, -a adj [gen] & QUÍM basic ▸ **lo ~ de** the basics of

Basilea n Basle, Basel

basílica nf basilica

basilisco nm *Fam Fig* **ponerse hecho un ~** to go mad, to fly into a rage

basket, *AM* ***básquet*** nm basketball

básquetbol nm *AM* basketball

basquetbolista nmf *AM* basketball player

basset (pl **bassets** *o* **basset**) nm basset hound

basta interj **¡~!** that's enough! ▸ **¡~ de chistes/tonterías!** that's enough jokes/of this nonsense!

bastante ■ adj **1.** [suficiente] enough ▸ **no tengo dinero ~** I haven't got enough money **2.** [mucho] **tengo ~ frío** I'm quite *o* pretty cold ▸ **bastantes libros** quite a lot of books, a fair number of books

■ adv **1.** [suficientemente] **es lo ~ lista para...** she's smart enough to... **2.** [considerablemente] (+adjetivo, adverbio) quite, pretty / (+verbo) quite a lot ▸ **es ~ fácil** it's pretty *o* quite easy ▸ **~ mejor** quite a lot better ▸ **me gustó ~** I enjoyed it quite a lot

■ pron **éramos bastantes** there were quite a few *o* a lot of us

bastar vi to be enough ▸ **estos dos me bastan, con estos dos me basta** these two are enough for me, these two will do me ▸ **con ocho basta** eight will be enough ▸ **basta con que se lo digas** it's enough for you to tell her ▸ **un pavo de ese tamaño basta y sobra para seis personas** a turkey that size will be more than enough for six people ▸ **basta que salga a la calle para que se ponga a llover** all I have to do is go out into the street for it to start raining

◆ ***bastarse*** vpr **él solo se basta para terminar el trabajo** he'll be able to finish the work himself ▸ **yo me basto y me sobro para hacer este trabajo** I'm more than capable of doing this job on my own

bastardía nf bastardy

bastardilla ■ adj **letra ~** italics

■ nf italics

bastardo, -a ■ adj [hijo] bastard

■ nm,f **1.** [hijo] bastard **2.** *muy Fam* [insulto] bastard, swine

bastedad nf coarseness

bastidor nm **1.** [armazón] frame / [para bordar] embroidery frame **2.** *ESP* AUT chassis **3.** NÁUT screw propeller's frame **4.** TEATRO **bastidores** wings ▸ *Fig* **entre bastidores** behind the scenes

bastilla nf [dobladillo] hem

bastión nm *también Fig* bastion

basto, -a adj coarse

◆ ***bastos*** nmpl [naipes] = *suit in Spanish deck of cards, with the symbol of a wooden club*

bastón nm **1.** [para andar] walking stick ▸ **usar ~** to walk with a stick **2.** [de mando] baton ▸ *Fig* **empuñar el ~** to take the helm **3.** [para esquiar] ski stick

bastonazo nm blow (with a stick)

bastoncillo nm [para los oídos] *BR* cotton bud, *US* Q-tip®

basura nf **1.** [desechos] *BR* rubbish, *US* garbage, trash / [en la calle] litter ▸ **sacar la ~** *BR* to put the rubbish out, *US* to take out the garbage *o* trash ▸ **el parque estaba lleno de ~** the park was full of litter ▸ **~ orgánica** organic waste ▸ **~ radiactiva** radioactive waste **2.** [recipiente] *BR* rubbish bin, dustbin, *US* garbage o trash can ▸ **tirar algo a la ~** to throw sth away **3.** [bazofia] *BR* rubbish, *US* garbage, trash ▸ **este artículo es una ~** this article is *BR* a load of rubbish *o US* trash

basurero nm **1.** [persona] *BR* dustman, refuse collector, *US* garbage man, garbage collector **2.** [vertedero] *BR* rubbish dump, *US* garbage dump

bata nf **1.** [de casa] housecoat / [para baño, al levantarse] dressing gown **2.** [de trabajo] overall / [de médico] white coat / [de laboratorio] lab coat

batacazo nm bump, bang

batahola nf row, rumpus

batalla nf battle ▸ **de ~** [de uso diario] everyday ▸ **~ campal** pitched battle ▸ **~ naval** naval *o* sea battle

batallador, -ora adj battling ▸ **es muy ~** he's a real fighter

batallar vi **1.** [con armas] to fight **2.** [con esfuerzo] to battle

batallita nf *Fam* **contar batallitas** to go on about the old times

batallón nm **1.** MIL battalion **2.** [grupo numeroso] crowd

batata nf *ESP, ARG, COL, VEN* sweet potato

bate nm DEP bat

bateador, -ora nm,f [en béisbol] batter / [en críquet] batsman, *f* batswoman

batear DEP ■ vt to hit

■ vi to bat

batel nm small boat

batería ■ nf **1.** ELEC & MIL battery ▸ **~ solar** solar cell **2.** MÚS drums **3.** TEATRO footlights **4.** [conjunto] set / [de preguntas] barrage ▸ **~ de cocina** cookware set ▸ **una ~ de pruebas** a battery of tests **5. aparcado en ~** parked at an angle to the *BR* pavement *o US* sidewalk

■ nmf drummer

baterista nmf *AM* drummer

batiborrillo, batiburrillo nm jumble

batida nf **1.** [de caza] beat **2.** [de policía] combing, search

batido, -a ■ adj **1.** [nata] whipped / [claras] whisked **2.** [senda, camino] well-trodden

■ nm **1.** [acción de batir] beating **2.** [bebida] milkshake

batidor nm **1.** [aparato manual] whisk **2.** [en caza] beater **3.** MIL scout

batidora nf [eléctrica] mixer

batiente nm **1.** [de puerta] jamb / [de ventana] frame **2.** [costa] shoreline

batín nm dressing gown, robe

batir ■ vt **1.** [mezclar] [huevos, mezcla líquida] to beat, to whisk / [nata] to whip **2.** [golpear] to beat against ▸ **las olas batían las rocas** the waves beat against the rocks ▸ **el viento batía las ventanas** the windows were banging in the wind **3.** [alas] to flap, to beat **4.** [derrotar] to beat / [récord] to break **5.** [explorar] to comb, to search

■ vi [sol, lluvia] to beat down

◆ **batirse** vpr **1.** [luchar] to fight ▸ **batirse en duelo** to fight a duel **2.** [puerta] to slam shut **3.** *también Fig* **batirse en retirada** to beat a retreat

batiscafo nm bathyscaphe

batista nf batiste, cambric

batracio nm amphibian

baturro, -a ■ adj Aragonese

■ nm,f Aragonese peasant

batuta nf baton ▸ *Fig* **llevar la ~** to call the tune

baudio nm INFORM baud

baúl nm **1.** [cofre] trunk **2.** *ARG, COL* [maletero] *BR* boot, *US* trunk

bauprés (pl **baupreses**) nm NÁUT bowsprit

bautismal adj baptismal

bautismo nm baptism ▸ **~ de fuego** baptism of fire

Bautista nm REL **el ~** John the Baptist

bautizar [14] vt **1.** REL to baptize, to christen **2.** [denominar, poner mote a] to christen **3.** *Fam* [aguar] to dilute

bautizo nm [ceremonia] baptism, christening / [fiesta] christening party

bauxita nf bauxite

bávaro, -a adj & nm,f Bavarian

Baviera n Bavaria

baya nf berry

bayeta nf **1.** [tejido] flannel **2.** [para limpiar] cloth ▸ **~ de gamuza** chamois

bayonesa nf [bollo] = *pastry filled with strands of crystallized pumpkin*

bayoneta nf **1.** [arma] bayonet **2. bombilla de ~** light bulb with bayonet fitting

baza nf **1.** [en naipes] trick ▸ *Fig* **jugó bien sus bazas** she played her cards right ▸ *Fig* **están jugando su última ~** they're playing their last card ▸ **no pude meter ~ (en la conversación)** I couldn't get a word in edgeways ▸ **siempre trata de meter ~ (en la conversación)** she's always trying to butt in **2.** [ventaja] advantage ▸ **la gran ~ del producto es su reducido precio** the product's great advantage is its low price ▸ **el delantero ruso es la gran ~ del equipo** the Russian forward is the team's main weapon

bazar nm bazaar

bazo nm spleen

bazofia nf **1.** [comida] pigswill **2.** [libro, película] **ser (una) ~** to be *BR* rubbish *o US* garbage

bazuca, bazooka nm bazooka

BBS nf INFORM (abrev de ***Bulletin Board Service***) BBS

BCE nm (abrev de ***Banco Central Europeo***) ECB

bearnesa nf CULIN **salsa ~** bearnaise sauce

beatería nf devoutness

beatificación nf beatification

beatificar [59] vt to beatify

beatitud nf beatitude

beato, -a ■ adj **1.** [beatificado] blessed **2.** [piadoso] devout **3.** [santurrón] sanctimonious
■ nm,f **1.** REL beatified person **2.** [piadoso] devout person **3.** [santurrón] sanctimonious person

bebe, -a nm,f *ANDES, RP Fam* baby

bebé nm baby ▸ **~ probeta** test-tube baby

bebedero nm **1.** [de jaula] water dish **2.** [abrevadero] drinking trough **3.** *MÉX, RP* [fuente] drinking fountain

bebedizo nm potion / [de amor] love potion

bebedor, -ora nm,f [borrachín] heavy drinker

beber ■ vt **1.** [líquido] to drink **2.** [absorber] [palabras, consejos] to lap up / [sabiduría, información] to draw, to acquire
■ vi **1.** [tomar líquido] to drink ▸ **~ de una fuente** to drink from a fountain **2.** [tomar alcohol] to drink ▸ **bebí más de la cuenta** I had one too many **3.** [brindar] **~ a la salud de alguien** to drink to sb's health ▸ **~ por algo** to drink to sth

bebida nf drink ▸ **darse** *o* **entregarse a la ~** to take to drink *o* the bottle ▸ **el problema de la ~** the problem of alcoholism *o* drinking

bebido, -a adj drunk

beca nf [del gobierno] grant / [de organización privada] scholarship ▸ **~ de investigación** research grant/ scholarship

becada nf woodcock

becado, -a ■ adj **alumno ~** [por el gobierno] grant holder / [por organización privada] scholarship holder
■ nm,f *esp AM* [del gobierno] grant holder / [de organización privada] scholarship holder

becar [59] vt [sujeto: gobierno] to award a grant to / [sujeto: organización privada] to award a scholarship to

becario, -a nm,f **1.** [estudiante] [del gobierno] grant holder / [de organización privada] scholarship holder **2.** [en prácticas] person on a work placement, *US* intern

becerrada nf = *bullfight with young bulls*

becerro, -a nm,f calf

bechamel nf béchamel sauce

bedel nm janitor

beduino, -a adj & nm,f Bedouin

befa nf jeer ▸ **hacer ~ de** to jeer at

begonia nf begonia

beicon nm *ESP* bacon

beige [beis] adj & nm beige

Beijing [bei'jin] n Beijing

Beirut n Beirut

beis adj inv & nm inv *ESP* beige

béisbol nm baseball

beisbolista ■ adj baseball
■ nmf baseball player

bel canto nm inv bel canto

beldad nf *Formal Hum* fairness, beauty

Belén n Bethlehem

belén nm **1.** [de Navidad] crib, Nativity scene **2.** *Fam* [desorden] bedlam **3.** [embrollo] mess ▸ **meterse en belenes** to get mixed up in trouble

belfos nmpl horse's lips

belga adj & nmf Belgian

Bélgica n Belgium

Belgrado n Belgrade

Belice n Belize

beliceño, -a adj & nm,f Belizean

belicismo nm warmongering

belicista ■ adj belligerent
■ nmf warmonger

bélico, -a adj **conflicto ~** military conflict ▸ **esfuerzo ~** war effort ▸ **espiral bélica** spiral towards war

belicosidad nf bellicosity

belicoso, -a adj bellicose / *Fig* aggressive

beligerancia nf belligerence

beligerante adj & nmf belligerent

bellaco, -a nm,f villain, scoundrel

belladona nf belladonna, deadly nightshade

bellaquería nf wickedness, roguery ▸ **ser una ~** to be a wicked thing to do

belleza nf beauty

bello, -a adj beautiful ▸ **bellas artes** fine arts ▸ **el ~ sexo** the fair sex

bellota nf acorn

bemol MÚS ■ adj flat
■ nm flat ▸ **doble ~** double flat ▸ *Fig* **tener (muchos) bemoles** [ser difícil] to be tricky / [tener valor] to have guts / [ser un abuso] to be a bit rich *o* much

benceno nm QUÍM benzene

bencina nf **1.** QUÍM benzine **2.** *CHILE* [gasolina] *BR* petrol, *US* gas

bendecir [51] vt to bless ▸ **~ la mesa** to say grace

bendición nf blessing ▸ **ser una ~ de Dios** to be wonderful ▸ REL **bendiciones (nupciales)** [boda] wedding

bendigo *ver* ***bendecir***

bendijera *etc ver* ***bendecir***

bendito, -a ■ adj **1.** [santo] holy / [alma] blessed ▸ *Fam Fig* **¡~ sea Dios!** thank goodness! **2.** [dichoso] lucky **3.** [para enfatizar] blessed ▸ **ya está otra vez con esa bendita historia** there he goes again with the same blessed story!
■ nm,f simple soul ▸ **dormir como un ~** to sleep like a baby

benedictino, -a adj & nm,f REL Benedictine

benefactor, -ora ■ adj beneficent
■ nm,f benefactor, *f* benefactress

beneficencia nf charity

beneficiar vt to benefit
◆ ***beneficiarse*** vpr to benefit ▸ **beneficiarse de algo** to do well out of sth ▸ *ESP Fam* **beneficiarse a alguien** to have sb, *BR* to have it away with sb

beneficiario, -a nm,f [de seguro] beneficiary / [de cheque] payee

beneficio nm **1.** [bien] benefit ▸ **a ~ de** [gala, concierto] in aid of ▸ **en ~ de** for the good of ▸ **en ~ de todos** in everyone's interest ▸ **en ~ propio** for one's own good **2.** [ganancia] profit ▸ **~ bruto/neto** gross/net profit

beneficioso, -a adj beneficial (**para** to)

benéfico, -a adj **1.** [favorable] beneficial **2.** [de caridad] charity ▸ **rifa benéfica** charity raffle ▸ **organización benéfica** charity, charitable organisation

Benelux nm (abrev de ***België-Nederland-Luxembourg***) **el ~** Benelux

Benemérita nf ESP **la ~** = *name given to the "Guardia Civil"*

benemérito, -a adj worthy

beneplácito nm consent

benevolencia nf benevolence

benevolente, benévolo, -a adj benevolent

bengala nf **1.** [de señalización] flare **2.** [de fiesta] sparkler

bengalí (pl **bengalíes** *o* **bengalís**) adj & nmf Bengali

benignidad nf **1.** [de persona, carácter, enfermedad] benign nature **2.** [de clima, temperatura] mildness

benigno, -a adj **1.** [persona, carácter, enfermedad] benign **2.** [clima, temperatura] mild

Benín n Benin

benjamín, -ina nm,f youngest child

benzol nm QUÍM benzol

beodo, -a adj & nm,f drunk

beque *etc ver* ***becar***

berberecho nm cockle

berberisco adj & nmf Berber

berbiquí (pl **berbiquíes** *o* **berbiquís**) nm brace and bit

bereber ■ adj & nmf Berber
■ nm [lengua] Berber

berenjena nf BR aubergine, US eggplant

berenjenal nm *Fam* [enredo] mess ▸ **meterse en un ~** to get oneself into a right mess

bergamota nf bergamot

bergantín nm brigantine

beriberi nm MED beriberi

berilio nm QUÍM beryllium

Berlín n Berlin

berlina nf four-door saloon

berlinés, -esa ■ adj of/from Berlin
■ nm,f Berliner

bermejo, -a adj reddish

bermellón adj inv & nm vermilion

Bermudas nfpl **las ~** Bermuda

bermudas nfpl Bermuda shorts

Berna n Berne

berrear vi **1.** [animal] to bellow / [niño] to howl **2.** *Fam* [cantar mal] to screech, to howl

berreta adj RP *Fam* cheapo, crappy

berrido nm **1. dar berridos/un ~** [animal] to bellow / [niño] to howl **2.** *Fam* [cantar mal] **dar berridos** to screech

berrinche nm *Fam* tantrum ▸ ESP **coger** *o* AM **hacer un ~** to throw a tantrum

berro nm watercress

berza nf cabbage ▸ *ESP Fam* **hoy está con la ~** [atontado] he's not with it today

berzas, berzotas nmf inv *Fam* thickhead

besamanos nm inv hand-kissing

besamel nf béchamel sauce

besar vt to kiss
◆ ***besarse*** vpr to kiss

beso nm kiss ▸ **dar un ~ a alguien** to give sb a kiss, to kiss sb ▸ **le dio un ~ en los labios** he kissed her on the lips ▸ **un ~, muchos besos** [en carta] love ▸ **Marisa te manda besos** Marisa sends her love ▸ **comerse a besos a alguien** to smother sb with kisses ▸ **~ con lengua** French kiss

bestia ■ adj **1.** [bruto] **es tan ~ que quería meter el piano por la ventana** he's such an oaf, he wanted to try and get the piano in through the window ▸ **un chiste muy ~** a really gross joke **2.** [violento] **es muy ~ con su mujer** he's a real brute to his wife ▸ **¡qué tipo más ~!** what a brute *o* thug! **3.** [ignorante] thick **4.** [extraordinario] amazing ▸ **¡qué ~, regateó a seis jugadores él solito!** wow *o* that's amazing, he beat six players all by himself! **5.** *Fam* **a lo ~: comer a lo ~** to stuff one's face ▸ **cerró la puerta a lo ~** he slammed the door
■ nmf **1.** [bruto] oaf **2.** [ignorante] brute **3.** [violento] brute
■ nf [animal] beast ▸ **~ de carga** beast of burden ▸ **~ negra** bête noire

bestiada nf *ESP Fam* **1.** [barbaridad] **decir/hacer una ~** to say/do something stupid **2. una ~ de** [muchos] tons *o* stacks of

bestial adj **1.** [brutal] animal, brutal / [apetito] tremendous **2.** *Fam* [formidable] terrific

bestialidad nf **1.** [brutalidad] brutality **2.** *Fam* [barbaridad] **decir/hacer una ~** to say/do something stupid **3.** *Fam* [montón] **una ~ de** tons *o* stacks of

bestiario nm LIT bestiary

best-seller [bes'seler] (pl **best-sellers**) nm bestseller

besucón, -ona *Fam* ■ adj kissy
■ nm,f kissy person

besugo nm [pescado] sea bream / *ESP Fam* [persona] idiot

besuquear *Fam* vt to smother with kisses
◆ ***besuquearse*** vpr to smooch

besuqueo nm *Fam* smooching

beta nf beta

betabel nf MÉX BR beetroot, US beet

betarraga nf ANDES BR beetroot, US beet

bético, -a adj **1.** [andaluz] Andalusian **2.** DEP = *of/relating to Real Betis Football Club*

betún nm **1.** [para calzado] shoe polish **2.** QUÍM bitumen ▸ **~ de Judea** asphalt

bi- prefijo bi-

bianual adj **1.** [dos veces al año] biannual, twice-yearly **2.** [cada dos años] biennial

biberón nm (baby's) bottle ▸ **dar el ~ a** to bottle-feed

Biblia nf Bible ▸ *Fam* **ser la ~ en verso** to be endless

bíblico, -a adj biblical

bibliobús (pl **bibliobuses**) nm *ESP* mobile library

bibliófilo, -a nm,f **1.** [coleccionista] book collector **2.** [lector] book lover

bibliografía nf bibliography

bibliográfico, -a adj bibliographic

bibliógrafo, -a nm,f bibliographer

bibliorato nm *CSUR* file

biblioteca nf **1.** [lugar, conjunto de libros] library ▸ **~ ambulante/pública** mobile/public library ▸ **~ de préstamo** lending library **2.** [mueble] bookcase

bibliotecario, -a nm,f librarian

biblioteconomía nf librarianship, *US* library science

bicameral adj POL bicameral, two-chamber ▸ **sistema ~** two-chamber *o* bicameral system

bicampeón, -ona nm,f two-times *o* twice champion

bicarbonato nm **1.** [medicamento] **~ (sódico)** bicarbonate of soda **2.** QUÍM bicarbonate ▸ **~ sódico** *o* **de sodio** sodium bicarbonate

bicéfalo, -a adj two-headed, *Espec* bicephalous

bicentenario nm bicentenary

bíceps nm inv biceps

bicha nf *Fam* snake

bicharraco nm *Fam* **1.** [animal] disgusting creature **2.** [persona mala] nasty piece of work

bicho nm *Fam* **1.** [animal] beast, animal / [insecto] bug ▸ **¿qué ~ le ha picado?** *BR* what's up with him?, *US* what's eating him? **2.** [persona] **(mal) ~** nasty piece of work ▸ **~ raro** weirdo ▸ **siempre está intentado ligar con todo ~ viviente** he'll try to *BR* get off with *o US* make out with anything that moves ▸ **no hay ~ viviente que se coma esto** there isn't a creature alive that would eat that **3.** [pillo] little terror

bici nf *Fam* bike

bicicleta nf bicycle ▸ **~ de carreras** racing bicycle ▸ **~ estática** exercise bike ▸ **~ de montaña** mountain bike

bicicross nm cyclocross

bicoca nf *Fam* [compra, alquiler] bargain / *ESP* [trabajo] cushy number

bidé, bidet nm bidet

bidimensional adj two-dimensional

bidón nm [barril] drum / [lata] (jerry) can / [de plástico] plastic jerry can, = *large water container with handle*

biela nf connecting rod

Bielorrusia n Belarus

bielorruso, -a adj & nm,f Belorussian, Byelorussian

biempensante, bienpensante ■ adj right-thinking ▸ **la sociedad ~** respectable society
■ nmf **los biempensantes** right-thinking *o* respectable people

bien ■ adj inv [respetable] **una familia ~** a good family ▸ *Pey* **niño ~** rich kid
■ nm **1.** [concepto abstracto] good ▸ **el ~ y el mal** good and evil ▸ **hacer el ~** to do good (deeds) **2.** [provecho] good ▸ **esto te hará ~** this will do you good ▸ **por el ~ de** for the sake of ▸ **lo hice por tu ~** I did it for your own good **3.** [nota] good, = *mark between 5.9 and 7 out of 10*
◆ ***bienes*** nmpl **1.** [patrimonio] property ▸ **bienes de capital** capital assets ▸ **bienes gananciales** shared possessions ▸ **bienes inmuebles** real estate, *US* real property ▸ **bienes muebles** personal property ▸ **bienes raíces** real estate, *US* real property **2.** [productos] goods ▸ **bienes de consumo** consumer goods ▸ **bienes de equipo** capital goods ▸ **bienes de producción** industrial goods
■ adv **1.** [debidamente, adecuadamente] well ▸ **¿cómo estás? – ~, gracias** how are you? – fine, thanks ▸ **hacer algo ~** to do sth well ▸ **has hecho ~** you did the right thing ▸ **¡~ hecho!** well done! ▸ **habla inglés ~** she speaks English well ▸ **cierra ~ la puerta** shut the door properly ▸ **hiciste ~ en decírmelo** you were right to tell me ▸ **¿vamos ~ de gasolina?** are we doing all right for *BR* petrol *o US* gas?, have we got plenty of *BR* petrol *o US* gas? **2.** [expresa opinión favorable] **me cayó muy ~** I liked her a lot ▸ **estar ~** [de aspecto] to be nice / [de salud] to be *o* feel well / [de calidad] to be good / [de comodidad] to be comfortable ▸ **este traje te está ~** this suit looks good on you ▸ **está ~ que te vayas, pero antes despídete** it's all right for you to go, but say goodbye first ▸ **oler/saber ~** to smell/taste nice *o* good ▸ **pasarlo ~** to have a good time ▸ **sentar ~ a alguien** [ropa] to suit sb / [comida] to agree with sb / [comentario] to please sb **3.** [muy, bastante] very ▸ **hoy me he levantado ~ temprano** I got up nice and early today ▸ **quiero un vaso de agua ~ fría** I'd like a nice cold glass of water **4.** [vale, de acuerdo] all right, OK ▸ **¿nos vamos? – ~** shall we go? – all right **5.** [de buena gana, fácilmente] quite happily ▸ **ella ~ que lo haría, pero no le dejan** she'd be happy to do it, but they won't let her **6.** [expresiones] **¡~ por...** three cheers for... ▸ **¡está ~!** [bueno, vale] all right then! / [es suficiente] that's enough ▸ **¡ya está ~!** that's enough! ▸ **estar a ~ con alguien** to be on good terms with sb ▸ **más ~** rather ▸ **no estoy contento, más ~ estupefacto** I'm not so much happy as stunned ▸ **¡muy ~!** very good!, excellent! ▸ **¡pues (sí que) estamos ~!** that's all we needed! ▸ **tener a ~ hacer algo** to be good enough to do sth
■ conj **~... ~** either... or ▸ **dáselo ~ a mi hermano, ~ a mi padre** either give it to my brother or my father
◆ ***no bien*** loc conj no sooner, as soon as ▸ **no ~ me había marchado cuando empezaron a...** no sooner had I gone than they started...
◆ ***si bien*** loc conj although, even though
■ interj **1. ¡~!** [aprobación] good!, great! ▸ **hoy saldremos al recreo media hora antes – ¡~!** break time will be half an hour earlier today – great! **2.** [enlazando] **y ~, ¿qué te ha parecido?** well *o* so, what did you think of it? ▸ **y ~, ¿a qué estás esperando?** well, what are you waiting for?

bienal ■ adj biennial
■ nf biennial exhibition

bienaventurado, -a nm,f REL blessed person

bienaventuranza nf **1.** REL divine vision ▸ **bienaventuranzas** Beatitudes **2.** [felicidad] happiness

bienestar nm wellbeing

bienhablado, -a adj well-spoken

bienhechor, -ora ■ adj beneficial
■ nm,f benefactor, *f* benefactress

bienintencionado, -a adj well-intentioned

bienio nm **1.** [periodo] two years **2.** [aumento de sueldo] two-yearly increment

bienpensante ➤ ***biempensante***

bienvenida nf welcome ▸ **dar la ~ a alguien** to welcome sb

bienvenido, -a adj welcome ▸ **¡~!** welcome!

bies nm inv bias binding ▸ **al ~** [costura] on the bias

bifásico, -a adj ELEC two-phase ▸ **sistema ~** AC system

bife nm *ANDES, RP* steak

bífido, -a adj forked

bífidus nm inv bifidus

bifocal adj bifocal
◆ ***bifocales*** nfpl [gafas] bifocals

bifurcación nf fork / TEL bifurcation

bifurcarse [59] vpr to fork

bigamia nf bigamy

bígamo, -a ■ adj bigamous
■ nm,f bigamist

bígaro nm winkle

bigote nm moustache ▸ *ESP Fam* **de bigotes** fantastic

bigotudo, -a adj with a big moustache

bigudí (pl **bigudís** *o* **bigudíes**) nm curler

bikini nm [bañador] bikini

bilabial adj & nf LING bilabial

bilateral adj bilateral

bilbaíno, -a ■ adj of/from Bilbao
■ nm,f person from Bilbao

biliar adj ANAT bile ▸ **conducto ~** bile duct ▸ **vesícula ~** gall bladder

bilingüe adj bilingual

bilingüismo nm bilingualism

bilioso, -a adj *también Fig* bilious

bilirrubina nf BIOQUÍM bilirubin

bilis nf inv *también Fig* bile ▸ *Fig* **tragar ~** to grin and bear it

billar nm **1.** [juego] billiards *(singular)* ▸ **~ americano** pool ▸ **~ romano** bar billiards **2.** [mesa] billiard table **3.** [sala] billiard hall

billete nm **1.** [de banco] *BR* note, *US* bill ▸ **~ de banco** banknote **2.** *ESP* [de transporte] ticket ▸ **~ de avión** plane ticket ▸ **~ abierto** open ticket ▸ **~ de ida** [en avión] one-way (ticket) ▸ **~ de ida y vuelta** *BR* return (ticket), *US* round-trip (ticket) ▸ **~ sencillo** *BR* single (ticket), *US* one-way (ticket) **3.** *ESP, CUBA* [de cine, teatro] ticket ▸ **no hay billetes** [en letrero] sold out **4.** [de rifa] ticket ▸ **~ de lotería** lottery ticket

billetera nf, ***billetero*** nm wallet, *US* billfold

billón núm trillion / *ver también* ***seis***

bimensual adj twice-monthly

bimestral adj two-monthly

bimestre nm two months

bimotor ■ adj twin-engine(d) ▸ **avión ~** twin-engine(d) plane
■ nm twin-engine(d) plane

binario, -a adj [gen] & INFORM binary

bingo nm **1.** [juego] bingo **2.** [sala] bingo hall **3.** [premio] (full) house

binoculares nmpl [prismáticos] binoculars / [de ópera, teatro] opera glasses

binomio nm **1.** MAT binomial **2.** [de personas] pairing

biocombustible nm biofuel

biodegradable adj biodegradable

biodiversidad nf biodiversity

bioética nf bioethics *(singular)*

biofísica nf biophysics *(singular)*

biofísico, -a adj biophysical

biografía nf biography

biográfico, -a adj biographical

biógrafo, -a nm,f [persona] biographer

bioingeniería nf bioengineering

biología nf biology

biológico, -a adj biological

biólogo, -a nm,f biologist

biomasa nf BIOL biomass

biombo nm (folding) screen

biopsia nf biopsy

bioquímica nf [ciencia] biochemistry

bioquímico, -a ■ adj biochemical
■ nm,f [persona] biochemist

biorritmo nm biorhythm

biosfera nf biosphere

biotecnología nf biotechnology

bioterrorismo nm bioterrorism

bióxido nm QUÍM dioxide ▸ **~ de carbono** carbon dioxide

bipartidismo nm POL two-party system

bipartidista adj POL **sistema ~** two-party system

bipartito, -a adj bipartite

bípedo, -a ■ adj two-legged
■ nm,f biped

biplano nm biplane

biplaza ■ adj **vehículo ~** two-seater
■ nm two-seater

bipolar adj bipolar

biquini nm [bañador] bikini

birlar vt *Fam* to pinch, *BR* to nick

birlibirloque nm *ESP* **como por arte de ~** as if by magic

Birmania n *Antes* Burma

birmano, -a *Antes* ■ adj & nm,f Burmese
■ nm [lengua] Burmese

birome nm o nf *CSUR* Biro®

birra nf *Fam* beer, *US* brew

birrete nm **1.** [de clérigo] biretta **2.** [de catedrático] mortarboard **3.** [de abogados, jueces] = *cap worn by judges and lawyers*

birria nf *Fam* [persona] drip ▸ **una ~ de jugador** a useless player ▸ **esta película es una ~** this movie is a load of *BR* rubbish *o US* garbage

birrioso, -a adj *Fam* [malo] pathetic / [escaso] measly

biruji nm *Fam* **¡qué ~ hace!** it's freezing cold!

bis ■ adj inv **viven en el 150 ~** they live at 150a
■ nm encore
■ adv MÚS [para repetir] bis

bisabuelo, -a nm,f great-grandfather, *f* great-grandmother ▸ **bisabuelos** great-grandparents

bisagra nf hinge

bisbisar, bisbisear vt to mutter

bisbiseo nm muttering

biscote nm *ESP* piece of Melba toast

bisección nf MAT bisection

bisectriz nf MAT bisector

bisel nm bevel

biselado, -a ■ adj bevelled
■ nm bevelling

biselar vt to bevel

bisemanal adj twice-weekly

bisexual adj & nmf bisexual

bisexualidad nf bisexuality

bisiesto adj **año ~** leap year

bisílabo, -a adj two-syllabled

bismuto nm QUÍM bismuth

bisnieto, -a nm,f [varón] great-grandson, great-grandchild / [hembra] great-granddaughter, great-grandchild ▸ **bisnietos** great-grandchildren

bisonte nm bison

bisoñé nm toupee

bisoño, -a nm,f novice

Bissau n Bissau

bistec (pl **bistecs**) nm steak

bisturí (pl **bisturíes**) nm scalpel

bisutería nf imitation jewellery

bit (pl **bits**) nm INFORM bit

bitácora nf **1.** NÁUT binnacle **2.** INFORM blog

bíter, bitter nm bitters *(singular)*

bituminoso, -a adj bituminous

bivalente adj QUÍM bivalent

bizantino, -a ■ adj **1.** HIST Byzantine **2.** [discusión, razonamiento] hair-splitting
■ nm,f Byzantine

bizarría nf **1.** [valor] bravery **2.** [generosidad] generosity

bizarro, -a adj **1.** [valiente] brave, valiant **2.** [generoso] generous

bizco, -a ■ adj cross-eyed
■ nm,f cross-eyed person

bizcocho nm [de repostería] sponge

bizquear vi to squint

bizquera nf squint

blablablá nm *Fam* blah, blahblah

blanca nf MÚS *BR* minim, *US* half note / [en ajedrez, damas] white (piece) ▸ *ESP Fig* **estar** *o* **quedarse sin ~** to be flat broke

Blancanieves n pr Snow White

blanco, -a ■ adj white ▸ **se quedó ~ del susto** [pálido] she turned white *o* pale with fear ▸ **página/verso en ~** blank page/verse ▸ **se quedó con la mente en ~** his mind went blank ▸ **una noche en ~** a sleepless night
■ nm,f [persona] white ▸ **los blancos** whites
■ nm **1.** [color] white ▸ **el ~ es mi color favorito** white is my favourite colour ▸ **~ del ojo** white of the eye **2.** [diana] target ▸ **dar en el ~** to hit the target / *Fig* to hit the nail on the head **3.** [objetivo] target / [de miradas] object ▸ **se convirtió en el ~ de la crítica** he became the target of criticism **4.** [espacio vacío] blank (space) **5.** [vino] white wine

blancor nm, ***blancura*** nf whiteness

blancuzco, -a adj off-white

blandengue adj *también Fig* weak

blandir vt to brandish

blando, -a adj **1.** [suave, mullido] soft **2.** [persona] [indulgente] soft, lenient

> FALSO AMIGO / FALSE FRIEND
> ***blando***
> **Bland is not a translation of the Spanish word *blando*. Bland is translated by *soso* or *insulso*.**

blandura nf **1.** [calidad de suave, mullido] softness **2.** [debilidad] weakness / [indulgencia] leniency

blanqueador, -ora ■ adj **líquido ~** whitener
■ nm [líquido] whitener

blanquear vt **1.** [ropa] to whiten / [con lejía] to bleach **2.** [con cal] to whitewash **3.** [dinero] to launder

blanquecino, -a adj off-white

blanqueo nm **1.** [de ropa] whitening / [con lejía] bleaching **2.** [encalado] whitewashing **3.** [de dinero] laundering

blanquillo nm **1.** *CAM, MÉX* egg **2.** *ANDES* white peach

blasfemar vi **1.** REL to blaspheme (**contra** against) **2.** [maldecir] to swear, to curse

blasfemia nf **1.** REL blasphemy **2.** [palabrota] curse **3.** [injuria] **es una ~ hablar así de...** it's sacrilege to talk like that about...

blasfemo, -a ■ adj blasphemous
■ nm,f blasphemer

blasón nm [escudo] coat of arms / *Fig* [orgullo] honour, glory

blaugrana adj inv DEP = *of/relating to Barcelona football club*

blazer ['bleiser] (pl **blazers**) nm blazer

bledo nm *Fam* **me importa un ~** I don't give a damn

blenorragia nf MED blennorrhagia

blenorrea nf MED blennorrhoea

blindado, -a ■ adj [puerta] armour-plated / MIL armoured ▸ **coche ~** bullet-proof car ▸ MIL **carro ~** armoured vehicle ▸ MIL **columna blindada** armoured column
■ nm MIL [vehículo] armoured vehicle

blindaje nm [de puerta] armour-plating / [de coche] armour

blindar vt to armour-plate

bloc (pl **blocs**) nm pad ▸ **~ de dibujo** sketch pad ▸ **~ de notas** notepad

blocaje nm [en fútbol] bodycheck

blocar [59] vt DEP to block / [en fútbol] to bodycheck

blog [bloɣ] (pl **blogs**) nm INFORM blog

blonda nf [encaje] lace trim

bloque ■ *ver* ***blocar***
■ nm **1.** [pieza] block **2.** [edificio] block ▸ **un ~ de apartamentos** *BR* a block of flats, *US* an apartment block ▸ **un ~ de oficinas** an office block **3.** INFORM block **4.** POL bloc ▸ **en ~** en masse ▸ HIST **el ~ del Este** the Eastern bloc **5.** TEC cylinder block

bloquear vt **1.** [comunicaciones, carreteras] [por nieve, inundación] to block ▸ **los manifestantes bloqueaban la salida de la fábrica** the demonstrators were blocking the exit to the factory **2.** [con ejército, barcos] to blockade **3.** FIN [cuentas] to freeze **4.** [acuerdo] to block **5.** [mecanismo] to jam ▸ **la centralita del ministerio está bloqueada** the ministry's switchboard is jammed **6.** DEP to block **7.** INFORM [archivo] to lock **8.** AUT to lock
◆ ***bloquearse*** vpr **1.** [atascarse] to be stuck **2.** [persona] to freeze ▸ **cuando está estresado se bloquea** he just freezes when he's under stress **3.** AUT [dirección] to lock / [frenos] to jam **4.** INFORM [pantalla] to freeze

bloqueo nm **1.** [con ejército, barcos] blockade ▸ **~ naval** naval blockade **2.** ECON blockade ▸ **~ económico** economic blockade **3.** [de mecanismo] jamming **4.** FIN [de cuentas] freeze, freezing **5.** DEP [de jugador] block **6.** **~ mental** mental block **7.** INFORM [en archivo] lock

blues [blus] nm inv MÚS blues

blúmer (pl **blúmers** *o* **blúmeres**) nm *CAM, CARIB* panties, *BR* knickers

blusa nf blouse

blusón nm smock

bluyín nm, ***bluyines*** nmpl *ANDES, VEN* jeans

BNG nm (abrev de ***Bloque Nacionalista Gallego***) = *Galician nationalist party*

boa ■ nf [serpiente] boa ▸ **~ constrictor** boa constrictor
■ nm [prenda] (feather) boa

boatiné nm padded fabric ▸ **una bata de ~** a quilted dressing gown

boato nm show, ostentation

bobada, bobería nf **decir/hacer una ~** to say/do something stupid ▸ **decir bobadas** to talk nonsense ▸ **hacer bobadas** to mess about

bobalicón, -ona *Fam* ■ adj simple
■ nm,f simpleton

bobería ➤ ***bobada***

bóbilis adv *ESP Fam* **de ~ ~** [de balde] for free, for nothing / [sin esfuerzo] without trying

bobina nf **1.** [de cordel, cable, papel] reel / [en máquina de coser] bobbin **2.** ELEC coil

bobinar vt to wind

bobo, -a ■ adj **1.** [tonto] stupid, daft **2.** [ingenuo] naive, simple
■ nm,f **1.** [tonto] fool, idiot **2.** [ingenuo] simpleton

bobsleigh ['boβslei] (pl **bobsleighs**) nm bobsleigh

boca nf **1.** [de persona, animal] mouth ▸ **~ arriba/abajo** face up/down ▸ **(respiración) ~ a ~** mouth-to-mouth resuscitation ▸ **hacer el ~ a ~ a alguien** to give sb mouth-to-mouth resuscitation, to give sb the kiss of life **2.** [entrada] [de botella, túnel] mouth / [de buzón] slot / [de cañón] muzzle / [de escenario] stage door / [de puerto] entrance ▸ *Fam* **a ~ de jarro** point-blank ▸ **~ del estómago** pit of the stomach ▸ **~ de incendios** fire hydrant ▸ **~ de metro** *BR* tube *o* underground entrance, *US* subway entrance ▸ **~ de riego** hydrant **3.** [persona] **una ~ más para alimentar** one more mouth to feed **4.** [expresiones] **abrir** *o* **hacer ~** to whet one's appetite ▸ **andar** *o* **ir de ~ en ~** to be on everyone's lips ▸ *Fam* **cerrar la ~ a alguien** to make sb shut up ▸ *Fam* **¡cállate** *o* **cierra la ~!** shut up! ▸ **no decir esta ~ es mía** not to open one's mouth ▸ **se me hace la ~ agua** it makes my mouth water ▸ **meterse en la ~ del lobo** to put one's head into the lion's mouth ▸ **por la ~ muere el pez** silence is golden ▸ **a pedir de ~** perfectly ▸ **quedarse con la ~ abierta** to be left speechless ▸ **me lo has quitado de la ~** you took the words right out of my mouth ▸ **tapar la ~ a alguien** to silence sb

bocacalle nf [entrada] entrance *(to a street)* / [calle] side street ▸ **gire en la tercera ~** take the third turning

bocadillo nm **1.** *ESP* [comida] (filled) roll **2.** [en cómic] speech bubble, balloon

bocado nm **1.** [comida] mouthful ▸ **no probar ~** [por desgana] not to touch one's food ▸ **no he probado ~ en todo el día** I haven't had a bite to eat all day **2.** [mordisco] bite **3.** **~ de Adán** Adam's apple

bocajarro: a bocajarro loc adv [disparar] at point-blank range ▸ **decir algo a ~** to say sth straight out

bocamanga nf cuff

bocanada nf [de líquido] mouthful / [de humo] puff / [de viento] gust

boca-oreja nm word of mouth

bocata nm *ESP Fam* (filled) roll

bocazas nmf inv *Fam* bigmouth, blabbermouth

boceto nm sketch, rough outline

bocha nf [bolo] bowl ▸ **bochas** [juego] bowls *(singular)*

bochar vt *RP Fam* [en examen] to fail

bochinche nm *AM Fam* [ruido] racket / [alboroto] fuss

bochinchero, -a adj *AM Fam* rowdy

bochorno nm **1.** [calor] stifling *o* muggy heat **2.** [vergüenza] embarrassment

bochornoso, -a adj **1.** [tiempo] stifling, muggy **2.** [vergonzoso] embarrassing

bocina nf **1.** AUT horn **2.** *MÉX* [megáfono] loudspeaker / [del teléfono] mouthpiece

bocinazo nm AUT hoot

bocio nm MED goitre

bock [bok] (pl **bocks**) nm stein

boda nf wedding ▸ **bodas de diamante** [de matrimonio] diamond wedding / [de organización, evento] diamond jubilee ▸ **bodas de oro** [de matrimonio] golden wedding / [de organización, evento] golden jubilee ▸ **bodas de plata** [de matrimonio] silver wedding / [de organización, evento] silver jubilee

bodega nf **1.** [cava] wine cellar **2.** [tienda] wine shop / [taberna] bar *(mainly selling wine)* **3.** [en buque, avión] hold **4.** *CAM, CARIB* [colmado] small grocery store **5.** *MÉX* [almacén] store

bodegón nm **1.** ARTE still life **2.** [taberna] tavern, inn

bodeguero, -a nm,f [dueño] = *owner of a wine cellar*

bodrio nm *Fam* [comida] slop, pigswill ▸ **ser un ~** [película, novela, cuadro] to be *BR* rubbish *o US* trash ▸ **¡qué ~!** what a load of *BR* rubbish *o US* trash!

body ['boði] (pl **bodies**) nm body *(garment)*

BOE ['boe] nm (abrev de ***Boletín Oficial del Estado***) official Spanish gazette, = *daily state publication, giving details of legislation, etc*

CULTURA / CULTURE

BOE

The "Boletín Oficial del Estado" is the official Spanish state gazette, which publishes the text of new laws and decrees, the outcome of public tenders, details of government grants and other matters which are legally required to be published. The judgements handed down by Spain's Constitutional Court are also published in separate supplements to the BOE. All texts published in the BOE are regarded as definitive and carry the force of law.

bóer nmf Boer

bofe nm *Fam* **echar el ~** *o* **los bofes** to puff and pant

bofetada nf slap (in the face) ▸ **dar una ~ a alguien** to slap sb (in the face) ▸ *ESP Fig* **darse de bofetadas con algo** [no armonizar] to clash with sth

bofetón nm hard slap (in the face)

bofia nf *ESP Fam* **la ~** the cops

boga nf **estar en ~** to be in vogue

bogar [40] vi **1.** [remar] to row **2.** [navegar] to sail

bogavante nm lobster

Bogotá n Bogota

bogotano, -a ■ adj of/from Bogotá
■ nm,f person from Bogotá

bogue *etc ver* ***bogar***

bohemia nf bohemian lifestyle

bohemio, -a ■ adj **1.** [aspecto, vida, barrio] bohemian **2.** [de Bohemia] Bohemian
■ nm,f **1.** [artista, vividor] bohemian **2.** [de Bohemia] Bohemian

bohío nm *CARIB* hut

boicot (pl **boicots**) nm boycott

boicotear vt to boycott

boicoteo nm boycott

boina nf beret

boîte [bwat] nf nightclub

boj nm **1.** [árbol] box **2.** [madera] boxwood

bol nm bowl

bola nf **1.** [esfera] ball / [canica] marble / [de helado] scoop / [de fútbol, baloncesto] ball ▸ **~ de alcanfor** mothball ▸ **~ de billar** billiard ball ▸ **~ de cristal** crystal ball ▸ **~ del mundo** globe ▸ **~ de naftalina** mothball ▸ **~ de nieve** snowball ▸ *Fig* **convertirse en una ~ de nieve** to snowball ▸ **~ de partido** [en tenis] match point **2.** *Fam* [mentira] fib ▸ **contar bolas** to fib, to tell fibs **3.** *Fam* rumour ▸ **corre la ~ por ahí de que te has echado novio** they say you've got yourself a boyfriend **4.** *muy Fam* **bolas** [testículos] balls ▸ **en bolas** [desnudo] stark-naked, *BR* starkers ▸ *Fig* **no rascar ~** to get everything wrong **5.** *AM* [betún] shoe polish

bolada nf *CSUR Fam* opportunity

bolchevique adj & nmf Bolshevik

bolchevismo nm Bolshevism

boldo nm [infusión] boldo, = *type of herbal tea*

boleador nm *AM* [de zapatos] shoeshine, *BR* bootblack

boleadoras nfpl bolas, = *set of three ropes, weighted at the ends, used by Argentinian gauchos for capturing cattle by entangling their legs*

bolear vt *MÉX* to shine, to polish

bolera nf bowling alley

bolero nm bolero

boleta nf **1.** [para entrar] (admission) ticket **2.** *CUBA, MÉX, RP* [para votar] ballot, voting slip **3.** *CAM, CSUR* [multa] parking ticket **4.** *MÉX* [de calificaciones] *BR* (school) report, *US* report card

boletería nf *AM* [de cine, teatro] box office / [de estación] ticket office

boletero, -a nm,f *AM* box office attendant

boletín nm journal, periodical ▸ **~ de evaluación** *BR* (school) report, *US* report card ▸ **~ informativo** news bulletin ▸ **~ meteorológico** weather forecast ▸ **~ de noticias** news bulletin ▸ **~ de prensa** press release ▸ **Boletín Oficial del Estado** official Spanish gazette, = *daily state publication, giving details of legislation, etc* ▸ **~ de suscripción** subscription form

boleto nm **1.** [de lotería, rifa] ticket / [de quinielas] coupon ▸ **~ de apuestas** betting slip **2.** *AM* [para transporte] ticket ▸ **~ de ida y vuelta,** *MÉX* **~ redondo** *BR* return (ticket), *US* round-trip (ticket) **3.** *COL, MÉX* [para espectáculo] ticket **4.** *MÉX Fam* [asunto, problema] **es mi ~** it's my business

boli nm *ESP Fam* Biro®

boliche nm **1.** [en petanca] jack **2.** [bolos] ten-pin bowling **3.** [bolera] bowling alley **4.** *CSUR* [tienda] small grocery store

bólido nm racing car ▸ *Fig* **ir como un ~** to go at a rate of knots, *BR* to go like the clappers

bolígrafo nm ballpoint pen, Biro®

bolillo nm **1.** [en costura] bobbin **2.** *MÉX* [panecillo] bread roll

bolinga *ESP Fam* ■ adj [borracho] plastered, *BR* legless
■ nm [persona] boozer
■ nf **agarrar una ~** to get plastered *o BR* legless

bolitas nfpl *CSUR* marbles

bolívar nm bolivar

Bolivia n Bolivia

boliviano, -a adj & nm,f Bolivian

bollera nf *muy Fam* dyke

bollería nf **1.** [tienda] cake shop **2.** [productos] cakes

bollo nm **1.** [para comer] [de pan] (bread) roll / [dulce] bun **2.** [abolladura] dent / *ESP* [abultamiento] bump **3.** *Fam* [persona atractiva] dish, gorgeous guy/woman ▸ **ser un ~** to be a bit of all right

bolo nm **1.** DEP [pieza] bowling pin ▸ **(el juego de) los bolos** (tenpin) bowling **2.** *ESP Fam* [actuación] gig **3.** *CAM Fam* [borracho] boozer

bolsa nf **1.** [recipiente] bag ▸ **~ de agua caliente** hot-water bottle ▸ **~ de aire** air pocket ▸ **~ de aseo** toilet bag ▸ **~ de (la) basura** bin liner ▸ **~ de la compra** shopping bag ▸ **~ de deportes** holdall, sports bag ▸ *AM* **~ de dormir** sleeping bag ▸ **~ de mano** (piece *o* item of) hand luggage ▸ **~ de papel** paper bag ▸ **~ de plástico** [en tiendas] carrier *o* plastic bag ▸ *Fig* **~ de pobreza** deprived area ▸ **~ de viaje** travel bag **2.** FIN **~ (de valores)** stock exchange, stock market ▸ **la Bolsa de Madrid** the Madrid Stock Exchange ▸ **la ~ ha subido/bajado** share prices have gone up/down ▸ **jugar a la ~** to speculate on the stock market **3.** [bolso] [de dinero] purse, pocketbook ▸ **¡la ~ o la vida!** your money or your life! **4. ~ de trabajo** [en universidad, organización] = *list of job vacancies and situations wanted* / [en periódico] appointments section **5.** MIN [de mineral, aire] pocket **6.** ANAT sac **7.** EDUC [beca] **~ de estudios** (study) grant **8.** *CAM, MÉX, PERÚ* [bolsillo] pocket **9.** *MÉX* [bolso] *BR* handbag, *US* purse

bolsillo nm pocket ▸ **calculadora de ~** pocket calculator ▸ **edición de ~** pocket edition ▸ **lo pagué de mi ~** I paid for it out of my own pocket ▸ **meterse** *o* **tener a alguien en el ~** to have sb eating out of one's hand ▸ *Fam* **rascarse el ~** to fork out

bolsista nmf **1.** FIN stockbroker **2.** *CAM, MÉX* [carterista] pickpocket

bolsístico, -a adj FIN stock market ▸ **actividad bolsística** activity on the stock market

bolso nm bag / *ESP* [de mujer] *BR* handbag, *US* purse ▸ **~ de viaje** overnight bag

boludear vi *RP Fam* [hacer tonterías] to mess about *o* around

boludez nf *RP Fam* **1.** [acto, dicho] **¡qué ~!** what a damn stupid thing to do/say! **2.** [cosa insignificante] silly little thing

boludo, -a *RP Fam* ■ adj **1.** [estúpido] damn stupid **2.** [perezoso] bone idle
■ nm,f **3.** [estúpido] *BR* prat, *US* jerk **4.** [perezoso] lazybones

bomba ■ nf **1.** [explosivo] bomb ▸ **poner una ~** to plant a bomb ▸ **~ atómica** atom *o* nuclear bomb ▸ **~ fétida** stink bomb ▸ **~ de hidrógeno** hydrogen bomb ▸ **~ de humo** smoke bomb ▸ **~ incendiaria** petrol bomb ▸ **~ lacrimógena** tear gas grenade ▸ **~ de mano** (hand) grenade ▸ **~ de neutrones** neutron bomb ▸ *también Fig* **~ de relojería** time bomb **2.** [de agua, de bicicleta] pump ▸ MED **~ de cobalto** cobalt bomb ▸ **~ hidráulica** hydraulic pump ▸ **~ de pie** foot pump **3.** [acontecimiento] bombshell ▸ **caer como una ~** to be a bombshell **4.** [en piscina] **tirarse en ~** to do a bomb **5.** *CHILE, ECUAD, VEN* [gasolinera] *BR* petrol station, *US* gas station **6.** *Fam* **la fiesta de anoche fue la ~** the party last night was something else
■ adv *ESP Fam* **pasarlo ~** to have a great time

bombacha nf *RP* **1.** [braga] *BR* knickers, *US* panties **2. bombachas** [pantalones] = *loose trousers worn by gauchos*

bombachos nmpl baggy *BR* trousers *o US* pants

bombardear vt *también Fig* to bombard

bombardeo nm bombardment ▸ **~ aéreo** air raid ▸ FÍS **~ atómico** bombardment in a particle accelerator

bombardero nm [avión] bomber

bombazo nm [explosión] explosion, blast / [noticia] bombshell

bombear vt [gen] & DEP to pump

bombeo nm **1.** [de líquido] pumping **2.** [abombamiento] bulge

bombero, -a nm,f **1.** [de incendios] firefighter, fireman, *f* firewoman ▸ *ESP* **tener ideas de ~** to have crazy ideas **2.** *VEN* [de gasolinera] *BR* petrol-pump *o US gas-pump attendant*

bombilla nf **1.** *ESP* [de lámpara] light bulb **2.** *RP* [para mate] = *tube for drinking maté* **3.** *MÉX* [cucharón] ladle

bombillo nm *CAM, CARIB, COL, MÉX* light bulb

bombín nm bowler (hat)

bombita nf *RP* light bulb

bombo nm **1.** MÚS bass drum ▸ *Fam* **tengo la cabeza como un ~** my head is throbbing ▸ *Fam* **estar con ~** to be up the spout *o BR* up the duff **2.** *Fam* [elogio] hype ▸ **a ~ y platillo** with a lot of hype ▸ **le están dando mucho ~ a la nueva película** the new film is getting a lot of hype **3.** TEC drum

bombón nm **1.** [dulce] chocolate **2.** *Fam* [mujer] *BR* stunner, *US* tomato

bombona nf cylinder ▸ **~ de butano** (butane) gas cylinder ▸ **~ de gas** gas cylinder ▸ **~ de oxígeno** oxygen bottle *o* cylinder

bombonería nf *BR* sweet shop, *US* candy store

bonachón, -ona ■ adj kindly
■ nm,f kindly person

bonaerense ■ adj of/from Buenos Aires
■ nmf person from Buenos Aires

bonancible adj [tiempo] fair / [mar] calm

bonanza nf **1.** [de tiempo] fair weather / [de mar] calm at sea **2.** [prosperidad] prosperity

bondad nf [cualidad] goodness / [inclinación]

kindness ▸ **tener la ~ de hacer algo** to be kind enough to do sth

bondadoso, -a adj kind, good-natured

bonete nm [eclesiástico] biretta / [universitario] mortarboard

bongó nm bongo (drum)

boniato nm *ESP, CUBA, URUG* sweet potato

bonificación nf **1.** [oferta especial] bonus / [descuento] discount **2.** [mejora] improvement

bonificar [59] vt **1.** [descontar] to give a discount of **2.** [mejorar] to improve

bonito, -a ▪ adj **1.** [lindo] pretty / [agradable] nice ▸ **es la canción más bonita del disco** it's the most beautiful song on the record **2.** [grande] **recibió una bonita suma** she got a tidy sum of money **3.** *Irónico* **¡muy ~!** great!, wonderful! ▸ **¿te parece ~ lo que has hecho?** are you proud of what you've done, then?
▪ adv *AM* **1.** [bien] well **2.** [mucho] a lot
▪ nm [pez] bonito *(type of tuna)*

Bonn n Bonn

bono nm **1.** [vale] voucher **2.** FIN bond ▸ **~ basura/de caja** junk/short-term bond ▸ **~ del Estado/del tesoro** government/treasury bond

bonobús (pl **bonobuses**) nm *ESP* = *multiple-journey bus ticket*

bonoloto nm = *Spanish state-run lottery*

bonotrén nm *ESP* =*multiple-journey railway ticket*

bonsái nm bonsai

bonzo nm **1.** [budista] Buddhist monk, bonze **2. quemarse a lo ~** to set oneself alight

boñiga nf cowpat

booleano, -a adj MAT & INFORM Boolean

boom [bum] (pl **booms**) nm boom

boqueada nf **dar las (últimas) boqueadas** to breathe one's last

boquear vi to breathe one's last

boquera nf = *cracked lip in the corner of one's mouth*

boquerón nm (fresh) anchovy ▸ **boquerones en vinagre** pickled anchovy fillets

boquete nm hole

boquiabierto, -a adj open-mouthed / *Fig* astounded, speechless

boquilla nf **1.** [para fumar] cigarette holder **2.** [de pipa, instrumento musical] mouthpiece **3.** [de tubo, aparato] nozzle **4.** *Fam* **es todo de ~** it's all hot air

Borbón n pr Bourbon ▸ **los Borbones** the Bourbons

borbónico, -a adj Bourbon

borbotear, borbotar vi to bubble

borboteo nm bubbling

borbotón nm **salir a borbotones** to gush out

borda nf NÁUT gunwale ▸ *Fig* **tirar** *o* **echar algo por la ~** to throw sth overboard ▸ **un fuera ~** [barco] an outboard motorboat / [motor] an outboard motor

bordado, -a ▪ adj embroidered ▸ *ESP Fig* **el discurso/examen le salió ~** his speech/the exam went like a dream
▪ nm embroidery

bordar vt [coser] to embroider / *Fig* [hacer bien] to do excellently ▸ **la actriz borda el papel de Cleopatra** the actress is outstanding in the role of Cleopatra

borde ▪ adj *ESP Fam* [antipático] **eres muy ~** you're a real *BR* ratbag *o US* s.o.b. ▸ **no te pongas ~ que casi no te he tocado** there's no need to get in a huff *o BR* strop, I hardly touched you
▪ nmf *ESP Fam* [antipático] *BR* ratbag, *US* s.o.b.
▪ nm [límite] edge / [de carretera] side / [de río] bank / [de vaso, botella] rim ▸ **(lleno) hasta el ~** full to the brim ▸ **al ~ del mar** by the sea ▸ **estoy al ~ de un ataque de nervios** I'm going to go off my head in a minute ▸ *Fig* **estar al ~ del abismo** to be on the brink of ruin *o* disaster ▸ *MÉX* **~ (de la banqueta)** *BR* kerb, *US* curb

bordeado, -a adj **~ de** lined with ▸ **un camino ~ de árboles** a tree-lined path

bordear vt **1.** [estar alrededor de] to border / [moverse alrededor de] to skirt (round) **2.** [rozar] to be close to

bordillo nm *BR* kerb, *US* curb

bordo nm NÁUT & AV **a ~** on board ▸ **bienvenidos a ~** welcome aboard

bordó *RP* adj inv & nm burgundy

boreal adj northern

borgoña nm burgundy

bórico adj boric

borla nf [de flecos] tassel / [pompón] pompom

borne nm ELEC terminal

Borneo n Borneo

boro nm QUÍM boron

borra nf [lana basta] flock

borrachera nf **1.** [embriaguez] drunkenness ▸ **tener/cogerse una ~** to be/get drunk **2.** [emoción] intoxication

borrachín, -ina nm,f *Fam* boozer

borracho, -a ▪ adj **1.** [ebrio] drunk **2.** [emocionado] **~ de** drunk *o* intoxicated with
▪ nm,f [persona] drunk
▪ nm [bizcocho] ≃ rum baba, = *sponge cake soaked in alcohol*

borrado nm INFORM clearing

borrador nm **1.** [escrito] rough draft **2.** [para pizarra] board duster / [goma de borrar] *BR* rubber, *US* eraser

borraja nf borage

borrar vt **1.** [hacer desaparecer] [con goma] *BR* to rub out, *US* to erase / [en ordenador] to delete / [en casete] to erase ▸ *Fig* **~ a algo/alguien del mapa** to wipe sth/sb off the map **2.** [tachar] to cross out / [de lista] to take off **3.** [pizarra] to wipe, to dust **4.** [olvidar] to erase ▸ **el tiempo borró el recuerdo de aquel desastre** with time, he was able to erase the disaster from his memory **5.** *MÉX, RP Fam* [no hacer caso a] to ignore
◆ ***borrarse*** vpr **1.** [desaparecer] to disappear ▸ **se bloqueó el ordenador y se borraron algunos documentos** when the computer crashed, certain files were lost ▸ *Fig* **se borró del mapa** he dropped out of sight, he disappeared from circulation **2.** [olvidarse] to be wiped away ▸ **se le borró de la mente** he forgot all

about it **3.** [de lista] to take one's name off ▸ **me he borrado de las clases** I've stopped going to those classes

borrasca nf [tormenta] thunderstorm / METEO [baja presión] area of low pressure

borrascoso, -a adj [tiempo] stormy / [vida, reunión, relación] stormy, tempestuous

borrego, -a nm,f **1.** [animal] lamb **2.** *Fam Pey* [persona] **todos le siguen como borregos** they all follow him like sheep

borreguil adj *también Fig* sheep-like

borrico, -a ■ adj dimwitted, dim
■ nm,f donkey / *Fig* dimwit, dunce

borriquero adj **cardo ~** cotton thistle

borriqueta nf trestle

borrón nm [de tinta] blot / *Fig* blemish ▸ **hacer ~ y cuenta nueva** to wipe the slate clean

borronear vt **1.** [garabatear] to scribble on **2.** [escribir deprisa] to scribble

borroso, -a adj [foto, visión] blurred / [escritura, texto] smudgy

boscoso, -a adj wooded, woody

Bósforo nm **el ~** the Bosphorus

Bosnia n Bosnia

Bosnia(-Herzegóvina) n Bosnia(-Herzegovina)

bosnio, -a adj & nm,f Bosnian

bosque nm [pequeño] wood / [grande] forest

bosquejar vt [esbozar] to sketch (out) / [dar una idea de] to give a rough outline of

bosquejo nm [esbozo] sketch / [de idea, tema, situación] rough outline

bosquimano, -a nm,f Bushman

bossa-nova [bosa'noβa] nf bossa nova

bosta nf cow dung

bostezar [14] vi to yawn

bostezo nm yawn

bota nf **1.** [calzado] boot ▸ *Fig* **morir con las botas puestas** to die with one's boots on ▸ *Fam Fig* **ponerse las botas** [comiendo] to stuff one's face ▸ **con este negocio nos vamos a poner las botas** we're going to make a fortune with this business ▸ **botas de agua** gumboots, *BR* wellingtons ▸ **botas camperas** cowboy boots ▸ **botas de esquí** ski boots ▸ **botas de fútbol** soccer *o* *BR* football boots ▸ **botas de goma** rubber boots, *BR* wellingtons ▸ **botas de montaña** climbing boots ▸ **botas de montar** riding boots **2.** [de vino] = *small leather container in which wine is kept*

botadura nf launching

botafumeiro nm censer

botana nf *MÉX* snack, tapa

botánica nf [ciencia] botany

botánico, -a ■ adj botanical
■ nm,f [persona] botanist

botanista nmf botanist

botar ■ vt **1.** [pelota] to bounce **2.** [barco] to launch **3.** *Fam* [despedir] to throw *o* kick out **4.** DEP [córner] to take **5.** *AM salvo RP* [tirar] to throw away / [volcar, derribar] to knock over
■ vi **1.** *ESP* [saltar] to jump ▸ *Fam Fig* **está que bota** he is hopping mad **2.** [pelota] to bounce
◆ ***botarse*** vpr *AM salvo RP* [tirarse] to jump ▸ **botarse al agua** to jump into the water / [de cabeza] to dive into the water

botarate nm *Fam* madcap

botavara nf NÁUT boom

bote nm **1.** [envase] [tarro] jar / *ESP* [lata] tin, can / [de champú, pastillas] bottle ▸ *AM* **~ de la basura** *BR* rubbish bin, *US* garbage can, trash can ▸ **~ de humo** smoke canister **2.** [barca] boat ▸ **~ de remos** rowing boat ▸ **~ salvavidas** lifeboat **3.** [salto] jump ▸ **dar botes** [saltar] to jump up and down / [tren, coche] to bump up and down / **pegar un ~** [de susto] to jump, to give a start **4.** [de pelota] bounce ▸ **dar un ~, dar botes** to bounce **5.** [propinas] tips ▸ **el cambio, para el ~** keep the change **6.** [en lotería] rollover jackpot **7.** *MÉX, VEN Fam* [cárcel] *BR* nick, *US* joint **8.** [expresiones] **a ~ pronto** [sin pensar] off the top of one's head ▸ *ESP* **chupar del ~** to feather one's nest ▸ **de ~ en ~** chock-a-block ▸ *ESP* **tener en el ~ a alguien** to have sb eating out of one's hand

botella nf **1.** [recipiente] bottle ▸ **una ~ de champán/leche** [recipiente] a champagne/milk bottle / [contenido] a bottle of champagne/milk ▸ **en ~** bottled ▸ **darle a la ~** [beber alcohol] to be a heavy drinker ▸ **~ de oxígeno** oxygen bottle *o* cylinder **2.** *CUBA* [autoestop] **dar ~ a alguien** to give sb a *BR* lift *o* *US* ride ▸ **hacer ~** to hitchhike

botellazo nm blow with a bottle

botellero nm wine rack

botellín nm [de cerveza] small bottle *(0.2 litre)*

botellón nm *ESP Fam* = *informal street gathering where young people meet to drink and socialize*

botica nf *Anticuado* pharmacy, *BR* chemist's (shop), *US* drugstore

boticario, -a nm,f *Anticuado* pharmacist, *BR* chemist, *US* druggist

botija nmf *URUG Fam* [muchacho] kid

botijo nm = *earthenware vessel with a spout used for drinking water*

botín nm **1.** [de guerra, atraco] plunder, loot ▸ **repartirse el ~** to share out the spoils **2.** [calzado] ankle boot / *AM* [de fútbol] boot

botiquín nm [caja] first-aid kit / [mueble] first-aid cupboard / [enfermería] sick bay

botón nm **1.** [para abrochar] button ▸ *Fig* **esto es sólo un ~ de muestra** this is just one example ▸ *Fig* **la cena no fue más que un ~ de muestra de la cocina local** the meal was no more than a taster *o* sample of the local cuisine **2.** [de aparato] button / [de timbre] buzzer ▸ **el ~ de pausa/de rebobinado** the pause/rewind button ▸ **darle al ~** to press the button
◆ ***botones*** nm inv [de hotel] bellboy, *US* bellhop

botonadura nf buttons

botonear vi *RP Fam* **~ (a alguien)** to squeal (on sb), to snitch (on sb)

Botsuana n Botswana

botulismo nm botulism

bouquet [bu'ke] (pl **bouquets**) nm bouquet

bourbon ['burβon] (pl **bourbons**) nm bourbon

boutique [bu'tik] nf boutique

bóveda nf ARQUIT vault ▸ **~ celeste** firmament ▸ **~ craneal** cranial vault

bovino, -a adj bovine ▸ **ganado ~** cattle

box nm **1.** [de caballo] stall **2.** [de coches] pit ▸ **entrar en boxes** to make a pit stop **3.** *AM* [boxeo] boxing

boxeador, -ora nm,f boxer

boxear vi to box

boxeo nm boxing

bóxer (pl **bóxers**) nm **1.** [perro] boxer **2.** [calzoncillo] boxer shorts

boya nf **1.** [en el mar] buoy **2.** [de una red] float

boyante adj **1.** [feliz] happy **2.** [próspero] [empresa, negocio] prosperous / [economía, comercio] buoyant

boy scout [bojes'kaut] (pl **boy scouts**) nm boy scout

bozal nm **1.** [para perro] muzzle **2.** *AM* [cabestro] halter

bozo nm [bigote] down *(on upper lip)*

bracear vi **1.** [mover los brazos] to wave one's arms about **2.** [nadar] to swim

bracero nm **1.** [jornalero] day labourer **2.** *AM* [emigrante] wetback, = *illegal Mexican immigrant in the US*

braga nf, ***bragas*** nfpl *ESP* [de mujer] *BR* knickers, *US* panties ▸ **unas bragas** a pair of *BR* knickers *o US* panties ▸ *Fam* **estar hecho una ~** to be whacked ▸ *Fam* **coger** *o* **pillar a alguien en bragas** to catch sb unprepared ▸ **¿la capital de Chad? ¡me pillas en bragas!** the capital of Chad? you've got me there!

bragado, -a adj [persona] gutsy

bragazas nm inv *Fam* henpecked man

braguero nm truss

bragueta nf *BR* flies, *US* zipper

braguetazo nm *ESP Fam* marriage for money

brahmán nm Brahman

brahmanismo nm Brahmanism

braille ['braile] nm Braille

brainstorming [brein'stormin] (pl **brainstormings**) nm brainstorming session

bramán nm Brahman

bramanismo nm Brahmanism

bramante nm cord

bramar vi **1.** [animal] to bellow **2.** [mar] to roar / [viento] to howl **3.** [persona] [de dolor] to groan / [de ira] to roar

bramido nm **1.** [de animal] bellow **2.** [de mar] roar / [viento] howling **3.** [de persona] [por dolor] groan / [por ira] roar

brandy (pl **brandies**) nm brandy

branquias nfpl gills

brasa nf **1.** [del fuego] ember ▸ CULIN **a la ~** barbecued **2.** *ESP Fam* **dar la ~** to go on and on (**a/con** at/about)

brasear vt to barbecue

brasero nm brazier

brasier nm *CARIB, COL, MÉX* bra

Brasil nm **(el) ~** Brazil

brasileño, -a adj & nm,f Brazilian

brasilero, -a adj & nm,f *RP* Brazilian

Brasilia n Brasilia

Bratislava n Bratislava

bravatas nfpl **1.** [amenazas] threats **2.** [fanfarronería] bravado

braveza nf [de persona] bravery / [del viento, mar] fierceness, fury

bravío, -a adj [caballo, toro] spirited / [persona] free-spirited / [mar] choppy, rough

bravo, -a ■ adj **1.** [valiente] brave **2.** [violento] fierce **3.** *AM salvo RP* [airado] angry ▸ **ponerse ~** to get angry **4.** [animal, planta] wild **5.** [mar] rough

■ interj **¡~!** bravo!

◆ ***a la brava*** loc adv *MÉX Fam* [con descuido] in a slapdash way

bravucón, -ona ■ adj swaggering

■ nm,f braggart

bravuconada nf show of bravado

bravuconear vi to brag

bravuconería nf bravado

bravura nf **1.** [de persona] bravery **2.** [de animal] ferocity

braza nf **1.** *ESP* DEP breaststroke ▸ **nadar a ~** to do the breaststroke **2.** [medida] fathom

brazada nf stroke

brazalete nm **1.** [en la muñeca] bracelet **2.** [en el brazo, para nadar] armband

brazo nm **1.** [de persona, sillón] arm / [de animal] foreleg ▸ **paseaba del ~ de su novio** she was walking arm in arm with her boyfriend ▸ **agárrate de mi ~** hold onto my arm ▸ **cogidos del ~** arm in arm ▸ **en brazos** in one's arms ▸ **con los brazos abiertos** with open arms ▸ *Fig* **echarse en brazos de alguien** to throw oneself at sb ▸ **luchar a ~ partido** [con empeño] to fight tooth and nail ▸ *Fig* **quedarse de brazos cruzados** to sit back and do nothing ▸ **no dio su ~ a torcer** he didn't budge an inch, he didn't allow himself to be persuaded ▸ **ser el ~ derecho de alguien** to be sb's right-hand man (*f* woman) ▸ **~ de gitano** *BR* swiss roll, *US* jelly roll **2.** [de árbol, río, candelabro] branch / [de grúa] boom, jib ▸ **el ~ político de ETA** the political wing of ETA **3.** [trabajador] hand **4.** GEOG **~ de mar** arm *(of the sea)*

Brazzaville [bratsa'βil] n Brazzaville

brea nf [sustancia] tar / [para barco] pitch

break [breik] (pl **breaks**) nm DEP **punto de ~** break point

brear vt *ESP Fam* [a palos] to bash in ▸ **~ a preguntas** to bombard with questions

brebaje nm concoction, foul drink

brecha nf **1.** [abertura] hole, opening ▸ **la ~ entre ricos y pobres** the gulf *o* gap between rich and poor **2.** [herida] gash ▸ **hacerse una ~ en la cabeza** to cut one's head, to split one's head open **3.** MIL breach **4.** [expresiones] **abrir ~ en un mercado** to break into a market ▸ **seguir en la ~** to keep at it

brécol nm broccoli

brega nf [lucha] struggle, fight

bregar [40] vi **1.** [luchar] to struggle, to fight **2.** [trabajar] to work hard **3.** [reñir] to quarrel

breña nf scrub

Bretaña n Brittany

brete nm fix, difficulty ▸ **estar en un ~** to be in a fix ▸ **poner a alguien en un ~** to put sb in a difficult position

bretel nm *CSUR* strap ▸ **sin breteles** [vestido] strapless

bretón, -ona ■ adj & nm,f Breton
■ nm [lengua] Breton

breva nf **1.** [fruta] early fig **2.** [cigarro] flat cigar **3.** *ESP Fam* **¡no caerá esa ~!** some chance (of that happening)!

breve ■ adj **1.** [corto] brief ▸ **seré ~** I shall be brief ▸ **en ~** [pronto] shortly / [en pocas palabras] in short ▸ **en breves instantes** in a few moments **2.** [sílaba, vocal] short
■ nf MÚS breve

brevedad nf shortness ▸ **a** *o* **con la mayor ~** as soon as possible

brevet nm *BOL, ECUAD, PERÚ* [de automóvil] *BR* driving licence, *US* driver's license

brevet nm **1.** *CHILE* [de avión] pilot's licence **2.** *BOL, ECUAD, PERÚ* [de automóvil] *BR* driving licence, *US* driver's license **3.** *RP* [de velero] sailing licence

breviario nm **1.** REL breviary **2.** [compendio] compendium

brezal nm moorland, moors

brezo nm heather

briago, -a adj *MÉX Fam* plastered, blitzed

bribón, -ona nm,f scoundrel, rogue

bribonada nf **ser una ~** to be a roguish thing to do ▸ **bribonadas** roguery

bricolaje nm *BR* DIY, do-it-yourself, *US* home improvement

brida nf **1.** [de caballo] bridle **2.** [de tubo] bracket, collar **3.** MED adhesion

bridge [britʃ] nm bridge

brigada ■ nm MIL warrant officer
■ nf **1.** MIL brigade **2.** [equipo] squad, team ▸ **~ anticorrupción** fraud squad ▸ **~ antidisturbios/antidroga** riot/drug squad ▸ **~ de delitos económicos** fraud squad ▸ **~ de estupefacientes** drug squad

brigadier nm brigadier

brigadista nmf HIST = *member or veteran of the International Brigades during the Spanish Civil War*

brillante ■ adj **1.** [reluciente] [luz, astro] shining / [metal, zapatos, pelo] shiny / [ojos, sonrisa, diamante] sparkling **2.** [magnífico] brilliant ▸ **el pianista estuvo ~** the pianist was outstanding
■ nm diamond

brillantez nf [de persona] brilliance ▸ **hacer algo con ~** to do sth outstandingly

brillantina nf hair cream, Brylcreem®

brillar vi *también Fig* to shine ▸ **~ por su ausencia** to be conspicuous by its/one's absence ▸ *Fig* **~ con luz propia** to be outstanding

brillo nm **1.** [resplandor] [de luz] brilliance / [de estrellas] shining / [de zapatos] shine ▸ **sacar ~ a** to polish, to shine **2.** [lucimiento] splendour, brilliance

brilloso, -a adj *AM* shining

brincar [59] vi [saltar] to skip (about) ▸ **~ de alegría** to jump for joy ▸ *ESP Fig* **está que brinca** [enfadado] he's hopping mad

brinco nm jump ▸ **se levantó del asiento de un ~** she jumped up from her seat ▸ **pegar** *o* **dar un ~** to jump, to give a start ▸ **daba brincos de alegría** she was jumping for joy ▸ **el corazón me dio un ~ cuando oí su voz** my heart skipped a beat when I heard his voice ▸ *Fig* **en un ~** in a second, quickly

brindar ■ vi to drink a toast ▸ **~ por algo/alguien** to drink to sth/sb ▸ **~ a la salud de alguien** to drink to sb's health
■ vt to offer ▸ **me brindó su casa** he offered me the use of his house ▸ **el ayuntamiento brindó todos los medios a su disposición** the town council made available all the means at its disposal ▸ **quiero agradecer la confianza que me brindan** I would like to thank you for the confidence you are showing in me ▸ **~ el triunfo a alguien** to dedicate one's victory to sb ▸ **su visita me brindó la ocasión de conocerlo mejor** his visit gave me the opportunity to get to know him better
◆ ***brindarse*** vpr **brindarse a hacer algo** to offer to do sth

brindis nm inv toast

brinque *etc ver* ***brincar***

brío nm [energía, decisión] spirit, verve

brioche nm brioche

brioso, -a adj spirited, lively

brisa nf breeze ▸ **~ marina** sea breeze

brisca nf = *card game where each player gets three cards and one suit is trumps*

británico, -a ■ adj British
■ nm,f British person, Briton ▸ **los británicos** the British

brizna nf **1.** [filamento] [de hierba] blade / [de tabaco] strand **2.** [un poco] trace, bit

broca nf (drill) bit

brocado nm brocade

brocal nm curb, parapet

brocha nf brush ▸ **~ de afeitar** shaving brush

brochazo nm brushstroke

broche nm **1.** [en collar, pulsera] clasp, fastener **2.** [joya] brooch ▸ *Fig* **~ de oro** final flourish **3.** *RP* [grapa] staple **4.** *MÉX, URUG* [para el pelo] *BR* slide, *US* barrette **5.** *ARG* [para la ropa] peg, *US* clothes pin

brocheta nf CULIN shish kebab / [aguja] skewer

brócoli nm broccoli

bróker nmf broker

broma nf [ocurrencia, chiste] joke / [jugarreta] prank, practical joke ▸ **gastar una ~ a alguien** to play a joke/prank on sb ▸ **en** *o* **de ~** as a joke ▸ **bromas aparte** joking apart ▸ **entre bromas y veras** half joking ▸ **fuera de ~** joking apart ▸ **no estar para bromas** not to be in the mood for jokes ▸ **tomar algo a ~** not to take sth seriously ▸ **ni en** *o* **de ~** no way, not on your life ▸ *Fam Irónico* **me salió la ~ por 800 euros** it cost me the tidy sum of 800 euros ▸ **~ de mal gusto** bad joke ▸ **~ pesada** nasty practical joke

bromear vi to joke ▸ **con la religión no se bromea** religion isn't something to be taken lightly

bromista ■ adj **ser muy ~** to be a real joker
■ nmf joker

bromo nm QUÍM bromine

bromuro nm QUÍM bromide

bronca nf **1.** [jaleo] row ▸ **armar (una) ~** to kick up a row ▸ **buscar ~** to look for trouble **2.** *ESP* [crítica] scolding, telling-off ▸ **echar una ~ a alguien** to give sb a row, to tell sb off **3.** *RP* [rabia] **me da ~** it makes me mad **4.** *MÉX Fam* [dificultad] snag, problem ▸ **fue una ~ poder mudarme** moving was no picnic

bronce nm **1.** [aleación] bronze ▸ **Bulgaria se llevó el ~** Bulgaria won (the) bronze **2.** [estatua] bronze (statue)

bronceado, -a ■ adj tanned
■ nm tan

bronceador, -ora ■ adj **crema bronceadora** suntan cream
■ nm [loción] suntan lotion / [crema] suntan cream

broncear vt to tan
◆ ***broncearse*** vpr to get a tan

bronco, -a adj **1.** [grave] [voz] harsh / [tos] throaty **2.** [brusco] gruff, surly **3.** [tosco] rough / [paisaje, peñascos] rugged

bronconeumonía nf MED bronchopneumonia

bronquial adj bronchial

bronquio nm bronchial tube

bronquiolo nm ANAT bronchiole

bronquitis nf inv bronchitis

broquel nm [escudo] small shield / *Fig* [amparo] shield

brotar vi **1.** [planta] to sprout, to bud ▸ **ya le están brotando las flores al árbol** the tree is already beginning to flower **2.** [agua, sangre] [suavemente] to flow / [con violencia] to spout ▸ **la sangre brotaba a borbotones de la herida** blood was gushing from the wound ▸ **~ de** to well up out of ▸ **le brotaron las lágrimas** tears welled up in her eyes **3.** [esperanza, sospechas, pasiones] **entre los dos brotó una profunda amistad** a deep friendship sprang up between them ▸ **brotaron sospechas de que hubiera habido un fraude** suspicions of fraud started to emerge **4.** [en la piel] **le brotó un sarpullido** he broke out in a rash
◆ ***brotarse*** vpr *AM* [salir sarpullidos] to come out in a rash

brote nm [de planta] bud, shoot / [inicio] sign, hint / [de enfermedad] outbreak ▸ **brotes de soja** beansprouts

broza nf **1.** [maleza] brush, scrub **2.** [relleno] waffle

bruces: de bruces loc adv face down ▸ **se cayó de ~** he fell headlong, he fell flat on his face ▸ *Fig* **darse de ~ con algo/alguien** to find oneself face-to-face with sth/sb

bruja ■ nf **1.** [hechicera] witch, sorceress **2.** *Fam* [mujer fea] hag / [mujer mala] (old) witch
■ adj *CAM, CARIB, MÉX* [sin dinero] *Fam* **estar ~** to be broke *o BR* skint

Brujas n Bruges

brujería nf witchcraft, sorcery

brujo, -a ■ adj [hechicero] enchanting, captivating
■ nm wizard, sorcerer

brújula nf compass

bruma nf [niebla] mist / [en el mar] sea mist

brumoso, -a adj misty

Brunei n Brunei

bruñido nm polishing

bruñir vt to polish

brusco, -a ■ adj **1.** [repentino, imprevisto] sudden, abrupt **2.** [tosco, grosero] brusque
■ nm,f brusque person

Bruselas n Brussels

bruselense ■ adj of/from Brussels
■ nmf person from Brussels

brusquedad nf **1.** [imprevisión] suddenness, abruptness **2.** [grosería] brusqueness

brut nm inv brut

brutal adj **1.** [violento] brutal **2.** *Fam* [extraordinario] wicked, brutal

brutalidad nf **1.** [cualidad] brutality **2.** [acción] brutal act

bruto, -a ■ adj **1.** [violento] rough / [torpe] clumsy / [ignorante] thick, stupid / [maleducado] rude **2.** [sin tratar] **en ~** [diamante] uncut / [petróleo] crude **3.** [sueldo, peso] gross ▸ **gana 30.000 euros brutos al mes** she earns 30,000 euros a month gross
■ nm,f brute

Bs.As. (abrev de ***Buenos Aires***) Buenos Aires

bubónico, -a adj MED [peste] bubonic

bucal adj oral

bucanero nm buccaneer

Bucarest n Bucharest

buceador, -ora nm,f (underwater) diver ▸ **~ de profundidad** deep-sea diver

bucear vi **1.** [en agua] to swim underwater, to dive **2.** [investigar] **~ en** to delve into

buceo nm (underwater) diving

buche nm **1.** [de ave] crop **2.** [de animal] maw **3.** *Fam* [de persona] belly ▸ **llenar el ~** to fill one's belly **4.** [trago] **tomó un ~ de agua** he took *o* drank a mouthful of water

bucle nm **1.** [de pelo] curl, ringlet **2.** AUT & INFORM loop

bucólico, -a adj **1.** [campestre] **un paisaje ~** a charmingly rural landscape **2.** LIT bucolic

Buda n pr Buddha

Budapest n Budapest

budín nm [pastel] pudding ▸ *AM* **~ de pan** bread pudding

budismo nm Buddhism

budista adj & nmf Buddhist

buen *ver* ***bueno***

buenamente adv **hice lo que ~ pude** I did what I

could, I did as much as I could

buenaventura nf **1.** [adivinación] fortune ▸ **leer** *o* **decir la ~ a alguien** to tell sb's fortune **2.** [suerte] good luck

bueno, -a

buen is used instead of **bueno** before masculine singular nouns (e.g. **buen hombre** good man). The comparative form of **bueno** is **mejor** (better), and the superlative form is **el mejor** (masculine) or **la mejor** (feminine) (the best).

■ adj **1.** [en general] good ▸ **buenas noticias** good news ▸ **la cena estaba muy buena** the meal was very good ▸ **hacer ejercicio es ~ para la salud** exercise is good for your health **2.** [bondadoso] kind, good ▸ **ser ~ con alguien** to be good to sb ▸ **¡sé ~!** be good! **3.** [curado, sano] well, all right ▸ **ya estoy ~** I'm all right now ▸ **todavía no estoy ~ del todo** I'm not completely better *o* recovered yet ▸ **ponerse ~** to get well **4.** [apacible] nice, fine ▸ **buen tiempo** good *o* fine weather ▸ **hizo buen tiempo** the weather was good **5.** [uso enfático] **tiene una buena cantidad de libros** she has a large amount of books, she has several books ▸ **un buen susto** a real fright ▸ **un buen día** one fine day **6.** *Fam* [atractivo] **estar ~** to be a bit of all right, to be tasty ▸ **¡qué ~ está tu vecino!** your neighbour's gorgeous *o* a real hunk! **7.** *Irónico* [muy malo] fine ▸ **¡buen amigo te has echado!** some friend he is! ▸ **¡buena la has armado** *o* **hecho!** you've really gone and done it now! ▸ *Irónico* **estaría ~** that would really cap it all ▸ **librarse de una buena** to have a lucky *o* narrow escape ▸ **te has metido en una buena** this is a fine mess you've got *o* gotten yourself into! ▸ *Fig* **poner ~ a alguien** to criticize sb harshly **8.** [en saludos] **¡buenas!** hello! ▸ **¡buenas!, ¿qué tal?** hi *o* hello, how are you? **9.** [en frases] **¡buen provecho!** enjoy your meal! ▸ **¡buen viaje!** have a good trip! ▸ **de buen ver** good-looking, attractive ▸ **de buenas a primeras** [de repente] all of a sudden / [a simple vista] at first sight, on the face of it ▸ **estar de buenas** to be in a good mood ▸ **lo ~ es que...** the best thing about it is that... ▸ **por las buenas** willingly

■ nm,f CINE **el ~** the goody ▸ **los buenos siempre ganan** the good guys always win

■ adv **1.** [vale, de acuerdo] all right, O.K. **2.** [pues] well **3.** *AM* [bien] **¡qué ~!** (that's) great!

■ interj *COL, MÉX* [al teléfono] **¡~!** hello

Buenos Aires n Buenos Aires

buey (pl **bueyes**) nm **1.** [mamífero] ox **2.** [crustáceo] edible crab, *BR* brown crab

búfalo nm buffalo

bufanda nf scarf

bufar vi [toro, caballo] to snort / [gato] to hiss / [persona] **está que bufa** he's furious

bufé (pl **bufés**), ***buffet*** (pl **buffets**) nm **1.** [en restaurante] buffet **2.** [mueble] sideboard

búfer (pl **búfers**) nm INFORM buffer

bufete nm lawyer's practice

buffer ['bafer] (pl **buffers**) nm INFORM buffer

buffet ➤ ***bufé***

bufido nm **1.** [de toro, caballo] snort / [de gato] hiss **2.** *Fam* [de persona] snarl of anger

bufo, -a adj [gen] & MÚS comic

bufón nm buffoon, jester

bufonada nf jape ▸ **bufonadas** buffoonery

bug [buɣ] (pl **bugs**) nm INFORM bug

buga nm *ESP Fam* [coche] wheels, *BR* motor

buganvilla nf bougainvillea

buhardilla nf **1.** [habitación] attic **2.** [ventana] dormer (window)

búho nm owl

buhonero, -a nm,f hawker, pedlar

buitre ■ nm vulture

■ adj *Fam* greedy

bujía nf AUT spark plug

bula nf [documento] (papal) bull

bulbo nm ANAT & BOT bulb ▸ **~ raquídeo** medulla oblongata, rachidian bulb

buldog (pl **buldogs**) nm bulldog

buldózer (pl **buldozers**) nm bulldozer

bulerías nfpl = *popular Andalusian song and dance*

bulevar nm boulevard

Bulgaria n Bulgaria

búlgaro, -a ■ adj & nm,f Bulgarian

■ nm [lengua] Bulgarian

bulimia nf bulimia

bulímico, -a adj bulimic

bulín nm *RP Fam* bachelor pad

bulla nf *Fam* **1.** [ruido] racket, uproar ▸ **armar ~** to kick up a racket **2.** *ESP* [prisa] **meter ~ a alguien** to hurry sb up

bullabesa nf CULIN bouillabaisse

bullanga nf merrymaking

bullanguero, -a adj **ser muy ~** to love a good time, to love partying

bulldog [bul'doɣ] (pl **bulldogs**) nm bulldog

bulldozer [bul'doθer] (pl **bulldozers**) nm bulldozer

bullicio nm [de ciudad, mercado] hustle and bustle / [de multitud] hubbub

bullicioso, -a ■ adj **1.** [agitado] [reunión, multitud] noisy / [calle, mercado] busy, bustling **2.** [inquieto] rowdy, boisterous

■ nm,f boisterous person

bullir vi **1.** [hervir] to boil / [burbujear] to bubble **2.** [multitud] to bustle / [ratas, hormigas] to swarm / [mar] to boil ▸ **~ de** to seethe with ▸ **la calle bullía de gente** the street was swarming with people

bulo nm false rumour

bulto nm **1.** [volumen] bulk, size ▸ **hacer mucho ~** to take up a lot of space ▸ *Fig* **hacer ~** to make up the numbers ▸ **un error de ~** a glaring error ▸ *Fig* **escurrir el ~** [trabajo] to shirk / [cuestión] to evade the issue **2.** [abombamiento] [en rodilla, superficie] bump / [en maleta, bolsillo] bulge ▸ **me ha salido un ~ en el brazo** I've got a lump on my arm **3.** [forma imprecisa] blurred shape **4.** [paquete] package / [maleta] item of luggage

/ [fardo] bundle ▸ **¿dónde puedo dejar mis bultos?** where can I put my luggage *o* bags? ▸ **~ de mano** piece *o* item of hand luggage

◆ ***a bulto*** loc adv approximately, roughly

bumerán nm boomerang

bungaló (pl **bungalós**), ***bungalow*** [bunga'lo] (pl **bungalows**) nm bungalow

búnker nm **1.** [refugio] bunker **2.** *ESP* POL reactionary forces

buñuelo nm CULIN [dulce] doughnut / [de bacalao] dumpling ▸ **~ de viento** doughnut

BUP [bup] nm *Antes* (abrev de ***Bachillerato Unificado Polivalente***) = *academically orientated Spanish secondary school course for pupils aged 14-17*

buque nm ship ▸ **~ de carga** cargo ship ▸ **~ de guerra** warship ▸ **~ mercante** merchant ship ▸ **~ nodriza** supply ship ▸ **~ de pasajeros** passenger ship, liner ▸ **~ de salvamento** salvage vessel

buqué nm bouquet

burbuja nf bubble ▸ **hacer burbujas** to bubble ▸ **con burbujas** [bebida] fizzy ▸ **sin burbujas** [bebida] still ▸ **~ inmobiliaria** property bubble

burbujear vi to bubble

burbujeo nm bubbling

burdel nm brothel

Burdeos n Bordeaux

burdeos ■ adj inv maroon

■ nm inv Bordeaux

burdo, -a adj [lenguaje, modales] crude, coarse / [tela] coarse

burgalés, -esa ■ adj of/from Burgos

■ nm,f person from Burgos

búrger, burguer ['burɣer] nm *Fam* burger bar *o* restaurant

burgués, -esa ■ adj middle-class, bourgeois

■ nm,f member of the middle class / HIST & POL member of the bourgeoisie

burguesía nf middle class / HIST & POL bourgeoisie ▸ **alta ~** upper middle class / HIST & POL haute bourgeoisie

Burkina Faso n Burkina Faso

burla nf **1.** [mofa] taunt ▸ **hacer ~ de** to mock **2.** [broma] joke **3.** [engaño] trick

burladero nm TAUROM = *wooden board behind which the bullfighter can hide from the bull*

burlador nm Casanova, Don Juan

burlar vt [esquivar] to evade / [ley] to flout ▸ **consiguió ~ a sus perseguidores** she managed to outwit her pursuers ▸ *Fig* **burla burlando** without anyone noticing

◆ ***burlarse*** vpr to mock ▸ **burlarse de algo/alguien** to mock sth/sb, to make fun of sth/sb ▸ **burlarse de las leyes** to flout the law

burlesco, -a adj [tono] jocular / LIT burlesque

burlete nm draught excluder

burlón, -ona adj **1.** [bromista] waggish, fond of telling jokes **2.** [sarcástico] mocking

buró nm **1.** [escritorio] bureau, writing desk **2.** POL executive committee **3.** *MÉX* [mesa de noche] bedside table

burocracia nf bureaucracy ▸ **ya no hay tanta ~ para sacarse el pasaporte** there isn't so much red tape involved in getting a passport any more

burócrata nmf bureaucrat

burocrático, -a adj bureaucratic

burocratización nf bureaucratization

burocratizar [14] vt to bureaucratize

burrada nf **1.** [tontería] **decir/hacer una ~** to say/do something stupid ▸ **decir burradas** to talk nonsense ▸ **hacer burradas** to act stupidly **2.** *ESP Fam* [cantidad] **una ~ (de)** tons (of), masses (of)

burrito nm *CAM, MÉX* burrito

burro, -a ■ adj *Fam* [necio] stupid, dim **2.** [tosco] rough, oafish ▸ **¡qué ~ eres!** you're such an oaf! **3.** [terco] pigheaded

■ nm,f **1.** [animal] donkey ▸ *Fam* **no ver tres en un ~** to be as blind as a bat **2.** *Fam* [necio] ass, dimwit **3.** *Fam* [trabajador] **~ (de carga)** workhorse ▸ **trabaja como una burra** she works like a slave

■ nm **1.** *CARIB, MÉX* [escalera] stepladder **2.** *MÉX* [para planchar] ironing board

bursátil adj **mercado ~** stock market

Burundi n Burundi

bus nm **1.** INFORM bus **2.** *Fam* [autobús] bus ▸ **en ~** by bus

busca ■ nf search ▸ **(ir) en ~ de** (to go) in search of ▸ **orden de ~ y captura** arrest warrant ▸ **en ~ y captura** on the run (from the police)

■ nm *ESP* [buscapersonas] pager

buscador, -ora ■ nm,f [persona] hunter ▸ **~ de oro** gold prospector

■ nm INFORM [en Internet] search engine

buscapersonas nm inv bleeper, pager

buscapiés nm inv firecracker, jumping jack

buscapleitos nmf inv troubleseeker

buscar [59] ■ vt **1.** [para encontrar] to look for / [provecho, beneficio propio] to seek ▸ **busco piso en esta zona** I am looking for a *BR* flat *o US* apartment in this area ▸ **estoy buscando trabajo** I'm looking for work ▸ **se fue a ~ fortuna a América** he went to seek his fortune in America **2.** [recoger] to pick up ▸ **voy a ~ el periódico** I'm going for the paper *o* to get the paper ▸ **ir a ~ a alguien** to pick sb up ▸ **pasará a buscarnos a las nueve** she'll pick us up at nine **3.** [en diccionario, índice, horario] to look up **4.** [intentar conseguir] **siempre busca quedar bien con todos** she always tries to please everybody ▸ **no sé qué está buscando con esa actitud** I don't know what he is hoping to achieve with that attitude ▸ **con estas medidas buscan reducir la inflación** these measures are intended to reduce inflation, with these measures they are seeking to reduce inflation **5.** INFORM to search for **6.** *Fam* [provocar] to push, to try the patience of ▸ **~ bronca/camorra** to look for trouble

■ vi to look

◆ ***buscarse*** vpr **1.** [castigo, desgracia] **buscársela** to be asking for it **2.** *Fam* **se está buscando problemas** she's asking for trouble ▸ **buscarse la vida** [ganarse el sustento] to seek one's fortune / [arreglárselas uno solo] to look after oneself **3. se busca camarero** [en letrero] waiter wanted ▸ **se busca: pastor alemán** lost: German shepherd

buscavidas nmf inv *Fam* **1.** [ambicioso] go-getter **2.** [entrometido] nosy person, *BR* nosy parker

buscón, -ona nm,f [estafador] swindler

buscona nf *Fam* [prostituta] whore

buseta nf *COL, CRICA, ECUAD, VEN* minibus

busque *etc ver* ***buscar***

búsqueda nf search

busto nm **1.** [pecho] chest / [de mujer] bust **2.** [escultura] bust

butaca nf **1.** [mueble] armchair **2.** [localidad] seat

butacón nm large easy chair

Bután n Bhutan

butanero, -a nm,f = *person who delivers gas cylinders*

butano nm butane (gas)

buten: de buten loc adv *ESP Fam* wicked, terrific

butifarra nf = *type of Catalan pork sausage*

butrón nm *ESP* **método del ~** = *method of carrying out a robbery involving gaining access via a hole made in the adjoining building*

butronero, -a nm,f *ESP* = *robber who breaks in through a hole made from inside an adjoining building*

buzo nm **1.** [persona] diver **2.** *ARG* [sudadera] sweatshirt / [chandal] tracksuit

buzón nm **1.** post box, *BR* letter box, *US* mailbox ▸ **echar algo al ~** to post sth, *US* to mail sth ▸ *RP Fam* **venderle un ~ a alguien** to rip sb off **2.** INFORM [de correo electrónico] (electronic) mailbox, e-mail address

buzoneo nm leafleting

bypass [bai'pas] nm MED heart bypass operation

byte [bait] nm INFORM byte

C

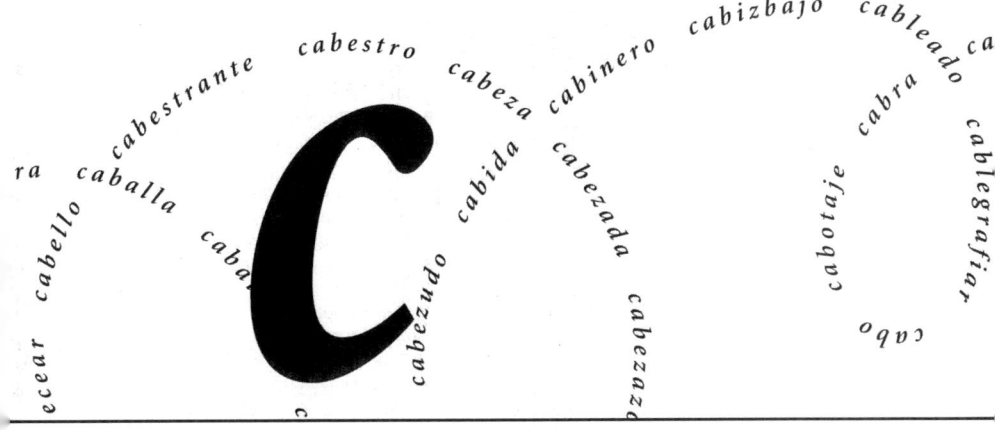

C, c [θe] nf [letra] C, c

c., c/ (abrev de ***calle***) St.

c/ (abrev de ***cuenta***) a/c

cabal adj **1.** [honrado] upright, honest **2.** [exacto] exact / [completo] complete ▸ **a los nueve meses cabales** at exactly nine months

◆ ***cabales*** nmpl **no estar en sus cabales** not to be in one's right mind

cábala nf [doctrina] cabbala ▸ *Fig* **hacer cábalas** [conjeturas] to speculate, to guess

cabalgadura nf mount

cabalgar **[40]** vi to ride

cabalgata nf *ESP* cavalcade, procession ▸ **la ~ de los Reyes Magos** = *procession to celebrate the journey of the Three Kings, on 5th January*

cabalista nmf cabbalist

cabalístico, -a adj [de cábala] cabbalistic / *Fig* [oculto] mysterious

caballa nf mackerel

caballar adj equine, horse ▸ AGR **ganado ~** horses

caballeresco, -a adj [persona, modales] chivalrous / [literatura] chivalric

caballería nf **1.** [animal] mount, horse **2.** [cuerpo militar] cavalry **3. novela de ~** courtly romance

caballeriza nf stable

caballerizo nm groom, stable lad

caballero ■ adj [cortés] gentlemanly

■ nm **1.** [señor] gentleman / [al dirigir la palabra] sir ▸ **ser todo un ~** to be a real gentleman ▸ **caballeros** [en letrero] [en aseos] gents / [en grandes almacenes] menswear **2.** [miembro de una orden] knight ▸ **armar ~ a alguien** to knight sb ▸ **~ andante** knight errant **3.** [noble] nobleman

caballerosidad nf gentlemanliness

caballeroso, -a adj chivalrous, gentlemanly

caballete nm **1.** [de pintor] easel **2.** [de mesa] trestle **3.** [de nariz] bridge **4.** [de tejado] ridge

caballito nm small horse, pony ▸ **llevar a alguien a ~** to give sb a piggy-back ▸ **~ del diablo** dragonfly ▸ **~ de mar** seahorse

◆ ***caballitos*** nmpl [de feria] merry-go-round, *US* carousel

caballo nm **1.** [animal] horse ▸ **montar a ~** to ride ▸ **a ~** on horseback ▸ *Fig* **estar a ~ entre dos cosas** to be halfway between two things ▸ **vive a ~ entre Madrid y Bruselas** she lives part of the time in Madrid and part of the time in Brussels ▸ *Prov* **a ~ regalado no le mires el diente** don't look a gift horse in the mouth ▸ **~ de batalla** [dificultad, escollo] bone of contention / [objetivo, obsesión] hobbyhorse ▸ **~ de carreras** racehorse ▸ **~ de Troya** Trojan Horse **2.** [pieza de ajedrez] knight **3.** [naipe] = *card in Spanish deck with a picture of a knight, equivalent to queen in standard deck* **4.** TEC **~ (de fuerza** *o* **de vapor)** horsepower **5.** *Fam* [heroína] smack, horse **6.** DEP **~ con arcos** pommel horse ▸ **~ sin arcos** vaulting horse

cabaña nf **1.** [choza] hut, cabin **2.** [ganado] livestock ▸ **la ~ bovina de Gales** the national herd of Welsh cattle **3.** *MÉX* [de fútbol] goal

cabaré (pl **cabarés**), ***cabaret*** (pl **cabarets**) nm cabaret

cabaretera nf cabaret artist(e)

cabás (pl **cabases**) nm = *plastic/metal case with handle used by schoolgirls for carrying lunch, etc*

cabecear vi **1.** [dormitar] to nod (off) **2.** [persona] [negando] to shake one's head **3.** [caballo] to toss its head **4.** [en fútbol] to head the ball **5.** [balancearse] [barco] to pitch

cabeceo nm [con sueño] nodding / [de caballo] tossing

cabecera nf **1.** [de fila, de mesa] head / [de cama] headboard **2.** *ESP* [de texto] heading / [de periódico] masthead **3.** [de río] headwaters

cabecero nm [de cama] headboard

cabecilla nmf ringleader

cabellera nf head of hair ▸ **cortar la ~ a** to scalp

cabello nm hair ▸ CULIN **~ de ángel** = *preserve made* *of strands of pumpkin in syrup*

cabelludo, -a adj hairy

caber [12] vi **1.** [entrar, pasar] to fit (**en** in *o* into) ▸ **~ por** to go through ▸ **caben cinco personas** there is room for five people ▸ **no cabía ni un alfiler** the place was packed out ▸ **no me cabe en el dedo** it won't fit (on) my finger ▸ **no quiero postre, no me cabe nada más** I don't want a dessert, I couldn't eat another thing, I've no room left for a dessert **2.** MAT **nueve entre tres caben a tres** three into nine goes three (times) ▸ **tres entre cinco no caben** five into three won't go **3.** [ser posible] to be possible ▸ **cabe la posibilidad de que no pueda venir** (it is possible that) he might not come ▸ **cabe destacar que...** it's worth pointing out that... ▸ **cabe preguntarse si...** one might ask whether... **4.** [corresponder] **~ a alguien** to be sb's duty *o* honour, to fall to sb **5.** [expresiones] **dentro de lo que cabe** [en cierto modo] up to a point, to some extent ▸ **no ~ en sí de alegría** to be beside oneself with joy

cabestrante nm capstan

cabestrillo nm **en ~** in a sling

cabestro nm **1.** [cuerda] halter **2.** [animal] leading ox

cabeza ▪ nf **1.** [de persona, animal, clavo, fémur] head ▸ **me duele la ~** I've got a headache ▸ **lavarse la ~** to wash one's hair ▸ **por ~** per head ▸ **tirarse de ~ (al agua)** to dive (into the water) ▸ **~ de ajo** head of garlic ▸ [gen] & INFORM **~ (lectora)** head ▸ **~ nuclear** nuclear warhead **2.** (población) **~ de partido** *BR* ≃ county town, *US* ≃ county seat **3.** [expresiones] **~ abajo** upside down ▸ **~ arriba** the right way up ▸ **a la** *o* **en ~** [en competición] in front, in the lead / [en lista] at the top *o* head ▸ **alzar** *o* **levantar ~** to get back on one's feet, to recover ▸ **andar** *o* **estar mal de la ~** to be funny in the head ▸ **no me cabe en la ~** I simply can't understand it ▸ *Fam* **calentar la ~ a alguien** to drive sb mad ▸ **con la ~ (bien) alta** with one's head held high ▸ **de ~** at once, without thinking twice ▸ **ir de ~ a** to head straight for ▸ **meterle algo en la ~ a alguien** to put sth into sb's head ▸ **se le ha metido en la ~ que...** he has got it into his head that... ▸ **obrar con ~** to use one's head ▸ **se me pasó por la ~** it crossed my mind ▸ **perder la ~** to lose one's head ▸ **romperse la ~** to *BR* rack *o US* cudgel one's brains ▸ **sentar la ~** to settle down ▸ **se le subió a la ~** it went to his head ▸ **tener la ~ llena de pájaros** to have one's head in the clouds ▸ **esa chica tiene mucha ~** that girl has got brains ▸ **traer de ~ a alguien** to drive sb mad ▸ **venir a la ~** to come to mind

▪ nmf *Fam* **~ de chorlito** scatterbrain ▸ *Fam* **es un ~ cuadrada** *o* **dura** he's got his ideas and he won't listen to anyone else ▸ **~ de familia** head of the family ▸ POL **~ de lista** = *person who heads a party's list of candidates* ▸ **~ rapada** skinhead ▸ DEP **~ de serie** seed ▸ **~ de turco** scapegoat

cabezada nf **1.** [de sueño] **dar cabezadas** to nod off ▸ **echar** *o* **dar una ~** to have a nap **2.** [golpe] headbutt

cabezal nm **1.** [de aparato] head **2.** [almohada] bolster

cabezazo nm [golpe] [con la cabeza] headbutt / [en la cabeza] blow *o* bump on the head / DEP header

cabezón, -ona ▪ adj **1.** [persona] **ser ~** (de cabeza grande] to have a big head / [terco] to be pigheaded *o* stubborn **2.** *Fam* [vino] rough ▸ **este vino es muy ~** this wine will give you a nasty hangover

▪ nm,f [terco] pigheaded *o* stubborn person

cabezonería nf *Fam* pigheadedness, stubbornness

cabezota *Fam* ▪ adj pigheaded, stubborn

▪ nmf pigheaded *o* stubborn person

cabezudo, -a ▪ adj *Fam* pigheaded, stubborn

▪ nm,f *Fam* pigheaded *o* stubborn person

◆ ***cabezudos*** nmpl [en fiesta] = *giant-headed carnival figures*

cabida nf capacity ▸ **un auditorio con ~ para 5.000 espectadores** an auditorium which has room for o holds 5,000 people ▸ **dar ~ a, tener ~ para** to hold, to have room for ▸ **dar ~ a** to allow ▸ **tener ~ en** to have a place in

cabildo nm **1.** [municipio] ≃ district council **2.** [de eclesiásticos] chapter **3.** [sala] chapterhouse

cabina nf [cuartito] booth, cabin / [de avión] [del piloto] flight deck, cockpit / [de los pasajeros] (passenger) cabin / [de camión] cab ▸ **~ de comentaristas** [en estadio] commentary box ▸ **~ electoral** polling *o* voting booth ▸ **~ espacial** space cabin ▸ **~ de proyección** projection *BR* room *o US* booth ▸ **~ telefónica** [con puerta] phone box, *US* phone booth

cabinero, a nm,f *COL* flight attendant

cabizbajo, -a adj crestfallen, downcast

cable nm **1.** ELEC & INFORM [para conectar] cable, lead / [dentro de aparato] wire ▸ *Fam Fig* **se le cruzaron los cables** [se confundió] he got mixed up ▸ **se le cruzaron los cables y la pegó** in a moment of madness, he hit her ▸ *Fam Fig* **echar un ~** to help out, to lend a hand **2.** [de puente] cable **3.** [de fibra óptica] cable ▸ **televisión por ~** cable television ▸ **~ de fibra óptica** fibre-optic cable

cableado, -a INFORM ▪ adj hardwired

▪ nm hardwiring

cablegrafiar [32] vt to cable

cablegrama nm *BR* telegram, *US* cable

cablevisión nf cable television

cabo nm **1.** [cuerda] rope **2.** MIL corporal ▸ **~ primero** = *military rank between corporal and sergeant* **3.** GEOG cape ▸ **el Cabo de Buena Esperanza** the cape of Good Hope **4.** [trozo] bit, piece / [trozo final] stub, stump / [de cuerda] end **5.** [expresiones] **al fin y al ~** after all ▸ **atar cabos** to put two and two together ▸ **~ suelto** loose end ▸ **no dejar ningún ~ suelto** to tie up all the loose ends ▸ **de ~ a rabo** from beginning to end ▸ **estar al ~ de la calle** to be well-informed ▸ **llevar algo a ~** to carry sth out

◆ ***al cabo de*** loc prep [después de] after ▸ **al ~ de una semana** after a week, a week later

cabotaje nm coastal shipping

Cabo Verde n Cape Verde

caboverdiano, -a adj & nm,f Cape Verdean

cabra nf goat ▸ **~ de angora** angora goat ▸ **~ montés** wild goat ▸ **pie** *o* **pata de ~** crowbar, *BR* jemmy, *US* jimmy ▸ *Fam* **estar como una ~** to be off one's head ▸ *Prov* **la ~ siempre tira al monte** you can't make a leopard change his spots

cabrales nm inv = *Asturian cheese similar to Roquefort*

cabré *etc ver* ***caber***

cabrear *muy Fam* vt **~ a alguien** to piss sb off
◆ ***cabrearse*** vpr to get really *BR* pissed off *o US* pissed (**con** with)

cabreo nm *muy Fam* rage, fit ▸ **agarrar** *o ESP* **coger un ~** to get really pissed off *o US* pissed

cabrero, -a nm,f goatherd

cabrestante nm capstan

cabría *etc ver* ***caber***

cabrilla nf **1.** [pez] cabrilla **2.** [ola] **cabrillas** white horses, foam-crested waves

cabrío adj **macho ~** billy-goat

cabriola nf prance ▸ **hacer cabriolas** to prance about

cabriolé nm **1.** [automóvil] convertible **2.** [carruaje] cabriolet

cabritas nfpl *CHILE* popcorn

cabritilla nf kid, kidskin

cabrito nm **1.** [animal] kid (goat) **2.** *Fam Euf* [insulto] *BR* basket, *US* son of a gun

cabro, -a nm,f *CHILE Fam* kid

cabrón, -ona ■ adj **1.** *Vulg* **¡qué ~ eres!** you bastard! **2.** *MÉX muy Fam* [difícil] *BR* bloody *o US* goddamn difficult ▸ **el examen estuvo bien ~** the exam was a bitch
■ nm,f **1.** *Vulg* [insulto] bastard, *f* bitch, *US* asshole **2.** *MÉX Fam* [genio] whizz, ace **3.** *MÉX muy Fam* [tío] guy
■ nm **1.** *Vulg* [cornudo] cuckold **2.** [animal] billy-goat

cabronada nf *Vulg* **hacerle una ~ a alguien** to be a bastard to sb

cabronazo nm *Vulg* bastard

cabuya nf *CAM, COL, VEN* rope

caca nf *Fam* **1.** [excremento] *BR* poo, *US* poop ▸ **hacer ~** to do a *BR* poo *o US* poop ▸ *ESP* **una ~ de vaca** a cow pat **2.** [cosa sucia] nasty *o* dirty thing **3.** [cosa mala] **este libro es una ~** this book is *BR* rubbish *o US* garbage

cacahuete, *CAM, MÉX,* ***cacahuate*** nm **1.** [fruto] peanut, *BR* groundnut **2.** [planta] peanut, *BR* groundnut

cacao nm **1.** [bebida] [caliente] cocoa / [fría] chocolate milk **2.** [semilla] cocoa bean **3.** [árbol] cacao **4.** [para labios] lip salve **5.** *Fam* [confusión] chaos, mess / [jaleo] fuss, rumpus ▸ **~ mental** mental confusion ▸ **tener un ~ mental** to be at sixes and sevens

cacarear ■ vt *Fam* **1.** [jactarse de] to boast about **2.** [pregonar] to blab about
■ vi [gallo] to cluck, to cackle

cacareo nm clucking

cacatúa nf **1.** [ave] cockatoo **2.** *Fam* [mujer vieja] old bat

cace *etc ver* ***cazar***

cacereño, -a ■ adj of/from Cáceres
■ nm,f person from Cáceres

Cáceres n Cáceres

cacería nf [a caballo] hunt / [con fusiles] shoot

cacerola nf pot, pan

cacerolear vi *RP* = *to protest (against government economic policy) by banging on pots and pans to complain about food shortages*

cacha nf **1.** *Fam* [muslo] thigh **2.** [mango] [de cuchillo] handle / [de pistola] butt

cachaco, -a ■ adj **1.** *COL* [de Bogotá] of/from Bogotá **2.** *ANDES, VEN* foppish
■ nm,f *COL* [de Bogotá] person from Bogotá

cachalote nm sperm whale

cachar vt **1.** *CAM, ECUAD, RP* [burlarse de] to tease **2.** *AM* [cornear] to gore **3.** *NIC, RP Fam* [agarrar] to grab **4.** *AM Fam* [sorprender, atrapar] to catch **5.** *CSUR Fam* [entender] to understand, to get **6.** *CAM Fam* [robar] to swipe, to pinch

cacharrazo nm *Fam* thump ▸ **pegarse un ~** [al caer] to bang oneself / [en coche] to have a smash

cacharrería nf = *shop selling terracotta cookware, flowerpots etc*

cacharro nm **1.** [recipiente] pot ▸ **fregar los cacharros** to do the dishes **2.** *Fam* [trasto] piece of junk ▸ **tendremos que tirar todos estos cacharros** we'll have to throw all this junk *o BR* rubbish out **3.** *Fam* [máquina] crock / [coche] banger

cachas *ESP Fam* ■ adj inv **estar ~** to be well-built
■ nm inv [hombre fuerte] he-man, strong man

cachaza nf *Fam* **tener ~** to be laid-back

caché (pl **cachés**), ***cachet*** [ka'tʃe] (pl **cachets**) nm **1.** [tarifa de artista] fee **2.** [distinción] cachet **3.** INFORM **(memoria) ~** cache memory

cachear vt to frisk

cachemir nm, ***cachemira*** nf cashmere

Cachemira n Kashmir

cacheo nm **someter a alguien a un ~** to frisk sb

cachet ➤ ***caché***

cachetada nf *Fam* slap

cachete nm **1.** [moflete] chubby cheek **2.** [bofetada] slap

cachetear vt to slap

cachimba nf pipe

cachiporra nf *Fam* [garrote] club, cudgel / [de policía] truncheon

cachirulo nm **1.** [chisme] thingamajig **2.** [pañuelo] = *headscarf worn by men as part of traditional Aragonese costume*

cachivache nm *Fam* knick-knack

cacho nm **1.** *Fam* [pedazo] piece, bit **2.** *ANDES, VEN* [asta] horn **3.** *ESP Fam* [como intensificador] **¡~ tonto!** you idiot!

cachondearse vpr *ESP Fam* **~ de alguien** to make a fool out of sb, *BR* to take the mickey out of sb

cachondeo nm *ESP Fam* **1.** [diversión] **ser un ~** to be a laugh ▸ **irse de ~** to go out on the town **2.** *Pey* [cosa poco seria] joke ▸ **tomarse algo a ~** to treat sth as a joke

cachondo, -a ■ adj **1.** *ESP Fam* [divertido] **ser ~** to be funny **2.** *ESP, MÉX muy Fam* [excitado] **estar ~** to be randy ▸ **poner ~** to turn on ▸ **ponerse ~** to get randy *o* turned on
■ nm,f *ESP Fam* **es un ~ (mental)** he's always pissing around

cachorro, -a nm,f [de perro] pup, puppy / [de gato] kitten / [de león, lobo, oso] cub

cacique nm **1.** [jefe local] cacique, local political boss / *Fig Pey* [déspota] petty tyrant **2.** [jefe indio] chief, cacique

caciquil adj *Fig Pey* despotic

caciquismo nm caciquism

caco nm *Fam* thief

cacofonía nf cacophony

cacofónico, -a adj cacophonous

cacto nm, ***cactus*** nm inv cactus

cacumen nm *Fam* [ingenio] brains, wits

CAD [kað] nm (abrev de ***computer aided design***) CAD

cada adj inv **1.** [en general] each / [con números, tiempo] every ▸ **~ dos meses** every two months ▸ **~ cosa a su tiempo** one thing at a time ▸ **~ cual** each one, everyone ▸ **¿~ cuánto?** how often? ▸ **~ uno de** each of ▸ **~ uno a lo suyo** everyone should get on with their own business ▸ **~ vez** every time, each time **2.** [valor progresivo] **~ vez más** more and more ▸ **~ vez más largo** longer and longer ▸ **~ día más** more and more each day **3.** [valor enfático] such ▸ **¡se pone ~ sombrero!** she wears such hats! ▸ **¡tiene ~ cosa!** the things he comes up with!

cadalso nm scaffold

cadáver nm corpse, (dead) body ▸ **por encima de mi ~** over my dead body

cadavérico, -a adj cadaverous / [pálido] deathly pale

caddy (pl caddies) nm caddie

cadena nf **1.** [de eslabones] chain ▸ **reacción en ~** chain reaction ▸ AUT **cadenas** (tyre) chains ▸ *Fig* **rompió sus cadenas** he broke out of his chains ▸ **tirar de la ~** [de lavabo] to flush the toilet, to pull the chain ▸ **~ alimentaria** *o* **alimenticia** food chain ▸ **~ hotelera** hotel chain ▸ **~ montañosa** mountain range ▸ **~ perpetua** life imprisonment ▸ **~ de tiendas** chain of stores **2.** TV channel / RAD station ▸ **¿en qué ~ dan la película?** what channel is the movie on? **3.** [de proceso industrial] line ▸ **~ de montaje** assembly line ▸ **~ de producción** production line **4.** [aparato de música] **~ (de música** *o* **musical)** sound system

cadencia nf rhythm, cadence

cadencioso, -a adj rhythmical

cadeneta nf chain stitch

cadera nf hip

cadete nm cadet

cadie nm caddie

cadmio nm QUÍM cadmium

caducado, -a adj [carné, pasaporte] out-of-date / [alimento, medicamento] past its use-by date

caducar [59] vi [carné, ley, pasaporte] to expire / [alimento, medicamento] to pass its use-by date

caducidad nf expiry ▸ **fecha de ~** [de carné, pasaporte] expiry date / [de alimento, medicamento] use-by date

caducifolio, -a adj deciduous

caduco, -a adj **1.** [persona] decrepit / [idea, moda] outmoded / [perecedero] perishable **2.** BOT **de hoja caduca** deciduous

caduque etc ver ***caducar***

caer [13] vi **1.** [hacia abajo] to fall / [diente, pelo] to fall out ▸ **tropezó y cayó al suelo** she tripped and fell (over *o* down) ▸ **~ de un tejado/árbol** to fall from a roof/tree ▸ **~ rodando por la escalera** to fall down the stairs ▸ **dejar ~ algo** [objeto] to drop sth **2.** [lluvia, nieve] to fall ▸ **cayeron cuatro gotas** there were a few spots of rain **3.** [sol] to go down, to set ▸ **al ~ el día** *o* **la tarde** at dusk ▸ **al ~ el sol** at sunset **4.** *ESP* [estar, quedar] **cae cerca de aquí** it's not far from here ▸ **eso cae fuera de mis competencias** that is *o* falls outside my remit **5.** [darse cuenta] **~ (en algo)** [recordar] to be able to remember (sth) ▸ **no dije nada porque no caí** I didn't say anything because it didn't occur to me to do so ▸ **¡ahora caigo!** [lo entiendo] I see it now! / [lo recuerdo] now I remember! ▸ *ESP* **no caigo** I give up, I don't know ▸ **~ en la cuenta** [entender] to realize, to understand **6.** [coincidir] [fecha] **~en** to fall on ▸ **cae en domingo** it falls on a Sunday **7.** [picar] [en trampa, broma] to fall for it **8.** *AM* [visitar] to drop in **9.** [expresiones] **~ (muy) bajo** to sink (very) low ▸ **~ bien/mal** [comentario, noticia] to go down well/badly ▸ **me cae bien/mal** [persona] I like/don't like him ▸ **~ sobre alguien** [ladrón] to pounce *o* fall upon sb ▸ **la desgracia cayó sobre él** he was overtaken by misfortune ▸ **se proseguirá con la investigación caiga quien caiga** the investigation will proceed no matter who might be implicated *o* even if it means that heads will roll ▸ **dejarse ~ por casa de alguien** to drop by sb's house ▸ **dejar ~ que** [comentar] to let drop that ▸ **estar al ~** [persona] to be about to arrive / [acontecimiento] to be about to happen

◆ ***caerse*** vpr **1.** [persona] to fall over *o* down ▸ **caerse de algo** to fall from sth **2.** [objeto] to drop, to fall / [árbol] to fall ▸ **se me cayó el libro** I dropped the book **3.** [diente, pelo] to fall out / [botón] to fall off / [cuadro] to fall down ▸ **se me ha caído un diente** one of my teeth has fallen out **4.** [falda, pantalones] to fall down ▸ **se te caen los pantalones** your trousers are falling down **5.** *Fam* INFORM [red de ordenadores] to go down ▸ **la red se ha caído** the network is down

café ■ nm **1.** [bebida] coffee ▸ **~ americano** large weak black coffee ▸ **~ cortado** coffee with a dash of milk ▸ **~ expreso** expresso ▸ **~ instantáneo** *o* **soluble** instant coffee ▸ **~ irlandés** Irish coffee ▸ **~ con leche** white coffee ▸ **~ molido** ground coffee ▸ *AM* **~ negro** black coffee ▸ *ANDES* **~ perfumado** coffee with alcohol ▸ *ESP* **~ solo,** *ANDES, VEN* **~ tinto** black coffee **2.** [establecimiento] café

■ adj inv [color] coffee-coloured

cafeína nf caffeine

cafetal nm coffee plantation

cafetera nf **1.** [italiana] = *screw-together stove-top coffee percolator* / [eléctrica] (filter) coffee machine / [en bares] expresso machine ▸ **~ de émbolo** cafetiere **2.** *Fam* [aparato viejo] old crock

cafetería nf cafe

cafetero, -a ■ adj **1.** [de café] coffee / [país] coffee-producing ▸ **producción cafetera** coffee production **2.** [bebedor de café] fond of coffee

■ nm,f [cultivador] coffee grower / [comerciante] coffee merchant

cafeto nm coffee bush

cafiche nm *PERÚ Fam* pimp

caficultor, -ora nm,f *CAM, COL, MÉX* coffee grower

cafre ■ adj brutish
■ nmf brute

cagada nf **1.** *muy Fam* [equivocación] *BR* cock-up, *US* foul-up **2.** *Fam* [excremento] shit

cagado, -a nm,f *muy Fam* [cobarde] yellow-belly, chicken

cagalera nf *Fam* [diarrea] the runs

cagar [40] ■ vi *Fam* [defecar] to shit, to crap
■ vt *muy Fam* **cagarla** [estropear] to *BR* cock *o US* ball (it) up ▸ **¡la has cagado!** [estás en un lío] you're in deep shit *o* up shit creek
◆ ***cagarse*** vpr *Fam* to crap oneself ▸ *Vulg* **¡me cago en la hostia!** fucking hell! ▸ **¡me cago en diez** *o* **en la mar** *o* **en la leche!** *BR* bleeding hell!, *US* goddamn it! ▸ *muy Fam* **hace un frío que te cagas** it's *BR* bloody *o US* goddamn freezing!

cagarruta nf dropping

cagón, -ona adj *Fam* **1.** [que caga] shitty **2.** [miedica] chicken, cowardly

cague ■ *ver* ***cagar***
■ nm *Fam* [miedo] **¡me entró un ~!** I was scared as hell!, *BR* I was bricking it!

cagueta *Fam* ■ adj chicken, cowardly
■ nmf chicken, coward

caída nf **1.** [de hojas, persona, imperio] fall / [de diente, pelo] loss ▸ **a la caída de la tarde** at nightfall ▸ **~ libre** free fall **2.** [de paro, precios, terreno] drop (**de** in) **3.** [de tela, vestido] drape **4.** *Fam* INFORM [de red de ordenadores] crash

caído, -a ■ adj **1.** [árbol, hoja] fallen **2.** [decaído] low
■ nmpl **los caídos** the fallen

caigo *ver* ***caer***

caimán nm alligator, cayman

Caín n pr Cain ▸ *Fam Fig* **pasar las de ~** to have a hell of a time

Cairo nm **El ~** Cairo

caja nf **1.** [recipiente] box / [para transporte, embalaje] crate ▸ **una ~ de cervezas** a crate of beer ▸ **~ de cambios** gearbox ▸ **~ de cerillas** matchbox, box of matches ▸ ELEC **~ de herramientas** tool box ▸ **~ de música** music box ▸ **~ negra** black box, flight recorder ▸ *Fig* **la ~ de Pandora** Pandora's box ▸ *Fam Fig* **la ~ tonta** the box, *BR* the telly, *US* the boob tube ▸ **~ torácica** thorax **2.** [para el dinero] cash box / [en tienda, supermercado] till / [en banco] cashier's desk ▸ COM **hacer ~** to cash up ▸ *ESP* **~ de ahorros** savings bank ▸ **~ fuerte** *o* **de caudales** safe, strongbox ▸ **~ rápida** express checkout ▸ **~ registradora** cash register **3.** [ataúd] coffin **4.** [de violín, guitarra] body

> CULTURA / CULTURE
> ## *caja de ahorros*
> In Spain, apart from the conventional banks, there are also cajas de ahorros (savings banks). These usually carry the name of the region or province where they are based, e.g. "Caja Soria", "Caja de Andalucía". They differ from conventional banks in that part of their profits has to be reinvested in social projects or cultural events which benefit their region.

cajero, -a ■ nm,f [en tienda] cashier / [en banco] teller
■ nm **~ (automático)** cash machine, cash dispenser

cajetilla nf [de cigarrillos] packet

cajista nmf IMPRENTA typesetter

cajón nm [de mueble] drawer ▸ *Fig* **~ de sastre** muddle, jumble ▸ *Fam Fig* **eso es de ~** that goes without saying

cajonera nf chest of drawers

cajuela nf *CAM, MÉX* [maletero] *BR* boot, *US* trunk

cal nf **1.** [pintura] whitewash **2.** [en polvo] lime ▸ **el agua tiene mucha ~** the water is very hard ▸ **~ viva** quicklime ▸ **cerrar a ~ y canto** to shut tight *o* firmly ▸ **con este hombre, es una de ~ y otra de arena** you never know with that man, he's nice one minute and horrible the next

cala nf **1.** [bahía pequeña] cove **2.** [del barco] hold **3.** [de fruta] sample slice **4.** BOT arum lily **5.** *ESP Antes Fam* [dinero] peseta

calabacín nm, *MÉX* ***calabacita*** nf *BR* courgette, *US* zucchini

calabaza nf pumpkin, gourd ▸ *Fam Fig* **dar calabazas a alguien** [a pretendiente] to turn sb down, *BR* to knock sb back / [en exámenes] to fail *o US* flunk sb

calabobos nm inv drizzle

calabozo nm cell

calada nf **1.** [inmersión] soaking **2.** *ESP* [de cigarrillo] drag ▸ **dar una ~** to take a drag

caladero nm fishing grounds, fishery

calado, -a ■ adj **1.** [empapado] soaked ▸ **~ hasta los huesos** soaked to the skin **2.** [en costura] embroidered *(with openwork)*
■ nm **1.** NÁUT draught **2.** [bordado] openwork

calafatear vt to caulk

calamar nm squid ▸ **calamares en su tinta** squid cooked in its own ink ▸ **calamares a la romana** squid rings fried in batter

calambre nm **1.** [descarga eléctrica] (electric) shock **2.** [contracción muscular] cramp ▸ **me dio un ~ en la pierna** I got cramp *o US* a cramp in my leg

calamidad nf calamity ▸ **pasar calamidades** to suffer great hardship ▸ *Fig* **ser una ~** to be a dead loss

calamitoso, -a adj calamitous

cálamo nm **1.** [planta] calamus **2.** [pluma] pen

calandria nf [pájaro] calandra lark

calaña nf *Pey* **de esa ~** of that ilk

calar ■ vt **1.** [empapar] to soak **2.** [adivinar] [persona] to see through, *BR* to suss out **3.** [gorro, sombrero] to jam on **4.** [fruta] to cut a sample of **5.** [perforar] to perforate, to pierce
■ vi **1.** NÁUT to draw **2.** [ser permeable] **estos zapatos calan** these shoes let in water ▸ *Fig* **~ hondo en** [penetrar] to have a great impact on
◆ ***calarse*** vpr **1.** [empaparse] to get soaked **2.** *ESP* [motor] to stall

calato, -a adj *PERÚ* [desnudo] naked

calavera ■ nf **1.** [cráneo] skull **2.** *MÉX* AUT **calaveras** tail lights **3.** *MÉX* [dulce] sugar skull
■ nm [libertino] rake

calcado, -a adj traced ▸ **ser ~ a alguien** to be the spitting image of sb

calcamonía nf *Fam* transfer, *US* decal

calcañal, calcañar nm heel

calcar [59] vt **1.** [dibujo] to trace **2.** [imitar] to copy

calcáreo, -a adj [terreno] chalky ▸ **aguas calcáreas** hard water

calce ■ *ver* ***calzar***
■ nm [cuña] wedge

calceta nf stocking ▸ **hacer ~** to knit

calcetar vi to knit

calcetín nm sock

calcificación nf calcification

calcificarse [59] vpr to calcify

calcinación nf burning

calcinado, -a adj charred, burnt

calcinar vt to burn, to char

calcio nm QUÍM calcium

calco nm **1.** [reproducción] tracing ▸ **papel de ~** carbon paper **2.** [imitación] carbon copy ▸ **es un ~ de** it's a carbon copy of **3.** LING calque, loan translation

calcografía nf chalcography

calcomanía nf transfer, *US* decal

calculador, -ora ■ adj *también Fig* calculating

calculadora nf calculator ▸ **~ de bolsillo** pocket calculator ▸ **~ programable** programmable calculator

calcular vt **1.** [cantidades] to calculate ▸ **~ mal** to miscalculate **2.** [suponer] to reckon ▸ **le calculo sesenta años** I reckon he's about sixty **3.** [pensar, considerar] **está todo cuidadosamente calculado** everything has been carefully worked out ▸ **no calculó las consecuencias de sus actos** he didn't foresee the consequences of his actions **4.** [imaginar] to imagine ▸ **calcula la sorpresa que se llevó cuando se lo dijimos** just imagine how surprised he was when we told him

cálculo nm **1.** [operación] calculation ▸ **hacer cálculos mentales** to do mental arithmetic ▸ **hacer cálculos** to do some calculations **2.** [ciencia] calculus ▸ **~ diferencial/infinitesimal/integral** differential/infinitesimal/integral calculus **3.** [evaluación] estimate ▸ **~ de probabilidades** probability theory **4.** MED stone, calculus ▸ **~ biliar** gallstone ▸ **~ renal** kidney stone

Calcuta n Calcutta

caldas nfpl hot springs

caldear vt **1.** [calentar] to heat (up) **2.** [excitar] to warm up, to liven up

caldera nf boiler ▸ **~ de vapor** steam boiler

caldereta nf [de pescado] fish stew / [de carne] meat stew

calderilla nf small change

caldero nm cauldron

calderón nm MÚS pause

caldo nm **1.** [para cocinar] stock / [sopa] broth ▸ *ESP Fam Fig* **poner a alguien a ~** [criticar] to slate sb / [reñir] to give sb a ticking off **2.** [vino] wine **3.** **~ de cultivo** BIOL culture medium / *Fig* [condición idónea] breeding ground

caldoso, -a adj [comida] with lots of stock ▸ **estar demasiado ~** to be watery

calé adj & nmf gypsy

calefacción nf heating ▸ **~ central** central heating

calefaccionar vt *CSUR* to heat (up), to warm (up)

calefactor nm heater

calefón nm *CSUR* water heater

caleidoscopio nm kaleidoscope

calendario nm calendar ▸ **~ escolar/laboral** school/working year

CULTURA / CULTURE

calendario laboral

The **calendario laboral** lists the 15 public holidays a year in Spain. There are eight official national holidays, some of which are religious: Good Friday, the Assumption (15 August), All Saints' (1 November), the Immaculate Conception (8 December), Christmas; others are required by labour legislation: New Year, Labour Day (1 May), Day of the Constitution (6 December). A further five national holidays are optional (in that regional authorities can substitute them with other days): Epiphany (6 January), St Joseph (19 March), Holy Thursday, Feast of Santiago (25 July), Spanish National Day (12 October). There are two further holidays, one to be decided by each autonomous region, and one by each province.

caléndula nf calendula, pot marigold

calentador nm **1.** [aparato] heater ▸ **~ de agua** water heater **2.** [prenda] **calentadores** legwarmers

calentamiento nm **1.** [subida de temperatura] heating ▸ **~ global** global warming **2.** [ejercicios] warm-up

calentar [3] ■ vt **1.** [subir la temperatura de] to heat (up), to warm (up) ▸ *Fig* **~ motores** to warm up **2.** [animar] to liven up **3.** *Fam* [pegar] to hit, to strike ▸ **¡te voy a ~!** you'll feel the back of my hand! **4.** *Fam* [sexualmente] to turn on **5.** *Fam* [agitar] to make angry, to annoy ▸ **¡me están calentando con tanta provocación!** all their provocation is getting me worked up!
■ vi **1.** [dar calor] to give off heat **2.** [entrenarse] to warm up
◆ ***calentarse*** vpr **1.** [por calor] [persona] to warm oneself, to get warm / [cosa] to heat up **2.** *Fam* [sexualmente] to get randy *o* horny **3.** *Fam* [agitarse] to get angry *o* annoyed

calentón nm **dar un ~ al arroz** to heat up the rice

calentura nf **1.** [fiebre] fever, temperature **2.** [herida] cold sore

calenturiento, -a adj feverish ▸ **tener una imaginación calenturienta** [incontrolada] to have a wild imagination / [sexualmente] to have a dirty mind

calesa nf calash

calesita nfpl *RP* merry-go-round, *US* carousel

calibrado nm, ***calibración*** nf **1.** [medida] calibration **2.** [de arma] boring

calibrador nm callipers

calibrar vt **1.** [medir] to calibrate, to gauge **2.** [dar calibre a] [arma] to bore **3.** [juzgar, sopesar] to gauge

calibre nm **1.** [diámetro] [de pistola] calibre / [de alambre] gauge / [de tubo] bore **2.** [instrumento] gauge **3.** [tamaño] size / [importancia] importance, significance

calidad nf **1.** [de producto, servicio] quality ▸ **un género de (buena) ~** a quality product ▸ **la relación ~-precio** value (for money) ▸ **~ de imagen** image quality ▸ **~ de vida** quality of life **2.** [clase] class **3.** [condición] **en ~ de** in one's capacity as

cálido, -a adj warm

calidoscopio nm kaleidoscope

calientapiernas nmpl legwarmers

calientapiés nm inv foot warmer

calientaplatos nm inv hotplate

calientapollas nf inv *ESP Vulg* prickteaser

caliente ■ *ver **calentar***

■ adj **1.** [a alta temperatura] hot / [templado] warm ▸ *Fig* **en ~** in the heat of the moment **2.** [acalorado] heated **3.** *Fam* [excitado] horny, randy

caliento *etc ver **calentar***

califa nm caliph

califato nm caliphate

calificación nf EDUC *BR* mark, *US* grade

calificado, -a adj **1.** [importante] eminent **2.** [apto] qualified

calificar [59] vt **1.** [denominar] **~ a alguien de algo** to call sb sth, to describe sb as sth **2.** EDUC *BR* to mark, *US* to grade ▸ **~ a alguien con un suspenso** to fail sb, *US* to give sb a failing grade **3.** GRAM to qualify

calificativo, -a ■ adj qualifying

■ nm epithet

caligrafía nf **1.** [arte] calligraphy **2.** [letra] handwriting

calígrafo, -a nm,f calligrapher

calima, calina nf haze, mist

calimocho nm *ESP Fam = drink comprising red wine and cola*

calina ➤ ***calima***

calipso nm calypso

cáliz nm **1.** REL chalice **2.** BOT calyx

caliza nf limestone

calizo, -a ■ adj chalky

callado, -a adj **estar ~** to be quiet *o* silent ▸ **ser ~** to be quiet *o* reserved

callampa *CHILE* nf [seta] mushroom

◆ ***callampas*** nfpl shanty town

callandito adv *Fam* on the quiet

callar ■ vi **1.** [no hablar] to keep quiet, to be silent ▸ **quien calla otorga** silence signifies consent **2.** [dejar de hablar] to be quiet, to stop talking ▸ **hacer ~ a alguien** to silence sb ▸ **mandar ~ a alguien** to tell sb to shut up ▸ **¡calla!** shut up! ▸ **¡calla, si eso me lo dijo a mí también!** guess what, he said that to me, too!

■ vt **1.** [ocultar] to keep quiet about **2.** [acallar] to silence

◆ ***callarse*** vpr **1.** [no hablar] to keep quiet, to be silent **2.** [dejar de hablar] to be quiet, to stop talking ▸ **¡cállate!** shut up! ▸ **¿te quieres ~?** would you keep quiet? **3.** [ocultar] to keep quiet about ▸ **esa no se calla nada** she always says what she thinks

calle nf **1.** [en población] street, road ▸ **salir a la ~** [salir de casa] to go out ▸ **¿qué se opina en la ~?** what does the man in the street think? ▸ **el lenguaje de la ~** everyday language ▸ **~ arriba/abajo** up/down the street ▸ **~ cortada (por obras)** [en letrero] road closed (for repairs) ▸ **~ de dirección única** one-way street ▸ **~ mayor** main street ▸ **~ peatonal** pedestrian precinct ▸ **~ principal** main street **2.** *ESP* [en atletismo, natación] lane **3.** [expresiones] **dejar a alguien en la ~** to put sb out of a job ▸ **echar a alguien a la ~** [de un trabajo] to sack sb / [de un lugar público] to kick *o* throw sb out ▸ **echarse a la ~** [manifestarse] to take to the streets ▸ **hacer la ~** [prostituta] to walk the streets ▸ **llevarse a alguien de ~** to win sb over ▸ **traer** *o* **llevar a alguien por la ~ de la amargura** to drive sb mad

calleja nf sidestreet, alley

callejear vi to wander the streets

callejero, -a ■ adj **hace mucha vida callejera** he likes going out a lot ▸ **disturbios callejeros** street riot ▸ **perro ~** stray dog

■ nm *ESP* [guía] street map

callejón nm alley ▸ **~ sin salida** dead end, blind alley / *Fig* blind alley, impasse

callejuela nf backstreet, sidestreet

callista nmf chiropodist

callo nm **1.** [dureza] callus / [en el pie] corn ▸ *Fam Fig* **dar el ~** to slog **2.** *Fam* [persona fea] sight, fright **3.** *ESP* CULIN **callos** tripe ▸ **callos a la madrileña** *= tripe cooked with ham, pork sausage, onion and peppers*

callosidad nf callus ▸ **callosidades** calluses, hard skin

calloso, -a adj calloused

calma nf **1.** [sin ruido o movimiento] calm ▸ **en ~** calm ▸ **~ chicha** dead calm **2.** [sosiego] tranquility ▸ **perder la ~** to lose one's composure ▸ **tener ~** [tener paciencia] to be patient ▸ **tómatelo con ~** take it easy

calmante ■ adj sedative, soothing

■ nm sedative, painkiller

calmar vt **1.** [mitigar] to relieve **2.** [tranquilizar] to calm, to soothe

◆ ***calmarse*** vpr [persona, ánimos] to calm down / [dolor, tempestad] to abate

calmoso, -a adj calm

caló nm *ESP* gypsy dialect

calor nm **1.** [temperatura alta] heat / [tibieza] warmth ▸ **al ~ de la lumbre** by the fireside ▸ **este abrigo da mucho ~** this coat is very warm ▸ **entrar en ~** to get warm / *Fig* [público, deportista] to warm up ▸ **hace ~** it's warm *o* hot ▸ **tener ~** to be warm *o* hot ▸ **~ animal** body heat ▸ FÍS **~ específico** specific heat **2.** [afecto, entusiasmo] warmth ▸ **el ~ del público** the warmth of the audience **3.** *RP* **calores** [de la menopausia] hot flushes

caloría nf calorie

calórico, -a adj caloric

calorífero, -a adj [que da calor] heat-producing

calorífico, -a adj calorific

calorro,-a adj & nm,f *Fam = term used to refer to a Spanish gypsy, which is usually offensive*

calostro nm colostrum

calque *etc ver* ***calcar***

calumnia nf [oral] slander / [escrita] libel

calumniar vt [oralmente] to slander / [por escrito] to libel

calumnioso, -a adj [de palabra] slanderous / [por escrito] libellous

calurosamente adv [con afecto] warmly

caluroso, -a adj **1.** [excesivamente] hot / [agradablemente] warm **2.** [afectuoso] warm **3.** *Fam* **es muy ~** he doesn't feel the cold

calva nf [en la cabeza] bald patch / [en tejido, terreno] bare patch

calvados nm inv Calvados

calvario nm [vía crucis] Calvary, stations of the Cross / *Fig* [sufrimiento] ordeal

calvicie nf baldness

calvinismo nm Calvinism

calvinista adj Calvinist

calvo, -a ■ adj bald ▸ **ni tanto ni tan ~** neither one extreme nor the other

■ nm,f bald person

calza nf **1.** [cuña] wedge, block **2.** *Anticuado* [media] stocking **3.** *COL* [en diente] filling

calzada nf road (surface), *US* pavement

calzado, -a ■ adj [con zapatos] shod

■ nm footwear

calzador nm shoehorn

calzar [14] vt **1.** [calzado] to wear ▸ **calzaba zapatos de ante** she was wearing suede shoes ▸ **¿qué número calza?** what size (shoe) do you take? **2.** [poner cuña a] to wedge, to block **3.** *COL* [muela] to fill

◆ ***calzarse*** vpr to put one's shoes on ▸ **se calzó las botas** he put on his boots ▸ **¡cálzate!** put your shoes on!

calzo nm [cuña] wedge

calzón nm **1.** *ESP* DEP shorts **2.** *ANDES, MÉX, RP* [bragas] panties, *BR* knickers ▸ **calzones** panties, *BR* knickers **3.** *BOL, MÉX* **calzones** [calzoncillos] *BR* underpants, *US* shorts

calzonazos nm inv *Fam* henpecked husband

calzoncillo nm, ***calzoncillos*** nmpl *BR* [slip] underpants, *US* shorts / [bóxer] boxer shorts ▸ **calzoncillos largos** long johns

CAM [kam] **1.** nm (abrev de ***computer aided manufacturing***) CAM **2.** (abrev de ***Comunidad Autónoma de Madrid***) autonomous region of Madrid

cama nf bed ▸ **estar en** *o* **guardar ~** to be confined to bed ▸ **hacer la ~** to make the bed ▸ *Fig* **hacerle** *o* **ponerle la ~ a alguien** to plot against sb ▸ **irse a la ~** to go to bed ▸ **~ de agua** water bed ▸ **~ doble** double bed ▸ **~ de hospital** hospital bed ▸ **~ individual** single bed ▸ **~ de matrimonio** double bed ▸ **~ nido** pull-out bed *(under other bed)* ▸ **~ de rayos UVA** sunbed ▸ **~ turca** divan bed

camada nf litter

camafeo nm cameo

camaleón nm *también Fig* chameleon

camaleónico, -a adj [persona] chameleon-like

cámara ■ nf **1.** [sala] chamber ▸ **~ acorazada** strongroom ▸ **~ frigorífica** cold-storage room ▸ **~ de gas** gas chamber ▸ **~ mortuoria** funeral chamber ▸ **~ de torturas** torture chamber **2.** POL & COM chamber ▸ **~ alta/baja** upper/lower house ▸ **Cámara de Comercio** Chamber of Commerce ▸ **~ de compensación** clearing house ▸ **Cámara de los Comunes** House of Commons ▸ **Cámara de los Lores** House of Lords ▸ **Cámara de Representantes** House of Representatives **3.** [de fotos, cine] camera ▸ *también Fig* **a ~ lenta** in slow motion ▸ **~ cinematográfica** *o* **de cine** movie *o BR* cine camera ▸ **~ digital** digital camera ▸ **~ fotográfica** camera ▸ **~ oscura** camera obscura ▸ **~ de televisión** television camera ▸ **~ de vídeo** video camera ▸ **~ web** web camera, webcam **4.** [receptáculo] chamber ▸ **~ de aire/gas** air/gas chamber ▸ **~ de combustión** combustion chamber ▸ **~ de descompresión** decompression chamber **5.** [de balón, neumático] inner tube

■ nmf [persona] cameraman, *f* camerawoman

camarada nmf **1.** POL comrade **2.** [compañero] colleague

camaradería nf camaraderie

camarera nf *AM* [azafata] air hostess

camarero, -a nm,f **1.** [de restaurante] waiter, *f* waitress / [de hotel] chamberperson, *f* chambermaid **2.** [de rey] chamberlain, *f* lady-in-waiting

camarilla nf clique / POL lobby, pressure group

camarista nmf **1.** *ARG* [juez] appeal court judge **2.** *MÉX* [en hotel] chamberperson, *f* chambermaid

camarón nm *BR* shrimp, *US* prawn

camarote nm cabin

camastro nm ramshackle bed

cambalache nm *Fam* **1.** [trueque] swap **2.** *RP* [tienda] junk shop **3.** *RP* [gran desorden] chaos

cambiante adj changeable

cambiar ■ vt **1.** [modificar] to change **2.** [intercambiar] **~ algo (por algo)** to exchange sth (for sth) ▸ **~ libras en dólares** to change pounds into dollars ▸ **~ un artículo defectuoso** to exchange a faulty item ▸ **he cambiado mi turno con un compañero** I swapped shifts with a colleague ▸ **¿te importa si te cambio el sitio?** would you mind swapping *o* changing places with me?

■ vi **1.** [alterarse] to change ▸ **~ de** to change ▸ **~ de casa** to move (house) ▸ **~ de trabajo** to move *o* change jobs **2.** AUT [de marchas] to change gear

◆ ***cambiarse*** vpr **cambiarse (de ropa)** to change

(one's clothes) ▸ **cambiarse de casa** to move (house) ▸ **no me cambiaría por él** I wouldn't be in his shoes! ▸ **¿te importaría cambiarme el sitio?** would you mind swapping *o* changing places with me?

cambiazo nm *Fam* **1.** [cambio grande] radical change **2.** [sustitución] switch *(in order to steal bag, etc)* ▸ *Fig* **dar el ~** to do a switch

cambio ■ nm **1.** [modificación] change ▸ **se ha producido un ~ de situación** the situation has changed, there has been a change in the situation ▸ **a las primeras de ~** at the first opportunity ▸ **~ climático** [calentamiento global] climate change ▸ **~ de domicilio** change of address ▸ **~ horario** [bianual] = *putting clocks back or forward one hour* ▸ **~ de gobierno** change of government ▸ AUT **~ de rasante** brow of a hill ▸ **~ de sentido** U-turn **2.** [intercambio] exchange ▸ **(oficina de) ~** [en letrero] bureau de change ▸ **a ~ (de)** in exchange *o* return (for) ▸ **no pido nada a ~** I'm not asking for anything back *o* in return **3.** [monedas] change ▸ **nos hemos quedado sin cambio(s)** we're out of change ▸ **¿tiene ~ de cinco mil?** have you got change of *o* for five thousand? ▸ **quédese con el ~** keep the change **4.** FIN [de acciones] price / [de divisas] exchange rate ▸ **libre ~** [comercio] free trade / [de divisas] floating exchange rates **5.** AUT **~ automático** automatic transmission ▸ **~ de marchas** *o* **velocidades** [acción] gear change / [palanca] *BR* gear lever, *US* gear shift **6.** DEP [sustitución] substitution, change ▸ **hacer un ~** to make a substitution *o* change
■ interj RAD **¡~ (y corto)!** over! ▸ **~ y cierro** over and out!
◆ ***en cambio*** loc adv [en su lugar] instead / [por otra parte] on the other hand, however

cambista nmf money changer

Camboya n Cambodia

camboyano, -a adj & nm,f Cambodian

cámbrico, -a adj & nm GEOL Cambrian

cambur nm *VEN* **1.** [empleo] job **2.** [empleado] clerk **3.** [plátano] banana

camelar vt *Fam* **1.** [convencer] to butter up, to win over **2.** [enamorar] to flirt with

camelia nf camellia

camelista *Fam* ■ adj wheedling, flattering
■ nmf flatterer

camellero, -a nm,f camel driver

camello, -a nm,f **1.** [animal] camel **2.** *Fam* [traficante] drug pusher *o* dealer

camellón nm *COL, MÉX* [en avenida] *BR* central reservation, *US* median (strip)

camelo nm *Fam* **1.** [engaño] **es puro ~** it's just humbug **2.** [noticia falsa] hoax

camembert ['kamember] (pl **camemberts**) nm camembert

camerino nm TEATRO dressing room

Camerún nm **(el) ~** Cameroon

camerunés, -esa ■ adj Cameroon, of/from Cameroon
■ nm,f Cameroonian

camilla ■ nf stretcher
■ adj inv **mesa ~** = *round table with heater underneath*

camillero, -a nm,f stretcher-bearer

caminante nmf walker

caminar ■ vi **1.** [andar] to walk ▸ **nosotros iremos caminando** we'll walk, we'll go on foot ▸ *Fig* **~ hacia** to head for ▸ **~ hacia el desastre** to be heading for disaster **2.** *AM* [funcionar] to work
■ vt [una distancia] to travel, to cover

caminata nf long walk

camino nm **1.** [sendero] path, track / [carretera] road ▸ **Camino de Santiago** ASTRON Milky Way / REL = *pilgrimage route to Santiago de Compostela* ▸ **~ trillado** well-trodden path **2.** [ruta, vía] way ▸ **el ~ de la estación** the way to the station ▸ **~ de** on the way to ▸ **está ~ de la capital** it's on the way to the capital ▸ **a estas horas ya estarán en ~** they'll be on their way by now ▸ **me pilla de ~** it's on my way ▸ **en el** *o* **de ~** on the way ▸ **por este ~** this way **3.** [viaje] journey ▸ **nos espera un largo ~** we have a long journey ahead of us ▸ **ponerse en ~** to set off **4. caminos** [ingeniería] civil engineering **5.** [expresiones] **abrir ~ a** to clear the way for ▸ **abrirse ~** to get on *o* ahead ▸ **fueron cada cual por su ~** they went their separate ways ▸ **a medio ~** halfway ▸ **estar a medio ~** to be halfway there ▸ **quedarse a medio ~** to stop halfway through ▸ *Fig* **van ~ del desastre/éxito** they're on the road to disaster/success

camión nm **1.** [de mercancías] truck, *BR* lorry ▸ *Fam Fig* **estar como un ~** to be gorgeous ▸ **~ de la basura** *BR* dustcart, *US* garbage truck ▸ **~ cisterna** tanker ▸ **~ de mudanzas** removal van, furniture van **2.** *CAM, MÉX* [autobús] bus

camionero, -a nm,f **1.** [de camión] *BR* lorry driver, *US* trucker **2.** *CAM, MÉX* [de autobús] bus driver

camioneta nf van

camisa nf **1.** [prenda] shirt ▸ **~ de fuerza** straitjacket **2.** [de serpiente] slough, skin **3.** TEC lining **4.** [expresiones] **jugarse hasta la ~** to stake everything ▸ **meterse en ~ de once varas** to complicate matters unnecessarily ▸ **mudar** *o* **cambiar de ~** to change sides ▸ **no le llega la ~ al cuerpo** she's scared stiff

camisería nf [tienda] shirt shop, outfitter's

camisero, -a nm,f **1.** [fabricante] shirtmaker **2.** [vendedor] outfitter

camiseta nf **1.** [ropa interior] *BR* vest, *US* undershirt **2.** [de manga corta] T-shirt **3.** DEP [de tirantes] vest / [con mangas] shirt

camisola nf **1.** [prenda interior] camisole **2.** DEP sports shirt

camisón nm **1.** [de noche] nightdress **2.** *ANDES, CARIB* [de mujer] chemise

camomila nf camomile

camorra nf trouble ▸ **buscar ~** to look for trouble

camorrista ■ adj belligerent, quarrelsome
■ nmf troublemaker

camote ■ nm **1.** *ANDES, CAM, MÉX* sweet potato **2.** *MÉX Fam* [complicación] mess ▸ **meterse en un ~** to get into a mess *o* pickle **3.** *PERÚ Fam* [novio] lover, sweetheart

■ adj **1.** *ANDES Fam* [enamorado] **estar ~ por** *o* **de alguien** to be madly in love with sb **2.** *MÉX Fam* **estar camotes** to be wrecked *o BR* knackered

camp [kamp] adj inv [estilo, moda] retro

campal adj *también Fig* **batalla ~** pitched battle

campamento nm camp ▸ **~ base** base camp

campana nf bell ▸ *Fig* **echar las campanas al vuelo** to jump for joy ▸ *Fam Fig* **oír campanas y no saber dónde** not to know what one is talking about ▸ **~ de buzo** *o* **de salvamento** diving bell ▸ **~ extractora (de humos)** extractor hood ▸ **campanas tubulares** tubular bells

campanada nf **1.** [de campana] peal **2.** [de reloj] stroke **3.** [suceso] sensation ▸ **dar la ~** to make a big splash, to cause a sensation

campanario nm belfry, bell tower

campanero, -a nm,f bell-ringer

campanilla nf **1.** [de la puerta] (small) bell / [con mango] handbell **2.** ANAT uvula **3.** [flor] campanula, bellflower

campanilleo nm tinkle, tinkling sound

campante adj *Fam* **estar** *o* **quedarse tan ~** to be quite unruffled

campaña nf **1.** [acción organizada] campaign ▸ **hacer ~ (de/contra)** to campaign (for/against) ▸ **~ de desprestigio** character assassination ▸ **~ de difamación** smear campaign ▸ **~ electoral** election campaign ▸ **~ de marketing** marketing campaign ▸ **~ publicitaria** advertising campaign **2.** [periodo de pesca] fishing season ▸ **la ~ del atún** the tuna-fishing season **3.** [campo llano] open countryside **4.** MIL **hospital de ~** field hospital ▸ **uniforme de ~** combat uniform

campar vi **campa por sus respetos** he follows his own rules, he does things his own way

campechanía nf geniality, good-natured character

campechano, -a adj genial, good-natured

campeón, -ona nm,f champion ▸ **~ de liga** league champions

campeonato nm championship ▸ *Fam Fig* **de ~** [bueno] terrific, great / [malo] terrible

campera nf **1.** *RP* [chaqueta] short leather jacket **2.** *ESP* **camperas** [botas] cowboy boots

campero, -a ■ adj *ESP* **botas camperas** cowboy boots

■ nm *ANDES* Jeep®

campesinado nm peasants, peasantry

campesino, -a ■ adj [del campo] rural, country / [en el pasado, en países pobres] peasant ▸ **las labores campesinas** farmwork

■ nm,f [persona del campo] country person / [en el pasado, en países pobres] peasant

campestre adj country ▸ **comida ~** picnic ▸ **fiesta ~** open-air country festival

cámping ['kampin] (pl **cámpings**) nm **1.** [actividad] camping ▸ **ir de ~** to go camping ▸ **~ gas** portable gas stove **2.** [terreno] campsite, *US* campground

campiña nf countryside

campista nmf camper

campo nm **1.** [campiña] country, countryside ▸ **en mitad del ~** in the middle of the country *o* countryside ▸ **la emigración del ~ a la ciudad** migration from rural areas to cities ▸ **~ abierto** open countryside ▸ **a ~ traviesa** cross country **2.** [terreno, área] field ▸ *Fig* **dejar el ~ libre a algo/alguien** to leave the field clear for sth/sb ▸ **~ de aviación** airfield ▸ **~ de batalla** battlefield ▸ FÍS **~ magnético** magnetic field ▸ **~ de pruebas** testing ground ▸ **~ de tiro** firing range ▸ **~ visual** field of vision **3.** [campamento] camp ▸ **~ de concentración** concentration camp ▸ **~ de exterminio** death camp ▸ **~ de refugiados** refugee camp ▸ **~ de trabajo** [de vacaciones] work camp / [para prisioneros] labour camp **4.** *ESP* DEP [de fútbol] pitch / [de tenis] court / [de golf] course ▸ **jugar en ~ propio/contrario** to play at home/away (from home) ▸ **~ de deportes** sports ground **5.** INFORM field

¡CUIDADO! / CAREFUL!

campo

Aunque **country** y **countryside** son sinónimos, **country** se suele usar como traducción para hablar del campo en oposición a la ciudad y **countryside** cuando se describe un área (por ejemplo, al hablar de un paisaje).

camposanto nm cemetery

campus nm inv campus

camuflado, -a adj MIL camouflaged / [oculto] hidden ▸ **un coche ~ de la policía** an unmarked police car

camuflaje nm camouflage

camuflar vt to camouflage

can nm hound, dog

cana nf **1.** grey hair ▸ *Fam* **echar una ~ al aire** to let one's hair down ▸ *Fam* **peinar canas** to be getting on, to be old **2.** *ANDES, CUBA, RP Fam* [cárcel] *BR* nick, *US* joint **3.** *RP Fam* [polícia] **la ~** the cops

Canadá nm **(el) ~** Canada

canadiense adj & nmf Canadian

canal ■ nm **1.** [cauce artificial] canal ▸ **~ de riego** irrigation channel **2.** GEOG [estrecho] channel, strait ▸ **el Canal de la Mancha** the (English) Channel ▸ **el Canal de Panamá** the Panama Canal ▸ **el Canal de Suez** the Suez Canal **3.** RAD & TV channel ▸ **cambiar de ~** to switch channels ▸ **~ de pago** subscription channel **4.** ANAT canal, duct **5.** [medio, vía] channel ▸ COM **~ de comercialización** distribution channel

■ nm o nf **1.** [de un tejado] (valley) gutter **2.** [res] carcass ▸ **abrir en ~** to slit open / *Fig* to tear apart

canalé nm ribbed knitwear

canaleta nf *BOL, CSUR* gutter

canalización nf **1.** [de territorio, río] canalization / [de agua] piping ▸ **todavía no tienen ~ de agua** they're not yet connected to the water mains **2.** [de recursos, esfuerzos] channelling

canalizar [14] vt **1.** [territorio, río] to canalize / [agua] to channel **2.** [recursos, esfuerzos] to channel

canalla nmf swine, dog

canallada nf dirty trick

canallesco, -a adj [acción, intención] despicable, vile / [sonrisa] wicked, evil

canalón nm [de tejado] gutter / [en la pared] drainpipe

canana nf cartridge belt

canapé nm **1.** CULIN canapé **2.** [sofá] sofa, couch

Canarias nfpl **las (islas) ~** the Canary Islands, the Canaries

canario, -a ■ adj of/from the Canary Islands, Canary
■ nm,f [persona] Canary Islander
■ nm [pájaro] canary

canasta nf **1.** [cesto] [gen] & DEP basket / *RP* ECON **el precio de la ~ familiar** the cost of the average week's shopping **2.** [juego de naipes] canasta **3.** *COL, MÉX* [de automóvil] roof rack

canastero, -a nm,f basket weaver

canastilla nf **1.** [cesto pequeño] basket **2.** [de bebé] layette

canasto nm large basket ▸ *Anticuado o Hum* **¡canastos!** [expresa enfado] for Heaven's sake! / [expresa sorpresa] good heavens!

Canberra n Canberra

cancán nm [baile] cancan
◆ ***cancanes*** nmpl o nfpl *RP* [leotardos] *BR* tights, *US* pantyhose *(plural)*

cancela nf wrought-iron gate

cancelación nf **1.** [anulación] cancellation **2.** [de deuda] payment, settlement

cancelar vt **1.** [anular] to cancel **2.** [deuda] to pay, to settle

cáncer ■ nm **1.** MED *& Fig* cancer ▸ **~ cervical** cervical cancer ▸ **~ de mama** breast cancer ▸ **~ de pulmón** lung cancer **2.** [zodiaco] Cancer ▸ *ESP* **ser ~** to be (a) Cancer
■ nmf *ESP* [persona] Cancer, Cancerian

cancerbero nm [en fútbol] goalkeeper

canceriano, -a *AM* ■ adj [zodiaco] Cancer ▸ **ser ~** to be (a) Cancer
■ nm,f [persona] Cancer, Cancerian

cancerígeno, -a adj MED carcinogenic

cancerología nf MED oncology

cancerológico, -a adj MED oncological

cancerólogo, -a nm,f MED cancer specialist, oncologist

canceroso, -a MED ■ adj [úlcera, tejido] cancerous / [enfermo] suffering from cancer
■ nm,f [enfermo] cancer patient

cancha nf **1.** [de tenis, baloncesto, squash] court / *AM* [de fútbol] field, pitch / *AM* [de golf] course ▸ *RP* **está en su ~** he's in his element ▸ *CHILE* **~ de aterrizaje** runway ▸ *AM* **~ de carreras** racetrack **2.** *AM* [descampado] open space, open ground / [corral] fenced yard **3.** *ANDES, PRICO Fam* [maíz] toasted *BR* maize *o US* corn **4.** [expresiones] **dar ~ a alguien** to give sb a chance ▸ *RP Fam* **¡abran ~!** make way! ▸ *RP* **tener ~** to be streetwise *o* savvy

canchero, -a ■ adj *RP Fam* savvy, streetwise
■ nm,f **1.** *RP Fam* [desenvuelto] savvy *o* streetwise person **2.** *AM* [cuidador] groundsman, *f* groundswoman

canciller nm POL **1.** [de gobierno, embajada] chancellor **2.** [de asuntos exteriores] foreign minister

cancillería nf POL **1.** [de Gobierno] chancellorship **2.** [de embajada] chancellery, *BR* chancery **3.** [de Asuntos Exteriores] foreign ministry

canción nf song ▸ **la misma ~** the same old story ▸ **~ de amor** love song ▸ **~ de cuna** lullaby ▸ **~ pop** pop song ▸ **~ protesta** protest song

cancionero nm songbook

cancro nm MED cancer

candado nm padlock

candeal adj **pan ~** white bread *(of high quality, made from durum wheat)*

candela nf **1.** [vela] candle / *Fam* [lumbre] light **2.** [fuego] fire

candelabro nm candelabra

candelero nm candlestick ▸ **estar en ~** to be in the limelight

candente adj **1.** [incandescente] red-hot **2.** [actual] highly topical ▸ **de ~ actualidad** highly topical ▸ **tema ~** burning issue

candidato, -a nm,f candidate

candidatura nf **1.** [para un cargo] candidacy ▸ **presentar uno su ~ a** to put oneself forward as a candidate for **2.** [lista] list of candidates

candidez nf ingenuousness

cándido, -a adj ingenuous, simple

candil nm [lámpara] oil lamp

candilejas nfpl footlights

candombe, candomblé nm [danza] = *South American carnival dance of African origin* / [tambor] = *drum used in the "candombe" dance*

candor nm ingenuousness

candoroso, -a adj ingenuous, simple

caneca nf *COL* [para basura] *BR* rubbish bin, *US* trash can

caneco nm [petaca] hip flask

canela nf cinnamon ▸ *Fig* **ser ~ fina** to be sheer class

canelo, -a ■ adj [caballo, perro] golden brown
■ nm *Fam* **hemos hecho el ~** we've been had!

canelones nmpl CULIN cannelloni

canesú nm **1.** [de vestido] bodice **2.** [de blusa] yoke

cangrejo nm crab ▸ **~ de río** crayfish

canguelo nm *Fam* **le entró ~** she got the wind up, she freaked out

canguro ■ nm [animal] kangaroo
■ nmf *ESP Fam* [persona] babysitter ▸ **hacer de ~** to babysit

caníbal ■ adj cannibalistic
■ nmf cannibal

canibalismo nm cannibalism

canica nf marble ▸ **las canicas** [juego] marbles ▸ **jugar a las canicas** to play marbles

caniche nm poodle

canicie nf grey hair

canícula nf dog days, high summer

canicular adj **calor ~** blistering heat

canijo, -a ■ adj [pequeño] tiny / [enfermizo] sickly
■ nm,f small, sickly person

canilla nf **1.** *Fam* [espinilla] shinbone / [pierna] leg **2.** *ESP* [bobina] bobbin **3.** *RP* [grifo] *BR* tap, *US* faucet

canillera nf *AM* **1.** [protección] shin pad **2.** [temblor] **tenía ~** his legs were trembling *o* shaking

canillita nm *AM* newspaper vendor

canino, -a ■ adj canine
■ nm [diente] canine (tooth)

canje nm exchange

canjeable adj exchangeable

canjear vt to exchange

cannabis nm inv cannabis

cano, -a adj grey *(hair)*

canoa nf canoe

canódromo nm greyhound track

canon nm **1.** [norma] canon **2.** [modelo] ideal **3.** [impuesto] tax **4.** MÚS canon **5.** DER **cánones** canon law

canónico, -a adj canonical ▸ DER **derecho ~** canon law

canónigo nm canon

canonización nf canonization

canonizar [14] vt to canonize

canoso, -a adj [persona] grey-haired

canotier [kano'tije] (pl **canotiers**) nm [sombrero] straw boater

cansado, -a adj **1.** [fatigado] tired ▸ **estar ~ de algo/de hacer algo** to be tired of sth/of doing sth **2.** [pesado, cargante] tiring

cansador, -ora adj *ANDES, RP* boring

cansancio nm **1.** [fatiga] tiredness **2.** [hastío] boredom

cansar ■ vt to tire (out) ▸ **me cansa mucho leer sin gafas** I get very tired if I read without my glasses
■ vi to be tiring ▸ **esta tarea cansa mucho** it's a very tiring job *o* task
◆ ***cansarse*** vpr *también Fig* to get tired (**de** of) ▸ **los niños se cansan muy pronto de todo** children get tired of things very quickly ▸ **¡ya me he cansado de repetirlo! ¡cállense ahora mismo!** I'm tired of telling you! be quiet this minute!

cansino, -a adj lethargic

Cantabria n Cantabria

Cantábrico nm **el (mar) ~** the Cantabrian Sea

cantábrico, -a adj **la cordillera cantábrica** the Cantabrian Mountains

cántabro, -a adj & nm,f Cantabrian

cantada nf *Fam* DEP goalkeeping error

cantado, -a adj *Fam* **el resultado está ~** the result is a foregone conclusion

cantaleta nf *AM* **la misma ~** the same old story

cantamañanas nmf inv unreliable person

cantante ■ adj singing
■ nmf singer ▸ **~ de rock/ópera** rock/opera singer

cantaor, -ora nm,f flamenco singer

cantar ■ vt **1.** [canción] to sing **2.** [bingo, línea, el gordo] to call (out)
■ vi **1.** [persona, ave] to sing / [gallo] to crow / [insecto] to chirp **2.** *Fam* [confesar] to talk **3.** *ESP Fam* [apestar] to stink ▸ **le cantan los pies** he has smelly feet **4.** *ESP Fam* [desentonar] to stick out like a sore thumb **5.** [alabar] **~ a** to sing the praises of
■ nm LIT poem / *Fam Fig* **eso es otro ~** that's another story

cantarín, -ina adj [persona] fond of singing / [voz] singsong

cántaro nm large pitcher ▸ **a cántaros** in torrents ▸ **llover a cántaros** to rain cats and dogs

cantata nf cantata

cantautor, -ora nm,f singer-songwriter

cante nm **~ (jondo** *o* **hondo)** flamenco singing ▸ *ESP Fam* **dar el ~** to stick out a mile

cantegril nm *URUG* shanty town

cantera nf [de piedra] quarry / [de jóvenes promesas] young blood ▸ **un jugador de la ~** a home-grown *o* local player

canterano, -a ■ adj home-grown
■ nm,f home-grown player

cantero nm *CUBA, RP* flowerbed

cántico nm canticle

cantidad ■ nf **1.** [medida] quantity, amount ▸ **¿qué ~ de pasta hará falta?** how much pasta will we need? **2.** [abundancia] abundance, large number ▸ **en ~** in abundance ▸ *Fam* **~ de** lots of **3.** [número] number ▸ **sumar dos cantidades** to add two numbers *o* figures together **4.** [suma de dinero] sum (of money)
■ adv *ESP Fam* really ▸ **me gusta ~** I really like it a lot ▸ **corrimos ~** we did a lot of running

cantiga, cántiga nf ballad

cantilena ➤ ***cantinela***

cantimplora nf water bottle

cantina nf [de soldados] mess / [en fábrica] canteen / [en estación de tren] buffet

cantinela, cantilena nf **la misma ~** the same old story

cantinero, -a nm,f canteen manager, *f* canteen manageress

canto nm **1.** [acción, arte] singing / [canción] song ▸ *Fig* **~ de(l) cisne** swansong ▸ **~ fúnebre** funeral chant ▸ *Fig* **~ del gallo** daybreak ▸ **~ gregoriano** Gregorian chant ▸ **~ guerrero** war song ▸ *Fig* **~ de sirena** wheedling **2.** [lado, borde] edge / [de cuchillo] blunt edge ▸ **de ~** edgeways ▸ *Fam Fig* **por el ~ de un duro** by a hair's breadth **3.** [guijarro] pebble ▸ *Fig* **darse con un ~ en los dientes** to consider oneself lucky ▸ **~ rodado** pebble

cantón nm [territorio] canton

cantonal adj cantonal

cantonera nf [de esquina, libro] corner piece

cantor, -ora ■ adj singing ▸ **ave cantora** songbird
■ nm,f singer

cantoral nm choir book

canturrear vt & vi *Fam* to sing softly

canturreo nm *Fam* humming, quiet singing

cánula nf MED cannula

canutas nfpl *ESP Fam* **pasarlas ~** to have a rough time

canuto nm **1.** [tubo] tube ▸ *Fam Fig* **no sabe hacer la o con un ~** he is as thick as two short planks **2.** *Fam* [porro] joint

caña nf **1.** [planta] cane / [de río, de estanque] reed ▸ **~ de azúcar** sugarcane **2.** *ESP* [de cerveza] small glass of beer **3. ~ (de pescar)** fishing rod **4.** [de bota] leg **5.** [tuétano] bone marrow **6.** *ANDES, CUBA, RP* [alcohol] rum **7.** [expresiones] *Fam* **darle** *o* **meterle ~ a algo** to get a move on with sth ▸ **meter ~ al coche** to step on it ▸ **darle ~ a alguien** [pegarle] to give sb a beating

cañabrava nf *CUBA, RP* = *reed used for building roofs and walls*

cañada nf [camino para ganado] cattle track / *CUBA* [valle] valley / *RP* [arroyo] creek, stream

cañadón nm *RP* ravine

cáñamo nm hemp

cañamón nm hempseed

cañaveral nm **1.** [de juncos] reedbed **2.** *AM* [de azúcar] sugar cane plantation

cañería nf pipe

cañero, -a ■ adj *ESP Fam* [música] heavy
■ nm,f *AM* [trabajador] sugar plantation worker / [propietario] sugar plantation owner

cañí adj **1.** *Fam* [folclórico, popular] = *term used to describe the traditional folklore and values of Spain* **2.** [gitano] gypsy

cañizo nm wattle

caño nm [de fuente] jet

cañón ■ nm **1.** [arma] gun / HIST cannon **2.** [de fusil, pistola] barrel / [de chimenea] flue / [de órgano] pipe **3.** GEOG canyon ▸ **el (Gran) Cañón del Colorado** the Grand Canyon
■ adj *ESP Fam* **estar ~** to be gorgeous

cañonazo nm **1.** [disparo de cañón] gunshot **2.** *Fam* [en fútbol] powerful shot

cañonear vt to shell

cañonera nf gunboat

caoba nf mahogany

caolín nm kaolin, china clay

caos nm inv chaos ▸ **ser un ~** to be in chaos

caótico, -a adj chaotic

CAP [kap] nm (abrev de ***Certificado de Aptitud Pedagógica***) = *Spanish teaching certificate needed to teach in secondary education*

cap. (abrev de ***capítulo***) ch.

capa nf **1.** [manto] cloak, cape ▸ *Fam* **andar de ~ caída** [persona] to be in a bad way / [negocio] to be struggling ▸ **defender algo a ~ y espada** to defend sth tooth and nail ▸ **hacer de su ~ un sayo** to do as one pleases **2.** [baño] [de barniz, pintura] coat / [de chocolate] coating **3.** [estrato] layer / GEOL stratum, layer ▸ **~ atmosférica** atmosphere ▸ **una ~ de hielo** a film of ice ▸ **~ de ozono** ozone layer ▸ **~ terrestre** Earth's surface **4.** [grupo social] stratum, class **5.** TAUROM cape

capacete nm *CARIB, MÉX* [de automóvil] *BR* bonnet, *US* hood

capacho nm wicker basket

capacidad nf **1.** [cabida] capacity ▸ **con ~ para quinientas personas** with a capacity of five hundred ▸ **este teatro tiene ~ para mil doscientos espectadores** this theatre can seat one thousand two hundred people ▸ **~ máxima** [en ascensor] maximum load ▸ INFORM **~ de memoria** memory capacity **2.** [aptitud, talento, potencial] ability ▸ **no tener ~ para algo/para hacer algo** to be no good at sth/at doing sth ▸ **~ adquisitiva** purchasing power ▸ **~ de concentración** ability to concentrate ▸ **~ ofensiva** fire power

capacitación nf training

capacitador, -ora *AM* ■ adj **curso ~** training course
■ nm,f trainer

capacitar vt **~ a alguien para hacer algo** [habilitar] to entitle sb to do sth / [formar] to train sb to do sth

capado adj castrated, gelded

capar vt **1.** [animal] to castrate, to geld **2.** *COL Fam* **~ clase** [faltar] to play *BR* truant *o US* hookey

caparazón nm *también Fig* shell

capataz, -aza nm,f foreman, *f* forewoman

capaz ■ adj **1.** [apto] capable ▸ **es un profesor muy ~** he's a very skilled *o* gifted teacher ▸ **~ de algo/de hacer algo** capable of sth/of doing sth ▸ **es ~ de todo con tal de conseguir lo que quiere** he's capable of anything to get what he wants ▸ **¡no serás ~ de dejarme sola!** surely you wouldn't leave me all alone! **2.** [espacioso] **muy/poco ~** with a large/small capacity **3.** DER competent
■ adv *ANDES, RP Fam* [quizá] maybe ▸ **~ (que) viene Pedro** Pedro might come

capazo nm [cesta] large wicker basket

capcioso, -a adj disingenuous ▸ **pregunta capciosa** trick question

capea nf TAUROM = *amateur bullfight with young bulls*

capear vt [eludir] to get out of ▸ **~ el temporal** to ride out *o* weather the storm

capella: a capella loc adj & adv MÚS a cappella

capellán nm chaplain

capelo nm **~ (cardenalicio)** cardinal's hat

Caperucita Roja nf Little Red Riding Hood

caperuza nf **1.** [gorro] hood **2.** [capuchón] top, cap

capicúa ■ adj inv reversible
■ nm inv reversible number

capilar ■ adj **1.** [del cabello] hair ▸ **loción ~** hair lotion **2.** ANAT & FÍS capillary
■ nm ANAT capillary

capilaridad nf FÍS capillarity, capillary action

capilla nf chapel ▸ *Fig* **estar en ~** [condenado a muerte] to be awaiting execution / *Fam* [en ascuas] to be on tenterhooks ▸ **~ ardiente** funeral chapel

capirotada nf *MÉX* = *bread pudding with nuts and raisins*

capirotazo nm flick

capirote nm **1.** [gorro] hood **2.** *Fam* **ser un tonto de ~** to be a complete idiot

cápita nf **per ~** per capita

capital ■ adj **1.** [importante] supreme **2.** [principal] main **3.** REL [pecado] deadly
■ nm ECON & FIN capital ▸ **~ circulante/fijo/social** working/fixed/share capital ▸ **~ escriturado** share capital, *US* capital stock ▸ **~ líquido** liquid assets ▸ **~ bajo riesgo** sum at risk ▸ **~ de riesgo** venture capital, risk capital ▸ **~ social** share capital
■ nf [ciudad] capital

capitalidad nf *Formal* **ostentar la ~ de** to be the capital of

capitalino, -a adj of the capital (city), capital ▸ **la vida capitalina** life in the capital (city)

capitalismo nm capitalism

capitalista adj & nmf capitalist

capitalización nf capitalization

capitalizar [14] vt **1.** ECON to capitalize **2.** [sacar provecho de] to capitalize on

capitán, -ana nm,f [en ejército de tierra] captain / [en aviación] *BR* flight lieutenant, *US* captain / [en marina] lieutenant ▸ MIL **~ general** *BR* field marshal, *US* general of the army

capitana nf NÁUT flagship

capitanear vt **1.** DEP & MIL to captain **2.** [dirigir] to head, to lead

capitanía nf MIL **1.** [empleo] captaincy **2.** [oficina] military headquarters ▸ **~ general** Captaincy General

capitel nm ARQUIT capital

capitolio nm **1.** [edificio] capitol ▸ **el Capitolio** [en Estados Unidos] the Capitol **2.** [acrópolis] acropolis

capitoste nmf *Fam* big wheel, big boss

capitulación nf capitulation, surrender ▸ **capitulaciones matrimoniales** marriage contract

capitular vi to capitulate, to surrender

capítulo nm **1.** [de libro] chapter / [de serie] episode **2.** [tema, sección] subject ▸ **ser ~ aparte** to be another matter (altogether)

capo nm [de la mafia] mafia boss, capo

capó nm *BR* bonnet, *US* hood

capón nm **1.** [animal] capon **2.** *Fam* [golpe] rap on the head

caporal nm MIL corporal

capota nf [de vehículo] *BR* convertible roof, *US* convertible top

capotazo nm TAUROM = *pass with the cape*

capote nm **1.** [capa] cape with sleeves / [militar] greatcoat **2.** TAUROM cape **3.** *Fig* **echar un ~ a alguien** to give sb a (helping) hand

capotear vt TAUROM to distract with the cape

capricho nm whim, caprice ▸ **darse un ~** to treat oneself

caprichoso, -a adj capricious

capricorniano, -a *AM* ■ adj [zodiaco] Capricorn ▸ **ser ~** to be (a) Capricorn
■ nm,f [persona] Capricorn

capricornio ■ nm [zodiaco] Capricorn ▸ *ESP* **ser ~** to be (a) Capricorn
■ nmf *ESP* [persona] Capricorn

cápsula nf **1.** [gen] & ANAT capsule **2.** [tapón] cap

captación nf [de adeptos] recruitment ▸ **~ de fondos** fundraising

captar vt **1.** [atraer] [simpatía] to win / [interés] to gain, to capture **2.** [entender] to grasp **3.** [sintonizar] to pick up, to receive
◆ ***captarse*** vpr [atraer] to win, to attract

captor, -ora nm,f captor

captura nf capture

capturar vt to capture

capucha nf hood

capuchino, -a ■ adj Capuchin
■ nm **1.** [fraile] Capuchin **2.** [café] cappuccino

capuchón nm **1.** [de prenda] hood **2.** [de bolígrafo, pluma] top, cap

capullo, -a ■ adj *ESP muy Fam* **ser muy ~** to be a real jerk *o BR* dickhead
■ nm **1.** [de flor] bud **2.** [de gusano] cocoon **3.** *ESP Vulg* [glande] head
■ nm,f *ESP muy Fam* [insulto] jerk, *BR* dickhead

caqui ■ adj inv [color] khaki
■ nm **1.** [fruto] kaki **2.** [color] khaki

cara ■ nf **1.** [rostro] face ▸ **esa ~ me suena de algo** I remember that face from somewhere, I've seen that face somewhere before **2.** [persona] face ▸ **acudieron muchas caras famosas** a lot of famous faces were there **3.** [lado] side / GEOM face ▸ **~ A** [de disco] A side **4.** [de moneda] heads ▸ **~ o cruz,** *ANDES, VEN* **~ o sello,** *RP* **~ o ceca** heads or tails ▸ **echar algo a ~ o cruz** to toss (a coin) for sth, *US* to flip a coin for sth **5.** [parte frontal] front **6.** *Fam* [desvergüenza] cheek, nerve ▸ **tener (mucha) ~, tener la ~ muy dura** to have a lot of cheek *o* nerve, *BR* to have a real brass neck ▸ **tener la ~ de hacer algo** to have the nerve to do sth **7.** [facciones, aspecto] **¡alegra esa ~!** cheer up *o* don't look so miserable! ▸ **poner ~ de tonto** to pull a stupid face ▸ **tener buena/mala ~** [persona] to look well/awful ▸ **tener ~ de enfadado** to look angry ▸ **tiene ~ de ponerse a llover** it looks as if it's going to rain **8.** [indicando posición] **~ a** [frente a] facing ▸ **~ a ~** face to face ▸ **de ~** [sol, viento] in one's face ▸ **de ~ a** with a view to **9.** [expresiones] **a ~ descubierta** openly ▸ **se le cayó la ~ de vergüenza** she blushed with shame ▸ **cruzar la ~ a alguien** to slap sb in the face ▸ **dar la ~** [responsabilizarse] to face up to the consequences ▸ **dar la ~ por alguien** to stick up for sb ▸ **decir algo a alguien en** *o* **a la ~** to say sth to sb's face ▸ **echar en ~ algo a alguien** to reproach sb for sth ▸ **hacer ~ a algo/alguien** to stand up to sth/sb ▸ **por su linda ~, por su ~ bonita** because his/her face fits ▸ **romper** *o* **partir la ~ a alguien** to smash sb's face in ▸ **verse las caras** [pelearse] to have it out / [enfrentarse] to fight it out
■ nmf *Fam* **~ (dura)** shameless person ▸ **ser un ~** to be shameless

carabela nf caravel

carabina nf **1.** [arma] carbine, rifle **2.** *Fam Fig* [mujer] chaperone

carabinero nm **1.** [en España] customs policeman

2. [en Italia] carabiniere **3.** *CHILE* [policía] armed policeman

carabo nm tawny owl

Caracas n Caracas

caracol ■ nm **1.** [animal] snail **2.** [concha] shell **3.** [del oído] cochlea **4.** [rizo] curl
■ interj **¡caracoles!** good grief!

caracola nf conch

caracolada nf CULIN = *stew made with snails*

caracolear vi [caballo] to prance about

caracolillo nm **1.** [café] pea-bean coffee **2.** [en la cara] kiss curl

carácter (pl **caracteres**) nm **1.** [personalidad, modo de ser, genio] character ▸ **tener buen/mal ~** to be good-natured/bad-tempered ▸ **tener mucho ~** to have a strong personality **2.** [índole, naturaleza] character ▸ **una reunión de ~ privado/oficial** a private/official meeting ▸ **solicitaron ayuda con ~ de urgencia** they requested urgent assistance **3.** [de imprenta] character ▸ **escriba en caracteres de imprenta** [en impreso] please print

característica nf **1.** [rasgo] characteristic, feature **2.** *AM* [de teléfono] area code

característico, -a adj characteristic ▸ **este gesto es ~ de ella** this gesture is typical *o* characteristic of her

caracterización nf **1.** [de personaje] characterization **2.** [maquillaje] make-up

caracterizar [14] vt **1.** [definir] to characterize ▸ **con la amabilidad que la caracteriza** with the kindness so typical of her **2.** [representar] to portray **3.** [maquillar] to make up
◆ ***caracterizarse*** vpr to be characterized (**por** by) ▸ **se caracteriza por su bajo consumo de energía** it is notable for its low energy consumption

caradura *Fam* ■ adj **ser muy ~** to have a lot of cheek *o* nerve, *BR* to have a real brass neck
■ nmf **ser un(a) ~** to have a lot of cheek *o* nerve, *BR* to have a real brass neck

carajillo nm coffee with a dash of liqueur

carajo *muy Fam* ■ nm **me importa un ~** I couldn't give a shit ▸ **irse al ~** [plan, proyecto] to go down the tubes ▸ **¡vete al ~!** go to hell!
■ interj **¡~!** damn it!

caramba interj **¡~!** [sorpresa] good heavens!, *BR* blimey!, *US* jeez! / [enfado] for heaven's sake!

carámbano nm icicle ▸ *Fam Fig* **estar hecho un ~** to be frozen stiff

carambola nf cannon *(in billiards)* ▸ *Fig* **de** *o* **por ~** by a (lucky) fluke ▸ **¡carambolas!** good heavens!

caramelizar [14] vt [bañar] to cover with caramel

caramelo nm **1.** [golosina] *BR* (boiled) sweet, *US* candy ▸ **un ~ de limón** a lemon drop ▸ **un ~ de menta** a mint ▸ **~ para la tos** cough sweet **2.** [azúcar fundido] caramel ▸ **calentarlo a punto de ~** heat it until it is about to caramelize

caramillo nm shepherd's flute

carantoñas nfpl **hacer ~ a alguien** to butter sb up

caraota nf *VEN* bean

caraqueño, -a ■ adj of/from Caracas
■ nm,f person from Caracas

cárate nm karate

carátula nf **1.** [de libro] front cover / [de disco] sleeve **2.** [máscara] mask **3.** *MÉX* [de reloj] dial, face

caravana nf **1.** [remolque] *BR* caravan, *US* trailer **2.** [de camellos] caravan / [de carromatos] wagon train **3.** [de coches] *BR* tailback, *US* backup **4.** *CSUR* **caravanas** [pendientes] earrings

caravaning [kara'βanin] (pl **caravanings**) nm caravanning

caray interj **¡~!** [sorpresa] good heavens!, *BR* blimey!, *US* jeez! / [enfado] damn it!

carbohidrato nm carbohydrate

carbón nm **1.** [para quemar] coal ▸ **negro como el ~** [negro] black as coal / [bronceado] brown as a berry ▸ **~ de leña** *o* **vegetal** charcoal ▸ **~ mineral** *o* **de piedra** coal **2.** [para dibujar] charcoal

carbonatado, -a adj carbonated

carbonato nm QUÍM carbonate

carboncillo nm charcoal

carbonera nf coal bunker

carbonero, -a ■ adj coal ▸ **industria carbonera** coal industry
■ nm,f [persona] coal merchant ▸ **la fe del ~** blind faith

carbónico, -a adj carbonic

carbonífero, -a adj & nm GEOL [era] Carboniferous

carbonilla nf **1.** [ceniza] cinder **2.** [carbón pequeño] small coal

carbonizado, -a adj charred

carbonizar [14] vt to char, to carbonize ▸ **morir carbonizado** to burn to death
◆ ***carbonizarse*** vpr to be charred

carbono nm carbon ▸ **~ 14** carbon 14

carburación nf AUT carburation

carburador nm carburettor

carburante nm fuel

carburar ■ vt to carburate
■ vi *Fam* to function

carburo nm carbide

carca *Fam Pey* ■ adj old-fashioned
■ nmf old fogey

carcaj nm quiver

carcajada nf guffaw ▸ **reír a carcajadas** to roar with laughter

carcajearse vpr to roar with laughter

carcajeo nm roars of laughter

carcamal, *MÉX, RP* ***carcamán*** nmf *Fam Pey* old crock

carcasa nf [de CD, ordenador] case / [de máquina] casing

cárcel nf prison ▸ **meter a alguien en la ~** to put sb in prison ▸ **~ de alta seguridad** *BR* top security prison, *US* maximum security prison *o* jail ▸ **~ de régimen abierto** open prison

carcelario, -a adj prison ▸ **la vida carcelaria** prison life ▸ **régimen ~** prison conditions

carcelero, -a nm,f jailer, *BR* warder

carcinógeno, -a ■ adj carcinogenic
■ nm carcinogen

carcinoma nm MED carcinoma, cancerous tumour

carcoma nf **1.** [insecto] woodworm **2.** [polvo] wood dust

carcomer vt *también Fig* to eat away at
◆ ***carcomerse*** vpr [consumirse] to be eaten up *o* consumed

carcomido, -a adj [madera] wormeaten

cardado, -a ■ adj [lana] carded / [pelo] back-combed
■ nm [de lana] carding / [del pelo] backcombing

cardador, -ora nm,f carder

cardamomo nm cardamom

cardán nm cardan joint

cardar vt [lana] to card / [pelo] to backcomb

cardenal nm **1.** REL cardinal **2.** [hematoma] bruise

cardenalicio, -a adj **colegio ~** college of cardinals *(group)* ▸ **manto ~** cardinal's robe

cardenillo nm verdigris

cárdeno, -a adj purple

cardiaco, -a, cardíaco, -a adj cardiac ▸ **paro ~** cardiac arrest ▸ **insuficiencia cardiaca** heart failure

cárdigan nm cardigan

cardinal adj cardinal

cardiografía nf cardiography

cardiograma nm electrocardiogram

cardiología nf cardiology

cardiólogo, -a nm,f cardiologist

cardiopatía nf heart condition

cardiorrespiratorio, -a adj MED cardiopulmonary

cardiovascular adj cardiovascular

cardo nm **1.** [planta] thistle ▸ **~ borriquero** cotton thistle **2.** *ESP Fam* [persona] [fea] ugly mug / [arisca] prickly customer

carear vt [testigos, acusados] to bring face to face

carecer [46] vi **~ de algo** to lack sth

carenado nm [de moto] fairing

carencia nf [ausencia] lack / [defecto] deficiency ▸ **sufrir carencias afectivas** to be deprived of love and affection ▸ **sufrir muchas carencias** to suffer great need

carenciado, -a *AM* ■ adj deprived
■ nm,f deprived person

carente adj **~ de** lacking (in)

careo nm [de testigos, acusados] confrontation ▸ **someter a un ~** to bring face to face

carero, -a *Fam* ■ adj pricey
■ nm,f [tendero] = *shopkeeper who charges high prices* ▸ **el pescadero es un ~** the fishmonger is a bit pricey

carestía nf [alto precio] **la ~ de la vida** the high cost of living

careta nf [máscara] mask ▸ **~ antigás** gas mask

careto nm *ESP Fam* [cara] mug

carey nm [material] tortoiseshell / [tortuga] sea turtle

carga nf **1.** [acción] loading ▸ **zona de ~ y descarga** loading bay **2.** [cargamento] [de avión, barco] cargo / [de tren] freight **3.** [peso] load / *Fig* [sufrimiento] burden ▸ **representa una enorme ~ para sus hijos** she is a great burden on her children ▸ **llevar la ~ de algo** to be responsible for sth ▸ **~ máxima autorizada** maximum authorized load **4.** [ataque, explosivo] charge ▸ **¡a la ~!** charge! ▸ *Fig* **volver a la ~** [insistir] to insist / [atacar de nuevo] to go back on the offensive ▸ **~ explosiva** explosive charge ▸ **~ de profundidad** depth charge **5.** [de mechero, bolígrafo] refill **6.** [de obra, declaraciones] **un poema con una fuerte ~ erótica** a highly erotic poem ▸ **una estatua con una ~ simbólica** a statue that is very symbolic **7.** [impuesto] tax ▸ **cargas fiscales** taxes ▸ **~ tributaria** levy **8.** [eléctrica] charge

cargado, -a adj **1.** [lleno] loaded (**de** with) / [arma] loaded ▸ *Fig* **estar ~ de** to have loads of **2.** [bebida] strong **3.** [bochornoso] [habitación] stuffy / [tiempo] sultry, close / [cielo] overcast **4.** FÍS [eléctricamente] charged

cargador nm **1.** [de arma] chamber **2.** [persona] loader ▸ **~ de muelle** docker, stevedore **3.** [de baterías] charger

cargamento nm cargo

cargante adj *Fam* annoying

cargar [40] ■ vt **1.** [llenar] [vehículo, arma, cámara] to load / [pluma, mechero] to refill ▸ **~ algo de** to load sth with ▸ **~ algo en un barco/en un camión** to load sth onto a ship/onto a lorry ▸ **~ algo demasiado** to overload sth ▸ *Fig* **~ las tintas** to exaggerate, to lay it on thick **2.** [peso encima] **cargué la caja a hombros** I carried the box on my shoulder **3.** [adeudar] [importe, factura, deuda] to charge (**a** to) ▸ **~ algo a alguien en su cuenta** to charge sth to sb's account **4.** [responsabilidad, tarea] to give ▸ **siempre le cargan de trabajo** they always give him far too much work to do **5.** ELEC to charge **6.** *ESP Fam* [molestar] to bug ▸ **me carga su pedantería** his pretentiousness really gets on my nerves
■ vi **1. ~ con** [paquete, bulto] to carry / [coste, responsabilidad] to bear / [consecuencias] to accept / [culpa] to get ▸ **hoy me toca a mí ~ con los niños** it's my turn to look after the children today **2.** [atacar] **~ (contra)** to charge
◆ ***cargarse*** vpr **1.** [batería] to charge **2.** [persona] **cargarse de deudas** to get up to one's neck in debt ▸ **se cargó de hijos** she had a lot of children **3.** [lugar] to get stuffy **4.** [parte del cuerpo] **se me cargan las piernas** my legs get tired ▸ **se me carga la cabeza con tanto ruido** my head's throbbing from all this noise **5.** *Fam* [acabar con] [objeto] to break / [plan, empresa] to ruin ▸ **se cargó el jarrón** he broke the vase **6.** *Fam* [matar] [persona] to bump off / [animal] to kill **7.** *Fam* [suspender] to fail ▸ **el profesor se cargó a la mitad de la clase** the teacher failed half the class **8.** *ESP Fam* **¡te la vas a ~!** you're in for it!

cargo nm **1.** [cuidado] charge ▸ **los niños han quedado a mi ~** the children have been left in my care ▸ **las personas a su ~** [familiares] his dependants / [trabajadores] the people working under him ▸ **estar a**

~ de algo, tener algo a su ~ to be in charge of sth ▸ **hacerse ~ de** [asumir el control de] to take charge of / [ocuparse de] to take care of / [comprender] to understand ▸ **me hago ~ de la difícil situación** I am aware of *o* I realize the difficulty of the situation ▸ **me da ~ de conciencia dejarle pagar** I feel bad about letting him pay **2.** [empleo] post, position ▸ **ocupa un ~ muy importante** she holds a very important position *o* post ▸ **alto ~** [persona] [en empresa] top manager / [en la Administración] high-ranking official ▸ **~ público** public office **3.** FIN charge ▸ **con ~ a** charged to ▸ **correr a ~ de** to be borne by ▸ **hacerse ~ de** to pay for **4.** DER [acusación] charge ▸ **formular graves cargos contra alguien** to bring serious charges against sb

cargosear vt *CSUR* to annoy, to pester

cargoso, -a adj *CSUR* annoying

carguero nm cargo boat

cariacontecido, -a adj crestfallen

cariado, -a adj decayed

cariar vt **1** to cause decay in ▸ **el azúcar caria las muelas** sugar causes tooth decay
◆ ***cariarse*** vpr to decay

cariátide nf caryatid

Caribe ■ adj **el mar ~** the Caribbean (Sea)
■ nm **el ~** the Caribbean (Sea)

caribeño, -a ■ adj Caribbean
■ nm,f person from the Caribbean

caribú (pl **caribús** *o* **caribúes**) nm caribou

caricatura nf caricature

caricaturesco, -a adj caricature ▸ **un retrato ~ de la situación** a caricature of the situation

caricaturista nmf caricaturist

caricaturizar [14] vt to caricature

caricia nf [a persona] caress, stroke / [a animal] stroke ▸ **hacer caricias/una ~ a alguien** to caress sb

Caricom [kari'kom] nm o nf (abrev de ***Comunidad (Económica) del Caribe***) Caricom

caridad nf charity

caries nf inv tooth decay ▸ **tengo tres ~** I have three cavities

carillón nm carillon

cariñena nm = *wine from Cariñena, in the province of Zaragoza*

cariño nm **1.** [afecto] affection ▸ **tener ~ a** to be fond of ▸ **tomar ~ a** to grow fond of ▸ **tratar a alguien con ~** to be affectionate to(wards) sb **2.** [cuidado] loving care ▸ **tratar algo con ~** to treat sth with loving care **3.** [apelativo] dear, love, *US* honey

cariñoso, -a adj affectionate

carioca ■ adj of/from Rio de Janeiro
■ nmf person from Rio de Janeiro

carisma nm charisma

carismático, -a adj charismatic

Cáritas nf = *charitable organization run by the Catholic Church*

caritativo, -a adj charitable

cariz nm look, appearance ▸ **tomar mal/buen ~** to take a turn for the worse/better

carlinga nf AV [para piloto] cockpit / [para pasajeros] cabin

carlismo nm HIST Carlism

carlista adj & nmf Carlist

carmelita adj & nmf Carmelite

carmesí (pl **carmesíes**) adj & nm crimson

carmín ■ adj [color] carmine
■ nm **1.** [color] carmine **2.** [lápiz de labios] lipstick

carnada nf *también Fig* bait

carnal ■ adj **1.** [de la carne] carnal **2.** [parientes] **primo ~** first cousin ▸ **tío ~** uncle *(not by marriage)*
■ nm *MÉX Fam* [amigo] friend, *BR* mate, *US* buddy

carnaval nm **1.** [fiesta] carnival **2.** REL Shrovetide

CULTURA / CULTURE

carnaval

The tradition of **carnaval**, or **carnavales** continues in many parts of Spain and Latin America. The festival usually lasts between three days and a week, just before the beginning of Lent. The best known carnivals in Spain are those of Cádiz and Santa Cruz de Tenerife, and in Mexico that of Veracruz.

carnavalada nf *Fam* farce

carnavalesco, -a adj carnival ▸ **ambiente ~** carnival atmosphere

carnaza nf *también Fig* bait

carne nf **1.** [alimento] meat ▸ **~ blanca** white meat ▸ **~ de cerdo,** *ANDES* **~ de chancho** pork ▸ **~ de cordero** lamb ▸ *ESP* **~ de membrillo** quince jelly ▸ *AM* **~ molida,** *ESP, RP* **~ picada** mincemeat, *BR* mince ▸ **~ roja** red meat ▸ *MÉX* **~ de res** beef ▸ **~ de ternera** veal ▸ **~ de vaca** beef **2.** [de persona, fruta] flesh **3.** [sensualidad] flesh ▸ **los placeres de la ~** the pleasures of the flesh **4.** [expresiones] **~ de cañón** cannon fodder ▸ **entrado en carnes** plump ▸ **~ de gallina** gooseflesh ▸ **se me pone la ~ de gallina al ver esas imágenes** it sends a shiver down my spine when I see those pictures ▸ **en ~ y hueso** in person ▸ **ser de ~ y hueso** to be human ▸ **en ~ viva** raw ▸ **poner toda la ~ en el asador** to go for broke

carné (pl **carnés**), ***carnet*** (pl **carnets**) nm **1.** [documento] card ▸ **~ de conducir** *o RP* **de conductor** *BR* driving licence, *US* driver's license ▸ **~ de estudiante** student card ▸ **~ de identidad** identity card ▸ **~ de socio** membership card **2.** [agenda] notebook

carnear vt *ANDES, RP* to slaughter, to butcher

carnero ■ nm [animal] ram / [carne] mutton
■ nm,f *RP Fam Pey* [esquirol] scab, *BR* blackleg

carnet ➤ ***carné***

carnicería nf **1.** [tienda] butcher's **2.** [masacre] massacre, bloodbath ▸ **fue una ~** it was carnage

carnicero, -a ■ adj [animal] carnivorous
■ nm,f *también Fig* [persona] butcher

cárnico, -a adj meat ▸ **industrias cárnicas** meat industry ▸ **productos cárnicos** meat products

carnitas nfpl *MÉX* = *small pieces of braised pork*

carnívoro, -a ■ adj carnivorous
■ nm carnivore

carnosidad nf fleshy part

carnoso, -a adj [persona, rodillas] fleshy / [labios] full

caro, -a ■ adj **1.** [costoso] expensive ▸ **la vida está muy cara** everything is so expensive **2.** *Formal* [querido] cherished
■ adv **costar ~** to be expensive ▸ *Fig* **pagar ~ algo** to pay dearly for sth ▸ *Fig* **un día te va a salir cara tu conducta** you'll pay dearly for this behaviour one day ▸ **vender ~ algo** to sell sth at a high price / *Fig* not to give sth up easily ▸ **vendieron cara su derrota** their enemy paid a high price for their victory

carolingio, -a adj & nm,f Carolingian

carota nmf *ESP Fam* **ser un(a) ~** to have a lot of cheek *o* nerve, *BR* to have a real brass neck

carótida adj & nf carotid

carozo nm *RP* stone, *US* pit

carpa nf **1.** [pez] carp **2.** [de circo] big top / [en parque, la calle] marquee **3.** *AM* [tienda de campaña] tent

carpanta nf *ESP Fam* ravenous hunger

Cárpatos nmpl **los ~** the Carpathians

carpeta nf file, folder

carpetazo nm **dar ~ a algo** to shelve sth

carpetovetónico, -a adj deeply Spanish

carpintería nf **1.** [de muebles y utensilios] carpentry / [de puertas y ventanas] joinery **2.** [taller] carpenter's/joiner's shop

carpintero, -a nm,f [de muebles y utensilios] carpenter / [de puertas y ventanas] joiner

carraca nf [instrumento] rattle / [cosa vieja] old crock

carraspear vi to clear one's throat

carraspeo nm cough, clearing of one's throat

carraspera nf **tener ~** to have a frog in one's throat

carrera nf **1.** [acción de correr] **a la ~** [corriendo] running, at a run / [rápidamente] fast, quickly / [alocadamente] hastily ▸ **dar(se) una ~** to run ▸ **ir a un sitio de una ~** to run somewhere ▸ **tomar ~** to take a run-up **2.** [competición] race ▸ **carreras** races, racing ▸ **¿echamos una ~?** shall we race each other? ▸ **~ armamentística** *o* **de armamentos** arms race ▸ **~ de caballos** horse race ▸ **~ de coches** motor race ▸ **~ contrarreloj** [en ciclismo] time trial ▸ **la ~ espacial** the space race ▸ **~ de fondo** long-distance race ▸ **~ de obstáculos** steeplechase ▸ **~ de relevos** relay (race) **3.** [estudios] university course ▸ **hacer la ~ de derecho/físicas** to study law/physics (at university) ▸ **cuando acabes la ~** when you finish your studies **4.** [profesión] career ▸ **hacer ~** [triunfar] to succeed (in life) **5.** *Fam* **hacer la ~** [prostituirse] to walk the streets **6.** [trayecto] route **7.** [de taxi] ride ▸ **¿cuánto es la ~ a la estación?** what's the fare to the station? **8.** [en medias] *BR* ladder, *US* run **9.** [calle] = *name of certain Spanish streets* **10.** TEC [de émbolo] stroke **11.** [en béisbol] run **12.** *COL, MÉX, VEN* [en el pelo] parting

carrerilla nf **tomar** *o* *ESP* **coger ~** to take a run-up ▸ **decir algo de ~** to reel sth off

carreta nf cart

carrete nm **1.** [de hilo] bobbin, reel / [de alambre] coil / [de pesca] reel **2.** FOT roll (of film) **3. dar ~ a alguien** to draw sb out

carretera nf road ▸ **~ de circunvalación** *BR* ring road, *US* beltway ▸ **~ comarcal** minor road ▸ *MÉX* **~ de cuota** toll road ▸ **~ nacional** *BR* ≃ A road, *US* ≃ state highway ▸ **~ de peaje** toll road ▸ **~ secundaria** side road

carretero, -a ■ adj *AM* road ▸ **un accidente ~** a road accident
■ nm *Fig* **fumar como un ~** to smoke like a chimney

carretilla nf wheelbarrow

carricoche nm *Anticuado* jalopy, *BR* old banger

carril nm **1.** [de carretera] lane ▸ **~ de aceleración** *BR* acceleration lane, *US* on-ramp ▸ **~ bici** *BR* cycle lane, *US* bikeway ▸ **~ bus** bus lane ▸ **~ lento** slow lane ▸ **~ de deceleración** *BR* deceleration lane, *US* off-ramp ▸ **~ rápido** fast lane ▸ **~ de salida** *BR* deceleration lane, *US* off-ramp **2.** [de vía de tren] rail **3.** [de ruedas] rut

carrillo nm cheek ▸ *Fig* **comer a dos carrillos** to cram one's face with food

carrito nm **1.** [para equipaje, de supermercado] trolley, *US* cart **2.** *MÉX, VEN* **carritos chocones** Dodgems®, bumper cars

carrizal nm reedbed

carrizo nm reed

carro nm **1.** [vehículo] cart ▸ *Fig* **aguantar carros y carretas** to put up with a lot ▸ **¡para el ~!** [espera] hang on a minute! ▸ **subirse al ~ de la tecnología** to sign up for the new technology ▸ MIL **~ de combate** tank **2.** [carrito] trolley, *US* cart / [de bebé] *BR* pram, *US* baby carriage ▸ **~ de la compra** shopping trolley **3.** [de máquina de escribir] carriage **4.** *AM salvo RP* [automóvil] car **5.** *MÉX* [de tren] car ▸ **~ comedor** dining car ▸ **~ dormitorio** sleeper

carrocería nf bodywork

carromato nm wagon

carroña nf carrion

carroñero, -a adj [animal] carrion-eating

carroza ■ nf [coche] carriage
■ nmf *Fam* [viejo] old fogey

carruaje nm carriage

carrusel nm **1.** [tiovivo] merry-go-round, *US* carousel **2.** [de caballos] dressage, display of horsemanship

carta nf **1.** [escrito] letter ▸ **echar una ~** to *BR* post *o* *US* mail a letter ▸ **~ abierta** [en periódico] open letter ▸ **~ de agradecimiento** letter of thanks, thank you letter ▸ **~ de amor** love letter ▸ **~ bomba** letter bomb ▸ **~ certificada** *BR* recorded *o* *US* certified letter ▸ COM **~ de crédito** letter of credit ▸ *AM* **~ postal** postcard ▸ **~ de presentación** [para un tercero] letter of introduction / [con currículum] *BR* covering letter, *US* cover letter ▸ **~ de recomendación** reference (letter) ▸ **~ urgente** express letter **2.** [naipe] (playing) card ▸ **jugar a las cartas** to play cards ▸ **echar las cartas a alguien** to tell sb's fortune *(with cards)* **3.** [menú] menu ▸ **a la ~** [menú] à la carte / [televisión, programación] pay-per-view ▸ **comer a la ~** to eat à la carte ▸ **~ de vinos** wine list **4.** [mapa] map / NÁUT chart ▸ **~ astral** star chart **5.** [documento] charter ▸ **cartas credenciales** letters of credence ▸ **Carta**

Magna [constitución] constitution ▸ **~ de naturaleza** naturalization papers ▸ **~ de trabajo** work permit ▸ **~ verde** green card **6.** [expresiones] **a ~ cabal** through and through ▸ **dar ~ blanca a alguien** to give sb carte blanche *o* a free hand ▸ **enseñar las cartas** to show one's hand ▸ **jugarse la última ~** to play one's last card ▸ **jugarse todo a una ~** to put all one's eggs in one basket ▸ **no saber a qué ~ quedarse** to be unsure ▸ **poner las cartas boca arriba** *o* **sobre la mesa** to put one's cards on the table ▸ **tomar cartas en un asunto** to intervene in a matter

cartabón nm set square

cartagenero, -a ■ adj of/from Cartagena ■ nm,f person from Cartagena

cartaginés, -esa adj & nm,f HIST Carthaginian

cartapacio nm **1.** [carpeta] folder **2.** [cuaderno] notebook

cartearse vpr to correspond ▸ **nos seguimos carteando** we still write to each other

cartel nm **1.** [anuncio] poster ▸ **prohibido fijar carteles** [en letrero] billposters will be prosecuted **2.** [fama] **tener buen/mal ~** to be popular/unpopular

cártel nm cartel

cartelera nf **1.** [tablón] billboard, *BR* hoarding **2.** PRENSA entertainments page ▸ **estar en ~** to be showing ▸ **lleva un año en ~** it has been running for a year

cartelero, -a adj popular, big-name

cartelista nmf poster artist

carteo nm correspondence

cárter nm AUT housing

cartera nf **1.** [para dinero] wallet, *US* billfold **2.** [para documentos] briefcase / [sin asa] portfolio / [de colegial] satchel ▸ *Fig* **tener algo en ~** to have sth in the pipeline **3.** COM, FIN & POL portfolio ▸ **~ de pedidos** [pedidos pendientes] orders in hand / [pedidos atrasados] backlog ▸ **~ de valores** portfolio **4.** *ANDES, RP* [bolso] *BR* handbag, *US* purse

carterista nmf pickpocket

cartero, -a nm,f *BR* postman, *f* postwoman, *US* mailman, *f* mailwoman

cartesiano, -a adj & nm,f FILOSOFÍA Cartesian

cartilaginoso, -a adj cartilaginous

cartílago nm cartilage

cartilla nf **1.** [documento] book ▸ **~ (de ahorros)** savings book ▸ **~ militar** = *booklet to say one has completed one's military service* ▸ **~ del paro** = *registration card issued to the unemployed, BR* ≃ UB40 ▸ **~ de racionamiento** ration book ▸ **~ de la seguridad social** = *social security card* **2.** [para aprender a leer] primer ▸ *Fig* **leerle la ~ a alguien** to read sb the riot act

cartografía nf cartography

cartógrafo, -a nm,f cartographer

cartomancia nf cartomancy, fortune-telling *(with cards)*

cartón nm **1.** [material] cardboard ▸ **~ piedra** papier mâché **2.** [de cigarrillos] carton **3.** [de leche, zumo] carton **4.** *MÉX* [tira cómica] comic strip

cartoné nm **en ~** bound in boards

cartonista nmf *MÉX* comic strip artist

cartuchera nf cartridge belt

cartucho nm **1.** [de arma, tinta] cartridge ▸ *Fig* **quemar el último ~** to play one's last card **2.** [envoltorio] [de monedas] roll / [cucurucho] paper cone

cartuja nf charterhouse

cartujo, -a ■ adj Carthusian ■ nm **1.** [religioso] Carthusian **2.** [persona retraída] hermit

cartulina nf card, thin cardboard ▸ **una carpeta de ~** a cardboard folder

casa nf **1.** [edificio] house / [piso] *BR* flat, *US* apartment ▸ *Fam* **una mentira como una ~** a whopping great lie ▸ **ser de andar por ~** [sencillo] to be simple *o* basic ▸ *Fig* **echar** *o* **tirar la ~ por la ventana** to spare no expense ▸ **empezar la ~ por el tejado** to put the cart before the horse ▸ **~ adosada** *BR* terraced house, *US* row house ▸ **Casa Blanca** White House ▸ **~ de campo** country house ▸ **~ de de muñecas** *BR* doll's house, *US* dollhouse ▸ **~ particular** private house ▸ **Casa Rosada** [en Argentina] = Argentinian presidential palace ▸ **~ solariega** ancestral home, family seat ▸ **~ unifamiliar** = *house (usually detached) on an estate* **2.** [hogar] home ▸ **en ~** at home ▸ **¿está tu hermano en ~?** is your brother at home? ▸ **buscar ~** to look for somewhere to live ▸ **cambiarse** *o* **mudarse de ~** to move (house) ▸ **ir a ~** to go home ▸ **pásate por mi ~** come round to my place **3.** [familia] family / [linaje] house ▸ HIST **la ~ de Austria** the Hapsburgs ▸ HIST **la ~ de Borbón** the Bourbons ▸ **~ real** royal family **4.** [establecimiento] company ▸ **¡invita la ~!** it's on the house! ▸ **especialidad/vino de la ~** house speciality/wine ▸ **~ de apuestas** betting shop ▸ **~ de citas** brothel ▸ **~ de comidas** = *cheap restaurant serving simple meals* ▸ **~ discográfica** record company ▸ **~ de empeño** pawnshop ▸ **~ de huéspedes** *BR* guesthouse, *US* rooming house ▸ *Fig* **¡esto es una ~ de locos!** this place is a madhouse! ▸ COM **~ matriz** [de empresa] head office / [de grupo de empresas] parent company ▸ *Vulg* **~ de putas** whore house ▸ **~ de socorro** first-aid post **5.** DEP home ▸ **jugar en ~** to play at home ▸ **jugar fuera de ~** to play away (from home) ▸ **el equipo de ~** the home team

CULTURA / CULTURE

Casa Rosada

Casa Rosada (the "pink house") in Buenos Aires, is the name of the Argentinian Presidential Palace. Its pink colour was originally chosen (for an earlier building) by president Domingo Sarmiento (1868-74) to represent a combination between the two feuding political traditions of nineteenth century Argentina - red for the Federalists and white for the Unitarians. Argentina's presidents have addressed the people from the balcony of the palace, but the most famous orator to use it was Evita Peron, so there was a huge controversy when film director Alan Parker obtained permission to use the balcony when filming his musical Evita in 1997, with Madonna in the title role.

Casablanca n Casablanca

casaca nf [de chaqué] frock coat / [chaquetón] jacket

casación nf DER annulment

casadero, -a adj marriageable

casado, -a ■ adj married (**con** to)
■ nm,f married man, *f* married woman ▸ **los recién casados** the newly-weds

casamentero, -a ■ adj matchmaking
■ nm,f matchmaker

casamiento nm wedding, marriage

casanova nm Casanova

casar ■ vt **1.** [en matrimonio] to marry **2.** [unir] to fit together
■ vi to match
◆ ***casarse*** vpr to get married (**con** to) ▸ **casarse por la iglesia** to have a church wedding ▸ **casarse por lo civil** to have a *BR* registry office wedding *o US* civil wedding ▸ *Fig* **no se casa con nadie** he doesn't take sides

cascabel nm (small) bell ▸ *Fig* **poner el ~ al gato** to bell the cat, to dare to go ahead

cascabeleo nm tinkle, jingle

cascada nf [de agua] waterfall ▸ **en ~** one after another

cascado, -a adj **1.** *ESP Fam* [estropeado] bust, *BR* clapped-out / [persona] worn-out **2.** [ronco] rasping

cascajo nm rubble ▸ *Fam Fig* **estar hecho un ~** to be a wreck

cascanueces nm inv nutcracker

cascar [59] ■ vt **1.** [romper] to crack ▸ **~ un huevo** to crack an egg **2.** *ESP Fam* [dañar] to damage, to harm ▸ *Fig* **cascarla** to kick the bucket **3.** *Fam* [la voz] to make croaky **4.** *Fam* [pegar] to thump
■ vi *ESP Fam* [hablar] to witter on
◆ ***cascarse*** vpr **1.** [romperse] to crack **2.** *ESP Fam* **se le cascó la voz** his voice went croaky

cáscara nf [de almendra, huevo] shell / [de limón, naranja] peel

cascarilla nf husk

cascarón nm eggshell ▸ *Fig* **salir del ~** [independizarse] to leave the nest / [abrirse] to come out of one's shell

cascarrabias nmf inv grouch, misery guts

casco nm **1.** [para la cabeza] helmet / [de motorista] crash helmet ▸ **cascos azules** U.N. peacekeeping troops, blue berets **2.** [de barco] hull **3.** [de ciudad] **~ antiguo** old (part of) town ▸ **~ urbano** city centre **4.** [de caballo] hoof **5.** *ESP, MÉX* [envase] empty bottle **6.** [pedazo] fragment, piece / *ANDES, CUBA, RP* [gajo] segment
◆ ***cascos*** nmpl **1.** *Fam* [auriculares] headphones **2.** [expresiones] **calentarse** *o* **romperse los cascos** to rack *o US* cudgel one's brains ▸ **ser alegre** *o* **ligero de cascos** [irresponsable] to be irresponsible / [mujer] to be flighty

cascote nm piece of rubble

caserío nm **1.** [aldea] hamlet **2.** [casa de campo] country house

casero, -a ■ adj **1.** [de casa] [comida] home-made / [trabajos] domestic / [celebración] family **2.** [hogareño] home-loving
■ nm,f **1.** [propietario] landlord, *f* landlady **2.** [encargado] house agent

caserón nm large, rambling house

caseta nf **1.** [casa pequeña] hut **2.** [en la playa] bathing hut **3.** [de feria] stall, booth **4.** [para perro] kennel

casete ■ nf [cinta] cassette
■ nm [magnetófono] cassette *o* tape recorder

cash-flow nm cash flow

casi adv almost ▸ **~ me muero** I almost *o* nearly died ▸ **no comió ~ nada** she ate almost *o* practically nothing ▸ **~ no dormí** I hardly slept at all ▸ **~, ~** almost, just about ▸ **~ nunca** hardly ever ▸ **¿qué te pasa? – ¡~ nada! que me ha dejado mi mujer** what's up? – my wife only went and left me ▸ **lo venden por tres millones – ¡~ nada!** they're selling it for three million - what a snip! ▸ **~ siempre** almost *o* nearly always

casilla nf **1.** [de caja, armario] compartment / [para cartas] pigeonhole ▸ *ANDES, RP* **~ de correos,** *CAM, CARIB, MÉX* **~ postal** PO Box **2.** [en un impreso] box **3.** [de tablero de juego] square **4.** *MÉX* [de votación] voting booth **5.** [expresiones] **sacar a alguien de sus casillas** to drive sb mad ▸ **salir** *o* **salirse de sus casillas** to fly off the handle

casillero nm **1.** [mueble] set of pigeonholes **2.** [casilla] pigeonhole

casino nm **1.** [para jugar] casino **2.** [asociación] (social) club

casís nm inv **1.** [arbusto] blackcurrant bush **2.** [fruto] blackcurrant **3.** [licor] cassis

caso nm **1.** [situación, circunstancias] case ▸ **el ~ es que...** [el hecho es que] the thing is (that)... / [lo importante es que] what matters is (that)... ▸ **el ~ Dreyfus** the Dreyfus affair ▸ **en ~ afirmativo/negativo** if so/not ▸ **en ~ de** in the event of ▸ **en ~ de que** if ▸ **(en) ~ de que venga** should she come ▸ **en cualquier** *o* **todo ~** in any event *o* case ▸ **en el mejor/peor de los casos** at best/worst ▸ **en tal** *o* **ese ~** in that case ▸ **en último ~** as a last resort ▸ **ir al ~** to get to the point ▸ **pongamos por ~ que...** let's suppose (that)... ▸ **ser un ~** to be a case, to be a right one ▸ **ser un ~ perdido** to be a lost cause ▸ **no venir al ~** to be irrelevant ▸ **~ de conciencia** matter of conscience ▸ **fue un ~ de fuerza mayor** it was due to force of circumstances **2.** [atención] **hacer ~ a** to pay attention to ▸ **hacer ~ omiso de** to ignore ▸ **se lo dije, pero ella, ni ~** I told her but she didn't take any notice ▸ **¡ni ~!, ¡no hagas ~!** don't take any notice! ▸ **no me hace ni ~** she doesn't take a blind bit of notice of me

casona nf large house, mansion

casorio nm *ESP Fam* wedding

caspa nf **1.** [en el pelo] dandruff **2.** *ESP Fam* **la ~** [famosos] C-list celebs

Caspio ■ adj **el mar ~** the Caspian Sea
■ nm **el ~** the Caspian Sea

cáspita interj *Anticuado o Hum* **¡~!** [sorpresa] my word! / [enfado] dash it!

casposo, -a adj **1.** [con caspa] covered in dandruff **2.** *ESP* [música, película] cheesy ▸ **los famosos casposos** C-list celebs

casposo, -a adj **1.** [con caspa] covered in dandruff **2.** *ESP Fam* [música, película] cheesy ▸ **los famosos casposos** C-list celebs **3.** *ESP Fam* [asqueroso] disgusting

casque *etc ver* ***cascar***

casquería nf [tienda] = *shop selling offal* / [productos] offal ▸ *Fam Fig* **en esa película sale demasiada ~** that film is too gory

casquete nm **1.** [gorro] skullcap **2. ~ esférico** segment of a sphere ▸ **~ polar** polar icecap **3.** *muy Fam* **echar un ~** to have a screw *o BR* shag

casquillo nm **1.** [de bala] case **2.** [de lámpara] socket, lampholder

casquivano, -a adj *Fam* [irresponsable] irresponsible / [mujer] flighty

cassette [ka'sete, ka'set] ■ nf [cinta] cassette
■ nm [magnetófono] cassette *o* tape recorder

casta nf **1.** [linaje] stock, lineage ▸ **de ~ le viene al galgo** it runs in the family **2.** [especie, calidad] breed **3.** [en la India] caste

castaña nf **1.** [fruto] chestnut ▸ *Fam* **sacarle a alguien las castañas del fuego** to get sb out of trouble ▸ **~ de agua** water chestnut **2.** *ESP Fam* [golpe] bash **3.** *ESP Fam* [borrachera] **agarrarse una ~** to get legless **4.** *ESP Fam* [cosa aburrida] bore ▸ **este libro es una ~** this book is boring

castañazo nm *Fam* bash ▸ **darse un ~** [golpe] to bump oneself / [con el coche] to have a crash

castañeta nf TAUROM = *bullfighter's ornamental pigtail*

castañetear vi [dientes] to chatter ▸ **me castañetean las rodillas** my knees are knocking

castañeteo nm [de castañuelas] clacking / [de dientes] chattering

castaño, -a ■ adj [color] chestnut
■ nm **1.** [color] chestnut ▸ *Fig* **pasar de ~ oscuro** to be beyond a joke **2.** [árbol] chestnut (tree) ▸ **~ de Indias** horse chestnut (tree) **3.** [madera] chestnut

castañuela nf castanet ▸ *Fig* **estar como unas castañuelas** to be over the moon

castellanizar [14] vt to hispanicize

castellano, -a ■ adj & nm,f Castilian
■ nm [lengua] (Castilian) Spanish

CULTURA / CULTURE

castellano

Castellano (Castilian) is the official term for Spanish used in the Spanish Constitution of 1978, but "español" (Spanish) and "lengua española" (Spanish language) are often used when referring to Spanish as opposed to French, Italian or German, and also in linguistic or academic contexts. Elsewhere, the term "español" is often avoided because of its associations with either the former colonizing country (in the case of Latin America) or (in Spain) with the domination of Spanish over the other languages spoken in Spain (principally Catalan, Basque and Galician).

castellanohablante, castellanoparlante ■ adj Spanish-speaking
■ nmf Spanish speaker

castellano-leonés, -esa ■ adj of/from Castilla y León
■ nm,f person from Castilla y León

castellano-manchego, -a ■ adj of/from Castilla-La Mancha
■ nm,f person from Castilla-La Mancha

castellanoparlante ➤ ***castellanohablante***

castellonense ■ adj of/from Castellón
■ nm,f person from Castellón

casticismo nm purism

castidad nf chastity

castigador, -ora *Fam* ■ adj seductive
■ nm,f ladykiller, *f* man-eater

castigar [40] vt **1.** [imponer castigo a] to punish ▸ **castigaron a los niños sin cena** they punished the children by sending them to bed without dinner ▸ **lo castigaron con la pena capital** he was given the death penalty **2.** DEP to penalize **3.** [piel, salud] to damage / [sujeto: sol, viento, epidemia] to devastate ▸ **una zona castigada por las inundaciones** a region severely hit by the floods **4.** [enamorar] to seduce
◆ ***castigarse*** vpr to be hard on oneself

castigo nm **1.** [sanción] punishment ▸ **~ corporal** corporal punishment ▸ **~ ejemplar** exemplary punishment **2.** [daño] damage ▸ **infligir un duro ~ a** to inflict severe damage on **3.** *Fam* [persona] **¡qué ~ de niño/hombre!** what a pain that child/man is! **4.** DEP **máximo ~** penalty ▸ **el árbitro señaló el máximo ~** the referee pointed to the spot

Castilla n Castile ▸ **~ la Nueva/la Vieja** New/Old Castile

Castilla-La Mancha n Castile and La Mancha

Castilla y León n Castile and León

castillo nm **1.** [edificio] castle ▸ **hacer castillos en el aire** to build castles in the air ▸ **~ de arena** sand castle ▸ **~ de fuegos artificiales** firework display **2.** NÁUT **~ de popa** quarterdeck ▸ **~ de proa** forecastle

casting ['kastin] (pl **castings**) nm CINE & TEATRO audition ▸ **hacer un ~** to hold an audition

castizo, -a adj [lenguaje, palabra] = *derived from popular usage and considered linguistically pure* / [barrio, taberna] typical ▸ **un andaluz ~** a typical Andalusian

casto, -a adj chaste

castor nm beaver

castración nf castration

castrador, -ora adj **una madre castradora** a strong *o* dominant mother

castrar vt **1.** [animal, persona] to castrate / [gato] to neuter **2.** [debilitar] to sap, to impair

castrense adj military

castrismo nm Castroism

castrista adj & nmf Castroist

casual adj accidental ▸ **un encuentro ~** a chance encounter

casualidad nf coincidence ▸ **la ~ hizo que nos encontráramos** chance brought us together ▸ **dio la ~ de que...** it so happened that... ▸ **no es ~ que...** it's no coincidence that... ▸ **de ~** by chance ▸ **¿no llevarás por ~ un paraguas?** you wouldn't happen to have an umbrella with you? ▸ **¡qué ~!** what a coincidence!

casualmente adv by chance

casucha nf *Pey* hovel, dump

casuística nf DER case law

casuístico, -a adj *Formal* casuistic

casulla nf chasuble

cata nf tasting ▸ **~ de vinos** wine tasting

catabolismo nm catabolism

cataclismo nm cataclysm

catacumbas nfpl catacombs

catador, -ora nm,f taster

catadura nf [aspecto] look, appearance

catafalco nm catafalque

catalán, -ana ■ adj & nm,f Catalan, Catalonian ■ nm [lengua] Catalan

CULTURA / CULTURE

catalán

Catalan is one of several official languages in Spain in addition to Castilian Spanish. Like Spanish ("castellano") and Galician ("gallego") it developed from late Latin. It is spoken by about six million people in Catalonia in northeastern Spain. Close relatives of Catalan are spoken in the Balearic Islands ("mallorquín") and the Valencian region ("valenciano"), though whether they are dialects of Catalan or separate languages remains an issue of political as much as linguistic controversy. Catalonia's economic development in the latter part of the 19th century encouraged a renaissance in the use of the language as a literary medium. During Franco's dictatorship (1939-75), Catalan was effectively banned for official purposes, but it continued to be used in everyday life as well as in literature. Since the return of democracy, Catalonia's regional government has promoted Catalan as the official language for use in education and public administration.

catalanismo nm **1.** [palabra] Catalanism **2.** POL Catalan nationalism

catalanista adj & nmf Catalan nationalist

catalejo nm telescope

catalepsia nf catalepsy

cataléptico, -a adj MED cataleptic / *Fam Fig* half asleep

catalítico, -a adj QUÍM catalytic

catalizador, -ora ■ adj **1.** QUÍM catalytic **2.** [impulsor] **el principio ~ del cambio** the catalyst of change ■ nm **1.** QUÍM & *Fig* catalyst **2.** AUT catalytic converter

catalizar [14] vt QUÍM to catalyse / [impulsar] to provoke

catalogación nf cataloguing ▸ **no admitir ~** [ser extraordinario] to be hard to categorize

catalogar [40] vt **1.** [en catálogo] to catalogue **2.** [clasificar] **~ a alguien (de)** to class sb (as)

catálogo nm catalogue

Cataluña n Catalonia

catamarán nm catamaran

cataplasma nf **1.** MED poultice **2.** *Fam* [pesado] bore

cataplines nmpl *Fam* [testículos] nuts, *BR* goolies

cataplum, cataplún interj **¡~!** crash!, bang!

catapulta nf catapult

catapultar vt to catapult

catapún *Fam* ■ interj **¡~!** [en lenguaje infantil] crash!, bang!
■ adj inv **en el año ~** ages ago ▸ **es del año ~** it's ancient

catar vt to taste

catarata nf **1.** [de agua] waterfall ▸ **las cataratas del Iguazú** the Iguaçu Falls ▸ **las cataratas del Niágara** Niagara Falls **2.** MED cataract

cátaro, -a HIST adj & nm,f Cathar

catarro nm cold

catarsis nf inv [purificación] catharsis

catártico, -a adj cathartic

catastral adj **registro ~** land register ▸ **valor ~** = *value of a property recorded in the land register, BR* ≃ rateable value, *US* ≃ assessed value

catastro nm land registry

catástrofe nf catastrophe / [accidente de avión, tren] disaster ▸ **~ ecológica** environmental disaster ▸ **~ natural** natural disaster

catastrófico, -a adj catastrophic

catastrofismo nm [pesimismo] scaremongering, alarmism

catastrofista adj & nmf alarmist

catatónico, -a adj **1.** [paciente] catatonic **2.** *Fam* [alterado] flabbergasted, *BR* gobsmacked

catavino nm wine tasting glass

catavinos nmf inv wine taster

catchup (pl **catchups**) nm ketchup, *US* catsup

cate nm *Fam* fail

catear vt **1.** *ESP Fam* to fail, *US* to flunk ▸ **he cateado** *o* **me han cateado la física** I failed *o US* flunked physics **2.** *AM* [casa] to search

catecismo nm catechism

cátedra nf **1.** [cargo] [en universidad] chair / [en instituto] post of head of department **2.** [departamento] department **3. sentar ~** to lay down the law

catedral nf cathedral ▸ **una mentira como una ~** a whopping great lie

catedralicio, -a adj cathedral ▸ **ciudad catedralicia** cathedral city

catedrático, -a nm,f [de universidad] professor / [de instituto] head of department

categoría nf **1.** [clase] category ▸ **un hotel de primera ~** a top-class hotel ▸ **perder la ~** [en competición deportiva] to be relegated ▸ **~ gramatical** part of speech **2.** [posición social] standing ▸ **de ~** important **3.** [calidad] quality ▸ **de (primera) ~** first-class

categóricamente adv categorically

categórico, -a adj categorical

catequesis nf inv catechesis, ≃ Sunday school

catequizar [14] vt **1.** [enseñar religión] to instruct in Christian doctrine **2.** [adoctrinar] to convert

catering ['katerin] (pl **catering** *o* **caterings**) nm catering

caterva nf host, multitude

catéter nm MED catheter

cateto, -a ■ adj *Pey* uncultured, uncouth
■ nm,f *Pey* country bumpkin
■ nm GEOM cathetus

catire, -a adj *CARIB* blond(e)

catódico, -a adj cathodic, cathode

cátodo nm cathode

catolicismo nm Catholicism

católico, -a ■ adj Catholic ▸ *Fam Fig* **no estar muy ~** to be under the weather
■ nm,f Catholic

catorce núm fourteen / *ver también* ***seis***

catorceavo, -a, catorzavo, -a núm [fracción] fourteenth ▸ **la catorceava parte** a fourteenth

catre nm [cama] camp bed, *US* cot ▸ *Fam* **irse al ~** to hit the sack, *US* to hit the hay

catsup (pl **catsups**) nm *MÉX* ketchup, *US* catsup

caucásico, -a adj & nm,f Caucasian

Cáucaso nm **el ~** the Caucasus

cauce nm **1.** AGR & *Fig* channel **2.** [de río] river-bed ▸ **volver a su ~** to return to normal

caucho nm **1.** [sustancia] rubber ▸ **~ vulcanizado** vulcanized rubber **2.** [planta] rubber tree

caudal nm **1.** [cantidad de agua] flow, volume **2.** [capital, abundancia] wealth

caudaloso, -a adj **1.** [río] with a large flow **2.** [persona] wealthy, rich

caudillaje nm leadership

caudillo nm [en la guerra] leader, head ▸ HIST **el Caudillo** = *title used to refer to Franco*

causa nf **1.** [origen] cause ▸ **la relación ~-efecto** the relationship between cause and effect **2.** [razón] reason ▸ **se desconocen las causas del accidente** it is not known what caused the accident ▸ **a** *o* **por ~ de** because of ▸ **por ~ mayor** for reasons beyond my/our/*etc* control **3.** [ideal] cause ▸ **dieron su vida por la ~** they gave their lives for the cause ▸ **hacer ~ común con alguien** to make common cause with sb ▸ **ser una ~ perdida** to be a lost cause **4.** DER case

causal adj causal

causalidad nf causality

causante ■ adj **la razón ~** the cause
■ nmf cause ▸ **el ~ del accidente** the person responsible for the accident

causar vt [originar] to cause / [impresión] to make / [placer] to give ▸ **el accidente le causó graves lesiones** he was seriously injured in the accident ▸ **el huracán causó estragos en la costa** the hurricane wreaked havoc on the coast ▸ **el terremotó causó dos mil muertos** two thousand people died in the earthquake, the earthquake killed two thousand people

causticidad nf *también Fig* causticity

cáustico, -a adj *también Fig* caustic

cautela nf caution, cautiousness ▸ **con ~** cautiously

cautelar adj precautionary, preventive

cauteloso, -a ■ adj cautious, careful
■ nm,f cautious person

cauterizar [14] vt to cauterize

cautivador, -ora ■ adj captivating, enchanting
■ nm,f charmer

cautivar vt **1.** [apresar] to capture **2.** [seducir] to captivate, to enchant

cautiverio nm captivity

cautividad nf captivity ▸ **vivir en ~** to live in captivity

cautivo, -a adj & nm,f captive

cauto, -a adj cautious, careful

cava ■ nm [bebida] cava, = *Spanish sparkling wine*
■ nf [bodega] wine cellar

cavar ■ vt [hoyo] to dig / [con azada] to hoe ▸ *Fig* **está cavando su propia tumba** she is digging her own grave
■ vi [hacer hoyo] to dig / [con azada] to hoe

caverna nf [cueva] cave / [más grande] cavern

cavernícola nmf caveman, *f* cavewoman

cavernoso, -a adj [voz, tos] hollow

caviar nm caviar

cavidad nf cavity ▸ **la ~ bucal** the buccal *o* oral cavity

cavilación nf deep thought, pondering

cavilar vi to think deeply, to ponder

caviloso, -a adj thoughtful, pensive

cayado nm **1.** [de pastor] crook **2.** [de obispo] crozier

cayena nf [especia] cayenne pepper

cayera *etc ver* ***caer***

cayo nm [isla] key, islet

caza ■ nf **1.** [acción de cazar] hunting ▸ **ir de ~** to go hunting ▸ *Fig* **dar ~ a** to hunt down ▸ *Fig* **~ de brujas** witch-hunt **2.** [animales, carne] game ▸ **~ mayor** big game ▸ **~ menor** small game
■ nm [avión] fighter (plane)

¡CUIDADO! / CAREFUL!

caza

Hunting es la traducción general para hablar de la caza pero, cuando ésta se lleva a cabo con escopetas (la caza de aves y liebres principalmente), en inglés se prefiere especificar hablando de **shooting**.

cazabombardero nm fighter-bomber
cazador, -ora ■ adj hunting
■ nm,f [persona] hunter ▸ **~ furtivo** poacher
cazadora nf [prenda] bomber jacket
cazadotes nm inv fortune hunter
cazalla nf [bebida] = *aniseed-flavoured spirit*
cazar [14] vt **1.** [animales] to hunt **2.** *Fam* [pillar, atrapar] to catch / [en matrimonio] to trap ▸ **me has cazado despistado** you've caught me on the hop ▸ **cuando me hablan rápido en inglés no cazo una** when people speak English quickly to me I can't understand a word ▸ *Fig* **cazarlas al vuelo** to be quick on the uptake
cazarrecompensas nmf inv bounty hunter
cazatalentos nmf inv **1.** [de artistas, deportistas] talent scout **2.** [de ejecutivos] headhunter
cazo nm **1.** [cacerola] saucepan / [cucharón] ladle **2.** *Fam* [persona fea] ugly mug
cazoleta nf **1.** [recipiente] pot **2.** [de pipa] bowl
cazuela nf **1.** [recipiente] pot, saucepan / [de barro] earthenware cooking pot **2.** [guiso] casserole, stew ▸ **a la ~** casseroled
cazurro, -a ■ adj [bruto] stupid
■ nm,f [bruto] idiot, fool
CC **1.** (abrev de ***código civil***) civil code **2.** (abrev de ***código de circulación***) highway code **3.** (abrev de ***cuerpo consular***) consular staff
cc (abrev de ***centímetros cúbicos***) cc
c/c (abrev de ***cuenta corriente***) a/c
CC.AA. (abrev de ***Comunidades Autónomas***) = *autonomous regions (of Spain)*
CC. OO. (abrev de ***Comisiones Obreras***) = *Spanish left-wing trade union*
CD ■ nm (pl **CDs**) (abrev de ***compact disc***) CD ▸ **CD interactivo** interactive CD
■ **1.** (abrev de ***club deportivo***) [en fútbol] FC **2.** (abrev de ***cuerpo diplomático***) CD
CD-i nm (abrev de ***compact disc interactivo***) CD-i
CD-R nm (abrev de ***compact disc recordable***) CD-R
CD-ROM ['θeðe'rrom] (pl **CD-ROMs**) nm CD-ROM
CD-RW nm (abrev de ***compact disc rewritable***) CD-RW
CE ■ nm (abrev de ***Consejo de Europa***) CE
■ nf *Antes* (abrev de ***Comunidad Europea***) EC
ce nf *Fig* **ce por be** in great detail
cebada nf barley
cebado, -a adj [gordo] huge
cebador nm **1.** [de fluorescente] ballast **2.** [de pólvora] primer
cebar vt **1.** [engordar] to fatten (up) **2.** [fuego, caldera] to stoke, to fuel / [máquina, arma] to prime **3.** [anzuelo] to bait **4.** *RP* [mate] to prepare, to brew
◆ ***cebarse*** vpr **cebarse en** [ensañarse] to be merciless with ▸ **la policía se cebó con los manifestantes** the police dealt with the demonstrators brutally
cebiche ➤ ***ceviche***
cebo nm *también Fig* bait
cebolla nf [planta] onion / *Fam* [cabeza] nut, head
cebolleta nf **1.** [planta] *BR* spring onion, *US* scallion **2.** [en vinagre] (small) pickled onion, silverskin onion
cebollino nm **1.** [planta] chive / [cebolleta] *BR* spring onion, *US* scallion **2.** *Fam* [necio] idiot
cebón, -ona ■ adj fattened
■ nm pig
cebra nf zebra ▸ **paso de ~** zebra crossing
cebú (pl **cebúes**) nm zebu
CECA ['θeka] nf *Antes* (abrev de ***Comunidad Europea del Carbón y del Acero***) ECSC
ceca nf mint ▸ *Fam* **ir de la Ceca a la Meca** to go here, there and everywhere ▸ *RP* **cara o ~** heads or tails
cecear vi to lisp
ceceo nm lisp
cecina nf dried, salted meat
cedazo nm sieve
ceder ■ vt **1.** [traspasar, transferir] to hand over **2.** [conceder] to give up
■ vi **1.** [venirse abajo] to give way ▸ **la puerta finalmente cedió** the door finally gave way **2.** [destensarse] to give, to become loose ▸ **ha cedido el jersey** the jersey has gone baggy **3.** [disminuir] to abate **4.** [rendirse] to give up ▸ **~ a** to give in to ▸ **~ en** to give up on
cedilla nf cedilla
cedro nm cedar
cédula nf document ▸ **~ de citación** summons *(singular)* ▸ **~ de habitabilidad** = *certificate stating that a place is habitable* ▸ **~ hipotecaria** mortgage bond ▸ *AM* **~ de identidad** identity card ▸ **~ de vecindad** identity card
CEE nf *Antes* (abrev de ***Comunidad Económica Europea***) EEC
cefalea nf MED headache
cefalópodo nm ZOOL cephalopod
céfiro nm [viento] zephyr
cegador, -ora adj blinding
cegar [43] ■ vt **1.** *también Fig* to blind **2.** [tapar] [ventana] to block off / [tubo] to block up
■ vi to be blinding
◆ ***cegarse*** vpr *también Fig* to be blinded
cegato, -a *Fam* ■ adj short-sighted
■ nm,f short-sighted person
cegesimal adj = *of or relating to cgs units*
cegué *etc ver* ***cegar***
ceguera nf *también Fig* blindness
CEI ['θei] nf (abrev de ***Confederación de Estados Independientes***) CIS
Ceilán n *Antes* Ceylon
ceja nf **1.** [en la cara] eyebrow ▸ *Fam Fig* **quemarse las cejas** to burn the midnight oil ▸ *Fam* **se le metió entre ~ y ~ que...** he got it into his head that... ▸ *Fam* **tener a alguien entre ~ y ~** not to be able to stand the sight of sb **2.** [de instrumento de cuerda] [puente] bridge / [cejilla] capo
cejar vi **~ en** to give up on ▸ **no cejaremos en nuestro empeño (de...)** we will not flag in our efforts (to...)

cejijunto, -a adj **1.** [persona] bushy-eyebrowed **2.** [gesto] frowning

cejilla nf [de guitarra] capo

celada nf **1.** [pieza de armadura] helmet **2.** [emboscada] ambush / *Fig* trick, trap

celador, -ora nm,f [de colegio] *BR* caretaker, *US, SCOT* janitor / [de hospital] porter, orderly / [de prisión] *BR* warder, *US* guard / [de museo] attendant

celda nf [gen] & INFORM cell ▸ **~ de castigo** solitary confinement cell

celdilla nf [de panal] cell

celebérrimo, -a adj extremely famous

celebración nf **1.** [festejo] celebration **2.** [de ceremonia, reunión] holding

celebrar vt **1.** [festejar] to celebrate **2.** [llevar a cabo] to hold / [oficio religioso, misa] to celebrate ▸ **celebraremos la reunión esta tarde** we'll hold the meeting this afternoon **3.** [alegrarse de] **celebro tu ascenso** I'm delighted by your promotion ▸ **celebro que hayas podido venir** I'm delighted you were able to come **4.** [alabar] to praise, to applaud

◆ ***celebrarse*** vpr **1.** [festejarse] to be celebrated ▸ **esa fiesta se celebra el 25 de Julio** that holiday falls on 25 July **2.** [llevarse a cabo] to take place, to be held

célebre adj famous, celebrated

celebridad nf **1.** [fama] fame **2.** [persona famosa] celebrity

celeridad nf speed ▸ **con ~** rapidly

celeste ■ adj [del cielo] celestial, heavenly ▸ **azul ~** sky blue

■ nm sky blue

celestial adj celestial, heavenly

celestina nf lovers' go-between

celibato nm celibacy

célibe adj & nmf celibate

celo nm **1.** [esmero] zeal, keenness **2.** [devoción] devotion **3.** [de hembra] heat ▸ **en ~** *BR* on heat, *US* in heat **4.** *ESP* [cinta adhesiva] *BR* Sellotape®, *US* Scotch® tape **5.** jealousy

◆ ***celos*** nmpl jealousy ▸ **dar celos a alguien** to make sb jealous ▸ **tener celos de alguien** to be jealous of sb

celofán nm cellophane

celosía nf lattice window, jalousie

celoso, -a ■ adj **1.** [con celos] jealous **2.** [cumplidor] keen, eager

■ nm,f [con celos] jealous person

celta ■ adj Celtic

■ nmf [persona] Celt

■ nm [lengua] Celtic

celtíbero, -a, celtibero, -a adj & nm,f Celtiberian

céltico, -a adj Celtic

célula nf cell ▸ **~ fotoeléctrica** photoelectric cell, electric eye ▸ **~ fotovoltaica** photovoltaic cell ▸ **~ madre** stem cell, mother cell

celular adj BIOL cellular

celulitis nf inv cellulite

celuloide nm **1.** QUÍM celluloid **2.** [película] film

celulosa nf cellulose

cementerio nm [de muertos] cemetery ▸ **~ de automóviles** *o* **coches** scrapyard ▸ **~ nuclear** *o* **radiactivo** nuclear dumping ground

cemento nm **1.** [material] cement / [hormigón] concrete ▸ **~ armado** reinforced concrete **2.** *AM* [para pegar] glue

cena nf dinner, evening meal ▸ **dar una ~** to give a dinner party ▸ **~ de despedida** farewell dinner ▸ REL **la última ~** the Last Supper

cenáculo nm *Formal* [grupo] circle

cenador nm arbour, bower

cenagal nm bog, marsh

cenagoso, -a adj muddy

cenar ■ vt to have for dinner

■ vi to have dinner ▸ **~ fuera** to eat out, to go out for dinner

cencerro nm cowbell ▸ *Fam* **estar como un ~** to be as mad as a hatter

cenefa nf [en vestido] border / [en pared] frieze

cenetista ■ adj = *relating to the CNT*

■ nmf member of the CNT

cenicero nm ashtray

Cenicienta nf **(la) ~** Cinderella

ceniciento, -a adj ashen, ash-grey

cenit nm *también Fig* zenith

cenital adj **luz ~** light from above

ceniza nf ash ▸ **cenizas** [de cadáver] ashes

cenizo, -a ■ adj ashen, ash-grey

■ nm,f *Fam* [gafe] jinxed person ▸ **ser un ~** to be jinxed

censar vt to take a census of

censo nm **1.** [padrón] census ▸ *ESP* **~ electoral** electoral roll *o* register **2.** [tributo] tax **3.** DER lease

censor, -ora nm,f **1.** [funcionario] censor **2.** [crítico] critic **3.** *ESP* **~ (jurado) de cuentas** *BR* chartered accountant, *US* certified public accountant

censura nf **1.** [prohibición] censorship **2.** [organismo] censors **3.** [reprobación] censure, severe criticism **4.** *ESP* FIN **~ de cuentas** inspection of accounts, audit

censurable adj censurable

censurar vt **1.** [prohibir] to censor **2.** [reprobar] to criticize severely, to censure

centauro nm centaur

centavo, -a ■ núm hundredth ▸ **la centava parte** a hundredth

■ nm [moneda] [en países anglosajones] cent / [en países latinoamericanos] centavo ▸ **sin un ~** penniless

centella nf **1.** [rayo] flash **2.** [chispa] spark **3.** [cosa, persona] **es una ~** he's like lightning ▸ **rápido como una ~** quick as a flash

centellear vi [luz] to sparkle / [estrella] to twinkle

centelleo nm [de joya] sparkle ▸ **el ~ de las estrellas/luces** the twinkle *o* twinkling of the stars/lights

centena nf hundred ▸ **una ~ de coches** a hundred cars

centenar nm hundred ▸ **un ~ de** a hundred ▸ **a centenares** by the hundred

centenario, -a ■ adj [persona] in his/her hundreds / [institución, edificio] century-old
■ nm centenary ▸ **quinto ~** five hundredth anniversary

centeno nm rye

centesimal adj centesimal

centésimo, -a núm hundredth

centígrado, -a adj Centigrade ▸ **veinte grados centígrados** twenty degrees Centigrade

centigramo nm centigram

centilitro nm centilitre

centímetro nm **1.** [medida] centimetre **2.** [cinta] measuring tape

céntimo nm [moneda] cent ▸ *Fig* **estar sin un ~** to be flat broke

centinela nm sentry

centollo nm spider crab

centrado, -a adj **1.** [basado] **~ en** based on **2.** [equilibrado] stable, steady **3.** [rueda, cuadro] centred

central ■ adj central
■ nf **1.** [oficina] headquarters, head office / [de correos, comunicaciones] main office ▸ **~ telefónica** telephone exchange **2.** [de energía] power station ▸ **~ eléctrica** power station ▸ **~ eólica** wind farm ▸ **~ hidroeléctrica** *o* **hidráulica** hydroelectric power station ▸ **~ nuclear** nuclear power station ▸ **~ térmica** thermal power station **3.** *MÉX* **~ camionera** bus station
■ nm DEP central defender

centralismo nm POL centralism

centralista adj & nmf POL centralist

centralita nf switchboard

centralización nf centralization

centralizado, -a adj centralized

centralizar [14] vt to centralize

centrar vt **1.** [gen] & DEP to centre **2.** [persona] to steady, to make stable **3.** [atraer] to be the centre of ▸ **centraba todas las miradas** all eyes were on her
◆ ***centrarse*** vpr **1.** [concentrarse] **centrarse en** to concentrate *o* focus on **2.** [equilibrarse] to find one's feet

céntrico, -a adj central

centrifugado nm [de ropa] spin

centrifugadora nf **1.** [máquina] centrifuge **2.** [para secar ropa] spin-dryer

centrifugar [40] vt **1.** TEC to centrifuge **2.** [ropa] to spin-dry

centrífugo, -a adj centrifugal

centrípeto, -a adj centripetal

centrismo nm POL centrism

centrista ■ adj POL centre, centrist ▸ **un partido ~** a party of the centre
■ nmf centrist ▸ **los centristas propusieron una reforma** the centre proposed a reform

centro nm **1.** [punto, área] centre ▸ **~ de atracción** centre of attraction ▸ **~ de gravedad** centre of gravity ▸ **~ de interés** centre of interest ▸ **~ de mesa** centrepiece ▸ **~ nervioso** nerve centre ▸ *también Fig* **~ neurálgico** nerve centre ▸ **~ óptico** optic centre **2.** [establecimiento] centre ▸ **~ de acogida** [para refugiados] reception centre / [para mujeres maltratadas] (women's) refuge ▸ **~ de cálculo** computer centre ▸ **~ cívico** community centre ▸ **~ comercial** shopping centre *o* *US* mall ▸ **~ docente** *o* **de enseñanza** educational institution ▸ **~ recreativo** leisure centre ▸ **~ de salud** clinic, *BR* health centre **3.** [de ciudad] city/town centre ▸ **me voy al ~** I'm going to town ▸ **~ ciudad** *o* **urbano** [en letrero] city/town centre **4.** POL **ser de ~** to be at the centre of the political spectrum

centroafricano, -a adj & nm,f Central African

Centroamérica n Central America

centroamericano, -a adj & nm,f Central American

centrocampista nmf DEP midfielder

centroderecha nm centre right

centroeuropeo, -a adj & nm,f Central European

centroizquierda nm centre left

centuplicar [59] vt to increase a hundredfold

céntuplo ■ adj hundredfold
■ nm hundredfold

centuria nf [siglo, en el ejército romano] century

centurión nm HIST centurion

cenutrio, -a nm,f *Fam* [estúpido] idiot, fool

ceñido, -a adj tight

ceñidor nm belt

ceñir [47] vt **1.** [apretar] to be tight on **2.** [abrazar] to embrace **3.** [amoldar] **~ a** to keep *o* restrict to
◆ ***ceñirse*** vpr **1.** [apretarse] to tighten **2.** [limitarse] **ceñirse a** to keep *o* stick to

ceño nm frown, scowl ▸ **fruncir el ~** to frown, to knit one's brow

ceñudo, -a adj frowning, scowling

CEOE ['θeo'e] nf (abrev de ***Confederación Española de Organizaciones Empresariales***) = *Spanish employers' organization*, *BR* ≃ CBI

cepa nf **1.** [vid] vine **2.** [de vino] variety **3.** [linaje] stock ▸ **de pura ~** [auténtico] real, genuine / [de pura sangre] thoroughbred

CEPAL [θe'pal] nf (abrev de ***Comisión Económica para América Latina***) ECL

cepillar vt **1.** [ropa, pelo] to brush **2.** [madera] to plane **3.** *Fam* [robar] to pinch ▸ **~ algo a alguien** to pinch sth off sb **4.** *ESP, COL Fam* [adular] to butter up, to flatter
◆ ***cepillarse*** vpr **1.** [pelo, ropa] to brush ▸ **cepillarse el pelo** to brush one's hair **2.** *Fam* [comida, trabajo] to polish off **3.** [suspender] to fail ▸ **se lo cepillaron** they failed him **4.** *muy Fam* **cepillarse a alguien** [copular] to screw sb / [matar] to bump sb off

cepillo nm **1.** [para limpiar] brush ▸ **~ de dientes** toothbrush ▸ **~ del pelo** hairbrush ▸ **~ de uñas** nailbrush **2.** [de carpintero] plane **3.** [de donativos] collection box, poor box

cepo nm **1.** [para cazar] trap **2.** [para vehículos] wheel clamp **3.** [para sujetar] clamp **4.** [para presos] stocks

ceporro nm *Fam* idiot, blockhead

CEPYME [θe'pime] nf (abrev de ***Confederación Española de la Pequeña y Mediana Empresa***) =

Spanish confederation of SME's

cera nf **1.** [sustancia] wax / [del oído] earwax ▸ **hacerse la ~** [depilarse] to wax ▸ **~ de abeja** beeswax ▸ **~ depilatoria** hair-removing wax **2.** *ANDES, MÉX* [vela] candle

cerámica nf **1.** [arte] ceramics *(singular)*, pottery **2.** [objeto] piece of pottery

ceramista nmf potter

cerbatana nf blowpipe

cerca ■ nf [valla] fence / [muro] wall
■ adv near, close ▸ **¿está** *o* **queda ~?** is it near *o* nearby? ▸ **~ de** [en el espacio] near, close to / [aproximadamente] nearly, about ▸ **de ~** [examinar, mirar] closely / [afectar] deeply / [vivir] first-hand ▸ **ver algo/a alguien de cerca** to see sth/sb close up ▸ **por aquí ~** nearby ▸ **si no costó dos millones, andará ~** it can't have cost much less than two million

cercado nm **1.** [valla] fence **2.** [lugar] enclosure

cercanía nf [cualidad] nearness, closeness ▸ **cercanías** [lugar] outskirts, suburbs ▸ **en las cercanías de** on the outskirts of ▸ **tren de cercanías** local train

cercano, -a adj **1.** [pueblo, lugar] nearby **2.** [tiempo] near **3.** [pariente, fuente de información] close (**a** to)

cercar [59] vt **1.** [vallar] to fence (off) **2.** [rodear, acorralar] to surround

cercenar vt **1.** [extremidad] to amputate **2.** [restringir] to cut back, to curtail

cerciorarse vpr to make sure (**de** of)

cerco nm **1.** [marca] circle, ring ▸ **el vaso ha dejado un ~ en la mesa** the glass has left a ring on the table **2.** [de astro] halo **3.** [asedio] siege ▸ **poner ~ a** to lay siege to

cerda nf [pelo] [de cerdo, jabalí] bristle / [de caballo] horsehair

cerdada nf *Fam* dirty trick

Cerdeña n Sardinia

cerdo, -a ■ nm,f **1.** [animal] pig, *f* sow ▸ *Fam* **come como un ~** [sin modales] he eats like a pig / [mucho] he pigs himself ▸ *Fam* **estar como un ~** to be a fat pig **2.** *Fam* [persona] pig, swine
■ nm [carne] pork

cereal nm cereal ▸ **cereales** (breakfast) cereal

cerealero, -a *AM* ■ adj [región] cereal-growing ▸ **producción cerealera** cereal production
■ nm,f cereal-grower

cerealista adj [región] cereal-growing

cerebelo nm ANAT cerebellum

cerebral adj ANAT & *Fig* cerebral ▸ **lesión ~** cerebral lesion

cerebro nm **1.** [órgano] brain ▸ **~ electrónico** electronic brain **2.** [cabecilla] brains *(singular)* / [inteligencia] brains

ceremonia nf **1.** [acto] ceremony ▸ **~ de apertura** opening ceremony ▸ **~ de clausura** closing ceremony ▸ **~ inaugural** opening ceremony ▸ **~ iniciática** *o* **de iniciación** initiation ceremony **2.** [pompa, boato] ceremony, pomp ▸ **recibieron a los reyes con gran ~** they welcomed the king and queen with great pomp

ceremonial adj & nm ceremonial

ceremonioso, -a adj ceremonious

cereza nf **1.** [fruta] cherry **2.** *AM* [del café] coffee bean

cerezal nm cherry orchard

cerezo nm **1.** [árbol] cherry tree **2.** [madera] cherry (wood)

cerilla nf *ESP* match

cerillo nm *CAM, ECUAD, MÉX* match

cerner [66], ***cernir*** [25] vt to sieve, to sift
◆ ***cernerse*** vpr [ave, avión] to hover / [amenaza, peligro] to loom

cernícalo nm **1.** [ave] kestrel **2.** *Fam* [bruto] brute

cernir ➤ ***cerner***

cero ■ núm zero / *ver también* ***seis***
■ nm **1.** [signo] nought, zero **2.** [cantidad] nothing / [en fútbol] *BR* nil, *US* zero / [en tenis] love **3.** [temperatura] zero ▸ **sobre/bajo ~** above/below zero ▸ **~ absoluto** absolute zero **4.** [expresiones] **cortarse el pelo al ~** to shave one's head, to cut all one's hair off ▸ **partir de ~** to start from scratch ▸ *Fig* **ser un ~ a la izquierda** [un inútil] to be useless / [un don nadie] to be a nobody

cerque *etc ver* ***cercar***

cerquillo nm *AM BR* fringe, *US* bangs

cerquita adv very near

cerrado, -a adj **1.** [al exterior] closed, shut / [con llave, pestillo] locked **2.** [tiempo, cielo] overcast / [noche] dark **3.** [mentalidad, sociedad] closed (**a** to) **4.** [rodeado] surrounded / [por montañas] walled in **5.** [circuito] closed **6.** [curva] sharp, tight **7.** [vocal] close **8.** [acento] broad, thick

cerradura nf lock

cerrajería nf **1.** [oficio] locksmithery **2.** [local] locksmith's (shop)

cerrajero, -a nm,f locksmith

cerrar ■ vt **1.** [objeto] [en general] to close / [puerta, cajón, boca, tienda] to shut, to close / [puños] to clench / [con llave] to lock / [botella, tarro] to put the lid *o* top on **2.** [negocio, colegio] [a diario] to close / [permanentemente] to close down ▸ **el gobierno cerrará dos centrales nucleares** the government is to close down two nuclear power stations **3.** [grifo, llave de gas] to turn off **4.** [agujero, hueco] to fill, to block (up) **5.** [carretera, calle] to block ▸ **la policía cerró la calle** the police closed off the street ▸ **~ el paso a alguien** to block sb's way **6.** [cercar] to fence (off), to enclose **7.** [cicatrizar] to heal, to close up **8.** [terminar] to close ▸ **~ la marcha** [ir en última posición] to bring up the rear ▸ **la orquesta cerraba el desfile** the orchestra closed the procession
■ vi **1.** [en general] to close / [tienda] to close, to shut / [con llave, pestillo] to lock up **2.** [persona] to close the door ▸ **¡cierra, que entra frío!** close the door, you're letting the cold in! **3.** [negocio, colegio] [a diario] to close / [definitivamente] to close down ▸ **¿a qué hora cierra?** what time do you close?
◆ ***cerrarse*** vpr **1.** [al exterior] to close, to shut **2.** [incomunicarse] to clam up ▸ **cerrarse a** to close one's mind to **3.** [herida] to heal, to close up **4.** [acto, debate, discusión] to (come to a) close

cerrazón nf [obstinación] stubbornness, obstinacy

cerril adj **1.** [animal] wild **2.** [obstinado] stubborn, obstinate / [tosco, grosero] coarse

cerro nm hill ▸ *ESP Fam Fig* **irse por los cerros de Úbeda** to go off at a tangent, to stray from the point

cerrojazo nm **dar ~ a** [puerta] to bolt shut / [conversación, reunión] to bring to a halt

cerrojo nm bolt ▸ **echar el ~** to bolt the door

certamen nm competition, contest

certero, -a adj **1.** [tiro] accurate **2.** [opinión, respuesta] correct

certeza nf certainty ▸ **tener la ~ de que...** to be certain (that)...

certidumbre nf certainty

certificación nf **1.** [hecho] certification **2.** [documento] certificate

certificado, -a ■ adj [documento] certified / [carta, paquete] *BR* recorded, *US* certified
■ nm certificate ▸ **~ de calidad** quality guarantee ▸ **~ de defunción** death certificate ▸ FIN **~ de depósito** certificate of deposit ▸ **~ de matrimonio** marriage certificate ▸ **~ médico** medical certificate ▸ COM **~ de origen** certificate of origin

certificar [59] vt **1.** [constatar] to certify **2.** [en correos] to register **3.** [sospechas, inocencia] to confirm

cerumen nm earwax

cerval adj **miedo ~** terror

cervantino, -a adj Cervantine

cervatillo nm (small) fawn

cervato nm fawn

cervecera nf brewery

cervecería nf **1.** [fábrica] brewery **2.** [bar] bar

cervecero, -a ■ adj brewing ▸ **fábrica cervecera** brewery ▸ **industria cervecera** brewing industry
■ nm,f [que hace cerveza] brewer

cerveza nf beer ▸ **~ de barril** draught beer ▸ **~ negra** stout ▸ **~ sin alcohol** alcohol-free beer, non-alcoholic beer

cervical adj **1.** [del útero] cervical **2.** [del cuello] neck ▸ **lesión ~** neck injury ▸ **vértebra ~** cervical vertebra
◆ ***cervicales*** nfpl neck vertebrae

cerviz nf ANAT nape, back of the neck ▸ *Fig* **bajar** *o* **doblar la ~** [humillarse] to bow down, to submit

cesante ■ adj **1.** [destituido] dismissed, sacked **2.** *CSUR, MÉX* [parado] unemployed
■ nmf dismissed civil servant

cesantear vt *AM* to make redundant

cesantía nf **1.** [destitución] sacking **2.** *CHILE, CSUR* [desempleo] unemployment

César n pr HIST Caesar ▸ *Fig* **dar (a Dios lo que es de Dios y) al ~ lo que es del ~** to render unto Caesar the things which are Caesar's (and to God the things which are God's)

cesar ■ vt [destituir] to sack / [alto cargo] to remove from office
■ vi [parar] to stop *o* cease (**de hacer algo** doing sth) ▸ **sin ~** non-stop, incessantly

cesárea nf MED caesarean (section)

cese nm **1.** [detención, paro] stopping, ceasing **2.** [destitución] sacking / [de alto cargo] removal from office

cesio nm caesium

cesión nf cession, transfer ▸ DER **~ de bienes** surrender of property

cesionario, -a nm,f transferee, assignee

cesionista nmf DER transferor, assignor

césped nm **1.** [hierba] lawn, grass ▸ **cortar el ~** to mow the lawn, to cut the grass ▸ **prohibido pisar el ~** [en letrero] keep off the grass **2.** DEP field, pitch, *AM* [en tenis] grass court

cesta nf **1.** [canasta] basket ▸ **(el precio de) la ~ de la compra** the cost of the average week's shopping ▸ INFORM **~ (de la compra o de pedidos)** [en página web] shopping basket *o US* cart **2.** DEP **~ punta** jai alai, = *type of pelota*

cestería nf **1.** [oficio] basket-making **2.** [tienda] basket shop

cestero, -a nm,f basket weaver

cesto nm **1.** [cesta] (large) basket ▸ **~ de la ropa sucia** laundry basket, linen basket **2.** DEP [canasta] basket

cesura nf caesura

cetáceo nm ZOOL cetacean

cetme nm = *light automatic rifle used by Spanish army*

cetrería nf falconry

cetrino, -a adj *Formal* sallow

CÓMO EXPRESAR...

la certeza

I'm sure it'll work. / Estoy seguro de que va a funcionar.

I'm totally convinced this is the right way to do it. / Estoy totalmente convencido de que ésta es la mejor forma de hacerlo.

We are certain that you will be completely satisfied with the service. / Tenemos la certeza de que quedará completamente satisfecho con el servicio.

There's no doubt in my mind that his suggestion is the best. / No tengo ninguna duda de que su sugerencia es la mejor.

I know for a fact that he couldn't have done it. / Sé a ciencia cierta que no puede haberlo hecho él.

Take it from me, we will never get them to agree to this. / Te aseguro que nunca vamos a conseguir que lo acepten.

Believe me. I know what I'm talking about. / Créeme. Sé de lo que hablo.

I bet he changes his mind! / ¡Qué te apuestas a que cambia de opinión!

cetro nm **1.** [vara] sceptre / [reinado] reign **2.** [superioridad] **ostentar el ~ de** to hold the crown of

Ceuta n Ceuta

ceutí (pl **ceutíes**) ■ adj of/from Ceuta
■ nmf person from Ceuta

ceviche, cebiche nm *ANDES, MÉX = raw fish marinated in lemon and garlic*

cf., cfr. (abrev de ***confróntese***) cf

CFC nmpl (abrev de ***clorofluorocarbonos***) CFC

cfr. ➤ *cf.*

cg (abrev de ***centigramo***) cg

CGPJ nm (abrev de ***Consejo General del Poder Judicial***) = *governing body of the Spanish judiciary, elected by the Spanish parliament*

Ch, ch [tʃe] nf Ch, ch

ch/ (abrev de ***cheque***) cheque

chabacanada nf vulgar thing ◗ **ser una ~** to be vulgar

chabacanería nf **1.** [acción, comentario] **lo que hizo/dijo fue una ~** what he did/said was vulgar **2.** [cualidad] vulgarity

chabacano, -a ■ adj vulgar
■ nm *MÉX* [fruta] apricot / [árbol] apricot tree

chabola nf *ESP* shack ◗ **barrio de chabolas** shanty town

chabolismo nm *ESP* **erradicar el ~** to deal with the shanty-town problem ◗ **el crecimiento del ~** the growing number of people living in shanty towns

chabolista nmf *ESP* shanty town dweller

chacal nm jackal

chacarero, -a nm,f *ANDES, RP* farmer

chacha nf *Fam* maid

chachachá nm cha-cha

cháchara nf *Fam* chatter, nattering ◗ **estar de ~** to have a natter

chachi adj inv *ESP Fam* cool, neat

chacho nm *ESP Fam* son

chacina nf cured *o* prepared pork

chacinería nf [tienda] pork butcher's

chacinero, -a nm,f pork butcher

chacolí nm = *light wine from the Basque Country*

chacota nf **tomar algo a ~** to take sth as a joke

chacra nf *ANDES, RP* farm

Chad nm **el ~** Chad

chador nm chador

chafar vt **1.** [aplastar] to flatten **2.** [arrugar] to crease **3.** *Fam* [estropear] to spoil, to ruin ◗ **el robo nos chafó las vacaciones** the robbery ruined our holiday
◆ ***chafarse*** vpr *Fam* [estropearse] to be ruined

chaflán nm **1.** [de edificio] corner **2.** GEOM bevel

chal nm shawl

chala nf **1.** *ANDES, RP* [de mazorca] maize *o US* corn husk **2.** *CHILE* [sandalia] leather sandal

chalado, -a *Fam* ■ adj crazy, mad ◗ *Fig* **estar ~ por algo/alguien** to be crazy about sth/sb
■ nm,f loony

chaladura nf *Fam* **1.** [locura] craziness, madness **2.** [enamoramiento] crazy infatuation

chalán, -ana nm,f [comerciante] horse-dealer / *Fig* shark, wheeler-dealer

chalana nf NÁUT barge

chalaneo nm [comercio] horse-dealing / *Fig* horse-trading

chalar *Fam* vt to drive round the bend
◆ ***chalarse*** vpr **chalarse por** to be crazy about

chalé (pl **chalés**), ***chalet*** (pl **chalets**) nm [casa] detached house (with garden) / [en el campo] cottage / [de alta montaña] chalet ◗ *ESP* **~ adosado** semi-detached house

chaleco nm *BR* waistcoat, *US* vest / [de punto] tank top ◗ **~ antibalas** bullet-proof vest ◗ *AM* **~ de fuerza** straitjacket ◗ **~ salvavidas** life-jacket

chalet ➤ ***chalé***

chalupa nf NÁUT small boat

chamaco, -a nm,f *MÉX Fam* kid

chamán nm shaman

chamanismo nm shamanism

chamarileo nm dealing in second-hand goods

chamarilero, -a nm,f second-hand dealer

chamarra nf jacket

chamba nf **1.** *CAM, MÉX, PERÚ Fam* [trabajo] job **2.** *COL, VEN* [zanja] ditch

chambelán nm chamberlain

chambergo nm [chaquetón] short coat

chamizo nm [choza] thatched hut / *Fam Pey* [lugar] hovel, dive

champa nf *CAM* **1.** [tienda de campaña] tent **2.** [cobertizo] shed

champán, champaña nm champagne

champiñón nm mushroom

champú (pl **champús** *o* **champúes**) nm shampoo

chamuscado, -a adj [pelo, plumas] singed / [tela, papel] scorched / [tostada] burnt

chamuscar [59] vt [pelo, plumas] to singe / [tela, papel] to scorch / [tostada] to burn
◆ ***chamuscarse*** vpr [pelo, plumas] to get singed / [tela, papel] to get scorched / [tostada] to burn, to get burnt

chamusquina nf *Fam Fig* **me huele a ~** it smells a bit fishy to me, I don't like the look of this

chance nm *o* nf *AM* opportunity, chance ◗ **tener ~ de hacer algo** to have the chance to do sth ◗ **¿me das un chance?** can I have a go?

chanchada nf *AM Fam* **1.** [porquería] disgusting habit ◗ **¡no hagas chanchadas!** stop being so disgusting! **2.** [jugarreta] dirty trick

chancho, -a *AM* ■ adj *Fam* [sucio] filthy
■ nm **1.** [animal] pig, *f* sow **2.** *Fam* [persona sucia] dirty *o* filthy pig

chanchullero, -a *Fam* ■ adj crooked, dodgy
■ nm,f trickster, crook

chanchullo nm *Fam* fiddle, racket

chancla, chancleta nf [sandalia] backless sandal /

[para la playa] *BR* flip-flop, *US, AUSTR* thong

chanclo nm **1.** [de madera] clog **2.** [de plástico] galosh

chándal (pl **chándals**) nm *ESP* tracksuit

changa nf **1.** *BOL, RP* [trabajo temporal] odd job **2.** *ANDES, CUBA* [chiste] joke

changador nm *RP* porter

changarro nm *MÉX* [tienda] small store / [puesto] stand

chango, -a ■ adj **1.** *CARIB* [bromista] playful, joking **2.** *CHILE* [fastidioso] tedious, annoying **3.** *MÉX, PRICO* **estar ~** to be cheap and plentiful
■ nm,f **1.** *CARIB* [bromista] joker, prankster **2.** *CHILE* [fastidioso] tedious person **3.** *ARG, BOL, MÉX* [muchacho] youngster
■ nm **1.** *MÉX* [mono] monkey **2.** *VEN* **changos** [harapos] rags

changurro nm = *typical Basque dish of dressed crab*

chanquete nm = *small translucent fish eaten like whitebait*

chantaje nm blackmail ▸ **hacer ~ a alguien** to blackmail sb ▸ **~ emocional** emotional blackmail

chantajear vt to blackmail

chantajista nmf blackmailer

chantillí nm whipped cream

chanza nf joke

chao interj *Fam* **¡~!** bye!, see you!

chapa nf **1.** [lámina] [de metal] sheet, plate / [de madera] board / AUT bodywork ▸ **taller de ~ y pintura** body shop ▸ **~ ondulada** corrugated iron **2.** [de botella] top, cap ▸ **juego de las chapas** = *children's game played with bottle tops* **3.** [insignia] badge **4.** *COL, CUBA, MÉX* [cerradura] lock **5.** *RP* [de matrícula] *BR* numberplate, *US* license plate

chapado, -a adj **1.** [recubierto] [con metal] plated / [con madera] veneered ▸ **~ en oro** gold-plated ▸ **~ a la antigua** stuck in the past, old-fashioned **2.** *ESP muy Fam* [cerrado] shut, closed

chapapote nm oil sludge

chapar ■ vt **1.** [recubrir] [con metal] to plate / [con madera] to veneer **2.** *ESP Fam* [cerrar] to shut, to close
■ vi *ESP Fam* [cerrar] to shut, to close

chaparro, -a ■ adj short and squat
■ nm,f [persona] short, squat person
■ nm BOT dwarf oak

chaparrón nm **1.** [lluvia] downpour **2.** [gran cantidad] **un ~ de críticas** a barrage of criticism ▸ **un ~ de solicitudes** a flood of applications

chapear vt [con metal] to plate / [con madera] to veneer

chapela nf beret

chapero nm *Fam* male prostitute, *BR* rent boy

chapista nmf AUT panel beater

chapistería nf [taller] body shop

chapó interj **¡~!** [¡bien hecho!] well done!, bravo!

chapopote nm *CARIB, MÉX* bitumen, pitch

chapotear vi to splash about

chapoteo nm splashing

chapucear vt to botch (up)

chapucería nf botch (job)

chapucero, -a ■ adj [trabajo] shoddy, sloppy / [persona] bungling
■ nm,f bungler

chapulín nm *CAM, MÉX* grasshopper

chapurrar, chapurrear vt to speak badly

chapurreo nm jabbering

chapuza nf **1.** [trabajo mal hecho] botch (job) **2.** [trabajo ocasional] odd job
◆ ***chapuzas*** nmf inv *Fam* [persona] bungler

chapuzón nm dip ▸ **darse un ~** to go for a dip

chaqué nm morning coat

chaqueta nf [de traje] jacket / [de punto] cardigan ▸ *Fig* **cambiar(se) de ~** to change sides ▸ **~ de chándal** tracksuit top

chaqueteo nm *ESP* changing sides

chaquetero, -a adj & nm,f *ESP Fam* turncoat

chaquetilla nf short jacket

chaquetón nm heavy jacket, short coat

charada nf = *newspaper puzzle in which a word must be guessed, with its meaning and certain syllables given as clues*

charanga nf **1.** [banda] brass band **2.** *Fam* [fiesta] party

charango nm = *small South American guitar, often made from armadillo shell*

charca nf pool, pond

charco nm puddle ▸ *Fam Fig* **cruzar el ~** to cross the pond *o* Atlantic

charcutería nf **1.** [tienda] ≃ delicatessen, = *shop selling cold meats and cheeses* **2.** [productos] cold cuts and cheese

charcutero, -a nm,f = *seller of "charcutería"*

charla nf **1.** [conversación] chat **2.** [conferencia] talk

charlar vi to chat (**sobre** about) ▸ **~ con alguien** to chat with sb, to have a chat with sb

charlatán, -ana ■ adj talkative
■ nm,f **1.** [hablador] chatterbox **2.** *Pey* [mentiroso] trickster, charlatan **3.** [vendedor] travelling salesman, *f* travelling saleswoman

charlatanería nf **1.** *Pey* [palabrería] spiel **2.** [locuacidad] talkativeness

charlestón nm charleston

Charlot n pr Charlie Chaplin

charlotada nf *Fam* **1.** [payasada] **charlotadas** clowning around **2.** TAUROM slapstick bullfight

charlotear vi to chat

charloteo nm chatting ▸ **estar de ~** to be chatting *o* having a chat

charnego, -a nm,f = *pejorative term referring to immigrant to Catalonia from another part of Spain*

charol nm [piel] patent leather

charola nf *BOL, CAM, MÉX* tray

charrería nf *MÉX* = *horseriding skills as practised by "charros"*

charretera nf epaulette

charro, -a ■ adj **1.** *ESP* [salmantino] Salamancan **2.** [recargado] gaudy, showy
■ nm,f **1.** *ESP* [salmantino] Salamancan **2.** *MÉX* [con traje típico] = *Mexican cowboy/cowgirl in traditional dress* **3.** *MÉX* [jinete] horseman, *f* horsewoman

charrúa adj inv & nmf inv *CSUR* Uruguayan

chárter ■ adj inv **vuelo ~** charter flight
■ nm (pl **chárters** *o* **chárteres**) charter flight

chasca nf **1.** *Fam* [hoguera] camp fire **2.** *ANDES* [greña] mop of hair

chascar [59] ■ vt [lengua] to click / [dedos] to snap / [látigo] to crack
■ vi [lengua] to click

chascarrillo nm *Fam* funny story

chasco nm **1.** [decepción] disappointment ▸ **llevarse un ~** to be disappointed **2.** [burla] trick ▸ **dar un ~ a alguien** to play a trick on sb

chasis nm inv **1.** AUT chassis **2.** FOT plateholder **3.** *Fam* [esqueleto] body

chasque *etc ver* ***chascar***

chasquear ■ vt **1.** [látigo] to crack **2.** [lengua] to click **3.** [engañar] to play a trick on
■ vi [madera] to crack

chasquido nm [de látigo, madera, hueso] crack / [de lengua, arma] click / [de dedos] snap

chasquilla nf *CHILE* [flequillo] *BR* fringe, *US* bangs

chat (pl **chats**) nm INFORM [charla] chat / [sala] chat room

chata nf [orinal] bedpan

chatarra nf **1.** [metal] scrap (metal) **2.** [objetos, piezas] junk **3.** *Fam* [joyas] cheap and nasty jewellery / [condecoraciones] brass, medals **4.** *Fam* [monedas] small change

chatarrería nf scrapyard

chatarrero, -a nm,f scrap (metal) dealer

chatear vi **1.** INFORM to chat **2.** *ESP Fam* to go out drinking, *US* to barhop

chateo nm *ESP Fam* **ir de ~** to go out drinking, *US* to barhop

chato, -a ■ adj [nariz] snub / [persona] snub-nosed / [superficie, objeto] flat
■ nm,f **1.** [persona] snub-nosed person **2.** *Fam* [apelativo] love, dear
■ nm *ESP Fam* = *small glass of wine*

chau interj *BOL, CSUR, PERÚ Fam* **¡~!** bye!, see you!

chaucha nf **1.** *ANDES, RP* [moneda] coin of little value **2.** *BOL, RP* [judía verde] green bean **3.** *ANDES* [patata] early potato

chauvinismo [tʃoβi'nismo] nm chauvinism

chauvinista [tʃoβi'nista] ■ adj chauvinistic
■ nmf chauvinist

chaval, -a nm,f [niño] kid, lad / [niña] kid, girl

chavalería nf kids

chaveta nf **1.** [clavija] cotter pin **2.** *Fam* [cabeza] nut, head ▸ *Fig* **perder la ~** to go off one's rocker **3.** *ANDES* [navaja] penknife

chavo, a *Fam* ■ nm,f *MÉX* [chico] guy, *f* girl / [novio] boyfriend, *f* girlfriend
■ nm [dinero] **no tener un ~** to be penniless

chayote nm *CAM, MÉX* chayote

che interj **¡~!** [¡oye!] hey! ▸ *RP Fam* [como muletilla] **¡pero qué hacés, ~!** what do you think you're doing?

checada nf *ANDES, CAM, MÉX* checkup

checar [59] vt *ANDES, CAM, MÉX* to check ▸ **chécalo bien** look at that!, check it out!

chechén, -ena adj & nm,f Chechen

Chechenia n Chechnya

checheno, -a adj & nm,f Chechen

checo, -a ■ adj & nm,f Czech
■ nm [lengua] Czech

checoslovaco, -a adj & nm,f *Antes* Czechoslovakian, Czechoslovak

Checoslovaquia n *Antes* Czechoslovakia

chef [tʃef] (pl **chefs**) nm chef

cheli nm *Fam* = *slang typical of Madrid*

chelín nm *Antes* [en Austria] schilling / [en el Reino Unido] shilling

chelo nm cello

chepa nf *Fam* hump

cheposo, -a, chepudo, -a *Fam* ■ adj hunchbacked
■ nm,f hunchback

cheque nm *BR* cheque, *US* check ▸ **extender un ~** to make out a cheque ▸ *también Fig* **~ en blanco** blank cheque ▸ **~ cruzado** *o* **barrado** crossed cheque ▸ **~ sin fondos** bad cheque ▸ **~ (de) gasolina** *BR* petrol *o US* gas voucher ▸ **~ nominativo** = *cheque made payable to a specific person* ▸ **~ al portador** cheque payable to the bearer ▸ **~ de ventanilla** = *check written by bank teller to be drawn on customer's account, US* ≃ counter check ▸ **~ de viaje** traveller's cheque

chequear vt **1.** MED **~ a alguien** to examine sb, to give sb a checkup **2.** [comprobar] to check

chequeo nm **1.** MED checkup ▸ **hacerse un ~** to have a checkup **2.** [comprobación] check ▸ **hacer un ~ (de algo)** to check (sth)

chequera nf *BR* chequebook, *US* checkbook

cheto, -a ➤ ***concheto***

chévere adj *AM salvo RP Fam* great, fantastic

cheviot (pl **cheviots**) nm cheviot

chic adj inv chic

chica nf **1.** [joven] girl ▸ **mira, ~, haz lo que quieras** look, dear *o* darling, you can do what you want ▸ **~ de alterne** = *girl who works in bars on a commission basis, encouraging customers to drink, US* B-girl **2.** [criada] maid

chicano, -a ■ adj & nm,f Chicano, Mexican-American
■ nm [lengua] Chicano

chicarrón, -ona nm,f *Fam* strapping lad, *f* strapping girl

chicha nf **1.** *ESP Fam* [para comer] meat / [de persona] flesh **2.** [bebida] = *alcoholic drink made from fermented maize* ▸ *Fam* **no ser ni ~ ni limonada** *o* **limoná** to be neither one thing nor the other, to be neither fish nor fowl

chícharo nm *CAM, MÉX* pea

chicharra nf **1.** ZOOL cicada **2.** *MÉX* [timbre] electric buzzer

chicharro nm [pez] horse mackerel

chícharro nm *AM* pea

chicharrón nm [frito] pork crackling ▸ **chicharrones** [embutido] = *cold processed meat made from pork*

chiche nm **1.** *ANDES, RP* [adorno] delicate ornament / *Fam* [juguete] toy **2.** *CAM, MÉX muy Fam* [pecho] tit

chichi nm **1.** *muy Fam* [vulva] *BR* fanny, *US* beaver **2.** *MÉX muy Fam* [pecho] tit

chichón nm bump

chichonera nf [para ciclistas] hairnet

chicle nm chewing gum

chiclé, chicler nm AUT jet

chico, -a ■ adj [pequeño] small
■ nm **1.** [joven] boy **2.** [tratamiento] sonny, *BR* mate **3.** ~ **(de los recados)** [en oficina] office-boy / [en tienda] errand boy

chifa nm *ANDES* Chinese restaurant

chifla nf *Fam* **tomarse algo a ~** to treat sth as a joke ▸ **tomarse las cosas a ~** to treat everything as a joke

chiflado, -a *Fam* ■ adj crazy, mad
■ nm,f loony

chifladura nf [locura] madness ▸ **su última ~ son las motos** his latest craze is for motorbikes

chiflar ■ vt *Fam* [encantar] **me chiflan las patatas fritas** I'm mad about *BR* chips *o US* French fries
■ vi [silbar] to whistle

chiflido nm whistling

chifonier nm [mueble] tallboy

chigüín nm *CAM* kid

chihuahua nm chihuahua

chií (pl chiíes), ***chiíta*** adj & nmf Shi'ite

chilaba nf jellaba

chilango, -a *MÉX Fam* ■ adj of/from Mexico City
■ nm,f person from Mexico City

Chile n Chile

chile nm *CAM, MÉX* chilli ▸ ~ **poblano** = *large fresh chilli, similar to a green pepper*

chilena nf (overhead) scissors kick

chileno, -a adj & nm,f Chilean

chilindrón nm CULIN = *seasoning made of tomatoes and peppers*

chillar ■ vi **1.** [gritar] [persona] to scream, to yell / [ave, mono] to screech / [cerdo] to squeal / [ratón] to squeak **2.** [chirriar] to screech / [puerta, madera] to creak / [bisagra] to squeak
■ vt *Fam* [reñir] to yell at

chillido nm [de persona] scream, yell / [de ave, mono] screech / [de cerdo] squeal / [de ratón] squeak

chillón, -ona ■ adj **1.** [voz] piercing **2.** [persona] noisy, screeching **3.** [color] loud, gaudy
■ nm,f noisy person

chilpayate, -a nm,f *MÉX Fam* kid

chimenea nf **1.** [hogar] fireplace **2.** [tubo] chimney

chimpancé nm chimpanzee

China nf **(la)** ~ China

china nf **1.** [piedra] small stone, pebble ▸ *Fam* **le tocó la ~** he drew the short straw **2.** *Fam* [droga] deal *(small amount of hash)* **3.** *AM* [india] Indian woman **4.** *ARG, CHILE* [criada] maid

chinchar *Fam* vt to pester, to bug
◆ ***chincharse*** vpr to put up with it ▸ **¡tú no tienes, para que te chinches!** I've got one and you haven't, so there!

chinche ■ adj *Fam* [molesto] annoying
■ nf **1.** [insecto] bedbug **2.** *AM* [clavo] *BR* drawing pin, *US* thumbtack
■ nmf *Fam* [persona] pest, pain

chincheta nf *BR* drawing pin, *US* thumbtack

chinchilla nf chinchilla

chinchín nm **1.** [ruido] noise of a brass band **2.** [brindis] toast ▸ **¡~!** cheers!

chinchón nm **1.** [bebida] = *aniseed liquor* **2.** [juego de cartas] = *card game where players aim to collect two sets of three cards*

chinchorro nm **1.** *MÉX* [red] net **2.** *CHILE, VEN* [hamaca] hammock

chinchoso, -a ■ adj *Fam* annoying
■ nm,f pest, pain

chinero nm china *o* glass cabinet

chinesco, -a adj Chinese

chinga nf **1.** *CAM, VEN* [colilla] cigar end **2.** *VEN* [borrachera] drunkenness **3.** *CAM, VEN* [en el juego] = *fee paid by gamblers* **4.** *MÉX muy Fam* [paliza] **me dieron una ~** they kicked the shit out of me **5.** *MÉX muy Fam* [trabajo duro] **es una ~** it's a bitch of a job **6.** *MÉX muy Fam* [fastidio] pain in the *BR* arse *o US* ass

chingada nf *MÉX Vulg* **¡vete a la ~!** fuck off! ▸ **de la ~** [muy difícil] fucking hard

chingadera nf *MÉX Fam* [contravención] **¡deja de hacer chingaderas!** stop mucking about!

chingado, -a adj **1.** *ESP, MÉX muy Fam* [estropeado] bust, *BR* knackered **2.** *MÉX Vulg* [como intensificador] fucking

chingar [40] ■ vt *ESP, MÉX* **1.** *muy Fam* [estropear] to bust, *BR* to knacker **2.** *muy Fam* [molestar] **~ a alguien** to get up sb's nose, to piss sb off **3.** *Vulg* [copular] to fuck ▸ *MÉX* **¡chinga tu madre!** fuck you!
■ vi *ESP, MÉX Vulg* [copular] to screw, to fuck
◆ ***chingarse*** vpr *MÉX muy Fam* [estropearse] to pack in, to conk out

chingo nm *MÉX muy Fam* **un ~ de** [un montón de] a shitload of

chingón, -ona adj *MÉX muy Fam* [muy bueno] fantastic, great, *US* neat

chinita nf **1.** *AM* [criada] maid **2.** *CHILE* [animal] *BR* ladybird, *US* ladybug

chino, -a ■ adj **1.** [de China] Chinese **2.** *AM* [mestizo] of mixed race
■ nm,f **1.** [de China] Chinese (man/woman) ▸ *Fig* **trabajar como un ~** to slave away **2.** *AM* [mestizo] person of mixed race

■ nm **1.** [lengua] Chinese ▸ *Fam* **me suena a ~** [no lo conozco] I've never heard of it / [no lo entiendo] it's all Greek to me **2. chinos** [juego] = *game in which each player must guess the number of coins or pebbles in the other's hand* **3.** [pasapuré] vegetable mill

chip (pl **chips**) nm INFORM chip ▸ **~ de silicio** silicon chip

chipé, chipén adj inv *Fam* brilliant, terrific ▸ **ser de ~** to be brilliant *o* terrific

chipirón nm baby squid

Chipre n Cyprus

chipriota adj & nmf Cypriot

chiquero nm TAUROM bull-pen

chiquilicuatro nm insignificant person, nobody

chiquilín, -ina nm,f small boy, *f* small girl

chiquillada nf [cosa de niños] childish thing / [travesura] childish prank ▸ **hacer una ~ (a alguien)** to play a childish prank (on sb)

chiquillería nf kids

chiquillo, -a nm,f kid

chiquitín, -ina ■ adj tiny
■ nm,f tiny tot

chiquito, -a ■ adj tiny
■ nm *ESP* [de vino] = *small glass of wine*
■ nfpl *Fig* **no andarse con chiquitas** not to mess about

chiribita nf [chispa] spark ▸ *Fam* **ver chiribitas** to see spots in front of one's eyes ▸ **le hacían chiribitas los ojos al verlo** her eyes lit up when she saw him

chirigota nf *Fam* joke

chirimbolo nm *Fam* thingamajig, whatsit

chirimía nf MÚS shawm

chirimoya nf custard apple

chiringuito nm **1.** [bar] refreshment stall **2.** *Fam* [negocio] **montarse un ~** to set up a little business

chiripa nf *Fam* fluke ▸ **de** *o* **por ~** by luck

chirivía nf parsnip

chirla nf small clam

chirona nf *ESP Fam* clink, slammer ▸ **en ~** in the clink

chirriar [32] vi [sonar] to screech / [puerta, madera] to creak / [bisagra, muelles] to squeak

chirrido nm [ruido] screech / [de puerta, madera] creak / [de bisagra, muelles] squeak

chiruca® nf = *canvas hiking boot*

chis interj **¡~!** ssh!

chisme nm **1.** [cotilleo] rumour, piece of gossip **2.** *Fam* [cosa] thingamajig, thingy

chismear vi *Fam* to gossip

chismorrear vi to spread rumours, to gossip

chismorreo nm gossip

chismoso, -a ■ adj gossipy
■ nm,f gossip, scandalmonger

chispa nf **1.** [de fuego, electricidad] spark ▸ *Fam Fig* **echar chispas** to be hopping mad **2.** [pizca] bit **3.** [agudeza, gracia] sparkle ▸ **esa novela tiene ~** that novel has really got something

chispazo nm *también Fig* spark

chispeante adj **1.** [que chispea] that gives off sparks **2.** [conversación, discurso, mirada] sparkling

chispear ■ vi **1.** [chisporrotear] to spark **2.** [relucir] to sparkle
■ v impersonal [llover] to spit (with rain) ▸ **empezó a ~** a few spots of rain started to fall

chisporrotear vi [fuego, leña] to crackle / [aceite] to splutter / [comida] to sizzle

chisporroteo nm [de fuego, leña] crackling / [de aceite] spluttering / [de comida] sizzling

chisquero nm (cigarette) lighter

chist interj **¡~!** ssh!

chistar vi **sin ~** without a word (of protest)

chiste nm **1.** [cuento] joke ▸ **contar chistes** to tell jokes ▸ *Fig* **no tiene ningún ~** there's nothing special about it ▸ **~ verde,** *MÉX* **~ colorado** dirty joke **2.** *ANDES, MÉX, RP* [broma] joke, prank ▸ **hacerle un ~ a alguien** to play a joke *o* prank on sb

chistera nf [sombrero] top hat

chistorra nf = *type of cured pork sausage typical of Aragon and Navarre*

chistoso, -a ■ adj funny
■ nm,f amusing *o* funny person

chistu nm Basque flute

chistulari nmf "chistu" player

chita nf *ESP Fam* **a la ~ callando** quietly, on the quiet

chitón interj **¡~!** quiet!

chivar *ESP Fam* vt to whisper, to tell secretly
◆ ***chivarse*** vpr [niños] to tell, *BR* to split (**de** on) / [delincuentes] to squeal, *BR* to grass (**de** on)

chivatazo nm *ESP Fam* tip-off ▸ **dar el ~** to squeal, *BR* to grass

chivato, -a ■ nm,f *ESP Fam* [delator] *BR* grass, *US* rat / [acusica] telltale
■ nm **1.** [luz] warning light / [alarma] alarm bell **2.** *VEN Fam* [pez gordo] big cheese

chivo, -a nm,f kid, young goat ▸ **~ expiatorio** scapegoat

chocante adj puzzling

chocar [59] ■ vi **1.** [colisionar] to crash (**contra** into), to collide (**contra** with) ▸ **chocaron dos autobuses** two buses crashed *o* collided ▸ **la moto chocó contra un árbol** the motorbike hit a tree ▸ **~ de frente con** to have a head-on collision with **2.** [enfrentarse] to clash ▸ **mis ideas siempre han chocado con las suyas** he and I have always had different ideas about things **3.** [extrañar] to surprise, to puzzle ▸ **me choca que no haya llegado ya** I'm surprised *o* puzzled that she hasn't arrived yet **4.** *COL, MÉX, VEN Fam* [molestar] to annoy, to bug ▸ **me choca que esté siempre controlándome** it really annoys me how he's always watching me
■ vt **1.** [manos] to shake ▸ *Fam* **¡chócala!, ¡choca esos cinco!** put it there! **2.** [copas, vasos] to clink

chochear vi **1.** [viejo] to be senile **2.** *Fam* [de cariño] **~ por alguien** to dote on sb

chochez nf **1.** [vejez] senility **2.** [dicho, hecho] **decir/hacer chocheces** to say/do senile things

chocho, -a ■ adj **1.** [viejo] senile **2.** *Fam* [encariñado] soft, doting
■ nm **1.** *ESP, MÉX Vulg* [vulva] *BR* fanny, *US* beaver **2.** *Fam* [altramuz] lupin seed *(for eating)*

choclo nm *ANDES, RP* [maíz] maize, *US* corn

choclón nm *CHILE Fam* crowd

choco[1] nm [sepia] cuttlefish

choco[2]***, -a*** adj *CAM, CHILE, MÉX* [cojo] one-legged / [manco] one-armed

chocolatada nf = *afternoon party where people drink thick drinking chocolate*

chocolate nm **1.** [para comer] chocolate / [para beber] **~ (a la taza)** thick drinking chocolate ▸ **~ blanco** white chocolate ▸ **~ con leche** milk chocolate **2.** *ESP Fam* [hachís] hash

chocolatería nf **1.** [fábrica] chocolate factory **2.** [establecimiento] = *café where drinking chocolate is served*

chocolatero, -a ■ adj **ser muy ~** to love chocolate
■ nm,f **1.** [aficionado al chocolate] chocoholic, person fond of chocolate **2.** [oficio] chocolate maker/seller

chocolatina nf chocolate bar

chófer *ESP*, ***chofer*** *AM* nmf chauffeur

chollo nm *ESP Fam* **1.** [producto, compra] bargain **2.** [trabajo, situación] cushy number

cholo, -a *AM* ■ adj [mestizo] mestizo, half-caste
■ nm,f **1.** [mestizo] mestizo, half-caste **2.** [indio] educated indian

chomba nf *RP* polo shirt

chompa nf *ANDES* sweater, jumper

chompipe nm *CAM* = *species of turkey*

chonchón nm *CHILE* lamp

chongo nm *MÉX* **1.** [moño] bun **2.** [dulce] **chongos zamoranos** = *dessert made from milk curds, served in syrup*

chop [ʃop] (pl **chops**) nm *CSUR* [jarra] beer mug / [cerveza] (mug of) beer

choped, chopped nm = *type of luncheon meat*

chopera nf poplar grove

chopito nm baby squid

chopo nm poplar

chopped ➤ ***choped***

choque ■ *ver* ***chocar***
■ nm **1.** [impacto] impact / [de coche, avión] crash ▸ **~ frontal** head-on collision **2.** [enfrentamiento] clash **3.** [impresión] shock ▸ **~ cultural** culture shock

chorbo, -a nm,f *ESP Fam* [chico] kid / [adulto] guy, *BR* bloke, *f* woman

chorear vi *Fam CHILE, COL, PERÚ, RP* [robar] to pilfer

choriceo nm *ESP Fam* [robo] robbery / [timo] rip-off

chorizar [14] vt *ESP Fam* to swipe, to pinch

chorizo nm **1.** [embutido] = *cured pork sausage, flavoured with paprika* **2.** *ESP Fam* [ladrón] thief

chorlito nm **1.** ZOOL plover **2.** *Fam* **cabeza de ~** scatterbrain

choro nm *ANDES* mussel

chorra *ESP Fam* ■ nmf [tonto] *BR* wally, *US* jerk ▸ **hacer el ~** to muck about
■ nf [suerte] luck

chorrada nf *ESP Fam* **decir una ~** to say something stupid ▸ **chorradas** *BR* rubbish, *US* garbage ▸ **decir chorradas** to talk *BR* rubbish *o US* bull

chorrear ■ vi **1.** [gotear] [gota a gota] to drip / [en un hilo] to trickle ▸ **estar chorreando** [estar empapado] to be soaking *o* wringing wet **2.** [brotar] to spurt *o* gush (out)
■ vt [sujeto: prenda] to drip / [sujeto: persona] to drip with

chorreo nm **1.** [goteo] [gota a gota] dripping / [en un hilo] trickling ▸ **un ~ de dinero** a steady drain on funds **2.** [brote] spurting, gushing

chorreras nfpl frill

chorretón nm **1.** [chorro] spurt ▸ **le caían chorretones de helado por la barbilla** he'd got ice cream all over his chin **2.** [mancha] stain

chorro nm **1.** [de líquido] [borbotón] jet, spurt / [hilo] trickle ▸ **salir a chorros** to spurt *o* gush out ▸ *Fam Fig* **como los chorros del oro** as clean as a new pin **2.** [de luz, gente, preguntas] stream **3.** *MÉX Fam* **un ~ de** a load of, loads of ▸ **tiene un ~ de dinero** she has loads of money

chotearse vpr *Fam* to make fun (**de** of)

choteo nm *Fam* joking, kidding ▸ **estar de ~** to be kidding

chotis nm inv = *dance typical of Madrid*

choto, -a nm,f **1.** [cabrito] kid, young goat ▸ *Fam* **estar como una chota** to be crazy, to be off one's rocker **2.** [ternero] calf

chovinismo nm chauvinism

chovinista ■ adj chauvinistic
■ nmf chauvinist

choza nf hut ▸ **~ de barro** mud hut

christmas ['krismas] nm inv Christmas card

chubasco nm [lluvia] shower ▸ **chubascos ocasionales** occasional showers

chubasquero nm raincoat, *BR* mac

chúcaro, -a adj *ANDES, CAM, RP Fam* wild

chuchería nf **1.** [golosina] *BR* sweet, *US* candy **2.** [objeto] trinket

chucho nm *Fam* **1.** [perro] mutt, dog **2.** *RP* [susto] fright ▸ **un ~ de frío** a shiver

chueco, -a adj *AM* twisted

chufa nf **1.** [planta] chufa **2.** [tubérculo] tiger nut

chufla nf *Fam* joke ▸ **estar de ~** to be kidding ▸ **tomarse las cosas a ~** to treat everything as a joke, not to take things seriously

chulada nf **1.** [bravuconada] piece of bravado ▸ **chuladas** bravado **2.** *Fam* [cosa bonita] delight, gorgeous thing

chulapo, -a, chulapón, -ona nm,f = *lower-class native of 18th-19th century Madrid*

chulear *Fam* vt *ESP* **~ a una mujer** to live off a woman
◆ ***chulearse*** vpr [fanfarronear] to be cocky (**de** about) ▸ **se está chuleando de que aprobó el examen** he's

showing off about having passed the exam

chulería nf **1.** [bravuconería] cockiness **2.** [salero] charm, winning ways

chulesco, -a adj = *relating to lower-class Madrid life of the 18th-19th centuries*

chuleta ■ nf **1.** [de carne] chop ▸ **~ de cerdo/cordero** pork/lamb chop **2.** *ESP, VEN Fam* [en examen] crib
■ nmf *Fam* [chulo] cocky person
■ adj *Fam* [chulo] cocky

chuletada nf barbecue

chulo, -a ■ adj **1.** *ESP* [descarado] cocky ▸ **ponerse ~** to get cocky **2.** *ESP, MÉX Fam* [bonito] cool, *BR* top, *US* neat
■ nm,f **1.** *ESP* [descarado] cocky person **2.** [madrileño] = *lower-class native of 18th-19th century Madrid*
■ nm [proxeneta] pimp

chumba adj

chumbera nf prickly pear cactus

chumbo, -a adj **higo ~** prickly pear ▸ **higuera chumba** prickly pear

chuminada nf *Fam* silly thing, trifle

chumino nm *ESP muy Fam BR* fanny, *US* beaver / *Vulg* **no me sale del ~** I can't be fucking well bothered, *BR* I can't be arsed

chungo, -a *Fam* ■ adj [persona] horrible, nasty / [cosa] lousy ▸ **la cosa está chunga** it's a real bitch
■ nf *ESP* **tomarse algo a chunga** to take sth as a joke, not to take sth seriously

chupa nf *ESP Fam* coat

chupachups® nm inv *ESP* lollipop

chupacirios nmf inv *Fam Pey* holy Joe

chupada nf [de helado] [con la lengua] lick / [con los labios] suck / [de cigarrillo] puff, drag

chupado, -a adj **1.** [delgado] skinny **2.** *Fam* [fácil] **estar ~** to be dead easy *o* a piece of cake

chupamedias nmf inv *ANDES, RP, VEN Fam* toady

chupar vt **1.** [succionar] to suck / [lamer] to lick / [fumar] to puff at **2.** [absorber] to soak up **3.** *Fam* [quitar] **chuparle algo a alguien** to milk sb for sth ▸ **ese hombre le está chupando la sangre** that man is bleeding her dry **4.** *AM Fam* [beber] to booze, to tipple
◆ ***chuparse*** vpr **1.** [succionar] to suck ▸ **chuparse el dedo** to suck one's thumb ▸ *Fam* **¿te crees que me chupo el dedo?** do you think I was born yesterday? ▸ *Fig* **estar para chuparse los dedos** to be mouthwatering ▸ *Fam* **¡chúpate esa!** take that! **2.** *ESP* [adelgazar] to get thinner **3.** *ESP Fam* [aguantar] to put up with

chupatintas nmf inv *Pey* pen pusher

chupe nm *ANDES, ARG* stew

chupete nm **1.** [para bebé] *BR* dummy, *US* pacifier **2.** *COL* [dulce] lollipop

chupetear vt to suck on, to suck away at

chupetín nm *RP* [piruleta] lollipop

chupetón nm **1.** [con la lengua] lick / [con los labios] suck ▸ **dar un ~ a algo** to lick sth **2.** *ESP Fam* [moradura en la piel] lovebite, *US* hickey

chupi adj *ESP Fam* great, *BR* brill

chupinazo nm **1.** [cañonazo] cannon shot **2.** *Fam* DEP [patada] hard kick / [a puerta] screamer, hard shot

chupito nm shot

chupón, -ona ■ nm,f *Fam* [gorrón] sponger, cadger
■ nm *MÉX* [chupete] *BR* dummy, *US* pacifier

chupóptero, -a nm,f *Fam* parasite

churrasco nm barbecued *o* grilled meat

churrasquera nf *RP* grill, *US* griddle

churrasquería nf *RP* steakhouse

churrería nf = *shop or stall selling "churros"*

churrero, -a nm,f "churros" seller

churrete nm [chorro] spurt / [mancha] stain

churrigueresco, -a adj ARTE churrigueresque

churro nm **1.** [para comer] = *dough formed into sticks or rings and fried in oil* **2.** *Fam* [fracaso] botch ▸ **ese dibujo es un ~** that drawing is awful

churruscado, -a adj [quemado] burnt / *Fam* [crujiente] crispy

churruscar **[59]** vt to burn

churrusco nm *Fam* [pan] piece of burnt toast ▸ **¡esto no es una chuleta, es un ~!** this chop is burnt to a cinder!

churumbel nm *ESP Fam* kid

chusco, -a ■ adj funny
■ nm *Fam* crust of stale bread

chusma nf rabble, mob

chusmear vi *AM Fam* to gossip

chusmerío nm *RP* piece of gossip

chut (pl **chuts**) nm DEP [patada] kick / [a puerta] shot

chutar vi **1.** [lanzar la pelota] to kick the ball / [a puerta] to shoot **2.** *ESP Fam* [funcionar] to work ▸ **esto va que chuta** it's going great ▸ **con eso va que chuta** that's plenty *o* more than enough
◆ ***chutarse*** vpr *ESP Fam* to shoot up

chute nm *ESP Fam* fix

chuzo nm *Fam* **llover a chuzos, caer chuzos de punta** to pour down, *BR* to bucket down

CI nm (abrev de ***cociente de inteligencia***) IQ

CIA ['θia] nf (abrev de ***Central Intelligence Agency***) CIA

cía., Cía. (abrev de ***compañía***) Co

cianuro nm cyanide

ciática nf sciatica

ciático, -a adj sciatic

cibercafé, *Fam* ***ciber*** nm cybercafe

ciberdelito nm cybercrime

ciberespacio nm cyberspace

cibernauta nmf Nettie, Net user

cibernética nf cybernetics *(singular)*

cibernético, -a adj cybernetic

ciberokupa nmf INFORM cybersquatter

ciberokupación nm INFORM cybersquatting

cibersexo nm cybersex

cicatería nf stinginess, meanness

cicatero, -a ■ adj stingy, mean
■ nm,f skinflint, miser

cicatriz nf *también Fig* scar

cicatrización nf scarring

cicatrizante ■ adj healing
■ nm healing substance

cicatrizar [14] ■ vi to form a scar, to heal (up)
■ vt to heal

cicerón nm eloquent speaker, orator

cicerone nmf guide

ciclamen nm cyclamen

cíclico, -a adj cyclical

ciclismo nm cycling

ciclista ■ adj cycling ▸ **equipo ~** cycling team ▸ **prueba ~** cycle race
■ nmf cyclist

ciclo nm **1.** [periodo] [gen] & ECON cycle ▸ **~ menstrual** menstrual cycle ▸ **~ vital** life cycle **2.** [de conferencias, actos] series

ciclocross nm cyclo-cross

ciclomotor nm moped

ciclón nm cyclone

cíclope nm Cyclops

ciclópeo, -a adj [enorme] colossal, massive

ciclostil, ciclostilo nm cyclostyle

cicloturismo nm bicycle touring

cicloturista nmf = *person on cycling holiday*

ciclovía nf *AM* [para bicicletas] *BR* cycle lane, *US* bikeway

CICR nm (abrev de ***Comité Internacional de la Cruz Roja***) IRCC

cicuta nf hemlock

ciego, -a ■ *ver* ***cegar***
■ adj **1.** [sin vista] blind ▸ **es ~ de nacimiento** he was born blind ▸ **quedarse ~** to go blind **2.** [enloquecido] blinded (**de** by) ▸ **~ de ira** blind with rage **3.** [pozo, tubería] blocked (up) **4.** [total] [fe, confianza] blind ▸ **tengo una confianza ciega en él** I trust him unconditionally **5.** *ESP Fam* [borracho] blind drunk, *BR* pissed / [drogado] stoned ▸ **nos pusimos ciegos de cerveza** we got blind drunk *o BR* pissed on beer
■ nm,f [invidente] blind person ▸ **los ciegos** the blind
■ nm **1.** ANAT caecum **2.** *ESP Fam* [de droga] trip ▸ **tener/cogerse un ~** [de alcohol] to be/get blind drunk *o BR* pissed **3. los ciegos** [sorteo de la ONCE] = *lottery organized by Spanish association for the blind*
◆ ***a ciegas*** loc adv blindly

ciegue *etc ver* ***cegar***

cielo ■ nm **1.** [atmósfera] sky ▸ **mira hacia el ~** look upwards ▸ MIN **a ~ abierto** [a la intemperie] in the open / [mina] opencast **2.** REL heaven **3.** [nombre cariñoso] my love, my dear **4.** [parte superior] **~ del paladar** roof of the mouth ▸ **~ raso** ceiling **5.** [expresiones] **como llovido del ~** [inesperadamente] out of the blue / [oportunamente] at just the right moment ▸ **estar en el séptimo ~** to be in seventh heaven ▸ **se le juntó el ~ con la tierra** he lost his nerve ▸ **mover ~ y tierra** to move heaven and earth ▸ **ser un ~** to be an angel ▸ **ver el ~ abierto** to see one's way out
■ interj **¡~ santo!, ¡cielos!** good heavens!

ciempiés nm inv centipede

cien núm a *o* one hundred ▸ **~ mil** a *o* one hundred thousand ▸ **por ~** percent ▸ **~ por ~** a hundred percent / *ver también* ***seis***

ciénaga nf marsh, bog

ciencia nf **1.** [método, estudio] science ▸ **a ~ cierta** for certain ▸ **no se conoce a ~ cierta el número de víctimas** the number of victims isn't known for certain ▸ **ciencias económicas** economics *(singular)* ▸ **ciencias exactas** mathematics *(singular)* ▸ **~ ficción** science fiction ▸ **ciencias de la información** media studies ▸ **ciencias naturales** natural sciences ▸ **ciencias ocultas** occultism ▸ **ciencias políticas** political science ▸ **ciencias sociales** social sciences **2.** [sabiduría] learning, knowledge ▸ *Hum* **por ~ infusa** through divine inspiration ▸ *Fam* **tener poca ~** to be straightforward **3.** EDUC **ciencias** science ▸ **soy de ciencias** I studied science

cieno nm mud, sludge

cientificismo nm = *over-emphasis on scientific ideas*

científico, -a ■ adj scientific
■ nm,f scientist

cientista nmf *CSUR* **~ social** sociologist

ciento núm a *o* one hundred ▸ **~ cincuenta** a *o* one hundred and fifty ▸ **cientos de** hundreds of ▸ **por ~** percent ▸ *Fam Fig* **darle ~ y raya a alguien** to run rings around sb ▸ *Fam Fig* **eran ~ y la madre** everybody and his dog was there / *ver también* ***seis***

ciernes nmpl **estar en ~** to be in its infancy ▸ **una campeona en ~** a budding champion ▸ **tenemos un viaje en ~** we're planning a journey

cierno *etc ver* ***cerner***

cierre nm **1.** [acción de cerrar] closing, shutting / [de fábrica] shutdown / RAD & TV closedown / IND **~ patronal** lockout **2.** [mecanismo] fastener ▸ AUT **~ centralizado** central locking ▸ **~ de combinación** combination lock ▸ **~ metálico** [de tienda] metal shutter **3.** *ANDES, MÉX, RP* [cremallera] *BR* zip (fastener), *US* zipper ▸ **~** *ANDES, MÉX* **relámpago** *o CHILE* **eclair** *o URUG* **metálico** *BR* zip, *US* zipper

cierto, -a ■ adj **1.** [verdadero] true ▸ **no es ~ (que...)** it is not true (that...) ▸ **es el hijo de Javier, ¿no es ~?** he's Javier's son, isn't he? ▸ **si bien es ~ que...** while it is true that... ▸ **estar en lo ~** to be right ▸ **lo ~ es que...** the fact is that... **2.** [seguro] certain, definite **3.** [algún] certain ▸ **~ hombre** a certain man ▸ **~ día...** one day... ▸ **en cierta ocasión** once, on one occasion
■ adv right, certainly ▸ **por ~** by the way

ciervo, -a nm,f **1.** [macho] deer, stag / [hembra] deer, hind **2.** [insecto] **~ volante** stag beetle

cierzo nm north wind

CIF [θif] nm *ESP* (abrev de ***código de identificación fiscal***) = *number identifying company for tax purposes*

cifra nf **1.** [signo] figure ▸ **un código de cuatro cifras** a four-digit code **2.** [cantidad] number, total / [de dinero] sum ▸ **ingresó la ~ de un millón de dólares** he deposited the sum of one million dollars ▸ **~ de ventas** sales figures ▸ **~ de negocios** turnover **3.** [código] **en ~** in code

cifrado, -a adj coded, in code

cifrar vt **1.** [codificar] [mensaje, texto] to code **2.** [valorar] [pérdidas] to estimate **3.** [reducir] [aspiraciones, esperanzas] to pin, to place ▸ **cifran todas sus esperanzas en el nuevo jugador** they're pinning all their hopes on the new player
◆ ***cifrarse*** vpr **1.** ~ **en** [cantidad] to come to, to amount to **2.** ~ **en** [aspiraciones, esperanzas] to be pinned on

cigala nf Dublin Bay prawn

cigarra nf cicada

cigarrera nf [caja] cigar case

cigarrero, -a nm,f [persona] cigar maker

cigarrillo nm cigarette ▸ **cigarrillos mentolados** menthol cigarettes

cigarro nm **1.** [puro] cigar **2.** [cigarrillo] cigarette

cigoto nm BIOL zygote

cigüeña nf stork

cigüeñal nm crankshaft

cilantro nm coriander

cilicio nm [faja, cordón] spiked belt *(of penitient)* / [vestidura] hair shirt

cilindrada nf cylinder capacity

cilíndrico, -a adj cylindrical

cilindro nm cylinder / [de imprenta] roller

cima nf **1.** [cúspide] [de montaña] peak, summit / [de árbol] top **2.** [apogeo] peak, high point ▸ **dar ~ a** [negociaciones, acuerdo] to conclude

cimarrón, -ona ■ adj [animal] feral
■ nm,f *AM* HIST [esclavo] runaway slave

címbalo nm cymbal

cimborrio nm ARQUIT cupola

cimbreante adj swaying

cimbrear vt **1.** [vara] to wave about **2.** [caderas] to sway
◆ ***cimbrearse*** vpr to sway

cimentación nf **1.** [acción] laying of the foundations **2.** [cimientos] foundations

cimentar [3] vt **1.** [edificio] to lay the foundations of / [ciudad] to found, to build **2.** [idea, paz, fama] to cement, to consolidate

cimero, -a adj [alto] topmost / *Fig* [sobresaliente] foremost, most outstanding

cimiento *etc ver* ***cimentar***

cimientos nmpl **1.** CONSTR foundation ▸ *también Fig* **echar los ~** to lay the foundations **2.** [base] basis *singular*

cimitarra nf scimitar

cinabrio nm cinnabar

cinc nm zinc

cincel nm chisel

cincelar vt to chisel

cincha nf girth

cincho nm **1.** [cinturón] belt **2.** [aro de hierro] hoop

cinco núm five ▸ *Fam* **¡choca esos ~!** put it there! ▸ **~ puertas** four-door hatchback / *ver también* ***seis***

cincuenta núm fifty ▸ **los (años) ~** the fifties / *ver también* ***seis***

cincuentena nf fifty ▸ **andará por la ~** he must be about fifty ▸ **una ~ de persones** fifty people

cincuentenario nm fiftieth anniversary

cincuentón, -ona nm,f *Fam* person in his/her fifties

cine nm [arte] cinema / [edificio] cinema, *US* movie theater ▸ **hacer ~** to make movies *o BR* films ▸ **~ de estreno** first-run cinema *o US* movie theater ▸ **~ de verano** open-air cinema ▸ **~ fórum** film with discussion group ▸ **~ mudo** silent movies *o BR* films ▸ **~ sonoro** talking pictures, talkies

cineasta nmf movie maker *o* director, *BR* film maker *o* director

cineclub (pl **cineclubs** *o* **cineclubes**) nm **1.** [asociación] film society **2.** [sala] club cinema

cinéfilo, -a nm,f [que va al cine] (keen) moviegoer *o BR* filmgoer / [que entiende de cine] movie *o BR* film buff

cinegética nf hunting

cinegético, -a adj hunting ▸ **asociación cinegética** hunting club

cinemascope® nm Cinemascope®

cinemateca nf film library

cinemática nf FÍS kinematics *(singular)*

cinematografía nf movie-making, *BR* film-making

cinematográfico, -a adj movie, *BR* film ▸ **guión ~** movie *o BR* film script

cinematógrafo nm **1.** [aparato] movie *o BR* film projector **2.** [local] cinema, *US* movie theater

cinerama® nm Cinerama®

cinética nf kinetics *(singular)*

cinético, -a adj kinetic

cingalés, -esa adj & nm,f Sinhalese

cíngaro, -a adj & nm,f Tzigane

cínico, -a ■ adj [desvergonzado] shameless
■ nm,f [desvergonzado] shameless person

cinismo nm [desvergüenza] shamelessness

cinta nf **1.** [de plástico, papel] strip, band / [de tela] ribbon ▸ **~ adhesiva** *o* **autoadhesiva** adhesive *o* sticky tape ▸ **~ aislante** insulating tape ▸ **~ de impresora** printer ribbon ▸ **~ métrica** tape measure ▸ **~ perforada** punched tape **2.** [de imagen, sonido, ordenadores] tape ▸ **~ de audio** audio cassette ▸ **~ digital/magnética** digital/magnetic tape ▸ **~ magnetofónica** recording tape ▸ **~ de vídeo** *o AM* **video** videotape ▸ **~ virgen** blank tape **3.** [mecanismo] belt ▸ **~ transportadora** conveyor belt **4.** [película] movie, *BR* film

cinto nm belt

cintura nf waist ▸ *Fam Fig* **meter en ~** to bring under control ▸ **~ de avispa** wasp waist

cinturilla nf waistband

cinturón nm **1.** [cinto] belt ▸ *Fig* **apretarse el ~** to tighten one's belt ▸ **~ de castidad** chastity belt ▸ DEP **~ negro** black belt **2.** [área circundante] belt ▸ **~ industrial/verde** industrial/green belt **3.** [carretera] *BR* ring road, *US* beltway **4.** [en coche, avión] **~ de seguridad** seat *o* safety belt

ciñera etc *ver* ***ceñir***

ciño etc *ver* ***ceñir***

cipote[1] nm **1.** *Fam* [bobo] dimwit, moron **2.** *Vulg* [pene] prick, cock

cipote[2]***, -a*** nm,f *CAM* kid

ciprés (pl **cipreses**) nm cypress

circense adj circus ▸ **artista ~** circus performer ▸ **espectáculo ~** circus show

circo nm **1.** [espectáculo] circus **2.** GEOL **~ (glaciar)** cirque, corrie

circuito nm **1.** DEP & ELEC circuit ▸ **~ cerrado** closed circuit ▸ **~ impreso/integrado** printed/integrated circuit **2.** [contorno] belt **3.** [viaje] tour

circulación nf **1.** [movimiento] [gen] & FIN circulation ▸ **tiene problemas de ~** [de la sangre] he has bad circulation ▸ FIN **~ fiduciaria** *o* **monetaria** paper currency **2.** [tráfico] traffic

circulante adj FIN **capital ~** working capital

circular ■ adj & nf circular
■ vi **1.** [líquido] to flow *o* circulate (**por** through) / [persona] to move *o* walk (**por** around) / [vehículos] to drive (**por** along) ▸ **este autobús no circula hoy** this bus doesn't run today **2.** [de mano en mano] to circulate / [moneda] to be in circulation **3.** [difundirse] to go round

circulatorio, -a adj **1.** ANAT circulatory **2.** [del tráfico] traffic ▸ **caos ~** traffic chaos

círculo nm *también Fig* circle ▸ **pusieron las sillas en ~** they put the chairs in a circle ▸ **~ de amistades** circle of friends ▸ DEP **~ central** centre circle ▸ **círculos económicos** economic circles ▸ **~ de lectores** book club ▸ **el Círculo Polar Antártico/Artico** the Antarctic/Artic Circle ▸ **círculos políticos** political circles ▸ **~ vicioso** vicious circle

circuncidar vt to circumcise

circuncisión nf circumcision

circunciso adj circumcised

circundante adj surrounding

circundar vt to surround

circunferencia nf circumference

circunflejo adj **acento ~** circumflex

circunlocución nf, ***circunloquio*** nm circumlocution

circunnavegar **[40]** vt to circumnavigate, to sail round

circunscribir vt **1.** [limitar] to restrict, to confine **2.** GEOM to circumscribe
◆ ***circunscribirse*** vpr to confine oneself (**a** to)

circunscripción nf **1.** [limitación] limitation **2.** [distrito] district / [militar] division ▸ **~ (electoral)** electoral district, *BR* constituency

circunscrito, -a ■ participio *ver* ***circunscribir***
■ adj restricted, limited

circunspección nf *Formal* **1.** [comedimiento] circumspection **2.** [seriedad] graveness, seriousness

circunspecto, -a adj *Formal* **1.** [comedido] circumspect **2.** [serio] grave, serious

circunstancia nf circumstance ▸ **en estas circunstancias** under the circumstances ▸ *Fam* **puso cara de circunstancias** his face took on a serious expression *o* turned serious ▸ DER **~ agravante/atenuante/eximente** aggravating/extenuating/exonerating circumstance

circunstancial adj **1.** [del momento] chance ▸ **un hecho ~** a chance occurrence ▸ **una decisión ~** an ad hoc decision **2.** GRAM **complemento ~** adjunct

circunvalación nf **1.** [acción] going round **2.** [carretera] *BR* ring road, *US* beltway

circunvalar vt to go round

circunvolución nf **1.** [vuelta] circumvolution **2.** ANAT [cerebral] convolution

cirílico, -a adj Cyrillic

cirio nm **1.** [vela] (wax) candle ▸ **~ pascual** paschal candle **2.** *Fam* [alboroto] row, rumpus ▸ **montar un ~** to kick up a row

cirro nm METEO cirrus

cirrosis nf inv MED cirrhosis ▸ **~ hepática** cirrhosis of the liver

cirrótico, -a adj MED cirrhotic ▸ *Fam Fig* **estar ~** to be an alcoholic

ciruela nf plum ▸ **~ claudia** greengage ▸ **~ pasa** prune

ciruelo nm plum tree

cirugía nf surgery ▸ **~ cardíaca** heart surgery ▸ **~ endoscópica** keyhole surgery ▸ **~ exploratoria** exploratory surgery ▸ **~ estética** cosmetic surgery ▸ **~ plástica** plastic surgery

cirujano, -a nm,f surgeon ▸ **~ plástico** plastic surgeon

cisco nm **1.** [carbón] slack ▸ *Fig* **hecho ~** shattered **2.** *Fam* [alboroto] row, rumpus

Cisjordania nf the West Bank

cisma nm REL schism / *Fig* [escisión] split

cismático, -a adj & nm,f schismatic

cisne nm swan

cisterciense adj & nmf Cistercian

cisterna nf **1.** [de retrete] cistern **2.** [aljibe, tanque] tank

cistitis nf inv MED cystitis

cita nf **1.** [entrevista] appointment / [de novios] date ▸ **darse ~** to meet ▸ **tener una ~** to have an appointment ▸ **~ a ciegas** blind date **2.** [referencia] quotation

citación nf DER summons *(singular)*

citar vt **1.** [convocar] to make an appointment with ▸ **me citó a la salida del cine** he arranged to meet me at the exit of the cinema **2.** [aludir] to mention / [textualmente] to quote ▸ **citó algunos casos** he cited several cases **3.** DER to summons ▸ **~ a declarar a los procesados** to summons the defendants to give evidence
◆ ***citarse*** vpr **citarse (con alguien)** to arrange to meet (sb)

cítara nf zither

citología nf **1.** MED [análisis ginecológico] smear test ▸ **hacerse una ~** to have a smear test **2.** BIOL cytology

citoplasma nm BIOL cytoplasm

cítrico, -a adj citric
◆ ***cítricos*** nmpl citrus fruits

CiU [θiu] nf (abrev de ***Convergència i Unió***) = *Catalan coalition party to the right of the political spectrum*

ciudad nf **1.** [localidad] [grande] city / [pequeña] town ▸ **Ciudad del Cabo** Cape Town ▸ **~ catedralicia** cathedral town/city ▸ **~ dormitorio** commuter town ▸ **la Ciudad Eterna** the Eternal City ▸ **~ jardín** garden city ▸ **Ciudad de México** Mexico City ▸ **~ natal** home town ▸ *MÉX* **~ perdida** shanty town ▸ **la Ciudad Santa** the Holy City ▸ **~ satélite** satellite town ▸ **Ciudad del Vaticano** Vatican City **2.** [instalaciones] complex ▸ **~ sanitaria** hospital complex ▸ **~ universitaria** university campus

ciudadanía nf **1.** [nacionalidad] citizenship **2.** [población] public, citizens

ciudadano, -a ■ adj [deberes, conciencia] civic / [urbano] city ▸ **vida ~** city life
■ nm,f citizen ▸ **el ~ de a pie** the man in the street ▸ **~ de segunda** second-class citizen

ciudadela nf citadel, fortress

ciudadrealeño, -a ■ adj of/from Ciudad Real
■ nm,f person from Ciudad Real

ciuredano, -a nm,f INFORM netizen

cívico, -a adj [deberes, conciencia] civic / [conducta] public-spirited

civil ■ adj civil ▸ **casarse por lo ~** to get married in a *BR* registry office *o US* civil ceremony
■ nmf **1.** [no militar] civilian **2.** *Fam* [Guardia Civil] = *member of the "Guardia Civil"*

civilización nf civilization

civilizado, -a adj civilized

civilizar [14] vt to civilize
◆ ***civilizarse*** vpr to become civilized

civismo nm **1.** [urbanidad] community spirit **2.** [cortesía] civility, politeness

cizalla nf **1.** [herramienta] shears, metal cutters / [guillotina] guillotine **2.** [recortes] metal cuttings

cizaña nf BOT darnel ▸ *Fig* **meter** *o* **sembrar ~** to sow discord ▸ *Fig* **separar la ~ del buen grano** to separate the wheat from the chaff

cl (abrev de ***centilitro***) cl

clamar ■ vt [exigir] to cry out for ▸ **~ justicia** to cry out for justice
■ vi **1.** [implorar] to appeal **2.** [protestar] to cry out ▸ *Fig* **es como ~ en el desierto** it's like talking to a brick wall

clamor nm clamour

clamoroso, -a adj **1.** [victoria, éxito] resounding **2.** [protesta, llanto] loud, clamorous

clan nm **1.** [tribu, familia] clan **2.** [banda] faction

clandestinidad nf secrecy ▸ **en la ~** underground

clandestino, -a adj clandestine / POL underground

claque nf claque

claqué nm tap dancing

claqueta nf clapperboard

clara nf **1.** [de huevo] white **2.** *ESP Fam* [bebida] shandy

claraboya nf skylight

claramente adv clearly

clarear ■ vt to light up
■ v impersonal **1.** [amanecer] **empezaba a ~** dawn was breaking **2.** [despejarse] to clear up, to brighten up ▸ **saldremos cuando claree** we'll go out when it clears up
◆ ***clarearse*** vpr [transparentarse] to be see-through

clarete ■ adj **vino ~** light red wine
■ nm light red wine

claridad nf **1.** [transparencia] clearness, clarity **2.** [luz] light **3.** [franqueza] candidness ▸ **ser de una ~ meridiana** to be crystal clear **4.** [lucidez] clarity

clarificación nf clarification

clarificador, -ora adj clarifying

clarificar [59] vt **1.** [aclarar] to clarify / [misterio] to clear up **2.** [purificar] to refine

clarín ■ nm [instrumento] bugle
■ nmf [persona] bugler

clarinete ■ nm [instrumento] clarinet
■ nmf [persona] clarinettist

clarinetista nmf clarinettist

clarisa nf REL nun of the order of St Clare

clarividencia nf farsightedness, perception

clarividente ■ adj farsighted, perceptive
■ nmf perceptive person

claro, -a ■ adj **1.** [luminoso] bright / [color] light / [día] clear **2.** [sonido] clear ▸ **hablaba con una voz clara** she spoke in a clear voice **3.** [diluido] [té, café] weak / [salsa] thin **4.** [poco tupido] thin, sparse **5.** [persona, explicación, ideas, libro] clear **6.** [obvio, evidente] clear ▸ **está ~ que...** of course... ▸ **¿está ~?** is that clear? ▸ **dejar algo ~** to make sth clear ▸ **a las claras** clearly ▸ **está más ~ que el agua** it's perfectly *o* crystal clear ▸ **poner algo en ~** to get sth clear, to clear sth up ▸ **sacar algo en ~ (de)** to make sth out (from) ▸ **tengo ~ que no puedo contar con él** one thing I'm quite sure about is that I can't rely on him
■ nm **1.** [en bosque] clearing / [en multitud] space, gap / [en cielo nublado] break in the clouds ▸ **se esperan nubes y claros** it will be cloudy with some bright spells **2. ~ de luna** moonlight
■ adv clearly ▸ **hablar ~** to speak clearly ▸ **¡~!** of course! ▸ **¡~ que me gusta!** of course I like it! ▸ **¡~ que sí!** of course! ▸ **¡~ que no!** of course not!

claroscuro nm chiaroscuro

clase nf **1.** [grupo, categoría] class ▸ **de primera ~** first-class ▸ **de segunda ~** second-class ▸ **~ alta/media** upper/middle class ▸ **las clases dirigentes** the ruling classes ▸ **~ obrera** working class ▸ **clases pasivas** = *pensioners and people on benefit* ▸ **~ preferente** club class ▸ **~ social** social class ▸ **~ trabajadora** working class ▸ **~ turista** tourist class **2.** [tipo] sort, kind ▸ **no me gusta esa ~ de bromas** I don't like that kind of joke ▸ **toda ~ de** all sorts *o* kinds of **3.** EDUC [asignatura, alumnos] class / [aula] classroom ▸ **dar clases** [en un colegio] to teach / [en una universidad] to lecture ▸ **hoy tengo ~** [en colegio] I have to go to school today / [en universidad] I've got lectures today ▸ *ESP* **clases de**

conducir driving lessons ▸ **~ de francés/inglés** French/English class ▸ **~ magistral** master class ▸ *AM* **clases de manejar** driving lessons ▸ **clases particulares** private tuition **4.** [estilo] **tener ~** to have class

clasicismo nm **1.** ARTE & LIT classicism **2.** [carácter de obra, autor] classical nature

clásico, -a ■ adj **1.** [de la Antigüedad] classical **2.** [ejemplar, prototípico] classic **3.** [peinado, estilo, música] classical **4.** [habitual] customary **5.** [peculiar] **~ de** typical of
■ nm,f [escritor] classic

> ¡CUIDADO! / CAREFUL!
> ***clásico***
>
> La traducción **classic** califica a, por ejemplo, un libro o una canción que se consideran un modelo de su época; **classical** describe a personas, estilos o cosas que tienen un corte tradicional o que pertenecen a la Grecia y Roma antiguas.

clasificación nf classification / DEP (league) table ▸ FIN **~ de solvencia** credit rating

clasificado nm *AM* classified ad

clasificador, -ora ■ adj classifying
■ nm [mueble] filing cabinet

clasificadora nf [máquina] sorter

clasificar [59] ■ vt to classify ▸ **una película clasificada para mayores de 18 años** a film with an 18 certificate
■ vi *AM* DEP to qualify (**para** for)
◆ ***clasificarse*** vpr **1.** DEP [ganar acceso] to qualify (**para** for) ▸ **nos hemos clasificado para los cuartos de final** we've got through to *o* qualified for the quarter finals **2.** [llegar] **se clasificó en segundo lugar** she came second

clasismo nm class discrimination

clasista ■ adj class-conscious / *Pey* snobbish
■ nmf class-conscious person / *Pey* snob

claudia adj **ciruela ~** greengage

claudicación nf *Formal* [cesión, rendición] capitulation, surrender

claudicar [59] vi *Formal* [ceder, rendirse] to capitulate, to give up

claustro nm **1.** ARQUIT cloister **2.** [en universidad] senate **3.** [en instituto, colegio] [profesores] teaching staff, *US* faculty / [reunión] ≃ staff meeting, *US* faculty meeting **4. ~ materno** [matriz] womb

claustrofobia nf claustrophobia

claustrofóbico, -a adj claustrophobic

cláusula nf **1.** [disposición] clause ▸ COM **~ de escape** escape clause, opt-out clause ▸ COM **~ de penalización** penalty clause **2.** GRAM clause

clausura nf **1.** [acto solemne] closing ceremony ▸ **discurso/ceremonia de ~** closing speech/ceremony **2.** [cierre] closing down **3.** [aislamiento] enclosed life, enclosure ▸ REL **convento/monja de ~** convent/nun of an enclosed order

clausurar vt **1.** [acto] to close, to conclude **2.** [local] to close down

clavada nf *ESP Fam* [precio abusivo] rip-off

clavadista nmf *CAM, MÉX* diver

clavado, -a adj **1.** [con clavos] nailed **2.** [en punto] **a las cuatro clavadas** at four o'clock on the dot **3.** [a la medida] just right **4.** [parecido] almost identical ▸ **ser ~ a alguien** to be the spitting image of sb **5.** [fijo] fixed

clavar vt **1.** [clavo, estaca] to drive / [cuchillo] to thrust / [chincheta, alfiler] to stick **2.** [letrero, placa] to nail, to fix ▸ **clavó la suela de la bota** he nailed on the sole of the boot **3.** [mirada, atención] to fix, to rivet ▸ **~ los ojos** *o* **la mirada en algo/alguien en** to stare at sth/sb **4.** *Fam* [cobrar] **me han clavado cien euros** they stung me for a hundred euros ▸ **en esa tienda te clavan** they charge you an arm and a leg in that shop
◆ ***clavarse*** vpr [hincarse] **me clavé una astilla en el pie** I got a splinter in my foot

clave ■ adj inv [fundamental, esencial] key ▸ **es una fecha ~ para la empresa** it's a crucial date for the company
■ nm MÚS harpsichord
■ nf **1.** [código] code ▸ **en ~** in code ▸ **nos mandaron los mensajes en ~** they sent us the messages in code, they sent us coded messages ▸ **~ de acceso** access code **2.** [solución] key ▸ **la ~ de la felicidad/del éxito** the key to happiness/success **3.** MÚS clef ▸ **~ de fa** bass clef ▸ **~ de sol** treble clef **4.** INFORM password

clavecín nm spinet

clavel nm carnation

clavellina nf small carnation, pink

claveteado nm studding

clavetear vt **1.** [adornar con clavos] to stud (with nails) **2.** [poner clavos] to nail *(roughly)*

clavicémbalo nm harpsichord

clavicordio nm clavichord

clavícula nf collarbone

clavija nf **1.** ELEC pin / [de auriculares, teléfono] jack **2.** MÚS peg **3.** *Fam Fig* **apretar las clavijas a alguien** to put the screws on sb

clavo nm **1.** [pieza metálica] nail ▸ *Fam Fig* **agarrarse a un ~ ardiendo** to clutch at straws ▸ **estaré allí como un ~** I'll be there on the dot ▸ *Fam* **dar en el ~** to hit the nail on the head **2.** [especia] clove **3.** *Fam* [precio abusivo] rip-off **4.** MED [para huesos] pin

claxon nm horn ▸ **tocar el ~** to sound the horn

clemencia nf mercy, clemency

clemente adj [persona] merciful, clement / [invierno] mild

clementina nf clementine

cleptomanía nf kleptomania

cleptómano, -a nm,f kleptomaniac

clerecía nf **1.** [clero] clergy **2.** [oficio] priesthood

clerical ■ adj clerical
■ nmf clericalist

clérigo nm [católico] priest / [anglicano] clergyman

clero nm clergy

clic (pl **clics**), ***click*** (pl **clicks**) nm INFORM click ▸ **hacer ~** to click ▸ **hacer doble ~** to double click

clicar [59] INFORM ■ vt to click on
■ vi to click

cliché nm **1.** FOT negative **2.** IMPRENTA plate **3.** [tópico] cliché

click ➤ ***clic***

cliente, -a nm,f [de tienda, garaje, bar] customer / [de banco, abogado] [gen] client / [de hotel] guest ◗ **el ~ siempre tiene razón** the customer is always right

clientela nf [de tienda, garaje] customers / [de banco, abogado] clients / [de hotel] guests / [de bar, restaurante] clientele

clientelismo nm POL = *practice of giving preferential treatment to a particular interest group in exchange for its support*

clima nm **1.** [atmosférico] climate ◗ **~ continental** continental climate ◗ **~ mediterráneo** mediterranean climate ◗ **~ tropical** tropical climate **2.** [ambiente] atmosphere ◗ **las negociaciones se desarrollaron en un ~ de distensión** the talks took place in a relaxed atmosphere

climaterio nm MED menopause

climático, -a adj climatic

climatización nf air conditioning

climatizado, -a adj air-conditioned ◗ **piscina climatizada** heated swimming pool

climatizar [14] vt to air-condition

climatología nf **1.** [tiempo] climate **2.** [ciencia] climatology

climatológico, -a adj climatological

clímax nm inv climax

clínica nf clinic ◗ **~ de adelgazamiento** slimming clinic ◗ **~ veterinaria** veterinary surgery

clínico, -a ■ adj clinical
■ nm,f doctor

clip (pl **clips**) nm **1.** [para papel] paper clip **2.** [para el pelo] hairclip **3.** [videoclip] (pop) video

clíper nm clipper

clisé nm **1.** FOT negative **2.** IMPRENTA plate **3.** [tópico] cliché

clítoris nm inv clitoris

cloaca nf sewer

cloch, cloche (pl **cloches**) nm *MÉX, VEN* clutch

clon nm clone

clonación nf cloning

clonar vt to clone

clónico, -a ■ adj cloned
■ nm INFORM [ordenador] clone

cloquear vi to cluck

cloración nf chlorination

clorar vt to chlorinate

clorato nm QUÍM chlorate

clorhídrico adj QUÍM **ácido ~** hydrochloric acid

clórico, -a adj QUÍM chloric

cloro nm **1.** QUÍM chlorine **2.** *CAM, CHILE, MÉX, VEN* [lejía] bleach

clorofila nf BOT chlorophyll

cloroformo nm QUÍM chloroform

cloruro nm QUÍM chloride ◗ **~ de cal** bleaching powder ◗ **~ de sodio** *o* **sódico** sodium chloride

clóset (pl **clósets**) nm *AM* fitted cupboard, *US* closet

clown ['klaun, 'kloun] (pl **clowns**) nm clown

club (pl **clubs** *o* **clubes**) nm **1.** [sociedad] club ◗ **~ de fans** fan club ◗ **~ de fútbol** soccer *o BR* football club ◗ **~ náutico** yacht club **2.** [local de alterne] = *roadside bar and brothel*

clueca adj broody

cm (abrev de ***centímetro***) cm

CNI nm (abrev de ***Centro Nacional de Inteligencia***) = *Spanish national intelligence service*

CNMV *ESP* FIN (abrev de ***Comisión Nacional del Mercado de Valores***) nf *BR* ≃ SIB, *US* ≃ SEC

CNT nf (abrev de ***Confederación Nacional del Trabajo***) = *Spanish anarchist trade union federation created in 1911*

CNV nf *ARG* FIN (abrev de ***Comisión Nacional de Valores***) *BR* ≃ SIB, *US* ≃ SEC

Co. (abrev de ***compañía***) Co.

coacción nf coercion

coaccionar vt to coerce

coactivo, -a adj coercive

coadyuvante adj helping, assisting

coadyuvar vi *Formal* **~ en algo/a hacer algo** to contribute to sth/to doing sth

coagulación nf MED clotting, coagulation

coagulante MED ■ adj clotting
■ nm clotting agent

coagular vt [sangre] to clot, to coagulate / [líquido] to coagulate
◆ ***coagularse*** vpr [sangre] to clot / [líquido] to coagulate

coágulo nm MED clot

coalición nf coalition

coaligar [40] vt to ally, to unite
◆ ***coligarse*** vpr to unite, to join together

coartada nf alibi

coartar vt to limit, to restrict

coaseguro nm coinsurance

coautor, -ora nm,f coauthor

coaxial adj coaxial

coba nf *ESP, MÉX Fam* [halago] flattery ◗ **dar ~ a alguien** [adular] to suck up *o* crawl to sb / [aplacar] to soft-soap sb

cobalto nm cobalt

cobarde ■ adj cowardly
■ nmf coward

cobardía nf cowardice

cobardica *Fam Pey* ■ nmf scaredy-cat
■ adj **ser ~** to be a scaredy-cat

cobaya nmf *también Fig* guinea pig

cobertizo nm **1.** [tejado adosado] lean-to **2.** [caseta] shed

cobertor nm bedspread

cobertura nf **1.** [cubierta] cover **2.** [de un servicio] coverage ▸ **~ informativa** news *o* media coverage ▸ **~ nacional/regional** national/regional coverage **3.** [de un seguro] cover ▸ **~ sanitaria** health cover

cobija nf *AM* blanket

cobijar vt **1.** [albergar] to house **2.** [proteger] to shelter ◆ ***cobijarse*** vpr to take shelter

cobijo nm shelter ▸ **dar ~ a alguien** to give shelter to sb, to take sb in

cobista nmf *Fam* creep

Cobol nm INFORM COBOL

cobra nf cobra

cobrador, -ora nm,f [del autobús] conductor, *f* conductress / [de deudas, recibos] collector

cobrar ■ vt **1.** COM [dinero] to charge / [cheque] to cash / [deuda] to collect ▸ **nos cobra 700 euros de alquiler al mes** she charges us 700 euros rent a month, we pay her 700 euros rent a month ▸ **me cobró de más** he overcharged me ▸ **cantidades por ~** amounts due ▸ **¿me cobra?** [al pagar] how much do I owe you? **2.** [un sueldo] to earn, to be paid ▸ **cobra un millón al año** she earns a million a year ▸ **está cobrando el paro** he's receiving unemployment benefit **3.** [adquirir] to take on, to acquire ▸ **~ fama** to become famous **4.** [sentir] **cobrarle afecto** *o* **cariño a alguien** to take a liking to sb
■ vi **1.** [en el trabajo] to get paid **2.** *Fam* [recibir una paliza] **¡vas a ~!** you'll catch it! ▸ **el niño cobró por portarse mal** the child got a beating for being naughty
◆ ***cobrarse*** vpr **1.** [causar] **el accidente se cobró ocho vidas** eight people were killed in the crash **2.** [al pagar] **¿se cobra?** how much do I owe you?

cobre nm copper ▸ *AM Fam* **no tener un ~** to be flat broke

cobrizo, -a adj [pelo, piel] copper

cobro nm [de talón] cashing / [de pago] collection ▸ **llamar a ~ revertido a alguien** *BR* to make a reverse-charge call to sb, *US* to call sb collect

coca nf **1.** [planta] coca **2.** *Fam* [cocaína] coke

Coca-Cola® nf Coca-Cola®, Coke®

cocaína nf cocaine

cocainómano, -a nm,f cocaine addict

cocción nf [de alimentos] cooking / [en agua] boiling / [en horno] baking

cóccix nm inv coccyx

cocear vi to kick

cocer [15] vt **1.** [alimentos] to cook / [hervir] to boil / [en horno] to bake **2.** [cerámica, ladrillos] to fire
◆ ***cocerse*** vpr [alimentos] to cook / [hervir] to boil / [en horno] to bake ▸ *Prov* **en todas partes cuecen habas** it's the same wherever you go ▸ *Fig* **¿qué se cuece por aquí?** what's cooking?, what's going on here?

cochambre nf *Fam* [suciedad] filth / [basura] *BR* rubbish, *US* garbage

cochambroso, -a adj *Fam* filthy

cochayuyo nm *CHILE, PERÚ* seaweed

coche nm **1.** [automóvil] car, *US* automobile ▸ **ir en ~** [montado] to go by car / [conduciendo] to drive ▸ **viajar en ~** to travel by car ▸ **~ de alquiler** hire car ▸ **~ antiguo** [de antes de 1930] vintage car / [más moderno] classic car ▸ **~ automático** automatic ▸ **~ bomba** car bomb ▸ **~ de bomberos** fire engine, *US* fire truck ▸ **~ de carreras** racing car ▸ **~ celular** police van ▸ **coches de choque** Dodgems®, bumper cars ▸ **~ deportivo** sports car ▸ **~ de empresa** company car ▸ **~ de época** [de antes de 1930] vintage car / [más moderno] classic car ▸ **~ familiar** estate car ▸ **~ fúnebre** hearse ▸ **~ de ocasión** used car ▸ **~ patrulla** patrol car ▸ **coche de policía** police car ▸ **~ usado** *o* **de segunda mano** used car **2.** [de caballos] carriage **3.** [de niño] *BR* pram, *US* baby carriage **4.** [de tren] coach, *BR* carriage, *US* car ▸ **~ cama** sleeping car, sleeper ▸ **~ restaurante** restaurant *o* dining car

cochecito nm [de niño] *BR* pram, *US* baby carriage

cochera nf [para coches] garage / [de autobuses, tranvías] depot

cochero nm coachman

cochinada nf **1.** [cosa sucia] filthy thing ▸ **es una ~** it's filthy ▸ **hacer cochinadas** [porquerías] to be disgusting / [sexuales] to be naughty **2.** [grosería] obscenity, dirty word **3.** [mala jugada] dirty trick

cochinilla nf **1.** [crustáceo] woodlouse **2.** [insecto] cochineal

cochinillo nm suckling pig

cochino, -a ■ adj [sucio] filthy / *Fam* [maldito] bloody ▸ **¡está obsesionado con el ~ dinero!** with him it's always money, money, money!
■ nm,f [animal] pig, *f* sow

cocido, -a ■ adj **1.** [alimentos] cooked / [hervido] boiled **2.** [barro] fired
■ nm CULIN stew ▸ **~ madrileño** = *chickpea stew, containing meat, sausage and potatoes*

cociente nm quotient ▸ **~ intelectual** IQ

cocina nf **1.** [habitación] kitchen **2.** [electrodoméstico] cooker, stove ▸ **~ eléctrica/de gas** electric/gas cooker **3.** [arte] cooking ▸ **~ casera** home cooking ▸ **~ española** Spanish cuisine *o* cooking ▸ **libro/clase de ~** cookery book/class

cocinar ■ vt to cook ▸ **¿qué se cocina por aquí?** what's cooking?, what's going on here?
■ vi to cook

cocinero, -a nm,f cook ▸ *Fig* **ha sido ~ antes que fraile** he's got experience on the subject

cocinilla nf **1** [aparato] portable *o* camp stove
■ nm *Fam* [persona] **es un ~** he's great in the kitchen

cocker ['koker] (pl **cockers**) nm cocker spaniel

coco nm **1.** [fruto] coconut **2.** *Fam* [cabeza] nut, head ▸ **está mal del ~** he's soft *o* isn't right in the head ▸ **por más vueltas que le doy al ~ no consigo entenderlo** I've racked my brains but I still can't understand it ▸ **comerse el ~** to worry (one's head) ▸ **comerle el ~ a alguien** [convencer] to brainwash sb **3.** *Fam* [fantasma] bogeyman ▸ **si no te portas bien vendrá el ~** if you're not good the bogeyman will come and get you **4.** BIOL [bacteria] coccus

cococha nf barbel

cocodrilo nm crocodile

cocotero nm coconut palm

cóctel, coctel nm **1.** [bebida, comida] cocktail ▸ **~ de gambas** prawn cocktail **2.** [reunión] cocktail party **3. ~ molotov** petrol bomb, Molotov cocktail

coctelera nf cocktail shaker

coctelería nf cocktail bar

coda nf MÚS coda

codazo nm [suave] nudge / [fuerte] jab *(with one's elbow)* ▸ **abrirse paso a codazos** to elbow one's way through ▸ **dar un ~ a alguien** to nudge/elbow sb

codearse vpr to rub shoulders (**con** with)

codeína nf codeine

codera nf elbow patch

códice nm codex

codicia nf **1.** [de riqueza] greed **2.** [de aprender, saber] thirst (**de** for)

codiciar vt to covet

codicioso, -a adj greedy

codificación nf **1.** [de norma, ley] codification **2.** [de mensaje en clave] encoding **3.** INFORM coding

codificado, -a adj [emisión de TV] scrambled

codificador, -ora ■ adj codifying
■ nm [aparato] scrambler *(for pay TV)*

codificar [59] vt **1.** [ley] to codify **2.** [un mensaje] to encode **3.** INFORM to code

código nm [gen] & INFORM code ▸ **~ de acceso** access code ▸ **~ ASCII** ASCII (code) ▸ **~ de barras/de señales** bar/signal code ▸ **~ de circulación** highway code ▸ **~ civil** civil code ▸ **~ de comercio** commercial law ▸ **~ de conducta** code of conduct ▸ INFORM **códigos de fusión** merge codes ▸ **~ genético** genetic code ▸ **~ máquina** machine code ▸ **~ mercantil** commercial law ▸ **~ Morse** Morse code ▸ **~ penal** penal code ▸ **~ postal** *BR* post code, postal code, *US* zip code ▸ **~ territorial** *BR* dialling code, *US* area code

codillo nm **1.** [en un cuadrúpedo] upper foreleg / CULIN knuckle of pork **2.** [de jamón] shoulder **3.** [de un tubo] elbow, bend

codirector, -ora nm,f co-director

codo nm **1.** [en brazo] elbow ▸ **tenía los codos sobre la mesa** he was leaning (with his elbows) on the table ▸ **~ con ~, ~ a ~** side by side ▸ *Fam Fig* **empinar el ~** to booze ▸ *Fam Fig* **hablar por los codos** to talk nineteen to the dozen, to be a chatterbox ▸ *Fam* **hincar** *o* **romperse los codos** [estudiar] to study hard ▸ **se sacó la carrera a base de codos** she got her degree by sheer hard work ▸ MED **~ de tenista** tennis elbow **2.** [en tubería] bend / [pieza] elbow joint **3.** [medida] cubit

codorniz nf quail

COE ['koe] nm (abrev de ***Comité Olímpico Español***) Spanish Olympic Committee

coedición nf joint publication

coeditar vt to publish jointly

coeficiente nm [índice] rate / MAT & FÍS coefficient ▸ FIN **~ de caja** cash ratio ▸ **~ intelectual** *o* **de inteligencia** IQ ▸ FIN **~ de liquidez** liquidity ratio

coercer [40] vt to restrict, to constrain

coerción nf coercion

coercitivo, -a adj coercive

coetáneo, -a adj & nm,f contemporary

coexistencia nf coexistence ▸ **~ pacífica** peaceful coexistence

coexistente adj coexisting

coexistir vi to coexist

cofia nf [de enfermera, camarera] cap / [de monja] coif

cofrade nmf [de cofradía religiosa] brother, *f* sister / [de cofradía no religiosa] member

cofradía nf [religiosa] brotherhood, *f* sisterhood / [profesional] guild

cofre nm **1.** [arca] chest, trunk **2.** [para joyas] jewel box

coger [52] ■ vt **1.** [tomar, agarrar] to take ▸ **~ a alguien de la mano** to take sb by the hand ▸ **coge esta bolsa un momento** hold this bag a moment ▸ **¿puedes ~ el teléfono, por favor?** could you pick the phone up *o* answer the phone, please? **2.** [atrapar] [ladrón, pez, pájaro] to catch ▸ **¿a que no me coges?** bet you can't catch me! **3.** [alcanzar] [persona, vehículo] to catch up with **4.** [recoger] [objeto caído] to pick up / [frutos, flores] to pick ▸ **se me ha caído el bolígrafo, ¿me lo puedes ~?** I've dropped my pen, could you pick it up for me? **5.** [quedarse con] [propina, empleo, piso] to take ▸ **llegaremos pronto para ~ buen sitio** we'll get there early to get a good seat **6.** [contratar] [personal] to take on **7.** [quitar] to take (**a alguien** from sb) ▸ **¿quién me ha cogido el lápiz?** who's taken my pencil? ▸ **te he cogido la calculadora un momento** I've just borrowed your calculator for a moment **8.** [tren, autobús] to take, to catch ▸ **no me gusta ~ el avión** I don't like flying **9.** [contraer] [gripe, resfriado] to catch, to get ▸ **~ una borrachera** to get drunk ▸ **~ frío** to get cold **10.** [sentir] [manía, odio, afecto] to start to feel ▸ **~ cariño/miedo a** to become fond/scared of **11.** [cobrar] **~ fuerzas** to build up one's strength ▸ **~ velocidad** to gather speed **12.** [sujeto: vehículo] to knock over, to run over / [sujeto: toro] to gore **13.** [oír] to catch / [entender] to get ▸ **no cogió el chiste** he didn't get the joke **14.** [sorprender, encontrar] **~ a alguien haciendo algo** to catch sb doing sth ▸ **~ a alguien desprevenido** to take sb by surprise **15.** [sintonizar] [canal, emisora] to get, to receive **16.** [abarcar] [espacio] to cover, to take up **17.** *AM Vulg* to screw, to fuck
■ vi **1.** [situarse] to be ▸ **coge muy cerca de aquí** it's not very far from here **2.** [dirigirse] **~ a la derecha/la izquierda** to turn right/left **3.** [indicando acción repentina] **cogió y se fue** he upped and went ▸ **de pronto cogió y me insultó** she turned round and insulted me **4.** *AM Vulg* **~ con alguien** to screw *o* fuck sb
◆ ***cogerse*** vpr **1.** [asirse] **cogerse de** *o* **a algo** to cling to *o* clutch sth **2.** [pillarse] **cogerse los dedos/la falda con la puerta** to catch one's fingers/skirt in the door ▸ *Fam* **cogerse un cabreo** to throw a fit ▸ **cogerse una gripe** to catch the flu **3.** [sintonizarse] [canal, emisora] to get ▸ **desde mi casa no se coge el Canal 5** you can't get Channel 5 from my house

cogestión nf joint management, co-management

cogida nf [de torero] goring

cognac [ko'ɲak] (pl **cognacs**) nm brandy, cognac

cognitivo, -a adj cognitive
cogollo nm **1.** [de lechuga] heart **2.** [brote] shoot
cogorza nf *Fam* **agarrar una ~** to get smashed, to get blind drunk
cogotazo nm rabbit punch
cogote nm *ESP* nape, back of the neck
cogulla nf REL habit
cohabitación nf cohabitation
cohabitar vi to cohabit, to live together
cohecho nm bribery
coheredero, -a nm,f coheir, *f* coheiress
coherencia nf [de conducta, estilo] consistency / [de razonamiento] coherence
coherente adj [conducta, estilo] consistent / [razonamiento] coherent
cohesión nf cohesion ▸ **la ~ del partido** party unity
cohesionar vt to unite
◆ ***cohesionarse*** vpr to unite
cohesivo, -a adj cohesive
cohete nm rocket ▸ **cohetes** [fuegos artificiales] fireworks ▸ **~ espacial** space rocket ▸ **~ propulsor** booster (rocket)
cohibición nf inhibition
cohibido, -a adj inhibited
cohibir vt to inhibit
◆ ***cohibirse*** vpr to become inhibited
cohorte nf cohort
COI ['koi] nm (abrev de ***Comité Olímpico Internacional***) IOC
coima nf *ANDES, RP Fam* bribe, *BR* backhander
coimear vt *ANDES, RP Fam* to bribe
coincidencia nf coincidence
coincidir vi **1.** [superficies, versiones, gustos] to coincide ▸ **su versión de los hechos no coincide con la de otros testigos** her version of events doesn't coincide with that of other witnesses **2.** [estar de acuerdo] to agree ▸ **coincido contigo en que...** I agree with you that..., I am in agreement with you that... **3.** [en un sitio] **coincidimos en la fiesta** we were both at the party ▸ **coincidí con ella en un congreso** I met her at a conference **4.** [en el tiempo] to coincide ▸ **mi cumpleaños coincide con el primer día de clase** my birthday falls on the first day of classes
coito nm (sexual) intercourse
coitus interruptus nm inv coitus interruptus
cojear vi **1.** [persona] to limp ▸ *Fam Fig* **ya sé de qué pie cojea María** I know Maria's weak points ▸ *Fam Fig* **los dos cojean del mismo pie** they're two of a kind **2.** [mueble] to wobble **3.** [argumento] to be faulty
cojera nf [acción] limp / [estado] lameness
cojín nm cushion
cojinete nm [en eje] bearing / [en un riel de ferrocarril] chair
cojo, -a ■ *ver* ***coger***
■ adj **1.** [persona] lame **2.** [mueble] wobbly **3.** [razonamiento, frase] faulty
■ nm,f cripple
cojones nmpl *ESP Vulg* balls ▸ **¡ahora lo vas a hacer por ~!** you *BR* bloody *o US* goddamn well ARE going to do it! ▸ **es bueno/malo de ~** it's *BR* bloody *o US* goddamn marvellous/awful ▸ **¡no me sale de los ~!** I can't be *BR* bloody *o US* goddamn bothered!, *BR* I can't be arsed! ▸ **tener ~** to have balls ▸ **¡~!** [expresa enfado] for fuck's sake!
cojonudo, -a adj *ESP muy Fam BR* bloody *o US* goddamn brilliant
cojudear vt *ANDES Fam* **1.** [hacer tonterías] to piss about, to muck about **2.** [engañar] to trick
cojudez nf *ANDES muy Fam* **decir cojudeces** to talk a load of *BR* bloody *o US* goddamn nonsense
cojudo, -a adj *ANDES muy Fam BR* bloody *o US* goddamn stupid
col nf cabbage ▸ **coles de Bruselas** Brussels sprouts ▸ **~ lombarda** red cabbage
cola nf **1.** [de animal, avión] tail **2.** [de vestido de novia] train **3.** [fila] *BR* queue, *US* line ▸ **hay mucha ~** there's a big *o* long *BR* queue *o US* line ▸ **hacer** *o* **guardar ~** *BR* to queue (up), *US* to stand in line ▸ **me tuve que poner a la ~** I had to join the end of the *BR* queue *o US* line ▸ **¡a la ~!** go to the back of the *BR* queue *o US* line! ▸ INFORM **~ de impresión** printing queue **4.** [de clase, lista] bottom / [de desfile] end ▸ **están a la ~ del mundo civilizado en cuanto a inversiones educativas** they have the worst record in the civilized world as regards investment in education ▸ **ir a la ~ del pelotón** to be one of the backmarkers ▸ *Fam* **tener** *o* **traer ~** to have serious consequences *o* repercussions **5.** [pegamento] glue ▸ *Fam Fig* **no pegan ni con ~** they don't match at all **6.** [bebida] cola **7.** [peinado] **~ (de caballo)** ponytail **8.** *Fam* [pene] *BR* willy, *US* peter **9.** *AM Fam* [nalgas] *BR* bum, *US* fanny **10.** *VEN* [autoestop] **dar la ~ a alguien** to give sb a *BR* lift *o US* ride ▸ **pedir ~** to hitchhike
colaboración nf **1.** [cooperación] collaboration ▸ **hacer algo en ~ con alguien** to do sth in collaboration with sb **2.** [de prensa] contribution, article
colaboracionismo nm POL collaborationism
colaboracionista POL ■ adj collaborationist
■ nmf collaborator
colaborador, -ora ■ adj co-operative
■ nm,f [compañero] associate, colleague / [de prensa] contributor, writer ▸ **~ externo** freelancer
colaborar vi **1.** [ayudar] to collaborate **2.** [en prensa] **~ en** *o* **con** to write for, to work for **3.** [contribuir] to contribute
colación nf **1.** [para comer] snack **2.** *Fam* **sacar** *o* **traer algo a ~** [tema] to bring sth up
colada nf *ESP* [ropa] washing ▸ **hacer la ~** to do the washing
coladero nm *Fam* easy way through
colado, -a adj **1.** [líquido] strained **2.** *Fam* [enamorado] **estar ~ por alguien** to have a crush on sb
colador nm [para líquidos] strainer, sieve / [para verdura] colander
colage nm collage
colágeno nm collagen
colapsar vt to bring to a halt, to stop ▸ **el tráfico ha**

colapsado las calles traffic has blocked the streets
◆ ***colapsarse*** vpr [mercado] to collapse ▸ **se ha colapsado el tráfico** traffic has ground to a halt

colapso nm **1.** MED collapse, breakdown **2.** [de actividad] stoppage / [de tráfico] traffic jam, hold-up

colar [63] ■ vt **1.** [leche, té] to strain / [café] to filter **2.** *Fam* [dinero falso] to pass off as genuine / [mentira] to slip through **3.** [en cola] **me coló** he let me *BR* jump the queue *o US* cut in line **4.** [en fiesta] **nos coló en la fiesta** he got us into the party **5.** [introducir] to slip, to squeeze (**por** through)
■ vi *Fam* [pasar por bueno] **esto no colará** this won't wash
◆ ***colarse*** vpr **1.** [líquido] **colarse por** to seep through **2.** [persona] [en un sitio] to slip, to sneak / [en una cola] *BR* to jump the queue, *US* to cut in line ▸ **colarse en una fiesta** to gatecrash a party ▸ **¡eh, no te cueles!** *BR* oi, don't jump the queue!, *US* hey, don't cut in line! **3.** *Fam* [equivocarse] to slip up

colateral adj on either side

colcha nf bedspread

colchón nm **1.** [de cama] mattress ▸ **~ inflable** *o* **hinchable** air bed **2.** INFORM buffer

colchonero, -a ■ nm,f upholsterer, mattress-maker
■ adj DEP = *relating to Atlético de Madrid Football Club*

colchoneta nf [de playa] beach mat / [en gimnasio] mat

cole nm *Fam* school

colear vi **1.** [animal] to wag its tail **2.** [asunto, problema] to drag on

colección nf *también Fig* collection

coleccionable ■ adj collectable
■ nm = *special supplement in serialized form*

coleccionar vt to collect

coleccionismo nm collecting

coleccionista nmf collector ▸ **~ de sellos** stamp collector

colecta nf collection ▸ **hacer una ~** to collect money, to organize a collection

colectar vt to collect

colectividad nf community

colectivismo nm collectivism

colectivización nf collectivization

colectivizar [14] vt to collectivize

colectivo, -a ■ adj collective
■ nm **1.** [grupo] group **2.** *ANDES* [taxi] collective taxi *(with a fixed rate and that travels a fixed route)* / *ARG, BOL* [autobús] minibus

colector, -ora ■ adj collecting
■ nm,f [persona] collector
■ nm **1.** [sumidero] sewer ▸ **~ de basuras** chute **2.** TEC [de motor] manifold **3.** [de transistor] collector

colega nmf **1.** [compañero profesional] colleague, *US* co-worker **2.** [homólogo] counterpart, opposite number **3.** *ESP Fam* [amigo] pal, *BR* mate, *US* buddy

colegiado, -a ■ adj = *who belongs to a professional association*
■ nm,f DEP referee

colegial, -ala nm,f schoolboy, *f* schoolgirl ▸ **cartera/uniforme de ~** school bag/uniform

colegiarse vpr = *to join a professional association*

colegiata nf collegiate church

colegiatura nf **1.** *ANDES, CAM, MÉX* [matrícula] tuition fees **2.** *CHILE, COL, RP* [afiliación] = *membership of a professional association*

colegio nm **1.** [escuela] school ▸ **~ estatal** *BR* state school, *US* public school ▸ **~ de monjas** convent school ▸ **~ mixto** mixed *o* coeducational school ▸ **~ nacional** state primary school ▸ **~ de pago** fee-paying school ▸ **~ de párvulos** infant school ▸ **~ privado** private school ▸ **~ público** *BR* state school, *US* public school **2.** [de profesionales] **~ (profesional)** professional association **3.** POL **~ electoral** [lugar] polling station / [votantes] ward **4.** *ESP* **~ mayor** hall of residence

CULTURA / CULTURE

Colegio de México

The Colegio de México is an institution dedicated to research and graduate teaching in the Social Sciences and Humanities, and has exercised a leading influence on intellectual and academic life in Mexico since its foundation in 1940. It developed from the "Casa de España", which was set up in 1938 as a refuge for exiled Spanish academics during the Spanish Civil War, and of which the Mexican writer Alfonso Reyes was one of the first directors. The early work of the Colegio concentrated on historical, literary and linguistic research, but in time it grew to encompass economics, demographics and sociology, as well as Asian, African and International studies. Although it is a small institution compared with the large public universities, it has one of the most important libraries in Latin America (the Biblioteca Cosío Villegas), and publishes about 100 books a year.

colegir [55] vi to infer (**de** from), to gather (**de** from) ▸ **de ahí se puede ~ que** it can thus be inferred that

colegislador, -ora adj [asamblea] joint legislative

coleóptero nm beetle

cólera ■ nm MED cholera
■ nf [ira] anger, rage ▸ **montar en ~** to get angry, to lose one's temper

colérico, -a adj [furioso] furious / [irritable] bad-tempered ▸ **estar ~** to be furious

colesterol nm cholesterol

coleta nf pigtail ▸ *Fig* **cortarse la ~** to call it a day, to retire

coletazo nm flick *o* swish of the tail ▸ *Fig* **está dando (los últimos) coletazos** it's in its death throes

coletilla nf [de discurso, escrito] closing comment

colgado, -a adj **1.** [cuadro, jamón] hanging (**de** from) **2.** [teléfono] on the hook **3.** *Fam* [atontado, loco] crazy, daft **4.** *Fam* [abandonado] **dejar ~ a alguien** to leave sb in the lurch **5.** *Fam* [enganchado] **quedarse ~ (con)** to get hooked (on) **6.** *Fam* **tengo ~ el inglés del curso pasado** I flunked my English exam last year

¡CUIDADO! / CAREFUL!

colgado

El participio pasado de *colgar* en inglés es la forma irregular **hung**, con una excepción: cuando *colgado* se utiliza con el sentido de "ahorcado", el participio es regular (**hanged**).

colgador nm [percha] hanger, coathanger / [gancho] hook

colgajo nm **1.** [tela] hanging piece of material / [hilo] loose thread **2.** [de piel] flap

colgante ■ adj hanging
■ nm pendant

colgar [16] ■ vt **1.** [suspender, ahorcar] to hang **2.** [teléfono] **~ el teléfono** to hang up ▸ **me colgó en mitad de la frase** she hung up on me when I was in mid-sentence **3.** [atribuir] **le colgaron ese apodo en la escuela** he got that nickname at school **4.** [abandonar] to give up ▸ **~ los estudios** to abandon one's studies ▸ **~ los hábitos** to leave the priesthood, to give up the cloth / *Fig* [renunciar] to give up one's job
■ vi **1.** [pender] to hang (**de** from) **2.** [hablando por teléfono] to hang up, to put the phone down ▸ **no cuelgue, por favor** hold the line, please
◆ ***colgarse*** vpr **1.** [suspenderse] to hang (**de** from) / [ahorcarse] to hang oneself **2.** INFORM [computadora] to crash

colibrí (pl **colibríes** *o* **colibrís**) nm hummingbird

cólico nm colic ▸ **~ bilioso** bilious attack ▸ **~ hepático** biliary colic ▸ **~ nefrítico** *o* **renal** renal colic

coliflor nf cauliflower

coligar [40] vt to ally, to unite
◆ ***coligarse*** vpr to unite, to join together

colijo *ver* ***colegir***

colilla nf [de cigarillo] (cigarette) butt *o* stub / [de puro] (cigar) butt *o* stub

colimba nf *ARG Fam* military service

colín nm *ESP* breadstick

colina nf hill

colindante adj neighbouring, adjacent

colindar vi to be adjacent, to adjoin

colirio nm eyewash, eyedrops

coliseo nm coliseum

colisión nf [de vehículos] collision, crash / [de ideas, intereses] clash ▸ **~ múltiple** pileup

colisionar vi **1.** [coche] to collide (**contra** with), to crash (**contra** into) **2.** [ideas] to clash

colista nmf [en liga de fútbol] bottom team / [en carreras] tailender

colistero, -a nm, f *Fam* INFORM list member

colitis nf inv [diarrea] stomach infection

collado nm [colina] hill

collage [ko'laʃ] nm collage

collar nm **1.** [para personas] necklace ▸ **~ de diamantes** diamond necklace ▸ **~ de perlas** pearl necklace **2.** [para animales] collar **3.** [abrazadera] collar, ring

collarín nm surgical collar

colleja nf **dar una ~ a alguien** to slap sb *o* give sb a slap on the back of the neck

collera nf *ANDES* cufflink

collie ['koli] nm collie

colmado, -a ■ adj full to the brim (**de** with) ▸ **está ~ de problemas** he is loaded down with problems
■ nm grocer's (shop)

colmar vt [recipiente] to fill (to the brim) / [aspiración, deseo] to fulfil ▸ **~ a alguien de regalos/elogios** to shower gifts/praise on sb

colmena nf beehive

colmenar nm apiary

colmenero, -a nm,f beekeeper

colmillo nm [de persona] canine, eye-tooth / [de perro] fang / [de elefante] tusk ▸ *Fig* **enseñar los colmillos** to show one's teeth

colmo nm height ▸ **el ~ de la estupidez** the height of stupidity ▸ **es el ~ de la locura** it's sheer madness ▸ **para ~ de desgracias** to crown it all ▸ **¡eso es el ~!** that's the last straw!

colocación nf **1.** [acción] placing, positioning / [situación] place, position **2.** [empleo] position, job

colocado, -a adj **1.** [en lugar] placed / [en empleo] **estar muy bien ~** to have a very good job **2.** *Fam* [drogado] high, stoned / [borracho] blind drunk, smashed

colocar [59] ■ vt **1.** [en una posición, un lugar] to place, to put / [bomba] to plant ▸ **hay que ~ bien ese cuadro, está torcido** that picture needs to be hung properly, it isn't straight ▸ **vuelve a ~ ese libro donde estaba** put that book back where it was **2.** [invertir] to place, to invest **3.** [en un empleo] to find a job for ▸ **colocó a su hijo de abogado en su empresa** he found his son a job as a lawyer in his own firm **4.** [casar] to marry off **5.** *Fam* [endilgar] to palm off ▸ **le colocaron una moto que no funciona** they palmed a motorbike off on him that doesn't work
■ vi *Fam* [droga, alcohol] **este costo coloca cantidad** this hash gives you a real high ▸ **este ponche coloca mucho** this punch is strong stuff
◆ ***colocarse*** vpr **1.** [en una posición, un lugar] [de pie] to stand / [sentado] to sit ▸ **colócate en tu asiento** sit in your seat **2.** [en un trabajo] to get a job ▸ **me he colocado de guardia jurado** I've got a job as a security guard **3.** *Fam* [emborracharse] to get blind drunk *o* smashed / [drogarse] to get high *o* stoned

colocón nm *Fam* **llevar un ~** [de droga] to be high / [de bebida] to be *BR* pissed *o* *US* loaded

colofón nm **1.** [remate, fin] climax, culmination **2.** [de libro] colophon

coloide adj colloid

Colombia n Colombia

colombianismo nm Colombian expression

colombiano, -a adj & nm,f Colombian

colombina nf *COL* [dulce] lollipop

colombino, -a adj = *relating to Christopher Columbus*

Colombo n Colombo

colombofilia nf pigeon-fancying

Colón n pr **(Cristóbal) ~** Christopher Columbus

colon nm colon ▸ **~ irritable** irritable bowel syndrome

colón nm colon *(unit of currency in Costa Rica and El Salvador)*

Colonia n Cologne

colonia nf **1.** [estado dependiente] colony **2.** [de niños] **~ (de verano)** (summer) camp ▸ **ir de colonias** to go on a summer camp **3.** [perfume] eau de cologne ▸ **me gusta la ~ que usa tu novio** I like your boyfriend's aftershave **4.** [barrio] district ▸ *MÉX* **~ proletaria** shanty town, slum area

colonial adj colonial

colonialismo nm colonialism

colonialista adj & nmf colonialist

colonización nf colonization

colonizador, -ora ■ adj colonizing
■ nm,f colonizer, colonist

colonizar [14] vt to colonize

colono nm settler, colonist

coloque *etc ver* ***colocar***

coloquial adj colloquial

coloquio nm **1.** [conversación] conversation **2.** [debate] discussion, debate

color nm **1.** [que se ve] colour ▸ **¿de qué ~?** what colour? ▸ **es de ~ azul** it's blue ▸ **a todo ~** in full colour ▸ **de colores** colourful ▸ **televisión en ~** colour television ▸ **colores complementarios** complementary colours ▸ **~ primario** primary colour **2.** [aspecto] tone ▸ **no tienes muy buen ~** you look a bit off-colour **3.** [para pintar] paint ▸ **colores** [lápices] coloured pencils **4.** [en los naipes] suit **5.** [raza] colour ▸ **sin distinción de credo ni ~** regardless of creed or colour ▸ **de ~** [persona] coloured **6.** [bandera, camiseta] **los colores nacionales** the national colours ▸ **defender los colores del Académico** [el equipo] to play for Académico **7.** [expresiones] **dar ~ a algo** to colour sth in / *Fig* to brighten *o* liven sth up ▸ *ESP Fam* **no hay ~** it's no contest ▸ **sacarle** *o* **salirle a alguien los colores (a la cara)** to make sb blush ▸ **ver las cosas de ~ de rosa** to see things through rose-coloured *o* rose-tinted spectacles

coloración nf **1.** [acción] colouring **2.** [color] colouration, colouring **3.** BIOL markings

colorado, -a ■ adj [color] red ▸ **ponerse ~** to blush, to go red
■ nm [color] red

> FALSO AMIGO / FALSE FRIEND
> **colorado**
>
> **Coloured** is not a translation of the Spanish word *colorado*. **Coloured** is translated by *de color*:
> **coloured pencils** *lápices de colores*
> **a coloured person** *una persona de color*

colorante nm colouring

colorear vt to colour (in)

colorete nm [maquillaje] rouge, blusher / *ANDES* [de labios] lipstick ▸ **tener coloretes** to be red in the face

colorido nm colourfulness ▸ **una fiesta de gran ~** a very colourful local festival

colorín nm bright colour ▸ **de colorines** brightly coloured ▸ **~ colorado, este cuento se ha acabado** and they all lived happily ever after

colorista adj colouristic

colosal adj **1.** [estatura, tamaño] colossal **2.** [extraordinario] great, enormous

coloso nm [estatua] colossus / *Fig* [cosa, persona] giant

colt® [kolt] (pl **colts**) nm Colt® ▸ **un ~ del 45** a Colt 45

columna nf **1.** [en edificio] column **2.** [de soldados] column ▸ **quinta ~** fifth column **3.** [de texto] column ▸ **la ~ de opinión** the opinion column ▸ **un artículo a cuatro columnas** a four-column article **4.** [apoyo] pillar ▸ **~ vertebral** spinal column **5.** AUT **~ de dirección** steering column

columnata nf colonnade

columnista nmf columnist

columpiar vt to swing
◆ ***columpiarse*** vpr to swing

columpio nm swing ▸ **los columpios** the children's playground

colza nf rape ▸ **aceite de ~** rapeseed oil

coma ■ nm MED coma ▸ **en ~** in a coma
■ nf **1.** GRAM comma ▸ *Fig* **sin faltar una ~** word for word **2.** MAT **~ (decimal)** ≃ decimal point

comadre nf [mujer chismosa] gossip, gossipmonger / [vecina] neighbour

comadrear vi to gossip

comadreja nf weasel

comadreo nm gossip

comadrona nf midwife

comanche adj & nmf Comanche

comandancia nf **1.** [rango] command **2.** [edificio] command headquarters **3.** *MÉX* [de policía] police station

comandante nm MIL [rango] major / [de un puesto] commander, commandant / [de avión] captain ▸ **~ en jefe** commander-in-chief

comandar vt MIL to command

comando nm **1.** MIL commando ▸ **~ suicida** suicide squad ▸ **~ terrorista** terrorist cell **2.** INFORM command

comarca nf area, district ▸ **una ~ arrocera** a rice-growing region *o* area

comarcal adj local ▸ **un problema de ámbito ~** a local problem

comatoso, -a adj comatose

comba nf *ESP* **1.** [juego] skipping ▸ **jugar a la ~** *BR* to skip, *US* to jump rope **2.** [cuerda] *BR* skipping rope, *US* jump rope

combado, -a adj warped

combadura nf [de alambre, barra] bend / [de pared] bulge / [de viga] sag

combar vt to warp
◆ ***combarse*** vpr to warp

combate nm [lucha] fight / [batalla] battle ▸ *también Fig* **dejar a alguien fuera de ~** to knock sb out ▸ **~ de boxeo** boxing match ▸ **~ cuerpo a cuerpo** hand-to-hand combat ▸ **~ de lucha libre** wrestling match

combatiente nmf combatant, fighter

combatir ■ vt to combat, to fight ▸ **un producto para ~ la caries** a product which fights tooth decay
■ vi to fight (**contra** against)

combatividad nf fighting spirit

combativo, -a adj aggressive, combative

combi nm **1.** *ESP* [frigorífico] fridge-freezer **2.** *AM* [autobús] minibus

combinación nf **1.** [unión] combination ▸ **una ~ explosiva** an explosive combination **2.** [de bebidas] cocktail **3.** [de caja fuerte] combination **4.** QUÍM compound **5.** [prenda] slip **6.** [plan] scheme **7.** [de medios de transporte] connections ▸ **no hay buena ~ para ir de aquí allí** there's no easy way of getting there from here

combinado, -a ■ adj [con distintos elementos] combined
■ nm **1.** [bebida] cocktail **2.** DEP combined team

combinar ■ vt **1.** [mezclar] to combine ▸ **combina lo práctico con lo barato** it is both practical and cheap **2.** [bebidas] to mix **3.** [colores] to match **4.** [planificar] to arrange, to organize
■ vi [colores, ropa] **~ con** to go with ▸ **no tengo nada que combine con estos pantalones** I haven't got anything to go *o* that goes with these trousers

combinatoria nf MAT combinatorial analysis

combustible ■ adj combustible
■ nm fuel ▸ **~ fósil** fossil fuel ▸ **~ sólido** solid fuel

combustión nf combustion

comecocos nm inv **1.** *Fam* [para convencer] **este panfleto es un ~** this pamphlet is designed to brainwash you **2.** *Fam* [cosa difícil de comprender] mind-bending problem *o* puzzle **3.** [juego] pac-man®

comedero nm trough ▸ **~ de pájaros** bird table

comedia nf comedy / *Fig* [engaño] farce ▸ **~ musical** musical (comedy)

comediante, -a nm,f actor, *f* actress / *Fig* [farsante] fraud

comedido, -a adj **1.** [moderado] moderate, restrained **2.** *AM* [servicial] obliging

comedimiento nm moderation, restraint

comediógrafo, -a nm,f playwright, dramatist

comedirse [47] vpr **1.** [moderarse] to restrain oneself **2.** *AM* [ofrecerse] to volunteer oneself

comedor nm **1.** [habitación] [de casa] dining room / [de fábrica] canteen **2.** [muebles] dining-room suite

comendadora nf mother superior

comensal nmf fellow diner ▸ **los comensales charlaban animadamente** the diners were having a lively conversation

comentar vt [opinar sobre] to comment on / [hablar de] to discuss

comentario nm **1.** [observación] comment, remark ▸ **hizo un ~ muy acertado** she made a very apt remar ▸ **el presidente no quiso hacer comentarios** th president did not wish to (make any) comment ▸ **si comentarios** no comment ▸ **sobran comentario** what can you say? **2.** [crítica] commentary ▸ **~ d texto** literary commentary, textual analysis **3. comen tarios** [murmuraciones] gossip

comentarista nmf commentator ▸ **~ deportiv** (sports) commentator

comenzar [17] ■ vt to start, to begin ▸ **~ diciend que...** to start *o* begin by saying that...
■ vi to start, to begin ▸ **~ a hacer algo** to start doing to do sth ▸ **~ por hacer algo** to begin by doing sth ▸ **"hiena" comienza por hache** "hyena" starts with ar "h" ▸ **el partido comenzó tarde** the game started lat

comer ■ vt **1.** [alimentos] to eat / *ESP, MÉX* [a mediodía] to have for lunch / *esp ANDES* [a la noche] to have for dinner ▸ **no come carne casi nunca** she hardly ever eats meat **2.** [en los juegos de tablero] to take to capture ▸ **me comió un alfil** he took one of my bishops **3.** [consumir] to eat up ▸ **les come la envidia** they're eaten up with envy ▸ **eso me come mucho tiempo** that takes up a lot of my time **4.** [expresiones] **ni come ni deja ~** he's a dog in the manger ▸ **no tengas miedo, nadie te va a ~** don't be afraid, nobody's going to eat you ▸ **sin comerlo ni beberlo** [algo bueno] through no credit of one's own / [algo malo] through no fault of one's own
■ vi [ingerir alimentos] to eat / *ESP, MÉX* [al mediodía] to have lunch / *esp ANDES* [a la noche] to have dinner ▸ **¿qué hay de ~?** [al mediodía] what's for lunch? / [a noche] what's for dinner? ▸ **~ fuera** [al mediodía) to go out for lunch ▸ **¡a ~, chicos!** lunch is/dinner's/*etc* ready, children! ▸ **dar de ~** to feed
◆ ***comerse*** vpr **1.** (alimentos] to eat ▸ **en ese restaurante se come muy bien** the food is very good at that restaurant ▸ **se comió los tres platos** he had all three courses ▸ **comerse las uñas** to bite one's nails ▸ *Fig* **comerse a alguien con los ojos** *o* **con la mirada** to be unable to keep one's eyes off sb ▸ *Fig* **¿y eso cómo se come?** and what are we/am I supposed to make of that? ▸ *Fam* **tu amigo está para comérselo** your friend's gorgeous **2.** [desgastar] [recursos] to eat up / [metal] to corrode ▸ **el sol se comió los colores de la ropa** the sun made the clothes fade **3.** [en los juegos de tablero] to take, to capture **4.** [palabras, texto] to swallow ▸ **se comió un párrafo** she missed out a paragraph ▸ *Fam* **se va a ~ sus palabras** she'll have to eat her words

comercial ■ adj [de empresas] commercial / [internacional] trade ▸ **relaciones comerciales** trade relations
■ nmf [vendedor, representante] sales rep

comercialización nf marketing

comercializar [14] vt to market

comerciante nmf tradesman, *f* tradeswoman / [tendero] shopkeeper ▸ **pequeños comerciantes** small businessmen

comerciar vi to trade, to do business ▸ **~ con armas/pieles** to deal *o* trade in arms/furs

comercio nm **1.** [de productos] trade ▸ **libre ~** free trade ▸ INFORM **~ electrónico** e-commerce ▸ **~ exterior/**

interior foreign/domestic trade ▸ **~ justo** fair trade ▸ **~ de pieles** fur trade **2.** [tienda] shop, store **3.** [conjunto de tiendas] *BR* shops, *US* stores ▸ **el ~ cierra mañana por ser festivo** the *BR* shops *o US* stores are closed tomorrow because it's a holiday

comestible adj edible, eatable
◆ ***comestibles*** nmpl food ▸ **tienda de comestibles** grocer's (shop)

cometa ■ nm ASTRON comet
■ nf kite

cometer vt [crimen] to commit / [error] to make

cometido nm **1.** [objetivo] mission, task **2.** [deber] duty

comezón nf **1.** [picor] **tener ~** to have an itch ▸ **tengo ~ en la nariz** I've got an itchy nose **2.** [remordimiento] twinge / [deseo] urge, itch

cómic (pl **cómics**), ***comic*** (pl **comics**) nm (adult) comic

comicidad nf humorousness

comicios nmpl POL elections

cómico, -a ■ adj **1.** [de la comedia] comedy, comic ▸ **actor ~** comedy actor **2.** [gracioso] comic, comical
■ nm,f [actor de teatro] actor, *f* actress / [humorista] comedian, comic, *f* comedienne

¡CUIDADO! / CAREFUL!

cómico

Tanto **comic** como **comical** se utilizan como traducciones cuando hablamos de algo o alguien que nos hace reír. Sin embargo, **comic** también puede referirse a algo (una película, un libro...) de risa, es decir que por definición se espera que será divertido.

comida nf **1.** [alimento] food ▸ **~ basura** junk food ▸ **~ casera** home cooking ▸ *MÉX* **~ chatarra** junk food ▸ *MÉX* **~ corrida** *o* **corriente** set meal ▸ **comidas para empresas** business catering ▸ **~ para perros** dog food ▸ **~ preparada** convenience food ▸ **~ rápida** fast food **2.** [almuerzo, cena] meal / *ESP, MÉX* [al mediodía] lunch ▸ **~ de Navidad** Christmas dinner ▸ **~ de trabajo** business lunch

comidilla nf *Fam* **ser/convertirse en la ~** to be/become the talk of the town

comidió *etc ver* ***comedirse***

comienzo ■ *ver* ***comenzar***
■ nm start, beginning ▸ **a comienzos del siglo XX** at the beginning of the twentieth century ▸ **dar ~ (a algo)** to start (sth), to begin (sth)

comillas nfpl inverted commas, quotation marks ▸ **entre ~** in inverted commas

comilón, -ona *Fam* ■ adj greedy
■ nm,f [persona] greedy pig, glutton

comilona nf [festín] blow-out, *BR* slap-up meal

comino nm [planta] cumin, cummin ▸ *Fam Fig* **me importa un ~** I don't give a damn ▸ *Fam Fig* **no vale un ~** it isn't worth tuppence

comisaría nf **~ (de policía)** police station, *US* precinct, station house

comisario, -a nm,f **1.** [de policía] *BR* superintendent, *US* captain **2.** [delegado] commissioner ▸ **~ europeo** European Commissioner ▸ **~ político** political commissar

comisión nf **1.** [delegación] committee, commission ▸ **Comisión Europea** European Commission ▸ **~ investigadora** *o* **de investigación** committee of inquiry ▸ **Comisiones Obreras** = *Spanish left-wing trade union* ▸ **~ parlamentaria** parliamentary committee ▸ **~ permanente** standing committee ▸ **~ de servicio** special assignment ▸ **~ de trabajo** working party **2.** COM commission ▸ **(trabajar) a ~** (to work) on a commission basis ▸ **cobro de comisiones** [delito] acceptance of bribes ▸ **~ bancaria** bank charges **3.** [de un delito] perpetration

comisionado, -a nm,f committee member

comisionar vt to commission

comisionista nmf commission agent

comisura nf corner *(of mouth, eyes)*

comité nm committee ▸ **~ ejecutivo** executive committee ▸ IND **~ de empresa** works council

CULTURA / CULTURE

comité de empresa

Any company with 50 or more employees is required by Spanish law to have a **comité de empresa** (works council), whose purpose is to promote employees' interests in the workplace. The council (which can have from 5 to 75 members, depending on the size of the concern) is elected by all the employees, and holds office for four years. Its powers and responsibilities include the right to negotiate agreements with management; the right to information and consultation on matters affecting the workforce; and responsibility for monitoring compliance with employment law and health and safety regulations. Although the councils are distinct from trade unions, many are in practice dominated by union members, and the council system, rather than leading to "joint management", can simply be the arena in which traditional worker-management conflicts of interest are played out.

comitiva nf retinue

como ■ adv **1.** [comparativo] **ser ~ algo** to be like sth ▸ **vive ~ un rey** he lives like a king ▸ **lo que dijo fue ~ para ruborizarse** his words were enough to make you blush ▸ **tan... ~...** as... as... ▸ **es (tan) negro como el carbón** it's as black as coal **2.** [de la manera que] as ▸ **lo he hecho ~ es debido** I did it as *o* the way it should be done ▸ **me encanta ~ bailas** I love the way you dance ▸ **lo hagamos ~ lo hagamos habrá problemas** whichever way we do it there'll be problems **3.** [según] as ▸ **~ te decía ayer...** as I was telling you yesterday... **4.** [en calidad de] as ▸ **trabaja ~ bombero** he works as a fireman ▸ **dieron el dinero ~ anticipo** they gave the money as an advance **5.** [aproximadamente] about ▸ **me quedan ~ mil pesos** I've got about a thousand pesos left ▸ **estamos ~ a mitad de camino** we're about halfway there ▸ **tiene un sabor ~ a naranja** it tastes a bit like an orange

■ conj **1.** [ya que] (+ indicativa) as, since ▸ **~ no llegabas, nos fuimos** as *o* since you didn't arrive, we left **2.** *ESP* [si] (+ subjuntivo) if ▸ **~ no me hagas caso, lo pasarás mal** if you don't listen to me, there will be trouble **3.** [que] that ▸ **después de tantas veces ~ te lo he explicado** after all the times (that) I've explained it to you

◆ ***como que*** loc conj **1.** [que] **le pareció ~ que lloraban** it seemed to him (that) they were crying **2.** [expresa causa] **pareces cansado – ~ que he trabajado toda la noche** you seem tired – well, I've been up all night working **3.** [irónico] **¡~ que te voy a creer a ti que eres un mentiroso!** as if I'd believe a liar like you!

◆ ***como quiera que*** loc conj **1.** [de cualquier modo que] whichever way, however ▸ **~ quiera que sea** whatever the case may be **2.** [dado que] since, given that

◆ ***como si*** loc conj as if

cómo ■ adv **1.** [de qué modo, por qué motivo] how ▸ **¿~ lo has hecho?** how did you do it? ▸ **¿~ son?** what are they like? ▸ **no sé ~ has podido decir eso** I don't know how you could say that ▸ **¿~ que no la has visto nunca?** what do you mean you've never seen her? ▸ *ESP* **¿a ~ están los tomates?** how much are the tomatoes? ▸ **¿~?** [¿qué dices?] sorry?, what? ▸ *Fam* **¿~ es eso?** [¿por qué?] how come? **2.** [exclamativo] how ▸ **¡~ pasan los años!** how time flies! ▸ **¡~ no!** of course! ▸ **¡~! ¿no te has enterado?** what! you mean you haven't heard? ▸ **está lloviendo, ¡y ~!** it's raining like crazy, *BR* it isn't half raining!

■ nm **el ~ y el porqué** the whys and wherefores

cómoda nf chest of drawers

comodidad nf [estado, cualidad] comfort / [conveniencia] convenience ▸ **para su ~** for your convenience ▸ **comodidades** comforts ▸ **el equipo ganó con ~** the team won comfortably *o* easily

comodín ■ adj *AM* [comodón] comfort-loving

■ nm [naipe] joker / INFORM wild card

cómodo, -a adj **1.** [confortable] comfortable ▸ **estar ~** to feel comfortable ▸ **ponte ~** [como en casa] make yourself at home **2.** [conveniente] convenient ▸ **es muy ~ que te traigan la compra a casa** it's very convenient *o* handy having the shopping delivered to your home **3.** [oportuno, fácil] easy ▸ **es muy ~ dejar que los demás decidan todo por ti** it's very easy to let others make all the decisions for you

comodón, -ona ■ adj [amante de la comodidad] comfort-loving / [vago] laid-back ▸ **no seas ~** don't be so lazy

■ nm,f [amante de la comodidad] comfort-lover / [vago] laid-back person

comodoro nm commodore

comoquiera: comoquiera que loc conj [de cualquier manera que] whichever way, however / [dado que] since, given that

Comores nfpl **las (Islas) ~** the Comoros (Islands)

compa nmf *Fam* pal, *BR* mate, *US* buddy

compact = ***compacto***

compactación nf INFORM compression ▸ **~ de ficheros** zipping

compactar vt to compress

compacto, compact ['kompak] (pl **compacts**) nm **1.** [disco] compact disc, CD **2.** [aparato] compact disc player

compadecer [46] vt to pity, to feel sorry for

◆ ***compadecerse*** vpr **compadecerse de** to pity, to feel sorry for

compadre nm *Fam* [amigo] *BR* mate, *US* buddy

compadrear vi *RP* to brag, to boast

compadreo nm [amistad] friendship

compaginación nf **1.** [combinación] reconciling **2.** [en imprenta] page make-up

compaginar vt **1.** [combinar] to reconcile **2.** [en imprenta] to make up

◆ ***compaginarse*** vpr **compaginarse con** to square with, to go together with

compañerismo nm comradeship

compañero, -a nm,f **1.** [pareja, acompañante] companion **2.** [colega] colleague ▸ **fue ~ mío en la universidad** he was at university with me ▸ **~ (de clase)** classmate ▸ *ESP* **~ de piso** *BR* flatmate, *US* roommate ▸ **~ (de trabajo)** colleague, workmate ▸ **~ de viaje** travelling companion **3.** [par] **el ~ de este guante** the glove that goes with this one **4.** [camarada] comrade ▸ **el ~ Rodríguez** comrade Rodríguez

compañía nf **1.** [cercanía] company ▸ **en ~ de** accompanied by, in the company of ▸ **hacer ~ a alguien** to keep sb company **2.** [acompañante] company ▸ **andar en malas compañías** to keep bad company ▸ **¿quiénes han sido? – Fernando y ~, como de costumbre** who was it? – Fernando and co., as usual **3.** [empresa] company ▸ **~ aérea** airline ▸ **~ discográfica** record company **4.** [de teatro, danza] company ▸ **~ de teatro** theatre company **5.** [en ejército] company

CÓMO EXPRESAR...

la comparación

She is more intelligent than her sister. / Ella es más inteligente que su hermana.

I think the first suggestion was better. / Creo que la primera sugerencia era mejor.

This book is not as good as his last one. / Este libro no es tan bueno como el último que escribió.

They're (both) as lazy as each other. / Son tan vago el uno como el otro.

It's like this one, only smaller. / Es como éste, sólo que más pequeño.

This year's results are pretty good compared with last year's. / Los resultados de este año son bastante buenos comparados con los del año

comparación nf comparison ▸ **en ~ con** in comparison with, compared to ▸ **las ~ son odiosas** comparisons are odious

comparado, -a adj **~ con** compared to ▸ **gramática comparada** comparative grammar

comparar ■ vt to compare ▸ **~ algo/a alguien con algo/alguien** to compare sth/sb with sth/sb ▸ **~ precios** to compare prices, to shop around

■ vi to compare, to make a comparison ▸ **¡no compares, ésta es mucho más bonita!** don't compare, this one's much nicer!

comparativo, -a adj & nm comparative

comparecencia nf [ante el juez, la prensa] appearance

comparecer [46] vi to appear

compareciente DER ■ adj appearing

■ nmf person appearing

comparsa ■ nf **1.** TEATRO extras **2.** [en carnaval] = *group of people at carnival in same costume and with masks*

■ nmf **1.** TEATRO extra **2.** [en carreras, competiciones] also-ran ▸ **no es más que un ~** he's just there to make up the numbers

compartido, -a adj [casa, habitación] shared

compartimentar vt to compartmentalize

compartimento, compartimiento nm compartment ▸ **~ estanco** watertight compartment ▸ **~ de fumadores** smoking compartment

compartir vt **1.** [ganancias, gastos] to share (out) **2.** [casa, vehículo] to share ▸ **~ algo con alguien** to share sth with sb **3.** [ideas, pesimismo] to share ▸ **no comparto tu opinión** I don't share your opinion

compás (pl **compases**) nm **1.** [instrumento] pair of compasses **2.** NÁUT [brújula] compass **3.** MÚS [periodo] bar / [ritmo] rhythm, beat ▸ **al ~ (de la música)** in time (with the music) ▸ **llevar el ~** to keep time ▸ **perder el ~** to lose the beat **4.** *Fig* **~ de espera** pause, interlude ▸ **las negociaciones se hallan en un ~ de espera** negotiations have been temporarily suspended

compasión nf compassion, pity ▸ **disparó sin ~ contra los prisioneros** he shot at the prisoners without pity ▸ **tener ~ de** to feel sorry for ▸ **¡por ~!** for pity's sake!

compasivo, -a adj compassionate, sympathetic

compatibilidad nf [gen] & INFORM compatibility

compatibilizar [14] vt to make compatible

compatible adj [gen] & INFORM compatible

compatriota nmf [hombre] compatriot, fellow countryman / [mujer] compatriot, fellow countrywoman

compay (pl **compays**) nm *CUBA Fam* friend, *BR* mate, *US* buddy

compeler vt to compel, to force

compendiar vt **1.** [cualidades, características] to epitomize **2.** [libro, historia] to abridge

compendio nm **1.** [libro] compendium **2.** [síntesis] epitome, essence

compenetración nf mutual understanding

compenetrado, -a adj **están muy compenetrados** they understand each other very well ▸ **es un equipo muy ~** they work very well as a team

compenetrarse vpr to understand each other

compensación nf [gen] & FIN compensation ▸ **en ~ (por)** in return (for) ▸ **~ bancaria** bank clearing

compensar ■ vt **1.** [valer la pena] to make up for ▸ **no me compensa (perder tanto tiempo)** it's not worth my while (wasting all that time) **2.** [indemnizar] **~ a alguien (de** *o* **por)** to compensate sb (for)

■ vi **no compensa** it's not worth it

competencia nf **1.** [entre personas, empresas] competition ▸ **la ~** the competition ▸ **hacer la ~ a alguien** to compete with sb ▸ COM **~ desleal** unfair competition **2.** [incumbencia] field, province ▸ **no es de mi ~** it's not my responsibility **3.** [atribuciones] **competencias** powers **4.** [aptitud] competence **5.** *AM* [deportiva] competition

competente adj competent ▸ **~ en materia de** responsible for

competer vi **~ a** [incumbir] to be up to, to be the responsibility of / [a una autoridad] to come under the jurisdiction of

competición nf competition

competidor, -ora ■ adj rival, competing

■ nm,f competitor

competir [47] vi **1.** [contender] to compete (**con/por** with/for) ▸ **varios grupos compiten por la obtención del contrato** several groups are competing for the contract ▸ **nos es muy difícil ~ con las importaciones chinas** we find it very difficult to compete with Chinese imports **2.** [igualar] **~ (con)** to be on a par (with) ▸ **compiten en belleza** they rival each other in beauty

competitividad nf competitiveness

competitivo, -a adj competitive

compilación nf [acción] compiling / [colección] compilation

compilador, -ora ■ adj compiling

■ nm,f [persona] compiler

■ nm INFORM compiler

compilar vt [gen] & INFORM to compile

compincharse vpr **~ para hacer algo** to plot to do sth

compinche nmf *BR* mate, *US* buddy

compitiera *etc ver* ***competir***

compito *etc ver* ***competir***

complacencia nf pleasure, satisfaction

complacer [42] vt to please ▸ **me complace anunciar...** I am pleased to announce...

◆ ***complacerse*** vpr **complacerse en hacer algo** to take pleasure in doing sth

complaciente adj **1.** [amable] obliging, helpful **2.** [indulgente] indulgent

complejidad nf complexity

complejo, -a ■ adj complex

■ nm **1.** PSI complex ▸ **~ de culpabilidad** guilt complex ▸ **~ de Edipo** Oedipus complex ▸ **~ de inferioridad** inferiority complex **2.** [zona construida] complex ▸ **~**

deportivo sports complex ▸ **~ industrial** industrial park ▸ **~ residencial** private housing estate

complementar vt to complement
◆ ***complementarse*** vpr to complement each other

complementario, -a ■ adj complementary
■ nm [en lotería] *BR* ≃ bonus ball, = *complementary number*

complemento nm **1.** [añadido] complement ▸ **la fruta es el ~ ideal de una dieta equilibrada** fruit is the ideal complement to a balanced diet ▸ **~ salarial** bonus, wage supplement ▸ **~ vitamínico** vitamin supplement **2.** GRAM object, complement ▸ **~ agente** agent ▸ **~ circunstancial** adjunct ▸ **~ directo/indi-recto** direct/indirect object **3. complementos** [accesorios] accessories

completamente adv completely, totally

completar vt to complete
◆ ***completarse*** vpr to be completed

completo, -a adj **1.** [entero, perfecto] complete ▸ **nombre ~** full name ▸ **por ~** completely ▸ **un deportista muy ~** an all-round sportsman **2.** [lleno] full ▸ **todos los hoteles de la ciudad están al ~** all the hotels in town are full ▸ **~** [en cartel] [hotel] no vacancies / [aparcamiento] full / [en taquilla] sold out

complexión nf build

complicación nf **1.** [dificultad] complication **2.** [complejidad] complexity

complicado, -a adj complicated

complicar [59] vt [dificultar] to complicate ▸ **complicarle la vida a alguien** to cause sb a lot of trouble
◆ ***complicarse*** vpr [problema] to become complicated / [enfermedad] to get worse ▸ **se están complicando las cosas** things are getting complicated ▸ **la reunión se complicó y terminamos a las once** complications arose at the meeting and we finished at eleven ▸ **¡no te compliques la vida!** don't complicate matters (unnecessarily)!

cómplice nmf accomplice

complicidad nf complicity

complot, compló nm plot, conspiracy

componenda nf shady deal

componente ■ adj component, constituent
■ nm [gen] & ELEC component / [persona] member
■ nf **viento de ~ este** easterly wind

componer [50] vt **1.** [formar, ser parte de] to make up **2.** [música, versos] to compose **3.** [reparar] to repair **4.** [adornar] [cosa] to deck out, to adorn / [persona] to dress up **5.** [en imprenta] to set, to compose **6.** *AM* [hueso] to set
◆ ***componerse*** vpr **1.** [estar formado] **componerse de** to be made up of, to consist of **2.** [engalanarse] to dress up **3.** *AM* [mejorar] [persona] to get better / [tiempo] to clear up, to improve **4.** [expresiones] **componérselas (para hacer algo)** to manage (to do sth) ▸ **allá se las compongan** that's their problem

comportamiento nm behaviour

comportar vt to involve, to entail
◆ ***comportarse*** vpr to behave ▸ **comportarse bien** to behave (oneself) ▸ **comportarse mal** to behave badly, to misbehave ▸ **compórtate o tendré que castigarte** behave yourself or I'll have to punish you

composición nf composition ▸ **hacerse una ~ de lugar** to size up the situation

compositor, -ora nm,f composer

compost nm compost

compostelano, -a ■ adj of/from Santiago de Compostela
■ nm,f person from Santiago de Compostela

compostura nf **1.** [reparación] repair **2.** [de persona, rostro] composure **3.** [en comportamiento] restraint ▸ **guardar la ~** to show restraint

compota nf CULIN compote, stewed fruit

compra nf purchase ▸ **por la ~ de una enciclopedia te regalan un televisor** if you buy an encyclopedia, they'll give you a television free ▸ **esta impresora fue una excelente ~** this printer was a really good buy ▸ **algunos supermercados te llevan la ~ a casa** some supermarkets deliver your shopping to your home ▸ **hacer** *ESP* **la ~** *o AM* **las compras** to do the shopping ▸ **ir de compras** to go shopping ▸ **~ al contado** cash purchase ▸ *AM* **~ en cuotas** *BR* hire purchase, *US* installment plan ▸ **~ a plazos** *BR* hire purchase, *US* installment plan

comprador, -ora ■ adj buying, purchasing
■ nm,f [adquiriente] buyer, purchaser / [en una tienda] shopper, customer

comprar vt **1.** [adquirir] to buy, to purchase ▸ **se lo compré a un vendedor ambulante** I bought it from a street vendor *o* seller ▸ **se lo compraron a Ignacio como regalo de despedida** they bought it for Ignacio as a leaving present **2.** [sobornar] to buy (off), to bribe ▸ **¡el árbitro está comprado!** they've bribed the referee!

compraventa nf trading (**de** in) ▸ **~ de armas** arms dealing

comprender vt **1.** [incluir] to include, to comprise ▸ **el periodo comprendido entre 1995 y 1999** the period from 1995 to 1999, the period between 1995 and 1999 **2.** [entender] to understand ▸ **te comprendo perfectamente** I quite understand ▸ **comprendo que estés triste** I can understand that you're unhappy ▸ **como comprenderás, me enfadé muchísimo** I don't have to tell you I was absolutely furious
◆ ***comprenderse*** vpr [personas] to understand each other

comprensible adj understandable, comprehensible

comprensión nf understanding

comprensivo, -a adj understanding

FALSO AMIGO / FALSE FRIEND

comprensivo

Comprehensive is not a translation of the Spanish word *comprensivo*. **Comprehensive** is translated by *detallado*, *completo* or *rotundo*:
a comprehensive study *un estudio detallado o completo*
a comprehensive defeat *una derrota rotunda*

compresa nf **1.** [femenina] sanitary *BR* towel *o US* napkin **2.** [para herida] compress

compresión nf compression

compresor, -ora ■ adj compressing
■ nm compressor

comprimido, -a ■ adj compressed
■ nm **1.** [pastilla] pill, tablet **2.** *PERÚ* [en exámenes] crib

comprimir vt [gen] & INFORM to compress ▸ **~ un archivo** to zip a file

comprobación nf checking

comprobante nm [documento] supporting document, proof / [recibo] receipt

comprobar [63] vt **1.** [revisar, averiguar] to check ▸ **tengo que ~ si lo tengo** I have to check *o* see if I've got it ▸ **¿podrías ~ a qué hora sale el tren?** could you check what time the train leaves? **2.** [demostrar] to prove ▸ **se ha comprobado que la vacuna es efectiva** the vaccine has been proved to be effective

comprometedor, -ora adj compromising

comprometer vt **1.** [poner en peligro] [éxito, posibilidades] to jeopardize / [persona, inversión] to compromise **2.** [avergonzar] to embarrass ▸ **publicaron unas fotos que lo comprometen** they published some compromising photos of him **3.** [hacer responsable] **~ a alguien (a hacer algo)** to oblige *o* compel sb (to do sth)
◆ ***comprometerse*** vpr **1.** [asumir un compromiso] to commit oneself ▸ **se han comprometido a cumplir el acuerdo de paz** they have committed themselves to fulfilling the peace agreement ▸ **me comprometí a acabarlo cuanto antes** I promised to finish it as soon as possible **2.** [ideológicamente, moralmente] to become involved (**en** in)

comprometido, -a adj **1.** [con una idea] committed (**con** to) **2.** [situación] compromising, awkward

compromisario nm POL delegate, representative *(in an election)*

compromiso nm **1.** [obligación] commitment / [acuerdo] agreement **2.** [cita] engagement ▸ **~ matrimonial** engagement **3.** [dificultad] compromising *o* difficult situation ▸ **poner a alguien en un ~** to put sb in a difficult *o* awkward position

> FALSO AMIGO / FALSE FRIEND
> ***compromiso***
>
> **Compromise** is not a translation of the Spanish word *compromiso*. **Compromise** is translated by *solución negociada* or *solución intermedia*.

compuerta nf sluice, floodgate

compuesto, -a ■ participio *ver* ***componer***
■ adj **1.** [formado] **~ de** composed of, made up of **2.** [múltiple] compound ▸ **interés ~** compound interest ▸ **ojo ~** compound eye **3.** [acicalado] dressed up
■ nm GRAM & QUÍM compound

compulsar vt to check against the original

compulsivo, -a adj compulsive, urgent

compungido, -a adj contrite, remorseful

compusiera *etc ver* ***componer***

computable adj **gastos computables a efectos fiscales** expenditure taken into account for tax purposes

computación nf **1.** [cómputo] calculation, computation **2.** *AM* [informática] computing

computacional adj computational, computer

computadora nf, *esp AM* ***computador*** nm computer

computar vt **1.** [calcular] to compute, to calculate **2.** [considerar] to count, to regard as valid

computarizar, computerizar [14] vt to computerize

cómputo nm [recuento] calculation / [de votos] count

comulgar [40] vi **1.** REL to take communion **2.** [estar de acuerdo] **~ con algo** to share sth

común adj **1.** [compartido] [amigo, interés] mutual / [bienes, pastos] communal ▸ **hacer algo en ~** to do sth together ▸ **hacer algo de ~ acuerdo** to do sth by mutual consent *o* agreement ▸ **tener algo en ~** to have sth in common ▸ **no tengo nada en ~ con ella** I have nothing in common with her **2.** [habitual] common ▸ **fuera de lo ~** out of the ordinary ▸ **poco ~** unusual ▸ **por lo ~** generally **3.** [ordinario, vulgar] ordinary, average

comuna nf commune

comunal adj communal

comunicación nf **1.** [contacto, intercambio de información] communication ▸ **ponerse en ~ con alguien** to get in touch with sb ▸ **medios de ~ de masas** mass media ▸ **comunicaciones** communications ▸ **se cortó la ~ mientras hablábamos** [por teléfono] we were cut off ▸ **~ no verbal** nonverbal communication **2.** [escrito oficial] communiqué

comunicado, -a ■ adj **bien ~** [lugar] well-served, with good connections
■ nm announcement, statement ▸ **~ oficial** official communiqué ▸ **~ de prensa** press release

comunicador, -ora nm,f communicator

> CÓMO EXPRESAR...
> ***la comprensión***
>
> **I'm so sorry.** / Lo siento mucho.
> **I was so sorry to hear about (the death of) your father.** / Sentí mucho enterarme de la muerte de tu padre.
> **Please accept my condolences.** / Lo acompaño en el sentimiento.
> **Our thoughts are with you.** / No nos olvidamos de ti.
> **How awful for you!** / ¡Tiene que haber sido terrible para ti!
> **You know where I am if you need me.** / Ya sabes dónde encontrarme si me necesitas.
> **If there's anything I can do...** / Si hay algo que pueda hacer...
> **I sympathize.** / Comprendo.
> **You poor thing!** / ¡Pobrecito!
> **Poor Bill!** / ¡Pobre Bill!
> **Get well soon!** / ¡Que te mejores pronto!

comunicante ■ adj communicating
■ nmf informant

comunicar [59] ■ vt **1.** [transmitir] [sentimientos, ideas] to convey / [movimiento, virus] to transmit **2.** [información] ~ **algo a alguien** to inform sb of sth, to tell sb sth ▸ **lamentamos tener que comunicarle que...** we regret to inform you that... **3.** [conectar] to connect ▸ **esta carretera comunica los dos pueblos** this road connects the two towns **4.** *AM* [al teléfono] to call, to telephone
■ vi **1.** [estar conectado] ~ **con** to lead to ▸ **nuestras habitaciones comunican** there's a door between our two rooms **2.** [telefónicamente] [persona] to get through / *ESP* [teléfono] *BR* to be engaged, *US* to be busy ▸ **no consigo ~ con él** I can't get through to him ▸ *ESP* **está comunicando** the line's *BR* engaged *o US* busy
◆ ***comunicarse*** vpr **1.** [hablarse] to communicate (with each other) ▸ **se comunican por correo electrónico** they communicate by e-mail **2.** [dos lugares] to be connected **3.** [propagarse] to spread

comunicativo, -a adj communicative, open

comunidad nf **1.** [grupo] community ▸ **la ~ científica/internacional** the scientific/international community ▸ **Comunidad Andina** Andean Community ▸ POL ~ **autónoma** autonomous region, = *largest administrative division in Spain, with its own Parliament and a number of devolved powers* ▸ *Antes* **Comunidad Europea** European Community ▸ ~ **de propietarios** *o* **de vecinos** residents' association **2.** [cualidad de común] [de ideas, bienes] communion ▸ ~ **de bienes** co-ownership *(between spouses)*

CULTURA / CULTURE

Comunidad Andina

The **Comunidad Andina de Naciones** (CAN – Bolivia, Colombia, Ecuador, Peru and Venezuela) has its origins in the 1969 "Acuerdo de Cartagena". Over subsequent decades the various institutions which now form the CAN were set up: the Council of Foreign Ministers in 1979, the Court of Justice in 1983, the Presidential Council in 1990, and the General Secretariat in 1997. The ultimate aim has been to create a Latin American common market, and a free trade area was established in 1993 and a common external customs tariff in 1994, but more ambitious attempts at integration have been less successful. However, with a combined population of 120 million, and a GDP in 2002 of 260 billion dollars, the community is a significant economic group, and is currently negotiating with MERCOSUR (Argentina, Brazil, Paraguay and Uruguay) to set up a free trade area comprising the whole of South America, and with the EU to obtain more favourable trading relations.

comunión nf *también Fig* communion ▸ REL **hacer la primera ~** to take one's First Communion

comunismo nm POL communism

comunista adj & nmf POL communist

comunitario, -a adj **1.** [de la comunidad] community ▸ **espíritu ~** community spirit **2.** [de la UE] Community, of the European Union ▸ **política comunitaria** EU *o* Community policy

con prep **1.** [en general] with ▸ **¿~ quién vas?** who are you going with? ▸ **lo ha conseguido ~ su esfuerzo** he has achieved it through his own efforts ▸ **una cartera ~ varios documentos** a briefcase containing several documents ▸ **~ el tiempo lo olvidé** in time I forgot it **2.** [a pesar de] in spite of ▸ **~ todo** despite everything ▸ **~ lo estudioso que es, le suspendieron** for all his hard work, they still failed him **3.** [hacia] **para ~** towards ▸ **es amable para ~ todos** she is friendly towards *o* with everyone **4.** (seguido de infinitivo) [para introducir una condición] by ▸ **~ hacerlo así** by doing it this way ▸ **~ salir a las diez es suficiente** if we leave at ten, we'll have plenty of time **5.** [a condición de que] **~ (tal) que** (seguido de subjuntivo) as long as ▸ **~ que llegue a tiempo me conformo** I don't mind as long as he arrives on time **6.** [para expresar queja o decepción] **mira que perder ¡~ lo bien que jugaste!** it's bad luck you lost, you played really well!

conato nm attempt ▸ **~ de robo** attempted robbery ▸ **un ~ de incendio** the beginnings of a fire

concatenación nf succession

concatenar vt to link together

concavidad nf **1.** [cualidad] concavity **2.** [lugar] hollow

cóncavo, -a adj concave

concebir [47] ■ vt [plan, hijo] to conceive / [imaginar] to imagine
■ vi to conceive

conceder vt **1.** [dar] to grant / [premio] to award / [importancia] to give ▸ **me concedió un deseo** he granted me a wish ▸ **le concedí el beneficio de la duda** I gave him the benefit of the doubt ▸ **no concede entrevistas** she doesn't give interviews ▸ **¿me concede cinco minutos?** could you give *o* spare me five minutes? **2.** [asentir] to admit, to concede

concejal, -ala nm,f (town) councillor

concejalía nf seat on the town council

concejo nm **1.** [ayuntamiento] (town) council **2.** [municipio] municipality

concelebrar vt REL to concelebrate

concentración nf **1.** [mental] concentration **2.** [densidad] [gen] & QUÍM concentration ▸ ECON **~ parcelaria** land consolidation ▸ **~ urbana** conurbation **3.** [reunión] gathering **4.** DEP training camp

concentrado nm concentrate

concentrar vt **1.** [atención, esfuerzos] to concentrate **2.** [gente] to bring together / [tropas] to assemble ▸ **esta zona concentra el 80 por ciento de los casos** 80 percent of the cases occurred in this region
◆ ***concentrarse*** vpr **1.** [mentalmente] to concentrate **2.** [disolución] to become more concentrated **3.** [reunirse] to gather, to congregate

concéntrico, -a adj concentric

concepción nf conception

concepto nm **1.** [idea] concept **2.** [opinión] opinion ▸

tener buen ~ de alguien to have a high opinion of sb **3.** [motivo] **bajo ningún ~** under no circumstances **4.** [de una cuenta] heading, item ▸ **pagar algo en ~ de adelanto** to pay sth in advance

conceptual adj conceptual

conceptualismo nm conceptualism

conceptualista ■ adj conceptualistic
■ nmf conceptualist

concerniente adj **~ a** concerning, regarding

concernir [25] v impersonal to concern ▸ **en lo que concierne a** as regards ▸ **por lo que a mí concierne** as far as I'm concerned

concertación nf settlement ▸ IND **~ social** *BR* ≃ social contract, = *process of employer-trade-union negotiations*

concertado, -a ■ adj **1.** [acordado] arranged **2.** *ESP* [colegio] state-assisted
■ nm,f *CRICA, VEN* servant

concertar [3] ■ vt [precio] to agree on / [cita] to arrange / [pacto] to reach
■ vi [concordar] to tally (**con** with), to fit in (**con** with)

concertina nf concertina

concertino nm first violin

concertista nmf soloist ▸ **~ de piano** concert pianist

concesión nf **1.** [de préstamo, licencia] granting / [de premio] awarding **2.** [cesión] [gen] & COM concession ▸ **sin hacer concesiones (a)** without making concessions (to)

concesionario, -a COM ■ adj concessionary
■ nm,f [persona con derecho exclusivo de venta] licensed dealer / [titular de una concesión] concessionaire, licensee ▸ **~ de automóviles** car dealer *(of particular make)*

concha ■ nf **1.** [de molusco] shell **2.** [carey] tortoiseshell **3.** *ANDES, RP Vulg* [vulva] cunt
■ nmf *ANDES, RP Vulg* **~ de su madre** motherfucker

conchabarse vpr *Fam* to gang up (**contra** on)

concheto, -a, cheto, -a *RP Fam* ■ adj posh
■ nm,f rich kid

conchudo, -a adj **1.** *ANDES, MÉX, VEN Fam* [desfachatado] shameless / [cómodo] lazy **2.** *MÉX, VEN Fam* [oportunista] **es muy ~** he always has an eye for the main chance, *BR* he's a chancer **3.** *PERÚ, RP muy Fam* [persona despreciable] **ser muy ~** to be a real jerk *o BR* dickhead

concibiera *etc ver **concebir***

concibo *etc ver **concebir***

conciencia, consciencia nf **1.** [conocimiento] consciousness, awareness ▸ **tener/tomar ~ de** to be/become aware of **2.** [moral, integridad] conscience ▸ **en ~** in all honesty ▸ **me remuerde la ~** I have a guilty conscience ▸ **hacer algo a ~** [con esmero] to do sth conscientiously

concienciar, *AM* ***concientizar*** [14] vt **~ a alguien de algo** to make sb aware of sth
◆ ***concienciarse,*** *AM* ◆ ***concientizarse*** vpr to become aware (**de** of)

concienzudo, -a adj conscientious

concierna *etc ver **concernir***

concierto ■ *ver **concertar***
■ nm **1.** [actuación] concert **2.** [composición] concerto ▸ **~ para viola/piano** viola/piano concerto **3.** [acuerdo] agreement ▸ FIN **~ económico** economic agreement *o* accord **4.** [orden] order

conciliábulo nm secret meeting

conciliación nf [en un litigio] reconciliation / [en un conflicto laboral] conciliation

conciliador, -ora adj conciliatory

conciliar ■ adj conciliar
■ vt to reconcile ▸ **~ el sueño** to get to sleep

conciliatorio, -a adj conciliatory

concilio nm council ▸ REL **~ ecuménico** ecumenical council ▸ REL **Concilio Vaticano II** Second Vatican Council

concisión nf conciseness

conciso, -a adj concise

concitar vt *Formal* to stir up, to arouse

conciudadano, -a nm,f fellow citizen

cónclave, conclave nm REL conclave / *Fig* [reunión] meeting

concluir [34] ■ vt to conclude ▸ **~ haciendo** *o* **por hacer algo** to end up doing sth
■ vi to (come to an) end

conclusión nf conclusion ▸ **en ~** in conclusion ▸ **llegar a una ~** to come to *o* reach a conclusion ▸ **sacar conclusiones** to draw conclusions ▸ **yo no te voy a decir nada, saca tus propias conclusiones** I'm not saying anything, you can draw your own conclusions ▸ **lo que saqué en ~ es que...** I've come to *o* reached the conclusion that...

concluyente adj conclusive

concomerse vpr **~ de** [envidia] to be green with / [arrepentimiento] to be consumed with / [impaciencia] to be itching with

concomitancia nf concomitance

concomitante adj concomitant

concordancia nf [gen] & GRAM agreement

concordar [63] ■ vt to reconcile
■ vi [estar de acuerdo] to agree *o* tally (**con** with) / GRAM to agree (**con** with)

concordato nm concordat

concordia nf harmony

concreción nf **1.** [de idea, medida] specificity **2.** [de partículas] concretion

concretar vt **1.** [precisar] to specify, to state exactly **2.** [reducir a lo esencial] to summarize
◆ ***concretarse*** vpr **1.** [limitarse] **concretarse a hacer algo** to confine *o* limit oneself to doing sth **2.** [materializarse] to take shape

concreto, -a ■ adj **1.** [no abstracto] concrete **2.** [determinado] specific, particular ▸ **en el caso ~ de Nicaragua,...** in the specific case of Nicaragua,... ▸ **aún no tenemos una fecha concreta** we don't have a definite date yet ▸ **en ~** [específicamente] specifically / [en resumen] in short ▸ **nada en ~** nothing definite ▸ **en ningún sitio en ~** nowhere in particular, not in any one place

■ nm *AM* [material] concrete ▸ **~ armado** reinforced concrete

concubina nf concubine

concubinato nm concubinage

concuerdo *ver* ***concordar***

conculcar [59] vt *Formal* to infringe, to break

concuñado, -a nm,f [hermano del cuñado] = *brother or sister of one's brother-in-law or sister-in-law* / [cónyuge del cuñado] = *spouse of one's brother-in-law or sister-in-law*

concupiscencia nf concupiscence, lustfulness

concurrencia nf **1.** [asistencia] attendance / [espectadores] crowd, audience **2.** [de sucesos] concurrence **3.** COM competition / DER **no ~** non-competition clause

concurrente ■ adj concurrent

■ nmf person present

concurrido, -a adj [bar, calle] crowded, busy / [espectáculo] well-attended

concurrir vi **1.** [reunirse] **~ a algo** to go to sth, to attend sth **2.** [influir] to contribute (**a** to) **3.** [participar] **~ a** [concurso] to take part in, to compete in / [examen] to take, *BR* to sit

concursante nmf [en concurso] competitor, contestant / [en oposiciones] candidate

concursar vi [competir] to compete, to participate / [en oposiciones] to be a candidate

concurso nm **1.** [prueba] [literaria, deportiva] competition / [de televisión] game show ▸ **~ de belleza** beauty contest ▸ **~ televisivo** *o* **de televisión** game show **2.** [para una obra] tender ▸ **salir a ~ público** to be put out to tender **3.** [ayuda] co-operation

condado nm [territorio] county

condal adj **la Ciudad Condal** Barcelona

conde, -esa nm,f count, *f* countess

condecoración nf [gen] & MIL decoration

condecorar vt to decorate

condena nf **1.** [judicial] sentence ▸ **cumplir ~** to serve a sentence **2.** [reprobación] condemnation (**por** of)

condenable adj condemnable

condenado, -a ■ adj **1.** [a una pena] sentenced / [a un sufrimiento] condemned ▸ **un libro ~ al olvido** a book destined to be forgotten **2.** *Fam* [maldito] damned, wretched

■ nm,f **1.** [a una pena] convicted person / [a muerte] condemned person ▸ *Fam Fig* **correr como un ~** to run like the blazes *o BR* the clappers ▸ *Fam Fig* **trabajar como un ~** to work like a slave **2. los condenados** [al infierno] the damned **3.** *Fam* [maldito] wretch ▸ **ese ~ se niega a pagarme** that wretched man refuses to pay me

condenar vt **1.** [declarar culpable] to convict **2.** [castigar] **~ a alguien a algo** to sentence sb to sth ▸ **fue condenado a tres años de prisión** he was sentenced to three years in prison **3.** [predestinar] **estar condenado a** to be doomed to ▸ **esa iniciativa está condenada al fracaso** that initiative is doomed to failure **4.** [reprobar] to condemn

◆ ***condenarse*** vpr to be damned

condensación nf condensation

condensado, -a adj condensed

condensador, -ora ■ adj condensing

■ nm condenser

condensar vt *también Fig* to condense

condescendencia nf [benevolencia] graciousness, kindness / [altivez] condescension

condescender [64] vi **~ a** [con amabilidad] to consent to, to accede to / [con desprecio] to deign to, to condescend to

condescendiente adj obliging

condestable nm HIST constable

condición nf **1.** [término, estipulación] condition ▸ **con la** *o* **a ~ de que** on condition that ▸ **con una sola ~** on one condition ▸ **sin condiciones** unconditional ▸ **las condiciones de un contrato** the terms of a contract ▸ **condiciones de pago** terms of payment ▸ **~ sine qua non** prerequisite **2. condiciones** [circunstancias] conditions ▸ **condiciones atmosféricas** weather conditions ▸ **condiciones de trabajo** working conditions ▸ **condiciones de vida** living conditions **3.** [estado] condition ▸ **en buenas/malas condiciones** in good/bad condition ▸ **estar en condiciones de** *o* **para hacer algo** [físicamente] to be in a fit state to do sth / [por la situación] to be in a position to do sth ▸ **no estar en condiciones** [vivienda] to be unfit for living in / [instalaciones] to be unfit for use **4.** [naturaleza] nature / [clase social] social class ▸ **de ~ humilde** of humble circumstances ▸ **mi ~ de mujer...** the fact that I am a woman... **5.** [aptitud] **tener condiciones para algo/para hacer algo** to have the ability *o* capacity for sth/to do sth

condicionado, -a adj conditioned

condicional adj & nm conditional

condicionamiento nm conditioning

condicionante nm determinant

CÓMO EXPRESAR...

la condición

If we get cut off, I'll call you back. / Si se corta la comunicación, te vuelvo a llamar.
Let me know if you need any more information. / Avísame si necesitas más información.
You won't win unless you practise. / No vas a ganar como no practiques.
He'll do it on condition that he's well paid. / Lo hará a condición de que le paguen bien.
I'll need more convincing before I give it the go-ahead. / Necesito estar más convencido antes de dar mi aprobación.
They wouldn't have come if they'd known. / No habrían venido si lo hubieran sabido.

condicionar vt ~ **algo a algo** to make sth dependent on sth

condimentación nf seasoning

condimentar vt to season

condimento nm seasoning ▸ **añadir condimentos** to add seasoning

condiscípulo, -a nm,f schoolmate

condolencia nf condolence ▸ **expresó sus condolencias a la viuda** he offered his condolences to the widow

condolerse [41] vpr to feel pity (**de** for)

condominio nm **1.** DER [de un territorio] condominium / [de una cosa] joint ownership **2.** *AM* [edificio] *BR* block of flats, *US* condominium

condón nm condom

condonación nf [de deuda] remittance

condonar vt **1.** [deuda, pena] to remit **2.** [violencia, terrorismo] to condone

cóndor nm condor

conducción nf **1.** *ESP* [de vehículo] driving **2.** [por tubería] piping / [por cable] wiring **3.** [conducto] [de agua, gas] pipe / [de electricidad] cable **4.** [dirección] management, running

conducente adj conducive, leading (**a** to)

conducir [18] ■ vt **1.** [vehículo] to drive **2.** [dirigir] [empresa] to manage, to run / [ejército] to lead / [asunto] to handle **3.** [persona] to lead **4.** [por tubería, cable] [calor] to conduct / [líquido] to convey / [electricidad] to carry

■ vi **1.** [en vehículo] to drive **2.** [a sitio, situación] ~ **a** to lead to

◆ ***conducirse*** vpr to behave

conducta nf behaviour, conduct

conductismo nm PSI behaviourism

conductista nmf PSI behaviourist

conductividad nf FÍS conductivity

conducto nm **1.** [de fluido] pipe **2.** [vía] channel ▸ **por ~ de** through **3.** ANAT duct ▸ **~ lacrimal** tear duct

conductor, -ora ■ adj FÍS conductive

■ nm,f [de vehículo] driver ▸ **~ de autobús** bus driver ▸ **~ en prácticas** learner driver

■ nm FÍS conductor

conectado, -a adj **1.** ELEC connected (**a** to) **2.** INFORM on-line

conectar ■ vt to connect sth (**a** *o* **con** (up) to) ▸ **el puente conecta la isla con el continente** the bridge connects *o* links the island to the mainland

■ vi **1.** RAD & TV ~ **con** to go over to **2.** [persona] ~ **con alguien** [ponerse en contacto] to get in touch with sb / [entenderse] to relate to sb **3.** [vuelo] to connect

◆ ***conectarse*** vpr [aparato] to switch (itself) on ▸ **conectarse a Internet** [por primera vez] to get connected to the Internet, to go on-line / [regularmente] to access the Internet

conectividad nf INFORM number of ports

conector nm [cable] cable, lead

conejera nf [madriguera] (rabbit) warren / [conejar] rabbit hutch

conejillo nm ~ **de Indias** guinea pig

conejo, -a ■ nm,f rabbit, *f* doe ▸ CULIN ~ **de angora** angora rabbit ▸ ~ **a la cazadora** = *rabbit cooked in olive oil with chopped onion, garlic and parsley*

■ nm *ESP muy Fam* [vulva] pussy, *US* beaver

conexión nf **1.** [vínculo] connection **2.** ELEC & INFORM connection ▸ ~ **a Internet** Internet conexion **3.** RAD & TV link-up ▸ ~ **vía satélite** satellite link **4. tener conexiones** [amistades influyentes] to have connections

conexo, -a adj related, connected

confabulación nf conspiracy

confabularse vpr to plot, to conspire

confección nf **1.** [de ropa] tailoring, dressmaking ▸ **un traje de ~** a ready-to-wear *o* a ready-made *o esp BR* an off-the-peg suit **2.** [de comida] preparation, making / [de lista] drawing up

confeccionar vt **1.** [ropa] to make (up) **2.** [lista] to draw up / [plato] to prepare

confederación nf confederation ▸ **la Confederación Helvética** Switzerland

confederado, -a ■ adj confederate

■ nm HIST Confederate

confederarse vpr to confederate, to form a confederation

conferencia nf **1.** [charla] lecture ▸ **dar una ~** to give a talk *o* lecture ▸ ~ **de prensa** press conference **2.** [reunión] conference **3.** [por teléfono] (long-distance) call

conferenciante nmf speaker

conferenciar vi to have a discussion

conferencista nmf *AM* speaker

conferir [62] vt [cualidad] to give, to lend ▸ ~ **algo a alguien** [honor, dignidad] to confer *o* bestow sth upon sb / [responsabilidades] to give sth to sb

confesar [3] vt [gen] & REL to confess (to) ▸ **le confesó antes de morir** he heard his confession before he died ▸ **confieso que te mentí** I admit I lied to you

◆ ***confesarse*** vpr REL **confesarse (de algo)** to confess (sth)

confesión nf **1.** [de pecado, crimen] confession **2.** [credo] religion, (religious) persuasion

confesional adj denominational ▸ **Estado ~** = *country with an official state religion*

confesionario nm confessional

confeso, -a adj self-confessed

confesor nm confessor

confeti nm confetti

confiabilidad nf *AM* [fiabilidad] reliability

confiable adj *AM* reliable

confiado, -a adj [seguro] (over) confident / [crédulo] trusting

confianza nf **1.** [seguridad] confidence (**en** in) ▸ **tengo ~ en que lo conseguirán** I'm confident they'll achieve it ▸ **~ en sí mismo** self-confidence **2.** [fe] trust ▸ **de ~** [persona] trustworthy, reliable / [producto, servicio] reliable ▸ **una marca de toda ~** a very reliable brand **3.** [familiaridad] familiarity ▸ **amigo de ~** close *o* intimate friend ▸ **tengo mucha ~ con él** I am very close to him ▸ **en ~** in confidence ▸ **puedes hablar con toda ~** you can talk quite freely ▸ *Fam* **donde hay ~ da asco** familiarity breeds contempt ▸ **se toma demasiadas confianzas** she's too familiar, she takes too many liberties

confiar [32] ■ vi **~ en** to trust ▸ **~ en la suerte** to trust to luck ▸ **confía demasiado en los demás** he is too trusting of others ▸ **no confío en sus intenciones** I don't believe his intentions are honest ▸ **~ en que** to be confident that ▸ **confío en que Dios nos ayudará** I have faith *o* am confident that God will help us
■ vt **1.** [secreto] to confide **2.** [responsabilidad, persona, asunto] **~ algo a alguien** to entrust sth to sb
◆ ***confiarse*** vpr **1.** [despreocuparse] to be too sure (of oneself), to be overconfident **2.** [sincerarse] **confiarse a** to confide in

confidencia nf confidence, secret

confidencial adj confidential

confidencialidad nf confidentiality

confidente nmf **1.** [amigo] confidant, *f* confidante **2.** [policial] informer

confiero *etc ver* ***conferir***

confieso *etc ver* ***confesar***

configuración nf [disposición] [gen] & INFORM configuration / [del terreno] lie / [de la costa] outline, shape / [de ciudad] layout ▸ **~ por defecto** default settings

configurar vt **1.** [formar] to shape, to form **2.** INFORM to configure

confín nm **1.** [límite] border, boundary **2.** [extremo] [del reino, universo] outer reaches ▸ **en los confines de** on the very edge of

confinamiento nm **1.** [de un detenido] confinement (**en** to) **2.** [de un desterrado] banishment (**a** *o* **en** to)

confinar vt **1.** [detener] to confine (**en** to) **2.** [desterrar] to banish (**a** *o* **en** to)

confiriera *etc ver* ***conferir***

confirmación nf [gen] & REL confirmation

confirmar vt to confirm

confiscación nf confiscation

confiscar [59] vt to confiscate

confitado, -a adj candied ▸ **frutas confitadas** crystallized fruit

confitar vt to candy

confite nm *BR* sweet, *US* candy

confitería nf **1.** [tienda] sweetshop, confectioner's **2.** *RP* [café] cafe

confitero, -a nm,f confectioner

confitura nf preserve, jam

conflagración nf conflict, war

conflictividad nf conflict ▸ **~ laboral** industrial unrest

conflictivo, -a adj [asunto] controversial / [situación] troubled / [persona] difficult

conflicto nm [desacuerdo, lucha] conflict / [de intereses, opiniones] clash ▸ **conflictos** conflict ▸ **entrar en ~ con** to be in conflict with ▸ **~ armado** armed conflict ▸ **~ generacional** generation gap ▸ **~ laboral** industrial dispute ▸ **~ de intereses** conflict of interests

confluencia nf confluence ▸ **la ~ de las dos calles** the place where the two roads meet

confluir [34] vi **1.** [corriente, cauce] to converge, to meet (**en** at) **2.** [personas] to come together, to gather (**en** in)

conformar vt [configurar] to shape
◆ ***conformarse*** vpr **conformarse con** [suerte, destino] to resign oneself to / [apañárselas con] to make do with / [contentarse con] to settle for ▸ **me conformo con lo que tengo** I'm quite happy with what I've got ▸ **no se conforma con cualquier cosa** he won't settle for just anything

conforme ■ adj **1.** [acorde] **~ a** in accordance with ▸ **~ al reglamento** in accordance with the rules **2.** [de acuerdo] in agreement (**con** with) ▸ **si no estás ~, protesta** if you don't agree, say so **3.** [contento] happy (**con** with)
■ adv **1.** [a medida que] as ▸ **~ envejecía** as he got older **2.** [como] exactly as ▸ **te lo cuento ~ lo vi** I'm telling you exactly what I saw **3.** [en cuanto] as soon as ▸ **~ amanezca, me iré** I'll leave as soon as it gets light

conformidad nf [aprobación] approval ▸ **dio su ~** she gave her consent ▸ **de ~ con** in accordance with

conformismo nm conformity

conformista adj & nmf conformist

confort (pl **conforts**) nm comfort ▸ **todo ~** [en anuncio] all mod cons

confortable adj comfortable

confortar vt to console, to comfort

confraternidad nf brotherhood

confraternizar [14] vi to get along (like brothers)

confrontación nf **1.** [enfrentamiento] confrontation **2.** [comparación] comparison

confrontar vt **1.** [enfrentar] to confront **2.** [comparar] to compare

CÓMO...

pedir confirmación

I am writing to confirm the arrangements for our holiday. / Le escribo para confirmar los detalles de nuestras vacaciones.
Dear John, this is just to confirm our meeting on Monday at 10. / Querido John, sólo una nota para confirmarte la reunión del lunes a las 10.
I assume these figures have been checked? / ¿Supongo que estas cifras se habrán comprobado?
Are you sure of your facts? / ¿Estás seguro de lo que afirmas?
So you think I should take the job, do you? / Entonces, ¿crees que debería aceptar el trabajo?
I owe you $5, right? / Te debo 5 dólares, ¿no?

confucianismo, ***confucionismo*** nm Confucianism

Confucio n pr Confucius

confucionismo ▸ ***confucianismo***

confundido, -a adj **1.** [avergonzado] embarrassed **2.** [equivocado] confused

confundir vt **1.** [trastocar] **~ una cosa con otra** to mistake one thing for another ▸ **~ dos cosas** to get two things mixed up ▸ **siempre lo confundo con su hermano gemelo** I always mistake him for his twin brother ▸ **creo que me está confundiendo con otro** I think you're confusing me with someone else **2.** [liar] to confuse ▸ **me confundes con tanta información** you're confusing me with all that information **3.** [mezclar] to mix up **4.** [abrumar] to confound
◆ ***confundirse*** vpr **1.** [equivocarse] to make a mistake ▸ **confundirse de piso/tren** to get the wrong floor/train ▸ **se ha confundido** [al teléfono] (you've got the) wrong number ▸ **no te confundas... yo no soy un mentiroso** don't get the wrong idea... I'm no liar **2.** [liarse] to get confused ▸ **me confundo con tanta información** I get confused by all that information **3.** [mezclarse] [colores, siluetas] to merge (**en** into) ▸ **confundirse entre la gente** [personas] to lose oneself in the crowd

confusión nf **1.** [desorden, lío] confusion ▸ **hubo una gran ~** there was great confusion **2.** [error] mix-up ▸ **ha habido una ~** there has been a bit of a mix-up

confusionismo nm confusion

confuso, -a adj **1.** [explicación] confused **2.** [poco claro] [clamor, griterío] confused / [contorno, forma] blurred **3.** [turbado] confused, bewildered

conga nf conga

congelación nf **1.** [de alimentos] freezing **2.** ECON [de precios, salarios] freeze ▸ **~ de precios** price freeze ▸ **~ salarial** wage freeze

congelado, -a adj **1.** [alimento, objeto, persona] frozen **2.** [dedos, miembro] frostbitten **3.** ECON [precios, salarios] frozen **4.** TV CINE **imagen congelada** freeze-frame
◆ ***congelados*** nmpl frozen foods

congelador nm freezer

congelar vt **1.** [alimento, objeto, persona] to freeze **2.** [dedos, miembro] to affect with frostbite **3.** ECON [precios, salarios] to freeze ▸ **~ una cuenta bancaria** to freeze a bank account **4.** TV & CINE [imagen] to freeze
◆ ***congelarse*** vpr **1.** [en general] to freeze ▸ **¡me congelo de frío!** I'm freezing! **2.** [dedos, miembro] to get frostbitten ▸ **se le congelaron los pies y las manos** she got frostbite in her feet and hands

congénere nmf **me avergüenzo de mis congéneres** I am ashamed of my kind

congeniar vi to get on (**con** with)

congénito, -a adj [enfermedad] congenital / [talento, estupidez] innate

congestión nf congestion ▸ **tengo ~ nasal** I've got a blocked nose

congestionado, -a adj [cara] flushed / [calle] congested / [nariz] blocked ▸ **tener la nariz congestionada** to have a blocked nose

congestionar vt to block
◆ ***congestionarse*** vpr **1.** [calle] to become congested **2.** [cara] to flush, to turn purple

conglomerado nm GEOL & TEC conglomerate / [mezcla] combination

conglomerar vt TEC to conglomerate / [intereses, tendencias] to unite

Congo nm **el ~** [río] *BR* the (River) Congo, *US* the Congo (River) / [país] (the) Congo

congoja nf anguish

congoleño, -a adj & nm,f Congolese

congraciarse vpr **~ con alguien** to win sb over, to get on sb's good side

congratulación nf *Formal* **congratulaciones** congratulations ▸ **recibió la ~ del ministro** he received the minister's congratulations

congratular *Formal* vt to congratulate (**por** on)
◆ ***congratularse*** vpr to be pleased (**por** about)

congregación nf congregation

congregar [40] vt to assemble, to bring together
◆ ***congregarse*** vpr to assemble, to gather

congresista nmf **1.** [en un congreso] delegate **2.** [político] congressman, *f* congresswoman

congreso nm **1.** [de una especialidad] conference, congress **2.** [asamblea nacional] **el Congreso (de los Diputados)** [en España] *BR* ≃ the House of Commons, *US* ≃ the House of Representatives, = *lower house of Spanish Parliament* ▸ **el Congreso** [en Estados Unidos] Congress **3.** [edificio] parliament building

congrio nm conger eel

congruencia nf consistency

congruente adj consistent, coherent

cónico, -a adj conical

conífera nf conifer

conjetura nf conjecture ▸ **hacer conjeturas, hacerse una ~** to conjecture

conjeturar vt to conjecture about, to make predictions about

conjugación nf **1.** GRAM conjugation **2.** [combinación] combination / [de esfuerzos, ideas] pooling

conjugar [40] vt **1.** GRAM to conjugate **2.** [combinar] to combine

conjunción nf **1.** ASTRON & GRAM conjunction **2.** [de circunstancias, hechos] combination

conjuntado, -a adj co-ordinated

conjuntar vt to co-ordinate

conjuntiva nf ANAT conjunctiva

conjuntivitis nf inv conjunctivitis

conjuntivo, -a adj conjunctive

conjunto, -a ■ adj [acción, esfuerzo] joint ▸ **cuenta conjunta** joint account
■ nm **1.** [agrupación] collection, group ▸ **un ~ de circunstancias** a number of factors **2.** [totalidad] whole ▸ **en ~** overall, as a whole ▸ **~ histórico-artístico** historical heritage site **3.** [de música] group, band **4.** MAT set ▸ **~ vacío** empty set **5.** [de ropa] outfit

conjura nf conspiracy, plot

conjurado, -a nm,f plotter, conspirator

conjurar ■ vt **1.** [exorcizar] to exorcize ▸ *Fig* **sus palabras conjuraron mi miedo** his words dispelled my fears **2.** [un peligro] to ward off, to avert
■ vi [conspirar] to conspire, to plot
◆ ***conjurarse*** vpr [conspirar] to conspire, to plot

conjuro nm [encantamiento] spell, incantation / [exorcismo] exorcism

conllevar vt **1.** [implicar] to involve, to entail **2.** [soportar] to bear

conmemoración nf commemoration ▸ **en ~ de** in commemoration of

conmemorar vt to commemorate

conmemorativo, -a adj commemorative

conmensurable adj quantifiable

conmigo pron personal with me ▸ **~ mismo/misma** with myself ▸ **llevo siempre el pasaporte ~** I always carry my passport on me ▸ **estaba hablando ~ mismo** I was talking to myself

conminación nf threat

conminar vt **1.** [forzar] **~ a alguien a hacer algo** to instruct *o* order sb to do sth **2.** [amenazar] **~ a alguien (con hacer algo)** to threaten sb (with doing sth)

conmiseración nf compassion, pity

conmoción nf **1.** [física o psíquica] shock ▸ **~ cerebral** concussion **2.** [trastorno, disturbio] upheaval

conmocionar vt **1.** [psíquicamente] to shock, to stun **2.** [físicamente] to concuss

conmovedor, -ora adj moving, touching

conmover [41] vt **1.** [emocionar] to move, to touch **2.** [sacudir] to shake
◆ ***conmoverse*** vpr **1.** [emocionarse] to be moved, to be touched **2.** [sacudirse] to be shaken

conmutación nf DER commutation

conmutador nm **1.** ELEC switch **2.** *AM* [centralita] switchboard

conmutar vt DER to commute

connatural adj innate

connivencia nf **en ~** in collusion

connotación nf connotation ▸ **una ~ irónica** a hint of irony

connotar vt to suggest, to have connotations of

cono nm cone ▸ **el Cono Sur** = *Chile, Argentina, Paraguay and Uruguay* ▸ **~ de señalización** traffic cone

conocedor, -ora nm,f expert ▸ **es un gran ~ de los vinos franceses** he is a connoisseur of French wine

conocer [19] vt **1.** [saber cosas acerca de] to know ▸ **~ algo a fondo** to know sth well ▸ **~ bien un tema** to know a lot about a subject ▸ **darse a ~** to make oneself known ▸ **dieron a ~ la noticia a través de la prensa** they announced the news through the press **2.** [a una persona] [por primera vez] to meet / [desde hace tiempo] to know ▸ **¿conoces a mi jefe?** do you know *o* have you met my boss? ▸ **~ a alguien de vista** to know sb by sight ▸ **~ a alguien de oídas** to have heard of sb ▸ **¿de qué la conoces?** how do you know her? **3.** [lugar, país] [descubrir] to get to know, to visit for the first time / [desde hace tiempo] to know ▸ **no conozco Rusia** I've never been to Russia ▸ **me gustaría ~ Australia** I'd like to go to *o* visit Australia **4.** [reconocer] **~ a alguien (por algo)** to recognize sb (by sth)
◆ ***conocerse*** vpr **1.** [uno mismo] to know oneself **2.** [dos o más personas] [por primera vez] to meet, to get to know each other / [desde hace tiempo] to know each other ▸ **se conocen de vista** they know each other by sight
■ v impersonal [parecer] **se conoce que...** apparently...

conocido, -a ■ adj well-known
■ nm,f acquaintance

conocimiento nm **1.** [saber] knowledge ▸ **hablar/actuar con ~ de causa** to know what one is talking about/doing ▸ **poner algo en ~ de alguien** to bring sth to sb's attention, to inform sb of sth ▸ **tener ~ de algo** to be aware of sth ▸ **ha llegado a mi ~ que estás insatisfecho** it has come to my attention that you are not happy **2. conocimientos** [nociones] knowledge ▸ **tengo algunos conocimientos de informática** I have some knowledge of computers, I know a bit about computers **3.** [sentido, conciencia] consciousness ▸ **perder/recobrar el ~** to lose/regain consciousness ▸ **estaba tumbado en el suelo, sin ~** he was lying unconscious on the floor

conozco *ver* ***conocer***

conque conj so ▸ **¿~ te has cansado?** so you're tired, are you? ▸ **¿~ esas tenemos?** so that's what you're up to?

conquense ■ adj of/from Cuenca
■ nmf person from Cuenca

conquista nf [de tierras, persona] conquest / [de libertad, derecho] winning

conquistador, -ora ■ adj [seductor] seductive
■ nm,f **1.** [de tierras] conqueror **2.** HIST conquistador
■ nm [seductor] Casanova, ladykiller

conquistar vt **1.** [tierras] to conquer **2.** [libertad, derechos, simpatía] to win **3.** [seducir] to win the heart of

consabido, -a adj [conocido] well-known / [habitual] usual

consagración nf **1.** REL consecration **2.** [dedicación] dedication **3.** [reconocimiento] recognition ▸ **esta obra supuso la ~ del joven escritor** this work gained recognition for the young writer

consagrado, -a adj **1.** REL consecrated **2.** [dedicado] dedicated **3.** [reconocido] recognized, established

consagrar vt **1.** REL to consecrate **2.** [dedicar] [tiempo, espacio] to devote / [monumento, lápida] to dedicate ▸ **consagró su vida a la literatura** he devoted *o* dedicated his life to literature **3.** [acreditar, confirmar] to confirm, to establish
◆ ***consagrarse*** vpr **1.** [dedicarse] to devote *o* dedicate oneself (**a** to) **2.** [alcanzar reconocimiento] to establish oneself

consanguíneo, -a adj related by blood ▸ **hermano ~** half-brother *(of same father)*

consanguinidad nf blood relationship

consciencia ➤ ***conciencia***

consciente adj conscious ▸ **estar ~** [estar despierto] to be conscious ▸ **ser ~ de** to be aware of

consecución nf [de un deseo] realization / [de un objetivo] attainment / [de un premio] winning

consecuencia nf **1.** [resultado] consequence ▸ **a** *o* **como ~ de** as a consequence *o* result of ▸ **en ~** consequently ▸ **tener consecuencias** to have consequences **2.** [coherencia] consistency ▸ **actuar en ~** to act accordingly ▸ **cuando supo que estaba embarazada actuó en ~** when he found out that she was pregnant he did the decent thing

consecuente adj [coherente] consistent ▸ **una persona ~** a person of principle

consecutivo, -a adj consecutive ▸ **tres victorias consecutivas** three consecutive victories, three victories in a row ▸ **siete semanas consecutivas** seven consecutive weeks, seven weeks on end

conseguir [61] vt [obtener] to obtain, to get / [un objetivo] to achieve ▸ **consiguió todo lo que se propuso** she achieved everything she set out to do ▸ **~ hacer algo** to manage to do sth ▸ **no consiguió que me enfadara** she didn't (manage to) get me annoyed

consejería nf *ESP* [de comunidad autónoma] department

consejero, -a nm,f **1.** [en asuntos personales] counsellor / [en asuntos técnicos] adviser, consultant ▸ **~ matrimonial** marriage guidance counsellor **2.** [de un consejo de administración] member / POL councillor ▸ COM **~ delegado** chief executive, *esp BR* managing director, *US* chief executive officer

consejo nm **1.** [advertencia] advice ▸ **dar un ~** to give some advice *o* a piece of advice ▸ **te voy a dar un ~** I've got a piece of advice for you ▸ **dar consejos** to give (some) advice ▸ **pedir ~ a alguien** to ask sb for advice, to ask (for) sb's advice ▸ **~ médico** medical advice **2.** [organismo] council / [reunión] meeting ▸ **~ de administración** board of directors / [reunión] board meeting ▸ **consejo escolar** board of governors, *BR* school board ▸ **Consejo de Europa** council of Europe ▸ **~ de ministros** cabinet / [reunión] cabinet meeting ▸ **Consejo de Seguridad** Security Council **3. ~ de guerra** court martial

consenso nm [acuerdo] consensus / [consentimiento] consent

consensuado, -a adj approved by consensus

consensual adj consensual

consensuar [4] vt to approve by consensus

consentido, -a ■ adj spoilt
■ nm,f spoilt brat

consentimiento nm consent ▸ **~ por escrito** written consent

consentir [62] ■ vt **1.** [tolerar] to allow, to permit **2.** [mimar] to spoil ▸ **le consienten demasiado** they let him have his own way too much
■ vi **~ en algo/en hacer algo** to agree to sth/to do sth ▸ **consintió en que se quedaran** he agreed to let them stay

conserje nmf [de colegio, ministerio] doorman, *BR* porter / [de bloque de viviendas] *BR* caretaker, *US* superintendent, *US* supervisor

conserjería nf [en colegio, ministerio] porter's lodge / [en bloque de viviendas] *BR* caretaker's office, *US* superintendent's *o* supervisor's office

conserva nf **conservas** canned food, *BR* tinned food ▸ **en ~** canned, *BR* tinned ▸ **~ de carne** tinned meat

conservación nf **1.** [de costumbres, patrimonio] conservation / [de alimentos] preservation **2.** [mantenimiento] maintenance ▸ **en buen estado de ~** in good condition

conservador, -ora ■ adj [tradicionalista] conservative / [del partido conservador] Conservative
■ nm,f **1.** [tradicionalista] conservative / [miembro del partido conservador] Conservative **2.** [de museo] curator

conservadurismo nm conservatism

conservante nm preservative

conservar vt **1.** [mantener] [alimento] to preserve / [amistad] to sustain, to keep up / [salud] to look after / [calor] to retain **2.** [guardar] [libros, cartas, secreto] to keep ▸ **todavía conserva sus primeras zapatillas de ballet** she still has her first ballet shoes ▸ **consérvese en el frigorífico** [en etiqueta] keep refrigerated
◆ ***conservarse*** vpr **1.** [alimento] to keep **2.** [persona]

CÓMO EXPRESAR...

los consejos

Pedir consejo
What should I do? / ¿Qué debería hacer?
What would you do, if you were me? / ¿Tú qué harías en mi lugar?
What do you think? / ¿A ti qué te parece?
Do you think I should tell him? / ¿Crees que debería decírselo?
Would you kindly let me know what I need to do to book. / ¿Puede hacer el favor de decirme qué tengo que hacer para reservar?
Dar un consejo
You'd better take an aspirin. / Mejor tómate una aspirina.
You really should tell her. / Deberías decírselo.
If I were you, I'd go home / Yo en tu lugar me iría a casa.
I think you should have a rest. / Creo que deberías descansar.
Why don't you talk to her about it? / ¿Por qué no lo comentas con ella?
I'd think twice about going. / Yo me lo pensaría dos veces antes de ir.
It might be better to do it yourself. / Quizá sería mejor si lo haces tú.
You could always try writing to him. / Siempre podrías intentar escribirle.
My advice would be to close the account immediately. / Yo te aconsejaría que cerraras la cuenta inmediatamente.

se conserva bien he's keeping well ▸ **se conserva muy joven** she keeps herself looking very young **3.** [subsistir] to survive ▸ **no se conserva ningún escrito de esa época** there are no surviving documents from that time, no document has survived from that time

conservatorio nm conservatoire

conservero, -a adj canning ▸ **la industria conservera** the canning industry

considerable adj [grande] considerable / [importante, eminente] notable

consideración nf **1.** [reflexión] consideration, factor ▸ **debemos tener en cuenta estas consideraciones** we must take these factors into consideration ▸ **tomar en ~** to take into consideration *o* account **2.** [respeto] respect ▸ **en ~ a algo** in recognition of sth ▸ **tratar a alguien con ~** to be nice to sb **3.** [importancia] **de ~** serious ▸ **hubo varios heridos de ~** several people were seriously injured

considerado, -a adj [atento] considerate, thoughtful / [respetado] respected, highly-regarded

considerar vt **1.** [pensar en] to consider / [juzgar, estimar] to think ▸ **bien considerado, creo que tienes razón** on reflection, I think you're right **2.** [respetar] to esteem, to treat with respect

◆ ***considerarse*** vpr [uno mismo] to consider oneself ▸ **me considero feliz** I consider myself happy

consiento *etc ver* ***consentir***

consigna nf **1.** [órdenes] instructions **2.** [para el equipaje] *BR* left-luggage office, *US* checkroom

consignar vt **1.** [poner por escrito] to record, to write down **2.** [asignar] to allocate **3.** [mercancía] to consign, to dispatch **4.** [equipaje] to deposit in the *BR* left-luggage office *o* *US* baggage room

consignatario, -a nm,f **1.** [de una mercancía] consignee **2.** [representante] **~ de buques** shipping agent

consigo ■ *ver* ***conseguir***

■ pron personal [singular] with him/her / [plural] with them / [con usted] with you / [con uno mismo] with oneself ▸ **~ mismo/misma** with himself/herself ▸ **lleva siempre el pasaporte ~** she always carries her passport on her ▸ **hablar ~ mismo** to talk to oneself

consiguiente adj resulting ▸ **con la ~ decepción** with the resulting disappointment ▸ **por ~** consequently, therefore

consiguiera *etc ver* ***conseguir***

consintiera *etc ver* ***consentir***

consistencia nf *también Fig* consistency

consistente adj **1.** [sólido] [material] solid **2.** [coherente] [argumento] sound, convincing **3.** [compuesto] **~ en** consisting of

consistir vi **1. ~ en** [ser, componerse de] to consist of ▸ **la oferta consiste en una impresora y un escáner** the offer consists of a printer and a scanner ▸ **¿en qué consiste su problema?** what exactly is your problem? ▸ **su tarea consiste en atender el teléfono** her job simply involves *o* entails answering the phone **2. ~ en** [basarse en] to lie in, to be based on

consistorial adj of the town *o* *US* city council ▸ **casa ~** town *o* *US* city hall

consistorio nm town *o* *US* city council

consola nf **1.** INFORM & TEC console ▸ **~ de videojuegos** video console **2.** [mesa] console table

consolación nf consolation

consolador, -ora adj consoling, comforting

consolar [63] vt to console ▸ **me consuela pensar que podría haber sido peor** it's some consolation to reflect that it could have been worse

◆ ***consolarse*** vpr to console oneself, to take comfort ▸ **¡consuélate! al menos no has suspendido** look on the bright side! at least you didn't fail

consolidación nf consolidation

consolidar vt to consolidate

consomé nm consommé

consonancia nf harmony ▸ **en ~ con** in keeping with

consonante nf consonant

consonántico, -a adj consonant, consonantal

consorcio nm consortium ▸ **~ bancario** bankers' consortium

consorte nmf [cónyuge] spouse / [príncipe] consort

conspicuo, -a adj [evidente] conspicuous / [ilustre] eminent

conspiración nf plot, conspiracy

conspirador, -ora nm,f conspirator, plotter

conspirar vi to conspire, to plot

constancia nf **1.** [perseverancia] [en una empresa] perseverance / [en las ideas, opiniones] steadfastness ▸ **hacer algo con ~** to persevere with sth **2.** [testimonio] record ▸ **dejar ~ de algo** [registrar] to put sth on record / [probar] to demonstrate sth

constante ■ adj **1.** [persona] [en una empresa] persistent / [en ideas, opiniones] steadfast **2.** [acción] constant

■ nf constant ▸ MED **constantes vitales** vital signs ▸ MED **mantener las constantes vitales de alguien** to keep sb alive

constar vi **1.** [información] to appear (**en** in), to figure (**en** in) ▸ **su nombre no consta en esta lista** his name is not on *o* does not appear on this list ▸ **hacer ~ algo** to put sth on record ▸ **me consta que...** I am quite sure that... ▸ **que conste que...** let it be clearly understood that..., let there be no doubt that... ▸ **yo no he sido, que conste** let's get one thing clear, it wasn't me **2.** [estar constituido por] **~ de** to consist of

constatación nf confirmation

constatar vt [observar] to confirm / [comprobar] to check

constelación nf constellation

consternación nf consternation, dismay

consternado, -a adj dismayed, extremely upset

consternar vt to dismay, to upset

constipado, -a ■ adj **estar ~** to have a cold

■ nm cold

FALSO AMIGO / FALSE FRIEND

constipado

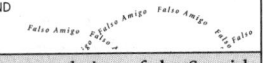

Constipated is not a translation of the Spanish word *constipado*. **Constipated** is translated by *estreñido(a)*.

constiparse vpr to catch a cold

constitución nf **1.** constitution ▸ **tener una ~ fuerte/débil** to have a strong/weak constitution **2.** [de un estado] constitution **3.** [creación] creation, forming **4.** [composición] composition, make-up

constitucional adj constitutional

constitucionalidad nf constitutionality

constituir [34] vt **1.** [componer] to make up **2.** [ser] to be ▸ **constituye una falta grave** it is *o* constitutes a serious misdemeanour ▸ **no creo que constituya ningún obstáculo** I don't think it constitutes an obstacle, I don't see it as an obstacle **3.** [crear] to set up, to constitute

constitutivo, -a adj constituent ▸ **elemento ~** constituent element ▸ **ser ~ de algo** to constitute sth

constituyente adj & nm constituent

constreñir vt **1.** [obligar] **~ a alguien a hacer algo** to compel *o* force sb to do sth **2.** [oprimir, limitar] to restrict

constricción nf constriction

construcción nf **1.** [acción] [gen] & GRAM construction ▸ **en ~** under construction **2.** [edificio] building

constructivo, -a adj constructive

constructor, -ora ■ adj building, construction ▸ **empresa constructora** construction firm, building company

■ nm,f [de edificios] builder

construir [34] vt [edificio, barco, muro] to build / [aviones, coches] to manufacture / [frase, teoría] to construct

consubstancial adj **ser ~ a algo** to be an integral part of sth

consuegro, -a nm,f = *father-in-law/mother-in-law of one's son or daughter*

consuelo ■ *ver* ***consolar***

■ nm consolation, solace

consuetudinario, -a adj customary ▸ **derecho ~** common law

cónsul nm consul

consulado nm [oficina] consulate / [cargo] consulship

consular adj consular

consulta nf **1.** [sobre un problema] [acción] consultation / [pregunta] query, enquiry ▸ **hacer una ~ a alguien** to seek sb's advice ▸ **libro/obra de ~** reference book/work **2.** [despacho de médico] *BR* surgery, *US* office ▸ **horas de ~** surgery hours ▸ **pasar ~** to hold a surgery

consultar ■ vt [dato, fecha] to look up / [libro, persona] to consult ▸ **me consultó antes de hacerlo** [me pidió consejo] he consulted me before doing it / [me pidió permiso] he asked me before he did it

■ vi **~ con** to consult, to seek advice from

consulting [kon'sultin] nm consultancy (firm)

consultivo, -a adj consultative, advisory

consultor, -ora nm,f consultant ▸ **~ (en administración) de empresas** management consultant

consultoría, consultora nf consultancy firm

consultorio nm **1.** [de un médico] *BR* surgery, *US* office **2.** [en periódico] problem page / [en radio] = *programme answering listeners' questions* ▸ **~ sentimental** [en radio] = *phone-in where people get advice on their personal problems* **3.** [asesoría] advice bureau

consumación nf [de matrimonio, proyecto] consummation / [de un crimen] perpetration

consumado, -a adj consummate, perfect ▸ **es un granuja ~** he's a real rascal

consumar vt [realizar completamente] to complete / [un crimen] to perpetrate / [el matrimonio] to consummate

consumibles nmpl consumables

consumición nf **1.** [acción] consumption **2.** [bebida] drink / [comida] food ▸ **son diez euros la entrada con ~** it costs ten euros to get in, including the first drink

consumido, -a adj [flaco] emaciated

consumidor, -ora nm,f [de producto] consumer / [en bar, restaurante] patron

consumir ■ vt **1.** [producto] to consume ▸ **en casa consumimos mucho aceite de oliva** we use a lot of olive oil at home ▸ **~ drogas** to take drugs ▸ **~ preferentemente antes de...** best before... **2.** [gastar] to use, to consume ▸ **esta estufa consume mucha electricidad** this heater uses a lot of electricity ▸ **mi coche consume cinco litros a los cien** my car does twenty kilometres to the litre **3.** [destruir] [sujeto: fuego] to destroy / [sujeto: enfermedad] to eat away at ▸ *Fig* **le consumen los celos** he is eaten up by *o* consumed with jealousy

■ vi to consume

◆ ***consumirse*** vpr **1.** [persona] to waste away ▸ **se consume de envidia** he is eaten up *o* consumed with envy **2.** [fuego] to burn out

consumismo nm consumerism

consumista adj consumerist, materialistic

consumo nm consumption ▸ **bienes/sociedad de ~** consumer goods/society ▸ **se ha disparado el ~ de agua mineral** sales of mineral water have shot up ▸ **~ de combustible** fuel consumption ▸ **~ de drogas** drug-taking

consustancial adj **ser ~ a algo** to be an integral part of sth

contabilidad nf **1.** [oficio] accountancy **2.** [de persona, empresa] bookkeeping, accounting ▸ **llevar la ~** to do the accounts ▸ **doble ~** double-entry bookkeeping ▸ **contabilidad de costes** cost accounting

contabilización nf COM entering

contabilizar [14] vt COM to enter

contable nmf *ESP* accountant

contactar ■ vt [comunicarse con] to contact

■ vi **~ con** to contact

contacto nm **1.** [entre dos cosas, personas] contact ▸ **perder el ~** to lose touch ▸ **ponerse en ~ con** to get in touch with ▸ **~ visual** eye contact **2.** AUT ignition **3.** ELEC **hacer ~** to make contact

contactólogo, -a nm,f contact lens specialist

contado, -a adj **1.** [raro] rare, infrequent ▸ **en contadas ocasiones** very rarely, on very few occasions **2. había diez personas mal contadas** there were no more than ten people
◆ ***al contado*** loc adv (in) cash

contador, -ora ■ nm,f *AM* [persona] accountant
■ nm [aparato] meter ▸ **el ~ del agua/del gas/de la luz** the water/gas/electricity meter

contaduría nf [oficina] accountant's office / [departamento] accounts office ▸ *AM* **~ general** audit office

contagiar vt [persona] to infect / [enfermedad] to transmit ▸ **me has contagiado el resfriado** you've given me your cold ▸ **contagió su entusiasmo a sus compañeros** he passed his enthusiasm on to his companions
◆ ***contagiarse*** vpr [enfermedad, risa] to be contagious / [persona] to become infected ▸ **me contagié de mi hermano** I caught it from my brother ▸ **se contagió de su optimismo** he infected her with his optimism

contagio nm infection, contagion

contagioso, -a adj [enfermedad] contagious, infectious / [risa] infectious

container (pl **containers**) nm [para mercancías] container

contaminación nf [acción] contamination / [del medio ambiente] pollution ▸ **~ acústica** noise pollution

contaminado, -a adj [alimento] contaminated / [medio ambiente] polluted

contaminante adj contaminating, polluting
◆ ***contaminantes*** nmpl pollutants

contaminar vt **1.** [envenenar] to contaminate / [el medio ambiente] to pollute **2.** [pervertir] to corrupt

contante adj *Fam* **con dinero ~ y sonante** in hard cash

contar [63] ■ vt **1.** [enumerar] to count ▸ **se pueden ~ con los dedos de una mano** you can count them on (the fingers of) one hand **2.** [incluir] to count ▸ **cuenta también los gastos de desplazamiento** count *o* include travel costs too ▸ **somos 57 sin ~ a los niños** there are 57 of us, not counting the children **3.** [narrar] to tell ▸ **cuéntame, ¿cómo te va la vida?** tell me, how are things?
■ vi **1.** [hacer cálculos] to count ▸ **sabe ~ hasta diez** she can count to ten **2.** [importar] to count ▸ **aquí no cuento para nada** I count for nothing here ▸ **lo que cuenta es...** what matters is... **3. ~ con** [confiar en] to count on / [tener, poseer] to have / [tener en cuenta] to take into account ▸ **con esto no contaba** I hadn't reckoned with that ▸ **cuenta con dos horas para hacerlo** he has two hours to do it
◆ ***contarse*** vpr **1.** [incluirse] **se cuentan entre los favoritos** they are among the favourites **2.** *Fam* [al saludarse] **¿qué (te) cuentas?** how are you doing?

contemplación nf **1.** [meditación] contemplation **2.** [consideración] **contemplaciones** consideration ▸ **tratar a alguien sin contemplaciones** not to take into account sb's feelings ▸ **nos echaron sin contemplaciones** they threw us out unceremoniously

contemplar vt **1.** [opción, posibilidad] to contemplate, to consider ▸ **está contemplando presentar la dimisión** she is considering handing in her resignation ▸ **la ley contempla varios supuestos** the law provides for *o* covers various cases ▸ **esta propuesta no contempla los ingresos por publicidad** this proposal doesn't take into account income from advertising **2.** [paisaje, monumento] to look at, to contemplate

contemplativo, -a adj contemplative

contemporáneo, -a adj & nm,f contemporary

contemporizador, -ora ■ adj accommodating
■ nm,f **es un ~** he's very accommodating

contemporizar [14] vi to be accommodating

contención nf **1.** CONSTR **muro de ~** retaining wall **2.** [moderación] restraint, self-restraint

contencioso, -a ■ adj **1.** [tema, cuestión] contentious **2.** DER litigious
■ nm dispute, conflict

contender [64] vi [competir] to contend / [pelear] to fight

contendiente ■ adj [en una competición] competing ▸ **las partes contendientes** [en una guerra] the warring factions ▸ **los ejércitos contendientes** the opposing armies
■ nmf [en una competición] contender / [en una guerra] warring faction

contenedor, -ora ■ adj containing
■ nm [recipiente grande] container / [para escombros] skip ▸ **~ de basura** large wheelie bin ▸ **~ de vidrio** bottle bank

contener [65] vt **1.** [encerrar] to contain ▸ **no contiene CFC** [en etiqueta] does not contain CFCs ▸ **¿qué contiene esa maleta?** what's in this suitcase? **2.** [detener, reprimir] to restrain, to hold back ▸ **tuvieron que contenerlo para que no agrediera al fotógrafo** he had to be restrained from attacking the photographer ▸ **no pudo ~ la risa/el llanto** he couldn't help laughing/crying
◆ ***contenerse*** vpr to restrain oneself, to hold oneself back ▸ **conseguí contenerme** I managed to restrain myself

contengo *ver* ***contener***

contenido nm [de recipiente, libro] contents / [de discurso, redacción] content

contentar vt to please, to keep happy
◆ ***contentarse*** vpr **contentarse con** to make do with, to be satisfied with

contento, -a ■ adj **1.** [alegre] happy ▸ **se puso muy ~ al ver a sus nietos** he was very happy to see his grandchildren **2.** [satisfecho] pleased ▸ **no ~ con insultarlo, le pegó una bofetada** not content with insulting him, he slapped his face ▸ *Fam* **pagamos cada uno la mitad y todos tan contentos** we paid half each and that was us

■ nm happiness, joy ▸ **no caber en sí de ~** to be beside oneself with joy

conteo nm counting-up

contertulio, -a nm,f companion *(at a social gathering)*

contestación nf answer

contestador nm, *CSUR* ***contestadora*** nf ~ **(automático)** answering machine

contestar ■ vt **1.** [responder] to answer ▸ **~ a una pregunta** to answer a question ▸ **contestó que sí/que no** he said yes/no

■ vi **1.** [responder] to answer ▸ **no contestan** [al teléfono] there's no reply *o* answer **2.** [con insolencia] to answer back ▸ **¡no contestes a tu madre!** don't answer back to your mother!

contestatario, -a adj anti-establishment

contestón, -ona adj *Fam* cheeky ▸ **es muy ~** he's always answering back

contexto nm context

contextual adj contextual

contextualizar **[14]** vt [problema, situación] to put into perspective *o* context

contextura nf [estructura] structure / [complexión] build

contienda ■ *ver* ***contender***

■ nf [competición, combate] contest / [guerra] conflict, war

contiene *ver* ***contener***

contigo pron personal with you ▸ **~ mismo/misma** with yourself ▸ **¿estás hablando ~ mismo?** are you talking to yourself?

contigüidad nf adjacency

contiguo, -a adj adjacent

continencia nf continence, self-restraint

continental adj continental

continente nm **1.** GEOG continent **2.** [recipiente] container

contingencia nf [eventualidad] eventuality / *Formal* [posibilidad] possibility

contingente ■ adj *Formal* possible ▸ **es un hecho ~** it's not impossible

■ nm **1.** [grupo] contingent **2.** COM quota

continuación nf [de acción, estado] continuation / [de novela, película] sequel

◆ ***a continuación*** loc adv next ▸ **a ~ añada una pizca de sal** next, add a pinch of salt ▸ **saludó al presidente y a ~ se fue** she greeted the president and then left ▸ **pasaremos a ~ a abordar el problema de...** we shall now pass on to address the problem of... ▸ **a ~, para todos ustedes, la gran cantante...** and now, we bring you the great singer...

continuar **[4]** ■ vt to continue, to carry on with ▸ **los peregrinos continuaron su camino** the pilgrims went *o* continued on their way

■ vi to continue, to go on ▸ **~ haciendo algo** to continue doing *o* to do sth ▸ **continúa lloviendo** it's still raining ▸ **todavía continúa en la empresa** she's still with *o* working for the company ▸ **continuará** [historia, programa] to be continued

continuidad nf [en una sucesión] continuity / [permanencia] continuation ▸ *Formal* **sin solución de ~** without stopping

continuista nmf POL supporter of the status quo

continuo, -a adj **1.** [ininterrumpido] continuous ▸ **las continuas lluvias obligaron a suspender el partido** the constant *o* continuous rain forced them to call off the match **2.** [perseverante] continual ▸ **me irritan sus continuas preguntas** her continual questioning irritates me

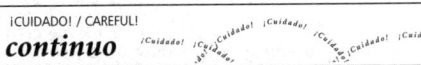

¡CUIDADO! / CAREFUL!

continuo

Para referirse a algo que se repite constantemente o con mucha frecuencia se utiliza como traducción el término **continual; continuous** suele implicar que algo sucede sin interrupción o que nos da esa impresión (como por ejemplo, un ruido o la lluvia).

contonearse vpr [hombre] to swagger / [mujer] to swing one's hips

contoneo nm [de hombre] swagger / [de mujer] sway of the hips

contornear vt [seguir el contorno de] to go round / [perfilar] to outline

contorno nm **1.** MAT contour / [línea] outline ▸ **~ de cintura** waist (measurement) ▸ **~ de pecho** bust (measurement) ▸ **el ~ accidentado de la isla** the ragged coastline of the island **2. contornos** [vecindad] neighbourhood / [de una ciudad] outskirts

contorsión nf contortion

contorsionarse vpr [retorcerse] to do contortions / [de dolor] to writhe

contorsionista nmf contortionist

contra ■ prep against ▸ **un jarabe ~ la tos** a cough syrup ▸ **en ~** against ▸ **estar en ~ de algo, estar ~ algo** to be opposed to sth ▸ **en ~ de** [a diferencia de] contrary to ▸ **eso va ~ el reglamento** that's against regulations

■ nm **los pros y los contras** the pros and cons

contraalmirante nm MIL rear admiral

contraatacar **[59]** vi to counterattack

contraataque nm counterattack

contrabajo ■ nm [instrumento] double-bass

■ nmf [instrumentista] double-bass player

contrabandista nmf smuggler

contrabando nm [acto] smuggling / [mercancías] contraband ▸ **pasar algo de ~** to smuggle sth in ▸ **~ de armas** gunrunning ▸ **tabaco de ~** contraband cigarettes

contracción nf [gen] & LING & MED contraction

contracepción nf contraception

contraceptivo, -a adj contraceptive

contrachapado, -a ■ adj (made of) plywood

■ nm plywood

contracorriente nf countercurrent ▸ **ir a ~** to go against the current *o* tide

contráctil adj contractile

contractual adj contractual

contractura nf [muscular] cramp

contracultura nf counter-culture

contracultural adj counter-culture ▸ **una corriente ~** a counter-culture movement

contradecir [51] vt to contradict

◆ ***contradecirse*** vpr to contradict oneself

contradicción nf contradiction ▸ **estar en ~ con** to be in (direct) contradiction to

contradicho, -a participio *ver* ***contradecir***

contradictorio, -a adj contradictory

contraer [66] vt **1.** [encoger] to contract **2.** [vicio, costumbre] to acquire **3.** [enfermedad] to catch **4. ~ matrimonio (con)** to get married (to)

◆ ***contraerse*** vpr to contract

contraespionaje nm counterespionage

contrafuerte nm **1.** ARQUIT buttress **2.** [del calzado] heel reinforcement **3.** GEOG foothill

contragolpe nm counter-attack

contrahecho, -a adj deformed

contraindicación nf [en medicamento] **contraindicaciones: embarazo, diabetes** not to be taken during pregnancy or by diabetics

contraindicado, -a adj **está ~ beber alcohol durante el embarazo** alcohol should be avoided during pregnancy

contraindicar [59] vt [médico] to advise against

contralmirante nmf MIL rear admiral

contralor, -ora nm,f *AM* [en institución, empresa] comptroller

contraloría nf *AM* [oficina] comptroller's office

contralto ■ nm [voz] contralto

■ nmf [cantante] counter tenor, *f* contralto

contraluz nm back lighting ▸ **a ~** against the light

contramaestre nm **1.** NÁUT boatswain / MIL warrant officer **2.** [capataz] foreman

contramano: a contramano loc adv [en sentido contrario] the wrong way

contraofensiva nf counteroffensive

contraoferta nf counter offer

contraorden nf countermand

contrapartida nf compensation ▸ **como ~** to make up for it

contrapelo: a contrapelo loc adv [acariciar] the wrong way ▸ **su intervención iba a ~ del resto** his remarks went against the general opinion ▸ **vivir a ~** to have an unconventional lifestyle

contrapesar vt [físicamente] to counterbalance / [contrarrestar] to compensate for

contrapeso nm [en ascensores, poleas] counterweight / [fuerza que iguala] counterbalance

contraponer [50] vt **1.** [oponer] **a su postura intransigente contrapusimos una más flexible** we responded to his intransigence by suggesting greater flexibility **2.** [cotejar] to compare

◆ ***contraponerse*** vpr to be opposed

contraportada nf [de periódico, revista] back page / [de libro] back cover / [de disco] back

contraposición nf **1.** [oposición] conflict **2.** [comparación] comparison

contraproducente adj counterproductive

contraprogramación nf = *competitive TV scheduling*

contrapuesto, -a ■ participio *ver* ***contraponer***

■ adj conflicting

contrapunto nm MÚS counterpoint / [contraste] contrast

contraria nf **llevar la ~** to be awkward *o* contrary ▸ **¡siempre me está llevando la ~!** [verbalmente] he's always contradicting me! / [con acciones] he always does the opposite of what I tell him!

contrariado, -a adj upset

contrariar [32] vt **1.** [contradecir] to go against **2.** [disgustar] to upset

contrariedad nf **1.** [dificultad] setback **2.** [disgusto] annoyance **3.** [oposición] contrary *o* opposing nature

contrario, -a ■ adj **1.** [opuesto] [dirección, sentido, idea] opposite / [parte] opposing / [equipo] opposing ▸ **todo lo ~** quite the contrary **2.** [desfavorable] **es ~ a nuestros intereses** it goes against our interests **3. ser ~ a algo** to be opposed to sth

■ nm,f [rival] opponent

■ nm [opuesto] opposite

◆ ***al contrario*** loc adv on the contrary ▸ **no me disgusta, al ~, me encanta** I don't dislike it, quite the contrary in fact, I like it ▸ **al ~ de mi casa, la suya tiene calefacción central** unlike my house, hers has central heating

◆ ***de lo contrario*** loc adv otherwise

◆ ***por el contrario*** loc adv on the other hand

contrarreembolso nm cash on delivery

Contrarreforma nf HIST Counter-Reformation

contrarreloj ■ adj inv DEP **etapa ~** time trial ▸ *Fig* **trabajar a ~** to work against the clock

■ nf inv DEP time trial

contrarrembolso nm cash on delivery

contrarréplica nf reply ▸ **en su ~, el ministro dijo que...** the minister countered that...

contrarrestar vt [neutralizar] to counteract

contrarrevolución nf counterrevolution

contrarrevolucionario, -a adj & nm,f counter-revolutionary

contrasentido nm **hacer/decir eso es un ~** it doesn't make sense to do/say that

contraseña nf password

contrastar ■ vi to contrast (**con** with)

■ vt [comprobar] to check, to verify

contraste nm contrast ▸ **en ~ con** [a diferencia de] in contrast with *o* to / [comparado con] in comparison with

contrata nf DER (fixed price) contract

contratación nf [de personal] hiring

contratante nmf contracting party

contratar vt **1.** [obreros, personal, detective] to hire / [deportista] to sign **2.** [servicio, obra, mercancía] **~ algo a alguien** to contract for sth with sb

contraterrorismo nm counterterrorism

contraterrorista adj counterterrorist

contratiempo nm [accidente] mishap / [dificultad] setback

contratista nmf contractor ▸ **~ de obras** building contractor

contrato nm COM contract ▸ **bajo ~** under contract ▸ **~ administrativo** administrative contract ▸ **~ de alquiler** lease, tenancy agreement ▸ **~ de arrendamiento** lease ▸ **~ basura** short-term contract *(with poor conditions)* ▸ **~ de compraventa** contract of sale ▸ **~ fijo** *o* **indefinido** permanent contract ▸ **~ laboral** *o* **de trabajo** work contract ▸ **~ mercantil** commercial contract ▸ **~ en prácticas** work-experience contract ▸ **~ temporal** temporary *o* short-term contract ▸ **~ verbal** oral contract

contraveneno nm antidote

contravenir [69] vi **~ a** to contravene

contraventana nf shutter

contrayente nmf *Formal* **los contrayentes** the bride and groom

contribución nf **1.** [aporte] contribution **2.** [impuesto] tax ▸ **~ directa/indirecta** direct/indirect tax ▸ **~ urbana** *BR* ≃ council tax, = *tax for local services*

contribuir [34] vi **1.** [aportar] to contribute (**a** to) ▸ **~ con algo para** to contribute sth towards ▸ **todos contribuyeron al triunfo** everyone contributed to the victory ▸ **sus declaraciones contribuyeron a enrarecer el ambiente** his words served to make the atmosphere tense **2.** [pagar impuestos] to pay taxes

contribuyente nmf taxpayer

contrición nf contrition

contrincante nmf rival, opponent

contrito, -a adj **1.** [arrepentido] contrite **2.** [triste, compungido] downcast

control nm **1.** [dominio] control ▸ **bajo ~** under control ▸ **fuera de ~** out of control ▸ **perder el ~** [perder la calma] to lose one's temper ▸ ECON **~ de cambios** exchange control ▸ **~ de la natalidad** birth control **2.** [verificación] examination, inspection ▸ **todos los productos pasan un riguroso ~** all the products are rigorously inspected *o* examined ▸ **(bajo) ~ médico** (under) medical supervision ▸ **~ antidoping** dope *o* drugs test ▸ **~ de calidad** quality control ▸ **~ de existencias** stock control ▸ AV **~ del tráfico aéreo** air traffic control **3.** [de policía] checkpoint ▸ **~ de pasaportes** passport control **4.** [examen] test, *US* quiz **5.** [mando] control ▸ **el ~ del encendido/apagado** the on/off switch ▸ **~ remoto** remote control

controlador, -ora nm,f controller ▸ **~ aéreo** air-traffic controller

controlar vt **1.** [dominar] to control **2.** [comprobar] to check **3.** [vigilar] to watch, to keep an eye on

◆ ***controlarse*** vpr to control oneself, to restrain oneself

controversia nf controversy

controvertido, -a adj controversial

contubernio nm conspiracy

contumacia nf obstinacy, stubbornness

contumaz adj stubborn, obstinate

contundencia nf [de golpes] force / [de palabras, argumentos] forcefulness

contundente adj [arma, objeto] blunt / [golpe] thudding / [razonamiento, argumento] forceful

conturbar vt *Formal* to trouble, to perturb

contusión nf bruise

contusionar vt to bruise

contuviera *etc ver* ***contener***

conurbación nf conurbation

conurbano nm *RP* suburbs

convalecencia nf convalescence

convalecer [46] vi to convalesce (**de** after)

convaleciente adj convalescent

convalidación nf EDUC [de estudios] recognition / [de asignaturas] validation

convalidar vt EDUC [estudios] to recognize / [asignaturas] to validate

convección nf FÍS convection

convector nm convector ▸ **~ de aire caliente** convection heater

convencer [40] ■ vt **1.** [persuadir] to convince ▸ **~ a alguien de algo** to convince sb of sth ▸ **lo convencí para que me dejara ir a la fiesta** I convinced *o* persuaded him to let me go to the party **2.** [satisfacer] **es barato, pero no me acaba de ~** *o* **no me convence del todo** it's certainly cheap, but I'm not totally sure about it

■ vi **su explicación no convenció** his explanation wasn't convincing ▸ **a pesar de ganar, el equipo no convenció** although they won, the team failed to impress

◆ ***convencerse*** vpr **convéncete, no conseguirás nada actuando así** believe (you) me, you won't get anywhere behaving like that ▸ **convencerse de** to become convinced of

convencimiento nm [certeza] conviction / [acción] convincing

CÓMO...

convencer a alguien

Are you sure you won't come? / ¿Estás seguro de que no vas a venir?

Do you really think you should go? / ¿En serio crees que deberías irte?

Could you possibly stay a bit longer? / ¿No podrías quedarte un poco más?

I really think you should tell her. / En serio, creo que deberías decírselo.

I really wish you'd have supper with us. / Me encantaría que cenases con nosotros.

I wish I could persuade you to stay. / Ojalá pudiera convencerte para que te quedases.

convención nf convention ▸ **la Convención de Ginebra** the Geneva Convention

convencional adj conventional

convencionalismo nm conventionality

convenido, -a adj agreed ▸ **hicieron lo ~** they did what they'd agreed

conveniencia nf **1.** [utilidad] usefulness / [oportunidad] suitability **2.** [interés] convenience ▸ **sólo mira su ~** he only looks after his own interests

conveniente adj [útil] useful / [oportuno] suitable, appropriate / [lugar, hora] convenient / [aconsejable] advisable ▸ **sería ~ asistir** it would be a good idea to go

convenio nm agreement ▸ IND **~ colectivo** collective agreement ▸ **~ salarial** wage agreement *o* settlement

> CULTURA / CULTURE
>
> ## *convenio colectivo*
>
> The **convenio colectivo** (collective agreement) is still a common feature of the Spanish labour market. Such agreements, which cover wages and a wide range of conditions of employment, are arrived at through collective bargaining between management and workers' representatives. They can apply to a particular geographical area (such as a province), or throughout a sector of the national economy, or (a recent development) to a particular occupation (e.g. train drivers), or within a single company.

convenir [69] ■ vi **1.** [venir bien] to be suitable ▸ **este horario me conviene** these hours suit me ▸ **te convendría dormir unas horas** you would do well to get a few hours sleep **2.** [ser aconsejable] **conviene analizar la situación** it would be a good idea to analyse the situation ▸ **no conviene que os vean juntos** it wouldn't be a good idea for them to see you together, it would be better if they didn't see you together ▸ **conviene aclarar que...** it should be made clear that... **3.** [acordar] **~ en** to agree on
■ vt to agree on

convento nm [de monjas] convent / [de monjes] monastery

conventual adj **la vida ~** [de monjas] convent life / [de monjes] monastic life

convergencia nf convergence

convergente adj converging, convergent

converger [52] vi to converge

conversación nf conversation ▸ **dar ~ a alguien** to keep sb talking ▸ **conversaciones** [contactos] talks ▸ **conversaciones de paz** peace talks

conversada nf *AM Fam* chat

conversador, -ora ■ adj talkative
■ nm,f conversationalist

conversar vi to talk, to converse ▸ **conversaron de** *o* **sobre política durante dos horas** they talked about *o* discussed politics for two hours

conversión nf conversion

converso, -a ■ adj converted
■ nm,f convert

convertibilidad nf ECON convertibility

convertible adj convertible

convertir [25] vt **1.** REL to convert **2.** [transformar] **~ algo/a alguien en** to convert sth/sb into, to turn sth/sb into ▸ **convirtió al príncipe en rana** she turned the prince into a frog **3.** [medidas] **~ millas en kilómetros** to convert miles (in)to kilometres ▸ **~ dólares en pesos** to convert dollars into pesos
◆ ***convertirse*** vpr **1.** REL to convert (**a** to) **2.** [transformarse] **convertirse en** to become, to turn into

convexidad nf convexity

convexo, -a adj convex

convicción nf conviction ▸ **tener la ~ de que** to be convinced that

convicto, -a adj convicted

convidado, -a nm,f guest ▸ **estuvo en la cena como el ~ de piedra** he sat through the whole meal without saying a word

convidar ■ vt [invitar] to invite ▸ **~ a alguien a una copa** to stand *o* buy sb a drink ▸ **me convidaron a comer en su casa** they invited me round for a meal
■ vi [mover, incitar] **el buen tiempo convida a salir** this good weather makes you want to get out

conviene *ver* ***convenir***

convierta *etc ver* ***convertir***

convincente adj convincing

conviniera *etc ver* ***convenir***

convite nm **1.** [invitación] invitation **2.** [fiesta] banquet

convivencia nf living together

convivir vi to live together ▸ **~ con** to live with

convocar [59] vt [reunión] to convene / [huelga, elecciones] to call

convocatoria nf **1.** [anuncio, escrito] notice ▸ **~ de huelga** strike (action) ▸ **llamar a ~** to summon **2.** [de examen] **tengo el inglés en cuarta ~** this is the fourth time I've had to sit this exam

> CÓMO...
>
> ## *entablar conversación*
>
> **Let me introduce myself, I'm John.** / Permítame que me presente. Soy John.
> **Hi. It's Ann, isn't it?** / Hola. Eres Ana, ¿verdad?
> **So, how do you know David?** / Entonces, ¿de qué conoces a David?
> **Haven't we met before?** / ¿No nos hemos visto ya antes?
> **Is this your first time here?** / ¿Es la primera vez que vienes aquí?
> **Have you been waiting long?** / ¿Llevas mucho tiempo esperando?
> **It's hot today, isn't it?** / Hace calor hoy, ¿verdad?

convoy (pl **convoyes**) nm **1.** [de barcos, camiones] convoy **2.** [tren] train

convulsión nf **1.** [de músculos] convulsion **2.** [de tierra] tremor **3.** [política, social] **un periodo de convulsiones** a period of upheaval

convulsionar vt to throw into upheaval

convulsivo, -a adj convulsive

convulso, -a adj convulsed

conyugal adj conjugal ▸ **vida ~** married life

cónyuge nmf spouse ▸ **los cónyuges** husband and wife

coña nf *ESP muy Fam* **1.** [guasa] joke ▸ **está de ~** she's just pissing around ▸ **¡ni de ~!** no *BR* bloody *o US* goddamn way! **2.** [casualidad] **acertó de ~** it was a total fluke that he got it right **3.** [molestia] drag, pain ▸ **dar la ~** to be a pain

coñac (pl **coñacs**), ***coñá*** (pl **coñá**) nm brandy, cognac

coñazo nm *ESP muy Fam* pain, drag ▸ **dar el ~** to be a pain ▸ **ser un ~** to be *BR* bloody *o US* goddamn boring

coño *esp ESP Vulg* ■ nm **1.** [vulva] cunt, twat ▸ **no me sale del ~** I can't be fucking bothered, *BR* I can't be arsed **2.** [para enfatizar] **¿dónde/qué ~...?** where/what the fuck...? ▸ **vive en el quinto ~** she lives *BR* bloody *o US* goddamn miles from anywhere
■ interj **1.** [enfado] **¡~!** for fuck's sake! **2.** [sorpresa] **¡~!** fucking hell!

cooperación nf co-operation

cooperador, -ora adj co-operative

cooperante ■ adj co-operating
■ nmf (overseas) volunteer worker

cooperar vi to co-operate (**con alguien en algo** with sb in sth)

cooperativa nf co-operative ▸ **~ agrícola** farming co-operative ▸ **~ de viviendas** housing co-operative

cooperativismo nm co-operative movement

cooperativo, -a adj co-operative

coordenadas nfpl co-ordinates ▸ MAT **~ cartesianas** Cartesian co-ordinates

coordinación nf co-ordination

coordinado, -a adj co-ordinated

coordinador, -ora ■ adj co-ordinating
■ nm,f co-ordinator

coordinadora nf [organización] grouping

coordinar vt **1.** [movimientos, gestos] to co-ordinate **2.** [esfuerzos, medios] to combine, to pool

copa nf **1.** [recipiente] glass ▸ **una ~ de champán** a champagne glass **2.** [contenido] glass ▸ **una ~ de vino** a glass of wine ▸ **beber una ~ de más** to have a drink too many ▸ **ir de copas** to go out drinking ▸ **¿quieres (tomar) una ~?** would you like (to have) a drink? **3.** [trofeo, competición] cup ▸ **la Copa del Mundo** the World Cup **4.** [de árbol] top ▸ *Fig* **una mentira como la ~ de un pino** a whopper (of a lie) **5.** [de sombrero] crown **6. copas** [naipes] = *suit in Spanish deck of cards, with the symbol of a goblet*

copar vt to monopolize

copartícipe nmf [en empresa] partner / [en actividad] participant

copear vi *Fam* to have a few drinks

Copenhague n Copenhagen

copeo nm *Fam* drinking ▸ **ir de ~** to go out drinking

copero, -a adj DEP **un equipo ~** a good cup team ▸ **partido ~** cup tie

copete nm **1.** [de ave] crest **2.** [de pelo] tuft **3.** *Fam* **de alto ~** posh

copetín nm *RP* [bebida] aperitif

copia nf **1.** [reproducción] copy ▸ **sacar una ~** to make a copy ▸ INFORM **~ impresa** hard copy ▸ INFORM **~ de seguridad** backup ▸ **hacer una ~ de seguridad de algo** to make a backup of sth **2.** [acción] copying **3.** [persona] (spitting) image

copiador, -ora adj copying

copiadora nf [máquina] photocopier

copiar ■ vt [gen] & INFORM to copy ▸ **copió lo que yo iba diciendo** he took down what I was saying
■ vi [en examen] to cheat, to copy

copiloto nmf copilot

copión, -ona nm,f *Fam* [imitador] copycat / [en examen] cheat

copiosamente adv [llover] heavily ▸ **llorar ~** to cry one's eyes out

copioso, -a adj abundant

copista nmf copyist

copistería nf [tienda] copy shop

copla nf **1.** [canción] folksong, popular song ▸ *Fig* **ya está otra vez con la misma ~** he's back on his hobbyhorse **2.** [estrofa] verse, stanza

copo nm **1.** [de nieve, cereales] flake ▸ **copos de avena** rolled oats **2.** [de algodón] ball

copón nm *ESP muy Fam* **un lío del ~** a hell of a mess ▸ **nos lo pasamos del ~** we had a hell of a good time

coprocesador nm INFORM coprocessor ▸ **~ matemático** maths coprocessor

coproducción nf coproduction

copropiedad nf [de empresa] joint ownership, co-ownership / [multipropiedad] timesharing

copropietario, -a nm,f co-owner, joint owner

coprotagonista nmf co-star

coprotagonizar [14] vt to co-star in

copto, -a ■ adj Coptic
■ nm [lengua] Coptic

cópula nf **1.** [sexual] copulation **2.** GRAM copula

copulación nf [gen] & GRAM copulation

copular vi to copulate

copulativo, -a adj GRAM copulative

copyright [kopi'rrait] nm copyright

coque nm coke

coqueta nf [tocador] dressing table

coquetear vi *también Fig* to flirt

coqueteo nm flirtation

coquetería nf coquetry

coqueto, -a adj **1.** [persona] [que flirtea] flirtatious / [que se arregla mucho] concerned with one's appearance **2.** [cosa] charming, delightful

coraje nm **1.** [valor] courage **2.** [rabia] anger ▸ **me da mucho ~** it makes me furious

coral ■ adj choral
■ nm coral
■ nf **1.** [coro] choir **2.** [composición] chorale

coralino, -a adj coral

Corán nm REL **el ~** the Koran

coránico, -a adj REL Koranic

coraza nf **1.** [de soldado] cuirasse **2.** [de tortuga] shell **3.** [protección] shield

corazón nm **1.** [de persona, animal, lugar] heart ▸ **en pleno ~ de la ciudad** right in the heart of the city ▸ **a ~ abierto** [operación] open-heart ▸ **padecer del ~** to have heart trouble ▸ *Fig* **con el ~ en la mano** frankly, openly ▸ **de (todo) ~** from the bottom of one's heart, quite sincerely ▸ **se me encoge el ~ al ver...** it breaks my heart to see... ▸ **romper** *o* **partir el ~ a alguien** to break sb's heart ▸ **no tener ~** to have no heart, to be heartless ▸ **tener un ~ de oro** to have a heart of gold **2.** [de frutas] core **3.** [apelativo] sweetheart ▸ **¡Ana de mi ~!** Ana, sweetheart! **4. (dedo) ~** middle finger **5.** REL **Sagrado Corazón** Sacred Heart

corazonada nf **1.** [presentimiento] feeling, hunch **2.** [impulso] sudden impulse

corbata nf tie ▸ **~ de** *CHILE* **humita** *o VEN* **lacito** *o MÉX* **moño** *o ESP* **pajarita** bow tie

corbatín nm *CAM, CARIB, COL* bow tie

corbeta nf MIL corvette

Córcega n Corsica

corcel nm steed

corchea nf MÚS *BR* quaver, *US* eighth note

corchera nf [en piscina] lane marker

corchete nm **1.** [broche] hook and eye **2.** [signo ortográfico] square bracket **3.** *CHILE* [grapa] staple

corchetear vt *CHILE* to staple

corchetera nf *CHILE* stapler

corcho nm cork

corcholata nf *MÉX* (metal) bottle top

córcholis interj [para expresar sorpresa] **¡~!** good heavens!

corcova nf hump

corcovado, -a nm,f hunchback

cordada nf = *roped party of mountaineers*

cordaje nm **1.** [de guitarra, raqueta] strings **2.** NÁUT rigging

cordel nm cord ▸ **a ~** in a straight line

cordelería nf [tienda] = *shop selling rope, string etc*

cordero, -a nm,f *también Fig* lamb ▸ **Cordero de Dios** lamb of God

cordial adj cordial

cordialidad nf cordiality

cordillera nf mountain range ▸ *RP* **la Cordillera** the southern Andes ▸ **la Cordillera Cantábrica** the Cantabrian Mountains

cordobés, -esa ■ adj of/from Córdoba
■ nm,f person from Córdoba

cordón nm **1.** [cuerda] [gen] & ANAT cord / [de zapato] lace ▸ **~ umbilical** umbilical cord **2.** [cable eléctrico] flex **3.** [para protección, vigilancia] cordon ▸ **~ sanitario** cordon sanitaire **4.** *CSUR* [de la vereda] *BR* kerb, *US* curb ▸ **aparcar en ~** to park end-to-end

cordura nf [juicio] sanity / [sensatez] sense

Corea n **~ del Norte/del Sur** North/South Korea

coreana nf [abrigo] parka, snorkel jacket

coreano, -a adj & nm,f Korean

corear vt [exclamando] to chorus / [cantando] to sing

coreografía nf choreography

coreógrafo, -a nm,f choreographer

corintio, -a adj & nm,f Corinthian

corista ■ nmf [en coro] chorus singer
■ nf [en cabaret] chorus girl

cormorán nm cormorant

cornada nf TAUROM = *wound from bull's horns* ▸ **el torero recibió tres cornadas** the bullfighter was gored three times

cornamenta nf **1.** [de toro] horns / [de ciervo] antlers **2.** *Fam* [de marido engañado] cuckold's horns

cornamusa nf **1.** [trompeta] hunting horn **2.** [gaita] bagpipes

córnea nf cornea

cornear vt to gore

corneja nf crow

córneo, -a adj horny

córner (pl **córners**) nm DEP corner (kick)

corneta ■ nf [instrumento] bugle
■ nmf [persona] bugler

cornete nm **1.** ANAT turbinate bone **2.** [helado] cornet, cone

cornetín ■ nm [instrumento] cornet
■ nmf [persona] cornet player

cornflakes® ['konfleks] nmpl Cornflakes ®

cornisa nf **1.** ARQUIT cornice **2.** GEOG **la ~ cantábrica** the Cantabrian coast

Cornualles n Cornwall

cornucopia nf **1.** [espejo] = *small decorative mirror* **2.** [cuerno] cornucopia, horn of plenty

cornudo, -a ■ adj **1.** [animal] horned **2.** *Fam* [marido] cuckolded
■ nm *Fam* cuckold

coro nm **1.** [grupo de voces, parte de iglesia] choir ▸ **contestar a ~** to answer all at once **2.** [de obra musical] chorus

corola nf corolla

corolario nm corollary

corona nf **1.** [de monarca] crown **2. la ~** [la monarquía] the Crown **3.** [de flores] garland ▸ **~ fúnebre/de laurel** funeral/laurel wreath **4.** [de santos] halo

coronación nf **1.** [de monarca] coronation **2.** [remate, colmo] culmination

coronamiento nm **1.** [remate, fin] culmination **2.** ARQUIT crown

coronar vt **1.** [persona] to crown **2.** [terminar] to complete / [culminar] to crown, to cap **3.** [cima] to reach

coronario, -a adj ANAT coronary

coronel nm MIL colonel

coronilla nf crown (of the head) ▸ *Fam* **estar hasta la ~ (de)** to be sick and tired (of)

corotos nmpl *CARIB Fam* things, whatnots

corpachón nm big body, big frame

corpiño nm **1.** [de vestido, top] bodice **2.** *ARG* [sostén] bra

corporación nf corporation ▸ **corporaciones locales** local authorities

corporal adj [calor] body / [trabajo, daño] physical / [castigo] corporal

corporativismo nm POL = *self-interested behaviour, especially of professional groups*

corporativo, -a adj corporate

corpóreo, -a adj corporeal

corpulencia nf corpulence

corpulento, -a adj corpulent

corpus (pl inv o **corpora**) nm corpus

Corpus Christi ['korpus 'kristi] nm REL Corpus Christi

corpúsculo nm corpuscle

corral nm **1.** [para aves] run / [para cerdos, ovejas] pen **2.** HIST [para teatro] = *open-air theatre in courtyard*

corrala nf = *building with several floors of small flats on running balconies round a central courtyard*

corralito nm [para niños] playpen

correa nf **1.** [de bolso, reloj] strap / [cinturón] belt / [de perro] lead, leash **2.** TEC belt ▸ **~ del ventilador** fan belt

correaje nm [de caballo] harness / [de soldado] equipment belts

corrección nf **1.** [de error] correction / [de examen] marking / [de texto] revision ▸ **~ de pruebas** proofreading **2.** [perfección] correctness **3.** [de comportamiento] correctness, courtesy ▸ **~ política** political correctness **4.** [reprimenda] reprimand

correccional nm reformatory, reform school

correctivo, -a ■ adj corrective
■ nm punishment

correcto, -a adj **1.** [resultado, texto, respuesta] correct **2.** [persona] polite / [conducta] proper

corrector, -ora ■ adj corrective
■ nm,f **~ de estilo** copy editor ▸ **~ (de pruebas)** proofreader
■ nm INFORM **~ de estilo** stylechecker ▸ **~ ortográfico** spellchecker

corredera nf [ranura] runner ▸ **puerta de ~** sliding door

corredero, -a adj sliding

corredizo, -a adj **nudo ~** slipknot

corredor, -ora ■ adj running ▸ **ave corredora** large flightless bird
■ nm,f **1.** [deportista] runner ▸ **~ de cross** cross-country runner ▸ **~ de fondo** long-distance runner ▸ *Fig* **ser un ~ de fondo** to have staying power **2.** FIN & COM [intermediario] **corredor de apuestas** bookmaker ▸ **~ de bolsa** stockbroker ▸ **~ de comercio** registered broker ▸ **~ de fincas** land agent ▸ **~ de seguros** insurance broker
■ nm [pasillo] corridor, passage

correduría nf COM **~ de seguros** [oficina] insurance broker's

corregidor, -ora nm,f HIST = *magistrate appointed by the king, especially in former Spanish colonies*

corregir [55] vt **1.** [error] to correct / [examen] to mark ▸ **corrígeme si me equivoco, pero creo que...** correct me if I'm wrong, but I think... **2.** [reprender] to reprimand
◆ ***corregirse*** vpr to change for the better

correlación nf correlation

correlacionar vt to correlate

correlativo, -a adj correlative

correligionario, -a nm,f [en política, ideología] person of the same ideological persuasion / [en religión] fellow believer ▸ **Churchill y sus correligionarios** Churchill and his fellow conservatives

correo ■ adj **tren ~** mail train
■ nm *BR* post, *US* mail ▸ **a vuelta de ~** by return (of post) ▸ **echar algo al ~** *BR* to post sth, *US* to mail sth ▸ **mandar algo por ~** to send sth by *BR* post *o US* mail ▸ *ESP* **Correos** [organismo] the post office ▸ **~ aéreo** airmail ▸ INFORM **~ basura** junk mail, spam ▸ **~ caracol** snail mail ▸ **~ certificado** registered *BR* post *o US* mail ▸ **~ comercial** direct mail ▸ **~ electrónico** [sistema] e-mail, electronic mail ▸ **enviar un ~ (electrónico) a alguien** to e-mail sb, to send sb an e-mail ▸ **~ urgente** ≃ special delivery ▸ **~ de voz** voice mail

correoso, -a adj [carne] leathery, tough / [pan] chewy

CÓMO...

corregir a alguien

With respect, I think you're mistaken. / Con todos mis respetos, creo que se equivoca.
I'm sorry, but you're wrong. / Lo siento, pero te equivocas.
You've got it all wrong. / No has entendido nada.
You've got the wrong end of the stick! / ¡Lo has entendido todo al revés!
That can't be right, surely. / Estoy seguro de que no puede ser así.
Actually, that's not strictly true. / De hecho, eso no es del todo cierto.
I'm sorry, I don't accept your assessment of my report. / Lo siento, no puedo aceptar la evaluación que ha hecho de mi informe.
I beg to differ. / Permítame que discrepe.

correr ■ vi **1.** [persona, animal] to run ▸ **me gusta ~ todas las mañanas** I like to go for a run every morning ▸ **¡corre a pedir ayuda!** run for help! ▸ **a todo ~** at full speed *o* pelt **2.** [apresurarse] **¡corre, que vamos a perder el autobús!** hurry up, we're going to miss the bus! ▸ **no corras, que te vas a equivocar** don't rush yourself, or you'll make a mistake **3.** [conductor] to drive fast **4.** [río] to flow / [camino, agua del grifo] to run **5.** [el tiempo, las horas] to pass, to go by ▸ **esta última semana ha pasado corriendo** this last week has flown by **6.** [noticia] to spread ▸ **corre el rumor de que...** there's a rumour that... **7. ~ con los gastos (de algo)** to bear the cost (of sth) ▸ **~ a cargo de** to be taken care of by

■ vt **1.** [recorrer] [una distancia] to cover ▸ **corrió los 100 metros** he ran the 100 metres **2.** [mover] [mesa, silla] to move *o* pull up ▸ **corre la cabeza, que no veo** move your head out of the way, I can't see **3.** [cerrar] **~ las cortinas** to draw the curtains ▸ **~ el pestillo** to bolt the door **4.** [experimentar] **~ aventuras** to have adventures ▸ **~ peligro** to be in danger ▸ **~ el riesgo de (hacer) algo** to run the risk of (doing) sth **5.** *Fam* INFORM [programa, aplicación] to run

◆ ***correrse*** vpr **1.** [desplazarse] [persona] to move over / [cosa] to slide **2.** [pintura, colores] to run ▸ **se me ha corrido el rímel** my mascara has run **3.** *ANDES, ESP muy Fam* to come ▸ *ESP Fig* **correrse de gusto (con algo)** [disfrutar] to get off (on sth)

correría nf foray

correspondencia nf **1.** [relación] correspondence **2.** [correo] correspondence ▸ **mantengo ~ con ella** she and I write to each other ▸ **¿te importaría recogerme mi ~?** would you mind picking up my *BR* post *o US* mail for me? **3.** [de metro, tren] connection ▸ **próxima estación, Sol, ~ con línea tres** next stop Sol, change here for line three

corresponder ■ vi **1.** [compensar] **~ (con algo) a alguien/algo** to repay sb/sth (with sth) ▸ **ella nunca correspondió a mi amor** she never returned my love, she never felt the same way about me **2.** [tocar] **les corresponde un millón a cada uno** they get *o* they're due one million each **3.** [coincidir] to correspond **(a/con** to/with) **4.** [competer] **corresponderle a alguien hacer algo** to be sb's responsibility to do sth **5.** [ser adecuado] to be right *o* fitting ▸ **voy a darle las gracias como corresponde** I'm going to thank him, as is only right

■ vt [sentimiento] to repay ▸ **ella no le correspondía** she didn't feel the same way about him ▸ **amor no correspondido** unrequited love

◆ ***corresponderse*** vpr **1.** [escribirse] to correspond **2.** [amarse] to love each other

correspondiente adj **1.** [perteneciente, relativo] corresponding **(a** to) ▸ **trajo todos los documentos correspondientes al tema** he brought all the documents relevant to the subject ▸ **el presupuesto ~ al ejercicio de 2001** the budget for 2001 **2.** [respectivo] respective ▸ **cada uno tomó su parte ~** each person took their own share **3.** [lógico] **llegó tarde, con el ~ disgusto de sus padres** he arrived late, to the understandable annoyance of his parents

corresponsal nmf **1.** PRENSA correspondent **2.** COM agent

corresponsalía nf post of correspondent

corretaje nm COM brokerage

corretear vi **1.** [correr] to run about **2.** *Fam* [vagar] to hang about **3.** *MÉX* [adelantar] to overtake

correveidile nmf gossip

corrida nf **1.** TAUROM bullfight **2.** [acción de correr] run

corrido, -a ■ adj **1.** [cortinas] drawn **2.** [avergonzado] embarrassed **3.** [continuo] continuous ▸ **balcón ~** long balcony *(running across building)* ▸ **banco ~** long bench ▸ *Fig* **de ~** by heart ▸ **recitar algo de ~** to recite sth parrot-fashion

■ nm [canción mejicana] Mexican ballad

corriente ■ adj **1.** [normal] ordinary, normal ▸ **un reloj normal y ~** an ordinary watch ▸ *Fam* **~ y moliente** run-of-the-mill **2.** [agua] running **3.** [mes, año, cuenta] current

■ nf **1.** [de río, electricidad] current ▸ **le dio la ~ al tocar el enchufe** she got an electric shock when she touched the socket ▸ **~ alterna/continua** alternating/direct current ▸ **la ~ del Golfo** the Gulf Stream **2.** [de aire] *BR* draught, *US* draft **3.** [tendencia] trend, current / [de opinión] tide ▸ **~ de pensamiento** school of thought **4.** [expresiones] **dejarse llevar de** *o* **por la ~** to follow the crowd ▸ **ir contra ~** to go against the tide ▸ *Fam* **llevarle** *o* **seguirle la ~ a alguien** to humour sb

◆ ***al corriente*** loc adv **mantener** *o* **tener al alguien al ~ de algo** to keep sb informed about sth ▸ **ponerse al ~** to bring oneself up to date ▸ **está al ~ de la noticia** he has heard the news

corrigió *ver* ***corregir***

corrijo *ver* ***corregir***

corrillo nm knot *o* small group of people ▸ **formar corrillos** to go into huddles

corrimiento nm shift, slipping ▸ **~ de tierras** landslide

corro nm **1.** [círculo] circle, ring ▸ **en ~** in a circle ▸ **hacer ~** to form a circle **2.** BOLSA ring, *US* pit

corroboración nf corroboration

corroborar vt to corroborate

corroer [57] vt **1.** [desgastar] to corrode / GEOL to erode **2.** [consumir] to consume, to eat away at ▸ **le corroe la envidia** he's consumed with envy

corromper vt **1.** [madera] to rot / [alimentos] to turn bad, to spoil **2.** [pervertir] to corrupt **3.** [sobornar] to bribe

◆ ***corromperse*** vpr **1.** [pudrirse] to rot **2.** [pervertirse] to become corrupted

corrosión nf [desgaste] corrosion / [de un metal] rust / GEOL erosion

corrosivo, -a adj *también Fig* corrosive

corrupción nf **1.** [delito, decadencia] corruption ▸ DER **~ de menores** corruption of minors **2.** [soborno] bribery **3.** [de una sustancia] decay

corruptela nf corruption

corrupto, -a adj corrupt

corruptor, -ora ■ adj corrupting

■ nm,f corrupter ▸ DER ~ **de menores** corrupter of minors

corrusco nm hard crust

corsario, -a ■ adj pirate ▸ **un buque ~** a pirate ship
■ nm corsair, pirate

corsé nm corset

corsetería nf ladies' underwear shop

corso, -a ■ adj & nm,f Corsican
■ nm [dialecto] Corsican

cortacésped nm lawnmower

cortacircuitos nm inv circuit breaker

cortado, -a ■ adj **1.** [labios, manos] chapped **2.** [leche] sour, off / [mayonesa] off **3.** *Fam* [persona] **estar ~** to be inhibited ▸ **quedarse ~** to be left speechless ▸ **ser ~** to be shy
■ nm **1.** [café] = *small coffee with just a little milk* **2.** *Fam* [persona] **ser un ~** to be shy

cortador, -ora ■ adj cutting
■ nm [de césped] lawnmower

cortadora nf cutter ▸ **~ de césped** lawnmower

cortadura nf cut

cortafuego nm firebreak

cortante adj **1.** [afilado] sharp **2.** [tajante] [frase, estilo] cutting / [viento] biting / [frío] bitter

cortapisa nf limitation, restriction

cortaplumas nm inv penknife

cortapuros nm inv cigar cutter

cortar ■ vt **1.** [seccionar] to cut / [en pedazos] to cut up / [escindir] [rama, brazo, cabeza] to cut off / [talar] to cut down ▸ **~ una rebanada de pan** to cut a slice of bread ▸ **corta la tarta en cinco partes** divide the cake in five, cut the cake into five slices ▸ **cortarle el pelo a alguien** to cut sb's hair ▸ INFORM **~ y pegar** cut and paste **2.** [recortar] [tela, figura de papel] to cut out / [gastos] to cut back **3.** [labios, piel] to crack, to chap **4.** [hender] [aire, olas] to slice through **5.** [baraja] to cut **6.** [leche] to curdle **7.** [interrumpir] [retirada, luz, teléfono] to cut off / [carretera] to block (off) / [hemorragia] to stop, to staunch / [discurso, conversación] to interrupt ▸ **~ el tráfico** to close the road to traffic **8.** [poner fin a] [beca] to cut / [abusos] to put a stop to ▸ **~ un problema de raíz** [impedirlo] to nip a problem in the bud / [erradicarlo] to root a problem out **9.** *Fam* [avergonzar] **este hombre me corta un poco** I find it hard to be myself when that man's around
■ vi **1.** [producir un corte] to cut ▸ **estas tijeras no cortan** these scissors don't cut (properly) ▸ *Fig* **~ por lo sano** [aplicar una solución drástica] to resort to drastic measures / [para evitar más pérdidas] to cut one's losses **2.** [atajar] to take a short cut (**por** through) **3.** [terminar una relación] to split up (**con** with) ▸ **corté con mi novio** I've split up with my boyfriend
◆ ***cortarse*** vpr **1.** [herirse] to cut oneself ▸ **cortarse con un cristal** to cut oneself on a piece of glass ▸ **cortarse (en) la cara** to cut one's face ▸ **cortarse el pelo** to have a haircut, to have one's hair cut **2.** [labios, piel] to become chapped *o* cracked **3.** [leche] to curdle **4.** [interrumpirse] **se cortó la comunicación** I was/we were *etc* cut off ▸ **se te va a ~ la digestión** you'll get stomach cramps **5.** *Fam* [turbarse] to become tongue-tied ▸ **no te cortes, sírvete lo que te apetezca** don't be shy *o* polite, take whatever you want ▸ **no se corta a la hora de criticar** he doesn't mince his words *o* hold back when he has criticisms to make

cortaúñas nm inv nail clippers

cortavientos nm inv windbreak

corte ■ nm **1.** [raja] cut ▸ **se hizo un ~ en la rodilla** he cut his knee ▸ **~ y confección** [para mujeres] dressmaking / [para hombres] tailoring ▸ **~ de pelo** haircut **2.** [retal de tela] length **3.** [contorno] shape **4.** [interrupción] **~ de luz** power cut ▸ **~ de digestión** stomach cramps **5.** [sección] section **6.** [concepción, estilo] style **7.** [pausa] break ▸ **~ publicitario** commercial break **8.** *ESP* [filo] (cutting) edge **9.** *AM* [reducción] [presupuestario, salarial] cut, cutback **10.** *Fam* [vergüenza] embarrassment ▸ **dar ~ a alguien** to embarrass sb ▸ **me da ~ decírselo** I feel embarrassed to tell him **11.** *Fam* [respuesta ingeniosa] put-down ▸ **dar** *o* **pegar un ~ a alguien** to cut sb dead **12. ~ de mangas** = *obscene gesture involving raising one arm with a clenched fist and placing one's other hand in the crook of one's elbow* ▸ *Fig* **hacer un ~ de mangas a alguien** ≃ to stick two fingers up at sb
■ nf **1.** [del rey] court ▸ *ESP* **las Cortes (Generales)** [cámara legislativa] the Spanish parliament **2.** [galanteo] **hacer la ~ a alguien** to court sb **3.** *esp AM* [tribunal] court ▸ **Corte Penal Internacional** International Criminal Court

cortedad nf **1.** [de longitud] shortness / [de duración] shortness, brevity **2.** [timidez] shyness ▸ **~ de miras** shortsightedness

cortejar vt to court

cortejo nm retinue ▸ **~ fúnebre** funeral cortège *o* procession

cortés (pl **corteses**) adj polite, courteous

cortesana nf [prostituta] courtesan

cortesano, -a ■ adj [modales] courtly ▸ **la vida cortesana** life at court
■ nm,f [personaje de la corte] courtier

cortesía nf courtesy ▸ **las trataron con ~** they were treated courteously *o* politely ▸ **por ~ de** courtesy of ▸ **tuvo la ~ de llamarme** he was kind enough to phone me ▸ **de ~** courtesy ▸ **una visita de ~** a courtesy call ▸ **le daremos diez minutos de ~** we'll give him ten minutes

córtex nm inv ANAT cortex

corteza nf **1.** [del árbol] bark **2.** [de pan] crust / [de queso, tocino, limón] rind / [de naranja] peel ▸ **cortezas de cerdo** pork scratchings **3.** GEOL [terrestre] crust **4.** ANAT cortex

cortical adj cortical

corticoide nm corticoid

cortijo nm [finca] farm *(typical of Andalusia and Extremadura)* / [casa] farmhouse

cortina nf [de tela] curtain ▸ *Fig* **~ de agua** sheet of water ▸ *AM* HIST **~ de hierro** Iron Curtain ▸ *también Fig* **~ de humo** smoke screen

cortinaje nm curtains

cortisona nf cortisone

corto, -a ■ adj **1.** [de poca longitud, duración] short ▸ **las mangas me están cortas** my sleeves are too short ▸ **el paseo se me ha hecho muy ~** the walk seemed to go very quickly **2.** [escaso] [raciones] small, meagre ▸ **~ de** [dinero] short of ▸ *Fig* **~ de miras** short-sighted ▸ **~ de vista** short-sighted **3.** [tonto] **~ (de alcances)** dim, simple **4.** [expresiones] **ni ~ ni perezoso** just like that ▸ **quedarse ~** [al calcular] to underestimate ▸ **nos quedamos cortos al comprar pan** we didn't buy enough bread
■ nm CINE short (movie *o BR* film)

cortocircuito nm short circuit

cortometraje nm short (movie *o BR* film)

coruñés, -esa ■ adj of/from La Coruña
■ nm,f person from La Coruña

corva nf back of the knee

corvo, -a adj [curvado] curved / [nariz] hooked

corzo, -a nm,f roe buck, *f* roe deer

cosa nf **1.** [objeto, idea] thing ▸ **tengo que decirte una ~** I've got something to tell you ▸ **¿quieres alguna ~?** is there anything you want? ▸ **cualquier ~** anything ▸ **no es gran ~** it's not important, it's no big deal ▸ **poca ~** nothing much **2.** [asunto] **tengo muchas cosas que hacer** I've got a lot (of things) to do ▸ **eso es ~ mía** that's my affair *o* business ▸ **eso es ~ fácil** that's easy ▸ **cada ~ a su tiempo** one thing at a time **3.** [ocurrencia] funny remark ▸ **¡qué cosas tienes!** you do say some funny things! ▸ **son cosas de mamá** that's just the way Mum is, that's just one of Mum's little idiosyncrasies **4.** *Fam* [reparo] **me da ~ decírselo** I'm a bit uneasy about telling him **5.** [expresiones] **~ de** about ▸ **tardará ~ de tres semanas** it'll take about three weeks ▸ **se presentó al examen a ~ hecha** he sat the exam although he knew he was certain to pass ▸ **hacer algo como quien no quiere la ~** [disimuladamente] to do sth innocently / [sin querer] to do sth almost without realizing it ▸ **como si tal ~** as if nothing had happened ▸ **entre unas cosas y otras** what with one thing and another ▸ **no era ~ de presentarse sin avisar** you couldn't just turn up without warning ▸ **tendrá treinta años o ~ así** he must be thirty or thereabouts ▸ **y cosas así** and so on ▸ **¡qué ~!** how strange! ▸ **la ~ se pone fea** things are getting ugly, there's trouble brewing ▸ **las cosas como son, nunca vas a aprobar ese examen** let's face it, you're never going to pass that exam

cosaco, -a ■ adj Cossack
■ nm,f Cossack ▸ **beber como un ~** to drink like a fish

coscorrón nm bump on the head ▸ **se dio un ~** he bumped his head

cosecante nf MAT cosecant

cosecha nf **1.** AGR harvest ▸ *Fam Fig* **ser de la (propia) ~ de alguien** to be made up *o* invented by sb **2.** [del vino] vintage

cosechadora nf combine harvester

cosechar ■ vt **1.** [cultivar] to grow **2.** [recolectar] to harvest **3.** [obtener] to win, to reap ▸ **su última novela ha cosechado muchos éxitos** his latest novel has been a great success ▸ **cosechó numerosas críticas por sus declaraciones** he received a lot of criticism for his statement ▸ **el equipo cubano cosechó veinte medallas en los campeonatos** the Cuban team picked up twenty medals at the championships
■ vi to (bring in the) harvest

cosechero, -a nm,f [de cereales] harvester, reaper / [de frutos] picker

coseno nm MAT cosine

coser ■ vt **1.** [con hilo] to sew ▸ **~ un botón** to sew on a button **2.** [con grapas] to staple (together) **3.** [expresiones] **~ a alguien a balazos** to riddle sb with bullets ▸ **~ a cuchilladas** to stab repeatedly
■ vi to sew ▸ *Fam Fig* **ser ~ y cantar** to be child's play *o* a piece of cake

cosido nm stitching

cosmética nf cosmetics

cosmético, -a ■ adj cosmetic ▸ **productos cosméticos** cosmetics
■ nm cosmetic

cósmico, -a adj cosmic

cosmogonía nf cosmogony

cosmografía nf cosmography

cosmología nf cosmology

cosmonauta nmf cosmonaut

cosmopolita adj & nmf cosmopolitan

cosmos nm inv cosmos

cosmovisión nf world view

coso nm **1.** TAUROM [plaza] bullring **2.** *CSUR Fam* [objeto] whatnot, thing

cosquillas nfpl **hacer ~** to tickle ▸ **tener ~** to be ticklish ▸ *Fig* **buscarle las ~ a alguien** to wind sb up, to irritate sb

cosquilleo nm tickling sensation

costa nf **1.** [litoral] coast ▸ **pasan las vacaciones en la ~** they spend their holidays on the coast ▸ **la Costa Azul** the Côte d'Azur ▸ **la Costa Brava** the Costa Brava **2.** [coste] **a ~ de** at the expense of ▸ **lo hizo a ~ de grandes esfuerzos** he did it by dint of much effort ▸ **aún vive a ~ de sus padres** he's still living off his parents ▸ **a toda ~** at all costs ▸ DER **costas (judiciales)** (legal) costs **3. Costa de Marfil** Ivory Coast

costado nm side ▸ **de ~** sideways

costal ■ adj MED rib, costal ▸ **tiene una fractura ~** he has a fractured rib
■ nm sack

costalada nf, ***costalazo*** nm heavy fall *(backwards)* ▸ **darse una ~** to fall over backwards

costanera nf *CSUR* promenade

costar [63] vi **1.** [dinero] to cost ▸ **¿cuánto cuesta?** how much is it? ▸ **me costó 3.000 pesos** it cost me 3,000 pesos ▸ **costó muy barato** it was very cheap ▸ *Fig* **~ un ojo de la cara** *o* **un riñón** to cost an arm and a leg **2.** [tiempo] to take ▸ **nos costó seis horas llegar** it took us six hours to get there **3.** [ser difícil, penoso] **me costó decírselo** I found it difficult to tell him ▸ **a este niño le cuesta dormirse** this child has difficulty getting to sleep ▸ **no le habría costado nada ayudarme** it wouldn't have cost him anything to help me ▸ **~ trabajo** to be difficult, to take a lot of work ▸ **me costó (trabajo) acostumbrarme** it took me a while to get used to it ▸ **cuesta (trabajo) abrir esa puerta** this door is difficult to open **4.** [expresiones] **~ caro a alguien** to cost sb dear ▸ **cueste lo que cueste** whatever the cost ▸ **le costó la vida** it cost him his life

Costa Rica n Costa Rica

costarricense, costarriqueño, -a adj & nm,f Costa Rican

coste nm *ESP* [de producción] cost / [de un objeto] price ▸ **~ de distribución** distribution cost ▸ **costes de explotación** operating costs ▸ **costes fijos** fixed costs ▸ **costes indirectos** indirect costs ▸ **costes de mano de obra** labour costs ▸ **~ de sustitución** replacement cost ▸ **~ de la vida** cost of living ▸ **~ unitario** unit cost ▸ **costes variables** variable costs

costear vt **1.** [pagar] to pay for **2.** NÁUT [la costa] to hug, to keep close to
◆ ***costearse*** vpr **costearse algo** [pagarse] to pay for sth oneself ▸ **trabaja para costearse los estudios** she's working to pay for her studies

costeño, -a, costero, -a ■ adj coastal ▸ **un pueblo ~** a seaside town
■ nm,f *AM* = *person from the coast*

costera nf *MÉX* promenade

costero, -a ➤ ***costeño***

costilla nf **1.** ANAT & NÁUT rib ▸ *Fam* **costillas** [espalda] back **2.** CULIN cutlet ▸ **costillas de cerdo** pork chops **3.** *Fam* [cónyuge] better half

costillar nm [de persona] ribs, ribcage / [de carne] side

costo nm **1.** [de producción] cost / [de un objeto] price ▸ **~ de distribución** distribution cost ▸ **costos de explotación** operating costs ▸ **costos fijos** fixed costs ▸ **costos indirectos** indirect costs ▸ **costos de mano de obra** labour costs ▸ **~ de sustitución** replacement cost ▸ **~ de la vida** cost of living ▸ **~ unitario** unit cost ▸ **costos variables** variable costs **2.** *ESP Fam* [hachís] hash

costoso, -a adj [operación, maquinaria] expensive / [trabajo] exhausting / [triunfo] costly

costra nf [de suciedad, de tierra] layer, crust / [de pan] crust / [de herida] scab

costumbre nf habit, custom ▸ **tomar/perder la ~ de hacer algo** to get into/out of the habit of doing sth ▸ **como de ~** as usual ▸ **la cantidad de ~** the usual amount ▸ **tener la ~ de** *o* **tener por ~ hacer algo** to be in the habit of doing sth ▸ **costumbres** [de país, cultura] customs / [de persona] habits ▸ **no hay que perder las buenas costumbres** we don't want to break with tradition

costumbrismo nm = *literary style that deals with typical regional or national customs*

costumbrista adj [novela] = *describing the customs of a country or region*

costura nf **1.** [labor] sewing, needlework **2.** [en tela] seam **3.** [oficio] dressmaking ▸ **alta ~** haute couture **4.** [cicatriz] scar

costurera nf dressmaker, seamstress

costurero nm [caja] sewing box

cota nf **1.** [altura] altitude, height above sea level **2.** [armadura] **~ de malla(s)** coat of mail **3.** [nivel] **alcanzar altas cotas de popularidad** to become very popular

cotangente nf MAT cotangent

cotarro nm *Fam* riotous gathering ▸ **dirigir el ~** to rule the roost, to be the boss

cotejar vt to compare

cotejo nm comparison

cotice *etc ver* ***cotizar***

cotidianidad nf [vida cotidiana] everyday life / [frecuencia] commonness

cotidiano, -a adj daily ▸ **el trabajo ~** day-to-day tasks ▸ **ser algo ~** to be an everyday occurrence

cotiledón nm cotyledon

cotilla *ESP Fam* ■ adj gossipy
■ nmf gossip, busybody

cotillear vi *ESP Fam* to gossip

cotilleo nm *ESP Fam* gossip, tittle-tattle ▸ **tengo que contarte un ~** I've got a bit of gossip to tell you

cotillón nm = *party on New Year's Eve or 5th of January*

cotizable adj quotable

cotización nf **1.** [valor] value **2.** [en Bolsa] quotation, price **3.** [a la seguridad social] contribution

cotizado, -a adj **1.** [en Bolsa] quoted **2.** [persona] sought-after

cotizar [14] ■ vt **1.** [valorar] to quote, to price **2.** [pagar] to pay
■ vi COM [pagar] to contribute ▸ **los trabajadores tienen que ~ a la seguridad social** employees have to pay Social Security contributions
◆ ***cotizarse*** vpr **1.** [estimarse] to be valued *o* prized ▸ **el conocimiento de idiomas se cotiza mucho** a knowledge of foreign languages is considered extremely important **2. cotizarse a** [producto] to sell for, to fetch / [bonos, valores] to be quoted at

coto nm preserve ▸ **~ de caza** game preserve ▸ *Fig* **poner ~ a** to put a stop to

cotorra nf **1.** [ave] parrot **2.** *Fam* [persona] chatterbox ▸ **hablar como una ~** to talk nineteen to the dozen

cotorrear vi *Fam* to chatter

cotufa nf Jerusalem artichoke

coturno nm buskin

COU [kou] nm *Antes* (abrev de ***Curso de Orientación Universitaria***) = *one-year course which prepared pupils aged 17-18 for Spanish university entrance examinations*

couché adj **papel ~** glossy paper

country ['kauntri] ■ adj **estilo ~** country (and western) style
■ nm country (and western) music

covacha nf hovel

coxal adj hip ▸ **fractura ~** hip fracture

coxis nm inv coccyx

coyote nm **1.** [coyote] coyote **2.** *MÉX Fam* [intermediario] fixer, middleman

coyotear vi *MÉX Fam* to wheel and deal

coyuntura nf **1.** [situación] moment ▸ **la ~ económica** the economic situation **2.** [articulación] joint

coyuntural adj temporary, provisional

coz nf kick ▸ *Fam Fig* **tratar a alguien a coces** to treat sb like dirt

CPI nf (abrev de ***Corte Penal Internacional***) ICC

cps INFORM (abrev de ***caracteres por segundo***) cps

CPU nf INFORM (abrev de ***Central Processing Unit***) CPU

crac (pl **cracs**) nm FIN crash

crack [krak] (pl **cracks**) nm **1.** [estrella] star, superstar **2.** FIN crash **3.** [droga] crack

cracker (pl **crackers**) nmf *Fam* INFORM cracker

crampón nm crampon

craneal adj cranial

cráneo nm cranium, skull ▸ *Fam* **ir de ~** to be doing badly

crápula nmf libertine

craso, -a adj **1.** [grave] [error] serious / [ignorancia] astonishing **2.** [grueso] fat

cráter nm crater

crayón nm *MÉX, ARG* [lápiz] wax crayon

creación nf creation ▸ **~ de empleo** job creation

creador, -ora ■ adj creative
■ nm,f creator ▸ **~ gráfico** creator *(of cartoon etc)* ▸ **el Creador** the Creator

crear vt **1.** [hacer, producir, originar] to create ▸ **me crea muchos problemas** it gives me a lot of trouble, it causes me a lot of problems ▸ **Picasso creó escuela** Picasso's works have had a seminal influence **2.** [inventar] to invent **3.** [fundar] to found
◆ ***crearse*** vpr [inventarse] **se ha creado un mundo de fantasía** he lives in his own little world ▸ **se crea problemas él solo** he imagines problems where there aren't any

creatividad nf creativity

creativo, -a ■ adj creative
■ nm,f [en publicidad] ideas man, *f* ideas woman

crecepelo nm hair tonic *o* restorer

crecer [46] vi **1.** [persona, planta] to grow **2.** [días, noches] to grow longer **3.** [río, marea] to rise **4.** [aumentar] [desempleo, valor] to rise, to increase / [valor] to increase **5.** [la luna] to wax
◆ ***crecerse*** vpr to become more self-confident ▸ **crecerse ante las dificultades** to thrive in the face of adversity

creces nmpl **le devolvieron con creces el dinero que les prestó** they paid back the money he lent them with interest ▸ **los italianos nos superan con ~** the Italians are a lot better than us ▸ **es el mejor con ~** he is by far the best ▸ **la oferta supera con ~ a la demanda** supply far exceeds demand ▸ **cumplió con ~ el trabajo que se le encargó** he more than fulfilled the task he had been given

crecida nf spate, flood

crecido, -a adj [cantidad] large / [hijo] grown-up

creciente adj [seguridad, confianza] growing / [luna] crescent, waxing

crecimiento nm [desarrollo] growth / [de precios] rise ▸ **~ económico** economic growth ▸ **~ exponencial** exponential growth ▸ **~ sostenible** sustainable growth

credencial ■ adj accrediting
■ nf [de acceso a un lugar] pass ▸ **credenciales (diplomáticas)** credentials

credibilidad nf credibility

crediticio, -a adj credit ▸ **entidad crediticia** credit institution, lender

crédito nm **1.** [préstamo] loan ▸ **(comprar algo) a ~** (to buy sth) on credit ▸ **~ bancario** bank loan ▸ **~ blando** soft loan ▸ **~ al consumo** consumer credit ▸ **~ a la exportación** export credit ▸ **~ hipotecario** mortgage (loan) ▸ **~ oficial** official credit ▸ **~ personal** personal loan **2.** [plazo de préstamo] credit **3.** [confianza] trust, belief ▸ **digno de ~** trustworthy ▸ **dar ~ a algo** to believe sth ▸ **¡no doy ~ a mis oídos!** I can't believe my ears! **4.** [fama] standing, reputation **5.** [en universidad] credit **6.** CINE **títulos de ~** credits

credo nm **1.** [religioso] creed **2.** [ideológico, político] credo

credulidad nf credulity

crédulo, -a ■ adj credulous, gullible
■ nm,f credulous *o* gullible person

creencia nf belief ▸ **cada cual es libre de tener sus creencias** everyone is entitled to their own opinion ▸ **es una ~ popular** it's a commonly held belief

creer [37] ■ vt **1.** [estar convencido de] to believe ▸ **créeme, sólo quería ayudar** believe me *o* honestly, I only wanted to help ▸ **¡ya lo creo!** of course! **2.** [suponer, pensar] to think ▸ **no creo, creo que no** I don't think so ▸ **creo que sí** I think so ▸ **creo que ha sido Sara** I think it was Sara ▸ **¡quién lo hubiera creído!** who would have thought it! ▸ **~ a alguien capaz de hacer algo** to believe sb to be capable of doing sth
■ vi to believe (**en** in) ▸ **debe de ser bastante interesante – no creas,...** it must be very interesting – far from it *o* don't you believe it,...
◆ ***creerse*** vpr **1.** [considerarse] **se cree Dios** he thinks he's God ▸ **¿pero tú quién te has creído que eres?** just who do you think you are? **2.** [dar por cierto] to believe completely ▸ **no me lo creo** *o* **puedo ~** I can't *o* don't believe it

creíble adj credible, believable

creído, -a adj [presumido] conceited

crema ■ nf **1.** [para la piel, sopa] cream ▸ **~ de base** foundation cream ▸ **~ de cacao** cocoa butter ▸ **~ de espárragos** cream of asparagus (soup) ▸ **~ facial** face cream ▸ **~ hidratante** moisturizer ▸ **~ de manos** hand cream ▸ **~ de marisco** seafood bisque ▸ **~ pastelera** (confectioner's) custard ▸ **~ para zapatos** shoe polish **2.** *esp AM* [de leche] cream ▸ **~ líquida** single cream
■ adj cream ▸ **color ~** cream(-coloured)

cremación nf cremation

cremallera nf **1.** [para cerrar] *BR* zip (fastener), *US* zipper **2.** TEC rack

crematístico, -a adj financial

crematorio, -a ■ adj **horno ~** cremator
■ nm crematorium

cremoso, -a adj creamy

crepe nm, *MÉX* ***crepa*** nf [torta] crêpe

crepé nm [tejido] crêpe

crepitar vi to crackle

crepuscular adj crepuscular, twilight ▸ **luz ~** twilight

crepúsculo nm [al amanecer] first light / [al anochecer] twilight, dusk ▸ *Fig* **en el ~ de su vida** in his twilight years

crescendo [kre'ʃendo] nm MÚS & *Fig* crescendo ▸ **in ~** growing

creso, -a adj *Fam* **rico y ~** filthy rich

crespo, -a adj tightly curled, frizzy

crespón nm crepe

cresta nf **1.** [de gallo] comb / [de punk] Mohican **2.** [de ola, montaña] crest ▸ **estar en la ~ (de la ola)** to be riding high

Creta n Crete

creta nf chalk

cretense adj & nmf Cretan

cretino, -a nm,f cretin

cretona nf cretonne

creyente ■ adj **ser ~** to be a believer
■ nmf believer

creyera *etc ver* ***creer***

crezca *etc ver* ***crecer***

cría nf **1.** [hijo del animal] young **2.** [crianza] [de animales] breeding / [de plantas] growing

criadero nm **1.** [de animales] farm *(breeding place)* / [de árboles, plantas] nursery ▸ **~ de ostras** oyster bed **2.** [de mineral] seam

criadillas nfpl CULIN testicles

criado, -a ■ adj brought up ▸ **niño mal ~** spoilt child
■ nm,f servant, *f* maid

criador, -ora ■ adj producing
■ nm,f [de animales] breeder / [de vinos] grower

crianza nf **1.** [de bebé] nursing, breastfeeding **2.** [de animales] breeding, rearing **3.** [del vino] vintage ▸ **vino de ~** vintage wine **4.** [educación] breeding

criar [32] vt **1.** [animales] to breed, to rear / [flores, árboles] to grow **2.** [educar] to bring up ▸ **nos criaron en el respeto a los demás** we were brought up to respect others **3.** [amamantar] [sujeto: mujer] to breast-feed / [sujeto: animal] to suckle **4.** [vino] to mature
◆ ***criarse*** vpr **1.** [crecer] to grow up / [educarse] to be educated ▸ **el cachorro se crió en cautividad** the cub was reared in captivity **2.** [reproducirse] to breed

criatura nf **1.** [niño] child / [bebé] baby **2.** [ser vivo] creature

criba nf **1.** [tamiz] sieve **2.** [selección] screening

cribar vt **1.** [con tamiz] to sieve **2.** [seleccionar] to screen out, to select

Crimea n Crimea

crimen nm crime ▸ **cometer un ~** to commit a crime ▸ *Fam* **sería un ~ dejar al bebé solo** it would be criminal *o* a crime to leave the baby on its own ▸ *Fam* **¡ese corte de pelo es un ~!** that haircut is awful *o* criminal! ▸ **~ de guerra** war crime ▸ **~ organizado** organized crime ▸ **~ pasional** crime of passion, crime passionnel

criminal adj & nmf criminal ▸ **~ de guerra** war criminal

criminalidad nf **1.** [cualidad] criminality **2. (índice de) ~** crime rate

criminalista ■ adj criminal ▸ **abogado ~** criminal lawyer
■ nmf criminal lawyer

criminalizar [14] vt to criminalize

criminología nf criminology

criminólogo, -a nm,f criminologist

crin nf mane ▸ **cepillo de ~** horsehair brush

crío, -a nm,f [niño] kid ▸ **esperan el ~ para diciembre** the baby is due in December ▸ **mi abuelo está hecho un ~** my grandfather doesn't look his age at all ▸ **¡no seas ~!** don't be such a baby!, don't be so childish!

criogenia nf cryogenics *(singular)*

criollo, -a ■ adj **1.** [persona] = *native to Latin America* **2.** [comida, lengua] creole
■ nm,f [persona] = *person (black or white) born in Latin America*
■ nm [idioma] creole

crioterapia nf cryotherapy

cripta nf crypt

críptico, -a adj cryptic

criptografía nf cryptography

criptograma nm cryptogram

criptón nm QUÍM krypton

críquet nm cricket

crisálida nf chrysalis

crisantemo nm chrysanthemum

crisis nf inv [situación difícil] crisis ▸ **estar en ~** to be in crisis ▸ **~ económica** recession ▸ **~ energética** energy crisis ▸ **~ de identidad** identity crisis ▸ **~ nerviosa** nervous breakdown

crisma[1] nf *Fam* nut, *BR* bonce ▸ **romperle la ~ a alguien** to smash sb's face in ▸ **romperse la ~** to bash one's head

crisma[2] nm, ***crismas*** nm inv *ESP* Christmas card

crisol nm [de metales] crucible / [lugar donde se mezclan cosas] melting pot

crispación nf [de nervios] tension / [de músculos] tenseness

crispado, -a adj tense

crispar vt [los nervios] to set on edge / [los músculos] to tense / [las manos] to clench ▸ **este trabajo me crispa los nervios** this work sets my nerves on edge
◆ ***crisparse*** vpr to become tense

cristal nm **1.** [mineral] crystal ▸ **~ líquido** liquid crystal ▸ **~ de roca** rock crystal **2.** *ESP* [material] glass ▸ **el suelo está lleno de cristales** there's glass all over the floor ▸ **~ ahumado** smoked glass ▸ **~ tallado** cut glass ▸ **~ tintado** tinted glass **3.** *ESP* [de ventana] (window) pane

/ [de gafas] lens **4.** *ESP* [espejo] mirror ▸ **bajar el ~** [ventanilla] to open *o* roll down the window

cristalera nf [puerta] French window / [ventana] large window

cristalería nf **1.** [objetos] glassware ▸ **les regalamos una ~** we gave them a set of glassware **2.** [tienda] glazier's (shop) / [fábrica] glassworks *(singular)*

cristalero, -a nm,f glazier

cristalino, -a ■ adj crystalline
■ nm crystalline lens

cristalización nf *también Fig* crystallization

cristalizar [14] vi *también Fig* to crystallize
◆ ***cristalizarse*** vpr to crystallize / *Fig* **cristalizarse en** to develop into

cristiandad nf Christianity, Christendom

cristianismo nm Christianity

cristianización nf Christianization, conversion to Christianity

cristianizar [14] vt to Christianize, to convert to Christianity

cristiano, -a ■ adj & nm,f Christian
■ nm *Fam Fig* **hablar en ~** [en castellano] to speak (proper) Spanish / [en lenguaje comprensible] to speak clearly

cristo nm crucifix ▸ **Cristo** Christ ▸ **armar un Cristo** to kick up a fuss ▸ *Fam Fig* **donde Cristo dio las tres voces/perdió el gorro** in the back of beyond

criterio nm **1.** [norma] criterion **2.** [juicio] taste, discernment **3.** [opinión] opinion

crítica nf **1.** [juicio, análisis] review ▸ **esa novela ha recibido muy buenas críticas** that novel has had very good reviews ▸ **~ literaria** literary criticism **2.** [conjunto de críticos] **la ~** the critics **3.** [ataque] criticism ▸ **le han llovido muchas críticas** he has received a barrage of criticism ▸ **lanzó duras críticas contra el proyecto** she severely criticized the project

criticable adj censurable, open to criticism

criticar [59] ■ vt **1.** [censurar] to criticize **2.** [enjuiciar] [literatura, arte] to review
■ vi to gossip

crítico, -a ■ adj critical
■ nm,f [persona] critic

criticón, -ona ■ adj nit-picking, over-critical
■ nm,f nit-picker

Croacia n Croatia

croar ■ vi to croak
■ nm croaking

croata ■ adj Croatian
■ nmf Croat, Croatian

crocante ■ adj *RP* crunchy
■ nm almond brittle

crocanti nm [helado] = *ice-cream covered in chocolate and nuts*

croché (pl **crochés**), ***crochet*** [kro'tʃe] (pl **crochets**) nm **1.** [labor] crochet ▸ **hacer ~** to crochet ▸ **una colcha de ~** a crocheted bedspread **2.** [en boxeo] hook

croissant [krwa'san] (pl **croissants**) nm croissant

croissantería [krwasante'ria] nf = *shop selling filled croissants*

crol nm DEP crawl ▸ **nadar a ~** to do the crawl

cromado nm chromium-plating

Cromañón nm Cro-Magnon

cromar vt to chrome, to chromium-plate

cromático, -a adj chromatic

cromatismo nm colouring

cromo nm **1.** [metal] chrome **2.** *ESP* [estampa] picture card ▸ **~ repetido** swap

cromosoma nm chromosome

cromosómico, -a adj chromosomal

crónica nf **1.** [de la historia] chronicle **2.** [de un periódico] column / [de la televisión] feature, programme ▸ **la ~ deportiva** the sports news *o* roundup

crónico, -a adj chronic

cronicón nm = *brief, usually anonymous, chronicle*

cronista nmf [historiador] chronicler / [periodista] [en televisión] reporter / [en periódico] writer

crono nm *ESP* DEP time

cronoescalada nf DEP time-trial climb

cronología nf chronology

cronológico, -a adj chronological

cronometrador, -ora nm,f timekeeper

cronometraje nm timing

cronometrar vt to time

cronómetro nm DEP stopwatch / TEC chronometer

cróquet nm croquet

croqueta nf croquette

croquis nm inv sketch

cross nm inv DEP [carrera] cross-country race / [deporte] cross-country (running)

crótalo nm rattlesnake

croupier [kru'pjer] nm croupier

cruasán nm croissant

cruce ■ *ver* ***cruzar***
■ nm **1.** [de líneas] crossing, intersection / [de carreteras] crossroads ▸ **gira a la derecha en el próximo ~** turn right at the next junction **2.** [paso] crossing ▸ **un ~ fronterizo** a border crossing **3.** [de animales] cross ▸ **un ~ de fox-terrier y chihuahua** a cross between a fox terrier and a chihuahua **4.** [de teléfono] crossed line ▸ **hay un ~ en la línea** we've got *o* there's a crossed line **5.** [en competición deportiva] round *(in knockout competition)* ▸ **les tocó el ~ más difícil** they got the toughest draw

crucero nm **1.** [viaje] cruise **2.** [barco] cruiser **3.** [de iglesias] transept

cruceta nf **1.** [de una cruz] crosspiece **2.** [en fútbol] angle *(of crossbar and goalpost)*

crucial adj crucial

crucificar [59] vt **1.** [en una cruz] to crucify **2.** [atormentar] to torment

crucifijo nm crucifix

crucifixión nf crucifixion

crucigrama nm crossword (puzzle)

cruda nf *GUAT, MÉX Fam* hangover

crudeza nf **1.** [de clima] harshness **2.** [de descripción, imágenes] brutality, harsh realism

crudo, -a ■ adj **1.** [natural] raw / [petróleo] crude **2.** [sin cocer completamente] undercooked **3.** [realidad, clima, tiempo] harsh / [novela] harshly realistic, hard-hitting **4.** [cruel] cruel **5.** [color] beige
■ nm crude (oil)

cruel adj [persona, acción] cruel / [dolor] excruciating, terrible / [clima] harsh

crueldad nf **1.** [de persona, acción] cruelty / [del clima] harshness **2.** [acción cruel] act of cruelty

cruento, -a adj bloody

crujido nm [de madera] creaking / [de hojas secas] crackling ▸ **un ~** [de madera] a creak / [de hojas secas] a crackle ▸ **el ~ de sus pisadas** the crunch of his footsteps

crujiente adj [patatas fritas] crunchy / [madera] creaky / [hojas secas] rustling / [pan] crusty

crujir vi [patatas fritas, nieve] to crunch / [madera] to creak / [hojas secas] to crackle / [dientes] to grind

crupier nm croupier

crustáceo nm crustacean

cruz nf **1.** [forma] cross ▸ **con los brazos en ~** with one's arms stretched out to the sides ▸ *Fam* **hacerse cruces** to be baffled *o* astounded ▸ *Fam* **hacer ~ y raya** to break off relations ▸ **~ gamada** swastika ▸ **~ de Malta** Maltese cross ▸ **la Cruz Roja** the Red Cross **2.** [de una moneda] tails *(singular)* **3.** [aflicción] burden, torment ▸ **¡qué ~!** what a life!

cruza nf *AM* cross, crossbreed

cruzada nf *también Fig* crusade

cruzado, -a ■ adj **1.** [cheque, piernas, brazos] crossed **2.** [atravesado] **~ en la carretera** blocking the road **3.** [animal] crossbred **4.** [abrigo, chaqueta] double-breasted
■ nm crusader

cruzar [14] vt **1.** [calle, río] to cross ▸ **cruzó la calle corriendo** he ran across the street ▸ **esta carretera cruza varios pueblos** this road goes through several towns ▸ **un río que ~ todo el país** a river that flows the length of the country **2.** [piernas, brazos] to cross **3.** [animales] to cross **4.** [unas palabras] to exchange **5.** *Fam* **cruzarle la cara a alguien** [pegarle] to slap sb across the face
◆ ***cruzarse*** vpr **1.** [atravesarse] to cross ▸ **la A1 no se cruza con la A6** the A1 doesn't meet the A6 at any point ▸ **cruzarse de brazos** to fold one's arms / *Fig* [no hacer nada] to stand back and do nothing **2.** [interponerse] **se me cruzó un perro** a dog ran out in front of me **3.** [personas] **cruzarse con alguien** to pass sb ▸ **ayer me crucé con tu mujer camino trabajo** I saw *o* met your wife yesterday on the way to work

CSCE nf *Antes* (abrev de ***Conferencia de Seguridad y Cooperación Europeas***) CSCE

CSD nm (abrev de ***Consejo Superior de Deportes***) = *Spanish national sports council*

CSIC [θe'sik] nm (abrev de ***Consejo Superior de Investigaciones Científicas***) = *Spanish council for scientific research*

CSN nm (abrev de ***Consejo de Seguridad Nuclear***) = *Spanish nuclear safety council*

cta. (abrev de ***cuenta***) a/c

cte. (abrev de ***corriente***) inst.

CTI [sete'i] nm *AM* (abrev de ***centro de tratamiento intensivo***) ICU

c/u (abrev de ***cada uno***) per item

cuaderna nf NÁUT rib

cuaderno nm [libreta] notebook / [de colegial] exercise book ▸ **~ de anillas** ring binder ▸ NÁUT **~ de bitácora** logbook

cuadra nf **1.** [de caballos] stable / *Fam* [lugar sucio] pigsty **2.** *AM* [de edificios] block

cuadrado, -a ■ adj **1.** [figura] [gen] & MAT square **2.** [persona] square-built, stocky
■ nm [gen] & MAT square

cuadragésimo, -a núm fortieth

cuadrangular adj quadrangular

cuadrángulo nm quadrangle

cuadrante nm **1.** [de círculo] quadrant **2.** [reloj de sol] sundial

cuadrar ■ vi **1.** [información, hechos] to square, to agree (**con** with) ▸ **hay algo en su explicación que no cuadra** there's something about his explanation that doesn't add up **2.** [números, cuentas] to tally, to add up ▸ **tus cálculos no cuadran con los míos** your calculations don't tally with mine
■ vt [dar forma de cuadrado] to make square, to square off
◆ ***cuadrarse*** vpr MIL to stand to attention

cuadratura nf GEOM quadrature ▸ **la ~ del círculo** squaring the circle

cuádriceps nm inv quadriceps

cuadrícula nf grid

cuadriculado, -a adj squared ▸ *Fam Fig* **ser muy ~** [rígido] to have a very rigid mentality

cuadricular vt to divide into squares

cuadriga, cuádriga nf HIST four-in-hand

cuadrilátero nm **1.** GEOM quadrilateral **2.** DEP ring

cuadrilla nf **1.** [de amigos, trabajadores] group / [de maleantes] gang **2.** [de torero] team of helpers

cuadro nm **1.** [cuadrado] square / [de flores] bed ▸ **una camisa a cuadros** a check shirt ▸ INFORM **cuadro de diálogo** dialogue box **2.** [pintura] painting ▸ **un ~ de Miró** a painting by Miró **3.** [escena] scene, spectacle ▸ **después del terremoto, la ciudad presentaba un ~ desolador** after the earthquake, the city was a scene of devastation **4.** [equipo] team ▸ **el ~ directivo de una empresa** the management of a company ▸ **~ flamenco** flamenco group **5.** [gráfico] chart, diagram ▸ **~ sinóptico** tree diagram **6.** [de bicicleta] frame **7.** [de aparato] **~ de distribución** switchboard ▸ **~ de mandos** control panel ▸ **~ de fusibles** fuse box **8.** TEATRO scene **9.** MED **~ (clínico)** symptoms ▸ **presenta un ~ de extrema gravedad** her symptoms are extremely serious

cuadrúpedo, -a ■ adj four-legged
■ nm quadruped

cuádruple nm quadruple

cuadruplicar [59] vt to quadruple

cuádruplo nm quadruple

cuajada nf curd (cheese)

cuajado, -a adj **1.** [leche] curdled **2.** [lleno] **~ de** full of

cuajar ■ vt **1.** [solidificar] [leche] to curdle / [sangre] to clot, to coagulate **2.** **~ de** [llenar] to fill with / [cubrir] to cover with

■ vi **1.** [lograrse] [acuerdo] to be settled / [negocio] to take off, to get going **2.** [ser aceptado] [persona] to fit in / [moda] to catch on **3.** [nieve] to settle

◆ ***cuajarse*** vpr **1.** [leche] to curdle / [sangre] to clot, to coagulate **2.** [llenarse] **cuajarse de** to fill (up) with

cuajo nm **1.** [fermento] rennet **2.** **arrancar de ~** [árbol] to uproot / [brazo, cabeza] to tear right off

cual pron relativo **el/la ~** [de persona] (sujeto) who / (complemento) whom / [de cosa] which ▸ **lo ~** which ▸ **conoció a una española, la ~ vivía en Buenos Aires** he met a Spanish girl who lived in Buenos Aires ▸ **está muy enfadada, lo ~ es comprensible** she's very angry, which is understandable ▸ **todo lo ~** all of which ▸ **sea ~ sea** *o* **fuere su decisión** whatever his decision (may be) ▸ **los tres son a ~ más inteligente** all three are equally intelligent

cuál pron **1.** (interrogativo) what / [en concreto, especificando] which one ▸ **¿~ es tu nombre?** what is your name? ▸ **¿~ es la diferencia?** what's the difference? ▸ **no sé cuáles son mejores** I don't know which are best ▸ **¿~ prefieres?** which one do you prefer? **2.** (en oraciones distributivas) **todos contribuyeron, ~ más, ~ menos** everyone contributed, although some more than others

cualesquiera *ver* ***cualquiera***

cualidad nf quality

cualificación nf degree of skill *(of a worker)* ▸ **debemos mejorar la ~ de los obreros** we have to get a more highly skilled workforce

cualificado, -a adj skilled

cualificar [59] vt to qualify

cualitativo, -a adj qualitative

cualquier *ver* ***cualquiera***

cualquiera (pl cualesquiera)

> cualquier is used before singular nouns (e.g. cualquier hombre any man).

■ adj any ▸ **a cualquier hora** any time ▸ **en cualquier lugar** anywhere ▸ **de cualquier manera** *o* **modo, no pienso ayudar** I've no intention of helping, anyway *o* in any case ▸ **en cualquier momento** at any time ▸ **cualquier día vendré a visitarte** I'll drop by one of these days ▸ **no es un escritor ~** he's no ordinary writer

■ pron anyone ▸ **~ te lo dirá** anyone will tell you ▸ **¡~ lo sabe!** who knows! ▸ **¡~ se lo come!** nobody could eat that! ▸ **~ que** [persona] anyone who / [cosa] whatever ▸ **~ que te vea se reiría** anyone who saw you would laugh ▸ **~ que sea la razón** whatever the reason (may be) ▸ **cualesquiera que sean las razones** whatever the reasons (may be)

■ nmf [don nadie] nobody

■ nf *Fam* [prostituta] tart

cuan adv [todo lo que] **se desplomó ~ largo era** he fell flat on the ground

cuán adv how

cuando ■ adv when ▸ **~ me agacho, me duele la espalda** when *o* whenever I bend down, my back hurts ▸ **~ quieras** whenever you like ▸ **de ~ en ~, de vez en ~** from time to time, now and again ▸ **~ más** at the most ▸ **~ menos** at least ▸ **~ quiera que** whenever

■ conj **1.** [si] if ▸ **~ tú lo dices será verdad** it must be true if you say so ▸ **no será tan malo ~ ha vendido tantas copias** it can't be that bad if it's sold so many copies **2.** [indica contraste] even though ▸ **no tiene muchos amigos, ~ en realidad es una persona muy agradable** he doesn't have a lot of friends, even though he's actually a very nice person

■ prep **~ la guerra** during the war

◆ ***aun cuando*** loc conj **no mentiría aun ~ le fuera en ello la vida** she wouldn't lie even if her life depended on it

cuándo ■ adv when ▸ **¿~ vas a venir?** when are you coming? ▸ **quisiera saber ~ sale el tren** I'd like to know when *o* at what time the train leaves

■ prep **quemaron ese colegio ~ la guerra** that school was burned down during the war

■ nm **ignorará el cómo y el ~ de la operación** he won't know how or when the operation will take place

cuantía nf [suma] amount, quantity / [alcance] extent ▸ **una ayuda de una ~ sin precisar** an unspecified amount of aid ▸ **todavía no se conoce la ~ de los daños** the final cost of the damage is not yet known

cuántica nf quantum mechanics *(singular)*

cuántico, -a adj quantum ▸ **mecánica/teoría cuántica** quantum mechanics/theory

cuantificable adj quantifiable

cuantificar [59] vt to quantify

cuantioso, -a adj large, substantial

cuantitativo, -a adj quantitative

cuanto, -a ■ adj **1.** [todo] **despilfarra ~ dinero gana** he squanders all the money he earns ▸ **soporté todas cuantas críticas me hizo** I put up with every single criticism he made of me **2.** [algunos] **unos cuantos chicos** some *o* a few boys **3.** (+ adverbio) [compara cantidades] **cuantas más mentiras digas, menos te creerán** the more you lie, the less people will believe you ▸ **cuantos más amigos traigas, tanto mejor** the more friends you bring, the better

■ pron relativo **1.** [todo lo que] everything, as much as ▸ **come ~ quieras** eat as much as you like ▸ **comprendo ~ dice** I understand everything he says ▸ **todo ~** everything **2.** [expresa correlación] **~ más se tiene, más se quiere** the more you have, the more you want **3.** **cuantos** [todos] [personas] everyone who / [cosas] everything (that) ▸ **cuantos fueron alabaron el espectáculo** everyone who went said the show was excellent ▸ **dio las gracias a todos cuantos le ayudaron** he thanked everyone who helped him **4.** **unos cuantos** [algunos] some, a few ▸ **no tengo todos sus libros, sólo unos cuantos** I don't have all of her books, only some *o* a few of them

■ adv [compara cantidades] ~ **más come, más gordo está** the more he eats, the fatter he gets ▸ ~ **más lo pienso, menos lo entiendo** the more I think about it, the less I understand it ▸ ~ **antes** as soon as possible

◆ ***en cuanto*** loc adv **1.** [tan pronto como] as soon as ▸ **en ~ acabe** as soon as I've finished

◆ ***en cuanto*** loc prep **1.** [en calidad de] as ▸ **en ~ cabeza de familia** as head of the family **2. en ~ a** as regards ▸ **en ~ a tu petición** as regards your request, as far as your request is concerned

cuánto, -a ■ adj **1.** [interrogativo] (singular) how much / (plural) how many ▸ **¿cuántas manzanas tienes?** how many apples do you have? ▸ **¿~ pan quieres?** how much bread do you want? ▸ **no sé cuántos hombres había** I don't know how many men were there **2.** [exclamativo] what a lot of ▸ **¡cuánta gente (había)!** what a lot of people (were there)!

■ pron **1.** [interrogativo] (singular) how much / (plural) how many ▸ **¿~ quieres?** how much do you want? ▸ **¿a ~ están los tomates?** how much are the tomatoes? ▸ **me gustaría saber ~ te costarán** I'd like to know how much they'll cost you ▸ **¿cuántos han venido?** how many came? ▸ **dime cuántas quieres** tell me how many you want **2.** [exclamativo] **¡~ han cambiado las cosas!** how things have changed! ▸ **¡~ me gusta!** I really like it! ▸ **¡cuántos han venido!** so many people have come!

cuáquero, -a nm,f REL Quaker

cuarcita nf quartzite

cuarenta núm forty ▸ **los (años) ~** the forties ▸ *Fam Fig* **cantar a alguien las ~** to give sb a piece of one's mind / *ver también* ***seis***

cuarentavo, -a núm fortieth

cuarentena nf **1.** [por epidemia] quarantine ▸ **poner en ~** [enfermos] to (put in) quarantine / [noticia] to put on hold **2.** [cuarenta unidades] forty ▸ **andará por la ~** he must be about forty ▸ **una ~ de...** [unos cuarenta] about forty... / [cuarenta] forty...

cuarentón, -ona nm,f *Fam* person in his/her forties

cuaresma nf REL Lent

cuarta nf **1.** [palmo] span **2.** AUT fourth (gear) ▸ **meter (la) ~** to go into fourth (gear)

cuarteamiento nm [resquebrajamiento] cracking

cuartear vt to cut *o* chop up

◆ ***cuartearse*** vpr to crack

cuartel nm **1.** MIL barracks ▸ **~ general** headquarters **2.** [buen trato] **guerra sin ~** all-out war ▸ **lucha sin ~** fight to the death

cuartelada nf minor military uprising

cuartelazo nm military uprising, revolt

cuartelero, -a adj **1.** MIL barracks ▸ **vida cuartelera** life in barracks **2.** [lenguaje] vulgar, coarse

cuartelillo nm [de la Guardia Civil] = *post of the Guardia Civil*

cuarteto nm quartet ▸ **~ de cuerda** string quartet

cuartilla nf sheet of quarto

cuarto, -a ■ núm fourth ▸ **la cuarta parte** a quarter ▸ **el ~ poder** [la prensa] the Fourth Estate

■ nm **1.** [parte] quarter ▸ **un ~ de hora** a quarter of an hour ▸ **son las dos y ~** it's a quarter *BR* past *o US* after two ▸ *Fam* **ser tres cuartos de lo mismo** to be exactly the same *o* no different ▸ **~ creciente/menguante** first/last quarter **2.** [habitación] room ▸ **~ de aseo** washroom, small bathroom ▸ **~ de baño** bathroom ▸ **~ de estar** living room ▸ **~ oscuro** [para fotografía] darkroom / *RP* [para votación] voting booth **3.** [dinero] **estar sin un ~** to be skint ▸ *Fam* **cuartos** dough, cash **4.** DEP **cuartos de final** quarter finals

cuarzo nm quartz

cuate nmf *CAM, ECUAD, MÉX* [gemelo] twin / *Fam* [amigo] pal, *US* buddy

cuaternario, -a GEOL ■ adj Quaternary

■ nm **el Cuaternario** the Quaternary (era)

cuatrero, -a nm,f [de caballos] horse thief / [de ganado] cattle rustler

cuatrienio nm four-year period

cuatrillizo, -a nm,f quadruplet, quad

cuatrimestral adj **1.** [en frecuencia] four-monthly **2.** [en duración] four-month, lasting four months ▸ EDUC **asignatura ~** = *four-month course in a given subject*

cuatrimestre nm (period of) four months

cuatrimotor nm four-engined plane

cuatripartito, -a adj four-part

cuatro ■ núm four / *ver también* ***seis***

■ adj [poco] a few ▸ **hace ~ días** a few days ago ▸ *Fam Fig* **~ gatos** hardly a soul ▸ **éramos ~ gatos** there were only a handful of us ▸ *MÉX Fam* **~ lámparas** [persona] four-eyes ▸ *Fam* **~ ojos** [persona] four-eyes

■ nm *CARIB* = *four-stringed guitar*

cuatrocientos, -as núm four hundred / *ver también* ***seis***

Cuba n Cuba

cuba nf barrel, cask ▸ *Fam* **estar como una ~** to be legless *o* blind drunk

cubalibre nm [de ron] rum and cola / [de ginebra] gin and cola

cubano, -a adj & nm,f Cuban

cubata nm *Fam* [combinado] long drink / [de ron] rum and cola / [de ginebra] gin and cola

cubero nm **a ojo de buen ~** roughly

cubertera nf *RP* [cajón] cutlery drawer / [bandeja] cutlery tray

cubertería nf (set of) cutlery

cubeta nf [cuba pequeña] bucket, pail / [de barómetro] bulb / FOT tray

cubetera nf *CSUR, PERÚ* ice (cube) tray

cubicaje nm AUT capacity

cúbico, -a adj cubic

cubierta nf **1.** [de libro, cama] cover **2.** [de neumático] carcass, body **3.** [de barco] deck ▸ **~ de paseo** promenade deck

cubierto, -a ■ participio *ver* ***cubrir***

■ adj **1.** [tapado, recubierto] covered (**de** with) ▸ **estar a ~** [protegido] to be under cover / [con saldo acreedor] to be in the black ▸ **ponerse a ~** to take cover **2.** [cielo]

overcast **3.** [vacante] filled
■ nm **1.** [pieza de cubertería] piece of cutlery **2.** [juego de cubertería] set of cutlery **3.** [para cada persona] place setting **4.** [comida] set menu

cubil nm [de animales] den, lair / [de personas] poky room

cubilete nm [en juegos] cup / [molde] mould

cubismo nm ARTE cubism

cubista adj & nmf ARTE cubist

cubitera nf ice bucket

cubito nm [de hielo] ice cube

cúbito nm ANAT ulna

cubo nm **1.** [recipiente] bucket ▸ **~ de la basura** [en la cocina] *BR* rubbish bin, *US* garbage can / [en la calle] *BR* rubbish *o* litter bin, *US* garbage can **2.** GEOM & MAT cube ▸ **elevar al ~** to cube **3.** [de rueda] hub

cubrecama nm bedspread

cubrir vt **1.** [tapar, recubrir, recorrer] to cover ▸ **~ algo de algo** to cover sth with *o* in sth ▸ **~ a alguien de insultos/alabanzas** to heap insults/praise on sb **2.** [proteger] [retirada, asegurado] to cover **3.** [puesto, vacante] to fill **4.** [gastos] to cover ▸ **el presupuesto no cubre todos los gastos** the budget doesn't cover all the expenses ▸ **~ gastos** [exactamente] to break even **5.** [noticia] to cover **6.** [el macho a la hembra] **~ a** to mate with
◆ ***cubrirse*** vpr **1.** [taparse] to become covered (**de** with) **2.** [protegerse] to shelter (**de** from) **3.** [con sombrero] to put one's hat on **4.** [con ropa] to cover oneself (**de** with) **5.** [cielo] to cloud over **6.** [llenarse] **cubrirse de gloria** [triunfar] to cover oneself in *o* with glory / *Irónico* to land oneself in it

cuca nf *ESP Antes Fam* peseta

cucaña nf greasy pole

cucaracha nf cockroach

cuchara nf **1.** [para comer] spoon ▸ **~ de palo** wooden spoon ▸ **~ sopera** soup spoon **2.** [cucharada] spoonful

cucharada nf spoonful ▸ **una ~ rasa** a level spoonful

cucharadita nf teaspoon, teaspoonful

cucharilla nf teaspoon

cucharón nm ladle

cucheta nf *RP* NÁUT berth

cuchichear vi to whisper

cuchicheo nm whispering

cuchilla nf blade ▸ **~ de afeitar** razor blade

cuchillada nf [golpe] stab / [herida] stab wound

cuchillería nf **1.** [oficio] cutlery, knifemaking **2.** [taller] cutler's shop

cuchillo nm knife ▸ **pasar a ~** to put to the sword ▸ **~ de cocina** kitchen knife ▸ **~ eléctrico** electric carving knife ▸ **~ de monte** hunting knife

cuchipanda nf *Fam* party, *BR* knees-up

cuchitril nm hovel

cuchufleta nf *Fam* joke ▸ **estar de ~** to be joking

cuclillas nfpl **en ~** squatting ▸ **ponerse en ~** to squat (down)

cuclillo nm cuckoo

cuco, -a ■ adj *Fam* **1.** [bonito] pretty **2.** *ESP* [astuto] shrewd, canny
■ nm cuckoo

cucú nm **1.** [canto] cuckoo **2.** [reloj] cuckoo clock

cucurucho nm **1.** [de papel] paper cone **2.** [para helado] cornet, cone **3.** [gorro] pointed hat

cuece *ver* ***cocer***

cuelgo *etc ver* ***colgar***

cuelgue nm *Fam* **1.** [por drogas] high **2.** [enamoramiento] **tener un ~ con** *o* **por alguien** to be crazy about sb, to be hooked on sb

cuello nm **1.** [de persona, animal, botella] neck ▸ **al ~** around one's neck ▸ *Fig* **estar hasta el ~ de algo** to be up to one's eyes in sth ▸ *Fig* **~ de botella** bottleneck **2.** [de prendas] collar ▸ **~ alto** turtleneck, *BR* polo neck ▸ **~ de pico** V-neck ▸ **~ vuelto,** *AM* **~ tortuga** turtleneck, *BR* polo neck **3.** ANAT **~ uterino** *o* **del útero** cervix

cuelo *etc ver* ***colar***

cuenca nf **1.** [de río] basin **2.** [del ojo] (eye) socket **3.** [región minera] **~ (minera)** mining area *o* region

cuenco nm earthenware bowl

cuenta ■ *ver* ***contar***
■ nf **1.** [acción de contar] count ▸ **echar cuentas** to reckon up ▸ **llevar/perder la ~ de** to keep/lose count of ▸ **~ atrás** countdown **2.** [cálculo] sum ▸ *Fam* **~ de la vieja** counting on one's fingers **3.** FIN, COM & INFORM account ▸ **abonar/cargar algo en ~ a alguien** to credit/debit sth to sb's account ▸ **abrir una ~** to open an account ▸ **llevar las cuentas** to keep the books ▸ **pagar mil euros a ~** to pay a thousand euros down ▸ *ESP* **~ de ahorros** savings account ▸ *ESP* **~ de ahorro vivienda** home loan ▸ **~ bancaria** bank account ▸ **~ comercial** business account ▸ **~ conjunta** joint account ▸ **~ de correo (electrónico)** e-mail account ▸ **~ corriente** *BR* current account, *US* checking account ▸ **~ de crédito** current account with an overdraft facility ▸ **~ de depósito** deposit account ▸ **~ deudora** overdrawn account ▸ **~ de explotación** operating statement ▸ **~ de inversión** investment account ▸ **~ de pérdidas y ganancias** profit and loss account ▸ **~ a plazo fijo** deposit account **4.** [factura] bill / [en restaurante] *BR* bill, *US* check ▸ **domiciliar una ~** to pay an account by direct debit ▸ **pasar la ~** to send the bill ▸ **~ por cobrar/pagar** account receivable/payable ▸ **~ de gastos** expense account **5.** [obligación, cuidado] responsibility ▸ **déjalo de mi ~** leave it to me ▸ **trabajar por ~ propia/ajena** to be self-employed/an employee **6.** [de collar, rosario] bead **7.** [expresiones] **a fin de cuentas** in the end ▸ **ajustarle a alguien las cuentas** to settle an account *o* a score with sb ▸ **caer en la ~ de algo** to realize sth ▸ **dar ~ de algo** [comunicar] to report sth / [terminar] to account for sth, to finish sth off ▸ **darse ~ de algo** to realize sth ▸ **en resumidas cuentas** in short ▸ **más de la ~** too much ▸ **pedir cuentas a alguien** to call sb to account ▸ **por mi/tu ~** on my/your own ▸ **salir de cuentas** to be due to give birth ▸ **tener en ~ algo** to bear sth in mind

cuentagotas nm inv dropper ▸ *Fig* **a** *o* **con ~** in dribs and drabs

cuentakilómetros nm inv AUT [de distancia

recorrida] *BR* ≃ mileometer, *US* ≃ odometer / [de velocidad] speedometer

cuentapropista nmf *AM* self-employed person

cuentarrevoluciones nm inv AUT tachometer, rev counter

cuentista nmf **1.** [escritor] short story writer **2.** *Fam* [mentiroso] fibber, story-teller

cuento nm **1.** [fábula] tale ▸ **~ de hadas** fairy tale ▸ *Fam* **el ~ de la lechera** wishful thinking ▸ **~ popular** folk tale **2.** [narración] short story **3.** *Fam* [mentira, exageración] story, lie ▸ **~ chino** tall story, whopper **4.** [expresiones] **quitarse** *o* **dejarse de cuentos** to stop beating about the bush ▸ **ser el ~ de nunca acabar** to be the same old story ▸ **ese tiene mucho ~** he's always putting it on ▸ **venir a ~** to be relevant ▸ **venir con cuentos** to tell fibs *o* stories ▸ **vivir del ~** to live by one's wits

cuerda nf **1.** [para atar] [fina] string / [más gruesa] rope ▸ **~ floja** tightrope **2.** [de instrumento] string **3.** [de reloj] spring ▸ **dar ~ a** [reloj] to wind up **4.** GEOM chord **5.** ANAT **cuerdas vocales** vocal cords **6.** [expresiones] **bajo ~** secretly, in an underhand manner ▸ **estar en la ~ floja** to be hanging by a thread ▸ **este conferenciante todavía tiene ~ para rato** this speaker looks like he's going to go on for a while yet ▸ **tirar de la ~** to go too far, to push it

cuerdo, -a ■ adj **1.** [sano de juicio] sane **2.** [sensato] sensible

■ nm,f sane person

cueriza nf *ANDES Fam* beating

cuerno nm [de animal] horn / [de ciervo] antler / [de caracol] horn, feeler ▸ *Fam* **mandar al ~ a alguien** to send sb packing ▸ *Fam* **poner cuernos a alguien** to be unfaithful to sb / [a un hombre] to cuckold sb ▸ GEOG **el Cuerno de África** the Horn of Africa

cuero nm **1.** [material] leather ▸ **una chamarra de ~** a leather jacket **2.** [piel de animal] skin / [piel curtida] hide ▸ **~ cabelludo** scalp ▸ **en cueros (vivos)** stark-naked **3.** *AM* [látigo] whip **4.** *ECUAD, VEN Pey* [mujer] *BR* bird, *US* broad

cuerpo nm **1.** [en general] body ▸ **a ~** without a coat on ▸ **de ~ entero** [retrato, espejo] full-length ▸ **en ~ y alma** body and soul ▸ **luchar ~ a ~** to fight hand-to-hand ▸ **de ~ presente** (lying) in state ▸ **tomar ~** to take shape ▸ **vivir a ~ de rey** to live like a king ▸ **¡~ a tierra!** hit the ground!, get down! ▸ **~ celeste** heavenly body ▸ **~ extraño** foreign body ▸ **el ~ humano** the human body **2.** [parte principal] main body **3.** [consistencia] thickness ▸ **mover hasta que la mezcla tome ~** stir until the mixture thickens ▸ **el proyecto de nuevo aeropuerto va tomando ~** the new airport project is taking shape **4.** [corporación consular, militar] corps ▸ **~ de bomberos** *BR* fire brigade, *US* fire department ▸ **~ diplomático** diplomatic corps ▸ **~ de policía** police force **5.** [parte de armario, edificio] section **6.** DER **~ del delito** corpus delicti, = *evidence of a crime or means of perpetrating it* **7.** IMPRENTA [de letra] point

cuervo nm raven

cuesco nm *Fam* [pedo] loud fart

cuesta ■ *ver* ***costar***

■ nf slope ▸ **~ arriba** uphill ▸ **~ abajo** downhill ▸ *Fam Fig* **trabajar los viernes se me hace muy ~ arriba** I find working on Fridays heavy going

◆ ***a cuestas*** loc adv on one's back, over one's shoulders

cuestación nf collection (for charity)

cuestión nf **1.** [pregunta] question **2.** [problema] problem **3.** [asunto] matter, issue ▸ **en ~** in question ▸ **en ~ de** [en materia de] as regards ▸ **en ~ de una hora** in no more than an hour

cuestionable adj questionable, debatable

cuestionar vt to question

◆ ***cuestionarse*** vpr to (call into) question

cuestionario nm questionnaire

cuesto *etc ver* ***costar***

cuete adj *MÉX Fam BR* pissed, *US* loaded

cueva nf cave

cuezo *ver* ***cocer***

cuico nm *MÉX Fam* cop

cuidado ■ nm **1.** care ▸ **el ~ de la piel/del cabello** skin/hair care ▸ **estar al ~ de** to be in charge of ▸ **tener ~ con** to be careful with ▸ **eso me tiene** *o* **trae sin ~** I couldn't care less about that ▸ **~ con el perro** [en letrero] beware of the dog ▸ **~ con el escalón** [en letrero] mind the step ▸ MED **cuidados intensivos** intensive care **2. de ~** [peligroso] dangerous ▸ **fue un accidente/una fiesta de ~** [tremendo] it was some accident/party

■ interj **¡~!** careful!, look out!

cuidador, -ora nm,f DEP trainer

cuidadoso, -a adj careful

cuidar ■ vt [enfermo, niño, casa] to look after / [aspecto, ropa] to take care over / [detalles] to pay attention to

■ vi **~ de** to look after ▸ **cuida de que no lo haga** make sure she doesn't do it

◆ ***cuidarse*** vpr **1.** [uno mismo] to take care of *o* to look after oneself ▸ **¡cuídate!** take care! **2.** [tener cuidado] **cuidarse de algo** to be careful about sth, to take care about sth ▸ **se cuidó mucho de que no la vieran** she took great care to ensure that no one saw her ▸ **cuídate mucho de escuchar sus palabras** don't listen to what he says

cuita nf trouble, worry

culata nf **1.** [de arma] butt **2.** [de animal] hindquarters **3.** [de motor] cylinder head

culatazo nm [golpe] blow with the butt of a rifle / [retroceso] recoil, kick

culé adj *Fam* DEP = *relating to Barcelona Football Club*

culebra nf snake ▸ **~ de agua** grass snake

culebrón nm *ESP Fam* soap opera

culinario, -a adj culinary

culmen nm high point

culminación nf culmination

culminante adj culminating ▸ **punto ~** high point

culminar ■ vt to crown (**con** with)

■ vi to finish, to culminate

culo nm *Fam o AM Vulg* **1.** [nalgas] *BR* bum, *US* butt ▸ **me caí de ~** I fell flat on my backside *o BR* bum ▸ *muy Fam*

ir de ~ [negocio, país] to be going down the tubes ▸ **el equipo va de ~ este año** the team's doing shit *o* crap this year ▸ *Fig* **ser un ~ inquieto** *o* **de mal asiento** [enredador] to be fidgety / [errante] to be a restless soul ▸ *muy Fam* **vive en el ~ del mundo** he lives *BR* bloody *o* *US* goddamn miles from anywhere **2.** [ano] *BR* arsehole, *US* asshole ▸ *ESP Vulg* **¡que te den por ~!, ¡vete a tomar por ~!** fuck off! **3.** [de vaso, botella] bottom **4.** [líquido] **queda un ~ de vino** there's a drop (or two) of wine left in the bottom

culpa nf **1.** [responsabilidad] **un sentimiento de ~** a feeling of guilt ▸ **echar la ~ a alguien (de)** to blame sb (for) ▸ **por ~ de** because of ▸ **tener la ~ de algo** to be to blame for sth ▸ **¿qué ~ tengo yo de que te hayas caído?** it's hardly my fault you fell over, is it? ▸ *Fam* **yo no tengo la ~ de que seas tan distraído** it's not my fault you're so absent-minded **2.** REL **culpas** sins

culpabilidad nf guilt

culpabilizar [14] vt to blame
◆ ***culpabilizarse*** vpr to accept the blame (**de** for)

culpable ■ adj guilty (**de** of) ▸ **declarar ~ a alguien** to find sb guilty ▸ **declararse ~** to plead guilty ▸ **es ~ de varios robos** he is responsible for *o* has committed several robberies ▸ **me siento ~ de lo que pasó** I feel responsible for what has happened
■ nmf **1.** DER guilty party ▸ **la policía busca al ~ del robo** the police are loking for the person responsible for the robbery **2.** [responsable] **tú eres el ~** you're to blame

culpar vt **~ a alguien (de)** [atribuir la culpa] to blame sb (for) / [acusar] to accuse sb (of)

culteranismo nm LIT Gongorism

culterano, -a LIT ■ adj Gongoristic
■ nm,f Gongorist

cultismo nm literary *o* learned word

cultivable adj cultivable, arable

cultivado, -a adj cultivated

cultivador, -ora nm,f grower

cultivar vt **1.** [tierra] to farm, to cultivate / [plantas] to grow **2.** [amistad, inteligencia] to cultivate **3.** [arte] to practise **4.** [germen] to culture
◆ ***cultivarse*** vpr [persona] to improve oneself

cultivo nm **1.** [de tierra] farming / [de plantas] growing **2.** [plantación] crop **3.** [de gérmenes] culture

culto, -a ■ adj [persona] cultured, educated / [estilo] refined / [palabra] literary, learned
■ nm **1.** [devoción] worship ▸ **rendir ~ a** [dios] to worship / [persona, valentía] to pay homage *o* tribute to ▸ **~ a la personalidad** personality cult **2.** [religión] cult

cultura nf **1.** [de sociedad] culture ▸ **~ empresarial** corporate culture **2.** [sabiduría] learning, knowledge ▸ **~ general** general knowledge

cultural adj cultural

culturismo nm body-building

culturista nmf body-builder

culturizar [14] vt to educate

cumbia nf cumbia, = *type of Colombian dance*

cumbre ■ adj **el momento ~ de su carrera** the peak *o* high point of his career ▸ **su obra ~** her most outstanding work
■ nf **1.** [de montaña] summit **2.** [punto culminante] peak, pinnacle **3.** POL summit (conference)

cumpleaños nm inv birthday

cumplido, -a ■ adj **1.** [orden] carried out / [promesa] kept / [deber, profecía] fulfilled / [plazo] expired **2.** [completo, lleno] full, complete **3.** [cortés] courteous
■ nm compliment

cumplidor, -ora ■ adj reliable, dependable
■ nm,f reliable *o* dependable person

cumplimentar vt **1.** [saludar] to greet **2.** [felicitar] to congratulate **3.** [cumplir] [orden] to carry out / [contrato] to fulfil

cumplimiento nm **1.** [de un deber] performance / [de contrato, obligaciones] fulfilment / [de la ley] observance / [de órdenes] carrying out ▸ **murió en el ~ de su deber** he died in the course of *o* while carrying out his duty ▸ **en ~ del artículo 34** in compliance with article 34 **2.** [de promesa] fulfilment / [de amenaza] carrying out **3.** [de condena] **comenzará el ~ de su condena el próximo lunes** he will begin serving his sentence next Monday ▸ **durante el ~ del servicio militar** while he was doing his military service **4.** [de plazo] expiry **5.** [de objetivo] achievement, fulfilment

cumplir ■ vt **1.** [deber] to do, to carry out, to perform / [contrato, obligaciones] to fulfil / [ley] to observe / [orden] to carry out ▸ **los candidatos deben ~ los siguientes requisitos** the candidates shall meet *o* satisfy the following requirements **2.** [promesa] to keep / [amenaza] to carry out ▸ **cumplió su deseo de subir al Aconcagua** she fulfilled her wish of climbing the Aconcagua **3.** [años] to reach ▸ **mañana cumplo 20 años** I'm 20 *o* it's my 20th birthday tomorrow ▸ **cumple años la próxima semana** it's her birthday next week, she has her birthday next week ▸ **¡que cumplas muchos más!** many happy returns! **4.** [condena] to serve / [servicio militar] to do
■ vi **1.** [plazo, garantía] to expire **2.** [realizar el deber] to do one's duty ▸ **~ con alguien** to do one's duty by sb ▸ **para** *o* **por ~** out of politeness ▸ **~ con el deber** to do one's duty ▸ **~ con la palabra** to keep one's word ▸ **yo me limito a ~ con mi trabajo** I'm just doing my job **3.** [con norma, condición] to comply ▸ **este producto no cumple con la normativa europea** this product doesn't comply with *o* meet European standards **4.** [por cortesía] **lo dijo por ~** she said it because she felt she had to ▸ **acudió a la boda por ~ con su hermano** she went to the wedding out of a sense of duty to her brother
◆ ***cumplirse*** vpr **1.** [hacerse realidad] **finalmente se cumplió su deseo** finally her wish was fulfilled, she finally got her wish ▸ **se cumplieron las amenazas y una bomba estalló en el centro de la ciudad** the threats were carried out when a bomb exploded in the city centre **2.** [plazo] **mañana se cumple el plazo de presentación de solicitudes** the deadline for applications expires tomorrow ▸ **el próximo año se cumple el primer centenario de su muerte** next year will be the hundredth anniversary of his death

cúmulo nm **1.** [de objetos] pile, heap **2.** [nube] cumulus **3.** [de circunstancias, asuntos] accumulation, series

cuna nf **1.** [de niño] cot, cradle **2.** [de movimiento, civilización] cradle / [de persona] birthplace

cundir vi **1.** [propagarse] to spread **2.** *ESP* [dar de sí] [comida, reservas] to go a long way / [trabajo, estudio] to go well ▸ **me cundió mucho el tiempo** I got a lot done

cuneiforme adj cuneiform

cuneta nf [de una carretera] ditch / [de una calle] gutter

cunnilingus nm inv cunnilingus

cuña nf **1.** [pieza] wedge **2.** [de publicidad] commercial break **3.** [orinal] bedpan **4.** *ANDES, RP* [enchufe] **tener ~** to have friends in high places

cuñado, -a nm,f brother-in-law, *f* sister-in-law

cuño nm **1.** [troquel] die **2.** [sello, impresión] stamp **3.** *Fig* **ser de nuevo ~** to be a new coinage

cuota nf **1.** [contribución] [a entidad, club] membership fee, subscription / [de inscripción, conexión] fee / [a Hacienda] tax (payment) ▸ **~ de admisión** admission fee **2.** [cupo] quota ▸ **las cuotas lácteas/pesqueras** [en UE] milk/fishing quotas ▸ ECON **~ de mercado** market share ▸ **~ de pantalla** audience share **3.** *AM* [plazo de pago] instalment **4.** *MÉX* [en autopista] toll

cupé nm coupé

cupido nm [representación del amor] cupid

cupiera *etc ver* ***caber***

cuplé nm popular song

cupletista nmf "cuplé" singer

cupo ■ *ver* ***caber***
■ nm **1.** [cantidad máxima] quota **2.** [cantidad proporcional] share / [de una cosa racionada] ration

cupón nm [vale] coupon / [de lotería, rifa] ticket

cúprico, -a adj QUÍM copper ▸ **óxido/sulfato ~** copper oxide/sulphate

cúpula nf **1.** [bóveda] dome, cupola **2.** [mandos] leaders

cura ■ nm priest
■ nf **1.** [curación] recovery **2.** [tratamiento] treatment, cure ▸ **necesitar una ~ de sueño** to need a good sleep **3. no tener ~** [ser incurable] to be incurable / *Fam* [ser incorregible] to be incorrigible

curación nf **1.** [de un enfermo] [recuperación] recovery / [tratamiento] treatment / [de una herida] healing **2.** [de alimento] curing

curado, -a ■ adj [alimento] cured / [pieles] tanned ▸ *Fam* **estar ~ de espanto** to be unshockable
■ nm [de alimentos] curing / [de pieles] tanning

curandería nf **1.** [medicina popular] traditional *o* folk medicine **2.** *Fam Pey* [medicina falsa] quackery

curandero, -a nm,f quack

curanto nm *CHILE* = *stew of meat and shellfish*

curar ■ vt **1.** [sanar] to cure **2.** [herida] to dress **3.** [alimentos] to cure **4.** [pieles] to tan
■ vi [enfermo] to get well, to recover / [herida] to heal up
◆ ***curarse*** vpr **1.** [sanar] to recover (**de** from) ▸ **curarse en salud** to play safe **2.** [alimento] to cure

curare nm curare

curasao nm curaçao

curativo, -a adj curative

curazao [kura'sao] nm curaçao

curcuncho nm *ANDES Fam* **1.** [joroba] hump **2.** [jorobado] hunchback

curda nf *Fam ESP, RP* **agarrar** *o* *ESP* **coger una ~** to get plastered

curdo, -a ■ adj Kurdish
■ nm,f [persona] Kurd
■ nm [lengua] Kurdish

cureña nf gun carriage

curia nf **1.** HIST & REL curia **2.** DER [abogacía] legal profession

curiosear ■ vi [fisgonear] to nose around / [en tienda] to browse round
■ vt [libros, revistas] to browse through

curiosidad nf **1.** [deseo de saber] curiosity ▸ **sentir** *o* **tener ~ por** to be curious about **2.** [limpieza] neatness, tidiness

curioso, -a ■ adj **1.** [por saber, averiguar] curious, inquisitive **2.** [raro] odd, strange **3.** [limpio] neat, tidy / [cuidadoso] careful
■ nm,f onlooker

curita nf *AM BR* (sticking-)plaster, *US* Band-aid®

currante *ESP Fam* ■ adj hard-working
■ nmf worker

currar vi *ESP Fam* to work

curre nm *ESP Fam* work

currelar vi *ESP Fam* to work

currelo nm *ESP Fam* work

currículum (vitae) [ku'rrikulum ('bite)] (pl **currícula** *o* **currículums (vitae)**), ***currículo*** nm curriculum vitae, *BR* CV, *US* résumé

currito, -a nm,f *ESP Fam* (ordinary) worker

curro nm *ESP Fam* work

currusco nm *Fam* crust (of bread)

curry nm curry ▸ **pollo al ~** chicken curry

cursar vt **1.** [estudiar] to study ▸ **~ estudios de medicina** to study medicine ▸ **cursaba segundo** she was in her second year **2.** [enviar] to send **3.** [ordenar] to give, to issue **4.** [tramitar] to submit

cursi ■ adj [vestido, canción] tacky, *BR* naff / [modales, persona] affected
■ nmf affected person

cursilada nf **ser una ~** [acto, comportamiento] to be affected / [comentario] to be stupid *o* *BR* naff / [decoración, objeto] to be tacky *o* *BR* naff

cursilería nf **1. ser una ~** [acto, comportamiento] to be affected / [comentario] to be stupid *o* *BR* naff / [decoración, objeto] to be tacky *o* *BR* naff **2.** [cualidad] tackiness *o* *BR* naffness

cursillo nm **1.** [curso] short course **2.** [conferencias] series of lectures

cursiva ■ adj [letra] italic
■ nf italics

curso nm **1.** [año académico] year **2.** [lecciones] course ▸ **un ~ de inglés/informática** an English/computing course ▸ **~ por correspondencia** correspondence course ▸ **~ intensivo** crash course **3.** [texto, manual] textbook **4.** [dirección] [de río, acontecimientos] course / [de la economía] trend ▸ **dar ~ a algo** [dar rienda suelta] to give free rein to sth / [tramitar] to process *o* deal with sth ▸ **en el ~ de una semana ha habido tres accidentes** there have been three accidents in the course of a week ▸ **la situación comenzará a mejorar en el ~ de un año** the situation will begin to improve within a year ▸ **en ~** [mes, año] current / [trabajo] in progress ▸ **seguir su ~** to go on, to continue **5.** [circulación] **moneda de ~ legal** legal tender

cursor nm INFORM cursor

curtido, -a ■ adj **1.** [piel, cuero] tanned **2.** [experimentado] seasoned
■ nm tanning

curtiembre nf *ANDES, RP* tannery

curtir vt **1.** [piel] to tan **2.** [persona] to harden
◆ ***curtirse*** vpr **1.** [piel] to tan **2.** [persona] to become hardened

curva nf **1.** [gráfico, línea, forma] curve ▸ **~ de aprendizaje** learning curve ▸ *Fam* **~ de la felicidad** [barriga] paunch ▸ **~ de nivel** contour line **2.** [de carretera, río] bend ▸ **una carretera con muchas curvas** a winding road **3. curvas** [de mujer] curves

curvado, -a adj [forma] curved / [espalda] bent

curvar vt [doblar] to bend / [espalda, cejas] to arch
◆ ***curvarse*** vpr to become bent

curvatura nf curvature

curvilíneo, -a adj [en geometría] curved / [silueta del cuerpo] curvaceous

curvo, -a adj [forma] curved / [doblado] bent

cuscurro nm [pan frito] crouton / [punta de pan] end *(of baguette)*

cuscús nm inv couscous

cúspide nf **1.** [de montaña] summit, top **2.** [apogeo] peak, height **3.** GEOM apex

custodia nf **1.** [de cosas] safekeeping **2.** [de personas] custody ▸ **estar bajo la ~ de** to be in the custody of **3.** REL monstrance

custodiar vt **1.** [vigilar] to guard **2.** [proteger] to look after

custodio nm guard

cutáneo, -a adj skin ▸ **enfermedad cutánea** skin disease ▸ **erupción cutánea** rash

cúter nm [cuchilla] Stanley knife®

cutícula nf cuticle

cutis nm inv skin, complexion

cutre adj *ESP Fam* **1.** [de bajo precio, calidad] cheap and nasty **2.** [sórdido] shabby, dingy **3.** [tacaño] tight, stingy

cutrería, cutrez nf *ESP Fam* shabbiness, dinginess ▸ **este hotel es una ~** this hotel is a dump ▸ **me regaló una ~** he gave me a cheap and nasty present

cuyo, -a adj [posesión] [por parte de personas] whose / [por parte de cosas] of which, whose ▸ **ésos son los amigos en cuya casa nos hospedamos** those are the friends in whose house we spent the night ▸ **ese señor, ~ hijo conociste ayer** that man, whose son you met yesterday ▸ **un equipo cuya principal estrella...** a team, the star player of which *o* whose star player... ▸ **en ~ caso** in which case

CV nm (abrev de ***currículum vitae***) *BR* CV, *US* résumé

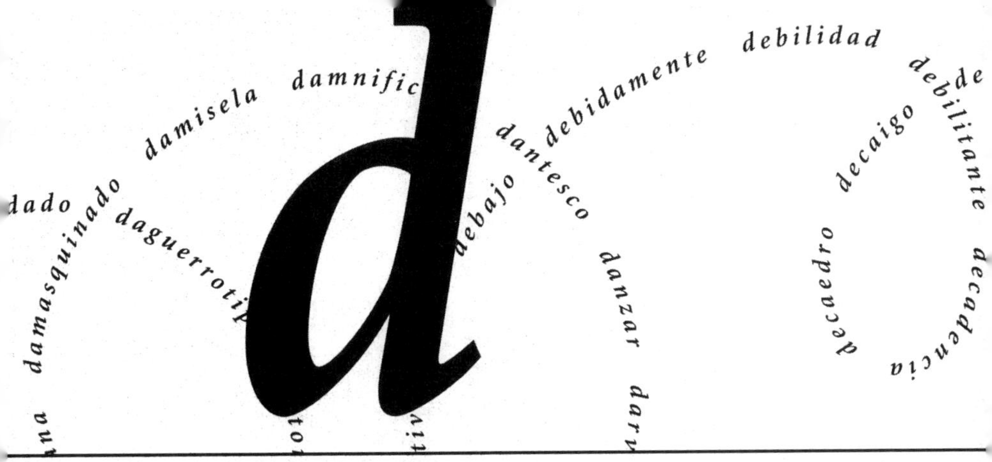

D, d [de] nf [letra] D, d
D. (abrev de ***don***) ≃ Mr / *ver* ***don***
Dacca n Dacca
dactilar adj **huella ~** fingerprint
dactilografía nf typing
dadá, dadaísmo nm ARTE Dada, Dadaism
dadaísta adj & nmf ARTE Dadaist
dádiva nf [regalo] gift / [donativo] donation
dadivoso, -a adj generous
dado[1] nm dice, die
dado[2]***, -a*** adj given ▸ **dada la naturaleza del caso** given the nature of the case ▸ **en un momento ~** [en el tiempo] at a certain point ▸ **ser ~ a** to be inclined *o* given to
◆ ***dado que*** loc conj since, seeing as ▸ **~ que somos tan pocos, se suspende la reunión** seeing as there are so few of us here, the meeting is adjourned
dador, -ora nm,f **1.** [de letra de cambio] drawer **2.** [de carta] bearer
daga nf dagger
daguerrotipo nm daguerreotype
daiquiri nm daiquiri
Dakar n Dakar
dalai-lama nm Dalai Lama
dale interj **¡~! ¡otra vez con lo mismo!** there you go again! ▸ **te digo que pares y tú ¡~ (que ~)!** I've told you to stop, but you just carry on and on!
dalia nf dahlia
dálmata adj & nmf **1.** [persona] Dalmatian **2.** [perro] Dalmatian
daltónico, -a ■ adj colour-blind
■ nm,f person with colour blindness
daltonismo nm colour blindness
dama nf **1.** [mujer] lady ▸ **~ de honor** [de novia] bridesmaid / [de reina] lady-in-waiting ▸ **primera ~** TEATRO leading lady / *US* POL first lady **2.** [en juego de damas] king / [en ajedrez, naipes] queen ▸ **damas** [juego] *BR* draughts *(singular)* / *US* checkers *(singular)*
damajuana nf demijohn
Damasco n Damascus
damasco nm **1.** [tela] damask **2.** *ANDES, RP* [albaricoque] apricot
damasquinado nm damascene
damero nm *BR* draughtboard, *US* checkerboard
damisela nf *Anticuado* damsel
damnificado, -a ■ adj affected, damaged
■ nm,f victim
damnificar [59] vt [cosa] to damage / [persona] to harm, to injure
dance *etc ver* ***danzar***
dandi, dandy nm dandy
danés, -esa ■ adj Danish
■ nm,f [persona] Dane
■ nm [lengua] Danish
dantesco, -a adj *también Fig* Dantesque
Danubio nm **el ~** the (River) Danube
danza nf [actividad] dancing / [baile] dance ▸ *Fig* **estar siempre en ~** to be always on the go *o* doing sth ▸ *Fam Fig* **estar metido en ~** to be up to no good ▸ **~ clásica** classical ballet ▸ **~ española** Spanish dance ▸ **~ del vientre** belly dance
danzar [14] vi [bailar] to dance / *Fig* [ir de un sitio a otro] to run about
danzarín, -ina ■ adj active, lively
■ nm,f dancer
dañado, -a adj [objeto, vehículo] damaged
dañar vt [pieza, objeto] to damage / [vista, cosecha] to harm, to damage / [persona] to hurt ▸ **el tabaco daña la salud** tobacco damages your health
◆ ***dañarse*** vpr [cosa] to become damaged / [persona] to injure, to hurt ▸ **se dañó el codo jugando al squash** he hurt his elbow playing squash
dañino, -a adj harmful
daño nm **1.** [dolor] pain, hurt ▸ **hacer ~ a alguien** to

hurt sb ▸ **me hacen ~ los zapatos** my shoes are hurting me ▸ **hacerse ~** to hurt oneself ▸ **me hice ~ en el tobillo** I hurt my ankle ▸ **¿te has hecho ~?** have you hurt yourself?, are you hurt? **2.** [perjuicio] [a algo] damage / [a alguien] harm ▸ **los daños se calculan en un millón de pesos** the damage is estimated to be about a million pesos ▸ **el ~ ya está hecho** the damage is done ▸ **daños estructurales** structural damage ▸ **daños medioambientales** environmental damage ▸ **daños y perjuicios** damages

dar [20] ■ vt **1.** [entregar, otorgar] to give / [proporcionar] to give, to provide with / [naipes] to deal ▸ **~ algo a alguien** to give sth to sb, to give sb sth ▸ **se lo di a mi hermano** I gave it to my brother **2.** [producir] to give, to produce / [frutos, flores] to bear / [beneficios, intereses] to yield ▸ **la salsa le da un sabor muy bueno** the sauce gives it a very pleasant taste, the sauce makes it taste very nice **3.** [fiesta, cena] to have, to hold ▸ **~ una cena en honor de alguien** to hold *o* give a dinner in someone's honour **4.** [luz, agua, gas] [encender] to turn *o* switch on / [suministrar por primera vez] to connect / [suministrar tras un corte] to turn back on **5.** CINE, TEATRO & TV to show / [concierto, interpretación] to give ▸ **dan una película del oeste** they're showing a western, there's a western on **6.** [mostrar] to show ▸ **~ muestras de sensatez** to show good sense **7.** [untar con, aplicar] **~ barniz a una silla** to varnish a chair **8.** [enseñar] to teach ▸ **~ inglés/historia** to teach English/history **9.** [provocar] **le dio un infarto** he had a heart attack ▸ **me da vergüenza/pena** it makes me ashamed/sad ▸ **me da risa** it makes me laugh ▸ **me da miedo** it frightens me ▸ *Fam* **si no se calla me va a ~ algo** if he doesn't shut up soon, I'll go mad ▸ *Fam* **si sigues trabajando así te va a ~ algo** you can't go on working like that **10.** [expresa acción] **~ un grito** to give a cry ▸ **~ un vistazo a** to have a look at ▸ **darle un golpe/una puñalada a alguien** to hit/stab sb ▸ **voy a ~ un paseo** I'm going (to go) for a walk **11.** [considerar] **~ algo por** to consider sth as ▸ **eso lo doy por hecho** I take that for granted ▸ **~ a alguien por muerto** to give sb up for dead **12.** [expresiones] **donde las dan las toman** you get what you deserve ▸ **el reloj dio las doce** the clock struck twelve ▸ *ESP Fam* **~ el día a alguien** to ruin sb's day (for them) ▸ **es tan pesado que me dio la tarde** he's so boring that he ruined the afternoon for me ▸ **no ~ una** to get everything wrong

■ vi **1.** [repartir] [en naipes] to deal **2.** [horas] to strike ▸ **dieron las tres en el reloj** three o'clock struck **3.** [golpear] **le dieron en la cabeza** they hit him on the head ▸ **la piedra dio contra el cristal** the stone hit the window ▸ **como no te portes bien, te voy a ~** if you don't behave, I'll smack you **4. ~ a** [accionar] [llave de paso] to turn / [botón, timbre] to press **5. ~ a** [estar orientado] [sujeto: ventana, balcón] to look out onto, to overlook / [sujeto: pasillo, puerta] to lead to / [sujeto: casa, fachada] to face **6.** [encontrar] **~ con algo/alguien** to find sth/sb ▸ **he dado con la solución** I've hit upon the solution **7.** [proporcionar] **~ de beber a alguien** to give sb something to drink ▸ **da de mamar a su hijo** she breast-feeds her son **8.** [ser suficiente] **~ para** to be enough for **9.** [motivar] **~ que hablar** to set people talking ▸ **aquello me dio que pensar** that made me think **10.** [expresa repetición] **le dieron de palos** they beat him repeatedly with a stick **11.** [tomar costumbre] **darle a uno por hacer algo** to get it into one's head to do sth ▸ **le ha dado por la gimnasia** she's taken it into her head to start gymnastics **12.** [expresiones] **~ de sí** [ropa, calzado] to give, to stretch ▸ **no ~ más de sí** *o* **para más** [persona, animal] not to be up to much any more

◆ ***darse*** vpr **1.** [suceder] to occur, to happen ▸ **se da pocas veces** it rarely happens ▸ **se dio la circunstancia de que...** it so happened that... **2.** [entregarse] **darse a la bebida** to take to drink **3.** [golpearse] **darse contra** *o* **con** to hit ▸ **se dieron contra una farola** they crashed into *o* hit a lamppost **4.** [tener aptitud] **se me da bien/mal el latín** I'm good/bad at Latin **5.** [considerarse] **darse por** to consider oneself (to be) ▸ **darse por vencido** to give in **6.** [expresiones] *ESP Fam* **dársela a alguien** [engañar] to take sb in ▸ *FAM* **se las da de intelectual/elegante** he fancies himself as an intellectual/a dandy

dardo nm dart

dársena nf dock

darvinismo nm Darwinism

datación nf [de restos arqueológicos] dating

datar ■ vt to date

■ vi **datar de** to date back to, to date from

dátil nm **1.** BOT & CULIN date **2.** *Fam* **dátiles** [dedos] fingers **3.** [animal] **~ (de mar)** date mussel

dativo nm GRAM dative

dato nm [hecho, cifra] piece of information, fact ▸ **datos** [información] information, data / INFORM data ▸ **datos (personales)** (personal) details

dcha. (abrev de ***derecha***) rt.

d. de JC., d. JC. (abrev de ***después de Jesucristo***) AD

de prep

de combines with the article **el** to form the contraction **del** (e.g. **del hombre** of the man).

1. [posesión, pertenencia] of ▸ **el coche de mi padre/mis padres** my father's/parents' car ▸ **es de ella** it's hers ▸ **la pata de la mesa** the table leg **2.** [procedencia, distancia] from ▸ **salir de casa** to leave home ▸ **soy de Bilbao** I'm from Bilbao ▸ **de la playa al apartamento hay 100 metros** it's 100 metres from the beach to the apartment **3.** [materia] (made) of ▸ **un vaso de plástico** a plastic cup ▸ **un reloj de oro** a gold watch **4.** [contenido] **un vaso de agua** a glass of water **5.** [en descripciones] **una película de terror** a horror film ▸ **de fácil manejo** user-friendly ▸ **la señora de verde** the lady in green ▸ **el chico de la coleta** the boy with the ponytail ▸ **he comprado las peras de dos euros el kilo** I bought the pears that were two euros a kilo ▸ **un sello de 60 céntimos** a 60-cent stamp **6.** [asunto] about ▸ **hablábamos de ti** we were talking about you ▸ **libros de historia** history books **7.** [uso] **una bici de carreras** a racer ▸ **ropa de deporte** sportswear **8.** [en calidad de] as ▸ **trabaja de bombero** he works as a fireman **9.** [tiempo] [desde] from /

[durante] in ▸ **trabaja de nueve a cinco** she works from nine to five ▸ **de madrugada** early in the morning ▸ **a las cuatro de la tarde** at four in the afternoon ▸ **trabaja de noche y duerme de día** he works at night and sleeps during the day **10.** [causa, modo] with ▸ **morirse de hambre** to die of hunger ▸ **llorar de alegría** to cry with joy ▸ **de una patada** with a kick ▸ **de una sola vez** in one go ▸ **de tres en tres** three at a time **11.** [con superlativos] **el mejor de todos** the best of all ▸ **el más importante del mundo** the most important in the world **12.** [en comparaciones] **más/menos de...** more/less than... **13.** (adjetivo + de + infinitivo) **es difícil de creer** it's hard to believe **14.** (+ infinitivo) [condición] if ▸ **de ir a verte, sería este domingo** if I do visit you, it'll be this Sunday ▸ **de no ser por ti, me hubiese hundido** if it hadn't been for you, I wouldn't have made it **15.** (**el** + adjetivo + **de**) [enfatiza cualidad] **el idiota de tu hermano** your stupid brother

dé *ver* ***dar***

deambular vi to wander (about)

deán nm dean

debacle nf debacle

debajo adv underneath ▸ **el de ~** the one underneath ▸ **~ vive un pianista** a pianist lives downstairs ▸ **el vecino/la oficina de ~** the neighbour/office downstairs ▸ **~ de** underneath, under ▸ **~ de la mesa/las escaleras** under the table/the stairs ▸ **¿qué llevas ~ del abrigo?** what have you got on under your coat? ▸ **llevo una camiseta por ~** I've got a vest on underneath ▸ **por ~ de lo normal** below normal ▸ **pasamos por ~ del puente** we went under the bridge

debate nm debate

debatir vt to debate

◆ ***debatirse*** vpr [luchar] to struggle ▸ **debatirse entre la vida y la muerte** to hover between life and death

debe nm debit (side) ▸ **~ y haber** debit and credit

deber ■ nm **1.** [obligación] duty ▸ **los derechos y los deberes de los ciudadanos** citizens' rights and duties **2. deberes** [trabajo escolar] homework ▸ **hacer los deberes** to do one's homework

■ vt [adeudar] to owe ▸ **~ algo a alguien** to owe sb sth, to owe sth to sb ▸ **¿qué** *o* **cuánto le debo?** how much is it?

■ vi **1.** (+ infinitivo) [expresa obligación] **debo hacerlo** I have to do it, I must do it ▸ **debes dominar tus impulsos** you must *o* should control your impulses ▸ **deberían abolir esa ley** they ought to *o* should abolish that law ▸ **no deberías fumar tanto** you shouldn't smoke so much **2.** [expresa posibilidad] **deben de ser las diez** it must be ten o'clock ▸ **no debe de ser muy mayor** she can't be very old

◆ ***deberse a*** vpr **1.** [ser consecuencia de] to be due to ▸ **y eso, ¿a qué se debe?** and what's the reason for that? **2.** [dedicarse a] to have a responsibility towards

debidamente adv properly

debido, -a adj **1.** [adeudado] owing, owed **2.** [justo, conveniente] due, proper ▸ **el tema se abordará en su ~ momento** the subject will be dealt with in due course ▸ **con el ~ respeto, creo que se equivoca** with all due respect, I think you're mistaken ▸ **creo que he comido más de lo ~** I think I've had a bit too much to eat ▸ **como es ~** properly

◆ ***debido a*** loc prep **~ a su enfermedad** owing to *o* because of his illness ▸ **esto es ~ a la falta de previsión** this is due to lack of foresight

débil ■ adj **1.** [persona] [sin fuerzas] weak / [condescendiente] lax, lenient ▸ **de constitución ~** prone to illness, sickly ▸ **~ de carácter** of weak character **2.** [voz, sonido] faint / [luz] dim ▸ **una ~ mejoría** a slight improvement ▸ **una ~ brisa movía la cortinas** a slight breeze moved the curtains

■ nmf weak person

debilidad nf **1.** [flojedad] weakness ▸ **tener ~ por** to have a soft spot for ▸ **el chocolate es su ~** he has a weakness for chocolate **2.** [condescendencia] laxness

debilitación nf, ***debilitamiento*** nm weakening

debilitante adj debilitating

debilitar vt to weaken

◆ ***debilitarse*** vpr to become *o* grow weak

debitar vt to debit

débito nm [debe] debit / [deuda] debt ▸ *AM* **~ bancario** direct debit

debut (pl **debuts**) nm [de persona] debut / [de obra] premiere ▸ **su ~ en sociedad fue brillante** her entry into society was impressive

debutante nmf = *person making his/her debut*

debutar vi [actor, cantante] to make one's debut ▸ **la obra debuta en Madrid el día 4** the play opens in Madrid on the fourth

década nf decade

decadencia nf decadence ▸ **en ~** [moda] on the way out / [cultura, sociedad] in decline ▸ **la ~ del imperio** the decline of the empire

decadente adj [ambiente] decadent / [economía] in decline

decaedro nm decahedron

decaer [13] vi [debilitarse] to decline / [enfermo] to get weaker / [salud] to fail / [entusiasmo] to flag / [empresa] to go downhill ▸ **¡que no decaiga!** don't lose heart! ▸ **su belleza no ha decaído con los años** her beauty has not faded with the years

decágono nm decagon

decaído, -a adj [desalentado] gloomy, downhearted / [débil] frail

decaigo *ver* ***decaer***

decaimiento nm [desaliento] gloominess / [decadencia] decline / [falta de fuerzas] weakness

decalcificar [59] MED vt to decalcify

◆ ***decalcificarse*** vpr to decalcify, to lose calcium

decalitro nm decalitre

decálogo nm REL Decalogue / *Fig* [normas] ten golden *o* basic rules

decámetro nm decametre

decanato nm **1.** [cargo] deanship **2.** [despacho] dean's office

decano, -a nm,f **1.** [de corporación, facultad] dean

2. [veterano] [hombre] senior member, doyen / [mujer] senior member, doyenne

decantar vt to decant

◆ ***decantarse*** vpr **1.** [inclinarse] to lean (towards) **2. decantarse por** [optar por] to opt for

decapante ■ adj **líquido ~** paint-stripper
■ nm paint-stripper

decapar vt to strip the paint from

decapitación nf decapitation, beheading

decapitar vt to decapitate, to behead

decatleta nmf decathlete

decatlón nm decathlon

decayera *etc ver* ***decaer***

deceleración nf deceleration

decelerar vt & vi to decelerate, to slow down

decena nf ten ▸ **una ~ de...** [unas diez] about ten... / [diez] ten... ▸ **las víctimas se cuentan por decenas** there have been dozens of casualties ▸ **estos tornillos se venden por decenas** these screws are sold in tens

decenal adj **un plan ~** a ten-year plan ▸ **un premio ~** a prize awarded every ten years

decencia nf **1.** [decoro] decency / [en el vestir] modesty **2.** [dignidad] dignity

decenio nm decade

decente adj **1.** [digno] decent ▸ **un sueldo ~** a decent salary *o* wage **2.** [en el comportamiento] proper / [en el vestir] modest ▸ **este es un establecimiento ~** this is a respectable establishment **3.** [limpio] clean

decepción nf disappointment ▸ **me llevé una gran ~ al oír la noticia** I was really disappointed when I heard the news ▸ **su nueva película ha sido una ~** her new film is disappointing *o* a disappointment

FALSO AMIGO / FALSE FRIEND

decepción

Deception is not a translation of the Spanish word *decepción*. Deception is translated by *engaño*.

decepcionante adj disappointing

decepcionar vt to disappoint

deceso nm decease, death

dechado nm **ser un ~ de virtudes** to be a paragon of virtue

decibelio, AM ***decibel*** nm decibel

decididamente adv **1.** [con decisión] resolutely, with determination **2.** [sin duda] definitely ▸ **~, es buena idea** it's definitely a good idea

decidido, -a adj determined

decidir ■ vt **1.** [tomar una decisión] to decide ▸ **el juez decidirá si es inocente o no** the judge will decide *o* determine whether or not he is innocent ▸ **~ hacer algo** to decide to do sth **2.** [determinar] to decide ▸ **el voto de la clase media decidió la elección** the middle-class vote decided *o* swung the election
■ vi to decide, to choose ▸ **¿a qué restaurante vamos? – tú decides** which restaurant shall we go to? – you decide ▸ **~ entre dos cosas** to choose between two things
◆ ***decidirse*** vpr to decide, to make up one's mind ▸ **¡decídete de una vez!** make up your mind! ▸ **decidirse a hacer algo** to decide to do sth ▸ **si te decides a venir, llámame** if you decide to come, give me a ring ▸ **decidirse por** to decide on, to choose

decigramo nm decigram

decilitro nm decilitre

décima nf [en medidas] tenth ▸ **tiene unas décimas de fiebre** she has a slight fever ▸ **una ~ de segundo** a tenth of a second ▸ **ganó por décimas de segundo** he won by tenths of a second

decimal adj & nm decimal

decímetro nm decimetre

décimo, -a ■ núm tenth ▸ **la décima parte** a tenth
■ nm **1.** [fracción] tenth **2.** [en lotería] = *ticket giving a tenth share in a number entered in the Spanish "Lotería Nacional"*

decimoctavo, -a núm eighteenth

decimocuarto, -a núm fourteenth

decimonónico, -a adj **1.** [del siglo XIX] nineteenth-century **2.** [anticuado] old-fashioned

decimonono, -a núm *Formal* nineteenth

decimonoveno, -a núm nineteenth

decimoquinto, -a núm fifteenth

decimoséptimo, -a núm seventeenth

decimosexto, -a núm sixteenth

decimotercero, -a núm thirteenth

decir [21] ■ vt **1.** [en general] to say ▸ **~ que sí/no** to say yes/no ▸ **dice que no viene** she says (that) she is not coming ▸ **¿cómo se dice "estación" en inglés?** how do you say "estación" in English? ▸ **dicen que va a ser un verano muy seco** they say it's going to be a very dry summer **2.** [contar, ordenar] to tell ▸ **¿quién te lo ha dicho?** who told you that? ▸ **¿qué quieres que te diga?** what do you want me to say?, what can I say? ▸ **~ a alguien que haga algo** to tell sb to do sth ▸ **~ la verdad** to tell the truth **3.** [recitar] to recite, to read **4.** [revelar] to tell, to show ▸ **eso lo dice todo** that says it all ▸ **~ mucho (en favor) de** to say a lot for **5.** [llamar] to call ▸ **le dicen la carretera de la muerte** they call it the road of death **6.** [expresiones] **~ para sí** to say to oneself ▸ **decirle a alguien cuatro verdades** to tell sb a few home truths ▸ **preocuparse por el qué dirán** to worry about what people will say ▸ **es ~** that is, that's to say ▸ **ni que ~ tiene** needless to say ▸ **¡no me digas!** no!, never! ▸ **¡no me digas que no te gusta!** don't tell me you don't like it! ▸ **no me dice nada el tenis** tennis doesn't do anything for me ▸ **no hay más que ~** that's all there is to it, that's that ▸ **(o) mejor dicho** or rather ▸ **por decirlo así, por así decirlo** in other words, so to speak ▸ **no está lloviendo mucho que digamos** it's not exactly raining ▸ **querer ~** to mean ▸ **¿qué quieres ~ con eso?** what do you mean by that? ▸ *ESP* **¡y que lo digas!** you can say that again!
■ vi **como quien dice, como si dijéramos** so to speak ▸ *ESP* **¿diga?, ¿dígame?** [al teléfono] hello?

◆ ***decirse*** vpr *Fam* [reflexionar] to say to oneself
■ nm **es un ~** it's not strictly true

¡CUIDADO! / CAREFUL!

decir

Tell suele ir acompañado del objeto (**what did you tell him?**), mientras que no es necesario utilizar este cuando se usa **say** y, si se hace, va precedido de la preposición "to" (**what did you say to him?**). **Say** suele usarse para centrarse en lo enunciado (**how could you say that?**) y **tell** se usa para dar órdenes e instrucciones, así como para ciertas expresiones fijas (**to tell a lie/the truth/the time**).

decisión nf **1.** [dictamen, resolución] decision ▸ **tomar una ~** to make *o* take a decision ▸ **~ por mayoría** majority decision **2.** [empeño, tesón] determination, resolve / [seguridad, resolución] decisiveness ▸ **actuar con ~** to act decisively

decisivo, -a adj decisive

decisorio, -a adj decision-making

declamación nf **1.** [arte] declamation **2.** [recitación] recital, recitation

declamar vt & vi to declaim, to recite

declaración nf **1.** [manifestación] statement / [afirmación] declaration ▸ **no hizo declaraciones a los medios de comunicación** he didn't make any statement to the media ▸ **prestar ~** to give evidence ▸ **tomar ~ (a)** to take a statement (from) ▸ **~ de amor** declaration of love ▸ **~ de guerra** declaration of war ▸ **~ del impuesto sobre la renta** income tax return **2.** [comienzo] [de incendio] outbreak

declarado, -a adj [manifiesto] open, professed ▸ **es un homosexual ~** he is openly gay ▸ **hay un odio ~ entre ellos** there is open hostility between them

declarante nmf witness

declarar ■ vt [manifestar] to declare / [afirmar] to state, to say ▸ **~ la verdad** to tell the truth ▸ **~ culpable/inocente a alguien** to find sb guilty/not guilty ▸ **¿algo que declarar?** [en aduana] anything to declare?
■ vi DER to testify, to give evidence ▸ **lo llamaron a ~** he was called to give evidence
◆ ***declararse*** vpr **1.** [incendio, epidemia] to break out **2.** [confesar el amor] to declare one's feelings *o* love ▸ **se le ha declarado Fernando** Fernando has declared his love to her **3.** [dar una opinión] **declararse a favor de algo** to say that one supports sth ▸ **declararse en contra de algo** to say one is opposed to sth ▸ **declararse culpable/inocente** to plead guilty/not guilty

declinación nf **1.** [caída] decline **2.** GRAM declension

declinar ■ vt [gen] & GRAM to decline / [responsabilidad] to disclaim ▸ **declinó amablemente la invitación** he politely declined the invitation
■ vi [día, tarde] to draw to a close / [fiebre] to subside, to abate / [economía] to decline ▸ **su interés por la caza ha declinado** his interest in hunting has declined

declive nm **1.** [decadencia] decline, fall ▸ **en ~** in decline **2.** [pendiente] slope ▸ **un terreno en ~** an area of sloping ground

decolaje nm *AM* take-off

decolar vi *AM* to take off

decoloración nf [pérdida de color] discoloration, fading / [de pelo] bleaching

decolorante ■ adj bleaching
■ nm bleaching agent

decolorar vt to bleach
◆ ***decolorarse*** vpr to fade ▸ **decolorarse el pelo** to bleach one's hair

decomisar vt to confiscate, to seize

decomiso nm [acción] confiscation *(by customs)* ▸ **tienda de decomisos** = *shop selling goods (such as cameras and radios) confiscated by customs*

decoración nf **1.** [acción] decoration / [efecto] décor **2.** [adorno] decorations

decorado nm CINE & TEATRO set ▸ **decorados** sets, scenery

decorador, -ora nm,f interior designer / CINE & TEATRO set designer

decorar ■ vt to decorate
■ vi to be decorative

decorativo, -a adj decorative

decoro nm **1.** [pudor] decency, decorum **2.** [dignidad] dignity ▸ **vivir con ~** to live decently

decoroso, -a adj [decente] decent / [correcto] seemly, proper

decrecer [46] vi [disminuir] to decrease, to decline / [caudal del río] to go down ▸ **el paro decreció en un 2 por ciento** unemployment has fallen by 2 percent ▸ **la luna está decreciendo** the moon is on the wane

decreciente adj declining, decreasing

decrépito, -a adj *Pey* [anciano] decrepit / [civilización, industria] decadent, declining

decrepitud nf *Pey* [de un anciano] decrepitude / [de una civilización] decline

decretar vt to decree

decretazo nm *ESP Fam Pey* diktat

decreto nm decree ▸ **por real ~** by royal decree ▸ **~ ley** decree, *BR* order in council

decúbito nm horizontal position

dedal nm thimble

dédalo nm labyrinth, maze

dedicación nf dedication ▸ **con ~ (en) exclusiva** full-time ▸ **trabaja con ~** he works with real dedication

dedicar [59] vt **1.** [tiempo, dinero, energía] to devote **2.** [espacio, cuarto, solar] to use ▸ **este solar se dedicará a viviendas** this land will be used for housing **3.** [libro, monumento] to dedicate ▸ **dedicó al público unas palabras de agradecimiento** he addressed a few words of thanks to the audience
◆ ***dedicarse a*** vpr **1.** [a una profesión] **¿a qué se dedica usted?** what do you do for a living? ▸ **se dedica a la enseñanza** she works as a teacher **2.** [a una actividad, persona] to spend time on ▸ **dejé la empresa para dedicarme a mi familia** I left the company so that I could spend more time with my family ▸ **los domingos me dedico al estudio** I spend Sundays studying

dedicatoria nf dedication

dedillo nm *Fam* **saber algo al ~** to know sth inside out

dedique etc ver ***dedicar***

dedo nm **1.** [de la mano] finger ▸ **meterse el ~ en la nariz** to pick one's nose ▸ **¡no señales con el ~!** don't point! ▸ **dos dedos de whisky** two fingers of whisky ▸ **~ anular** ring finger ▸ **~ corazón** *o* **medio** middle finger ▸ **~ gordo** *o* **pulgar** thumb ▸ **~ índice/meñique** index/little finger **2.** [del pie] toe ▸ **~ gordo/pequeño** big/little toe **3.** [expresiones] **escaparse de entre los dedos** to slip through one's fingers ▸ *Fam* **hacer ~, ir a ~** to hitchhike ▸ *Fig* **chuparse el ~** to be a fool ▸ **no creas que me chupo el ~** I wasn't born yesterday, you know ▸ **estar para chuparse los dedos** to be mouthwatering ▸ *Fam* **nadie movió un ~ para ayudarme** nobody lifted a finger to help me ▸ **nombrar a alguien a ~** to handpick sb ▸ **no tener dos dedos de frente** to be as thick as two short planks ▸ *ESP* **pillarse** *o* **cogerse los dedos** to get one's fingers burnt ▸ **poner el ~ en la llaga** to put one's finger on it

deducción nf deduction ▸ FIN **~ fiscal** tax-deductible expenditure

deducible adj **1.** [idea] deducible **2.** [dinero] deductible

deducir **[18]** vt **1.** [inferir] to guess, to deduce ▸ **por la luz dedujo que debía de ser tarde** he could tell by the light that it must be late ▸ **dedujo quién era el asesino** he worked out who the killer was **2.** [descontar] to deduct ▸ **me deducen del sueldo la seguridad social** national insurance is deducted from my salary

deductivo, -a adj deductive

dedujera etc ver ***deducir***

deduzco ver ***deducir***

de facto adj de facto

defecación nf defecation

defecar **[59]** vi to defecate

defección nf defection, desertion

defectivo, -a adj defective

defecto nm **1.** [físico] defect / [moral] fault, shortcoming ▸ **no le veo ningún ~ a esta casa** I can't see anything wrong with this house ▸ **~ de fábrica** *o* **fabricación** defect in manufacturing ▸ **~ de forma** administrative error ▸ **~ del habla** *o* **de pronunciación** speech defect *o* impediment **2. por ~** by default **3. en su ~** by default ▸ **acuda a la embajada o, en su ~, al consulado más cercano** go to the embassy, or, failing that, to the nearest consulate

defectuoso, -a adj [mercancía] defective, faulty / [trabajo] inaccurate

defender **[64]** vt **1.** [país, reo] to defend / [amigo] to stand up for ▸ **~ los intereses de alguien** to defend sb's interests ▸ **defendió su teoría con sólidos argumentos** he supported his theory with sound arguments **2.** [proteger] [del frío, calor] to protect (**de** against)

◆ ***defenderse*** vpr **1.** [protegerse] to defend oneself (**de** against) ▸ **me defendí como pude de sus ataques** I defended myself from his attacks as best I could **2.** [apañarse] to get by ▸ **se defiende bien en su trabajo** he's getting along okay at work ▸ **se defiende en inglés** he can get by in English ▸ **¿qué tal dibujas? – me defiendo** how are you at drawing? – I'm not too bad ▸ **sé defenderme sola** I can look after myself

defendible adj defensible

defendido, -a nm,f [de abogado] client *(of defence counsel)*

defenestración nf dismissal, unceremonious removal

defenestrar vt to oust, to dismiss

defensa ■ nf **1.** [protección] defence ▸ **en ~ de** in defence of ▸ **la ~ del medio ambiente** the protection of the environment ▸ **~ personal** self-defence **2.** DER **la ~** [parte en un juicio] the defence ▸ **en ~ propia, en legítima ~** [acción] in self-defence **3. (el Ministerio de) Defensa** *BR* ≃ the Ministry of Defence, *US* ≃ the Department of Defense **4. defensas** [sistema inmunitario] defences ▸ **tiene las defensas muy bajas** his body's defences are very low **5.** DEP defence

■ nmf DEP defender ▸ **~ central** central defender, centre back

defensiva nf defensive ▸ **ponerse/estar a la ~** to go/be on the defensive

defensivo, -a adj defensive ▸ **estrategia defensiva** defensive strategy

defensor, -ora ■ adj **abogado ~** counsel for the defence

■ nm,f [de ideal, persona] defender / [abogado] counsel for the defence / [adalid] champion ▸ **un gran ~ de la paz** a great campaigner for peace ▸ *ESP* **~ del pueblo** ombudsman ▸ **~ del soldado** = *public body created to defend soldiers' rights, especially young soldiers doing military service* ▸ **el ~ del título** [el actual campeón] the defending champion

defeño, -a nm,f *MÉX* person from the "Distrito Federal" *(Mexico City)*

deferencia nf deference ▸ **por ~ a** in deference to

deferente adj [cortés] deferential

deferir **[62]** ■ vt DER to refer

■ vi to defer (**a** to)

deficiencia nf [defecto] deficiency, shortcoming / [insuficiencia] lack

deficiente ■ adj **1.** [defectuoso] [producto, cantidad, persona] deficient / [audición, vista] defective **2.** [mediocre] poor, unsatisfactory

■ nmf **~ (mental)** mentally handicapped person

■ nm EDUC **muy ~** very poor, E

déficit (pl **déficits**) nm **1.** ECON deficit ▸ **~ de la balanza comercial** trade gap ▸ **~ comercial** trade deficit ▸ **~ presupuestario** budget deficit ▸ **~ público** public deficit **2.** [falta] lack, shortage

deficitario, -a adj [empresa, operación] loss-making / [balance] negative, showing a deficit

defiendo etc ver ***defender***

definición nf **1.** [explicación] definition ▸ **por ~** by definition **2.** [descripción] description **3.** [en televisión] resolution ▸ **alta ~** high resolution

definido, -a adj **1.** [límite, idea] (clearly) defined **2.** GRAM **artículo ~** definite article

definir vt **1.** [explicar, precisar] to define **2.** [describir] to describe
◆ ***definirse*** vpr to take a clear stance ▸ **no se definió por ninguno de los dos bandos** he took neither side ▸ **el plan no acababa de definirse** the plan had not yet taken any definite shape

definitivamente adv **1.** [sin duda] definitely **2.** [para siempre] for good

definitivo, -a adj **1.** [concluyente, final] final ▸ **los resultados definitivos** the final results ▸ **la versión definitiva** [de un texto] the definitive version **2.** [decisivo] decisive ▸ **su intervención fue definitiva para resolver el conflicto** his intervention was decisive in resolving the conflict
◆ ***en definitiva*** loc adv in short ▸ **ésta es, en definitiva, la única alternativa que nos queda** this is, in short, the only alternative we have left

deflación nf ECON deflation

deflacionista, deflacionario, -a adj ECON deflationary

deflagración nf deflagration

deflagrar vi to deflagrate

defoliación nf defoliation

deforestación nf deforestation

deforestar vt to deforest

deformación nf [de huesos, objetos] deformation / [de imagen, verdad] distortion ▸ **~ física** (physical) deformity ▸ **tener ~ profesional** to be always acting as if one were still at work

deformado, -a adj **1.** [cuerpo] deformed / [objeto] misshapen **2.** [imagen, verdad] distorted

deformar vt [huesos, objetos] to deform / [imagen, verdad] to distort
◆ ***deformarse*** vpr to go out of shape ▸ **se me ha deformado el jersey al lavarlo** my jumper lost its shape when I washed it

deforme adj [cuerpo] deformed, disfigured / [imagen] distorted / [objeto] misshapen

deformidad nf deformity

defraudación nf [fraude fiscal] tax evasion

defraudador, -ora ■ adj [a hacienda] tax-evading
■ nm,f [a hacienda] tax evader

defraudar ■ vt **1.** [decepcionar] to disappoint ▸ **su última película me defraudó mucho** I was very disappointed by his last film ▸ **creí que podría contar contigo, pero me has defraudado** I thought I could count on you, but you've let me down **2.** [estafar] to defraud ▸ **~ a Hacienda** to practise tax evasion
■ vi [decepcionar] to be disappointing, to disappoint ▸ **reapareció Carreras y no defraudó** Carreras made a reappearance and did not disappoint

defunción nf decease, death ▸ **cerrado por ~** [en letrero] closed due to bereavement

degeneración nf degeneration

degenerado, -a adj & nm,f degenerate

degenerar vi to degenerate (**en** into)

degenerativo, -a adj [proceso, enfermedad] degenerative

deglución nf swallowing

deglutir vt & vi to swallow

degolladero nm slaughterhouse

degollar **[6]** vt [cortar la garganta] to cut *o* slit the throat of / [decapitar] to behead ▸ *Fig* **¡como lo pille, lo degüello!** I'll kill him if I catch him!

degollina nf *ESP Fam* bloodbath

degradable adj degradable

degradación nf **1.** [de moral, naturaleza] degradation **2.** [de un cargo] demotion

degradante adj degrading

degradar vt **1.** [moralmente] to degrade, to debase **2.** [de un cargo] to demote
◆ ***degradarse*** vpr to degrade *o* lower oneself

degüello ■ *ver* ***degollar***
■ nm [decapitación] beheading / [degolladura] slaughter ▸ *Fig* **entrar a ~** to storm in ruthlessly

degustación nf tasting *(of wines, food)*

degustar vt to taste *(wines, food)*

dehesa nf meadow

deidad nf deity

deificar **[59]** vt to deify

dejada nf [en tenis] drop shot

dejadez nf [abandono] neglect / [en aspecto] slovenliness / [pereza] laziness ▸ **no lo hizo por ~** he didn't do it because he couldn't be bothered

dejado, -a ■ adj careless / [aspecto] slovenly
■ nm,f [persona] slovenly person

dejar ■ vt **1.** [poner] to leave, to put ▸ **dejó los papeles en la mesa** he put *o* left the papers on the table ▸ **deja el abrigo en la percha** put your coat on the hanger ▸ **he dejado la moto muy cerca** I've left *o* parked my motorbike nearby **2.** [encomendar] **dejarle algo a alguien** to leave sth with sb ▸ **le dejé los niños a mi madre** I left the children with my mother **3.** *ESP* [prestar] **~ algo a alguien** to lend sb sth, to lend sth to sb ▸ **¿me dejas un paraguas?** could you lend me an umbrella? **4.** [abandonar] [casa, trabajo, país] to leave / [tabaco, estudios] to give up / [familia] to abandon ▸ **~ a alguien en algún sitio** [con el coche] to drop sb off somewhere ▸ **~ algo por imposible** to give sth up as a lost cause ▸ **~ a alguien atrás** to leave sb behind ▸ **su marido la ha dejado** her husband has left her ▸ **te dejo, tengo que irme** I have to leave you now, I must go **5.** [permitir] **~ a alguien hacer algo** to let sb do sth, to allow sb to do sth ▸ **sus gritos no me dejaron dormir** his cries prevented me from sleeping ▸ **déjame a mí** let me do it, leave it to me ▸ **deja que tu hijo venga con nosotros** let your son come with us ▸ **¿me dejas ir?** will you let me go?, can I go? ▸ *Fig* **~ correr algo** to leave sth be ▸ **déjalo estar** leave it as it is, let it be ▸ **dejó pasar tres semanas** he let three weeks go by **6.** [reservar] **deja algo de café para mí** leave some coffee for me **7.** [omitir] to leave out ▸ **~ algo por *o* sin hacer** to fail to do sth ▸ **dejó lo más importante por resolver** he left the most important question unresolved **8.** (imperativo) [olvidar] to forget (about) / [no molestar] to leave alone *o* in peace ▸ **déjalo, no importa** forget it, it doesn't matter ▸ **¡déjame, que**

tengo trabajo! leave me alone, I'm busy! ▸ **déjame tranquilo** *o* **en paz** leave me alone *o* in peace **9.** [indica resultado] **~ algo hecho** to get sth done ▸ **~ algo como nuevo** to leave something as good as new ▸ **el examen me dejó agotado** I was left exhausted by the exam **10.** [esperar] **~ que** to wait until ▸ **dejó que acabara de llover para salir** he waited until it had stopped raining before going out

▪ vi **1.** [parar] **~ de hacer algo** to stop doing sth ▸ **ha dejado de fumar/beber** he's stopped smoking/drinking ▸ **poco a poco dejaron de llamarse** they gradually stopped phoning one another ▸ **no deja de venir ni un solo día** he never fails to come **2.** [expresando promesa] **no ~ de** to be sure to ▸ **¡no dejes de escribirme!** be sure to write to me! **3.** **~ (mucho** *o* **bastante) que desear** to leave a lot to be desired

◆ ***dejarse*** vpr **1.** [olvidar] **dejarse algo en algún sitio** to leave sth somewhere **2.** [permitir] **dejarse engañar** to allow oneself to be taken in ▸ **le quisimos ayudar, pero no se dejó** we wanted to help him, but he wouldn't let us **3.** [no cortarse] **dejarse la barba** to grow a beard ▸ **dejarse el pelo largo** to grow one's hair long **4.** [cesar] **dejarse de hacer algo** to stop doing sth ▸ **¡déjate de tonterías!** don't talk nonsense! **5.** [descuidarse] to let oneself go **6.** **dejarse llevar (por algo)** to get carried away (with sth)

deje nm [acento] accent

dejo nm **1.** [acento] accent **2.** [sabor] aftertaste

del *ver* ***de***

delación nf denunciation

delantal nm apron

delante adv **1.** [en primer lugar, en la parte delantera] in front (**de** of) ▸ **ve tú ~, yo me sentaré detrás** you go in the front, I'll sit at the back ▸ **el de ~** the one in front ▸ **el asiento de ~** the seat in front ▸ **~ de mí/ti** in front of me/you ▸ **lo tienes ~ de las narices** it's in front of your nose **2.** [enfrente] opposite ▸ **~ hay una fábrica** there's a factory opposite

delantera nf **1.** [primer puesto] lead ▸ **coger** *o* **tomar la ~** to take the lead ▸ **llevar la ~** to be in the lead ▸ **coger** *o* **tomar la ~ a alguien** to beat sb to it **2.** [ventaja] **nos llevan tres minutos de ~** they're three minutes ahead of us ▸ **su hermano le lleva la ~ en los estudios** his brother is doing better than him at school **3.** DEP forwards, forward line **4.** *Fam* [de una mujer] bust

delantero, -a ▪ adj front

▪ nm,f DEP forward ▸ **~ centro** centre forward

delatar vt **1.** [denunciar] to denounce ▸ **lo delaté a la policía** I reported him to the police **2.** [sujeto: sonrisa, ojos] to betray, to give away

◆ ***delatarse*** vpr to give oneself away

delator, -ora nm,f informer

delco nm *ESP* AUT distributor

delectación nf *Formal* delight, great pleasure ▸ **con ~** with delight, delightedly

delegación nf **1.** [autorización, comisión] delegation ▸ **~ de poderes** devolution (of power) **2.** *ESP* [sucursal] local office ▸ **Delegación del Gobierno** = *office representing central government in each province* ▸ **~ de Hacienda** = *head tax office (in each province)* **3.** *MÉX* **~ de policía** police station

delegado, -a nm,f **1.** [representante] delegate ▸ **~ de curso** class representative **2.** COM representative

delegar [38] vt **~ algo en alguien** to delegate sth to sb

deleitar vt to delight

◆ ***deleitarse*** vpr **deleitarse con** *o* **en algo** to take pleasure in sth ▸ **deleitarse haciendo algo** to take pleasure in *o* enjoy doing sth

deleite nm delight

deletrear vt to spell (out)

deleznable adj [malo] [clima, libro, actuación] appalling / [excusa, razón] contemptible

delfín nm **1.** [animal] dolphin **2.** HIST dauphin / [sucesor] successor

delgadez nf [en general] thinness / [esbeltez] slimness

delgado, -a adj [en general] thin / [esbelto] slim, slender

deliberación nf deliberation

deliberado, -a adj deliberate

deliberar vi to deliberate

delicadeza nf **1.** [miramiento] [con cosas] care / [con personas] kindness, attentiveness ▸ **le dio la noticia con ~** he broke the news to her tactfully **2.** [finura] [de perfume, rostro] delicacy / [de persona] sensitivity **3.** [de un asunto, situación] delicacy

delicado, -a adj **1.** [objeto, perfume, gusto] delicate ▸ **una situación delicada** a delicate *o* tricky situation **2.** [persona] [sensible] sensitive / [muy exigente] fussy / [educado] polite ▸ **su estado (de salud) es ~** his condition is delicate ▸ **estar ~ de salud** to be in poor health ▸ **estar ~ del corazón** to have a weak heart ▸ **¡no seas ~, hay que comérselo todo!** don't be so picky, you've got to eat all of it!

delicia nf delight ▸ **hacer las delicias de alguien** to delight sb

delicioso, -a adj [comida] delicious / [persona, lugar, clima] lovely, delightful

delictivo, -a adj criminal

delimitación nf [de terreno] fixing of the boundaries / [de funciones] delimitation

delimitar vt [terreno] to set out the boundaries of / [funciones] to define

delincuencia nf crime ▸ **está aumentando la ~** crime is on the increase ▸ **~ juvenil** juvenile delinquency

delincuente nmf criminal ▸ **~ habitual** habitual offender ▸ **~ juvenil** juvenile delinquent

delineación nf **1.** [trazado] delineation, outlining **2.** [profesión] technical drawing *o* drafting

delineador, -ra adj delineating, outlining

delineante nmf *BR* draughtsman, *f* draughtswoman, *US* draftsman, *f* draftswoman

delinear vt **1.** [plano] to draw **2.** [proyecto] to outline

delinquir [22] vi to commit a crime

delirante adj **1.** [persona] delirious **2.** [idea, fiesta] wild, crazy

delirar vi [un enfermo, un borracho] to be delirious / *Fig* [decir disparates] to talk nonsense

delirio nm [por fiebre, borrachera] delirium / [de un enfermo mental] ravings ▸ **delirios de grandeza** delusions of grandeur

delírium tremens nm inv delirium tremens

delito nm crime, offence ▸ **cometer un ~** to commit a crime *o* an offence ▸ **no es ningún ~ criticar al profesor** it's no crime to criticize the teacher ▸ **~ ecológico** ecological crime ▸ **~ fiscal** tax offence ▸ **~ informático** computer crime ▸ **~ de sangre** violent crime

delta nm & nf delta

deltoides nm inv ANAT deltoid (muscle)

demacrado, -a adj gaunt, haggard

demacrar vt to make gaunt *o* haggard
◆ ***demacrarse*** vpr to become gaunt *o* haggard

demagogia nf demagoguery

demagógico, -a adj demagogic

demagogo, -a nm,f demagogue

demanda nf **1.** [petición] request / [reivindicación] demand ▸ **~ salarial** wage claim ▸ **en ~ de** asking for **2.** ECON demand **3.** DER lawsuit / [por daños y perjuicios] claim ▸ **presentar una ~ contra** to take legal action against ▸ **~ de divorcio** petition for a divorce

demandado, -a nm,f defendant

demandante nmf plaintiff

demandar vt **1.** DER **~ a alguien (por)** to sue sb (for) **2.** [pedir] to ask for, to seek

demarcación nf **1.** [señalización] demarcation **2.** [territorio] area / [jurisdicción] district

demarcar [59] vt to demarcate, to mark out

demarrar vi DEP to put on a burst of speed, to put on a spurt

demás adj **1.** [resto] **los ~ invitados** the other *o* the remaining guests ▸ **lo ~** the rest ▸ **todo lo ~** everything else ▸ **los/las ~** the others, the rest ▸ **¿dónde vamos los ~?** where do the rest of us go? ▸ **los problemas de los ~** other people's business ▸ **se bebió su cerveza y la de los ~** he drank his beer and everyone else's ▸ **por lo ~** apart from that, otherwise ▸ **la casa tiene lavadora, lavaplatos y todo lo ~** the house has a washing machine, a dishwasher and all the rest of it ▸ **y ~** and so on **2.** *RP Fam* [sensacional] great, cool

demasía: en demasía loc adv in excess, too much

demasiado, -a ■ adj (singular) too much / (plural) too many ▸ **demasiada comida** too much food ▸ **demasiados niños** too many children ▸ **aquí hay ~ niño** there are too many kids in here, this place is too full of kids
■ adv too much / (+adjetivo o adverbio) too ▸ **habla ~** she talks too much ▸ **iba ~ rápido** he was going too fast ▸ **¡esto es ~!** [el colmo] this is too much!
■ pron **éramos demasiados** there were too many of us

demencia nf madness, insanity ▸ **~ senil** senile dementia

demencial adj [disparatado] crazy, mad

demente ■ adj mad
■ nmf MED mental patient / [loco] lunatic

demérito nm *Formal* [desventaja] disadvantage ▸ **los méritos y deméritos de algo** the merits and demerits of sth

demiurgo nm demiurge

democracia nf democracy ▸ POL **~ popular** people's democracy

demócrata ■ adj democratic
■ nmf democrat

democratacristiano, -a adj & nm,f POL Christian Democrat

democrático, -a adj democratic

democratización nf democratization

democratizador, -ora adj democratizing ▸ **proceso ~** process of democratization

democratizar [14] vt to democratize

democristiano, -a adj & nm,f POL Christian Democrat

demografía nf demography

demográfico, -a adj [estudio, instituto] demographic ▸ **crecimiento ~** population increase ▸ **explosión demográfica** population explosion

demoledor, -ora adj [huracán, críticas] devastating / [argumento] overwhelming, crushing

demoler [41] vt [edificio] to demolish, to pull down / [argumento, teoría] to demolish / [sistema, organización] to destroy

demolición nf [de edificio, argumento] demolition / [de sistema, organización] destruction

demoniaco, -a, demoníaco, -a adj devilish, diabolic

demonio nm **1.** [diablo] devil ▸ *Fam* **saber/oler a demonios** to taste/smell disgusting ▸ **se lo llevaban todos los demonios** [estaba muy enfadado] he was hopping mad **2.** [para enfatizar] **¿qué/dónde demonios...?** what/where the hell...? ▸ **¡demonios!** damn (it)!

demora nf delay ▸ **sin ~** without delay, immediately

demorar ■ vt to delay
■ vi *AM* [tardar] **¡no demores!** don't be late! ▸ **este quitamanchas demora en actuar** this stain remover takes a while to work
◆ ***demorarse*** vpr **1.** [retrasarse] to be delayed **2.** [detenerse] to stop (somewhere) **3.** *esp AM* [llegar tarde] to be late

demostración nf **1.** [muestra] demonstration ▸ **una ~ de cariño** a demonstration of affection **2.** [del funcionamiento] demonstration ▸ **hacer una ~** [de cómo funciona algo] to demonstrate, to give a demonstration ▸ **me hizo una ~ de cómo preparar una paella** he showed me how to make a paella **3.** [exhibición] display ▸ **la policía hizo una ~ de fuerza ante los manifestantes** the police made a show of force in front of the demonstrators **4.** [matemática] proof

demostrar [63] vt **1.** [mostrar, exhibir] to show, to display ▸ **demuestra tener mucho interés (en)** he shows a lot of interest (in) **2.** [funcionamiento, procedimiento] to demonstrate, to show **3.** [probar] to demonstrate, to prove

demostrativo, -a adj **1.** [representativo] representative **2.** GRAM demonstrative

demudado, -a adj **tenía el rostro ~** his face was pale ▸ **estaba completamente demudada** [angustiada] she looked grief-stricken

demudar vt to change, to alter
◆ ***demudarse*** vpr [tejido] to change colour / [persona, rostro] to change expression

demuelo *etc ver* ***demoler***

demuestro *etc ver* ***demostrar***

denegación nf refusal, rejection

denegar [43] vt to turn down, to reject

dengue nm [enfermedad] dengue

denigrante adj [humillante] degrading / [insultante] insulting

denigrar vt [humillar] to denigrate, to vilify / [insultar] to insult

denodado, -a adj *Formal* [decidido] determined / [valiente] brave, intrepid

denominación nf naming ▸ **D. de Origen** = *guarantee of region of origin of a wine or other product*

CULTURA / CULTURE

Denominación de Origen

Cultura

Originally designed as a guarantee of the place of origin and quality of wine, the **Denominación de Origen** is now also used for other products such as cheeses, olive oil, fruit and meat, especially where the production of a particular region is highly regarded (as in the case of olive oil from Jaén, Manchego cheese, or Jabugo cured ham). EU law now regulates the use of such labelling.

denominador nm denominator ▸ MAT *&* *Fig* **~ común** common denominator

denominar vt to call
◆ ***denominarse*** vpr to be called

denostar [63] vt *Formal* to insult

denotar vt to indicate, to show

densidad nf [gen] & INFORM density ▸ **~ de población** population density ▸ INFORM **alta/doble ~** high/double density

denso, -a adj [vegetación, humo] dense / [líquido, material] thick / [tráfico] heavy / [libro, película] difficult to follow, involved

dentado, -a adj [rueda] cogged, toothed / [filo, cuchillo] serrated / [sello] perforated / [hojas] dentate

dentadura nf (set of) teeth ▸ **~ postiza** false teeth, dentures

dental adj dental ▸ **hilo** *o* **seda ~** dental floss

dentellada nf [mordisco] bite / [herida, marca] toothmark

dentera nf **dar ~ a alguien** to set sb's teeth on edge

dentición nf **1.** [proceso] teething **2.** [conjunto] teeth

dentífrico, -a ■ adj **pasta dentífrica** toothpaste
■ nm toothpaste

dentista nmf dentist

dentistería nf *CAM, COL, ECUAD, VEN* [consultorio] dental surgery / [estudios] dentistry

dentística nf *CHILE, ECUAD* dentistry

dentro adv **1.** [en el espacio] inside ▸ **espera aquí ~** wait in here ▸ **está ahí ~** it's in there ▸ **~ de** in ▸ **~ del coche** in *o* inside the car ▸ **dentro de la legalidad** within the law ▸ **~ de lo posible** as far as possible ▸ **dentro de lo razonable** within reason ▸ **~ de lo que cabe, no ha sido un mal resultado** all things considered, it wasn't a bad result ▸ **de ~** inside ▸ **el bolsillo de ~** the inside pocket ▸ **hacia/para ~** inwards ▸ **por ~** (on the) inside / *Fig* inside, deep down **2.** [en el tiempo] **~ de poco/un año** in a while/a year ▸ **dentro de los próximos meses** within the next few months ▸ **~ de dos sábados** the Saturday after next, a week on Saturday, Saturday week ▸ **la cena estará lista ~ de nada** dinner will be ready in a moment *o* very soon

denuedo nm [valor] courage / [esfuerzo] resolve

denuncia nf [acusación] accusation / [condena] denunciation / [a la policía] complaint ▸ **presentar una ~ contra** to file a complaint against

denunciante nmf = *person who reports a crime*

denunciar vt **1.** [delito] to report (to the police) ▸ **denunció a su esposo por malos tratos** she reported her husband to the police for ill-treatment **2.** [acusar, reprobar] to denounce, to condemn **3.** [delatar, revelar] to indicate, to reveal

deontología nf deontology

deontológico, -a adj **código ~** code of ethics

D. E. P. (abrev de ***descanse en paz***) RIP

deparar vt **1.** [traer] **¿qué nos deparará el futuro?** what will the future bring?, what does the future have in store for us? **2.** [ofrecer] **~ la ocasión de hacer algo** to provide the opportunity to do sth

departamental adj departmental

departamento nm **1.** [en oficina, organización, universidad] department / [ministerio] ministry, department ▸ **~ de atención al cliente** customer services (department) ▸ **~ de caballeros** menswear department ▸ **~ de marketing** marketing department ▸ **~ de personal** personnel (department) **2.** [división territorial] administrative district / [en Francia] department **3.** [compartimento] compartment **4.** *ARG* [apartamento] *BR* flat, *US* apartment

departir vi to chat, to talk

depauperación nf **1.** [física] weakening, enfeeblement **2.** [económica] impoverishment

depauperado, -a adj **1.** [físicamente] enfeebled, debilitated **2.** [económicamente] impoverished

depauperar vt **1.** [físicamente] [persona] to debilitate, to weaken / [salud] to undermine **2.** [económicamente] to impoverish

dependencia nf **1.** [de una persona] dependence / [de drogas] dependency **2.** [departamento] section / [sucursal] branch ▸ **dependencias** [instalaciones] outbuildings ▸ **en dependencias policiales** on police premises

depender vi to depend ▸ **~ de algo** to depend on sth ▸ **todo depende de lo que decida el juez** everything depends on what the judge decides ▸ **depende...** it depends... ▸ **~ de alguien** to be dependent on sb ▸ **depende de ti** it's up to you ▸ **si de mí dependiera, el trabajo sería tuyo** if it was up to me, the job would be yours

dependiente, -a ■ adj dependent
■ nm,f *BR* sales assistant, shop assistant, *US* salesclerk

depilación nf hair removal ▸ **~ eléctrica** electrolysis ▸ **~ a la cera** waxing

depiladora nf ladies' shaver, hair remover

depilar vt [piernas, axilas] to remove the hair from / [cejas] to pluck / [con cera] to wax
◆ ***depilarse*** vpr **depilarse las piernas/axilas** [con maquinilla] to shave one's legs/armpits / [con cera] to wax one's legs/armpits ▸ **depilarse las cejas** to pluck one's eyebrows

depilatorio, -a ■ adj hair-removing
■ nm hair-remover

deplorable adj [suceso, comportamiento] deplorable / [aspecto] sorry, pitiful

deplorar vt to regret deeply

deponer [50] vt **1.** [abandonar] [actitud] to drop, to set aside / [armas] to lay down **2.** [destituir] [ministro, secretario] to remove from office / [líder, rey] to depose ▸ **~ a alguien de su cargo** to strip sb of his/her office

deportación nf deportation

deportado, -a ■ adj deported
■ nm,f deportee

deportar vt to deport

deporte nm sport ▸ **hacer ~** to do *o* practise sports ▸ **practicar un ~** to do a sport ▸ **hacer algo por ~** to do sth for fun ▸ **deportes de aventura** adventure sports ▸ **el ~ blanco** skiing ▸ **deportes de competición** competitive sports ▸ **~ de masas** spectator sport

deportista ■ adj sporty, sports-loving
■ nmf sportsman, *f* sportswoman

deportividad nf sportsmanship

deportivo, -a ■ adj [conducta, espíritu] sportsmanlike ▸ **coche ~** sports car ▸ **instalaciones deportivas** sports complex ▸ **periódico ~** sports paper
■ nm sports car

deposición nf **1.** [destitución] [de ministro, secretario] removal from office / [de líder, rey] overthrow **2.** MED **deposiciones** [heces] stools

depositar vt **1.** [dejar, colocar] to place ▸ **depositaron su confianza en ella** they placed their trust in her ▸ **había depositado sus ilusiones en su hijo** he had placed all his hopes on his son **2.** [en el banco] to deposit
◆ ***depositarse*** vpr [asentarse] to settle

depositario, -a nm,f **1.** [de dinero] trustee **2.** [de confianza] repository **3.** [de mercancías] depositary

depósito nm **1.** [almacén] [de mercancías] store, warehouse / [de armas] dump, arsenal ▸ **~ de cadáveres** morgue, mortuary **2.** [recipiente] tank ▸ **~ de combustible** fuel tank ▸ **depósito de gasolina** *BR* petrol tank, *US* gas tank **3.** [de dinero] deposit **4.** [de polvo, sedimento] deposit ▸ **depósitos minerales** mineral deposits **~ legal** = *copy of a publication legally required to be sent to the authorities*

depravación nf depravity

depravado, -a ■ adj depraved
■ nm,f depraved person ▸ **ser un ~** to be depraved *o* degenerate

depravar vt to corrupt, to deprave
◆ ***depravarse*** vpr to become depraved

depre *Fam* ■ adj **estar ~** to be feeling down
■ nf **tener la ~** to be feeling down

depreciación nf depreciation

depreciar vt to (cause to) depreciate
◆ ***depreciarse*** vpr to depreciate

depredación nf **1.** [entre animales] hunting, preying on **2.** [daño] depredation, pillaging

depredador, -ora ■ adj predatory
■ nm,f predator

depredar vt [animal] to prey on / [piratas, invasores] to pillage

depresión nf **1.** [económica, anímica] depression ▸ **~ nerviosa** nervous breakdown ▸ **~ puerperal** *o* **posparto** postnatal depression **2.** [en superficie, terreno] hollow, depression

depresivo, -a ■ adj [propenso a la depresión] depressive / [deprimente] depressing
■ nm,f [propenso a la depresión] depressive

depresor, -ora adj & nm depressor

deprimente adj depressing

deprimido, -a adj depressed

deprimir vt to depress
◆ ***deprimirse*** vpr to get depressed

deprisa adv fast, quickly ▸ **¡~!** quick!

depuesto, -a ■ participio *ver* ***deponer***
■ adj [destituido] [ministro, secretario] removed from office / [líder, rey] deposed

depuración nf [de agua, metal, gas] purification / [de organismo, sociedad] purge ▸ **~ de aguas residuales** sewage disposal

depurado, -a adj [estilo] refined, polished / [diseño, líneas] sleek, elegant

depurador, -ora ■ adj purifying
■ nm purifier

depuradora nf [en río] treatment plant / [de piscina] filter system ▸ **~ de aguas** water purification plant

depurar vt [agua, metal, gas] to purify / [organismo, sociedad] to purge / [estilo, gusto] to refine / INFORM to debug

depusiera *etc ver* ***deponer***

derby nm [en hípica] derby / [en fútbol] (local) derby

derecha nf **1.** [contrario de izquierda] right, right-hand side ▸ **a la ~ (de)** to the right (of) ▸ **a mi/vuestra ~** on my/your right(-hand side) ▸ **girar a la ~** to turn right **2.** POL right (wing) ▸ *ESP* **ser de derechas** to be right-wing **3.** *ESP* **no hacer nada a derechas** to do nothing right

derechazo nm [en boxeo] right

derechista ■ adj right-wing
■ nmf right-winger

derecho, -a ■ adj **1.** [vertical] upright **2.** [recto]

straight **3.** [de la derecha] right ▸ **mano/pierna derecha** right hand/leg
■ nm **1.** [leyes, estudio] law ▸ **~ administrativo** administrative law ▸ **~ canónico** canon law ▸ **~ civil** civil law ▸ **~ internacional** international law ▸ **~ laboral** *o* **del trabajo** labour law ▸ **~ mercantil** commercial law ▸ **~ natural** natural law ▸ **~ penal** criminal law **2.** [prerrogativa] right ▸ **tener ~ a algo** to have a right to sth ▸ **tener ~ a hacer algo** to have the right to do sth ▸ **el ~ al voto** the right to vote ▸ **reservado el ~ de admisión** the management reserves the right of admission ▸ **¡no hay ~!** it's not fair! ▸ **me queda el ~ al pataleo** all I can do now is complain ▸ **derechos de autor** [potestad] copyright ▸ **derechos civiles** civil rights ▸ **derechos humanos** human rights **3.** [impuesto, tarifa] **derechos de aduana** customs duty ▸ **derechos de autor** [dinero] royalties ▸ **derechos de exportación** export duty ▸ **derechos de importación** import duty ▸ **derechos de inscripción** membership fee ▸ **~ de paso** [en propiedades] right of way ▸ **derechos reales** death duty **4.** [contrario de revés] right side ▸ **del ~** right side out
■ adv **1.** [en posición vertical] upright **2.** [directamente] straight ▸ **ir ~ a** to go straight to **3.** *AM* [de frente] straight on, straight ahead

deriva nf drift ▸ **a la ~** adrift ▸ **ir a la ~** to drift ▸ GEOL **~ continental** continental drift

derivación nf **1.** [cable, canal, carretera] branch **2.** ELEC shunt **3.** GRAM derivation

derivada nf MAT derivative

derivado, -a ■ adj GRAM derived
■ nm **1.** [producto] by-product **2.** QUÍM derivative

derivar ■ vt **1.** [desviar] to divert ▸ **derivó el debate hacia otro tema** he steered the debate onto another topic **2.** MAT to derive
■ vi **1.** [desviarse] to change direction, to drift **2.** [proceder] **~ de** to derive from / GRAM to be derived from **3.** [acabar] **~ en** to end in
◆ ***derivarse de*** vpr to be derived from, to come from ▸ **palabras que se derivan del griego** words which come from Greek

dermatitis nf inv MED dermatitis

dermatología nf MED dermatology

dermatológico, -a adj MED dermatological

dermatólogo, -a nm,f MED dermatologist

dérmico, -a adj skin ▸ **tejido ~** skin tissue

dermis nf inv ANAT dermis

dermoprotector, -ora adj skin-protecting ▸ **crema dermoprotectora** skin cream

derogación nf DER repeal

derogar [38] vt DER [ley] to repeal

derramamiento nm spilling ▸ **~ de sangre** bloodshed

derramar vt [por accidente] to spill / [verter] to pour ▸ **~ lágrimas/sangre** to shed tears/blood
◆ ***derramarse*** vpr [por accidente] to spill

derrame nm **1.** MED discharge ▸ **~ cerebral** stroke ▸ **~ sinovial** water on the knee **2.** [de líquido] spilling / [de sangre] shedding

derrapaje nm skid

derrapar vi to skid ▸ *Fam* **le derrapan las neuronas** he's gone crazy

derrape nm skid

derredor nm **al** *o* **en ~** around

derrengado, -a adj *Fam* [agotado] exhausted

derrengar vt [agotar] to exhaust, to tire out

derretir [47] vt [licuar] to melt / [nieve] to thaw
◆ ***derretirse*** vpr **1.** [metal, mantequilla] to melt / [hielo, nieve] to thaw ▸ **la nieve se derrite con el sol** the snow melts in the sunshine **2.** *Fam* [enamorarse] to be madly in love (**por** with) ▸ [emocionarse] **se derrite cada vez que ella lo mira** his heart misses a beat whenever she looks at him

derribar vt [construcción] to knock down, to demolish / [hacer caer] [árbol] to cut down, to fell / [avión] to bring down / [gobierno, gobernante] to overthrow

derribo nm [de edificio] demolition / [de árbol] felling / [de avión] bringing down / [de gobierno, gobernante] overthrow ▸ **material de ~** rubble

derritiera etc ver ***derretir***

derrito etc ver ***derretir***

derrocamiento nm [de gobierno] toppling, overthrow / [de rey] overthrow

derrocar [59] vt [gobierno] to topple, to overthrow / [rey] to overthrow

derrochador, -ora ■ adj wasteful
■ nm,f spendthrift

derrochar vt **1.** [malgastar] to squander, to waste **2.** [rebosar de] to ooze, to be full of ▸ **derrochaba simpatía** he was incredibly friendly

derroche nm **1.** [despilfarro] waste, squandering ▸ **¡qué ~!** what an awful waste! **2.** [abundancia] **el concierto fue un ~ de técnica, sensibilidad y talento** the concert was a fine display of technique, sensitivity and talent ▸ **la película es todo un ~ de imaginación** the film is prodigiously imaginative

derrota nf **1.** [fracaso] defeat **2.** NÁUT [rumbo] course

derrotado, -a adj defeated

derrotar vt to defeat

derrotero nm **1.** [camino] direction ▸ **tomar diferentes derroteros** to follow a different course **2.** NÁUT course

derrotismo nm defeatism

derrotista adj & nmf defeatist

derruir [34] vt to demolish, to knock down

derrumbamiento nm [de puente, edificio] [por accidente] collapse / [intencionado] demolition / [de imperio] fall / [de empresa] collapse / [de persona] devastation

derrumbar vt [puente, edificio] to demolish / [moralmente] to destroy, to devastate
◆ ***derrumbarse*** vpr **1.** [puente, edificio] to collapse / [techo] to fall in, to cave in ▸ **se derrumbó extenuado sobre la cama** he collapsed on the bed exhausted **2.** [persona] to be devastated / [esperanzas] to be shattered ▸ **en la segunda parte el equipo se derrumbó** the team went to pieces in the second half

derrumbe nm collapse

desabastecer [46] vt **~ a alguien de** to leave sb short of

desabastecido, -a adj without supplies ▸ **~ de** short *o* out of

desaborido, -a *Fam* ■ adj boring, dull
■ nm,f bore

desabotonar vt to unbutton
◆ ***desabotonarse*** vpr [persona] to undo one's buttons / [ropa] to come undone

desabrido, -a adj [tiempo] unpleasant, bad / *ESP* [persona] surly / *ESP* [tono] harsh

desabrigarse vpr **1.** [en la calle] **¡no te desabrigues!** make sure you wrap up warmly! **2.** [en la cama] to throw off the covers

desabrochar vt to undo
◆ ***desabrocharse*** vpr [persona] to undo one's buttons / [ropa] to come undone ▸ **se desabrochó el cuello de la camisa** he unbuttoned his shirt collar ▸ **se te ha desabrochado la bragueta** your fly has come undone

desacatar vt [ley, regla] to disobey / [costumbre, persona] not to respect

desacato nm **1.** [falta de respeto] lack of respect (**a** for), disrespect (**a** for) **2.** DER [al juez, tribunal] contempt of court ▸ **~ a la autoridad** = *refusal to obey an offical*

desaceleración nf slowing down

desacertado, -a adj [inoportuno] unwise, ill-considered / [erróneo] mistaken, wrong

desacierto nm [error] error

desaconsejar vt **~ algo (a alguien)** to advise (sb) against sth ▸ **~ a alguien que haga algo** to advise sb not to do sth

desacoplar vt ELEC to disconnect / TEC to uncouple

desacorde adj [opiniones] differing, conflicting

desacostumbrado, -a adj unusual, uncommon

desacreditado, -a adj discredited

desacreditar vt to discredit
◆ ***desacreditarse*** vpr to become discredited

desactivado, -a ■ adj deactivated
■ nm deactivation

desactivar vt to defuse

desacuerdo nm disagreement ▸ **estar en ~ (con)** to disagree (with)

desafecto, -a adj hostile (**a** to), disaffected (**a** with)

desafiante adj defiant

desafiar [32] vt **1.** [persona] to challenge ▸ **~ a alguien a algo/a que haga algo** to challenge sb to sth/to do sth **2.** [peligro, ley] to defy

desafinado, -a adj [instrumento] out of tune

desafinar vi [instrumento] to be out of tune / [persona] to sing out of tune

desafío nm challenge

desaforadamente adv **1.** [excesivamente] to excess **2.** [con furia] furiously

desaforado, -a adj **1.** [excesivo] uncontrolled **2.** [furioso] furious, wild

desafortunadamente adv unfortunately

desafortunado, -a ■ adj **1.** [desgraciado] unfortunate **2.** [sin suerte] unlucky
■ nm,f unlucky person

desafuero nm outrage, atrocity

desagradable ■ adj unpleasant
■ nmf **son unos desagradables** they're unpleasant people

desagradar vi to displease ▸ **me desagrada su actitud** I don't like her attitude ▸ **me desagradó tener que levantarme tan pronto** I didn't like having to get up so early ▸ **créame, me desagrada mucho tener que decirle esto** believe me, I really don't like to have to say this to you ▸ **a nadie le desagradan los elogios** nobody minds being praised

desagradecido, -a nm,f ungrateful person

desagrado nm displeasure ▸ **con ~** reluctantly

desagraviar vt **~ a alguien por algo** [por una ofensa] to make amends to sb for sth / [por un perjuicio] to compensate sb for sth

desagravio nm **en señal de ~** (in order) to make amends

desaguadero nm drain

desaguar [11] vi **1.** [bañera, agua] to drain **2.** [río] **~ en** to flow into

desagüe nm [de calle] drain / [de lavabo, lavadora] waste outlet

desaguisado nm [destrozo] mess / [desorden]

CÓMO EXPRESAR...

el desacuerdo

I'm afraid I don't agree. / Perdona, pero no estoy de acuerdo.
I can't agree with you on that, I'm afraid. / Lo siento, pero no puedo estar de acuerdo contigo en esto.
I think you're wrong. / Creo que te equivocas.
I don't think that's true. / No creo que sea verdad.
I totally disagree. / Discrepo totalmente.
You couldn't be more wrong. / Te equivocas totalmente.
With respect, I think you're forgetting one important point. / Si me permites, creo que estás olvidando algo importante.
I take your point, but... / En eso tienes razón, pero...
That's all very well, but... / Todo eso está muy bien, pero...
You can't be serious! *(informal)* / ¡Estás de broma!
Nonsense! o Rubbish! *(informal)* / ¡Tonterías!

shambles *(singular)* ▸ **hacer un ~** to make a mess ▸ **la inauguración fue un verdadero ~** the opening was a shambles

desahogado, -a adj [de espacio] spacious, roomy / [de dinero] well-off, comfortable

desahogar [38] vt [ira] to vent / [pena] to relieve, to ease

◆ ***desahogarse*** vpr [contar penas] **desahogarse con alguien** to pour out one's woes *o* to tell one's troubles to sb / [desfogarse] to let off steam

desahogo nm [alivio] relief, release / [de espacio] space, room / [económico] ease ▸ **vivir con ~** to be comfortably off

desahuciar vt **1.** [inquilino] to evict **2.** [enfermo] **~ a alguien** to give up all hope of saving sb

desahucio nm eviction

desairado, -a adj **1.** [poco airoso] [actuación] unimpressive, unsuccessful **2.** [humillado] spurned

desairar vt [persona] to snub, to slight / [cosa] not to think much of, to be unimpressed by

desaire nm snub, slight ▸ **hacer un ~ a alguien** to snub sb

desajustar vt [piezas] to disturb, to knock out of place

◆ ***desajustarse*** vpr **el mecanismo se ha desajustado** the mechanism isn't working properly

desajuste nm **1.** [de piezas] misalignment / [de máquina] malfunction, fault **2.** [de declaraciones, versiones] inconsistency / [económico] imbalance

desalar vt [quitar sal a] to remove salt from / [agua] to desalinate

desalentar [3] vt to dishearten, to discourage

◆ ***desalentarse*** vpr to be discouraged, to lose heart

desaliento nm dismay, dejection

desalinearse vpr to go out of line

desalinizar [14] vt to desalinate

desaliñado, -a adj [persona, aspecto] scruffy

desaliño nm [de persona, aspecto] scruffiness

desalmado, -a ■ adj heartless

■ nm,f heartless person

desalojar vt **1.** [por emergencia] [edificio, personas] to evacuate **2.** [por la fuerza] [ocupantes] to eject, to remove / [inquilinos] to evict **3.** [por propia voluntad] to abandon, to move out of

desalojo nm **1.** [por emergencia] [de edificio, personas] evacuation **2.** [por la fuerza] [de ocupantes] ejection, removal / [de inquilinos] eviction

desamarrar vt to cast off

desamor nm [falta de afecto] indifference, coldness / [odio] dislike

desamortización nf [de propiedades] disentailment, alienation

desamortizar [14] vt [propiedades] to disentail, to alienate

desamparado, -a ■ adj [persona] helpless / [lugar] desolate, forsaken

■ nm,f helpless person

desamparar vt [persona] to abandon

desamparo nm [abandono] abandonment / [aflicción] helplessness

desandar [7] vt [camino] to go back over ▸ **~ lo andado** to retrace one's steps / *Fig* to go back to square one

desangelado, -a adj [casa, habitación] drab / [acto, celebración] dull, uninspiring

desangrar vt [animal, persona] to bleed / [económicamente] to bleed dry

◆ ***desangrarse*** vpr to lose a lot of blood ▸ **murió desangrado** he bled to death

desanimado, -a adj **1.** [persona] downhearted **2.** [fiesta, lugar] quiet, lifeless

desanimar vt to discourage

◆ ***desanimarse*** vpr to get downhearted *o* discouraged

desánimo nm [desaliento] dejection

desanudar vt to untie

desapacible adj unpleasant

desaparecer [46] ■ vi **1.** [de la vista] to disappear ▸ **me ha desaparecido la pluma** my pen has disappeared ▸ **será mejor que desaparezcas de escena durante una temporada** you'd better make yourself scarce for a while ▸ **~ de la faz de la tierra** to vanish from the face of the earth ▸ **¡desaparece de mi vista ahora mismo!** get out of my sight this minute! **2.** [en guerra, accidente] to go missing

■ vt *AM* [persona] = *to detain extrajudicially during political repression and possibly kill*

desaparecido, -a ■ adj **1.** [extraviado] missing **2.** [ya no existente] **el ~ John Lennon** the late John Lennon ▸ **la desaparecida Sociedad de Naciones** the now defunct League of Nations

■ nm,f missing person ▸ **ha habido veinte muertos y tres desaparecidos** twenty people have been killed and three are missing

desaparición nf disappearance

desapasionado, -a adj dispassionate

desapego nm indifference

desapercibido, -a adj unnoticed ▸ **pasar ~** to go unnoticed

desaprensión nf unscrupulousness

desaprensivo, -a nm,f [gamberro] reckless delinquent

desaprobación nf disapproval

desaprobar [63] vt [mostrar disconformidad] to disapprove of / [propuesta, plan] to reject

desaprovechado, -a adj [tiempo, ocasión, talento] wasted / [espacio, recursos, terreno] not put to the best use

desaprovechamiento nm [de tiempo, ocasión, talento] waste / [de espacio, recursos, terreno] failure to exploit fully

desaprovechar vt [tiempo, ocasión, talento] to waste / [espacio, recursos, terreno] to underuse, to fail to exploit fully

desarmable adj [mueble] that can be dismantled

desarmado, -a adj **1.** [persona] unarmed **2.** [desmontado] dismantled

desarmador nm *MÉX* screwdriver

desarmar vt **1.** [quitar las armas] to disarm **2.** [desmontar] to take apart, to dismantle

desarme nm MIL & POL disarmament ▸ **~ nuclear** nuclear disarmament

desarraigado, -a adj [persona] uprooted, rootless

desarraigar [38] vt [vicio, costumbre] to root out / [persona, pueblo] to banish, to drive (out)

desarraigo nm [de vicio, costumbre] rooting out / [de persona, pueblo] banishment

desarreglado, -a adj [cuarto, armario, persona] untidy / [vida] disorganized

desarreglar vt [armario, pelo] to mess up / [planes, horario] to upset

desarreglo nm [de cuarto, persona] untidiness / [de vida] disorder ▸ **me siento rara, debo de tener un ~ hormonal** I'm feeling a bit funny, it must be my hormones

desarrollado, -a adj developed

desarrollador, -ora nm,f INFORM developer ▸ **~ de software** software developer

desarrollar vt **1.** [mejorar] [crecimiento, país] to develop ▸ **desarrolló un sexto sentido para las finanzas** she developed *o* acquired a sixth sense for money **2.** [exponer] [teoría, tema, fórmula] to expound, to explain ▸ **¿podrías ~ esa idea un poco más?** could you expand on that idea a little more? **3.** [realizar] [actividad, trabajo] to carry out **4.** MAT to expand
◆ ***desarrollarse*** vpr **1.** [crecer, mejorar] to develop **2.** [suceder] [reunión] to take place / [película] to be set ▸ **la manifestación se desarrolló sin incidentes** the demonstration went off without incident ▸ **la acción de la novela se desarrolla en el siglo XIX** the novel is set in the 19th century

desarrollismo nm = *policy of development at all costs*

desarrollo nm **1.** [mejora] development ▸ **~ del producto** product development ▸ **~ sostenible** sustainable development **2.** [crecimiento] growth

desarropar vt to uncover
◆ ***desarroparse*** vpr **se desarropa durante la noche** he kicks off the bedclothes during the night

desarrugar [38] vt [alisar] to smooth out / [planchar] to iron out the creases in

desarticulación nf [de huesos] dislocation / [de organización, banda] breaking up

desarticular vt [huesos] to dislocate / [organización, banda] to break up / [plan] to foil

desaseado, -a adj [sucio] dirty / [desarreglado] untidy

desasistido, -a adj **dejar a alguien ~** to leave sb unattended (to)

desasosegado, -a adj uneasy, nervous

desasosegar [43] vt to disturb, to make uneasy
◆ ***desasosegarse*** vpr to become uneasy

desasosiego nm **1.** [inquietud] unease, anxiety **2.** [nerviosismo] nervousness

desastrado, -a adj [desaseado] scruffy / [sucio] dirty

desastre nm disaster ▸ **su madre es un ~** her mother is hopeless ▸ **¡vaya ~!** what a shambles!

desastroso, -a adj disastrous

desatar vt **1.** [nudo, lazo] to untie / [paquete] to undo / [animal] to unleash **2.** [tormenta, iras, pasión] to unleash / [entusiasmo] to arouse / [lengua] to loosen
◆ ***desatarse*** vpr **1.** [nudo, lazo] to come undone **2.** [desencadenarse] [tormenta] to break / [ira, cólera] to erupt

desatascador nm (sink) plunger

desatascar [59] vt to unblock

desatención nf [falta de atención] lack of attention / [descortesía] discourtesy, impoliteness

desatender [64] vt **1.** [obligación, persona] to neglect **2.** [ruegos, consejos] to ignore

desatendido, -a adj **1.** [obligación, persona] neglected **2.** [maleta, paquete] unattended **3.** [ruegos, consejo] ignored

desatento, -a adj [distraído] inattentive / [descortés] impolite

desatinar vi [al actuar] to act foolishly / [al hablar] to say stupid things

desatino nm **1.** [estupidez] [al actuar] foolish action / [al hablar] foolish remark **2.** [desacierto] mistake

desatornillador nm *ANDES, CAM* screwdriver

desatornillar vt to unscrew

desatrancar [59] vt [puerta, ventana] to unbolt / [tubería] to unblock

desautorizar [14] vt **1.** [desmentir] [noticia] to deny **2.** [prohibir] [manifestación, huelga] to ban **3.** [desacreditar] to discredit

desavenencia nf [desacuerdo] friction, tension / [riña] quarrel

desavenido, -a adj at odds (**con** with) ▸ **dos familias desavenidas** two families at odds with each other

CÓMO EXPRESAR...

la desaprobación

I don't approve of smoking. / Estoy en contra del tabaco.
I'm totally against it. / Estoy totalmente en contra.
In my opinion, it's an absolute disgrace. / En mi opinión, es una vergüenza.
As far as I'm concerned, it's too bureaucratic. / Por lo que a mí respecta, es demasiado burocrático.
I don't think it's right to smack children. / No creo que esté bien pegar a los niños.
I'm not happy about you staying out late. / No me gusta que salgas hasta tarde.
It's just not on! *(informal)* / ¡No me parece nada bien!

desavenirse [69] vpr to fall out
desaventajado, -a adj disadvantaged
desayunar ■ vi to have breakfast
■ vt to have for breakfast
◆ ***desayunarse*** vpr **se desayunaron con café y tostadas** they had coffee and toast for breakfast
desayuno nm breakfast
desazón nf [ansiedad] unease, anxiety / [molestia] annoyance
desazonar vt [causar ansiedad] to worry, to cause anxiety to / [causar molestia] to annoy, to upset
desbancar [59] vt [ocupar el puesto de] to oust, to replace
desbandada nf breaking up, scattering ▸ **en ~** in great disorder
desbandarse vpr to scatter
desbarajuste nm disorder, confusion ▸ **¡vaya ~!** what a mess!
desbaratado, -a adj [roto] wrecked, broken down
desbaratar vt to ruin, to wreck
desbarrar vi *ESP* to talk nonsense
desbloquear vt [cuenta] to unfreeze / [país] to lift the blockade on / [negociación] to end the deadlock in
desbocado, -a adj [caballo] runaway
desbocarse [59] vpr [caballo] to bolt
desbordamiento nm [de río] overflowing / [de sentimiento] loss of control
desbordante adj [sentimiento, entusiasmo] boundless / [imaginación] rich
desbordar ■ vt **1.** [cauce, ribera] to overflow, to burst **2.** [límites, previsiones, capacidad] to exceed / [paciencia] to push beyond the limit **3.** [contrario, defensa] to get past, to pass
■ vi **~ de** to overflow with
◆ ***desbordarse*** vpr [río] to flood, to burst its banks / [bañera] to overflow / [pasión, sentimiento] to erupt
desbravar vt [ganado] to tame, to break in
descabalgar [38] vi to dismount
descabellado, -a adj crazy
descabellar vt TAUROM to give the coup de grâce to
descabello nm TAUROM coup de grâce
descabezar [14] vt **1.** [quitar la cabeza] [persona] to behead / [cosa] to break the head off **2.** [quitar la punta] [planta, árbol] to top
descacharrado, -a adj *Fam BR* knackered, *US* bust
descacharrante adj *Fam* hilarious
descacharrar vt *Fam BR* to knacker, *US* to bust
descafeinado, -a ■ adj **1.** [sin cafeína] decaffeinated **2.** [sin fuerza] watered down
■ nm decaffeinated coffee
descafeinar vt **1.** [quitar cafeína] to decaffeinate **2.** [quitar fuerza a] to water down
descalabrar vt [herir] to wound in the head / *Fam* [perjudicar] to do serious damage to
◆ ***descalabrarse*** vpr to hurt one's head / *Fam* to brain oneself
descalabro nm major setback, disaster
descalcificación nf MED loss of calcium
descalcificar [59] MED vt to decalcify
◆ ***descalcificarse*** vpr to decalcify, to lose calcium
descalificación nf **1.** [de competición] disqualification **2.** [ofensa] dismissive insult ▸ **una guerra de descalificaciones** a slanging match
descalificar [59] vt **1.** [en una competición] to disqualify **2.** [desprestigiar] to discredit ▸ **descalificó con saña a su oponente** he viciously attacked his opponent
descalzar [14] vt **~ a alguien** to take sb's shoes off
◆ ***descalzarse*** vpr to take off one's shoes
descalzo, -a adj barefoot
descamación nf [de la piel] flaking
descamarse vpr [piel] to flake
descaminado, -a adj [equivocado] **andar** *o* **ir ~** to be on the wrong track / [caminante, excursionista] to be heading in the wrong direction
descaminar vt [sujeto: malas compañías] to lead astray / [sujeto: guía] to take the wrong way
◆ ***descaminarse*** vpr [por malas compañías] to go astray / [en una excursión] to go the wrong way
descamisado, -a ■ adj **1.** [sin camisa] barechested **2.** [pobre] wretched
■ nm,f **1.** [pobre] poor wretch **2.** *ARG* HIST = *working-class supporter of General Perón and his wife Evita*
descampado nm open country ▸ **juegan al fútbol en un ~** they play football on an area of waste ground
descansado, -a adj [actividad] restful ▸ **estar ~** to be rested *o* refreshed
descansar ■ vt **1.** [reposar] to rest, to lie ▸ **descansó la cabeza en mi hombro** he laid *o* rested his head on my shoulder **2.** [relajar] to rest ▸ **dormir descansa la vista** sleep gives your eyes *o* eyesight a rest
■ vi **1.** [reposar] to rest ▸ **descansó un rato antes de seguir** he rested for a while before continuing ▸ **después de tanto trabajo necesito ~** I need a rest after all that work ▸ **¿paramos a** *o* **para ~?** how about stopping for a rest? ▸ **necesitas ~ de tantas preocupaciones** you need a break from all these worries ▸ **descansaremos en una hora** we'll take a break in an hour ▸ **llevo cuatro horas trabajando sin ~** I've been working for four hours non-stop *o* without a break **2.** [dormir] to sleep ▸ **¡que descanses!** sleep well! **3.** [estar enterrado] to lie ▸ **que en paz descanse** may he/she rest in peace **4.** [viga, teoría] **~ en** to rest on **5.** MIL **¡descanso!** at ease!
descansillo nm landing
descanso nm **1.** [reposo] rest ▸ **tomarse un ~** to take a rest ▸ **día de ~** day off **2.** [pausa] break / [en cine] intermission / [en teatro] *BR* interval, *US* intermission / DEP half-time, interval **3.** [alivio] relief **4.** MIL **adoptar la posición de ~** to stand at ease
descapitalización nf FIN undercapitalization
descapitalizar [14] vt FIN to undercapitalize
◆ ***descapitalizarse*** vpr to be undercapitalized
descapotable adj & nm convertible
descarado, -a ■ adj **1.** [desvergonzado] [persona] cheeky, impertinent **2.** [flagrante] barefaced, blatant ▸

¡es un robo ~! it's daylight robbery! **3.** *ESP Fam* [por supuesto, seguro] **¡~!** you bet!
■ nm,f cheeky devil

descarga nf **1.** [de mercancías] unloading **2.** [de electricidad] shock ▸ **~ eléctrica** electric shock **3.** [disparo] firing, shots **4.** INFORM download

descargador, -ora nm,f [en mercado] porter / [en puerto] docker

descargar [38] ■ vt **1.** [vaciar] to unload ▸ **descargó su cólera sobre mí** he took his anger out on me ▸ **descargó su conciencia en mí** he unburdened his conscience on me **2.** [disparar] to fire (**sobre** at) **3.** [puntapié, puñetazo] to deal, to land ▸ **descargó un golpe contra la mesa** he thumped his fist on the table **4.** ELEC [pila, batería] to run down **5.** [exonerar] **~ a alguien de algo** to free *o* release sb from sth **6.** DER [absolver] **~ a alguien de algo** to clear sb of sth **7.** INFORM to download
■ vi to burst / [tormenta] to break
◆ ***descargarse*** vpr **1.** [desahogarse] **descargarse con** *o* **en alguien** to take it out on sb **2.** DER to clear oneself (**de** of) **3.** ELEC [pila, batería] to go flat **4.** INFORM to download

descargo nm **1.** [excusa] **~ a** argument against **2.** DER defence ▸ **en su ~** in his/her defence **3.** COM [de deuda] discharge / [recibo] receipt

descarnado, -a adj **1.** [descripción] brutal **2.** [persona, animal] scrawny

descaro nm cheek, impertinence

descarozar [14] vt *ANDES, RP* to pit, to stone

descarriado, -a adj [animal] stray ▸ **anda ~ a causa de las malas compañías** he's gone astray because of the bad company he's been keeping

descarriarse [32] vpr [ovejas, ganado] to stray / [persona] to lose one's way, to go astray

descarrilamiento nm derailment

descarrilar vi to be derailed

descartable *AM* ■ adj [pañal, jeringuilla, envase] disposable
■ nm [pañal] disposable
■ nf [jeringuilla] disposable

descartar vt [ayuda] to refuse, to reject / [posibilidad] to rule out
◆ ***descartarse*** vpr **descartarse (de)** to discard

descarte nm [de naipes] discard

descascarillado, -a adj [desconchado] chipped

descascarillar vt [pelar] to hull
◆ ***descascarillarse*** vpr [desconcharse] to chip ▸ **la pared se está descascarillando** the paint is flaking off the wall

descastado, -a nm,f ungrateful person

descatalogado, -a adj [disco] discontinued ▸ **está ~** [libro] it's no longer in the catalogue

descatalogar vt [libro, disco] **lo han descatalogado** they've dropped it from their catalogue

descendencia nf **1.** [hijos] offspring / [hijos, nietos] descendants ▸ **morir sin ~** to die without issue **2.** [linaje] lineage, descent

descendente adj [número, temperatura] falling / [movimiento, dirección] downward, descending

descender [64] ■ vi **1.** [valor, temperatura, nivel] to fall, to drop ▸ **ha descendido el interés por la política** there is less interest in politics **2.** [de una altura] to descend ▸ **la niebla descendió sobre el valle** the mist descended on the valley ▸ **el río desciende por el valle** the river runs down the valley **3.** [de vehículo] **~ de un avión** to get off a plane ▸ **~ de un coche** to get out of a car **4.** [en competición deportiva] to be relegated ▸ **~ a segunda** to be relegated to the second division ▸ **~ de categoría** to be relegated **5.** [de antepasado] **~ de** to be descended from **6.** [en estimación] to go down
■ vt [bajar] **descendieron al paciente de la ambulancia** they took the patient out of the ambulance ▸ **descendió las escaleras rápidamente** she ran down the stairs

descendiente nmf descendant

descenso nm **1.** [en el espacio] descent **2.** [de valor, temperatura, nivel] drop ▸ **ir en ~** to be decreasing *o* on the decline **3.** [prueba de esquí] downhill **4.** [en fútbol] relegation

descentrado, -a adj **1.** [geométricamente] off-centre **2.** [mentalmente] unsettled, disorientated

descentralización nf decentralization

descentralizar [14] vt to decentralize

descentrar vt **1.** [geométricamente] to knock off-centre **2.** [desconcentrar] to distract

descerebrado, -a *ESP, ANDES, RP Fam* ■ adj moronic, brainless
■ nm,f moron, halfwit

descerrajar vt [disparo] to fire

desciendo *etc ver* ***descender***

descifrable adj [mensaje, jeroglífico] decipherable / [letra] legible

descifrar vt **1.** [clave, mensaje] to decipher ▸ **¿has descifrado las instrucciones?** have you managed to make sense of the instructions? **2.** [motivos, intenciones] to work out / [misterio] to solve / [problemas] to puzzle out

desclasificar [59] vt to declassify

desclavar vt to unnail

descocado, -a adj *Fam* [persona] carried away ▸ **anoche estaba completamente ~** he was completely over the top last night ▸ **un vestido ~** a provocative dress

descocarse vpr *Fam* to get carried away, *BR* to go OTT

descoco nm **¡qué ~!** how shameless!

descodificador nm decoder

descodificar [59] vt to decode

descojonante adj *muy Fam* **ser ~** to be a scream, to make one wet oneself

descojonarse vpr *muy Fam* to piss oneself laughing (**de** at)

descojono, descojone nm *muy Fam* **ser un ~** to be a scream, to make one wet oneself

descolgar [16] vt **1.** [una cosa colgada] to take down ▸ **~ la ropa** to take down the washing **2.** [teléfono] to

pick up, to take off the hook
◆ ***descolgarse*** vpr **1.** [bajar] **descolgarse (por algo)** to let oneself down *o* to slide down (sth) **2.** [corredor] [quedarse atrás] to fall back behind ▸ **descolgarse de** to break away from **3.** *Fam* [mencionar] **descolgarse con que** to come out with the idea that

descollar vi [sobresalir] to stand out

descolocado, -a adj [objeto] out of place / *Fam* [confuso] disorientated, confused

descolocar [59] vt [objeto] to put out of place, to disturb / *Fam* [persona] to confuse ▸ **me descolocó totalmente con esa pregunta** I didn't know what to say in reply to his question

descolonización nf decolonization

descolonizar [14] vt to decolonize

descolorar vt to fade

descolorido, -a adj faded

descomedido, -a adj *ESP* excessive, uncontrollable

descompasado, -a adj excessive, uncontrollable

descompensación nf imbalance

descompensado, -a adj unbalanced

descompensar vt to unbalance

descomponer [50] vt **1.** [pudrir] [fruta] to rot / [cadáver] to decompose ▸ **la humedad descompone ciertos alimentos** dampness makes some foods rot **2.** [dividir] to break down ▸ **~ algo en** to break sth down into **3.** [desordenar] to mess up **4.** [estropear] to damage, to break ▸ **la cena le descompuso el vientre** the dinner gave him an upset stomach ▸ **creo que comí algo que me descompuso (el cuerpo)** I think I ate something that didn't agree with me **5.** [enojar] to annoy
◆ ***descomponerse*** vpr **1.** [pudrirse] [fruta] to rot / [cadáver] to decompose **2.** [turbarse, alterarse] **se le descompuso el rostro** he looked distraught **3.** [irritarse] to get (visibly) annoyed **4.** [averiarse] to break down **5.** [estómago] **se me descompuso el estómago** I had a stomach upset

descomposición nf **1.** [de elementos] decomposition **2.** [putrefacción] [de fruta] rotting / [de cadáver] decomposition ▸ **en avanzado estado de ~** in an advanced state of decomposition **3.** [alteración] distortion **4.** *ESP* [diarrea] diarrhoea

descompostura nf **1.** [falta de mesura] lack of respect, rudeness **2.** *AM* [malestar] unpleasant *o* nasty turn / [diarrea] diarrhoea **3.** *MÉX, RP* [avería] breakdown

descompresión nf decompression

descomprimir vt [gen] & INFORM to decompress

descompuesto, -a ■ participio *ver* ***descomponer***
■ adj **1.** [putrefacto] [fruta] rotten / [cadáver] decomposed **2.** [alterado] [rostro] distorted, twisted **3.** [con diarrea] **estar ~** to have an upset stomach

descomunal adj tremendous, enormous

desconcentrar vt to distract
◆ ***desconcentrarse*** vpr to get distracted

desconcertado, -a adj disconcerted ▸ **estar ~** to be disconcerted *o* thrown

desconcertante adj disconcerting

desconcertar [3] vt to disconcert, to throw
◆ ***desconcertarse*** vpr to be thrown *o* bewildered

desconchado, desconchón nm **la pared tenía varios desconchados** the plaster had come off the wall in several places ▸ **el plato tenía un ~** the plate was chipped

desconchar vt to chip
◆ ***desconcharse*** vpr [pintura] to flake off / [loza] to chip ▸ **la pared se había desconchado en varios sitios** the plaster had come off the wall in several places

desconchinflar *MÉX Fam* vt to wreck, to bust
◆ ***desconchinflarse*** vpr to pack up *o BR* in

desconchón ➤ ***desconchado***

desconcierto nm [desorden] disorder / [desorientación, confusión] confusion

desconectado, -a adj [aparato] unplugged ▸ *Fig* **está muy ~ de su familia** he isn't in touch with his family very often

desconectar ■ vt [aparato] to switch off / [línea] to disconnect / [desenchufar] to unplug
■ vi *Fam* [persona] to switch off ▸ **~ de la realidad** to cut oneself off from one's surroundings
◆ ***desconectarse*** vpr [aislarse, olvidarse] to forget about one's worries ▸ **desconectarse de algo** to shut sth out, to forget (about) sth

desconfiado, -a ■ adj distrustful
■ nm,f distrustful person

desconfianza nf distrust

desconfiar [32] vi **1. ~ de** [sospechar de] to distrust ▸ **desconfío de él** I don't trust him **2. ~ de** [no confiar en] to have no faith in ▸ **desconfío de que venga** I doubt whether he'll come

descongelar vt **1.** [producto] to thaw / [nevera] to defrost **2.** [precios] to free / [créditos, salarios] to unfreeze

descongestión nf **1.** [nasal] clearing, decongestion **2. ~ del tráfico** clearing up of traffic congestion

descongestionante adj decongestive

descongestionar vt **1.** MED to clear **2.** [calle, centro de ciudad] to make less congested ▸ **~ el tráfico** to reduce congestion

desconocedor, -ora adj unaware (**de** of)

desconocer [19] vt [ignorar] not to know ▸ **desconozco quién es/dónde trabaja** I don't know who he is/where he works ▸ **se desconoce su paradero** her whereabouts are unknown ▸ **por causas que aún se desconocen** for reasons as yet unknown *o* which are still unknown

desconocido, -a ■ adj **1.** [no conocido] unknown ▸ **lo ~** the unknown ▸ **nació en 1821, de padre ~** he was born in 1821, and it is not known who his father was ▸ **su nombre no me es del todo ~** I've heard his name **2.** [extraño] **no dé su teléfono o dirección a personas desconocidas** don't give your telephone number or address to strangers **3.** [muy cambiado] **estar ~** to have changed beyond all recognition
■ nm,f **1.** [extraño] stranger **2.** [persona sin fama] unkown **3.** [persona sin identificar] unidentified person

desconocimiento nm ignorance, lack of knowledge

desconsideración nf thoughtlessness ▸ **me parece una ~ por su parte** I think it is rather thoughtless of him

desconsiderado, -a ■ adj thoughtless, inconsiderate ■ nm,f thoughtless *o* inconsiderate person

desconsolado, -a adj disconsolate

desconsolar [63] vt to distress

desconsuelo nm distress, grief

descontado, -a adj discounted
◆ ***por descontado*** loc adv obviously, needless to say ▸ **dar algo por ~** to take sth for granted

descontaminación nf decontamination

descontaminar vt to decontaminate

descontar [63] vt **1.** [una cantidad] to deduct ▸ **siete, descontando a los profesores** seven, not counting the teachers **2.** COM to discount

descontentar vt to upset, to make unhappy

descontento, -a ■ adj unhappy, dissatisfied ■ nm dissatisfaction

descontrol nm lack of control ▸ *Fam* **la fiesta fue un ~** the party was rather wild ▸ *Fam* **su vida es un ~** he leads a very disorganized life

descontrolado, -a adj **estar ~** to be out of control

descontrolar ■ vt *Fam* to confuse ▸ **¡no me descontroles!** stop confusing me! ▸ **el cambio de horario me ha descontrolado** the change in timetable has got me all mixed up
■ vi *Fam* **ese tío descontrola mucho** that guy is pretty wild
◆ ***descontrolarse*** vpr [coche, inflación] to go out of control / [persona] to lose control / *Fam* [desmadrarse] to go wild, to go over the top

desconvocar [59] vt to cancel, to call off

descorazonador, -ora adj discouraging

descorazonamiento nm discouragement

descorazonar vt to discourage
◆ ***descorazonarse*** vpr to be discouraged, to lose heart

descorchador nm *ANDES, RP* corkscrew

descorchar vt to uncork

descorrer vt **1.** [cortinas] to draw back, to open **2.** [cerrojo, pestillo] to draw back

descortés (pl **descorteses**) adj rude, discourteous

descortesía nf discourtesy

descortezar [14] vt [árbol] to strip the bark from / [pan] to take the crust off

descoser vt to unstitch
◆ ***descoserse*** vpr to come unstitched

descosido, -a ■ adj unstitched
■ nm [roto] burst seam ▸ **como un ~** [hablar] endlessly, non-stop / [beber, comer] to excess / [gritar] wildly

descoyuntar vt to dislocate ▸ *Fam Fig* **no hagas eso, que te vas a ~** don't do that, you'll do yourself an injury *o* a mischief
◆ ***descoyuntarse*** vpr to dislocate

descrédito nm discredit ▸ **ir en ~ de algo/alguien** to count against sth/sb ▸ **estar en ~** to be discredited

descreído, -a nm,f non-believer, disbeliever

descreimiento nm unbelief

descremado, -a adj skimmed

descremar vt to skim

describir vt to describe

descripción nf description ▸ **una ~ de los hechos** an account of what happened

descriptivo, -a adj descriptive

descrito, -a participio *ver **describir***

descuajar vt **1.** [derretir] to melt **2.** [arrancar] to uproot

descuajaringado, -a, descuajeringado, -a adj *Fam* [coche, aparato] falling to bits

descuajaringar, descuajeringar [38] *Fam* vt to break into pieces
◆ ***descuajaringarse*** vpr **1.** [descomponerse] to fall apart *o* to pieces **2.** [troncharse de risa] to fall about laughing

descuajeringado ➤ ***descuajaringado***

descuajeringar ➤ ***descuajaringar***

descuartizamiento nm [de persona] dismemberment / [de res] carving up, quartering

descuartizar [14] vt [persona] to dismember / [res] to carve up, to quarter

descubierto, -a ■ participio *ver **descubrir***
■ adj **1.** [sin cubrir] uncovered / [coche] open ▸ **decir/hacer algo a cara descubierta** to say/do sth openly **2.** [cielo] clear **3.** [sin sombrero] bareheaded
■ nm **1.** FIN [de empresa] deficit / [de cuenta bancaria] overdraft ▸ **al** *o* **en ~** overdrawn **2.** [expresiones] **al ~** [al raso] in the open ▸ **quedar al ~** to be exposed *o* uncovered ▸ **poner al ~** to reveal

descubridor, -ora nm,f discoverer

descubrimiento nm **1.** [de nuevas tierras, invenciones] discovery **2.** [de placa, busto] unveiling **3.** [de complot] uncovering / [de asesinos] detection

descubrir vt **1.** [hallar] to discover / [petróleo] to strike **2.** [destapar] [estatua, placa] to unveil / [complot, parte del cuerpo] to uncover ▸ **la entrevista nos descubrió otra faceta de su personalidad** the interview revealed another aspect of his character ▸ *Fig* **~ el pastel** to let the cat out of the bag, to give the game away **3.** [enterarse de] to discover, to find out ▸ **descubrió que su mujer lo engañaba** he discovered *o* found out that his wife was cheating on him **4.** [delatar] to give away
◆ ***descubrirse*** vpr **1.** [quitarse el sombrero] to take one's hat off ▸ **ante una hazaña así no puedo sino descubrirme** I can only take my hat off to such a feat **2.** [parte del cuerpo] to uncover ▸ **no se les permite descubrirse el rostro** they aren't allowed to uncover their faces

descuelgo *ver **descolgar***

descuento ■ *ver **descontar***
■ nm discount ▸ **hacer ~** to give a discount ▸ **con ~** at a discount ▸ **un ~ del 10 por ciento** 10 percent off

descuerar vt *CHILE Fam* to slam, to criticize

descuidado, -a adj **1.** [desaseado] [persona, aspecto] untidy / [jardín] neglected **2.** [negligente] careless ▸ **es muy ~ con sus cosas** he's very careless with his things **3.** [distraído] **estaba ~** he wasn't paying attention

descuidar ■ vt [desatender] to neglect
■ vi [no preocuparse] not to worry ▸ **apaga la luz cuando te marches – descuida** turn off the light when you leave – don't worry, I will ▸ **descuida, que yo me encargo** don't worry, I'll take care of it
◆ ***descuidarse*** vpr **1.** [abandonarse] to neglect one's appearance ▸ **descuidarse de algo/de hacer algo** to neglect sth/to do sth **2.** [despistarse] **me descuidé un instante y se me fue la bici a la cuneta** I let my attention wander for an instant and the bicycle went into the ditch ▸ **como te descuides, ya no hay entradas** if you're not careful there won't be any tickets left ▸ **no te puedes ~ ni un momento** you've got to be alert all the time ▸ **en cuanto te descuidas se pone a cantar** he'll break into song at the drop of a hat

descuido nm **1.** [olvido] oversight / [error] slip ▸ **al menor ~** if you let your attention wander for even a moment ▸ **en un ~, borré el fichero** I deleted the file by mistake **2.** [falta de aseo] untidiness, slovenliness

desde prep **1.** [tiempo] since ▸ **no lo veo ~ el mes pasado/~ ayer** I haven't seen him since last month/yesterday ▸ **~ ahora** from now on ▸ **~ el principio** from the beginning ▸ **~ hace mucho/un mes** for ages/a month ▸ **~... hasta...** from... until... ▸ **~ el lunes hasta el viernes** from Monday till Friday ▸ **~ entonces** since then ▸ **~ que** since ▸ **~ que murió mi madre** since my mother died ▸ **~ ya** [inmediatamente] right now **2.** [espacio] from ▸ **~ arriba/fuera** from above/the outside ▸ **~... hasta...** from... to... ▸ **~ aquí hasta el centro** from here to the centre **3.** [cantidad] from ▸ **~ 100.000 pesos** from 100,000 pesos
◆ ***desde luego*** loc adv **¡~ luego (que sí)!** of course! ▸ **¡~ luego...!** [en tono de reproche] for goodness' sake! ▸ **¡~ luego, tienes cada idea!** you really come out with some funny ideas!

desdecir [51] vi **~ de** [desmerecer] to be unworthy of / [no cuadrar con] not to go with, to clash with
◆ ***desdecirse*** vpr to go back on one's word ▸ **desdecirse de** to go back on

desdén nm disdain, contempt

desdentado, -a adj toothless

desdeñable adj contemptible ▸ **una cantidad nada ~** a considerable amount

desdeñar vt to scorn

desdeñoso, -a adj scornful, disdainful

desdibujado, -a adj blurred

desdibujarse vpr to blur, to become blurred

desdice *ver* ***desdecir***

desdicha nf [desgracia] [situación] misery / [suceso] misfortune ▸ **por ~** unfortunately

desdichado, -a ■ adj [decisión, situación] unfortunate / [persona] [sin suerte] unlucky / [sin felicidad] unhappy
■ nm,f poor wretch

desdicho, -a participio *ver* ***desdecir***

desdigo *ver* ***desdecir***

desdijera *etc ver* ***desdecir***

desdoblamiento nm **1.** [de objeto] unfolding **2.** [de imagen, personalidad] splitting

desdoblar vt **1.** [servilleta, papel] to unfold / [alambre] to straighten out **2.** [dividir] to split
◆ ***desdoblarse*** vpr **1.** [servilleta, papel] to unfold **2.** *Fam* [multiplicarse] to be in two places at once

desdoro nm *Formal* disgrace, cause of shame

desdramatizar [14] vt to play down

deseable adj desirable

desear vt **1.** [querer] to want / [anhelar] to wish ▸ **¿qué desea?** [en tienda] what can I do for you? ▸ **¿desea algo más?** [en tienda] would you like anything else?, is that everything? ▸ **desearía estar allí** I wish I was there ▸ **estoy deseando que llegue** I can't wait for her to arrive ▸ **dejar mucho/no dejar nada que ~** to leave much/nothing to be desired ▸ **es de ~ que las negociaciones terminen pronto** a quick end to the negotiations would be desirable **2.** [felicidad] to wish ▸ **te deseo mucha suerte** I wish you the best of luck ▸ **me deseó lo mejor/un buen viaje** he wished me all the best/a pleasant journey **3.** [sexualmente] to desire

desecación nf [de alimentos, plantas] drying, *Espec* desiccation / [de terreno] draining

desecar [59] vt [alimentos, plantas] to dry / [terreno] to drain
◆ ***desecarse*** vpr [alimentos, plantas] to dry / [terreno] to dry up

desechable adj [pañal, jeringuilla] disposable / [plan, opción] provisional

desechar vt **1.** [tirar] to throw out, to discard **2.** [rechazar] [ayuda, oferta] to refuse, to turn down / [idea] to reject / [plan, proyecto] to drop **3.** [despreciar] to ignore, to take no notice of

desecho nm **1.** [objeto usado] unwanted object / [ropa] cast-off ▸ **material de ~** [residuos] waste products / [metal] scrap **2.** [escoria] dregs ▸ **desechos** [basura] *BR* rubbish, *US* garbage, *US* trash / [residuos] waste products

desembalar vt to unpack

desembarazar [14] vt [habitación, camino] to clear ▸ **~ a alguien de algo** to rid sb of sth
◆ ***desembarazarse*** vpr **desembarazarse de** to get rid of

desembarazo nm ease

desembarcadero nm pier, landing stage

desembarcar [59] ■ vt [pasajeros] to disembark / [mercancías] to unload
■ vi **1.** [de barco, avión] to disembark **2.** *AM* [de autobús, tren] **~ (de)** to get off
◆ ***desembarcarse*** vpr *AM* to disembark (**de** from)

desembarco nm **1.** [de pasajeros] disembarkation **2.** MIL landing

desembarque nm [de mercancías] unloading

desembarrancar [59] vt to refloat

desembocadura nf [de río] mouth / [de calle] opening

desembocar [59] vi **~ en** [río] to flow into / [calle] to lead onto / [asunto] to lead to, to result in

desembolsar vt to pay out

desembolso nm payment ▸ **~ inicial** down payment ▸ **la operación supuso un ~ de 100 millones** the operation cost 100 million

desembozar [14] vt **1.** [rostro] to unmask, to uncover **2.** [cañería] to unblock

desembragar [38] vi AUT to disengage the clutch, to declutch

desembrollar vt *Fam* [lío, malentendido] to straighten out / [ovillo] to disentangle

desembuchar vi *Fam* to spit it out

desempacar [59] vt to unpack

desempalmar vt to disconnect

desempañar vt [quitar el vaho a] [con trapo] to wipe the steam off / [electrónicamente] to demist

desempaquetar vt [paquete] to unwrap / [caja] to unpack

desempatar vi **todavía no han desempatado** it's still a draw ▸ **jugar para ~** to have a play-off

desempate nm **el ~ llegó en el minuto treinta con un gol del Barcelona** Barcelona took the lead in the thirtieth minute ▸ **partido de ~** decider

desempeñar vt **1.** [función, misión] to carry out / [cargo, puesto] to hold ▸ **desempeña el cargo de tesorero** he holds the post of treasurer **2.** [papel] to play ▸ **desempeñó en muchas ocasiones el papel de Drácula** he played (the part of) Dracula many times **3.** [joyas] to redeem

◆ ***desempeñarse*** vpr to get oneself out of debt

desempeño nm **1.** [de función] carrying out ▸ **en el ~ de su cargo** in the carrying out of his duties **2.** [de papel] performance **3.** [de objeto] redemption

desempleado, -a ■ adj unemployed

■ nm,f unemployed person ▸ **los desempleados de larga duración** the long-term unemployed

desempleo nm unemployment ▸ **~ de larga duración** long-term unemployment

desempolvar vt [mueble, jarrón] to dust / [recuerdos] to revive ▸ *Fig* **un día decidió ~ su violín** one day he decided to take up the violin again

desenamorarse vpr to fall out of love (**de** with)

desencadenante ■ adj **los factores desencadenantes de...** the factors which brought about...

■ nm **el ~ de la tragedia/guerra** what brought about the tragedy/war

desencadenar vt **1.** [preso, perro] to unchain **2.** [suceso, polémica] to give rise to, to spark off / [pasión, furia] to unleash ▸ **la medida desencadenó fuertes protestas** the measure provoked furious protests

◆ ***desencadenarse*** vpr **1.** [pasiones, odios, conflicto] to erupt / [guerra] to break out **2.** [viento] to blow up / [tormenta] to burst / [terremoto] to strike

desencajado, -a adj **1.** [mueble] broken ▸ **la puerta está desencajada** the door won't shut properly **2.** [rostro] contorted

desencajar vt **1.** [mecanismo, piezas] [sin querer] to knock out of place / [intencionadamente] to take apart **2.** [cajón, puerta] to unjam **3.** [rostro] **el terror le desencajó el rostro** his face was contorted with fear

◆ ***desencajarse*** vpr **1.** [piezas] to come apart **2.** [rostro] to distort, to become distorted **3.** [hueso] to dislocate ▸ **se le ha desencajado la mandíbula** he's dislocated his jaw

desencajonar vt to take out of a box

desencantar vt **1.** [decepcionar] to disappoint **2.** [romper el hechizo] to disenchant

◆ ***desencantarse*** vpr to be disappointed

desencanto nm disappointment

desenchufar vt [quitar el enchufe] to unplug / [apagar] to switch off

desencolar vt to unstick

desencontrarse vpr *CSUR* **casi nos desencontramos** we almost missed each other

desencuentro nm [en una cita] failure to meet up / [desacuerdo] disagreement

desenfadado, -a adj [persona, conducta] relaxed, easy-going / [comedia, programa de TV] light-hearted / [estilo] light / [en el vestir] casual

desenfado nm [desenvoltura] ease / [desparpajo] forwardness, uninhibited nature

desenfocado, -a adj [imagen] out of focus / [visión] blurred ▸ **ver ~** to have blurred vision

desenfocar [59] vt [objeto] to focus incorrectly / [foto] to take out of focus

desenfrenado, -a adj [ritmo, baile] frantic, frenzied / [comportamiento] uncontrolled / [apetito] insatiable

desenfrenar vt [caballo] to unbridle

◆ ***desenfrenarse*** vpr [persona] to lose one's self-control

desenfreno nm **1.** [descontrol] lack of restraint **2.** [vicio] debauchery

desenfundar vt [pistola] to draw / [mueble] to uncover ▸ **desenfundó el violín** he took the violin out of its case

desenganchar vt **1.** [vagón] to uncouple **2.** [caballo] to unhitch **3.** [pelo, jersey] to free

◆ ***desengancharse*** vpr *Fam* [de un vicio] to kick the habit

desengañado, -a ■ adj disillusioned (**de** with)

■ nm,f person who has been disillusioned *(with life or love)*

desengañar vt **1.** [a una persona equivocada] **~ a alguien** to reveal the truth to sb **2.** [a una persona esperanzada] to disillusion

◆ ***desengañarse*** vpr to become disillusioned (**de** with) ▸ **desengáñate** stop kidding yourself

desengaño nm disappointment ▸ **llevarse** *o* **sufrir un ~ con alguien** to be disappointed in sb ▸ **~ amoroso** unhappy affair

desengarzar [14] vt [perlas] to unstring / [diamante] to remove from its setting

desengrasar vt to remove the grease from

desenlace nm denouement, ending

desenlazar [14] vt [nudo] to undo / [brazos] to unlink ▸ **desenlazó las manos** he unclasped his hands

desenmarañar vt **1.** [ovillo, pelo] to untangle **2.** [asunto] to sort out / [problema] to resolve

desenmascarar vt [descubrir] to unmask

desenredar vt **1.** [hilos, pelo] to untangle **2.** [asunto] to sort out / [problema] to resolve
◆ ***desenredarse*** vpr to extricate oneself (**de algo** from sth) ▸ **desenredarse el pelo** to unknot one's hair

desenrollar vt [hilo, cinta] to unwind / [persiana] to roll down / [pergamino, papel] to unroll

desenroscar [59] vt to unscrew

desensillar vt to unsaddle

desentenderse [64] vpr to pretend not to hear/know ▸ **~ de** to refuse to have anything to do with

desentendido, -a adj **hacerse el ~** to pretend one hasn't noticed/heard sth

desenterrar [3] vt **1.** [cadáver] to disinter / [tesoro, escultura] to dig up **2.** [recordar] to recall, to revive (**de** from) **3.** [sacar a la luz] **~ viejos rencores** to rake up old quarrels

desentonar vi **1.** MÚS [cantante] to sing out of tune / [instrumento] to be out of tune **2.** [color, cortinas, edificio] to clash (**con** with) **3.** [persona, modales] to be out of place

desentrañar vt to unravel, to figure out

desentrenado, -a adj [bajo de forma] out of training / [falto de práctica] out of practice

desentrenarse vpr [bajar de forma] to get of training

desentubar vt *Fam* **~ a un enfermo** [sacar tubos] to remove a tube/tubes from a patient

desentumecer [46] vt to stretch
◆ ***desentumecerse*** vpr to loosen up

desenvainar vt [espada] to draw

desenvoltura nf [al moverse, comportarse] ease / [al hablar] fluency

desenvolver [41] vt to unwrap
◆ ***desenvolverse*** vpr **1.** [asunto, proceso] to progress / [trama] to unfold / [entrevista] to pass off **2.** [persona] to cope, to manage ▸ **sabe desenvolverse ella sola** she can cope *o* manage by herself ▸ **se desenvuelve muy bien en su nuevo trabajo** he's getting along fine in his new job ▸ **se sabe ~ bastante bien en inglés** he can get along pretty well in English

desenvuelto, -a ■ participio *ver* ***desenvolver***
■ adj [comportamiento, movimiento] natural, easy / [al hablar] fluent

desenzarzar [14] vt [prenda] to untangle

deseo nm **1.** [pasión] desire ▸ **arder en deseos de hacer algo** to be burning with desire to do sth **2.** [anhelo] wish ▸ **se cumplió mi ~** my wish came true, I got my wish ▸ **pedir/conceder un ~** to ask for/grant a wish ▸ **tus deseos son órdenes** your wish is my command ▸ **buenos deseos** good intentions ▸ **con mis/nuestros mejores deseos** [en carta, obsequio] (with my/our) best wishes

deseoso, -a adj **estar ~ de algo/de hacer algo** to long for sth/to do sth

deseque *etc ver* ***desecar***

desequilibrado, -a ■ adj **1.** [persona] unbalanced **2.** [balanza, eje] off-centre
■ nm,f madman, *f* madwoman

desequilibrar vt **1.** [persona, mente] to unbalance **2.** [objeto] to knock off balance / [economía] to upset

desequilibrio nm **1.** [mecánico, en la dieta] lack of balance **2.** [mental] mental instability **3.** [en la economía] imbalance

deserción nf [de soldado] desertion ▸ *AM* **~ escolar** dropping out of school

desertar vi [soldado] to desert ▸ *Fig* **~ de** to abandon ▸ **desertó de sus obligaciones** he neglected his duties

desértico, -a adj **1.** [del desierto] desert ▸ **clima ~** desert climate **2.** [despoblado] deserted

desertificación nf desertification

desertización nf [del terreno] desertification / [de la población] depopulation

desertizar [14] vt to turn into a desert
◆ ***desertizarse*** vpr to turn into a desert

desertor, -ora nm,f deserter

desesperación nf **1.** [falta de esperanza] despair, desperation ▸ **con ~** in despair ▸ **se suicidó presa de la ~** despair drove him to suicide ▸ **me entra la ~ cuando pienso en el poco tiempo que nos queda** I start getting *o* feeling desperate when I think of how little time we have left **2.** [enojo] **¡me entra una ~ cuando veo estas injusticias!** it makes me mad when I see injustices like these! ▸ **es una ~ lo lento que van los trenes** it's maddening how slowly the trains go

desesperado, -a adj desperate ▸ **en un intento ~ por huir del incendio** in a desperate attempt to escape from the fire ▸ **lo hice porque estaba ~** I did it out of desperation ▸ **gritaba ~ que lo ayudaran** he was screaming frantically for them to help him ▸ **(hacer algo) a la desesperada** (to do sth) in desperation

desesperante adj infuriating

desesperanza nf lack of hope ▸ **cuando la vio besar a Rodrigo, la ~ se apoderó de él** when he saw her

CÓMO EXPRESAR...

los deseos

I wish it would stop raining. / ¡Ojalá dejase de llover!

I wish you could have seen her face! / ¡Ojalá hubieras visto su cara!

I'd love you to meet them. / Me encantaría que los conocieras.

I hope we meet again. / Espero que volvamos a vernos.

I just hope she says yes! / ¡Sólo espero que diga que sí!

It would be great if we could all go. / Sería estupendo si pudiesemos ir todos.

I'd give anything to be there now! / ¡Daría lo que fuera por estar allí ahora!

kiss Rodrigo he gave up hope

desesperanzar [14] vt to cause to lose hope
◆ ***desesperanzarse*** vpr to lose hope

desesperar ■ vt **1.** [quitar la esperanza a] to drive to despair **2.** [irritar, enojar] to exasperate, to drive mad ■ vi **~ de hacer algo** to lose all hope of doing sth
◆ ***desesperarse*** vpr **1.** [perder la esperanza] to be driven to despair **2.** [irritarse, enojarse] to get mad *o* exasperated

desestabilización nf destabilization

desestabilizador, -ora adj destabilizing

desestabilizar [14] vt to destabilize

desestatizar [14] vt *AM* to privatize, to sell off

desestimar vt **1.** [rechazar] to turn down **2.** [despreciar] to turn one's nose up at

desfachatez nf cheek

desfalcar [59] vt to embezzle

desfalco nm embezzlement

desfallecer [46] vi **1.** [debilitarse] to be exhausted ▸ **~ de** to feel faint from **2.** [desmayarse] to faint

desfallecimiento nm **1.** [desmayo] fainting fit **2.** [debilidad] faintness

desfasado, -a adj [persona] out of touch / [libro, moda] out of date ▸ **estar ~** to be out of touch

desfasar vt ELEC to phase out

desfase nm [diferencia] gap ▸ **llevamos un ~ de diez años con respecto a Suecia** we are ten years behind Sweden ▸ **~ horario** jet lag

desfavorable adj unfavourable

desfavorecer [46] vt **1.** [perjudicar] to go against the interest of **2.** [sentar mal] not to suit

desfavorecido, -a adj **1.** [desaventajado] disadvantaged **2.** [feo] **salí muy ~ en la foto** I came out very badly in the photo

desfiguración nf [de rostro, cuerpo] disfigurement / [de la verdad] distortion

desfigurado, -a adj disfigured

desfigurar vt [rostro, cuerpo] to disfigure / [la verdad] to distort

desfiladero nm narrow mountain pass

desfilar vi **1.** [gen] & MIL to parade **2.** [marcharse] to head off, to leave

desfile nm **1.** MIL parade, march past **2.** [de carrozas] procession ▸ **~ de modelos** fashion show

desflorar vt to deflower

desfogar [38] vt to vent
◆ ***desfogarse*** vpr to let off steam

desfogue nm letting off of steam

desfondar vt **1.** [caja, bolsa] to knock the bottom out of ▸ **vas a ~ la caja si la llenas más** the bottom will fall out of that box if you put any more in it **2.** [agotar] to wear out
◆ ***desfondarse*** vpr [persona] to become completely exhausted

desforestación nf deforestation

desforestar vt to deforest

desgajar vt [página] to tear out / [rama] to break off / [libro, periódico] to rip up / [naranja] to split into segments
◆ ***desgajarse*** vpr [rama] to break off / [hoja] to fall

desgana nf, *AM* ***desgano*** nm **1.** [falta de apetito] lack of appetite **2.** [falta de ánimo] lack of enthusiasm ▸ **con ~** unenthusiastically

desganado, -a adj **1.** [sin apetito] **estar ~** to be off one's food **2.** [sin ganas] listless, apathetic

desgano ➤ ***desgana***

desgañitarse vpr to scream oneself hoarse

desgarbado, -a adj clumsy, ungainly

desgarrador, -ora adj harrowing

desgarrar vt to rip ▸ **~ el corazón** to break one's heart
◆ ***desgarrarse*** vpr to rip

desgarro nm tear

desgarrón nm big tear

desgastar vt to wear out
◆ ***desgastarse*** vpr to become worn

desgaste nm **1.** [de tela, muebles] wear and tear / [de roca] erosion / [de pilas] running down / [de cuerdas] fraying ▸ **el ~ de las ruedas** the wear on the tyres **2.** [de persona] wear and tear / [de dirigentes] losing of one's touch ▸ **el ~ de los años** the wear and tear of the years

desglosar vt to break down

desglose nm breakdown

desgobernar [3] vt [país] to govern badly

desgobierno nm [de país] misgovernment, misrule

desgracia nf **1.** [mala suerte] misfortune ▸ **ha tenido la ~ de sufrir dos accidentes aéreos** she's had the misfortune to be in two air accidents ▸ **bastante ~ tengo ya con haber perdido mi trabajo** it's bad enough having lost my job ▸ **por ~** unfortunately **2.** [catástrofe] disaster ▸ **desgracias personales** casualties ▸ **es una ~ que...** it's a terrible shame that... **3.** [expresiones] **caer en ~** to fall into disgrace ▸ **es la ~ de la familia** he's the shame of the family

desgraciadamente adv unfortunately

desgraciado, -a ■ adj **1.** [afectado] unfortunate **2.** [sin suerte] unlucky **3.** [infeliz] unhappy
■ nm,f **1.** [persona sin suerte] born loser **2.** [pobre infeliz] miserable wretch **3.** [canalla] **el muy ~ me robó el ordenador** the swine stole my computer

desgraciar vt **1.** [cosa] to spoil **2.** [persona] [deshonrar] to demean / [herir] to injure seriously
◆ ***desgraciarse*** vpr [plan, proyecto] to be a complete disaster, to fall through

desgranar vt **1.** [insultos, oraciones] to spout, to come out with **2.** [maíz, trigo] to thresh

desgravable adj tax-deductible

desgravación nf deduction ▸ **~ fiscal** tax relief

desgravar ■ vt to deduct from one's tax bill
■ vi to be tax-deductible

desgreñado, -a adj dishevelled

desguace nm **1.** [acción] [de automóviles] scrapping / [de buques] breaking **2.** [depósito] scrap yard

desguarnecer [46] vt **1.** [quitar los adornos] to strip **2.** MIL to leave unprotected *o* without troops

desguazar [14] vt [automóvil] to scrap / [buque] to break up

deshabillé nm negligée

deshabitado, -a adj [casa] empty, uninhabited / [región] uninhabited

deshabitar vt **1.** [casa] to leave **2.** [territorio] to depopulate, to empty of people

deshabituar [4] vt **~ a alguien (de)** to get sb out of the habit (of)

◆ ***deshabituarse*** vpr to break the habit (**a** of)

deshacer [33] vt **1.** [nudo, paquete] to undo / [tarta, castillo de arena] to destroy ▸ **~ las maletas** to unpack one's suitcases *o* bags ▸ **tuvo que ~ todo el camino porque se había olvidado las llaves en casa** she had to go all the way back because she had left her keys at home **2.** [disolver] [helado, mantequilla] to melt / [pastilla, terrón de azúcar] to dissolve **3.** [despedazar] [libro] to tear up / [res, carne] to cut up **4.** [poner fin a] [contrato, negocio] to cancel / [pacto, tratado] to break / [plan, intriga] to foil / [organización] to dissolve ▸ **tenemos que ~ este lío** we have to sort this problem out **5.** [destruir] [enemigo] to rout / [matrimonio] to ruin **6.** [afligir] to devastate

◆ ***deshacerse*** vpr **1.** [nudo, trenza] to come undone **2.** [disolverse] [helado, mantequilla, nieve] to melt / [pastilla, terrón de azúcar] to dissolve **3.** [afligirse] to go to pieces ▸ **se deshizo en lágrimas al enterarse** he dissolved into tears when he found out **4.** [librarse] **deshacerse de** to get rid of ▸ **se deshicieron de un sofá viejo** they got rid of an old sofa **5. deshacerse en elogios (con** *o* **hacia alguien)** to lavish praise (on sb) **6. deshacerse por alguien** [desvivirse] to bend over backwards for sb / [estar enamorado] to be madly in love with sb

desharrapado, -a ■ adj ragged

■ nm,f person dressed in rags

deshecho, -a ■ participio *ver* ***deshacer***

■ adj **1.** [nudo, paquete] undone / [cama] unmade / [maleta] unpacked **2.** [derretido] [pastilla, terrón de azúcar] dissolved / [helado, mantequilla] melted **3.** [enemigo] destroyed / [matrimonio] ruined **4.** [anulado] [contrato, negocio] cancelled / [pacto, tratado] broken / [plan, intriga] foiled / [organización] dissolved **5.** [afligido] devastated ▸ **~ en lágrimas** in floods of tears ▸ **tiene los nervios deshechos** his nerves are in shreds **6.** [cansado] tired out ▸ **la carrera lo dejó ~** the run left him exhausted ▸ **vengo ~** I'm wrecked *o* exhausted

deshelar [3] vt [nieve, lago, hielo] to thaw, to melt / [parabrisas] to de-ice

◆ ***deshelarse*** vpr to thaw, to melt

desheredado, -a ■ adj [excluido de herencia] disinherited / [indigente] underprivileged

■ nm,f [indigente] deprived person ▸ **los desheredados** the underprivileged

desheredar vt to disinherit

deshice *etc ver* ***deshacer***

deshidratación nf dehydration

deshidratado, -a adj dehydrated

deshidratar vt to dehydrate

◆ ***deshidratarse*** vpr to become dehydrated

deshiela *ver* ***deshelar***

deshielo nm thaw

deshilachado, -a adj frayed

deshilachar vt to unravel

◆ ***deshilacharse*** vpr to fray

deshilar vt to unravel

deshilvanado, -a adj **1.** [tela] untacked **2.** [discurso guión] disjointed

deshilvanar vt to untack

deshinchar vt **1.** [globo, rueda] to let down, to deflate **2.** [hinchazón] to reduce the swelling in

◆ ***deshincharse*** vpr **1.** [globo, hinchazón] to go down / [neumático] to go flat **2.** [desanimarse] to get off one's high horse

deshizo *ver* ***deshacer***

deshojar vt [árbol] to strip the leaves off / [flor] to pull the petals off / [libro] to pull the pages out of ▸ **~ una margarita** = *to pull the petals off a daisy saying "he/she loves me, he/she loves me not"*

◆ ***deshojarse*** vpr [árbol] to shed its leaves / [flor] to drop its petals

deshollinador, -ora nm,f chimney sweep

deshollinar vt to sweep

deshonestidad nf dishonesty

deshonesto, -a adj [sin honradez] dishonest / [sin pudor] indecent ▸ **proposiciones deshonestas** indecent proposals

deshonor nm, ***deshonra*** nf dishonour

deshonrar vt to dishonour ▸ **con su conducta deshonra a toda la familia** he is dishonouring the entire family with his conduct

deshonroso, -a adj dishonourable, shameful

deshora nf **a ~, a deshoras** [en momento inoportuno] at a bad time / [en horas poco habituales] at an unearthly hour

deshuesar vt [carne] to bone / [fruto] *BR* to stone, *US* to pit

deshumanizar [14] vt to dehumanize

◆ ***deshumanizarse*** vpr [relaciones] to become dehumanized / [persona] to lose one's humanity

desiderátum nm inv greatest wish

desidia nf [en el trabajo] carelessness / [en el aspecto] slovenliness

desidioso, -a adj [en el trabajo] careless / [en el aspecto] slovenly

desierto, -a ■ adj **1.** [vacío] deserted, empty ▸ **una isla desierta** a desert island ▸ **la ciudad se queda desierta en agosto** the city is deserted in August **2.** [vacante] [concurso] void / [premio] deferred ▸ **la plaza quedó desierta** the post was left unfilled

■ nm desert ▸ **el ~ de Atacama** the Atacama Desert ▸ **el ~ del Sahara** the Sahara Desert

designación nf **1.** [nombre] designation **2.** [nombramiento] appointment

designar vt **1.** [nombrar] to appoint ▸ **han designado a Gómez para el cargo** Gómez has been appointed to the post **2.** [fijar, determinar] to name, to fix ▸ **~**

medidas contra la corrupción to draw up measures against corruption

designio nm intention, plan

desigual adj **1.** [diferente] different / [terreno] uneven **2.** [tiempo, persona, humor] changeable / [alumno, actuación] inconsistent / [lucha] unevenly matched, unequal / [tratamiento] unfair, unequal

desigualdad nf [económica, social, racial] inequality / [diferencia] difference / [del terreno] roughness / [de carácter] changeability / [de actuación, rendimiento] inconsistency ▸ **acabar con las desigualdades regionales** to put an end to inequalities between the regions

desilusión nf [chasco] disappointment / [estado de ánimo] disillusionment ▸ **llevarse** *o* **sufrir una ~** to be disappointed ▸ **caer en la ~** to become disillusioned

desilusionado, -a adj [decepcionado] disappointed / [sin ilusiones] disillusioned ▸ **está muy ~ con la política** he's very disillusioned with politics

desilusionar vt [decepcionar] to disappoint / [dejar sin ilusiones] to disillusion / [desengañar] to reveal the truth to
◆ ***desilusionarse*** vpr [decepcionarse] to be disappointed / [quedarse sin ilusiones] to be disillusioned / [desengañarse] to realize the truth

desincentivar vt to discourage

desincrustar vt [tuberías] to descale

desinencia nf GRAM ending

desinfección nf disinfection

desinfectante adj & nm [para objetos] disinfectant / [para heridas] antiseptic

desinfectar vt to disinfect

desinflado, -a adj [neumático] flat

desinflamar vt to reduce the inflammation in
◆ ***desinflamarse*** vpr to become less inflamed

desinflar vt **1.** [quitar aire] to let down, to deflate **2.** *Fig* [quitar importancia] to play down **3.** [desanimar] to depress
◆ ***desinflarse*** vpr **1.** [perder aire] [balón] to go down / [neumático] to go flat **2.** [desanimarse] to get depressed **3.** [achicarse] to become discouraged, to lose heart

desinformación nf misinformation

desinformar vt to misinform

desinhibición nf lack of inhibition

desinhibido, -a adj uninhibited

desinhibir vt to free from inhibitions
◆ ***desinhibirse*** vpr to lose one's inhibitions

desintegración nf **1.** [de objetos] disintegration ▸ FÍS **~ nuclear** nuclear decay **2.** [de grupos, organizaciones] breaking up

desintegrar vt **1.** [objetos] to disintegrate / [átomo] to split **2.** [grupos, organizaciones] to break up
◆ ***desintegrarse*** vpr **1.** [objetos] to disintegrate **2.** [grupos, organizaciones] to break up

desinterés (pl **desintereses**) nm **1.** [indiferencia] disinterest, lack of interest **2.** [generosidad] unselfishness

desinteresado, -a adj **1.** [generoso] unselfish **2.** [indiferente] uninterested

desinteresarse vpr to lose interest (**de** in)

desintoxicación nf detoxification ▸ **clínica de ~** [para alcohólicos] drying-out clinic

desintoxicar [59] vt to detoxify
◆ ***desintoxicarse*** vpr [dejar de beber] to dry out ▸ **se fue al campo para desintoxicarse de la ciudad** he went to the country to get the city out of his system

desinversión nf ECON disinvestment, divestment

desinvertir vt ECON to disinvest

desistimiento nm giving up / DER abandonment

desistir vi to give up, to stop (**de hacer algo** doing sth)

deslavazado, -a adj [discurso] disconnected, rambling

desleal adj disloyal (**a** *o* **con** to) ▸ **competencia ~** unfair competition

deslealtad nf disloyalty

desleír [56] vt to dissolve

deslenguado, -a adj foul-mouthed

desliar [32] vt to unwrap

desligar [38] vt **1.** [desatar] to untie **2.** [separar, diferenciar] to separate (**de** from)
◆ ***desligarse*** vpr **1.** [desatarse] to untie oneself **2.** [separarse] to become separated (**de** from) / [distanciarse] to distance oneself (**de** from)

deslindar vt [limitar] to mark out (the boundaries of) / [separar] to define

deslió *ver* ***desleír***

deslío *etc ver* ***desleír***

desliz nm slip, error ▸ **tener** *o* **cometer un ~** [error] to slip up / [infidelidad conyugal] to be unfaithful

deslizamiento nm slide, sliding ▸ **~ de tierra** landslide

deslizante adj slippery

deslizar [14] vt **1.** [mano, objeto] **~ algo en** to slip sth into ▸ **~ algo por algo** to slide sth along sth ▸ **deslizó la mano por la barandilla** he ran his hand down the banister **2.** [indirecta, comentario] to let slip in
◆ ***deslizarse*** vpr **1.** [resbalar] to slide ▸ **el barco se deslizaba por la superficie** the boat slid along the surface ▸ **los esquiadores se deslizaban por la nieve** the skiers slid across the snow ▸ **el patinador se desliza por el hielo** the skater glides across the ice **2.** [introducirse] **deslizarse en** [persona] to slip into / [error] to creep into **3.** [sujeto: tiempo, vida] to slip away *o* by

deslomar vt [a golpes] to thrash
◆ ***deslomarse*** vpr *Fam* to break one's back, to wear oneself out

deslucido, -a adj **1.** [sin brillo] faded / [plata] tarnished **2.** [sin gracia] [acto, ceremonia] dull / [actuación] lacklustre, uninspired

deslucir [39] vt [espectáculo] to spoil, to ruin

deslumbrante adj [luz, belleza] dazzling ▸ **estaba ~** she looked stunning

deslumbrar vt *también Fig* to dazzle

deslustrar vt *también Fig* to take the shine off
desmadejado, -a adj [débil, flojo] weak, worn out
desmadejar vt to wear *o* tire out
desmadrarse vpr *ESP Fam* to go wild
desmadre nm *Fam* **1.** [caos] chaos, utter confusion **2.** [desenfreno] rave-up
desmán nm **1.** [exceso] excess ▸ **con sus desmanes ahuyenta a mis amigos** his outrageous behaviour scares off my friends **2.** [abuso de poder] abuse (of power)
desmandado, -a adj [desobediente] unruly
desmandarse vpr **1.** [desobedecer] to be disobedient **2.** [insubordinarse] to get out of hand
desmano nf **a ~** [fuera de alcance] out of reach / [fuera del camino seguido] out of the way
desmantelado, -a adj dismantled
desmantelamiento nm [de casa, fábrica] stripping / [de organización] disbanding / [de arsenal, andamiaje] dismantling / [de barco] unrigging ▸ **el ~ de todas las bases americanas** the closing of all American bases
desmantelar vt [casa, fábrica] to clear out, to strip / [organización] to disband / [arsenal, andamio] to dismantle / [barco] to unrig
desmañado, -a adj clumsy, awkward
desmaquillador nm make-up remover
desmaquillar vt to remove the make-up from
◆ ***desmaquillarse*** vpr to take one's make-up off
desmarcar [59] vt DEP to draw the marker away from
◆ ***desmarcarse*** vpr **1.** DEP to lose one's marker **2.** [apartarse] **~ de** to distance oneself from
desmarque nm **1.** DEP **realizó un buen ~** he lost his marker well **2.** [alejamiento] **su ~ de la política del gobierno** his disavowal of government policy
desmayado, -a adj **1.** [persona] unconscious ▸ **caer ~** to faint **2.** [color] pale / [voz] faint, weak
desmayar vi to lose heart
◆ ***desmayarse*** vpr to faint
desmayo nm **1.** [físico] fainting fit ▸ **sufrir un ~** to faint **2.** [moral] loss of heart ▸ **sin ~** unfalteringly ▸ **con ~** feebly
desmedido, -a adj excessive, disproportionate
desmedirse [47] vpr to go too far, to go over the top
desmejorado, -a adj poorly, unwell
desmejorar ■ vt to spoil
■ vi to go downhill, to deteriorate
◆ ***desmejorarse*** vpr to go downhill, to deteriorate
desmelenado, -a adj **1.** [persona] reckless, wild **2.** [cabello] tousled, dishevelled
desmelenar vt [cabello] to dishevel
◆ ***desmelenarse*** vpr to go wild
desmembración nf, ***desmembramiento*** nm **1.** [de cuerpo] dismemberment / [de miembro, extremidad] loss **2.** [de estados, partidos] break-up
desmembrar [3] vt **1.** [trocear] [cuerpo] to dismember / [miembro, extremidad] to cut off **2.** [disgregar] to break up
◆ ***desmembrarse*** vpr to break up ▸ **el Estado se está desmembrando** the State is breaking up *o* falling apart
desmemoriado, -a ■ adj forgetful
■ nm,f forgetful person
desmentido nm denial
desmentir [62] vt **1.** [negar] to deny ▸ **desmintió la noticia** he denied the report **2.** [no corresponder] to belie
desmenuzar [14] vt **1.** [trocear] [pan, pastel, roca] to crumble / [carne] to chop up / [papel] to tear up into little pieces **2.** [examinar, analizar] to scrutinize
◆ ***desmenuzarse*** vpr [pan, pastel, roca] to crumble
desmerecer [46] ■ vt not to deserve, to be unworthy of
■ vi to lose value ▸ **~ (en algo) de alguien** to be inferior to sb (in sth) ▸ **ganó el equipo visitante, pero el Bétis no desmereció** the visiting team won, but Bétis gave a good account of themselves
desmesurado, -a adj [excesivo] excessive, disproportionate / [enorme] enormous
desmidiera *etc ver* ***desmedirse***
desmido *etc ver* ***desmedirse***
desmiembro *ver* ***desmembrar***
desmiento *ver* ***desmentir***
desmigajar vt to crumble
◆ ***desmigajarse*** vpr to crumble
desmilitarización nf [de país, zona] demilitarization
desmilitarizar [14] vt to demilitarize
desmintiera *etc ver* ***desmentir***
desmitificación nf **la ~ del presidente** the removal of the aura surrounding the president
desmitificador, -ora adj **revelaciones desmitificadoras de la figura de Gandhi** revelations which shatter the Gandhi myth
desmitificar [59] vt **el escándalo desmitificó al presidente** the scandal showed the president had feet of clay
desmochado, -a adj [árbol] polled
desmochar vt [árbol] to poll
desmontable adj that can be dismantled ▸ **una librería ~** a self-assembly bookcase
desmontar ■ vt **1.** [desarmar] [máquina] to take apart *o* to pieces / [motor] to strip down / [piezas] to dismantle / [rueda] to remove, to take off / [tienda de campaña] to take down / [arma] to uncock **2.** [de caballo, moto, bicicleta] to unseat ▸ **el caballo desmontó al jinete** the horse threw its rider ▸ **desmontó al niño de la bicicleta** he took the boy off the bicycle
■ vi **~ de** [caballo] to dismount from / [moto, bicicleta] to get off / [coche] to get out of
◆ ***desmontarse*** vpr **desmontarse de** [caballo] to dismount from / [moto, bicicleta] to get off / [coche] to get out of
desmonte nm **1.** [terreno] **un ~** an area of levelled ground **2.** [allanamiento] levelling **3.** [de bosque] clearing
desmoralización nf demoralization
desmoralizado, -a adj demoralized

desmoralizador, -ora, desmoralizante adj demoralizing

desmoralizar [14] vt to demoralize
◆ ***desmoralizarse*** vpr to become demoralized

desmoronamiento nm [de edificio, roca, ideales] crumbling / [de imperio] fall

desmoronar vt [edificio, roca] to cause to crumble
◆ ***desmoronarse*** vpr **1.** [edificio, roca, ideales] to crumble, to fall to pieces **2.** [persona] to go to pieces / [imperio] to fall apart

desmotivar vt to demotivate

desmovilizar [14] vt to demobilize

desnacionalizar [14] vt to denationalize, to privatize

desnatado, -a adj [leche] skimmed

desnatar vt to skim

desnaturalizado, -a adj [sustancia] adulterated / [alcohol] denatured

desnaturalizar [14] vt **1.** [sustancia] to adulterate **2.** [persona] to deny the natural rights of

desnivel nm **1.** [cultural, social] inequality, gap **2.** [del terreno] drop ▸ **había un ~ de 500 metros** there was a drop of 500 metres

desnivelado, -a adj [terreno, piso] uneven ▸ **la mesa está desnivelada** this table isn't level

desnivelar vt to make uneven / [balanza] to tip
◆ ***desnivelarse*** vpr to become uneven

desnucar [59] vt to break the neck of
◆ ***desnucarse*** vpr to break one's neck

desnuclearización nf [de armas] nuclear disarmament / [de centrales nucleares] = *getting rid of nuclear power*

desnuclearizar [14] vt to make nuclear-free

desnudar vt **1.** [persona] to undress **2.** [cosa] to strip (**de** of) ▸ **desnudó su discurso de toda floritura** he avoided all ornament in his speech
◆ ***desnudarse*** vpr to undress, to get undressed ▸ **tuvo que desnudarse de cintura para arriba** he had to strip to the waist

desnudez nf [de persona] nakedness, nudity / [de cosa] bareness

desnudismo nm nudism

desnudo, -a ▪ adj **1.** [persona, cuerpo] naked **2.** [salón, hombro, árbol] bare / [verdad] plain / [paisaje] bare, barren
▪ nm nude ▸ **pintar un ~** to paint a nude

desnutrición nf malnutrition

desnutrido, -a adj undernourished

desnutrirse vpr to become malnourished

desobedecer [46] vt to disobey

desobediencia nf disobedience ▸ **~ civil** civil disobedience

desobediente adj disobedient

desocupado, -a adj **1.** [persona] [ocioso] free, unoccupied / [sin empleo] unemployed **2.** [asiento, cargo] vacant, unoccupied **3.** [tiempo] free

desocupar vt [edificio] to vacate / [habitación, mesa] to leave ▸ **si consigo ~ una tarde, te llamo** if I can free up an afternoon, I'll call you ▸ **desocupó su silla para cedérsela a la anciana** he gave (up) his seat to the old lady

desodorante ▪ adj deodorant, deodorizing
▪ nm deodorant ▸ *CSUR* **~ ambiental** air freshener ▸ **~ de bola** roll-on (deodorant) ▸ **~ de barra/de spray** deodorant stick/spray

desodorizar [14] vt to deodorize

desoír vt not to listen to, to take no notice of ▸ **~ los consejos de alguien** to ignore sb's advice

desolación nf [destrucción] desolation / [desconsuelo] distress, grief ▸ **sumir en la ~** to devastate

desolado, -a adj [paraje] desolate / [persona] devastated

desolador, -ora adj [imagen, espectáculo] desolate / [noticia] devastating

desolar [63] vt **1.** [destruir] to devastate, to lay waste **2.** [afligir] to cause anguish to ▸ **la muerte del padre desoló a la familia** the father's death devastated the family
◆ ***desolarse*** vpr to be devastated

desollar [63] vt to skin ▸ *Fig* **si lo pillo, lo desuello** if I catch him I'll skin him alive

desorbitado, -a adj **1.** [exagerado] disproportionate / [precio] exorbitant **2. con los ojos desorbitados** pop-eyed

desorbitar vt [exagerar] to exaggerate, to blow out of proportion ▸ **la inflación ha desorbitado los precios** inflation has sent prices sky-high
◆ ***desorbitarse*** vpr **la inflación se ha desorbitado** inflation has gone out of control *o* through the roof

desorden nm **1.** [confusión] disorder, chaos / [falta de orden] mess ▸ **tu dormitorio está en ~** your bedroom is in a mess **2. desórdenes** [disturbios] disturbance ▸ **se han producido desórdenes por toda la ciudad** there have been disturbances throughout the city **3.** [vida desenfrenada] excess **4.** [alteración física] disorder ▸ **sufre desórdenes nerviosos/estomacales** he has a nervous/stomach complaint

desordenado, -a ▪ adj **1.** [habitación, persona] untidy, messy / [documentos, fichas] jumbled (up) **2.** [vida, comportamiento] disorganized, messy
▪ nm,f untidy person ▸ **es una desordenada** she's very untidy

desordenar vt [habitación, cajón] to mess up / [documentos, fichas] to jumble up / [pelo] to ruffle

desorganización nf disorganization

desorganizado, -a adj disorganized

desorganizar [14] vt to disrupt, to disorganize

desorientación nf **1.** [en el espacio] disorientation **2.** [en la mente] confusion

desorientado, -a adj [en el espacio] lost / [confuso] confused ▸ **tiene 98 años y anda ya algo ~** he's 98 and he's a bit confused

desorientar vt **1.** [en el espacio] to disorientate, to mislead **2.** [en la mente] to confuse
◆ ***desorientarse*** vpr to lose one's way *o* bearings

desosar [23] vt [carne] to bone / [fruta] *BR* to stone, *US* to pit

desovar vi [peces, anfibios] to spawn / [insectos] to lay eggs

desoxirribonucleico adj QUÍM **ácido ~** deoxyribonucleic acid

despabilado, -a adj **1.** [despierto] wide-awake **2.** [listo] smart, quick

despabilar vt **1.** [despertar] to wake up **2.** [hacer más avispado] to make streetwise
◆ ***despabilarse*** vpr **1.** [despertarse] to wake up **2.** [darse prisa] to hurry up

despachar ■ vt **1.** [mercancía] to dispatch **2.** [en tienda] [cliente] to serve / [entradas, bebidas] to sell ▸ **¿lo despachan?** are you being served? **3.** *Fam* [terminar] [trabajo, discurso] to finish off / [comida] to polish off **4.** [del trabajo] **~ a alguien (de)** to dismiss *o* sack sb (from) **5.** [asunto, negocio] to settle **6.** *AM* [facturar] to check in
■ vi **1.** [sobre un asunto] to do business **2.** [en una tienda] to serve
◆ ***despacharse*** vpr [hablar francamente] **despacharse con alguien** to give sb a piece of one's mind

despacho nm **1.** [oficina] office / [en casa] study **2.** [muebles] set of office furniture **3.** [comunicación oficial] dispatch **4.** [venta] sale / [lugar de venta] **~ de billetes/localidades** ticket/box office

despachurrar vt *Fam* to squash

despacio ■ adv **1.** [lentamente] slowly **2.** *esp AM* [en voz baja, sin hacer ruido] quietly
■ interj **¡~!** take it easy!

despampanante adj stunning ▸ **una rubia ~** a stunning blonde

despanzurrar vt *Fam* to cause to burst open
◆ ***despanzurrarse*** vpr to burst (open) ▸ **se ha despanzurrado el sofá** the stuffing is coming out of the sofa

desparejado, -a adj [calcetín, guante] odd

desparejar vt to mix up

desparpajo nm *Fam* forwardness, self-assurance ▸ **con ~** with assurance, confidently

desparramar vt [líquido] to spill / [objetos] to spread, to scatter
◆ ***desparramarse*** vpr [líquido] to spill / [objetos, personas] to scatter, to spread out

despatarrarse vpr *Fam* to open one's legs wide ▸ **se despatarró en el sofá y se quedó dormido** he sprawled out on the sofa and fell asleep

despavorido, -a adj terrified ▸ **salir ~** to rush out in terror

despecharse vpr to get angry

despecho nm [rencor, venganza] spite / [desengaño] bitterness ▸ **(hacer algo) por ~** (to do sth) out of spite ▸ **a ~ de** in spite of, despite

despechugado, -a adj *Fam* [hombre] showing a lot of chest, with one's shirt open / [mujer] showing a lot of cleavage, with a very low neckline

despechugarse [38] vpr *Fam* to bare one's breast

despectivo, -a adj **1.** [despreciativo] scornful, contemptuous ▸ **hablar de algo/alguien en tono ~** to speak scornfully *o* contemptuously about sth/sb **2.** GRAM pejorative

despedazar [14] vt **1.** [físicamente] to tear apart **2.** [moralmente] to shatter

despedida nf **1.** [adiós] goodbye, farewell ▸ **una fiesta/un regalo de ~** a going-away party/present **2.** [fiesta] farewell party ▸ **~ de soltera** hen party *o* night ▸ **~ de soltero** stag party *o* night, *US* bachelor party

despedido, -a adj [por cierre, reducción de plantilla] redundant / [por razones disciplinarias] sacked

despedir [47] vt **1.** [decir adiós] to say goodbye to ▸ **nos despidió con la mano** he waved goodbye to us ▸ **fuimos a despedirle a la estación** we went to see him off at the station **2.** [de un empleo] [por cierre, reducción de plantilla] to make redundant, to lay off / [por razones disciplinarias] to sack, to fire **3.** [lanzar, arrojar] to fling ▸ **salir despedido de/por/hacia algo** to fly out of/through/towards sth **4.** [difundir, desprender] to give off ▸ **despide un olor insoportable** it gives off an unbearable smell
◆ ***despedirse*** vpr [decir adiós] to say goodbye (**de** to) ▸ **se despidieron con un beso** they kissed each other goodbye ▸ **se despide atentamente** [en carta] yours sincerely/faithfully ▸ **si no apruebas, ya puedes despedirte de la moto** if you don't pass, you can kiss the motorbike goodbye

despegable adj detachable

despegado, -a adj cold, detached

despegar [38] ■ vt to unstick
■ vi **1.** [avión] to take off **2.** [empresa, equipo] to take off ▸ **la empresa no acaba de ~** the company hasn't really been able to take off
◆ ***despegarse*** vpr **1.** [etiqueta, pegatina, sello] to come unstuck **2.** [persona] **despegarse de alguien** to break away *o* withdraw from sb ▸ **no se despegó de su novia ni un minuto** he didn't leave his girlfriend's side for a minute

despego nm detachment, indifference

despegue nm [de avión] takeoff ▸ **~ económico** economic takeoff

despeinado, -a adj [por el viento] windswept / [descuidado] dishevelled ▸ **estás ~** your hair needs a comb

despeinar vt [pelo] to ruffle ▸ **~ a alguien** to mess up sb's hair ▸ **el viento la había despeinado** the wind had ruffled her hair
◆ ***despeinarse*** vpr to get one's hair messed up

despejado, -a adj **1.** [tiempo, día] clear **2.** [persona, mente] alert **3.** [espacio] [ancho] spacious / [sin estorbos] clear, uncluttered

despejar ■ vt **1.** [habitación, mente] to clear **2.** [misterio, incógnita] to clear up, to put an end to
■ v impersonal to clear up
◆ ***despejarse*** vpr **1.** [persona] [espabilarse] to clear one's head / [despertarse] to wake oneself up **2.** [tiempo] to clear up / [cielo] to clear

despeje nm DEP clearance

despellejar vt **1.** [animal] to skin **2.** [criticar] to pull to pieces
◆ ***despellejarse*** vpr to peel ▸ **se te está**

despellejando la nariz your nose is peeling

despelotarse vpr *ESP Fam* **1.** [desnudarse] to strip off **2. ~ (de risa)** to laugh one's head off

despelote nm *Fam* **1.** *AM* [caos] chaos ▸ **se armó un ~** chaos broke out ▸ **ser un ~** [proyecto, reunión] to be chaotic **2.** [cachondeo] **tu primo es un ~** your cousin is a good laugh ▸ **esa película es un ~** that film is a great laugh *o* a scream

despeluchar vt **~ algo** to wear sth threadbare
◆ ***despelucharse*** vpr to wear threadbare

despenalización nf decriminalization

despenalizar [14] vt to decriminalize ▸ **~ las drogas blandas** to decriminalize soft drugs

despendolarse vpr *ESP Fam* to go wild

despendole nm *ESP Fam* loss of control ▸ **la fiesta fue un ~** the party was a rave-up

despensa nf larder, pantry

despeñadero nm precipice

despeñar vt to throw over a cliff
◆ ***despeñarse*** vpr to fall over a cliff

desperdiciar vt [tiempo, comida] to waste / [dinero] to squander / [ocasión] to throw away

desperdicio nm **1.** [acción] waste **2.** [residuo] **desperdicios** scraps **3. no tener ~** to be excellent from start to finish

desperdigar [38] vt to scatter, to disperse
◆ ***desperdigarse*** vpr to scatter

desperezarse [14] vpr to stretch

desperfecto nm [deterioro] damage / [defecto] flaw, imperfection ▸ **pagar los desperfectos ocasionados** to pay for the damage caused ▸ **sufrir desperfectos** to get damaged

despersonalizar [14] vt to depersonalize

despertador nm **1.** [aparato] alarm clock ▸ **~ telefónico** alarm call service **2.** *ARG* [en carretera] speed bump, *BR* sleeping policeman

despertar [3] ■ vt **1.** [persona, animal] to wake (up) ▸ **despiértame a la seis, por favor** could you wake me (up) at six, please? **2.** [reacción] to arouse ▸ **~ odio/pasión** to arouse hatred/passion ▸ **el ejercicio me despierta el apetito** exercise gives me an appetite ▸ **~ a alguien las ganas de hacer algo** to make sb want to do sth **3.** [recuerdo] to revive, to awaken ▸ **esta canción despierta en mí buenos recuerdos** this song brings back happy memories
■ vi to wake (up)
■ nm awakening
◆ ***despertarse*** vpr to wake (up)

despiadado, -a adj pitiless, merciless

despidiera etc *ver* ***despedir***

despido ■ *ver* ***despedir***
■ nm [expulsión] dismissal / [por cierre, reducción de plantilla] redundancy ▸ **~ forzoso** compulsory redundancy ▸ **~ improcedente** [por incumplimiento de contrato] wrongful dismissal / [por ir contra el derecho laboral] unfair dismissal

despiece nm cutting-up

despierto, -a ■ *ver* ***despertar***
■ adj **1.** [sin dormir] awake **2.** [espabilado, listo] bright, sharp

despilfarrador, -ora ■ adj wasteful, spendthrift
■ nm,f spendthrift, squanderer

despilfarrar vt [dinero] to squander / [energía, agua] to waste

despilfarro nm [de dinero] squandering / [de energía, agua] waste ▸ **un ~** [compra] a waste of money

despintar vt to take the paint off

despiojar vt to delouse

despiole nm *RP Fam* rumpus, shindy

despiporre nm *Fam* **fue el ~** it was something else

despistado, -a ■ adj absent-minded ▸ **en ese momento estaba ~ y no la vi** I was distracted at the time and didn't see her
■ nm,f scatterbrain

despistar vt **1.** [dar esquinazo] to throw off the scent ▸ **despistaron a sus perseguidores** they shook off their pursuers **2.** [confundir] to mislead / [distraer] to distract ▸ **el ruido me despista** the noise is distracting me
◆ ***despistarse*** vpr **1.** [perderse] to lose one's way, to get lost **2.** [distraerse] to get confused

despiste nm **1.** [distracción] absent-mindedness / [error] mistake, slip **2.** [persona] **Marta es un ~** Marta is very absent-minded

desplante nm rude remark ▸ **hacer un ~ a alguien** [con acciones] to do something rude to sb / [con palabras] to be rude to sb

desplazado, -a adj [persona] out of place

desplazamiento nm **1.** [viaje] journey / [traslado] move ▸ **un ~ hacia la derecha/izquierda** [en política] a shift to the right/left **2.** NÁUT displacement

desplazar [14] vt **1.** [trasladar] to move (**a** to) ▸ **~ algo/a alguien de** to remove sb/sth from **2.** [tomar el lugar de] to take the place of **3.** NÁUT to displace
◆ ***desplazarse*** vpr [viajar] to travel / [moverse] to move

desplegar [43] vt **1.** [tela, periódico, mapa] to unfold / [alas] to spread, to open / [bandera] to unfurl **2.** [cualidad] to display **3.** MIL to deploy

despliegue nm **1.** [de cualidad] display **2.** MIL deployment ▸ **~ de misiles** missile deployment

desplomarse vpr [caer] to collapse / [techo] to fall in ▸ **se desplomó agotado en el sillón** he collapsed exhausted into the chair

desplome nm collapse

desplumar vt **1.** [ave] to pluck **2.** *Fam* [estafar] to fleece

despoblación nf depopulation

despoblado, -a ■ adj unpopulated, deserted
■ nm deserted spot

despoblar vt to depopulate
◆ ***despoblarse*** vpr to become depopulated

despojar vt **~ a alguien de algo** to strip sb of sth
◆ ***despojarse*** vpr **despojarse de algo** [bienes, alimentos] to give sth up / [ropa, adornos] to take sth off

despojo nm **1.** [acción] stripping, plundering **2. despojos** [de animales] offal **3.** [cadáver] **hallaron los despojos del héroe** they found the hero's mortal remains ▸ *Fig* **es un ~ humano** he's a (physical/mental) wreck

despolitizar [14] vt to depoliticize

desposado, -a nm,f [hombre] groom / [mujer] bride ▸ **los desposados** the newlyweds

desposar vt to marry
◆ ***desposarse*** vpr to get married, to marry

desposeer [37] vt to dispossess

desposeído, -a ■ adj **1.** [pobre] poor, dispossessed (**de** of) ▸ **un hombre ~ de todos sus bienes** a man deprived of all his possessions **2. ~ de** [carente] lacking (in)
■ nm,f **los desposeídos** the have-nots, the wretched

desposorios nmpl *Formal* **1.** [compromiso] betrothal **2.** [matrimonio] marriage, wedding

déspota nmf despot ▸ **es un ~ con sus hijos** he's a tyrant with his children

despótico, -a adj despotic

despotismo nm despotism ▸ HIST **~ ilustrado** enlightened despotism

despotricar [59] vi to rant on (**contra** at)

despreciable ■ adj [indigno] despicable, contemptible / [de poca importancia] negligible
■ nmf contemptible person, wretch

despreciar vt **1.** [desdeñar] to scorn **2.** [rechazar] to spurn

despreciativo, -a adj scornful, contemptuous

desprecio nm **1.** [desdén] scorn, contempt ▸ **una mirada/un gesto de ~** a scornful *o* contemptuous look/gesture ▸ **con ~** contemptuously, with contempt **2.** [acto despreciativo] snub ▸ **hacer un ~ a alguien** to snub sb **3.** [desinterés] disregard ▸ **muestran un ~ olímpico por los derechos humanos** they show complete disregard for human rights

desprender vt **1.** [lo que estaba fijo] to remove, to detach **2.** [olor, luz, calor] to give off
◆ ***desprenderse*** vpr **1.** [soltarse] to come *o* fall off ▸ **la etiqueta se desprendió del vestido** the label fell off the dress **2.** [deducirse] **¿qué conclusiones se desprenden de esta decisión?** what conclusions can be drawn from this decision? ▸ **de sus palabras se desprende que...** from his words it is clear *o* it can be seen that... **3.** [librarse] **desprenderse de** to get rid of **4.** [renunciar] **desprenderse de algo** to part with sth, to give sth up **5.** [apartarse] **jamás se desprende de su amuleto** he is never without his lucky charm ▸ **no se desprendía de su madre** she wouldn't leave her mother's side

desprendido, -a adj [generoso] generous

desprendimiento nm **1.** [separación] detachment ▸ **~ de tierras** landslide ▸ MED **~ de retina** detachment of the retina **2.** [generosidad] generosity

despreocupación nf lack of concern *o* worry ▸ **con ~** in a carefree manner

despreocupadamente adv in a carefree manner

despreocupado, -a adj [sin preocupaciones] carefree / [negligente] unconcerned

despreocuparse vpr **~ de** [asunto] to stop worrying about / [persona] not to bother about

desprestigiar vt to discredit

desprestigio nm discredit

despresurización nf depressurization ▸ **en caso de ~ de la cabina** [en avión] if there is a sudden fall in cabin pressure

desprevenido, -a adj unprepared ▸ **pillar ~ a alguien** to catch sb unawares, to take sb by surprise

desprolijidad nf *RP* untidiness, sloppiness

desprolijo, -a adj *RP* [casa] messy, untidy / [cuaderno] untidy / [en el aspecto] unkempt, dishevelled / [al hacer las cosas] sloppy

desproporción nf disproportion

desproporcionado, -a adj disproportionate

despropósito nm stupid remark ▸ **fue un ~** it was a stupid thing to say ▸ **decir despropósitos** to say stupid things, to talk nonsense

desproteger [52] vt INFORM [programa] to hack into

desprotegido, -a adj unprotected

desprovisto, -a adj **~ de** lacking in, devoid of

después adv **1.** [en el tiempo] [más tarde] later, afterwards / [entonces] then / [justo lo siguiente] next ▸ **ellos llegaron ~** they arrived later ▸ **años ~** years later ▸ **mucho ~** much later ▸ **poco ~** soon after ▸ **llamé primero y ~ entré** I knocked first and then I went in ▸ **yo voy ~** it's my turn next ▸ **~ de hacer algo** after doing sth ▸ **~ de que** after ▸ **~ de que te fueras a la cama** after you went to bed ▸ *Fig* **~ de todo** after all ▸ **llegó ~ que yo** she arrived after I did *o* after me **2.** [en el espacio] next, after ▸ **¿qué viene ~?** what comes next *o* after? ▸ **hay una farmacia y ~ está mi casa** there's a chemist's and then there's my house ▸ **varias manzanas ~** several blocks further on ▸ **está 2 kilómetros ~ del pueblo** it's 2 kilometres past the village **3.** [en una lista, jerarquía] further down ▸ **~ de** after ▸ **~ del vino, la cerveza es la bebida más popular** after wine, beer is the most popular drink ▸ **quedó ~ del atleta ruso** he finished behind the Russian athlete ▸ **~ de él, nadie lo ha conseguido** since he did it, no one else has

despuntar ■ vt [romper la punta] to break the point off / [desgastar la punta] to blunt
■ vi **1.** [flor, capullo] to bud / [planta] to sprout **2.** [persona] to excel, to stand out **3.** [alba] to break / [día] to dawn

desquiciado, -a adj deranged, unhinged

desquiciar vt **1.** [puerta, ventana] to unhinge **2.** [persona] [desequilibrar] to derange, to disturb mentally / [poner nervioso] to drive mad

desquitarse vpr to get one's own back (**de algo/alguien** for sth/on sb)

desquite nm revenge

desratización nf rodent extermination

desratizar [14] vt to clear of rodents

desregulación nf deregulation

desregular vt to deregulate

desriñonarse vpr *Fam* [esforzarse] to break one's back

destacable adj notable, worthy of comment ▸ **lo más ~ de la película fue...** what was most notable about the movie was...

destacado, -a adj [persona] distinguished, prominent / [acto] outstanding ▸ **una ~ autoridad en la materia** a leading authority in the field

destacamento nm MIL detachment

destacar [59] ■ vt **1.** [poner de relieve] to emphasize, to highlight ▸ **cabe ~ que...** it is important to point out that... ▸ **hay que ~ el trabajo de los actores** the acting deserves special mention **2.** [tropas] to station / [corresponsal] to assign, to send
■ vi [sobresalir] to stand out ▸ **destaca entre sus otras novelas por su humor** it stands out among her other novels for *o* because of its humour
◆ ***destacarse*** vpr to stand out (**de/por** from/because of) ▸ **el actor se destacó por sus dotes de cómico** the actor was outstanding in comic roles

destajo nm piecework ▸ **trabajar a ~** [por trabajo hecho] to do piecework / [mucho] to work flat out

destapador nm *AM* bottle opener

destapar vt **1.** [caja, botella] to open / [olla] to take the lid off **2.** [oídos] to unblock **3.** [descubrir] to uncover
◆ ***destaparse*** vpr **1.** [desabrigarse] to lose the covers ▸ **el bebé se destapa por las noches** the baby kicks the blankets off at night **2.** [oídos] to become unblocked **3.** [revelarse] to open up ▸ **al final se destapó el escándalo** in the end the scandal came to light

destape nm [en revistas] nude photos / [en películas, teatro] striptease

destartalado, -a adj [viejo, deteriorado] dilapidated / [desordenado] untidy

destellar vi [diamante, ojos] to sparkle / [estrellas] to twinkle

destello nm **1.** [de luz] sparkle / [de estrella] twinkle **2.** [manifestación momentánea] glimmer ▸ **un ~ de ironía** a hint of irony

destemplado, -a adj **1.** [persona] **me siento un poco ~** I'm feeling a bit cold **2.** [instrumento] out of tune **3.** [tiempo, clima] unpleasant **4.** [carácter, actitud] irritable **5.** [voz] sharp

destemplarse vpr **1.** [enfriarse] to catch a chill **2.** [irritarse] to get upset **3.** [instrumento musical] to get out of tune

destensar vt [músculo] to relax / [cuerda, cable] to slacken
◆ ***destensarse*** vpr [cuerda, cable] to slacken, to sag

desteñido, -a adj [descolorido] faded / [manchado] discoloured

desteñir [47] ■ vt [decolorar] to fade, to bleach / [manchar] to discolour
■ vi to run, not to be colour fast ▸ **estos pantalones destiñen** the colour in these trousers runs
◆ ***desteñirse*** vpr to fade

desternillante adj hysterically funny

desternillarse vpr **~ de risa** to split one's sides laughing *o* with laughter

desterrar [3] vt **1.** [persona] to banish, to exile **2.** [idea] to dismiss / [costumbre, hábito] to do away with

destetar vt to wean

destete nm weaning

destiempo: a destiempo loc adv at the wrong time

destierro ■ *ver* ***desterrar***
■ nm [fuera del país] exile / [dentro del país] internal exile ▸ **en el ~** in exile

destilación nf distillation

destilar ■ vt **1.** [agua, alcohol] to distil **2.** [sangre, pus] to ooze **3.** [cualidad, sentimiento] to exude, to ooze
■ vi [gotear] to trickle, to drip

destilería nf distillery

destinar vt **1. ~ algo a** *o* **para** [cantidad, edificio] to set sth aside for / [empleo, cargo] to assign sth to / [carta] to address sth to / [medidas, programa, publicación] to aim sth at ▸ **el dinero recogido se destinará a comprar medicinas** the money collected will go to buy medicine **2. ~ a alguien a** [cargo, empleo] to appoint sb to / [plaza, lugar] to post sb to ▸ **está destinado en Colombia** he's been posted *o* sent to Colombia ▸ **estar destinado al éxito/fracaso** to be destined for success/failure

destinatario, -a nm,f addressee

destino nm **1.** [sino] destiny, fate ▸ **su ~ era convertirse en estrella de cine** she was destined to become a movie star **2.** [rumbo] destination ▸ **(ir) con ~ a** (to be) bound for *o* going to ▸ **un vuelo con ~ a...** a flight to... ▸ **el tren con ~ a La Paz** the train for La Paz, the La Paz train ▸ **pasajeros con ~ a Chicago, embarquen por puerta 6** passengers flying to Chicago, please board at gate 6 **3.** [empleo, plaza] position, post ▸ **le han dado un ~ en las Canarias** he's been posted to the Canaries **4.** [finalidad] use, function

destitución nf dismissal

destituir [34] vt to dismiss

destornillador nm **1.** *ESP, CARIB, RP* [herramienta] screwdriver **2.** *Fam* [bebida] screwdriver

destornillar vt to unscrew

destreza nf skill, dexterity

destripar vt **1.** [sacar las tripas a] [animal, persona] to disembowel / [pescado] to gut **2.** [colchón, muñeca] to rip open

destronar vt [rey] to dethrone, to depose / [rival] to unseat, to replace at the top

destrozado, -a adj **1.** [mueble] broken, ruined **2.** [persona] [emocionalmente] shattered, devastated / [físicamente] shattered

destrozar [14] vt **1.** [físicamente] [romper] to smash / [estropear] to ruin **2.** [emocionalmente] [persona] to shatter, to devastate / [vida] to ruin

destrozo nm damage ▸ **alguien tendrá que pagar los destrozos** someone will have to pay for the damage

destrozón, -ona *Fam* ■ adj **ese niño es muy ~** that child is always breaking things ▸ **~ con la ropa** hard on one's clothes

■ nm,f **ese niño es un ~** that child is always breaking things

destrucción nf destruction

destructivo, -a adj destructive

destructor, -ora ■ adj destructive
■ nm MIL destroyer

destruido, -a adj *RP Fam* [persona] [físicamente] shattered / [anímicamente] shattered, devastated

destruir [34] vt [deshacer] to destroy / [casa, argumento] to demolish / [proyecto] to ruin, to wreck / [ilusión] to dash

desubicar [59] vt *ANDES, RP* to confuse

desunión nf **1.** [separación] separation **2.** [división, discordia] disunity

desunir vt **1.** [separar] to separate **2.** [enemistar] [grupos] to divide, to cause a rift between

desusado, -a adj **1.** [pasado de moda] old-fashioned, obsolete **2.** [desacostumbrado] unusual

desuso nm disuse ▸ **caer en ~** to become obsolete, to fall into disuse

desvaído, -a adj [color] pale, washed-out / [forma, contorno] blurred / [mirada] vague

desvalido, -a ■ adj needy, destitute
■ nm,f needy *o* destitute person

desvalijador, -ora nm,f [de casas] burglar

desvalijamiento nm [de casa] burglary / [de persona] robbery

desvalijar vt [casa] to burgle / [persona] to rob ▸ *Fig* **mis nietos me han desvalijado la nevera** my grandchildren have cleaned out my fridge

desvalimiento nm *Formal* destitution

desvalorizar [14] vt to devalue

desván nm attic, loft

desvanecer [46] vt **1.** [humo, nubes] to dissipate, to disperse **2.** [sospechas, temores] to dispel
◆ ***desvanecerse*** vpr **1.** [desmayarse] to faint **2.** [humo, nubes, color] to clear, to disappear / [sonido, sospechas, temores] to fade away

desvanecimiento nm [desmayo] fainting fit

desvariar [32] vi [delirar] to be delirious / *Fam* [decir tonterías] to talk nonsense, to rave ▸ **¡no desvaríes!** don't talk nonsense *o* rubbish!

desvarío nm **1.** [dicho] raving / [hecho] act of madness **2.** [delirio] delirium

desvelar vt **1.** [quitar el sueño] to keep awake **2.** [noticia, secreto] to reveal, to tell
◆ ***desvelarse*** vpr **desvelarse por hacer algo** to make every effort to do sth

desvelo nm **1.** [insomnio] sleeplessness, insomnia **2.** [esfuerzo, cuidado] **a pesar de nuestros desvelos...** despite all our care and effort...

desvencijado, -a adj [silla, mesa] rickety / [camión, coche] battered

desvencijar vt [romper] to break / [desencajar] to cause to come apart

desventaja nf disadvantage ▸ **estar en ~** to be at a disadvantage

desventajoso, -a adj disadvantageous, unfavourable

desventura nf misfortune

desventurado, -a ■ adj unfortunate
■ nm,f poor wretch

desvergonzado, -a ■ adj shameless, insolent
■ nm,f shameless person ▸ **¡habráse visto el ~!** what a bad-mannered lout!

desvergüenza nf **1.** [atrevimiento, frescura] shamelessness **2.** [dicho] shameless remark / [hecho] shameless act

desvestir [47] vt to undress
◆ ***desvestirse*** vpr to undress (oneself)

desviación nf **1.** [de dirección, cauce, norma] deviation ▸ MED **~ de columna** curvature of the spine **2.** [en la carretera] *BR* diversion, *US* detour

desviado, -a adj **1.** [cambiado de dirección] diverted **2.** [ojo] squinty

desviar [32] vt [tráfico, río] to divert / [dirección] to change / [golpe] to parry / [pelota, disparo] to deflect / [pregunta] to evade / [conversación] to change the direction of / [mirada, ojos] to avert
◆ ***desviarse*** vpr **1.** [cambiar de dirección] [conductor] to take a detour / [vehículo] to go off course ▸ **desviarse de** to turn off **2.** [cambiar] **desviarse de** [tema] to wander *o* digress from / [propósito, idea] to lose sight of

desvincular vt DER [bienes, propiedades] to disentail
◆ ***desvincularse*** vpr to disassociate oneself (**de** from)

desvío nm **1.** [en carretera] [salida] turn-off / [por obras, accidente] *BR* diversion, *US* detour ▸ **toma el primer ~ a la derecha** take the first turn-off to the right ▸ **al llegar al cruce toma el ~ de** *o* **a Guadalajara** when you get to the crossroads take the turning for *o* road to Guadalajara ▸ **~ por obras** [en letrero] diversion, men at work **2.** TEL **~ de llamada** call transfer

desvirgar [38] vt to deflower

desvirtuar [4] vt [estropear] to spoil / [distorsionar] to distort ▸ **su victoria quedó totalmente desvirtuada** his victory was rendered meaningless ▸ **esta actuación desvirtúa el espíritu del acuerdo** this action violates the spirit of the agreement

desvistiera etc ver ***desvestir***

desvisto etc ver ***desvestir***

desvivirse vpr [desvelarse] to do everything one can (**por** for) ▸ **~ por hacer algo** to bend over backwards to do sth

detalladamente adv in (great) detail

detallado, -a adj detailed, thorough

detallar vt [historia, hechos] to detail, to give a rundown of / [cuenta, gastos] to itemize

detalle nm **1.** [pormenor, rasgo] detail ▸ **con ~** in detail ▸ **dar detalles** to give details ▸ **entrar en detalles** to go into detail ▸ **para más detalles, llame al teléfono...** for more information, call... **2.** [obsequio] gift ▸ **te he traído un ~** I've brought you a little present *o* a little something **3.** [atención] nice gesture *o* thought ▸ **¡pero qué ~ ha tenido!** what a nice gesture!, how thoughtful of him/her! ▸ **tener un ~ (con alguien)** to be considerate (to sb) ▸ **es todo un ~** how courteous *o* considerate

◆ ***al detalle*** loc adj & adv COM retail ▸ **en este almacén no se vende al ~** we don't sell retail in this warehouse

detallista ■ adj [meticuloso] painstaking / [atento] thoughtful

■ nmf COM retailer

detección nf detection

detectar vt to detect

detective nmf detective ▸ **~ privado** private detective

detectivesco, -a adj **labor detectivesca** detective work ▸ **novela detectivesca** detective novel

detector, -ora ■ adj **aparato ~** detecting equipment

■ nm detector ▸ **~ de humo/incendios/mentiras/ metales/minas** smoke/fire/lie/metal/mine detector

detención nf **1.** [parada] stopping, holding-up **2.** [arresto] arrest

detener [65] vt **1.** [parar] to stop ▸ **consiguieron ~ la hemorragia** they managed to stop the bleeding ▸ **estaba decidido, nada podía detenerlo** he had made up his mind, nothing could stop him **2.** [arrestar] to arrest **3.** [entretener] to keep, to delay

◆ ***detenerse*** vpr **1.** [pararse] to stop ▸ **detenerse a hacer algo** to stop to do sth ▸ **se detuvo a hablar con una amiga y llegó tarde** she stopped to talk to a friend and was late **2.** [demorarse] to hang about, to linger ▸ **no te detengas tanto con la presentación y ve al grano** don't spend so much time on the presentation and get to the point

detenidamente adv carefully, thoroughly

detenido, -a ■ adj **1.** [detallado] careful, thorough ▸ **un examen ~** a careful, detailed examination **2.** [arrestado] **(estar) ~** (to be) under arrest

■ nm,f prisoner, person under arrest

detenimiento nm **con ~** carefully, thoroughly

detentar vt to hold unlawfully ▸ **los militares que detentan el poder en...** the military in power in...

detergente nm detergent ▸ **~ para la ropa** washing powder ▸ *AM* **~ para la vajilla** *BR* washing-up liquid, *US* dish liquid ▸ **~ de** *o* **con acción biológica** biological washing powder ▸ **~ líquido** liquid detergent ▸ **~ en polvo** soap powder

deteriorar vt to damage, to spoil

◆ ***deteriorarse*** vpr [estropearse] to deteriorate / [empeorar] to deteriorate, to get worse

deterioro nm [daño] damage / [empeoramiento] deterioration ▸ **el ~ de la situación** the worsening of *o* deterioration in the situation

determinación nf **1.** [de precio, fecha] settling, fixing **2.** [resolución] determination, resolution **3.** [decisión] **tomar una ~** to take a decision

determinado, -a adj **1.** [concreto] specific / [en particular] particular **2.** [resuelto] determined **3.** GRAM definite

determinante ■ adj decisive, determining

■ nm **1.** GRAM determiner **2.** MAT determinant

determinar vt **1.** [fijar] [fecha, precio] to settle, to fix / [lugar] to decide **2.** [averiguar] to establish, to determine ▸ **~ las causas de la muerte** to establish *o* determine the cause of death **3.** [motivar] to cause, to bring about ▸ **aquello determinó su dimisión** that caused him to resign **4.** [decidir] to decide ▸ **~ hacer algo** to decide to do sth **5.** [distinguir] to distinguish, to discern ▸ **no pude ~ quién era** I couldn't make out who he was

◆ ***determinarse*** vpr **determinarse a hacer algo** to make up one's mind to do sth

determinismo nm determinism

detestable adj detestable

detestar vt to detest

detiene *ver* ***detener***

detonación nf [acción] detonation / [sonido] explosion

detonador nm detonator

detonante ■ adj explosive

■ nm [explosivo] explosive ▸ *Fig* [desencadenante] **ser el ~ de algo** to spark sth off

detonar vi to detonate, to explode

detractor, -ora ■ adj disparaging (**de** about)

■ nm,f detractor

detrás adv **1.** [en el espacio] behind ▸ **tus amigos vienen ~** your friends are coming on behind ▸ **el interruptor está ~** the switch is at the back ▸ **~ de** behind ▸ **~ de alguien** behind sb's back ▸ **deja un espacio ~ de la coma** leave a space after the comma ▸ **por ~** at the back ▸ **hablar de alguien por ~** to talk about sb behind his/her back ▸ **andar** *o* **ir ~ de alguien/algo** to be after sb/sth **2.** [en el orden] then, afterwards ▸ **Portugal y ~ Puerto Rico** Portugal and then Puerto Rico ▸ **fuimos pasando uno ~ de otro** we went in one after another

detrimento nm damage ▸ **en ~ de** to the detriment of

detrito nm, ***detritus*** nm inv BIOL detritus ▸ **detritos** [residuos] waste

detuviera *etc ver* ***detener***

deuce [djus] nm DEP deuce

deuda nf debt ▸ **contraer una ~** to get into debt ▸ *Fig* **estar en ~ con alguien** to be indebted to sb ▸ **saldar una ~** to pay off *o* settle a debt ▸ **está lleno de deudas** he's heavily *o* deep in debt ▸ ECON **~ exterior** *o* **externa** foreign debt ▸ ECON **~ interior** *o* **interna** internal debt ▸ **deudas de juego** gambling debts ▸ **~ pública** [títulos] government stock / ECON [concepto] public debt

deudo, -a nm,f relative, relation

deudor, -ora ■ adj FIN **saldo ~** debit balance

■ nm,f debtor

devaluación nf devaluation

devaluado, -a adj [moneda] devalued

devaluar [4] vt to devalue

◆ ***devaluarse*** vpr to go down in value

devanar vt to wind

◆ ***devanarse*** vpr *Fam* **devanarse los sesos** to rack one's brains

devaneo nm **1.** [distracción] idle pursuit **2.** [coqueteo] **tener un ~ con alguien** [amoroso] to have an affair with sb ▸ **me contó sus devaneos con Juan** she told me about her flirtation with Juan ▸ **en su juventud tuvo sus devaneos con la ultraderecha** he flirted with the far right when he was young

devastado, -a adj devastated

devastador, -ora adj devastating

devastar vt to devastate

develar vt *AM* [revelar] to reveal, to disclose / [inaugurar] to unveil

devengar [38] vt [intereses, dividendos] to yield / [sueldo] to earn

devengo ■ *ver* ***devengar, devenir***
■ nm [cantidad] amount due

devenir [69] ■ nm transformation ▸ **la vida es un continuo ~** life is a continual process of change
■ vi [convertirse] to become, to turn into

devoción nf devotion ▸ **tener ~ por alguien** to be devoted to sb ▸ **tener ~ por algo** to have a passion for sth

devocionario nm REL prayer book

devolución nf [de objeto] return / [de dinero] refund ▸ FIN **~ fiscal** tax rebate *o* refund

devolver [41] ■ vt **1.** [retornar] [lo entregado o prestado] to give back (**a** to) / [lo alquilado] to take back, to return (**a** to) / [producto defectuoso, carta] to return (**a** to) / [cambio] to give ▸ **si no queda satisfecho, le devolvemos el dinero** if you're not satisfied, we'll refund you *o* give you back the money ▸ **si ya lo tiene, ¿lo puedo ~?** [en tienda] if he already has it, can I bring it back? **2.** [restablecer] **el triunfo devolvió la confianza al equipo** the victory gave the team back its confidence **3.** [corresponder] [favor, visita] to return ▸ **nunca me devuelves las llamadas** you never call me back **4.** [pelota] to pass back **5.** [vomitar] to bring *o* throw up
■ vi to throw up ▸ **tener ganas de ~** to feel like throwing up
◆ ***devolverse*** vpr *AM salvo RP* to come back

devorar vt *también Fig* to devour ▸ **lo devoraban los celos** he was consumed by jealousy

devoto, -a ■ adj **1.** [piadoso] devout ▸ **ser ~ de** to have a devotion for **2.** [admirador] devoted (**de** to) **3.** [imagen, templo, lugar] devotional
■ nm,f **1.** [beato] **los devotos** the faithful **2.** [admirador] devotee

devuelta nf *CARIB, COL* change

devuelto, -a ■ participio *ver* ***devolver***
■ nm *Fam* [vómito] sick

devuelvo *etc ver* ***devolver***

dextrosa nf QUÍM dextrose

deyección nf GEOL [de una montaña] debris *(singular)* / [de un volcán] ejecta *(plural)* ▸ MED **deyecciones** stools, faeces

DF nm (abrev de ***Distrito Federal***) [en México] Mexico City / [en Venezuela] Caracas

dg (abrev de ***decigramo***) dg

DGI nf *RP* (abrev de ***Dirección General Impositiva***) *BR* ≃ Inland Revenue, *US* ≃ IRS

di **1.** *ver* ***dar*** **2.** *ver* ***decir***

día nm **1.** [periodo de tiempo] day ▸ **el referéndum se celebrará el ~ 25 de abril** the referendum will take place on 25 April ▸ **me voy el ~ ocho** I'm going on the eighth ▸ **¿a qué ~ estamos?** what day is it today? ▸ **¿qué tal ~ hace?** what's the weather like today? ▸ **todos los días** every day ▸ **al ~ siguiente** (on) the following day ▸ **el ~ que se entere nos mata** when he finds out, he'll kill us ▸ **de ~ en ~** from day to day, day by day ▸ **del ~** fresh ▸ **en su ~** in due course ▸ **hoy (en) ~** nowadays ▸ **todo el (santo) ~** all day long ▸ **el ~ de mañana** in the future ▸ **~ de los enamorados** (St) Valentine's Day ▸ **~ del espectador** = *day when some cinemas sell tickets at a discount* ▸ **~ festivo** (public) holiday ▸ **~ hábil** working day ▸ **el Día del Juicio Final** Judgement Day ▸ *Fam* **hasta el ~ del juicio** until doomsday ▸ **~ laborable** working day ▸ **~ lectivo** school *o* teaching day ▸ **~ libre** day off ▸ **~ de Navidad** Christmas Day ▸ *AM* **~ patrio** national holiday *(commemorating important historical event)* **2.** [luz diurna] daytime, day ▸ **es de ~** it's daytime ▸ **hacer algo de ~** to do sth in the daytime *o* during the day ▸ **~ y noche** day and night ▸ **en pleno ~, a plena luz del ~** in broad daylight **3.** [expresiones] **¡buenos días!,** *AM* **¡buen ~!** good morning! ▸ **mañana será otro ~** tomorrow is another day ▸ **no pasar los días para alguien** not to look one's age ▸ **tener un buen/mal ~** to have a good/bad day ▸ **un ~ es un ~** this is a special occasion ▸ **el ~ menos pensado...** when you least expect it ... ▸ **un ~ de estos** sometime soon ▸ **un ~ sí y otro no** every other day ▸ *Fam* **un ~ sí y otro también** every blessed day ▸ **estar/ponerse al ~ (de)** to be/get up to date (with) ▸ **poner algo/a alguien al ~** to update sth/sb ▸ **vivir al ~** to live from hand to mouth ▸ **terminó sus días en la pobreza** he ended his days in poverty ▸ **en aquellos días** in those days

diabetes nf inv MED diabetes *(singular)*

diabético, -a adj & nm,f MED diabetic

diablillo nm *Fam Fig* little devil

diablo nm devil ▸ **pobre ~** poor devil ▸ **tener el ~ en el cuerpo, ser la piel del ~** to be a little devil ▸ **mandar al ~ a alguien** to send sb packing ▸ **más sabe el ~ por viejo que por ~** experience is what really counts ▸ *Fam* **¿dónde/cómo diablos...?** where/how the hell...? ▸ **¡diablos!** damn it!

diablura nf prank

diabólico, -a adj **1.** [del diablo] diabolic **2.** [muy malo, difícil] diabolical

diábolo nm diabolo

diácono nm REL deacon

diacrítico, -a adj [signo] diacritical

diacronía nf diachrony

diacrónico, -a adj diachronic

diadema nf [joya] tiara / [para el pelo] hairband

diáfano, -a adj **1.** [casi transparente] [cristal] (almost) transparent / [tela] diaphanous **2.** [claro] [luz, cielo, ojos] clear / [agua, explicación] crystal-clear **3.** *ESP* [oficina] open-plan

diafragma nm diaphragm

diagnosis nf inv diagnosis

diagnosticar [59] vt to diagnose ▸ **le diagnosticaron cáncer** he was diagnosed as having cancer

diagnóstico nm diagnosis

diagonal adj & nf diagonal ▸ **en ~** diagonally

diagrama nm diagram ▸ **~ de barras** bar chart ▸ **~ de flujo** flow diagram *o* chart

dial nm dial

dialectal adj **variante/expresión ~** dialect variant/ expression

dialéctica nf dialectics *(singular)*

dialéctico, -a adj dialectic(al)

dialecto nm dialect

dialectología nf dialectology

diálisis nf inv MED dialysis

dialogante adj **ser una persona ~** to be open to dialogue

dialogar [38] vi [hablar] to have a conversation (**con** with), to talk (**con** to) / [negociar] to hold a dialogue *o* talks (**con** with)

diálogo nm [conversación] conversation / LIT & POL dialogue ▸ *Fam* **~ de besugos** half-witted conversation ▸ **fue un ~ de sordos** nobody listened to anyone else ▸ **los diálogos** [en película, serie] the dialogue

diamante nm [gema] diamond ▸ **diamantes** [en naipes] diamonds ▸ **~ en bruto** uncut diamond ▸ *Fig* **ser un ~ en bruto** to have a lot of potential

diametralmente adv diametrically ▸ **~ opuesto a** diametrically opposed to

diámetro nm diameter

diana nf **1.** [de dardos] dartboard ▸ **hacer ~** to hit the bull's-eye ▸ **¡~!** bullseye! **2.** [toque de corneta] reveille ▸ **tocar ~** to sound the reveille

diantre interj **¡~!** dash it!

diapasón nm MÚS tuning fork

diapositiva nf slide, transparency

diariamente adv daily, every day

diariero, -a nm,f *ANDES, RP* newspaper seller

diario, -a ■ adj daily ▸ **a ~** every day ▸ **ropa de ~** everyday clothes

■ nm **1.** [periódico] daily (paper), newspaper ▸ **~ hablado** radio news (bulletin) **2.** [relación día a día] diary ▸ **~ íntimo** (personal) diary ▸ **~ de navegación** logbook ▸ **~ de sesiones** parliamentary report

diarrea nf MED diarrhoea ▸ *Fam* **tener una ~ mental** not to be thinking straight

diáspora nf diaspora

diástole nf diastole, dilation of the heart

diatriba nf diatribe

dibujante nmf [artista] drawer, sketcher / [de dibujos animados, tebeos] cartoonist / [de dibujo técnico] draughtsman, *f* draughtswoman

dibujar vt & vi to draw, to sketch

◆ ***dibujarse*** vpr **1.** [mostrarse, verse] to be outlined ▸ **la montaña se dibujaba en el horizonte** the mountain was outlined on the horizon **2.** [revelarse] **Fuster se está dibujando como un futuro campeón** Fuster is beginning to look like a future champion

dibujo nm **1.** [técnica, obra] drawing ▸ **~ a lápiz/al carboncillo** pencil/charcoal drawing ▸ **~ anatómico** anatomical drawing ▸ *Educ* **~ lineal** = *drawing of geometrical figures* ▸ **~ técnico** technical drawing ▸ **dibujos animados** cartoons **2.** [en tela, prenda] pattern

dicción nf diction

diccionario nm dictionary ▸ **~ de sinónimos** thesaurus

dice *ver* ***decir***

dicha nf [felicidad] joy

dicharachero, -a adj *Fam* talkative

dicho, -a ■ participio *ver* ***decir***

■ adj said, aforementioned ▸ **dichos individuos...** the said *o* aforesaid individuals... ▸ **lo ~ no significa que...** having said this, it does not mean (that)... ▸ **¡lo ~!** that's settled then! ▸ **o mejor ~** or rather ▸ **~ y hecho** no sooner said than done

■ nm saying ▸ **del ~ al hecho hay un gran** *o* **mucho trecho** it's easier said than done

dichoso, -a adj **1.** [feliz] happy **2.** *Fam* [para enfatizar] blessed, confounded ▸ **¡siempre está con la dichosa tele puesta!** he always has that blasted TV on! ▸ **no vamos a resolver nunca este ~ asunto** we'll never get to the bottom of this blessed business

diciembre nm December / *ver también* ***septiembre***

dicotomía nf dichotomy

dictado nm dictation ▸ **escribir al ~** to take dictation ▸ **obedecer al ~ de** to follow the dictates of ▸ **dictados** [órdenes] dictates

dictador, -ora nm,f dictator

dictadura nf POL dictatorship ▸ **~ del proletariado** dictatorship of the proletariat

dictáfono nm Dictaphone

dictamen nm [opinión] opinion, judgement / [informe] report

dictaminar vt **los expertos dictaminaron que no había peligro** the experts stated that there was no danger ▸ **todavía no se han dictaminado las causas de la enfermedad** the cause of the illness has still not been found *o* determined

dictar vt **1.** [texto] to dictate / *AM* [clase] to teach, to give **2.** [emitir] [sentencia, fallo] to pronounce, to pass / [ley] to enact / [decreto] to issue

dictatorial adj dictatorial

didáctica nf didactics *(singular)*

didáctico, -a adj didactic

diecinueve núm nineteen / *ver también* ***seis***

diecinueveavo, -a núm [fracción] nineteenth ▸ **la diecinueveava parte** a nineteenth

dieciocho núm eighteen / *ver también* ***seis***

dieciochoavo, -a núm [fracción] eighteenth ▸ **la dieciochoava parte** an eighteenth

dieciséis núm sixteen / *ver también* ***seis***

dieciseisavo, -a núm [fracción] sixteenth ▸ **la dieciseisava parte** a sixteenth

diecisiete núm seventeen / *ver también* ***seis***

diecisieteavo, -a núm [fracción] seventeenth ▸ **la diecisieteava parte** a seventeenth

diente nm tooth ▸ **se le ha caído un ~** he has lost a tooth ▸ **le está saliendo un ~** he's got a tooth coming through ▸ **armado hasta los dientes** armed to the teeth ▸ **enseñar los dientes** to bare one's teeth ▸ **hablar entre dientes** to mumble, to mutter ▸ **hincar el ~ a algo** to sink one's teeth into sth / *Fig* to get one's teeth into sth ▸ **ponerle a alguien los dientes largos** to turn sb green with envy ▸ **me hace rechinar los dientes** it sets my teeth on edge ▸ **~ de ajo** clove of garlic ▸ **~ canino** canine tooth ▸ **~ incisivo** incisor ▸ **~ de leche** milk tooth ▸ **~ de león** [planta] dandelion

diera *ver* ***dar***

diéresis nf inv diaeresis

dieron *ver* ***dar***

diesel, diésel adj diesel

diestra nf right hand ▸ **a la ~** on the right *o* right-hand side

diestro, -a ■ adj **1.** [mano derecha] right / [persona] right-handed ▸ *ESP* **a ~ y siniestro** left, right and centre, all over the place **2.** [hábil] skilful (**en** at)
■ nm TAUROM matador

dieta nf **1.** [régimen, alimentación] diet ▸ **estar a ~** to be on a diet ▸ **poner alguien a ~** to put sb on a diet ▸ **~ equilibrada** balanced diet ▸ **~ macrobiótica** macrobiotic diet **2.** COM **dietas** [dinero] expense *o* subsistence allowance ▸ **~ de kilometraje** ≃ *mileage allowance*

dietario nm housekeeping book

dietética nf dietetics *(singular)*

dietético, -a adj dietetic, dietary

dietista nmf *AM* dietician

diez ■ núm ten ▸ *Fam* **una chica ~** a stunning woman, a ten ▸ **los Diez Mandamientos** the ten Commandments / *ver también* ***seis***
■ nm [nota] A, top marks

diezmar vt to decimate

diezmo nm HIST tithe

difamación nf [verbal] slander / [escrita] libel

difamador, -ora ■ adj [de palabra] defamatory, slanderous / [por escrito] libellous
■ nm,f [de palabra] slanderer / [por escrito] libeller

difamar vt [verbalmente] to slander / [por escrito] to libel

difamatorio, -a adj [declaraciones, críticas] defamatory / [texto, carta, escrito] libellous

diferencia nf **1.** [disimilitud] difference ▸ **el problema de esa pareja es la ~ de edad** that couple's problem is the difference in their ages ▸ **a ~ de** unlike ▸ **establecer** *o* **hacer una ~ entre** to make a distinction between ▸ **el mejor/peor con ~** by far the best/worst **2.** [desacuerdo] difference ▸ **tuvieron sus diferencias** they had their differences ▸ **limar diferencias** to settle one's differences **3.** [en suma, resta] difference ▸ **tendremos que pagar la ~** we'll have to pay the difference ▸ **~ horaria** time difference ▸ **~ salarial** wage differential

diferencial ■ adj distinguishing
■ nm TEC differential
■ nf MAT differential

diferenciar ■ vt to distinguish (**de** from)
■ vi to distinguish, to differentiate
◆ ***diferenciarse*** vpr **1.** [diferir] to differ, to be different (**de/en** from/in) **2.** [descollar] **diferenciarse de** to stand out from

diferendo nm *ANDES, RP* dispute

diferente ■ adj different (**de** *o* **a** from *o* to) ▸ **una casa ~ de** *o* **a la mía** a house different from mine ▸ **yo soy muy ~ de** *o* **a él** I'm very different from him ▸ **por diferentes razones** for a variety of reasons, for various reasons
■ adv differently ▸ **se comportan muy ~ el uno del otro** they behave very differently (from one another)

diferido nm TV **en ~** recorded

diferir [62] ■ vt [posponer] to postpone, to put off
■ vi [diferenciarse] to differ, to be different ▸ **~ de alguien en algo** to differ from sb in sth

difícil adj **1.** [complicado] difficult ▸ **va a ser ~ encontrar un sitio abierto a estas horas** it's going to be difficult *o* hard to find anywhere that's open at this time ▸ **~ de hacer** difficult to do ▸ **se me hace ~ acostumbrarme a madrugar** I can't get used to getting up early ▸ **no me lo pongas ~** don't make things difficult *o* hard for me ▸ **tiene muy ~ encontrar trabajo** it's very difficult *o* hard for him to find work **2.** [improbable] unlikely ▸ **es ~ que ganen** they are unlikely to win **3.** [rebelde] difficult, awkward ▸ **es un niño muy ~** he's a very awkward *o* difficult child ▸ **tener un carácter ~** to be an awkward person, to be difficult to get on with

dificultad nf **1.** [calidad de difícil] difficulty ▸ **el grado de ~ de los exámenes** the degree of difficulty of the exams **2.** [obstáculo] problem ▸ **la ~ está en hacerlo sin mojarse los pies** the difficult thing is to do it without getting your feet wet ▸ **encontrar dificultades** to run into trouble *o* problems ▸ **pasar por dificultades** to suffer hardship

dificultar vt [estorbar] to hinder / [obstruir] to obstruct

dificultoso, -a adj hard, fraught with difficulties

difiero *etc ver* ***diferir***

difiriera *etc ver* ***diferir***

difteria nf MED diphtheria

difuminado, -a adj **1.** ARTE stumped **2.** FOT soft-focus ▸ **en ~** in soft focus **3.** [poco claro] blurred

difuminar vt to blur

difumino nm ARTE stump, = *roll of paper used for blurring chalk or charcoal drawings*

difundir vt [noticia, doctrina, epidemia] to spread / [luz, calor] to diffuse / [emisión radiofónica] to broadcast
◆ ***difundirse*** vpr [noticia, doctrina, epidemia] to spread / [luz, calor] to be diffused

difunto, -a ■ adj deceased, dead ▸ **el ~ Sr. Pérez** the late Mr Pérez
■ nm,f **el ~** the deceased

difusión nf [de cultura, noticia, doctrina] dissemination / [de luz, calor, ondas] diffusion / [de programa] broadcasting

difuso, -a adj [luz] diffuse / [estilo, explicación] wordy

difusor, -ora ■ adj [medio, agencia] broadcasting
■ nm,f propagator

diga *ver* ***decir***

digerir [62] vt [comida] to digest / [noticia, hechos] to assimilate, to take in

digestión nf digestion

digestivo, -a ■ adj digestive
■ nm digestive (drink)

digiero *etc ver* ***digerir***

digiriera *etc ver* ***digerir***

digitador, -ora nm,f *AM* keyboarder

digital ■ adj **1.** [del dedo] **huellas digitales** fingerprints **2.** INFORM & TEC digital
■ nf [planta] foxglove

digitalización nf INFORM digitizing

digitalizador nm INFORM digitizer

digitalizar [14] vt INFORM to digitize

digitar vt *AM* to key, to type

dígito nm MAT digit

dignamente adv with dignity, in a dignified manner

dignarse vpr ~ **(a)** to deign to ◗ **no se dignó (a) contestarme** he didn't deign to reply

dignatario, -a nm,f dignitary

dignidad nf **1.** [cualidad] dignity **2.** [cargo] office **3.** [personalidad] dignitary

dignificar [59] vt to dignify

digno, -a adj **1.** [honroso] [actitud, respuesta] dignified / [persona] honourable, noble **2.** [decente] [sueldo, actuación] decent, good **3.** [merecedor] **~ de** worthy of ◗ **~ de confianza** trustworthy ◗ **~ de elogio** praiseworthy ◗ **no me siento ~ de tantos elogios** I don't feel I deserve so much praise ◗ **no eres ~ de ella** you're not good enough for her ◗ **~ de mención/de ver** worth mentioning/seeing **4.** [adecuado] worthy ◗ **un ~ sucesor del ex campeón** a worthy successor to the former champion ◗ **lo recibieron con honores dignos de un rey** they gave him a welcome fit for a king

digo *ver* ***decir***

digresión nf digression

dije adj *CHILE* nice, pleasant

dijera *etc ver* ***decir***

dilación nf delay ◗ **sin ~** without delay, at once

dilapidar vt to squander, to waste

dilatación nf [de sólido, gas] expansion / [de pupila, cuello del útero] dilation

dilatado, -a adj **1.** [pupila, cuello del útero] dilated **2.** [experiencia] extensive ◗ **una dilatada trayectoria radiofónica** many years' experience in radio

dilatar vt **1.** [sólido, gas] to expand / [pupila, cuello del útero] to dilate ◗ **el calor dilata los cuerpos** heat causes bodies to expand **2.** [prolongar] to prolong **3.** [demorar] to delay
◆ ***dilatarse*** vpr **1.** [extenderse] to expand / [pupila, cuello de útero] to dilate ◗ **los cuerpos se dilatan con el calor** bodies expand when heated **2.** [prolongarse] to be prolonged, to go on ◗ **la reunión se dilató hasta el amanecer** the meeting went on until dawn **3.** [demorarse] to be delayed

dilatorio, -a adj DER dilatory, delaying

dilema nm dilemma

diletante adj & nmf dilettante

diligencia nf **1.** [prontitud] speed ◗ **actuar con ~** to act speedily **2.** [trámite, gestión] **diligencias** formalities, official paperwork **3.** [vehículo] stagecoach **4.** DER **diligencias** proceedings ◗ **instruir diligencias** to start proceedings

diligente adj [persona] efficient, swift / [respuesta] prompt

dilucidar vt to elucidate

diluido, -a adj diluted

diluir [34] vt to dilute
◆ ***diluirse*** vpr to dissolve

diluviar v impersonal to pour with rain

diluvio nm *también Fig* flood ◗ **el Diluvio Universal** the Flood

diluyera *etc ver* ***diluir***

diluyo *etc ver* ***diluir***

dimanar vi **~ de** [alegría] to emanate from / [medidas, consecuencias] to arise from

dimensión nf **1.** [en el espacio] dimension ◗ **una película en tres dimensiones** a 3-D film **2.** [tamaño] dimension ◗ **una habitación de grandes dimensiones** a large room ◗ **una caja de pequeñas dimensiones** a small box **3.** [magnitud] scale ◗ **las dimensiones de la tragedia** the extent *o* scale of the tragedy ◗ **la ~ del problema es tal que...** the scale of the problem is such that...

diminutivo nm diminutive

diminuto, -a adj tiny, minute

dimisión nf resignation ◗ **presentar la ~** to hand in one's resignation

dimisionario, -a ■ adj resigning
■ nm,f person resigning

dimitir vi to resign (**de** from)

dimos *ver* ***dar***

Dinamarca n Denmark

dinámica nf [gen] & FÍS dynamics *(singular)* ◗ **entramos en una ~ de desarrollo económico** we are beginning a process of economic development ◗ **~ de grupo** group dynamics

dinámico, -a adj dynamic

dinamismo nm dynamism

dinamita nf dynamite ◗ *Fig* **ese cóctel/jugador es pura ~** that cocktail/player is dynamite

dinamitar vt to dynamite

dinamizar [14] vt to speed up

dinamo, dínamo nf *ESP* dynamo

dinar nm dinar

dinastía nf dynasty

dinástico, -a adj dynastic

dineral nm *Fam* fortune

dinero nm money ▸ **¿pagará con ~ o con tarjeta?** will you be paying in cash or by credit card? ▸ **andar bien/mal de ~** to be well off for/short of money ▸ **una familia de ~** a family of means ▸ ECON **~ circulante** money in circulation ▸ **~ contante (y sonante)** hard cash ▸ **~ de curso legal** legal tender ▸ **~ en efectivo** cash ▸ **~ electrónico** e-cash ▸ **~ fácil** easy money ▸ **~ falso** counterfeit money ▸ **~ en metálico** cash ▸ **~ negro** undeclared income/payment ▸ **~ sucio** dirty money ▸ **~ suelto** loose change

dinosaurio nm dinosaur

dintel nm ARQUIT lintel

diñar vt *ESP Fam* **diñarla** to snuff it

dio *ver* ***dar***

diocesano, -a adj diocesan

diócesis nf inv diocese

diodo nm ELEC diode

dioptría nf dioptre

dios, -osa ■ nm,f god, *f* goddess

■ nm **1.** [ser sobrenatural] God ▸ **el Dios de los cristianos** the Christian God ▸ **a la buena de Dios** any old how ▸ *Fam* **se armó la de Dios es Cristo** all hell broke loose ▸ **como Dios le da a entender** as best one can ▸ **dejado de la mano de Dios** godforsaken ▸ *Fam* **hacer algo como Dios manda** to do sth properly ▸ *Fam* **tu vecina está como Dios** your neighbour's gorgeous ▸ **necesitar Dios y ayuda** to have one's work cut out ▸ **sin encomendarse a Dios ni al diablo** throwing caution to the winds ▸ *Prov* **Dios los cría y ellos se juntan** birds of a feather flock together **2.** [en exclamaciones, invocaciones] **¡Dios mío!** good God!, (oh) my God! ▸ **Dios sabe, sabe Dios** God (alone) knows ▸ **Dios dirá** it's in the lap of the gods ▸ **Dios mediante, si Dios quiere** God willing ▸ **¡Dios lo quiera!** let's hope so ▸ **¡Dios Santo, ¡Santo Dios!, ¿qué vamos a hacer ahora?** oh my God, what are we going to do now? ▸ **¡Dios te oiga!** let's hope so! ▸ **¡gracias a Dios!** thank heavens! ▸ **¡por Dios!** for God's sake! ▸ **que Dios te lo pague** God bless you! ▸ **¡vaya por Dios!** for Heaven's sake!, honestly!

dióxido nm QUÍM dioxide ▸ **~ de azufre** sulphur dioxide ▸ **~ de carbono** carbon dioxide

dioxina nf QUÍM dioxin

diplodocus nm inv, ***diplodoco*** nm diplodocus

diploma nm diploma

diplomacia nf **1.** [tacto] diplomacy **2.** [carrera] diplomatic service

diplomado, -a ■ adj qualified

■ nm,f holder of a diploma

diplomar vt to grant a diploma to

◆ ***diplomarse*** vpr to graduate, to get a diploma ▸ **se diplomó en Enfermería** he got a diploma in nursing, he qualified as a nurse

diplomático, -a ■ adj *también Fig* diplomatic

■ nm,f diplomat ▸ **~ de carrera** career diplomat

diplomatura nf EDUC ≃ diploma, = *qualification obtained after three years of university study*

dipsomanía nf dipsomania

díptico nm ARTE diptych

diptongo nm diphthong

diputación nf **1.** [comisión] committee ▸ **~ permanente** standing committee **2.** *ESP* [de comunidad autónoma] = *government and administrative body in certain autonomous regions* ▸ **~ provincial** *BR* ≃ county council, = *governing body of each province*

CULTURA / CULTURE

diputación

In Spain, there is an administrative body in most provinces called the **diputación.** It is part of the local government structure and nowadays has limited powers mostly confined to co-ordinating services provided by local councils and representing the interests of the province. The members and president of the **diputación** are elected by the members of the autonomous parliaments.

diputado, -a nm,f *BR* ≃ Member of Parliament, MP, *US* ≃ representative ▸ **~ por Cádiz** *BR* ≃ MP for Cadiz, *US* ≃ representative for Cadiz

dique nm **1.** [en río] dyke ▸ **~ de contención** dam **2.** [en puerto] dock ▸ **~ seco** dry dock

dirá *ver* ***decir***

dirección nf **1.** [sentido, rumbo] direction ▸ **calle de ~ única** one-way street ▸ **en ~ a** towards, in the direction of ▸ **los trenes con** *o* **en ~ a Málaga** trains to Malaga ▸ **en ~ contraria** in the opposite direction ▸ **se fue en ~ sur** he went south ▸ **~ prohibida** [en letrero] no entry **2.** [domicilio] address ▸ INFORM **~ de correo electrónico** e-mail address ▸ **~ electrónica** [de correo] e-mail address / [de página] web page address ▸ **~ web** web address **3.** [mando] [de empresa, hospital] management / [de partido] leadership / [de colegio] headship / [de periódico] editorship / [de una película] direction / [de una obra de teatro] production / [de una orquesta] conducting ▸ **estudia ~ de cine** he's studying film directing **4.** [junta directiva] management ▸ **~ comercial** commercial department ▸ **~ general** head office ▸ **Dirección General de Tráfico** = *government department in charge of road transport* **5.** [de un vehículo] steering ▸ *ESP* **~ asistida** power steering

direccional ■ adj directional

■ nm o nf *COL, ECUAD, MÉX* [en vehículo] *BR* indicator, *US* turn signal

direccionamiento nm INFORM addressing

direccionar vt INFORM to address

directa nf AUT top gear ▸ **poner** *o* **meter la ~** to go into top gear / *Fig* to really get a move on

directiva nf **1.** [junta] board (of directors) **2.** [ley de la UE] directive

directivo, -a ■ adj managerial

■ nm,f [jefe] manager

directo, -a ■ adj **1.** [en línea recta] direct **2.** [sin detención] direct ▸ **no hay tren ~ de Barcelona a Roma** there isn't a direct train from Barcelona to Rome **3.** [persona, pregunta] direct ▸ **su lenguaje era ~, sin rodeos** her words were direct, she didn't beat about the bush

■ nm **en ~** [retransmisión, concierto] live
■ adv straight ▸ **~ a** straight to

director, -ora nm,f **1.** [de empresa] director / [de hotel, banco] manager / [de periódico] editor / [de colegio] *BR* headmaster, *f* headmistress, *US* principal ▸ **~ adjunto** associate *o* deputy director ▸ **~ comercial** marketing manager ▸ **~ ejecutivo** executive director ▸ **~ espiritual** father confessor ▸ **~ general** *BR* managing director, *US* chief executive officer ▸ **~ gerente** chief executive ▸ **~ de marketing** marketing manager ▸ **~ de personal** personnel manager ▸ **~ técnico** [en fútbol] director of football ▸ **~ de tesis** supervisor **2.** [de obra artística] **~ artístico** artistic director ▸ **~ de cine** movie *o* *BR* film director ▸ **~ de escena** producer, stage manager ▸ **~ de fotografía** director of photography ▸ **~ de orquesta** conductor

directorio nm [gen] & INFORM directory / INFORM **~ raíz** root directory

directriz nf **1.** MAT directrix **2. directrices** [normas] guidelines

dirham (pl **dirhams**) nm dirham

diría *ver **decir***

dirigencia nf *AM* leadership

dirigente ■ adj [en partido] leading / [en empresa] management ▸ **la clase ~** the ruling class
■ nmf [de partido político] leader / [de empresa] manager ▸ **el máximo ~ del partido** the leader of the party

dirigible nm airship

dirigir [24] vt **1.** [conducir] [coche, barco] to steer / [avión] to pilot **2.** [llevar] [empresa, hotel, hospital] to manage / [colegio, periódico] to run / [partido, revuelta] to lead / [expedición] to head, to lead / [tesis] to supervise ▸ **dirige mi tesis, me dirige la tesis** he's supervising my thesis, he's my PhD supervisor **3.** [película, obra de teatro] to direct / [orquesta] to conduct **4.** [apuntar] **dirigió la mirada hacia la puerta** he looked towards the door ▸ **dirige el telescopio al norte** point the telescope towards the north **5.** [dedicar, encaminar] **nos dirigían miradas de lástima** they were giving us pitying looks, they were looking at us pityingly ▸ **~ unas palabras a alguien** to speak to sb, to address sb ▸ **dirigió sus pasos hacia la casa** he headed towards the house ▸ **no me dirigen la palabra** they don't speak to me ▸ **un programa dirigido a los amantes de la música clásica** a programme (intended) for lovers of classical music ▸ **consejos dirigidos a los jóvenes** advice aimed at the young **6.** [carta, paquete] to address **7.** [guiar] [persona] to guide
◆ ***dirigirse*** vpr **1.** [encaminarse] **dirigirse a** *o* **hacia** to head for ▸ **¿hacia dónde te diriges?** where are you heading for? **2.** [hablar] **dirigirse a** to address, to speak to **3.** [escribir] **dirigirse a** to write to ▸ **se dirigió a varias empresas por escrito para pedir ayuda financiera** he wrote to several firms asking for financial assistance ▸ **me dirijo a usted para solicitarle...** I'm writing to you to request... ▸ **diríjase al apartado de correos 42** write to P.O. Box 42

dirigismo nm state control

dirijo *ver **dirigir***

dirimir vt **1.** [resolver] to resolve **2.** [disolver] to annul, to dissolve

discapacidad nf disability, handicap ▸ **las personas con discapacidades físicas** people with physical disabilities, the physically handicapped

discapacitado, -a ■ adj disabled, handicapped
■ nm,f disabled person, handicapped person ▸ **~ físico** physically handicapped *o* disabled person

discar [59] vt *ANDES, RP* to dial

discernimiento nm discernment

discernir [25] vt to discern, to distinguish ▸ **~ algo de algo** to distinguish sth from sth

disciplina nf discipline ▸ **guardar** *o* **mantener la ~** to maintain discipline ▸ **tiene mucha ~** he's very (self-)disciplined ▸ POL **~ de voto** party discipline *(in voting)*

disciplinado, -a adj disciplined

disciplinar vt to discipline

disciplinario, -a adj disciplinary

discípulo, -a nm,f disciple

disc-jockey [dis'jokei] nmf disc jockey

disco ■ nm **1.** ANAT, ASTRON & GEOM disc ▸ **~ solar** the sun **2.** [de música] record ▸ *Fam Fig* **ser como un ~ rayado** to go on like a cracked record ▸ **~ compacto** compact disc ▸ **~ de éxito** hit (record) ▸ **~ de larga duración** LP, long-playing record **3.** [semáforo] (traffic) light **4.** DEP discus **5.** INFORM disk ▸ **~ de arranque/del sistema** startup/system disk ▸ **~ duro/flexible** hard/ floppy disk ▸ **~ magnético** magnetic disk ▸ **~ óptico** optical disk ▸ **~ removible/rígido** removable/hard disk ▸ **~ virtual** virtual disk **6.** [del teléfono] dial
■ nf *Fam* [discoteca] disco

discóbolo nm discus thrower

discografía nf records previously released *(by an artist or group)*

discográfica nf *ESP* record company

discográfico, -a adj record ▸ **casa discográfica** record company ▸ **la industria discográfica** the recording *o* music industry

díscolo, -a adj disobedient, rebellious

disconforme adj in disagreement ▸ **estar ~ con** to disagree with

disconformidad nf disagreement

discontinuidad nf lack of continuity ▸ **una ~ en el crecimiento** a change in the rate of growth

discontinuo, -a adj [intermitente] intermittent ▸ **línea discontinua** broken *o* dotted line

discordancia nf [de sonidos] discord / [de colores] clash / [de opiniones] clash, conflict ▸ **una ~ entre los planes y el resultado final** a discrepancy between the plans and the final result

discordante adj [sonidos] discordant / [colores] clashing / [opiniones] conflicting

discordar [63] vi **1.** [desentonar] [colores, opiniones] to clash / [instrumentos] to be out of tune **2.** [discrepar] **~ de alguien (en)** to disagree with sb (on *o* about)

discorde adj [colores, opiniones] clashing / MÚS discordant

discordia nf discord

discoteca nf **1.** [local] disco, discotheque **2.** [colección] record collection

discotequero, -a ■ adj disco ▸ **música discotequera** disco music
■ nm,f nightclubber

discreción nf **1.** [reserva] discretion ▸ **tuvo la ~ de no mencionarlo** he had the tact not to mention it **2.** [voluntad] **a ~** as much as one wants, freely ▸ **lo dejo a tu ~** I leave it to your discretion ▸ **fuego a ~** fire at will

discrecional adj [cantidad] according to taste / [poderes] discretionary ▸ **parada ~** [en autobús] request stop

discrepancia nf [diferencia] difference, discrepancy / [desacuerdo] disagreement

discrepar vi [diferenciarse] to differ (**de** from) / [disentir] to disagree (**de** with)

discreto, -a adj **1.** [prudente, reservado] discreet **2.** [cantidad] moderate, modest **3.** [no extravagante] modest ▸ **ropa discreta** inconspicuous clothes **4.** [normal] [actuación] fair, reasonable

discriminación nf discrimination ▸ **~ positiva** *BR* positive discrimination, *US* affirmative action ▸ **~ racial** racial discrimination ▸ **~ sexual** sexual discrimination

discriminador, ora ■ adj [situación, ley] discriminatory
■ nm ELEC discriminator

discriminar vt **1.** [distinguir] **~ algo de** to discriminate *o* distinguish sth from **2.** [marginar] to discriminate against

discriminatorio, -a adj discriminatory

disculpa nf [pretexto] excuse / [excusa, perdón] apology ▸ **dar disculpas** to make excuses ▸ **pedir disculpas a alguien (por)** to apologize to sb (for)

disculpar ■ vt to excuse ▸ **disculpen la tardanza** I'm sorry for being late ▸ **~ a alguien (de *o* por algo)** to forgive sb (for sth) ▸ **discúlpame por haber olvidado tu cumpleaños** please forgive me for forgetting your birthday
■ vi [perdonar] **disculpa, no era mi intención ofenderte** I'm sorry, I didn't mean to offend you
◆ ***disculparse*** vpr to apologize (**de** *o* **por** for) ▸ **después de su mala actuación, se disculpó con el público** after his bad performance he apologized to the audience

discurrir ■ vi **1.** [pasar] [personas] to wander, to walk / [tiempo, vida, sesión] to go by, to pass / [río, tráfico] to flow **2.** [pensar] to think, to reflect
■ vt to come up with

discurso nm **1.** [exposición oral] speech ▸ **dar** *o* **pronunciar un ~ (sobre)** to give *o* deliver a speech (on) ▸ **~ de agradecimiento** speech of thanks ▸ **~ de clausura** closing speech **2.** *Pey* [sermón] lecture ▸ **me soltó uno de sus discursos** she gave me one of her lectures **3.** [ideario] discourse, ideology **4.** [transcurso] **el ~ del tiempo** the passage of time ▸ **con el ~ de los años** with the passing years **5.** LING discourse

discusión nf [pelea] argument / [conversación] discussion ▸ **eso no admite ~** there's no denying it

discutible adj debatable

discutidor, -a ■ adj argumentative
■ nm,f argumentative person

discutir ■ vi **1.** [pelear] to argue (**de** *o* **sobre** about) ▸ **ha discutido con su hermano** she's had an argument with her brother ▸ **discuten por cualquier tontería** they argue about the least little thing **2.** [hablar] to discuss ▸ **~ de *o* sobre algo** to discuss sth, to talk about sth
■ vt **1.** [contradecir] to dispute ▸ **no te discuto que tengas razón** I don't dispute that you're right **2.** [hablar] to discuss ▸ **eso es mejor que lo discutas con tu padre** you'd be better discussing that with your father

disecado, -a adj [animal] stuffed / [planta] dried

disecar [59] vt **1.** [animal] to stuff / [planta] to dry **2.** MED [cadáver] to dissect

disección nf MED [de cadáver] dissection

diseccionar vt **1.** [cadáver, animal] to dissect **2.** *Fig* [analizar] to dissect, to analyse in detail

diseminación nf [de semillas, ideas, culturas] spreading, dissemination

diseminar vt [semillas] to scatter / [ideas, culturas] to spread, to disseminate

CÓMO EXPRESAR...

las disculpas

Disculparse

Sorry! / ¡Perdón!

I'm very sorry. / Lo siento mucho.

Pardon me! *o* Excuse me! *(después de estornudar, por ejemplo)* / ¡Perdón!

I'm sorry I forgot to phone you. / Siento haberme olvidado de llamarte.

I'm sorry about the confusion. / Siento mucho la confusión.

I'm really sorry, but I can't come on Saturday. / Lo siento mucho, pero no puedo venir el sábado.

I do apologize for my late arrival. / Quería disculparme por el retraso.

We apologize for the mistake on your invoice. / Nos disculpamos por el error en su factura.

Please accept our apologies for the double booking. / Rogamos acepte nuestras disculpas por la doble reserva.

Responder a una disculpa

That's OK. / Está bien.

Don't worry about it. / No te preocupes.

It doesn't matter. / No importa.

Let's say no more about it. / Vamos a olvidarlo.

There's no need to apologize. / No tienes por qué disculparte.

disensión nf disagreement, dissension

disentería nf dysentery

disentir [62] vi to disagree (**de/en** with/on)

diseñador, -ora nm,f designer ▸ **~ gráfico** graphic designer ▸ **~ industrial** industrial designer ▸ **~ de modas** fashion designer

diseñar vt to design

diseño nm design ▸ **bar de ~** trendy bar ▸ **ropa de ~** designer clothes ▸ INFORM **~ asistido por ordenador** computer-aided design ▸ **~ gráfico** graphic design ▸ **~ industrial** industrial design

diseque etc *ver* ***disecar***

disertación nf [oral] lecture, discourse / [escrita] dissertation

disertar vi to speak (**sobre** on), to lecture (**sobre** on)

disfraz nm [traje] disguise / [para baile, fiesta] fancy dress ▸ **llevar un ~** [para camuflarse] to wear a disguise / [para baile, fiesta] to wear fancy dress ▸ **un ~ de bruja/gorila** a witch/gorilla costume

disfrazar [14] vt **1.** [con traje] to disguise ▸ **~ a alguien de** to dress sb up as **2.** [disimular] [intenciones, verdad, hechos] to disguise / [sentimientos, nervios] to hide ▸ **disfrazó la voz para que no lo reconociera** he disguised his voice so she wouldn't recognize him

◆ ***disfrazarse*** vpr [para baile, fiesta] to wear fancy dress / [para engañar] to disguise oneself ▸ **fueron a la fiesta disfrazados** they went to the party in fancy dress ▸ **¿tú de qué te vas a ~?** what are you going to dress up as? ▸ **disfrazarse de princesa** to dress up as a princess

disfrutar ■ vi **1.** [sentir placer] to enjoy oneself ▸ **disfruté mucho con el concierto** I enjoyed the concert a lot ▸ **~ de lo lindo** to enjoy oneself very much, to have a great time ▸ **disfruto escuchándoles reír** I enjoy hearing them laugh ▸ **espero que disfruten del espectáculo** I hope you enjoy the show **2.** [disponer de] **~ de algo** to enjoy sth ▸ **disfruta de muy buena salud** he enjoys excellent health ▸ **allá disfrutan de un clima excelente** they have *o* enjoy an excellent climate there

■ vt to enjoy ▸ **¡que lo disfrutes con salud!** I hope you enjoy it!

disfrute nm **1.** [placer] enjoyment **2.** [provecho] benefit, use

disfunción nf malfunction

disgregar [38] vt **1.** [multitud, manifestación] to disperse, to break up **2.** [roca, imperio, Estado] to break up / [átomo] to split

◆ ***disgregarse*** vpr **1.** [multitud, manifestación] to disperse, to break up **2.** [roca, imperio, estado] to break up

disgustado, -a adj [enojado] upset

disgustar vt **1.** [enojarse] to upset ▸ **le disgustó que olvidáramos su cumpleaños** he was upset that we forgot his birthday **2.** [desagradar] **ese sombrero no me disgusta** that hat's not bad ▸ **me disgusta tener que decirle esto** I don't like to have to say this to you

◆ ***disgustarse*** vpr **1.** [sentir enojo] to get upset **2.** [enemistarse] to fall out

> FALSO AMIGO / FALSE FRIEND
>
> **disgustar**
>
> **Disgust** is not a translation for the Spanish word *disgustar*. **Disgust** is translated by *repugnar*.

disgusto nm **1.** [enojo] **dar un ~ a alguien** to upset sb ▸ **¡este niño no nos da más que disgustos!** that child just gives us one headache after another! ▸ **casi nos da un ~** we almost had a tragedy on our hands ▸ **llevarse un ~** to be upset ▸ **¡qué ~ me llevé cuando lo supe!** I was so upset when I found out! **2.** [pelea] **tener un ~ con alguien** to have a quarrel with sb

◆ ***a disgusto*** loc adv **estar a ~** to feel uncomfortable *o* uneasy ▸ **hacer algo a ~** to do sth unwillingly *o* reluctantly

disidencia nf [política, religiosa] dissidence / [desacuerdo] disagreement

disidente ■ adj [en política] dissident / [en religión] dissenting

■ nmf [político] dissident / [religioso] dissenter ▸ **un ~ soviético** a Soviet dissident

disiento etc *ver* ***disentir***

disimulado, -a adj hidden, concealed ▸ **hacerse el ~** to pretend not to notice

disimular ■ vt to hide, to conceal

■ vi to pretend ▸ **lo disimulas muy mal** you're not very good at hiding it

disimulo nm pretence, concealment ▸ **tiró el papel al suelo con ~** she surreptitiously dropped the piece of paper on the floor ▸ **la miró con ~** he sneaked a look at her ▸ **salió con ~ por la puerta de atrás** she sneaked out by the back door

disimulón, -ona *Fam* ■ adj sneaky, shifty

■ nm,f sneaky *o* shifty person

disintiera etc *ver* ***disentir***

disipar vt **1.** [dudas, sospechas] to dispel / [ilusiones] to shatter **2.** [fortuna, herencia] to squander, to throw away **3.** [niebla, humo, vapor] to drive *o* blow away

◆ ***disiparse*** vpr **1.** [dudas, sospechas] to be dispelled / [ilusiones] to be shattered **2.** [niebla, humo, vapor] to vanish

diskette [dis'kete, dis'ket] nm INFORM diskette, floppy disk

dislate nm piece of nonsense *o* absurdity ▸ **su plan es un ~** her plan is absurd

dislexia nm dyslexia

disléxico, -a adj & nm,f dyslexic

dislocación nf dislocation

dislocado, -a adj [tobillo] dislocated

dislocar [59] vt to dislocate

◆ ***dislocarse*** vpr **1.** [articulación] **se me ha dislocado un codo** I've dislocated an elbow **2.** *ESP Fam* [persona] to go wild

disminución nf decrease, drop

disminuido, -a ■ adj handicapped

■ nm,f handicapped person ▸ **un ~ físico/psíquico** a physically/mentally handicapped person

disminuir [34] ■ vt to reduce, to decrease

■ vi [decrecer] to decrease / [precios, temperatura] to drop, to fall / [vista, memoria] to fail / [días] to get shorter / [beneficios] to fall off

disnea nf dyspnoea, difficulty in breathing

disociación nf dissociation

disociar vt to dissociate (**de** from)

disolución nf **1.** [acción] dissolving **2.** [de manifestación, familia] breaking up / [de empresa, partido] dissolution, winding up / [de parlamento, matrimonio] dissolution **3.** [mezcla] solution

disoluto, -a ■ adj dissolute
■ nm,f dissolute person

disolvente adj & nm solvent

disolver [41] vt **1.** [en líquido] to dissolve ▸ **~ en leche agitando constantemente** dissolve it in milk, stirring continuously ▸ **~ un caramelo en la boca** to suck a sweet **2.** [reunión, manifestación, familia] to break up / [empresa, partido] to dissolve, to wind up / [parlamento, matrimonio] to dissolve
◆ ***disolverse*** vpr **1.** [en líquido] to dissolve ▸ **dejar que la pastilla se disuelva en la boca** [en prospecto] allow the tablet to dissolve in your mouth **2.** [reunión, manifestación, familia] to break up

disonante adj dissonant, discordant

dispar adj disparate, dissimilar

disparadero nm **poner a alguien en el ~** to push sb too far

disparado, -a adj **salir/entrar ~** to shoot out/in

disparador nm **1.** [de armas] trigger **2.** FOT shutter release

disparar ■ vt [arma, flecha, persona] to shoot / [tiro] to fire
■ vi **1.** [con arma] to shoot, to fire ▸ **~ al aire** to shoot in the air ▸ **~ a matar** to shoot to kill ▸ **~ contra el enemigo** to shoot *o* fire at the enemy ▸ *Fig* **tengo varias preguntas para ti – ¡dispara!** I have several questions for you – fire away! *o* shoot! **2.** [con cámara] to shoot, to take a photograph
◆ ***dispararse*** vpr **1.** [arma] to go off ▸ **se le disparó el arma** his gun went off **2.** [precipitarse] [persona] to rush off / [caballo] to bolt **3.** [precios, inflación] to shoot up

disparatado, -a adj absurd, crazy

disparatar vi [decir tonterías] to talk nonsense / [hacer tonterías] to behave foolishly

disparate nm **1.** [comentario, acción] silly thing / [idea] crazy idea ▸ **¡no digas disparates!** don't talk nonsense! ▸ **hacer un ~** to do something crazy **2.** [precio] **gastar/costar un ~** to spend/cost a ridiculous amount

disparejo, -a adj *esp AM* uneven, variable

disparidad nf difference, disparity

disparo nm shot

dispendio nm extravagance, spending on luxuries

dispendioso, -a adj costly, expensive

dispensa nf [de examen] exemption / [para casarse] dispensation

dispensar vt **1.** [disculpar] to excuse, to forgive ▸ **¡dispense!** excuse me!, pardon me!, I beg your pardon! **2.** [rendir] [honores] to confer (**a alguien** upon sb) / [bienvenida, ayuda] to give sth (to sb) **3.** [eximir] to excuse (**de** from), to exempt (**de** from)

dispensario nm dispensary

dispepsia nf dyspepsia

dispersar vt **1.** [esparcir] [objetos] to scatter **2.** [disolver] [gentío] to disperse / [manifestación] to break up / [esfuerzos] to dissipate
◆ ***dispersarse*** vpr to scatter / [distraerse] to let one's attention wander

dispersión nf [de objetos, gente, luz] scattering / [de manifestación] breaking up

disperso, -a adj scattered ▸ **chubascos dispersos** scattered showers

display [dis'plei] nm INFORM display

displicencia nf **1.** [desagrado] contempt **2.** [negligencia] carelessness / [desgana] lack of enthusiasm

displicente adj **1.** [desagradable] contemptuous **2.** [negligente] careless / [desganado] unenthusiastic

disponer [50] ■ vt **1.** [arreglar] to arrange ▸ **dispuso todo para el viaje** he got everything ready for the journey **2.** [cena, comida] to lay on **3.** [decidir] [sujeto: persona] to decide / [sujeto: ley] to stipulate ▸ **el juez dispuso que se cerrara el local** the judge ordered that the premises be closed ▸ **en su testamento dispuso que...** she stated in her will that... ▸ **según lo dispuesto en el artículo 8,...** according to the provisions of Article 8,...
■ vi **1.** [poseer] **~ de** to have ▸ **dispongo de todo el tiempo del mundo** I have all the time in the world **2.** [usar] **~ de** to make use of ▸ **dispón de mi casa siempre que quieras** you're welcome in my house whenever you like
◆ ***disponerse*** vpr **disponerse a hacer algo** to prepare *o* get ready to do sth

disponibilidad nf **1.** [de plazas, producto] availability **2.** [a ayudar] readiness to help **3. disponibilidades** [medios] financial resources

disponible adj available ▸ **no tengo mucho tiempo ~** I don't have much free time

disposición nf **1.** [colocación] arrangement, layout **2.** [estado] **estar** *o* **hallarse en ~ de hacer algo** to be prepared *o* ready to do sth **3.** [orden] order / [de ley] provision **4.** [uso] **a ~ de** at the disposal of ▸ **poner algo a la ~ de alguien** to put sth at sb's disposal **5.** [aptitud] talent ▸ **tiene buena ~ para la pintura** he has a natural gift for painting

dispositivo nm device ▸ **~ intrauterino** intrauterine device, IUD

dispuesto, -a ■ participio *ver* ***disponer***
■ adj **1.** [preparado] ready ▸ **estar ~ a hacer algo** to be prepared to do sth ▸ **está ~ a todo con tal de conseguir lo que quiere** he's prepared to do anything to get what he wants **2.** [capaz] capable / [a ayudar] ready to help

dispusiera *etc ver* ***disponer***

disputa nf dispute

disputar vt **1.** [cuestión, tema] to argue about

2. [trofeo, puesto] to compete for, to dispute / [carrera, partido] to compete in ▸ **mañana se disputará la final** the final will take place tomorrow

disquera nf *AM* record company

disquero, -a adj *AM* record ▸ **la industria disquera** the record *o* music industry

disquete nm INFORM diskette, floppy disk

disquetera nf INFORM disk drive

disquisición nf [exposición] disquisition ▸ **disquisiciones** [digresiones] digressions

distancia nf 1. [espacio] distance ▸ **estábamos a bastante ~ del incendio** we were quite a distance from the fire ▸ **¿a qué ~ está el próximo pueblo?** how far is the next town? ▸ **está a varios kilómetros de ~** it is several kilometres away ▸ **a ~** from a distance ▸ **mantener a ~** to keep at a distance ▸ **mantenerse a una ~ prudencial de** to keep at a safe distance from ▸ **~ de seguridad** safe distance 2. [en el tiempo] gap, space ▸ **está a dos minutos de ~ del ciclista francés** he's two minutes away from the French cyclist 3. [diferencia] difference 4. [expresiones] **acortar las distancias** to come closer (to an agreement) ▸ **guardar las distancias** to keep one's distance ▸ **salvando las distancias** only up to a point

distanciamiento nm [afectivo] distance, coldness / [de opiniones, posturas] distancing

distanciar vt [alejar] to drive apart / [rival] to forge ahead of ▸ **con el tiempo se fueron distanciando** they grew *o* drifted apart as time went on

◆ ***distanciarse*** vpr [alejarse] [afectivamente] to grow apart / [físicamente] to distance oneself

distante adj 1. [en el espacio] far away (**de** from) 2. [en el trato] distant ▸ **estaba ~, con la mirada perdida** he was distant, staring into space

distar vi 1. [hallarse a] **ese sitio dista varios kilómetros de aquí** that place is several kilometres away from here 2. [diferenciarse] **~ de** to be far from

diste *ver* ***dar***

distender [64] vt [situación, relaciones] to ease / [cuerda] to slacken

distendido, -a adj [informal] relaxed, informal

distensión nf 1. [entre países] détente / [entre personas] easing of tension 2. [de arco, cuerda] slackening 3. MED [muscular] strain

distiendo *etc ver* ***distender***

distinción nf 1. [diferencia] distinction ▸ **una ~ sutil** a fine distinction ▸ **a ~ de** in contrast to, unlike ▸ **sin ~** alike ▸ **sin ~ de sexo, raza o religión** without distinction of sex, race or religion ▸ **hacer distinciones en el trato** not to treat everyone the same 2. [privilegio] privilege 3. [modales, elegancia] refinement, elegance

distingo nm reservation ▸ **no hacer distingos** to make no distinctions

distinguido, -a adj 1. [notable] distinguished 2. [elegante] refined

distinguir [26] ■ vt 1. [diferenciar] to distinguish ▸ **¿tú distingues estas dos camisas?** can you tell the difference between these two shirts? ▸ **me es imposible distinguirlos** I can't tell them apart ▸ **~ algo de algo** to tell sth from sth 2. [caracterizar] to distinguish, to characterize ▸ **~ algo/a alguien de** to distinguish sth/sb from, to set sth/sb apart from 3. [premiar] to honour ▸ **hoy nos distingue con su presencia Don...** today we are honoured to have with us Mr... 4. [vislumbrar] to make out ▸ **¿distingues algo?** [al mirar] can you see anything?, can you make anything out?

■ vi to differentiate, to know the difference (**entre** between)

◆ ***distinguirse*** vpr 1. [destacarse] to stand out ▸ **se distingue por su elegancia** she is noted for her elegance 2. [caracterizarse] to be characterized (**por** by) 3. [vislumbrarse] to be visible ▸ **desde tan lejos no se distingue nada** you can't see/hear a thing from so far away

distintivo, -a ■ adj distinctive / [señal] distinguishing

■ nm badge

distinto, -a adj 1. [diferente] different (**de** *o* **a** from *o* to) 2. [claro] clear ▸ **claro y ~** perfectly clear 3. **distintos** [varios] various ▸ **hay distintas maneras de preparar este plato** there are various different ways of making this dish

distorsión nf [de imágenes, sonidos, palabras] distortion

distorsionado, -a adj 1. [sonido] distorted 2. [relato, interpretación] distorted, twisted

distorsionador, -ora adj 1. [efecto] distorting 2. [análisis, enfoque] misleading

distorsionar vt to distort

distracción nf 1. [entretenimiento] entertainment / [pasatiempo] hobby, pastime 2. [despiste] slip / [falta de atención] absent-mindedness

distraer [66] ■ vt 1. [divertir] to amuse, to entertain 2. [despistar] to distract ▸ **¡no me distraigas, que estoy trabajando!** don't distract me, I'm working!

■ vi [entretener] to be entertaining ▸ **la lectura distrae mucho** reading is fun

◆ ***distraerse*** vpr 1. [divertirse] to enjoy oneself / [pasar el tiempo] to pass the time ▸ **trata de distraerte** try to take your mind off things 2. [despistarse] **no te distraigas y haz los deberes** don't get distracted and do your homework ▸ **en este trabajo no puedes distraerte ni un momento** in this job you can't take your mind off what you're doing for a second

distraído, -a ■ adj 1. [entretenido] [libro] readable / [programa de TV, película] watchable ▸ **una tarde/conversación distraída** quite a nice afternoon/conversation 2. [despistado] absent-minded

■ nm,f daydreamer, absent-minded person

distribución nf 1. [reparto, división] distribution ▸ **~ de premios** prizegiving ▸ **~ de la riqueza** distribution of wealth ▸ **~ de tareas** assignment of duties 2. [de mercancías] delivery ▸ **~ comercial** commercial distribution 3. [de casa, habitaciones] layout

distribuidor, -ora ■ adj [entidad] wholesale ▸ **una red distribuidora** a distribution network

■ nm,f [repartidor] deliveryman, *f* deliverywoman / [vendedor] sales representative

■ nm [máquina de tabaco, bebidas] vending machine /

[cajero automático] cash dispenser *o* machine

distribuidora nf [firma] wholesaler, supplier / [de películas] distributor

distribuir [34] vt **1.** [repartir] to distribute / [carga, trabajo] to spread / [pastel, ganancias] to divide up / [correo, propaganda] to deliver / COM [mercancías, productos] to distribute ▸ **distribuyen comida entre los pobres** they give out food to the poor, they distribute food among the poor ▸ **~ las tareas** to divide up *o* share out the tasks **2.** [disponer] **una casa muy bien distribuida** a house with a very nice layout

◆ ***distribuirse*** vpr **1.** [repartirse] **nos distribuimos las tareas domésticas** we share the household chores **2.** [colocarse] to spread out ▸ **los alumnos se distribuyeron en pequeños grupos** the pupils got themselves into small groups

distributivo, -a adj distributive

distrital adj *AM* district ▸ **las autoridades distritales** the district authorities

distrito nm district ▸ **~ electoral** constituency ▸ **~ postal** [número] postal code

distrofia nf MED dystrophy ▸ **~ muscular** muscular dystrophy

disturbio nm disturbance / [violento] riot ▸ **disturbios callejeros** street disturbances, rioting

disuadir vt to dissuade (**de** from)

disuasión nf deterrence

disuasivo, -a, disuasorio, -a adj deterrent ▸ **elemento ~** deterring factor

disuelto, -a participio *ver **disolver***

disuelva *etc ver **disolver***

disyuntiva nf straight choice

disyuntivo, -a adj GRAM disjunctive

DIU [diu] nm (abrev de ***dispositivo intrauterino***) IUD, coil ▸ **ponerse un ~** to have an IUD inserted

diurético, -a adj & nm diuretic

diurno, -a adj [de día] daytime / [planta, animal] diurnal ▸ **horas diurnas** daytime *o* daylight hours

divagación nf digression

divagar [38] vi to digress

diván nm divan / [de psiquiatra] couch

divergencia nf [de líneas] divergence / [de opiniones] difference of opinion

divergente adj [líneas, calles] divergent, diverging / [opiniones] different, differing

divergir [24] vi [líneas, calles] to diverge / [opiniones] to differ (**en** on)

diversidad nf diversity ▸ **~ de opiniones** variety of opinions

diversificación nf diversification

diversificar [59] vt to diversify

◆ ***diversificarse*** vpr to become more varied, to diversify

diversión nf **1.** [hecho de divertirse] enjoyment ▸ **hacer algo por ~** to do sth for enjoyment *o* fun ▸ **un poco de ~ no nos vendría mal** we could do with a bit of fun **2.** [pasatiempo] entertainment, amusement ▸ **mi ~ favorita es el cine** my favourite pastime is going to the cinema

diverso, -a adj [diferente] different

◆ ***diversos, -as*** adj pl [varios] several, various ▸ **diversos motivos** a variety of reasons

divertido, -a adj **1.** [entretenido] [película, libro] entertaining / [fiesta] enjoyable **2.** [que hace reír] funny

divertimento nm MÚS divertimento / [novela, película] entertainment, divertissement

divertir [62] vt to entertain, to amuse

◆ ***divertirse*** vpr to enjoy oneself ▸ **se divirtieron muchísimo en la excursión** they had a great time on the trip, they really enjoyed the trip ▸ **se divierte con cualquier cosa** she's easily amused ▸ **¡que te diviertas/os divirtáis!** have a nice time!, enjoy yourself/yourselves!

dividendo nm FIN & MAT dividend ▸ **~ a cuenta** interim dividend

dividir ■ vt **1.** [separar] to divide (**en/entre** into/between) ▸ **el río divide en dos la ciudad** the river divides *o* splits the city in two **2.** [repartir] to share out ▸ **nos dividimos las tareas domésticas** we shared the household chores between us **3.** [desunir] **el testamento dividió a los hermanos** the will set the brothers against one another **4.** MAT to divide by ▸ **~ 12 entre 3** divide 12 by 3 ▸ **15 dividido por 3 igual a 5** 15 divided by 3 is 5

■ vi MAT to divide

◆ ***dividirse*** vpr to divide (**en** into) ▸ **se dividieron en dos grupos** they split into two groups

divierto *etc ver **divertir***

divieso nm MED boil

divinamente adv *también Fig* divinely

divinidad nf [dios] divinity, god

divino, -a adj **1.** [de Dios, de los dioses] divine **2.** *Fam* [estupendo] divine, heavenly ▸ **una casita divina** a darling little house

divirtiera *etc ver **divertir***

divisa nf **1.** [moneda] foreign currency ▸ **~ convertible** convertible currency ▸ **una ~ fuerte** a strong currency **2.** [distintivo] emblem

divisar vt to spy, to make out ▸ **divisó un barco en la lejanía** he could make out a ship in the distance

divisible adj divisible

división nf [repartición] division / [partición] splitting up ▸ **~ acorazada** armoured division ▸ **~ del trabajo** division of labour ▸ DEP **primera/segunda ~** first/second division

divismo nm *Fig Pey* **están hartos de su ~** they're sick of the way she acts like a prima donna

divisor nm MAT divisor ▸ **máximo común ~** highest common factor

divisorio, -a adj dividing

divo, -a nm,f **1.** MÚS [hombre] opera singer / [mujer] diva, prima donna **2.** [celebridad] star ▸ *Fam* **ir de ~** to give oneself airs

divorciado, -a ■ adj divorced

■ nm,f divorcé, *f* divorcée

divorciar vt *también Fig* to divorce
◆ ***divorciarse*** vpr to get divorced ▸ **sus padres se han divorciado hace poco** his parents (got) divorced recently

divorcio nm **1.** DER divorce **2.** [diferencia] difference, inconsistency

divulgación nf [de noticia, secreto] revelation / [de rumor] spreading / [de cultura, ciencia, doctrina] popularization ▸ **una obra de ~ científica** a work of popular science

divulgar [38] vt [noticia, secreto] to reveal / [rumor] to spread / [cultura, ciencia, doctrina] to popularize

divulgativo, -a adj popularizing

dizque adv *ANDES, CARIB, MÉX Fam* apparently

d. JC. ▸ ***d. de JC.***

dl (abrev de ***decilitro***) dl

dm (abrev de ***decímetro***) dm

DNA nm (abrev de ***ácido desoxirribonucleico***) DNA

DNI nm (abrev de ***documento nacional de identidad***) ID card

Dña. (abrev de ***doña***) ≃ Mrs

DO (abrev de ***Denominación de Origen***) = *certification that a product comes from a particular region and conforms to certain quality standards*

do nm MÚS C / [en solfeo] doh ▸ *Fam Fig* **dar el do de pecho** to give one's all

dóberman nm Doberman (pinscher)

dobladillo nm [de traje, vestido] hem / [de pantalón] *BR* turn-up, *US* cuff

doblado, -a adj **1.** [papel, camisa] folded **2.** [voz, película] dubbed

doblaje nm dubbing ▸ **actor de ~** = *actor who dubs voices in a foreign-language film*

doblar ■ vt **1.** [plegar] to fold **2.** [torcer] to bend ▸ *Fig* **~ el espinazo** [someterse] to bend the knee **3.** [esquina] to turn, to go round ▸ **al ~ la esquina** when you turn the corner **4.** [duplicar] to double ▸ **dobló la apuesta** he doubled the bet ▸ **su padre le dobla la edad** his father is twice his age **5.** [voz, actor] to dub ▸ **~ una película al español** to dub a film into Spanish **6.** [corredor] to lap
■ vi **1.** [girar] to turn ▸ **dobla en la primera a la derecha** take the first right **2.** [campanas] to toll
◆ ***doblarse*** vpr [someterse] **doblarse a** to give in to

doble ■ adj double ▸ **~ falta** [en tenis] double fault ▸ **~ fondo** false bottom ▸ **~ moral** double standard ▸ **~ personalidad** split personality ▸ **~ sentido** [de frase] double meaning ▸ **una calle de ~ sentido** a two-way street ▸ **~ techo** [de tienda de campaña] fly sheet ▸ **~ ventana** secondary glazing
■ nmf [persona parecida] double / CINE stand-in ▸ **buscan a un ~ de Groucho Marx** they're looking for a Groucho Marx lookalike ▸ **esa chica es tu ~** that girl is your double
■ nm **1.** [duplo] **el ~** twice as much ▸ **8 es el ~ de 4** 8 is twice 4 ▸ **es el ~ de ancho** it's twice as wide ▸ **es el ~ de alto que su hijo** he's twice as tall as his son ▸ **gana el ~ que yo** she earns twice as much as I do, she earns double what I do ▸ **el ~ de gente** twice as many people ▸ **tiene el ~ de habitantes** it has double *o* twice the number of inhabitants **2. dobles** [en tenis] doubles ▸ **dobles mixtos** mixed doubles
■ adv double ▸ **trabajar ~** to work twice as hard

doblegar [38] vt [someter] to bend, to cause to give in
◆ ***doblegarse*** vpr to give in (**ante** to), to yield (**ante** to)

doblete nm **hacer ~** to have a second job ▸ **hace ~ de panadero por las noches** he has a second job as a baker at night

doblez ■ nm [pliegue] fold, crease
■ nm o nf [falsedad] deceit

doblón nm doubloon

doc. (abrev de ***documento***) doc.

doce núm twelve ▸ **las ~ campanadas** the bells *(at New Year)* ▸ **las ~ y media** half past twelve, half twelve / *ver también* ***seis***

doceavo, -a núm [fracción] twelfth ▸ **la doceava parte** a twelfth

docena nf dozen ▸ **una ~ de huevos** a dozen eggs ▸ **media ~ de niños** half a dozen children ▸ **a docenas** by the dozen

docencia nf teaching

docente ■ adj teaching ▸ **personal ~** teaching staff
■ nmf teacher

dócil adj [niño, animal] obedient / [persona] docile, tractable

docilidad nf obedience

docto, -a adj learned

doctor, -ora nm,f **1.** [de universidad] doctor (**en** of) ▸ **~ en derecho/psicología (por la Universidad de...)** doctor of law/psychology (from the University of ...) ▸ **~ honoris causa** honorary doctor ▸ **ser ~ honoris causa** to have an honorary doctorate **2.** [médico] doctor ▸ **la doctora Piñán le atenderá enseguida** Dr Piñán will see you in a minute

doctorado nm doctorate

doctoral adj doctoral

doctorar vt to confer a doctorate on
◆ ***doctorarse*** vpr to get one's doctorate (**en** in)

doctrina nf doctrine

doctrinal adj doctrinal

docudrama nm docudrama

documentación nf **1.** [ciencia, manuales de uso] documentation **2.** [identificación personal] papers

documentado, -a adj **1.** [informado] [informe, estudio] researched / [persona] informed **2.** [con papeles encima] having identification

documental adj & nm documentary

documentalista nmf archivist

documentar vt **1.** [evidenciar] to document **2.** [informar] to brief
◆ ***documentarse*** vpr to do research

documento nm **1.** [escrito] document ▸ **~ confidencial** restricted document ▸ **~ nacional de identidad** identity card **2.** [testimonio] record

dodecaedro nm dodecahedron

dodotis® nm inv disposable *BR* nappy *o US* diaper

dogma nm REL & *Fig* dogma ▸ **~ de fe** article of faith

dogmático, -a adj dogmatic

dogmatismo nm dogmatism

dogmatizar [14] vi to express oneself dogmatically, to pontificate

dogo nmf bull mastiff

dólar nm dollar

dolarización nf ECON dollarization

> CULTURA / CULTURE
> **dolarización**
>
> Dolarización (dollarization) refers to the replacement of the national currency by a foreign currency (typically the US dollar) for given purposes. This can take the form of a country simply using the US dollar as its national currency (as in the case of Panama since 1904, or Ecuador, which replaced the sucre with the dollar in 2000), or an attempt can be made to peg the value of the national currency to that of the dollar through a fixed exchange rate (as in Argentina after 1991) to try to stabilize the economy. "Unofficial" dollarization can also occur, when people have lost confidence in the national currency and banking system, and take to using dollars for major cash transactions and savings. In such cases a significant part of the economy can simply fail to appear in official statistics.

dolarizar [14] vt ECON to dollarize

dolby® nm inv Dolby®

dolencia nf complaint, ailment

doler [41] vi to hurt ▸ **¿te duele?** does it hurt? ▸ **me duele la pierna** my leg hurts ▸ **me duele la garganta** I have a sore throat ▸ **me duele la cabeza** I have a headache ▸ **me duele ver tanta injusticia** it pains me to see so much injustice ▸ **le dolió en el alma** it upset her terribly ▸ *Fam Fig* **¡ahí le duele!** that has really got to him!
◆ ***dolerse*** vpr **dolerse de** *o* **por algo** [quejarse] to complain about sth / [arrepentirse] to be sorry about sth

dolido, -a adj hurt, upset ▸ **estar/sentirse ~** to be/feel hurt

doliente adj [enfermo] ill / [afligido] grieving

dolmen nm dolmen

dolo nm DER **hacer algo con ~** to do sth with premeditation *o* wittingly

dolor nm **1.** [físico] pain ▸ **siento un ~ en el costado** I have a pain in my side ▸ **(tener) ~ de cabeza** (to have a) headache ▸ **¡este niño no nos da más que dolores de cabeza!** that child does nothing but make trouble for us! ▸ **~ de espalda** back pain ▸ **~ de estómago** stomachache ▸ **dolores menstruales** period pains ▸ **~ de muelas** toothache ▸ **dolores del parto** labour pains **2.** [moral] grief, sorrow ▸ **su fallecimiento nos llena de ~** his death fills us with sorrow

dolorido, -a adj **1.** [físicamente] sore ▸ **tener la pierna/espalda dolorida** to have a sore leg/back **2.** [moralmente] grieving, sorrowing ▸ **estar ~** to be grieving/sorrowing

doloroso, -a adj [físicamente] painful / [moralmente] distressing

doma nf [de animales salvajes] taming ▸ **~ de caballos** breaking-in of horses

domador, -ora nm,f [de animales salvajes] tamer / [de caballos] breaker ▸ **~ de leones** lion tamer

domar vt [animales salvajes] to tame / [caballo] to break in / [personas, pasiones] to control

domesticado, -a adj [animal] tame

domesticar [59] vt **1.** [animal] to tame, to domesticate **2.** *Hum* [persona] to domesticate, to house-train

doméstico, -a adj domestic

domiciliación nf *ESP* **pagar mediante ~ (bancaria)** to pay by direct debit

domiciliado, -a adj *ESP* **tener el pago del teléfono ~** to pay the phone bill by direct debit

domiciliar vt *ESP* [pago] to pay by direct debit
◆ ***domiciliarse*** vpr [persona] to establish residence

domiciliario, -a adj DER **arresto ~** house arrest ▸ **asistente ~** home help

domicilio nm **1.** [vivienda] residence, home ▸ DEP **a ~** [en campo contrario] away ▸ **servicio a ~** home delivery ▸ **vender a ~** to sell door-to-door ▸ **~ particular** private residence **2.** [dirección] address ▸ **~ fijo** permanent address ▸ **sin ~ fijo** of no fixed abode ▸ **~ fiscal** registered office ▸ **~ social** head office **3.** [localidad] residence

dominación nf rule, dominion

dominador, -ora adj dominating

dominante adj **1.** [nación, religión, tendencia] dominant / [vientos] prevailing **2.** [persona] domineering

dominar ■ vt **1.** [controlar] [pasión, nervios, caballo] to control / [situación] to be in control of / [incendio] to bring under control / [rebelión] to put down / [país, territorio] to dominate, to rule (over) ▸ **era imposible ~ el vehículo** it was impossible to maintain control of the vehicle **2.** [sujeto: emoción] to overcome ▸ **lo dominaba el deseo irrefrenable de besarla** he was overcome by an irresistible desire to kiss her **3.** [conocer] [técnica, tema] to master ▸ **domina varias lenguas** she speaks various languages fluently ▸ **ha conseguido ~ el inglés en pocos meses** he managed to acquire a good command of English within a few months **4.** [divisar] to overlook ▸ **desde aquí se domina todo Bilbao** you can see the whole of Bilbao from here
■ vi [predominar] to predominate
◆ ***dominarse*** vpr to control oneself

domingo nm Sunday ▸ REL **Domingo de Pentecostés** Whit Sunday ▸ REL **Domingo de Ramos** Palm Sunday ▸ REL **Domingo de Pascua** *o* **de Resurrección** Easter Sunday / *ver también* ***sábado***

dominguero, -a nm,f *Fam Pey* [conductor] Sunday driver / [en campo, playa] day tripper

Dominica n Dominica

dominical adj **excursión/suplemento ~** Sunday outing/supplement

dominicano, -a adj & nm,f Dominican

dominico, -a adj & nm,f REL Dominican

dominio nm **1.** [dominación, posesión] control (**sobre** over) **2.** [autoridad] authority, power **3.** [territorio] domain / [ámbito] realm ▸ **dominios** [territorio] dominions **4.** [conocimiento] [de arte, técnica] mastery / [de idiomas] command **5. ser del ~ público** to be public knowledge **6.** INFORM domain

dominó nm **1.** [juego] dominoes *(singular)* **2.** [fichas] set of dominoes

domótica nf home automation

don nm **1.** [tratamiento] **~ Andrés Iturbe** Mr Andrés Iturbe / [en cartas] Andrés Iturbe Esquire ▸ **~ Andrés** Mr Iturbe **2.** [habilidad] gift ▸ **~ de mando** leadership qualities ▸ **tener el ~ de la palabra** [cualidad humana] to have the gift of speech / [de orador] to be a gifted speaker ▸ **tener ~ de gentes** to have a way with people

donación nf donation

donador, -ora nm,f [de sangre, órgano] donor

donaire nm [al expresarse] wit / [al andar, moverse] grace

donante nmf donor ▸ **donante de órganos** organ donor ▸ **donante de riñón** kidney donor ▸ **donante de sangre** blood donor ▸ **donante de semen** sperm donor

donar vt to donate ▸ **~ sangre** to give blood

donativo nm donation

doncel nm HIST page

doncella nf maid

donde

> **donde** combines with the preposition **a** to form **adonde** when following a noun, pronoun or adverb expressing location (e.g. **el sitio adonde vamos** the place where we're going; **es allí adonde iban** that's where they were going).

■ adv where ▸ **el bolso está ~ lo dejaste** the bag is where you left it ▸ **puedes ir ~ quieras** you can go wherever you want ▸ **hasta ~** as far as, up to where ▸ **llegaré hasta ~ pueda** I'll get as far as I can ▸ **donde sea posible** wherever possible ▸ **por ~** wherever ▸ **iré por ~ me manden** I'll go wherever they send me
■ pron where ▸ **la casa ~ nací** the house where I was born ▸ **la ciudad de ~ viene** the town (where) she comes from, the town from which she comes ▸ **hacia ~** towards where, towards which ▸ **hasta ~** as far as where, as far as which ▸ **de ~** [de lo cual] from which
■ prep [en casa de] **fui ~ mi madre** I went to my mother's

dónde adv

> **dónde** can combine with the preposition **a** to form **adónde** (e.g. **¿adónde vamos?** where are we going?).

where ▸ **¿~ está el niño?** where's the child? ▸ **no sé ~ se habrá metido** I don't know where she can be ▸ **dime ~ lo has escondido** tell me where you've hidden it ▸ **¿~ me llevas?** where are you taking me (to)? ▸ **¿de ~ eres?** where are you from? ▸ **¿hacia ~ vas?** where are you heading? ▸ **¿por ~?** whereabouts? ▸ **¿por ~ se va al teatro?** how do you get to the theatre from here? ▸ **¿por ~ has entrado?** where did you come in?

dondequiera adv **~ que** wherever ▸ **~ que vayas/mires** wherever you go/look

donjuán, don Juan nm *Fam* ladykiller, Casanova

donostiarra *ESP* ■ adj of/from San Sebastian
■ nmf person from San Sebastian

dónut® (pl **dónuts**) nm doughnut

doña nf **~ María Rey** Mrs María Rey ▸ **~ María** Mrs Rey

dopado, -a adj [deportista] = *having taken performance-enhancing drugs*

dopaje nm DEP drug-taking

dopar vt to dope
◆ ***doparse*** vpr to take artificial stimulants

doping ['dopin] (pl **dopings**) nm doping

doquier adv **por ~** everywhere

dorada nf [pez] gilthead

dorado, -a ■ adj [objeto, época] golden
■ nm [parte dorada] gilt ▸ **limpiar los dorados** to clean the brass fittings

dorador, -ora nm,f gilder

dorar vt **1.** [cubrir con oro] to gild ▸ *Fam Fig* **~ la píldora (a alguien)** to sweeten the pill (for sb) **2.** [alimento] to brown **3.** [piel] to turn golden brown
◆ ***dorarse*** vpr **1.** [comida] to brown **2.** [piel] to tan

dórico, -a adj Doric

dormido, -a adj **1.** [persona] asleep ▸ **quedarse ~** to fall asleep **2.** [brazo, pierna] **tengo el pie ~** my foot has gone to sleep

dormilón, -ona *Fam* ■ adj fond of sleeping
■ nm,f [persona] sleepyhead

dormir [27] ■ vt **1.** [niño] to get off to sleep ▸ **~ la siesta** to have an afternoon nap ▸ *Fam* **dormirla, ~ la mona** to sleep it off **2.** [anestesiar] **~ a alguien** to put sb to sleep
■ vi **1.** [reposar] to sleep ▸ **¿duermes?** are you asleep? ▸ **¡a ~!, ¡es hora de ~!** off to bed!, it's time for bed! **2.** [pernoctar] to spend the night ▸ **dormimos en el autobús** we spent the night on the bus
◆ ***dormirse*** vpr **1.** [persona] to fall asleep **2.** [brazo, mano] to go to sleep ▸ **se me ha dormido la pierna** my leg has gone to sleep **3.** [despistarse] to be slow to react ▸ **¡no te duermas y haz algo!** don't just stand there, do something!

dormitar vi to doze

dormitorio nm **1.** [de casa] bedroom / [de colegio] dormitory ▸ **~ principal** master bedroom **2.** [muebles] bedroom suite

dorsal ■ adj dorsal
■ nm DEP number *(on player's back)*

dorso nm back ▸ **al ~, en el ~** on the back ▸ **véase al ~** see overleaf ▸ **el ~ de la mano** the back of the hand

DOS [dos] nm (abrev de ***disk operating system***) DOS

dos núm two ▸ **los dos estamos de acuerdo** both of us agree ▸ **es un regalo para los ~** it's a present for both o the two of you ▸ **de ~ en ~** in twos, two by two ▸ **en un ~ por tres** in no time at all ▸ **cada ~ por tres** every five minutes ▸ **ya somos ~** that makes two of us ▸ **dos puntos** colon / *ver también* ***seis***

doscientos, -as núm two hundred / *ver también* ***seis***

dosel nm canopy

dosificación nf dosage

dosificador nm dispenser

dosificar [59] vt **1.** QUÍM to measure out **2.** [fuerzas, alimentos] to use sparingly

dosis nf inv **1.** [de medicamento, droga] dose **2.** [de paciencia, cariño] amount ▸ **me encantan los niños, pero en pequeñas ~** I love children, but in small doses

dossier [do'sjer] nm inv dossier, file

dotación nf **1.** [de dinero, armas, medios] amount granted **2.** [personal] staff, personnel / [tripulantes] crew / [patrulla] squad

dotado, -a adj gifted ▸ **~ de** [persona] blessed with / [edificio, instalación, aparato] equipped with

dotar vt **1.** [proveer] **~ algo de** to provide sth with **2.** [tripular] **~ algo de** to man sth with **3.** [conferir] **~ a algo/alguien de** to endow sth/sb with ▸ **la naturaleza lo dotó de una gran inteligencia** nature had endowed him with great intelligence **4.** [dar una dote] to give a dowry to

dote nf [en boda] dowry ▸ **dotes** [aptitud] qualities ▸ **tener dotes de algo** to have a talent for sth ▸ **dotes de mando** leadership qualities

doy *ver* ***dar***

dpi (abrev de ***dots per inch***) dpi

dpto. (abrev de ***departamento***) dept ▸ **~ de personal** personnel dept

Dr. (abrev de ***doctor***) Dr.

Dra. (abrev de ***doctora***) Dr.

dracma nf *Antes* drachma

draconiano, -a adj draconian

DRAE ['drae] nm (abrev de ***Diccionario de la Real Academia Española***) = *dictionary of the Spanish Royal Academy*

draga nf [máquina] dredge / [barco] dredger

dragado nm dredging

dragaminas nm inv minesweeper

dragar [38] vt to dredge

drago nm dragon tree

dragón nm dragon

drague *etc ver* ***dragar***

draipen (pl **draipenes**) nm *RP* fibre tip pen

drama nm **1.** [obra] play **2.** [desgracia] drama ▸ *Fam* **hacer un ~ (de algo)** to make a drama (out of sth)

dramático, -a adj dramatic

dramatismo nm dramatic nature, drama ▸ **con ~** dramatically

dramatizar [14] vt to dramatize ▸ *Fam* **¡no hay que ~!** there's no need for melodrama!, don't exaggerate!

dramaturgo, -a nm,f playwright, dramatist

dramón nm *Fam* melodrama

drástico, -a adj drastic

drenaje nm drainage

drenar vt to drain

driblar vt DEP to dribble

dribling ['driβlin] (pl **driblings**) nm DEP [habilidad] dribbling / [regate] dribble

dril nm [tejido] drill

drive [draif] nm **1.** INFORM drive **2.** [en tenis, golf] forehand

driver ['draiβer] (pl **drivers**) nm **1.** INFORM driver **2.** [en golf] driver

droga nf drug ▸ **la ~** drugs ▸ **~ blanda/dura** soft/hard drug ▸ **drogas sintéticas** *o* **de diseño** designer drugs

drogadicción nf drug addiction

drogadicto, -a ■ adj addicted to drugs ■ nm,f drug addict

drogado, -a adj drugged

drogar [38] vt to drug
◆ ***drogarse*** vpr to take drugs

drogata adj & nmf *Fam* junkie

drogodependencia nf drug dependence, drug addiction

drogodependiente nmf drug addict

drogota adj & nmf *Fam* junkie

drogue *etc ver* ***drogar***

droguería nf *ESP* = *shop selling paint, cleaning materials, etc*

droguero, -a nm,f *ESP* = *owner of a "droguería"*

dromedario nm dromedary

drugstore ['druɣstor] nm = *establishment comprising late-night shop and bar*

druida nm, ***druidesa*** nf druid, *f* druidess

dto. (abrev de ***descuento***) discount

dual adj dual

dualidad nf duality

dualismo nm dualism

dubitativo, -a adj hesitant

Dublín n Dublin

dublinés, -esa ■ adj of/from Dublin ■ nm,f Dubliner

ducado nm **1.** [tierras] duchy **2.** [moneda] ducat

ducal adj ducal

ducha nf shower ▸ **tomar** *o* **darse una ~** to have *o* take a shower ▸ *Fam Fig* **una ~ de agua fría** a bucket of cold water

duchar vt [dar una ducha] to shower / *Fam* [mojar] to soak ▸ **¡me has duchado entero con tu gaseosa!** you've soaked me with your lemonade!
◆ ***ducharse*** vpr to have a shower

ducho, -a adj **ser ~ en** [entendido] to know a lot about / [diestro] to be skilled at

dúctil adj **1.** [metal] ductile **2.** [persona] malleable

ductilidad nf **1.** [de metal] ductility **2.** [de persona] malleability

duda nf doubt ▸ **poner algo en ~** to call sth into question ▸ **sacar a alguien de la ~** to remove sb's doubts ▸ **salir de dudas** to set one's mind at rest ▸ **sin ~** without (a) doubt ▸ **tengo mis dudas** I have my doubts ▸ **¡la ~ ofende!** how could you doubt me! ▸ **no cabe ~** there is no doubt about it ▸ **no te quepa ~** don't doubt it, make no mistake about it

dudar ■ vi **1.** [desconfiar] **~ de algo/alguien** to have one's doubts about sth/sb ▸ **¿acaso dudas de mí?** don't you trust me then? **2.** [no estar seguro] **~ sobre algo** to be unsure about sth **3.** [vacilar] to hesitate ▸ **~ entre hacer una cosa u otra** to be unsure whether to do one thing or another ▸ **no dudes en venir a preguntarme** don't hesitate to come and ask me
■ vt to doubt ▸ **¿vas a venir? – lo dudo** are you going to come? – I doubt it *o* I don't think so ▸ **lo dudo mucho** I very much doubt it ▸ **yo no lo hice – no lo dudo, pero...** I didn't do it – I'm sure you didn't, but... ▸ **dudo que venga** I doubt (whether) he'll come

dudoso, -a adj **1.** [improbable] **ser ~ (que)** to be doubtful (whether), to be unlikely (that) **2.** [vacilante] hesitant, indecisive **3.** [sospechoso] dubious, suspect ▸ **una broma de gusto ~** a joke in questionable taste

¡CUIDADO! / CAREFUL!
dudoso

Doubtful se utiliza como traducción de *dudoso* en su acepción de "incierto" (**it's doubtful that they will succeed**); **dubious** se refiere a algo que nos causa desconfianza (**he had another dubious excuse for arriving late**).

DUE ['due] nmf *ESP* (abrev de ***diplomado universitario en enfermería***) qualified nurse

duela *etc ver* ***doler***

duelo nm **1.** [combate] duel **2.** [sentimiento] grief, sorrow ▸ **en señal de ~** as a sign of mourning

duende nm **1.** [personaje] imp, goblin **2.** [encanto] charm

dueño, -a nm,f [propietario] owner / [de piso alquilado] landlord, *f* landlady ▸ **cambiar de ~** to change hands ▸ **¿tú eres el ~ de esta bici?** are you the owner of this bike? ▸ **hacerse ~ de algo** [dominar] to take control of sth ▸ **ser ~ de sí mismo** to be self-possessed ▸ **ser muy ~ de hacer algo** to be free to do sth

duermevela nm snooze ▸ **en ~** snoozing

duermo *etc ver* ***dormir***

Duero nm **el ~** the Douro

dueto nm duet

dulce ■ adj **1.** [sabor] sweet ▸ **le gusta todo lo ~** she loves anything sweet **2.** [agua] fresh **3.** [persona, carácter] sweet, gentle, mild **4.** [mirada, sonrisa] tender / [voz, sonido, música] mellow, sweet / [recuerdo] sweet ▸ **sus años dulces** his golden years
■ nm [caramelo, postre] sweet / [pastel] cake, pastry ▸ **me encanta el ~** [todo lo dulce] I love sweet things ▸ *Fig* **a nadie le amarga un ~** anything's better than nothing ▸ **~ de membrillo** quince jelly

dulcificar [59] vt **1.** [endulzar] to sweeten **2.** [suavizar] to soften

dulzaina nf = *musical instrument similar to a clarinet, but smaller and higher-pitched, used in folk music*

dulzón, -ona adj sickly-sweet

dulzor nm sweetness

dulzura nf [suavidad] sweetness ▸ *Fam* **ven aquí, ~** come here, darling *o* sweetheart

dumping ['dumpin] nm ECON dumping

duna nf dune

dúo nm **1.** MÚS duet **2.** [pareja] duo ▸ **a ~** together

duodécimo, -a núm twelfth

duodenal adj ANAT duodenal

duodeno nm ANAT duodenum

dúplex nm inv **1.** [piso] duplex **2.** ELEC linkup

duplicado, -a ■ adj in duplicate
■ nm duplicate, copy
■ adv **(por) ~** (in) duplicate

duplicar [59] vt **1.** [cantidad] to double **2.** [documento] to duplicate
◆ ***duplicarse*** vpr to double

duplicidad nf **1.** [repetición] duplication **2.** [falsedad] duplicity

duplo, -a adj & nm double

duque, -esa nm,f duke, *f* duchess

duración nf length

duradero, -a adj [que permanece] lasting / [ropa, zapatos] hard-wearing

duralex® nm = *heat-resistant glass*

duraluminio® nm ≃ Dural®, Duralumin®

durante prep [mientras] during / [en todo el tiempo de] for ▸ **por favor, desconecten sus teléfonos móviles ~ la proyección** please ensure mobile phones are switched off during the film ▸ **~ la guerra** during the war ▸ **estuvo sin beber ~ un año** he went (for) a year without drinking ▸ **~ el verano mejoró su situación económica** his financial situation improved over the summer ▸ **~ una hora** for an hour ▸ **~ toda su vida** throughout her life

durar vi [continuar siendo] to last / [permanecer, subsistir] to remain, to stay ▸ **la leche fresca sólo dura unos pocos días** fresh milk only lasts *o* keeps a few days ▸ **no durará mucho en ese puesto** he won't stay *o* last long in that job ▸ **aquellas botas me duraron tres años** those boots lasted me three years ▸ **¿cuánto dura la película?** how long is the film? ▸ **aún dura la fiesta** the party's still going on ▸ **aún le dura el enfado** she's still angry

duraznero nm *AM* peach tree

durazno nm *AM* peach

Durex® nm *MÉX BR* Sellotape®, *US* Scotch® tape

dureza nf **1.** [de objeto, metal] hardness **2.** [de clima, persona] harshness **3.** [callosidad] callus, patch of hard skin

durmiente adj sleeping ▸ **la Bella Durmiente** Sleeping Beauty

durmiera *etc ver* ***dormir***

duro, -a ■ adj **1.** [material, superficie] hard / [carne] tough / [pan] stale **2.** [resistente] tough **3.** [clima] harsh **4.** [palabras, acciones] harsh ▸ **estuvo muy ~ con**

él she was very hard on him ▸ **una entrada muy dura** [de futbolista] a very hard tackle **5.** [expresiones] **estar a las duras y a las maduras** [sin rendirse] to be there through thick and thin / [sin quejarse] to take the rough with the smooth ▸ *Fam* **ser ~ de mollera** to be thick ▸ *Fam* **ser ~ de oído** to be hard of hearing ▸ **ser ~ de pelar** to be a hard nut to crack
■ nm **1.** *ESP Antes* [moneda] five-peseta coin ▸ **cinco duros** [moneda] twenty-five peseta coin ▸ **estar sin un ~** to be flat broke **2.** [persona] tough guy
■ adv hard

duty free ['djuti'fri] (pl **duty frees**) nm duty free shop

d/v (abrev de ***días vista***) **15 ~** within 15 days

DVD nm (pl **DVDs**) (abrev de ***Disco Versátil Digital***) DVD

e

E, e [e] nf [letra] E, e

e conj and

> e is used instead of y in front of words beginning with i or hi (e.g. **apoyo e interés** support and interest; **corazón e hígado** heart and liver).

EAU nmpl (abrev de ***Emiratos Árabes Unidos***) UAE

ebanista nmf cabinet-maker

ebanistería nf **1.** [oficio] cabinet-making **2.** [taller] cabinet-maker's

ébano nm ebony

ebonita nf ebonite, vulcanite

ebrio, -a adj **1.** [borracho] drunk **2.** [ofuscado] **~ de** [ira] blind with / [poder] drunk *o* intoxicated with ▸ **~ de éxito** drunk with success

Ebro nm **el ~** the Ebro

ebullición nf **en ~** boiling / *Fig* in turmoil

eccema nm MED eczema

ECG nm (abrev de ***electrocardiograma***) ECG

echar ■ vt **1.** [tirar] to throw / [red] to cast ▸ **~ algo a la basura** to throw sth in the bin **2.** [meter] to put ▸ **echa esos pantalones a la lavadora** put those trousers in the washing machine **3.** [añadir] [vino, agua] to pour (**a** *o* **en** into) / [sal, azúcar] to add sth (**a** *o* **en** to) ▸ **échame más zumo, por favor** could you pour me some more juice, please? **4.** [decir] [discurso] to give / [reprimenda] to dish out **5.** [carta, postal] to post, *US* to mail ▸ **~ algo al correo** to put sth in the post, to post sth, *US* to mail sth **6.** [humo, vapor, chispas] to give off, to emit ▸ *Fam Fig* **está que echa humo** she's fuming **7.** [hojas, flores] to sprout, to shoot **8.** [expulsar] **~ a alguien (de)** to throw sb out (of) ▸ **le han echado del partido** he's been expelled from the party **9.** [despedir] **~ a alguien (de)** to sack sb (from) ▸ **¡que lo echen!** sack him!, kick him out! **10.** [accionar] **~ la llave/el cerrojo** to lock/bolt the door ▸ **~ el freno** to brake, to put the brakes on **11.** [acostar] to lie (down) **12.** [calcular] **¿cuántos años le echas?** how old do you reckon he is? ▸ **siempre me echan años de menos** people always think I'm younger than I really am **13.** *Fam ESP* **¿qué echan esta noche en la tele?** what's on telly tonight? **14.** [buenaventura] to tell ▸ **~ las cartas (a alguien)** to read sb's fortune *(in cards)* **15.** [expresiones] **~ abajo** [edificio] to pull down, to demolish / [gobierno] to bring down / [proyecto] to ruin ▸ **~ a perder** [vestido, alimentos, plan] to ruin / [ocasión] to waste ▸ **~ de menos** to miss

■ vi **1.** [encaminarse] **~ por la calle arriba** to go *o* head up the street **2.** [empezar] **~ a andar** to set off ▸ **~ a correr** to break into a run ▸ **~ a llorar** to burst into tears ▸ **~ a reír** to burst out laughing

◆ ***echarse*** vpr **1.** [lanzarse] **echarse al suelo** to throw oneself on the floor ▸ **se echó a sus brazos** she threw herself into his arms **2.** [acostarse] to lie down ▸ **me voy a ~ un rato** I'm going to have a nap ▸ **echarse a dormir** [acostarse] to go to bed **3.** [empezar] **echarse a hacer algo** to begin to do sth, to start doing sth ▸ **se echó a cantar/reír** he burst into song/laughter **4.** [apartarse] **echarse a un lado** to move aside ▸ *Fig* **echarse atrás** to back out **5.** [obtener] **echarse (un) novio** to get oneself a boyfriend **6. echarse a perder** [comida] to go off, to spoil / [plan] to fall through

echarpe nm shawl

eclecticismo nm eclecticism

ecléctico, -a adj & nm,f eclectic

eclesiástico, -a ■ adj ecclesiastical
■ nm clergyman

eclipsar vt [astro, persona] to eclipse
◆ ***eclipsarse*** vpr [astro] to go into eclipse / [persona] to drop out of the limelight

eclipse nm eclipse ▸ **~ luna/solar** lunar/solar eclipse ▸ **~ total** total eclipse

eclosión nf emergence

eco ■ nm **1.** [de sonido] echo ▸ **en este patio hay ~** there's an echo in this courtyard ▸ **oímos el ~ de sus voces** we heard the echo of their voices ▸ **hacerse ~ de algo** [dar noticia] to report sth / [repetir] to echo sth ▸

Fig **tener ~** to arouse interest **2.** [rumor] rumour ▸ **el ~ lejano de los tambores** the distant sound of the drums ▸ **aún resuenan los ecos del escándalo** the scandal still hasn't quite died down ▸ **ecos de sociedad** society column, gossip column
■ nf *Fam* [ecografía] (ultrasound) scan

Ecofin nm POL (abrev de ***Consejo de Ministros de Economía y Finanzas***) Ecofin

ecografía nf MED [técnica] ultrasound scanning / [imagen] ultrasound scan

ecología nf ecology

ecológico, -a adj [medioambiental] ecological / [alimentos] organic / [detergente] environmentally-friendly

ecologismo nm Green movement

ecologista ■ adj environmental, ecological
■ nmf environmentalist, ecologist

economato nm company cooperative shop

econometría nf ECON econometrics *(singular)*

economía nf **1.** [actividad productiva] economy ▸ **~ dirigida** command economy ▸ **~ doméstica** housekeeping ▸ **~ de libre mercado** free-market economy ▸ **~ de mercado** market economy ▸ **~ mixta** mixed economy ▸ **~ planificada** planned economy ▸ **~ de subsistencia** subsistence economy ▸ **~ sumergida** black *o* hidden economy **2.** [estudio] economics *(singular)* ▸ **~ aplicada** applied economics **3.** [ahorro] saving ▸ **por ~ de espacio** to save space ▸ **hacer economías** to save

económico, -a adj **1.** [de la economía] [asunto, doctrina, política] economic **2.** [del dinero] [problemas, situación] financial **3.** [barato] cheap, low-cost ▸ **te sale más económico** it works out cheaper **4.** [que gasta poco] [motor, aparato] economical / [persona] thrifty

economista nmf economist

economizar [14] vt to save

ecopunto nm recycling bank

ecosistema nm ecosystem

ecotasa nf ecotax

ecoturismo nm ecotourism

ectoplasma nm ectoplasm

ecu nm *Antes* (abrev de ***unidad de cuenta europea***) ecu

ecuación nf MAT equation ▸ **~ lineal** linear equation ▸ **~ de segundo grado** quadratic equation

Ecuador n Ecuador

ecuador nm equator ▸ *Fig* **pasar el ~** to pass the half-way point

ecualizador nm equalizer ▸ **~ gráfico** graphic equalizer

ecuánime adj **1.** [en el ánimo] level-headed **2.** [en el juicio] impartial, fair

ecuanimidad nf **1.** [del ánimo] equanimity, composure **2.** [del juicio] impartiality, fairness

ecuatorial adj equatorial

ecuatoriano, -a adj & nm,f Ecuadorian, Ecuadoran

ecuestre adj equestrian

ecuménico, -a adj ecumenical

eczema nm MED eczema

ed. **1.** (abrev de ***editor***) ed. **2.** (abrev de ***edición***) edit.

edad nf age ▸ **¿qué ~ tienes?** how old are you? ▸ **tiene 25 años de ~** she's 25 years old ▸ **una persona de mediana ~** a middle-aged person ▸ **una persona de ~** an elderly person ▸ **¡son cosas de la ~!** it's (just) his/her/their age! ▸ **la tercera ~** [ancianos] senior citizens ▸ **la ~ antigua** ancient times ▸ **la Edad de Bronce** the Bronze Age ▸ **la ~ contemporánea** the modern age *(since the French revolution)* ▸ **~ escolar** school age ▸ **~ del juicio** age of reason ▸ **la Edad de Hierro** the Iron Age ▸ **la Edad Media** the Middle Ages ▸ *Fig* **~ de oro** golden age ▸ *Fam* **~ del pavo** awkward age ▸ **la Edad de Piedra** the Stone Age ▸ **~ de la razón** age of reason

edecán nmf *MÉX* [en congreso] conference usher / [acompañante] escort

edelweiss ['eðelweis] nm inv edelweiss

edema nm MED oedema

edén nm REL Eden / *Fig* paradise

edición nf **1.** [acción] IMPRENTA publication / INFORM, RAD & TV editing ▸ **~ de Jorge Urrutia** [en libro] edited by Jorge Urrutia ▸ **la segunda ~ del telediario** ≃ the evening news **2.** [ejemplares] edition ▸ **~ de bolsillo** pocket edition ▸ **~ crítica** critical edition ▸ **~ extraordinaria** special edition ▸ **~ de lujo** deluxe edition ▸ **~ pirata** pirate edition ▸ **~ príncipe** first edition **3.** [celebración periódica] **la ~ de los Oscars/del Mundial de 1998** the 1998 Oscars/World Cup ▸ **la décima ~ del festival** the tenth festival

edicto nm edict

edificación nf building

edificante adj [conducta] exemplary / [libro, discurso] edifying

edificar [59] vt **1.** [construir] to build **2.** [aleccionar] to edify

edificio nm building ▸ **~ inteligente** intelligent building

edil nm (town) councillor

Edimburgo n Edinburgh

Edipo n pr MITOL Oedipus

editar vt **1.** [libro, periódico] to publish / [disco] to release **2.** INFORM, RAD & TV to edit

editor, -ora ■ adj publishing ▸ **empresa editora** publishing company
■ nm,f **1.** [de libro, periódico] publisher **2.** RAD & TV editor
■ nm INFORM editor ▸ **~ de textos** text editor

editorial ■ adj **empresa ~** publishing house *o* company
■ nm PRENSA editorial, leader
■ nf publisher, publishing house

editorialista nmf PRENSA leader writer

edredón nm eiderdown, quilt ▸ **~ (nórdico)** *BR* duvet, continental quilt, *US* comforter

educación nf **1.** [enseñanza] education ▸ **~ de** *o* **para adultos** adult education ▸ **~ a distancia** distance learning ▸ **~ especial** special education ▸ **~ física**

physical education ▸ **~ preescolar** nursery education ▸ **~ primaria** primary education ▸ **~ sexual** sex education ▸ **~ secundaria** secondary education ▸ **~ vial** road safety education **2.** [modales] good manners ▸ **no tienes ninguna ~** you have no manners ▸ **¡qué poca ~!** how rude! ▸ **mala ~** bad manners ▸ **es una falta de ~, es de mala ~** it's bad manners

educado, -a adj polite, well-mannered ▸ **mal ~** rude, ill-mannered

educador, -ora nm,f teacher

educar [59] vt **1.** [enseñar] to educate **2.** [criar] to bring up **3.** [cuerpo, voz, oído] to train

educativo, -a adj educational ▸ **sistema ~** education system

edulcorante ■ adj **sustancia ~** sweetener
■ nm sweetener

edulcorar vt to sweeten

eduque *etc ver* ***educar***

EEE nm (abrev de ***espacio económico europeo***) EEA

EE. UU. nmpl (abrev de ***Estados Unidos***) USA

efebo nm Adonis

efectista adj designed for effect, dramatic

efectivamente adv [en respuestas] precisely, exactly

efectividad nf effectiveness

efectivo, -a ■ adj [real] actual, true ▸ **hacer ~** [realizar] to carry out / [dinero, crédito] to pay / [cheque] to cash ▸ **su nombramiento no será ~ hasta mañana** her appointment will not take effect until tomorrow
■ nm **1.** [dinero] cash ▸ **en ~** in cash **2. efectivos** [personal] forces ▸ **efectivos militares** troops ▸ **varios efectivos policiales** a number of policemen

efecto nm **1.** [consecuencia, resultado] effect ▸ **con ~ desde** with effect from ▸ **hacer ~** to take effect ▸ **surtir ~** to have an effect ▸ **tener ~** [vigencia] to come into *o* take effect ▸ **~ dominó** domino effect ▸ **~ invernadero** greenhouse effect ▸ **~ óptico** optical illusion ▸ **efectos secundarios** side effects **2.** [finalidad] aim, purpose ▸ **al ~, a dicho ~, a tal ~** to that end ▸ **a efectos de algo** as far as sth is concerned ▸ **a efectos legales,...** as far as the law is concerned,..., in the eyes of the law,... ▸ **a todos los efectos** for all practical purposes **3.** [impresión] impression ▸ **producir buen/mal ~** to make a good/bad impression **4.** [de balón, bola] spin ▸ **dar ~ a** to put spin on **5.** COM [documento] bill ▸ **~ de comercio** commercial paper ▸ **~ de favor** accommodation bill **6.** CINE **efectos especiales** special effects ▸ **efectos sonoros/visuales** sound/visual effects **7.** [posesiones] **efectos personales** personal possessions *o* effects
◆ ***en efecto*** loc adv indeed ▸ **y, en ~, fuimos a visitar la ciudad** and we did indeed visit the city ▸ **¿lo hiciste tú? – en ~** did you do it? – I did indeed *o* indeed I did

efectuar [4] vt [realizar] to carry out / [compra, pago, viaje] to make ▸ **el tren efectuará su salida a las ocho** the train will depart at eight ▸ **el Papa efectuará una visita oficial a la zona** the Pope will make an official visit to the area
◆ ***efectuarse*** vpr to take place

efeméride nf [suceso] major event / [conmemoración] anniversary ▸ PRENSA **efemérides** = *list of the day's anniversaries published in a newspaper*

efervescencia nf **1.** [de líquido] effervescence / [de bebida] fizziness **2.** [agitación, inquietud] unrest ▸ **estar en plena ~** to be buzzing *o* humming with activity

efervescente adj [bebida] fizzy ▸ **aspirina/comprimido ~** soluble aspirin/tablet

eficacia nf [de persona] efficiency / [de medicamento, medida] effectiveness

eficaz adj [persona] efficient / [medicamento, medida] effective

eficiencia nf efficiency

eficiente adj efficient

efigie nf [imagen] effigy / [en monedas] image, picture

efímero, -a adj ephemeral

efluvio nm [emanación] vapour / [aroma] scent / [de alegría, simpatía] aura ▸ **los efluvios de su perfume** the smell of her perfume

EFTA ['efta] nf (abrev de ***European Free Trade Association***) EFTA

efusión nf [cordialidad] effusiveness, warmth

efusividad nf effusiveness

efusivo, -a adj effusive

EGB nf *Antes* (abrev de ***educación general básica***) = *stage of Spanish education system for pupils aged 6-14*

Egeo nm **el (mar) ~** the Aegean (Sea)

egipcio, -a adj & nm,f Egyptian

Egipto n Egypt

ego nm ego

egocéntrico, -a ■ adj egocentric, self-centred
■ nm,f egocentric *o* self-centred person

egocentrismo nm egocentricity

egoísmo nm selfishness, egoism

egoísta ■ adj egoistic, selfish
■ nmf egoist, selfish person

ególatra ■ adj egotistical
■ nmf egotist

egolatría nf egotism

egregio, -a adj *Formal* illustrious

egresado, -a nm,f *AM* **1.** [de escuela] = *student who has completed their studies,* *US* graduate **2.** [de universidad] graduate

egresar vi *AM* **1.** [de escuela] to leave school after completing one's studies, *US* to graduate **2.** [de universidad] to graduate

egreso nm *AM* [de universidad] graduation

eh interj **¡eh!** hey!

Eire n HIST Eire

ej. (abrev de ***ejemplo***) example, ex.

eje nm **1.** [de rueda] axle / [de máquina] shaft ▸ *AM* **~ vial** main road **2.** GEOM & ASTRON axis ▸ **~ de abscisas** x-axis ▸ **~ de ordenadas** y-axis **3.** [idea central] central idea, basis ▸ **es el ~ de la empresa** she holds the company together ▸ **el ~ argumental de la novela** the central strand of the novel's plot **4.** HIST **el Eje** the Axis

ejecución nf **1.** [realización] carrying out ▸ **tuvimos**

problemas durante la ~ de la tarea we had problems while carrying out the task ▸ **la ~ del tenista fue brillante** the tennis player's performance was outstanding **2.** [de condenado] execution **3.** [de concierto] performance, rendition **4.** INFORM [de un programa] execution, running

ejecutable adj **1.** [realizable] feasible, practicable **2.** INFORM executable

ejecutar vt **1.** [realizar] to carry out ▸ **~ las órdenes de alguien** to carry out sb's orders **2.** [condenado] to execute **3.** [concierto] to perform **4.** INFORM [programa] to execute, to run

ejecutiva nf [junta] executive ▸ **la ~ del partido socialista** the executive of the socialist party

ejecutivo, -a ■ adj executive
■ nm,f [persona] executive ▸ **~ agresivo** thrusting executive ▸ **~ de cuentas** account administrator
■ nm POL **el Ejecutivo** the government

ejecutor, -ora nm,f **1.** DER executor **2.** [verdugo] executioner

ejecutoria nf **1.** [título] letters patent of nobility **2.** [historial] record of accomplishment **3.** DER [sentencia] final judgement / [despacho] writ of execution

ejecutorio, -a adj DER final

ejem interj **¡~!** hum!, ahem!

ejemplar ■ adj exemplary ▸ **castigo ~** exemplary punishment ▸ **fue un marido ~** he was a model husband
■ nm **1.** [de libro] copy / [de revista] issue / [de moneda] example ▸ **ejemplares atrasados del "New Yorker"** back issues of the "New Yorker" ▸ **~ de muestra** specimen copy ▸ **~ de regalo** [libro] complimentary copy **2.** [de especie, raza] specimen ▸ **pescó un ~ de 200 kilos** he caught one weighing 200 kilos ▸ **quedan pocos ejemplares de panda gigante** there are few giant pandas left

ejemplaridad nf exemplary nature

ejemplificar [59] vt to exemplify

ejemplo nm example ▸ **es el vivo ~ del optimismo** he's optimism personified ▸ **dar ~** to set an example ▸ **no des mal ~ a los niños** don't set the children a bad example ▸ **por ~** for example ▸ **poner un ~** to give an example ▸ **poner de ~** to give as an example ▸ **predicar con el ~** to practise what one preaches ▸ **servir de ~** to serve as an example

ejercer [40] ■ vt **1.** [profesión] to practise / [cargo] to hold ▸ **ejerce la medicina** he's in practice as a doctor **2.** [poder, derecho] to exercise / [influencia, dominio] to exert ▸ **~ presión sobre** to put pressure on ▸ **~ influencia (en)** to have an effect *o* influence (on)
■ vi to practise (one's profession) ▸ **estudió enfermería, pero no ejerce** she studied as a nurse, but is not working in the profession ▸ **~ de** to practise *o* work as ▸ **ejerce como abogada** she practises as a lawyer, she's a practising lawyer ▸ **ejerce mucho de jefe** he acts like he's the boss

ejercicio nm **1.** [tarea, deporte] exercise / MIL drill ▸ **hacer ~** to (do) exercise ▸ REL **ejercicios espirituales** retreat ▸ **~ físico** physical exercise **2.** [examen] test, *US* quiz **3.** [de profesión] practising / [de cargo, funciones] carrying out ▸ **ya no está en ~** he no longer practises **4.** [de poder, derecho] exercising **5.** FIN financial year ▸ **~ económico/fiscal** financial/tax year

ejercitar vt **1.** [derecho] to exercise **2.** [idioma] to practise
◆ ***ejercitarse*** vpr to train (**en** in)

ejército nm MIL & *Fig* army ▸ **Ejército del Aire** Air Force ▸ **~ profesional** professional army ▸ **~ regular** regular army ▸ **el Ejército de Salvación** the Salvation Army ▸ **Ejército de Tierra** army *(as opposed to navy and air force)*

ejerzo *ver* ***ejercer***

ejido nm **1.** *MÉX* [institución] = *system of cooperative land tenure* / [terreno] = *piece of land farmed by a cooperative* / [sociedad] = *farming cooperative* **2.** HIST common land

ejote nm *CAM, MÉX* green bean

el (f **la**, mpl **los**, fpl **las**) art

> **el** is used instead of **la** before feminine nouns which are stressed on the first syllable and begin with **a** or **ha** (e.g. **el agua, el hacha**). Note that **el** combines with the prepositions **a** and **de** to produce the contracted forms **al** and **del.**

1. [en general] the ▸ **el coche** the car ▸ **la casa** the house ▸ **los niños** the children ▸ **el agua/hacha/águila** the water/axe/eagle ▸ **fui a recoger a los niños** I went to pick up the children **2.** [con sustantivo abstracto o sentido genérico] **el amor** love ▸ **la vida** life ▸ **el hombre** Man, human beings ▸ **los niños imitan a los adultos** children copy adults **3.** [indica posesión, pertenencia] **se partió la pierna** he broke his leg ▸ **se quitó los zapatos** she took her shoes off ▸ **tiene el pelo oscuro** he has dark hair ▸ **se dieron la mano** they shook hands **4.** [con días de la semana] **vuelven el sábado** they're coming back on Saturday **5.** [con nombres propios geográficos] **el Sena** the (River) Seine ▸ **el Everest** (Mount) Everest ▸ **la España de la postguerra** post-war Spain **6.** *Fam* [con nombre propio de persona] **llama a la María** call Maria **7.** [con complemento de nombre, especificativo] **el de** the one with ▸ **he perdido el tren, cogeré el de las nueve** I've missed the train, I'll get the nine o'clock one ▸ **el de azul** [cosa] the blue one / [persona] the one in blue ▸ **el de aquí** this one here **8.** [con complemento de nombre, posesivo] **mi hermano y el de Juan** my brother and Juan's **9.** [antes de frase] **el que** [cosa] the one, whichever / [persona] whoever ▸ **coge el que quieras** take whichever you like ▸ **el que más corra** whoever runs fastest **10.** [antes de adjetivo] **prefiero el rojo al azul** I prefer the red one to the blue one

él, ella pron personal

> Usually omitted as a personal pronoun in Spanish except for emphasis or contrast.

1. [sujeto, predicado] [persona] he, *f* she / [animal, cosa] it ▸ **mi hermana es ella** she's the one who is my sister **2.** (después de preposición) [complemento] him, *f* her ▸ **de él** his ▸ **de ella** hers ▸ **voy a ir de vacaciones con ella** I'm going on holiday with her ▸ **díselo a ella** tell it to her ▸ **este regalo es para él** this present is for him

elaboración nf [de producto] manufacture / [de idea] working out / [de plan, informe] drawing up ▸ **de ~ casera** home-made ▸ **proceso de ~** [industrial] manufacturing process

elaborar vt [producto] to make, to manufacture / [idea] to work out / [plan, informe] to draw up

elasticidad nf [de un cuerpo] elasticity / [de horario, interpretación] flexibility

elástico, -a ■ adj [cuerpo] elastic / [horario, interpretación] flexible
■ nm [cinta] elastic / [goma elástica] rubber band / [de pantalón, falda] elasticated waistband

Elba nm **el ~** the Elbe

E/LE ['ele] (abrev de ***Español como Lengua Extranjera***) Spanish as a foreign language

elección nf **1.** [nombramiento] election ▸ **la ~ del árbitro no llevó mucho tiempo** it didn't take a long time to choose the referee **2.** [opción] choice ▸ **no tenemos ~** we have no choice ▸ **el color lo dejo a tu ~** I'll leave the (choice of) colour up to you ▸ **un regalo de su ~** a gift of his own choosing **3.** POL **elecciones** election ▸ **presentarse a las elecciones** to stand in the elections ▸ **elecciones autonómicas** elections to the regional parliament ▸ **elecciones generales** elections to the national parliament, *BR* ≃ general election, *US* ≃ congressional elections ▸ **elecciones municipales** local elections ▸ **elecciones presidenciales** presidential election

eleccionario, -a adj *AM* electoral

electo, -a adj elect ▸ **el presidente ~** the president elect

elector, -ora nm,f voter, elector

electorado nm electorate

electoral adj electoral

electoralismo nm electioneering

electoralista adj electioneering ▸ **una medida ~** a vote-catching measure

electricidad nf electricity ▸ **~ estática** static electricity

electricista ■ adj electrical
■ nmf electrician

eléctrico, -a adj electric

electrificación nf electrification

electrificar [59] vt to electrify

electrizar [14] vt [exaltar] to electrify

electrocardiograma nm electrocardiogram, ECG ▸ **el ~ mostró que tenía problemas de corazón** the ECG revealed that there were problems with his heart

electrochoque nm electric shock therapy

electrocución nf electrocution

electrocutar vt to electrocute
◆ ***electrocutarse*** vpr to electrocute oneself

electrodiálisis nf inv electrodialysis

electrodo nm electrode

electrodoméstico nm electrical (household) appliance

electroencefalógrafo nm electroencephalograph

electroencefalograma nm electroencephalogram

electrógeno, -a ■ adj **grupo ~** generator
■ nm generator

electrólisis nf inv electrolysis

electrólito nm electrolyte

electromagnético, -a adj electromagnetic

electromagnetismo nm electromagnetism

electromecánica nf electromechanics *(singular)*

electrón nm electron

electrónica nf electronics *(singular)*

electrónico, -a adj electronic ▸ **microscopio ~** electron microscope

electroshock [elektro'ʃok] (pl **electroshocks**) nm [terapia] electric shock therapy

electrostática nf electrostatics *(singular)*

electrostático, -a adj electrostatic

electroterapia nf electrotherapy

elefante, -a ■ nm,f elephant
■ nm **~ marino** elephant seal

elefantiasis nf inv elephantiasis

elegancia nf **1.** [de persona, ropa] elegance, smartness **2.** [de barrio, hotel, fiesta] smartness **3.** [de movimiento, porte] gracefulness, elegance **4.** [de actitud, comportamiento] graciousness

elegante adj **1.** [persona, ropa] elegant, smart ▸ **estás muy ~ con ese vestido** you look really smart in that dress ▸ **ponte ~, vamos a una boda** make yourself smart, we're going to a wedding **2.** [barrio, hotel, fiesta] smart, chic **3.** [movimiento, porte] graceful, elegant **4.** [actitud, comportamiento] gracious ▸ **fue un gesto poco ~ por su parte** it wasn't a very gracious gesture on his part

elegantoso, -a adj *AM Fam* smart, *BR* posh

elegía nf elegy

elegiaco, -a, elegíaco, -a adj elegiac

elegible adj eligible

elegido, -a ■ adj [escogido] selected, chosen / POL elected
■ nm,f person chosen/elected ▸ *Fig* **los elegidos** the chosen few

elegir [55] ■ vt **1.** [escoger] to choose, to select ▸ **tiene dos colores a ~** you can choose from two colours ▸ **rojo o verde, ¿cuál eliges?** red or green, which one do you want? **2.** [por votación] to elect ▸ **fue elegido por unanimidad** he was elected unanimously ▸ **ha sido elegida mejor película del año** it was voted best film of the year
■ vi [escoger] to choose ▸ **dar a alguien a ~ entre varias cosas** to give sb a choice between several things ▸ **hay mucho donde ~** there's a lot to choose from

elemental adj **1.** [básico] basic **2.** [obvio] obvious

elemento ■ nm **1.** [sustancia] element ▸ **~ químico** chemical element ▸ **estar (uno) en su ~** to be in one's element **2.** [factor] factor ▸ **el ~ sorpresa** the surprise factor **3.** [en equipo, colectivo] [persona] individual / [objeto, característica] element **4. elementos** [fundamentos] rudiments **5. elementos** [fuerzas atmosféricas] elements ▸ *Fig* **luchar contra los elementos** to struggle

against the elements ▸ **los cuatro elementos** the four elements
■ nm,f *ESP Fam Pey* [persona] **un ~ de cuidado** a bad lot ▸ **menuda elementa está hecha** she's a real tearaway

elenco nm **1.** [reparto] cast / [conjunto] panoply, array ▸ **un ~ de estrellas** a galaxy of stars **2.** [catálogo] list, index

elepé nm LP (record)

elevación nf **1.** [de pesos, objetos] lifting / [de nivel, altura, precios] rise **2.** [de terreno] elevation, rise

elevado, -a adj **1.** [alto] high ▸ **era de elevada estatura** he was tall in stature ▸ **un ~ número de accidentes** a large *o* high number of accidents **2.** [noble] [ideal] lofty, noble **3.** [tono, lenguage] elevated, sophisticated

elevador nm **1.** [montacargas] hoist **2.** *MÉX* [ascensor] *BR* lift, *US* elevator

elevadorista nmf *AM* [empleado] *BR* lift operator, *US* elevator operator

elevalunas nm inv window winder ▸ **~ eléctrico** electric window

elevar vt **1.** [levantar] [peso, objeto] to lift / [pared] to build, to put up **2.** [aumentar] [precio, cantidad] to raise **3.** MAT to raise ▸ **~ x al cuadrado/al cubo** to square/cube x ▸ **diez elevado a quince** ten to the fifteenth (power) **4.** [subir] to elevate (**a** to) ▸ **lo elevaron a la categoría de héroe** they made him into a hero **5.** [propuesta, quejas] to present
◆ ***elevarse*** vpr **1.** [subir] to rise ▸ **el globo se elevó por los aires** the balloon rose into the air ▸ **elevarse a** [altura] to reach **2.** [edificio, montaña] to rise up **3.** [aumentar] [precio, temperatura] to increase, to go up **4. elevarse a** [gastos, daños] to amount *o* come to ▸ **el número de muertos se eleva ya a treinta** the number of dead has now risen to thirty

elidir vt to elide

eligió *ver **elegir***

elijo *ver **elegir***

eliminación nf elimination ▸ **~ de basuras/residuos** refuse/waste disposal

eliminar vt [en juego, deporte] to eliminate / [matar] to eliminate, to get rid of / [contaminación, enfermedad] to get rid of

eliminatoria nf [partido] tie / [en atletismo] heat ▸ **~ de copa** [en fútbol] cup tie

eliminatorio, -a adj qualifying ▸ **prueba eliminatoria** [examen] selection test / [en deporte] qualifying heat

elipse nf ellipse

elipsis nf inv ellipsis

elipsoide nm ellipsoid

elíptico, -a adj elliptical

élite, elite nf elite ▸ **deportista de ~** top-class sportsman/sportswoman

elitismo nm elitism

elitista adj & nmf elitist

elixir nm [remedio milagroso] elixir ▸ **el ~ de la eterna juventud** the elixir of eternal youth ▸ **~ bucal** mouthwash

ella *ver **él***

ellas *ver **ellos***

ello pron personal [neutro] it ▸ **no nos llevamos bien pero ~ no nos impide formar un buen equipo** we don't get on very well, but it *o* that doesn't stop us making a good team ▸ **no quiero hablar de ~** I don't want to talk about it ▸ **por ~** for that reason

ellos, ellas pron personal

> Usually omitted in Spanish except for emphasis or contrast.

1. [sujeto, predicado] they ▸ **los invitados son ~** they are the guests, it is they who are the guests **2.** (después de preposición) [complemento] them ▸ **de ~** theirs ▸ **me voy al bar con ellas** I'm going with them to the bar ▸ **díselo a ~** tell it to them

elocución nf elocution

elocuencia nf eloquence

elocuente adj eloquent ▸ **se hizo un silencio ~** there was an eloquent silence ▸ **una mirada ~** a meaningful look

elogiar vt to praise

elogio nm praise

elogioso, -a adj appreciative, eulogistic

elongación nf elongation

elote nm *CAM, MÉX* [mazorca] corncob, ear of maize *o US* corn / [granos] sweetcorn, *US* corn

elucidar vt to elucidate, to throw light upon

elucubración nf [reflexión] reflection, meditation ▸ **eso no son más que elucubraciones suyas** it's all just a lot of crazy ideas he's dreamed up

elucubrar vt [reflexionar] to reflect *o* meditate upon / [teorías, fantasías] to dream up

eludir vt [evitar] to avoid / [perseguidores] to escape ▸ **~ a la prensa** to avoid the press

e-mail ['imeil] (pl **e-mails**) nm INFORM e-mail

emanación nf emanation, emission

emanar ■ vt [olor, humo] to emanate, to give off / [hostilidad] to emanate / [alegria, confianza] to exude, to radiate ▸ **emanaba tristeza por todos los poros** she exuded sadness from every pore
■ vi to emanate (**de** from)

emancipación nf [de mujer, esclavo] emancipation / [de menores de edad] coming of age / [de país] obtaining of independence

emancipado, -a adj [mujer] emancipated / [esclavo] freed, emancipated / [país] independent

emancipar vt [esclavo, pueblo] to emancipate, to free / [país] to grant independence (to)
◆ ***emanciparse*** vpr to become independent

embadurnado, -a adj smeared (**de** with)

embadurnar vt to smear (**de** with)
◆ ***embadurnarse*** vpr **embadurnarse de** to smear oneself with

embajada nf **1.** [edificio] embassy **2.** [cargo] ambassadorship **3.** [empleados] embassy staff

embajador, -ora nm,f ambassador

embalaje nm **1.** [acción] packing **2.** [material] packaging

embalar vt to wrap up, to pack
◆ ***embalarse*** vpr [corredor] to race away / [vehículo] to pick up speed / [entusiasmarse] to get carried away ▸ **cuando se embala a hablar no hay quien lo pare** once he gets into his stride you can't shut him up

embaldosar vt [piso] to tile

embalsamamiento nm embalming

embalsamar vt to embalm

embalsar vt to dam (up)
◆ ***embalsarse*** vpr to collect, to form puddles

embalse nm reservoir

embarazada nf pregnant woman

embarazado, -a adj pregnant ▸ **dejar embarazada a alguien** to get sb pregnant ▸ **estar embarazada de ocho meses** to be eight months pregnant ▸ **quedarse embarazada** to get pregnant

> FALSO AMIGO / FALSE FRIEND
> ***embarazado***
>
> Embarrassed is not a translation of the Spanish word *embarazado*. **I'm embarrassed** is translated by *me da vergüenza* or, in most of Latin America, also *me da pena*.

embarazar [14] vt **1.** [preñar] to get pregnant **2.** [impedir] to restrict **3.** [avergonzar] to inhibit

embarazo nm **1.** [preñez] pregnancy ▸ **~ no deseado** unplanned pregnancy ▸ **~ psicológico** phantom pregnancy **2.** [timidez] embarrassment **3.** [impedimento] obstacle

embarazoso, -a adj awkward, embarrassing

embarcación nf boat, vessel

embarcadero nm jetty

embarcar [59] ■ vt **1.** [personas] to board / [mercancías] to load **2.** [involucrar] **~ a alguien en algo** to involve sb in sth
■ vi to board ▸ **por favor embarquen por la puerta C** please board the plane at gate C *o* proceed through gate C
◆ ***embarcarse*** vpr **1.** [para viajar] to board ▸ **se embarcó en un mercante rumbo a Australia** he boarded a merchant ship *o* he embarked on a merchant ship bound for Australia **2.** [aventurarse] **embarcarse en algo** to get oneself involved in sth

embargado, -a adj **~ por la pena/la alegría** overcome with grief/joy

embargar [38] vt **1.** DER to seize, to distrain ▸ **le han embargado todos sus bienes** his property has been seized **2.** [sujeto: emoción] to overcome

embargo nm **1.** DER seizure **2.** [económico] embargo ▸ **el ~ a Cuba de Estados Unidos** the United States' embargo against Cuba ▸ **~ comercial** trade embargo
◆ ***sin embargo*** loc conj **1.** [no obstante] however, nevertheless ▸ **es, sin ~, uno de los mejores jugadores del equipo** nevertheless, he's one of the best players in the team **2.** [por el contrario] on the other hand ▸ **los ingresos han aumentado y, sin ~, los gastos se han mantenido al mismo nivel** income has increased, while on the other hand expenses have remained largely the same

embarque nm [de personas] boarding / [de mercancías] loading ▸ **el ~ se realizará por la puerta G** the flight will board at gate G

embarrado, -a adj muddy

embarrancar [59] vi to run aground
◆ ***embarrancarse*** vpr [barco] to run aground / [coche] to get stuck

embarrar vt to cover with mud
◆ ***embarrarse*** vpr to get covered in mud

embarullar *Fam* vt to mess up
◆ ***embarullarse*** vpr to get into a muddle

embate nm [del mar] pounding / [del destino] blow ▸ **el ~ de las olas** the pounding of the waves

embaucador, -ora ■ adj deceitful
■ nm,f swindler, confidence trickster

embaucar [59] vt to deceive, to take in ▸ **no te dejes ~** don't (let yourself) be taken in ▸ **~ a alguien en algo** to talk sb into sth

embeber vt to soak up
◆ ***embeberse*** vpr [ensimismarse] to become absorbed (**en** in) ▸ **se embebió en sus fantasías** he lost himself in his dream world ▸ **me embebí de la poesía de Lorca** I immersed *o* steeped myself in Lorca's poetry

embelesado, -a adj spellbound, entranced

embelesar vt to captivate ▸ **su belleza lo embelesó** he was enchanted *o* captivated by her beauty
◆ ***embelesarse*** vpr to be captivated

embeleso nm **1.** [encanto] enchantment ▸ **lo miraba con ~** she watched him entranced *o* spellbound **2.** CUBA [planta] leadwort

embellecedor nm [moldura] go-faster stripes / [tapacubos] hubcap

embellecer [46] vt to adorn, to embellish

embellecimiento nm embellishment

embestida nf [ataque] attack / [de toro] charge ▸ **derribó la puerta de una ~** he broke down the door with a single charge

embestir [47] ■ vt [lanzarse contra] to attack / [sujeto: toro] to charge ▸ **el coche embistió al árbol** the car smashed into the tree
■ vi [lanzarse] to attack / [toro] to charge ▸ **el coche embistió contra el árbol** the car smashed into the tree

emblanquecer [46] vt to whiten

emblema nm **1.** [divisa, distintivo] emblem, badge **2.** [símbolo] symbol

emblemático, -a adj symbolic, emblematic ▸ **una figura emblemática del Renacimiento** a representative figure of the Renaissance

embobar vt to absorb, to fascinate ▸ **esa mujer lo tiene embobado** he's crazy *o* potty about that woman
◆ ***embobarse*** vpr to be captivated *o* fascinated (**con** by)

embocadura nf **1.** [de río, puerto] mouth **2.** [de instrumento] mouthpiece

embocar **[59]** vt to enter *(a narrow space)*, to squeeze into

embolado nm *ESP Fam* **1.** [mentira] fib **2.** [follón] jam, mess

embole nm *RP Fam* [aburrimiento] bore

embolia nf clot, embolism

émbolo nm AUT piston

embolsarse vpr [ganar] to make, to earn

embonar vt *ANDES, CUBA, MÉX Fam* [ajustar] to suit / [ensamblar] to join

emborrachar vt [sujeto: persona] to get drunk / [sujeto: bebida] to make *o* get drunk ▸ **lo emborracharon con champán** they got him drunk on champagne ▸ **emborrachó el bizcocho en jerez** he soaked the sponge cake in sherry ▸ *Fig* **la alegría lo emborrachaba** he was drunk with joy

◆ ***emborracharse*** vpr to get drunk

emborrascarse **[59]** vpr to cloud over, to turn black

emborronar vt **1.** [garabatear] to scribble on / [manchar] to smudge **2.** [escribir de prisa] to scribble

emboscada nf *también Fig* ambush ▸ **caer en/tender una ~** to walk into/to lay an ambush

emboscar **[59]** vt to ambush

embotado, -a adj [sentidos] dulled / [cabeza] muzzy

embotamiento nm dullness

embotar vt [sentidos] to dull ▸ **tenía la mente embotada de tanto estudiar** his mind had been dulled by so much studying

embotellado, -a ■ adj bottled

■ nm bottling

embotelladora nf bottling machine

embotellamiento nm **1.** [de tráfico] traffic jam **2.** [de líquidos] bottling

embotellar vt **1.** [tráfico] to block **2.** [líquido] to bottle

embozar **[14]** vt [rostro] to cover (up)

◆ ***embozarse*** vpr [persona] to cover one's face

embozo nm [de sábana] turnover

embragar **[38]** vi to engage the clutch

embrague nm clutch

embravecer **[46]** vt to enrage

◆ ***embravecerse*** vpr **1.** [animal, persona] to become enraged **2.** [mar] to become rough

embravecido, -a adj rough

embriagado, -a adj intoxicated

embriagador, -ora adj intoxicating, heady

embriagar **[38]** vt **1.** [extasiar] to intoxicate **2.** [emborrachar] to make drunk

◆ ***embriagarse*** vpr **1.** [extasiarse] to become drunk (**de** with) **2.** [emborracharse] to get drunk (**con** on)

embriaguez nf **1.** [borrachera] drunkenness **2.** [éxtasis] intoxication

embriología nf embryology

embrión nm embryo

embrionario, -a adj *también Fig* embryonic

embrollar vt [asunto] to confuse, to complicate / [hilos] to tangle up

◆ ***embrollarse*** vpr to get muddled up *o* confused

embrollo nm [de hilos] tangle / [lío] mess / [mentira] lie

embromado, -a adj *ANDES, CARIB, RP Fam* **1.** [complicado] tricky **2.** [mal] in a bad way

embromar *Fam* vt **1.** [tomar el pelo a] to make fun of, *BR* to take the mickey out of **2.** [fastidiar] to annoy **3.** *ANDES, CARIB, RP* [estropear] to ruin

embrujar vt *también Fig* to bewitch

embrujo nm [maleficio] curse, spell / [de ciudad, ojos] charm, magic

embrutecer **[46]** vt to stultify, to make dull

◆ ***embrutecerse*** vpr to become stultified

embrutecimiento nm [acción] stultification

embuchado, -a adj **carne embuchada** cured cold meat

embuchar vt **1.** *Fam* [comer] to wolf down, to gobble up **2.** [embutir] to process into sausages

embudo nm funnel

embuste nm lie

embustero, -a ■ adj lying

■ nm,f liar

embutido nm **1.** [comida] cold cured meat **2.** [acción] sausage-making, stuffing

embutir vt to stuff ▸ **se embutió en unos pantalones de cuero** he squeezed himself into a pair of leather trousers

eme nf *Fam* [mierda] **¡vete a la ~!** *BR* take a running jump, *US* take a hike!

emergencia nf **1.** [urgencia] emergency ▸ **en caso de ~** in case of emergency **2.** [brote] emergence

emergente adj emerging

emerger **[52]** vi [salir del agua] to emerge / [aparecer] to come into view, to appear

emérito, -a adj emeritus

emerjo *ver* ***emerger***

emético, -a adj & nm FARM emetic

emigración nf **1.** [de personas] emigration / [de aves] migration **2.** [grupo de personas] emigrant community

emigrado, -a nm,f emigrant

emigrante adj & nmf emigrant

emigrar vi [persona] to emigrate / [ave] to migrate

emilio nm *Fam* INFORM e-mail (message)

eminencia nf [persona] eminent figure, leading light / [excelencia] excellence ▸ **la ~ de su obra** the outstanding nature of his work ▸ **~ gris** éminence grise ▸ **Su Eminencia** His Eminence

eminente adj **1.** [excelente] eminent **2.** [elevado] high

emir nm emir

emirato nm emirate ▸ **Emiratos Árabes Unidos** United Arab Emirates

emisario, -a nm,f emissary

emisión nf **1.** [de energía, rayos] emission **2.** [de bonos, sellos, monedas] issue ▸ FIN **~ de obligaciones** debentures issue **3.** RAD & TV [transmisión] broadcasting / [programa] programme, broadcast

emisor, -ora ■ adj **1.** [de radio, TV] transmitting, broadcasting ▸ **una fuente emisora de calor** a heat source **2.** [de dinero, bonos] issuing
■ nm source ▸ **un ~ de ondas de radio** a source of radio waves

emisora nf [de radio] radio station

emitir ■ vt **1.** [rayos, calor, sonidos] to emit **2.** [moneda, sellos, bonos] to issue **3.** [expresar] [juicio, opinión] to express / [fallo] to pronounce **4.** RAD & TV to broadcast
■ vi to broadcast

emoción nf **1.** [conmoción, sentimiento] emotion ▸ **la ~ le impedía hablar** he was so emotional he could hardly speak ▸ **lloraba de ~** he was moved to tears ▸ **temblaba de ~** he was trembling with emotion **2.** [expectación] excitement ▸ **seguían el partido con ~** they followed the game with excitement ▸ **¡qué ~!** how exciting!

emocionado, -a adj moved, excited

emocional adj emotional

emocionante adj **1.** [conmovedor] moving, touching **2.** [apasionante] exciting, thrilling

emocionar vt **1.** [conmover] to move **2.** [excitar, apasionar] to thrill, to excite
◆ ***emocionarse*** vpr **1.** [conmoverse] to be moved **2.** [excitarse, apasionarse] to get excited

emolumento nm emolument

emoticón, emoticono nm INFORM smiley

emotividad nf emotional impact, emotiveness

emotivo, -a adj [persona] emotional / [escena, palabras] moving

empacadora nf AGR baler, baling machine

empacar [59] vt **1.** [empaquetar] to pack **2.** AGR to bale **3.** *MÉX* [envasar] [en tarros] to bottle / [en latas] to can, to tin

empachado, -a adj **estar ~** [de comida] to have indigestion ▸ *Fam* **estar ~ de algo** to be fed up with sth, to be sick and tired of sth

empachar vt to give indigestion to
◆ ***empacharse*** vpr [sufrir indigestión] to get indigestion / [comer demasiado] to stuff oneself (**de** with) / *Fam Fig* [hartarse] to overdose (**de** on)

empacho nm **1.** [indigestión] indigestion ▸ **se agarró un ~ de pasteles** she gave herself indigestion eating too many cakes **2.** *Fam* [hartura] **tener (un) ~ de** to have had enough *o* one's fill of ▸ **se dio un ~ de televisión** he overdosed on television **3.** [vergüenza] embarrassment ▸ **se dirigió a los asistentes sin ningún ~** he addressed the audience without the least embarrassment

empadronamiento nm registration on the electoral roll

empadronar vt to register on the electoral roll
◆ ***empadronarse*** vpr to register on the electoral roll ▸ **me he empadronado en Madrid** I've got my name on the electoral roll in Madrid

empalagar [38] vt **los bombones me empalagan** I find chocolates sickly ▸ **me empalaga con tanta cortesía** I find his excessive politeness rather cloying
◆ ***empalagarse*** vpr **empalagarse de** *o* **con** to get sick of

empalago nm cloying taste

empalagoso, -a adj [pastel] sickly sweet, cloying / [persona] smarmy / [discurso] syrupy

empalar vt to impale
◆ ***empalarse*** vpr *CHILE* [entumecerse] to become numb *o* stiff

empalizada nf [cerca] fence / MIL stockade

empalmar ■ vt **1.** [tubos, cables] to connect, to join **2.** [planes, ideas] to link **3.** [en fútbol] to volley
■ vi **1.** [autocares, trenes] to connect **2.** [carreteras] to link *o* join (up) **3.** [sucederse] to follow on (**con** from)
◆ ***empalmarse*** vpr *ESP Vulg* to get a hard-on

empalme nm **1.** [entre cables, tubos] joint, connection **2.** [de líneas férreas, carreteras] junction

empanada nf pasty ▸ **~ gallega** = *pie typical of Galicia, filled with seafood or meat* ▸ *Fam* **tener una ~ mental** to be in a real muddle, not to be able to think straight

empanadilla nf small pasty

empanado, -a adj breaded, covered in breadcrumbs

empanar, *MÉX* ***empanizar*** vt CULIN to coat in breadcrumbs

empantanado, -a adj **1.** [inundado] flooded **2.** [atascado] bogged down

empantanar vt to flood
◆ ***empantanarse*** vpr **1.** [inundarse] to be flooded *o* waterlogged **2.** [atascarse] to get bogged down

empañado, -a adj **1.** [cristal] misted *o* steamed up / [metal] tarnished ▸ **tenía los ojos empañados por las lágrimas** his eyes were misted over with tears **2.** [reputación] tarnished

empañar vt **1.** [cristal] to mist up, to steam up **2.** [reputación] to tarnish / [felicidad] to spoil, to cloud
◆ ***empañarse*** vpr to mist up, to steam up

empapado, -a adj soaked, drenched

empapar vt **1.** [mojar] [material] to soak / [persona] to soak, to drench **2.** [absorber] to soak up
◆ ***empaparse*** vpr **1.** [persona, traje] to get soaked *o* drenched ▸ **me he empapado los zapatos** I've got my shoes soaked **2.** [enterarse bien] **empaparse de** *o* **en** to become imbued with ▸ **se empapó del tema antes de dar la conferencia** he immersed himself in the subject before giving the talk

empapelado nm **1.** [acción] papering **2.** [papel] wallpaper

empapelador, -ora nm,f paperhanger

empapelar vt **1.** [pared] to paper, to wallpaper **2.** *ESP Fam* [delincuente, infractor] *BR* to do, *US* to bust

empaque ■ *ver* ***empacar***
■ nm **1.** [seriedad, solemnidad] [de ocasión] solemnity / [de persona] presence **2.** *MÉX* [envase] packaging

empaquetar vt **1.** [envolver] to pack, to package **2.** *Fam* [endilgar] **empaquetarle algo a alguien** to lumber *o* land sb with sth ▸ **me empaquetaron el trabajo** I was lumbered *o* landed with the job

emparedado, -a ■ adj confined
■ nm sandwich

emparedamiento nm [como castigo] walling up

emparedar vt [como castigo] to wall up

emparejamiento nm pairing

emparejar vt **1.** [juntar en pareja] [personas] to pair off / [zapatos, calcetines] to match (up) **2.** [nivelar] to make level
◆ ***emparejarse*** vpr [personas] to find a partner

emparentado, -a adj related ▸ **estar ~ con alguien** to be related to sb

emparentar [3] vi ~ **con** to marry into

emparrado nm = *vines trained on an overhead frame to provide shade in a garden*

emparrar vt to train

empastar vt [diente] to fill

empaste nm [de diente] filling

empatado, -a adj **1.** [partido] drawn / [equipos] level ▸ **los dos equipos van empatados en primer lugar** the two are tying for first place **2.** [en elecciones, votación] equally placed, tied

empatar vi [en partido] to draw / [en elecciones, competición] to tie ▸ **~ a cero** to draw nil-nil ▸ **~ a dos/tres (goles)** to draw two/three all

empate nm [en partido] draw / [en elecciones, competición] tie ▸ **un ~ a cero/dos** a goalless/two-two draw

empatía nf empathy

empecé *ver* ***empezar***

empecinado, -a adj stubborn

empecinamiento nm stubbornness

empecinarse vpr to insist (**en hacer algo** on doing sth)

empedernido, -a adj [bebedor, fumador] heavy / [criminal, jugador] hardened

empedrado nm paving

empedrar [3] vt to pave

empeine nm [de pie, zapato] instep

empellón nm shove ▸ **abrirse paso a empellones** to get through by pushing and shoving ▸ **echar a alguien a empellones** to remove sb by force

empeñado, -a adj **1.** [en préstamo] in pawn **2.** [obstinado] determined ▸ **estar ~ en hacer algo** to be determined to do sth

empeñar vt **1.** [joyas, bienes] to pawn **2.** [palabra] to give
◆ ***empeñarse*** vpr **1.** [obstinarse] to insist ▸ **empeñarse en hacer algo** [persistir] to insist on doing sth / [estar decidido a] to be set on doing sth ▸ **se empeñó en que nos quedáramos** he insisted that we stay ▸ **no sé por qué te empeñas en hablar de ello** I don't know why you insist on talking about it **2.** [endeudarse] to get into debt ▸ **se empeñaron hasta las cejas** they got themselves up to their eyeballs in debt

empeño nm **1.** [de joyas, bienes] pawning ▸ **casa de empeños** pawnshop **2.** [obstinación] determination ▸ **tener ~ en hacer algo** to be determined to do sth ▸ **poner ~ en hacer algo** to make a great effort to do sth, to take pains to do sth ▸ **morir en el ~** to die in the attempt

empeoramiento nm worsening, deterioration

empeorar ■ vi to get worse, to deteriorate
■ vt to make worse

empequeñecer [46] vt [quitar importancia] to diminish / [en una comparación] to overshadow, to dwarf

emperador nm **1.** [título] emperor **2.** [pez] swordfish

emperatriz nf empress

emperifollado, -a adj *Fam* dolled up, done up to the nines

emperifollar *Fam* vt to doll *o* tart up
◆ ***emperifollarse*** vpr to doll *o* tart oneself up

empero adv *Formal* nevertheless, nonetheless

emperrarse vpr to insist (**en hacer algo** on doing sth)

empezar [17] ■ vt to begin, to start ▸ **empezó la conferencia dando la bienvenida a los asistentes** she began *o* started her speech by welcoming everyone there ▸ **empezaron otra botella de vino** they started *o* opened another bottle of wine
■ vi to begin, to start ▸ **la clase empieza a las diez** the class begins *o* starts at ten o'clock ▸ **¡no empieces!, ¡ya hemos discutido este tema lo suficiente!** don't you start, we've spent long enough on this subject already! ▸ **al ~ la reunión** when the meeting started *o* began ▸ **~ a hacer algo** to begin *o* start to do sth ▸ **~ por hacer algo** to begin *o* start by doing sth ▸ **para ~** to begin *o* start with

empiece nm *Fam* beginning, start

empiezo etc *ver* ***empezar***

empinado, -a adj steep

empinar vt **1.** [inclinar] to tip up **2.** [levantar] to raise ▸ *Fam* **~ el codo** to bend the elbow
◆ ***empinarse*** vpr **1.** [animal] to stand up on its hind legs **2.** [persona] to stand on tiptoe

empingorotado, -a adj stuck-up, posh

empírico, -a ■ adj empirical
■ nm,f empiricist

empirismo nm empiricism

emplasto nm **1.** MED poultice **2.** *Fam* [pegote, masa] sticky *o* gooey mess

emplazamiento nm **1.** [ubicación] location **2.** DER summons

emplazar [14] vt **1.** [situar] to locate / MIL to position **2.** [citar] to summon / DER to summons

empleado, -a nm,f [asalariado] employee / [de banco, oficina] clerk ▸ **~ de aduanas** customs officer ▸ **~ de banca** bank clerk ▸ **empleada de hogar** maid

empleador, -ora nm,f employer

emplear vt **1.** [usar] [objetos, materiales] to use / [tiempo] to spend ▸ **~ algo en hacer algo** to use sth to do sth ▸ **si lo consigo, daré por bien empleado el tiempo** if I manage to do it, I'll regard it as time well spent ▸ *ESP* **le está bien empleado** he deserves it, it serves him right **2.** [contratar] to employ
◆ ***emplearse*** vpr **1.** [en un trabajo] to find a job ▸ **se empleó de camarero** he found a job as a waiter

2. [usarse] to be used 3. [esforzarse] **emplearse a fondo** to do one's utmost

empleo nm 1. [uso] use 2. [trabajo] employment / [puesto] job ▸ **estar sin ~** to be out of work ▸ **oficina de ~** ≃ job centre ▸ **pleno ~** full employment ▸ **~ compartido** job sharing ▸ **~ comunitario** community service ▸ **~ juvenil** youth employment

emplomadura nf *RP* [diente] filling

emplomar vt 1. [cubrir con plomo] to lead 2. *RP* [diente] to fill

emplumar vt [como adorno] to adorn with feathers / [como castigo] to tar and feather

empobrecer [46] vt to impoverish
◆ ***empobrecerse*** vpr to get poorer

empobrecido, -a adj impoverished

empobrecimiento nm impoverishment

empollar ■ vt 1. [huevo] to incubate 2. *ESP Fam* [estudiar] to bone up on, *BR* to swot up (on)
■ vi *ESP Fam* to swot
◆ ***empollarse*** vpr *ESP Fam* to swot up (on)

empollón, -ona *ESP Fam* ■ adj **ser ~** to be *BR* swotty *o* *US* a grind
■ nm,f *BR* swot, *US* grind

empolvarse vpr to powder one's face

emponzoñar vt *también Fig* to poison

emporio nm = *centre of commerce, finance etc*

emporrado, -a adj *ESP Fam* stoned *(on cannabis)*

emporrarse vpr *ESP Fam* to get stoned *(on cannabis)*

empotrado, -a adj fitted, built-in

empotrar vt to fit, to build in

emprendedor, -ora adj enterprising

emprender vt [trabajo] to start / [viaje, marcha] to set off on ▸ **~ el vuelo** to fly off

empresa nf 1. [sociedad] company ▸ **pequeña y mediana ~** small and medium-sized business ▸ **libre ~** free enterprise ▸ **~ conjunta** joint venture ▸ **~ filial** subsidiary ▸ **~ matriz** parent company ▸ **~ privada** private company ▸ **la ~ privada** the private sector ▸ **~ pública** public sector firm ▸ **la ~ pública** the public sector ▸ **~ de trabajo temporal** temping agency ▸ **~ de transportes** haulage firm 2. [acción] enterprise, undertaking ▸ **se embarcó en una peligrosa ~** he embarked on a risky enterprise *o* undertaking

CULTURA / CULTURE

empresa de trabajo temporal

Cultura

The **empresa de trabajo temporal** (ETT) was first legally permitted in 1994, and agencies of this type have grown rapidly in number. It is thanks to their influence, critics say, that the Spanish labour market has become increasingly casualized, with short term contracts (some as short as five days) now becoming widespread. ETTs are most numerous in the service sector, and tend to attract young workers with few qualifications. The ETT allows a business to expand its workforce without adding to the number of permanent staff, who have the right to redundancy, which is still a substantial expense for a Spanish business. Pressure from trade unions has led to the ending of some of the worst abuses of the system (for example where workers were employed for years on rolling contracts without paid holidays).

empresariado nm employers

empresarial adj **estudios empresariales** management *o* business studies
◆ ***empresariales*** nfpl *ESP* business studies

empresario, -a nm,f [patrono] employer / [hombre, mujer de negocios] businessman, *f* businesswoman / [de teatro] impresario ▸ **pequeño ~** small businessman

empréstito nm FIN debenture loan

empujar ■ vt 1. [puerta] to push (open) / [vehículo] to push 2. [forzar, presionar] to press ▸ **~ a alguien a que haga algo** to push sb into doing sth ▸ **verse empujado a hacer algo** to find oneself forced *o* having to do sth
■ vi to push ▸ **¡eh, sin ~!** hey, stop pushing! ▸ **~** [en letrero] push ▸ **las nuevas generaciones vienen empujando con fuerza** the new generation is making its presence felt

empuje nm 1. [presión] pressure 2. [energía] energy, drive

empujón nm 1. [empellón] shove, push ▸ **dar un ~ a alguien** to give sb a shove *o* push ▸ **abrirse paso a empujones** to shove *o* push one's way through 2. [impulso] effort ▸ **dar un último ~ a** to make one last effort with

empuñadura nf [de paraguas, bastón] handle / [de espada] hilt

empuñar vt to take hold of, to grasp

emulación nf [gen] & INFORM emulation

emulador nm INFORM emulator

emular vt [gen] & INFORM to emulate

émulo, -a nm,f *Formal* rival

emulsión nf emulsion

emulsionar vt to emulsify

en prep 1. [lugar] [en el interior de] in / [sobre la superficie de] on / [en un punto concreto de] at ▸ **viven en la capital** they live in the capital ▸ **tiene el dinero en el banco** he keeps his money in the bank ▸ **en la mesa/el plato** on the table/plate ▸ **en casa/el trabajo** at home/work 2. [dirección] into ▸ **el avión cayó en el mar** the plane fell into the sea ▸ **entraron en la habitación** they came/went into the room 3. [tiempo] [mes, año] in / [día] on ▸ **nació en 1953/marzo** she was born in 1953/March ▸ **en Nochebuena** on Christmas Eve ▸ **en Navidades** at Christmas ▸ **en aquella época** at that time, in those days ▸ **en un par de días** in a couple of days 4. [medio de transporte] by ▸ **ir en tren/coche/avión/barco** to go by train/car/plane/boat 5. [modo] in ▸ **en voz baja** in a low voice ▸ **lo dijo en inglés** she said it in English ▸ **pagar en libras** to pay in pounds ▸ **la inflación aumentó en un 10 por ciento** inflation increased by 10 percent ▸ **todo se lo gasta en ropa** he spends everything on clothes

6. [precio] in ▸**las ganancias se calculan en millones** profits are calculated in millions ▸**te lo dejo en 5.000** I'll let you have it for 5,000 **7.** [tema] **es un experto en la materia** he's an expert on the subject ▸**es doctor en medicina** he's a doctor of medicine **8.** [causa] from ▸**lo detecté en su forma de hablar** I could tell from the way he was speaking **9.** [materia] in, made of ▸**en seda** in silk **10.** [cualidad] in terms of ▸**lo supera en inteligencia** she is more intelligent than he is

enagua nf, ***enaguas*** nfpl petticoat

enajenable adj transferable, alienable

enajenación nf, ***enajenamiento*** nm **1.** [locura] mental derangement, insanity / [éxtasis] rapture **2.** DER [de una propiedad] transfer of ownership, alienation

enajenar vt **1.** [volver loco] to drive mad / [extasiar] to enrapture **2.** DER [propiedad] to transfer ownership of, to alienate

enaltecer [46] vt to praise

enamoradizo, -a ■ adj **es muy ~** he falls in love very easily
■ nm,f person who falls in love easily

enamorado, -a ■ adj in love (**de** with)
■ nm,f lover

enamoramiento nm falling in love ▸**un ~ pasajero** a brief infatuation

enamorar vt to win the heart of ▸**la enamoró** she fell in love with him
◆ ***enamorarse*** vpr to fall in love (**de** with)

enanismo nm MED dwarfism

enano, -a ■ adj dwarf
■ nm,f dwarf / *Fam* [niño] kid ▸*Fam* **me lo pasé como un ~** I got a real kick out of it

enarbolar vt [bandera] to raise, to hoist / [pancarta] to hold up / [arma] to brandish

enarcar [59] vt to arch

enardecer [46] vt [excitar] to inflame / [multitud] to whip up, to inflame
◆ ***enardecerse*** to become inflamed

enarque *etc ver* ***enarcar***

encabezado nm *CHILE, MÉX* [en periódico] headline

encabezamiento nm [de carta, escrito] heading / [en periódico] headline / [preámbulo] foreword

encabezar [14] vt **1.** [artículo de periódico] to headline / [libro] to write the foreword for **2.** [lista, carta] to head **3.** [marcha, expedición] to lead

encabritarse vpr **1.** [caballo, moto] to rear up **2.** *Fam* [persona] to get shirty

encabronar *Vulg* vt *ESP* to piss off
◆ ***encabronarse*** vpr *ESP, MÉX* to get pissed off

encadenado nm **1.** CINE fade, dissolve **2.** CONSTR buttress

encadenamiento nm linking, stringing together

encadenar vt **1.** [atar] to chain (up) **2.** [enlazar] to link (together) / [esclavizar] to chain

encajar ■ vt **1.** [meter ajustando] to fit (**en** into) **2.** [meter con fuerza] to push (**en** into) **3.** [hueso dislocado] to set **4.** [golpe, noticia, críticas] to take **5.** [soltar] **~ algo a alguien** [discurso] to force sb to listen to *o* sit through sth / [insultos] to hurl sth at sb **encajarle un golpe a alguien** to land sb a blow
■ vi **1.** [piezas, objetos] to fit **2.** [hechos, declaraciones, datos] to match ▸**~ con algo** to match sth **3.** [ser oportuno, adecuado] to fit nicely (**con** with)

encaje nm **1.** [ajuste] insertion, fitting-in **2.** [tejido] lace ▸**pañuelo/bragas de ~** lace handkerchief/knickers

encajonar vt **1.** [en cajas, cajones] to pack, to put in boxes **2.** [en sitio estrecho] **~ algo/a alguien (en)** to squeeze sth/sb (into)

encalado, -a ■ adj whitewashed
■ nm whitewash

encalar vt to whitewash

encallado, -a adj stranded

encallar vi **1.** [barco] to run aground **2.** [proceso, proyecto] to founder

encallecer [46] vt [manos, piel] to harden / [persona] to harden, to make callous
◆ ***encallecerse*** vpr [manos, piel] to become calloused *o* hard / [persona] to become callous *o* hard

encamarse vpr **1.** [enfermo] to take to one's bed **2.** *muy Fam* **~ con alguien** [acostarse] to sleep with sb

encaminar vt [persona, pasos] to direct ▸**estar encaminado a hacer algo** [medidas, actividades] to be aimed at doing sth
◆ ***encaminarse*** vpr **encaminarse a/hacia** to set off for/towards

encamotarse vpr *ANDES, CAM Fam* to fall in love

encandilado, -a adj dazzled, fascinated

encandilar vt to dazzle, to impress greatly
◆ ***encandilarse*** vpr to be dazzled

encanecer [46] vi to go grey
◆ ***encanecerse*** vpr to go grey

encantado, -a adj **1.** [contento] delighted ▸**~ (de conocerle)** pleased to meet you **2.** [hechizado] [casa, lugar] haunted / [persona] bewitched

encantador, -ora ■ adj delightful, charming
■ nm,f **~ de serpientes** snake charmer

encantamiento nm enchantment

encantar vt **1.** [gustar] **encantarle a alguien algo/hacer algo** to love sth/doing sth ▸**¡me encanta!** I love it/him/her! **2.** [embrujar] to bewitch, to cast a spell on

encanto nm **1.** [atractivo] charm ▸**ser un ~** to be a treasure *o* delight **2.** [apelativo cariñoso] darling **3.** [hechizo] spell ▸**como por ~** as if by magic

encañonar vt [persona] to point a gun at

encapotado, -a adj overcast

encapotarse vpr to cloud over

encapricharse vpr **1.** [obstinarse] **~ con algo/hacer algo** to set one's mind on sth/doing sth **2.** *ESP* [sentirse atraído] **~ de alguien** to become infatuated with sb ▸**~ de algo** to take a real liking to sth

encapuchado, -a ■ adj hooded
■ nm,f hooded person

encapuchar vt to put a hood on
◆ ***encapucharse*** vpr to put one's hood on

encaramar vt to lift up
◆ ***encaramarse*** vpr to climb up (**a** *o* **en** onto)

encarar vt **1.** [hacer frente a] to confront, to face up to **2.** [poner frente a frente] to bring face to face
◆ ***encararse*** vpr [enfrentarse] **encararse a** *o* **con** to stand up to

encarcelación nf, ***encarcelamiento*** nm imprisonment

encarcelar vt to imprison

encarecer [46] vt **1.** [productos, precios] to make more expensive **2.** [alabar] to praise
◆ ***encarecerse*** vpr to become more expensive

encarecidamente adv earnestly

encarecimiento nm **1.** [de producto, coste] increase in price **2.** [empeño] **con ~** insistently

encargado, -a ■ adj responsible (**de** for), in charge (**de** of)
■ nm,f person in charge / COM manager, *f* manageress

encargar [38] vt **1.** [poner al cargo] **~ a alguien de algo** to put sb in charge of sth ▸ **~ a alguien que haga algo** to tell sb to do sth **2.** [pedir] to order ▸ **si no lo tienen, encárgalo** if they haven't got it, order it ▸ **he dejado encargada la comida para las dos** I've booked lunch for two o'clock
◆ ***encargarse*** vpr **encargarse de** [ocuparse] to deal with sth / [estar a cargo de] to be in charge of ▸ **se encarga de las facturas** she deals with *o* handles the invoicing ▸ **me encargo de abrir la puerta todas las mañanas** I see to it that the door is opened every morning ▸ **yo me encargaré de eso** I'll take care of *o* see to that ▸ **tú encárgate de los niños** you look after the children ▸ **la lluvia se encargó de arruinar el espectáculo** the rain made sure the show was ruined, the rain ruined the show

encargo nm **1.** [pedido] order ▸ **por ~** to order ▸ *ESP* **hecho de ~** tailor-made **2.** [recado] errand **3.** [tarea] task, assignment

encariñarse vpr **~ con** to become fond of

encarnación nf [personificación] [cosa] embodiment / [persona] personification ▸ REL **Encarnación** Incarnation

encarnado, -a ■ adj **1.** [personificado] incarnate **2.** [color] red
■ nm red

encarnar ■ vt [ideal, doctrina] to embody / [personaje, papel] to play
■ vi REL to become flesh

encarnizado, -a adj bloody, bitter

encarnizarse [14] vpr **~ con** [presa] to fall upon / [prisionero, enemigo] to treat savagely

encarpetar vt to file away

encarrilar vt **1.** [tren] to put back on the rails **2.** [negocio, situación] to put on the right track, to point in the right direction
◆ ***encarrilarse*** vpr to find out what one wants to do in life

encarte nm [en naipes] lead

encasillamiento nm pigeonholing

encasillar vt **1.** [clasificar] to pigeonhole / TEATRO to typecast **2.** [poner en casillas] to put in a box, to enter into a grid

encasquetar vt **1.** [gorro] to pull on **2.** *Fam* [inculcar] **~ algo a alguien** [idea, teoría] to drum sth into sb / [discurso, lección] to force sb to sit through sth **3.** *Fam* [endilgar] **~ algo a alguien** to lumber sb with sth
◆ ***encasquetarse*** vpr [sombrero] to pull on

encasquillar vt **1.** [atascar] to jam **2.** *AM* [herrar] to shoe
◆ ***encasquillarse*** vpr **1.** [atascarse] to get jammed **2.** *CUBA Fam* [acobardarse] to get scared

encausar vt DER to prosecute

encauzar [14] vt [agua] to channel / [orientar] to direct

encebollado, -a CULIN ■ adj cooked with onions
■ nm = *stew of fish or meat and onions*

encebollar vt CULIN to add onions to

encefálico, -a adj ANAT **masa encefálica** brain mass

encefalitis nf inv MED encephalitis

encéfalo nm ANAT brain

encefalograma nm MED encephalogram

encefalopatía nf MED **~ espongiforme bovina** bovine spongiform encephalopathy

enceguecer [46] vt *AM* to blind

encendedor nm (cigarette) lighter

encender [64] vt **1.** [vela, cigarro, chimenea] to light ▸ **~ una cerilla** to light *o* strike a match **2.** [aparato] to switch on ▸ **enciende la luz, que no veo** switch the light on, I can't see **3.** [entusiasmo, ira] to arouse / [pasión, discusión] to inflame
◆ ***encenderse*** vpr **1.** [fuego, gas] to ignite / [luz, estufa] to come on **2.** [persona, rostro] to go red, to blush / [de ira] to flare up

encendido, -a ■ adj **1.** [luz, colilla] burning ▸ **la luz está encendida** the light is on **2.** [deseos, mirada, palabras] passionate, ardent **3.** [mejillas] red, flushed
■ nm AUT ignition

encerado, -a ■ adj waxed, polished
■ nm **1.** [acción] waxing, polishing **2.** [pizarra] *BR* blackboard, *US* chalkboard ▸ **salir al ~** to come/go out to the *BR* blackboard *o US* chalkboard

encerar vt to wax, to polish

encerrar [3] vt **1.** [recluir] to shut up *o* in / [con llave] to lock up *o* in / [en la cárcel] to lock away *o* up **2.** [contener] to contain ▸ **sus palabras encerraban una amenaza** there was a threat in his words
◆ ***encerrarse*** vpr [recluirse] to shut oneself away / [con llave] to lock oneself away ▸ **se encerró en su casa para acabar la novela** she shut herself away in her house to finish the novel ▸ **se ha encerrado en sí misma y no quiere hablar con nadie** she's withdrawn into her shell and doesn't want to talk to anyone ▸ **los estudiantes se encerraron en la biblioteca** the students occupied the library

encerrona nf [trampa] trap

encestar vt & vi DEP to score *(in basketball)*

enceste nm DEP basket ▸ **¡~ de Johnson!** Johnson scores!

enchapado nm veneer

enchapar *RP* vt & vi to plate

encharcado, -a adj [calle] covered in puddles /

[campo de juego] waterlogged

encharcamiento nm flooding, swamping

encharcar [59] vt to waterlog

◆ ***encharcarse*** vpr **1.** [terreno] to become waterlogged **2.** [pulmones] to become flooded

enchastrar vt *RP Fam* **1.** [ensuciar] to make dirty **2.** [desprestigiar] to blacken

enchilada nf *CAM, MÉX* enchilada, = *filled tortilla baked in chili sauce*

enchilarse vpr *MÉX Fam* to get angry

enchinar vt *MÉX* to curl

enchironar vt *ESP Fam* to put away, *BR* to bang up

enchufado, -a *Fam* ■ adj **estar ~** = *to have got where one is through connections*

■ nm,f = *person who has got where they are through connections*

enchufar vt **1.** [aparato] to plug in **2.** *Fam* [colocar en un trabajo] to pull strings for

enchufe nm **1.** ELEC [macho] plug / [hembra] socket **2.** *Fam* [recomendación] connections ▸ **tener ~** to have connections ▸ **obtener algo por ~** to get sth by pulling strings *o* through one's connections

enchufismo nm *Fam* string-pulling

encía nf gum

encíclica nf REL encyclical ▸ **~ papal** papal encyclical

enciclopedia nf encyclopedia

enciclopédico, -a adj encyclopedic

enciendo *etc ver* ***encender***

encierro ■ *ver* ***encerrar***

■ nm **1.** [protesta] sit-in **2.** TAUROM running of the bulls

encima adv **1.** [arriba] on top ▸ **pásame el de ~** pass me the top one *o* the one on top ▸ **el vecino de ~** the upstairs neighbour ▸ **~ de** [en lugar superior que] above / [sobre, en] on (top of) ▸ **vivo ~ de tu casa** I live upstairs from you ▸ **el pan está ~ de la nevera** the bread is on (top of) the fridge ▸ *Fig* **estar ~ de alguien** to be on at sb ▸ **por ~** [superficialmente] superficially ▸ **por ~ de** over / *Fig* more than ▸ **vive por ~ de sus posibilidades** he lives beyond his means ▸ **por ~ de todo** more than anything else **2.** [en tiempo] **las elecciones ya están ~** the elections are already upon us ▸ **se nos echó la noche ~** night fell, night descended upon us **3.** [además] on top of that ▸ **~ de no hacerlo bien...** on top of not doing it well... ▸ **~ de ser tonto, es feo** on top of being stupid, he's also ugly **4.** [sobre sí] **lleva un abrigo ~** she has a coat on ▸ **ponte algo ~, vas a tener frío** put something on, you'll be cold ▸ **¿llevas dinero ~?** have you got any money on you?

encimera nf *ESP* [de cocina] worktop / [sábana] top sheet

encimero, -a adj top

encina nf holm oak

encinar nm oak forest/grove

encinta adj inv pregnant

enclaustrado, -a adj cloistered

enclaustrar vt to shut up in a convent

◆ ***enclaustrarse*** vpr to shut oneself up in a convent / *Fig* [encerrarse] to lock oneself up in a room

enclavado, -a adj set, situated

enclavar vt [clavar] to nail

enclave nm enclave

enclenque adj sickly, frail

encofrador, -ora nm,f formwork specialist, *BR* shutterer

encofrar vt **1.** [en construcción] to put up formwork *o* *BR* shuttering for **2.** MIN to timber

encoger [52] ■ vt **1.** [ropa] to shrink ▸ *Fig* **~ el ánimo a alguien** to discourage sb **2.** [miembro, músculo] to contract

■ vi to shrink ▸ **el algodón encoge al lavarlo** cotton shrinks when you wash it

◆ ***encogerse*** vpr **1.** [ropa] to shrink **2.** [miembro, músculo] to contract ▸ **encogerse de hombros** to shrug one's shoulders ▸ **se me encoge el corazón de oírla llorar** it makes my heart bleed to hear her cry **3.** [apocarse] to cringe

encogido, -a adj [tímido] shy / [pusilánime] fearful, faint-hearted

encojo *ver* ***encoger***

encolado nm [de material, objeto] glueing / [de papel pintado] pasting

encolar vt [material, objeto] to glue / [papel pintado] to paste

encolerizar [14] vt to infuriate, to enrage

◆ ***encolerizarse*** vpr to get angry

encomendar [3] vt to entrust

◆ ***encomendarse*** vpr **encomendarse a** [persona] to entrust oneself to / [Dios, santos] to put one's trust in ▸ *Fam* **(hacer algo) sin encomendarse a Dios ni al diablo** (to do sth) entirely off one's own bat

encomiable adj laudable, praiseworthy

encomiar vt *Formal* to praise, to extol

encomienda nf **1.** [encargo] assignment, mission **2.** HIST = *area of land and its native inhabitants given to a conquistador*

encomio nm *Formal* praise ▸ **digno de ~** praiseworthy

enconado, -a adj [lucha] bitter / [partidario] passionate, ardent

enconar vt to inflame

◆ ***enconarse*** vpr **1.** [persona] to get angry **2.** [herida] to become inflamed

encono nm rancour, animosity

encontradizo, -a adj **hacerse el ~** to contrive a meeting

encontrado, -a adj [intereses, opiniones] conflicting

encontrar [63] vt **1.** [hallar] to find ▸ **lo encontré durmiendo** I found him sleeping **2.** [dificultades] to encounter **3.** [juzgar, considerar] to find ▸ **no lo encuentro tan divertido como dice la gente** I don't find it *o* think it is as funny as people say ▸ **no sé qué le encuentran a ese pintor** I don't know what they see in that painter

◆ ***encontrarse*** vpr **1.** [hallarse] to be ▸ **se encuentra en París** she's in Paris ▸ **fui a visitarle y me encontré con que ya no vivía allí** I went to visit him only to discover that he no longer lived there **2.** [de ánimo, salud] to feel ▸ **¿qué tal te encuentras?** how are you feeling? ▸ **no se encuentra muy bien** she isn't very well **3.** [coincidir] **encontrarse (con alguien)** to meet (sb) ▸ **me encontré con Juan** I ran into *o* met Juan **4.** [reunirse] to meet ▸ **¿dónde nos encontraremos?** where shall we meet? **5.** [chocar] to collide

encontronazo nm [golpe] collision, crash

encoñado, -a adj *ESP Vulg* **estar ~ con alguien** to have the hots for sb ▸ **estar ~ con algo** to be crazy *o* nuts about sth

encoñarse vpr *ESP Vulg* **~ con alguien** to get the hots for sb ▸ **~ con algo** to go crazy *o* nuts about sth

encopetado, -a adj posh, upper-class

encorsetar vt [con corsé] to corset / [poner límites] to straitjacket

encorvado, -a adj hunched ▸ **~ por la edad** stooped *o* bowed with age

encorvar vt to bend
◆ ***encorvarse*** vpr to stoop

encrespar vt **1.** [pelo] to curl / [mar] to make choppy *o* rough **2.** [irritar] to irritate
◆ ***encresparse*** vpr **1.** [mar] to get rough **2.** [persona] to get irritated

encriptación nf INFORM encryption

encriptar vt INFORM to encrypt

encrucijada nf crossroads *(singular)* ▸ *Fig* **en una ~** at a crossroads

encuadernación nf [técnica] binding / [taller] binder's, bookbinder's ▸ **Encuadernaciones Olarte** [empresa] Olarte the Bookbinders

encuadernador, -ora nm,f bookbinder

encuadernar vt to bind

encuadrar vt **1.** [enmarcar] [cuadro, tema] to frame **2.** [encerrar] to contain **3.** [encajar] to fit

encuadre nm FOT composition

encubierto, -a ■ participio *ver* ***encubrir***
■ adj [intento] covert / [insulto, significado] hidden

encubridor, -ora ■ adj concealing ▸ **no es más que una maniobra encubridora** it's just an attempt to conceal things
■ nm,f [de delito] accessory (**de** to)

encubrimiento nm [de delito] concealment / [de persona] harbouring

encubrir vt [delito] to conceal / [persona] to harbour

encuentro ■ *ver* ***encontrar***
■ nm **1.** [acción] meeting, encounter ▸ **tuvieron un ~ fortuito** they had a chance encounter *o* meeting ▸ **fijemos un lugar** *o* **sitio de ~** let's decide on a place to meet ▸ **salir al ~ de alguien** [para recibir] to go to meet sb / [para atacar] to confront sb **2.** DEP game, match **3.** [hallazgo] find

encuesta nf **1.** [de opinión] survey, opinion poll **2.** [investigación] investigation, inquiry

encuestado, -a nm,f person polled

encuestador, -ora nm,f pollster

encuestar vt to poll

encumbrado, -a adj exalted, distinguished

encumbramiento nm [acción] rise / [posición] distinguished *o* exalted position

encumbrar vt to elevate *o* raise to a higher position
◆ ***encumbrarse*** vpr to rise to a higher position

encurtidos nmpl pickles

encurtir vt to pickle

endeble adj [persona, argumento] weak, feeble / [objeto] fragile

endecasílabo, -a ■ adj hendecasyllabic
■ nm hendecasyllabic verse

endemia nf MED endemic disease

endémico, -a adj MED & *Fig* endemic

endemoniado, -a ■ adj **1.** *Fam* [molesto] [niño] wicked / [trabajo] very tricky **2.** [desagradable] terrible, foul **3.** [poseído] possessed (by the devil)
■ nm,f person possessed by the devil

endenantes adv *AM Fam* before

enderezamiento nm [acción de poner derecho] straightening / [acción de poner vertical] putting upright

enderezar [14] vt **1.** [poner derecho] to straighten / [poner vertical] to put upright **2.** [corregir] to set right, to straighten out
◆ ***enderezarse*** vpr [sentado] to sit up straight / [de pie] to stand up straight

endeudado, -a adj indebted, in debt

endeudamiento nm debt

endeudarse vpr to get into debt

endiablado, -a adj [persona] wicked / [tiempo, genio] foul / [problema, crucigrama] fiendishly difficult

CÓMO...

organizar un encuentro

Can I see you tonight? / ¿Podemos vernos esta noche?
Could we arrange to meet soon? / ¿Podríamos quedar pronto?
Could I make an appointment to see you? / ¿Podría concertar una cita con usted?
Are you free any time next week? / ¿Estás libre la semana que viene?
When's a good time for you? / ¿Cuándo te viene bien?
How about Friday? / ¿Qué te parece el viernes?
Would Wednesday morning be convenient? / ¿Le parece bien el miércoles por la mañana?
Where shall we meet? / ¿Dónde quedamos?
Shall I come to your office? / ¿Vengo a su oficina?
Could we meet some other time? / ¿Podríamos vernos en otro momento?
Right, that's settled then. / Bien, entonces está decidido.
See you on Friday! / ¡Hasta el viernes!

endibia nf endive

endilgar [38] vt *Fam* ~ **algo a alguien** [sermón, bronca] to dish sth out to sb / [bulto, tarea] to lumber sb with sth

endiñar vt *ESP Fam* ~ **algo a alguien** [golpe] to land *o* deal sb sth / [tarea] to lumber sb with sth

endiosamiento nm self-importance, conceit

endiosarse vpr to become conceited

endivia nf endive

endocrino, -a MED ■ adj **glándula endocrina** endocrine gland
■ nm,f endocrinologist

endocrinología nf MED endocrinology

endocrinólogo, -a nm,f MED endocrinologist

endogamia nf endogamy

endógeno, -a adj endogenous

endomingado, -a adj *Fam* dressed-up, dolled-up

endomingar [38] *Fam* vt to dress up, to doll up
◆ ***endomingarse*** vpr to get dressed *o* dolled up in one's best clothes

endorfina nf endorphin

endosar vt **1.** [tarea] ~ **algo a alguien** to lumber sb with sth **2.** COM to endorse

endosatario, -a nm,f COM endorsee

endoscopia nf MED endoscopy

endoscopio nm MED endoscope

endoso nm COM endorsement

endrina nf sloe

endrino nm blackthorn, sloe

endrogado, -a adj *CAM, MÉX* **estar** ~ to be in debt

endrogarse [38] vpr *CHILE, MÉX, PERÚ* [con deudas] to get into debt

endulzante nm sweetener

endulzar [14] vt [con azúcar] to sweeten / [con dulzura] to ease, to make more bearable

endurecer [46] vt **1.** [hacer más duro] to harden **2.** [fortalecer] to strengthen

endurecimiento nm *también Fig* hardening

enebro nm juniper (tree)

eneldo nm dill

enema nf enema ▸ **poner un ~ a alguien** to give sb an enema

enemigo, -a ■ adj enemy ▸ **los ejércitos enemigos** the enemy armies ▸ **ser ~ de algo** to hate sth
■ nm,f [rival] enemy ▸ **~ encarnizado** sworn enemy ▸ **~ mortal** mortal enemy ▸ **el ~ público número uno** public enemy number one
■ nm [ejército rival] enemy ▸ **pasarse al ~** to go over to the enemy

enemistad nf enmity ▸ **su ~ duraba ya años** they've been enemies for years ▸ **siento una profunda ~ hacia ellos** I feel intense hatred for them

enemistado, -a adj **dos países enemistados por...** two countries who are enemies because of... ▸ **está ~ con sus vecinos** he has fallen out with his neighbours

enemistar vt to make enemies of ▸ **el testamento enemistó a los hermanos** the will set the brothers against each other
◆ ***enemistarse*** vpr to fall out (**con** with) ▸ **si Francia se enemistara con Alemania,...** if France were to fall out with Germany,...

energética nf energetics *(singular)*

energético, -a adj energy ▸ **las legumbres proporcionan un alto aporte ~** pulses provide lots of energy

energía nf **1.** [para máquina] energy ▸ **~ alternativa** alternative energy ▸ **~ atómica** nuclear power ▸ **~ eólica** wind power ▸ **~ hidráulica** water power ▸ **~ hidroeléctrica** hydroelectric power ▸ **~ limpia** clean energy ▸ **~ nuclear** nuclear power ▸ **energías renovables** renewable forms of energy ▸ **~ solar** solar energy *o* power ▸ **~ térmica** thermal energy **2.** [de persona, respuesta] strength ▸ **respondió con ~** he responded energetically ▸ **hay que empujar con ~** you have to push hard

enérgico, -a adj [energético] energetic / [carácter] forceful / [gesto, medida] vigorous / [decisión, postura] emphatic

energúmeno, -a nm,f lunatic ▸ **se puso hecho un ~** he went berserk *o* crazy

enero nm January / *ver también* ***septiembre***

enervante adj [debilitador] draining / [exasperante] exasperating

enervar vt **1.** [debilitar] to sap, to weaken **2.** [poner nervioso] to exasperate

enésimo, -a adj **1.** MAT nth **2.** *Fig* umpteenth ▸ **por enésima vez** for the umpteenth time

enfadado, -a adj *esp ESP* **1.** [irritado] angry / [molesto] annoyed ▸ **estar ~ con alguien** to be angry/annoyed with sb **2.** [peleado] **están enfadados desde hace años** they fell out (with each other) years ago

enfadar *esp ESP* vt [irritar] to anger / [molestar] to annoy
◆ ***enfadarse*** vpr **1.** [irritarse] to get angry (**con** with) / [molestarse] to get annoyed (**con** with) ▸ **se enfada por nada** he gets angry for no reason ▸ **no te enfades, pero creo que te equivocas** don't get annoyed, but I think you're wrong ▸ **no te enfades con quien no tiene la culpa** don't get angry with people if it isn't their fault **2.** [pelearse] to fall out ▸ **se enfadaron por una bobada** they fell out over a silly little thing

> ¡CUIDADO! / CAREFUL!
> **enfadar**
>
> En inglés se suelen utilizar distintas palabras según el grado de enfado que se quiera expresar. Así, **to get angry**, que es el término más general, expresa un enfado mayor que **to get annoyed.**

enfado *esp ESP* nm **1.** [por irritarse] anger / [por molestarse] annoyance **2.** [enemistad] **su ~ dura ya años** [recíproco] they fell out years ago

enfangar [38] vt to cover in mud
◆ ***enfangarse*** vpr **1.** [con fango] to get covered in mud **2.** *Fam Fig* **enfangarse en un asunto sucio** to get mixed up in shady business

énfasis nm inv emphasis ▸ **poner ~ en algo** to emphasize sth

enfático, -a adj emphatic

enfatizar [14] vt to emphasize, to stress

enfermar ■ vt **1.** [causar enfermedad a] to make ill **2.** [irritar] **~ a alguien** to get on sb's nerves
■ vi to fall ill
◆ ***enfermarse*** vpr to fall ill

enfermedad nf illness ▸ **enfermedades del corazón/de la piel** heart/skin diseases ▸ **~ de Alzheimer** Alzheimer's disease ▸ **~ hereditaria** hereditary disease ▸ **~ infecciosa** infectious disease ▸ **~ laboral** industrial disease ▸ **~ mental** mental illness ▸ **~ profesional** occupational disease ▸ **~ de transmisión sexual** sexually transmitted disease ▸ **la ~ de las vacas locas** mad cow disease ▸ **~ venérea** venereal disease

¡CUIDADO! / CAREFUL!

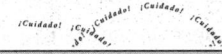

enfermedad

Disease se suele utilizar como traducción para hablar de una enfermedad en concreto (de sus síntomas, de su tratamiento...); **illness** es menos específico y se usa, por ejemplo, para referirse a un período de tiempo (**a long illness**).

enfermería nf sick bay

enfermero, -a nm,f nurse

enfermizo, -a adj *también Fig* unhealthy

enfermo, -a ■ adj ill, sick ▸ **me pone ~ su falta de puntualidad** his lack of punctuality gets on my nerves
■ nm,f [en general] sick person / [en el hospital] patient ▸ **~ de sida** AIDS sufferer ▸ **~ terminal** terminally ill patient

enfervorizado, -a adj wildly enthusiastic ▸ **la multitud enfervorizada animaba a su equipo** the frenzied crowd cheered on their team

enfervorizar [14] vt to inflame, to rouse

enfilado, -a adj **tener a alguien ~** to have it in for sb

enfilar ■ vt **1.** [camino] to go *o* head straight along **2.** [arma] to aim
■ vi **~ hacia** to go *o* head straight towards

enfisema nm emphysema

enflaquecer [46] ■ vt to make thin
■ vi to grow thin, to lose weight

enfocar [59] ■ vt **1.** [imagen, objetivo] to focus **2.** [sujeto: luz, foco] to shine on **3.** [tema, asunto] to approach, to look at
■ vi **~ hacia alguien/algo** [cámara] to focus on sb/sth / [luz] to shine on sb/sth

enfoque nm **1.** [de una imagen] focus **2.** [de un asunto] approach, angle

enfrascado, -a adj **estar ~ (en)** to be totally absorbed (in)

enfrascar [59] vt to bottle
◆ ***enfrascarse*** vpr [riña] to get embroiled (**en** in) / [lectura, conversación] to become engrossed (**en** in)

enfrentamiento nm confrontation

enfrentar vt **1.** [poner frente a frente] to bring face to face **2.** [hacer frente a] to confront, to face ▸ **enfrentan el futuro con inquietud** they face the future with unease
◆ ***enfrentarse*** vpr **1. enfrentarse a** [afrontar] to confront, to face / [en lucha, conflicto] to confront ▸ **se enfrentó a su enfermedad con valor** she faced up to her illness bravely ▸ **nos enfrentamos al enemigo** we confronted the enemy **2.** [dos bandos] to meet, to clash ▸ **los dos equipos se enfrentarán por el campeonato** the two teams will play each other for the championship

enfrente adv **1.** [al otro lado] opposite ▸ **vive enfrente** he lives opposite, he lives across from me ▸ **la tienda de ~** the shop across the road ▸ **~ de** opposite, facing **2.** [en contra] **tiene a todos ~** everyone's against him

enfriamiento nm **1.** [catarro] cold **2.** [acción] cooling ▸ **el ~ de las relaciones entre ambos países** the cooling of relations between both countries

enfriar [32] ■ vt *también Fig* to cool
■ v impersonal to get colder
◆ ***enfriarse*** vpr **1.** [líquido, pasión, amistad] to cool down **2.** [quedarse demasiado frío] to go cold ▸ **se te va a ~ la sopa** your soup is going to get cold **3.** [resfriarse] to catch a cold

enfundar vt [espada] to sheathe / [pistola] to put away
◆ ***enfundarse*** vpr **enfundarse algo** to wrap oneself up in sth

enfurecer [46] vt to infuriate, to madden
◆ ***enfurecerse*** vpr [persona] to get furious / [mar] to become rough

enfurecido, -a adj **1.** [persona] enraged **2.** [mar] raging

enfurecimiento nm anger, fury

enfurruñado, -a adj **estar ~** to be sulking

enfurruñarse vpr *Fam* to sulk

engalanado, -a adj [persona] dressed up / [ciudad, coche] decked out (**con** with)

engalanar vt to decorate
◆ ***engalanarse*** vpr [persona] to dress up / [ciudad] to be decked out (**con** with)

enganchado, -a adj **1.** [prendido] caught ▸ **la bufanda se me quedó enganchada a la puerta** I caught my scarf on the door **2.** *Fam* [adicto] hooked (**a** on)

enganchar ■ vt **1.** [agarrar] [vagones] to couple / [remolque, caballos] to hitch up / [pez] to hook **2.** [colgar] to hang (up) **3.** *Fam* [atraer] **~ a alguien para que haga algo** to rope sb into doing sth **4.** *Fam* [pillar] [empleo, marido] to land (oneself) **5.** *ANDES, CAM, MÉX* [contratar] to hire, to contract
■ vi *Fam* [hacer adicto] to be addictive ▸ **un videojuego de los que enganchan** an addictive video game
◆ ***engancharse*** vpr **1.** [prenderse] **engancharse algo con** *o* **en** to catch sth on ▸ **se le enganchó la falda en las zarzas** she caught her skirt on the brambles ▸ **te has enganchado las medias** you've caught *o* snagged your tights on something **2.** [alistarse] to enlist, to join up **3.** *Fam* [hacerse adicto] to get hooked (**a** on) **4.** *ANDES, CAM, MÉX* [para trabajo] to sign up

enganche nm **1.** [de trenes] coupling **2.** [gancho] hook

3. [reclutamiento] enlistment 4. *MÉX* [depósito] deposit

enganchón nm [de ropa, tela] snag

engañabobos nm inv *Fam* 1. [cosa] con (trick) 2. [persona] con man, con artist

engañar ■ vt 1. [mentir] to deceive ▸ **a mí no me engañas, sé que tienes cincuenta años** you can't fool me, I know you're fifty 2. [ser infiel a] to deceive, to cheat on ▸ **engaña a su marido** she cheats on her husband 3. [estafar] to cheat, to swindle ▸ **te engañaron vendiéndote esto tan caro** they cheated you if they sold that to you for such a high price ▸ **~ a alguien como a un chino** to take sb for a ride 4. [hacer más llevadero] to appease ▸ **~ el hambre** to take the edge off one's hunger
■ vi to be deceptive *o* misleading ▸ **las apariencias engañan** appearances can be deceptive
◆ ***engañarse*** vpr 1. [hacerse ilusiones] to delude oneself ▸ **se engaña si cree que...** he's deluding himself if he thinks that... ▸ **no te engañes, ya no lo volverás a ver** don't kid yourself, you'll never see it again now 2. [equivocarse] to be wrong

engañifa nf *Fam* [mentira, broma] trick / [estafa] swindle

engaño nm 1. [mentira, broma] deceit / [estafa] swindle ▸ **ha sido víctima de un ~ en la compra del terreno** he was swindled over the sale of the land ▸ **no nos llamemos a ~, el programa se puede mejorar y mucho** let's not kid ourselves, the program could be a lot better ▸ **que nadie se llame a ~, la economía no va bien** let no one have illusions about it, the economy isn't doing well 2. [ardid] ploy, trick ▸ **las rebajas son un ~ para que la gente compre estupideces** the sales are a swindle intended to try to make people buy rubbish

engañoso, -a adj [persona, palabras] deceitful / [aspecto, apariencia] deceptive

engarce nm setting

engarzar [14] vt 1. [encadenar] [abalorios] to thread / [perlas] to string 2. [diamante] to set 3. [palabras] to string together

engastar vt to set, to mount

engatusador, -ora *Fam* ■ adj coaxing, cajoling
■ nm,f coaxer

engatusar vt *Fam* to sweet-talk ▸ **~ a alguien para que haga algo** to sweet-talk sb into doing sth

engendrar vt 1. [hijo, idea] to conceive 2. [originar] to give rise to ▸ **la falta de cariño engendra inseguridad** lack of affection gives rise to insecurity

engendro nm 1. [ser deforme] freak, deformed creature / [niño] malformed child 2. [obra fea o mala] monstrosity

englobar vt to include

engolado, -a adj [presuntuoso] presumptuous, arrogant / [pomposo] pompous, bombastic

engolosinarse vpr **~ con** to develop a taste for

engomar vt 1. [dar goma] to put glue on 2. [dar apresto] to size

engominado, -a adj [pelo] slicked-back

engominar vt to put hair cream on

engordar ■ vt 1. [animal] to fatten up 2. [aumentar] to swell
■ vi 1. [persona] to put on weight ▸ **he engordado seis kilos** I've put on six kilos 2. [comida, bebida] to be fattening

engorde nm fattening (up)

engorro nm nuisance

engorroso, -a adj [molesto] bothersome / [físicamente] cumbersome

engrampadora nf *RP* stapler

engrampar vt *RP* to staple

engranaje nm 1. [acción] gearing 2. [mecanismo] [de reloj, piñón] cogs / [de vehículo] gears 3. [enlace] [de ideas] chain, sequence 4. [aparato] [político, burocrático] machinery

engranar vt 1. [piezas] to engage 2. [ideas] to link, to connect

engrandecer [46] vt 1. [enaltecer] to exalt 2. [aumentar] to increase, to enlarge

engrandecimiento nm 1. [ensalzamiento] enhancement 2. [aumento] increase

engrapadora nf *AM* stapler

engrapar vt *AM* to staple

engrasar vt [motor] to lubricate / [bisagra, mecanismo] to oil / [eje] to grease / [molde de horno] to grease, to oil

engrase nm [de motor] lubrication / [de mecanismo] oiling

engreído, -a ■ adj conceited, full of one's own importance
■ nm,f conceited person

engrescar [59] vt to egg on, to incite

engripado, -a adj *CSUR* **estar ~** to have (the) flu

engriparse vpr *CSUR* to come down with (the) flu

engrosar [63] vt [aumentar] to swell ▸ **la herencia pasó a ~ la fortuna familiar** the inheritance went to swell the family fortune

engrudo nm paste

enguantarse vpr to put one's gloves on

engullir vt to gobble up, to wolf down

enharinar vt to flour

enhebrar vt 1. [aguja] to thread / [perlas] to string 2. [palabras] to string together

enhiesto, -a adj [derecho] erect, upright / [bandera] raised

enhorabuena ■ nf congratulations ▸ **dar la ~ a alguien por algo** to congratulate sb on sth
■ interj **¡~ (por...)!** congratulations (on...)!

enigma nm enigma

enigmático, -a adj enigmatic

enjabonado, -a ■ adj soapy
■ nm soaping

enjabonar vt [con jabón] to soap / [dar coba] to soft-soap

enjaezar [14] vt to harness *(with decorative harness)*

enjambre nm *también Fig* swarm

enjaulado, -a adj caged ▸ *Fig* **como un perro ~** like a caged animal

enjaular vt [en jaula] to cage / *Fam* [en prisión] to jail, to lock up

enjoyar vt to adorn with jewels
◆ ***enjoyarse*** vpr to put on (one's) jewels

enjuagar [38] vt to rinse
◆ ***enjuagarse*** vpr to rinse oneself/one's mouth/one's hands etc ▸ **enjuagarse el pelo** to rinse one's hair

enjuague nm rinse ▸ **~ bucal** [acción] rinsing of the mouth / [líquido] mouthwash

enjugar [38] vt **1.** [secar] to dry, to wipe away ▸ **enjugó sus lágrimas** he dried his tears **2.** [pagar] [deuda] to pay off / [déficit] to cancel out

enjuiciable adj indictable, liable to prosecution

enjuiciamiento nm **1.** DER trial **2.** [opinión] judgement

enjuiciar vt **1.** DER to try **2.** [opinar] to judge

enjundia nf substance ▸ **su último libro tiene mucha ~** there's a lot in her last book

enjuto, -a adj [delgado] lean

enlace ■ *ver* ***enlazar***
■ nm **1.** [conexión] [gen] & INFORM link **2.** [persona] go-between ▸ *ESP* **~ sindical** shop steward **3.** QUÍM bond **4.** [boda] **~ (matrimonial)** marriage **5.** [de trenes] connection ▸ **estación de ~** junction ▸ **vía de ~** crossover

enladrillado nm brick paving

enladrillar vt to pave with bricks

enlatado, -a adj **1.** [en lata] canned, tinned **2.** TV [programa, música] pre-recorded / [risa] canned
◆ ***enlatados*** nmpl *AM* [comestibles] groceries

enlatar vt to can, to tin

enlazar [14] ■ vt **~ algo a** [atar] to tie sth up to / [trabar, relacionar] to link *o* connect sth with
■ vi [trenes] to connect (**en** at)
◆ ***enlazarse*** vpr to become linked

enlistar vt *MÉX* to list

enlodar vt to cover in mud

enloquecedor, -ora adj maddening

enloquecer [46] ■ vt **1.** [volver loco] to drive mad **2.** [gustar mucho] to drive wild *o* crazy ▸ **le enloquece el esquí** she's mad *o* crazy about skiing
■ vi to go mad

enloquecido, -a adj mad, crazed

enloquecimiento nm madness

enlosar vt to pave

enlucir [39] vt **1.** [blanquear] to whitewash **2.** [enyesar] to plaster **3.** [metales] to polish

enlutado, -a adj in mourning

enlutar vt **1.** [vestir de luto] to dress in mourning **2.** [entristecer] to cast a shadow over

enmaderar vt [pared] to panel / [suelo] to lay the floorboards of

enmadrarse vpr to become too tied to one's mother

enmarañado, -a adj **1.** [pelo] matted, tangled / [cable] tangled **2.** [asunto] complicated

enmarañar vt **1.** [enredar] to tangle (up) **2.** [complicar] to complicate, to confuse
◆ ***enmarañarse*** vpr **1.** [enredarse] to become tangled **2.** [complicarse] to become confused *o* complicated

enmarcar [59] vt **1.** [cuadro] to frame **2.** [dar un contexto] **enmarcan su política energética dentro del respeto al medio ambiente** their energy policy is placed within a framework of respect for the environment
◆ ***enmarcarse*** vpr **las medidas se enmarcan dentro de la nueva política conciliadora** the measures form part of the new policy of reconciliation ▸ **esta actuación se enmarca dentro de la convención de Viena** this action falls within the provisions of the Vienna convention

enmascarado, -a ■ adj masked
■ nm,f masked man, *f* masked woman

enmascarar vt [rostro] to mask / [encubrir] to disguise

enmendar [3] vt [error] to correct / [ley, dictamen] to amend / [comportamiento] to mend / [daño, perjuicio] to redress ▸ **enmendarle la plana a alguien** [corregir] to find fault with what sb has done / [superar] to go one better than sb
◆ ***enmendarse*** vpr to mend one's ways

enmienda nf **1.** [acción] **hacer propósito de ~** to promise to mend one's ways **2.** [en un texto] correction **3.** [de ley, contrato] amendment

enmiendo *etc ver* ***enmendar***

enmohecer [46] vt [con moho] to turn mouldy / [metal] to rust
◆ ***enmohecerse*** vpr [con moho] to grow mouldy / [metal, conocimientos] to go rusty

enmohecido, -a adj [con moho] mouldy / [metal, conocimientos] rusty

enmoquetado, -a *ESP, RP* ■ adj carpeted
■ nm (wall-to-wall) carpeting

enmoquetar vt *ESP, RP* to carpet

enmudecer [46] ■ vt to silence

CÓMO EXPRESAR...

la enhorabuena

Congratulations! / ¡Enhorabuena!
Congratulations on your promotion! / ¡Enhorabuena por tu ascenso!
Congratulations on passing your exams! / ¡Enhorabuena por haber aprobado los exámenes!
I hear congratulations are in order. / Parece que hay que darle la enhorabuena a alguien.
That's great news! / ¡Qué buena noticia!
I'm so happy for you! / ¡Me alegro mucho por ti!
Well done! *Br*, **Good job!** *US* / ¡Bien hecho!
Nice one! *(informal)* / ¡Así se hace!

■ vi [callarse] to fall silent, to go quiet / [perder el habla] to be struck dumb

enmudecimiento nm silence

ennegrecer [46] ■ vt [poner negro] to blacken
■ vi to darken
◆ ***ennegrecerse*** vpr [ponerse negro] to become blackened ▸ **el cielo se ennegreció de repente** the sky suddenly darkened *o* grew dark

ennoblecer [46] vt [persona] to ennoble, to dignify ▸ **esas acciones lo ennoblecen** these actions do him credit

enojadizo, -a adj *esp AM* irritable, touchy

enojado, -a adj *esp AM* [irritado] angry / [molesto] annoyed

enojar *esp AM* vt [irritar] to anger / [molestar] to annoy
◆ ***enojarse*** vpr [irritarse] to get angry (**con** with) / [molestarse] to get annoyed (**con** with)

enojo nm *esp AM* [irritación] anger / [molestia] annoyance

enojoso, -a adj *esp AM* [molesto] annoying / [delicado, espinoso] awkward

enología nf oenology, study of wine

enólogo, -a nm,f oenologist, wine expert

enorgullecer [46] vt to fill with pride
◆ ***enorgullecerse*** vpr to be proud (**de** of) ▸ **me enorgullezco de pertenecer a esta familia** I am proud to be a member of this family

enorme adj enormous, huge

enormidad nf **1.** [de tamaño] enormity, hugeness ▸ **me gustó una ~** I liked it enormously **2.** [despropósito] crass remark/mistake/ etc

enquistado, -a adj [odio, costumbre] deep-rooted, deeply entrenched

enquistamiento nm MED encystment

enquistarse vpr **1.** MED to develop into a cyst **2.** [odio, costumbre] to take root, to become entrenched / [proceso] to become bogged down

enraizar [14] vi [árbol] to take root / [persona] to put down roots

enramada nf **1.** [espesura] branches, canopy **2.** [cobertizo] bower

enrarecer [46] vt [situación, ambiente] to make strained
◆ ***enrarecerse*** vpr [atmósfera] to become rarefied / [situación, ambiente] to become strained

enrarecido, -a adj **1.** [aire] rarefied **2.** [situación, ambiente] strained, tense

enredadera nf creeper

enredador, -ora ■ adj [travieso] naughty, mischievous / [chismoso] gossiping
■ nm,f [travieso] mischief-maker / [chismoso] gossip

enredar ■ vt **1.** [madeja, pelo] to tangle up / [situación, asunto] to complicate, to confuse **2.** [implicar] **~ a alguien (en)** to embroil sb (in), to involve sb (in) **3.** [entretener] to bother, to annoy
■ vi *Fam* to get up to mischief ▸ **~ con algo** to fiddle with *o* mess about with sth
◆ ***enredarse*** vpr **1.** [plantas] to climb / [madeja, pelo] to get tangled up / [situación, asunto] to become confused ▸ **la cola de la cometa se enredó en unas ramas** the tail of the kite got tangled in some branches **2.** [meterse] **enredarse en un asunto** to get mixed up *o* involved in something ▸ **enredarse a hacer algo** to start doing sth **3.** *Fam* [sentimentalmente] **enredarse con** to get involved *o* have an affair with

enredo nm **1.** [maraña] tangle, knot **2.** [lío] mess, complicated affair / [asunto ilícito] shady affair ▸ TEATRO & CINE **comedia de ~** farce **3.** [amoroso] (love) affair

enrejado nm **1.** [barrotes] [de balcón, verja] railings / [de jaula, celda, ventana] bars **2.** [de cañas] trellis

enrejar vt [ventanas] to bar

enrevesado, -a adj complex, complicated

enriquecedor, -ora adj enriching

enriquecer [46] vt **1.** [hacer rico] to bring wealth to, to make rich **2.** [sustancia] to enrich
◆ ***enriquecerse*** vpr to get rich

enriquecido, -a adj enriched

enriquecimiento nm enrichment

enristrar vt **1.** [ajos, cebollas] to string **2.** [lanza] to couch

enrocar [59] vt & vi [en ajedrez] to castle
◆ ***enrocarse*** vpr to castle

enrojecer [46] ■ vt to redden, to turn red
■ vi [por calor] to flush / [por turbación] to blush
◆ ***enrojecerse*** vpr [por calor] to flush / [por turbación] to blush

enrojecimiento nm **1.** [de la piel] redness, red mark **2.** [de las mejillas] blushing

enrolar vt to enlist
◆ ***enrolarse*** vpr [en la marina] to enlist (**en** in) ▸ **enrolarse en un barco** to join a ship's crew

enrollado, -a adj **1.** [en forma de rollo] in a roll, rolled up **2.** *ESP Fam* [interesante, animado] fun ▸ **es un tío muy ~** he's a great guy, he's really great **3.** *Fam* [dedicado, entregado] **están muy enrollados con el parapente** they're into paragliding in a big way **4.** *Fam* [en relaciones amorosas] **está ~ con una sueca** he's going out with a Swedish woman ▸ **están enrollados desde hace tres años** they've been an item for the last three years

enrollar vt **1.** [papel, alfombra] to roll up **2.** *Fam* [gustar] **me enrolla mucho** I love it, I think it's great
◆ ***enrollarse*** vpr **1.** [en sí mismo] [papel] to roll up / [manguera, cuerda] to coil up **2.** *Fam* [hablar] to go on (and on) ▸ **no te enrolles y dime qué quieres** just get to the point and tell me what you want ▸ **me enrollé demasiado en la tercera pregunta** I spent too much time on the third question ▸ *ESP* **se enrolla como una persiana** he could talk the hind legs off a donkey **3.** *Fam* [sexualmente] [hacer el amor] *BR* to have it away, *US* get it on / [besarse, abrazarse] to neck, *BR* to snog, *US* to make out **4.** *ESP Fam* [en el trato] **se enrolla muy bien con los clientes** he gets on very well with the clients

enroque nm [en ajedrez] castle

enroscar [59] vt **1.** [tuerca] to screw in / [tapa] to screw on **2.** [enrollar] to roll up / [cuerpo, cola] to curl up

enrulado, -a adj CHILE, RP curly

ensaimada nf = *cake made of sweet coiled pastry*

ensalada nf **1.** [plato] salad ▸ **~ mixta** mixed salad **2.** *Fam* [lío] mishmash

ensaladera nf salad bowl

ensaladilla nf ESP **~ (rusa)** Russian salad, = *salad of boiled, diced potatoes and carrots or peas, in mayonnaise*

ensalmo nm incantation, spell ▸ **como por ~** as if by magic

ensalzamiento nm praise

ensalzar [14] vt to praise

ensamblado, -a ■ adj [mueble, piezas] assembled
■ nm assembly

ensamblador, -ora ■ nm,f [persona] joiner
■ nm INFORM assembler

ensambladura nf, ***ensamblaje*** nm [acción] assembly / [unión] joint

ensamblar vt [gen] & INFORM to assemble / [madera] to join

ensanchamiento nm [de orificio, calle] widening / [de ropa] letting out

ensanchar vt [orificio, calle] to widen / [ropa] to let out / [ciudad] to expand
◆ ***ensancharse*** vpr [orificio, calle] to widen, to open out

ensanche nm **1.** [de calle] widening **2.** [en la ciudad] new suburb

ensangrentado, -a adj bloodstained, covered in blood

ensangrentar [3] vt to cover with blood

ensañamiento nm viciousness, savagery

ensañarse vpr **~ con** to torment, to treat cruelly

ensartado, -a adj [perlas] strung ▸ **trozos de carne ensartados en un pincho** pieces of meat threaded on a skewer

ensartar vt **1.** [perlas] to string **2.** [atravesar] [torero] to gore / [puñal] to plunge, to bury ▸ **ensartó las verduras en pinchos** he threaded the vegetables on skewers

ensayar vt **1.** [experimentar] to test **2.** TEATRO to rehearse

ensayista nmf essayist

ensayo nm **1.** TEATRO rehearsal ▸ **~ general** dress rehearsal **2.** [prueba] test ▸ **le salió al primer ~** he got it at the first attempt **3.** LIT essay **4.** [en rugby] try

enseguida adv [inmediatamente] immediately, at once / [pronto] very soon ▸ **llegará ~** he'll be here any minute now ▸ **vino a las seis, pero se fue ~** he came at six, but he left soon after

ensenada nf cove, inlet

enseña nf ensign

enseñado, -a adj **1.** [educado] educated **2.** [perro] BR house-trained, US housebroken

enseñante nmf teacher

enseñanza nf [educación] education / [instrucción] teaching ▸ **enseñanzas** [de filósofo, profeta] teachings ▸ **se dedica a la ~** he works as a teacher ▸ **un centro de ~** an educational institution ▸ **de cualquier error puede extraerse una ~** there's a lesson to be learned from every mistake you make ▸ **~ a distancia** distance education ▸ **~ estatal** state education ▸ **~ de idiomas** language teaching ▸ **~ media** secondary education ▸ **~ personalizada** personal *o* individual tutoring ▸ **~ primaria** primary education ▸ **~ privada** private education ▸ **~ pública** state education ▸ **~ secundaria** secondary education ▸ **~ superior** higher education ▸ **~ universitaria** university education

enseñar vt **1.** [instruir, aleccionar] to teach ▸ **enseña inglés en una academia de idiomas** he teaches English in a language school ▸ **~ a alguien a hacer algo** to teach sb (how) to do sth ▸ **la derrota les enseñó a ser más humildes** the defeat taught them some humility **2.** [mostrar] to show ▸ **enséñame tu vestido nuevo** show me your new dress ▸ **al estirarse, enseñaba el ombligo** when he stretched you could see his belly button ▸ **va enseñando los hombros provocativamente** her shoulders are provocatively uncovered

enseñorearse vpr to take possession (**de** of)

enseres nmpl **1.** [efectos personales] belongings **2.** [muebles, accesorios] furnishings

ensillado, -a adj [caballo] saddled

ensillar vt [caballo] to saddle up

ensimismado, -a adj [enfrascado] absorbed / [pensativo] lost in thought

ensimismamiento nm self-absorption

ensimismarse vpr [enfrascarse] to become absorbed / [abstraerse] to lose oneself in thought

ensoberbecer [46] vt to fill with pride
◆ ***ensoberbecerse*** vpr to become puffed up with pride

ensombrecer [46] vt *también Fig* to cast a shadow over
◆ ***ensombrecerse*** vpr to darken

ensoñación nf daydream ▸ **ni por ~** not even in one's wildest dreams

ensopar vt ANDES, RP, VEN to soak

ensordecedor, -ora adj deafening

ensordecer [46] ■ vt **1.** [causar sordera] to cause to go deaf **2.** [sujeto: sonido] to deafen
■ vi to go deaf

ensordecimiento nm deafness

ensortijar vt to curl

ensuciar vt [manchar] to (make) dirty / [desprestigiar] to sully, to tarnish ▸ **~ el nombre de alguien** to sully sb's name *o* reputation
◆ ***ensuciarse*** vpr to get dirty ▸ **la alfombra se ha ensuciado de pintura** the carpet has got paint on it

ensueño nm *también Fig* dream ▸ **de ~** dream, ideal ▸ **tienen una casa de ~** they have a dream house

entablado nm [armazón] wooden platform / [suelo] floorboards

entablar vt **1.** [suelo] to put down floorboards on **2.** [iniciar] [conversación, amistad] to strike up /

[negocio] to start up **3.** [entablillar] to put in a splint

entablillar vt to put in a splint

entallado, -a adj [vestido, chaqueta] tailored

entallar vt [prenda] to take in at the waist

entarimado nm [plataforma] wooden platform / [suelo] floorboards

entarimar vt [suelo] to put down floorboards on

ente nm **1.** [ser] being **2.** [corporación] body, organization ▸ **~ público** [institución] = *state-owned body o institution* ▸ **el Ente público** [televisión] = *Spanish state broadcasting company* **3.** *Fam* [personaje] odd bod

entelequia nf [fantasía] pipe dream

entenado, -a nm,f *MÉX* stepson, *f* stepdaughter

entendederas nfpl *Fam* brains ▸ **ser corto de ~** to be a bit dim

entendedor, -ora nm,f *Prov* **al buen ~ le sobran las palabras** *o* **pocas palabras bastan** a word to the wise is sufficient

entender [64] ■ vt **1.** [comprender] to understand ▸ **ahora entiendo lo que quieres decir** now I understand *o* know what you mean ▸ **no te entiendo, habla más despacio** I don't understand you, could you speak more slowly? ▸ **no entiendo cómo puede gustarte Arturo** I don't know what you see in Arturo ▸ **no entiendo nada, ¿no deberían haber llegado ya?** I just can't understand it, surely they were supposed to have arrived by now ▸ **¡no hay quien te entienda!** you're impossible! ▸ **¿tú qué entiendes por "amistad"?** what do you understand by "friendship"? ▸ **dar a ~ que...** to imply (that)... ▸ **hasta que no llegue no podemos empezar, ¿entiendes?** we can't start until she gets here, all right? **2.** [juzgar, opinar] to think ▸ **yo no lo entiendo así** I don't see it that way

■ vi **1.** [saber] **~ de algo** to know about sth ▸ **~ poco/algo de** to know very little/a little about **2.** [ocuparse] **~ de** *o* **en** [en general] to deal with

◆ ***entenderse*** vpr **1.** [comprenderse] [uno mismo] to know what one means / [dos personas] to understand each other ▸ **yo ya me entiendo** I know what I'm doing ▸ **se entienden en inglés** they communicate with each other in English **2.** [llevarse bien] to get on **3.** [ponerse de acuerdo] to reach an agreement **4.** *Fam* [apañarse] **allá te las entiendas tú con la lavadora** the washing machine's your problem

■ nm **a mi ~...** the way I see it...

entendido, -a ■ adj **1.** [comprendido] understood ▸ **¿~?** (is that) understood? ▸ **¡~!** all right!, okay! ▸ **no darse por ~** to pretend one hasn't heard **2.** [versado] expert

■ nm,f expert (**en** on)

entendimiento nm [comprensión] understanding / [juicio] judgement / [inteligencia] mind, intellect

entente nf POL entente cordiale / COM agreement

enterado, -a ■ adj **1.** [informado] **estar ~ de algo** to be aware of sth ▸ **darse por ~** to indicate that one is aware of sth ▸ **no darse por ~** to turn a deaf ear **2.** [entendido] well-informed (**en** about)

■ nm,f *Irónico* know-all

enterar vt **~ a alguien de algo** to inform sb about sth

◆ ***enterarse*** vpr **1.** [descubrir, saber] to find out (**de** about) ▸ **como se entere, me mata** if she finds out, she'll kill me ▸ **¿te has enterado del accidente de Ana?** did you hear about Ana's accident? ▸ **¡entérate de una vez! ¡yo no soy tu criado!** get this straight, I'm not your servant! **2.** *Fam* [comprender] to get it, to understand ▸ **no te enteras de nada** you don't understand, do you? **3.** [darse cuenta] **enterarse (de algo)** to notice (sth) ▸ **no se enteró del golpe** he didn't notice the impact **4.** [expresiones] **¡para que te enteres!** I'll have you know!, as a matter of fact! ▸ **¡te vas a ~!** you'll know all about it!, you'll catch it! ▸ **¡se va a ~ de quién soy yo!** he's going to find out what sort of stuff I'm made of!

entereza nf [serenidad] composure, self-possession / [honradez] integrity / [firmeza] firmness

enternecedor, -ora adj touching, moving

enternecer [46] vt to move, to touch

◆ ***enternecerse*** vpr to be moved

enternecimiento nm **el desamparo de los refugiados consiguió su ~** he softened when he saw how helpless the refugees were

entero, -a ■ adj **1.** [completo] whole ▸ **vi la película entera** I watched the whole film ▸ **el edificio/país entero** the entire *o* whole building/country ▸ **es de mi entera confianza** she has my complete confidence ▸ **por ~** entirely, completely **2.** [sin desperfecto] in one piece ▸ **este cristal está ~** this pane hasn't been broken **3.** [sereno] composed ▸ **se mostró muy ~ en el juicio** he was very composed at the trial **4.** [honrado] upright, honest

■ nm BOLSA point

enterrador, -ora nm,f gravedigger

enterramiento nm [acción, ceremonia] burial / [lugar] burial site

enterrar [3] vt **1.** [cadáver, objeto, tesoro] to bury **2.** [olvidar] to forget about **3.** [clavar] to sink *o* drive in ▸ **le enterró el puñal en el vientre** he plunged the dagger into his belly **4.** [sobrevivir] **enterró a todos sus hermanos** he survived all his brothers

CÓMO...

decir que se ha entendido/no se ha entendido

I see (what you mean). / Ya (entiendo).
I understand. / Entiendo.
I think I've got it now. / Creo que ahora lo entiendo.
I'm afraid I don't understand. / Lo siento, no lo entiendo.

I'm sorry, I don't follow you. / Lo siento, no te sigo.
I'm sorry. I didn't catch what you said. / Perdona, no he entendido lo que has dicho.
Sorry. Would you mind repeating that? / Perdone, ¿lo podría repetir?

◆ ***enterrarse*** vpr *Fig* **enterrarse en vida** to hide oneself away

entibiar vt [enfriar] to cool / [templar] to warm
◆ ***entibiarse*** vpr to cool ▸ **sus relaciones se entibiaron** [de pareja] their relationship lost its passion / [diplomáticas, de amistad] relations between them became more distant

entidad nf **1.** [corporación] body / [empresa] firm, company ▸ **~ bancaria** bank ▸ **~ de crédito** lending institution **2.** [en filosofía] entity **3.** [importancia] importance ▸ **de ~** of importance

entiendo *etc ver* ***entender***

entierro ■ *ver* ***enterrar***
■ nm [acción] burial / [ceremonia] funeral

entlo. (abrev de ***entresuelo***) mezzanine

entoldado nm [toldo] awning / [para fiestas, bailes] marquee

entoldar vt to cover with an awning

entomología nf entomology

entomólogo, -a nm,f entomologist

entonación nf intonation

entonar ■ vt **1.** [cantar] to sing **2.** [tonificar] to pick up ▸ **esta sopa te entonará** this soup will do you the world of good
■ vi **1.** [al cantar] to sing in tune **2.** [armonizar] **~ (con algo)** to match (sth)
◆ ***entonarse*** vpr to become tipsy *o* merry ▸ **se entonó con una copa de oporto** he took a glass of port as a pick-me-up

entonces adv then ▸ **si no te gusta, ~ no vayas** if you don't like it, then don't go ▸ **si no ha llegado, ~ tiene que estar en la oficina** if he hasn't arrived yet, then he must still be at the office ▸ **el ~ primer ministro** the then prime minister ▸ **desde ~** since then ▸ **en** *o* **por aquel ~** at that time ▸ **~, ¿vienes o no?** are you coming or not, then?

entontecer [46] vt **~ a alguien** to dull sb's brain

entornado, -a adj [puerta, ventana] ajar

entornar vt to half-close

entorno nm environment, surroundings

entorpecer [46] vt **1.** [debilitar] [movimientos] to hinder / [miembros] to numb / [mente] to cloud **2.** [dificultar] to obstruct, to hinder / [tráfico] to hold up, to slow down

entorpecimiento nm **1.** [debilitamiento] [físico] numbness / [mental] haziness **2.** [dificultad] hindrance ▸ **el accidente provocó un ~ del tráfico** the accident caused a hold-up in traffic

entrada nf **1.** [acción] entry / [llegada] arrival ▸ **prohibida la ~** [en letrero] no entry ▸ **hizo una ~ espectacular** she made a spectacular entrance **2.** [lugar] entrance / [recibidor] entrance hall ▸ **~** [en letrero] entrance, way in ▸ **te espero a la ~ del cine** I'll meet you outside the cinema ▸ **~ de artistas** stage door ▸ **~ principal** main entrance **3.** TEC inlet, intake **4.** [en espectáculos] [billete] ticket / [recaudación] receipts, takings ▸ **~ libre** *o* **gratuita** admission free ▸ **sacar una ~** to buy a ticket ▸ **no hay entradas** [en letrero] sold out **5.** [público] audience / DEP attendance **6.** *ESP* [pago inicial] down payment **7.** [en contabilidad] income **8.** [plato] starter **9.** [en la frente] **tener entradas** to have a receding hairline **10.** [en un diccionario] entry **11.** [principio] beginning, start ▸ **de ~ no me gustó, pero...** at first I didn't like it, but... ▸ **me di cuenta de ~ de que algo andaba mal** I realized from the start that something was wrong **12.** INFORM input

entrado, -a adj **~ el otoño** once we're into autumn ▸ **entrada la noche** once night has set in ▸ **~ en años** elderly ▸ **~ en carnes** portly, rather large

entramado nm framework

entramar vt to make the framework of

entrampado, -a adj *Fam* [endeudado] **estar ~** to be up to one's neck in debt

entrante ■ adj [año, mes] coming / [presidente, gobierno] incoming
■ nm **1.** *ESP* [plato] starter **2.** [hueco] recess

entraña nf *RP* skirt ▸ **churrasco de ~** grilled skirt steak
◆ ***entrañas*** nfpl **1.** [vísceras] entrails, insides ▸ *Fig* **arrancarle a alguien las entrañas** to break sb's heart ▸ *Fig* **no tener entrañas** to be heartless **2.** [centro, esencia] heart ▸ **las entrañas de la Tierra** the bowels of the earth

entrañable adj [persona] dear / [amigo] very dear / [recuerdo] fond / [cariño, amistad] warm

entrañar vt to involve

entrar ■ vi **1.** [introducirse] [viniendo] to enter, to come in / [yendo] to enter, to go in ▸ **déjame ~** let me in ▸ **~ en algo** to enter sth, to come/go into sth ▸ **entré por la ventana** I got in through the window **2.** [penetrar] to go in ▸ **~ en algo** to go into sth **3.** [caber] to fit (**en** in) ▸ **esta llave no entra en la cerradura** this key won't fit in the lock ▸ **este anillo no me entra** I can't get this ring on my finger ▸ **el pie no me entra en el zapato** I can't get this shoe on **4.** [incorporarse] **~ (en algo)** [colegio, empresa] to start (at sth) / [club, partido político] to join (sth) ▸ **~ de** [botones, ayudante] to start off as **5.** [empezar] **entramos a las nueve** we start at nine o'clock ▸ **~ a hacer algo** to start doing sth ▸ **entró a trabajar hace un mes** he started work a month ago **6.** [participar] to join in ▸ **~ en** [discusión, polémica] to join in / [negocio] to get in on ▸ **no entremos en cuestiones morales** let's not get involved in moral issues ▸ **yo ahí ni entro ni salgo** it has nothing to do with me **7.** [estar incluido] **~ en, ~ dentro de** to be included in **8.** [figurar] **~ en** to belong to ▸ **entro en el grupo de los disconformes** I number among the dissidents **9.** [periodo de tiempo] to start ▸ **el verano entra el 21 de junio** summer starts on 21 June ▸ **~ en** [edad, vejez] to reach / [año nuevo] to start **10.** [cantidad] **¿cuántos entran en un kilo?** how many do you get to the kilo? **11. entrarle a alguien** [sujeto: estado físico, de ánimo] **le entraron ganas de hablar** he suddenly felt like talking ▸ **me está entrando frío** I'm getting cold ▸ **me entró mucha pena** I was filled with pity **12.** [sujeto: concepto, asignatura] **no le entra la geometría** he can't get the hang of geometry ▸ **no le entra en la cabeza que eso no se hace** he can't seem to get it into his head that that sort of behaviour is out **13.** AUT to engage ▸ **no entra la tercera** it won't go into third gear

■ vt **1.** [introducir] to bring in **2.** [prenda de vestir] to take in **3.** [acometer] to approach, to deal with ▸ **a ése no hay por donde entrarle** there's no way of getting through to him

entre prep **1.** [en medio de dos] between ▸ **~ las diez y las once** between ten and eleven o'clock ▸ **~ paréntesis** in brackets ▸ **~ nosotros** [en confianza] between you and me, between ourselves ▸ **discutían ~ sí** they were arguing with each other ▸ **era un color ~ verde y azul** the colour was somewhere between green and blue ▸ **dudo ~ ir o quedarme** I don't know *o* can't decide whether to go or to stay **2.** [en medio de muchos] among, amongst ▸ **estaba ~ los asistentes** she was among those present ▸ **estuvo ~ los mejores** he was one of *o* amongst the best ▸ **~ otras cosas** among other things **3.** [indica colaboración o adición] **lo hicieron ~ tres amigos** the three friends did it between them ▸ **~ hombres y mujeres somos más de cien** there are over a hundred of us, men and women together ▸ **~ una cosa y otra** what with one thing and another ▸ **~ que se levanta y se arregla, se le va media mañana** it takes her half the morning just to get up and get ready **4.** [en divisiones] **divide veinte ~ cuatro** divide twenty by four ▸ **ocho ~ dos cuatro** eight divided by two is four

◆ ***entre tanto*** loc adv [mientras tanto] meanwhile

entreabierto participio *ver* ***entreabrir***

entreabrir vt to half-open

entreacto nm interval

entrecasa nf *AM* **estar de ~** to be casually dressed ▸ **los guisos de ~** home cooking

entrecejo nm = *space between the eyebrows* ▸ **fruncir el ~** to frown

entrecerrado, -a adj [puerta, ventana] half-shut

entrecerrar [3] vt to half-close

entrechocar [59] ■ vt [espadas] to clash
■ vi [dientes] to chatter

entrecomillado, -a ■ adj in quotation marks
■ nm text in quotation marks

entrecomillar vt to put in quotation marks

entrecortado, -a adj [voz, habla] faltering / [respiración] laboured / [señal, sonido] intermittent

entrecot (pl **entrecots** *o* **entrecotes**) nm entrecôte

entrecruzado, -a adj interwoven

entrecruzar [14] vt [entrelazar] to interweave / [dedos] to link together

◆ ***entrecruzarse*** vpr to interweave ▸ **sus destinos se entrecruzaban** their destinies were intertwined

entredicho nm **estar en ~** to be in doubt ▸ **poner en ~** to question, to call into question

entrega nf **1.** [acto de entregar] handing over / [de pedido, paquete] delivery / [de premios] presentation ▸ **el acto de ~ de los Premios Nobel** the Nobel Prize award ceremony ▸ **no acudió a la ~ de premios** he didn't attend the prizegiving ceremony ▸ **hacer ~ de algo a alguien** to present sb with sth ▸ **~ a domicilio** home delivery ▸ **~ contra reembolso** cash on delivery **2.** [dedicación] devotion (**a** to) **3.** [fascículo] **por entregas** in instalments

entregar [38] vt [dar] to hand over / [pedido, paquete] to deliver / [examen, informe] to hand in / [persona] to turn over ▸ **al final del curso te entregan un diploma** you're given a diploma at the end of the course ▸ **el presidente entregó los premios a los ganadores** the president handed out *o* presented the prizes to the winners ▸ **no entregarán a los rehenes hasta que no reciban el rescate** they won't turn over *o* release the hostages until they receive the ransom

◆ ***entregarse*** vpr **1.** [rendirse] [soldado, ejército] to surrender / [criminal] to turn oneself in ▸ **se entregó a la policía** he gave himself up to the police **2. entregarse a** [persona, trabajo] to devote oneself to / [vicio, pasión] to give oneself over to

entreguerras: de entreguerras loc adj **periodo/literatura de ~** time/literature between the wars

entrelazar [14] vt to interlace, to interlink

entrelínea nf space between two lines

entremedias, entremedio adv in between

entremés (pl **entremeses**) nm **1.** CULIN **entremeses** hors d'œuvres **2.** LIT = *short, amusing one-act play*

entremeter vt to insert, to put in

◆ ***entremeterse*** vpr [inmiscuirse] to meddle (**en** in)

entremetido, -a ■ adj meddling
■ nm,f meddler

entremezclar vt to mix up

◆ ***entremezclarse*** vpr to mix

entrenador, -ora nm,f coach / [seleccionador] manager

entrenamiento nm training

entrenar vt & vi to train

◆ ***entrenarse*** vpr to train

entreoír [44] vt to half-hear

entrepierna nf crotch ▸ *muy Fam* **pasarse algo por la ~** to piss on sth from a great height

entreplanta nf mezzanine

entresacar [59] vt to pick out

entresijos nmpl ins and outs

entresuelo nm mezzanine

entretanto ■ adv meanwhile
■ nm **en el ~** in the meantime

entretecho nm *ARG, CHILE, COL, MÉX* loft, attic

entretejer vt to interweave

entretela nf [de ropa] inner lining ▸ **entretelas** [de persona] innermost heart

entretención nf *CHILE* entertainment

entretener [65] vt **1.** [despistar] to distract **2.** [retrasar] to hold up, to keep **3.** [divertir] to entertain **4.** [mantener] to keep alive, to sustain

◆ ***entretenerse*** vpr **1.** [despistarse] to get distracted **2.** [retrasarse] to be held up **3.** [divertirse] to amuse oneself

entretenido, -a adj entertaining, enjoyable

entretenimiento nm **1.** [acción] entertainment **2.** [pasatiempo] pastime

entretiempo nm *CSUR* half-time

◆ ***de entretiempo*** loc adj **ropa de ~** spring/autumn clothes

entrever [70] vt **1.** [vislumbrar] to barely make out / [por un instante] to glimpse **2.** [adivinar] to see signs of ◆ ***entreverse*** vpr to be barely visible ▸ **no se entrevé una solución** there's no sign of a solution

entreverado ■ adj **tocino ~** streaky bacon ■ nm *VEN = roast lamb with salt and vinegar*

entreverar *CSUR* vt to mix ◆ ***entreverarse*** vpr to get tangled

entrevero nm *CSUR* tangle, mess

entrevista nf interview ▸ **~ en exclusiva** exclusive interview ▸ **~ de trabajo** job interview

entrevistado, -a nm,f interviewee

entrevistador, -ora nm,f interviewer

entrevistar vt to interview ◆ ***entrevistarse*** vpr to have a meeting (**con** with)

entrevisto participio *ver* ***entrever***

entristecer [46] vt to make sad ◆ ***entristecerse*** vpr to become sad

entristecimiento nm sadness

entrometerse vpr to interfere (**en** in)

entrometido, -a ■ adj interfering ■ nm,f meddler

entrometimiento nm meddling

entromparse vpr *Fam* to get legless

entroncamiento nm [parentesco] relationship, connection

entroncar [59] vi **1.** [emparentarse] to become related (**con** to) **2.** [trenes] to connect **3.** [relacionarse] to be related (**con** to)

entronización nf coronation, enthronement ▸ *Fig* **sus películas son la ~ del mal gusto** his films are the height of bad taste

entronizar [14] vt to crown, to enthrone / *Fig* to exalt, to praise to the skies

entropía nf FÍS entropy

entubar vt to fit tubes to, to tube / MED to put tubes/a tube into

entuerto nm wrong, injustice ▸ **deshacer entuertos** to right wrongs

entumecer [46] vt to numb ◆ ***entumecerse*** vpr to become numb

entumecido, -a adj numb

entumecimiento nm numbness

enturbiar *también Fig* vt to cloud ◆ ***enturbiarse*** vpr to become cloudy

entusiasmado, -a adj excited ▸ **estamos entusiasmados con la nueva casa** we're really excited about the new house

entusiasmar vt **1.** [animar] to fill with enthusiasm **2.** [gustar] **le entusiasma la música** he loves music ◆ ***entusiasmarse*** vpr to get excited (**con** about)

entusiasmo nm enthusiasm ▸ **despertar ~ (en alguien)** to arouse (sb's) enthusiasm ▸ **aplaudieron con ~** they applauded enthusiastically

entusiasta ■ adj enthusiastic ■ nmf enthusiast

entusiástico, -a adj enthusiastic

enumeración nf enumeration, listing

enumerar vt to enumerate, to list

enunciación nf, ***enunciado*** nm formulation, enunciation

enunciar vt to formulate, to enunciate

envainar vt to sheathe

envalentonamiento nm boldness

envalentonar vt to urge on, to fill with courage ◆ ***envalentonarse*** vpr to become daring

envanecer [46] vt to make vain ◆ ***envanecerse*** vpr to become vain

envanecimiento nm vanity

envarado, -a ■ adj stiff, formal ■ nm,f stiff *o* formal person

envasado nm [en bolsas, cajas] packing / [en latas] canning / [en botellas] bottling ▸ **~ al vacío** vacuum packed

envasar vt [en bolsas, cajas] to package / [en latas] to can / [en botellas] to bottle

envase nm **1.** [envasado] [en bolsas, cajas] packing / [en latas] canning / [en botellas] bottling **2.** [recipiente] container / [botella] bottle ▸ **~ desechable** disposable container ▸ **~ sin retorno** non-returnable bottle ▸ **~ (retornable)** returnable empty bottle

envejecer [46] ■ vi [hacerse viejo] to grow old / [parecer viejo] to age ■ vt to age

envejecido, -a adj [de edad] old / [de aspecto] aged

envejecimiento nm ageing

envenenamiento nm poisoning

envenenar vt to poison ◆ ***envenenarse*** vpr [persona] to poison oneself / [relación] to become bitter

envergadura nf **1.** [importancia] size, extent /

CÓMO EXPRESARSE EN...

la entrevista de trabajo

As you can see from my CV... / Como puede ver en mi currículum...
I have been in publishing for almost ten years. / Llevo casi diez años en la edición.
I think I'm good at dealing with people. / Creo que tengo facilidad en el trato con la gente.
I like working as part of a team. / Me gusta trabajar en equipo.
What does the job involve? / ¿En qué consiste el trabajo?
Who would I be reporting to? / ¿Quién sería mi jefe directo?
Is it a permanent contract? / ¿Es un contrato indefinido?
What are the normal working hours? / ¿Cuál es el horario de trabajo normal?

[complejidad] complexity ▸ **una reforma de gran ~** a wide-ranging reform **2.** [de ave, avión] wingspan

envés (pl **enveses**) nm [de hoja] reverse (side), back / [de tela] wrong side

enviado, -a nm,f **1.** POL envoy **2.** PRENSA correspondent ▸ **~ especial** special correspondent

enviar [32] vt **1.** [mandar, remitir] to send / [por barco] to ship / [por fax] to fax ▸ **te enviaré la información por correo electrónico** I'll e-mail the information to you, I'll send you the information by e-mail ▸ **envíale mis saludos a tu madre** give my regards to your mother **2.** [persona] to send ▸ **lo enviaron de embajador** they sent him as an ambassador ▸ **lo enviaron (a) por agua** they sent him for water

enviciar vt to addict, to get hooked
◆ ***enviciarse*** vpr to become addicted

envidia nf envy ▸ **tener ~ de** to envy

envidiable adj enviable

envidiar vt to envy

envidioso, -a ■ adj envious
■ nm,f envious person

envilecer [46] vt to debase
◆ ***envilecerse*** vpr to become debased

envilecimiento nm debasement

envío nm **1.** COM dispatch / [de correo] delivery / [de víveres, mercancías] consignment **2.** [paquete] package

envite nm **1.** [en el juego] raise **2.** [ofrecimiento] offer

enviudar vi to be widowed

envoltorio nm, ***envoltura*** nf wrapper, wrapping

envolvente adj enveloping

envolver [41] vt **1.** [embalar] to wrap (up) ▸ **envuélvamelo para regalo, por favor** could you giftwrap it, please? **2.** [enrollar] to wind **3.** [implicar] **~ a alguien en** to involve sb in **4.** [cubrir, rodear] to envelop, to cover ▸ **la niebla envolvía el valle** the valley was deep in mist
◆ ***envolverse*** vpr **1. envolverse en** *o* **con algo** [cubrirse] to wrap oneself in sth **2. envolverse en algo** [involucrarse] to get involved with sth ▸ **se ha envuelto en un asunto de drogas** he has got involved in something to do with drugs

envuelto participio *ver* ***envolver***

envuelvo etc *ver* ***envolver***

enyesar vt [brazo, pierna] to put in plaster / [pared] to plaster

enyetar vt *RP Fam* to jinx

enzarzar [14] vt to entangle, to embroil
◆ ***enzarzarse*** vpr **enzarzarse en** to get entangled *o* embroiled in

enzima nm o nf enzyme

eólico, -a adj **energía eólica** wind energy

epatar vt to shock

e.p.d. (abrev de ***en paz descanse***) RIP

épica nf epic

epicentro nm epicentre

épico, -a adj epic

epicureísmo nm Epicureanism

epicúreo, -a adj & nm,f Epicurean

epidemia nf epidemic

epidémico, -a adj epidemic

epidemiología nf MED epidemiology

epidérmico, -a adj ANAT epidermic

epidermis nf inv ANAT epidermis

epidural adj & nf MED epidural

Epifanía nf REL Epiphany

epífisis nf inv ANAT pineal gland

epiglotis nf inv ANAT epiglottis

epígrafe nm heading

epigrafía nf epigraphy

epigrama nm epigram

epilepsia nf epilepsy

epiléptico, -a adj & nm,f epileptic

epílogo nm epilogue

episcopado nm **1.** [dignidad] episcopate, episcopacy **2.** [territorio] diocese

episcopal adj episcopal

episódico, -a adj episodic, episodical

episodio nm **1.** [de serie, libro] episode **2.** [suceso] event

epistemología nf epistemology

epístola nf **1.** *Formal* [carta] epistle **2.** REL Epistle

epistolar adj *Formal* epistolary

epistolario nm collected letters

epitafio nm epitaph

epitelio nm ANAT epithelium

epíteto nm epithet

epítome nm summary, synopsis

e.p.m. (abrev de ***en propia mano***) by hand

época nf **1.** [periodo] period ▸ **esa época de su vida** that period in his life ▸ **en aquella ~** at that time ▸ **hacer ~** to become a symbol of its time ▸ **coche de ~** vintage car ▸ **vestido de ~** period dress **2.** [estación] season ▸ **~ de apareamiento** mating season

epónimo, -a ■ adj eponymous
■ nm eponym

epopeya nf [poema] epic / [hazaña] feat

épsilon nf epsilon

equidad nf fairness

equidistante adj equidistant

equidistar vi to be equidistant (**de** from)

équido, -a ■ adj equine
■ nm = *member of the horse family*

equilátero, -a adj GEOM equilateral

equilibrado, -a adj **1.** [igualado] balanced **2.** [sensato] sensible

equilibrar vt to balance
◆ ***equilibrarse*** vpr to balance

equilibrio nm balance ▸ **mantener algo en ~** to balance sth ▸ **mantener/perder el ~** to keep/lose one's balance ▸ *Fig* **hacer equilibrios** to perform a balancing act ▸ **hay un ~ de fuerzas** the forces are evenly balanced ▸ **~ ecológico** ecological balance ▸ **~ de poder** balance of power

equilibrismo nm [en trapecio] trapeze / [en cuerda] tightrope walking

equilibrista nmf [trapecista] trapeze artist / [en cuerda] tightrope walker

equino, -a adj equine

equinoccial adj equinoctial

equinoccio nm equinox

equipaje nm *BR* luggage, *US* baggage ▸ **hacer el ~** to pack ▸ **~ de mano** hand luggage

equipamiento nm [acción] equipping / [equipo] equipment

equipar vt **~ a alguien (de** *o* **con)** [de instrumentos, herramientas] to equip sb (with) / [de ropa] to fit sb out (with)
◆ ***equiparse*** vpr to equip oneself (**de** *o* **con** with)

equiparable adj comparable (**a** to)

equiparar vt to compare
◆ ***equipararse*** vpr to be compared

equipo nm **1.** [personas] team ▸ **trabajar en ~** to work as a team ▸ **~ de rescate** rescue team ▸ **~ de salvamento** rescue team **2.** [jugadores] team ▸ **un ~ de rugby** a rugby team ▸ **~ local/visitante** local/visiting team **3.** [equipamiento] equipment ▸ **~ de oficina** office equipment **4.** [de novia] trousseau / [de soldado] kit / [de colegial] uniform **5.** [de música] system ▸ **~ de alta fidelidad** hi-fi system ▸ **~ de sonido** sound system

equis ■ adj X ▸ **un número ~ de personas** x number of people
■ nf inv **la letra ~** the letter x

equitación nf [deporte] horse *o US* horseback riding / [como arte] horsemanship, equestrianism

equitativo, -a adj fair, even-handed

equivalencia nf equivalence

equivalente adj & nm equivalent

equivaler [69] vi **1.** [ser igual] to be equivalent (**a** to) ▸ **300 pies equivalen a unos 90 metros** 300 feet are equivalent to 90 metres ▸ **un dólar equivale a 100 centavos** there are 100 cents in a dollar **2.** [significar] to amount, to be equivalent (**a** to) ▸ **aquello equivaldría a una rendición incondicional** that would amount to an unconditional surrender

equivocación nf mistake ▸ **por ~** by mistake

> FALSO AMIGO / FALSE FRIEND
> ***equivocación***
> Equivocation is not a translation of the Spanish word *equivocación*. Equivocation is translated by *evasivas, ambigüedades*.

equivocado, -a adj mistaken

equivocar [59] vt **~ algo con algo** to mistake sth for sth ▸ **~ el camino** to take the wrong road ▸ **equivoqué la fecha** I got the date wrong
◆ ***equivocarse*** vpr [estar en un error] to be wrong / [cometer un error] to make a mistake ▸ **te equivocas con tu profesor, no es tan mala persona** you're wrong about your teacher, he's not such a bad person ▸ **te equivocas si crees que me voy a asustar** you're mistaken if you think you're going to frighten me ▸ **se equivocó de nombre/puerta** he got the wrong name/door ▸ **equivocarse en algo** to make a mistake in sth ▸ **se equivocó en la suma** he got the total wrong

equívoco, -a ■ adj **1.** [ambiguo] ambiguous, equivocal **2.** [sospechoso] suspicious
■ nm misunderstanding

era ■ *ver* ***ser***
■ nf **1.** [periodo] era ▸ **~ cristiana/geológica** Christian/geological era ▸ **la ~ espacial** the space age **2.** [para trillar] threshing floor

erario nm funds ▸ **~ público** exchequer

Erasmo n pr Erasmus

Erasmus [e'rasmus] nm inv (abrev de ***European Action Scheme for the Mobility of University Students***) Erasmus ▸ **una beca/un estudiante ~** an Erasmus scholarship/student

ERE ['ere] nm *ESP* ECON (abrev de ***expediente de regulación de empleo***) redundancy plan, workforce adjustment plan

erección nf erection

eréctil adj erectile

erecto, -a adj erect

eremita nmf hermit

eres *ver* ***ser***

ergio nm FÍS [unidad] erg

ergonomía nf ergonomics *(singular)*

ergonómico, -a adj ergonomic

erguido, -a adj upright

erguir [28] vt to raise
◆ ***erguirse*** vpr to rise up

erial nm uncultivated land

erice *etc ver* ***erizar***

erigir [24] vt **1.** [construir] to erect, to build **2.** [nombrar] to name
◆ ***erigirse*** vpr **erigirse en** to set oneself up as

eritema nm MED skin rash

Eritrea n Eritrea

erizado, -a adj **1.** [pelo] on end / [con púas, espinas] spiky **2.** [lleno] **~ de** plagued with

erizar [14] vt to cause to stand on end
◆ ***erizarse*** vpr [pelo] to stand on end / [persona] to stiffen

erizo ■ nm **1.** [mamífero] hedgehog **2.** [pez] globefish ▸ **~ de mar** sea urchin
■ adj **pez ~** globefish

ermita nf hermitage

ermitaño, -a nm,f hermit

erogación nf *CHILE* [donativo] contribution

erogar [38] vt **1.** *AM Formal* [gastar] to spend **2.** *CHILE* [donar] to contribute

erógeno, -a adj erogenous

eros nm inv eros

erosión nf erosion

erosionar vt to erode
◆ ***erosionarse*** vpr to erode

erosivo, -a adj erosive

erótica nf **la ~ del poder** the thrill of power
erótico, -a adj erotic
erotismo nm eroticism
erotizar [14] vt to eroticize
erradicación nf eradication
erradicar [59] vt to eradicate
errado, -a adj [tiro] wide of the mark, missed / [razonamiento] mistaken
errante adj wandering
errar [29] ■ vt [vocación, camino] to choose wrongly / [tiro, golpe] to miss
■ vi **1.** [vagar] to wander **2.** [equivocarse] to make a mistake **3.** [al tirar] to miss
errata nf misprint ▸ **fe de erratas** errata *pl*
errático, -a adj wandering
erre nf **~ que ~** stubbornly
erróneo, -a adj mistaken
error nm mistake, error ▸ **cometer un ~** to make a mistake ▸ **estar en un ~** to be mistaken ▸ **por ~** by mistake ▸ **salvo ~ u omisión** errors and omissions excepted ▸ **~ de bulto** huge *o* big mistake ▸ **~ de cálculo** miscalculation ▸ **~ humano** human error ▸ **~ de imprenta** misprint ▸ **~ judicial** miscarriage of justice
ertzaina [er'tʃaina] nmf *ESP = member of Basque regional police force*
Ertzaintza [er'tʃaintʃa] nf *ESP = Basque regional police force*
eructar vi to belch
eructo nm belch
erudición nf erudition
erudito, -a ■ adj erudite
■ nm,f scholar
erupción nf **1.** GEOL eruption ▸ **en ~** erupting **2.** MED **~ (cutánea)** rash
eruptivo, -a adj [roca] volcanic / [volcán] active
es *ver* ***ser***
esa *ver* ***ese***[2]
ésa *ver* ***ése***
esbeltez nf slenderness, slimness
esbelto, -a adj slender, slim
esbirro nm henchman
esbozar [14] vt to sketch, to outline ▸ **~ una sonrisa** to give a hint of a smile
esbozo nm sketch, outline
escabechado, -a CULIN ■ adj marinated
■ nm marinade
escabechar vt CULIN to marinate
escabeche nm CULIN marinade ▸ **en ~** marinaded
escabechina nf *Fam* **1.** [destrozo] destruction **2.** *ESP* [en examen] huge number of failures ▸ **fue una ~** it was a massacre
escabroso, -a adj **1.** [abrupto] rough **2.** [obsceno] risqué **3.** [espinoso] awkward, thorny
escabullirse vpr **1.** [desaparecer] to slip away (**de** from) **2.** [escurrirse] **se me escabulló** he slipped out of my hands
escacharrado, -a adj *ESP Fam* bust, *BR* knackered
escacharrar *ESP Fam* vt to bust, *BR* to knacker
◆ ***escacharrarse*** vpr *BR* to get knackered, *US* to bust
escafandra nf diving suit ▸ **~ espacial** spacesuit
escafandrista nmf diver
escala nf **1.** [para medir] scale / [de colores] range ▸ **~ Celsius** Celsius (temperature) scale ▸ **~ de Richter** Richter scale ▸ **~ salarial** salary scale ▸ **~ de valores** set of values **2.** [de dibujo, mapa] scale ▸ **una reproducción a ~** a scale model ▸ **un dibujo a ~ natural** a life-size drawing ▸ **a ~ mundial** on a worldwide scale ▸ **a gran ~** on a large scale **3.** [en vuelo] stopover / [en crucero] port of call ▸ **hacer ~** to stop over ▸ **sin ~** non-stop ▸ **~ técnica** refuelling stop **4.** MÚS scale **5.** [escalera] ladder
escalada nf **1.** [de montaña] climb ▸ **~ en roca** rock climbing **2.** [de violencia, precios] escalation, rise (**de** in)
escalador, -ora nm,f [montañero, ciclista] climber
escalafón nm scale, ladder
escalar vt to climb
escaldado, -a adj **1.** CULIN scalded **2.** [receloso] wary
escaldar vt to scald
◆ ***escaldarse*** vpr to get burned
escaleno adj GEOM scalene
escalera nf **1.** [en edificio] stairs, staircase / [de mano] ladder ▸ **~ de caracol** spiral staircase ▸ **~ de incendios** fire escape ▸ **~ mecánica** escalator ▸ **~ de servicio** service stairs ▸ **~ de tijera** step ladder **2.** [en naipes] run ▸ **~ de color** straight flush
escalerilla nf [de avión] stairs
escalfado, -a adj [huevo] poached
escalfar vt to poach
escalinata nf staircase
escalofriante adj spine-chilling
escalofrío nm shiver ▸ **tener escalofríos** to be shivering ▸ **un ~ de temor** a shiver of fear ▸ *Fig* **dar escalofríos a alguien** to give sb the shivers
escalón nm [peldaño] step / [travesaño] rung / [categoría, nivel] grade
escalonado, -a adj **1.** [en el tiempo] spread out **2.** [terreno] terraced
escalonar vt **1.** [en el tiempo] to spread out **2.** [terreno] to terrace
escalope nm escalope
escalpelo nm scalpel
escama nf **1.** [de peces, reptiles] scale **2.** [de jabón, piel] flake
escamado, -a adj *Fam* suspicious, wary
escamar vt **1.** [pescado] to scale **2.** *Fam* [causar recelo a] to make suspicious
◆ ***escamarse*** vpr *Fam* to smell a rat, to get suspicious
escamotear vt **~ algo a alguien** [estafar] to do *o* swindle sb out of sth / [hurtar] to rob sb of sth
escampar v impersonal to clear up, to stop raining
escanciar vt to serve, to pour out
escandalizar [14] vt to scandalize, to shock
◆ ***escandalizarse*** vpr to be shocked

escándalo nm **1.** [inmoralidad] scandal / [indignación] outrage ▸ **los sueldos de los políticos son un ~** *o* **de ~** politicians' salaries are a scandal *o* a disgrace ▸ **¡esto es un ~!, quiero que me devuelvan el dinero** this is outrageous! I want my money back ▸ **~ sexual** sex scandal **2.** [alboroto] uproar, racket ▸ **armar un ~** to kick up a fuss

escandaloso, -a ■ adj **1.** [inmoral] outrageous, shocking **2.** [ruidoso] very noisy
■ nm,f very noisy *o* loud person

Escandinavia n Scandinavia

escandinavo, -a adj & nm,f Scandinavian

escanear vt INFORM & MED to scan

escáner nm INFORM & MED [aparato] scanner / MED **hacer un ~ a alguien** to give sb a scan

escaño nm [cargo, asiento] seat *(in parliament)*

escapada nf **1.** [huida] escape, flight / DEP breakaway **2.** [viaje] quick trip

escapar vi **1.** [huir] to get away, to escape (**de** from) **2.** [en carrera] to break away **3. dejar ~** [carcajada, grito, suspiro] to let out ▸ **no quiero dejar ~ esta oportunidad para agradecer...** I don't want to let this opportunity pass by without thanking... **4.** [quedar fuera del alcance] **~ a alguien** to be beyond sb ▸ **ese asunto escapa a mis competencias** that matter is outside my sphere of responsibility
◆ ***escaparse*** vpr **1.** [huir] to get away, to escape (**de** from) ▸ **escaparse de casa** to run away from home ▸ **no te escapes, que quiero hablar contigo** don't run off, I want to talk to you **2.** [en carrera] to break away **3.** [gas, agua] to leak **4.** [soltar, perder] **se me escapó la risa/una palabrota** I let out a laugh/an expletive ▸ **se me escapó el tren** I missed the train ▸ **se me escapó la ocasión** the opportunity slipped by **5.** [pasar inadvertido] **a tu madre no se le escapa nada** your mother doesn't miss a thing

escaparate nm (shop) window, display window

escaparatismo nm window dressing

escaparatista nmf window dresser

escapatoria nf **1.** [fuga] escape ▸ **no tener ~** to have no way out **2.** *Fam* [evasiva] way (of getting) out

escape nm [de gas] leak / [de coche] exhaust ▸ *ESP Fam Fig* **salir a ~** to leave in a rush, to rush off

escapismo nm escapism

escapista adj escapist

escapulario nm REL scapular

escaquearse vpr *ESP Fam* to duck out, *BR* to skive (off) ▸ **~ de (hacer) algo** to worm one's way out of (doing) sth ▸ **¡no te escaquees!** don't duck out!, *BR* don't skive off!

escarabajo nm beetle ▸ **~ pelotero** dung beetle

escaramuza nf MIL & *Fig* skirmish

escarapela nf rosette, cockade

escarbadientes nm inv toothpick

escarbar vt to scratch, to scrape

escarceos nmpl forays ▸ **~ amorosos** flirtations

escarcha nf frost

escarchado, -a adj [fruta] candied

escarchar v impersonal to freeze (over)

escardar vt to weed

escarlata adj & nm scarlet

escarlatina nf scarlet fever

escarmentar [3] vi to learn (one's lesson)

escarmiento nm lesson ▸ **dar un ~ a alguien** to teach sb a lesson ▸ **servir de ~** to serve as a lesson

escarnecer [46] vt to mock, to ridicule

escarnecimiento nm mockery, ridicule

escarnio nm mockery, ridicule

escarola nf (curly) endive

escarpado, -a adj [inclinado] steep / [abrupto] craggy

escarpia nf = *L-shaped hook for hanging pictures etc*

escarpín nm **1.** *AM* [de bebé] bootee **2.** [de neopreno] shoe

escasear vi to be scarce, to be in short supply

escasez nf [insuficiencia] shortage / [pobreza] poverty ▸ **~ de mano de obra** labour shortage

escaso, -a adj **1.** [conocimientos, recursos] limited, scant / [tiempo] short / [cantidad, número] low / [víveres, trabajo] scarce, in short supply / [visibilidad, luz] poor ▸ **joyas de ~ valor** jewellery of scant *o* little value ▸ **andar ~ de** to be short of ▸ **voy ~ de dinero** I don't have much money **2.** [casi completo] **un metro ~** barely a metre ▸ **dura dos horas escasas** it lasts barely two hours ▸ **a un mes ~ de las elecciones** with barely a month to go to the elections

escatimar vt [gastos, comida] to be sparing with, to skimp on / [esfuerzo, energías] to use as little as possible ▸ **no ~ gastos** to spare no expense

escatología nf [sobre excrementos] scatology

escatológico, -a adj [de excrementos] scatological

escay nm Leatherette®

escayola nf CONSTR plaster of Paris / MED plaster ▸ **una ~** a plaster cast

escayolado, -a adj [brazo, pierna] in plaster

escayolar vt to put in plaster

escayolista nmf decorative plasterer

escena nf **1.** [escenario] stage ▸ *también Fig* **desaparecer de ~** to leave the stage ▸ **llevar a la ~** to dramatize ▸ **poner en ~** to stage ▸ **puesta en ~** staging ▸ **salir a ~** to go on stage **2.** [suceso, acto] scene ▸ *Fam* **hacer una ~** to make a scene ▸ **me hizo una ~ de celos** she treated me to one of her jealous rages

escenario nm **1.** [tablas, escena] stage / CINE & TEATRO [ambientación] setting **2.** [de suceso] scene ▸ **el ~ del crimen/accidente** the scene of the crime/accident

escénico, -a adj scenic

escenificación nf [de novela] dramatization / [de obra de teatro] staging

escenificar [59] vt [novela] to dramatize / [obra de teatro] to stage

escenografía nf set design

escenógrafo, -a nm,f set designer

escepticismo nm scepticism

escéptico, -a ■ adj **1.** [filósofo] sceptic **2.** [incrédulo] sceptical
■ nm,f sceptic
escindido, -a adj **un grupo ~** a breakaway group
escindir vt to split
◆ ***escindirse*** vpr to split (**en** into)
escisión nf [del átomo] splitting / [de partido político] split
esclarecedor, -ora adj illuminating
esclarecer [46] vt to clear up, to shed light on ▸ **~ los hechos** to establish the facts
esclarecimiento nm clearing up, elucidation
esclava nf [pulsera] = *metal identity bracelet*
esclavina nf short cape
esclavismo nm (system of) slavery
esclavista ■ adj pro-slavery
■ nmf supporter of slavery
esclavitud nf *también Fig* slavery
esclavizar [14] vt *también Fig* to enslave
esclavo, -a ■ adj enslaved
■ nm,f *también Fig* slave ▸ **es un ~ del trabajo** he's a slave to his work ▸ **es un ~ del tabaco** he's addicted to tobacco
esclerosis nf inv MED sclerosis ▸ **~ múltiple** multiple sclerosis
esclerótica nf sclera, sclerotic
esclusa nf [de canal] lock / [compuerta] floodgate
escoba nf **1.** [para barrer] broom **2.** [juego de cartas] = *type of card game*
escobazo nm blow with a broom ▸ *Fig* **echar a alguien a escobazos** to kick sb out
escobilla nf brush
escobón nm broom
escocedura nf **1.** [herida] sore **2.** [sensación] smarting, stinging
escocer [15] vi [herida, piel] to sting ▸ **me escuecen los ojos** my eyes are stinging *o* smarting
◆ ***escocerse*** vpr **escocerse de algo** to be hurt by sth
escocés, -esa ■ adj Scottish ▸ **tela escocesa** tartan ▸ **whisky ~** scotch whisky
■ nm,f [persona] [hombre] Scot, Scotsman / [mujer] Scot, Scotswoman
■ nm [lengua] (Scottish) Gaelic
Escocia n Scotland
escocido, -a adj **estar ~** [bebé] to have nappy rash
escoger [52] ■ vt to choose ▸ **tiene dos sabores a ~** there are two flavours to choose from ▸ **tener mucho donde ~** to have plenty of choice, *BR* to be spoilt for choice
■ vi to choose ▸ **tenemos que ~ entre tres candidatos** we have to choose between three candidates
escogido, -a adj [elegido] selected, chosen / [selecto] choice, select
escojo *ver* ***escoger***
escolanía nf choirboys
escolapio, -a nm,f = *member of the religious order of the Escuelas Pías*
escolar ■ adj **edad ~** school age
■ nmf [niño] pupil, schoolboy / [niña] pupil, schoolgirl
escolaridad nf schooling
escolarización nf schooling
escolarizar [14] vt to provide with schools
escolástica nf scholasticism
escolástico, -a adj scholastic
escollera nf breakwater
escollo nm [en el mar] reef / [obstáculo] stumbling block
escolta ■ nf [acompañamiento] escort
■ nmf [para protección] [persona, grupo] bodyguard
escoltar vt to escort
escombrera nf [vertedero] tip
escombro nm, ***escombros*** nmpl rubble, debris *(singular)*
esconder vt to hide, to conceal
◆ ***esconderse*** vpr to hide (**de** from) ▸ **¡rápido, escóndete!** quick, hide! ▸ **no te escondas de mí** don't hide from me ▸ **detrás de su seriedad se esconde un gran sentido del humor** his seriousness conceals a lively sense of humour
escondidas nfpl *RP* **las ~** hide-and-seek
◆ ***a escondidas*** loc adv in secret
escondido, -a ■ adj [lugar] secluded
■ nm *VEN* **el ~** [juego] hide-and-seek
escondite nm **1.** [lugar] hiding place **2.** [juego] hide-and-seek
escondrijo nm hiding place
escoñar *ESP muy Fam* vt to bust, *BR* to knacker
◆ ***escoñarse*** vpr to get bust, *BR* to get knackered
escopeta nf shotgun ▸ **~ de aire comprimido** air gun ▸ **~ de cañones recortados** *BR* sawn-off shotgun, *US* sawed-off shotgun
escopetado, -a, escopeteado, a adj *ESP Fam* **salir ~** to shoot off
escopetazo nm [disparo] shotgun blast / [herida] shotgun wound
escopeteado, -a ➤ ***escopetado***
escoplo nm chisel
escorar vi NÁUT to list
escorbuto nm scurvy
escoria nf dregs, scum ▸ **la ~ de la sociedad** the dregs of society
escorpiano, -a *AM* ■ adj [zodiaco] Scorpio ▸ **ser ~** to be (a) Scorpio
■ nm,f [persona] Scorpio
escorpio ■ nm [zodiaco] Scorpio ▸ *ESP* **ser ~** to be (a) Scorpio
■ nmf *ESP* [persona] Scorpio
escorpión nm scorpion
escorzo nm foreshortening ▸ **en ~** foreshortened
escota nf NÁUT sheet
escotado, -a adj [vestido] low-cut, low-necked
escotadura nf low neckline
escotar vt to lower the neckline of

escote nm [de prendas] neckline / [de persona] cleavage ▸ **un ~ pronunciado** a plunging neckline
◆ ***a escote*** loc adv *ESP* **pagar a ~** to go Dutch

escotilla nf hatch, hatchway

escozor nm stinging

escriba nm scribe

escribanía nf [profesión] clerkship / [útiles de escribir] inkstand

escribano, -a ■ nm **1.** HIST scrivener **2.** [ave] bunting
■ nm,f *ANDES, CRICA, RP* [notario] notary (public)

escribiente nmf clerk

escribir ■ vt to write ▸ **hace mucho que no me escribe** she hasn't written to me for a long time
■ vi to write ▸ **todavía no ha aprendido a ~** he still hasn't learnt (how) to write ▸ **~ a lápiz** to write in pencil ▸ **~ a mano** to write by hand ▸ **~ a máquina** to type
◆ ***escribirse*** vpr **1.** [personas] to write to one another **2.** [palabras] **se escribe con "h"** it is spelt with an "h"

escrito, -a ■ participio *ver* ***escribir***
■ adj written ▸ **por ~** in writing ▸ *Fig* **estaba ~ que acabaría mal** it was fated *o* destined to end badly
■ nm [texto, composición] text / [documento] document / [obra literaria] writing, work ▸ **envió un ~ de protesta al ayuntamiento** he sent a letter of protest to the council

escritor, -ora nm,f writer ▸ **~ de novela negra** crime writer

escritorio nm [mueble] desk, bureau

escritura nf **1.** [técnica] writing **2.** [sistema de signos] script ▸ **~ hebrea** Hebrew script **3.** DER **escrituras** deeds **4.** REL **Sagrada Escritura, Sagradas Escrituras** Holy Scripture

escriturar vt DER to execute (by deed) ▸ **la propiedad está escriturada por 50.000 euros** the official purchase price for the property was 50,000 euros

escroto nm scrotum

escrúpulo nm **1.** [duda, recelo] scruple ▸ **sin escrúpulos** unscrupulous **2.** [minuciosidad] scrupulousness, great care **3.** [aprensión] qualm ▸ **le da ~** he has qualms about it

escrupuloso, -a adj **1.** [minucioso] scrupulous **2.** [aprensivo] particular, fussy

escrutar vt **1.** [con la mirada] to scrutinize, to examine **2.** [votos] to count

escrutinio nm count *(of votes)*

escuadra nf **1.** [regla, plantilla] set square **2.** [de buques] squadron **3.** [de soldados] squad

escuadrilla nf [de buques, aviones] squadron

escuadrón nm [de aviones] squadron ▸ **~ de cazas** fighter squadron ▸ **~ de la muerte** death squad

escuálido, -a adj emaciated

escualo nm [tiburón] shark

escucha nf listening-in, monitoring ▸ **estar** *o* **permanecer a la ~** to listen in ▸ **escuchas telefónicas** telephone tapping

escuchar ■ vt **1.** [sonido] to listen to **2.** [consejo, aviso] to listen to, to heed ▸ **nunca escucha mis consejos** he never listens to my advice ▸ **tú nunca me escuchas** you never listen to me ▸ **escúchame, eso que quieres es imposible** listen, what you want is impossible
■ vi to listen

escuchimizado, -a *ESP Fam* ■ adj skinny, thin as a rake
■ nm,f skinny person

escudar vt to shield
◆ ***escudarse*** vpr **escudarse en algo** to hide behind sth, to use sth as an excuse

escudería nf team *(in motor racing)*

escudero nm squire

escudilla nf deep bowl

escudo nm **1.** [arma] shield **2.** *Antes* [moneda] escudo **3.** [emblema] **~ (de armas)** coat of arms

escudriñar vt [examinar] to scrutinize, to examine / [otear] to search

escuece *ver* ***escocer***

escuela nf school ▸ **hacer ~** to have a following ▸ **ser de la vieja ~** to be of the old school ▸ **~ de arte** school of art, art school ▸ **~ de arte dramático** drama school ▸ **~ de bellas artes** art school ▸ **~ de comercio** business school ▸ **~ de hostelería** catering school ▸ *AM* **~ de manejo** driving school ▸ **Escuela Oficial de Idiomas** = *Spanish State language-teaching institute* ▸ **escuela primaria** *BR* primary school, *US* elementary school ▸ **~ privada** private school ▸ **~ pública** state school ▸ **escuela secundaria** *BR* secondary school, *US* high school ▸ **~ taurina** bullfighting school ▸ **~ universitaria** = *section of a university which awards diplomas in a vocational discipline (e.g. engineering, business) after three years of study* ▸ **~ de verano** summer school

escueto, -a adj [sucinto] concise / [sobrio] plain, unadorned

escueza *etc ver* ***escocer***

escuincle, -a *MÉX Fam* ■ adj young
■ nm,f nipper, kid

esculcar [59] vt *AM* [registrar] to search

esculpir vt to sculpt, to carve

escultor, -ora nm,f sculptor, *f* sculptress

escultórico, -a adj sculptural

escultura nf sculpture ▸ **una ~ en mármol** a marble sculpture ▸ **una ~ en madera** [pequeña] a wood carving / [grande] a wooden sculpture

escultural adj **1.** [en arte] sculptural **2.** [persona] statuesque

escupidera nf spittoon

escupir ■ vi to spit
■ vt [sujeto: persona, animal] to spit out / [sujeto: volcán, chimenea] to belch out ▸ **~ a alguien** to spit at sb ▸ **le escupió en la cara** she spat in his face ▸ **las ametralladoras escupían fuego** the machine guns were blazing away

escupitajo nm *Fam* gob, spit

escurreplatos nm inv dish rack, plate rack

escurridero nm *BR* draining board, *US* drainboard

escurridizo, -a adj *también Fig* slippery

escurridor nm colander

escurrir ■ vt [platos, verdura] to drain / [ropa] to

wring out / *Fam Fig* ~ **el bulto** [trabajo] to get out of it / [cuestión] to evade the issue

■ vi **1.** [gotear] to drip ▸ **deja los platos a ~** leave the dishes to drain **2.** [resbalar] to slide ▸ **una lágrima escurrió por su mejilla** a tear slid down her cheek

◆ ***escurrirse*** vpr **1.** *Fam* [escabullirse] to get away, to escape **2.** [resbalarse] **se me escurrió de las manos** it slipped through my fingers

escusado nm *Euf* **el ~** [retrete] the bathroom, *BR* the smallest room

escúter nm (motor) scooter

esdrújula nf GRAM word stressed on the third-last syllable

esdrújulo, -a adj GRAM stressed on the third-last syllable

ese[1] nf [figura] zigzag ▸ **hacer eses** [en carretera] to zigzag / [al andar] to stagger about

ese[2]***, -a*** (pl **esos, -as**) adj demostrativo **1.** [en general] that, *pl* those **2.** *Fam Pey* **el hombre ~ no me inspira confianza** I don't trust that man

ése, -a (pl **ésos, -as**) pron demostrativo

> Note that ése and its various forms can be written without an accent when there is no risk of confusion with the adjective.

1. [en general] [singular] that one / [plural] those (ones) ▸ **ponte otro vestido, ~ no te queda bien** put on another dress, that one doesn't suit you ▸ **estos pasteles están muy buenos, pero ésos me gustan más** these cakes are very good but I like those ones better **2.** *Fam* **~ fue el que me pegó** that's the one who hit me **3.** [expresiones] **¡a ~!** stop that man! ▸ **ni por ésas** not even then ▸ **no me lo vendió ni por ésas** even then he wouldn't sell me it

esencia nf essence ▸ **quinta ~** quintessence

esencial adj essential ▸ **su participación fue ~ en el proyecto** her participation was essential to the project ▸ **lo ~** the fundamental thing ▸ **en lo ~ coincidimos** we agree on the basic points *o* the essentials ▸ **no ~** non-essential, inessential

esfera nf **1.** [figura] sphere ▸ **~ celeste** celestial sphere ▸ **~ terrestre** (terrestrial) globe **2.** [de reloj] face **3.** [círculo social] circle ▸ **las altas esferas de la política** high political circles

esférico, -a ■ adj spherical

■ nm DEP ball

esfero nm, ***esferográfico*** nm *COL, ECUAD* ballpoint pen

esfinge nf sphinx

esfínter nm sphincter

esforzar [31] vt [voz, vista] to strain ▸ **tuve que ~ la voz** I had to strain my voice

◆ ***esforzarse*** vpr to make an effort ▸ **tienes que esforzarte más si quieres aprobar** you'll have to make more of an effort if you want to pass ▸ **nos esforzamos, pero fue imposible ganarlos** we tried very hard, but they were impossible to beat ▸ **no te esfuerces, no puede oírte** don't bother (shouting), she can't hear you ▸ **esforzarse en** *o* **por hacer algo** to try very hard to do sth, to do one's best to do sth

esfuerzo nm effort ▸ **hacer esfuerzos, hacer un ~** to make an effort, to try hard ▸ **estoy haciendo esfuerzos por no llorar** I'm trying hard not to cry ▸ **haz un último ~, ya verás como ahora lo consigues** make one last attempt, you'll do it this time! ▸ **sin ~** effortlessly

esfumarse vpr **1.** [esperanzas, posibilidades] to fade away **2.** *Fam* [persona] to vanish, to disappear ▸ **¡esfúmate!** beat it!, get lost!

esgrima nf fencing

esgrimir vt **1.** [arma] to brandish, to wield **2.** [argumento, datos] to use, to employ

esguince nm sprain ▸ **hacerse un ~ en el tobillo** to sprain one's ankle ▸ **~ cervical** whiplash (injury)

eslabón nm [de cadena] link ▸ **el ~ perdido** the missing link

eslabonar vt *también Fig* to link together

eslalon (pl **eslalons**) nm DEP slalom ▸ **~ gigante** giant slalom

eslavo, -a ■ adj slav, Slavonic

■ nm,f [persona] Slav

■ nm [lengua] Slavonic

eslip (pl **eslips**) nm briefs

eslogan nm slogan

eslora nf NÁUT length

eslovaco, -a ■ adj & nm,f Slovak, Slovakian

■ nm [lengua] Slovak

Eslovaquia n Slovakia

Eslovenia n Slovenia

esloveno, -a ■ adj & nm,f Slovene

■ nm [lengua] Slovene

esmaltado, -a ■ adj enamelled

■ nm enamelling

esmaltar vt to enamel

esmalte nm **1.** [en dentadura, cerámica] enamel / [de uñas] nail varnish *o* polish **2.** [objeto, joya] enamel

esmerado, -a adj [persona] painstaking, careful / [trabajo] carefully done, polished

esmeralda ■ nf [piedra preciosa] emerald

■ adj & nm inv emerald

esmerarse vpr [esforzarse] to take great pains (**en** over)

esmeril nm emery

esmerilado, -a adj [pulido] polished with emery / [translúcido] ground

esmerilar vt [pulir] to polish with emery

esmero nm great care

esmirriado, -a adj *Fam* puny, weak

esmoquin nm *BR* dinner jacket, *US* tuxedo

esnifada nf *Fam* [de cocaína] snort / [de cola] sniff

esnifar vt *Fam* [cocaína] to snort / [cola] to sniff

esnob (pl **esnobs**) ■ adj **es muy ~** he's always trying to look trendy and sophisticated

■ nmf = *person who wants to appear trendy and sophisticated*

esnobismo nm **sólo lo hace por ~** he's just doing that because he thinks it's trendy and sophisticated

ESO ['eso] nf *ESP* (abrev de **Enseñanza Secundaria Obligatoria**) = *mainstream secondary education for pupils aged 12-16*

eso pron demostrativo [neutro] that ▸ **~ es la Torre Eiffel** that's the Eiffel Tower ▸ **~ es lo que yo pienso** that's just what I think ▸ **~ que propones es irrealizable** what you're proposing is impossible ▸ **~ de vivir solo no me gusta** I don't like the idea of living on my own ▸ **¡~, ~!** that's right!, yes! ▸ **¡~ es!** that's it ▸ **¿cómo es ~?, ¿y ~?** [¿por qué?] how come? ▸ **para ~ es mejor no ir** if that's all it is, you might as well not go ▸ **por ~ vine** that's why I came ▸ **a ~ de** (at) about *o* around ▸ **a ~ del mediodía** round about midday ▸ **en ~** just then, at that very moment ▸ **y ~ que** even though

esófago nm oesophagus

esos, -as *ver* ***ese***[2]

ésos, -as *ver* ***ése***

esotérico, -a adj esoteric

esoterismo nm **1.** [impenetrabilidad] esoteric nature **2.** [ciencias ocultas] esotericism

espabilado, -a adj [avispado] quick-witted, on the ball

espabilar vt **1.** [despertar] to wake up **2.** [avispar] **~ a alguien** to sharpen sb's wits
◆ ***espabilarse*** vpr **1.** [despertarse] to wake up, to brighten up **2.** [darse prisa] to get a move on **3.** [avisparse] to sharpen one's wits

espachurrar *Fam* vt to squash
◆ ***espachurrarse*** vpr to get squashed

espaciado, -a adj at regular intervals

espaciador nm space bar

espacial adj **coordenadas espaciales** spatial coordinates ▸ **cohete/lanzadera ~** space rocket/shuttle

espaciar vt to space out

espacio nm **1.** [sitio, capacidad, extensión] space ▸ **no tengo mucho ~** I don't have much room ▸ **a doble ~** [en texto] double-spaced ▸ **por ~ de** over a period of ▸ **~ aéreo** air space ▸ **~ en blanco** blank ▸ **~ verde** green area *(in town or city)* ▸ **~ vital** living space ▸ INFORM **~ Web** Web space **2.** ASTRON **el ~ (exterior)** (outer) space ▸ **la conquista del ~ es todavía un sueño** the conquest of (outer) space is still a dream **3.** RAD & TV [programa independiente] programme / [dentro de otro programa] slot ▸ **~ electoral** party political broadcast ▸ **~ publicitario** advertising slot

espacioso, -a adj spacious

espada ■ nf **1.** [arma] sword ▸ **estar entre la ~ y la pared** to be between the devil and the deep blue sea ▸ **ser una ~ de dos filos** *o* **de doble filo** to be a double-edged *o* two-edged sword ▸ **la ~ de Damocles** the sword of Damocles ▸ **el pago de la hipoteca era una ~ de Damocles para la familia** the family always had the mortgage payments hanging over them **2.** [naipe] = *any card in the "espadas" suit* ▸ **espadas** = *suit in Spanish deck of cards, with the symbol of a sword*
■ nm TAUROM matador
■ adj inv **pez ~** swordfish

espadachín nm swordsman

espadaña nf **1.** [planta] *BR* bulrush, *US* cattail **2.** [campanario] bell gable

espagueti nm piece of spaghetti ▸ **espaguetis** spaghetti (singular) ▸ *Fam Fig* **estar como un ~** to be as thin as a *BR* rake *o US* rail

espalda nf **1.** [del cuerpo] back ▸ **caer de ~** to fall flat on one's back ▸ **cargado de espaldas** round-shouldered ▸ **de espaldas a alguien** with one's back turned on sb ▸ **lo vi de espaldas** I saw him from behind ▸ **tumbarse de espaldas** to lie (flat) on one's back ▸ **por la ~** from behind / *Fig* behind one's back ▸ **dar la ~ a alguien** to have one's back to sb **2.** [expresiones] **cubrirse las espaldas** to cover oneself ▸ **echarse algo sobre las espaldas** to take sth on ▸ **hablar de alguien a sus espaldas** to talk about sb behind their back ▸ **hacer algo a espaldas de alguien** to do sth behind sb's back ▸ **tirar** *o* **tumbar de espaldas** to be amazing *o* stunning ▸ **volver la ~ a alguien** to turn one's back on sb **3.** [en natación] backstroke ▸ **nadar a ~** to do the backstroke

espaldarazo nm blow to the back ▸ **eso le dio el ~ (definitivo)** that finally earned her widespread recognition

espalderas nfpl wall bars

espaldilla nf shoulder (of lamb etc)

espantada nf **dar** *o* **pegar una ~** [caballo] to bolt ▸ *Fam Fig* **dar la ~** to split, *BR* to leg it

espantadizo, -a adj nervous, easily frightened

espantajo nm **1.** [espantapájaros] scarecrow **2.** [persona fea] fright, sight

espantapájaros nm inv scarecrow

espantar ■ vt **1.** [ahuyentar] to frighten *o* scare away ▸ **espanta a las moscas con el rabo** it keeps the flies off with its tail **2.** [asustar] to frighten, to scare **3.** [pasmar] to appal, to shock
■ vi [asustar] **esa casa espanta sólo de verla** that house is frightening just to look at
◆ ***espantarse*** vpr **1.** [ser ahuyentado] to get frightened *o* scared **2.** [pasmarse] to be appalled *o* shocked

espanto nm **1.** [miedo] fright ▸ **le tiene ~ a las arañas** he's frightened of spiders **2.** [pasmo] **¡qué ~!** how terrible! ▸ *Fam* **¡qué ~ de traje!** what an awful *o* a frightful suit! ▸ **hacía un calor de ~** the heat was appalling

espantoso, -a adj **1.** [terrorífico] horrific **2.** [enorme] terrible **3.** [feísimo] frightful, horrible

España n Spain

español, -ola ■ adj Spanish
■ nm,f [persona] Spaniard ▸ **los españoles** the Spanish, Spaniards
■ nm [lengua] Spanish

españolada nf *Pey* = *exaggerated portrayal of Spain*

españolismo nm **1.** [apego, afecto] affinity for things Spanish **2.** [carácter, naturaleza] Spanishness, Spanish character

españolizar [14] vt to make Spanish, to hispanicize
◆ ***españolizarse*** vpr to adopt Spanish ways

esparadrapo nm *BR* (sticking) plaster, *US* Band-Aid®

esparcimiento nm **1.** [diseminación] scattering **2.** [ocio] relaxation, time off

esparcir [72] vt [extender] to spread / [diseminar] to scatter
◆ ***esparcirse*** vpr to spread (out)

espárrago nm stalk of asparagus ▸ **espárragos** asparagus ▸ **espárragos trigueros** wild asparagus ▸ *Fam* **¡vete a freír espárragos!** get lost!

esparraguera nf asparagus (plant)

espartano, -a ■ adj [de Esparta] Spartan / [sobrio] spartan
■ nm,f Spartan

esparto nm esparto (grass)

espasmo nm spasm

espasmódico, -a adj spasmodic

espatarrarse vpr *Fam* to sprawl *(with one's legs wide open)*

espátula nf **1.** CULIN & MED spatula / ARTE palette knife / CONSTR bricklayer's trowel / [de empapelador] stripping knife **2.** [ave] spoonbill

especia nf spice ▸ **un plato con muchas especias** a very spicy dish

especial ■ adj **1.** [adecuado, excepcional] special ▸ **hoy es un día ~, celebramos nuestro aniversario** today's a special day, we're celebrating our anniversary ▸ **tienen ~ interés en conocerte** they're especially interested in meeting you ▸ **~ para** specially for **2.** [peculiar] peculiar, strange
■ nm [programa] special ▸ **un ~ informativo** a news special
◆ ***en especial*** loc adv especially, particularly ▸ **¿alguno en ~?** any one in particular?

especialidad nf **1.** [culinaria] speciality, *US* specialty ▸ **~ de la casa** speciality *o US* specialty of the house **2.** [en estudios] *US* major, = *main subject of degree* ▸ **estudia la ~ de derecho canónico** she's specializing in canon law ▸ **este tema no es de mi ~** this subject doesn't come into my specialist field ▸ **son cinco años de carrera y tres de ~** there are five years of university study and three years of specialization

especialista ■ adj specializing (**en** in)
■ nmf **1.** [experto] specialist (**en** in) **2.** CINE stuntman, *f* stuntwoman

especialización nf specialization

especializado, -a adj specialized (**en** in) / [mano de obra] skilled ▸ **un abogado ~ en casos de divorcio** a lawyer specializing in divorce cases

especializar [14] vt to specialize
◆ ***especializarse*** vpr to specialize (**en** in)

especialmente adv especially, specially

¡CUIDADO! / CAREFUL!

especialmente

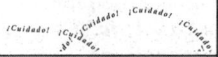

Specially se utiliza como traducción para expresar algo que se hace por un motivo u ocasión determinada (**I cooked this dinner specially for you**); especially quiere decir "particularmente, sobre todo" (**I like travelling, especially by train**).

especie nf **1.** [animal] species *(singular)* ▸ **~ endémica** endemic species ▸ **~ protegida** protected species ▸ **~ en vías de extinción** endangered species **2.** [clase] kind, sort ▸ **pagar en ~** to pay in kind

especiería nf spice shop

especiero nm spice rack

especificación nf specification

especificar [59] vt to specify

especificidad nf specificity

específico, -a ■ adj specific
■ nmpl MED patent medicine

espécimen (pl **especímenes**) nm specimen

espectacular adj spectacular

espectacularidad nf spectacular nature

espectáculo nm **1.** [función] show, performance ▸ **espectáculos** [sección periodística] entertainment section ▸ **el mundo del ~** (the world of) show business ▸ **~ de guiñol** puppet show ▸ **~ pirotécnico** firework display ▸ **~ de variedades** variety show **2.** [suceso, escena] sight ▸ **ver cómo le pegaban fue un penoso ~** seeing them hit him was a terrible sight ▸ *Fam* **dar el ~** to cause a scene

espectador nmf **1.** [de televisión] viewer / [de cine, teatro] member of the audience / [de espectáculo deportivo] spectator ▸ **los espectadores** [de cine, teatro] the audience **2.** [de suceso, discusión] onlooker ▸ **yo fui un mero ~** I was just an onlooker

espectral adj **1.** FÍS spectral **2.** *Fig* ghostly

espectro nm **1.** FÍS spectrum **2.** [fantasma] spectre, ghost

especulación nf speculation

especulador, -ora ■ adj speculating
■ nm,f speculator

especular vi **1.** [reflexionar, formular hipótesis] to speculate (**sobre** about) **2. ~ en** [comerciar, traficar] to speculate on

especulativo, -a adj speculative

espejismo nm mirage / *Fig* illusion

espejo nm mirror ▸ **mirarse al** *o* **en el ~** to look at oneself in the mirror ▸ **como un ~** [muy limpio] spotless ▸ **~ lateral** wing mirror ▸ **~ retrovisor** rear-view mirror

espeleología nf caving, pot-holing, *US* spelunking, *Espec* speleology

espeleólogo, -a nm,f caver, pot-holer, *US* spelunker, *Espec* speleologist

espeluznante adj hair-raising, lurid

espera nf wait ▸ **después de una ~ prudencial, partimos sin él** after waiting for a reasonable amount of time, we left without him ▸ **la ~ se nos hizo interminable** the waiting seemed endless ▸ **en ~ de, a la ~ de** waiting for, awaiting ▸ **seguimos a la ~ de su respuesta** [en cartas] we await your reply ▸ **en ~ de lo que decida el jurado** while awaiting the jury's decision

esperanto nm Esperanto

esperanza nf [deseo, ganas] hope / [confianza, expectativas] expectation ▸ **dar esperanzas a** to encourage, to give hope to ▸ **mantengo la ~ de volver a verla** I still hope to see her again ▸ **perder la ~** to lose hope ▸ **tengo ~ de que todo se arregle** I have hopes that everything will be sorted out ▸ **tener ~ de hacer algo** to hope to be able to do sth ▸ *Prov* **la ~ es lo último que se pierde** where there's life there's hope ▸ **~ de vida** life expectancy

esperanzado, -a adj hopeful

esperanzador, -ora adj encouraging, hopeful

esperanzar [14] vt to give hope to, to encourage
◆ ***esperanzarse*** vpr to be encouraged

esperar ■ vt **1.** [aguardar] to wait for ▸ **te esperaremos en el aeropuerto** we'll meet you at the airport, we'll be waiting for you at the airport ▸ **~ a que alguien haga algo** to wait for sb to do sth **2.** [tener esperanza de] to hope ▸ **espero poder ayudar** I hope I can be of some help ▸ **~ que** to hope that ▸ **espero que sí/no** I hope so/not ▸ **~ hacer algo** to hope to do sth **3.** [tener confianza en] to expect ▸ **no esperábamos esta reacción** we didn't expect this reaction ▸ **~ algo de alguien** to expect sth from sb, to hope for sth from sb ▸ **como era de ~** as was to be expected **4.** [ser inevitable] to await, to be in store for ▸ **le esperan dificultades** many difficulties await him ▸ *Fam* **¡me espera una buena en casa!** I'm in for it when I get home!
■ vi [aguardar] to wait ▸ **espera, que ya voy** wait a minute, I'm coming ▸ *Prov* **quien espera desespera** a watched pot never boils
◆ ***esperarse*** vpr **1.** [imaginarse, figurarse] to expect ▸ **se esperaban lo peor** they expected *o* feared the worst **2.** [aguardar] to wait ▸ **esperarse a que alguien haga algo** to wait for sb to do sth **3.** [uso impersonal] to be expected ▸ **se esperan lluvias en toda la región** rain is expected *o* there will be rain across the whole region ▸ **se espera que acudan varios miles de personas** several thousand people are expected to attend

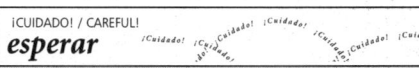

> ¡CUIDADO! / CAREFUL!
> **esperar**
> **Hope** denota una esperanza o ilusión (**I hope that she comes**), mientras que **expect** se refiere a algo con lo que contamos o que imaginamos que va a ocurrir (**I didn't expect him to react like that**).

esperma nm o nf [semen] sperm

espermatozoide, espermatozoo nm sperm, spermatozoon

espermicida ■ adj spermicidal
■ nm spermicide

esperpéntico, -a adj grotesque

esperpento nm [persona] grotesque sight / [cosa] absurdity, piece of nonsense

espesar vt & vi to thicken

espeso, -a adj [crema, pintura, muro] thick / [bosque, niebla] dense / [nieve] deep

espesor nm **1.** [grosor] thickness ▸ **tiene 2 metros de ~** it's 2 metres thick **2.** [densidad] [de niebla, bosque] density / [de nieve] depth

espesura nf **1.** [vegetación] thicket **2.** [grosor] thickness / [densidad] density

espetar vt **1.** [palabras] to blurt out, to tell straight out **2.** [carne] to skewer

espía nmf spy ▸ **avión ~** spy plane

espiar [32] vt to spy on

espiga nf **1.** [de cereal] ear **2.** [en telas] herringbone **3.** [pieza] [de madera] peg / [de hierro] pin

espigado, -a adj **1.** [persona] tall and slim **2.** [cereal] ripe

espigar [38] vt [información] to glean
◆ ***espigarse*** vpr **1.** [persona] to shoot up **2.** [planta] to go to seed

espigón nm breakwater

espiguilla nf herringbone

espín nm FÍS spin

espina nf [de pez] bone / [de planta] thorn / [astilla] splinter ▸ *Fam* **me da mala ~** it makes me uneasy, there's something fishy about it ▸ **todavía tengo clavada la ~ de no haber ido a la universidad** I still feel bad about not having gone to university ▸ *Fig* **sacarse una ~** [desquitarse] to settle an old score / [desahogarse] to relieve a long-standing frustration ▸ **~ dorsal** spine / *Fig* backbone

espinaca nf **espinaca(s)** spinach

espinal adj spinal

espinazo nm spine, backbone ▸ *Fig* **doblar el ~** [humillarse] to kow-tow / [trabajar duro] to put one's back into it

espinilla nf **1.** [hueso] shin, shinbone **2.** [grano] blackhead

espinillera nf shin guard *o* pad

espino nm **1.** [planta] hawthorn **2.** [alambre] barbed wire

espinoso, -a adj *también Fig* thorny

espionaje nm espionage ▸ **~ industrial** industrial espionage

espiración nf exhalation, breathing out

espiral nf *también Fig* spiral ▸ **en ~** [escalera, forma] spiral ▸ ECON **~ inflacionaria,** *ESP* **~ inflacionista** inflationary spiral

espirar vt & vi to exhale, to breathe out

espiritismo nm spiritualism

espiritista adj spiritualist

espíritu nm **1.** [mente, alma] spirit / REL soul ▸ **Espíritu Santo** Holy Ghost **2.** [fantasma] ghost **3.** [actitud] spirit ▸ **tener ~ de contradicción** to be contrary ▸ **~ deportivo** sporting spirit ▸ **~ de equipo** team spirit ▸ **~ de venganza** desire for vengeance **4.** [carácter] spirit ▸ **el ~ de la época** the spirit of the age **5.** [ánimo] **levantar el ~ a alguien** to lift *o* raise sb's spirits

espiritual adj & nm spiritual

espiritualidad nf spirituality

espita nf spigot, *BR* tap, *US* faucet

esplendidez nf **1.** [generosidad] generosity **2.** [magnificencia] splendour

espléndido, -a adj **1.** [magnífico] splendid, magnificent **2.** [generoso] generous, lavish

esplendor nm **1.** [magnificencia] splendour **2.** [apogeo] greatness

esplendoroso, -a adj magnificent

espliego nm lavender

espolear vt *también Fig* to spur on
espoleta nf [de proyectil] fuse
espolón nm **1.** [de ave] spur **2.** ARQUIT buttress
espolvorear vt to dust, to sprinkle
esponja nf sponge ▸ **beber como una ~** to drink like a fish
esponjar vt to fluff up
esponjosidad nf [de toalla] fluffiness / [de bizcocho] sponginess
esponjoso, -a adj [toalla, jersey] fluffy / [bizcocho] light, fluffy
esponsales nmpl betrothal
esponsorizar [14] vt to sponsor
espontaneidad nf spontaneity
espontáneo, -a ■ adj spontaneous
■ nm,f [en los toros] = *spectator who tries to join in a bullfight*
espora nf spore
esporádico, -a adj sporadic
esport [es'port]: ***de esport*** loc adj **chaqueta de ~** sports jacket ▸ **ropa de ~** casual clothes
esposa nf *AM* [anillo] episcopal ring
◆ ***esposas*** nfpl [objeto] handcuffs ▸ **ponerle las ~ a alguien** to handcuff sb
esposado, -a adj handcuffed
esposar vt to handcuff
esposo, -a nm,f husband, *f* wife ▸ **los esposos salieron de la iglesia** the couple *o* the newlyweds left the church
espot [es'pot] (pl **espots**) nm **~ (publicitario)** (television) commercial *o* advert
espray nm spray
esprint (pl **esprints**) nm sprint
esprintar [esprintar] vi to sprint
esprínter nmf sprinter
espuela nf **1.** [en el talón] spur **2.** *Fam* [última copa] **tomar la ~** to have one for the road
espuerta nf [recipiente] basket ▸ **a espuertas** by the sackful *o* bucket
espuma nf [burbujas] foam / [de jabón] lather / [de olas] surf / [de cerveza] head / [de un caldo] scum / [para pelo] (styling) mousse ▸ **crecer como la ~** [negocio] to go from strength to strength ▸ *también Fig* **echar ~ por la boca** to foam at the mouth ▸ **~ de afeitar** shaving foam ▸ **~ de baño** bubble bath ▸ **~ de poliuretano** polyurethane foam
espumadera nf skimmer
espumar vt [caldo] to skim
espumarajo nm froth, foam ▸ *también Fig* **echar espumarajos (por la boca)** to foam at the mouth ▸ **el mar estaba lleno de espumarajos** there was lots of dirty foam on the sea
espumillón nm tinsel
espumoso, -a ■ adj [baño] foamy, bubbly / [cerveza] frothy, foaming / [vino] sparkling / [jabón] lathery
■ nm sparkling wine
espurio, -a adj [falso] spurious, false / [bastardo] illegitimate
esputar vi to cough up *o* spit phlegm
esputo nm [flema] spittle / MED sputum
esqueje nm cutting *(of plant)*
esquela nf *ESP* funeral notice *(in newspaper)*
esquelético, -a adj ANAT skeletal / *Fam* [muy delgado] skinny ▸ **estar ~** to be extremely thin
esqueleto nm **1.** [de persona] skeleton ▸ *Fam* **menear** *o* **mover el ~** to boogie (on down) ▸ **estar como un ~** to be skin and bone **2.** [armazón] framework / [de novela, argumento] outline
esquema nm [gráfico] diagram / [resumen] outline
esquemático, -a adj [dibujo, plano] schematic ▸ **muy ~** [explicación, resumen] simplified
esquematizar [14] vt **1.** [en forma de gráfico] to draw a diagram of **2.** [resumir] to outline
esquí (pl **esquíes** *o* **esquís**) nm **1.** [tabla] ski **2.** [deporte] skiing ▸ **~ acuático** water-skiing ▸ **~ alpino** downhill skiing ▸ **~ de descenso** downhill skiing ▸ **~ de fondo** cross-country skiing ▸ **~ náutico** water-skiing ▸ **~ nórdico** cross-country skiing
esquiador, -ora nm,f skier
esquiar [32] vi to ski ▸ **van a ~ a los Alpes** they're going skiing in the Alps
esquila nf **1.** [cencerro] cowbell / [campana pequeña] small bell **2.** [acción de esquilar] shearing
esquilador, -ora nm,f sheepshearer
esquilar vt to shear
esquilmar vt [recursos] to overexploit
esquimal ■ adj & nmf Eskimo
■ nm [lengua] Eskimo
esquina nf **1.** [en calle] corner ▸ *también Fig* **a la vuelta de la ~** just round the corner ▸ **doblar la ~** to turn the corner ▸ **en la ~** on the corner ▸ **hacer ~ (con)** to be on the corner (of) **2.** [en fútbol] corner ▸ **saque de ~** corner (kick)
esquinado, -a adj on the corner
esquinazo nm corner ▸ *ESP* **dar (el) ~ a alguien** to give sb the slip
esquirla nf [de loza, hueso] splinter
esquirol nmf *Pey* scab, *BR* blackleg
esquivar vt [persona, discusión] to avoid / [golpe] to dodge
esquivez nf shyness
esquivo, -a adj shy
esquizofrenia nf schizophrenia
esquizofrénico, -a adj & nm,f schizophrenic
esquizoide adj schizoid
esta *ver **este***
ésta *ver **éste***
estabilidad nf stability ▸ **~ de precios** price stability
estabilización nf stabilization
estabilizador, -ora ■ adj stabilizing
■ nm [de avión, barco] stabilizer
estabilizante nm [aditivo] stabilizer

estabilizar [14] vt to stabilize
◆ ***estabilizarse*** vpr to stabilize, to become stable

estable adj **1.** [firme] stable **2.** [permanente] [huésped] permanent / [cliente] regular

establecer [46] vt **1.** [fijar, expresar] to establish ▸ **no lograba ~ contacto con la torre de control** he couldn't make *o* establish contact with the control tower ▸ **la policía no ha podido ~ la causa de su muerte** the police have been unable to establish *o* determine the cause of death ▸ **las normas del club establecen que...** the club rules state that... **2.** [instalar] [colonia, poblado] to establish / [negocio, campamento] to set up
◆ ***establecerse*** vpr **1.** [instalarse] to settle ▸ **se establecieron en Madrid** they settled in Madrid, they set up home in Madrid **2.** [poner un negocio] to set up a business ▸ **voy a establecerme por mi cuenta** I'm going to set up on my own *o* set up my own business

establecido, -a adj [convencional] established

establecimiento nm **1.** [tienda, organismo] establishment ▸ **~ de enseñanza** educational institution **2.** [de normas, hechos] establishment / [de récord] setting **3.** [de negocio, colonia] setting up **4.** [de emigrantes, colonos] settlement

establo nm [para caballos] stable / [para vacas] cowshed

estaca nf **1.** [para clavar, delimitar] stake / [de tienda de campaña] peg ▸ **le clavó una ~ en el corazón** she drove a stake through his heart **2.** [garrote] cudgel

estacada nf **dejar a alguien en la ~** to leave sb in the lurch ▸ **quedarse en la ~** to be left in the lurch

estación nf **1.** [edificio] station ▸ **iré a esperarte a la ~** I'll meet you at the station ▸ **~ de autobuses** bus station ▸ **~ espacial** space station ▸ **~ de esquí** ski resort ▸ **~ meteorológica** weather station ▸ **~ de metro** *BR* underground station, *US* subway station ▸ **~ de servicio** service station ▸ INFORM **~ de trabajo** workstation ▸ **~ de tren** railway station **2.** [del año, temporada] season ▸ **la ~ de las lluvias** the rainy season

estacional adj [del año, de temporada] seasonal

estacionamiento nm **1.** [acción] parking ▸ **~ indebido** illegal parking **2.** *AM* [lugar] *BR* car park, *US* parking lot

estacionar vt [aparcar] to park ▸ **prohibido ~** [en letrero] no parking
◆ ***estacionarse*** vpr *AM* [aparcar] to park

estacionario, -a adj [inmóvil] stationary / ECON stagnant

estadía nf *AM* stay ▸ **planeó una ~ de tres días en Lima** he planned a three-day stop in Lima

estadio nm **1.** DEP stadium ▸ **~ de fútbol** football stadium *o* *BR* ground **2.** [fase] stage

estadista nmf statesman, *f* stateswoman

estadística nf **1.** [ciencia] statistics *(singular)* **2.** [dato] statistic

estadístico, -a ■ adj statistical
■ nm,f statistician

estado nm **1.** [situación, condición] state ▸ **el ~ de las carreteras** road conditions ▸ **su ~ es grave** [enfermo] his condition is serious ▸ **estar en buen/mal ~** [vehículo, terreno] to be in good/bad condition / [alimento, bebida] to be fresh/off ▸ **en ~ de alerta** on (the) alert ▸ **estar en ~ (de esperanza** *o* **buena esperanza)** to be expecting ▸ **quedarse en ~** to become pregnant ▸ **~ anímico** *o* **de ánimo** state of mind ▸ **~ de bienestar** welfare state ▸ **~ civil** marital status ▸ **en ~ de coma** in a coma ▸ **~ de cuentas** statement of accounts ▸ **~ de excepción** *o* **emergencia** state of emergency ▸ **~ de salud** (state of) health ▸ **~ de sitio** state of siege **2.** [gobierno] state ▸ **el Estado** the State ▸ MIL **Estado Mayor** general staff **3.** [país, división territorial] state ▸ **~ policial** police state ▸ **~ satélite** satellite (state) ▸ **Estados Unidos de América** United States of America

estadounidense, MÉX ***estadunidense*** ■ adj American ▸ **la política ~** American *o* US politics
■ nmf American

estafa nf [timo, robo] swindle / (a empresa, organización) fraud

estafador, -ora nm,f swindler

estafar vt [timar, robar] to swindle / COM to defraud ▸ **estafó cien millones a la empresa** he defrauded the company of a hundred million

estafeta nf sub-post office

estafilococo nm staphylococcus

estalactita nf stalactite

estalagmita nf stalagmite

estalinismo nm Stalinism

estalinista adj & nmf Stalinist

estallar vi **1.** [explotar] [bomba] to explode / [neumático] to burst / [volcán] to erupt / [cristal] to shatter / [olas] to break, to crash ▸ **si sigo comiendo voy a ~** if I eat any more I'll burst **2.** [sonar] [ovación] to break out / [látigo] to crack **3.** [guerra, epidemia] to break out / [tormenta] to break ▸ **ha estallado un nuevo escándalo de corrupción** a new corruption scandal has erupted **4.** [expresarse bruscamente] to blow up, to blow one's top ▸ **se metieron tanto conmigo que al final estallé** they went on at me so much I eventually blew up *o* blew my top ▸ **~ en sollozos** to burst into tears ▸ **~ en una carcajada** to burst out laughing ▸ **¡voy a ~ de nervios!** I'm so nervous!

estallido nm **1.** [explosión] [de bomba] explosion / [de trueno] crash / [de látigo] crack ▸ **hubo un ~ de aplausos** there was a burst of applause **2.** [comienzo] [de guerra] outbreak ▸ **el ~ del escándalo provocó su dimisión** he resigned when the scandal broke

Estambul n Istanbul

estamento nm stratum, class ▸ **el ~ eclesiástico/intelectual** the clergy/the intelligentsia

estampa nf **1.** [imagen, tarjeta] picture **2.** [aspecto] appearance **3.** [retrato, ejemplo] image ▸ *Fig* **es la viva ~ de su madre** he's the (spitting) image of his mother! ▸ **¡maldita sea su ~!** damn *o* curse him!

FALSO AMIGO / FALSE FRIEND
estampa
Stamp is not a translation of the Spanish word *estampa*. Stamp is translated by *sello* or *tampón*.

estampación nf [en tela, papel] printing / [en metal] stamping

estampado, -a ■ adj printed
■ nm **1.** [acción] printing **2.** [dibujo] (cotton) print

estampar vt **1.** [imprimir] [en tela, papel] to print / [metal] to stamp **2.** [escribir] **~ la firma** to sign one's name **3.** [arrojar] **~ algo/a alguien contra** to fling sth/sb against, to hurl sth/sb against **4.** [dar] [beso] to plant / [bofetada] to land
◆ ***estamparse*** vpr [lanzarse, golpearse] **se estampó contra el muro** he crashed into the wall

estampida nf stampede ▸ **de ~** suddenly, in a rush

estampido nm report, bang

estampilla nf **1.** [para marcar] rubber stamp **2.** *AM* [de correos] stamp

estampillar vt [sellar] to stamp / [documentos] to rubber-stamp

estancado, -a adj [agua] stagnant / [situación, proyecto] at a standstill

estancamiento nm stagnation

estancarse [59] vpr [situación, proceso] to come to a standstill

estancia nf **1.** *ESP, MÉX* [tiempo] stay **2.** [habitación] room **3.** *CSUR* [hacienda] cattle ranch

estanciero, -a nm,f *CSUR* ranch owner, rancher

estanco, -a ■ adj watertight ▸ **compartimento ~** watertight compartment
■ nm *ESP* tobacconist's

estándar adj inv & nm standard

estandarización nf standardization

estandarizar [14] vt to standardize

estandarte nm standard, banner

estanflación nf ECON stagflation

estanque nm **1.** [en parque, jardín] pond / [para riego] reservoir **2.** *CHILE* [depósito] tank *(of petrol)*

estanquero, -a nm,f tobacconist

estante nm shelf

estantería nf [en general] shelves, shelving / [para libros] bookcase

estañar vt to tin-plate

estaño nm tin

estar [30] ■ vi **1.** [hallarse] to be ▸ **¿dónde está la llave?** where is the key? ▸ **¿está María? – no, no está** is Maria there? – no, she's not here **2.** [con fechas] **¿a qué estamos hoy?** what's the date today? ▸ **hoy estamos a martes/a 15 de julio** today is Tuesday/the 15 of July ▸ **estábamos en octubre** it was October **3.** [quedarse] to stay, to be ▸ **estaré un par de horas y me iré** I'll stay a couple of hours and then I'll go **4.** [hallarse listo] to be ready ▸ **¿aún no está ese trabajo?** is that piece of work still not ready? **5. ~ a** [expresa valores, grados] to be **estamos a veinte grados** it's twenty degrees here ▸ **el dólar está a 10 pesos** the dollar is at 10 pesos ▸ **están a dos euros el kilo** they're two euros a kilo **6. ~ en** [consistir] to be, to lie in ▸ **el problema está en la fecha** the problem is the date **7. ~ para** [servir] to be (there) for / [expresa disposición] to be in the mood for ▸ **para eso están los amigos** that's what friends are for ▸ **para eso estoy** that's what I'm here for ▸ **no estoy para bromas** I'm not in the mood for jokes **8. ~ por** (+ infinitivo) [faltar] **eso está aún por escribir** that has yet to be written ▸ **eso está por ver** that remains to be seen **9. ~ por** (+ infinitivo) [a punto de] **~ por hacer algo** to be on the verge of doing sth ▸ **estuve por pegarle** I was on the verge of hitting him **10. ~ sin** (+ infinitivo) [expresa negación] **estoy sin dormir desde ayer** I haven't slept since yesterday ▸ **está sin acabar** it's not finished
■ v copulativo **1.** (+ adjetivo) [expresa cualidad, estado] to be ▸ **los pasteles están ricos** the cakes are delicious ▸ **esta calle está sucia** this street is dirty **2.** (+adverbio) **¡ya está bien!** that's enough (of that)! ▸ *ESP* [ropa] **este traje te está bien** this suit looks good on you **3.** (+preposición) [expresa estado] to be ▸ **~ de mudanza** to be (in the process of) moving ▸ **estamos de suerte** we're in luck ▸ **~ de vacaciones** to be on holiday ▸ **~ de viaje** to be on a trip ▸ **~ en uso** to be in use ▸ **~ en guardia** to be on guard ▸ **estamos sin agua** we have no water, we're without water **4.** (+ preposición) [expresa apoyo, predilección] **estoy contigo** I'm on your side ▸ **~ por** to be in favour of **5. ~ de** [expresa ocupación] to be ▸ **está de cajera** she's a checkout girl **6. ~ que** (+ verbo) [expresa actitud] **está que muerde porque ha suspendido** he's furious because he failed
■ v aux **1.** (+ gerundio) [expresa duración] to be ▸ **están golpeando la puerta** they're banging on the door **2.** (+ participio) to be ▸ **está terminado** it's finished
◆ ***estarse*** vpr [permanecer] to stay ▸ **te puedes ~ con nosotros unos días** you can stay *o* spend a few days with us ▸ **¡estate quieto!** keep still!

estarcir vt to stencil

estárter (pl **estárters**) nm AUT choke

estatal adj state ▸ **una empresa ~** a state-owned company ▸ **la política ~** government policy

estatalizar [14] vt to nationalize

estático, -a adj **1.** FÍS static **2.** [inmóvil] stock-still

estatismo nm **1.** POL statism, state interventionism **2.** [inmovilidad] stillness

estatizar [14] vt *AM* to nationalize

estatua nf statue

estatuilla nf statuette

estatura nf [altura] height / [categoría] stature

estatus nm inv status

estatutario, -a adj statutory

estatuto nm [norma] statute / [de empresa] article (of association) / [de ciudad] by-law ▸ **~ de autonomía** = *legislation devolving powers to an autonomous Spanish region*

este[1] ■ adj [posición, parte] east, eastern / [dirección, viento] easterly
■ nm east ▸ **viento del ~** east wind ▸ **ir hacia el ~** to go east(wards) ▸ **está al ~ de Madrid** it's (to the) east of Madrid ▸ **los países del Este** the countries of Eastern Europe

este[2]**, -a** (pl **estos, -as**) adj demostrativo **1.** [en general] this / [plural] these ▸ **esta camisa** this shirt ▸ **~**

año this year **2.** *Fam Pey* [singular] that / [plural] those ▸ **no soporto a la niña esta** I can't stand that girl **3.** *MÉX, RP* [como muletilla] er, um

éste, -a (pl **éstos, -as**) pron demostrativo

Note that éste and its various forms can be written without an accent when there is no risk of confusion with the adjective.

1. [en general] this one / [plural] these (ones) ▸ **dame otro boli, ~ no funciona** give me another pen, this one doesn't work ▸ **aquellos cuadros no están mal, aunque éstos me gustan más** those paintings aren't bad, but I like these (ones) better ▸ **ésta ha sido la semana más feliz de mi vida** this has been the happiest week of my life **2.** [recién mencionado] the latter ▸ **entraron Juan y Pedro, ~ con un abrigo verde** Juan and Pedro came in, the latter wearing a green coat **3.** *Fam* [despectivo] **~ es el que me pegó** this is the guy *or* the one who hit me ▸ **éstos son los culpables de todo lo ocurrido** it's this lot who are to blame for everything **4.** *Fam* **en éstas** just then, at that very moment

estela nf [de barco] wake / [de avión] vapour trail / [de humo, olor] trail

estelar adj **1.** ASTRON stellar **2.** CINE & TEATRO star ▸ **un reparto ~** a star-studded cast

estenografía nf shorthand

estenotipia nf **1.** [arte] stenotypy **2.** [máquina] Stenotype

estenotipista nmf stenotypist

estenotipo nm Stenotype

estentóreo, -a adj *Formal* stentorian

estepa nf steppe

éster nm ester

estera nf [tejido] matting / [alfombrilla] mat

estercolero nm [para estiércol] dunghill / [lugar sucio] pigsty

estéreo adj inv & nm stereo

estereofonía nf stereo

estereofónico, -a adj stereophonic, stereo ▸ **sonido ~** stereo sound

estereoscopio nm stereoscope

estereotipado, -a adj stereotyped, stereotypical

estereotipar vt to stereotype

estereotipo nm stereotype

estéril adj **1.** [persona] infertile, sterile / [terreno] barren, infertile **2.** [gasa] sterilized **3.** [inútil] futile, fruitless

esterilidad nf sterility

esterilización nf sterilization

esterilizado, -a adj sterilized, sterile

esterilizador, -ora adj sterilizing

esterilizar [14] vt to sterilize

esterilla nf beach mat

estérilmente adv sterilely

esterlina adj **libra ~** pound sterling

esternón nm breastbone, *Espec* sternum

esteroide nm steroid

estertor nm death rattle

esteta nmf aesthete

estética nf **1.** [en filosofía] aesthetics *(singular)* **2.** [belleza] beauty **3.** [estilo] style ▸ **la ~ de los años setenta** the style of the seventies

esteticién (pl **esteticiéns**) nmf beautician

esteticismo nm aestheticism

esteticista nf beautician

estético, -a adj aesthetic

estetoscopio nm stethoscope

esthéticienne [esteti'θjen] nf beautician

estiba nf stowage

estibador, -ora nm,f stevedore

estibar vt to stow

estiércol nm [excrementos] dung / [abono] manure

estigma nm **1.** [marca] mark, scar **2.** [deshonor] stigma **3.** REL **estigmas** stigmata

estigmatización nf [marca] branding / [deshonra] stigmatization

estigmatizar [14] vt [marcar] to scar / [con hierro candente] to brand / [deshonrar] to stigmatize

estilarse vpr *Fam* to be in (fashion)

estilete nm [daga] stiletto

estilismo nm styling

estilista nmf **1.** [escritor] stylist **2.** [de moda, accesorios] stylist

estilística nf stylistics *(singular)*

estilístico, -a adj stylistic

estilizado, -a adj [figura, cuerpo] slim and elegant

estilizar [14] vt to stylize

estilo nm **1.** [artístico, literario] style ▸ **esta iglesia es de ~ gótico** that church was built in the Gothic style ▸ **al ~ de** in the style of **2.** [manera, carácter] style ▸ **esa chica tiene mucho ~** that girl has a lot of style ▸ **cada uno tiene un ~ de hacer las cosas** we all have our own way of doing things ▸ **~ de vida** lifestyle **3.** [en natación] stroke ▸ **~ libre** freestyle **4.** GRAM **~ directo/indirecto** direct/indirect speech **5. algo por el ~** something of the sort ▸ **ser por el ~** to be similar

estilográfica nf fountain pen

estima nf esteem, respect ▸ **se ganó la ~ del público** he earned the public's respect ▸ **tiene una gran ~ por su padre** he has great respect for his father ▸ **no te tienen mucha ~ por aquí** people don't have a very high opinion of you round here ▸ **tener a alguien en gran** *o* **alta ~** to hold sb in high esteem

estimable adj **1.** [cantidad] considerable **2.** [digno de estimación] worthy of appreciation

estimación nf **1.** [aprecio] esteem, respect **2.** [valoración] valuation / [cálculo aproximado] estimate **3.** [en impuestos] assessment

estimado, -a adj **1.** [querido] esteemed, respected ▸ **~ Señor** [en carta] Dear Sir **2.** [aproximado] estimated

estimar vt **1.** [apreciar] [persona] to think highly of, to respect / [cosa] to value ▸ **estima mucho a sus amigos** he values his friends highly **2.** [evaluar] to value

▸ **~ el valor de algo** to estimate the value of sth ▸ **han estimado que las pérdidas superan los cien millones** the losses are estimated to be over a hundred million **3.** [creer] to consider, to deem ▸ **no estimó necesario realizar declaraciones** she didn't consider *o* deem it necessary to make any statement
◆ ***estimarse*** vpr [tener dignidad] to have self-respect

estimativo, -a adj approximate, rough ▸ **un juicio ~ (sobre** *o* **de)** an evaluation (of)

estimulación nf stimulation

estimulador, -ora adj encouraging

estimulante ■ adj **1.** [que anima] encouraging **2.** [que excita] stimulating
■ nm stimulant

estimular vt **1.** [animar] to encourage **2.** [excitar] to stimulate

estímulo nm **1.** [aliciente] incentive / [ánimo] encouragement **2.** [de un órgano] stimulus

estío nm LITERARIO summer

estipendio nm remuneration

estipulación nf **1.** [acuerdo] agreement **2.** DER stipulation

estipular vt to stipulate

estirado, -a adj **1.** [persona] [altanero] haughty / [adusto] uptight **2.** [brazos, piernas] outstretched **3.** [jersey] baggy, shapeless

estiramiento nm stretching

estirar ■ vt **1.** [alargar] to stretch ▸ **~ el cuello** to crane one's neck ▸ *Fig* **~ las piernas** to stretch one's legs **2.** [desarrugar] to straighten **3.** [dinero] to make last / [discurso, tema] to spin out ▸ **he de ~ el sueldo para llegar a fin de mes** it's an effort to make my salary last till the end of the month
■ vi **1.** [tirar] **~ (de)** to pull **2.** [agrandarse] **el jersey ha estirado al lavarlo** the jersey has gone baggy in the wash **3.** [crecer] to shoot up
◆ ***estirarse*** vpr **1.** [desperezarse] to stretch **2.** [tumbarse] to stretch out **3.** [crecer] to shoot up **4.** [agrandarse] **el jersey se ha estirado al lavarlo** the jersey has gone baggy in the wash **5.** *Fam* [ser generoso] to splash out ▸ **se estiró y nos invitó a cenar** he splashed out and treated us to dinner

estirón nm **1.** [acción] tug, pull **2.** [al crecer] **dar** *o* **pegar un ~** to shoot up suddenly

estirpe nf stock, lineage

estival adj summer ▸ **vacaciones estivales** summer *BR* holidays *o US* vacation

esto pron demostrativo **1.** [esta cosa] this thing ▸ **~ es tu regalo de cumpleaños** this is your birthday present ▸ **~ que acabas de decir no tiene sentido** what you've just said doesn't make sense ▸ **~ de trabajar de noche no me gusta** I don't like this business of working at night ▸ **¿para ~ me has hecho venir?** you got me to come here for THIS? **2.** (expresiones) **~ es** that is (to say) ▸ **a todo ~** [por cierto] by the way ▸ **en ~** just then, at that very moment ▸ **por ~** that's why

estocada nf [en esgrima] stab / TAUROM (sword) thrust

Estocolmo n Stockholm

estofa nf **de baja ~** [gente] low-class / [cosas] poor-quality

estofado nm stew

estofar vt to stew

estoicismo nm stoicism

estoico, -a ■ adj stoic, stoical
■ nm stoic

estola nf stole

estomacal ■ adj [del estómago] stomach / [bebida] digestive ▸ **afección ~** stomach complaint
■ nm [bebida] digestive

estómago nm stomach ▸ **con el ~ vacío** on an empty stomach ▸ *Fig* **me revuelve el ~ ver imágenes de guerra** it turns my stomach to see pictures of war ▸ *Fig* **tener buen** *o* **mucho ~** to be tough, to be able to stand a lot

estomatología nf MED stomatology

Estonia n Estonia

estonio, -a adj & nm,f Estonian

estopa nf [fibra] tow / [tela] burlap

estoque nm rapier

estoquear vt to stab

estor nm (Roman) blind

estorbar ■ vt [molestar] to bother / [obstaculizar] to hinder ▸ **le estorba el flequillo para jugar al tenis** his fringe bothers him when he plays tennis ▸ **el abrigo me estorba con tanto calor** I find wearing my coat uncomfortable in this heat ▸ **esta mesa estorba el paso** this table is in people's way
■ vi **1.** [estar en medio] to be in the way ▸ **no hace más que ~** all he does is get in the way **2.** [molestar] **no quites el aire acondicionado, que no estorba** don't turn the air conditioning off, it's not bothering me

estorbo nm [obstáculo] hindrance / [molestia] nuisance

estornino nm starling

estornudar vi to sneeze

estornudo nm sneeze

estos, -as *ver* ***este***

éstos, -as *ver* ***éste***

estoy *ver* ***estar***

estrábico, -a ■ adj squint-eyed
■ nm,f person with a squint

estrabismo nm squint

estrado nm platform ▸ **subir al ~** [orador] to go up on to the platform / [testigo] *BR* to enter the witness box, *US* to take the stand

estrafalario adj outlandish, eccentric

estragón nm tarragon

estragos nmpl **causar** *o* **hacer ~ en** [físicos] to wreak havoc with / [morales] to destroy, to ruin

estrambótico, -a adj outlandish

estramonio nm thorn apple

estrangulador, -ora nm,f strangler

estrangulamiento nm strangulation

estrangular vt **1.** [ahogar] to strangle **2.** [tubo, conducto] to constrict / MED to strangulate **3.** [proyecto] to stifle, to nip in the bud
◆ ***estrangularse*** vpr to strangle oneself

estraperlista nmf black marketeer

estraperlo nm black market ▸ **productos de ~** black market goods

Estrasburgo n Strasbourg

estratagema nf MIL stratagem / [astucia] artifice, trick

estratega nmf strategist ▸ **un ~ de salón** an armchair strategist

estrategia nf strategy ▸ **~ de marketing** marketing strategy

estratégico, -a adj strategic

estratificación nf stratification

estratificado, -a adj stratified

estratificar [59] vt to stratify
◆ ***estratificarse*** vpr GEOL to form strata / [sociedad] to become stratified

estrato nm GEOL, METEO & *Fig* stratum ▸ **los estratos sociales** the social strata

estratosfera nf stratosphere

estratosférico, -a adj **1.** [de la estratosfera] stratospheric **2.** *Fam* [precio] astronomical

estrechamente adv **1.** [íntimamente] closely ▸ **~ relacionados** closely related **2.** [apretadamente] tightly

estrechamiento nm **1.** [de calle, tubo] narrowing **2.** [de relaciones entre países] rapprochement

estrechar vt **1.** [hacer estrecho] to narrow / [ropa] to take in **2.** [relaciones] to make closer ▸ **ambos países estrecharon sus vínculos de amistad** the two countries strengthened their ties of friendship **3.** [apretar] to squeeze, to hug ▸ **~ la mano a alguien** to shake sb's hand ▸ **la estrechó entre sus brazos** he hugged *o* embraced her
◆ ***estrecharse*** vpr **1.** [hacerse estrecho] to narrow **2.** [abrazarse] to embrace **3.** [apretarse] to squeeze up ▸ **se estrecharon en un fuerte abrazo** they hugged one another tightly ▸ **se estrecharon la mano** they shook hands

estrechez nf **1.** [falta de anchura] narrowness / [falta de espacio] lack of space / [de ropa] tightness ▸ **~ de miras** narrow-mindedness **2.** [falta de dinero] hardship ▸ **pasar estrecheces** to be hard up **3.** [intimidad] closeness

estrecho, -a ■ adj **1.** [no ancho] narrow / [ropa] tight ▸ **desde que he engordado toda la ropa me está estrecha** since I put on weight, all my clothes have been too tight for me ▸ **íbamos muy estrechos en el autobús** our bus was packed ▸ **~ de miras** narrow-minded **2.** [íntimo] close ▸ **tengo una estrecha relación con él** I have a close relationship with him **3.** [rígido] strict ▸ **serán sometidos a estrecha vigilancia** they will be kept under close *o* strict surveillance
■ nm,f *Fam* [persona] prude
■ nm GEOG strait ▸ **el Estrecho de Gibraltar** the Strait(s) of Gibraltar ▸ **el Estrecho de Magallanes** the Strait(s) of Magellan

estregar [43] vt to rub

estrella ■ nf **1.** [astro] star / [suerte, destino] fate ▸ *Fig* **ver las estrellas** to see stars ▸ **tener buena/mala ~** to be lucky/unlucky ▸ **~ fugaz** shooting star ▸ **~ polar** Pole Star **2. ~ de mar** starfish **3.** [artista, deportista] star ▸ **es la ~ del equipo** he's the star of the team ▸ **~ de cine** movie *o* BR film star ▸ **~ invitada** guest star **4.** [símbolo] star ▸ **un hotel de cuatro estrellas** a four-star hotel
■ adj inv star ▸ **producto ~** star *o* flagship product

estrellado, -a adj **1.** [con estrellas] starry **2.** [por la forma] star-shaped **3.** [que ha chocado] smashed ▸ *Fig* **ha nacido ~** he was born unlucky

estrellar vt [arrojar] to smash
◆ ***estrellarse*** vpr **1.** [chocar] [persona, objeto] to smash (**contra** against) / [avión, coche] to crash (**contra** into) **2.** [fracasar] to come to nothing

estrellato nm stardom

estrellón nm *AM* [choque] crash

estremecedor, -ora adj **1.** [ruido] startling, shocking **2.** [por miedo, horror] terrifying, frightening

estremecer [46] vt to shake
◆ ***estremecerse*** vpr [de horror, miedo] to tremble *o* shudder (**de** with) / [de frío] to shiver (**de** with) ▸ **me estremezco sólo de pensarlo** I get the shivers just thinking about it

estremecimiento nm [de miedo] shudder / [de frío] shiver

estrenar vt **1.** [objeto] to use for the first time / [ropa] to wear for the first time / [piso] to move into ▸ **¿estrenas zapatos, eh?** new shoes, huh? ▸ **los que hoy han estrenado la nueva línea de metro dicen que...** those who have used the new underground line on its first day say that... ▸ **se vende bicicleta, a ~** [en anuncio] bike for sale, brand-new **2.** [película] to release, to show for the first time / [obra de teatro] to premiere
◆ ***estrenarse*** vpr [persona] to make one's debut, to start ▸ **se estrenó como jugador de rugby ayer** he made his debut as a rugby player yesterday

estreno nm **1.** [de cosa] first use **2.** [de espectáculo] premiere, first night / [de actor] debut ▸ **la noche del ~** the opening night

estreñido, -a adj constipated

estreñimiento nm constipation

estreñir [47] vt to constipate

estrépito nm [ruido] racket, din / [ostentación] fanfare

estrepitoso, -a adj **1.** [ruidoso] noisy / [aplausos] deafening **2.** [derrota] resounding / [fracaso] spectacular

estreptococo nm MED streptococcus

estreptomicina nf MED streptomycin

estrés nm inv stress

estresado, -a adj suffering from stress ▸ **estar ~** to be stressed

estresante adj stressful

estresar vt to cause stress to ▸ **ese ruido me está estresando** that noise is getting on my nerves

estría nf [surco] groove / [en la piel] stretch mark

estriado, -a adj **1.** [piel] stretch-marked **2.** [columna] fluted

estriar [32] vt to groove

◆ ***estriarse*** vpr [piel] to become stretch-marked

estribaciones nfpl foothills

estribar vi ~ **en** to lie in, to consist in

estribillo nm **1.** MÚS chorus / LIT refrain **2.** *Fam* [coletilla] pet word *o* phrase

estribo nm **1.** [de montura] stirrup ▸ **perder los estribos** to fly off the handle **2.** [de coche, tren] step

estribor nm starboard ▸ **a ~** (to) starboard

estricnina nf strychnine

estrictez nf *AM* strictness

estricto, -a adj strict

estridencia nf [de ruido] stridency, shrillness / [de colores, comportamiento] loudness

estridente adj [ruido] strident, shrill / [color] garish, loud / [persona, comportamiento] loud

estrofa nf stanza, verse

estrógeno nm oestrogen

estroncio nm strontium

estropajo nm scourer

estropajoso, -a adj **1.** [pelo] coarse / [textura] fibrous / [carne] dry and chewy **2.** [lengua, boca] dry and pasty

estropeado, -a **1.** adj [aparato] broken **2.** [envejecido] aged

estropear vt **1.** [aparato] to break **2.** [ropa, vista] to ruin ▸ **el exceso de sol estropea la piel** too much sun is bad for the skin **3.** [plan, cosecha] to ruin, to spoil ▸ **siempre tienes que estropearlo todo** you always have to ruin everything **4.** [envejecer] to age

◆ ***estropearse*** vpr **1.** [máquina] to break down ▸ **se me ha estropeado el despertador** my alarm clock is broken ▸ **se ha estropeado el día** the day has turned out badly **2.** [comida] to go off, to spoil **3.** [persona] **se ha estropeado mucho con los años** he hasn't aged well **4.** [plan] to fall through

estropicio nm **hacer** *o* **causar un ~** to wreak havoc

estructura nf structure ▸ **~ profunda/superficial** deep/surface structure

estructuración nf structuring, organization

estructural adj structural

estructuralismo nm structuralism

estructuralista adj & nmf structuralist

estructurar vt to structure, to organize

estruendo nm **1.** [ruido] din, roar / [de trueno] crash **2.** [alboroto] uproar, tumult

estrujar vt **1.** [limón] to squeeze / [trapo, ropa] to wring (out) / [papel] to screw up / [caja] to crush **2.** [persona, mano] to squeeze ▸ **me estrujó un pie** he squashed my foot ▸ **¡no me estrujes!** don't squash *o* crush me! **3.** [sacar partido] to bleed dry

◆ ***estrujarse*** vpr [apretujarse] to huddle together

estrujón nm **1.** [abrazo] bear hug **2.** [apretujón] **hubo muchos estrujones** there was a lot of pushing and shoving

estuario nm estuary

estucado nm stucco, stuccowork

estucar [59] vt to stucco

estuche nm [de lápices, gafas, reloj] case / [de joyas] box

estuco nm stucco

estudiado, -a adj studied

estudiante nmf [de universidad, secundaria] student / [de primaria] schoolchild, pupil ▸ **~ de enfermería** student nurse ▸ **~ universitario** university student

estudiantil adj student ▸ **protestas estudiantiles** student protests ▸ **un bar con ambiente ~** a studenty bar

estudiar ■ vt **1.** [carrera, libro, asunto] to study ▸ **estudia biológicas** he's studying biology ▸ **después de ~ tu propuesta he decidido no aceptarla** after studying your proposal, I've decided not to accept it **2.** [observar] to observe

■ vi to study ▸ **estudia todas las tardes** he spends every afternoon studying ▸ **estudió con el Presidente** he went to school/university with the President ▸ **¿estudias o trabajas?** do you work or are you a student?

estudio nm **1.** [actividad] study ▸ **ha dedicado muchos años al ~ del tema** she has studied the subject for many years ▸ **estar en ~** to be under consideration ▸ **~ de campo** field study ▸ **~ de mercado** [técnica] market research / [investigación] market survey ▸ **~ de viabilidad** feasibility study **2. estudios** [educación] studies ▸ **el niño va muy bien en los estudios** the boy is doing very well at school ▸ **tener estudios** to be well-educated ▸ **no tiene estudios** he hasn't had much education ▸ **estudios de posgrado** postgraduate studies ▸ **estudios primarios/secundarios** primary/secondary education **3.** [oficina] study / [de fotógrafo, pintor] studio / [apartamento] studio *BR* flat *o* *US* apartment **4.** CINE, RAD & TV studio ▸ **los estudios de la Metro** the Metro studios ▸ **~ cinematográfico** film studio ▸ **~ de grabación** recording studio

estudioso, -a ■ adj studious

■ nm,f [especialista] specialist, expert ▸ **un ~ de la naturaleza humana** a student of human nature

estufa nf [calefacción] heater, *BR* fire / *MÉX* [cocina] stove ▸ **~ de gas** gas fire

estulticia nf *Formal* stupidity, foolishness

estupa nm *muy Fam* drug squad detective, *US* narc

estupefacción nf astonishment

estupefaciente nm narcotic, drug ▸ **brigada de estupefacientes** drugs squad

estupefacto, -a adj astonished ▸ **quedarse ~** to be speechless *o* flabbergasted

estupendamente adv wonderfully ▸ **estoy ~** I feel wonderful

estupendo, -a adj wonderful, marvellous ▸ **¡~!** wonderful!, marvellous!

estupidez nf **1.** [dicho, hecho] **decir/hacer una ~** to say/do something stupid ▸ **no dice más que estupideces** all she ever talks is nonsense ▸ **hizo la ~ de preguntarle al portero** he made the foolish mistake of asking the caretaker ▸ **sería un ~ negarlo** it would be foolish to deny it ▸ **¿y por eso se enfada? ¡pues vaya una ~!** he got annoyed about that? how stupid can you get! **2.** [cualidad] stupidity

estúpido, -a ■ adj stupid
■ nm,f idiot

estupor nm astonishment

estupro nm DER rape of a minor

esturión nm sturgeon

estuviera *etc ver* ***estar***

esvástica nf swastika

ETA ['eta] nf (abrev de ***Euskadi Ta Askatasuna***) ETA, = *terrorist Basque separatist organization*

etano nm ethane

etapa nf stage ▸ **las últimas etapas** the final stages ▸ **por etapas** in stages ▸ **quemar etapas** to come on in leaps and bounds, to progress rapidly ▸ **está pasando una mala ~** he's going through a bad patch ▸ **~ ciclista** stage *(of cycle race)*

etarra ■ adj ETA ▸ **el terrorismo ~** ETA terrorism
■ nmf member of ETA

ETB nf (abrev de ***Euskal Telebista***) = *Basque television network*

etc. (abrev de ***etcétera***) etc.

etcétera ■ adv etcetera
■ nm **y un largo ~ de...** and a long list of...

éter nm **1.** [gas] ether **2.** *Formal* [cielo] **el ~** the ether, the heavens

etéreo, -a adj ethereal

eternidad nf eternity ▸ *Fam* **hace una ~ que no la veo** it's ages since I last saw her

eternizar [14] vt **~ algo** to make sth last forever
◆ ***eternizarse*** vpr **eternizarse (haciendo algo)** to spend absolutely ages (doing sth) ▸ **la reunión se eternizó** the meeting went on and on

eterno, -a adj [perpetuo] eternal / *Fam* [larguísimo] never-ending, interminable ▸ **la eterna canción** the same old story

ética nf **1.** [en filosofía] ethics *(singular)* **2.** [moralidad] ethics ▸ **~ profesional** (professional) ethics

ético, -a adj ethical

etileno nm ethylene

etílico, -a adj QUÍM ethyl ▸ **alcohol ~** ethyl alcohol ▸ **intoxicación etílica** alcohol poisoning

etilismo nm intoxication

etilo nm ethyl

etimología nf etymology

etimológico, -a adj etymological

etiología nf MED etiology

etíope adj & nmf Ethiopian

Etiopía n Ethiopia

etiqueta nf **1.** [en producto] [pegada o cosida] label / [colgada o atada] tag, label ▸ **cada sobre lleva una ~ con la dirección** each envelope has an address label on it ▸ **ponga una ~ con su nombre a la maleta** put a label *o* tag with your name on it on the suitcase ▸ **la ~ del precio** the price tag ▸ *Fig* **colgarle a alguien la ~ de...** to label sb as... ▸ **no me gusta poner etiquetas a la gente** I don't like to label people **2.** [ceremonial] etiquette ▸ **de ~** formal ▸ **vestirse de ~** to wear formal dress **3.** INFORM tag

etiquetado nm labelling

etiquetadora nf pricing gun

etiquetar vt *también Fig* to label ▸ **~ a alguien de algo** to label sb sth

etiquetero, -a adj ceremonious, formal

etnia nf ethnic group ▸ **una persona de ~ oriental** a person of Asian extraction

étnico, -a adj ethnic

etnocentrismo nm ethnocentrism

etnografía nf ethnography

etnográfico, -a adj ethnographic

etnógrafo, -a nm,f ethnographer

etnología nf ethnology

etnológico, -a adj ethnologic, ethnological

etnólogo, -a nm,f ethnologist

etrusco, -a adj & nm,f Etruscan

ETT (pl ETTs) nf (abrev de ***Empresa de Trabajo Temporal***) temping agency

EUA nmpl (abrev de ***Estados Unidos de América***) USA

eucalipto nm eucalyptus

eucaristía nf **la ~** the Eucharist

eucarístico, -a adj Eucharistic

eufemismo nm euphemism

eufemístico, -a adj euphemistic

eufonía nf euphony

euforia nf euphoria, elation

eufórico, -a adj euphoric, elated

Éufrates nm **el ~** the Euphrates

eugenesia nf eugenics *(singular)*

eunuco nm eunuch

Eurasia n Eurasia

eurasiático, -a adj Eurasian

EURATOM [eura'tom] nf (abrev de ***Comunidad Europea de la Energía Atómica***) EURATOM

eureka interj **¡~!** eureka!

Euribor [euri'βor] nm FIN (abrev de ***Euro InterBank Offered Rate***) EURIBOR

euritmia nf MED regular heartbeat

euro nm [moneda] Euro

euroasiático, -a adj & nm,f Eurasian

Eurocámara nf European Parliament

eurocheque nm eurocheque

eurocomunismo nm Eurocommunism

eurocomunista adj & nmf Eurocommunist

euroconector nm TV Euroconnector

eurócrata adj & nmf Eurocrat

eurodiputado, -a nm,f Euro-MP, MEP

eurodivisa nf FIN eurocurrency

eurodólar nm FIN Eurodollar

euroejército nm Euro army

euroescéptico, -a adj & nm,f Eurosceptic

euroliga nf [de fútbol] European super league

Europa n Europe ▸ **~ Central** Central Europe ▸ **~ del Este** Eastern Europe ▸ **~ Occidental** Western Europe

europarlamentario, -a nm,f Euro-MP, MEP

europeidad nf Europeanness

europeísmo nm Europeanism

europeísta adj & nmf pro-European

europeización nf Europeanization

europeizar [14] vt to Europeanize

europeo, -a adj & nm,f European

Eurovisión nf Eurovision

Euskadi n the Basque Country

euskera, euskara nm Basque

CULTURA / CULTURE

euskera

Euskera (or Basque) is one of the official languages spoken in Spain. It is spoken by about one million people in the northern Spanish region of Euskadi (the Basque Country), in the neighbouring province of Navarra, and in the Basque region of France. Its origin is unknown as it is not an Indo-European language. For decades **euskera** was either banned or officially unrecognized, and as a consequence it was mainly spoken only in rural areas. However, it is now being promoted as the official language for use in education and public administration and a growing number of schoolchildren can now speak the language.

eutanasia nf euthanasia

Eva n pr Eve

evacuación nf [de zona, edificio, vientre] evacuation

evacuado, -a ■ adj evacuated
■ nm,f evacuee

evacuar vt [edificio, zona] to evacuate / [vientre] to empty, to void

evadido, -a ■ adj [persona] escaped / [divisas, impuestos] evaded
■ nm,f escapee, fugitive

evadir vt [impuestos] to evade / [respuesta, peligro] to avoid
◆ ***evadirse*** vpr to escape (**de** from)

evaluable adj calculable

evaluación nf **1.** [de daños, pérdidas, costo] assessment, evaluation / [de empleados] appraisal ▸ **una primera ~ de las estadísticas confirma que...** a first assessment of the statistics confirms that... ▸ **hizo una ~ positiva de la situación** he gave a positive assessment of the situation ▸ **~ de impacto ambiental** environmental impact assessment ▸ **~ de riesgos** risk assessment **2.** EDUC [acción] assessment / [examen] exam, test / [periodo] = *division of school year, of which there may be three to five in total* ▸ **~ continua** continuous assessment

evaluador, -ora adj evaluating, evaluative

evaluar [4] vt **1.** [daños, pérdidas, costo] to assess, to evaluate **2.** EDUC [alumno] to assess, to test / [examen] *BR* to mark, *US* to grade

evanescencia nf *Formal* evanescence

evanescente adj *Formal* evanescent

evangélico, -a adj & nm,f evangelical

evangelio nm REL gospel / *Fig* beliefs

evangelista nm Evangelist

evangelización nf evangelization, evangelizing

evangelizador, -ora ■ adj evangelizing
■ nm,f evangelist

evangelizar [14] vt to evangelize

evaporación nf evaporation

evaporar vt to evaporate
◆ ***evaporarse*** vpr **1.** [líquido] to evaporate **2.** *Fam* [persona, fondos] to disappear into thin air

evasión nf **1.** [huida] escape **2.** [de dinero] **~ de capitales** *o* **divisas** capital flight ▸ **~ fiscal** tax evasion **3.** [entretenimiento] amusement, recreation / [escapismo] escapism ▸ **literatura de ~** escapist literature

evasiva nf evasive answer ▸ **responder con evasivas** not to give a straight answer

evasivo, -a adj evasive

evasor, -ora ■ adj guilty of evasion
■ nm,f [de la cárcel] jailbreaker

evento nm event

eventual adj **1.** [no fijo] [trabajador] temporary, casual / [gastos] incidental **2.** [posible] possible

eventualidad nf **1.** [temporalidad] temporariness **2.** [hecho incierto] eventuality / [posibilidad] possibility ▸ **en la ~ de que viniera, lo recibiríamos** in the event of his coming, we would receive him

eventualmente adv [por casualidad] by chance / [posiblemente] possibly ▸ **me quedaré una semana, ~ dos** I'll stay for a week, or possibly two

Everest nm **el ~** (Mount) Everest

evidencia nf **1.** [prueba] evidence, proof **2.** [claridad] obviousness ▸ **poner algo en ~** to demonstrate sth ▸ **poner a alguien en ~** to show sb up

evidenciar vt to show, to demonstrate
◆ ***evidenciarse*** vpr to be obvious *o* evident

evidente adj evident, obvious

evitar vt **1.** [impedir] [desastre, accidente] to avoid, to prevent ▸ **podría haberse evitado esta catástrofe** this disaster could have been avoided *o* prevented ▸ **~ que alguien haga algo** to stop *o* prevent sb from doing sth **2.** [eludir] [cuestión, persona] to avoid ▸ **Javier siempre evita encontrarse conmigo** Javier always avoids meeting me ▸ **no puede evitarlo** he can't help it **3.** [ahorrar] to save ▸ **esto me evita tener que ir** this saves me (from) having to go
◆ ***evitarse*** vpr to save ▸ **te evitarás muchos problemas** you'll save yourself a lot of problems

evocación nf recollection, evocation

evocador, -ora adj evocative

evocar [59] vt [recordar] to evoke

evolución nf **1.** [progreso] [de sociedad, situación] evolution / [de enfermedad] development, progress ▸ **me preocupa la ~ económica del país** I'm worried about where this country's economy is heading **2.** [de especies] evolution ▸ **la ~ de las especies marinas** the evolution of marine life **3.** [movimiento] **contemplaban las evoluciones del jugador en la banda** they watched the player warming up on the sidelines ▸ **me gusta ver las evoluciones de los aviones en el aeropuerto** I like watching planes taking off and landing at the airport

evolucionar vi **1.** [progresar] [sociedad, situación] to evolve / [enfermedad] to develop, to progress ▸ **el paciente no evoluciona** the patient isn't making any progress **2.** MIL to carry out manoeuvres

evolucionismo nm evolutionism

evolucionista adj & nmf evolutionist

evolutivo, -a adj evolutionary

evoque *etc ver* ***evocar***

ex ■ nmf inv [cónyuge] ex

■ prefijo ex- ▸ **el ex presidente** the ex-president, the former president

exabrupto nm sharp word *o* remark

exacción nf [de impuestos, multas] exaction, collection

exacerbado, -a adj **los ánimos estaban exacerbados** tempers were running high

exacerbar vt **1.** [agudizar] to exacerbate, to aggravate **2.** [irritar] to irritate, to infuriate

exactamente adv exactly, precisely

exactas nfpl mathematics *(singular)*

exactitud nf [precisión] accuracy, precision / [puntualidad] punctuality ▸ **no lo sé con ~** I don't know exactly

exacto, -a ■ adj **1.** [justo] exact ▸ **tres metros exactos** exactly three metres **2.** [preciso] accurate, precise ▸ **no sé la fecha exacta de la boda** I don't know the exact date of the wedding ▸ **para ser exactos** to be precise **3.** [idéntico] **una copia exacta del original** an exact copy of the original ▸ **es ~ a su padre** he looks just like his father

■ interj **¡~!** exactly!, precisely!

exageración nf exaggeration ▸ **este precio es una ~** that's a ridiculous price ▸ **su reacción me pareció una ~** I thought his reaction was a bit over the top

exagerado, -a adj [cifra, reacción, gesto] exaggerated / [precio] exorbitant ▸ **es muy ~** [en cantidad, valoración] he exaggerates a lot / [en reacción] he overreacts a lot

exagerar ■ vt to exaggerate

■ vi to exaggerate ▸ **yo creo que exageras** I think you're exaggerating ▸ **no exageremos, no fue para tanto** let's not exaggerate, it wasn't that bad ▸ **tantas precauciones, ¿no estás exagerando un poco?** aren't you going a bit too far with *o* overdoing it with all these precautions?

exaltación nf **1.** [júbilo] elation, intense excitement / [acaloramiento] overexcitement **2.** [ensalzamiento] exaltation

exaltado, -a ■ adj [jubiloso] elated / [acalorado] [persona] worked up / [discusión] heated / [excitable] hot-headed

■ nm,f [fanático] fanatic / POL extremist

exaltar vt **1.** [elevar] to promote, to raise **2.** [glorificar] to exalt

◆ ***exaltarse*** vpr to get excited *o* worked up (**por** about)

examen nm **1.** [ejercicio] exam, examination ▸ **aprobar un ~** to pass an exam ▸ *ESP* **suspender** *o AM* **reprobar un ~** to fail an exam ▸ **hacer un ~** to do *o* take an exam ▸ **poner un ~ a alguien** to set *o* give sb an exam ▸ **presentarse a un ~** to sit an exam ▸ *ESP* **~ de conducir** driving test ▸ **~ escrito** written examination ▸ **~ de ingreso** entrance examination ▸ *AM* **~ de manejar** driving test ▸ **~ final** final (exam) ▸ **~ oral** oral (exam) ▸ **~ parcial** end-of-term exam **2.** [indagación] consideration, examination ▸ **someter a ~** to examine ▸ **hacer ~ de conciencia** to take a good look at oneself ▸ **libre ~** personal interpretation ▸ **~ médico** medical examination *o* check-up

examinador, -ora nm,f examiner

examinando, -a nm,f examinee, candidate

examinar vt to examine

◆ ***examinarse*** vpr *ESP* to sit *o* take an exam ▸ **mañana me examino de matemáticas** I've got my maths exam tomorrow

exangüe adj *Formal* exhausted

exánime adj **1.** [muerto] dead **2.** [desmayado] lifeless / [agotado] exhausted, worn-out

exasperación nf exasperation

exasperante adj exasperating, infuriating

exasperar vt to exasperate, to infuriate

◆ ***exasperarse*** vpr to get exasperated

Exc. (abrev de ***Excelencia***) Excellency

excarcelación nf release (from prison)

excarcelar vt to release (from prison)

excavación nf **1.** [acción] excavation **2.** [lugar] dig, excavation ▸ **~ arqueológica** archaeological dig

excavador, -ora ■ adj excavating, digging

■ nm,f [persona] excavator, digger

excavadora nf [máquina] digger

excavar vt [cavar] to dig / [en arqueología] to excavate

excedencia nf *ESP* [de funcionario, empleado] leave (of absence) / EDUC sabbatical ▸ **un año de ~** a year's leave of absence / EDUC a year's sabbatical

excedentario, -a adj surplus ▸ **la balanza de pagos ha sido excedentaria** the balance of payments has been in surplus

excedente ■ adj **1.** [producción] surplus **2.** *ESP* [funcionario, empleado] on leave / EDUC on sabbatical

■ nmf *ESP* [persona] person on leave

■ nm COM surplus ▸ **excedentes agrícolas** agricultural surpluses

exceder ■ vt to exceed, to surpass ▸ **~ el límite de velocidad** to exceed *o* go over the speed limit ▸ **excede en dos kilos el peso permitido** it is two kilos over the weight limit ▸ **esto excede mis atribuciones** that is beyond my authority

■ vi to be greater ◗ **~ a** *o* **de** to exceed

◆ ***excederse*** vpr **1.** [propasarse] to go too far *o* overstep the mark (**en** in) **2.** [rebasar el límite] **se excede en el peso** it's too heavy

excelencia ■ nf [cualidad] excellence ◗ **por ~** par excellence

■ nmf **Su Excelencia** His Excellency, *f* Her Excellency

excelente adj excellent

excelentísimo, -a adj most excellent ◗ **el ~ ayuntamiento de Málaga** Malaga city council ◗ **el ~ embajador de...** his excellency the ambassador of...

excelso, -a adj *Formal* sublime, elevated

excentricidad nf eccentricity

excéntrico, -a adj & nm,f eccentric

excepción nf exception ◗ **a** *o* **con ~ de** with the exception of, except for ◗ **de ~** exceptional ◗ **~ hecha de Pérez** Pérez excepted ◗ **hacer una ~** to make an exception ◗ *Prov* **la ~ confirma la regla** the exception proves the rule

excepcional adj exceptional

excepto adv except (for)

exceptuar [4] vt [excluir] to exclude (**de** from) / [eximir] to exempt (**de** from) ◗ **exceptuando a...** excluding... ◗ **se exceptúa a los menores de 16 años** children under the age of 16 are exempt

excesivo, -a adj excessive

exceso nm **1.** [demasía] excess ◗ **en ~** [fumar, beber, comer] excessively, to excess ◗ **trabaja en ~** he works too hard ◗ **~ de confianza** over-confidence ◗ **~ de equipaje** excess baggage ◗ **~ de peso** [obesidad] excess weight ◗ **~ de velocidad** speeding **2.** [abuso] excess ◗ **denunciaron los excesos de los invasores** they condemned the invaders' excesses *o* atrocities ◗ **cometer un ~** to go too far ◗ **cometer un ~ en la bebida/comida** to drink/eat to excess ◗ **los excesos se pagan** we pay for our overindulgence

excipiente nm excipient

excisión nf MED excision

excitable adj excitable

excitación nf **1.** [nerviosismo] agitation / [por enfado, sexo] arousal **2.** BIOL & ELEC excitation

excitado, -a adj **1.** [nervioso] agitated / [por enfado, sexo] aroused **2.** BIOL & ELEC excited

excitante ■ adj [emocionante] exciting / [sexualmente] arousing / [café, tabaco] stimulating

■ nm stimulant

excitar vt **1.** [inquietar] to upset, to agitate **2.** [estimular] [sentidos] to stimulate / [apetito] to whet / [curiosidad, interés] to excite / [sexualmente] to arouse

◆ ***excitarse*** vpr **1.** [alterarse] to get worked up *o* excited (**por** about) **2.** [sexualmente] to become aroused

exclamación nf [interjección] exclamation / [grito] cry

exclamar vt & vi to exclaim

exclamativo, -a adj exclamatory

excluir [34] vt [dejar fuera] to exclude (**de** from) / [hipótesis, opción] to rule out / [hacer imposible] to preclude

exclusión nf exclusion

exclusiva nf **1.** PRENSA exclusive **2.** COM exclusive *o* sole right ◗ **tenemos la distribución en España en ~** we are the sole distributor in Spain

exclusividad nf **1.** [de club, ambiente, producto] exclusiveness **2.** COM [privilegio] exclusive *o* sole right

exclusivo, -a adj [club, ambiente, producto] exclusive

excluyente adj excluding

Excmo., Excma. (abrev de ***Excelentísimo, Excelentísima***) **el ~ Ayto. de Málaga** Malaga City Council

excombatiente nmf *BR* ex-serviceman, *f* ex-servicewoman, *US* war veteran

excomulgar [38] vt to excommunicate

excomunión nf excommunication

excoriar vt to chafe

excrecencia nf growth

excreción nf excretion

excremento nm **un ~ de perro** a piece of dog dirt ◗ **excrementos** [de ave, conejo, oveja] droppings / [de persona] excrement

excretar ■ vt [soltar] to secrete

■ vi [evacuar] to excrete

excretorio, -a adj excretory

exculpación nf exoneration / DER acquittal

exculpar vt to exonerate / DER to acquit

◆ ***exculparse*** vpr to declare oneself innocent (**de** of)

exculpatorio, -a adj exonerative

excursión nf [viaje] excursion, trip ◗ **ir de ~** to go on an outing *o* a trip

excursionismo nm [en el campo] rambling / [de montaña] hiking

excursionista nmf [en el campo] rambler / [en la montaña] hiker

excusa nf **1.** [pretexto, motivo] excuse **2.** [petición de perdón] apology ◗ **presentó sus excusas** he apologized

excusable adj **1.** [perdonable] excusable **2.** [evitable] avoidable

excusado, -a ■ adj **1.** [disculpado] excused **2.** [inútil] unnecessary, superfluous ◗ **~ (es) decir que...** needless to say...

■ nm *Euf* **el ~** [retrete] the bathroom, *BR* the smallest room

excusar vt **1.** [disculpar a] to excuse / [disculparse por] to apologize for **2.** *ESP* [evitar] to avoid ◗ **excuso decir que...** there's no need for me to say that...

◆ ***excusarse*** vpr to apologize, to excuse oneself

execrable adj abominable, execrable

execrar vt *Formal* to abhor

exégesis nf inv exegesis, explanation

exención nf exemption ◗ FIN **~ fiscal** tax exemption

exento, -a adj exempt ◗ **~ de** [sin] free from, without / [eximido de] exempt from

exequias nfpl funeral, funeral rites

exfoliación nf exfoliation

exfoliante ■ adj exfoliating

■ nm exfoliating cream/lotion

exfoliar vt to exfoliate
◆ ***exfoliarse*** vpr to exfoliate

exhalación nf **1.** [emanación] exhalation, vapour / [suspiro] breath **2.** *Fam Fig* **como una ~** as quick as a flash

exhalar vt **1.** [aire] to exhale, to breathe out / [suspiros] to heave ▸ **~ el último suspiro** to breathe one's last (breath) **2.** [olor, vapor] to give off

exhaustivo, -a adj exhaustive

exhausto, -a adj exhausted

exhibición nf **1.** [demostración] show, display **2.** [deportiva, artística] exhibition ▸ **~ aérea** air show **3.** [de películas] showing

exhibicionismo nm exhibitionism

exhibicionista nmf [que gusta de llamar la atención] exhibitionist / [pervertido sexual] exhibitionist, flasher

exhibir vt **1.** [cuadros, fotografías] to exhibit / [modelos] to show / [productos] to display **2.** [joyas, cualidades] to show off **3.** [película] to show, to screen
◆ ***exhibirse*** vpr [alardear] to show off

exhortación nf exhortation

exhortar vt **~ a** to exhort to

exhumación nf exhumation, disinterment

exhumar vt to exhume, to disinter

exigencia nf **1.** [requisito] demand, requirement **2.** [petición] demand ▸ **venirle a alguien con exigencias** to make demands on sb

exigente ■ adj demanding
■ nmf demanding person

exigible adj payable on demand

exigir [24] ■ vt **1.** [pedir] to demand ▸ **exijo saber la respuesta** I demand to know the answer ▸ **~ algo de** *o* **a alguien** to demand sth from sb ▸ **exigen una licenciatura** you need to have a degree **2.** [requerir, necesitar] to call for, to require ▸ **este trabajo exige mucha concentración** this work calls for a lot of concentration
■ vi to be demanding

exiguo, -a adj [escaso] meagre, paltry / [pequeño] minute

exijo *ver* ***exigir***

exiliado, -a ■ adj exiled, in exile
■ nm,f exile

exiliar vt to exile
◆ ***exiliarse*** vpr to go into exile

exilio nm exile ▸ **en el ~** in exile

eximente DER ■ adj absolutory, absolving
■ nf case for acquittal

eximio, -a adj *Formal* eminent, illustrious

eximir vt to exempt (**de** from)

existencia nf **1.** [circunstancia de existir] existence ▸ **se ha confirmado la ~ de varios manuscritos inéditos** it has been confirmed that there are several unpublished manuscripts ▸ **este niño me está amargando la ~** that child is making my life a misery **2.** COM **existencias** stock ▸ **quedan muy pocas existencias en el almacén** there's isn't much stock in the warehouse ▸ **en existencias** in stock ▸ **quedarse sin existencias (de algo)** to run out (of sth) ▸ **reponer las existencias** to restock

existencial adj existential

existencialismo nm existentialism

existencialista adj & nmf existentialist

existente adj existing, existent

existir vi **1.** [ser real] to exist ▸ **los gnomos no existen** gnomes don't exist **2.** [haber] to exist ▸ **existe el riesgo de...** there is the risk that... ▸ **existe mucha pobreza** there is a lot of poverty **3.** [vivir] to exist ▸ **mientras yo exista no tienes que preocuparte** you don't have to worry while I'm still here

éxito nm **1.** [logro, fama] success ▸ **la fiesta fue un ~** the party was a success ▸ **con ~** successfully ▸ **tener ~** to be successful **2.** [libro] bestseller / [canción] hit ▸ **de ~** [libro] bestselling / [canción] hit ▸ **ser un ~ (de ventas)** [libro] to be a bestseller / [canción] to be a hit ▸ **un ~ de taquilla** a box-office hit

exitoso, -a adj successful

ex libris nm inv ex libris

éxodo nm exodus

exógeno, -a adj exogenous

exoneración nf **1.** [de culpa, responsabilidad] exoneration / [de carga, obligación] freeing **2.** [de empleo, cargo] dismissal

exonerar vt **~ a alguien (de)** [culpa, responsabilidad] to exonerate sb (from) / [carga, obligación] to free sb (from) / [empleo, cargo] to dismiss *o* remove sb (from)

exorbitante adj exorbitant

exorcismo nm exorcism

exorcista nmf exorcist

exorcizar [14] vt to exorcize

exótico, -a adj exotic

exotismo nm exoticism

expandible adj INFORM expandible

expandir [gen] & INFORM vt to expand
◆ ***expandirse*** vpr to expand

expansión nf **1.** [de gas, empresa] expansion ▸ **en ~** expanding **2.** [relajación] relaxation / [diversión] recreation

expansionarse vpr **1.** [divertirse] to relax, to let off steam **2.** [desarrollarse] to expand

expansionismo nm expansionism

expansionista adj expansionist

expansivo, -a adj [que se extiende] expansive / [persona] open, frank

expatriación nf expatriation / [exilio] exile

expatriado, -a ■ adj **los españoles expatriados** [emigrantes] expatriate Spaniards / [exiliados] Spanish exiles
■ nm,f [emigrante] expatriate / [exiliado] exile

expatriar [32] vt [expulsar] to exile
◆ ***expatriarse*** vpr [emigrar] to leave one's country, to emigrate / [exiliarse] to go into exile

expectación nf expectancy, anticipation

expectante adj expectant

expectativa nf [esperanza] hope / [perspectiva]

prospect ▸ **contra toda ~** against all expectations ▸ **estar a la ~** to wait and see ▸ **estar a la ~ de** [atento] to be on the lookout for / [a la espera] to be hoping for ▸ **~ de vida** life expectancy

expectoración nf MED **1.** [acción] expectoration **2.** [esputo] sputum

expectorante adj & nm expectorant

expectorar vi MED to expectorate

expedición nf [viaje, grupo] expedition

expedicionario, -a adj expeditionary

expedidor, -ora nm,f sender, dispatcher

expedientar vt [castigar] to take disciplinary action against / [llevar a juicio] to start proceedings against

expediente nm **1.** [documentación] documents / [ficha] file ▸ *ESP* ECON **~ de regulación de empleo** redundancy plan, workforce adjustment plan **2.** [historial] record ▸ *Fam Fig* **cubrir el ~** to do the bare minimum ▸ **hacer algo por cubrir el ~** to do sth for the sake of appearances ▸ **~ académico** academic record, *US* transcript **3.** [investigación] inquiry ▸ **abrir ~ a alguien** [castigar] to take disciplinary action against sb / [llevar a juicio] to start proceedings against sb

CULTURA / CULTURE

expediente de regulación de empleo

When a Spanish company wants to make permanent employees redundant, it is first legally required to draw up an **expediente de regulación de empleo** (or "ERE") to present to the authorities. In effect, this requires official permission for redundancies which have not been agreed with workers' representatives. Between 1997 and 2002 more than 600,000 jobs were eliminated by this means.

expedir [47] vt [carta, pedido] to send, to dispatch / [pasaporte, decreto] to issue / [contrato, documento] to draw up

expeditivo, -a adj expeditious ▸ **utilizar métodos expeditivos** to adopt harsh measures

expedito, -a adj clear, free ▸ *también Fig* **tener el paso** *o* **camino ~** to have one's way clear

expeler vt to emit

expendedor, -ora ■ adj **máquina expendedora** vending machine

■ nm,f [de mercancía] dealer, retailer / [de lotería] seller, vendor

expendeduría nf [estanco] *BR* tobacconist's, *US* cigar store

expender vt to sell, to retail

expensas: a expensas de loc prep at the expense of ▸ **vive a ~ de sus abuelos** his grandparents support him financially

experiencia nf **1.** [veteranía] experience ▸ **tiene mucha ~ en la reparación de lavadoras** he has a lot of experience at repairing washing machines ▸ **~ laboral** work experience **2.** [vivencia] experience ▸ **sé por (propia) ~ que este trabajo implica sacrificio** I know from my own experience that this job involves a lot of sacrifices **3.** [experimento] experiment

experimentación nf experimentation

experimentado, -a adj [persona] experienced / [método] tried and tested

experimentador, -ora ■ adj experimenting

■ nm,f experimenter

experimental adj experimental

experimentar ■ vt **1.** [sensación, efecto] to experience / [derrota, pérdidas] to suffer ▸ **~ frío/calor** to feel cold/hot ▸ **las temperaturas experimentarán un leve ascenso/descenso** we will see a slight rise/fall in temperatures **2.** [probar] to test / [hacer experimentos con] to experiment with *o* on

■ vi **~ con** to experiment with *o* on

experimento nm experiment

experto, -a adj & nm,f expert

expiación nf atonement, expiation

expiar [32] vt to atone for, to expiate

expiatorio, -a adj expiatory

expidiera *etc ver* ***expedir***

expido *etc ver* ***expedir***

expiración nf expiry

expirar vi to expire

explanación nf **1.** [allanamiento] levelling **2.** *Formal* [explicación] explanation, explication

explanada nf area of flat *o* level ground

explanar vt [terreno] to level

explayarse vpr **1.** [divertirse] to amuse oneself, to enjoy oneself **2.** [hablar mucho] to talk at length **3.** [desahogarse] to pour out one's heart (**con** to)

explicación nf explanation ▸ **dar/pedir explicaciones** to give/demand an explanation

explicar [59] vt **1.** [exponer, contar] to explain / [teoría] to expound ▸ **¿te importaría explicarme qué pasa?** would you mind telling me *o* explaining what's going on? ▸ **explícame cómo funciona** tell me how it works **2.** [enseñar] to teach, to lecture in

◆ ***explicarse*** vpr **1.** [comprender] to understand ▸ **no me lo explico** I can't understand it **2.** [dar explicaciones] to explain oneself ▸ **a ver, explícate, ¿qué quieres decir con eso?** come on, explain, what do you mean by that? ▸ **no sé si me explico** do you know what I mean? **3.** [expresarse] to make oneself understood

explicativo, -a adj explanatory

explícito, -a adj explicit

exploración nf **1.** [de territorio] exploration **2.** MED [interna] exploration / [externa] examination **3.** MIN prospecting

explorador, -ora nm,f [viajero] explorer / [scout] boy scout, *f* girl guide / MIL scout

explorar vt **1.** [averiguar, reconocer] to explore / MIL to scout **2.** MED [internamente] to explore / [externamente] to examine **3.** MIN to prospect

exploratorio, -a adj [instrumento, técnica] exploratory / [conversaciones] preliminary

explosión nf *también Fig* explosion ▸ **hacer ~** to explode ▸ **una ~ controlada** a controlled explosion ▸ **una ~ de colores** a riot of colour ▸ **~ atómica** *o* **nuclear** atomic explosion ▸ **~ demográfica** population explosion

explosionar vt & vi to explode, to blow up

explosivo, -a ■ adj **1.** [sustancia, artefacto] explosive **2.** GRAM plosive
■ nm explosive

explotación nf **1.** [acción] exploitation / [de fábrica, negocio] running / [de yacimiento] mining / [agrícola] farming / [de petróleo] drilling **2.** [instalaciones] **~ agrícola** farm ▸ **~ minera** mine ▸ **~ petrolífera** oil field

explotador, -ora ■ adj exploiting
■ nm,f exploiter

explotar ■ vt [persona] to exploit / [fábrica] to run, to operate / [terreno] to farm / [mina] to work
■ vi to explode

expo nf [exposición universal] expo

expoliación nf pillaging, plundering

expoliador, -ora ■ adj pillaging, plundering
■ nm,f pillager, plunderer

expoliar vt to pillage, to plunder

expolio nm pillaging, plundering

exponencial adj & nf exponential

exponente nm MAT & *Fig* exponent

exponer [50] vt **1.** [teoría] to expound / [ideas, propuesta] to set out, to explain **2.** [cuadro, obra] to exhibit / [objetos en vitrinas] to display **3.** [vida, prestigio] to risk **4.** [parte del cuerpo] to expose
◆ ***exponerse*** vpr [a riesgo] to run the risk (**a** of) / [a ataque, crítica] to expose oneself (**a** to) ▸ **si salimos ahora nos exponemos a que nos caiga un chaparrón** if we go out now we run the risk of getting caught in a downpour ▸ **no se expongan al sol sin la debida protección** do not expose yourself to *o* go out in the sun without proper protection ▸ **ya sabes a lo que te expones** you know what you're letting yourself in for

exportación nf **1.** [acción] export **2.** [mercancías] exports ▸ COM **exportaciones invisibles** invisible exports

exportador, -ora ■ adj **país ~** exporting country, exporter
■ nm,f exporter

exportar vt COM & INFORM to export

exposición nf **1.** [de arte] exhibition / [de objetos en vitrina] display ▸ **~ universal** international exposition *o* exhibition, *US* world's fair **2.** [al sol, calor, radiaciones] & FOT exposure **3.** (de teoría] exposition / [de ideas, propuesta] setting out, explanation

exposímetro nm exposure meter

expositivo, -a adj explanatory

expósito, -a *Anticuado* ■ adj **niño ~** foundling
■ nm,f foundling

expositor, -ora ■ adj exponent
■ nm,f [en feria] exhibitor / [de teoría] exponent

exprés adj inv **1.** [carta] ≃ first-class **2.** [café] expresso

expresado, -a adj [mencionado] above-mentioned

expresamente adv [a propósito] expressly / [explícitamente] explicitly, specifically

expresar vt [manifestar] to express / [mostrar] to show ▸ **es una sensación rara, no sé cómo expresarlo** it is an odd feeling, I don't know how to express it ▸ **quisiera expresarles mi más sincero agradecimiento** I would like to thank you most sincerely
◆ ***expresarse*** vpr to express oneself ▸ **creo que me he expresado con suficiente claridad** I think I have made myself clear enough

expresión nf **1.** [del rostro] expression **2.** [de ideas, sentimientos] expression ▸ **reducir a la mínima ~** to cut down to the bare minimum ▸ **~ corporal** self-expression through movement ▸ EDUC **~ escrita** writing skills **3.** LING & MAT expression

expresionismo nm expressionism

expresionista adj & nmf expressionist

expresividad nf expressiveness

expresivo, -a adj [vivaz, explícito] expressive / [cariñoso] affectionate

expreso, -a ■ adj [explícito] specific / [deliberado] express / [claro] clear
■ nm **1.** [tren] = *slow overnight train* **2.** [café] expresso
■ adv on purpose, expressly

exprimelimones nm inv lemon squeezer

exprimidor nm squeezer

CÓMO EXPRESAR...

las explicaciones

Pedir una explicación
Can you explain what this means? / ¿Puedes explicarme lo que significa esto?
What do you mean exactly? / ¿A qué te refieres exactamente?
What makes you say that? / ¿Qué te hace decir eso?
Why do you say that? / ¿Por qué dices eso?
How do you mean? / ¿Qué quieres decir?
Could you be a little more specific? / ¿Podrías ser un poco más específico?
I would be grateful if you could explain the proposal in more detail. / Le agradecería que me explicase la propuesta con más detalles.

Explicar algo
Let me explain:... / Deja que me explique:...
If you'll just give me a chance to explain. / Permita que me explique.
What I meant was... / Lo que quería decir es...
The point I'm trying to make is... / Lo que intento decir es...
Let me put it another way. / Lo diré de otra manera.

exprimir vt **1.** [fruta] to squeeze / [zumo] to squeeze out **2.** [persona] to exploit

ex profeso adv intentionally, expressly

expropiación nf expropriation ▸ **~ forzosa** expropriation, *BR* compulsory purchase

expropiar vt to expropriate

expuesto, -a ■ participio *ver* ***exponer***
■ adj **1.** [desprotegido] exposed (**a** to) ▸ **estar ~ a** [viento, lluvia, crítica] to be exposed to **2.** [arriesgado] dangerous, risky **3.** [dicho] stated, expressed **4.** [exhibido] on display

expugnar vt *Formal* to (take by) storm

expulsar vt **1.** [de local, organización] to throw out / [de clase] to send out / [de colegio, organización] to expel **2.** DEP to send off **3.** [humo] to emit, to give off / [objeto, sustancia] to expel

expulsión nf **1.** [de colegio, organización] expulsion **2.** DEP sending-off **3.** [de objeto, sustancia] expulsion

expulsor nm [en arma de fuego] ejector

expurgar [38] vt [texto] to expurgate

expusiera *etc ver* ***exponer***

exquisitez nf **1.** [cualidad] exquisiteness **2.** [cosa] exquisite thing / [comida] delicacy

exquisito, -a adj [refinado] exquisite / [comida] delicious, sublime

extasiarse [32] vpr to go into ecstasies (**ante** *o* **con** over)

éxtasis nm inv ecstasy

extemporáneo, -a adj **1.** [clima] unseasonable **2.** [inoportuno] inopportune, untimely

extender [64] vt **1.** [tela, plano, alas] to spread (out) / [brazos, piernas] to stretch out ▸ **me extendió la mano** she held out her hand to me **2.** [mantequilla] to spread / [pintura] to smear / [objetos] to spread out **3.** [ampliar] to extend, to widen ▸ **extendieron el castigo a todos los alumnos** the punishment was extended to include all the pupils **4.** [documento] to draw up / [certificado] to issue ▸ **le extenderé un cheque** I'll write you (out) a cheque, I'll make out a cheque to you
◆ ***extenderse*** vpr **1.** [ocupar] **extenderse por** to stretch *o* extend across **2.** [hablar mucho] to enlarge, to expand (**en** on) **3.** [durar] to extend, to last **4.** [difundirse] to spread (**por** across) ▸ **el incendio se extendió por el bosque** the fire spread through the forest **5.** [tenderse] to stretch out

extendido, -a adj **1.** [esparcido] spread out **2.** [abierto] outstretched, open **3.** [diseminado] widespread, prevalent

extensible adj extensible, extendible

extensión nf **1.** [superficie] area, expanse ▸ **solares con una ~ de 500 metros cuadrados** plots with an area of 500 square metres **2.** [amplitud] [de país] size / [de conocimientos] extent ▸ **la novela tiene una ~ de 600 páginas** the novel is 600 pages long **3.** [duración] duration, length **4.** [sentido] range of meaning ▸ **en toda la ~ de la palabra** in every sense of the word ▸ **por ~** by extension **5.** INFORM extension **6.** TEL extension

extensivo, -a adj extensive ▸ **hacer algo ~ a** to extend sth to

extenso, -a adj [país] vast / [libro, película] long

extensor, -ora ■ adj [músculo] extensor
■ nm [aparato] chest expander

extenuación nf severe exhaustion

extenuado, -a adj completely exhausted, drained

extenuante adj completely exhausting, draining

extenuar [4] vt to exhaust completely, to drain
◆ ***extenuarse*** vpr to exhaust oneself, to tire oneself out

exterior ■ adj **1.** [de fuera] outside / [capa] outer, exterior ▸ **la parte ~ del vehículo** the outside of the vehicle ▸ **apartamento/habitación ~** flat/room that looks onto the street **2.** [visible] outward ▸ **su aspecto ~ es de calma** she is outwardly calm **3.** [extranjero] [comercio, asuntos] foreign
■ nm **1.** [superficie] outside ▸ **en el ~** outside **2.** [extranjero] **en el ~** abroad ▸ **una apertura al ~** an opening to the outside world **3.** CINE **exteriores** [escenas] outside shots ▸ **rodar en exteriores** to film on location

exterioridad nf outward appearance

exteriorización nf outward demonstration, manifestation

exteriorizar [14] vt to show, to reveal

exterminación nf extermination

exterminador, -ora adj exterminating

exterminar vt **1.** [aniquilar] to exterminate **2.** [devastar] to destroy, to devastate

exterminio nm extermination

externalización nf COM outsourcing

externalizar [14] vt COM to outsource

externar vt *MÉX* [emoción, opinión] to express

externo, -a adj [de fuera] external / [parte, capa] outer / [influencia] outside / [signo, aspecto] outward

extiendo *etc ver* ***extender***

extinción nf **1.** [aniquilación] extinction / [de esperanzas] loss **2.** [de plazos, obligaciones] termination, end

extinguidor nm *AM* fire extinguisher

extinguir [26] vt [incendio] to put out, to extinguish / [raza] to wipe out / [afecto, entusiasmo] to put an end to
◆ ***extinguirse*** vpr [fuego, luz] to go out / [animal, raza] to become extinct, to die out / [ruido] to die out / [afecto] to die

extinto, -a adj [especie, volcán] extinct ▸ **el ~ Pedro Bustamante** the late Pedro Bustamante

extintor nm *ESP* fire extinguisher

extirpación nf MED removal / [erradicación] eradication, stamping out

extirpar vt [tumor] to remove / [muela] to extract / [erradicar] to eradicate, to stamp out

extornar vt COM to rebate

extorno nm COM rebate

extorsión nf DER extortion

extorsionar vt DER to extort

extorsionista nmf DER extortionist

extra ■ adj **1.** [adicional] extra ▸ **horas extras** overtime **2.** [de gran calidad] top quality, superior
■ nmf CINE extra
■ nm [gasto] extra
■ nf *AM* [gasolina] *BR* 4-star petrol, *US* premium gas

extra- prefijo extra-

extracción nf **1.** [de astilla, bala] removal, extraction / [de diente] extraction / [de carbón] mining **2.** [en sorteos] drawing **3.** [origen] ~ **social** social extraction

extractar vt to summarize, to shorten

extracto nm **1.** [resumen] summary, résumé ▸ ~ **de cuenta** bank statement **2.** [concentrado] extract ▸ ~ **de carne** meat extract

extractor nm [de humos] extractor fan

extracurricular adj EDUC extracurricular

extradición nf extradition

extraditable adj extraditable

extraditar vt to extradite

extraer [66] vt [obtener, sacar] to extract (**de** from) / [sangre] to draw (**de** from) / [carbón] to mine (**de** from) / [conclusiones] to come to *o* draw (**de** from)

extraescolar adj extracurricular

extrafino, -a adj top quality, de luxe

extrajudicial adj extrajudicial

extralegal adj extralegal

extralimitación nf abuse *(of power, authority)*

extralimitarse vpr to go too far

extramatrimonial, extramarital adj extramarital

extramuros adv outside the city *o* town

extranjería nf foreign status ▸ DER **ley de ~** immigration law

extranjerismo nm foreign word

extranjerizar [14] vt to introduce foreign customs to

extranjero, -a ■ adj foreign
■ nm,f [persona] foreigner
■ nm [territorio] **ir al ~** to go abroad ▸ **del ~** from abroad ▸ **en** *o* **por el ~** abroad ▸ **viajar por el ~** to travel abroad

extranjis: de extranjis loc adv *ESP Fam* on the quiet

extrañamiento nm banishment

extrañar vt **1.** [sorprender] to surprise ▸ **me extraña (que digas esto)** I'm surprised (that you should say that) ▸ **no me extraña nada que no haya venido** I'm not in the least surprised he hasn't come **2.** [echar de menos] to miss ▸ **extraña mucho a sus amigos** she misses her friends a lot **3.** [encontrar extraño] to find strange, not to be used to ▸ **he dormido mal porque extraño la cama** I slept badly because I'm not used to the bed **4.** [desterrar] to banish
◆ ***extrañarse*** vpr [sorprenderse de] to be surprised (**de** at)

extrañeza nf **1.** [sorpresa] surprise **2.** [rareza] strangeness

extraño, -a ■ adj **1.** [raro] strange ▸ **es ~ que no hayan llegado ya** it's strange *o* odd they haven't arrived yet ▸ **me resulta ~ oírte hablar así** I find it strange *o* odd to hear you talk like that **2.** [ajeno] detached, uninvolved **3.** MED foreign
■ nm,f stranger
■ nm [movimiento brusco] **el vehículo hizo un ~** the vehicle went out of control for a second

extraoficial adj unofficial

extraordinario, -a ■ adj **1.** [insólito] extraordinary ▸ **lo ~ es que...** the extraordinary thing is that... **2.** [gastos] additional / [edición, suplemento] special
■ nm **1.** PRENSA special edition **2.** [correo] special delivery

extraparlamentario, -a adj extra-parliamentary

extraplano, -a adj super-slim, extra-thin

extrapolación nf extrapolation

extrapolar vt to extrapolate

extrarradio nm outskirts, suburbs

extrasensorial adj extrasensory

extraterrestre adj & nmf extraterrestrial

extraterritorial adj extraterritorial

extraterritorialidad nf extraterritorial rights

extravagancia nf eccentricity

extravagante adj eccentric, outlandish

extravasarse vpr to flow out

extraversión nf extroversion

extravertido, -a adj & nm,f extrovert

extraviado, -a adj [perdido] lost / [animal] stray

extraviar [32] vt **1.** [objeto] to lose, to mislay / [excursionista] to mislead, to cause to lose one's way **2.** [mirada, vista] to allow to wander
◆ ***extraviarse*** vpr [persona] to get lost / [objeto] to be mislaid, to go missing

extravío nm **1.** [pérdida] loss, mislaying **2.** [desenfreno] excess

extremado, -a adj extreme

Extremadura n Extremadura

extremar vt [precaución, vigilancia] to maximize
◆ ***extremarse*** vpr to take great pains *o* care

extremaunción nf REL last rites, *Espec* extreme unction

extremeño, -a ■ adj of/from Extremadura
■ nm,f person from Extremadura

extremidad nf [extremo] end ▸ **extremidades** [del cuerpo] extremities

extremismo nm extremism

extremista adj & nmf extremist

extremo, -a ■ adj [sumo] extreme / [en el espacio] far, furthest ▸ **la extrema izquierda/derecha** the far left/right
■ nm **1.** [punta] end ▸ **al otro ~ de la calle** the other end of the street **2.** [límite] extreme ▸ **ir** *o* **pasar de un ~ al otro** to go from one extreme to the other ▸ **no desearía llegar a ese ~** I wouldn't want to go to those lengths ▸ **llegar a extremos ridículos/peligrosos** to reach ridiculous/dangerous extremes ▸ **en último ~** as a last resort **3.** DEP **~ derecho/izquierdo** outside right/

left **4.** [punto, asunto] issue, question ▸ **...~ que ha sido rechazado por...** ...a claim which has been denied by... ▸ **este ~ está aún por confirmar** that remains to be confirmed

extremosidad nf [efusividad] effusiveness

extremoso, -a adj [efusivo] effusive, gushing

extrínseco, -a adj extrinsic

extroversión nf extroversion

extrovertido, -a adj & nm,f extrovert

exuberancia nf exuberance

exuberante adj exuberant

exudación nf MED exudation

exudar vt to exude, to ooze

exultación nf exultation

exultante adj exultant

exultar vi to exult, to rejoice (**de** with)

exvoto nm votive offering, ex voto

eyaculación nf ejaculation ▸ **~ precoz** premature ejaculation

eyacular vi to ejaculate

eyección nf ejection, expulsion

eyectar vt to eject, to expel

eyector nm [de armas] ejector / [de aire, gases] extractor

EZLN nm *MÉX* (abrev de ***Ejército Zapatista de Liberación Nacional***) Zapatista Army of National Liberation

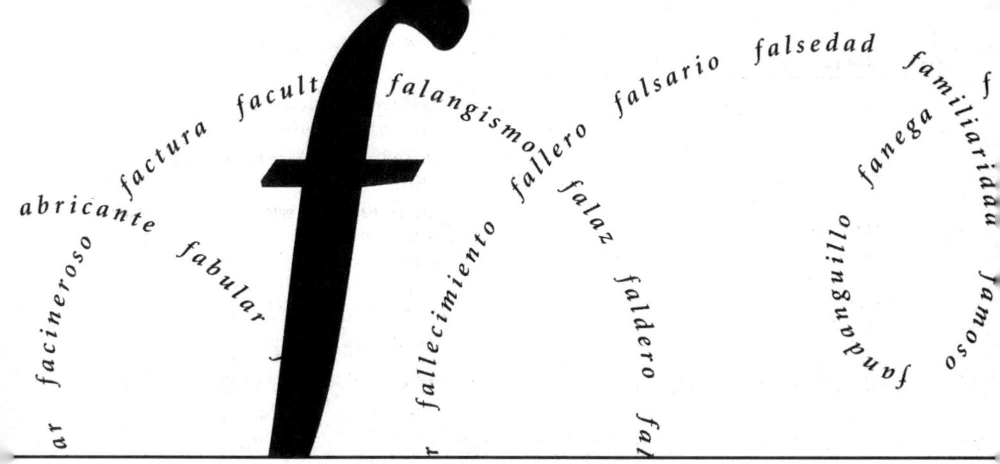

F, f ['eʃe] nf [letra] F, f

f. **1.** (abrev de ***factura***) inv. **2.** (abrev de ***folio***) f.

fa nm MÚS F / [en solfeo] fa

fabada nf = *Asturian stew made of beans, pork sausage and bacon*

fábrica nf **1.** factory ◗ **~ de papel** paper mill ◗ **~ siderúrgica** iron and steelworks *(singular)* ◗ **es así de ~** it was like that when I bought it **2.** [construcción] **un muro de ~** [de ladrillo] a brick wall / [de piedra] a stone wall

fabricación nf manufacture ◗ **de ~ casera** home-made ◗ **~ en serie** mass production

fabricante ■ adj manufacturing ◗ **la empresa ~** the manufacturer
■ nmf manufacturer

fabricar [59] vt **1.** [producir] to manufacture, to make **2.** [construir] to build, to construct **3.** [inventar] to fabricate, to make up

fábula nf **1.** [relato] fable / [leyenda] legend, myth ◗ **lo pasamos de ~** we had a fabulous *o* fantastic time **2.** [rumor] piece of gossip

fabulación nf invention, fantasy

fabular vi to make things up

fabulista nmf author of fables

fabuloso, -a adj **1.** [muy bueno] fabulous, fantastic **2.** [ficticio] mythical, fantastic

facción nf **1.** POL faction **2. facciones** [rasgos] features ◗ **facciones demacradas** drawn features

faccioso, -a ■ adj factious, rebellious
■ nm,f rebel

faceta nf facet

facha *Fam* ■ nf **1.** [aspecto] look ◗ **con esta ~ no puedo ir a ninguna parte** I can't go anywhere looking like this **2.** [mamarracho] mess ◗ **vas hecho una ~** you look a mess
■ nmf *ESP Pey* [fascista] fascist

fachada nf **1.** ARQUIT façade ◗ **con ~ a** facing **2.** [apariencia] outward appearance ◗ **es pura ~** it's just a show

facial adj facial ◗ **rasgos faciales** (facial) features

fácil adj **1.** [sencillo] easy ◗ **~ de hacer/decir** easy to do/say ◗ **dinero ~** easy money **2.** [tratable] easy-going **3.** [probable] probable, likely ◗ **es ~ que no venga** it's likely she won't come, she probably won't come

facilidad nf **1.** [simplicidad] ease, easiness **2.** [aptitud] aptitude ◗ **tener ~ para algo** to have a gift for sth ◗ **tiene ~ de palabra** he's good at expressing himself ◗ **dar facilidades a alguien para hacer algo** to make it easy for sb to do sth ◗ **facilidades de pago** easy (payment) terms

facilitar vt **1.** [simplificar] to facilitate, to make easy / [posibilitar] to make possible ◗ **esta máquina nos facilita mucho la tarea** this machine makes the job a lot easier (for us) **2.** [proporcionar] to provide ◗ **nos facilitaron toda la información que necesitábamos** they provided us with all the information we needed

fácilmente adv easily ◗ **tardará ~ tres meses** it'll easily take three months

facilón, -ona adj *Fam* [muy fácil] dead easy / [demasiado simple] too simple

facineroso, -a nm,f miscreant, criminal

facsímil, facsímile ■ adj facsimile ◗ **edición ~** facsimile edition
■ nm **1.** [copia] facsimile **2.** [fax] facsimile, fax

factible adj feasible

fáctico, -a adj **los poderes fácticos** the powers that be, the forces of the establishment

factor nm factor ◗ **~ (de protección) 30** [de crema solar] factor 30 (protection)

factoría nf [fábrica] factory

factótum (pl **factotums**) nmf factotum

factura nf **1.** [por mercancías, trabajo realizado] invoice / [de compra, luz, teléfono] bill ◗ *Fig* **pasar ~** [los excesos, años] to take their toll ◗ **~ detallada** itemized bill ◗ COM **~ pro forma** *o* **proforma** pro forma invoice ◗

~ **del gas/del teléfono** gas/phone bill **2.** [hechura] **de buena/mala ~** well/badly made **3.** *ARG* [repostería] cakes and pastries

facturación nf **1.** [de equipaje] [en aeropuerto] checking-in / [en estación] registration ▸ **mostrador de ~** check-in desk **2.** [ventas] *BR* turnover, *US* net revenue **3.** [cobro] invoicing

facturar vt **1.** [equipaje] [en aeropuerto] to check in / [en estación] to register **2.** [vender] to turn over ▸ **facturaron 4.000 millones en 2003** they had a turnover of 4,000 million in 2003 **3.** [cobrar] **facturarle a alguien algo** to invoice *o* bill sb for sth

facultad nf **1.** [capacidad] faculty ▸ **facultades (mentales)** (mental) faculties ▸ **está empezando a perder facultades** his mind is beginning to go **2.** [universitaria] faculty ▸ **Facultad de Filosofía y Letras** Arts Faculty, Faculty of Arts **3.** [poder] power, right **4.** [propiedad] property ▸ **tiene la ~ de ablandar la madera** it has the property of softening wood

facultar vt to authorize ▸ **este título lo faculta para ejercer en Alemania** this qualification allows him to practice in Germany

facultativo, -a ■ adj **1.** [voluntario] optional **2.** [médico] medical
■ nm,f doctor

FAD [fað] nmpl (abrev de ***Fondos de Ayuda al Desarrollo***) = *Spanish foreign aid fund*

fado nm fado, = *melancholy Portuguese folk song*

faena nf **1.** [tarea] task, work ▸ **faenas agrícolas** *o* **del campo** farm work, agricultural work ▸ **faenas domésticas** housework, household chores **2.** *Fam* [fastidio] **hacerle una (mala) ~ a alguien** to play a dirty trick on sb ▸ **¡qué ~!** what a pain! **3.** TAUROM bullfighter's performance

faenar ■ vi [pescar] to fish
■ vt *RP* [ganado] to slaughter

fagocitar vt [engullir] to engulf, to swallow up

fagocito nm BIOL phagocyte

fagocitosis nf inv BIOL phagocytosis

fagot ■ nm [instrumento] bassoon
■ nmf [músico] bassoonist

Fahrenheit [faren'χait] adj inv Fahrenheit

fair play ['ferplei] nm fair play

faisán nm pheasant

faja nf **1.** [prenda de mujer] girdle / [terapéutica] (surgical) corset / [de esmoquin] cummerbund / [de campesino] sash *(wrapped round waist)* **2.** [de terreno] [pequeña] strip / [grande] belt **3.** [de libro] band *(around new book)*

fajar vt **1.** [periódico] to put a wrapper on / [libro] to put a band on **2.** *AM Fam* [acometer] to attack, to assault **3.** *RP Fam* [timar] to rip off
◆ ***fajarse*** vpr *AM Fam* [pegarse] **se fajaron** they had a scrap

fajín nm sash

fajo nm [de billetes, papel] wad / [de leña, cañas] bundle

fakir nm fakir

falacia nf [mentira] lie, untruth / [concepción errónea] fallacy ▸ **eso es una ~** that's a lie, that's not true

falange nf **1.** ANAT & MIL phalanx **2.** POL **la Falange (Española)** the Falange

falangismo nm Falangist movement

falangista adj & nmf Falangist

falaz adj false

falda nf **1.** [prenda] skirt ▸ *Fam Fig* **estar pegado a las faldas de su madre** to be tied to his/her mother's apron strings ▸ **~ escocesa** kilt ▸ **~ pantalón** culottes **2.** [de montaña] lower slope **3.** [regazo] lap **4. faldas** [de mesa camilla] tablecloth

faldero, -a adj **1.** [dócil] **perro ~** lapdog **2.** [mujeriego] keen on women

faldón nm **1.** [de ropa] tail / [de cortina, mesa camilla] folds **2.** [de tejado] gable

falencia nf *AM* COM bankruptcy

falibilidad nf fallibility

falible adj fallible

fálico, -a adj phallic

falla nf **1.** [defecto] fault, defect / *AM* [error] mistake **2.** GEOL fault **3. las Fallas** [fiesta] = *celebrations in Valencia during which giant papier mâché figures are burnt*

fallar ■ vt **1.** [equivocar] [respuesta] to get wrong / [tiro] to miss **2.** [sentenciar] to pass sentence on / [premio] to award
■ vi **1.** [equivocarse] to get it wrong / [no acertar] to miss **2.** [fracasar, flaquear] to fail / [no funcionar] to stop working / [plan] to go wrong ▸ **este truco nunca falla** this trick never fails ▸ **me fallaron los frenos** my brakes didn't work **3.** [decepcionar] **fallarle a alguien** to let sb down **4.** [quebrarse, ceder] to give way **5.** [sentenciar] **~ a favor/en contra** to find in favour of/against

fallecer [46] vi to pass away, to die

fallecido, -a adj & nm,f deceased

fallecimiento nm decease, death

fallero, -a adj = *relating to the celebrations in Valencia during which giant papier-mâché figures are burnt*

fallido, -a adj [esfuerzo, intento] unsuccessful, failed / [esperanza] vain / [disparo] missed

fallo nm **1.** *ESP* [error] mistake / DEP miss ▸ **tener un ~** to make a mistake ▸ **un ~ humano** a human error ▸ **un ~ técnico** a technical fault **2.** *ESP* [defecto] fault ▸ **tener muchos fallos** to have lots of faults **3.** [veredicto] verdict / [en concurso] decision

fallutería nf *RP Fam* hypocrisy

falluto, -a adj *RP Fam* phoney, hypocritical

falo nm phallus

falocracia nf male chauvinism

falócrata nm male chauvinist

falsario, -a ■ adj [persona] untruthful
■ nm,f liar

falseamiento nm falsifying, falsification

falsear vt [hechos, historia, datos] to falsify, to distort / [moneda, firma] to forge

falsedad nf **1.** [falta de verdad, autenticidad] falseness

2. [mentira] falsehood, lie

falsete nm falsetto ▸ **voz de ~** falsetto voice

falsificación nf forgery

falsificador, -ora nm,f forger

falsificar [59] vt to forge

falsilla nf guide sheet *(for writing paper)*

falso, -a adj 1. [afirmación, información, rumor] false, untrue ▸ **dar ~ testimonio** to give false evidence ▸ **jurar en ~** to commit perjury ▸ **falsa alarma** false alarm ▸ LING **~ amigo** false friend ▸ **falsa modestia** false modesty ▸ **~ techo** false ceiling 2. [dinero, firma, cuadro] forged / [joyas] fake ▸ **un diamante ~** an imitation diamond 3. [hipócrita] deceitful

falta nf 1. [carencia] lack / [escasez] shortage ▸ **hay ~ de trabajo** there's a shortage of work ▸ **a ~ de** in the absence of ▸ **por ~ de** for want *o* lack of ▸ **fue absuelto por ~ de pruebas** he was acquitted for lack of evidence ▸ **es una ~ de educación** it's bad manners ▸ **es una ~ de respeto** it shows a lack of respect 2. [ausencia] absence ▸ **nadie notó su ~** nobody noticed his/its absence ▸ **echar en ~ algo/a alguien** [notar la ausencia de] to notice that sth/sb is missing / [echar de menos] to miss sth/sb ▸ **sin ~** without fail ▸ **el lunes sin ~** on Monday without fail 3. **hacer ~** to be necessary ▸ **me hace ~ suerte** I need some luck ▸ **me haces mucha ~** I really need you ▸ **si hiciera ~, llámanos** if necessary, call us 4. **falta (de asistencia)** absence ▸ **me han puesto dos faltas este mes** I was marked absent twice this month 5. [imperfección] fault / [error] mistake ▸ **sacarle faltas a alguien/algo** to find fault with sb/sth ▸ **~ de ortografía** spelling mistake 6. DEP [infracción] foul / [en tenis] fault ▸ **lanzar** *o* **sacar una ~** to take a free kick ▸ **~ libre directa** direct free kick offence ▸ **~ personal** personal foul 7. DER offence ▸ **~ grave/leve** serious/minor offence 8. [en la menstruación] missed period

faltante AM ■ adj missing
■ nm COM **~ de caja** cash shortage

faltar vi 1. [no haber] to be lacking, to be needed ▸ **falta aire** there's not enough air ▸ **falta sal** it needs a bit of salt 2. [no tener] **le faltan las fuerzas** he lacks *o* doesn't have the strength ▸ **le falta experiencia** she lacks experience ▸ **me faltan palabras para expresar mi agradecimiento** I can't find the words to express my gratitude 3. [hacer falta] to be necessary ▸ **me falta tiempo** I need time ▸ **para que su felicidad fuera completa sólo faltaba que viniera su hijo** all it needed to make her happiness complete was for her son to arrive ▸ **¡lo que me faltaba!** that's all I needed! ▸ **sólo le faltó ponerse a llorar** he did everything but burst into tears 4. [quedar] **falta mucho por hacer** there is still a lot to be done ▸ **sólo te falta firmar** all you have to do is sign ▸ **falta un mes para las vacaciones** there's a month to go till the holidays ▸ **¿cuánto falta para Leeds?** how much further is it to Leeds? ▸ **falta poco para que llegue** it won't be long till he arrives ▸ **faltó poco para que le matase** I very nearly killed him 5. [estar ausente] to be absent *o* missing ▸ **falta Elena** Elena is missing ▸ **el día que yo falte** when I have passed on 6. [no acudir] **sólo faltaron mis padres** only my parents weren't there *o* failed to turn up ▸ **~ a una cita** not to turn up at an appointment ▸ **¡no faltes (a la cita)!** don't miss it!, be there! ▸ **ha faltado a clase tres veces** she has been absent *o* off three days 7. [no cumplir] **faltó a su palabra** she went back on her word, she broke *o* didn't keep her word ▸ **faltó a su obligación** he neglected his duty ▸ **faltó a la verdad** she wasn't being truthful, she wasn't telling the truth 8. [expresiones] **¡no faltaba** *o* **faltaría más!** [asentimiento] of course! ▸ [rechazo] **~ a alguien al respeto** to be disrespectful to sb

falto, -a adj **~ de** lacking in, short of ▸ **~ de recursos/escrúpulos** lacking means/scruples ▸ **~ de imaginación** unimaginative

faltón, -ona adj *Fam* rude

faltriquera nf [bolso] *BR* small handbag, *US* small purse

fama nf 1. [renombre] fame ▸ **tener ~** to be famous *o* well-known 2. [reputación] reputation ▸ **buena/mala ~** good/bad reputation ▸ **tener ~ de tacaño/generoso** to have a name for being mean/generous

famélico, -a adj starving, famished

familia nf family ▸ **de buena ~** from a good family ▸ *Fig* **estábamos en ~** there were only a few of us ▸ *Fig* **no te dé vergüenza, que estamos en ~** don't be shy – you're among friends ▸ **ser como de la ~** to be like one of the family ▸ **venir de ~** to run in the family ▸ **~ de acogida** [de niño] foster parents ▸ **~ nuclear** nuclear family ▸ **~ numerosa** large family ▸ **la ~ política** the in-laws ▸ **la Familia Real** the Royal Family

familiar ■ adj 1. [de familia] family ▸ **reunión ~** family gathering 2. [en el trato] [agradable] friendly / [en demasía] overly familiar 3. [lenguaje, estilo] informal, colloquial 4. [conocido] familiar ▸ **su cara me es** *o* **me resulta ~** her face looks familiar 5. [tamaño] family-sized ▸ **un envase ~** a family pack
■ nmf relative, relation

familiaridad nf 1. [en el trato] familiarity 2. [exceso de confianza] **tomarse muchas familiaridades** to be overly familiar

familiarizado, -a adj familiar, conversant (**con** with) ▸ **estar ~ con algo** to be familiar *o* conversant with sth

familiarizar [14] vt to familiarize (**con** with)
◆ ***familiarizarse*** vpr **familiarizarse con** [estudiar] to familiarize oneself with / [acostumbrarse a] to get used to

famoso, -a ■ adj famous ▸ **es famosa por su belleza** she is famous for her beauty
■ nm,f famous person, celebrity

fan (pl **fans**) nmf fan

fanático, -a ■ adj fanatical
■ nm,f [exaltado] fanatic / DEP fanatical supporter ▸ **es una fanática del cine** she's mad about the cinema

fanatismo nm fanaticism ▸ **con ~** fanatically

fanatizar [14] vt to arouse fanaticism in

fandango nm [baile] fandango

fandanguillo nm = *type of fandango*

fané adj *RP* worn out

fanega nf = *grain measure which varies from region to region*

fanfarria nf **1.** [música] fanfare / [banda] brass band **2.** *Fam* [ostentación] show, razz(a)matazz / [jactancia] boasting, bragging

fanfarrón, -ona ■ adj boastful
■ nm,f braggart, show-off

fanfarronada nf brag ▸ **decir fanfarronadas** to boast, to brag

fanfarronear vi to boast, to brag (**de** about)

fanfarronería nf showing-off, bragging

fango nm **1.** mud **2.** [deshonra] **el escándalo le cubrió de ~** the scandal sullied his reputation

fangoso, -a adj muddy

fantasear ■ vi to fantasize
■ vt to imagine, to fantasize about

fantasía nf **1.** [imaginación] imagination / [cosa imaginada] fantasy ▸ **vive en un mundo de ~** he lives in a world of her own, he lives in a fantasy world ▸ **bisutería de ~** costume jewellery ▸ **ropa de ~** fancy clothes **2.** MÚS fantasia

fantasioso, -a adj imaginative

fantasma ■ adj **1. pueblo/barco ~** ghost town/ship ▸ **una empresa ~** a bogus company **2.** *ESP Fam* [persona] **es muy ~** he's a real show-off
■ nm [espectro] ghost, phantom
■ nmf *ESP Fam* [fanfarrón] show-off

fantasmada nf *ESP Fam* brag

fantasmagórico, -a adj phantasmagoric

fantasmal adj ghostly

fantasmón, -ona nm,f *ESP Fam* show-off

fantástico, -a adj fantastic

fantochada nf crazy *o* mad thing

fantoche nm **1.** [títere] puppet **2.** [mamarracho] (ridiculous) sight

fanzine nm fanzine

FAO [fao] nf (abrev de ***Food and Agriculture Organization***) FAO

faquir nm fakir

faradio nm ELEC farad

farándula nf **la ~** the theatre, the stage

faraón nm pharaoh

faraónico, -a adj [del faraón] pharaonic / [fastuoso] lavish, magnificent

FARC [fark] nfpl (abrev de ***Fuerzas Armadas Revolucionarias de Colombia***) Revolutionary Armed Forces of Colombia, = *guerrilla group*

fardada nf *ESP Fam* showing-off

fardar vi *ESP Fam* **~ de algo** to show (sth) off

fardo nm bundle

fardón, -ona *ESP Fam* ■ adj flashy
■ nm,f show-off

farero, -a nm,f lighthouse keeper

farfullar vt & vi [deprisa] to gabble / [con enfado] to splutter / [en voz baja] to mutter, to mumble

faringe nf pharynx

faringitis nf inv sore throat

fariña nf *ANDES, RP* coarse manioc *o* cassava flour

fariseísmo nm hypocrisy

fariseo, -a nm,f **1.** HIST Pharisee **2.** [hipócrita] hypocrite

farmacéutico, -a ■ adj pharmaceutical
■ nm,f pharmacist, *BR* chemist, *US* druggist

farmacia nf **1.** [ciencia] pharmacy **2.** [establecimiento] pharmacy, *BR* chemist's (shop) *US* drugstore ▸ **~ de guardia** *o* **de turno** duty chemist's

fármaco nm medicine, drug

farmacología nf pharmacology

farmacológico, -a adj pharmacological

farmacopea nf pharmacopoeia

farmacoterapia nf = *treatment using course of drugs*

faro nm **1.** [para barcos] lighthouse **2.** [de coche] headlight, headlamp ▸ **~ antiniebla** fog lamp *o* light

farol nm **1.** [farola] street lamp *o* light / [linterna] lantern, lamp **2.** [en el juego] bluff ▸ **ir de ~** to be bluffing **3.** *Fam* [exageración] brag

farola nf [farol] street lamp *o* light / [poste] lamppost

farolear vi *Fam* to fib

farolero, -a ■ adj *Fam* boastful
■ nm,f **1.** [oficio] lamplighter **2.** *Fam* [fanfarrón] show-off

farolillo nm **1.** [de papel] paper *o* Chinese lantern **2.** [planta] Canterbury bell

farra nf **1.** *Fam* binge, spree ▸ **ir de ~** to paint the town red **2.** *ANDES, RP* **tomar a alguien para la ~** to make fun of sb

farragoso, -a adj confused, rambling

farruco, -a adj [valiente] cocky ▸ **ponerse ~** to get cocky

farsa nf *también Fig* farce

farsante ■ adj deceitful
■ nmf deceitful person ▸ **es un ~** he's a fraud

FAS nm inv (abrev de ***Fondo de Asistencia Social***) = *Spanish social welfare fund*

fascículo nm [entrega] part, instalment *(of publication)* ▸ **por fascículos (semanales/mensuales)** in (weekly/ monthly) instalments

fascinación nf fascination ▸ **sentir ~ por algo** to be fascinated by sth

fascinante adj fascinating

fascinar vt to fascinate ▸ **me fascinan Klee y Kandinsky** I love *o* adore Klee and Kandinsky

fascismo nm fascism

fascista adj & nmf fascist

fase nf phase ▸ **la ~ final del campeonato** the final stage of the championship ▸ **el proyecto está en ~ de estudio** the project is still being researched

fastidiado, -a adj *ESP Fam* **1.** [de salud] ill ▸ **ando ~ del estómago** I've got an upset stomach, *BR* my stomach's feeling rather dodgy ▸ **tengo la espalda fastidiada** I've done my back in **2.** [estropeado] **la máquina de café está fastidiada** [no funciona] the coffee machine is bust / [funciona mal] the coffee machine isn't working properly

fastidiar ■ vt **1.** *ESP* [estropear] [fiesta, vacaciones] to spoil, to ruin / [máquina, objeto] to break **2.** [molestar] to annoy, to bother
■ vi *ESP* **¡no fastidies!** you're having me on!
◆ ***fastidiarse*** vpr *ESP* **1.** [estropearse] [fiesta, vacaciones] to be ruined / [máquina] to break down **2.** [aguantarse] to put up with it

fastidio nm **1.** [molestia] nuisance, bother **2.** [enfado] annoyance

fastidioso, -a adj annoying ▸ **es un dolor muy ~** it's a very annoying *o* irritating pain

> FALSO AMIGO / FALSE FRIEND
> ***fastidioso***
>
> Fastidious is not a translation of the Spanish word *fastidioso*. **Fastidious** is translated by *meticuloso* or *quisquilloso*:
> **he has a fastidious dress sense** *es meticuloso en su forma de vestir*
> **she was rather fastidious about food** *era algo quisquillosa con la comida*

fasto nm pomp, extravagance

fastuosidad nf lavishness, sumptuousness

fastuoso, -a adj lavish, sumptuous

fatal ■ adj **1.** [mortal] fatal **2.** *ESP Fam* [muy malo] terrible, awful ▸ **lo que has hecho está ~** what you've done is awful *o* terrible **3.** [inevitable] inevitable **4.** [seductor] **mujer ~** femme fatale
■ adv *ESP Fam* [muy mal] **me cae ~** I can't stand him ▸ **pasarlo ~** to have a terrible *o* an awful time ▸ **sentirse ~** to feel terrible

fatalidad nf **1.** [destino] fate, destiny **2.** [desgracia] misfortune

fatalismo nm fatalism

fatalista ■ adj fatalistic
■ nmf fatalist

fatídico, -a adj fateful, ominous

fatiga nf **1.** [cansancio] tiredness, fatigue ▸ **~ crónica** chronic fatigue ▸ **~ nerviosa** strain, stress **2.** [ahogo] shortness of breath, breathlessness **3. fatigas** [penas] hardships, troubles

fatigado, -a adj tired, weary

fatigante adj tiring

fatigar [38] vt to tire, to weary ▸ **la televisión me fatiga mucho la vista** my eyes get very tired watching television
◆ ***fatigarse*** vpr [cansarse] to get tired / [ahogarse] to get breathless *o* out of breath

fatigoso, -a adj tiring, fatiguing

fatigue *etc ver* ***fatigar***

fatuidad nf **1.** [necedad] fatuousness, foolishness **2.** [vanidad] conceit

fatuo, -a adj **1.** [necio] fatuous, foolish **2.** [engreído] conceited

fauces nfpl jaws

fauna nf **1.** [animales] fauna **2.** *Fam* **en ese bar se reúne una ~ muy rica** you find all sorts of people in that bar

fauno nm faun

fausto, -a adj happy, fortunate

fauvismo [fo'βismo] nm fauvism

favela nf = *Brazilian shanty town*

favor nm **1.** [servicio] favour ▸ **hacerle un ~ a alguien** to do sb a favour ▸ **hágame el ~ de cerrar la puerta** would you mind shutting the door, please? ▸ **pedir un ~ a alguien** to ask sb a favour ▸ **por ~** please **2.** [apoyo] **estar a ~ de** to be in favour of ▸ **en ~ de** to the benefit of ▸ **tener a** *o* **en su ~ a alguien** to enjoy sb's support ▸ **tenía a todo el pueblo a su ~** he had the people on his side **3. favores** [de una mujer] favours

favorable adj **1.** [beneficioso] favourable **2.** [partidario] **ser ~ a algo** to be in favour of sth

favorablemente adv **el paciente evoluciona ~** the patient is making good progress

favorecedor, -ora adj flattering, becoming

favorecer [46] vt **1.** [beneficiar] to favour / [ayudar] to help, to assist ▸ **esta política favorece a los más pobres** this policy works in favour of the poorest ▸ **les favoreció la suerte** luck was on their side **2.** [sentar bien] to suit ▸ **ese corte de pelo te favorece** that haircut suits you

favorecido, -a adj **1.** [en foto] **salir muy ~** to come out really well **2.** *AM* [en sorteo] **resultar ~ con** to win

favoritismo nm favouritism

favorito, -a adj & nm,f favourite

fax nm **1.** [aparato] fax (machine) ▸ **mandar algo por ~** to fax sth **2.** [documento] fax

faxear vt *Fam* to fax

fayuquero, -a nm,f *MÉX Fam* dealer in contraband

faz nf **1.** *Formal* [cara] countenance, face **2.** [del mundo, de la tierra] face ▸ **fueron barridos de la ~ de la tierra** they were swept off *o* from the face of the earth

fe nf **1.** [creencia, confianza] faith ▸ **la fe católica** the Catholic faith ▸ **hacer algo de buena fe** to do sth in good faith ▸ **tener fe en** to have faith in, to believe in ▸ **la fe mueve montañas** faith can move mountains **2.** [documento] certificate ▸ **fe de bautismo** baptismal certificate ▸ **fe de erratas** errata **3. dar fe de que** to testify that

fealdad nf **1.** [de rostro, paisaje, edificio] ugliness **2.** [de conducta] unworthiness

febrero nm February / *ver también* ***septiembre***

febril adj [con fiebre] feverish / [actividad] hectic

febrilmente adv hectically

fecal adj faecal ▸ **aguas fecales** sewage

fecha nf [día] date / [momento actual] current date ▸ **una ~ señalada** an important date ▸ **en ~ próxima** in the next few days ▸ **fijar la ~ de algo** to set a date for sth ▸ **hasta la ~** to date, so far ▸ **ocurrió por estas fechas** it happened around this time of year ▸ **~ de caducidad** [de alimentos] sell-by date / [de carné, pasaporte] expiry date / [de medicamento] use before date ▸ **~ de entrega** delivery date ▸ **~ límite** deadline ▸

~ de nacimiento date of birth ▸ **~ de vencimiento** due date

fechador nm postmark

fechar vt to date

fechoría nf bad deed, misdemeanour ▸ **cometer una ~** to do sth wicked

fécula nf starch *(in food)*

fecundación nf fertilization ▸ **~ artificial** *o* **asistida** artificial insemination ▸ **~ in vitro** in vitro fertilization

fecundar vt **1.** [fertilizar] to fertilize **2.** [hacer productivo] to make fertile

fecundidad nf **1.** [fertilidad] fertility **2.** [productividad] productiveness

fecundo, -a adj [tierra, mujer] fertile / [artista] prolific

FEDER ['feðer] nm (abrev de ***Fondo Europeo de Desarrollo Regional***) ERDF

federación nf federation ▸ **~ deportiva** sports federation

federal adj & nmf federal

federalismo nm federalism

federalista adj & nmf federalist

federar vt to federate

◆ ***federarse*** vpr **1.** [formar federación] to become *o* form a federation **2.** [ingresar en federación] to join a federation

federativo, -a ■ adj federative

■ nm,f member of a federation

feedback ['fiðβak] (pl **feedbacks**) nm feedback

fehaciente adj irrefutable

felación nf fellatio

feldespato nm feldspar

felicidad nf happiness ▸ **¡felicidades!** [enhorabuena] congratulations! / [en cumpleaños] happy birthday!

felicitación nf **1.** [acción] **felicitaciones** congratulations **2.** [tarjeta] greetings card ▸ **~ de cumpleaños** birthday card ▸ **~ de Navidad** Christmas card

felicitar vt to congratulate (**por** on) ▸ **¡te felicito!** congratulations! ▸ **felicita a Ana, es su cumpleaños** wish Ana well, it's her birthday

◆ ***felicitarse*** vpr to be pleased *o* glad (**por** about)

félidos nmpl felines, cats

feligrés, -esa nm,f parishioner ▸ **cuando los feligreses salen de la iglesia** when the congregation comes out of church

feligresía nf **1.** [feligreses] parishioners **2.** [parroquia] parish

felino, -a ■ adj feline

■ nm feline, cat

feliz adj **1.** [dichoso, alegre] happy ▸ **¡~ Navidad!** happy Christmas! ▸ **¡~ Año Nuevo!** Happy New Year! **2.** [afortunado] lucky **3.** [oportuno] timely

felonía nf [traición] treachery, betrayal / [infamia] vile deed

felpa nf [de seda] plush / [de algodón] towelling

felpudo nm doormat

femenino, -a ■ adj **1.** [de mujer] women's / [sexo, órganos sexuales] female ▸ **baloncesto ~** women's basketball ▸ **un toque ~** a woman's touch ▸ **un programa dirigido al público ~** a programme aimed at women **2.** [de la feminidad] feminine

■ nm GRAM feminine

fémina nf woman, female

feminidad, femineidad nf femininity

feminismo nm feminism

feminista adj & nmf feminist

feminizar [14] vt to make feminine

femoral ■ adj femoral

■ nf femoral artery

fémur nm femur, thighbone

fenecer [46] vi *Formal* to pass away, to die

fenicio, -a ■ adj & nm,f Phoenician

■ nm [lengua] Phoenician

fénix nm inv [ave] phoenix ▸ **volvió como el ave ~** he rose like a phoenix from the ashes

fenomenal ■ adj **1.** [magnífico] great, fantastic **2.** [enorme] phenomenal

■ adv *Fam* **pasarlo ~** to have a great *o* fantastic time ▸ **me siento ~** I feel great *o* fantastic

■ interj great!, terrific!

fenómeno ■ nm **1.** [suceso] phenomenon ▸ **~ metereológico** meteorological phenomenon **2.** [monstruo] freak ▸ **es un ~ jugando al tenis** she's an amazing tennis player

■ adv *Fam* **pasarlo ~** to have a great *o* fantastic time ▸ **me siento ~** I feel great *o* fantastic

■ interj great!, terrific!

fenomenología nf phenomenology

fenotipo nm phenotype

feo, -a ■ adj **1.** [persona] ugly ▸ **más ~ que picio** as ugly as sin **2.** [aspecto, herida, conducta] nasty / [tiempo] foul, horrible ▸ **está metido en un asunto muy ~** he's mixed up in some really nasty business ▸ **ponerse ~** [situación, tiempo] to turn nasty ▸ **está ~ escupir** it's rude to spit **3.** *AM* [olor, sabor] unpleasant

CÓMO EXPRESAR...

las felicitaciones

Happy birthday! / ¡Felicidades!
Many happy returns! / ¡Feliz cumpleaños!
Happy anniversary! / ¡Feliz aniversario!
Merry Christmas! / ¡Feliz navidad!
Happy New Year! / ¡Feliz Año Nuevo!
Congratulations! / ¡Enhorabuena!
Cheers! / ¡Salud!
Please raise your glasses to the bride and groom. / Brindemos por los novios.
Here's wishing you all the best in your new job. / Te deseo lo mejor en tu nuevo trabajo.

■ nm,f [persona] ugly person
■ nm [desaire] slight, insult ▸ **hacer un ~ a alguien** to offend *o* slight sb

feraz adj *Literario* fertile, fecund

féretro nm coffin

feria nf **1.** [mercado, exhibición] fair ▸ **~ de artesanía** craft fair ▸ **~ de ganado** cattle market ▸ **~ del libro** book fair ▸ **~ de muestras** trade fair **2.** [fiesta popular] festival / [de atracciones] funfair ▸ *MÉX Fam* **como en ~: en ese negocio le fue como en ~** that deal turned out really badly for him ▸ **Feria de Abril** = *annual fair in Seville* **3.** *MÉX* [monedas] small change ▸ **¿me cambia diez pesos por ~?** could you give me change of ten pesos, please?

feriado, -a adj *AM* **día ~** (public) holiday

ferial adj fair ▸ **recinto ~** showground, exhibition area

feriante nmf [vendedor] exhibitor *(at trade fair)*

fermentación nf fermentation

fermentar vt & vi *también Fig* to ferment

fermento nm ferment

ferocidad nf ferocity, fierceness

Feroe nfpl **las (Islas) ~** the Faeroes, the Faeroe Islands

feromona nf pheromone

feroz adj **1.** [animal, bestia] fierce, ferocious **2.** [criminal, asesino] cruel, savage **3.** [intenso] [dolor, angustia] terrible ▸ **tenía un hambre ~** he was ravenous *o* starving ▸ **la competencia es ~** the competition is fierce

férreo, -a adj *también Fig* iron ▸ **la vía férrea** *BR* the railway line, *US* the railroad track ▸ **disciplina férrea** iron discipline

ferretería nf *BR* ironmonger's (shop), *US* hardware store

ferretero, -a nm,f *BR* ironmonger, *US* hardware dealer

férrico, -a adj ferric

ferrocarril nm [sistema, medio] railway, *US* railroad / [tren] train ▸ **por ~** by train

ferrocarrilero, -a ➤ ***ferroviario***

ferroso, -a adj ferrous

ferroviario, -a, *MÉX* ***ferrocarrilero, -a*** ■ adj **línea ferroviaria** railway *o US* railroad line ▸ **red ferroviaria** rail(way) *o US* railroad network
■ nm,f railway *o US* railroad worker

ferry nm ferry

fértil adj *también Fig* fertile

fertilidad nf *también Fig* fertility

fertilización nf fertilization ▸ MED **~ in vitro** in vitro fertilization

fertilizante ■ adj fertilizing
■ nm fertilizer

fertilizar [14] vt to fertilize

ferviente adj fervent

fervor nm fervour ▸ **con ~** fervently

fervoroso, -a adj fervent

festejar vt **1.** [celebrar] to celebrate **2.** [agasajar] to entertain
◆ ***festejarse*** vpr [celebrarse] to be celebrated

festejo nm **1.** [fiesta] party ▸ **festejos** [celebraciones] public festivities ▸ **festejos taurinos** bullfights **2.** [agasajo] entertaining

festín nm banquet, feast ▸ **darse un ~** to have a feast

festinar vt *AM* [apresurar] to hasten, to hurry up

festival nm festival ▸ **~ de cine** film festival

festividad nf festivity

festivo, -a adj **1.** [de fiesta] festive ▸ **día ~** (public) holiday **2.** [alegre] cheerful, jolly / [chistoso] funny, witty

festón nm [en costura] scallop

festonear vt [en costura] to scallop

fetal adj foetal

fetén adj inv *ESP Fam* great, *BR* brilliant

fetiche nm fetish

fetichismo nm fetishism

fetichista ■ adj fetishistic
■ nmf fetishist

fétido, -a adj fetid, foul-smelling

feto nm **1.** [embrión] foetus **2.** *Fam* [persona fea] ugly person, fright

feudal adj feudal

feudalismo nm feudalism

feudo nm HIST fief / *Fig* [dominio] domain, area of influence

fez nm fez

FF AA nfpl (abrev de ***Fuerzas Armadas***) = *Spanish armed forces*

fiabilidad nf reliability

fiable adj [máquina] reliable / [persona] trustworthy

fiado nm **al ~** on credit ▸ **dar ~** to give credit

fiador, -ora nm,f guarantor, surety ▸ **salir ~ por** to vouch for

fiambre nm **1.** [alimento] *BR* cold meat, *US* cold cut **2.** *Fam* [cadáver] stiff, corpse ▸ **dejar ~** to bump off

fiambrera nf lunch *o* sandwich box

fiambrería nf *RP* delicatessen

fianza nf **1.** [depósito] deposit **2.** DER bail ▸ **bajo ~** on bail **3.** [garantía] security, bond

fiar [32] ■ vt COM to sell on credit
■ vi **1.** COM to sell on credit **2. ser de ~** to be trustworthy
◆ ***fiarse*** vpr **¡no te fíes!** don't be too sure (about it)! ▸ **fiarse de algo/alguien** to trust sth/sb

fiasco nm fiasco

fibra nf **1.** [de tela, alimenticia] fibre / [de madera] grain ▸ **alimentos ricos en ~** foods rich in fibre ▸ **~ alimenticia** dietary fibre ▸ **~ óptica** optic fibre ▸ **~ sintética** synthetic fibre ▸ **~ de vidrio** fibreglass **2.** [energía] character, vigour

fibroma nm MED fibroma

fibrosis nf inv MED fibrosis

fibroso, -a adj [carne] chewy, tough / [persona] lean / ANAT [tejido] fibrous

ficción nf **1.** [invención] fiction **2.** [simulación] pretence, make-believe **3.** [género literario] fiction ▸ **literatura de ~** fiction

ficha nf **1.** [tarjeta] (index) card / [con detalles personales] file, record card ▸ **~ policial** police record ▸ **~ técnica** (technical) specifications **2.** [de guardarropa, aparcamiento] ticket **3.** [de teléfono] token **4.** [de juego] counter / [de ajedrez, damas] piece / [de ruleta] chip **5.** DEP [contrato] contract **6.** INFORM card ▸ **~ perforada** perforated card

fichaje nm DEP [contratación] signing (up) / [importe] transfer fee

fichar ■ vt **1.** [archivar] to note down on an index card, to file **2.** [sujeto: policía] to put on police files *o* records **3.** DEP to sign up **4.** *Fam* [pillar] to suss out, to see through

■ vi **1.** [en el trabajo] [al entrar] to clock in, *US* to punch in / [al salir] to clock out *o* off, *US* to punch out **2.** DEP to sign up (**por** for)

fichero nm [gen] & INFORM file

ficticio, -a adj **1.** [imaginario] fictitious **2.** [convencional] imaginary

ficus nm inv rubber plant

fidedigno, -a adj reliable

fideicomisario, -a nm,f DER trustee

fideicomiso nm DER trust

fidelidad nf **1.** [lealtad] loyalty / [de cónyuge, perro] faithfulness ▸ COM **~ a la marca** brand loyalty **2.** [precisión] accuracy ▸ **alta ~** high fidelity

fidelización nf COM building of customer loyalty ▸ **programa de ~** loyalty programme

fidelizar [14] vt COM **~ a los clientes** to build customer loyalty

fideo nm noodle ▸ **estar como un ~** to be as thin as a rake

fiduciario, -a adj & nm,f DER & ECON fiduciary

fiebre nf fever ▸ **tener ~** to have a temperature ▸ **~ aftosa** foot and mouth disease ▸ **~ amarilla** yellow fever ▸ **~ del heno** hay fever ▸ **~ de Malta** Malta fever ▸ **la ~ del oro** the gold rush ▸ **~ tifoidea** typhoid (fever)

fiel ■ adj **1.** [leal] [amigo, seguidor] loyal / [cónyuge, perro] faithful ▸ **fue siempre ~ a sus ideas** he always remained faithful to his ideas **2.** [preciso] accurate ▸ **un ~ reflejo de la realidad** a very accurate picture of reality

■ nm **1.** [de balanza] needle, pointer **2.** REL **los fieles** the faithful

fielmente adv faithfully

fieltro nm felt

fiera ■ nf **1.** [animal] wild animal ▸ **estar/ponerse hecho una ~** to be/go wild with anger

■ nmf *ESP* [persona] [genial] demon ▸ **es un ~ jugando al tenis** he's a demon tennis player

fiero, -a adj savage, ferocious

fierro nm *AM* **1.** [hierro] iron **2.** *Fam* [arma] shooter, *US* piece

fiesta nf **1.** [de pueblo, barrio] (local) festivities ▸ **el pueblo está en fiestas** the town is holding its annual fair *o* festival ▸ **aguar la ~ a alguien** to spoil sb's fun ▸ **~ mayor** = *local celebrations for the festival of a town's patron saint* ▸ *ESP* **la ~ nacional** [los toros] bullfighting ▸ **fiesta(s) patronal(es)** = *celebrations for the feast day of a town's patron saint* **2.** [día] public holiday ▸ **ser ~** to be a public holiday ▸ **hacer ~** to be on holiday ▸ **fiestas** [vacaciones] *BR* holidays, *US* vacation ▸ REL **~ de guardar** holiday of obligation ▸ REL **~ movible** a movable feast **3.** [reunión] party ▸ **dar una ~ en honor de alguien** to give a party in sb's honour ▸ **~ de disfraces** fancy dress party

> CULTURA / CULTURE
>
> ***fiesta***
>
> The Spanish word **fiesta** has long since entered the vocabulary of English, largely due to the centrality of such celebrations in the Spanish-speaking world. There are a number of national holidays when offices are likely to be closed or short-staffed – notably during "Semana Santa" (Easter) and in August. There are also annual regional and local celebrations, and these can also mean that little important business can be done. For example, Valencia has its "Fallas" (a week-long celebration based on fireworks and bonfires) in March, while Pamplona has its nine day "Sanfermines" (with the famous running of the bulls through the streets) in July.

fiestero, -a nm,f party animal

FIFA ['fifa] nf (abrev de ***Federación Internacional de Fútbol Asociación***) FIFA

figura ■ nf **1.** [objeto, de persona] figure / [forma] shape ▸ **una ~ en la oscuridad** a shadowy form ▸ **~ geométrica** geometrical figure *o* shape ▸ **~ paterna** father figure ▸ **~ de porcelana** china *o* porcelain figure **2.** [personaje destacado] (well-known) figure ▸ **figuras del mundo del deporte** well-known figures from the sporting world **3.** [en naipes] picture card, face card **4.** LING **~ retórica** figure of speech **5.** DER **~ jurídica** legal concept

■ nmf *ESP Fam* **es un ~** he's really something

figuraciones nfpl imaginings ▸ **son ~ tuyas** it's all in your imagination

figurado, -a adj figurative

figurante, -a nm,f extra

figurar ■ vi **1.** [aparecer] to appear, to figure (**en** in) ▸ **figura en los títulos de crédito como productor** he appears *o* is listed in the credits as the producer ▸ **figura entre los artistas más destacados de su época** he was one of the most outstanding artists of his day **2.** *Fam* [destacar, sobresalir] **le encanta ~** he likes to seem important

■ vt **1.** [representar] to represent **2.** [simular] to feign, to simulate

◆ ***figurarse*** vpr [imaginarse] to imagine ▸ **me figuro que vendrá en tren** I imagine she'll come by train ▸ **ya me lo figuraba yo** I thought as much ▸ **¿se rió? – figúrate** did she laugh? – and how!

figurativo, -a adj ARTE figurative

figurín nm fashion sketch ▸ *Fig* **ir** *o* **estar hecho un ~** to be dressed up to the nines

figurón nm *Fam* show-off, poser

fijación nf **1.** [gen] & FOT fixing **2.** [obsesión] fixation **3. fijaciones** [en esquí] bindings

fijador nm [líquido] fixative ▸ **~ de pelo** [crema] hair gel / [espray] hair spray

fijar vt **1.** [asegurar] to fix (**a** *o* **en** onto) / [cartel] to stick up / [sello] to stick on ▸ **prohibido ~ carteles** [en letrero] stick no bills **2.** [establecer] [fecha, precio] to set, to fix / [significado] to establish ▸ **~ el domicilio** to take up residence ▸ **~ la mirada/la atención en** to fix one's gaze/attention on

◆ ***fijarse*** vpr **1.** [notar] to pay attention ▸ **fijarse en algo** [darse cuenta] to notice sth / [prestar atención] to pay attention to sth ▸ **¿no te has fijado en la expresión de su cara?** didn't you notice the expression on her face? ▸ **¡fíjate!** just imagine! **2. fijarse un objetivo** to set oneself a target

fijeza nf firmness ▸ **con ~** [con seguridad] definitely, for sure / [con persistencia] fixedly

Fiji [fiji] n Fiji

fijo, -a ■ adj **1.** [no variable, inmóvil] fixed / [sujeto] firmly attached ▸ **tenía los ojos fijos en él** she didn't take her eyes off him, she had her eyes fixed on him ▸ **no tienen fecha fija para la boda** they haven't set a date for the wedding **2.** [empleado, trabajo] permanent ▸ **estoy ~ en la empresa** I've got a permanent job in the company **3.** [cliente] regular

■ adv *Fam* definitely ▸ **~ que viene** he's definitely coming

fila nf [hilera] line / [de asientos] row ▸ **en ~, en ~ india** in line, in single file ▸ **aparcar en doble ~** to double-park ▸ **ponerse en ~** to line up

◆ ***filas*** nfpl **1.** MIL ranks ▸ *Fig* **cerrar filas** to close ranks ▸ **en filas** doing military service ▸ **llamar a filas a alguien** to call sb up ▸ **romper filas** to fall out **2.** [de partido] ranks ▸ **militaba en las filas socialistas** she was an active member of the socialist party

filamento nm filament

filantropía nf philanthropy

filantrópico, -a adj philanthropic

filantropismo nm philanthropy

filántropo, -a nm,f philanthropist

filarmónica nf philharmonic (orchestra)

filarmónico, -a adj philharmonic

filatelia nf philately

filatélico, -a ■ adj philatelic

■ nm,f philatelist

filete nm **1.** [grueso] (fillet) steak / [delgado] fillet / [solomillo] sirloin **2.** [de tornillo] thread

filetear vt **1.** [adornar] to fillet, to decorate with fillets **2.** [hacer filetes] to fillet

filfa nf *Fam* **¡menuda ~!** [mentira] what a whopper! / [engaño] what a swizz!

filiación nf **1.** [ficha militar, policial] record, file **2.** POL affiliation **3.** [parentesco] relationship

filial ■ adj **1.** [de hijo] filial **2.** [de empresa] subsidiary

■ nf subsidiary

filibustero nm pirate

filiforme adj thread-like

filigrana nf **1.** [en orfebrería] filigree **2.** [habilidad] skilful work **3.** [en billetes] watermark

Filipinas nfpl **(las) ~** the Philippines *(singular)*

filipino, -a ■ adj & nm,f Filipino

■ nm [lengua] Filipino

filisteo, -a adj & nm,f Philistine

film (pl **films**) nm movie, *BR* film

filmación nf filming, shooting

filmadora nf [cámara] cine camera

filmar vt to film, to shoot

filme nm movie, *BR* film

filmografía nf filmography

filmoteca nf [archivo] film library / [sala de cine] film institute ▸ **la Filmoteca Nacional** the national film archive

filo nm [borde] (cutting) edge ▸ **al ~ de** just before ▸ **al ~ de la medianoche** at the stroke of midnight ▸ *Fig* **de doble ~, de dos filos** double-edged

filología nf **1.** [ciencia] philology **2.** [carrera] language and literature

filológico, -a adj philological

filólogo, -a nm,f philologist

filón nm **1.** [de carbón, oro] seam **2.** [cosa provechosa] gold mine ▸ **un ~ de información** a mine of information

filoso, -a adj *AM* sharp

filosofar vi to philosophize

filosofía nf **1.** [estudio] philosophy **2.** [resignación] **tomarse algo con ~** to be philosophical about sth

filosófico, -a adj philosophical

filósofo, -a nm,f philosopher

filoxera nf phylloxera

filtración nf **1.** [de líquido] filtration **2.** [de información] leak

filtrante adj filtering

filtrar vt **1.** [líquido] to filter **2.** [información] to leak

◆ ***filtrarse*** vpr **1.** [líquido] to filter, to seep (**por** through) **2.** [información] to be leaked

filtro nm **1.** [de café, cigarrillo, aparato, cámara] filter ▸ **~ del aire** air filter **2.** [pócima] philtre

filudo, -a adj *ANDES* sharp

fimosis nf inv MED phimosis, = *condition in which the foreskin is too tight to be retracted*

fin nm **1.** [final] end ▸ **dar** *o* **poner ~ a algo** to put an end to sth ▸ **tocar a su ~** to come to a close ▸ **a fines de** at the end of ▸ **al** *o* **por ~** at last, finally ▸ **a ~ de cuentas** after all ▸ **al ~ y al cabo** after all ▸ **al ~ del mundo** to the end of the earth (and back) ▸ **en ~** anyway ▸ **en ~, lo volveremos a intentar** well *o* anyway, we can try again ▸ **sin ~** endless ▸ **~ de año** [Nochevieja] New Year's Eve ▸ **~ de curso** [en colegio] end of the school year / [en universidad] end of the academic year ▸ **~ de fiesta** grand finale ▸ **~ de semana** weekend **2.** [objetivo] aim, goal ▸ **un ~ en sí mismo** an end in itself ▸ **el ~ justifica los medios** the end justifies the means ▸ **con este ~** with this aim, to this end ▸ **a ~ de** in order to ▸ **a ~ de contener la inflación** (in order) to keep inflation down ▸ **un concierto con fines**

benéficos a charity concert

finado, -a nm,f **el ~** the deceased

final ■ adj final, end ▸ **punto ~** end point
■ nm end ▸ **a finales de** at the end of ▸ **al ~** [en conclusión] in the end ▸ **ya verás como al ~ acepta** she'll agree in the end, you'll see ▸ **al ~ de** at the end of ▸ **al ~ del pasillo** at the end of the corridor ▸ **~ feliz** happy ending
■ nf final ▸ DEP **~ de la copa** cup final

finalidad nf aim, purpose

finalista ■ adj amongst the finalists
■ nmf finalist

finalización nf [terminación] end / [de contrato] termination

finalizar [14] ■ vt to finish, to complete
■ vi to end, to finish (**con** in)

finalmente adv finally

financiación nf, *AM* ***financiamiento*** nm financing

financiar vt to finance

financiera nf [empresa] finance company

financiero, -a ■ adj financial
■ nm,f [persona] financier

financista nmf *AM* financier

finanzas nfpl finance

finar vi *Formal* to pass away

finca nf [bien inmueble] property / [casa de campo] country residence ▸ DER **~ rústica/urbana** property (in the country/city)

fineza nf **1.** [cualidad] (fine) quality **2.** [cortesía] courtesy

finger ['finger] (pl **fingers**) nm jetty *(for boarding aircraft)*

fingido, -a adj feigned, apparent

fingimiento nm pretence

fingir [24] ■ vt to feign ▸ **fingió no saber nada** he pretended not to know anything
■ vi to pretend
◆ ***fingirse*** vpr **se fingió enfermo/cansado** he pretended to be ill/tired

finiquitar vt FIN [deuda] to settle / [trabajador] to pay off

finiquito nm FIN [de deuda] settlement / [por despido] redundancy settlement

finito, -a adj finite

finjo *ver* ***fingir***

finlandés, -esa ■ adj Finnish
■ nm,f [persona] Finn
■ nm [lengua] Finnish

Finlandia n Finland

fino, -a ■ adj **1.** [de calidad] [tela, alimentos] fine, high-quality **2.** [delgado] thin / [cintura] slim **3.** [manos] delicate / [piel] smooth / [pelo] fine **4.** [cortés] refined **5.** [oído, olfato] sharp, keen **6.** [gusto, humor, ironía] refined
■ nm dry sherry

finolis *Fam* ■ adj inv affected
■ nmf inv affected person

fintar ■ vt **~ a alguien** [en esgrima, boxeo] to feint at sb / [en fútbol, baloncesto] to sell sb a dummy
■ vi [en esgrima, boxeo] to feint / [en fútbol, baloncesto] to dummy

finura nf **1.** [buena calidad] fineness **2.** [delgadez] thinness **3.** [cortesía] refinement **4.** [de oído, olfato] sharpness, keenness **5.** [de gusto, humor, ironía] refinement

fiordo nm GEOG fiord

firma nf **1.** [rúbrica] signature / [acción] signing ▸ **estampar la ~** to sign, to write one's signature **2.** [empresa] firm

firmamento nm firmament

firmante ■ adj signatory
■ nmf signatory ▸ **el abajo ~** the undersigned

firmar vt to sign ▸ *Fig* **~ algo en blanco** to rubber-stamp sth

firme ■ adj **1.** [fuerte, sólido] firm / [andamio, construcción] stable **2.** [argumento, base] solid **3.** [carácter, actitud, paso] resolute MIL ▸ **¡firmes!** attention! **4. de ~: trabaja de ~ en el nuevo proyecto** he's working full-time on the new project ▸ **un acuerdo en ~** a firm agreement ▸ **una respuesta en ~** a definite answer
■ adv hard ▸ **mantenerse ~ en** to hold fast to ▸ **se mantuvo ~ en su actitud** he refused to give way, he stood his ground
■ nm [de carretera] road surface ▸ **~ en mal estado** [en letrero] uneven road surface

firmeza nf **1.** [fortaleza, solidez] firmness / [de construcción] stability **2.** [de argumento] solidity **3.** [de carácter, actitud] resolution

fiscal ■ adj fiscal ▸ **año/asesor/fraude ~** tax year/adviser/fraud
■ nmf DER *BR* ≃ public prosecutor, *US* ≃ district attorney ▸ **Fiscal General del Estado** *BR* ≃ Director of Public Prosecutions, *US* ≃ Attorney General

fiscalía nf DER [cargo] *BR* ≃ post of public prosecutor, *US* ≃ post of district attorney / [oficina] *BR* ≃ public prosecutor's office, *US* ≃ district attorney's office

fiscalidad nf taxation

fiscalización nf [de acción, persona] investigation / [de empresa] tax investigation / [de cuentas] inspection

fiscalizador, -ora adj *Formal* investigating, auditing ▸ **órgano ~** auditing body ▸ **función fiscalizadora** auditing function

fiscalizar [14] vt [acción, persona] to inquire into / [empresa] to investigate for tax purposes / [cuentas] to inspect for tax purposes

fisco nm **el ~** the Treasury, *BR* ≃ the Exchequer

fisgar [38] vi *Fam* to pry

fisgón, -ona *Fam* ■ adj nosey, prying
■ nm,f busybody, nosy parker

fisgonear vi *Fam* to pry

fisgoneo nm *Fam* prying

fisgue *etc ver* ***fisgar***

física nf [ciencia] physics *(singular)* ▸ **~ nuclear** nuclear physics

físico, -a ■ adj physical

■ nm,f [persona] physicist

■ nm [complexión] [de hombre, atleta] physique / [de mujer] figure ◗ **una modelo con un ~ impresionante** a model with a stunning figure

fisiología nf physiology

fisiológico, -a adj physiological

fisiólogo, -a nm,f physiologist

fisión nf FÍS fission

fisionomía nf features, appearance

fisioterapeuta nmf MED physiotherapist

fisioterapia nf MED physiotherapy

fisonomía nf features, appearance

fisonomista nmf **ser un buen/mal ~** to be good/bad at remembering faces

fistol nm *MÉX* [de corbata] tie pin

fístula nf MED fistula

fisura nf [grieta] fissure, crack / [quiebra, ruptura] crack

fitología nf botany

fitoplancton nm phytoplankton

fitosanitario, -a adj plant health ◗ **control ~** plant health measure

fitoterapia nf herbal medicine

Fiyi n Fiji

flacidez, flaccidez nf flabbiness

flácido, -a, fláccido, -a adj flaccid, flabby

flaco, -a adj [persona] thin, skinny / [punto] weak ◗ **hacer un ~ servicio** *o* **favor a alguien** to do sb no favours, to be unhelpful to sb ◗ *AM Fam* [como apelativo] **¿cómo estás, flaca?** hey, how are you doing?

flagelación nf flagellation

flagelar vt to flagellate

◆ ***flagelarse*** vpr to flagellate oneself

flagelo nm **1.** [látigo] whip **2.** BIOL flagellum

flagrante adj flagrant ◗ DER **en ~ delito** in flagrante delicto

flamante adj [vistoso] resplendent / [nuevo] brand-new

flambear vt CULIN to flambé

flamear vi **1.** [fuego] to blaze, to flare up **2.** [bandera, vela] to flap

flamenco, -a ■ adj **1.** [música, baile] flamenco ◗ **cante/espectáculo ~** flamenco singing/show **2.** [de Flandes] Flemish

■ nm,f [de Flandes] Fleming

■ nm **1.** [ave] flamingo **2.** [lengua] Flemish **3.** [música, baile] flamenco

flamencología nf study of flamenco

flamencólogo, -a nm,f expert in flamenco

flan nm crème caramel ◗ **~ de huevo/vainilla** = *crème caramel made with egg/vanilla* ◗ *Fam* **estar hecho un ~, estar como un ~** to be shaking like a jelly, to be a bundle of nerves

flanco nm flank

Flandes n Flanders

flanera nf crème caramel mould

flanquear vt to flank

flaquear vi [fuerzas] to weaken / [entusiasmo, equipo] to flag

flaqueza nf weakness

flash [flaʃ, flas] (pl **flashes**) nm **1.** FOT flash **2.** [informativo] newsflash **3.** *Fam* [imagen mental] flash of inspiration ◗ *ESP* **¡me llevé un ~!** I got a bit of a shock!

flashback ['flasβak] (pl **flashbacks**) nm CINE flashback

flato nm *ESP* **tener ~** to have a stitch

flatulencia nf flatulence, wind

flatulento, -a adj flatulent

flauta nf **1.** MÚS flute ◗ **~ (dulce)** recorder ◗ **~ travesera** transverse flute **2.** *CSUR Fig Fam* **de la gran ~** tremendous ◗ **¡(la gran) ~!** good grief!, good heavens!

flautín nm piccolo

flautista nmf flautist

flebitis nf inv MED phlebitis

flebotomía nf MED blood letting

flecha nf arrow ◗ *Fig* **como una ~** like a shot

flechado, -a adj *Fam* **salir ~** to shoot out

flechazo nm **1.** [con saeta] arrow shot / [herida] arrow wound **2.** *Fam* [amoroso] **fue un ~** it was love at first sight

fleco nm **1.** [adorno] fringe ◗ **con flecos** fringed **2.** [de tela gastada] frayed edge **3.** *MÉX* [flequillo] fringe

flema nf phlegm

flemático, -a adj [tranquilo] phlegmatic

flemón nm gumboil

flequillo nm *BR* fringe, *US* bangs

fletamiento nm [de buque, avión] charter, chartering

fletán nm halibut

fletar vt [buque, avión] to charter

flete nm **1.** [precio] freightage **2.** [carga] cargo, freight

fletero, -a adj *AM* for hire

flexibilidad nf flexibility

flexibilización nf [de normas] relaxation / [del mercado de trabajo] liberalization

flexibilizar **[14]** vt [normas] to make more flexible / [mercado de trabajo] to liberalize

flexible adj flexible

flexión nf **1.** [de brazo, pierna] bending ◗ **flexiones de brazo** push-ups, *BR* press-ups ◗ **flexiones abdominales** sit-ups **2.** GRAM inflection

flexionar vt to bend

flexo nm *ESP* adjustable table lamp *o* light

flexor, -ora ■ adj flexional

■ nm flexor

flipado, -a adj *ESP Fam* [asombrado] flabbergasted, *BR* gobsmacked / [drogado] stoned, high

flipante adj *ESP Fam* cool, wild

flipar *ESP Fam* ■ vi **1.** [disfrutar] to have a wild time **2.** [asombrarse] to be flabbergasted *o BR* gobsmacked **3.** [con una droga] to be stoned *o* high

■ vt [gustar a] **me flipan los videojuegos** I'm crazy about video games
◆ ***fliparse*** vpr [disfrutar] to go wild (**con** about)

flipe nm *ESP Fam* **¡qué ~!** what a gas!

flipper (pl **flippers**) nm pinball machine

flirtear vi to flirt

flirteo nm flirtation, flirting

flojear vi **1.** [piernas, fuerzas] to weaken / [memoria] to be failing / [película, libro] to flag / [calor, trabajo] to ease off / [ventas] to fall off ▸ **me flojeaban las fuerzas** I was feeling weak ▸ **le flojea la memoria** his memory is going *o* failing **2.** [no ser muy apto] **~ en algo** to get worse at sth **3.** *ANDES Fam* [no hacer nada] to laze about *o* around

flojedad nf weakness

flojera nf *Fam* lethargy, feeling of weakness

flojo, -a ■ adj **1.** [suelto] loose ▸ **la falda me queda floja** this skirt is too loose for me **2.** [débil] [persona, bebida] weak / [sonido] faint / [salud] poor / [viento] light ▸ *muy Fam* **me la trae floja** *BR* I couldn't give a toss, *US* I couldn't give a rat's ass **3.** [sin calidad, aptitudes] [obra, actuación, notas] poor ▸ **estar ~ en algo** to be poor *o* weak at sth **4.** [mercado, negocio] slack
■ nm,f *ANDES, MÉX Fam* layabout, lazybones

flor ■ nf **1.** [de planta] flower ▸ **en ~** in flower ▸ **una camisa de flores** a flowery shirt ▸ **echar flores a alguien** to pay sb compliments ▸ *ESP Fam* **ni flores** no idea ▸ *Fig* **ser ~ de un día** to be flash in the pan ▸ **~ de azahar** orange blossom ▸ **~ de lis** fleur-de-lis ▸ **flores cortadas** cut flowers ▸ **flores naturales** real flowers ▸ **~ de Pascua** poinsettia, Christmas flower **2.** [lo mejor] **la ~ y nata** the crème de la crème, the cream ▸ **ser la ~ de la canela** to be the crème de la crème *o* the cream ▸ **en la ~ de la edad** *o* **de la vida** in the prime of life **3. a ~ de agua/tierra** at water/ground level ▸ **tiene una sensibilidad a ~ de piel** she's extremely sensitive ▸ **tengo los nervios a ~ de piel** my nerves are really on edge **4.** *CHILE* [en uñas] white spot
■ adj inv *CSUR Fam* [muy bueno] great, fantastic

flora nf flora ▸ MED **~ intestinal** intestinal flora

floración nf flowering, blossoming

floral adj floral

floreado, -a adj flowery

florear vi *CAM* to flower

florecer [46] vi [dar flor] to flower / [prosperar] to flourish

floreciente adj [próspero] flourishing

florecimiento nm [de planta] flowering / [prosperidad] flourishing

Florencia n Florence

florentino, -a adj & nm,f Florentine

florero nm vase

florete nm fencing foil

floricultor, -ora nm,f flower grower

floricultura nf flower growing

florido, -a adj [con flores] flowery / [estilo, lenguaje] florid

florín nm *Antes* [moneda] guilder

florista nmf florist

floristería nf florist's (shop)

floritura nf flourish

flota nf [de barcos, vehículos] fleet ▸ **~ pesquera** fishing fleet

flotabilidad nf **1.** [en el agua] buoyancy **2.** ECON floatability

flotación nf [gen] & ECON flotation

flotador nm **1.** [para nadar] rubber ring **2.** [de caña de pescar] float **3.** [de cisternas] ballcock

flotante adj [gen] & ECON floating

flotar ■ vt ECON to float
■ vi **1.** [en líquido, aire] to float **2.** [desconfianza, tensión] to hang, to hover **3.** ECON to float ▸ **hacer ~ una divisa** to float a currency

flote: a flote loc adv afloat ▸ **mantenerse a ~** to stay afloat ▸ *Fig* **sacar algo a ~** to get sth back on its feet ▸ *Fig* **salir a ~** to get back on one's feet

flotilla nf flotilla

fluctuación nf **1.** [variación] fluctuation **2.** [vacilación] wavering

fluctuante adj fluctuating

fluctuar [4] vi **1.** [variar] to fluctuate **2.** [vacilar] to waver

fluidez nf **1.** [de sustancia, líquido] fluidity / [del tráfico] free flow **2.** [de relaciones] smoothness **3.** [en el lenguaje] fluency

fluido, -a ■ adj **1.** [sustancia] fluid / [tráfico] free-flowing **2.** [relaciones] smooth **3.** [lenguaje] fluent
■ nm fluid ▸ **~ eléctrico** electric current *o* power

fluir [34] vi to flow

flujo nm flow ▸ **~ y reflujo** ebb and flow ▸ COM **~ de caja** cash flow ▸ **~ migratorio** flow of immigrants ▸ **~ sanguíneo** bloodstream ▸ **~ vaginal** vaginal discharge

flúor nm fluorine

fluorescencia nf fluorescence

fluorescente ■ adj fluorescent
■ nm strip light

fluoruro nm QUÍM fluoride

fluvial adj river ▸ **cuenca ~** river basin

flux nm inv **1.** [en naipes] flush **2.** *CARIB, COL, MÉX* [traje] suit

fluya *etc ver* ***fluir***

fluyera *etc ver* ***fluir***

FM nf (abrev de ***frecuencia modulada***) FM

FMI nm (abrev de ***Fondo Monetario Internacional***) IMF

fobia nf phobia

foca nf seal ▸ *Fam Fig* **está como una ~** [está gorda] she's like a whale

focal adj focal

focalizar [14] vt to focus

foco nm **1.** [centro] centre, focal point / [de epidemia] source, breeding ground ▸ **un ~ de infecciones** a source of infection ▸ **un ~ de rebelión/intrigas** a hotbed of rebellion/intrigue ▸ **un ~ de miseria** a severely deprived area **2.** [lámpara] [para un punto] spotlight / [para una zona] floodlight **3.** FÍS & GEOM focus **4.** *ANDES, MÉX* [bombilla] light bulb **5.** *AM* [farola] street light **6.** *AM* AUT (car) headlight

fofo, -a adj flabby

fogaje nm **1.** *CUBA, MÉX* [erupción] rash **2.** *ECUAD* [llamarada] blaze **3.** *CARIB* [sofoco] stifling heat

fogata nf bonfire, fire

fogón nm **1.** [para cocinar] stove **2.** [de máquina de vapor] firebox

fogonazo nm flash

fogonero, -a nm,f stoker

fogosidad nf [de persona] passion / [de caballo] spirit

fogoso, -a adj [persona] passionate, intense / [caballo] spirited, lively

fogueo nm **de ~** blank

foie-gras [fwa'ɣras] nm inv (pâté de) foie-gras

fol. (abrev de ***folio***) f.

folclore, folclor nm folklore

folclórico, -a ■ adj traditional, popular
■ nm,f *ESP* = *singer of traditional Spanish songs*

folclorismo nm folklore

fólder nm *ANDES, CAM, MÉX* [carpeta] folder

foliación nf foliation

folículo nm follicle ▸ **~ piloso** hair follicle

folio nm [hoja] leaf, sheet *(approximately A4 size)* ▸ **tamaño ~** ≃ A4-sized *(approximately)*

folk nm folk (music)

folklor nm folklore

follado, -a adj *ESP muy Fam* [con prisa] **voy ~** I'm rushed of my *BR* bloody *o US* goddamn feet

follaje nm foliage

follar vi & vt *ESP muy Fam* to screw, *BR* to shag

folletín nm [melodrama] melodrama ▸ **de ~** [vida, incidente] melodramatic

folletinesco, -a adj melodramatic

folleto nm [turístico, publicitario] brochure / [explicativo, de instrucciones] leaflet

follón nm *ESP Fam* **1.** [discusión] row ▸ **se armó un ~** there was an almighty row **2.** [lío] mess ▸ **¡vaya ~!** what a mess! ▸ **me hice un ~ con las listas** I got into a real muddle *o* mess with the lists
◆ ***follones*** nmpl *ECUAD* [bragas] panties, *BR* knickers

follonero, -a *ESP Fam* ■ adj **ser muy ~** to be a real troublemaker
■ nm,f troublemaker

fomentar vt to encourage, to foster

fomento nm encouragement, fostering ▸ **Ministerio de Fomento** Ministry of Public Works

fonación nf phonation

fonador, -ora adj speech ▸ **el aparato ~** the speech apparatus

fonazo nm *MÉX Fam* phone, call

fonda nf boarding house ▸ **hacer parada y ~** [para comer] to stop for something to eat / [para dormir] to make an overnight stop

fondeadero nm anchorage

fondear ■ vi to anchor
■ vt [sondear] to sound / [registrar] [barco] to search

fondista nmf **1.** DEP [corredor] long-distance runner / [nadador] long-distance swimmer / [esquiador] cross-country skier **2.** [propietario de fonda] landlord, *f* landlady

fondo nm **1.** [parte inferior] bottom ▸ **doble ~** false bottom ▸ **fondos** [de embarcación] bottom ▸ *Fig* **bajos fondos** underworld ▸ **sin ~** bottomless ▸ **tocar ~** [embarcación] to scrape along the sea/river bed / *Fig* [crisis] to bottom out ▸ **su popularidad ha tocado ~** their popularity has reached an all-time low *o* rock bottom **2.** [de habitación] back ▸ **al ~ de** [calle, pasillo] at the end of / [sala] at the back of **3.** [dimensión] depth ▸ **tener un metro de ~** to be one metre deep **4.** [de cuadro, foto, tela] background ▸ **sobre ~ negro** on a black background ▸ **al ~** in the background **5.** [de asunto, problema] heart, bottom ▸ **llegar al ~ de** to get to the heart *o* bottom of ▸ **el problema de ~** the underlying problem ▸ **la cuestión de ~** the fundamental issue ▸ **en el ~** [en lo más íntimo] deep down / [en lo esencial] basically **6.** FIN [de dinero] fund ▸ **a ~ perdido** non-returnable ▸ **fondos** [capital] funds ▸ **estar mal de fondos** [persona] to be badly off / [empresa] to be short of funds ▸ **recaudar fondos** to raise funds ▸ **~ de amortización** sinking fund ▸ **~ de comercio** goodwill ▸ **~ común** kitty ▸ **~ de garantía de depósito** deposit guarantee fund ▸ **~ de inversión** investment fund ▸ **~ de inversión mobiliaria** *BR* trust fund, *US* mutual fund ▸ **Fondo Monetario Internacional** International Monetary Fund ▸ **~ de pensiones** pension fund ▸ **fondos reservados** = *contingency funds available to ministries, for which they do not have to account publicly* **7.** [de biblioteca, archivo] catalogue, collection ▸ **~ editorial** backlist **8.** [fundamento] reason, basis **9.** [de obra literaria] substance **10.** [de una persona] **tener buen ~** to have a good heart **11.** DEP [resistencia] stamina / [ejercicio] push-up, press-up ▸ **de ~** long-distance ▸ **de medio ~** middle-distance **12.** *COL, MÉX* [combinación] petticoat **13.** [expresiones] **hacer algo a ~** to do sth thoroughly ▸ **hacer una limpieza a ~** to have a thorough clean ▸ **emplearse a ~** to do one's utmost

fondón, -ona adj *Fam* beefy, chunky

fondue [fon'du] nf CULIN [comida] fondue / [utensilios] fondue set

fonema nm phoneme

fonendoscopio nm stethoscope

fonética nf [ciencia] phonetics *(singular)*

fonético, -a adj phonetic

fonetista nmf phonetician

fónico, -a adj phonic

fono nm *AM Fam* phone

fonoaudiología nf *RP* speech therapy

fonoaudiólogo, -a nm,f *RP* speech therapist

fonógrafo nm gramophone, *US* phonograph

fonología nf phonology

fonometría nf phonometry

fonoteca nf record library

fontanería nf plumbing

fontanero, -a nm,f plumber

footing ['futin] nm jogging ▸ **hacer ~** to go jogging

foque nm NÁUT jib

forajido, -a nm,f outlaw

foral adj = *relating to ancient regional laws still existing in some parts of Spain*

foráneo, -a adj foreign

forastero, -a nm,f stranger

forcé *ver* ***forzar***

forcejear vi to struggle

forcejeo nm struggle

forcemos *ver* ***forzar***

fórceps nm inv forceps

forense ■ adj forensic ▸ **médico ~** forensic scientist, pathologist
■ nmf forensic scientist, pathologist

forestal adj forest ▸ **incendio ~** forest fire ▸ **repoblación ~** reforestation

forfait [for'fait, for'fe] (pl **forfaits**) nm **1.** [para esquiar] ski pass **2.** DEP default **3.** [precio invariable] fixed rate ▸ **a ~** fixed price

forja nf [taller] forge / *también Fig* [acción] forging

forjado, -a adj [hierro] wrought

forjador, -ora nm,f (metal) forger

forjar vt **1.** [metal] to forge **2.** [persona, nación] to create, to form ▸ **las guerras forjan héroes** wars create heroes **3.** [mentira] to invent / [plan] to form
◆ ***forjarse*** vpr **1.** [labrarse] to carve out for oneself **2.** [imaginarse] **forjarse demasiadas ilusiones** to build up false hopes (for oneself) **3.** [crearse, originarse] to be forged ▸ **la revolución se forjó en las minas de carbón** the revolution was forged in the coal mines

forma nf **1.** [figura] shape, form ▸ **en ~ de** in the shape of ▸ **en ~ de L** L-shaped ▸ **tener ~ ovalada** *o* **de óvalo** to be oval in shape ▸ **formas** [silueta] figure, curves **2.** [manera] way, manner ▸ **se puede hacer de varias formas** it can be done in several different ways ▸ **¡qué ~ de llover!** it's absolutely pouring down! ▸ **de cualquier ~, de todas formas** anyway, in any case ▸ **de esta ~** in this way ▸ **~ de pago** method of payment ▸ **~ de ser: es su ~ de ser** that's just the way he is **3.** [condición] **estar en ~** to be fit ▸ **estar en baja/plena ~** [física] to be in poor/top shape / [psicológica] to be off form/on top form ▸ **mantenerse en ~** to keep fit ▸ **~ física** fitness **4.** [manifestación] form ▸ **la fotografía es una ~ de arte** photography is an art form ▸ **formas de vida** life forms **5.** [no fondo] form ▸ **~ y fondo** form and content **6.** REL host **7.** *MÉX* [formulario] form
◆ ***formas*** nfpl [modales] manners, social conventions ▸ **guardar las formas** to keep up appearances
◆ ***de forma que*** loc conj in such a way that, so that ▸ **dobla la camisa de ~ que no se arruguen las mangas** fold the shirt so (that) the sleeves don't get creased ▸ **han organizado las conferencias de ~ que haya diez minutos de intervalo entre ellas** they've arranged the speeches in such a way that there's a ten minute break between each one

formación nf **1.** [creación] formation **2.** [educación] training ▸ **~ académica** formal education ▸ **~ en el lugar de trabajo** in-company *o* in-house training ▸ **~ profesional** vocational training **3.** [conjunto] grouping / MIL formation ▸ **~ política** political party

formador, -ora adj forming, constituting

formal adj **1.** [de la forma, legal] formal ▸ **ser novios formales** to be engaged **2.** [que se porta bien] well-behaved, good **3.** [responsable, fiable] reliable **4.** [serio] serious, sober

formalidad nf **1.** [requisito] formality ▸ **es una mera ~** it's just a formality **2.** [educación] (good) manners **3.** [fiabilidad] reliability **4.** [seriedad] seriousness

formalismo nm formalism

formalista ■ adj formal
■ nmf formalist

formalización nf formalization

formalizar [14] vt to formalize

formar ■ vt **1.** [hacer] to form ▸ **~ una bola con algo** to make sth into a ball ▸ **~ un equipo** to make up a team ▸ **formar una asociación cultural** to set up a cultural organization ▸ **~ parte de** to form *o* be part of ▸ **forma parte del equipo** she's a member of the team **2.** [educar] to train, to educate **3.** MIL to form up
■ vi MIL to fall in ▸ **¡a ~!** fall in!
◆ ***formarse*** vpr **1.** [hacerse, crearse] to form ▸ **se formó espuma en la superficie** froth formed on the surface **2.** [educarse] to be trained *o* educated

formateado, -a INFORM ■ adj formatted
■ nm [proceso] formatting

formatear vt INFORM to format

formateo nm INFORM formatting

formativo, -a adj formative

formato nm [gen] & INFORM format ▸ **~ apaisado** landscape (orientation) ▸ **formato vertical** *o* **de retrato** portrait (orientation)

formica® nf Formica®

formidable adj [enorme] tremendous / [extraordinario] amazing, fantastic

formol nm formalin

fórmula nf formula ▸ **~ uno** formula one ▸ **~ de cortesía** polite expression ▸ **~ de tratamiento** form of address

formulación nf formulation

formular ■ vt to formulate ▸ **~ una pregunta** to ask a question ▸ **formuló cuidadosamente su respuesta** she phrased her reply carefully
■ vi to write formulae

formulario nm form ▸ **rellenar un ~** to fill in *o* out a form

formulismo nm [apego] [a las formas] formalism / [a las normas] sticking to the rules

fornicación nf *Formal* fornication

fornicar [59] vi *Formal* to fornicate

fornido, -a adj well-built

foro nm **1.** [tribunal] court (of law) **2.** TEATRO back of the stage **3.** [lugar de discusión] forum ▸ **~ de debate**

forum for debate ▸ INFORM **~ de discusión** discussion group

forofo, -a nm,f *ESP Fam* fan

forrado, -a adj [libro] covered / [ropa] lined (**de** with) / [asiento] upholstered ▸ *Fam Fig* **estar ~** to be rolling in it

forraje nm fodder, forage

forrar vt [libro] to cover / [ropa] to line (**de** with) / [asiento] to upholster
◆ ***forrarse*** vpr *Fam* [persona] to make a packet

forro nm [de libro] cover / [de ropa] lining / [de asiento] upholstery ▸ *Fam* **¡ni por el ~!** no way! ▸ **tela de ~** lining material ▸ **~ polar** fleece jacket

fortachón, -ona adj strapping, well-built

fortalecer [46] vt to strengthen

fortalecimiento nm strengthening

fortaleza nf **1.** [fuerza] [física] strength / [moral, mental] strength, fortitude **2.** [recinto] fortress

fortificación nf fortification

fortificar [59] vt to fortify

fortín nm small fort

fortísimo, -a superlativo *ver **fuerte***

fortuito, -a adj chance ▸ **encuentro ~** chance encounter

fortuna nf **1.** [suerte] (good) luck ▸ **por ~** fortunately, luckily ▸ **probar ~** to try one's luck ▸ **tuvo la mala ~ de caerse** he had the misfortune *o* bad luck to fall **2.** [destino] fortune, fate **3.** [riqueza] fortune ▸ **hacer ~** to make one's fortune

forúnculo nm boil

forzado, -a adj forced ▸ **trabajos forzados** hard labour ▸ **verse ~ a hacer algo** to find oneself forced to do sth

forzar [31] vt **1.** [obligar, empujar] to force ▸ **~ a alguien a hacer algo** to force sb to do sth ▸ **~ la vista** to strain one's eyes ▸ **~ una cerradura** to force a lock **2.** [violar] to rape

forzoso, -a adj [obligatorio] obligatory, compulsory / [inevitable] inevitable / [necesario] necessary

forzudo, -a ■ adj strong
■ nm,f strong man, *f* strong woman

fosa nf **1.** [sepultura] grave ▸ **~ común** common grave **2.** ANAT cavity ▸ **fosas nasales** nostrils **3.** [hoyo] pit ▸ **~ marina** oceanic trench ▸ **~ séptica** septic tank

fosfatar vt [fertilizar] to fertilize with phosphates

fosfato nm phosphate

fosforescencia nf phosphorescence

fosforescente adj phosphorescent

fosforito adj *ESP Fam* [color, rotulador] fluorescent

fósforo nm **1.** QUÍM phosphorus **2.** [cerilla] match

fósil ■ adj fossil ▸ **combustible ~** fossil fuel
■ nm fossil / *Fam* [viejo] old fossil

fosilización nf fossilization

fosilizado, -a adj fossilized

fosilizarse [14] vpr [animal, hueso] to fossilize / [persona] to turn into an old fossil

foso nm [hoyo] ditch / [de castillo] moat / [de garaje] pit / DEP & TEATRO pit

foto nf photo, picture ▸ **sacar una ~ a alguien** to take photo *o* picture of sb

fotocélula nf photocell, photoelectric cell

fotocomponer [50] vt IMPRENTA to typeset

fotocomposición nf IMPRENTA typesetting

fotocopia nf **1.** [objeto] photocopy ▸ **hacer una ~** to make *o* take a photocopy **2.** [procedimiento] photocopying

fotocopiadora nf [máquina] photocopier / [tienda] copy shop

fotocopiar vt to photocopy

fotoeléctrico, -a adj photoelectric

foto-finish, fotofinis nf inv DEP photo finish

fotofobia nf photophobia

fotogenia nf photogenic qualities

fotogénico, -a adj photogenic

fotograbado nm photogravure

fotografía nf **1.** [arte] photography ▸ **~ aérea** aerial photography **2.** [objeto] photograph ▸ **hacer** *o* **sacar una ~ a alguien** to take a picture *o* photograph of sb ▸ **~ de carné** passport-sized photograph ▸ **~ de grupo** group photograph

fotografiar [32] vt to photograph, to take a photograph of

fotográfico, -a adj photographic

fotógrafo, -a nm,f photographer ▸ **~ de prensa** press photographer

fotograma nm still

fotolito nm photolithograph

fotomatón nm passport photo machine

fotometría nf photometry

fotómetro nm light *o* exposure meter

fotomodelo nmf photographic model

fotomontaje nm photomontage

fotón nm FÍS photon

fotonovela nf photo story

fotosensible adj photosensitive

fotosíntesis nf inv photosynthesis

foulard [fu'lar] (pl **foulards**) nm scarf

foxterrier [fokste'rrjer, foks'terrjer] (pl **foxterriers**) nm fox terrier

foxtrot nm foxtrot

FP nf (abrev de ***formación profesional***) = *vocationally oriented education in Spain for pupils aged 14 and upwards*

fra. (abrev de ***factura***) inv

frac (pl **fracs**) nm tails, dress coat

fracasado, -a ■ adj failed
■ nm,f failure

fracasar vi [intento, persona] to fail (**como** as) [producto] to be a failure ▸ **el modelo fracasó en Europa** the model was a failure in Europe

fracaso nm failure ▸ **un rotundo ~** an outright failure ▸ **todo fue un ~** the whole thing was a disaster ▸ **el ~**

escolar educational failure, poor performance at school

fracción nf **1.** [parte, quebrado] fraction ▸ **~ decimal** decimal fraction **2.** POL faction

fraccionadora nf *MÉX BR* estate agent's, *US* real estate agent's

fraccionamiento nm **1.** [división] division, breaking up **2.** *MÉX* [urbanización] housing estate

fraccionar vt to divide, to break up / [pago] to split up into instalments

fraccionario, -a adj [moneda] fractional

fractal nm fractal

fractura nf fracture

fracturar vt to fracture

◆ ***fracturarse*** vpr to fracture ▸ **fracturarse un brazo/una pierna** to fracture one's arm/leg

fragancia nf fragrance

fragante adj fragrant

fraganti *ver* ***in fraganti***

fragata nf frigate

frágil adj [objeto] fragile / [persona] frail

fragilidad nf [de objeto] fragility / [de persona] frailty

fragmentación nf [rotura] fragmentation / [división] division

fragmentar vt [romper] to fragment / [dividir] to divide

fragmentario, -a adj [incompleto] fragmentary

fragmento nm fragment, piece / [de obra] excerpt

fragor nm [de batalla] clamour / [de trueno] crash

fragua nf forge

fraguar [11] ■ vt **1.** [forjar] to forge **2.** [idear] to think up

■ vi to set, to harden

◆ ***fraguarse*** vpr [tramarse] to be in the offing / [crearse, originarse] to be hatched

fraile nm friar

frailecillo nm puffin

frambuesa nf raspberry

francachela nf *Fam* [fiesta] party / [comilona] spread

francés, -esa ■ adj French

■ nm,f Frenchman, *f* Frenchwoman ▸ **los franceses** the French ▸ **marcharse** *o* **despedirse a la francesa** to leave without even saying goodbye

■ nm [lengua] French

francesada nf *Fam Pey* [costumbre] Frenchified habit ▸ **¡es una ~!** [película, libro] it's typical French *BR* rubbish *o US* trash!

Fráncfort n Frankfurt

franchute, -a nm,f *Fam Pey* Frog, = *pejorative term referring to a French person*

Francia n France

franciscano, -a adj & nm,f Franciscan

francmasón nm Freemason

francmasonería nf Freemasonry

francmasónico, -a adj masonic

franco, -a ■ adj **1.** [sincero] frank, open / [directo] frank **2.** [sin obstáculos, gastos] free ▸ **~ de porte** carriage free ▸ **puerto ~** free port **3.** HIST Frankish

■ nm,f HIST Frank

■ nm **1.** [moneda] franc ▸ **~ suizo** Swiss franc **2.** [lengua] Frankish

francófilo, -a adj & nm,f francophile

francófono, -a ■ adj francophone

■ nm,f Francophone

francotirador, -ora nm,f **1.** MIL sniper **2.** [rebelde] maverick

franela nf **1.** [tejido] flannel **2.** *BOL, COL, VEN* [sudadera] sweatshirt / [camiseta] [interior] *BR* vest, *US* undershirt / [exterior] T-shirt **3.** *RP* [trapo] dust cloth, *BR* duster

franja nf [banda, tira] strip / [en bandera, uniforme] strip ▸ TV **~ (horaria) de máxima audiencia** prime time ▸ **la Franja de Gaza** the Gaza Strip

franquear vt **1.** [paso, camino] to clear **2.** [río, montañas] to negotiate, to cross ▸ *también Fig* **~ el umbral** to cross the threshold **3.** [correo] to attach postage to

franqueo nm postage ▸ **~ pagado** postage paid, post-paid, *BR* ≃ Freepost®

franqueza nf **1.** [sinceridad] frankness, openness **2.** [confianza] familiarity

franquicia nf **1.** [tienda] franchise **2.** [exención] exemption ▸ **~ postal** free postage

franquiciado, -a nm,f COM franchisee, franchise-holder

franquiciador, -ora nm,f COM franchiser

franquismo nm **el ~** [régimen] the Franco regime / [doctrina] Franco's doctrine

franquista ■ adj pro-Franco, Francoist ▸ **el régimen ~** the Franco regime

■ nmf supporter of Franco

frasco nm bottle

frase nf **1.** [oración] sentence **2.** [locución] expression ▸ **~ hecha** [modismo] set phrase / [tópico] cliché

fraseología nf **1.** [estilo] phraseology **2.** [palabrería] verbiage

fraternal adj brotherly, fraternal

fraternidad nf brotherhood, fraternity

fraternizar [14] vi to get on like brothers

fraterno, -a adj brotherly, fraternal

fratricida ■ adj fratricidal

■ nmf fratricide

fratricidio nm fratricide

fraude nm fraud ▸ **~ fiscal** tax evasion

fraudulento, -a adj fraudulent

fray nm REL brother

frazada nf *AM* blanket ▸ **~ eléctrica** electric blanket

frecuencia nf frequency ▸ **con ~** often ▸ **¿con qué ~?** how often? ▸ **alta/baja ~** high/low frequency ▸ **~ modulada, modulación de ~** frequency modulation

frecuentación nf frequenting

frecuentado, -a adj **una plaza muy frecuentada** a very busy square ▸ **un lugar muy ~ por estudiantes** a place which is very popular with students ▸ **un sitio ~ por carteristas** a place frequented by pickpockets

frecuentar vt [lugar] to frequent / [persona] to see, to visit

frecuente adj [reiterado] frequent / [habitual] common

freelance, free lance ['frilans] adj freelance

free shop ['friʃop] (pl **free shops**) nm *RP* duty-free shop

Freetown ['fritaun] n Freetown

freeware ['friwer] nm INFORM freeware

freezer ['friser] (pl **freezers**) nm *AM* freezer

fregadera nf *AM salvo RP Fam* pain, drag

fregadero nm *ESP, MÉX* (kitchen) sink

fregado, -a ■ adj *ANDES, MÉX, VEN Fam* **1.** (con ser) [persona] annoying / [situación] tricky **2.** (con estar) [objeto] bust ▸ **¡estoy ~!** I've had it!
■ nm **1.** [lavado] [de platos, suelo] wash / [frotando] scrub **2.** *Fam* [lío] mess **3.** *Fam* [discusión] row, rumpus

fregar [43] vt **1.** [limpiar] to wash ▸ **~ los platos** to wash the dishes, *BR* to do the washing-up ▸ **~ el suelo** to mop the floor **2.** [frotar] to scrub **3.** *ANDES, MÉX, VEN Fam* [molestar] to bother, to pester / [estropear] to bust
■ vi **1.** [limpiar] to clean / [frotar] to scrub / [limpiar los platos] to wash the dishes, *BR* to do the washing-up **2.** *ANDES, MÉX, VEN Fam* [molestar] to be a pain ▸ **¡no friegues!** [expresando sorpresa] you're kidding!, you can't be serious!
◆ ***fregarse*** vpr *ANDES, MÉX, VEN Fam* [estropearse] **se nos han fregado las vacaciones** that's gone and messed our holidays up

fregona nf **1.** *ESP* [utensilio] mop **2.** *Fam Pey* [criada] skivvy

fregotear vt *Fam* to give a good wash to ▸ **~ el suelo** to give the floor a good mop

fregué *ver* ***fregar***

freidora nf deep fat fryer

freiduría nf = *shop where fried food, especially fish, is cooked and served*

freír [56] vt **1.** [alimento] to fry **2.** *Fam* [molestar] **~ a alguien a preguntas** to pester sb with questions **3.** *Fam* [matar] **~ a alguien (a tiros)** to gun sb down
◆ ***freírse*** vpr to be frying ▸ *Fam* **me estoy friendo (de calor)** I'm boiling *o* roasting

frenada nf *AM* **dar una ~** to brake hard

frenado nm braking

frenar ■ vt **1.** AUT to brake **2.** [contener] to check / [disminuir] to curb, to slow down ▸ **los altos tipos de interés frenan a los inversores** the high interest rates are holding investors back
■ vi [en vehículo] to brake
◆ ***frenarse*** vpr [contenerse] to restrain oneself

frenazo nm **1.** [en vehículo] **dar un ~** to brake hard **2.** [de actividad] sudden stop

frenesí (pl **frenesíes** *o* **frenesís**) nm frenzy

frenético, -a adj **1.** [colérico] furious, mad **2.** [enloquecido] frenzied, frantic

frenillo nm fraenum

freno nm **1.** AUT brake ▸ *Fam* **¡echa el ~!** [detente, cállate] put a sock in it!, that's enough of that! / [no te pases] don't get carried away! ▸ **pisar el ~** to step on the brakes ▸ **frenos ABS** ABS brakes ▸ **~ automático** automatic brake ▸ **frenos de disco** disc brakes ▸ **~ de mano** *BR* handbrake, *US* emergency brake **2.** [de caballerías] bit **3.** [contención] check ▸ **poner ~ a** to put a stop to
◆ ***frenos*** nmpl *MÉX* [en dientes] braces, *BR* brace

frenopatía nf psychiatry

frenopático, -a ■ adj psychiatric
■ nm *Fam* [manicomio] loony bin

frente ■ nf forehead ▸ **~ a ~** face to face
■ nm **1.** [parte delantera] front ▸ **dar un paso al ~** to step forward ▸ **estar al ~ de** [empresa] to be in charge of, to head / [manifestación] to be at the front of, to lead ▸ **de ~** [hacia delante] forwards ▸ **chocaron de ~** they collided head on ▸ **me encontré de ~ con él** I found myself face to face with him ▸ **en ~** opposite ▸ **en ~ de mi casa** opposite my house ▸ **hacer ~ a algo** to face up to sth **2.** MIL [de batalla] front ▸ **hacer** *o* **formar ~ común** to make common cause **3.** METEO front ▸ **~ cálido/frío** warm/cold front
■ prep **~ a** [enfrente de] opposite ▸ **estamos ~ a una revolución científica** we are facing a scientific revolution ▸ **~ a las duras críticas de la oposición,...** in the face of harsh criticism from the opposition,...

fresa[1] nf **1.** *ESP, CAM, CARIB, MÉX* [fruto] strawberry / [planta] strawberry plant **2.** [herramienta] [de dentista] drill / [de orfebre] milling cutter

fresa[2] *MÉX Fam* ■ adj [esnob] posh
■ nm,f posh person

fresador, -ora nm,f [persona] milling machine operator

fresadora nf [máquina] milling machine

fresca nf **1.** [insolencia] **soltarle una ~** *o* **cuatro frescas a alguien** to tell sb a few home truths **2.** *Pey* [mujer] loose woman

fresco, -a ■ adj **1.** [temperatura, aire] cool ▸ **un vestido ~** a cool dress ▸ **tómate algo ~** have a cold drink **2.** [alimento] fresh **3.** [reciente] [pintura, tinta] wet ▸ **noticias frescas** fresh news **4.** [espontáneo] fresh ▸ **un estilo ~** a refreshing style **5.** [caradura] cheeky, forward, *US* fresh / *Pey* [mujer] loose ▸ **¡qué ~!** what a nerve *o* cheek! **6. tan ~: ha pasado la noche en vela y está tan ~** he was up all night but he's still fresh as a daisy ▸ **no ha estudiado y sigue tan ~** he hasn't studied but he's not in the least bothered ▸ **dijo una tontería enorme y se quedó tan ~** he made an incredibly stupid remark and just carried on as if nothing was wrong
■ nm,f [caradura] cheeky *o* forward person ▸ **es un ~** he's really cheeky *o* forward
■ nm **1.** [frescor] coolness ▸ **al ~** in a cool place ▸ **hace ~** it's chilly ▸ **tomar el ~** to get a breath of fresh air ▸ *Fam* **me trae al ~ lo que digan los demás** I don't give two hoots what people say **2.** ARTE fresco ▸ **al ~** in fresco **3.** *ANDES, CAM, MÉX* [refresco] soft drink

frescor nm coolness, freshness

frescura nf **1.** [de fruta, verdura] freshness **2.** [espontaneidad] freshness **3.** [descaro] cheek, nerve ▸ **¡qué ~!** what a cheek!

fresno nm ash (tree)

fresón nm large strawberry

fresquería nf *AM* refreshment stand

freudiano, -a [froi'ðjano] adj Freudian

fría ■ *ver* ***freír***
■ *ver* ***frío***

frialdad nf **1.** [baja temperatura] coldness **2.** [indiferencia] coldness ▸ **me trata con mucha ~** he's very cold towards me, he treats me very coldly **3.** [serenidad] **examinar las cosas con ~** to look at things calmly *o* coolly

fríamente adv **1.** [con indiferencia] coldly, coolly **2.** [con serenidad] calmly, coolly

fricandó nm fricandeau

fricasé nm fricassee

fricativa nf fricative

fricativo, -a adj fricative

fricción nf **1.** [rozamiento] friction **2.** [tensión] friction **3.** [friega] rub, massage

friccionar vt to rub, to massage

fríe *ver* ***freír***

friega ■ *ver* ***fregar***
■ nf **1.** [masaje] massage ▸ **dar friegas de alcohol a alguien** to give sb an alcohol rub **2.** *ANDES, MÉX Fam* [molestia] pain, drag / [zurra] thrashing, hiding

friegaplatos nm inv dishwasher

friera *etc ver* ***freír***

frigidez nf [sexual] frigidity

frígido, -a adj frigid

frigorífico, -a ■ adj [que produce frío] **cámara frigorífica** cold store ▸ **camión ~** refrigerated *BR* lorry *o US* truck
■ nm *ESP* refrigerator, *BR* fridge, *US* icebox

frijol, fríjol nm *AM salvo RP* bean

frió *ver* ***freír***

frío, -a ■ *ver* ***freír***
■ adj **1.** [a baja temperatura] cold ▸ **hoy está el día ~** it's cold today ▸ **me he quedado ~ esperándote** I've got cold waiting for you **2.** [tono, color] cold ▸ **una habitación fría** a cold *o* unwelcoming room **3.** [indiferente] cold ▸ **un recibimiento muy ~** a cold *o* frosty reception ▸ **estuvo muy ~ conmigo** he was very cold towards me ▸ **es demasiado fría y calculadora** she's too cold and calculating ▸ **dejar a alguien ~** to leave sb cold **4.** [sereno] cool, calm ▸ **mantener la cabeza fría** to keep a cool head
■ nm **1.** [temperatura, sensación] cold ▸ *ESP* **coger** *o AM* **tomar ~** to catch a chill ▸ *Fam* **¡hace un ~ que pela!** it's freezing cold! ▸ *Fam* **pelarse de ~** to be freezing to death ▸ **tener ~** to be cold ▸ *Fig* **no me da ni ~ ni calor** I can take it or leave it **2. en ~: mañana, en ~, lo analizarás mejor** tomorrow, in the cold light of day, you'll look at it more clearly ▸ *ESP* **coger a alguien en ~** to catch sb on the hop

friolento, -a adj *AM* sensitive to the cold

friolera nf *Fam* **costó la ~ de 2.000 euros** it cost a cool 2,000 euros

friolero, -a *ESP* ■ adj sensitive to the cold
■ nm,f **es un ~** he really feels the cold

frisar vt to be around, to be getting on for *(a certain age)*

frisbee® ['frisβi] nm frisbee®

friso nm **1.** ARQUIT frieze **2.** [zócalo] skirting board

frisón, -ona adj & nm,f Frisian

fritada nf fry-up, dish of fried food

fritanga nf *Fam ESP* fry-up ▸ **olor a ~** smell of frying

frito, -a ■ participio *ver* ***freír***
■ adj **1.** [alimento] fried **2.** *Fam* [harto] fed up (to the back teeth) ▸ **me tienen ~ con tantas quejas** I'm sick (and tired) of all their complaining **3.** *Fam* [dormido] flaked out, asleep
◆ ***fritos*** nmpl fried food

fritura nf fry-up, dish of fried food

frivolidad nf frivolity

frívolo, -a adj frivolous

frondosidad nf leafiness

frondoso, -a adj [planta, árbol] leafy / [bosque] dense

frontal adj [ataque] frontal / [colisión] head-on ▸ **la parte ~** the front, the front part

frontera nf **1.** [división] border **2.** [límite] bounds ▸ **su ambición no tiene fronteras** his ambition is limitless *o* knows no bounds ▸ **la ~ entre amor y odio** the dividing line between love and hate

fronterizo, -a adj border ▸ **ciudad fronteriza** border town ▸ **conflicto ~** border dispute

frontis nm inv façade

frontispicio nm **1.** [de edificio] [fachada] façade / [remate] pediment **2.** [de libro] frontispiece

frontón nm **1.** [deporte] pelota / [cancha] pelota court **2.** ARQUIT pediment

frotamiento nm rubbing

frotar ■ vt [rozar, masajear] to rub / [al fregar] to scrub
■ vi [rozar, masajear] to rub / [al fregar] to scrub
◆ ***frotarse*** vpr **frotarse las manos** to rub one's hands

frotis nm inv smear ▸ **~ cervical** cervical smear

fructífero, -a adj fruitful

fructificar [59] vi *también Fig* to bear fruit

fructosa nf fructose

fructuoso, -a adj fruitful

frugal adj frugal

frugalidad nf frugality

fruición nf gusto, delight

frunce nm [en tela] gathering

fruncido, -a ■ adj **1.** [tela] gathered **2. con el ceño ~** with a frown, frowning
■ nm [en tela] gathering

fruncir [72] vt **1.** [tela] to gather **2.** [labios] to purse ▸ **~ el ceño** to frown

fruslería nf triviality, trifle

frustración nf frustration

frustrado, -a adj [persona] frustrated / [plan] failed

frustrante adj frustrating

frustrar vt **1.** [persona] to frustrate **2.** [posibilidades, ilusiones] to thwart, to put paid to / [plan] to thwart

◆ ***frustrarse*** vpr **1.** [persona] to get frustrated **2.** [ilusiones] to be thwarted / [proyecto] to fail

fruta nf fruit ▸ **~ escarchada** candied *o* crystallized fruit ▸ **~ de la pasión** passion fruit ▸ **~ del tiempo** seasonal fruit, fruit in season

frutal ■ adj fruit ▸ **árbol ~** fruit tree
■ nm fruit tree

frutera nf *CSUR* [recipiente] fruit bowl

frutería nf fruit shop

frutero, -a ■ nm,f [persona] fruit seller, *BR* fruiterer
■ nm [recipiente] fruit bowl

frutícola adj **la producción ~** fruit production ▸ **una región ~** a fruit-growing region

fruticultura nf fruit farming

frutilla nf *BOL, CSUR, ECUAD* strawberry

fruto nm **1.** [naranja, plátano] fruit / [nuez, avellana] nut ▸ **~ prohibido** forbidden fruit ▸ **frutos secos** dried fruit and nuts **2.** [resultado] fruit ▸ **fue ~ de su empeño** it was the fruit *o* result of her efforts ▸ **dar ~** to bear fruit ▸ **sacar ~ a** *o* **de algo** to profit from sth

fu: ni fu ni fa loc adv *Fam* so-so

fucsia ■ nf [planta] fuchsia
■ adj inv & nm inv [color] fuchsia

fue *ver* ***ir, ser***

fuego nm **1.** [llamas, hoguera] fire ▸ **atizar el ~** to poke the fire ▸ **hacer un ~** to make a fire ▸ **pegar ~ a algo** to set sth on fire, to set fire to sth ▸ **echar ~ por los ojos** to look daggers ▸ *Fig* **jugar con ~** to play with fire ▸ **fuegos artificiales** fireworks ▸ **~ fatuo** will-o'-the-wisp ▸ **~ de San Telmo** St Elmo's fire **2.** [de cocina] ring, burner ▸ **apagar/bajar el ~** to turn off/lower the heat ▸ **poner el agua al ~ hasta que empiece a hervir** heat the water until it starts to boil ▸ **a ~ lento/vivo** over a low/high heat **3.** [para fumar] **pedir/dar ~** to ask for/give a light ▸ **¿tiene ~?** have you got a light? **4.** [disparos] fire ▸ **abrir** *o* **hacer ~** to fire, to open fire ▸ *Fig* **estar entre dos fuegos** to be between the devil and the deep blue sea ▸ **~ cruzado** crossfire **5.** [apasionamiento] passion, ardour ▸ **la distancia avivó el ~ de su pasión** distance rekindled the fires of his passion

fuel nm fuel oil

fuelle nm **1.** [para soplar] bellows **2.** [de maleta, bolso] accordion pleats **3.** [entre vagones] connecting corridor, concertina vestibule

fuel-oil nm fuel oil

fuente nf **1.** [de agua] [construcción] fountain / [manantial] spring ▸ **~ de agua potable** drinking fountain ▸ **~ termal** thermal spring **2.** [bandeja] (serving) dish **3.** [origen] source ▸ **~ de alimentación** ELEC feed source / INFORM power supply ▸ **~ de energía** energy source ▸ **~ de energía renovable** renewable energy source ▸ **~ de ingresos** source of income ▸ **~ de riqueza** source of wealth **4.** [de información] source ▸ **según fuentes del ministerio de Educación,...** according to Ministry of Education sources,... ▸ **fuentes oficiosas/oficiales** unofficial/official sources **5.** IMPRENTA font

fuera ■ *ver* ***ir, ser***
■ adv **1.** [en el exterior] outside ▸ **hace frío ~** it's cold outside ▸ **~ de la casa** outside the house ▸ **lo echó ~** she threw him out ▸ **salen mucho a comer ~** they eat out a lot ▸ **hacia ~** outwards ▸ **por ~** (on the) outside ▸ **sólo vimos la iglesia por ~** we only saw the church from the outside **2.** [en otro lugar] away / [en el extranjero] abroad ▸ **Ana está ~** [de viaje] Ana is away ▸ **de ~** [extranjero] from abroad ▸ **a los de ~ les sorprende** people who aren't from round here *o* strangers find it strange **3.** DEP **el equipo de ~** the away team ▸ **jugar ~** to play away (from home) ▸ **~ de banda** out of play ▸ **~ de combate** knocked out / *Fig* out of action ▸ **~ de juego,** *AM* **~ de lugar** offside **4.** **~ de** [alcance, peligro] out of / [cálculos, competencia] outside / [excepto] except for, apart from ▸ **~ de horas de oficina** outside office hours ▸ **~ de la ley** illegal ▸ **estar ~ de lugar** to be out of place ▸ **~ de plazo** after the closing date ▸ **~ de peligro** out of danger ▸ **~ de serie** exceptional, out of the ordinary ▸ **ser un ~ de serie** to be one of a kind ▸ **estar ~ de sí** to be beside oneself (with rage)
■ interj **¡~!** (get) out! / [en el teatro] (get) off! ▸ **¡~ de aquí!** get out of my sight!

fueraborda ■ adj inv outboard ▸ **motor ~** outboard motor *o* engine ▸ **lancha ~** outboard, boat with outboard motor
■ nm inv [motor] outboard motor *o* engine
■ nf inv [lancha] outboard, boat with outboard motor

fuerce *ver* ***forzar***

fuero nm **1.** [ley local] = *ancient regional law still existing in some parts of Spain* **2.** [jurisdicción] code of laws **3.** **en su ~ interno** in her heart of hearts, deep down

fuerte ■ adj **1.** [persona, viento] strong / [frío, dolor, color] intense / [lluvia, resfriado] heavy / [golpe, pelea] hard ▸ **un medicamento muy ~** a very powerful medicine **2.** [comida] [pesado] heavy / [picante] hot **3.** [alto] [sonido] loud ▸ **está demasiado ~** it's on too loud **4.** [nudo] tight **5.** [influyente, sólido] strong ▸ **es una empresa ~ en el sector** the company's strong in this sector ▸ **una moneda ~** a strong currency **6.** [grande] [cantidad] large, considerable ▸ **una ~ presencia de artistas europeos** a large contingent of European artists **7.** [impactante] **lenguaje ~** strong language ▸ **algunas de las escenas son muy fuertes** some of the scenes are very shocking ▸ *Fam* **¡qué ~!** [bueno] wow!, amazing! / [malo] how awful!, oh no! **8.** [versado] **estar ~ en algo** to be good at sth
■ adv **1.** [intensamente] hard / [abrazar, agarrar] tight **2.** [abundantemente] [comer] a lot **3.** [en voz alta] loudly
■ nm **1.** [fortificación] fort **2.** [punto fuerte] strong point, forte ▸ **su ~ son las matemáticas** mathematics is his forte

fuerza ■ *ver* ***forzar***
■ nf **1.** [fortaleza] strength / [de sonido] loudness / [de dolor] intensity ▸ **tener mucha ~** to be very strong ▸ **recuperar fuerzas** to recover one's strength, to get one's strength back ▸ **sacar fuerzas de flaqueza** to screw up one's courage ▸ **no me siento con fuerzas** I don't feel strong enough ▸ **tener fuerzas para** to have the strength to ▸ **la ~ de la costumbre** force of habit ▸ **la ~ del destino** the power of destiny ▸ **~ física**

strength ▸ DER **~ mayor** force majeure / [en seguros] act of God ▸ **no llegué por un caso de ~ mayor** I didn't make it due to circumstances beyond my control ▸ **~ de voluntad** willpower **2.** [violencia] force ▸ **a la ~** [contra la voluntad] by force / [por necesidad] of necessity ▸ **tuvo que llevarle al colegio a la ~** she had to drag him to school by force ▸ **recurrir a la ~** to resort to force ▸ **a la ~ tenía que saber la noticia** she must have known the news ▸ **por la ~** by force ▸ **~ bruta** brute force **3.** [grupo] MIL force ▸ **todas las fuerzas políticas** all the political groups ▸ **~ aérea** air force ▸ **Fuerzas Armadas** armed forces ▸ **~ de intervención** troops, forces ▸ **~ de intervención rápida** rapid reaction force ▸ **fuerzas nacionalistas** [partidos] nationalist parties ▸ **fuerzas del orden público** security forces ▸ **fuerzas de pacificación** peacekeeping forces ▸ **fuerzas de seguridad** security forces **4.** FÍS force ▸ **~ centrífuga/centrípeta** centrifugal/centripetal force ▸ **~ de la gravedad** force of gravity ▸ **~ motriz** driving force

◆ ***a fuerza de*** loc prep by dint of ▸ **a ~ de mucho estudiar** by studying hard

◆ ***por fuerza*** loc adv inevitably ▸ **tenía que ocurrir un desastre por ~** a disaster was inevitable ▸ **tengo que salir por ~** I absolutely have to go out

fuese **1.** *ver* ***ir*** **2.** *ver* ***ser***

fuet (pl **fuets**) nm = *type of cured pork sausage typical of Catalonia*

fuete nm *AM* whip

fuga nf **1.** [huida] escape ▸ **darse a la ~** to take flight ▸ **~ de cerebros** brain drain **2.** [escape] leak **3.** MÚS fugue

fugacidad nf fleeting nature

fugarse [38] vpr to escape ▸ **~ de casa** to run away from home ▸ **~ con alguien** to run off with sb

fugaz adj fleeting ▸ **una visita ~** a flying visit

fugitivo, -a ■ adj **1.** [en fuga] fleeing **2.** [fugaz] fleeting

■ nm,f fugitive

fugue *etc ver* ***fugarse***

führer ['firer] (pl **führers**) nm führer

fui **1.** *ver* ***ir*** **2.** *ver* ***ser***

fulana nf [prostituta] tart, whore

fulano, -a nm,f what's his/her name, so-and-so

fular nm scarf

fulero, -a *Fam* ■ adj **1.** [chapucero] shoddy **2.** [tramposo] dishonest

■ nm,f trickster

fulgor nm shining / [de disparo] flash

fulgurante adj [resplandeciente] flashing / [rápido] rapid ▸ **un ascenso/éxito ~** a lightning rise/success

fulgurar vi to gleam / [intermitentemente] to flash

full nm [en póquer] full house

fullero, -a *Fam* ■ adj cheating, dishonest

■ nm,f cheat

fulminante adj **1.** [despido, muerte] sudden / [enfermedad] devastating / [mirada] withering **2.** [explosivo] fulminating

fulminar vt [sujeto: enfermedad] to strike down ▸ **un rayo la fulminó** she was struck by lightning ▸ **~ a alguien con la mirada** to look daggers at sb

fumadero nm [de opio] den

fumador, -ora nm,f smoker ▸ **~ pasivo** passive smoker ▸ **no ~** non-smoker

fumar ■ vt to smoke

■ vi to smoke ▸ **~ como un carretero** to smoke like a chimney

◆***fumarse*** vpr **1.** [cigarillo] to smoke **2.** *ESP Fam* [clase] to skip **3.** *ESP Fam* [fortuna, ahorros] to blow **4.** *RP Fam* [persona, situación] to put up with

fumeta nmf *Fam* pot-head, pot smoker

fumigación nf fumigation

fumigador nm fumigator

fumigar [38] vt to fumigate

funambulista nmf tightrope walker

función nf **1.** [actividad, objetivo] function / [trabajo] duty ▸ **esta pieza desempeña una ~ clave** this part has a crucial function *o* role ▸ **la ~ del coordinador** the coordinator's job *o* function ▸ **director en funciones** acting director ▸ **entrar en funciones** to take up one's duties ▸ **funciones fisiológicas** bodily functions **2.** TEATRO show ▸ **~ benéfica** charity performance, benefit **3.** MAT function

◆ ***en función de*** loc prep depending on ▸ **estar** *o* **ir en ~ de** to depend on, to be dependent on

funcional adj functional

funcionalidad nf functional qualities

funcionalismo nm functionalism

funcionamiento nm operation, functioning ▸ **explicó el ~ de la empresa** he explained how the company works ▸ **entrar/estar en ~** [sistema] to come into/be in operation / [máquina] to start/be (working *o* running) ▸ **poner algo en ~** [sistema] to put sth into operation / [máquina] to start sth (working)

funcionar vi [machine] to work, to run / [plan, idea, método] to work ▸ **funciona a pilas** it works *o* runs off batteries ▸ **no funciona** [en letrero] out of order

funcionariado nm [de la Administración central] civil service / [profesor, bombero, enfermero] public sector workers

funcionario, -a nm,f [de la Administración central] civil servant / [profesor, bombero, enfermero] public sector worker ▸ **~ de prisiones** prison officer

funda nf [de sofá, máquina de escribir, guitarra] cover / [de almohada] pillowcase / [de disco] sleeve / [de gafas] pouch / [de diente] cap

fundación nf foundation

fundado, -a adj **1.** [argumento, idea] well-founded **2.** [creado, establecido] founded

fundador, -ora ■ adj founding

■ nm,f founder

fundamentación nf foundation, basis

fundamental adj fundamental

fundamentalismo nm fundamentalism

fundamentalista adj & nmf fundamentalist

fundamentar vt **1.** [basar] to base **2.** CONSTR to lay the foundations of

◆ ***fundamentarse*** vpr [basarse] to be based *o* founded (**en** on)

fundamento nm **1.** [base] foundation, basis **2.** [razón] reason, grounds ▸ **sin ~** unfounded, groundless ▸ **fundamentos** [principios] basic principles / [cimientos] foundations

fundar vt **1.** [crear] to found **2.** [basar] to base (**en** on)
◆ ***fundarse*** vpr [basarse] to be based (**en** on) ▸ **¿en qué te fundas para decir eso?** what grounds do you have for saying that?

fundición nf **1.** [taller] foundry **2.** [fusión] smelting

fundido nm CINE [apareciendo] fade-in / [desapareciendo] fade-out ▸ **~ en negro** fade-out (to black)

fundillos nmpl *CHILE* [calzoncillos] *BR* underpants, *US* shorts

fundir vt **1.** [derretir] [mantequilla, hielo] to melt / [hierro, plomo] to smelt / [oro] to melt down **2.** ELEC [fusible, bombilla] to blow **3.** COM to merge **4.** CINE to fade **5.** *ESP Fam* [gastar] to blow **6.** *AM* **~ el motor** to make the engine seize up **7.** *AM* [arruinar] to bankrupt, to ruin
◆ ***fundirse*** vpr **1.** ELEC to blow ▸ **se han fundido los plomos** the fuses have gone ▸ **se ha fundido la bombilla de la cocina** the light in the kitchen has gone **2.** [derretirse] [mantequilla, hielo, plomo, hierro) to melt ▸ *Fig* **se fundieron en un abrazo** they fell into one another's arms **3.** COM to merge **4.** *AM* (motor] to seize up **5.** *ESP Fam* [gastar] to blow ▸ **fundirse el sueldo** to blow one's wages **6.** *AM Fam* [arruinarse] [persona, negocio] to go bust

fúnebre adj [misa] funeral / [música] funereal / [paisaje, expresión] gloomy ▸ **coche ~** hearse

funeral nm [misa] funeral (service *o* mass) / [entierro, cremación] funeral

funerala nf **a la ~** [ojo] black

funeraria nf undertaker's, *US* mortician's, funeral home *o US* parlor

funerario, -a adj funeral ▸ **rito ~** funeral *o* funerary rite

funesto, -a adj fateful, disastrous

fungible adj disposable

fungicida ■ adj fungicidal
■ nm fungicide

fungir [24] vi *MÉX, PERÚ* to act, to serve (**de** *o* **como** as)

funicular ■ adj funicular
■ nm **1.** [por tierra] funicular **2.** [por aire] cable car

funky ['funki] ■ adj **música ~** funk
■ nm funk

furcia nf *ESP Pey* slag, whore

furgón nm [furgoneta] van / [de tren] wagon, van ▸ **~ de equipajes** *BR* guard's van, *US* caboose

furgoneta nf van ▸ **~ de reparto** delivery van

furia nf fury ▸ **ponerse hecho una ~** to fly into a rage

furibundo, -a adj furious

furioso, -a adj furious

furor nm **1.** [enfado] fury, rage **2.** [ímpetu] fever, urge **3. hacer ~** to be all the rage

furtivo, -a ■ adj [mirada, sonrisa] furtive ▸ **cazador ~** poacher
■ nm,f [cazador] poacher

furúnculo nm boil

fusa nf MÚS demisemiquaver

fuseaux [fu'so] nm inv ski pants

fuselaje nm fuselage

fusible ■ adj fusible
■ nm fuse

fusil nm rifle

fusilamiento nm **1.** [ejecución] execution by firing squad **2.** *Fam* [plagio] plagiarism

fusilar vt **1.** [ejecutar] to execute by firing squad, to shoot **2.** *Fam* [plagiar] to plagiarize

fusilero nm fusilier, rifleman

fusión nf **1.** [agrupación] merging / [de empresas, bancos] merger / INFORM merge **2.** [de metal, hielo] melting / FÍS fusion ▸ **~ nuclear** nuclear fusion

fusionar vt [gen] & ECON to merge
◆ ***fusionarse*** vpr [gen] & ECON to merge

fusta nf riding crop *o* whip

fustán nm *AM* petticoat

fuste nm shaft

fustigar [38] vt **1.** [azotar] to whip **2.** [censurar] to criticize harshly

futbito nm *BOL, ESP* five-a-side

fútbol, *MÉX* ***futbol*** nm soccer, *BR* football ▸ **~ americano** American football, *US* football ▸ *ESP* **~ sala** indoor five-a-side

futbolero, -a *Fam* ■ adj **es muy ~** he is soccer *o BR* football crazy
■ nm,f soccer fan, *BR* football fan

futbolín nm *ESP* [juego] *BR* table football, *US* foosball

futbolista nmf soccer *o BR* football player, *BR* footballer

futbolístico, -a adj soccer, *BR* football ▸ **campeonato ~** soccer *o BR* football championship

fútil adj trivial

futilidad nf triviality

futón nm futon

futre *ANDES* ■ adj foppish
■ nm dandy

futurible adj potential

futurismo nm futurism

futurista adj [diseño, ropa] futuristic / ARTE futurist

futuro, -a ■ adj future ▸ **futura madre** expectant mother
■ nm **1.** [porvenir] future ▸ **en el ~,...** in future,... ▸ **sin ~** with no future, without prospects ▸ FIN **futuros** futures **2.** GRAM future ▸ **~ perfecto** future perfect

futurología nf futurology

futurólogo, -a nm,f futurologist

G

G, g [χe] nf [letra] G, g

g (abrev de ***gramo***) g

G7 [χe'siete] (abrev de ***Grupo de los Siete***) nm G7

G8 [χe'otʃo] (abrev de ***Grupo de los Ocho***) nm G8

gabacho, -a *ESP Fam Pey* ■ adj Froggy
■ nm,f Frog

gabán nm overcoat

gabardina nf **1.** [prenda] raincoat, mac **2.** [tela] gabardine

gabinete nm **1.** [despacho] office **2.** [sala] study **3.** [gobierno] cabinet ▸ **~ en la sombra** shadow cabinet

Gabón n Gabon

gacela nf gazelle

gaceta nf gazette

gacetillero, -a nm,f *Fam Anticuado* [periodista] hack

gachas nfpl CULIN (corn) porridge

gachí nf *Fam* bird, chick

gacho, -a adj **1.** [caído] drooping ▸ **caminaba con la cabeza gacha** he was walking along with his head bowed *o* hanging his head **2.** *MÉX Fam* [persona] nasty, rotten **3.** *MÉX Fam* [objeto] awful, ghastly

gachó nm *Fam* guy, *BR* bloke

gaditano, -a ■ adj of/from Cadiz
■ nm,f person from Cadiz

gaélico, -a ■ adj Gaelic
■ nm [lengua] Gaelic

gafado, -a adj *ESP Fam* **estar ~** to be jinxed

gafar vt *ESP Fam* to jinx, to bring bad luck to

gafas nfpl glasses / [protectoras, para nadar] goggles / [para submarinismo] diving mask ▸ **unas ~** a pair of glasses ▸ **~ bifocales** bifocal spectacles, bifocals ▸ **~ de esquí** skiing googles ▸ **~ graduadas** prescription glasses ▸ **~ para leer** reading glasses ▸ **~ oscuras** sunglasses ▸ **~ de sol** sunglasses

gafe *ESP Fam* ■ adj jinxed ▸ **ser ~** to be jinxed
■ nmf jinxed person
■ nm **tener el ~** to be jinxed

gafotas nmf inv *ESP Fam* four-eyes, *BR* speccy

gag (pl **gags**) nm [broma] gag

gaita nf **1.** [instrumento] bagpipes **2.** *ESP Fam* [pesadez] drag, pain

gaitero, -a nm,f piper

gaje nm **gajes del oficio** occupational hazards

gajo nm **1.** [de naranja, limón] segment **2.** [racimo] bunch **3.** [rama] broken-off branch

gala nf **1.** [fiesta] gala ▸ **cena de ~** black tie dinner, formal dinner ▸ **traje de ~** formal dress ▸ **uniforme de ~** dress uniform **2.** [ropa] **se puso sus mejores galas** she put on her finery **3.** *ESP* [actuación] gala show *o* performance **4.** [expresiones] **hacer ~ de algo** [preciarse de] to be proud of sth / [exhibir] to demonstrate sth ▸ **tener a ~ algo** to be proud of sth

galáctico, -a adj [de las galaxias] galactic / *Fam* [moderno, futurista] space-age

galaico, -a adj *Formal* Galician

galán nm **1.** [hombre atractivo] attractive young man **2.** TEATRO leading man, lead

galante adj gallant

galantear vt to court, to woo

galanteo nm courting, wooing

galantería nf **1.** [cualidad] politeness **2.** [acción] gallantry, compliment

galápago nm turtle

Galápagos nfpl **las (islas) ~** the Galapagos Islands

galardón nm award, prize

galardonado, -a adj award-winning, prize-winning

galardonar vt to award a prize to

galaxia nf galaxy

galbana nf *Fam* laziness, sloth

galena nf galena, lead sulphide

galeno nm *Anticuado* doctor

galeón nm galleon

galeote nm galley slave

galera nf galley

galerada nf galley proof

galería nf **1.** [pasillo] gallery / [corredor descubierto] verandah **2.** [local] **~ de arte** art gallery ▸ **~ comercial** shopping arcade **3.** [vulgo] masses ▸ **hacer algo para la ~** to play to the gallery

galerista nmf gallery owner

galerna nf strong north-west wind *(on north coast of Spain)*

Gales n **(el país de) ~** Wales

galés, -esa ■ adj Welsh
■ nm,f Welshman, *f* Welshwoman ▸ **los galeses** the Welsh
■ nm [lengua] Welsh

galgo nm greyhound ▸ **carreras de galgos** greyhound races ▸ **~ afgano** Afghan hound

Galicia n Galicia

galicismo nm gallicism

galimatías nm inv [lenguaje] gibberish / [lío] jumble

gallardete nm pennant

gallardía nf **1.** [valentía] bravery **2.** [apostura] noble bearing

gallardo, -a adj **1.** [valiente] brave, dashing **2.** [bien parecido] fine-looking, striking

gallear vi to strut about, to show off

gallego, -a ■ adj & nm,f Galician / *CSUR, CUBA Fam* Spanish
■ nm [lengua] Galician

CULTURA / CULTURE

gallego

Gallego ("Galician") is one of Spain's official languages. It is spoken in the northwestern region of Galicia. Like Spanish and Catalan, it stems from Latin, and it has many similarities to modern Portuguese. For decades Galician was either banned outright or lacked official recognition, and as a consequence it was mainly spoken in rural areas. However, nowadays it is being promoted as the official language for use in education and public administration.

galleguismo nm [palabra, expresión] Galician expression

galleta nf **1.** CULIN *BR* biscuit, *US* cookie ▸ **~ para perros** dog biscuit **2.** *ESP Fam* [cachete] slap, smack ▸ **dar una ~ a alguien** to give sb a slap *o* smack **3.** *ESP* [golpe] **se dieron una ~** [en automóvil] they crashed the car ▸ **me di una ~ en la rodilla bajando las escaleras** I banged myself on the knee coming down the stairs

gallina ■ nf hen ▸ **cría gallinas** [gallinas, pollos y gallos] he keeps chickens ▸ *Fam* **la ~ ciega** blind man's buff ▸ *Fam Fig* **matar la ~ de los huevos de oro** to kill the goose that lays the golden eggs
■ nmf *Fam* [persona] chicken, coward

gallináceo, -a adj gallinaceous

gallinazo nm *AM* vulture

gallinero nm **1.** [corral] henhouse **2.** *Fam* TEATRO gods *(singular)* **3.** *Fam* [alboroto] madhouse

gallito *Fam* ■ adj [bravucón] cocky
■ nm **es un ~** he's cocky

gallo nm **1.** [ave] cock, cockerel ▸ *Fam Fig* **en menos que canta un ~** in no time at all ▸ **~ de pelea** fighting cock ▸ *CARIB* **~ pinto** rice and beans **2.** [al cantar] false note / [al hablar] squeak **3.** [pez] John Dory **4.** [en boxeo] **peso ~** bantamweight

galo, -a ■ adj HIST Gallic / [francés] French
■ nm,f [persona] Gaul

galón nm **1.** [adorno] braid / MIL stripe **2.** [medida] gallon

galopada nf gallop

galopante adj [inflación] galloping

galopar vi to gallop

galope nm gallop ▸ **al ~** at a gallop ▸ *también Fig* **a ~ tendido** at full gallop

galpón nm *ANDES, CARIB, RP* shed

galvanización nf galvanization

galvanizar [14] vt to galvanize

gama nf [conjunto] range / [de colores, modelos] range / MÚS scale

gamba nf **1.** [animal] prawn, *US* shrimp **2.** *Fam* **meter la ~** to put one's foot in it

gamberrada nf *ESP* [acto violento] act of hooliganism / [travesura] loutish act

gamberrismo nm *ESP* hooliganism

gamberro, -a *ESP* ■ adj loutish
■ nm,f [persona] hooligan, lout, *BR* yob ▸ **hacer el ~** to behave loutishly, to cause trouble

Gambia n The Gambia

gambito nm [en ajedrez] gambit

gameto nm gamete

gamín, -ina nm,f *COL* street urchin

gamma nf gamma

gamo nm fallow deer

gamonal nm *ANDES, CAM, VEN* village chief

gamuza nf **1.** [tejido] chamois (leather) / [trapo] duster **2.** [animal] chamois

gana nf **1.** [afán] desire, wish (**de** to) ▸ **me dan** *o* **entran ganas de llorar** I feel like crying ▸ **tener ganas de (hacer) algo** to feel like (doing) sth ▸ **¡qué ganas tengo de empezar las vacaciones!** I can't wait for the holidays to start! ▸ **no tengo ganas de que me pongan una multa** I don't fancy getting a fine ▸ **quedarse con (las) ganas de hacer algo** not to manage to do sth ▸ **de buena ~** willingly ▸ **de mala ~** unwillingly ▸ *Fam* **no me da la ~** I don't feel like it ▸ *Fam* **porque me da la ~** because I feel like it ▸ **hace/come todo lo que le viene en ~** she does/eats whatever she pleases ▸ **¿por qué habrá dicho eso? – son ganas de fastidiar** why would he say a thing like that? – he's just being nasty ▸ **tenerle ganas a alguien** [odiar] to have it in for sb **2.** [apetito] appetite ▸ **comer sin ganas** to eat without appetite, to pick at one's food

ganadería nf **1.** [actividad] livestock farming ▸ **~ ovina** sheep farming **2.** [ganado] livestock **3.** [lugar] livestock farm

ganadero, -a ■ adj livestock-farming ▸ **región ganadera** livestock-farming region
■ nm,f livestock farmer

ganado nm livestock, stock ▸ **~ ovino** sheep ▸ **~ porcino** pigs ▸ **~vacuno** cattle

ganador, -ora ■ adj winning
■ nm,f winner

ganancia nf [rendimiento] profit / [ingreso] earnings ▸ **ganancias y pérdidas** profit and loss ▸ **~ líquida** net profit

ganancial adj **bienes gananciales** shared possessions

ganapán nm odd-job man

ganar ■ vt **1.** [premio, competición] to win **2.** [sueldo, dinero] to earn ▸ **¿cuánto ganas?** how much do you earn? **3.** [peso, tiempo] to gain ▸ **~ fama** to achieve fame ▸ **en tren ganas una hora** you save an hour by taking the train **4.** [derrotar] to beat ▸ **te voy a ~** I'm going to beat you **5.** [conseguir] **llorando no ganas nada** it's no use crying, crying won't change anything ▸ **¿qué gano yo con eso?** what's in it for me? **6.** [aventajar] **me gana en velocidad** he's faster than me **7.** [llegar a] [lugar] to reach, to make it to **8.** [conquistar] to take, to capture
■ vi **1.** [vencer] to win ▸ **ganaron por tres a uno** they won three one **2.** [lograr dinero] to earn money ▸ *Fam Fig* **no gano para disgustos** I've more than enough worries *o* troubles **3.** [mejorar] to benefit (**con** from) ▸ **gana mucho con la barba** he looks a lot better with a beard ▸ **~ en algo** to gain in sth ▸ **ha ganado en amplitud** [parece mayor] it looks bigger
◆ ***ganarse*** vpr **1.** [conquistar] [simpatía, respeto] to earn / [persona] to win over **2.** [obtener] **se gana la vida de barrendero** he earns his living as a street sweeper **3.** [merecer] to deserve ▸ **nos hemos ganado unas vacaciones** we've earned *o* we deserve a holiday

ganchillo nm [aguja] crochet hook / [labor] crochet ▸ **hacer ~** to crochet

ganchito nm **1.** *ESP* [aperitivo] = *cheese-flavoured snack made from maize, BR* ≃ Wotsit®, *US* ≃ Cheeto® **2.** *RP* [grapa] staple

gancho nm **1.** [garfio] hook / [de percha] peg ▸ *ESP Fam* **como le eche el ~ al que me ha robado la bici...** just wait till I wait my hands on whoever stole my bike... **2.** [cómplice] [de timador] decoy **3.** *Fam* [atractivo] **esa chica tiene mucho ~** that girl is quite something ▸ **tiene ~ como relaciones públicas** she has a real gift for public relations

ganchudo, -a adj hooked

gandalla nmf *MÉX Fam* **1.** [sinvergüenza] swine **2.** [deshonesto] crook

gandul, -ula ■ adj lazy
■ nm,f lazybones, layabout

gandulear vi to loaf around

gandulería nf idleness

ganga nf snip, bargain

Ganges nm **el ~** the Ganges

ganglio nm ANAT **~ (linfático)** lymph node *o* gland

gangoso, -a ■ adj [voz] nasal *(caused by cleft palate)*
■ nm,f = *person with a nasal voice caused by a cleft palate*

gangrena nf gangrene

gangrenado, -a adj gangrenous

gangrenarse vpr to become gangrenous

gangrenoso, -a adj gangrenous

gángster ['ganster] (pl **gángsters** *o* **gángsteres**) nm gangster

gangsterismo [ganste'rismo] nm gangsterism

gansada nf *Fam* silly thing

ganso, -a ■ nm,f **1.** [ave] [hembra] goose / [macho] gander **2.** *Fam* [tonto] idiot, fool ▸ **hacer el ~** to clown around
■ adj *Fam* [alto] tall / [grande] huge

gánster (pl **gánsters** *o* **gánsteres**) nm gangster

gansterismo nm gangsterism

ganzúa nf picklock

gañán nm **1.** [hombre rudo] lout, boor **2.** [bracero] farm labourer

gañido nm yelp

garabatear vi & vt to scribble

garabato nm scribble ▸ **hacer garabatos** to scribble

garaje, *AM* ***garage*** nm garage *(for parking)*

garante nmf guarantor ▸ **salir ~** to act as guarantor

garantía nf **1.** [seguro, promesa] guarantee ▸ **me ha dado su ~ de que lo hará** she guaranteed that she'd do it ▸ **de ~** reliable, dependable ▸ **ser ~ de algo** to guarantee sth ▸ POL **garantías constitucionales** constitutional rights **2.** [de producto] guarantee, warranty ▸ **viene con una ~ de tres años, tiene tres años de ~** it comes with a three-year guarantee *o* warranty, it has a three-year guarantee *o* warranty ▸ **estar en ~** to be under guarantee **3.** [fianza] security ▸ **dejó su reloj como ~** he left his watch as security

garantizado, -a adj guaranteed

garantizar [14] vt **1.** [asegurar] to guarantee ▸ **te garantizo que te lo devolveré el viernes** I guarantee *o* I assure you I'll give it back to you on Friday ▸ **la central garantiza el suministro eléctrico a la ciudad** the power station ensures the city's supply of electricity **2.** [contra riesgo, deterioro] to guarantee ▸ **les garantizaron el televisor por un año** they guaranteed the television for a year, they gave them a year's guarantee for the television **3.** [avalar] to vouch for

garbanzo nm chickpea ▸ *Fam Fig* **ser el ~ negro** to be the black sheep

garbeo nm *ESP Fam* stroll ▸ **dar un ~** to go for *o* take a stroll

garbo nm [de persona] grace / [de escritura] stylishness, style

garboso, -a adj [persona] graceful / [escritura] stylish

garceta nf little egret

gardenia nf gardenia

garduña nf marten

garete nm *Fam* **ir** *o* **irse al ~** [fracasar] to go down the drain, to go to pot

garfio nm hook

gargajo nm phlegm

garganta nf **1.** ANAT throat ▸ *Fig* **lo tengo atravesado en la ~** he/it sticks in my gullet **2.** [desfiladero] gorge

gargantilla nf choker

gargantúa nm big eater, glutton

gárgaras nfpl gargling ▸ **hacer ~** to gargle ▸ *Fam* **mandar a alguien a hacer ~** to send sb packing ▸ *Fam* **¡vete a hacer ~!** get lost!

gárgola nf gargoyle

garita nf [de centinela] sentry box / [de conserje] porter's lodge

garito nm [casa de juego] gambling den / *Fam* [establecimiento] dive

garnacha nf [uva] = *purplish grape*

Garona nm **el ~** the Garonne

garra nf [de mamífero] claw / [de ave] talon, claw / *Fig* [de persona] paw, hand ▸ **caer en las garras de alguien** to fall into sb's clutches ▸ *Fam* **tener ~** [persona] to have charisma / [novela, canción] to be gripping

garrafa nf carafe ▸ *Fam* **de ~** [bebida alcohólica] cheap and nasty

garrafal adj monumental, enormous

garrafón nm demijohn

garrapata nf tick

garrapiñado, -a adj caramel-coated

garrapiñar vt [fruta] to candy / [almendras] to coat with caramelized sugar

garrocha nf [vara] pike, lance / *AM* [de atletismo] (vaulting) pole

garronear vt & vi *RP Fam* to scrounge, to sponge

garrotazo nm blow with a club *o* stick

garrote nm **1.** [estaca] club, stick **2.** [instrumento de ejecución] **~ (vil)** garotte ▸ **dar ~ a alguien** to garotte sb **3.** *MÉX* [freno] brake

garrulo, -a *Fam* ■ adj coarse, uncouth

■ nm,f country bumpkin, yokel, *US* hick

garúa nf *ANDES, RP, VEN* drizzle

garza nf heron ▸ **~ real** grey heron

garzón, -ona nm, f *CHILE* waiter, *f* waitress

gas nm **1.** [fluido] gas ▸ **con ~** [agua, bebida] carbonated, sparkling ▸ *ESP Fam* **a todo ~** flat out, at top speed ▸ *ESP Fam* **aun jugando a medio ~ ganaron** they won even though they weren't really trying ▸ *ESP Fam Fig* **quedarse sin ~** to run out of steam ▸ **~ butano** butane (gas) ▸ *ESP* **~ ciudad** town gas ▸ **~ hilarante** laughing gas ▸ **~ lacrimógeno** tear gas ▸ **~ mostaza** mustard gas ▸ **~ natural** natural gas ▸ QUÍM **~ noble** noble gas **2. gases** [en el estómago] wind

gasa nf gauze

gasear vt to gas

gaseoducto nm gas pipeline

gaseosa nf **1.** *ESP, ARG* [bebida transparente] pop, *BR* lemonade **2.** *CAM, RP* [refresco con gas] fizzy drink, *US* soda

gaseoso, -a adj [estado] gaseous / [bebida] fizzy

gásfiter nmf *CHILE, PERÚ* plumber

gasfitería nf *CHILE, PERÚ* plumber's (shop)

gasfitero, -a nm,f *ECUAD* plumber

gasificación nf gasification

gasificar [59] vt [convertir en gas] to gasify / [bebida] to carbonate

gasoducto nm gas pipeline

gasóleo, gasoil nm diesel oil

gasolina nf *BR* petrol, *US* gas, *US* gasoline ▸ **echar** *o* **poner ~** to put some *BR* petrol *o US* gas in ▸ **~ con/sin plomo** leaded/unleaded *BR* petrol *o US* gasoline

gasolinera, *MÉX* ***gasolinería*** nf *BR* petrol station, *US* gas station

gastado, -a adj [objeto] worn out / [frase, tema] hackneyed / [persona] broken, burnt out

gastar ■ vt **1.** [consumir] [dinero, tiempo] to spend / [gasolina, electricidad] to use (up) / [ropa, zapatos] to wear out **2.** [malgastar] [dinero, energía] to waste **3.** *ESP* [tener, usar] [ropa] to wear / [número de zapatos] to take ▸ **~ mal genio** to have a bad temper **4.** *ESP* [hacer] **~ una broma (a alguien)** to play a joke (on sb) **5.** *ESP* **gastarlas** to carry on, to behave ▸ **¡no sabes cómo se las gastan allí!** you can't imagine how they carry on there!

■ vi to spend (money)

◆ ***gastarse*** vpr **1.** [deteriorarse, desgastarse] to wear out **2.** [consumirse] to run out ▸ **se han gastado las pilas** the batteries have run out o gone dead **3.** [dinero] to spend ▸ **nos gastamos veinte pesos en comida** we spent twenty pesos on food

gasto nm [dinero gastado] spending / [costo] expense ▸ **el ~ de energía** energy consumption ▸ **el ~ educativo/militar** [de país] spending on education/defence ▸ **los gastos de la casa** household expenses ▸ **cubrir gastos** to cover costs, to break even ▸ **no reparar en gastos** to spare no expense ▸ **gastos corrientes** running cost ▸ **~ deducible** tax-deductible expense ▸ **~ de defensa** defence spending ▸ **~ de desplazamiento** relocation expenses, settling-in allowance ▸ **gastos de envío** postage and packing ▸ **gastos fijos** fixed charges *o* costs ▸ **gastos generales** general expenses, overhead costs ▸ **gastos de mantenimiento** maintenance costs ▸ **~ público** public expenditure ▸ **gastos de representación** entertainment allowance ▸ **gastos de viaje** travel expenses

gástrico, -a adj ANAT gastric

gastritis nf inv MED gastritis

gastroenteritis nf inv MED gastroenteritis

gastrointestinal adj ANAT gastrointestinal

gastronomía nf gastronomy

gastronómico, -a adj gastronomic

gastrónomo, -a nm,f gourmet, gastronome

gatas: a gatas loc adv *Fam* **1.** [a cuatro patas] on all fours **2.** *RP* [apenas] barely

gatear vi to crawl

gatera nf cat flap *o* door

gatillo nm trigger

gato, -a ■ nm,f cat ▸ *Fam* **dar ~ por liebre a alguien** to swindle *o* cheat sb ▸ *Fam* **buscar tres pies al ~** to overcomplicate matters ▸ *Fam Fig* **aquí hay ~ encerrado**

there's something fishy going on here ▸ *Fam* **llevarse el ~ al agua** to pull it off ▸ *Fam Fig* **sólo había cuatro gatos** there was hardly a soul there ▸ **~ montés** wildcat ▸ **~ siamés** Siamese cat
■ nm AUT jack

GATT [gat] nm (abrev de ***General Agreement on Tariffs and Trade***) GATT

gatuno, -a adj catlike, feline

gaucho, -a adj & nm,f gaucho

gavilán nm sparrowhawk

gavilla nf sheaf

gaviota nf seagull

gay [gai, gei] adj inv & nmf gay

gayumbos nmpl *ESP Fam* [calzoncillos] pants, *US* shorts

gazapo nm **1.** [animal] young rabbit **2.** [error] misprint

gazmoñería nf sanctimoniousness

gazmoño, -a adj sanctimonious

gaznate nm gullet

gazpacho nm gazpacho, = *Andalusian soup made from tomatoes, peppers, cucumbers and bread, served chilled*

GB (abrev de ***Gran Bretaña***) GB

géiser nm geyser

geisha ['geisa] nf inv geisha

gel nm gel ▸ **~ de ducha** shower gel ▸ **~ moldeador** styling gel

gelatina nf [de carne] gelatine / [de fruta] *BR* jelly, *US* Jell-O®

gelatinoso, -a adj gelatinous

gélido, -a adj gelid, icy

gema nf gem

gemelo, -a ■ adj **hermano ~** twin brother, twin ▸ **ser el alma gemela de alguien** to be sb's soul mate
■ nm,f [persona] twin ▸ **~ idéntico** identical twin ▸ **~ monocigótico** identical twin
■ nm [músculo] calf muscle
◆ ***gemelos*** nmpl **1.** [de camisa] cufflinks **2.** [prismáticos] binoculars / [para teatro] opera glasses ▸ **unos gemelos** a pair of binoculars/opera glasses

gemido nm [de persona] moan, groan / [de animal] whine

geminiano, -a *AM* ■ adj Gemini ▸ **ser ~** to be (a) Gemini
■ nm,f Gemini

géminis ■ nm [zodiaco] Gemini ▸ *ESP* **ser ~** to be (a) Gemini
■ nmf *ESP* [persona] Gemini

gemir [47] vi **1.** [persona] to moan, to groan / [animal] to whine **2.** [viento] to howl

gemología nf gemology

gen nm gene

gendarme nmf gendarme

gendarmería nf gendarmerie

genealogía nf genealogy

genealógico, -a adj genealogical

generación nf generation ▸ **~ espontánea** spontaneous generation, autogenesis

generacional adj **conflicto ~** conflict between the generations, generation gap

generador, -ora ■ adj generating
■ nm ELEC generator

general ■ adj [común] general ▸ **tener nociones generales de griego** to have a general knowledge of Greek ▸ **esa es la opinión ~ de los que no leen los periódicos** that's what people who don't read the papers usually think ▸ **por lo ~, en ~** in general, generally ▸ **por lo ~, suelo ir en tren** I generally go by train, in general I go by train
■ nm MIL general ▸ **~ de brigada** *BR* brigadier, *US* brigadier general ▸ **~ de división** major general

generala nf MIL call to arms

generalidad nf **1.** [mayoría] majority **2.** [vaguedad] generalization ▸ **generalidades** [principios básicos] basic principles

generalísimo nm supreme commander, generalissimo ▸ HIST **el Generalísimo** = *title given to Franco*

generalista adj [médico] general

Generalitat [jenerali'tat] nf = *name of the autonomous government of the regions of Catalonia or Valencia*

generalización nf **1.** [comentario] generalization **2.** [extensión] [de conflicto] escalation, widening / [de prácticas, enseñanza] spread

generalizado, -a adj widespread

generalizar [14] ■ vt to spread, to make widespread
■ vi to generalize
◆ ***generalizarse*** vpr to become widespread

generalmente adv generally

generar vt [originar, causar] to generate / [engendrar] to create

generativo, -a adj generative

generatriz nf GEOM generatrix

genérico, -a adj [común] generic

género nm **1.** [clase] kind, type ▸ **es el mejor de su ~** it's the best of its kind ▸ **sin ningún ~ de dudas** absolutely without a doubt ▸ **el ~ humano** the human race **2.** GRAM gender ▸ **de ~ ambiguo** = *that may be either masculine or feminine* ▸ **~ femenino/masculino** feminine/masculine gender **3.** LIT genre **4.** BIOL genus **5.** MÚS **~ chico** zarzuela, = *Spanish light opera* ▸ **~ lírico** opera **6.** [productos] merchandise, goods **7.** [tejido] cloth, material

generosidad nf generosity

generoso, -a adj **1.** [persona] generous ▸ **fue muy ~ con sus hermanos** he was very generous to his brothers and sisters ▸ *Irónico* **¡gracias, ~!** thanks, big spender! **2.** [abundante] generous ▸ **una ración generosa** a generous helping

génesis ■ nf inv genesis
■ nm inv REL **el Génesis** Genesis

genética nf genetics *(singular)*

genético, -a adj genetic

genial adj **1.** [artista, escritor] of genius **2.** [estupendo] great, *BR* brilliant

> FALSO AMIGO / FALSE FRIEND
> **genial**
> Genial is not a translation of the Spanish word *genial*. Genial is translated by *cordial, amable*.

genialidad nf **1.** [capacidad] genius **2.** [acción] stroke of genius

genio nm **1.** [talento] genius ▸ **un ~ del arte moderno** one of the geniuses of modern art **2.** [ser mitológico] genie **3.** [personalidad fuerte] temper ▸ **tener mucho ~** to be quick-tempered ▸ **tener mal ~** to be bad-tempered **4.** [carácter] nature, disposition

genioso, -a adj *MÉX Fam* bad tempered, moody

genital adj genital
◆ ***genitales*** nmpl genitals

genitivo nm GRAM genitive

genocidio nm genocide

genoma nm genome

genómico, -a adj genomic

genotipo nm genotype

Génova n Genoa

genovés, -esa adj & nm,f Genoese

gente ■ nf **1.** [personas] people ▸ **toda la ~** everyone, everybody ▸ **son buena ~** they're good people ▸ **~ bien** well-to-do people ▸ **~ de bien** decent folk ▸ **~ de la calle** ordinary people ▸ **la ~ corriente** the common people ▸ *ESP* **la ~ guapa** the beautiful people, the smart set ▸ **~ menuda** kids **2.** *Fam* [familia] folks
■ adj inv *AM* [amable] decent

gentil ■ adj [amable] kind, nice
■ nmf REL gentile

gentileza nf courtesy, kindness ▸ **¿tendría la ~ de decirme...?** would you be so kind as to tell me...? ▸ **por ~ de** by courtesy of

gentilhombre nm HIST gentleman *(in the royal court)*

gentilicio nm = *term referring to the natives or inhabitants of a particular place*

gentío nm crowd

gentuza nf *Pey* riffraff, rabble

genuflexión nf REL genuflection ▸ **hacer una ~** to genuflect

genuino, -a adj genuine

GEO [χeo] nm o nmpl (abrev de ***Grupo Especial de Operaciones***) = *specially trained police force, BR ≃ SAS, US ≃ SWAT*

geodesia nf geodesy

geodinámica nf geodynamics *(singular)*

geofísica nf [ciencia] geophysics *(singular)*

geofísico, -a ■ adj geophysical
■ nm,f [persona] geophysicist

geografía nf geography ▸ **por toda la ~ española** all over Spain ▸ **~ física** physical geography ▸ **~ humana** human geography

geográfico, -a adj geographical

geógrafo, -a nm,f geographer

geología nf geology

geológico, -a adj geological

geólogo, -a nm,f geologist

geometría nf geometry

geométrico, -a adj geometric

geopolítica nf geopolitics *(singular)*

geopolítico, -a adj geopolitical

Georgia n Georgia

georgiano, -a ■ adj & nm,f Georgian
■ nm [lengua] Georgian

geranio nm geranium

gerencia nf **1.** [dirección] management **2.** [cargo] post of manager **3.** [oficina] manager's office

gerenciar vt *AM* to manage

gerente nmf manager, director

geriatra nmf MED geriatrician

geriatría nf MED geriatrics *(singular)*

geriátrico, -a ■ adj geriatric
■ nm [hospital] geriatric hospital / [residencia] old folks' home

gerifalte nm **1.** [ave] gerfalcon **2.** [persona] bigwig

germanía nf HIST thieves' slang

germánico, -a ■ adj [tribus, carácter] Germanic, Teutonic
■ nm [lengua] Germanic

germanismo nm Germanism

germanista nmf German scholar

germano, -a ■ adj [alemán] German / [tribus, carácter] Germanic, Teutonic
■ nm,f [alemán] German / HIST Teuton

germen nm *también Fig* germ ▸ **~ de trigo** wheat germ

germicida ■ adj germicidal
■ nm germicide

germinación nf germination

germinar vi *también Fig* to germinate

gerontocracia nf gerontocracy

gerontología nf MED gerontology

gerontólogo, -a nm,f MED gerontologist

gerundense ■ adj of/from Gerona
■ nmf person from Gerona

gerundio nm gerund

gesta nf exploit, feat

gestación nf **1.** [embarazo] pregnancy, *Espec* gestation **2.** [de idea, proyecto] gestation

gestar vi to gestate
◆ ***gestarse*** vpr **se estaba gestando una nueva era** the seeds of a new era had been sown

gesticulación nf [de manos, brazos] gesticulation / [de cara] face-pulling

gesticular vi [con manos, brazos] to gesticulate / [con la cara] to pull faces

gestión nf **1.** COM & FIN [administración] management ▸ **~ de cartera** portfolio management ▸ **~ de crisis** crisis management ▸ **~ de empresas** business management ▸ **~ financiera** financial management ▸ **~ de personal**

personnel management ▸ ~ **política** [de gobierno, ministro] conduct in government ▸ ~ **de recursos** resource management ▸ ~ **de riesgos** risk management **2.** INFORM ~ **de ficheros** file management **3.** [diligencia] **tengo que hacer unas gestiones** I have a few things to do ▸ **las gestiones del negociador fracasaron** the negotiator's efforts came to nothing

gestionar vt **1.** [tramitar] to negotiate **2.** [administrar] to manage

gesto nm **1.** [mueca] face, grimace / [ademán] gesture ▸ **hacer un** ~ [con las manos] to gesture, to make a gesture ▸ **hacer un ~ de asentimiento** [con la cabeza] to nod ▸ **torcer el** ~ to pull a face *(expressing displeasure)* **2.** [acción] gesture ▸ **un ~ de buena voluntad** a goodwill gesture, a gesture of goodwill ▸ **ha sido un ~ muy bonito ir a visitarla** visiting her was a very nice gesture

gestor, -ora ■ adj **el equipo** ~ the management team
■ nm,f = *person who carries out dealings with public bodies on behalf of private customers or companies, combining the roles of solicitor and accountant* ▸ FIN ~ **de fondos** fund manager

CULTURA / CULTURE

gestor

The job of the **gestor** is concerned with completing the often complex bureaucratic paperwork and procedures involved in (for example) completing a mortgage deed, filing a tax return, or applying for a range of official permits. Both legal and financial knowledge is required, and a degree such as Law, Economics, Politics or Business is a necessary qualification. Currently the profession is under pressure from lawyers and others who seek to take over many of their traditional functions, but the job of **gestor** remains a fixture in the world of Spanish business and administration.

gestoría nf = *office of a "gestor"*

gestual adj using gestures

Ghana n Ghana

ghanés, -esa adj & nm,f Ghanaian

ghetto ['geto] nm ghetto

giba nf [de camello] hump / [de persona] hunchback, hump

giboso, -a ■ adj hunchbacked
■ nm,f hunchback

Gibraltar n Gibraltar

gibraltareño, -a adj & nm,f Gibraltarian

GIF [gif] nm INFORM (abrev de ***graphics interchange format***) GIF

gigabyte [χiγa'βait] nm INFORM gigabyte

giganta nf giantess

gigante ■ adj gigantic
■ nm giant

gigantesco, -a adj gigantic

gigantismo nm MED gigantism

gigoló [jiγo'lo] nm gigolo

gil, -ila nm,f CSUR *Fam* jerk, BR twit

gilí *Fam* ■ adj stupid
■ nmf jerk, BR twit

gilipollada nf ESP *muy Fam* **hacer/decir una** ~ to do/say something BR bloody *o* US goddamn stupid

gilipollas, gilipuertas ESP *muy Fam* ■ adj inv **ser** ~ to be a BR prat *o* BR pillock *o* US dork
■ nmf inv BR prat, BR pillock, US dork

gilipollez nf inv ESP *muy Fam* **hacer/decir una** ~ to do/say something BR bloody *o* US goddamn stupid

gilipuertas ESP *Fam Euf* ■ adj inv daft, US dumb
■ nmf inv dumbo, BR twit

gima *etc ver* ***gemir***

gimiera *etc ver* ***gemir***

gimnasia nf [deporte, ejercicio] gymnastics *(singular)* / [asignatura] PE ▸ **hacer** ~ to do exercises ▸ **confundir la ~ con la magnesia** to get the wrong end of the stick ▸ ~ **correctiva** physiotherapeutic exercises ▸ ~ **deportiva** gymnastics ▸ ~ **con pesas** weight training ▸ ~ **rítmica** rhythmic gymnastics ▸ ~ **sueca** free exercise, callisthenics ▸ ~ **terapéutica** physiotherapeutic exercises

gimnasio nm gymnasium

gimnasta nmf gymnast

gimnástico, -a adj gymnastic

gimo *etc ver* ***gemir***

gimotear vi to whine, to whimper

gimoteo nm whining, whimpering

gincana nf [carrera de obstáculos] gymkhana / [de automóviles] rally

Ginebra n Geneva

ginebra nf gin

ginecología nf MED gynaecology

ginecológico, -a adj MED gynaecological

ginecólogo, -a nm,f MED gynaecologist

ginger ale [jinje'reil] nm inv ginger ale

gingival adj gum ▸ **una afección** ~ a gum infection

gingivitis nf inv MED gingivitis

ginseng [jin'sen] nm ginseng

gin-tonic, gintonic [jin'tonik] (pl **gin-tonics, gintonics**) nm gin and tonic

gira nf tour ▸ **estar de** ~ to be on tour

girar ■ vi **1.** [dar vueltas] to turn / [rápidamente] to spin **2.** [doblar] to turn ▸ **el camino gira a la derecha** the road turns to the right **3.** [tratar] ~ **en torno a** *o* **alrededor de** to be centred around, to centre on ▸ **el coloquio giró en torno a la pena de muerte** the discussion dealt with the topic of the death penalty **4.** COM to remit payment
■ vt **1.** [hacer dar vueltas a] to turn / [rápidamente] to spin ▸ ~ **la cabeza** to turn one's head **2.** COM to draw **3.** [dinero] to transfer, to remit
◆ ***girarse*** vpr [persona] to turn round

girasol nm sunflower

giratorio, -a adj [puerta] revolving / [silla] swivel

giro nm **1.** [cambio de dirección] turn ▸ *Fig* **un ~ de 180 grados** a U-turn **2.** [postal, telegráfico] money order ▸ ~ **postal** postal order **3.** [de letras, órdenes de pago] draft

4. [expresión] turn of phrase 5. *AM* [ramo] industry

GIS [χis] nm inv INFORM (abrev de ***geographical information system***) GIS

gis nm *MÉX* chalk

gitanería nf 1. [engaño] wiliness, craftiness 2. [gitanos] gypsies

gitano, -a ■ adj 1. [raza, persona] gypsy 2. wily, crafty
■ nm,f gypsy

glaciación nf [periodo] ice age / [proceso] glaciation

glacial adj [época] glacial / [viento, acogida] icy

glaciar ■ adj glacial
■ nm glacier

gladiador nm gladiator

gladiolo, gladíolo nm gladiolus

glamour [gla'mur] nm glamour

glande nm ANAT glans (penis)

glándula nf ANAT gland ▸ ~ **endocrina** endocrine gland ▸ **glándulas mamarias** mammary glands ▸ ~ **sudorípara** sweat gland

glasé ■ adj glacé
■ nm glacé silk

glaseado, -a ■ adj glacé
■ nm glazing

glasear vt to glaze

glaucoma nm MED glaucoma

glicerina nf glycerine

global adj global, overall

globalización nf [mundialización] globalization

globalizar [14] vt to give an overall view of

globo nm 1. [la Tierra] **el** ~ the globe ▸ ~ **terráqueo** *o* **terrestre** globe 2. [aeróstato, juguete] balloon ▸ ~ **aerostático** hot-air balloon ▸ ~ **sonda** weather balloon ▸ *Fig* **lanzar un** ~ **sonda** to fly a kite 3. [lámpara] round glass lampshade 4. [esfera] sphere ▸ ANAT ~ **ocular** eyeball

glóbulo nm MED blood cell, corpuscle ▸ ~ **blanco/rojo** white/red corpuscle, white/red blood cell

gloria nf 1. [en religión] glory 2. [celebridad] celebrity, star 3. [placer] delight ▸ **estar en la** ~ to be in seventh heaven ▸ **saber a** ~ to taste divine *o* heavenly

glorieta nf 1. [de jardín] arbour 2. [plazoleta] square / [plazoleta circular] circus 3. *ESP* [rotonda] *BR* roundabout, *US* traffic circle

glorificación nf glorification

glorificar [59] vt to glorify

glorioso, -a adj glorious

glosa nf marginal note

glosador, -ora nm,f commentator *(on text)*

glosar vt 1. [anotar] to annotate 2. [comentar] to comment on

glosario nm glossary

glotis nf inv ANAT glottis

glotón, -ona ■ adj gluttonous, greedy
■ nm,f glutton

glotonería nf gluttony, greed

glucemia nf MED glycaemia

glúcido nm carbohydrate

glucosa nf glucose

gluten nm gluten

glúteo, -a ■ adj gluteal
■ nm gluteus

gnomo ['nomo] nm gnome

gnóstico, -a ['nostiko] adj & nm,f gnostic

gobernabilidad nf governability

gobernable adj governable

gobernación nf 1. [gestión] governing 2. *COL* [de provincia] provincial government 3. *MÉX* **Gobernación** [ministerio] *BR* ≃ the Home Office, *US* ≃ the Department of the Interior

gobernador, -ora ■ adj governing
■ nm,f governor ▸ *ESP Antes* ~ **civil** = *person representing the central government in each province*

gobernanta nf [en hotel] cleaning and laundry staff manageress

gobernante ■ adj ruling ▸ **partido** ~ governing party
■ nmf ruler, leader

gobernar [3] ■ vt 1. [regir, dirigir] to govern, to rule / [casa, negocio] to run, to manage ▸ **se deja** ~ **por su marido** she allows herself to be ruled by her husband ▸ **sus sentimientos gobiernan sus acciones** his feelings govern his actions 2. [barco] to steer / [avión] to fly
■ vi NÁUT to steer

Gobi nm **el desierto de** ~ the Gobi Desert

gobiernista *ANDES, MÉX* ■ adj pro-government
■ nmf government supporter

gobierno nm 1. [de país, región] government ▸ **el** ~ **en pleno asistió al acto** all the members of the government attended ▸ ~ **autónomo** autonomous government ▸ ~ **central** central government ▸ *ESP Antes* ~ **civil** = *body representing the central government in each province* ▸ ~ **de coalición** coalition government ▸ *ESP* ~ **militar** = *body representing the army in each province* ▸ ~ **provisional** caretaker government ▸ ~ **de transición** caretaker *o* interim government 2. [edificio] government buildings 3. [administración, gestión] running, management 4. [control] control

goce ■ *ver **gozar***
■ nm pleasure

godo, -a ■ adj Gothic
■ nm,f HIST Goth

gofre nm *ESP* waffle

gogó: a gogó loc adv *ESP* **hubo comida/bebida a** ~ there was loads of food/drink

gol nm goal ▸ *Fig* **meter un** ~ **a alguien** to put one over on sb, to score an advantage over sb ▸ ~ **en propia meta** own goal

golazo nm *Fam* amazing goal

goleada nf high score, cricket score ▸ **ganar por** ~ to score a heavy victory

goleador, -ora nm,f goal scorer

golear vt to score a lot of goals against, to thrash

golero, -a nm,f *RP* goalkeeper

goleta nf schooner

golf nm golf

golfa nf *ESP Fam* [mujer promiscua] tart, slag

golfante nmf scoundrel, rascal

golfear vi *Fam* [hacer el golfo] to hang out

golfería nf **1.** [golfos] layabouts, good-for-nothings **2.** [actitud, comportamiento] loutish *o BR* yobbish behaviour

golfista nmf golfer

golfístico, -a adj golf, golfing

golfo, -a ■ adj [gamberro] loutish, *BR* yobbish / [pillo] roguish
■ nm **1.** [gamberro] lout, *BR* yob / [pillo] rogue, wide boy **2.** GEOG gulf, bay ▸ **el Golfo de Bengala** the bay of Bengal ▸ **el Golfo de México** the Gulf of Mexico ▸ **el Golfo Pérsico** the Persian Gulf ▸ **el Golfo de Vizcaya** the Bay of Biscay

gollete nm neck

golondrina nf swallow

golondrino nm MED boil in the armpit

golosina nf [dulce] *BR* sweet, *US* candy / [exquisitez] titbit, delicacy

goloso, -a ■ adj sweet-toothed
■ nm,f sweet-toothed person

golpe nm **1.** [impacto] blow / [en puerta] knock / [entre coches] bump, collision ▸ **me di un ~ en la rodilla** I banged my knee ▸ **tengo un ~ en el brazo** I've banged my arm ▸ **el coche tiene un ~ en la puerta** the car door has a dent in it ▸ **moler a alguien a golpes** to beat sb up ▸ DEP **un ~ bajo** a blow below the belt / *Fig* a low blow ▸ **~ de castigo** [en rugby] penalty (kick) ▸ **~ franco** free kick **2.** [disgusto] blow **3.** [atraco] raid, job, *US* heist ▸ **dar un ~** to do a job **4.** POL **~ (de Estado)** coup (d'état) **5.** [ocurrencia] witticism **6.** [en tenis, golf] shot **7.** [expresiones] **errar** *o* **fallar el ~** to miss the mark ▸ *Fam* **dar el ~** to cause a sensation, to be a hit ▸ **no dar** *o* **pegar ~** not to lift a finger, not to do a stroke of work ▸ **de ~** suddenly ▸ *Fam* **de ~ y porrazo** without warning, just like that ▸ **de un ~** at *or* in one fell swoop, all at once ▸ **~ de gracia** coup de grâce ▸ **~ de suerte** stroke of luck ▸ **~ de vista** glance ▸ **al primer ~ de vista** at a glance

golpear vt & vi [pegar, impactar] to hit / [puerta] to bang / [con puño] to punch
◆ ***golpearse*** vpr to give oneself a bump *o* bang ▸ **se golpeó en la cabeza** he bumped *o* banged his head

golpeteo nm [de dedos, lluvia] drumming / [de puerta, persiana] banging

golpismo nm tendency to military coups

golpista ■ adj involved in a military coup ▸ **una intentona ~** an attempted coup
■ nmf = *person involved in a military coup*

golpiza nf *AM* beating

goma nf **1.** [sustancia] gum ▸ **~ arábiga** gum arabic ▸ **~ de mascar** chewing gum **2.** [tira elástica] rubber band, *BR* elastic band ▸ **~ elástica** elastic **3.** [caucho] rubber ▸ **~ espuma** foam rubber ▸ **~ de borrar** eraser, *BR* rubber **4.** *Fam* [preservativo] rubber

gomaespuma nf foam rubber

gomería nf *CSUR* tyre centre

gomero, -a *AM* ■ nm,f [persona] rubber plantation worker
■ nm [árbol] rubber tree

gomina nf hair gel

gominola nf *BR* fruit jelly, *US* soft fruit candy

gomoso, -a adj gummy

gónada nf ANAT gonad

góndola nf **1.** [embarcación] gondola **2.** [autobús] *ANDES* [interurbano] (long distance) bus / *BOL* [urbano] city bus **3.** [en supermercado] gondola

gondolero nm gondolier

gong (pl **gongs**) nm gong

gonorrea nf MED gonorrhoea

gordinflón, -ona *Fam* ■ adj chubby, tubby
■ nm,f fatty

gordo, -a ■ adj **1.** [persona] fat ▸ **está más ~ que antes** he's put on weight ▸ *Fam* **me cae ~** I can't stand him **2.** [grueso] thick **3.** *Fam* [problema, asunto] big, serious ▸ **me pasó algo muy ~ con él** something very serious happened to me with him ▸ *Fig* **armar la gorda** to kick up a row *o* stink
■ nm,f [persona obesa] fat man, *f* fat woman ▸ **los gordos** fat people
■ nm [en lotería] first prize, jackpot ▸ **le tocó el ~** he won first prize, he won the jackpot

gordura nf fatness, obesity

gore nm slasher films

gorgojo nm [insecto] weevil

gorgonzola nm gorgonzola

gorgorito nm warble ▸ *Fam* **hacer gorgoritos** [cantar] to warble

gorgoteo nm gurgle, gurgling

gorila nm **1.** [animal] gorilla **2.** *Fam* [guardaespaldas] bodyguard / *ESP* [en discoteca, pub] bouncer

gorjear vi to chirp, to twitter

gorjeo nm chirping, twittering

gorra nf (peaked) cap ▸ *ESP, MÉX Fam* **de ~** for free ▸ *ESP, MÉX Fam* **vivir de ~** to scrounge ▸ **~ de plato** peaked cap *(of officer)* ▸ **~ de visera** baseball cap

gorrear vt & vi *Fam* to sponge, to scrounge

gorrinada nf **1.** [guarrada] [acción] disgusting behaviour / [lugar] pigsty **2.** [mala pasada] dirty trick

gorrino, -a nm,f *también Fig* pig

gorrión nm sparrow ▸ **~ macho** cock sparrow

gorro nm cap ▸ *Fam* **estar hasta el ~ (de)** to be fed up (with) ▸ **~ de baño** [para piscina] swimming cap, bathing cap / [para ducha] shower cap ▸ **~ de ducha** shower cap ▸ **~ de piscina** bathing *o* swimming cap

gorrón, -ona *ESP, MÉX Fam* ■ adj sponging, scrounging
■ nm,f sponger, scrounger

gorronear vt & vi *ESP, MÉX Fam* to sponge, to scrounge

gorronería nf *ESP Fam* sponging, scrounging

góspel nm MÚS gospel (music)

gota nf **1.** [de líquido] drop / [de sudor] bead ▸ **no probé una ~ de alcohol** I didn't drink a drop of alcohol ▸ **caer cuatro gotas** to spit (with rain) ▸ **ni ~**

(de) not a drop (of) ▸ **no se veía ni ~** you couldn't see a thing ▸ **no corre ni una ~ de brisa** there isn't a breath of wind ▸ **no entiendo ni ~ de alemán** I don't understand a word of German ▸ **ni ~ de sentido común** not an ounce of common sense ▸ **fue la ~ que colma el vaso, fue la última ~** it was the last straw ▸ **como dos gotas de agua** like two peas in a pod ▸ *Fam* **sudar la ~ gorda** to sweat blood, to work very hard ▸ MED **~ a ~** intravenous drip **2.** METEO **~ fría** = *cold front that remains in one place for some time, causing continuous heavy rain* **3.** [enfermedad] gout

gotear ■ vi [líquido, grifo] to drip / [techo, depósito] to leak / *Fig* to trickle through
■ v impersonal [chispear] to spit, to drizzle

gotelé nm = *decorative technique of applying paint to give a roughly textured surface*

goteo nm [de líquido] dripping / [de gente, información] trickle

gotera nf **1.** [filtración] leak **2.** [mancha] stain *(left by leaking water)*

gotero nm **1.** [gota a gota] (intravenous) drip **2.** *AM* [cuentagotas] eyedropper

gótico, -a ■ adj Gothic
■ nm [arte] Gothic

gourmet [gur'met] (pl **gourmets**) nmf gourmet

goyesco, -a adj = *relating to or like Goya's paintings*

gozada nf *Fam* absolute delight ▸ **¡qué ~ de coche/película!** what a wonderful car/film!

gozar [14] vi to enjoy oneself ▸ **~ con** to take delight in ▸ **~ de algo** to enjoy sth ▸ **goza de una buena posición social** he has *o* enjoys good social standing ▸ **~ de buena salud** to be in good health ▸ **goza de la confianza del presidente** he is trusted by the president

gozne nm hinge

gozo nm joy, pleasure ▸ *Fam* **mi ~ en un pozo** that's just my (bad) luck

g/p, g.p. (abrev de ***giro postal***) p.o.

grabación nf recording ▸ **~ digital** digital recording

grabado nm [técnica, lámina] engraving ▸ **~ al aguafuerte** etching ▸ **~ sobre madera** woodcut

grabador, -ora nm,f [persona] engraver

grabadora nf [magnetófono] tape recorder ▸ **~ de CD** CD writer

grabar vt **1.** [en metal] to engrave / [en madera] to carve ▸ **grabó su nombre en un tronco** she carved her name on a tree **2.** [sonido, cinta] to record, to tape ▸ **han grabado un nuevo disco** they've recorded a new album **3.** INFORM [documento] to save / [CD-ROM] to record, to burn **4.** [fijar] **grabado en su memoria** imprinted *o* engraved on his memory ▸ **¡que te quede bien grabado!** don't you forget it!
◆ ***grabarse*** vpr **grabársele a alguien en la memoria** to become imprinted *o* engraved on sb's mind

gracejo nm **tener mucho ~** to be a good talker ▸ **contar una historia con ~** to tell a story in an amusing way

gracia nf **1.** [humor, comicidad] humour ▸ **¡qué ~!** how funny! ▸ **su voz me hace mucha ~** [me divierte] I think he's got a really funny voice, his voice makes me laugh ▸ **mi sombrero le hizo ~ a Ana** [le gustó] Ana liked my hat ▸ **no me hizo ~** I didn't find it funny ▸ **tener ~** [ser divertido, curioso] to be funny **2.** [arte, habilidad] skill, natural ability ▸ *ESP* **todavía no le he pillado** *o* **cogido la ~ a esta cámara** I still haven't got the hang of using this camera **3.** [encanto] grace, elegance ▸ **no consigo verle la ~ a este cuadro** I just don't know what people see in this painting ▸ **la ~ del plato está en la salsa** the secret of the dish is (in) the sauce **4.** [ocurrencia] **no le rías las gracias al niño** don't laugh when the child does/says something silly **5.** [incordio] nuisance ▸ **vaya ~ tener que salir a mitad de la noche** it's a real nuisance having to go out in the middle of the night ▸ *Fam* **¡maldita la ~ que me hace tener que volverlo a hacer!** it's a real pain having to do it all over again! **6.** [favor] favour / [indulto] pardon ▸ **caer en ~** to be liked **7.** REL **la ~ de Dios** the grace of God
◆ ***gracias*** nfpl thank you, thanks ▸ **gracias a** thanks to ▸ **dar las gracias a alguien (por)** to thank sb (for) ▸ **muchas gracias** thank you very much, thanks very much ▸ **gracias por venir** thank you for coming

grácil adj [armonioso] graceful / [delicado] delicate

gracioso, -a ■ adj **1.** [divertido] funny, amusing ▸ **se cree muy ~** he thinks he's really smart **2.** [curioso] funny ▸ **es ~ que...** it's funny how... **3.** [bonito, atractivo] pretty
■ nm,f [persona divertida] funny *o* amusing person / *Pey* smart alec, comedian
■ nm TEATRO fool, clown

grada nf **1.** [peldaño] step **2.** TEATRO row **3.** **gradas** [en estadio] terraces

gradación nf scale

graderío nm *ESP* [gradas] TEATRO rows / DEP terraces / [público] crowd

grado nm **1.** [unidad] degree ▸ **~ centígrado** degree centigrade **2.** [índice, nivel] degree ▸ **quemaduras de primer ~** first-degree burns ▸ **mostró un alto ~ de preparación** he was very well prepared ▸ **en menor ~** to a lesser extent *o* degree ▸ **en ~ sumo** greatly **3.** [rango] grade / MIL rank **4.** EDUC [año] year, class, *US* grade **5.** [voluntad] **hacer algo de buen/mal ~** to do sth willingly/unwillingly ▸ **te lo prestaré de buen ~** I'd be happy to lend it to you

graduable adj adjustable

graduación nf **1.** [acción] grading / [de la vista] eye-test / [de gafas] strength **2.** EDUC graduation **3.** [de bebidas] strength, proof ▸ **bebidas de alta ~** spirits **4.** MIL rank

graduado, -a ■ adj **1.** [termómetro] graduated ▸ **gafas graduadas** prescription glasses ▸ **recipiente ~** [jarra] measuring jug **2.** [universitario] graduate
■ nm,f [persona] graduate
■ nm *ESP* EDUC **~ escolar** [título] = *basic school-leaving certificate*

gradual adj gradual

graduar [4] vt **1.** [medir] to gauge, to measure / [regular] to regulate / [vista] to test **2.** [escalonar] to stagger **3.** EDUC to confer a degree on **4.** MIL to confer a rank on, to commission

◆ ***graduarse*** vpr to graduate (**en** in)

graffiti nm piece of graffiti ▸ **la pared estaba llena de graffitis** the wall was covered in graffiti

grafía nf written symbol

gráfica nf graph, chart

gráfico, -a ■ adj graphic
■ nm [figura] graph, chart / [dibujo] diagram ▸ **~ de barras** bar chart ▸ **~ de sectores** pie chart

grafismo nm [diseño] graphics

grafista nmf graphic artist *o* designer

grafito nm graphite

grafología nf graphology

grafólogo, -a nm,f graphologist

gragea nf **1.** [píldora] pill, tablet **2.** [confite] sugar-coated sweet

grajilla nf jackdaw

grajo, -a nm,f rook

gral. (abrev de ***general***) gen.

gramática nf [disciplina, libro] grammar ▸ *Fam* **tener ~ parda** to be streetwise *o* worldly-wise

gramatical adj grammatical

gramático, -a ■ adj grammatical
■ nm,f [persona] grammarian

gramínea BOT ■ adj **una planta ~** a grass, *Espec* a gramineous plant
■ nf grass, *Espec* gramineous plant

gramo nm gram ▸ *Fig* **no tiene ni un ~ de cordura** he hasn't an ounce of good sense

gramófono nm gramophone

gramola nf gramophone

grampa nf *AM* staple

gran *ver* ***grande***

Granada n **1.** [en España] Granada **2.** [en las Antillas] Grenada

granada nf **1.** [fruta] pomegranate **2.** [proyectil] grenade ▸ **~ de mano** hand grenade

granadilla nf passion fruit

granadina nf **1.** [bebida] grenadine **2.** [cante] = *type of flamenco from Granada*

granadino, -a ■ adj **1.** [en España] of/from Granada **2.** [en las Antillas] Grenadian
■ nm,f person from Granada

granado nm pomegranate (tree)

granar vi to seed

granate ■ nm garnet
■ adj inv garnet-coloured

grande

gran is used instead of **grande** before singular nouns (e.g. **gran hombre** great man).

■ adj **1.** [de tamaño] big, large / [de altura] tall / [de intensidad, importancia] great ▸ **este traje me está** *o* **me queda ~** this suit is too big for me ▸ **un gran artista** a great artist ▸ **el gran favorito** the firm favourite ▸ **una gran figura** a big name ▸ **una gran parte de mi trabajo implica...** a large part of my job involves... ▸ **una gran responsabilidad** a heavy responsibility ▸ **a lo ~** in a big way, in style ▸ **grandes almacenes** department store ▸ FOT **gran angular** wide-angle lens ▸ **Gran Bretaña** Great Britain ▸ **el Gran Cañón** the Grand Canyon ▸ **gran danés** great Dane ▸ **gran éxito** [disco, libro] smash (hit) ▸ **los Grandes Lagos** the Great Lakes ▸ **la Gran Muralla (China)** the Great Wall (of China) ▸ **el gran público** the general public ▸ *ESP* COM **gran superficie** hypermarket **2.** *MÉX, RP* [de edad] old **3.** *RP Fam* [fantástico] fantastic, *BR* brilliant **4.** *Fam* **pasarlo en ~** to have a great time
■ nm **1.** [noble] grandee **2.** [persona, entidad importante] **uno de los grandes del sector** one of the major players in the sector ▸ **uno de los grandes de la literatura mexicana** one of the big names in Mexican literature **3.** *Fam* **grandes** [adultos] grown-ups

grandeza nf **1.** [de tamaño] (great) size / [esplendor] magnificence, grandeur ▸ **en toda su ~** in all its splendour *o* grandeur **2.** [de sentimientos] generosity, graciousness **3.** *ESP* [aristocracia] **la ~** the Spanish grandees

grandilocuencia nf grandiloquence

grandilocuente adj grandiloquent

grandiosidad nf grandeur

grandioso, -a adj grand, splendid

grandullón, -ona *Fam* ■ adj overgrown
■ nm,f big boy, *f* big girl

granel nm **a ~** [sin envase] loose / [en gran cantidad] in bulk / [en abundancia] in abundance ▸ **vender/comprar vino a ~** to sell/buy wine from the barrel

granero nm granary

granito nm granite

granizada nf hailstorm

granizado nm = *drink of flavoured crushed ice* ▸ **~ de limón/café** = *lemon-/coffee-flavoured crushed ice*

granizar [14] v impersonal to hail

granizo nm hail

granja nf farm ▸ **~ avícola** poultry farm ▸ **~ escuela** = *farm which schoolchildren visit or stay at to learn about farming life and animals*

granjear vt **1.** [conquistar] to earn **2.** *CHILE* [estafar] to swindle
◆ ***granjearse*** vpr to gain, to earn

granjearse vpr to gain, to earn

granjero, -a nm,f farmer

grano nm **1.** [de cereal, arena] grain ▸ **~ de café** coffee bean ▸ **~ de pimienta** peppercorn **2.** [partícula] grain **3.** [en la piel] spot, pimple **4.** [expresiones] **apartar** *o* **separar el ~ de la paja** to separate the wheat from the chaff ▸ **aportar** *o* **poner uno su ~ de arena** to do one's bit ▸ **ir al ~** to get to the point

granuja nmf [pillo] rogue, scoundrel / [canalla] trickster, swindler

granujada nf dirty trick

granulado, -a ■ adj granulated
■ nm granules

gránulo nm granule

granuloso, -a adj bumpy

grapa nf [para papeles] staple / [para heridas] stitch, (wire) suture

grapadora nf stapler ▸ ~ **industrial** staple gun

grapar vt to staple

grasa nf **1.** [en comestibles] fat / [de cerdo] lard ▸ ~ **vegetal** vegetable fat **2.** [lubricante] grease, oil **3.** [suciedad] grease

grasiento, -a adj greasy

graso, -a adj [mantecoso] greasy / [con alto contenido en grasas] fatty

grasoso, -a adj greasy

gratén nm CULIN gratin ▸ **al** ~ au gratin

gratificación nf **1.** [moral] reward **2.** [monetaria] bonus

gratificante adj rewarding

gratificar [59] vt [complacer] to reward / [retribuir] to give a bonus to / [dar propina a] to tip

gratinado, -a adj CULIN au gratin

gratinar vt CULIN to cook au gratin

gratis adv free, for nothing ▸ **ser** ~ to be free ▸ **me salió** ~ **el viaje** the journey didn't cost me anything

gratitud nf gratitude

grato, -a adj pleasant ▸ **nos es** ~ **comunicarle que...** we are pleased to inform you that...

gratuito, -a adj **1.** [sin dinero] free **2.** [arbitrario] gratuitous / [infundado] unfair, uncalled for

grava nf gravel

gravamen nm **1.** [impuesto] tax **2.** [obligación moral] burden

gravar vt **1.** [con impuestos] to tax **2.** [agravar] to worsen

grave ■ adj **1.** [enfermedad, situación, error] serious / [estilo] formal ▸ **estar** ~ to be seriously ill ▸ **presenta heridas graves** he is seriously injured ▸ **su semblante** ~ **impone respeto** her serious features inspire respect **2.** [sonido, voz] low, deep **3.** GRAM [palabra] stressed on the second-last syllable / [tilde] grave
■ nf GRAM word stressed on the second-last syllable

gravedad nf **1.** [cualidad de grave] seriousness **2.** FÍS gravity

gravidez nf *Formal* pregnancy

grávido, -a adj *Formal* full

gravilla nf gravel

gravitación nf FÍS gravitation

gravitacional adj gravitational

gravitar vi FÍS to gravitate ▸ *Fig* ~ **sobre** [pender] to hang *o* loom over / [recaer] to rest on

gravitatorio, -a adj gravitational

gravoso, -a adj burdensome / [costoso] expensive, costly

graznar vi [cuervo] to caw / [ganso] to honk / [pato] to quack / [persona] to squawk

graznido nm [de cuervo] caw, cawing / [de ganso] honk, honking / [de pato] quack, quacking / [de persona] squawk, squawking

greca nf ARQUIT fret

Grecia n Greece

grecolatino, -a adj Graeco-Latin

grecorromano, -a adj Greco-Roman

gregario, -a adj gregarious ▸ **el instinto** ~ the herd instinct

gregoriano, -a adj Gregorian

grelo nm turnip leaf

gremial adj **1.** HIST guild ▸ **ordenanzas gremiales** guild statutes **2.** *AM* [sindical] *BR* trade-union, *US* labor-union ▸ **organización** ~ *BR* trade-union *o* *US* labor-union organization

gremialismo nm **1.** *Pey* [corporativismo] = *self-interested behaviour, especially of professional groups* **2.** *AM* [sindicalismo] unionism, *BR* trade unionism

gremialista nmf *AM* union member, *BR* trade unionist

gremio nm **1.** HIST guild **2.** [conjunto de profesionales] profession, trade **3.** *Fam* [grupo] league, club **4.** *AM* [sindicato] *BR* trade union, *US* labor union

greña nf **1.** [pelo enredado] tangle of hair ▸ **greñas** [pelo largo] long hair **2.** *Fam* **andar a la** ~ **(con alguien)** to be at loggerheads (with sb)

greñudo, -a adj with dishevelled *o* unkempt hair

gres nm stoneware

gresca nf row ▸ **se armó una** ~ there was a fuss *o* row

griego, -a ■ adj & nm,f Greek
■ nm [lengua] Greek

grieta nf crack / [entre montañas] crevice / [que deja pasar luz] chink

grifa nf *Fam* marijuana

grifería nf taps

grifero, -a nm,f *PERÚ BR* petrol pump attendant, *US* gas pump attendant

grifo nm **1.** *ESP* [llave] *BR* tap, *US* faucet ▸ ~ **monomando** mixer tap **2.** *PERÚ* [gasolinera] *BR* petrol station, *US* gas station

grill [gril] (pl **grills**) nm grill

grillado, -a adj *ESP Fam* crazy, loopy

grillete nm shackle

grillo nm **1.** [insecto] cricket **2.** **grillos** [grilletes] shackles

grima nf **1.** [disgusto] annoyance ▸ **me da** ~ he/she/it gets on my nerves **2.** [dentera] **me da** ~ he/she/it sets my teeth on edge

gringo, -a adj & nm,f gringo

gringolandia nf *AM Fam Hum* Yankeeland

gripa nf *COL, MÉX* flu

gripal adj flu-like ▸ **síntomas gripales** flu(-like) symptoms

griparse vpr to seize up

gripe nf flu

griposo, -a adj fluey

gris ■ adj [color] grey / [existencia] gloomy, miserable / [discurso, persona] dull, characterless
■ nm **1.** grey ▸ ~ **marengo/perla** dark/pearl grey **2.** *ESP Fam Antes* **los grises** [la policía] the cops

grisáceo, -a adj greyish

grisalla nf *MÉX* scrap metal

grisear vi to become grey

grisú (pl **grisúes**) nm MED firedamp

gritar ■ vi [hablar alto] to shout / [chillar] to scream ▸ **no grites tanto, habla más bajo** don't shout so much, lower your voice a bit ▸ **gritó de dolor** he screamed in pain
■ vt **1.** [en voz alta] **~ algo a alguien** to shout sth at sb **2.** [reñir] to shout *o* yell at ▸ **¡no me grites!** don't shout *o* yell at me!

griterío nm screaming, shouting

grito nm [chillido] shout / [de dolor, miedo] cry, scream / [de sorpresa, de animal] cry ▸ **se escuchaban los gritos de los manifestantes** you could hear the demonstrators chanting ▸ **dar** *o* **pegar un ~** to shout *o* scream (out) ▸ *Fam* **a ~ limpio** *o* **pelado** at the top of one's voice ▸ **hablar a gritos** to shout, to talk at the top of one's voice ▸ *Fig* **pedir algo a gritos** to be crying out for sth ▸ *Fam* **poner el ~ en el cielo** to hit the roof ▸ **ser el último ~** to be the latest fashion *o* craze, to be the in thing ▸ **~ de dolor** cry of pain ▸ **~ de guerra** war *o* battle cry

gritón, -ona adj *Fam* loud-mouthed

groenlandés, -esa ■ adj Greenlandic
■ nm,f Greenlander

Groenlandia n Greenland

grog (pl **grogs**) nm grog

grogui adj *también Fig* groggy

grosella nf **~ (roja)** redcurrant ▸ **~ negra** blackcurrant ▸ **~ silvestre** gooseberry

grosellero nm [silvestre] gooseberry bush

grosería nf [cualidad] rudeness / [acción] rude thing / [palabrota] swear word

grosero, -a ■ adj **1.** [maleducado] rude, crude **2.** [tosco] coarse, rough
■ nm,f rude person

grosor nm thickness

grosso modo adv roughly, in broad terms

grotesco, -a adj grotesque

grúa nf **1.** [máquina] crane **2.** [vehículo] *BR* breakdown van *o* truck, *US* tow truck

grueso, -a ■ adj **1.** [espeso] thick **2.** [corpulento] thickset / [obeso] fat **3.** [en grano] coarse ▸ **sal gruesa** coarse salt **4.** METEO **mar gruesa** stormy *o* heavy sea
■ nm **1.** [grosor] thickness **2.** [parte mayor] **el ~ de** the bulk of ▸ **el ~ del público ya se ha marchado** most of the crowd has already left

grulla nf crane ▸ *Fam Pey* **una vieja ~** [mujer] an old trout

grumete nm cabin boy

grumo nm [de líquido] lump / [de sangre] clot

grumoso, -a adj lumpy

grunge [gruntʃ] nm grunge

gruñido nm [de perro] growl / [de cerdo] grunt / [de persona] grumble

gruñir vi [perro] to growl / [cerdo] to grunt / [persona] to grumble

gruñón, -ona ■ adj grumpy
■ nm,f old grump

grupa nf hindquarters

grupo nm [conjunto] group / [de árboles] cluster / [de músicos] group, band / TEC unit, set ▸ **en ~** in a group ▸ **~ de discusión** INFORM discussion group / MKTG focus group ▸ ELEC **~ electrógeno** generator ▸ COM **~ de empresas** (corporate) group ▸ **~ ecologista** environmental group ▸ **~ de estudio** study group ▸ **~ de música pop** pop group ▸ INFORM **~ de noticias** newsgroup ▸ POL **~ parlamentario** parliamentary group ▸ POL **~ de presión** pressure group, lobby ▸ **~ de riesgo** group at risk ▸ **~ de rock** rock group ▸ MED **~ sanguíneo** blood group

grupúsculo nm minor group

gruta nf grotto

gruyère [gru'jer] ■ adj **queso ~** Gruyère cheese
■ nm Gruyère

gta. abrev de ***glorieta***

guacal nm **1.** *CAM, MÉX* [calabaza] pumpkin **2.** *CARIB, COL, MÉX* [jaula] cage

guacamayo, -a nm,f [ave] macaw

guacamol, guacamole nm guacamole, avocado dip

guachafita nf *COL, VEN Fam* racket, uproar

guachimán nm *AM* night watchman

guachinango nm *MÉX* [pez] red snapper

guacho, -a nm,f *ANDES, CSUR Fam* illegitimate child

guadalajareño, -a ■ adj of/from Guadalajara
■ nm,f person from Guadalajara

Guadalquivir nm **el ~** the Guadalquivir

guadaña nf scythe

Guadiana nm **el ~** the Guadiana

guagua nf **1.** *CUBA, PRICO, RDOM* [autobús] bus **2.** *ANDES* [niño] baby

guajira nf = *Cuban popular song about country life*

guajiro, -a nm,f *CUBA Fam* peasant

guajolote nm *CAM, MÉX* turkey

gualdo, -a adj yellow

guampa nf *BOL, CSUR* horn

guanábana nf *AM* soursop

guanajo nm *CARIB* turkey

guanche adj & nmf guanche, = *original inhabitant of the Canary Islands*

guano nm **1.** [abono] guano **2.** *CUBA* [palmera] palm tree

guantazo nm *Fam* slap

guante nm glove ▸ **arrojar** *o* **tirar el ~** to throw down the gauntlet ▸ **de ~ blanco** gentlemanly ▸ *Fam Fig* **echarle el ~ a algo/alguien** to get hold of sth/sb, to get one's hands on sth/sb ▸ **estar más suave que un ~** to be as meek as a lamb ▸ **~ de boxeo** boxing glove ▸ **~ de goma** rubber glove

guantera nf [en coche] glove compartment

guaperas *ESP Fam* ■ adj inv pretty-pretty
■ nm inv **1.** [presumido] pretty boy **2.** [artista, cantante] heart-throb

guapetón, -ona adj *ESP Fam* gorgeous

guapo, -a ■ adj **1.** *esp ESP* [atractivo] good-looking / [hombre] handsome / [mujer] pretty **2.** *esp ESP* [elegante] smart ▸ **¡qué ~ te has puesto!** you look really nice! **3.** *ESP Fam* [muy bueno] cool, ace **4.** *AM* [valiente] gutsy ▸ **ser ~** to have guts
■ nm,f **1.** [valiente] **a ver quién es el ~ que...** let's see who's brave enough to... **2.** *ESP Fam* [apelativo] pal, *BR* sunshine

guapura nf [de hombre] handsomeness / [de mujer] prettiness

guaraches nmpl *MÉX* sandals *(with a sole made from a tyre)*

guarango, -a adj *CSUR* coarse, vulgar

guaraní (pl **guaraníes**) ■ adj & nmf Guarani
■ nm **1.** [lengua] Guarani **2.** [moneda] guarani

> CULTURA / CULTURE
>
> ***guaraní***
>
> Paraguay is the only Latin American country where an indigenous language is used as widely as Spanish. **Guaraní** was the language spoken by the main indigenous people at the time of the Spanish conquest. The process of racial mixing between Spaniard and Guarani over centuries has resulted in a population that is largely bilingual. In the major urban areas about half the population are able to use both languages freely, while in rural areas Guarani speakers predominate. Spanish is the language of the press and education, but Guarani has had a great influence on the vocabulary of Spanish speakers.

guarda ■ nmf [vigilante] guard, keeper ▸ **~ forestal** gamekeeper, forest ranger ▸ **~ jurado** security guard
■ nf **1.** [tutela] guardianship **2.** [de libros] flyleaf

guardabarrera nmf FERROC *BR* level crossing keeper, *US* grade crossing keeper

guardabarros nm inv *ESP, BOL, RP* [en automóvil, bicicleta] *BR* mudguard, *US* fender

guardabosque nmf forest ranger

guardacoches nmf inv parking attendant

guardacostas nm inv [barco] coastguard boat

guardador, -ora nm,f keeper

guardaespaldas nmf inv bodyguard

guardafrenos nmf inv FERROC brakeman, *f* brakewoman

guardagujas nmf inv FERROC *BR* pointsman, *f* pointswoman, *US* switchman, *f* switchwoman

guardameta nmf goalkeeper

guardamuebles nm inv furniture warehouse *(for storage)*

guardapolvo nm overalls

guardar vt **1.** [conservar] to keep / [poner en su sitio] to put away ▸ **guarda el vestido en el armario** she keeps the dress in the wardrobe ▸ **¡guarda los juguetes!** put your toys away! ▸ **guardo muy buenos recuerdos de mi infancia** I have very good memories of my childhood **2.** [reservar] to save (**a** *o* **para alguien** for sb) ▸ **guarda un poco de pastel para tu hermano** leave *o* save a bit of cake for your brother **3.** [vigilar] to keep watch over / [proteger] to guard **4.** [observar] [ley, norma, fiesta] to observe / [secreto, promesa] to keep ▸ **~ cama** to stay in bed ▸ **~ silencio** to keep quiet ▸ **~ las apariencias** to keep up appearances **5.** INFORM to save
◆ ***guardarse*** vpr **1.** [colocar] **se guardó la pluma en el bolsillo** she put the pen in her pocket **2.** [quedarse con] **guárdate tu ironía para otro momento** save *o* keep your irony for another occasion **3. guardarse de hacer algo** [evitar] to avoid doing sth / [abstenerse de] to be careful not to do sth ▸ **me guardaré de criticarle** I'll be careful not to criticize him **4.** *Fam* **guardársela a alguien** to have it in for sb

guardarropa nm **1.** [armario] wardrobe / [de cine, discoteca] cloakroom **2.** [ropa] wardrobe

guardarropía nf TEATRO wardrobe

guardavallas nmf inv *AM* goalkeeper

guardavida nmf *RP* lifeguard

guardería nf [establecimiento] nursery / [en aeropuerto, supermercado] crèche

guardia ■ nf **1.** [conjunto de personas] guard ▸ **la vieja ~** the old guard ▸ **Guardia Civil** Civil Guard, = *armed Spanish police force who patrol rural areas and highways, guard public buildings in cities and police borders and coasts* **2.** [vigilancia] watch, guard ▸ **en ~** on guard ▸ **montar (la) ~** to mount guard ▸ **aflojar** *o* **bajar la ~** to lower *o* drop one's guard **3.** [turno] duty ▸ **estar de ~** to be on duty
■ nmf [persona] policeman, *f* policewoman ▸ **~ civil** civil guard ▸ **~ municipal** (local) policeman, *f* (local) policewoman ▸ **~ de seguridad** security guard ▸ **~ de tráfico** traffic policeman, *f* traffic policewoman
■ nm **~ marina** = *sea cadet in final two years of training*

guardián, -ana nm,f [de persona] guardian / [de cosa] watchman, keeper

guarecer [46] vt to protect, to shelter (**de** from)
◆ ***guarecerse*** vpr to shelter (**de** from)

guarida nf [de animal] lair / *Fig* hideout

guarismo nm figure, number

guarnecer [46] vt **1.** [adornar] to decorate / [ropa] to trim **2.** CULIN [acompañar] to garnish **3.** MIL [vigilar] to be garrisoned in

guarnición nf **1.** [adorno] decoration / [de ropa] trimming **2.** CULIN garnish **3.** MIL garrison

guarrada nf *ESP Fam* [cosa asquerosa] filthy thing / [mala pasada] filthy *o* dirty trick

guarrería nf *ESP Fam* [suciedad] filth, muck / [acción] filthy thing

guarro, -a *ESP* ■ adj *Fam* filthy
■ nm,f [animal] pig, *f* sow / *ESP Fam* [persona] filthy *o* dirty pig

guarura nm *MÉX Fam* bodyguard

guasa nf *Fam* **1.** [gracia] humour / [ironía] irony ▸ **estar de ~** to be joking **2.** [pesadez] **tener mucha ~** to be a pain in the neck

guasca nf *ANDES* whip

guasearse vpr *Fam* to take the mickey (**de** out of)
guasón, -ona ■ adj fond of teasing
■ nm,f joker, tease
guata nf **1.** [de algodón] cotton padding **2.** *CHILE Fam* [barriga] belly
guateado, -a adj padded
Guatemala n **1.** [país] Guatemala **2.** [ciudad] Guatemala City
guatemalteco, -a adj & nm,f Guatemalan
guateque nm *ESP, CUBA, MÉX* party
guatón, -ona adj *ANDES Fam* potbellied
guau interj [ladrido] woof
guay adj, adv & interj *ESP Fam* cool, *US* neat
guayaba nf [fruta] guava
guayabera nf *CAM, CARIB, COL* = *lightweight man's shirt with pockets and sometimes tucks or embroidery, worn outside trousers*
guayabo, -a nm **1.** [árbol] guava tree **2.** *ANDES Fam* [resaca] hangover
Guayana nf **la ~ Francesa** French Guiana
guayanés, -esa adj & nm,f Guianan, Guianese
guayín nm *MÉX Fam* van
gubernamental adj government ▸ **política ~** government policy
gubernativo, -a adj government ▸ **orden gubernativa** government decree
guepardo nm cheetah
güero, -a adj *MÉX Fam* blond, *f* blonde, fair-haired
guerra nf **1.** [conflicto] war / [referido al tipo de conflicto] warfare ▸ **declarar la ~** to declare war ▸ *Fig* **le tiene la ~ declarada a su hermano** he's at daggers drawn with his brother ▸ **en ~** at war ▸ **~ sin cuartel** all-out war ▸ **~ atómica** nuclear war ▸ **~ bacteriológica** germ warfare ▸ **~ civil** civil war ▸ **~ fría** cold war ▸ **~ de las galaxias** star wars ▸ **~ de guerrillas** guerrilla warfare ▸ **~ mundial** world war ▸ **~ de nervios** war of nerves ▸ **~ nuclear** nuclear war ▸ **~ de precios** price war ▸ **~ psicológica** psychological warfare ▸ **~ química** chemical warfare ▸ **~ santa** Holy War ▸ **~ sucia** dirty war **2.** *Fam* [problemas] **dar ~** to be a pain, to be annoying / [niño] to act up
guerrear vi to wage war (**contra** on *o* against)
guerrera nf [prenda] (military) jacket
guerrero, -a ■ adj [belicoso] warlike / [peleón] argumentative, quarrelsome
■ nm,f warrior
guerrilla nf [grupo] guerrilla group
guerrillero, -a ■ adj guerrilla ▸ **ataque ~** guerrilla attack
■ nm,f guerrilla
gueto nm ghetto
güevón, -ona ➤ ***huevón***
güey ■ nm *MÉX muy Fam* [tonto] jerk, *BR* plonker
■ interj **¡ay ~!** [asombro] *BR* bloody hell!, *US* goddamn!
guía ■ nmf [persona] guide ▸ **~ espiritual** [persona, libro] spiritual guide ▸ **~ turístico** tour guide, tourist guide
■ nf **1.** [indicación] guidance **2.** [libro] guide (book) ▸ **~ de carreteras** road atlas ▸ **~ de conversación** phrase book ▸ **~ de ferrocarriles** train timetable ▸ *ESP, RP* **~ telefónica** *o* **de teléfonos** telephone book *o* directory ▸ **~ turística** tourist guide **3.** [de bicicleta] handlebars **4.** [para cortinas] rail
guiar [32] vt **1.** [indicar dirección] to guide, to lead / [aconsejar] to guide, to direct **2.** AUT to drive / NÁUT to steer **3.** [plantas, ramas] to train
◆ ***guiarse*** vpr **guiarse por algo** to be guided by *o* to follow sth ▸ **se guía por el instinto** he's guided by instinct
guija nf pebble
guijarro nm pebble
guijarroso, -a adj pebbly
guillado, -a adj *Fam* crazy
guilladura nf *Fam* craziness
guillotina nf guillotine
guillotinar vt to guillotine
guinda nf morello cherry ▸ *Fig* **la ~** the finishing touch, the icing on the cake
guindar *Fam* vt **1.** *ESP* [robar] to pinch, *BR* to nick ▸ *ESP* **~ algo a alguien** to pinch *o BR* nick sth off sb **2.** *CAM, MÉX, VEN* [colgar] to hang up
◆ ***guindarse*** vpr *CAM, MÉX, VEN* [colgarse] to hang
guindilla nf chilli (pepper)
guindo nm morello cherry tree
guinea nf guinea
Guinea-Bissau n Guinea-Bissau
Guinea Ecuatorial n Equatorial Guinea
guineano, -a adj & nm,f Guinean
guiñador nm *BOL BR* indicator, *US* turn signal
guiñapo nm **1.** [andrajo] rag **2.** [persona] **estar hecho un ~** to be a wreck
guiñar vt to wink ▸ **guiñarle un ojo a alguien** to wink at sb
◆ ***guiñarse*** vpr to wink at each other
guiño nm wink
guiñol nm puppet theatre
guiñolesco, -a adj farcical
guión nm **1.** [resumen] framework, outline **2.** CINE & TV script ▸ *Fig* **eso no estaba en el ~** that's not what was agreed on ▸ **~ de cine** film script **3.** GRAM [signo] hyphen
guionista nmf scriptwriter
guipuzcoano, -a ■ adj of/from Guipúzcoa
■ nm,f person from Guipúzcoa
guiri *ESP Fam* ■ adj foreign
■ nmf foreigner
guirigay nm *ESP Fam* **1.** [jaleo] racket **2.** [lenguaje ininteligible] gibberish
guirlache nm almond brittle
guirnalda nf garland
guisa nf way, manner ▸ **a ~ de** by way of, as ▸ **de esta ~** in this way
guisado nm stew

guisante nm *esp ESP* pea

guisar vt & vi to cook
◆ ***guisarse*** vpr *Fam* [suceder, planearse] to be cooking, to be going on

guiso nm stew

güisqui nm whisky

guita nf **1.** *ESP, RP Fam* [dinero] dough, *BR* dosh **2.** [cuerda] twine, string

guitarra ■ nf guitar ▸ **chafar la ~ a alguien** to mess things up for sb ▸ **~ acústica** acoustic guitar ▸ **~ eléctrica** electric guitar
■ nmf guitarist

guitarrero, -a nm,f guitar maker

guitarrista nmf guitarist

gula nf gluttony

gulasch [gu'las] nm inv goulash

gurí, -isa nm,f *RP Fam* kid, child

guripa nm *ESP Fam* cop

gurú, guru nm guru

gusa nf *ESP Fam* [hambre] **tener ~** to be starving

gusanillo nm *Fam* **el ~ de la conciencia** conscience ▸ **entrarle a uno el ~ del viaje** to be bitten by the travel bug ▸ **matar el ~** [bebiendo] to have a drink on an empty stomach / [comiendo] to have a snack between meals ▸ **sentir un ~ en el estómago** to have butterflies (in one's stomach)

gusano nm **1.** [animal] worm / [de mosca] maggot ▸ **~ de luz** glow worm ▸ **~ de (la) seda** silkworm **2.** *Fam Pey* [persona] worm **3.** INFORM worm

gusarapo, -a nm,f creepy-crawly

gustar ■ vi **1.** [agradar] to be pleasing ▸ **me gusta ir al cine** I like going to the cinema ▸ **me gustan las novelas** I like novels ▸ **así me gusta, has hecho un buen trabajo** that's what I like to see, you've done a fine job ▸ **hazlo como más te guste** do it whichever way you see fit, do it however you like **2.** [atraer] **me gusta Andrés** I fancy Andrés ▸ **me gustas mucho** I like you a lot, I really like you **3.** [en fórmulas de cortesía] **como/cuando guste** as/whenever you wish ▸ **¿gustas?** [¿quieres?] would you like some? **4.** *Formal* **~ de hacer algo** to like *o* enjoy doing sth
■ vt [saborear, probar] to taste, to try

gustativo, -a adj taste ▸ **papila gustativa** taste bud

gustazo nm *Fam* great pleasure ▸ **darse el ~ de algo/hacer algo** to allow oneself the pleasure of sth/doing sth

gustillo nm **1.** [sabor] aftertaste **2.** [impresión] **me dejó un gustillo amargo** it left a bitter taste in my mouth

gusto nm **1.** [estilo] taste / [sabor] taste, flavour ▸ **una casa decorada con (buen) ~** a tastefully decorated house ▸ **de buen/mal ~** in good/bad taste ▸ *Prov* **sobre gustos no hay nada escrito** there's no accounting for taste, each to his own ▸ **tener buen/mal ~** to have good/bad taste **2.** [placer] pleasure ▸ **con mucho ~** gladly, with pleasure ▸ **iría con (mucho) ~, pero no puedo** I'd love to go but I can't ▸ **da ~ estar aquí** it's a real pleasure to be here ▸ **mucho ~ – el ~ es mío** pleased to meet you – the pleasure's mine ▸ **hacer algo a ~** [de buena gana] to do sth willingly *o* gladly / [cómodamente] to do sth comfortably ▸ **mucho** *o* **tanto ~** pleased to meet you ▸ **sentirse** *o* **encontrarse** *o* **estar a ~** to feel comfortable *o* at ease ▸ **tomar ~ a algo** to take a liking to sth

gustoso, -a adj **1.** [con placer] **hacer algo ~** to do sth gladly *o* willingly ▸ **lo habría hecho ~, pero no pude** I'd gladly have done it, but I wasn't able to **2.** [sabroso] tasty

gutural adj guttural

Guyana nf Guyana

Guyana francesa nf **la ~** French Guyana

guyanés, -esa adj & nm,f Guyanese

gymkhana [jin'kana] nf [carrera de obstáculos] gymkhana / [de automóviles] rally

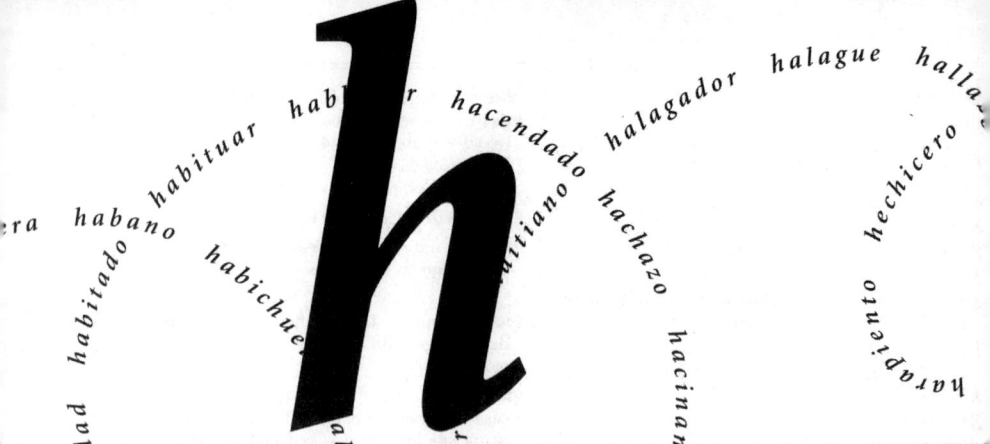

H, h ['atʃe] nf [letra] H, h ▸ *Fig* **por h o por b** for one reason or another

H (abrev de ***Hermano***) Br.

h, h. (abrev de ***hora***) hr, h.

ha ■ *ver* ***haber***
■ nf (abrev de ***hectárea***) ha

haba nf broad bean

habanera nf MÚS habanera

habanero, -a ■ adj of/from Havana
■ nm,f person from Havana

habano nm Havana cigar

habeas corpus nm inv habeas corpus

haber [1] ■ v aux **1.** [en tiempos compuestos] to have ▸ **lo he/había hecho** I have/had done it ▸ **los niños ya han comido** the children have already eaten **2.** [expresa reproche] **~ venido antes** you could have come a bit earlier ▸ **¡haberlo dicho!** why didn't you say so? ▸ **haberme escuchado** I told you (so), you should have listened to me ▸ **de haberlo sabido...** if only I'd known... **3.** [expresa obligación] **~ de hacer algo** to have to do sth ▸ **has de estudiar más** you have to study more ▸ **siempre has de ser tú el que se queje** you always have to be the one to complain
■ v impersonal **1.** [existir, estar] **hay** there is/are ▸ **hay mucha gente en la calle** there are a lot of people in the street ▸ **había/hubo muchos problemas** there were many problems ▸ **habrá dos mil** [expresa futuro] there will be two thousand / [expresa hipótesis] there must be two thousand ▸ **es un artista donde los haya** he's as good an artist as you'll find ▸ **hay quien dice...** some people say... **2.** [expresa obligación] **hay que hacer más ejercicio** one *o* you should do more exercise ▸ **habrá que soportar su mal humor** we'll have to put up with his bad mood **3.** [expresiones] **algo habrá** there must be something in it ▸ **¡hay que ver!** well I never! ▸ **lo habido y por ~** everything under the sun ▸ **no hay de qué** don't mention it ▸ *Fam* **¿qué hay?** [saludo] how are you doing?
■ nm **1.** [bienes] assets **2.** [en cuentas, contabilidad] credit (side)

habichuela nf *ESP, CARIB, COL* bean

habido, -a adj occurred ▸ **los accidentes habidos este verano** the number of accidents this summer

hábil adj **1.** [diestro] skilful ▸ **es muy ~ con las manos** he's very good with his hands **2.** [utilizable] [lugar] suitable, fit ▸ **día ~** working day

habilidad nf [destreza] skill ▸ **tener ~ para algo** to be good at sth ▸ **salió del compromiso con ~** she cleverly extricated herself from the situation

habilidoso, -a adj skilful, clever

habilitación nf **1.** [acondicionamiento] fitting out **2.** DER [autorización] authorization, right

habilitado, -a ■ adj DER authorized
■ nm,f paymaster

habilitar vt **1.** [acondicionar] to fit out, to equip ▸ **habilitó el desván para cuarto de huéspedes** he fitted out the attic as a guest bedroom **2.** DER [autorizar] to authorize **3.** [financiar] to finance

hábilmente adv skilfully

habiloso, -a adj *CHILE* shrewd, astute

habitabilidad nf habitability ▸ **estar/no estar en condiciones de ~** to be fit/unfit for human habitation

habitable adj habitable, inhabitable

habitación nf [cuarto] room / [dormitorio] bedroom ▸ **~ doble** [con cama de matrimonio] double room / [con dos camas] twin room ▸ **~ individual** single room ▸ **~ de invitados** spare room

habitacional adj *CSUR, MÉX* housing ▸ **un complejo ~** a housing development

habitáculo nm [casa] dwelling / [habitación] room

habitado, -a adj [región, casa] inhabited

habitante nm [de ciudad, país] inhabitant / [de barrio] resident

habitar ■ vi to live ▸ **una región sin ~** an unpopulated area
■ vt to live in, to inhabit ▸ **una especie que habita las zonas montañosas** a species found in mountainous areas

hábitat (pl hábitats) nm **1.** BIOL habitat ▸ **~ marino/urbano** marine/urban habitat **2.** [vivienda] housing conditions

hábito nm **1.** [costumbre] habit ▸ **tener el ~ de hacer algo** to be in the habit of doing sth ▸ **crear ~** to be addictive **2.** [de monje] habit ▸ **tomar el ~** *o* **los hábitos** [monja] to take the veil / [sacerdote] to take holy orders

habituación nf **1.** [a drogas] addiction **2.** [a situación] **la ~ al nuevo trabajo fue difícil** getting used to the new job was difficult

habitual adj [costumbre, respuesta] habitual / [cliente, lector] regular ▸ **es ~** it's not uncommon, it's normal ▸ **lo ~ es dejar propina** it is usual *o* customary to leave a tip ▸ **lo ~ en un caso así es llamar a la policía** in a case like this you would normally call the police

habituar [4] vt **~ a alguien a** to accustom sb to
◆ ***habituarse*** vpr **habituarse a** [acostumbrarse] to get used *o* accustomed to / [drogas] to become addicted to

habla nf **1.** [idioma] language / [dialecto] dialect ▸ **de ~ española** Spanish-speaking ▸ **los países de ~ inglesa** English-speaking countries ▸ **el ~ popular** the everyday speech **2.** [facultad] speech ▸ **no saben si recuperará el ~** they don't know if she will ever speak again ▸ **quedarse sin ~** to be left speechless **3.** LING parole **4.** [al teléfono] **estar al ~ con alguien** to be on the line to sb ▸ **¿el Sr. Pastor? – al ~** Mr Pastor? – speaking!

hablador, -ora ■ adj talkative
■ nm,f chatterbox

habladurías nfpl [rumores] rumours / [chismes] gossip ▸ **no son más que ~** it's all just idle gossip

hablante ■ adj speaking
■ nmf speaker ▸ **~ nativo** native speaker

hablar ■ vi **1.** [emitir palabras, expresarse] to speak ▸ **~ en voz alta/baja** to speak loudly/softly ▸ **~ claro** to speak clearly **2.** [conversar] to talk (**con** to), to speak (**con** to) ▸ **necesito ~ contigo** I need to talk *o* speak to you, we need to talk ▸ **~ con alguien por teléfono** to speak to sb on the phone ▸ **~ de algo** to talk about sth **3.** [confesar] to talk ▸ **hacer ~ a alguien** [en interrogatorio] to get sb to talk **4.** [expresiones] **~ por ~** to talk for the sake of talking ▸ **~ bien/mal de** to speak well/badly of ▸ **me han hablado muy bien de este restaurante** I've heard a lot of good things about this restaurant, I've heard people speak very highly of this restaurant ▸ **~ de tú a alguien** to address sb as "tú" ▸ **dar que ~** to make people talk ▸ **¡ni ~!** no way! ▸ **no me habla** he's not speaking to me
■ vt **1.** [idioma] to speak **2.** [asunto] to discuss ▸ **es mejor que lo hables con él** it would be better if you talked to him about it
◆ ***hablarse*** vpr **1.** [dos personas] to speak (to each other) ▸ **no hablarse** not to be speaking, not to be on speaking terms **2.** [reflexivo] **se habla inglés** [en letrero] English spoken

habón nm [roncha] lump *(on skin)*

habrá *ver* ***haber***

hacedor, -ora nm,f maker ▸ **el Hacedor** the Maker

hacendado, -a nm,f landowner

hacendoso, -a adj house-proud

hacer [33] ■ vt **1.** [realizar] [estudios, experimento, favor] to do / [viaje, sacrificio, promesa] to make / [comunión] to take / [pregunta] to ask ▸ **¿qué haces?** what are you doing? ▸ **tengo mucho que ~** I have a lot to do ▸ **estoy haciendo segundo** I'm in my second year ▸ **¿qué habré hecho con las llaves?** what have I done with the keys? ▸ **la carretera hace una curva** there's a bend in the road **2.** [elaborar, crear, cocinar] to make ▸ **~ un vestido/planes** to make a dress/plans ▸ **~ un poema/una sinfonía** to write a poem/a symphony ▸ **~ una fiesta** to have a party ▸ **para ~ la carne...** to cook the meat... **3.** [obtener] [fotocopia] to make / [retrato] to paint / [fotografía] to take **4.** [arreglar] [casa, colada] to do / [cama] to make **5.** [construir] to build ▸ **han hecho un edificio nuevo** they've put up a new building **6.** [movimientos, sonidos, gestos] to make ▸ **le hice señas** I signalled to her ▸ **~ ruido** to make a noise ▸ **el gato hace "miau"** cats go "miaow" **7.** [practicar] [en general] to do / [tenis, fútbol] to play ▸ **debes ~ deporte** you should start doing some sport **8.** [causar] **~ daño a alguien** to hurt sb ▸ **me hizo gracia** I thought it was funny **9.** [transformar en] **~ a alguien feliz** to make sb happy ▸ **la guerra no le hizo un hombre** the war didn't make him (into) a man ▸ **hizo pedazos el papel** he tore the paper to pieces ▸ **~ de algo/alguien algo** to make sth/sb into sth ▸ **hizo de ella una buena cantante** he made a good singer of her **10.** [dar aspecto a] to cause to look *o* seem ▸ **este espejo te hace gordo** that mirror makes you look *o* seem fat **11.** [comportarse como] **~ el tonto** to act the fool ▸ **~ el vándalo** to act like a hooligan **12.** CINE & TEATRO [papel] to play ▸ **hace el papel de la hija del rey** she plays (the part of) the king's daughter **13.** [suponer] to think, to reckon ▸ **a estas horas yo te hacía en París** I thought *o* reckoned you'd be in Paris by now **14.** [ser causa de] **~ que alguien haga algo** to make sb do sth ▸ **has hecho que se enfadara** you've made him angry ▸ **me hizo reír** it made me laugh **15.** [mandar] **~ que se haga algo** to have sth done ▸ **voy a ~ teñir este vestido** I'm going to have this dress dyed
■ vi **1.** [intervenir] **déjame ~ a mí** let me do it **2.** CINE & TEATRO **~ de** [actuar] to play / [trabajar] to act as **3.** [aparentar] **~ como si** to act as if ▸ **haz como que no te importa** act as if you don't care **4.** [procurar, intentar] **~ por ~ algo** to try to do sth ▸ **haré por verle esta noche** I'll try to see him tonight **5.** *ESP* **¿hace?** all right?
■ v impersonal **1.** [tiempo meteorológico] **hace frío/sol/viento** it's cold/sunny/windy ▸ **hace buen/mal tiempo** the weather is good/bad ▸ **hace un día precioso** it's a beautiful day **2.** [tiempo transcurrido] **hace diez años** ten years ago ▸ **hace mucho/poco** a long time/not long ago ▸ **hace dos sábados** the Saturday before last ▸ **hace un mes que llegué** it's a month since I arrived ▸ **no la veo desde hace un año** I haven't seen her for a year
◆ ***hacerse*** vpr **1.** [guisarse, cocerse] to cook **2.** [fabricarse] to make oneself ▸ **~ un vestido** [uno mismo] to make oneself a dress / [encargarlo] to have a dress made **3.** [causarse] **hacerse daño** to hurt oneself **4.** [convertirse en] to become ▸ **hacerse musulmán** to become a Moslem ▸ **hacerse viejo** to grow old

5. [resultar] **se me ha hecho muy corto** it seemed very short **6.** [crearse en la mente] **hacerse ilusiones** to get one's hopes up ▸ **hacerse una idea de algo** to imagine what sth is like **7.** [mostrarse] **hacerse el gracioso/el simpático** to try to act the comedian/the nice guy ▸ **hacerse el distraído** to pretend to be miles away **8.** [acostumbrarse] **hacerse a algo** to get used to sth **9.** [conseguir] **hacerse con algo** to get hold of sth

hacha nf axe ▸ *Fig* **desenterrar el ~ de guerra** to sharpen one's sword ▸ *Fam* **ser un ~** to be a whizz *o* an ace

hachazo nm blow of an axe, hack

hache nf = *the letter "h"* ▸ **llamémosle ~, llámale ~** call it what you like

hachemita, hachemí adj & nmf Hashemite

hachís [χa'tʃis] nm hashish

hacia prep **1.** [dirección] towards ▸ **~ aquí/allí** this/that way ▸ **~ abajo** downwards ▸ **~ arriba** upwards ▸ **~ adelante** forwards ▸ **~ atrás** backwards ▸ **~ la izquierda/derecha** to the left/right **2.** [tiempo] around, about ▸ **~ las diez** around *o* about ten o'clock ▸ **empezó a perder la vista ~ los sesenta años** he started to lose his sight at around the age of sixty ▸ **~ finales de año** towards the end of the year **3.** [sentimiento] towards ▸ **siente hostilidad ~ las reformas** he is hostile towards the reforms **4.** [tendencia] towards ▸ **un paso más ~ la guerra civil** a further step towards civil war

hacienda nf **1.** [finca] country estate *o* property **2.** [bienes] property **3.** [del Estado] **(el Ministerio de) Hacienda** *BR* ≃ the Treasury, *US* ≃ the Department of the Treasury ▸ **pagar a Hacienda** to pay *BR* the Inland Revenue *o US* the IRS

hacinamiento nm [de personas] overcrowding / [de objetos] heaping, piling

hacinar vt to pile *o* heap (up)
◆ ***hacinarse*** vpr [gente] to be crowded together / [cosas] to be piled *o* heaped (up)

hacker ['χaker] (pl **hackers**) nmf *Fam* INFORM hacker

hada nf fairy ▸ **~ madrina** fairy godmother

hado nm fate, destiny

hagiografía nf REL & *Pey* hagiography

hago *ver* ***hacer***

Haití n Haiti

haitiano, -a adj & nm,f Haitian

hala interj *ESP* **¡~!** [para dar ánimo, prisa] come on! / [para expresar incredulidad] no!, you're joking! / [para expresar admiración, sorpresa] wow!

halagador, -ora ▪ adj flattering
▪ nm,f flatterer

halagar [38] vt to flatter

halago nm flattery

halague *etc ver* ***halagar***

halagüeño, -a adj **1.** [halagador] flattering **2.** [prometedor] promising, encouraging

halar ➤ ***jalar***

halcón nm [ave] falcon, hawk

hale interj *ESP* **¡~!** come on!

hálito nm **1.** [aliento] breath **2.** *Literario* [brisa] zephyr

halitosis nf inv bad breath, *Espec* halitosis

hall [χol] (pl **halls**) nm entrance hall, foyer

hallar vt [encontrar] to find / [averiguar] to find out
◆ ***hallarse*** vpr **1.** [en un lugar] [persona] to be, to find oneself / [cosa, edificio] to be (situated) **2.** [en una situación] to be ▸ **hallarse enfermo** to be ill

hallazgo nm **1.** [descubrimiento] discovery **2.** [objeto] find

halo nm [de astros, santos] halo / [de objetos, personas] aura

halógeno, -a adj QUÍM halogenous ▸ **faros halógenos** halogen headlights ▸ **lámpara halógena** halogen lamp

halterofilia nf weightlifting

hamaca nf **1.** [para colgar] hammock **2.** *ESP* [tumbona] [silla] deckchair / [canapé] sunlounger **3.** *RP* [columpio] swing / [mecedora] rocking chair

hamacar [59] *RP* vt [en columpio] to swing / [en cuna] to rock
◆ ***hamacarse*** vpr [en columpio] to swing / [en cuna] to rock

hambre nf **1.** [apetito] hunger / [inanición] starvation ▸ **tener ~** to be hungry ▸ **matar el ~** to satisfy one's hunger ▸ *Fig* **nos mataban de ~** they had us on a starvation diet ▸ **morir** *o* **morirse de ~** [literalmente] to be starving, to be dying of hunger ▸ [tener mucha hambre] to be starving ▸ **pasar ~** to starve ▸ **~ canina** ravenous hunger **2.** [epidemia] famine **3.** [deseo] **~ de** hunger *o* thirst for **4.** [expresiones] **se junta el ~ con las ganas de comer** it's one thing on top of another ▸ **ser más listo que el ~** to be nobody's fool ▸ *Prov* **a buen ~ no hay pan duro** [de comida] hunger is the best sauce / [de placeres] beggars can't be choosers

hambriento, -a ▪ adj starving
▪ nm,f starving person ▸ **los hambrientos** the hungry

hambruna nf famine

Hamburgo n Hamburg

hamburguesa nf hamburger, burger

hamburguesería nf hamburger joint

hampa nf underworld

hampón nm thug

hámster ['χamster] (pl **hámsters**) nm hamster

hándicap ['χandikap] (pl **hándicaps**) nm handicap

hangar nm hangar

Hanoi n Hanoi

haragán, -ana ▪ adj lazy, idle
▪ nm,f layabout, idler

haraganear vi to laze about, to lounge around

haraganería nf laziness, idleness

harakiri nm harakiri

harapiento, -a adj ragged, tattered

harapo nm rag, tatter

haraquiri nm harakiri

Harare n Harare

hardware ['χarwer] nm INFORM hardware

haré *etc ver* ***hacer***

harén nm harem

harina nf flour ▸ *Fig* **ser ~ de otro costal** to be a different kettle of fish ▸ **~ de maíz** corn meal ▸ **~ integral** wholemeal flour

harinoso, -a adj [consistencia, textura] floury / [manzana] soft

hartar vt **1.** [atiborrar] to stuff (full) **2.** [fastidiar, cansar] **~ a alguien** to annoy sb, to get on sb's nerves ▸ **me estás hartando con tantas exigencias** I'm getting fed up with all your demands

◆ ***hartarse*** vpr **1.** [atiborrarse] to stuff *o* gorge oneself **2.** [cansarse] to get fed up (**de** with) **3.** [no parar] **hartarse de algo** to do sth non-stop

hartazgo, *ESP* ***hartón*** *Fam* nm fill ▸ **darse un ~ (de)** to have one's fill (of)

harto, -a ■ adj **1.** [de comida] full **2.** [cansado] tired (**de** of), fed up (**de** with) ▸ **me tiene ~ con el piano** I'm fed up of him and his piano ▸ **estoy ~ de repetírtelo** I'm sick and tired of telling you **3.** *AM salvo RP* [mucho] a lot of, lots of ▸ **~ dinero** a lot of *o* lots of money

■ adv **1.** *ESP Formal* [muy] extremely ▸ **es ~ frecuente** it's extremely common **2.** *AM salvo RP* [muy] very, really ▸ **~ grande** very *o* really big

hartón ➤ ***hartazgo***

hash [χaʃ, χas] nm inv *Fam* hashish

hasta ■ prep **1.** [en el espacio] as far as, up to ▸ **voy ~ la próxima estación** I'm going as far as the next station ▸ **desde aquí ~ allí** from here to there **2.** [en el tiempo] until, till ▸ **~ ahora** (up) until now, so far ▸ **~ el final** right up until the end ▸ **~ luego** *o* **pronto** *o* **la vista** see you (later) ▸ **~ que** until, till ▸ **~ que vuelvas** until you get back **3.** [con cantidades] up to ▸ **un interés de ~ el 7 por ciento** interest rates of up to 7 percent

■ adv [incluso] even ▸ **~ en verano hace frío** it's even cold in summer

hastiar [32] vt [aburrir] to bore / [asquear] to sicken, to disgust

◆ ***hastiarse*** vpr **hastiarse de** to tire of, to get fed up with

hastío nm [tedio] boredom / [repugnancia] disgust

hatajo nm *Pey* load, bunch ▸ **un ~ de** [gamberros] a bunch of / [mentiras] a pack of

hatillo nm bundle of clothes

hato nm **1.** [de ganado] herd / [de ovejas] flock **2.** [de ropa] bundle

Hawai [χa'wai] n Hawaii

hawaiano, -a [χawai'ano] adj & nm,f Hawaiian

haya ■ *ver* ***haber***

■ nf [árbol] beech (tree) / [madera] beech (wood)

hayal nm beech grove *o* wood

haz ■ *ver* ***hacer***

■ nm **1.** [de leña] bundle / [de cereales] sheaf **2.** [de luz] beam

hazaña nf feat, exploit

hazmerreír nm laughing stock

he *ver* ***haber***

heavy ['χeβi] (pl **heavies** *o* **heavys**) ■ adj **1.** [música] heavy **2.** *Fam* **¡qué ~!** [increíble] (that's) wicked! / [terrible] (what a) bummer!

■ nmf *Fam* [persona] heavy metal fan

■ nm MÚS heavy metal ▸ **~ metal** heavy metal

hebdomadario, -a adj weekly

hebilla nf buckle

hebra nf [de hilo, tabaco] thread / [de judías, puerros] string ▸ *ESP Fig* **pegar la ~** to start chatting

hebraico, -a adj Hebraic

hebreo, -a ■ adj & nm,f Hebrew

■ nm [lengua] Hebrew

hecatombe nf [desastre] disaster / [partido, examen] massacre ▸ **la inundación causó una ~** the flood caused great loss of life

hechicería nf **1.** [arte] witchcraft, sorcery **2.** [maleficio] spell

hechicero, -a ■ adj enchanting, bewitching

■ nm,f [hombre] wizard, sorcerer / [mujer] witch, sorceress / [de la tribu] witch doctor, medicine man

hechizar [14] vt **1.** [con maleficio] to cast a spell on **2.** [con encantos] to bewitch, to captivate

hechizo, -a ■ adj *CHILE, MÉX* home-made

■ nm **1.** [maleficio] spell **2.** [encanto] magic, charm

hecho, -a ■ participio *ver* ***hacer***

■ adj **1.** [llevado a cabo] **lo ~, ~ está** what is done is done ▸ **¡(eso está) ~!** it's a deal!, you're on! ▸ **tú lo hiciste, así que a lo ~, pecho** you did it, so you'll have to take the consequences **2.** [acabado] mature ▸ **una mujer hecha y derecha** a fully-grown woman ▸ **estás ~ un artista** you've become quite an artist **3.** [carne] done ▸ **muy ~** well done ▸ **poco ~** rare

■ nm **1.** [suceso] event ▸ **~ consumado** fait accompli ▸ **de ~** in fact, actually **2.** [realidad, dato] fact ▸ **el ~ es que...** the fact is that...

hechura nf **1.** [de traje] cut **2.** [forma] shape

hectárea nf hectare

hectolitro nm hectolitre

hectómetro nm hectometre

heder [64] vi **1.** [apestar] to stink, to reek **2.** [fastidiar] to be annoying *o* irritating

hediondez nf stench, stink

hediondo, -a adj [de mal olor] stinking, foul-smelling / [insoportable] unbearable

hedonismo nm hedonism

hedonista ■ adj hedonistic

■ nmf hedonist

hedor nm stink, stench

hegemonía nf [dominación] dominance / POL hegemony

hegemónico, -a adj [dominante] dominant / [clase, partido] ruling

hégira, héjira nf hegira

helada nf frost ▸ **anoche cayó una ~** there was frost last night

heladera nf *CSUR* [nevera] fridge

heladería nf [tienda] ice cream parlour / [puesto] ice cream stall

heladero, -a nm,f ice cream seller

helado, -a ■ adj **1.** [hecho hielo] [agua] frozen / [lago] frozen over **2.** [muy frío] [manos, agua] freezing / [no caliente] [sopa] stone-cold **3.** [atónito] dumbfounded, speechless ▸ **¡me dejas ~!** I don't know what to say!
■ nm ice cream ▸ *CSUR* **~ de agua** *BR* ice lolly, *US* Popsicle®

helador, -ora adj freezing

helar [3] ■ vt **1.** [líquido] to freeze **2.** [dejar atónito] to dumbfound
■ v impersonal **anoche heló** there was a frost last night
◆ ***helarse*** vpr [líquido, persona] to freeze ▸ **el lago se ha helado** the lake has frozen over ▸ **se helaron las plantas** the plants were caught by the frost ▸ **me hielo de frío** I'm freezing

helecho nm fern, bracken

helénico, -a adj Hellenic, Greek

helenismo nm Hellenism

helenista nmf Hellenist

heleno, -a adj Hellenic, Greek

hélice nf **1.** TEC propeller **2.** [espiral] spiral, helix

helicoidal adj helicoid, spiral

helicóptero nm helicopter

helio nm helium

heliocéntrico, -a adj heliocentric

helipuerto nm heliport

Helsinki n Helsinki

helvético, -a adj & nm,f Swiss ▸ **Confederación Helvética** [Suiza] Swiss Confederation

hematíe nm red blood cell

hematología nf haematology

hematológico, -a adj haematological

hematólogo, -a nm,f haematologist

hematoma nm bruise

hembra nf **1.** BIOL female / [mujer] woman / [niña] girl **2.** [del enchufe] socket

hembrilla nf [de corchete] eye

hemeroteca nf newspaper library *o* archive

hemiciclo nm **1.** [semicírculo] semicircle **2.** [en el parlamento] floor

hemiplejía, hemiplejia nf hemiplegia

hemipléjico, -a adj & nm,f hemiplegic

hemisférico, -a adj hemispheric

hemisferio nm hemisphere ▸ **~ norte** northern hemisphere ▸ **~ sur** southern hemisphere

hemodiálisis nf inv kidney dialysis

hemofilia nf haemophilia

hemofílico, -a adj & nm,f haemophiliac

hemoglobina nf haemoglobin

hemograma nm blood test results

hemopatía nf blood disease *o* disorder

hemorragia nf haemorrhage ▸ **~ nasal** nosebleed ▸ **se puso un torniquete para detener la ~** he put on a tourniquet to stop the bleeding

hemorrágico, -a adj haemorrhagic

hemorroides nfpl haemorrhoids, piles

henchido, -a adj bloated ▸ *Fig* **~ de orgullo** bursting with pride

henchir [47] vt to fill (up)
◆ ***henchirse*** vpr **1.** [hartarse] to stuff oneself **2.** *Fig* [llenarse] to be full (**de** of)

hender [64], ***hendir*** [62] vt [carne, piel] to carve open, to cleave / [piedra, madera] to crack open / [aire, agua] to cut *o* slice through

hendido, -a adj split (open)

hendidura nf [en carne, piel] cut, split / [en piedra, madera] crack

hendir ➤ ***hender***

henequén n sisal, henequen

henna ['χena] nf henna

heno nm hay

hepático, -a adj liver ▸ **afección hepática** liver complaint

hepatitis nf inv hepatitis

heptagonal adj heptagonal

heptágono nm heptagon

heráldica nf heraldry

heráldico, -a adj heraldic

heraldo nm herald

herbáceo, -a adj herbaceous

herbario nm [colección] herbarium

herbicida nm weedkiller

herbívoro, -a ■ adj herbivorous
■ nm,f herbivore

herbolario, -a ■ nm,f [persona] herbalist
■ nm [tienda] herbalist's (shop)

herboristería nf herbalist's (shop)

hercio nm hertz

hercúleo, -a adj very powerful, incredibly strong ▸ *Fig* **un esfuerzo ~** a Herculean effort

Hércules n Hercules ▸ **las Columnas de ~** [el estrecho de Gibraltar] the Pillars of Hercules

hércules nm inv ox, very strong man

heredad nf country estate *o* property

heredar vt **1.** [recibir] [dinero, rasgos] to inherit (**de** from) ▸ **heredó el abrigo de su hermano** she inherited the coat from her brother ▸ **un problema heredado del gobierno anterior** a problem inherited from the previous government ▸ **ha heredado la nariz de su madre** he has his mother's nose **2.** *MÉX* [legar] [dinero] to bequeath ▸ **su madre le ha heredado la nariz** he has his mother's nose

heredero, -a nm,f heir, *f* heiress ▸ **el príncipe ~** the crown prince ▸ **el ~ al trono** the heir to the throne

hereditario, -a adj hereditary

hereje nmf [renegado] heretic / *Fig* [irreverente] iconoclast

herejía nf [heterodoxia] heresy / *Fig* [insulto] insult / [disparate] outrage

herencia nf [de bienes] inheritance / [de características] legacy / BIOL heredity ▸ **recibir una ~** to receive an inheritance

herético, -a adj heretical

herida nf **1.** [lesión] injury / [en lucha, atentado] wound ▸ **~ de bala** bullet *o* gunshot wound **2.** [ofensa] injury, offence / [pena] hurt, pain

herido, -a ▪ adj [dañado] injured / [en lucha, atentado] wounded / [sentimentalmente] hurt, wounded ▸ **resultaron heridos once civiles** eleven civilians were wounded ▸ **~ de muerte** mortally woun-ded ▸ **se sintió ~ en su amor propio** his pride was hurt
▪ nm,f [persona] injured person / [en lucha, atentado] wounded person ▸ **no hubo heridos** there were no casualties ▸ **los heridos** the injured/the wounded

herir [62] vt **1.** [físicamente] to injure / [en lucha, atentado] to wound ▸ **lo hirieron en el hombro** he was wounded in the shoulder, he suffered a shoulder wound ▸ **la hirieron de muerte** she was fatally wounded **2.** [vista] to hurt / [oído] to pierce ▸ **el nuevo edificio hiere la vista** the new building is an eyesore **3.** [sentimentalmente] to hurt ▸ **lo que dijiste le hirió profundamente** what you said hurt him deeply

hermafrodita adj & nmf hermaphrodite

hermanado, -a adj [unido, ligado] united (**con** with), joined (**con** to) / [ciudades] twinned

hermanamiento nm [unión] union / [de ciudades] twinning

hermanar vt [esfuerzos, personas] to unite / [ciudades] to twin
◆ ***hermanarse*** vpr [ciudades] to be twinned

hermanastro, -a nm,f [medio hermano] half brother, *f* half sister / [hijo del padrastro/de la madrastra] stepbrother, *f* stepsister

hermandad nf **1.** [asociación] association / REL [de hombres] brotherhood / [de mujeres] sisterhood **2.** [amistad] intimacy, close friendship

hermano, -a ▪ adj **ciudades hermanas** twin towns, *US* sister cities ▸ **dos pueblos hermanos como México y España** two countries with close ties, such as Mexico and Spain
▪ nm,f brother, *f* sister ▸ **todos los hermanos se parecen mucho entre sí** all the brothers and sisters look very much alike ▸ **son medio hermanas** they're half sisters ▸ **hermanos gemelos** twin brothers ▸ **~ mayor** older *o* big brother ▸ **hermanos mellizos** twin brothers ▸ **~ menor** younger *o* little brother ▸ **~ político** brother-in-law ▸ **hermanos siameses** Siamese twins

hermenéutica nf hermeneutics *(singular)*

hermenéutico, -a adj hermeneutic

herméticamente adv hermetically ▸ **~ cerrado** hermetically sealed

hermético, -a adj **1.** [al aire] airtight, hermetic / [al agua] watertight, hermetic **2.** [persona] inscrutable, uncommunicative

hermetismo nm **1.** [al aire] airtightness / [al agua] watertightness **2.** [de persona] inscrutability, uncommunicativeness

hermoso, -a adj **1.** [bello] [paisaje, paseo, mujer] beautiful, lovely / [hombre] handsome ▸ **¡qué atardecer más ~!** what a beautiful *o* lovely sunset! **2.** [grande] **la casa tiene un salón muy ~** the house has a nice big living room ▸ **cazaron un ~ ejemplar** they caught a really big one **3.** *Fam* [gordo, grande] plump ▸ **el bebé está muy ~** he's a real bouncing baby

hermosura nf [belleza] beauty / [de hombre] handsomeness

hernia nf hernia, rupture ▸ **~ de hiato** hiatus hernia ▸ **~ inguinal** inguinal hernia

herniado, -a ▪ adj ruptured
▪ nm,f person suffering from a hernia

herniarse vpr **1.** MED to rupture oneself **2.** *Fam Irónico* **¡cuidado, no te vayas a herniar!** careful! you don't want to strain yourself!

héroe nm hero

heroicidad nf **1.** [cualidad] heroism **2.** [hecho] heroic deed

heroico, -a adj heroic

heroína nf **1.** [mujer] heroine **2.** [droga] heroin

heroinomanía nf heroin addiction

heroinómano, -a nm,f heroin addict

heroísmo nm heroism

herpes nm inv herpes

herradura nf horseshoe

herraje nm iron fittings, ironwork

herramienta nf tool

herrería nf **1.** [taller] smithy, forge **2.** [oficio] blacksmith's trade

herrerillo nm [carbonero] great tit / [común] bluetit

herrero nm blacksmith, smith

herrumbrarse vpr to rust, to go rusty

herrumbre nf **1.** [óxido] rust **2.** [sabor] iron taste

herrumbroso, -a adj rusty

hertz [χerts] (pl **hertzs**) nm hertz

hervidero nm **1.** [de gente] [muchedumbre] swarm, throng / [sitio] place throbbing *o* swarming with people ▸ **la sala era un ~ de periodistas** the hall was swarming with journalists **2.** [de pasiones, intrigas] hotbed

hervido, -a adj boiled

hervidor nm [para agua] kettle / [para leche] milk pan

hervir [62] ▪ vt to boil
▪ vi **1.** [líquido] to boil ▸ **~ a borbotones** to be at a rolling boil ▸ *Fig* **le hervía la sangre** his blood was boiling **2.** [estar caliente] to be boiling (hot) ▸ **esa sopa está hirviendo** that soup is boiling (hot) **3.** [lugar] **~ de** to swarm with **4.** [persona] **~ en** to be burning with

hervor nm boiling ▸ **dar un ~ a algo** to blanch sth ▸ **añadir las hierbas durante el ~** add the herbs while it's boiling

heteróclito, -a adj heterogeneous

heterodoxia nf heterodoxy, unorthodox nature

heterodoxo, -a ▪ adj heterodox, unorthodox
▪ nm,f heterodox *o* unorthodox person

heterogeneidad nf heterogeneity

heterogéneo, -a adj heterogeneous

heteromorfo, -a adj heteromorphous

heterosexual adj & nmf heterosexual

heterosexualidad nf heterosexuality

hexadecimal adj INFORM hexadecimal

hexaedro nm hexahedron, cube

hexagonal adj hexagonal

hexágono nm hexagon

hez nf *también Fig* dregs ▸ **heces** [excrementos] faeces, excrement

hg (abrev de ***hectogramo***) hg

hiato nm GRAM hiatus

hibernación nf [de animales] hibernation

hibernar vi to hibernate

hibisco nm hibiscus

hibridación nf hybridization

híbrido, -a ▪ adj *también Fig* hybrid
▪ nm [animal, planta] hybrid / *Fig* [mezcla] cross

hice *etc ver* ***hacer***

hidalgo, -a ▪ adj **1.** [noble] noble **2.** [caballeroso] courteous, gentlemanly
▪ nm,f nobleman, *f* noblewoman

hidalguía nf **1.** [aristocracia] nobility **2.** [caballerosidad] courtesy, chivalry

hidra nf hydra

hidratación nf [de la piel] moisturizing / [de persona] rehydration / [de sustancia] hydration

hidratado, -a adj [piel] moist / QUÍM hydrated

hidratante ▪ adj moisturizing
▪ nm [crema, loción] moisturizer

hidratar vt [piel] to moisturize / QUÍM to hydrate

hidrato nm hydrate ▸ **~ de carbono** carbohydrate

hidráulica nf hydraulics *(singular)*

hidráulico, -a adj hydraulic

hídrico, -a adj hydric

hidroavión nm seaplane, *US* hydroplane

hidrocarburo nm hydrocarbon

hidrocefalia nf MED water on the brain, *Espec* hydrocephalus

hidrodinámica nf hydrodynamics *(singular)*

hidrodinámico, -a adj hydrodynamic

hidroelectricidad nf hydroelectricity

hidroeléctrico, -a adj hydroelectric ▸ **central hidroeléctrica** hydroelectric power station

hidrófilo, -a adj absorbent ▸ **algodón ~** *BR* cotton wool, *US* cotton

hidrofobia nf hydrophobia, rabies

hidrófobo, -a adj hydrophobic, rabid

hidrófugo, -a adj [contra filtraciones] waterproof / [contra humedad] damp-proof

hidrogenar vt to hydrogenate

hidrógeno nm hydrogen

hidrografía nf hydrography

hidrográfico, -a adj hydrographic

hidrólisis nf inv hydrolysis

hidrolizado, -a adj hydrolyzed

hidrología nf hydrology

hidrológico, -a adj hydrologic, hydrological ▸ **un plan ~** a plan for managing water resources

hidromasaje nm whirlpool bath, Jacuzzi®

hidromecánico, -a adj hydrodynamic, water-powered

hidrometría nf hydrometry

hidroplano nm **1.** [barco] hydrofoil **2.** [avión] seaplane

hidrosfera nf hydrosphere

hidrosoluble adj water-soluble

hidrostática nf hydrostatics *(singular)*

hidrostático, -a adj hydrostatic

hidroterapia nf hydrotherapy

hidrovía nf *AM* waterway

hidróxido nm hydroxide

hidruro nm hydride

hiedra nf ivy

hiel nf **1.** [bilis] bile **2.** [mala intención] spleen, bitterness

hiela *ver* ***helar***

hielera nf *CSUR, MÉX* cool box, cooler

hielo nm ice ▸ **un whisky con ~** a whisky on the rocks ▸ *Fig* **quedarse de ~** to be stunned *o* speechless ▸ *Fig* **romper el ~** to break the ice

hiena nf hyena

hierático, -a adj [expresión, actitud] solemn, impassive

hierba, yerba nf **1.** [planta] herb ▸ **mala ~** weed ▸ **hierbas aromáticas** aromatic herbs ▸ **~ mate** maté ▸ **hierbas medicinales** medicinal herbs **2.** [césped] grass **3.** *Fam* [marihuana] grass **4.** [expresiones] **ser mala ~** to be a nasty piece of work ▸ *Prov* **mala ~ nunca muere** ill weeds grow apace ▸ **y otras hierbas** and so on

hierbabuena nf mint

hierbaluisa nf lemon verbena

hiero *etc ver* ***herir***

hierro nm **1.** [metal] iron ▸ **un ~** a piece of metal ▸ *Fig* **quitarle ~ a algo** to play sth down ▸ *Fig* **tener una salud de ~** to have an iron constitution ▸ **~ forjado/fundido** wrought/cast iron **2.** [de puñal] blade / [de flecha] point ▸ *Prov* **quien a ~ mata a ~ muere** he who lives by the sword dies by the sword

hiervo *etc ver* ***hervir***

hi-fi ['ifi] nf (abrev de ***high fidelity***) hi-fi

higadillo nm **higadillos de pollo** chicken livers

hígado nm liver ▸ *Fam* **echar los hígados** to nearly kill oneself (with the effort) ▸ *Fam* **tener hígados** to have guts

higiene nf hygiene ▸ **~ dental** dental hygiene

higiénico, -a adj hygienic

higienista nmf hygienist ▸ **~ dental** dental hygienist

higienización nf sterilization

higienizar [14] vt [acondicionar] to improve hygiene in / [limpiar] to sanitize
◆ ***higienizarse*** vpr *RP Formal* to wash

higo nm fig ▸ *Fam Fig* **de higos a brevas** once in a blue moon ▸ *Fam Fig* **estar hecho un ~** [persona] to be wrecked / [cosa] to be falling apart ▸ **~ chumbo** prickly pear

higrometría nf hygrometry

higrómetro nm hygrometer

higuera nf fig tree ▸ *Fam Fig* **estar en la ~** to have one's head in the clouds ▸ **~ chumba** prickly pear

hijastro, -a nm,f stepson, *f* stepdaughter

hijo, -a ■ nm,f **1.** [descendiente] son, *f* daughter ▸ **estar esperando un ~** to be expecting (a baby) ▸ *Fam* **cualquier** *o* **todo ~ de vecino tiene derecho a trabajar** everyone, no matter who they are, has a right to work ▸ *Fam* **nos gusta salir por la noche, como a cualquier** *o* **todo ~ de vecino** like most people, we like going out in the evening ▸ **~ adoptivo** adopted son ▸ **hija adoptiva** adopted daughter ▸ *MÉX Vulg* **~ de la chingada** fucking bastard, motherfucker ▸ **~ ilegítimo** *o* **natural** illegitimate son ▸ **hija ilegítima** *o* **natural** illegitimate daughter ▸ *Fam Pey* **~ de papá** rich kid ▸ **~ político** son-in-law ▸ **hija política** daughter-in-law ▸ **~ pródigo** prodigal son ▸ *Vulg* **~ de puta** fucking bastard, motherfucker ▸ *Vulg* **hija de puta** fucking bitch ▸ **~ único** only son ▸ **hija única** only daughter **2.** [natural] native **3.** [como forma de dirigirse a alguien] **¡~, no te pongas así!** don't be like that! ▸ **¡pues ~, podrías haber avisado!** you could at least have told me, couldn't you? ▸ **¡hija mía, qué bruta eres!** God, you're stupid! ▸ **¡~, eres el colmo!** you really are the limit!
■ nm [hijo o hija] child ▸ **hijos** children

híjole, híjoles interj *MÉX* wow!

hijoputa nmf *Vulg* fucking bastard, motherfucker

hilacha nf loose thread

hilada nf row

hiladora nf spinning machine

hilandería nf **1.** [arte] spinning **2.** [taller] (spinning) mill

hilandero, -a nm,f spinner

hilar vt [hilo] to spin / [ideas, planes] to think up ▸ *Fig* **~ delgado** *o* **muy fino** to split hairs

hilarante adj mirth-provoking ▸ **gas ~** laughing gas

hilaridad nf hilarity

hilatura nf [actividad] spinning

hilera nf row ▸ **en ~** in a row

hilo nm **1.** [fibra, hebra] thread ▸ *AM* **al ~** [seguidos] in a row ▸ **colgar** *o* **pender de un ~** to be hanging by a thread ▸ **mover los hilos** to pull some strings ▸ **~ dental** dental floss **2.** [tejido] linen **3.** [de metal, teléfono] wire ▸ **sin hilos** wireless **4.** [de agua, sangre] trickle ▸ **entraba un ~ de luz por la ventana** a thin shaft of light came in through the window ▸ **apenas le salía un ~ de voz** he was barely able to speak **5.** MÚS **~ musical** piped music **6.** [de pensamiento] train / [de discurso, conversación] thread ▸ **perder el ~** to lose the thread ▸ **seguir el ~** to follow (the thread) ▸ **tomar** *o* **retomar el ~ (de la conversación)** to pick up the thread (of the conversation) ▸ **esto viene al ~ de lo que dijimos ayer** this relates to what we were saying yesterday ▸ **~ argumental** line of argument

hilván nm **1.** [costura] *BR* tacking, *US* basting **2.** [hilo] *BR* tacking stitch, *US* basting stitch

hilvanado nm *BR* tacking, *US* basting

hilvanar vt **1.** [ropa] *BR* to tack, *US* to baste **2.** [coordinar] [ideas] to piece together **3.** [improvisar] to throw together

Himalaya nm **el ~** the Himalayas

himen nm hymen

himeneo nm *Literario* wedding

himno nm hymn ▸ **~ nacional** national anthem

hincapié nm **hacer ~ en** [insistir] to insist on / [subrayar] to emphasize, to stress

hincar [59] vt **~ algo en** to stick sth into ▸ *Fig* **hincarle el diente a algo** [empezar] to get to grips with sth, to get to work on sth
◆ ***hincarse*** vpr **hincarse de rodillas** to fall to one's knees

hincha ■ *ver* ***henchir***
■ nmf **1.** [seguidor] fan, supporter **2.** *RP Fam* [persona molesta] pain, bore
■ nf *ESP Fam* [rabia] **tener ~ a alguien** to have it in for sb

hinchable adj inflatable

hinchada nf fans

hinchado, -a adj **1.** [rueda, globo] inflated / [cara, tobillo] swollen **2.** [persona] bigheaded, conceited / [lenguaje, estilo] bombastic

hinchar vt to blow up, to inflate ▸ *ESP Fam Fig* **ya me está hinchando las narices** he's beginning to get up my nose
◆ ***hincharse*** vpr **1.** [de aire] to inflate ▸ **el globo se hinchó en pocas horas** the balloon was inflated in a few hours **2.** [pierna, mano] to swell (up) ▸ **se me ha hinchado el brazo** my arm has swollen (up) **3.** [persona] to get puffed up **4.** [hartarse] **se hinchó a comer** she stuffed herself ▸ **nos hinchamos de paella** we stuffed ourselves with paella ▸ **nos hinchamos de reír** we laughed ourselves silly

hinchazón nf swelling ▸ **ya está bajando la ~** the swelling is already going down

hinchiera *etc ver* ***henchir***

hincho *etc ver* ***henchir***

hindi nm Hindi

hindú (pl **hindúes**) adj & nmf **1.** [de la India] Indian **2.** REL Hindu

hinduismo nm Hinduism

hinojo nm fennel

hinque *etc ver* ***hincar***

hip interj **¡~!** [hipido] hic! ▸ **¡~! ¡~! ¡hurra!** hip, hip, hooray!

hipar vi to hiccup, to have hiccups

hiper- prefijo *Fam* [muy] mega- ▸ **me ha salido hipercaro** it was mega-expensive ▸ **¡es hiperguapo!** he's a real dish!

híper nm inv *Fam* hypermarket

hiperactividad nf hyperactivity

hiperactivo, -a adj hyperactive

hipérbaton (pl **hipérbatos** *o* **hiperbatones**) nm LIT hyperbaton
hipérbola nf hyperbola
hipérbole nf hyperbole
hiperbólico, -a adj MAT & LIT hyperbolic
hiperenlace nf INFORM hyperlink
hiperfunción nf MED increase in normal rate of functioning
hiperglucemia nf hyperglycaemia
hiperinflación nf hyperinflation
hipermercado nm hypermarket
hipermétrope ■ adj long-sighted
■ nmf long-sighted person
hipermetropía nf long-sightedness, *Espec* hypermetropia, *US* hypertropia
hiperrealismo nm ARTE hyperrealism
hiperrealista adj & nmf ARTE hyperrealist
hipersensibilidad nf hypersensitivity (**a** to)
hipersensible adj hypersensitive
hipersónico, -a adj hypersonic
hipertensión nf high blood pressure
hipertenso, -a ■ adj with high blood pressure
■ nm,f person with high blood pressure
hipertermia nf hyperthermia
hipertexto nm INFORM hypertext
hipertextual adj INFORM **enlace ~** hypertext link
hipertrofia nf MED hypertrophy / *Fig* [de organización] overexpansion
hiperventilación nf MED hyperventilation
hip-hop ['χipχop] nm hip-hop
hípica nf [carreras de caballos] horse racing / [equitación] show jumping
hípico, -a adj **concurso ~** [de las carreras] horse races / [de la equitación] show jumping
hipido nm hiccup, hiccough
hipismo nm horse racing
hipnosis nf inv hypnosis
hipnótico, -a ■ adj hypnotic
■ nm hypnotic, narcotic
hipnotismo nm hypnotism
hipnotizador, -ora ■ adj [de la hipnosis] hypnotic / [fascinante] spellbinding, mesmerizing
■ nm,f hypnotist
hipnotizar [14] vt [con hipnosis] to hypnotize / [fascinar] to mesmerize
hipo nm hiccups ▸ **tener ~** to have (the) hiccups ▸ *Fig* **quitar el ~ a alguien** to take someone's breath away
hipoalergénico, -a adj hypoallergenic
hipocalórico, -a adj [alimento, dieta] low-calorie
hipocampo nm [caballito de mar] seahorse
hipocentro nm hypocentre, focus
hipocondría nf hypochondria
hipocondriaco, -a adj & nm,f hypochondriac
hipocrático, -a adj **juramento ~** Hippocratic oath
hipocresía nf hypocrisy
hipócrita ■ adj hypocritical
■ nmf hypocrite
hipodérmico, -a adj hypodermic
hipódromo nm racecourse, racetrack
hipófisis nf inv pituitary gland
hipofunción nf MED decrease in normal rate of functioning
hipoglucemia nf hypoglycaemia
hipopótamo nm hippopotamus
hipotálamo nm hypothalamus
hipoteca nf mortgage ▸ **levantar una ~** to pay off a mortgage
hipotecable adj mortgageable
hipotecar [59] vt **1.** [bienes] to mortgage **2.** [poner en peligro] [futuro] to mortgage / [salud] to put at risk
hipotecario, -a adj mortgage ▸ **crédito ~** mortgage (loan)
hipotensión nf low blood pressure
hipotenso, -a ■ adj with low blood pressure
■ nm,f person with low blood pressure
hipotensor nm hypotensive drug
hipotenusa nf hypotenuse
hipotermia nf hypothermia
hipótesis nf inv hypothesis
hipotético, -a adj hypothetic, hypothetical
hippy, hippie ['χipi] (pl **hippies**) adj & nmf hippy
hiriente adj [palabras] hurtful, cutting
hiriera *etc ver* ***herir***
hirsuto, -a adj [cabello] wiry / [brazo, pecho] hairy
hirviera *etc ver* ***hervir***
hisopo nm **1.** REL aspergillum, sprinkler **2.** BOT hyssop
hispalense adj & nmf Sevillian
hispánico, -a adj & nm,f [de España] Hispanic / [hispanohablante] Spanish-speaking ▸ **el mundo ~** the Spanish-speaking world
hispanidad nf [cultura] Spanishness / [pueblos] Spanish-speaking world
hispanismo nm **1.** [palabra, expresión] Hispanicism **2.** [afición] = *interest in or love of Spain*
hispanista nmf Hispanist, student of Hispanic culture
hispanizar [14] vt to hispanize
◆ ***hispanizarse*** vpr to become hispanized
hispano, -a ■ adj [español] Spanish / [hispanoamericano] Spanish-American / [en Estados Unidos] Hispanic
■ nm,f [español] Spaniard / [estadounidense] Hispanic
Hispanoamérica n Spanish America
hispanoamericano, -a ■ adj Spanish-American
■ nm,f Spanish American
hispanoárabe ■ adj Hispano-Arabic
■ nmf Spanish Arab
hispanohablante ■ adj Spanish-speaking
■ nmf Spanish speaker
hispanojudío, -a ■ adj Spanish-Jewish
■ nm,f Spanish Jew
histamina nf histamine

histerectomía nf hysterectomy

histeria nf MED & *Fig* hysteria ▸ **~ colectiva** mass hysteria

histérico, -a ■ adj **1.** MED hysterical **2.** *Fam* [nervioso] **estar ~** to be a bag *o* bundle of nerves ▸ **ponerse ~** to get in a flap ▸ **ese ruido me pone ~** that noise really gets on my nerves
■ nm,f **1.** MED hysteric **2.** *Fam* [nervioso] **es un ~** he's always getting in a flap

histerismo nm hysteria

histerotomía nf hysterotomy

histograma nm histogram

histología nf histology

historia nf **1.** [ciencia] history ▸ **pasar a la ~** to go down in history ▸ **~ antigua/universal** ancient/world history ▸ **~ del arte** art history ▸ **~ natural** natural history **2.** [narración] story ▸ **una ~ de amor/fantasmas** a love/ghost story ▸ **es siempre la misma ~** it's the same old story **3.** *Fam* [excusa, enredo] story ▸ **¡déjate de historias!** that's enough of that! ▸ **no me vengas ahora con historias** don't give me that!, you don't expect me to believe that, do you? **4.** *Fam* [asunto] **a mí no me enredes en tus historias** don't drag me into your problems ▸ **está metido en una ~ muy turbia** he's involved in a very shady business

historiado, -a adj gaudy

historiador, -ora nm,f historian

historial nm [ficha] record ▸ **~ médico** *o* **clínico** medical *o* case history

historicidad nf historicity, historical authenticity

historicismo nm historicism

histórico, -a adj **1.** [de la historia] [novela, legado] historical / [centro] historic **2.** [verídico] factual **3.** [importante] historic ▸ **máximo/mínimo ~** all-time high/low

> ¡CUIDADO! / CAREFUL!
> **histórico**
>
> **Historic** se utiliza como traducción para calificar a algo que ha tenido importancia o relevancia en la historia y que por lo tanto ocupa un lugar destacado en ella; **historical** es un adjetivo más general que se refiere a algo que forma parte de la historia porque ha ocurrido en el pasado.

historieta nf **1.** [chiste] funny story, anecdote **2.** [tira cómica] comic strip

historiografía nf historiography

historiógrafo, -a nm,f historiographer

histrión nm **1.** [actor] actor **2.** [persona afectada] play-actor

histriónico, -a adj histrionic

histrionismo nm histrionics

hit [χit] (pl **hits**) nm hit

hitita adj & nmf Hittite

hitleriano, -a [χitle'rjano] adj & nm,f Hitlerite

hito nm *también Fig* milestone ▸ **mirar a alguien de ~ en ~** to stare at sb

hizo *ver* ***hacer***

hl (abrev de ***hectolitro***) hl

hm (abrev de ***hectómetro***) hm

hnos. (abrev de ***hermanos***) bros

hobby ['χoβi] (pl **hobbys**) nm hobby

hocico nm **1.** [de perro, zorro] muzzle / [de gato, ratón] nose / [de cerdo] snout **2.** *Fam* [de persona] [boca] rubber lips / [cara] mug ▸ **meter los hocicos en un asunto** to stick one's nose into something

hockey ['χokei] nm hockey ▸ *AM* **~ sobre césped** *BR* hockey, *US* field hockey ▸ **~ sobre hielo** *BR* ice hockey, *US* hockey ▸ **~ sobre hierba** *BR* hockey, *US* field hockey ▸ **~ sobre patines** roller hockey

hogar nm **1.** [casa] home / [unidad famliar] household ▸ **su marido trabaja fuera y ella se ocupa del ~** her husband goes out to work and she's a housewife ▸ **más de la mitad de los hogares del país** in more than half of the households in the country ▸ **los jóvenes sin ~** young homeless people ▸ **~ dulce ~** home sweet home ▸ **~ de acogida** foster home **2.** [de chimenea] fireplace / [de horno, cocina] grate

hogareño, -a adj [persona] home-loving, homely / [tarea, economía] domestic / [ambiente] family ▸ **ambiente ~** family atmosphere ▸ **la paz hogareña** domestic bliss

hogaza nf large round loaf

hoguera nf bonfire ▸ **morir en la ~** to be burned at the stake

hoja nf **1.** [de planta] leaf / [de hierba] blade ▸ **~ caduca** deciduous leaf ▸ **~ de laurel** bay leaf ▸ **~ de parra** [en cuadro] fig leaf ▸ **~ perenne** perennial leaf **2.** [de papel] sheet (of paper) / [de libro] page ▸ **~ informativa** newsletter ▸ **~ de pedido** order form ▸ **~ de servicios** record (of service), track record **3.** [de cuchillo] blade ▸ **~ de afeitar** razor blade **4.** [de puertas, ventanas] leaf **5.** INFORM **~ de cálculo** spreadsheet

hojalata nf tin plate

hojalatería nf **1.** [para hojalata] tinsmith's **2.** *MÉX* [para automóviles] [lugar] body shop / [actividad] panel beating

hojalatero, -a nm,f **1.** [para hojalata] tinsmith **2.** *MÉX* [para automóviles] panel beater

hojaldre nm puff pastry

hojarasca nf **1.** [hojas secas] (dead) leaves / [frondosidad] tangle of leaves **2.** [palabrería] waffle

hojear vt to leaf through

hola interj **¡~!** [saludo] hello! / *RP* [al teléfono] hello?

holá interj *RP* [al teléfono] hello?

Holanda n Holland

holandés, -esa ■ adj Dutch
■ nm,f [persona] Dutchman, *f* Dutchwoman ▸ **los holandeses** the Dutch
■ nm [lengua] Dutch

holandesa nf [hoja de papel] = *piece of paper measuring 22 x 28cm*

holding ['χoldin] (pl **holdings**) nm COM holding company

holgado, -a adj **1.** [ropa] baggy, loose-fitting /

[habitación, espacio] roomy **2.** [victoria, situación económica] comfortable

holganza nf idleness

holgar [16] vi **1.** [estar ocioso] to be idle, to be taking one's ease **2.** [sobrar] to be unnecessary ▸ **huelgan comentarios** one need say no more ▸ **huelga decir que...** needless to say...

holgazán, -ana ▪ adj idle, good-for-nothing
▪ nm,f good-for-nothing

holgazanear vi to laze about

holgazanería nf idleness

holgura nf **1.** [de espacio] room / [de ropa] bagginess, looseness / [entre piezas] play, give **2.** [bienestar] comfort, affluence ▸ **vivir con ~** to be comfortably off

holístico, -a adj holistic

hollar [63] vt to tread (on)

hollejo nm skin *(of grape, olive etc)*

hollín nm soot

hollywoodiense [χoliβu'ðjense] adj Hollywood ▸ **la vida ~** life in Hollywood, the Hollywood scene

holocausto nm holocaust

holografía nf holography

hológrafo, -a ▪ adj holographical
▪ nm holograph

holograma nm hologram

hombre ▪ nm **1.** [varón adulto] man ▸ **un pobre ~** a nobody ▸ **¡pobre ~!** poor *BR* chap *o US* guy! ▸ **de ~ a ~** man to man ▸ **ser muy ~** to be a (real) man ▸ **ser todo un ~, ser un ~ de pelo en pecho** to be a real man, to be every inch a man ▸ **~ de acción** man of action ▸ **el ~ de la calle** the man in the street ▸ **~ de las cavernas** caveman ▸ **~ lobo** werewolf ▸ **~ de mundo** man of the world ▸ **~ de negocios** businessman ▸ **~ orquesta** one-man band ▸ **~ de paja** front (man), *US* straw man ▸ **~ de palabra** man of his word ▸ **~ rana** frogman ▸ **el ~ de a pie** the man in the street ▸ *Fam* **el ~ del saco** the bogeyman ▸ **~ del tiempo** weatherman **2. el ~** [la humanidad] man, mankind
▪ interj *ESP* **¡~! ¡qué alegría verte!** (hey,) how nice to see you! ▸ **¡sí, ~!** sure! ▸ **¡sí, ~, que ya voy!** all right, all right, I'm coming! ▸ **~, ¡qué pena!** oh, what a shame! ▸ **pero ~, no te pongas así** oh, don't be like that!

hombrear vi to act the man

hombrera nf [de traje, vestido] shoulder pad / [de uniforme] epaulette

hombría nf manliness

hombro nm shoulder ▸ **al ~** across one's shoulder ▸ **a hombros** over one's shoulders ▸ **encogerse de hombros** to shrug one's shoulders ▸ **arrimar el ~** to lend a hand ▸ **hacer algo ~ con ~** to do sth together ▸ **mirar por encima del ~ a alguien** to look down one's nose at sb

hombruno, -a adj masculine, mannish

homenaje nm [en honor de alguien] tribute / [al soberano] homage ▸ **partido (de) ~** testimonial (match) ▸ **en ~ de** *o* **a** in honour of, as a tribute to ▸ **rendir ~ a** to pay tribute to

homenajeado, -a ▪ adj honoured
▪ nm,f guest of honour

homenajear vt to pay tribute to, to honour

homeópata nmf homeopath

homeopatía nf homeopathy

homeopático, -a adj homeopathic

homérico, -a adj LIT Homeric

homicida ▪ adj [agresión, mirada, intención] murderous ▸ **arma ~** murder weapon
▪ nmf murderer

homicidio nm homicide, manslaughter

homilía nf REL homily, sermon

homínido nm hominid

homoerótico, -a adj homoerotic

homofobia nf homophobia

homófono, -a adj LING homophonic

homogeneidad nf homogeneity

homogeneización nf homogenization

homogeneizador, -ora adj homogenizing

homogeneizar [14] vt to homogenize

homogéneo, -a adj homogenous

homógrafo, -a LING ▪ adj homographic
▪ nm homograph

homologable adj **~ (a)** comparable (to)

homologación nf **1.** [equiparación] bringing into line **2.** [de un producto] official authorization / [de un récord] official confirmation

homologar [38] vt **1.** [equiparar] to bring into line (**con** with), to make comparable (**con** with) **2.** [producto] to authorize officially / [récord] to confirm officially

homólogo, -a ▪ adj **1.** [semejante] equivalent **2.** QUÍM homologous
▪ nm,f counterpart

homonimia nf homonymy

homónimo, -a ▪ adj homonymous
▪ nm,f [tocayo] namesake
▪ nm LING homonym

homosexual adj & nmf homosexual

homosexualidad nf homosexuality

honda nf sling

hondo, -a adj **1.** *también Fig* [profundo] deep ▸ **lo ~** the depths ▸ **calar ~ en** to strike a chord with ▸ **en lo más ~ de** in the depths of **2. cante ~** flamenco singing

hondonada nf hollow

hondura nf depth

Honduras n Honduras

hondureño, -a adj & nm,f Honduran

honestamente adv [con honradez] honestly / [con decencia] modestly, decently / [con justicia] fairly

honestidad nf [honradez] honesty / [decencia] modesty, decency / [justicia] fairness

honesto, -a adj [honrado] honest / [decente] modest, decent / [justo] fair

hongo ▪ adj **sombrero ~** *BR* bowler hat, *US* derby
▪ nm **1.** BIOL fungus **2.** *esp AM* [comestible] mushroom / [no comestible] toadstool **3. hongos** [enfermedad]

fungus, fungal infection **4.** [sombrero] **(sombrero) ~** *BR* bowler (hat), *US* derby

Honolulú [χonolu'lu] n Honolulu

honor nm **1.** [cualidad] honour ▸ **es un ~ para mí presentarles a...** it's an honour for me to present to you... ▸ **nos hizo el honor de invitarnos** he did us the honour of inviting us ▸ **hacer ~ a** to live up to ▸ **en ~ de** in honour of ▸ **en ~ a la verdad** to be (quite) honest **2. honores** [ceremonial] honours ▸ **le recibieron con honores de jefe de Estado** he was welcomed with all the ceremony befitting a head of state ▸ **hacer los honores de la casa** to do the honours, to look after the guests

honorabilidad nf honour

honorable adj honourable

honorar vt to honour

honorario, -a adj honorary
◆ ***honorarios*** nmpl fees

honorífico, -a adj honorific

honoris causa adj honoris causa

honra nf honour ▸ **ser la ~ de** to be the pride of ▸ **es la ~ de su país** she's the pride *o* toast of her country ▸ **tener algo a mucha ~** to be honoured by sth ▸ **¡y a mucha ~!** and proud of it! ▸ **honras fúnebres** funeral

honradez nf honesty

honrado, -a adj honest

honrar vt to honour ▸ **nos honró con su presencia** she honoured us with her presence ▸ **su sinceridad le honra** his sincerity does him credit
◆ ***honrarse*** vpr to be honoured (**con algo/de hacer algo** by sth/to do sth) ▸ **me honro de ser su amigo** I feel honoured to be his friend

honrilla nf pride, concern about what people say

honroso, -a adj [acto, gesto] honourable

hooligan ['χuliγan] (pl **hooligans**) nmf (football) hooligan

hora nf **1.** [sesenta minutos] hour ▸ **media ~** half an hour ▸ **una ~ y media** an hour and a half ▸ **(pagar) por horas** (to pay) by the hour ▸ **horas extraordinarias** overtime ▸ **horas de luz** daylight hours ▸ **horas de oficina/trabajo** office/working hours ▸ **horas de vuelo** flying time ▸ **horas de visita** visiting times **2.** [en un reloj] time ▸ **¿qué ~ es?** what time is it? ▸ **¿a qué ~ sale?** what time does it leave? ▸ **dar la ~** to strike the hour ▸ **poner el reloj en ~** to set one's watch *o* clock ▸ **~ oficial** official time ▸ **hora de salida** departure time **3.** [momento determinado] time ▸ **es ~ de irse** it's time to go ▸ **a la ~** on time ▸ **a su ~** when the time comes, at the appropriate time ▸ **llegó su ~** [muerte] his time has come ▸ **a primera ~** first thing in the morning ▸ **a última ~** [al final del día] at the end of the day / [en el último momento] at the last moment ▸ PRENSA **última ~** stop press ▸ **de última ~** [noticia] latest, up-to-the-minute / [preparativos] last-minute ▸ **~ de cenar** dinner time ▸ **~ de cierre** closing time ▸ *AM* **~ pico,** *ESP* **~ punta** rush hour **4.** [cita] appointment ▸ **pedir/dar ~** to ask for/give an appointment ▸ **tener ~ en/con** to have an appointment at/with **5.** [expresiones] **a altas horas de la noche** in the small hours ▸ *Fam* **¡a buenas horas (mangas verdes)!** that's a lot of good now! ▸ **en mala ~** unluckily ▸ *CAM, MÉX* **la ~ de la ~,** *ESP, ANDES, CARIB, RP* **la ~ de la verdad** the moment of truth ▸ *CAM, MÉX* **a la ~ de la ~,** *ESP, ANDES, CARIB, RP* **a la ~ de la verdad** when it comes to the crunch ▸ **tener las horas contadas** to have one's days numbered ▸ **¡ya era ~!** and about time too!

> CULTURA / CULTURE
>
> **hora inglesa**
>
> In much of Latin America, punctuality is not given the same importance as in the UK or USA. In an ironic recognition of this cultural difference, some people will specify **hora inglesa** (literally "English time") when they mean "punctually" or "on the dot".

horadar vt [perforar] to pierce / [con máquina] to bore through

horario, -a ■ adj **aguja horaria** [de reloj] hour hand ■ nm *BR* timetable, *US* schedule ▸ **~ de apertura** opening hours ▸ **~ de atención al público** [en oficina] opening *o* office hours ▸ **~ comercial** opening hours ▸ **~ flexible** flexitime ▸ **~ intensivo** = *working day without a long break for lunch* ▸ **~ laboral** working hours ▸ **~ lectivo** *BR* lesson *o US* class time ▸ **horario de oficina** office hours ▸ **~ partido** = *working day with long (two to three hour) lunch break, ending at 7-8pm* ▸ **~ previsto** scheduled time ▸ **~ de trabajo** working hours ▸ **~ de trabajo flexible** flexible working hours ▸ **~ de verano** summer opening hours ▸ **~ de visitas** visiting hours

horca nf **1.** [patíbulo] gallows **2.** [herramienta] pitchfork

horcajadas: a horcajadas loc adv astride

horchata nf = *cold drink made from ground tiger nuts, water and sugar*

horchatería nf = *milk bar where "horchata" is served*

horda nf horde ▸ **las hordas mongolas** the Mongol Hordes

horizontal adj horizontal

horizontalidad nf flatness

horizonte nm **1.** [línea] horizon ▸ **~ artificial** artificial horizon **2.** [perspectivas] **un ~ poco prometedor** an unpromising outlook ▸ **este proyecto amplía nuestros horizontes** this project represents a widening of our horizons

horma nf [molde] mould, pattern / [de zapatos] shoe tree / [de sombrero] hat block ▸ *Fig* **encontrar la ~ de su zapato** to meet one's match

hormiga nf ant ▸ *Fig* **ser una ~** to be hard-working and thrifty ▸ **~ obrera/reina** worker/queen ant

hormigón nm concrete ▸ **~ armado** reinforced concrete

hormigonar vt to construct with concrete

hormigonera nf concrete mixer

hormiguear vi **1.** [dar sensación de hormigueo] **me hormiguean las piernas** I've got pins and needles in my legs **2.** [moverse, bullir] to swarm

hormigueo nm **1.** [sensación] pins and needles **2.** [movimiento] bustle

hormiguero ■ adj **oso ~** anteater
■ nm ants' nest, ant hill ▸ **Tokio es un ~ humano** Tokyo is swarming with people

hormiguita nf *Fam* **ser una ~** to be hard-working and thrifty

hormona nf hormone

hormonal adj hormonal

hornacina nf (vaulted) niche

hornada nf [de pan, cerámica] batch / [de jóvenes] crop

hornear vt to bake

hornillo nm [para cocinar] camping *o* portable stove / [de laboratorio] small furnace

horno nm **1.** CULIN oven / [de cerámica, ladrillos] kiln ▸ **pescado al ~** baked fish ▸ **esta casa es un ~ en verano** this house is an oven in summer ▸ *Fam Fig* **no está el ~ para bollos** the time is not right ▸ **alto ~** blast furnace ▸ **~ crematorio** crematorium ▸ **~ eléctrico** electric oven ▸ **~ microondas** microwave (oven) **2.** TEC furnace ▸ **altos hornos** [factoría] iron and steelworks

horóscopo nm **1.** [signo zodiacal] star sign **2.** [predicción] horoscope

horquilla nf **1.** [para el pelo] hairpin, *BR* hairgrip **2.** [herramienta] wooden pitchfork

horrendo, -a adj **1.** [terrorífico] horrifying, terrifying **2.** [muy malo] terrible, awful **3.** [muy feo] horrible, hideous

hórreo nm = *raised granary typical of Asturias and Galicia*

horrible adj **1.** [terrorífico] horrifying, terrifying **2.** [muy malo] terrible, awful **3.** [muy feo] horrible, hideous

horripilante adj **1.** [terrorífico] horrifying, spine-chilling **2.** [muy feo] horrible, hideous

horripilar vt to terrify, to scare to death

horror ■ nm **1.** [miedo] terror, horror ▸ **me da ~ pensarlo** just thinking about it gives me the shivers ▸ **¡qué ~!** how awful! ▸ **¡qué ~ de día!** what an awful day! **2.** [atrocidad] atrocity ▸ **los horrores de la guerra** the horrors of war **3.** *Fam* **un ~** [mucho] an awful lot ▸ **me gusta un ~** I absolutely love it
■ adv *Fam* **horrores** terribly, an awful lot ▸ **me gusta horrores** I absolutely love it

horrorizado, -a adj terrified, horrified

horrorizar [14] vt to terrify, to horrify
◆ ***horrorizarse*** vpr to be terrified *o* horrified

horroroso, -a adj **1.** [terrorífico] horrifying, terrifying **2.** [muy malo] appalling, awful **3.** [muy feo] horrible, hideous

hortaliza nf (garden) vegetable

hortelano, -a nm,f *BR* market gardener, *US* truck farmer

hortensia nf hydrangea

hortera *ESP Fam* ■ adj [decoración, ropa, canción] tacky, *BR* naff ▸ **es muy ~** he has really tacky *o BR* naff taste
■ nmf **ser un ~** to have tacky *o BR* naff taste

horterada nf *ESP Fam* **esa canción es una ~** that song is really tacky *o BR* naff

hortícola adj horticultural

horticultor, -ora nm,f horticulturalist

horticultura nf horticulture

hosco, -a adj [persona] sullen, gruff / [lugar] grim, gloomy

hospedaje nm **1.** [alojamiento] accommodation, lodgings, *US* accommodations **2.** [dinero] (cost of) board and lodging **3.** INFORM hosting

hospedar vt **1.** [persona] to put up **2.** INFORM to host
◆ ***hospedarse*** vpr to stay

hospedería nf [lugar de alojamiento] guest house / [de convento] hospice

hospiciano, -a nm,f = *resident of an orphanage*

hospicio nm [para niños] orphanage, children's home / [para pobres] poorhouse

hospital nm hospital ▸ **~ de campaña** field hospital ▸ **~ de maternidad** maternity hospital ▸ **~ psiquiátrico** psychiatric *or* mental hospital

hospitalario, -a adj **1.** [acogedor] hospitable **2.** [de hospital] hospital ▸ **atención hospitalaria** hospital care

hospitalidad nf hospitality

hospitalización nf hospitalization

hospitalizar [14] vt to hospitalize, to take *o* send to hospital

hosquedad nf sullenness, gruffness

host [χost] (pl **hosts**) nm INFORM host

hostal nm guesthouse

hostelería nf catering

hostelero, -a ■ adj catering ▸ **sector ~** catering trade
■ nm,f landlord, *f* landlady

hostería nf guesthouse

hostia ■ nf **1.** REL host **2.** *ESP Vulg* [golpe] bash, punch / [accidente] smash-up **3.** *ESP Vulg* [expresiones] **¿para qué hostias...?** why the hell...? ▸ **había la ~ de gente** the place was heaving ▸ **hace un frío de la ~** it's *BR* bloody *o US* goddamn freezing out there! ▸ **ser la ~** [de bueno] to be *BR* bloody *o US* goddamn amazing / [de malo] to be *BR* bloody *o US* goddamn awful ▸ **a toda ~** at full pelt *o* flat out ▸ **tener mala ~** to be a mean bastard
■ interj *ESP Vulg* **¡~!, ¡hostias!** *BR* bloody hell!, *US* goddamn it!

hostiar vt *Vulg* to bash

hostigamiento nm harassment

hostigar [38] vt **1.** [acosar] to pester, to bother **2.** MIL to harass

hostil adj hostile

hostilidad nf [sentimiento] hostility ▸ MIL **hostilidades** hostilities

hostilizar [14] vt to harass

hotel nm hotel

hotelería nf *ANDES, RP* hotel and catering industry

hotelero, -a ■ adj hotel ▸ **hay escasez de plazas hoteleras** there is a shortage of hotel accommodation
■ nm,f [hombre] hotelier, hotel manager / [mujer] hotelier, hotel manageress

hovercraft (pl **hovercrafts**) nm hovercraft

hoy adv **1.** [en este día] today ▸ **~ es martes** today is Tuesday, it's Tuesday today ▸ **¿a qué estamos ~?** what's today's date? ▸ **de ~ en adelante** from now on ▸ **de ~ no pasa, tengo que ordenar esta mesa** it can't wait any longer, I have to tidy this table today ▸ **de ~ para mañana** as soon *o* quickly as possible ▸ **~ por ti y mañana por mí** you can do the same for me some time **2.** [en la actualidad] nowadays, today ▸ **~ día, ~ en día** these days, nowadays ▸ **la mujer de ~ en día** women today, modern women ▸ **~ por ~** at the present moment, as things are at the moment

hoyo nm [concavidad] hole, pit / [de golf] hole / *Fam* [sepultura] grave

hoyuelo nm dimple

hoz nf **1.** [herramienta] sickle ▸ **la ~ y el martillo** the hammer and sickle **2.** [barranco] gorge, canyon

HTML nm INFORM (abrev de ***hypertext markup language***) HTML

HTTP nm INFORM (abrev de ***hypertext transfer protocol***) HTTP

huacal nm *CAM, COL, MÉX* **1.** [jaula] cage **2.** [cajón] drawer

huachafería nf *PERÚ Fam* **1.** [hecho] tacky thing **2.** [dicho] naff comment

huachafo, -a adj *PERÚ Fam* tacky

huaso, -a nm,f *ANDES Fam* peasant

hubiera *etc ver* ***haber***

hucha nf *ESP* moneybox

hueco, -a ■ adj **1.** [vacío] hollow **2.** [sonido] resonant, hollow **3.** [sin ideas] empty

■ nm **1.** [cavidad] hole / [en pared] recess **2.** [rato libre] spare moment ▸ **te puedo hacer un ~ esta tarde** I can squeeze you in this afternoon **3.** [espacio libre] space, gap / [de escalera] well / [de ascensor] shaft ▸ **no había ni un ~ en el teatro** there wasn't an empty seat in the theatre ▸ **hazme un ~ en el sofá** make a bit of room for me on the sofa ▸ **la marcha de los hijos dejó un ~ en sus vidas** the children leaving left a gap in their lives

huecograbado nm photogravure

huela *etc ver* ***oler***

huelga ■ *ver* ***holgar***

■ nf strike ▸ **estar/declararse en ~** to be/to go on strike ▸ **~ de brazos caídos** sit-down (strike) ▸ **~ de celo** *BR* work-to-rule, *US* job action ▸ **~ general** general strike ▸ **~ de hambre** hunger strike ▸ **~ indefinida** indefinite strike ▸ **~ salvaje** wildcat strike ▸ **~ de solidaridad** sympathy strike

huelguista nmf striker

huelguístico, -a adj strike ▸ **convocatoria huelguística** strike call

huella ■ *ver* ***hollar***

■ nf **1.** [de persona] footprint / [de animal, rueda] track ▸ *Fig* **seguir las huellas de alguien** to follow in sb's footsteps ▸ **~ digital** *o* **dactilar** fingerprint ▸ **~ genética** genetic fingerprint **2.** [vestigio] trace **3.** [impresión profunda] mark ▸ **dejar ~** to leave one's mark

huérfano, -a adj & nm,f orphan

huero, -a adj [vacío] hollow / [palabras] empty

huerta nf **1.** [huerto] *BR* market garden, *US* truck farm **2.** [tierra de regadío] = *irrigated crop-growing region*

huertano, -a nm,f *ESP* [murciano] person from Murcia / [valenciano] Valencian

huertero, -a nm,f *BR* market gardener, *US* truck farmer

huerto nm [de hortalizas] vegetable garden / [de frutales] orchard ▸ *Fam Fig* **llevarse a alguien al ~** to have (one's will and) one's way with sb

hueso nm **1.** [del cuerpo] bone ▸ *Fam Fig* **acabar** *o* **dar con sus huesos en** to end up in ▸ *Fam Fig* **calarse hasta los huesos** to get soaked to the skin ▸ *Fam Fig* **estar en los huesos** to be all skin and bones ▸ *Fam Fig* **no poder con sus huesos** to be ready to drop, to be exhausted ▸ *Fam Fig* **ser un ~ duro de roer** to be a hard nut to crack ▸ CULIN **~ de santo** = *small marzipan roll filled with egg yolk* **2.** [de fruto] *BR* stone, *US* pit ▸ **aceitunas sin ~** pitted olives **3.** *Fam* [persona] very strict person / [asignatura] difficult subject **4.** *Fam* **la sin ~** the tongue **5.** *MÉX Fam* [enchufe] contacts, influence / [trabajo fácil] cushy job

huésped, -eda nm,f guest

hueste nf [ejército] army ▸ **huestes** [seguidores] followers

huesudo, -a adj bony

hueva nf roe ▸ **huevas de bacalao** cod roe

huevada nf *ANDES, RP muy Fam* crap

huevear vi *ANDES Fam* to muck about

huevera nf **1.** [para servir] egg cup **2.** [para guardar] egg box

huevero, -a nm,f egg seller

huevo nm **1.** [de animales] egg ▸ *ANDES* **~ a la copa** boiled egg ▸ **~ duro** hard-boiled egg ▸ **~ escalfado/frito** poached/fried egg ▸ **~ pasado por agua** soft-boiled egg ▸ **~ de Pascua** Easter egg ▸ **huevos al plato** = *eggs cooked in the oven in an earthenware dish* ▸ **huevos revueltos** scrambled eggs ▸ *MÉX* **~ tibio** boiled egg **2.** *muy Fam* **huevos** [testículos] balls, nuts ▸ **tener huevos** to have balls ▸ **costar un ~** to cost a hell of a lot, *BR* to be bloody expensive ▸ **¡y un ~!** *BR* my arse!, *US* my ass!

huevón, -ona, güevón, -ona *muy Fam* ■ adj **1.** *CUBA, MÉX* [vago] lazy ▸ **es muy ~** *BR* he's a lazy sod *o* git, *US* he's so goddamn lazy **2.** *ANDES, ARG, VEN* [tonto, torpe] **es muy ~** *BR* he's a prat *o* pillock, *US* he's a jerk

■ nm,f **1.** *CUBA, MÉX* [vago] **es un ~** *BR* he's a lazy sod *o* git, *US* he's so goddamn lazy **2.** *ANDES, ARG, VEN* [tonto, torpe] *BR* prat, *BR* pillock, *US* jerk

hugonote, -a adj & nm,f Huguenot

huida nf escape, flight

huidizo, -a adj [esquivo] shy, elusive / [frente, mentón] receding

huir [34] ■ vi **1.** [escapar] [de enemigo] to flee (**de** from) / [de cárcel] to escape (**de** from) ▸ **~ del país** to flee the country **2.** **~ de algo** [evitar] to avoid sth, to keep away from sth

■ vt to avoid

huiro nm *CHILE, PERÚ* seaweed

hule nm oilskin

hulla nf soft coal

hullero, -a adj soft coal ▸ **producción hullera** soft coal production

humanidad nf humanity ▸ EDUC **humanidades** humanities

humanismo nm humanism

humanista ■ adj humanist, humanistic
■ nmf humanist

humanístico, -a adj humanistic

humanitario, -a adj humanitarian

humanitarismo nm humanitarianism

humanización nf humanization, making more human

humanizar [14] vt to humanize, to make more human
◆ ***humanizarse*** vpr to become more human

humano, -a ■ adj **1.** [del hombre] human **2.** [compasivo] humane
■ nm human being ▸ **los humanos** mankind

> ¡CUIDADO! / CAREFUL!
> **humano**
>
> **Human** se utiliza como traducción para describir cualquier característica propia de las personas, mientras que **humane** califica a alguien de compasivo y comprensivo con los demás.

humareda nf cloud of smoke ▸ **¡qué ~!** what a lot of smoke!, it's so smoky!

humazo nm cloud of smoke

humeante adj [que echa humo] smoking / [que echa vapor] steaming

humear vi [salir humo] to (give off) smoke / [salir vapor] to steam

humedad nf **1.** [de suelo, tierra] dampness / [de pared, techo] damp / [de piel, ojos] moistness ▸ **hay mucha ~ en la casa** the house is very damp **2.** [de atmósfera] humidity

humedal nm wetland

humedecer [46] vt to moisten
◆ ***humedecerse*** vpr to become moist ▸ **humedecerse los labios** to moisten one's lips

humedecimiento nm moistening

húmedo, -a adj **1.** [suelo, tierra, casa] damp / [piel, ojos] moist **2.** [aire, clima, atmósfera] humid

húmero nm ANAT humerus

humidificador nm humidifier

humidificar [59] vt to humidify

humildad nf humility

humilde adj humble

humillación nf humiliation

humillado, -a adj humiliated

humillante adj humiliating

humillar vt to humiliate
◆ ***humillarse*** vpr to humble oneself ▸ **humillarse a hacer algo** [rebajarse] to lower oneself to do sth, to stoop to doing sth

humita nf *CHILE* [pajarita] bow tie

humo nm **1.** [producto de combustión] smoke / [vapor] steam / [de vehículo] fumes ▸ *Fam Fig* **echar ~** to be fuming, to have smoke coming out of one's ears ▸ *Fam* **se hizo ~** [desapareció] he made himself scarce **2. humos** *Fam* [soberbia] **bajarle a alguien los humos** to take sb down a peg or two ▸ **con esa derrota se les han bajado los humos** that defeat has brought them back down to earth ▸ **darse humos** to give oneself airs

humor nm **1.** [estado de ánimo] mood / [carácter] temperament ▸ **estar de buen/mal ~** to be in a good/bad mood ▸ **estar de un ~ de perros** to be in a filthy mood **2.** [gracia] humour ▸ **un programa de ~** a comedy programme ▸ **no tiene sentido del ~** she doesn't have a sense of humour ▸ **en vez de enfadarme, me lo tomé con ~** rather than get upset, I just laughed it off ▸ **~ negro** black humour **3.** [ganas] mood ▸ **no estoy de ~** I'm not in the mood ▸ **no está de ~ para ponerse a cocinar** she doesn't feel like cooking **4.** ANAT humour

humorismo nm [carácter burlón] humour / [en televisión, teatro] comedy

humorista nmf [persona burlona] humorist / [en televisión, teatro] comedian, *f* comedienne

humorístico, -a adj humorous

humoso, -a adj smoky

humus nm inv humus

hundimiento nm [de barco] sinking / [ruina] collapse

hundir vt **1.** [sumergir] to sink / [esconder, introducir] to bury ▸ **hundió el cuchillo en su espalda** she buried the knife in his back ▸ **hundió los dedos en su cabello** he ran his fingers through her hair **2.** [afligir] to devastate, to destroy ▸ **el anuncio de su muerte hundió a la familia** his family was devastated by the news of his death **3.** [hacer fracasar] to ruin
◆ ***hundirse*** vpr **1.** [sumergirse] to sink / [intencionadamente] to dive **2.** [derrumbarse] to collapse / [techo] to cave in ▸ *Fig* **el estadio se hundió tras el tercer gol del equipo** the stadium went wild after the team scored its third goal **3.** [afligirse] to be devastated ▸ **se hundió tras conocer su despido** he was devastated when he found out that he was being made redundant **4.** [fracasar] to be ruined

húngaro, -a ■ adj & nm,f Hungarian
■ nm [lengua] Hungarian

Hungría n Hungary

huno, -a ■ adj Hunnish
■ nm,f Hun

huracán nm hurricane

huracanado, -a adj METEO [viento] hurricane-force

huraño, -a adj unsociable

hurgar [38] vi [rebuscar] to rummage around (**en** in) / [con dedo, palo] to poke around (**en** in)
◆ ***hurgarse*** vpr **hurgarse la nariz** to pick one's nose ▸ **hurgarse los bolsillos** to rummage around in one's pockets

hurgón nm poker

hurgonear vt to poke

hurgue *etc ver* ***hurgar***

Hurón nm **lago ~** Lake Huron

hurón nm **1.** [animal] ferret **2.** [persona huraña] unsociable person / [persona fisgona] nosey parker

hurra interj **¡~!** hurray!

hurtadillas: a hurtadillas loc adv on the sly, stealthily

hurtar vt to steal

hurto nm theft

húsar nm MIL hussar

husmeador, -ora adj [perro] sniffer / [persona] nosey, prying

husmear ■ vt [olfatear] to sniff out, to scent ■ vi [curiosear] to nose around

huso nm [para hilar] spindle / [en máquina] bobbin ▸ **~ horario** time zone

huy interj **¡~!** [dolor] ouch! / [sorpresa] gosh!

huyera *etc ver* ***huir***

huyo *etc ver* ***huir***

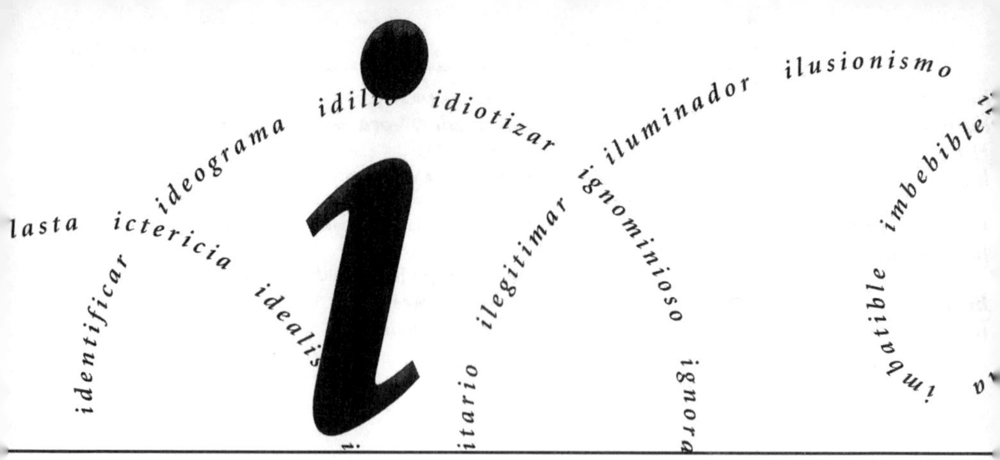

I, i [i] nf [letra] I, i

IAE nm (abrev de ***Impuesto sobre Actividades Económicas***) = *Spanish tax paid by professionals and shop owners*

ib. (abrev de ***ibídem***) ibid

iba *etc ver* ***ir***

ibérico, -a adj Iberian

íbero, -a ■ adj & nm,f Iberian
■ nm [lengua] Iberian

Iberoamérica n Latin America

iberoamericano, -a adj & nm,f Latin American

íbice nm ibex

ibicenco, -a ■ adj of/from Ibiza
■ nm,f person from Ibiza

ibíd. (abrev de ***ibídem***) ibid

ibídem, ibidem adv ibidem, ibid

ibis nm inv ibis

ice *etc ver* ***izar***

iceberg [iθe'βer] (pl **icebergs**) nm iceberg

ICI ['iθi] nm (abrev de ***Instituto de Cooperación Ibero-americana***) Institute for Latin American Co-operation

icónico, -a adj iconic

icono nm icon

iconoclasta ■ adj iconoclastic
■ nmf iconoclast

iconografía nf iconography

iconográfico, -a adj iconographical

ictericia nf jaundice

ictiología nf ichthyology

ictus nm MED stroke

I+D ['imas'de] (abrev de ***investigación y desarrollo***) R&D

id *ver* ***ir***

id. (abrev de ***ídem***) id., idem

ida nf **1.** [viaje] outward journey ▸ **el viaje de ~ lo haremos de noche** we'll travel out there overnight ▸ **a la ~ fuimos en tren** we went by train on the way there ▸ **(billete de) ~ y vuelta** *BR* return (ticket), *US* round-trip (ticket) ▸ *Fig* **idas y venidas** comings and goings **2.** DEP **partido de ~** first leg

idea nf **1.** [concepto, ocurrencia] idea ▸ **buena/mala ~** good/bad idea ▸ **hacerse una ~ de algo** to get an idea of sth ▸ **hacerse a la ~ de que** to get used to the idea that ▸ **no tengo ni ~ (de)** I don't have a clue (about) ▸ *ESP Fig* **tener ideas de bombero** to have wild *o* crazy ideas ▸ **tener ~ de cómo hacer algo** to know how to do sth ▸ **tener una ligera ~** to have a vague idea ▸ **~ brillante** brilliant idea, brainwave ▸ **~ fija** obsession ▸ **ser una persona de ideas fijas** to be a person of fixed ideas **2.** [propósito] intention ▸ **con la ~ de** with the idea *o* intention of ▸ **tener ~ de hacer algo** to intend to do sth ▸ **a mala ~** maliciously **3.** [opinión] impression ▸ **cambiar de ~** to change one's mind ▸ **ideas** [ideología] ideas

ideal adj & nm ideal

idealismo nm idealism

idealista ■ adj idealistic
■ nmf idealist

idealización nf idealization

idealizar **[14]** vt to idealize

idear vt **1.** [planear] to think up, to devise **2.** [inventar] to invent

ideario nm ideology

ídem pron ditto ▸ **~ de ~** [lo mismo] exactly the same / [yo también] same here

idéntico, -a adj identical (**a** to) ▸ **es ~ a su abuelo** [físicamente] he's the image of his grandfather / [en carácter] he's exactly the same as his grandfather

identidad nf **1.** [de persona, pueblo] identity **2.** [igualdad] identical nature

identificación nf identification

identificar **[59]** vt to identify
◆ ***identificarse*** vpr **identificarse con** [persona,

ideas] to identify with ▸ **¡identifíquese!** [diga quién es] identify yourself! / [muestre una identificación] show me some identification!

ideograma nm ideogram, ideograph

ideología nf ideology

ideológico, -a adj ideological

ideólogo, -a nm,f ideologist

idílico, -a adj idyllic

idilio nm love affair

idioma nm language

idiomático, -a adj idiomatic

idiosincrasia nf individual character

idiosincrático, -a adj characteristic

idiota ■ adj **1.** [tonto] stupid **2.** [enfermo] mentally deficient
■ nmf idiot

idiotez nf **1.** [bobada] stupid thing / [bobería] stupidity **2.** [enfermedad] mental deficiency

idiotizar [14] vt to turn into an idiot, to zombify

ido, -a adj mad, touched

idólatra ■ adj idolatrous
■ nmf idolater, *f* idolatress / *Fig* idolizer

idolatrar vt [dios] to worship / *Fig* to idolize

idolatría nf [culto] idolatry / [admiración ciega] worship, idolization

ídolo nm idol

idoneidad nf suitability

idóneo, -a adj suitable (**para** for)

iglesia nf church ▸ **ir a la ~** to go to church ▸ **con la ~ hemos topado** now we're really up against it ▸ **la iglesia anglicana** *BR* the Church of England, *US* the Anglican Church ▸ **~ parroquial** parish church

iglú (pl **iglúes**) nm igloo

ígneo, -a adj igneous

ignición nf [de motor] ignition ▸ **la chispa provocó la ~ del combustible** the spark ignited the fuel

ignífugo, -a adj fireproof, flameproof

ignominia nf ignominy

ignominioso, -a adj ignominious

ignorancia nf ignorance ▸ **~ supina** blind ignorance

ignorante ■ adj ignorant ▸ **~ de lo que ocurría** unaware of what was happening
■ nmf ignoramus

ignorar vt **1.** [desconocer] not to know, to be ignorant of **2.** [no tener en cuenta] to ignore

ignoto, -a adj unknown, undiscovered

igual ■ adj **1.** [idéntico] the same (**que** as) ▸ **llevan jerseys iguales** they're wearing the same jumper ▸ **son iguales** they're the same ▸ **tengo uno ~ que el tuyo** I've got one just like yours ▸ **es ~ de grande que el mío** it's as big as mine, it's the same size as mine **2.** [parecido] similar (**que** to) ▸ **de carácter son iguales** they have very similar characters **3.** [tal, semejante] **nunca había visto cosa ~** I'd never seen the like of it **4.** [equivalente] equal (**a** to) **5.** [liso] even **6.** [constante] [velocidad] constant / [clima, temperatura] even **7.** MAT **A más B es ~ a C** A plus B equals C **8.** DEP **van iguales** the scores are level
■ nmf equal ▸ **de ~ a ~** as an equal ▸ **sin ~** without equal, unrivalled
■ adv **1.** [de la misma manera] the same ▸ **yo pienso ~** I think the same, I think so too ▸ **es muy alto, al ~ que su padre** he's very tall, just like his father ▸ **baila ~ que la Pavlova** she dances just like Pavlova ▸ **por ~** equally **2.** *ESP* [posiblemente] perhaps ▸ **~ llueve** it could well rain ▸ **con suerte, ~ llego mañana** with a bit of luck I may arrive tomorrow **3. dar** *o* **ser ~ a alguien** [no importar] to be all the same to sb ▸ **es** *o* **da ~** it doesn't matter, it doesn't make any difference ▸ **me da ~ lo que piense la gente** I don't care what people think

igualación nf **1.** [de terreno] levelling / [de superficie] smoothing **2.** [de cantidades] equalizing

igualado, -a adj [terreno] levelled, level ▸ **de momento van igualados** they're level-pegging at the moment

igualar vt **1.** [hacer igual] to make equal, to equalize / DEP to equalize ▸ **~ algo a** *o* **con** to equate sth with **2.** [persona] to be equal to ▸ **nadie la iguala en generosidad** nobody is as generous as she is **3.** [terreno] to level / [superficie] to smooth
◆ ***igualarse*** vpr [cosas diferentes] to become equal ▸ **igualarse a** *o* **con** [otra persona, equipo] to become equal with, to match

igualdad nf **1.** [equivalencia] equality ▸ **en ~ de condiciones** on equal terms ▸ **~ de derechos** equal rights ▸ **~ de oportunidades** equal opportunities **2.** [identidad] sameness

igualitario, -a adj egalitarian

igualitarismo nm egalitarianism

igualmente adv **1.** [también] also, likewise **2.** [fórmula de cortesía] the same to you, likewise

iguana nf iguana

Iguazú n **(las cataratas del) ~** the Iguaçu Falls

ijada nf, ***ijar*** nm flank, side

ikastola nf = *primary school in the Basque country where classes are given entirely in Basque*

ikurriña nf = *Basque national flag*

ilación nf cohesion

ilegal adj illegal

ilegalidad nf **1.** [acción] unlawful act **2.** [cualidad] illegality ▸ **estar en la ~** to be illegal *o* outside the law

ilegalizar [14] vt to ban, to outlaw

ilegible adj illegible

ilegitimar vt [logro] to invalidate ▸ **su pasado lo ilegitima para ser alcalde** his past makes him unfit to be mayor ▸ **sus infidelidades ilegitiman sus celos** her infidelities deny her the right to be jealous

ilegitimidad nf illegitimacy

ilegítimo, -a adj illegitimate ▸ **hijo ~** illegitimate child

ileso, -a adj unhurt, unharmed ▸ **salir** *o* **resultar ~** to escape unharmed

iletrado, -a adj & nm,f illiterate

ilícito, -a adj illicit

ilimitado, -a adj unlimited, limitless ▸ **poder ~** absolute power

ilocalizable adj **se encuentra ~** he cannot be found

ilógico, -a adj illogical

iluminación nf **1.** [luces] [gen] & CINE & TEATRO lighting / [acción] illumination **2.** REL enlightenment

iluminado, -a ■ adj **1.** [con luz] lit (up) **2.** REL enlightened
■ nm,f REL enlightened person

iluminador, -ora ■ adj illuminating
■ nm,f lighting technician

iluminar ■ vt **1.** [dar luz a] to illuminate, to light up ▸ **los focos que iluminan la iglesia** the floodlights which light up the church **2.** [adornar con luces] to light up ▸ **iluminan el castillo por la noche** the castle is lit up at night **3.** REL to enlighten
■ vi to give light ▸ **la lámpara ilumina muy poco** the lamp doesn't give much light
◆ ***iluminarse*** vpr **1.** [con luz] to light up **2.** [de alegría] **se le iluminó el rostro** his face lit up **3.** REL to become enlightened

ilusión nf **1.** [esperanza] hope ▸ **la ~ de su vida es ir al espacio** his life's dream is to travel into space ▸ **hacerse** *o* **forjarse ilusiones** to build up one's hopes ▸ **no te hagas demasiadas ilusiones** don't get your hopes up too much ▸ **no me hago muchas ilusiones de que me vayan a dar la beca** I'm not too optimistic about getting the grant **2.** *ESP* [emoción] thrill, excitement ▸ **la novia lleva los preparativos de la boda con ~** the bride is very excited about the preparations for the wedding ▸ **¡qué ~!** how exciting! ▸ **me hace mucha ~ que vengas** I'm really delighted *o* thrilled that you're coming **3.** [infundada] delusion, illusion / [espejismo] illusion ▸ **~ óptica** optical illusion

ilusionar vt **1.** [esperanzar] **~ a alguien (con algo)** to build up sb's hopes (about sth) **2.** [emocionar] to excite, to thrill
◆ ***ilusionarse*** vpr **1.** [esperanzarse] to get one's hopes up (**con** about) **2.** [emocionarse] to get excited (**con** about)

ilusionismo nm conjuring, magic

ilusionista nmf conjurer, magician

iluso, -a ■ adj naive
■ nm,f naive person, dreamer

ilusorio, -a adj illusory / [promesa] empty

ilustración nf **1.** [estampa, dibujo] illustration **2.** [cultura] learning ▸ **no tiene mucha ~** he doesn't have much education **3.** HIST **la Ilustración** the Enlightenment

ilustrado, -a adj **1.** [publicación] illustrated **2.** [persona] learned **3.** HIST enlightened ▸ **el despotismo ~** enlightened despotism

ilustrador, -ora ■ adj illustrative
■ nm,f illustrator

ilustrar vt **1.** [explicar] to illustrate, to explain ▸ **~ algo con un ejemplo** to illustrate sth with an example **2.** [publicación] to illustrate **3.** [educar] to enlighten

ilustrativo, -a adj illustrative

ilustre adj **1.** [distinguido] illustrious, distinguished **2.** [título] **el ~ señor alcalde** his Worship, the mayor

Ilustrísimo, -a ■ adj **el ~ Ayuntamiento de Madrid** the City Council of Madrid
■ nf **Su Ilustrísima** Your/His Grace, Your/His Worship

imagen nf **1.** [figura] image ▸ **a ~ y semejanza de** identical to, exactly the same as ▸ **ser la viva ~ de alguien** to be the spitting image of sb **2.** TV picture ▸ **imágenes de archivo** library pictures ▸ **imágenes del partido/de la catástrofe** pictures of the game/the disaster **3.** [apariencia pública] image ▸ **los casos de corrupción han deteriorado la ~ del gobierno** the corruption scandals have tainted the image of the government ▸ **tener buena/mala ~** to have a good/bad image ▸ **~ corporativa** *o* **de empresa** corporate image ▸ **~ de marca** brand image **4.** [estatua] statue **5.** LIT image

imaginable adj imaginable, conceivable

imaginación nf **1.** [facultad] imagination ▸ **un niño con mucha ~** a child with a very vivid imagination, a very imaginative child ▸ **pasar por la ~ de alguien** to occur to sb, to cross sb's mind ▸ **no me pasó por la ~** it never occurred to me ▸ **se deja llevar por la ~** he lets his imagination run away with him **2.** [idea falsa] **imaginaciones** delusions, imaginings ▸ **son imaginaciones tuyas** you're just imagining things, it's all in your mind

imaginar vt **1.** [suponer, visualizar] to imagine ▸ **imagino que te has enterado de la noticia** I imagine *o* suppose you've heard the news ▸ **no puedes ~ cuánto me enfadé** you can't imagine how angry I was **2.** [idear] to think up, to invent
◆ ***imaginarse*** vpr **1.** [suponer] to imagine ▸ **no te llamé porque me imaginé que estabas muy ocupada** I didn't call you, because I thought you'd be very busy ▸ **¡imagínate!** just think *o* imagine! ▸ **me imagino que sí** I suppose so ▸ *Fam* **¿te imaginas que viene?** what if he were to come? **2.** [visualizar] to imagine, to picture ▸ **no me lo imagino vestido de indio** I can't imagine *o* picture him dressed as an Indian

imaginaria nf [guardia] reserve guard, nightguard ▸ **estar de imaginaria** to be on nightguard duty

imaginario, -a adj imaginary

imaginativo, -a adj imaginative

imaginería nf religious image-making

imán nm **1.** [para atraer] magnet **2.** [entre musulmanes] imam

imantación, imanación nf magnetization

imantar, imanar vt to magnetize

imbatible adj unbeatable

imbatido, -a adj unbeaten

imbebible adj undrinkable

imbécil ■ adj stupid
■ nmf idiot

imbecilidad nf stupidity ▸ **decir/hacer una ~** to say/do something stupid

imberbe adj beardless

imborrable adj [tinta] indelible / [recuerdo] unforgettable

imbricación nf overlap

imbricado, -a adj overlapping

imbricar [59] vt to make overlap

imbuir [34] vt to imbue (**de** with)

imitación nf imitation / [de humorista] impersonation ▸ **a ~ de** in imitation of ▸ **piel de ~** imitation leather

imitador, -ora nm,f imitator / [humorista] impersonator

imitamonas, imitamonos nmf inv *Fam* copycat

imitar vt [copiar] to imitate, to copy / [a personajes famosos] to impersonate / [producto, material] to simulate

imitativo, -a adj imitative

impaciencia nf impatience

impacientar vt to make impatient, to exasperate
◆ ***impacientarse*** vpr to grow impatient

impaciente adj impatient ▸ **~ por hacer algo** impatient *o* anxious to do sth

impactante adj hard-hitting

impactar ■ vt [sujeto: noticia] to have an impact on
■ vi [bala] to hit

impacto nm **1.** [choque] impact / [de bala] hit **2.** [señal] (impact) mark ▸ **~ de bala** bullethole ▸ **~ ambiental** environmental impact **3.** [impresión] impact, strong impression ▸ **causar un gran ~ en alguien** to make a big impact *o* impression on sb

impagable adj invaluable

impagado, -a ■ adj unpaid
■ nm unpaid bill

impago, -a ■ adj *AM* [salario, factura] unpaid
■ nm non-payment ▸ **el ~ de una factura** failure to pay a bill

impala nm impala

impalpable adj impalpable

impar adj **1.** [número] odd **2.** [sin igual] unequalled

imparable adj unstoppable

imparcial adj impartial

imparcialidad nf impartiality

impartir vt to give ▸ **~ clases** to teach

impasibilidad nf impassivity

impasible adj impassive

impasse [im'pas] nm impasse

impavidez nf [valor] fearlessness, courage / [impasibilidad] impassivity

impávido, -a adj [valeroso] fearless, courageous / [impasible] impassive

impecable adj impeccable

impedancia nf impedance

impedido, -a ■ adj disabled ▸ **estar ~ de un brazo** to have the use of only one arm
■ nm,f disabled person

impedimenta nf baggage, appurtenances

impedimento nm [obstáculo] obstacle / [para el matrimonio] impediment ▸ **no hay ningún ~ para hacerlo** there's no reason why we shouldn't do it

impedir [47] vt **1.** [imposibilitar] to prevent ▸ **~ a alguien hacer algo** to prevent sb from doing sth ▸ **la lesión le impedía correr** the injury stopped *o* prevented him from running ▸ **la nieve impidió la celebración del partido** the snow prevented the match from taking place ▸ **impedirle el paso a alguien** to bar sb's way ▸ **si nada lo impide saldremos por la mañana** all being well we'll leave in the morning **2.** [dificultar] to hinder, to obstruct

impeler vt **1.** [hacer avanzar] to propel **2.** [incitar] **~ a alguien a algo/hacer algo** to drive sb to sth/to do sth

impenetrabilidad nf *también Fig* impenetrability

impenetrable adj *también Fig* impenetrable

impenitencia nf impenitence

impenitente adj [pecador] unrepentant, impenitent / *Fig* [incorregible] inveterate

impensable adj unthinkable

impensado, -a adj unexpected

impepinable adj *ESP Fam* [argumento] undeniable, unanswerable ▸ **¡eso es ~!** that's for sure!

imperante adj prevailing

imperar vi to prevail

imperativo, -a ■ adj **1.** [gen] & GRAM imperative **2.** [autoritario] imperious
■ nm (gen) & GRAM imperative

imperceptible adj imperceptible

imperdible nm safety pin

imperdonable adj unforgivable

imperecedero, -a adj [producto] non-perishable / [eterno] immortal, eternal

imperfección nf **1.** [cualidad] imperfection **2.** [defecto] flaw, defect

imperfecto, -a ■ adj [no perfecto] imperfect / [defectuoso] faulty, defective ▸ GRAM **pretérito ~** (past) imperfect
■ nm GRAM imperfect

imperial adj imperial

imperialismo nm imperialism

imperialista adj & nmf imperialist

impericia nf [torpeza] lack of skill / [inexperiencia] inexperience

imperio nm **1.** [territorio] empire **2.** [dominio] rule ▸ **el ~ de la ley** the rule of law ▸ **valer un ~** to be worth a fortune **3.** [mandato] emperorship

imperioso, -a adj **1.** [autoritario] imperious **2.** [apremiante] urgent, pressing

impermeabilidad nf impermeability

impermeabilización nf waterproofing

impermeabilizante adj waterproofing

impermeabilizar [14] vt to (make) waterproof

impermeable ■ adj waterproof
■ nm raincoat, *BR* mac

impersonal adj impersonal

impertérrito, -a adj [impávido] unperturbed, unmoved / [ante peligros] fearless

impertinencia nf **1.** [cualidad] impertinence **2.** [comentario] impertinent remark

impertinente ■ adj impertinent ▸ **ponerse ~** to be impertinent *o* rude
■ nmf [persona] impertinent person
◆ ***impertinentes*** nmpl [anteojos] lorgnette

imperturbabilidad nf imperturbability

imperturbable adj imperturbable

ímpetu nm **1.** [brusquedad] force **2.** [energía] energy ▸ **perder ~** to lose momentum

impetuosidad nf [precipitación] impetuosity

impetuoso, -a ■ adj **1.** [olas, viento, ataque] violent **2.** [persona] impulsive, impetuous
■ nm,f impulsive person

impidiera *etc ver* ***impedir***

impido *etc ver* ***impedir***

impío, -a adj godless, impious

implacable adj implacable, relentless

implantación nf **1.** [establecimiento] introduction **2.** BIOL implantation **3.** MED insertion

implantar vt **1.** [establecer] to introduce **2.** MED to insert
◆ ***implantarse*** vpr **1.** [establecerse] to be introduced **2.** BIOL to become implanted

implante nm implant

implementar vt to implement

implemento nm implement

implicación nf **1.** [participación] involvement **2. implicaciones** [consecuencias] implications

implicancia nf *CSUR* implication

implicar [59] vt **1.** [involucrar] to involve (**en** in) / DER to implicate (**en** in) **2.** [significar, suponer] to mean, to imply
◆ ***implicarse*** vpr DER to incriminate oneself ▸ **implicarse en** to become involved in

implícito, -a adj implicit

imploración nf entreaty, plea

implorar vt to implore

impoluto, -a adj [superficie] spotless / [blanco] pure / [reputación] unblemished

imponderabilidad nf imponderability

imponderable ■ adj [incalculable] invaluable / [imprevisible] imponderable
■ nm imponderable

imponente adj **1.** [impresionante] imposing, impressive **2.** *Fam* [estupendo] sensational, terrific ▸ **¡la profesora está ~!** the teacher is a stunner!

imponer [50] ■ vt **1. ~ algo (a alguien)** [forzar a aceptar] to impose sth (on sb) ▸ **~ respeto** to command respect ▸ **el profesor impuso silencio en la clase** the teacher silenced the class **2.** [moda] to set / [costumbre] to introduce
■ vi to be imposing
◆ ***imponerse*** vpr **1.** [hacerse respetar] to command respect, to show authority **2.** [prevalecer] to prevail **3.** [asumir] [obligación, tarea] to take on **4.** [ser necesario] to be necessary **5.** DEP to win, to prevail

imponible adj FIN **base ~** taxable income

impopular adj unpopular

impopularidad nf unpopularity

importación nf [acción] importing / [artículo] import ▸ **de ~** imported

importado, -a adj imported

importador, -ora ■ adj importing ▸ **empresa importadora** importer, importing company
■ nm,f importer

importancia nf importance ▸ **dar ~ a algo** to attach importance to sth ▸ **darse ~** to give oneself airs ▸ **de ~** important, of importance ▸ **no tiene ~** [no es importante] it's not important / [no pasa nada] it doesn't matter ▸ **sin ~** unimportant ▸ **quitar ~ a algo** to play sth down

importante adj **1.** [destacado, significativo] important / [lesión] serious **2.** [cantidad] considerable

importar ■ vt **1.** [productos] & INFORM to import **2.** [sujeto: factura, coste] to amount to, to come to
■ vi **1.** [preocupar, tener interés] to matter ▸ **ya no te importo – al contrario, sí que me importas** you don't care about me any more – on the contrary, you do matter to me ▸ **no me importa lo que piense la gente** I don't care what people think **2.** [ser importante] to matter ▸ **lo que importa es que...** what matters *o* the important thing is that... ▸ **no importa** it doesn't matter ▸ **¡qué importa que llueva!** so what if it's raining? **3.** [incumbir, afectar] **¡no te importa!** it's none of your business! ▸ **¿a mí qué me importa?** what's that to me?, what do I care? ▸ **¿y a ti qué te importa?** what's it got to do with you? ▸ *Fam* **me importa un bledo** *o* **comino** *o* **pito** I don't give a damn, I couldn't care less **4.** [molestar] to mind ▸ **no me importa que venga tu familia** I don't mind if your family comes ▸ **preferiría no salir, si no te importa** I'd rather not go out, if you don't mind *o* if it's all the same to you ▸ **¿le importa que me siente?** do you mind if I sit down?

importe nm [precio] price, cost / [de factura] total ▸ **~ total** total cost

importunar ■ vt to bother, to pester
■ vi to be tiresome *o* a nuisance

importuno, -a adj **1.** [en mal momento] inopportune, untimely **2.** [molesto] inconvenient **3.** [inadecuado] inappropriate

imposibilidad nf impossibility ▸ **su ~ para contestar la pregunta** his inability to answer the question ▸ **~ física** *o* **material** physical impossibility

imposibilitado, -a adj disabled ▸ **estar ~ para hacer algo** to be unable to do sth

imposibilitar vt **~ a alguien (para) hacer algo** to make it impossible for sb to do sth, to prevent sb from doing sth

imposible ■ adj **1.** [irrealizable] impossible ▸ **es ~ de arreglar** it's impossible to fix, it can't be fixed ▸ **es ~ que se lo haya dicho** he can't possibly have told her ▸ **nos fue ~ ir** we were unable to go ▸ **hacer lo ~** to do everything possible and more **2.** *Fam* [insoportable] unbearable, impossible ▸ **el tráfico en el centro estaba ~** the traffic in the centre was impossible *o* a nightmare
■ nm **pedir imposibles** to ask for the impossible

imposición nf **1.** [obligación] imposition **2.** [impuesto] tax ▸ **doble ~** double taxation **3.** FIN deposit ▸ **hacer** *o* **efectuar una ~** to make a deposit **4. ~ de manos** laying on of hands

impositivo, -a adj tax ▸ **política impositiva** tax *o* taxation policy

impostar vt [la voz] to make resonate

impostergable adj (extremely) urgent, impossible to postpone

impostor, -ora ▪ adj [suplantador] fraudulent
▪ nm,f [suplantador] impostor

impostura nf **1.** [suplantación] fraud **2.** [calumnia] slander

impotencia nf impotence

impotente ▪ adj impotent
▪ nm impotent man

impracticable adj **1.** [irrealizable] impracticable **2.** [intransitable] impassable

imprecación nf imprecation

imprecar [59] vt to imprecate

imprecatorio, -a adj imprecatory

imprecisión nf imprecision, vagueness ▸ **contestó con imprecisiones** he gave vague answers

impreciso, -a adj imprecise, vague

impredecible adj [inesperado] unforeseeable / [imprevisible] unpredictable

impregnar vt to impregnate (**de** with)
◆ ***impregnarse*** vpr to become impregnated (**de** with)

impremeditación nf lack of premeditation

impremeditado, -a adj unpremeditated

imprenta nf **1.** [máquina] (printing) press **2.** [establecimiento] printing house

imprescindible adj indispensable, essential

impresentable ▪ adj unpresentable
▪ nmf **es un ~** he's a disgrace

impresión nf **1.** [efecto] impression ▸ **causar (una) buena/mala ~** to make a good/bad impression ▸ **dar la ~ de** to give the impression of ▸ **me dio la ~ de que estaban enfadados** I got the impression they were annoyed ▸ **le dio mucha ~ ver el cadáver** seeing the body was a real shock to him **2.** [opinión] **me gustaría conocer tu ~ del tema** I'd like to know what your thoughts are on the issue ▸ **cambiar impresiones** to compare notes, to exchange views **3.** [huella] imprint ▸ **~ digital** *o* **dactilar** fingerprint **4.** IMPRENTA [acción] printing / [edición] edition

impresionable adj impressionable

impresionante adj [asombroso, extraordinario] amazing, astonishing / [maravilloso] impressive / [grande] enormous

impresionar ▪ vt **1.** [maravillar] to impress / [emocionar] to move / [conmocionar, horrorizar] to shock **2.** FOT to expose
▪ vi [maravillar] to make an impression / [emocionar] to be moving / [conmocionar, horrorizar] to be shocking
◆ ***impresionarse*** vpr [maravillarse] to be impressed / [emocionarse] to be moved / [conmocionarse, horrorizarse] to be shocked

impresionismo nm impressionism

impresionista adj & nmf impressionist

impreso, -a ▪ participio *ver* ***imprimir***
▪ adj printed
▪ nm **1.** [texto] printed sheet ▸ **impresos** [en sobre] printed matter **2.** [formulario] form ▸ **~ de inscripción** entry form ▸ **~ de solicitud** application form

impresor, -ora nm,f [persona] printer

impresora nf INFORM printer ▸ **~ de chorro de tinta** inkjet printer ▸ **~ láser** laser printer ▸ **~ matricial** *o* **de agujas** dot matrix printer ▸ **~ térmica** thermal printer

imprevisible adj [inesperado] unforeseeable / [impredecible] unpredictable ▸ **el tiempo aquí es muy ~** the weather here is very unpredictable ▸ **una persona ~** an unpredictable person

imprevisión nf lack of foresight

imprevisto, -a ▪ adj unexpected
▪ nm [hecho] unforeseen circumstance ▸ **salvo imprevistos** barring accidents ▸ **imprevistos** [gastos] unforeseen expenses

imprimir ▪ vt **1.** [libro, documento] to print / [huella, paso] to leave, to make **2.** [dar] **el atleta mexicano imprimió un ritmo endiablado a la carrera** the Mexican athlete set a fiendish pace in the race ▸ **sus dibujos imprimen carácter al libro** her illustrations lend character to the book ▸ **~ velocidad a algo** to speed sth up
▪ vi to print

improbabilidad nf improbability, unlikelihood

improbable adj improbable, unlikely

ímprobo, -a adj *Formal* [trabajo, esfuerzo] Herculean, strenuous

improcedencia nf **1.** [desacierto] inappropriateness **2.** DER inadmissibility

improcedente adj **1.** [inoportuno] inappropriate **2.** DER inadmissible

improductivo, -a adj unproductive

impromptu nm MÚS impromptu

impronta nf mark, impression ▸ **llevar la ~ de** to have the hallmarks of

impronunciable adj unpronounceable

improperio nm insult ▸ **lanzar improperios** to let fly insults

impropiedad nf impropriety

impropio, -a adj improper (**de** for), unbecoming (**de** to)

improrrogable adj [plazo] unextendable ▸ **durante seis días improrrogables** for six days only ▸ **la fecha es ~** the deadline is final

improvisación nf improvisation

improvisado, -a adj [comida, actuación artística] improvised / [discurso] impromptu / [comentario] ad-lib / [cama, refugio] makeshift

improvisar ▪ vt [discurso, plan] to improvise / [comida] to rustle up, to improvise ▸ **~ una cama** to make (up) a makeshift bed
▪ vi [músico, orador] to improvise / [actor] to ad-lib

improviso: de improviso loc adv unexpectedly,

suddenly ▸ **coger a alguien de ~** to catch sb unawares

imprudencia nf **1.** [falta de prudencia] [en los actos] carelessness, recklessness / [en los comentarios] indiscretion ▸ DER **~ temeraria** criminal negligence **2.** [acción] careless *o* reckless act, indiscretion / [dicho indiscreto] tactless remark, indiscretion / [dicho desacertado] foolish *o* reckless remark

imprudente ■ adj [en los actos] careless, rash / [en los comentarios] indiscreet ▸ **es muy ~** [al conducir] he's a reckless driver

■ nmf [en los actos] rash *o* reckless person / [en los comentarios] indiscreet person

impúber ■ adj pre-pubescent

■ nmf pre-pubescent child

impudicia nf immodesty

impúdico, -a adj immodest, indecent

impudor nm immodesty

impuesto, -a ■ participio *ver* ***imponer***

■ nm tax ▸ **~ sobre el capital** capital tax ▸ **impuesto de circulación** road tax ▸ **~ al consumo** tax on the consumer ▸ **~ directo/indirecto** direct/indirect tax ▸ **~ de lujo** luxury tax ▸ **~ municipal** local tax ▸ **~ sobre el patrimonio** property tax ▸ **~ sobre las plusvalías** capital gains tax ▸ **~ sobre la renta** income tax ▸ **~ revolucionario** revolutionary tax, = *protection money paid by businessmen to terrorists* ▸ **impuesto de sociedades** corporation tax ▸ **~ sobre sucesiones** inheritance tax ▸ *AM* **~ al valor agregado,** *ESP* **~ sobre el valor añadido** value-added tax

impugnable adj contestable

impugnación nf contestation, challenge

impugnar vt to contest, to challenge

impulsar vt **1.** [empujar] to propel, to drive **2.** [incitar] **~ a alguien (a algo/a hacer algo)** to drive sb (to sth/ to do sth) **3.** [promocionar] [economía] to stimulate / [amistad] to foster ▸ **~ las relaciones Norte-Sur** to promote North-South relations ▸ **las claves que impulsan el sector** the key drivers for the industry

impulsividad nf impulsiveness

impulsivo, -a ■ adj impulsive

■ nm,f impulsive person, hothead

impulso nm **1.** FÍS impulse **2.** [empuje] momentum ▸ **tomar ~** to take a run-up **3.** [estímulo] stimulus, boost ▸ **la medida supondrá un ~ al consumo** the measure will boost consumption ▸ **dar ~ a una iniciativa** to encourage *o* promote an initiative **4.** [deseo, motivación] impulse, urge ▸ **un ~ me hizo gritar** a sudden impulse made me shout ▸ **mi primer ~ fue marcharme** my first instinct was to leave ▸ **se deja llevar por sus impulsos** he acts on impulse

impulsor, -ora ■ adj driving ▸ **fuerza impulsora** driving force

■ nm,f dynamic force ▸ **él fue el ~ del proyecto** he was the driving force behind the project

impune adj unpunished ▸ **quedar ~** to go unpunished

impunemente adv with impunity

impunidad nf impunity

impuntual adj unpunctual

impuntualidad nf unpunctuality

impureza nf impurity

impuro, -a adj *también Fig* impure

impusiera *etc ver* ***imponer***

imputabilidad nf imputability

imputable adj attributable (**a** to)

imputación nf accusation

imputar vt **1.** [atribuir] **~ algo a alguien** [delito] to accuse sb of sth / [fracaso, error] to attribute sth to sb **2.** COM to allocate, to assign

inabarcable adj **un concepto i.** a concept which is difficult to grasp

inabordable adj inaccessible

inacabable adj interminable, endless

inacabado, -a adj unfinished

inaccesible adj inaccessible

inacción nf inaction, inactivity

inaceptable adj unacceptable

inactividad nf inactivity

inactivo, -a adj inactive

inadaptación nf maladjustment

inadaptado, -a ■ adj maladjusted

■ nm,f misfit

inadecuado, -a adj [inapropiado] unsuitable, inappropriate

inadmisible adj inadmissible

inadvertido, -a adj unnoticed ▸ **pasar ~** to go unnoticed

inagotable adj inexhaustible

inaguantable adj unbearable

inalámbrico, -a adj cordless / INFORM wireless

in albis adv in the dark ▸ **quedarse ~** to be left none the wiser

inalcanzable adj unattainable, beyond reach

inalienable adj inalienable

inalterable adj **1.** [salud] stable / [amistad] undying / [principios] unshakeable / [decision] final ▸ **permanecer ~** to remain unchanged **2.** [color] fast **3.** [rostro, carácter] impassive **4.** DEP **el marcador permanece ~** the score remains unchanged

inalterado, -a adj unaltered, unchanged

inamovible adj immovable, fixed

inane adj *Formal* inane

inanición nf starvation ▸ **morir de ~** to die of starvation, to starve to death

inanimado, -a adj inanimate

inánime adj lifeless

inapagable adj inextinguishable

inapelable adj **1.** DER not open to appeal **2.** [inevitable] inevitable

inapetencia nf lack of appetite

inapetente adj lacking in appetite ▸ **estar ~** to have no appetite

inaplazable adj [reunión, sesión] that cannot be postponed / [necesidad] urgent, pressing

inaplicable adj inapplicable, not applicable

inapreciable adj **1.** [incalculable] invaluable, inestimable **2.** [insignificante] imperceptible

inapropiado, -a adj inappropriate, unsuitable

inarrugable adj crease-resistant

inasequible adj **1.** [por el precio] prohibitive **2.** [inalcanzable] [meta, ambición] unattainable / [persona] unapproachable

inastillable adj shatterproof

inatacable adj [fortaleza, país] unassailable / [argumento] irrefutable

inaudible adj inaudible

inaudito, -a adj unheard-of

inauguración nf [de edificio, puente, Juegos Olímpicos] official opening, opening (ceremony) / [de congreso] opening session

inaugural adj opening, inaugural

inaugurar vt [edificio, congreso] to (officially) open / [año académico, época] to mark the beginning of, to inaugurate / [estatua] to unveil

inca adj & nmf Inca

incaico, -a adj Inca

incalculable adj incalculable ▸ **de ~ valor** priceless / *Fig* of inestimable value

incalificable adj unspeakable, indescribable

incandescencia nf incandescence

incandescente adj incandescent

incansable adj untiring, tireless

incapacidad nf **1.** [imposibilidad] inability **2.** [falta de aptitud] incompetence **3.** DER incapacity ▸ **~ laboral** industrial disability *o BR* disablement

incapacitado, -a ■ adj DER [para ejercer cargos, votar] disqualified (**para** from) / [para testar, testificar] incapacitated / [para trabajar] unfit
■ nm,f DER disqualified person, person declared unfit

incapacitar vt **1.** [sujeto: circunstancias] [para ejercer cargos, votar] to disqualify (**para** from) / [para trabajar] to render unfit (**para** for) **2.** [sujeto juez] [para ejercer cargos, votar] to disqualify (**para** from), to declare disqualified (**para** from) / [para trabajar] to declare unfit (**para** for *or* to)

incapaz adj **1.** [no capaz] incapable (**de** of) ▸ **fuimos incapaces de alcanzar la cumbre** we weren't able to *o* didn't manage to reach the top ▸ **es ~ de hacer una suma sin equivocarse** he can't do the simplest sum without making a mistake ▸ **es ~ de hacer daño a nadie** he would never harm anyone **2.** [sin talento] **~ para** incompetent at, no good at ▸ **soy ~ para las sumas** I'm no good at *o* useless at sums **3.** DER **declarar ~ a alguien** to declare sb incapable *o* unfit

incautación nf seizure, confiscation

incautarse vpr **1.** DER **~ de** to seize, to confiscate **2.** [apoderarse] **~ de** to grab

incauto, -a ■ adj gullible, naive
■ nm,f gullible *o* naive person

incendiar vt to set fire to
◆ ***incendiarse*** vpr to catch fire ▸ **se ha incendiado el bosque** the forest has caught fire *o* is on fire

incendiario, -a ■ adj [bomba] incendiary / [artículo, libro] inflammatory
■ nm,f arsonist, fire-raiser

incendio nm fire ▸ **~ forestal** forest fire ▸ **un ~ provocado** a case of arson

incensario nm censer

incentivar vt to encourage

incentivo nm incentive ▸ **~ fiscal** tax incentive

incertidumbre nf uncertainty

incesante adj incessant, ceaseless

incesto nm incest

incestuoso, -a adj incestuous

incidencia nf **1.** [repercusión] impact, effect **2.** [suceso] event ▸ **el viaje transcurrió sin incidencias** the journey passed without incident

incidental adj incidental

incidente ■ adj [luz, rayo] incident
■ nm incident ▸ **el viaje transcurrió sin incidentes** the journey passed without incident

incidir vi **~ en** [incurrir en] to fall into, to lapse into / [insistir en] to focus on / [influir en] to have an impact on, to affect

incienso nm incense ▸ **oro, ~ y mirra** gold, frankincense and myrrh

incierto, -a adj **1.** [dudoso] uncertain **2.** [falso] untrue

incineración nf [de cadáver] cremation / [de basura] incineration

incinerador nm [de basura] incinerator

incinerar vt [cadáver] to cremate / [basura] to incinerate

incipiente adj [inicial] incipient ▸ **una democracia ~** a fledgling democracy ▸ **una amistad ~** a budding friendship

incisión nf incision

incisivo, -a ■ adj **1.** [instrumento] sharp, cutting

CÓMO EXPRESAR...

la incertidumbre

I'm not sure that's such a good idea. / No estoy seguro de que sea una idea tan buena.
I'm not at all sure (that) I want to go. / No estoy nada seguro de querer ir.
I don't know if I'll be able to open the door. / No sé si podré abrir la puerta.
I doubt (that) he'll pass. / Dudo que apruebe.
It's still not certain whether the contract will be signed. / Todavía no es seguro que se firme el contrato.
We are unable to inform you at present whether there will be any job losses. / Actualmente no podemos informarle sobre si habrá algún despido.

2. [mordaz] incisive 3. [diente] incisive
■ nm [diente] incisor

inciso, -a nm [corto] comment, passing remark / [más largo] digression

incitación nf incitement

incitante adj [insinuante] provocative / [interesante] enticing

incitar vt [a la violencia] to incite ▸ **el hambre le incitó a robar** hunger made him steal ▸ **¿qué le incitó a hacerlo?** what made him do it?

incivil adj uncivil

incivilizado, -a adj uncivilized

inclasificable adj unclassifiable

inclemencia nf harshness, inclemency ▸ **las inclemencias del tiempo** the inclemency of the weather

inclemente adj harsh, inclement

inclinación nf 1. [desviación] slant, inclination / [de terreno] slope 2. [afición] penchant *o* propensity (**a** *o* **por** for) ▸ **tiene una ~ natural por la música** she has a natural bent for music 3. [cariño] **~ hacia alguien** fondness towards sb 4. [saludo] bow ▸ **nos saludó con una ~ de cabeza** he greeted us with a nod

inclinado, -a adj 1. [terreno] sloping 2. [cabeza] bowed / [objeto] sloping, at *o* on a slant

inclinar vt 1. [doblar] to bend / [cabeza] to bow / [ladear] to tilt ▸ *Fig* **~ la balanza a favor de** to tip the balance in favour of 2. [influir] **~ a alguien a hacer algo** to persuade sb to do sth
◆ ***inclinarse*** vpr 1. [doblarse] to lean ▸ **la grúa se está inclinando peligrosamente** the crane is leaning *o* tilting dangerously ▸ **inclínate hacia adelante** lean forward ▸ *Fig* **la balanza se inclinó a nuestro favor** the balance tipped in our favour 2. [para saludar] to bow (**ante** before) 3. [tender] to be *o* feel inclined (**a** to) ▸ **me inclino a pensar que no** I'm rather inclined to think not 4. [preferir] **inclinarse por** to favour, to lean towards

ínclito, -a adj *Formal* illustrious

incluido, -a adj [franqueo, servicio] included ▸ **IVA incluido** inclusive of VAT ▸ **hasta el 31 de diciembre incluido** up to and including 31 December

incluir [34] vt [comprender] to include / [adjuntar] to enclose ▸ **el precio incluye desayuno y cena en el hotel** the price includes breakfast and evening meals at the hotel ▸ **te he incluido en la lista de participantes** I've included *o* put you on the list of participants ▸ **a mí no me incluyas** count me out

inclusa nf foundling hospital

inclusión nf inclusion

inclusive adv inclusive

incluso ■ adv even ▸ **me gustó ~ a mí** even I liked it ▸ **la comida de ayer estaba buena, la de hoy, mejor ~** yesterday's meal was good, and today's was even better
■ prep even ▸ **todos, ~ tú, debemos ayudar** we must all help, even you

incoar vt to commence, to initiate

incobrable adj irrecoverable

incógnita nf 1. MAT unknown (quantity) 2. [misterio] mystery

incógnito, -a adj unknown ▸ **viajar/estar de ~** to travel/be incognito

incoherencia nf 1. [cualidad] incoherence 2. [comentario] nonsensical remark

incoherente adj 1. [inconexo] incoherent 2. [inconsecuente] inconsistent

incoloro, -a adj *también Fig* colourless

incólume adj *Formal* unscathed

incombustible adj fire-resistant

incomestible, incomible adj inedible

incomodar vt 1. [causar molestia] to bother, to inconvenience 2. [enfadar] to annoy
◆ ***incomodarse*** vpr [enfadarse] to get annoyed (**por** about)

incomodidad nf 1. [de silla] uncomfortableness 2. [de situación, persona] awkwardness, discomfort

incómodo, -a adj 1. [silla, postura] uncomfortable 2. [situación] awkward, uncomfortable ▸ **una pregunta incómoda** an awkward question ▸ **me resulta ~ hablar con ella de estos temas** I find it embarrassing *o* I feel uncomfortable talking to her about these matters ▸ **sentirse ~** to feel awkward *o* uncomfortable

incomparable adj incomparable

incomparecencia nf failure to appear (in court)

incompatibilidad nf incompatibility ▸ DER **~ de caracteres** incompatibility

incompatible adj incompatible (**con** with)

incompetencia nf incompetence

incompetente adj incompetent

incompleto, -a adj 1. [falto de una parte] incomplete 2. [inacabado] unfinished

incomprendido, -a ■ adj misunderstood
■ nm,f misunderstood person ▸ **fue siempre un ~** no one ever understood him

incomprensible adj incomprehensible

incomprensión nf lack of understanding

incomunicación nf 1. [falta de comunicación] lack of communication 2. [de detenido] solitary confinement 3. [de una localidad] isolation

incomunicado, -a adj **estar ~** [sin líneas de comunicación] to be isolated / [por la nieve] to be cut off / [preso] to be in solitary confinement / [detenido] to be held incommunicado

incomunicar [59] vt [dejar sin líneas de comunicación] to keep isolated / [sujeto: la nieve] to cut off / [preso] to place in solitary confinement / [detenido] to hold incommunicado

inconcebible adj inconceivable

inconcluso, -a adj unfinished

inconcreto, -a adj vague, imprecise

incondicional ■ adj [rendición, perdón] unconditional / [ayuda] wholehearted / [seguidor] staunch
■ nmf staunch supporter

inconexo, -a adj [parte] unconnected / [pensamiento, texto] disjointed

inconfesable adj shameful

inconformismo nm nonconformism

inconformista adj & nmf nonconformist

inconfundible adj unmistakable

incongruencia nf [cualidad] inconsistency ▸ **hacer/decir una ~** [algo fuera de lugar] to do/say sth incongruous / [algo absurdo] to do/say sth crazy *o* illogical ▸ **lleno de incongruencias** [relato, libro] full of inconsistencies

incongruente adj [fuera de lugar] incongruous / [desarticulado] inconsistent / [absurdo] crazy, illogical

inconmensurable adj [enorme] vast, immense

inconmovible adj unshakeable, unyielding

inconquistable adj unassailable, impregnable

inconsciencia nf **1.** [aturdimiento, desmayo] unconsciousness **2.** [falta de juicio] thoughtlessness

inconsciente ■ adj **1.** [sin conocimiento] unconscious ▸ **estar ~** to be unconscious ▸ **un acto ~** an unconscious action **2.** [irreflexivo] thoughtless, reckless
■ nmf thoughtless *o* reckless person
■ nm PSI **el ~** the unconscious

inconscientemente adv [sin darse cuenta] unconsciously, unwittingly

inconsecuencia nf inconsistency

inconsecuente ■ adj inconsistent
■ nmf inconsistent person

inconsistencia nf flimsiness

inconsistente adj flimsy, insubstantial

inconsolable adj inconsolable

inconstancia nf **1.** [en el trabajo, la conducta] unreliability **2.** [de opinión, ideas] changeability

inconstante adj **1.** [en el trabajo] **es muy ~** he never sticks at anything **2.** [de opinión, ideas] changeable, fickle

inconstitucional adj unconstitutional

inconstitucionalidad nf unconstitutionality

incontable adj [innumerable] countless, innumerable

incontaminado, -a adj uncontaminated, unpolluted

incontenible adj [alegría] unbounded / [llanto] uncontrollable

incontestable adj indisputable, undeniable

incontinencia nf **1.** [vicio] lack of restraint **2.** MED incontinence

incontinente adj **1.** [insaciable] lacking all restraint **2.** MED incontinent

incontrolable adj uncontrollable

incontrolado, -a adj [velocidad] furious / [situación] out of hand / [comando] maverick, not controlled by the leadership / [aumento de precios] spiralling

incontrovertible adj incontrovertible, indisputable

inconveniencia nf **1.** [inoportunidad] inappropriateness **2.** [comentario] tactless remark / [acto] faux pas, mistake

inconveniente ■ adj inappropriate
■ nm **1.** [dificultad] obstacle, problem / [objeción] objection ▸ **han puesto inconvenientes a su nombramiento** they have raised objections to his appointment ▸ **no tener ~ en hacer algo** to have no objection to doing sth ▸ **si no tienes ~, me voy a marchar** if you don't mind *o* if it's all right by you, I'll leave **2.** [desventaja] disadvantage, drawback ▸ **tiene el ~ de que es muy caro** it suffers from the disadvantage *o* drawback of being very expensive

incordiar vt *ESP Fam* to bother, to pester

incordio nm *ESP Fam* pain, nuisance

incorporación nf [unión, adición] incorporation (**a** into) ▸ **su ~ tendrá lugar el día 31** [a un puesto] she starts work on the 31st

incorporado, -a adj MEC built-in ▸ **llevar** *o* **tener algo ~** to have sth built in

incorporar vt **1.** [añadir] to incorporate (**a** into) / CULIN to mix (**a** into) ▸ **incorporaron los territorios al imperio** the territories became part of the empire **2.** [levantar] **~ a alguien** to sit sb up
◆ ***incorporarse*** vpr **1.** [unirse] [a equipo] to join / [a trabajo] to start ▸ **incorporarse a filas** to start one's military service **2.** [levantarse] to sit up

incorpóreo, -a adj incorporeal, intangible

incorrección nf **1.** [falta de corrección] incorrectness / [error gramatical] mistake **2.** [descortesía] lack of courtesy, rudeness

incorrecto, -a adj **1.** [equivocado] incorrect, wrong **2.** [descortés] rude, impolite

incorregible adj incorrigible

incorruptible adj [substancia] imperishable / [persona] incorruptible

incorrupto, -a adj [cadáver] uncorrupted, not decomposed

incredulidad nf incredulity

incrédulo, -a ■ adj sceptical, incredulous / REL unbelieving
■ nm,f unbeliever

increíble adj [inconcebible] unbelievable / [extraordinario] incredible ▸ **es ~ que pasen cosas así** it's hard to believe that such things can happen

incrementar vt to increase
◆ ***incrementarse*** vpr to increase

incremento nm [de precios, actividad] increase / [de temperatura] rise

increpar vt **1.** [reprender] to reprimand **2.** [insultar] to abuse, to insult

incriminación nf accusation

incriminar vt to accuse

incriminatorio, -a adj incriminating

incruento, -a adj bloodless

incrustación nf inlay ▸ **un marco con incrustaciones de oro** a frame with a gold inlay *o* inlaid with gold

incrustado, -a adj **1.** [encajado] **~ en** fixed into **2. con rubíes incrustados** inlaid with rubies **3.** [periodista] embedded

incrustar vt [introducir, empotrar] **~ nácar en la madera** to inlay the wood with mother of pearl ▸ *Fam Fig* **me incrustó un codo en el costado** he jabbed *o* rammed his elbow into my ribs

◆ ***incrustarse*** vpr [introducirse, empotrarse] **la bala se incrustó en el hueso/muro** the bullet embedded itself in the bone/wall ▸ **el coche se incrustó en el muro** the car ploughed into the wall ▸ **la cal se había incrustado en las tuberías** the pipes had become furred up

incubación nf [de huevos, enfermedad] incubation ▸ **periodo de ~** [de enfermedad] incubation period ▸ **~ artificial** artificial incubation

incubadora nf incubator

incubar vt **1.** [huevo] to incubate **2.** [enfermedad] to be sickening for

incuestionable adj [teoría, razón] irrefutable / [deber] bounden

inculcar [59] vt **~ algo a alguien** to instil sth into sb

inculpación nf accusation / DER charge

inculpado, -a ■ adj accused / DER charged
■ nm,f accused

inculpar vt [acusar] to accuse (**de** of) / DER to charge (**de** with) ▸ **todas las pruebas le inculpan** all the evidence points to his guilt

incultivable adj uncultivable, unfit for cultivation

inculto, -a ■ adj **1.** [persona] uneducated **2.** [tierra] uncultivated
■ nm,f ignoramus

incultura nf lack of education

incumbencia nf **es/no es de nuestra ~** it is/isn't a matter for us, it falls/doesn't fall within our area of responsibility ▸ **no es asunto de tu ~** it's none of your business

incumbir vi **~ a alguien** to be a matter for sb, to be within sb's area of responsibility ▸ **esto no te incumbe** this is none of your business

incumplimiento nm [de deber, obligación] failure to fulfil / [de orden, ley] non-compliance / [de promesa] failure to keep ▸ **~ de contrato** breach of contract

incumplir vt [deber] to fail to fulfil, to neglect / [orden, ley] to fail to comply with / [promesa] to break / [contrato] to breach

incunable ■ adj incunabular
■ nm incunabulum

incurable adj *también Fig* incurable

incurrir vi **~ en** [delito, falta] to commit / [error] to make / [desprecio, castigo] to incur

incursión nf incursion ▸ *Fig* **hicieron una ~ en la cocina** they raided the kitchen

indagación nf investigation, inquiry

indagar [38] ■ vt to investigate, to inquire into
■ vi to investigate, to inquire

indebido, -a adj **1.** [incorrecto] improper **2.** [ilegal] unlawful, illegal

indecencia nf **1.** [cualidad] indecency **2. ¡es una ~!** [es impúdico] it's not decent! / [es indignante] it's outrageous!

indecente adj **1.** [impúdico] indecent **2.** [indigno] miserable, wretched

indecible adj indescribable, unspeakable

indecisión nf indecisiveness

indeciso, -a adj **1.** [persona] [inseguro] indecisive / [que está dudoso] undecided, unsure ▸ **estar ~ sobre algo** to be undecided about sth **2.** [pregunta, respuesta] hesitant / [resultado] undecided

indecoroso, -a adj unseemly

indefectible adj *Formal* unfailing

indefendible adj [comportamiento, actitud] indefensible / [teoría] untenable

indefensión nf defencelessness

indefenso, -a adj defenceless

indefinible adj indefinable ▸ **de edad ~** of indeterminate age

indefinido, -a adj **1.** [ilimitado] [tiempo] indefinite / [contrato] open-ended **2.** [impreciso] vague **3.** GRAM indefinite

indeleble adj indelible

indemne adj unhurt, unharmed ▸ **salir ~** to escape unhurt

indemnización nf [compensación] [por catástrofe] compensation / [por despido] severance pay, redundancy pay ▸ DER **~ por daños y perjuicios** damages

indemnizar [14] vt **~ a alguien (por)** to compensate sb (for)

indemostrable adj unprovable

independencia nf independence ▸ **con ~ de** irrespective *o* regardless of

independentismo nm independence movement

independentista ■ adj advocating independence
■ nmf supporter of independence

independiente adj **1.** [país, persona] independent **2.** [aparte] separate

independizar [14] vt to grant independence to
◆ ***independizarse*** vpr to become independent (**de** of)

indescifrable adj [código] unbreakable / [letra] indecipherable / [misterio] inexplicable, impenetrable

indescriptible adj indescribable

indeseable adj & nmf undesirable

indestructible adj indestructible

indeterminación nf [indecisión] indecisiveness

indeterminado, -a adj **1.** [sin determinar] indeterminate ▸ **por tiempo ~** indefinitely **2.** [impreciso] vague **3.** GRAM **artículo ~** indefinite article

indexación nf [gen] & INFORM indexing

indexar vt [gen] & INFORM to index

India nf **(la) ~** India

indiano, -a ■ adj (Latin American) Indian
■ nm,f **1.** [indígena] (Latin American) Indian **2.** [emigrante] = *Spanish emigrant to Latin America who returned to Spain having made his fortune*

indicación nf **1.** [señal, gesto] sign, signal **2.** [instrucción] instruction ▸ **pedir/dar indicaciones** [para llegar a un sitio] to ask for/give directions **3.** [nota, corrección] note **4.** MED **indicaciones** [de medicamento] uses

indicado, -a adj **1.** [apropiado] suitable, appropriate ▸ **no es el juguete más ~ para un niño de tres años** it's not the most suitable *o* appropiate toy for a three-year-old child ▸ **este no es el momento ~ para discutir ese asunto** this is not the right time to talk about this matter ▸ **un método ~ únicamente para casos extremos** a method recommended *o* to be used only in extreme cases **2.** [marcado] specified ▸ **se entregará en la fecha indicada por el cliente** it will be delivered on the date specified by the client

indicador, -ora ■ adj indicating ▸ **flecha indicadora** indicating arrow
■ nm **1.** [signo] indicator ▸ **~ económico** economic indicator **2.** MEC gauge, meter ▸ **~ del nivel de gasolina** fuel gauge, *BR* petrol gauge

indicar [59] vt **1.** [señalar] to indicate / [sujeto: aguja, flecha] to read ▸ **todo parece ~ que ganará el equipo visitante** everything seems to indicate that the visiting team will win ▸ **me indicó con un gesto que me sentara** she motioned to me to sit down ▸ **esa flecha indica a la derecha** that arrow points to the right ▸ **esa luz indica que le falta agua al motor** that light shows that the engine is low on water **2.** [explicar] to tell, to explain to ▸ **nos indicó el camino del aeropuerto** she told us the way to the airport **3.** [prescribir] to prescribe

indicativo, -a ■ adj indicative
■ nm GRAM indicative

índice nm **1.** [indicador] index / [proporción] level, rate ▸ **~ de alfabetización** literacy rate ▸ **~ de audiencia** rating ▸ **~ bursátil** stock market index ▸ **~ del costo** *o ESP* **coste de la vida** cost of living index ▸ **~ de desempleo** unemployment rate ▸ **~ de mortalidad** death rate ▸ **~ de natalidad** birth rate ▸ **~ de popularidad** popularity rating ▸ *ESP* **~ de precios al consumo,** *AM* **índice de precios al consumidor** *BR* retail price index, *US* consumer price index **2.** [señal] sign, indicator ▸ **~ económico** economic indicator **3.** [lista, catálogo] catalogue / [en libro] (table of) contents ▸ **~ alfabético** index **4.** [dedo] index finger

indicio nm [señal] sign / [pista] clue / [cantidad pequeña] trace ▸ **hay indicios de violencia** there are signs of violence

Índico nm **el (océano) ~** the Indian Ocean

indiferencia nf indifference

indiferente adj indifferent ▸ **me es ~** [me da igual] I don't mind, it's all the same to me / [no me interesa] I'm not interested in it

indígena ■ adj indigenous, native
■ nmf native

indigencia nf destitution, poverty

indigenismo nm Indianism

indigenista adj & nmf Indianist

indigente ■ adj destitute, poor
■ nmf poor person

indigestarse vpr to get indigestion ▸ **se me ha indigestado el guiso** the stew gave me indigestion ▸ *Fam Fig* **se me ha indigestado esa chica** I can't stomach that girl

indigestión nf indigestion ▸ **tener una ~** to have indigestion

indigesto, -a adj hard to digest, indigestible

indignación nf indignation

indignado, -a adj indignant

indignante adj shocking, outrageous

indignar vt to anger
◆ ***indignarse*** vpr to get angry *o* indignant (**por** about)

indigno, -a adj **1.** [impropio, no merecedor] unworthy (**de** of), not worthy (**de** of) ▸ **soy ~ de tal honor** I am not worthy of such an honour **2.** [degradante] shameful, appalling

índigo nm indigo

indio, -a ■ adj Indian
■ nm,f Indian ▸ *ESP Fam* **hacer el ~** to play the fool ▸ **~ americano** native American

indique *etc ver* ***indicar***

indirecta nf hint ▸ **lanzar una ~ a alguien** to drop a hint to sb

indirecto, -a adj indirect

indisciplina nf indiscipline

indisciplinado, -a ■ adj undisciplined
■ nm,f undisciplined person

indiscreción nf **1.** [cualidad] indiscretion **2.** [comentario] indiscreet remark ▸ **si no es ~** if you don't mind my asking

indiscreto, -a ■ adj indiscreet
■ nm,f indiscreet person

indiscriminado, -a adj indiscriminate

indiscutible adj indisputable

indisociable adj inseparable (**de** from)

indisolubilidad nf indissolubility

indisoluble adj **1.** [sustancia] insoluble **2.** [unión, ley] indissoluble

indispensable adj indispensable, essential ▸ **lo ~** the bare minimum, the (bare) essentials

indisponer [50] vt **1.** [enfermar] to make ill, to upset **2.** [enemistar] to set at odds
◆ ***indisponerse*** vpr **1.** [enfermar] to fall *o* become ill **2.** [enemistarse] to fall out (**con** with)

indisposición nf **1.** [malestar] indisposition **2.** [reticencia] unwillingness

CÓMO EXPRESAR...

la indiferencia

I don't mind either way. / No me importa.
It makes absolutely no difference to me. / Me da exactamente igual.
I don't care one way or the other. / Me da igual.
I don't mind, you choose. / Da igual, escoge tú.
It all comes down to the same thing. / Al final el resultado es el mismo.

indispuesto, -a ■ participio *ver* ***indisponer***
■ adj indisposed, unwell ▸ **estar ~** to be unwell *o* indisposed

indistinguible adj indistinguishable

indistintamente adj **1.** [sin distinción] equally, alike ▸ **se refería a jóvenes y viejos ~** he was referring to young and old alike **2.** [sin claridad] indistinctly

indistinto, -a adj **1.** [indiferente] **es ~** it doesn't matter, it makes no difference **2.** [cuenta, cartilla] joint **3.** [perfil, figura] indistinct, blurred

individual adj **1.** [de uno solo] individual / [habitación, cama] single / [despacho] personal ▸ **los derechos individuales** the rights of the individual **2.** [prueba, competición] singles ▸ **competición ~** singles competition
◆ ***individuales*** nmpl DEP singles

individualidad nf individuality

individualismo nm individualism

individualista ■ adj individualistic
■ nmf individualist

individualizado, -a adj individualized

individualizar [14] vt **1.** [personalizar] to individualize **2.** [caracterizar] **su imaginación lo individualiza** his imagination singles him out

individuo, -a nm,f **1.** [ser individual] person, individual ▸ **los derechos del ~** the rights of the individual **2.** [persona desconocida] person, individual ▸ **dos individuos atracaron un banco** two people *o* individuals robbed a bank **3.** [mala persona] individual ▸ **no me gusta nada el ~ con el que sales** I don't like that individual *o* character you're going out with at all **4.** [de especie] **quedan sólo 200 individuos de esta especie** only 200 individuals remain of this species ▸ **cada ~ ocupa un territorio** each animal occupies its own territory

indivisibilidad nf indivisibility

indivisible adj indivisible

indiviso, -a adj undivided

indización nf indexation

indizar [14] vt to index

Indochina n *Antes* Indochina

indochino, -a adj & nm,f *Antes* Indochinese

indocumentado, -a ■ adj **1.** [sin documentación] without identity papers ▸ **estar ~** to have no (means of) identification **2.** *ESP Fam* [ignorante] ignorant
■ nm,f *ESP Fam* [ignorante] **es un ~** he doesn't know much

indoeuropeo, -a ■ adj Indo-European
■ nm [lengua] Indo-European

índole nf [naturaleza] nature / [tipo] type, kind ▸ **de toda ~** of every kind

indolencia nf indolence, laziness

indolente adj indolent, lazy

indoloro, -a adj painless

indomable adj **1.** [animal] untameable **2.** [carácter] rebellious / [pueblo] unruly

indomesticable adj untameable

indómito, -a adj **1.** [animal] untameable **2.** [carácter] rebellious / [pueblo] unruly

Indonesia n Indonesia

indonesio, -a ■ adj & nm,f Indonesian
■ nm [lengua] Indonesian

inducción nf **1.** (gen) & FÍS induction **2.** DER incitement (**a** to)

inducir [18] vt **1.** [incitar] **~ a alguien a algo/a hacer algo** to lead sb into sth/into doing sth ▸ **ello les indujo a pensar que el asesino era el mayordomo** this led them to think that the butler was the murderer ▸ **esa frase puede ~ a error** that sentence could be misleading ▸ **sus instrucciones me indujeron a error** her instructions caused *o* led me to make a mistake **2.** [deducir] to infer **3.** FÍS to induce

inductivo, -a adj inductive

inductor, -ora ■ adj instigating
■ nm inductor

indudable adj undoubted ▸ **es ~ que...** there is no doubt that...

indujera *etc ver* ***inducir***

indulgencia nf indulgence ▸ **~ plenaria** plenary indulgence

indulgente adj indulgent

indultar vt to pardon

indulto nm DER pardon ▸ **otorgar** *o* **conceder el ~ a alguien** to grant sb a pardon

indumentaria nf attire

industria nf **1.** [sector] industry ▸ **~ alimentaria** food industry ▸ **~ automovilística** *o* **del automóvil** car industry ▸ **~ cinematográfica** *o* **del cine** film *o* movie industry ▸ **~ del ocio** leisure industry ▸ **~ punta** sunrise industry **2.** [fábrica] factory

industrial ■ adj industrial
■ nmf industrialist

industrialismo nm industrialism

industrialización nf industrialization

industrializado, -a adj industrialized ▸ **países**

CÓMO EXPRESAR...

la indignación

You can't be serious! / ¡No lo dices en serio!
You must be joking! / ¡Estás de broma!
I beg your pardon! / ¿Cómo dice?
How dare he call me a liar! / ¡Cómo se atreve a llamarme mentirosa!
Who does he think he is! / ¿Quién se cree que es?
What business is it of yours? / ¿Y a ti qué te importa?
The way we have been treated is quite unacceptable. / La manera como nos han tratado es inaceptable.

industrializados industrialized countries

industrializar [14] vt to industrialize
◆ ***industrializarse*** vpr to become industrialized

industrioso, -a adj industrious

induzca *etc ver* ***inducir***

INE ['ine] nm (abrev de ***Instituto Nacional de Estadística***) = *organization that publishes official statistics about Spain, BR* ≃ HMSO

inédito, -a adj **1.** [no publicado] unpublished **2.** [sorprendente] unheard-of, unprecedented

INEF [i'nef] nm (abrev de ***Instituto Nacional de Educación Física***) = *Spanish training college for PE teachers*

inefable adj indescribable

ineficacia nf **1.** [bajo rendimiento] inefficiency **2.** [baja efectividad] ineffectiveness

ineficaz adj **1.** [de bajo rendimiento] inefficient **2.** [de baja efectividad] ineffective

ineficiencia nf **1.** [bajo rendimiento] inefficiency **2.** [baja efectividad] ineffectiveness

ineficiente adj **1.** [de bajo rendimiento] inefficient **2.** [de baja efectividad] ineffective

ineluctable adj *Formal* inevitable, inescapable

ineludible adj unavoidable

INEM [i'nem] nm (abrev de ***Instituto Nacional de Empleo***) = *Spanish department of employment* ▸ **oficina del ~** *BR* ≃ Jobcentre, *US* ≃ Job Center

inenarrable adj indescribable

ineptitud nf ineptitude

inepto, -a ■ adj inept
■ nm,f inept person

inequívoco, -a adj [apoyo, resultado] unequivocal / [señal, voz] unmistakable

inercia nf *también Fig* inertia ▸ **hacer algo por ~** to do sth out of inertia

inerme adj [sin armas] unarmed / [sin defensa] defenceless

inerte adj **1.** [materia] inert **2.** [cuerpo, cadáver] lifeless

inescrutable adj **1.** [persona, rostro] inscrutable **2.** [misterio, verdad] impenetrable

inesperado, -a adj unexpected

inestabilidad nf instability

inestable adj unstable ▸ **tiempo ~** changeable weather

inestimable adj inestimable, invaluable

inevitable adj inevitable

inexactitud nf inaccuracy

inexacto, -a adj **1.** [impreciso] inaccurate **2.** [erróneo] incorrect, wrong

inexcusable adj **1.** [imperdonable] inexcusable **2.** [ineludible] unavoidable

inexistencia nf nonexistence

inexistente adj nonexistent

inexorabilidad nf inexorability

inexorable adj [avance] inexorable / [persona] pitiless, unforgiving

inexperiencia nf inexperience

inexperto, -a ■ adj **1.** [falto de experiencia] inexperienced **2.** [falto de habilidad] unskilful, inexpert
■ nm,f person without experience

inexplicable adj inexplicable

inexpresivo, -a adj [rostro] expressionless / [persona, carácter] undemonstrative

inexpugnable adj unassailable, impregnable

inextinguible adj [fuego] unquenchable / [sentimiento] undying

in extremis adv right at the very last moment

inextricable adj intricate

infalibilidad nf infallibility

infalible adj infallible

infamar vt *Formal* to defame

infame adj vile, base

infamia nf **1.** [deshonra] infamy, disgrace **2.** [mala acción] vile *o* base deed

infancia nf **1.** [periodo] childhood ▸ **tuvo una ~ muy feliz** she had a very happy childhood ▸ **desde su más tierna ~** from early childhood ▸ **un amigo de la ~** a childhood friend **2.** [todos los niños] children *(plural)* ▸ **la salud de la ~** children's health

infante, -a ■ nm,f **1.** [niño] infant **2.** [hijo del rey] [niño] infante, prince / [niña] infanta, princess
■ nm [soldado] infantryman

infantería nf infantry ▸ **~ de marina** marines ▸ **~ ligera** light infantry

infanticida ■ adj infanticidal
■ nmf infanticide, child-murderer

infanticidio nm infanticide

infantil adj **1.** [para niños] children's ▸ **psicología ~** child psychology **2.** [inmaduro] infantile, childish

infantilismo nm infantilism

infantiloide adj childlike

infarto nm **~ (de miocardio)** heart attack ▸ **le dio un ~** he had a heart attack ▸ *Fam Fig* **casi le dio un ~** she almost had a heart attack *o* a seizure ▸ **~ cerebral** stroke

infatigable adj indefatigable, tireless

infatuación nf vanity

infatuar [4] vt to make conceited

infausto, -a adj ill-starred

infección nf infection

infeccioso, -a adj infectious

infectado, -a adj infected

infectar vt to infect
◆ ***infectarse*** vpr to become infected

infecto, -a adj **1.** [agua, carroña] putrid **2.** [población, zona] infected **3.** [desagradable] foul, terrible

infecundidad nf infertility

infecundo, -a adj infertile

infelicidad nf unhappiness

infeliz ■ adj [desgraciado] unhappy / [ingenuo] trusting
■ nmf [ingenuo] **es un ~** he's a trusting soul ▸ **un pobre ~** a poor wretch

inferior ■ adj **1.** [de abajo] bottom ▸ **la mitad ~** the bottom *o* lower half ▸ **la parte ~ (de algo)** the bottom (of sth) **2.** [menor] lower (**a** than) ▸ **temperaturas inferiores a diez grados** temperatures lower than *o* below ten degrees ▸ **una cifra ~ a cien** a figure under *o* below one hundred **3.** [peor] inferior (**a** to) ▸ **es ~ a la media** it's below average
■ nmf inferior ▸ **trata con desprecio a sus inferiores** he treats those beneath him with contempt

inferioridad nf inferiority ▸ **estar en ~ de condiciones** to be at a disadvantage ▸ **acabaron el partido en ~ numérica** they ended the match with fewer players on the pitch than their opponents

inferir [62] vt **1.** [deducir] to infer (**de** from), to deduce (**de** from) **2.** [ocasionar] [herida] to inflict / [mal] to cause

infernal adj *también Fig* infernal

infértil adj [mujer] infertile / [campo] barren, infertile

infertilidad nf [mujer] infertility / [campo] barrenness, infertility

infestar vt to infest ▸ **durante el verano, los turistas infestan la ciudad** in summer the city is overrun by tourists

infidelidad nf [conyugal] infidelity / [a la patria, un amigo] unfaithfulness, disloyalty

infiel ■ adj **1.** [desleal] [cónyuge] unfaithful / [amigo] disloyal **2.** [inexacto] inaccurate, unfaithful
■ nmf REL infidel

infiernillo nm portable stove

infierno nm hell ▸ **su vida con él era un ~** her life with him was hell ▸ *Fam* **en el quinto ~** in the middle of nowhere ▸ *Fam* **irse al ~** to go down the tubes *o BR* the pan ▸ *Fam* **mandar a alguien al ~** to tell sb to go to hell ▸ *Fam* **¡vete al ~!** go to hell!

infiero *etc ver **inferir***

infiltración nf **1.** [de líquido] seeping **2.** [de persona, ideas] infiltration

infiltrado, -a ■ adj infiltrated
■ nm,f infiltrator

infiltrar vt **1.** [inyectar] to inject **2.** [ideas] to infiltrate
◆ ***infiltrarse en*** vpr to infiltrate

ínfimo, -a adj [calidad, categoría] extremely low / [precio] giveaway / [importancia] knock-down, minimal

infinidad nf **una ~ de** an infinite number of / (mucho) masses of ▸ **en ~ de ocasiones** on countless occasions

infinitesimal adj infinitesimal

infinitivo nm infinitive

infinito, -a ■ adj *también Fig* infinite ▸ **infinitas veces** hundreds of times
■ nm infinity ▸ **el ~** the infinite
■ adv [mucho] extremely, infinitely

infiriera *etc ver **inferir***

inflable adj inflatable

inflación nf ECON inflation

inflacionario, -a adj inflationary

inflacionismo nm inflationism

inflacionista adj inflationary

inflamable adj inflammable, flammable

inflamación nf MED inflammation

inflamar vt **1.** [hinchar] [sujeto: infección, fiebre] to inflame **2.** [con fuego] to set alight **3.** [con pasiones] to inflame
◆ ***inflamarse*** vpr **1.** [hincharse] [por infección] to become inflamed / [por golpe] to swell up ▸ **se me ha inflamado la rodilla por el golpe** my knee has swollen up as a result of the blow **2.** [con fuego] to catch fire, to burst into flames **3.** [con pasiones] to become inflamed ▸ **se inflamó cuando escuchó las noticias** he became inflamed with anger when he heard the news

inflamatorio, -a adj inflammatory

inflar ■ vt **1.** [soplando] to blow up, to inflate / [con bomba] to pump up **2.** [exagerar] to blow up, to exaggerate **3.** *RP Fam* [molestar] **no me infles** stop bugging me!
■ vi *RP Fam* [molestar] to be a pain
◆ ***inflarse*** vpr [hartarse] to stuff oneself (**de** with)

inflexibilidad nf *también Fig* inflexibility

inflexible adj *también Fig* inflexible

inflexión nf inflection

infligir [24] vt to inflict / [castigo] to impose

influencia nf **1.** [poder] influence ▸ **tuvo gran ~ sobre el resultado de las elecciones** it had a considerable influence on the result of the election, it heavily influenced the result of the election ▸ **bajo la ~ de la anestesia** under (the influence of) the anaesthetic **2. influencias** [contactos] contacts, pull ▸ **consiguió ese puesto por influencias** she got that job through knowing the right people

influenciar vt to influence, to have an influence on

influenza nf influenza

influir [34] ■ vt to influence
■ vi to have influence ▸ **~ en** to influence, to have an influence on

influjo nm influence

influyente adj influential

infografía nf [en periódico, revista] graphics

infopista nf INFORM information highway

información nf **1.** [conocimiento] information ▸ **para mayor ~, visite nuestra página web** for more information visit our web page ▸ **para tu ~** for your information ▸ **~ confidencial** inside information ▸ **~ privilegiada** privileged information **2.** PRENSA [noticias] news *(singular)* / [noticia] report, piece of news ▸ **hemos recibido informaciones contradictorias sobre el accidente** we have received conflicting reports about the accident ▸ **~ deportiva** sports news ▸ **~ meteorológica** weather report *o* forecast **3.** [oficina] information office / [mostrador] information desk ▸ **Sr. López, acuda a ~** would Mr. López please come to the information desk **4.** [telefónica] *BR* directory enquiries, *US* information ▸ **~ horaria** speaking clock

informado, -a adj [sobre un tema, noticia] informed ▸ **muy ~ (sobre)** well-informed (about)

informador, -ora ■ adj informing, reporting
■ nm,f reporter ▸ **~ de la policía** police informer

informal adj **1.** [desenfadado, no solemne] informal ▸ **una reunión ~** an informal meeting ▸ **vestido de manera ~** casually dressed **2.** [irresponsable] unreliable

informalidad nf **1.** [desenfado, falta de formalismo] informality **2.** [irresponsabilidad] unreliability

informante ■ adj informing
■ nmf informant, informer

informar ■ vt **~ a alguien (de)** to inform *o* tell sb (about) ▸ **le han informado mal** he has been misinformed ▸ **se ha de ~ a los detenidos de sus derechos** when someone is arrested, you have to read them their rights ▸ **¿me podría ~ de los horarios de trenes a Boston?** could you tell me the times of the trains to Boston?
■ vi to inform / [periódico] to report ▸ **según informa nuestro corresponsal,...** according to our correspondent,...
◆ ***informarse*** vpr to find out (details) ▸ **me informaré y luego te llamo** I'll call you once I've found out the details ▸ **informarse de** *o* **sobre** to find out about

informática nf **1.** [tecnología] computing, information technology, IT ▸ **el departamento de ~ de la empresa** the IT department of the company ▸ **la empresa va a invertir más en ~** the company is going to invest more in computers ▸ **no sé nada de ~** I don't know anything about computers ▸ **se requieren conocimientos de ~** candidates should be computer-literate **2.** [asignatura] computer science

informático, -a ■ adj computer ▸ **red informática** computer network
■ nm,f [persona] computer specialist, IT specialist

informativo, -a ■ adj informative ▸ **boletín ~** news bulletin ▸ **folleto ~** information leaflet
■ nm news (bulletin)

informatización nf computerization

informatizado, -a adj computerized

informatizar [14] vt to computerize

informe ■ adj shapeless
■ nm **1.** [documento, estudio] report **2.** DER = *oral summary of case given to the judge by counsel for defence or prosecution* **3. informes** [información] information / [sobre comportamiento] report / [para un empleo] references

infortunado, -a ■ adj unfortunate, unlucky / [encuentro, conversación] ill-fated
■ nm,f unfortunate *o* unlucky person

infortunio nm [hecho desgraciado] calamity, misfortune / [mala suerte] misfortune, bad luck

Infovía® nf INFORM = *Spanish computer network providing access to Internet servers*

infracción nf [de reglamento] infringement ▸ **~ de circulación** *o* **tráfico** driving offence

infraccionar *AM* ■ vt [multar] to fine
■ vi [en deporte] to commit a foul / [contra la ley] to offend, to break the law / [contra reglamento] to violate the rules

infractor, -ora ■ adj offending
■ nm,f offender

infraestructura nf **1.** [de organización, país] infrastructure **2.** [de construcción] foundations

in fraganti loc adv **atrapar a alguien ~** to catch sb red-handed *o* in the act

infrahumano, -a adj subhuman

infranqueable adj [río, abismo] impassable / [problema, dificultad] insurmountable

infrarrojo, -a adj infrared

infrautilización nf underuse

infrautilizar [14] vt to underuse

infravalorado, -a adj underrated

infravalorar vt to undervalue, to underestimate
◆ ***infravalorarse*** vpr to undervalue oneself

infravivienda nf **el problema de la ~** the problem of housing which is unfit for human habitation

infrecuente adj infrequent ▸ **no es ~** it's not uncommon *o* unusual

infringir [24] vt [quebrantar] to infringe, to break

infructuoso, -a adj fruitless, unsuccessful

ínfulas nfpl pretensions, presumption ▸ **darse ~** to give oneself airs

infumable adj **1.** [cigarrillo] unsmokable **2.** *ESP, RP Fam* [comportamiento] unbearable, intolerable / [libro, película] awful, terrible

infundado, -a adj unfounded

infundio nm *Formal* untruth, lie

infundir vt **~ algo a alguien** to fill sb with sth, to inspire sth in sb ▸ **~ miedo** to inspire fear

infusión nf herbal tea, infusion ▸ **~ de manzanilla** camomile tea

infuso, -a adj *Hum* **por ciencia infusa** through divine inspiration

ingeniar vt to invent, to devise
◆ ***ingeniarse*** vpr **ingeniárselas** to manage, to engineer it ▸ **no sé cómo se las ingenia, pero siempre gana él** I don't know how he does it, but he always wins ▸ **ingeniárselas para hacer algo** to manage *o* contrive to do sth ▸ **se las ingenió para no tener que lavar los platos** she managed to wangle her way out of doing the dishes

ingeniería nf engineering ▸ *Fig* **una obra de ~** a major operation ▸ **~ civil** civil engineering ▸ **~ electrónica** electrical engineering ▸ **~ genética** genetic engineering ▸ **~ industrial** mechanical engineering ▸ **~ de sistemas** system(s) engineering

ingeniero, -a ■ nm,f engineer ▸ **~ agrónomo** agronomist ▸ *ESP* **~ de caminos, canales y puertos** civil engineer ▸ **~ civil** civil engineer ▸ **~ industrial** industrial engineer ▸ **~ de minas** mining engineer ▸ **~ naval** naval engineer ▸ INFORM **~ de programas** software engineer ▸ **~ químico** chemical engineer ▸ INFORM **~ de sistemas** systems engineer ▸ **~ de sonido** sound engineer ▸ **~ de telecomunicaciones** telecommunications engineer
■ nm *AM salvo RP* = *title used to address businessmen and professionals (even if they are not actually qualified as an engineer)*

ingenio nm **1.** [inteligencia] ingenuity ▸ **aguzar el ~**

to sharpen one's wits **2.** [agudeza] wit, wittiness **3.** [máquina] device

ingenioso, -a adj [inteligente] ingenious, clever / [agudo] witty

ingente adj enormous, huge

ingenuidad nf ingenuousness, naivety

ingenuo, -a ■ adj naive, ingenuous ▸ **¡no seas ~!** don't be so naive!
■ nm,f ingenuous *o* naive person ▸ **hacerse el ~** to act the innocent

ingerir [62] vt to consume, to ingest

ingestión nf consumption ▸ **en caso de ~ accidental** if accidentally swallowed

ingiero *etc ver* ***ingerir***

ingiriera *etc ver* ***ingerir***

Inglaterra n England

ingle nf groin

inglés, -esa ■ adj English
■ nm,f [persona] Englishman, *f* Englishwoman ▸ **los ingleses** the English
■ nm [lengua] English

ingobernable adj [país] ungovernable / [niño] uncontrollable, unmanageable

ingratitud nf ingratitude, ungratefulness

ingrato, -a adj [persona] ungrateful / [trabajo] thankless

ingravidez nf weightlessness ▸ **en estado de ~** in conditions of zero-gravity

ingrávido, -a adj weightless

ingrediente nm ingredient

ingresar ■ vt *ESP* [dinero] to deposit, to pay in
■ vi **1. ~ en** [asociación, ejército] to join / [hospital] to be admitted to / [convento, universidad] to enter ▸ *ESP* **~ cadáver** to be dead on arrival **2.** *AM* **~ a** [lugar] to get into

ingreso nm **1.** [entrada] entry, entrance / [en asociación, ejército] joining / [en hospital, universidad] admission ▸ **examen de ~** entrance exam **2.** *ESP* [de dinero] deposit **3.** FIN **ingresos** [sueldo] income / [recaudación] revenue ▸ **ingresos brutos/netos** gross/net income

inhábil adj **1.** [torpe] clumsy, unskilful **2.** [incapacitado] [por defecto físico] unfit / [por la edad] disqualified

inhabilitación nf [incapacitación] disqualification / [minusvalía] disablement

inhabilitar vt to disqualify (**para** from)

inhabitable adj uninhabitable

inhabitado, -a adj uninhabited

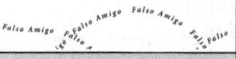

> FALSO AMIGO / FALSE FRIEND
> ***inhabitado***
>
> **Inhabited** is not a translation of the Spanish word *inhabitado,* which in fact means the opposite ("uninhabited"). **Inhabited** is translated by *habitado.*

inhalación nf inhalation

inhalador nm inhaler

inhalar vt to inhale

inherente adj inherent ▸ **ser ~ a** to be inherent in *o* to, to be an inherent part of

inhibición nf inhibition

inhibir vt to inhibit
◆ ***inhibirse*** vpr **1.** [cohibirse] to become inhibited *o* shy **2. inhibirse de** to abstain from, to hold back from

inhóspito, -a adj inhospitable

inhumación nf burial

inhumano, -a adj [despiadado] inhuman / [desconsiderado] inhumane

inhumar vt to inter, to bury

iniciación nf **1.** [ceremonia] initiation **2.** [principio] start, beginning

iniciado, -a ■ adj **1.** [empezado] started **2.** [neófito] initiated
■ nm,f initiate

inicial adj & nf initial

inicialización nf INFORM initialization

inicializar [14] vt INFORM to initialize

iniciar vt [empezar] to start, to initiate / [debate, discusión] to start off ▸ **~ a alguien en algo** to initiate sb into sth
◆ ***iniciarse*** vpr [empezar] to start, to commence ▸ **iniciarse en el estudio de algo** to begin one's studies in sth ▸ **se inició en el piano a los sesenta años** he took up the piano at sixty

iniciático, -a adj initiation ▸ **rito ~** initiation rite

iniciativa nf [propuesta] proposal, initiative / [cualidad, capacidad] initiative ▸ **tener ~** to have initiative ▸ **tomar la ~** to take the initiative ▸ **~ privada** private enterprise

inicio nm start, beginning ▸ **el ~ de una enfermedad** the onset of a disease

inicuo, -a adj iniquitous

inigualable adj unrivalled

inigualado, -a adj unequalled

inimaginable adj unimaginable

inimitable adj inimitable

ininteligible adj unintelligible

ininterrumpido, -a adj uninterrupted, continuous

iniquidad nf iniquity

injerencia nf interference, meddling

injerir [62] vt to introduce, to insert
◆ ***injerirse*** vpr [entrometerse] to interfere (**en** in), to meddle (**en** in)

injertar vt to graft

injerto nm graft ▸ **~ de piel** skin graft

injiero *etc ver* ***injerir***

injiriera *etc ver* ***injerir***

injuria nf [insulto] insult / [agravio] offence / DER slander

injuriar vt [insultar] to insult, to abuse / [agraviar] to offend / DER to slander

injurioso, -a adj insulting, abusive / DER slanderous

injustamente adv unfairly, unjustly

injusticia nf injustice ▸ **¡es una ~!** [quejándose] it's not fair! / [con indignación] it's an outrage!

injustificable adj unjustifiable

injustificado, -a adj unjustified

injusto, -a adj unfair, unjust

Inmaculada nf **la ~** the Virgin Mary ▸ **la ~ Concepción** the Immaculate Conception

inmaculado, -a adj immaculate, spotless

inmadurez nf immaturity

inmaduro, -a adj **1.** [fruta] unripe **2.** [persona] immature

inmaterial adj immaterial

inmediaciones nfpl [de localidad] surrounding area / [de lugar, casa] vicinity ▸ **en las ~ del accidente** in the immediate vicinity of the accident

inmediatamente adv immediately, at once

inmediatez nf immediateness, immediacy

inmediato, -a adj **1.** [instantáneo] immediate ▸ **de ~** immediately, at once **2.** [contiguo] next, adjoining

inmejorable adj unbeatable, that cannot be bettered

inmemorial adj immemorial ▸ **desde tiempos inmemoriales** from time immemorial

inmensidad nf **1.** [grandeza] immensity **2.** [multitud] huge amount, sea

inmenso, -a adj **1.** [grande] immense **2.** [profundo] deep ▸ **sintió una inmensa alegría** she felt deeply *o* tremendously happy **3.** *Fam* [fantástico] marvellous, wonderful ▸ **el tenor estuvo ~** the tenor was wonderful

inmerecido, -a adj undeserved

inmersión nf [de objeto] immersion / [de submarinista, submarino] dive

inmerso, -a adj *también Fig* immersed (**en** in)

inmigración nf [movimiento de personas] immigration / [oficina] Immigration

inmigrante adj & nmf immigrant

inmigrar vi to immigrate

inminencia nf imminence

inminente adj imminent, impending

inmiscuirse [34] vpr to interfere *o* meddle (**en** in)

inmobiliaria nf **1.** [agencia] *BR* estate agency *o* agent's, *US* real estate agency **2.** [constructora] construction company

inmobiliario, -a adj property, *US* real estate ▸ **agente ~** *BR* estate agent, *US* realtor ▸ **propiedad inmobiliaria** real estate

inmolación nf immolation, sacrifice

inmolar vt to sacrifice
◆ ***inmolarse*** vpr to sacrifice oneself

inmoral adj immoral

inmoralidad nf **1.** [cualidad] immorality **2.** [acción] immoral action ▸ **lo que hizo fue una ~** what he did was immoral

inmortal adj immortal

inmortalidad nf immortality

inmortalizar [14] vt to immortalize

inmóvil adj [quieto] motionless, still / [coche, tren] stationary

inmovilidad nf immobility

inmovilismo nm defence of the status quo

inmovilizado, -a ■ adj immobilized
■ nm FIN fixed assets

inmovilizar [14] vt to immobilize

inmueble ■ adj **bienes inmuebles** real estate
■ nm [edificio] building

inmundicia nf [suciedad] filth, filthiness / [basura] *BR* rubbish, *US* garbage

inmundo, -a adj filthy, dirty

inmune adj **1.** MED & *Fig* immune ▸ **ser ~ a algo** to be immune to sth ▸ **~ a la crítica** immune to criticism **2.** [exento] exempt

inmunidad nf immunity ▸ **~ diplomática/parlamentaria** diplomatic/parliamentary immunity

inmunitario, -a adj MED immune

inmunizado, -a adj MED immunized, inoculated / *Fig* immunized

inmunizar [14] vt MED & *Fig* to immunize (**contra** against)

inmunodeficiencia nf MED immunodeficiency

inmunodeficiente adj MED immunodeficient

inmunodepresión nf MED immunodepression

inmunodepresor, -ora adj MED immunosuppressant

inmunología nf MED immunology

inmunológico, -a adj MED immune, immunological

inmunoterapia nf MED immunotherapy

inmutabilidad nf immutability

inmutable adj immutable, unchangeable

inmutar vt to upset, to perturb
◆ ***inmutarse*** vpr to get upset, to be perturbed ▸ **ni se inmutó** he didn't bat an eyelid

innato, -a adj innate ▸ **es ~ en él** it comes naturally to him

innecesario, -a adj unnecessary

innegable adj undeniable

innegociable adj unnegotiable, not negotiable

innoble adj ignoble

innombrable adj unmentionable

innovación nf innovation

innovador, -ora ■ adj innovative, innovatory
■ nm,f innovator

innovar vt [método, técnica] to improve on

innumerable adj countless, innumerable

inobservancia nf breaking, violation

inocencia nf innocence

inocentada nf practical joke, trick ▸ **hacerle una ~ a alguien** to play a trick *o* practical joke on sb

inocente ■ adj **1.** [no culpable] innocent **2.** [ingenuo] naive, innocent **3.** [sin maldad] harmless
■ nmf **1.** [no culpable] innocent person **2.** [sin maldad] harmless person **3. Día de los Inocentes** 28th December, ≃ April Fools' Day

inocuidad nf innocuousness, harmlessness
inocular vt to inoculate
inocuo, -a adj innocuous, harmless
inodoro, -a ■ adj odourless
■ nm toilet (bowl)
inofensivo, -a adj inoffensive, harmless
inolvidable adj unforgettable
inoperable adj inoperable
inoperancia nf ineffectiveness
inoperante adj ineffective
inopia nf **estar en la ~** to be miles away, to be daydreaming
inopinado, -a adj unexpected
inoportuno, -a adj **1.** [en mal momento] inopportune, untimely **2.** [molesto] inconvenient **3.** [inadecuado] inappropriate
inorgánico, -a adj inorganic
inoxidable adj [acero] stainless
input ['imput] (pl **inputs**) nm INFORM input
inquebrantable adj [fe, amistad] unshakeable / [lealtad] unswerving
inquietante adj worrying
inquietar vt to worry, to trouble
◆ ***inquietarse*** vpr to worry, to get anxious
inquieto, -a adj **1.** [preocupado] worried, anxious (**por** about) **2.** [agitado, emprendedor] restless
inquietud nf [preocupación] worry, anxiety ▸ **tener inquietudes** [afán de saber] to have an inquiring mind
inquilino, -a nm,f tenant
inquina nf antipathy, aversion ▸ **tener ~ a** to feel aversion towards
inquirir [5] vt to inquire into, to investigate
inquisición nf **1.** [indagación] inquiry, investigation **2. la Inquisición** [tribunal] the (Spanish) Inquisition
inquisidor, -ora ■ adj inquisitive, inquiring
■ nm inquisitor
inquisitivo, -a adj inquisitive
inquisitorial, inquisitorio, -a adj inquisitorial
inri nm *ESP Fam Fig* **para más ~** to add insult to injury, to crown it all
insaciable adj [apetito, curiosidad] insatiable / [sed] unquenchable
insalubre adj insalubrious, unhealthy
insalubridad nf insalubrity, unhealthiness
Insalud [in'salud] nm *ESP* (abrev de ***Instituto Nacional de la Salud***) *BR* ≃ NHS, *US* ≃ Medicaid
insalvable adj [obstáculo] insuperable, insurmountable
insano, -a adj [no saludable] unhealthy / [loco] insane
insatisfacción nf **1.** [disgusto, descontento] dissatisfaction **2.** [falta, carencia] lack of fulfilment
insatisfecho, -a adj **1.** [descontento] dissatisfied (**de** *o* **con** with) **2.** [no saciado] not full, unsatisfied ▸ **quedarse ~** to be left unsatisfied, to be left (still) wanting more
inscribir vt **1.** [grabar] to engrave (**en** on), inscribe (**en** on) **2.** [apuntar] **~ algo/a alguien (en)** to register sth/sb (on)
◆ ***inscribirse*** vpr **inscribirse en** [curso] to enrol in / [asociación, partido] to join
inscripción nf **1.** EDUC registration, enrolment / [en censo, registro] registration / [en concursos] entry ▸ **desde su ~** [en asociación, partido] since he joined ▸ **está abierto el plazo de ~** now enrolling, registration now open **2.** [escrito] inscription
inscrito, -a participio *ver* ***inscribir***
insecticida ■ adj insecticidal
■ nm insecticide
insectívoro, -a adj insectivorous
insecto nm insect
inseguridad nf **1.** [falta de confianza] insecurity **2.** [duda] uncertainty **3.** [peligro] lack of safety ▸ **~ ciudadana** lack of law and order
inseguro, -a adj **1.** [sin confianza] insecure **2.** [dudoso] uncertain (**de** about), unsure (**de** of *o* about) **3.** [peligroso] unsafe
inseminación nf insemination ▸ **~ artificial** artificial insemination
inseminar vt to inseminate
insensatez nf foolishness, senselessness ▸ **hacer/decir una ~** to do/say sth foolish
insensato, -a ■ adj foolish, senseless
■ nm,f foolish *o* senseless person, fool ▸ **¡qué has hecho, ~!** what have you done, you fool *o* maniac?
insensibilidad nf [emocional] insensitivity / [física] numbness
insensibilizar [14] vt MED to numb
◆ ***insensibilizarse*** vpr [emocionalmente] to become desensitized (**a** to)
insensible adj **1.** [indiferente] insensitive (**a** to) **2.** [entumecido] numb **3.** [imperceptible] imperceptible
inseparable adj inseparable
insepulto, -a adj *Formal* unburied
inserción nf insertion
insertar vt (gen) & INFORM to insert (**en** into)
inservible adj useless, unserviceable
insidia nf **1.** [trampa] trap, snare **2.** [mala acción] malicious act
insidioso, -a adj malicious
insigne adj distinguished, illustrious
insignia nf **1.** [distintivo] badge / MIL insignia **2.** [bandera] flag, banner
insignificancia nf **1.** [cualidad] insignificance **2.** [cosa, hecho] trifle, insignificant thing
insignificante adj insignificant
insinuación nf hint, insinuation ▸ **insinuaciones** [amorosas] innuendo
insinuante adj [mirada, ropa] suggestive / [comentarios] full of innuendo
insinuar [4] vt to hint at, to insinuate ▸ **¿qué insinúas?** what are you suggesting?
◆ ***insinuarse*** vpr **1.** [amorosamente] to make advances (**a** to) **2.** [notarse] **empiezan a insinuarse**

problemas it's beginning to look as if there might be problems

insípido, -a adj *también Fig* insipid

insistencia nf insistence

insistente adj insistent

insistir vi to insist (**en** on) ▸ **no insistas, te he dicho que no** don't keep on about it, I've told you the answer is no ▸ **~ en que** to insist *o* maintain that ▸ **la dirección insiste en que los empleados deben llevar corbata** the management insist on employees wearing a tie ▸ **no sé por qué insiste en llamarme** I don't know why he keeps on *o* persists in ringing me ▸ **insistió mucho sobre este punto** he laid great stress on this point

in situ adj & adv on the spot

insobornable adj incorruptible

insociable adj unsociable

insolación nf MED sunstroke

insolencia nf insolence ▸ **hacer/decir una ~** to do/say sth insolent

insolente ■ adj [descarado] insolent / [orgulloso] haughty
■ nmf insolent person

insolidaridad nf lack of solidarity

insolidario, -a ■ adj lacking in solidarity
■ nm,f person lacking in solidarity

insólito, -a adj very unusual

insoluble adj insoluble

insolvencia nf insolvency

insolvente adj insolvent

insomne adj & nmf insomniac

insomnio nm insomnia, sleeplessness

insondable adj *también Fig* unfathomable

insonorización nf soundproofing

insonorizado, -a adj soundproof

insonorizar [14] vt to soundproof

insonoro, -a adj soundless

insoportable adj unbearable, intolerable

insoslayable adj inevitable, unavoidable

insospechable adj impossible to tell, unforeseeable

insospechado, -a adj unexpected, unforeseen

insostenible adj untenable

inspección nf [examen] inspection / [policial] search ▸ **~ de calidad** quality control inspection ▸ *ESP* **~ técnica de vehículos** = *annual technical inspection for motor vehicles of five years or more, BR* ≃ MOT

inspeccionar vt to inspect ▸ **la policía inspeccionó la zona** the police searched the area

inspector, -ora nm,f inspector ▸ **~ de aduanas** customs official ▸ **~ de Hacienda** tax inspector ▸ **~ de policía** police inspector

inspiración nf **1.** [artística] inspiration ▸ **una ~ súbita** a flash of inspiration **2.** [respiración] inhalation, breath

inspirado, -a adj inspired (**en** by)

inspirar vt **1.** [sentimientos, ideas] to inspire ▸ **no me inspira mucha confianza** he doesn't inspire much confidence in me ▸ **me inspira terror** I find him frightening **2.** [respirar] to inhale, to breathe in
◆ ***inspirarse*** vpr to be inspired (**en** by) ▸ **viajó al Caribe para inspirarse** he went to the Caribbean in search of inspiration

instalación nf [de aparato] installation / [de local, puesto] setting up ▸ **~ eléctrica** wiring ▸ **~ del gas** gas pipes ▸ **instalaciones** [deportivas, sanitarias] facilities

instalador, -ora ■ adj installing, fitting
■ nm,f fitter

instalar vt **1.** [montar] [antena, aparato] to instal, to fit / [local, puesto] to set up **2.** [situar] [objeto] to place / [gente] to put up
◆ ***instalarse*** vpr [establecerse] **instalarse en** to settle (down) in / [nueva casa] to move into ▸ **a falta de dormitorios, se instalaron en el salón** as there were no bedrooms, they put themselves up in the living room

instancia nf **1.** [solicitud] application (form) **2.** [ruego] request ▸ **a instancias de** at the request *o* bidding of ▸ **en última ~** as a last resort **3.** DER **juzgado de primera ~** court of first instance

instantánea nf snapshot, snap

instantáneo, -a adj **1.** [momentáneo] momentary **2.** [rápido] instantaneous ▸ **provoca una reacción instantánea** it gets an immediate reaction **3.** [café] instant

instante nm moment, instant ▸ **a cada ~** all the time, constantly ▸ **al ~** instantly, immediately ▸ **en un ~** in a second

instar vt **~ a alguien a que haga algo** to urge *o* press sb to do sth

instauración nf establishment

instaurar vt to establish, to set up

instigación nf **por ~ de** at the instigation of ▸ **lo acusan de ~ a la violencia** he is accused of inciting violence

instigador, -ora ■ adj instigating
■ nm,f instigator

instigar [38] vt **~ a alguien (a que haga algo)** to instigate sb (to do sth) ▸ **~ a algo** to incite to sth

instintivo, -a adj instinctive

instinto nm instinct ▸ **~ maternal/de supervivencia** maternal/survival instinct ▸ **por ~** instinctively

institución nf **1.** [organización, tradición] institution ▸ **~ benéfica** charitable organization ▸ **~ pública** public institution ▸ *Fig* **ser una ~** to be an institution **2.** [de ley, sistema] introduction / [de organismo] establishment / [de premio] foundation

institucional adj institutional

institucionalizado, -a adj institutionalized

institucionalizar [14] vt to institutionalize

instituir [34] vt **1.** [fundar] [Gobierno] to establish / [premio, sociedad] to found / [sistema, reglas] to introduce **2.** [nombrar] to appoint, to name

instituto nm **1.** [corporación] institute **2.** [centro] *ESP* [de enseñanza secundaria] high school ▸ **~ de belleza** beauty salon ▸ *ESP* **~ de Formación Profesional** technical college

institutriz nf governess

instrucción nf **1.** [conocimientos] education / [docencia] instruction ▸ **~ militar** military training **2. instrucciones** [de uso] instructions ▸ **instrucciones de montaje** assembly instructions **3.** DER [investigación] preliminary investigation / [curso del proceso] proceedings

instructivo, -a adj [experiencia, narración] instructive / [juguete, película] educational

instructor, -ora ■ adj training, instructing
■ nm,f instructor, teacher

instruido, -a adj educated ▸ **muy ~** well educated

instruir [34] vt **1.** [enseñar] to instruct **2.** DER to prepare

instrumental ■ adj instrumental
■ nm instruments ▸ **~ médico** surgical instruments

instrumentar vt **1.** [composición musical] to orchestrate, to score **2. ~ medidas para hacer algo** to bring in measures to do sth

instrumentista nmf **1.** MÚS instrumentalist **2.** MED *BR* theatre nurse, *US* OR nurse

instrumento nm **1.** [musical] instrument ▸ **~ de cuerda** stringed instrument ▸ **~ musical** musical instrument ▸ **~ de percusión** percussion instrument ▸ **~ de viento** wind instrument **2.** [herramienta] tool, instrument ▸ **~ de precisión** precision tool **3.** [medio] means, tool ▸ **un ~ para estimular la demanda** a means of stimulating demand

insubordinación nf insubordination

insubordinado, -a ■ adj insubordinate
■ nm,f insubordinate (person), rebel

insubordinar vt to stir up, to incite to rebellion
◆ ***insubordinarse*** vpr to rebel

insubstancial adj insubstantial

insubstituible adj irreplaceable

insuceso nm *COL, ECUAD, MÉX, RP* unfortunate incident

insuficiencia nf **1.** [escasez] lack, shortage **2.** MED failure, insufficiency ▸ **~ cardiaca/renal** heart/kidney failure

insuficiente ■ adj insufficient
■ nm [nota] fail

insuflar vt to insufflate

insufrible adj intolerable, insufferable

ínsula nf island

insular ■ adj insular, island ▸ **el clima ~** the island climate
■ nmf islander

insulina nf insulin

insulinodependiente adj & nmf MED insulin-dependent

insulso, -a adj *también Fig* bland, insipid

insultante adj insulting, offensive

insultar vt to insult

insulto nm insult ▸ **insultos** verbal abuse

insumisión nf **1.** *ESP* MIL = *refusal to do military service or a civilian equivalent* **2.** [rebeldía] rebelliousness

insumiso, -a ■ adj rebellious
■ nm,f **1.** *ESP* MIL = *person who refuses to do military service or a civilian equivalent* **2.** [rebelde] rebel

insumos nmpl *AM* [bienes] raw materials / [suministros] supplies

insuperable adj **1.** [inmejorable] unsurpassable **2.** [sin solución] insurmountable, insuperable

insurgente adj insurgent

insurrección nf insurrection, revolt

insurrecto, -a adj & nm,f insurgent, rebel

insustancial adj insubstantial

insustituible adj irreplaceable

intachable adj irreproachable

intacto, -a adj intact ▸ **el autobús quedó ~ después del accidente** the bus survived the accident intact ▸ **el partido conserva ~ el apoyo de sus votantes** the support of the party's voters has been unaffected

intangible adj intangible

integración nf [gen] & MAT integration ▸ **~ racial** racial integration

integrado, -a adj integrated

integral ■ adj **1.** [total] total, complete **2.** [sin refinar] [pan, harina, pasta] *BR* wholemeal, *US* wholewheat / [arroz] brown **3.** [constituyente] integral ▸ **ser parte ~ de algo** to be an integral part of sth **4.** MAT **cálculo ~** integral calculus
■ nf MAT integral

íntegramente adv wholly, entirely

integrante ■ adj integral, constituent ▸ **Estado ~ de la UE** member state of the EU ▸ **ser parte ~ de algo** to be an integral part of sth
■ nmf member

integrar vt **1.** [gen) & MAT to integrate **2.** (componer] to make up
◆ ***integrarse*** vpr to integrate ▸ **integrarse en** to become integrated into

integridad nf **1.** [moral] integrity **2.** [totalidad] wholeness

integrismo nm **1.** POL reaction, traditionalism **2.** REL fundamentalism

integrista adj & nmf **1.** POL reactionary, traditionalist **2.** REL fundamentalist

íntegro, -a adj **1.** [completo] whole, entire ▸ **versión íntegra** [de libro] unabridged edition / [de película] uncut version **2.** [honrado] upright, honourable

intelecto nm intellect

intelectual adj & nmf intellectual

intelectualidad nf intelligentsia, intellectuals

intelectualizar [14] vt to intellectualize

inteligencia nf intelligence ▸ INFORM **~ artificial** artificial intelligence

inteligente adj (gen) & INFORM intelligent

inteligibilidad nf intelligibility

inteligible adj intelligible

intelligentsia [inteli'ɣensja] nf intelligentsia

intemperancia nf intemperance, immoderation

intemperie nf **a la ~** in the open air

intempestivo, -a adj [clima, comentario] harsh / [hora] ungodly, unearthly / [proposición, visita] inopportune

intemporal adj timeless, independent of time

intención nf intention ▸ **su ~ es volver a presentarse al concurso** she intends to enter the competition again ▸ **con ~** [intencionadamente] intentionally ▸ **tener la ~ de** to intend to ▸ **tener buenas/malas intenciones** to have good/bad intentions ▸ **lo dije sin ~ de ofender a nadie** it wasn't my intention to offend anyone, I didn't mean any offence ▸ **lo hizo sin mala ~** he didn't mean it maliciously ▸ **la ~ es lo que cuenta** it's the thought that counts ▸ **ya veo cuáles son tus intenciones** I see what you're up to now

intencionado, -a adj intentional, deliberate ▸ **bien ~** [acción] well-meant / [persona] well-meaning ▸ **mal ~** [acción] ill-meant, ill-intentioned / [persona] malevolent

intencional adj intentional, deliberate

intencionalidad nf intent

intendencia nf **1.** [militar] *BR* ≃ Royal Army Service Corps, *US* ≃ Quartermaster Corps **2.** *RP* [corporación municipal] town council, *US* city council **3.** *CHILE* [gobernación] regional government

intendente, -a nm,f **1.** [militar] quartermaster **2.** *RP* [alcalde] mayor **3.** *CHILE* [gobernador] provincial governor

intensidad nf [fuerza] intensity / [de lluvia] heaviness / [de luz, color] brightness / [de amor] passion, strength ▸ **de poca ~** [luz] dim, weak ▸ **llovía con poca ~** light rain was falling ▸ **~ de corriente** strength of current

intensificación nf intensification

intensificar [59] vt to intensify
◆ ***intensificarse*** vpr to intensify

intensivo, -a adj intensive ▸ **curso ~** intensive course

intenso, -a adj [mirada, calor] intense / [lluvia] heavy / [luz, color] bright / [amor] passionate, strong ▸ **poco ~** [lluvia] light / [luz] dim, weak

intentar vt **~ (hacer algo)** to try (to do sth) ▸ **¡inténtalo!** have a try *o* go! ▸ **intenta ser más discreto** try to be more discreet ▸ **¡ni lo intentes!** [advertencia] don't even try it! ▸ **la próxima vez, intenta que no se te caiga** try not to drop it next time

intento nm [tentativa] attempt ▸ **aprobó el examen en el segundo ~** he passed the exam at the second attempt ▸ **lo conseguiré aunque muera en el ~** I'll do it if it kills me ▸ **~ de golpe de Estado** attempted coup ▸ **~ de robo** attempted robbery ▸ **~ de suicidio** suicide attempt

intentona nf POL **~ (golpista)** attempted coup

interacción nf interaction

interaccionar vi to interact

interactividad nf interactivity

interactivo, -a adj interactive

interbancario, -a adj interbank

intercalar vt to insert, to put in

intercambiable adj interchangeable

intercambiador nm *ESP* [de transportes] transport interchange, = *station where passengers can change to various other means of transport*

intercambiar vt to exchange / [lugares, posiciones] to change, to swap

intercambio nm exchange ▸ **~ comercial** trade

interceder vi **~ (por alguien)** to intercede (on sb's behalf)

interceptar vt **1.** [detener] to intercept **2.** [obstruir] to block

interceptor, -ora ■ adj intercepting
■ nm interceptor

intercesión nf intercession

intercesor, -ora ■ adj interceding
■ nm,f interceder, intercessor

interconexión nf interconnection

intercontinental adj intercontinental

intercostal adj intercostal, between the ribs

interdicción nf interdiction

interdisciplinar, interdisciplinario, -a adj interdisciplinary

interés (pl **intereses**) nm **1.** [provecho, curiosidad] interest ▸ **de ~** interesting ▸ **una construcción de ~ histórico** a building of historical interest ▸ **hacer algo por el ~ de alguien, hacer algo en ~ de alguien** to do sth in sb's interest ▸ **poner ~ en algo** to take a real interest in sth ▸ **tener ~ en** *o* **por** to be interested in ▸ **tengo ~ en que venga pronto** it's in my interest that he should come soon **2.** [egoísmo] self-interest, selfishness ▸ **por ~** out of selfishness ▸ **intereses creados** vested interests **3. intereses** [aficiones] interests ▸ **entre sus intereses se cuentan el golf y la vela** his interests include golf and sailing **4.** FIN interest ▸ **un préstamo con un ~ del 5 por ciento** a loan at 5 percent interest ▸ **intereses atrasados** back interest ▸ **~ bancario** bank interest

interesado, -a ■ adj **1.** [preocupado, curioso] interested (**en** *o* **por** in) **2.** [egoísta] selfish, self-interested **3.** [implicado] **las partes interesadas** the interested parties
■ nm,f **1.** [deseoso, curioso] interested person ▸ **los interesados** those interested **2.** [involucrado] person concerned ▸ **los interesados** the parties concerned, those involved **3.** [egoísta] selfish *o* self-interested person

interesante adj interesting ▸ **¡eso suena muy ~!** that sounds really exciting!

interesar vt **1.** [atraer el interés] to interest ▸ **le interesa el arte** she's interested in art ▸ **por si te interesa** in case you're interested ▸ **este asunto nos interesa a todos** this matter concerns us all ▸ **a quien pueda ~** [en carta] to whom it may concern **2.** [convenir] to be to the advantage of ▸ **no les interesa que baje el precio** it wouldn't be to their advantage for the price to come down
◆ ***interesarse*** vpr to take an interest (**en** *o* **por** in), to be interested (**en** *o* **por** in) ▸ **se interesó por ti/tu salud** she asked after you/your health

interestatal adj interstate

interfaz nf INFORM interface

interfecto, -a nm,f [víctima] murder victim / *ESP Hum* [de quien se habla] the body in question

interferencia nf interference

interferir [62] ■ vt 1. RAD, TEL & TV to jam 2. [interponerse] to interfere with

■ vi to interfere (**en** in)

interfono nm intercom

ínterin nm inv *Formal* interim ▸ **en el ~** in the meantime

interina nf [asistenta] cleaning lady

interinidad nf 1. [cualidad] temporariness 2. [periodo] (period of) temporary employment

interino, -a ■ adj [provisional] temporary / [presidente, director] acting / [gobierno] interim

■ nm,f [suplente] stand-in, deputy / [médico, juez] locum / [profesor] *BR* supply teacher, *US* substitute teacher

interior ■ adj 1. [de dentro] inside, inner / [patio, jardín] interior, inside / [habitación, vida] inner ▸ **ropa ~** underwear 2. POL [comercio, política] domestic 3. GEOG inland

■ nm 1. [parte de dentro] interior ▸ **el ~ del edificio** the inside of the building ▸ **en el ~ de** inside 2. GEOG interior, inland area 3. [de una persona] inner self, heart ▸ **en mi ~** deep down 4. *COL, VEN* [calzoncillos] underpants

■ nmf DEP [jugador] central midfielder ▸ **~ derecho/izquierdo** inside right/left

interioridad nf [carácter] inner self ▸ **interioridades** [asuntos] private affairs

interiorismo nm interior design

interiorista nmf interior designer

interiorización nf [de sentimientos, ideas] internalization

interiorizar [14] vt 1. [asumir, consolidar] to internalize 2. [no manifestar] **interioriza sus emociones** he doesn't show his emotions

interjección nf interjection

interlineado nm spacing between the lines

interlocutor, -ora nm,f [en negociación, debate] participant ▸ **su ~** the person she was speaking to

interludio nm (gen) & MÚS interlude

intermediación nf 1. [en conflicto] intervention, mediation ▸ **por ~ de** through the intervention *o* mediation of 2. FIN intermediation

intermediar vi to mediate

intermediario, -a ■ adj intermediary

■ nm,f intermediary, go-between / COM middleman

intermedio, -a ■ adj 1. [etapa] intermediate, halfway / [calidad] average / [tamaño] medium 2. [tiempo] intervening / [espacio] in between

■ nm (gen) & TEATRO interval / CINE intermission / TV break

interminable adj endless, interminable

intermitencia nf intermittence, intermittency

intermitente ■ adj intermittent

■ nm *ESP, COL* [en vehículo] *BR* indicator, *US* turn signal

internación nf *CSUR* admission

Internacional nf POL International ▸ **la ~** [himno] the Internationale

internacional adj international

internacionalidad nf internationality

internacionalismo nm internationalism

internacionalizar [14] vt to internationalize

internada nf DEP break, breakaway

internado, -a ■ nm 1. [colegio] boarding school 2. [estancia] [en manicomio] confinement / [en colegio] boarding

■ nm,f *RP* [en hospital] patient

internamente adv internally

internamiento nm [en manicomio] confinement / [en escuela] boarding / POL internment

internar vt [en escuela] to send to boarding school (**en** at) / [en manicomio] to commit (**en** to) / [en campo de concentración] to intern (**en** in) / *RP* [en hospital] to admit (**en** to)

◆ ***internarse*** vpr [en un lugar] to go *o* penetrate deep (**en** into) / [en un tema] to become deeply involved (**en** in)

internauta nmf Net user, Nettie

Internet nf the Internet ▸ **está en ~** it's on the Internet

internista adj & nmf internist

interno, -a ■ adj 1. [de dentro] internal ▸ **parte interna del cajón** the inside of the box 2. [medicina, hemorragia] internal 3. POL domestic 4. [alumno] boarding ▸ **estuvo ~ en Suiza** he went to a boarding school in Switzerland

■ nm,f 1. [alumno] boarder 2. [preso] prisoner, inmate

■ nm *RP* [de teléfono] (telephone) extension

interparlamentario, -a adj interparliamentary

interpelación nf formal question

interpelar vt to question

interpersonal adj interpersonal

interplanetario, -a adj interplanetary

Interpol [inter'pol] nf (abrev de ***International Criminal Police Organization***) Interpol

interpolación nf insertion, inclusion

interpolar vt to interpolate, to put in

interponer [50] vt 1. [entre dos cosas] to put *o* place *(between two things)*, to interpose 2. DER to lodge, to make

◆ ***interponerse*** vpr **interponerse entre** [estar] to be placed *o* situated between / [ponerse] to come *o* get between ▸ **se interponía una barrera entre ellos** there was a barrier between them ▸ **interponerse entre dos contendientes** to intervene between two opponents

interposición nf 1. [entre dos contendientes] mediation 2. [entre dos cosas] **la ~ del panel evita que llegue el ruido** the panel serves as a barrier against noise 3. DER lodging *(of an appeal)*

interpretación nf 1. [de ideas, significado] interpretation 2. [artística] performance, interpretation / [de obra musical] performance, rendition ▸ **estudia ~ teatral** she's studying acting 3. [traducción] interpreting

interpretar vt 1. [entender, explicar, traducir] to interpret 2. [artísticamente] [obra de teatro, sinfonía] to perform / [papel] to play / [canción] to sing

interpretativo, -a adj **1.** [de la interpretación artística] **tiene mucha capacidad interpretativa para los papeles cómicos** he's very good in comic roles ▸ **el pianista tiene un gran estilo ~** he's a very stylish pianist **2.** [del significado] interpretative

intérprete nmf **1.** [traductor] & INFORM interpreter **2.** [artista] performer **3.** [comentarista] commentator

interpuesto, -a participio *ver* ***interponer***

interracial adj interracial

interregno nm interregnum

interrelación nf interrelation

interrelacionar vt to interrelate

◆ ***interrelacionarse*** vpr to be interrelated

interrogación nf **1.** [signo] question mark **2.** [pregunta] question **3.** [interrogatorio] interrogation

interrogador, -ora ■ adj questioning

■ nm,f [que interroga] questioner / [con amenazas] interrogator

interrogante nm o nf **1.** [incógnita] question **2.** [signo de interrogación] question mark

interrogar [38] vt [preguntar] to question / [con amenazas] to interrogate

interrogativo, -a adj interrogative

interrogatorio nm [preguntas] questioning / [con amenazas] interrogation

interrumpir ■ vt **1.** [conversación, frase] to interrupt ▸ **¿interrumpo algo importante?** am I interrupting anything important? **2.** [servicio] to suspend ▸ **el servicio quedó interrumpido durante dos horas** services were suspended for two hours **3.** [viaje, vacaciones] to cut short ▸ **interrumpió sus vacaciones el día 8** he ended his holiday early on the 8th **4.** [circulación] to block

■ vi to interrupt ▸ **espero no ~** I hope I'm not interrupting

◆ ***interrumpirse*** vpr to be interrupted / [tráfico] to be blocked ▸ **se interrumpió para beber agua** she paused to take a drink of water

interrupción nf **1.** [corte, parada] interruption ▸ **~ (voluntaria) del embarazo** termination of pregnancy **2.** [de discurso, trabajo] breaking-off / [de viaje, vacaciones] cutting-short **3.** [de circulación] blocking

interruptor nm switch ▸ **~ general** mains switch

intersección nf intersection

intersticio nm crack, gap

interurbano, -a adj inter-city / TEL long-distance

intervalo nm [gen] & MÚS interval / [en representación] *BR* interval, *esp US* intermission ▸ **a intervalos** at intervals ▸ **en el ~ de un mes** in the space of a month

intervención nf **1.** [acción, participación] intervention **2.** [discurso] speech / [pregunta, comentario] contribution (**en** to) **3.** FIN [de cuentas] auditing **4.** MED operation **5.** TEL tapping

intervencionismo nm interventionism

intervencionista adj & nmf interventionist

intervenir [69] ■ vt **1.** [operar] **~ (quirúrgicamente)** to operate on **2.** [teléfono, línea] to tap **3.** [incautarse de] to seize **4.** FIN [cuentas] to audit / *AM* [empresa] to put into administration

■ vi **1.** [participar] to take part (**en** in) / [en discusión, debate] to make a contribution (**en** to) ▸ **intervino en varias películas cómicas** she appeared in several comedy films ▸ **en la evolución de la economía intervienen muchos factores** several different factors play a part in the state of the economy ▸ **después del presidente intervino el Sr. Ramírez** Mr Ramirez spoke after the president **2.** [interferir, imponer el orden] to intervene (**en** in) **3.** [operar] **~ (quirúrgicamente)** to operate

interventor, -ora nm,f **1.** FIN auditor **2.** [de tren] ticket collector **3.** [en elecciones] scrutineer

interviú nf interview

intestado, -a adj & nm,f intestate

intestinal adj intestinal

intestino, -a ■ adj internecine

■ nm intestine ▸ **~ delgado/grueso** small/large intestine

intifada nf intifada

íntimamente adv **1.** [privadamente] privately **2.** [a fondo] intimately ▸ **dos fenómenos ~ relacionados** two phenomena which are intimately *o* closely connected (with each other)

intimar vi to be/become close (**con** to)

intimidación nf intimidation

intimidad nf **1.** [vida privada] private life ▸ **en la ~** in private ▸ **violar la ~ de alguien** to invade sb's privacy **2.** [amistad] intimacy **3. intimidades** [asuntos privados] personal matters

intimidar vt to intimidate

intimidatorio, -a adj intimidating, threatening

intimista adj **pintor ~** painter of domestic scenes ▸ **novela ~** novel of family life

íntimo, -a ■ adj **1.** [vida, fiesta] private / [ambiente, restaurante] intimate **2.** [relación, amistad] close **3.** [sentimiento] innermost ▸ **en lo (más) ~ de su corazón/alma** deep down in her heart/soul

■ nm,f close friend

intitular vt to entitle, to call

intocable ■ adj [persona, institución] above criticism

■ nm [en la India] untouchable

intolerable adj [inaceptable, indignante] intolerable, unacceptable / [dolor, ruido] unbearable

intolerancia nf intolerance

intolerante ■ adj intolerant

■ nmf intolerant person

intoxicación nf poisoning ▸ **una ~ alimentaria** a bout of food poisoning

intoxicar [59] vt to poison

◆ ***intoxicarse*** vpr to poison oneself

intraducible adj untranslatable

intragable adj *Fam* [película, libro] unbearable, awful

intramuros adv within the city walls

intramuscular adj intramuscular

intranet (pl **intranets**) nf INFORM intranet

intranquilidad nf unease, anxiety

intranquilizar [14] vt to worry, to make uneasy
◆ ***intranquilizarse*** vpr to get worried

intranquilo, -a adj [preocupado] worried, uneasy / [nervioso] restless

intranscendencia nf insignificance, unimportance

intranscendente adj insignificant, unimportant

intransferible adj non-transferable, untransferable

intransigencia nf intransigence

intransigente adj intransigent

intransitable adj impassable

intransitivo, -a adj intransitive

intrascendencia nf insignificance, unimportance

intrascendente adj insignificant, unimportant

intratable adj unsociable, difficult to get on with

intrauterino, -a adj intrauterine

intravenoso, -a adj intravenous

intrépido, -a adj intrepid

intriga nf **1.** [suspense] curiosity ▸ **película/novela de ~** thriller ▸ **¡qué ~! ¿qué habrá pasado?** I'm dying to know what's happened! **2.** [maquinación] intrigue **3.** [trama] plot

intrigado, -a adj intrigued

intrigante ■ adj intriguing
■ nmf [maquinador] schemer / [chismoso] stirrer

intrigar [38] vt & vi to intrigue

intrincado, -a adj **1.** [bosque] thick, dense **2.** [problema] intricate

intrincar [59] vt to complicate, to confuse

intríngulis nm inv *Fam* [dificultad] snag, catch / [quid] nub, crux

intrínseco, -a adj intrinsic

intro nm INFORM enter (key), return (key) ▸ **darle al ~** to press enter *o* return

introducción nf introduction (**a** to)

introducir [18] vt **1.** [meter] [llave, carta] to put in, to insert / INFORM [datos] to input, to enter ▸ **introduzca su número secreto** enter your PIN number **2.** [mercancías] to bring in, to introduce ▸ **una banda que introduce droga en el país** a gang smuggling drugs into the country **3.** [dar a conocer] **~ a alguien en** to introduce sb to ▸ **~ algo en** to introduce *o* bring sth to
◆ ***introducirse*** vpr **introducirse en** to get into ▸ **los ladrones se introdujeron en la casa por la ventana** the burglars got into the house through the window

introductor, -ora ■ adj introductory ▸ **el país ~ de esta moda** the country that brought in this fashion
■ nm,f introducer

introductorio, -a adj introductory

intromisión nf intrusion

introspección nf introspection

introspectivo, -a adj introspective

introvertido, -a adj & nm,f introvert

intrusión nf intrusion

intrusismo nm = *illegal practice of a profession*

intruso, -a nm,f intruder

intubar vt to intubate

intuición nf intuition ▸ **tener una ~** to have a (gut) feeling

intuir [34] vt to know by intuition, to sense

intuitivo, -a adj intuitive

intuyera *etc ver* ***intuir***

intuyo *etc ver* ***intuir***

inuit (pl **inuit** *o* **inuits**) adj & nmf Inuit

inundación nf flood, flooding

inundar vt [por las aguas] to flood / [por turistas, aficionados] to swamp / [con quejas, pedidos] to inundate, to swamp
◆ ***inundarse*** vpr [con agua] to flood ▸ **inundarse de** [turistas, quejas] to be inundated *o* swamped with

inusitado, -a adj uncommon, rare

inusual adj unusual

inútil ■ adj **1.** [objeto] useless / [intento, esfuerzo] unsuccessful, vain ▸ **sus intentos resultaron inútiles** his attempts were unsuccessful *o* in vain ▸ **es ~, ya es demasiado tarde** there's no point, it's too late ▸ **es ~ que lo esperes, se ha ido para siempre** there's no point in waiting for him, he's gone for good **2.** [inválido] disabled **3.** [no apto] unfit
■ nmf hopeless case, useless person ▸ **es un ~** he's useless *o* hopeless

inutilidad nf **1.** [falta de utilidad] uselessness / [falta de eficacia] ineffectiveness / [falta de sentido] pointlessness **2.** [invalidez] disablement

inutilizar [14] vt [máquinas, dispositivos] to disable, to put out of action ▸ **esas cajas inutilizan la habitación de huéspedes** those boxes are stopping us from using the guest room

invadir vt **1.** [sujeto: ejército] to invade ▸ **los turistas invadieron el museo** the tourists flooded the museum **2.** [sujeto: sentimiento] to overcome, to overwhelm ▸ **lo invadió la tristeza** he was overcome by sadness **3.** AUT **~ el carril contrario** to go onto the wrong side of the road

invalidación nf invalidation

invalidar vt [sujeto: circunstancias] to invalidate / [sujeto: árbitro, juez] to declare invalid

invalidez nf **1.** MED disablement, disability ▸ **~ permanente/temporal** permanent/temporary disability **2.** DER invalidity

inválido, -a ■ adj **1.** MED disabled **2.** DER invalid
■ nm,f invalid, disabled person ▸ **los inválidos** the disabled

invalorable adj *CSUR* invaluable

invariable adj invariable

invasión nf invasion

invasor, -ora ■ adj invading
■ nm,f invader

invectiva nf invective

invencible adj [ejército, enemigo] invincible / [timidez] insurmountable, insuperable

invención nf invention

invendible adj unsaleable

inventado, -a adj made-up

inventar vt [máquina, sistema] to invent / [narración, falsedades] to make up
◆ ***inventarse*** vpr to make up

inventariar [32] vt to make an inventory of

inventario nm inventory ▸ COM **hacer el ~** to do the stocktaking

inventiva nf inventiveness

invento nm [invención] invention / [mentira] lie, fib

inventor, -ora nm,f inventor

invernadero nm greenhouse

invernal adj [de invierno] winter / [tiempo, paisaje] wintry ▸ **temporada ~** winter season

invernar vi [pasar el invierno] to (spend the) winter / [hibernar] to hibernate

inverosímil adj improbable, implausible

inverosimilitud nf improbability, implausibility

inversión nf **1.** [del orden] inversion **2.** [de dinero, tiempo] investment ▸ **~ de capital** capital investment ▸ **~ del exterior** inward investment ▸ **inversiones extranjeras** foreign investments ▸ **~ en paraíso fiscal** offshore investment

inversionista nmf investor

inverso, -a adj opposite ▸ **a la inversa** the other way round ▸ **en orden ~** in reverse *o* inverse order ▸ **contar/escribir en orden ~** to count/write backwards ▸ **traducción inversa** translation into a foreign language

inversor, -ora ■ adj investing
■ nm,f COM & FIN investor
■ nm ELEC inverter

invertebrado, -a adj & nm ZOOL invertebrate

invertido, -a ■ adj **1.** [al revés] reversed, inverted / [sentido, dirección] opposite **2.** [dinero] invested **3.** [homosexual] homosexual
■ nm,f homosexual

invertir [62] vt **1.** [orden] to reverse / [poner boca abajo] to turn upside down, to invert **2.** [dinero, tiempo, esfuerzo] to invest **3.** [tardar] [tiempo] to spend

investidura nf investiture

investigación nf **1.** [estudio] research ▸ **~ científica** scientific research ▸ **~ y desarrollo** research and development **2.** [indagación] investigation, inquiry ▸ **la ~ del asesinato** the murder inquiry

investigador, -ora ■ adj **1.** [que estudia] research ▸ **capacidad investigadora** research capability **2.** [que indaga] investigating
■ nm,f **1.** [estudioso] researcher **2.** [detective] investigator ▸ **~ privado** private investigator *o* detective

investigar [38] ■ vt **1.** [estudiar] to research **2.** [indagar] to investigate
■ vi **1.** [estudiar] to do research **2.** [indagar] to investigate

investir [47] vt **~ a alguien de** *o* **con algo** to invest sb with sth

inveterado, -a adj deep-rooted

inviabilidad nf impracticability

inviable adj impractical, unviable

invicto, -a adj unconquered, unbeaten

invidencia nf blindness

invidente ■ adj blind, sightless
■ nmf blind *o* sightless person ▸ **los invidentes** the blind

invierno nm **1.** [estación] winter ▸ **en ~** in winter, in wintertime ▸ **~ nuclear** nuclear winter **2.** [estación lluviosa] rainy season

invierta *etc ver* ***invertir***

inviolabilidad nf inviolability

inviolable adj inviolable

invirtiera *etc ver* ***invertir***

invisible adj invisible

invitación nf invitation

invitado, -a nm,f guest

invitar ■ vt **1.** [convidar] **~ a alguien (a algo/a hacer algo)** to invite sb (to sth/to do sth) ▸ **me han invitado a una fiesta** I've been invited to a party ▸ **me**

CÓMO EXPRESARSE EN...

las invitaciones

Invitar a alguien

Would you like to join us for a drink? / ¿Te gustaría venir a tomar algo con nosotros?

Do you want to go for something to eat? / ¿Te apetece ir a comer algo?

Let's go to the cinema. / ¡Vamos al cine!

Why don't you come round some time? / ¿Por qué no vienes a verme uno de estos días?

Why don't we meet next weekend? / ¿Por qué no quedamos el fin de semana que viene?

Are you free for lunch tomorrow? / ¿Estás libre para comer mañana?

Sarah and Tim are pleased to invite you to their housewarming party. / Sarah y Tim se complacen en invitarle a la fiesta de inauguración de su nueva casa.

Responder a una invitación

Thanks, I'd love to. / Gracias, me encantaría.

That'd be lovely. / Sería estupendo.

That's very kind of you. / Es muy amable por tu parte.

I look forward to it. / Me apetece mucho.

Sure. When did you have in mind? / Claro, ¿cuándo tenías pensado hacerlo?

Why not? / ¿Por qué no?

I'm afraid not. How about the week after? / Lo siento, pero no puedo. ¿Qué te parece la semana siguiente?

I'm afraid I'll be away that week. / Me temo que esa semana estaré fuera.

Can we do it another time? / ¿Podemos hacerlo en otro momento?

invitó a entrar she asked me in **2.** [pagar] **te invito** it's my treat, this one's on me ▸ **~ a alguien a algo** to buy sb sth *(food, drink)* ▸ **me invitó a una cerveza** he bought me a beer ▸ **te invito a cenar fuera** I'll take you out for dinner

■ vi **1.** [pagar] to pay ▸ **invito yo** it's my treat, this one's on me ▸ **invita la casa** it's on the house **2.** [incitar] **~ a algo** to encourage sth ▸ **este sol invita a salir** the sun makes you want to go out

in vitro loc adj & adv in vitro ▸ **fecundación ~** in vitro fertilization

invocación nf invocation

invocar [59] vt to invoke

involución nf regression, deterioration

involucionar vi to regress, to deteriorate

involucionismo nm reactionary nature ▸ **las fuerzas del ~** the forces of reaction

involucionista ■ adj regressive, reactionary
■ nmf reactionary

involucrado, -a adj [en acciones, proyecto, accidente] involved / [en delito, escándalo] implicated

involucrar vt **~ a alguien (en)** to involve sb (in)
◆ ***involucrarse*** vpr to get involved (**en** in)

involuntario, -a adj [espontáneo] involuntary / [sin querer] unintentional

invoque *etc ver* ***invocar***

invulnerabilidad nf invulnerability

invulnerable adj immune (**a** to), invulnerable (**a** to)

inyección nf **1.** [con jeringa] injection ▸ **poner una ~ a alguien** to give sb an injection ▸ **~ intravenosa** intravenous injection **2.** TEC & AUT injection ▸ **motor de ~** fuel-injection engine ▸ **~ de combustible** fuel injection ▸ **~ de tinta** ink-jet **3.** [de dinero, humor, vitalidad] injection ▸ **sus palabras fueron una ~ de moral para las tropas** his words were a morale booster for the troops

inyectable ■ adj injectable
■ nm injection

inyectar vt **1.** [con jeringa] to inject ▸ **le inyectaron insulina** they gave him an insulin injection **2.** [dinero, humor, vitalidad] to inject
◆ ***inyectarse*** vpr **inyectarse algo** to inject oneself with sth ▸ **inyectarse drogas** to take drugs intravenously

iodo nm iodine

ion nm ion

iónico, -a adj ionic

ionización nf ionization

ionizador nm ionizer

ionizar [14] vt to ionize

ionosfera nf ionosphere

IPC nm (abrev de *ESP* ***Índice de Precios al Consumo*** o *AM* ***Índice de Precios al Consumidor***) *BR* RPI, *US* CPI

ipso facto adv immediately

ir [35] vi **1.** [en general] to go ▸ **ir hacia el sur/al cine** to go south/to the cinema ▸ **ir en autobús/coche** to go by bus/car ▸ **ir andando** to go on foot, to walk ▸ **¡vamos!** let's go! **2.** [expresa duración gradual] **ir haciendo algo** to be (gradually) doing sth ▸ **va anocheciendo** it's getting dark ▸ **voy mejorando mi estilo** I'm working on improving my style **3.** [expresa intención, opinión] **ir a hacer algo** to be going to do sth ▸ **voy a decírselo a tu padre** I'm going to tell your father ▸ **te voy a echar de menos** I'm going to miss you **4.** [cambiar] **ir a mejor/peor** to get better/worse **5.** [funcionar] to work ▸ **la manivela va floja** the crank is loose ▸ **la televisión no va** the television isn't working **6.** [desenvolverse] to go ▸ **le va bien en su nuevo trabajo** things are going well for him in his new job ▸ **su negocio va mal** his business is going badly ▸ **¿cómo te va?** how are you doing? **7.** [corresponder] to go ▸ **estas tazas van con estos platos** these cups go with these saucers **8.** [colocarse] to go, to belong ▸ **esto no va ahí** that doesn't go *o* belong there **9.** *ESP* [gustar, convenir] **no me va el pop** I don't like pop music ▸ **ni me va ni me viene** I don't care one way or the other **10.** [vestir] **ir en/con** to wear ▸ **iba en camisa y corbata** he was wearing a shirt and tie ▸ **ir de azul/de uniforme** to be dressed in blue/in uniform ▸ **iba hecho un pordiosero** he looked like a beggar **11.** [vacaciones, tratamiento] **irle bien a alguien** to do sb good **12.** [ropa] **irle (bien) a alguien** to suit sb ▸ **ir con algo** to go with sth ▸ **esta camisa no va con esos pantalones** this shirt doesn't go with these trousers **13.** [expresa apoyo] **ir con** to support ▸ **voy con el Real Madrid** I support Real Madrid **14.** [comentario, indirecta] **ir por alguien** to be meant for sb, to be aimed at sb **15.** *ESP* [película, novela] **ir de** to be about **16.** *Fam ESP* **ir de,** *RP* **irla de** [persona] to think oneself ▸ **va de listo** he thinks he's clever ▸ **¿de qué vas?** just who do you think you are? **17.** *ESP* [buscar] **ir (a) por algo/alguien** to go and get sth/sb, to go and fetch sth/sb **18.** [alcanzar] **va por el cuarto vaso de vino** he's already on his fourth glass of wine ▸ **vamos por la mitad de la asignatura** we've covered about half the subject **19.** [expresiones] **fue y dijo que...** he went and said that... ▸ **ir a lo suyo** to look out for oneself, to look after number one ▸ **¡qué va!** [por supuesto que no] not in the least!, not at all! / [me temo que no] I'm afraid not / [no digas tonterías] don't be ridiculous ▸ *ESP* **ser el no va más** to be the ultimate
◆ ***irse*** vpr **1.** [marcharse] to go, to leave ▸ **irse a** to go to ▸ **¡vete!** go away! **2.** [gastarse, desaparecer] to go ▸ **se ha ido la luz** there's been a power cut **3.** **irse abajo** [edificio] to fall down / [negocio] to collapse / [planes] to fall through

IRA ['ira] nm (abrev de ***Irish Republican Army***) IRA

ira nf anger, rage

iracundo, -a adj [furioso] angry, irate / [irascible] irascible

Irak n Iraq

irakí ➤ ***iraquí***

Irán n Iran

iraní (pl **iraníes**) ■ adj & nmf Iranian
■ nm [lengua] Iranian

Iraq n Iraq

iraquí (pl **iraquíes**), ***irakí*** (pl **irakíes**) adj & nmf Iraqi

irascible adj irascible
iridiscencia nf iridescence
iridiscente adj iridescent
iridología nf iridology
iridólogo, -a nm,f MED iridologist
iris nm inv iris
Irlanda n Ireland ▸ ~ **del Norte** Northern Ireland
irlandés, -esa ■ adj Irish
■ nm,f [persona] Irishman, *f* Irishwoman ▸ **los irlandeses** the Irish
■ nm [lengua] Irish
ironía nf irony
irónico, -a adj ironic, ironical
ironizar [14] ■ vt to ridicule
■ vi to be ironical (**sobre** about)
IRPF nm (abrev de ***Impuesto sobre la Renta de las Personas Físicas***) = *Spanish personal income tax*
irracional adj irrational
irracionalidad nf irrationality
irradiación nf **1.** [de luz, calor] radiation **2.** [de cultura, ideas] dissemination, spreading **3.** [de alimentos] irradiation
irradiar vt **1.** [luz, calor] to radiate **2.** [alimentos, enfermo, órgano] to irradiate **3.** [simpatía, felicidad] to radiate
irrazonable adj unreasonable
irreal adj unreal
irrealidad nf unreality
irrealizable adj [sueño, objetivo] unattainable / [plan] impractical
irrebatible adj irrefutable, indisputable
irreconciliable adj irreconcilable
irreconocible adj unrecognizable
irrecuperable adj irretrievable
irreductible adj **1.** [fenómeno, fracción] irreducible **2.** [país, pueblo] unconquerable
irreemplazable adj irreplaceable
irreflexión nf rashness
irreflexivo, -a adj rash
irrefrenable adj irrepressible, uncontainable
irrefutable adj irrefutable
irregular adj **1.** [no uniforme] [terreno, superficie] uneven / [comportamiento] erratic ▸ **su rendimiento en los estudios es** ~ he's inconsistent in his studies **2.** [situación] irregular ▸ **la financiación** ~ **de los partidos** the irregular funding of the parties **3.** LING [verbo] irregular
irregularidad nf **1.** [de terreno, superficie] unevenness **2.** [de situación] irregularity **3.** [delito, falta] irregularity **4.** LING [de verbo] irregularity
irrelevancia nf unimportance, insignificance
irrelevante adj unimportant, insignificant
irremediable adj unavoidable
irremediablemente adv inevitably
irremisible adj [imperdonable] unpardonable / [irremediable] irremediable
irremplazable adj irreplaceable
irreparable adj irreparable
irrepetible adj unique, unrepeatable
irreprimible adj irrepressible
irreprochable adj irreproachable
irresistible adj irresistible
irresoluble adj unsolvable
irresoluto, -a adj *Formal* irresolute
irrespetuoso, -a adj disrespectful
irrespirable adj [aire] unbreathable / *Fig* [ambiente] oppressive
irresponsabilidad nf irresponsibility
irresponsable ■ adj irresponsible
■ nmf irresponsible person
irrestricto, -a adj *AM* unconditional, complete
irreverente adj irreverent
irreversible adj irreversible
irrevocable adj irrevocable
irrigación nf irrigation
irrigador nm MED irrigator
irrigar [38] vt to irrigate
irrisorio, -a adj [excusa, historia] laughable, risible ▸ **nos ofrecieron un precio** ~ we were offered a derisory sum ▸ **una cantidad irrisoria** a ridiculously *o* ludicrously small amount
irritabilidad nf irritability
irritable adj irritable
irritación nf irritation
irritado, -a adj **1.** [persona] irritated, annoyed **2.** [piel] irritated
irritante adj irritating
irritar vt to irritate
◆ ***irritarse*** vpr **1.** [enfadarse] to get angry *o* annoyed **2.** [sujeto: piel] to become irritated
irrompible adj unbreakable
irrumpir vi ~ **en** [lugar, vida] to burst into / [escena política, pantalla] to burst onto
irrupción nf [en lugar] irruption (**en** into), bursting in ▸ **su** ~ **en la política** his sudden appearance on the political scene ▸ **su** ~ **en mi vida** his sudden entrance into my life
isabelino, -a adj [en España] Isabelline / [en Inglaterra] Elizabethan
ISBN nm (abrev de ***International Standard Book Number***) ISBN
isla nf **1.** island ▸ **las Islas Baleares** the Balearic Islands ▸ **las Islas Británicas** the British Isles ▸ **las Islas Canarias** the Canary Islands ▸ ~ **desierta** desert island ▸ **las Islas Malvinas** the Falkland Islands, the Falklands ▸ **la Isla de Man** the Isle of Man ▸ **la Isla de Pascua** Easter Island **2.** *MÉX, RP* [de árboles] grove **3.** *VEN* [mediana] *BR* central reservation, *US* median (strip)
islam nm Islam
Islamabad n Islamabad
islámico, -a adj Islamic
islamismo nm Islam

islamizar [14] vt to Islamize, to convert to Islam
◆ ***islamizarse*** vpr to convert to Islam

islandés, -esa ■ adj Icelandic
■ nm,f [persona] Icelander
■ nm [lengua] Icelandic

Islandia n Iceland

isleño, -a ■ adj island ▸ **las costumbres isleñas** the island customs
■ nm,f islander

isleta nf [en calle] traffic island

islote nm small island

ISO ['iso] (abrev de ***International Standards Organization***) ISO

isobara, isóbara nf isobar

isomorfo, -a adj isomorphic

isósceles adj inv isosceles

isoterma nf METEO [línea] isotherm

isotérmico, -a, isotermo, -a adj **camión ~** refrigerated *BR* lorry *o US* truck

isotónico, -a adj isotonic

isótopo ■ adj isotopic
■ nm isotope

Israel n Israel

israelí (pl **israelíes**) adj & nmf Israeli

israelita adj & nmf Israelite

istmo nm isthmus

Italia n Italy

italianismo nm Italianism

italianizar [14] vt to Italianize

italiano, -a ■ adj & nm,f Italian
■ nm [lengua] Italian

itálico, -a adj & nm,f HIST Italic

ítem (pl **ítems**) nm item

iteración nf iteration

itinerante adj [vida] itinerant / [exposición] travelling / [embajador] roving

itinerario nm route, itinerary

ITV nf *ESP* (abrev de ***inspección técnica de vehículos***) = *annual technical inspection for motor vehicles with an age of five years or more*, *BR* ≃ MOT

IU nf (abrev de ***Izquierda Unida***) = *Spanish left-wing coalition party*

IVA ['iβa] nm (abrev de *ESP* ***impuesto sobre el valor añadido***, *AM* ***impuesto al valor agregado***) *BR* VAT, *US* ≃ sales tax

izar [14] vt to raise, to hoist

izda (abrev de ***izquierda***) L, l

izquierda nf **1.** [lado] left ▸ **a la ~ (de)** on *o* to the left (of) ▸ **girar a la ~** to turn left **2.** [mano] left hand **3.** POL left (wing) ▸ *ESP* **de izquierdas,** *AM* **de ~** left-wing ▸ **~ radical** hard left **4.** [puerta] **el segundo ~** *BR* the left-hand flat on the second floor, *US* the left-hand apartment on the third floor

izquierdismo nm left-wing views

izquierdista ■ adj left-wing
■ nmf left-winger

izquierdo, -a adj left ▸ **mano/pierna izquierda** left hand/leg ▸ **el margen ~** the left-hand margin ▸ **a mano izquierda** on the left-hand side

izquierdoso, -a adj *Fam* leftish

J

J, j ['χota] nf [letra] J, j

ja interj **¡ja!** ha!

jabalí (pl **jabalíes**) nm wild boar

jabalina nf DEP javelin

jabato, -a ■ adj *ESP Fam* [valiente] brave
■ nm **1.** [animal] young wild boar **2.** *ESP Fam* [valiente] daredevil

jabón nm soap ▸ *Fam Fig* **dar ~ a alguien** to soft-soap sb ▸ **~ de afeitar** shaving soap ▸ **~ líquido** liquid soap ▸ **~ de tocador** toilet soap

jabonar vt to soap

jaboncillo nm tailor's chalk

jabonera nf soap dish

jabonoso, -a adj soapy

jabugo nm = *good quality cured ham from Jabugo, similar to Parma ham*

jaca nf [caballo pequeño] pony / [yegua] mare

jacal nm *MÉX* hut

jacinto nm hyacinth

jaco nm **1.** [caballo] nag **2.** *Fam* [heroína] junk, smack

jacobeo, -a adj of/relating to St James ▸ **la ruta jacobea** = *pilgrim's route to Santiago de Compostela*

jacobinismo nm POL Jacobinism

jacobino, -a adj & nm,f POL Jacobin

jactancia nf boasting

jactancioso, -a adj boastful

jactarse vpr to boast (**de** about *o* of)

jaculatoria nf REL short prayer

jacuzzi [ja'kusi] nm Jacuzzi®

jade nm jade

jadeante adj panting

jadear vi to pant

jadeo nm panting

jaguar nm jaguar

jaiba nf *AM salvo RP* crayfish

jaima nf = *Bedouin tent*

jalada nf **1.** *MÉX* [tirón] pull / [suave] tug ▸ **dar una ~ a algo** to pull sth / [suavemente] to tug sth **2.** *MÉX Fam* [reprimenda] telling-off ▸ **dar una ~ a alguien** to tell sb off **3.** *PERÚ Fam* [aventón] *BR* lift, *US* ride ▸ **dar una ~ a alguien** to give sb a *BR* lift *o US* ride

jalar¹, halar ■ vt **1.** *AM salvo RP* [tirar de] to pull / [suavemente] to tug ▸ **lo jaló de la manga** she pulled his sleeve **2.** *PERÚ Fam* [transportar] *BR* to give a lift, *US* to give a ride
■ vi *AM salvo RP* **1.** [tirar] to pull ▸ **jale** [en letrero] pull **2.** [irse] to go

jalar² *ESP Fam* ■ vt [comer] to eat, *BR* to scoff
■ vi to eat, *BR* to nosh
◆ ***jalarse*** vpr [comerse] to eat, *BR* to scoff

jale nm *MÉX Fam* work

jalea nf jelly ▸ **~ real** royal jelly

jalear vt to cheer on

jaleo nm *Fam* **1.** [alboroto] row, rumpus ▸ **armar ~** to kick up a row *o* fuss **2.** [lío] mess, confusion **3.** [aplausos, gritos] cheering

jalón nm **1.** [vara] marker pole / [hito] landmark, milestone **2.** *AM salvo RP* [tirón] pull / [suave] tug / [reprimenda] to give someone a telling-off

jalonar vt [con varas] to stake *o* mark out / [señalar] to mark

Jamaica n Jamaica

jamaicano, -a adj & nm,f Jamaican

jamás adv never ▸ **no lo he visto ~** I've never seen him ▸ **la mejor novela que ~ se haya escrito** the best novel ever written ▸ **~ en la vida había visto algo así** never before had I seen such a thing, I'd never seen such a thing in all my life ▸ **nunca ~** never ever ▸ **por siempre ~** for ever more ▸ *Fam* **¡~ de los jamases!** not in a million years!

jamba nf jamb, door post

jamelgo nm *Fam* nag

jamón nm ham ▸ *ESP Fam* **¡y un ~ (con chorreras)!** you've got to be joking!, not on your life! ▸ **~ (de)**

York *o* **dulce** (boiled) ham ▸ **~ serrano** cured ham, Parma ham

jamona *Fam* ■ adj well-stacked, buxom
■ nf buxom wench, well-stacked woman

jane® nf *URUG* bleach

Japón nm **(el)** ~ Japan

japonés, -esa ■ adj & nm,f Japanese
■ nm [lengua] Japanese

japuta nf Ray's bream, Atlantic pomfret

jaque nm ~ **(al rey)** check ▸ **~ mate** checkmate ▸ *Fig* **tener en ~ a alguien** to keep sb in a state of anxiety

jaqueca nf migraine ▸ *Fam* **dar ~ (a alguien)** to bother (sb), to pester (sb)

jarabe nm syrup ▸ **~ para la tos** cough mixture *o* syrup ▸ *ESP Fam* **¡te voy a dar ~ de palo!** I'll give you a clip round the ear! ▸ *Fam* **tener mucho ~ de pico** to have the gift of the gab, to be a smooth talker

jarana nf *Fam* **1.** [juerga] **estar/irse de ~** to be/go out on the town **2.** [alboroto] rumpus, shindy

jaranero, -a *Fam* ■ adj fond of partying
■ nm,f party animal

jarcia nf *NÁUT* rigging

jardín nm *BR* garden, *US* yard ▸ **~ botánico** botanic(al) garden ▸ **jardín del Edén** Garden of Eden ▸ **~ de infancia** kindergarten, nursery school ▸ **~ zoológico** zoo

jardinera nf planter

jardinería nf gardening

jardinero, -a nm,f gardener ▸ *CULIN* **a la jardinera** garnished with vegetables

jarra nf [para servir] jug / [para beber] tankard ▸ **con los brazos en jarras** [postura] hands on hips, with arms akimbo ▸ **~ de cerveza** beer glass ▸ **~ de leche** milk jug

jarrear v impersonal *Fam* **está jarreando** it's bucketing down, it's pouring

jarrete nm hock

jarro nm jug ▸ *Fig* **fue como un ~ de agua fría** it was a bolt from the blue ▸ **llover a jarros** to be bucketing down

jarrón nm vase

Jartum n Khartoum

jaspe nm jasper

jaspeado, -a ■ adj mottled, speckled
■ nm mottling

jaspear vt to mottle, to speckle

jauja nf *Fam* paradise, heaven on earth ▸ **ser ~** to be heaven on earth *o* paradise

jaula nf cage ▸ *Fig* **~ de oro** gilded cage

jauría nf [de perros] pack

Java ■ nm *INFORM* Java
■ n Java

javanés, -esa adj & nm,f Javanese

jazmín nm jasmine

jazz [jas] nm inv jazz

jazzístico, -a [ja'sistiko] adj jazz

JC (abrev de ***Jesucristo***) JC

je interj **¡je!** ha!

jeans [jins] nmpl jeans ▸ **unos ~** a pair of jeans

jeep [jip] (pl **jeeps**) nm jeep

jefatura nf **1.** [cargo] leadership **2.** [organismo] headquarters, head office

jefazo, -a nm,f *Fam* big boss, *esp US* head honcho

jefe, -a nm,f **1.** [persona al mando] boss / [de empresa] manager / [líder] leader / [de tribu, ejército] chief / [de departamento] head ▸ *MIL* **en ~** in-chief ▸ **~ de cocina** head chef ▸ **~ de compras** purchasing manager ▸ **~ de estación** station master ▸ **~ de Estado** head of state ▸ **~ del estado mayor** chief of staff ▸ **~ de estudios** director of studies ▸ **~ de gobierno** head of government ▸ **~ de personal** personnel manager ▸ **~ de prensa** press officer ▸ **~ de producción** production manager ▸ **~ de redacción** editor-in-chief ▸ **~ de ventas** sales manager **2.** *Fam* [camarero, conductor] **~, pónganos dos cervezas** give us two beers, *BR* guv *o* *US* mac

Jehová n Jehova

jemer nm **jemeres rojos** Khmer Rouge

jengibre nm ginger

jeque nm sheikh

jerarca nm high-ranking person, leader

jerarquía nf hierarchy ▸ **las altas jerarquías de la nación** the leaders of the nation

jerárquico, -a adj hierarchical

jerarquizar [14] vt to structure in a hierarchical manner

jerez nm sherry ▸ **~ fino** dry sherry

jerga nf jargon

jergón nm straw mattress

jerifalte nm **1.** [ave] gerfalcon **2.** [persona] bigwig

jerigonza nf [galimatías] gibberish / [jerga] jargon

jeringa nf syringe

jeringar vt *Fam* [fastidiar] to bug, *BR* to cheese off

jeringuilla nf syringe ▸ **~ hipodérmica** hypodermic syringe

jeroglífico, -a ■ adj hieroglyphic
■ nm **1.** [inscripción] hieroglyphic **2.** [pasatiempo] rebus

jersey (pl **jerseys** *o* **jerséis**) nm *ESP* [prenda] sweater, *BR* jumper ▸ **~ de cuello alto** polo neck (sweater)

Jerusalén n Jerusalem

Jesucristo n Jesus Christ

jesuita adj & nm *REL* Jesuit

jesuítico, -a adj [ambiguo, disimulado] jesuitical, devious

jesús interj **¡~!** [sorpresa] gosh!, good heavens! / *ESP* [tras estornudo] bless you! ▸ *Fam* **en un decir ~** in the blink of an eye

jet [jet] (pl **jets**) ■ nm jet
■ nf *ESP* **la ~** the jet set

jeta *Fam* ■ nf [cara] mug, face ▸ **romperle la ~ a alguien** to smash sb's face in ▸ *ESP* **tener (mucha) ~** to be a cheeky bugger

■ nmf *ESP* cheeky bugger ▸ **ser un ~** to be a cheeky bugger

jet lag ['jetlag] nm jet lag

jet-set ['jetset] *ESP* nf, *AM* nm jet set

jíbaro, -a ■ adj Jivaro ▸ **las tribus jíbaras** the Jivaro tribes
■ nm,f Jivaro

jibia nf cuttlefish

jiennense ■ adj of/from Jaén
■ nmf person from Jaén

jijona nm = *type of nougat made in Jijona*

jilguero nm goldfinch

jilipollada nf *muy Fam* **hacer/decir una ~** to do/say something bloody stupid

jilipollas *muy Fam* ■ adj inv daft, *US* dumb
■ nmf inv pillock, prat

jilipollez *muy Fam* nf inv **hacer/decir una ~** to do/say something bloody stupid

jineta nf civet (cat)

jinete nmf horseman, *f* horsewoman ▸ **el caballo derribó al ~** the horse threw its rider

jingoísmo nm POL jingoism

jiote nm *MÉX* rash

jipioso, -a adj *Fam* [de estilo hippie] hippy

jirafa nf **1.** ZOOL giraffe **2.** CINE & TV boom

jirón nm **1.** [andrajo] shred, rag ▸ **hecho jirones** in tatters **2.** *PERÚ* [calle] street

jitomate nm *MÉX* tomato

jiu-jitsu [jiu'jitsu] nm jujitsu

JJ OO nmpl (abrev de ***Juegos Olímpicos***) Olympic Games

jo interj *ESP Fam Euf* **¡jo!** [fastidio] sugar! / [asombro, admiración] wow! ▸ **¡jo, mamá, yo quiero ir!** but mum, I want to go!

jobar interj *ESP Fam Euf* **¡~!** Jeez!, *BR* flipping heck!

jockey ['jokei] (pl **jockeys**) nm jockey

jocosidad nf jocularity

jocoso, -a adj jocular

jocundo, -a adj *Formal* jovial, cheerful

joder *Vulg* ■ vi **1.** [fastidiar] to piss about *o* around ▸ **¡no jodas!** [incredulidad, sorpresa] no shit!, *BR* well, bugger me! **2.** *ESP* [copular] to fuck
■ vt **1.** [molestar] **~ a alguien** to piss sb off **2.** [estropear] to screw (up), *BR* to bugger (up) **3.** *ESP* [copular con] to fuck
■ interj *ESP* [expresa dolor, enfado, sorpresa] **¡~!** Christ!, Jesus!
◆ ***joderse*** vpr **1.** [aguantarse] to fucking well put up with it ▸ **¡que se joda!** he can fuck off! ▸ **¡hay que joderse!** can you fucking believe it? **2.** [estropearse] **se ha jodido la tele** the TV's screwed *o BR* buggered

jodido, -a adj *Vulg* **1.** [físicamente] screwed, *BR* buggered / [anímicamente] fucked up **2.** [estropeado] bust, *BR* knackered **3.** [difícil] fucking difficult ▸ **es muy ~ levantarse a las seis** getting up at six is a real bastard

jodienda nf *ESP Vulg* pain (in the *BR* arse *o US* ass)

jofaina nf washbasin

jogging ['joɣin] nm **1.** [deporte] jogging **2.** *RP* [ropa] tracksuit

Johannesburgo [joχanes'burgo] n Johannesburg

joker ['joker] (pl **jokers**) nm joker *(in cards)*

jolgorio nm merrymaking

jolín, jolines interj *Fam* **¡~!,** [fastidio] sugar!, blast! / [sorpresa] gosh!, wow!

jondo adj **cante ~** = *traditional flamenco singing*

jónico, -a adj Ionic

jonrón nm *AM* [en béisbol] home run

jopé interj *ESP Fam* **¡~!** Jeez!, *BR* flipping heck!

Jordania n Jordan

jordano, -a adj & nm,f Jordanian

jornada nf **1.** [de trabajo] working day ▸ **~ electoral** polling day ▸ **~ intensiva** = *working day from 8 am to 3 pm with only a short lunch break* ▸ **~ laboral** working day ▸ **media ~** half day ▸ **~ partida** = *working day with long (2-3 hour) lunch break, ending at 7-8 pm* ▸ **~ de puertas abiertas** open day, *US* open house ▸ **~ de reflexión** = *day immediately before elections when campaigning is forbidden* ▸ **jornadas (sobre)** [congreso] conference (on) **2.** [de viaje] day's journey **3.** DEP round of matches, programme

CULTURA / CULTURE

jornada intensiva

Spanish shops, offices and schools used to close when everyone went home to have lunch with their families, and all activity would come to a standstill. Many offices changed their timetable in the summertime to what is called the "intensive working day" or "summer timetable" and did not take a lunch break, a custom that still continues today. However, department stores and superstores have now broken ranks and stay open all day. Many companies now prefer their employees to take shorter lunch breaks, which means that, in big cities at least, they do not have time to return home for the traditional long lunch.

jornal nm day's wage

jornalero, -a nm,f day labourer

joroba nf hump

jorobado, -a ■ adj **1.** [con joroba] hunchbacked **2.** *Fam* [estropeado] bust, *BR* knackered ▸ **tengo el estómago ~** my stomach's playing up *o BR* giving me gyp
■ nm,f [con joroba] hunchback

jorobar vt *Fam* **1.** [molestar] to bug **2.** [estropear] [fiesta, planes] to mess up / [máquina, objeto] to bust, *BR* to knacker
◆ ***jorobarse*** vpr *Fam* **1.** [fastidiarse, aguantarse] **¡pues te jorobas!** you can like it or lump it! **2.** [estropearse] to bust

jorongo nm *MÉX* **1.** [manta] blanket **2.** [poncho] poncho

jota nf **1.** = *lively folk song and dance, originally from*

Aragon **2.** *Fam* **no entender ni ~ (de)** [no comprender] not to understand a word (of) ▸ **no saber ni ~ de algo** not to know the first thing about sth ▸ **no ver ni ~** [por mala vista] to be as blind as a bat / [por oscuridad] not to be able to see a thing

jotero, -a nm,f jota dancer/singer

joto nm *MÉX Fam Pey BR* queer, *US* fag

joven ▪ adj young ▸ **está muy ~ para su edad** he looks very young for his age ▸ **esa ropa te hace más ~** those clothes make you look younger ▸ **de ~** as a young man/woman ▸ **la noche es ~** the night is young ▸ **moda ~** youth fashion

▪ nmf **1.** [persona joven] young man, *f* young woman ▸ **los jóvenes** young people **2.** [como apelativo] **¡oiga, ~!** excuse me young man!

jovenzuelo, -a nm,f youngster

jovial adj jovial, cheerful

jovialidad nf joviality, cheerfulness

joya nf jewel / *Fig* gem ▸ **el nuevo empleado es una ~** the new worker is a real gem ▸ **la ~ de mi colección** the pride of my collection ▸ **las joyas de la corona** the crown jewels

joyería nf **1.** [tienda] jeweller's (shop) **2.** [arte, comercio] jewellery

joyero, -a ▪ nm,f [persona] jeweller

▪ nm [caja] jewellery box

joystick ['joistik] (pl **joysticks**) nm joystick

Jr. (abrev de ***júnior***) Jr.

juanete nm bunion

jubilación nf **1.** [retiro] retirement ▸ **~ anticipada** early retirement **2.** [pensión] pension

jubilado, -a ▪ adj retired

▪ nm,f *BR* pensioner, *US* retiree ▸ **club de jubilados** senior citizens' club

jubilar vt **~ a alguien (de)** to pension sb off (from), to retire sb (from)

◆ ***jubilarse*** vpr to retire

jubileo nm REL jubilee

júbilo nm jubilation, joy

jubiloso, -a adj jubilant, joyous

judaico, -a adj Judaic, Jewish

judaísmo nm Judaism

judas nm inv Judas, traitor

judeocristiano, -a adj Judaeo-Christian

judeoespañol, -ola ▪ adj Sephardic

▪ nm,f [persona] Sephardic Jew

▪ nm [lengua] Sephardi

judería nf HIST Jewish ghetto *o* quarter

judía nf bean ▸ **~ blanca** haricot bean ▸ *ESP* **~ verde** green bean

judiada nf *Fam* dirty trick

judicatura nf **1.** [cargo] office of judge **2.** [institución] judiciary

judicial adj judicial

judío, -a ▪ adj Jewish

▪ nm,f **1.** [hebreo] Jew, *f* Jewess **2.** *Fam Pey* [tacaño] skinflint

judo ['juðo] nm judo

judogui [ju'ðoγi] nm DEP judogi, judo outfit

judoka [ju'ðoka] nmf judoist, judoka

juego ▪ *ver* ***jugar***

▪ nm **1.** [deporte, diversión] game ▸ **~ de azar** game of chance ▸ *AM* **~ de computadora** computer game ▸ **juegos florales** poetry competition ▸ **juegos malabares** juggling ▸ **~ de manos** conjuring trick ▸ **~ de mesa** board game ▸ **Juegos Olímpicos** Olympic Games ▸ *ESP* **~ de ordenador** computer game ▸ **~ de palabras** play on words, pun ▸ **~ de prendas** game of forfeit **2.** [acción] play, playing ▸ **estar/poner en ~** to be/put at stake ▸ *Fig* **descubrirle el ~ a alguien** to see through sb ▸ DEP **fuera de ~** offside ▸ *Fig* **ser un ~ de niños** to be child's play ▸ **~ sucio/limpio** foul/clean play **3.** [con dinero] gambling ▸ **¡hagan ~!** place your bets! **4.** [conjunto de objetos] set ▸ *ESP* **a ~** [ropa] matching ▸ **hacer ~ (con)** to match ▸ INFORM **~ de caracteres** character set ▸ **~ de herramientas** tool kit ▸ **~ de llaves/sábanas** set of keys/sheets ▸ **~ de té/café** tea/coffee service **5.** [mano] [de cartas] hand ▸ **me salió un buen ~** I was dealt a good hand **6.** *AM* [en feria] fairground attraction

juegue etc *ver* ***jugar***

juerga nf *Fam* rave-up, binge ▸ **irse de ~** to go out on the town ▸ **estar de ~** to be partying ▸ **montar una ~** to party, *BR* to have a rave-up ▸ **tomar algo a ~** to take sth as a joke ▸ **¡qué ~ nos pasamos anoche con su primo!** what a laugh we had with her cousin last night!

juerguista ▪ adj **ser muy ~** to be a party animal

▪ nmf party animal

jueves nm inv Thursday ▸ *Fam* **no ser nada del otro ~** to be nothing out of this world ▸ **Jueves Santo** Maundy Thursday / *ver también* ***sábado***

juez nmf **1.** DER judge ▸ **~ de instrucción, ~ de primera instancia** examining magistrate ▸ **~ de paz** Justice of the Peace **2.** DEP [árbitro] referee / [en atletismo] official ▸ **~ árbitro** referee ▸ **~ de línea** [fútbol] linesman / [rugby] touch judge ▸ **~ de salida** starter ▸ **~ de silla** umpire

jugada nf **1.** DEP [en fútbol, baloncesto, rugby, ajedrez] move / [en billar] shot ▸ **las mejores jugadas del partido** the highlights of the match **2.** [treta] dirty trick ▸ **hacer una mala ~ a alguien** to play a dirty trick on sb

jugador, -ora ▪ adj [en deporte] playing / [en casino, timba] gambling

▪ nm,f [en deporte] player / [en casino, timba] gambler ▸ **~ de ajedrez** chess player

jugar [36] ▪ vi **1.** [practicar un deporte, juego] to play ▸ **~ al ajedrez/a las cartas** to play chess/cards ▸ **~ en un equipo** to play for a team ▸ **~ a las muñecas** to play with one's dolls ▸ **te toca ~** it's your turn *o* go ▸ **~ limpio/sucio** to play clean/dirty **2.** [con dinero] to gamble (**a** on) ▸ **~ a la lotería** to play the lottery ▸ **~ a** *o* **en la Bolsa** to speculate (on the Stock Exchange) **3.** *Fig* [ser desconsiderado] **~ con alguien** to play with sb ▸ **~ con los sentimientos de alguien** to toy with sb's feelings **4.** *Fig* [influir] **~ a favor de alguien** to work in sb's favour ▸ **el tiempo juega en su contra** time is against her

■ vt **1.** [partido, juego] to play / [ficha, pieza] to move **2.** [dinero] to gamble (**a** on)
◆ ***jugarse*** vpr **1.** [apostarse] to bet ▸ **me juego lo que quieras a que no vienen** I bet you anything they won't come **2.** [arriesgar] to risk **3. jugársela a alguien** to play a dirty trick on sb

jugarreta nf *Fam* dirty trick

juglar nm minstrel

juglaresco, -a adj minstrel ▸ **poesía juglaresca** troubadour poetry

jugo nm **1.** [líquido] juice / *AM* [de fruta] juice ▸ **jugos gástricos** gastric juices **2.** *Fam* [provecho, interés] meat, substance ▸ **este libro tiene mucho ~** this is a very meaty book, this book has a lot of substance ▸ **sacar ~ a algo/alguien** [aprovechar] to get the most out of sth/sb

jugosidad nf juiciness

jugoso, -a adj **1.** [con jugo] juicy **2.** [cotilleo] juicy **3.** [sustancioso] meaty, substantial

jugué *etc ver* ***jugar***

juguera nf *CSUR* juicer

juguete nm **1.** [para niños] toy ▸ **una pistola/un coche de ~** a toy gun/car ▸ **juguetes bélicos** war toys ▸ **~ educativo** educational toy **2.** [persona, cosa] **tratar a alguien como un ~** to treat sb as a plaything ▸ **el presidente es un ~ en manos de los militares** the president is a puppet of the military

juguetear vi to play (around) ▸ **~ con algo** to toy with sth

juguetería nf toy shop

juguetón, -ona adj playful

juicio nm **1.** DER trial ▸ **llevar a alguien a ~** to take sb to court ▸ REL **el Juicio Final** the Last Judgement **2.** [sensatez] (sound) judgement / [cordura] sanity, reason ▸ **estar/no estar en su (sano) ~** to be/not to be in one's right mind ▸ **perder el ~** to lose one's reason, to go mad **3.** [opinión] opinion ▸ **a mi ~** in my opinion ▸ **no tengo suficientes elementos de ~ como para formarme una opinión** I don't have enough information to base an opinion on ▸ **~ de valor** value judgement

juicioso, -a adj sensible, wise

julai nmf *ESP Fam* [inocente] fool, mug

julepe nm = *type of card game*

juliana nf [sopa] = *soup made with chopped vegetables and herbs* ▸ **cortar en ~** to cut into julienne strips

julio nm **1.** [mes] July / *ver también* ***septiembre*** **2.** FÍS joule

jumbo ['jumbo] nm jumbo (jet)

jumento, -a nm,f ass, donkey

jumper ['jamper] (pl **jumpers**) nm *CSUR, MÉX* [prenda] *BR* pinafore (dress), *US* jumper

juncal nm bed of rushes

junco nm **1.** [planta] rush, reed **2.** [embarcación] junk

jungla nf jungle

junio nm June / *ver también* ***septiembre***

júnior (pl **júniors**) ■ adj **1.** DEP under-21 **2.** [hijo] junior
■ nmf DEP under-21

junta nf **1.** [grupo, comité] committee / [de empresa, examinadores] board ▸ **~ directiva** board of directors ▸ **~ de gobierno** = *government and administrative body in certain autonomous regions* ▸ **~ militar** military junta **2.** [reunión] meeting ▸ **~ (general) de accionistas** shareholders' meeting ▸ **~ general extraordinaria** extraordinary general meeting **3.** [juntura] joint ▸ **~ de culata** gasket

juntamente adv **~ con** together with

juntar vt [unir, reunir] to put together / [cromos, sellos, monedas] to collect / [fondos] to raise / [personas] to bring together ▸ **poco a poco ha juntado una valiosa colección de cuadros** she has gradually put together a valuable collection of paintings ▸ **juntaron todos los departamentos en un solo edificio** they brought all the departments together in a single building
◆ ***juntarse*** vpr **1.** [unirse] [personas] to get together / [ríos, caminos] to meet **2.** [arrimarse] to draw *o* move closer **3.** [tener amistad] **juntarse con** to mix with **4.** [convivir] **juntarse con alguien** to move in with sb

junto, -a adj **1.** [unido, agrupado] together ▸ **hacer algo juntos** to do sth together ▸ **¿se lo envuelvo todo ~?** shall I wrap everything up together for you? ▸ **no se han casado pero viven juntos** they're not married, but they live together ▸ **nunca he visto tanto niño ~** I've never seen so many children all in one place **2.** [próximo, cercano] close together ▸ **las casas están muy juntas** the houses are too close together **3.** [al mismo tiempo] **no puedo atender a tantos clientes juntos** I can't serve all these customers at the same time
◆ ***junto a*** loc prep next to
◆ ***junto con*** loc conj together with

juntura nf joint

Júpiter nm Jupiter

jura nf [promesa solemne] oath / [de un cargo] swearing in ▸ MIL **~ de bandera** oath of allegiance to the flag

jurado, -a ■ adj [declaración] sworn ▸ **enemigo ~** sworn enemy
■ nm **1.** [tribunal] [en juicio] jury / [en concurso, competición] (panel of) judges **2.** [miembro] [en juicio] member of the jury / [en concurso, competición] judge

juramentar vt to swear in

juramento nm **1.** [promesa solemne] oath ▸ **bajo ~** on *o* under oath ▸ **prestar ~** to take the oath ▸ **tomar ~ a alguien** to swear sb in ▸ MED **~ hipocrático** Hippocratic oath **2.** [blasfemia] oath, curse

jurar ■ vt [prometer solemnemente] to swear / [constitución, bandera] to pledge *o* swear allegiance to ▸ **~ un cargo** to be sworn in ▸ **~ que** to swear that ▸ **~ por...** to swear by... ▸ **te lo juro** I promise, I swear it ▸ **te juro que no ha sido culpa mía** I swear that it wasn't my fault ▸ **habría jurado que era tu hermana** I could have sworn it was your sister
■ vi [blasfemar] to swear ▸ *Fam Fig* **~ en hebreo** *o* **arameo** to swear like a trooper, *BR* to eff and blind ▸ *Irónico* **no sé mucho alemán – no hace falta que lo jures** I don't know much German – you don't say! *o* tell me something I don't know!

jurásico, -a adj & nm Jurassic
jurel nm scad, horse mackerel
jurídico, -a adj legal
jurisconsulto, -a nm,f legal expert, jurist
jurisdicción nf jurisdiction
jurisdiccional adj jurisdictional ▸ **aguas jurisdiccionales** territorial waters
jurisprudencia nf [ciencia] jurisprudence / [casos previos] case law ▸ **sentar ~** to set a legal precedent
jurista nmf jurist
justa nf HIST joust
justamente adv **1.** [con justicia] justly **2.** [exactamente] exactly ▸ **~, eso es lo que estaba pensando** exactly, that's just what I was thinking
justicia nf **1.** [derecho] justice / [equidad] fairness, justice ▸ **administrar ~** to administer justice ▸ **en ~** in (all) fairness ▸ **se le hizo ~ entregándole el premio** she received the recognition she deserved when she was awarded the prize ▸ **esa foto no le hace ~** that photo doesn't do him justice ▸ **ser de ~** to be only fair ▸ **~ social** social justice **2.** [sistema de leyes] **la ~** the law ▸ **tomarse la ~ por su mano** to take the law into one's own hands **3.** [organización] **la ~ española** the Spanish legal system ▸ **la persigue la ~ británica** she is being sought by the British courts
justiciero, -a adj righteous ▸ **ángel ~** avenging angel
justificable adj justifiable
justificación nf (gen) & IMPRENTA justification ▸ INFORM **~ automática** automatic justification
justificado, -a adj justified
justificante nm written proof, documentary evidence ▸ **~ médico** doctor's note, sick note
justificar [59] vt **1.** [gen] & IMPRENTA to justify **2.** (excusar] **~ a alguien** to make excuses for sb
◆ ***justificarse*** vpr **1.** [actitud, decisión] to be justified **2.** [persona] to justify *o* excuse oneself ▸ **justificarse por algo** to excuse oneself for sth ▸ **justificarse con alguien** to make one's excuses to sb
justificativo, -a adj providing evidence, supporting
justiprecio nm valuation
justo, -a ■ adj **1.** [equitativo] fair **2.** [merecido] [recompensa, victoria] deserved / [castigo] just **3.** [exacto] exact **4.** [idóneo] right **5.** [apretado, ceñido] tight ▸ **estar** *o* **venir ~** to be a tight fit ▸ **cabemos cinco, pero un poco justos** there's room for five of us, but it's a bit of a squeeze **6.** REL righteous
■ nm REL **los justos** the righteous ▸ **pagarán justos por pecadores** the innocent will suffer instead of the guilty
■ adv **1.** [exactamente] just ▸ **~ a tiempo** just in time, in the nick of time ▸ **justo antes/después** just before/after ▸ **~ detrás/en medio** right behind/in the middle ▸ **¿al lado del puente? – ~ ahí** by the bridge? – spot on *o* exactly **2.** [precisamente] just ▸ **~ ahora iba a llamarte** I was just about to ring you ▸ **~ ahora que llego yo se va todo el mundo** everybody's leaving just as I get here
juvenil ■ adj youthful ▸ DEP **equipo ~** youth team
■ nmf DEP **los juveniles** the youth team
juventud nf **1.** [edad, época] youth ▸ **en su ~** when she was young, in her youth **2.** [los jóvenes] young people *(plural)* ▸ **la ~ ha perdido el respeto por los ancianos** young people no longer respect the elderly ▸ **las juventudes del partido** the youth wing of the party
juzgado nm court ▸ **~ de guardia** = *court open during the night or at other times when ordinary courts are shut* ▸ *Fam* **ser de ~ de guardia** to be criminal *o* a crime ▸ **~ de instrucción** court of first instance, *BR* ≃ magistrates' court, *US* ≃ justice court ▸ **~ de lo penal** criminal court ▸ **~ de primera instancia** court of first instance, *BR* ≃ magistrates' court, *US* ≃ justice court
juzgar [38] vt **1.** DER to try **2.** [enjuiciar] to judge / [estimar, considerar] to consider, to judge ▸ **no tienes derecho a juzgarme** you have no right to judge me ▸ **enseguida juzga a la gente** he's very quick to judge ▸ **~ mal a alguien** to misjudge sb ▸ **a ~ por (cómo)** judging by (how)

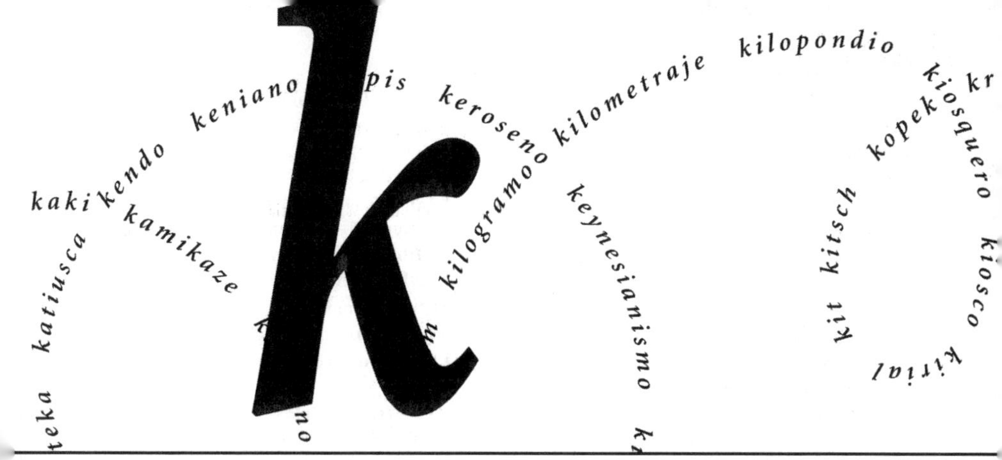

K, k [ka] nf [letra] K, k
Kabul n Kabul
kafkiano, -a adj kafkaesque
káiser (pl **káisers**) nm kaiser
kaki ■ adj inv [color] khaki
■ nm **1.** [fruto] kaki, sharon fruit **2.** [color] khaki
Kalahari nm **el (desierto del) ~** the Kalahari Desert
kamikaze adj & nmf MIL & *Fig* kamikaze
Kampala n Kampala
kantiano, -a adj & nm,f Kantian
karaoke nm karaoke
kárate nm karate
karateka nmf karateka
karma nm karma
kart (pl **karts**) nm go-kart
karting nm go-kart racing, karting
katiusca, katiuska nf *ESP* [bota] *BR* wellington boot, *US* rubber boot
Katmandú n Katmandu
kayac (pl **kayacs**), ***kayak*** (pl **kayaks**) nm kayak
Kazajistán n Kazak(h)stan
kebab (pl **kebabs**) nm kebab
kéfir nm kefir
kelvin (pl **kelvins**) nm FÍS kelvin ▸ **grados Kelvin** degrees Kelvin
kendo nm kendo
Kenia n Kenya
keniano, -a, keniata adj & nmf Kenyan
kepis nm inv kepi
kermés [ker'mes] (pl **kermeses**), ***kermesse*** [ker'mes] (pl **kermesses**) nf fair, kermesse
keroseno, *AM* ***kerosén,*** *AM* ***kerosene*** nm kerosene
ketchup ['ketʃup] (pl **ketchups**) nm ketchup, *US* catsup
keynesianismo nm ECON Keynesianism
keynesiano, -a adj ECON Keynesian
kg (abrev de ***kilogramo***) kg
kibbutz [ki'βuts] nm inv kibbutz
Kiev n Kiev
kif nm hashish
kikirikí nm [canto del gallo] cock-a-doodle-do
kiko nm = *toasted, salted maize kernels*
kilim (pl **kilims**) nm kilim
Kilimanjaro nm **el ~** (Mount) Kilimanjaro
kilo nm **1.** [peso] kilo, kilogram **2.** *ESP Antes Fam* [millón] million (pesetas)
kilobyte [kilo'βait] nm INFORM kilobyte
kilocaloría nf kilocalorie
kilogramo nm kilogram
kilohercio nm kilohertz
kilojulio nm kilojoule
kilolitro nm kilolitre
kilometraje nm [de vehículo] ≃ mileage / [de carretera] distance in kilometres
kilometrar vt [carretera] to mark out the distance (in kilometres)
kilométrico, -a adj **1.** [distancia] kilometric **2.** *Fam* [largo] dead long
kilómetro nm kilometre ▸ **~ cuadrado** square kilometre
kilopondio nm FÍS [unidad] kilopond
kilovatio nm kilowatt ▸ **~ hora** kilowatt-hour
kilovoltio nm kilovolt
kimono nm kimono
Kingston n Kingston
Kinshasa n Kinshasa
kiosco, kiosko nm [tenderete] kiosk / [de periódicos] newspaper stand *o* kiosk ▸ **~ de música** bandstand
kiosquero, -a nm,f = *person selling newspapers, drinks etc from a kiosk*
Kioto n Kyoto

Kirguizistán n Kirg(h)izstan
kirial nm REL plainsong book
Kiribati n Kiribati
kirsch [kirʃ] nm kirsch
kit (pl **kits**) nm [conjunto] kit, set / [para montar] kit
kitsch [kitʃ] adj inv kitsch
kiwi nm **1.** [fruto] kiwi (fruit) **2.** [ave] kiwi
KKK nm (abrev de ***Ku-Klux-Klan***) KKK
kleenex® ['klines, 'klineks] nm inv paper hanky, (paper) tissue
km (abrev de ***kilómetro***) km
km/h (abrev de ***kilómetros por hora***) km/h
knockout [no'kaut] (pl **knockouts**) nm knockout
KO ['kao] nm (abrev de ***knockout***) KO ▸ *también Fig* **ganar por KO** to win by a knockout
koala nm koala (bear)
kopek (pl **kopeks**) nm kopeck
kosovar ■ adj Kosovan
■ nmf Kosovan, Kosovar
Kosovo n Kosovo
Kremlin nm **el ~** the Kremlin
kril nm krill
kriptón nm QUÍM krypton
Kuala Lumpur n Kuala Lumpur
kung-fu nm kung fu
Kurdistán nm Kurdistan
kurdo, -a ■ adj Kurdish
■ nm,f Kurd
Kuwait [ku'βait] n Kuwait
kuwaití [kuβai'ti] (pl **kuwaitíes**) adj & nmf Kuwaiti
kv, kW nm (abrev de ***kilowatio***) kW
kvh, kWh nm (abrev de ***kilowatio hora***) kWh

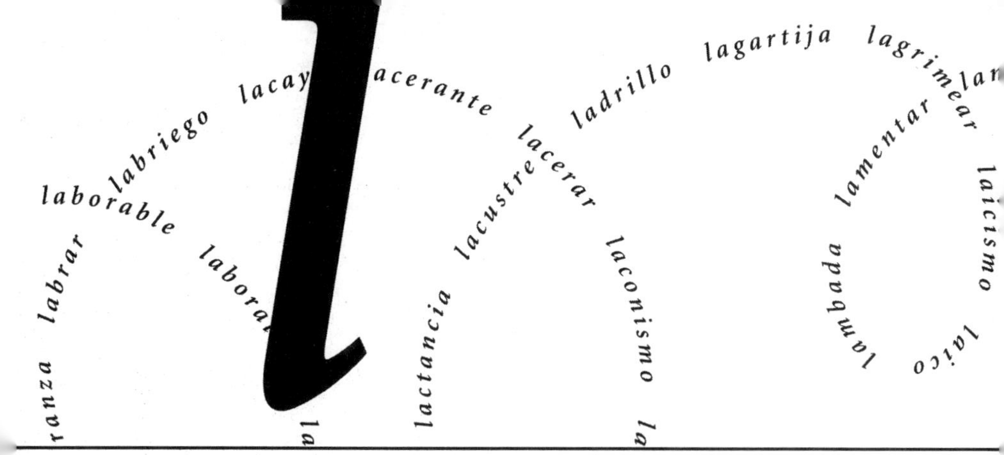

L, l ['ele] nf [letra] L, l

l (abrev de ***litro***) l

la[1] nm MÚS A / [en solfeo] lah

la[2] ■ art *ver* ***el***
■ pron *ver* ***lo***[1]

laberíntico, -a adj *también Fig* labyrinthine

laberinto nm **1.** [mitológico] labyrinth / [en jardín] maze **2.** [cosa complicada] labyrinth, maze

labia nf *Fam* smooth talk ▸ **tener mucha ~** to have the gift of the gab

labial ■ adj **1.** [de los labios] lip ▸ **protector ~** lip salve *o* balm **2.** GRAM labial
■ nf GRAM labial

lábil adj [sustancia, estructura] unstable / [persona, situación] volatile

labio nm **1.** [de boca] lip ▸ *Fig* **no despegar los labios** not to utter a word ▸ **~ leporino** harelip ▸ **leer los labios** to lip-read ▸ **leer los labios a alguien** to read sb's lips ▸ **morderse los labios** to bite one's tongue ▸ *Fig* **estar pendiente de los labios de alguien** to hang on sb's every word **2.** [borde] edge **3.** [de vulva] labium

labiodental adj & nf labiodental

labor nf **1.** [trabajo] work / [tarea] task ▸ **hizo una buena ~ al frente de la empresa** she did a good job at the helm of the company ▸ **profesión: sus labores** occupation: housewife ▸ *Fig* **no estar por la ~** [ser reacio] not to be keen on the idea ▸ **labores domésticas** household chores ▸ **~ de equipo** teamwork **2.** [de costura] needlework ▸ **~ de encaje** lacemaking ▸ **~ de punto** knitting **3.** AGR **casa de ~** farmhouse ▸ **tierra de ~** agricultural land, arable land

laborable ■ adj **día ~** [hábil] working day / [de semana] weekday
■ nm **este tren circula sólo los laborables** this train only runs on weekdays

laboral adj [derecho] labour / [semana, condiciones] working

laboralista ■ adj **abogado ~** labour lawyer
■ nmf labour lawyer

laboratorio nm laboratory ▸ **~ de idiomas** *o* **lenguas** language laboratory

laboriosidad nf **1.** [dedicación] application, diligence **2.** [dificultad] laboriousness

laborioso, -a adj **1.** [aplicado] hard-working **2.** [difícil] laborious, arduous

laborismo nm **el ~** [ideología] Labourism / [movimiento] the Labour Movement

laborista ■ adj Labour
■ nmf Labour Party supporter *o* member ▸ **los laboristas** Labour

labrador, -ora nm,f **1.** [agricultor] farmer / [trabajador] farm worker **2.** [perro] Labrador

labranza nf AGR **casa de ~** farmhouse ▸ **tierra de ~** agricultural land, arable land

labrar vt **1.** [campo] [arar] to plough / [cultivar] to cultivate **2.** [piedra, metal] to work **3.** [porvenir, fortuna] to carve out
◆ ***labrarse*** vpr **labrarse un porvenir** to carve out a future for oneself

labriego, -a nm,f farmworker

laburar vi *RP Fam* to work

laburo nm *RP Fam* job

laca nf **1.** [para muebles] lacquer **2.** [para el pelo] hairspray **3. ~ de uñas** nail varnish

lacado nm lacquering

lacar [59] vt to lacquer

lacayo nm [criado] footman / *Fig Pey* lackey

lacerante adj [dolor] excruciating, stabbing / [palabras] hurtful, cutting / [grito] piercing

lacerar vt to lacerate / *Fig* to wound

lacio, -a adj **1.** [cabello] [liso] straight / [sin fuerza] lank **2.** [planta] wilted **3.** [sin fuerza] limp

lacón nm shoulder of pork

lacónico, -a adj laconic

laconismo nm terseness

lacra nf **1.** [secuela] **la enfermedad le dejó como ~ una cojera** he was left lame by the illness **2.** [defecto] blight

lacrar vt to seal with sealing wax

lacre nm sealing wax

lacrimal adj lacrimal, tear ▸ **conducto ~** tear duct

lacrimógeno, -a adj **1.** [novela, película] weepy, tear-jerking **2. gas ~** tear gas

lacrimoso, -a adj **1.** [ojos] tearful **2.** [historia] weepy, tear-jerking

lactancia nf lactation ▸ **~ artificial** bottle feeding ▸ **~ materna** breastfeeding

lactante nmf baby *(not yet eating solid food)*

lácteo, -a adj **1.** [industria, productos] dairy **2.** [blanco] milky ▸ **de aspecto ~** milky

láctico, -a adj lactic

lactosa nf lactose

lacustre adj [animal, planta] lake-dwelling, lacustrine ▸ **hábitat ~** lake habitat

ladeado, -a adj [torcido] tilted, at an angle ▸ **métela ~** put it in sideways

ladear vt to tilt

◆ ***ladearse*** vpr [cuadro] to tilt / [persona] to turn sideways

ladera nf slope, mountainside

ladilla nf crab (louse)

ladino, -a ■ adj **1.** [astuto] crafty **2.** [judeoespañol] Ladino **3.** *CAM, MÉX, VEN* [no blanco] non-white

■ nm,f *CAM, MÉX, VEN* [no blanco] = *non-white Spanish-speaking person*

■ nm [lengua] Ladino

lado nm **1.** [costado, cara, parte] side ▸ **el cine está a este ~ de la calle** the cinema is on this side of the street ▸ **al ~** [cerca] nearby ▸ **al ~ de** [junto a] beside ▸ **de al ~** next ▸ **la casa de al ~** the house next door ▸ **al otro ~ de la calle/frontera,** across the street/border ▸ **en el ~ de arriba/abajo** on the top/bottom ▸ **a ambos lados** on both sides ▸ **de ~** [torcido] tilted, at an angle ▸ **métela de ~** put it in sideways ▸ **dormir de ~** to sleep on one's side ▸ **viento de ~** crosswind ▸ **atravesar algo de ~ a ~** to cross sth from one side to the other ▸ **echarse** *o* **hacerse a un ~** to move aside ▸ **por un ~** on the one hand ▸ **por otro ~** on the other hand **2.** [lugar] place ▸ **debe de estar en otro ~** it must be somewhere else ▸ **de un ~ para** *o* **a otro** to and fro ▸ **por todos lados** everywhere, all around ▸ **iremos cada uno por nuestro ~** we will go our separate ways **3.** [bando] side ▸ **y tú ¿de qué ~ estás?** whose side are you on? ▸ **ponerse del ~ de alguien** to take sb's side **4.** [expresiones] **dar de ~ a alguien** to cold-shoulder sb ▸ **dejar algo de ~** *o* **a un ~** [prescindir] to leave sth to one side ▸ **mirar de ~ a alguien** [despreciar] to look askance at sb

ladrador, -ora adj barking

ladrar vi *también Fig* to bark ▸ *Fam* **está que ladra** he's hopping mad, *US* he's fit to be tied

ladrido nm *también Fig* bark

ladrillo nm **1.** CONSTR brick **2.** *Fam* [pesadez] drag, bore

ladrón, -ona ■ adj thieving

■ nm,f [persona] thief / [de bancos] robber / [de casas] burglar ▸ **~ de guante blanco** gentleman burglar *o* thief

■ nm [para varios enchufes] adapter

lagar nm [de vino] winepress / [de aceite] oil press

lagarta nf *Fam Pey* [mujer] scheming woman

lagartija nf (small) lizard

lagarto, -a ■ nm,f [reptil] lizard

■ nm *MÉX* [caimán] alligator

lago nm lake

Lagos n Lagos

lágrima nf tear ▸ **nos costó muchas lágrimas** it caused us a lot of heartache ▸ **deshacerse en lágrimas** to burst into tears ▸ **enjugarse** *o* **secarse las lágrimas** to wipe away *o* dry one's tears ▸ **llorar a ~ viva** to cry buckets ▸ **hacer saltar las lágrimas** to bring tears to the eyes ▸ *Fig* **lágrimas de cocodrilo** crocodile tears

lagrimal ■ adj lacrimal, tear ▸ **conducto ~** tear duct

■ nm corner of the eye

lagrimear vi [persona] to weep / [ojos] to water

laguna nf **1.** [lago] lagoon **2.** [en colección, memoria] gap / [en leyes, reglamento] loophole

La Habana n Havana

La Haya n The Hague

laicismo nm laicism

laico, -a ■ adj lay, secular

■ nm,f layman, *f* laywoman

laísmo nm = *incorrect use of "la" and "las" instead of "le" and "les" as indirect objects*

lama nm lama

lambada nf lambada

lambiscón, -ona nm,f *MÉX Fam* crawler, creep

lambisconear vt *MÉX Fam* to suck up to

lamé nm lamé

lameculos nmf inv *muy Fam* brown-nose, arse-licker

lamentable adj **1.** [triste] terribly sad **2.** [malo] lamentable, deplorable

lamentación nf moaning

lamentar vt to regret, to be sorry about ▸ **lo lamento** I'm very sorry ▸ **lamentamos comunicarle...** we regret to inform you...

◆ ***lamentarse*** vpr to complain (**de** *o* **por** about)

lamento nm moan, cry of pain

lamer vt to lick ▸ *muy Fam Fig* **lamerle el culo a alguien** to lick sb's arse

◆ ***lamerse*** vpr to lick oneself ▸ *Fig* **lamerse las heridas** to lick one's wounds

lametón, lametazo nm (big) lick ▸ **dar un ~ a algo** to give sth a big lick

lamida nf lick ▸ **dar una ~ a algo** to lick sth, to give sth a lick

lamido, -a adj skinny

lámina nf **1.** [plancha] sheet / [placa] plate **2.** [rodaja] slice **3.** [grabado] engraving **4.** [dibujo] plate

laminado, -a ■ adj **1.** [reducido a láminas] rolled **2.** [cubierto por láminas] laminated

■ nm 1. [reducir a láminas] rolling 2. [cubrir con láminas] lamination

laminador nm, ***laminadora*** nf rolling mill

laminar ■ adj laminar

■ vt 1. [hacer láminas] to roll 2. [cubrir con láminas] to laminate

lámpara nf 1. [aparato] lamp ▸ ~ **halógena** halogen lamp ▸ ~ **de mesa** table lamp ▸ ~ **de pie** *BR* standard lamp, *US* floor lamp 2. [bombilla] bulb 3. MEC valve 4. *Fam* [mancha] stain

lamparilla nf small lamp

lamparita nf *RP* light bulb

lamparón nm *Fam* stain

lampiño, -a adj [sin barba] beardless, smooth-cheeked / [sin vello] hairless

lamprea nf lamprey

lana ■ nf wool ▸ **de** ~ woollen ▸ *Prov* **ir a por ~ y volver trasquilado** to be hoist with one's own petard ▸ ~ **de vidrio** glass fibre

■ nm *ANDES, MÉX Fam* dosh, dough

lanar adj wool-bearing ▸ **ganado** ~ sheep

lance ■ *ver* ***lanzar***

■ nm 1. [en juegos, deportes] incident / [acontecimiento] event 2. [riña] dispute

lancero nm lancer

lanceta nf *ANDES, MÉX* sting

lancha nf 1. [embarcación] [grande] launch / [pequeña] boat ▸ ~ **de desembarco** landing craft ▸ ~ **motora** motor launch, motorboat ▸ ~ **neumática** rubber dinghy ▸ ~ **patrullera** patrol boat ▸ ~ **salvavidas** lifeboat 2. [piedra] slab

lancinante adj *Literario* lancing, stabbing

landa nf moor

landó nm landau

land rover® [lan'rroβer] (pl **land rovers**) nm Land Rover®

langosta nf 1. [crustáceo] rock *o* spiny lobster 2. [insecto] locust

langostino nm king prawn

languidecer [46] vi [persona] to languish / [conversación, entusiasmo] to flag

languidez nf [debilidad] listlessness / [falta de ánimo] disinterest

lánguido, -a adj [débil] listless / [falto de ánimo] disinterested

lanilla nf 1. [pelillo] nap 2. [tejido] flannel

lanolina nf lanolin

lanoso, -a, lanudo, -a adj woolly

lanza nf 1. [arma] [arrojadiza] spear / [en justas, torneos] lance 2. [de carruaje] shaft

lanzacohetes nm inv rocket launcher

lanzadera nf [de telar] shuttle ▸ ~ **espacial** space shuttle

lanzado, -a adj 1. [atrevido] forward / [valeroso] fearless 2. [rápido] **ir** ~ to hurtle along

lanzador, -ora nm,f thrower

lanzagranadas nm inv grenade launcher

lanzallamas nm inv flamethrower

lanzamiento nm 1. [de objeto] throwing / [de cohete] launching 2. DEP [con la mano] throw / [con el pie] kick / [en béisbol] pitch ▸ ~ **de disco** discus ▸ ~ **de jabalina** javelin ▸ ~ **de martillo** hammer ▸ ~ **de peso** shot put 3. [de producto, artista] launch / [de disco] release ▸ **precio/oferta de** ~ introductory price/offer

lanzamisiles nm inv rocket launcher

lanzaplatos nm inv DEP (clay pigeon) trap

lanzar [14] vt 1. [tirar] to throw / [con fuerza] to hurl, to fling / [de una patada] to kick / [bomba] to drop / [flecha, misil] to fire / [cohete] to launch ▸ ~ **a alguien al mar/río** to throw sb into the sea/river 2. [grito, gemido, aullido] to let out / [acusación, insulto] to hurl / [suspiro] to heave ▸ ~ **insultos contra alguien** to insult sb 3. COM [producto, artista, periódico] to launch / [disco, película] to release

◆ ***lanzarse*** vpr 1. [tirarse] to throw oneself ▸ **lanzarse a la piscina/al agua** to jump into the pool/water 2. [abalanzarse] **lanzarse sobre** to fall upon ▸ **los atracadores se lanzaron sobre él** the robbers fell upon him 3. [empezar] **decidió lanzarse a la política** she decided to enter the world of politics ▸ **si se confirma la noticia los inversores se lanzarán a vender** if the news is confirmed, investors will not hesitate to start selling

lanzatorpedos nm inv torpedo tube

Laos n Laos

laosiano, -a adj & nm,f Laotian

lapa nf 1. ZOOL limpet ▸ *Fig* **pegarse como una ~** to cling like a leech 2. *Fam* [persona] hanger-on, pest

La Paz n La Paz

lapicera nf *CSUR* ballpoint (pen), Biro®

lapicero nm 1. *ESP* [lápiz] pencil 2. *CHILE* [estilográfica] fountain pen 3. *CAM, PERÚ* [bolígrafo] ballpoint (pen), Biro®

lápida nf memorial stone ▸ ~ **mortuoria** tombstone

lapidación nf stoning

lapidar vt to stone

lapidario, -a adj [frase] meaningful, oracular

lapislázuli nm lapis lazuli

lápiz nm pencil ▸ ~ **de labios** lipstick ▸ ~ **de ojos** eyeliner ▸ INFORM ~ **óptico** light pen

lapo nm *ESP Fam* gob, spit

lapón, -ona ■ adj & nm,f Lapp

■ nm [lengua] Lapp

Laponia n Lapland

lapso nm space, interval ▸ **en el ~ de unas semanas** in the space of a few weeks

lapsus nm inv lapse, slip ▸ **tener un** ~ to make a slip of the tongue

laquear vt to lacquer

lar nm 1. [lumbre] hearth 2. MITOL household god

◆ ***lares*** nmpl [hogar] hearth and home ▸ **¿qué haces tú por estos lares?** what are you doing in these parts?

larga nf 1. [luz] *BR* full beam, *US* high beam ▸ **dar** *o*

poner las largas to put one's headlights on *BR* full *o US* high beam **2. a la ~** in the long run **3. dar largas a algo** to put sth off ▸ **siempre me está dando largas** he's always putting me off

largar [38] ■ vt **1.** *Fam* [dar, decir] to give ▸ **le largué una bofetada** I gave him a smack **2.** [cuerda] to pay out
■ vi *ESP Fam* [hablar] to yack (away)
◆ ***largarse*** vpr *Fam* to clear off, to make oneself scarce ▸ **¡me largo!** I'm off!

largavistas nm inv *BOL, CSUR* binoculars

largo, -a ■ adj **1.** [en espacio, tiempo] long ▸ **estarle ~ a alguien** to be too long for sb ▸ **vivió allí largos años** she lived there for many years ▸ **estuvo enfermo ~ tiempo** he was ill for a long time ▸ **la película se me hizo muy larga** the movie seemed to drag on forever **2.** *Fam* [alto] tall **3.** [sobrado] **media hora larga** a good half hour ▸ **debió de costar un millón ~** it must have cost a million and then some **4.** [generoso] **~ en hacer algo** generous in doing sth
■ nm **1.** [longitud] length ▸ **¿cuánto mide** *o* **tiene de ~?, ¿cómo es de ~?** how long is it? ▸ **tiene dos metros de ~** it's two metres long ▸ **pasar de ~** to pass by ▸ **vestirse de ~** to dress up, to dress formally ▸ **a lo ~** lengthways ▸ **a lo ~ de dos kilómetros** for two km ▸ **a lo ~ y (a lo) ancho de** right across, throughout **2.** [de piscina] length ▸ **hacer tres largos** to swim *o* do three lengths **3.** [mucho tiempo] **la cosa va para ~** it's going to take a long time **4.** [largometraje] feature
■ adv at length ▸ **~ y tendido** at great length
■ interj **¡~ de aquí!** clear off!, get out of here!

FALSO AMIGO / FALSE FRIEND
largo

Large is not a translation of the Spanish word *largo*. **Large** is translated by *grande*.

largometraje nm feature film

largue etc *ver* ***largar***

larguero nm **1.** CONSTR main beam **2.** DEP crossbar

largueza nf [generosidad] generosity

larguirucho, -a adj *Fam* lanky

largura nf length

laringe nf larynx

laringitis nf inv laryngitis

laringología nf laryngology

laringólogo, -a nm,f laryngologist

La Rioja n La Rioja

larva nf larva

larvado, -a adj latent

las ■ art *ver* ***el***
■ pron *ver* ***lo***[1]

lasaña nf lasagne, lasagna

lascivia nf lasciviousness, lechery

lascivo, -a ■ adj lascivious, lewd
■ nm,f lascivious *o* lewd person

láser ■ adj inv **rayo ~** laser beam
■ nm inv laser

laserterapia nf laser therapy

lasitud nf lassitude

laso, -a adj **1.** [cansado] weary **2.** [liso] straight

Las Palmas (de Gran Canaria) n Las Palmas

lástima nf **1.** [compasión] pity **2.** [pena] shame, pity ▸ **dar ~** to be a crying shame ▸ **da ~ ver gente así** it's sad to see people in that state ▸ **¡qué ~!** what a shame *o* pity! ▸ **quedarse hecho una ~** to be a sorry *o* pitiful sight

lastimadura nf *AM* graze

lastimar vt to hurt
◆ ***lastimarse*** vpr to hurt oneself

lastimoso, -a, lastimero, -a adj pitiful, woeful

lastrar vt to ballast

lastre nm **1.** [peso] ballast ▸ **soltar ~** to discharge ballast **2.** [estorbo] burden

lata nf **1.** [envase] can, *esp BR* tin / [de bebidas] can ▸ **en ~** canned, *esp BR* tinned **2.** *ESP Fam* [fastidio] pain ▸ **levantarse tan temprano es una ~** getting up so early is a real pain ▸ **¡qué ~!** what a pain! ▸ **una ~ de libro** a dead boring book ▸ **dar la ~ a alguien** to pester sb

latencia nf latency ▸ **periodo de ~** latent period

latente adj latent

lateral ■ adj **1.** [del lado] lateral / [puerta, pared] side **2.** [indirecto] indirect
■ nm **1.** [lado] side **2.** DEP **~ derecho/izquierdo** right/left back

látex nm inv latex

latido nm [del corazón] beat / [en dedo, herida] throb, throbbing

latiente adj [corazón] beating

latifundio nm large rural estate

CULTURA / CULTURE
latifundio

A **latifundio** is a huge estate belonging to a single landowner, of the kind found in southern Spain and in many Latin American countries. Historically, they are associated with backward farming methods and poverty among the workers living on them. This is because most of the rich landowners lived away from their estates and were not over-concerned with productivity. The social problems caused by latifundios led to agitation for land reform in many countries. Despite land reform programmes, and more dramatic solutions such as the Mexican and Cuban revolutions, the legacy of the **latifundio** still prevails today in many countries.

latifundismo nm = *system of land tenure characterized by the "latifundio"*

latigazo nm **1.** [golpe] lash **2.** [chasquido] crack (of the whip) **3.** *ESP Fam* [trago] swig **4.** [dolor] shooting pain

látigo nm whip

latiguillo nm [palabra, frase] verbal tic

latín nm Latin ▸ **~ clásico/vulgar** Classical/Vulgar Latin ▸ **~ de cocina** *o* **macarrónico** dog Latin ▸ *Fig* **saber**

(**mucho**) ~ to be sharp, to be on the ball

latinajo nm *Fam Pey = Latin word used in an attempt to sound academic*

latinismo nm Latinism

latinista nmf Latinist

latinizar [14] vt to Latinize

latino, -a adj & nm,f Latin

Latinoamérica n Latin America

latinoamericano, -a adj & nm,f Latin American

latir vi 1. [corazón] to beat ▸ **en sus declaraciones late un cierto nerviosismo** there is a certain amount of nervousness lurking in his statements 2. *MÉX, VEN* [parecer] **¿vendrá? – me late que sí** will she come? – I have a feeling she will

latitud nf 1. GEOG latitude 2. **latitudes** [parajes] region, area

lato, -a adj *Formal* 1. [discurso] extensive, lengthy 2. [sentido] broad

latón nm brass

latoso, -a *Fam* ■ adj tiresome, *US* pesky
■ nm,f pain (in the neck)

latrocinio nm larceny

laúd nm lute

laudable adj praiseworthy

láudano nm laudanum

laudatorio, -a adj laudatory

laudo nm DER = *binding judgement in arbitration*

laureado, -a adj prize-winning

laurear vt ~ **a alguien (con)** to honour sb (with)

laurel nm BOT laurel / CULIN bay leaf ▸ *Fig* **laureles** [honores] laurels ▸ *Fig* **dormirse en los laureles** to rest on one's laurels

lava nf lava

lavable adj washable

lavabo nm 1. [objeto] *BR* washbasin, *US* washbowl 2. [habitación] *BR* lavatory, *US* washroom

lavacoches nmf inv car washer

lavadero nm [en casa] laundry room / [público] washing place

lavado nm wash, washing ▸ ~ **de cerebro** brainwashing ▸ ~ **de estómago** stomach pumping ▸ ~ **y engrase** [en garaje] car wash and lubrication ▸ ~ **en seco** dry-cleaning

lavadora nf washing machine ▸ **poner la ~** to do some washing (in the machine)

lavafrutas nm inv ≃ finger bowl

La Valeta n Valetta

lavamanos nm inv *BR* washbasin, *US* washbowl

lavanda nf lavender

lavandería nf [en hospital, hotel] laundry / [automática] launderette, *US* Laundromat®

lavandero, -a nm laundryman, *f* laundress

lavandina nf [lejía] *ARG* bleach

lavaplatos ■ nmf inv [persona] dishwasher, washer-up
■ nm inv 1. [aparato] dishwasher 2. *CHILE, COL, MÉX, VEN* [lugar] (kitchen) sink

lavar ■ vt 1. [limpiar] to wash ▸ ~ **a mano** to hand-wash, to wash by hand ▸ ~ **y marcar** shampoo and set ▸ ~ **en seco** to dry-clean ▸ *Fig* **lavarle el cerebro a alguien** to brainwash sb 2. [honor] to clear / [ofensa] to make up for
■ vi 1. [detergente] to get things clean 2. [hacer la colada] to do the washing
◆ ***lavarse*** vpr to wash ▸ **espera un momento, que me estoy lavando** hold on a minute, I'm washing *o* I'm getting washed ▸ **lavarse las manos/la cara** to wash one's hands/face ▸ **lavarse los dientes** to brush *o* clean one's teeth

lavarropas nm inv *RP* washing machine

lavaseco nm *ANDES* dry cleaner's

lavativa nf enema

lavatorio nm *ANDES, RP* [lavabo] *BR* washbasin, *US* washbowl

lavavajillas nm inv [aparato] dishwasher / [líquido] *BR* washing-up liquid, *US* dish soap

laxante ■ adj 1. [medicamento] laxative 2. [relajante] relaxing
■ nm MED laxative

laxar vt [vientre] to loosen

laxativo, -a adj & nm laxative

laxitud nf [de músculo, cable] slackness / [de moral] laxity

laxo, -a adj [músculo, cable] slack / [moral] lax

lazada nf bow

lazareto nm leper colony

lazarillo nm [persona] blind person's guide ▸ **(perro)** ~ guide dog, *US* seeing-eye dog

lazo nm 1. [atadura] bow 2. [cinta] ribbon 3. [trampa] snare / [de vaquero] lasso ▸ *Fig* **echar el ~ a alguien** to snare sb
◆ ***lazos*** nmpl [vínculos] ties, bonds

LCD (abrev de ***liquid crystal display***) LCD

Lda. (abrev de ***licenciada***)

Ldo. (abrev de ***licenciado***)

le pron personal

> **se** is used instead of **le** when it is used as an indirect object pronoun before **lo, la, los** or **las** (e.g. **se lo dije** I said it to him/her; **dáselos** give them to him/her).

1. (complemento indirecto) [hombre] (to) him / [mujer] (to) her / [cosa] to it / [usted] to you ▸ **le expliqué el motivo** I explained the reason to him/her ▸ **le tengo miedo** I'm afraid of him/her ▸ **ya le dije lo que pasaría** [a usted] I told you what would happen 2. *ESP* (complemento directo) him / [usted] you

leal ■ adj loyal (**a** to)
■ nmf loyal supporter (**a** of)

lealtad nf loyalty (**a** to)

leasing ['lisin] (pl **leasings**) nm FIN leasing

lebrel nm whippet

lección nf lesson ▸ **una ~ de humildad** a humbling experience ▸ **dar a alguien una ~** [como castigo, advertencia] to teach sb a lesson / [como ejemplo] to give sb a lesson ▸ **servir de ~** to serve as a lesson ▸ **~ magistral** MÚS master class / EDUC = *lecture given by eminent academic to mark a special occasion* ▸ **lecciones de vuelo** flying lessons

lechal ■ adj sucking
■ nm sucking lamb

lechazo nm young lamb

leche nf **1.** [de mujer, hembra] milk ▸ **~ de coco** coconut milk ▸ **~ condensada** condensed milk ▸ **~ descremada** *o* **desnatada** skimmed milk ▸ **~ entera** full cream milk, whole milk ▸ **~ esterilizada/homogeneizada** sterilized/homogenized milk ▸ **~ merengada** = *drink made from milk, egg whites, sugar and cinnamon* ▸ **~ pasteurizada** pasteurized milk ▸ **~ en polvo** powdered milk ▸ **~ semidesnatada** *BR* semi-skimmed milk, *US* two percent milk ▸ **~ UHT** UHT milk **2.** [loción] **~ bronceadora** sun lotion ▸ **~ hidratante** moisturizing lotion ▸ **~ limpiadora** cleansing milk **3.** *ESP muy Fam* [golpe] **dar** *o* **pegar una ~ a alguien** to belt *o* clobber sb ▸ **darse una ~** to come a cropper ▸ **se dio una ~ con el coche** he had a smash-up in his car **4.** *ESP muy Fam* [expresiones] **estar de mala ~** to be in a *BR* bloody *o US* goddamn awful mood ▸ **tener mala ~** [mala intención] to be a mean *o* complete bastard ▸ **¡esto es la ~!** [el colmo] this is the absolute *BR* bloody *o US* goddamn limit! ▸ **correr/trabajar a toda ~** [muy rápido] to run/work like hell ▸ **¿cuándo/qué/por qué leches...?** when/what/why the hell...?

lechera nf [para transportar] milk churn / [para servir] milk jug

lechería nf dairy

lechero, -a ■ adj milk, dairy ▸ **producción lechera** milk production ▸ **vaca lechera** dairy cow
■ nm,f [persona] milkman, *f* milkwoman

lecho nm **1.** [cama] bed ▸ **ser un ~ de rosas** to be a bed of roses **2.** [de río] bed / [de mar] bed, floor **3.** GEOL [capa] layer

lechón nm sucking pig

lechoso, -a adj milky

lechuga nf [planta] lettuce ▸ *Fam* **fresco como una ~** [sano, lozano] as fresh as a daisy ▸ **~ iceberg** *o* **repolluda** iceberg lettuce ▸ **~ romana** cos (lettuce)

lechuza nf (barn) owl

lecitina nf lecithin

lectivo, -a adj school ▸ **durante el horario ~** during school hours

lector, -ora ■ nm,f **1.** [de libros] reader **2.** *ESP* EDUC language assistant
■ nm [aparato] reader ▸ INFORM **~ de CD-ROM** CD-ROM drive ▸ **~ de documentos** document reader ▸ **~ óptico** optical scanner ▸ **~ óptico de caracteres** optical character reader

lectorado nm *ESP* EDUC = *post of language assistant* ▸ **hacer un ~** to work as a language assistant

lectura nf **1.** [de libros] reading ▸ **~ ligera** light reading **2.** EDUC [de tesis] *BR* viva (voce), *US* defense **3.** [escrito] reading (matter) **4.** [interpretación] reading, interpretation **5.** INFORM [de datos] scanning ▸ **~ óptica** optical scanning

leer [37] ■ vt to read ▸ **leo el francés, pero no lo hablo** I can read French, but I can't speak it ▸ **~ el pensamiento a alguien** to read sb's mind
■ vi to read ▸ **~ en alto** to read aloud ▸ *Fig* **~ entre líneas** to read between the lines

legación nf legation

legado nm **1.** [herencia] legacy **2.** [representante] [cargo] legation / [persona] legate

legajo nm file

legal adj **1.** [conforme a ley] legal ▸ **no cumple los requisitos legales** it doesn't meet the legal requirements **2.** [relativo a la ley] legal ▸ **asesoramiento ~** legal advice **3.** [forense] forensic ▸ **medicina ~** legal medicine **4.** *ESP Fam* [de confianza] honest, decent ▸ **es un tío muy ~** he's a great guy *o BR* bloke

legalidad nf legality

legalismo nm fine legal point, legalism

legalista ■ adj legalistic
■ nmf legalist

legalización nf **1.** [concesión de estatus legal] legalization **2.** [certificado] (certificate of) authentication

legalizar [14] vt **1.** [conceder estatus legal] to legalize **2.** [certificar] to authenticate

legañas nfpl sleep *(in the eyes)*

legañoso, -a adj full of sleep

legar [38] vt **1.** [dejar en herencia] to bequeath **2.** [delegar] to delegate

legatario, -a nm,f DER legatee

legendario, -a adj legendary

legible adj legible

legión nf *también Fig* legion ▸ **~ extranjera** foreign legion

legionario, -a ■ adj legionary
■ nm HIST legionary / MIL legionnaire

legionella [leχio'nela] nf **1.** [enfermedad] legionnaire's disease **2.** [bacteria] legionella bacterium

legislación nf **1.** [leyes] legislation **2.** [ciencia] law

legislador, -ora ■ adj legislative
■ nm,f legislator

legislar vi to legislate

legislativo, -a adj legislative

legislatura nf [periodo] term of office

legitimación nf **1.** [legalización] legitimation **2.** [certificación] authentication

legitimar vt **1.** [justificar] to legitimize **2.** [autentificar] to authenticate

legitimidad nf legitimacy

legítimo, -a adj **1.** [lícito, justificado] legitimate **2.** [auténtico] real, genuine

lego, -a ■ adj **1.** [profano, laico] lay **2.** [ignorante] ignorant ▸ **ser ~ en** to know nothing about
■ nm,f **1.** [profano] layman, *f* laywoman **2.** [ignorante] ignorant person

legrado nm MED scraping, curettage

legua nf league ▸ **~ marina** marine league ▸ *Fam Fig* **verse a la ~** to stand out a mile

legue *etc ver* ***legar***

leguleyo, -a nm,f *Pey* bad lawyer

legumbre nf pulse, pod vegetable ▸ **legumbres secas** dried pulses ▸ **legumbres verdes** green vegetables

leguminosa nf pulse, legume

lehendakari [lenda'kari] nmf = *president of the autonomous Basque government*

leído, -a adj **1.** [obra] **muy/poco ~** much/little read **2.** [persona] well-read

leísmo nm GRAM = *incorrect use of "le" as direct object instead of "lo"*

leitmotiv [leitmo'tif] (pl **leitmotivs**) nm leitmotiv

lejanía nf distance

lejano, -a adj distant ▸ **el Lejano Oriente** the Far East

lejía nf bleach

lejos adv **1.** [en el espacio] far (away) ▸ **¿está ~?** is it far? ▸ **eso queda muy ~** that's a long way away ▸ **vivo ~ del centro** I live a long way from the city centre ▸ **a lo ~** in the distance ▸ **de** *o* **desde ~** from a distance ▸ *Fig* **llegará ~** she'll go far **2.** [en el pasado] long ago ▸ **eso queda ya ~** that happened a long time ago **3.** [expresiones] **~ de** far from ▸ **~ de mejorar...** far from getting better... ▸ *Fam* **no es el mejor ni de ~** he's nowhere near *o* nothing like the best

lelo, -a ■ adj stupid, slow
■ nm,f idiot

lema nm **1.** [norma] motto **2.** [eslogan político, publicitario] slogan

Leman nm **el lago ~** Lake Geneva

lempira nm lempira

lencería nf **1.** [ropa interior] lingerie ▸ **departamento de ~** lingerie department **2.** [tienda] lingerie shop **3.** [género de lienzo] linen

lengua nf **1.** [órgano] tongue ▸ **las malas lenguas dicen que...** according to the gossip... ▸ *Fam* **irse de la ~** to let the cat out of the bag ▸ *Fam* **ir/llegar con la ~ fuera** to go along/arrive puffing and panting ▸ **morderse la ~** to bite one's tongue ▸ **se le trabó la ~** she stumbled over her words ▸ *Fam* **tener la ~ muy larga** to be a gossip ▸ *Fam Fig* **tirar a alguien de la ~** to draw sb out ▸ *ESP* **~ de gato** [de chocolate] chocolate finger (biscuit) ▸ *Fig* **~ de víbora** *o* **viperina** malicious tongue ▸ **~ de tierra** tongue of land **2.** [idioma, lenguaje] language ▸ **~ materna** mother tongue ▸ **~ muerta** dead language

lenguado nm sole

lenguaje nm language ▸ **~ cifrado** code ▸ **~ coloquial/comercial** colloquial/business language ▸ **~ corporal** body language ▸ **~ gestual** gestures ▸ INFORM **~ máquina** machine language ▸ INFORM **~ de alto nivel/de bajo nivel** high-level/low-level language ▸ INFORM **~ de programación** programming language ▸ **~ por señas** sign language

lenguaraz adj **1.** [malhablado] foul-mouthed **2.** [charlatán] talkative

lengüeta nf [de instrumento musical, zapato] tongue

lengüetazo nm, ***lengüetada*** nf lick

lenidad nf *Formal* leniency

Leningrado n *Antes* Leningrad

leninismo nm POL Leninism

leninista adj & nmf POL Leninist

lenitivo, -a ■ adj soothing, lenitive
■ nm **1.** [físico] lenitive **2.** [moral] balm

lenocinio nm *Formal* procuring, pimping ▸ **casa de ~** brothel

lente ■ nf lens ▸ *ESP* **lentes de contacto** contact lenses
■ nmpl **lentes** [gafas] glasses

lenteja nf lentil

lentejuela nf sequin ▸ **un vestido de lentejuelas** a sequined dress

lenticular adj lenticular

lentilla nf *ESP* contact lens ▸ **lentillas blandas/duras** soft/hard lenses

lentitud nf slowness ▸ **con ~** slowly

lento, -a ■ adj slow / [muerte, agonía] lingering, long drawn out ▸ **una película lenta** a slow film ▸ **¡qué lentas pasan las horas!** time is passing so slowly!
■ adv slowly

leña nf **1.** [madera] firewood ▸ *Fig* **echar ~ al fuego** to add fuel to the flames *o* fire **2.** *Fam* [golpes] beating ▸ **dar ~ a alguien** to beat sb up

leñador, -ora nm,f woodcutter

leñazo nm *Fam* [golpe] bang, bash / [con el coche] smash-up, crash

leñe interj *ESP Fam* **¡~!** for heaven's sake!

leñera nf woodshed

leñero,-a *Fam* DEP ■ adj dirty
■ nm,f dirty player

leño nm **1.** [de madera] log ▸ *Fam* **dormir como un ~** to sleep like a log **2.** *Fam* [persona] blockhead

leñoso, -a adj woody

leo ■ nm [zodiaco] Leo ▸ *ESP* **ser ~** to be (a) Leo
■ nmf *ESP* [persona] Leo

león, -ona nm,f [africano] [macho] lion / [hembra] lioness / *AM* [puma] puma ▸ *Prov* **no es tan fiero el ~ como lo pintan** he/it/*etc* is not as bad as he/it/*etc* is made out to be ▸ **~ marino** sea lion

leonera nf [jaula] lion's cage ▸ *ESP Fam* **este cuarto es una ~** this room is in a real state, *BR* this room is a tip

leonés, -esa ■ adj of/from León
■ nm,f person from León

leonino, -a adj **1.** [rostro, aspecto] leonine **2.** [contrato, condiciones] one-sided, unfair

leopardo nm leopard

leotardos nmpl **1.** *ESP* [medias] thick tights **2.** [de gimnasta] leotard

Lepe n **saber más que ~** to be very clever *o* astute

lépero, -a adj *CAM, MÉX Fam* coarse, vulgar

leporino adj **labio ~** harelip

lepra nf leprosy

leprosería nf leper colony

leproso, -a ■ adj leprous
■ nm,f leper

lerdo, -a *Fam* ■ adj [idiota] dim, slow-witted / [torpe] useless, hopeless

■ nm,f [idiota] fool, idiot / [torpe] useless idiot

leridano, -a ■ adj of/from Lérida
■ nm,f person from Lérida

les pron personal pl

> **se** is used instead of **les** when it is used as an indirect object pronoun before **lo, la, los, las** (**se lo dije** I said it to them; **dáselo** give it to them).

1. (complemento indirecto) [ellos] (to) them / [ustedes] (to) you ▸ **~ expliqué el motivo** I explained the reason to them ▸ **~ tengo miedo** I'm afraid of them ▸ **ya ~ dije lo que pasaría** [a ustedes] I told you what would happen **2.** *ESP* (complemento directo) [ellos] them / [ustedes] you

lesbiana nf lesbian

lesbianismo nm lesbianism

lesbiano, -a, lésbico, -a adj lesbian

leseras nfpl *CHILE Fam* nonsense, *BR* rubbish

lesión nf **1.** [daño físico] injury ▸ **~ de columna** spinal injury ▸ DER **lesiones graves** grievous bodily harm **2.** [perjuicio] damage, harm

lesionado, -a ■ adj injured
■ nm,f injured person

lesionar vt [físicamente] to injure / [perjudicar] to damage, to harm
◆ ***lesionarse*** vpr to injure oneself

lesivo, -a adj *Formal* damaging, harmful

leso, -a adj *Formal* **crimen de lesa humanidad** crime against humanity ▸ **crimen de lesa patria** high treason

Lesoto n Lesotho

letal adj lethal

letanía nf REL & *Fig* litany

letárgico, -a adj **1.** MED & *Fig* lethargic **2.** ZOOL hibernating

letargo nm **1.** MED & *Fig* lethargy **2.** ZOOL hibernation

letón, -ona ■ adj & nm,f Latvian
■ nm [lengua] Latvian

Letonia n Latvia

letra nf **1.** [signo] letter **2.** [escritura, caligrafía] handwriting ▸ **no entiendo su ~** I can't read his writing *o* handwriting **3.** IMPRENTA type, typeface ▸ *Fig* **leer la ~ pequeña** to read the small print ▸ *Fig* **mandar cuatro letras a alguien** to drop sb a line ▸ **~ cursiva** italic type, italics ▸ **~ de imprenta** [impresa] print / [en formulario] block capitals ▸ **escriba en ~ de imprenta** please write in block capitals ▸ **~ itálica** italic type, italics ▸ **~ de molde** [impresa] print / [en formulario] block capitals ▸ **~ negrita** bold (face) **4.** [texto de canción] lyrics **5.** COM **~ (de cambio)** bill of exchange ▸ **girar una ~** to draw a bill of exchange ▸ **protestar una ~** to protest a bill ▸ **~ avalada** guaranteed bill of exchange ▸ **~ de cambio a la vista** sight bill **6.** [sentido] literal meaning ▸ **seguir instrucciones al pie de la ~** to follow instructions to the letter **7.** EDUC **letras** arts ▸ **una asignatura de letras** an arts subject

letrado, -a ■ adj learned
■ nm,f lawyer

letrero nm sign

letrina nf latrine

letrista nmf lyricist

leucemia nf leukaemia

leucocito nm *BR* leucocyte, *US* leukocyte

leva nf **1.** MIL levy **2.** NÁUT weighing anchor **3.** MEC cam

levadizo, -a adj **puente ~** drawbridge

levadura nf yeast, leaven ▸ **~ (en polvo)** baking powder ▸ **~ de cerveza** brewer's yeast

levantador, -ora nm,f DEP **~ de pesas** weightlifter

levantamiento nm **1.** [sublevación] uprising **2.** [elevación] raising ▸ DEP **~ de pesas** weightlifting **3.** [supresión] lifting, removal

levantar vt **1.** [alzar, elevar] to raise / [objeto pesado, capó, trampilla] to lift (up) ▸ **~ algo del suelo** to pick sth up off the ground ▸ **~ a alguien del suelo** to help sb up off the ground ▸ **~ a alguien de la cama** to get sb out of bed ▸ **~ la vista** *o* **mirada** to look up ▸ *Fig* **no ha conseguido ~ cabeza** he's still not back to his old self ▸ **~ el ánimo** to cheer up **2.** [quitar] [pintura, venda, tapa] to remove **3.** [construir] [edificio, muro] to build, to raise **4.** [retirar] [campamento] to strike / [tienda de campaña, tenderete] to take down **5.** [provocar] [protestas, polémica] to stir up ▸ **~ a alguien contra** to stir sb up against **6.** [suprimir] [embargo, prohibición] to lift ▸ **~ el castigo a alguien** to let sb off **7.** [sesión] [terminar] to bring to an end / [aplazar] to adjourn ▸ **si no hay más preguntas, se levanta la sesión** [en reunión] if there are no more questions, that ends the meeting **8.** [redactar] [acta, atestado] to draw up **9.** *Fam* [robar] to pinch, to swipe
◆ ***levantarse*** vpr **1.** [ponerse de pie] to stand up / [de la cama] to get up **2.** [elevarse] [sol] to climb in the sky / [niebla] to lift **3.** [sublevarse] to rise up **4.** [viento, oleaje] to get up, to rise

levante nm **1.** [este] east / [región] east coast ▸ GEOG **Levante** = *the coastal provinces of Spain between Catalonia and Andalusia: Castellón, Valencia, Alicante and Murcia* **2.** [viento] east wind

levantino, -a ■ adj of/from the Levante region of Spain
■ nm,f person from the Levante region of Spain

levantisco, -a adj restless, turbulent

levar vt NÁUT **~ anclas** to weigh anchor / *Fam* [marcharse] to sling one's hook

leve adj **1.** [suave, sutil] light / [olor, sabor, temblor] slight, faint **2.** [pecado, falta, herida] minor / [enfermedad] mild, slight

levedad nf **1.** [suavidad, sutileza] lightness **2.** [de pecado, falta, herida] minor nature / [de enfermedad] mildness

levita nf frock coat

levitación nf levitation

levitar vi to levitate

lexema nm LING lexeme

lexicalizar [14] LING vt to lexicalize
◆ ***lexicalizarse*** vpr to become lexicalized

léxico, -a ■ adj lexical
■ nm [vocabulario] vocabulary

lexicografía nf lexicography

lexicográfico, -a adj lexicographical

lexicógrafo, -a nm,f lexicographer

lexicología nf lexicology

lexicólogo, -a nm,f lexicologist

lexicón nm lexicon

ley nf **1.** [norma, precepto] law / [parlamentaria] act ▸ **leyes** [derecho] law ▸ *Fam* **ganaron con todas las de la ~** they won fair and square ▸ **de buena ~** reliable, sterling ▸ *Fam* **~ del embudo** one law for oneself and another for everyone else ▸ **~ marcial** martial law ▸ **~ de la oferta y la demanda** law of supply and demand ▸ HIST **~ sálica** Salic law ▸ HIST **la Ley Seca** Prohibition ▸ **la ~ de la selva** the law of the jungle ▸ DEP **~ de la ventaja** advantage (law) **2.** [de metal precioso] **de ~** [oro] = *containing the legal amount of gold* / [plata] sterling

leyenda nf **1.** [narración] legend **2.** [inscripción] inscription, legend

leyera *etc ver* ***leer***

liado, -a adj **1.** [confundido] befuddled **2.** [ocupado] tied up **3.** [involucrado] involved **4.** [complicado] mixed-up

liana nf liana

liante nmf *ESP Fam* [persuasivo] smooth talker / [enredador] stirrer, trouble-maker ▸ **claro que me convenció, es un ~** of course he persuaded me, he could talk you into anything!

liar [32] vt **1.** [atar] to tie up **2.** [cigarrillo] to roll **3.** [envolver] **~ algo en** [papel] to wrap sth up in **4.** [involucrar] **~ a alguien (en)** to get sb mixed up (in) **5.** [complicar] to confuse ▸ **¡ya me has liado!** now you've really got me confused! ▸ **su declaración no hizo más que ~ el tema** his statement only complicated *o* confused matters **6.** *ESP Fam* **liarla** [meter la pata] to mess things up ▸ **¡ya la hemos liado!, ¿por qué la invitaste?** you've really gone and done it now, why did you invite her?
◆ ***liarse*** vpr **1.** [enredarse] to get muddled up ▸ **me lié y tardé tres horas en terminar** I got muddled *o* confused and took three hours to finish **2.** *ESP* [empezar] to begin, to start ▸ **liarse a hacer algo** to start *o* begin doing sth ▸ **se liaron a puñetazos** they set about one another **3.** *ESP Fam* [sentimentalmente] to get involved (**con** with), to have an affair (**con** with)

libación nf *Literario* libation

libanés, -esa adj & nm,f Lebanese

Líbano nm **el ~** the Lebanon

libar vt to sip, to suck

libelo nm lampoon

libélula nf dragonfly

liberación nf **1.** [de ciudad, país] liberation / [de rehén, prisionero] freeing ▸ **~ de la mujer** women's liberation ▸ **~ sexual** sexual liberation **2.** [de hipoteca] redemption

liberado, -a adj [ciudad, país] liberated / [rehén, prisionero] freed

liberal adj & nmf liberal

liberalidad nf liberality

liberalismo nm POL liberalism

liberalización nf liberalization / ECON deregulation

liberalizar [14] vt to liberalize / ECON to deregulate

liberar vt [ciudad, país] to liberate / [rehén, prisionero] to free ▸ **~ a alguien de algo** to free sb from sth
◆ ***liberarse*** vpr to liberate oneself ▸ **liberarse de algo** to free *o* liberate oneself from sth

Liberia n Liberia

liberiano, -a adj & nm,f Liberian

libertad nf freedom, liberty ▸ **puede entrar en mi casa con toda ~** she is entirely free to come into my house as she pleases ▸ **dejar** *o* **poner a alguien en ~** to set sb free, to release sb ▸ **estar en ~** to be free ▸ **tener ~ para hacer algo** to be free to do sth ▸ **tomarse la ~ de hacer algo** to take the liberty of doing sth ▸ **tomarse libertades (con)** to take liberties (with) ▸ **~ de cátedra** academic freedom ▸ ECON **~ de circulación de capitales/trabajadores** free movement of capital/workers ▸ **~ condicional** parole ▸ **~ de culto** freedom of worship ▸ **~ de expresión** freedom of speech ▸ **~ de imprenta** freedom of the press ▸ **~ de movimientos** freedom of movement ▸ **~ de prensa** freedom of the press ▸ **~ provisional** bail

> ¡CUIDADO! / CAREFUL!
>
> **libertad**
>
> Si bien *freedom* y *liberty* son sinónimos, *freedom* se utiliza más como traducción a nivel general, además de en expresiones fijas tales como *freedom of the press* o *freedom of movement*. *Liberty* tiende a utilizarse como concepto abstracto.

libertador, -ora ■ adj liberating
■ nm,f liberator

libertar vt *también Fig* to liberate

libertario, -a adj & nm,f POL libertarian

libertinaje nm licentiousness

libertino, -a ■ adj licentious
■ nm,f libertine

liberto, -a nm,f HIST freedman, *f* freedwoman

Libia n Libya

libidinoso, -a adj libidinous, lewd

libido nf libido

libio, -a adj & nm,f Libyan

libra ■ nm [zodiaco] Libra ▸ *ESP* **ser ~** to be (a) Libra
■ nmf *ESP* [persona] Libran
■ nf [unidad de peso, moneda] pound ▸ **~ esterlina** pound sterling

librado, -a ■ nm,f COM drawee
■ adj **salir bien ~** to get off lightly ▸ **salir mal ~** to come off badly

librador, -ora nm,f COM drawer

libramiento nm, ***libranza*** nf COM order of payment

librano, -a *AM* ■ adj Libra ▸ **ser ~** to be (a) Libra
■ nm,f Libran

librar ■ vt **1.** ~ **a alguien (de algo/de hacer algo)** [eximir] to free sb (from sth/from doing sth) / [de pagos, impuestos] to exempt sb (from sth/from doing sth) ▸ **¡líbreme Dios!** God *o* Heaven forbid! **2.** [entablar] [pelea, lucha] to engage in / [batalla, combate] to join, to wage **3.** COM to draw
■ vi *ESP* [no trabajar] to be off work
◆ ***librarse*** vpr **1.** [salvarse] **librarse (de hacer algo)** to escape (from doing sth) ▸ **se libró del servicio militar** he got off having to do military service ▸ **de buena te libraste** you had a lucky escape **2.** [deshacerse] **librarse de algo/alguien** to get rid of sth/sb

libre adj **1.** [no sujeto] free / [rato, tiempo] spare / [camino, vía] clear / [espacio, piso, retrete] empty, vacant ▸ **un taxi ~** a free *o* empty taxi ▸ **el puesto de tesorero ha quedado ~** the post of treasurer is now vacant ▸ DEP **200 metros libres** 200 metres freestyle ▸ **ser ~ de** *o* **para hacer algo** to be free to do sth ▸ *ESP* **ir por ~** to go it alone ▸ **~ de** [sin] free from / [exento] exempt from ▸ ECON **~ cambio** free trade ▸ **~ de franqueo** post-free ▸ **~ de impuestos** tax-free ▸ ECON **~ mercado** free market **2.** [alumno] external ▸ **estudiar por ~** to be an external student

librea nf livery

librecambio nm free trade

librecambismo nm free trade

librepensador, -ora ■ adj freethinking
■ nm,f freethinker

librepensamiento nm freethinking

librería nf **1.** [tienda] bookshop, *US* bookstore **2.** *ESP* [mueble] bookcase **3.** INFORM library

FALSO AMIGO / FALSE FRIEND

librería

Library is not a translation of the Spanish word *librería*, except in the computing sense. Library is translated by *biblioteca*.

librero, -a ■ nm,f [persona] bookseller
■ nm *CAM, COL, MÉX* [mueble] bookshelf

libreta nf **1.** [para escribir] notebook **2.** [de banco] **~ (de ahorros)** savings book **3.** *URUG* **~ de manejar** *BR* driving licence, *US* driver's license

libreto nm **1.** MÚS libretto **2.** *AM* CINE script

libro nm **1.** [para leer] book ▸ *Fam* **ser (como) un ~ abierto** to be an open book ▸ POL **~ blanco** white paper ▸ **~ de bolsillo** (pocket-sized) paperback ▸ **~ de cabecera** bedside book ▸ **~ de cocina** cookery book ▸ **~ de consulta** reference book ▸ **~ de cuentos** storybook ▸ **~ de ejercicios** exercise book ▸ **~ electrónico** electronic book ▸ EDUC **~ de escolaridad** school report ▸ **~ de familia** = *document containing personal details of the members of a family* ▸ **~ de reclamaciones** complaints book ▸ **~ de registro (de entradas)** register ▸ REL **~ sagrado** Book *(in Bible)* ▸ **~ de texto** textbook ▸ **~ verde** green paper **2.** COM **llevar los libros** to keep the books ▸ **~ de caja** cashbook ▸ **~ de contabilidad** accounts book

Lic. (abrev de ***licenciado***)

licantropía nf lycanthropy

licántropo nm werewolf

licencia nf **1.** [documento] licence, permit / [autorización] permission ▸ **~ de armas/caza** gun/hunting licence ▸ *CARIB, CHILE, ECUAD* **~ de conducir,** *MÉX* **~ para conducir** *BR* driving licence, *US* driver's license ▸ **~ de exportación/importación** export/import licence ▸ **~ fiscal** = *official authorization to practise a profession* ▸ *MÉX* **~ de manejar** *o* **manejo** *BR* driving licence, *US* driver's license ▸ **~ de obras** planning permission ▸ **~ poética** poetic licence **2.** MIL leave ▸ **~ absoluta** discharge **3.** *AM* [en el trabajo] leave **4.** [confianza] liberty ▸ **tomarse licencias con alguien** to take liberties with sb

licenciado, -a ■ adj MIL discharged
■ nm,f **1.** EDUC graduate ▸ **~ en económicas/derecho** economics/law graduate **2.** MIL discharged soldier **3.** *AM salvo RP* [forma de tratamiento] = *form of address used to indicate respect* ▸ **el ~ Pérez** Mr Pérez ▸ **¡por supuesto, ~!** of course, Mr Pérez, Sir!

licenciamiento nm MIL discharge

licenciar vt **1.** MIL to discharge **2.** *AM* [en universidad] to confer a degree on
◆ ***licenciarse*** vpr **1.** [en universidad] to graduate (**en** in) **2.** MIL to be discharged

licenciatura nf degree (**en** *o* **de** in)

licencioso, -a adj licentious

liceo nm **1.** EDUC lycée **2.** [de recreo] social club

licitación nf bid, bidding

licitador, -ora nmf bidder

licitar vt to bid for

lícito, -a adj **1.** [legal] lawful **2.** [correcto] right **3.** [justo] fair

licor nm spirits, *US* liquor

licorera nf **1.** [botella] decanter **2.** [mueble] cocktail cabinet

licorería nf **1.** [fábrica] distillery **2.** [tienda] *BR* off-licence, *US* liquor store

licuado nm *AM* milk shake

licuadora nf *ESP* [para extraer zumo] juice extractor, juicer / *AM* [para batir] blender, *BR* liquidizer

licuar [4] vt CULIN to liquidize

licuefacción nf liquefaction

lid nf *Anticuado* fight ▸ *Fig* **en buena ~** in a fair contest ▸ **un experto en estas lides** an old hand in these matters

líder ■ adj leading
■ nmf leader ▸ COM **~ del mercado** market leader

liderar vt to lead

liderazgo, liderato nm **1.** [primer puesto] lead / [en liga] first place **2.** [dirección] leadership

lidia nf **1.** [arte] bullfighting **2.** [corrida] bullfight

lidiador, -ora nm,f TAUROM bullfighter

lidiar ■ vi [luchar] to struggle (**con** with)
■ vt TAUROM to fight

liebre nf hare ▸ *Fig* **correr como una ~** to run like a hare ▸ *Fig* **levantar la ~** to let the cat out of the bag

Liechtenstein ['litχenstein] n Liechtenstein

liendre nf nit

lienzo nm **1.** [tela] (coarse) cloth / [paño] piece of cloth **2.** [para pintar] canvas **3.** [cuadro] painting

lifting ['liftin] (pl **liftings**) nm facelift

liga nf **1.** [confederación, agrupación] & DEP league **2.** [para medias] [elástico] garter / [colgante] *BR* suspender, *US* garter

ligadura nf **1.** MED & MÚS ligature ▸ MED **~ de trompas** tubal ligation **2.** [atadura] bond, tie

ligamento nm ANAT ligament ▸ **rotura de ligamentos** torn ligaments

ligar [38] ■ vt **1.** [unir, aglutinar] to bind / [atar] to tie (up) / [salsa] to thicken / MED to put a ligature on **2.** MÚS to slur

■ vi *Fam* [encontrar pareja] to score, *BR* to pull ▸ **~ con alguien** [entablar relaciones] *BR* to get off with sb, *US* to make out with sb

◆ ***ligarse*** vpr *ESP Fam* **ligarse a alguien** *BR* to get off with sb, *US* to make out with sb

ligazón nf link, connection

ligereza nf **1.** [levedad] lightness / [de dolor] slightness **2.** [agilidad] agility **3.** [rapidez] speed **4.** [irreflexión] rashness ▸ **fue una ~ decir eso** it was rash *o* reckless to say that

ligero, -a adj **1.** [leve] light / [dolor, rumor, descenso] slight / [traje, tela] thin ▸ **ir** *o* **viajar ~ de equipaje** to travel light ▸ **un ~ gusto a ajo** a hint of garlic ▸ **una ligera gripe** a touch of flu ▸ **~ de ropa** scantily dressed *o* clad **2.** [ágil] agile, nimble **3.** [rápido] quick, swift ▸ **caminar a paso ~** to walk at a brisk pace

◆ ***a la ligera*** loc adv **hacer algo a la ligera** to do sth without much thought ▸ **juzgar a la ligera** to be superficial in one's judgements ▸ **tomarse algo a la ligera** not to take sth seriously

light [lait] adj inv [comida] low-calorie / [refresco] diet / [cigarrillos] light

ligón, -ona *ESP Fam* ■ adj **es muy ~** he's always getting off with somebody or other

■ nm,f goer, raver

ligoteo nm *ESP Fam* **salir de ~** to go out to score *o BR* on the pull

ligue ■ *ver* ***ligar***

■ nm *ESP Fam* **1.** [acción] **salir de ~** to go out to score *o BR* on the pull **2.** [novio] *BR* bloke, *US* squeeze / [novia] *BR* bird, *US* squeeze

liguero, -a ■ adj DEP league ▸ **partido ~** league game *o* match

■ nm *BR* suspender belt, *US* garter belt

liguilla nf DEP mini-league, round-robin tournament

lija nf **1.** [papel] sandpaper **2.** [pez] dogfish

lijadora nf sander

lijar vt to sand down

lila ■ nf [flor] lilac

■ adj inv & nm [color] lilac

liliputiense ■ adj dwarfish

■ nmf midget

Lima n Lima

lima nf **1.** [herramienta] file ▸ **~ de uñas** nail file ▸ *Fam* **comer como una ~** to eat like a horse **2.** [fruto] lime

limaco nm slug

limadora nf polisher

limadura nf filing

limar vt [pulir] to file down / *Fig* [perfeccionar] to polish, to add the finishing touches to

limbo nm **1.** REL limbo ▸ *Fam* **estar en el ~** to be miles away **2.** ASTRON & BOT limb

limeño, -a ■ adj of/from Lima

■ nm,f person from Lima

limitación nf **1.** [restricción] limitation, limit ▸ **~ de velocidad** speed limit **2.** [de distrito] boundaries

limitado, -a adj **1.** [restringido] [espacio, acceso] limited ▸ **disponemos de un espacio muy ~** we have very limited space ▸ **tienen un acceso ~ a los servicios sanitarios** they have limited access to healthcare services ▸ **el problema no está ~ a un solo país** the problem is not limited *o* restricted to just one country **2.** [poco dotado] [alumno, artista] of limited ability ▸ **como cantante es muy ~** he has limited ability as a singer

limitar ■ vt **1.** [restringir] to limit, to restrict ▸ **han limitado la velocidad máxima a cuarenta por hora** they've restricted the speed limit to forty kilometres an hour ▸ **este sueldo tan bajo me limita mucho** I can't do very much on such a low salary **2.** [terreno] to mark out **3.** [atribuciones, derechos] to set out, to define

■ vi to border (**con** on)

◆ ***limitarse*** vpr **limitarse a** to limit oneself to ▸ **me limitaré a enumerar los puntos principales** I will restrict myself to a description of the main points ▸ **se limitó a recordarnos nuestros derechos** he merely *o* just reminded us of our rights ▸ **limítate a ayudar** just concentrate on helping

límite ■ adj inv **1.** [precio, velocidad, edad] maximum **2.** [situación] extreme / [caso] borderline

■ nm **1.** [tope] limit ▸ **al ~** at the limit ▸ **dentro de un ~** within limits ▸ **su pasión no tiene ~** her passion knows no bounds ▸ **estoy al ~ de mis fuerzas** I've reached the limit of my strength ▸ **me dejan estar conectado a Internet sin ~ de tiempo** I have unlimited access to the Internet ▸ FIN **~ de crédito** credit limit ▸ **~ de edad** age limit ▸ **~ de velocidad** speed limit **2.** [confín] boundary

limítrofe adj [país, territorio] bordering / [terreno, finca] neighbouring

limo nm mud *(from bed of river, lake)*

limón nm lemon

limonada nf [natural] lemonade, = *iced, sweetened lemon juice drink* / [refresco] *BR* lemonade, *US* lemon soda

limonar nm lemon grove

limonero nm lemon tree

limosna nf **1.** REL alms **2.** [a mendigo] **dar ~** to give money ▸ **pedir ~** to beg / *Fig* to ask for charity

limosnear vi to beg

limpia nmf *Fam* [limpiabotas] shoeshine, *BR* bootblack

limpiabotas nmf inv shoeshine, *BR* bootblack

limpiacristales nm inv window-cleaning fluid

limpiador, -ora ■ adj cleaning
■ nm,f cleaner

limpiamente adv **1.** [con destreza] cleanly **2.** [honradamente] honestly

limpiametales nm inv metal polish

limpiaparabrisas nm inv *BR* windscreen wiper, *US* windshield wiper

limpiar ■ vt **1.** [quitar la suciedad] to clean / [con trapo] to wipe / [mancha] to wipe away / [zapatos] to polish ▸ **limpia la mesa de migas** clean *o* wipe the crumbs off the table **2.** [desembarazar] **~ algo de algo** to clear sth of sth **3.** *Fam* [en el juego] to clean out **4.** *Fam* [robar] to swipe, to pinch
■ vi to clean
◆ ***limpiarse*** vpr to clean *o* wipe oneself ▸ **límpiate esa mancha** wipe that stain off yourself ▸ **se limpió con una servilleta** she wiped herself with a napkin ▸ **límpiate la nariz** wipe your nose

limpiavidrios nm inv *AM* window-cleaning fluid

límpido, -a adj *Formal* limpid

limpieza nf **1.** [cualidad] cleanliness ▸ HIST **~ de sangre** racial purity **2.** [acción] cleaning ▸ **hacer la ~** to do the cleaning ▸ **~ en seco** dry-cleaning ▸ **~ étnica** ethnic cleansing **3.** [destreza] skill, cleanness

limpio, -a ■ adj **1.** [sin suciedad] clean / [cielo, imagen] clear **2.** [neto] [sueldo] net **3.** [honrado] honest / [intenciones] honourable / [juego] clean **4.** [sin culpa] **estar ~** to be in the clear ▸ **~ de culpa/sospecha** free of blame/suspicion **5.** *Fam* [sin dinero] broke, *BR* skint **6.** [expresiones] **a puñetazo ~** with bare fists ▸ **abrió la puerta a patada limpia** he kicked down the door
■ adv cleanly, fair ▸ **pasar** *ESP* **a** *o AM* **en ~, poner en ~** to make a fair copy of, to write out neatly ▸ **sacar algo en ~ de** to make sth out from

limpión nm *CARIB, COL* [paño] cleaning rag

limusina nf limousine

linaje nm lineage

linaza nf linseed

lince nm lynx ▸ **ser un ~ (para algo)** to be very sharp (at sth)

linchamiento nm lynching

linchar vt to lynch ▸ **~ a alguien** to lynch sb

lindante adj **~ (con)** [terreno] bordering / [conceptos, ideas] bordering (on)

lindar vi **~ con** [terreno] to adjoin, to be next to / [conceptos, ideas] to border on

linde nm o nf boundary

lindero nm boundary

lindeza nf **1.** [belleza] prettiness **2.** *Irónico* **lindezas** [insultos] insults

lindo, -a ■ adj *esp AM* pretty, lovely ▸ *Fam* **de lo ~** a great deal
■ adv *AM* very well, beautifully

línea nf **1.** [raya, trazo, límite] line ▸ AUT **~ continua** solid white line ▸ FIN **~ de crédito** credit line, line of credit ▸ **~ divisoria** dividing line ▸ **~ de flotación** waterline ▸ **~ de mira** line of fire ▸ **~ de puntos** dotted line ▸ **líneas paralelas** parallel lines ▸ **~ recta** straight line ▸ **~ de tiro** line of fire **2.** [de telecomunicaciones] line ▸ **no hay ~** the line's dead **3.** [en deportes] line ▸ **~ de banda** sideline, touchline ▸ **~ de meta** [en fútbol] goal line / [en carrera] finishing line ▸ **~ de salida** starting line ▸ **~ de saque** *o* **servicio** base line, service line **4.** [en comercio] line ▸ **~ de productos** line of products **5.** [silueta] figure ▸ **guardar la ~** to watch one's figure ▸ **un coche de ~ aerodinámica** a streamlined car **6.** [estilo] style ▸ **de ~ clásica** classical ▸ **eso está muy en su ~** that's just his style ▸ **~ de conducta** course of action **7.** [ruta] **una nueva ~ de autobús** a new bus route ▸ **~ aérea** airline **8.** INFORM **en ~** on-line ▸ **fuera de ~** off-line **9.** [expresiones] **en líneas generales** in broad terms ▸ **de primera ~** first-rate ▸ **en toda la ~** [completamente] all along the line ▸ **leer entre líneas** to read between the lines

lineal ■ adj **1.** [de la línea] linear **2.** [aumento] steady
■ nm [en supermercado] shelf

linfa nf lymph

linfático, -a adj lymphatic

linfocito nm lymphocyte

linfoma nm MED lymphoma

lingotazo nm *ESP Fam* swig

lingote nm ingot

lingüista nmf linguist

lingüística nf linguistics *(singular)*

lingüístico, -a adj linguistic

linier [li'njer] (pl **liniers**) nm linesman

linimento nm liniment

lino nm **1.** [planta] flax **2.** [tejido] linen

linóleo nm linoleum

linotipia nf Linotype®

linotipista nmf linotypist

linotipo nm Linotype®

linterna nf **1.** [de pilas] *BR* torch, *US* flashlight **2.** [farol] lantern, lamp ▸ **~ mágica** magic lantern

lío nm **1.** *Fam* [enredo] mess ▸ **esto de la declaración de hacienda es un ~** filling in your tax return is a real pain *o BR* palaver ▸ **hacerse un ~** to get muddled up ▸ **estoy hecho un ~, no sé qué hacer** I'm all confused, I don't know what to do ▸ **meterse en líos** to get into trouble **2.** *Fam* [alboroto] racket, row ▸ **armar un ~** to kick up a fuss **3.** *Fam* [amorío] affair ▸ **tiene un ~ con alguien del trabajo** he's having an affair with someone from work ▸ **tener un ~ de faldas** to be having an affair **4.** [paquete] bundle

liofilizado, -a adj freeze-dried

liofilizar [14] vt to freeze-dry

lioso, -a adj *Fam* **1.** [complicado] [asunto] complicated / [explicación, historia] convoluted, involved **2.** [persona] troublemaking

lípido nm lipid

liposoluble adj soluble in fat

liposoma nm liposome

liposucción nf liposuction

lipotimia nf fainting fit

liquen nm lichen

liquidación nf **1.** [pago] settlement / [de hipoteca] redemption ▸ **hacer la ~ de una cuenta** to settle an account ▸ FIN **~ de activos** asset stripping ▸ **~ de bienes** liquidation of assets **2.** [rebaja] **~ (de existencias)** clearance sale ▸ **estar de ~** to be having a clearance sale **3.** [de empresa] liquidation **4.** [finiquito] redundancy settlement

liquidador, -ora ■ adj liquidating
■ nm,f liquidator

liquidar vt **1.** [pagar] [deuda, préstamo] to settle / [hipoteca] to redeem **2.** [rebajar] to sell off ▸ **~ existencias** to have a stock clearance sale **3.** [negocio, sociedad] to liquidate, to wind up **4.** [malgastar] to throw away **5.** *Fam* [acabar] [asunto] to settle ▸ **y con esto hemos liquidado el tema segundo** that's the second subject seen to *o* dealt with **6.** *Fam* [matar] to liquidate
◆ ***liquidarse*** vpr *Fam* [bebida, comida] to polish off / [dinero] to blow ▸ **se liquidó la botella él solito** he polished off the bottle by himself ▸ **nos liquidamos el premio en dos semanas** we blew the prize money in two weeks

liquidez nf FIN & FÍS liquidity

líquido, -a ■ adj **1.** [estado] liquid ▸ **el ~ elemento** water **2.** FIN [neto] net
■ nm **1.** [sustancia] liquid ▸ **~ de frenos** brake fluid **2.** FIN liquid assets **3.** MED fluid ▸ **~ amniótico** amniotic fluid

lira nf **1.** MÚS lyre **2.** [moneda] lira

lírica nf lyric poetry

lírico, -a ■ adj **1.** LIT lyric, lyrical **2.** [musical] musical

lirio nm iris

lirismo nm lyricism

lirón nm ZOOL dormouse ▸ *Fig* **dormir como un ~** to sleep like a log

lis nf **(flor de) ~** iris

Lisboa n Lisbon

lisboeta ■ adj of/from Lisbon
■ nmf person from Lisbon

lisiado, -a ■ adj crippled
■ nm,f cripple

lisiar vt to maim, to cripple
◆ ***lisiarse*** vpr to be maimed *o* crippled

liso, -a ■ adj **1.** [llano] flat / [sin asperezas] smooth / [pelo] straight ▸ *ESP* **los 400 metros lisos** the 400 metres ▸ **lisa y llanamente** purely and simply ▸ **hablando lisa y llanamente** to put it plainly **2.** [no estampado] plain
■ nm,f *ANDES, CAM, VEN* cheeky person

lisonja nf flattering remark

lisonjear vt to flatter

lisonjero, -a adj [persona, comentario] flattering / [perspectiva] promising

lista nf **1.** [enumeración] list ▸ **pasar ~** to call the register ▸ **~ de boda** wedding list ▸ **~ de** *ESP* **la compra** *o AM* **las compras** shopping list ▸ INFORM **~ de correo** mailing list ▸ **~ de correos** *BR* poste restante, *US* general delivery ▸ AV **~ de embarque** passenger list ▸ **~ de espera** waiting list ▸ **~ de éxitos** [musicales] hit parade ▸ **~ negra** blacklist ▸ **~ de precios** price list **2.** [de tela, madera] strip / [de papel] slip / [de color] stripe ▸ **una camiseta a listas** a striped shirt

listado, -a ■ adj striped
■ nm INFORM listing

listar vt INFORM to list

listillo, -a nm,f *ESP Fam Pey* a smart aleck

listín nm *ESP* **~ (de teléfonos)** (telephone) directory

listo, -a adj **1.** [inteligente, hábil] clever, smart ▸ *Fam* **dárselas de ~** to make oneself out to be clever ▸ **no te hagas el ~, que conozco tus intenciones** don't try and be clever, I know what you're up to ▸ **pasarse de ~** to be too clever by half ▸ **ser más ~ que el hambre** to be nobody's fool **2.** [preparado] ready ▸ **¿estás listo?** are you ready? ▸ **¡~!** (that's me) ready!, finished! ▸ **lo pones cinco minutos al fuego, y ~** you heat it for five minutes and that's it **3.** *Fam* [apañado] **estás** *o* **vas ~ (si crees que...)** you've got another think coming (if you think that...) ▸ **¡estamos listos!** we're in real trouble!, we've had it!

listón nm [de madera] lath / DEP bar ▸ *Fig* **poner el ~ muy alto** to set very high standards

lisura nf *ANDES, CAM, VEN* rude remark

litera nf **1.** [cama] bunk (bed) / [de barco] berth / [de tren] couchette **2.** [vehículo] litter

literal adj literal

literario, -a adj literary

literato, -a nm,f writer, author

literatura nf literature

litigación nf litigation

litigante adj & nmf litigant

litigar [38] vi to go to law

litigio nm DER court case, law suit / [disputa] dispute ▸ **en ~** in dispute

litigue *etc ver* ***litigar***

litio nm lithium

litografía nf **1.** [arte] lithography **2.** [grabado] lithograph **3.** [taller] lithographer's (workshop)

litografiar [32] vt to lithograph

litoral ■ adj coastal
■ nm coast

litosfera nf lithosphere

litro nm litre

litrona nf *ESP Fam = litre bottle of beer*

Lituania n Lithuania

lituano, -a ■ adj & nm,f Lithuanian
■ nm [lengua] Lithuanian

liturgia nf liturgy

litúrgico, -a adj liturgical

liviandad nf **1.** [levedad] lightness **2.** [frivolidad] flightiness, frivolousness

liviano, -a adj **1.** [ligero] [blusa] thin / [carga] light **2.** [sin importancia] slight **3.** [superficial] frivolous

lividez nf [palidez] pallor

lívido, -a adj **1.** [pálido] very pale, white as a sheet **2.** [amoratado] livid

living ['liβin] (pl **livings**) nm living room

liza nf [lucha] battle ▸ **en ~** in opposition

Ll, ll ['eʎe, 'eje] nf [letra] Ll, ll

llaga nf MED sore, ulcer / *Fig* open wound

llagar [38] vt to bring out in sores
◆ ***llagarse*** vpr to become covered in sores

llama nf **1.** [de fuego, pasión] flame ▸ **en llamas** ablaze **2.** [animal] llama

llamada nf **1.** [en general] call / [a la puerta] knock / [con timbre] ring ▸ **~ de atención** warning ▸ **~ de socorro** distress signal **2.** [de teléfono] (phone) call ▸ **hacer una ~** to make a (phone) call ▸ **tienes dos llamadas en el contestador** you have two messages on your answering machine ▸ **~ a cobro revertido,** *AM* **~ por cobrar** *BR* reverse-charge call, *US* collect call ▸ **~ en espera** call waiting ▸ **~ interurbana** long-distance *o* *BR* national call ▸ **~ local** local call ▸ **~ urbana** local call **3.** [en un libro] reference mark

llamado, -a ■ adj **1.** [con nombre] **un naturalista ~ Marcelino** a naturalist called *o* named Marcelino ▸ **el ~ "efecto invernadero"** what is known as the "greenhouse effect" ▸ **Roma, también llamada la Ciudad Eterna** Rome, also known as the Eternal City **2. ~ a** [destinado] destined to
■ nm *AM* **1.** [en general] call / [a la puerta] knock / [con timbre] ring ▸ **~ de atención** warning **2.** [de teléfono] (phone) call ▸ **hacer un ~** to make a (phone) call **3.** [apelación] call, appeal ▸ **hacer un ~ a alguien para que haga algo** to call upon sb to do sth

llamador nm [aldaba] door knocker / [timbre] bell

llamamiento nm **1.** [apelación] call, appeal ▸ **un ~ a la unidad/la compasión** a call for unity/compassion ▸ **un ~ a la calma** an appeal *o* a call for calm ▸ **hacer un ~ a alguien para que haga algo** to call upon sb to do sth **2.** MIL call-up

llamar ■ vt **1.** [dirigirse a, hacer venir] to call / [con gestos] to beckon ▸ **~ (a) un taxi** [en la calle] to hail a cab / [por teléfono] to call for a taxi **2.** [por teléfono] to call, to phone ▸ **~ a los bomberos/al médico** to call the fire brigade/doctor ▸ **te llamo mañana** I'll call *o* *BR* ring you tomorrow ▸ **te ha llamado Luis** Luis phoned (for you), there was a call from Luis for you **3.** [dar nombre, apelativo, apodo] to call ▸ **me llamó mentiroso** he called me a liar **4.** [convocar] to summon, to call ▸ MIL **~ (a filas)** to call up ▸ **~ a la huelga** to call out on strike **5.** [atraer] to attract
■ vi **1.** [a la puerta] [con golpes] to knock / [con timbre] to ring ▸ **están llamando** there's somebody at the door **2.** [por teléfono] to phone
◆ ***llamarse*** vpr [tener por nombre, título] to be called ▸ **¿cómo te llamas?** what's your name? ▸ **me llamo Patricia** my name's Patricia ▸ **eso es lo que se llama buena suerte** that's what you call good luck

llamarada nf **1.** [de fuego, ira] blaze **2.** [de rubor] flush

llamativo, -a adj [color] bright, gaudy / [ropa] showy

llamear vi to burn, to blaze

llana nf **1.** GRAM word stressed on the last syllable **2.** CONSTR trowel

llanear vi to roam the plains

llanero, -a ■ adj of the plainspeople
■ nm,f plainsman, *f* plainswoman

llaneza nf naturalness, straightforwardness

llanito, -a adj & nm,f *ESP Fam* Gibraltarian

llano, -a ■ adj **1.** [campo, superficie] flat **2.** [trato, persona] natural, straightforward **3.** [pueblo, clase] ordinary **4.** [lenguaje, expresión] simple, plain **5.** GRAM stressed on the last syllable
■ nm [llanura] plain ▸ *COL, VEN* **los Llanos** = *name of vast region of tropical plains, mainly in Venezuela and Colombia*

llanta nf **1.** AUT rim **2.** *AM* [cubierta] tyre / [rueda] wheel

llantera, llantina nf *Fam* blubbing

llanto nm crying

llanura nf plain

llave nf **1.** [de cerradura] key ▸ **bajo ~** under lock and key ▸ **echar la ~, cerrar con ~** to lock up ▸ **~ en mano** [vivienda] ready for immediate occupation ▸ **~ de contacto** ignition key ▸ **~ maestra** master key **2.** [grifo] *BR* tap, *US* faucet ▸ **~ de paso** stopcock ▸ **cerrar la ~ de paso** to turn the water/gas off at the mains **3.** [interruptor] **~ de la luz** light switch **4.** [herramienta] spanner ▸ **~ allen** Allen key ▸ **~ inglesa** monkey wrench, *BR* adjustable spanner **5.** [de judo] hold, lock **6.** [signo ortográfico] curly bracket

llavero nm keyring

llavín nm latchkey

llegada nf **1.** [acción] arrival **2.** DEP finish

llegar [38] vi **1.** [a un sitio] to arrive (**de** from) ▸ **~ a un hotel/una ciudad** to arrive at a hotel/in a city ▸ **~ a casa** to get home ▸ **¿falta mucho para ~** *o* **para que lleguemos?** is there far to go? ▸ **llegaré pronto** I'll be there soon **2.** [un tiempo, la noche] to come ▸ **cuando llegue el momento te enterarás** you'll find out when the time comes ▸ **ha llegado el invierno** winter has arrived **3.** [durar] **~ a** *o* **hasta** to last until **4.** [alcanzar] **~ a** to reach ▸ **no llego al techo** I can't reach the ceiling ▸ **~ hasta** to reach up to ▸ **esta carretera sólo llega hasta Cádiz** this road only goes as far as Cadiz **5.** [ser suficiente] to be enough (**para** for) **6.** [lograr] **~ a (ser) algo** to get to be sth, to become sth ▸ *Fig* **llegará lejos** she'll go far ▸ **si llego a saberlo...** [en el futuro] if I happen to find out... / [en el pasado] if I had known... **7.** [al extremo de] **llegó a decirme...** he went as far as to say to me... ▸ **hemos llegado a pagar 8.000 euros** at times we've had to pay as much as 8,000 euros
◆ ***llegarse*** vpr **llegarse a** to go round to

llenar ■ vt **1.** [ocupar] [vaso, hoyo, habitación] to fill (**de** with) / [pared, suelo] to cover (**de** with) ▸ **~ el depósito** [del coche] to fill up the tank **2.** [colmar] to fill (**de** with) ▸ **~ a alguien de alegría/tristeza** to fill sb with happiness/sadness ▸ **este premio me llena de orgullo** this prize fills me with pride *o* makes me very proud **3.** [impreso, solicitud, quiniela] to fill in *o* out **4.** [satisfacer] to fulfil ▸ **no le llena la relación con su**

novio she finds her relationship with her boyfriend unfulfilling
■ vi [comida] to be filling
◆ ***llenarse*** vpr **1.** [ocuparse] to fill up ▸ **la calle se llenó de gente** the street filled with people **2.** [saciarse] **comieron hasta llenarse** they ate their fill ▸ **me he llenado mucho con el arroz** this rice has really filled me up **3.** [cubrirse] **llenarse de** to become covered in

llenazo nm full house

llenito, -a adj *Fam* [regordete] chubby

lleno, -a ■ adj **1.** [recipiente, habitación] full (**de** of) / [suelo, mesa, pared] covered (**de** in *o* with) ▸ **~ hasta el borde** full to the brim ▸ **el estadio estaba ~ hasta los topes** *o* **hasta la bandera** the stadium was packed to the rafters ▸ **~, por favor** [en gasolinera] fill her up, please **2.** [persona] **estoy ~** I'm full (up)
■ nm [en teatro, estadio] full house ▸ **se espera un ~ total** a full house is expected
◆ ***de lleno*** loc adv **le dio de ~ en la cara** it hit him full in the face ▸ **acertó de ~** he was bang on target

llevadero, -a adj bearable

llevar ■ vt **1.** [de un lugar a otro] to take ▸ **~ algo/a alguien a** to take sth/sb to ▸ **me llevó en coche** he drove me there **2.** [acarrear] to carry ▸ **llevaban en hombros al entrenador** they were carrying the coach on their shoulders **3.** [ropa, objeto personal] to wear ▸ **llevo gafas** I wear glasses ▸ **no llevo dinero** I haven't got any money on me **4.** [tener] [de alguna manera] to have ▸ **~ el pelo largo** to have long hair ▸ **llevas las manos sucias** your hands are dirty **5.** [ocuparse de] [problema, asunto] to handle, to deal with / [casa, negocio] to look after, to run ▸ **lleva la contabilidad** she keeps the books **6.** [conducir] **~ a alguien a algo** to lead sb to sth ▸ **~ a alguien a hacer algo** to lead *o* cause sb to do sth **7.** [mantener] [registro, cuenta, ritmo] to keep / [vida] to lead ▸ **~ el paso** to keep in step **8.** [soportar] to deal *o* cope with ▸ **~ algo bien/mal** to deal *o* cope with sth well/badly ▸ *Fam* **¿cómo lo llevas?** how are you getting on? **9.** [tiempo] **lleva tres semanas sin venir** she hasn't come for three weeks now, it's three weeks since she was last here ▸ **me llevó un día hacer este guiso** it took me a day to make this dish **10.** [sobrepasar] **te llevo seis puntos** I'm six points ahead of you ▸ **me lleva dos centímetros** he's two centimetres taller than me **11.** [expresiones] **lleva camino de ser famoso/rico** he's on the road to fame/riches ▸ **~ las de perder** to be heading for defeat ▸ **~ consigo** [implicar] to lead to, to bring about
■ vi **1.** [conducir] **~ a** to lead to ▸ **esta carretera lleva al norte** this road leads north **2.** (antes de participio) [tener, haber] **llevo leída media novela** I'm halfway through the novel ▸ **llevo dicho esto mismo docenas de veces** I've said the same thing time and again **3.** (antes de gerundio) [estar] **~ mucho tiempo haciendo algo** to have been doing sth for a long time
◆ ***llevarse*** vpr **1.** [tomar consigo] to take ▸ **alguien se ha llevado mi sombrero** someone has taken my hat **2.** [conseguir] to get ▸ **se ha llevado el premio** she has carried off the prize ▸ **yo me llevo siempre las culpas** I always get the blame **3.** [recibir] [susto, sorpresa] to get, to receive ▸ **me llevé un disgusto** I was upset **4.** [entenderse] **llevarse bien/mal (con alguien)** to get on well/badly (with sb) ▸ **llevarse a matar con alguien** to be mortal enemies *o* at daggers drawn with sb **5.** [estar de moda] to be in (fashion) ▸ **este año se lleva el verde** green is in this year **6.** MAT **me llevo una** carry (the) one

llorar ■ vi **1.** [con lágrimas] to cry ▸ **me entraron ganas de ~** I felt like crying ▸ **~ de rabia** to cry with anger *o* rage ▸ **~ por alguien** to mourn sb ▸ **~ a lágrima viva** to cry one's eyes out, to sob one's heart out **2.** *Fam* [quejarse] to whinge
■ vt **~ la muerte de alguien** to mourn sb's death

llorera nf *Fam* crying fit

llorica *ESP Fam Pey* ■ adj **ser ~** to be a crybaby
■ nmf crybaby

lloriquear vi to whine, to snivel

lloriqueo nm whining, snivelling

lloro nm crying, tears

llorón, -ona ■ adj **ser ~** to cry a lot
■ nm,f crybaby

lloroso, -a adj tearful

llover [41] ■ v impersonal to rain ▸ **está lloviendo** it's raining ▸ *Fig* **está lloviendo a cántaros** *o* **a mares** it's pouring, *BR* it's bucketing down ▸ **nunca llueve a gusto de todos** you can't please everyone ▸ **llueve sobre mojado** it's just one thing after another ▸ *Fig* **él, como quien oye ~** he wasn't paying a blind bit of attention ▸ *Fig* **ha llovido mucho desde entonces** a lot of water has passed *o* gone under the bridge since then
■ vi **le llueven las ofertas** offers are raining down on him ▸ **le llovieron las felicitaciones** everyone rushed to congratulate her ▸ **el trabajo me cayó** *o* **llegó como llovido del cielo** the job fell into my lap

llovizna nf drizzle

lloviznar v impersonal to drizzle

llueva *ver* ***llover***

lluvia nf **1.** [precipitación] rain ▸ **caía una ~ torrencial** there was torrential rain ▸ **la época de lluvias** the rainy season ▸ **bajo la ~** in the rain ▸ **~ ácida** acid rain ▸ **~ de estrellas** shower of shooting stars ▸ **~ radiactiva** (nuclear) fallout **2.** [de panfletos, regalos] shower / [de preguntas] barrage

lluvioso, -a adj rainy

lo [1]**, *-a*** (mpl **los**, fpl **las**) pron personal [complemento directo] [cosa] it, *pl* them / [persona] him, *f* her, *pl* them / [usted] you

lo [2] ■ pron personal (neutro & predicado) it ▸ **su hermana es muy guapa pero él no lo es** his sister is very good-looking, but he isn't ▸ **es muy bueno aunque no lo parezca** it's very good, even if it doesn't look it
■ art (neutro) **lo antiguo me gusta más que lo moderno** I like old things better than modern things ▸ **lo mejor/peor** the best/worst part ▸ **no me quiere ayudar, ¡con todo lo que yo he hecho por ella!** she doesn't want to help me – and after all I've done for her! ▸ **no te imaginas lo grande que era** you can't imagine how big it was ▸ **¿y lo de la fiesta?** what about the party, then? ▸ **siento lo de ayer** I'm sorry about

yesterday ▸ **acepté lo que me ofrecieron** I accepted what they offered me

loa nf **1.** [alabanza] praise **2.** LIT eulogy

loable adj praiseworthy

loar vt to praise

lobato nm wolf cub

lobbista nmf *RP* lobbyist

lobby ['loβi] (pl **lobbies**) nm lobby

lobezno nm wolf cub

lobo, -a nm,f wolf ▸ **~ de mar** [marinero] sea dog ▸ **~ marino** [foca] seal

lobotomía nf lobotomy

lóbrego, -a adj gloomy, murky

lobulado, -a adj lobulate

lóbulo nm lobe ▸ **~ de la oreja** ear lobe

lobuno, -a adj wolf-like

loca nf *Fam* [homosexual] queen

locación nf *MÉX* location

local ■ adj local ▸ **el equipo ~** the home team
■ nm [establecimiento] (business) premises *(plural)* ▸ **~ comercial** business premises ▸ **~ de ensayo** rehearsal space ▸ **~ nocturno** night spot

localidad nf **1.** [población] place, town **2.** [asiento] seat **3.** [entrada] ticket ▸ **no hay localidades** [en letrero] sold out

localismo nm **1.** [sentimiento] parochialism **2.** LING localism

localista adj parochial

localización nf localization, tracking down

localizado, -a adj localized

localizador, -ora nm **1.** INFORM [de página Web] URL **2.** *MÉX* [buscapersonas] pager

localizar [14] vt **1.** [encontrar] to locate, to track down **2.** [circunscribir] to localize
◆ ***localizarse*** vpr **la infección se localiza en el hígado** the infection is localized in the liver ▸ **esta planta se localiza en los Alpes** this plant is only found in the Alps

locatis *ESP Fam* ■ adj inv nutty
■ nmf inv nutcase

locativo nm locative

loc. cit. (abrev de ***loco citato***) loc. cit.

loción nf lotion ▸ **~ bronceadora** suntan *o* sun lotion ▸ **~ para después del afeitado** aftershave balm *o* lotion

loco, -a ■ adj **1.** [demente] mad, crazy ▸ **volver ~ a alguien** to drive sb mad ▸ **volverse ~** to go mad ▸ **este niño me trae ~** this child is driving me mad ▸ **~ de atar** *o* **remate** stark raving mad ▸ **¡ni ~!** (absolutely) no way! ▸ **¡no lo haría ni ~!** there's no way you'd get me doing that! **2.** [insensato] mad, crazy ▸ **no seas loca, es muy peligroso** don't be (so) stupid, it's very dangerous ▸ **a lo ~** [sin pensar] hastily / [temerariamente] wildly **3.** [apasionado, entusiasmado] mad, crazy ▸ **estar ~ de/por** to be mad with/about ▸ **estar ~ de contento/pasión** to be wild with joy/passion ▸ **estar ~ por alguien/algo** to be mad about sb/sth ▸ **le vuelve ~ el fútbol** he's mad about soccer, he's soccer-crazy **4.** [extraordinario] [interés, ilusión] tremendous / [suerte, precio] extraordinary
■ nm,f *también Fig* [hombre] lunatic, madman / [mujer] lunatic, madwoman ▸ **un ~ de atar** a raving lunatic ▸ **hacerse el ~** to play dumb, to pretend not to understand

locomoción nf [transporte] transport / [de tren] locomotion

locomotor, -ora o ***-triz*** adj locomotive

locomotora nf engine, locomotive

locoto nm *ANDES* chilli

locuacidad nf loquacity, talkativeness

locuaz adj loquacious, talkative

locución nf phrase

locura nf **1.** [demencia] madness **2.** [imprudencia] **hacer locuras** to do stupid *o* crazy things ▸ **temía que hiciera una ~** I was afraid he might do something desperate **3.** [exageración] **estos precios son una ~** these prices are extortionate ▸ **con ~** madly ▸ **se quieren con ~** they're madly in love with one another **4. una ~** [mucho] a fortune, a ridiculous amount ▸ **gastar una ~** to spend a fortune

locutor, -ora nm,f RAD & TV [de noticias] newsreader / [de continuación] announcer / [de programa de radio] presenter

locutorio nm **1.** [para visitas] visiting room **2.** [telefónico] = *establishment containing a number of telephone booths for public use* **3.** RAD studio

lodazal nm quagmire

loden nm loden coat

lodo nm *también Fig* mud

logarítmico, -a adj logarithmic

logaritmo nm logarithm

logia nf **1.** [masónica] lodge **2.** ARQUIT loggia

lógica nf logic ▸ **por ~** obviously ▸ **tener ~** to make sense ▸ **eso no tiene ~** that's absurd *o* ridiculous

lógico, -a adj logical ▸ **es ~ que se enfade** it stands to reason that he should get angry ▸ **es ~ que tras la enfermedad se sienta débil** it's only natural that she should feel weak after the illness ▸ **como es ~, ellos también están invitados** naturally, they are also invited ▸ **¿te gustaría acompañarnos? – ¡~!** would you like to come with us? – of course I would!

logística nf logistics *(singular)*

logístico, -a adj logistic

logopeda nmf speech therapist

logopedia nf speech therapy

logos nm inv **1.** FILOSOFÍA logos **2.** REL Logos, Word of God

logotipo nm logo

logrado, -a adj [bien hecho] accomplished

lograr vt [objetivo] to achieve / [puesto, beca, divorcio] to get, to obtain / [resultado] to obtain, to achieve / [perfección] to attain / [victoria, premio] to win / [deseo, aspiración] to fulfil ▸ **¡lo logramos!** we did it!, we've done it! ▸ **~ hacer algo** to manage to do sth ▸ **~ que alguien haga algo** to manage to get sb to do sth ▸

no logro entender cómo lo hizo I just can't see how he managed it

logro nm achievement

logroñés, -esa ■ adj of/from Logroño
■ nm,f person from Logroño

Logroño n Logroño

LOGSE [loyse] nf (abrev de ***Ley Orgánica de Ordenación General del Sistema Educativo***) = *Spanish Education Act*

Loira nm **el ~** the (river) Loire

loísmo nm = *incorrect use of "lo" as indirect object instead of "le"*

lola nf *RP Fam* tit

loma nf hillock

lombarda nf [verdura] red cabbage

Lombardía n Lombardy

lombardo, -a adj & nm,f [de Lombardía] Lombard

lombriz nf **~ (de tierra)** worm, earthworm ▸ **~ (intestinal)** worm, threadworm ▸ **tener lombrices** to have worms

Lomé n Lomé

lomo nm **1.** [de animal] back ▸ **a lomos de** astride, riding **2.** [carne] loin **3.** [de libro] spine **4.** *Fam* [de persona] loins, lower back **5.** [de cuchillo] blunt edge

lona nf canvas ▸ **una ~** a tarpaulin

loncha nf slice / [de beicon] rasher

lonchar vi *MÉX* to have one's lunch

lonchería nf *MÉX, VEN* snack bar

lonchero, -a nm,f *MÉX, VEN* snack bar attendant

londinense ■ adj London ▸ **las calles londinenses** the London streets, the streets of London
■ nmf Londoner

Londres n London

loneta nf sailcloth

longaniza nf = *type of spicy cold pork sausage*

longevidad nf longevity

longevo, -a adj long-lived

longitud nf **1.** [dimensión] length / *Fam* [distancia] distance ▸ **tiene medio metro de ~** it's half a metre long ▸ **~ de onda** wavelength **2.** ASTRON & GEOG longitude

longitudinal adj longitudinal, lengthways

long play ['lomplei] (pl **long plays**) nm LP, album

longui nmf, ***longuis*** nmf inv *ESP Fam* **hacerse el ~** to act dumb, to pretend not to understand

lonja nf **1.** [loncha] slice **2.** [edificio] exchange ▸ *ESP* **~ de pescado** fish market

lontananza nf background ▸ **en ~** in the distance

look [luk] (pl **looks**) nm *Fam* style

loor nm **fue recibido en ~ de multitudes** he was welcomed by enraptured crowds

loquero *Fam* nm **1.** [manicomio] loony-bin, madhouse **2.** *AM* [alboroto] commotion, uproar

lord (pl **lores**) nm lord

loro nm **1.** [animal] parrot **2.** *Fam* [charlatán] chatterbox **3.** *ESP Fam* [aparato de música] sounds, = *radio and/or cassette or CD player* **4.** *ESP Fam* **estar al ~** [alerta] to keep one's ears *o* eyes open / [enterado] to be well up (on what's happening) ▸ **si no estamos al ~, no conseguiremos entradas** if we're not quick off the mark we won't get tickets ▸ **¡al ~ con Luis!** be careful with Luis!

los ■ art *ver* ***el***
■ pron *ver* ***lo***[1]

losa nf [piedra] paving stone, flagstone / [de tumba] tombstone

loseta nf floor tile

lote nm **1.** [parte] share **2.** [conjunto] batch, lot ▸ **un ~ de libros** a set of books **3.** *ESP Fam* **darse** *o* **pegarse el ~ (con)** to neck (with), *BR* to snog

lotería nf **1.** [sorteo] lottery ▸ **jugar a la ~** to play the lottery ▸ **le tocó la ~** she won the lottery ▸ *también Irónico* **con esa novia que tiene le ha tocado la ~** he's really hit the jackpot with that girlfriend of his ▸ **es una ~** [es aleatorio] it's a lottery ▸ **Lotería Nacional** = *state-run lottery in which prizes are allocated to randomly chosen five-figure numbers* ▸ *ESP* **~ primitiva** weekly state-run lottery, *BR* ≃ National Lottery **2.** [juego de mesa] lotto

lotero, -a nm,f seller of lottery tickets

loto ■ nf *ESP Fam* = *weekly state-run lottery, BR* ≃ National Lottery
■ nm [planta] lotus

loza nf **1.** [material] earthenware / [porcelana] china **2.** [objetos] crockery

lozanía nf **1.** [de plantas] luxuriance **2.** [de persona] youthful vigour

lozano, -a adj **1.** [planta] lush, luxuriant **2.** [persona] youthfully vigorous

LSD nm LSD

Luanda n Luanda

lubina nf sea bass

lubricación nf lubrication

lubricante, lubrificante ■ adj lubricating
■ nm lubricant

lubricar [59], ***lubrificar*** [59] vt to lubricate

lubricidad nf lewdness

lúbrico, -a adj lewd, salacious

lubrificante ➤ ***lubricante***

lubrificar ➤ ***lubricar***

lucense ■ adj of/from Lugo
■ nmf person from Lugo

lucero nm bright star ▸ **~ del alba/de la tarde** morning/evening star ▸ **como un ~** as bright as a new pin

lucha nf [combate, enfrentamiento] fight / [esfuerzo] struggle ▸ **la ~ contra el cáncer** the fight against cancer ▸ **~ de clases** class struggle *o* war ▸ **~ libre** all-in wrestling

luchador, -ora ■ adj **ser muy ~** to be a fighter *o* battler
■ nm,f DEP wrestler / [persona tenaz] fighter

luchar vi [combatir] to fight / [esforzarse] to struggle ▸ **~ contra** to fight (against) ▸ **~ por** to fight for

lucidez nf lucidity, clarity

lucido, -a adj splendid

lúcido, -a adj lucid

luciérnaga nf glow-worm

Lucifer nm Lucifer

lucimiento nm [de ceremonia] sparkle / [de actriz] brilliant performance

lucio nm pike

lucir [39] ■ vi **1.** [brillar] to shine **2.** [quedar bonito] to look good ▸ **luce mucho en el salón** it looks really good in the lounge ▸ **luce mucho decir que hablas cinco idiomas** being able to say that you speak five languages looks really good **3.** [rendir] **no me lucían tantas horas de trabajo** I didn't have much to show for all those hours I worked ▸ **dijo que estudió mucho para el examen – pues no le ha lucido** he said he studied very hard for the exam – well, it hasn't done him much good **4.** *AM* [parecer] to look ▸ **luce muy joven** she looks very young

■ vt [llevar] to wear, to sport / [exhibir] to show off, to sport

◆ ***lucirse*** vpr [destacar] to shine (**en** at) ▸ **a la hora de cocinar, siempre se luce** he's a real star when he gets in the kitchen ▸ *Irónico* **te has lucido** you've excelled yourself!

lucrarse vpr to make money (for oneself)

lucrativo, -a adj lucrative ▸ **no ~** non profit-making

lucro nm profit, gain

luctuoso, -a adj sorrowful, mournful

lucubración nf **1.** [reflexión] cogitation **2.** [imaginación] brainwave, harebrained idea ▸ **no son más que lucubraciones suyas** it's just a lot of nonsense he's dreamed up

lucubrar vt to cogitate about, to consider deeply

lúdico, -a adj of enjoyment, of pleasure ▸ **actividades lúdicas** leisure activities

ludo nm *RP* ludo

ludópata nmf = *pathological gambling addict*

ludopatía nf = *pathological addiction to gambling*

ludoteca nf toy library

luego ■ adv **1.** [a continuación] then, next ▸ **primero aquí y ~ allí** first here and then there ▸ **~ de** after ▸ **~ que** as soon as **2.** [más tarde] later ▸ **os veré ~** I'll see you later ▸ **¡hasta ~!** see you (later)! ▸ **hazlo ~** do it later **3.** *CHILE, MÉX, VEN* [pronto] soon / *MÉX Fam* **~ ~** right away

■ conj [así que, por lo tanto] so, therefore ▸ **pienso, ~ existo** I think, therefore I am

lugar nm **1.** [sitio] place / [del crimen, accidente] scene / [para acampar, merendar] spot ▸ **en algún ~** somewhere ▸ **no lo veo por ningún ~** I can't see it anywhere ▸ **vuelve a ponerlo todo en su ~** put everything back where it belongs ▸ **yo en tu ~** if I were you ▸ *Fig* **fuera de ~** out of place ▸ **~ de encuentro** meeting place ▸ **~ de trabajo** place of work **2.** [localidad] place, town ▸ **las gentes del ~** the local people ▸ **~ de nacimiento** place of birth **3.** [puesto] position ▸ **en primer/segundo ~** in the first/second place, firstly/secondly **4.** [espacio libre] room, space ▸ **aquí ya no hay ~ para más gente** there's no room for anyone else here **5.** [expresiones] **dar ~ a** to bring about, to cause ▸ **sin ~ a dudas** without doubt, undoubtedly ▸ **tener ~** to take place ▸ **~ común** platitude, commonplace

◆ ***en lugar de*** loc prep instead of

lugareño, -a ■ adj village ▸ **vino ~** local wine

■ nm,f villager

lugarteniente nm deputy

lúgubre adj gloomy, mournful

lujo nm **1.** [fastuosidad] luxury ▸ **a todo ~** with no expense spared ▸ **de ~** luxury ▸ **un hotel de ~** a luxury hotel ▸ **hoy contamos con un invitado de ~** we have a really special guest today ▸ **permitirse el ~ de algo/de hacer algo** to be able to afford sth/to do sth ▸ **~ asiático** undreamt-of opulence *o* luxury **2.** [profusión] profusion ▸ **con todo ~ de detalles** in great detail

lujoso, -a adj luxurious

lujuria nf lust

> FALSO AMIGO / FALSE FRIEND
>
> ***lujuria***
>
> Luxury is not a translation of the Spanish word *lujuria*. Luxury is translated by *lujo*.

lujurioso, -a ■ adj lecherous

■ nm,f lecher

lumbago nm lumbago

lumbar adj lumbar

lumbre nf fire ▸ **dar ~ a alguien** to give sb a light ▸ **encender la ~** to light the fire

lumbrera nf *Fam* genius

luminaria nf **1.** [luz] light / [en iglesia] altar lamp **2.** *esp AM* [sabio] luminary **3.** *AM* [persona importante] celebrity

lumínico, -a adj light ▸ **energía lumínica** light energy

luminiscencia nf luminescence

luminosidad nf brightness

luminoso, -a adj **1.** [con luz] bright ▸ **fuente luminosa** light source **2.** [idea] brilliant

luminotecnia nf lighting

luminotécnico, -a nm,f lighting specialist

lumpen nm **el ~** the underclass

luna nf **1.** [astro] moon ▸ **la Luna** the Moon ▸ **media ~** half moon ▸ *Fig* **estar en la ~** to be miles away ▸ *Fig* **pedir la ~** to ask the impossible ▸ **~ creciente** crescent moon *(when waxing)* ▸ **~ llena** full moon ▸ **~ menguante** crescent moon *(when waning)* ▸ **~ nueva** new moon **2.** [cristal] window (pane) / [espejo] mirror **3. ~ de miel** [de novios] honeymoon ▸ **las relaciones entre los dos países atraviesan una ~ de miel** relations between the two countries are going through a honeymoon period

lunar ■ adj lunar

■ nm **1.** [en la piel] mole, beauty spot **2.** [en telas] spot ▸ **a lunares** spotted

lunático, -a ■ adj crazy

■ nm,f lunatic

lunch [lantʃ] (pl **lunches**) nm buffet lunch

lunes nm inv Monday / *ver también* ***sábado***

luneta nf [de vehículo] *BR* windscreen, *US* windshield ▸ **~ trasera** rear *BR* windscreen *o* *US* windshield ▸ **~ térmica** *BR* demister, *US* defogger

lunfardo nm = *Buenos Aires slang*

lupa nf magnifying glass

lupanar nm *Formal* brothel

lúpulo nm hops

Lusaka n Lusaka

lusitano, -a, luso, -a adj & nm,f **1.** [de Lusitania] Lusitanian **2.** [de Portugal] Portuguese

lustrabotas nmf inv, ***lustrador, -ora*** nm,f *ANDES, RP* [persona] shoeshine, *BR* bootblack

lustramuebles nm inv *CSUR* furniture polish

lustrar vt to polish

lustre nm **1.** [brillo] shine ▸ **dar ~ a** to polish **2.** [gloria] glory

lustro nm five-year period

lustroso, -a adj shiny

luteranismo nm REL Lutheranism

luterano, -a adj & nm,f REL Lutheran

luto nm mourning ▸ **estar de ~** to be in mourning

luxación nf MED dislocation

Luxemburgo n Luxembourg

luxemburgués, -esa ■ adj Luxembourg ▸ **costumbres luxemburguesas** Luxembourg customs ■ nm,f Luxembourger

Luxor n Luxor

luz nf **1.** [foco, energía, luminosidad] light / [destello] flash (of light) ▸ **apagar la ~** to switch off the light ▸ **estas farolas dan poca ~** these streetlights don't shine very brightly *o* aren't very bright ▸ **a la ~ de** in the light of ▸ **a plena ~ del día** in the full light of day ▸ **arrojar ~ sobre** to shed light on ▸ **a todas luces** whichever way you look at it ▸ **dar a ~ (un niño)** to give birth (to a child) ▸ **dar ~ verde** to give the green light *o* the go-ahead ▸ **sacar a la ~** to bring to light ▸ **~ natural** [del sol] natural light **2.** [electricidad] electricity ▸ **cortar la ~** to cut off the electricity supply ▸ **encender** *o* *ESP* **dar la ~** to switch on the light ▸ **se ha ido la ~** the lights have gone out ▸ **pagar (el recibo de) la ~** to pay the electricity (bill) **3. luces** [de automóvil] lights ▸ **darle las luces a alguien** to flash (one's lights) at sb ▸ **luces de emergencia** *BR* hazard (warning) lights, *US* emergency lights ▸ **poner las luces largas** *o* **de carretera** to put one's headlights on *BR* full *o* *US* high beam ▸ **luces cortas** *o* **de cruce** *BR* dipped headlights, *US* low beams ▸ **luces de freno** brake lights ▸ **luces de posición** sidelights ▸ **luces de señalización** traffic lights ▸ **luces de situación** sidelights ▸ **luces traseras** *BR* rear lights, *US* tail-lights **4.** HIST **las Luces** the Enlightenment **5.** [inteligencia] **luces** intelligence ▸ **de pocas luces** dim-witted

luzca *etc ver* ***lucir***

lycra® nf Lycra®

Lyon n Lyons, Lyon

M, m ['eme] nf **1.** [letra] M, m **2.** *Fam* **lo mandé a la m...** I told him where to go...

m (abrev de ***metro***) m

maca nf **1.** [de fruta] bruise **2.** [de objetos] flaw

macabeo, -a adj *Fam* **ser un rollo ~** to be a real bore *o* drag

macabro, -a adj macabre

macaco, -a nm,f [animal] macaque

macana *Fam* nf **1.** *CSUR, PERÚ, VEN* [disparate] stupid thing ▸ **decir macanas** to talk nonsense **2.** *ANDES, RP, VEN* [fastidio] pain, drag ▸ **¡qué ~!** what a pain *o* drag!

macanudo, -a adj *Fam* **1.** *ANDES, RP* [bueno] great, terrific **2.** *ANDES, VEN* [grande, fuerte] **es un tipo ~** he's a great hulk of a man

macarra *ESP Fam* ■ adj loutish, *BR* yobbish
■ nm **1.** [de prostitutas] pimp **2.** [matón] lout, *BR* yob

macarrón nm **1. macarrones** [pasta] macaroni **2.** [dulce] macaroon **3.** [tubo] sheath *(of cable)*

macarrónico, -a adj *Fam* macaronic

Macedonia n Macedonia

macedonia nf **~ (de frutas)** fruit salad

macedonio, -a ■ adj & nm,f Macedonian
■ nm [lengua] Macedonian

maceración nf CULIN soaking, maceration

macerar vt CULIN to soak, to macerate

maceta nf **1.** [tiesto] flowerpot **2.** [herramienta] mallet

macetero nm flowerpot holder

machaca nmf *ESP Fam* **1.** [pesado] pain, bore **2.** [trabajador] dogsbody

machacador, -ora adj crushing

machacadora nf crusher

machacar [59] ■ vt **1.** [desmenuzar] to crush **2.** *ESP Fam* [estudiar] to bone up on, *BR* to swot up on
■ vi *Fam* [insistir] to go on and on (**sobre** about)

machacón, -ona *Fam* ■ adj tiresome
■ nm,f pain, bore

machaconería nf *Fam* annoying insistence ▸ **su ~ me tiene harto** I'm fed up with the way she just won't let it drop

machada nf act of bravado

machamartillo: a machamartillo loc adv very firmly ▸ **creer algo a ~** to be firm in one's belief of sth

machetazo nm [golpe] machete blow / [herida] machete wound

machete nm **1.** [arma] machete **2.** *ARG Fam* [chuleta] crib note

machetear vt to cut *o* strike (with a machete)

machihembrado nm tongue and groove

machismo nm male chauvinism, machismo

machista adj & nmf male chauvinist

macho ■ adj **1.** BIOL male ▸ **un hipopótamo ~** a male hippopotamus **2.** *Fam* [hombre] macho ▸ *Fam* **es muy ~** he's a real man
■ nm **1.** BIOL male ▸ **~ cabrío** billy goat / *Fig* [hombre] macho man, he-man **2.** ELEC [enchufe] (male) plug, jack plug / [pata de enchufe] pin **3.** *ESP Fam* [como apelativo] **¡oye, ~!** *BR* hey, mate!, *US* hey, buddy! ▸ **¡mira, ~, cómo llueve!** Jesus, look at that rain! ▸ **¡~, a ver si te callas!** just shut up will you *BR* mate *o US* buddy?

machote, -a ■ adj *Fam* brave
■ nm,f *Fam* [niño] big boy, *f* big girl
■ nm *CAM, MÉX* [modelo] rough draft

macilento, -a adj wan

macizo, -a ■ adj solid ▸ *Fam* **estar ~** [hombre] to be hunky / [mujer] to be gorgeous
■ nm **1.** GEOG massif **2.** [de plantas] flowerbed ▸ **~ de rosas** rose bed

macramé nm macramé

macro ■ nf INFORM macro
■ nm FOT macro

macro- prefijo macro- ▸ **macrocárcel** super prison

macrobiótica nf macrobiotics

macrobiótico, -a adj macrobiotic

macrocefalia nf MED macrocephaly

macroconcierto nm big concert

macroeconomía nf macroeconomics

macroencuesta nf large-scale opinion poll

macrofestival nm = *large open-air music festival*

macroproceso nm super-trial *(of important case with many defendants)*

mácula nf *Formal* blemish

macuto nm backpack, knapsack

Madagascar n Madagascar

Madeira n Madeira

madeja nf hank, skein

madera nf **1.** [en árbol] wood / [en carpintería] timber, *US* lumber ▸ **~ de pino** pinewood ▸ **de ~** wooden ▸ *Fam Fig* **tocar ~** *BR* to touch wood, *US* to knock on wood ▸ **~ contrachapada** plywood ▸ **~ noble** fine wood **2.** [tabla] piece of wood **3.** [cualidades] **tener ~ de algo** to have the makings of sth ▸ **tener ~ para algo** to have what it takes for sth **4.** *ESP muy Fam* [policía] **la ~** the pigs

maderaje, maderamen nm CONSTR timbers

maderero, -a ■ adj timber, *US* lumber ▸ **industria maderera** timber *o US* lumber industry
■ nm,f timber merchant

madero nm **1.** [tabla] (piece of) timber *o US* lumber **2.** *ESP muy Fam* [agente de policía] pig

madrás nm inv [tejido] madras

madrastra nf stepmother

madraza nf *Fam* = *indulgent or doting mother*

madrazo nm *MÉX* hard blow

madre nf **1.** [mujer, hembra] mother ▸ **es ~ de tres niños** she's a mother of three ▸ **Alicia va a ser ~** Alicia's going to have a baby ▸ **~ adoptiva** foster mother ▸ **~ de alquiler** surrogate mother ▸ **~ biológica** natural mother ▸ **la ~ patria** the motherland ▸ **~ política** mother-in-law ▸ **~ soltera** single mother ▸ REL **~ superiora** mother superior **2.** [cauce] bed ▸ **salirse de ~** [río] to burst its banks / *Fig* [persona] to go too far **3.** [expresiones] **¡~ mía!** Jesus!, Christ! ▸ *Fam* **éramos ciento y la ~** there were hundreds of us there ▸ *muy Fam* **¡la ~ que te parió!** you bastard! ▸ *MÉX* **dar a alguien en la ~** to kick sb's head in ▸ *MÉX Fam* **me vale ~** I couldn't give a damn *o BR* a toss ▸ *Fam Fig* **ser la ~ del cordero** to be at the very root of the problem

madrear vt *MÉX Fam* **1.** [golpear] **~ a alguien** to knock the hell out of sb **2.** [estropear] to bust, to jigger

madreperla nf [ostra] pearl oyster / [nácar] mother-of-pearl

madreselva nf honeysuckle

Madrid n Madrid

madrigal nm LIT & MÚS madrigal

madriguera nf [de animal] & *Fig* den / [de conejo] burrow, rabbit hole

madrileño, -a ■ adj of/from Madrid
■ nm,f person from Madrid

madrina nf [de bautizo] godmother / [de boda] ≃ matron of honour / [de barco] = *woman who launches ship*

madroño nm [árbol] strawberry tree / [fruto] strawberry-tree berry

madrugada nf **1.** [amanecer] dawn ▸ **de ~** at dawn **2.** [noche] early morning ▸ **las tres de la ~** three in the morning

madrugador, -ora ■ adj early-rising
■ nm,f early riser

madrugar [38] vi **1.** [levantarse] to get up early ▸ *Prov* **no por mucho ~ amanece más temprano** time must take its course ▸ *Prov* **al que madruga, Dios le ayuda** the early bird catches the worm **2.** [ocurrir pronto] **los goles madrugaron** it wasn't long before the goals started flowing

madrugón nm *Fam* early rise ▸ **darse un ~** to get up dead early

maduración nf [de fruta] ripening

madurar ■ vt **1.** [fruto] to ripen **2.** [persona] to mature **3.** [idea, proyecto] to think through
■ vi **1.** [fruto] to ripen **2.** [persona] to mature

madurez nf **1.** [de fruto] ripeness **2.** [edad adulta] adulthood **3.** [sensatez, juicio] maturity

maduro, -a adj **1.** [fruto] ripe ▸ *Fig* **este poema aún no está ~ para ser publicado** this poem isn't ready for publication yet **2.** [persona] mature ▸ **le gustan los hombres maduros** she likes mature *o* older men ▸ **de edad madura** middle-aged

maestranza nf MIL arsenal

maestrazgo nm HIST = *office and territory of the master of a military order*

maestría nf **1.** [habilidad] mastery, skill **2.** *AM* [título] master's degree

maestro, -a ■ adj **1.** [excelente] masterly **2.** [principal] main ▸ **llave maestra** passkey, master key
■ nm,f **1.** [en colegio] teacher ▸ **~ de escuela** schoolmaster, *f* schoolmistress **2.** *MÉX* [en universidad] *BR* lecturer, *US* professor **3.** [en oficio] master ▸ **un ~ de la cocina francesa** a master of French cuisine ▸ **~ carpintero/albañil** master carpenter/builder **4.** [en música] maestro / [en ajedrez] master **5.** [director] **~ de ceremonias** master of ceremonies ▸ **~ de obras** foreman **6.** TAUROM matador

mafia nf mafia ▸ **la Mafia** the Mafia, the Mob

mafioso, -a ■ adj mafia ▸ **organización mafiosa** mafia organization
■ nm,f mafioso

magazine nm magazine

magdalena nf fairy cake ▸ **llorar como una ~** to cry one's eyes out

magenta adj inv & nm magenta

magia nf magic ▸ **~ blanca/negra** white/black magic

magiar ■ adj & nmf Magyar
■ nm [lengua] Magyar

mágico, -a adj [palabras, alfombra, varita] magic / [momento, situación] magical

magisterio nm **1.** [título] teaching certificate **2.** [enseñanza] teaching **3.** [profesión] teaching profession

magistrado, -a nm,f [juez] judge

magistral adj **1.** [de maestro] magisterial **2.** [excelente] masterly

magistratura nf DER **1.** [oficio] judgeship **2.** [jueces] magistrature **3.** [tribunal] tribunal ▸ *ESP* ~ **de trabajo** industrial tribunal

magma nm magma

magnanimidad nf magnanimity

magnánimo, -a adj magnanimous

magnate nm magnate ▸ ~ **del petróleo/de la prensa** oil/press baron

magnesia nf magnesia

magnesio nm QUÍM magnesium

magnético, -a adj *también Fig* magnetic

magnetismo nm *también Fig* magnetism

magnetizar [14] vt to magnetize / *Fig* to mesmerize

magnetofónico, -a adj [cinta] magnetic

magnetófono nm tape recorder

magnetoscopio nm video recorder

magnicida nmf assassin *(of somebody important)*

magnicidio nm assassination *(of somebody important)*

magnificar [59] vt [ensalzar] to praise highly

magnificencia nf magnificence

magnífico, -a adj **1.** [muy bueno] [idea, invento, oportunidad] wonderful, magnificent ▸ **una habitación con magníficas vistas al mar** a room with a magnificent view of the sea ▸ **tus amigos son una gente magnífica** your friends are wonderful ▸ **llegaré a las ocho – ¡~!** I'll be there at eight – splendid! **2.** [grandioso, espléndido] great, fantastic ▸ **¡con esa falda estás magnífica!** you look great *o* fantastic in that skirt!

magnitud nf magnitude

magno, -a adj great

magnolia nf magnolia

magnolio nm magnolia (tree)

mago, -a nm,f [prestidigitador] magician / [en cuentos, leyendas] wizard

magra nf slice

magrear *ESP muy Fam* vt to fondle, to grope
◆ ***magrearse*** vpr *BR* to snog, *US* to neck

Magreb nm **el** ~ the Maghreb, = *Morocco, Algeria and Tunisia*

magrebí (pl **magrebíes** *o* **magrebís**) adj & nmf Maghrebi

magreo nm *ESP muy Fam BR* groping, *US* necking

magro, -a ■ adj **1.** [sin grasa] lean **2.** [pobre] poor
■ nm lean meat

maguey nm maguey

magullado, -a adj bruised

magulladura nf bruise

magullar vt to bruise

maharajá [mara'χa] nm maharajah

maharaní [mara'ni] (pl **maharaníes**) nf maharani

Mahoma n Mohammed

mahometano, -a adj & nm,f Muslim

mahonesa nf mayonnaise

maicena® nf *BR* cornflour, *US* cornstarch

mail ['mail, 'meil] (pl **mails**) nm INFORM e-mail message ▸ **enviar un ~ a alguien** to e-mail sb

mailing ['meilin] (pl **mailings**) nm COM mailshot ▸ **hacer un ~** to do a mailshot

maillot [ma'jot] (pl **maillots**) nm **1.** [prenda femenina] maillot **2.** [en ciclismo] jersey ▸ **~ amarillo** yellow jersey

maitines nmpl REL matins

maître ['metre] nm *BR* head waiter, *US* maître d'

maíz nm [planta] *BR* maize, *US* (Indian) corn / [utilizado en cocina] *BR* sweetcorn, *US* corn ▸ **~ tostado** = *toasted, salted maize kernels*

maizal nm *BR* maize field, *US* cornfield

maizena® nf *BR* cornflour, *US* cornstarch

majadería nf idiocy

majadero, -a nm,f idiot

majar vt [machacar] to crush / [moler] to grind

majareta, *ESP* ***majara*** *Fam* ■ adj nutty
■ nmf nutcase

majestad nf majesty ▸ **Su Majestad** His/Her Majesty

majestuosidad nf majesty

majestuoso, -a adj majestic

majo, -a ■ adj *ESP Fam* **1.** [simpático] nice **2.** [bonito] pretty **3.** [como apelativo] **¡oye, majo, déjame ya!** look, leave me alone, will you? ▸ **bueno, majos,...** right guys,...
■ nm,f ARTE & HIST = *lower-class native of 18th-19th century Madrid, characterized by colourful traditional dress and proud manner*

majorette [majo'ret] nf majorette

mal ■ adj *ver* ***malo***
■ nm **1.** [maldad, perjuicio] **el ~** evil ▸ **un ~ necesario** a necessary evil ▸ **el ~ menor** the lesser of two evils **2.** [daño] harm, damage ▸ **no te hará ningún ~ salir un rato** it won't harm you *o* it won't do you any harm to go out for a while ▸ **~ de ojo** evil eye **3.** [enfermedad] illness ▸ **~ de altura** *o* **montaña** altitude *o* mountain sickness ▸ **el ~ de las vacas locas** mad cow disease **4.** [expresiones] *Prov* **a grandes males, grandes remedios** drastic situations demand drastic action ▸ **del ~, el menos** it's the lesser of two evils ▸ *Prov* **~ de muchos, consuelo de todos** at least I'm not the only one ▸ *Prov* **no hay ~ que por bien no venga** every cloud has a silver lining
■ adv **1.** [incorrectamente] wrong ▸ **hacer algo ~** to do sth wrong ▸ **has escrito ~ esta palabra** you've spelt that word wrong ▸ **hiciste ~ en decírselo** it was wrong of you to tell him ▸ **portarse ~** to behave badly **2.** [inadecuadamente] badly ▸ **la conferencia/reunión salió ~** the talk/meeting went badly ▸ **~ vestido** badly dressed ▸ **oigo/veo ~** I can't hear/see very well ▸ **esta puerta cierra ~** this door doesn't shut properly **3.** [expresa opinión desfavorable] **estar ~** [de salud] to be *o* feel ill / [de calidad] to be bad ▸ **está ~ eso que has hecho** what you've done is wrong ▸ **oler/saber ~** to smell/taste bad ▸ **pasarlo ~** to have a bad time ▸ **sentar ~ a alguien** [ropa] not to suit sb / [comida] to disagree with sb / [comentario, actitud] to upset sb

4. [difícilmente] hardly ▸ **~ puede saberlo si no se lo cuentas** he's hardly going to know it if you don't tell him **5.** [expresiones] **ir de ~ en peor** to go from bad to worse ▸ **no estaría ~ que...** it would be nice if... ▸ **estar a ~ con alguien** to have fallen out with sb ▸ **tomar algo a ~** to take sth the wrong way ▸ **~ que bien** somehow or other ▸ **~ que te pese, las cosas están así** whether you like it or not, that's the way things are

malabar adj **juegos malabares** juggling

malabarismo nm *también Fig* juggling ▸ **hacer malabarismos** to juggle

malabarista nmf juggler

malacostumbrado, -a adj spoiled

malacostumbrar vt to spoil

málaga nm [vino] Malaga (wine)

malagueño, -a ■ adj of/from Málaga
■ nm,f person from Málaga

malaleche nmf *ESP muy Fam* [persona] *BR* nasty git, *US* mean son of a bitch

malandrín, -ina ■ adj wicked, evil
■ nm,f scoundrel

malapata nmf *ESP Fam* [persona] clumsy oaf

malaquita nf malachite

malaria nf malaria

malasangre nmf *Fam* [persona] **ser un ~** to be a bit of a bastard

Malasia n Malaysia

malasio, -a adj Malaysian

malasombra nmf *ESP Fam* [persona] pest

Malaui n Malawi

malayo, -a ■ adj & nm,f Malay, Malayan
■ nm [lengua] Malay, Malayan

malcomer vi to eat poorly

malcriado, -a ■ adj spoiled
■ nm,f spoilt brat

malcriar [32] vt to spoil

maldad nf **1.** [cualidad] evil **2.** [acción] evil thing

maldecir [51] ■ vt to curse
■ vi to curse ▸ **~ de** to speak ill of

maldición nf curse

maldiga *etc ver* ***maldecir***

maldijera *etc ver* ***maldecir***

maldito, -a adj **1.** [condenado] cursed, damned **2.** *Fam* [para enfatizar] damned ▸ **¡maldita sea!** damn it!

Maldivas nfpl **las (Islas) ~** the Maldives

maleable adj *también Fig* malleable

maleado, -a adj gone to the bad, led astray

maleante ■ adj wicked
■ nmf crook

malear vt to corrupt

malecón nm [muelle] jetty

maledicencia nf [difamación] slander

maleducado, -a ■ adj rude
■ nm,f rude person

maleficio nm curse

maléfico, -a adj evil

malenseñado, -a adj *CSUR* rude, bad-mannered

malentendido nm misunderstanding

malestar nm **1.** [indisposición] upset, discomfort ▸ **sentir ~ (general)** to feel unwell ▸ **siento un ~ en el estómago** I've got an upset stomach **2.** [inquietud] uneasiness, unrest

maleta nf suitcase ▸ **hacer** *o* **preparar la ~** to pack (one's bags)

maletero nm *ESP, CUBA*, ***maletera*** nf *ANDES* [de automóvil] *BR* boot, *US* trunk

maletilla nmf TAUROM apprentice bullfighter

maletín nm briefcase

malevolencia nf malevolence, wickedness

malévolo, -a adj malevolent, wicked

maleza nf [arbustos] undergrowth / [malas hierbas] weeds

malformación nf MED malformation

malgache adj & nmf Madagascan, Malagasy

malgastar vt [dinero, tiempo] to waste

malgenioso, -a adj *CHILE, MÉX* ill-tempered, irritable

malhablado, -a ■ adj foul-mouthed
■ nm,f foul-mouthed person

malhechor, -ora adj & nm,f criminal

malherir [62] vt to injure seriously

malhumor nm bad mood

malhumorado, -a adj [de mal carácter] bad-tempered / [enfadado] in a bad mood

Malí, Mali n Mali

malicia nf **1.** [mala intención] malice **2.** [agudeza] sharpness, alertness

maliciarse vpr **1.** [sospechar] to suspect **2.** [malear] to go bad, to become spoiled

malicioso, -a adj **1.** [malintencionado] malicious **2.** [avispado] sharp, alert

malignidad nf malignance

maligno, -a adj malignant

malintencionado, -a ■ adj ill-intentioned
■ nm,f ill-intentioned person

malinterpretar vt to misinterpret, to misunderstand

malla nf **1.** [tejido] mesh ▸ **~ de alambre, ~ metálica** wire mesh **2.** [red] net ▸ **las mallas** [en fútbol] the net **3.** *ECUAD, PERÚ, RP* [traje de baño] swimsuit **4.** *ESP* **mallas** [de gimnasia] leotard / [de ballet] tights

Mallorca n Majorca

mallorquín, -ina adj & nm,f Majorcan

malnacido, -a ■ adj undesirable, nasty
■ nm,f nasty type

malnutrición nf malnutrition

malnutrido, -a adj undernourished

malo, -a

> **Mal** is used instead of **malo** before singular masculine nouns (e.g. **un mal ejemplo** a bad example). The comparative form of **malo** (= worse) is **peor**, the superlative forms (= the worst) are **el peor** (masculine) and **la peor** (feminine).

■ adj **1.** [en general] bad / [calidad] poor, bad ▸ **ser de mala calidad** to be poor quality ▸ **lo ~ es que...** the problem is (that)... ▸ *AM* **mala palabra** swearword **2.** [travieso] naughty / [malicioso, malvado] wicked, evil ▸ **¡no seas ~ y obedece!** be good and do as I say! **3.** [enfermo] ill, sick ▸ **estar/ponerse ~** to be/fall ill ▸ *Fig* **poner ~ a alguien** to drive sb mad **4.** [desagradable] bad ▸ **mal tiempo** bad weather ▸ **hace mal tiempo** the weather's bad **5.** [podrido, pasado] bad, off ▸ **estar/ponerse ~** to be *o* go off **6.** [uso enfático] **ni un mal trozo de pan** not even a crust of bread ▸ **no había ni un mal bar en el pueblo** there wasn't a single bar to be found in the village

■ nm,f CINE **el ~** the villain, the baddie

◆ ***malas*** nfpl **ponerse a (las) malas con** to fall out with ▸ **estar de malas** to be in a bad mood ▸ **por las malas** by force

malogrado, -a adj [desaprovechado] wasted ▸ **un actor/futbolista ~** [muerto] an actor/footballer who died before fulfilling their promise ▸ **la malograda princesa** the late princess

malograr vt [desperdiciar] to waste

◆ ***malograrse*** vpr **1.** [fracasar] to fail **2.** [morir] to die before one's time

maloliente adj smelly

malparado, -a adj **salir ~ de algo** to come out of sth badly

malpensado, -a ■ adj [descreído] cynical / [calenturiento] dirty-minded

■ nm,f [descreído] cynic ▸ **es un ~** he always thinks the worst of people

malquerencia nf dislike

malsano, -a adj unhealthy

malsonante adj rude

Malta n Malta

malta nm malt

malteada nf *AM* milk shake

malteado, -a adj malted

maltés, -esa adj & nm,f Maltese

maltraer [66] vt **llevar** *o* **traer a ~** to cause headaches

maltratado, -a adj **1.** [persona] battered **2.** [objeto] damaged

maltratador, -ora nm, f abuser, batterer

maltratar vt **1.** [pegar, insultar] to ill-treat ▸ **maltrató a su mujer durante cinco años** he mistreated his wife over a five-year period ▸ **la novela fue maltratada por la crítica** the novel was mauled by the critics **2.** [estropear] to damage

maltrato nm ill-treatment ▸ **~ psicológico** psychological abuse

maltrecho, -a adj battered

malva ■ adj inv mauve

■ nf mallow ▸ *Fam Fig* **criar malvas** to push up daisies

■ nm [color] mauve

malvado, -a ■ adj evil, wicked

■ nm,f villain, evil person

malvavisco nm marshmallow

malvender vt to sell at a loss

malversación nf **~ (de fondos)** embezzlement (of funds)

malversador, -ora nm,f embezzler

malversar vt to embezzle

Malvinas nfpl **las (islas) ~** the Falkland Islands, the Falklands

malviviente nmf *CSUR* criminal

malvivir vi to live badly, to scrape together an existence

mama nf **1.** [de mujer] breast / [de animal] udder **2.** *Fam* [madre] mum, mummy

mamá nf *Fam BR* mum, *US* mom / *COL, MÉX Fam* **~ grande** grandma

mamada nf **1.** [de bebé] (breast)feed, (breast)feeding **2.** *Vulg* blowjob

mamadera nf *RP* (baby's) bottle

mamado, -a adj *muy Fam* **1.** *ESP, RP* [borracho] shit-faced, plastered, *BR* pissed **2.** *ESP* [fácil] **estar ~** to be piss easy

mamar ■ vt **1.** [leche] to suckle ▸ *Fig* **lo mamó desde pequeño** [lo aprendió] he was immersed in it as a child **2.** *ESP muy Fam* [beber] to knock back

■ vi to suckle ▸ **dar de ~** to breastfeed

◆ ***mamarse*** vpr *ESP, RP muy Fam* [emborracharse] to get plastered

mamario, -a adj ANAT mammary

mamarrachada nf *Fam* stupid *o* idiotic thing

mamarracho nm *Fam* **1.** [fantoche] sight, mess **2.** [imbécil] idiot

mambo nm mambo

mameluco nm **1.** HIST mameluke **2.** *Fam* [torpe, necio] idiot **3.** *CSUR* [prenda] [con mangas] *BR* overalls, *US* coveralls / [de peto] *BR* dungarees, *US* overalls

mamífero, -a ■ adj mammal

■ nm mammal

mamografía nf MED **1.** [técnica] breast screening, *Espec* mammography **2.** [imagen] breast scan

mamón, -ona ■ adj **1.** [que mama] unweaned **2.** *muy Fam* [insulto] **¡qué ~ eres!** you *BR* prat *o US* jerk!

■ nm,f **1.** [que mama] unweaned baby **2.** *muy Fam* [insulto] *BR* prat, *US* jerk

mamotreto nm *Fam* **1.** [libro] hefty volume **2.** [objeto grande] unwieldy object

mampara nf screen

mamporro nm *Fam* [golpe] punch, clout / [al caer] bump

mampostería nf **muro de ~** dry-stone wall ▸ **obra de ~** rubblework masonry

mamut (pl **mamuts**) nm mammoth

maná nm inv REL manna ▸ *Fig* **como ~ caído del cielo** like manna from heaven

manada nf [rebaño] herd / [de lobos] pack / [de ovejas] flock / [de leones] pride / *Fam* [de gente] crowd, mob

manager ['manajer] (pl **managers**) nmf manager

Managua n Managua

managüense ■ adj Managuan

■ nmf person from Managua

manantial nm [de agua] spring / *Fig* source

manar vi *también Fig* to flow (**de** from)

manatí (pl **manatíes** *o* **manatís**) nm manatee

manazas *Fam* ■ adj inv clumsy
■ nmf inv clumsy person

manceba nf *Anticuado* concubine

mancebo, -a nm,f **1.** [mozo] young man, *f* girl **2.** [en farmacia] assistant

mancha nf **1.** [de suciedad] stain, spot / [de tinta] blot / [de color] spot, mark ▸ **tienes una ~ en la camisa** you've got a stain on your shirt ▸ **una ~ de petróleo** [en el mar] an oil slick **2.** [en la piel] [por reacción] blotch / [de vejez] liver spot **3.** ASTRON **~ solar** sunspot **4.** [deshonra] blemish ▸ **este suspenso supondrá una ~ en su expediente** this fail will be a blot on his academic record

manchado, -a adj [sucio] dirty / [con manchas] stained / [emborronado] smudged

manchar ■ vt **1.** [ensuciar] to make dirty (**de** *o* **con** with) / [con manchas] to stain (**de** *o* **con** with) / [emborronar] to smudge (**de** *o* **con** with) **2.** [deshonrar] to tarnish
■ vi to stain ▸ **no toques la puerta, que la acaban de pintar y mancha** don't touch the door, it's just been painted and it's still wet
◆ ***mancharse*** vpr [ensuciarse] to get dirty ▸ **se ha manchado la pared** the wall has got dirty, there are stains on the wall ▸ **me manché el vestido de grasa mientras cocinaba** I got grease stains on my dress while I was cooking ▸ **el niño se ha manchado de barro los pantalones** the boy has got mud on his trousers

manchego, -a ■ adj of/from La Mancha
■ nm,f person from La Mancha
■ nm [queso] = *hard yellow cheese made in La Mancha*

mancillar vt *Formal* to tarnish, to sully

manco, -a adj **1.** [sin una mano] one-handed / [sin un brazo] one-armed ▸ *Fig* **no ser ~ para** *o* **en** to be pretty good *o* *BR* a dab hand at **2.** [incompleto] imperfect, defective

mancomunar vt to pool (together)
◆ ***mancomunarse*** vpr to join together, to unite

mancomunidad nf association

mancuerna nf **1.** [pesa] dumbbell **2.** *CAM, CHILE, COL, MÉX, VEN* [botón] cufflink

mandado, -a ■ nm,f [subordinado] underling ▸ *Fam* **yo sólo soy un ~** I'm only doing what I was told (to do)
■ nm [recado] errand

mandamás (pl **mandamases**) nmf *Fam BR* big boss, *US* head honcho

mandamiento nm **1.** [orden] order, command **2.** DER writ **3.** REL **los diez mandamientos** the Ten Commandments

mandanga nf *Fam* **1. mandangas** [tonterías] nonsense **2.** [hachís] dope, shit

mandar ■ vt **1.** [dar órdenes a] to order ▸ **la profesora nos ha mandado deberes/una redacción** the teacher has set *o* given us some homework/an essay ▸ **~ a alguien hacer algo** to order sb to do sth ▸ **~ hacer algo** to have sth done ▸ **¿quién te manda decirle nada?** who asked you to say anything to her? **2.** [enviar] to send ▸ **~ algo a alguien** to send sb sth, to send sth to sb ▸ **me mandó un correo electrónico** she sent me an e-mail, she e-mailed me **3.** [dirigir, gobernar] to lead, to be in charge of / [país] to rule **4.** *Fam* [lanzar] to send ▸ **mandó la jabalina más allá de los 90 metros** he sent the javelin beyond the 90 metre mark
■ vi **1.** [dirigir] to be in charge / [jefe de estado] to rule ▸ **aquí mando yo** I'm in charge here **2.** [dar órdenes] to order people around

mandarín nm **1.** [título] mandarin **2.** [dialecto] Mandarin

mandarina nf mandarin

mandarino nm mandarin tree

mandatario, -a nm,f representative, agent ▸ **primer ~** [jefe de Estado] head of state

mandato nm **1.** [orden, precepto] order, command ▸ DER **~ judicial** warrant **2.** [poderes de representación, disposición] mandate **3.** [tiempo] [de político] term of office / [reinado] period of rule

mandíbula nf jaw ▸ *Fam* **reír a ~ batiente** to laugh one's head off

mandil nm apron

mandioca nf **1.** [planta] cassava **2.** [fécula] tapioca

mando nm **1.** [poder] command, authority ▸ **estar al ~ (de)** to be in charge (of) **2.** [jefe] **alto ~** high command ▸ MIL **los mandos** the command ▸ **mandos intermedios** middle management **3.** [dispositivo] control ▸ **~ automático/a distancia** automatic/remote control

mandolina nf mandolin

mandón, -ona *Fam* ■ adj bossy
■ nm,f bossy boots

mandrágora nf mandrake

mandril nm **1.** [animal] mandrill **2.** [pieza] mandrel

manduca nf *ESP Fam* grub

manducar [59] vt & vi *Fam* to scoff

manecilla nf **1.** [del reloj] hand **2.** [cierre] clasp

manejable adj [persona, cosa] manageable / [herramienta] easy to use / [coche] manoeuvrable

manejar ■ vt **1.** [máquina, mandos] to operate / [caballo, bicicleta] to handle / [arma] to wield **2.** [datos] to handle / [conocimientos] to use, to marshal ▸ **maneja varios lenguajes de programación** she can use several programming languages ▸ **manejan información de primera mano** they use primary sources **3.** [negocio] to manage, to run / [gente] to handle **4.** [dominar] to boss about ▸ **maneja a su novio a su antojo** she can twist her fiancé round her little finger **5.** *AM* [vehículo] to drive
■ vi *AM* [en vehículo] to drive
◆ ***manejarse*** vpr [desenvolverse] to manage, to get by ▸ **no se maneja nada bien con las computadoras** he doesn't have much of an idea of how to use computers

manejo nm **1.** [de máquina, mandos] operation / [de armas, herramientas] use / [de caballo, bicicleta] handling ▸ **de fácil ~** user-friendly **2.** [de datos] handling / [de conocimientos] marshalling / [de idiomas] command **3.** [de negocio] management, running **4.** [intriga] intrigue **5.** *AM* [de automóvil] driving

manera nf **1.** [forma] way, manner ▸ **a ~ de** [como] as, by way of ▸ **a la ~ de** in the style of, after the fashion of ▸ **a mi ~ de ver** the way I see it ▸ **de cualquier ~** [sin cuidado] any old how / [de todos modos] anyway, in any case ▸ **de esta ~** in this way ▸ *ESP* **de mala ~** badly ▸ **lo hice de la misma ~ que ayer/tú** I did it the same way as yesterday/you ▸ **de ~ que** so (that) ▸ **de ninguna ~, en ~ alguna** [refuerza negación] by no means, under no circumstances / [respuesta exclamativa] no way!, certainly not! ▸ **de todas maneras** anyway ▸ **de una ~ o de otra** one way or another ▸ **en cierta ~** in a way ▸ **no hay ~** there is no way, it's impossible ▸ **¡contigo no hay ~!** you're impossible! ▸ **¡qué ~ de llover!** just look at that rain! ▸ **~ de pensar** way of thinking ▸ **~ de ser** way of being, nature **2. maneras** [modales] manners ▸ **buenas/malas maneras** good/bad manners

manga nf **1.** [de prenda] sleeve ▸ **en mangas de camisa** in shirt sleeves ▸ **un vestido sin mangas** a sleeveless dress ▸ *Fam* **~ por hombro** topsy-turvy, higgledy-piggledy ▸ *Fig* **sacarse algo de la ~** [improvisar] to make sth up on the spur of the moment / [idear] to come up with sth ▸ *Fig* **ser de ~ ancha, tener ~ ancha** to be over-indulgent ▸ *Fig* **tener** *o* **guardar algo en la ~** to have sth up one's sleeve ▸ **~ corta/larga** short/long sleeve ▸ **~ ranglan** raglan sleeve **2.** [manguera] hosepipe **3.** [filtro] muslin strainer **4.** [medidor de viento] wind sock **5.** [de pastelería] forcing *o* piping bag **6.** DEP stage, round

manganeso nm manganese

mangante *ESP Fam* ■ adj **1.** [sinvergüenza] good-for-nothing **2.** [ladrón] thieving
■ nmf **1.** [sinvergüenza] good-for-nothing, layabout **2.** [ladrón] thief

mangar [38] vt *ESP Fam* to pinch, *BR* to nick ▸ **~ algo a alguien** to pinch *o BR* nick sth from sb

manglar nf mangrove swamp

mango nm **1.** [asa] handle **2.** [árbol] mango tree / [fruta] mango **3.** *RP Fam* [dinero] cash ▸ **no tener un ~** not to have a bean, to be skint

mangonear vi *Fam* **1.** [entrometerse] to meddle **2.** [mandar] to push people around, to be bossy **3.** [manipular] to fiddle about

mangoneo nm *Fam* **1.** [intromisión] bossing *o* pushing around **2.** [manipulación] fiddling

mangosta nf mongoose

manguera nf hosepipe / [de bombero] fire hose

mangui *ESP Fam* ■ adj [no fiable] sneaky
■ nmf **1.** [ladrón] crook, thief **2.** [persona no fiable] crook

manguito nm **1.** [para el frío] muff **2.** [media manga] protective sleeve, oversleeve **3.** [para nadar] armband

maní (pl **manises**) nm *ANDES, CARIB, RP* peanut

manía nf **1.** [idea fija] obsession ▸ **~ persecutoria** persecution complex **2.** [mala costumbre] bad habit **3.** [afición exagerada] mania, craze **4.** *Fam* [ojeriza] dislike ▸ **coger ~ a alguien** to take a dislike to sb ▸ **tener ~ a alguien** not to be able to stand sb **5.** PSI mania

maniaco, -a, maníaco, -a ■ adj manic
■ nm,f maniac ▸ **~ sexual** sex maniac

maniacodepresivo, -a adj & nm,f manic-depressive

maniatar vt to tie the hands of

maniático, -a ■ adj fussy
■ nm,f fussy person ▸ **es un ~ del fútbol** he's football-crazy

manicomio nm *BR* mental *o* psychiatric hospital, *US* insane asylum

manicura nf [técnica] manicure ▸ **hacerle la ~ a alguien** to give sb a manicure

manicuro, -a nm,f [persona] manicurist

manido, -a adj [tema] hackneyed

manierismo nm ARTE mannerism

manierista adj & nmf ARTE mannerist

manifa nf *ESP Fam* demo

manifestación nf **1.** [de alegría, dolor] show, display / [de opinión] declaration, expression / [indicio] sign **2.** [por la calle] demonstration

manifestante nmf demonstrator

manifestar [3] vt **1.** [alegría, dolor] to show **2.** [opinión] to express
◆ ***manifestarse*** vpr **1.** [por la calle] to demonstrate **2.** [hacerse evidente] to become clear *o* apparent

manifiesto, -a ■ adj clear, evident ▸ **poner de ~ algo** [revelar] to reveal sth / [hacer patente] to make sth clear ▸ **ponerse de ~** [descubrirse] to become clear *o* obvious
■ nm manifesto

manija nf *esp AM* handle

Manila n Manila

manilargo, -a adj [generoso] generous

manileño, -a adj of/from Manila

manilla nf **1.** [del reloj] hand **2.** [tirador] handle **3.** [grilletes] manacle

manillar nm handlebars

maniobra nf **1.** [operación] manoeuvre ▸ **hacer maniobras** to manoeuvre **2.** MIL **maniobras** manoeuvres **3.** [treta] trick

maniobrar vi to manoeuvre

manipulación nf **1.** [de objeto] handling ▸ **~ de alimentos** food handling **2.** [de persona, datos] manipulation

manipulador, -ora ■ adj [dominador] manipulative
■ nm,f **1.** [operario] handler **2.** [dominador] manipulator

manipular vt **1.** [manejar] to handle **2.** [trastocar, dominar] to manipulate

maniqueísmo nm **1.** [doctrina] Manicheism **2.** [actitud] seeing things in black and white

maniqueo, -a ■ adj Manichean
■ nm,f Manichee

maniquí (pl **maniquíes**) ■ nm dummy
■ nmf [modelo] model

manirroto, -a ■ adj extravagant
■ nm,f spendthrift

manitas ESP Fam ■ adj inv handy ▸ **ser muy ~** to be very good with one's hands
■ nmf inv handy person ▸ **ser un ~ (de plata)** to be (very) good with one's hands ▸ **hacer ~** to canoodle

manito nm MÉX Fam pal, BR mate, US buddy

manivela nf crank

manjar nm **manjares** delicious food ▸ **¡este queso es un ~!** this cheese is delicious!

mano ■ nf **1.** [de persona] hand ▸ **a ~** [sin máquina] by hand / [cerca] to hand, handy ▸ **hecho a ~** handmade ▸ **¿tienes el encendedor a ~?** have you got your lighter handy o to hand? ▸ **votación a ~ alzada** show of hands ▸ **a ~ armada** armed ▸ **dar** o **estrechar la ~ a alguien** to shake hands with sb ▸ **darse** o **estrecharse la ~** to shake hands ▸ **lavarse las manos** to wash one's hands ▸ **¡manos arriba!, ¡arriba las manos!** hands up! **2.** ZOOL [en general] forefoot / [de perro, gato] (front) paw / [de cerdo] (front) trotter **3.** ECON **~ de obra** labour, workers ▸ **~ de obra barata** cheap labour costs ▸ **~ de obra especializada** skilled labour o workers **4.** [de pintura] coat **5.** [de mortero] pestle **6.** [lado] **a ~ derecha/izquierda** on the right/left ▸ **gire a ~ derecha** turn right **7.** [partida de naipes] game ▸ **ser ~** to (be the) lead **8.** [serie, tanda] series **9.** DEP [falta] handball **10.** [expresiones] **a manos de** at the hands of ▸ **alzar la ~ contra alguien** to raise one's hand to sb ▸ **bajo ~** secretly ▸ **caer en manos de alguien** to fall into sb's hands ▸ **cargar la ~** to go over the top ▸ ESP **coger** o AM **agarrar a alguien con las manos en la masa** to catch sb red-handed o in the act ▸ **con una ~ delante y otra detrás** without a penny to one's name, in the clothes one is standing up in ▸ **de primera ~** [vehículo] brand new / [noticias] first-hand ▸ **de segunda ~** second-hand ▸ **dejar de la ~** to abandon ▸ **dejar algo en manos de alguien** to leave sth in sb's hands ▸ **echar ~ de algo** to make use of sth, to resort to sth ▸ **echar/tender una ~** to give/offer a hand ▸ **ensuciarse las manos** to get one's hands dirty ▸ **escaparse de las manos a alguien** [oportunidad] to slip through sb's hands / [control, proyecto] to get out of hand for sb ▸ **estar dejado de la ~ de Dios** [lugar] to be godforsaken / [persona] to be a total failure ▸ **ganar por la ~ a alguien** to beat sb to it ▸ **írsele la ~ a alguien** [perder el control] to lose control / [exagerar] to go too far ▸ **se me fue la ~ con la sal** I overdid the salt ▸ **¡yo me lavo las manos!** I wash my hands of it! ▸ **llevarse las manos a la cabeza** [gesticular] to throw one's hands in the air (in horror) / Fig to be horrified ▸ **~ a ~** tête-à-tête ▸ **con ~ dura** o **de hierro** with a firm hand ▸ **~ sobre ~** sitting around doing nothing ▸ **¡manos a la obra!** let's get down to it! ▸ **meter ~ a alguien** [investigar] to get onto sb, to start to investigate sb / [sobar sin consentimiento] to grope sb / [sobar con consentimiento] to touch sb up ▸ **meter ~ a algo** to tackle sth ▸ **meter la ~ en algo** [intervenir] to poke one's nose in(to) sth, to meddle in sth ▸ **pedir la ~ de una mujer** to ask for a woman's hand (in marriage) ▸ **ponerse en manos de alguien** to put oneself in sb's hands ▸ **ser la ~ derecha de alguien** to be sb's right hand man ▸ **tener ~ con alguien** [influencia] to have influence with sb ▸ **tener buena ~ para algo** to have a knack for sth ▸ **tener las manos largas** to be fond of a fight ▸ **tener ~ izquierda con algo** to know how to deal with sth ▸ **traerse entre manos algo** to be up to sth ▸ **venir** o **llegar a las manos** to come to blows
■ nm AM salvo RP Fam pal, BR mate, US buddy

manojo nm bunch ▸ Fig **estar hecho** o **ser un ~ de nervios** to be a bundle of nerves

manoletina nf **1.** TAUROM = *pass with the cape in bullfighting invented by the Spanish bullfighter, Manolete* **2.** [zapato] = *type of open, low-heeled shoe, often with a bow*

manómetro nm pressure gauge

manopla nf mitten ▸ **~ de cocina** oven glove

manoseado, -a adj shabby, worn

manosear vt **1.** [tocar] to handle (roughly) / [papel, tela] to rumple **2.** [persona] to paw / [sexualmente] to grope

manoseo nm fingering, touching

manotazo nm slap

manotear vi to gesticulate

mansalva: a mansalva loc adv [en abundancia] in abundance

mansarda nf attic

mansedumbre nf [tranquilidad] calmness, gentleness / [docilidad] tameness

mansión nf mansion

manso, -a adj [tranquilo] calm / [dócil] docile / [domesticado] tame

manta ■ nf **1.** [abrigo] blanket ▸ Fig **liarse la ~ a la cabeza** to take the plunge ▸ Fig **tirar de la ~** to let the cat out of the bag ▸ **~ eléctrica** electric blanket **2.** [pez] manta ray **3.** ESP Fam **a ~** [muchísimo] in abundance ▸ **llovía a ~** it was pouring down ▸ **han cosechado éxitos a ~** they have had loads of hits
■ nmf ESP Fam [persona] **ser un ~** to be a waste of space

mantear vt to toss in a blanket

manteca nf ESP [grasa] fat / RP, VEN [mantequilla] butter ▸ **~ de cacao** cocoa butter ▸ **~ de cerdo** lard

mantecada nf [magdalena] = *small rectangular sponge cake*

mantecado nm ESP = *very crumbly shortbread biscuit*

mantecoso, -a adj fatty, greasy

mantel nm tablecloth ▸ **~ individual** place mat

mantelería nf (set of) table linen

manteleta nf shawl

mantener [65] vt **1.** [conservar] to keep ▸ **~ algo en buen estado** to keep sth in good condition ▸ **~ una promesa** to keep a promise ▸ **~ la calma** to stay calm **2.** [aguantar] [con andamios, columnas] to support / [con la mano] to hold ▸ **mantén los brazos en alto** keep your arms in the air **3.** [sustentar] to support ▸ **con su sueldo mantiene a toda la familia** he has to support o keep his whole family with his wages **4.** [tener] [relaciones, conversación] to have ▸ **~ relaciones con alguien** to have a relationship with sb **5.** [defender] [convicción] to stick to / [candidatura] to

refuse to withdraw ▸ **mantiene su inocencia** she maintains that she is innocent ▸ **mantiene que no la vió** he maintains that he didn't see her
◆ ***mantenerse*** vpr **1.** [sustentarse] to subsist, to support oneself **2.** [permanecer, continuar] to remain / [edificio] to remain standing ▸ **¡por favor, manténganse alejados!** please keep clear! ▸ **mantenerse aparte** [en discusión] to stay out of it ▸ **mantenerse en pie** to remain standing

mantengo *ver* ***mantener***

mantenido, -a ■ adj sustained
■ nm,f [hombre] gigolo / [mujer] kept woman

mantenimiento nm **1.** [conservación] upkeep, maintenance ▸ **clases de ~** [gimnasia] keep-fit classes **2.** [sustento] sustenance

mantequera nf butter dish

mantequería nf **1.** [fábrica] dairy, butter factory **2.** [tienda] grocer's (shop)

mantequilla nf butter ▸ **~ de cacahuete** peanut butter

mantilla nf **1.** [de mujer] mantilla **2.** [de bebé] shawl **3. estar en mantillas** [persona] to be wet behind the ears / [plan] to be in its infancy

mantis nf inv mantis ▸ **~ religiosa** praying mantis

manto nm **1.** [capa] cloak / *Fig* mantle, layer **2.** GEOL mantle

mantón nm shawl ▸ **~ de Manila** embroidered silk shawl

mantuviera *etc ver* ***mantener***

manual ■ adj manual ▸ EDUC **trabajos manuales** [clase] craftwork, handicraft
■ nm manual ▸ **~ de conversación** phrase book ▸ **~ de instrucciones** instruction manual ▸ **~ de uso** *o* **del usuario** user's manual, instruction manual

manualidades nfpl [objetos] craftwork, handicrafts

manubrio nm **1.** [manivela] crank **2.** *AM* [de bicicleta] handlebars

manufactura nf **1.** [actividad] manufacture **2.** ECON [producto] manufacture, product **3.** [fábrica] factory

manufacturado, -a adj manufactured

manufacturar vt to manufacture

manufacturero, -a adj manufacturing

manumisión nf liberation

manuscrito, -a ■ adj handwritten
■ nm manuscript

manutención nf **1.** [sustento] support, maintenance **2.** [alimento] food

manzana nf **1.** [fruta] apple ▸ *Fig* **~ de la discordia** bone of contention ▸ **~ podrida** bad apple **2.** [grupo de casas] block (of houses)

manzanilla nf **1.** [planta] camomile / [infusión] camomile tea **2.** [vino] manzanilla (sherry) **3.** [aceituna] manzanilla, = *type of small olive*

manzano nm apple tree

maña nf **1.** [destreza] skill ▸ *Prov* **más vale ~ que fuerza** brain is better than brawn **2.** [astucia] wits, guile ▸ **darse ~ para hacer algo** to contrive to do sth **3.** [engaño] ruse, trick

mañana ■ nf morning ▸ **(muy) de ~** (very) early in the morning ▸ **a las dos de la ~** at two in the morning ▸ *ESP* **por la ~**, *AM* **en la ~** in the morning
■ nm **el ~** tomorrow, the future ▸ **~ será otro día** tomorrow is another day
■ adv tomorrow ▸ **a partir de ~** starting tomorrow, as of tomorrow ▸ **¡hasta ~!** see you tomorrow! ▸ **~ por la ~** tomorrow morning ▸ **pasado ~** the day after tomorrow

mañanero, -a adj **1.** [madrugador] early rising **2.** [matutino] morning ▸ **paseo ~** morning walk

mañanitas nfpl *MÉX* birthday song

maño, -a adj & nm,f *ESP Fam* Aragonese

mañoso, -a adj *ESP* skilful

maoísmo nm Maoism

maoísta adj & nmf Maoist

maorí (pl **maoríes**) adj & nmf Maori

mapa nm map ▸ *Fam Fig* **borrar algo del ~** to wipe sth off the map ▸ *Fam Fig* **desaparecer del ~** to vanish into thin air ▸ INFORM **~ de bits** bit map ▸ **~ de carreteras** road map ▸ **~ físico** geographic map ▸ **~ mudo** blank map ▸ **~ político** political map ▸ **~ del tiempo** weather map *o* chart ▸ **~ topográfico** contour map

mapache nm raccoon

mapamundi nm world map

mapuche ■ adj Mapuche
■ nmf Mapuche (indian)
■ nm [lengua] Mapuche

Maputo n Maputo

maqueta nf **1.** [reproducción a escala] (scale) model ▸ **~ de avión** model aircraft **2.** [de libro] dummy **3.** [de disco] demo (tape)

maquetación nf INFORM page layout

maquetador, -ora nm,f INFORM layout editor

maquetar vt INFORM to do the layout of

maquetista nmf INFORM layout editor

maqui nmf inv guerrilla

maquiavélico, -a adj Machiavellian

maquiavelismo nm Machiavellianism

maquiladora nf = *bonded assembly plant set up by a foreign firm near the US border, US* maquiladora

CULTURA / CULTURE

maquiladoras

In the 1980s many non-Mexican companies set up assembly plants in areas along the US-Mexican border. They were attracted by the low wages, special tax concessions and the proximity to the US market. They usually assemble parts manufactured elsewhere, and by law they must re-export 80 percent of their production. Today these **maquiladoras** are an important source of income for Mexico and they employ more than a million Mexicans – mostly women. The managers are usually foreigners, whereas the hourly-paid workers, who have little job security and few benefits, are Mexican.

maquilar vt *CAM, MÉX* [artículos electrónicos] to assemble / [ropa] to make up

maquillador, -ora nm,f make-up artist

maquillaje nm **1.** [producto] make-up **2.** [acción] making-up

maquillar vt **1.** [pintar] to make up **2.** [manipular] [datos, cifras] to massage
◆ ***maquillarse*** vpr to make oneself up ▸ **se maquilla demasiado** she wears *o* uses too much make-up

máquina nf **1.** [aparato] machine ▸ **escribir a ~** to type ▸ **escrito a ~** typewritten ▸ **hecho a ~** machine-made ▸ **lavar a ~** to machine-wash ▸ **pasar algo a ~** to type sth out *o* up ▸ **a toda ~** at full pelt ▸ *Fam Fig* **ser una ~** [muy rápido, muy bueno] to be a powerhouse ▸ **~ de afeitar** electric razor ▸ **~ de bebidas** drinks machine ▸ **~ de café** (espresso) coffee machine ▸ **~ de coser** sewing machine ▸ **~ de escribir** typewriter ▸ **~ expendedora** vending machine ▸ **~ de fotos** camera ▸ **~ de marcianos** space invaders machine ▸ **~ recreativa** arcade machine ▸ **~ registradora** cash register ▸ **~ de tabaco** cigarette machine ▸ *AM* **~ tragamonedas,** *ESP* **~ tragaperras** slot machine, *BR* fruit machine **2.** [locomotora] engine ▸ **~ de vapor** steam engine **3.** [mecanismo] mechanism **4.** *CUBA* [automóvil] car

maquinación nf machination

maquinal adj mechanical

maquinar vt to machinate, to plot ▸ **~ algo contra alguien** to plot sth against sb

maquinaria nf **1.** [aparatos] machinery **2.** [mecanismo] [de reloj, aparato] mechanism / [de Estado, partido] machinery

maquinilla nf **~ de afeitar** razor ▸ **~ eléctrica** electric razor

maquinismo nm mechanization

maquinista nmf [de tren] *BR* engine driver, *US* engineer / [de barco] engineer

maquinizar [14] vt to mechanize

maquis nmf inv guerrilla

mar nm o nf **1.** *también Fig* sea ▸ **veranean en el ~** they spend their summer holidays at the seaside ▸ **hacerse a la ~** to set sail, to put (out) to sea ▸ **pasan meses en el ~** [navegando] they spend months at sea ▸ **alta ~** high seas ▸ **a mares** a lot ▸ **llover a mares** to rain buckets ▸ *ESP muy Fam* **me cago en la ~** *BR* bloody hell!, *US* goddamn it! ▸ *ESP Fam Euf* **mecachis en la ~** *BR* sugar!, *US* shoot! ▸ **~ abierto** the open sea ▸ **~ adentro** out to sea ▸ *también Fig* **~ de fondo** groundswell ▸ **~ gruesa** rough *o* stormy sea ▸ **~ rizada** choppy sea ▸ **el ~ Báltico** the Baltic Sea ▸ **el ~ Cantábrico** the Cantabrian Sea ▸ **el ~ Caribe** the Caribbean Sea ▸ **el ~ Caspio** the Caspian Sea ▸ **el ~ Egeo** the Aegean Sea ▸ **el ~ Mediterráneo** the Mediterranean Sea ▸ **el ~ Muerto** the Dead Sea ▸ **el ~ del Norte** the North Sea ▸ **el ~ Negro** the Black Sea ▸ **el ~ Rojo** the red Sea **2.** *Fam* **la ~ de** really, very ▸ **es la ~ de inteligente** she's really intelligent

marabunta nf [de hormigas] plague of ants / [muchedumbre] crowd

maraca nf maraca

maracuyá nf passion fruit

marajá nm maharajah ▸ **vivir como un ~** to live in the lap of luxury

maraña nf [de cabellos, hilos, normas] tangle / [de plantas] thicket

marasmo nm **1.** MED marasmus, wasting **2.** [de ánimo] apathy / [de negocio] stagnation

maratón nm *también Fig* marathon

maratoniano, -a adj marathon ▸ **un discurso ~** a marathon speech

maravilla nf marvel, wonder ▸ **es una ~** it's wonderful ▸ **a las mil maravillas, de ~** wonderfully ▸ **decir maravillas de alguien/algo** to praise sb/sth to the skies ▸ **hacer maravillas** to do *o* work wonders ▸ **una ~ de niño/coche/carretera** a wonderful *o* marvellous child/car/road ▸ **venir de ~** to be just the thing *o* ticket

maravillar vt to amaze
◆ ***maravillarse*** vpr to be amazed (**con** by)

maravilloso, -a adj marvellous, wonderful

marbellí (pl **marbellíes** *o* **marbellís**) ■ adj of/from Marbella
■ nm,f person from Marbella

marca nf **1.** [señal] mark / [de rueda, animal] track / [en ganado] brand / [en papel] watermark / [cicatriz] mark, scar ▸ **se le nota la ~ del bañador** you can see her tan line, you can see where she's been wearing her swimsuit **2.** COM [de tabaco, café] brand / [de vehículo, máquina] make ▸ **unos vaqueros de ~** a pair of designer jeans ▸ **~ comercial** trademark ▸ **~ de fábrica** trademark ▸ **~ registrada** registered trademark **3.** [etiqueta] label **4.** DEP [tiempo] time / [plusmarca] record **5.** *Fam* **de ~ mayor** [muy grande] enormous / [excelente] outstanding

marcado, -a ■ adj [pronunciado] marked
■ nm **1.** [señalado] marking **2.** [peinado] set

marcador, -ora ■ adj marking
■ nm **1.** [tablero] scoreboard **2.** DEP [jugador] [defensor] marker / [goleador] scorer **3.** [para libros] bookmark **4.** *AM* [rotulador] felt-tip pen / *MÉX* [fluorescente] highlighter pen

marcaje nm DEP marking

marcapasos nm inv pacemaker

marcar [59] ■ vt **1.** [poner o dejar marca en] to mark ▸ **ese acontecimiento marcó su vida** her life was marked by that event ▸ **~ el ritmo** to beat the rhythm **2.** [indicar] to mark, to indicate ▸ **la cruz marca el lugar donde está enterrado el tesoro** the cross marks *o* indicates (the spot) where the treasure is buried **3.** [número de teléfono] to dial **4.** [sujeto: termómetro, contador] to read / [sujeto: reloj] to say **5.** [poner precio a] to price **6.** DEP [tanto] to score / [a un jugador] to mark **7.** [cabello] to set
■ vi **1.** [dejar secuelas] to leave a mark **2.** DEP [anotar un tanto] to score
◆ ***marcarse*** vpr **1.** [ropa] to show **2.** *ESP Fam* **marcarse un detalle** to do something nice *o* kind ▸ **marcarse un tanto** to earn a Brownie point

marcha nf **1.** [partida] departure ▸ **ha anunciado su ~ de la empresa** she has announced that she will be leaving the company **2.** [transcurso] course / [progreso] progress ▸ **el tren detuvo su ~** the train stopped ▸ *ESP* **a marchas forzadas** [contrarreloj] against the clock ▸ **a toda ~** at top speed ▸ **en ~** [motor] running / [plan] underway ▸ **se bajó en ~ del tren** he jumped off the train while it was moving ▸ **poner en ~** [empezar] to start / [dispositivo, alarma] to activate ▸ **hacer algo sobre la ~** to do sth as one goes along **3.** [en automóvil] gear ▸ **cambiar de ~** to change gear ▸ **meter la cuarta ~** to go into fourth gear ▸ **~ atrás** reverse (gear) ▸ **dar ~ atrás** to reverse / *Fig* to back out **4.** MIL & POL march ▸ **abrir la ~** to head the procession ▸ **cerrar la ~** to bring up the rear **5.** MÚS march ▸ **~ fúnebre/nupcial** funeral/wedding march ▸ **la Marcha Real** = *the Spanish national anthem* **6.** DEP walk **7.** *ESP Fam* [animación] liveliness, life ▸ **hay mucha ~** there's a great atmosphere ▸ **ir de ~** to go out on the town ▸ **tener (mucha) ~** to be a (real) raver

marchamo nm **1.** [de aduana] customs seal *o* stamp **2.** [marca distintiva] seal

marchante, -a nm,f (art) dealer

marchar vi **1.** [andar] to walk **2.** [partir] to leave, to go **3.** [funcionar] to work ▸ **hay algo aquí que no ~** something's not quite right here **4.** [desarrollarse] to progress ▸ **el negocio marcha** business is going well **5. ¡marchando!** [en bar] coming up! ▸ **¡marchando dos cafés con leche!** two white coffees, coming up!
◆ ***marcharse*** vpr to leave, to go ▸ **se marchó de aquí cuando era muy pequeño** he left here when he was very young

marchitar vt *también Fig* to wither
◆ ***marchitarse*** vpr [planta] to fade, to wither / [persona] to languish, to fade away

marchito, -a adj [planta] faded / [persona] worn

marchoso, -a *ESP Fam* ▪ adj lively
▪ nm,f live wire

marcial adj martial

marcialidad nf martial nature

marcianitos nmpl [juego] space invaders

marciano, -a adj & nm,f Martian

marco nm **1.** [de cuadro] frame / [de puerta] doorframe ▸ **~ de ventana** window frame **2.** [ambiente, paisaje] setting **3.** [ámbito] framework ▸ **acuerdo ~** general *o* framework agreement ▸ **~ de referencia** frame of reference **4.** [moneda] mark ▸ **~ alemán** Deutschmark, German mark **5.** DEP [portería] goalmouth

marea nf **1.** [del mar] tide ▸ **~ alta/baja** high/low tide ▸ **~ negra** oil slick ▸ **~ viva** spring tide ▸ **está subiendo/bajando la ~** the tide is coming in/going out **2.** [multitud] flood

mareado, -a adj **1.** [con náuseas] sick, queasy / [en coche, avión] travel-sick / [en barco] seasick **2.** [aturdido] dizzy **3.** *Fam* [fastidiado] fed up to the back teeth

mareante adj infuriating, irritating

marear ▪ vt **1.** [provocar náuseas] to make sick / [en coche, avión] to make travel-sick / [en barco] to make seasick ▸ **los viajes en barco me marean** I get seasick when I travel by boat **2.** [aturdir] to make dizzy **3.** *Fam* [fastidiar] to annoy ▸ **me marea con sus quejas** she drives me up the wall with her complaining
▪ vi *Fam* [fastidiar] to be a pain ▸ **¡niño, deja de ~!** you naughty boy! stop annoying me!
◆ ***marearse*** vpr **1.** [tener náuseas] to get *o* become sick / [en coche, avión] to get travel-sick / [en barco] to get seasick **2.** [aturdirse] to get dizzy **3.** [emborracharse] to get drunk

marejada nf **1.** [mar agitada] heavy sea **2.** [agitación] wave of discontent

marejadilla nf slight swell

mare mágnum nm inv welter, plethora

maremoto nm tidal wave

marengo adj **gris ~** dark grey

mareo nm **1.** [náuseas] sickness / [en coche, avión] travel sickness / [en barco] seasickness **2.** [aturdimiento] dizziness, giddiness ▸ **le dio un ~** he had a dizzy spell *o* turn, he felt dizzy **3.** *Fam* [fastidio] drag, pain

marfil nm ivory

marfileño, -a adj ivory ▸ **piel marfileña** ivory skin

marga nf GEOL marl

margarina nf margarine

margarita ▪ nf **1.** [flor] daisy **2.** IMPRENTA daisy wheel
▪ nm o nf [cóctel] margarita

margen ▪ nm **1.** [de camino] side **2.** [de página] margin **3.** COM margin ▸ **~ de beneficio** profit margin **4.** [límites] leeway ▸ **al ~ de eso, hay otros factores** over and above this, there are other factors ▸ **al ~ de la ley** outside the law ▸ **dejar al ~** to exclude ▸ **estar al ~ de** to have nothing to do with ▸ **mantenerse al ~ de** to keep out of ▸ **~ de error** margin of error ▸ **~ de seguridad** degree of certainty **5.** [ocasión] **dar ~ a alguien para hacer algo** to give sb the chance to do sth
▪ nf [de río] bank

marginación nf exclusion ▸ **~ social** social exclusion

marginado, -a ▪ adj excluded
▪ nm,f outcast

marginal adj **1.** [nota] marginal / [tema] minor **2.** ARTE & POL fringe ▸ **grupo ~** fringe group

marginalidad nf **vivir en la ~** to live on the margins of society, to be a social outcast

marginalizar [14] vt to exclude

marginar vt **1.** [persona] [excluir] to exclude, to make an outcast / [dar de lado a] to give the cold shoulder to **2.** [asunto, diferencias] to set aside, to set to one side

maría nf *Fam* **1.** *ESP, VEN* [marihuana] grass **2.** *ESP* [asignatura] easy subject, Mickey Mouse course **3.** [mujer sencilla] (typical) housewife **4.** *MÉX* = *migrant from country to urban areas*

mariachi nm **1.** [música] mariachi (music) **2.** [orquesta] mariachi band / [músico] mariachi (musician)

marianismo nm Marianism

mariano, -a adj Marian

marica nm *Fam BR* poof, *US* fag

maricón, -ona *muy Fam* ▪ adj **1.** [homosexual] *BR* poofy, *US* faggy **2.** [insulto] **¡qué tío más ~!** what a bastard!
▪ nm,f [insulto] [cobarde] wimp / [odioso] bastard

■ nm [homosexual] *BR* poof, *US* fag

mariconada nf *Fam* **1.** [dicho, hecho] **eso es una ~** that's really *BR* poofy *o US* faggy **2.** [mala jugada] dirty trick **3.** [tontería] **no dice más que mariconadas** he talks a load of old nonsense

mariconear vi *Fam* to camp it up

mariconera nf *Fam* (man's) clutch bag

mariconería nf *Fam* **1.** [dicho, hecho] **eso es una ~** that's really *BR* poofy *o US* faggy **2.** [cualidad] campness

maridaje nm union

marido nm husband

marihuana nf marijuana

marimacho nm *Fam* [niña] tomboy / [mujer] butch woman

marimandón, -ona *ESP Fam* ■ adj bossy
■ nm,f bossy boots

marimba nf [xilofón] marimba

marimorena nf row ▸ *Fig* **armar la ~** to kick up a row

marina nf **1.** MIL **~ (de guerra)** navy ▸ **~ mercante** merchant navy **2.** ARTE seascape

marinar vt to marinate

marine nm MIL marine

marinería nf **1.** [profesión] sailoring **2.** [marineros] crew, seamen

marinero, -a ■ adj [de la marina, de los marineros] sea / [buque] seaworthy ▸ **un pueblo ~** [nación] a seafaring nation / [población] a fishing village ▸ **vestido ~** sailor suit
■ nm sailor

marino, -a ■ adj sea, marine ▸ **brisa marina** sea breeze
■ nm sailor

marioneta nf [muñeco] marionette, puppet / *Fig* puppet ▸ **marionetas** [teatro] puppet show

mariposa nf **1.** [insecto] butterfly **2.** [tuerca] wing nut **3.** [candela, luz] oil lamp **4.** [en natación] **nadar a ~** to do the butterfly (stroke) **5.** *Fam* **a otra cosa, ~** let's move on

mariposear vi **1.** [ser inconstante] to flit about **2.** [galantear] to flirt

mariposón nm *Fam* **1.** [afeminado] fairy, pansy **2.** [ligón] flirt, lounge lizard

mariquita ■ nf [insecto] *BR* ladybird, *US* ladybug
■ nm *Fam* [homosexual] fairy

marisabidilla nf *ESP Fam* know-all

mariscada nf seafood meal

mariscal nm marshal ▸ **~ de campo** field marshal

mariscar [59] vi to gather shellfish

marisco nm seafood, shellfish

marisma nf salt marsh

marismeño, -a adj marshy

marisquería nf seafood restaurant

marista adj & nm Marist

marital adj marital

marítimo, -a adj [del mar] maritime / [cercano al mar] seaside ▸ **pueblo ~** seaside town ▸ **paseo ~** promenade

marketing ['marketin] (pl **marketings**) nm marketing ▸ **~ directo** direct marketing

marmita nf pot

marmitaco, marmitako nm = *Basque stew containing tuna and potatoes*

mármol nm marble

marmóreo, -a adj *Formal* marmoreal

marmota nf marmot ▸ **dormir como una ~** to sleep like a log

maroma nf **1.** [cuerda] rope **2.** *AM salvo RP* [acrobacia] acrobatic stunt

maromo nm *ESP Fam* guy, *BR* bloke

maronita adj & nmf Maronite

marque *etc ver* ***marcar***

marqués, -esa nm,f marquis, *f* marchioness

marquesina nf [cubierta] canopy / [parada de autobús] bus shelter

marquetería nf marquetry

marranada nf *Fam* **1.** [porquería] filthy thing **2.** [mala jugada] dirty trick

marrano, -a nm,f **1.** [animal] pig **2.** *Fam* [sucio] (filthy) pig **3.** *Fam* [sin escrúpulos] swine

Marraquech n Marrakesh

marras: de marras loc adj **el perrito de ~** that blasted dog (I was telling you about) ▸ **el problema de ~** the same old problem

marrón ■ adj brown ▸ **~ claro** light brown, tan
■ nm **1.** [color] brown **2.** *ESP Fam* [situación desagradable] **¡qué ~!** what a pain! ▸ **me ha tocado a mí comerme el ~ de limpiar la casa tras la fiesta** I got lumbered with having to clean the house after the party ▸ **pillar a alguien de ~** to catch sb in the act **3.** **~ glacé** marron glacé

marroquí (pl **marroquíes**) adj & nmf Moroccan

marroquinería nf **1.** [arte] leatherwork **2.** [artículos] leather goods

Marruecos n Morocco

marrullero, -a ■ adj sneaky, fly
■ nm,f cheat

Marsellesa nf Marseillaise

marsupial adj & nm marsupial

marta nf (pine) marten ▸ **abrigo de ~** sable coat ▸ **~ cebellina** sable

Marte nm Mars

martes nm inv Tuesday ▸ **Martes de Carnaval** Shrove Tuesday ▸ **~ y trece** ≃ Friday 13th / *ver también* ***sábado***

martillazo nm hard hammer blow ▸ **me di un ~ en el dedo** I hit my finger with a hammer

martillear, martillar vt to hammer

martilleo nm hammering

martillo nm hammer ▸ **~ neumático** *BR* pneumatic drill, *US* jackhammer

martinete nm heron

martini nm martini

Martinica n Martinique

martín pescador nm kingfisher

mártir nmf *también Fig* martyr ▸ *Fig* **hacerse el ~** to act the martyr

martirio nm REL martyrdom / [sufrimiento] trial, torment

martirizar [14] vt [torturar] to martyr / [hacer sufrir] to torment, to torture

maruja nf *ESP Fam* (typical) housewife

marxismo nm Marxism

marxista adj & nmf Marxist

marzo nm March / *ver también* ***septiembre***

mas conj but

más ■ adv **1.** (comparativo) more ▸ **Pepe es ~ alto/ambicioso** Pepe is taller/more ambitious ▸ **tener ~ hambre** to be hungrier *o* more hungry ▸ **~ de/que** more than ▸ **~... que...** more... than... ▸ **Juan es ~ alto que tú** Juan is taller than you **2.** (superlativo) ▸ **el/la/lo ~** the most ▸ **el ~ listo/ambicioso** the cleverest/most ambitious **3.** (en frases negativas) any more ▸ **no necesito ~ (trabajo)** I don't need any more (work) **4.** (con pron interrogativos e indefinidos) else ▸ **¿qué/quién ~?** what/who else? ▸ **nadie ~ vino** nobody else came **5.** [indica suma] plus ▸ **dos ~ dos igual a cuatro** two plus two is four **6.** [indica intensidad] **¡qué día ~ bonito!** what a lovely day! ▸ **¡es ~ tonto...!** he's so stupid! **7.** [indica preferencia] **~ vale que nos vayamos a casa** it would be better for us to go home **8.** [expresiones] **~ o menos** more or less ▸ **¿qué ~ da?** what difference does it make? ▸ **de ~** [en exceso] too much ▸ **me han cobrado 10 euros de ~** they've charged me 10 euros too much ▸ **eso está de ~** that's not necessary ▸ **ser de lo ~ divertido** to be incredibly funny *o* amusing ▸ **hoy está de lo ~ amable** she's being really nice today ▸ **el que ~ y el que menos** everyone ▸ **es ~, ~ aún** indeed, what is more ▸ **lo que es ~** moreover ▸ **sin ~ (ni más)** just like that

■ nm inv MAT plus (sign) ▸ **tiene sus ~ y sus menos** it has its good points and its bad points

◆ ***más bien*** loc adv rather

◆ ***por más que*** loc adv however much ▸ **por ~ que lo intente no lo conseguirá** however much *o* hard she tries, she'll never manage it

masa nf **1.** [en general] mass ▸ **~ atómica** atomic mass ▸ **~ salarial** total wages bill **2.** [multitud] throng ▸ **en ~** en masse ▸ **fabricación** *o* **producción en ~** mass production ▸ **fuimos en ~ a escuchar la conferencia** a large group of us went to listen to the lecture ▸ **las masas** the masses **3.** [mezcla, pasta] mixture / CULIN dough **4.** ELEC [tierra] *BR* earth, *US* ground **5.** *RP* [pastelito] cake

masacrar vt to massacre

masacre nf massacre

masaje nm massage

masajear vt to massage, to rub

masajista nmf masseur, *f* masseuse

mascar [59] vt & vi to chew

máscara nf mask / [apariencia] front, pretence ▸ **~ antigás** gas mask ▸ *Fig* **quitar la ~ a alguien** to unmask sb ▸ *Fig* **quitarse la ~** to reveal oneself

mascarada nf [fiesta] masquerade / *Fig* [farsa] farce

mascarilla nf **1.** [de protección] mask ▸ **~ de oxígeno** oxygen mask **2.** [cosmética] face pack

mascarón nm ARQUIT grotesque head ▸ **~ de proa** figurehead

mascota nf mascot

masculinidad nf masculinity

masculino, -a adj **1.** [género, órgano, población] male ▸ **un programa dirigido al público ~** a programme aimed at male viewers ▸ **los 100 metros masculinos** the men's 100 metres **2.** [varonil] manly **3.** GRAM masculine

mascullar vt to mutter

masía nf = *traditional Catalan or Aragonese farmhouse*

masificación nf overcrowding (**de** in)

masificar [59] vt to cause overcrowding in

◆ ***masificarse*** vpr to become overcrowded

masilla nf putty

masita nf *RP* cake

masivo, -a adj mass ▸ **despidos masivos** mass redundancies

masoca nmf *Fam* masochist

masón, -ona ■ adj masonic

■ nm,f mason, Freemason

masonería nf masonry, Freemasonry

masónico, -a adj Masonic

masoquismo nm masochism

masoquista ■ adj masochistic

■ nmf masochist

mass media, mass-media nmpl mass media

mastectomía nf mastectomy

máster (pl **másters**) nm Master's (degree)

masticar [59] vt to chew ▸ *Fig* **hay que dárselo todo masticado** you need to spoon-feed him

mástil nm **1.** [de barco] mast / [de bandera, tienda] pole **2.** [de instrumento musical] neck

mastín nm mastiff

mastitis nf inv MED mastitis

mastodonte ■ nm mastodon

■ nmf *Fam* giant

mastodóntico,-a adj *Fam* mammoth, ginormous

mastuerzo nm *Fam* idiot

masturbación nf masturbation

masturbar vt to masturbate

◆ ***masturbarse*** vpr to masturbate

mata nf **1.** [arbusto] bush, shrub / [matojo] tuft ▸ **matas** scrub **2.** [de pelo] mop (of hair)

matadero nm abattoir, slaughterhouse

matador, -ora ■ adj *Fam* **1.** [cansado] killing, exhausting **2.** [feo, de mal gusto] awful, horrendous

■ nm TAUROM matador

matambre nm *ANDES, RP* = *flank steak rolled with boiled egg, olives and red pepper, which is cooked, then sliced and served cold*

matamoscas nm inv [pala] flyswat / [espray] flyspray

matanza nf **1.** [masacre] slaughter **2.** *ESP* [del cerdo] slaughtering

matar vt **1.** [quitar la vida a] to kill ▸ **lo mataron a puñaladas** he was stabbed to death ▸ *Fam Fig* **si se entera me mata** she'll kill me if she finds out ▸ **¡me vas a ~ a disgustos!** you'll be the death of me! ▸ **estar** *o* **llevarse a ~ (con alguien)** to be at daggers drawn (with sb) ▸ *Fam* **matarlas callando** to be up to something on the quiet **2.** [animal] [para consumo] to slaughter **3.** [apagar] [color] to tone down / [sed] to slake, to quench / [hambre] to stave off / [fuego] to put out **4.** [redondear, limar] to round (off)

◆ ***matarse*** vpr **1.** [morir] to die ▸ **se mató en un accidente de coche** he was killed in a car accident **2.** [suicidarse] to kill oneself **3.** [esforzarse] **matarse trabajando,** *ESP* **matarse a trabajar** to work oneself to death ▸ **matarse por hacer algo** to kill oneself in order to do sth

matarife nm butcher, (cattle) slaughterer

matarratas nm inv **1.** [veneno] rat poison **2.** [bebida mala] rotgut

matasanos nmf inv *Fam Pey* quack

matasellar vt to cancel, to postmark

matasellos nm inv postmark

matasuegras nm inv party blower

match [matʃ] nm match

mate ▪ adj matt

▪ nm **1.** DEP [en ajedrez] mate, checkmate / [en baloncesto] dunk / [en tenis] smash **2.** *CSUR* [infusión] maté ▸ **yerba ~** bitter maté tea

matear vi *CSUR* to drink maté

matemático, -a ▪ adj mathematical

▪ nm,f [científico] mathematician

◆ ***matemáticas*** nfpl [ciencia] mathematics *(singular)* ▸ **matemáticas puras** pure mathematics

materia nf **1.** [sustancia, asunto] matter ▸ **en ~ de** on the subject of, concerning ▸ **la legislación en ~ de medio ambiente** the legislation on the subject of *o* concerning the environment ▸ **un especialista en ~ de higiene** a hygiene expert ▸ **entrar en ~** to get down to business ▸ **~ grasa** fat content ▸ **~ gris** grey matter ▸ **~ orgánica** organic matter **2.** [material] material ▸ **~ prima** raw material **3.** [asignatura] subject

material ▪ adj **1.** [físico] physical / [daños, consecuencias] material **2.** [real] real, actual

▪ nm **1.** [sustancia] material ▸ **~ de desecho** waste material **2.** [instrumentos] equipment ▸ **~ bélico** war material ▸ **materiales de construcción** building materials ▸ **~ escolar** school materials ▸ **~ de guerra** war material ▸ **~ de oficina** office stationery

materialismo nm materialism ▸ **~ dialéctico/histórico** dialectical/historical materialism

materialista ▪ adj materialistic

▪ nmf materialist

materialización nf materialization

materializar [14] vt **1.** [idea, proyecto] to realize **2.** [hacer tangible] to produce

◆ ***materializarse*** vpr to materialize

maternal adj motherly, maternal

maternidad nf **1.** [cualidad] motherhood **2.** [hospital] maternity hospital

materno, -a adj maternal ▸ **lengua materna** mother tongue

mates nfpl *Fam BR* maths, *US* math

matice *etc ver* ***matizar***

matinal adj morning ▸ **sesión ~** [de cine] morning showing

matiné nf [en cine] morning showing

matiz nm **1.** [de color, opinión] shade / [de sentido] nuance, shade of meaning **2.** [diferencia] subtle difference ▸ **sin matices** [apoyo] unqualified, unconditional

matización nf clarification, explanation

matizar [14] vt **1.** [puntulizar] to clarify, to explain **2.** [teñir] to tinge (**de** with) **3.** ARTE to blend

matojo nm [mata] tuft / [arbusto] bush, shrub

matón, -ona nm,f *Fam* bully

matorral nm thicket

matraca nf [instrumento] rattle ▸ *Fam* **dar la ~** to go on, to be a nuisance ▸ *Fam* **ser una ~** to be a pain

matraz nm flask

matriarcado nm matriarchy

matriarcal adj matriarchal

matricidio nm matricide

matrícula nf **1.** [inscripción] registration **2.** [documento] registration document **3.** [de vehículo] *BR* number plate, *US* license plate **4.** EDUC **~ de honor** top marks

matriculación nf [inscripción] registration

matricular vt to register

◆ ***matricularse*** vpr to register

matrimonial adj marital ▸ **vida ~** married life

matrimonio nm **1.** [boda] marriage ▸ **contraer ~** to get married ▸ **~ civil** civil marriage ▸ **~ de conveniencia** marriage of convenience **2.** [pareja] married couple

matriz ▪ nf **1.** ANAT womb **2.** [de talonario] (cheque) stub **3.** [molde] mould **4.** MAT & INFORM matrix

▪ adj [empresa] parent ▸ **casa ~** head office

matrona nf **1.** [madre] matron **2.** [comadrona] midwife

matusalén nm *Fam* very old person ▸ **ser más viejo que Matusalén** to be as old as Methuselah

matute: de matute loc adv *Fam* [clandestinamente] on the quiet

matutino, -a adj morning ▸ **paseo ~** morning walk

maullar vi to miaow

maullido nm miaow, miaowing

Mauricio n Mauritius

Mauritania n Mauritania

mauritano, -a adj & nm,f Mauritanian

máuser (pl **máuseres** *o* **máusers**) nm Mauser

mausoleo nm mausoleum

maxilar ▪ adj maxillary, jaw ▸ **hueso ~** jawbone, mandible

▪ nm jaw

maxilofacial adj MED facial, *Espec* maxillofacial

máxima nf **1.** [sentencia, principio] maxim **2.** [temperatura] high, highest temperature

maximalismo nm maximalism

maximalista adj & nmf maximalist

máxime adv especially

maximizar [14] vt to maximize

máximo, -a ■ adj [capacidad, cantidad, temperatura] maximum / [honor, galardón] highest ▸ **la máxima puntuación** [posible] the maximum score / [entre varias] the highest score
■ nm maximum ▸ **al ~** to the utmost ▸ **llegar al ~** to reach the limit ▸ **como ~** [a más tardar] at the latest / [como mucho] at the most

maxisingle [maksi'singel] nm twelve inch (single)

maya ■ adj Mayan
■ nmf Maya, Mayan
■ nm [lengua] Maya

mayestático, -a adj majestic

mayo nm May / *ver también* ***septiembre***

mayonesa nf mayonnaise

mayor ■ adj **1.** (comparativo) [en tamaño] bigger (**que** than) / [en importancia] greater (**que** than) / [en edad] older (**que** than) / [en número] higher (**que** than) **2.** (superlativo) **el/la ~...** [en tamaño] the biggest... / [en importancia] the greatest... / [en edad] the oldest... / [en número] the highest... ▸ **la ~ de las islas** the biggest island, the biggest of the islands **3.** [adulto] grown-up ▸ **cuando sea ~** when I grow up ▸ **ser ~ de edad** to be an adult **4.** [no joven] older / [anciano] elderly ▸ **una mujer ~** an older woman ▸ **ser muy ~** to be very old ▸ **las personas mayores** [los ancianos] the elderly **5.** [principal] [plaza, calle, palo] main **6.** MÚS **en do ~** in C major **7.** COM **al por ~** wholesale
■ nmf **1. el/la ~** [hijo, hermano] the eldest ▸ **mayores** [adultos] grown-ups / [antepasados] ancestors, forefathers ▸ **es una película/revista para mayores** it's an adult movie/magazine **2.** MIL major

mayoral nm **1.** [capataz] foreman, overseer **2.** [pastor] chief herdsman

mayorazgo nm HIST **1.** [institución] primogeniture **2.** [bienes] entailed estate **3.** [persona] heir to an entailed estate

mayordomo nm butler

mayoreo nm *AM* wholesale

mayoría nf **1.** [mayor parte] majority ▸ **la ~ de** most of ▸ **la ~ de los españoles** most Spaniards ▸ **en su ~** in the main ▸ **~ absoluta** absolute majority ▸ **~ relativa** *BR* relative majority, *US* plurality ▸ **~ silenciosa** silent majority **2.** [edad adulta] **~ de edad** (age of) majority ▸ **llegar a la ~ de edad** to come of age

mayorista ■ adj wholesale
■ nmf wholesaler

mayoritario, -a adj majority ▸ **decisión mayoritaria** majority decision

mayúscula nf capital letter, upper-case letter ▸ **en mayúsculas** in capitals *o* capital letters, in upper case

mayúsculo, -a adj tremendous, enormous ▸ **letra mayúscula** capital letter

maza nf [arma] mace / [de bombo] drumstick

mazacote nm *Fam* **la paella era un ~** the paella was a gooey mess

mazapán nm marzipan

mazazo nm *también Fig* heavy blow

mazmorra nf dungeon

mazo nm **1.** [martillo] mallet **2.** [de mortero] pestle **3.** [conjunto] [de cartas, papeles] bundle / [de billetes] wad / [de naipes] balance (of the deck)

mazorca nf cob ▸ **~ de maíz** corncob, *BR* ear of maize

mazurca nf MÚS mazurka

MB INFORM (abrev de ***megabyte***) MB

MBA nm (abrev de ***Master of Business Administration***) MBA

MCCA (abrev de ***Mercado Común Centroamericano***) Central American Common Market

me pron personal **1.** (complemento directo) me ▸ **le gustaría verme** she'd like to see me **2.** (complemento indirecto) (to) me ▸ **me lo dio** he gave it to me ▸ **me tiene miedo** he's afraid of me **3.** (reflexivo) myself ▸ **me visto** I get dressed

mea culpa nm mea culpa ▸ **entonó el ~** he acknowledged he had made a mistake

meada nf *Fam* [acción, orina] piss / [mancha] piss stain ▸ **echar una ~** to have a pee *o* piss

meadero nm *Fam* [váter] *BR* bog, *US* john

meandro nm meander

meapilas nmf inv *Fam Pey* holy Joe

mear ▸ *Fam* ■ vt to piss, to pee
■ vi to piss, to pee
◆ ***mearse*** vpr to piss oneself ▸ **mearse en la cama** to wet one's bed ▸ *Fig* **mearse (de risa)** to piss oneself laughing ▸ *Fig* **yo con tu hermano me meo** I think your brother's a scream ▸ *Fig* **estás meando fuera del tiesto** you've got hold of the wrong end of the stick

meca nf mecca ▸ **La Meca** Mecca

mecachis interj *Fam* **¡~!** *BR* sugar!, *US* shoot!

mecánica nf **1.** [ciencia] mechanics *(singular)* ▸ **~ cuántica** quantum mechanics **2.** [funcionamiento] mechanics

mecanicismo nm mechanism

mecánico, -a ■ adj mechanical
■ nm,f [persona] mechanic ▸ **~ dentista** dental technician

mecanismo nm **1.** [de rueda, reloj] mechanism **2.** [procedimiento] mechanism ▸ PSI **~ de defensa** defence mechanism

mecanización nf mechanization

mecanizado, -a adj mechanized

mecanizar [14] vt to mechanize

mecano® nm Meccano

mecanografía nf typing ▸ **~ al tacto** touch typing

mecanografiar [32] vt to type

mecanógrafo, -a nm,f typist

mecapal nm CAM, MÉX porter's leather harness

mecate nm CAM, MÉX, VEN rope

mecedora nf rocking chair

mecenas nmf inv patron

mecenazgo nm patronage

mecer [40] vt to rock
◆ ***mecerse*** vpr [en silla] to rock / [en columpio, hamaca] to swing / [árbol, rama] to sway

mecha nf **1.** [de vela] wick / [de explosivos] fuse ▸ *Fam* **a toda ~** flat out ▸ *Fam* **aguantar ~** to grin and bear it **2.** [de pelo] streak

mechero nm ESP (cigarette) lighter

mechón nm [de pelo] lock / [de lana] tuft

medalla nf medal ▸ **~ de oro/plata/bronce** gold/silver/bronze medal ▸ *Fig* **ponerse medallas** to show off

medallero nm medals table

medallista nmf **1.** [oficio] maker of medals **2.** DEP medallist

medallón nm **1.** [joya] medallion **2.** CULIN [rodaja] médaillon ▸ **~ de pescado** [empanado] fishcake

médano nm **1.** [duna] (sand) dune **2.** [banco de arena] sandbank

media nf **1.** [prenda] **medias** [hasta la cintura] BR tights, US pantyhose / [hasta medio muslo] stockings / AM [calcetines] socks ▸ CSUR *Fam* **chupar las medias a alguien** to lick sb's boots ▸ COL **medias veladas** tights, US pantyhose **2.** MAT [promedio] average ▸ **~ aritmética/proporcional** arithmetic/proportional mean ▸ **~ horaria** hourly average **3.** [hora] **al dar la ~** on the half-hour

mediación nf mediation ▸ **por ~ de** through

mediado, -a adj [a media capacidad] half-full ▸ **mediada la película** halfway through the film ▸ **a mediados de abril/de año** in the middle of *o* halfway through April/the year

mediador, -ora ■ adj mediating
■ nm,f mediator

medialuna nf **1.** [símbolo musulmán] crescent **2.** AM [bollo] croissant

mediana nf **1.** [de autopista] BR central reservation, US median (strip) **2.** MAT median

medianamente adv acceptably, tolerably ▸ **habla francés ~ bien** he can get by in French ▸ **sólo entendí ~ lo que dijo** I only half understood what he said

medianía nf average *o* mediocre person

mediano, -a adj **1.** [de tamaño] medium / [de calidad] average **2.** [mediocre] average, ordinary

medianoche nf **1.** [hora] midnight ▸ **a ~** at midnight **2.** ESP (pl **mediasnoches**) [bollo] = *sandwich made with a small bun*

mediante prep by means of ▸ **lo levantaron ~ una polea** it was lifted by means of a pulley system ▸ **las obras se adjudicarán ~ concurso público** the contract for the work will be put out to tender ▸ **puede aplazar la compra ~ 12 pagos mensuales** you can spread the purchase over 12 monthly payments

mediar vi **1.** [llegar a la mitad] to be halfway through ▸ **mediaba julio** it was mid-July **2.** [haber en medio] **~ entre** to be between ▸ **media un jardín/un kilómetro entre las dos casas** there is a garden/one kilometre between the two houses ▸ **medió una semana** a week passed by **3.** [intervenir] to mediate (**en/entre** in/between) / [interceder] to intercede (**en favor de** *o* **por** on behalf of *o* for) **4.** [ocurrir] to intervene, to happen ▸ **media la circunstancia de que...** it so happens that...

mediático,-a adj media

mediatizar [14] vt to determine

medicación nf medication

medicamento nm medicine

medicar [59] vt to give medicine to
◆ ***medicarse*** vpr to take medicine

medicina nf medicine ▸ **~ alternativa** alternative medicine ▸ **~ forense** forensic medicine ▸ **~ homeopática** homeopathic medicine ▸ **~ interna** = *branch of medicine which deals with problems of the internal organs, without surgery,* US internal medicine ▸ **~ naturista** naturopathy, natural medicine ▸ **~ preventiva** preventive medicine ▸ **~ social** community medicine

medicinal adj medicinal

medición nf measurement

médico, -a ■ adj medical
■ nm,f doctor ▸ **ir al ~** to go to the doctor ▸ **~ de cabecera** *o* **familia** family doctor, general practitioner ▸ **~ forense** specialist in forensic medicine ▸ **~ de guardia** duty doctor ▸ **~ interno (residente)** BR houseman, US intern

medida nf **1.** [dimensión, medición] measurement ▸ **¿qué medidas tiene el contenedor?** what are the measurements of the container? ▸ **a (la) ~** [mueble] custom-built / [ropa] made-to-measure ▸ **medidas** [del cuerpo] measurements ▸ **tomar las medidas a alguien** to take sb's measurements ▸ **~ de capacidad** measure *(liquid or dry)* **2.** [disposición] measure, step ▸ **adoptar** *o* **tomar medidas** to take measures *o* steps ▸ **~ preventiva** preventive measure ▸ **medidas de seguridad** safety measures **3.** [moderación] moderation ▸ **sin ~** without moderation **4.** [grado] extent, degree ▸ **¿en qué ~ nos afecta?** to what extent does it affect us? ▸ **en cierta/gran ~** to some/a large extent ▸ **en mayor/menor ~** to a greater/lesser extent ▸ **en la ~ de lo posible** as far as possible
◆ ***a medida que*** loc conj as ▸ **a ~ que entraban** as they were coming in

mediería nf RP hosier's, hosiery shop

medieval adj medieval

medievalismo nm medievalism

medievalista nmf medievalist

medievo nm Middle Ages

medio, -a ■ adj **1.** [mitad] half ▸ **media docena** half a dozen ▸ **media hora** half an hour ▸ **~ pueblo estaba allí** half the town was there ▸ **a ~ camino** [en viaje] halfway there / [en trabajo] halfway through ▸ **a media luz** in the half-light ▸ **un kilo y ~** one and a half kilos ▸ **son las dos y media** it's half past two ▸ **son y media** it's half past **2.** [intermedio] [estatura, tamaño] medium

/ [posición, punto] middle ▸ **a ~ plazo** in the medium term ▸ **de clase media** middle-class **3.** [de promedio] [temperatura, velocidad] average ▸ **el francés ~** your average Frenchman **4.** [corriente] ordinary, average

▪ adv half ▸ **~ borracho** half drunk ▸ **a ~ hacer** half done

▪ nm **1.** [mitad] half **2.** [centro] middle, centre ▸ **en ~ (de)** in the middle (of) ▸ **estar por (en) ~** to be in the way ▸ **equivocarse de ~ a ~** to be completely wrong ▸ **meterse** *o* **ponerse de por ~** to get in the way / *Fig* to interfere ▸ **quitar de en ~ a alguien** to get rid of sb, to get sb out of the way **3.** [sistema, manera] means *(singular or plural)*, method ▸ **por ~ de** by means of, through ▸ **por todos los medios** by all possible means ▸ **los medios de comunicación** *o* **información** the media ▸ **medios de producción** means of production ▸ **medios de transporte** means *o* mode of transport **4.** [recursos] **medios** means, resources **5.** [elemento físico] environment ▸ **~ ambiente** environment **6.** [ámbito] **en medios bien informados** in well-informed circles

◆ ***a medias*** loc adv **hacer algo a medias** to half-do sth ▸ **pagar a medias** to go halves, to share the cost

medioambiental adj environmental

mediocampista nmf DEP midfielder

mediocre adj mediocre, average

mediocridad nf mediocrity

mediodía nm **1.** [hora] midday, noon ▸ **al ~** at noon *o* midday **2.** [sur] south

medioevo nm Middle Ages

mediofondista nmf DEP middle-distance runner

medique *etc ver* ***medicar***

medir [47] ▪ vt **1.** [hacer mediciones] to measure **2.** [sopesar] to weigh up **3.** [palabras] to weigh carefully **4.** [fuerzas] **los dos equipos medirán sus fuerzas en la semifinal** the two sides will do battle in the semifinal

▪ vi [tener de medida] **¿cuánto mides?** how tall are you? ▸ **¿cuánto mide de largo?** how long *o* what length is it? ▸ **mido 1,80** I'm 6 foot (tall) ▸ **mide diez metros** it's ten metres long ▸ **mide 90-60-90** her vital statistics are 36-24-36

◆ ***medirse*** vpr **1.** [tomarse medidas] to measure oneself ▸ **se midió la cintura** she measured her waist **2.** [moderarse] to show restraint **3.** [enfrentarse] **medirse con** to meet, to compete against

meditabundo, -a adj thoughtful, pensive

meditación nf meditation ▸ **~ trascendental** transcendental meditation

meditar ▪ vi to meditate (**sobre** on)

▪ vt **1.** [considerar] to meditate, to ponder **2.** [planear] to plan, to think through

meditativo, -a adj pensive

mediterráneo, -a ▪ adj Mediterranean

▪ nm **el (mar) Mediterráneo** the Mediterranean (Sea)

médium nmf inv medium

medrar vi **1.** [prosperar] to prosper **2.** [enriquecerse] to get rich **3.** [crecer] to grow

medro nm **afán de ~** desire to get on in the world

medroso, -a ▪ adj [miedoso] fearful

▪ nm,f fearful person

médula nf **1.** ANAT (bone) marrow ▸ **~ espinal** spinal cord **2.** [esencia] core

medular adj ANAT medullary, medullar

medusa nf jellyfish

mefistofélico, -a adj diabolical

megabit (pl **megabits**) nm INFORM megabit

megabyte [meɣa'βait] nm INFORM megabyte

megafonía nf public-address system

megáfono nm megaphone

megahercio nm megahertz

megalito nm megalith

megalomanía nf megalomania

megalómano, -a adj & nm,f megalomaniac

megalópolis nf inv megalopolis

megatón nm megaton

meiga nf witch *(in Galicia)*

mejicanismo nm Mexicanism

mejicano, -a adj & nm,f Mexican

Méjico n Mexico

mejilla nf cheek ▸ *Fig* **ofrecer** *o* **poner la otra ~** to turn the other cheek

mejillón nm mussel

mejor ▪ adj **1.** (comparativo) better (**que** than) ▸ **no hay nada ~ que...** there's nothing better than... ▸ **es ~ que no vengas** it would be better if you didn't come ▸ **será ~ que te calles** you'd better shut up, I suggest you shut up **2.** (superlativo) **el/la ~...** the best... ▸ **el ~ vino de todos/del mundo** the best wine of all/in the world ▸ **lo ~ fue que...** the best thing was that...

▪ nmf **el/la ~ (de)** the best (in) ▸ **el ~ de todos** the best of all

▪ adv **1.** (comparativo) better (**que** than) ▸ **ahora veo ~** I can see better now ▸ **estar ~** [no tan malo] to feel better / [recuperado] to be better ▸ **~ no se lo digas** it'd be better if you don't tell him ▸ **~ dicho** (or) rather ▸ **~ que ~** so much the better **2.** (superlativo) best ▸ **el que la conoce ~** the one who knows her best

◆ ***a lo mejor*** loc adv maybe, perhaps ▸ **a lo ~ voy** I may go

mejora nf **1.** [progreso] improvement **2.** [aumento] increase

mejorable adj improvable

mejorana nf sweet marjoram

mejorar ▪ vt [hacer mejor] to improve / [enfermo] to make better ▸ **~ una oferta** to make a better offer

▪ vi to improve, to get better

◆ ***mejorarse*** vpr to improve, to get better ▸ **¡que te mejores!** get well soon!

mejoría nf improvement

mejunje nm *Fam* concoction

melancolía nf melancholy

melancólico, -a ▪ adj melancholic

▪ nm,f melancholic person

melanina nf melanin

melanoma nm MED melanoma

melaza nf molasses

melé nf *ESP* DEP scrum

melena nf **1.** [de persona] long hair ▸ **melenas** mop of hair **2.** [de león] mane

melenudo, -a ■ adj with a mop of hair
■ nm,f person with a mop of hair

melifluo, -a adj honeyed, mellifluous

Melilla n Melilla

melillense ■ adj of/from Melilla
■ nmf person from Melilla

melindre nm **1.** CULIN = *fried cake made from honey and sugar* **2. melindres** [afectación] affected scrupulousness

melindroso, -a ■ adj affectedly scrupulous
■ nm,f affectedly scrupulous person

melisa nf lemon balm

mella nf **1.** [muesca, hendidura] nick ▸ *Fig* **hacer ~ en** [ahorros, moral] to make a dent in ▸ *Fig* **hacer ~ en alguien** to make an impression on sb **2.** [en dentadura] gap

mellado, -a adj **1.** [dañado] nicked **2.** [sin dientes] gap-toothed

mellar vt **1.** [hacer mellas en] to nick, to chip **2.** [menoscabar] to damage

mellizo, -a adj & nm,f twin

melocotón nm *esp ESP* peach ▸ **~ en almíbar** peaches in syrup

melocotonero nm *esp ESP* peach tree

melodía nf melody, tune / [de teléfono] ring tone

melódico, -a adj melodic

melodioso, -a adj melodious

melodrama nm melodrama

melodramático, -a adj melodramatic

melomanía nf love of music

melómano, -a nm,f music lover

melón nm **1.** [fruta] melon **2.** *Fam* [idiota] lemon, idiot

melonar nm melon field *o* patch

meloncillo nm = *European variety of mongoose*

melopea nf *ESP Fam* **agarrar** *o* **coger una ~** to get legless

melosidad nf [dulzura] sweetness / [empalago] sickliness

meloso, -a adj [como la miel] honey / *Fig* [dulce] sweet / [empalagoso] sickly

membrana nf membrane

membranoso, -a adj membranous

membresía nf *AM* membership

membrete nm letterhead

membrillo nm **1.** [fruto] quince **2.** [dulce] quince jelly

memez nf *Fam* [cualidad] stupidity / [acción, dicho] silly *o* stupid thing

memo, -a ■ adj stupid
■ nm,f idiot, fool

memorable adj memorable

memorándum, memorando (pl **memorandos**) nm **1.** [cuaderno] notebook **2.** [nota diplomática] memorandum

memoria nf **1.** [capacidad de recordar] memory ▸ **tener buena/mala ~, tener mucha/poca ~** to have a good/bad memory ▸ **de ~** by heart ▸ **hacer ~** to try to remember ▸ **refrescar la ~ a alguien** to refresh sb's memory ▸ **traer a la ~** to call to mind ▸ **si la ~ no me engaña** *o* **falla** if I remember correctly ▸ **venir a la ~** to come to mind **2.** [recuerdo] remembrance, remembering ▸ **ser de feliz/ingrata ~** to be a happy/an unhappy memory ▸ **un monumento en ~ del héroe nacional** a memorial to the national hero ▸ **memorias** [en literatura] memoirs **3.** [disertación] (academic) paper **4.** [informe] **~ (anual)** (annual) report **5.** [lista] list, record **6.** INFORM memory ▸ **~ de acceso aleatorio/de sólo lectura** random-access/read only memory ▸ **~ expandida/extendida/programable** expanded/extended/programmable memory ▸ **~ RAM/ROM** RAM/ROM

memorial nm petition, request

memorístico, -a adj memory ▸ **ejercicio ~** memory exercise

memorización nf memorizing

memorizar [14] vt to memorize

ménage à trois [me'naʃa'trwa] nm ménage à trois

menaje nm household goods and furnishings ▸ **~ de cocina** kitchenware

mención nf mention ▸ **hacer ~ de** to mention ▸ **~ honorífica** honourable, mention

mencionar vt to mention

menda *ESP Fam* ■ pron *Hum* [el que habla] yours truly, *BR* muggins
■ nmf [uno cualquiera] **vino un ~ y...** this guy came along and...

mendacidad nf *Formal* mendacity, untruthfulness

mendaz adj *Formal* mendacious, untruthful

mendicante adj [orden religiosa] mendicant

mendicidad nf begging

mendigar [38] ■ vt to beg for
■ vi to beg

mendigo, -a nm,f beggar

mendrugo nm **1.** [de pan] crust (of bread) **2.** *ESP Fam* [idiota] fathead, idiot

menear vt **1.** [mover] to move / [cabeza] to shake / [cola] to wag / [caderas] to wiggle **2.** [activar] to get moving
◆ ***menearse*** vpr **1.** [moverse] to move (about) / [agitarse] to shake / [oscilar] to sway **2.** [darse prisa, espabilarse] to get a move on **3.** *ESP Fam* **un susto de no te menees** a hell of a scare

meneo nm [movimiento] movement / [de cola] wagging / [de caderas] wiggle ▸ *ESP Fam* **dar un ~ a algo** to knock sth ▸ *ESP Fam* **dar un ~ a alguien** to give sb a hiding

menester nm necessity ▸ **haber ~ de algo** to be in need of sth ▸ **ser ~ que alguien haga algo** to be necessary for sb to do sth ▸ **menesteres** [asuntos] business, matters

menesteroso, -a *Formal* ■ adj needy, poor
■ nm,f needy *o* poor person

menestra nf vegetable stew

mengano, -a nm,f so-and-so

mengua nf [reducción] reduction ▸ **sin ~ de** without detriment to

menguado, -a adj reduced, diminished

menguante adj [luna] waning ▸ **en cuarto ~** on the wane

menguar [11] ■ vi **1.** [disminuir] to decrease, to diminish / [luna] to wane **2.** [en labor de punto] to decrease
■ vt **1.** [disminuir] to lessen, to diminish **2.** [en labor de punto] to decrease

menhir nm menhir

meninge nf ANAT meninx

meningitis nf inv MED meningitis

menisco nm ANAT meniscus

menopausia nf menopause

menopáusico, -a adj menopausal

menor ■ adj **1.** (comparativo) [en tamaño] smaller (**que** than) / [en edad] younger (**que** than) / [en importancia] less, lesser (**que** than) / [en número] lower (**que** than) **2.** (superlativo) **el/la ~...** [en tamaño] the smallest... / [en edad] the youngest... / [en importancia] the slightest... / [en número] the lowest... ▸ **la ~ de las islas** the smallest island, the smallest of the islands ▸ **el ~ ruido le molesta** the slightest noise disturbs him **3.** [intrascendente, secundario] **un problema ~** a minor problem **4. ser ~ de edad** [para votar, conducir] to be under age / DER to be a minor ▸ **aún es ~ para salir solo** he's still a bit young to go out on his own **5.** MÚS **en do ~** in C minor **6.** COM **al por ~** retail
■ nmf **1.** (superlativo) **el/la ~** [hijo, hermano] the youngest **2.** DER [niño] minor

Menorca n Minorca

menorista *CHILE, MÉX* ■ adj retail
■ nmf retailer

menorquín, -ina adj & nm,f Minorcan

menos ■ adj inv **1.** (comparativo) [cantidad] less / [número] fewer ▸ **~ aire** less air ▸ **~ manzanas** fewer apples ▸ **~... que...** less/fewer... than... ▸ **tiene ~ experiencia que tú** she has less experience than you ▸ **hace ~ calor que ayer** it's not as hot as it was yesterday ▸ **hay dos libros de ~** there are two books missing ▸ **me han dado 10 euros de ~** they've given me 10 euros too little **2.** (superlativo) [cantidad] the least / [número] the fewest ▸ **el que compró ~ acciones** the one who bought the fewest shares ▸ **lo que ~ tiempo llevó** the thing that took the least time ▸ **la que ~ nota sacó en el examen** the girl who did (the) worst *o* got the worst marks in the exam **3.** *Fam* [peor] **éste es ~ coche que el mío** that car isn't as good as mine
■ adv **1.** (comparativo) less ▸ **~ de/que** less than ▸ **son ~ de las diez** it's not quite ten o'clock yet **2.** (superlativo) ▸ **el/la/lo ~** the least ▸ **el ~ interesante/difícil** the least interesting/difficult ▸ **él es el ~ indicado para criticar** he's the last person who should be criticizing ▸ **es lo ~ que puedo hacer** it's the least I can do **3.** [expresa resta] minus ▸ **tres ~ dos igual a uno** three minus two is one **4.** *ESP, RP* [con las horas] to ▸ **son las dos ~ diez** it's ten to two ▸ **son ~ diez** it's ten to **5.** [expresiones] **¡~ mal!** just as well!, thank God! ▸ **es lo de ~** that's the least of it, that's of no importance ▸ **hacer de ~ a alguien** to snub sb ▸ **lo ~** [como mínimo] at least ▸ **nada ~ (que)** no less (than) ▸ **ni mucho ~** nor anything like it ▸ **no es para ~** not without (good) reason ▸ **venir a ~** to go down in the world
■ nm inv MAT minus (sign)
■ prep [excepto] except (for) ▸ **todo ~ eso** anything but that
◆ ***a menos que*** loc conj unless ▸ **no iré a ~ que me acompañes** I won't go unless you come with me
◆ ***al menos*** loc adv at least
◆ ***por lo menos*** loc adv at least

> ¡CUIDADO! / CAREFUL!
>
> ***menos***
>
> *Menos* se traduce por **fewer** cuando va con sustantivos contables en plural ("there are fewer bottles of milk"), mientras que **less** se emplea con sustantivos incontables ("there is less milk"). El uso de **less** con sustantivos contables es cada vez más corriente, sobre todo en el lenguaje coloquial, si bien muchos lo consideran incorrecto.

menoscabar vt [fama, honra] to damage / [derechos, intereses, salud] to harm / [belleza, perfección] to diminish

menoscabo nm [de fama, honra] damage / [de derechos, intereses, salud] harm / [de belleza, perfección] diminishing ▸ **(ir) en ~ de** (to be) to the detriment of

menospreciar vt [despreciar] to scorn, to despise / [infravalorar] to undervalue

menosprecio nm scorn, contempt

mensáfono nm pager

mensaje nm message ▸ **te dejé un ~ en el contestador** I left you a message on your answering machine ▸ INFORM **~ de alerta** alert message ▸ INFORM **~ por correo electrónico** e-mail message ▸ **~ de texto** text message

mensajería nf **1.** [de paquetes, cartas] courier service **2.** [por teléfono] messaging ▸ **~ de imágenes** picture messaging

mensajero, -a nm,f [portador] messenger / [de mensajería] courier

menstruación nf menstruation

menstrual adj menstrual

menstruar [4] vi to menstruate, to have a period

menstruo nm menstruation

mensual adj monthly ▸ **5.000 pesos mensuales** 5,000 pesos a month

mensualidad nf **1.** [sueldo] monthly salary **2.** [pago] monthly payment *o* instalment

menta nf mint

mentado, -a adj **1.** [mencionado] above-mentioned, aforementioned **2.** [famoso] famous

mental adj mental

mentalidad nf mentality

mentalización nf mental preparation

mentalizar [14] vt to put into a frame of mind ▸ **~ a alguien de algo** to make sb aware of sth
◆ ***mentalizarse*** vpr to get into a frame of mind ▸ **mentalizarse de que...** to get used to the idea that...

mentar [3] vt to mention ▸ **mentarle la madre a alguien** to swear at sb

mente nf **1.** [pensamiento, intelecto] mind ▸ **tener en ~ algo** to have sth in mind ▸ **tener en ~ hacer algo** to intend to do sth ▸ **traer a la ~** to bring to mind **2.** [mentalidad] mentality ▸ **abierto de ~** open-minded ▸ **cerrado de ~** set in one's ways *o* opinions ▸ **tiene una ~ muy abierta** she's very open-minded

mentecato, -a nm,f idiot

mentidero nm **1.** [lugar] **es el ~ del pueblo** it's where you get all the good village gossip **2.** [de personas] **en los mentideros políticos/intelectuales** in political/intellectual circles

mentir [62] vi to lie ▸ **no me mientas** don't lie to me ▸ **miente más que habla** he's a born liar ▸ **esas estadísticas mienten, porque no tienen en cuenta...** those statistics give a false picture *o* are misleading, because they don't take into account... ▸ **llovía, miento, granizaba cuando nos preparábamos para salir** it was raining, I tell a lie, it was hailing as we were getting ready to leave

mentira nf lie ▸ **es ~** it's not true, it's a lie ▸ **aunque parezca ~** strange as it may seem ▸ **parece ~ que lo hayamos conseguido** I can hardly believe we've done it ▸ **parece ~ que te creas una cosa así** how can you possibly believe a thing like that? ▸ **¡parece ~, las cinco y todavía no ha llegado!** can you believe it, it's five o'clock and she's still hasn't arrived! ▸ **de ~** pretend, false ▸ **dinero de ~** pretend money ▸ **una ~ como una casa** a whopping great lie ▸ **~ piadosa** white lie

mentirijilla nf *Fam* fib ▸ **de mentirijillas** [en broma] as a joke, in fun / [falso] pretend, make-believe

mentiroso, -a ■ adj lying / [engañoso] deceptive
■ nm,f liar

mentís nm inv denial ▸ **dar un ~ (a)** to issue a denial (of)

mentol nm menthol

mentolado, -a adj menthol, mentholated

mentón nm chin

mentor, -ora nm,f mentor

menú nm **1.** [lista] menu / [comida] food ▸ **~ del día** set meal **2.** INFORM menu ▸ **~ desplegable** pull-down menu

menudear ■ vi to happen frequently
■ vt to repeat, to do repeatedly

menudencia nf trifle, insignificant thing

menudeo nm *ANDES, MÉX* retailing

menudillos nmpl giblets

menudo, -a adj **1.** [pequeño] small **2.** [insignificante] trifling, insignificant **3.** [para enfatizar] what a....! ▸ **¡~ lío/gol!** what a mess/goal!
◆ ***a menudo*** loc adv often

meñique nm **(dedo) ~** little finger, *US & SCOT* pinkie

meódromo nm *ESP Fam BR* bog, *US* john

meollo nm core, heart ▸ **el ~ de la cuestión** the nub of the question, the heart of the matter

meón, -ona nm,f *Fam* **es un ~** he has a weak bladder

mequetrefe nmf *Fam* good-for-nothing

mercachifle nmf *Pey* **1.** [comerciante] pedlar **2.** [usurero] money-grabber, shark

mercadear vi to trade, to do business

mercader nmf merchant, trader

mercadería nf merchandise, goods

mercadillo nm flea market

mercado nm market ▸ **~ de abastos** wholesale food market ▸ BOLSA **~ alcista** *o* **al alza** bull market ▸ BOLSA **~ bajista** *o* **a la baja** bear market ▸ **~ bursátil** stock market ▸ BOLSA **~ de capitales** capital market ▸ **el Mercado Común** Common Market ▸ **~ de divisas** currency market ▸ **~ exterior** foreign market ▸ **~ financiero** financial market ▸ BOLSA **~ de futuros** futures market ▸ **~ inmobiliario** housing *o* property market ▸ **~ interbancario** interbank market ▸ **~ interior** domestic market ▸ **~ laboral** labour market ▸ **~ libre** free market ▸ **~ monetario** money market ▸ **~ negro** black market ▸ **~ de trabajo** job market ▸ **~ único** single market ▸ **Mercado Único Europeo** European Single Market ▸ BOLSA **~ de valores** securities market

mercadotecnia nf marketing

mercancía nf merchandise, goods
◆ ***mercancías*** nm inv FERROC *BR* goods train, *US* freight train

mercante ■ adj merchant
■ nm [barco] merchantman, merchant ship

mercantil adj mercantile, commercial

mercantilismo nm mercantilism / *Pey* commercialism

mercantilista adj & mf mercantilist

mercantilizar [14] vt to commercialize

merced nf favour ▸ **~ a** thanks to ▸ **a ~ de algo/alguien** at the mercy of sth/sb

mercenario, -a adj & nm,f mercenary

mercería nf **1.** [género] *BR* haberdashery, *US* notions **2.** [tienda] *BR* haberdasher's (shop), *US* notions store

merchandising [mertʃan'daisin] nm merchandising

Mercosur nm (abrev de ***Mercado Común del Sur***) MERCOSUR

CULTURA / CULTURE

MERCOSUR

After several decades of growth in trade relations, Argentina, Brazil, Paraguay and Uruguay signed the Treaty of Asunción in 1991 to found MERCOSUR ("Mercado Común del Sur", Southern Common Market). Initially no central institutions were established, but the Treaty of Ouro Preto in 1994 provided for an institutional structure, though its development is less advanced than that of the Comunidad Andina (CAN). The collapse of the Argentinian economy in 2002 dealt a severe blow to **MERCOSUR**, but as it has a combined population of 210 million, and a GDP of over $1,000 billion, it is still one of the largest economic groups in the world. Bolivia, Chile, Peru, Venezuela and Mexico all now have associate member status.

mercromina® nf [para heridas] mercurochrome®

Mercurio nm Mercury

mercurio nm mercury

mercurocromo nm mercurochrome®

merecedor, -ora adj ~ **de** worthy of

merecer [46] ■ vt to deserve, to be worthy of ▸ **la isla merece una visita** the island is worth a visit ▸ **merece la pena detenernos un poco más en este punto** it's worth spending a bit more time on this point ▸ **no merece la pena** it's not worth it ▸ **no merece la pena que te enfades** it's not worth getting angry about, there's no point in getting angry about it

■ vi to be worthy ▸ **en edad de ~** of marriageable age

◆ ***merecerse*** vpr to deserve ▸ **se merece ganar** she deserves to win ▸ **se lo tiene bien merecido** it serves him right

merecido nm **darle a alguien su ~** to give sb his/her just deserts ▸ **recibió su ~** he got his just deserts

merendar [3] ■ vi to have tea *(as a light afternoon meal)*

■ vt to have for tea

◆ ***merendarse*** vpr *Fam* **merendarse a alguien** to thrash sb

merendero nm = *open-air café or bar (in the country or on the beach)*

merendola nf *ESP Fam* splendid spread, *BR* slap-up tea

merengue ■ nm **1.** CULIN meringue **2.** [baile] merengue

■ adj *ESP Fam* DEP = *relating to Real Madrid Football Club*

meretriz nf prostitute

merezca *etc ver* ***merecer***

Mérida n Merida

meridiano, -a ■ adj **1.** [hora] midday **2.** [claro] crystal-clear

■ nm meridian

meridional ■ adj southern

■ nmf southerner

merienda ■ *ver* ***merendar***

■ nf tea *(as a light afternoon meal)* / [en el campo] picnic ▸ *ESP* **fue una ~ de negros** [caos] it was total chaos / [masacre] it was a massacre

merino, -a adj merino

mérito nm **1.** [cualidad] merit ▸ **hacer méritos para** to do everything possible to **2.** [valor] value, worth ▸ **tiene mucho ~** it's no mean achievement ▸ **de ~** worthy, deserving

meritorio, -a ■ adj worthy, deserving

■ nm,f unpaid trainee *o* apprentice

merluza nf **1.** [pez, pescado] hake **2.** *ESP Fam* [borrachera] **agarrar una ~** to get sozzled

merluzo, -a nm,f *ESP Fam* idiot, fool

merma nf decrease, reduction

mermar ■ vi to diminish, to lessen

■ vt to reduce, to diminish

mermelada nf jam ▸ **~ de frambuesa/fresa** raspberry/strawberry jam ▸ **~ de naranja** marmalade

mero, -a ■ adj **1.** [simple] mere ▸ **una mera excusa** just an excuse **2.** *CAM, MÉX Fam* **me lo contó él ~** he told me himself *o* in person ▸ **en el ~ centro** right in the centre ▸ *MÉX* **el ~ ~** the big shot

■ adv *CAM, MÉX Fam* **1.** [exactamente] **aquí ~** right here ▸ **ya ~** right now **2.** [casi] nearly, almost ▸ **~ me mato** I nearly *o* almost got killed

■ nm [pez] grouper

merodeador, -ora nm,f prowler, snooper

merodear vi to snoop, to prowl (**por** about)

mes nm **1.** [del año] month ▸ **al** *o* **por ~** a month ▸ **viajo a Lima tres veces al** *o* **por ~** I go to Lima three times a month **2.** [salario] monthly salary **3.** *Fam* [menstruación] **está con el ~** it's her time of the month

mesa nf **1.** [mueble] table / [de oficina, despacho] desk ▸ **bendecir la ~** to say grace ▸ **poner/quitar la ~** to set/clear the table ▸ **sentarse a la ~** to sit down at the table ▸ **¡a la ~!** dinner is/tea is/lunch is ready! ▸ **~ de billar** billiard table ▸ **~ camilla** = *small round table under which a heater is placed* ▸ **~ de mezclas** mixing desk ▸ **~ (de) nido** nest of tables ▸ **~ de operaciones** operating table ▸ **~ plegable** folding table **2.** [comité] board, committee / [en un debate] panel ▸ **~ directiva** executive board *o* committee ▸ **~ electoral** = *group supervising the voting in each ballot box* ▸ **~ redonda** [coloquio] round table

mesada nf **1.** *AM* [pago mensual] monthly payment, monthly instalment **2.** *RP* [para adolescentes] pocket money, *US* allowance **3.** *RP* [encimera] worktop

mesana nf **1.** [mástil] mizenmast **2.** [vela] mizensail

mesar vt to tear

◆ ***mesarse*** vpr **mesarse los cabellos** to pull *o* tear at one's hair

mescalina nf mescalin

mescolanza nf *Fam* hotchpotch, mishmash

mesero, -a nm,f *COL, GUAT, MÉX, SALV* waiter, *f* waitress

meseta nf plateau, tableland

mesetario, -a adj of/relating to the Castilian plateau *o* tableland

mesiánico, -a adj messianic

mesianismo nm REL messianism / *Fig* blind faith in one person

mesías nm inv *también Fig* Messiah ▸ **el Mesías** the Messiah

mesilla, *RP* ***mesita*** nf **~ (de noche)** bedside table

mesnada nf armed retinue

mesocracia nf = *government by the middle classes*

mesón nm **1.** HIST inn **2.** [bar, restaurante] = *old, country-style restaurant and bar*

mesonero, -a nm,f *ESP* innkeeper

Mesopotamia n Mesopotamia

mester nm *Anticuado* trade, craft

mestizaje nm [de razas] racial mix / [de animales] crossbreeding / [de culturas] mixing, cross-fertilization

mestizo, -a ■ adj [persona] of mixed race / [animal, planta] cross-bred
■ nm,f person of mixed race

mesura nf 1. [moderación] moderation, restraint ▸ **con ~** in moderation 2. [cortesía] courtesy, politeness 3. [gravedad] dignity, seriousness

mesurado, -a adj moderate, restrained

mesurarse vpr to restrain oneself

meta nf 1. DEP [llegada] finishing line / [portería] goal ▸ **marcar en propia ~** to score an own goal ▸ **~ volante** [en ciclismo] hot spot sprint 2. [objetivo] aim, goal ▸ **fijarse una ~** to set oneself a target *o* goal

metabólico, -a adj metabolic

metabolismo nm metabolism

metabolizar [14] vt to metabolize

metacarpo nm ANAT metacarpus

metacrilato nm methacrylate, = *transparent resin used in furniture making*

metadona nf methadone

metafísica nf [disciplina] metaphysics *(singular)*

metafísico, -a ■ adj metaphysical
■ nm,f [filósofo] metaphysicist

metáfora nf metaphor

metafórico, -a adj metaphorical

metal nm 1. [material] metal ▸ **~ blanco** white metal ▸ **~ pesado** heavy metal ▸ **metales preciosos** precious metals 2. MÚS brass

metalenguaje nm INFORM & LING metalanguage

metálico, -a ■ adj [sonido, color] metallic / [objeto] metal
■ nm **pagar en ~** to pay (in) cash

metalizado, -a adj [pintura] metallic

metalurgia nf metallurgy

metalúrgico, -a ■ adj metallurgical
■ nm,f metallurgist

metamórfico, -a adj metamorphic

metamorfismo nm metamorphism

metamorfosis nf inv *también Fig* metamorphosis

metano nm methane

metanol nm methanol

metástasis nf inv MED metastasis

metatarso nm ANAT metatarsus

metedura nf **~ de pata** blunder, *BR* clanger

meteórico, -a adj *también Fig* meteoric

meteorito nm meteorite

meteoro nm meteor

meteorología nf meteorology

meteorológico, -a adj meteorological

meteorólogo, -a nm,f meteorologist / RAD & TV weatherman, *f* weatherwoman

metepatas nmf inv *Fam* **es un ~** he's always putting his foot in it

meter vt 1. [introducir] to put in ▸ **~ algo/a alguien en algo** to put sth/sb in sth ▸ **~ la llave en la cerradura** to get the key into the lock ▸ **~ dinero en el banco** to put money in the bank ▸ **he metido mis ahorros en esa empresa** I've put all my savings into this venture ▸ **le metieron en la cárcel** they put him in prison ▸ *Fam* **meterle ideas a alguien en la cabeza** to put ideas into sb's head ▸ *Fam* **no consigo meterle en la cabeza (que...)** I can't get it into his head (that...) 2. [hacer participar] **~ a alguien en algo** to get sb into sth ▸ **¡en buen lío nos has metido!** this is a fine mess you've gotten us into! 3. [obligar a] **~ a alguien a hacer algo** to make sb start doing sth 4. [causar] **~ prisa/miedo a alguien** to rush/scare sb ▸ **~ ruido** to make a noise 5. *Fam* [asestar] to give ▸ **le metió un puñetazo** he gave him a punch 6. *Fam* [echar, soltar] to give ▸ **~ una bronca a alguien** to tell sb off ▸ **me metió un rollo sobre la disciplina militar** he gave me this routine about military discipline 7. [prenda, ropa] to take in ▸ **~ el bajo de una falda** to take up a skirt 8. [en automóvil] **~ la primera/la marcha atrás** to go into first gear/reverse 9. [en deportes] [anotar] to score ▸ **nos metieron dos goles** they scored two goals against us 10. *Fam* **a todo ~** as quickly as possible
◆ ***meterse*** vpr 1. [entrar] to get in ▸ **meterse en** to get into 2. (en frase interrogativa) [estar] to get to ▸ **¿dónde se ha metido ese chico?** where has that boy got to? 3. [dedicarse] **meterse a** to become ▸ **meterse a torero** to become a bullfighter 4. [involucrarse] to get involved (**en** in) 5. [entrometerse] to meddle, to interfere ▸ **se mete en todo** he never minds his own business ▸ **meterse por medio** to interfere 6. [empezar] **meterse a hacer algo** to get started on doing sth 7. **meterse con** [incordiar] to hassle / [atacar] to go for 8. *Fam* [comer] to wolf down, *BR* to scoff 9. *Fam* [drogas] **meterse coca/LSD** to do coke/LSD

meterete, metete *Fam* ■ adj **ser ~** to be a busybody
■ nm,f busybody

meticón, -ona *Fam* ■ adj **ser ~** to be a busybody *o BR* nosey-parker
■ nm,f busybody, *BR* nosey-parker

meticulosidad nf meticulousness

meticuloso, -a adj meticulous

metido, -a adj 1. [implicado] **andar** *o* **estar ~ en** to be involved in 2. [abundante] **~ en años** elderly ▸ **~ en carnes** plump

metódico, -a adj methodical

metodismo nm Methodism

metodista adj & nmf Methodist

método nm 1. [sistema] method ▸ **no estoy de acuerdo con sus métodos de hacer las cosas** I don't agree with his way of doing things *o* his methods ▸ **~ anticonceptivo** contraceptive method ▸ **~ (de) Ogino** rhythm method 2. EDUC method

metodología nf methodology

metodológico, -a adj methodological

metomentodo *Fam* ■ adj inv **ser ~** to be a busybody *o BR* nosey-parker

■ nmf busybody, *BR* nosey-parker

metonimia nf metonymy

metraje nm length, running time

metralla nf shrapnel

metralleta nf submachine gun

métrica nf LIT metrics

métrico, -a adj **1.** [del metro] metric ▸ **sistema ~ decimal** metric system **2.** LIT metrical

metro nm **1.** [unidad] & LIT metre ▸ **~ cuadrado/cúbico** square/cubic metre ▸ **metros por segundo** metres per second **2.** [transporte] *BR* underground, *US* subway ▸ **en ~** *BR* on the *o* by underground, *US* on the *o* by subway **3.** [cinta métrica] tape measure

metrópoli nf, ***metrópolis*** nf inv **1.** [ciudad] metropolis **2.** [nación] home country

metropolitano, -a ■ adj metropolitan
■ nm [metro] *BR* underground, *US* subway

mexicanismo [meχi'kanismo] nm Mexicanism

mexicano, -a [meχi'kano] adj & nm,f Mexican

México ['meχiko] n Mexico

mezanine nm *CAM, COL, MÉX* mezzanine

mezcla nf **1.** [unión, conjunto] mixture ▸ **una ~ explosiva** [de personalidades, factores] an explosive combination ▸ **una ~ de tabacos** a blend of tobaccos **2.** [acción] mixing **3.** MÚS mix

mezclador, -ora ■ nm,f [persona] mixer
■ nm [dispositivo] mixer ▸ **~ de imagen** *BR* vision mixer, *US* switcher ▸ **~ de sonido** mixer

mezclar vt **1.** [combinar, unir] to mix ▸ **mezcló la pintura roja con la amarilla** she mixed the red and yellow paint together **2.** [confundir, desordenar] to mix up **3.** [implicar] **~ a alguien en** to get sb mixed up in ▸ **no me mezcles en tus asuntos** don't involve me in your affairs
◆ ***mezclarse*** vpr **1.** [juntarse] to mix (**con** with) ▸ **no me mezclo con gente como esa** I don't mix *o* associate with people like that **2.** [difuminarse] **mezclarse entre** to disappear *o* blend into **3.** [implicarse] **mezclarse en** to get mixed up in

mezclilla nf = *cloth woven from mixed fibres*

mezcolanza nf *Fam* mishmash, *BR* hotchpotch, *US* hodgepodge

mezquindad nf **1.** [cualidad] meanness **2.** [acción] mean action

mezquino[1]***, -a*** adj mean

mezquino[2] nm *MÉX* wart

mezquita nf mosque

mezzanine nm *CAM, COL, MÉX* mezzanine

mg (abrev de ***miligramo***) mg

MHz (abrev de ***megahercio***) MHz

mi[1] nm MÚS E / [en solfeo] mi

mi[2] (pl **mis**) adj posesivo my ▸ **mi casa** my house ▸ **mis libros** my books

mí pron personal [después de prep] **1.** [en general] me ▸ **este trabajo no es para mí** this job isn't for me ▸ **no se fía de mí** he doesn't trust me **2.** (reflexivo) myself ▸ **debo pensar más en mí (mismo)** I should think more about myself **3.** [expresiones] **¡a mí qué!** so what?, why should I care? ▸ **para mí** [yo creo] as far as I'm concerned, in my opinion ▸ **por mí** as far as I'm concerned ▸ **por mí, no hay inconveniente** it's fine by me

mía *ver* ***mío***

miaja nf *Fam* tiny bit

mialgia nf MED myalgia

miasma nm miasma

miau nm miaow

mica nf mica

micción nf MED [acción] urination

micénico, -a adj Mycenaean

michelín nm *Fam* spare tyre

mico nm **1.** [animal] (long-tailed) monkey **2.** [expresiones] **es un ~** [pequeño] he's a midget *o BR* titch / [feo] he's an ugly devil ▸ *Fig* **ser el último ~** to be the lowest of the low ▸ **me volví ~ para hacerlo** I had a devil of a job to do it

micología nf mycology

micosis nf inv mycosis

micra nf micron

micro ■ nm *Fam* (abrev de ***micrófono***) mike
■ nm o nf *ARG, BOL, CHILE* [microbús] minibus

microbiano, -a adj microbial, microbic

microbio nm germ, microbe

microbiología nf microbiology

microbús (pl **microbuses**) nm minibus

microcentro nm *RP* business district *(in a city centre)*

microchip (pl **microchips**) nm microchip

microcirugía nf microsurgery

microclima nm microclimate

microcomputador nm, ***microcomputadora*** nf *esp AM* microcomputer

microcosmo nm, ***microcosmos*** nm inv microcosm

microcrédito nm ECON microcredit

microeconomía nf microeconomics *(singular)*

microelectrónica nf microelectronics *(singular)*

microempresa nf COM very small company

microficha nf microfiche

microfilm (pl **microfilms**), ***microfilme*** nm microfilm

micrófono nm microphone ▸ **~ de solapa** clip-on microphone

microfotografía nf microphotography

microinformática nf INFORM microcomputing

micrón nm micron

microonda nf microwave
◆ ***microondas*** nm inv microwave (oven)

microordenador nm *ESP* INFORM microcomputer

microorganismo nm microorganism

microprocesador nm INFORM microprocessor

microscópico, -a adj microscopic

microscopio nm microscope ▸ **~ electrónico** electron microscope

microsurco nm microgroove

mida *etc ver* ***medir***

MIDI nm INFORM (abrev de ***musical instrument digital interface***) MIDI

midiera *etc ver* ***medir***

miedica *ESP Fam* ■ adj yellow, chicken
■ nmf scaredy-cat, coward

miedo nm fear ▸ **dar ~** to be frightening ▸ **me da ~ conducir** I'm afraid *o* frightened of driving ▸ **meter ~ a** to frighten ▸ **por ~ a** for fear of ▸ **tener ~ a** *o* **de (hacer algo)** to be afraid of (doing sth) ▸ **le tiene ~ a la oscuridad** he's scared *o* afraid of the dark ▸ **tengo ~ de que se estropee** I'm frightened it'll get damaged ▸ *ESP Fam Fig* **de ~: la película estuvo de ~** the movie was brilliant ▸ **lo pasamos de ~** we had a fantastic time ▸ *muy Fam* **estar cagado de ~** to be shit-scared ▸ **morirse de ~** to die of fright, to be terrified ▸ **~ cerval** terrible fear, terror ▸ **~ escénico** stage fright

miedoso, -a ■ adj fearful
■ nm,f fearful person

miel nf honey ▸ **las mieles del éxito** the sweet smell of success ▸ *Fig* **~ sobre hojuelas** all the better

miembro ■ nm **1.** [integrante] member ▸ **~ fundador** founder member ▸ **~ de pleno derecho** full member **2.** [extremidad] limb, member ▸ **miembros superiores/inferiores** upper/lower limbs ▸ **~ (viril)** penis
■ adj **país/estado ~** member country/state

mienta **1.** *ver* ***mentar*** **2.** *ver* ***mentir***

mientes nfpl mind ▸ **parar ~ (en algo)** to consider (sth) ▸ **traer a las ~** to bring to mind

mientras ■ conj **1.** [al tiempo que] while ▸ **leía ~ comía** she was reading while eating **2.** [siempre que] **~ viva** as long as I live ▸ **~ pueda** as long as I can **3.** [hasta que] **~ no se pruebe lo contrario** until proved otherwise **4. ~ (que)** [por el contrario] whereas, whilst
■ adv **~ (tanto)** meanwhile, in the meantime

miércoles nm inv Wednesday ▸ **Miércoles de Ceniza** Ash Wednesday / *ver también* ***sábado***

mierda *muy Fam* ■ nf **1.** [excremento] shit **2.** [suciedad] crap **3.** [cosa sin valor] **es una ~** it's (a load of) crap ▸ **de ~** [malo] shitty, crappy **4.** *ESP* [borrachera] **agarrarse/tener una ~** to get/be shit-faced **5.** [expresiones] **irse a la ~** [proyecto] to go down the tubes ▸ **mandar a alguien a la ~** to tell sb to piss off ▸ **¡vete a la ~!** go to hell!, piss off!
■ nmf shithead
■ interj **¡~!** shit!

mies nf [cereal] ripe corn
◆ ***mieses*** nfpl [campo] cornfields

miga nf [de pan] crumb ▸ *Fam Fig* **tener ~** [ser sustancioso] to have a lot to it / [ser complicado] to have more to it than meets the eye ▸ CULIN **migas** fried breadcrumbs ▸ *Fam* **hacer buenas/malas migas** to get on well/badly ▸ *Fam* **hacerse migas** [cosa] to be smashed to bits ▸ *Fam* **hacer migas a alguien** [desmoralizar] to shatter sb

migaja nf **1.** [trozo] bit / [de pan] crumb **2.** [pizca] scrap ▸ **migajas** [restos] leftovers

migra nf *MÉX Fam Pey* **la ~** = *US police border patrol*

migración nf migration

migrante nmf migrant

migraña nf migraine

migrar vi to migrate

migratorio, -a adj migratory

mijo[1] nm millet

mijo[2]***, -a*** nm,f *AM Fam* [a un hijo] *BR* love, *US* honey / [a un adulto] dear / [entre iguales] pal, *BR* mate, *US* buddy

mil núm thousand ▸ **dos ~** two thousand ▸ **~ años/pesos** a thousand years/pesos ▸ **~ cien** one thousand one hundred ▸ *Fig* **~ y una/uno** a thousand and one ▸ **~ y un detalles** a hundred and one details ▸ **miles (de)** [gran cantidad] thousands (of) ▸ **tengo ~ cosas que hacer** I've got loads of things to do / *ver también* ***seis***

milagrero, -a *Fam* ■ adj **1.** [crédulo] = *who believes in miracles* **2.** [milagroso] miraculous, miracle-working
■ nm,f = *person who believes in miracles*

milagro nm miracle ▸ **fue un ~ que nos encontráramos** it was a wonder *o* miracle we found each other ▸ **se acordó de mi cumpleaños – ¡~!** he remembered my birthday – wonders will never cease! ▸ **de ~: me acordé de su cumpleaños de ~** by some miracle or other *o* amazingly enough, I remembered his birthday ▸ **cupieron todos de ~** it was a wonder *o* miracle that they all fitted in ▸ *Fig* **hacer milagros** to work wonders

milagroso, -a adj [aparición] miraculous / [remedio] miracle / [asombroso] amazing

milamores nf inv valerian

milanés, -esa ■ adj of/from Milan
■ nmf person from Milan

milanesa nf Wiener schnitzel, breaded veal escalope

milano nm kite

milenario, -a ■ adj [antiguo] ancient
■ nm millennium

milenio nm millennium

milésima nf thousandth ▸ **~ de segundo** millisecond

CÓMO EXPRESAR...

el miedo

I'm frightened of spiders. / Tengo miedo a las arañas.
I was terrified. / Estaba aterrorizada.
I'm afraid I might lose my job. / Tengo miedo de perder mi trabajo.
I'm worried about him. / Estoy preocupada por él.
I'm dreading telling her. / Me aterroriza tener que decírselo.
I'm dreading the meeting. / La idea de la reunión me aterroriza.

milésimo, -a núm thousandth ▸ **la milésima parte** a thousandth

milhojas nm inv CULIN mille feuille

mili nf *ESP Antes Fam* military service ▸ **hacer la ~** to do one's military service

milibar nm [unidad] millibar

milicia nf **1.** [grupo armado] militia **2.** [profesión] military (profession)

miliciano, -a nm,f militiaman, *f* female soldier

milico nm *ANDES, RP Fam Pey* [soldado] soldier ▸ **los milicos tomaron el poder** the military took power

miligramo nm milligram

mililitro nm millilitre

milimetrado adj **papel ~** graph paper

milimétrico, -a adj millimetric

milímetro nm millimetre ▸ *Fig* **al ~** down to the last detail

militancia nf militancy

militante adj & nmf militant

militar ■ adj military

■ nmf soldier ▸ **los militares** the military

■ vi to be active (**en** in)

militarismo nm militarism

militarista adj & nmf militarist

militarización nf militarization

militarizar [14] vt to militarize

militroncho nm *ESP Antes Fam* [soldado] *BR* squaddie, *US* grunt

milla nf mile ▸ **~ (marina)** nautical mile

millar nm thousand ▸ **un ~ de personas** a thousand people

millardo nm billion, thousand million

millón núm million ▸ **dos millones** two million ▸ **un ~ de personas** a million people ▸ **un ~ de cosas que hacer** a million things to do ▸ **un ~ de gracias** thanks a million ▸ **millones** [dineral] millions, a fortune

millonada nf *Fam* **una ~** a fortune, millions

millonario, -a ■ adj **es ~** he's a millionaire

■ nm,f millionaire, *f* millionairess

millonésima nf millionth

millonésimo, -a núm millionth ▸ **la millonésima parte** a millionth

milonga nf **1.** [baile] = *popular dance from Argentina and Uruguay* **2.** [canción] = *popular song from Argentina and Uruguay*

milrayas nm inv striped cloth

mimado, -a adj spoilt

mimar vt to spoil, to pamper

mimbre nm wicker ▸ **de ~** wickerwork

mimético, -a adj mimetic

mimetismo nm [de animal, planta] mimetism

mimetizar [14] vt to copy, to imitate

mímica nf **1.** [mimo] mime **2.** [lenguaje] sign language

mímico, -a adj mime ▸ **lenguaje ~** sign language

mimo ■ nm **1.** [zalamería] mollycoddling **2.** [cariño] show of affection ▸ **hacerle mimos a alguien** to kiss and cuddle sb **3.** TEATRO mime ▸ **hacer ~** to perform mime

■ nmf TEATRO [artista] mime artist

mimosa nf BOT mimosa

mimoso, -a adj affectionate ▸ *Fam* **el bebé está ~** the baby wants a cuddle

min (abrev de ***minuto***) min

mina nf **1.** GEOL & MIL mine ▸ **~ de carbón/oro** coal/gold mine **2.** [cosa rentable] goldmine **3.** [de lápiz] lead **4.** *CSUR Fam* [chica] *BR* bird, *US* chick

minar vt **1.** MIL to mine **2.** [socavar] to undermine / [salud] to damage

minarete nm ARQUIT minaret

mineral ■ adj mineral

■ nm **1.** GEOL mineral **2.** MIN ore ▸ **~ de hierro** iron ore

mineralizar [14] vt to mineralize

◆ ***mineralizarse*** vpr to become mineralized

mineralogía nf minerology

minería nf **1.** [técnica] mining **2.** [sector] mining industry

minero, -a ■ adj mining / [producción, riqueza] mineral ▸ **industria minera** mining industry

■ nm,f miner

mineromedicinal adj **agua ~** mineral water

minestrone nf minestrone

mingitorio, -a ■ adj urinary

■ nm urinal

mini nm *ESP Fam* **un ~ de cerveza** a litre (glass) of beer

miniatura nf miniature ▸ **el apartamento es una ~** the *BR* flat *o US* apartment is tiny ▸ **en ~** in miniature

miniaturista nmf miniaturist

miniaturizar [14] vt to miniaturize

minibar nm minibar

minicadena nf midi system

minicine nm = *cinema with several small screens*

MiniDisc® nm inv MiniDisc®

mini disk, mini disc nm inv mini disc

minifalda nf mini skirt

minifundio nm small holding

minifundismo nm = *the system of land tenure characterized by the "minifundio"*

minifundista nmf smallholder

minigolf (pl **minigolfs**) nm **1.** [lugar] crazy golf course **2.** [juego] crazy golf

mínima nf **1.** METEO low, lowest temperature **2.** [provocación] **saltar a la ~** to blow up at the least thing

minimalismo nm MÚS minimalism

minimalista adj MÚS minimalist

minimizar [14] vt to play down

mínimo, -a ■ adj **1.** [lo más bajo posible o necesario] minimum **2.** [lo más bajo temporalmente] lowest **3.** [muy pequeño] [efecto, importancia] minimal, very small / [protesta, ruido] slightest ▸ **no tengo la más mínima idea** I haven't the slightest idea ▸ **como ~** at

the very least ▸ **en lo más ~** in the slightest
■ nm [límite] minimum ▸ **estar bajo mínimos** to have almost run out ▸ **~ común múltiplo** lowest common multiple ▸ **~ personal** [exento de impuestos] (personal) tax allowance

minino, -a nm,f *Fam* pussy (cat)

minipímer® (pl **minipímers**) nf hand-held mixer *(for whipping cream, mayonnaise)*

miniserie nf miniseries

ministerial adj ministerial

ministerio nm **1.** POL [institución] *BR* ministry, *US* department / [periodo] time as minister ▸ **durante el ~ de Sánchez** while Sánchez was minister ▸ **Ministerio de Asuntos Exteriores** Ministry of Foreign Affairs, *BR* ≃ Foreign Office, *US* ≃ State Department ▸ **Ministerio de Economía** Ministry of Economic Affairs, *BR* ≃ Treasury, *US* ≃ Treasury Department ▸ **Ministerio del Interior** Ministry of the Interior, *BR* ≃ Home Office, *US* ≃ Department of the Interior **2.** DER **~ público, ~ fiscal** public prosecutor **3.** REL ministry

ministrable POL ■ adj likely to be appointed minister
■ nmf potential minister

ministro, -a nm,f **1.** POL *BR* minister, *US* secretary ▸ **primer ~** prime minister ▸ **~ sin cartera** minister without portfolio ▸ **Ministro de Asuntos Exteriores** Foreign Minister, *BR* ≃ Foreign Secretary, *US* ≃ Secretary of State ▸ **Ministro del Interior** Minister of the Interior, *BR* ≃ Home Secretary, *US* ≃ Secretary of the Interior **2.** REL minister ▸ **~ de Dios** minister of God

minoría nf minority ▸ **~ de edad** (legal) minority ▸ **minorías étnicas** ethnic minorities

minorista ■ adj retail
■ nmf retailer

minoritario, -a adj minority ▸ **partido/gobierno ~** minority party/government ▸ **son un grupo ~ dentro del partido** they are a minority within the party

mintiera etc ver ***mentir***

minucia nf trifle, insignificant thing

minuciosidad nf meticulousness, attention to detail

minucioso, -a adj **1.** [meticuloso] meticulous **2.** [detallado] highly detailed

minué nm minuet

minuendo nm MAT figure from which another is to be subtracted, minuend

minúscula nf small letter, lower-case letter

minúsculo, -a ■ adj **1.** [tamaño] tiny, minute **2.** [letra] small / IMPRENTA lower-case

minusvalía nf **1.** FIN capital loss **2.** [física] handicap, disability

minusválido, -a ■ adj disabled, handicapped
■ nm,f disabled *o* handicapped person

minusvalorar vt to underestimate

minuta nf [factura] fee

minutero nm minute hand

minuto nm minute ▸ **al ~** [al momento] a moment later ▸ **vuelvo en un ~** I'll be back in a minute ▸ **¿tienes un ~?** do you have a minute? ▸ **vivo a cinco minutos de aquí** I live five minutes from here ▸ **no tengo (ni) un ~ libre** I don't have a minute free

Miño nm **el (río) ~** the River Miño

mío, -a ■ adj posesivo mine ▸ **este libro es ~** this book is mine ▸ **un amigo ~** a friend of mine ▸ **no es asunto ~** it's none of my business
■ pron posesivo **el ~** mine ▸ **el ~ es rojo** mine is red ▸ *Fam* **esta es la mía** this is the chance I've been waiting for *o* my big chance ▸ **lo ~ es el teatro** [lo que me va] theatre is my thing ▸ *Fam* **los míos** [mi familia] my folks / [mi bando] my lot, my side

miocardio nm ANAT myocardium

miope ■ adj short-sighted, *US* near-sighted, *Espec* myopic ▸ *Fig* **una política ~** a short-sighted policy
■ nmf short-sighted *o* *US* near-sighted person, *Espec* myopic person

miopía nf short-sightedness, *US* near-sightedness, *Espec* myopia

MIR [mir] *ESP* (abrev de ***médico interno residente***) ■ nm [examen] = *competitive national examination for placement in house officer's post*
■ nmf *BR* [médico] *BR* house officer, *US* intern

mira nf **1.** [en instrumento, arma] sight ▸ **~ telescópica** telescopic sight **2.** [intención, propósito] intention ▸ **con miras a** with a view to, with the intention of ▸ **poner la ~** *o* **las miras en algo** to set one's sights on sth

mirada nf [acción de mirar] look / [rápida] glance / [de cariño, placer, admiración] gaze ▸ **apartar la ~** to look away ▸ **dirigir** *o* **lanzar la ~ a** to glance at ▸ **echar una ~ (a algo)** to glance *o* to have a quick look (at sth) ▸ **fulminar con la ~ a alguien** to look daggers at sb ▸ **levantar la ~** to look up

mirado, -a adj **1.** [prudente] careful **2.** **ser bien ~** [bien considerado] to be well regarded ▸ **es mal ~** [mal considerado] he's not well regarded *o* thought of

mirador nm **1.** [balcón] enclosed balcony **2.** [para ver un paisaje] viewpoint

miramiento nm consideration ▸ **sin miramientos** without the least consideration ▸ **andarse con miramientos** to stand on ceremony

miranda: de miranda loc adv *ESP Fam* **estar de ~** to be loafing about *o* around

mirar ■ vt **1.** [dirigir la vista a] to look at / [observar] to watch / [fijamente] to stare at ▸ **~ algo de cerca/lejos** to look at sth closely/from a distance ▸ **¡míralos!** look at them! ▸ **~ algo por encima** to glance over sth, to have a quick look at sth ▸ **~ a alguien bien/mal** to think highly/poorly of sb ▸ **~ a alguien de arriba abajo** to look sb up and down ▸ *Fig* **~ a alguien por encima del hombro** to look down on sb ▸ *Fam* **de mírame y no me toques** very fragile **2.** [fijarse en] **primero mira cómo lo hago yo** first, watch *o* see how I do it ▸ **mira que no falte nada en las maletas** check to see nothing's missing from the suitcases **3.** [examinar] to check, to look through ▸ **le miraron todas las maletas** they searched all her luggage **4.** [considerar] **mira bien lo que haces** be careful about what you do ▸ **míralo desde este ángulo...** look at it this way... ▸ **bien mirado..., mirándolo bien...** if you think about it...
■ vi **1.** [dirigir la vista] to look / [observar] to watch / [fijamente] to stare ▸ **¡mira!** look (at that!) ▸ **mira, yo**

creo que... look, I think (that)... ▸ **mira que te avisé** I told you so ▸ *ESP* **mira por dónde...** guess what?, would you believe it? ▸ **¡mira que eres pesado/tonto!** you're being really tedious/silly! **2.** [buscar] to check, to look ▸ **he mirado en todas partes** I've looked everywhere **3.** [orientarse] **~ a** to face **4.** [cuidar] **~ por alguien/algo** to look after sb/sth ▸ **~ por los demás** to look out for other people **5.** *Fam* [averiguar] **~ a ver si** to see if *o* whether ▸ **mira a ver si ha llegado la carta** (go and) see if the letter has arrived

◆ ***mirarse*** vpr [uno mismo] to look at oneself / [uno al otro] to look at each other

miríada nf myriad

mirilla nf **1.** [en puerta] spyhole **2.** [en arma] sight

mirlo nm blackbird ▸ *Fig* **ser un ~ blanco** to be one in a million

mirón, -ona *Fam* ■ adj [curioso] nosey / [con lascivia] peeping

■ nm,f [espectador] onlooker / [curioso] busybody, *BR* nosy parker / [voyeur] peeping Tom

mirra nf myrrh

mirto nm myrtle

misa nf mass ▸ **cantar/decir/oír ~** to sing/say/hear mass ▸ **ir a ~** to go to mass *o* church / *Fam Fig* to be gospel ▸ **lo que él dice va a ~** what he says goes ▸ *Fam Fig* **no saber de la ~ la media** not to know half the story ▸ **~ cantada/de campaña** sung/open-air mass ▸ **~ de difuntos** requiem, mass for the dead ▸ **~ del gallo** midnight mass *(on Christmas Eve)* ▸ **~ solemne** High Mass

misal nm missal

misantropía nf misanthropy

misántropo, -a nm,f misanthrope, misanthropist

miscelánea nf miscellany

misceláneo, -a adj miscellaneous

miserable ■ adj **1.** [pobre] poor / [vivienda] wretched, squalid **2.** [penoso, insuficiente] miserable **3.** [vil] contemptible, base **4.** [tacaño] mean

■ nmf **1.** [persona vil] wretch, vile person **2.** [tacaño] mean person, miser

miseria nf **1.** [pobreza] poverty **2.** [desgracia] misfortune **3.** [tacañería] meanness **4.** [vileza] baseness, wretchedness **5.** [poco dinero] pittance ▸ **le pagan una ~** they pay him next to nothing

misericordia nf compassion ▸ **pedir ~** to beg for mercy ▸ **para obras de ~** for charity

misericordioso, -a ■ adj compassionate, merciful

■ nm,f REL **los misericordiosos** the merciful

mísero, -a adj **1.** [pobre, desdichado] wretched, miserable ▸ **ni un ~...** not even a measly *o* miserable... **2.** [tacaño] mean, stingy

misil nm missile ▸ **~ de crucero** cruise missile ▸ **~ teledirigido** guided missile

misión nf **1.** [delegación] mission ▸ REL **misiones** (overseas) missions **2.** [cometido] task, mission ▸ **~ suicida** suicide mission **3.** [expedición científica] expedition

misionero, -a adj & nm,f REL missionary

Misisipí nm **el ~** the Mississippi

misiva nf missive

mismo, -a ■ adj **1.** [igual, no otro] same ▸ **del ~ color/tipo que** the same colour/type as ▸ **son del ~ pueblo** they're from the same village **2.** [para enfatizar] **yo ~** I myself ▸ **¿lo hiciste tú ~?** did you do it (by) yourself? ▸ **en este ~ sitio** in this very place ▸ **delante de sus mismas narices** right in front of his nose ▸ **por mí/ti ~** by myself/yourself ▸ *Fam* **¡tú ~!** it's up to you!, suit yourself!

■ pron **el ~** the same ▸ **el pueblo ya no era el ~** the town was no longer the same ▸ **el ~ que vi ayer** the same one I saw yesterday ▸ **lo ~** the same (thing) ▸ **lo ~ que** the same as ▸ **da** *o* **es lo ~** it doesn't matter, it doesn't make any difference ▸ **me da lo ~** I don't care ▸ *Fig* **estar en las mismas** to be no further forward

■ adv [para enfatizar] **ahora/aquí ~** right now/here ▸ **ayer ~** only yesterday ▸ **llegarán mañana ~** they'll be arriving tomorrow, actually ▸ **por eso ~** precisely for that reason

misoginia nf misogyny

misógino, -a ■ adj misogynistic

■ nm,f misogynist

miss nf beauty queen

míster (pl **místers**) nm *Fam* DEP **el ~** [el entrenador] the boss, *BR* the gaffer

misterio nm mystery ▸ *Fam* **yo no le veo el ~** I don't see what's so hard to understand about it ▸ **una novela de ~** a mystery

misterioso, -a adj mysterious

mística nf [práctica] mysticism

misticismo nm mysticism

místico, -a ■ adj mystical

■ nm,f [persona] mystic

mistificación nf mystification

mistificar [59] vt to mystify

mitad nf **1.** [parte] half ▸ **la ~ de** half (of) ▸ **la ~ del tiempo no está** half the time he's not in ▸ **gana la ~ que yo** he earns half as much as I do ▸ **me costó la ~ que a él** it cost me half what he paid, it cost me half as much as it cost him ▸ **a ~ de precio** at half price ▸ **~ y ~** half and half ▸ **está ~ esperanzado ~ triste** he's half hopeful, half down-hearted **2.** [centro] middle ▸ **a ~ de camino** halfway there ▸ **a ~ de (la) película** halfway through the film ▸ **en ~ de** in the middle of ▸ **(cortar algo) por la ~** (to cut sth) in half

mítico, -a adj mythical

mitificar [59] vt to mythologize

mitigador, -ora adj calming

mitigar [38] vt [aplacar] [miseria, daño, efecto] to alleviate, to reduce / [ánimos] to calm / [sed] to slake / [hambre] to take the edge off / [choque, golpe] to soften / [dudas, sospechas] to allay

mitin nm rally, meeting

mito nm **1.** [ficción, leyenda] myth **2.** [personaje] mythical figure

mitología nf mythology

mitológico, -a adj mythological

mitomanía nf mythomania

mitómano, -a adj & nm,f mythomaniac

mitón nm (fingerless) mitten

mitosis nf BIOL mitosis

mitote nm *MÉX Fam* [alboroto] commotion

mitra nf **1.** [tocado] mitre **2.** [cargo] office of archbishop/bishop

mixtificar [59] vt to mystify

mixto, -a adj mixed ▸ **comisión mixta** joint committee

mixtura nf mixture

mízcalo nm = *edible variety of milk cap mushroom*

ml (abrev de ***mililitro***) ml

mm (abrev de ***milímetro***) mm

MN (abrev de ***moneda nacional***) national currency

mnemónico, -a adj mnemonic

mnemotecnia nf mnemonics *(singular)*

mnemotécnico, -a adj mnemonic

moaré nm moiré

mobiliario nm furniture ▸ **~ urbano** street furniture

moca nf mocha

mocasín nm moccasin

mocedad nf youth

mocetón, -ona nm,f *Fam* strapping lad, *f* strapping lass

mochales adj inv *ESP Fam* **estar ~** to have a screw loose, to be a bit touched

moche: a troche y moche loc adv haphazardly

mochila nf backpack

mochilero, -a nm,f backpacker

mocho, -a ■ adj [extremo, punta] blunt / [árbol] lopped

■ nm [fregona] mop

mochuelo nm little owl ▸ *Fam* **cargar con el ~** to be landed with it

moción nf motion ▸ POL **~ de censura/confianza** motion of censure/confidence

moco nm (piece of) snot, bogey / MED mucus ▸ **limpiarse los mocos** to wipe one's nose ▸ **tener mocos** to have a runny nose ▸ *Fam* **llorar a ~ tendido** to cry one's eyes out ▸ *Fam* **no ser ~ de pavo** to be something not to be sneezed at, to be no mean feat ▸ *Fam* **tirarse el ~** to brag

mocoso, -a ■ adj runny-nosed

■ nm,f *Fam* brat

moda nf [uso, manera] fashion / [furor pasajero] craze ▸ **estar de ~** to be fashionable *o* in fashion ▸ **el escritor/restaurante de ~** the most fashionable writer/restaurant at the moment ▸ **estar pasado de ~** to be unfashionable *o* out of fashion ▸ **pasar de ~** to go out of fashion ▸ **ponerse de ~** to come into fashion ▸ **un bar que se ha puesto muy de ~** a bar that has become very fashionable ▸ **ir a la última ~** to wear the latest fashion

modal adj modal

◆ ***modales*** nmpl manners ▸ **tener buenos/malos modales** to have good/bad manners

modalidad nf form, type / DEP discipline ▸ COM **~ de pago** method of payment

modelado nm modelling

modelar vt **1.** ARTE to model / *Fig* to form, to shape **2.** *AM* [ropa] to model

modélico, -a adj model, exemplary

modelismo nm modelling

modelo ■ adj model

■ nmf [persona] model

■ nm **1.** [arquetipo, diseño, representación] model ▸ **tengo una bicicleta último ~** I have the latest-model bicycle ▸ **~ económico** economic model ▸ **~ a escala** scale model ▸ **~ matemático** mathematical model ▸ **~ reducido** scale model **2.** [prenda de vestir] number

módem (pl **modems**) nm INFORM modem

moderación nf moderation

moderado, -a adj & nm,f moderate

moderador, -ora ■ adj moderating

■ nm,f chair, chairperson

moderar vt **1.** [templar, atenuar] to moderate / [velocidad] to reduce ▸ **modere el consumo de alcohol** you should try to avoid drinking excessive amounts of alcohol ▸ **modere su velocidad** [en cartel] reduce speed **2.** [debate] to chair

◆ ***moderarse*** vpr to restrain oneself ▸ **moderarse en algo** to moderate sth

modernidad nf modernity

modernismo nm **1.** LIT modernism **2.** ARTE Art Nouveau

modernista adj & nmf **1.** LIT modernist **2.** ARTE Art Nouveau

modernización nf modernization

modernizar [14] vt to modernize

◆ ***modernizarse*** vpr to modernize

moderno, -a ■ adj modern

■ nm,f *Fam* trendy (person)

modestia nf modesty ▸ **falsa ~** false modesty

modesto, -a ■ adj modest

■ nm,f modest person

módico, -a adj modest

modificación nf alteration

modificar [59] vt **1.** [variar] to alter **2.** GRAM to modify

modismo nm idiom

modista nmf **1.** [diseñador] fashion designer **2.** [que cose] tailor, *f* dressmaker

modisto nm **1.** [diseñador] fashion designer **2.** [sastre] tailor

modo nm **1.** [manera, forma] way ▸ **¿has visto el ~ en que** *o* **el ~ como te mira?** have you seen how *o* the way he's looking at you? ▸ **no encuentro el ~ de dejar el tabaco** whatever I do, I just can't seem to give up smoking ▸ **a ~ de** as, by way of ▸ **al ~ de** in the style of ▸ **de ese ~** in that way ▸ **de ningún ~** in no way ▸ **de todos modos** in any case, anyway ▸ **de un ~ u otro** one way or another ▸ **en cierto ~** in some ways ▸ **~ de empleo** instructions for use ▸ **de ~ que** [así que] so ▸ **¿de ~ que no te gusta?** so, you don't like it (then)?

2. **modos** [modales] manners ▸ **buenos/malos modos** good/bad manners 3. GRAM mood ▸ ~ **adverbial** adverbial phrase

◆ ***ni modo*** loc adv *AM salvo RP* no way, not a chance

modorra nf *Fam* drowsiness ▸ **tener** ~ to be *o* feel sleepy

modoso, -a adj [recatado] modest / [formal] well-behaved

modulación nf modulation ▸ ELEC ~ **de frecuencia** frequency modulation

modulador, -ora ■ adj modulating
■ nm modulator

modular ■ adj modular
■ vt to modulate

módulo nm 1. [pieza, unidad] module 2. [de muebles] unit ▸ ~ **de cocina** kitchen unit

modus operandi nm inv modus operandi

modus vivendi nm inv way of life

mofa nf mockery ▸ **hacer** ~ **de** to mock

mofarse vpr to scoff ▸ ~ **de** to mock

mofeta nf skunk

moflete nm chubby cheek

mofletudo, -a adj chubby-cheeked

Mogadiscio n Mogadishu

mogol, -a ■ adj Mongolian
■ nm,f [persona] Mongol, Mongolian
■ nm [lengua] Mongol, Mongolian

mogollón *ESP Fam* ■ nm 1. ~ **de** [muchos] tons of, loads of 2. [lío] row, commotion ▸ **entraron/salieron a** ~ everyone rushed in/out at once
■ adv loads, *BR* heaps

mogrebí (pl **mogrebíes** *o* **mogrebíes**) adj & nmf Maghrebi

mohair [mo'er] nm mohair

mohín nm grimace, face

mohíno, -a adj 1. [triste] sad, melancholy 2. [enfadado] sulky

moho nm 1. [hongo] mould 2. [herrumbre] rust

mohoso, -a adj 1. [con hongo] mouldy 2. [oxidado] rusty

Moisés n pr Moses

moisés nm inv Moses basket

mojado, -a adj [empapado] wet / [húmedo] damp ▸ *Fig* **llover sobre** ~ to be just too much

mojama nf dried salted tuna

mojar vt to wet / [humedecer] to moisten / [comida] to dunk

◆ ***mojarse*** vpr 1. [con agua] to get wet ▸ **se ha mojado la ropa** the clothes have got wet ▸ **no dejes que se moje la cámara** don't let the camera get wet 2. *Fam* [comprometerse] **yo prefiero no mojarme** I don't want to get involved ▸ **no se moja por nadie** he wouldn't stick his neck out for anyone

mojigatería nf 1. [beatería] prudery 2. [falsa humildad] sanctimoniousness

mojigato, -a ■ adj 1. [beato] prudish 2. [falsamente humilde] sanctimonious
■ nm,f 1. [beato] prude 2. [falsamente humilde] sanctimonious person

mojito nm mojito, = *cocktail containing rum, sugar, lemon juice and mint*

mojón nm [piedra] milestone / [poste] milepost

moka nf mocha

molar[1] ■ adj **diente** ~ molar
■ nm molar

molar[2] vi *ESP Fam* **¡cómo (me) mola esa moto/ese chico!** that motorbike/that guy is really cool!

molcajete nm *MÉX* mortar

Moldavia n Moldavia

moldavo, -a adj & nm,f Moldavian

molde nm [objeto hueco] mould / [de hornear] baking tin

moldeado nm 1. *ESP* [del pelo] soft perm, bodywave 2. [de figura, cerámica] moulding

moldeador, -ora ■ adj moulding
■ nm *ESP* [del pelo] soft perm

moldear vt 1. [dar forma] to mould 2. [sacar un molde] to cast 3. [cabello] to give a soft perm to

moldura nf moulding

mole ■ nf hulk
■ nm *MÉX* = *thick, cooked chilli sauce*

molécula nf molecule

molecular adj molecular

moler [41] vt 1. [pulverizar] to grind / [trigo] to mill / [aceitunas] to press 2. [destrozar] to beat ▸ **lo molieron a palos** he was beaten to a pulp ▸ **estas zapatillas me están moliendo los pies** these shoes are killing my feet 3. *Fam* [cansar] to wear out

molestar ■ vt 1. [perturbar] to bother ▸ **perdone que le moleste...** I'm sorry to bother you... ▸ **¿le molesta que fume?** do you mind if I smoke? 2. [doler] **me molesta la pierna** my leg is giving me a bit of trouble ▸ **me molesta un poco la herida** my wound is rather uncomfortable *o* a bit sore 3. [ofender] to upset ▸ **me molestó que no me saludaras** I was rather upset that you didn't say hello to me
■ vi **vámonos, aquí no hacemos más que** ~ let's go, we're in the way here ▸ **deja ya de** ~ **con tantas preguntas** stop being such a nuisance and asking all those questions ▸ **no** ~ [en letrero] do not disturb

◆ ***molestarse*** vpr 1. [incomodarse] to bother ▸ **no te molestes, yo lo haré** don't bother, I'll do it ▸ **molestarse en hacer algo** to bother to do sth ▸ **molestarse por alguien/algo** to put oneself out for sb/sth 2. [ofenderse] **molestarse (por algo)** to take offence (at sth)

molestia nf 1. [incomodidad] bother, trouble ▸ **ocasionar** *o* **causar molestias a alguien** to cause sb trouble ▸ **si no es demasiada** ~ if it's not too much trouble ▸ **perdone la** ~**, pero...** sorry to bother you, but... ▸ **tomarse la** ~ **de hacer algo** to take the trouble to do sth 2. [malestar] discomfort

molesto, -a adj 1. **ser** ~ [costumbre, ruido] to be annoying / [humo, sensación] to be unpleasant / [visita] to be inconvenient 2. **estar** ~ [ofendido] to be upset / [con malestar] to be in discomfort / [incómodo] to be unconfortable

molestoso, -a *AM salvo RP Fam* ■ adj annoying
■ nm,f nuisance

molicie nf **1.** [blandura] softness **2.** [comodidad] luxurious *o* easy living

molido, -a adj **1.** [pulverizado] ground / [trigo] milled **2.** *Fam* [cansado] worn out ▸ **estar ~ de** to be worn out from

molienda nf [acción de moler] grinding / [de trigo] milling

molinero, -a ■ adj milling
■ nm,f miller

molinete nm **1.** [ventilador] extractor fan **2.** [juguete] toy windmill

molinillo nm grinder ▸ **~ de café** coffee grinder ▸ **~ de pimienta** pepper mill

molino nm mill ▸ **~ de aceite** olive oil mill ▸ **~ de viento** windmill

molla nf **1.** [parte blanda] flesh **2.** *ESP* **mollas** [gordura] flab

molleja nf gizzard

mollera nf *Fam* [cabeza] nut, *BR* bonce ▸ **ser duro de ~** [estúpido] to be thick in the head / [testarudo] to be pig-headed

molón, -ona adj *ESP Fam* **1.** [que gusta] *BR* brilliant, *US* neat **2.** [elegante] smart

molusco nm mollusc

momentáneo, -a adj [de un momento] momentary / [pasajero] temporary

momento nm **1.** [instante] moment ▸ **a cada ~** all the time ▸ **al ~** straightaway ▸ **de un ~ a otro** any minute now ▸ **de ~, por el ~** for the time being *o* moment ▸ **dentro de un ~** in a moment *o* minute ▸ **desde el ~ (en) que...** [tiempo] from the moment that... / [causa] seeing as... ▸ **por momentos** by the minute ▸ **en todo ~** at all times **2.** [periodo, ocasión] time ▸ **llegó un ~ en que...** there came a time when... ▸ **has venido en buen/mal ~** you've come at a good/bad time ▸ **del ~** [actual] of the day

momia nf mummy

momificar **[59]** vt to mummify
◆ ***momificarse*** vpr to mummify

momio, -a adj *CHILE Fam* [carcamal] square, untrendy

mona nf *Fam* [borrachera] **coger una ~** to get legless ▸ **dormir la ~** to sleep it off

monacal adj monastic

Mónaco n Monaco

monada nf *Fam* **1.** [persona] little beauty **2.** [cosa] lovely thing **3.** [gracia] antic

monaguillo nm altar boy

monarca nm monarch

monarquía nf monarchy ▸ **~ absoluta/constitucional/parlamentaria** absolute/constitutional/parliamentary monarchy

monárquico, -a ■ adj monarchic
■ nm,f monarchist

monasterio nm [de monjes] monastery / [de monjas] convent

monástico, -a adj monastic

Moncloa nf **la ~** = *residence of the Spanish premier which by extension refers to the Spanish government*

CULTURA / CULTURE

la Moncloa

This palace in Madrid is the residence of the Spanish premier. It was here that the "Pactos de la Moncloa", economic and social agreements which formed the basis of the transition to democracy, were drawn up and signed by the main Spanish political parties, including the recently legalized Communists and Socialists, in 1977. By extension, **la Moncloa** is used to refer to the Spanish government: "según fuentes de la Moncloa..." according to government sources...

monda nf [piel] peel ▸ *ESP Fam* **ser la ~** [extraordinario] to be amazing / [gracioso] to be a scream

mondadientes nm inv toothpick

mondadura nf [piel] peel

mondar vt to peel
◆ ***mondarse*** vpr *ESP Fam* **mondarse (de risa)** to laugh one's head off

mondo, -a adj [pelado, limpio] bare / [huesos] picked clean ▸ *Fam* **dejaron el pollo ~ y lirondo** they picked the chicken clean ▸ **la verdad monda y lironda** the plain unvarnished truth

mondongo nm *RP, VEN* tripe

moneda nf **1.** [pieza] coin ▸ **una ~ de diez pesos** a ten peso coin ▸ *Fig* **pagar a alguien con** *o* **en la misma ~** to pay sb back in kind ▸ *Fig* **ser ~ corriente** to be commonplace ▸ **~ falsa** counterfeit coin **2.** FIN [divisa] currency ▸ **~ de curso legal** legal tender ▸ **~ débil** weak currency ▸ **~ extranjera** foreign currency ▸ **~ fuerte** strong currency ▸ **~ única** single currency

CULTURA / CULTURE

la Moneda

The "Palacio de la Moneda", also known simply as **la Moneda**, is the name of the Chilean Presidential Palace and the seat of the government in the capital, Santiago. Originally built under Spanish colonial rule as the Royal Mint (1805), it became the presidential palace in 1846. It was severely damaged on September 11 1973, when president Salvador Allende attempted to resist the military coup led by General Augusto Pinochet, though the palace was eventually rebuilt, and has now been opened to the public.

monedero nm purse ▸ **~ electrónico** electronic purse

monegasco, -a adj & nm,f Monacan, Monegasque

monería nf *Fam* [gracia] antic / [bobada] foolish act

monetario, -a adj monetary

monetarismo nm ECON monetarism

monetarista adj ECON monetarist
mongol, -ola ■ adj Mongolian
■ nm,f [persona] Mongol, Mongolian
■ nm [lengua] Mongol, Mongolian
Mongolia n Mongolia
mongólico, -a ■ adj Down's syndrome ▸ **niño ~** child with Down's syndrome
■ nm,f person with Down's syndrome
mongolismo nm Down's syndrome
monigote nm **1.** [muñeco] rag *o* paper doll **2.** [dibujo] doodle **3.** *Pey* [persona] puppet
monitor, -ora ■ nm,f [persona] instructor ▸ **~ de esquí** skiing instructor
■ nm INFORM & MEC monitor ▸ **~ en color** colour monitor
monitorear vt *AM* to monitor
monitorio, -a adj *Formal* admonitory
monitorizar [14] vt to monitor
monja nf nun
monje nm monk
monjil adj [de monje] monk's / [de monja] nun's
mono, -a ■ adj *Fam* lovely
■ nm,f [animal] monkey ▸ *Fam* **¿qué miras? ¿tengo monos en la cara?** what are you looking at? have I got two heads or something? ▸ *Fam* **ser el último ~** to be bottom of the heap
■ nm **1.** [prenda] [con mangas] *BR* overalls, *US* coveralls / [con peto] *BR* dungarees, *BR* boiler suit, *US* overalls **2.** *VEN* [ropa deportiva] tracksuit **3.** *ESP Fam* [síndrome de abstinencia] withdrawal symptoms ▸ **un ladrón estaba con el ~** a thief who was desperate for drugs ▸ **tengo ~ de playa** I'm dying to go to the beach
monocarril adj & nm monorail
monocolor adj monochrome
monocorde adj **1.** [monótono] monotonous **2.** MÚS single-stringed
monóculo nm monocle
monocultivo nm AGR monoculture
monoesquí (pl **monoesquís** *o* **monoesquíes**) nm monoski
monofásico, -a adj ELEC single-phase
monogamia nf monogamy
monógamo, -a ■ adj monogamous
■ nm,f monogamous person
monografía nf monograph
monográfico, -a adj monographic
monokini nm monokini
monolingüe adj monolingual
monolítico, -a adj monolithic
monolito nm monolith
monologar [38] vi to give a monologue
monólogo nm monologue / TEATRO soliloquy
monomando ■ adj **grifo ~** mixer tap *(with single control)*
■ nm mixer tap *(with single control)*
monomanía nf obsession
monomaníaco, -a, monomaniaco, -a adj & nm,f obsessive
monoparental adj **familia ~** one-parent *o* single-parent family
monopatín nm *ESP* skateboard
monoplano, -a ■ adj monoplane
■ nm monoplane
monoplaza ■ adj single-seater ▸ **avión ~** single-seater aeroplane
■ nm single-seater
monopolio nm monopoly
monopolización nf monopolization
monopolizador, -ora ■ adj monopolistic
■ nm,f monopolist
monopolizar [14] vt *también Fig* to monopolize
monorraíl, *AM* ***monorriel*** adj & nm monorail
monosilábico, -a adj monosyllabic
monosílabo, -a ■ adj monosyllabic
■ nm monosyllable ▸ **responder con monosílabos** to reply in monosyllables
monoteísmo nm monotheism
monoteísta ■ adj monotheistic
■ nmf monotheist
monotipo nm IMPRENTA Monotype
monotonía nf **1.** [uniformidad] monotony **2.** [entonación] monotone
monótono, -a adj monotonous
monovolumen nm AUT people mover
monóxido nm QUÍM monoxide ▸ **~ de carbono** carbon monoxide
Monrovia n Monrovia
monseñor nm Monsignor
monserga nf *ESP Fam* drivel
monstruo nm **1.** [ser fantástico] monster **2.** [prodigio] giant, marvel
monstruosidad nf **1.** [anomalía] freak **2.** [enormidad] hugeness **3.** [crueldad] monstrosity, atrocity **4.** [fealdad] hideousness
monstruoso, -a adj **1.** [enorme] huge, enormous **2.** [deforme] terribly deformed **3.** [cruel] monstrous **4.** [feo] hideous
monta nf **1.** [suma] total **2.** [importancia] importance ▸ **de poca/mucha ~** of little/great importance **3.** [en caballo] ride, riding
montacargas nm inv *BR* goods lift, *US* freight elevator
montado nm *ESP* [bocadillo] = *small piece of bread with a savoury topping*
montador, -ora nm,f **1.** [obrero] fitter **2.** CINE editor
montaje nm **1.** [de máquina] assembly **2.** TEATRO staging **3.** FOT montage **4.** CINE editing **5.** [farsa] put-up job
montante nm **1.** ARQUIT [de armazón] upright / [de ventana] mullion / [de puerta] jamb **2.** [ventanuco] fanlight **3.** [importe] total ▸ COM **montantes compensatorios** compensating duties
montaña nf mountain ▸ **pasaremos el verano en la ~** we'll spend summer in the mountains ▸ *Fam* **una ~ de**

[un montón de] piles of ▸ **tengo una ~ de papeles sobre mi mesa** I've got a mountain of papers on my desk ▸ *Fig* **hacer una ~ de algo** to make a big thing of sth ▸ *Fig* **hacer una ~ de un grano de arena** to make a mountain out of a molehill ▸ **Montañas Rocosas** Rocky Mountains ▸ **~ rusa** roller coaster

montañero, -a ■ adj mountaineering
■ nm,f mountaineer

montañés, -esa ■ adj **1.** [de la montaña] **pueblo ~** mountain village **2.** *ESP* [cántabro] of/from Cantabria
■ nm,f **1.** [de la montaña] **los montañeses** the people living in the mountains **2.** *ESP* [cántabro] person from Cantabria

montañismo nm mountaineering

montañoso, -a adj mountainous

montar ■ vt **1.** [ensamblar] [máquina, estantería] to assemble / [tienda de campaña, tenderete] to put up **2.** [encajar] **~ algo en algo** to fit sth into sth **3.** [organizar] [negocio, piso] to set up ▸ **~ una** *o* **la casa** to set up home ▸ *Fam* **me montó una escena** *o* **escándalo** she made a scene in front of me **4.** [cabalgar] to ride **5.** [poner encima] **~ a alguien en** to lift sb onto **6.** *ESP* CULIN [nata] to whip / [claras, yemas] to beat **7.** TEATRO to stage **8.** CINE to edit
■ vi **1.** [subir] to get on / [en vehículo] to get in ▸ **~ en** [subir] to get onto / [vehículo] to get into / [animal] to mount **2.** [ir montado] to ride ▸ **~ en bicicleta/a caballo** to ride a bicycle/a horse **3.** [sumar] **~ a** to come to, to total ▸ **tanto monta** it's all the same
◆ ***montarse*** vpr **1.** [subirse] to get on / [en vehículo] to get in / [en caballo] to mount ▸ **montarse en** [subirse] to get onto / [vehículo] to get into / [caballo] to mount ▸ **nos montamos en todas las atracciones** we had a go on all the rides **2.** *ESP Fam* **montárselo** to work it, to organize things

montaraz adj **1.** [del monte] **un animal ~** a wild animal **2.** [tosco, rudo] savage, wild

Mont Blanc nm **el ~** Mont Blanc

monte nm **1.** [elevación] mountain ▸ **Monte Sinaí** Mount Sinai ▸ **~ de Venus** mons veneris **2.** [terreno] [con arbustos] scrubland / [bosque] woodland ▸ **echarse** *o* **tirarse al ~** to take to the hills / *Fig* to go to extremes ▸ *Prov* **no todo el ~ es orégano** life's not a bowl of cherries ▸ **~ bajo** scrub **3.** *MÉX* [pasto] pasture **4.** *ESP* **~ de piedad** state pawnsbroker's

montenegrino, -a adj & nm,f Montenegran

montepío nm mutual aid society

montera nf bullfighter's hat

montés (pl **monteses**) adj wild

montevideano, -a ■ adj of/from Montevideo
■ nm,f person from Montevideo

Montevideo n Montevideo

montículo nm hillock

montilla nm Montilla, = *fortified sherry-type wine from Montilla near Córdoba*

monto nm total

montón nm **1.** [pila] heap, pile ▸ **a** *o* **en ~** everything together *o* at once ▸ *Fam* **del ~** ordinary, run-of-the-mill **2.** *Fam* **un ~ de** a load of, loads of ▸ **sabe un ~ de astronomía** he knows loads about astronomy ▸ **me gusta un ~** I'm mad about him ▸ **me duele un ~** it hurts like mad ▸ **a montones** by the bucketload ▸ **tiene dinero a montones** she's got loads of money, she's loaded

Montreal n Montreal

montura nf **1.** [cabalgadura] mount **2.** [arreos] harness / [silla] saddle **3.** [soporte] [de gafas] frame / [de joyas] mounting

monumental adj **1.** [ciudad, lugar] famous for its monuments **2.** [fracaso, éxito] monumental

monumento nm **1.** [obra] monument ▸ **~ a los caídos** [en guerra] war memorial **2.** [mujer atractiva] stunner

monzón nm monsoon

monzónico, -a adj monsoon ▸ **lluvias monzónicas** monsoon rains

moña nf **1.** *ESP Fam* [borrachera] **coger una ~** to get smashed **2.** [adorno] ribbon

moñita nf *URUG* bow tie

moñito nm *ARG* bow tie

moño nm **1.** [de pelo] bun *(of hair)* ▸ **hacerse un ~** to put one's hair up in a bun ▸ *Fig* **agarrarse del ~** [pegarse] to pull each other's hair out ▸ *ESP Fam* **estar hasta el ~ (de)** to be sick to death (of) **2.** *AM* [lazo] bow **3.** *MÉX* [pajarita] bow tie

moquear vi to have a runny nose

moqueta *ESP*, ***moquette*** [mo'ket] *RP* nf fitted carpet

moquillo nm [enfermedad de animal] distemper

mor: por mor de loc adv on account of, for the sake of ▸ **por ~ de la verdad, debo decírselo** out of respect for the truth I have to tell him

mora nf **1.** [de la zarzamora] blackberry **2.** [del moral] mulberry

morada nf dwelling

morado, -a ■ adj [color] purple ▸ *ESP Fam Fig* **pasarlas moradas** to have a bad time of it ▸ *ESP Fam Fig* **las pasamos moradas para encontrar alojamiento** it was a nightmare finding somewhere to stay ▸ *ESP Fam Fig* **ponerse ~** [de comida] to stuff oneself ▸ **nos pusimos morados de cerveza** we drank gallons of beer ▸ **me puse ~ a bailar** I did nothing but dance
■ nm **1.** [color] purple **2.** [moratón] bruise

morador, -ora nm,f inhabitant

moradura nf bruise

moral ■ adj moral ▸ **tienen el apoyo ~ de todos nosotros** they have our moral support
■ nf **1.** [ética] morals, morality ▸ **~ estricta** strict morals **2.** [ánimo] morale ▸ **su victoria nos dio mucha ~** her win lifted our spirits *o* improved our morale ▸ **estar bajo de ~** to be in poor spirits ▸ **levantarle** *o* **subirle la ~ a alguien** to lift sb's spirits, to cheer sb up
■ nm [árbol] mulberry tree

moraleja nf moral

moralidad nf morality

moralina nf moralizing

moralismo nm moralism

moralista nmf moralist

moralizar [14] vi to moralize

morapio nm *ESP Fam* cheap red wine, *BR* plonk

morar vi to dwell (**en** in)

moratón nm bruise

moratoria nf moratorium

morbidez nf delicacy

mórbido, -a adj **1.** [gen] & MED morbid **2.** [delicado] delicate

morbilidad nf MED morbidity

morbo nm *Fam* **el ~ atrajo a la gente al lugar del accidente** people were attracted to the scene of the accident by a sense of morbid fascination ▸ **los cementerios le dan mucho ~** he gets a morbid pleasure out of visiting cemeteries ▸ **esa chica tiene mucho ~** that girl holds a perverse fascination

morbosidad nf **la ~ de la historia atrajo a los espectadores** the morbidity of the story attracted the spectators ▸ **abordaron la información del accidente con mucha ~** they reported the accident rather morbidly

morboso, -a ■ adj [persona, interés] morbid, ghoulish / [escena, descripción] gruesome
■ nm,f ghoul

morcilla nf CULIN *BR* black pudding, *US* blood sausage ▸ *ESP Fam* **¡que te/os den ~!** you can stuff it, then!

morcillo nm foreknuckle

morcón nm cured pork sausage

mordacidad nf sharpness, mordacity

mordaz adj caustic, biting

mordaza nf gag

mordedura nf bite

morder [41] ■ vt **1.** [con los dientes] to bite **2.** [gastar] to eat into **3.** *CARIB, MÉX Fam* [sobornar] to buy off
■ vi to bite ▸ *Fam* **salúdala, que no muerde** you can say hello to her, she doesn't bite ▸ *Fam* **está que muerde** he's hopping mad
◆ ***morderse*** vpr **morderse la lengua/las uñas** to bite one's tongue/nails

mordida nf *CAM, MÉX Fam* [soborno] bribe, *BR* backhander

mordisco nm **1.** [con los dientes] bite ▸ **dar** *o* **pegar un ~ a algo** to take a bite of sth ▸ **¿me dejas darle un ~?** can I have a bite? ▸ **a mordiscos** by biting **2.** [beneficio] **un buen ~** a nice fat profit

mordisquear vt to nibble (at)

morena nf [pez] moray eel

moreno, -a ■ adj **1.** [pelo, piel] dark / [por el sol] tanned ▸ **ponerse ~** to get a tan **2.** [pan, azúcar] brown
■ nmf [por el pelo] dark-haired person / [por la piel] dark-skinned person

morera nf white mulberry tree

morería nf Moorish quarter

moretón nm bruise

morfema nm morpheme

morfina nf morphine

morfinómano, -a ■ adj addicted to morphine
■ nm,f morphine addict

morfología nf morphology

morfológico, -a adj morphological

morganático, -a adj morganatic

morgue nf morgue

moribundo, -a ■ adj dying
■ nm,f dying person

morir [27] vi **1.** [fallecer] to die ▸ **murió apuñalado** he was stabbed to death ▸ **murió asesinado** he was murdered ▸ **murió ahogado** he drowned **2.** [río, calle] **este río muere en el lago** this river runs into the lake ▸ **aquel camino muere en el bosque** that path peters out in the forest **3.** [fuego] to die down / [luz] to go out / [día] to come to a close
◆ ***morirse*** vpr **1.** [fallecer] to die (**de** of) ▸ **se le ha muerto la madre** his mother has died ▸ *Fam* **nadie se muere por hacer unas cuantas horas extras** a few hours of overtime never hurt anyone **2.** [sentir con fuerza] **morirse de envidia/ira** to be burning with envy/rage ▸ **morirse de risa** to die laughing ▸ **me muero de ganas de ir a bailar** I'm dying to go dancing ▸ **me muero de hambre/frío** I'm starving/ freezing ▸ **morirse por algo** to be dying for sth ▸ **morirse por alguien** to be crazy about sb

morisco, -a ■ adj = *referring to Moors in Spain baptized after the Reconquest*
■ nm,f baptized Moor

mormón, -ona adj & nm,f Mormon

moro, -a ■ adj **1.** HIST Moorish **2.** *ESP muy Fam* [machista] sexist
■ nm,f **1.** HIST Moor ▸ **moros y cristianos** = *traditional Spanish festival involving mock battle between Moors and Christians* ▸ *Fig* **no hay moros en la costa** the coast is clear **2.** *ESP Fam Pey* [árabe] Arab, = *pejorative term referring to a North African or Arab person*
■ nm *ESP Fam* [machista] sexist man

morocho, -a adj *ANDES, RP* [moreno] dark-haired

morosidad nf **1.** COM defaulting, failure to pay on time **2.** [lentitud] slowness

moroso, -a COM ■ adj defaulting
■ nm,f defaulter, bad debtor

morral nm MIL haversack / [de cazador] gamebag

morralla nf **1.** *Pey* [personas] scum / [cosas] junk **2.** [pescado] small fry **3.** *MÉX* [suelto] loose change

morrazo nf *Fam* **darse** *o* **pegarse un ~ contra algo** to thump *o* bump one's head against sth

morrear *ESP Fam* vi to smooch
◆ ***morrearse*** vpr to smooch

morreo nm *ESP Fam* smooch

morriña nf *ESP* [por el país] homesickness / [por el pasado] nostalgia

morro nm **1.** [hocico] snout **2.** *ESP* [de avión] nose / [de coche] front **3.** *ESP Fam* **morros** [labios] lips ▸ **estar de morros** to be in a bad mood ▸ **romperle los morros a alguien** to smash sb's face in **4.** *ESP Fam* [caradura] **¡qué ~ tiene!** he's got a real nerve!

morrocotudo, -a adj *Fam* tremendous

morrón ■ adj **pimiento ~** red pepper
■ nm *ESP Fam* **darse un ~** to give oneself a real thump

morsa nf walrus

morse nm Morse (code)

mortadela nf mortadella

mortaja nf shroud

mortal ■ adj [no inmortal] mortal / [caída, enfermedad] fatal / [aburrimiento, odio, enemigo] deadly
■ nmf mortal

mortalidad nf mortality ▸ **~ infantil** infant mortality

mortalmente adv [enfermo, herido] mortally, fatally

mortandad nf mortality

mortecino, -a adj [luz, brillo] faint / [color, mirada] dull

mortero nm **1.** [de cocina] [cuenco] mortar / [conjunto] pestle and mortar **2.** [para construcción] mortar **3.** [arma] mortar

mortífero, -a adj deadly

mortificación nf mortification

mortificante adj mortifying

mortificar [59] vt to mortify
◆ ***mortificarse*** vpr [torturarse] to torment oneself

mortuorio, -a adj death ▸ **cámara mortuoria** funerary chamber

moruno, -a adj Moorish ▸ *ESP* CULIN **pincho ~** = *kebab of marinated pork*

mosaico nm **1.** [artístico] mosaic ▸ **un ~ de colores/ideologías** a patchwork of colours/ideologies **2.** *AM* [baldosa] tile

mosca ■ nf fly ▸ *Fig* **aflojar** *o* **soltar la ~** to cough up, to fork out ▸ *Fig* **cazar moscas** to twiddle one's thumbs ▸ *Fam* **estar con** *o* **tener la ~ detrás de la oreja** to be suspicious *o* distrustful ▸ *Fam* **no se oía ni una ~** you could have heard a pin drop ▸ *Fam* **por si las moscas** just in case ▸ *Fam Fig* **¿qué ~ te ha picado?** what's up with you? ▸ *Fam Fig* **~ muerta** slyboots, hypocrite ▸ **~ tse-tsé** tsetse fly
■ adj inv *ESP* **estar ~** [con sospechas] to smell a rat / [enfadado] to be in a mood

moscada adj **nuez ~** nutmeg

moscardón nm **1.** ZOOL blowfly **2.** *Fam* [persona] pest, creep

moscatel nm Muscatel, = *dessert wine made from muscat grapes* ▸ **uvas de ~** muscat grapes

moscón nm **1.** ZOOL meatfly, bluebottle **2.** *Fam* [persona] pest, creep

moscovita adj & nmf Muscovite

Moscú n Moscow

mosqueado, -a adj *Fam* **1.** [enfadado] in a huff ▸ **estar ~ con alguien** to be in a huff with sb **2.** [con sospechas] suspicious

mosquear *Fam* vt **1.** [enfadar] **~ a alguien** *BR* to get up sb's nose, *US* to tick sb off **2.** [hacer sospechar] to make suspicious ▸ **me mosquea que no haya llamado todavía** I'm a bit surprised he hasn't phoned yet
◆ ***mosquearse*** vpr [enfadarse] to get in a huff

mosqueo nm *Fam* **1.** [enfado] annoyance, anger **2.** [sospechas] **tener/cogerse un ~** to be/get suspicious

mosquete nm musket

mosquetero nm musketeer

mosquetón nm short carbine

mosquitera nf, ***mosquitero*** nm mosquito net

mosquito nm mosquito

mosso d'esquadra nm = *member of the Catalan police force*

mostacho nm moustache

mostaza nf mustard

mosto nm [residuo] must / [zumo de uva] grape juice

mostrador nm [en tienda] counter / [en bar] bar / [en aeropuerto] desk ▸ **~ de información/facturación** information/check-in desk

mostrar [63] vt to show ▸ **mostró su satisfacción por la concesión del premio** she expressed pleasure at having been awarded the prize
◆ ***mostrarse*** vpr **se mostró muy amable con los invitados** he was very nice to the guests ▸ **se mostró muy interesado** he expressed great interest ▸ **se mostró reacia a colaborar** she was reluctant to co-operate ▸ **se mostró conforme con el plan** he agreed to the plan

mostrenco, -a ■ adj [sin dueño] without an owner, unclaimed
■ nm,f *Fam* [torpe] thick *o* stupid person

mota nf [de polvo] speck / [en una tela] dot

mote nm nickname

moteado, -a adj speckled

motejar vt [poner mote a] to nickname ▸ **~ a alguien de algo** to brand sb sth

motel nm motel

motero, -a nm,f *Fam* biker

motín nm [del pueblo] uprising, riot / [de las tropas, en barco] mutiny / [en cárcel] riot

motivación nf motivation

motivado, -a adj [persona] motivated

motivar vt [impulsar] to motivate / [causar] to cause

motivo nm **1.** [causa] reason, cause / [de crimen] motive ▸ **con ~ de** [por causa de] because of / [para celebrar] on the occasion of / [con el fin de] in order to ▸ **dar ~ a** to give reason to ▸ **no ser ~ para** to be no reason to *o* for ▸ **tener motivos para** to have reason to ▸ **sin ~** for no reason ▸ **~ de queja** ground *o* grounds for complaint **2.** ARTE, LIT & MÚS motif

moto nf *BR* motorbike, motorcycle

motocicleta nf motorbike, motorcycle

motociclismo nm motorcycling

motociclista nmf motorcyclist

motociclo nm motorcycle

motocross nm motocross

motoesquí (pl **motoesquís** *o* **motoesquíes**) nm snowbike

motonáutica nf speedboat racing

motonáutico, -a adj speedboat ▸ **competición motonáutica** speedboat race

motoneta nf *AM* (motor) scooter

motonetista nmf *AM* scooter rider

motor, -ora o ***-triz*** ■ adj motor
■ nm **1.** [aparato] motor, engine ▸ **~ de arranque** starter, starting motor ▸ **~ de combustión interna** internal combustion engine ▸ **~ diesel/de gasolina** diesel/fuel engine ▸ **motor de dos/cuatro tiempos** two/four stroke engine ▸ **motor eléctrico** electric motor ▸ **~ de explosión** spark-ignition engine ▸ **~ fuera borda** outboard motor ▸ **~ de inyección/reacción** fuel-injection/jet engine **2.** [fuerza] driving force ▸ DEP **el ~ del equipo** the team dynamo **3.** [causa] instigator, cause **4.** INFORM **~ de búsqueda** search engine

> ¡CUIDADO! / CAREFUL!
>
> **motor**
>
> *Motor* se traduce por **engine** en el caso de motores de vehículos (coches, barcos, etc), mientras que **motor** se emplea principalmente para motores de menor tamaño o de máquinas y aparatos pequeños.

motora nf motorboat
motorismo nm motorcycling
motorista nmf *ESP* motorcyclist
motorizado, -a adj motorized ▸ *Fam* **estar ~** [tener coche] to have wheels
motorizar [14] vt to motorize
◆ ***motorizarse*** vpr *Fam* to get oneself some wheels
motosierra nf power saw
motricidad nf motivity
motriz *ver* ***motor***
motu propio, motu proprio adv **(de) ~** of one's own accord
mouse [maus] nm inv *AM* INFORM mouse
mousse [mus] nf, *ESP* nm CULIN mousse
movedizo, -a adj **1.** [movible] movable, easily moved **2.** [inestable] unsteady, unstable ▸ **arenas movedizas** quicksand
mover [41] vt **1.** [en general] to move / [mecánicamente] to drive ▸ **el fútbol profesional mueve mucho dinero** a lot of money changes hands in the world of professional soccer **2.** [menear, agitar] [caja, sonajero] to shake / [bandera] to wave ▸ **la vaca movía la cola** the cow was swishing its tail ▸ **el perro movía la cola** the dog was wagging its tail ▸ **~ la cabeza** [afirmativamente] to nod / [negativamente] to shake **3.** [impulsar] **~ a alguien a hacer algo** to prompt sb to do sth ▸ **¿qué te movió a hacerlo?** what made you do it?, what prompted you to do it? ▸ **~ a alguien a compasión** to excite sb's sympathy *o* pity **4.** [hacer trámites con] to do something about
◆ ***moverse*** vpr **1.** [en general] to move / [en la cama] to toss and turn **2.** [darse prisa] to get a move on **3.** *Fam* [hacer gestiones] to get things going *o* moving ▸ **si te mueves puedes encontrar trabajo** if you make an effort you can get a job **4.** [relacionarse] **moverse en/entre** to move in/among
movible adj movable
movida nf *ESP, RP Fam* **1.** [lío, problema] problem ▸ **mudarse es una ~** moving house is a real headache ▸ **tener una ~ con alguien** to have a spot of bother with sb **2.** [ambiente, actividad] scene ▸ **no me va esa ~** it's not my scene ▸ **la ~ madrileña** = *the Madrid cultural scene of the late 1970s and early 80s*
movido, -a adj **1.** [debate, torneo] lively / [jornada, viaje] hectic **2.** FOT blurred, fuzzy
móvil ■ adj mobile, movable ▸ **teléfono ~** mobile phone
■ nm **1.** [motivo] motive **2.** [teléfono] mobile **3.** [juguete] mobile
movilidad nf mobility
movilización nf mobilization
movilizar [14] vt to mobilize
movimiento nm **1.** [desplazamiento, corriente] movement ▸ **~ obrero** working-class movement **2.** FÍS & MEC motion ▸ **en ~** moving, in motion ▸ **ponerse en ~** to start moving ▸ **~ continuo/de rotación** perpetual/rotational motion ▸ **~ sísmico** earth tremor **3.** [actividad] activity / [de vehículos] traffic **4.** [de personal, mercancías] turnover / [de cuenta bancaria] transaction ▸ **~ de capital** cash flow **5.** MÚS [parte de la obra] movement / [velocidad del compás] tempo
moviola nf editing projector
moza nf [sirvienta] girl, maid
mozalbete nm young lad
Mozambique n Mozambique
mozambiqueño, -a adj & nm,f Mozambican
mozárabe ■ adj Mozarabic, = *Christian in the time of Moorish Spain*
■ nmf [habitante] Mozarab, = *Christian of Moorish Spain*
■ nm [lengua] Mozarabic
mozo, -a ■ adj [joven] young / [soltero] single, unmarried ▸ **ser buen ~** to be a handsome young man
■ nm,f **1.** [niño] young boy, young lad / [niña] young girl, young lass **2.** *ANDES, RP* [camarero] waiter, *f* waitress
■ nm **1.** [trabajador] assistant (worker) ▸ **~ de cordel** *o* **de cuerda** porter ▸ **~ de estación** (station) porter **2.** *ESP* [recluta] conscript
mozzarella [motsa'rela, moθa'rela] nm mozzarella
MP3 nm (abrev de ***MPEG-1 Audio Layer-3***) MP3
mu nm [mugido] moo ▸ **no decir ni ~** not to say a word
muaré nm moiré
mucamo, -a nm,f *ANDES, RP* servant
muchacha nf [sirvienta] maid
muchachada nf bunch of kids
muchacho, -a nm,f boy, *f* girl
muchedumbre nf [de gente] crowd, throng / [de cosas] great number, masses
mucho, -a ■ adj **1.** [gran cantidad de] (singular) a lot of / (plural) many, a lot of / (en frases interrogativas y negativas) much, a lot of ▸ **había mucha gente** there were a lot of people there ▸ **no tengo ~ tiempo** I haven't got much time ▸ **hoy hace ~ calor** it's very hot today ▸ **tengo ~ sueño** I'm very sleepy ▸ **hace ~ tiempo** a long time ago ▸ **no nos quedan muchas entradas** we haven't got many *o* a lot of tickets left **2.** (singular) [demasiado] **hay ~ niño aquí** there are too many kids

here ▸ **mucha sal le estás echando** you're overdoing the salt a bit, you're adding a bit too much salt
■ pron (singular) a lot / (plural) many, a lot ▸ **tengo ~ que contarte** I have a lot to tell you ▸ **¿queda dinero? – no ~** is there any money left? – not much *o* not a lot ▸ **muchos piensan igual** a lot of *o* many people think the same
■ adv **1.** [gran cantidad] a lot ▸ **habla ~** he talks a lot ▸ **me canso ~** I get really *o* very tired ▸ **me gusta ~** I like it a lot *o* very much ▸ **no me gusta ~** I don't like it much ▸ **(no) ~ más tarde** (not) much later **2.** [largo tiempo] **hace ~ que no vienes** I haven't seen you for a long time ▸ **¿dura ~ la obra?** is the play long? ▸ **~ antes/después** long before/after **3.** [a menudo] often ▸ **¿vienes ~ por aquí?** do you come here often? **4.** [expresiones] **como ~** at the most ▸ **con ~** by far, easily ▸ **ni ~ menos** far from it, by no means ▸ **no está ni ~ menos decidido** it is by no means decided ▸ **por ~ que** no matter how much, however much ▸ **por ~ que insistas** no matter how much you insist, however much you insist

mucosa nf mucous membrane

mucosidad nf mucus

mucoso, -a adj mucous

mucus nm inv mucus

muda nf **1.** [de piel, plumas] moulting **2.** [ropa interior] change of underwear

mudable adj [persona] changeable / [carácter] fickle

mudanza nf **1.** [cambio] change / [de carácter] changeability, fickleness / [de plumas, piel] moulting **2.** [de casa] move ▸ **estar de ~** to be moving

mudar ■ vt **1.** [cambiar] to change / [casa] to move ▸ **cuando mude la voz** when his voice breaks **2.** [piel, plumas] to moult
■ vi [cambiar] **~ de** [opinión, color] to change / [domicilio] to move
◆ ***mudarse*** vpr **mudarse (de casa)** to move (house) ▸ **mudarse (de ropa)** to change

mudéjar adj & nmf Mudejar

mudez nf muteness, inability to speak

mudo, -a ■ adj **1.** [sin habla] dumb **2.** [callado] silent, mute ▸ **se quedó ~** he was left speechless **3.** [sin sonido] silent ▸ **cine ~** silent cinema
■ nm,f dumb person, mute

mueble ■ nm piece of furniture ▸ **los muebles** the furniture ▸ **muebles antiguos** antique furniture ▸ **muebles de baño** bathroom furniture ▸ **~ bar** cocktail cabinet ▸ **muebles de cocina** kitchen furniture ▸ **~ de oficina** office furniture
■ adj DER **bienes muebles** personal property

mueca nf [gesto] face, expression / [de dolor] grimace ▸ **hacer una ~** to pull a face ▸ **hizo una ~ de dolor** she winced in pain, she grimaced with pain ▸ **los niños hacían muecas a espaldas del profesor** the children were making *o* pulling faces behind the teacher's back

muela ■ *ver* ***moler***
■ nf **1.** [diente] back tooth, molar ▸ **~ del juicio** wisdom tooth **2.** [de molino] millstone / [para afilar] grindstone

muelle ■ adj [vida] easy, comfortable
■ nm **1.** [resorte] spring **2.** [en puerto] dock, quay / [en el río] wharf / [de carga y descarga] loading bay

muera *etc ver* ***morir***

muerda *etc ver* ***morder***

muérdago nm mistletoe

muerdo nm *ESP Fam* **1.** [mordisco] bite **2.** [beso] **se estaban dando un ~** they were necking *o BR* snogging

muermo nm *ESP Fam* **ser un ~** [situación] to be boring / [persona] to be a bore ▸ **tener un ~** to be bored

muerte nf **1.** [fin de la vida] death ▸ **fallecer de ~ natural** to die of natural causes ▸ **fallecer de ~ violenta** to die a violent death ▸ **ha sido herido de ~** he has been fatally wounded ▸ **a ~** [lucha] to the death ▸ **la odio a ~** I hate her with all my heart, I absolutely loathe her ▸ **un susto de ~** a terrible shock ▸ *Fam* **de mala ~** third-rate, lousy ▸ **~ cerebral** brain death ▸ **~ súbita** [en la cuna] sudden infant death / [en tenis] tie break **2.** [homicidio] murder ▸ **se le acusa de la ~ de varias mujeres** he has been accused of murdering *o* of the murder of several women

muerto, -a ■ participio *ver* ***morir***
■ adj **1.** [sin vida] dead ▸ **estar ~ de miedo/frío** to be scared/freezing to death ▸ **estar ~ de hambre** to be starving ▸ *Fig* **estar ~ de risa** [objeto] to be lying around doing nothing **2.** [color] dull
■ nm,f dead person / [cadáver] corpse ▸ **hubo dos muertos** two people died ▸ **hacerse el ~** to pretend to be dead, to play dead ▸ *Fig* **cargar con el ~** [trabajo, tarea] to be left holding the baby / [culpa] to get the blame ▸ **hacer el ~** to float on one's back ▸ **más ~ que vivo de hambre/cansancio** half dead with hunger/exhaustion ▸ **medio ~** [cansado] dead beat ▸ **no tener donde caerse ~** not to have a penny to one's name

muesca nf **1.** [marca, concavidad] notch, groove **2.** [corte] nick

muesli nm muesli

muestra ■ *ver* ***mostrar***
■ nf **1.** [cantidad representativa] sample ▸ **para ~ (basta) un botón** one example is enough ▸ **una ~ representativa de la población** a cross-section of the population ▸ **~ gratuita** free sample **2.** [señal] sign, show / [prueba] proof / [de cariño, aprecio] token ▸ **dar muestras de** to show signs of **3.** [modelo] model, pattern **4.** [exposición] show, exhibition

muestrario nm collection of samples / [libro] pattern book

muestreo nm sampling ▸ **~ aleatorio** random sampling

mueva *etc ver* ***mover***

mugido nm **1.** [de vaca] moo, mooing ▸ **un ~** a moo ▸ **el ~ de las vacas** the mooing of the cows **2.** [de toro] bellow, bellowing ▸ **un ~** a bellow ▸ **el ~ de los toros** the bellowing of the bulls

mugir [24] vi [vaca] to moo / [toro] to bellow

mugre nf filth, muck

mugriento, -a adj filthy

muguete nm lily of the valley

mujer ■ nf [en general] woman / [cónyuge] wife ▸ **~ de su casa** good housewife ▸ **~ fatal** femme fatale ▸ **~ de la limpieza** cleaning lady ▸ **~ de negocios** businesswoman ▸ **~ objeto** woman treated as a sex object ▸ **~ policía** policewoman ▸ **~ pública** prostitute
■ interj *ESP* **¿te acuerdas de Marisol?, ¡sí, ~, nuestra compañera de clase!** do you remember Marisol? you know, she was at school with us! ▸ **pero ~, no te pongas así** oh, don't be like that!

mujeriego, -a ■ adj fond of the ladies
■ nm womanizer, ladies man

mujeril adj female

mujerzuela nf *Pey* loose woman

muladar nm tip, pigsty

mulato, -a adj & nm,f mulatto

muleta nf **1.** [para andar] crutch / *Fig* prop, support **2.** TAUROM muleta, = *red cape hanging from a stick used to tease the bull*

muletilla nf [frase] pet phrase / [palabra] pet word

Mulhacén nm **el ~** Mulhacén

mulillas nfpl TAUROM = *team of mules which drag out the dead bull at the end of a fight*

mullido, -a adj soft, springy

mullir vt to soften / [lana, almohada] to fluff up

mulo, -a nm,f **1.** [animal] mule **2.** *Fam* [persona] brute, beast

multa nf fine ▸ **poner una ~ a alguien** to fine sb ▸ **le pusieron cien euros de ~** he was fined a hundred euros

multar vt to fine

multicentro nm large shopping mall

multicine nm multiplex cinema

multicolor adj multicoloured

multicopista nf *ESP* duplicator, duplicating machine

multicultural adj multicultural

multidisciplinario, -a, multidisciplinar adj multidisciplinary

multiforme adj multiform, differently shaped

multigrado adj multigrade

multilateral adj multilateral

multimedia adj inv INFORM multimedia

multimillonario, -a ■ adj **un negocio ~** a multimillion pound *o* dollar business
■ nm,f multimillionaire

multinacional adj & nf multinational

múltiple adj [variado] multiple ▸ **múltiples** [numerosos] many, numerous

multiplicable adj multipliable

multiplicación nf multiplication

multiplicador, -ora ■ adj multiplying
■ nm MAT multiplier

multiplicar [59] ■ vt [en general] to multiply / [efecto] to magnify / [riesgo, probabilidad] to increase ▸ **~ 4 por 5** to multiply 4 by 5 ▸ **4 multiplicado por 3 igual a 12** 4 multiplied by 3 is 12, 4 times 3 is 12
■ vi to multiply
◆ ***multiplicarse*** vpr **1.** [reproducirse] to multiply **2.** [incrementarse] to increase rapidly ▸ **se han multiplicado los robos en la zona** there has been a rapid rise in the number of burglaries in the area **3.** [desdoblarse] to attend to lots of things at the same time

multiplicidad nf multiplicity

múltiplo nm multiple

multipropiedad nf time-sharing

multipuesto adj inv INFORM multi-terminal ▸ **red ~** multi-terminal network

multirracial adj multiracial

multirriesgo adj [seguro] all risks

multisalas nm inv [cine] multiplex cinema

multitarea adj inv & nf INFORM multitasking

multitud nf [de personas] crowd ▸ **~ de cosas** a huge number of things

multitudinario, -a adj extremely crowded ▸ **una manifestación multitudinaria** a massive demonstration

multiuso adj inv multipurpose

multiusuario adj INFORM multi-user

mundanal adj worldly

mundano, -a adj **1.** [del mundo] worldly, of the world **2.** [de la vida social] (high) society

mundial ■ adj [política, economía, guerra] world / [tratado, organización, fama] worldwide
■ nm World Championships / [en fútbol] World Cup

mundialización nf globalization

mundillo nm world, circles ▸ **el ~ literario** the literary world, literary circles

mundo nm **1.** [la Tierra, el universo, civilización] world ▸ **es un actor conocido en todo el ~** he's a world-famous actor ▸ **ha vendido miles de discos en todo el ~** she has sold thousands of records worldwide *o* all over the world ▸ **seres de otro ~** creatures from another planet ▸ **el Nuevo Mundo** the New World ▸ **el otro ~** the next world, the hereafter ▸ **el Tercer Mundo** the Third World ▸ **desde que el ~ es ~** since the dawn of time ▸ **el ~ es un pañuelo** it's a small world ▸ **medio ~** half the world, a lot of people ▸ **no es cosa** *o* **nada del otro ~** it's nothing special ▸ **por nada del ~** not for (all) the world ▸ **se le cayó el ~ encima** his world fell apart ▸ **todo el ~** everyone, everybody ▸ **traer al ~** to give birth to ▸ **venir al ~** to come into the world, to be born ▸ **el ~ del espectáculo** show business **2.** [diferencia] **hay un ~ entre ellos** they're worlds apart **3.** [experiencia] **hombre/mujer de ~** man/woman of the world ▸ **tener ~** to be worldly-wise, to know the ways of the world ▸ **ver** *o* **correr ~** to see life

mundología nf worldly wisdom, experience of life

Munich n Munich

munición nf ammunition ▸ **municiones** ammunition

municipal ■ adj town, municipal / [elecciones] local / [instalaciones] public ▸ **las fiestas municipales** local *o* town festival
■ nmf *ESP* [guardia] (local) policeman, *f* policewoman

municipalidad nf **1.** [corporación] local council **2.** [territorio] town, municipality

municipalizar [14] vt to municipalize, to bring

under municipal authority

municipio nm **1.** [corporación] local council **2.** [edificio] town hall, *US* city hall **3.** [territorio] town, municipality **4.** [habitantes] **asistió todo el ~** the whole town was there

munificencia nf munificence

muniqués, -esa ■ adj of/from Munich
■ nm,f person from Munich

muñeca nf **1.** ANAT wrist **2.** [juguete] doll ▸ **~ de trapo** rag doll **3.** *Fam* [como apelativo] darling, *US* doll **4.** *ANDES, RP Fam* [enchufe] **tener ~** to have friends in high places

muñeco nm **1.** [juguete] doll / [marioneta] puppet / [peluche] cuddly *o* soft toy ▸ **~ de nieve** snowman ▸ **~ de peluche** cuddly toy **2.** *Pey* puppet

muñeira nf = *popular Galician dance and music*

muñequera nf wristband

muñón nm stump

mural ■ adj [pintura] mural / [mapa] wall
■ nm mural

muralista nmf ARTE muralist

muralla nf wall

Murcia n Murcia

murciano, -a adj & nm,f Murcian

murciélago nm bat

murga nf **1.** [charanga] band of street musicians **2.** *ESP Fam* [pesadez] drag, pain ▸ **dar la ~** to be a pain

muriera *etc ver* ***morir***

murmullo nm [de agua, viento, voces] murmur, murmuring / [de hojas] rustle, rustling

murmuración nf backbiting, gossip

murmurador, -ora ■ adj backbiting, gossiping
■ nm,f backbiter, gossip

murmurar ■ vt to mutter ▸ **se murmura que...** there are rumours that...
■ vi **1.** [susurrar] [persona] to murmur, to whisper / [agua, viento] to murmur, to gurgle / [hojas] to rustle **2.** [criticar] to gossip (**de** about) ▸ **se pasan el tiempo murmurando del jefe** they do nothing but gossip about the boss **3.** [rezongar, quejarse] to grumble

muro nm wall ▸ *Fig* **entre los dos hay un ~ de silencio** there is a wall of silence between them ▸ **el Muro de Berlín** the Berlin Wall ▸ **~ de contención** retaining wall ▸ *ESP* **el Muro de las Lamentaciones,** *AM* **el ~ de los Lamentos** the Wailing Wall

mus nm inv = *card game played in pairs with bidding and in which players communicate by signs*

musa nf **1.** [inspiración] muse **2.** MITOL Muse

musaraña nf ZOOL shrew ▸ *Fam* **mirar a las musarañas** to stare into space *o* thin air ▸ *Fam* **pensar en las musarañas** to have one's head in the clouds

musculación nf body-building

muscular adj muscular

musculatura nf muscles

músculo nm muscle

musculosa nf *RP* [prenda] *BR* vest, *US* undershirt *(sleeveless)*

musculoso, -a adj muscular

museístico, -a adj museum ▸ **archivos museísticos** museum archives

muselina nf muslin

museo nm [de ciencias, historia] museum / [de arte] art gallery

museología nf museology

musgo nm moss

música nf music ▸ *Fig* **irse con la ~ a otra parte** to make oneself scarce ▸ **~ ambiental** background music ▸ **~ antigua** early music ▸ **~ de baile** dance music ▸ **~ de cámara** chamber music ▸ *Fig* **~ celestial** hot air, empty words ▸ **~ clásica** classical music ▸ **~ étnica** world music ▸ **~ de fondo** background music ▸ **~ instrumental** instrumental music ▸ **~ ligera** light music ▸ **~ pop** pop music ▸ **~ rock** rock music ▸ **~ vocal** choral music

musical adj & nm musical

musicalidad nf musicality

music-hall ['musik'xol] (pl **music-halls**) nm *BR* music hall, *US* vaudeville

músico, -a ■ adj musical
■ nm,f [persona] musician ▸ **~ ambulante** street musician, *BR* busker ▸ **~ callejero** street musician, *BR* busker

musicología nf musicology

musitar vt to mutter, to mumble

muslo nm [de persona] thigh / [de pollo, pavo] [entero] leg / [parte inferior] drumstick

mustela nf **1.** [comadreja] weasel **2.** [pez] dogfish

mustiar vt to wither, to wilt
◆ ***mustiarse*** vpr to wither, to wilt

mustio, -a adj **1.** [flor, planta] withered, wilted **2.** [persona] down, gloomy

musulmán, -ana adj & nm,f Muslim, Moslem

mutable adj changeable, mutable

mutación nf [cambio] sudden change / BIOL mutation

mutante adj & nmf mutant

mutar vt to mutate

mutilación nf mutilation

mutilado, -a ■ adj mutilated
■ nm,f cripple ▸ **~ de guerra** disabled war veteran

mutilar vt [persona, texto] to mutilate / [estatua] to vandalize

mutis nm inv TEATRO exit ▸ **hacer ~** [en teatro] to exit / *Fig* [marcharse] to leave, to go away

mutismo nm **1.** [mudez] muteness, dumbness **2.** [silencio] silence

mutua nf *BR* friendly society, *US* mutual benefit society

mutualidad nf **1.** [asociación] *BR* friendly society, *US* mutual benefit society **2.** [reciprocidad] mutuality

mutualista nmf member of a *BR* friendly society *o US* mutual benefit society

mutuo, -a adj mutual ▸ **de ~ acuerdo** by mutual *o* joint agreement ▸ **el sentimiento es ~** the feeling is mutual ▸ **se tienen una admiración mutua** they have a mutual admiration for each other, they both admire each other

muy adv **1.** [en alto grado] very ▸ **~ bueno/cerca** very good/near ▸ **es ~ hombre** he's very manly, he's a real man ▸ **~ de mañana** very early in the morning ▸ **¡~ bien!** [vale] OK!, all right! / [qué bien] very good!, well done! ▸ **eso es ~ de ella** that's just like her ▸ **eso es ~ de los americanos** that's typically American ▸ **¡el ~ fresco!** the cheeky devil! ▸ **¡la ~ tonta!** the silly idiot! ▸ **Muy Sr. mío** dear Sir ▸ **te cuidarás ~ mucho de hacerlo** just make absolutely sure you don't do it **2.** [demasiado] too ▸ **no cabe ahí, es ~ grande** it won't fit in there, it's too big

muyahidín nm inv mujaheddin

muzzarella [musa'rela] nm *RP* mozzarella

Myanmar n [Birmania] Myanmar

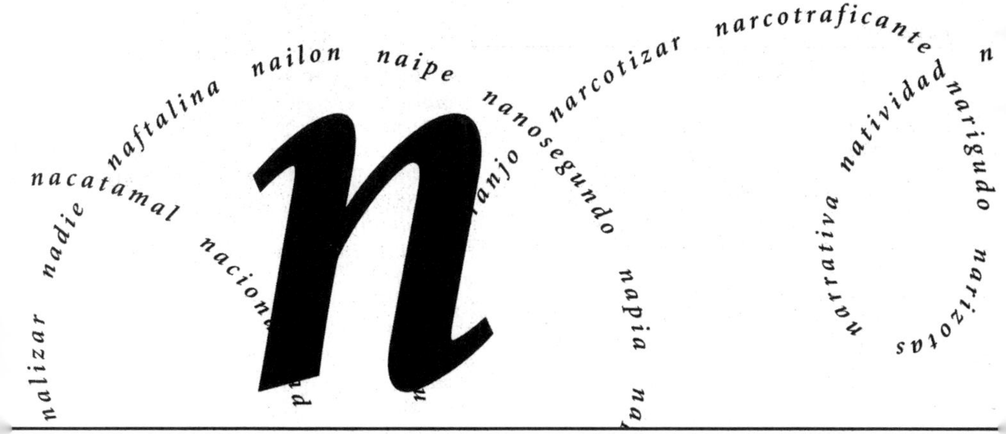

N, n ['ene] nf [letra] N, n ▸ **el 20 N** 20th November, = *the date of Franco's death*

n° (abrev de ***número***) no

nabo nm **1.** [planta] turnip **2.** *muy Fam* [pene] tool, *BR* knob

nácar nm mother-of-pearl

nacarado, -a adj mother-of-pearl ▸ **piel nacarada** pearly skin

nacatamal nm *CAM = steamed maize dumpling with savoury filling, wrapped in a banana leaf*

nacer [42] vi **1.** [venir al mundo] [niño, animal] to be born / [planta] to sprout, to begin to grow / [pájaro] to hatch (out) ▸ **al ~** at birth ▸ **¿dónde naciste? – nací en Brasil** where were you born? – I was born in Brazil ▸ **~ de/en** to be born of/in ▸ **~ de familia humilde** to be born into a poor family ▸ **~ para algo** to be born for sth ▸ **ha nacido cantante** she's a born singer ▸ *Fig* **no he nacido ayer** I wasn't born yesterday ▸ *Fig* **volver a ~** to have a lucky escape **2.** [surgir] [pelo] to grow / [río] to rise, to have its source / [sol, luna] to rise / [costumbre, duda] to have its roots

nacido, -a ■ adj born

■ nm,f **los nacidos hoy** those born today ▸ **recién ~** new-born baby ▸ **ser un mal ~** to be a wicked *o* vile person

naciente adj **1.** [día] dawning / [sol] rising **2.** [Gobierno, Estado] new, fledgling / [interés] budding, growing

nacimiento nm **1.** [de niño, animal] birth / [de planta] sprouting / [de ave, reptil] hatching ▸ **de ~** from birth **2.** [de río] source **3.** [origen] origin, beginning **4.** [belén] Nativity scene

nación nf [pueblo] nation / [territorio] country ▸ **~ más favorecida** most favoured nation ▸ **Naciones Unidas** United Nations

nacional adj [equipo, moneda, monumento] national / [vuelo] domestic / [mercado, noticias] domestic, home ▸ *ESP* HIST **las fuerzas nacionales** [en la guerra civil] the Nationalist forces

nacionalidad nf nationality ▸ **doble ~** dual nationality

nacionalismo nm nationalism

nacionalista adj & nmf nationalist

nacionalización nf [de banca, bienes] nationalization / [de persona] naturalization

nacionalizar [14] vt **1.** [banca, bienes] to nationalize **2.** [persona] to naturalize

◆ ***nacionalizarse*** vpr to become naturalized ▸ **nacionalizarse español** to become a Spanish citizen, to acquire Spanish nationality

nacionalsocialismo nm National Socialism

nacionalsocialista adj & mf National Socialist

nada ■ pron **1.** [en general] nothing / (en negativas) anything ▸ **no pasó ~** nothing happened ▸ **no he leído ~ de Lorca** I haven't read anything by Lorca ▸ **~ me gustaría más que poder ayudarte** there's nothing I'd like more than to be able to help you ▸ **no hay ~ como un buen libro** there's nothing (quite) like a good book ▸ **~ más** nothing else, nothing more ▸ **no quiero ~ más** I don't want anything else ▸ **no dijo ~ de ~** he didn't say anything at all ▸ **no es ~** it's nothing serious ▸ **esto no es ~** that's nothing ▸ **te he traído un regalito de ~** I've brought you a little something ▸ **cuesta cinco millones, ¡ahí es ~!** it costs five million, a real snip! ▸ **casi ~** almost nothing ▸ **como si ~** as if nothing was the matter, as if nothing had happened ▸ **de ~** [respuesta a 'gracias'] don't mention it, you're welcome ▸ **dentro de ~** any second now ▸ **¡~ de eso!** absolutely not! **2.** *ESP* [en tenis] love

■ adv **1.** [en absoluto] at all ▸ **la película no me ha gustado ~** I didn't like the film at all ▸ **no es ~ extraño** it's not at all strange ▸ **la obra no es ~ aburrida** the play isn't the slightest bit boring **2.** [poco] a little, a bit ▸ **no hace ~ que salió** he left just a minute ago

■ nf **la ~** nothingness, the void

◆ ***nada más*** loc adv (+ infin) as soon as ▸ **~ más salir de casa...** no sooner had I left the house than..., as soon as I left the house...

◆ ***nada menos que*** loc adv [cosa] no less than / [persona] none other than

nadador, -ora nm,f swimmer

nadar vi [avanzar en el agua] to swim / [flotar] to float ▸ **no sé ~** I can't swim ▸ **~ contra corriente** to go against the tide ▸ *Fig* **nadan en deudas** they're up to their necks in debt ▸ *Fig* **~ entre dos aguas** to sit on the fence ▸ *Fig* **~ en la abundancia** to be living in the lap of luxury

nadería nf trifle, little thing

nadie ■ pron nobody, no one ▸ **~ lo sabe** nobody knows ▸ **no se lo dije a ~** I didn't tell anybody ▸ **no ha llamado ~** nobody phoned
■ nm **un don ~** a nobody

nado: a nado loc adv swimming

NAFTA nf (abrev de ***North American Free Trade Agreement***) NAFTA

nafta nf **1.** QUÍM naphtha **2.** *RP* [gasolina] *BR* petrol, *US* gas, *US* gasoline

naftalina nf naphthalene ▸ **bolas de ~** mothballs

náhuatl ■ adj Nahuatl
■ nmf [persona] Nahuatl indian
■ nm [idioma] Nahuatl

> CULTURA / CULTURE
> ## náhuatl
> Although many indigenous languages were (and still are) spoken in what was to become Mexico and Central America at the time of the Spanish conquest, it was Nahuatl, the language of the Aztecs, which the Spaniards adopted as a lingua franca. This has helped to ensure the survival of the language in better health than others, and has also meant that many of its words entered the vocabulary of Spanish, and through it other languages. In English, for example, we find "tomato" and "chocolate". There are still over one and a half million speakers of its various dialects in Mexico today.

naïf (pl **naïfs**) adj ARTE naïve, primitivistic

nailon nm nylon

naipe nm (playing) card ▸ **jugar a los naipes** to play cards

Nairobi n Nairobi

nalga nf buttock

nana nf **1.** [canción] lullaby ▸ *Fam* **más viejo que la ~, del año de la ~** as old as the hills, ancient **2.** *Fam* [abuela] grandma, nana **3.** *COL, MÉX* [niñera] nanny / [nodriza] wet nurse

nanay interj *Fam* **¡~!** no way!, not likely!

nanosegundo nm nanosecond

nanotecnología nf nanotechnology

nao nf *Literario* vessel

napa nf leather

napalm nm napalm

napia nf *Fam BR* conk, *US* schnozz

napoleónico, -a adj Napoleonic

napolitano, -a adj & nm,f Neapolitan

naranja ■ adj inv orange
■ nm [color] orange
■ nf [fruto] orange ▸ *Fam* **¡naranjas de la china!** no way! ▸ *Fam Fig* **media ~** other *o* better half

naranjada nf orange juice drink

naranjal nm orange grove

naranjo nm **1.** [árbol] orange tree **2.** [madera] orange (wood)

narcisismo nm narcissism

narcisista nmf narcissist

narciso nm **1.** BOT daffodil **2.** [hombre] narcissist

narco *Fam* ■ nmf [persona] drug trafficker **2** nm [tráfico] drug trafficking

narcomanía nf narcotism

narcótico, -a ■ adj narcotic
■ nm [somnífero] narcotic / [droga] drug

narcotizar [14] vt to drug

narcotraficante nmf drug trafficker

narcotráfico nm drug trafficking

nardo nm [flor] nard, spikenard

narices interj **¡~!** no way!, not on your life!

narigudo, -a ■ adj big-nosed
■ nm,f big-nosed person

nariz nf **1.** [órgano] nose ▸ **operarse (de) la ~** to have a nose job ▸ **sangraba por la ~** her nose was bleeding ▸ **sonarse la ~** to blow one's nose ▸ **~ aguileña/chata/respingona** hooked/snub/turned-up nose **2.** [orificio] nostril **3.** [olfato] sense of smell **4.** [expresiones] **me da en la ~ que...** I've got a feeling that... ▸ **darse de narices con** *o* **contra algo/alguien** to bump into sth/sb ▸ **de narices** [estupendo] great, brilliant ▸ **delante de las narices** in front of one's nose ▸ **estar hasta las narices (de algo)** to be fed up to the back teeth (with sth) ▸ **en sus propias narices** to his/her face ▸ *ESP* **me estás hinchando las narices** you're beginning to get up my nose ▸ **meter las narices en algo** to poke *o* stick one's nose into sth ▸ *ESP* **tenemos que ir por narices** we have to go whether we like it or not ▸ **restregar algo a alguien en las narices** to rub sb's nose in sth ▸ **romper las narices a alguien** to smash sb's face in ▸ **romperse las narices** to fall flat on one's face ▸ **¡porque me sale de las narices!** because I damn well want to!

narizotas nmf inv *Fam* big-nose

narración nf **1.** [cuento, relato] narrative, story **2.** [acción] narration

narrador, -ora nm,f narrator

narrar vt [contar] to recount, to tell

narrativa nf narrative

narrativo, -a adj narrative

NASA ['nasa] nf (abrev de ***National Aeronautics and Space Administration***) NASA

nasal adj nasal

nasalizar [14] vt to nasalize

Nassau n Nassau

nata nf **1.** *ESP* [crema de leche] cream ▸ **~ batida** *o*

montada whipped cream ▸ **~ líquida** single cream **2.** [en leche hervida] skin

natación nf swimming

natal adj [país, ciudad] native / [pueblo] home

natalicio nm [cumpleaños] birthday

natalidad nf **(tasa** *o* **índice de) ~** birth rate

natillas nfpl *ESP* custard

natividad nf nativity ▸ **la Natividad** Christmas

nativo, -a adj & nm,f native

nato, -a adj [de nacimiento] born ▸ **un criminal ~** a born criminal

natura nf nature ▸ **contra ~** against nature, unnatural ▸ **una alianza contra ~** an unholy alliance

natural ■ adj **1.** [no artificial] natural / [flores, fruta, leche] fresh ▸ **al ~** [en persona] in the flesh ▸ **es más guapa al ~ que en la fotografía** she's prettier in real life than in the photograph ▸ **ser ~ en alguien** to be in sb's nature **2.** [lógico, normal] natural, normal ▸ **es lo más ~ del mundo** it's the most natural thing in the world, it's perfectly natural ▸ **es ~ que se enfade** it's natural that he should be angry **3.** [nativo] native ▸ **ser ~ de** to come from **4.** [ilegítimo] [hijo] illegitimate **5.** [hábil y no hábil] **mes/año ~** calendar month/year ▸ **30 días naturales de vacaciones** 30 working days' holiday

■ nmf [nativo] native

■ nm [talante] nature, disposition

naturaleza nf **1.** [en general] nature ▸ **aman a la ~** they love nature, they are nature lovers ▸ **se desconoce la ~ de la enfermedad** the nature of the illness is unknown ▸ **una persona de ~ nerviosa** a person of a nervous disposition, a person who is nervous by nature ▸ **por ~** by nature ▸ **la madre ~** Mother Nature ▸ **la ~ humana** human nature ▸ **~ muerta** still life **2.** [complexión] constitution

naturalidad nf naturalness ▸ **con ~** naturally

naturalismo nm ARTE naturalism

naturalista nmf naturalist

naturalización nf naturalization

naturalizado, -a adj naturalized

naturalizar [14] vt to naturalize

◆ ***naturalizarse*** vpr to become naturalized ▸ **naturalizarse español** to become a Spanish citizen, to acquire Spanish nationality

naturalmente adv **1.** [por naturaleza] naturally **2.** [por supuesto] of course

naturismo nm [nudismo] nudism

naturista nmf [nudista] nudist

naturópata nmf naturopath

naufragar [38] vi **1.** [barco] to sink, to be wrecked / [persona] to be shipwrecked **2.** [fracasar] to fail, to collapse

naufragio nm **1.** [de barco] shipwreck **2.** [fracaso] failure, collapse

náufrago, -a ■ adj shipwrecked

■ nm,f shipwrecked person, castaway

náusea nf nausea, sickness ▸ **me da náuseas** it makes me feel sick / *Fig* it makes me sick ▸ **sentir** *o* **tener náuseas** to fall sick *o* nauseous ▸ **náuseas del embarazo** morning sickness

nauseabundo, -a adj nauseating, sickening

náutica nf navigation, seamanship

náutico, -a adj [de la navegación] nautical ▸ DEP **deportes náuticos** water sports ▸ **club ~** yacht club

◆ ***náuticos*** nmpl [zapatos] = *lightweight lace-up shoes, made of coloured leather*

navaja nf **1.** [cuchillo] [pequeño] penknife / [más grande] jackknife ▸ **~ de afeitar** razor ▸ **~ automática** flick knife **2.** [molusco] razor-shell, razor clam

navajazo nm stab, slash

navajero, -a nm,f = *thug who carries a knife*

navajo adj & nmf [indio] Navajo

naval adj naval

Navarra n Navarre

navarro, -a adj & nm,f Navarrese

nave nf **1.** [barco] ship ▸ *Fig* **quemar las naves** to burn one's boats *o* bridges **2.** [vehículo] craft ▸ **~ espacial** spaceship, spacecraft **3.** [de fábrica] shop, plant / [almacén] warehouse ▸ **~ industrial** = *large building for industrial or commercial use* **4.** [de iglesia] **~ central** nave ▸ **~ de crucero** transepts ▸ **~ lateral** side aisle

navegable adj navigable

navegación nf navigation ▸ **~ aérea/fluvial/marítima** air/river/sea navigation ▸ **~ de altura** ocean navigation

navegador nm INFORM browser

navegante ■ adj [pueblo] seafaring

■ nmf navigator

navegar [38] vi [barco] to sail / [avión] to fly ▸ **~ por Internet** to surf the Net

Navidad nf **1.** [día] Christmas (Day) **2.** [periodo] Christmas (time) ▸ **felices Navidades** Merry Christmas

navideño, -a adj Christmas ▸ **adornos navideños** Christmas decorations

naviera nf [compañía] shipping company

naviero, -a ■ adj shipping

■ nm [armador] shipowner

navío nm large ship

nazareno, -a ■ adj & nm,f Nazarene

■ nm = *penitent in Holy Week processions* ▸ **el Nazareno** Jesus of Nazareth

nazca *etc ver* ***nacer***

nazi adj & nmf Nazi

nazismo nm Nazism

NB (abrev de ***nota bene***) NB

neandertal, neanderthal nm neanderthal

neblina nf mist

neblinoso, -a adj misty

nebulosa nf ASTRON nebula

nebulosidad nf [de nubes] cloudiness / [de niebla] fogginess

nebuloso, -a adj **1.** [con nubes] cloudy / [de niebla] foggy **2.** [poco claro] vague

necedad nf **1.** [estupidez] stupidity, foolishness

2. [dicho, hecho] stupid *o* foolish thing ◗ **decir necedades** to talk nonsense

necesario, -a adj necessary ◗ **me llevé la ropa necesaria para una semana** I took enough clothes for a week ◗ **me eres muy necesaria** I really need you ◗ **es ~ hacerlo** it needs to be done ◗ **hacer ~ algo** to make sth necessary ◗ **no es ~ que lo hagas** you don't need to do it ◗ **si fuera ~** if need be ◗ **si es ~** if need be, if necessary

neceser nm [bolsa] toilet bag / [maleta pequeña] vanity case

necesidad nf **1.** [en general] need ◗ **tenemos una urgente ~ de espacio** we are in urgent need of more space ◗ **de (primera) ~** essential ◗ **no hay ~ de algo** there's no need for sth ◗ **no hay ~ de hacer algo** there's no need to do sth ◗ **tener ~ de algo** to need sth ◗ **obedecer a la ~ (de)** to arise from the need (to) **2.** [obligación] necessity ◗ **por ~** out of necessity ◗ **una herida mortal de ~** a fatal wound **3.** [hambre] hunger / [pobreza] poverty, need ◗ **pasar necesidades** to suffer hardship **4.** *Euf* **hacer sus necesidades** to answer a call of nature

necesitado, -a ■ adj needy ◗ **~ de** in need of

■ nm,f needy *o* poor person ◗ **los necesitados** the poor

necesitar ■ vt to need ◗ **necesito que me lo digas** I need you to tell me ◗ **esta planta necesita que la rieguen** this plant needs watering ◗ **se necesita camarero** [en letrero] waiter wanted ◗ **se necesita ser ignorante para no saber eso** you'd have to be an ignoramus not to know that

■ vi **~ de** to need, to have need of ◗ **necesitamos de tu ayuda** we need your help

necio, -a ■ adj stupid, foolish

■ nm,f idiot, fool

nécora nf small edible crab

necrófago, -a adj necrophagous

necrofilia nf necrophilia

necrológica nf obituary ◗ **necrológicas** [sección de periódico] obituaries, obituary column

necrológico, -a adj **nota necrológica** obituary

necromancia nf necromancy

necrópolis nf inv necropolis

necrosis nf inv necrosis

néctar nm nectar

nectarina nf nectarine

neerlandés, -esa ■ adj Dutch

■ nm,f Dutchman, *f* Dutchwoman

■ nm [idioma] Dutch

nefando, -a adj abominable, odious

nefasto, -a adj [funesto] ill-fated / [dañino] bad, harmful / [pésimo] terrible, awful

nefrítico, -a adj renal, nephritic

nefritis nf inv MED nephritis

nefrología nf nephrology

negación nf **1.** [desmentido] denial **2.** [negativa] refusal **3.** [lo contrario] antithesis, negation **4.** GRAM negative

negado, -a ■ adj useless, inept ◗ **ser ~ para algo** to be useless *o* no good at sth

■ nm,f useless person, dead loss ◗ **ser un ~ para algo** to be useless *o* no good at sth

negar [43] ■ vt **1.** [rechazar] to deny ◗ **niega haber tenido nada que ver con el robo** he denies having had anything to do with the robbery ◗ **no voy a ~ que la idea me atrae** I won't deny that the idea appeals to me **2.** [denegar] to refuse, to deny ◗ **negarle algo a alguien** to refuse *o* deny sb sth ◗ **nos negaron la entrada a la fiesta** they refused to let us into the party, they wouldn't let us into the party

■ vi **~ con la cabeza** to shake one's head

◆ ***negarse*** vpr to refuse (**a** to) ◗ **me niego a creer que fuera él** I refuse to believe it was him ◗ **negarse en redondo a hacer algo** to absolutely refuse to do sth

negativa nf **1.** [rechazo] refusal **2.** [desmentido] denial

negativo, -a ■ adj **1.** [en general] negative ◗ **el análisis ha dado ~** the test results were negative **2.** MAT minus, negative ◗ **signo ~** minus sign

■ nm FOT negative

negligé [neɣli'je] nm negligée

negligencia nf negligence

negligente adj negligent

negociable adj negotiable

negociación nf **el primer ministro participó en la ~ del acuerdo** the prime minister was involved in negotiating the agreement ◗ **negociaciones** negotiations ◗ **~ colectiva** collective bargaining ◗ **negociaciones de paz** peace negotiations ◗ **~ salarial** pay bargaining

negociado nm department, section

negociador, -ora ■ adj negotiating

■ nm,f negotiator

negociante nmf [comerciante] businessman, *f* businesswoman / *Fam Pey* sharp customer

CÓMO EXPRESAR...

la negación

No, I'm sorry, I can't. / No, lo siento, no puedo.
I'm afraid I can't possibly do that. / Lo siento, pero no puedo hacer eso.
I'm sorry, but it's not up to me. / Lo siento, pero no depende de mí.
There's really nothing I can do. / No hay nada que yo pueda hacer.
I am afraid I cannot accept your suggestion. / Me temo que no voy a poder aceptar tu propuesta.
I refuse to do her job for her. / Me niego a hacer su trabajo.
It's out of the question. / ¡Es imposible!
Certainly not! / ¡Por supuesto que no!
No way! / ¡Ni hablar!
Forget it! / ¡Olvídalo!

negociar ■ vi **1.** [comerciar] to do business ▸ **~ con** to deal *o* trade with **2.** [discutir] to negotiate
■ vt to negotiate ▸ **~ un acuerdo** to negotiate an agreement

negocio nm **1.** [empresa] business ▸ **¿cómo va el ~?** how's business? ▸ **~ familiar** family business **2. negocios** [actividad] business ▸ **el mundo de los negocios** the business world ▸ **se dedica a los negocios** he's in business ▸ **estoy aquí por cuestiones de negocios** I'm here on business **3.** [transacción] deal, (business) transaction ▸ **(buen) ~** good deal, bargain ▸ **hacer ~** to do well ▸ *Fig* **¡mal ~!** that's a nasty business! ▸ **~ redondo** great bargain, excellent deal ▸ **~ sucio** shady deal, dirty business

negra nf **1.** MÚS *BR* crotchet, *US* quarter note **2. tener la ~** to have bad luck ▸ **se las va a ver negras para llegar a fin de mes** he'll have a hard job to get to the end of the month

negrero, -a ■ adj [explotador] tyrannical
■ nm,f **1.** HIST slave trader [explotador] slave driver

negrita, negrilla adj **(letra) ~** bold (type), boldface ▸ **en ~** in bold, in boldface

negro, -a ■ adj **1.** [color] black **2.** [bronceado, moreno] tanned ▸ **estar ~** to have a deep tan **3.** [pan] brown **4.** [suerte] awful, rotten / [porvenir] black, gloomy ▸ **llevo una tarde negra** I'm having a terrible afternoon ▸ **pasarlas negras** to have a hard time ▸ **ver(lo) todo ~** to be pessimistic **5.** *Fam* [furioso] furious, fuming ▸ **me pone ~ que nunca me avisen de nada** it makes me mad that they never tell me anything **6.** [tabaco] black, dark **7.** CINE **cine ~** film noir
■ nm,f black man, *f* black woman ▸ *Fam Fig* **trabajar como un ~** to work like a slave
■ nm **1.** [color] black **2.** [tabaco] black *o* dark tobacco

negroide adj negroid

negrura nf blackness

negruzco, -a adj blackish

negué *etc ver* ***negar***

nemotecnia nf mnemonics *(singular)*

nemotécnico, -a adj mnemonic

nene, -a nm,f **1.** *Fam* [niño] baby **2.** [apelativo cariñoso] dear, darling

nenúfar nm water lily

neocapitalismo nm neocapitalism

neocelandés, -esa ■ adj New Zealand, of/from New Zealand ▸ **un producto ~** a New Zealand product
■ nm,f New Zealander

neoclasicismo nm neoclassicism

neoclásico, -a ■ adj neoclassical
■ nm,f neoclassicist

neocolonialismo nm neocolonialism

neofascismo nm neofascism

neofascista adj & nmf neofascist

neófito, -a nm,f **1.** REL neophyte **2.** [aprendiz] novice

neogótico, -a adj Neo-Gothic

neolatino, -a adj [lengua] Romance

neoliberal adj & nmf neoliberal

neoliberalismo nm neoliberalism

neolítico, -a ■ adj Neolithic
■ nm Neolithic (period)

neologismo nm neologism

neón nm **1.** QUÍM neon **2. (luz de) ~** neon light

neonato, -a adj newborn

neonazi adj & nmf neo-Nazi

neoplasia nf tumour

neoplatónico, -a adj neo-Platonic

neopreno nm neoprene ▸ **traje de ~** wet suit

neorrealismo nm neorealism

neoyorquino, -a ■ adj New York, of/from New York ▸ **las calles neoyorquinas** the New York streets, the streets of New York
■ nm,f New Yorker

neozelandés, -esa ■ adj New Zealand, of/from New Zealand ▸ **un producto ~** a New Zealand product
■ nm,f New Zealander

Nepal n Nepal

nepalés, -esa, nepalí (pl **nepalíes**) ■ adj & nm,f Nepalese
■ nm [lengua] Nepalese

nepotismo nm nepotism

Neptuno n Neptune

nervadura nf **1.** [de construcción] rib **2.** [de insecto] nervure **3.** [de hoja] vein

nervio nm **1.** ANAT nerve ▸ **~ auditivo** auditory nerve ▸ **~ ciático** sciatic nerve ▸ **~ óptico** optic nerve **2. nervios** [estado mental] nerves ▸ **me ataca** *o* **crispa los nervios** it gets on my nerves ▸ **me entraron los nervios** I got nervous ▸ **estar de los nervios** to be in a nervous state ▸ **perder los nervios** to lose one's cool *o* temper ▸ **tener nervios** to be nervous ▸ **tener nervios de acero** to have nerves of steel ▸ **tener los nervios de punta** to be on edge ▸ **poner los nervios de punta a alguien** to get on sb's nerves **3.** [en filete, carne] sinew **4.** BOT vein, rib **5.** [vigor] energy, vigour **6.** ARQUIT rib

nerviosismo nm nervousness, nerves

nervioso, -a adj **1.** ANAT [sistema, enfermedad] nervous ▸ **centro/tejido ~** nerve centre/tissue **2.** [inquieto] nervous ▸ **ponerse ~** to get nervous **3.** [muy activo] *BR* highly strung, *US* high-strung **4.** [irritado] worked-up, uptight ▸ **poner ~ a alguien** to get on sb's nerves ▸ **ponerse ~** to get uptight *o* worked up

nervudo, -a adj sinewy

netamente adv clearly, distinctly

netiqueta nf INFORM netiquette

neto, -a adj **1.** [peso, sueldo] net **2.** [claro] clear, clean / [verdad] simple, plain

neumático, -a ■ adj pneumatic
■ nm tyre ▸ **~ de repuesto** spare tyre

neumonía nf pneumonia

neura *Fam* ■ adj neurotic
■ nf bug, mania ▸ **le dio la ~ de las maquetas** he caught the model-making bug

neuralgia nf neuralgia

neurálgico, -a adj **1.** MED neuralgic **2.** [importante] **centro ~** nerve centre
neurastenia nf nervous exhaustion
neurasténico, -a MED ■ adj neurasthenic
■ nm,f neurasthenic person
neuroanatomía nf neuroanatomy
neurobiología nf neurobiology
neurocirugía nf neurosurgery
neurocirujano, -a nm,f neurosurgeon, brain surgeon
neurofisiología nf neurophysiology
neurología nf neurology
neurológico, -a adj neurological
neurólogo, -a nm,f neurologist
neurona nf neuron, nerve cell
neuronal adj neural
neuropatía nf neuropathy
neuropsicología nf neuropsychology
neuropsiquiatría nf neuropsychiatry
neurosis nf inv neurosis
neurótico, -a adj & nm,f neurotic
neurotransmisor nm neurotransmitter
neutral adj & nmf neutral
neutralidad nf neutrality
neutralizable adj [efecto, consecuencia] remediable
neutralización nf neutralization
neutralizador, -ora adj neutralizing
neutralizar [14] vt to neutralize
◆ ***neutralizarse*** vpr [mutuamente] to neutralize each other
neutrino nm FÍS neutrino
neutro, -a ■ adj **1.** [color, actitud, voz] neutral **2.** BIOL & GRAM neuter
■ nm **1.** GRAM neuter **2.** *AM* [marcha] neutral
neutrón nm neutron
nevada nf snowfall
nevado, -a ■ adj snowy
nevar [3] v impersonal to snow
nevera nf refrigerator, *BR* fridge, *US* icebox
nevería nf *CARIB, MÉX* ice cream parlour
nevisca nf snow flurry
neviscar [59] v impersonal to snow lightly
news ['nius] nfpl INFORM newsgroup
newton ['niuton] (pl **newtons**) nm FÍS newton
nexo nm link, connection
ni ■ conj **ni... ni...** neither... nor... ▸ **ni mañana ni pasado** neither tomorrow nor the day after ▸ **no... ni...** neither... nor..., not... or... (either) ▸ **no es alto ni bajo** he's neither tall nor short, he's not tall or short (either) ▸ **no es rojo ni verde ni azul** it's neither red nor green nor blue ▸ **ni un/una...** not a single... ▸ **no me quedaré ni un minuto más** I'm not staying a minute longer ▸ **ni uno/una** not a single one ▸ **no he aprobado ni una** I haven't passed a single one ▸ **ni que** as if ▸ **¡ni que yo fuera tonto!** as if I were that stupid!
■ adv not even ▸ **ni siquiera** not even ▸ **anda tan atareado que ni tiene tiempo para comer** he's so busy he doesn't even have time to eat
Niágara nm **las cataratas del ~** the Niagara Falls
Niamey n Niamey
Nicaragua n Nicaragua
nicaragüense adj & nmf Nicaraguan
nicho nm niche
Nicosia n Nicosia
nicotina nf nicotine
nidada nf [pollitos] brood / [huevos] clutch
nidal nm nest
nidificar [59] vi to (build a) nest
nido nm **1.** [de animal] nest ▸ *Fig* **irse del ~** to leave the nest **2.** [lugar de reunión] **un ~ de vicio/ladrones** a den of vice/thieves ▸ **ese cuartel es un ~ de conspiradores** that barracks is crawling with conspirators ▸ *Fig* **ser un ~ de víboras** to be a nest of vipers
niebla nf [densa] fog / [neblina] mist ▸ **hay ~** it's foggy/misty ▸ **hay ~ densa** it's very foggy, there is thick *o* dense fog
niego *etc ver* ***negar***
nieto, -a nm,f grandson, *f* granddaughter
nieva *ver* ***nevar***
nieve nf **1.** [precipitación] snow ▸ **nieves** [nevada] snows, snowfall ▸ **~ carbónica** dry ice ▸ **nieves perpetuas** permanent snow ▸ **~ en polvo** powder (snow) **2.** *Fam* [cocaína] snow
NIF [nif] nm *ESP* (abrev de ***número de identificación fiscal***) = *identification number for tax purposes*
Níger nm Niger
Nigeria n Nigeria
nigeriano, -a adj & nm,f Nigerian
nigromancia nf necromancy
nigromante nmf necromancer
nihilismo nm nihilism
nihilista ■ adj nihilistic
■ nmf nihilist
Nilo nm **el ~** the (river) Nile
nilón nm nylon
nimbo nm **1.** [nube] nimbus **2.** [de astro, santo] halo, nimbus
nimiedad nf **1.** [cualidad] insignificance, triviality **2.** [dicho, hecho] trifle
nimio, -a adj insignificant, trivial
ninfa nf nymph
ninfómana adj f & nf nymphomaniac
ninfomanía nf nymphomania
ninguno, -a

> **Ningún** is used instead of **ninguno** before singular masculine nouns (e.g. **ningún hombre** no man).

■ adj no ▸ **no se dio ninguna respuesta** no answer was given ▸ **no tengo ningún interés en hacerlo** I've no interest in doing it, I'm not at all interested in doing it ▸ **no tengo ningún hijo/ninguna buena idea** I don't have any children/good ideas ▸ **no lo veo por ninguna parte** I can't see it anywhere ▸ **no tiene ninguna gracia** it's not funny ▸ **en ningún momento** at no time ▸ **no tengo ningunas ganas de ir** I don't feel like going at all ■ pron [cosa] none, not any / [persona] nobody, no one ▸ **~ funciona** none of them works ▸ **no hay ~** there aren't any, there are none ▸ **~ lo sabrá** no one *o* nobody will know ▸ **~ de ellos** none of them ▸ **~ de los dos** neither of them *o* the two ▸ **no me gusta ~ de los dos** I don't like either of them

niña nf [del ojo] pupil ▸ *Fig* **la ~ de los ojos** the apple of one's eye

niñato, -a nm,f *Fam Pey* **1.** [inexperto] amateur, novice **2.** [pijo] spoiled brat

niñera nf nanny

niñería nf **1.** [cualidad] childishness **2.** [tontería] silly *o* childish thing

niñez nf [infancia] childhood

niño, -a ■ adj young
■ nm,f **1.** [crío] [varón] child, boy / [hembra] child, girl / [bebé] baby ▸ **de ~** as a child ▸ **desde ~** from childhood ▸ **los niños** the children ▸ **estar como un ~ con zapatos nuevos** to be as pleased as punch ▸ *Fig* **es culpa de la crisis – ¡qué crisis ni qué ~ muerto!** it's the fault of the recession – don't talk to me about recessions! ▸ **ser el ~ bonito de alguien** to be sb's pet *o* blue-eyed boy ▸ *Pey* **~ bien** rich kid ▸ **el ~ Jesús** the Baby Jesus ▸ **~ probeta** test-tube baby ▸ **~ prodigio** child prodigy ▸ **~ de teta** *o* **pecho** tiny baby **2.** [joven] young boy, *f* young girl

nipón, -ona adj & nm,f Japanese

níquel nm nickel

niquelar vt to nickel-plate

niqui nm *ESP* polo shirt

nirvana nm nirvana

níscalo nm = *edible variety of milk cap mushroom*

níspero nm medlar

nitidez nf [claridad] clarity / [de imagen, color] sharpness

nítido, -a adj [claro] clear / [imagen, color] sharp

nitrato nm nitrate ▸ **~ de Chile** sodium nitrate

nítrico, -a adj nitric

nitrogenado, -a adj nitrogenous

nitrógeno nm nitrogen

nitroglicerina nf nitroglycerine

nitroso, -a adj nitrous

nivel nm **1.** [altura] level, height ▸ **al ~ de** level with ▸ **al ~ del mar** at sea level ▸ **la capital está a 250 metros sobre el ~ del mar** the capital is 250 metres above sea level **2.** [grado] level, standard ▸ **no tiene un buen ~ de inglés** his level of English is poor ▸ **una reunión al más alto ~** a meeting at the highest level, a top-level meeting ▸ **al mismo ~ (que)** on a level *o* par (with) ▸ **a ~ europeo** at a European level ▸ **una campaña realizada a ~ mundial** a worldwide campaign ▸ **~ mental** level of intelligence ▸ **~ de vida** standard of living **3.** [instrumento] spirit level

nivelación nf **1.** [allanamiento] levelling **2.** [equilibrio] levelling out, evening out

nivelador, -ora adj levelling

niveladora nf bulldozer

nivelar vt **1.** [allanar] to level **2.** [equilibrar] to even out / FIN to balance

níveo, -a adj *Formal* snow-white

nixtamal nm *CAM, MÉX* tortilla dough

no (pl **noes**) ■ adv **1.** [negación] not / [en respuestas] no / [con sustantivos] non- ▸ **no sé** I don't know ▸ **no es fácil** it's not easy, it isn't easy ▸ **no tiene dinero** he has no money, he hasn't got any money ▸ **no veo nada** I can't see anything ▸ **todavía no** not yet ▸ **¿has oído las noticias? – no** have you heard the news? – no *o* no, I haven't ▸ **¿aprobó? – no** did she pass? – no *o* no, she didn't ▸ **¿comen juntos? – no siempre** do they go for lunch together? – not always ▸ **no fumadores** non-smokers **2.** [expresa duda, extrañeza] **¿no irás a venir?** you're not coming, are you? ▸ **estamos de acuerdo, ¿no?** we're agreed then, are we? ▸ **es español, ¿no?** he's Spanish, isn't he? **3.** [expresiones] **no ya... sino que...** not only... but (also)... ▸ *Fam* **¡no es listo/guapo ni nada!** is he smart/good-looking or what? ▸ **pues no** certainly not ▸ **eso sí que no** certainly not ▸ **¡que no!** I said no!
■ nm no
◆ ***no bien*** loc adv as soon as

Nobel nm [premio] Nobel prize / [galardonado] Nobel prize winner

nobiliario, -a adj noble

noble adj & nmf noble ▸ **los nobles** the nobility

nobleza nf nobility

nobuk nm nubuck

noche nf [en oposición a día] night / [atardecer] evening ▸ **a las diez de la ~** at ten o'clock at night ▸ **al caer** *o* **cuando cae la ~** at nightfall ▸ **ayer (por la) ~** last night ▸ **esta ~** [próxima] tonight / [pasada] last night ▸ **hacer ~ en** to stay the night in ▸ **hacerse de ~** to get dark ▸ **pasar la ~ en claro** *o* **vela** to have a sleepless night ▸ **de ~,** *ESP* **por la ~,** *AM* **en la ~** at night ▸ **trabaja de ~** she works nights ▸ **buenas noches** [saludo] good evening / [despedida] good night ▸ **de la ~ a la mañana** overnight ▸ **ser la ~ y el día** to be as different as night and day ▸ **~ de bodas** wedding night ▸ **~ de gala** gala evening ▸ **Noche de Reyes** Twelfth Night

Nochebuena nf Christmas Eve

nochero nm **1.** *CSUR* [vigilante] nightwatchman **2.** *COL* [mueble] bedside table

Nochevieja nf New Year's Eve

noción nf [concepto] notion ▸ **tener ~ (de)** to have an idea (of) ▸ **perdió la ~ del tiempo** he lost all track of time ▸ **se busca guía con nociones de japonés** we are looking for a guide with a basic knowledge of Japanese ▸ **tener nociones de** [conocimiento básico] to have a smattering of

nocividad nf [cualidad de dañino] harmfulness / [de gas] noxiousness

nocivo, -a adj [dañino] harmful / [gas] noxious

noctámbulo, -a ■ adj active at night ▸ **animal ~** nocturnal animal
■ nm,f [persona] night owl

nocturnidad nf DER **con ~** under cover of darkness

nocturno, -a ■ adj **1. tren/vuelo ~** night train/flight **2.** [animales, plantas] nocturnal
■ nm MÚS nocturne

nodo nm node

nodriza ■ nf wet nurse
■ adj **buque/avión ~** refuelling ship/plane

nódulo nm nodule

nogal nm walnut

nómada ■ adj nomadic
■ nmf nomad

nomadismo nm nomadism

nomás adv **1.** *AM* just ▸ **así ~** just like that ▸ **hasta allí ~** that far and no further ▸ **¡pase ~!** come right in! **2.** *MÉX* **~ que** as soon as

nombrado, -a adj **1.** [citado] mentioned **2.** [famoso] famous, well-known

nombramiento nm appointment

nombrar vt **1.** [citar] to mention **2.** [designar] to appoint

nombre nm **1.** [apelativo] name ▸ **a ~ de** [carta] addressed to / [cheque] made out to ▸ **de ~ Juan** called Juan, Juan by name ▸ **en ~ de** on behalf of ▸ **llamar a las cosas por su ~** to call a spade a spade ▸ **¿qué ~ le vas a poner al perro?** what are you going to call the dog? ▸ **le pusieron el ~ de su abuelo** they named him *BR* after *o US* for his grandfather ▸ **no tener ~** to be unspeakable ▸ **~ y apellidos** full name ▸ **~ artístico/comercial** stage/trade name ▸ **~ de pila** first *o* Christian name ▸ **~ de soltera** maiden name ▸ INFORM **~ de usuario** username **2.** [fama] reputation ▸ **tener mucho ~** to be renowned *o* famous **3.** GRAM noun ▸ **~ abstracto/colectivo** abstract/collective noun ▸ **~ común/propio** common/proper noun

nomenclatura nf nomenclature

nomeolvides nm inv **1.** [flor] forget-me-not **2.** [pulsera] identity bracelet

nómina nf **1.** [lista de empleados] payroll ▸ **estar en ~** to be on the staff **2.** [pago] wage packet, wages **3.** [hoja de salario] payslip

nominación nf nomination

nominado, -a adj nominated

nominal adj nominal

nominar vt to nominate

nominativo, -a ■ adj COM bearing a person's name, nominal
■ nm GRAM nominative

non ■ adj odd, uneven
■ nm odd number
■ adv *Fam* **nones** [no] no way, absolutely not

nonagenario, -a ■ adj ninety-year old
■ nm,f person in his/her nineties

nonagésimo, -a núm ninetieth

nonato, -a adj [bebé] born by Caesarian section

nono, -a núm *Formal* ninth

non plus ultra nm **ser el ~** to be the best ever

noquear vt DEP to knock out

norcoreano, -a adj & nm,f North Korean

nordeste ➤ ***noreste***

nórdico, -a ■ adj **1.** [del norte] northern, northerly **2.** [escandinavo] Nordic
■ nm,f Nordic person

noreste, nordeste ■ adj [posición, parte] northeast, northeastern / [dirección, viento] northeasterly
■ nm north-east

noria nf **1.** [para agua] water wheel **2.** *ESP* [de feria] *BR* big wheel, *US* Ferris wheel

norirlandés, -esa ■ adj Northern Irish
■ nm,f person from Northern Ireland

norma nf [patrón, modelo] standard / [regla] rule ▸ **este producto no cumple la ~ europea** this product does not meet European standards ▸ **la ~ es que llueva al final de la tarde** it usually *o* normally rains towards the end of the afternoon ▸ **por ~ (general)** as a rule ▸ **tener por ~ hacer algo** to make it a rule to do sth ▸ **~ de conducta** [principios] standards (of behaviour) / [pauta] pattern of behaviour

normal adj normal ▸ **lleva una vida ~** she leads a fairly normal *o* ordinary life ▸ **este hermano tuyo no es ~** there must be something wrong with that brother of yours ▸ **es ~ que estés cansado** it's hardly surprising that you're tired ▸ **~ y corriente** run-of-the-mill ▸ **es una persona ~ y corriente** he's a perfectly ordinary person

normalidad nf normality

normalista nmf *BOL, MÉX* **1.** [estudiante] student teacher **2.** [profesor] teaching graduate

normalización nf **1.** [vuelta a la normalidad] normalization **2.** [regularización] standardization

normalizar [14] vt **1.** [volver normal] to return to normal **2.** [estandarizar] to standardize
◆ ***normalizarse*** vpr to return to normal

normalmente adv usually, normally

Normandía n Normandy

normando, -a ■ adj **1.** [de Normandía] of/from Normandy ▸ **el paisaje ~** the Normandy countryside **2.** HIST [nórdico] Norse / [de Normandía] Norman
■ nm,f **1.** [habitante de Normandía] person from Normandy **2.** HIST [nórdico] Norseman, *f* Norsewoman / [de Normandía] Norman

normativa nf regulations

normativo, -a adj normative

noroeste ■ adj [posición, parte] northwest, northwestern / [dirección, viento] northwesterly
■ nm northwest

norte ■ adj [posición, parte] north, northern / [dirección] northerly ▸ **viento ~** north wind ▸ **en la mitad ~ del país** in the northern half of the country ▸ **partieron con rumbo ~** they set off northwards
■ nm **1.** GEOG north ▸ **viento del ~** north wind ▸ **ir hacia el ~** to go north(wards) ▸ **el ~ de España** northern Spain, the north of Spain ▸ **está al ~ de Madrid** it's (to the) north of Madrid **2.** [objetivo] goal,

objective ▸ **perder el ~** to lose one's bearings *o* way

norteafricano, -a adj & nm,f North African

norteamericano, -a adj & nm,f North American, American

norteño, -a ■ adj northern
■ nm,f northerner

Noruega n Norway

noruego, -a ■ adj & nm,f Norwegian
■ nm [lengua] Norwegian

norvietnamita adj & mf North Vietnamese

nos pron personal **1.** (complemento directo) us ▸ **le gustaría vernos** she'd like to see us ▸ **~ atracaron en plena calle** we were attacked in the middle of the street **2.** (complemento indirecto) (to) us ▸ **~ lo dio** he gave it to us ▸ **~ tiene miedo** he's afraid of us **3.** (reflexivo) ourselves ▸ **~ vestimos** we get dressed ▸ **~ pusimos los abrigos y salimos** we put our coats on and left ▸ **se ~ olvidó** we forgot **4.** (recíproco) each other ▸ **~ enamoramos** we fell in love (with each other) ▸ **~ concedimos una segunda oportunidad** we gave ourselves a second chance

nosocomio nm *AM* hospital

nosotros, -as pron personal

> Usually omitted in Spanish except for emphasis or contrast.

1. (sujeto) we ▸ **¿quién va primero? – ~** who's first? – we are ▸ **ellos están invitados, ~ no** they're invited, but we're not *o* but not us **2.** (predicado) ▸ **somos ~** it's us ▸ **sus hermanos somos ~** we are her brothers **3.** (después de prep & complemento) us ▸ **vente a comer con ~** come and eat with us ▸ **lo arreglaremos entre ~** we'll sort it out among ourselves ▸ **de ~** [nuestro] ours ▸ **entre ~** between you and me, just between the two of us

nostalgia nf [del pasado] nostalgia / [de país, amigos] homesickness

nostálgico, -a ■ adj [del pasado] nostalgic / [de país, amigos] homesick
■ nm,f nostalgic person

nota nf **1.** [apunte] note ▸ **tomar ~ de algo** [apuntar] to note sth down / [fijarse] to take note of sth ▸ **~ bene** nota bene, N.B. ▸ **~ al margen** marginal note ▸ **~ necrológica** obituary notice ▸ **~ a pie de página** footnote ▸ **notas de sociedad** society column **2.** MÚS note ▸ *Fam Fig* **dar la ~** to make oneself conspicuous ▸ *Fig* **forzar la ~** to go too far ▸ *Fig* **de mala ~** of ill repute ▸ *Fig* **~ discordante** discordant note ▸ *Fig* **~ dominante** prevailing mood ▸ **~ falsa** false note **3.** [calificación] *BR* mark, *US* grade ▸ **sacar** *o* **tener buenas notas** to get good marks ▸ **las notas** [de examen] the (exam) results ▸ **~ de corte** = *minimum marks for entry into university* **4.** [cuenta] bill / [en restaurante] *BR* bill, *US* check ▸ **~ de gastos** expenses claim

notable ■ adj remarkable, outstanding
■ nm **1.** EDUC (pass with) credit **2.** [persona] notable, distinguished person

notación nm notation

notar vt [advertir] to notice / [sentir] to feel ▸ **¿has notado algo extraño en su comportamiento?** have you noticed anything strange in her behaviour? ▸ **noto frío en los pies** my feet feel cold ▸ **te noto cansado** you look tired to me ▸ **hacer ~ algo** to point sth out ▸ **nótese que el acusado estaba bebido** note *o* observe that the accused was drunk
◆ ***notarse*** vpr **no se nota la herida** you can't see where the wound was ▸ **se nota que le gusta** you can tell she likes it

notaría nf **1.** [profesión] profession of notary **2.** [oficina] notary's office

notariado nm [profesión] profession of notary

notarial adj notarial

notario, -a nm,f notary (public)

noticia nf news *(singular)* ▸ **una ~** a piece of news ▸ **su hijo le dio la ~** his son broke the news to him ▸ **me enteré de la ~ ayer** I heard the news yesterday ▸ **tener noticias** to have news ▸ **¿tienes noticias suyas?** have you heard from him? ▸ **las noticias** the news ▸ *Fam* **~ bomba** bombshell ▸ **noticias de última hora** the latest news

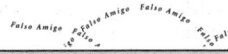

> FALSO AMIGO / FALSE FRIEND
> ***noticia***
>
> Notice is not a translation of the Spanish word *noticia*. Notice is translated by *aviso*, *cartel* or *atención*:
> **until further notice** *hasta nuevo aviso*
> **what does the notice say?** *¿que pone el cartel?*
> **to take notice of sth** *prestar atención a algo*

noticiario, noticiero nm CINE newsreel / RAD & TV news bulletin

notición nm *Fam* bombshell

noticioso nm *ANDES, RP* television news

notificación nf notification ▸ **~ de despido** redundancy notice

notificar [59] vt to notify, to inform

notoriedad nf **1.** [fama] fame **2.** [evidencia] obviousness

notorio, -a adj **1.** [evidente] obvious **2.** [conocido] widely-known

> FALSO AMIGO / FALSE FRIEND
> ***notorio***
>
> Notorious is not a translation of the Spanish word *notorio*. For example:
> **a country notorious for its poverty** *un país tristemente famoso por su pobreza*
> **he's notorious for his bad temper** *todo el mundo conoce su mal humor*

novatada nf **1.** [broma] practical joke *(on newcomer)* **2.** [error] beginner's mistake ▸ **pagar la ~** to learn the hard way

novato, -a ■ adj inexperienced
■ nm,f novice, beginner

novecientos, -as núm nine hundred / *ver también* **seis**

novedad nf **1.** [cualidad] [de nuevo] newness / [de

novedoso] novelty ▸ **el nuevo sistema operativo incluye muchas novedades** the new operating system incorporates many new features ▸ **es igual que el model anterior con la ~ de que utiliza energía solar** it is the same as the previous model except that it now uses solar power ▸ **novedades** [libros, discos] new releases / [moda] latest fashion **2.** [cambio] change ▸ **desde que te fuiste ha habido muchas novedades en la oficina** there have been a lot of changes in the office since you left **3.** [noticia] news *(singular)* ▸ **sin ~** without incident / MIL all quiet **4.** [cosa nueva] new thing / [innovación] innovation

novedoso, -a adj novel, new

novel adj new, first-time

novela nf novel ▸ **~ de caballerías** tale of chivalry ▸ **~ por entregas** serial ▸ **~ histórica** historical novel ▸ **~ policíaca** detective story ▸ **~ rosa** romance, romantic novel

novelar vt to fictionalize, to make into a novel

novelería nf **1.** [ficciones] fantasies **2. novelerías** [cosas novedosas] novelties

novelero, -a ■ adj **1.** [fantasioso] very imaginative **2.** [aficionado a las novelas] fond of novels
■ nm,f **1.** [fantasioso] very imaginative person **2.** [aficionado a las novelas] person fond of novels

novelesco, -a adj **1.** [de la novela] fictional **2.** [fantástico] fantastic, extraordinary

novelista nmf novelist

novelístico, -a adj novelistic

novelón nm *Fam* = *hefty and badly written novel* ▸ *Fig* **¡menudo ~!** what a melodrama!

novena nf REL novena

noveno, -a núm ninth ▸ **la novena parte** a ninth

noventa núm ninety ▸ **los (años) ~** the nineties / *ver también* ***seis***

noviazgo nm engagement

noviciado nm REL novitiate / *Fig* [aprendizaje] apprenticeship

novicio, -a REL & *Fig* nm,f novice

noviembre nm November / *ver también* ***septiembre***

novillada nf TAUROM = *bullfight with young bulls*

novillero, -a nm,f TAUROM apprentice bullfighter

novillo, -a nm,f young bull, *f* young cow ▸ *ESP Fam* **hacer novillos** to play *BR* truant *o US* hookey

novio, -a nm,f **1.** [compañero] boyfriend, *f* girlfriend / [prometido] fiancé, *f* fiancée **2.** [el día de la boda] bridegroom, *f* bride ▸ **los novios** the bride and groom

novísimo, -a adj brand-new, up-to-the-minute

Ntra Sra (abrev de ***Nuestra Señora***) Our Lady

ntro. abrev de ***nuestro***

nubarrón nm storm cloud

nube nf **1.** [de lluvia, humo] cloud ▸ **como caído de las nubes** out of the blue ▸ **estar en las nubes** to have one's head in the clouds ▸ *Fam* **poner algo/a alguien por las nubes** to praise sth/sb to the skies ▸ *Fam* **estar por las nubes** [caro] to be terribly expensive ▸ **nubes de tormenta** storm clouds ▸ *Fig* **~ de verano** short fit of anger **2.** [de personas, moscas] swarm

núbil adj *Formal* nubile

nublado, -a adj **1.** [cielo] cloudy, overcast **2.** [vista, entendimiento] clouded

nublar vt *también Fig* to cloud
◆ ***nublarse*** vpr **1.** [cielo, vista] to cloud over **2.** [turbarse, oscurecerse] to become clouded

nubloso, -a adj cloudy

nubosidad nf cloudiness, clouds

nuboso, -a adj cloudy

nuca nf nape, back of the neck

nuclear adj nuclear

nuclearización nf **1.** IND introduction of nuclear power **2.** MIL acquisition of nuclear weapons

nuclearizar [14] vt **1.** IND to introduce nuclear power into **2.** MIL to acquire nuclear weapons for

nucleico adj BIOQUÍM nucleic

núcleo nm **1.** [centro] nucleus ▸ FÍS **~ atómico** atomic nucleus ▸ **~ de población** population centre **2.** [grupo] core ▸ **~ duro** [de personas] hard core

nudillo nm knuckle ▸ **llamar con los nudillos** [a la puerta] to knock (on *o* at the door)

nudismo nm nudism

nudista adj & nmf nudist

nudo nm **1.** [lazo] knot ▸ **hacer un ~** to tie a knot ▸ *Fig* **se le hizo un ~ en la garganta** she got a lump in her throat ▸ **~ corredizo** slipknot ▸ **~ gordiano** Gordian knot **2.** [cruce] junction ▸ **~ de comunicaciones** communications centre **3.** [vínculo] tie, bond **4.** [punto principal] crux, nub **5.** [en madera] knot

nudoso, -a adj knotty, gnarled

nuera nf daughter-in-law

nuestro, -a ■ adj posesivo our ▸ **~ coche** our car ▸ **este libro es ~** this book is ours, this is our book ▸ **un amigo ~** a friend of ours ▸ **no es asunto ~** it's none of our business
■ pron posesivo **el ~** ours ▸ **el ~ es rojo** ours is red ▸ *Fam* **esta es la nuestra** this is the chance we've been waiting for *o* our big chance ▸ **lo ~ es el teatro** [lo que nos va] theatre is our thing ▸ *Fam* **los nuestros** [nuestra familia] our folks / [nuestro bando] our lot, our side

nueva nf *Literario* (piece of) news ▸ **buena ~** good news

Nueva Delhi n New Delhi

Nueva York n New York

Nueva Zelanda n New Zealand

nueve núm nine / *ver también* ***seis***

nuevo, -a ■ adj **1.** [reciente] new / [hortaliza] new, fresh / [vino] young ▸ **estar/quedar como ~** to be as good as new ▸ **ser ~ en** to be new to ▸ **el Nuevo Mundo** the New World ▸ **el Nuevo Testamento** the New Testament **2. de ~** again
■ nm,f newcomer

nuez nf **1.** [de nogal] walnut ▸ **~ moscada** nutmeg **2.** ANAT Adam's apple

nulidad nf **1.** [no validez] nullity **2.** [ineptitud] incompetence **3.** *Fam* [persona] nonentity ▸ **ser una ~** to be useless

nulo, -a adj **1.** [sin validez] null and void, invalid **2.** *Fam* [incapacitado] useless (**para** at)

núm. (abrev de ***número***) No

numantino, -a adj brave, courageous

numen nm *Formal* inspiration, muse

numeración nf **1.** [acción] numbering **2.** [sistema] numerals, numbers ▸ **~ arábiga** *o* **decimal** Arabic numerals ▸ **~ binaria** binary numbers ▸ **~ romana** Roman numerals

numerador nm MAT numerator

numeral adj numeral

numerar vt to number
◆ ***numerarse*** vpr [personas] to number off

numerario, -a adj [profesor, catedrático] tenured, permanent / [miembro] full

numérico, -a adj numerical

número nm **1.** [signo] number ▸ **mi ~ de la suerte** my lucky number ▸ **sin ~** [muchos] countless, innumerable ▸ **en números rojos** in the red ▸ **hacer números** to reckon up ▸ **ser el ~ uno** to be number one ▸ QUÍM **~ atómico** atomic number ▸ **~ binario** binary number ▸ **~ cardinal** cardinal number ▸ **~ complejo** complex number ▸ **~ complementario** [en lotería] = *complementary number, BR* ≃ bonus ball ▸ **~ entero** whole number, integer ▸ **~ irracional** irrational number ▸ **~ de fax** fax number ▸ **~ fraccionario** fraction ▸ **~ impar** odd number ▸ AUT **~ de matrícula** *BR* registration number, *US* license number ▸ **~ ordinal** ordinal number ▸ **~ par** even number ▸ **~ primo** round number ▸ **~ quebrado** fraction ▸ **~ redondo** round number ▸ **~ romano** Roman numeral ▸ **~ de teléfono** (tele)phone number **2.** [tamaño, talla] size **3.** [de publicación] issue, number ▸ **~ atrasado** back number ▸ **~ extraordinario** special edition *o* issue **4.** [de lotería] ticket **5.** *ESP* [de policía] officer **6.** [de espectáculo] turn, number ▸ *Fam* **montar el ~** to make *o* cause a scene

numeroso, -a adj numerous ▸ **un grupo ~** a large group

numerus clausus nm inv EDUC = *restriction on number of students in university course*

numismática nf [estudio] numismatics *(singular)*

numismático, -a ■ adj numismatic
■ nm,f [persona] numismatist

nunca adv (en frases afirmativas) never / (en frases negativas) ever ▸ **no me cuentan ~ nada** they never tell me anything ▸ **casi ~ viene** he almost never comes, he hardly ever comes ▸ **¿no le has visto ~?** have you never seen her?, haven't you ever seen her? ▸ **como ~** like never before ▸ **más que ~** more than ever ▸ **~ jamás** *o* **más** never more *o* again ▸ **¡~ vi nada parecido!** I never saw anything like it!

nunciatura nf REL **1.** [cargo] nunciature **2.** [edificio] nuncio's residence **3.** [tribunal de la Rota] = *ecclesiastical court in Spain*

nuncio nm REL nuncio ▸ **~ apostólico** papal nuncio

nupcial adj wedding ▸ **ceremonia/lecho ~** marriage ceremony/bed

nupcias nfpl wedding, nuptials ▸ **contraer segundas ~** to remarry

nutria nf otter

nutrición nf nutrition

nutricionista nmf nutritionist

nutrido, -a adj **1.** [alimentado] nourished, fed ▸ **mal ~** undernourished **2.** [numeroso] large

nutrir vt **1.** [alimentar] to nourish *o* feed (**con** *o* **de** with) **2.** [fomentar] to feed, to nurture **3.** [suministrar] to supply (**de** with)
◆ ***nutrirse*** vpr **1.** [alimentarse] **nutrirse de** *o* **con** to feed on **2.** [proveerse] **nutrirse de** *o* **con** to supply *o* provide oneself with

nutritivo, -a adj nutritious

nylon ['nailon] (pl **nylons**) nm nylon

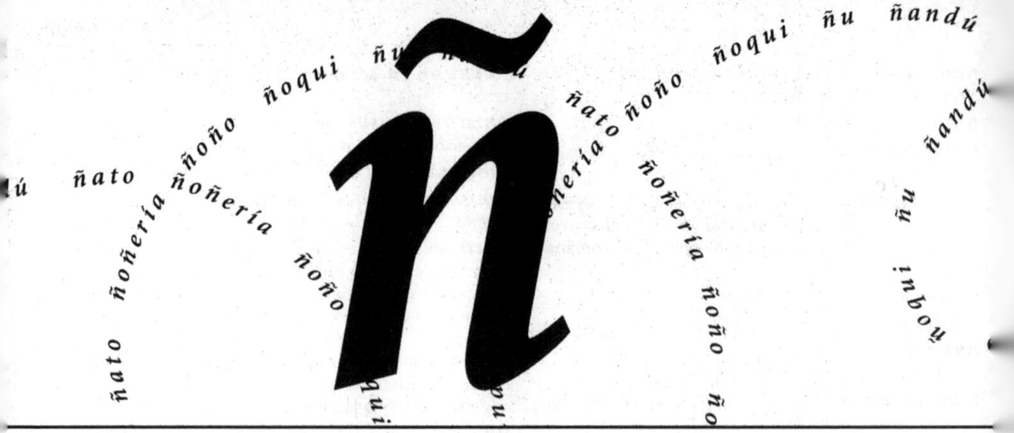

Ñ, ñ ['eɲe] nf [letra] Ñ, ñ, = *15th letter of the Spanish alphabet*

ñacañaca nm *ESP Fam Hum* **hacer ~** *BR* to have a bit of rumpy-pumpy, *US* to make out

ñame nm *CAM, CARIB, COL* yam

ñandú (pl **ñandúes**) nm rhea

ñato, -a adj *ANDES, RP* snub-nosed ▸ **ser ~** to have a snub nose

ñoñería, ñoñez nf inanity

ñoño, -a adj **1.** [remilgado] squeamish / [quejica] whining **2.** [soso] dull, insipid

ñoqui nm CULIN gnocchi

ñu nm gnu

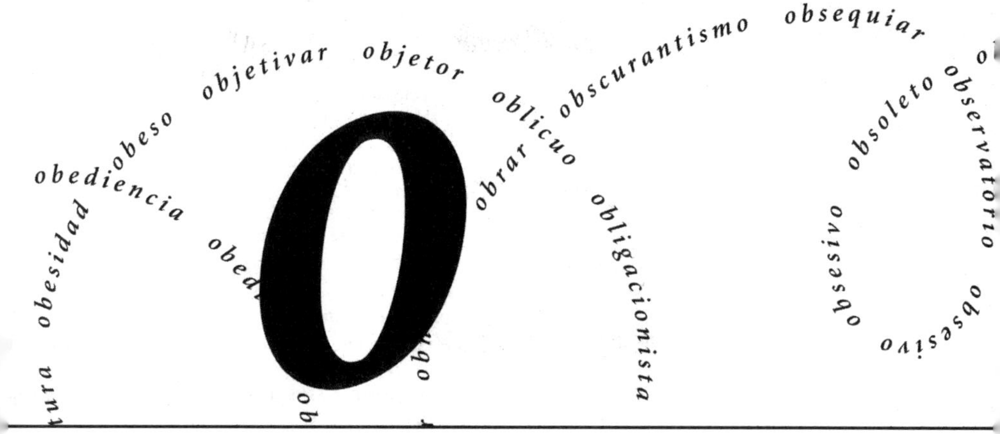

O, o [o] nf [letra] O, o

o conj

> **u** is used instead of **o** in front of words beginning with **o** or **ho** (e.g. **mujer u hombre** woman or man).

or ▸ **25 ó 26 invitados** 25 or 26 guests ▸ **~... ~** either... or ▸ **o te comportas, o te quedarás sin cenar** either you behave yourself or you're not getting any dinner, unless you behave yourself, you won't get any dinner ▸ **cansado o no, tendrás que ayudar** (whether you're) tired or not, you'll have to help ▸ **o sea (que)** in other words

o/ (abrev de ***orden***) order

oasis nm inv *también Fig* oasis ▸ **un ~ de tranquilidad** an oasis of calm

obcecación nf blindness, stubbornness

obcecado, -a adj **1.** [tozudo] stubborn **2.** [obsesionado] **~ por** *o* **con** blinded by

obcecar [59] vt to blind
◆ ***obcecarse*** vpr to become stubborn ▸ **obcecarse en hacer algo** to stubbornly insist on doing sth

obedecer [46] ■ vt **~ a alguien** to obey sb ▸ **obedece a tu madre** obey your mother, do as *o* what your mother tells you
■ vi **1.** [acatar] to obey, to do as one is told ▸ **hacerse ~** to command obedience **2.** [estar motivado] **~ a** to be due to ▸ **una actitud que sólo obedece al miedo** an attitude which is due entirely to fear **3.** [responder] to respond ▸ **las piernas no me obedecían** my legs wouldn't do what I wanted them to

obediencia nf obedience

obediente adj obedient

obelisco nm obelisk

obenque nm NÁUT shroud

obertura nf overture

obesidad nf obesity

obeso, -a ■ adj obese
■ nm,f obese person

óbice nm *Formal* **no ser ~ para** not to be an obstacle to

obispado nm bishopric

obispo nm bishop

óbito nm *Formal* decease, demise

obituario nm obituary

objeción nf objection ▸ **poner objeciones a** to raise objections to ▸ **tener objeciones** to have objections ▸ **~ de conciencia** conscientious objection

objetar ■ vt to object to ▸ **no tengo nada que ~** I have no objection
■ vi *ESP* to be a conscientious objector

objetivar vt to treat objectively

objetividad nf objectivity

objetivo, -a ■ adj objective
■ nm **1.** [finalidad] objective, aim ▸ COM **~ de producción** production target **2.** MIL target **3.** FOT lens

objeto nm **1.** [asunto, cosa] object ▸ **ser ~ de** to be the object of ▸ **objetos perdidos** lost property, *US* lost and found ▸ **objetos de valor** valuables ▸ **~ volador no identificado** unidentified flying object **2.** [propósito] purpose, object ▸ **el ~ de la visita** the purpose *o* object of the visit ▸ **tener por ~** [sujeto: plan] to be aimed at / [sujeto: persona] to have as one's aim ▸ **¿con qué ~?** to what end? ▸ **sin ~** [inútilmente] to no purpose, pointlessly ▸ **al** *o* **con ~ de hacer algo** in order to do sth, with the aim of doing st **3.** [blanco] **fue ~ de las burlas de sus compañeros** he was the butt of his classmates' jokes ▸ **el artículo ha sido ~ de duras críticas** the article has come in for some harsh criticism

objetor, -ora nm,f objector ▸ **~ de conciencia** conscientious objector

oblación nf REL oblation

oblea nf wafer

oblicuo, -a adj **1.** [inclinado] oblique, slanting / [mirada] sidelong **2.** MAT oblique

obligación nf **1.** [deber, imposición] obligation, duty ▸ **por ~** out of a sense of duty **2.** FIN bond, security ▸ **~**

convertible convertible bond ▸ **~ del Estado** Treasury bond, *BR* gilt

obligacionista nmf FIN bondholder

obligado, -a adj obligatory, compulsory

obligar [38] vt **~ a alguien a hacer algo/a que haga algo** to oblige *o* force sb to do sth, to make sb do sth ▸ **yo no quería hacerlo, me obligaron** I didn't want to do it, they forced me to *o* they made me ▸ **no lo compres, nadie te obliga** don't buy it, nobody is forcing you ▸ **la obligué a que me contestase** I forced her to answer me, I made her answer me
◆ ***obligarse*** vpr **obligarse a hacer algo** to undertake to do sth

obligatoriedad nf obligatory *o* compulsory nature

obligatorio, -a adj obligatory, compulsory

obligue *etc ver* ***obligar***

obliterar vt MED to obliterate

oblongo, -a adj oblong

obnubilación nf bewilderment

obnubilar vt to bewilder, to daze

oboe ■ nm [instrumento] oboe
■ nmf [persona] oboist

óbolo nm small contribution

obra nf **1.** [trabajo, acción] **una buena ~** a good deed ▸ **es ~ suya** it's his doing ▸ **poner en ~** to put into effect ▸ **por ~ (y gracia) de** thanks to ▸ **~ de caridad** [institución] charity ▸ **obras sociales** community work **2.** [creación artística] work / [de teatro] play / [de literatura] book / [de música] work, opus ▸ **la ~ pictórica de Miguel Ángel** Michelangelo's paintings ▸ **~ de arte** work of art ▸ **obras completas** complete works ▸ **~ de consulta** reference work ▸ **~ maestra** masterpiece **3.** [trabajo de construcción] work / [reforma doméstica, en hogar] alteration ▸ **obras** [en carretera] roadworks ▸ **vamos a hacer ~** *o* **obras en la cocina** we're going to make some alterations to our kitchen ▸ **cerrado por obras** [en letrero] closed for refurbishment ▸ **obras públicas** public works **4.** [solar en construcción] building site

obrador nm workshop

obrar ■ vi **1.** [actuar] to act **2.** [causar efecto] to work, to take effect ▸ **el remedio obró como se esperaba** the remedy took effect *o* worked as anticipated **3.** [estar en poder] **~ en manos de** *o* **en poder de** to be in the possession of
■ vt to work ▸ **esta experiencia obró un cambio profundo en su persona** this experience brought about a profound change in him

obrero, -a ■ adj **clase obrera** working class ▸ **movimiento ~** labour movement
■ nm,f [en fábrica] worker / [en obra] workman, labourer ▸ *ESP* **~ cualificado,** *AM* **~ calificado** skilled worker ▸ **~ de la construcción** construction worker

obscenidad nf obscenity

obsceno, -a adj obscene

obscurantismo nm obscurantism

obscurecer, obscuridad etc ➤ ***oscurecer, oscuridad*** etc

obsequiar vt *ESP* **~ a alguien con algo,** *AM* **~ algo a alguien** to present sb with sth

obsequio nm gift, present ▸ **~ de empresa** complimentary gift

obsequiosidad nf attentiveness, helpfulness

obsequioso, -a adj obliging, attentive

observación nf **1.** [examen, contemplación] observation ▸ **el paciente está en** *o* **bajo ~** the patient is under observation **2.** [comentario] observation, remark ▸ **hacer una ~** to make a comment *o* observation ▸ **si se me permite una ~ if** I might make an observation **3.** [nota] note **4.** [cumplimiento] observance ▸ **Sanidad recomienda la ~ de estas normas** the Department of Health recommends following these guidelines

observador, -ora ■ adj observant
■ nm,f observer

observancia nf observance

observar vt **1.** [contemplar] to observe, to watch ▸ **observaban todos sus movimientos mediante unos prismáticos** they observed *o* followed all his movements through binoculars **2.** [advertir] to notice, to observe ▸ **no se observan anomalías** no problems have been noted **3.** [acatar] [ley, normas] to observe, to respect / [conducta, costumbre] to follow **4.** [comentar, señalar] to remark, to observe ▸ **"eso no es totalmente cierto", observó** "that's not entirely true", he remarked *o* pointed out

observatorio nm observatory

obsesión nf obsession

obsesionar vt to obsess
◆ ***obsesionarse*** vpr to be obsessed

obsesivo, -a adj obsessive

CÓMO EXPRESAR...

la obligación

You have to be there at 8 o'clock. / Tienes que estar allí a las ocho.
You must tell your boss about this. / Debes decírselo a tu jefe.
We will have to get approval from the board. / Tendremos que obtener la aprobación de la junta.
It's essential that you call us as soon as you arrive. / Es indispensable que nos llame en cuanto llegue.
You're under no obligation to buy. / No hay obligación de compra.
You don't have to stay. / No estás obligado a quedarte.
There's no need to ask. / No hace falta que preguntes.
Do I really have to go? / ¿De verdad tengo que ir?
Do you have to make an appointment? / ¿Hay que pedir cita previa?
Do you require a deposit? / ¿Requiere fianza?

obseso, -a ■ adj obsessed
■ nm,f obsessed *o* obsessive person

obsolescencia nf obsolescence

obsoleto, -a adj obsolete

obstaculizar [14] vt to hinder, to hamper

obstáculo nm obstacle ▸ **un ~ para** an obstacle to ▸ **poner obstáculos a algo/alguien** to hinder sth/sb

obstante adv **no ~** nevertheless, however

obstar vi *Formal* **eso no obsta para que vengas si quieres** that isn't to say that you can't come if you want to

obstetra nmf *esp AM* obstetrician

obstetricia nf obstetrics *(singular)*

obstinación nf [persistencia] perseverance / [terquedad] obstinacy, stubbornness

obstinado, -a adj [persistente] persistent / [terco] obstinate, stubbor n

obstinarse vpr to refuse to give way ▸ **~ en** to persist in

obstrucción nf *también Fig* obstruction

obstruccionismo nm obstructionism, stonewalling

obstruccionista adj & nmf obstructionist

obstruir [34] vt **1.** [bloquear] to block, to obstruct **2.** [obstaculizar] to obstruct, to impede
◆ ***obstruirse*** vpr to get blocked (up)

obtención nf obtaining

obtener [65] vt [beca, cargo, puntos] to get / [premio, victoria] to win / [ganancias] to make / [satisfacción] to gain

obturación nf blockage, obstruction

obturador nm FOT shutter

obturar vt to block

obtuso, -a ■ adj **1.** [sin punta] blunt **2.** [tonto] obtuse, stupid
■ nm,f dimwit

obtuviera *etc ver* ***obtener***

obús (pl **obuses**) nm **1.** [cañón] howitzer **2.** [proyectil] shell

obviamente adv obviously

obviar vt to avoid, to get round

obvio, -a adj obvious

oca nf **1.** [animal] goose **2.** [juego] **la ~** ≃ snakes and ladders

ocarina nf ocarina

ocasión nf **1.** [oportunidad] opportunity, chance ▸ **una ~ de oro** a golden opportunity ▸ **en** *o* **a la primera ~** at the first opportunity ▸ **tener ~ de hacer algo** to have the chance to do sth ▸ *Fam* **la ~ la pintan calva** this is my/your/*etc* big chance **2.** [vez] occasion / [momento] time, moment ▸ **en dos ocasiones** on two occasions ▸ **en alguna ~** sometimes ▸ **en cierta ~** once ▸ **en otra ~** some other time **3.** [motivo] **con ~ de** on the occasion of ▸ **dar ~ para algo/hacer algo** to give cause for sth/to do sth **4.** [ganga] bargain ▸ **artículos de ~** bargains ▸ **automóviles de ~** second-hand *o* used cars

ocasional adj **1.** [accidental] accidental **2.** [irregular] occasional

ocasionar vt to cause

ocaso nm [puesta del sol] sunset / [decadencia] decline

occidental ■ adj western ▸ **la España ~** western Spain
■ nmf westerner

occidentalismo nm western nature

occidentalizar [14] vt to westernize
◆ ***occidentalizarse*** vpr to become westernized

occidente nm west ▸ **Occidente** [bloque de países] the West

occipital adj occipital

OCDE nf (abrev de ***Organización para la Cooperación y el Desarrollo Económico***) OECD

Oceanía n Oceania *(including Australia and New Zealand)*

oceánico, -a adj **1.** [de un océano] oceanic **2.** [de Oceanía] Oceanian

océano nm [mar] ocean / [inmensidad] sea, host ▸ **el ~ Atlántico** the Atlantic Ocean ▸ **el ~ Glacial Ártico** the Arctic Ocean ▸ **el ~ Índico** the Indian Ocean ▸ **el ~ Pacífico** the Pacific Ocean

oceanografía nf oceanography

oceanográfico, -a adj oceanographical

oceanógrafo, -a nm,f oceanographer

ocelote nm [mamífero] ocelot

ochenta núm eighty ▸ **los (años) ~** the eighties / *ver también* ***seis***

ocho núm eight ▸ **del sábado en ~ días** the Saturday after next, a week on Saturday, Saturday week / *ver también* ***seis***

ochocientos, -as núm eight hundred / *ver también* ***seis***

ocio nm [tiempo libre] leisure / [inactividad] idleness ▸ **en sus ratos de ~ se dedica a leer** he spends his spare time reading

ociosidad nf idleness

ocioso, -a adj **1.** [inactivo] idle **2.** [innecesario] unnecessary / [inútil] pointless

oclusión nf blockage

oclusiva nf LING occlusive

oclusivo, -a adj LING occlusive

ocre ■ nm ochre
■ adj inv ochre

octaedro nm octahedron

octagonal adj octagonal

octágono, -a ■ adj octagonal
■ nm octagon

octanaje nm octane number *o* rating

octano nm octane

octava nf MÚS octave

octavilla nf **1.** [de propaganda] pamphlet, leaflet **2.** [tamaño] octavo

octavo, -a ■ núm eighth ▸ **la octava parte** an eighth
■ nm **1.** [parte] eighth **2.** DEP **octavos de final** round before the quarter final

octeto nm **1.** MÚS octet **2.** INFORM byte

octogenario, -a adj & nm,f octogenarian

octogésimo, -a núm eightieth

octogonal adj octagonal

octógono nm octagon

octosílabo, -a ■ adj octosyllabic
■ nm octosyllabic line

octubre nm October / *ver también* ***septiembre***

óctuplo, -a adj octuple, eightfold

OCU ['oku] nf (abrev de ***Organización de Consumidores y Usuarios***) = *Spanish consumer organization*

ocular adj eye ▸ **testigo ~** eyewitness

oculista nmf ophthalmologist

ocultación nf concealment, hiding ▸ DER **~ de pruebas** concealment, non-disclosure

ocultar vt **1.** [esconder] to hide ▸ **~ algo a alguien** to hide sth from sb ▸ **le ocultaron la verdad** they concealed the truth from him **2.** [delito] to cover up
◆ ***ocultarse*** vpr to hide

ocultismo nm occultism

ocultista nmf occultist

oculto, -a adj **1.** [escondido] hidden **2.** [sobrenatural] **lo ~** the occult

ocupa nmf *Fam* squatter

ocupación nf **1.** [de territorio] occupation ▸ **~ ilegal de viviendas** squatting **2.** [empleo] job, occupation

ocupacional adj occupational

ocupado, -a adj **1.** [persona] busy **2.** [teléfono] *BR* engaged, *US* busy / [lavabo] engaged **3.** [tiempo] **tengo toda la tarde ocupada** I'm busy all afternoon **4.** [territorio] occupied / [plaza, asiento] taken ▸ **casa ocupada** [ilegalmente] squat

ocupante ■ adj occupying
■ nmf occupant ▸ **~ ilegal de viviendas** squatter

ocupar vt **1.** [invadir] [territorio, edificio] to occupy ▸ **han ocupado la casa** [ilegalmente] squatters have moved into the house **2.** [llenar] [mente] to occupy ▸ **¿en qué ocupas tu tiempo libre?** how do you spend your spare time? ▸ **los niños me ocupan mucho tiempo** the children take up a lot of my time ▸ **este trabajo sólo te ocupará unas horas** this task will only take you a few hours **3.** [superficie, espacio] to take up / [habitación, piso] to live in / [mesa] to sit at / [sillón] to sit in **4.** [cargo, puesto, cátedra] to hold ▸ **ocupa el primer puesto en las listas de éxitos** she's top of the charts **5.** [dar trabajo a] to find *o* provide work for
◆ ***ocuparse*** vpr [encargarse] **ocúpate tú, yo no puedo** you do it, I can't ▸ **ocuparse de** [encargarse de] to deal with / [cuidar de] to look after ▸ **¿quién se ocupa de la compra/de cocinar en tu casa?** who does the shopping/cooking in your house? ▸ **¡tú ocúpate de lo tuyo!** mind your own business!

ocurrencia nf **1.** [idea] bright idea ▸ **¡vaya ~!** the very idea!, what an idea! **2.** [dicho gracioso] witty remark

FALSO AMIGO / FALSE FRIEND
ocurrencia

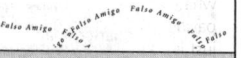

Occurrence is not a translation of the Spanish word *ocurrencia*. Occurrence is translated by *suceso* or *incidencia*:

an unexpected occurrence *un suceso inesperado*
the increasing occurence of racial attacks *la incidencia creciente de las agresiones por motivos raciales*

ocurrente adj witty

ocurrir vi [suceder] to happen ▸ **nadie sabe lo que ocurrió** nobody knows what happened ▸ **¿qué ocurre?** what's the matter? ▸ **¿qué le ocurre a Juan?** what's up with Juan? ▸ **¿te ocurre algo?** is anything the matter? ▸ **lo que ocurre es que...** the thing is...
◆ ***ocurrirse*** vpr [venir a la cabeza] **no se me ocurre ninguna solución** I can't think of a solution ▸ **se me ha ocurrido una idea** I've got an idea ▸ **¡ni se te ocurra!** don't even think about it! ▸ **se me ocurre que...** it occurs to me that... ▸ **¡se te ocurre cada cosa!** you do come out with some funny things!

oda nf ode

odalisca nf odalisque

odeón nm odeon

odiar vt to hate ▸ **odio las lentejas** I hate *o* can't stand lentils ▸ **odio levantarme pronto** I hate getting up early ▸ **~ a muerte a alguien** to loathe sb

odio nm hatred ▸ **tener ~ a algo/alguien** to hate sth/sb

odioso, -a adj hateful, horrible

odisea nf *también Fig* odyssey

odontología nf dentistry

odontológico, -a adj dental

odontólogo, -a nm,f dentist, dental surgeon

odre nm [de vino] wineskin

OEA nf (abrev de ***Organización de Estados Americanos***) OAS

CULTURA / CULTURE
OEA

The OEA ("Organización de Estados Americanos" or Organisation of American States) was founded in 1948 to promote peace, economic co-operation and social advancement in the Western hemisphere. It also has a committee on legal matters and for observation of human rights issues. Each of its 35 member states has a vote in its decisions. Its General Secretariat is located in Washington, DC, and some have criticised it for being overly influenced by the United States. It was with US encouragement, for example, that the organisation suspended communist Cuba's membership in 1962.

oeste ■ adj [posición, parte] west, western / [dirección, viento] westerly ▸ **viento ~** west wind ▸ **tiempo nuboso en la mitad ~ de la región** overcast in the western half of the region ▸ **partieron con rumbo ~** they set off westward(s)
■ nm west ▸ **viento del ~** west wind ▸ **ir hacia el ~** to go west(wards) ▸ **está al ~ de Madrid** it's (to the) west of Madrid ▸ **el lejano ~** the Wild West

ofender ■ vt **1.** [injuriar] to insult ▸ **tus palabras me**

ofenden I feel insulted **2.** [a la vista, al oído] to offend
■ vi to cause offence
◆ ***ofenderse*** vpr to take offence (**por** at)

ofendido, -a ■ adj offended
■ nm,f offended party

ofensa nf **1.** [acción] offence ▸ **una ~ a la dignidad humana** an offence *o* insult to human dignity ▸ **una ~ a la buena educación** an affront to good manners **2.** [injuria] slight, insult ▸ **no lo tomes como una ~ personal** don't take it as a personal insult *o* offence

ofensiva nf offensive ▸ **pasar a la ~** to go on the offensive

ofensivo, -a adj offensive

ofensor, -ora nm,f offender

oferta nf **1.** [propuesta, ofrecimiento] offer ▸ **ofertas de trabajo** *o* **empleo** [en anuncio] situations vacant, job opportunities **2.** ECON [suministro] supply ▸ **la ~ y la demanda** supply and demand ▸ **~ monetaria** money supply **3.** [rebaja] bargain, special offer ▸ **de ~** bargain, on offer ▸ **artículos de ~** sale goods, goods on offer ▸ **estar de ~** to be on offer ▸ **~ especial** special offer **4.** FIN [proposición] bid, tender ▸ COM **~ pública de adquisición** takeover bid

ofertar vt to offer

ofertorio nm REL offertory

office ['ofis] nm inv scullery

offset (pl **offsets**) nm IMPRENTA offset

oficial[1] ■ adj official
■ nm **1.** MIL officer ▸ **~ de marina** naval officer **2.** [funcionario] clerk

oficial[2]***, -ala*** nm,f [obrero] time-served

oficialidad nf official nature

oficialismo nm *AM* [Gobierno] **el ~** the Government

oficialista *AM* ■ adj pro-government
■ nm,f government supporter

oficializar [14] vt to make official

oficiante nmf REL officiant

oficiar ■ vt [misa] to celebrate / [ceremonia] to officiate at
■ vi **1.** [sacerdote] to officiate **2. ~ de** [actuar de] to act as

oficina nf office ▸ **~ de cambio** bureau de change ▸ **~ de correos** post office ▸ **~ de empleo** unemployment office, *BR* Jobcentre, *US* job center ▸ **~ de información** information office ▸ **~ de objetos perdidos** *BR* lost property / *US* lost-and-found office ▸ **~ de prensa** press office ▸ **~ de turismo** tourist office

oficinista nmf office worker

oficio nm **1.** [profesión manual] trade ▸ **de ~** by trade **2.** [trabajo] job ▸ **no tener ~ ni beneficio** to have no trade **3.** DER **de ~** [abogado] court-appointed, legal aid **4.** [documento] official minute **5.** [experiencia] **tener mucho ~** to be very experienced ▸ **se llegó a un acuerdo gracias a los buenos oficios del ministro** an agreement was reached thanks to the good offices of the minister **6.** REL [ceremonia] service ▸ **el Santo Oficio** the Holy Office, the Inquisition ▸ **~ de difuntos** funeral service **7.** [función] function, role

oficioso, -a adj unofficial

ofidio nm [serpiente] snake

ofimática nf office IT *o* automation

ofrecer [46] vt **1.** [proporcionar, dar] to offer ▸ **ofrecerle algo a alguien** to offer sb sth ▸ **¿puedo ofrecerle algo de beber?** may I offer you something to drink? ▸ **¿cuánto te ofrecen por la casa?** how much are they offering you for the house? ▸ **me ofrece la oportunidad** *o* **la ocasión de conocer la ciudad** it gives me the chance to get to know the city **2.** [en subastas] to bid ▸ **¿qué ofrecen por esta mesa?** what am I bid for this table? **3.** [tener, presentar] [imagen, dificultades] to present ▸ **la cocina ofrece un aspecto lamentable** the kitchen is a sorry sight **4.** [oraciones, sacrificio] to offer up
◆ ***ofrecerse*** vpr **1.** [presentarse] to offer, to volunteer ▸ **varios se ofrecieron voluntarios** several people volunteered ▸ **ofrecerse a** *o* **para hacer algo** to offer to do sth ▸ **se ofrece diseñadora con mucha experiencia** [en letrero, anuncio] highly experienced designer seeks employment **2.** *Formal* [desear] **¿qué se le ofrece?** what can I do for you?

ofrecimiento nm offer

ofrenda nf REL offering / [por gratitud, amor] gift

ofrendar vt to offer up

ofrezca *etc ver* ***ofrecer***

oftalmología nf ophthalmology

oftalmólogo, -a nm,f ophthalmologist

ofuscación nf blindness, confusion

ofuscar [59] vt **1.** [deslumbrar] to dazzle **2.** [turbar] to blind
◆ ***ofuscarse*** vpr to be blinded (**con** *o* **por** by)

ogro nm *también Fig* ogre

oh interj **¡oh!** oh!

ohmio nm ohm

oídas: de oídas loc adv by hearsay

oído nm **1.** [órgano] ear ▸ **decir algo al ~ a alguien** to whisper sth in sb's ear ▸ **me zumban los oídos** my ears are burning ▸ **~ interno** inner ear **2.** [sentido] (sense of) hearing ▸ **ser duro de ~** to be hard of hearing ▸ **tener ~, tener buen ~** to have a good ear ▸ **tocar de ~** to play by ear **3.** [expresiones] **abrir los oídos** to pay close attention ▸ **entrar por un ~ y salir por el otro** to go in one ear and out the other ▸ **hacer oídos sordos** to turn a deaf ear ▸ *Fig* **lastimar los oídos** to offend one's ears ▸ **si llega a oídos de ella...** if she gets to hear about this... ▸ **ser todo oídos** to be all ears

OIEA nm (abrev de ***Organismo Internacional para la Energía Atómica***) IAEA

oigo *ver* ***oír***

oír [44] ■ vt **1.** [sonidos, voces] to hear ▸ **los oí hablando** *o* **hablar** *o* **que hablaban** I heard them talking ▸ **¡lo que hay que ~!, ¡se oye cada cosa!** whatever next! ▸ **como quien oye llover** without paying the least attention ▸ **¡como lo oyes!** absolutely!, just like I'm telling you! ▸ *Fam* **¡me va a ~!** I'm going to give him a piece of my mind! **2.** [escuchar] to listen to ▸ **voy a ~ las noticias** I'm going to listen to the news
■ vi to hear ▸ **¡oiga, por favor!** excuse me! ▸ **¡oye!** hey! ▸

~, ver y callar hear no evil, see no evil, speak no evil

OIT nf (abrev de ***Organización Internacional del Trabajo***) ILO

ojal nm buttonhole

ojalá interj **¡~!** I hope so! ▸ **¡~ lo haga!** I hope she does it! ▸ **¡~ fuera viernes!** I wish it was Friday!

ojeada nf glance, look ▸ **echar una ~ a algo/alguien** to take a quick glance at sth/sb, to take a quick look at sth/sb

ojear vt to have a look at

ojeras nfpl bags under the eyes

ojeriza nf *Fam* dislike ▸ **tener ~ a alguien** to have it in for sb

ojeroso, -a adj with bags under the eyes, haggard

ojete nm **1.** [bordado] eyelet **2.** *muy Fam* [ano] arsehole, ring

ojiva nf **1.** ARQUIT ogive **2.** MIL warhead

ojo ■ nm **1.** ANAT eye ▸ **mírame a los ojos cuando te hablo** look at me when I'm speaking to you ▸ *también Fig* **poner los ojos en blanco** to roll one's eyes ▸ *Fig* **ojos de carnero (degollado)** pleading eyes ▸ *ESP* **~ de cristal** glass eye ▸ **~ de gallo** [callo] corn ▸ **~ morado** black eye ▸ **ojos rasgados** almond eyes ▸ **ojos saltones** bulging eyes ▸ *AM* **~ de vidrio** glass eye ▸ **~ a la virulé,** *ESP* **~ a la funerala** shiner **2.** [agujero] [de aguja] eye / [de puente] span ▸ **~ de buey** [ventana] porthole ▸ **~ de la cerradura** keyhole ▸ **el ~ del huracán** the eye of the storm ▸ *Fig* **el ministro está en el ~ del huracán** the minister is at the centre of the controversy ▸ **~ de pez** FOT fish-eye lens **3.** [expresiones] **a ~ (de buen cubero)** roughly, approximately ▸ **a ojos vistas** visibly ▸ **abrir los ojos a alguien** to open sb's eyes ▸ **en un abrir y cerrar de ojos** in the twinkling of an eye ▸ **andar con (mucho) ~** to be (very) careful ▸ **cerrar los ojos ante algo** [ignorar] to close one's eyes to sth ▸ **costar un ~ de la cara** to cost an arm and a leg ▸ *Fam* **¡dichosos los ojos (que te ven)!** long time no see! ▸ **echar el ~ a algo** to have one's eye on sth ▸ **estar ~ alerta** *o* **avizor** to be on the lookout ▸ **mirar algo con buenos/malos ojos** to look favourably/unfavourably on sth ▸ **no pegar ~** not to get a wink of sleep ▸ **no quitar los ojos de encima a alguien** not to take one's eyes off sb ▸ **tener ojos de lince** to have eyes like a hawk ▸ **poner los ojos en alguien** to set one's sights on sb ▸ **ser todo ojos** to be all eyes ▸ **tener (buen) ~** to have a good eye ▸ **tener ~ clínico para algo** to be a good judge of sth ▸ **sólo tiene ojos para él** she only has eyes for him ▸ *Prov* **~ por ~, diente por diente** an eye for an eye, a tooth for a tooth ▸ *Prov* **ojos que no ven, corazón que no siente** what the eye doesn't see, the heart doesn't grieve over
■ interj **¡~!** be careful!, watch out!

ojota nf *ANDES* [sandalia] sandal / *RP* [chancleta] *BR* flip-flop, *US, AUSTR* thong

OK, okey [o'kei] interj OK

okapi nm okapi

okupa nmf *ESP Fam* squatter

ola nf wave ▸ **una ~ de atentados terroristas** a wave *o* spate of terrorist attacks ▸ **una ~ de visitantes** a flood of tourists ▸ **la nueva ~** the New Wave ▸ **~ de calor** heatwave ▸ **~ de delincuencia** crime wave ▸ **~ de frío** cold spell ▸ **la ola (mexicana)** the Mexican wave

ole, olé interj **¡~!** bravo!

oleada nf **1.** [del mar] swell **2.** [de protestas, atentados] wave

oleaginoso, -a adj oleaginous

oleaje nm waves

óleo nm oil (painting) ▸ **al ~** in oils

oleoducto nm oil pipeline

oleoso, -a adj oily

oler [45] ■ vt to smell ▸ **desde aquí huelo el tabaco** I can smell the cigarette smoke from here
■ vi **1.** [despedir olor] to smell (**a** of) ▸ **¡qué mal huele aquí!** it smells awful here! ▸ **este guisado huele que alimenta** this stew smells delicious ▸ **~ a rayos** to stink (to high heaven) **2.** [parecer] **~ a** to smack of
◆ ***olerse*** vpr [persona] **olerse algo** to sense sth ▸ **ya me olía yo algo así** I suspected as much

olfatear vt **1.** [olisquear] to sniff **2.** [barruntar] to smell, to sense ▸ **~ en** [indagar] to pry into

olfativo, -a adj olfactory

olfato nm **1.** [sentido] sense of smell **2.** [sagacidad] nose, instinct ▸ **tener ~ para algo** to be a good judge of sth

oligarca nmf oligarch

oligarquía nf oligarchy

oligárquico, -a adj oligarchic

oligoelemento nm trace element

oligofrenia nf mental handicap

oligofrénico, -a ■ adj mentally handicapped
■ nm,f mentally handicapped person

oligopolio nm ECON oligopoly

olimpiada, olimpíada nf Olympiad, Olympic Games ▸ **las Olimpiadas** the Olympics

olímpicamente adv *Fam* **paso ~ de ayudarlos** I'm damned if I'm going to help them

olímpico, -a adj DEP Olympic

olimpismo nm Olympic movement

Olimpo nm **el ~** (Mount) Olympus

olisquear vt to sniff (at)

oliva nf olive

oliváceo, -a adj olive

olivar nm olive grove

olivarero, -a ■ adj olive ▸ **el sector ~** the olive growing industry
■ nm,f olive-grower

olivo nm olive tree

olla nf **1.** [cacerola] pot ▸ **~ exprés** *o* **a presión** pressure cooker ▸ *Fig* **~ de grillos** bedlam, madhouse ▸ CULIN **~ podrida** stew **2.** *Fam* [cabeza] bonce

olmeda nf elm grove

olmo nm elm (tree)

olor nm smell (**a** of) ▸ **tener ~ a** to smell of ▸ **los niños acudieron al ~ de la comida** the children were drawn to the smell of cooking ▸ *Fam* **en ~ de multitudes** enjoying popular acclaim ▸ **~ corporal** body odour

oloroso, -a ■ adj fragrant
■ nm oloroso (sherry)

OLP nf (abrev de ***Organización para la Liberación de Palestina***) PLO

olvidadizo, -a adj forgetful

olvidar vt **1.** [hecho, dato, persona] to forget **2.** [dejarse] to leave ▸ **olvidé las llaves en la oficina** I left my keys at the office
◆ ***olvidarse*** vpr **1.** [en general] to forget ▸ **olvidarse de algo/hacer algo** to forget sth/to do sth ▸ **me olvidé de su cumpleaños** I forgot her birthday ▸ **olvídate de lo ocurrido** forget what happened ▸ **se me olvidaba decirte que...** I almost forgot to tell you that... **2.** [dejarse] to leave ▸ **me he olvidado el paraguas en el tren** I've left my umbrella on the train

olvido nm **1.** [de un nombre, hecho] **caer en el ~** to fall into oblivion **2.** [descuido] oversight

Omán n Oman

ombligo nm ANAT navel ▸ **se cree el ~ del mundo** he thinks the world revolves around him ▸ *Fig* **mirarse el ~** to contemplate one's navel

ombudsman nm inv ombudsman

OMC nf (abrev de ***Organización Mundial del Comercio***) WTO

omelet (pl **omelets**), ***omelette*** [ome'let] nm *AM* omelette

ominoso, -a adj abominable

omisión nf omission

omiso, -a adj **hacer caso ~ de algo** to ignore sth, to pay no attention to sth

omitir vt to omit

ómnibus nm inv *CUBA, URUG* [urbano] bus / *ANDES, CUBA, URUG* [interurbano, internacional] *BR* coach, *US* bus

omnipotencia nf omnipotence

omnipotente adj omnipotent

omnipresencia nf omnipresence

omnipresente adj omnipresent

omnisciente adj omniscient

omnívoro, -a ■ adj omnivorous
■ nm,f omnivore

omoplato, omóplato nm shoulder blade

OMS [oms] nf (abrev de ***Organización Mundial de la Salud***) WHO

onagra nf evening primrose

onanismo nm onanism

ONCE ['onθe] nf (abrev de ***Organización Nacional de Ciegos Españoles***) = *Spanish association for the blind, famous for its national lottery*

CULTURA / CULTURE

ONCE

Spain's "Organización Nacional de Ciegos Españoles" (National Organization for the Blind) or ONCE is a non-profit-making organization which helps those with impaired vision in the fields of education and employment. ONCE has been remarkably successful in raising awareness (and funds), making it probably the most famous institution of its kind in Spain. This is mainly due to its two best-known activities: firstly, the lottery it runs, for which its members sell tickets in the streets, and secondly, its sponsorship, until 2003, of a cycling team which bore its name.

once ■ núm eleven / *ver también* ***seis***
■ nm *ANDES* **onces** [por la mañana] mid-morning snack, *BR* elevenses / [por la tarde] mid-afternoon snack

onceavo, -a núm [fracción] eleventh ▸ **la onceava parte** an eleventh

oncogén nm oncogene

oncología nf oncology

oncólogo, -a nm,f oncologist

onda nf **1.** FÍS & RAD wave ▸ **~ corta** short wave ▸ **~ eléctrica** Hertzian wave ▸ **~ expansiva** shock wave ▸ **~ hertziana** Hertzian wave ▸ **~ larga** long wave ▸ **~ luminosa** light wave ▸ **~ media** medium wave ▸ **~ sísmica** seismic wave ▸ **~ sonora** sound wave **2.** [en pelo, agua] wave **3.** [expresiones] *Fam* **estar en la ~** to be hip ▸ *Fam* **estamos en la misma ~** we're on the same wavelength ▸ *Fam* **me da mala ~** I've got bad vibes about him/her/it ▸ *Fam* **tus primos tienen muy buena ~** your cousins are really cool

ondeante adj rippling

ondear vi [bandera] to flutter, to fly

ondulación nf **1.** [acción] rippling **2.** [onda] ripple / [del pelo] wave

ondulado, -a adj wavy

ondulante adj undulating

ondular ■ vi [agua] to ripple / [terreno] to undulate
■ vt [pelo] to wave

ondulatorio, -a adj wavelike

oneroso, -a adj **1.** [pesado] burdensome, onerous **2.** [caro] costly, expensive

ONG nf inv (abrev de ***Organización no Gubernamental***) NGO

ónice nm o nf onyx

onírico, -a adj dreamlike ▸ **experiencia onírica** dreamlike experience

ónix nm o nf onyx

onomástica nf *ESP* name day

onomástico, -a ■ adj onomastic ▸ **índice ~** name index
■ nm *AM* [cumpleaños] birthday / [santo] name day

onomatopeya nf onomatopoeia

onomatopéyico, -a adj onomatopoeic

Ontario nm **el lago ~** Lake Ontario

ontología nf ontology

ONU ['onu] nf (abrev de ***Organización de las Naciones Unidas***) UN

onubense ■ adj of/from Huelva
■ nmf person from Huelva

ONUDI [o'nuði] nf (abrev de ***Organización de las Naciones Unidas para el Desarrollo Industrial***) UNIDO

onza nf **1.** [unidad de peso] ounce **2.** [de chocolate] square **3.** [guepardo] cheetah

op. (abrev de ***opus***) op.

OPA ['opa] nf (abrev de ***oferta pública de adquisición***) takeover bid ▸ **~ hostil** hostile takeover bid

opacidad nf *también Fig* opacity

opaco, -a adj opaque

opalescente adj opalescent

opalina nf opaline

opalino, -a adj opaline

ópalo nm opal

opar vt [empresa] [intentar adquirir] to launch a takeover bid for / [adquirir] to take over

opción nf **1.** [elección] option ▸ **no hay ~** there is no alternative ▸ FIN **opciones sobre acciones** stock options **2.** [derecho] right ▸ **dar ~ a** to give the right to ▸ **tener ~ a** [empleo, cargo] to be eligible for

opcional adj optional

open nm inv DEP Open (tournament)

OPEP [o'pep] nf (abrev de ***Organización de Países Exportadores de Petróleo***) OPEC

ópera nf opera ▸ **~ bufa** comic opera, opera buffa ▸ **~ prima** [novela, película] first work ▸ **~ rock** rock opera

operación nf **1.** [en general] operation ▸ **~ quirúrgica** (surgical) operation ▸ **~ retorno/salida** = *police operation to assist traffic at the end/beginning of popular holiday periods* **2.** COM transaction

CULTURA / CULTURE

Operación Retorno

At the end of major holiday periods (bank holiday weekends, Easter and the month of August) huge efforts are made to reduce the number of accidents and traffic jams as Spanish holiday-makers head home from the coasts and mountains. Known as **Operación Retorno,** this exercise involves many special measures: for example, road works can be suspended for the weekend, and in congested areas heavy lorries can be kept off the roads, while helicopters are used to observe progress and spot problem areas. The success (or otherwise) of the enterprise is usually front-page news on the following Monday

operacional adj operational

operador, -ora ■ nm,f **1.** INFORM & TEL operator **2.** [de la cámara] cameraman / [del proyector] projectionist

■ nm **1. ~ turístico** tour operator **2.** MAT operator

operar ■ vt **1.** [enfermo] **~ a alguien (de algo)** to operate on sb (for sth) ▸ **el médico que la operó** the surgeon who operated on her ▸ **le operaron del hígado** they've operated on his liver ▸ **me han operado de apendicitis** I had my appendix out ▸ **casi me tienen que ~ de urgencia** I almost needed an emergency operation **2.** [cambio] to bring about, to produce

■ vi to operate

◆ ***operarse*** vpr **1.** [enfermo] to be operated on, to have an operation ▸ **~ del estómago** to have a stomach operation ▸ **se ha operado de un tumor** he's had an operation to remove a tumour **2.** [cambio] to occur, to come about

operario, -a nm,f worker

operatividad nf preparedness

operativo, -a adj operative

opereta nf operetta

operístico, -a adj operatic

opiáceo, -a adj & nm opiate

opinar ■ vt to believe, to think

■ vi to give one's opinion ▸ **~ de algo/alguien, ~ sobre algo/alguien** to think about sth/sb ▸ **~ bien de alguien** to think highly of sb

opinión nf opinion ▸ **en mi ~ no deberíamos ir** in

CÓMO EXPRESAR...

la opinión

Expresar una opinión

In my opinion, ... / En mi opinión, ...

As I see it, ... / Tal y como yo lo veo, ...

As far as I'm concerned, ... / En lo que a mí respecta, ...

Personally, I feel that... / Personalmente, creo que...

It seems to me that... / A mí me parece que...

If you ask me, ... / Si quieres saber mi opinión, ...

Quite frankly, I'm not impressed. / Sinceramente, no me parece gran cosa.

On balance, I think it's a good idea. / En conjunto, creo que es una buena idea.

If you don't mind my saying so, it seems rather complicated. / Si me permites, me parece bastante complicado.

I don't know about you, but I quite like it. / No sé lo que piensas tú, pero a mí me gusta bastante.

Pedir una opinión

What do you think of their proposal? / ¿Qué te parece su propuesta?

What's your opinion on the euro? / ¿Qué opinas sobre el euro?

I'd like to hear your views. / Me gustaría saber tu punto de vista.

Anne, what do you think? / Anne, ¿a ti qué te parece?

What's your take on the situation? *(informal)* / ¿Tú cómo lo ves?

Evitar dar una opinión

That depends. / Depende.

I don't know really. / La verdad es que no lo sé.

It's difficult to say... / Es difícil saber...

I wouldn't like to say. / No sabría que decir.

I haven't really thought about it. / La verdad es que no lo he pensado mucho.

my opinion, we shouldn't go ▸ **¿cuál es tu ~ al respecto?** what's your opinion *o* view on this matter? ▸ **he cambiado de ~** I've changed my mind ▸ **expresar** *o* **dar una ~** to give an opinion ▸ **reservarse la ~** to reserve judgement ▸ **tener buena/mala ~ de alguien** to have a high/low opinion of sb ▸ **la ~ pública** public opinion

opio nm opium

opíparo, -a adj sumptuous

opondré *etc ver* ***oponer***

oponente nmf opponent

oponer [50] vt **1.** [resistencia] to put up **2.** [argumento, razón] to put forward, to give

◆ ***oponerse*** vpr to be opposed ▸ **oponerse a algo** to be opposed to sth ▸ **todos se opusieron al plan** everybody was opposed to the plan ▸ **me opongo a que vengan ellos también** I'm opposed to having them come along too

Oporto n Oporto

oporto nm port (wine)

oportunidad nf **1.** [ocasión] opportunity, chance ▸ **aprovechar la ~** to seize the opportunity ▸ **a la primera ~ que tenga se lo digo** I'll tell her just as soon as I get the chance *o* at the earliest opportunity ▸ **me dio una segunda ~** he gave me a second chance ▸ **es una ~ única** it's a unique opportunity **2. oportunidades** [en tienda] bargains

oportunismo nm opportunism

oportunista ■ adj opportunistic ▸ MED **una infección ~** an opportunistic infection

■ nmf opportunist

oportuno, -a adj **1.** [pertinente] appropriate ▸ **me pareció ~ callarme** I thought it was best to say nothing **2.** [propicio] timely ▸ **el momento ~** the right time ▸ **en el momento menos ~** at the very worst time *o* moment ▸ **su llegada fue muy oportuna** she arrived at an opportune moment ▸ *Irónico* **¡él siempre tan ~!** you can always trust him to do the wrong thing!

oposición nf **1.** [en general] opposition ▸ **los partidos de la ~** the opposition parties **2.** [resistencia] resistance **3.** [examen] = *competitive public examination for employment in the civil service, education, legal system etc* ▸ **~ a profesor** = *public examination to obtain a state teaching post* ▸ **preparar oposiciones** to be studying for a public examination

CULTURA / CULTURE

oposiciones

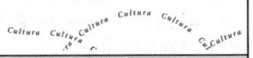

These are public examinations held to fill vacancies in the public sector on a national, provincial or local basis. The positions attained through these exams normally imply a job for life (with a working day from 8 a.m. to 3 p.m.), and they are much sought after in a country with a tradition of high unemployment. There are usually far too many candidates for every job advertised, so the requirements listed can be extremely rigorous: if you apply to be a mailman or a clerk you may have to show an in-depth knowledge of the Constitution. This is why many people spend years preparing for these examinations, especially for posts with more responsibility.

opositar vi = *to sit a public entrance examination*

opositor, -ora nm,f **1.** [a un cargo] = *candidate in a public entrance examination* **2.** [oponente] opponent

opresión nf **1.** [represión] oppression **2.** [molestia, ahogo] **sentía una ~ en el pecho** he felt a tightness in his chest

opresivo, -a adj oppressive

opresor, -ora ■ adj oppressive

■ nm,f oppressor

oprimido, -a adj oppressed

oprimir vt **1.** [ejercer presión sobre] [botón] to press / [garganta, brazo] to squeeze **2.** [apretar] to pinch, to be too tight for ▸ **la corbata le oprimía el cuello** his tie felt too tight **3.** [políticamente] to oppress **4.** [angustiar] to weigh down on, to burden

oprobio nm shame, disgrace

optar vi **1.** [escoger] **~ (por algo)** to choose (sth) ▸ **~ por hacer algo** to choose to do sth ▸ **~ entre** to choose between **2.** [aspirar] **~ a** to aim for, to go for ▸ **optan al puesto siete candidatos** there are seven candidates for the job

optativa nf EDUC optional subject, *US* elective

optativo, -a adj optional, *US* elective

óptica nf **1.** FÍS optics **2.** [tienda] optician's (shop) **3.** [punto de vista] point of view

óptico, -a ■ adj optic

■ nm,f [persona] optician

optimismo nm optimism

optimista ■ adj optimistic

■ nmf optimist

optimización nf optimization

optimizar [14] vt to optimize

óptimo, -a adj optimum

optometría nf optometry

opuesto, -a ■ participio *ver* ***oponer***

■ adj **1.** [contrario] opposed, contrary (**a** to) ▸ **los dos hermanos son opuestos en todo** the two brothers are completely different ▸ **opiniones opuestas** contrary *o* opposing opinions **2.** [del otro lado] opposite

opulencia nf [riqueza] opulence / [abundancia] abundance ▸ **vivir en la ~** to live in luxury ▸ **nadar en la ~** to be filthy rich

opulento, -a adj **1.** [rico] opulent **2.** [abundante] abundant

opus nm inv MÚS opus ▸ **el Opus Dei** the Opus Dei, = *traditionalist religious organization, whose members include many professional people and public figures*

opúsculo nm short work

opusiera *etc ver* ***oponer***

OPV nf (abrev de ***Oferta Pública de Venta (de acciones)***) offer for sale, *US* public offering

oquedad nf [cavidad] hole / [en pared] recess

ora conj **~... ~...** now... now...

oración nf **1.** [rezo] prayer ▸ **~ fúnebre** memorial speech **2.** GRAM sentence ▸ **~ principal/subordinada** main/subordinate clause

oráculo nm **1.** [mensaje, divinidad] oracle **2.** [persona] fount of wisdom

orador, -ora nm,f speaker

oral ■ adj oral
■ nm [examen] oral exam

órale interj *MÉX Fam* **¡~!** come on!

orangután nm orangutang

orar vi to pray

oratoria nf oratory

oratorio, -a ■ adj oratorical
■ nm **1.** [lugar] oratory **2.** MÚS oratorio

orbe nm world, globe

órbita nf **1.** ASTRON orbit ▸ **entrar/poner en ~** to go/put into orbit **2.** [de ojo] eye socket ▸ **casi se le salen los ojos de las órbitas** his eyes nearly popped out of his head **3.** [ámbito] sphere, realm

orca nf killer whale

órdago nm = *all-or-nothing stake in the game of "mus"* ▸ *Fig* **de ~** magnificent

orden ■ nm **1.** [en secuencia, funcionamiento] order ▸ **en ~** [bien colocado] tidy, in its place / [como debe ser] in order ▸ **en** *o* **por ~ alfabético/cronológico** in alphabetical/chronological order ▸ **llamar al ~ a alguien** to call sb to order ▸ **poner en ~ algo** to tidy sth up ▸ **por ~** in order ▸ **sin ~ ni concierto** in a haphazard way ▸ **las fuerzas del ~** the forces of law and order ▸ **~ del día** agenda ▸ **el ~ establecido** the established order ▸ **~ público** law and order **2.** [tipo] type, order ▸ **problemas de ~ económico** economic problems ▸ **del ~ de** around, approximately, of *o* in the order of ▸ **en otro ~ de cosas** on the other hand
■ nf **1.** [mandato] order ▸ MIL **¡a la ~!, ¡a sus órdenes!** (yes) sir! ▸ **dar órdenes** to give orders ▸ **estar a la ~ del día** to be the order of the day ▸ **hasta nueva ~** until further notice ▸ **por ~ de** by order of ▸ **~ de busca y captura** warrant for search and arrest ▸ COM **~ de compra** purchase order ▸ DER **~ de desahucio** *o* **desalojo** eviction order ▸ COM **~ de pago** payment order ▸ DER **~ de registro** search warrant **2.** [organización] order ▸ **~ de caballería** order of knighthood ▸ **~ militar** military order **3.** *AM* [pedido] order ▸ **¿ya les tomaron la ~?** have you ordered yet?

ordenación nf **1.** [organización] ordering, arranging / [disposición] order, arrangement / [de recursos, edificios] planning ▸ **~ territorial** administrative structure **2.** REL ordination

ordenada nf MAT ordinate

ordenadamente adv [desfilar, salir] in an orderly fashion *o* manner / [colocar] neatly

ordenado, -a adj **1.** [lugar, persona] tidy **2.** [sacerdote] ordained

ordenador nm *ESP* INFORM computer ▸ **pasar algo a ~** to type sth up on a wordprocessor *o* computer ▸ **~ central** mainframe computer ▸ **~ personal** personal computer ▸ **~ portátil** laptop computer ▸ **~ de sobremesa** desktop computer

ordenamiento nm legislation, regulations

ordenanza ■ nm **1.** [de oficina] messenger **2.** MIL orderly
■ nf ordinance, law ▸ **ordenanzas municipales** by-laws

ordenar vt **1.** [poner en orden] [alfabéticamente, numéricamente] to arrange, to put in order / [habitación, papeles] to tidy (up) **2.** [mandar] to order **3.** REL to ordain **4.** *AM* [en restaurante] to order
◆ ***ordenarse*** vpr REL to be ordained

ordeñadora nf milking machine

ordeñar vt to milk

ordeño nm *ESP* milking

ordinal ■ adj ordinal
■ nm [número] ordinal (number)

ordinariez nf commonness, coarseness ▸ **decir/hacer una ~** to say/do something rude ▸ **¡qué ~!** how vulgar!

ordinario, -a ■ adj **1.** [común] ordinary, usual ▸ **de ~** usually **2.** [vulgar] common, coarse **3.** [no selecto] unexceptional **4.** [correo] ≃ second class / [tribunal] of first instance
■ nm,f common *o* coarse person

orear vt to air
◆ ***orearse*** vpr [ventilarse] to air

orégano nm oregano

oreja nf **1.** ANAT ear ▸ **tenía una sonrisa de ~ a ~** he was grinning from ear to ear ▸ *Fam* **agachar** *o* **bajar las orejas** [en discusión] to back down ▸ **calentarle a alguien las orejas** to box sb's ears ▸ **con las orejas gachas** with one's tail between one's legs ▸ *Fig* **tirar a alguien de las orejas** to give sb a good telling-off ▸ **verle las orejas al lobo** to see what's coming ▸ **orejas de soplillo** stick-out ears **2.** [de sillón] wing

orejera nf [en gorra] earflap ▸ **orejeras** earmuffs

orejón, -ona ■ adj big-eared
■ nm [dulce] dried apricot/peach

orejudo, -a adj big-eared

orensano, -a ■ adj of/from Orense

CÓMO...

dar órdenes

Move back a little, please. / Retrocedan un poco, por favor.

Quiet, please. / Silencio, por favor.

Please leave a message after the tone. / Deje un mensaje después de la señal.

Give me a call back when you get this message. / Llámame cuando oigas este mensaje.

Go and get my glasses, will you? / Vete a buscarme las gafas, ¿quieres?.

Don't walk on the grass. / No pises el césped.

Put that down now! / ¡Suelta eso ahora mismo!

■ nm,f person from Orense

orfanato, MÉX ***orfanatorio*** nm orphanage

orfandad nf orphanhood

orfebre nmf [de plata] silversmith / [de oro] goldsmith

orfebrería nf **1.** [objetos] [de plata] silver work / [de oro] gold work **2.** [oficio] [de plata] silversmithing / [de oro] goldsmithing

orfelinato nm orphanage

orfeón nm choral group *o* society

organdí (pl **organdíes**) nm organdie

orgánico, -a adj organic

organigrama nm [de organización] organization chart / [esquema] flow chart

organillero, -a nm,f organ-grinder

organillo nm barrel organ

organismo nm **1.** BIOL organism **2.** ANAT body **3.** [entidad] organization, body

organista nmf organist

organización nf organization ▸ **~ de ayuda humanitaria** humanitarian aid organization ▸ **~ benéfica** charity, charitable organization ▸ **Organización de las Naciones Unidas** United Nations Organization ▸ **las organizaciones sindicales** the trade unions

organizado, -a adj organized

organizador, -ora ■ adj organizing
■ nm,f organizer

organizar [14] vt to organize
◆ ***organizarse*** vpr **1.** [persona] to organize oneself **2.** *ESP* [pelea, lío] to break out, to happen suddenly

organizativo, -a adj organizing

órgano nm **1.** ANAT organ ▸ **órganos reproductores** reproductive organs ▸ **órganos sensoriales** sensory organs ▸ **~ vital** vital organ **2.** MÚS organ ▸ **~ electrónico** electronic organ **3.** [organización] organ ▸ **~ ejecutivo** executive

orgasmo nm orgasm

orgía nf orgy

orgiástico, -a adj orgiastic

orgullo nm **1.** [actitud negativa, amor propio] pride ▸ **no aguanto su ~** I can't bear his haughtiness *o* arrogance **2.** [satisfacción] pride ▸ **es el ~ de la familia** he's the pride of the family ▸ **me llena de ~ poder inaugurar este centro** it fills me with pride *o* I am very proud to be able to open this centre ▸ **tuve el ~ de conocerlo** I'm proud to say I knew him ▸ **no caber en sí de ~** to be bursting with pride

orgulloso, -a ■ adj proud
■ nm,f proud person

orientación nf **1.** [dirección] [acción] guiding / [rumbo] direction ▸ **sentido de la ~** sense of direction **2.** [posicionamiento] [acción] positioning / [lugar] position **3.** [información] guidance ▸ **~ profesional** careers advice *o* guidance **4.** [tendencia] tendency, leaning ▸ **~ sexual** sexual orientation

orientador, -ora ■ adj guiding, directing
■ nm,f guide ▸ **~ psicológico** (psychological) counsellor

oriental ■ adj **1.** [del este] eastern / [del Lejano Oriente] oriental **2.** *AM* [uruguayo] Uruguayan
■ nmf **1.** [del Lejano Oriente] oriental **2.** *AM* [uruguayo] Uruguayan

orientalismo nm orientalism

orientalista nmf orientalist

orientar vt **1.** [dirigir] to direct ▸ **mi ventana está orientada hacia el sur** my window faces south *o* is south-facing **2.** [aconsejar] to give advice *o* guidance to **3.** [medidas, fondos] **~ hacia** to direct towards *o* at
◆ ***orientarse*** vpr **1.** [dirigirse] [foco] **orientarse a** to point towards *o* at **2.** [encontrar el camino] to get one's bearings, to find one's way around **3.** [encaminarse] **orientarse hacia** to be aiming at

orientativo, -a adj illustrative, guiding

oriente nm east ▸ **el Oriente** the East, the Orient ▸ **Oriente Medio/Próximo** Middle/Near East ▸ **Lejano** *o* **Extremo Oriente** Far East

orificio nm hole / MEC opening

origen nm **1.** [principio] origin ▸ **en su ~** originally ▸ **dar ~ a** to give rise to ▸ **tener su ~ en** [lugar] to have one's origins in, to originate in **2.** [ascendencia] origins, birth ▸ **los aceites de ~ español** oils of Spanish origin, Spanish oils ▸ **Alicia es colombiana de ~** Alicia is Colombian by birth ▸ **de ~ humilde** of humble origin **3.** [causa] cause ▸ **el ~ del problema** the cause *o* source of the problem

original ■ adj **1.** [nuevo, primero] original **2.** [raro] eccentric, different
■ nm original

originalidad nf **1.** [novedad] originality **2.** [extravagancia] eccentricity

originar vt to cause
◆ ***originarse*** vpr [acontecimiento] to (first) start / [costumbre, leyenda] to originate

originario, -a adj **1.** [inicial, primitivo] original **2.** [procedente] **ser ~ de** to come from (originally)

orilla nf **1.** [ribera] [de río] bank / [de mar] shore ▸ **a orillas de** [río] on the banks of ▸ **a orillas del mar** by the sea ▸ *Fig* **fue aclamado en las dos orillas del Atlántico** he was acclaimed on both sides of the Atlantic **2.** [borde] edge **3.** [acera] pavement

orillar vt **1.** [dificultad, obstáculo] to skirt around **2.** [tela] to edge

orín nm [herrumbre] rust ▸ **orines** [orina] urine

orina nf urine

orinal nm chamber pot

orinar vi & vt to urinate
◆ ***orinarse*** vpr to wet oneself ▸ **orinarse en la cama** to wet the bed

Orinoco nm **el ~** the Orinoco

oriundo, -a ■ adj **~ de** native of
■ nm,f DEP = *non-Spanish footballer whose mother or father is Spanish*

orla nf **1.** [adorno] (decorative) trimming **2.** *ESP* [fotografía] graduation photograph

orlar vt to decorate with trimmings

ornamentación nf ornamentation

ornamental adj [de adorno] ornamental / *Fig* [inútil] merely decorative

ornamentar vt to decorate, to adorn

ornamento nm [objeto] ornament ▸ REL **ornamentos** vestments

ornar vt to decorate, to adorn

ornato nm decoration

ornitología nf ornithology

ornitológico, -a adj ornithological

ornitólogo, -a nm,f ornithologist

ornitorrinco nm duck-billed platypus

oro nm **1.** [metal] gold ▸ **de ~** gold ▸ **~ en barras** bullion ▸ **~ negro** oil ▸ **~ en polvo** gold dust **2. oros** [naipes] = *suit in Spanish deck of cards, with the symbol of a gold coin* **3.** [expresiones] **guardar algo como ~** *ESP* **en paño** *o AM* **en polvo** to treasure sth ▸ **no lo haría ni por todo el ~ del mundo** I wouldn't do it for all the tea in China ▸ **hacerse de ~** to make one's fortune ▸ **no es ~ todo lo que reluce** all that glitters is not gold ▸ **pedir el ~ y el moro** to ask the earth ▸ **prometer el ~ y el moro** to promise the earth

orogénesis nf inv orogenesis

orografía nf **1.** GEOG orography **2.** [relieve] terrain

orondo, -a adj *Fam* **1.** [gordo] plump **2.** [satisfecho] self-satisfied, smug

oropel nm glitter, glitz

oropéndola nf golden oriole

orquesta nf **1.** [músicos] orchestra ▸ **~ de baile** dance band ▸ **~ de cámara/sinfónica** chamber/symphony orchestra **2.** [lugar] orchestra pit

orquestación nf orchestration

orquestar vt *también Fig* to orchestrate

orquestina nf dance band

orquídea nf orchid

ortiga nf (stinging) nettle

ortodoncia nf orthodontics *(singular)* ▸ **hacerse la ~** to have orthodontic work done

ortodoxia nf orthodoxy

ortodoxo, -a ■ adj orthodox
■ nm,f REL member of the Orthodox Church

ortografía nf spelling

ortográfico, -a adj spelling ▸ **reglas ortográficas** spelling rules

ortopedia nf orthopaedics *(singular)*

ortopédico, -a adj [zapato, corsé] orthopaedic ▸ **pierna ortopédica** artificial leg

ortopedista nmf orthopaedist

oruga nf **1.** [insecto] caterpillar **2.** [vehículo] caterpillar tractor

orujo nm = *strong spirit made from grape pressings*

orzuelo nm stye

os pron personal *ESP* **1.** (complemento directo) you ▸ **me gustaría veros** I'd like to see you **2.** (complemento indirecto) (to) you ▸ **os lo dio** he gave it to you ▸ **os tengo miedo** I'm afraid of you **3.** (reflexivo) yourselves ▸ **os vestís** you get dressed **4.** (recíproco) each other ▸ **os enamorasteis** you fell in love (with each other)

Osa nf ASTRON **~ Mayor** Great Bear ▸ **~ Menor** Little Bear

osadía nf **1.** [valor] boldness, daring **2.** [descaro] audacity, cheek

osado, -a adj **1.** [valeroso] daring, bold **2.** [descarado] impudent, cheeky

osamenta nf skeleton

osar vi to dare

osario nm ossuary

Oscar, Óscar nm inv CINE Oscar

oscense ■ adj of/from Huesca
■ nmf person from Huesca

oscilación nf **1.** [movimiento] [de péndulo] swinging / FÍS oscillation **2.** [variación] fluctuation

oscilador nm oscillator

oscilar vi **1.** [moverse] [péndulo] to swing / FÍS to oscillate **2.** [variar] to fluctuate ▸ **el precio oscila entre los mil y los dos mil euros** the price can be anything between one and two thousand euros

oscilatorio, -a adj swinging / FÍS oscillating

ósculo nm *Formal* kiss

oscurantismo, obscurantismo nm obscurantism

oscurecer, obscurecer [46] ■ vt **1.** [privar de luz] to darken **2.** [mente] to confuse, to cloud **3.** [deslucir] to overshadow
■ v impersonal [anochecer] to get dark
◆ ***oscurecerse*** vpr to grow dark

oscurecimiento, obscurecimiento nm darkening

oscuridad, obscuridad nf **1.** [falta de luz] darkness ▸ **en la ~** in the dark **2.** [falta de claridad, fama] obscurity

oscuro, -a, obscuro, -a adj **1.** [sin luz] dark ▸ **¡qué ~ está este cuarto!** this room is very dark! **2.** [color, traje, piel, pelo] dark **3.** [nublado] overcast **4.** [poco claro, poco conocido] obscure **5.** [incierto] uncertain, unclear ▸ **tiene un origen ~** she's of uncertain origin **6.** [intenciones, asunto] shady
◆ ***a oscuras*** loc adv **nos quedamos a oscuras** we were left in the dark ▸ *Fig* **en este tema estoy a oscuras** I'm ignorant about this subject

óseo, -a adj bone ▸ **médula ósea** bone marrow ▸ **esqueleto ~** bony skeleton

osezno nm bear cub

osificarse [59] vpr to ossify

Oslo n Oslo

osmosis, ósmosis nf inv FÍS & *Fig* osmosis

oso, -a nm,f bear, *f* she-bear ▸ **hacer el ~** to act the fool ▸ *ESP Fam* **¡anda la osa!** well I never!, upon my word! ▸ **~ de felpa** *o* **peluche** teddy bear ▸ **~ hormiguero** ant-eater ▸ **~ panda** panda ▸ **~ polar** polar bear

osobuco nm CULIN osso bucco

ostensible adj evident, clear

ostentación nf ostentation, show ▸ **hacer ~ de algo** to show sth off, to parade sth

ostentador, -ora nm,f show-off, ostentatious person

ostentar vt **1.** [poseer] to hold, to have **2.** [exhibir] to show off, to parade **3.** [cargo] to hold, to occupy

ostentoso, -a adj ostentatious

osteoartritis nf inv MED osteoarthritis

osteópata nmf osteopath

osteopatía nf [terapia] osteopathy

osteoplastia nf osteoplasty

osteoporosis nf inv osteoporosis

ostra ■ nf oyster ▸ *Fam* **aburrirse como una ~** to be bored stiff

■ interj *ESP Fam* **¡ostras!** good grief!, *BR* blimey!

ostracismo nm ostracism ▸ **~ político** political wilderness

OTAN ['otan] nf (abrev de ***Organización del Tratado del Atlántico Norte***) NATO

otear vt to survey, to scan

otero nm hillock

OTI ['oti] nf (abrev de ***Organización de Televisiones Iberoamericanas***) = *association of all Spanish-speaking television networks* ▸ **el festival de la ~** = *televised song competition across the Spanish-speaking world*

otitis nf inv inflammation of the ear

otomano, -a adj & nm,f Ottoman

otoñal adj autumn, autumnal, *US* fall ▸ **viento ~** autumn wind

otoño nm autumn, *US* fall ▸ **en ~** in (the) autumn, *US* in the fall

otorgamiento nm [de favor, petición] granting / [de premio, beca] award / DER [de documento] execution

otorgar [38] vt [favor, petición] to grant / [honor, título] to confer / [premio, beca] to award, to present / DER to execute

otorrino, -a nm,f *Fam* ear, nose and throat specialist

otorrinolaringología nf ear, nose and throat medicine

otorrinolaringólogo, -a nm,f ear, nose and throat specialist

otro, -a ■ adj **1.** [distinto] another ▸ **otros/otras** other ▸ **~ chico** another boy ▸ **el ~ chico** the other boy ▸ **(los) otros chicos** (the) other boys ▸ **no hacer otra cosa que llorar** to do nothing but cry ▸ **el ~ día** [pasado] the other day ▸ **fue otra persona** it was somebody else ▸ **el ~ extremo** the far end ▸ **el ~ lado de la calle** the opposite side of the street **2.** [nuevo] another ▸ **estamos ante ~ Dalí** this is another Dali ▸ **otros tres goles** another three goals ▸ **yo hubiera hecho ~ tanto** I would have done just the same

■ pron another (one) ▸ **otros/otras** others ▸ **dame ~** give me another (one) ▸ **el ~** the other one ▸ **(los) otros** (the) others ▸ **yo no lo hice, fue ~** it wasn't me, it was somebody else ▸ **~ habría abandonado, pero no él** anyone else would have given up, but not him ▸ **¡~ que tal!** there's another one! ▸ **¡otra!** [en conciertos] encore!, more! ▸ **¡hasta otra!** see you again!

otrora adv *Formal* formerly

otrosí adv *Formal* besides, moreover

Ottawa [o'tawa] n Ottawa

OUA nf *Antes* (abrev de ***Organización para la Unidad Africana***) OAU

ouija [w'iχa] nf [mesa] ouija board

output ['autput] (pl **outputs**) nm INFORM output

ovación nf ovation

ovacionar vt to give an ovation to, to applaud

oval adj oval

ovalado, -a adj oval

óvalo nm oval

ovárico adj ovarian

ovario nm ovary

oveja nf sheep, ewe ▸ **~ descarriada** lost sheep ▸ **~ negra** black sheep

ovejero, -a nm,f shepherd, shepherdess *f*

overbooking [oβer'βukin] (pl **overbookings**) nm overbooking

overol nm *AM* [de peto] *BR* dungarees, *US* overalls / [completo] overalls, *BR* boilersuit

ovetense ■ adj of/from Oviedo

■ nmf person from Oviedo

Oviedo n Oviedo

ovillar vt to roll *o* wind into a ball

◆ ***ovillarse*** vpr to curl up into a ball

ovillo nm ball *(of wool etc)* ▸ **hacerse un ~** to curl up into a ball

ovino, -a adj sheep ▸ **productos ovinos** sheep products

ovíparo, -a adj oviparous

ovni nm (abrev de ***objeto volador no identificado***) UFO

ovoide adj ovoid

ovulación nf ovulation

ovular ■ adj ovular

■ vi to ovulate

óvulo nm ovum

oxidación nf rusting

oxidado, -a adj rusty

oxidante ■ adj oxidizing

■ nm oxidizing agent

oxidar vt to rust / QUÍM to oxidize

◆ ***oxidarse*** vpr *también Fig* to get rusty

óxido nm **1.** QUÍM oxide **2.** [herrumbre] rust

oxigenación nf oxygenation

oxigenado, -a adj **1.** QUÍM oxygenated **2.** [cabello] peroxide ▸ **una rubia oxigenada** a peroxide blonde

oxigenar vt QUÍM to oxygenate

◆ ***oxigenarse*** vpr **1.** [airearse] to get a breath of fresh air **2.** [cabello] to bleach

oxígeno nm oxygen

oye *ver* ***oír***

oyente nmf **1.** [de programa] listener **2.** [alumno] *BR* occasional student, *US* auditing student

oyera *etc ver* ***oír***

ozono nm ozone

ozonosfera nf ozonosphere

P, p [pe] nf [letra] P, p

p. (abrev de ***página***) p

p.a. **1.** (abrev de ***por ausencia***) pp **2.** (abrev de ***por autorización***) pp

pabellón nm **1.** [edificio] pavilion **2.** [parte de un edificio] block, section / [en hospital] ward **3.** [en parques, jardines] summerhouse **4.** [tienda de campaña] bell tent **5.** [dosel] canopy **6.** [bandera] flag **7. ~ auditivo** outer ear

pábilo, pabilo nm wick

pábulo nm **dar ~ a** to feed, to encourage

PAC [pak] nf (abrev de ***política agrícola común***) CAP

pacato, -a ■ adj **1.** [mojigato] prudish **2.** [tímido] shy
■ nm,f [mojigato] prude

pacense ■ adj of/from Badajoz
■ nmf person from Badajoz

paceño, -a ■ adj of/from La Paz
■ nm,f person from La Paz

pacer [42] vi to graze

pachá nm pasha ▸ *Fam* **vivir como un ~** to live like a lord

pachanga nf *Fam* rowdy celebration

pachanguero, -a adj *ESP Fam* [música] catchy / *AM* [alegre] lively, party-loving

pacharán nm = *liqueur made from brandy and sloes*

pachorra nf *Fam* calmness

pachucho, -a adj *Fam* off-colour

pachulí (pl **pachulíes**) nm patchouli

paciencia nf patience ▸ **¡~, que todo se arreglará!** be patient, it'll all get sorted out! ▸ **¡qué ~ hay que tener contigo!** you'd try the patience of a saint! ▸ **¡este niño va a acabar con mi ~!** I'm losing my patience with this child! ▸ **armarse de ~** to summon up one's patience ▸ **perder la ~** to lose one's patience ▸ **tener más ~ que un santo** to have the patience of a saint ▸ **tener ~** to be patient

paciente adj & nmf patient

pacienzudo, -a adj patient

pacificación nf pacification

pacificador, -ora ■ adj pacifying ▸ **las fuerzas pacificadoras de la ONU** the UN peacekeeping forces
■ nm,f pacifier, peacemaker

pacificar [59] vt **1.** [país] to pacify **2.** [ánimos] to calm
◆ ***pacificarse*** vpr [persona] to calm down

Pacífico ■ nm **el ~** the Pacific
■ adj **el océano ~** the Pacific Ocean

pacífico, -a adj [vida, relaciones] peaceful / [persona] peaceable

pacifismo nm pacifism

pacifista adj & nmf pacifist

pack [pak] (pl **packs**) nm pack ▸ **un ~ de seis** a six-pack

paco, -a nm,f *ANDES, PAN Fam* cop

pacotilla: de pacotilla loc adj trashy, third-rate

pactar ■ vt to agree to ▸ **~ un acuerdo** to reach an agreement
■ vi to strike a deal (**con** with)

pacto nm agreement, pact ▸ **hacer/romper un ~** to make/break an agreement ▸ **~ electoral** electoral pact ▸ **~ social** social contract

padecer [46] ■ vt [sufrimiento] to endure, to undergo / [hambre, injusticia] to suffer / [enfermedad] to suffer from ▸ **~ inundaciones/un terremoto** to be hit by floods/an earthquake
■ vi to suffer ▸ **~ del corazón/riñón** to suffer from a heart/kidney complaint ▸ **padeció mucho por sus hijos** she suffered a lot for the sake of her children

padecimiento nm suffering

pádel nm DEP paddle tennis

padezca *etc ver* ***padecer***

padrastro nm **1.** [pariente] stepfather **2.** [pellejo] hangnail

padrazo nm *Fam* adoring father

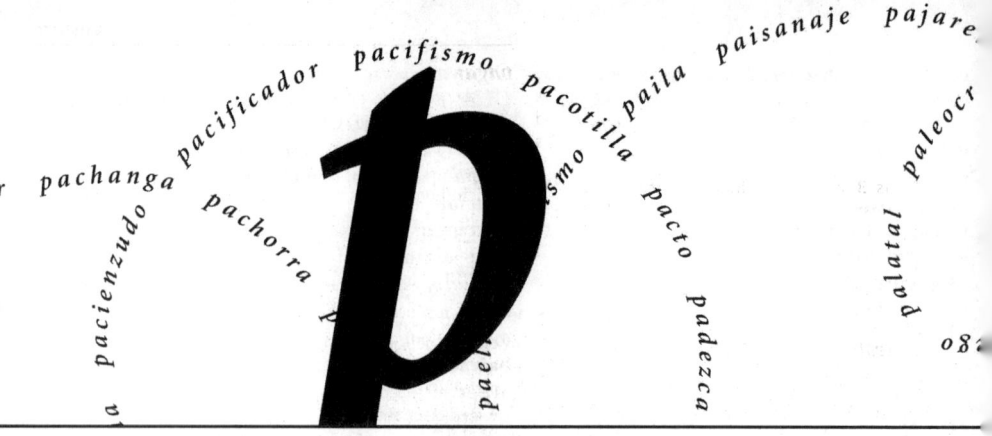

padre ■ nm **1.** [hombre] father ▸ *Fam* **de ~ y muy señor mío** incredible, tremendous ▸ *ESP Fam* **hacer ~ a alguien** to make sb a happy man ▸ **~ de familia** head of the family ▸ **~ político** father-in-law **2. padres** [hombre y mujer] parents / [antepasados] ancestors, forefathers **3.** REL father ▸ **Santo Padre** Holy Father, Pope ▸ **~ espiritual** confessor ▸ **Padres de la Iglesia** Fathers of the Christian Church
■ adj inv *Fam* **1.** *ESP* incredible, tremendous ▸ **se armó el lío ~** there was a terrible *o* huge fuss ▸ **fue el cachondeo ~** it was a great laugh **2.** *MÉX* great ▸ **está muy ~** it's really great *o* fantastic

padrenuestro nm Lord's Prayer ▸ **saberse algo como el ~** to know sth by heart, to have sth off pat

padrino nm **1.** [de bautismo] godfather / [de boda] best man ▸ **padrinos** [padrino y madrina] godparents **2.** [en duelos, torneos] second **3.** [protector] patron

padrísimo, -a adj *MÉX Fam* fantastic, great

padrón nm [censo] census / [para votar] electoral roll *o* register

padrote nm *MÉX Fam* pimp

paella nf paella

paellera nf = *large frying-pan for cooking paella*

paf interj bang!, crash!

pág. (abrev de ***página***) p

paga nf [salario] salary, wages / [de niño] pocket money ▸ **~ extra** *o* **extraordinaria** = *additional payment of a month's salary or wages made to Spanish workers in June and December*

CULTURA / CULTURE

paga extra

This is a bonus, equivalent to one month's wages, which is added to employees' salaries twice a year, in the summer and at Christmas, just in time to help people over these periods of heavy expenditure. It is considered as part of an employee's annual salary.

pagadero, -a adj payable ▸ **~ a 90 días/a la entrega** payable within 90 days/on delivery

pagado, -a adj paid ▸ **~ de sí mismo** pleased with oneself

pagador, -ora ■ adj paying ▸ **ser buen/mal ~** to be a reliable/unreliable payer
■ nm,f [de obreros] paymaster

paganismo nm paganism

pagano, -a adj & nm,f pagan, heathen

pagar [38] ■ vt [empleado, persona] to pay / [factura, gastos, delito] to pay for / [deuda] to pay off, to settle / [ayuda, favor] to repay ▸ **pagó dos millones por la casa** she paid two million for the house ▸ **yo pago la cena** I'll pay for dinner ▸ **su padre le paga los estudios** his father is supporting him through college/university ▸ **no iría aunque me lo pagaras** I wouldn't go (even) if you paid me ▸ **¡que Dios se lo pague!** God bless you! ▸ *Fam Fig* **me las pagarás** you'll pay for this
■ vi **1.** [con dinero] to pay **2.** *AM Fam* [compensar] to be worth it ▸ **no paga** it's not worth it

pagaré nm COM promissory note, IOU ▸ **~ del Tesoro** Treasury note

pagel nm sea bream

página nf page ▸ **las páginas amarillas** the Yellow Pages ▸ **~ central** centrefold ▸ INFORM **~ inicial** *o* **de inicio** home page ▸ INFORM **~ personal** personal home page ▸ INFORM **~ web** Web page

paginación nf pagination

paginar vt INFORM to paginate

pago nm [de dinero] payment / *Fig* reward, payment ▸ **en ~ de** *o* **a** [en recompensa por] as a reward for / [a cambio de] in return for ▸ **~ anticipado** *o* **por adelantado** advance payment ▸ **~ al contado** [en un plazo] single payment / [en metálico] cash payment ▸ **~ a plazos** payment by instalments ▸ **~ en efectivo** cash payment ▸ **~ inicial** down payment ▸ **~ en metálico** cash payment
◆ ***pagos*** nmpl [lugar] **por estos pagos** around here ▸ **¿qué hacías tú por aquellos pagos?** what were you doing around there *o* in those parts?

pagoda nf pagoda

pague *etc ver* ***pagar***

paila nf **1.** *ANDES, CAM, CARIB* [sartén] frying pan **2.** *CHILE* [huevos fritos] fried eggs

paipái, paipay nm *ESP* = *rigid circular fan with handle*

país nm country ▸ **el ~ votó "no" en el referéndum** the country *o* nation voted "no" in the referendum ▸ **en un ~ muy lejano...** in a distant *o* far-off land ▸ **los Países Bajos** the Netherlands ▸ **los países bálticos** the Baltic States ▸ **países desarrollados** developed countries ▸ **País de Gales** Wales ▸ **~ natal** native country, homeland ▸ **~ satélite** satellite state ▸ **países subdesarrollados** underdeveloped countries ▸ **el País Valenciano** the autonomous region of Valencia ▸ **el País Vasco** the Basque Country ▸ **países en vías de desarrollo** developing countries

paisaje nm [pintura, terreno] landscape / [vista panorámica] scenery, view

paisajismo nm landscape painting

paisajista ■ adj landscape ▸ **pintor ~** landscape painter
■ nmf landscape painter

paisajístico, -a adj landscape ▸ **belleza paisajística** natural beauty

paisanaje nm civilians

paisano, -a ■ adj [del mismo país] from the same country
■ nm,f **1.** [del mismo país] [hombre] compatriot, fellow countryman / [mujer] compatriot, fellow countrywoman **2.** [campesino] country person, peasant
■ nm [civil] civilian ▸ **de ~** [militar] in civilian clothes / [policía] in plain clothes

paja nf **1.** [hierba, caña] straw / *Fig* [relleno] waffle **2.** *muy Fam* [masturbación] *BR* wank, *US* jerkoff ▸ **hacerse una** *o* *AM* **la ~** to jerk off, *BR* to have a wank

pajar nm straw loft

pájara nf *Pey* crafty *o* sly woman

pajarera nf aviary

pajarería nf pet shop

pajarita nf **1.** [de papel] paper bird **2.** *ESP* [corbata] bow tie

pájaro nm **1.** [ave] bird ▸ *Fig* **matar dos pájaros de un tiro** to kill two birds with one stone ▸ *Fig* **tener pájaros en la cabeza** to be scatterbrained *o* empty-headed ▸ *Prov* **más vale ~ en mano que ciento volando** a bird in the hand is worth two in the bush ▸ **~ bobo** penguin ▸ **~ carpintero** woodpecker ▸ **~ de mal agüero** bird of ill omen **2.** [persona] crafty devil, sly old fox

pajarraco nm *Pey* **1.** [pájaro] big ugly bird **2.** [persona] nasty piece of work

paje nm page

pajita, pajilla nf (drinking) straw

pajizo, -a adj [color, pelo] straw-coloured

pajolero, -a adj *ESP muy Fam* damn, blessed ▸ **no tengo ni pajolera idea** I haven't the faintest *BR* bloody *o US* goddamn idea

Pakistán n Pakistan

pakistaní (pl **pakistaníes**) adj & nmf Pakistani

pala nf **1.** [herramienta] spade / [para recoger] shovel / CULIN slice ▸ **~ mecánica** *o* **excavadora** excavator, digger **2.** [de frontón, ping-pong] bat, *US* paddle ▸ **jugar a las palas** [en la playa] to play beach tennis **3.** [de remo, hélice] blade **4.** [diente] (upper) front tooth

palabra nf **1.** [en general] word ▸ **de ~** by word of mouth, verbally ▸ **dejar a alguien con la ~ en la boca** to cut sb off in mid-sentence ▸ **en cuatro** *o* **dos palabras** in a few words ▸ **en una ~** in a word ▸ **no dijo ~** he didn't say a word ▸ **medir las palabras** to weigh one's words (carefully) ▸ **no habla ni (media) ~ de español** she doesn't speak a word of Spanish ▸ **~ por ~** word for word ▸ **ser palabras mayores** to be an important matter ▸ **sin mediar ~** without a single word ▸ INFORM **~ clave** keyword ▸ **~ divina** *o* **de Dios** word of God **2.** [juramento, promesa] word ▸ **dar su ~** to give one's word ▸ **estar bajo ~** [en juicio] to be under oath ▸ **faltó a su ~** he went back on his word, he broke *o* didn't keep his word ▸ **mantuvo su ~** she kept her word ▸ **tienes mi ~** you have my word ▸ **tomar la ~ a alguien** to hold sb to their word **3.** [habla] speech **4.** [derecho de hablar] **dar la ~ a alguien** to give the floor to sb ▸ **tomar la ~** to take the floor

palabrería nf *Fam* hot air

palabrota nf swearword, rude word ▸ **decir palabrotas** to swear

palacete nm mansion, small palace

palaciego, -a adj palace, court ▸ **lujo ~** palatial luxury ▸ **intrigas palaciegas** court intrigues

palacio nm palace ▸ **~ de congresos** conference centre ▸ **~ de deportes** sports hall ▸ **~ de exposiciones** exhibition centre ▸ **Palacio de Justicia** Law Courts ▸ **~ real** royal palace

palada nf **1.** [con pala] spadeful, shovelful **2.** [con remo] stroke

paladar ■ nm [en la boca] palate / *Fig* [gusto] palate, taste ▸ **su arte no se ajusta al ~ europeo** his art doesn't appeal to European taste
■ nf o nm *CUBA* = *small restaurant in a private house*

paladear vt to savour

paladín nm HIST paladin, heroic knight / *Fig* [adalid] champion, defender

palanca nf **1.** [barra, mando] lever ▸ AUT **~ de cambio** *BR* gear lever, *US* gear shift, stick shift ▸ **~ de mando** joystick **2.** [trampolín] diving board **3.** *AM Fam* **tener ~** [contactos] to have friends in high places

palangana nf [para fregar] *BR* washing-up bowl, *US* dishpan / [para lavarse] *BR* washbasin, *US* washbowl

palangre nm fishing line with hooks

palanqueta nf jemmy, crowbar

palatal adj palatal

palatino, -a adj **1.** [de paladar] palatine **2.** [de palacio] palace, court ▸ **oficio ~** position at court

palco nm box *(at theatre)*

palé nm pallet

palenque nm **1.** [estacada] fence, palisade **2.** [recinto] arena ▸ **salir al ~** to enter the fray **3.** *MÉX* [para peleas de gallos] cockpit, cockfighting arena **4.** *ANDES, RP* [para animales] hitching post

palentino, -a ■ adj of/from Palencia
■ nm,f person from Palencia

paleocristiano, -a adj early Christian

paleografía nf paleography

paleográfico, -a adj paleographic

paleógrafo, -a nm,f paleographer

paleolítico, -a ■ adj paleolithic
■ nm Paleolithic period

paleontología nf paleontology

paleontólogo, -a nm,f paleontologist

Palermo n Palermo

Palestina n Palestine

palestino, -a adj & nm,f Palestinian

palestra nf arena ▸ *Fig* **salir** *o* **saltar a la ~** to enter the fray

paleta nf **1.** [pala pequeña] small shovel, small spade / [de albañil] trowel / [de pintor] palette / [en máquina] blade, vane / [para servir] fish slice ▸ INFORM **~ de herramientas** tool box **2.** *ANDES, CAM, MÉX* [pirulí] lollipop / *BOL, COL, PERÚ* [polo] *BR* ice lolly, *US* Popsicle®

paletada nf [con paleta] shovelful, spadeful / [de yeso] trowelful

paletilla nf CULIN shoulder blade

paleto, -a *ESP Pey* ■ adj coarse, uncouth
■ nm,f country bumpkin, yokel, *US* hick

paliar [32] vt **1.** [atenuar] to ease, to relieve **2.** [disculpar] to excuse, to justify

paliativo, -a ■ adj palliative
■ nm **1.** [excusa] excuse, mitigation ▸ **sin paliativos** unmitigated **2.** MED palliative

palidecer [46] vi [ponerse pálido] to go *o* turn pale / *Fig* [perder importancia] to pale, to fade

palidez nf paleness

pálido, -a adj pale ▸ **ponerse ~** to turn *o* go pale ▸ *Fig* **ser un ~ reflejo** *o* **una pálida imagen de** to be a pale reflection of ▸ **el premio es un ~ reconocimiento de su trabajo** the prize is meagre reward for her work

palier nm AUT bearing

palillero nm toothpick holder

palillo nm **1.** [mondadientes] toothpick / [para tapa] cocktail stick **2.** [baqueta] drumstick **3.** [para comida china] chopstick **4.** [persona delgada] matchstick

palio nm canopy

palique nm *ESP Fam* chat, natter ▸ **estar de ~** to have a chat *o* a natter

palisandro nm rosewood

palito nm CULIN **~ (de pescado)** *BR* fish finger, *US* fish stick

paliza ■ nf **1.** [golpes, derrota] beating **2.** [esfuerzo] hard grind **3.** *Fam* [rollo] drag ▸ **dar la ~ (a alguien)** to go on and on (to sb)
■ nmf inv *Fam* **ser un paliza(s)** to be a pain in the neck

palma nf **1.** [de mano] palm ▸ **conocer algo como la ~ de la mano** to know sth like the back of one's hand **2.** [palmera] palm (tree) / [hoja de palmera] palm leaf ▸ *Fig* **llevarse la ~** to be the best ▸ *Irónico* **él, es tonto, pero su hermano se lleva la ~** he's stupid but his brother takes the *BR* biscuit *o US* cake ▸ **llevar** *o* **traer en palmas a alguien** to pamper sb **3. palmas** [aplausos] clapping, applause ▸ **batir** *o* **dar palmas** to clap (one's hands)

palmada nf **1.** [suave] pat / [más fuerte] slap ▸ **dar palmadas en la espalda a alguien** to pat sb on the back **2.** [aplauso] clap ▸ **palmadas** clapping

palmar[1] ■ adj of the palm *(of the hand)*
■ nm palm grove

palmar[2] *Fam* ■ vi to kick the bucket, to snuff it
■ vt **palmarla** to kick the bucket, to snuff it

palmarés nm inv **1.** [historial] record **2.** [lista] list *o* roll of winners

palmario, -a adj obvious, clear

palmatoria nf candlestick

palmear ■ vt **1.** [aplaudir] to applaud **2.** [espalda, hombro] to slap, to pat
■ vi to clap, to applaud

palmeño, -a ■ adj of/from Las Palmas
■ nm,f person from Las Palmas

palmera nf **1.** [árbol] palm (tree) / [datilera] date palm **2.** [pastel] = *flat, heart-shaped pastry*

palmeral nm palm grove

palmesano, -a ■ adj of/from Palma (Mallorca)
■ nm,f person from Palma (Mallorca)

palmípedo, -a adj web-footed
◆ ***palmípedas*** nfpl waterfowl *(plural)*

palmito nm **1.** [árbol] palmetto, fan palm **2.** CULIN palm heart **3.** *Fam* [buena planta] good looks ▸ **lucir el ~** to show off one's good looks

palmo nm handspan ▸ **~ a ~** bit by bit, inch by inch ▸ *Fam* **dejar a alguien con un ~ de narices** to bring sb down to earth with a bump

palmotear vi to clap

palmoteo nm clapping

palo nm **1.** [trozo de madera] stick ▸ **los palos de la tienda de campaña** the tent poles ▸ *Fam* **a ~ seco** [sin nada más] without anything else, on its own / [bebida] neat ▸ *Fig* **dar palos de ciego** [criticar] to lash out (wildly) / [no saber qué hacer] to grope around in the dark ▸ *Prov* **de tal ~ tal astilla** he's/she's a chip off the old block **2.** [de golf] club / [de escoba] handle / [de portería] [lateral] post / [larguero] bar ▸ **estrellaron tres disparos en los palos** they hit the woodwork three times **3.** [mástil] mast ▸ **~ mayor** mainmast **4.** [de baraja] suit **5.** [madera] **de ~** wooden **6.** BOT tree ▸ **~ santo** lignum vitae **7.** [golpe] blow *(with a stick)* / [mala crítica] bad review ▸ **se ha llevado muchos palos últimamente** he's had to put up with a lot recently ▸ **liarse a palos (con alguien)** to come to blows (with sb) ▸ **moler a alguien a palos** to thrash sb **8.** *Fam* [problema] **me da ~ hacerlo/decirlo** I hate having to do/say it ▸ **¡qué ~, me han suspendido!** what a drag, I've failed! ▸ **da mucho ~ ponerse a estudiar en verano** it's a pain *o* drag having to start studying during the summer **9.** *COL, MÉX, PAN, VEN Fam* [como intensificador] **~ de hombre** great man ▸ **~ de agua** [aguacero] downpour, deluge of rain

paloma nf dove, pigeon ▸ **~ mensajera** carrier *o* homing pigeon ▸ **~ torcaz** ringdove, wood pigeon

palomar nm [pequeño] dovecote / [grande] pigeon shed

palometa nf pomfret

palomilla nf **1.** [insecto] grain moth **2.** [rosca] butterfly nut, wing nut **3.** [soporte] bracket

palomino nm [ave] young dove *o* pigeon

palomitas nfpl **~ (de maíz)** popcorn

palomo nm male dove *o* pigeon

palote nm [trazo] downstroke

palpable adj [tocable] touchable, palpable / [evidente] obvious, clear

palpación nf palpation

palpar ■ vt **1.** [tocar] to feel, to touch / MED to palpate **2.** [percibir] to feel
■ vi to feel around

palpitación nf [de corazón] beating / [con fuerza] throbbing ▸ **una ~** [de corazón] a beat / [con fuerza] a throb ▸ MED **palpitaciones** palpitations

palpitante adj **1.** [que palpita] beating / [con fuerza] throbbing **2.** [interesante] [discusión, competición] lively / [interés, deseo, cuestión] burning

palpitar vi **1.** [latir] to beat / [con fuerza] to throb **2.** [sentimiento] to be evident

pálpito nm feeling, hunch

palta nf *ANDES, RP* avocado

palúdico, -a adj MED malarial

paludismo nm MED malaria

palurdo, -a *Pey* ■ adj coarse, uncouth
■ nm,f country bumpkin, yokel, *US* hick

pamela nf sun hat

pampa nf **la ~** the pampas *(plural)*

pampero, -a ■ adj of/from the pampas
■ nm,f inhabitant of the pampas

pamplina nf *Fam* trifle, unimportant thing ▸ **¡no me**

vengas con pamplinas! don't try that nonsense with me!

Pamplona n Pamplona

pamplonés, -esa ■ adj of/from Pamplona
■ nm,f person from Pamplona

pamplonica adj & nmf ▸ ***pamplonés***

pan nm **1.** [alimento] bread ▸ **un ~** a loaf of bread ▸ **~ de barra** French bread ▸ *ESP* **~ Bimbo®** sliced bread ▸ **~ francés** French bread ▸ **~ de centeno** rye bread ▸ **~ integral** *BR* wholemeal *o US* wholewheat bread ▸ **~ de molde** sliced bread ▸ **~ moreno** *o* **negro** [integral] brown bread / [con centeno] black *o* rye bread ▸ **~ de oro** gold leaf *o* foil ▸ **~ rallado** breadcrumbs **2.** [expresiones] **a ~ y agua** on bread and water / *Fig* on the breadline ▸ *Fam* **contigo, ~ y cebolla** I'll go through thick and thin with you ▸ **ganarse el ~** to earn a living ▸ **llamar al ~ ~ y al vino vino** to call a spade a spade ▸ *Fam* **ser más bueno que el ~** to be kindness itself ▸ *Fam* **estar más bueno que el ~** to be gorgeous ▸ *Fam* **ser ~ comido** to be a piece of cake, to be as easy as pie ▸ *Fam* **ser el ~ nuestro de cada día** to be commonplace, to be an everyday occurence ▸ *Prov* **a falta de ~ buenas son tortas** you have to make the most of what you've got

pana nf corduroy ▸ **pantalones/camisa de ~** corduroy trousers/shirt

panacea nf *también Fig* panacea

panadería nf bakery, baker's

panadero, -a nm,f baker

panal nm honeycomb

Panamá n Panama

panamá nm panama (hat)

panameño, -a adj & nm,f Panamanian

Panamericana nf **la ~** the Pan-American Highway

CULTURA / CULTURE

la Panamericana

The carretera Panamericana (the Panamerican highway) runs almost without a break for some 48,000 kilometres from Alaska to the southern tip of Chile, connecting the entire American continent. The project was first proposed in 1925 and construction began three years later, but the road has yet to cross the densely forested Darien Gap in Panama. For all its merits as a prestige project, and its concrete benefits as a means of communication, further construction is dogged by controversy over the real threat to the ecosystem of the rainforest and to the culture of the indigenous peoples who live in the Darien region.

panamericanismo nm Pan-Americanism

pancarta nf placard, banner

panceta nf bacon

panchitos nmpl *ESP Fam* salted peanuts

pancho, -a adj *Fam* calm, unruffled ▸ **estar/quedarse tan ~** to be/remain perfectly calm

páncreas nm inv pancreas

pancreático, -a adj pancreatic

panda ■ adj **oso ~** panda
■ nm panda
■ nf *ESP* [de amigos] crowd, gang / [de gamberros, delincuentes] gang

pandemia nf *MED* pandemic

pandemónium nm pandemonium

pandereta nf tambourine

pandero nm **1.** [instrumento] tambourine **2.** *ESP Fam* [culo] *BR* bum, *US* butt

pandilla nf gang

pandillero, -a nm,f member of a gang

pandorga nf *PAR* [cometa] kite

panecillo nm *ESP* bread roll

panegírico, -a ■ adj panegyrical, eulogistic
■ nm panegyric, eulogy

panel nm **1.** [pared, biombo] screen **2.** [tablero] board ▸ **~ de información** [en estación] indicator board **3.** [de personas] panel

panera nf [para servir pan] bread basket / [para guardar pan] *BR* bread bin, *US* bread box

pánfilo, -a *Fam* ■ adj simple, foolish
■ nm,f fool, simpleton

panfletario, -a adj propagandist

panfleto nm polemical pamphlet

pánico nm panic ▸ **ser presa del ~** to be panic-stricken ▸ **tenerle ~ a** to be terrified of

panificación nf bread-making

panificadora nf (large) bakery

panocha nf **1.** [de maíz] ear, cob **2.** *MÉX Vulg* [vulva] cunt

panoplia nf **1.** [armas] mounted display of weapons **2.** [conjunto, gama] range, gamut

panorama nm **1.** [vista] panorama **2.** [situación] overall state / [perspectiva] outlook

panorámica nf panorama

panorámico, -a adj panoramic

panqueque nm *AM* pancake

pantagruélico, -a adj gargantuan, enormous

pantaleta nf, ***pantaletas*** nfpl *CAM, CARIB, MÉX* [bragas] panties, *BR* knickers

pantalla nf **1.** [de cine, televisión, ordenador] screen ▸ **la pequeña ~** the small screen, television ▸ **la ~ grande** the big screen ▸ **mostrar en ~** to show on the screen ▸ **una estrella de la ~** a TV/movie star ▸ **~ (acústica)** baffle ▸ **~ de cristal líquido** liquid crystal display ▸ **~ gigante** big screen ▸ **~ plana** flat screen ▸ **~ de radar** radar screen ▸ **~ táctil** touch screen **2.** [de lámpara] lampshade **3.** [de chimenea] fireguard **4.** [encubridor] front ▸ **esta empresa les sirve de ~ para sus actividades ilegales** this company serves as a front for their illegal activities

pantalón nm, ***pantalones*** nmpl trousers, *US* pants ▸ **unos pantalones** a pair of trousers *o US* pants ▸ *Fam Fig* **bajarse los pantalones** to climb down ▸ *Fam Fig* **llevar los pantalones** to wear the trousers *o US* pants ▸ **~ de**

campana bell-bottoms ▸ **pantalones de chándal** tracksuit bottoms *o US* pants ▸ **~ corto** short trousers *o US* pants, shorts ▸ **pantalones de esquí** ski pants ▸ **~ largo** (long) trousers *o US* pants ▸ **~ de montar** jodhpurs ▸ **~ de pana** cords ▸ **~ de pinzas** pleated trousers *o US* pants ▸ **~ (de) pitillo** drainpipe trousers *o US* pants ▸ **~ tejano** jeans ▸ **~ vaquero** jeans

pantaloncillos nmpl *COL, VEN* [calzoncillos] *BR* underpants, *US* shorts

pantanal nm marsh, bog

pantano nm **1.** [ciénaga] marsh / [laguna] swamp **2.** [embalse] reservoir

pantanoso, -a adj **1.** [cenagoso] marshy, boggy **2.** [difícil] tricky

panteísmo nm pantheism

panteísta ■ adj pantheistic
■ nmf pantheist

panteón nm [sepultura] mausoleum, vault / *AM salvo RP* [cementerio] cemetery

pantera nf panther ▸ **~ negra** black panther

panti nm *BR* tights, *US* pantyhose

pantimedias nfpl *MÉX BR* tights, *US* pantyhose

pantocrátor nm ARTE Christ Pantocrator

pantomima nf mime / *Fig* pantomime, acting

pantorrilla nf calf

pants nmpl *MÉX* [pantalón] tracksuit bottoms *o US* pants / [traje] track *o* jogging suit

pantufla nf slipper

panty (pl **pantis**) nm *BR* tights, *US* pantyhose

panza nf belly

panzada nf **1.** [en el agua] belly flop **2.** *Fam* [hartura] bellyful ▸ **darse una ~ (de algo)** to stuff oneself (with sth)

pañal nm *BR* nappy, *US* diaper ▸ *Fam Fig* **estar en pañales** [en sus inicios] to be in its infancy / [sin conocimientos] not to have a clue ▸ *Fam Fig* **dejar a alguien en pañales** to leave sb standing *o* behind

pañería nf [producto] drapery / [tienda] *BR* draper's (shop), *US* dry goods store

paño nm **1.** [tela] cloth, material **2.** [trapo] cloth / [para polvo] duster / [de cocina] tea towel ▸ *CHILE* **~ de loza** tea towel **3.** [lienzo] panel, length **4.** [expresiones] **conocer el ~** to know the score ▸ **ser el ~ de lágrimas de alguien** to be a shoulder to cry on for sb ▸ **en paños menores** in one's underthings ▸ **paños calientes** half-measures

pañol nm NÁUT storeroom

pañolada nf = *waving of handkerchiefs by crowd at sporting events to signal approval or disapproval*

pañoleta nf shawl, wrap

pañuelo nm [de nariz] handkerchief / [para el cuello] scarf / [para la cabeza] headscarf ▸ **~ de papel** paper handkerchief, tissue ▸ *Fam* **¡el mundo es un ~!** it's a small world!

Papa nm Pope

papa nf *esp AM* potato ▸ *Fam* **no saber ni ~** not to have a clue ▸ **papas fritas** [de sartén] *BR* chips, *US* (French) fries / [de bolsa] *BR* crisps, *US* (potato) chips

papá nm *Fam* dad ▸ **Papá Noel** Santa (Claus), Father Christmas

papachar vt *MÉX* to cuddle, to pamper

papacho nm *MÉX* hug, cuddle

papada nf [de persona] double chin / [de animal] dewlap

papado nm papacy

papagayo nm parrot ▸ **como un ~** parrot-fashion

papal adj papal

papalote nm *CAM, MÉX* [cometa] kite

papamoscas nm inv flycatcher

papanatas nmf inv *Fam* sucker

paparazzi [papa'ratsi] nmf inv paparazzi

paparruchas nfpl *Fam* nonsense

papaya nf [fruta] papaya, pawpaw

papear *ESP, VEN Fam* ■ vt to eat, to scoff
■ vi to eat, *BR* to nosh

papel nm **1.** [material] paper / [hoja] sheet of paper / [trozo] piece of paper ▸ **un ~ en blanco** a blank sheet of paper ▸ *Fig* **ser ~ mojado** to be worthless ▸ *Fig* **perder los papeles** to lose control ▸ **~ de aluminio** tin *o* aluminium foil ▸ **~ de barba** untrimmed paper ▸ **~ biblia** bible paper ▸ **~ de calco** *o* **de calcar** [transparente] tracing paper / [entintado] carbon paper ▸ **~ carbón** carbon paper ▸ **~ de carta** notepaper ▸ **~ cebolla** onionskin ▸ **~ celofán** Cellophane® ▸ **~ de cocina** kitchen roll ▸ INFORM **~ continuo** continuous paper ▸ **~ cuadriculado** graph paper ▸ **~ de embalar** *o* **envolver** wrapping paper ▸ **~ de estaño** tin *o* aluminium foil ▸ **~ de estraza** brown paper ▸ **~ de fumar** cigarette paper ▸ **~ higiénico** toilet paper ▸ **~ de lija** sandpaper ▸ **~ milimetrado** graph paper ▸ **~ de periódico** newspaper, newsprint ▸ **~ pintado** wallpaper ▸ **~ de regalo** wrapping paper, gift-wrapping ▸ **~ secante** blotting paper ▸ **~ de seda** tissue paper ▸ **~ sellado** *o* **timbrado** stamp, stamped paper ▸ **~ vegetal** tracing paper **2.** [en película, teatro] & *Fig* role, part ▸ **desempeñar** *o* **hacer el ~ de** to play the role *o* part of ▸ **hacer buen/mal ~** to do well/badly ▸ **~ principal/secundario** main/minor part **3.** FIN paper ▸ **~ de pagos** = *special stamps for making certain payments to the State* ▸ **~ del Estado** government bonds ▸ **~ moneda** paper money, banknotes **4.** [documento] **los sin papeles** undocumented immigrants

papela nf *ESP Fam* [documentación] I.D. card

papeleo nm paperwork, red tape

papelera nf **1.** [cesto] wastepaper basket, *BR* wastepaper bin / [en la calle] litter bin **2.** [fábrica] paper mill

papelería nf stationer's (shop)

papelero, -a ■ adj paper ▸ **industria papelera** paper industry
■ nm *CSUR* wastepaper basket, *BR* wastepaper bin

papeleta nf **1.** [boleto] ticket, slip (of paper) / [de votación] ballot paper **2.** EDUC = *slip of paper with university exam results* **3.** [problema] **¡menuda ~!** that's a nasty one!

papelina nf *Fam = sachet of paper containing drugs*

papelón nm *Fam* spectacle ◗ **hacer un ~** to make a fool of oneself, to be left looking ridiculous

papeo nm *Fam* grub

paperas nfpl mumps

papi nm *Fam* daddy, *US* pop

papila nf ANAT papilla ◗ **~ gustativa** taste bud

papilar adj papillary

papilla nf **1.** [para niños] purée ◗ *Fam* **echar** *o* **arrojar hasta la primera ~** to be as sick as a dog ◗ *Fam* **hecho ~** [cansado] shattered, exhausted / [roto] smashed to bits, ruined **2.** MED barium meal

papiloma nm papilloma

papiro nm papyrus

papiroflexia nf origami

papirotazo nm flick *(of finger)*

papista nmf papist ◗ *Fam* **ser más ~ que el Papa** to be more Catholic than the Pope

papo nm *Fam* [moflete] jowls ◗ *Fig* [descaro] **tener mucho ~** to have a lot of cheek

páprika nf paprika

papú (pl **papúes**) adj & nmf Papuan

Papúa-Nueva Guinea n Papua New Guinea

paquebote nm packet boat

paquete nm **1.** [de libros, regalos] parcel ◗ **~ bomba** parcel bomb ◗ **~ postal** parcel **2.** [de cigarrillos, folios] pack, packet / [de azúcar, arroz] bag ◗ **~ de tabaco** cigarette packet **3.** [maleta, bulto] bag **4.** [conjunto] package ◗ **~ de acciones** share holding ◗ **~ de medidas** package of measures ◗ **~ turístico** package holiday **5.** INFORM package **6.** [en motocicleta] passenger ◗ **ir de ~** to ride pillion **7.** *ESP Fam* [genitales masculinos] packet, bulge **8.** *Fam* [cosa fastidiosa] **me ha tocado el ~ de hacer...** I've been lumbered with doing... **9.** *Fam* **meter un ~ a alguien** [castigar] to come down on sb like a ton of bricks

paquetería nf **1.** [mercancía] small goods ◗ **empresa de ~** parcel delivery company **2.** [negocio] small goods shop **3.** *RP Fam* [elegancia] smartness, elegance

paquidermo nm pachyderm

Paquistán n Pakistan

paquistaní (pl **paquistaníes**) adj & nmf Pakistani

par ■ adj **1.** [número] even **2.** [igual] equal
■ nm **1.** [dos cosas o personas] pair ◗ **a** *o* **en pares** in pairs, two by two **2.** [número indeterminado] couple ◗ **un ~ de copas** a couple of *o* a few drinks ◗ **un ~ de veces** a couple of times, a few times **3.** [en golf] par ◗ **dos bajo/sobre ~** two under/over par **4.** [noble] peer **5.** [expresions] **sin ~** without equal, matchless ◗ **de una belleza sin ~** incomparably beautiful ◗ **(abierto) de ~ en ~** [puerta, ventana] wide open
◆ ***a la par*** loc adv **1.** [simultáneamente] at the same time **2.** [a igual nivel] at the same level **3.** FIN at par

para prep **1.** [finalidad] for ◗ **es ~ ti** it's for you ◗ **una mesa ~ el salón** a table for the living room ◗ **esta agua no es buena ~ beber** this water isn't fit for drinking *o* to drink ◗ **te lo repetiré ~ que te enteres** I'll repeat it so you understand ◗ **¿~ qué?** what for? **2.** [motivación] (in order) to ◗ **~ conseguir sus propósitos** in order to achieve his aims ◗ **lo he hecho ~ agradarte** I did it to please you **3.** [dirección] towards ◗ **ir ~ casa** to head (for) home ◗ **salir ~ el aeropuerto** to leave for the airport **4.** [tiempo] for ◗ **tiene que estar acabado ~ mañana** it has to be finished by *o* for tomorrow ◗ *AM salvo RP* **diez ~ las once** ten to eleven **5.** [comparación] **está muy delgado ~ lo que come** he's very thin considering how much he eats ◗ **~ ser verano hace mucho frío** considering it's summer, it's very cold **6.** (después de adj y antes de infin) [inminencia, propósito] to ◗ **la comida está lista ~ servir** the meal is ready to be served ◗ **el atleta está preparado ~ ganar** the athlete is ready to win **7.** [expresiones] **~ con** towards ◗ **es buena ~ con los demás** she is kind towards other people ◗ **~ mí/ti/***etc* [en mi/tu opinión] as far as you're concerned ◗ **~ mí que no van a venir** it looks to me like they're not coming

parabién nm *Formal* congratulations

parábola nf **1.** [alegoría] parable **2.** MAT parabola

parabólica nf satellite dish

parabólico, -a adj parabolic

parabrisas nm inv *BR* windscreen, *US* windshield

paracaídas nm inv parachute

paracaidismo nm parachuting, parachute jumping

paracaidista nmf parachutist / MIL paratrooper

paracas nmpl *Fam* MIL [paracaidistas] Paras

paracetamol nm paracetamol

parachispas nm inv fireguard

parachoques nm inv [de automóvil] bumper, *US* fender / [de tren] buffer

parada nf **1.** [detención] stop, stopping **2.** DEP save **3.** [de autobús] (bus) stop / [de taxis] taxi rank / [de metro] (underground) station ◗ **~ discrecional** request stop **4.** MIL parade

paradero nm **1.** [de persona] whereabouts ◗ **están en ~ desconocido** their present whereabouts are unknown **2.** *CHILE, COL, MÉX, PERÚ* [de autobús] bus stop

paradigma nm paradigm, example

paradigmático, -a adj paradigmatic

paradisiaco, -a, paradisíaco, -a adj heavenly

parado, -a ■ adj **1.** [inmóvil] [vehículo] stationary, standing / [persona] still, motionless / [fábrica, proyecto] at a standstill **2.** *ESP* [pasivo] lacking in initiative ◗ **ser muy ~** to lack initiative **3.** *ESP* [sin empleo] unemployed, out of work **4.** *AM* [en pie] standing ◗ **caer ~** to land on one's feet **5. salir bien/mal ~ de algo** to come off well/badly out of sth
■ nm,f *ESP* [desempleado] unemployed person ◗ **los parados** the unemployed ◗ **los parados de larga duración** the long-term unemployed

paradoja nf paradox

paradójico, -a adj paradoxical, ironical

parador nm **1.** [mesón] roadside inn **2.** *ESP* [hotel] **~ (nacional)** = *state-owned luxury hotel, often in a building of historic or artistic importance*

CULTURA / CULTURE

parador nacional

There are now over 80 of these luxury hotels which are administered by the Spanish government. **Paradores** are found throughout Spain, both in cities and in the countryside, and their restaurants have a good reputation for serving regional cuisine. Many are in buildings of historical importance, such as castles, mansions and former monasteries, but there are also purpose-built **Paradores**, designed to reflect traditional architectural styles. They are considered to be flagships of the government's policy on tourism.

parafarmacia nf alternative medicines *o* health remedies

parafernalia nf paraphernalia

parafina nf paraffin wax

parafrasear vt to paraphrase

paráfrasis nf inv paraphrase

paragolpes nm inv *RP* [en vehículo] bumper, *US* fender

paraguas nm inv umbrella

Paraguay nm **(el) ~** Paraguay

paraguaya nf [fruta] = *fruit similar to peach*

paraguayo, -a adj & nm,f Paraguayan

paragüero nm umbrella stand

paraíso nm **1.** REL Paradise / *Fig* paradise ▸ **~ fiscal** tax haven ▸ **~ terrenal** earthly Paradise **2.** TEATRO **asientos de ~** seats in the gods

paraje nm spot, place

paralela nf MAT parallel (line) ▸ DEP **paralelas** parallel bars

paralelismo nm **1.** MAT parallelism **2.** [semejanza] similarity, parallels

paralelo, -a ■ adj parallel (**a** to) ▸ **la cordillera corre paralela al mar** the mountain range runs parallel to the sea ▸ **los dos políticos han seguido caminos paralelos** the two politicians have followed similar paths ▸ DEP **barras paralelas** parallel bars
■ nm **1.** GEOG parallel **2.** [comparación] comparison ▸ **trazar un ~ con** to draw a comparison *o* parallel with **3.** ELEC **estar en ~** to be in parallel

paralelogramo nm parallelogram

paralímpico, -a adj DEP **juegos paralímpicos** Paralympic games, Paralympics

parálisis nf inv paralysis ▸ **~ cerebral** cerebral palsy ▸ **~ infantil** polio

paralítico, -a adj & nm,f paralytic

paralización nf [física] paralysis / *Fig* halting

paralizar [14] vt to paralyse
◆ ***paralizarse*** vpr [producción, proyecto] to come to a standstill

Paramaribo n Paramaribo

paramento nm **1.** [adorno] adornment **2.** CONSTR facing *(of a wall)*

parámetro nm parameter

paramilitar adj paramilitary

páramo nm moor ▸ **los páramos** the moors, the moorland

parangón nm paragon ▸ **sin ~** unparalleled ▸ **tener ~ con** to be comparable with

paraninfo nm assembly hall, auditorium

paranoia nf paranoia

paranoico, -a ■ adj paranoiac ▸ *Fam* **estar ~** to be going up the wall
■ nm,f paranoiac

paranormal adj paranormal

paraolímpico, -a adj DEP **juegos paraolímpicos** Paralympic games, Paralympics

parapente nm [actividad] [desde montaña] paragliding, parapenting / [a remolque de lancha motora] parascending

parapetarse vpr *también Fig* to take refuge (**tras** behind)

parapeto nm [antepecho] parapet / [barandilla] banister / [barricada] barricade

paraplejía, paraplejia nf MED paraplegia

parapléjico, -a adj & nm,f MED paraplegic

parapsicología nf parapsychology

parapsicológico, -a adj parapsychological

parapsicólogo, -a nm,f parapsychologist

parar ■ vi **1.** [detenerse, interrumpirse] to stop ▸ **¿paramos a** *o* **para comer algo?** shall we stop and *o* to have something to eat? ▸ **~ de hacer algo** to stop doing sth ▸ **no para de molestarme** he keeps annoying me ▸ **¡para ya!** stop it! ▸ **¡para ya de hacer ruido!** stop that noise! ▸ *Fam* **no ~** to be always on the go ▸ **¡no para quieto un momento!** he won't stay still for a single moment! ▸ **sin ~** non-stop **2.** [alojarse] to stay ▸ **paro poco en** *o* **por casa** I'm not at home much **3.** [recaer] **~ en manos de alguien** to come into the possession of sb **4.** [acabar] to end up ▸ **¿en qué parará este lío?** where will it all end? ▸ **ir a ~ a** to end up in ▸ **¿dónde habrán ido a ~ mis gafas?** where can my glasses have got to? **5.** *AM* [hacer huelga] to go on strike
■ vt **1.** [detener, interrumpir] to stop / [golpe] to parry **2.** *AM* [levantar] to raise
◆ ***pararse*** vpr **1.** [detenerse] to stop ▸ **pararse a hacer algo** to stop to do sth **2.** *AM* [ponerse de pie] to stand up

pararrayos nm inv lightning conductor

parasitario, -a adj parasitic

parasitismo nm parasitism

parásito, -a ■ adj BIOL parasitic
■ nm BIOL & *Fig* parasite ▸ TEL **parásitos** [interferencias] static

parasitología nf parasitology

parasol nm [sombrilla] parasol / [en automóvil] sun shield *o* visor

parcela nf plot (of land)

parcelación nf parcelling out, division into plots

parcelar vt to parcel out, to divide into plots

parcelario, -a adj of *o* relating to plots of land

parche nm **1.** [de tela, goma] patch **2.** [emplasto] poultice **3.** [chapuza] botch job / [para salir del paso] makeshift solution

parchear vt to patch up

parchís nm inv *BR* ≃ ludo, *US* ≃ Parcheesi®

parcial ■ adj **1.** [no total] partial **2.** [no ecuánime] biased
■ nm [examen] = *end-of-term exam at university*

parcialidad nf **1.** [tendenciosidad] bias, partiality **2.** [bando] faction

parco, -a adj **1.** [moderado] sparing (**en** in) **2.** [escaso] meagre / [cena] frugal / [explicación] brief, concise

pardiez interj *Anticuado o Hum* **¡~!** good gracious!

pardillo, -a ■ adj *ESP Fam* **1.** [ingenuo] naive **2.** [palurdo] **ser ~** to be a *BR* bumpkin *o US* hick
■ nm,f *ESP Fam* **1.** [ingenuo] naive person **2.** [palurdo] *BR* bumpkin, *US* hick
■ nm [pájaro] linnet

pardo, -a ■ adj greyish-brown, dull brown
■ nm greyish-brown, dull brown

pareado ■ adj **chalet ~** semi-detached house
■ nm **1.** [verso] couplet **2.** [vivienda] semi-detached house

parear vt to pair

parecer [46] ■ nm **1.** [opinión] opinion ▸ **cambiar de ~** to change one's mind **2.** [apariencia] **de buen ~** good-looking
■ vi **1.** (+ sustantivo) to look like ▸ **parece un palacio** it looks like a palace ▸ **parecía un sueño** it was like a dream **2.** (+ adjetivo) to look, to seem ▸ **pareces cansado** you look *o* seem tired ▸ **es alemán, pero no lo parece** he's German, but he doesn't look it ▸ **¡pareces bobo!** are you stupid, or what? **3.** [expresa opinión] **me parece que...** I think *o* it seems to me that... ▸ **me parece que sí/no** I think/don't think so ▸ **¿qué te parece mi vestido?** what do you think of my dress? ▸ **¿qué te parece la idea? – me parece bien/mal** what do you think of the idea? – it seems OK to me/I don't think much of it **4.** [tener aspecto de] **parece que va a llover** it looks like it's going to rain ▸ **parece que le gusta** it looks as if *o* it seems that she likes it ▸ **eso parece** so it seems ▸ **al ~** apparently
◆ ***parecerse*** vpr to be alike (**en** in) ▸ **parecerse a alguien** [físicamente] to look like sb / [en carácter] to be like sb ▸ **no tenemos yate ni nada que se le parezca** we haven't got a yacht or anything (like that)

parecido, -a ■ adj similar ▸ **~ a** similar to, like ▸ **bien ~** [atractivo] good-looking
■ nm resemblance (**con/entre** to/between) ▸ **cualquier ~ es pura coincidencia** any similarity is purely coincidental ▸ **~ de familia** family resemblance

pared nf **1.** [de construcción] wall ▸ **entre cuatro paredes** cooped up at home ▸ **las paredes oyen** walls have ears ▸ **si las paredes hablasen...** if the walls could talk... ▸ *Fig* **subirse por las paredes** to hit the roof, to go up the wall ▸ **está que se sube por las paredes** she's in an absolute rage, she's fit to be tied ▸ *Fam* **intenté convencerle, pero como si hablara a la pared** I tried to persuade him, but it was like talking to a brick wall ▸ *Fig* **me pusieron contra la ~** they had me up against the wall ▸ **~ maestra** main wall ▸ **~ medianera** party wall **2.** [de montaña] side **3.** DEP one-two ▸ **hacer la ~** to play a one-two

paredón nm [muro] (thick) wall / [de fusilamiento] (execution) wall

pareja nf **1.** [par] pair ▸ **por parejas** in pairs ▸ **formar parejas** to get into pairs **2.** [de novios] couple ▸ **vivir en ~** to live together ▸ **~ de hecho** unmarried couple **3.** [miembro del par] [persona] partner / [guante, zapato] other one ▸ **la ~ de este calcetín** the other sock of this pair

parejo, -a adj similar (**a** to)

parentela nf relations, family

parenteral adj **por vía ~** by injection

parentesco nm relationship

paréntesis nm inv **1.** [signo] bracket ▸ **entre ~** in brackets, in parentheses **2.** [intercalación] digression **3.** [interrupción] break ▸ **hacer un ~** to have a break

pareo nm wraparound skirt

parezca etc ver ***parecer***

pargo nm porgy

paria nmf pariah

parida nf *ESP Fam* **decir paridas** to talk *BR* rubbish *o US* garbage

paridad nf **1.** [semejanza] similarity / [igualdad] evenness **2.** FIN & INFORM parity ▸ **~ de cambio** parity of exchange

parienta nf *ESP Fam* **la ~** [cónyuge] *BR* the missus *o* missis, *US* my old lady

pariente nm,f [familiar] relation, relative ▸ **~ cercano** *o* **próximo** close relative ▸ **parientes más cercanos** [en impreso] next of kin ▸ **~ lejano** distant relative

parietal nm ANAT parietal

parihuela nf [camilla] stretcher

paripé nm *ESP Fam* **hacer el ~** to put on an act, to pretend

parir ■ vi to give birth ▸ *ESP Fam* **poner algo/a alguien a ~** *BR* to slag sth/sb off, *US* to badmouth sth/sb
■ vt to give birth to

París n Paris

parisiense adj & nmf, ***parisino, -a*** adj & nm,f Parisian

paritario, -a adj joint

paritorio nm delivery room

parka nf [abrigo] parka

parking ['parkin] (pl **parkings**) nm *BR* car park, *US* parking lot

párkinson nm MED Parkinson's disease

parlamentar vi to negotiate

parlamentario, -a ■ adj parliamentary
■ nm,f member of parliament

parlamentarismo nm parliamentary system

parlamento nm **1.** POL parliament ▸ **Parlamento Europeo** European Parliament **2.** TEATRO speech

parlanchín, -ina ■ adj talkative
■ nm,f chatterbox

parlante ■ adj talking

■ nm *AM* [altavoz] speaker

parlotear vi *Fam* to chatter

parloteo nm *Fam* chatter

parmesano, -a ■ adj **queso ~** Parmesan cheese
■ nm [queso] Parmesan (cheese)

parnaso nm *Formal* parnassus

parné nm *ESP Fam* dosh

paro nm **1.** *ESP* [desempleo] unemployment ▸ **estar en (el) ~** to be unemployed ▸ **quedarse en ~** to be left unemployed ▸ **~ cíclico/encubierto/estructural** cyclical/hidden/structural unemployment **2.** *ESP* [subsidio] unemployment benefit, dole money **3.** [cesación] [acción] shutdown / [estado] stoppage ▸ **~ biológico** = *temporary halt to fishing at sea to preserve fish stocks* ▸ **~ cardiaco** cardiac arrest ▸ **~ laboral** industrial action ▸ **~ técnico** [de máquina] down time **4.** *esp AM* [huelga] strike ▸ *AM* **hacer ~** to strike

parodia nf [de texto, estilo] parody / [de película] send-up, spoof ▸ **hacer una ~ de alguien** to do a send-up *o* take-off of sb

parodiar vt [texto, estilo] to parody / [película] to send up, to spoof / [persona] to send up, to take off

parón nm sudden stoppage

paroxismo nm paroxysm

paroxítono, -a adj paroxytone, word where the penultimate syllable is stressed

parpadeante adj [luz] flickering

parpadear vi [ojos] to blink / [luz] to flicker

parpadeo nm [de ojos] blinking / [de luz] flickering

párpado nm eyelid

parque nm **1.** [terreno] park ▸ **~ acuático** waterpark ▸ **~ de atracciones** amusement park ▸ *ESP* **~ de bomberos** fire station ▸ **~ comercial** *BR* retail park, *US* shopping mall ▸ **~ empresarial** business park ▸ **~ eólico** wind farm ▸ **~ infantil** playground ▸ **~ nacional** national park ▸ **~ natural** nature reserve ▸ **~ tecnológico** science park ▸ **~ temático** theme park ▸ **~ zoológico** zoo **2.** [vehículos] fleet ▸ **el parque automovilístico español** the Spanish vehicle fleet ▸ **~ móvil** fleet **3.** [para bebés] playpen

parqué nm [suelo] parquet (floor)

parqueadero nm *COL, ECUAD, PAN, VEN* car park, *US* parking lot

parquear *BOL, CARIB, COL* vt to park
◆ ***parquearse*** vpr to park

parquedad nf moderation ▸ **con ~** sparingly

parquet [par'ke] (pl **parquets**) nm [suelo] parquet (floor)

parquímetro nm parking meter

parra nf grapevine ▸ *Fam Fig* **subirse a la ~** to get above oneself

parrafada nf earful, dull monologue ▸ **soltar una ~** to go on (and on)

párrafo nm paragraph

parral nm **1.** [emparrado] vine arbour **2.** [terreno] vineyard

parranda nf *Fam* [juerga] **irse de ~** to go out on the town

parrandear vi *Fam* to go out on the town

parricida nmf parricide

parricidio nm parricide

parrilla nf **1.** [utensilio] grill ▸ **a la ~** grilled **2.** [restaurante] grillroom, grill **3.** DEP **~ (de salida)** (starting) grid **4.** *AM* [baca] roof rack

parrillada nf mixed grill

parrillero, -a ■ adj *RP* [salchicha] grilling, barbecue
■ nm,f **1.** [en parrillada] cook, barbecue cook **2.** *VEN* [en moto] passenger

párroco nm parish priest

parroquia nf **1.** [iglesia] parish church **2.** [jurisdicción] parish **3.** [fieles] parishioners, parish **4.** [clientela] clientele

parroquial adj parish ▸ **iglesia ~** parish church

parroquiano, -a nm,f **1.** [feligrés] parishioner **2.** [cliente] customer, regular

parsimonia nf deliberation, calmness ▸ **con ~** unhurriedly

parsimonioso, -a adj unhurried, deliberate

parte ■ nm report ▸ **dar ~ (a alguien de algo)** to report (sth to sb) ▸ **~ de accidente** [para aseguradora] (accident) claim form ▸ **~ facultativo** *o* **médico** medical report ▸ **~ meteorológico** weather report
■ nf **1.** [porción, cantidad] part ▸ **la mayor ~ de la gente** most people ▸ **la tercera ~ de** a third of ▸ **repartir algo a partes iguales** to share sth out equally ▸ **en ~** to a certain extent, partly ▸ **por mi/tu ~** for my/your part ▸ **por partes** bit by bit **2.** [lugar] part ▸ **en alguna ~** somewhere ▸ **en otra ~** elsewhere, somewhere else ▸ **no lo veo por ninguna ~** I can't find it anywhere ▸ **¿de qué ~ de España es?** what part of Spain is he from?, whereabouts in Spain is he from? ▸ *Fig* **en todas partes cuecen habas** it's the same the whole world over **3.** [bando, lado] side / DER party ▸ **estar/ponerse de ~ de alguien** to be on/to take sb's side ▸ **por ~ de padre/madre** on one's father's/mother's side ▸ **por una ~... por otra...** on the one hand... on the other (hand)... ▸ **por otra ~** [además] what is more, besides ▸ **tener a alguien de ~ de uno** to have sb on one's side **4.** *MÉX* [repuesto] (spare) part, spare **5. partes** [genitales] private parts **6. formar ~ de** to be part of ▸ **tomar ~ en algo** to take part in sth **7. de ~ de** on behalf of, for ▸ **¿de ~ de (quién)?** [contestando al teléfono] who is calling, please?

parteluz nm ARQUIT mullion

partenaire [parte'ner] nmf [pareja artística] partner

partenogénesis nf inv parthenogenesis

partera nf midwife

parterre nm *ESP* flowerbed

partición nf [reparto] sharing out / [de territorio] partitioning

participación nf **1.** [colaboración, intervención] participation ▸ **hubo mucha ~** [en actividad] many people took part / [en elecciones] there was a high turnout **2.** FIN [acción, cuota] share / [inversión] interest ▸ **~ en los beneficios** profit-sharing ▸ **~ mayoritaria**

majority interest ▸ **~ minoritaria** minority interest **3.** [de lotería] = *ticket representing a share in a lottery number* **4.** [comunicación] notice

participante ■ adj participating
■ nmf participant

participar ■ vi **1.** [colaborar, intervenir] to take part, to participate (**en** in) / FIN to have a share (**en** in) ▸ **participaron diez corredores/equipos** ten runners/teams took part *o* participated ▸ **todo el mundo participó con entusiasmo en la limpieza del río** everyone joined in enthusiastically in cleaning up the river **2.** [recibir] to receive a share (**de** of) **3.** [compartir] **~ de** to share
■ vt **~ algo a alguien** to notify sb of sth

participativo, -a adj **es muy ~ en clase** he participates a lot in class

partícipe ■ adj involved (**de** in) ▸ **hacer ~ de algo a alguien** [notificar] to notify sb of sth / [compartir] to share sth with sb
■ nmf participant

participio nm participle

partícula nf particle

particular ■ adj **1.** [especial] particular ▸ **tiene su sabor ~** it has its own particular taste ▸ **en casos particulares puede hacerse una excepción** we can make an exception in special cases ▸ **en ~** in particular ▸ **eso no tiene nada de ~** that's nothing special *o* unusual ▸ **lo que tiene de ~ es...** the unusual thing about it is... **2.** [privado] private ▸ **dar clases particulares** to teach private classes ▸ **domicilio ~** home address ▸ **la casa tiene jardín ~** the house has its own *BR* garden *o US* yard
■ nmf [persona] member of the public
■ nm [asunto] matter ▸ **sin otro ~, se despide atentamente** [en carta] *BR* yours faithfully, *US* sincerely yours

particularidad nf **1.** [rasgo] distinctive characteristic, peculiarity **2.** [cualidad] **la ~ de su petición** the unusual nature of his request

particularizar [14] ■ vt [caracterizar] to characterize
■ vi **1.** [detallar] to go into details **2.** [personalizar] **~ en alguien** to single sb out
◆ ***particularizarse*** vpr [caracterizarse] **particularizarse por** to be characterized by

partida nf **1.** [marcha] departure **2.** [en juego] game ▸ **echar una ~** to have a game **3.** [documento] certificate ▸ **~ de bautismo/defunción** baptismal/death certificate ▸ **~ de matrimonio/nacimiento** marriage/birth certificate **4.** COM [mercancía] consignment / [entrada] item, entry

partidario, -a ■ adj **ser ~ de** to be in favour of ▸ **es ~ de medidas más radicales** he is in favour of *o* he supports more radical measures ▸ **yo sería ~ de invitarles a ellos también** I think we should invite them as well
■ nm,f supporter ▸ **los partidarios de la paz** those in favour of peace

partidismo nm partisanship, bias

partidista adj partisan, biased

partido nm **1.** [político] party **2.** [deportivo] game, *BR* match ▸ **~ amistoso** friendly ▸ **un ~ de baloncesto/rugby** a game of basketball/rugby **3.** [futuro cónyuge] match ▸ **buen/mal ~** good/bad match **4. sacar ~ de, sacarle ~ a** to make the most of ▸ **tomar ~ por** to side with **5.** *ESP* **~ judicial** = *area under the jurisdiction of a court of first instance*

partir ■ vt **1.** [dividir] to divide, to split (**en** into) **2.** [romper] to break open / [cascar] to crack / [tronco, loncha] to cut ▸ **le partieron el brazo** they broke his arm ▸ **le partieron la ceja/el labio** they split *o* cut her eyebrow/lip ▸ **párteme un pedazo de pan** break me off a piece of bread ▸ *Fam* **partirle la cara a alguien** to smash sb's face in
■ vi **1.** [marchar] to leave, to set off **2.** [empezar] **~ de** to start from ▸ **~ de cero** to start from scratch ▸ **partimos de la base de que todos saben leer** we are assuming that everyone can read
◆ ***partirse*** vpr **1.** [romperse] to split ▸ **el vaso se partió al caer al suelo** the glass smashed when it hit the floor ▸ **partirse en dos** to split *o* break in two **2.** [rajarse] to crack **3.** *Fam* [de risa] **partirse (de risa)** to crack up (with laughter) ▸ **¡yo me parto con su tío!** his uncle really kills me! ▸ *muy Fam* **partirse el culo** to piss oneself laughing
◆ ***a partir de*** loc prep from ▸ **a ~ de mañana** from tomorrow ▸ **a ~ de aquí** from here on

partisano, -a adj & nm,f partisan

partitivo, -a ■ adj partitive
■ nm partitive

partitura nf score

parto nm birth ▸ **estar de ~** to be in labour ▸ **~ natural** natural childbirth ▸ **~ prematuro** premature birth

parturienta nf woman in labour

parvulario nm nursery school, kindergarten

párvulo, -a nm,f *BR* infant, *US* preschooler

pasa nf [fruta] raisin ▸ **~ de Corinto** currant ▸ **~ de Esmirna** sultana

pasable adj passable

pasacalles nm inv street procession *(during town festival)*

pasada nf **1.** [con el trapo] wipe ▸ **dar una segunda ~ a** [con la brocha] to apply a second coat to **2.** [a texto] **dar una ~ a** to read through **3. de ~** [sin detalles] in passing / [de paso] on the way ▸ **decir algo de ~** to say sth in passing ▸ **vete a comprar el pan y de ~ tráeme el periódico** go and buy the bread and get me the paper while you are at it **4.** *ESP Fam* [exageración] **lo que le hiciste a Sara fue una ~** what you did to Sara was a bit much, you went too far doing that to Sara ▸ **ese sitio es una ~ de bonito** that's a really lovely spot **5.** *Fam* **mala ~** dirty trick

pasadizo nm passage

pasado, -a ■ adj **1.** [terminado] past ▸ **~ un año** a year later ▸ **lo ~, ~ está** let bygones be bygones **2.** [último] last ▸ **el año ~** last year **3.** [podrido] off, bad **4.** [muy hecho] [filete, carne] well done
■ nm [tiempo] past / GRAM past (tense)

pasador nm **1.** [cerrojo] bolt **2.** *MÉX* [horquilla] hairpin, *BR* hairgrip, *US* bobby pin

pasaje nm **1.** *esp AM* [billete] ticket **2. el ~** [pasajeros] the passengers **3.** [calle] passage **4.** [fragmento] passage

pasajero, -a ■ adj passing ▸ **una molestia pasajera** a passing discomfort ▸ **es algo ~** it's someting temporary, it'll pass
■ nm,f passenger ▸ **"pasajeros, al tren"** "all aboard" ▸ **~ en lista de espera** stand-by passenger ▸ **~ en tránsito** transfer passenger

pasamanería nm [adornos] decorative fringe

pasamanos nm inv [de escalera interior] banister / [de escalera exterior] handrail

pasamontañas nm inv balaclava (helmet)

pasante nmf **1.** [de abogado] articled clerk **2.** *AM* [ayudante en prácticas] assistant

pasantía nf COM **1.** [función] assistantship **2.** [tiempo] probationary period, apprenticeship

pasaporte nm passport

pasapuré nm, ***pasapurés*** nm inv = *hand-operated food mill, BR* mouli

pasar ■ vt **1.** [dar, transmitir] to pass / [noticia, aviso] to pass on ▸ **¿me pasas la sal?** would you pass me the salt? ▸ **le paso (con él)** [al teléfono] I'll put you through (to him) ▸ **~ algo por** [filtrar] to pass sth through **2.** [cruzar] to cross ▸ **~ la calle** to cross the road ▸ **pasé el río a nado** I swam across the river **3.** [rebasar, sobrepasar] to go through / [vehículo] to overtake ▸ **~ un semáforo en rojo** to go through a red light **4.** [llevar adentro] to show in ▸ **el criado nos pasó al salón** the butler showed us into the living room **5.** [trasladar] **~ algo a** to move sth to **6.** [contagiar] **~ algo a alguien** to give sth to sb, to infect sb with sth ▸ **me has pasado la tos** you've given me your cough **7.** [consentir] **~ algo a alguien** to let sb get away with sth **8.** [emplear] [tiempo] to spend ▸ **pasó dos años en Roma** he spent two years in Rome ▸ **¿dónde vas a ~ las vacaciones?** where are you going on holiday?, where are you going to spend your holidays? **9.** [experimentar] to go through, to experience ▸ **~ frío/miedo** to be cold/ scared ▸ **pasarlo bien** to enjoy oneself, to have a good time ▸ **pasarlo mal** to have a hard time of it ▸ *Fam* **pasarlas canutas** to have a rough time **10.** [sobrepasar] **ya ha pasado los veinticinco** he's over twenty-five now ▸ **mi hijo me pasa ya dos centímetros** my son is already two centimetres taller than me **11.** CINE to show
■ vi **1.** [ir, moverse] to pass, to go ▸ **pasó por mi lado** he passed by my side ▸ **el autobús pasa por mi casa** the bus goes past *o* passes in front of my house ▸ **el Manzanares pasa por Madrid** the Manzanares goes *o* passes through Madrid ▸ **he pasado por tu calle** I went down your street ▸ **~ de... a...** to go *o* pass from... to... ▸ **~ de largo** to go by **2.** [entrar] to go/come in ▸ **pasen por aquí, por favor** come this way, please ▸ **¡pase!** come in! **3.** [poder entrar] to go (**por** through) ▸ **por ahí no pasa** it won't go through there **4.** [ir un momento] to pop in ▸ **pasaré por mi oficina/por tu casa** I'll pop into my office/round to your place **5.** [suceder] to happen ▸ **¿qué pasa aquí?** what's going on here? ▸ **¿qué pasa?** what's the matter? ▸ **¿qué le pasa?** what's wrong with him?, what's the matter with him? ▸ **pase lo que pase** whatever happens, come what may **6.** [terminarse] to be over ▸ **ya ha pasado lo peor** the worst is over now ▸ **pasó la Navidad** Christmas is over **7.** [transcurrir] to go by ▸ **pasaron tres meses** three months went by **8.** [cambiar] [acción] **~ a** to move on to ▸ **pasemos a otra cosa** let's move on to something else **9.** [conformarse] **~ (con/sin algo)** to make do (with/ without sth) ▸ **tendrá que ~ sin coche** she'll have to make do without a car **10.** [servir] to be all right, to be usable ▸ **puede ~** it'll do **11.** *Fam* [prescindir] **~ de algo/ alguien** to want nothing to do with sth/sb ▸ **paso de política** I'm not into politics ▸ **paso olímpicamente de hacerlo** I'm damned if I'm going to do it **12.** [tolerar] **~ por algo** to put up with sth
◆ ***pasarse*** vpr **1.** [cesar] to pass ▸ **siéntate hasta que se te pase** sit down until you feel better **2.** [emplear] [tiempo] to spend, to pass ▸ **se pasaron el día hablando** they spent all day talking **3.** [desaprovecharse] to slip by ▸ **se me pasó la oportunidad** I missed my chance **4.** [estropearse] [comida] to go off / [flores] to fade **5.** [cambiar de bando] **pasarse a** to go over to **6.** [omitir] to miss out ▸ **te has pasado una página** you've missed a page out **7.** [olvidarse] **pasársele a alguien** to slip sb's mind ▸ **se me pasó decírtelo** I forgot to mention it to you **8.** [no fijarse] **pasársele a alguien** to escape sb's attention ▸ **no se le pasa nada** he never misses a thing **9.** [excederse] **pasarse de generoso/bueno** to be far too generous/kind **10.** *Fam* [propasarse] to go too far, to go over the top ▸ **te has pasado diciéndole eso** what you said went too far *o* was over the top **11.** [divertirse] **¿qué tal te lo estás pasando?** how are you enjoying yourself? ▸ **pasárselo bien/mal** to have a good/bad time **12.** [ir un momento] to pop in ▸ **me pasaré por mi oficina/por tu casa** I'll pop into my office/round to your place

pasarela nf **1.** [puente] footbridge / [para desembarcar] gangway **2.** [en desfile de moda] *BR* catwalk, *US* runway

pasatiempo nm [hobby] pastime, hobby ▸ PRENSA **pasatiempos** crossword and puzzles section

pascua nf **1.** [de los cristianos] Easter ▸ *Fam* **hacer la ~ a alguien** [ser pesado] to pester sb / [poner en apuros] to land sb in it ▸ **Pascuas** [Navidad] Christmas *(singular)* ▸ **¡felices Pascuas!** Merry Christmas! ▸ **de Pascuas a Ramos** once in a blue moon **2.** [de los judíos] Passover

pascual adj Easter ▸ **cordero ~** Paschal lamb

pase nm **1.** [permiso] pass **2.** [cambio de lugar] **aprobaron su pase al departamento de contabilidad** they approved her transfer to the accounts department **3.** DEP & TAUROM pass **4.** *ESP* [proyección] showing, screening **5.** [desfile] parade ▸ **~ de modelos** fashion parade **6.** *ESP Fam* **eso tiene un ~** you can live with that

paseante nmf person out for a stroll

pasear ■ vi to go for a walk ▸ **~ a caballo** to go horse riding
■ vt **~ a alguien** to take sb for a walk / *Fig* to show sb off, to parade sb ▸ **~ al perro** to walk the dog
◆ ***pasearse*** vpr **1.** [caminar] to go for a walk **2.** [ganar con facilidad] **Colombia se paseó en la final** the final was a walkover for Colombia

paseíllo nm TAUROM = *parade of bullfighters when they come out into the ring before the bullfight starts*

paseo nm **1.** [acción] [a pie] walk / [en coche] drive / [a caballo] ride / [en barca] row ▸ **dar un ~** [a pie] to go for a walk **2.** [lugar] avenue ▸ **~ marítimo** promenade **3.** *Fam* **mandar** *o* **enviar a alguien a ~** to send sb packing

pasillo nm corridor ▸ **hacer (el) ~** to form a corridor *(for people to walk down)* ▸ **~ aéreo** air corridor ▸ **~ deslizante** travelator ▸ **~ rodante** travelator

pasión nf passion ▸ **hacer las cosas con ~** to do things passionately ▸ **siente** *o* **tiene gran ~ por los trenes** he really loves *o* adores trains ▸ **siente** *o* **tiene gran ~ por Isabel** he's passionately in love with Isabel ▸ REL **la Pasión** the Passion

pasional adj passionate

pasionaria nf passion flower

pasividad nf passivity

pasivo, -a ■ adj **1.** [gen] & GRAM passive **2.** [población] inactive
■ nm FIN liabilities ▸ **~ corriente** current liabilities

pasma nf *ESP muy Fam* **la ~** the cops, the pigs

pasmado, -a ■ adj **1.** [asombrado] astonished, astounded **2.** [atontado] stunned
■ nm,f halfwit

pasmar vt to astound
◆ ***pasmarse*** vpr to be astounded

pasmarote nmf *Fam* halfwit, dumbo

pasmo nm **1.** [asombro] astonishment **2.** [de frío] chill ▸ **te va a dar un ~** you'll catch your death

pasmoso, -a adj astonishing

paso nm **1.** [acción de pasar] passing ▸ **el ~ del tiempo** the passage of time ▸ **con el ~ de los años** as the years go by ▸ **el Ebro, a su ~ por Zaragoza** the Ebro, as it flows through Zaragoza ▸ **su ~ fugaz por la universidad** his brief spell at the university ▸ *también Fig* **abrir ~ a alguien** to make way for sb ▸ **abrirse ~ entre la multitud** to make *o* force one's way through the crowd ▸ **ceder el ~ (a alguien)** to let (sb) past / AUT to give way (to sb) ▸ **ceda el ~** [en letrero] *BR* give way, *US* yield ▸ **de ~** [de pasada] in passing / [aprovechando] while I'm/you're/*etc* at it ▸ **prohibido el ~** [en letrero] no entry ▸ **~ del ecuador** = *(celebration marking) halfway stage in a university course* **2.** [con el pie] step / [huella] footprint ▸ **dar un ~ adelante** *o* **al frente** to step forwards, to take a step forwards **3.** [forma de andar] walk / [ritmo] pace ▸ **a ~ ligero** at a brisk pace ▸ **marcar el ~** to keep time ▸ **a este ~ no acabaremos nunca** at this rate we'll never finish **4.** [etapa, acontecimiento] step / [progreso] step forward, advance ▸ **dar los pasos necesarios** to take the necessary steps ▸ **~ a ~** step by step **5.** [cruce] crossing ▸ **~ de cebra** *BR* zebra crossing, = *pedestrian crossing marked with black and white lines* ▸ **~ elevado** *BR* flyover, *US* overpass ▸ **~ fronterizo** border crossing (point) ▸ **~ a nivel** *BR* level crossing, *US* grade crossing ▸ **~ peatonal** *o* **de peatones** pedestrian crossing ▸ **~ subterráneo** *BR* subway, *US* underpass **6.** GEOG [en montaña] pass / [en el mar] strait **7.** [mal momento] **(mal) ~** difficult situation **8.** [expresiones] **a cada ~** every other minute ▸ **está a dos** *o* **cuatro pasos** it's just down the road ▸ **avanzar a pasos agigantados** to come on by leaps and bounds ▸ **disminuir a pasos agigantados** to decrease at an alarming rate ▸ **a ~ de tortuga** at a snail's pace ▸ **dar un ~ en falso** to make a false move *o* a mistake ▸ **estar de ~** to be passing through ▸ **salirle al ~ a alguien** to come up to sb ▸ **salir del ~** to get out of trouble

pasodoble nm paso doble

pasota *ESP Fam* ■ adj apathetic ▸ **actitud pasota** couldn't-care-less attitude
■ nmf **es un ~** he couldn't care less about anything

pasotismo nm *ESP Fam* couldn't-care-less attitude

pasquín nm lampoon

pasta nf **1.** [masa] paste / [de papel] pulp ▸ **~ dentífrica** *o* **de dientes** toothpaste ▸ **~ de hojaldre** puff pastry ▸ **~ quebrada** shortcrust pastry **2.** [espaguetis, macarrones] pasta ▸ **pastas alimenticias** pasta **3.** [pastelito] shortcake *BR* biscuit *o US* cookie **4.** *ESP Fam* [dinero] dough ▸ **costar/ganar una ~ gansa** to cost/earn a packet *o* fortune ▸ **aflojar** *o* **soltar la ~** to cough up the money **5.** [encuadernación] **de ~ dura/blanda** hardback/paperback **6.** *Fam* **ser de buena ~** to be good-natured

pastar vi to graze

pastel ■ adj inv [color] pastel ▸ **colores ~** pastel colours
■ nm **1.** CULIN [dulce] cake / [salado] pie ▸ **~ de bodas** wedding cake ▸ **~ de cumpleaños** birthday cake ▸ **~ de manzana** apple pie **2.** ARTE pastel ▸ **pintar al ~** to draw in pastels **3.** [expresiones] **descubrir el ~** to let the cat out of the bag ▸ **repartirse el ~** to share things out

pastelería nf **1.** [establecimiento] cake shop, patisserie **2.** [repostería] pastries

pastelero, -a ■ adj pastry ▸ **crema pastelera** confectioner's custard ▸ **la industria pastelera** the cake and biscuit manufacturing industry
■ nm,f [cocinero] pastry cook / [vendedor] owner of a patisserie

pasteurización, pasterización nf pasteurization

pasteurizado, -a, pasterizado, -a adj pasteurized

pasteurizar, pasterizar [14] vt to pasteurize

pastiche nm pastiche

pastilla nf **1.** MED pill, tablet ▸ **~ para la tos** cough drop **2.** [de jabón, chocolate] bar ▸ **~ (de caldo)** (stock) cube **3.** AUT shoe *(of brakes)* **4.** ELEC microchip **5.** *ESP Fam* **ir a toda ~** [vehículo] to go at top speed, *BR* to go like the clappers / [persona] to go at the double

pastizal nm pasture

pasto nm **1.** [hierba] fodder **2.** [sitio] pasture **3.** *AM* [césped] lawn, grass **4.** [expresiones] **a todo ~** in abundance ▸ **ser ~ de las llamas** to go up in flames

pastón nm *ESP Fam* **vale un ~** it costs a fortune *o BR* a bomb

pastor, -ora ■ nm,f [de ganado] shepherd, *f* shepherdess
■ nm **1.** [sacerdote] minister ▸ **~ protestante** Protestant minister **2.** [perro] **~ alemán** Alsatian, German shepherd

pastoral adj pastoral

pastorear vt to put out to pasture

pastoreo nm shepherding

pastoril adj pastoral, shepherd ▸ **novela ~** pastoral novel

pastoso, -a adj **1.** [blando] pasty / [arroz] sticky **2.** [seco] dry ▸ **tener la boca pastosa** to have a furry tongue

pata nf **1.** [pierna de animal] leg ▸ **las patas delanteras** the forelegs ▸ **las patas traseras** the hindlegs ▸ CULIN **~ negra** = *type of top-quality cured ham* **2.** [pie de animal] foot / [de perro, gato] paw / [de vaca, caballo] hoof **3.** *Fam* [de persona] leg ▸ **a ~** on foot ▸ **ir a la ~ coja** to hop ▸ **a cuatro patas** on all fours ▸ **~ de palo** wooden leg **4.** [de mueble] leg / [de gafas] arm **5.** [expresiones] *Fam* **estirar la ~** to kick the bucket ▸ **meter la ~** to put one's foot in it ▸ *también Fig* **poner algo patas arriba** to turn sth upside down ▸ **tener mala ~** to be unlucky ▸ **~ de gallo** [tejido] hound's-tooth check material ▸ **patas de gallo** [arrugas] crow's feet

◆ ***patas*** nfpl CHILE *Fam* [poca vergüenza] cheek

patada nf kick / [en el suelo] stamp ▸ **había turistas a patadas** there were loads of tourists ▸ **dar una ~ a** to kick ▸ **me da cien patadas (que...)** it makes me mad (that...) ▸ **dar la ~ a alguien** to kick sb out ▸ *Fig* **en dos patadas** [en seguida] in two shakes ▸ **sentar como una ~ (en el estómago)** to be like a kick in the teeth ▸ **tratar a alguien a patadas** to treat sb like dirt

patagón, -ona adj & nm,f Patagonian

Patagonia n **la ~** Patagonia

patalear vi [en el aire] to kick about / [en el suelo] to stamp one's feet

pataleo nm [en el aire] kicking, thrashing about / [en el suelo] stamping ▸ **derecho al ~** right to complain

pataleta nf tantrum

patán ■ adj uncivilized, uncouth

■ nm bumpkin

patata nf ESP potato ▸ *Fam* **no entendí ni ~** I didn't understand a word of it ▸ *Fam* **¡(di) ~!** [en foto] say cheese! ▸ *Fam Fig* **esta impresora es una ~** this printer's a dud ▸ **patatas bravas** = *sautéed potatoes served with spicy tomato sauce* ▸ *Fig* **~ caliente** hot potato ▸ **patatas fritas** [de sartén] *BR* chips, *US* (French) fries / [de bolsa] *BR* crisps, *US* (potato) chips

patatero, -a ESP ■ adj *Fam* **un rollo ~** [mentira] a ridiculous spiel ▸ **la película fue un rollo ~** the film was unbelievably boring

■ nm,f potato farmer

patatín: que si patatín, que si patatán loc adv *Fam* **estuvimos hablando que si ~, que si patatán** we talked about this, that and the next thing

patatús (pl **patatuses**) nm *Fam* funny turn

paté nm paté

patear ■ vt [dar un puntapié a] to kick / [pisotear] to stamp on

■ vi **1.** [patalear] to stamp one's feet **2.** *Fam* [andar] to tramp **3.** AM [cocear] to kick

◆ ***patearse*** vpr *Fam* [recorrer] to tramp ▸ **se pateó toda la ciudad** he tramped *o* traipsed all over town

patena nf paten ▸ ESP **limpio** *o* **blanco como una ~** as clean as a new pin

patentado, -a adj patent, patented

patentar vt to patent

patente ■ adj [descontento, indignación] obvious / [demostración, prueba] clear ▸ **su dolor era ~** he was clearly in pain

■ nf **1.** [de invento] patent ▸ **tener la ~ de algo** to hold the patent on *o* for sth **2.** [certificado] **~ de navegación** certificate of registration **3.** CSUR [de auto] *BR* registration number, *US* license number

pateo nm *Fam* stamping

patera nf [embarcación] small boat, dinghy

paternal adj fatherly, paternal / *Fig* paternal

paternalismo nm paternalism

paternalista adj paternalistic

paternidad nf fatherhood / DER paternity

paterno, -a adj paternal

patético, -a adj pathetic, moving

patetismo nm pathos

patíbulo nm scaffold, gallows

patidifuso, -a adj *Fam* stunned, *BR* gobsmacked

patilla nf **1.** [de pelo] sideboard, sideburn **2.** [de gafas] arm

patín nm **1.** [de hielo] ice skate / [de ruedas paralelas] roller skate / [en línea] roller blade **2.** [patinete] scooter **3.** ESP [embarcación] pedalo

pátina nf patina

patinador, -ora nm,f skater

patinaje nm skating ▸ **~ artístico** figure skating ▸ **~ sobre hielo** ice skating ▸ **~ sobre ruedas** roller skating / [con patines en línea] roller blading

patinar vi **1.** [sobre hielo] to skate / [sobre ruedas] to roller-skate / [con patines en línea] to roller-blade **2.** [resbalar] [coche] to skid / [persona] to slip ▸ ESP *Fam* **le patinan las neuronas** he's going a bit funny in the head **3.** *Fam* [equivocarse] to put one's foot in it

patinazo nm **1.** [de vehículo] skid / [de persona] slip **2.** *Fam* [equivocación] blunder ▸ **tener un ~** to make a blunder

patinete nm scooter

patio nm [de casa] courtyard / [de escuela] playground / [de cuartel] parade ground ▸ ESP *Fam* **¡cómo está el ~!** what a fine state of affairs! ▸ ESP **~ de butacas** stalls ▸ **~ interior** [en edificio] lightshaft

patita nf *Fam Fig* **poner a alguien de patitas en la calle** to kick sb out

patitieso, -a adj **1.** [de frío] frozen stiff **2.** [de sorpresa] stunned, *BR* gobsmacked

patito nm **el ~ feo** the ugly duckling

patizambo, -a adj knock-kneed

pato, -a nm,f duck ▸ *Fig* **pagar el ~** *BR* to carry the can, *US* to pick up the tab

patochada nf *Fam* piece of nonsense, idiocy ▸ **la última ~ del Gobierno** the government's latest cack-handed action

patógeno, -a adj infectious

patología nf pathology

patológico, -a adj pathological

patoso, -a adj *ESP Fam* clumsy

patraña nf absurd story

patria nf native country, fatherland ▸ **~ chica** home town ▸ DER **~ potestad** parental authority

patriarca nm patriarch

patriarcado nm patriarchy

patriarcal adj patriarchal

patricio, -a adj & nm,f patrician

patrimonial adj hereditary

patrimonio nm **1.** [bienes] [de empresa] assets / [propios] estate, assets ▸ **el ~ de la empresa asciende a mil millones de dólares** the company has net assets of one billion dollars ▸ **~ personal** personal estate **2.** [nacional] heritage ▸ **los ríos son ~ de todos** rivers are a heritage shared by all ▸ **es patrimonio (mundial) de la humanidad** it's a world heritage site ▸ **~ histórico-artístico** artistic *o* cultural heritage

patrio, -a adj native ▸ **el suelo ~** one's native soil

patriota ■ adj patriotic
■ nmf patriot

patrioterismo nm *Pey* jingoism, chauvinism

patriotero, -a adj *Pey* jingoistic, chauvinistic

patriótico, -a adj patriotic

patriotismo nm patriotism

patrocinador, -ora ■ adj sponsoring
■ nm,f sponsor

patrocinar vt to sponsor

patrocinio nm sponsorship

patrón, -ona ■ nm,f **1.** [de obreros] boss / [de criados] master, *f* mistress **2.** *ESP* [de pensión] landlord, *f* landlady **3.** [santo] patron saint **4.** [de barco] skipper
■ nm **1.** [medida] standard ▸ ECON **~ oro** gold standard **2.** [en costura] pattern ▸ *Fig* **estar cortados por el mismo ~** to be cast in the same mould

patronal ■ adj **1.** [empresarial] management ▸ **organización ~** employers' organization **2.** REL **fiestas patronales** = *celebrations for the feast day of a town's patron saint*
■ nf [organización] employers' organization ▸ **la ~ y los sindicatos** management and unions

patronato nm [dirección] board of trustees / [con fines benéficos] trust

patronazgo nm patronage

patronímico, -a adj patronymic

patronista nmf pattern cutter

patrono, -a nm,f **1.** [de empresa] [encargado] boss / [empresario] employer **2.** [santo] patron saint

patrulla nf patrol ▸ **estar de ~** to be on patrol ▸ **~ urbana** vigilante group

patrullar vt & vi to patrol

patrullero, -a ■ adj patrol ▸ **barco ~** patrol boat
■ nm,f [barco] patrol boat

patuco nm *ESP* bootee

paulatino, -a adj gradual

pauperización nf impoverishment

paupérrimo, -a adj very poor, impoverished

pausa nf pause, break / MÚS rest ▸ **con ~** unhurriedly ▸ **hacer una ~** [al hablar] to pause / [en actividad] to take a break ▸ TV **~ publicitaria** commercial break

pausado, -a adj deliberate, slow

pauta nf **1.** [modelo] standard, model ▸ **seguir una ~** to follow an example **2.** [en un papel] guideline

pautado, -a adj [papel] lined, ruled

pava nf **1.** *ESP Fam* [colilla] dog end **2.** *CAM* [flequillo] *BR* fringe, *US* bangs **3.** *CHILE, PERÚ* [broma] coarse *o* tasteless joke **4.** *ARG* [hervidor] kettle

pavimentación nf [de una carretera] road surfacing / [de la acera] paving / [de un suelo] flooring

pavimentar vt [carretera] to surface / [acera] to pave / [suelo] to floor

pavimento nm [de carretera] road surface / [de acera] paving / [de suelo] flooring

pavisoso, -a adj dull, insipid

pavo, -a ■ adj *Fam Pey* wet, drippy
■ nm,f **1.** [ave] turkey ▸ **~ real** peacock, *f* peahen **2.** *Fam Pey* [persona] drip

pavonearse vpr *Pey* to boast, to brag (**de** about)

pavoneo nm *Pey* showing off, boasting

pavor nm terror

pavoroso, -a adj terrifying

paya nf *CHILE*, ***payada*** nf *CSUR* = *improvised folksong*

payasada nf **1.** [graciosa] piece of clowning ▸ **hacer payasadas** to clown around **2.** [grotesca] ludicrous thing to say/do

payaso, -a ■ adj clownish
■ nm,f clown

payés, -esa nm,f = *peasant farmer from Catalonia or the Balearic Islands*

payo, -a adj & nm,f *ESP* non-gipsy

paz nf [en general] peace / [tranquilidad] peacefulness ▸ **dejar a alguien en ~** to leave sb alone *o* in peace ▸ **estar** *o* **quedar en ~** to be quits ▸ **firmar la ~** to sign a peace treaty ▸ **hacer las paces** to make (it) up ▸ **poner ~ entre** to reconcile, to make peace between ▸ **que en ~ descanse** may he/she rest in peace ▸ **y en ~** and that's that ▸ **~ interior** inner peace

pazguato, -a *Fam* ■ adj [simple] simple / [mojigato] prudish
■ nm,f [simple] simpleton / [mojigato] prude

pazo nm = *Galician mansion, belonging to noble family*

PC nm (abrev de ***personal computer***) PC

PCE nm (abrev de ***Partido Comunista de España***) Spanish communist party

PCUS [pe'kus] nm HIST (abrev de ***Partido Comunista de la Unión Soviética***) Soviet Communist Party

PD (abrev de ***posdata***) PS

pe nf *Fam Fig* **de pe a pa** from beginning to end

peaje nm toll

peana nf pedestal

peatón nm pedestrian

peatonal adj pedestrian ▸ **calle ~** pedestrian street

peca nf freckle

pecado nm sin ▸ **~ mortal** mortal sin ▸ **~ original** original sin ▸ **pecados capitales** deadly sins ▸ *también Fig* **ser un ~** to be a sin *o* crime

pecador, -ora ■ adj sinful
■ nm,f sinner

pecaminoso, -a adj sinful

pecar [59] vi **1.** REL to sin **2.** [pasarse] **~ de confiado/generoso** to be overconfident/too generous

pecera nf [acuario] fish tank / [redonda] fish bowl

pechar ■ vt **1.** *CSUR Fam* [pedir] to scrounge, to bum **2.** *ANDES, RP* [empujar] to push, to shove
■ vi **~ con** to bear, to shoulder

pechera nf [de camisa] shirt front / [de blusa, vestido] bust

pecho nm **1.** [tórax] chest / [de mujer] bosom **2.** [mama] breast ▸ **dar el ~ a** to breastfeed **3.** [interior] heart **4.** *AM* [en natación] breaststroke ▸ **los 100 metros ~** the 100 metres breaststroke **5.** [expresiones] **a lo hecho, ~** it's no use crying over spilt milk ▸ **a ~ descubierto** without protection *o* any form of defence ▸ *Fam* **echarse** *o* **meterse algo entre ~ y espalda** [comida] to put o tuck sth away / [bebida] to knock sth back, to down sth ▸ **tomarse algo a ~** to take sth to heart

pechuga nf **1.** [de ave] breast *(meat)* **2.** *Fam* [de mujer] bosom, bust

pechugona adj *Fam* busty, buxom

pecíolo, peciolo nm BOT stalk

pécora nf **ser una mala ~** to be a bitch *o* harpy

pecoso, -a adj freckly

pectoral ■ adj **1.** ANAT pectoral, chest ▸ **músculos pectorales** pectorals **2.** MED cough ▸ **jarabe ~** cough syrup
■ nm **1.** ANAT pectoral **2.** MED cough mixture *o* medicine

pecuario, -a adj livestock ▸ **actividad pecuaria** livestock raising

peculiar adj **1.** [característico] typical, characteristic **2.** [raro, curioso] peculiar

peculiaridad nf **1.** [cualidad] uniqueness **2.** [detalle] particular feature o characteristic

pecuniario, -a adj pecuniary

pedagogía nf education, pedagogy

pedagógico, -a adj educational

pedagogo, -a nm,f [especialista] educationist / [profesor] teacher, educator

pedal nm **1.** [de bicicleta, coche, piano] pedal ▸ **~ de embrague** clutch pedal ▸ **~ del freno** brake pedal **2.** *ESP Fam* [borrachera] **agarrarse un ~** to get plastered

pedalada nf pedal, pedalling

pedalear vi to pedal

pedante ■ adj pretentious
■ nmf pretentious person

pedantería nf [cualidad] pretentiousness / [dicho, hecho] piece of pretentiousness

pedazo nm **1.** [trozo] piece, bit ▸ **hacer pedazos algo** to break sth to bits / *Fig* to destroy sth ▸ **saltar en (mil) pedazos** to be smashed to pieces ▸ *Fig* **ser un ~ de pan** to be an angel, to be a real sweetie **2.** *Fam* [para enfatizar] **un ~ de libro/casa** a thumping great book/house ▸ **~ de alcornoque** *o* **de animal** *o* **de bruto** stupid oaf *o* brute

pederasta nm **1.** DER [contra menores] child molester **2.** [homosexual] (active) homosexual

pederastia nf **1.** DER [contra menores] child molesting **2.** [sodomía] sodomy

pedernal nm flint

pedestal nm pedestal, stand ▸ **poner/tener a alguien en un ~** to put sb on a pedestal

pedestre adj **1.** [a pie] on foot **2.** [corriente] pedestrian, prosaic

pediatra nmf paediatrician

pediatría nf paediatrics *(singular)*

pediátrico, -a adj pediatric

pedicuro, -a nm,f chiropodist, *US* podiatrist

pedida nf *ESP* ≃ engagement party, = *family ceremony in which the groom-to-be asks his future wife's parents for their daughter's hand in marriage*

pedido nm **1.** COM [de producto] order ▸ **hacer un ~** to place an order **2.** *AM* [petición] request ▸ **a ~ de** at the request of

pedigrí (pl **pedigríes**) nm pedigree

pedigüeño, -a ■ adj demanding, clamouring
■ nm,f [que pide] demanding person / [mendigo] beggar

pedir [47] ■ vt **1.** [solicitar] to ask for ▸ **~ algo a alguien** to ask sb for sth ▸ **~ a alguien que haga algo** to ask sb to do sth ▸ **~ a alguien (en matrimonio)** to ask for sb's hand (in marriage) ▸ **~ (prestado) algo a alguien** to borrow sth from sb ▸ **pide un millón por la moto** he's asking a million for the motorbike **2.** [en bares, restaurantes] to order ▸ **¿qué has pedido de postre?** what have you ordered for dessert? **3.** [exigir] to demand **4.** [requerir] to call for, to need
■ vi **1.** [mendigar] to beg **2.** [en bares, restaurantes] to order **3.** [rezar] **~ por el alma de alguien** to pray for sb's soul
◆ ***pedirse*** vpr [escoger] **¿qué pastel te pides tú?** which cake do you want? ▸ **¡me pido primer para subir al columpio!** [uso infantil] *BR* bags I get first go on the swing!, *US* dibs on first go on the swing!

pedo ■ nm **1.** [ventosidad] fart ▸ **tirarse un ~** to fart **2.** *Fam* [borrachera] **agarrarse un ~** to get pissed **3.** *RP Fam* **al ~** [inútilmente] for nothing ▸ **de ~** [de casualidad] by chance, *BR* by a fluke
■ adj inv *ESP, MÉX Fam* **estar ~** to be smashed *o BR* pissed

pedofilia nf paedophilia

pedófilo, -a nm,f paedophile

pedorrear vi *Fam* to fart a lot

pedorreta nf *Fam* raspberry *(sound)*

pedorro, -a nm,f *Fam* **1.** [que se tira pedos] person who farts a lot **2.** [tonto, pesado] pain, bore

pedrada nf **1.** [acción] throw of a stone **2.** [golpe] blow *o* hit with a stone ▸ **a pedradas** by stoning

pedrea nf **1.** *ESP* [en lotería] = *group of smaller prizes in* *the Spanish national lottery* **2.** [lucha] stone fight

pedregal nm stony ground

pedregoso, -a adj stony

pedrera nf stone quarry

pedrería nf precious stones

pedrisco nm hail

pedrusco nm rough stone

peeling ['pilin] (pl **peelings**) nm face mask *o* pack

pega nf **1.** *ESP* [obstáculo] difficulty, hitch ▸ **poner pegas (a)** to find problems (with) **2. de ~** false, fake

pegadizo, -a adj **1.** [música] catchy **2.** [contagioso] catching

pegado nm [parche] plaster

pegajoso, -a adj **1.** [material, calor] sticky **2.** *Fam* [persona] clingy, clinging **3.** *MÉX* [música] catchy

pegamento nm glue

pegar [38] ■ vt **1.** [adherir] to stick / [con pegamento] to glue / [póster, cartel] to fix, to put up **2.** [arrimar] **~ algo a** *o* **contra algo** to put *o* place sth against sth **3.** [golpear] to hit ▸ **pega a su mujer/a sus hijos** he beats his wife/children **4.** [propinar] [bofetada, paliza] to give ▸ **~ un golpe a alguien** to hit sb ▸ **~ un tiro a alguien** to shoot sb **5.** [contagiar] **~ algo a alguien** to give sb sth, to pass sth on to sb **6.** [corresponder a, ir bien a] to suit, to go with ▸ **no le pega ese vestido** that dress doesn't suit her ▸ **no le pega ese novio** that boyfriend isn't right for her **7.** INFORM to paste

■ vi **1.** [adherir] to stick **2.** [golpear] to hit **3.** [armonizar] to go together, to match ▸ **~ con** to go with **4.** [sol] to beat down

◆ ***pegarse*** vpr **1.** [adherirse] to stick **2.** [agredirse] to fight, to hit one another **3.** [golpearse] **pegarse (un golpe) con** *o* **contra algo** to bump into sth ▸ **me pegué (un golpe) en la pierna/la cabeza** I hit *o* bumped my leg/head **4.** [contagiarse] [enfermedad] to be transmitted, to be passed on / [canción] to be catchy ▸ **se me pegó su acento** I picked up his accent **5.** [engancharse] **pegarse a alguien** to stick to sb **6.** [darse] [baño, desayuno] to have ▸ **nos pegamos un viaje de diez horas** we had a ten-hour journey ▸ **me pegué un buen susto** I got a real fright **7.** *ESP Fam Fig* **pegársela a alguien** to have sb on, to deceive sb / [cónyuge] to cheat on sb ▸ **se la pega a su mujer con la vecina** he's cheating on his wife with the woman next door

pegatina nf *ESP* sticker

pego nm *ESP Fam Fig* **dar el ~** to look like the real thing

pegote nm *Fam* **1.** [masa pegajosa] sticky mess **2.** [chapucería] botch **3.** *ESP* [mentira] **tirarse pegotes** to tell tall stories, to boast

pegotear *CSUR Fam* vt to make sticky

◆ ***pegotearse*** vpr to get oneself all sticky

pegue *etc ver* ***pegar***

peinado nm [estilo, tipo] hairstyle / [más elaborado] hairdo

peinador, -ora ■ nm,f *AM* [peluquero] hairdresser

■ nm **1.** [ropa] dressing gown **2.** *BOL, CHILE, CUBA* [tocador] dressing table

peinar vt *también Fig* to comb

◆ ***peinarse*** vpr to comb one's hair

peine nm comb ▸ *Fam Fig* **enterarse de** *o* **saber lo que vale un ~** to find out what's what *o* a thing or two

peineta nf decorative comb worn in hair

p.ej. (abrev de ***por ejemplo***) e.g.

pejiguera nf *ESP Fam* drag, pain

Pekín n Peking, Beijing

pekinés, -esa ➤ ***pequinés***

pela nf *ESP Antes Fam* peseta ▸ **no tengo pelas** I'm broke *o BR* skint

peladilla nf sugared almond

pelado, -a ■ adj **1.** [cabeza] shorn **2.** [piel, cara] peeling / [fruta] peeled **3.** [habitación, monte, árbol] bare **4.** [número] exact, round ▸ **saqué un aprobado ~** I passed, but only just **5.** *Fam* [sin dinero] broke, *BR* skint

CÓMO...

pedir algo

Pedir algo

Could you give me a hand? / ¿Podrías echarme una mano?

Could you help me please? I'm looking for Mr Renton. / ¿Podría ayudarme, por favor? Estoy buscando al señor Renton.

Could you possibly come back later? / ¿Podrías volver más tarde?

Can you tell him I'll phone back? / ¿Puede decirle que llamaré más tarde?

Could I have some more paper, please? / ¿Podrías darme más papel, por favor?

Please let me know if you're coming. / Por favor, avísame si vienes.

I would be grateful if you would send me some samples. / Le agradecería que me enviase unas muestras.

I would appreciate it if you could give me a hand with these figures. / Le agradecería que me echase una mano con estas cifras.

Would you please send me your new catalogue? / ¿Podría mandarme su nuevo catálogo?

Aceptar ayudar a alguien

With pleasure. / Con mucho gusto.

Yes, of course. / Sí, por supuesto.

Yes, I'll tell him. / Sí, se lo diré.

Not at all. / Para nada.

No trouble at all. / No hay ningún problema.

I'd be delighted to help. / Estaría encantado de poder ayudarle.

Negarse

No, I'm sorry, I can't. / No, lo siento, no puedo.

Not just now. / Ahora mismo no.

I'm afraid it's just not possible. / Me temo que no es posible.

Sorry, you're asking the wrong person. / Lo siento, pero no estás preguntando a la persona adecuada.

■ nm,f *CAM, MÉX Fam* [persona humilde] common person, *BR* pleb, *BR* oik

peladura nf peeling

pelagatos nmf inv *Fam Pey* nobody

pelaje nm [de gato, oso, conejo] fur / [de perro, caballo] coat

pelambre nm mane *o* mop of hair

pelambrera nf long thick hair

pelandusca nf *Fam Pey* tart, slut

pelapatatas *ESP*, ***pelapapas*** *AM* nm inv potato peeler

pelar vt **1.** [persona] to cut the hair of **2.** [fruta, patatas] to peel / [guisantes, marisco] to shell **3.** [aves] to pluck / [conejos] to skin ▸ **~ la pava** [novios] to flirt, to have a lovey-dovey conversation **4.** *Fam* [dejar sin dinero] to fleece **5.** *Fam* **hace un frío que pela** it's freezing cold
◆ ***pelarse*** vpr **1.** [cortarse el pelo] to have one's hair cut **2.** [piel, espalda] to peel **3. pelarse de frío** to be frozen stiff, to be freezing cold

peldaño nm [escalón] step / [de escalera de mano] rung

pelea nf **1.** [a golpes] fight ▸ **peleas callejeras** street fighting **2.** [riña] row, quarrel

peleado, -a adj **1.** [combate, campaña electoral] hard-fought **2.** [personas] **están peleados** they've fallen out

pelear vi **1.** [a golpes] to fight **2.** [a gritos] to have a row *o* quarrel **3.** [esforzarse] to struggle
◆ ***pelearse*** vpr **1.** [a golpes] to fight **2.** [a gritos] to have a row *o* quarrel **3.** [enfadarse] to fall out ▸ **se ha peleado con su hermano** he's fallen out with his brother

pelele nm **1.** *Fam Pey* [persona] puppet **2.** [muñeco] guy, straw doll **3.** *ESP* [prenda de bebé] romper suit, *BR* Babygro®

peleón, -ona adj **1.** [persona] aggressive **2.** [vino] rough

peletería nf **1.** [tienda] fur shop, furrier's **2.** [oficio] furriery **3.** [pieles] furs ▸ **artículos de ~** furs

peletero, -a nm,f furrier

peliagudo, -a adj tricky

pelícano, pelicano nm pelican

película nf **1.** [de cine] movie, *BR* film ▸ **echar** *o* **poner una ~** to show a movie *o BR* film ▸ *Fig* **de ~** amazing ▸ **una casa/unas vacaciones de ~** a dream house/holiday ▸ **~ muda** silent movie *o BR* film ▸ **~ del Oeste** western ▸ **~ de terror** horror movie *o BR* film **2.** FOT **~ virgen** blank film **3.** [capa] film **4.** *Fam* [historia increíble] (tall) story ▸ **montarse una ~** to dream up an incredible story

peliculero, -a nm,f *Fam* teller of tall stories

peliculón nm *Fam* [película buena] fantastic *o* great movie *o BR* film

peligrar vi to be in danger

peligro nm danger ▸ **correr ~ (de)** to be in danger (of) ▸ **estar/poner en ~** to be/put at risk ▸ **en ~ de extinción** [especie, animal] endangered ▸ **fuera de ~** out of danger ▸ **¡~ de muerte!** [en letrero] danger! ▸ **~ de incendio** [en letrero] fire hazard ▸ **ser un ~** to be dangerous *o* a menace

peligrosidad nf danger

peligroso, -a adj dangerous

pelillo nm *ESP* **¡pelillos a la mar!** let bygones be bygones

pelín nm *ESP Fam* **un ~** a tiny bit

pelirrojo, -a ■ adj ginger, red-headed
■ nm,f redhead

pella nf *ESP Fam* **hacer pellas** *BR* to skive off (school), *US* to play hookey

pellejo nm **1.** *Fam* [piel, vida] skin ▸ **estar/ponerse en el ~ de otro** to be/put oneself in someone else's shoes ▸ **salvar el ~** to save one's skin **2.** [padrastro] hangnail

pelliza nf fur jacket

pellizcar [59] vt **1.** [persona] to pinch **2.** [pan] to pick at

pellizco nm pinch ▸ *Fig* **un buen ~** [de dinero] a tidy sum

pelma adj & nmf *ESP* ➤ ***pelmazo***

pelmazo, -a *Fam* ■ adj annoying, tiresome
■ nm,f bore, pain

pelo nm **1.** [cabello] hair ▸ **la bañera estaba llena de pelos** the bathtub was full of hair **2.** [de oso, conejo, gato] fur / [de perro, caballo] coat **3.** [de melocotón] down **4.** [de una tela] nap **5.** *Fam* [pizca, poquito] **échame un ~ más de ginebra** could I have a smidgin *o* tad more gin? ▸ **pasarse un ~** to go a bit too far ▸ **no me gusta (ni) un ~ ese tipo** I don't like that guy at all **6.** [expresiones] **se le va a caer el ~** he'll be in big trouble ▸ **con pelos y señales** with all the details ▸ **de medio ~** second-rate ▸ **no estudias nada y así te luce el ~ en los exámenes** you never study and it shows in your exam results ▸ **montar a caballo a ~** to ride bareback ▸ **presentarse a un examen a ~** to go to an exam unprepared ▸ **no tener un ~ de tonto** to be nobody's fool ▸ **no tener pelos en la lengua** not to mince one's words ▸ **no verle el ~ a alguien** not to see hide nor hair of sb ▸ **poner a alguien los pelos de punta** to make sb's hair stand on end ▸ **por los pelos, por un ~** by the skin of one's teeth, only just ▸ **ser un hombre de ~ en pecho** to be a real man ▸ **soltarse el ~** to let one's hair down ▸ **tomar el ~ a alguien** to pull sb's leg ▸ **venir al ~ a alguien** to be just right for sb ▸ *también Fig* **a contra ~** against the grain

pelón, -ona adj *Fam* **1.** [sin pelo] bald **2.** *MÉX* [difícil] tricky

pelota[1] nf **1.** [bola] ball ▸ **jugar a la ~** to play ball ▸ *Fig* **devolver la ~ a alguien** to put the ball back into sb's court ▸ *ESP Fam* **hacer la ~ (a alguien)** to suck up (to sb) ▸ **~ de goma** rubber ball ▸ **~ de tenis** tennis ball ▸ **~ vasca** pelota **2.** *AM* [béisbol] baseball **3.** *muy Fam* [testículo] **pelotas** balls ▸ **en pelotas** *BR* starkers, *US* butt-naked

pelota[2] *ESP Fam Pey* ■ adj [adulador] **ser ~** to be a creep
■ nmf [persona] creep, crawler

pelotari nmf pelota player

pelotazo nm **1.** [con pelota] kick *o* throw of a ball **2.** *ESP Fam* [enriquecimiento] **la cultura del ~** = *ruthless obsession with money and power*

pelotear vi [en tenis] to knock up

peloteo nm **1.** [en tenis] knock-up **2.** *ESP Fam* [adulación] fawning (**con** on)

pelotera nf *Fam* scrap, fight

pelotero, -a ■ adj *ESP Fam Pey* fawning
■ nm,f **1.** *ESP Fam Pey* [adulador] creep, crawler **2.** *AM* [jugador de béisbol] baseball player

pelotilla nf *Fam* **1.** *ESP* **hacer la ~ a alguien** to suck up to sb **2.** [de suciedad] = *ball of grime rubbed from skin*

pelotillero, -a *ESP Fam Pey* ■ adj **es muy ~** he's always sucking up to people
■ nm,f creep, crawler

pelotón nm [de soldados] squad / [de gente] crowd / DEP pack ▸ **~ de ejecución** firing squad

pelotudo, -a adj *RP Fam* damn stupid

peluca nf wig

peluche nm **1.** [material] plush **2.** [muñeco] cuddly toy ▸ **osito de ~** teddy bear

peludo, -a adj hairy

peluquería nf **1.** [establecimiento] hairdresser's (shop) **2.** [oficio] hairdressing

peluquero, -a nm,f hairdresser

peluquín nm toupee

pelusa nf **1.** [de tela] fluff **2.** [vello] down **3.** [de polvo] ball of fluff **4.** *ESP* [celos] **tener ~ de** to be jealous of

pélvico, -a adj pelvic

pelvis nf inv pelvis

PEMEX ['pemeks] nmpl (abrev de ***Petróleos Mexicanos***) = Mexican state oil company

CULTURA / CULTURE

PEMEX

Mexico is one of the world's largest oil producing countries, with estimated oil reserves of 26.9 billion barrels, and oil exports represent about one third of the national income. Petroleos de Mexico (PEMEX), the world's sixth largest oil company, was set up following the nationalization of foreign-owned oil companies by President Lázaro Cárdenas in 1938. It has a monopoly, protected by the constitution, and controls virtually all aspects of oil and gas exploitation in Mexico, though some private investment is permitted in petrochemicals. The need for major investment to modernize the industry may, however, lead to a relaxation of these restrictions, though such reforms are likely to prove highly controversial.

pena nf **1.** [lástima] shame, pity ▸ **da ~ no poder hacer nada** it's a shame *o* pity we can't do anything ▸ **el pobre me da ~** I feel sorry for the poor chap ▸ **¡qué ~!** what a shame *o* pity! **2.** [tristeza] sadness, sorrow ▸ **sentía una gran ~** I felt terribly sad **3.** [desgracia] problem, trouble **4.** [dificultad] struggle ▸ **a duras penas** with great difficulty **5.** [castigo] punishment ▸ **le cayó** *o* **le impusieron una ~ de treinta años** he was sentenced to *o* given thirty years ▸ **so** *o* **bajo ~ de** under penalty of ▸ **~ capital** *o* **de muerte** death penalty **6.** *CARIB, CAM, COL, MÉX* [vergüenza] embarrassment ▸ **me da ~** I'm embarrassed about it **7.** [expresiones] *ESP* **de ~** [muy malo] atrocious, appalling ▸ **dibuja/cocina de ~** he can't draw/cook to save his life ▸ **hecho una ~** in a real mess, in a terrible state ▸ **(no) valer** *o* **merecer la ~** (not) to be worthwhile *o* worth it ▸ **una película que merece la ~** a film that's worth seeing ▸ **sin ~ ni gloria** without distinction

penacho nm **1.** [de pájaro] crest **2.** [adorno] plume

penado, -a nm,f convict

penal ■ adj criminal
■ nm prison

penalidad nf suffering, hardship

penalista nmf [abogado] criminal lawyer

penalización nf **1.** [acción] penalization **2.** [sanción] penalty

penalizar [14] vt [gen] & DEP to penalize

penalti, penalty nm DEP penalty ▸ **parar un ~** to save a penalty ▸ *ESP Fam* **casarse de ~** to have a shotgun wedding

penar ■ vt [castigar] to punish
■ vi [sufrir] to suffer

penca nf [de cactus] fleshy leaf

pendejada nf *AM muy Fam* [acto] *BR* bloody *o US* goddamn stupid thing / [dicho] *BR* bloody *o US* goddamn stupid remark

pendejear vi *MÉX Fam* to mess about *o* around

pendejo, -a nm,f **1.** *MÉX Fam* [cobarde] coward **2.** *AM muy Fam* [tonto] jerk, *BR* tosser

pendenciero, -a ■ adj who always gets into a fight
■ nm,f = *person who is always getting into fights*

pender vi **1.** [colgar] to hang (**de** from) ▸ *Fig* **~ de un hilo** to be hanging by a thread **2.** [amenaza] **~ sobre** to hang over **3.** [sentencia] to be pending

pendiente ■ adj **1.** [por resolver] pending / [deuda] outstanding ▸ **estar ~ de** [atento a] to keep an eye on / [a la espera de] to be waiting for ▸ *Fig* **estar ~ de un hilo** to be hanging by a thread **2.** [asignatura] failed
■ nm *ESP* earring
■ nf slope ▸ **el terreno está en ~** the ground slopes *o* is on a slope ▸ **una ~ del 25 por ciento** a gradient of 1 in 4, a 1 in 4 gradient

pendón[1] nm [estandarte] banner

pendón[2]***, -ona*** nm,f *ESP Fam* [golfa] floozy / [vago] layabout, good-for-nothing

pendonear vi *Fam* to hang out

pendular adj [movimiento] swinging, swaying

péndulo nm pendulum

pene nm penis

penene nmf = *untenured teacher or lecturer*

penetración nf **1.** [introducción] penetration ▸ COM **~ de mercado** market penetration **2.** [sagacidad] astuteness, sharpness

penetrante adj **1.** [intenso] [dolor] acute / [olor] sharp / [frío] biting / [mirada] penetrating / [voz, sonido] piercing **2.** [sagaz] sharp, penetrating

penetrar ■ vi **penetrar en** [internarse en] to enter / [filtrarse por] to get into, to penetrate / [perforar] to pierce / [llegar a conocer] to get to the bottom of
■ vt **1.** [introducirse en] [sujeto: arma, sonido] to pierce, to penetrate / [sujeto: humedad, líquido] to permeate / [sujeto: emoción, sentimiento] to pierce **2.** [secreto, misterio] to get to the bottom of **3.** [sexualmente] to penetrate

peneuvista *ESP* ■ adj of/relating to the Basque nationalist party PNV
■ nmf member/supporter of the Basque nationalist party PNV

penicilina nf penicillin

península nf peninsula ▸ **la ~ Ibérica** the Iberian peninsula

peninsular ■ adj peninsular
■ nmf peninsular Spaniard

penique nm penny ▸ **peniques** pence

penitencia nf penance ▸ **hacer ~** to do penance

penitenciaría nf prison, *US* penitentiary

penitenciario, -a adj prison ▸ **régimen ~** prison regime

penitente nmf penitent

penoso, -a adj **1.** [trabajoso] laborious **2.** [lamentable] distressing / [aspecto, espectáculo] sorry **3.** *AM salvo RP* [embarazoso] embarrassing

pensado, -a adj **mal ~** twisted, evil-minded ▸ **en el día/momento menos ~** when you least expect it ▸ **un mal ~** a twisted person ▸ **bien ~** on reflection

pensador, -ora nm,f thinker

pensamiento nm **1.** [facultad] thought / [mente] mind / [idea] idea, thought ▸ **leer el ~ a alguien** to read sb's mind *o* thoughts **2.** BOT pansy

pensar [3] ■ vi to think ▸ **~ en algo/en alguien/en hacer algo** to think about sth/about sb/about doing sth ▸ **piensa en un número/buen regalo** think of a number/good present ▸ **dar que ~ a alguien** to give sb food for thought ▸ **no pienses mal...** don't get the wrong idea... ▸ **~ mal de alguien** to think badly *o* ill of sb
■ vt **1.** [reflexionar sobre] to think about *o* over ▸ **ahora que lo pienso,...** come to think of it,..., now that I think about it... ▸ **cuando menos lo pienses, te llamarán** they'll call you when you least expect it **2.** [opinar, creer] to think ▸ **~ algo de alguien/algo** to think sth of sb/sth ▸ **pienso que no vendrá** I don't think she'll come **3.** [idear] to think up **4.** [tener la intención de] **~ hacer algo** to intend to do sth ▸ **no pienso decírtelo** I have no intention of telling you ▸ **¿qué piensas hacer?** what are you going to do?, what are you thinking of doing? ▸ **¡ni pensarlo!** no way!, not a chance!
◆ ***pensarse*** vpr **pensarse algo** to think about sth, to think sth over ▸ **me ofrecieron el trabajo y no me lo pensé (dos veces)** they offered me the job and I had no hesitation in accepting it

pensativo, -a adj pensive, thoughtful

pensil, pénsil nm delightful garden

pensión nf **1.** [dinero] pension ▸ **~ alimenticia** *o* **alimentaria** maintenance ▸ **~ de jubilación/de viudedad** retirement/widow's pension **2.** [de huéspedes] guest house ▸ **media ~** [en hotel] half board ▸ **estar a media ~** [en colegio] to have school dinners ▸ **~ completa** full board

pensionado nm *ESP* boarding school

pensionista nmf **1.** [jubilado] pensioner **2.** [en una pensión] guest, lodger **3.** *ESP* [en un colegio] boarder

pentaedro nm pentahedron

pentagonal adj pentagonal

pentágono nm pentagon ▸ **el Pentágono** [edificio] the Pentagon

pentagrama nm MÚS stave

pentámetro nm [en poesía] pentameter

pentatlón nm pentathlon

Pentecostés nm **1.** [cristiano] Whitsun, Pentecost **2.** [judío] Pentecost

pentotal nm Pentothal

penúltimo, -a adj & nm,f penultimate, last but one

penumbra nf semi-darkness, half-light ▸ **en ~** in semi-darkness

penuria nf **1.** [pobreza] penury, poverty **2.** [escasez] paucity, dearth

peña nf **1.** [roca] crag, rock / [monte] cliff **2.** [club] club / [quinielística] syndicate / *ESP* [grupo de amigos] crowd

peñasco nm large crag *o* rock

peñazo nm *ESP Fam* bore

peñón nm rock ▸ **el Peñón (de Gibraltar)** the Rock (of Gibraltar)

peón nm **1.** [obrero] unskilled labourer ▸ **~ caminero** roadworker, *BR* navvy **2.** [en ajedrez] pawn **3.** [peonza] (spinning) top

peonada nf **1.** [día de trabajo] day's work **2.** [sueldo] day's wages **3.** [obreros] gang of labourers

peonza nf (spinning) top

peor ■ adj **1.** (comparativo) worse (**que** than) ▸ **he visto cosas peores** I've seen worse **2.** (superlativo) **el/la ~...** the worst... ▸ **lo ~ fue que...** the worst thing was that...
■ pron **el/la ~ (de)** the worst (in) ▸ **el ~ de todos** the worst of all ▸ **en el ~ de los casos** at worst, if the worst comes to the worst
■ adv **1.** (comparativo) worse (**que** than) ▸ **ahora veo ~** I see worse now ▸ **¿qué tal las vacaciones? – ~ imposible** how were your holidays? – they couldn't have been worse ▸ **estoy ~** [de salud] I feel worse ▸ **~ para ti/él/***etc.* that's your/his/*etc* problem ▸ **~ que ~** so much the worse **2.** (superlativo) worst ▸ **el que lo hizo ~** the one who did it (the) worst

pepinazo nm *Fam* **1.** [explosión] explosion, blast **2.** DEP [disparo] powerful shot, screamer / [pase] powerful pass

pepinillo nm gherkin

pepino nm cucumber ▸ *Fam* **me importa un ~** I couldn't care less, I don't give a damn

pepita nf **1.** [de fruta] pip **2.** [de oro] nugget

pepito nm *ESP* **1.** [de carne] grilled meat sandwich **2.** [dulce] = *long, cream-filled cake made of dough similar to doughnut*

pepitoria nf = *fricassee made with egg yolk*

pepona nf large cardboard doll

péptico, -a adj peptic

peque[1] nmf (diminutivo de ***pequeño***) *Fam* [niño] kid

peque[2] *etc ver* ***pecar***

pequeñez nf [cualidad] smallness / [cosa insignificante] trifle

pequeño, -a ■ adj small, little / [hermano] little / [posibilidad] slight / [ingresos, cifras] low ▸ **la casa se nos ha quedado pequeña** the house is too small for us now ▸ **pequeña empresa** small business ▸ **la pequeña pantalla** the small screen

■ nm,f [niño] little one ▸ **de ~** as a child ▸ **el ~, la pequeña** [benjamín] the youngest, the baby

pequeñoburgués, -esa ■ adj petit bourgeois

■ nm,f petit bourgeois, *f* petite bourgeoise

pequinés, -esa, pekinés, -esa ■ adj & nm,f Pekinese

■ nm [perro] Pekinese

PER [per] nm (abrev de ***Plan de Empleo Rural***) = *Spanish government project to support rural employment*

CULTURA / CULTURE

PER

In the 1980s the Spanish Socialist government sought to address the problem of rural unemployment, which was particularly severe in the southern regions of Andalusia and Extremadura due to the seasonal nature of much agricultural work. State benefits were paid for up to six months to those who had worked a minimum of 35 days in the previous year, and the "Plan de Empleo Rural" (PER) was set up to provide work on infrastructure projects and thus enable more people to qualify for benefits. These measures have slowed down migration to cities and improved local facilities, and in many towns more than a quarter of the active population may rely on these benefits. However, critics have claimed they were used as a means of entrenching the Socialists in power in regional government, and it is likely that the system will gradually be phased out.

pera ■ nf **1.** [fruta] pear **2.** [de goma] (rubber) bulb **3.** [interruptor] = *light switch on cord* **4.** [expresiones] **partir peras** to fall out ▸ **pedir peras al olmo** to ask (for) the impossible ▸ *ESP Fam* **ser la ~** to be the limit

■ adj inv *ESP Fam* posh ▸ **niño ~** spoilt *o* posh brat

peral nm pear tree

peralte nm [de carretera] banking

perborato nm perborate

perca nf perch

percal nm percale ▸ **conocer el ~** to know the score *o* what's what

percance nm mishap

per cápita adj & adv per capita

percatarse vpr ~ **(de algo)** to notice (sth)

percebe nm **1.** [marisco] goose barnacle **2.** *Fam* [persona] twit

percepción nf **1.** [por los sentidos, la inteligencia] perception ▸ **~ extrasensorial** extrasensory perception **2.** [cobro] receipt, collection

perceptible adj **1.** [por los sentidos] noticeable, perceptible **2.** [que se puede cobrar] receivable, payable

perceptivo, -a adj sensory

percha nf **1.** [de armario] (clothes) hanger, (coat-) hanger / [de pared] coat hook / [de pie] coat stand, hat stand **2.** [para pájaros] perch **3.** *Fam* **ser una buena ~** to have a good figure

perchero nm [de pared] coat rack / [de pie] coat stand, hat stand

percibir vt **1.** [con los sentidos] to perceive, to notice / [por los oídos] to hear **2.** [cobrar] to receive, to get

percusión nf percussion

percusionista nmf percussionist

percutor, percusor nm hammer, firing pin

perdedor, -ora ■ adj losing

■ nm,f loser

perder [64] ■ vt **1.** [dinero, objeto, amigo] to lose **2.** [desperdiciar] [tiempo] to waste / [oportunidad] to miss ▸ **no pierdas el tiempo con** *o* **en tonterías** don't waste your time on nonsense like that ▸ **no hay tiempo que ~** there's no time to lose **3.** [tren, vuelo] to miss **4.** [tener un escape de] [agua] to lose, to leak ▸ **ese camión va perdiendo aceite** this lorry is losing *o* leaking oil **5.** [perjudicar] to be the ruin of ▸ **le pierde su pasión por el juego** his passion for gambling is ruining him

■ vi **1.** [salir derrotado] to lose ▸ **no te pelees con él, que llevas las de ~** don't get into a fight with him, you're bound to lose **2.** [empeorar] to go downhill **3.** [tener un escape] [de agua, aceite] to leak **4. echar algo a ~** to spoil sth ▸ **echarse a ~** [alimento] to go off, to spoil

◆ ***perderse*** vpr **1.** [extraviarse] to get lost ▸ **me he perdido** I'm lost ▸ **se me ha perdido el reloj** I've lost my watch **2.** [desaparecer] to disappear ▸ *Fam* **¡piérdete!** get lost! **3.** [desperdiciarse] to be wasted **4.** [desaprovechar] **perderse algo** to miss out on sth ▸ **¡no te lo pierdas!** don't miss it! **5.** [por los vicios] to be beyond salvation **6. perderse por** [anhelar] to be mad about

perdición nf ruin, undoing

pérdida nf **1.** [de objeto, persona, peso] loss ▸ **en caso de ~, entregar en ...** in the event of loss, deliver to... ▸ *ESP* **no tiene ~** you can't miss it ▸ **~ del conocimiento** loss of consciousness **2.** [de tiempo, dinero] waste **3.** [escape] leak **4.** FIN **pérdidas** losses **5. pérdidas (materiales)** [daños] damage

perdidamente adv hopelessly

perdido, -a ■ adj **1.** [extraviado] lost / [animal, bala] stray ▸ *Fig* **¡estamos perdidos!** we're done for!, we're lost! **2.** *ESP* [sucio] filthy ▸ **ponerse ~ de pintura/barro** to get (oneself) covered in paint/mud **3.** [tiempo] wasted / [ocasión] missed **4.** *Fam* [de remate] complete,

utter ▸ **es idiota ~** he's a complete idiot
■ nm,f reprobate

perdigón nm pellet

perdigonada nf **1.** [tiro] shot **2.** [herida] gunshot wound

perdiguero nm gun dog

perdiz nf partridge ▸ **fueron felices y comieron perdices** they all lived happily ever after

perdón nm pardon, forgiveness ▸ **con ~** if you'll forgive the expression ▸ **no tener ~** to be unforgivable ▸ **pedir ~** to apologize ▸ **¡~!** [lo siento] sorry! ▸ **~, ¿me deja pasar?** excuse me, can I get past?

perdonar ■ vt **1.** [ofensa, falta] to forgive ▸ **perdonarle algo a alguien** to forgive sb for sth ▸ **perdone que le moleste** sorry to bother you ▸ **perdona la pregunta, ¿estás casada?** forgive *o* pardon my asking, but are you married? ▸ **perdone, ¿me deja salir?** excuse me, can I get past? **2.** [eximir de] [deuda, condena] **~ algo a alguien** to let sb off sth ▸ **perdonarle la vida a alguien** to spare sb their life **3.** [desperdiciar] **no ~ algo** not to miss sth
■ vi **los años no perdonan** the years take their toll ▸ **un delantero que no perdona** a forward who never misses

perdonavidas nmf inv *Fam* bully

perdurable adj **1.** [que dura siempre] eternal **2.** [que dura mucho] long-lasting

perdurar vi **1.** [durar mucho] to endure, to last **2.** [persistir] to persist

perecedero, -a adj **1.** [productos] perishable **2.** [naturaleza] transitory

perecer [46] vi to perish, to die

peregrina nf [vieira] scallop

peregrinación nf, ***peregrinaje*** nm REL pilgrimage / *Fig* [a un lugar] trek

peregrinar vi REL to make a pilgrimage / *Fig* [a un lugar] to trail, to trek

peregrino, -a ■ adj **1.** [ave] migratory **2.** [idea, argumento] strange, bizarre
■ nm,f [persona] pilgrim

perejil nm parsley

perenne adj **1.** BOT perennial **2.** [recuerdo] enduring **3.** [continuo] constant

perentorio, -a adj urgent, pressing / [gesto, tono] peremptory ▸ **plazo ~** fixed time limit

perestroika nf perestroika

pereza nf idleness ▸ **me da ~ ir a pie** I can't be bothered walking ▸ **no lo hice por ~** I couldn't be bothered doing it ▸ **sacudirse la ~** to wake oneself up ▸ **sentir ~** to feel lazy

perezoso, -a ■ adj **1.** [vago] lazy **2.** [lento] slow, sluggish
■ nm,f [vago] lazy person, idler
■ nm [animal] sloth

perfección nf perfection ▸ **es de una gran ~** it's exceptionally good ▸ **a la ~** perfectly

perfeccionamiento nm **1.** [acabado] perfecting **2.** [mejoramiento] improvement

perfeccionar vt **1.** [redondear] to perfect **2.** [mejorar] to improve

perfeccionismo nm perfectionism

perfeccionista adj & nmf perfectionist

perfectamente adv **1.** [sobradamente] perfectly **2.** [muy bien] fine ▸ **¿cómo estás? – estoy ~** how are you? – I'm fine **3.** [de acuerdo] **¡~!** fine!, great!

perfectivo, -a adj perfective

perfecto, -a adj ■ adj **1.** [impecable, inmejorable] perfect **2.** [total] absolute, complete ▸ **es un ~ idiota** he's an absolute *o* complete idiot ▸ **es un ~ desconocido** he's a complete unknown
■ interj **¡~!** [de acuerdo] fine!, great!

perfidia nf perfidy, treachery

pérfido, -a ■ adj perfidious, treacherous
■ nm,f treacherous person

perfil nm **1.** [contorno] outline, shape **2.** [de cara, cuerpo] profile ▸ **de ~** in profile **3.** [psicológico, de candidato] profile

perfilar vt to outline
◆ ***perfilarse*** vpr **1.** [destacarse] to be outlined **2.** [concretarse] to shape up

perforación nf **1.** [acción] drilling, boring **2.** MED perforation **3.** [taladro, hueco] bore-hole

perforador, -ora adj drilling

perforadora nf **1.** [herramienta] drill **2.** [para papel] paper punch

perforar vt [agujerear] to cut a hole/holes in / [con taladro] to drill a hole/holes in ▸ **la bala le perforó el pulmón** the bullet pierced his lung
◆ ***perforarse*** vpr **perforarse las orejas** to have *o* get one's ears pierced

perfumar vt to perfume
◆ ***perfumarse*** vpr to put perfume on

perfume nm perfume

perfumería nf **1.** [tienda, arte] perfumery **2.** [productos] perfumes

pergamino nm parchment

pergeñar vt [plan, idea] to rough out / [comida] to whip up

pérgola nf pergola

pericardio nm ANAT pericardium

pericia nf skill

pericial adj expert

perico nm **1.** [pájaro] parakeet **2.** *ESP, RP, VEN Fam* [cocaína] snow **3.** *COL* [café con leche] white coffee

periferia nf [contorno] periphery / [alrededores] outskirts

periférico, -a ■ adj peripheral ▸ **barrio ~** outlying district
■ nm INFORM peripheral

perifollo nm [planta] chervil
◆ ***perifollos*** nmpl *Fam* frills (and fripperies)

perífrasis nf inv wordy explanation ▸ GRAM **~ verbal** compound verb

perifrástico, -a adj long-winded

perilla nf **1.** [barba] goatee ▸ **venir de ~** *o* **perillas** to be just the right thing **2.** *AM* [de aparato] knob

perímetro nm perimeter

periodicidad nf [regularidad, frecuencia] frequency / MEC periodicity

periódico, -a ■ adj **1.** [regular] regular, periodic **2.** MAT recurrent
■ nm newspaper ▸ **~ dominical** *o* **del domingo** Sunday paper

periodismo nm journalism ▸ **~ de investigación** investigative journalism

periodista nmf journalist

periodístico, -a adj journalistic

periodo, período nm period / DEP half ▸ **~ de gestación** gestation period ▸ **~ glacial** ice age ▸ **~ de incubación** incubation period ▸ **~ interglacial** interglacial age ▸ **~ de prácticas** trial period ▸ **~ de prueba** trial period ▸ **~ de transición** transition period

peripatético, -a ■ adj **1.** FILOSOFÍA Peripatetic **2.** *Fam* [ridículo] ludicrous
■ nm,f Peripatetic

peripecia nf incident, adventure ▸ **sus peripecias en la selva** his adventures in the jungle

periplo nm journey, voyage

peripuesto, -a adj *Fam* dolled-up, tarted-up

periquete nm *Fam* **en un ~** in a jiffy

periquito ■ nm parakeet
■ adj *ESP Fam* DEP = *of/relating to the Español Football Club*

periscopio nm periscope

perista nmf *Fam* fence, = *receiver of stolen goods*

peritaje nm [trabajo] expert work / [informe] expert's report

peritar vt [casa] to value / [daños] to assess the value of

perito nm **1.** [experto] expert ▸ **~ agrónomo** agronomist **2.** [ingeniero técnico] technician

perjudicado, -a ■ adj affected ▸ DER **la parte perjudicada** the injured party
■ nm,f **los perjudicados por la inundación** those affected by the flood ▸ DER **el ~** the injured party

perjudicar **[59]** vt to damage, to harm

perjudicial adj harmful (**para** to)

perjuicio nm harm, damage ▸ **causar perjuicios (a)** to do harm *o* damage (to) ▸ **ir en ~ de** to be detrimental to ▸ **la reforma educativa favorece a algunas asignaturas en ~ de otras** the education reform favours some subjects at the expense of others ▸ **lo haré, sin ~ de que proteste** I'll do it, but I retain the right to make a complaint about it

perjurar vi **1.** [jurar mucho] **juró y perjuró que no había sido él** he swore blind that he hadn't done it **2.** [jurar en falso] to commit perjury

perjurio nm perjury

perjuro, -a ■ adj perjured
■ nm,f perjurer

perla nf pearl / *Fig* [maravilla] gem, treasure ▸ *Fig* **de perlas** great, fine ▸ **me viene de perlas** it's just the right thing

perlado, -a adj [de gotas] beaded

permanecer **[46]** vi **1.** [en un lugar] to stay **2.** [en un estado] to remain, to stay ▸ **~ en silencio** to remain silent ▸ **permanezcan en sus asientos** please remain seated

permanencia nf **1.** [en un lugar] staying, continued stay **2.** [en un estado] continuation

permanente ■ adj permanent / [comisión] standing
■ nf perm ▸ **hacerse la ~** to have a perm

permeabilidad nf permeability

permeable adj permeable

permisible adj permissible, acceptable

permisividad nf permissiveness

permisivo, -a adj permissive

permiso nm **1.** [autorización] permission ▸ **pedir ~ para hacer algo** to ask permission to do sth **2.** [fórmula de cortesía] **con ~** if I may, if you'll excuse me ▸ **con ~, ¿puedo pasar?** may I come in? **3.** [documento] licence, permit ▸ **~ de armas** gun licence ▸ **~ de conducción** *o* **de conducir** *BR* driving licence, *US* driver's license ▸ **~ de residencia** residence permit ▸ **~ de trabajo** work permit **4.** [vacaciones] leave (of absence) ▸ **estar de ~** to be on leave ▸ **le concedieron un ~ carcelario de tres días** he was allowed out of prison for three days ▸ **~ por maternidad** maternity leave

permitido, -a adj permitted, allowed

permitir vt **1.** [autorizar] to allow, to permit ▸ **~ a alguien hacer algo** to allow sb to do sth ▸ **¿me**

CÓMO EXPRESAR...

el permiso

Pedir permiso

Could I use the phone? / ¿Podría usar el teléfono?

Do you mind if I phone home? / ¿Te importa si llamo a mi casa?

Is it OK if I borrow your car? / ¿Me puedes prestar tu coche?

Would it be all right if I left now? / ¿Te importa si me voy ahora?

Dar permiso

Yes, of course. / Sí, claro.

Go ahead. / Adelante.

Yes, feel free. / Claro, cuando quieras.

Please do. / Por supuesto.

Help yourself. / Sírvete.

No, I don't mind. / No, no me importa.

No dar permiso

I'm afraid that's not possible. / Lo siento, pero no es posible.

I'd rather you didn't. / Preferiría que no.

Actually, I'd prefer you to stay. / De hecho, preferiría que te quedases.

permite? may I? ▸ **¡no te permito que me hables así!** I won't have you talking to me like that! ▸ **si el tiempo lo permite** weather permitting ▸ **no se permite fumar** [en letrero] no smoking **2.** [hacer posible] to allow, to enable ▸ **el cable permite enviar información a mayor velocidad** cable allows *o* enables information to be sent faster

◆ ***permitirse*** vpr **1.** [uno mismo] to allow oneself ▸ **de vez en cuando se permite un cigarrillo** he allows himself a cigarette from time to time ▸ **me permito recordarte que...** let me remind you that... **2.** [económicamente] **no puedo permitírmelo** I can't afford it

permuta nf exchange

permutable adj exchangeable

permutación nf **1.** [permuta] exchange **2.** MAT permutation

permutar vt to exchange, to swap

pernera nf trouser leg, *US* pant leg

pernicioso, -a adj damaging, harmful

pernil nm leg of ham

perno nm bolt

pernoctar vi to stay overnight

pero ■ conj **1.** [adversativo] but ▸ **el reloj es viejo, ~ funciona bien** the watch is old but it keeps good time **2.** [enfático] **~ ¿qué es todo este ruido?** what on earth is all this noise about? ▸ **¡~ si eso lo sabe todo el mundo!** come on, everyone knows that!

■ nm snag, fault ▸ **poner peros a todo** to find fault with everything

perogrullada nf *Fam* truism

Perogrullo nm **una verdad de ~** a truism

perol nm casserole (dish)

peroné nm fibula

peronismo nm POL Peronism

peronista adj & nmf POL Peronist

perorar vi *Fam Pey* to speechify

perorata nf long-winded speech

peróxido nm peroxide

perpendicular ■ adj perpendicular ▸ **ser ~ a algo** to be at right angles to sth

■ nf perpendicular (line)

perpetrar vt to perpetrate, to commit

perpetuar [4] vt to perpetuate

◆ ***perpetuarse*** vpr to last, to endure

perpetuidad nf perpetuity ▸ **a ~** in perpetuity ▸ **presidente a ~** president for life ▸ **condenado a ~** condemned to life imprisonment

perpetuo, -a adj **1.** [para siempre] perpetual **2.** [vitalicio] lifelong ▸ DER **cadena perpetua** life imprisonment

perplejidad nf perplexity, bewilderment

perplejo, -a adj perplexed, bewildered

perra nf **1.** [animal] bitch **2.** *ESP Fam* [rabieta] tantrum ▸ **coger una ~** to throw a tantrum **3.** *ESP Fam* [dinero] penny ▸ **estoy sin una ~** I'm flat broke ▸ **no tiene una ~ gorda** *o* **chica** he hasn't got a bean ▸ **no vale una ~ gorda** *o* **chica** it isn't worth a bean

perrera nf **1.** [lugar] kennels **2.** [vehículo] dogcatcher's van

perrería nf *Fam* **hacer perrerías a alguien** to play dirty tricks on sb

perrero, -a nm,f [persona] dogcatcher

perrito nm **~ (caliente)** hot dog

perro, -a ■ adj *Fam* wretched, lousy ▸ **¡qué vida más perra!** life's a bitch!

■ nm **1.** [animal] dog ▸ **andar como el ~ y el gato** to fight like cat and dog ▸ *Fam* **de perros** [tiempo, humor] lousy ▸ **hace un día de perros** the weather's foul today, it's lousy weather today ▸ **ser ~ viejo** to be an old hand ▸ *Prov* **~ ladrador poco mordedor** his/her bark is worse than his/her bite ▸ *Prov* **muerto el ~, se acabó la rabia** deal with a problem at its source ▸ **~ callejero** stray dog ▸ **~ de caza** hunting dog ▸ **~ faldero** lapdog / *Fig* lackey ▸ **~ guardián** guard dog, watchdog ▸ **~ lazarillo** *BR* guide dog, *US* seeing-eye dog ▸ **~ lobo** alsatian ▸ **~ pastor** sheepdog ▸ **~ polícia** police dog ▸ **~ salchicha** sausage dog **2.** *Fam* [persona] swine, dog

perruno, -a adj canine

persa ■ adj & nmf Persian

■ nm [idioma] Persian, Farsi

persecución nf **1.** [seguimiento] pursuit **2.** [acoso] persecution

per sécula seculorum adv for ever and ever

persecutorio, -a adj **complejo ~** persecution complex

perseguir [61] vt **1.** [seguir, tratar de obtener] to pursue ▸ **con esta medida, el gobierno persigue la contención de la inflación** the government's purpose in taking this measure is to curb inflation **2.** [acosar] to persecute ▸ **lo persiguieron por sus ideas** he was persecuted for his beliefs ▸ **le persigue la mala suerte** he's dogged by bad luck ▸ **los fantasmas de la niñez la persiguen** she is tormented by the ghosts of her childhood

perseverancia nf perseverance

perseverante adj persistent

perseverar vi to persevere (**en** with), to persist (**en** in)

Persia n Persia

persiana nf blind

persignarse vpr REL to cross oneself

persigo *etc ver* ***perseguir***

persiguiera *etc ver* ***perseguir***

persistencia nf persistence

persistente adj persistent

persistir vi to persist (**en** in)

persona nf **1.** [individuo] person ▸ **vinieron varias personas** several people came ▸ **cien personas** a hundred people ▸ **en ~** in person ▸ **por ~** per head ▸ **ser buena ~** to be a good person *o* sort ▸ **~ mayor** adult, grown-up ▸ **~ non grata** persona non grata **2.** DER party ▸ **~ física** private individual ▸ **~ jurídica** legal entity *o* person **3.** GRAM person ▸ **la segunda ~ del singular** the second person singular

personaje nm **1.** [en novela, teatro] character ▸ ~

central central character **2.** [persona importante] important person, celebrity ▸ **¡menudo ~!** [persona despreciable] what an unpleasant individual!

personal ■ adj [privado, íntimo] personal ▸ **una opinión/pregunta ~** a personal opinion/question ▸ **~ e intransferible** non-transferable
■ nm **1.** [trabajadores] staff, personnel ▸ **~ de a bordo** [en avión] cabin crew ▸ **~ docente** teaching staff ▸ **~ mínimo** skeleton staff ▸ **~ en plantilla** in-house staff ▸ **~ sanitario** health workers ▸ **~ de tierra** ground crew **2.** *ESP Fam* **el ~** [la gente] people *(plural)*
■ nf [en baloncesto] personal foul

personalidad nf **1.** [características] personality **2.** [identidad] identity **3.** [persona importante] important person, celebrity **4.** DER legal personality *o* status

personalismo nm **1.** [parcialidad] favouritism **2.** [egocentrismo] self-centredness

personalizado, -a adj personalized

personalizar [14] vi **1.** [nombrar] to name names **2.** [aludir] to get personal

personalmente adv personally ▸ **me encargaré yo ~** I'll deal with it myself *o* personally ▸ **a mí, ~, no me importa** it doesn't matter to me personally ▸ **les afecta ~** it affects them personally

personarse vpr to turn up

personero, -a nm,f *AM* representative

personificación nf personification

personificar [59] vt to personify

perspectiva nf **1.** [punto de vista] perspective ▸ **en ~** [dibujo] in perspective **2.** [paisaje] view **3.** [futuro] prospect ▸ **en ~** in prospect

perspicacia nf insight, perceptiveness

perspicaz adj sharp, perceptive

persuadir vt to persuade ▸ **~ a alguien para que haga algo** to persuade sb to do sth
◆ ***persuadirse*** vpr to convince oneself ▸ **persuadirse de algo** to become convinced of sth

persuasión nf persuasion

persuasiva nf persuasive power

persuasivo, -a adj persuasive

pertenecer [46] vi **~ a** [ser propiedad de] to belong to / [corresponder a] to be up to, to be a matter for ▸ **este libro pertenece a la biblioteca de mi tío** this book is part of my uncle's library ▸ **el león pertenece a la categoría de los felinos** the lion belongs to the cat family

perteneciente adj **~ a** belonging to

pertenencia nf **1.** [propiedad] ownership **2.** [afiliación] membership ▸ **pertenencias** [efectos personales] belongings

pértiga nf **1.** [vara] pole **2.** DEP **(salto con) ~** pole-vault

pertinaz adj **1.** [terco] stubborn **2.** [persistente] persistent

pertinencia nf **1.** [adecuación] appropriateness **2.** [relevancia] relevance

pertinente adj **1.** [adecuado] appropriate ▸ **se tomarán las medidas pertinentes** the appropriate measures will be taken ▸ **si lo consideras ~, llámale** telephone him if you think it's necessary **2.** [relativo] relevant, pertinent ▸ **ya he enviado todos los documentos pertinentes a la beca** I have already sent off all the forms relating to the grant

pertrechar vt MIL to supply with food and ammunition / [equipar] to equip
◆ ***pertrecharse*** vpr **pertrecharse de** to equip oneself with

pertrechos nmpl **1.** MIL supplies and ammunition **2.** [utensilios] gear

perturbación nf **1.** [desconcierto] disquiet, unease **2.** [disturbio] disturbance ▸ **~ del orden público** breach of the peace **3.** MED mental imbalance **4.** METEO **~ atmosférica** atmospheric disturbance

perturbado, -a ■ adj **1.** MED disturbed, mentally unbalanced **2.** [desconcertado] perturbed
■ nm,f MED mentally unbalanced person

perturbador, -ora ■ adj unsettling
■ nm,f troublemaker

perturbar vt **1.** [trastornar] to disrupt **2.** [inquietar] to disturb, to unsettle **3.** [enloquecer] to perturb

PerÚ nm **(el) ~** Peru

peruano, -a adj & nm,f Peruvian

perversidad nf wickedness

perversión nf perversion

perverso, -a adj depraved

pervertido, -a nm,f pervert

pervertidor, -ora ■ adj pernicious, corrupting
■ nm,f reprobate, corrupter

pervertir [62] vt to corrupt
◆ ***pervertirse*** vpr to become corrupt, to be corrupted

pervivir vi to survive

pesa nf **1.** [balanza, contrapeso] weight **2.** DEP **pesas** weights ▸ *Fam* **hacer pesas** to do weight training ▸ **levantamiento de pesas** weightlifting

pesabebés nm inv baby-weighing scales

pesacartas nm inv letter-weighing scales

pesadez nf **1.** [peso] weight **2.** [sensación] heaviness **3.** [molestia, fastidio] drag, pain **4.** [aburrimiento] bore

pesadilla nf *también Fig* nightmare

pesado, -a ■ adj **1.** [que pesa] heavy **2.** [calor] oppressive **3.** [sueño] deep **4.** [lento] ponderous, sluggish **5.** [tarea, trabajo] difficult, tough **6.** [aburrido] boring **7.** [molesto] annoying, tiresome ▸ **¡qué pesada eres!** you're so annoying! ▸ **ponerse ~** to be a pain
■ nm,f bore, pain

pesadumbre nf grief, sorrow

pésame nm sympathy, condolences ▸ **dar el ~** to offer one's condolences

pesar ■ nm **1.** [tristeza] grief **2.** [arrepentimiento] remorse
■ vt **1.** [en balanza] to weigh **2.** [examinar] to weigh up
■ vi **1.** [tener peso] to weigh ▸ **¿cuánto pesa?** how much *o* what does it weigh? **2.** [ser pesado] to be heavy ▸ **pesa mucho** it's very heavy **3.** [importar] to play an important part ▸ **en su decisión pesaron muchas razones** a number of reasons influenced her decision

4. [entristecer] **no me pesa haber dejado ese trabajo** I have no regrets about leaving that job, I'm not at all sorry I left that job ▸ **me pesa tener que decirte esto** I'm sorry to have to tell you this

◆ ***pesarse*** vpr to weigh oneself

◆ ***a pesar de*** loc prep in spite of, despite ▸ **a ~ de las críticas** in spite of *o* despite all the criticism ▸ **a ~ mío** against my will ▸ **muy a nuestro ~, hubo que invitarles** we had to invite them, even though we really didn't want to ▸ **a ~ de que** in spite of the fact that ▸ **a ~ de todo** in spite of *o* despite everything

◆ ***pese a*** loc prep in spite of, despite ▸ **pese a no conocerla...** in spite of *o* despite the fact that I didn't know her... ▸ **pese a que...** in spite of *o* despite the fact that...

pesaroso, -a adj **1.** [arrepentido] remorseful **2.** [afligido] sad

pesca nf **1.** [acción] fishing ▸ **ir de ~** to go fishing ▸ **~ de altura** deep-sea fishing ▸ **~ de arrastre** trawling ▸ **~ de bajura** coastal fishing ▸ **~ con caña** angling ▸ **~ submarina** underwater fishing **2.** [captura] catch **3.** *Fam* **y toda la ~** and all the rest of it ▸ **vinieron Luis, su hermano y toda la ~** Luis, his brother and the rest of the crew all came

pescadería nf fishmonger's (shop)

pescadero, -a nm,f fishmonger

pescadilla nf whiting ▸ *ESP Fam Fig* **ser como la ~ que se muerde la cola** to be a vicious circle

pescado nm fish ▸ **~ azul/blanco** blue/white fish

pescador, -ora nm,f fisherman, *f* fisherwoman ▸ **~ de perlas** pearl diver

pescante nm **1.** [de carruaje] driver's seat **2.** NÁUT davit

pescar [59] ■ vt **1.** [peces] to catch **2.** *Fam* [contraer] [enfermedad] to catch **3.** *Fam* [atrapar] to catch ▸ **lo pescaron intentando entrar sin pagar** he got caught trying to get in without paying **4.** *Fam* [conseguir] to land, to get oneself ▸ **pescó un buen marido** she landed herself a good husband **5.** *Fam* [entender] to pick up, to understand ▸ **¿has pescado el chiste?** did you get the joke?

■ vi to fish, to go fishing

pescuezo nm neck ▸ *Fam* **retorcer el ~ a alguien** to wring sb's neck

pese *ver* ***pesar***

pesebre nm **1.** [para los animales] manger **2.** [belén] crib, Nativity scene

pesero nm MÉX collective taxi *(with a fixed rate and that travels a fixed route)*

peseta nf *Antes* [unidad] peseta ▸ **pesetas** [dinero] money ▸ *ESP Fam Fig* **mirar la ~** to watch one's money

pesetero, -a *ESP Fam Pey* ■ adj money-grubbing

■ nm,f moneygrubber

pesificación nf *RP* pesification

CULTURA / CULTURE

pesificación

At the end of 2001 Argentina's economy went from crisis into default on its debt. As part of the drastic measures to stabilize the economy, the government compulsorily changed debts and savings deposits denominated in dollars into pesos. This **pesificación** was carried out at an unfavourable exchange rate for savers, who saw the value of their deposits halved.

pesimismo nm pessimism

pesimista ■ adj pessimistic

■ nmf pessimist

pésimo, -a adj terrible, awful

peso nm **1.** [en general] weight ▸ **tiene un kilo de ~** it weighs a kilo ▸ **de ~** [razones] weighty, sound / [persona] influential ▸ *Fig* **caer por su propio ~** to be self-evident ▸ *Fig* **pagar algo a ~ de oro** to pay a fortune for sth ▸ **~ atómico** atomic weight ▸ **~ bruto** gross weight ▸ FÍS **~ específico** specific gravity ▸ **~ ligero** lightweight ▸ **~ medio** middleweight ▸ **~ molecular** molecular weight ▸ **~ mosca** flyweight ▸ **~ muerto** dead weight ▸ **~ neto** net weight ▸ **~ pesado** heavyweight **2.** [fuerza, influencia] weight ▸ **su palabra tiene mucho ~** his word carries a lot of weight **3.** [carga, preocupación] burden ▸ **el ~ de la culpabilidad** the burden of guilt ▸ **quitarse un ~ de encima** to take a weight off one's mind **4.** [balanza] scales **5.** DEP shot ▸ **lanzamiento de ~** shot put **6.** [moneda] peso

pespunte nm backstitch

pespuntear vt to backstitch

pesque *etc ver* ***pescar***

pesquería nf [sitio] fishery, fishing ground

pesquero, -a ■ adj fishing

■ nm fishing boat

pesquisa nf investigation, inquiry

pestaña nf **1.** [de párpado] eyelash ▸ *Fam Fig* **quemarse las pestañas** to burn the midnight oil **2.** [de recortable] flap **3.** MEC flange

pestañear vi to blink ▸ **sin ~** [con serenidad] without batting an eyelid / [con atención] without losing concentration once

pestañeo nm blinking

peste nf **1.** [enfermedad] plague ▸ **~ bubónica** bubonic plague ▸ **la ~ negra** the Black Death ▸ **~ porcina** *BR* swine fever, *US* hog cholera **2.** *Fam* [mal olor] stink, stench **3.** *Fam* [molestia] pest **4.** [expresiones] **decir** *o* **echar pestes de alguien** *BR* to slag sb off, *US* to badmouth sb ▸ **echar pestes** to curse, to swear

pesticida ■ adj pesticidal

■ nm pesticide

pestilencia nf stench

pestilente adj foul-smelling

pestillo nm [cerrojo] bolt / [mecanismo, en verjas] latch ▸ **correr** *o* **echar el ~** to shoot the bolt

pestiño nm [dulce] honey-dipped fritter

pesto nm [salsa] pesto (sauce)

petaca nf **1.** [para cigarrillos] cigarette case / [para tabaco] tobacco pouch **2.** [para bebidas] hip flask **3.** *MÉX* [maleta] suitcase **4.** *Fam* **hacer la ~** [como broma] to make an apple-pie bed

petaco nm *Fam* pinball machine

pétalo nm petal

petanca nf = *game similar to bowls played in parks, on beach etc*

petardo ■ nm **1.** [cohete] firecracker, *BR* banger **2.** *Fam* [aburrimiento] bore ▸ **¡qué ~ de película!** what a boring film! **3.** *ESP Fam* [porro] joint
■ nmf *Fam* [persona fea] horror, ugly person

petate nm kit bag ▸ *CAM, MÉX Fam Fig* **doblar el ~** to kick the bucket ▸ *Fam Fig* **liar el ~** *ESP* [marcharse] to pack one's bags and go / *CAM, MÉX* [morir] to kick the bucket

petatearse vpr *CAM, MÉX Fam* to kick the bucket

petenera nf = *Andalusian popular song* ▸ *ESP Fam* **salir por peteneras** to go off at a tangent

petición nf **1.** [acción] request ▸ **a ~ de** at the request of ▸ **~ de mano** proposal (of marriage) **2.** DER [escrito] petition

peticionar vt *AM* to petition

petimetre nm fop, dandy

petirrojo nm robin

petiso, -a adj *ANDES, RP Fam* short

peto nm **1.** [de prenda] bib **2.** [de armadura] breastplate **3.** DEP breastguard

pétreo, -a adj [de piedra] stone / [como piedra] stony

petrificar [59] vt *también Fig* to petrify

petrodólar nm petrodollar

petróleo nm oil, petroleum ▸ **~ crudo** crude oil

petrolera nf oil company

petrolero, -a ■ adj oil ▸ **compañía petrolera** oil company
■ nm oil tanker

petrolífero, -a adj oil ▸ **pozo ~** oil well

petroquímica nf petrochemistry

petroquímico, -a adj petrochemical

petulancia nf arrogance

petulante ■ adj opinionated, arrogant
■ nmf opinionated person

petunia nf petunia

peúco nm bootee

peyorativo, -a adj pejorative

pez ■ nm [animal] fish ▸ *Fig* **estar como ~ en el agua** to be in one's element ▸ *ESP Fam* **estar ~ (en algo)** to have no idea (about sth) ▸ **~ de colores** goldfish ▸ *Fam* **me río yo de los peces de colores** I couldn't care less ▸ **~ espada** swordfish ▸ *Fam* **~ gordo** big shot ▸ **~ martillo** hammerhead shark ▸ **~ de río** freshwater fish ▸ **~ volador** flying fish
■ nf [sustancia] pitch, tar

pezón nm **1.** [de teta] nipple **2.** [de planta] stalk

pezuña nf **1.** [de animal] hoof **2.** *Fam* [mano] paw

pH nm pH

Phnom Penh [nom'pen] n Phnom Penh

pi nf MAT pi

piadoso, -a adj **1.** [compasivo] kind-hearted **2.** [religioso] pious

Piamonte nm **(el) ~** Piedmont

pianista nmf pianist

piano ■ nm piano ▸ **~ bar** piano bar ▸ **~ de cola** grand piano ▸ **~ de media cola** baby grand ▸ **~ vertical** upright piano
■ adv MÚS piano

pianola nf pianola

piar [32] vi to cheep, to tweet

piara nf herd

piastra nf piastre, piaster

PIB nm (abrev de ***producto*** *ESP* ***interior*** o *AM* ***interno bruto***) GDP

pibe, -a nm,f *ARG Fam* [niño] kid, boy / [niña] kid, girl

PIC [pik] nm inv *ESP* (abrev de ***punto de información cultural***) = *computer terminal for accessing cultural information*

pica nf **1.** [lanza] pike ▸ *Fig* **poner una ~ en Flandes** to do the impossible **2.** TAUROM goad, picador's spear **3.** *Fam* [revisor de tren] ticket inspector **4. picas** [palo de baraja] spades

picada nf **1.** [de mosquito, serpiente] bite / [de avispa, escorpión, ortiga] sting **2.** *AM* AV **hacer una ~** to dive ▸ *Fig* **caer en ~** to plummet

picadero nm **1.** [de caballos] riding school **2.** *Fam* [de soltero] bachelor pad

picadillo nm [de carne] mince / [de verdura] chopped vegetables ▸ *Fam* **hacer ~ a alguien** to beat sb to a pulp

picado, -a adj **1.** [marcado] [piel] pockmarked / [fruta] bruised **2.** [agujereado] perforated ▸ **~ de polilla** moth-eaten **3.** [triturado] [alimento] chopped / [tabaco] cut ▸ *ESP, RP* **carne picada** *BR* mince, *US* ground beef **4.** [vino] sour **5.** [diente] decayed **6.** [mar] choppy **7.** *Fam* [enfadado] annoyed **8.** *ESP* AV **hacer un ~** to dive ▸ *Fig* **caer en ~** to plummet

picador, -ora nm,f **1.** TAUROM picador **2.** [domador] (horse) trainer **3.** [minero] face worker

picadora nf *ESP, RP* mincer

picadura nf **1.** [de mosquito, serpiente] bite / [de avispa, ortiga, escorpión] sting **2.** [de viruela] pockmark **3.** [de diente] decay **4.** [tabaco] (cut) tobacco

picaflor nm *AM* **1.** [ave] hummingbird **2.** [persona] flirt

picajoso, -a adj *Fam* touchy

picana nf *AM* goad

picante ■ adj **1.** [comida] spicy, hot **2.** [chiste, comedia] saucy
■ nm [comida] spicy food / [sabor] spiciness

picantería nf *ANDES* cheap restaurant

picapica nm **(polvos de) ~** = *powder which causes sneezing and itching*

picapleitos nmf inv *Pey* bad lawyer

picaporte nm **1.** [mecanismo] latch **2.** [aldaba] door-knocker

picar [59] ■ vt **1.** [sujeto: mosquito, serpiente] to bite / [sujeto: avispa, escorpión, ortiga] to sting ▸ **me picó una avispa** I was stung by a wasp **2.** [sujeto: ave] to peck ▸ **la gaviota me picó (en) una mano** the seagull pecked my hand **3.** [triturar] [verdura] to chop / *ESP, RP* [carne] to mince **4.** [piedra, hielo] to break up **5.** [pared] to chip the plaster off **6.** [aperitivo] **~ unas aceitunas** to have a few olives as an aperitif **7.** *ESP Fam* [enojar] to annoy **8.** [estimular] [persona, caballo] to spur on ▸ **aquello me picó la curiosidad** that aroused my curiosity **9.** [perforar] [billete, ficha] to punch **10.** *Fam* [mecanografiar] to type (up) **11.** TAUROM to goad **12.** *AM* [botar] [balón, pelota] to bounce

■ vi **1.** [escocer] [parte del cuerpo, herida, prenda] to itch ▸ **me pican los ojos** my eyes are stinging **2.** [alimento] to be spicy *o* hot **3.** [pez] to bite / *Fig* [dejarse engañar] to take the bait **4.** [ave] to peck **5.** [tomar un aperitivo] to nibble ▸ **¿te pongo unas aceitunas para ~?** would you like some olives as an aperitif? **6.** [sol] to burn **7.** *AM* [balón, pelota] to bounce ▸ **la pelota picó fuera** the ball went out **8.** **~ (muy) alto** to have great ambitions

◆ ***picarse*** vpr **1.** [mar] to get choppy **2.** [diente] to rot **3.** [vino] to turn sour **4.** [ropa] to become moth-eaten **5.** [oxidarse] to go rusty **6.** *Fam* [enfadarse] to get annoyed *o* cross **7.** *Fam* [inyectarse droga] to shoot up

picardía nf **1.** [astucia] sharpness, craftiness **2.** [travesura] naughty trick, mischief **3.** [atrevimiento] brazenness

picardías nm inv [prenda femenina] negligee

picaresca nf **1.** LIT picaresque literature **2.** [modo de vida] roguery

picaresco, -a adj mischievous, roguish

pícaro, -a nm,f **1.** [astuto] sly person, rogue **2.** [travieso] rascal **3.** [atrevido] brazen person

picarón, -ona *Fam* ■ adj roguish, mischievous
■ nm,f rogue, rascal

picatoste nm crouton

picazón nf **1.** [en el cuerpo] itch **2.** *Fam* [inquietud] uneasiness

picha nf *ESP Vulg* prick ▸ *Fig* **hacerse la ~ un lío** to get in a total *BR* bloody *o US* goddamn muddle

pichi nm *ESP BR* pinafore (dress), *US* jumper

pichichi nm *ESP* DEP top scorer

pichincha nf *RP Fam* snip, bargain

pichón nm **1.** [ave] young pigeon **2.** *Fam* [apelativo cariñoso] darling, sweetheart

pichula nf *CHILE, PERÚ Vulg* prick, cock

picnic (pl **picnics**) nm picnic

pico nm **1.** [de ave] beak **2.** *Fam* [boca] mouth, *esp BR* gob ▸ **¡cierra el ~!** shut your trap! ▸ **darle al ~** to talk a lot, to rabbit on ▸ **irse del ~** to shoot one's mouth off ▸ **ser** *o* **tener un ~ de oro** to be a smooth talker, to have the gift of the gab **3.** [punta, saliente] corner **4.** [herramienta] pick, pickaxe **5.** [cumbre] peak **6.** [cantidad indeterminada] **cincuenta y ~** fifty-odd, fifty-something ▸ **pesa diez kilos y ~** it weighs just over ten kilos ▸ **llegó a las cinco y ~** he got there just after five ▸ **le costó un ~** [cantidad elevada] it cost her a fortune **7.** *Fam* [inyección de heroína] fix ▸ **meterse un ~** to give oneself a fix **8.** *CHILE Vulg* [pene] cock, knob

picor nm itch ▸ **tengo un ~ en la espalda** my back itches, I've got an itchy back

picoso, -a adj *MÉX* spicy, hot

picota nf **1.** [de ajusticiados] pillory ▸ *Fig* **poner a alguien en la ~** to pillory sb **2.** [cereza] cherry

picotazo nm peck

picotear vt **1.** [ave] to peck **2.** [comer] to pick at

pictograma nm pictogram

pictórico, -a adj pictorial

picudo, -a adj pointed

pida *etc ver* ***pedir***

pidiera *etc ver* ***pedir***

pie nm **1.** [de persona] foot ▸ **a ~** on foot ▸ **prefiero ir a ~** I'd rather walk *o* go on foot ▸ **estar de** *o* **en ~** to be on one's feet *o* standing ▸ **ponerse de** *o* **en ~** to stand up ▸ **llevamos dos horas de ~** we've been on our feet for two hours ▸ *Fig* **de pies a cabeza** from head to toe ▸ **perder/no hacer ~** to go/to be out of one's depth ▸ **~ de atleta** athlete's foot ▸ **pies de cerdo** (pig's) trotters ▸ **pies planos** flat feet **2.** [de lámpara, micrófono] stand / [de copa] stem / [de montaña, árbol] foot ▸ **~ de foto** caption ▸ INFORM **~ de página** footer **3.** TEATRO cue **4.** [expresiones] **al ~ de la letra** to the letter, word for word ▸ **al ~ del cañón** ready for action ▸ **andar con pies de plomo** to tread carefully ▸ **a pies juntillas** unquestioningly ▸ **a sus pies** at your service ▸ **buscar (los) tres** *o* **cinco pies al gato** to overcomplicate matters ▸ **con buen ~** on the right footing ▸ **dar ~ a alguien para que haga algo** to give sb cause to do sth ▸ **el ciudadano de a ~** the man in the street ▸ **en ~ de igualdad** on an equal footing ▸ **en ~ de guerra** on a war footing ▸ **levantarse con el ~ izquierdo** to get out of bed on the wrong side ▸ **no dar ~ con bola** to get everything wrong ▸ **no tener ni pies ni cabeza** to make no sense at all ▸ **no tenerse de** *o* **en ~** [por cansancio] not to be able to stand up a minute longer / *Fig* [por ser absurdo] not to stand up ▸ **pararle los pies a alguien** to put sb in their place ▸ **poner pies en polvorosa** to make a run for it ▸ *ESP* **saber de qué ~ cojea alguien** to know sb's weaknesses ▸ *Fig* **seguir en ~** [propuesta] to be still valid ▸ **tener un ~ en la tumba** to have one foot in the grave

piedad nf **1.** [compasión] pity ▸ **tener ~ de** to take pity on **2.** [religiosidad] piety **3.** ARTE Pietà

piedra nf **1.** [material, roca] stone ▸ **una casa/un muro de ~** a stone house/wall ▸ **poner la primera ~** [inaugurar] to lay the foundation stone / *Fig* to lay the foundations ▸ **dejar a alguien de ~** to stun sb ▸ **no dejar ~ sobre ~** to leave no stone standing ▸ *Fam* **menos da una ~** it's better than nothing ▸ **quedarse de ~** to be thunderstruck ▸ *Fig* **tirar la ~ y esconder la mano** to play the innocent ▸ *también Fig* **~ angular** cornerstone ▸ **~ pómez/preciosa** pumice/precious stone **2.** [de mechero] flint **3.** [en vejiga, riñón, vesícula] stone ▸ **una ~ en la vesícula** a gallstone

piel ■ nf **1.** [epidermis] skin ▸ *Fig* **dejarse la ~** to sweat blood ▸ *Fig* **jugarse la ~** to risk one's neck ▸ *Fig* **ser de la ~ del diablo** to be a little devil **2.** [pelo] fur ▸ **abrigo de ~** fur coat **3.** *ESP, MÉX* [cuero] leather ▸ **cazadora/guantes de ~** leather jacket/gloves ▸ **~ sintética** imitation leather **4.** [cáscara] [de cítricos] peel / [de manzana, plátano] skin, peel
■ nmf **~ roja** redskin

¡CUIDADO! / CAREFUL!

piel

Cuando se trata de la piel de una fruta, existen varios términos en inglés. Para los cítricos se usa siempre **peel**, pero para los plátanos puede utilizarse **skin** o **peel**. En cuanto a las manzanas, en general es **skin**, excepto cuando están peladas (**peel**).

pienso ■ *ver* ***pensar***
■ nm fodder

piercing ['pirsin] (pl **piercings**) nm body piercing ▸ **hacerse un ~ en el ombligo** to have one's navel pierced

pierda *etc ver* ***perder***

pierna nf leg ▸ **cruzar las piernas** to cross one's legs ▸ **dormir a ~ suelta** to sleep like a log ▸ **estirar las piernas** to stretch one's legs ▸ *Fam* **salir por piernas** to go haring off, to take to one's heels ▸ **~ de cordero** [plato] gigot, leg of lamb ▸ **~ ortopédica** artificial leg

pieza nf **1.** [pedazo, parte] piece / [de mecanismo] part ▸ **una ~ de ajedrez** a chess piece ▸ **una ~ de fruta** a piece of fruit ▸ **un dos piezas** a two-piece suit ▸ **dejar/quedarse de una ~** to leave/be thunderstruck ▸ **~ de coleccionista** collector's item ▸ **~ de museo** museum piece, exhibit ▸ **~ de recambio** *o* **repuesto** spare *o* replacement part, *US* extra **2.** [de pesca] catch / [de caza] kill **3.** *Irónico* [persona] **ser una buena ~** to be a fine one *o* a right one **4.** [habitación] room **5.** [obra] [dramática] play / MÚS piece

pifia nf *Fam* blunder

pifiar vt *Fam* **pifiarla** to put one's foot in it

pigmentación nf pigmentation

pigmento nm pigment

pigmeo, -a nm,f pygmy

pija nf *esp RP Vulg* [pene] prick, cock

pijada nf *ESP Fam* **1.** [dicho] **decir pijadas** to talk bull **2.** [cosa insignificante] **discutieron por una ~** they fell out over something really daft

pijama nm pyjamas

pijo, -a *ESP* ■ adj *Fam* posh
■ nm,f *Fam* [persona] rich kid
■ nm *muy Fam* [pene] prick, cock

pijotero, -a adj *ESP Fam* annoying, irritating

pila nf **1.** [generador] battery ▸ **funciona a** *o* **con pilas** it works *o* runs off batteries ▸ *Fam Fig* **ponerse las pilas** to get moving *o* cracking ▸ **~ alcalina** alkaline battery ▸ **~ atómica** atomic pile ▸ **~ recargable** rechargeable battery ▸ **~ solar** solar cell **2.** [montón] pile ▸ **tiene una ~ de deudas** he's up to his neck in debt **3.** [fregadero] sink ▸ **~ bautismal** (baptismal) font **4.** ARQUIT pile

pilar nm *también Fig* pillar

pilastra nf pilaster

píldora nf [pastilla] pill ▸ **la ~** [anticonceptivo] the pill ▸ *Fam* **dorar la ~** to sugar the pill ▸ **~ anticonceptiva** contraceptive pill

pileta nf *RP* swimming pool

pilila nf *Fam BR* willie, *US* peter

pillaje nm pillage

pillar ■ vt **1.** [coger, tomar, atrapar] to catch ▸ *Fam* **~ una pulmonía/un taxi** to catch pneumonia/a taxi **2.** [atropellar] to knock down **3.** *Fam* [chiste, explicación] to get ▸ **no lo pillo** I don't get it
■ vi *ESP* [hallarse] **me pilla lejos** it's out of the way for me ▸ **me pilla de camino** it's on my way
◆ ***pillarse*** vpr **pillarse los dedos** to catch one's fingers / *Fig* to get burned

pillastre nmf *Fam* rogue, crafty person

pillín, -ina nm,f *Fam* little scamp, rascal

pillo, -a ■ adj **1.** [travieso] mischievous **2.** [astuto] crafty
■ nm,f **1.** [pícaro] rascal **2.** [astuto] crafty person

pilón nm **1.** [pila] [para lavar] basin / [para animales] trough **2.** [torre eléctrica] pylon **3.** [pilar grande] post **4.** *MÉX* [regalo] **si compra una docena lleva uno de ~** if you buy a dozen you get one thrown in for free **5.** *RP, VEN Fam* [gran cantidad] **un ~** *o* **pilones de libros** stacks of books

pilotar vt [avión] to fly, to pilot / [coche] to drive / [barco] to steer

piloto ■ nmf [de avión, barco] pilot / [de coche] driver ▸ **~ comercial** airline pilot ▸ **~ de pruebas** test pilot
■ nm [luz] [de coche] tail light / [de aparato] pilot light ▸ **~ automático** automatic pilot
■ adj inv pilot ▸ **piso ~** show flat ▸ TV **programa ~** pilot (programme) ▸ **proyecto ~** pilot project

piltra nf *ESP Fam* pit, bed

piltrafa nf [de comida] scrap / *Fam* [persona débil] wreck / *Fam* [cosa inservible] piece of junk ▸ **estar hecho una ~** [persona, coche] to be a wreck / [chaqueta, zapatos] to be worn out

pimentón nm paprika

pimienta nf pepper ▸ **~ blanca/negra** white/black pepper

pimiento nm [fruto] pepper, capsicum / [planta] pimiento, pepper plant ▸ **~ morrón** sweet pepper ▸ **~ verde** green pepper

pimpante adj *Fam* **1.** [satisfecho] well-pleased **2.** [garboso] swish, smart

pimpinela nf pimpernel

pimplar *ESP Fam* vi to booze
◆ ***pimplarse*** vpr **pimplarse una botella** to down one bottle

pimpollo nm **1.** [de rama, planta] shoot / [de flor] bud **2.** *Fam* [persona atractiva] gorgeous person

pin (pl **pins**) nm pin, (lapel) badge

pinacoteca nf art gallery

pináculo nm **1.** [de edificio] pinnacle **2.** [juego de naipes] pinochle

pinar nm pine wood *o* grove

pinaza nf pine needles

pincel nm [para pintar] paintbrush / [para maquillar] brush

pincelada nf brushstroke ▸ *Fig* **a grandes pinceladas** in broad terms

pinchadiscos nmf inv *ESP* disc jockey

pinchar ■ vt **1.** [punzar] to prick / [rueda] to puncture / [globo, balón] to burst **2.** [con chinchetas, alfileres] **~ algo en la pared** to pin sth to the wall **3.** [inyectar] **~ a alguien** to give sb an injection *o* a jab **4.** *Fam* [teléfono] to tap **5.** *Fam* [irritar] to wind up **6.** [incitar] **~ a alguien para que haga algo** to prod sb into doing sth **7.** *ESP Fam* **~ discos** to DJ
■ vi **1.** [rueda] to get a puncture ▸ **pinchó a cinco kilómetros de la meta** he got a puncture *o* flat tyre five kilometres from the finish **2.** [barba] to be prickly **3.** *Fam* [fracasar] to be a flop ▸ **pinchó con su última película** his latest film has been a flop **4.** [expresiones] **ni pincha ni corta** she cuts no ice ▸ **~ en hueso** to go wide of the mark, to misfire
◆ ***pincharse*** vpr **1.** [punzarse] [persona] to prick oneself / [rueda] to get a puncture **2.** [irritarse] to get annoyed **3.** [inyectarse] **pincharse (algo)** [medicamento] to inject oneself (with sth) / *Fam* [droga] to shoot up (with sth)

pinchazo nm **1.** [punzada] prick **2.** [marca] needle mark **3.** [de neumático, balón] puncture, flat

pinche ■ nmf kitchen boy, *f* maid
■ adj *MÉX Fam* damn, *BR* bloody

pinchito nm *ESP* [tapa] bar snack, aperitif

pincho nm **1.** [punta] (sharp) point **2.** [espina] [de planta] prickle, thorn **3.** [varilla] pointed stick **4.** *ESP* [tapa] bar snack, aperitif ▸ **~ moruno** shish kebab

pindonguear vi *ESP Fam* to loaf about

pinga nf *ANDES, CARIB, MÉX muy Fam* prick

pingajo nm *ESP Fam* rag

pingo nm **1.** *ESP Fam* [pingajo] rag **2.** [mamarracho] **ir hecho un ~** to look a state, to be dressed in rags **3.** *Fam* [persona despreciable] rotter, dog

pingonear vi *Fam* to loaf about

ping-pong [pim'pon] nm ping-pong, table tennis

pingüe adj plentiful ▸ **pingües beneficios** fat profit

pingüino nm penguin

pinitos nmpl *Fam* **hacer sus ~ en fotografía** to dabble in photography ▸ **desde sus primeros ~ como cantante ha mejorado muchísimo** she's improved enormously since she first started out as a singer

pino nm pine ▸ *ESP Fam* **en el quinto ~** in the back of beyond ▸ *ESP* **hacer el ~** to do a handstand

CULTURA / CULTURE

los Pinos

Los Pinos ("The Pine Trees") has been the official home of the Mexican president since 1934, when president Lázaro Cárdenas moved there in preference to the nearby Chapultepec Castle, which he felt was too grand, and which he had turned into a national museum. Recently, Los Pinos iteself has been opened to public tours for the first time. By extension, **los Pinos** is used to refer to the Mexican government: **según el portavoz de los Pinos...** according to the president's spokesperson...

pinsapo nm Spanish fir

pinta nf **1.** [lunar] spot **2.** [aspecto] appearance ▸ **tener ~ de algo** to look *o* seem sth ▸ **tiene buena ~** it looks good **3.** [unidad de medida] pint **4.** *MÉX* [pintada] graffiti **5.** *MÉX* **irse de ~** [hacer novillos] *BR* to play truant, *US* to play hookey

pintada nf **1.** [en pared] graffiti **2.** [ave] guinea fowl

pintado, -a adj **1.** [objeto] **recién ~** [en letrero] wet paint **2.** [maquillado] made-up ▸ **le gusta ir muy pintada** she likes to wear a lot of make-up **3.** [moteado] speckled **4.** [expresiones] **es capaz de timar al más ~** there's nobody he couldn't take in ▸ **eso le puede pasar al más ~** it could happen to anyone o to the best of us ▸ **venir que ni ~** to be just the thing

pintalabios nm inv lipstick

pintamonas nmf inv *ESP Fam Pey* dauber

pintar ■ vt **1.** [cuadro, pared] to paint ▸ **~ algo de verde/azul** to paint sth green/blue **2.** [dibujar] to draw / [con lápices de colores] to colour ▸ **pintó una casa** she drew a house **3.** [describir] to paint, to describe ▸ **me pintó la escena con pelos y señales** he painted the scene in graphic detail
■ vi **1.** [con pintura] to paint **2.** *Fam* [significar, importar] to count ▸ **aquí no pinto nada** there's no place for me here ▸ **¿qué pinto yo en este asunto?** where do I come in?
◆ ***pintarse*** vpr **1.** [maquillarse] to make oneself up ▸ **pintarse las uñas** to paint one's nails **2.** *Fam* **pintárselas solo para algo** to be a past master at sth

pintarrajear vt *Fam* to daub

pinto, -a adj speckled, spotted

pintor, -ora nm,f painter ▸ **~ de brocha gorda** painter and decorator / *Pey* dauber

pintoresco, -a adj [bonito] picturesque / *Fig* [extravagante] colourful

pintura nf **1.** [técnica, cuadro] painting ▸ **la ~ renacentista** Renaissance painting ▸ *Fig* **no poder ver a alguien ni en ~** not to be able to stand the sight of sb ▸ **~ a la acuarela** watercolour ▸ **~ al fresco** fresco ▸ **~ mural** mural painting ▸ **~ al óleo** oil painting ▸ **~ rupestre** cave painting **2.** [materia líquida] paint ▸ **~ plástica** emulsion (paint) **3.** [lápiz] colour(ed) pencil / [de cera] crayon

pinza nf **1.** [de tender ropa] peg, *US* clothes pin / [para el pelo] *BR* hairgrip, *US* bobby pin ▸ **pinza(s)** [instrumento] tweezers ▸ *Fam Fig* **coger algo con pinzas** to handle sth with great care **2.** [de animal] pincer, claw **3.** [en ropa] [cosida] dart / [en pantalones] pleat

piña nf **1.** [fruta] pineapple ▸ **~ colada** piña colada **2.** [del pino] pine cone **3.** [de gente] close-knit group ▸ **formar una ~** to rally round **4.** *Fam* [golpe] knock, bash ▸ **darse una ~** to have a crash

piñata nf = *pot full of sweets*

piñón nm **1.** [fruto] pine nut *o* kernel ▸ **estar a partir un ~ con alguien** to be hand in glove with sb **2.** [rueda dentada] pinion ▸ **ser de ~ fijo** to be fixed *o* rigid

pío[1] interj cheep ▸ **¡~, ~!** cheep, cheep! ▸ *Fig* **no decir ni ~** not to make a peep

pío[2], **_-a_** adj pious

piojo nm louse

piojoso, -a ■ adj [con piojos] lousy, covered in lice / *Fig* [sucio] flea-bitten, filthy
■ nm,f [con piojos] louse-ridden person / *Fig* [sucio] filthy person, *US* scuzzball

piola adj *RP Fam* **1.** [persona] nice **2.** [lugar] cosy

piolet (pl **piolets**) nm ice axe

pionero, -a nm,f pioneer

piorrea nf pyorrhoea

pipa nf **1.** [para fumar] pipe ▸ **fumar en ~** to smoke a pipe **2.** [pepita] seed, pip ▸ **pipas (de girasol)** sunflower seeds *(sold as a snack)* **3.** [tonel] barrel **4. pasarlo** *o* **pasárselo ~** to have a whale of a time

pipermín nm peppermint liqueur

pipeta nf pipette

pipí nm *Fam* pee, *BR* wee-wee ▸ **hacer ~** to have a pee *o* *BR* wee-wee

pipiolo nm *Fam* **1.** [muchacho] youngster **2.** [principiante] novice, beginner

pique ■ *ver* ***picar***
■ nm **1.** [enfado] grudge ▸ **tener un ~ con alguien** to have a grudge against sb **2.** [rivalidad] rivalry **3. irse a ~** [barco] to sink / [negocio] to go under / [plan] to fail **4.** *AM* [de pelota] bounce

piqué nm piqué

piquera nf *MÉX* [antro] dive, seedy bar

piqueta nf [herramienta] pickaxe / [en tienda de campaña] tent peg

piquete nm **1.** [herramienta] peg, stake **2.** [grupo] **~ de ejecución** firing squad ▸ **~ (de huelga)** picket **3.** *MÉX Fam* [picadura, pinchazo] [de aguja] prick / [de insecto] sting / [dolor] stabbing pain

pira nf pyre

pirado, -a *Fam* ■ adj crazy
■ nm,f loony, *BR* nutter

piragua nf canoe

piragüismo nm canoeing

piramidal adj pyramid-shaped, pyramidal

pirámide nf pyramid

piraña nf piranha

pirarse vpr *ESP, RP Fam* to clear off ▸ **¡nos piramos!** that's us off ▸ **¿ya te piras?** is that you off, then?

pirata ■ adj **1.** [barco, ataque] pirate **2.** [radio, edición, vídeo] pirate / [casete, grabación] bootleg **3.** *AM* [profesional, servicio] cowboy
■ nmf **1.** [del mar] pirate ▸ **~ del aire** hijacker ▸ **~ informático** cracker, hacker **2.** *AM* [mal profesional] cowboy

piratear ■ vi **1.** [asaltar barcos] to be involved in piracy **2.** INFORM to hack
■ vt **1.** [propiedad intelectual] to pirate **2.** INFORM to hack into

pirateo nm *Fam* [de programa informático, de vídeos] piracy

piratería nf piracy ▸ **~ aérea** hijacking ▸ **~ informática** [copias ilegales] software piracy / [acceso no autorizado] hacking ▸ **~ musical** music piracy

pirenaico, -a adj Pyrenean

pírex nm Pyrex®

pirindolo nm *Fam* decorative knob

Pirineos nmpl **los ~** the Pyrenees

piripi adj *Fam* tipsy

pirita nf pyrite

piro nm *ESP Fam* **darse el ~** *BR* to scarper, *US* to split

pirograbado nm [técnica] pokerwork

piromanía nf pyromania

pirómano, -a ■ adj pyromaniacal
■ nm,f pyromaniac

piropear vt *Fam* = *to make flirtatious comments to, to wolf-whistle at*

piropo nm *Fam* flirtatious remark

pirotecnia nf pyrotechnics *(singular)*

pirotécnico, -a ■ adj firework ▸ **un montaje ~** a firework display
■ nm,f firework specialist

pirrar *Fam* vt **me pirran las albóndigas** I just adore *o* love meatballs
◆ ***pirrarse*** vpr **~ por algo/alguien** to be dead keen on sth/sb

pírrico, -a adj Pyrrhic

pirueta nf pirouette ▸ *Fig* **hacer piruetas** [esfuerzo] to perform miracles

piruja nf *COL, MÉX muy Fam* [prostituta] whore, *US* hooker

pirula nf *ESP Fam* **1.** [jugarreta] dirty trick **2.** [escándalo] **montar una ~** to make *o* cause a scene **3.** [maniobra ilegal] **hacer una ~** to break the traffic regulations

piruleta nf *ESP* lollipop

pirulí (pl **pirulís** *o* **pirulíes**) nm lollipop

pis nm *Fam* pee ▸ **hacer ~** to have a pee ▸ **hacerse ~** [tener ganas] to be dying *o* bursting for a pee

Pisa n Pisa

pisada nf **1.** [acción] footstep ▸ **seguir las pisadas de alguien** to follow in sb's footsteps **2.** [huella] footprint

pisadura nf footprint

pisapapeles nm inv paperweight

pisar ■ vt **1.** [con el pie] to tread on ▸ **~ el freno** to put one's foot on the brake ▸ **prohibido ~ el césped** [en cartel] keep off the grass ▸ *Fig* **nunca he pisado su casa** I've never set foot in her house **2.** [despreciar] to trample on **3.** [anticiparse] **~ un contrato a alguien** to beat sb to a contract ▸ **~ una idea a alguien** to think of something before sb ▸ **el periódico rival les pisó la noticia** the rival paper stole *o* pinched the story from them, the rival paper got in first with the news
■ vi to tread, to step ▸ **pisa con cuidado** tread carefully ▸ *Fig* **venir pisando fuerte** to be on the road to success

pisciano, -a *AM* ■ adj Pisces ▸ **ser ~** to be (a) Pisces
■ nm,f Pisces, Piscean

piscícola adj piscicultural

piscicultor, -ora nm,f fish farmer

piscicultura nf fish farming

piscifactoría nf fish farm

piscina nf swimming pool ▸ **~ cubierta/descubierta** indoor/outdoor swimming pool

Piscis ■ nm [zodiaco] Pisces ▸ *ESP* **ser ~** to be (a) Pisces ■ nmf *ESP* [persona] Pisces

piscolabis nm inv *ESP Fam* snack

piso nm **1.** [planta] [de edificio] floor / [de autobús] deck ▸ **primer ~** *BR* first floor, *US* second floor ▸ **un autobús de dos pisos** a double-decker bus **2.** [suelo] [de habitación] floor / [de carretera] surface **3.** [capa] layer ▸ **un sandwich de dos pisos** a double-decker sandwich **4.** *ESP* [apartamento] apartment, *BR* flat ▸ **~ franco** safe house ▸ **~ piloto** show apartment *o BR* flat ▸ **pisos tutelados** supported accommodation

pisotear vt **1.** [con el pie] to trample on **2.** [humillar] to scorn **3.** [desobedecer] to trample over

pisotón nm stamp *(of the foot)* ▸ **darle un ~ a alguien** to stamp on sb's foot

pista nf **1.** [carretera] unsurfaced road ▸ **~ forestal** forest track ▸ **~ de tierra** dirt road *o* track **2.** [superficie, terreno] [de tenis, squash] court / [de atletismo, ciclismo] track ▸ **~ de aterrizaje** runway ▸ **~ de baile** dance floor ▸ **~ de cemento** [en tenis] hard court ▸ **~ de esquí** ski slope ▸ **~ de hielo** ice rink ▸ **~ de hierba** [en tenis] grass court ▸ **~ de patinaje** skating rink ▸ **~ de tierra batida** [en tenis] clay court **3.** [indicio] clue ▸ **te daré una ~** I'll give you a clue **4.** [rastro] trail, track ▸ **estar sobre la ~** to be on the trail *o* track ▸ **seguir la ~ a alguien** to be on sb's trail **5.** [en grabación] track

pistacho nm pistachio

pistilo nm pistil

pisto nm ratatouille ▸ *ESP Fam* **darse ~** to be bigheaded

pistola nf **1.** [arma] [con cilindro] gun / [sin cilindro] pistol ▸ **~ de agua** water pistol **2.** [pulverizador] spray gun ▸ **pintar a ~** to spray-paint **3.** [herramienta] gun **4.** [de pan] French loaf

pistolera nf **1.** [funda] holster **2.** *Fam* **pistoleras** [celulitis] saddlebags

pistolero, -a nm,f [persona] gunman

pistoletazo nm pistol shot ▸ **~ de salida** shot from the starter's gun

pistón nm **1.** MEC piston **2.** MÚS [corneta] cornet / [llave] key **3.** [de arma] percussion cap

pita nf agave

pitada nf **1.** [silbidos] whistling **2.** *AM Fam* [de cigarrillo] drag, puff

pitagorín, -ina nm,f *Fam* brain, *BR* swot

pitanza nf **1.** [ración de comida] daily rations **2.** *Fam* [alimento] grub

pitar ■ vt **1.** [arbitrar] [partido] to referee / [falta] to blow for **2.** [abuchear] **~ a alguien** to whistle at sb in disapproval **3.** *AM Fam* [cigarrillo] to puff (on)
■ vi **1.** [tocar el pito] to blow a whistle / [del coche] to toot one's horn **2.** [funcionar] [cosa] to work / [persona] to get on **3.** *ESP Fam* **salir/irse pitando** to rush out/off ▸ **venir pitando** to come rushing

pitido nm [con pito] whistle / [de aparato electrónico] beep, bleep ▸ **los pitidos de los coches** the honking of car horns

pitillera nf cigarette case

pitillo nm **1.** [cigarrillo] cigarette **2.** *COL* [paja] drinking straw

pito nm **1.** [silbato] whistle **2.** [claxon] horn **3.** *Fam* [cigarrillo] fag **4.** *Fam* [pene] *BR* willie, *US* peter **5.** *esp MÉX Vulg* [pene] cock **6.** [expresiones] **entre pitos y flautas** what with one thing and another ▸ **(no) me importa un ~** I couldn't give a damn ▸ **por pitos o por flautas** for one reason or another ▸ **tomar a alguien por el ~ del sereno** not to take sb seriously

pitón ■ nm **1.** [cuerno] horn **2.** [pitorro] spout
■ nf [serpiente] python

pitonisa nf fortune-teller

pitorrearse vpr *ESP Fam* **~ de alguien** to make fun of sb, *BR* to take the mickey out of sb

pitorreo nm *ESP* making fun, joking ▸ **tomarse algo a ~** to treat sth as a joke

pitorro nm spout

pitote nm [jaleo] row, fuss ▸ **armar un ~** to kick up a row *o* fuss

pitufo, -a nm,f **1.** *Fam* [persona pequeña] shorty / [niño] ankle-biter, rug rat **2. los pitufos**® the Smurfs®

pituitaria nf pituitary gland

pívot (pl **pivots**) nmf [en baloncesto] pivot

pivotar vi DEP to pivot

pivote nmf **1.** [eje] pivot **2.** DEP pivot

píxel nm pixel

pizarra nf **1.** [roca, material] slate **2.** [encerado] *BR* blackboard, *US* chalkboard

pizarrón nm *AM* [en aula] *BR* blackboard, *US* chalkboard

pizca nf *Fam* [poco] tiny bit / [de sal] pinch ▸ **ni ~** not one bit

pizpireta adj *Fam* [niña, mujer] spirited, zippy

pizza ['pitsa] nf pizza

pizzería [pitse'ria] nf pizzeria, pizza parlour

placa nf **1.** [lámina] plate ▸ MED **~ dental** dental plaque ▸ **~ de hielo** black ice, icy patch ▸ **~ solar** solar panel ▸ **~ de vitrocerámica** [de cocina] ceramic hob **2.** [inscripción] plaque / [de policía] badge **3.** AUT **~ (de matrícula)** *BR* number plate, *US* license plate **4.** GEOL plate **5.** INFORM board ▸ **~ lógica** logic board ▸ **~ madre** motherboard

placaje nm DEP tackle

placar [59] vt DEP to tackle

placebo nm placebo

placenta nf placenta

placentero, -a adj pleasant

placer [48] ■ nm pleasure ▸ **un viaje de ~** a pleasure trip ▸ **ha sido un ~ (conocerle)** it has been a pleasure meeting you ▸ **es un ~ ayudarte** it's a pleasure to help you
■ vt to please ▸ **nos place comunicarle que...** we are pleased to inform you that... ▸ **si me place** if I want to, if I feel like it

plácet (pl **plácets**) nm *Formal* [aprobación] approval ▸ **dar el ~ a un embajador** to accept an ambassador's credentials

placidez nf [de persona] placidness / [de día, vida, conversación] peacefulness

plácido, -a adj [persona] placid / [día, vida, conversación] peaceful

plafón nm ARQUIT soffit

plaga nf **1.** [de insectos] plague ▸ **~ de langostas** plague of locusts **2.** [de gente] swarm **3.** [epidemia] plague ▸ **una de las plagas modernas** one of the plagues of modern society

plagado, -a adj [de insectos] infested (**de** with) ▸ **~ de dificultades** beset *o* plagued with difficulties ▸ **la ciudad está plagada de turistas** the city is overrun with tourists

plagar [38] vt **~ de** [propaganda] to swamp with / [moscas] to infest with

plagiar vt **1.** [copiar] to plagiarize **2.** *CAM, COL, PERÚ, VEN* [secuestrar] to kidnap

plagiario, -a nm,f *CAM, COL, PERÚ, VEN* kidnapper

plagio nm **1.** [copia] plagiarism **2.** *CAM, COL, PERÚ, VEN* [secuestro] kidnapping

plaguicida ■ adj pesticidal
■ nm pesticide

plan nm **1.** [proyecto, programa] plan ▸ **hacer planes** to plan ▸ **~ de adelgazamiento** diet ▸ **~ de emergencia** contingency plan ▸ **~ de estudios** syllabus ▸ **~ de pensiones** pension plan **2.** *Fam* [ligue] date **3.** *Fam* [modo, forma] **a todo ~** in the greatest luxury, with no expense spared ▸ **lo dijo en ~ serio** he was serious about it ▸ **si te pones en ese ~...** if you're going to be like that about it... ▸ **se puso en ~ violento** he got *o* became violent ▸ **no es ~** it's just not on ▸ **¡vaya ~ de vida!** what a life!

plana nf **1.** [página] page ▸ **en primera ~** on the front page **2.** [llanura] plain **3.** MIL **~ mayor** staff

plancha nf **1.** [para planchar] iron ▸ **pasar la ~ a algo** to give sth a quick iron ▸ **odio la ~** I hate ironing ▸ **esas camisas necesitan una ~** those shirts need ironing ▸ **~ de vapor** steam iron **2.** [para cocinar] grill ▸ **a la ~** grilled **3.** [placa] plate / [de madera] sheet **4.** *Fam* [metedura de pata] boob, blunder **5.** [en fútbol] dangerous tackle *(with studs showing)* **6.** IMPRENTA plate **7.** [al nadar] **hacer la ~** to float on one's back

planchado nm ironing

planchar vt to iron

planchazo nm *Fam* boob, blunder

plancton nm plankton

planeador nm glider

planeadora nf [lancha] speedboat

planear ■ vt to plan
■ vi **1.** [hacer planes] to plan **2.** [en el aire] to glide

planeta nm planet

planetario, -a ■ adj **1.** [de un planeta] planetary **2.** [mundial] world ▸ **a nivel ~** on a global scale
■ nm planetarium

planicie nf plain

planificación nf planning ▸ **~ familiar** family planning

planificar [59] vt to plan

planilla nf *AM* [formulario] form / [nómina] payroll

planisferio nm planisphere

planning ['planin] (pl **plannings**) nm scheduling

plano, -a ■ adj flat
■ nm **1.** [diseño, mapa] plan / [de ciudad] map ▸ **~ de calles** street map **2.** [nivel, aspecto] level **3.** [en pintura] **primer ~** foreground ▸ **segundo ~** background **4.** CINE shot ▸ **primer ~** close-up ▸ *también Fig* **en segundo ~** in the background ▸ **~ general** pan shot **5.** MAT plane
◆ ***de plano*** loc adv [golpear] right, directly / [negar, rechazar] flatly ▸ *Fam* **cantar de ~** to make a full confession

planta nf **1.** [vegetal] plant ▸ **~ de interior** house plant **2.** [fábrica] plant ▸ **~ depuradora** purification plant ▸ **~ desalinizadora** desalination plant ▸ **~ de envase** *o* **envasadora** packaging plant ▸ **~ de montaje** assembly plant **3.** [piso] floor ▸ **~ baja** *BR* ground floor, *US* first floor ▸ **primera ~** *BR* first floor, *US* second floor **4.** [del pie] sole **5.** [expresiones] **de nueva ~** brand new ▸ **tener buena ~** to be good-looking

plantación nf **1.** [terreno] plantation ▸ **~ de azúcar** sugar plantation **2.** [acción] planting

plantado, -a adj **1.** [planta, árbol] planted ▸ **un terreno ~ de trigo** a field planted with wheat **2.** [expresiones] *Fam* **dejar ~ a alguien** [no acudir] to stand sb up ▸ **ser bien ~** to be good-looking

plantar vt **1.** [sembrar] to plant (**de** with) **2.** [fijar] [tienda de campaña] to pitch / [poste] to put in **3.** *Fam* [beso] to plant / [bofetada] to deal, to land **4.** *Fam* [decir con brusquedad] **le plantó cuatro frescas** she gave him a piece of her mind **5.** *Fam* [dejar plantado] **~ a alguien** [no acudir] to stand sb up / [novio] to ditch sb, to dump sb **6.** *Fam* [construcción, mueble, objeto] to plonk ▸ **plantó los pies en el sofá** she plonked her feet on the sofa
◆ ***plantarse*** vpr **1.** [ponerse, colocarse] to plant oneself **2.** [en un sitio con rapidez] **plantarse en** to get to, to make it to ▸ **nos podemos ~ ahí en quince minutos** we'll be able to get there in fifteen minutes **3.** [en una actitud] **plantarse en algo** to stick to sth, to insist on sth ▸ **se ha plantado y dice que no quiere venir** he's standing firm *o* digging his heels in and refusing to come **4.** [en naipes] to stick

plante nm **1.** [para protestar] protest **2.** [plantón] **dar** *o* **hacer un ~ a alguien** to stand sb up

planteamiento nm **1.** [exposición] raising, posing **2.** [enfoque] approach

plantear vt **1.** [exponer] [problema] to pose / [posibilidad, dificultad, duda] to raise ▸ **me planteó sus preocupaciones** he put his concerns to me, he raised his concerns with me **2.** [proponer] [solución, posibilidad] to propose ▸ **plantean una solución radical al cambio climático** they are proposing a radical solution to climate change
◆ ***plantearse*** vpr **plantearse algo** to consider sth, to think about sth ▸ **nunca me había planteado esa posibilidad** I had never considered that possibility

plantel nm **1.** [criadero] nursery bed **2.** [de gente] team

planteo nm *AM* [propuesta] idea

plantígrado, -a adj & nm ZOOL plantigrade

plantilla nf **1.** [de empresa] staff ▸ **estar en ~** to be on the staff **2.** [para zapatos] insole **3.** [patrón] pattern, template

plantío nm plot (of land)

plantón nm *Fam* **dar un ~ a alguien** to stand sb up

plañidero, -a adj plaintive, whining

plañido nm moan

plañir ■ vt to bewail
■ vi to moan, to wail

plaqueta nf BIOL platelet

plasma nm plasma

plasmar vt **1.** [reflejar] [sentimientos] to give expression to / [realidad] to reflect **2.** [modelar] to shape, to mould
◆ ***plasmarse*** vpr to emerge, to take shape

plasta ■ adj *ESP Fam* **ser ~** to be a pain ▸ **un tío ~** a real bore, a pain in the neck
■ nmf *ESP Fam* [pesado] pain, drag
■ nf **1.** [cosa blanda] mess **2.** *Fam* [cosa mal hecha] botch-up

plastelina® nf Plasticine®

plástica nf plastic art

plasticidad nf **1.** [moldeabilidad] plasticity **2.** [expresividad] expressiveness

plástico, -a ■ adj **1.** [moldeable] plastic **2.** [expresivo] expressive
■ nm **1.** [material] plastic **2.** *Fam* [tarjetas de crédito] plastic (money)

plastificar [59] vt [carné, tarjeta] to cover in plastic

plastilina® nf Plasticine®

plata nf **1.** [metal] silver ▸ *Fam* **hablar en ~** to speak bluntly ▸ **~ de ley** sterling silver ▸ **~ maciza** solid silver **2.** [objetos de plata] silverware **3.** *AM* [dinero] money

plataforma nf **1.** [superficie elevada, estrado] platform ▸ **~ de lanzamiento** launch pad ▸ **~ petrolífera** oil rig **2.** [punto de partida] launching pad **3.** POL platform, programme **4.** GEOL shelf ▸ **~ continental** continental shelf

platanal, platanar nm banana plantation

platanera nf, ***platanero*** nm banana tree

plátano nm **1.** [fruta] banana **2.** [árbol de sombra] plane tree

platea nf *BR* stalls, *US* orchestra

plateado, -a adj **1.** [con plata] silver-plated **2.** [color] silvery

plateresco, -a adj plateresque

platería nf **1.** [arte, oficio] silversmithing **2.** [tienda] jeweller's (shop)

platero, -a nm,f silversmith

plática nf **1.** *CAM, MÉX* [charla] talk, chat **2.** REL sermon

platicador, -ora adj *CAM, MÉX* conversational

platicar [59] ■ vi *CAM, MÉX* to talk, to chat
■ vt to tell

platija nf [pez] plaice

platillo nm **1.** [plato pequeño] small plate / [de taza] saucer ▸ **~ volador,** *ESP* **~ volante** flying saucer **2.** [de una balanza] pan **3.** MÚS **platillos** cymbals

platina nf **1.** [de casete] cassette deck **2.** [de microscopio] slide

platino nm [metal] platinum ▸ AUT & MEC **platinos** contact points

plato nm **1.** [recipiente] plate, dish ▸ **lavar los platos** to wash the dishes, *BR* to do the washing-up ▸ *Fig* **pagar los platos rotos** to carry the can ▸ *Fig* **parece que no ha roto un ~ en su vida** he looks as if butter wouldn't melt in his mouth ▸ **~ hondo** *o* **sopero** soup dish *o* plate ▸ **~ llano** plate ▸ **~ de postre** dessert plate **2.** [parte de una comida] course ▸ **primer ~** first course, starter ▸ **de primer ~** for starters ▸ **segundo ~** second course, main course ▸ **~ fuerte** [en una comida] main course / *Fig* main part ▸ **su actuación es el ~ fuerte de la noche** her performance is the night's main event ▸ **~ principal** main course **3.** [comida] dish ▸ **~ combinado** = *single-course meal which usually consists of meat or fish accompanied by chips and vegetables* ▸ **~ del día** dish of the day ▸ **~ precocinado** pre-cooked meal ▸ **~ preparado** ready-made meal ▸ **~ típico** typical dish **4.** [de tocadiscos, microondas] turntable **5.** [de bicicleta] chain wheel **6.** DEP clay pigeon

plató nm set

platónico, -a adj platonic

platudo, -a adj *AM Fam* loaded, rolling in it

plausibilidad nf **1.** [admisibilidad] acceptability **2.** [posibilidad] plausibility

plausible adj **1.** [admisible] acceptable **2.** [posible] plausible

playa nf **1.** [en el mar] beach ▸ **ir a la ~ de vacaciones** to go on holiday to the seaside **2.** *AM* **~ de estacionamiento** [en ciudad] *BR* car park, *US* parking lot

play-back ['pleiβak] (pl **play-backs**) nm **hacer ~** to mime (the lyrics)

playboy [plei'βoi] (pl **playboys**) nm playboy

playera nf **1.** [zapato] [para la playa] canvas shoe / [de deporte] tennis shoe **2.** *MÉX* [camiseta] T-shirt

playero, -a adj beach ▸ **toalla playera** beach towel

plaza nf **1.** [en una población] square ▸ **la ~ del pueblo** the village *o* town square ▸ **~ mayor** main square **2.** [sitio] place ▸ **tenemos plazas limitadas** there are a limited number of places available ▸ **~ de aparcamiento** parking space ▸ **~ de garaje** parking space *(in a private garage)* **3.** [asiento] seat ▸ **un vehículo de dos plazas** a two-seater vehicle **4.** [puesto de trabajo] position, job ▸ **está buscando una ~ de médico** she's looking for a position as a doctor ▸ **~ vacante** vacancy **5.** [mercado] market, marketplace **6.** TAUROM **~ (de toros)** bull-ring **7.** COM [zona] area **8.** [fortificación] **~ fuerte** stronghold

plazo nm **1.** [de tiempo] period (of time) ▸ **en el ~ de un mes** within a month ▸ **mañana termina el ~ de inscripción** the deadline for registration is tomorrow ▸ **tenemos de ~ hasta el domingo** we have until Sunday ▸ **a corto/medio/largo ~** in the short/medium/long term ▸ **una solución a corto/largo ~** a short-/long-term solution ▸ **en breve ~** within a short time ▸ COM **~ de entrega** delivery time **2.** [de dinero] instalment ▸ **comprar a plazos** to buy on *BR* hire purchase *o* *US* an installment plan ▸ **pagar a plazos** to pay in instalments ▸ **~ mensual** monthly instalment

plazoleta, plazuela nf small square

pleamar nf high tide

plebe ■ nf **la ~** the plebs
■ nmf *MÉX Fam* [niño] kid

plebeyo, -a adj **1.** HIST plebeian **2.** [vulgar] common

plebiscito nm plebiscite

plegable adj collapsible, foldaway / [silla] folding

plegar [43] vt [papel] to fold / [mesita, hamaca] to fold away
◆ ***plegarse*** vpr **plegarse a algo** to give in *o* yield to sth

plegaria nf prayer

pleitear vi DER to litigate, to conduct a lawsuit

pleitesía nf homage ▸ **rendir ~ a alguien** to pay homage to sb

pleito nm **1.** DER [litigio] legal action, lawsuit / [disputa] dispute ▸ **poner un ~ (a alguien)** to take legal action (against sb) **2.** *AM* [discusión] argument

plenario, -a adj plenary

plenilunio nm full moon

plenipotenciario, -a ■ adj plenipotentiary
■ nm,f envoy

plenitud nf **1.** [apogeo] completeness, fullness ▸ **en la ~ de** at the height of **2.** [abundancia] abundance

pleno, -a ■ adj **1.** [completo] full, complete ▸ **en ~ uso de sus facultades** in full command of his faculties ▸ **en plena forma** on top form ▸ **la reunión en ~** the meeting as a whole, everyone at the meeting ▸ **miembro de ~ derecho** full member ▸ **~ empleo** full employment ▸ **plenos poderes** plenary powers **2.** [para enfatizar] **en ~ día** in broad daylight ▸ **en ~ invierno** in the middle of winter ▸ **en plena naturaleza** in the middle of the country(side) ▸ **en plena guerra** in the middle of the war ▸ **le dio en plena cara** he hit him right in the face
■ nm **1.** [reunión] plenary meeting **2.** *ESP* [en las quinielas] full claim *(14 correct forecasts)* ▸ **~ al quince** full claim *(14 correct forecasts plus bonus)*

pletina nf cassette deck

pletórico, -a adj **~ de felicidad** radiant with happiness ▸ **~ de salud** bursting with health

pleura nf pleural membrane

pleuresía nf MED pleurisy

plexiglás® nm inv Perspex®, *US* Plexiglas®

pléyade nf [conjunto] cluster

pliego ■ *ver* ***plegar***
■ nm **1.** [de papel, de cartulina] sheet **2.** [carta, documento] sealed document *o* letter ▸ **~ de condiciones** specifications ▸ **~ de descargos** list of rebuttals **3.** IMPRENTA signature

pliegue nm **1.** [gen] & GEOL fold **2.** [en un plisado] pleat

plinto nm DEP vaulting box

plisado nm pleating

plisar vt to pleat

plomada nf plumb line

plomería nf *MÉX, RP, VEN* plumber's

plomero nm *MÉX, RP, VEN* plumber

plomizo, -a adj [color, cielo] leaden

plomo nm **1.** [metal] lead ▸ **sin ~** [gasolina] unleaded ▸ *Fig* **caer a ~** to fall *o* drop like a stone **2.** [pieza de metal] lead weight **3.** [fusible] fuse **4.** *Fam* [pelmazo] bore, drag

plóter (pl **ploters**), ***plotter*** (pl **plotters**) nm INFORM plotter

pluma ■ nf **1.** [de ave] feather ▸ **un sombrero de plumas** a feathered hat **2.** [para escribir] (fountain) pen / [de ave] quill (pen) / *CARIB, MÉX* [bolígrafo] (ballpoint) pen ▸ **~ estilográfica** fountain pen **3.** *Fig* [estilo de escribir] style / [escritor] writer **4.** *CARIB, COL, MÉX* [grifo] *BR* tap, *US* faucet **5.** *Fam* **tener ~** [persona] to be camp
■ adj inv DEP featherweight ▸ **peso ~** featherweight

plumaje nm **1.** [de ave] plumage **2.** [adorno] plume

plumazo nm stroke of the pen ▸ **de un ~** [al tachar] with a stroke of one's pen / *Fig* [al hacer algo] in one fell swoop, at a stroke

plúmbeo, -a adj tedious, heavy

plum-cake [plun'keik] nm *ESP* fruit cake

plumero nm feather duster ▸ *Fam Fig* **se le ve el ~** you can see through him

plumier (pl **plumiers**) nm pencil box

plumífero nm [anorak] feather-lined anorak

plumilla nf, ***plumín*** nm nib

plumón nm **1.** [de ave] down **2.** *MÉX* [para escribir] felt-tip pen

plural ■ adj **1.** [múltiple] pluralistic **2.** GRAM plural
■ nm GRAM plural

pluralidad nf diversity

pluralismo nm pluralism

pluralizar [14] vi to generalize

pluricelular adj multicellular

pluriempleado, -a ■ adj **estar ~** to have more than one job
■ nm,f = *person with more than one job*

pluriempleo nm **hacer ~** to have more than one job

pluripartidismo nm multiparty system

pluripartidista adj [democracia, sistema] multiparty

plurivalente adj polyvalent

plus nm bonus ▸ **~ de peligrosidad** danger money, *US* danger pay ▸ **~ de productividad** productivity bonus

pluscuamperfecto adj & nm pluperfect

plusmarca nf record

plusmarquista nmf record-holder

plusvalía nf ECON appreciation, added value

plutocracia nf plutocracy

Plutón n Pluto

plutonio nm plutonium

pluvial adj rain ▸ **régimen ~** annual rainfall pattern

pluviómetro nm rain gauge

pluviosidad nf rainfall

pluvioso, -a adj *Formal* rainy

PM nf (abrev de ***policía militar***) MP

p.m. (abrev de ***post meridiem***) p.m.

PNB nm (abrev de ***producto nacional bruto***) GNP

PNN nmf (abrev de ***profesor no numerario***) *ESP Antes* = *university lecturer who does not have tenure*

PNV nm (abrev de ***Partido Nacionalista Vasco***) = *Basque nationalist party to the right of the political spectrum*

Po nm **el ~** the (River) Po

p.o., p/o (abrev de ***por orden***) pp

población nf **1.** [ciudad] town, city / [pueblo] village **2.** [personas, animales] population ▸ **~ activa/flotante** working/floating population **3.** [acción de poblar] settlement, populating

poblado, -a ■ adj **1.** [habitado] inhabited ▸ **una zona muy poblada** a densely populated area **2.** [lleno] full / [barba, cejas] bushy

■ nm settlement

poblador, -ora nm,f [habitante] inhabitant / [colono] settler

poblano, -a ■ adj of/from Puebla

■ nm,f person from Puebla

poblar [63] vt **1.** [establecerse en] to settle, to colonize **2.** [habitar] to inhabit ▸ **pueblan esa laguna muchas especies** the lagoon is home to a great variety of species **3.** [llenar] **~ (de)** [plantas, árboles] to plant (with) / [peces] to stock (with)

◆ ***poblarse*** vpr to fill up (**de** with) ▸ **la zona se pobló de aves tropicales** the area was colonized by tropical birds

pobre ■ adj **1.** [necesitado] poor ▸ *Fam* **más pobre que las ratas** as poor as a church mouse **2.** [desdichado] poor ▸ **¡~ hombre!** poor man! ▸ **¡~ de mí!** poor me! ▸ **~ de aquél que se atreva a comerse mi ración** woe betide anyone who dares to eat my portion **3.** [mediocre, defectuoso] poor **4.** [escaso] poor ▸ **una dieta ~ en proteínas** a diet with a low protein content ▸ **esta región es ~ en recursos naturales** this region lacks natural resources

■ nmf **1.** [sin dinero, infeliz] poor person ▸ **los pobres** the poor, poor people ▸ **¡el ~!** poor thing! ▸ **la ~ está siempre luchando por dar de comer a sus hijos** the poor woman is forever struggling to keep her children fed **2.** [mendigo] beggar

pobreza nf poverty ▸ **~ de** lack *o* scarcity of ▸ **~ de espíritu** weakness of character

pocha nf [judía] haricot bean

pocho, -a adj **1.** [persona] off-colour **2.** [fruta] over-ripe **3.** *MÉX Fam* [americanizado] Americanized

pocholada nf *ESP Fam* **una ~ de niño/vestido** a cute little child/dress

pocholo, -a adj *ESP Fam* cute

pocilga nf *también Fig* pigsty

pocillo nm *RP* small cup

pócima nf **1.** [poción] potion **2.** [bebida de mal sabor] concoction

poción nf potion

poco, -a ■ adj (singular) little, not much / (plural) few, not many ▸ **poca agua** not much water ▸ **de poca importancia** of little importance ▸ **hay pocos árboles** there aren't many trees ▸ **pocas personas lo saben** few *o* not many people know it ▸ **tenemos ~ tiempo** we don't have much time ▸ **hace ~ tiempo** not long ago ▸ **dame unos pocos días** give me a few days ▸ **esto ocurre pocas veces** this rarely happens, this doesn't happen often ▸ **poca sal me parece que le estás echando** I don't think you're putting enough salt in, I think you're putting too little salt in

■ pron (singular) little, not much / (plural) few, not many ▸ **hay ~ que decir** there isn't much to say, there's very little to say ▸ **queda ~** there's not much left ▸ **tengo muy pocos** I don't have very many, I have very few ▸ **pocos hay que sepan tanto** not many people know so much ▸ **éramos pocos** there weren't very many of us, there were only a few of us ▸ **un ~** a bit ▸ **¿me das un ~?** can I have a bit? ▸ **un ~ de** a bit of ▸ **un ~ de sentido común** a bit of common sense ▸ **unos pocos** a few

■ adv **1.** [escasamente] (tras verbo) not much / (+ adjetivo) not very ▸ **este niño come ~** this boy doesn't eat much ▸ **es ~ común** it's not very common ▸ **es un ~ triste** it's a bit sad **2.** [brevemente] **tardaré muy ~** I won't be long ▸ **al ~ de...** shortly after... ▸ **dentro de ~** soon, in a short time ▸ **hace ~** a little while ago, not long ago **3.** [no a menudo] not often ▸ **voy ~ por allí** I don't go there very often ▸ **voy muy ~ por allí** I seldom go there **4.** [expresiones] **~ a ~** [progresivamente] little by little, bit by bit ▸ **¡~ a ~!** [despacio] steady on!, slow down! ▸ **~ más o menos** more or less ▸ **por ~** almost, nearly ▸ **tener en ~ a alguien** not to think much of sb

poda nf **1.** [acción] pruning **2.** [tiempo] pruning time

podadera nf garden shears

podar vt to prune

podenco nm hound

poder [49] ■ nm **1.** [mando, competencia] power ▸ **estar en/hacerse con el ~** to be in/to seize power ▸ **~ adquisitivo** purchasing power ▸ **~ calorífico** calorific value ▸ **~ de convicción** persuasive powers ▸ **tener ~ de convocatoria** to be a crowd-puller ▸ **el ~ ejecutivo/legislativo/judicial** [personas] the executive/legislature/judiciary ▸ **poderes fácticos** the church, military and press ▸ **poderes públicos** public authorities **2.** [posesión] **estar en ~ de alguien** to be in sb's hands **3.** [autorización] power, authorization ▸ **dar poderes a alguien para que haga algo** to authorize sb to do sth ▸ **por poderes** by proxy ▸ **~ notarial** power of attorney

■ vi **1.** [tener facultad] can, to be able to ▸ **no puedo decírtelo** I can't tell you, I'm unable to tell you **2.** [tener permiso] can, may ▸ **no puedo salir por la noche** I'm not allowed to *o* I can't go out at night ▸ **¿puedo fumar aquí?** may I smoke here? ▸ **¿se puede?** may I come in? **3.** [ser capaz moralmente] can ▸ **no podemos portarnos así con él** we can't treat him like that **4.** [tener posibilidad, ser posible] may, can ▸ **puede estallar la guerra** war could *o* may break out ▸ **podías haber ido en tren** you could have gone by train ▸ **¡podría habernos invitado!** [expresa enfado] she could *o* might have invited us! **5.** [tener fuerza] **~ con** [enfermedad, rival] to be able to overcome / [tarea, problema] to be able to cope with ▸ **no ~ con algo/alguien** [no soportar] not to be able to stand sth/sb ▸ **no puedo con la hipocresía** I can't stand hypocrisy ▸ **no ~ más** [estar cansado] to be too tired to carry on / [estar harto de comer] to be full (up) / [estar enfadado] to have had enough **6.** [expresiones] **a** *o* **hasta más no ~** as much as can be ▸ **es avaro a más no ~** he's as miserly as can be

■ v impersonal [ser posible] may ▸ **puede que llueva** it may *o* might rain ▸ **¿vendrás mañana? – puede** will you come tomorrow? – I may do ▸ **puede ser** perhaps, maybe

■ vt [ser más fuerte que] to be stronger than ▸ **tú eres más alto, pero yo te puedo** you may be taller than me, but I could still beat you up

poderío nm **1.** [poder, fuerza] power **2.** [riqueza] riches

poderoso, -a ■ adj powerful

■ nm,f powerful person ▸ **los poderosos** the powerful

podio, pódium nm podium

podología nf chiropody, *US* podiatry

podólogo, -a nm,f chiropodist, *US* podiatrist

podré *etc ver* ***poder***

podredumbre nf [putrefacción] putrefaction / *Fig* [inmoralidad] corruption

podría *etc ver* ***poder***

podrido, -a ■ participio *ver* ***pudrir***

■ adj rotten

poema nm poem ▸ **ser todo un ~** to be pathetic

poesía nf **1.** [género literario] poetry **2.** [poema] poem

poeta nmf poet

poética nf poetics *(singular)*

poético, -a adj poetic

poetisa nf female poet

póker nm **1.** [juego] poker **2.** [jugada] four of a kind

polaco, -a ■ adj **1.** Polish **2.** *ESP Fam Pey* [catalán] = *pejorative term for a Catalan*

■ nm,f **1.** Pole **2.** *ESP Fam Pey* [catalán] = *pejorative term for a Catalan*

■ nm [lengua] Polish

polaina nf leggings

polar adj polar

polaridad nf polarity

polarizar [14] vt **1.** [miradas, atención, esfuerzo] to concentrate **2.** FÍS to polarize

◆ ***polarizarse*** vpr [vida política, opinión pública] to become polarized

polaroid® nf inv Polaroid®

polca nf polka

polea nf pulley

polémica nf controversy

polémico, -a adj controversial

polemista nmf polemicist

polemizar [14] vi to argue, to debate

polen nm pollen

polenta nf polenta

poleo nm [planta] pennyroyal / [infusión] pennyroyal tea

poli *Fam* ■ nmf cop

■ nf cops

poliamida nf polyamide

polichinela nm **1.** [personaje] Punchinello **2.** [títere] puppet, marionette

policía ■ nmf policeman, *f* policewoman

■ nf **la ~** the police ▸ **viene la ~** the police are coming ▸ **~ antidisturbios** riot police ▸ **~ militar/secreta** military/secret police ▸ **~ de tráfico** traffic police

policiaco, -a, policíaco, -a adj **película/novela policiaca** detective film/novel

policial adj police ▸ **investigación ~** police investigation *o* enquiry

policlínica nf private hospital

policromado, -a adj ARTE polychrome

policromía nf ARTE polychromy

policromo, -a, polícromo, -a adj polychromatic

polideportivo, -a ■ adj multi-sport / [gimnasio] multi-use

■ nm sports centre

poliedro nm polyhedron

poliéster nm inv polyester

polietileno nm *BR* polythene, *US* polyethylene

polifacético, -a adj [persona] multifaceted / [actor] versatile

polifonía nf polyphony

polifónico, -a adj polyphonic

poligamia nf polygamy

polígamo, -a ■ adj polygamous

■ nm,f polygamist

políglota adj & nmf polyglot

poligonal adj polygonal

polígono nm **1.** MAT polygon **2.** [terreno] **~ industrial** *BR* industrial estate, *US* industrial park ▸ **~ residencial** housing development, *BR* housing estate ▸ **~ de tiro** firing range

polilla nf moth

polímero nm polymer

Polinesia n Polynesia

polinesio, -a adj & nm,f Polynesian

polinización nf pollination

polinizar [14] vt to pollinate

polinomio nm polynomial

polio nf polio

poliomielitis nf inv poliomyelitis

polipiel nf artificial skin

pólipo nm polyp

Polisario nm **el (Frente) ~** Polisario, = *Western Sahara liberation front*

polisemia nf polysemy

polisílabo, -a ■ adj polysyllabic

■ nm polysyllable

politburó nm politburo

politécnico, -a adj polytechnic ▸ **universidad politécnica** technical university

politeísta adj polytheistic

política nf **1.** [arte de gobernar] politics *(singular)* ▸ **hablar de ~** to discuss politics, to talk (about) politics **2.** [modo de gobernar, táctica] policy ▸ **Política Agrícola Común** Common Agricultural Policy ▸ **~ exterior/monetaria** foreign/monetary policy

¡CUIDADO! / CAREFUL!

política

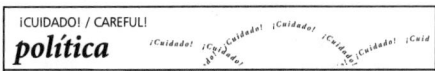

Politics se utiliza cuando hablamos de la política como ciencia o como actividad ("he works/is interested in politics"), mientras que **policy** se refiere a directrices o medidas de actuación, por ejemplo en un gobierno o en una empresa ("the government's immigration policy", "our policy on overtime").

politicastro nm *Pey* bad politician

político, -a ■ adj **1.** [de gobierno] political **2.** [prudente] tactful **3.** [pariente] **hermano ~** brother-in-law ▸ **familia política** in-laws
■ nm politician

politiqueo nm politicking

politización nf politicization

politizar [14] vt to politicize
◆ ***politizarse*** vpr to become politicized

poliuretano nm polyurethane

polivalencia nf polyvalency

polivalente adj [vacuna, suero] polyvalent / [edificio, sala] multipurpose

póliza nf **1.** [de seguros] (insurance) policy **2.** [sello] = *stamp on a document showing that a certain tax has been paid*

polizón nm stowaway

polizonte nm *Fam* cop

polla nf *ESP Vulg* cock, prick ▸ **¡una ~!** [no] no fucking way!

pollera nf *CSUR* skirt

pollería nf poultry shop

pollino nm donkey

pollito nm chick

pollo, -a ■ nm,f **1.** [animal] chick ▸ **polla de agua** [ave] moorhen **2.** *MÉX Fam* [inmigrante] = *illegal immigrant who is smuggled from Mexico into the US*
■ nm **1.** CULIN chicken ▸ **~ al ajillo** chicken fried with garlic ▸ **~ asado** roast chicken ▸ **~ frito** fried chicken **2.** *Anticuado o Hum* [joven] young shaver

polluelo nm chick

polo nm **1.** [de la tierra] pole ▸ *Fig* **~ de atracción** *o* **atención** centre of attraction ▸ **~ geográfico** terrestrial pole ▸ **~ magnético** magnetic pole ▸ **~ Norte/Sur** North/South Pole **2.** ELEC terminal ▸ **~ negativo/positivo** negative/positive terminal ▸ *Fig* **ser polos opuestos** to be poles apart ▸ *Fig* **ser el ~ opuesto de** to be the complete opposite of **3.** [helado] *BR* ice lolly, *US* Popsicle® **4.** [jersey] polo shirt **5.** DEP polo ▸ *AM* **~ acuático** water polo

pololear vi *CHILE Fam* to go out (together)

pololeo nm *CHILE Fam* small job

pololo, -a nm,f *CHILE Fam* boyfriend, *f* girlfriend

Polonia n Poland

polonio nm QUÍM polonium

poltrón, -ona adj lazy

poltrona nf easy chair

polución nf **1.** [contaminación] pollution **2.** [eyaculación] **~ nocturna** wet dream

polucionar vt to pollute

polvareda nf dust cloud ▸ *Fig* **levantar una gran ~** to cause a commotion

polvera nf powder compact

polvo nm **1.** [en el aire] dust ▸ **limpiar** *o* **quitar el ~** to do the dusting **2.** [de un producto] powder ▸ **en ~** powdered ▸ **polvos** [maquillaje] powder ▸ **polvos (de) picapica** itching powder ▸ **polvos de talco** talcum powder **3.** *muy Fam* [coito] screw, *BR* shag ▸ **echar un ~** to have a screw *o BR* a shag ▸ **¡qué ~ tiene!** what a babe! **4.** [expresiones] *Fam* **estar hecho ~** [cansado] to be dead beat *o BR* knackered / [deprimido] to be shattered *o BR* gutted ▸ *Fam* **hacer ~ algo** to smash sth ▸ *Fam* **morder el ~** to be humiliated ▸ *Fam* **hacer morder el ~ a alguien** to make sb eat dirt

pólvora nf [sustancia explosiva] gunpowder ▸ **correr como la ~** to spread like wildfire ▸ *Fam* **no ha inventado la ~** he's not the most intelligent person in the world

polvoriento, -a adj [superficie] dusty / [sustancia] powdery

polvorín nm munitions dump / *Fig* powder keg

polvorón nm = *very crumbly shortbread biscuit*

pomada nf ointment

pomelo nm **1.** [fruto] grapefruit **2.** [árbol] grapefruit tree

pómez adj **piedra ~** pumice stone

pomo nm **1.** [de puerta, mueble] knob / [de espada] pommel **2.** *AM* [de pasta] tube **3.** *RP* [de agua] spray bottle **4.** *MÉX* [pote] jar

pompa nf **1.** [suntuosidad] pomp **2.** [ostentación] show, ostentation **3. ~ (de jabón)** (soap) bubble **4. pompas fúnebres** [servicio] undertaker's / [ceremonia] funeral

Pompeya n Pompeii

pompis nm inv *Fam* behind, bottom

pompón nm pompom

pomposidad nf **1.** [suntuosidad] splendour, pomp / [ostentación] showiness **2.** [en el lenguaje] pomposity

pomposo, -a adj **1.** [suntuoso] sumptuous, magnificent / [ostentoso] showy **2.** [lenguaje] pompous

pómulo nm **1.** [hueso] cheekbone **2.** [mejilla] cheek

pon *ver* ***poner***

ponchadura nf *CAM, CARIB, MÉX* blow-out, *BR* puncture, *US* flat

ponchar *CAM, CARIB, MÉX* vt [rueda] to puncture
◆ ***poncharse*** vpr [rueda] to blow

ponche nm **1.** [en fiesta] punch **2.** [con leche y huevo] eggnog

ponchera nf punch bowl

poncho nm poncho, blanket *(for wearing)*

ponderable adj **1.** [en peso] weighable **2.** [en ponderación] worthy of consideration

ponderación nf **1.** [alabanza] praise **2.** [moderación] deliberation, considered nature **3.** [en estadística] weighting

ponderado, -a adj **1.** [moderado] considered **2.** [en estadística] weighted

ponderar vt **1.** [alabar] to praise **2.** [considerar] to consider, to weigh up **3.** [en estadística] to weight

pondré *etc ver **poner***

ponedero nm nesting box

ponedor, -ora ■ adj egg-laying
■ nm [ponedero] nesting box

ponencia nf [conferencia] lecture, paper / [informe] report

ponente nmf [en congreso] speaker / [relator] reporter, rapporteur

poner [50] ■ vt **1.** [situar, agregar, meter] to put / [colocar] to place, to put **2.** [ropa, zapatos, maquillaje] **~ algo a alguien** to put sth on sb **3.** [asignar] [tarea, examen] to give, to set / [precio] to fix, to settle / [multa] to give ▸ **le pusieron Mario** they called him Mario ▸ **le pusieron un cinco en el examen** he got five out of ten in the exam **4.** [conectar] [televisión, radio] to switch *o* put on / [despertador] to set / [instalación, gas] to put in / [música, disco] to put on **5.** [servir] **¿qué le pongo?** what can I get you?, what would you like? ▸ **póngame una cerveza, por favor** I'd like *o* I'll have a beer, please **6.** [comunicar] [telegrama, fax] to send / [conferencia] to make ▸ *ESP* **¿me pones con él?** can you put me through to him? **7.** CINE, TEATRO & TV to show ▸ **¿qué ponen en la tele?** what's on the telly? **8.** [montar] to set up ▸ **ha puesto una tienda** she has opened a shop ▸ **~ la mesa** to lay the table **9.** [decorar] to do up ▸ **han puesto su casa con mucho lujo** they've done up their house in real style **10.** [contribuir, invertir] to put in ▸ **~ dinero en el negocio** to put money into the business ▸ **~ algo de mi/tu/*etc.* parte** to do my/your/*etc* bit ▸ **~ mucho empeño en (hacer) algo** to put a lot of effort into (doing) sth **11.** [hacer estar de cierta manera] **~ a alguien en un aprieto/de mal humor** to put sb in a difficult position/in a bad mood ▸ **le has puesto colorado/nervioso** you've made him blush/feel nervous ▸ **poner cara de tonto/inocente** to put on a stupid/an innocent face **12.** [calificar] **~ a alguien de algo** to call sb sth ▸ **~ bien algo/a alguien** to praise sth/sb ▸ **~ mal algo/a alguien** to criticize sth/sb **13.** [oponer] **~ obstáculos a algo** to hinder sth ▸ **~ pegas a algo** to raise objections to sth **14.** [suponer] to suppose ▸ **pongamos que sucedió así** (let's) suppose that's what happened ▸ **pon que necesitemos cinco días** suppose we need five days ▸ **poniendo que todo salga bien** assuming everything goes according to plan **15.** *ESP* [decir] to say ▸ **¿qué pone ahí?** what does it say? **16.** [huevo] to lay
■ vi [ave] to lay (eggs)

◆ ***ponerse*** vpr **1.** [colocarse] to put oneself ▸ **ponte en la ventana** stand by the window ▸ **ponerse de pie** to stand up ▸ **ponte en mi lugar** put yourself in my position **2.** [ropa, gafas, maquillaje] to put on ▸ **¿qué te vas a ~?** what are you going to wear? **3.** [iniciar] **ponerse a hacer algo** to start doing sth **4.** [volverse de cierta manera] to go, to become ▸ **se puso rojo de ira** he went red with anger ▸ **se puso colorado** he blushed ▸ **se puso muy guapa** she looked lovely ▸ **¡cómo te pones por una nadería!** there's no need to react like that! ▸ **¡no te pongas así!** [no te enfades] don't be like that! / [no te pongas triste] don't get upset!, don't be sad! **5.** [de salud] **ponerse malo** *o* **enfermo** to fall ill ▸ **ponerse bien** to get better **6.** [llenarse] **ponerse de algo** to get covered in sth ▸ **se puso de barro hasta las rodillas** he got covered in mud up to his knees **7.** [sol, luna] to set **8.** *ESP* [al teléfono] **ahora se pone** she's just coming, I'll put her on in a moment **9.** *ESP* [llegar] **ponerse en** to get to **10.** *AM Fam* [parecer] **se me pone que...** it seems to me that...

poney ['poni] nm pony

pongo *ver **poner***

poni nm pony

poniente nm [occidente] West / [viento] west wind

pontevedrés, -esa ■ adj of/from Pontevedra
■ nm,f person from Pontevedra

pontificado nm papacy

pontifical adj papal

pontificar [59] vi to pontificate

pontífice nm [obispo] bishop / [Papa] Pope ▸ **el Sumo Pontífice** the Supreme Pontiff, the Pope

pontificio, -a adj [de los obispos] episcopal / [del Papa] papal

pontón nm pontoon

ponzoña nf [veneno] venom, poison / *Fig* venom

ponzoñoso, -a adj [venenoso] venomous, poisonous / *Fig* venomous

pop ■ adj pop
■ nm [música] pop (music)

popa nf stern

pope nm **1.** REL = *priest of the Orthodox church* **2.** *Fam* [pez gordo] big shot

popelín nm, ***popelina*** nf poplin

popote nm *MÉX* drinking straw

populachero, -a adj *Pey* **1.** [fiesta] common, popular **2.** [discurso] populist

populacho nm *Pey* mob, masses

popular adj **1.** [del pueblo] [creencia, movimiento, revuelta] popular / [arte, música] folk / [lenguaje] colloquial ▸ **la voluntad ~** the will of the people **2.** [famoso aceptado] popular ▸ **hacerse ~** to catch on

popularidad nf popularity

popularización nf popularization

popularizar [14] vt to popularize
◆ ***popularizarse*** vpr to become popular

popularmente adv **~ conocido como...** more commonly known as...

populismo nm populism

populista adj & nmf populist

populoso, -a adj populous, crowded

popurrí nm potpourri

póquer nm **1.** [juego] poker **2.** [jugada] four of a kind

poquito nm **un ~** a little bit

por prep **1.** [causa] because of ▸ **se enfadó ~ tu comportamiento** she got angry because of your behaviour ▸ **lo hizo ~ amor** he did it out of *o* for love ▸ **~ mí no te preocupes** don't worry about me ▸ **¿~ qué?** why? ▸ **¿~ qué lo dijo?** why did she say it? ▸ **¿~ qué no vienes?** why don't you come? ▸ *Fam* **¿~?** why? **2.** [finalidad] (+ infinitivo) (in order) to / (+ sustantivo o pronombre) for ▸ **lo hizo ~ complacerte** he did it to please you ▸ **lo hice ~ ella** I did it for her **3.** [medio, modo, agente] by ▸ **~ mensajero/fax/teléfono** by courier/fax/telephone ▸ **estuvimos hablando ~ teléfono** we were talking on the phone ▸ **~ escrito** in writing ▸ **lo cogieron ~ el brazo** they took him by the arm ▸ **el récord fue batido ~ el atleta** the record was broken by the athlete **4.** [tiempo concreto] **~ la mañana/tarde** in the morning/afternoon ▸ **~ la noche** at night ▸ **ayer salimos ~ la noche** we went out last night ▸ **~ unos días** for a few days **5.** [tiempo aproximado] **creo que la boda será ~ abril** I think the wedding will be some time in April **6.** [lugar] **¿~ dónde vive?** whereabouts does he live? ▸ **vive ~ las afueras** he lives somewhere on the outskirts ▸ **había papeles ~ el suelo** there were papers all over the floor ▸ **~ delante parece muy bonita** it looks very nice from the front ▸ **está escrito ~ detrás** there's writing on the back ▸ **sólo quedaba sitio ~ detrás** there was only room at the back **7.** [a través de] through ▸ **vamos ~ aquí/allí** let's go this/that way ▸ **iba paseando ~ el bosque/la calle** she was walking through the forest/ along the street ▸ **pasar ~ la aduana** to go through customs **8.** [a cambio de, en lugar de] for ▸ **lo ha comprado ~ poco dinero** she bought it for very little ▸ **cambió el coche ~ la moto** he exchanged his car for a motorbike ▸ **él lo hará ~ mí** he'll do it for me **9.** [distribución] per ▸ **80 céntimos ~ unidad** 80 cents each ▸ **mil unidades ~ semana** a thousand units a *o* per week ▸ **uno ~ uno** one by one ▸ **20 kms ~ hora** 20 km an *o* per hour **10.** MAT **dos ~ dos igual a cuatro** two times two is four **11.** [en busca de] for ▸ **baja ~ tabaco** go down to the shops for some cigarettes, go down to get some cigarettes ▸ **a ~** for ▸ **vino a ~ las entradas** she came for the tickets **12.** [concesión] **~ más** *o* **mucho que lo intentes no lo conseguirás** however hard you try *o* try as you might, you'll never manage it ▸ **no me cae bien, ~ (muy) simpático que te parezca** you may think he's nice, but I don't like him **13. ~ mí/nosotros** as far as I'm/we're concerned

porcelana nf **1.** [material] porcelain, china **2.** [objeto] piece of porcelain *o* china

porcentaje nm percentage

porcentual adj percentage ▸ **seis puntos porcentuales** six percentage points

porche nm [entrada] porch / [soportal] arcade

porcino, -a adj pig ▸ **ganado ~** pigs

porción nf portion, piece

pordiosero, -a ■ adj begging
■ nm,f beggar

porfía nf **1.** [disputa] dispute ▸ **a ~** determinedly **2.** [insistencia] persistence / [tozudez] stubbornness

porfiado, -a adj [insistente] persistent / [tozudo] stubborn

porfiar [32] vi **1.** [disputar] to argue obstinately **2.** [empeñarse] **~ en** to be insistent on

pormenor nm detail

pormenorizar [14] ■ vt to describe in detail
■ vi to go into detail

porno adj *Fam* porn, porno ▸ **~ duro** hard-core porn

pornografía nf pornography

pornográfico, -a adj pornographic

poro nm **1.** [en la piel] pore **2.** CHILE, MÉX [verdura] leek

poroso, -a adj porous

poroto nm ANDES, RP kidney bean ▸ CHILE **~ verde** green bean

porque conj **1.** [debido a que] because ▸ **¡~ sí/no!** just because! ▸ **lo hice ~ sí** I did it because I felt like it ▸ **¡~ lo digas tú!** says who? ▸ **lo vais a hacer ~ lo digo yo** you are going to do it because I say so ▸ **~ haga mal tiempo no vamos a quedarnos en casa** we're not going to stay at home just because the weather's bad **2.** [para que] so that, in order that ▸ **reza ~ no nos descubran** pray that they don't find us out

porqué nm reason ▸ **el ~ de** the reason for

porquería nf **1.** [suciedad] filth **2.** [cosa de mala calidad] BR rubbish, US garbage ▸ **es una ~ de libro** the book is BR rubbish *o* US garbage **3. porquerías** [comida] BR rubbish, US garbage

porqueriza nf pigsty

porquero, -a nm,f swineherd

porra ■ nf **1.** [palo] club / [de policía] BR truncheon, US nightstick **2.** CULIN = *deep-fried pastry stick* **3.** ESP *Fam* [para apuesta] sweepstake *(among friends or work colleagues)* **4.** MÉX DEP [hinchas] fans **5.** [expresiones] *Fam* **mandar a alguien a la ~** to tell sb to go to hell ▸ **¿por qué/dónde porras...?** why/where the blazes...? ▸ **¡una ~!** no way! not bloody likely!
■ interj *Fam* **¡porras!** hell!, damn it!

porrada nf *Fam* **una ~ (de)** heaps *o* tons (of)

porrazo nm [golpe] blow / [caída] bump

porreta *Fam* ■ nmf [fumador de porros] pothead
■ nf **1.** [nariz] hooter **2. en ~** [desnudo] in the altogether

porrillo: a porrillo loc adv *Fam* by the bucket

porrista ■ nmf MÉX [hincha] fan, supporter
■ nf COL, MÉX [animadora] cheerleader

porro nm **1.** *Fam* [de droga] joint **2.** AM [verdura] leek

porrón nm **1.** [vasija] = *glass wine jar used for drinking wine from its long spout* **2.** ESP *Fam* **un ~ de** loads of

portaaviones nm inv aircraft carrier

portada nf **1.** [de libro] title page / [de revista] (front) cover / [de periódico] front page **2.** [de disco] sleeve **3.** ARQUIT façade

portadocumentos nm inv *ANDES, RP* document wallet

portador, -ora ■ adj carrying, bearing
■ nm,f carrier, bearer ▸ COM **al ~** to the bearer

portaequipajes nm inv [maletero] *BR* boot, *US* trunk / [baca] roof *o* luggage rack

portaestandarte nm standard-bearer

portafolio nm, ***portafolios*** nm inv [carpeta] file / [maletín] attaché case

portal nm **1.** [entrada] entrance hall / [puerta] main door ▸ **viven en aquel ~** they live at that number **2.** [belén] crib, Nativity scene **3.** INFORM [página web] portal

portalámparas nm inv socket

portaligas nm inv *AM BR* suspender belt, *US* garter belt

portalón nm = *large doors or gate giving access to interior courtyard from street*

portamaletas nm inv *BR* boot, *US* trunk

portaminas nm inv propelling pencil

portamonedas nm inv purse

portaobjeto nm, ***portaobjetos*** nm inv slide / [de microscopio] glass slide

portapapeles nm inv INFORM clipboard

portar vt to carry
◆ ***portarse*** vpr to behave ▸ **portarse bien** to behave (well) ▸ **pórtate bien** behave (yourself)! ▸ *Fam* **se ha portado bien conmigo** she has treated me well ▸ **portarse mal** to misbehave ▸ **se portó muy mal con su hermano** he treated his brother very badly

portátil ■ adj portable
■ nm [ordenador] lap-top

portaviones nm inv aircraft carrier

portavoz ■ nmf [persona] spokesman, *f* spokeswoman
■ nm [periódico] voice

portazo nm **dar un ~** to slam the door ▸ **la puerta se cerró de un ~** the door slammed shut

porte nm **1.** [gasto de transporte] carriage, transport costs ▸ COM **portes debidos** *BR* carriage forward, *US* freight collect ▸ COM **portes pagados** *BR* carriage paid, *US* freight paid **2.** [transporte] carriage, transport ▸ **una empresa de portes y mudanzas** *BR* a removal firm, *US* a moving firm **3.** [aspecto] bearing, demeanour

porteador, -ora ■ adj bearing, carrying
■ nm,f porter

portento nm wonder, marvel

portentoso, -a adj wonderful, amazing

porteño, -a ■ adj [bonaerense] of/from Buenos Aires
■ nm,f [bonaerense] person from Buenos Aires

portería nf **1.** [de casa, colegio] *BR* caretaker's office *o* lodge, *US* super(intendent)'s office / [de hotel, ministerio] porter's office *o* lodge **2.** DEP goal, goal-mouth

portero, -a nm,f **1.** [de casa, colegio] *BR* caretaker, *US* super(intendent) / [de hotel, ministerio] [en recepción] porter / [a la puerta] doorman ▸ **~ automático** *o* **eléctrico** entry-phone **2.** DEP goalkeeper

portezuela nf [de coche] door

pórtico nm **1.** [fachada] portico **2.** [arcada] arcade

portilla nf NÁUT porthole

portillo nm **1.** [abertura] opening, gap **2.** [puerta pequeña] wicket gate

portón nm large door *o* entrance

portorriqueño, -a adj & nm,f Puerto Rican

portuario, -a adj **1.** [del puerto] port ▸ **ciudad portuaria** port **2.** [de los muelles] dock ▸ **trabajador ~** docker ▸ **la zona portuaria** the docks (area)

Portugal n Portugal

portugués, -esa ■ adj & nm,f Portuguese
■ nm [lengua] Portuguese

porvenir nm future

pos: en pos de loc prep [detrás de] behind / [en busca de] after

posada nf **1.** [fonda] inn, guest house **2.** [hospedaje] lodging, accommodation

posaderas nfpl *Fam* backside, bottom

posadero, -a nm,f innkeeper

posar ■ vt [dejar, poner] [objeto] to put *o* lay down / [mano, mirada] to rest
■ vi to pose
◆ ***posarse*** vpr **1.** [insecto, polvo] to settle **2.** [pájaro] to perch / [nave, helicóptero] to come down

posavasos nm inv coaster

posdata nf postscript

pose nf pose

poseedor, -ora ■ adj [propietario] owning, possessing / [de cargo, acciones, récord] holding
■ nm,f [propietario] owner / [de cargo, acciones, récord] holder

poseer [37] vt **1.** [ser dueño de] [propiedades] to own / [puesto, marca] to hold ▸ **no poseo la llave del archivo** I don't have the key to the archive **2.** [sexualmente] to have

poseído, -a ■ adj **~ por** possessed by
■ nm,f possessed person

posesión nf possession ▸ **tomar ~ de un cargo** to take up a position *o* post

posesivo, -a ■ adj possessive
■ nm GRAM possessive

poseso, -a ■ adj possessed
■ nm,f possessed person ▸ **gritar como un ~** to scream like one possessed

poseyera *etc ver* ***poseer***

posgrado nm postgraduate ▸ **estudios de ~** postgraduate studies

posgraduado, -a adj & nm,f postgraduate

posguerra nf postwar period

posibilidad nf possibility, chance ▸ **cabe la ~ de que...** there is a chance that... ▸ **posibilidades económicas** financial means *o* resources

posibilitar vt to make possible

posible adj possible ▸ **es ~ que llueva** it could rain ▸ **dentro de lo ~, en lo ~** as far as possible ▸ **de ser ~** if possible ▸ **hacer ~** to make possible ▸ **hacer (todo) lo ~** to do everything possible ▸ **lo antes ~** as soon as

possible ▸ **¿cómo es ~ que no me lo hayas dicho antes?** how could you possibly not have told me before? ▸ **¡será ~!** I can't believe this! ▸ **¡no es ~!** surely not!
◆ ***posibles*** nmpl (financial) means

posición nf **1.** [lugar, postura] position ▸ **tomaron las posiciones enemigas** they took the enemy positions ▸ **quedó en quinta ~** he was fifth ▸ **~ fetal** foetal position **2.** [situación] position ▸ **no estoy en ~ de opinar** I'm not in a position to comment **3.** [categoría] [social] status / [económica] situation

posicionamiento nm position ▸ **su ~ con respecto a algo** his position on sth

posicionarse vpr to take a position *o* stance

positivar vt FOT [negativos] to print

positivismo nm **1.** [realismo] pragmatism **2.** FILOSOFÍA positivism

positivista adj & nmf FILOSOFÍA positivist

positivo, -a ■ adj positive ▸ **el test dio ~** the test was positive ▸ FIN **saldo ~** credit balance
■ nm FOT print

posmodernidad nf post-modernism

posmoderno, -a adj & nm,f postmodernist

poso nm sediment / *Fig* [resto, huella] trace ▸ **posos del café** coffee grounds

posología nf dosage

posparto ■ adj postnatal
■ nm postnatal period

posponer [50] vt **1.** [relegar] to put behind, to relegate **2.** [aplazar] to postpone

pospuesto, -a participio *ver* ***posponer***

pospusiera *etc ver* ***posponer***

posta nf **1.** *CHILE, PERÚ* [médica] clinic **2.** *AM* **postas** [carrera] relay (race)
◆ ***a posta*** loc adv on purpose

postal ■ adj postal
■ nf postcard

postdata nf postscript

poste nm post, pole / DEP post ▸ *Fam* **¡no te quedes ahí como un ~!** don't just stand there! ▸ **~ de alta tensión** electricity pylon ▸ **~ kilométrico** kilometre marker, ≃ milepost ▸ *AM* **~ restante** *BR* poste restante, *US* general delivery ▸ **~ telegráfico** telegraph pole

póster (pl **pósters** *o* **posters**) nm poster

postergación nf [aplazamiento] postponement

postergar [38] vt **1.** [aplazar] to postpone **2.** [relegar] to put behind, to relegate

posteridad nf **1.** [generación futura] posterity ▸ **quedar para la ~** to be left to posterity **2.** [futuro] future

posterior adj **1.** [en el espacio] rear, back ▸ **~ a** behind ▸ **la piscina está en la parte ~ del hotel** the swimming pool is at the back *o* rear of the hotel **2.** [en el tiempo] subsequent, later ▸ **~ a** subsequent to, after ▸ **fue un descubrimiento ~ al de la penicilina** it was a discovery made after that of penicillin

posteriori: a posteriori loc adv with hindsight ▸ **habrá que juzgarlo a ~** we'll have to judge it after the event

posterioridad nf **con ~** later, subsequently

postgrado nm postgraduate ▸ **estudios de ~** postgraduate studies

postgraduado, -a adj & nm,f postgraduate

postguerra nf post-war period

postigo nm **1.** [contraventana] shutter **2.** [puerta] wicket gate

postilla nf scab

postimpresionismo nm ARTE postimpressionism

postín nm showiness, boastfulness ▸ **darse ~** to show off ▸ **de ~** posh

postindustrial adj post-industrial

post-it® nm inv Post-it®

postizo, -a ■ adj **1.** [falso] false **2.** [añadido] detachable
■ nm hairpiece

post mórtem adj **1** postmortem
■ nm postmortem (examination)

postoperatorio, -a ■ adj post-operative
■ nm [periodo] post-operative period

postor, -ora nm,f bidder ▸ **mejor ~** highest bidder

postparto ■ adj postnatal
■ nm postnatal period

postración nf prostration

postrado, -a adj prostrate ▸ **~ por el dolor** prostrate with grief

postrar vt to weaken, to (make) prostrate
◆ ***postrarse*** vpr to prostrate oneself

postre nm dessert, *BR* pudding ▸ **de ~** for dessert ▸ *Fig* **para ~** to cap it all
◆ ***a la postre*** loc adv in the end

postrero, -a adj

> **Postrer** is used instead of **postrero** before singular masculine nouns (e.g. **el postrer día** the last day).

last, final

postrimerías nfpl final stages ▸ **en las ~ del siglo XIX** at the end *o* close of the 19th century

postulado nm postulate

postulante, -a nm,f [en colecta] collector / REL postulant

postular ■ vt **1.** [ideas] to call for **2.** *AM* [candidato] to nominate
■ vi **1.** [en colecta] to collect **2.** *CSUR* [para trabajo] to apply
◆ ***postularse*** vpr *CSUR* **1.** [para cargo] to stand, to run **2.** [para trabajo] to apply

póstumo, -a adj posthumous

postura nf **1.** [posición] position, posture **2.** [actitud] attitude, stance **3.** [en subasta] bid

posventa, postventa adj inv COM after-sales ▸ **servicio ~** after-sales service

pota nf *Fam* [vómito] puke ▸ **echar la ~** to puke (up)

potabilización nf purification

potabilizadora ■ adj water-treatment ▸ **planta ~** water-treatment plant, waterworks *(singular)*

■ nf water-treatment plant, waterworks *(singular)*

potabilizar [14] vt to purify

potable adj **1.** [bebible] drinkable ▸ **agua ~** drinking water **2.** *Fam* [aceptable] acceptable, passable

potaje nm [guiso] vegetable stew / [caldo] vegetable stock / *Fam* [brebaje] potion, brew

potar vi *Fam* to puke (up)

potasa nf potash

potásico, -a adj QUÍM **cloruro ~** potassium chloride

potasio nm potassium

pote nm pot

potencia nf **1.** [capacidad, fuerza, poder] power ▸ **tiene mucha ~** it's very powerful ▸ **las grandes potencias** the major (world) powers **2.** [posibilidad] **en ~** potentially ▸ **una campeona en ~** a potential champion **3.** MAT **a la tercera/cuarta ~** to the third/fourth power

potenciación nf increase ▸ **ayudar a la ~ de** to promote, to encourage

potenciador nm enhancer

potencial ■ adj potential

■ nm **1.** [fuerza] power **2.** [posibilidades] potential **3.** GRAM conditional **4.** ELEC (electric) potential

potenciar vt **1.** [fomentar] to encourage, to promote **2.** [reforzar] to boost, to strengthen

potentado, -a nm,f potentate

potente adj powerful

potestad nf authority, power

potingue nm *Fam* [cosmético] potion

potito nm = *jar of baby food*

potra nf **1.** [yegua joven] filly **2.** *Fam* [suerte] luck ▸ **tener ~** to be lucky *o BR* jammy

potranco, -a nm,f = *horse under three years of age*

potrero nm *AM* field, pasture

potro nm **1.** [caballo joven] colt **2.** DEP vaulting horse **3.** [aparato de tormento] rack

poza nf [de río] pool, deep section of small river

pozo nm [de agua] well / [de mina] shaft ▸ **~ negro** cesspool ▸ **~ de petróleo** oil well ▸ **ser un ~ de sabiduría** to be a fountain of knowledge ▸ *Fig* **un ~ sin fondo** a bottomless pit

PP nm (abrev de ***Partido Popular***) = *Spanish political party to the right of the political spectrum*

p.p. **1.** (abrev de ***por poder***) pp **2.** (abrev de ***porte pagado***) c/p

práctica nf **1.** [ejercicio, destreza] practice / [de un deporte] playing ▸ **llevar algo a la ~, poner algo en ~** to put sth into practice ▸ **en la ~** in practice ▸ **prácticas de tiro** target practice **2.** [clase no teórica] practical **3. prácticas** [laborales] training

practicable adj **1.** [realizable] practicable **2.** [transitable] passable

prácticamente adv [casi] practically

practicante ■ adj practising

■ nmf **1.** [de deporte] practitioner / [de religión] practising member of a Church **2.** MED medical assistant

practicar [59] ■ vt **1.** [ejercitar] [idioma, profesión, religión] to practise / [deporte] to play ▸ **es creyente pero no practica su religión** he's a believer, but he doesn't practise his religion **2.** [realizar] to carry out, to perform ▸ **le practicaron la autopsia** they carried out *or* performed an autopsy on him ▸ **tuvieron que ~ un hueco en la pared para poder salir** they had to make a hole in the wall to get out

■ vi to practise ▸ **es católico pero no practica** he's a Catholic, but not a practising one

practicidad nf *CSUR* **me fascina la ~ de esta herramienta** I'm fascinated by how useful *o* handy this tool is ▸ **por su ~** because it is very practical

práctico, -a ■ adj **1.** [objeto, conocimientos, persona] practical / [útil] handy, useful ▸ **un curso ~ de fotografía** a practical photography course ▸ **es muy ~ vivir cerca del centro** it's very handy *o* convenient living near the centre **2.** [casi] **la práctica desaparición de la variedad silvestre** the virtual extinction of the wild variety **3.** *RP* [experimentado] **estar ~** to be experienced

■ nm NÁUT pilot

pradera nf large meadow, prairie

prado nm meadow ▸ **el (Museo del) Prado** the Prado (Museum)

Praga n Prague

pragmática nf **1.** HIST [edicto] royal edict **2.** LING pragmatics *(singular)*

pragmático, -a ■ adj pragmatic

■ nm,f [persona] pragmatist

pragmatismo nm pragmatism

praguense ■ adj of/from Prague

■ nmf person from Prague

praliné nm praline

praxis nf inv practice / FILOSOFÍA praxis

preacuerdo nm draft agreement

preámbulo nm **1.** [introducción] [de libro] foreword, preface / [de congreso, conferencia] introduction, preamble **2.** [rodeo] digression

preaviso nm prior notice

prebenda nf **1.** REL prebend **2.** [privilegio] sinecure

preboste nm provost

precalentamiento nm DEP warm-up

precalentar [3] vt **1.** CULIN to pre-heat **2.** DEP to warm up

precampaña nf POL run-up to election

precariedad nf precariousness

precario, -a adj precarious

precaución nf **1.** [prudencia] caution, care **2.** [medida] precaution ▸ **tomar precauciones** to take precautions

precaver vt to guard against

◆ ***precaverse*** vpr to take precautions ▸ **precaverse de** *o* **contra** to guard (oneself) against

precavido, -a adj **1.** [prevenido] prudent ▸ **es muy ~** he always comes prepared **2.** [cauteloso] wary

precedente ■ adj previous, preceding

■ nm precedent ▸ **sentar ~** to set a precedent ▸ **sin precedentes** unprecedented

preceder vt to go before, to precede

preceptiva nf rules

preceptivo, -a adj obligatory, compulsory

precepto nm precept ▸ REL **fiestas de ~** days of obligation

preceptor, -ora nm,f (private) tutor

preces nfpl *Formal* prayers

preciado, -a adj valuable, prized

preciar vt to appreciate
◆ ***preciarse*** vpr to have self-respect ▸ **preciarse de** to pride oneself on

precintado nm sealing

precintadora nf sealing machine

precintar vt to seal

precinto nm seal

precio nm **1.** [en dinero] price ▸ **¿qué ~ tiene esta corbata?** how much is this tie? ▸ **está muy bien de ~** it's very reasonably priced ▸ *Fig* **la merluza está a ~ de oro** hake has become ridiculously expensive ▸ *Fig* **no tener ~** to be priceless ▸ **~ al contado** cash price ▸ **~ de compra** purchase price ▸ **~ de costo,** *ESP* **~ de coste** cost price ▸ **~ de fábrica** factory price ▸ **~ indicativo** guide price ▸ **~ de mercado** market price ▸ **~ prohibitivo** prohibitively high price ▸ **~ de saldo** bargain price ▸ **~ de salida** starting price ▸ **~ de venta (al público)** retail price **2.** [sacrificio] price ▸ **pagaron un ~ muy alto por la victoria** they paid a very high price for victory, victory cost them dearly ▸ **a cualquier ~** at any price

preciosidad nf **1.** [cosa, persona] **ser una ~** to be lovely *o* beautiful **2.** [valor] value

precioso, -a adj **1.** [valioso] precious **2.** [bonito] lovely, beautiful

precipicio nm precipice

precipitación nf **1.** [apresuramiento] haste **2.** METEO **precipitaciones** [lluvia] rain ▸ **precipitaciones en forma de nieve** snow **3.** QUÍM precipitation

precipitado, -a ■ adj hasty
■ nm QUÍM precipitate

precipitar vt **1.** [arrojar] to throw *o* hurl down **2.** [acelerar] to hasten, to speed up **3.** QUÍM to precipitate
◆ ***precipitarse*** vpr **1.** [caer] to plunge (down) **2.** [acelerarse] [acontecimientos] to speed up **3.** [apresurarse] to rush (**hacia** towards) **4.** [obrar irreflexivamente] to act rashly

precisamente adv **1.** [con precisión] precisely **2.** [justamente] **¡~!** exactly!, precisely! ▸ **~ por eso** for that very reason ▸ **~ tú lo sugeriste** in fact it was you who suggested it

precisar vt **1.** [determinar] to fix, to set / [aclarar] to specify exactly **2.** [necesitar] to need, to require

precisión nf accuracy, precision ▸ **instrumento de ~** precision instrument

preciso, -a adj **1.** [determinado, conciso] precise **2.** [necesario] **ser ~ (para algo/hacer algo)** to be necessary (for sth/to do sth) ▸ **es ~ que vengas** you must come

preclaro, -a adj *Formal* illustrious, eminent

precocidad nf precociousness

precocinado, -a adj pre-cooked

precolombino, -a adj pre-Columbian

preconcebido, -a adj [idea] preconceived / [plan] drawn up in advance

preconcebir [47] vt to draw up in advance

preconizar [14] vt to recommend, to advise

precoz adj **1.** [persona] precocious **2.** [lluvias, frutos] early

precursor, -ora nm,f precursor

predador, -ora ■ adj predatory
■ nm predator

predatorio, -a adj [animal, instinto] predatory

predecesor, -ora nm,f predecessor

predecible adj predictable

predecir [51] vt to predict

predestinación nf predestination

predestinado, -a adj predestined (**a** to)

predestinar vt to predestine

predeterminación nf predetermination

predeterminado, -a adj predetermined

predeterminar vt to predetermine

prédica nf sermon

predicado nm GRAM predicate

predicador, -ora nm,f preacher

predicar [59] ■ vt to preach
■ vi to preach ▸ **es como ~ en el desierto** it's like talking to a brick wall

predicción nf prediction

predice *ver* ***predecir***

predicho, -a participio *ver* ***predecir***

predigo *ver* ***predecir***

predijera *etc ver* ***predecir***

predilección nf preference (**por** for)

predilecto, -a adj favourite

predio nm **1.** [finca] estate, property **2.** *AM* [edificio] building

predisponer [50] vt to predispose (**a** to)

predisposición nf **1.** [aptitud] **~ para** aptitude for **2.** [tendencia] **~ a** predisposition to

predispuesto, -a ■ participio *ver* ***predisponer***
■ adj predisposed (**a** to)

predominancia nf predominance

predominante adj [que prevalece] predominant / [viento, actitudes] prevailing

predominar vi to predominate, to prevail (**sobre** over)

predominio nm preponderance, predominance

preeminencia nf preeminence

preeminente adj preeminent

preescolar ■ adj preschool, nursery ▸ **educación ~** nursery education
■ nm nursery school, kindergarten

preestablecido, -a adj pre-established

preestreno nm preview

preexistente adj pre-existing

prefabricado, -a adj prefabricated

prefabricar [59] vt to prefabricate

prefacio nm preface

prefecto nm prefect

prefectura nf prefecture ▸ **~ de tráfico** traffic division

preferencia nf preference ▸ **con** *o* **de ~** preferably ▸ AUT **tener ~** to have right of way ▸ **tener ~ por** to have a preference for

preferente, preferencial adj preferential

preferentemente adv preferably

preferible adj preferable (**a** to)

preferido, -a adj favourite

preferir [62] vt to prefer ▸ **¿qué prefieres, vino o cerveza?** what would you prefer, wine or beer? ▸ **prefiere no salir** she'd prefer not to go out, she'd rather not go out ▸ **~ algo (a algo)** to prefer sth (to sth) ▸ **prefiero que me digan las cosas a la cara** I prefer people to say things to my face, I'd rather people said things to my face

prefigurar vt to prefigure

prefijar vt to fix in advance

prefijo nm **1.** GRAM prefix **2.** [telefónico] *BR* dialling code, *US* area code

prefiriera *etc ver* ***preferir***

pregón nm **1.** [bando] proclamation, announcement **2.** [discurso] speech

pregonar vt **1.** [bando] to proclaim, to announce **2.** [secreto] to spread about

pregonero, -a nm,f [de pueblo] town crier / *Fig* [bocazas] blabbermouth

pregunta nf question ▸ **hacer una ~** to ask a question ▸ **~ retórica** rhetorical question

preguntar ■ vt to ask ▸ **~ algo a alguien** to ask sb sth ▸ **a mí no me lo preguntes** don't ask me ▸ **si no es mucho ~, ¿cuántos años tiene?** if you don't mind my asking, how old are you?
■ vi to ask ▸ **~ por** to ask about *o* after ▸ **preguntan por tí** they'are asking for you
◆ ***preguntarse*** vpr to wonder ▸ **preguntarse si** to wonder whether

prehistoria nf prehistory

prehistórico, -a adj prehistoric

preimpresión nf INFORM pre-press

preindustrial adj preindustrial

prejubilación nf = *voluntary redundancy before entitlement to early retirement, with agreed benefits and/or additional payments, partly funded by the government*

CULTURA / CULTURE

prejubilación

Early retirement ("jubilación anticipada") is for workers aged 61-64. Retirement before 61 falls into the category of **prejubilación,** and as many as 60-70,000 Spaniards take this option annually, with the result that fewer than 40 percent of Spaniards aged 55-64 are economically active – some 10 percent lower than the current EU target for 2010. **Prejubilación** reduces costs for employers, and enables workers to leave a job on better terms than becoming unemployed, but it places a major burden on the cost of state pension provision.

prejubilar vt **~ a alguien** to give someone early retirement *(through a "prejubilación" agreement)*
◆ ***prejubilarse*** vpr to take early retirement *(through a "prejubilación" agreement)*

prejuicio nm prejudice

prejuicioso, -a, prejuiciado, -a *AM* adj prejudiced

prejuzgar [38] vt & vi to prejudge

prelado nm REL prelate

preliminar ■ adj preliminary
■ nm preliminary

preludiar vt [iniciar] to initiate, to begin ▸ **un fuerte viento preludiaba el invierno** a strong wind signalled the beginning *o* onset of winter

preludio nm [gen] & MÚS prelude

premamá adj inv [ropa] maternity

prematrimonial adj premarital ▸ **relaciones prematrimoniales** premarital sex

prematuro, -a ■ adj premature
■ nm,f premature baby

premeditación nf premeditation ▸ DER & *Fig* **con ~ y alevosía** with malice aforethought

premeditado, -a adj premeditated

CÓMO EXPRESAR...

las preferencias

I like going to the cinema. / Me gusta ir al cine.
I'm fond of (listening to) music. / Me encanta escuchar música.
I enjoy Peter's company. / Disfruto de la compañía de Peter.
I think she's really nice. / Creo que es muy simpatica.
I prefer red wine to white wine. / Prefiero el vino tinto al blanco.
I much prefer baseball to cricket. / Me gusta mucho más el béisbol que el cricket.
I'd rather fly than go by train. / Preferiría ir en avión que en tren.
Saturday would suit me better. / El sábado me vendría mejor.
I'd rather you went instead of me. / Preferiría que tú fueses por mí.
Would you rather meet somewhere else? / ¿Prefieres que nos veamos en otro sitio?

premeditar vt to think out in advance

premenstrual adj premenstrual

premiación nf *AM* [en escuela, club] prizegiving / [de cine, música] awards ceremony

premiado, -a ■ adj [vencedor] [número] winning / [película, escritor] prize-winning
■ nm,f winner, prizewinner

premiar vt **1.** [recompensar] to reward **2.** [dar un premio a] to give a prize to

premier nm British prime minister

premio nm **1.** [en competición, sorteo] prize / [recompensa] reward ▸ **como ~ a** as a reward for ▸ **~ de consolación** consolation prize ▸ **~ gordo** first prize ▸ **~ en metálico** cash prize, prize money ▸ **Premio Nobel** [galardón] Nobel Prize **2.** [ganador] prize-winner ▸ **el Premio Nobel** the Nobel Prize winner

premisa nf premise

premolar adj & nm premolar

premonición nf premonition

premonitorio, -a adj warning

premura nf **1.** [urgencia] urgency **2.** [escasez] lack, shortage

prenatal adj prenatal, antenatal

prenda nf **1.** [de vestir] garment, article of clothing ▸ **~ interior** undergarment ▸ **~ íntima** undergarment, piece of underwear **2.** [garantía] pledge ▸ **dejar algo en ~** to leave sth as a pledge **3.** [en juego] forfeit **4.** [virtud] talent, gift **5.** [apelativo cariñoso] darling, treasure **6.** [expresiones] *Fam* **no me duelen prendas reconocer que estaba equivocado** I don't mind admitting I was wrong ▸ *Fam* **no soltar ~** not to say a word

prendado, -a adj **quedar ~ de** to be captivated by

prendar vt to enchant
◆ ***prendarse*** vpr **prendarse de** to fall in love with

prendedor nm brooch

prender ■ vt **1.** [arrestar] to arrest, to apprehend **2.** [sujetar] to fasten **3.** [encender] *esp AM* [luz, interruptor] to light ▸ **~ fuego a algo** to set fire to sth, to set sth on fire **4.** [agarrar] to grip
■ vi **1.** [arder] to catch (fire) **2.** [planta] to take root **3.** [opinión] to spread ▸ **una idea que ha prendido entre el público** an idea that has caught on among the public
◆ ***prenderse*** vpr [arder] to catch fire

prensa nf **1.** [periódicos, periodistas] press ▸ **compro la ~ todos los días** I buy the newspapers every day ▸ *Fig* **tener buena/mala ~** to have a good/bad press ▸ **la ~ amarilla** the gutter press, the tabloids ▸ **~ del corazón** gossip magazines ▸ **la ~ escrita** the press **2.** [imprenta] printing press ▸ **entrar en ~** to go to press **3.** [máquina] press

prensar vt to press

prenupcial adj premarital

preñada nf pregnant woman

preñado, -a adj **1.** [hembra] pregnant **2.** [lleno] **~ de** full of

preñar vt **1.** [hembra] to make pregnant **2.** [llenar] **~ de** to fill with

preñez nf pregnancy

preocupación nf concern, worry

preocupado, -a adj worried, concerned (**por** about)

preocupante adj worrying

preocupar vt **1.** [inquietar] to worry ▸ **me preocupa no saber nada de él** I'm worried I haven't heard from him **2.** [importar] to bother ▸ **sólo le preocupa su apariencia externa** he's only bothered about his appearance
◆ ***preocuparse*** vpr **1.** [inquietarse] to worry (**por** about), to be worried (**por** about) ▸ **no te preocupes** don't worry ▸ **no te preocupes por ella** don't worry about her **2.** [encargarse] **preocuparse de algo** to take care of sth ▸ **preocuparse de hacer algo** to see to it that sth is done ▸ **preocuparse de que...** to make sure that...

preolímpico, -a adj DEP in the run-up to the Olympics ▸ **torneo ~** Olympic qualifying competition

prepa ➤ ***preparatoria***

prepago nm pay-as-you-go ▸ **tarjeta de ~** [para móvil] top-up card

preparación nf **1.** [disposición, elaboración] preparation **2.** [conocimientos] training **3.** [para microscopio] specimen

preparado, -a ■ adj **1.** [dispuesto] ready / [de antemano] prepared ▸ **preparados, listos, ¡ya!** ready, steady, go! **2.** [capacitado] competent, talented (**para** in)
■ nm [medicamento] preparation

preparador, -ora nm,f DEP [entrenador] coach

preparar vt **1.** [disponer, elaborar] to prepare / [trampa] to set, to lay / [maletas] to pack ▸ **voy a ~ la cena/el arroz** I'm going to get dinner ready/cook the rice ▸ **le hemos preparado una sorpresa** we've got a surprise for him **2.** [examen] to prepare for **3.** DEP to train
◆ ***prepararse*** vpr to prepare oneself, to get ready (**para algo** for sth) ▸ **¡prepárate!** [disponte] get ready! ▸ **prepararse para hacer algo** to prepare *o* get ready to do sth ▸ **prepárate para oír una buena/mala noticia** are you ready for some good/bad news?

preparativo, -a adj preparatory, preliminary
◆ ***preparativos*** nmpl preparations

preparatoria, *Fam* ***prepa*** nf *MÉX, BR* ≃ Sixth Form studies, *US* ≃ Senior High School studies, = *three-year course of studies for students aged 14-17*

preparatorio, -a adj preparatory

preponderancia nf preponderance ▸ **tener ~ (sobre)** to predominate (over)

preponderante adj prevailing

preponderar vi to prevail

preposición nf preposition

preposicional adj prepositional

prepotencia nf **1.** [arrogancia] arrogance **2.** [poder] dominance, power

prepotente adj **1.** [arrogante] domineering, overbearing **2.** [poderoso] very powerful

prepucio nm foreskin

prerrequisito nm prerequisite

prerrogativa nf prerogative

prerrománico nm early medieval architecture *(of 5th to 11th centuries)*

presa nf **1.** [captura] [de cazador] catch / [de animal] prey ▸ **hacer ~ en alguien** to seize *o* grip sb ▸ **ser ~ de** to be prey to ▸ **ser ~ del pánico** to be panic-stricken **2.** [dique] dam

presagiar vt [prever] to foretell, to foresee / [tormenta, problemas] to warn of

presagio nm **1.** [premonición] premonition **2.** [señal] omen

presbiterianismo nm Presbyterianism

presbiteriano, -a adj & nm,f Presbyterian

presbiterio nm presbytery

presbítero nm REL priest

prescindir vi **~ de** [renunciar a] to do without / [omitir] to dispense with

prescribir ■ vt to prescribe

■ vi DER [plazo, deuda] to expire, to lapse

prescripción nf prescription ▸ **por ~ facultativa** on medical advice, on doctor's orders

prescrito, -a participio *ver* ***prescribir***

preselección nf short list, shortlisting

preseleccionar vt to shortlist / DEP to name in the squad

presencia nf [asistencia, aspecto] presence ▸ **en ~ de** in the presence of ▸ **buena ~** good looks ▸ **mucha/poca ~** great/little presence ▸ **~ de ánimo** presence of mind

presencial adj **testigo ~** eyewitness

presenciar vt [asistir] to be present at / [ser testigo de] to witness

presentable adj presentable

presentación nf **1.** [aspecto exterior] presentation **2.** [entrega] presentation ▸ **mañana concluye el plazo de ~ de candidaturas** tomorrow is the last day for submitting applications **3.** [entre personas] introduction **4.** [ante público] [de libro, disco] launch ▸ **~ en sociedad** coming out, debut

presentador, -ora nm,f presenter

presentar vt **1.** [en general] to present / [dimisión] to tender / [tesis, pruebas, propuesta] to hand in, to submit / [recurso, denuncia] to lodge / [solicitud] to make / [moción] to propose **2.** [ofrecer] [disculpas, excusas] to make / [respetos] to pay **3.** [persona] to introduce ▸ **me presentó a sus amigos** she introduced me to her friends ▸ **me parece que no nos han presentado** I don't think we've been introduced ▸ **Juan, te presento a Carmen** Juan, this is Carmen ▸ **permítame que le presente a nuestra directora** allow me to introduce you to our manager, I'd like you to meet our manager **4.** [tener] [aspecto] to have, to show ▸ **presenta difícil solución** it's going to be difficult to solve **5.** [proponer] **~ a alguien para** to propose sb for, to put sb forward for

◆ ***presentarse*** vpr **1.** [personarse] to turn up, to appear / [en juzgado, comisaría] to report (**en** to) ▸ **presentarse a un examen** to sit an exam **2.** [darse a conocer] to introduce oneself **3.** [para un cargo] to stand, to run (**a** for) **4.** [futuro] to appear, to look **5.** [problema, situación] to arise, to come up

presente ■ adj **1.** [asistente, que está delante] present ▸ **siempre está ~ en mí su recuerdo** her memory is always present in my mind ▸ **aquí ~** here present ▸ **hacer ~ algo a alguien** to notify sb of sth ▸ **tener ~** [recordar] to remember / [tener en cuenta] to bear in mind ▸ **¡~!** present! ▸ **Carlos Muñoz – ¡~!** [al pasar lista] Carlos Muñoz – present! **2.** [en curso] current ▸ **del ~ mes** of this month

■ nmf [en un lugar] **los (aquí) presentes** all those present

■ nm **1.** [gen] & GRAM present ▸ **hasta el ~** up to now ▸ **~ histórico** historical present **2.** [regalo] gift, present **3.** [corriente] **el ~** [mes] the current month / [año] the current year **4. mejorando lo ~** present company excepted

■ nf [escrito] **por la ~ le informo...** I hereby inform you...

presentimiento nm presentiment, feeling

presentir [62] vt to foresee ▸ **~ que algo va a pasar** to have a feeling that something is going to happen ▸ **~ lo peor** to fear the worst

CÓMO EXPRESAR...

las presentaciones

Presentarse

Hello, my name's Robert. / Hola, me llamo Robert.

I'm Charlotte Martin from the Maonia Bank. / Soy Charlotte Martin, del Banco Maonia

I'd like to introduce myself, I'm Tanya. / Me gustaría presentarme. Soy Tanya.

Hi, I'm Tom. / Hola, soy Tom.

I don't think we've met. / Creo que no nos conocemos, ¿no?

Presentar a alguien

I'd like you to meet Miss Sánchez. / Me gustaría presentarle a la señorita Sánchez.

Can I introduce you to our Head of Sales? / Permite que te presente a nuestro director de ventas.

This is Emma. / Ésta es Emma.

Paul, do you know Katie? / Paul, ¿conoces a Katie?

Have you two met? / *ESP* ¿Os conocéis?, *AM* ¿Se conocen?

Do you know everybody? / ¿Conoces a todo el mundo?

Shall I do the introductions? / ¿Hago las presentaciones?

Después de las presentaciones

How do you do? / Encantado.

Pleased to meet you. / Es un placer conocerle.

I'm sorry, I didn't catch your name. / Lo siento, no he entendido tu nombre.

preservación nf preservation

preservante nm *AM* preservative

preservar vt to protect

◆ ***preservarse*** vpr **preservarse de** to protect oneself *o* shelter from

preservativo, -a ■ adj protective

■ nm **1.** [anticonceptivo] condom ▸ **~ femenino** female condom **2.** *AM* [en producto] preservative

presidencia nf [de nación] presidency / [de asamblea, empresa] chairmanship ▸ *MÉX* **~ municipal** town council

presidencialismo nm POL presidential system

presidencialista ■ adj POL presidential

■ nmf supporter of the presidential system

presidente, -a nm,f [de nación] president / [de asamblea, jurado] chairman, *f* chairwoman / [de empresa] chairman, *f* chairwoman, *US* president ▸ **~ (del Gobierno)** prime minister

presidiario, -a nm,f convict

presidio nm prison

presidir vt **1.** [ser presidente de] to preside over / [reunión] to chair **2.** [predominar sobre] to dominate

presienta *etc ver* ***presentir***

presintiera *etc ver* ***presentir***

presintonía nf [de radio] pre-set station selector

presión nf pressure ▸ **a ~** under pressure ▸ **hacer ~** [fuerza] to press / [coacción, influencia] to pressure ▸ **~ arterial** blood pressure ▸ **~ atmosférica** atmospheric pressure ▸ ECON **~ fiscal** tax burden ▸ **~ de los neumáticos** tyre pressure ▸ **~ sanguínea** blood pressure

presionar vt **1.** [apretar] to press **2.** [coaccionar] to pressurize, to put pressure on

preso, -a ■ adj imprisoned

■ nm,f prisoner ▸ **~ político** political prisoner ▸ **~ preventivo** remand prisoner

prestación nf **1.** [de servicio] [acción] provision / [resultado] service ▸ **~ social** social security benefit, *US* welfare ▸ **~ social sustitutoria** = *community service done as alternative to military service* **2.** [de dinero] lending **3. prestaciones** [de coche] performance features

prestado, -a adj on loan ▸ **dar ~ algo** to lend sth ▸ **pedir/tomar ~ algo** to borrow sth ▸ **de ~** [con cosas prestadas] with borrowed things / [de modo precario] on borrowed time

prestamista nmf moneylender

préstamo nm **1.** [acción] [de prestar] lending / [de pedir prestado] borrowing **2.** [cantidad] loan ▸ **~ bancario** bank loan

prestancia nf excellence, distinction

prestar vt **1.** [dejar] [dinero, cosa] to lend, to loan ▸ **¿me prestas mil pesos?** ¿could you lend me a thousand pesos? ▸ **¿me prestas tu pluma?** can I borrow your pen? **2.** [dar] [ayuda] to give, to offer / [servicio] to offer, to provide / [atención] to pay **3.** [declaración, juramento] to make

◆ ***prestarse*** vpr **1.** [ser apto] **prestarse (para)** to be suitable (for), to lend itself (to) ▸ **el lugar se presta para descansar** this is a good place to rest **2. prestarse a** [ofrecerse a] to offer to ▸ **se prestó a ayudarme enseguida** she immediately offered to help me **3. prestarse a** [acceder a] to consent to ▸ **no sé cómo se ha prestado a participar en esa película** I don't know how he consented to take part in that film **4. prestarse a** [dar motivo a] to be open to ▸ **sus palabras se prestan a muchas interpretaciones** her words are open to various interpretations

presteza nf promptness, speed

prestidigitación nf conjuring

prestidigitador, -ora nm,f conjuror

prestigiado, -a adj *CHILE, MÉX* prestigious

prestigio nm prestige

prestigioso, -a adj prestigious

presto, -a adj ■ **1.** [dispuesto] ready (**a** to) **2.** [rápido] prompt

■ adv MÚS presto

presumible adj probable, likely

presumido, -a ■ adj vain

■ nm,f vain person

FALSO AMIGO / FALSE FRIEND

presumido

Presumed is not a translation of the Spanish word *presumido*. For example, **he is presumed dead** is translated by *se le da por muerto*.

presumir ■ vt [suponer] to presume, to assume ▸ **presumo que no tardarán en llegar** I presume *o* suppose they'll be here soon

■ vi **1.** [jactarse] to show off ▸ **presume de artista** he likes to think he's an artist, he fancies himself as an artist ▸ **presume de guapa** she thinks she's pretty **2.** [ser vanidoso] to be conceited *o* vain

presunción nf **1.** [suposición] presumption ▸ DER **~ de inocencia** presumption of innocence **2.** [vanidad] conceit, vanity

presunto, -a adj [supuesto] presumed, supposed / [criminal] alleged, suspected

presuntuoso, -a ■ adj [vanidoso] conceited / [pretencioso] pretentious

■ nm,f conceited person

presuponer **[50]** vt to presuppose

presuposición nf assumption

presupuestar vt [hacer un presupuesto para] to give an estimate for / FIN to budget for

presupuestario, -a adj budgetary

presupuesto, -a ■ participio *ver* ***presuponer***

■ nm **1.** [dinero disponible] budget / [cálculo de costes] estimate ▸ ECON **Presupuestos Generales del Estado** Spanish national budget **2.** [suposición] assumption

presurizar **[14]** vt to pressurize

presuroso, -a adj in a hurry

prêt-à-porter [pretapor'te] ■ adj [ropa, moda] ready-to-wear, *BR* off-the-peg

■ nm ready-to-wear *o* *BR* off-the-peg clothing

pretencioso, -a ■ adj [persona] pretentious / [cosa] showy
■ nm,f pretentious person

pretender vt **1.** [intentar] ~ **hacer algo** to try to do sth **2.** [aspirar a] ~ **hacer algo** to aspire *o* want to do sth ▸ ~ **que alguien haga algo** to want sb to do sth ▸ **¿qué pretendes decir?** what do you mean? **3.** [afirmar] to claim **4.** [solicitar] to apply for **5.** [cortejar] to court

pretendido, -a adj supposed

pretendiente ■ nmf **1.** [aspirante] candidate (**a** for) **2.** [a un trono] pretender (**a** to)
■ nm [a noviazgo, matrimonio] suitor

pretensión nf **1.** [intención] aim, intention **2.** [aspiración] aspiration **3.** [supuesto derecho] claim (**a** *o* **sobre** to) **4.** [afirmación] claim **5.** **pretensiones** [exigencias] demands

pretérito, -a ■ adj past
■ nm GRAM preterite, past ▸ ~ **imperfecto** imperfect ▸ ~ **indefinido** simple past ▸ ~ **perfecto** (present) perfect ▸ ~ **pluscuamperfecto** pluperfect

pretextar vt to use as a pretext, to claim

pretexto nm pretext, excuse

pretil nm parapet

Pretoria n Pretoria

preuniversitario, -a adj pre-university

prevalecer [46] vi to prevail (**sobre** over)

prevaleciente adj prevailing, prevalent

prevaler [69] vi to prevail (**sobre** over)
◆ ***prevalerse*** vpr to take advantage (**de** of)

prevaricación nf DER breach of trust

prevaricar [59] vi DER to betray one's trust

prevención nf **1.** [acción] prevention / [medida] precaution ▸ **en ~ de** as a precaution against **2.** [prejuicio] prejudice

prevengo *ver* ***prevenir***

prevenido, -a adj **1.** [previsor] **ser ~** to be cautious **2.** [avisado, dispuesto] **estar ~** to be prepared

prevenir [69] vt **1.** [evitar] to prevent ▸ *Prov* **más vale ~ que curar** prevention is better than cure **2.** [avisar] to warn ▸ **te prevengo de que la carretera es muy mala** be warned that the road is very bad **3.** [prever] to foresee, to anticipate **4.** [predisponer] ~ **a alguien contra algo/alguien** to prejudice sb against sth/sb
◆ ***prevenirse*** vpr [tomar precauciones] to take precautions ▸ **prevenirse contra algo** to take precautions against sth

preventivo, -a adj [medicina, prisión] preventive / [medida] precautionary

prever [70] ■ vt **1.** [anticipar] to foresee, to anticipate ▸ **una reacción que los médicos no habían previsto** a reaction the doctors hadn't foreseen ▸ **se prevé una fuerte oposición popular a la ley** strong popular opposition to the law is anticipated *o* expected **2.** [planear] to plan ▸ **prevén vender un millón de unidades** they plan to sell a million units ▸ **tenía previsto ir al cine esta tarde** I was planning to go to the cinema this evening **3.** [predecir] [catástrofe, acontecimiento] to forecast, to predict
■ vi **como era de ~** as was to be expected

previamente adv previously

previera etc *ver* ***prever***

previniera etc *ver* ***prevenir***

previo, -a ■ adj prior ▸ ~ **pago de multa** on payment of a fine
■ nm CINE prescoring, playback

previó *ver* ***prever***

previsible adj foreseeable

previsión nf **1.** [predicción] forecast ▸ **las previsiones son muy malas** the outlook is gloomy **2.** [visión de futuro] foresight **3.** [precaución] **en ~ de** as a precaution against **4.** *ANDES, RP* ~ **social** social security

previsional adj *ANDES, RP* **gastos previsionales** social security spending

previsor, -ora adj prudent, farsighted

previsto, -a ■ participio *ver* ***prever***
■ adj [conjeturado] predicted / [planeado] forecast, expected, planned

PRI [pri] nm (abrev de ***Partido Revolucionario Institucional***) = *Mexican political party, the governing party from 1929 to 2000*

prieto, -a adj **1.** [ceñido] tight ▸ **íbamos muy prietos en el coche** we were really squashed together in the car **2.** *CUBA, MÉX Fam* [moreno] dark-skinned

prima nf **1.** [paga extra] bonus **2.** [de seguro] premium ▸ ~ **de riesgo** risk premium **3.** [subvención] subsidy

primacía nf primacy

primado nm REL primate

primar ■ vi to have priority (**sobre** over)
■ vt to give a bonus to

primario, -a adj primary / *Fig* primitive

primate nm [simio] primate

primavera nf **1.** [estación] spring ▸ **en ~** in (the) spring **2.** [juventud] springtime **3.** [año] **tiene diez primaveras** she is ten years old, she has seen ten summers

primaveral adj spring ▸ **día ~** spring day

primer *ver* ***primero***

primera nf **1.** AUT first (gear) ▸ **meter (la) ~** to go into first (gear) **2.** AV & FERROC first class ▸ **viajar en ~** to travel first class **3.** DEP first division ▸ **subir a ~** to go up into the first division **4.** [expresiones] **de ~** first-class, excellent

primeriza nf [madre] first-time mother

primerizo, -a ■ adj **1.** [principiante] novice **2.** [embarazada] first-time
■ nm,f [principiante] beginner

primero, -a

> **Primer** is used instead of **primero** before singular masculine nouns (e.g. **el primer hombre** the first man).

■ núm **1.** [en orden] first ▸ **a primera hora de la mañana** first thing in the morning ▸ **primeros auxilios** first aid ▸ **la Primera Guerra Mundial** the First World War ▸ **primera piedra** foundation stone ▸ **el primer piso** the *BR* first *o* *US* second floor ▸ **primera plana**

front page **2.** [en importancia] main, basic ▸ **lo ~** the most important *o* main thing ▸ **lo ~ es lo ~** first things first ▸ **primer ministro** prime minister
■ nm,f **1.** [en orden] **el ~** the first one ▸ **llegó el ~** he came first ▸ **es el ~ de la clase** he's top of the class **2.** [mencionado antes] **el ~** the former ▸ **vinieron Pedro y Juan, el ~ con...** Pedro and Juan arrived, the former with...
■ adv **1.** [en primer lugar] first **2.** [antes] **~... que...** rather... than... ▸ **~ morir que traicionarle** I'd rather die than betray him
■ nm **1.** [piso] *BR* first floor, *US* second floor **2.** [curso escolar] *US* ≃ first grade, = *first year of primary school* **3. el ~ de mayo** the first of May ▸ **a primeros** [de mes, año] at the beginning ▸ **a primeros de junio** at the beginning of June, in early June

primicia nf scoop, exclusive

primigenio, -a adj original, primitive

primitiva nf *ESP* [lotería] *BR* ≃ national lottery, = *weekly state-run lottery*

primitivo, -a adj **1.** [arcaico, rudimentario] primitive **2.** [original] original **3. lotería primitiva** *BR* ≃ national lottery, = *weekly state-run lottery*

primo, -a ■ adj MAT [número] prime
■ nm,f **1.** [pariente] cousin ▸ **~ carnal** *o* **hermano** first cousin ▸ **~ segundo** second cousin **2.** *Fam* [tonto] sucker ▸ **hacer el ~** to be taken for a ride

primogénito, -a adj & nm,f first-born

primor nm **1.** [persona] treasure, marvel / [cosa, trabajo] fine thing ▸ **hecho un ~** spick and span **2.** [esmero] **con ~** with skill

primordial adj fundamental

primoroso, -a adj **1.** [delicado] exquisite, fine **2.** [hábil] skilful

princesa nf princess

principado nm principality

principal ■ adj main, principal ▸ **lo ~ es...** the main thing is... ▸ **puerta ~** front door
■ nm [planta] *BR* first floor, *US* second floor

príncipe nm prince ▸ **~ azul** Prince Charming ▸ **~ consorte** prince consort ▸ **~ heredero** crown prince

principesco, -a adj princely

principiante, -a ■ adj novice, inexperienced
■ nm,f novice, beginner

principio nm **1.** [comienzo] beginning, start ▸ **el ~ del fin** the beginning of the end ▸ **del ~ al fin, desde el ~ hasta el fin** from beginning to end, from start to finish ▸ **a principios de** at the beginning of ▸ **al ~** at first, in the beginning ▸ **en ~ quedamos en hacer una reunión el jueves** provisionally *o* unless you hear otherwise, we've arranged to meet on Thursday ▸ **en un ~** at first **2.** [fundamento, ley] principle ▸ **en ~** in principle ▸ **por ~** on principle **3.** [origen] origin, source **4.** [elemento] element ▸ **~ activo** active ingredient **5. principios** [reglas de conducta] principles / [nociones] rudiments, first principles

pringado, -a nm,f *ESP Fam* [desgraciado] loser / [iluso] mug, sucker

pringar [38] ■ vt **1.** [ensuciar] to make greasy **2.** [mojar] to dip **3.** *Fam* [comprometer] to involve
■ vi *Fam* to get stuck in
◆ ***pringarse*** vpr **1.** [ensuciarse] to get covered in grease **2.** *Fam* [en asunto sucio] to get one's hands dirty

pringoso, -a adj [grasiento] greasy / [pegajoso] sticky

pringue ■ *ver* ***pringar***
■ nm [suciedad] muck, dirt / [grasa] grease

prión nm prion

prior nm REL prior

priora nf REL prioress

priorato nm **1.** REL priorate **2.** [vino] = *wine from El Priorato in Tarragona*

priori: a priori loc adv in advance, a priori

prioridad nf priority / AUT right of way

prioritario, -a adj priority ▸ **objetivo ~** key objective *o* aim ▸ **ser ~** to be a priority

priorizar [14] vt to give priority to

prisa nf hurry, haste ▸ **con las prisas me olvidé de llamarte** in the rush I forgot to call you ▸ **a toda ~** very quickly ▸ **correr ~** to be urgent ▸ **darse ~** to hurry (up) ▸ **de ~** quickly ▸ **de ~ y corriendo** in a slapdash way ▸ **ir con ~** to be in a hurry ▸ **meter ~ a alguien** to hurry *o* rush sb ▸ **tener ~** to be in a hurry ▸ *Prov* **la ~ es mala consejera** more haste, less speed

prisión nf **1.** [cárcel] prison **2.** [encarcelamiento] imprisonment

prisionero, -a nm,f prisoner ▸ **hacer ~ a alguien** to take sb prisoner ▸ **~ de guerra** prisoner of war

prisma nm **1.** FÍS & GEOM prism **2.** [perspectiva] viewpoint, perspective

prismático, -a adj prismatic
◆ ***prismáticos*** nmpl binoculars

priva nf *ESP Fam* [bebida] booze

privacidad nf privacy

privación nf deprivation ▸ **~ de libertad** loss of freedom ▸ **pasar privaciones** to suffer hardship

privado, -a adj **1.** [no público] private ▸ **en ~** in private **2. ~ de cariño** emotionally deprived

privar ■ vt **1. ~ a alguien/algo de** [dejar sin] to deprive sb/sth of **2. ~ a alguien de hacer algo** [prohibir] to forbid sb to do sth
■ vi *Fam* **1.** [gustar] **le privan los pasteles** he adores cakes **2.** [estar de moda] to be in (fashion) **3.** [beber] to booze
◆ ***privarse*** vpr **privarse de** to go without

privativo, -a adj exclusive

privatización nf privatization

privatizar [14] vt to privatize

privilegiado, -a ■ adj **1.** [favorecido] privileged **2.** [excepcional] exceptional
■ nm,f **1.** [afortunado] privileged person **2.** [muy dotado] very gifted person

privilegiar vt [persona] to favour / [intereses] to put first

privilegio nm privilege

pro ■ prep for, supporting ▸ **una asociación ~ derechos humanos** a human rights organization

■ nm advantage ▸ **los pros y los contras** the pros and cons
◆ ***en pro de*** loc prep for, in support of

proa nf NÁUT prow, bows / AV nose

probabilidad nf [gen] & MAT probability / [oportunidad] likelihood, chance

probable adj probable, likely ▸ **es ~ que llueva** it'll probably rain ▸ **es ~ que no diga nada** he probably won't say anything

probador nm fitting room

probar [63] ■ vt **1.** [demostrar, indicar] to prove ▸ **eso prueba que tenía razón** that proves I was right **2.** [experimentar] to try ▸ **lo hemos probado todo** we've tried everything **3.** [ropa] to try on ▸ **~ una camisa** to try on a shirt **4.** [degustar] to taste, to try **5.** [comprobar] to test, to check
■ vi **~ a hacer algo** to try to do sth ▸ **por ~ no se pierde nada** there is no harm in trying
◆ ***probarse*** vpr [ropa] to try on

probeta ■ adj **bebé** *o* **niño ~** test-tube baby
■ nf test tube

probidad nf *Formal* integrity

problema nm problem ▸ **el ~ del terrorismo** the terrorist problem, the problem of terrorism ▸ **los niños no causan más que problemas** children cause nothing but trouble *o* problems ▸ **el ~ es que no nos queda tiempo** the problem *o* thing is that we don't have any time left

problemática nf problems

problemático, -a adj problematic

probo, -a adj *Formal* honest

procacidad nf [desvergüenza] obscenity / [acto] indecent act

procaz adj indecent, obscene

procedencia nf **1.** [origen] origin **2.** [punto de partida] point of departure ▸ **con ~ de** (arriving) from **3.** [pertinencia] properness, appropriateness

procedente adj **1.** [originario] **~ de** [proveniente de] originating in / [avión, tren] (arriving) from **2.** [oportuno] appropriate / DER fitting, right and proper

proceder ■ nm conduct, behaviour
■ vi **1.** [originarse] **~ de** to come from ▸ **esta costumbre procede del siglo XIX** this custom dates back to the 19th century **2.** [actuar] to act (**con** with) **3.** [empezar] to proceed (**a** with) ▸ **procedemos a leer el nombre de los ganadores** we will now read out the names of the winners **4.** [ser oportuno] to be appropriate

procedimiento nm **1.** [método] procedure, method **2.** DER proceedings

prócer nm *Formal* great person

procesado, -a nm,f accused, defendant

procesador nm INFORM processor ▸ **~ de textos** word processor

procesal adj [costas, alegaciones] legal / [derecho] procedural

procesamiento nm **1.** DER prosecution **2.** INFORM processing ▸ **~ automático de datos** automatic data processing ▸ **~ de textos** word processing

procesar vt **1.** DER to prosecute **2.** INFORM to process

procesión nf REL & *Fig* procession ▸ **la ~ va por dentro** he/she is putting on a brave face

procesionaria nf processionary moth

proceso nm **1.** [fenómeno, operación] process ▸ **el ~ creativo** the creative process ▸ **el paciente está en un ~ de recuperación** the patient is in the process of recovering **2.** DER [juicio] trial / [causa] lawsuit ▸ **abrir un ~ contra** to bring an action against **3.** INFORM [procesamiento] processing

proclama nf proclamation

proclamación nf **1.** [anuncio] notification **2.** [acto, ceremonia] proclamation

proclamar vt **1.** [nombrar] to proclaim **2.** [aclamar] to acclaim **3.** [anunciar] to declare
◆ ***proclamarse*** vpr **1.** [nombrarse] to proclaim oneself **2.** [conseguir un título] **proclamarse campeón** to become champion

proclive adj **~ a** prone to

procreación nf procreation

procrear ■ vi to procreate
■ vt to generate, to bear

procurador, -ora nm,f DER attorney ▸ HIST **~ en Cortes** Member of Spanish Parliament *(in 19th century or under Franco)*

procurar vt **1.** [intentar] **~ hacer algo** to try to do sth ▸ **procura llegar puntual** try to arrive on time ▸ **~ que...** to make sure that... ▸ **procuraré que no les falte nada** I'll try to make sure they have everything they need **2.** [proporcionar] to get, to secure ▸ **nos procurarán todos los medios necesarios** they will provide us with everything we need
◆ ***procurarse*** vpr to get, to obtain ▸ **se procuró un trabajo en el extranjero** she got herself a job abroad

Prode nm *ARG BR* ≃ football pools, = *gambling game involving betting on the results of soccer matches*

prodigalidad nf **1.** [derroche] prodigality **2.** [abundancia] profusion

prodigar [38] vt **~ algo a alguien** to lavish sth on sb
◆ ***prodigarse*** vpr **1.** [exhibirse] to appear a lot in public **2.** [excederse] **prodigarse en** to be lavish with

prodigio ■ adj **niño ~** child prodigy
■ nm [suceso] miracle / [persona] wonder, prodigy

prodigioso, -a adj **1.** [sobrenatural] miraculous **2.** [extraordinario] wonderful, marvellous

pródigo, -a ■ adj **1.** [derrochador] extravagant ▸ **el hijo ~** [en la Biblia] the prodigal son **2.** [generoso] generous, lavish
■ nm,f spendthrift

producción nf **1.** [gen] & CINE production ▸ IND **~ en serie** mass production **2.** [productos] products

producir [18] vt **1.** [producto, sonido] to produce **2.** [ocasionar] to cause, to give rise to ▸ **tu actuación me produce tristeza** your conduct makes me very sad **3.** [interés, fruto] to yield, to bear ▸ **este negocio produce grandes pérdidas** this business is making huge losses **4.** CINE & TV to produce
◆ ***producirse*** vpr [ocurrir] to take place ▸ **el**

accidente se produjo a las nueve de la mañana the accident took place *o* occurred at nine o'clock in the morning ▸ **se produjeron varios heridos** there were several casualties

productividad nf productivity

productivo, -a adj [trabajador, método] productive / [inversión, negocio] profitable

producto nm **1.** [bien, objeto] product ▸ **productos (agrícolas)** produce ▸ **~ acabado** finished product ▸ **~ alimenticio** foodstuff ▸ **productos de belleza** cosmetics ▸ **~ final** end product ▸ ECON **~** *ESP* **interior** *o AM* **interno bruto** gross domestic product ▸ **productos lácteos** dairy produce ▸ **~ manufacturado** manufactured product ▸ ECON **~ nacional bruto** gross national product ▸ **~ químico** chemical **2.** [resultado] result, product ▸ **el accidente fue ~ de un despiste del conductor** the accident resulted from a lapse of attention on the part of the driver **3.** MAT product

productor, -ora ■ adj producing ▸ **país ~ de petróleo** oil-producing country
■ nm,f CINE [persona] producer

productora nf [de cine, televisión] production company

proeza nf exploit, deed

profanación nf desecration

profanar vt to desecrate

profano, -a ■ adj **1.** [no sagrado] profane, secular **2.** [ignorante] ignorant, uninitiated
■ nm,f [hombre] layman, lay person / [mujer] laywoman, lay person

profe nmf *Fam* [de colegio] teacher / [de universidad] lecturer

profecía nf [predicción] prophecy

proferir [5] vt [palabras, sonidos] to utter / [insultos] to hurl

profesar ■ vt **1.** [religión] to follow / [arte, oficio] to practise **2.** [admiración, amistad] to profess
■ vi REL to take one's vows

profesión nf **1.** [empleo, ocupación] profession / [en formularios] occupation ▸ **de ~** by profession ▸ **ser de la ~** to be in the same profession ▸ **~ liberal** liberal profession **2.** [declaración] declaration, avowal ▸ REL **~ de fe** profession *o* declaration of faith

profesional adj & nmf professional

profesionalidad nf, ***profesionalismo*** nm professionalism

profesionalización nf professionalization

profesionalizar [14] vt to professionalize

profesionista nmf *MÉX* professional

profeso, -a ■ adj professed
■ nm,f professed monk, *f* professed nun

profesor, -ora nm,f [en colegio] teacher / [de universidad] *BR* lecturer, *US* professor / [de autoescuela, esquí] instructor ▸ **~ agregado** lecturer ▸ **~ asociado** associate lecturer ▸ **~ ayudante** assistant lecturer ▸ **~ particular** (private) tutor ▸ **~ titular** *BR* lecturer, *US* professor *(with tenure)*

profesorado nm **1.** [plantilla] teaching staff, *US* faculty / [profesión] teachers, teaching profession **2.** [cargo] post of teacher / [en universidad] lectureship

profeta nm prophet

profético, -a adj prophetic

profetisa nf prophetess

profetizar [14] vt to prophesy

profiláctico, -a ■ adj prophylactic
■ nm prophylactic, condom

profilaxis nf inv prophylaxis

prófugo, -a ■ adj fugitive
■ nm,f fugitive ▸ **~ de la justicia** fugitive from justice
■ nm MIL = *person evading military service*

profundidad nf *también Fig* depth ▸ **tiene dos metros de ~** it's two metres deep

profundizar [14] ■ vt [hoyo, conocimientos] to deepen
■ vi [en excavación] to dig deeper / [en estudio, conocimientos] to go into depth ▸ **~ en** [tema] to study in depth

profundo, -a adj **1.** [hoyo, río, raíces, herida] deep ▸ **es un lago muy poco ~** it's a very shallow lake ▸ *Fig* **la España profunda** = *backward, traditional Spain* **2.** [libro, sentimiento] profound, deep / [sueño] deep / [dolor, alegría] intense

profusión nf profusion

profuso, -a adj profuse

progenie nf *Formal* **1.** [familia] lineage **2.** [descendencia] offspring

progenitor, -ora nm,f father, *f* mother ▸ **progenitores** parents

progesterona nf progesterone

programa nm **1.** [de proyecto, espectáculo] programme ▸ **~ electoral** platform ▸ **~ espacial** space programme ▸ **~ de fiestas** programme of events *(during annual town festival)* ▸ **~ de intercambio** exchange (programme) **2.** [de actividades] schedule, programme / [de curso, asignatura] syllabus **3.** [de televisión, radio] programme ▸ **~ concurso** quiz (show) ▸ **~ de entrevistas** talk show ▸ **~ de humor** comedy show **4.** INFORM program ▸ **~ informático** computer program **5.** [de lavadora, lavavajillas] cycle ▸ **~ de lavado** wash cycle

programación nf **1.** INFORM programming **2.** TV scheduling ▸ **la ~ del lunes** Monday's programmes

programador, -ora ■ nm,f [persona] programmer
■ nm [aparato] programmer

programar vt **1.** [actividades, proyecto] to plan **2.** TV to schedule / CINE to put on **3.** MEC to programme / INFORM to program

progre *Fam* ■ adj liberal, permissive
■ nmf progressive

progresar vi to progress, to make progress ▸ **~ en** to make progress in

progresión nf progression, advance ▸ **~ aritmética/geométrica** arithmetic/geometric progression

progresismo nm progressivism

progresista adj & nmf progressive

progresivo, -a adj progressive

progreso nm progress ▸ **hacer progresos** to make progress

prohibición nf ban, banning

prohibido, -a adj prohibited, banned ▸ **un libro ~** a banned book ▸ **la fruta prohibida** the forbidden fruit ▸ **está ~ fumar aquí** this is a no-smoking area ▸ **~ aparcar/fumar** [en letrero] no parking/smoking, parking/smoking prohibited ▸ **~ fijar carteles** [en letrero] stick no bills ▸ **prohibida la entrada** [en letrero] no entry

prohibir vt **1.** [impedir, proscribir] to forbid ▸ **~ a alguien hacer algo** to forbid sb to do sth ▸ **tengo prohibido el alcohol** I've been told I mustn't touch alcohol ▸ **se prohíbe el paso** [en letrero] no entry **2.** [por ley] [de antemano] to prohibit / [a posteriori] to ban ▸ **a partir de ahora está prohibido fumar en los lugares públicos** smoking in public places has now been banned ▸ **está prohibida la venta de alcohol a menores** [en letrero] it is illegal to sell alcoholic drinks to anyone under the age of 18 ▸ **se prohibe la entrada a menores de 18 años** [en letrero] over 18s only

prohibitivo, -a adj prohibitive

prohijar vt to adopt

prohombre nm *Formal* great man

prójimo nm fellow human being, neighbour

prole nf offspring

prolegómenos nmpl [de una obra] preface

proletariado nm proletariat

proletario, -a adj & nm,f proletarian

proliferación nf proliferation ▸ **~ nuclear** proliferation (of nuclear arms)

proliferar vi to proliferate

prolífico, -a adj prolific

prolijidad nf **1.** [extensión] long-windedness **2.** *RP* [pulcritud] tidiness, neatness

prolijo, -a adj **1.** [extenso] long-winded **2.** [esmerado] meticulous / [detallado] exhaustive **3.** *RP* [pulcro] tidy, neat

prologar vt to preface

prólogo nm [de libro] preface, foreword / [de obra de teatro] prologue / *Fig* prelude ▸ **como ~ a** as a prelude to

prolongación nf extension

prolongado, -a adj [largo] long / [en el tiempo] lengthy

prolongar [38] vt [alargar] to extend / [espera, visita, conversación] to prolong / [cuerda, tubo] to lengthen

promediar vt MAT to average out

promedio nm average

promesa nf **1.** [compromiso] promise **2.** [persona] promising talent

prometedor, -ora adj promising

prometer ■ vt to promise ▸ **(te) lo prometo** I promise ▸ **te prometo que no miento** I promise you I'm not lying ▸ **~ el cargo** to be sworn in

■ vi [tener futuro] to be promising ▸ **el programa de fiestas promete** the programme for the celebrations looks promising

◆ ***prometerse*** vpr **1.** [novios] to get engaged **2.** *Fam* [esperar] **se las promete muy felices** he thinks he's got it made

prometido, -a ■ nm,f fiancé, *f* fiancée

■ adj **1.** [para casarse] engaged **2.** [asegurado] **lo ~** what has been promised, promise ▸ **cumplir lo ~** to keep one's promise ▸ **lo ~ es deuda** a promise is a promise

prominencia nf **1.** [abultamiento] protuberance **2.** [elevación] rise **3.** [importancia] prominence

prominente adj **1.** [abultado] protruding **2.** [elevado, ilustre] prominent

promiscuidad nf promiscuity

promiscuo, -a adj promiscuous

promoción nf **1.** [ascenso] & DEP promotion ▸ COM **~ de ventas** sales promotion **2.** [curso] class, year

promocional adj promotional

promocionar vt to promote

◆ ***promocionarse*** vpr to put oneself forward, to promote oneself

promontorio nm promontory

promotor, -ora ■ adj promoting

■ nm,f [organizador] organizer ▸ COM **~ inmobiliario** *BR* property *o US* real estate developer

promover [41] vt **1.** [iniciar] to initiate, to bring about / [impulsar] to promote **2.** [ocasionar] to cause **3.** [ascender] **~ a alguien a** to promote sb to

promulgación nf [de ley] passing

promulgar [38] vt [ley] to pass

pronombre nm GRAM pronoun ▸ **~ demostrativo** demonstrative pronoun ▸ **~ indefinido** indefinite pronoun ▸ **~ interrogativo** interrogative pronoun ▸ **~ personal** personal pronoun ▸ **~ posesivo** possessive pronoun ▸ **~ relativo** relative pronoun

pronominal GRAM ■ adj pronominal

■ nm pronominal verb

pronosticar [59] vt to predict, to forecast

pronóstico nm **1.** [predicción] forecast ▸ **~ meteorológico** *o* **del tiempo** weather forecast **2.** MED

CÓMO EXPRESAR...

la prohibición

Smoking is not permitted in the office. / Está prohibido fumar en la oficina.

"Smoking strictly forbidden." / "Prohibido fumar".

We're not supposed to leave the office before 5.30. / No deberíamos irnos de la oficina antes de las 17:30.

I'm afraid I'm not allowed to give you those details / Lo siento, pero no me está permitido darle esos detalles.

You must not tell anyone about this meeting. / No debes hablar con nadie sobre esta reunión.

prognosis ▸ **de ~ leve** suffering from a mild condition ▸ **de ~ grave** in a serious condition ▸ **de ~ reservado** under observation

prontitud nf promptness

pronto, -a ■ adj [rápido] quick, fast / [respuesta] prompt, early / [curación, tramitación] speedy
■ adv **1.** [dentro de poco] soon ▸ **~ se acabará el año** the year will soon be over ▸ **¡hasta ~!** see you soon! ▸ **tan ~ como** as soon as ▸ **lo más ~ posible** as soon as possible **2.** *ESP* [temprano] early ▸ **salimos ~** we left early **3.** [rápidamente] quickly
■ nm *Fam* sudden impulse ▸ **le dio un ~ y se fue** something got into him and he left
◆ ***de pronto*** loc adv suddenly
◆ ***por lo pronto*** loc adv [de momento] for the time being / [para empezar] to start with

pronunciación nf pronunciation

pronunciado, -a adj [facciones] pronounced / [curva] sharp / [pendiente, cuesta] steep

pronunciamiento nm **1.** [golpe] (military) coup **2.** DER pronouncement

pronunciar vt **1.** [palabra, sílaba] to pronounce / [discurso] to deliver, to make ▸ **no pronunció palabra en toda la reunión** she didn't utter a word during the whole meeting **2.** [acentuar, realzar] to accentuate **3.** DER to pronounce, to pass
◆ ***pronunciarse*** vpr **1.** [definirse] to state an opinion (**sobre** on) ▸ **el presidente se pronunció a favor del proyecto** the president declared that he was in favour of the project **2.** [sublevarse] to stage a coup

propagación nf **1.** [extensión, divulgación] spreading **2.** [de especies, ondas] propagation

propaganda nf **1.** [publicidad] advertising **2.** [prospectos] publicity leaflets / [por correo] junk mail ▸ **repartir ~** to distribute advertising leaflets / [en la calle] to hand out advertising leaflets ▸ **~ electoral** [folletos] election literature / [anuncios, emisiones] election campaign advertising **3.** [política, religiosa] propaganda

propagandista nmf propagandist

propagandístico, -a adj **1.** [publicitario] advertising ▸ **campaña propagandística** advertising campaign **2.** POL propaganda ▸ **actividad propagandística** propaganda activity

propagar [38] vt [extender] to spread / [especies] to propagate
◆ ***propagarse*** vpr **1.** [extenderse] to spread **2.** [especies, ondas] to propagate

propalar vt to divulge

propano nm propane

propasarse vpr to go too far (**con** with) ▸ **~ con alguien** [sexualmente] to take liberties with sb

propensión nf propensity, tendency

propenso, -a adj **~ a algo/a hacer algo** prone to sth/ to doing sth

propiamente adv [adecuadamente] properly / [verdaderamente] really, strictly ▸ **~ dicho** strictly speaking

propiciar vt [favorecer] to be conducive to

propiciatorio, -a adj propitiatory

propicio, -a adj **1.** [favorable] propitious, favourable **2.** [adecuado] suitable, appropriate

propiedad nf **1.** [derecho] ownership / [bienes] property ▸ **tener algo en ~** to own sth ▸ **~ ajena** other people's property ▸ **~ horizontal** joint ownership *(in a block of flats)* ▸ **~ industrial** patent rights ▸ **~ intelectual** copyright ▸ **~ privada** private property ▸ **~ pública** public ownership **2.** [facultad] property **3.** [exactitud] accuracy ▸ **expresarse** *o* **hablar con ~** to express oneself precisely, to use words properly

propietario, -a nm,f [de bienes, vivienda] owner / [de cargo] holder

propina nf [por servicios] tip / [dada por los padres] pocket money ▸ *Fig* **de ~** [por añadidura] on top of that

propinar vt [paliza] to give / [golpe] to deal

propio, -a adj **1.** [en propiedad] own ▸ **tiene coche ~** she has a car of her own, she has her own car **2.** [enfático] own ▸ **lo vi con mis propios ojos** I saw it with my own eyes ▸ **por tu ~ bien** for your own good **3.** [en persona] himself, *f* herself ▸ **el ~ compositor** the composer himself **4.** [peculiar] **~ de** typical *o* characteristic of ▸ **no es ~ de él** it's not like him **5.** [adecuado] suitable, right (**para** for) **6. lo ~** [lo mismo] the same ▸ **se retiró a descansar y su compañero hizo lo ~** he went to have a rest and his companion did the same

proponer [50] vt [sugerir] to propose, to suggest / [candidato] to put forward ▸ **propongo ir al cine** I suggest going to the cinema
◆ ***proponerse*** vpr **proponerse hacer algo** to plan *o* intend to do sth ▸ **el nuevo juez se ha propuesto acabar con la delincuencia** the new judge has set himself the task of putting an end to crime ▸ **consigue todo lo que se propone** she achieves everything she sets out to ▸ **no me proponía ofender a nadie** it wasn't my intention to offend anyone

proporción nf **1.** [relación] proportion ▸ **en ~ a** in proportion to ▸ **guardar ~ (con)** to be in proportion (to) **2. proporciones** [tamaño] size / [importancia] extent, scale ▸ **un incendio de grandes proporciones** a huge fire

proporcionado, -a adj [tamaño, sueldo] commensurate (**a** with) / [medidas] proportionate (**a** to) ▸ **bien ~** well-proportioned

proporcional adj proportional

proporcionar vt **1.** [facilitar] **~ algo a alguien** to provide sb with sth **2.** [producir] **esta empresa sólo proporciona disgustos** this company causes nothing but trouble ▸ **esta música proporciona paz y tranquilidad** this music produces a sensation of peace and tranquillity **3.** [ajustar] **~ algo a algo** to adapt sth to sth

proposición nf **1.** [propuesta] proposal ▸ **hacer proposiciones a alguien** to proposition sb ▸ **proposiciones deshonestas** improper suggestions **2.** GRAM clause

propósito nm [intención] intention / [objetivo] purpose ▸ **a ~** [adecuado] suitable
◆ ***a propósito*** loc adv **1.** [adrede] on purpose ▸ **hacer**

algo a ~ to do sth on purpose **2.** [por cierto] by the way
◆ ***a propósito de*** loc prep with regard to, concerning

propuesta nf proposal

propuesto, -a participio *ver* ***proponer***

propugnar vt to advocate, to support

propulsar vt **1.** [vehículo] to propel **2.** [plan, actividad] to promote

propulsión nf propulsion ▸ **~ a reacción** *o* **a chorro** jet propulsion

propulsor, -ora ■ adj propulsive
■ nm **1.** [dispositivo] engine **2.** [combustible] propellent

propusiera *etc ver* ***proponer***

prorrata nf quota, share ▸ **a ~** pro rata

prorratear vt to divide proportionally

prorrateo nm sharing out (proportionally)

prórroga nf **1.** [de plazo, tiempo] extension / [de estudios, servicio militar] deferment **2.** [en deporte] *BR* extra time, *US* overtime

prorrogable adj [plazo] which can be extended

prorrogar [38] vt [alargar] to extend / [aplazar] to defer, to postpone

prorrumpir vi **~ en** to burst into

prosa nf prose ▸ **en ~** in prose

prosaico, -a adj [trivial] mundane, prosaic / [materialista] materialistic

prosapia nf lineage, ancestry

proscenio nm TEATRO proscenium

proscribir vt **1.** [prohibir] to ban **2.** [desterrar] to banish

proscrito, -a ■ participio *ver* ***proscribir***
■ adj **1.** [prohibido] banned **2.** [desterrado] banished
■ nm,f **1.** [desterrado] exile **2.** [fuera de la ley] outlaw

prosecución nf *Formal* continuation

proseguir [61] ■ vt to continue
■ vi to go on, to continue

proselitismo nm proselytism ▸ **hacer ~** to proselytize

prosélito, -a nm,f proselyte

prosiga *etc ver* ***proseguir***

prosiguiera *etc ver* ***proseguir***

prosista nmf prose writer

prosodia nf prosody

prosódico, -a adj **1.** GRAM orthoepic **2.** LIT prosodic

prospección nf [petrolífera, minera] prospecting ▸ **~ de mercados** market research

prospectivo, -a adj exploratory

prospecto nm [folleto] leaflet / [de medicamento] = *leaflet giving directions for use*

prosperar vi **1.** [mejorar] to prosper, to thrive **2.** [triunfar] to be successful

prosperidad nf **1.** [mejora] prosperity **2.** [éxito] success

próspero, -a adj prosperous, flourishing

próstata nf prostate

prosternarse vpr to prostrate oneself

prostíbulo nm brothel

prostitución nf **1.** [de personas] prostitution **2.** [de ideales, valores] betrayal

prostituir [34] vt [sexualmente] to prostitute / [de ideales, valores] to betray
◆ ***prostituirse*** vpr *también Fig* to prostitute oneself

prostituta nf prostitute

prostituto nm male prostitute

protagonismo nm leading role

protagonista nmf **1.** [de libro, película] main *o* central character / [de teatro] lead, leading role **2. ser ~ de** [acontecimiento histórico] to play a leading part in / [accidente] to be one of the main people involved in / [entrevista, estudio] to be the subject of

protagonizar [14] vt **1.** [obra, película] to play the lead in, to star in **2.** [acontecimiento histórico] to play a leading part in / [accidente] to be one of the main people involved in / [entrevista, estudio] to be the subject of

protección nf protection ▸ **~ civil** civil defence ▸ **~ del consumidor** consumer protection ▸ **~ de datos** data protection

proteccionismo nm ECON protectionism

proteccionista adj & nmf ECON protectionist

protector, -ora ■ adj protective
■ nm,f [persona] protector
■ nm **1.** INFORM **~ de pantalla** [salvapantallas] screensaver **2.** [en boxeo] gumshield **3. ~ labial** lip salve

protectorado nm protectorate

proteger [52] vt to protect ▸ **~ algo de algo** to protect sth from sth ▸ **la roca nos protegía del viento** the rock protected us against the wind
◆ ***protegerse*** vpr to take cover *o* refuge (**de** *o* **contra** from) ▸ **se protegió del fuerte sol con un sombrero** she wore a hat to protect herself from the strong sun ▸ **se protegió la cara con las manos** he shielded *o* protected his face with his hands

protege-slips nm inv panty liner

protegido, -a ■ adj protected
■ nm,f protégé, *f* protégée

proteico, -a adj protean

proteína nf protein

protésico, -a ■ adj prosthetic
■ nm,f prosthetist ▸ **~ dental** dental technician

prótesis nf inv **1.** MED prosthesis / [miembro] artificial limb **2.** GRAM prothesis

protesta nf protest / DER objection

protestante adj & nmf Protestant

protestantismo nm Protestantism

protestar vi **1.** [quejarse] to complain (**por/contra** about/against) ▸ **protestaron por el mal servicio** they complained about the poor service ▸ **protestaban contra la detención del líder sindical** they were protesting against the arrest of the union leader ▸ DER **¡protesto!** objection! **2.** [refunfuñar] to grumble ▸ **haz lo que te digo sin ~** do what I tell you and no grumbling

protesto nm COM **~ de letra** noting bill of exchange

protestón, -ona *Fam* ■ adj **es muy ~** [que se queja]

he's always complaining / [que refunfuña] he's always moaning
■ nm,f [que se queja] complainer, awkward customer / [que refunfuña] grumbler, moaner

protocolario, -a adj formal

protocolo nm **1.** [ceremonial] etiquette **2.** DER documents handled by a solicitor **3.** INFORM protocol ▸ **~ de comunicación** communications protocol

protohistoria nf protohistory

protón nm proton

prototipo nm **1.** [modelo] archetype **2.** [primer ejemplar] prototype

protozoo nm protozoan, protozoon

protuberancia nf protuberance, bulge

protuberante adj protuberant ▸ **nariz ~** big nose

provecho nm benefit ▸ **sus explicaciones nos fueron de gran ~** we found her explanations very helpful ▸ **de ~** [persona] worthy ▸ **en ~ propio** in one's own interest, for one's own benefit ▸ **hacer ~ a alguien** to do sb good ▸ **sacar ~ de** [aprovecharse de] to make the most of, to take advantage of / [beneficiarse de] to benefit from, to profit from ▸ **no saqué nada de ~ de su conferencia** I didn't learn *o* gain anything useful from her lecture ▸ **¡buen ~!** enjoy your meal!

provechoso, -a adj **1.** [ventajoso] beneficial, advantageous **2.** [lucrativo] profitable

proveedor, -ora nm,f supplier

proveer [37] vt **1.** [abastecer] to supply, to provide ▸ **~ a alguien de algo** to provide *o* supply sb with sth **2.** [puesto, cargo] to fill
◆ ***proveerse*** vpr **proveerse de** [ropa, víveres] to stock up on / [medios, recursos] to arm oneself with

provengo *ver* ***provenir***

proveniente adj **~ de** (coming) from

provenir [69] vi **~ de** to come from

Provenza n Provence

provenzal ■ adj & nmf Provençal
■ nm [lengua] Provençal

proverbial adj proverbial

proverbio nm proverb

providencia nf **1.** [medida] measure, step **2.** DER ruling **3. la (Divina) Providencia** (Divine) Providence

providencial adj *también Fig* providential

provincia nf [división administrativa] province ▸ **provincias** [no la capital] the provinces

provincial adj & nm provincial

provincianismo nm provincialism

provinciano, -a adj & nm,f provincial

proviniera *etc ver* ***provenir***

provisión nf **1.** [suministro] supply, provision / [de una plaza] filling ▸ **~ de fondos** advance **2. provisiones** [alimentos] provisions **3.** [disposición] measure

provisional, *AM* ***provisorio, -a*** adj provisional

provisto, -a participio *ver* ***proveer***

provitamina nf provitamin

provocación nf **1.** [irritación, estimulación, hostigamiento] provocation **2.** [de incendio] starting / [de incidente] causing / [de revuelta] instigation

provocador, -ora ■ adj provocative
■ nm,f agitator

provocar [59] ■ vt **1.** [incitar] to provoke **2.** [causar] [accidente, muerte] to cause, to bring about / [incendio, rebelión] to start / [sonrisa, burla] to elicit ▸ **~ las iras de alguien** to anger sb ▸ **provocó las risas de todos** he made everyone laugh ▸ **el polvo me provoca estornudos** dust makes me sneeze **3.** [excitar sexualmente] to lead on
■ vi *CARIB, COL, MÉX* [apetecer] **¿te provoca hacerlo?** would you like to do it?, *BR* do you fancy doing it?

provocativo, -a adj provocative

proxeneta nmf pimp, *f* procuress

proxenetismo nm pimping, procuring

próximamente adv soon, shortly / CINE coming soon

proximidad nf **1.** [cercanía] closeness, proximity ▸ **dada la ~ de las elecciones** as the elections are imminent ▸ **lo que más me gusta de esta casa es su ~ al centro** what I like best about this house is that it's so close to the centre **2. proximidades** [de ciudad] surrounding area / [de lugar] vicinity ▸ **el avión cayó al mar en las proximidades de las Bahamas** the plane crashed into the sea in the vicinity of the Bahamas

próximo, -a adj **1.** [cercano] near, close ▸ **en fecha próxima** shortly ▸ **las vacaciones están próximas** the holidays are nearly here **2.** [parecido] similar, close **3.** [siguiente] next ▸ **el ~ año** next year ▸ **el ~ domingo** this *o* next Sunday ▸ **la próxima vez que lo vea** the next time I see him

proyección nf **1.** [de mapa] & MAT projection **2.** CINE screening, showing **3.** [lanzamiento] throwing forwards **4.** [trascendencia] importance ▸ **con ~ de futuro** with a promising future

proyeccionista nmf CINE projectionist

proyectar vt **1.** [luz] to shine, to direct / [sombra] to cast **2.** [mostrar] [película] to project, to screen / [diapositivas] to show **3.** [planear] [viaje, operación, edificio] to plan / [puente, obra] to design **4.** [arrojar] to throw forwards **5.** MAT to project

proyectil nm projectile, missile

proyectista nmf designer

proyecto nm **1.** [intención] project **2.** [plan] plan ▸ **tener en ~ hacer algo** to be planning to do sth **3.** [diseño] ARQUIT design / IND & MEC plan **4.** [borrador] draft ▸ **~ de ley** bill **5.** EDUC **~ fin de carrera** final-year project ▸ **~ de investigación** [de un grupo] research project / [de una persona] dissertation

proyector, -ora ■ adj projecting
■ nm **1.** [de cine, diapositivas] projector ▸ **~ de transparencias** overhead projector **2.** [foco] searchlight / [en el teatro] spotlight

prudencia nf **1.** [cuidado, cautela] caution, care / [previsión, sensatez] prudence ▸ **con ~** carefully, cautiously **2.** [moderación] moderation ▸ **con ~** in moderation

prudencial adj [sensato] sensible / [moderado] moderate

prudente adj **1.** [cuidadoso] careful, cautious / [previsor, sensato] sensible **2.** [razonable] reasonable

prueba ■ *ver* ***probar***
■ nf **1.** [demostración] piece of evidence / [concluyente] proof ▸ **no tengo pruebas** I have no proof *o* evidence **2.** [manifestación, señal] sign ▸ **en** *o* **como ~ de** in *o* as proof of **3.** [comprobación] test ▸ **de ~** [producto comprado] on approval ▸ **~ de alcoholemia** breath test ▸ **~ del embarazo** pregnancy test ▸ **la ~ de fuego** the acid test ▸ **~ de resistencia** endurance test **4.** [examen académico] test ▸ **~ de acceso** entrance examination ▸ **~ de aptitud** aptitude test **5.** [trance] ordeal, trial. **6.** DEP event ▸ **~ de saltos** [de equitación] show jumping **7.** IMPRENTA proof
◆ ***a prueba*** loc adv [trabajador] on trial / [producto comprado] on approval ▸ **a ~ de balas** bulletproof ▸ **fe a toda ~** *o* **a ~ de bombas** unshakeable faith ▸ **poner a ~** to (put to the) test

¡CUIDADO! / CAREFUL!

prueba

En ciertos contextos, **evidence** y **proof** son traducciones intercambiables. Pero **proof** implica que la prueba es concluyente, mientras que evidence no. Así, se puede encontrar la frase "you may have evidence but not proof", que implica que las pruebas presentadas (**evidence**) no bastan para demostrar algo concluyentemente.

prurito nm MED itch, itching / *Fig* urge

Prusia n HIST Prussia

prusiano, -a adj & nm,f HIST Prussian

PS (abrev de ***post scríptum***) PS

pseudo- prefijo pseudo-

pseudociencia nf pseudoscience

pseudónimo nm pseudonym

psicoanálisis nm inv psychoanalysis

psicoanalista nmf psychoanalyst

psicoanalítico, -a adj psychoanalytic(al)

psicoanalizar [14] vt to psychoanalyze

psicodélico, -a adj psychedelic

psicodrama nm psychodrama

psicofármaco nm psychotropic *o* psychoactive drug

psicología nf *también Fig* psychology

psicológico, -a adj psychological

psicólogo, -a nm,f psychologist

psicometría nf psychometrics *(singular)*

psicométrico, -a adj psychometric

psicomotor, -ora adj psychomotor

psicomotricidad nf psychomotricity

psicópata nmf psychopath

psicopatía nf psychopathy, psychopathic personality

psicosis nf inv psychosis ▸ **~ maniaco-depresiva** manic-depressive psychosis

psicosomático, -a adj psychosomatic

psicotécnico, -a ■ adj psychotechnical
■ nm,f psychotechnician
■ nm [prueba] psychotechnical test

psicoterapeuta ■ nmf psychotherapist
■ adj psychotherapeutic

psicoterapia nf psychotherapy

psicótico, -a adj & nm,f psychotic

psicotrópico, -a adj psychotropic, psychoactive

psique nf psyche

psiquiatra nmf psychiatrist

psiquiatría nf psychiatry

psiquiátrico, -a ■ adj psychiatric
■ nm psychiatric *o* mental hospital

psíquico, -a adj psychic

psiquis nf inv psyche

PSOE [pe'soe, soe] nm (abrev de ***Partido Socialista Obrero Español***) = *Spanish political party to the centre-left of the political spectrum*

psoriasis nf inv psoriasis

pta. (pl **ptas.**) *Antes* (abrev de ***peseta***) pta

pterodáctilo nm pterodactyl

púa nf **1.** [de planta] thorn / [de erizo] barb, quill / [de peine] spine, tooth / [de tenedor] prong **2.** MÚS plectrum

pub [paβ, paf] (pl **pubs**) nm bar *(open late, usually with music)*

púber adj *Formal* adolescent

púbero, -a nm,f *Formal* adolescent

pubertad nf puberty

púbico, -a, pubiano, -a adj pubic

pubis nm inv pubes

publicación nf publication

publicar [59] vt **1.** [libro, revista] to publish **2.** [difundir] to publicize / [noticia] to make known, to make public / [aviso] to issue / [ley] = *to bring a law into effect by publishing it in the official government gazette*

publicidad nf **1.** [difusión] publicity ▸ **dar ~ a algo** to publicize sth **2.** COM advertising / TV adverts, commercials ▸ **~ directa** direct mailing ▸ **~ subliminal** subliminal advertising **3.** [folletos] advertising material

publicista nmf advertising agent

publicitario, -a ■ adj advertising ▸ **pausa publicitaria** commercial break
■ nm,f advertising agent

público, -a ■ adj **1.** [transporte, servicio] public ▸ **en ~** in public ▸ **hacer algo ~** to make sth public ▸ **personaje ~** public figure **2.** [del Estado] public ▸ **el sector ~** the public sector **3.** [conocido] public ▸ **ser ~** to be common knowledge
■ nm **1.** [en espectáculo] audience / [en encuentro deportivo] crowd ▸ **para todos los públicos** *o* *CSUR* **para todo ~** (suitable) for all ages / [película] *BR* ≃ U, *US* ≃ G ▸ **muy poco ~ asistió al encuentro** very few people attended the game **2.** [comunidad] public ▸ **el gran ~** the (general) public ▸ **abierto al ~** open to the public

publirreportaje nm [anuncio de televisión]

promotional film / [en revista] advertising spread

pucha interj *ANDES, RP* [lamento, enojo] *BR* sugar!, *US* shoot! / [sorpresa] wow!

pucherazo nm POL electoral fraud

puchero nm **1.** [perola] cooking pot **2.** [comida] stew **3.** [gesto] pout ▸ **hacer pucheros** to pout

pucho nm *ANDES, RP* [colilla] cigarette butt

pudding ['puðin] (pl **puddings**) nm (plum) pudding

pudendo, -a adj **partes pudendas** private parts

pudibundez nf prudishness

pudibundo, -a adj prudish

púdico, -a adj modest, demure

pudiente ■ adj wealthy, well-off
■ nmf wealthy person

pudiera *etc ver* ***poder***

pudin (pl **púdines**), ***pudín*** (pl **pudines**) nm (plum) pudding

pudor nm **1.** [recato] shyness / [vergüenza] (sense of) shame **2.** [modestia] modesty

pudoroso, -a adj **1.** [recatado] modest, demure **2.** [modesto] modest, shy

pudridero nm *BR* rubbish dump, *US* garbage dump

pudrir vt to rot
◆ ***pudrirse*** vpr **1.** [descomponerse] to rot ▸ *Fam* **pudrirse en la cárcel** [preso] to rot in jail **2.** *Fam* **¡ahí te pudras!** to hell with you!

pueblerino, -a ■ adj *Pey* rustic, provincial
■ nm,f [habitante] villager / *Pey* [paleto] yokel

pueblo ■ *ver* ***poblar***
■ nm **1.** [población] [pequeña] village / [grande] town ▸ *Pey* **ser de ~** to be a country bumpkin *o US* a hick ▸ *PERÚ* **~ joven** *o AM* **~ nuevo** shanty town **2.** [nación, ciudadanos] people ▸ **el ~ español** the Spanish people **3.** [proletariado] **el ~** the (common) people

puedo *etc ver* ***poder***

puente nm **1.** [construcción] bridge ▸ *Fig* **tender un ~** to offer a compromise ▸ **~ colgante** suspension bridge ▸ **~ levadizo** drawbridge ▸ **~ peatonal** footbridge **2.** [días festivos] ≃ long weekend *(consisting of a public holiday, the weekend and the day in between)* ▸ **hacer ~** = *to take an extra day off to join a public holiday with the weekend* **3. ~ aéreo** [civil] air shuttle / [militar] airlift **4.** [en barco] gun deck ▸ **~ de mando** bridge **5.** *Fam* **hacer un ~** [para arrancar un coche] to hot-wire a car **6.** [en dientes] bridge

CULTURA / CULTURE

puente

When a public holiday falls on a Tuesday or a Thursday, Spanish people usually take another day's holiday to make a four-day "long weekend". This is called "hacer **puente**" (literally "making a bridge"). Depending on the employer, this extra day may be regarded as extra to the agreed annual holidays.

puentear vt ELEC [circuito] to bridge / [para arrancar un coche] to hot-wire

puenting nm bungee-jumping ▸ **hacer ~** to go bungee-jumping

puerco, -a ■ adj dirty, filthy
■ nm,f **1.** [animal] pig, *f* sow **2.** *Fam* [persona] pig, swine
■ nm *MÉX* [carne] pork

puercoespín nm porcupine

puericultor, -ora nm,f nursery nurse

puericultura nf childcare

pueril adj childish

puerilidad nf childishness

puerperio nm puerperium

puerro nm leek

puerta nf **1.** [de habitación, vehículo, armario] door / [de jardín, ciudad, aeropuerto] gate ▸ **te acompañaré hasta la ~** I'll see you out ▸ **te espero en la** *o* **a la ~ del cine** I'll wait for you outside the entrance to the cinema ▸ **de ~ en ~** from door to door ▸ **~ blindada** reinforced door ▸ **~ corrediza** sliding door ▸ **~ de embarque** [en aeropuerto] departure gate ▸ **~ giratoria** revolving door ▸ **~ principal** [en casa] front door / [en hotel, museo, hospital] main door *o* entrance ▸ **puerta trasera** [en casa] back door / [en hotel, museo, hospital] rear entrance ▸ **~ vidriera** glass door **2.** [posibilidad] gateway, opening **3.** DEP goal, goalmouth **4.** [expresiones] **a las puertas de** on the verge of ▸ **a ~ cerrada** [reunión] behind closed doors / [juicio] in camera ▸ *ESP* **coger la ~ y marcharse** to up and go ▸ **dar a alguien con la ~ en las narices** to slam the door in sb's face ▸ *Fam* **dar ~ a alguien** to give sb the boot, to send sb packing ▸ **estar en puertas** to be knocking on the door, to be imminent

puerto nm **1.** [de mar] port ▸ **llegar a ~** to come into port / *Fig* to make it in the end ▸ **~ deportivo** marina ▸ **~ franco** *o* **libre** free port ▸ **~ pesquero** fishing port **2.** [de montaña] pass ▸ **subir/bajar un ~** to go up/down a mountain pass **3.** INFORM port ▸ **~ paralelo/serie** parallel/serial port **4.** [refugio] haven

Puerto España n Port of Spain

Puerto Príncipe n Port-au-Prince

Puerto Rico n Puerto Rico

puertorriqueño, -a adj & nm,f Puerto Rican

pues conj **1.** [dado que] since, as **2.** [por lo tanto] therefore, so ▸ **creo, ~, que...** so, I think that... **3.** [así que] so ▸ **querías verlo, ~ ahí está** you wanted to see it, so here it is **4.** [enfático] **¡~ ya está!** well, that's it! ▸ **¡~ claro!** but of course! ▸ **¡~ vaya amigo que tienes!** some friend he is!

puesta nf **1.** [acción] [de un motor] tuning ▸ **~ al día** updating ▸ **~ en escena** staging, production ▸ **~ de largo** debut (in society) ▸ **~ en marcha** [de máquina] starting, start-up / [de acuerdo, proyecto] implementation ▸ **~ en órbita** putting into orbit ▸ **~ a punto** [de una técnica] perfecting **2.** [de ave] laying **3. ~ de sol** sunset

puesto, -a ■ participio *ver* ***poner***
■ adj **iba sólo con lo ~** all she had with her were the clothes on her back ▸ **ir muy ~** [arreglado] to be all dressed up ▸ *Fam* **estar muy ~ en algo** to be well up on sth

■ nm **1.** [empleo] post, position ▸ **escalar puestos** to work one's way up **2.** [en fila, clasificación] place **3.** [tenderete] stall, stand **4.** MIL post ▸ **~ de mando/vigilancia** command/sentry post ▸ **~ de policía** police station ▸ **~ de socorro** first-aid post
◆ ***puesto que*** loc conj since, as

puf (pl **pufs**) nm pouf, pouffe

pufo nm *Fam* swindle, swizz

púgil nm boxer

pugilato nm [pelea] fist fight / [disputa] battle

pugilístico, -a adj boxing ▸ **combate ~** boxing match

pugna nf fight, battle

pugnar vi **1.** [luchar] to fight **2.** [esforzarse] to struggle (**por** for), to fight (**por** for)

puja nf **1.** [en subasta] [acción] bidding / [cantidad] bid **2.** [lucha] struggle

pujante adj vigorous

pujanza nf vigour, strength

pujar ■ vi **1.** [en subasta] to bid higher **2.** [luchar] to struggle
■ vt to bid

pulcritud nf neatness, tidiness

pulcro, -a adj neat, tidy

pulga nf [insecto] flea ▸ *Fig* **tener malas pulgas** to be bad-tempered, *BR* to be stroppy

pulgada nf inch

pulgar nm [dedo] thumb

pulgón nm plant louse, aphid

pulgoso, -a adj flea-ridden

pulido, -a ■ adj polished, clean
■ nm **durante el ~ del suelo** while polishing the floor

pulidor, -ora adj polishing

pulidora nf polisher

pulimentar vt to polish

pulimento nm polish, polishing

pulir vt to polish ▸ **necesito ~ mi alemán** I've got to brush up my German
◆ ***pulirse*** vpr *Fam* [gastarse] to blow, to throw away ▸ **se pulió el sueldo en una semana** he blew his wages in a week ▸ **nos pulimos una botella de whisky** we polished off *o* put away a bottle of whisky

pulla nf gibe

pulmón nm lung ▸ **a pleno ~** [gritar] at the top of one's voice / [respirar] deeply ▸ **tener buenos pulmones** [vozarrón] to have a powerful voice ▸ *Fig* **el ~ de la ciudad** [parque] the lungs of the city ▸ **Silva es el ~ del equipo** Silva is the backbone of the team ▸ **~ de acero** *o* **artificial** iron lung

pulmonar adj pulmonary, lung ▸ **enfermedad ~** lung disease

pulmonía nf pneumonia

pulóver nm pullover

pulpa nf [de fruta] flesh / [de papel] pulp

púlpito nm pulpit

pulpo nm **1.** [animal] octopus **2.** *Fam Pey* [hombre] **es un ~** he can't keep his hands off women **3.** [correa elástica] spider strap

pulque nm *CAM, MÉX* pulque, = *fermented agave cactus juice*

pulsación nf **1.** [del corazón] beat, beating **2.** [en máquina de escribir] keystroke, tap / [en piano] touch ▸ **pulsaciones por minuto** keystrokes per minute

pulsador nm button, push button

pulsar vt **1.** [botón, timbre] to press / [teclas de ordenador] to press, to strike / [teclas de piano] to play / [cuerdas de guitarra] to pluck **2.** [opinión pública] to sound out

púlsar nm ASTRON pulsar

pulsera nf bracelet

pulso nm **1.** [latido] pulse ▸ **tomar el ~ a alguien** to take sb's pulse ▸ *Fig* **tomar el ~ a algo/alguien** to sound sth/sb out **2.** [firmeza] **tener buen ~** to have a steady hand ▸ **a ~** unaided **3.** [lucha] **echar un ~ (con alguien)** to arm-wrestle (with sb) **4.** [situación conflictiva] battle of wills ▸ **las negociaciones se han convertido en un ~ entre patronal y sindicatos** the negotiations have turned into a battle of wills between management and the unions

pulular vi to swarm

pulverización nf [de sólido] pulverization / [de líquido] spraying

pulverizador nm spray

pulverizar [14] vt **1.** [líquido] to spray **2.** [sólido] to reduce to dust / MEC to pulverize **3.** [aniquilar] to pulverize

pum interj **¡~!** bang!

puma nm puma

pumba interj **¡~!** wham!, bang!

puna nf *ANDES* **1.** GEOG Andean plateau **2.** [mal de altura] altitude sickness

punción nf puncture

pundonor nm pride

punible adj punishable

punición nf punishment

púnico, -a adj Punic

punitivo, -a adj punitive

punk [pank] (pl **punks**) adj, nm & nmf punk

punki adj & nmf punk

punta nf **1.** [extremo] [de cuchillo, lápiz, aguja] point / [de pan, pelo, nariz] end / [de dedo, cuerno, flecha] tip / [de sábana, pañuelo] corner ▸ **este zapato me aprieta en la ~** this shoe's squashing the ends of my toes ▸ **recorrimos Chile de ~ a ~** we travelled from one end of Chile to the other ▸ **en la otra ~ de la ciudad** on the other side of town ▸ **en la otra ~ de la mesa** at the other end of the table ▸ **sacar ~ a un lápiz** to sharpen a pencil **2.** [pizca] touch, bit / [de sal] pinch **3.** [clavo] small nail **4.** GEOG point, headland **5.** [expresiones] **a ~ de pistola** at gunpoint ▸ *AM* **a ~ de** [a fuerza de] by dint of ▸ *Fam* **a ~ pala** by the dozen *o* bucket ▸ **estar de ~ con alguien** to be on edge with sb ▸ **ir de ~ en blanco** to be dressed up to the nines ▸ *Fam Fig* **sacarle ~ a algo** to read too much into sth ▸ *Fig* **la ~ del iceberg** the tip of the iceberg ▸ *Fig* **tener algo en la ~ de la lengua** to have sth on the tip of one's tongue

puntada nf **1.** [en costura] stitch **2.** *RP* [dolor] stabbing pain **3.** *MÉX* [broma] witticism

puntal nm **1.** [madero] prop / *Fig* [apoyo] mainstay **2.** *ANDES, CAM, MÉX* [aperitivo] snack

puntapié nm kick ▸ **echar a alguien a puntapiés** to kick sb out ▸ *Fig* **tratar a alguien a puntapiés** to be nasty to sb

punteado, -a ■ adj [línea] dotted
■ nm MÚS plucking

puntear vt MÚS to pluck

punteo nm guitar solo

puntera nf [de zapato] toecap / [de calcetín] toe

puntería nf **1.** [destreza] marksmanship ▸ **tener ~** to be a good shot **2.** [orientación para apuntar] aim

puntero, -a ■ adj leading
■ nm,f *CSUR* DEP winger
■ nm **1.** [para señalar] pointer **2.** *ANDES, RP, MÉX* [líder] leader

puntiagudo, -a adj pointed

puntilla nf **1.** [encaje] point lace **2.** *Fig* **dar la ~** to give the coup de grâce ▸ **aquello fue la ~** that was what did it
◆ ***de puntillas***, *AM* ***en puntillas*** loc adv on tiptoe

puntillismo nm ARTE pointillism

puntillo nm pride

puntilloso, -a adj **1.** [susceptible] touchy **2.** [meticuloso] punctilious

punto nm **1.** [marca] spot, dot / [en geometría] point ▸ **recorte por la línea de puntos** cut along the dotted line **2.** [signo ortográfico] [al final de frase] *BR* full stop, *US* period / [sobre i, j, en dirección de correo electrónico] dot ▸ **dos puntos** colon ▸ *Fig* **poner los puntos sobre las íes** to dot the i's and cross the t's ▸ *Fam* **y ~** and that's that ▸ **~ y aparte** *BR* full stop *o US* period, new paragraph ▸ **~ y coma** semicolon ▸ **~ final** *BR* full stop, *US* period ▸ *Fig* **poner ~ final a algo** to bring sth to a close ▸ **~ y seguido** *BR* full stop, *US* period *(no new paragraph)* ▸ **puntos suspensivos** dots, suspension points **3.** [unidad] point ▸ **ganar/perder por seis puntos** to win/lose by six points **4.** [asunto] point ▸ **~ débil/fuerte** weak/strong point ▸ **puntos a tratar** matters to be discussed ▸ **~ de vista** point of view, viewpoint **5.** [lugar] spot, place ▸ **este es el ~ exacto donde ocurrió todo** this is the exact spot where it all happened ▸ **~ de apoyo** [en palanca] fulcrum / *Fig* backup, support ▸ **~ cardinal** point of the compass, *Espec* cardinal point ▸ **~ de contacto** point of contact ▸ **~ de encuentro** meeting point ▸ **~ negro** [grano] blackhead / [en carretera] accident blackspot ▸ COM **~ de venta** point of sale / [tienda] retail outlet **6.** [momento] point, moment / [estado, fase] point, stage ▸ **llegar a un ~ en que...** to reach the stage where... ▸ **estando las cosas en este ~** things being as they are ▸ **~ culminante** high point ▸ **~ de ebullición/fusión** boiling/melting point ▸ **punto de inflexión** turning point ▸ **~ de partida** starting point **7.** AUT **~ muerto** neutral / *Fig* deadlock ▸ **estar en un ~ muerto** to be deadlocked **8.** [puntada] stitch ▸ **~ de cruz** cross-stitch **9.** [estilo de tejer] knitting ▸ **hacer ~** to knit ▸ **un jersey de ~** a knitted jumper ▸ **~ de ganchillo** crochet **10.** [expresiones] **al ~** at once, there and then ▸ **en ~** exactly, on the dot ▸ **a las seis en ~** at six o'clock on the dot, at six o'clock sharp ▸ **estar en su ~** to be just right ▸ **de todo ~** [completamente] absolutely ▸ **hasta tal ~ que** to such an extent that ▸ **hasta cierto ~** to some extent, up to a point **11.** *ESP Fam* [borrachera ligera] **cogerse/tener un ~** to get/be merry **12.** *Fam* [reacción, estado de ánimo] **le dan unos puntos muy raros** he can be really weird sometimes ▸ **le dio el ~ generoso** he had a fit of generosity
◆ ***a punto*** loc adv **estar a ~** to be ready ▸ **estar a ~ de hacer algo** to be on the point of doing sth ▸ **a ~ de (echarse a) llorar** near to tears ▸ **llegar a ~ (para hacer algo)** to arrive just in time (to do sth) ▸ **poner a ~** [motor] to tune / *Fig* to fine-tune ▸ **batir a ~ de nieve** to beat until stiff

puntocom nf [empresa] dotcom

puntuable adj **~ para** that counts towards

puntuación nf **1.** [calificación] mark / [en concursos, competiciones] score **2.** [ortográfica] punctuation

puntual adj **1.** [en el tiempo] punctual **2.** [exacto, detallado] detailed **3.** [aislado] isolated, one-off

puntualidad nf **1.** [en el tiempo] punctuality **2.** [exactitud] exactness

puntualización nf clarification

puntualizar [14] vt [aclarar] to specify, to clarify

puntualmente adv [en el momento justo] punctually, promptly

puntuar [4] ■ vt **1.** [calificar] to mark, *US* to grade **2.** [escrito] to punctuate
■ vi **1.** [calificar] to mark, *US* to grade **2.** [entrar en el cómputo] to count (**para** towards)

punzada nf **1.** [pinchazo] prick **2.** [dolor intenso] stabbing pain / [de remordimiento] pang, twinge

punzante adj **1.** [que pincha] sharp **2.** [intenso] sharp, stabbing **3.** [mordaz] caustic

punzar [14] vt **1.** [pinchar] to prick **2.** [sujeto: dolor] to stab / [sujeto: actitud] to wound

punzón nm [herramienta] punch

puñado nm handful ▸ *Fig* **a puñados** by the handful

puñal nm dagger

puñalada nf [acción] stab / [herida] stab wound ▸ *Fig* **coser a puñaladas** to stab repeatedly ▸ *Fig* **~ trapera** stab in the back

puñeta ■ nf **1.** *Fam* [tontería] **hacer la ~** to be a pain ▸ **mandar a alguien a hacer puñetas** to tell sb to get lost **2.** [bocamanga] border
■ interj *Fam* **¡~!, ¡puñetas!** damn it!

puñetazo nm punch ▸ **darle un ~ a alguien** to punch sb ▸ **dio un ~ en la mesa** he thumped his fist on the table

puñetería nf *ESP Fam* bloody-mindedness

puñetero, -a *ESP Fam* ■ adj **1.** [persona] damn **2.** [cosa] tricky, awkward
■ nm,f pain

puño nm **1.** [mano cerrada] fist ▸ **son verdades como puños** it's as clear as daylight ▸ **de su ~ y letra** in his/her own handwriting ▸ **meter** *o* **tener a alguien en un ~** to have sb under one's thumb **2.** [de manga] cuff **3.** [empuñadura] [de espada] hilt / [de paraguas] handle

pupa nf **1.** [erupción] blister **2.** *Fam* [daño] pain ▸ **hacerse ~** to hurt oneself **3.** [crisálida] pupa

pupila nf pupil

pupilo, -a nm,f **1.** [discípulo] pupil **2.** [huérfano] ward

pupitre nm desk

pupusa nf *CAM* maize dumpling

purasangre nm inv thoroughbred

puré nm CULIN thick soup ▸ **~ de patatas** mashed potatoes ▸ *Fam* **estar hecho ~** to be beat *o BR* knackered

pureta *Fam* ■ adj fogeyish
■ nmf old fogey

pureza nf purity

purga nf **1.** MED purgative **2.** [depuración] purge

purgaciones nfpl MED gonorrhoea

purgante adj & nm purgative

purgar [38] vt *también Fig* to purge
◆ ***purgarse*** vpr to take a purge

purgatorio nm purgatory

purgue *etc ver* ***purgar***

purificación nf purification

purificador nm *AM* [de agua] purifier

purificar [59] vt [agua, sangre, aire] to purify / [mineral, metal] to refine

purista ■ adj purist ▸ **una corriente ~** a purist tendency
■ nmf purist

puritanismo nm puritanism

puritano, -a adj & nm,f puritan

puro, -a ■ adj **1.** [limpio, sin mezcla] pure / [oro] solid ▸ **pura lana virgen** pure wool **2.** [cielo, atmósfera] clear **3.** [conducta, persona] decent, honourable **4.** [mero] sheer / [verdad] plain ▸ **por pura casualidad** by pure chance ▸ **fue una pura coincidencia** it was pure coincidence ▸ **me quedé dormido de ~ cansancio** I fell asleep from sheer exhaustion ▸ *Fam* **y ésta es la realidad pura y dura** and that is the harsh reality of the matter
■ nm **1.** [cigarro] cigar ▸ **~ habano** Havana cigar **2.** *ESP Fam* **meterle un ~ a alguien** [regañina] to give sb a row *o* rocket / [castigo] to throw the book at sb

púrpura ■ adj inv purple
■ nm [color] purple

purpúreo, -a adj purple

purpurina nf purpurin

purulencia nf purulence

purulento, -a adj purulent

pus nm pus

puse *ver* ***poner***

pusiera *etc ver* ***poner***

pusilánime adj cowardly

pústula nf pustule

puta nf *muy Fam* whore

putada nf *muy Fam* **hacerle una ~ a alguien** to be a mean bastard to sb ▸ **¡qué ~!** what a bugger!

putativo, -a adj putative

puteada nf *RP muy Fam* [insulto] swear word

puteado, -a adj *muy Fam* **está ~ en el trabajo** he's being screwed *o BR* buggered around at work ▸ **está ~ porque no tiene dinero** he's screwed because he's short of money ▸ **tengo la espalda puteada** my back is screwed *o BR* knackered

putear *muy Fam* ■ vt **1.** [fastidiar] **~ a alguien** to screw *o BR* bugger sb around **2.** *AM* [insultar] **~ a alguien** to call sb for everything
■ vi **1.** [salir con prostitutas] to go whoring **2.** *AM* [decir malas palabras] to eff and blind

puteo *muy Fam* nm **1.** [fastidio] **es un ~** it's a pain in the *BR* arse *o US* ass **2.** [con prostitutas] **ir de ~** to go whoring

putero nm *muy Fam* whoremonger

puticlub (pl **puticlubs**) nm *Fam* knocking shop

puto, -a ■ adj **1.** *Vulg* [maldito] fucking ▸ *ESP muy Fam* **no tengo ni puta idea** I dont have a *BR* bloody *o US* goddamn clue **2.** *muy Fam* [difícil] *BR* bloody *o US* goddamn difficult **3.** *muy Fam* **de puta madre** [estupendo] *BR* bloody *o US* goddamn brilliant ▸ **nos lo pasamos de puta madre** we had a *BR* bloody *o US* goddamn marvellous time
■ nm *Fam* rent boy

putón nm *muy Fam* **un ~ (verbenero)** a cheap slut

putrefacción nf rotting, putrefaction

putrefacto, -a adj rotting

pútrido, -a adj putrid

puya nf **1.** [punta de vara] goad **2.** *Fam* [palabras] gibe, dig

puyazo nm **1.** [golpe] jab *(with goad)* **2.** *Fam* [palabras] taunt

puzzle ['puθle], ***puzle*** nm jigsaw puzzle

PVC nm (abrev de ***cloruro de polivinilo***) PVC

PVP nm (abrev de ***precio de venta al público***) retail price

PYME ['pime] nf (abrev de ***Pequeña y Mediana Empresa***) SME

pyrex® nm Pyrex®

pza. (abrev de ***plaza***) Sq

q

Q, q [ku] nf [letra] Q, q

Qatar n Qatar

qatarí (pl **qataríes**) adj & nmf Qatari

q.e.p.d. (abrev de ***que en paz descanse***) RIP

quark (pl **quarks**) nm FÍS quark

quásar nm ASTRON quasar

que ■ pron relativo **1.** (sujeto) [persona] who, that / [cosa] that, which ▸ **la mujer ~ me saluda** the woman (who *o* that is) waving to me ▸ **el ~ me lo compró** the one who bought it from me ▸ **la moto ~ me gusta** the motorbike (that) I like ▸ **el hombre, ~ decía llamarse Simón, era bastante sospechoso** the man, who said he was called Simón, seemed rather suspicious ▸ **el ~ más y el ~ menos** every last one of us, all of us without exception **2.** (complemento directo) (se puede omitir en inglés) [persona] who, whom / [cosa] that, which ▸ **el hombre ~ conociste ayer** the man (who *o* whom) you met yesterday ▸ **la persona/el lugar ~ estás buscando** the person/the place you're looking for ▸ **ese libro es el ~ me quiero comprar** that book is the one (that *o* which) I want to buy **3.** (complemento indirecto) (se puede omitir en inglés) **al ~, a la ~, a los/las ~** (to) who, (to) whom ▸ **ese es el chico al ~ presté dinero** that's the boy I lent some money to **4.** (complemento circunstancial) **la playa a la ~ fui** the beach where I went, the beach I went to ▸ **la mujer con la ~ hablas** the woman (who) you are talking to ▸ **la mesa en la que escribes** the table on which you are writing, the table you are writing on **5.** (complemento de tiempo) **(en) ~** when ▸ **el día (en) ~ me fui** the day (when) I left

■ conj **1.** (con oraciones de sujeto) that ▸ **es importante ~ me escuches** it's important that you listen to me ▸ **~ haya pérdidas no es un problema insuperable** the fact that we've suffered losses isn't an insurmountable problem **2.** (con oraciones de complemento directo) that ▸ **me ha confesado ~ me quiere** he has told me that he loves me **3.** (comparativo) than ▸ **es más rápido ~ tú** he's quicker than you ▸ **antes morir ~ vivir la guerra** I'd rather die than live through a war **4.** [expresa causa] **hemos de esperar, ~ todavía no es la hora** we'll have to wait, as it isn't time yet **5.** [expresa consecuencia] that ▸ **tanto me lo pidió ~ se lo di** he asked me for it so insistently that I gave it to him **6.** [expresa finalidad] so (that) ▸ **ven aquí ~ te vea** come over here so (that) I can see you **7.** [expresa deseo] that ▸ **quiero ~ lo hagas** I want you to do it ▸ **espero ~ te diviertas** I hope (that) you have fun **8.** (en oraciones exclamativas) **¡~ te diviertas!** have fun! ▸ **¡~ te doy un bofetón!** do that again and I'll slap you! ▸ **¿no vas a venir? – ¡~ sí!** aren't you coming? – of course I am! ▸ **¿pero de verdad no quieres venir? – ¡~ no!** but do you really not want to come? – definitely not! ▸ **¡~ me dejes!** just leave me alone! **9.** (en oraciones interrogativas) **¿~ quiere venir? pues que venga** so she wants to come? then let her **10.** [para explicar] **es ~...** the thing is that..., it's just that... **11.** [expresa hipótesis] if ▸ **~ no quieres hacerlo, pues no pasa nada** it doesn't matter if you don't want to do it **12.** [expresa disyunción] or ▸ **quieras ~ no, harás lo que yo mando** you'll do what I tell you, whether you like it or not **13.** [expresa reiteración] **estuvieron charla ~ te charla toda la mañana** they were nattering away all morning

qué ■ adj (interrogativo) [en general] what / [al elegir, al concretar] which ▸ **¿~ hora es?** what's the time? ▸ **¿~ coche prefieres?** which car do you prefer? ▸ **¿a ~ distancia?** how far away?

■ pron (interrogativo) what ▸ **¿~ te dijo?** what did he tell you? ▸ **no sé ~ hacer** I don't know what to do ▸ **¿~?** [¿cómo dices?] sorry? pardon? ▸ **¿y ~?** so what?

■ adv **1.** [exclamativo] how ▸ **¡~ horror!** how awful! ▸ **¡~ tonto eres!** how stupid you are!, you're so stupid! ▸ **¡~ casa más bonita!** what a lovely house! **2.** [expresa gran cantidad] **¡~ de...!** what a lot of...! ▸ **¡~ de gente hay aquí!** what a lot of people there are here!, there are so many people here! **3.** [expresiones] **¿~ tal?** how are things?, how are you doing? ▸ **¿~ tal la fiesta/película?** how was the party/film? ▸ **¿por ~?** why? ▸ *AM* **¿~ tan...?** how...? ▸ **~ tanto?** [¿cuánto?] how much?

Quebec nm **(el)** ~ Quebec

quebequés, -esa ■ adj Quebecois
■ nm,f Quebecois, Quebecker

quebrada nf **1.** [desfiladero] gorge **2.** *AM* [arroyo] stream

quebradero nm ~ **de cabeza** headache, problem

quebradizo, -a adj **1.** [frágil] fragile, brittle **2.** [débil] frail **3.** [voz] wavering, faltering

quebrado, -a ■ adj **1.** [terreno] rough, uneven / [perfil] rugged **2.** [fraccionario] **número ~** fraction **3.** LIT broken **4.** *MÉX* [pelo] curly
■ nm [fracción] fraction

quebradura nf **1.** [grieta] crack, fissure **2.** MED rupture

quebrantado, -a adj frail

quebrantahuesos nm inv bearded vulture, lammergeier

quebrantamiento nm **1.** [incumplimiento] breaking **2.** [rotura] cracking / *Fig* [de moral, resistencia] breaking **3.** [debilitamiento] weakening

quebrantar vt **1.** [incumplir] [promesa, ley] to break / [obligación] to fail in **2.** [romper] to crack / *Fig* [moral, resistencia] to break **3.** [debilitar] to weaken
◆ ***quebrantarse*** vpr **1.** [romperse] to crack **2.** [debilitarse] to decline, to deteriorate

quebranto nm **1.** [pérdida] loss **2.** [debilitamiento] weakening, debilitation **3.** [pena] grief

quebrar [3] ■ vt **1.** [romper] to break / *Fig* [esperanzas, ilusiones] to destroy, to shatter **2.** [debilitar] to weaken
■ vi **1.** FIN [empresa] to go bankrupt **2.** *MÉX* [torcer] to turn
◆ ***quebrarse*** vpr **1.** [romperse] to break ▸ *MÉX Fam Fig* **quebrarse la cabeza** to rack *o US* cudgel one's brains **2.** [voz] to break, to falter **3.** *AM* [darse por vencido] to give in, to throw in the towel

quechua ■ adj Quechuan
■ nmf [persona] Quechua
■ nm [idioma] Quechua

> CULTURA / CULTURE
> **quechua**
>
> Quechua, which was the language of the Inca empire, is an Amerindian language still spoken today by more than eight million people in the Andean region. The number of speakers declined dramatically in the centuries following the Spanish conquest, but in more recent years there have been official attempts to promote the language. As with the Aztec language Náhuatl, many Quechua words passed into Spanish, and on to many other languages. For example, in English we find "condor", "jerky" (n, = dried meat) and "quinine".

queda nf **toque de ~** curfew

quedada nf *Fam* **1.** [tomadura de pelo] wind-up **2.** [por Internet] meetup

quedar ■ vi **1.** [haber aún, faltar] to be left, to remain ▸ **¿queda azúcar?** is there any sugar left? ▸ **nos quedan 100 pesos** we have 100 pesos left ▸ **¿cuánto queda para León?** how much further is it to León? ▸ **quedan dos vueltas para que termine la carrera** there are two laps to go until the end of the race ▸ **~ por hacer** to remain to be done ▸ **queda por fregar el suelo** the floor has still to be cleaned **2.** [permanecer] to remain, to stay ▸ **el viaje quedó en proyecto** the trip never got beyond the planning stage ▸ **¡esto no puede** *o* **no va a ~ así!** I'm not going to let it rest at this! **3.** [mostrarse] **~ bien/mal (con alguien)** to make a good/bad impression (on sb) ▸ **no me hagas ~ mal** don't show me up ▸ **le gusta ~ bien con todo el mundo** he likes to keep everyone happy ▸ **~ como un idiota** to look stupid, to end up looking stupid **4.** [llegar a ser, resultar] **el trabajo ha quedado perfecto** the job turned out perfectly ▸ **el cuadro queda muy bien ahí** the picture looks great there **5.** [llegar] **~ en** to end in ▸ **~ en quinto lugar, ~ el quinto** to come fifth ▸ **~ en nada** to come to nothing **6.** [sentar] to look ▸ **te queda un poco corto el traje** your suit is a bit too short ▸ **~ bien/mal a alguien** to look good/bad on sb ▸ **~ bien/mal con algo** to go well/badly with sth **7.** [citarse] **~ (con alguien)** to arrange to meet (sb) ▸ **hemos quedado el lunes** we've arranged to meet on Monday ▸ **he quedado con Juan esta noche** I've arranged to meet Juan this evening ▸ **¿cuándo/dónde quedamos?** when/where shall we meet? **8.** [acordar] **~ en algo/en hacer algo** to agree on sth/to do sth ▸ **~ en que...** to agree that... ▸ **¿en qué quedamos?** what's it to be, then? **9.** *Fam* [estar situado] to be ▸ **queda por las afueras** it's somewhere on the outskirts ▸ **¿por dónde queda?** whereabouts is it?
■ v impersonal **por mí que no quede** don't let me be the one to stop you ▸ **que no quede por falta de dinero** we don't want it to fall through for lack of money
◆ ***quedarse*** vpr **1.** [permanecer] to stay, to remain **2.** [terminar en un estado] **quedarse ciego/sordo** to go blind/deaf ▸ **quedarse triste** to be *o* feel sad ▸ **quedarse sin dinero** to be left penniless **3.** [comprar, elegir] to take ▸ **me quedo éste** I'll take this one **4. quedarse con** [retener, guardarse] to keep **5. quedarse con** [preferir] to go for, to prefer **6.** *Fam* [morir] to kick the bucket **7.** *ESP Fam* **quedarse con alguien** [burlarse de] to wind sb up ▸ **te estás quedando conmigo** you're having me on!

quedo, -a ■ adj quiet, soft
■ adv quietly, softly

quehacer nm task ▸ **quehaceres domésticos** housework

queimada nf = *punch made from spirits and sugar, which is set alight to burn off some of the alcohol before being drunk*

queja nf **1.** [protesta] complaint ▸ **presentar una ~** [formalmente] to make *o* lodge a complaint ▸ **tener ~ de algo/alguien** to have a complaint about sth/sb **2.** [lamento] moan, groan

quejarse vpr **1.** [protestar] to complain (**de** about) / [refunfuñar] to moan (**de** about) ▸ **siempre está quejándose del frío que hace en este país** he's always complaining about how cold it is in this country ▸ **no sé de qué te quejas** I don't know what you're complaining about ▸ *Fam* ~ **de vicio** to complain about nothing **2.** [expresar dolor, pena] to moan, to groan ▸ **últimamente se queja mucho de la espalda** recently she's been complaining a lot that her back hurts

quejica, quejicoso, -a *Fam Pey* ■ adj whining, whingeing
■ nmf whinger

quejido nm cry, moan

quejoso, -a ■ adj **estar ~ de** *o* **por** to be unhappy *o* dissatisfied with
■ nm,f **1.** *MÉX, RP Fam Pey* [quejica] whinger **2.** *MÉX* DER [demandante] plaintiff

quejumbroso, -a adj whining

quema nf burning

quemado, -a adj **1.** [por fuego] burnt / [por agua hirviendo] scalded / [por electricidad] burnt-out **2.** *AM* [bronceado] tanned **3.** *Fam* **estar ~** [agotado] to be burnt-out / [harto] to be fed up

quemador nm *BR* gas ring, *US* burner

quemadura, *MÉX* ***quemada*** nf [por fuego] burn / [por agua hirviendo] scald ▸ **hacerse una ~** to burn/ scald oneself ▸ **quemaduras de tercer grado** third degree burns

quemar ■ vt **1.** [con fuego, calor, sol] to burn / [con líquido hirviendo] to scald ▸ **quemaron una bandera americana** they set fire to an American flag **2.** [plantas] **la helada quemó las plantas** the frost killed the plants ▸ **el sol quemó las plantas** the plants withered in the sun **3.** [malgastar] [ahorros] to go through, to fritter away **4.** *Fam* [desgastar] to burn out
■ vi **1.** [estar caliente] to be (scalding) hot ▸ **ten cuidado que la sopa quema** be careful, the soup's (scalding) hot **2.** *Fam* [desgastar] **la política quema** politics burns you out
◆ ***quemarse*** vpr **1.** [por fuego] to burn down / [por agua hirviendo] to get scalded / [por calor] to burn / [por electricidad] to burn out ▸ **se ha quemado la lasaña** the lasagne's burnt **2.** [por el sol] to get (sun)burnt **3.** *Fam* [desgastarse] to burn out / *ESP* [hartarse] to get fed up

quemarropa: a quemarropa loc adv point-blank

quemazón nf [ardor] burning (sensation) / [picor] itch

quena nf Andean flute

quepa *etc ver* ***caber***

quepis nm inv kepi

quepo *ver* ***caber***

queque nm *ANDES, CAM, MÉX* sponge (cake)

queratina nf keratin

querella nf **1.** DER [acusación] charge **2.** [discordia] dispute

querellante adj & nmf DER plaintiff

querellarse vpr DER to bring an action (**contra** against)

querencia nf homing instinct

querer [53] ■ vt **1.** [desear] to want ▸ **quiero una bicicleta** I want a bicycle ▸ **¿quieren ustedes algo más?** would you like anything else? ▸ **haz lo que quieras** do what you want *o* like, do as you please *o* like ▸ **~ que alguien haga algo** to want sb to do sth ▸ **quiero que lo hagas tú** I want you to do it ▸ **queremos que las cosas te vayan bien** we want things to go well for you ▸ **quisiera hacerlo, pero...** I'd like to do it, but... ▸ **¡qué quieres que haga!** what am I supposed to do? ▸ **qué quieres que te diga, a mí me parece caro** to be honest, it seems expensive to me, what can I say? it seems expensive to me **2.** [amar] to love ▸ **te quiero** I love you **3.** [en preguntas] [con amabilidad] **¿querrías explicarme qué ha pasado aquí?** would you mind explaining what happened here? ▸ **¿quiere decirle a su amigo que pase?** could you tell your friend to come in, please? **4.** [pedir] **~ algo (por)** to want sth (for) ▸ **¿cuánto quieres por el coche?** how much do you want for the car? **5.** *Irónico* [dar motivos para] **tú lo que quieres es que te pegue** you're asking for a smack ▸ **¿quieres que te atropelle el tren o qué?** do you want to get run over by a train or something? **6.** [expresiones] **como quien no quiere la cosa** as if it were nothing ▸ *Prov* **quien bien te quiere te hará llorar** you have to be cruel to be kind
■ vi to want ▸ **ven cuando quieras** come whenever you like *o* want ▸ **no me voy porque no quiero** I'm not going because I don't want to ▸ **queriendo** on purpose ▸ **sin ~** accidentally ▸ **~ decir** to mean ▸ **¿qué quieres decir con eso?** what do you mean by that? ▸ **~ es poder** where there's a will there's a way
■ v impersonal [haber atisbos] **parece que quiere llover** it looks like rain
■ nm [amor] love
◆ ***quererse*** vpr [dos personas] to love each other

querido, -a ■ adj dear
■ nm,f [amante] lover / [apelativo afectuoso] darling

CÓMO EXPRESAR...

las quejas

I have a complaint about the telephone you sold me. / Tengo una queja sobre el teléfono que me ha vendido.
There's a problem with the heating. / Hay un problema con la calefacción.
There must be some mistake. / Tiene que haber un error.
It seems very expensive for what we've eaten. / Me parece muy caro para lo que hemos comido.
I'm not very happy with the service. / No estoy muy contento con el servicio.
I want my money back. / Quiero que me devuelvan el dinero.
I'd like to see the manager. / Quiero ver al encargado.
This is just not good enough. / ¡Es inaceptable!
I expect something to be done about this. / Espero que se haga algo al respecto.

queroseno, AM ***querosén,*** AM ***querosene*** nm kerosene

querré etc *ver* ***querer***

querubín nm cherub

quesadilla nf CAM, MÉX = *filled fried tortilla*

quesera nf cheese dish

quesería nf cheese shop

quesero, -a ■ adj cheese ▸ **la industria quesera** the cheese-making industry
■ nm,f [persona] cheese maker

quesito nm cheese portion *o* triangle

queso nm cheese ▸ **~ azul** blue cheese ▸ **~ de bola** Dutch cheese ▸ **queso fresco** cottage cheese ▸ **~ gruyère** Gruyère (cheese) ▸ **~ manchego** = *hard yellow cheese made in La Mancha* ▸ **~ parmesano** Parmesan (cheese) ▸ **~ en porciones** cheese portions *o* triangles ▸ **~ rallado** grated cheese ▸ **~ roquefort** Roquefort (cheese)

quetzal nm quetzal

quevedos nmpl pince-nez

quia interj *Fam* **¡~!** huh!, ha!

quiche [kiʃ] nf quiche

quicio nm [de puerta] (door)jamb *(on hinge side)* ▸ *Fig* **estar fuera de ~** to be out of kilter ▸ *Fig* **sacar de ~ a alguien** to drive sb mad ▸ *Fig* **sacar las cosas de ~** to blow things (up) out of all proportion

quid (pl **quids**) nm crux ▸ **el ~ de la cuestión** the crux of the matter

quiebra ■ *ver* ***quebrar***
■ nf **1.** [ruina] bankruptcy / [en Bolsa] crash ▸ DER **~ fraudulenta** fraudulent bankruptcy ▸ **ir a la ~** to go bankrupt **2.** [pérdida] collapse ▸ **~ moral** moral bankruptcy

quiebro nm **1.** [ademán] swerve **2.** MÚS trill

quien pron **1.** (relativo) [sujeto] who / [complemento] who, *Formal* whom ▸ **fue mi hermano ~ me lo explicó** it was my brother who explained it to me ▸ **era Pepe a ~ vi/de ~ no me fiaba** it was Pepe (whom) I saw/didn't trust **2.** (indefinido) **gane ~ gane, va a ser un partido memorable** whoever wins, it will be an unforgettable match ▸ **quienes quieran verlo que se acerquen** whoever wants to see it will have to come closer ▸ **~ no sabe nada de esto es tu madre** one person who knows nothing about it is your mother ▸ **hay ~ lo niega** there are those who deny it ▸ **al billar no hay ~ le gane** he's unbeatable at billiards ▸ **~ más ~ menos** everyone

quién pron **1.** (interrogativo) [sujeto] who / [complemento] who, *Formal* whom ▸ **¿~ es ese hombre?** who's that man? ▸ **no sé ~ viene** I don't know who is coming ▸ **¿a quiénes has invitado?** who *o* whom have you invited? ▸ **¿de ~ es?** whose is it? ▸ **¿~ es?** [en la puerta] who is it? / [al teléfono] who's calling? **2.** (exclamativo) **¡~ pudiera verlo!** if only I could see!

quienquiera (pl **quienesquiera**) pron whoever ▸ **~ que venga** whoever comes

quiera etc *ver* ***querer***

quieto, -a adj **1.** [parado] still ▸ **¡estate ~!** keep still! ▸ **¡~ ahí!** don't move! ▸ **¡las manos quietas!** keep your hands to yourself! **2.** [tranquilo] quiet ▸ **desde que se fue el director el trabajo está ~** things have been a lot quieter at work since the boss left

quietud nf **1.** [inmovilidad] stillness **2.** [tranquilidad] quietness

quif nm hashish

quihubo interj CAM, COL, MÉX, VEN *Fam* ▸ **¿~?** how are you doing?

quijada nf jaw

quijotada nf quixotic deed

quijote nm do-gooder

quijotesco, -a adj quixotic

quijotismo nm quixotism

quilate nm carat

quilla nf **1.** NÁUT keel **2.** [de ave] breastbone

quilo nm kilo, kilogram

quimbambas nfpl *Fam* **en las ~** in the back of beyond

quimera nf fantasy

quimérico, -a adj fanciful, unrealistic

química nf chemistry

químico, -a ■ adj chemical
■ nm,f [científico] chemist

quimioterapia nf chemotherapy

quimono nm kimono

quina nf [extracto] quinine ▸ **árbol de la ~** cinchona ▸ **ser más malo que la ~** to be truly horrible ▸ **tragar ~** to grin and bear it

quincalla nf trinket

quincallería nf [chatarra] trinkets

quince núm fifteen ▸ **~ días** a fortnight / *ver también* ***seis***

quinceañero, -a ■ adj teenage
■ nm,f teenager

quinceavo, -a núm [fracción] fifteenth ▸ **la quinceava parte** a fifteenth

quincena nf fortnight

quincenal adj fortnightly

quincuagésimo, -a núm fiftieth

quinesioterapia, quinesiterapia nf kinesitherapy

quiniela nf **1.** ESP [boleto] pools coupon ▸ **quinielas** [apuestas] BR (football) pools, US sports lottery ▸ **hacer una ~** BR to do the pools, US to play the sports lottery ▸ **echar una ~** to hand in one's BR pools coupon *o* US sports lottery ticket ▸ **~ hípica** = *gambling pool based on the results of horse races* **2.** MÉX, RP [juego de azar] lottery

quinielista nmf ESP = *person who plays the* BR *football pools o* US *sports lottery*

quinielístico, -a adj ESP **peña quinielística** = *group who combine to play the "quinielas"*

quinientos, -as núm five hundred / *ver también* ***seis***

quinina nf quinine

quino nm [árbol] cinchona

quinqué nm oil lamp

quinquenal adj five-year ▸ **plan ~** five-year plan

quinquenio nm **1.** [periodo] five-year period **2.** [paga] = *five-yearly increment of salary*

quinqui nmf *ESP Fam* [macarra] lout, *BR* yob

quinta nf **1.** [finca] country house **2.** AUT fifth (gear) **3.** MIL call-up year ▸ **entrar en quintas** to be called up ▸ *Fig* **es de mi ~** [tiene mi edad] he's my age

quintacolumnista nmf fifth columnist

quintaesencia nf inv quintessence

quintal nm = *weight measure equivalent to 46 kilos* ▸ **~ métrico** 100 kilos ▸ *Fig* **pesar un ~** to weigh a ton

quinteto nm quintet

quintillizo, -a adj & nm,f quintuplet

quinto, -a ■ núm fifth ▸ **la quinta parte** a fifth
■ nm **1.** [parte] fifth **2.** MIL = *person who has been chosen (by lots) to do military service* **3.** [de cerveza] small bottle of beer *(0.2 litre)*

quintuplicar [59] vt to increase fivefold
◆ ***quintuplicarse*** vpr to increase fivefold

quíntuplo, -a, quíntuple ■ adj quintuple
■ nm quintuple

quiosco nm [tenderete] kiosk / [de periódicos] newspaper stand *o* kiosk ▸ **~ de música** bandstand

quiosquero, -a nm,f = *person selling newspapers, drinks etc from a kiosk*

quiquiriquí (pl **quiquiriquíes** *o* **quiquiriquís**) ■ nm crowing
■ interj cock-a-doodle-do

quirófano nm operating *BR* theatre *o US* room

quiromancia nf palmistry, chiromancy

quiromántico, -a ■ adj chiromantic
■ nm,f palmist

quiromasaje nm (manual) massage

quiromasajista nmf masseur, *f* masseuse

quiropráctico, -a ■ adj chiropractic
■ nm,f chiropractor

quirúrgico, -a adj surgical

quisiera *etc ver* ***querer***

quisque, quisqui nm **cada** *o* **todo ~** every man Jack, everyone

quisquilla nf *BR* shrimp, *US* prawn

quisquilloso, -a ■ adj **1.** [detallista] pernickety **2.** [susceptible] touchy, over-sensitive
■ nm,f **1.** [detallista] nit picker **2.** [susceptible] touchy person

quiste nm cyst ▸ **~ ovárico** ovarian cyst

quitaesmalte nm nail-polish remover

quitamanchas nm inv stain remover

quitamiedos nm inv [en carretera] crash barrier / [para evitar caída] railing

quitanieves nm inv snowplough

quitapenas nm inv *Fam* [licor] pick-me-up

quitar vt **1.** [en general] to remove / [ropa, zapatos] to take off ▸ *ESP* **~ la mesa** to clear the table ▸ **quitarle algo a alguien** to take sth away from sb ▸ **quita tus cosas de en medio** clear your things up (out of the way) ▸ **de quita y pon** removable / [capucha] detachable **2.** [dolor, ansiedad] to take away, to relieve / [sed] to quench ▸ **el aperitivo me ha quitado el hambre** I don't feel hungry after that snack **3.** [tiempo] to take up ▸ **me quitan mucho tiempo los niños** the children take up a lot of my time **4.** [robar] to take, to steal ▸ **me han quitado la cartera** someone has taken *o* stolen my wallet **5.** [impedir] **esto no quita que sea un vago** that doesn't change the fact that he's a layabout ▸ **que me mude de ciudad no quita que nos sigamos viendo** just because I'm moving to another city doesn't mean we won't still be able to see each other **6.** [exceptuar] **quitando el queso, me gusta todo** apart from cheese, I like everything **7.** [desconectar] to switch off
◆ ***quitarse*** vpr **1.** [apartarse] to get out of the way ▸ **¡quítate de en medio!** get out of the way! **2.** [ropa] to take off **3.** [sujeto: mancha] to come out **4.** [expresiones] **quitarse la vida** to kill oneself ▸ **quitarse a alguien de encima** *o* **de en medio** to get rid of sb

quitasol nm *BR* sunshade, parasol

quite nm DEP parry ▸ **estar al ~** to be on hand to help / *Fam* [alerta] to keep one's ears/eyes open

quiteño, -a ■ adj of/from Quito
■ nm,f person from Quito

Quito n Quito

quizá, quizás adv perhaps ▸ **~ llueva mañana** it might rain tomorrow ▸ **~ no lo creas** you may not believe it ▸ **~ sí** maybe ▸ **~ no** maybe not

quórum nm inv quorum ▸ **hay ~** we have a quorum, we are quorate ▸ **no hay ~** we are inquorate

R, r [*ESP* 'erre, *AM* 'ere] nf [letra] R, r

rabadilla nf coccyx

rabanillo nm wild radish

rábano nm radish ▸ *Fam* **me importa un ~** I couldn't care less, I don't give a damn

Rabat n Rabat

rabel nm rebec

rabia nf **1.** [ira] rage ▸ **me da ~** it makes me mad ▸ **me da ~ no haber podido ayudarles** it's so annoying *o* frustrating not having been able to help them ▸ **¡qué ~!** how annoying! ▸ **"¡déjame!", dijo con ~** "leave me alone," she said angrily ▸ **¿dónde dejo esto? – donde más ~ te dé** where shall I put this? – wherever you like ▸ **compra el que más ~ te dé** buy whichever one you like *o* fancy **2.** [antipatía] **tenerle ~ a alguien** not to be able to stand sb **3.** [enfermedad] rabies *(singular)*

rabiar vi **1.** [sufrir] to writhe in pain **2.** [enfadarse] to be furious ▸ **estar a ~ (con alguien)** to be furious (with sb) ▸ **hacer ~ a alguien** to make sb furious **3.** [desear] **~ por algo/hacer algo** to be dying for sth/to do sth ▸ **me gusta a ~** I'm crazy about it

rabicorto, -a adj short-tailed

rabieta nf *Fam* tantrum

rabilargo, -a adj long-tailed

rabillo nm **1.** [de fruta, hoja] stalk **2.** [del ojo] corner ▸ **mirar algo con el ~ del ojo** to look at sth out of the corner of one's eye

rabino nm rabbi

rabiosamente adv **1.** [mucho] terribly **2.** [con enfado] furiously, in a rage

rabioso, -a adj **1.** [furioso] furious **2.** [excesivo] terrible ▸ *Fig* **de rabiosa actualidad** [libro, emisión] extremely topical **3.** [enfermo de rabia] rabid **4.** [chillón] loud, gaudy

rabo nm **1.** [de animal] tail ▸ **~ de buey** oxtail ▸ **irse** *o* **salir con el ~ entre las piernas** to go off with one's tail between one's legs **2.** [de hoja, fruto] stem **3.** *muy Fam* [pene] prick, cock

rabona nf *RP Fam* **hacerse la ~** *BR* to bunk off, *US* to play hookey

racanear *Fam* ■ vt to be stingy with
■ vi **1.** [ser tacaño] to be stingy **2.** [holgazanear] to loaf about

racaneo nm, ***racanería*** nf *Fam* stinginess

rácano, -a *Fam* ■ adj **1.** [tacaño] mean, stingy **2.** [gandul] idle, lazy
■ nm,f **1.** [tacaño] mean devil **2.** [gandul] lazybones

RACE ['rraθe] nm (abrev de ***Real Automóvil Club de España***) *BR* ≃ AA, RAC, ≃ *US* AAA, = *Spanish automobile association*

racha nf **1.** [época] spell / [serie] string ▸ **buena/mala ~** good/bad patch ▸ **una ~ de buena suerte** a run of good luck ▸ **una mala ~ de resultados económicos** a string of poor financial results ▸ **rompieron una ~ de seis derrotas consecutivas** they ended a run of six consecutive defeats ▸ **a rachas** in fits and starts **2.** [ráfaga] gust (of wind)

racheado, -a adj gusty, squally

racial adj racial

racimo nm [de uvas] bunch

raciocinio nm **1.** [razón] (power of) reason **2.** [razonamiento] reasoning

ración nf **1.** [porción] portion **2.** [en bar, restaurante] = *portion of a dish served as a substantial snack*

racionado, -a adj rationed

racional adj rational

racionalidad nf rationality

racionalismo nm rationalism

racionalización nf rationalization

racionalizar [14] vt to rationalize

racionamiento nm rationing

racionar vt to ration

racismo nm racism

racista adj & nmf racist

rada nf roadstead, inlet

radar nm radar

radiación nf radiation ▸ **~ solar** solar radiation ▸ **~ de baja intensidad** low-level radiation

radiactividad nf radioactivity

radiactivo, -a adj radioactive

radiado, -a adj **1.** [mensaje] radioed ▸ **programa ~** radio programme **2.** [radial] radiate

radiador nm radiator

radial adj **1.** TEC & MAT [del radio] radial **2.** *AM* [programa, cadena] radio

radiante adj *también Fig* radiant ▸ **estar ~ de felicidad** to be beaming with joy

radiar [32] vt **1.** [irradiar] to radiate **2.** FÍS to irradiate / MED to give X-ray treatment to **3.** [por radio] to broadcast

radicación nf [establecimiento] settling

radical ■ adj & nmf radical
■ nm **1.** GRAM & MAT root **2.** QUÍM radical

radicalismo nm **1.** [intransigencia] inflexibility, unwillingness to compromise **2.** POL radicalism

radicalización nf radicalization

radicalizar [14] vt to harden, to make more radical
◆ ***radicalizarse*** vpr to become more radical *o* extreme

radicalmente adv radically

radicar [59] vi **1.** [consistir] **~ en** to lie in **2.** [estar situado] to be (situated) (**en** in)
◆ ***radicarse*** vpr [establecerse] to settle (**en** in)

radio ■ nm **1.** ANAT & GEOM radius ▸ **en un ~ de** within a radius of ▸ **~ de acción** range / *Fig* sphere of influence **2.** [de rueda] spoke **3.** QUÍM radium **4.** *AM salvo CSUR* [transistor] radio
■ nf **1.** [medio] radio ▸ **oír algo por la ~** to hear sth on the radio ▸ **~ digital** digital radio ▸ **~ pirata** pirate radio **2.** *ESP, CSUR* [transistor] radio ▸ **~ despertador** clock radio

radioactividad nf radioactivity

radioactivo, -a adj radioactive

radioaficionado, -a nm,f radio ham

radiobaliza nf radio beacon

radiocasete nm radio cassette (player)

radiocomunicación nf radio communication

radiocontrol nm remote control

radiodespertador nm clock radio

radiodifusión nf broadcasting

radiodifusora nf *AM* radio station, radio transmitter

radioemisor, -ora adj radio broadcasting

radioemisora nf radio station, radio transmitter

radioenlace nm radio link

radioescucha nmf inv listener

radiofaro nm radio beacon

radiofonía nf radio *(technology)*

radiofónico, -a adj radio ▸ **programa ~** radio programme

radiofórmula nf *ESP* = *radio station which only plays hits and formulaic pop music*

radiofrecuencia nf radio frequency

radiograbador nm, ***radiograbadora*** nf *CSUR* radio cassette (player)

radiografía nf [fotografía] X-ray

radiografiar [32] vt to X-ray

radiología nf radiology

radiológico, -a adj X-ray, radiological ▸ **examen ~** X-ray examination

radiólogo, -a nm,f radiologist

radiomensaje nm *RP* [buscapersonas] pager

radiomensajería nf radio messages

radionovela nf radio soap opera

radiooperador, -ora nm,f radio operator

radiorreceptor nm radio (receiver)

radiorreloj nm clock radio

radioscopia nf radioscopy

radiotaxi nm [aparato de radio] = *taxi-driver's two-way radio* / [taxi] taxi *(fitted with two-way radio)*

radioteléfono nm radiotelephone

radiotelegrafía nf radiotelegraphy

radiotelegrafista nmf wireless operator

radiotelescopio nm radio telescope

radiotelevisión nf **empresa de ~** broadcasting company

radioterapeuta nmf radiotherapist

radioterapia nf radiotherapy

radiotransmisión nf broadcasting

radiotransmisor nm radio transmitter

radioyente nmf listener

radique *etc ver* ***radicar***

RAE ['rrae] nf (abrev de ***Real Academia Española***) = *institution that sets lexical and syntactical standards for Spanish*

CULTURA / CULTURE

RAE

The "Real Academia Española" or RAE (Spanish Royal Academy) is the institution which sets the lexical and syntactic standards for Spanish through the dictionaries and grammars it produces. It was founded in 1713, and its first major task was to produce a six-volume dictionary. This served as the basis for a single-volume dictionary which appeared in 1780, and which has been continually revised ever since, the latest update being the 22nd edition of 2001. The 46 members of the Academy are elected from among leading writers and intellectuals, though the first woman member did not arrive until 1978. They meet regularly to deliberate on problematic aspects of the language, and to discuss possible linguistic reforms.

raer [54] vt to scrape (off)

ráfaga nf [de aire, viento] gust / [de disparos] burst / [de luces] flash

rafia nf raffia
rafting nm DEP rafting
raglán adj **manga ~** raglan sleeve
ragout [rra'ɣu] (pl **ragouts**), ***ragú*** nm ragout
raído, -a adj [desgastado] threadbare / [por los bordes] frayed
raigambre nf **1.** [tradición] tradition ▸ **de ~** traditional **2.** [origen] roots
raíl, rail nm rail
raíz (pl **raíces**) nf **1.** [de planta, pelo, muela] root / [causa] root cause, origin ▸ **arrancar algo de ~** to root sth out completely ▸ **cortar algo de ~** to nip sth in the bud ▸ **echar raíces** to put down roots **2.** [origen] origin ▸ **de raíces humildes** of humble origins ▸ **la costumbre tiene su ~ en la España del siglo XV** the custom has its roots *o* origin in 15th-century Spain **3.** MAT root ▸ **~ cuadrada/cúbica** square/cube root
◆ ***a raíz de*** loc prep as a result of, following ▸ **se produjo un gran escándalo a ~ de sus declaraciones** his statements caused outrage
raja nf **1.** [porción] slice **2.** [grieta] crack
rajá (pl **rajaes**) nm rajah
rajado, -a nm,f *Fam* **1.** [cobarde] chicken **2. ¡eres un ~!** [siempre te echas atrás] you're always pulling out at the last minute! / [nunca te unes] you never join in anything!
rajar ■ vt **1.** [partir] to crack / *ESP* [melón] to slice **2.** *Fam* [apuñalar] to slash, to cut up
■ vi *ESP Fam* [hablar] to natter on, to witter on
◆ ***rajarse*** vpr **1.** [partirse] to crack **2.** *Fam* [echarse atrás] to back *o* pull out **3.** *ANDES, CARIB, RP Fam* [huir] *BR* to scarper, *US* to hightail it **4.** *CHILE, COL Fam* [suspender] to fail, *US* to flunk
rajatabla: a rajatabla loc adv to the letter, strictly
ralea nf *Pey* breed, ilk
ralentí nm neutral ▸ **al ~** AUT ticking over / CINE in slow motion
ralentización nf slowing down
ralentizar [14] vt to slow down
◆ ***ralentizarse*** vpr to slow down
rallado, -a ■ adj grated ▸ **pan ~** breadcrumbs
■ nm grating
rallador nm grater
ralladura nf grating ▸ **~ de limón** grated lemon rind
rallar vt to grate
rally ['rrali] (pl **rallys**) nm rally
ralo, -a adj [pelo, barba] sparse, thin / [dientes] with gaps between them
RAM [rram] nf (abrev de ***random access memory***) RAM
rama nf branch ▸ **la ~ materna de mi familia** my mother's side of the family ▸ **en ~** raw ▸ *Fam* **andarse por las ramas** to beat about the bush ▸ *Fig* **ir de ~ en ~** to jump from one thing to another
ramadán nm Ramadan
ramaje nm branches
ramal nm [de carretera, ferrocarril] branch
ramalazo nm **1.** *Fam* [hecho que delata] giveaway sign ▸ **tener ~** [ser afeminado] to be limp-wristed **2.** [ataque] fit
rambla nf **1.** [avenida] avenue, boulevard **2.** [río] watercourse
ramera nf whore, *US* hooker
ramificación nf **1.** [acción de dividirse] branching **2.** [rama] branch **3.** [consecuencia] ramification
ramificarse [59] vpr to branch out
ramillete nm [de flores] bunch, bouquet / [de personas] handful
ramo nm **1.** [de flores] bunch, bouquet **2.** [rama] branch ▸ **el ~ de la construcción** the building industry
rampa nf **1.** [para subir y bajar] ramp ▸ **~ de lanzamiento** launch pad **2.** [cuesta] steep incline **3.** [calambre] cramp
ramplón, -ona adj vulgar, coarse
ramplonería nf vulgarity, coarseness
rana nf frog ▸ *Fam* **te devolverá el libro cuando las ranas críen pelo** you'll be waiting till the cows come home for him to give you that book back ▸ *Fam* **salir ~** to be a major disappointment
ranchera nf **1.** [canción] = *popular Mexican song* **2.** [automóvil] *BR* estate (car), *US* station wagon
ranchería nf *COL, MÉX, RP, VEN* **1.** [en el campo] = *group of labourers' dwellings* **2.** [en la ciudad] shanty town
ranchero, -a nm,f rancher
rancho nm **1.** [comida] mess **2.** [granja del Oeste] ranch **3.** *CSUR, VEN* [en la ciudad] shack, shanty **4.** *MÉX* [pequeña finca] = *small farmhouse and outbuildings*
rancio, -a adj **1.** [pasado] [mantequilla, aceite] rancid / [pan] stale **2.** [antiguo] ancient **3.** [añejo] **vino ~** mellow wine **4.** [persona] sour, unpleasant
ranglan adj **manga ~** raglan sleeve
rango nm **1.** [social] standing **2.** [jerárquico] rank ▸ **de alto ~** high-ranking
Rangún n Rangoon
ranking ['rrankin] (pl **rankings**) nm ranking
ranúnculo nm buttercup
ranura nf [para monedas] slot / [debajo de la puerta, ventana] gap / [surco] groove
rap nm MÚS rap
rapacidad nf rapacity, greed
rapado, -a adj shaven
rapapolvo nm *ESP Fam* ticking-off ▸ **dar** *o* **echar un ~ a alguien** to tick sb off
rapar vt [barba, bigote] to shave off / [cabeza] to shave / [persona] to shave the hair of
◆ ***raparse*** vpr to shave one's head
rapaz[1] ■ adj **1.** [que roba] rapacious, greedy **2.** ZOOL **ave ~** bird of prey
■ nf ZOOL bird of prey
rapaz[2]***, -aza*** nm,f *Fam* [muchacho] lad, *f* lass
rape nm **1.** [pez] monkfish **2. cortar el pelo al ~ a alguien** to crop sb's hair
rapé nm snuff

rapear vi to rap

rápel (pl **rapels**) nm DEP abseiling ▸ **hacer ~** to abseil

rapero, -a nm,f rapper

rápidamente adv quickly

rapidez nf speed ▸ **con ~** quickly

rápido, -a ■ adj [veloz] quick, fast / [coche] fast / [beneficio, decisión] quick ▸ **ser ~ de reflejos** to have quick reflexes
■ adv quickly ▸ **más ~** quicker ▸ **¡ven, ~!** come, quick! ▸ **¡hazlo/termina ~!** hurry up! ▸ **si vamos ~ puede que lleguemos a tiempo** if we're quick *o* if we hurry we may get there on time
■ nm **1.** [tren] express train **2.** [de río] **rápidos** rapids

rapiña nf **1.** [robo] robbery with violence **2. ave de ~** bird of prey

rapiñar vt to steal

raposo, -a nm,f fox, *f* vixen

rappel (pl **rappels** *o* **rappeles**) nm DEP abseiling ▸ **hacer ~** to abseil

rapsodia nf rhapsody

raptar vt to abduct, to kidnap

rapto nm **1.** [secuestro] abduction, kidnapping **2.** [ataque] fit

raptor, -ora nm,f abductor, kidnapper

raqueta nf **1.** [para jugar] [al tenis] racquet / [al ping pong] bat, *US* paddle **2.** [para la nieve] snowshoe

raquianestesia nf MED epidural (anaesthetic)

raquídeo, -a adj ANAT **bulbo ~** medulla oblongata

raquis nm inv vertebral column

raquítico, -a ■ adj **1.** [pequeño] scrawny **2.** [escaso] miserable **3.** MED rachitic
■ nm,f MED rickets sufferer

raquitismo nm MED rickets

rara avis nf inv **ser una ~** to be rather unusual

raramente adv rarely, seldom

rareza nf **1.** [de persona, cosa] rarity **2.** [de visita] infrequency **3.** [extravagancia] idiosyncrasy, eccentricity

raro, -a adj **1.** [extraño] strange ▸ **¡qué ~!** how odd *o* strange! ▸ **es ~ que no nos lo haya dicho** it's odd *o* funny that she didn't tell us **2.** [excepcional] unusual, rare / [visita] infrequent ▸ **rara vez** rarely ▸ **es ~ el día que viene a comer** she very rarely comes round for lunch ▸ **~ es el que no fuma** very few of them don't smoke **3.** [extravagante] odd, eccentric **4.** [escaso] rare

ras: a ras de loc prep level with ▸ **a ~ de tierra** at ground level ▸ **volar a ~ de tierra** to fly low

rasante ■ adj [vuelo] low-level / [tiro] grazing
■ nf [de carretera] **cambio de ~** brow of a hill / [en letrero] blind hill

rasar vt to skim, to graze

rasca nf *ESP Fam* [frío] freezing cold ▸ **hace ~** it's bloody freezing

rascacielos nm inv skyscraper

rascador nm **1.** [herramienta] scraper **2.** [para las cerillas] striking surface

rascar [59] ■ vt **1.** [con uñas, clavo] to scratch **2.** [con espátula] to scrape (off) / [con cepillo] to scrub **3.** [instrumento] to scrape away at
■ vi to be rough
◆ ***rascarse*** vpr to scratch oneself ▸ *Fam Fig* **rascarse el bolsillo** to fork out ▸ *Fam Fig* **rascarse la barriga** to twiddle one's thumbs, to laze around ▸ *RP muy Fam* **se pasa todo el día rascándose las bolas** *BR* he does bugger all all day, *US* he doesn't do shit all day

RASD [rrasð] nf (abrev de ***República Árabe Saharaui Democrática***) Democratic Arab Republic of the Western Sahara

rasera nf fish slice

rasero nm strickle ▸ **medir por el mismo ~** to treat alike

rasgado, -a adj **ojos rasgados** almond(-shaped) eyes

rasgadura nf **1.** [en tela] rip, tear **2.** [acción] ripping, tearing

rasgar [38] vt to tear ▸ **~ un sobre** to tear open an envelope
◆ ***rasgarse*** vpr to tear ▸ *Fig* **rasgarse las vestiduras** to kick up a fuss

rasgo nm **1.** [característica] trait, characteristic / [del rostro] feature **2.** [acto elogiable] act **3.** [trazo] flourish, stroke **4.** [expresiones] **a grandes rasgos** in general terms ▸ **explicar algo a grandes rasgos** to outline sth

rasgón nm tear

rasgue *etc ver* ***rasgar***

rasguear vt [guitarra] to strum

rasguñar vt to scratch
◆ ***rasguñarse*** vpr to scratch ▸ **se rasguñó la rodilla** she scraped *o* grazed her knee

rasguño nm scratch ▸ **sin un ~** without a scratch

raso, -a ■ adj **1.** [terreno] flat **2.** [cucharada] level **3.** [cielo] clear **4.** [a poca altura] low **5.** MIL **soldado ~** private
■ nm [tela] satin
◆ ***al raso*** loc adv in the open air

raspa nf [espina] bone / [espina dorsal] backbone

raspadita nf *ARG*, ***raspadito*** nm *AM* scratchcard

raspado nm **1.** MED scrape **2.** [de pieles] scraping **3.** *MÉX* [refresco] = *drink of flavoured crushed ice*

raspador nm scraper

raspadura nf [señal] scratch

raspar ■ vt **1.** [rascar] to scrape (off) **2.** [rasguñar] to graze, to scrape ▸ **se raspó el codo** she grazed *o* scraped her elbow
■ vi to be rough

raspón, rasponazo nm graze, scrape

rasposo, -a adj rough

rasque *etc ver* ***rascar***

rasta adj *Fam* [rastafari] Rasta ▸ **pelo** *o* **peinado ~** dreadlocks

rastafari adj & nmf Rastafarian

rasterizar [14] vt INFORM to rasterize

rastras: a rastras loc adv *también Fig* **llevar algo/a alguien a ~** to drag sth/sb along ▸ **trajeron el piano a ~** they dragged the piano in ▸ **tuvo que llevarlo a ~ al colegio** she had to drag him kicking and screaming to school ▸ **llegaron casi a ~** [agotados] they were on their last legs when they arrived

rastreador, -ora ■ adj tracker ▸ **perro ~** tracker dog
■ nm,f tracker

rastrear vt **1.** [bosque, zona] to search, to comb **2.** [persona, información] to track

rastreo nm [de una zona] searching, combing

rastrero, -a adj [despreciable] despicable

rastrillar vt to rake (over)

rastrillo nm **1.** [instrumento] rake **2.** [mercado] flea market / [benéfico] *BR* jumble *o US* rummage sale **3.** *MÉX* [para afeitarse] razor

rastro nm **1.** [pista] trail ▸ **seguir el ~ de alguien** to trail sb ▸ **perder el ~ de alguien** to lose track of sb **2.** [vestigio] trace ▸ **sin dejar ~** without trace ▸ **no hay** *o* **queda ni ~ de él** there's no sign of him ▸ **cuando llegamos no había ni ~ de cerveza** when we got there there wasn't a drop of beer left **3.** [mercado] flea market

rastrojo nm stubble

rasurador nm, ***rasuradora*** nf *MÉX* shaver, electric razor

rasurar vt to shave
◆ ***rasurarse*** vpr to shave

rata ■ adj *Fam* stingy, mean
■ nmf *Fam* stingy person
■ nf rat ▸ **rata de agua** water rat ▸ *Fam* **~ de sacristía** fanatical churchgoer

rataplán nm ratatat

ratear vt & vi to pilfer, to steal

ratería nf *Fam* pilfering, stealing

ratero, -a nm,f petty thief

raticida nm rat poison

ratificación nf ratification

ratificar [59] vt to ratify
◆ ***ratificarse en*** vpr to stand by, to stick to

ratio nf ratio

rato nm while ▸ **estuvimos hablando mucho ~** we were talking for quite a while ▸ **a cada ~ viene a hacerme preguntas** he keeps coming and asking me questions (all the time) ▸ **un buen ~** [momento agradable] a good time / [mucho tiempo] a good while, quite some time ▸ **¡hasta otro ~!** see you soon! ▸ **al poco ~ (de)** shortly after ▸ **con esto hay para ~** that should keep us going for a while ▸ **pasar el ~** to kill time, to pass the time ▸ **pasar un mal ~** to have a hard time of it ▸ **ratos libres** spare time ▸ **a ratos** at times ▸ **a ratos perdidos** at odd moments ▸ **tenemos lluvia para ~** the rain will be with us for some time ▸ **va para ~** it will take some (considerable) time ▸ *ESP Fam* **un ~ (largo)** [mucho] really, terribly

ratón nm **1.** [animal] mouse ▸ **~ de biblioteca** bookworm **2.** *ESP* INFORM mouse

ratoncito nm **el ~ Pérez** ≃ the tooth fairy

ratonera nf **1.** [para ratas] [guarida] mousehole / [tampa] mousetrap **2.** [peligro] trap

raudal nm **1.** [de agua] torrent **2.** *Fig* **a raudales** in abundance, by the bucket

raudo, -a adj fleet, swift

ravioli nm (piece of) ravioli ▸ **raviolis** ravioli

raya ■ *ver raer*
■ nf **1.** [línea] line / [en tejido] stripe ▸ **a rayas** striped ▸ **una camisa a** *o* **de rayas** a striped shirt **2.** *ESP, ANDES, RP* [del pelo] *BR* parting, *US* part ▸ **hacerse la ~** to part one's hair ▸ **se peina con la ~ en el medio** she has a *BR* centre parting *o US* center part **3.** [de pantalón] crease **4.** [límite] **mantener** *o* **tener a ~ a alguien** to keep sb in line ▸ **pasarse de la ~** to overstep the mark ▸ **poner a ~** to check, to hold back **5.** [señal] [en disco, pintura] scratch **6.** [pez] ray **7.** [guión] dash

rayado, -a ■ adj **1.** [a rayas] [tela] striped / [papel] ruled **2.** [disco, superficie] scratched **3.** *CSUR Fam* [loco] **estar ~** to be a headcase *o BR* nutter
■ nm [rayas] stripes

rayano, -a adj **~ en** bordering on

rayar ■ vt **1.** [disco, superficie] to scratch **2.** [papel] to rule lines on
■ vi **1.** [aproximarse] **~ en algo** to border on sth ▸ **raya en los cuarenta** he's pushing forty **2.** [alba] to break
◆ ***rayarse*** vpr **1.** [disco, superficie] to get scratched ▸ *Fig* **parece que te has rayado** you're like a broken record **2.** *CSUR Fam* [volverse loco] to go crazy *o BR* off one's head

rayo ■ *ver raer*
■ nm **1.** [de luz] ray ▸ *Fig* **un ~ de esperanza** a beacon of hope ▸ **~ solar** sunbeam **2.** FÍS beam, ray ▸ **rayos infrarrojos** infrared rays ▸ **~ láser** laser beam ▸ **rayos ultravioleta/uva** ultraviolet/UVA rays ▸ **rayos X** X-rays **3.** METEO bolt of lightning ▸ **rayos** lightning ▸ *Fig* **caer como un ~** to be a bombshell ▸ *ESP Fam* **oler a rayos** to stink to high heaven ▸ *ESP Fam* **sabe a rayos** [comida] it tastes foul ▸ *Fam* **¡que le parta un ~!** he can go to hell!, to hell with him! **4.** [persona] **ser un ~** to be like greased lightning ▸ **pasar como un ~** to flash by
■ interj **¡rayos (y centellas)!** heavens above!

rayón nm rayon

rayuela nf [juego] hopscotch

raza nf **1.** [humana] race ▸ **~ humana** human race ▸ **la ~ blanca** whites, white people **2.** [animal] breed ▸ **de (pura) ~** [caballo] thoroughbred / [perro] pedigree

razón nf **1.** [motivo, argumento] reason ▸ **la ~ de la huelga/de que estén en huelga** the reason for the

CÓMO...

dar la razón a alguien

I see what you mean. / Veo lo que quieres decir.
I take your point. / En eso tienes razón.
You've got a point there. / Ahí tienes razón.
That's a fair comment. / Tienes razón.
You're probably right. / Probablemente tengas razón.
I guess so. / Supongo.
I'll have to take your word for it. / Si tú lo dices...

strike/why they are on strike ▸ **atender a razones** to listen to reason ▸ **por razones de salud/seguridad** for health/safety reasons ▸ **y con ~** and quite rightly so ▸ **¡con ~ no quería venir!** no wonder he didn't want to come! ▸ **~ de más para quedarse/protestar** all the more reason to stay/protest ▸ **~ de ser** raison d'être ▸ POL **~ de Estado** reasons of state ▸ COM **~ social** trade name *(of company)* **2.** [acierto, verdad] **dar la ~ a alguien** to say that sb is right ▸ **tener ~ (en** *o* **al hacer algo)** to be right (to do sth) ▸ **no tener ~** to be wrong **3.** [juicio] reason ▸ **entrar en ~** to see reason ▸ **perder la ~** to lose one's reason *o* mind **4.** [información] **se vende piso: ~ aquí** flat for sale: enquire within ▸ **dar ~ de** to give an account of **5.** MAT ratio ▸ **a ~ de** at a rate of **6.** *COL, MÉX, VEN* [recado] message ▸ **dejar ~** to leave a message

razonable adj reasonable

razonado, -a adj reasoned

razonamiento nm reasoning

razonar ■ vt [argumentar] to reason out
■ vi [pensar] to reason

RDA nf (abrev de ***República Democrática Alemana***) *Antes* GDR

RDSI nf INFORM & TEL (abrev de ***Red Digital de Servicios Integrados***) ISDN

re nm MÚS D / [en solfeo] re

reabrir vt to reopen
◆ ***reabrirse*** vpr to reopen

reabsorber vt to reabsorb
◆ ***reabsorberse*** vpr to be reabsorbed

reacción nf **1.** [de persona] reaction ▸ **tuvo una ~ rara/buena** she reacted strangely/well **2.** FÍS, MED & QUÍM reaction ▸ **avión/motor a ~** jet plane/engine ▸ **~ en cadena** chain reaction ▸ **~ nuclear** nuclear reaction

reaccionar vi to react

reaccionario, -a adj & nm,f reactionary

reacio, -a adj reluctant ▸ **~ a algo** resistant to sth ▸ **ser ~ a hacer algo** to be reluctant to do sth

reactivación nf recovery

reactivar vt to revive ▸ **~ la economía** to kick-start the economy

reactivo, -a ■ adj reactive
■ nm QUÍM reagent

reactor nm **1.** [propulsor] reactor **2.** [avión] jet (plane) **3.** [nuclear] reactor

readaptación nf readjustment

readaptar vt to adapt
◆ ***readaptarse*** vpr to readjust

readmisión nf readmission

readmitir vt to accept *o* take back

reafirmar vt to confirm ▸ **~ a alguien en algo** to confirm sb in sth
◆ ***reafirmarse*** vpr to assert oneself ▸ **reafirmarse en algo** to become confirmed in sth

reagrupar vt [reunir] to regroup / [reorganizar] to reorganize

reajustar vt **1.** [corregir] to rearrange **2.** [precios, impuestos] to make changes to, to adjust / [sector] to streamline

reajuste nm **1.** [cambio] readjustment ▸ **~ ministerial** cabinet reshuffle **2.** ECON [de precios, impuestos] increase / [de sector] streamlining / [de salarios] reduction ▸ **~ de plantilla** staff redeployment

real ■ adj **1.** [verdadero] real **2.** [de la realeza] royal
■ nm [moneda] [de Brasil] real / *Antes* [de España] = *old Spanish coin worth one quarter of a peseta* ▸ *Fig* **no tener un ~** not to have a penny to one's name ▸ *Fig* **no valer un ~** to be worthless

realce ■ *ver* ***realzar***
■ nm **1.** [esplendor] glamour ▸ **dar ~ a algo/alguien** to enhance sth/sb **2.** [en arquitectura, escultura] relief

realeza nf **1.** [monarcas] royalty **2.** [grandeza] magnificence

realidad nf **1.** [mundo real] reality ▸ **~ virtual** virtual reality **2.** [verdad] truth ▸ **en ~** actually, in fact ▸ **hacerse ~** to come true

realismo nm realism ▸ LIT **~ mágico** magic(al) realism

realista ■ adj realistic
■ nmf ARTE realist

reality show [rre'aliti'ʃou] nm **los reality shows** reality TV

realizable adj **1.** [factible] feasible **2.** FIN realizable

realización nf **1.** [ejecución] carrying-out / [de proyecto, medidas] implementation / [de sueños, deseos] fulfilment ▸ **~ de beneficios** profit-taking **2.** [obra] achievement **3.** CINE [película] production / [actividad] direction

realizado, -a adj **1.** [hecho] carried out, performed **2.** [satisfecho] fulfilled ▸ **sentirse ~** to feel fulfilled

realizador, -ora nm,f CINE & TV director

realizar [14] vt **1.** [ejecutar] [esfuerzo, viaje, inversión] to make / [operación, experimento, trabajo] to perform / [encargo] to carry out / [plan, reformas] to implement / [desfile] to go on **2.** [hacer real] to fulfil, to realize ▸ **realizó su sueño** he fulfilled his dream **3.** CINE to direct **4.** FIN [beneficios] to realize
◆ ***realizarse*** vpr **1.** [en un trabajo, actividad] to find fulfilment ▸ **quiere buscar trabajo fuera de casa para realizarse** she wants to get a more fulfilling job outside of the home **2.** [hacerse real] [sueño, predicción, deseo] to come true / [esperanza, ambición] to be fulfilled **3.** [ejecutarse] to be carried out

realmente adv **1.** [en verdad] in fact, actually **2.** [muy] really, very

realojar vt to rehouse

realquilado, -a ■ adj sublet
■ nm,f subtenant

realquilar vt to sublet

realzar [14] vt [destacar] to enhance

reanimación nf **1.** [física, moral] recovery **2.** MED resuscitation

reanimar vt **1.** [físicamente] to revive **2.** [moralmente] to cheer up **3.** MED to resuscitate
◆ ***reanimarse*** vpr to revive

reanudación nf [de conversación, actividad] resumption / [de amistad] renewal

reanudar vt [conversación, actividad] to resume / [amistad] to renew
◆ ***reanudarse*** vpr [conversación, actividad] to resume / [amistad] to be renewed

reaparecer **[46]** vi to reappear

reaparición nf [de enfermedad, persona] reappearance / [de artista] comeback

reapertura nf reopening

rearmar vt to rearm

rearme nm rearmament

reasegurar vt to reinsure

reaseguro nm reinsurance

reavivar vt to revive

rebaba nf jagged edge

rebaja nf **1.** [acción] reduction **2.** [descuento] discount ▸ **hacer una ~ a alguien** to give sb a discount ▸ **estar de rebajas** to have a sale on ▸ **grandes rebajas** [en letrero] massive reductions ▸ **las rebajas** the sales

rebajado, -a adj **1.** [precio] reduced **2.** [humillado] humiliated **3.** [diluido] diluted (**con** with)

rebajar vt **1.** [precio] to reduce ▸ **te rebajo 10 euros** I'll knock 10 euros off for you **2.** [persona] to humiliate **3.** [intensidad] to tone down **4.** [altura] to lower **5.** [diluir] to dilute
◆ ***rebajarse*** vpr [persona] to humble oneself ▸ **rebajarse a hacer algo** to lower oneself *o* stoop to do sth

rebanada nf slice

rebanar vt [pan] to slice / [dedo, cabeza] to cut off

rebañar vt to scrape clean

rebaño nm [de ovejas] flock / [de vacas] herd

rebasar vt **1.** [sobrepasar] to exceed, to surpass ▸ **el agua rebasó el borde de la bañera** the bath overflowed **2.** *CAM, MÉX* [adelantar] to pass, to overtake
■ vi *CAM, MÉX* [adelantar] to overtake

rebatible adj refutable

rebatir vt to refute

rebato nm alarm ▸ **tocar a ~** to sound the alarm

rebeca nf cardigan

rebeco nm chamois

rebelarse vpr to rebel

rebelde ■ adj **1.** [sublevado] rebel ▸ **ejército ~** rebel army **2.** [desobediente] rebellious ▸ **ese niño es muy ~** that child is very disobedient **3.** [difícil de dominar] [pelo] unmanageable / [tos] persistent / [pasiones] unruly **4.** DER defaulting
■ nmf **1.** [sublevado, desobediente] rebel **2.** DER defaulter

rebeldía nf **1.** [cualidad] rebelliousness **2.** [acción] (act of) rebellion **3.** DER default ▸ **declarar a alguien en ~** to declare sb in default

rebelión nf rebellion

rebenque nm *RP* [látigo] (riding) crop, whip

reblandecer **[46]** vt to soften
◆ ***reblandecerse*** vpr to get soft

reblandecimiento nm softening

rebobinado nm rewinding

rebobinar vt to rewind

reboce *etc ver* ***rebozar***

reborde nm edge

rebosadero nm [desagüe] overflow

rebosante adj [recipiente] brimming, overflowing (**de** with) / [persona] brimming (**de** with)

rebosar ■ vt to overflow with, to brim with
■ vi [recipiente] to overflow ▸ **estar (lleno) a ~** to be full to overflowing ▸ **~ de** [persona] to brim with

rebotado, -a adj **1.** [cura] who has given up the cloth *o* left the priesthood **2.** *Fam* [enfadado] *BR* cheesed off, *US* pissed

rebotar vi to bounce (**en** off), to rebound (**en** off)
◆ ***rebotarse*** vpr *ESP Fam* [irritarse] to get *BR* cheesed off *o US* pissed

rebote nm **1.** [bote] bounce, bouncing ▸ *Fig* **de ~** by chance, indirectly **2.** DEP rebound ▸ **de ~** on the rebound **3.** *ESP Fam* [enfado] **coger** *o* **pillarse un ~** to get *BR* cheesed off *o US* pissed

rebozado, -a adj CULIN coated in batter *o* breadcrumbs ▸ *Fig* **~ de** *o* **en** [barro] covered in

rebozar **[14]** vt CULIN to coat in batter *o* breadcrumbs ▸ *Fig* **~ de** *o* **en** [barro] to cover in

rebozo nm *AM* wrap, shawl ▸ *Fig* **sin ~** [con franqueza] frankly

rebrotar vi BOT to sprout / [fenómeno] to reappear

rebufo nm [de vehículo] slipstream ▸ **ir a ~ de algo/alguien** to travel along in the wake of sth/sb

rebuscado, -a adj [lenguaje] obscure, recherché ▸ **una explicación rebuscada** a roundabout explanation

rebuscamiento nm [de lenguaje] obscurity / [de explicación] roundabout nature

rebuscar **[59]** vt to search (around in)

rebuznar vi to bray

rebuzno nm bray, braying

recabar vt [pedir] to ask for / [conseguir] to manage to get

recadero, -a nm,f [de mensajes] messenger / [de encargos] errand boy, *f* errand girl

recado nm **1.** [mensaje] message **2.** [encargo] errand ▸ **hacer recados** to run errands

recaer **[13]** vi **1.** [enfermo] to have a relapse **2.** [ir a parar] **~ sobre** to fall on **3.** [reincidir] **~ en** to relapse into

recaída nf relapse

recaiga *etc ver* ***recaer***

recalar vi NÁUT to put in (**en** at) / *Fam* [aparecer, pasar por] to drop *o* look in (**en** *o* **por** at)

recalcar **[59]** vt to stress, to emphasize

recalcitrante adj [persona, mancha, actitud] stubborn

recalentamiento nm overheating

recalentar **[3]** vt **1.** [volver a calentar] to warm up **2.** [calentar demasiado] to overheat
◆ ***recalentarse*** vpr to overheat

recalificar **[59]** vt to reclassify *(land as rural or urban)*

recámara nf **1.** [habitación] dressing room **2.** [de arma de fuego] chamber **3.** *CAM, COL, MÉX* [dormitorio] bedroom

recamarera nf *CAM, COL, MÉX* maid

recambiar vt to replace

recambio nm [repuesto] spare / [para pluma, cuaderno] refill ▸ **de ~** spare

recapacitar vi to reflect, to think

recapitalización nf recapitalization

recapitulación nf recap, recapitulation

recapitular vt to recapitulate, to summarize

recarga nf [de teléfono móvil] top-up

recargable adj [batería, pila] rechargeable / [encendedor] refillable

recargado, -a adj [estilo] over-elaborate, affected

recargar [38] vt **1.** [volver a cargar] [encendedor, recipiente] to refill / [batería, pila] to recharge / [fusil, camión] to reload / [teléfono móvil] to top up **2.** [cargar demasiado] to overload **3.** [adornar en exceso] to overelaborate **4.** [cantidad] **~ 100 euros a alguien** to charge sb 100 euros extra **5.** [poner en exceso] **~ algo de algo** to put too much of sth in sth

recargo nm extra charge, surcharge

recatado, -a adj [pudoroso] modest, demure

recatarse vpr **~ de hacer algo** to shy away from doing sth ▸ **sin ~** openly

recato nm **1.** [pudor] modesty, demureness **2.** [reserva] **sin ~** openly, without reserve **3.** [cautela] prudence, caution

recauchutado nm remould, retread

recauchutaje nm *AM* **1.** [lugar] tyre centre **2.** [acción] remoulding, retreading

recauchutar vt to remould, to retread

recaudación nf **1.** [acción] collection, collecting ▸ **~ de impuestos** tax collection **2.** [cantidad] takings / DEP gate / TEATRO box office takings

recaudador, -ora nm,f **~ (de impuestos)** tax collector

recaudar vt to collect

recaudo nm **1. a buen ~** in safe-keeping ▸ **poner a buen ~** to put in a safe place **2.** *CHILE, GUAT, MÉX* [condimentos] spices and condiments

recayera *etc ver **recaer***

rece *etc ver **rezar***

recelar ■ vt **1.** [sospechar] to suspect **2.** [temer] to fear
■ vi to be mistrustful ▸ **~ de** to mistrust

recelo nm mistrust, suspicion

receloso, -a adj mistrustful, suspicious

recensión nf review, write-up

recepción nf **1.** [de hotel, sonido] reception **2.** [de carta, paquete] receipt

recepcionar vt *AM* to receive

recepcionista nmf receptionist

receptáculo nm receptacle

receptividad nf receptiveness

receptivo, -a adj receptive

receptor, -ora ■ adj receiving
■ nm,f [persona] recipient ▸ **~ de órgano** organ recipient
■ nm [aparato] receiver

recesión nf recession

recesivo, -a adj **1.** ECON recessionary **2.** BIOL recessive

receso nm [en juicio] adjournment / [parlamentario] recess

receta nf **1.** CULIN & *Fig* recipe **2.** MED prescription

recetar vt to prescribe

recetario nm **1.** MED prescription pad **2.** CULIN recipe book

rechazar [14] vt **1.** [no aceptar] to reject / [oferta] to turn down ▸ **el gobierno rechazó las acusaciones de corrupción** the government rejected *o* denied the accusations of corruption **2.** [repeler] [a una persona] to push away / MIL to drive back, to repel **3.** MED [órgano] to reject **4.** DEP to clear ▸ **el portero rechazó la pelota y la mandó fuera** the goalkeeper tipped the ball out of play

rechazo nm **1.** [no aceptación] rejection / [hacia una ley, un político] disapproval ▸ **mostró su ~** he made his disapproval clear ▸ **~ a hacer algo** refusal to do sth **2.** [negación] denial **3.** MED [de órgano] rejection

rechifla nf **1.** [abucheo] hissing, booing **2.** [burla] derision, mockery

rechinar vi **1.** [puerta] to creak / [dientes] to grind / [frenos, ruedas] to screech / [metal] to clank **2.** [dando dentera] to grate

rechistar vi to answer back ▸ **sin ~** without a word of protest

rechoncho, -a adj *Fam* tubby, chubby

rechupete: de rechupete *Fam*
■ loc adj **estar de ~** [comida] to be yummy
■ loc adv **pasarlo de ~** to have a brilliant *o* great time

recibí nm [en documentos] received

recibidor nm entrance hall

recibimiento nm reception, welcome

recibir ■ vt **1.** [tomar, aceptar] to receive / [clase, instrucción] to have ▸ **recibió un golpe en la cabeza** he was hit on the head, he took a blow to the head ▸ **estoy recibiendo clases de piano** I'm having *o* taking piano classes ▸ *Formal* **reciba mi más cordial** *o* **sincera felicitación** please accept my sincere congratulations **2.** [persona, visita] to receive ▸ **lo recibieron con un cálido aplauso** he was received with a warm round of applause **3.** [ir a buscar] to meet **4.** [captar] [ondas de radio, televisión] to get ▸ **aquí no recibimos la CNN** we don't get CNN here
■ vi [atender visitas] [médico, dentista] to hold surgery / [rey, papa, ministro] to receive visitors
◆ ***recibirse*** vpr *AM* [graduarse] to graduate, to qualify (**de** as)

recibo nm **1.** [de compra] receipt / *Fam* [del gas, de la luz] bill ▸ **al ~ de tu carta...** on receipt of your letter... ▸ **acusar ~ de** to acknowledge receipt of **2. ser de ~: no sería de ~ ocultarle la situación** it wouldn't be right not to tell her the situation ▸ **no es de ~ que nos traten así** it's not on for them to treat us like that

reciclable adj recyclable

reciclado, -a adj recycled

reciclaje nm **1.** [de residuos] recycling **2.** [de personas] retraining

reciclar vt **1.** [residuos] to recycle **2.** [personas] to retrain

recidiva nf reappearance *(of illness)*

reciedumbre nf strength

recién adv **1.** (con participio) recently, newly ▸ **los ~ casados** the newlyweds ▸ **los ~ llegados** the newcomers ▸ **el ~ nacido** the newborn baby ▸ **~ hecho/pintado** freshly made/painted **2.** *AM* [hace poco] (only) just ▸ **~ me llamaron** they (only) just called me **3.** *AM* [sólo] only ▸ **~ el martes lo sabremos** we'll only know it on Tuesday, we won't know it until Tuesday

reciente adj **1.** [acontecimiento] recent **2.** [pintura, pan] fresh

recientemente adv **1.** [hace poco] recently **2.** [en los últimos tiempos] recently, of late

recinto nm [zona cercada] enclosure / [área] place, area / [alrededor de edificios] grounds ▸ **~ ferial** fairground *(of trade fair)*

recio, -a adj **1.** [persona] robust **2.** [voz] gravelly **3.** [objeto] solid **4.** [material, tela] tough, strong **5.** [lluvia, viento] harsh

recipiente nm container, receptacle

reciprocidad nf reciprocity ▸ **en ~ a** in return for

recíproco, -a adj mutual, reciprocal

recital nm **1.** [de música clásica] recital / [de rock] concert **2.** [de lectura] reading ▸ **~ de poesía** poetry reading

recitar vt to recite

reclamación nf **1.** [petición] claim, demand **2.** [queja] complaint

reclamante ■ adj claiming
■ nmf claimant

reclamar ■ vt **1.** [pedir, exigir] to demand, to ask for ▸ **le he reclamado todo el dinero que me debe** I've demanded that he return to me all the money he owes me ▸ **la multitud reclamaba que cantara otra canción** the crowd clamoured for her to sing another song **2.** [necesitar] to demand, to require ▸ **el negocio reclama toda mi atención** the business requires *o* demands all my attention **3.** [llamar] to ask for ▸ **te reclaman en la oficina** they're asking for you at the office
■ vi [protestar] to protest (**contra** against) / [quejarse] to complain (**contra** about)

reclame nm *AM* advertisement

reclamo nm **1.** [para atraer] inducement ▸ **~ publicitario** advertising gimmick ▸ **~ de ventas** loss leader **2.** [para cazar] decoy, lure **3.** [de ave] call **4.** *AM* [queja] complaint / [reivindicación] claim

reclinable adj reclining

reclinar vt to lean (**sobre** on)
◆ ***reclinarse*** vpr to lean back (**sobre** against)

reclinatorio nm prie-dieu, prayer stool

recluir [34] vt to shut *o* lock away, to imprison
◆ ***recluirse*** vpr to shut oneself away

reclusión nf **1.** [encarcelamiento] imprisonment **2.** [encierro] seclusion

recluso, -a nm,f [preso] prisoner

recluta nmf [obligatorio] conscript / [voluntario] recruit

reclutamiento nm **1.** [de soldados] [obligatorio] conscription / [voluntario] recruitment **2.** [de trabajadores] recruitment

reclutar vt **1.** [soldados] [obligatoriamente] to conscript / [voluntariamente] to recruit **2.** [trabajadores] to recruit

recobrar vt [recuperar] to recover / [conocimiento] to regain / [tiempo perdido] to make up for
◆ ***recobrarse*** vpr to recover (**de** from)

recochinearse vpr *Fam* **~ de alguien** to laugh at sb, *BR* to take the mickey out of sb

recochineo nm *Fam* crowing, gloating ▸ **decir algo con ~** to say sth to really rub it in

recodo nm bend

recogedor nm dustpan

recogemigas nm inv crumb scoop

recogepelotas nmf inv ball boy, *f* ball girl

recoger [52] vt **1.** [levantar] to pick up ▸ **recogí los papeles del suelo** I picked the papers up off the ground **2.** [reunir] to collect, to gather **3.** [ordenar, limpiar] [mesa] to clear / [habitación, cosas] to tidy *o* clear up **4.** [ir a buscar] to pick up, to fetch ▸ **iré a ~ a los niños a la escuela** I'll pick the children up from school **5.** [acoger] [mendigo, huérfano, animal] to take in **6.** [cosechar] to gather, to harvest / [fruta] to pick **7.** [acortar] [prenda] to take up, to shorten **8.** [mostrar] [sujeto: foto, película] to show / [sujeto: novela] to depict ▸ **la exposición recoge su obra más reciente** the exhibition brings together his latest works
◆ ***recogerse*** vpr **1.** [a dormir, meditar] to retire ▸ **aquí la gente se recoge pronto** people go to bed early here **2. recogerse el pelo** to put one's hair up

recogida nf **1.** [acción] collection ▸ **hacer una ~ de firmas** to collect signatures ▸ **~ de basuras** rubbish collection ▸ **~ de equipajes** baggage reclaim **2.** [cosecha] harvest, gathering / [de fruta] picking

recogido, -a adj **1.** [vida] quiet, withdrawn / [lugar] secluded **2.** [cabello] tied back

recogimiento nm **1.** [concentración] concentration, absorption **2.** [retiro] withdrawal, seclusion

recoja *etc ver* ***recoger***

recolección nf **1.** [cosecha] harvest, gathering **2.** [recogida] collection

recolectar vt **1.** [cosechar] to harvest, to gather / [fruta] to pick **2.** [reunir] to collect

recolector, -ora ■ adj harvesting
■ nm,f [de cosecha] harvester / [de fruta] picker ▸ *AM* **~ de basura** refuse collector, *US* garbage collector

recoleto, -a adj quiet, secluded

recombinante adj BIOL recombinant

recomendable adj recommendable ▸ **no es ~** it's not a good idea ▸ **esa zona no es ~** it's not a very nice area

▸ **va con gente poco ~** he keeps bad company

recomendación nf **1.** [consejo] recommendation ▸ **por ~ de alguien** on sb's advice *o* recommendation **2.** [referencia] **(carta de) ~** letter of recommendation

recomendado, -a ■ nm,f *Pey* **es un ~ del jefe** the boss got him the job
■ adj *AM* [carta, paquete] registered

recomendar [3] vt **1.** [aconsejar] to recommend ▸ **~ a alguien que haga algo** to recommend that sb do sth, to advise sb to do sth ▸ **se recomienda precaución** caution is advised ▸ **no recomendada para menores de 18** [película] not suitable for persons under 18 **2.** [trabajador, restaurante] to recommend

recomenzar [17] vt to begin *o* start again, to recommence

recompensa nf reward ▸ **en ~ por** in return for

recompensar vt **1.** [premiar] to reward **2.** [compensar] **~ a alguien algo** to compensate *o* reward sb for sth

recomponer [50] vt to repair, to mend

recompra nf [de acciones] buy-back

recompuesto, -a participio *ver* ***recomponer***

reconcentrar vt **1.** [reunir] to bring together **2.** [concentrar] **~ algo en** to centre *o* concentrate sth on **3.** [hacer denso] to thicken
◆ ***reconcentrarse*** vpr to concentrate (**en** on), to be absorbed (**en** in)

reconciliación nf reconciliation

reconciliar vt to reconcile
◆ ***reconciliarse*** vpr to be reconciled

reconcomerse vpr to get worked up

reconcomio nm grudge, resentment

recóndito, -a adj hidden, secret ▸ **en lo más ~ de mi corazón** in the depths of my heart

reconducir [18] vt [desviar] to redirect / [devolver] to return

reconfortante adj **1.** [anímicamente] comforting **2.** [físicamente] revitalizing

reconfortar vt **1.** [anímicamente] to comfort **2.** [físicamente] to revitalize

reconocer [19] vt **1.** [identificar] to recognize ▸ **no te reconocía** I didnt recognize you ▸ **el buen vino se reconoce por el color** you can tell a good wine by its colour **2.** [admitir] to admit ▸ **reconozco que estaba equivocada** I accept *o* admit that I was mistaken ▸ **hay que ~ que lo hace muy bien** you have to admit that she's very good at it **3.** [examinar] to examine **4.** [terreno] to survey **5.** DER [hijo, derecho, partido] to recognize
◆ ***reconocerse*** vpr **1.** [identificarse mutuamente] to recognize each other **2.** [confesarse] **reconocerse culpable** to admit one's guilt

reconocible adj recognizable

reconocido, -a adj **1.** [admitido] recognized, acknowledged **2.** [agradecido] grateful

reconocimiento nm **1.** [identificación, admisión] recognition ▸ INFORM & LING **~ del habla** speech recognition ▸ INFORM **~ óptico de caracteres** optical character recognition **2.** [agradecimiento] gratitude **3.** MED examination **4.** MIL reconnaissance

reconquista nf reconquest, recapture ▸ HIST **la Reconquista** = *the Reconquest of Spain, when the Christian Kings retook the country from the Muslims*

reconquistar vt [territorio, ciudad] to recapture, to reconquer / [título, amor] to regain, to win back

reconsiderar vt to reconsider

reconstituir [34] vt **1.** [rehacer] to reconstitute **2.** [reproducir] to reconstruct
◆ ***reconstituirse*** vpr [país, organización] to rebuild itself

reconstituyente adj & nm tonic

reconstrucción nf **1.** [de edificios, país] rebuilding **2.** [de sucesos] reconstruction

reconstruir [34] vt **1.** [edificio, país] to rebuild **2.** [suceso] to reconstruct

reconvención nf reprimand, reproach

reconvenir [69] vt to reprimand, to reproach

reconversión nf restructuring ▸ **~ industrial** rationalization of industry

reconvertir [62] vt [reestructurar] to restructure / [industria] to rationalize

recopa nf Cup-Winners' Cup

recopilación nf **1.** [acción] collecting, gathering **2.** [libro] collection, anthology / [disco] compilation / [de leyes] code

recopilar vt **1.** [recoger] to collect, to gather **2.** [escritos, leyes] to compile

recopilatorio, -a ■ adj **un disco ~** a compilation (record)
■ nm compilation

recórcholis interj *Fam* **¡~!** [sorpresa] good heavens! / [enfado] for heaven's sake!

récord (pl **récords**) nm record ▸ **batir un ~** to break a record ▸ **establecer un ~** to set a new record ▸ **tener el ~** to hold the record ▸ **en un tiempo ~** in record time ▸ **~ mundial** *o* **del mundo** world record ▸ **~ personal** [en deportes] personal best

recordar [63] ■ vt **1.** [acordarse de] to remember **2.** [traer a la memoria] to remind ▸ **me recuerda a un amigo mío** he reminds me of a friend of mine ▸ **recuérdame que cierre el gas** remind me to turn the gas off ▸ **tienes que ir al dentista esta tarde – ¡no me lo recuerdes!** you have to go to the dentist this afternoon – don't remind me!
■ vi to remember ▸ **ese pintor recuerda a Picasso** that painter is reminiscent of Picasso ▸ **si mal no recuerdo** as far as I can remember

recordatorio nm **1.** [aviso] reminder **2.** [estampa] = *card given to commemorate sb's first communion, a death etc*

recordman nm inv DEP record holder

recorrer vt **1.** [atravesar] [lugar, país] to travel through *o* across, to cross / [ciudad] to go round ▸ **recorrieron la sabana en un camión** they drove round the savannah in a truck ▸ **recorrió la región a pie** he walked round the region **2.** [distancia] to cover **3.** [con la mirada] to look over ▸ **lo recorrió de arriba a abajo con la mirada** she looked him up and down

recorrida nf *AM* [ruta, itinerario] route / [viaje] journey

recorrido nm **1.** [trayecto] route, path ▸ *Fig* **hacer un ~ (mental) por algo** [narración] to run over sth (in one's head) **2.** [viaje] journey

recortable ■ adj cutout
■ nm cutout (figure)

recortado, -a adj **1.** [cortado] cut **2.** [borde] jagged

recortar vt **1.** [cortar] [lo que sobra] to cut off *o* away / [figuras] to cut out **2.** [pelo, flequillo] to trim **3.** [gastos] to cut (down)
◆ ***recortarse*** vpr [perfil] to stand out (**en** against), to be outlined (**en** against)

recorte nm **1.** [pieza cortada] cut, trimming / [de periódico, revista] *BR* cutting, *US* clipping ▸ **~ de prensa** press *BR* cutting *o* *US* clipping **2.** [reducción] cut, cutback ▸ **~ presupuestario/salarial** budget/salary cut **3.** [cartulina] cutout **4.** DEP swerve, sidestep

recostar [63] vt to lean (back)
◆ ***recostarse*** vpr [tumbarse] to lie down ▸ **recostarse en** [apoyarse] to lean on *o* against

recoveco nm **1.** [rincón] nook, hidden corner **2.** [complicación] **sin recovecos** uncomplicated **3.** [lo más oculto] **los recovecos del alma** the innermost recesses of the soul

recrear vt **1.** [volver a crear] to re-create **2.** [entretener] to amuse, to entertain
◆ ***recrearse*** vpr **1.** [entretenerse] to amuse oneself, to entertain oneself **2.** [regodearse] to take delight *o* pleasure

recreativo, -a adj recreational

recreo nm **1.** [entretenimiento] recreation, amusement **2.** EDUC [en primaria] playtime / [en secundaria] break

recriminación nf reproach, recrimination

recriminar vt to reproach
◆ ***recriminarse*** vpr [mutuamente] to reproach each other

recriminatorio, -a adj reproachful

recrudecer [46] vi to get worse
◆ ***recrudecerse*** vpr to get worse

recrudecimiento nm [de crisis] worsening / [de criminalidad] upsurge (**de** in)

recta nf straight line ▸ *también Fig* **la ~ final** the home straight

rectal adj rectal

rectangular adj **1.** [de forma] rectangular **2.** MAT right-angled

rectángulo nm rectangle

rectificable adj rectifiable

rectificación nf [de error] rectification / [en periódico] correction

rectificar [59] vt **1.** [error] to rectify, to correct **2.** [conducta, actitud] to improve **3.** [ajustar] to put right

rectilíneo, -a adj MAT rectilinear ▸ **una carretera rectilínea** a straight road

rectitud nf [de línea] straightness / [de conducta] rectitude, uprightness

recto, -a ■ adj **1.** [sin curvas, vertical] straight / [ángulo] right **2.** [íntegro] upright, honourable **3.** [justo, verdadero] true, correct **4.** [literal] literal, true **5.** MAT **un ángulo ~** a right angle
■ nm ANAT rectum
■ adv straight on *o* ahead ▸ **todo ~** straight on *o* ahead

rector, -ora ■ adj governing, guiding
■ nm,f **1.** [de universidad] *BR* vice-chancellor, *US* president **2.** [dirigente] leader, head
■ nm REL rector

rectorado nm **1.** [cargo] *BR* vice-chancellorship, *US* presidency **2.** [lugar] *BR* vice-chancellor's office, *US* president's office

rectoría nf **1.** [cargo] rectorate, rectorship **2.** [casa] rectory

recua nf **1.** [de animales] pack, drove **2.** *Fam* [de personas] crowd

recuadro nm box

recubierto, -a participio *ver* ***recubrir***

recubrimiento nm covering, coating

recubrir vt [cubrir] to cover / [con pintura, barniz] to coat

recuento nm [por primera vez] count / [otra vez] recount

recuerdo ■ *ver* ***recordar***
■ nm **1.** [rememoración] memory ▸ **quedar en el ~ (de)** to be remembered (by) ▸ **traer recuerdos a alguien de algo** to bring back memories of sth to sb ▸ **tengo muy buen/mal ~ de ese viaje** I have very fond/bad memories of that trip **2.** [objeto] [de viaje] souvenir / [de persona] keepsake **3. recuerdos** [saludos] regards ▸ **dar recuerdos a alguien (de parte de alguien)** to give one's regards to sb (on sb's behalf) ▸ **dale recuerdos de mi parte** give her my regards

recuesto *etc ver* ***recostar***

recular vi **1.** [retroceder] to go *o* move back **2.** [ceder] to back down

recuperable adj [información, objeto] recoverable, retrievable ▸ **esta clase es ~** you can catch *o* make this class up later

recuperación nf **1.** [de lo perdido, la salud, la economía] recovery / [de espacios naturales] reclamation **2.** [fisioterapia] physiotherapy **3.** EDUC [examen] resit ▸ **(clase de) ~** = *extra class for pupils or students who have to resit their exams*

recuperar vt [lo perdido, la salud] to recover / [espacios naturales] to reclaim / [horas de trabajo] to make up / [conocimiento] to regain / [examen] to resit ▸ **~ el tiempo perdido** to make up for lost time ▸ **recuperó la salud** she got better, she recovered ▸ **recuperó la libertad tras diez años en la cárcel** he regained his freedom after ten years in prison
◆ ***recuperarse*** vpr **1.** [enfermo] to recuperate, to recover **2.** [de una crisis] to recover / [negocio] to pick up ▸ **recuperarse de algo** to get over sth ▸ **tardé en recuperarme del susto** it took me a while to recover from *o* get over the shock

recurrencia nf recurrence

recurrente ■ adj **1.** DER appellant **2.** [repetido] recurrent
■ nmf DER appellant

recurrir vi **1.** [buscar ayuda] **~ a alguien** to turn to sb ▸ **~ a algo** to resort to sth **2.** DER to appeal

recurso nm **1.** [medio] resort ▸ **como último ~** as a last resort ▸ **es un hombre de recursos** he's very resourceful **2.** DER appeal ▸ **presentar ~ (ante)** to appeal (against) ▸ **~ de alzada** appeal (against an official decision) ▸ **~ de apelación** appeal ▸ **~ de casación** High Court appeal **3.** [bien, riqueza] resource ▸ **recursos humanos** human resources ▸ **recursos naturales** natural resources ▸ FIN **recursos propios** equity

recusar vt **1.** DER to challenge **2.** [rechazar] to reject, to refuse

red nf **1.** [malla] net / [para cabello] hairnet ▸ *Fig* **caer en las redes de alguien** to fall into sb's trap ▸ *también Fig* **echar** *o* **tender las redes** to cast one's net ▸ **~ de arrastre** dragnet ▸ **~ de deriva** drift net **2.** [sistema] network, system / [de electricidad, agua] mains *(singular)* ▸ **conectar algo a la ~** to connect sth to the mains ▸ **~ ferroviaria** rail network ▸ **~ viaria** road network *o* system **3.** [organización] [de espionaje] ring / [de tiendas, hoteles] chain **4.** INFORM network ▸ **la Red** [Internet] the Net ▸ **~ local/neuronal** local (area)/neural network

redacción nf **1.** [acción] writing / [de periódico] editing **2.** [estilo] wording **3.** [equipo de redactores] editorial team *o* staff **4.** [oficina] editorial office **5.** EDUC essay

redactar vt to write ▸ **~ un contrato/un tratado** to draw up a contract/a treaty

redactor, -ora nm,f PRENSA [escritor] writer / [editor] editor ▸ **~ jefe** editor-in-chief

redada nf [de policía] [en un solo lugar] raid / [en varios lugares] round-up

redaños nmpl [valor] spirit ▸ **no tener ~ para hacer algo** not to have the courage to do sth

redecilla nf [de pelo] hairnet

rededor: en rededor loc adv around

redefinir vt to redefine

redención nf redemption

redentor, -ora nm,f [persona] redeemer ▸ REL **el Redentor** the Redeemer

redicho, -a adj *Fam* affected, pretentious

rediez interj *Fam* **¡~!** good grief!, my goodness!

redil nm fold, pen ▸ *Fig* **volver al ~** to return to the fold

redimible adj redeemable

redimir vt REL & FIN to redeem (**de** from)
◆ ***redimirse*** vpr to redeem oneself

redistribución nf redistribution

redistribuir [34] vt to redistribute

rédito nm interest, yield

redoblar ■ vt [aumentar] to redouble
■ vi [tambor] to roll

redoble nm roll, drumroll

redomado, -a adj [mentiroso, jugador] inveterate

redonda nf **1.** MÚS *BR* semibreve, *US* whole note **2. a la redonda** around ▸ **en quince kilómetros a la redonda** within a fifteen-kilometre radius

redondeado, -a adj rounded

redondear vt **1.** [hacer redondo] to round, to make round **2.** [negocio, acuerdo] to round off **3.** [cifra, precio] to round up/down

redondel nm **1.** [círculo] circle, ring **2.** TAUROM bullring

redondeo nm [de cifra, precio] [al alza] rounding up / [a la baja] rounding down

redondo, -a ■ adj **1.** [circular, esférico] round ▸ **girar en ~** to turn round ▸ *Fig* **caerse ~** to collapse in a heap **2.** [perfecto] excellent ▸ **fue una compra redonda** it was an excellent buy ▸ **salir ~** to go like a dream, to turn out perfectly **3.** [rotundo] categorical ▸ **se negó en ~ a escucharnos** she refused point-blank to listen to us **4.** [cantidad] round ▸ **cien euros redondos** a round hundred euros
■ nm CULIN topside

reducción nf **1.** [disminución] reduction ▸ **~ al absurdo** reductio ad absurdum ▸ **~ fiscal** tax cut ▸ **~ de precios** price cut **2.** [sometimiento] [de rebelión] suppression / [de ejército] defeat

reducido, -a adj **1.** [pequeño] small **2.** [limitado] limited **3.** [estrecho] narrow

reducir [18] ■ vt **1.** [disminuir] to reduce / [gastos, costes, impuestos, plantilla] to cut ▸ **reduzca la velocidad** [en letrero] reduce speed now ▸ **nos han reducido el sueldo** our salary has been cut ▸ **~ algo a algo** to reduce sth to sth ▸ **~ algo al absurdo** to make a nonsense of sth **2.** [someter] [país, ciudad] to suppress, to subdue / [sublevados, atracadores] to bring under control **3.** MAT [convertir] to convert **4.** MED to set
■ vi [en el automóvil] **~ (de marcha** *o* **velocidad)** to change down
◆ ***reducirse a*** vpr **1.** [limitarse a] to be reduced to **2.** [equivaler a] to boil *o* come down to ▸ **todo se reduce a una cuestión de dinero** it all boils *o* comes down to money

reducto nm **1.** [fortificación] redoubt **2.** [refugio] stronghold, bastion

reductor, -ora ■ adj reducing
■ nm reducer

redujera *etc ver* ***reducir***

redundancia nf redundancy, superfluousness

redundante adj redundant, superfluous

redundar vi **~ en algo** to have an effect on sth ▸ **redunda en beneficio nuestro** it is to our advantage

reduplicar [59] vt to redouble

reduzco *ver* ***reducir***

reedición nf [nueva edición] new edition / [reimpresión] reprint

reedificación nf rebuilding

reedificar [59] vt to rebuild

reeditar vt [publicar nueva edición de] to bring out a new edition of / [reimprimir] to reprint

reeducar [59] vt to re-educate

reelección nf re-election
reelegir [55] vt to re-elect
reembolsable adj [gastos] reimbursable / [fianza] refundable / [deuda] repayable
reembolsar vt [gastos] to reimburse / [fianza] to refund / [deuda] to repay
◆ ***reembolsarse*** vpr to be reimbursed
reembolso nm [de gastos] reimbursement / [de fianza, dinero] refund / [de deuda] repayment ▸ **contra ~** cash on delivery
reemplazar [14] vt [gen] & INFORM to replace
reemplazo nm **1.** [gen] & INFORM replacement **2.** MIL call-up, draft ▸ **soldados de ~** conscripts
reemprender vt to start again
reencarnación nf reincarnation
reencarnar vt to reincarnate
◆ ***reencarnarse*** vpr to be reincarnated (**en** as)
reencontrar [63] vt to find again
◆ ***reencontrarse*** vpr [varias personas] to meet again
reencuentro nm reunion
reengancharse vpr MIL to re-enlist
reenviar [32] vt **1.** [devolver] to return, to send back **2.** [reexpedir] to forward, to send on
reenvío nm **1.** [devolución] return, sending back **2.** [reexpedición] forwarding
reestrenar vt CINE to rerun / TEATRO to revive
reestreno nm **1.** CINE rerun, re-release ▸ **cine de ~** second-run cinema ▸ **reestrenos, películas de ~** [en cartelera] re-releases **2.** TEATRO revival
reestructuración nf restructuring
reestructurar vt to restructure
reexpedir [47] vt to forward, to send on
reexportación nf re-exportation
reexportar vt to re-export
refacción nf **1.** *ANDES, CAM, RP, VEN* [reforma] refurbishment / [reparación] restoration **2.** *MÉX* [recambio] spare part
refaccionar vt *ANDES, CAM, VEN* [reformar] to refurbish / [reparar] to restore
refajo nm underskirt, slip
refanfinflar vt *ESP Fam Hum* **me la refanfinfla** I don't care two hoots
refectorio nm refectory
referencia nf reference ▸ **con ~ a** with reference to ▸ **hacer ~ a** to make reference to, to refer to ▸ **referencias** [información] information / [para puesto de trabajo] references
referéndum (pl **referendos** *o* **referéndums**) nm referendum
referente adj **~ a** concerning, relating to
referí nmf *AM* referee
referir [62] vt **1.** [narrar] to tell, to recount **2.** [remitir] **~ a alguien a** to refer sb to **3.** [relacionar] **~ algo a** to relate sth to **4.** COM [convertir] **~ algo a** to convert sth into
◆ ***referirse a*** vpr **1.** [estar relacionado con] to refer to ▸ **por** *o* **en lo que se refiere a...** as far as... is concerned **2.** [aludir, mencionar] **¿a qué te refieres?** what do you mean? ▸ **¿te referías a ella?** were you referring to her?, did you mean her? ▸ **no me refiero a ti, sino a ella** I don't mean you, I mean her ▸ **se refirió brevemente al problema de la vivienda** he briefly mentioned the housing problem
refilón: de refilón loc adv [de lado] sideways / [de pasada] briefly ▸ **mirar algo de ~** to look at sth out of the corner of one's eye
refinado, -a ■ adj refined
■ nm refining
refinamiento nm refinement
refinanciación nf refinancing
refinanciar vt to refinance
refinar vt to refine
refinería nf refinery ▸ **~ de petróleo** oil refinery
refiriera *etc ver* ***referir***
reflectar vt to reflect
reflector nm **1.** ELEC spotlight / MIL searchlight **2.** [telescopio] reflector
reflejar vt **1.** [onda, rayo] to reflect ▸ **no me veo reflejado en esa descripción** I don't see myself in that description **2.** [sentimiento, duda] to show ▸ **esa pregunta refleja su ignorancia** that question shows *o* demonstrates his ignorance ▸ **su rostro reflejaba el cansancio** his face looked tired
◆ ***reflejarse*** vpr *también Fig* to be reflected (**en** in)
reflejo, -a ■ adj **1.** [onda, rayo] reflected **2.** [movimiento, dolor] reflex ▸ **acto ~** reflex action
■ nm **1.** [imagen, manifestación] reflection **2.** [destello] glint, gleam **3.** ANAT reflex ▸ **tener buenos reflejos** to have good *o* quick reflexes ▸ **~ condicional** *o* **condicionado** conditioned reflex *o* response **4.** [de peluquería] **reflejos** highlights ▸ **hacerse** *o* **darse reflejos** to have highlights put in one's hair
réflex FOT ■ adj inv reflex, SLR
■ nf inv [cámara] reflex *o* SLR camera
reflexión nf reflection ▸ **sin previa ~** without thinking ▸ **periodo de ~** [en ventas] cooling off period
reflexionar vi to reflect (**sobre** on), to think (**sobre** about)
reflexivo, -a adj **1.** [que piensa] reflective, thoughtful **2.** GRAM reflexive
reflexología nf reflexology
reflexoterapia nf reflexology
reflorecimiento nm resurgence, rebirth ▸ **~ de la economía** economic recovery
refluir [34] vi to flow back *o* out
reflujo nm ebb (tide)
refocilarse vpr **~ haciendo algo** to take delight in doing sth ▸ **~ en la desgracia ajena** to gloat over others' misfortune
reforestación nf reforestation, *BR* reafforestation
reforestar vt to reforest, *BR* to reafforest
reforma nf **1.** [modificación] reform ▸ **~ agraria** land reform, agrarian reform **2.** [en local, casa] alterations ▸ **hacer reformas en casa** to to do up the house **3.** REL **la Reforma** the Reformation

reformado, -a adj **1.** [modificado] altered **2.** [rehecho] reformed

reformar vt **1.** [cambiar] to reform **2.** [local, casa] to renovate, to do up

◆ ***reformarse*** vpr to mend one's ways

reformatorio nm *BR* youth custody centre, *US* reformatory

reformismo nm reformism

reformista adj & nmf reformist

reformular vt to reformulate, to put another way

reforzado, -a adj reinforced

reforzar [31] vt to reinforce

refracción nf refraction

refractar vt to refract

refractario, -a adj **1.** [material] refractory, heat-resistant **2.** [opuesto] **~ a** averse to **3.** [inmune] **~ a** immune to

refrán nm proverb, saying

refranero nm collection of proverbs *o* sayings

refregar [43] vt **1.** [frotar] to scrub **2.** [restregar] **~ algo a alguien** to rub sb's nose in sth

refreír [56] vt **1.** [volver a freír] to re-fry **2.** [freír en exceso] to over-fry

refrenar vt to curb, to restrain

◆ ***refrenarse*** vpr to hold back, to restrain oneself

refrendar vt **1.** [confirmar] to confirm / [aprobar] to approve **2.** [legalizar] to endorse, to countersign

refrescante adj refreshing

refrescar [59] ■ vt **1.** [enfriar] to refresh / [bebidas] to chill **2.** [conocimientos] to brush up ▸ **~ la memoria a alguien** to refresh sb's memory

■ vi [bebida] to be refreshing

■ v impersonal to cool down

◆ ***refrescarse*** vpr **1.** [tomar aire fresco] to get a breath of fresh air **2.** [mojarse con agua fría] to splash oneself down

refresco nm **1.** [bebida] soft drink ▸ **refrescos** refreshments **2.** MIL **de ~** new, fresh

refresquería nf *CAM, CARIB, MÉX* = *shop which sells soft drinks*

refría *etc ver* ***refreír***

refriega ■ *ver* ***refregar***

■ nf scuffle / MIL fracas, skirmish

refriera *etc ver* ***refreír***

refrigeración nf **1.** [aire acondicionado] air-conditioning **2.** [de alimentos] refrigeration **3.** [de máquinas, motores] cooling ▸ **(sistema de) ~** cooling system

refrigerado, -a adj **1.** [local] air-conditioned **2.** [alimentos] refrigerated **3.** [líquido, gas] cooled

refrigerador nm **1.** [frigorífico] refrigerator, *BR* fridge, *US* icebox **2.** [de máquinas, motores] cooling system

refrigerante adj **1.** [para alimentos] refrigerating **2.** [para motores] cooling

refrigerar vt **1.** [local] to air-condition **2.** [alimentos] to refrigerate **3.** [máquina, motor] to cool

refrigerio nm refreshments

refrito, -a ■ participio *ver* ***refreír***

■ adj [demasiado frito] over-fried / [frito de nuevo] re-fried

■ nm **1.** CULIN = *sauce made from fried tomato and onion* **2.** [cosa rehecha] rehash

refuerce *etc ver* ***reforzar***

refuerzo nm reinforcement ▸ MIL **refuerzos** reinforcements

refugiado, -a adj & nm, f refugee

refugiar vt to give refuge to

◆ ***refugiarse*** vpr to take refuge ▸ **refugiarse de algo** to shelter from sth

refugio nm **1.** [lugar] shelter, refuge ▸ **~ antiaéreo** air-raid shelter ▸ **~ atómico** nuclear bunker ▸ **~ de montaña** [muy básico] mountain shelter / [albergue] mountain refuge ▸ **~ subterráneo** bunker, underground shelter **2.** [amparo, consuelo] refuge, comfort **3.** AUT traffic island

refulgencia nf brilliance

refulgente adj brilliant

refulgir [24] vi to shine brightly

refundir vt **1.** [material] to re-cast **2.** LIT to adapt **3.** [unir] to bring together

refunfuñar vi to grumble

refunfuñón, -ona ■ adj grumpy

■ nm,f grumbler

refutable adj refutable

refutación nf refutation

refutar vt to refute

regadera nf **1.** [para regar] watering can ▸ *ESP Fig* **estar como una ~** to be as mad as a hatter **2.** *COL, MÉX, VEN* [ducha] shower

regadío nm irrigated land ▸ **de ~** irrigated, irrigable

regalado, -a adj **1.** [muy barato] dirt cheap ▸ **te lo doy ~** I'm giving it away to you **2.** [agradable] [vida] comfortable, easy **3.** *AM Fam* [muy fácil] dead easy

regalar vt **1.** [dar] [de regalo] to give (as a present) / [gratis] to give away ▸ **¿qué le regalarás para Navidad?** what are you going to give *o* get her for Christmas? ▸ **me regalaron un reloj para mi cumpleaños** I got a watch for my birthday ▸ **si lo quieres, te lo regalo** if you'd like it, you can have it for free *o* I'll give it to you ▸ **si compras dos, te regalan una** if you buy two, you get one free **2.** [agasajar] **~ a alguien con algo** to shower sb with sth **3.** *AM salvo RP* [prestar] to lend

◆ ***regalarse con*** vpr to treat oneself to

regalía nf royal prerogative

regaliz nm liquorice

regalo nm **1.** [obsequio] present, gift ▸ **~ de cumpleaños** birthday present ▸ **por ese precio, es un auténtico ~** at that price, it's a real giveaway ▸ **de ~** [gratuito] free ▸ **compras tres y te dan uno de ~** if you buy three, you get one free **2.** [placer] joy, delight **3.** [en rifa] prize

regalón, -ona adj *CSUR Fam* [niño] spoilt

regalonear vt *CSUR Fam* to spoil

regañadientes: a regañadientes loc adv *Fam* unwillingly, reluctantly

regañar ■ vt [reprender] to tell off
■ vi *ESP* [pelearse] to fall out, to argue

regañina nf **1.** [reprimenda] ticking off **2.** *ESP* [enfado] argument, row

regaño nm telling off

regañón, -ona ■ adj **es muy ~** he's always telling people off for nothing
■ nm,f **es un ~** he's always telling people off for nothing

regar [43] vt **1.** [con agua] [planta, campo] to water / [calle] to hose down ▸ **regaron la comida con un buen vino tinto** they washed down the meal with a good red wine **2.** [sujeto: río] to flow through ▸ **el río que riega la región** the river which flows through the region **3.** [sujeto: vasos sanguíneos] to supply with blood ▸ **esta arteria riega de sangre los pulmones** this artery supplies blood to the lungs **4.** [desparramar] to sprinkle, to scatter

regata nf **1.** NÁUT regatta, boat race **2.** [reguera] irrigation channel

regate nm **1.** DEP swerve, sidestep **2.** [evasiva] dodge

regatear ■ vt **1.** [escatimar] to be sparing with ▸ **no ha regateado esfuerzos** he has spared no effort **2.** DEP to beat, to dribble past **3.** [precio] to haggle over
■ vi **1.** [negociar el precio] to barter, to haggle **2.** NÁUT to race

regateo nm bartering, haggling

regatista nmf DEP participant in a regatta *o* boat race

regato nm brook, rivulet

regazo nm lap

regencia nf **1.** [reinado] regency **2.** [administración] running, management

regeneración nf [recuperación, restablecimiento] regeneration / [de delincuente, degenerado] reform

regeneracionismo nm political reform movement

regenerar vt [recuperar, restablecer] to regenerate / [delincuente, degenerado] to reform
◆ **regenerarse** [recuperarse, restablecerse] to regenerate / [delincuente, degenerado] to reform

regenerativo, -a adj regenerative

regenta nf wife of the regent

regentar vt [país] to run, to govern / [negocio] to run, to manage / [puesto] to hold *(temporarily)*

regente ■ adj regent
■ nmf **1.** [de un país] regent **2.** [administrador] [de tienda] manager / [de colegio] governor **3.** *MÉX* [alcalde] mayor, *f* mayoress

reggae ['rriɣi, 'rreɣi] nm reggae

regicida nmf regicide *(person)*

regicidio nm regicide *(crime)*

regidor, -ora nm,f **1.** TEATRO stage manager / CINE & TV assistant director **2.** [concejal] councillor

régimen (pl **regímenes**) nm **1.** [sistema político] regime ▸ **~ parlamentario** parliamentary system **2.** [normativa] rules ▸ **alojarse en un hotel en ~ de media pensión** to stay at a hotel (on) half-board ▸ **una cárcel en ~ abierto** an open prison ▸ **estar en ~ abierto** [preso] to be allowed to leave the prison during the day **3.** [dieta] diet ▸ **estar/ponerse a ~** to be/go on a diet **4.** [rutina] pattern ▸ **~ de lluvias** pattern of rainfall ▸ **~ de vida** lifestyle **5.** LING government

regimiento nm MIL & *Fig* regiment

regio, -a adj **1.** [real] royal **2.** *ANDES, RP* great, fabulous

regiomontano, -a ■ adj of/from Monterrey
■ nm,f person from Monterrey

región nf region / MIL district

regional adj regional

regionalismo nm regionalism

regionalista adj & nmf regionalist

regionalizar [14] vt to regionalize

regir [55] ■ vt **1.** [gobernar] to rule, to govern / [administrar] to run, to manage **2.** [sujeto: ley, norma] to govern ▸ **las leyes que rigen los intercambios comerciales** the laws governing trade **3.** LING to govern
■ vi **1.** [ley] to be in force, to apply **2.** *Fam* [persona] **ya no rige** he has gone a bit gaga
◆ **regirse por** vpr to trust in, to be guided by

registrado, -a adj **1.** [grabado, anotado] recorded **2.** [patentado, inscrito] registered

registrador, -ora ■ adj registering
■ nm,f registrar

registradora nf *AM* cash register

registrar vt **1.** [zona, piso, persona] to search ▸ *Fam* **a mí, que me registren** it wasn't me, don't look at me **2.** [datos, hechos] to register, to record ▸ **la empresa ha registrado un aumento de las ventas** the company has recorded an increase in sales, the company's sales have gone up **3.** [grabar] to record **4.** *AM* [certificar] to register
◆ **registrarse** v impersonal **1.** [suceder] to occur, to happen **2.** [observarse] to be recorded ▸ **se registró una inflación superior a la prevista** the inflation figures were higher than predicted

registro nm **1.** [oficina] registry (office) ▸ **~ civil** registry (office) ▸ **~ de comercio** *o* **mercantil** business registry office ▸ **~ de la propiedad** land registry office ▸ **~ de la propiedad industrial/intelectual** trademark/copyright registry office **2.** [inscripción] registration ▸ **llevar el ~ de algo** to keep a record of sth **3.** [libro] register ▸ **~ parroquial** parish register **4.** [inspección] search, searching ▸ **efectuaron un ~ domiciliario** they searched his/her/*etc* home **5.** [de libro] bookmark **6.** INFORM record **7.** LING & MÚS register

regla nf **1.** [para medir] ruler, rule ▸ **~ de cálculo** slide rule **2.** [norma] rule ▸ **por ~ general** as a rule, generally ▸ **salirse de la ~** to overstep the mark *o* line ▸ **en ~** in order ▸ **~ de oro** golden rule ▸ **~ ortográficas** spelling rules **3.** MAT operation ▸ **~ de tres** rule of three ▸ *Fam Fig* **por la misma ~ de tres...** by the same token... **4.** *Fam* [menstruación] period **5.** [modelo] example, model

reglaje nm [de motor] tuning

reglamentación nf [acción] regulation / [reglas] rules, regulations

reglamentar vt to regulate

reglamentario, -a adj [legal] lawful / DER statutory ▸ **arma reglamentaria** regulation weapon

reglamento nm [normas] regulations, rules ▸ **balón de ~** regulation football

reglar vt to regulate

regocijar vt to delight
◆ ***regocijarse*** vpr to rejoice (**de** *o* **con** in)

regocijo nm joy, delight

regodearse vpr to take pleasure *o* delight (**en** *o* **con** in)

regodeo nm [deleite] delight, pleasure / [malicioso] (cruel) delight *o* pleasure

regordete adj chubby, tubby

regrabable adj INFORM rewritable

regresar ■ vi [yendo] to go back, to return / [viniendo] to come back, to return ▸ **¿cuándo regresará?** when will she be back? ▸ **regresó a su casa después de dos meses en el extranjero** she returned home after two months abroad
■ vt *AM salvo RP* [devolver] to give back
◆ ***regresarse*** vpr *AM salvo RP* [volver] to come back

regresión nf **1.** [de economía, exportaciones] drop, decline **2.** [de epidemia] regression

regresivo, -a adj regressive

regreso nm **1.** [a un lugar] return ▸ **estar de ~** to be back **2.** *AM salvo RP* [de dinero, producto] return

regué etc *ver* ***regar***

regüeldo nm belch

reguero nm **1.** [rastro] [de sangre, agua] trickle / [de harina, arena] trail ▸ **correr como un ~ de pólvora** to spread like wildfire **2.** [canal] irrigation ditch

regulable adj adjustable, variable

regulación nf [de actividad, economía] regulation / [de nacimientos, tráfico] control / [de mecanismo] adjustment ▸ **~ de empleo** streamlining, redundancies

regulador, -ora adj regulating, regulatory

regular ■ adj **1.** [uniforme] regular ▸ **de un modo ~** regularly **2.** [mediocre] average, fair **3.** [normal] normal, usual / [de tamaño] medium ▸ **por lo ~** as a rule, generally
■ nm MIL regular
■ adv [no muy bien] so-so ▸ **lleva unos días ~, tiene un poco de fiebre** she's been so-so the last few days, she's got a bit of a temperature ▸ **¿qué tal el concierto? – ~** how was the concert? – nothing special
■ vt [actividad, economía, tráfico] to control, to regulate / [mecanismo] to adjust ▸ **la normativa regula estos casos** the regulations govern these cases

regularidad nf regularity ▸ **con ~** regularly

regularización nf regularization

regularizar [14] vt **1.** [devolver a la normalidad] to get back to normal **2.** [legalizar] to regularize
◆ ***regularizarse*** vpr **1.** [volver a la normalidad] to return to normal **2.** [legalizarse] to become legitimate

regurgitar vt & vi to regurgitate

regusto nm [sabor] aftertaste / [semejanza, aire] flavour, hint

rehabilitación nf **1.** [de enfermo, de delincuente] rehabilitation / [en un puesto] reinstatement **2.** [de local, edificio] refurbishment

rehabilitar vt **1.** [enfermo, delincuente] to rehabilitate / [en un puesto] to reinstate **2.** [local, edificio] to refurbish

rehacer [33] vt **1.** [volver a hacer] to redo, to do again **2.** [reconstruir] to rebuild
◆ ***rehacerse*** vpr [recuperarse] to recuperate, to recover

rehecho, -a participio *ver* ***rehacer***

rehén nm hostage

rehíce etc *ver* ***rehacer***

rehiciera etc *ver* ***rehacer***

rehogar [38] vt = *to fry over a low heat*

rehuir [34] vt to avoid

rehusar vt & vi to refuse

rehuya etc *ver* ***rehuir***

rehuyera etc *ver* ***rehuir***

Reikiavik n Reykjavik

reimplantar vt **1.** [reintroducir] to reintroduce **2.** MED to implant again

reimportación nf reimporting

reimpresión nf [tirada] reprint / [acción] reprinting

reimprimir vt to reprint

reina nf [en general] queen / [apelativo] love, darling ▸ **ven aquí, mi ~** come here, princess

reinado nm *también Fig* reign

reinante adj **1.** [monarquía, persona] reigning, ruling **2.** [viento, ambiente] prevailing

reinar vi **1.** [gobernar] to reign **2.** [caos, confusión, pánico] to reign ▸ **el silencio reinó en la sala durante varios minutos** the hall fell completely silent for several minutes ▸ **en esta casa reina la alegría** everyone is always happy in this house

reincidencia nf [en un vicio] relapse / [en un delito] recidivism

reincidente adj & nmf recidivist

reincidir vi **~ en** [falta, error] to relapse into, to fall back into / [delito] to repeat

reincorporación nf return (**a** to)

reincorporar vt to reincorporate
◆ ***reincorporarse a*** vpr to rejoin, to go back to

reineta nf **(manzana) ~** = *type of apple with tart flavour, used for cooking and eating*

reingresar vi to return (**en** to)

reinicializar [14] vt INFORM [ordenador] to reboot / [impresora] to reset

reino nm BIOL & POL kingdom / [ámbito] realm ▸ **el ~ animal** the animal kingdom ▸ **el ~ de los cielos** the kingdom of Heaven

Reino Unido nm **el ~** the United Kingdom

reinserción nf **~ (social)** rehabilitation *o* reintegration (into society) ▸ **la ~ (laboral) de los desempleados de larga duración** getting the long-term unemployed back to work

reinsertar vt **1.** [en sociedad] to reintegrate, to rehabilitate **2.** [en ranura] to reinsert

reinstalación nf **1.** [en lugar] reinstallation **2.** [en puesto] reinstatement

reinstalar vt **1.** [en lugar] to reinstall **2.** [en puesto] to reinstate

reinstaurar vt to reestablish

reintegración nf **1.** [a puesto] reinstatement **2.** [de dinero] repayment, reimbursement

reintegrar vt **1.** [a un puesto] to reinstate **2.** [dinero] to repay, to reimburse
◆ ***reintegrarse*** vpr to return (**a** to)

reintegro nm **1.** [de dinero] repayment, reimbursement / COM withdrawal **2.** [en lotería] = *refund of one's stake as prize*

reinversión nf reinvestment

reinvertir **[62]** vt to reinvest

reír **[56]** ■ vi to laugh
■ vt to laugh at ▸ **no le rías las gracias** don't laugh at his antics
◆ ***reírse*** vpr to laugh (**de** at) ▸ **reírse por lo bajo** to snicker, to snigger ▸ **¡me río yo de los sistemas de seguridad!** I laugh at security systems!, security systems are no obstacle to me!

reiteración nf reiteration, repetition

reiterar vt to reiterate, to repeat
◆ ***reiterarse en*** vpr to reaffirm

reiterativo, -a adj repetitive, repetitious

reivindicación nf claim, demand ▸ **~ salarial** pay claim ▸ **estamos a la espera de la ~ del atentado** no-one has yet claimed responsibility for the attack

reivindicar **[59]** vt **1.** [derechos, salario] to claim, to demand **2.** [atentado] to claim responsibility for **3.** [herencia, territorio] to lay claim to **4.** [memoria] to defend
◆ ***reivindicarse*** vpr *AM* **1.** [recuperarse] to vindicate oneself **2.** [responsabilizarse de] to claim responsibility for

reivindicativo, -a adj **jornada reivindicativa** day of protest ▸ **plataforma reivindicativa** pressure group

reja nf [barrotes] bars / [en el suelo] grating / [en ventana] grille ▸ **poner una ~ en la ventana** to put bars on the window ▸ **estar entre rejas** to be behind bars

rejilla nf **1.** [enrejado] grid, grating / [de ventana] grille / [de cocina] grill *(on stove)* / [de horno] gridiron **2.** [en sillas, muebles] wickerwork ▸ **silla de ~** chair with a wickerwork seat **3.** [para equipaje] luggage rack

rejón nm TAUROM = *type of pike used by mounted bullfighter*

rejoneador, -ora nm,f TAUROM = *bullfighter on horseback who uses the "rejón"*

rejoneo nm TAUROM = use of the "rejón"

rejuntarse vpr *Fam* [pareja] to shack up together ▸ **~ con alguien** to move in with sb

rejuvenecedor, -ora adj [efecto] rejuvenating

rejuvenecer **[46]** vt & vi to rejuvenate
◆ ***rejuvenecerse*** vpr to be rejuvenated

rejuvenecimiento nm rejuvenation

relación nf **1.** [nexo] relation, connection ▸ **con ~ a, en ~ con** in relation to, with regard to ▸ **guardar ~ con algo** to be related to sth ▸ **no guardar ~ con algo** to bear no relation to sth ▸ **~ calidad-precio** value for money **2.** [comunicación, trato] relations, relationship ▸ **mantener relaciones con alguien** to keep in touch with sb ▸ **relaciones comerciales** [vínculos] business links / [comercio] trade ▸ **relaciones diplomáticas** diplomatic relations ▸ **relaciones laborales** industrial relations ▸ **relaciones públicas** public relations, PR **3.** [lista] list **4.** [descripción] account **5.** [informe] report **6. relaciones** [noviazgo] relationship ▸ **llevan cinco años de relaciones** they've been going out together for five years ▸ **relaciones prematrimoniales** premarital sex ▸ **relaciones sexuales** sexual relations **7. relaciones** [contactos] contacts, connections **8.** MAT ratio ▸ **una ~ 5:1** a ratio of 5 to 1

relacionar vt **1.** [vincular] to relate, to connect ▸ **estar bien relacionado** to be well-connected **2.** [enumerar] to list, to enumerate
◆ ***relacionarse*** vpr [alternar] to mix (**con** with)

relajación nf, ***relajamiento*** nm relaxation ▸ **~ de la moral** lowering of moral standards

relajado, -a adj [tranquilo] relaxed

relajamiento = ***relajación***

relajante ■ adj relaxing
■ nm relaxant

relajar vt to relax
◆ ***relajarse*** vpr to relax

relajo nm *AM Fam* [alboroto] **se armó un ~** there was an almighty row ▸ **esta mesa es un ~** this table is a complete mess

relamer vt to lick repeatedly
◆ ***relamerse*** vpr **1.** [persona] to lick one's lips ▸ **relamerse de gusto** to smack one's lips ▸ **se relamía de gusto al pensar en...** he savoured the thought of... **2.** [animal] to lick its chops

relamido, -a adj prim and proper

relámpago nm [descarga] flash of lightning / [destello] flash ▸ **hubo muchos relámpagos** there was a lot of lightning ▸ *Fig* **pasar como un ~** to pass by as quick as lightning, to flash past

relampaguear ■ v impersonal **relampagueó** lightning flashed
■ vi to flash

relampagueo nm METEO lightning / [destello] flashing

relanzamiento nm relaunch

relanzar **[14]** vt to relaunch

relatar vt [suceso] to relate, to recount / [historia] to tell

relativamente adv relatively

relatividad nf relativity

relativismo nm relativism

relativizar **[14]** vt to play down

relativo, -a adj **1.** [no absoluto] relative **2.** [relacionado, tocante] relating ▸ **en lo ~ a...** regarding... **3.** [escaso] limited

relato nm [exposición] account, report / [cuento] tale, story

relax nm inv **1.** [relajación] relaxation **2.** [sección de periódico] personal services section

relé nm ELEC relay

releer [37] vt to re-read

relegación nf relegation

relegar [38] vt to relegate (**a** to) ▸ **~ algo al olvido** to banish sth from one's mind

relente nm (night) dew

relevancia nf importance

relevante adj outstanding, important

FALSO AMIGO / FALSE FRIEND

relevante

Relevant is not a translation of the Spanish word *relevante*. Relevant is translated by *pertinente* or *correspondiente*:
his comments didn't seem relevant to me *sus comentarios no me parecían pertinentes*
the relevant chapters *los capítulos correspondientes*

relevar vt **1.** [sustituir] to relieve, to take over from **2.** [destituir] to dismiss (**de** from), to relieve (**de** of) **3.** [eximir] to free (**de** from) **4.** DEP [en partidos] to substitute / [en relevos] to take over from

relevo nm **1.** [sustitución, cambio] change ▸ **tomar el ~** to take over ▸ **el ~ de la guardia** the changing of the guard **2.** [sustituto, grupo] relief **3.** DEP [acción] relay ▸ [carrera] **relevos** relay (race)

releyera *etc ver* ***releer***

relicario nm REL reliquary / [estuche] locket

relieve nm **1.** GEOG terrain ▸ **un ~ muy accidentado** very rugged terrain **2.** ARTE **alto ~** high relief ▸ **bajo ~** bas-relief ▸ **en ~** in relief **3.** [elevación] **la pieza tiene un centímetro de ~** the part protrudes by a centimetre **4.** [importancia] importance ▸ **para dar ~ al acontecimiento,...** to lend importance to the event... ▸ **poner de ~** to underline (the importance of), to highlight

religión nf religion

religiosamente adv *también Fig* religiously

religiosidad nf *también Fig* religiousness

religioso, -a ■ adj religious
■ nm,f [monje] monk / [monja] nun / [cura] priest *(of a religious order)*

relinchar vi to neigh, to whinny

relincho nm neigh, neighing

reliquia nf [restos] relic / [familiar] heirloom ▸ **este ordenador es una ~** this computer is a museum piece

rellano nm **1.** [de escalera] landing **2.** [de terreno] shelf

rellenar vt **1.** [volver a llenar] to refill **2.** [documento, formulario] to fill in *o* out **3.** [pollo, cojín] to stuff / [tarta, pastel] to fill

relleno, -a ■ adj **1.** [lleno] stuffed / [tarta, pastel] filled **2.** [gordo] plump
■ nm [de pollo, almohadón] stuffing / [de pastel] filling ▸ **páginas de ~** padding

reloj nm [de pared, en torre] clock / [de pulsera] watch ▸ DEP **(carrera) contra ~** time trial ▸ **hacer algo contra ~** to do sth against the clock ▸ *Fig* **funcionar como un ~** to go like clockwork ▸ *Fam* **es un ~** [es puntual] you can set your watch by him ▸ **~ analógico** analogue watch ▸ **~ de arena** hourglass ▸ **~ biológico** body clock, biological clock ▸ **~ de bolsillo** pocket watch ▸ **~ de cuco** cuckoo clock ▸ **~ despertador** alarm clock ▸ **~ digital** digital watch ▸ INFORM **~ interno** internal clock ▸ **~ de pared** grandfather clock ▸ **~ de pulsera** watch, wristwatch ▸ **~ de sol** sun dial

relojería nf **1.** [tienda] watchmaker's (shop) **2.** [arte] watchmaking

relojero, -a nm,f watchmaker

reluciente adj shining, gleaming

relucir [39] vi *también Fig* to shine ▸ **sacar algo a ~** to bring sth up, to mention sth

relumbrar vi to shine brightly

relumbrón nm **1.** [golpe de luz] flash **2.** [oropel] tinsel ▸ *Fig* **un trabajo de ~** a job that's not as important as it sounds

reluzca *etc ver* ***relucir***

remachar vt **1.** [machacar] to rivet **2.** [recalcar] to drive home, to stress

remache nm **1.** [acción] riveting **2.** [clavo] rivet

remake [rri'meik] nm remake

remanente nm **1.** [de géneros] surplus stock / [de productos agrícolas] surplus **2.** [en cuenta bancaria] balance **3.** [de beneficios] net profit

remangar [38] vt to roll up
◆ ***remangarse*** vpr [mangas, camisa] to roll up one's sleeves ▸ **remangarse los pantalones** to roll up one's trouser legs

remanguillé nf *Fam* **a la ~** any old how ▸ **la casa estaba a la ~** the house was in an awful mess

remanso nm still pool ▸ **~ de paz** oasis of peace

remar vi to row

remarcar [59] vt [recalcar] to underline, to stress

rematadamente adv absolutely, utterly

rematado, -a adj utter, complete

rematar ■ vt **1.** [acabar] to finish **2.** [matar] to finish off ▸ *Fig* **para ~** [para colmo] to cap *o* crown it all **3.** DEP to shoot **4.** [liquidar, vender] to sell off cheaply **5.** [costura] to finish off **6.** [adjudicar en subasta] to knock down
■ vi DEP to shoot ▸ **~ de cabeza** to head at goal

remate nm **1.** [fin, colofón] end ▸ **para ~** [colmo] to cap it all **2.** [costura] overstitch **3.** ARQUIT top **4.** DEP [con el pie] shot ▸ **~ de cabeza** header (at goal) ▸ **~ a puerta** [con el pie] shot at goal
◆ ***de remate*** loc adj totally, completely

remedar vt [imitar] to imitate / [por burla] to ape, to mimic

remediar vt [daño] to remedy, to put right / [problema] to solve / [crisis, situación] to resolve / [peligro] to avoid, to prevent ▸ **al fin se remedió su situación** her situation was finally resolved ▸ **si puedes remediarlo, no vayas ese día** don't go on that day if you can help it ▸ **ya no se puede ~** there's nothing to be done about it, it can't be helped ▸ **no lo puedo ~** I can't help it

remedio nm **1.** [solución] solution, remedy ▸ **no hay** *o* **queda más ~ que...** there's nothing for it but... ▸ **poner ~ a algo** to do sth about sth ▸ **¡qué ~!** there's no alternative!, what else can I/we *etc* do? ▸ **no tener más ~ (que)** to have no alternative *o* choice (but) ▸ **no tiene ~** [persona] he's a hopeless case / [problema] nothing can be done about it ▸ **sin ~** [sin cura, solución] hopeless / [ineludiblemente] inevitably ▸ **es peor el ~ que la enfermedad** the solution is worse than the problem **2.** [consuelo] comfort, consolation ▸ **el mejor ~ contra la depresión es el trabajo** the best cure for depression is work **3.** [medicamento] remedy, cure ▸ **un ~ contra el sida** a cure for AIDS ▸ **~ casero** home remedy

remedo nm [imitación] imitation / [por burla] parody

rememorar vt to remember, to recall

remendado, -a adj [con parches] patched / [zurcido] darned, mended

remendar [3] vt [con parches] to patch, to mend / [zurcir] to darn, to mend

remendón, -ona adj **zapatero ~** cobbler

remera nf *RP* [prenda] T-shirt

remero, -a nm,f [persona] rower

remesa nf [de productos] shipment, consignment / [de dinero] remittance

remeter vt to tuck in

remiendo ▪ ver ***remendar***
▪ nm **1.** [parche] mend, darn **2.** *Fam* [apaño] patching up, makeshift mending

remilgado, -a adj **1.** [afectado] affected **2.** [escrupuloso] squeamish / [con comida] fussy, finicky

remilgo nm **1.** [afectación] affectation **2.** [escrúpulos] squeamishness / [con comida] fussiness ▸ **hacerle remilgos a algo** to turn one's nose up at sth

reminiscencia nf reminiscence ▸ **tener reminiscencias de** to be reminiscent of

remise nm *RP* taxi *(in private car without meter)*

remisero, -a nm,f *RP* taxi driver *(of private car without meter)*

remisión nf **1.** [envío] sending **2.** [en texto] cross-reference, reference **3.** [perdón] remission, forgiveness ▸ **sin ~** without hope of a reprieve

remiso, -a adj [reacio] reluctant ▸ **ser ~ a hacer algo** to be reluctant to do sth

remite nm = *sender's name and address*

remitente nmf sender

remitir ▪ vt **1.** [enviar] to send ▸ **~ algo a** to refer sth to **2.** [perdonar] to forgive, to remit
▪ vi **1.** [en texto] to refer (**a** to) **2.** [disminuir] [tormenta, viento] to subside / [fiebre, temperatura] to go down / [enfermedad] to go into remission / [lluvia, calor] to ease off
◆ ***remitirse a*** vpr **1.** [atenerse a] to comply with, to abide by **2.** [referirse a] to refer to

remo nm **1.** [pala] oar **2.** [deporte] rowing

remodelación nf [modificación] redesign / [conversión] conversion / [de Gobierno] reshuffle

remodelar vt [modificar] to redesign / [gobierno] to reshuffle ▸ **~ algo para convertirlo en** to convert sth into

remojar vt **1.** [mojar] to soak **2.** *Fam* [celebrar bebiendo] to celebrate with a drink

remojo nm **poner en** *o* **a ~** to leave to soak ▸ **estar en ~** to be soaking

remojón nm [en la piscina, el mar] dip / [bajo la lluvia] soaking, drenching ▸ **darse un ~** to go for a dip

remolacha nf [planta] *BR* beetroot, *US* beet ▸ **~ azucarera** (sugar) beet

remolachero, -a ▪ adj *BR* beetroot, *US* beet ▸ **el sector ~** the *BR* beetroot *o US* beet sector
▪ nm,f *BR* beetroot grower, *US* beet grower

remolcador, -ora ▪ adj [vehículo] **camión ~** *BR* breakdown van *o* truck, *US* tow truck ▸ [barco] **lancha remolcadora** tug, tugboat
▪ nm [camión] tow truck / [barco] tug, tugboat

remolcar [59] vt [coche] to tow / [barco] to tug

remolino nm **1.** [de agua] eddy, whirlpool / [de viento] whirlwind / [de humo] cloud, swirl **2.** [de gente] throng, mass **3.** [de ideas] confusion **4.** [de pelo] cowlick

remolón, -ona ▪ adj lazy
▪ nm,f **hacerse el ~** to shirk, to be lazy

remolonear vi *Fam* [perder el tiempo] to shirk, to be lazy / [en la cama] to laze about in bed

remolque nm **1.** [acción] towing ▸ **ir a ~ de** to be towed along by / *Fig* to follow along behind, to be led by **2.** [vehículo] trailer

remontada nf *Fam* DEP comeback ▸ **la ~ del equipo en la liga** the team's climb back up the league table

remontar vt [pendiente, río] to go up / [obstáculo] to get over, to overcome / [puestos] to pull back, to catch up ▸ **~ el vuelo** to soar
◆ ***remontarse*** vpr **1.** [ave, avión] to soar, to climb high **2.** [gastos] **remontarse a** to amount *o* come to **3.** [en el tiempo] **remontarse a** [hecho] to go *o* date back to / [persona] to go back to

remonte nm ski lift

rémora nf **1.** [pez] remora **2.** [impedimento] hindrance

remorder [41] vt **me remuerde (la conciencia) haberle mentido** I feel guilty *o* bad about lying to him

remordimiento nm remorse ▸ **tener remordimientos (de conciencia) por algo** to feel remorse about sth

remotamente adv remotely ▸ **no se parecen ni ~** they don't look even remotely like each other

remoto, -a adj [gen] & INFORM remote ▸ **no tengo ni la más remota idea** I haven't got the faintest idea

remover [41] vt **1.** [agitar] [sopa, café] to stir / [ensalada] to toss / [tierra] to turn over, to dig up **2.** [recuerdos, pasado] to stir up, to rake up **3.** *AM* [despedir] to dismiss, to sack
◆ ***removerse*** vpr [moverse] to fidget / [en la cama] to toss and turn

remozar [14] vt [edificio, fachada] to renovate / [equipo] to give a new look to

remplazar [14] vt [gen] & INFORM to replace

remplazo nm **1.** [gen] & INFORM replacement **2.** MIL call-up, draft ▸ **soldados de ~** conscripts

remuerda *etc ver* ***remorder***

remuevo *etc ver* ***remover***

remuneración nf remuneration

remunerado, -a adj paid ▸ **bien ~** well-paid ▸ **mal ~** badly-paid ▸ **no ~** unpaid

remunerar vt **1.** [pagar] to remunerate **2.** [recompensar] to reward

renacentista ■ adj Renaissance ▸ **pintor ~** Renaissance painter
■ nmf [artista] Renaissance artist

renacer [42] vi **1.** [flores, hojas] to grow again **2.** [sentimiento, interés] to return, to revive ▸ **sentirse ~** to feel reborn, to feel one has a new lease of life

Renacimiento nm **el ~** the Renaissance

renacimiento nm **1.** [de flores, hojas] budding **2.** [de sentimiento, interés] revival, return ▸ **~ espiritual** spiritual rebirth

renacuajo ■ nm [animal] tadpole
■ nmf *Fam* [niño] tiddler

renal adj renal, kidney ▸ **infección ~** kidney infection

renazca *etc ver* ***renacer***

rencilla nf (long-standing) quarrel, feud

rencor nm resentment, bitterness ▸ **espero que no me guardes ~** I hope you don't feel bitter towards me ▸ **me guarda ~ por lo que le hice** he bears me a grudge because of what I did to him

rencoroso, -a ■ adj resentful, bitter
■ nm,f resentful *o* bitter person

rendición nf surrender ▸ **~ incondicional** unconditional surrender

rendido, -a adj **1.** [agotado] exhausted, worn-out **2.** [sumiso] submissive / [admirador] servile, devoted

rendija nf crack, gap

rendimiento nm **1.** [de inversión, negocio] yield, return / [de trabajador, fábrica] productivity / [de tierra, cosecha] performance, yield ▸ **~ bruto** gross yield ▸ **~ del capital** capital yield **2.** [de motor] performance

rendir [47] ■ vt **1.** [entregar, dar] [arma, alma] to surrender ▸ **~ cuentas a alguien de algo** to give an account of sth to sb **2.** [ofrecer] [pleitesía] to pay ▸ **~ culto a** to worship ▸ **~ homenaje** *o* **tributo a alguien** to pay tribute to sb **3.** [rentar] to yield **4.** [vencer] to defeat, to subdue **5.** [cansar] to wear out, to tire out
■ vi **1.** [máquina] to perform well / [negocio] to be profitable / [fábrica, trabajador] to be productive ▸ **este atleta ya no rinde como antes** this athlete isn't as good as he used to be **2.** [dar de sí] **esta pintura rinde mucho** a little of this paint goes a long way ▸ **me rinde mucho el tiempo** I get a lot done (in the time)
◆ ***rendirse*** vpr **1.** [entregarse] to give oneself up, to surrender **2.** [ceder, abandonar] to submit, to give in ▸ **¡me rindo!** [en adivinanza] I give in *o* up! ▸ **rendirse a la evidencia** to bow to the evidence

renegado, -a adj & nm,f renegade

renegar [43] vi **1.** [repudiar] **~ de** REL to renounce / [familia] to disown **2.** *Fam* [gruñir] to grumble

renegociar vt to renegotiate

renegrido, -a adj grimy, blackened

renegué *ver* ***renegar***

Renfe ['rrenfe] nf (abrev de ***Red Nacional de los Ferrocarriles Españoles***) = *Spanish state railway company*

renglón nm line ▸ *Fig* **a ~ seguido** in the same breath, straight after ▸ **escribir a alguien unos renglones** to drop sb a line

reniego *etc ver* ***renegar***

reno nm reindeer

renombrado, -a adj renowned, famous

renombrar vt INFORM to rename

renombre nm renown, fame ▸ **de ~** famous

renovable adj renewable

renovación nf [de carné, contrato] renewal / [de mobiliario, local] renovation

renovado, -a adj [carné, contrato] renewed ▸ **con renovados bríos** with renewed energy

renovador, -ora ■ adj innovative / POL reformist
■ nm,f innovator / POL reformer

renovar [41] vt **1.** [cambiar] [mobiliario, local] to renovate / [personal, plantilla] to make changes to, to shake out ▸ **~ el vestuario** to buy new clothes, to update one's wardrobe ▸ **la empresa ha renovado su imagen** the company has brought its image up to date **2.** [rehacer] [carné, contrato, ataques] to renew **3.** [restaurar] to restore **4.** [transformar] to revitalize / POL to reform
◆ ***renovarse*** vpr **¡renovarse o morir!** adapt or die!

renqueante adj limping, hobbling

renquear vi [cojear] to limp, to hobble / [tener problemas] to struggle along

renqueo nm, *AM* ***renquera*** nf limp

renta nf **1.** [ingresos] income ▸ **vivir de las rentas** to live off one's (private) income ▸ **~ del capital** capital yield ▸ **~ fija** fixed income ▸ **~ per cápita** *o* **por habitante** per capita income ▸ **~ del trabajo** wage income ▸ **~ variable/vitalicia** variable/life annuity **2.** [alquiler] rent **3.** [beneficios] return **4.** [intereses] interest **5.** [deuda pública] national *o* public debt

rentabilidad nf profitability

rentabilizar [14] vt to make profitable

rentable adj profitable

rentar ■ vt **1.** [rendir] to produce, to yield **2.** *MÉX* [alquilar] to rent ▸ **se renta** [en letrero] for rent
■ vi to be profitable

rentista nmf = *person of independent means*

renuencia nf reluctance, unwillingness

renuente adj reluctant (**a** to), unwilling (**a** to)

renuevo *etc ver* ***renovar***

renuncia nf **1.** [abandono] giving up **2.** [dimisión] resignation ▸ **presentó su ~** he handed in his (letter of) resignation

renunciar vi **1. ~ a algo** [abandonar, prescindir de] to give sth up ▸ **~ al tabaco** to give up *o* stop smoking ▸ **~ a la violencia** to renounce the use of violence **2.** [dimitir] to resign ▸ **renunció a su cargo de**

secretario he resigned his position as secretary **3.** [rechazar] **~ a algo** [premio, oferta] to turn sth down ▸ **~ a hacer algo** to refuse to do sth ▸ **renunció a recibir ayuda del extranjero** he refused to accept help from abroad

renuncio nm **1.** [en naipes] revoke **2.** [mentira] lie ▸ **pillar a alguien en (un) ~** to catch sb lying

reñido, -a adj **1.** [enfadado] on bad terms *o* at odds (**con** with) ▸ **están reñidos** they've fallen out **2.** [disputado] fierce, hard-fought ▸ **unas elecciones muy reñidas** a keenly contested election **3.** [incompatible] **estar ~ con** to be at odds with, to be incompatible with

reñir [47] ■ vt [regañar] to tell off
■ vi [enfadarse] to argue, to squabble ▸ **~ con** to fall out with

reo nmf [culpado] offender, culprit / [acusado] accused, defendant

reoca nf *Fam* **ser la ~** [gracioso] to be a scream / [el colmo] to be the limit

reojo: de reojo loc adv **mirar algo/a alguien de ~** to look at sth/sb out of the corner of one's eye

reordenación nf restructuring, reorganization

reordenar vt to restructure

reorganización nf [reestructuración] reorganization / [del gobierno] reshuffle

reorganizar [14] vt [reestructurar] to reorganize / [gobierno] to reshuffle

reorientar vt [carrera, empresa, vida] to give a new direction to / [energías, interés] to re-focus (**hacia** on), to redirect (**hacia** towards)
◆ ***reorientarse*** [carrera, empresa, vida] to take a new direction / [energías, interés] to re-focus (**hacia** on), to be redirected (**hacia** towards)

repanchigarse, repanchingarse [38] vpr *Fam* to sprawl out

repanocha nf *Fam* **ser la ~** [gracioso] to be a scream / [el colmo] to be the limit

repantigarse, repantingarse [38] vpr *Fam* to sprawl out

reparación nf **1.** [arreglo] repair ▸ **necesita varias reparaciones** it needs several things repairing ▸ **en ~** under repair **2.** [compensación] reparation, redress

reparador, -ora adj [descanso, sueño] refreshing

reparar ■ vt [coche, aparato] to repair, to fix / [error, daño] to make amends for / [fuerzas] to make up for, to restore
■ vi [advertir] **~ en algo** to notice sth ▸ **no ~ en gastos** to spare no expense

reparo nm **1.** [objeción] objection ▸ **poner reparos a algo** to raise objections to sth **2.** [apuro] **con reparos** with hesitation *o* reservations ▸ **me da ~** I feel awkward about it ▸ **no tener reparos en hacer algo** to have no qualms *o* scruples about doing sth ▸ **sin reparos** without reservation, with no holds barred

repartición nf [reparto] sharing out

repartidor, -ora ■ adj delivery ▸ **camión ~** delivery lorry
■ nm,f [de butano, carbón] deliveryman, *f* deliverywoman / [de leche] milkman, *f* milkwoman / [de periódicos] paperboy, *f* papergirl ▸ **es ~ de publicidad** [en la calle] he hands out advertising leaflets / [en buzones] he distributes advertising leaflets

repartir vt **1.** [dividir] to share out, to divide ▸ **repartió los terrenos entre sus hijos** she divided the land amongst her children ▸ **la riqueza está mal repartida** there is an uneven distribution of wealth **2.** [entregar] [leche, periódicos, correo] to deliver / [naipes] to deal (out) ▸ **repartimos a domicilio** we do home deliveries ▸ *Fam* **repartió puñetazos a diestro y siniestro** he lashed out with his fists in every direction **3.** [esparcir] [pintura, mantequilla] to spread **4.** [asignar] [trabajo, órdenes] to give out, to allocate / [papeles] to assign
◆ ***repartirse*** vpr **1.** [dividirse] to divide up, to share out ▸ **se repartieron el botín** they divided up *o* shared out the loot **2.** [distribuirse] to spread out

reparto nm **1.** [división] division ▸ **hacer el ~ de algo** to divide sth up, to share out ▸ *ESP* FIN **~ de beneficios** profit sharing ▸ **el ~ de la riqueza** the distribution of wealth ▸ **~ del trabajo** worksharing ▸ *AM* FIN **~ de utilidades** profit sharing **2.** [entrega] [de leche, periódicos, correo] delivery / [de naipes] dealing ▸ **el camión del ~** the delivery van ▸ **se dedica al ~ de publicidad** he distributes advertising leaflets ▸ **~ a domicilio** home delivery **3.** [asignación] giving out, allocation ▸ **~ de premios** prizegiving **4.** CINE & TEATRO cast ▸ **actor de ~** supporting actor

repasador nm *RP* [trapo] tea towel

repasar vt **1.** [revisar] to go over, to check ▸ **hay que ~ las cuentas para detectar el error** we'll have to go through all the accounts to find the mistake ▸ **hoy repasaremos la segunda lección** we'll go over lesson two again today **2.** [estudiar] to revise **3.** [zurcir] to darn, to mend

repaso nm **1.** [revisión] check ▸ **hacer un ~ de algo** to check sth over **2.** [estudio] revision ▸ **dar un ~ a algo** to revise sth **3.** [de ropa] **dar un ~ a algo** to darn *o* mend sth ▸ **necesita un ~** it needs darning *o* mending **4.** *Fam* **dar un ~ a alguien** [regañar] to give sb a telling off *o* a ticking off / [apabullar] to thrash sb

repatear vt *Fam* **me repatea que...** it really annoys me that... ▸ **ese tipo me repatea** I can't stand that guy

repatriación nf repatriation

repatriar [32] vt to repatriate
◆ ***repatriarse*** vpr to return home

repecho nm steep slope

repeinado, -a adj dolled up

repelencia nf repulsion

repelente ■ adj **1.** [desagradable, repugnante] repulsive **2.** [de insectos] repellent
■ nm insect repellent

repeler vt **1.** [rechazar] to repel **2.** [repugnar] to repulse, to disgust

repelús nm **me da ~** it gives me the shivers

repeluzno nm shiver

repente nm [arrebato] fit

◆ ***de repente*** loc adv suddenly
repentinamente adv suddenly
repentino, -a adj sudden
repera nf *Fam* **ser la ~** to be the limit
repercusión nf **1.** [consecuencia] repercussion **2.** [resonancia] echoes
repercutir vi **1.** [afectar] to have repercussions (**en** on) **2.** [resonar] to resound, to echo
repertorio nm **1.** [obras] repertoire **2.** [serie] selection
repesca nf **1.** EDUC resit **2.** DEP repêchage
repescar [59] vt **1.** EDUC to allow a resit **2.** DEP to allow into the repêchage
repetición nf [de acción, dicho] repetition / [de una jugada] action replay
repetido, -a adj **1.** [reiterado] repeated ▸ **repetidas veces** time and time again **2.** [duplicado] **tengo este libro ~** I've got two copies of this book
repetidor, -ora ■ adj repeating the year
■ nm,f EDUC = *student repeating a year*
■ nm [de radio, televisión] repeater
repetir [47] ■ vt [hacer, decir de nuevo] to repeat / [ataque] to renew / [en comida] to have seconds of ▸ **repíteme tu apellido** could you repeat your surname?, could you tell me your surname again? ▸ **te lo he repetido mil veces** I've told you a thousand times ▸ EDUC **repitió tercero** he repeated his third year
■ vi **1.** [alumno] to repeat a year **2.** [sabor, alimento] **~ (a alguien)** to repeat (on sb) ▸ **el ajo repite mucho** garlic really repeats on you **3.** [comensal] to have seconds
◆ ***repetirse*** vpr **1.** [fenómeno] to recur ▸ **este fenómeno se repite cada verano** this phenomenon recurs *o* is repeated every summer **2.** [persona] to repeat oneself
repetitivo, -a adj repetitive
repicar [59] ■ vt [campanas] to ring / [tambor] to beat
■ vi [campanas] to ring / [tambor] to sound
repipi ■ adj (irritatingly) precocious
■ nmf precocious brat
repique ■ *ver* ***repicar***
■ nm peal, ringing
repiquetear vi [campanas] to ring out / [tambor] to beat / [timbre] to ring / [lluvia, dedos] to drum
repiqueteo nm [de campanas] pealing / [de tambor] beating / [de timbre] ringing / [de lluvia, dedos] drumming
repisa nf **1.** [estante] shelf / [sobre chimenea] mantelpiece **2.** ARQUIT bracket
repitiera *etc ver* ***repetir***
repito *etc ver* ***repetir***
replantar vt to replant
replanteamiento nm restatement, reconsideration
replantear vt **1.** [situación, problema] to restate **2.** [cuestión] [de nuevo] to raise again / [parafrasear] to rephrase
◆ ***replantearse*** vpr to reconsider
replegar [43] vt [ocultar] to retract
◆ ***replegarse*** vpr [retirarse] to withdraw, to retreat
repleto, -a adj [habitación, autobús] packed (**de** with) ▸ **estoy ~** [de comida] I'm full (up)
réplica nf **1.** [respuesta] reply **2.** [copia] replica
replicación nf BIOL replication
replicar [59] ■ vt [responder] to answer / [objetar] to answer back, to retort
■ vi [objetar] to answer back
repliego *etc ver* ***replegar***
repliegue nm **1.** [retirada] withdrawal, retreat **2.** [pliegue] fold
repoblación nf [con gente] repopulation / [con peces] restocking ▸ **~ forestal** reafforestation
repoblar [63] vt [con gente] to repopulate / [con peces] to restock / [con árboles] to replant, to reafforest
repollo nm cabbage
reponer [50] vt **1.** [existencias, trabajador] to replace **2.** CINE & TEATRO to rerun / TV to repeat **3.** [replicar] **~ que** to reply that
◆ ***reponerse*** vpr to recover (**de** from)
repóquer nm **un ~ de ases** five aces *(when playing with two decks)*
reportaje nm RAD & TV report / PRENSA feature ▸ **~ gráfico** illustrated feature
reportar vt **1.** [traer] to bring ▸ **no le ha reportado más que problemas** it has caused him nothing but problems **2.** *ANDES, CAM, MÉX, VEN* [informar] to report **3.** *CAM, MÉX* [a la policía] to report
◆ ***reportarse*** vpr **1.** [reprimirse] to control oneself **2.** *CAM, MÉX, VEN* [presentarse] to report (**a** to)
reporte nm *AM* report
reportear *CHILE, MÉX* ■ vt to report on, to cover
■ vi to work as a reporter
reportero, -a nm,f reporter ▸ **~ gráfico** press photographer
reposabrazos nm inv armrest
reposacabezas nm inv headrest
reposado, -a adj relaxed, calm
reposamuñecas nf wrist rest
reposapiés nm inv footrest
reposar vi **1.** [descansar] [persona] to (have a) rest **2.** [sedimentarse] [líquido, masa] to stand **3.** [yacer] [restos] to lie
reposera nf *RP* [silla] *BR* sun-lounger, *US* beach recliner
reposición nf **1.** CINE rerun / TEATRO revival / TV repeat **2.** [de existencias, pieza] replacement
reposo nm [descanso] rest ▸ **en ~** [cuerpo, persona] at rest / [máquina] not in use / CULIN standing
repostar ■ vi [coche] to fill up / [avión] to refuel
■ vt **1.** [gasolina] to fill up with **2.** [provisiones] to stock up on
repostería nf **1.** [establecimiento] confectioner's (shop) **2.** [oficio, productos] confectionery
repostero, -a ■ nm,f [persona] confectioner
■ nm *ANDES* [armario] larder, pantry
reprender vt [a niños] to tell off / [a empleados] to reprimand
reprensible adj reprehensible

reprensión nf [a niños] telling-off / [a empleados] reprimand

represa nf dam

represalia nf reprisal ▸ **tomar represalias** to retaliate, to take reprisals

representación nf **1.** [gen] & COM representation ▸ **en ~ de** on behalf of ▸ COM **tener la ~ de** to act as a representative for ▸ POL **~ proporcional** proportional representation **2.** TEATRO performance

representante ■ adj representative
■ nmf **1.** [gen] & COM representative **2.** [de artista] agent

representar vt **1.** [simbolizar, ejemplificar] to represent ▸ **este cuadro representa la Última Cena** this painting depicts the Last Supper **2.** [actuar en nombre de alguien] to represent ▸ **representa a varios artistas** she acts as an agent for several artists **3.** [aparentar] to look ▸ **representa unos 40 años** she looks about 40 **4.** [significar] to mean ▸ **representa el 50 por ciento del consumo interno** it accounts for 50 percent of domestic consumption ▸ **representa mucho para él** it means a lot to him **5.** TEATRO [función] to perform / [papel] to play

representatividad nf representativeness

representativo, -a adj **1.** [simbolizador] **ser ~ de algo** to represent sth ▸ **un grupo ~ de la población general** a group that represents the population as a whole **2.** [característico, relevante] **~ (de)** representative (of) ▸ **este cuadro es poco ~ de su estilo** this painting is not very representative of his style

represión nf repression

represivo, -a adj repressive

represor, -ora ■ adj repressive
■ nm,f oppressor

reprimenda nf reprimand

reprimido, -a ■ adj repressed
■ nm,f repressed person

reprimir vt **1.** [llanto, risa] to suppress **2.** [minorías, disidentes] to repress
◆ ***reprimirse*** vpr **reprimirse (de hacer algo)** to restrain oneself (from doing sth)

repris, reprise (pl **reprises**) nm acceleration

reprobable adj reprehensible

reprobación nf reproof, censure

reprobar [63] vt **1.** [desaprobar] to censure, to condemn **2.** *AM* [estudiante, examen] to fail

reprobatorio, -a adj reproving

réprobo, -a ■ adj damned
■ nm,f lost soul

reprochar vt **~ algo a alguien** to reproach sb for sth
◆ ***reprocharse*** vpr **reprocharse algo (uno mismo)** to reproach oneself for sth

reproche nm reproach ▸ **hacer un ~ a alguien** to reproach sb

reproducción nf reproduction ▸ **tratamiento de ~ asistida** fertility treatment ▸ **~ sexual** sexual reproduction

reproducir [18] vt [copiar, repetir] to reproduce / [gestos] to copy, to imitate ▸ **reprodujo su declaración por escrito** he put his statement into writing ▸ **la novela reproduce fielmente la atmósfera del periodo** the novel faithfully recreates the atmosphere of the period
◆ ***reproducirse*** vpr **1.** [volver a suceder] to recur ▸ **anoche se reprodujeron los choques armados en la frontera** last night there were renewed armed clashes on the border **2.** [procrear] to reproduce

reproductor, -ora **1** adj reproductive
■ nm player ▸ **~ de discos compactos** compact disc player

reprografía nf reprographics ▸ **(servicio de) ~** copying service

repruebo *etc ver* ***reprobar***

reptar vi to crawl

reptil nm reptile

república nf republic ▸ **~ bananera** banana republic

República Centroafricana nf Central African Republic

República Checa nf Czech Republic

República Dominicana nf Dominican Republic

republicanismo nm republicanism

republicano, -a adj & nm,f republican

repudiar vt **1.** [condenar] to condemn **2.** [rechazar] to disown

repudio nm **1.** [condena] condemnation **2.** [rechazo] disowning

repueblo *etc ver* ***repoblar***

repuesto, -a ■ participio *ver* ***reponer***
■ adj recovered (**de** from)
■ nm [provisión extra] reserve / AUT spare part ▸ **de ~** spare, in reserve ▸ **la rueda de ~** the spare wheel

repugnancia nf disgust

repugnante adj disgusting

repugnar ■ vt **me repugna ese olor/su actitud** I find that smell/her attitude disgusting ▸ **me repugna hacerlo** I'm loath to do it
■ vi to be disgusting

repujado, -a ■ adj embossed
■ nm embossed work

repujar vt to emboss

repulsa nf [censura] condemnation

repulsión nf repulsion

repulsivo, -a adj repulsive

repuntar vi FIN [valor] to rally, to recover

repunte nm [de valores, precios] rally, recovery ▸ **un ~ de la inflación** a slight rise in inflation

repusiera *etc ver* ***reponer***

reputación nf reputation ▸ **tener mucha ~** to be very famous

reputado, -a adj highly reputed

reputar vt to consider

requemado, -a adj burnt

requemar vt [quemar] to burn / [planta, tierra] to scorch
◆ ***requemarse*** vpr to get burnt, to burn

requerimiento nm **1.** [demanda] entreaty ▸ **a ~ de** on the request of **2.** DER [intimación] writ, injunction / [aviso] summons *(singular)*

requerir [62] vt **1.** [necesitar] to require **2.** [ordenar] to demand **3.** [pedir] **~ a alguien (para) que haga algo** to ask sb to do sth **4.** DER to order
◆ ***requerirse*** vpr [ser necesario] to be required *o* necessary

requesón nm = *ricotta-type cheese*

requete- prefijo *Fam* **requetebién** wonderfully *o* marvellously well ▸ **requetegrande** absolutely enormous

requiebro nm flirtatious remark

réquiem (pl **requiems**) nm requiem

requiero *etc ver* ***requerir***

requisa nf **1.** [requisición] MIL requisition / [en aduana] seizure **2.** [inspección] inspection

requisar vt MIL to requisition / [en aduana] to seize

requisito nm requirement ▸ **cumplir los requisitos** to fulfil all the requirements ▸ **~ previo** prerequisite

res nf **1.** [animal] beast, animal **2.** *AM* **reses** [ganado vacuno] cattle

resabiado, -a adj **estar ~** to be hardened ▸ **un caballo ~** a vicious horse

resabio nm **1.** [sabor] nasty aftertaste **2.** [vicio] persistent bad habit

resaca nf **1.** [de borrachera] hangover **2.** [de las olas] undertow

resacoso, -a adj *Fam* **estar ~** to be hungover

resalado, -a adj *Fam* charming

resaltar ■ vi **1.** [destacar] to stand out **2.** [en edificios] [balcón] to stick out / [decoración] to stand out
■ vt [destacar] to highlight

resarcimiento nm compensation

resarcir [72] vt **~ a alguien (de)** to compensate sb (for)
◆ ***resarcirse*** vpr [daño, pérdida] to be compensated (**de** for) ▸ **se resarció de la derrota del mes pasado** he gained revenge for his defeat the previous month

resbalada nf *AM Fam* slip

resbaladizo, -a adj *también Fig* slippery

resbalar ■ vi **1.** [caer] to slip (**con** *o* **en** on) **2.** [deslizarse] to slide ▸ **le resbalaban las lágrimas por el rostro** tears ran *o* trickled down her cheeks **3.** [estar resbaladizo] to be slippery
■ vt *Fam* [no preocupar a] **le resbala todo lo que le digo** everything I say to him goes in one ear and out the other ▸ **¡me resbala lo que diga de mí!** I couldn't care less what she says about me!
◆ ***resbalarse*** vpr to slip (over) ▸ **me resbalé y me caí** I slipped and fell ▸ **se resbaló con una piel de plátano** he slipped on a banana skin

resbalón nm *también Fig* slip ▸ **dar** *o* **pegar un ~** to slip

resbaloso, -a adj slippery

rescatar vt **1.** [liberar, salvar] to rescue / [pagando rescate] to ransom **2.** [recuperar] [herencia] to recover

rescate nm **1.** [liberación, salvación] rescue **2.** [dinero] ransom **3.** [recuperación] recovery

rescindir vt to rescind

rescisión nf cancellation

rescoldo nm [en fuego] ember / [resto] lingering feeling, flicker

resecar [59] vt **1.** [piel] to dry out **2.** [tierra] to parch
◆ ***resecarse*** vpr **1.** [piel] to dry out **2.** [tierra] to become parched

reseco, -a adj **1.** [piel, garganta, pan] very dry **2.** [tierra] parched **3.** [flaco] emaciated

resentido, -a ■ adj bitter, resentful ▸ **estar ~ con alguien** to be really upset with sb
■ nm,f bitter *o* resentful person

resentimiento nm resentment, bitterness

resentirse [62] vpr **1.** [debilitarse] to be weakened / [salud] to deteriorate **2.** [sentir molestias] **~ de** to be suffering from **3.** [ofenderse] to be offended

reseña nf [de libro, concierto] review / [de partido, conferencia] report

reseñar vt **1.** [criticar] [libro, concierto] to review / [partido, conferencia] to report on **2.** [describir] to describe

reseque *etc ver* ***resecar***

reserva ■ nf **1.** [de hotel, avión] reservation, booking ▸ **he hecho la ~ de las entradas** I've booked the tickets ▸ **~ anticipada** advance booking ▸ **~ de grupo** block booking **2.** [provisión] reserves ▸ **tener algo de ~** to keep sth in reserve ▸ **reservas** [energía acumulada] energy reserves / [recursos] resources ▸ ECON **reservas de divisas** foreign currency ▸ **reservas monetarias** monetary reserves ▸ **reservas de oro** gold reserves **3.** [objeción, cautela] reservation ▸ **sin reservas** without reservation **4.** [discreción] discretion **5.** [de indígenas] reservation **6.** [de animales] reserve ▸ **~ natural** nature reserve **7.** MIL reserve ▸ **pasar a la ~** to become a reservist
■ nmf DEP reserve, substitute
■ nm [vino] vintage (wine)

reservación nf *MÉX* reservation

reservado, -a ■ adj **1.** [mesa] reserved **2.** [tema, asunto] confidential **3.** [persona] reserved
■ nm [en restaurante] private room / FERROC reserved compartment

reservar vt **1.** [billete, habitación] to book, to reserve **2.** [guardar, apartar] to set aside ▸ **reservan la primera fila para los críticos** the front row is reserved for the critics ▸ **¿me puedes ~ un sitio a tu lado?** could you save a seat for me next to you? ▸ **reservó la buena noticia para el final** she saved the good news till last **3.** [callar] [opinión, comentarios] to reserve
◆ ***reservarse*** vpr **1.** [esperar] **reservarse para** to save oneself for ▸ **me estoy reservando para el postre** I'm saving myself for the dessert **2.** [guardar para sí] [secreto] to keep to oneself / [dinero, derecho] to retain (for oneself) ▸ **me reservo mi opinión sobre este asunto** I'm reserving judgement on this matter

reservista MIL ■ adj reserve ▸ **militar ~** officer in the reserve
■ nmf reservist

resfriado, -a ■ adj **estar ~** to have a cold
■ nm cold

resfriarse [32] vpr to catch a cold
resfrío nm *ANDES, RP* cold
resguardar ■ vt to protect ▸ **la sombrilla nos resguarda del sol** the parasol shades us from the sun ■ vi ~ **de** to protect against
◆ ***resguardarse*** vpr [en un portal] to shelter (**de** from) / [con abrigo, paraguas] to protect oneself (**de** against) ▸ **se resguardaron de la lluvia debajo de un árbol** they sheltered from the rain under a tree
resguardo nm **1.** [documento] receipt **2.** [protección] protection ▸ **al ~ de** safe from
residencia nf **1.** [establecimiento] [de oficiales] residence ▸ **~ (de ancianos)** old people's home ▸ **~ (de estudiantes)** *BR* hall of residence, *US* dormitory **2.** [hotel] boarding house **3.** [hospital] hospital **4.** [permiso para extranjeros] residence permit **5.** [periodo de formación] residency **6.** [estancia] stay **7.** [localidad, domicilio] residence
residencial adj residential ▸ **barrio ~** [lujoso] residential area
residente adj & nmf resident
residir vi **1.** [vivir] to reside **2.** [radicar] to lie (**en** in), to reside (**en** in)
residual adj residual ▸ **aguas residuales** sewage
residuo nm **1.** [material inservible] waste / QUÍM residue ▸ **residuos industriales** industrial waste ▸ **residuos nucleares** nuclear waste ▸ **residuos radiactivos** radioactive waste **2.** [restos] leftovers
resiento *etc ver* ***resentirse***
resignación nf resignation
resignarse vpr **~ (a hacer algo)** to resign oneself (to doing sth)
resina nf resin
resinoso, -a adj resinous
resintiera *etc ver* ***resentirse***
resistencia nf **1.** [gen] & ELEC & POL resistance ▸ **ofrecer ~** to put up resistance ▸ **~ pasiva** passive resistance **2.** [de puente, cimientos] strength **3.** [para correr, hacer deporte] stamina
resistente adj [fuerte] tough, strong ▸ **~ al calor** heat-resistant
resistir ■ vt **1.** [dolor, peso, críticas] to withstand ▸ **resiste muy mal el calor** he can't take the heat **2.** [tentación, impulso, deseo] to resist **3.** [tolerar] to tolerate, to stand ▸ **no lo resisto más, me voy** I can't stand it any longer, I'm off
■ vi **1.** [ejército, ciudad] **~ (a algo/a alguien)** to resist (sth/sb) **2.** [persona] to keep going ▸ **ese corredor resiste mucho** that runner has a lot of stamina ▸ **el tocadiscos aún resiste** the record player's still going strong ▸ **~ a algo** to stand up to sth, to withstand sth **3.** [mesa, dique] to take the strain ▸ **~ a algo** to withstand sth **4.** [mostrarse firme] [ante tentaciones] to resist (it) ▸ **~ a algo** to resist sth
◆ ***resistirse*** vpr **resistirse (a algo)** to resist (sth) ▸ **por más que empujo esta puerta se resiste** however hard I push, this door refuses to give way ▸ **resistirse a hacer algo** to refuse to do sth ▸ **me resisto a creerlo** I refuse to believe it ▸ **no hay hombre que se le resista** no man can resist her ▸ **se le resisten las matemáticas** she just can't get the hang of maths
resma nf ream
resol nm (sun's) glare ▸ **hace ~** it's cloudy but very bright
resollar [63] vi [jadear] to pant / [respirar] to breathe
resolución nf **1.** [solución] [de una crisis] resolution / [de un crimen] solution **2.** [firmeza] determination **3.** [decisión] decision / DER ruling ▸ **tomar una ~** to take a decision **4.** [de Naciones Unidas] resolution
resoluto, -a adj resolute
resolver [41] vt **1.** [solucionar] [duda, crisis] to resolve / [problema, caso] to solve **2.** [decidir] **~ hacer algo** to decide to do sth **3.** [partido, disputa, conflicto] to settle ▸ **una canasta en el último segundo resolvió el partido a favor del equipo visitante** a basket in the last second of the game secured victory for the visitors
◆ ***resolverse*** vpr **1.** [solucionarse] [duda, crisis] to be resolved / [problema, caso] to be solved ▸ **el secuestro se resolvió con la liberación de los rehenes** the hijacking was resolved *o* brought to an end with the release of the hostages **2.** [decidirse] **resolverse a hacer algo** to decide to do sth **3.** [terminar] **el huracán se resolvió en una tormenta tropical** the hurricane ended up as a tropical storm
resonancia nf **1.** [gen] & FÍS resonance ▸ MED **~ magnética** magnetic resonance **2.** [importancia] repercussions
resonante adj [que suena, retumba] resounding / FÍS resonant
resonar [63] vi to resound, to echo
resoplar vi [de cansancio] to pant / [de enfado] to snort
resoplido nm [por cansancio] pant / [por enfado] snort
resorte nm **1.** [muelle] spring **2.** [medio] means ▸ **tocar todos los resortes** to pull out all the stops **3.** *MÉX* [elástico] elastic
respaldar vt to back, to support ▸ **varios intelectuales respaldan la candidatura del escritor** several intellectuals are backing *o* supporting the writer as a candidate ▸ **el descubrimiento respalda su teoría** the discovery backs up *o* supports his theory
◆ ***respaldarse*** vpr [apoyarse] **respaldarse en** to fall back on
respaldo nm **1.** [de asiento] back **2.** [apoyo] backing, support
respectar v impersonal **por** *o* **en lo que respecta a alguien/a algo** as far as sb/sth is concerned
respectivamente adv respectively
respectivo, -a adj respective ▸ **en lo ~ a** with regard to
respecto: al respecto, a ese respecto loc adv in this respect ▸ **no sé nada al ~** I don't know anything about it
◆ ***(con) respecto a, respecto de*** loc prep regarding
respetabilidad nf respectability
respetable ■ adj [venerable] respectable

■ nm *Fam* [público] **el ~** the audience

respetar vt **1.** [persona, costumbre] to respect / [la palabra] to honour ▸ **hay que ~ a los ancianos** you should show respect for the elderly ▸ **no respeta las señales de tráfico** he takes no notice of traffic signs ▸ **hacerse ~** to make oneself respected **2.** [no destruir] to spare ▸ **respeten las plantas** [en letrero] keep off the flowerbeds

respeto nm **1.** respect (**a** *o* **por** for) ▸ **el ~ a los derechos humanos** respect for human rights ▸ **trata a sus profesores con mucho ~** he shows a great deal of respect towards his teachers, he is very respectful towards his teachers ▸ **es una falta de ~** it shows a lack of respect ▸ **faltar al ~ a alguien** to be disrespectful to sb ▸ **dentro de la iglesia hay que guardar ~** you must be respectful inside the church ▸ **por ~ a** out of consideration for ▸ **presentar uno sus respetos a alguien** to pay one's respects to sb **2.** [miedo] **tener ~ a las alturas** to be afraid of heights

respetuoso, -a adj respectful (**con** of)

respingar [38] vi [protestar] to make a fuss, to complain

respingo nm **1.** [movimiento] start, jump ▸ **dar un ~** to start **2.** [contestación] shrug (of annoyance)

respingón, -ona adj [nariz] snub / [trasero] pert

respiración nf breathing / MED respiration ▸ **~ artificial** *o* **asistida** artificial respiration ▸ **~ boca a boca** mouth-to-mouth resuscitation, the kiss of life ▸ *Fig* **quedarse sin ~** [asombrado] to be stunned

respiradero nm [hueco] vent / [conducto] ventilation shaft

respirador nm **~ (artificial)** [máquina] respirator, ventilator

respirar ■ vt **1.** [aire] to breathe ▸ *Fig* **en esa casa se respira el amor por la música** a love of music pervades that house **2.** [bondad] to exude

■ vi **1.** [aire] to breathe **2.** [sentir alivio] to breathe again ▸ *Fig* **no dejar ~ a alguien** not to allow sb a moment's peace **3.** [relajarse] to have a breather ▸ **sin ~** [sin descanso] without a break ▸ **después de tanto trabajo necesito ~** I need a breather after all that work

respiratorio, -a adj respiratory

respiro nm **1.** [descanso] rest **2.** [alivio] relief, respite

resplandecer [46] vi **1.** [brillar] to shine **2.** [destacar] to shine, to stand out ▸ **~ de algo** to shine with sth

resplandeciente adj [brillante] shining / [sonrisa] beaming / [época] glittering / [vestimenta, color] resplendent

resplandor nm **1.** [luz] brightness / [de fuego] glow **2.** [brillo] gleam

responder ■ vt [contestar] to answer / [con insolencia] to answer back

■ vi **1.** [contestar] **~ (a algo)** to answer (sth) ▸ **responde al nombre de Toby** he answers to the name of Toby **2.** [reaccionar] to respond (**a** to) **3.** [responsabilizarse] **~ de algo/por alguien** to answer for sth/for sb ▸ **¡no respondo de mis actos!** I can't be responsible for what I might do! **4.** [replicar] to answer back **5.** [corresponder] **~ a** to correspond to ▸ **las medidas responden a la crisis** the measures are in keeping with the nature of the crisis

respondón, -ona ■ adj insolent

■ nm,f insolent person

responsabilidad nf responsibility / DER liability ▸ **puesto de ~** responsible position ▸ **tener la ~ de algo** to be responsible for sth ▸ DER **~ civil/penal** civil/criminal liability ▸ **~ limitada** limited liability

responsabilizar [14] vt **~ a alguien (de algo)** to hold sb responsible (for sth)

◆ ***responsabilizarse*** vpr to accept responsibility (**de** for)

responsable ■ adj responsible ▸ **~ de** responsible for ▸ **hacerse ~ de** [responsabilizarse de] to take responsibility for / [atentado, secuestro] to claim responsibility for

■ nmf **1.** [culpable, autor] person responsible ▸ **los responsables** those responsible ▸ **tú eres el ~ de...** you're responsible for... **2.** [encargado] person in charge ▸ **soy el ~ de la sección de ventas** I'm in charge of the sales department

responso nm prayer for the dead

respuesta nf **1.** [contestación] answer, reply / [en exámenes] answer ▸ **en ~ a** in reply to ▸ **~ afirmativa** affirmative **2.** [reacción] response

resquebrajadura nf crack

resquebrajamiento nm **1.** [grieta] crack **2.** [cuarteamiento] cracking

resquebrajar vt to crack

◆ ***resquebrajarse*** vpr [piedra, loza, plástico] to crack / [madera] to split ▸ *Fig* **se está resquebrajando la sociedad** society is beginning to fall apart

resquemor nm resentment, bitterness

resquicio nm **1.** [abertura] chink / [grieta] crack **2.** [pizca] glimmer

resta nf MAT subtraction

restablecer [46] vt to reestablish, to restore

◆ ***restablecerse*** vpr **1.** [curarse] to recover (**de** from) **2.** [reinstaurarse] to be reestablished

restablecimiento nm **1.** [reinstauración] restoration, reestablishment **2.** [cura] recovery

restallar vt & vi [látigo] to crack / [lengua] to click

restallido nm [de látigo] crack

restante adj remaining ▸ **lo ~** the rest

restañar vt [herida] to staunch

restar ■ vt **1.** MAT to subtract ▸ **~ una cantidad de otra** to subtract one figure from another **2.** [disminuir] **~ importancia a algo** to play down the importance of sth ▸ **~ méritos a alguien/a algo** to detract from sb/sth

■ vi [faltar] to be left ▸ **sólo restan tres días** only three days are left ▸ **sólo me resta agradecerles su ayuda** all that remains is for me to thank you for your help

restauración nf restoration

restaurador, -ora nm,f restorer

restaurante, AM ***restaurant,*** AM ***restaurán*** nm restaurant

restaurar vt to restore

restitución nf return

restituir [34] vt **1.** [devolver] [objeto] to return /

[salud] to restore **2.** [restaurar] to restore
◆ ***restituirse*** vpr [regresar] **restituirse a** to return to

resto nm **1. el ~** the rest / MAT the remainder ▸ **el ~ se fue a bailar** the rest (of them) went dancing ▸ **me da igual lo que opine el ~** I don't care what the rest of them think *o* what the others think ▸ *Fig* **echar el ~** to do one's utmost **2. restos** [sobras] leftovers / [cadáver] remains / [ruinas] ruins ▸ **restos mortales** mortal remains **3.** [en tenis] return (of serve) ▸ **al ~, Jiménez** Jiménez to return

restorán nm *RP* restaurant

restregar [43] vt [frotar] to rub hard / [para limpiar] to scrub
◆ ***restregarse*** vpr [frotarse] to rub

restregón nm scrub ▸ **dar un ~ a alguien** to give sb a scrub

restricción nf restriction ▸ **han impuesto restricciones a la importación de vehículos extranjeros** restrictions have been placed on the importing of foreign vehicles ▸ **no hay restricciones de edad** there's no age limit ▸ **restricciones de agua** water rationing ▸ **restricciones eléctricas** power cuts ▸ **esta opción permite navegar por Internet sin restricciones horarias** this option allows you unmetered access to the Net 24 hours a day

restrictivo, -a adj restrictive

restringido, -a adj limited, restricted

restringir [24] vt to limit, to restrict

resucitar ■ vt [persona] to bring back to life / [costumbre] to resurrect, to revive
■ vi [persona] to rise from the dead

resuello ■ *ver **resollar***
■ nm [jadeo] pant, panting ▸ **quedarse sin ~** to be out of breath

resuelto, -a ■ participio *ver **resolver***
■ adj **1.** [solucionado] solved **2.** [decidido] determined ▸ **estar ~ a hacer algo** to be determined to do sth

resuelvo *etc ver **resolver***

resueno *etc ver **resonar***

resultado nm result ▸ **dar ~** to work (out), to have the desired effect ▸ **dar buenos resultados** to work well

resultante adj & nf resultant

resultar ■ vi **1.** [salir] to (turn out to) be ▸ **¿cómo resultó?** how did it turn out? ▸ **resultó un éxito** it was a success ▸ **~ en** [dar como resultado] to result in ▸ **~ herido/muerto** to be injured/killed ▸ **resultó ileso** he was uninjured ▸ **nuestro equipo resultó vencedor** our team came out on top **2.** [originarse] **~ de** to come of, to result from **3.** [ser] to be ▸ **resulta sorprendente** it's surprising ▸ **~ útil** to be useful ▸ **me resultó imposible terminar antes** I was unable to finish earlier ▸ **me resulta muy simpática** I find her very nice ▸ **este tema me está resultando ya aburrido** this topic is beginning to bore me ▸ **resultó ser mentira** it turned out to be a lie
■ v impersonal [suceder] **~ que** to turn out that ▸ **al final resultó que tenía razón** in the end it turned out that she was right ▸ **ahora resulta que no quiere alquilarlo** now it seems that he doesn't want to rent it

resultas: de resultas de loc prep as a result of

resultón, -ona adj *Fam* attractive

resumen nm summary ▸ **en ~** in short

resumir vt [abreviar] to summarize / [discurso] to sum up
◆ ***resumirse*** vpr **se resume en pocas palabras** it can be summed up in a few words

resurgimiento nm resurgence

resurgir [24] vi **el equipo ha resurgido tras una mala racha** the team has bounced back *o* returned to form after a bad patch ▸ **el movimiento pacifista resurgió con fuerza en aquella década** the pacifist movement experienced a major resurgence during that decade ▸ **la empresa ha resurgido de sus cenizas** the company has risen from the ashes

resurrección nf resurrection

retablo nm altarpiece

retaco nm *Fam* shorty, midget

retacón, -ona adj *RP Fam* short and fat

retaguardia nf [tropa] rearguard / [territorio] rear

retahíla nf string, series

retal nm remnant

retama nf broom

retar vt to challenge (**a** to)

retardado, -a adj delayed

retardar vt [retrasar] to delay / [frenar] to hold up, to slow down

retardo nm delay

retazo nm [de tela] remnant / [de discurso, recuerdo] fragment

retén nm reserve

retención nf **1.** [en comisaría] detention **2.** [en el sueldo] deduction ▸ **~ fiscal** tax **3.** [de tráfico] hold-up, delay **4.** MED retention

CÓMO...

hacer un resumen

All in all, it was a great success. / En resumen, ha sido un gran éxito.
It wasn't that bad in the end. / Al final no ha estado tan mal.
All things considered, we didn't do too badly. / Mirándolo bien, no nos ha ido tan mal.
To cut a long story short, she's decided to come next week instead. / Sin irme por las ramas, al final ha decidido venir la semana que viene.
What it all boils down to is we need more money. / Todo esto para decir que necesitamos más dinero.
To sum up, the majority of the feedback was positive. / Resumiendo, la mayoría de los comentarios fueron positivos.

retener [65] vt **1.** [detener] to hold back / [en comisaría] to detain ▸ **no me retuvo mucho tiempo** he didn't keep me long ▸ **~ el tráfico** to hold up the traffic **2.** [contener] [impulso, ira] to hold back, to restrain / [aliento] to hold **3.** [conservar] to retain **4.** [memorizar] to remember **5.** [deducir del sueldo] to deduct ▸ **el fisco me retiene el 20 por ciento del sueldo** 20 percent of my salary goes in tax

retengo *ver* ***retener***

retentiva nf memory

reticencia nf **1.** [resistencia] unwillingness **2.** [insinuación] insinuation, innuendo

reticente adj **1.** [reacio] unwilling, reluctant **2.** [con insinuaciones] full of insinuation

retícula nf reticle

reticular adj ANAT reticular

retículo nm reticle

retiene *ver* ***retener***

retina nf retina

retintín nm **1.** [ironía] sarcastic tone ▸ **con ~** sarcastically **2.** [tintineo] ringing

retirada nf **1.** MIL retreat ▸ **batirse en ~** to beat a retreat ▸ **cubrir la ~** to cover the retreat **2.** [de fondos, moneda, carné, producto] withdrawal ▸ **han ordenado la ~ del mercado del producto** they have ordered the product to be withdrawn from *o* taken off the market **3.** [de competición, actividad] withdrawal ▸ **ha anunciado su ~ de los terrenos de juego** he has announced his retirement from the game

retirado, -a ■ adj **1.** [jubilado] retired **2.** [solitario, alejado] isolated, secluded
■ nm,f [jubilado] retired person, *US* retiree

retirar vt **1.** [quitar, sacar] to remove / [dinero, moneda, carné] to withdraw / [nieve] to clear / [mano] to withdraw ▸ **me ha retirado el saludo** he's not speaking to me **2.** [jubilar] [a deportista] to force to retire / [a empleado] to retire ▸ **una lesión lo retiró de la alta competición** an injury forced him to retire from top-flight competition **3.** [recoger, llevarse] to pick up, to collect ▸ **puede pasar a ~ sus fotos el jueves** you can pick your photos up *o* collect your photos on Thursday **4.** [retractarse de] to take back ▸ **¡retira eso que** *o* **lo que dijiste!** take that back!, take back what you said!
◆ ***retirarse*** vpr **1.** [jubilarse] to retire **2.** [de competición, elecciones] to withdraw / [de reunión] to leave / [irse a dormir] to retire (for the evening) **3.** [de campo de batalla] to retreat **4.** [apartarse] to move away ▸ **retírate, que no dejas pasar** move out of the way, people can't get past

retiro nm **1.** [jubilación] retirement / [pensión] pension **2.** [refugio, ejercicio] retreat

reto nm challenge

retocado nm INFORM **~ de imagen** image retouching

retocar [59] vt [prenda de vestir] to alter ▸ **~ la pintura** to touch up the paintwork

retoce *etc ver* ***retozar***

retomar vt to take up again

retoñar vi **1.** [planta] to sprout, to shoot **2.** [situación, problema] to reappear

retoño nm **1.** BOT sprout, shoot **2.** [hijo] **mis retoños** my offspring

retoque ■ *ver* ***retocar***
■ nm [toque] touching-up / [de prenda de vestir] alteration ▸ **dar los últimos retoques a algo** to put the finishing touches to sth

retorcer [15] vt **1.** [torcer] [brazo, alambre] to twist / [ropa, cuello] to wring **2.** [tergiversar] to twist
◆ ***retorcerse*** vpr [de risa] to double up (**de** with) / [de dolor] to writhe about (**de** in)

retorcido, -a adj **1.** [torcido] [brazo, alambre] twisted / [ropa] wrung out **2.** [rebuscado] complicated, involved **3.** [malintencionado] twisted, warped

retórica nf LIT & *Fig* rhetoric

retórico, -a ■ adj rhetorical
■ nm,f [persona] rhetorician

retornable adj returnable ▸ **no ~** non-returnable

retornar vt & vi to return

retorno nm [gen] & INFORM return ▸ **~ automático** soft return ▸ **~ de carro** carriage return ▸ **~ manual** hard return

retortero nm *Fam* **andar al ~** to be extremely busy ▸ **traer a alguien al ~** to keep sb on the go

retortijón nm stomach cramp

retozar [14] vi [niños, cachorros] to gambol, to frolic / [amantes] to romp about

retozón, -ona adj playful

retractación nf retraction

retractarse vpr [de una promesa] to go back on one's word / [de una opinión] to take back what one has said ▸ **~ de** [lo dicho] to retract, to take back

retráctil adj [antena, brazo mecánico] retractable / [uña] retractile

retraer [66] vt **1.** [encoger] to retract **2.** [disuadir] **~ a alguien de hacer algo** to persuade sb not to do sth
◆ ***retraerse*** vpr **1.** [encogerse] to retract **2.** [aislarse, retroceder] to withdraw, to retreat ▸ **se retrae cuando hay extraños** he becomes very withdrawn in the company of strangers

retraído, -a adj withdrawn, retiring

retraimiento nm shyness, reserve

retranca nf **hacer algo con ~** to have an ulterior motive in doing sth

retransmisión nf broadcast ▸ **~ en directo/diferido** live/recorded broadcast

retransmitir vt to broadcast

retrasado, -a ■ adj **1.** [país, industria] backward / [reloj] slow / [tren] late, delayed ▸ **número ~** [de periódico, revista] back number *o* issue **2.** [en el pago, los estudios] behind ▸ **vamos muy retrasados en el proyecto** we're a long way behind (schedule) with the project **3.** MED retarded, backward
■ nm,f **~ (mental)** mentally retarded person / *Fig* [tonto] retard

retrasar ■ vt **1.** [aplazar] to postpone ▸ **retrasaron la fecha de la reunión** the meeting was postponed, they put back the date of the meeting **2.** [demorar] to delay, to hold up **3.** [hacer más lento] to slow down, to hold up

4. [en el pago, los estudios] to set back 5. [reloj] to put back ▸ **habrá que ~ los relojes una hora** the clocks will have to be put back an hour 6. DEP [balón] to pass back
■ vi [reloj] to be slow
◆ ***retrasarse*** vpr 1. [llegar tarde] to be late ▸ **el vuelo se ha retrasado una hora** the flight is an hour late 2. [quedarse atrás] to fall behind ▸ **se retrasaron un mes en la entrega** they were a month late with the delivery 3. [aplazarse] to be put off 4. [reloj] to lose time ▸ **mi reloj se retrasa cinco minutos al día** my watch loses five minutes a day

retraso nm 1. [demora] delay ▸ **perdón por el ~** I'm sorry about the delay ▸ **el vuelo ha sufrido un pequeño ~** the flight has been slightly delayed ▸ **llegar con (15 minutos de) ~** to be (15 minutes) late ▸ **los trenes circulan hoy con (una hora de) ~** trains are running (an hour) late today 2. [por sobrepasar un límite] **el proyecto lleva dos semanas de ~** the project is two weeks behind schedule ▸ **llevo en mi trabajo un ~ de 20 páginas** I'm 20 pages behind with my work 3. [subdesarrollo] backwardness ▸ **llevar (siglos de) ~** to be (centuries) behind ▸ MED **~ mental** mental deficiency ▸ **tener un ~ mental** to be mentally retarded

retratar vt 1. [fotografiar] to photograph 2. [dibujar] to do a portrait of 3. [describir] to portray
◆ ***retratarse*** vpr [describirse] to describe oneself

retratista nmf ARTE portraitist / FOT (portrait) photographer

retrato nm 1. [dibujo] portrait / [fotografía] portrait (photograph) ▸ **ser el vivo ~ de alguien** to be the spitting image of sb ▸ **~ robot** Identikit® picture, *BR* Photofit® picture 2. [descripción] portrayal

retreta nf MIL retreat

retrete nm [taza] toilet / [habitación] toilet, *US* bathroom

retribución nf payment ▸ **en ~ por sus servicios** as payment for your services

> FALSO AMIGO / FALSE FRIEND
> ***retribución***
>
> **Retribution** is not a translation of the Spanish word *retribución*. **Retribution** is translated by *represalias*.

retribuir [34] vt 1. [pagar] to pay / [recompensar] to reward 2. *AM* [favor, obsequio] to return, to repay

retributivo, -a adj **la política retributiva** pay policy ▸ **un premio ~** a cash prize

retro adj 1. [estilo, moda] retro 2. POL reactionary

retroactividad nf [de ley] retroactivity / [del pago] backdating

retroactivo, -a adj [ley] retrospective, retroactive / [pago] backdated ▸ **con efecto** *o* **con carácter ~** retroactively

retroalimentación nf feedback

retroceder vi [moverse] to go back / [ante obstáculo] to back down ▸ **tuvo que ~ para salir del garaje** he had to back out of the garage ▸ **la lluvia de piedras obligó a ~ a la policía** the shower of stones forced the police to move back ▸ **retrocedió dos puestos en la clasificación** he dropped *o* fell two places in the table ▸ **no retrocederé ante nada** there's no stopping me now

retroceso nm 1. [movimiento hacia atrás, regresión] backward movement / [de fusil, cañón] recoil / [en negociaciones] setback / [en la economía] recession 2. [en enfermedad] deterioration

retrógrado, -a adj *Pey* backward-looking, hidebound / POL reactionary

retropropulsión nf jet propulsion

retroproyector nm overhead projector

retrospección nf retrospection

retrospectiva nf retrospective

retrospectivo, -a adj retrospective ▸ **echar una mirada retrospectiva a** to look back over

retrotraer [66] vt [relato] to set in the past
◆ ***retrotraerse*** vpr [al pasado] to cast one's mind back, to go back

retrovisor nm rear-view mirror ▸ **~ lateral** wing mirror

retuerzo *ver* ***retorcer***

retumbante adj resounding

retumbar vi [resonar] to resound / [hacer ruido] to thunder, to boom ▸ *Fam* **me retumban los oídos** my ears are ringing

retuviera *etc ver* ***retener***

reuma, reúma nm o nf rheumatism

reumático, -a adj & nm,f rheumatic

reumatismo nm rheumatism

reumatología nf rheumatology

reumatólogo, -a nm,f rheumatologist

reunificación nf reunification

reunificar [59] vt to reunify
◆ ***reunificarse*** vpr to reunify

reunión nf 1. [encuentro, asistentes] meeting ▸ **~ del consejo** board meeting 2. [recogida] gathering, collection

reunir vt 1. [público, tendencias] to bring together 2. [objetos, información] to collect, to bring together / [fondos] to raise ▸ **reunió una gran fortuna** he amassed a large fortune 3. [requisitos, condiciones] to meet, to fulfil / [cualidades] to possess, to combine ▸ **el plan reúne todas las condiciones para ser aceptado** the plan meets *o* fulfils all the criteria for acceptance ▸ **no reúne los requisitos necesarios para el puesto** he doesn't meet the requirements for the post 4. [volver a unir] to put back together
◆ ***reunirse*** vpr [congregarse, juntarse] to meet ▸ **reunirse con alguien** to meet sb

reutilizable adj reusable

reutilizar [14] vt to reuse

reválida nf 1. [confirmación] **pasó la ~ del título** he successfully defended the title 2. *AM* [de estudios, título] recognition

revalidar vt 1. *ESP* [en deportes] to successfully defend 2. *AM* [estudios, diploma] to validate

revalorización nf 1. [aumento del valor] appreciation / [de moneda] revaluation ▸ **~ de activos** appreciation of assets **2.** [restitución del valor] favourable reassessment

revalorizar **[14]** vt **1.** [aumentar el valor de] to increase the value of / [moneda] to revalue **2.** [restituir el valor de] to reassess in a favourable light
◆ ***revalorizarse*** vpr **1.** [aumentar de valor] to appreciate / [moneda] to be revalued **2.** [recuperar valor] to be reassessed favourably

revancha nf [venganza] revenge ▸ **tomarse la ~** to take revenge

revanchismo nm vengefulness

revelación nf revelation

revelado nm FOT developing

revelador, -ora ■ adj [aclarador] revealing
■ nm FOT developer

revelar vt **1.** [descubrir] to reveal ▸ **se negó a ~ la localización de la bomba** he refused to reveal *o* disclose the whereabouts of the bomb **2.** [manifestar] to show **3.** FOT to develop
◆ ***revelarse*** vpr **1.** [descubrirse] **revelarse como...** to show oneself to be... **2.** [resultar] **sus esfuerzos se han revelado inútiles** their efforts proved useless

revendedor, -ora nm,f ticket tout

revender vt [productos, bienes] to resell / [entradas] to tout

revenirse **[69]** vpr **1.** [ponerse correoso] to go soggy **2.** [avinagrarse] to turn sour

reventa nf [de productos, bienes] resale / [de entradas] touting

reventado, -a adj *Fam* [cansado] shattered, whacked

reventador nm [boicoteador] heckler

reventar **[3]** ■ vt **1.** [explotar] to burst **2.** [echar abajo] to break down / [con explosivos] to blow up **3.** [hacer fracasar] to ruin, to spoil / [boicotear] to disrupt ▸ COM **~ los precios** to make massive price cuts **4.** *Fam* [cansar mucho] to shatter **5.** *Fam* [fastidiar] to annoy ▸ **me revienta que...** it really bugs me that...
■ vi **1.** [explotar] to burst ▸ *Fig* **si no se lo digo, reviento** I'd have exploded if I hadn't said anything to him ▸ *Fam Fig* **por mí, como si revienta** he can drop dead as far as I'm concerned **2.** [estar lleno] **~ de** to be bursting with ▸ **la sala estaba (llena) a ~** the room was bursting at the seams **3.** [desear mucho] **~ por hacer algo** to be bursting to do sth **4.** *Fam* [perder los nervios] to explode
◆ ***reventarse*** vpr **1.** [rueda, tuberías] to burst **2.** *Fam* [cansarse] to get whacked, to tire oneself to death

reventón nm **1.** [pinchazo] blow-out, *BR* puncture, *US* flat **2.** [estallido] burst

reverberación nf [de sonido] reverberation / [de luz, calor] reflection

reverberar vi [sonido] to reverberate / [luz, calor] to reflect

reverdecer **[46]** vi **1.** [campos] to become green again **2.** [interés, sentimientos] to revive

reverencia nf **1.** [respeto] reverence **2.** [saludo] [inclinación] bow / [flexión de piernas] curtsy **3.** [tratamiento] **su ~** Your/His Reverence

reverenciar vt to revere

reverendísimo, -a adj Right Reverend

reverendo, -a adj & nm reverend

reverente adj reverent

reversa nf *MÉX* reverse

reversibilidad nf reversibility

reversible adj reversible

reverso nm [parte de atrás] back, other side / [de moneda, medalla] reverse ▸ **ser el ~ de la medalla** to be the other side of the coin

reverter **[64]** vi to overflow

revertir **[62]** ■ vi **1.** [resultar] **~ en** to result in ▸ **~ en beneficio/perjuicio de** to be to the advantage/detriment of **2.** [volver] **~ a** to revert to
■ vt *AM* [invertir] to reverse

revés (pl **reveses**) nm **1.** [parte opuesta] [de papel, mano] back / [de tela] other side, wrong side ▸ **al ~** [en dirección o sentido equivocado] the wrong way round / [en forma opuesta, invertido] the other way round ▸ **no estoy triste, al ~ estoy contentísima** I'm not sad, on the contrary, I'm very happy ▸ **lo hizo al ~ de como le dije** he did the opposite of what I told him to ▸ **al** *o* **del ~** [lo de detrás, delante] the wrong way round, back to front / [lo de dentro, fuera] inside out / [lo de arriba, abajo] upside down ▸ **volver algo del ~** to turn sth around **2.** [contratiempo] setback, blow **3.** [bofetada] slap **4.** DEP backhand

revestimiento nm [por fuera] covering / [por dentro] lining

revestir **[47]** vt **1.** [recubrir] to cover / [con pintura] to coat / [con forro] to line **2.** [poseer] [solemnidad, gravedad] to take on, to have

CÓMO...

presidir una reunión

Good morning, everyone. Thank you for coming. / Buenos días a todos. Gracias por haber venido.
Is there anyone still to come? / ¿Todavía falta alguien por llegar?
Could we make a start now, please? / ¿Podríamos empezar, por favor?
The first item on the agenda is our new product launch. / El primer asunto en el orden del día es el lanzamiento de nuestro nuevo producto.
Can we move on to the second point? / ¿Podemos pasar al segundo punto?
Let's break for coffee. / Hagamos una pausa para el café.
Does anyone else have any comments? / ¿Alguien más tiene algún comentario?
Any other business? / ¿Alguna otra cuestión?
If no one has anything to add, I'll bring this meeting to a close. / Si nadie más tiene algo que añadir, doy esta reunion por terminada.

◆ ***revestirse*** vpr **revestirse de** [actitud] to arm oneself with

reviento *etc ver* ***reventar***

revierta *etc ver* ***revertir***

revirtiera *etc ver* ***revertir***

revisación nf *RP* **1.** [médica, odontológica] examination **2.** [registro] search

revisar vt **1.** [repasar] to go over again **2.** [examinar] to check / [cuentas] to audit ▸ **revíseme los frenos** could you check my brakes? ▸ **me tengo que ~ la vista** I have to get my eyes tested ▸ **le revisaron el equipaje** they searched her luggage **3.** [modificar] to revise **4.** *AM* [registrar] to search

revisión nf **1.** [repaso] revision **2.** [examen] check / [de vehículo] service ▸ **~ de cuentas** audit ▸ **~ médica** check-up **3.** [modificación] review **4.** *CAM, MÉX* [registro] search

revisionismo nm revisionism

revisionista nmf revisionist

revisor, -ora nm,f [en tren, autobús] ticket inspector

revista ■ *ver* ***revestir***

■ nf **1.** [publicación] magazine / [académica] journal ▸ **~ del corazón** gossip magazine **2.** [espectáculo teatral] revue **3.** [inspección] **pasar ~ a** MIL to inspect, to review / [examinar] to examine

revistero nm [mueble] magazine rack

revistiera *etc ver* ***revestir***

revitalizar [14] vt to revitalize

revival [rri'βaiβal] (pl **revivals**) nm revival

revivificar [59] vt to revive

revivir ■ vi *también Fig* to revive

■ vt [recordar] to revive memories of / [resucitar] to revive, to rekindle

revocable adj revocable

revocación nf revocation

revocar [59] vt **1.** [orden, decisión] to revoke **2.** CONSTR to plaster

revolcar [67] vt to throw to the ground, to upend

◆ ***revolcarse*** vpr **1.** [por el suelo] to roll about **2.** *Fam* [amantes] to roll around *(kissing and canoodling)*

revolcón nm **1.** [caída] tumble, fall **2.** *Fam* [juegos amorosos] **darse un ~** to roll around *(kissing and canoodling)*

revolotear vi **1.** [pájaro, mariposa] to flutter (about) **2.** [persona] to flit about

revoloteo nm **1.** [de pájaro, mariposa] fluttering (about) **2.** [de persona] flitting about

revoltijo, revoltillo nm jumble

revoltoso, -a ■ adj [rebelde] rebellious / [travieso] naughty

■ nm,f [alborotador] troublemaker / [sedicioso] rebel / [travieso] rascal

revolución nf revolution ▸ **la Revolución Industrial** the Industrial Revolution

revolucionar vt **1.** [agitar] [crear conflicto en] to cause uproar in / [crear excitación en] to cause a stir in ▸ **¡no revoluciones a los niños!** don't get the children all excited! **2.** [transformar] to revolutionize

revolucionario, -a adj & nm,f revolutionary

revolver [41] ■ vt **1.** [mezclar] [líquido] to stir / [ensalada] to toss / [objetos] to mix **2.** [desorganizar] to turn upside down, to mess up / [cajones] to turn out **3.** [irritar] to upset ▸ **me revuelve el estómago** *o* **las tripas** it makes my stomach turn

■ vi **~ en** [armario, pasado] to rummage around in

◆ ***revolverse*** vpr **1.** [moverse] [en un sillón] to shift about / [en la cama] to toss and turn ▸ **revolverse contra alguien** to turn on sb **2.** [el mar] to become rough / [el tiempo] to turn stormy

> FALSO AMIGO / FALSE FRIEND
>
> ***revolver***
>
> Revolve is not a translation of the Spanish word *revolver*. Revolve is translated by *girar*.

revólver nm revolver

revoque *etc ver* ***revocar***

revuelco *etc ver* ***revolcar***

revuelo nm [agitación] commotion ▸ **armar** *o* **causar un gran ~** to cause a stir

revuelque *etc ver* ***revolcar***

revuelta nf **1.** [disturbio] riot, revolt **2.** [curva] bend

revuelto, -a ■ participio *ver* ***revolver***

■ adj **1.** [desordenado] [habitación] upside down, in a mess / [época] troubled, turbulent / [pelo] dishevelled **2.** [mezclado] mixed up ▸ **viven todos revueltos** they live on top of one another ▸ **huevos revueltos** scrambled eggs **3.** [clima] unsettled / [aguas] choppy, rough

■ nm CULIN scrambled eggs ▸ **~ de espárragos** = *scrambled egg with asparagus*

revuelvo *etc ver* ***revolver***

revulsión nf revulsion

revulsivo nm **1.** [fármaco] counter-irritant, *Espec* revulsive **2.** [estímulo] kick-start, stimulus

rey nm king ▸ **los Reyes** the King and Queen ▸ **hablando del ~ de Roma** talk *o* speak of the devil ▸ **(Día de) Reyes** Epiphany *(6 January, day on which children receive presents)* ▸ **los Reyes Católicos** the Spanish Catholic monarchs Ferdinand V and Isabella ▸ **los Reyes Magos** the Three Kings, the Three Wise Men ▸ **¿qué les vas a pedir a los Reyes (Magos)?** ≃ what are you going to ask Father Christmas for? ▸ **el rey de la selva** the king of the jungle

reyerta nf fight, brawl

rezagado, -a ■ adj **ir ~** to lag behind

■ nm,f straggler

rezagarse [38] vpr to lag *o* fall behind

rezar [14] ■ vt **1.** [oración] to say ▸ **~ el rosario** to say *o* to recite the rosary **2.** [decir] to read, to say ▸ **el cartel reza: "prohibido el paso"** the sign says "no entry" ▸ **como reza el artículo segundo de la ley** as stated in article two of the law

■ vi **1.** [orar] to pray (**a** to) ▸ **~ por alguien/algo** to pray for sb/sth **2.** *Fam* [tener que ver] **esto no reza conmigo** that has nothing to do with me

rezo nm **1.** [acción] praying **2.** [oración] prayer

rezongar [38] vi to grumble, to moan

rezumar ■ vt to ooze
■ vi to ooze *o* seep out

RFA nf *Antes* (abrev de ***República Federal de Alemania***) FRG

Rh nf (abrev de ***Rhesus***) Rh ▸ **Rh positivo/negativo** rhesus positive/negative

rhesus nm rhesus monkey

Rhin nm **el ~** the Rhine

ría ■ *ver* ***reír***
■ nf ria, = *long narrow sea inlet*

riachuelo nm brook, stream

Riad n Riyadh

riada nf *también Fig* flood

ribazo nm [terreno inclinado] slope / [del río] sloping bank

ribeiro nm = *wine from the province of Orense, Spain*

ribera nf [del río] bank / [del mar] shore ▸ **la ~ del Ebro** the banks of the Ebro

ribereño, -a ■ adj [de río] riverside / [de mar] coastal
■ nm,f = *person who lives by a river*

ribete nm **1.** [cinta] edging, trimming **2. ribetes** [rasgos] touches, nuances ▸ **tener ribetes de poeta/orador** to be something of a poet/an orator

ribeteado, -a adj edged, trimmed

ribetear vt to edge, to trim

ribonucleico adj BIOL **ácido ~** ribonucleic acid

ricachón, -ona nm,f *Pey* filthy *o* stinking rich person

ricamente adv **tan ~** quite happily

rice *etc ver* ***rizar***

ricino nm [planta] castor oil plant

rico, -a ■ adj **1.** [adinerado] [persona] rich **2.** [abundante] [región] rich (**en** in) ▸ **una dieta rica en proteínas** a protein-rich diet, a diet rich in protein **3.** [fértil] [suelo] fertile, rich **4.** [sabroso] [comida] delicious ▸ **¡qué ~!** this is delicious! **5.** [simpático] [niño, perrito] cute **6.** *AM salvo RP* [agradable] lovely
■ nm,f **1.** [adinerado] rich person ▸ **los ricos** the rich ▸ **los nuevos ricos** the nouveaux riches **2.** *Fam* [apelativo] **¡oye ~!** hey, sunshine! ▸ **¿por qué no te callas, ~?** shut up, you!

rictus nm inv [de dolor] wince / [de ironía] smirk / [de desprecio] sneer ▸ **un ~ de amargura** a bitter expression

ricura nf *Fam* **1.** [persona] delight, lovely person ▸ **¡qué ~ de niño!** what a lovely *o* charming child! **2.** [guiso] **¡qué ~ de sopa!** what delicious soup!

ridiculez nf **1.** [payasada] silly thing, nonsense **2.** [nimiedad] trifle ▸ **cuesta una ~** it costs next to nothing

ridiculizar [14] vt to ridicule

ridículo, -a ■ adj **1.** [situación, persona, ropa] ridiculous ▸ **estás ~ con esos pantalones** you look ridiculous in those *BR* trousers *o US* pants ▸ **acéptalo, ¡no seas ~!** take it, don't be ridiculous *o* silly! **2.** [precio, suma] laughable, derisory
■ nm ridicule ▸ **hacer el ~** to make a fool of oneself ▸ **poner** *o* **dejar en ~ a alguien** to make sb look stupid ▸ **quedar en ~** to look like a fool ▸ **no tiene sentido del ~** he doesn't get embarrassed easily

ríe *ver* ***reír***

riego ■ *ver* ***regar***
■ nm [de campo] irrigation / [de jardín] watering ▸ **~ sanguíneo** (blood) circulation

riegue *etc ver* ***regar***

riel nm **1.** [de vía] rail **2.** [de cortina] (curtain) rail

rienda nf [de caballería] rein ▸ *Fig* **aflojar las riendas** to ease up ▸ *Fig* **comer a ~ suelta** to eat one's fill ▸ *Fig* **dar ~ suelta a** to give free rein to ▸ *Fig* **llevar** *o* **tener las riendas** to hold the reins, to be in control

riera *etc ver* ***reír***

riesgo nm risk ▸ **a todo ~** [seguro, póliza] comprehensive ▸ **correr (el) ~ de** to run the risk of ▸ **a ~ de** at the risk of ▸ **un ~ calculado** a calculated risk

rifa nf raffle

rifar vt to raffle
◆ ***rifarse*** vpr [disputarse] to fight over, to contest

rifirrafe nm *Fam* skirmish, flare-up

rifle nm rifle

Riga n Riga

rige *ver* ***regir***

rigidez nf **1.** [de objeto, material] rigidity **2.** [de pierna, brazo] stiffness **3.** [del rostro] stoniness **4.** [severidad] strictness, harshness

rígido, -a adj **1.** [objeto, material] rigid **2.** [pierna, brazo] stiff **3.** [rostro] stony **4.** [severo] [normas] harsh / [carácter] inflexible

rigiera *etc ver* ***regir***

rigor nm **1.** [severidad] strictness ▸ **con ~** strictly **2.** [exactitud] accuracy, rigour ▸ **no tiene ningún ~ científico** it's totally lacking in scientific rigour ▸ **en ~** strictly (speaking) **3.** [inclemencia] harshness **4.** [rigidez] **~ mortis** rigor mortis **5. de ~: nos cayó la bronca de ~** we got the inevitable telling-off ▸ **es de ~ en esas ocasiones** it's de rigueur on such occasions

rigurosidad nf **1.** [severidad] strictness **2.** [exactitud] accuracy, rigour **3.** [inclemencia] harshness

riguroso, -a adj **1.** [severo] strict **2.** [exacto] rigorous, disciplined **3.** [inclemente] harsh

rijo *etc ver* ***regir***

rijoso, -a adj **1.** [pendenciero] always getting into fights **2.** [lujurioso] lustful

rima nf rhyme

rimar vt & vi to rhyme

rimbombancia nf **1.** [de estilo, frases] pomposity **2.** [de desfile, fiesta] razzmatazz

rimbombante adj **1.** [estilo, frases] pompous **2.** [desfile, fiesta] spectacular

rímel nm mascara

Rin nm **el ~** the Rhine

rincón nm **1.** [de habitación] corner *(inside)* **2.** [lugar apartado] corner ▸ **vive en un ~ apartado del mundo** she lives in a remote spot ▸ **recorrimos todos los**

rincones de la ciudad we explored every nook and cranny of the city **3.** [lugar pequeño] corner ▸ **te he dejado un ~ para que guardes tus cosas** I've given you a corner to keep your things in

rinconada nf corner

rinconera nf corner piece

rindiera, rindo *etc ver* ***rendir***

ring [rrin] (pl **rings**) nm (boxing) ring

rinitis nf inv MED rhinitis

rinoceronte nm rhinoceros, rhino

riña ■ *ver* ***reñir***
■ nf [disputa] quarrel / [pelea] fight

riñera *etc ver* ***reñir***

riñón nm kidney ▸ *Fig* **costar/valer un ~** to cost/be worth a fortune ▸ *Fam Fig* **tener el ~ bien cubierto** to be well-heeled ▸ **riñones** [región lumbar] lower back ▸ **~ artificial** kidney machine

riñonada nf [región lumbar] lower back

riñonera nf [pequeño bolso] *BR* bum bag, *US* fanny pack

río ■ *ver* ***reír***
■ nm **1.** [corriente de agua, de lava] river ▸ **ir ~ arriba/abajo** to go upstream/downstream ▸ **¡de perdidos, al ~!** in for a penny, in for a pound ▸ *Prov* **a ~ revuelto, ganancia de pescadores** it's an ill wind that blows nobody any good ▸ *Prov* **cuando el ~ suena, agua lleva** there's no smoke without fire **2.** [gran cantidad] [de cartas] flood / [de insultos] stream ▸ **un ~ de gente** a mass of people ▸ **se han escrito ríos de tinta sobre el tema** people have written reams on the subject

Río de Janeiro n Rio de Janeiro

Río de la Plata nm River Plate

rioja nm Rioja (wine)

riojano, -a adj & nm,f Riojan

rioplatense ■ adj of/from the River Plate region
■ nmf person from the River Plate region

R.I.P [rrip] (abrev de ***requiescat in pace***) RIP

ripio nm **1.** LIT = *word or phrase included to complete a rhyme* ▸ *Fig* **no perder ~** to be all ears **2.** *ANDES, RP* gravel

riqueza nf **1.** [fortuna] wealth **2.** [abundancia] richness

risa nf laugh ▸ **tiene una ~ muy contagiosa** she has a very infectious laugh ▸ **se me escapó la ~** I burst out laughing ▸ **se oían risas** laughter could be heard ▸ **provocó las risas del público** it made the audience laugh ▸ **me da ~** I find it funny ▸ **¡qué ~!** how funny! ▸ *Fam Fig* **morirse** *o* **partirse de ~** to die laughing, to split one's sides (laughing) ▸ **fue una ~ verle imitar a los profesores** it was hilarious *o* a scream watching him take off the teachers ▸ **no es cosa de ~** it's no laughing matter ▸ **tomar algo a ~** to take sth as a joke

risco nm cliff, crag

risible adj laughable

risotada nf guffaw ▸ **soltar una ~** to let out a guffaw, to guffaw

ristra nf *también Fig* string ▸ **~ de ajos** string of garlic

ristre nm **en ~** at the ready

risueño, -a adj **1.** [alegre] smiling **2.** [próspero] sunny, promising

rítmico, -a adj rhythmic

ritmo nm **1.** [compás, repetición] rhythm, beat / [cardíaco] beat ▸ **esa canción tiene mucho ~** that song's got a very strong beat *o* rhythm ▸ **llevaba el ~ con los pies** she was tapping the rhythm *o* keeping time with her feet **2.** [velocidad] pace ▸ **acelerar el ~** to speed up ▸ **la economía está creciendo a un buen ~** the economy is growing at a healthy pace *o* rate

rito nm **1.** REL rite **2.** [costumbre] ritual

ritual adj & nm ritual

rival adj & nmf rival

rivalidad nf rivalry

rivalizar [14] vi to compete (**con/por** with/for)

rivera nf brook, stream

rizado, -a ■ adj **1.** [pelo] curly **2.** [mar] choppy
■ nm [en peluquería] **hacerse un ~** to have one's hair curled

rizar [14] vt **1.** [pelo] to curl **2.** [mar] to ripple
◆ ***rizarse*** vpr **1.** [pelo] to curl **2.** [mar] to get choppy

rizo, -a ■ adj **1.** [pelo] curly **2.** [mar] choppy
■ nm **1.** [de pelo] curl **2.** [del agua] ripple **3.** [de avión] loop ▸ **rizar el ~** to loop the loop / *Fig* [complicar] to overcomplicate (things) ▸ *Fig* **para rizar el ~ hizo un doble salto mortal** as if all that wasn't impressive enough, he performed a double somersault **4.** [tela] towelling, terry

RNE nf (abrev de ***Radio Nacional de España***) = *Spanish national radio station*

roast-beef [rros'βif] (pl **roast-beefs**) nm roast beef

róbalo, robalo nm sea bass

robar vt **1.** [objeto] to steal / [casa] to burgle ▸ **me han robado la moto** my motorbike's been stolen ▸ **~ a alguien** to rob sb ▸ **~ el corazón a alguien** to steal sb's heart ▸ **la contabilidad me roba mucho tiempo** doing the accounts takes up a lot of my time **2.** [en naipes] to draw **3.** [cobrar caro] to rob ▸ **en esa tienda te roban** the prices in that shop are daylight robbery **4.** [encuentro] **nos robaron el partido** we were robbed

> ¡CUIDADO! / CAREFUL!
> **robar**
>
> Cuando se quiere destacar lo que ha sido robado, en inglés se usa **steal** ("my bike has been stolen"); por el contrario, para destacar quien o que sitio ha sido objeto de un robo, se utiliza **rob** ("my father/the bank has been robbed"). Cuando la acción ha tenido lugar en un domicilio, se emplea **burgle** ("our house has been burgled", pero también "we have been burgled").

roble nm **1.** [árbol, madera] oak **2.** [persona] strong person

robledal, robledo nm oak wood *o* grove

robo nm **1.** [atraco, hurto] robbery, theft / [en casa] burglary ▸ **~ a mano armada** armed robbery ▸ **ser un ~** [precios] to be daylight robbery **2.** [cosa robada] stolen goods

robot (pl **robots**) nm [gen] & INFORM robot ▸ **actuar como un ~** to behave like a machine *o* robot ▸ **~ de cocina** food processor

robótica nf robotics *(singular)*

robotización nf automation

robotizar [14] vt to automate

robustecer [46] vt to strengthen
◆ ***robustecerse*** vpr to get stronger

robustez nf robustness

robusto, -a adj robust

roca nf rock

rocalla nf rubble

rocambolesco, -a adj fantastic, incredible ▸ **nos sucedió una aventura rocambolesca** the most incredible series of things happened to us

roce ■ *ver* ***rozar***
■ nm **1.** [contacto] rubbing / FÍS friction ▸ **el ~ de la seda contra su piel** the feel of the silk against her skin ▸ **el ~ de su mano en la mejilla** the touch of his hand on her cheek ▸ **el ~ del viento en la piedra** the weathering effect of the wind on the stone ▸ **me ha salido una ampolla del ~ del zapato** I've got a blister from my shoe rubbing against my foot **2.** [rasguño] [en piel] graze / [en madera, zapato] scuffmark / [en metal] scratch ▸ **el pantalón tiene roces en las rodillas** the trousers are worn at the knees ▸ **la pared está llena de roces** the wall has had the paint scraped off it in several places **3.** [trato] close contact **4.** [desavenencia] brush, quarrel ▸ **tener un ~ con alguien** to have a brush with sb

rociada nf **1.** [rocío] dew **2.** [aspersión] sprinkling **3.** [de insultos, perdigones] shower

rociador nm **~ contra incendios** sprinkler

rociar [32] ■ vt **1.** [arrojar gotas] to sprinkle / [con espray] to spray **2.** [arrojar cosas] **~ algo/alguien (de)** to shower sth/sb (with)
■ v impersonal [caer rocío] **roció anoche** a dew fell last night

rociero, -a nm,f = *participant in the "Rocío" pilgrimage to Almonte, Huelva*

rocín nm nag

rocío nm dew

rock nm inv rock ▸ **~ duro** hard rock ▸ **~ and roll** rock and roll

rocker (pl **rockers**) nmf *Fam* rocker

rockero, -a, roquero, -a ■ adj rock ▸ **grupo ~** rock band
■ nm,f **1.** [músico] rock musician **2.** [fan] rock fan

rococó adj inv & nm rococo

rocoso, -a adj rocky

roda nf NÁUT stem

rodaballo nm turbot

rodada nf tyre track

rodado, -a adj **1.** [por carretera] road ▸ **tráfico ~** road traffic **2.** [piedra] rounded **3.** [expresiones] **estar muy ~** [persona] to be very experienced ▸ **venir ~ para** to be the perfect opportunity to

rodaja nf slice ▸ **en rodajas** sliced

rodaje nm **1.** [filmación] shooting **2.** [de motor] running-in **3.** [experiencia] experience

rodamiento nm bearing

Ródano nm **el ~** the (River) Rhône

rodante adj rolling

rodapié nm *BR* skirting board, *US* baseboard

rodar [63] ■ vi **1.** [deslizar] to roll **2.** [circular] to travel, to go ▸ **rodaban a más de 180 km/h** they were doing more than 180 km/h **3.** [girar] to turn **4.** [caer] to tumble (**por** down) ▸ **rodó escaleras abajo** he tumbled down the stairs **5.** [ir de un lado a otro] to go around ▸ **ha rodado por todo el mundo** he's been all over the world **6.** CINE to shoot ▸ **¡silencio, se rueda!** we're rolling!
■ vt **1.** CINE to shoot **2.** [automóvil] to run in

Rodas n Rhodes

rodear vt **1.** [poner o ponerse alrededor] to surround ▸ **le rodeó el cuello con los brazos** she put her arms around his neck ▸ **¡ríndete, estás rodeado!** surrender, we have you *o* you're surrounded! ▸ **vive rodeado de libros** he's always surrounded by books **2.** [estar alrededor de] to surround ▸ **el misterio que rodea la investigación** the mystery surrounding the investigation ▸ **todos los que la rodean hablan muy bien de ella** everyone around her speaks very highly of her **3.** [dar la vuelta a] to go around **4.** [eludir] to skirt around
◆ ***rodearse*** vpr **~ de** to surround oneself with

rodeo nm **1.** [camino largo] detour ▸ **dar un ~** to make a detour **2.** [evasiva] **rodeos** evasiveness ▸ **andar** *o* **ir con rodeos** to beat about the bush ▸ **hablar sin rodeos** to come straight to the point **3.** [espectáculo] rodeo **4.** [reunión de ganado] rounding up

rodete nm round pad

rodilla nf knee ▸ **estaba de rodillas** he was on his knees ▸ *Fig* **te lo pido de rodillas** I'm begging you ▸ **doblar** *o* **hincar la ~** [arrodillarse] to go down on one knee / *Fig* to bow (down), to humble oneself ▸ **ponerse de rodillas** to kneel (down)

rodillera nf **1.** [protección] knee pad **2.** [remiendo] knee patch

rodillo nm **1.** [para amasar] rolling pin **2.** [en máquina] roller **3.** [para pintar] (paint) roller

rododendro nm rhododendron

rodrigón nm stake, prop

rodríguez nm inv *Fam* = *man who stays at home working while his family goes away on holiday* ▸ **estar** *o* **quedarse de ~** to be left at home while one's family is away on *BR* holiday *o US* vacation

roedor, -ora ■ adj ZOOL rodent ▸ **animal ~** rodent
■ nm rodent

roedura nf **1.** [acción] gnawing **2.** [señal] gnaw mark

roer [57] vt **1.** [con dientes] to gnaw (at) **2.** [desgastar] to eat away (at) **3.** [atormentar] to nag *o* gnaw (at) **4.** *Fig* **ser duro de ~** to be a tough nut to crack

rogar [16] vt [implorar] to beg / [pedir] to ask ▸ **~ a alguien que haga algo** to beg/ask sb to do sth ▸ **te lo ruego, no se lo cuentes a ella** don't tell her, I beg you ▸ **le ruego (que) me perdone** I beg your pardon ▸

ruego a Dios que... I pray to God that... ▸ **hacerse (de) ~** to play hard to get ▸ **se ruega silencio** [en letrero] silence, please

rogativa nf rogation

rogatoria nf DER = *request made by a court of one country to that of another country*

rogué *etc ver* ***rogar***

rojez nf **1.** [cualidad] redness **2.** [en la piel] (red) blotch

rojizo, -a adj reddish

rojo, -a ■ adj red ▸ **ponerse ~** [semáforo] to turn red / [ruborizarse] to blush
■ nm,f POL red
■ nm [color] red ▸ **al ~ vivo** [incandescente] red hot / *Fig* heated

rol (pl roles) nm **1.** [papel] role ▸ **juegos de ~** [técnica terapéutica, de enseñanza] role-play / [juegos de fantasía] fantasy role-playing games **2.** NÁUT muster

rollito nm CULIN **~ de primavera** spring roll

rollizo, -a adj chubby, plump

rollo nm **1.** [cilindro] roll ▸ **~ de papel higiénico** toilet roll ▸ CULIN **~ de primavera** spring roll **2.** CINE [de película] reel **3.** *Fam* [pesadez, aburrimiento] drag, bore ▸ **¡qué ~!** what a bore *o* drag! ▸ **un ~ de discurso/tío** an incredibly boring speech/guy ▸ **el ~ de costumbre** the same old story ▸ **¡corta el ~ ya!** shut up, you're boring me to death! ▸ **soltar el ~** to go on and on ▸ **tener mucho ~** to witter on **4.** *Fam* [embuste] tall story ▸ **meter un ~ a alguien** [engañar] to put one over on sb ▸ **~ patatero** [mentira] ridiculous spiel **5.** *Fam* [tema, historia] stuff ▸ **el ~ ese de la clonación** all that stuff about cloning, all that cloning business **6.** *ESP Fam* [ambiente, tipo de vida] scene ▸ **el ~ de la droga/de las discotecas** the drug/nightclub scene ▸ **no me va ese ~** it's not my scene, I'm not into all that **7.** *ESP Fam* [relación] relationship ▸ **tener un ~ (con)** to have a fling (with) ▸ **tener buen/mal ~ (con alguien)** to get on/not to get on (with sb) **8.** *VEN* [para el pelo] roller, curler

ROM [rrom] nf (abrev de ***read-only memory***) ROM

Roma n Rome ▸ *Prov* **todos los caminos llevan a ~** all roads lead to Rome

romance ■ adj Romance
■ nm **1.** LING Romance language **2.** LIT romance **3.** [idilio] romance

romancero nm LIT collection of romances

romaní ■ adj & nmf Romany
■ nm [lengua] Romany

románico, -a ■ adj **1.** ARQUIT & ARTE Romanesque **2.** LING Romance
■ nm **el (estilo) ~** the Romanesque (style)

romanización nf Romanization

romanizar [14] vt to Romanize

romano, -a ■ adj Roman / REL Roman Catholic
■ nm,f Roman

romanticismo nm **1.** ARTE, HIST & LIT Romanticism **2.** [sentimentalismo] romanticism

romántico, -a adj & nm,f **1.** ARTE, HIST & LIT Romantic **2.** [sentimental] romantic

romanza nf MÚS ballad

rombo nm [figura] rhombus / IMPRENTA lozenge

romboide nm GEOM rhomboid

romeo nm sweetheart

romería nf **1.** [peregrinación] pilgrimage **2.** [fiesta] = *open-air festivities to celebrate a religious event* **3.** [mucha gente] throng, crowd

romero, -a ■ nm,f [peregrino] pilgrim
■ nm [arbusto, condimento] rosemary

romo, -a adj **1.** [sin filo] blunt **2.** [de nariz] snub-nosed

rompecabezas nm inv **1.** [juego] jigsaw **2.** *Fam* [problema] puzzle

rompecorazones nmf inv *Fam* heartbreaker

rompehielos nm inv ice-breaker

rompehuelgas nmf inv *AM* scab, *BR* blackleg

rompeolas nm inv breakwater

romper ■ vt **1.** [partir, fragmentar] to break / [hacer añicos] to smash / [rasgar] to tear ▸ **~ algo en pedazos** to break/smash/tear sth to pieces **2.** [estropear] to break **3.** [desgastar] to wear out **4.** [interrumpir] [monotonía, silencio, hábito] to break / [hilo del discurso] to break off / [tradición] to put an end to, to stop **5.** [terminar] to break off
■ vi **1.** [terminar una relación] **~ (con alguien)** to break up *o* split up (with sb) ▸ **~ con la tradición** to break with tradition ▸ **rompió con el partido** she broke with the party **2.** [empezar] [día] to break / [hostilidades] to break out ▸ **al ~ el alba** *o* **día** at daybreak ▸ **~ a hacer algo** to suddenly start doing sth ▸ **~ a llorar** to burst into tears ▸ **~ a reír** to burst out laughing **3.** [olas] to break **4.** *Fam* **una mujer de rompe y rasga** a woman who knows what she wants *o* knows her own mind
◆ ***romperse*** vpr **1.** [partirse] to break / [rasgarse] to tear ▸ **se rompió en mil pedazos** it smashed to pieces ▸ **se ha roto una pierna** he has broken a leg **2.** [estropearse] to break ▸ **se ha roto la tele** the TV is broken **3.** [desgastarse] to wear out

rompevientos nm *RP* **1.** [jersey] *BR* polo neck, *US* turtleneck **2.** [anorak] windcheater

rompiente nm reef, shoal

rompimiento nm [rotura] breaking / [de relaciones] breaking-off

ron nm rum

roncar [59] vi to snore

roncha nf lump *(on skin)*

ronco, -a adj [persona, voz] hoarse / [sonido] harsh

ronda nf **1.** [de vigilancia] patrol ▸ **salir de ~** to go out on patrol **2.** [de visitas] **hacer la ~** to do one's rounds ▸ **salir de ~** [músico] to go (out) serenading **3.** [de conversaciones, en el juego] round ▸ *Fam* **pagar una ~** [de bebidas] to buy a round **4.** [avenida] avenue ▸ **~ de circunvalación** *BR* ring road, *US* beltway **5.** DEP [carrera ciclista] tour ▸ **la ~ francesa** the Tour de France

rondalla nf group of minstrels

rondar ■ vt **1.** [vigilar] to patrol **2.** [parecer próximo] **me está rondando un resfriado** I've got a cold coming on ▸ **le ronda el sueño** he's about to drop off **3.** [cortejar] to court **4.** [edad, cifra] to be around ▸ **ronda los cuarenta años** he's about forty

■ vi [merodear] to wander (**por** around) ▸ **me ronda una idea por la cabeza** I've been turning over an idea in my head

rondín nm *ANDES* **1.** [vigilante] watchman, guard **2.** [armónica] mouth organ

rondón nm *Fam* **entrar de ~** to barge in

ronque *etc ver* ***roncar***

ronquear vi to be hoarse

ronquera nf hoarseness

ronquido nm snore, snoring

ronroneante adj purring

ronronear vi to purr

ronroneo nm purr, purring

roña ■ adj *Fam* [tacaño] stingy, tight
■ nmf *Fam* [tacaño] stingy person
■ nf **1.** [suciedad] filth, dirt **2.** *Fam* [tacañería] stinginess **3.** [enfermedad] mange **4.** *MÉX* [juego] catch

roñería nf *Fam* stinginess

roñica *Fam* ■ adj stingy, tight
■ nmf stingy person

roñoso, -a ■ adj **1.** [sucio] dirty **2.** *Fam* [tacaño] mean, tight-fisted
■ nm,f *Fam* mean person, skinflint

ropa nf clothes ▸ **ligero de ~** scantily clad ▸ *Fig* **nadar y guardar la ~** to cover one's back ▸ **~ de abrigo** warm clothes ▸ **~ blanca** linen ▸ **~ de cama** bed linen ▸ **~ deportiva** sportswear ▸ **~ de diseño** designer clothes ▸ **~ hecha** ready-to-wear clothes ▸ **~ para el hogar** linen and curtains ▸ **~ interior** underwear ▸ **~ interior femenina** lingerie ▸ **~ de invierno** winter clothing ▸ **~ de sport** casual clothes ▸ **~ sucia** [para lavar] laundry, washing ▸ **~ de trabajo** working clothes ▸ **~ usada** second-hand *o* old clothes

ropaje nm robes

ropero nm **1.** [armario] wardrobe / [habitación] walk-in wardrobe **2.** [guardarropa] cloakroom

roque ■ adj *Fam* **estar ~** to be out for the count ▸ **quedarse ~** to drop *o* nod off
■ nm [en ajedrez] castle, rook

roquefort [rroke'for] nm Roquefort (cheese)

roquero, -a ➤ ***rockero***

rorcual nm rorqual, finback

rorro nm *Fam* baby

rosa ■ adj **1.** [color] pink ▸ *Fig* **verlo todo de color (de) ~** to see everything through rose-tinted spectacles **2.** [del corazón] **la prensa ~** gossip magazines ▸ **una novela ~** a romance, a romantic novel
■ nm [color] pink
■ nf [flor] rose ▸ **estar (fresco) como una ~** to be as fresh as a daisy ▸ **~ de los vientos** compass rose

rosáceo, -a adj pinkish

rosado, -a ■ adj pink
■ nm [vino] rosé

rosal nm [arbusto] rose bush

rosaleda nf rose garden

rosario nm **1.** REL rosary ▸ **rezar el ~** to say one's rosary **2.** [serie] string ▸ **un ~ de desgracias** a string of disasters **3.** *Fam* **acabar como el ~ de la aurora** to finish up badly

rosbif (pl **rosbifs**) nm roast beef

rosca nf **1.** [de tornillo] thread **2.** [forma] [de anillo] ring / [espiral] coil **3.** CULIN = *ring-shaped bread roll* / *MÉX* sponge cake **4.** [expresiones] **nunca se come una ~** he never gets off with anyone ▸ **hacerle la ~ a alguien** to suck up to sb ▸ **pasarse de ~** [persona] to go over the top

rosco nm = *ring-shaped bread roll* ▸ *ESP Fam Fig* **nunca se come un ~** he never gets off with anyone

roscón nm = *ring-shaped bread roll* ▸ **~ de Reyes** = *ring-shaped pastry eaten on 6th January*

roseta nf **1.** [rubor] flush **2.** [de regadera] nozzle **3. rosetas** [palomitas] popcorn

rosetón nm **1.** ARQUIT [ventana] rose window **2.** [adorno] ceiling rose

rosquete adj *PERÚ Fam Pey* queer

rosquilla nf ring doughnut ▸ *Fam* **venderse como rosquillas** to sell like hot cakes

rosticería nf *CHILE, MÉX* = *shop selling roast chicken*

rostizar [14] vt *MÉX* to spit-roast

rostro nm face ▸ *Fam Fig* **tener (mucho) ~** to have a (lot of) nerve

rotación nf **1.** [giro] rotation **2.** [alternancia] rota ▸ **~ de cultivos** crop rotation ▸ **por ~** in turn

rotar vi **1.** [girar] to rotate, to turn **2.** [alternar] to rotate

rotativa nf rotary press

rotativo, -a ■ adj rotary, revolving
■ nm newspaper

rotatorio, -a adj rotary, revolving

rotisería nf *CSUR* delicatessen

roto, -a ■ participio *ver* ***romper***
■ adj **1.** [partido, rasgado] broken / [tela, papel] torn **2.** [estropeado] broken **3.** [deshecho] [vida] destroyed / [corazón] broken **4.** *Fam* [exhausto] shattered
■ nm,f *CHILE* [trabajador] worker
■ nm [en tela] tear, rip

rotonda nf **1.** AUT roundabout **2.** [plaza] circus **3.** [edificio] rotunda

rotoso, -a adj *ANDES, RP* ragged, in tatters

rotring® ['rrotrin] nm Rotring® pen

Rotterdam n Rotterdam

rótula nf kneecap

rotulación nf lettering

rotulador nm felt-tip pen ▸ **~ fluorescente** highlighter (pen)

rotular vt **1.** [con rotulador] to highlight **2.** [carta, artículo] to head with fancy lettering **3.** [mapa, gráfico] to label

rotulista nmf sign-painter

rótulo nm **1.** [letrero] sign **2.** [encabezamiento] headline, title

rotundidad nf firmness, categorical nature ▸ **con ~** categorically

rotundo, -a adj **1.** [negativa, persona] categorical

2. [lenguaje, estilo] emphatic, forceful **3.** [completo] total ▸ **~ fracaso** total *o* complete failure

rotura nf [en general] break / [de hueso] fracture / [en tela] rip, hole

roturar vt to plough

roulotte [rru'lot] nf *BR* caravan, *US* trailer

royalty [rro'jalti] (pl **royalties**) nm royalty

royera *etc ver* ***roer***

rozadura nf **1.** [señal] scratch, scrape **2.** [herida] graze

rozagante adj *ESP* **estar ~** [satisfecho] to be extremely pleased / [con buen aspecto] to look lovely

rozamiento nm [fricción] rubbing / FÍS friction

rozar [14] ■ vt **1.** [tocar, frotar] to rub / [suavemente] to brush ▸ **me roza el zapato en la parte de atrás** my shoe is rubbing my heel **2.** [pasar cerca de] to skim, to shave ▸ **la bala lo pasó rozando** the bullet missed him by a hair's breadth **3.** [estar cerca de] to border on ▸ **roza los cuarenta** he's almost forty ▸ **su talento roza lo divino** he is touched by genius

■ vi **~ con** [tocar] to brush against

◆ ***rozarse*** vpr **1.** (uso recíproco) [tocarse] to touch / [pasar cerca] to brush past each other **2.** [rasguñarse] to graze ▸ **me rozé la mano con la pared** I grazed my hand on the wall

RR HH (abrev de ***recursos humanos***) HR

Rte. (abrev de ***remitente***) sender

RTVE nf (abrev de ***Radiotelevisión Española***) = *Spanish state broadcasting company*

rúa nf street

ruana nf *ANDES* poncho

Ruanda n Rwanda

ruandés, -esa adj & nm,f Rwandan

rubeola, rubéola nf German measles

rubí (pl **rubíes** *o* **rubís**) nm ruby

rubia nf *Fam Antes* [moneda] peseta

rubiales *ESP Fam* ■ adj inv blond(e), fair-haired

■ nmf inv blond *o* fair-haired man, *f* blonde

rubicundo, -a adj ruddy

rubio, -a ■ adj **1.** [pelo, persona] blond(e), fair ▸ **~ platino** platinum blonde **2.** [tabaco] **tabaco ~** Virginia tobacco *(as opposed to black tobacco)* **3.** [cerveza] **cerveza rubia** lager

■ nm,f [persona] blond(e), fair-haired person ▸ **rubia de bote** peroxide blonde ▸ **rubia** *ESP* **platino** *o AM* **platinada** platinum blonde

■ nm [tabaco] Virginia tobacco *(as opposed to black tobacco)*

rublo nm rouble

rubor nm **1.** [vergüenza] embarrassment ▸ **causar ~** to embarrass **2.** [sonrojo] blush **3.** *AM* [colorete] blusher

ruborizado, -a adj flushed

ruborizar [14] vt to make blush

◆ ***ruborizarse*** vpr to blush

ruboroso, -a adj blushing

rúbrica nf **1.** [de firma] flourish **2.** [título] title **3.** [conclusión] final flourish ▸ **poner ~ a algo** to conclude sth, to bring sth to a close *o* conclusion

rubricar [59] vt **1.** [firmar] to sign with a flourish **2.** [confirmar] to confirm **3.** [concluir] to complete

rubro nm *AM* **1.** [apartado] heading / CONT item **2.** [campo] area, field ▸ **empresas líderes en su ~** companies which are leaders in their field

rucio, -a ■ adj **1.** [gris] grey **2.** *CHILE Fam* blond(e)

■ nm ass, donkey

rudeza nf **1.** [tosquedad] roughness **2.** [grosería, descortesía] coarseness **3.** [dureza, rigurosidad] harshness

rudimentario, -a adj rudimentary

rudimentos nmpl rudiments

rudo, -a adj **1.** [tosco, basto] rough **2.** [brusco] sharp, brusque / [grosero] rude, coarse **3.** [riguroso, duro] harsh

rueca nf distaff

rueda nf **1.** [pieza] wheel ▸ *Fig* **ir sobre ruedas** to go smoothly ▸ *ANDES* **~ de Chicago** *BR* big wheel, *US* Ferris wheel ▸ **~ delantera** front wheel ▸ **~ dentada** cogwheel ▸ *Fig* **la ~ de la fortuna** [de hechos] the wheel of fortune / *MÉX* [noria] *BR* big wheel, *US* Ferris wheel ▸ *CHILE, URUG* **~ gigante** *BR* big wheel, *US* Ferris wheel ▸ **~ de molino** millstone ▸ *Fig* **comulgar con ruedas de molino** to be very gullible ▸ **~ de repuesto** *o* **recambio** spare wheel ▸ **~ trasera** rear wheel **2.** [corro] circle ▸ **~ de prensa** press conference ▸ **~ de reconocimiento** identification parade **3.** [rodaja] slice

ruedo ■ *ver* ***rodar***

■ nm TAUROM bullring ▸ *Fig* **echarse al ~** to enter the fray

ruego ■ *ver* ***rogar***

■ nm request ▸ **ruegos y preguntas** any other business

rufián nm villain

rufianesca nf **la ~** the underworld

rufianesco, -a adj villainous

rugby ['rruɣbi], *CSUR* ['rraɣbi] nm rugby

rugido nm [de animales, mar, viento] roar / [de persona] bellow / [de tripas] rumble

rugir [24] vi [animal, mar, viento] to roar / [persona] to bellow / [tripas] to rumble

rugosidad nf **1.** [cualidad] roughness **2.** [arruga] [de piel] wrinkle / [de tejido] crinkle

rugoso, -a adj **1.** [áspero] rough **2.** [con arrugas] [piel] wrinkled / [tejido] crinkled

Ruhr nm **el ~** the (River) Ruhr

ruibarbo nm rhubarb

ruido nm **1.** [sonido] noise ▸ **desde aquí se escuchan los ruidos de la fiesta** you can hear the noise of the party from here ▸ **esta lavadora hace mucho ~** this washing machine is very noisy ▸ **¡no hagas ~!** be quiet! ▸ **~ de fondo** background noise ▸ **mucho ~ y pocas nueces** much ado about nothing **2.** [alboroto] row ▸ **hacer** *o* **meter ~** to cause a stir

ruidoso, -a adj **1.** [que hace ruido] noisy **2.** [escandaloso] controversial, sensational

ruin adj **1.** [vil] low, contemptible **2.** [avaro] mean

ruina nf **1.** [quiebra] ruin ▸ **dejar en** *o* **llevar a la ~ a alguien** to ruin sb ▸ **estar en la ~** to be ruined ▸ **su negocio es una ~** his business is swallowing up his money **2.** [destrucción] destruction ▸ **amenazar ~** [edificio] to be about to collapse ▸ **el alcohol será su ~** drink will be the ruin *o* ruination of him **3. ruinas** [de una construcción] ruins **4.** [persona] wreck ▸ **estar hecho una ~** to be a wreck

ruindad nf **1.** [cualidad] meanness, baseness **2.** [acto] vile deed

ruinoso, -a adj **1.** [poco rentable] ruinous **2.** [edificio] ramshackle

ruiseñor nm nightingale

ruja *etc ver* ***rugir***

rular vi *Fam* to go, to work ▸ **esta tele no rula** this telly is bust

rulero nm *RP* [para el pelo] roller, curler

ruleta nf roulette ▸ **~ rusa** Russian roulette

ruletear vi *CAM, MÉX Fam* to drive a taxi

ruletero nm *CAM, MÉX Fam* [de taxi] taxi driver

rulo nm **1.** [para el pelo] roller, curler **2.** [rizo] curl

rulot (pl **rulots** *o* **rulotes**) nf *BR* caravan, *US* trailer

Rumanía, Rumania n Romania

rumano, -a ■ adj & nm,f Romanian
■ nm [lengua] Romanian

rumba nf rumba

rumbo nm [en navegación] course ▸ **ir con ~ a** to be heading for ▸ **cambió el ~ de su vida** it changed the course of her life ▸ **caminar sin ~ (fijo)** to wander aimlessly ▸ *Fig* **corregir el ~** to correct one's course ▸ *Fig* **habrá que corregir el ~ de la empresa** we will have to change the company's direction ▸ **mantener el ~** to maintain one's course ▸ **poner ~ a** to set course for ▸ **perder el ~** [barco] to go off course / *Fig* [persona] to lose one's way ▸ **el ~ de los acontecimientos** the course of events ▸ *Fig* **tomar otro ~** to take a different tack ▸ **no me gusta el ~ que están tomando las negociaciones** I don't like the direction *o* turn the negotiations have taken

rumboso, -a adj *Fam* generous

rumiante adj & nm ruminant

rumiar ■ vt [masticar] to chew / [pensar] to ruminate, to chew over
■ vi [masticar] to ruminate, to chew the cud

rumor nm **1.** [ruido sordo] murmur ▸ **un ~ de voces** the sound of voices **2.** [chisme] rumour ▸ **corre un ~** there's a rumour going round ▸ **corre el ~ de que va a dimitir** it is rumoured that he's going to resign

rumorearse v impersonal **se rumorea que...** it is rumoured that...

runrún nm **1.** [ruido] hum, humming **2.** [chisme] rumour

runrunear vi to hum

runrunearse v impersonal **se runrunea que...** it is rumoured that...

runruneo nm [ruido] hum, humming

rupestre adj cave ▸ **arte ~** cave paintings

rupia nf rupee

ruptura nf [rotura] break / [de relaciones, conversaciones] breaking-off / [de pareja] break-up / [de contrato] breach

rural adj rural

Rusia n Russia

ruso, -a ■ adj & nm,f Russian
■ nm [lengua] Russian

rústica nf **en ~** [encuadernación] paperback

rústico, -a adj **1.** [del campo] country ▸ **casa rústica** country cottage **2.** [tosco] rough, coarse

ruta nf route ▸ **en ~ (hacia)** en route (to) ▸ **en ~** [en carretera] on the road ▸ **la seguridad en ~** safety on the roads, road safety ▸ **~ marítima** sea *o* shipping lane ▸ **~ de vuelo** flight path ▸ **~ marítima** sea lane ▸ **~ turística** scenic route

rutenio nm QUÍM ruthenium

rutilante adj shining

rutilar vi to shine brightly

rutina nf [gen] & INFORM routine ▸ **de ~** routine ▸ **por ~** as a matter of course ▸ **la rutina diaria** the daily grind

rutinario, -a adj routine

Rvda. (abrev de ***Reverenda***) Rev. *(Mother etc)*

Rvdo. (abrev de ***Reverendo***) Rev. *(Father etc)*

S

S, s ['ese] nf [letra] S, s

S. **1.** (abrev de ***San***) St **2.** (abrev de ***Sur***) S

s.[1] **1.** (abrev de ***san***) St **2.** (abrev de ***siglo***) C **3.** (abrev de ***segundo***) s

s.[2], ***sig.*** (abrev de ***siguiente***) following

S.A. nf (abrev de ***sociedad anónima***) *BR* ≃ PLC, *US* ≃ Inc

sábado nm Saturday ▸ **¿qué día es hoy? – (es) ~** what day is it (today)? – (it's) Saturday ▸ **cada ~, todos los sábados** every Saturday ▸ **cada dos sábados, un ~ sí y otro no** every other Saturday ▸ **caer en ~** to be on a Saturday ▸ **te llamo el ~** I'll call you on Saturday ▸ **el próximo ~, el ~ que viene** next Saturday ▸ **el ~ pasado** last Saturday ▸ **el ~ por la mañana/tarde/noche** Saturday morning/afternoon/night ▸ **en ~** on Saturdays ▸ **nací en ~** I was born on a Saturday ▸ **este ~** [pasado] last Saturday / [próximo] this (coming) Saturday ▸ **¿trabajas los sábados?** do you work (on) Saturdays? ▸ **trabajar un ~** to work on a Saturday ▸ **un ~ cualquiera** on any Saturday

sabana nf savannah

sábana nf sheet ▸ **~ bajera/encimera** bottom/top sheet ▸ *Fig* **se le pegan las sábanas** she's not good at getting up ▸ *Fig* **se me han pegado las sábanas** I slept in, I overslept

sabandija nf **1.** [animal] creepy-crawly, bug **2.** *Pey* [persona] worm

sabañón nm chilblain

sabático, -a adj [de descanso] sabbatical ▸ **año ~** sabbatical year

sabedor, -ora adj **ser ~ de** to be aware of

sabelotodo nmf inv *Fam BR* know-all, *US* know-it-all

saber [58] ■ nm knowledge ▸ *Prov* **el ~ no ocupa lugar** you can never know too much

■ vt **1.** [conocer] to know ▸ **ya lo sé** I know ▸ **de haberlo sabido (antes)** *o* **si lo llego a ~, me quedo en casa** if I'd known, I'd have stayed at home ▸ **hacer ~ algo a alguien** to inform sb of sth, to tell sb sth ▸ **para que lo sepas, somos amigos** we're friends, for your information **2.** [ser capaz de] **~ hacer algo** to know how to do sth, to be able to do sth ▸ **no sé nadar** I can't swim, I don't know how to swim ▸ **sabe hablar inglés/montar en bici** she can speak English/ride a bike **3.** [enterarse de] to learn, to find out ▸ **lo supe ayer** I found out yesterday ▸ **¿sabes algo de Juan?, ¿qué sabes de Juan?** have you had any news from *o* heard from Juan? **4.** [entender de] to know about ▸ **sabe mucha física** he knows a lot about physics **5.** [expresiones] **no ~ dónde meterse** not to know where to put oneself ▸ **no sabe lo que se hace** he doesn't know what he's doing ▸ **no sabe lo que tiene** he doesn't realize just how lucky he is ▸ **no sé qué decir** I don't know what to say ▸ **¡qué sé yo!** how should I know!

■ vi **1.** [tener sabor] to taste (**a** of) ▸ **~ bien/mal** to taste good/bad ▸ *Fam Fig* **~ a cuernos** *o* **rayos** to taste disgusting *o* revolting ▸ *Fig* **le supo mal** [le enfadó] it upset *o* annoyed him ▸ *Fig* **me sabe mal mentirle** I feel bad about lying to him **2.** [entender] **~ de algo** to know about sth ▸ **ése sí que sabe** he's a canny one **3.** [tener noticia] **~ de alguien** to hear from sb ▸ **~ de algo** to learn of sth **4.** [parecer] **eso me sabe a disculpa** that sounds like an excuse to me **5.** [expresiones] **a ~** [es decir] namely ▸ **¡quién sabe!, ¡vete a ~!** who knows! ▸ **que yo sepa** as far as I know ▸ **no sabe por dónde se anda** he doesn't have a clue

◆ ***saberse*** vpr **saberse algo** to know sth ▸ **saberse algo al dedillo** to know sth inside out ▸ *Fig* **sabérselas todas** to know all the tricks ▸ **llegar a saberse** to come to light

sabido, -a adj **como es (bien) ~** as everyone knows

sabiduría nf **1.** [conocimientos] knowledge, learning ▸ **la ~ popular** popular wisdom **2.** [prudencia] wisdom

sabiendas: a sabiendas loc adv knowingly ▸ **utilizaron una sustancia tóxica a ~** they knowingly used a toxic substance ▸ **presentó la propuesta a ~ de que sería derrotada** she presented the bill knowing full well that it would be defeated

sabihondo, -a ➤ ***sabiondo, a***

sabina nf [arbusto] savin

sabio, -a ■ adj **1.** [sensato, inteligente] wise **2.** [docto] learned **3.** [amaestrado] trained

■ nm,f **1.** [sensato, inteligente] wise person **2.** [docto] learned person

sabiondo, -a, sabihondo, -a nm,f *Fam BR* know-all, *US* know-it-all

sablazo nm **1.** *Fam* [de dinero] scrounging ▸ **dar** *o* **pegar un ~ a alguien** to scrounge money off sb **2.** [golpe] blow with a sabre **3.** [herida] sabre wound

sable nm sabre

sableador, -ora nm,f *Fam* scrounger

sablear vi *Fam* to scrounge money

sablista nmf *Fam* scrounger

sabor nm **1.** [gusto] taste, flavour ▸ **un ~ dulce** a sweet taste ▸ **con ~ a limón** lemon-flavoured ▸ **tener ~ a algo** to taste of sth ▸ *Fig* **dejó mal ~ (de boca)** it left a nasty taste in my mouth ▸ *Fig* **dejó buen ~ (de boca)** it left me with a warm feeling inside **2.** [de obra] flavour

saborear vt *también Fig* to savour

sabotaje nm sabotage

saboteador, -ora nm,f saboteur

sabotear vt to sabotage

sabré *etc ver* ***saber***

sabroso, -a adj **1.** [gustoso] tasty **2.** [substancioso] [cantidad] tidy, considerable **3.** [comentario] [gracioso] juicy, tasty **4.** *CARIB, COL, MÉX* [grato] pleasant, nice / [entretenido] entertaining **5.** *CARIB, COL, MÉX* [contagioso] [ritmo] catchy / [risa] contagious

sabrosón, -ona adj *CARIB, COL, MÉX Fam* **1.** [gustoso] tasty **2.** [grato] pleasant, nice / [entretenido] entertaining **3.** [contagioso] [ritmo] catchy / [risa] contagious

sabueso nm **1.** [perro] bloodhound **2.** *Fig* [detective] sleuth, detective

saca nf sack

sacacorchos nm inv corkscrew

sacacuartos, sacadineros ■ nm inv *Fam* [oferta, producto] rip-off ▸ **este coche es un ~** this car is a drain on our finances

■ nmf inv [persona] scrounger

sacamuelas nm inv *Fam* dentist

sacapuntas nm inv pencil sharpener

sacar [59] ■ vt **1.** [poner fuera, hacer salir] to take out / [pistola, navaja] to draw / [lengua] to stick out ▸ **~ algo de** to take sth out of ▸ **sacó la mano/la cabeza por la ventanilla** he stuck his hand/head out of the window ▸ **nos sacaron algo de comer** they gave us something to eat **2.** [quitar] to remove (**de** from) ▸ **el dentista me sacó una muela** I had a tooth out at the dentist's **3.** [obtener] [carné, entradas, buenas notas] to get ▸ **¿qué sacaste en el examen de inglés?** what did you get for *o* in your English exam? ▸ **~ dinero del banco** to get *o* take some money out of the bank ▸ **la sidra se saca de las manzanas** cider is made from apples ▸ **¿y qué sacamos con reñirle?** what do we gain by telling him off?, what's the point in telling him off? **4.** [realizar] [foto] to take / [fotocopia] to make ▸ **siempre me sacan fatal en las fotos** I always look terrible in photos **5.** [al mercado] [nuevo producto, modelo] to bring out / [disco] to release **6.** [resolver, encontrar] to work out, to do ▸ **~ la cuenta/la solución** to work out the total/the answer ▸ **~ una conclusión** to come to a conclusion **7.** [deducir] to gather, to understand ▸ **lo leí tres veces, pero no saqué nada en claro** *o* **limpio** I read it three times, but I couldn't make much sense of it **8.** [sonsacar] **~ algo a alguien** to get sth out of sb **9.** [librar, salvar] **~ a alguien de algo** to get sb out of sth **10.** [manifestar] **~ a relucir algo** to bring sth up **11.** *ESP* [prenda] [de ancho] to let out / [de largo] to let down **12.** *AM* [camisa, zapatos] to take off ▸ **sácale la ropa al niño** get the child undressed **13.** [aventajar en] **sacó tres minutos a su rival** he was three minutes ahead of his rival **14.** **~ adelante** [hijos] to bring up / [negocio] to keep going **15.** *DEP* [con la mano] to throw in / [con la raqueta] to serve

■ vi *DEP* to put the ball into play / [con la raqueta] to serve ▸ **~ de banda/de esquina/de puerta** to take a throw-in/corner/goal kick

◆ ***sacarse*** vpr **1.** [poner fuera] **sacarse algo (de)** to take sth out (of) ▸ *Fam Fig* **sacarse algo de la manga** to make sth up (on the spur of the moment) **2.** [carné, título] to get **3.** *AM* [ropa, lentes] to take off

sacárido nm *QUÍM* saccharide

sacarina nf saccharine

sacarosa nf sucrose

sacerdocio nm priesthood / *Fig* vocation

sacerdotal adj priestly

sacerdote, -isa ■ nm,f [pagano] priest, *f* priestess

■ nm [cristiano] priest ▸ **mujer ~** woman priest

saciar vt [sed] to quench / [hambre] to satisfy, to sate / [curiosidad] to satisfy / [ambición] to fulfil

◆ ***saciarse*** vpr [de comida, bebida] to have had one's fill / [de conocimientos, poder] to be satisfied

saciedad nf **comió hasta la ~** she ate until she couldn't eat any more ▸ **repetir algo hasta la ~** to repeat sth over and over

saco nm **1.** [bolsa] sack, bag ▸ **~ de arena** sandbag ▸ **~ de dormir** sleeping bag **2.** *AM* [abrigo] coat / [chaqueta] jacket **3.** [expresiones] **caer en ~ roto** to fall on deaf ears ▸ **espero que no eches en ~ roto mis consejos** I hope you take good note of my advice ▸ **ser (como) un ~ sin fondo** to be (like) a bottomless pit

◆ ***a saco*** loc adv **entrar a ~ en** [saquear] to sack, to pillage ▸ **los asaltantes entraron a ~ en el palacio presidencial** the attackers stormed the presidential palace ▸ *Fam* **el periodista entró a ~ con las preguntas** the journalist didn't beat about the bush with his questions

sacralizar [14] vt to consecrate

sacramental adj sacramental

sacramentar vt to administer the last rites to

sacramento nm sacrament

sacrificar [59] vt **1.** [renunciar a] to sacrifice, to give up **2.** [matar] [para consumo] to slaughter / [por enfermedad] to put down / [a los dioses] to sacrifice (**a** to)

◆ ***sacrificarse*** vpr **sacrificarse (para hacer algo)** to make sacrifices (in order to do sth) ▸ **sacrificarse por alguien** to make sacrifices for sb

sacrificio nm *también Fig* sacrifice

sacrilegio nm *también Fig* sacrilege

sacrílego, -a ▪ adj sacrilegious
▪ nm,f sacrilegious person

sacristán, -ana nm,f sacristan, sexton

sacristía nf sacristy

sacro, -a ▪ adj **1.** [sagrado] holy, sacred **2.** ANAT sacral
▪ nm ANAT sacrum

sacrosanto, -a adj sacrosanct

sacudida nf **1.** [movimiento] shake / [de la cabeza] toss / [de tren, coche] jolt **2.** [terremoto] tremor **3.** [conmoción] shock ▸ **~ eléctrica** electric shock

sacudidor nm carpet beater

sacudir vt **1.** [agitar] to shake **2.** [golpear] [alfombra] to beat / *Fam* [persona] to smack, to give a hiding to **3.** [conmover] to shake, to shock
◆ ***sacudirse*** vpr [persona] to get rid of / [responsabilidad, tarea] to get out of

S.A. de C.V. nf *MÉX* (abrev de ***sociedad anónima de capital variable***) variable capital corporation

sádico, -a ▪ adj sadistic
▪ nm,f sadist

sadismo nm sadism

sadomasoquismo nm sadomasochism

sadomasoquista ▪ adj sadomasochistic
▪ nmf sadomasochist

saeta nf **1.** [flecha] arrow **2.** [de reloj] hand / [de brújula] needle **3.** MÚS = *flamenco-style song sung on religious occasions*

safari nm **1.** [expedición] safari ▸ **ir de ~** to go on safari ▸ **~ fotográfico** = *holiday/trip photographing African wildlife* **2.** [zoológico] safari park

saga nf saga

sagacidad nf astuteness

sagaz adj astute, shrewd

sagitariano, -a *AM* ▪ adj Sagittarian ▸ **ser ~** to be (a) Sagittarian *o* Sagittarius
▪ nm,f Sagittarian, Sagittarius

sagitario ▪ nm [zodiaco] Sagittarius ▸ *ESP* **ser ~** to be (a) Sagittarius
▪ nmf *ESP* [persona] Sagittarian, Sagittarius

sagrado, -a adj [libro, lugar] holy, sacred / [deber, vida] sacred

sagrario nm **1.** [parte del templo] shrine **2.** [tabernáculo] tabernacle

Sáhara ['saχara], ***Sahara*** [sa'ara] nm **el (desierto del) ~** the Sahara (Desert)

saharaui adj & nmf Saharan

sahariana [saa'rjana] nf [prenda] safari jacket

sahariano, -a [saχa'rjano, -a, saa'rjano, -a] adj & nm,f Saharan

SAI ['sai] nm INFORM (abrev de ***sistema de alimentación ininterrumpida***) uninterrupted power supply, UPS

sainete nm TEATRO = *short, popular comic play*

sajar vt to cut open

sajón, -ona adj & nm,f Saxon

Sajonia nf Saxony

sake nm sake

sal nf **1.** CULIN & QUÍM salt ▸ **~ común** *o* **de cocina** cooking salt ▸ **~ gema** rock salt ▸ *ESP* **~ gorda** coarse salt ▸ **~ marina** sea salt ▸ **~ de mesa** table salt **2.** [gracia] wit ▸ **es la ~ de la vida** it's one of the little things that makes life worth living **3.** [garbo] charm **4.** *CAM, CARIB, MÉX* [desgracia] misfortune, bad luck ▸ **echar la ~ a alguien** to put a jinx on sb
◆ ***sales*** nfpl **1.** [para reanimar] smelling salts **2.** [para baño] **sales (de baño)** bath salts

sala nf **1.** [habitación] room / [de una casa] lounge, living room / [de hospital] ward ▸ **~ de bingo** bingo hall ▸ **~ de calderas** boiler room ▸ **~ de espera** waiting room ▸ **~ de estar** lounge, living room ▸ **~ de juntas** boardroom ▸ **~ de lectura** reading room ▸ **~ de máquinas** engine room ▸ **~ de operaciones** *BR* operating theatre, *US* operating room ▸ **~ de partos** delivery room ▸ **sala de profesores** staff room **2.** [local] [de conferencias, conciertos] hall / [de cine, teatro] auditorium ▸ **un cine de ocho salas** an eight-screen cinema *o* multiplex ▸ **~ de embarque** departure lounge ▸ **~ de fiestas** discotheque ▸ **~ de subastas** auction room ▸ **~ de tránsito** transfer lounge ▸ **~ VIP** VIP lounge ▸ **~ X** = *porn cinema, US* X-rated movie house **3.** DER [lugar] court(room) / [magistrados] bench

salacot (pl **salacots** *o* **salacotes**) nm pith helmet

saladero nm salting room

saladillo, -a adj salted

salado, -a adj **1.** [con sal] salted / [con demasiada sal] salty ▸ **estar ~** to be (too) salty ▸ **agua ~** salt water **2.** [opuesto a lo dulce] savoury **3.** *ESP* [gracioso] amusing / [encantador] charming **4.** *CAM, CARIB, MÉX* [desgraciado] unlucky

salamandra nf [animal] salamander

salamanquesa, *ANDES* ***salamanqueja*** nf Moorish gecko

salame ▪ nm *CSUR* [carne] salami
▪ nmf *RP Fam* [tonto] idiot

salami nm salami

salar vt **1.** [para conservar] to salt **2.** [para cocinar] to add salt to **3.** *CAM, CARIB, MÉX* [echar a perder] to spoil, to ruin / [causar mala suerte] to bring bad luck to

salarial adj wage ▸ **congelación ~** pay freeze ▸ **incremento ~** pay rise

salario nm salary, wages / [semanal] wage ▸ **~ base** *o* **básico** basic wage ▸ **~ bruto/neto** gross/net wage ▸ **~ mínimo (interprofesional)** minimum wage

salaz adj salacious

salazón nf [acción] salting
◆ ***salazones*** nfpl [carne] salted meat / [pescado] salted fish

salchicha nf sausage

salchichón nm = *cured pork sausage similar to salami*

salchichonería nf *MÉX* delicatessen

saldar vt **1.** [pagar] [cuenta] to close / [deuda] to settle / [asunto] to settle **2.** COM to sell off

◆ ***saldarse*** vpr [acabar] **saldarse con** to produce ▸ **la pelea se saldó con once heridos** eleven people were injured in the brawl

saldo nm **1.** [de cuenta] balance ▸ **~ acreedor/deudor** credit/debit balance ▸ **~ medio** average (bank) balance ▸ **~ negativo** overdraft ▸ **la iniciativa tuvo un ~ positivo** on balance, the outcome of the initiative was positive **2.** [de deudas] settlement **3.** [restos de mercancías] remnant ▸ **saldos** [rebajas] sale ▸ **de ~** bargain

saldré *etc ver* ***salir***

saledizo nm ARQUIT overhang

salero nm **1.** [recipiente] saltcellar, *US* salt shaker **2.** *Fam* [gracia, donaire] **baila con ~** she dances with great verve ▸ **tiene mucho ~ al hablar** she's a lively and entertaining conversationalist ▸ **cuenta chistes con ~** she's good at telling jokes

saleroso, -a adj *Fam* [gracioso] witty, funny / [garboso] charming

salesiano, -a adj & nm,f REL Salesian

salga *etc ver* ***salir***

sálico, -a adj HIST **ley sálica** Salic law

salida nf **1.** [partida] departure ▸ **va a efectuar su ~** it's about to depart **2.** DEP start ▸ **dar la ~ a una carrera** to start a race ▸ **~ nula** false start **3.** [lugar] exit, way out ▸ **¿dónde está la ~?** where's the way out? ▸ **~ de emergencia** emergency exit ▸ **~ de humos** air vent ▸ **~ de incendios** fire exit **4.** [viaje] trip **5.** [aparición] [de revista, nuevo modelo] appearance ▸ **a la ~ del sol** at sunrise ▸ **esta llave regula la ~ del agua** this *BR* tap *o US* faucet controls the flow of water ▸ FIN **~ a bolsa** [de empresa] flotation **6.** [momento] **quedamos a la ~ del trabajo** we agreed to meet after work ▸ **te espero a la ~ del cine** I'll meet you after the film **7.** COM [producción] output / [posibilidades] market ▸ **este producto no tiene ~** there's no market for this product **8.** INFORM output **9.** [solución] way out ▸ **si no hay otra ~** if there's no alternative **10.** [ocurrencia] witty remark ▸ **tener salidas** to be witty ▸ **~ de tono** out-of-place remark **11. salidas** [laborales] openings, opportunities ▸ **carreras con salidas** university courses with good job prospects

salido, -a ■ adj **1.** [saliente] projecting, sticking out / [ojos] bulging ▸ **dientes salidos** buck teeth **2.** [animal] on heat **3.** *muy Fam* [persona] horny

■ nm,f *muy Fam* [persona] horny bugger

saliente ■ adj **1.** [destacable] salient, important **2.** [presidente, ministro] outgoing

■ nm projection

salina nf **1.** MIN salt mine **2.** [en el mar] **salinas** saltworks *(singular)*

salinidad nf salinity

salino, -a adj saline

salir **[60]** vi **1.** [ir fuera] to go out / [venir fuera] to come out ▸ **~ de** to go/come out of ▸ **¿salimos al jardín?** shall we go out into the garden? ▸ **¡sal aquí fuera!** come out here! **2.** [ser novios] to go out (**con** with) ▸ **están saliendo** they are going out (together) **3.** [marcharse] **~ (para)** to leave (for) ▸ **~ de viaje** to go away (on a trip) ▸ **cuando salimos de Quito** when we left Quito **4.** [desembocar] [calle] **~ a** to open out onto **5.** [separarse] [tapón, anillo] **~ (de algo)** to come off (sth) **6.** [resultar] to turn out ▸ **ha salido muy estudioso** he has turned out to be very studious ▸ **¿qué salió en la votación?** what was the result of the vote? ▸ **~ elegida actriz del año** to be voted actress of the year ▸ **~ premiado** to be awarded a prize ▸ **~ bien/mal** to turn out well/badly ▸ **~ ganando/perdiendo** to come off well/badly ▸ **me ha salido mal** [examen, entrevista] it didn't go very well / [plato, dibujo] it didn't turn out very well / [cuenta] I got the wrong result ▸ **¿qué tal te ha salido?** how did it go? **7.** [proceder] **~ de** to come from ▸ **el vino sale de la uva** wine comes from grapes **8.** [a divertirse] to go out ▸ **salen mucho a cenar** they eat out a lot **9.** [surgir] [luna, estrellas, planta] to come out / [sol] to rise / [dientes] to come through ▸ **le ha salido un sarpullido en la espalda** her back has come out in a rash **10.** [aparecer] [publicación, producto, traumas] to come out / [moda, ley] to come in / [en imagen, prensa, televisión] to appear ▸ **¡qué bien sales en la foto!** you look great in the photo! ▸ **ha salido en los periódicos/en la tele** it's been in the papers/on TV ▸ CINE & TEATRO **~ de** to appear as **11.** [en sorteo] to come up **12.** [presentarse] [ocasión, oportunidad] to turn up, to come along / [problema, contratiempo] to arise **13.** [costar] to work out (**a** *o* **por** at) ▸ **~ caro** [de dinero] to be expensive / [por las consecuencias] to be costly **14.** [decir u obrar inesperadamente] **nunca se sabe por dónde va a ~** you never know what she's going to do/come out with next **15.** [parecerse] **~ a alguien** to turn out like sb, to take after sb **16.** [en juegos] to lead ▸ **te toca ~ a ti** it's your lead **17.** [desaparecer] to come out ▸ **la mancha de vino no sale** the wine stain won't come out **18.** [librarse] **~ de un apuro** to get out of a tight spot ▸ **no sé si podremos ~ de esta** I don't know how we're going to get out of this one **19.** INFORM **~ (de)** to quit, to exit **20.** *Fam* **porque me sale/no me sale de las narices** because I damn well feel like it/damn well can't be bothered **21.** **~ adelante** [persona, empresa] to get by / [proyecto, propuesta, ley] to be successful

◆ ***salirse*** vpr **1.** [marcharse] **salirse (de)** to leave ▸ **me salí del agua porque tenía frío** I came out of the water because I was cold **2.** [filtrarse] [líquido, gas] to leak, to escape (**por** through) / [humo, aroma] to come out (**por** through) **3.** [rebosar] to overflow / [leche] to boil over ▸ **el río se salió del cauce** the river broke its banks **4.** [desviarse] **salirse (de)** to come off ▸ **el coche se salió de la carretera** the car came off *o* left the road **5.** [escaparse] **salirse de** [límites] to go beyond ▸ **salirse del tema** to digress **6. salirse con la suya** to get one's own way

salitre nm saltpetre

salitroso, -a adj containing saltpetre

saliva nf saliva ▸ *Fam Fig* **gastar ~ (en balde)** to waste one's breath ▸ *Fig* **tragar ~** to bite one's tongue

salivación nf salivation

salivajo ➤ ***salivazo***

salival adj salivary

salivar ▪ adj salivary
▪ vi to salivate

salivazo, salivajo nm spit ▸ **echar un ~** to spit

salmantino, -a ▪ adj of/from Salamanca
▪ nm,f person from Salamanca

salmo nm psalm

salmodia nf REL singing of psalms / *Fig* [letanía] drone

salmodiar vt to sing in a monotone

salmón ▪ adj & nm inv [color] salmon (pink)
▪ nm [pez] salmon

salmonella [salmo'nela] nf salmonella *(bacterium)*

salmonelosis nf inv salmonella *(illness)*

salmonete nm red mullet

salmuera nf brine

salobre adj salty

salobridad nf saltiness

salomón nm sage, wise person

salomónico, -a adj equitable, even-handed

salón nm **1.** [en vivienda] lounge, sitting room **2.** [para reuniones, ceremonias] hall ▸ **~ de actos** assembly hall ▸ **~ de baile** dance hall ▸ **~ de sesiones** meeting room **3.** [mobiliario] lounge suite **4.** [establecimiento] **~ de belleza/masaje** beauty/massage parlour ▸ **~ de peluquería** hairdressing salon ▸ **~ recreativo** amusement arcade ▸ **~ de té** tea-room **5.** [feria] show, exhibition ▸ **~ del automóvil** motor show **6.** *Fig* **revolucionario de ~** armchair revolutionary ▸ **intelectual de ~** pseudo-intellectual

salpicadera nf *MÉX* [protección] *BR* mudguard, *US* fender

salpicadero nm *ESP* dashboard

salpicadura nf [acción] splashing, spattering / [mancha] spot, spatter

salpicar [59] vt **1.** [con líquido] to splash, to spatter ▸ [en reputación] **el escándalo salpicó al presidente** the president was tainted by the scandal **2.** [diseminar] to pepper (**de** with)

salpicón nm CULIN = *cold dish of chopped fish or meat, seasoned with pepper, salt, vinegar and onion*

salpimentar [3] vt to season (with salt and pepper)

salsa nf **1.** CULIN sauce / [de carne] gravy ▸ *Fig* **en su (propia) ~** in one's element ▸ **~ agridulce** sweet-and-sour sauce ▸ **~ bearnesa** bearnaise sauce ▸ **~ bechamel** *o* **besamel** bechamel *o* white sauce ▸ **~ mahonesa** *o* **mayonesa** mayonnaise ▸ **~ rosa** ≃ Thousand Island dressing ▸ **~ tártara** tartare sauce ▸ **~ de tomate** tomato sauce **2.** [interés] spice ▸ **ser la ~ de la vida** to make life worth living **3.** MÚS salsa

salsera nf gravy boat

saltador, -ora ▪ adj jumping
▪ nm,f DEP jumper ▸ **~ de altura** high-jumper ▸ **~ de esquí** ski jumper ▸ **~ de longitud** long-jumper

saltamontes nm inv grasshopper

saltar ▪ vt **1.** [obstáculo] to jump (over) **2.** [omitir] to skip, to miss out
▪ vi **1.** [brincar, lanzarse] to jump ▸ **saltó de** *o* **desde una ventana** she jumped out of *o* from a window ▸ **~ sobre alguien** [abalanzarse] to set upon sb ▸ **~ a la cuerda** *o* *ESP* **a la comba** to skip ▸ **~ de un tema a otro** to jump (around) from one subject to another **2.** [levantarse] to jump up ▸ **~ de la silla** to jump out of one's seat **3.** [salir disparado] [objeto] to jump, to shoot / [aceite] to spurt / [corcho, válvula] to pop out / [chispas] to fly **4.** [agua, cascada] **~ por** to gush down, to pour down **5.** [alarma] to go off ▸ **hacer ~** to set off **6.** [explotar] to explode, to blow up ▸ **el automóvil saltó por los aires** the car was blown into the air ▸ **han saltado los plomos** the fuses have blown **7.** [romperse] to break **8.** [reaccionar bruscamente] to explode ▸ **~ a la mínima** to be quick to lose one's temper **9.** [decir inesperadamente] **"de eso nada", saltó ella** "no way," she blurted out ▸ **~ con** to suddenly come out with **10.** [expresiones] **salta a la vista que...** it's patently obvious that... ▸ **estar a la que salta** to be always on the lookout
◆ ***saltarse*** vpr **1.** [omitir] to skip, to miss out **2.** [salir despedido] to pop off ▸ **se le saltaban las lágrimas** tears were welling up in her eyes **3.** [no respetar] [cola, semáforo] to jump / [ley, normas] to break

saltarín, -ina ▪ adj fidgety
▪ nm,f fidget

salteado, -a adj **1.** CULIN sautéed **2.** [espaciado] unevenly spaced ▸ **en días salteados** every other day ▸ **se sentaron en pupitres salteados** they sat at alternate desks

salteador, -ora nm,f **~ de caminos** highway robber

saltear vt **1.** [asaltar] to rob **2.** CULIN to sauté

saltimbanqui nmf acrobat

salto nm **1.** [gen] & DEP jump / (grande] leap / [al agua] dive ▸ **dar** *o* **pegar un ~** to jump / [grande] to leap ▸ **triple ~** triple jump ▸ **~ de altura** high jump ▸ **~ de esquí** ski jump ▸ **~ de longitud** long jump ▸ **~ mortal** somersault ▸ **~ en paracaídas** parachute jump ▸ **~ con pértiga** pole vault **2.** [diferencia, omisión] gap **3.** [progreso] leap forward ▸ **un ~ hacia atrás** a major step backwards **4.** [despeñadero] precipice ▸ **~ de agua** waterfall **5. ~ de cama** [prenda] negligée **6.** [expresiones] **vivir a ~ de mata** to live from one day to the next ▸ **dar saltos de alegría** *o* **contento** to jump with joy

saltón, -ona adj [ojos] bulging / [dientes] sticking out

salubre adj healthy

salubridad nf healthiness

salud ▪ nf health ▸ **estar bien/mal de ~** to be well/unwell ▸ **beber** *o* **brindar a la ~ de alguien** to drink to sb's health ▸ **curarse en ~** to cover one's back ▸ **rebosar de ~** to glow with health ▸ **tiene una ~ de hierro** she has an iron constitution ▸ **~ mental** mental health ▸ **~ pública** public health
▪ interj **¡~!** [para brindar] cheers! / [después de estornudar] bless you! ▸ **¡~, camaradas!** greetings, comrades!

saludable adj **1.** [sano] healthy **2.** [provechoso] beneficial

saludar vt to greet / MIL to salute ▸ **ni siquiera nos saludó** he didn't even say hello (to us) ▸ **me saludó con la mano** he waved to me (in greeting) ▸ **saluda a Ana**

de mi parte give my regards to Ana ▸ **le saluda atentamente** yours faithfully ▸ **siempre que vamos a Lima pasamos a saludarlos** whenever we go to Lima we drop in to say hello
◆ ***saludarse*** vpr (recíproco) to greet one another ▸ **ni siquiera se saludan** they don't even acknowledge each other

saludo nm greeting / MIL salute ▸ **Ana te manda saludos** [en carta] Ana sends you her regards / [al teléfono] Ana says hello ▸ **dale saludos de mi parte** give her my regards ▸ **un ~ afectuoso** [en cartas] yours sincerely

salutación nf greeting

salva nf MIL salvo ▸ *Fig* **una ~ de aplausos** a round of applause

salvación nf **1.** [remedio, solución] **no tener ~** to be beyond hope ▸ **las lluvias fueron la ~ de los agricultores** the rains were the farmers' salvation **2.** [rescate] rescue **3.** REL salvation

salvado nm bran

Salvador nm **1.** REL **el ~** the Saviour **2.** GEOG **El ~** El Salvador

salvador, -ora ▪ adj saving
▪ nm,f [persona] saviour

salvadoreño, -a adj & nm,f Salvadoran

salvaguarda ➤ ***salvaguardia***

salvaguardar vt to safeguard

salvaguardia, salvaguarda nf **1.** [defensa] safeguard **2.** [salvoconducto] safe-conduct, pass

salvajada nf atrocity

salvaje ▪ adj **1.** [animal, terreno] wild ▸ **el ~ oeste** the wild West **2.** [pueblo, tribu] savage **3.** [cruel, brutal] brutal, savage **4.** [incontrolado] **acampada ~** unauthorized camping ▸ **una huelga ~** an unofficial strike, a wildcat strike
▪ nmf **1.** [primitivo] savage **2.** [bruto] brute ▸ **unos salvajes prendieron fuego a un inmigrante** some inhuman brutes set fire to an immigrant

salvajismo nm savagery

salvamanteles nm inv [plano] table mat / [con pies] trivet

salvamento nm rescue, saving ▸ **equipo de ~** rescue team

salvapantallas nm inv INFORM screensaver

salvar vt **1.** [librar de peligro] to save ▸ **nos salvó del peligro** he saved us from danger **2.** [rescatar] to rescue **3.** [superar] [dificultad] to overcome / [obstáculo] to go over *o* around **4.** [recorrer] to cover **5.** [exceptuar] **salvando algunos detalles** except for a few details ▸ **salvando las distancias** allowing for the obvious differences
◆ ***salvarse*** vpr **1.** [librarse] to escape ▸ **se salvó de morir ahogado** he escaped drowning ▸ **sálvese quien pueda** every man for himself **2.** [exceptuarse] **sus amigos son inaguantables, ella es la única que se salva** her friends are unbearable, she's the only one who's O.K. **3.** REL to be saved

salvavidas ▪ adj inv **bote ~** lifeboat ▸ **chaleco ~** lifejacket
▪ nm [chaleco] lifejacket / [flotador] lifebelt

salve[1] interj hail!

salve[2] nf = *prayer or hymn to the Virgin Mary*

salvedad nf exception ▸ **con la ~ de** with the exception of

salvia nf sage

salvo, -a ▪ adj **sano y ~** safe and sound
▪ prep except ▸ **todos, ~ los enfermos** everyone except (for) the sick ▸ **~ ella, nadie más conocía el camino** apart from her, nobody else knew the way, nobody knew the way except for her ▸ **~ que** unless ▸ **~ error u omisión** errors and omissions excepted
▪ nm **estar a ~** to be safe ▸ **poner algo a ~** to put sth in a safe place ▸ **ponerse a ~** to reach safety

salvoconducto nm safe-conduct, pass

samaritano, -a adj & nm,f Samaritan

samba nf samba

sambenito nm **poner** *o* **colgar a alguien el ~ de borracho** to brand sb a drunk

Samoa Occidental n Western Samoa

samovar nm samovar

sámpler (pl **sámplers**) nm MÚS sampler

samurái, samuray nm samurai

san adj Saint ▸ **San Bernardo** [perro] saint Bernard ▸ **~ José** Saint Joseph

Sana n Sanaa

sanador, -ora nm,f healer

sanar ▪ vt [persona] to cure / [herida] to heal
▪ vi [persona] to get better / [herida] to heal

sanatorio nm sanatorium

sanción nf **1.** [castigo, multa] punishment / ECON sanction **2.** [aprobación] approval

sancionar vt **1.** [castigar, multar] to punish / ECON to impose sanctions on **2.** [aprobar] to approve, to sanction

sancocho nm *ANDES* = stew of beef, chicken or fish, vegetables and green bananas

sanctasanctórum nm inv *también Fig* sanctum

sandalia nf sandal

sándalo nm sandalwood

sandez nf silly thing ▸ **decir sandeces** to talk nonsense

sandía nf watermelon

sandinismo nm Sandinista movement

sandinista adj & nmf Sandinista

sánduche, sánguche nm *AM* **1.** [con pan de molde] [sin tostar] sandwich / [tostado] toasted sandwich **2.** [con pan de barra] sandwich *(made with French bread)*

sandunguero, -a adj witty, charming

sándwich ['sanwitʃ, 'sanwis] (pl **sándwiches**) nm [sin tostar] sandwich / [tostado] toasted sandwich

sandwichera [sanwi'tʃera] nf toasted sandwich maker

saneado, -a adj FIN [bienes] written off, written down / [economía] sound, healthy / [cuenta] regularized

saneamiento nm **1.** [limpieza] disinfection / [fontanería] plumbing / [de río] clean-up ▸ **artículos**

de ~ bathroom furniture **2.** FIN [de bienes] write-off, write-down / [de moneda] stabilization / [de economía] putting back on a sound footing

sanear vt **1.** [higienizar] [tierras] to drain / [edificio] to disinfect **2.** FIN [bienes] to write off *o* down / [moneda] to stabilize / [economía] to put back on a sound footing

sanfermines nmpl = *festival held in Pamplona in July during which bulls are run through the streets of the town*

sangrado nm IMPRENTA indentation

sangrante adj [herida] bleeding / [situación, injusticia] shameful, outrageous

sangrar ▪ vi to bleed

▪ vt **1.** [sacar sangre a] to bleed **2.** [árbol] to tap **3.** *Fam* [robar] to bleed dry **4.** IMPRENTA to indent

sangre nf **1.** [líquido] blood ▸ **me he hecho ~ en el dedo** I've cut my finger ▸ **te está saliendo ~** you're bleeding ▸ ZOOL **de ~ caliente** warm-blooded ▸ ZOOL **de ~ fría** cold-blooded ▸ **ha corrido mucha ~ en este conflicto** there has been a lot of bloodshed in this conflict ▸ **un baño de ~** a bloodbath ▸ **evitar un derramamiento de ~** to avoid bloodshed **2.** [expresiones] *Fam Fig* **chuparle a alguien la ~** to bleed sb dry ▸ *Fam Fig* **encender** *o* **quemar la ~ a alguien** to make sb's blood boil ▸ *Fig* **llevar algo en la ~** to have sth in one's blood ▸ *Fig* **no llegó la ~ al río** it didn't get too nasty ▸ *Fig* **no tiene ~ en las venas** he's got no life in him ▸ *Fig* **sudar ~** to sweat blood ▸ *Fam* **hacerse mala ~** to get worked up ▸ **tener mala ~** to be malicious ▸ **~ azul** blue blood ▸ **~ fría** sangfroid ▸ **a ~ fría** in cold blood

sangría nf **1.** [bebida] sangria **2.** [matanza] bloodbath **3.** [ruina] drain **4.** MED bloodletting

sangriento, -a adj **1.** [ensangrentado, cruento] bloody **2.** [despiadado, hiriente] cruel

sangrón, -ona adj *CAM, COL, MÉX Fam* [persona] nasty

sánguche ➤ ***sanduche***

sanguijuela nf *también Fig* leech

sanguinario, -a adj bloodthirsty

sanguíneo, -a adj blood ▸ **presión sanguínea** blood pressure

sanguinolento, -a adj [que echa sangre] bleeding / [bañado en sangre] bloody / [manchado de sangre] bloodstained / [ojos] bloodshot

sanidad nf **1.** [salubridad] health, healthiness **2.** [ministerio] health department ▸ **~ (pública)** public health service ▸ **~ privada** private healthcare

sanitario, -a ▪ adj health ▸ **personal ~** healthcare workers

▪ nm,f [persona] health officer

▪ nm [retrete] toilet, *US* bathroom ▸ **sanitarios** [bañera, lavabo, retrete] bathroom furniture

sanjacobo nm CULIN = *two slices of steak or ham with a slice of cheese in between, fried in breadcrumbs*

San José n San José

San Marino n San Marino

sano, -a adj **1.** [saludable] healthy ▸ **un ejercicio/clima muy ~** a very healthy exercise/climate ▸ **hacer vida sana** to have a healthy lifestyle ▸ **~ y salvo** safe and sound **2.** [positivo] [ambiente, educación] wholesome **3.** [entero] intact, undamaged ▸ **no quedó ni un vaso ~** not a glass was left unbroken *o* undamaged **4. cortar por lo ~** to make a clean break

> FALSO AMIGO / FALSE FRIEND
>
> ***sano***
>
> Sane is not a translation of the Spanish word *sano*. **Sane** is translated by *cuerdo* or *juicioso*:
> **no sane person would have done that** *ninguna persona cuerda habría actuado así*
> **her attitude seems eminently sane** *su actitud parece muy juiciosa*

San Salvador n San Salvador

sansalvadoreño, -a ▪ adj of/from San Salvador

▪ nm,f person from San Salvador

sánscrito, -a adj & nm Sanskrit

sanseacabó interj *Fam* **¡~!** that's an end to it!

sansón nm very strong man

Santander n Santander

santanderino, -a ▪ adj of/from Santander

▪ nm,f person from Santander

santería nf **1.** [beatería] sanctimoniousness **2.** [religión] santeria, = *Afro-Cuban religion* **3.** *AM* [tienda] = *shop selling religious mementos such as statues of saints*

santero, -a adj pious

Santiago (de Chile) n Santiago

Santiago de Compostela n Santiago de Compostela

Santiago de Cuba n Santiago de Cuba

santiaguero, -a ▪ adj of/from Santiago de Cuba

▪ nm,f person from Santiago de Cuba

santiagués, -esa ▪ adj of/from Santiago de Compostela

▪ nm,f person from Santiago de Compostela

santiaguino, -a ▪ adj of/from Santiago (de Chile)

▪ nm,f person from Santiago (de Chile)

santiamén nm *Fam* **en un ~** in a flash

santidad nf **1.** [cualidad] saintliness, holiness **2. Su Santidad** His Holiness

santificación nf sanctification

santificar [59] vt REL **1.** [consagrar] to sanctify **2.** [respetar] [días festivos] to keep holy / [padres] to honour

santiguar [11] vt to make the sign of the cross over

◆ ***santiguarse*** vpr to cross oneself

santo, -a ▪ adj **1.** [sagrado] holy ▸ **el Santo Padre** the Holy Father ▸ **la Santa Sede** the Holy See **2.** [virtuoso] saintly **3.** *Fam* [dichoso] damn ▸ **todo el ~ día** all day long ▸ **el teléfono lleva sonando toda la santa mañana** the damn phone hasn't stopped ringing all morning

▪ nm,f REL & *Fig* saint

▪ nm **1.** [onomástica] saint's day ▸ **el día de Todos los Santos** All Saints' Day **2.** [ilustración] illustration **3.** [contraseña] **~ y seña** password **4.** [expresiones] **¿a**

~ de qué? why on earth?, for what earthly reason? ▸ **desnudar a un ~ para vestir a otro** to rob Peter to pay Paul ▸ **se le fue el ~ al cielo** he completely forgot ▸ **llegar y besar el ~** to get it at the first attempt ▸ **no es ~ de mi devoción** he's not my cup of tea ▸ **quedarse para vestir santos** to be left on the shelf

Santo Domingo n Santo Domingo

santón nm **1.** REL holy man **2.** [persona influyente] guru

santoral nm **1.** [libro] = *book containing lives of saints* **2.** [onomásticas] = *list of saints' days*

Santo Tomé n São Tomé

Santo Tomé y Príncipe n Sao Tomé and Príncipe

santuario nm [templo] shrine / [de animales] sanctuary

santurrón, -ona ■ adj excessively pious
■ nm,f excessively pious person

santurronería nf sanctimoniousness

saña nf viciousness, malice ▸ **con ~** viciously, maliciously

sañudo, -a adj vicious, malicious

Sao Paulo n São Paulo

sapiencia nf *Formal* knowledge

sapo nm toad ▸ *Fig* **echar sapos y culebras** to rant and rave

saque ■ *ver* ***sacar***
■ nm **1.** [en fútbol] **~ de banda** throw-in ▸ **~ inicial** *o* **de centro** kick-off ▸ **~ de esquina** corner kick ▸ **~ de puerta** *o* **meta** goal kick ▸ **~ de honor** = *ceremonial kick-off by celebrity* **2.** [en rugby] **~ de banda** line-out **3.** [en tenis, voleibol] serve ▸ **tener buen ~** to have a good serve **4.** [apetito] **tener buen ~** to have a hearty appetite

saqueador, -ora ■ adj looting, plundering
■ nm,f looter

saquear vt **1.** [ciudad, población] to sack **2.** [tienda] to loot / *Fam* [nevera, armario] to raid

saqueo nm [de ciudad] sacking / [de tienda] looting

S.A.R. (abrev de ***Su Alteza Real***) HRH

Sarajevo n Sarajevo

sarampión nm measles

sarao nm **1.** [fiesta] party **2.** *Fam* [jaleo] row, rumpus

sarasa nm *Fam Pey* queer, *US* fag

sarcasmo nm sarcasm

sarcástico, -a ■ adj sarcastic
■ nm,f sarcastic person

sarcófago nm sarcophagus

sarcoma nm sarcoma

sardana nf = *traditional Catalan dance and music*

sardina nf sardine ▸ **como sardinas en lata** like sardines

sardinel nm *COL, PERÚ* [bordillo] *BR* kerb, *US* curb

sardinero, -a adj sardine ▸ **barco ~** sardine fishing boat

sardo, -a ■ adj & nm,f Sardinian
■ nm [lengua] Sardinian

sardónico, -a adj sardonic

Sargazos nmpl **el mar de los ~** the Sargasso Sea

sargento ■ nmf **1.** MIL sergeant **2.** *Fam Pey* [mandón] dictator, little Hitler
■ nm [herramienta] small clamp

sari nm sari

sarmiento nm vine shoot

sarna nf MED scabies / [en animales] mange ▸ *Prov* **~ con gusto no pica** I'm/he's *etc* more than happy to put up with it

sarnoso, -a ■ adj [perro] mangy
■ nm,f [persona] scabies sufferer

sarpullido nm rash

sarraceno, -a adj & nm,f Saracen

sarrio nm chamois

sarro nm **1.** [de dientes] tartar **2.** [poso] sediment

sarta nf *también Fig* string ▸ **una ~ de insultos/mentiras** a string of insults/lies

sartén nf, *AM* nm o nf frying pan, *US* fry-pan ▸ *Fam Fig* **tener la ~ por el mango** to call the shots

sastre, -tra nm,f tailor

sastrería nf [oficio] tailoring / [taller] tailor's (shop) / CINE & TEATRO wardrobe (department)

Satanás nm Satan

satánico, -a adj satanic

satanismo nm Satanism

satélite ■ adj inv satellite ▸ **las ciudades ~ de Madrid** the towns around Madrid ▸ **estado ~** satellite (state)
■ nm satellite ▸ **~ artificial** satellite ▸ **~ espía/meteorológico** spy/weather satellite

satén nm [de seda] satin / [de algodón] sateen

satinado, -a ■ adj [papel] glossy / [tela] shiny, satiny / [pintura] satin
■ nm [de papel] glossy finish / [de tela] shiny *o* satiny finish / [de pintura] satin finish

satinar vt to make glossy

sátira nf satire

satírico, -a ■ adj satirical
■ nm,f satirist

satirizar **[14]** vt to satirize

sátiro nm **1.** MITOL satyr **2.** [lujurioso] lecher

satisfacción nf **1.** [agrado] satisfaction ▸ **me dio mucha ~** I found it very satisfying ▸ **espero que todo sea de su ~** *o* **esté a su ~** I hope everything is to your satisfaction **2.** [gusto] satisfaction ▸ **darle a alguien la ~ de hacer algo** to give sb the satisfaction of doing sth ▸ **darse la ~ de hacer algo** to allow oneself the pleasure of doing sth **3.** [orgullo] **nos mostró sus trofeos con ~** he took great pleasure in showing us his trophies ▸ **sentir una gran ~ personal** to feel a sense of fulfilment *o* satisfaction

satisfacer **[33]** vt **1.** [persona, curiosidad, hambre] to satisfy / [sueño] to fulfill ▸ **su explicación no nos satisfizo** we weren't satisfied with his explanation **2.** [gustar, agradar] to please ▸ **me satisface anunciar...** I am pleased to announce... **3.** [deuda, pago] to pay, to settle **4.** [ofensa, daño] to redress **5.** [duda, pregunta] to answer **6.** [cumplir] [requisitos, exigencias] to meet
◆ ***satisfacerse*** vpr to be satisfied ▸ **no se satisfacen**

con nada nothing seems to satisfy them

satisfactorio, -a adj [suficientemente bueno] satisfactory / [gratificante] rewarding, satisfying

satisfecho, -a ■ participio *ver* ***satisfacer***
■ adj satisfied ▸ **~ de sí mismo** self-satisfied ▸ **darse por ~** to be satisfied ▸ **dejar ~ a alguien** to satisfy sb

sátrapa nm **1.** [rico] **vivir como un ~** to live like a lord **2.** [dictador] dictator, little Hitler

saturación nf saturation ▸ *Fig* **hasta la ~** ad nauseam

saturado, -a adj saturated (**de** with) ▸ *Fig* **estar ~ de trabajo** to have all the work one can manage

saturar vt to saturate
◆ ***saturarse*** vpr to become saturated (**de** with)

saturnal adj Saturnian

saturnismo nm MED lead poisoning

Saturno nm Saturn

sauce nm willow ▸ **~ llorón** weeping willow

saúco nm elder

saudí (pl **saudíes**), ***saudita*** adj & nmf Saudi

sauna nf sauna

saurio nm lizard, saurian

savia nf [de planta] sap / [vitalidad] vitality ▸ *Fig* **~ nueva** new blood

saxo ■ nm [instrumento] sax ▸ **~ alto** alto sax ▸ **~ tenor** tenor sax
■ nmf [persona] sax player

saxofón, saxófono ■ nm [instrumento] saxophone
■ nmf [persona] saxophonist

saxofonista nmf saxophonist

saxófono ➤ ***saxofón***

saya nf *Anticuado* petticoat

sayal nm *Anticuado* sackcloth

sayo nm *Anticuado* smock

sazón nf **1.** [madurez] ripeness ▸ **en ~** ripe **2.** [sabor] seasoning, flavouring **3. a la ~** then, at that time

sazonado, -a adj seasoned

sazonar vt to season

scooter [es'kuter] (pl **scooters**) nm (motor) scooter

scout [es'kaut] (pl **scouts**) ■ adj **un grupo ~** a Scout troop
■ nmf (boy) scout, *f* girl guide

script [es'kript] (pl **scripts**) ■ nm script
■ nf script girl

SE (abrev de ***Su Excelencia***) HE

se pron personal **1.** (reflexivo) [de personas] [singular] himself, *f* herself / [plural] themselves / [usted mismo] yourself / [ustedes mismos] yourselves / [de cosas, animales] [singular] itself / [plural] themselves ▸ **se está lavando, está lavándose** she is washing (herself) ▸ **se lavó los dientes** she cleaned her teeth ▸ **espero que se diviertan** I hope you enjoy yourselves ▸ **el perro se lame** the dog is licking itself ▸ **se lame la herida** it's licking its wound ▸ **se levantaron y se fueron** they got up and left **2.** (reflexivo impersonal) oneself ▸ **hay que afeitarse todos los días** one has to shave every day, you have to shave every day **3.** (recíproco) each other, one another ▸ **se aman** they love each other ▸ **se escriben cartas** they write to each other **4.** (impersonal) **en esta sociedad ya no se respeta a los ancianos** in our society old people are no longer respected ▸ **se ha suspendido la reunión** the meeting has been cancelled ▸ **se dice que...** it is said that..., people say that... ▸ **se prohíbe fumar** [en cartel] no smoking ▸ **se habla español** [en cartel] Spanish spoken **5.** (como complemento indirecto) [de personas] [singular] (to) him, *f* (to) her / [plural] (to) them / [de cosas, animales] [singular] (to) it / [plural] (to) them / [usted, ustedes] (to) you ▸ **se lo dio** he gave it to him/her/*etc* ▸ **se lo dije, pero no me hizo caso** I told her, but she didn't listen ▸ **si usted quiere, yo se lo arreglo en un minuto** if you like, I'll sort it out for you in a minute

sé **1.** *ver* ***saber*** **2.** *ver* ***ser***

sebáceo, -a adj sebaceous

sebo nm [grasa sólida] fat / [para jabón, velas] tallow

seborrea nf seborrhoea

seboso, -a adj fatty

secadero nm drying room

secado nm drying

secador nm **1.** [aparato] dryer ▸ **~ (de pelo)** hair-dryer **2.** *CAM* [trapo] tea towel

secadora nf **1.** [de ropa] clothes dryer, tumble-drier **2.** *MÉX* [de pelo] hairdryer

secamanos nm inv hand dryer

secano nm unirrigated *o* dry land ▸ **cultivos de ~** = *crops suitable for unirrigated land*

secante ■ adj **1.** [secador] drying **2. papel ~** blotting paper **3.** MAT secant ▸ **línea ~** secant
■ nf MAT secant

secar [59] vt **1.** [quitar humedad a] to dry ▸ **el sol secó los campos** the sun dried out the fields **2.** [enjugar] to wipe away / [con fregona] to mop up
◆ ***secarse*** vpr [planta, pozo] to dry up / [vajilla, suelo, ropa] to dry ▸ **nos secamos al sol** we dried off in the sunshine ▸ **me sequé las manos en la toalla** I dried my hands with the towel

secarropas nf inv *RP* tumble-drier

sección nf **1.** [departamento] department ▸ **~ de caballeros** [en tienda] menswear department **2.** GEOM section

seccional nf *RP* **1.** [policial] police district, *US* police precinct **2.** [gremial] section

seccionar vt **1.** [cortar] to cut / MEC to section **2.** [dividir] to divide (up)

secesión nf secession

secesionismo nm secessionism

secesionista adj secessionist

seco, -a adj **1.** [en general] dry / [plantas, flores] withered / [higos, pasas] dried ▸ **tiene la piel seca/el cabello ~** she has dry skin/hair **2.** [persona, actitud] brusque ▸ **estuvo muy ~ con su madre** he was very short with his mother ▸ **me contestó con un no ~** she answered me with a curt "no" **3.** [flaco] thin, lean **4.** [ruido] dull / [tos] dry / [voz] sharp ▸ **un golpe ~** a rap **5.** *Fam* [sediento] thirsty ▸ **estar ~** to be thirsty **6.** [expresiones] **dejar a alguien ~** [matar] to kill sb stone dead / [pasmar] to stun sb ▸ **parar en ~** to stop dead

◆ ***a secas*** loc adv just, simply ▸ **llámame Juan a secas** just call me Juan ▸ **no comas pan a secas** don't eat just bread

secoya nf sequoia

secreción nf secretion

secretar vt to secrete

secretaría nf **1.** [cargo administrativo] post of secretary **2.** [oficina administrativa] secretary's office **3.** [organismo] secretariat ▸ **Secretaría de Estado** [en España] = *government department under the control of a BR* junior minister *o US* under-secretary / [en Latinoamérica] ministry / [en Estados Unidos] State Department

secretariado nm **1.** EDUC secretarial skills ▸ **estudia ~** she's doing a secretarial course **2.** [cargo] post of secretary **3.** [oficina, lugar] secretary's office **4.** [organismo] secretariat

secretario, -a nm,f secretary ▸ **~ de dirección** secretary to the director ▸ **~ de Estado** [en España] *BR* junior minister, *US* under-secretary / [en Latinoamérica] *BR* minister, *US* secretary / [en Estados Unidos] Secretary of State ▸ **~ general** General Secretary ▸ **~ personal** personal assistant

secretear vi *Fam* to whisper, to talk secretively

secreter nm bureau, writing desk

secretismo nm (excessive) secrecy

secreto, -a ■ adj [reservado] secret / [confidencial] confidential

■ nm **1.** [en general] secret ▸ **no es ningún ~ que el país atraviesa una crisis** it's no secret that the country is going through a crisis ▸ **guardar un ~** to keep a secret ▸ **mantener algo en ~** to keep sth secret ▸ **~ bancario** banking confidentiality ▸ **~ de confesión** secrecy of the confessional ▸ **~ de Estado** State *o* official secret ▸ **~ profesional** professional secret ▸ DER **decretar el ~ sumarial** = *to deny public access to information relating to a judicial investigation* ▸ **~ a voces** open secret **2.** [sigilo] secrecy ▸ **en ~** in secret

secta nf sect

sectario, -a ■ adj sectarian

■ nm,f **1.** [miembro de secta] sect member **2.** [fanático] fanatic

sectarismo nm sectarianism

sector nm **1.** [división] section / ECON sector ▸ **el ~ automovilístico** the motor industry ▸ **~ cuaternario** leisure industries *o* sector ▸ **~ primario/secundario** primary/secondary sector ▸ **~ privado/público** private/public sector ▸ **~ servicios** *o* **terciario** service industries *o* sector **2.** [zona] sector, area

sectorial adj sectorial

secuaz nmf *Pey* minion

secuela nf consequence ▸ **dejar secuelas a alguien** to leave sb suffering from the after-effects

secuencia nf sequence ▸ INFORM **~ de arranque** boot sequence

secuenciador nm MÚS & INFORM sequencer

secuencial adj sequential

secuenciar vt to arrange in sequence

secuestrador, -ora nm,f kidnapper

secuestrar vt **1.** [raptar] to kidnap **2.** [avión, barco] to hijack **3.** [embargar] to seize

secuestro nm **1.** [rapto] kidnapping **2.** [de avión, barco] hijack **3.** [de bienes] seizure, confiscation

secular adj **1.** [seglar] secular, lay ▸ **clero ~** secular clergy **2.** [centenario] centuries-old, age-old

secularización nf secularization

secularizar [14] vt to secularize

secundar vt to support, to back (up) ▸ **~ una propuesta** to second a proposal

secundario, -a adj secondary ▸ **actor ~** supporting actor

secuoya nf sequoia

sed ■ *ver* ***ser***

■ nf thirst ▸ **las palomitas dan ~** popcorn makes you thirsty ▸ **tener ~** to be thirsty ▸ *Fig* **~ de** thirst for ▸ **~ de conocimientos** thirst for knowledge ▸ **tener ~ de venganza** to be thirsty for revenge

seda nf silk ▸ **ir como una** *o* **la ~** to go smoothly ▸ **~ artificial** rayon, artificial silk ▸ **~ cruda** raw silk ▸ **~ dental** dental floss ▸ **~ natural** pure silk

sedación nf MED sedation / [con música] soothing, calming

sedal nm fishing line

sedán nm *BR* saloon, *US* sedan

sedante ■ adj MED sedative / [música] soothing

■ nm sedative

sedar vt MED to sedate / [sujeto: música] to soothe, to calm

sede nf **1.** [de organización, empresa] headquarters / [de Gobierno] seat / [de acontecimiento] venue (**de** for) ▸ **~ social** head office **2.** REL see ▸ **la Santa Sede** the Holy See

sedentario, -a adj sedentary

sedentarismo nm **el ~ avanza** people are adopting an increasingly sedentary lifestyle

sedente adj seated

sedición nf sedition

sedicioso, -a ■ adj seditious

■ nm,f rebel

sediento, -a adj [de agua] thirsty ▸ *Fig* **~ de** [deseoso] hungry for

sedimentación nf sedimentation

sedimentar vt to deposit

◆ ***sedimentarse*** vpr to settle

sedimentario, -a adj sedimentary

sedimento nm [poso] sediment

sedoso, -a adj silky

seducción nf **1.** [cualidad] seductiveness **2.** [atracción] attraction, charm / [sexual] seduction

seducir [18] vt **1.** [atraer] to attract, to charm / [sexualmente] to seduce **2.** [persuadir] **~ a alguien para que haga algo** to charm sb into doing sth

seductor, -ora ■ adj **1.** [atractivo] attractive, charming / [sexualmente] seductive **2.** [persuasivo] persuasive, charming
■ nm,f seducer

sedujera *etc ver* ***seducir***

seduzca *etc ver* ***seducir***

sefardí (pl **sefardíes**), ***sefardita*** ■ adj Sephardic
■ nmf [persona] Sephardi
■ nm [lengua] Sephardi

segada nf [en fútbol] scything tackle

segador, -ora nm,f [agricultor] reaper

segadora nf [máquina] reaping machine

segar [43] vt **1.** AGR to reap **2.** [cortar] to cut off **3.** [acabar con] **la epidemia segó la vida de cientos de personas** the epidemic claimed the lives of hundreds of people

seglar ■ adj secular, lay
■ nm lay person

segmentación nf division

segmentar vt to cut *o* divide into pieces

segmento nm **1.** MAT & ZOOL segment **2.** [trozo] piece

segoviano, -a ■ adj of/from Segovia
■ nm,f person from Segovia

segregación nf **1.** [separación, discriminación] segregation ▸ **~ racial** racial segregation **2.** [secreción] secretion

segregacionismo nm policy of racial segregation

segregacionista adj segregationist ▸ **política ~** policy of racial segregation

segregar [38] vt **1.** [separar, discriminar] to segregate **2.** [secretar] to secrete

segué *etc ver* ***segar***

segueta nf fretsaw

seguidamente adv next, immediately afterwards

seguidilla nf **1.** LIT = *poem containing four or seven verses used in popular songs* **2.** [cante flamenco] = *mournful flamenco song*

seguido, -a ■ adj **1.** [consecutivo] consecutive ▸ **diez años seguidos** ten years in a row ▸ **llamó a la puerta cinco veces seguidas** she knocked at the door five times **2.** [sin interrupción] continuous ▸ **llevan reunidos cuatro horas seguidas** they've been in the meeting for four hours without a break ▸ **ha nevado durante dos semanas seguidas** it's been snowing for two weeks solid **3.** [inmediatamente después] **~ de** followed by ▸ **sopa, seguida de carne o pescado** soup, followed by meat or fish
■ adv **1.** [sin interrupción] continuously **2.** [en línea recta] straight on ▸ **todo ~** straight on *o* ahead **3.** *AM* [a menudo] often
◆ ***en seguida*** loc adv straight away, at once ▸ **en seguida nos vamos** we're going right away

seguidor, -ora nm,f follower

seguimiento nm [de noticia] following / [de clientes] follow-up ▸ **efectuar un ~ de una epidemia** to monitor the course of an epidemic

seguir [61] ■ vt **1.** [ir detrás de] to follow ▸ **tú ve delante, que yo te sigo** you go ahead, I'll follow *o* I'll go behind ▸ **~ algo de cerca** [desarrollo, resultados] to follow *o* monitor sth closely **2.** [perseguir] to follow ▸ **me parece que nos siguen** I think we're being followed **3.** [reanudar] to continue, to resume **4.** [cursar] **sigue un curso de italiano** he's doing an Italian course
■ vi **1.** [sucederse] **~ a algo** to follow sth ▸ **la lluvia siguió a los truenos** the thunder was followed by rain **2.** [continuar] to continue, to go on ▸ **¡sigue, no te pares!** go *o* carry on, don't stop! ▸ **aquí se baja él, yo sigo** [al taxista] he's getting out here, I'm going on ▸ **sigo trabajando en la fábrica** I'm still working at the factory ▸ **debes ~ haciéndolo** you should keep on *o* carry on doing it ▸ **sigo pensando que está mal** I still think it's wrong ▸ **sigue enferma/en el hospital** she's still ill/in hospital ▸ **¿qué tal sigue la familia?** how's the family getting on *o* keeping?
◆ ***seguirse*** v impersonal to follow ▸ **seguirse de algo** to follow *o* be deduced from sth ▸ **de esto se sigue que estás equivocado** it therefore follows that you are wrong

según ■ prep **1.** [de acuerdo con] according to ▸ **~ su opinión, ha sido un éxito** in her opinion *o* according to her, it was a success ▸ **~ yo/tú/*etc*** in my/your/*etc* opinion **2.** [dependiendo de] depending on ▸ **~ la hora que sea** depending on the time
■ adv **1.** [como] (just) as ▸ **todo permanecía ~ lo recordaba** everything was just as she remembered it ▸ **actuó ~ se le recomendó** he did as he had been advised **2.** [a medida que] as ▸ **entrarás en forma ~ vayas entrenando** you'll get fit as you train **3.** [dependiendo] **¿te gusta la música? – ~** do you like music? – it depends ▸ **lo intentaré ~ esté de tiempo** I'll try to do it, depending on how much time I have ▸ **~ que** depending on whether ▸ **~ qué** certain ▸ **~ qué días la clase es muy aburrida** some days the class is really boring

segunda nf **1.** AUT second (gear) ▸ **meter (la) ~** to go into second (gear) **2.** AV & FERROC second class ▸ **viajar en ~** to travel second class **3.** DEP second division ▸ **bajar a ~** to be relegated to the second division **4.** [expresiones] **con segundas (intenciones)** with ulterior motives ▸ **¿me lo dices con segundas?** are you telling me this for any particular reason?

segundero nm second hand

segundo, -a ■ núm second ▸ **segunda clase** [en tren, avión] second class ▸ **la Segunda Guerra Mundial** the Second World War ▸ **segunda lengua** second language ▸ **de segunda mano** second-hand ▸ **segunda oportunidad** second chance ▸ **segunda parte** part two ▸ **segunda vivienda** second home ▸ **~ violín** second violin
■ nm,f **1.** [en orden] **el ~** the second one ▸ **llegó el ~** he came second **2.** [mencionado antes] latter ▸ **vinieron Pedro y Juan, el ~ con...** Pedro and Juan arrived, the latter with... **3.** [ayudante] number two ▸ NÁUT **~ de abordo** first mate
■ nm [en general] second / [piso] *BR* second floor, *US* third floor

segundón, -ona nm,f second son ▸ *Fig* **ser el eterno ~** to be one of life's eternal bridesmaids

seguramente adv probably ▸ **~ iré, pero aún no lo**

sé the chances are I'll go, but I'm not sure yet

seguridad nf **1.** [ausencia de peligro] safety ▸ **de ~** [cinturón, cierre] safety ▸ **~ en el trabajo** safety at work *o* in the workplace ▸ **~ vial** road safety **2.** [protección] security ▸ **~ ciudadana** public safety ▸ **Seguridad Social** Social Security **3.** [guardias] security **4.** [estabilidad, firmeza] security ▸ **una inversión que ofrece ~** a safe *o* secure investment **5.** [certidumbre] certainty ▸ **con ~** for sure, definitely ▸ **con toda ~** with absolute certainty ▸ **tener la ~ de que** to be certain that **6.** [confianza] confidence ▸ **habla con mucha ~** she speaks very confidently ▸ **~ en sí mismo** self-confidence ▸ **mostrar una falsa ~** to put on a show of confidence

> ¡CUIDADO! / CAREFUL!
>
> ***seguridad***
>
> *Seguridad* se traduce por **safety** cuando nos referimos a la protección contra daños o accidentes, mientras que **security** se aplica generalmente ante una situación de amenaza (robos, terrorismo, etc).

seguro, -a ■ adj **1.** [sin peligro] safe ▸ **¿es éste un lugar ~?** is it safe here? ▸ **sobre ~** safely, without risk ▸ **es una inversión segura** it's a safe investment ▸ **prefiero ir sobre ~** I'd rather play (it) safe **2.** [protegido, estable] secure ▸ **un trabajo ~** a secure job **3.** [fiable] reliable **4.** [indudable, cierto] definite, certain ▸ **su nombramiento es ~** he's certain to be given the post ▸ **ya sabemos la fecha segura de su llegada** we've now got a definite date for his arrival ▸ **lo puedes dar por ~** you can be sure of it ▸ **tener por ~ que** to be sure that **5.** [confiado] sure ▸ **estar ~ de algo** to be sure about sth

■ nm **1.** [contrato] insurance ▸ **~ de accidentes** accident insurance ▸ **~ del coche** car insurance ▸ **~ de desempleo** unemployment benefit ▸ **~ de enfermedad** health insurance ▸ **~ de hogar** home insurance ▸ **~ de incendios** fire insurance ▸ **~ de invalidez** *o* **incapacidad** disability insurance ▸ **~ médico** medical insurance ▸ **~ a todo riesgo/a terceros** comprehensive/third party insurance ▸ **~ de vida** life insurance **2.** *Fam* **el ~** [la seguridad social] *BR* ≃ the National Health, *US* ≃ Medicaid ▸ **ese tratamiento no lo cubre el ~** ≃ you can't get that treatment on *BR* the National Health *o US* Medicaid **3.** [dispositivo] safety device / [de armas] safety catch **4.** *CAM, MÉX* [imperdible] safety pin

■ adv for sure, definitely ▸ **~ que vendrá** she's bound to come

seis ■ núm adj inv **1.** [para contar] six ▸ **tiene ~ años** she's six (years old) **2.** [para ordenar] (number) six ▸ **la página ~** page six

■ núm pron **1.** [en fechas] sixth ▸ **el ~ de agosto** the sixth of August **2.** [en direcciones] **calle Mayor (número) ~** number six calle Mayor **3.** [en horas] **las ~** six o'clock ▸ **son las ~** it's six o'clock **4.** [referido a grupos] **invité a diez y sólo vinieron ~** I invited ten and only six came along ▸ **somos ~** there are six of us ▸ **de ~ en ~** in sixes ▸ **los ~** the six of them **5.** [en temperaturas] **estamos a ~ bajo cero** the temperature is six below zero **6.** [en puntuaciones] **empatar a ~** to draw six all ▸ **~ a cero** six-nil **7.** [en naipes] six ▸ **el ~ de diamantes** the six of diamonds ▸ **echar** *o* **tirar un ~** to play a six

■ núm nm [número] six ▸ **el ~** number six ▸ **doscientos ~** two hundred and six ▸ **treinta y ~** thirty-six

seiscientos, -as núm six hundred / *ver también* ***seis***

seísmo nm earthquake

selección nf **1.** [en general] selection / [de personal] recruitment ▸ **test de ~ múltiple** multiple choice test ▸ **~ natural** natural selection **2.** [equipo] team ▸ **~ nacional** national team

seleccionado nm DEP **el ~ cubano** the Cuban (national) team

seleccionador, -ora ■ adj **1.** DEP selecting **2.** [de personal] recruiting

■ nm,f **1.** DEP selector, manager **2.** [de personal] recruiter

seleccionar vt to pick, to select

selectividad nf **1.** [selección] selectivity **2.** *ESP* [examen] university entrance examination

selectivo, -a adj selective

selecto, -a adj select

selector, -ora ■ adj selecting

■ nm selector (button)

selenio nm selenium

selenita ■ nf selenite

■ nmf [habitante] moon dweller

self-service [self'serβis] nm inv self-service restaurant

sellado, -a ■ adj [documento] sealed / [pasaporte, carta] stamped

■ nm [de documento] sealing / [de pasaporte, carta] stamping

sellar vt **1.** [timbrar] to stamp **2.** [lacrar] to seal **3.** [pacto, labios] to seal

sello nm **1.** [de correos] stamp ▸ **~ postal** *o* **de correos** postage stamp **2.** [tampón] rubber stamp / [marca] stamp **3.** [lacre] seal **4.** [sortija] signet ring **5.** [carácter] hallmark ▸ **ese libro lleva el ~ de su autor** this book is unmistakably the author's work **6.** [compañía] **~ discográfico** record label ▸ **~ editorial** imprint ▸ **~ independiente** independent record label **7.** *ANDES, VEN* [de moneda] reverse ▸ **cara o ~** heads or tails

Seltz, seltz nm **(agua de) ~** Seltzer (water)

selva nf [jungla] jungle / [bosque] forest ▸ *Fig* **una ~ de libros** mountains of books ▸ **~ tropical** tropical rainforest ▸ **~ virgen** virgin forest

Selva Negra nf **la ~** the Black Forest

selvático, -a adj woodland ▸ **zona selvática** woodland area

semáforo nm traffic lights ▸ **~ sonoro** pelican crossing *(with audible signal)*

semana nf week ▸ **entre ~** during the week ▸ **fin de ~** weekend ▸ **la ~ próxima** *o* **que viene** next week ▸ **dos veces por ~** twice a week, twice weekly ▸ **me deben tres semanas de alquiler** they owe me three weeks' rent ▸ **~ laboral** *BR* working week, *US* work week ▸ **Semana Santa** Easter / REL Holy Week

semanal adj weekly

semanalmente adv every week, once a week ▸ **se**

publica ~ it's published weekly

semanario, -a ■ adj weekly
■ nm [publicación semanal] weekly

semántica nf semantics *(singular)*

semántico, -a adj semantic

semblante nm countenance, face

semblanza nf portrait, profile

sembrado, -a ■ adj **1.** [plantado] sown **2.** [lleno] **~ de** scattered *o* plagued with
■ nm sown field

sembrador, -ora ■ adj sowing
■ nm,f [persona] sower

sembradora nf [máquina] seed drill

sembrar [3] vt **1.** [plantar] to sow **2.** [llenar] to scatter, to strew **3.** [confusión, pánico] to sow

semejante ■ adj **1.** [parecido] similar (**a** to) ▸ **son de una edad ~** they are (of) a similar age **2.** [tal] such ▸ **jamás aceptaría ~ invitación** I would never accept such an invitation ▸ **una propuesta de ~ talante** a proposal of this nature, such a proposal ▸ **¡cómo pudo decir ~ tontería!** how could he say something so stupid!
■ nm fellow (human) being

semejanza nf similarity

semejar vt to resemble
◆ ***semejarse*** vpr to be alike, to resemble each other ▸ **semejarse a algo/alguien** to resemble sth/sb

semen nm semen

semental ■ adj stud ▸ **toro ~** stud bull
■ nm stud / [caballo] stallion

sementera nf [tierra] sown land

semestral adj half-yearly, six-monthly

semestre nm period of six months / UNIV semester ▸ **cada ~** every six months

semiautomático, -a adj semiautomatic

semicircular adj semicircular

semicírculo nm semicircle

semicircunferencia nf semicircumference

semiconductor nm semiconductor

semiconsciente adj semiconscious

semiconsonante nf semiconsonant

semicorchea nf MÚS *BR* semiquaver, *US* sixteenth note

semiderruido, -a adj crumbling

semidesconocido, -a ■ adj almost unknown
■ nm,f **es un ~** he is almost unknown

semidesértico, -a adj semidesert ▸ **un clima ~** a semidesert climate

semidesierto, -a ■ adj [calle, playa] almost deserted / [sala, oficina] almost empty
■ nm GEOG semidesert

semidesnatado, -a adj semi-skimmed

semidesnudo, -a adj half-naked

semidiós, -osa nm,f demigod, *f* demigoddess

semienterrado, -a adj half-buried

semiesférico, -a adj semispherical

semifinal nf semifinal

semifinalista ■ adj semifinalist ▸ **equipo ~** semifinalist
■ nmf semifinalist

semifusa nf MÚS *BR* hemidemisemiquaver, *US* sixty-fourth note

semilla nf *también Fig* seed

semillero nm **1.** [para plantar] seedbed **2.** [para guardar] seed box

seminario nm **1.** [escuela para sacerdotes] seminary **2.** EDUC [curso, conferencia] seminar / [departamento] department, school

seminarista nm seminarist

seminuevo, -a adj almost new

semioculto, -a adj partially hidden

semiología nf LING & MED semiology

semiólogo, -a nm,f LING & MED semiologist

semiótica nf LING & MED semiotics *(singular)*

semipesado, -a DEP ■ adj light heavyweight ▸ **peso ~** light heavyweight
■ nm light heavyweight

semiprecioso, -a adj semiprecious

semiseco, -a adj medium-dry

semisótano nm = *level of building partially below ground level*

semita ■ adj Semitic
■ nmf Semite

semítico, -a adj Semitic

semitismo nm Semitism

semitono nm MÚS semitone

semitransparente adj translucent

semivocal nf LING semivowel

sémola nf semolina

sempiterno, -a adj *Formal* eternal

Sena nm **el ~** the (river) Seine

senado nm senate

senador, -ora nm,f senator

senatorial adj **1.** [del senado] senate ▸ **comité ~** senate committee **2.** [de senador] senatorial

sencillamente adv simply

sencillez nf **1.** [facilidad] simplicity **2.** [modestia] unaffectedness, naturalness **3.** [discreción] plainness

sencillo, -a ■ adj **1.** [fácil, sin lujo, llano] simple **2.** [campechano] natural, unaffected **3.** [billete] *BR* single, *US* one-way **4.** [no múltiple] single ▸ **habitación sencilla** single room
■ nm **1.** [disco] single **2.** *ANDES, CAM, MÉX Fam* [cambio] loose change

senda nf path

senderismo nm hiking, trekking, *BR* hillwalking

senderista nmf hill walker, hiker

sendero nm path ▸ **Sendero Luminoso** Shining Path

sendos, -as adj pl **llegaron con ~ paquetes** they each arrived with a parcel

senectud nf old age

Senegal nm **(el) ~** Senegal

senegalés, -esa adj & nm,f Senegalese

senil adj senile

senilidad nf senility

sénior (pl **séniors**) adj & nm senior

seno nm **1.** [pecho] breast ▸ **senos** breasts, bosom **2.** [amparo, cobijo] refuge, shelter ▸ **acogieron en su ~ a los refugiados** they gave shelter to *o* took in the refugees **3.** [útero] **~ (materno)** womb **4.** [de una organización] heart ▸ **en el ~ de** within **5.** [concavidad] hollow **6.** MAT sine **7.** ANAT [de la nariz] sinus

sensación nf **1.** [percepción] feeling, sensation ▸ **una ~ de dolor** a painful sensation ▸ **tengo la ~ de que estoy perdiendo el tiempo** I get the feeling I'm wasting my time **2.** [efecto] sensation ▸ **causar ~** to cause a sensation ▸ **causar una gran ~ a alguien** to make a great impression on sb **3.** [premonición] feeling ▸ **tener la ~ de que** to have a feeling that

sensacional adj sensational

sensacionalismo nm sensationalism

sensacionalista adj sensationalist

sensatez nf wisdom, common sense

sensato, -a adj sensible

sensibilidad nf **1.** [percepción] feeling ▸ **no tiene ~ en los brazos** she has no feeling in her arms **2.** [emotividad] sensitivity ▸ **tener la ~ a flor de piel** to be easily hurt, to be very sensitive **3.** [inclinación] feeling ▸ **~ artística/musical** feeling for art/music **4.** [de instrumento, película] sensitivity ▸ **un termómetro de gran ~** a very sensitive thermometer

sensibilización nf **1.** [concienciación] increased awareness **2.** FOT sensitization

sensibilizar [14] vt **1.** [concienciar] to raise the awareness of **2.** FOT to sensitize

sensible adj **1.** [en general] sensitive **2.** [evidente] noticeable ▸ **pérdidas sensibles** significant losses ▸ **mostrar una ~ mejoría** to show a noticeable improvement

> FALSO AMIGO / FALSE FRIEND
> ***sensible***
>
> **Sensible** is not a translation of the Spanish word *sensible*. **Sensible** is translated by *sensato* or *práctico*:
> **be sensible!** *¡sé sensato!*
> **he wears sensible shoes** *lleva zapatos muy prácticos*

sensiblería nf *Pey* mushiness

sensiblero, -a adj *Pey* mushy, sloppy

sensitivo, -a adj **1.** [de los sentidos] sensory **2.** [receptible] sensitive

sensor nm sensor

sensorial adj sensory

sensual adj sensual

sensualidad nf sensuality

sentada nf **1.** [protesta] sit-in **2.** *Fam* **hacer algo de una ~** to do sth at one sitting *o* in one go

sentado, -a adj **1.** [en asiento] seated ▸ **estar ~** to be sitting down **2.** [establecido] **dar algo por ~** to take sth for granted, to assume sth ▸ **dejar ~ que...** to make it clear that...

sentar [3] ■ vt **1.** [en asiento] to seat, to sit **2.** [establecer] **~ las bases para** to lay the foundations of ▸ **~ precedente** to set a precedent

■ vi **1.** [comida] **~ bien/mal a alguien** to agree/disagree with sb ▸ **algunos consideran que una copita de vino sienta bien** some people think a glass of wine is good for you **2.** [ropa, color] to suit ▸ **no le sienta bien** it doesn't suit her **3.** [vacaciones, medicamento] **~ bien a alguien** to do sb good **4.** [comentario, consejo] **le sentó mal** it upset her ▸ **le sentó bien** she appreciated it

◆ ***sentarse*** vpr to sit down ▸ **sentarse a hacer algo** to sit down and do sth ▸ **siéntate** take a seat ▸ **siéntate donde quieras** sit wherever you like

sentencia nf **1.** DER sentence ▸ **visto para ~** ready for judgement ▸ **una ~ benévola** a light sentence **2.** [proverbio, máxima] maxim

sentenciar vt **1.** DER to sentence (**a alguien a algo** sb to sth) **2.** [condenar, juzgar] to condemn

sentencioso, -a adj sententious

sentido, -a ■ adj **1.** [profundo] heartfelt **2.** [sensible] **ser muy ~** to be very sensitive

■ nm **1.** [capacidad para percibir] sense ▸ **sexto ~** sixth sense ▸ **~ común** common sense ▸ **~ del deber** sense of duty ▸ **~ del humor** sense of humour ▸ **~ del oído** sense of hearing ▸ **~ del olfato** sense of smell ▸ **~ de la orientación** sense of direction ▸ **~ del ridículo** sense of the ridiculous **2.** [conocimiento] consciousness ▸ **perder/recobrar el ~** to lose/regain consciousness ▸ **sin ~** unconscious **3.** [significado] meaning, sense ▸ **el ~ de la vida** the meaning of life ▸ **doble ~** double meaning ▸ **tener ~** to make sense ▸ **sin ~** [ilógico] meaningless / [inútil, irrelevante] pointless ▸ **un sin ~** nonsense **4.** [dirección] direction ▸ **de ~ único** one-way

sentimental ■ adj sentimental

■ nmf **es un ~** he's very sentimental

sentimentalismo nm sentimentality

sentimentaloide adj mushy, sloppy

sentimiento nm **1.** [en general] feeling ▸ **~ de culpabilidad/pena** feeling of guilt/sorrow ▸ **le acompaño en el ~** my deepest sympathy **2. sentimientos** feelings ▸ **dejarse llevar por los sentimientos** to get carried away ▸ **¡no tienes sentimientos!** you have no feelings!

sentir [62] ■ vt **1.** [percibir, notar] to feel ▸ **sentimos mucha alegría/pena al enterarnos** we were very happy/sad when we found out **2.** [lamentar] to regret, to be sorry about ▸ **sentimos mucho la muerte de su amigo** we deeply regret the death of your friend ▸ **siento que no puedas venir** I'm sorry you can't come ▸ **siento haberle hecho esperar** sorry to keep you waiting ▸ **lo siento (mucho)** I'm (really) sorry **3.** [oír] to hear **4.** *AM* [olor, gusto] **siento mal olor** there's a bad smell ▸ **por el resfrío, no le siente gusto a la comida** she can't taste the food because of her cold

■ vi to feel ▸ **sin ~** without noticing

■ nm feelings, sentiments

◆ ***sentirse*** vpr **1.** [notarse, considerarse] to feel ▸ **¿te sientes mal/ bien?** are you feeling ill/all right? ▸ **me siento mareada** I feel sick ▸ **se siente superior** he feels superior **2.** *AM* [ofenderse] to take offence

senyera nf Catalan national flag

seña nf [gesto, indicio, contraseña] sign, signal ▸ **hacer señas (a alguien)** to signal (to sb) ▸ **hablar por señas** to talk in sign language

◆ ***señas*** nfpl **1.** [dirección] address ▸ **señas personales** (personal) description **2.** [indicio] signs ▸ **dar señas de algo** to show signs of sth **3.** [detalle] details ▸ **para** *o* **por más señas** to be precise

señal nf **1.** [gesto, sonido, acción] signal / [tono de teléfono] tone ▸ **cuando dé la ~ empujamos todos a la vez** when I give the signal, everyone push together ▸ **hacerle una ~ a alguien para que haga algo** to signal to sb to do sth ▸ **~ de alarma** alarm signal ▸ **~ de salida** starting signal ▸ **~ de socorro** distress signal **2.** [indicio, símbolo] sign ▸ **esto es ~ de que están interesados** this is a sign that *o* this shows they're interested ▸ **dar señales de vida** to show signs of life ▸ **en ~ de** as a mark *o* sign of ▸ **~ de la cruz** sign of the Cross ▸ **señales de humo** smoke signals ▸ **~ de peligro** danger sign ▸ **~ de tráfico** road sign **3.** [marca, huella] mark ▸ **hice** *o* **puse una ~ en las cajas** I marked *o* put a mark on the boxes **4.** [cicatriz] scar, mark **5.** [fianza] deposit

señalado, -a adj **1.** [importante] [fecha] special / [personaje] distinguished **2.** [con cicatrices] scarred, marked

señalar vt **1.** [marcar, denotar] to mark / [hora, temperatura] to indicate, to say **2.** [indicar] to point out ▸ **nos señaló con el dedo** he pointed at us ▸ **no quiero ~ a nadie, pero...** I don't want to point the finger at anyone, but... **3.** [fijar] to set, to fix ▸ **señaló su valor en 1.000 dólares** he set *o* fixed its value at $1,000

◆ ***señalarse*** vpr [destacar] to stand out

señalero nm *URUG BR* indicator, *US* turn signal

señalización nf **1.** [conjunto de señales] signs **2.** [colocación de señales] signposting

señalizador nm *CHILE BR* indicator, *US* turn signal

señalizar [14] vt to signpost

señera nf Catalan flag

señor, -ora ■ adj **1.** [refinado] noble, refined **2.** *Fam* [gran] real / [excelente] wonderful, splendid ▸ **tienen una señora casa** that's some house they've got

■ nm **1.** [tratamiento] [antes de nombre, cargo] Mr / [al dirigir la palabra] Sir ▸ **el ~ López** Mr López ▸ **¡~ presidente!** Mr President! ▸ **el ~ director les atenderá enseguida** the manager will see you shortly ▸ **los señores Ruiz** Mr and Mrs Ruiz ▸ **¿qué desea el ~?** what would you like, Sir? ▸ **¡oiga ~, se le ha caído esto!** excuse me! you dropped this ▸ **señores, debo comunicarles algo** gentlemen, there's something I have to tell you ▸ **Muy ~ mío** [en cartas] Dear Sir **2.** [hombre] man **3.** [caballero] gentleman **4.** [noble] lord ▸ **~ feudal** feudal lord ▸ **~ de la guerra** warlord **5.** [amo] master **6.** REL **el Señor** the Lord

señora nf **1.** [tratamiento] [antes de nombre, cargo] Mrs / [al dirigir la palabra] Madam ▸ **la ~ López** Mrs López ▸ **¡~ presidenta!** Madam President! ▸ **¿qué desea la ~?** what would you like, Madam? ▸ **¡señoras y señores!** Ladies and Gentlemen! ▸ **Estimada ~** [en cartas] Dear Madam ▸ **¿es usted ~ o señorita?** are you a Mrs or a Miss? **2.** [mujer] lady ▸ **~ de compañía** female companion **3.** [dama] lady **4.** [dueña] owner **5.** [ama] mistress **6.** [esposa] wife ▸ **el señor Ruiz y ~** Mr and Mrs Ruiz ▸ **mi ~ esposa** my (good) wife **7.** REL **Nuestra Señora** Our Lady

señorear vt [dominar] to control, to rule

señoría nf lordship, *f* ladyship ▸ **su ~** [en general] his lordship / [a un noble] Your Lordship / [a un parlamentario] the Right Honourable gentleman/lady / [a un juez] your Honour

señorial adj **1.** [majestuoso] stately **2.** [del señorío] lordly

señorío nm **1.** [dominio] dominion, rule **2.** [distinción] nobility

señorita nf **1.** [soltera, tratamiento] Miss **2.** [joven] young lady **3.** [maestra] **la ~** miss, the teacher **4.** *Anticuado* [hija del amo] mistress

señorito, -a ■ adj *Fam Pey* [refinado] lordly

■ nm **1.** *Anticuado* [hijo del amo] master **2.** *Fam Pey* [niñato] rich kid

señuelo nm **1.** [reclamo] decoy **2.** [trampa] bait, lure

seo nf [catedral] cathedral

sepa *etc ver* ***saber***

sépalo nm BOT sepal

separación nf **1.** [en general] separation ▸ **se reunieron tras una ~ de tres meses** they were reunited after being apart for three months ▸ **hay demasiada ~ entre las plantas** the plants are too far apart **2.** [espacio] space, distance **3.** [matrimonial] separation ▸ DER **~ de bienes** separate estates (in matrimony)

separado, -a ■ adj **1.** [en general] separate ▸ **está muy ~ de la pared** it's too far away from the wall ▸ **por ~** separately **2.** [del cónyuge] separated

■ nm,f separated person

separador, -ora ■ adj separating

■ nm,f separator

■ nm **1.** TEC separator **2.** MED retractor

separar vt **1.** [desunir, alejar] to separate (**de** from) ▸ **las hojas se han pegado y no las puedo ~** the pages have stuck together and I can't separate them *o* get them apart ▸ **son muchas las cosas que nos separan** there are many differences between us **2.** [apartar] to move away (**de** from) ▸ **separa un poco las sillas** move the chairs apart a bit **3.** [reservar] to put aside **4.** [destituir] **~ de** to remove *o* dismiss from

◆ ***separarse*** vpr **1.** [apartarse] to move apart ▸ **separarse de** to move away from ▸ **no se separen del grupo** don't leave the group, stay together with the group ▸ **no se separaba de mí** he didn't leave my side **2.** [ir por distinto lugar] to separate, to part company **3.** [matrimonio] to separate (**de** from) **4.** [desprenderse] to come away *o* off

separata nf pull-out supplement

separatismo nm separatism

separatista adj & nmf separatist

separo nm *MÉX* cell

sepelio nm burial

sepia ■ adj & nm inv [color] sepia
■ nf [molusco] cuttlefish

septentrional ■ adj northern
■ nmf northerner

septicemia nf MED septicaemia

séptico, -a adj septic

septiembre, setiembre nm September ▸ **el 1 de ~** 1 September ▸ **uno de los septiembres más lluviosos de la última década** one of the rainiest Septembers in the last decade ▸ **a principios/mediados/finales de ~** at the beginning/in the middle/at the end of September ▸ **el pasado/próximo (mes de) ~** last/next September ▸ **en ~** in September ▸ **en pleno ~** in mid-September ▸ **este (mes de) ~** [pasado] (this) last September / [próximo] next September, this coming September ▸ **para ~** by September

séptimo, -a, sétimo, -a núm seventh ▸ **la séptima parte** a seventh

septuagenario, -a adj & nm,f septuagenarian

septuagésimo, -a núm seventieth

septuplicar [59] vt to multiply by seven
◆ ***septuplicarse*** vpr to increase sevenfold

sepulcral adj **1.** [del sepulcro] **arte ~** funerary art **2.** [profundo] [voz, silencio] lugubrious, gloomy / [frío] deathly

sepulcro nm tomb

sepultar vt to bury

sepultura nf **1.** [enterramiento] burial **2.** [fosa] grave

sepulturero, -a nm,f gravedigger

seque *etc ver* ***secar***

sequedad nf **1.** [falta de humedad] dryness **2.** [antipatía] abruptness, brusqueness

sequía nf drought

séquito nm [comitiva] retinue, entourage

ser [2] ■ vi **1.** [en general] to be ▸ **fue aquí** it was here ▸ **lo importante es decidirse** the important thing is to reach a decision ▸ **~ de** [estar hecho de] to be made of / [provenir de] to be from / [ser propiedad de] to belong to / [formar parte de] to be a member of ▸ **¿de dónde eres?** where are you from? ▸ **los juguetes son de mi hijo** the toys are my son's **2.** [con precios, horas, números] to be ▸ **¿cuánto es?** how much is it? ▸ **son 300 pesos** that'll be 300 pesos ▸ **¿qué (día) es hoy?** what day is it today?, what's today? ▸ **mañana será 15 de julio** tomorrow (it) will be 15 July ▸ **¿qué hora es?** what time is it?, what's the time? ▸ **son las tres (de la tarde)** it's three o'clock (in the afternoon), it's three (pm) **3.** [servir, ser adecuado] **~ para** to be for ▸ **este trapo es para (limpiar) las ventanas** this cloth is for (cleaning) the windows ▸ **este libro es para niños** this book is (meant) for children **4.** (uso partitivo) **~ de los que...** to be one of those (people) who... ▸ **ése es de los que están en huelga** he is one of those on strike
■ v copulativo **1.** [en general] to be ▸ **es alto/gracioso** he is tall/funny ▸ **es azul/difícil** it's blue/difficult ▸ **es un amigo/el dueño** he is a friend/the owner **2.** [empleo, dedicación] to be ▸ **soy abogado/actriz** I'm a lawyer/an actress ▸ **son estudiantes** they're students
■ v impersonal **1.** [expresa tiempo] to be ▸ **es muy tarde** it's rather late ▸ **era de noche/de día** it was night/day **2.** [expresa necesidad, posibilidad] **es de desear que...** it is to be hoped that... ▸ **es de suponer que aparecerá** presumably, he'll turn up **3.** [expresa motivo] **es que no vine porque estaba enfermo** the reason I didn't come is that I was ill **4.** [expresiones] **a no ~ que** unless ▸ **como sea** one way or another, somehow or other ▸ **de no ~ por** had it not been for ▸ **érase una vez, érase que se era** once upon a time ▸ **no es para menos** not without reason ▸ **o sea** that is (to say), I mean ▸ **por si fuera poco** as if that wasn't enough ▸ *AM* **siendo que...** seeing that *o* as..., given that...
■ v aux (para formar la voz pasiva) to be ▸ **fue visto por un testigo** he was seen by a witness
■ nm [ente] being ▸ **~ humano** human being ▸ **los seres vivos** living things

serafín nm seraph

Serbia n Serbia

serbio, -a adj & nm,f Serbian

serbocroata ■ adj & nmf Serbo-Croat
■ nm [idioma] Serbo-Croat

serenar vt [calmar] to calm
◆ ***serenarse*** vpr [calmarse] to calm down / [tiempo] to clear up / [viento] to die down / [aguas] to grow calm

serenata nf MÚS serenade

serenidad nf **1.** [tranquilidad] calm **2.** [quietud] tranquility

sereno, -a ■ adj **1.** [sobrio] sober **2.** [tranquilo] calm
■ nm **1.** *Antes* [vigilante] night watchman **2.** [humedad] night dew

serial nm serial

sericultura nf sericulture

serie nf **1.** [sucesión, conjunto] series *(singular)* / [de sellos, monedas] set / [de mentiras] string ▸ **me dijo una ~ de cosas** he told me a number of things **2.** TV series *(singular)* **3.** [producción] run, batch ▸ **este coche es de la primera ~ que se fabricó** this car is from the first batch that was produced ▸ **fabricación en ~** mass-production ▸ **con ABS de ~** with ABS as standard ▸ *Fig* **ser un fuera de ~** to be unique, to be one of a kind **4.** ELEC **en ~** in series

seriedad nf **1.** [gravedad, importancia] seriousness ▸ **viste con demasiada ~** he dresses too formally **2.** [responsabilidad] sense of responsibility / [formalidad] reliability ▸ **¡qué falta de ~!** what an irresponsible way to behave!

serigrafía nf silkscreen printing

serio, -a adj **1.** [grave, importante] serious ▸ **estar ~** to look serious ▸ **es una enfermedad muy seria** it's a very serious illness **2.** [responsable] responsible / [cumplidor, formal] reliable ▸ **no son gente seria** they are very unreliable ▸ **lo que no es ~ es que ahora digan que necesitan dos meses más** what's really unacceptable is that now they're saying they need another two months
◆ ***en serio*** loc adv seriously ▸ **en ~, me ha tocado la lotería** seriously, I've won the lottery ▸ **tomarse algo/a**

alguien en ~ to take sth/sb seriously ▸ **lo digo en ~** I'm serious

sermón nm *también Fig* sermon

sermoneador, -ora adj sermonizing

sermonear vt to give a lecture *o* ticking-off to

seropositivo, -a MED ■ adj HIV-positive
■ nm,f HIV-positive person

serotonina nf BIOQUÍM serotonin

serpentear vi **1.** [río, camino] to wind, to snake **2.** [culebra] to wriggle

serpentina nf streamer

serpiente nf [culebra] snake / LIT serpent ▸ **~ de cascabel** rattlesnake ▸ **~ pitón** python

serrallo nm seraglio

serranía nf mountainous region

serrano, -a ■ adj **1.** [de la sierra] mountain, highland ▸ **aire/pueblo ~** mountain air/village **2.** [jamón] cured **3.** *Fam* [expresiones] **¡vaya cuerpo ~!** what a great bod! ▸ **¡vaya cuerpo ~ tengo!** I feel like death warmed up!
■ nm,f *AM* person from the mountains

serrar [3] vt to saw (up)

serrería nf sawmill

serrín nm sawdust

serrucho nm handsaw

servicentro nm *CAM, CSUR* service station

servicial adj attentive, helpful

servicio nm **1.** [prestación, asistencia, sistema] service ▸ **hubo que recurrir a los servicios de un abogado** we had to use the services of a lawyer ▸ **~ discrecional** private service ▸ **~ a domicilio** home delivery service ▸ **~ de habitaciones** room service ▸ **~ de inteligencia** intelligence service ▸ **~ militar** military service ▸ **servicios mínimos** skeleton service ▸ **~ de paquetería** parcel service ▸ **~ posventa** after-sales service ▸ **~ público** public service ▸ **~ secreto** secret service ▸ **los servicios sociales** the social services **2.** [funcionamiento] service ▸ **entrar en ~** to come into service ▸ **estar fuera de ~** [máquina] to be out of order **3.** [turno] duty ▸ **estar de ~** to be on duty **4.** [servidumbre] servants ▸ **~ doméstico** domestic help **5.** *ESP* [WC] toilet, *US* bathroom ▸ **¿dónde están los servicios?** where are the toilets?, *US* where's the bathroom? **6.** ECON **servicios** [sector terciario] services ▸ **una empresa de servicios** a services company **7.** DEP serve, service **8.** [juego] **~ de mesa** dinner service ▸ **~ de té** tea set

servidor, -ora ■ nm,f **1.** [criado] servant **2.** [en cartas] **su seguro ~** yours faithfully **3.** [yo] yours truly, me ▸ **¿quién es el último?** – **~** who's last? – I am
■ nm INFORM server ▸ **~ de ficheros** *o* **archivos** file server

servidumbre nf **1.** [criados] servants **2.** [dependencia] servitude

servil adj servile

servilismo nm subservience

servilleta nf napkin, *BR* serviette

servilletero nm napkin *o* *BR* serviette ring

servir [47] ■ vt to serve ▸ **¿te sirvo más patatas?** would you like some more potatoes? ▸ **¿me sirve un poco más, por favor?** could I have a bit more, please? ▸ **¿en qué puedo servirle?** what can I do for you? ▸ **la polémica está servida** the gloves are off
■ vi **1.** [prestar servicio] to serve ▸ **~ en el Ejército** to serve in the Army **2.** [valer, ser útil] **esta batidora ya no sirve/aún sirve** this mixer is no good any more/can still be used ▸ **no sirve para estudiar** he's no good at studying ▸ **de nada sirve que se lo digas** it's no use telling him ▸ **~ de algo** to serve as sth **3.** [como criado] to be in service
◆ ***servirse*** vpr **1.** [aprovecharse] **servirse de** [medio, objeto] to make use of / [persona] to use **2.** [comida, bebida] to help oneself ▸ **que cada uno se sirva lo que prefiera** help yourselves to whatever you like **3.** *Formal* **sírvase llamar cuando quiera** please call whenever you wish

servoasistido, -a adj AUT servo ▸ **dirección servoasistida** power steering

servodirección nf power steering

servofreno nm servo brake

sésamo nm sesame

sesear vi GRAM = *to pronounce "c" and "z" as "s", as in Andalusian and Latin American dialects*

sesenta núm sixty ▸ **los (años) ~** the sixties / *ver también* ***seis***

sesentón, -ona nm,f *Fam* person in their sixties

seseo nm GRAM = *pronunciation of "c" and "z" as an "s"*

sesera nf *Fam* **1.** [cabeza] nut, *BR* bonce **2.** [inteligencia] brains

sesgado, -a adj biased, partial ▸ **información sesgada** biased information

sesgar [38] vt to cut on the bias

sesgo nm **1.** [oblicuidad] slant ▸ **al ~** [en general] on a slant / [costura] on the bias **2.** [rumbo] course, path

sesgue *etc ver* ***sesgar***

sesión nf **1.** [reunión] meeting, session / DER sitting, session ▸ **abrir la ~** to open the meeting ▸ **~ informativa** [para presentar algo] briefing ▸ **~ plenaria** [de congreso] plenary (session) / [de organización] plenary assembly **2.** [proyección, representación] show, performance ▸ **~ continua** continuous performance ▸ **~ doble** double bill ▸ **~ matinal** matinée ▸ **~ de noche** evening showing ▸ **~ de tarde** afternoon matinée **3.** [periodo] session

seso nm **1.** [cerebro] brain ▸ CULIN **sesos** brains **2.** [sensatez] brains, sense **3.** [expresiones] **calentarse** *o* **devanarse los sesos** to *BR* rack *o* *US* cudgel one's brains ▸ **sorber el ~** *o* **los sesos a alguien** to brainwash sb ▸ *Fam* **tener poco ~** not to be very bright

sestear vi to have a nap

sesudo, -a adj **1.** [inteligente] brainy **2.** [sensato] wise, sensible

set (pl **sets**) nm [gen] & DEP set

seta nf *ESP* mushroom ▸ **~ venenosa** poisonous mushroom

setecientos, -as núm seven hundred / *ver también* ***seis***

setenta núm seventy ▸ **los (años) ~** the seventies / *ver también* ***seis***

setiembre ➤ ***septiembre***

sétimo, -a ➤ ***séptimo***

seto nm fence ▸ **~ vivo** hedge

setter ['seter] (pl **setters**) nm setter

seudo adj pseudo

seudónimo nm pseudonym

Seúl n Seoul

s.e.u.o. (abrev de ***salvo error u omisión***) E. & O.E.

severidad nf **1.** [de castigo, clima] severity, harshness / [de enfermedad] severity, seriousness **2.** [de persona] strictness

severo, -a adj **1.** [castigo, clima] severe, harsh / [enfermedad] serious **2.** [persona] strict

Sevilla n Seville

sevillana nf = *Andalusian dance and song*

sevillano, -a adj & nm,f Sevillian

sexagenario, -a adj & nm,f sexagenarian

sexagésimo, -a núm sixtieth ▸ **~ primero** sixty-first

sex-appeal [seksa'pil] nm inv sex appeal

sexi adj *Fam* sexy

sexismo nm sexism

sexista adj & nmf sexist

sexo nm **1.** [en general] sex ▸ **el bello ~, el ~ débil** the fair sex ▸ **un organismo de ~ masculino** a male organism ▸ **~ oral** oral sex ▸ **~ seguro** *o* **sin riesgo** safe sex **2.** [genitales] genitals

sexología nf sexology

sexólogo, -a nm,f sexologist

sex-shop [sek'ʃop] (pl **sex-shops**) nm sex shop

sex-symbol (pl **sex-symbols**) nm sex symbol

sextante nm sextant

sexteto nm **1.** MÚS sextet **2.** LIT sestina

sexto, -a núm sixth ▸ **la sexta parte** a sixth ▸ **~ sentido** sixth sense

sextuplicar [59] vt to multiply by six
◆ ***sextuplicarse*** vpr to increase sixfold

séxtuplo, -a ■ adj sixfold
■ nm sextuple

sexuado, -a adj sexed

sexual adj sexual ▸ **educación/vida ~** sex education/life

sexualidad nf sexuality

sexy adj *Fam* sexy

Seychelles [sei'ʃels] nfpl **las (islas) ~** the Seychelles

SGAE nf (abrev de ***Sociedad General de Autores de España***) = *society that safeguards the interests of Spanish authors, musicians etc*

sha [sa, ʃa] nm shah

shakesperiano, -a [ʃespi'rjano] adj Shakespearian

shareware ['ʃerwer] nm INFORM shareware

sheriff ['ʃerif] (pl **sheriffs**) nm sheriff

sherpa ['serpa, 'ʃerpa] nm sherpa

shiatsu ['ʃiatsu] nm shiatsu

shock [ʃok] (pl **shocks**) nm shock

shopping ['ʃopin] (pl **shoppings**) nm *RP* shopping centre, *US* shopping mall

shorts [ʃorts] nmpl, *AM* ***short*** [ʃor, ʃort] (pl **shores**) nm shorts

show [ʃou, tʃou] (pl **shows**) nm show ▸ *Fig* **montar un ~** to cause a scene

si[1] (pl **sis**) nm MÚS B / [en solfeo] ti

si[2] conj **1.** (condicional) if ▸ **si no te das prisa perderás el tren** if you don't hurry up you'll miss the train ▸ **si viene él yo me voy** if he comes, then I'm going ▸ **si hubieses venido te habrías divertido** if you had come, you would have enjoyed yourself **2.** (en oraciones interrogativas indirectas) if, whether ▸ **ignoro si lo sabe** I don't know if *o* whether she knows **3.** [expresa protesta] but ▸ **¡si te dije que no lo hicieras!** but I told you not to do it!
◆ ***si no*** loc adv if not, otherwise

sí (pl **síes**) ■ adv **1.** [afirmación] yes ▸ **¿vendrás? – sí** will you come? – yes, I will ▸ **¿aún te duele? – sí** does it still hurt? – yes, it does ▸ **claro que sí** of course ▸ **yo digo que sí, que se lo digamos** I say we tell her ▸ **creo que sí** I think so ▸ **¿están de acuerdo? – algunos sí** do they agree? – some do ▸ **un día sí y uno no** every other day **2.** [uso enfático] **sí que** really, certainly ▸ **sí que me gusta** I certainly do *o* really like it ▸ **éste sí que me gusta** this one I DO like **3.** [expresiones] **no creo que puedas hacerlo – ¡a que sí!** I don't think you can do it – I bet I can! ▸ **van a subir la gasolina – ¡pues sí que...!** petrol prices are going up – what a pain! ▸ **pero no me negarás que la obra es divertida – eso sí** but you can't deny that the play's entertaining – that's true ▸ **¿sí?** [incredulidad] really? / [¿de acuerdo?] all right?
■ pron personal **1.** (reflexivo) [de personas] [singular] himself, *f* herself, [plural] themselves / [usted] yourself, *pl* yourselves / [de cosas, animales] itself, *pl* themselves ▸ **lo quiere todo para sí (misma)** she wants everything for herself ▸ **se acercó la silla hacia sí** he drew the chair nearer (himself) ▸ **de (por) sí** [cosa] in itself **2.** (reflexivo impersonal) oneself ▸ **cuando uno piensa en sí mismo** when one thinks about oneself, when you think about yourself
■ nm consent ▸ **dar el sí** to give one's consent

Siam n Siam

siamés, -esa ■ adj Siamese ▸ **hermanos siameses** Siamese twins
■ nm,f **1.** [de Siam] Siamese person, Thai **2.** [gemelo] Siamese twin
■ nm [gato] Siamese

sibarita ■ adj sybaritic
■ nmf sybarite, epicure

sibaritismo nm sybaritism, epicureanism

Siberia n Siberia

siberiano, -a adj & nm,f Siberian

sibila nf MITOL sibyl

sibilante adj sibilant

sibilino, -a adj [incomprensible] mysterious, cryptic

sic adv sic

sicario nm hired assassin

Sicilia n Sicily
siciliano, -a adj & nm,f Sicilian
sicoanálisis nm inv psychoanalysis
sicoanalista nmf psychoanalyst
sicoanalítico, -a adj psychoanalytic(al)
sicoanalizar [14] vt to psychoanalyze
sicodélico, -a adj psychedelic
sicodrama nm psychodrama
sicofármaco nm psychotropic *o* psychoactive drug
sicología nf *también Fig* psychology
sicológico, -a adj psychological
sicólogo, -a nm,f psychologist
sicometría nf psychometrics *(singular)*
sicomoro, sicómoro nm [planta] sycamore
sicomotricidad nf psychomotricity
sicópata nmf psychopath
sicopatía nf psychopathy, psychopathic personality
sicosis nf inv psychosis
sicosomático, -a adj psychosomatic
sicotécnico, -a ■ adj psychotechnical
■ nm,f psychotechnician
■ nm [prueba] psychotechnical test
sicoterapia nf psychotherapy
sicotrópico, -a adj psychotropic, psychoactive
sida nm (abrev de ***síndrome de inmunodeficiencia adquirida***) AIDS
sidecar [siðe'kar] nm sidecar
sideral adj sidereal
siderurgia nf iron and steel industry
siderúrgico, -a adj IND iron and steel ▸ **el sector ~** the iron and steel industry
sidoso, -a *Fam Pey* ■ adj suffering from AIDS
■ nm,f AIDS sufferer
sidra nf *BR* cider, *US* hard cider
sidrería nf *BR* cider *o US* hard cider bar
siega ■ *ver* ***segar***
■ nf **1.** [acción] reaping, harvesting **2.** [época] harvest (time)
siembra ■ *ver* ***sembrar***
■ nf **1.** [acción] sowing **2.** [época] sowing time
siempre adv **1.** [todo el tiempo] always ▸ **tú ~ quejándote** you're always complaining ▸ **somos amigos de ~** we've always been friends ▸ **como ~** as usual ▸ **lo de ~** the usual ▸ **hemos quedado en el bar de ~** we've arranged to meet at the usual bar ▸ **hasta ~** farewell ▸ **para ~, para ~ jamás** for ever and ever **2.** [en cualquier caso] always ▸ **~ es mejor estar preparado** it's always better to be prepared ▸ **si no hay autobuses ~ podemos ir a pie** if there aren't any buses, we can always walk **3.** *AM* [todavía] still ▸ **~ viven allí** they still live there, they're still living there
◆ ***siempre y cuando*** loc conj provided that, as long as
◆ ***siempre que*** loc conj [cada vez que] whenever / [siempre y cuando] provided that, as long as
siempreviva nf everlasting flower

sien nf temple
siento etc **1.** *ver* ***sentar*** **2.** *ver* ***sentir***
sierpe nf *Anticuado* serpent
sierra ■ *ver* ***serrar***
■ nf **1.** [herramienta] saw ▸ **~ eléctrica** power saw ▸ **~ mecánica** chain saw **2.** [cordillera] mountain range **3.** [región montañosa] mountains ▸ **se van a la ~ los fines de semana** they go to the mountains at the weekend
Sierra Leona n Sierra Leone
siervo, -a nm,f **1.** [esclavo] serf **2.** REL servant
siesta nf siesta, nap ▸ **dormir** *o* **echarse la ~** to have an afternoon nap
siete ■ núm seven ▸ **las ~ y media** = *card game, related to blackjack and pontoon, in which players aim to get seven and a half points* / *ver también* ***seis***
■ nm [roto] tear *(right-angled in shape)*
■ nf *RP Fam* **de la gran ~** amazing, incredible ▸ **¡la gran ~!** *BR* sugar!, *US* shoot!
sietemesino, -a ■ adj premature *(by two months)*
■ nm,f premature baby *(by two months)*
sífilis nf inv syphilis
sifilítico, -a adj & nm,f MED syphilitic
sifón nm **1.** [agua carbónica] soda (water) **2.** [de WC] trap, U-bend **3.** [tubo] siphon
SIG [siχ] nm INFORM (abrev de ***sistema de información geográfica***) GIS
sigilo nm [secreto] secrecy / [al robar, escapar] stealth
sigiloso, -a adj [discreto] secretive / [al robar, escapar] stealthy
sigla nf letter *(in an acronym)* ▸ **siglas (de)** [acrónimo] acronym (for)
siglo nm **1.** [cien años] century ▸ **el ~ XX** the 20th century ▸ **el ~ de las Luces** the Age of Enlightenment **2.** [mucho tiempo] **hace siglos que no la veo** I haven't seen her for ages ▸ **por los siglos de los siglos** for ever and ever
signatario, -a adj & nm,f signatory
signatura nf **1.** [en biblioteca] catalogue number **2.** [firma] signature
significación nf **1.** [importancia] significance **2.** [significado] meaning
significado, -a ■ adj important
■ nm **1.** [sentido] meaning **2.** LING signifier
significante nm LING signifier
significar [59] ■ vt **1.** [querer decir] to mean ▸ **la luz roja significa que está en funcionamiento** the red light means (that) it's working **2.** [suponer, causar] to mean ▸ **eso significaría una subida de los precios** that would mean a price rise **3.** [expresar] to express
■ vi [tener importancia] **no significa nada para mí** it means nothing to me
◆ ***significarse*** vpr **significarse por** to become known for ▸ **se significó como pacifista** he showed himself to be a pacifist
significativo, -a adj significant
signo nm **1.** [señal] sign ▸ **el acuerdo nace bajo el ~ del fracaso** the agreement is doomed to failure

2. [matemático] sign ▸ ~ **de división** division sign ▸ ~ **más** plus sign ▸ ~ **menos** minus sign ▸ ~ **de multiplicar** multiplication sign 3. [en la escritura] mark ▸ ~ **de admiración** *BR* exclamation mark, *US* exclamation point ▸ ~ **de interrogación** question mark 4. [del zodiaco] (star) sign ▸ **¿de qué ~ eres?** what (star) sign are you?

sigo *etc ver* ***seguir***

siguiente ■ adj 1. [en el tiempo, espacio] next ▸ **me llamó al día ~** she called me the next *o* following day ▸ **eso está explicado en el capítulo ~** that is explained in the next chapter ▸ **el día ~ a la catástrofe** the day after the disaster 2. [a continuación] following ▸ **me contó la ~ historia** he told me the following story ▸ **lo ~** the following
■ nmf **el ~** the next one ▸ **¡el ~!** next, please!

siguiera *etc ver* ***seguir***

sij (pl **sijs**) adj & nmf Sikh

sílaba nf syllable

silabear ■ vt to spell out syllable by syllable
■ vi to read syllable by syllable

silábico, -a adj syllabic

silbante adj [respiración] whistling

silbar ■ vt 1. [melodía] to whistle / [como piropo] to whistle at 2. [abuchear] to whistle at
■ vi 1. [con melodía] to whistle 2. [abuchear] to whistle 3. [oídos] to ring

silbato nm whistle

silbido nm 1. [sonido] whistle ▸ **el ~ del viento** the whistling of the wind 2. [para abuchear, de serpiente] whistle ▸ **los silbidos del público eran ensordecedores** the whistling of the crowd was deafening ▸ **su actuación fue recibida con silbidos y abucheos** her performance was greeted with hissing and booing

silenciador nm [de arma] silencer / [de vehículo] *BR* silencer, *US* muffler

silenciar vt to hush up, to keep quiet

silencio nm 1. [en general] silence ▸ **el ~ reinaba en la habitación** there was complete *o* absolute silence in the room ▸ **¡~!** silence!, quiet! ▸ **¡~ en la sala!** silence in court! ▸ **en ~** in silence ▸ **guardar ~ (sobre algo)** to keep silent (about sth) ▸ **guardaron un minuto de ~** they held a minute's silence ▸ **romper el ~** to break the silence ▸ ~ **administrativo** = *lack of official response to a request, claim, etc. within a given period, signifying refusal or tacit assent, depending on circumstances* 2. MÚS rest

CULTURA / CULTURE

silencio administrativo

There are set time limits within which Spanish government bodies are supposed to complete administrative dealings with members of the public. When a procedure is not completed within this time, it becomes a case of **silencio administrativo** (administrative silence). This may be interpreted as tacit consent to a request from a member of the public (e.g. for planning permission) or if the procedure was initiated by a government body (e.g. to reclaim tax or impose a fine) it may signify that the matter has effectively been dropped.

silencioso, -a adj silent, quiet

sílex nm inv flint

sílfide nf sylph ▸ **está hecha una ~** she's really slim

silicato nm silicate

sílice nf silica

silicio nm silicon

silicona nf silicone

silicosis nf inv silicosis

silla nf chair ▸ ~ **eléctrica** electric chair ▸ ~ **giratoria** swivel chair ▸ ~ **de manos** sedan chair ▸ ~ **(de montar)** saddle ▸ *ESP* ~ **de niño** pushchair ▸ ~ **de pista** courtside seat ▸ ~ **plegable** folding chair ▸ ~ **de la reina** = *seat made by two people joining hands* ▸ ~ **de ruedas** wheelchair

sillar nm ARQUIT ashlar

sillería nf [sillas] set of chairs ▸ **la ~ del coro** the choir stalls

sillín nm saddle, seat

sillita nf [de niño] pushchair

sillón nm armchair

silo nm silo

silogismo nm syllogism

silueta nf 1. [cuerpo] figure 2. [contorno] outline 3. [dibujo] silhouette

silvestre adj wild

silvicultura nf forestry

SIM nm TEL (abrev de ***subscriber identity module***) SIM ▸ **tarjeta SIM** SIM card

sima nf chasm

simbiosis nf inv symbiosis

simbiótico, -a adj symbiotic

simbólico, -a adj symbolic

simbolismo nm symbolism

simbolista adj & nmf symbolist

simbolizar [14] vt to symbolize

símbolo nm symbol ▸ ~ **del euro** euro sign *o* symbol ▸ ~ **fálico** phallic symbol ▸ ~ **sexual** sex symbol

simbología nf system of symbols

simetría nf symmetry

simétrico, -a adj symmetrical

simiente nf seed

simiesco, -a adj simian, apelike

símil nm 1. [paralelismo] similarity, resemblance 2. LIT simile

similar adj similar (**a** to)

similitud nf similarity

simio, -a nm,f simian, ape

simpatía nf 1. [cordialidad] friendliness 2. [cariño] affection ▸ **tomar** *o* *ESP* **coger ~ a alguien** to take a liking to sb ▸ **ganarse la ~ de** to win the affection of ▸ **inspirar ~** to inspire affection ▸ **tener ~ a, sentir ~**

por to like **3. simpatías** [apoyo] support **4.** MED sympathy

simpático, -a adj **1.** [persona] [agradable] nice, likeable / [abierto, cordial] friendly ▸ **estuvo muy ~ conmigo** he was very friendly to me ▸ **hacerse el ~** to come over all friendly **2.** [anécdota, comedia] amusing, entertaining **3.** ANAT sympathetic

> FALSO AMIGO / FALSE FRIEND
> **simpático**
>
> Sympathetic is not a translation of the commonest senses of the Spanish word *simpático*. Sympathetic is translated by *comprensivo*.

simpatizante ■ adj sympathizing
■ nmf sympathizer

simpatizar [14] vi [persona] to hit it off (**con** with), to get on (**con** with) / [cosa] to sympathize (**con** with) ▸ **simpatiza con la ideología comunista** she has communist sympathies

simple ■ adj **1.** [sin componentes] simple **2.** [sencillo, tonto] simple **3.** [fácil] simple, easy ▸ **es muy ~, metes la moneda y ya está** it's quite simple, all you have to do is insert the coin **4.** [mero] mere ▸ **por ~ estupidez** through sheer stupidity ▸ **nos basta con su ~ palabra** his word is enough for us by itself ▸ **no le pedí más que un ~ favor** all I asked him for was a favour **5.** MAT prime
■ nmf [persona] simpleton

simplemente adv simply ▸ **su actuación fue, ~, vergonzosa** his behaviour was, quite simply, disgraceful ▸ **es ~ genial** it's simply *o* just brilliant ▸ **~ quería que supieras que lo siento** I just wanted you to know that I'm sorry ▸ **~ por eso ya se merecería un ascenso** for that alone he would deserve promotion

simpleza nf **1.** [de persona] simple-mindedness **2.** [tontería] trifle

simplicidad nf simplicity

simplificación nf simplification

simplificar [59] vt to simplify
◆ ***simplificarse*** vpr to be simplified

simplismo nm oversimplification

simplista ■ adj simplistic
■ nmf naïve person

simplón, -ona ■ adj simple, simpleminded
■ nm,f simpleminded person

simposio, simposium nm symposium

simulación nf pretence, simulation ▸ **~ por ordenador** computer simulation

simulacro nm simulation ▸ **~ de combate** mock battle ▸ **~ de incendio** fire drill

simulado, -a adj **1.** [fingido] feigned ▸ **su tristeza era simulada** he was only pretending to be sad **2.** [de prueba] simulated

simulador nm simulator ▸ **~ de vuelo** flight simulator

simular vt **1.** [aparentar] to feign ▸ **~ una enfermedad** to pretend to have an illness ▸ **simuló que no me había visto** he pretended not to have seen me **2.** [copiar, emular] to simulate

simultanear vt to do at the same time (**con** as)

simultaneidad nf simultaneousness

simultáneo, -a adj simultaneous

sin prep without ▸ **buscan gente ~ experiencia previa** they are looking for people with no *o* without previous experience ▸ **~ alcohol** alcohol-free ▸ **ha escrito cinco libros ~ (contar) las novelas** he has written five books, not counting his novels ▸ **está ~ hacer** it hasn't been done yet ▸ **estamos ~ vino** we're out of wine ▸ **muchos se quedaron ~ casa** a lot of people were left homeless, a lot of people lost their homes ▸ **lleva tres noches ~ dormir** she hasn't slept for three nights ▸ **~ que** without ▸ **~ que nadie se enterara** without anyone noticing ▸ **~ más (ni más)** just like that
◆ ***sin embargo*** loc conj however

sinagoga nf synagogue

Sinaí nm **el monte ~** Mount Sinai ▸ **el ~, la península del ~** the Sinai Peninsula

sinapsis nf inv FISIOL synapse

sincerarse vpr to open one's heart (**con alguien** to sb)

sinceridad nf sincerity ▸ **con toda ~** in all honesty *o* sincerity

sincero, -a adj sincere ▸ **para serte ~,...** to be honest *o* frank,...

síncopa nf **1.** [en palabra] syncope **2.** MÚS syncopation

sincopado, -a adj syncopated

sincopar vt to syncopate

síncope nm blackout ▸ *Fam Fig* **le dio un ~** he had a fit

sincretismo nm syncretism

sincronía nf **1.** [simultaneidad] simultaneity **2.** LING synchrony

sincrónico, -a adj **1.** [simultáneo] simultaneous **2.** [coordinado] synchronous **3.** LING synchronic

sincronismo nm **1.** [simultaneidad] simultaneity **2.** FÍS tuning

sincronización nf synchronization

sincronizar [14] vt **1.** [coordinar] to synchronize ▸ **sincronizaron los relojes** they synchronized their watches **2.** FÍS to tune

síncrono, -a adj INFORM synchronous

sindicación nf trade union membership

sindicado, -a adj **estar ~** to belong to a (*BR* trade *o US* labor) union, to be unionized

sindical adj (*BR* trade *o US* labor) union ▸ **organización ~** *BR* trade-union *o US* labor-union organization

sindicalismo nm unionism, *BR* trade unionism

sindicalista nmf union member, *BR* trade unionist

sindicar [59] vt to unionize
◆ ***sindicarse*** vpr to join a union

sindicato nm union, *BR* trade union, *US* labor union ▸ **~ amarillo** yellow union, = *conservative trade union that leans towards the employers' interests* ▸ **~ obrero** blue-collar union ▸ *ESP* **~ vertical** = *workers' and employers' union during the Franco period*

síndico nm **1.** [representante] community representative **2.** [administrador] (official) receiver **3.** FIN trustee ▸ ~

de la Bolsa = *Chairman of the Spanish Stock Exchange Commission*

síndrome nm syndrome ▸ **~ de abstinencia** withdrawal symptoms ▸ **~ de Down** Down's syndrome ▸ **~ de Estocolmo** Stockholm syndrome ▸ **~ de inmunodeficiencia adquirida** acquired immune deficiency syndrome ▸ **~ premenstrual** premenstrual syndrome ▸ **~ tóxico** = *toxic syndrome caused by ingestion of adulterated rapeseed oil in Spain in the early 1980s*

sinecura nf sinecure

sine die ▪ adj **un aplazamiento ~** an indefinite postponement
▪ adv indefinitely

sinergia nf synergy

sinestesia nf synaesthesia

sinfín nm vast number ▸ **un ~ de problemas** no end of problems

sinfonía nf symphony

sinfónico, -a adj symphonic

Singapur n Singapore

singladura nf NÁUT [distancia] day's run / *Fig* [dirección] course

single ['singel] nm single

singular ▪ adj **1.** [raro] peculiar, odd **2.** [único] unique ▸ **~ batalla** single combat **3.** GRAM singular
▪ nm GRAM singular ▸ **en ~** in the singular

singularidad nf **1.** [rareza, peculiaridad] peculiarity ▸ **una de las singularidades de esta especie** one of the special characteristics of this species **2.** [exclusividad] uniqueness

singularizar [14] vt to distinguish, to single out
◆ ***singularizarse*** vpr to stand out, to be conspicuous

siniestra nf *Anticuado* left hand

siniestrado, -a ▪ adj [coche, avión] crashed, smashed up / [edificio] ruined, destroyed
▪ nm,f victim

siniestralidad nf accident rate

siniestro, -a ▪ adj **1.** [malo] sinister **2.** [desgraciado] disastrous
▪ nm [daño, catástrofe] disaster / [accidente de coche] accident, crash / [incendio] fire / [atentado] terrorist attack ▸ **~ total** write-off

sinnúmero nm **un ~ de** countless

sino[1] nm fate, destiny

sino[2] conj **1.** [para contraponer] but ▸ **no lo hizo él, ~ ella** he didn't do it, she did ▸ **no sólo es listo, ~ también trabajador** he's not only clever but also hardworking **2.** [para exceptuar] except, but ▸ **¿quién ~ tú lo haría?** who else but you would do it? ▸ **no quiero ~ que se haga justicia** I only want justice to be done

sínodo nm synod

sinonimia nf synonymy

sinónimo, -a ▪ adj synonymous
▪ nm synonym

sinopsis nf inv synopsis

sinóptico, -a adj synoptic ▸ **cuadro ~** tree diagram

sinovial adj synovial

sinrazón nf injustice

sinsabores nmpl trouble, upsetting experiences ▸ **ese trabajo me causó muchos ~** the job gave me a lot of headaches

sinsentido nm **decir un ~** to say something stupid

sintáctico, -a adj syntactic

sintagma nm **~ nominal/verbal** noun/verb phrase

sintaxis nf inv syntax

síntesis nf inv synthesis ▸ **en ~** in short ▸ **esta obra hace una ~ de sus ideas sobre el tema** this work draws together his ideas on the subject ▸ INFORM & LING **~ del habla** speech synthesis

sintético, -a adj **1.** [artificial] synthetic **2.** [conciso] concise

sintetizador, -ora ▪ adj synthesizing
▪ nm synthesizer

sintetizar [14] vt **1.** [resumir] to summarize / [reunir] to draw together **2.** [fabricar artificialmente] to synthesize

sintiera *etc ver* ***sentir***

sintoísmo nm Shintoism

sintoísta adj & nmf Shintoist

síntoma nm symptom

sintomático, -a adj symptomatic

sintomatología nf symptoms

sintonía nf **1.** [música] theme tune, *BR* signature tune **2.** [conexión] tuning **3.** [compenetración] harmony

sintonización nf **1.** [conexión] tuning **2.** [compenetración] harmonization

sintonizador nm tuner, tuning dial

sintonizar [14] ▪ vt [conectar] to tune in to
▪ vi **1.** [conectar] to tune in (**con** to) **2.** [compenetrarse] **~ en algo (con alguien)** to be on the same wavelength (as sb) about sth

sinuosidad nf bend, wind

sinuoso, -a adj **1.** [camino] winding **2.** [movimiento] sinuous **3.** [disimulado] devious

sinusitis nf inv sinusitis

sinvergüenza ▪ adj **1.** [canalla] shameless **2.** [fresco, descarado] cheeky
▪ nmf **1.** [canalla] rogue **2.** [fresco, descarado] cheeky person

sionismo nm Zionism

sionista adj & nmf Zionist

sioux ['siuks] o ['sius] adj inv & nmf inv Sioux

siquiatra nmf psychiatrist

siquiatría nf psychiatry

siquiátrico, -a ▪ adj psychiatric
▪ nm psychiatric *o* mental hospital

síquico, -a adj psychic

siquiera ▪ conj [aunque] even if ▸ **ven ~ por pocos días** do come, even if it's only for a few days
▪ adv [por lo menos] at least ▸ **dime ~ tu nombre** (you could) at least tell me your name ▸ **ni (tan) ~** not even ▸ **ni (tan) ~ me hablaron** they didn't even speak to me

sirena nf **1.** MITOL mermaid, siren **2.** [señal] siren

Siria n Syria

sirimiri nm drizzle

sirio, -a adj & nm,f Syrian

sirlero, -a nm,f *Fam = thug who carries a knife*

siroco nm sirocco ▸ *Fam* **le ha dado el ~** she's had a brainstorm

sirope nm golden syrup ▸ **~ de fresa/chocolate** [para helado] strawberry/chocolate sauce

sirviente, -a nm,f servant

sirviera *etc ver* ***servir***

sirvo *etc ver* ***servir***

sisa nf **1.** [de manga] armhole **2.** [de dinero] pilfering

sisal nm sisal

sisar vt & vi *ESP* to pilfer

sisear vt & vi to hiss

siseo nm hiss, hissing

sísmico, -a adj seismic ▸ **zona sísmica** earthquake zone

sismo nm earthquake

sismógrafo nm seismograph

sismología nf seismology

sisón, -ona ■ adj pilfering
■ nm,f [ladrón] pilferer, petty thief
■ nm [ave] little bustard

sistema nm **1.** [conjunto ordenado] system ▸ **por ~** systematically ▸ **~ circulatorio** circulatory system ▸ **~ decimal** decimal system ▸ **~ fiscal** *o* **impositivo** tax system ▸ **~ inmunológico** immune system ▸ **~ internacional de unidades** SI system ▸ **~ métrico (decimal)** metric (decimal) system ▸ **~ monetario europeo** European Monetary System ▸ **~ montañoso** mountain chain *o* range ▸ **~ nervioso** nervous system ▸ **~ periódico de los elementos** periodic table of elements ▸ **~ de seguridad** security system ▸ **~ solar** solar system **2.** [método, orden] method **3.** [político] **el ~** the establishment **4.** INFORM system ▸ **~ experto/operativo** expert/operating system

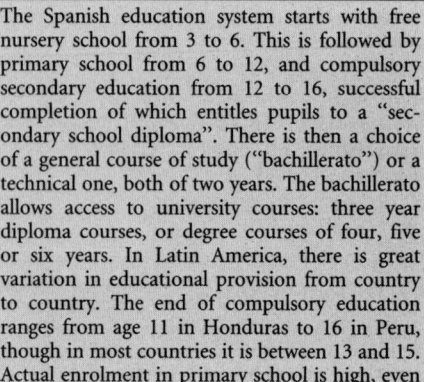

CULTURA / CULTURE

sistema educativo

The Spanish education system starts with free nursery school from 3 to 6. This is followed by primary school from 6 to 12, and compulsory secondary education from 12 to 16, successful completion of which entitles pupils to a "secondary school diploma". There is then a choice of a general course of study ("bachillerato") or a technical one, both of two years. The bachillerato allows access to university courses: three year diploma courses, or degree courses of four, five or six years. In Latin America, there is great variation in educational provision from country to country. The end of compulsory education ranges from age 11 in Honduras to 16 in Peru, though in most countries it is between 13 and 15. Actual enrolment in primary school is high, even in the poorer countries, but about a third of secondary-school age Latin American children are not actually enrolled. In a poor country such as Guatemala this rises to two-thirds, compared with the high level of secondary enrolment in Argentina, Chile or Cuba.

Sistema Ibérico nm **el ~** the Iberian mountain chain

sistemático, -a adj systematic

sistematización nf systematization

sistematizar [14] vt to systematize

sistémico, -a adj systemic

sístole nf systole

sitar nm sitar

sitiado, -a adj besieged

sitiador, -a ■ adj besieging
■ nm,f besieger

sitial nm *Formal* seat of honour

sitiar vt **1.** [cercar] to besiege **2.** [acorralar] to surround

sitio nm **1.** [lugar] place ▸ **cambiar de ~ (con alguien)** to change places (with sb) ▸ **en cualquier ~** anywhere ▸ **en ningún ~** nowhere ▸ **en otro ~** elsewhere ▸ **en todos los sitios** everywhere ▸ **no queda ni un ~ (libre)** [en cine, teatro] there isn't a single free seat ▸ *Fig* **poner a alguien en su ~** to put sb in their place ▸ INFORM **~ web** web site **2.** [espacio] room, space ▸ **hacer ~ a alguien** to make room for sb ▸ **ocupa mucho ~** it takes up a lot of room *o* space ▸ **no queda más ~** there's no more room **3.** [cerco] siege **4.** *MÉX* [de taxis] taxi *BR* rank *o US* stand

sito, -a adj located

situación nf **1.** [circunstancias] situation / [legal, social] status ▸ **~ económica** economic situation ▸ **~ límite** extreme *o* critical situation **2.** [estado, condición] state, condition ▸ **estar en ~ de hacer algo** [en general] to be in a position to do sth / [sujeto: enfermo, borracho] to be in a fit state to do sth **3.** [ubicación] location

situado, -a adj **1.** [ubicado] located ▸ **estar bien ~** [casa] to be conveniently located / *Fig* to be well-placed **2.** [acomodado] comfortably off

situar [4] vt **1.** [colocar] to place, to put / [edificio, ciudad] to site, to locate ▸ **situó la acción de la novela en la Edad Media** he set the novel in the Middle Ages ▸ **me suena pero no lo sitúo** he sounds familiar, but I can't place him **2.** [en clasificación] **su victoria les sitúa en el primer puesto** their win moves them up to first place ▸ **la nueva obra lo sitúa entre los artistas más importantes de su generación** his latest work places him among the most important artists of his generation

◆ ***situarse*** vpr **1.** [colocarse] to take up position **2.** [ubicarse] to be located ▸ **está cerca de la plaza, ¿te sitúas?** it's near the square, do you know where I mean? **3.** [desarrollarse] [acción] to be set **4.** [acomodarse, establecerse] to get oneself established **5.** [en clasificación] to be placed ▸ **se sitúa entre los mejores** he's (ranked) amongst the best

siútico, -a adj *CHILE Fam* stuck-up

skateboard [es'keidβor] (pl **skateboards**) nm

1. [tabla] skateboard 2. [deporte] skateboarding

skay [es'kai] nm Leatherette®

sketch [es'ketʃ] (pl **sketches**) nm CINE & TEATRO sketch

skin head [es'kinχeð] (pl **skin heads**) nmf skinhead

S.L. nf (abrev de ***sociedad limitada***) *BR* ≃ Ltd, *US* ≃ Inc

slalom [es'lalom] (pl **slaloms**) nm DEP slalom ▸ **~ gigante** giant slalom

slip [es'lip] (pl **slips**) nm briefs

SM (abrev de ***Su Majestad***) HM

smash [es'maʃ] (pl **smashes**) nm DEP smash

SME nm (abrev de ***Sistema Monetario Europeo***) EMS

SMI nm 1. (abrev de ***sistema monetario internacional***) IMS 2. (abrev de ***salario mínimo interprofesional***) minimum wage

CULTURA / CULTURE

salario mínimo interprofesional

In Spain the government sets a monthly minimum wage to which all workers are entitled. In 2004 this was set at 450 Euros per month. This rate does not apply to those sectors of the economy which have separate agreements between unions and employers, and where the minimum wage tends to be somewhat higher.

SMS nm TEL (abrev de ***short message service***) SMS ▸ **un mensaje SMS** an SMS

s/n (abrev de ***sin número***) = *abbreviation used in addresses after the street name, where the building has no number*

snob (pl **snobs**) ■ adj trying to be trendy
■ nmf person who wants to be trendy

snobismo nm desire to be trendy

snowboard [es'nouβor] (pl **snowboards**) nm 1. [tabla] snowboard 2. [deporte] snowboarding

so ■ prep under ▸ **so pretexto de** under the pretext of
■ adv **¡so tonto!** you idiot!
■ interj **¡so, caballo!** whoa!

soba nf *Fam* [paliza] hiding ▸ **dar una ~ a alguien** to give sb a good hiding

sobaco nm armpit

sobado, -a adj 1. [cuello, puños] worn, shabby / [libro] dog-eared 2. [argumento, tema] well-worn, hackneyed

sobao nm CULIN = *small, flat, square sponge cake*

sobaquera nf armhole

sobaquina nf *Fam* body odour, BO

sobar ■ vt 1. [tocar] to finger, to paw / *Fam* [persona] to touch up, to fondle 2. [ablandar] to soften
■ vi *ESP Fam BR* to kip, *US* to catch some zees

soberanamente adv 1. [independientemente] independently, free from outside interference 2. [enormemente] incredibly, unbelievably

soberanía nf sovereignty

soberano, -a ■ adj 1. [independiente] sovereign 2. [grande] [paliza] thorough / [belleza, calidad] supreme, unrivalled ▸ **decir/hacer una soberana tontería** to say/do something unbelievably stupid
■ nm,f sovereign

soberbia nf 1. [arrogancia] pride, arrogance 2. [magnificencia] grandeur, splendour

soberbio, -a ■ adj 1. [arrogante] proud, arrogant 2. [magnífico] superb, magnificent
■ nm,f [persona] arrogant *o* proud person

sobón, -ona adj & nm,f *Fam* groper

sobornable adj bribable

sobornar vt to bribe

soborno nm 1. [acción] bribery 2. [dinero, regalo] bribe

sobra nf excess, surplus ▸ **de ~** [en exceso] more than enough / [de más] superfluous ▸ **aquí estoy de ~, me voy** I'm off, it's obvious I'm not wanted here ▸ **lo sabemos de ~** we know it only too well
◆ ***sobras*** nfpl 1. [de comida] leftovers 2. [de tela] remnants

sobradamente adv **~ conocido** extremely well-known ▸ **como es ~ conocido...** as I/we *etc* know all too well...

sobrado, -a adj 1. [de sobra] more than enough, plenty of 2. [de dinero] well-off ▸ **estar ~ de dinero** to have more than enough money

sobrante ■ adj remaining
■ nm surplus

sobrar vi 1. [quedar, restar] to be left over, to be spare ▸ **nos sobró comida** we had some food left over 2. [haber de más] to be more than enough ▸ **parece que van a ~ bocadillos** it looks like there are going to be too many sandwiches 3. [estar de más] to be superfluous ▸ **lo que dices sobra** that goes without saying ▸ *Fig* **aquí sobra alguien** someone here is not welcome

sobrasada nf = *Mallorcan spicy pork sausage that can be spread*

sobre[1] nm 1. [para cartas] envelope 2. [para alimentos, medicamentos] sachet, packet 3. *AM* [bolsa] clutch bag 4. *Fam* [cama] sack ▸ **irse al ~** to hit the sack

sobre[2] prep 1. [encima de] on (top of) ▸ **fui apilando las tejas una ~ otra** I piled the tiles up one on top of the other ▸ **el libro está ~ la mesa** the book is on (top of) the table ▸ **varios policías saltaron ~ él** several policemen fell upon him ▸ **una cruz roja ~ fondo blanco** a red cross on *o* against a white background 2. [por encima de] over, above ▸ **el pato vuela ~ el lago** the duck is flying over the lake ▸ **a 3.000 metros ~ el nivel del mar** 3,000 metres above sea level 3. [acerca de] about, on ▸ **un libro ~ el amor** a book about *o* on love ▸ **una conferencia ~ el desarme** a conference on disarmament 4. [aproximadamente] about ▸ **llegarán ~ las diez** they'll arrive at about ten o'clock 5. [superioridad] **su opinión está ~ las de los demás** his opinion is more important than that of the others ▸ **tiene muchas ventajas ~ el antiguo modelo** it has a lot of advantages over the old model 6. [acumulación] upon ▸ **nos contó mentira ~ mentira** he told us lie upon lie *o* one lie after another 7. [cerca de] upon ▸ **la desgracia estaba ya ~ nosotros** the disaster was already upon us

sobreabundancia nf excess
sobreabundante adj excessive
sobreabundar vi to abound
sobreactuar [4] vi to overact
sobrealimentación nf overfeeding
sobrealimentar vt to overfeed
sobreañadido nm unnecessary addition
sobreañadir vt to add on top of
sobrecalentamiento nm overheating
sobrecalentar [3] vt to overheat
sobrecarga nf **1.** [exceso de carga] excess weight **2.** [saturación] overload
sobrecargado, -a adj overloaded
sobrecargar [38] vt [con peso, trabajo] to overload / [decoración] to overdo
sobrecargo nm **1.** NÁUT supercargo / AV flight attendant **2.** COM surcharge
sobrecogedor, -ora adj frightening, startling
sobrecoger [52] vt to frighten, to startle
◆ ***sobrecogerse*** vpr to be frightened, to be startled
sobrecoste, sobrecosto nm extra costs
sobrecubierta nf **1.** [de libro] (dust) jacket **2.** [de barco] upper deck
sobredosis nf inv overdose
sobreentender, sobrentender [64] vt to understand, to deduce
◆ ***sobreentenderse*** vpr to be inferred *o* implied
sobreentendido, -a adj implied, implicit
sobreesdrújula ➤ ***sobresdrújula***
sobreesdrújulo, -a ➤ ***sobresdrújulo***
sobreexcitar ➤ ***sobrexcitar***
sobreexponer ➤ ***sobrexponer***
sobreexposición ➤ ***sobrexposición***
sobrefusión nf supercooling
sobregiro nm COM overdraft
sobrehilar vt to whipstitch
sobrehumano, -a adj superhuman
sobreimpresión nf superimposing
sobreimprimir vt to superimpose
sobrellevar vt to bear, to endure
sobremanera adv exceedingly
sobremesa nf **quedarse de ~** to stay at the table *(talking, playing cards etc)* ▸ **la programación de ~** afternoon TV (programmes)
sobrenadar vi to float
sobrenatural adj supernatural ▸ **poderes sobrenaturales** supernatural powers
sobrenombre nm nickname
sobrentender ➤ ***sobreentender***
sobrepasar vt **1.** [exceder] to exceed **2.** [aventajar] **~ a alguien** to overtake sb
sobrepelliz nf surplice
sobrepeso nm excess weight
sobreponer [50] vt **1.** [poner encima] to put on top **2.** [anteponer] **~ algo a algo** to put sth before sth
◆ ***sobreponerse*** vpr **sobreponerse a algo** to overcome sth
sobreposición nf superimposing
sobreproducción nf ECON overproduction
sobreproteger [52] vt to overprotect
sobrepuesto, -a ■ participio *ver* ***sobreponer***
■ adj superimposed
sobrepujar vt to outdo, to surpass
sobresaliente ■ adj [destacado] outstanding
■ nm [nota] excellent, ≃ A
sobresalir [60] vi **1.** [en tamaño] to jut out, to stick out ▸ **el tejado sobresale varios metros** the roof juts out several meters ▸ **la enagua le sobresale por debajo de la falda** her petticoat is showing beneath her skirt **2.** [en importancia] to stand out ▸ **sobresale por su inteligencia** he is outstandingly intelligent
sobresaltar vt to startle
◆ ***sobresaltarse*** vpr to be startled, to start
sobresalto nm start, fright ▸ **dar un ~ a alguien** to make sb start, to give sb a fright
sobresaturar vt to supersaturate
sobrescribir vt to overwrite
sobrescrito, -a participio *ver* ***sobrescribir***
sobresdrújula, sobreesdrújula nf = *word stressed on the fourth-last syllable*
sobresdrújulo, -a, sobreesdrújulo, -a adj = *stressed on the fourth-last syllable*
sobreseer [37] vt DER to discontinue, to stay
sobreseimiento nm DER stay
sobrestimar vt to overestimate
sobresueldo nm extra money on the side
sobretasa nf surcharge
sobretodo nm overcoat
sobrevalorado, -a adj [artista, obra] overrated / [casa, acciones] overvalued
sobrevalorar vt [artista, obra] to overrate / [casa, acciones] to overvalue
◆ ***sobrevalorarse*** vpr to have too high an opinion of oneself
sobrevenir [69] vi to happen, to ensue ▸ **sobrevino la guerra** the war intervened
sobreviviente ■ adj surviving
■ nmf survivor
sobrevivir vi to survive ▸ **~ a alguien** to outlive sb
sobrevolar [63] vt to fly over
sobrexcitar, sobreexcitar vt to overexcite
◆ ***sobrexcitarse*** vpr to get overexcited
sobrexponer, sobreexponer [50] vt to overexpose
sobrexposición, sobreexposición nf overexposure
sobriedad nf **1.** [moderación] restraint, moderation / [sencillez] simplicity, sobriety **2.** [no embriaguez] soberness
sobrino, -a nm,f nephew, *f* niece
sobrio, -a adj **1.** [moderado] restrained / [no excesivo]

simple ▸ **~ en** moderate in **2.** [austero, no borracho] sober

SOC nm (abrev de ***Sindicato de Obreros del Campo***) Spanish farm-workers' union

socaire nm NÁUT lee ▸ *Fig* **al ~ de** under the protection of

socarrado, -a adj burnt, scorched

socarrar vt [quemar] to burn, to scorch
◆ ***socarrarse*** vpr to burn

socarrón, -ona adj ironic

socarronería nf irony, ironic humour

socavar vt [excavar por debajo] to dig under / *Fig* [debilitar] to undermine

socavón nm **1.** [hoyo] hollow / [en la carretera] pothole **2.** MIN gallery

sociabilidad nf sociability

sociable adj sociable

social adj **1.** [clase, organización, vida] social **2.** COM **capital ~** share capital ▸ **sede ~** head office

socialdemocracia nf social democracy

socialdemócrata ■ adj social democratic
■ nmf social democrat

socialismo nm socialism

socialista adj & nmf socialist

socialización nf ECON nationalization

socializar [14] vt ECON to nationalize

socialmente adv socially

sociedad nf **1.** [de seres vivos] society ▸ **las hormigas viven en ~** ants are social creatures ▸ **entrar** *o* **presentarse en ~** to come out, to make one's debut ▸ **alta ~** high society ▸ **notas de ~** society column ▸ **la ~ civil** civilian society ▸ **~ de consumo** consumer society ▸ **la ~ de la información** the information society ▸ **la ~ del ocio** the leisure society **2.** COM [empresa] company ▸ **~ anónima** *BR* public (limited) company, *US* incorporated company ▸ **~ de cartera** portfolio company ▸ **~ colectiva** general partnership ▸ **~ comanditaria** *o* **en comandita** general and limited partnership ▸ **~ industrial** industrial society ▸ **~ mercantil** trading company ▸ **~ (de responsabilidad) limitada** private limited company **3.** [asociación] **~ deportiva** sports club ▸ **~ gastronómica** dining club, gourmet club ▸ **~ literaria** literary society ▸ HIST **Sociedad de Naciones** League of Nations

socio, -a nm,f **1.** COM partner ▸ **hacerse ~ de una empresa** to become a partner in a company ▸ **~ capitalista** *o* **comanditario** *BR* sleeping partner, *US* silent partner ▸ **~ comercial** trading partner ▸ **~ fundador** founding partner ▸ **~ mayoritario** majority shareholder **2.** [miembro] member ▸ **hacerse ~ de un club** to join a club ▸ **~ honorario** *o* **de honor** honorary member ▸ **~ de número** full member ▸ **~ vitalicio** life member **3.** *Fam* [amigo] *BR* mate, *US* buddy

sociocultural adj sociocultural

socioeconomía nf socioeconomics *(singular)*

socioeconómico, -a adj socioeconomic

sociolingüística nf sociolinguistics *(singular)*

sociolingüístico, -a adj sociolinguistic

sociología nf sociology

sociológico, -a adj sociological

sociólogo, -a nm,f sociologist

sociopolítico, -a adj sociopolitical

socorrer vt to help

socorrido, -a adj [útil] useful, handy

socorrismo nm first aid / [en la playa] lifesaving

socorrista nmf first aid worker / [en la playa] lifeguard

socorro ■ nm help, aid
■ interj **¡~!** help!

soda nf [bebida] soda water

sódico, -a adj sodium ▸ **cloruro ~** sodium chloride

sodio nm sodium

sodomía nf sodomy

sodomita adj & nmf sodomite

sodomizar [14] vt to sodomize

soez adj vulgar, dirty

sofá nm sofa ▸ **~ cama** *o* **nido** sofa bed

Sofía n Sofia

sofisma nm sophism

sofisticación nf sophistication

sofisticado, -a adj sophisticated

soflama nf *Pey* harangue

sofocado, -a adj **1.** [por cansancio] gasping for breath / [por calor] suffocating **2.** [por vergüenza] mortified **3.** [por irritación] hot under the collar

sofocante adj suffocating, stifling

sofocar [59] vt **1.** [ahogar] to suffocate, to stifle **2.** [incendio] to put out, to smother **3.** [rebelión] to suppress, to quell **4.** [avergonzar] to mortify
◆ ***sofocarse*** vpr **1.** [ahogarse] to suffocate **2.** [avergonzarse] to go red as a *BR* beetroot *o* *US* beet **3.** [irritarse] to get hot under the collar (**por** about)

sofoco nm **1.** [ahogo] breathlessness / [sonrojo, bochorno] hot flush **2.** [vergüenza] mortification **3.** [disgusto] **llevarse un ~** to have a fit

sofocón nm *Fam* **llevarse un ~** to get hot under the collar

sofoque *etc ver* ***sofocar***

sofreír [56] vt to fry lightly over a low heat

sofría, sofriera *etc ver* ***sofreír***

sofrito, -a ■ participio *ver* ***sofreír***
■ nm = *lightly fried onions and garlic, used as a base for sauces, stews etc*

sofrología nf relaxation therapy

software ['sofwer] nm INFORM software ▸ **paquete de ~** software package ▸ **~ integrado** integrated software ▸ **~ de dominio público** public domain software

soga nf rope / [para ahorcar] noose ▸ *Fig* **estar con la ~ al cuello** to be in dire straits ▸ *Fig* **mentar la ~ en casa del ahorcado** to really put one's foot in it *(by mentioning a sensitive subject)*

sois *ver* ***ser***

soja nf [planta, fruto] soya bean, *US* soy bean / [proteína] soya

sojuzgar [38] vt to subjugate

sol nm **1.** [astro] sun ▸ **de ~ a ~** from dawn to dusk ▸ **~ naciente/poniente** rising/setting sun **2.** [rayos, luz] sunshine, sun ▸ **estar/ponerse al ~** to be in/move into the sun ▸ **entraba el ~ por la ventana** sunlight was coming in through the window ▸ **¡cómo pega o pica el ~!** the sun's really hot! ▸ **hace ~** it's sunny ▸ **hace un ~ de justicia** it's blazing hot ▸ **tomar el ~** to sunbathe ▸ *Fam* **siempre se arrima al ~ que más calienta** he sides with whoever is most beneficial for him at the time ▸ *Fam* **no dejar a alguien ni a ~ ni a sombra** to follow sb around wherever they go **3.** [ángel, ricura] darling, angel ▸ **tu hermana es un ~** your sister's an angel **4.** MÚS G / [en solfeo] so **5.** [moneda] sol ▸ *MÉX* **¿águila o ~?** heads or tails? **6.** TAUROM = *seats in the sun, the cheapest in the bullring* **7. ~ y sombra** [bebida] mixture of brandy and anisette

solamente adv only, just ▸ **vino ~ él** only he came

solana nf **1.** [lugar] sunny spot **2.** [galería] sun lounge

solano nm east wind

solapa nf **1.** [de prenda] lapel **2.** [de libro, sobre] flap

solapado, -a adj underhand, devious

solapamiento nm overlapping

solapar vt to cover up

solar ■ adj solar
■ nm undeveloped plot (of land)

solariego, -a adj ancestral

solario, solárium (pl **solariums**) nm solarium

solaz nm **1.** [entretenimiento] amusement, entertainment **2.** [descanso] rest

solazar [14] vt to amuse, to entertain
◆ ***solazarse*** vpr to enjoy oneself

soldada nf pay

soldado nm soldier ▸ **el ~ desconocido** the unknown Soldier ▸ **~ de infantería** foot soldier ▸ **~ de plomo** tin soldier ▸ **~ de primera** *BR* lance corporal, *US* private first class ▸ **~ raso** private

soldador, -ora ■ nm,f [persona] welder
■ nm [aparato] soldering iron

soldadura nf **1.** [acción] [con material adicional] soldering / [sin material adicional] welding **2.** [juntura] [con material adicional] soldered joint / [sin material adicional] weld

soldar [63] vt [con material adicional] to solder / [sin material adicional] to weld

soleá (pl **soleares**) nf = *type of flamenco song and dance*

soleado, -a adj sunny

solear vt to put in the sun

solecismo nm solecism

soledad nf loneliness ▸ **vive en completa ~** he lives in complete solitude

solemne adj **1.** [con pompa, importante] formal, solemn / [serio] solemn ▸ **una promesa ~** a solemn promise **2.** [enorme] utter, complete ▸ **hacer/decir una ~ tontería** to do/say something incredibly stupid

solemnidad nf **1.** [suntuosidad] pomp, solemnity **2.** [acto] ceremony

solemnizar [14] vt to celebrate, to commemorate

soler [41] vi **1.** [en presente] **~ hacer algo** to do sth usually ▸ **solemos comer fuera los viernes** we usually eat out on Fridays ▸ **aquí suele llover mucho** it usually rains a lot here ▸ **como se suele hacer en estos casos** as is customary in such cases ▸ **este restaurante suele ser bueno** this restaurant is usually good **2.** [en pasado] **solía ir a la playa cada día** I used to go to the beach every day ▸ **solíamos vernos más** we used to see more of each other

solera nf **1.** [tradición] tradition **2. vino de ~** [añejo] vintage wine **3.** *CHILE* [de acera] *BR* kerb, *US* curb

solfa nf **1.** MÚS (tonic) sol-fa **2.** *Fam* [paliza] thrashing **3.** *Fam* **poner algo en ~** to make fun of sth, *BR* to take the mickey out of sth

solfeo nm MÚS music reading ▸ **estudia primero de ~** he's in his first year of music theory ▸ **saber ~** to be able to read music

solicitado, -a adj **estar muy ~** to be very popular, to be much sought after

solicitante ■ adj applying
■ nmf applicant

solicitar vt **1.** [pedir] [información, permiso] to request / [empleo, préstamo] to apply for ▸ **~ algo a** *o* **de alguien** to request sth of sb ▸ **me han solicitado que lo haga** they've requested that I do it **2.** [persona] to ask for ▸ **le solicita el director de ventas** the sales manager wants to see you

solícito, -a adj solicitous, obliging

solicitud nf **1.** [petición] [de información, permiso] request / [de empleo, préstamo] application **2.** [documento] application form **3.** [atención] attentiveness

solidaridad nf solidarity

solidario, -a adj **1.** [actitud] supportive (**con** of) ▸ **un gesto ~** a gesture of solidarity ▸ **contamos con el apoyo ~ de nuestros compañeros en otras fábricas** we have the support of our fellow workers in other factories ▸ **ser ~ con alguien** to show solidarity with sb ▸ **nos hacemos solidarios de vuestra causa** we join with you in your cause **2.** [obligación, compromiso] mutually binding

solidarizarse [14] vpr to make common cause, to show one's solidarity

solidez nf [física] solidity / [moral] firmness

solidificación nf solidification

solidificar [59] vt to solidify
◆ ***solidificarse*** vpr to solidify

sólido, -a ■ adj **1.** [en general] solid / [cimientos, fundamento] firm **2.** [argumento, conocimiento, idea] sound **3.** [color] fast
■ nm solid

soliloquio nm soliloquy

solista ■ adj solo
■ nmf soloist

solitaria nf [tenia] tapeworm

solitario, -a ■ adj **1.** [persona, vida] solitary **2.** [lugar] lonely, deserted
■ nm,f [persona] loner
■ nm **1.** [diamante] solitaire **2.** [juego] *BR* patience, *US* solitaire

soliviantar vt **1.** [excitar, incitar] to stir up **2.** [indignar] to exasperate
◆ ***soliviantarse*** vpr to be infuriated

solla nf plaice

sollozar [14] vi to sob

sollozo nm sob

solo, -a ■ adj **1.** [sin nadie] alone ▸ **me gusta estar ~** I like being alone *o* on my own *o* by myself ▸ **¿vives ~?** do you live alone *o* on your own *o* by yourself? ▸ **lo hice yo ~** I did it on my own *o* by myself ▸ *Fam Fig* **estar más ~ que la una** to be all on one's own ▸ **a solas** alone, by oneself **2.** [solitario] lonely ▸ **sentirse ~** to feel lonely **3.** [sin nada más] on its own / [café] black / [whisky] neat **4.** [único] single ▸ **no me han comprado ni un ~ regalo** they didn't buy me a single present ▸ **ni una sola gota** not a (single) drop ▸ **dame una sola razón** give me one reason **5.** [mero, simple] very, mere ▸ **la sola idea de suspender me deprime** the very *o* mere idea of failing depresses me
■ nm MÚS solo

¡CUIDADO! / CAREFUL!
solo

Alone es la traducción más general y puede tener connotaciones positivas o negativas ("I like to live alone", "she came alone to the party"), mientras que **lonely** se usa para expresar un sentimiento de soledad.

sólo adv only, just ▸ **no ~... sino (también)...** not only... but (also)... ▸ **con ~, ~ con** just by ▸ **~ que...** only...

solomillo nm sirloin

solsticio nm solstice

soltar [63] vt **1.** [desasir] to let go of ▸ **¡suéltame!** let me go!, let go of me! **2.** [dejar ir] [preso, animales, freno] to release ▸ **no suelta ni un** *ESP* **duro** *o AM* **centavo** you can't get a penny out of her ▸ *Fam* **si yo pillo un trabajo así, no lo suelto** if I got a job like that I wouldn't let go of it *o* I'd make sure I hung on to it **3.** [desenrollar] [cable, cuerda] to let *o* pay out **4.** [risotada, grito, suspiro] to give ▸ **~ una patada a alguien** to give sb a kick, to kick sb ▸ **~ un puñetazo a alguien** to punch sb **5.** [decir bruscamente] to come out with **6.** [desprender] [calor, olor, gas] to give off ▸ **estas hamburguesas sueltan mucha grasa** a lot of fat comes out of these burgers when you fry them **7.** [laxar] **~ el vientre** to loosen one's bowels
◆ ***soltarse*** vpr **1.** [desasirse] to break free **2.** [desatarse] **se soltó el moño** she let her bun down **3.** [desprenderse] to come off **4.** [perder timidez] to let go ▸ **soltarse en algo** [adquirir habilidad] to get the hang of sth

soltería nf [de hombre] bachelorhood / [de mujer] spinsterhood

soltero, -a ■ adj single, unmarried
■ nm,f bachelor, *f* single woman

solterón, -ona ■ adj unmarried
■ nm,f old bachelor, *f* spinster, *f* old maid

soltura nf **1.** [fluidez] fluency **2.** [facilidad, desenvoltura] assurance ▸ **con ~** fluently

solubilidad nf solubility

soluble adj **1.** [que se disuelve] soluble **2.** [que se soluciona] solvable

solución nf **1.** [de situación, problema] solution ▸ **este problema no tiene ~** there's no solution to this problem ▸ *Fam* **este niño no tiene ~** this child is impossible ▸ **~ de continuidad** interruption ▸ **sin ~ de continuidad** uninterrupted **2.** [disolución] solution ▸ **~ acuosa** aqueous solution ▸ **~ salina** saline solution

solucionar vt [problema] to solve / [disputa] to resolve

solvencia nf **1.** [económica] solvency **2.** [capacidad] reliability

solventar vt **1.** [pagar] to settle **2.** [resolver] to resolve

solvente adj **1.** [económicamente] solvent **2.** [fuentes] reliable

somalí (pl **somalíes**) ■ adj & nmf Somali
■ nm [lengua] Somali

Somalia n Somalia

somanta nf *Fam* [paliza] hiding ▸ **~ de palos** beating, thrashing

somático, -a adj somatic

somatizar [14] vt MED to convert into physical symptoms

sombra nf **1.** [proyección] [fenómeno] shadow / [zona] shade ▸ **a la ~** in the shade ▸ *Fam* [en la cárcel] in the slammer ▸ **dar ~ a** to cast a shadow over ▸ *Fig* **hacer ~ a alguien** to overshadow sb ▸ *Fam Fig* **no se fía ni de su propia ~** he wouldn't trust his own mother ▸ **reírse de su propia ~** to make a joke of everything, to laugh at everything ▸ *Fig* **ser la ~ de alguien** to be sb's shadow ▸ *Fam Fig* **tener mala ~** to be nasty *o* a swine ▸ **sombras chinescas** [marionetas] shadow puppets ▸ **hacer sombras chinescas** [con las manos] to make shadow pictures ▸ **~ de ojos** eyeshadow **2.** [en pintura] shade **3.** [anonimato] background ▸ **permanecer en la ~** to stay out of the limelight **4.** [imperfección] stain, blemish **5.** [atisbo, apariencia] trace, touch ▸ **no tener ni ~ de** not to have the slightest bit of **6.** [suerte] **buena/mala ~** good/bad luck **7.** TAUROM = *most expensive seats in bullring, located in the shade* **8.** [oscuridad, inquietud] darkness **9.** [ignorancia] gaps in one's knowledge

¡CUIDADO! / CAREFUL!
sombra

Shadow es la sombra de un cuerpo u objeto proyectada sobre una superficie; **shade** se refiere a un espacio en el que hay ausencia de luz y suele tener además una connotación de frescor, en oposición al sol.

sombreado nm shading

sombrear vt [dibujo] to shade

sombrerería nf **1.** [fábrica] hat factory **2.** [tienda] hat shop

sombrero nm **1.** [prenda] hat ▸ *Fig* **pasar el ~** to pass round the hat ▸ *Fig* **quitarse el ~ (ante)** to take one's hat off (to) ▸ **~ de copa** top hat ▸ **~ hongo** *BR* bowler hat, *US* derby **2.** [de setas] cap

sombrilla nf **1.** [quitasol] sunshade, parasol **2.** *COL* [paraguas] umbrella

sombrío, -a adj **1.** [oscuro] gloomy, dark **2.** [triste, lúgubre] sombre, gloomy

somero, -a adj superficial

someter vt **1.** [dominar, subyugar] to subdue **2.** [presentar] **~ algo a la aprobación de alguien** to submit sth for sb's approval ▸ **~ algo a votación** to put sth to the vote **3.** [subordinar] **someto mi decisión a los resultados de la encuesta** my decision will depend on the results of the poll ▸ **sometió su opinión a la de la mayoría** she went along with the opinion of the majority **4.** [a interrogatorio, presiones] **~ a alguien a algo** to subject sb to sth ▸ **~ a alguien a una operación** to operate on sb

◆ ***someterse*** vpr **1.** [rendirse] to surrender **2.** [conformarse] **someterse a algo** to yield *o* bow to sth **3.** [a interrogatorio, pruebas] to undergo ▸ **someterse a una operación** to have an operation ▸ **se sometió voluntariamente al experimento** he participated voluntarily in the experiment

sometimiento nm **1.** [en general] submission ▸ **evitar el ~ a los rayos del sol** [en frasco, envoltorio] keep out of direct sunlight **2.** [dominio] subjugation

somier nm [de muelles] bed springs / [de tablas] slats *(of bed)*

somnífero, -a ■ adj somniferous
■ nm sleeping pill

somnolencia nf sleepiness, drowsiness

somnoliento, -a adj drowsy, sleepy

somontano, -a adj mountainside

somos *ver* ***ser***

son ■ *ver* ***ser***
■ nm **1.** [sonido] sound ▸ *Fig* **bailar al ~ que le tocan** to toe the line **2.** [canción y baile] = Cuban song and dance of African origin

◆ ***en son de*** loc prep **en ~ de paz** in peace ▸ **lo dijo en ~ de burla** he said it as a taunt

sonado, -a adj **1.** [renombrado] famous **2.** *Fam* [loco] crazy **3.** [boxeador] punch drunk

sonajero nm rattle

sonambulismo nm sleepwalking

sonámbulo, -a ■ adj sleepwalking ▸ **es ~** he walks in his sleep
■ nm,f sleepwalker

sonante adj **dinero contante y ~** hard cash

sonar[1] nm NÁUT sonar

sonar[2] [63] vi **1.** [producir sonido] [timbre, teléfono, alarma] to ring ▸ **sonó un disparo** a shot rang out ▸ **sonaba a lo lejos una sirena** you could hear (the sound of) a siren in the distance ▸ **suena a falso/chiste** it sounds false/like a joke ▸ **(así *o* tal) como suena** literally, in so many words **2.** [ser conocido, familiar] **me suena** it rings a bell ▸ **esa cara me suena** I know that face, I've seen that face somewhere before ▸ **no me suena su nombre** I don't remember hearing her name before **3.** [pronunciarse] to be pronounced ▸ **la letra 'h' no suena** the 'h' is silent **4.** [mencionarse, citarse] to be mentioned ▸ **su nombre suena como futuro ministro** his name is being mentioned as a future minister

◆ ***sonarse*** vpr **sonarse (la nariz)** to blow one's nose

sonata nf sonata

sonda nf **1.** MED & MEC probe ▸ **~ espacial** space probe ▸ **~ gástrica** stomach pump **2.** NÁUT sounding line **3.** MIN drill, bore

sondar vt **1.** MED to sound, to probe **2.** NÁUT to sound **3.** MIN [terreno] to test / [roca] to drill

sondear vt **1.** [indagar] to sound out **2.** MIN [terreno] to test / [roca] to drill

sondeo nm **1.** [encuesta] (opinion) poll **2.** MIN drilling, boring **3.** NÁUT sounding

soneto nm sonnet

sonido nm sound ▸ **~ vocálico** vowel sound

soniquete nm [sonido] monotonous noise ▸ *Fam* **el ~ de siempre** the same old story

sonora nf GRAM voiced consonant

sonoridad nf **1.** [armonía] sonority **2.** [acústica] acoustics **3.** [resonancia] resonance

sonorización nf soundtrack recording

sonorizar [14] vt **1.** [con amplificadores] to fit with a public address system **2.** CINE [poner sonido a] to record the soundtrack for **3.** GRAM to voice

sonoro, -a adj **1.** [del sonido] sound / [película] talking ▸ **ondas sonoras** sound waves **2.** [ruidoso, resonante, vibrante] resonant **3.** GRAM voiced

sonotone® nm hearing aid

sonreír [56] vi **1.** [reír levemente] to smile ▸ **me sonrió** she smiled at me **2.** [ser favorable] [suerte] to smile on

◆ ***sonreírse*** vpr to smile

sonriente adj smiling ▸ **estás muy ~ hoy** you're looking very cheerful today

sonriera *etc ver* ***sonreír***

sonrisa nf smile

sonrojar vt to cause to blush

◆ ***sonrojarse*** vpr to blush

sonrojo nm blush, blushing

sonrosado, -a adj rosy

sonrosar vt to colour pink

sonsacar [59] vt **~ algo a alguien** to extract sth from sb

sonso, -a adj *AM Fam* silly

sonsonete nm **1.** [ruido] tapping **2.** [entonación] monotonous intonation **3.** [cantinela] old tune **4.** [sarcasmo] hint of sarcasm

soñador, -ora ■ adj dreamy
■ nm,f dreamer

soñar [63] ▸ *también Fig* ■ vt to dream ▸ **soñé que podía volar** I dreamed (that) I could fly ▸ *Fam* **¡ni soñarlo!, ¡ni lo sueñes!** not on your life!
■ vi to dream (**con** of *o* about) ▸ **anoche soñé con ella** I dreamed about her last night ▸ **sueña con que le ofrezcan el puesto** she dreams of being offered the job

▸ ~ **con los angelitos** to have sweet dreams ▸ ~ **despierto** to daydream

soñarrera nf *Fam* **tener una ~** to feel drowsy

soñolencia nf sleepiness, drowsiness

soñoliento, -a adj sleepy, drowsy

sopa nf **1.** [guiso] soup ▸ ~ **de ajo** garlic soup ▸ *AM* ~ **inglesa** trifle ▸ ~ **instantánea** instant soup ▸ ~ **juliana** vegetable soup ▸ ~ **de letras** [alimento] alphabet soup / [pasatiempo] wordsearch ▸ ~ **de sobre** packet soup ▸ ~ **de verduras** vegetable soup **2.** [de pan] sop, piece of soaked bread ▸ **hacer sopas (en)** to dip bread (into) **3.** [expresiones] *ESP Fam* **andar a la ~ boba** to scrounge ▸ *ESP* **dar ~ con hondas a alguien** to knock the spots off sb ▸ **últimamente ese cantante está hasta en la ~** that singer has been everywhere you look, recently ▸ **me lo encuentro hasta en la ~** I bump into him wherever I go ▸ **estar como una ~** to be sopping wet

sopapo nm slap

sopera nf [recipiente] soup tureen

sopero, -a adj soup ▸ **plato ~** soup plate

sopesar vt [pros y contras] to weigh up

sopetón: de sopetón loc adv suddenly, abruptly

soplado nm [del vidrio] glassblowing

soplagaitas nmf inv *Fam* [estúpido, pesado] *BR* prat, *US* jerk

soplamocos nm inv *Fam* box on the ears

soplar ■ vt **1.** [vela, fuego] to blow out **2.** [ceniza, polvo] to blow off **3.** [globo] to blow up **4.** [vidrio] to blow **5.** *Fam* [en examen] to prompt ▸ **me sopló las respuestas** he whispered the answers to me **6.** *Fam* [denunciar] **le sopló a la policía la hora del atraco** he informed the police of the time of the robbery **7.** *ESP Fam* [hurtar] to pinch, *BR* to nick ▸ ~ **algo a alguien** to pinch *o BR* nick sth off sb

■ vi **1.** [echar aire] to blow **2.** *ESP Fam* [beber] to booze **3.** *Fam* [en examen] **le expulsaron por ~** he was thrown out for whispering the answers

◆ ***soplarse*** vpr **1.** *ESP Fam* [comida] to gobble up / [bebida] to knock back **2.** *MÉX Fam* [aguantar] to put up with

soplete nm blowlamp

soplido nm blow, puff

soplillo nm **1.** [para fuego] fan, blower **2.** *Fam* **orejas de ~** sticky-out ears

soplo nm **1.** [soplido] blow, puff **2.** [instante] breath, moment **3.** MED murmur **4.** *Fam* [chivatazo] tip-off ▸ **dar el ~** to squeal, *BR* to grass

soplón, -ona nm,f *Fam* [criminal] *BR* grass, *US* rat / [escolar] *BR* telltale, *US* tattletale

soponcio nm *Fam* fainting fit ▸ **le dio un ~** she passed out

sopor nm drowsiness

soporífero, -a adj *también Fig* soporific

soportable adj bearable, endurable

soportal nm [pórtico] porch ▸ **soportales** arcade

soportar vt **1.** [sostener] to support **2.** [resistir, tolerar] to stand ▸ **¡no lo soporto!** I can't stand him/it! ▸ **no sé cómo soportas que te hablen así** I don't know how you put up with them talking to you like that ▸ **no soporta que le griten** he can't bear being shouted at **3.** [sobrellevar] to endure, to bear ▸ **el niño soportó el castigo sin inmutarse** the child took his punishment bravely

◆ ***soportarse*** vpr [mutuamente] to stand one another

soporte nm **1.** [apoyo] support ▸ ~ **publicitario** publicity medium **2.** INFORM medium ▸ ~ **físico/lógico** hardware/software

soprano nmf soprano

sor nf REL sister

sorber vt **1.** [beber] to sip / [haciendo ruido] to slurp **2.** [absorber] to soak up, to absorb **3.** [atraer] to draw *o* suck in **4.** [escuchar atentamente] to drink in

sorbete nm sorbet / *CAM* [helado] ice cream

sorbetería nf *CAM* ice cream parlour

sorbo nm **1.** [acción] gulp, swallow / [pequeño] sip ▸ **beber a sorbos** to sip **2.** [trago] mouthful / [pequeño] sip **3.** [cantidad pequeña] drop

sorda nf GRAM voiceless consonant

sordera nf deafness

sordidez nf **1.** [miseria] squalor **2.** [obscenidad, perversión] sordidness

sórdido, -a adj **1.** [miserable] squalid **2.** [obsceno, perverso] sordid

sordina nf **1.** MÚS [en instrumentos de viento, cuerda] mute / [en pianos] damper ▸ *Fig* **con ~** [hablar] under one's breath **2.** [de reloj] muffle

sordo, -a ■ adj **1.** [que no oye] deaf ▸ *Fig* **permanecer ~ a** *o* **ante algo** to be deaf to sth ▸ **estar más ~ que una tapia** to be stone deaf **2.** [pasos] quiet, muffled **3.** [ruido, dolor] dull **4.** GRAM voiceless, unvoiced

■ nm,f [persona] deaf person ▸ **los sordos** the deaf ▸ **hacerse el ~** to turn a deaf ear

sordomudo, -a ■ adj deaf and dumb

■ nm,f deaf-mute

sorgo nm sorghum

soriano, -a ■ adj of/from Soria

■ nm,f person from Soria

soriasis nf inv psoriasis

sorna nf **con ~** ironically, mockingly

soroche nm *ANDES, ARG* altitude sickness

sorprendente adj surprising

sorprender vt **1.** [asombrar] to surprise ▸ **me sorprende verte por aquí** I'm surprised to see you here ▸ **no me sorprende que se haya marchado** I'm not surprised she's left **2.** [atrapar, pillar] to catch ▸ **nos sorprendió la tormenta** we got caught in the storm ▸ ~ **a alguien (haciendo algo)** to catch sb (doing sth)

◆ ***sorprenderse*** vpr to be surprised (**de** by *o* at)

sorprendido, -a adj surprised

sorpresa nf surprise ▸ **¡qué ~!** what a surprise! ▸ **¡qué ~ verte por aquí!** what a surprise, seeing you here! ▸ **dar una ~ a alguien** to surprise sb ▸ **llevarse una ~** to get a surprise ▸ **de** *o* **por ~** unexpectedly ▸ **pillar a alguien por ~** to catch sb by surprise

sorpresivo, -a adj unexpected

sortear vt **1.** [rifar] to raffle / [echar a suertes] to draw lots for ▸ **van a ~ un viaje** there will be a prize draw for a holiday **2.** [esquivar] [obstáculos] to negotiate / [preguntas] to avoid, to sidestep ▸ **sor-tearon todas las dificultades que encontraron** they got *o* worked around all the difficulties they came up against
◆ ***sortearse*** vpr **se sortearon quién iría primero** they drew lots to decide who would go first ▸ **se sorteará un viaje al Caribe** there will be a draw for a Caribbean holiday

sorteo nm [lotería] draw / [rifa] raffle ▸ **haremos un ~ con los premios** we'll raffle the prizes

sortija nf ring ▸ **~ de diamantes** diamond ring

sortilegio nm **1.** [hechizo] spell **2.** [atractivo] charm, magic

SOS nm SOS

sosa nf soda ▸ **~ cáustica** caustic soda

sosaina ■ adj [sin gracia] dull, insipid
■ nmf dull person, bore

sosegado, -a adj calm

sosegar [43] vt to calm
◆ ***sosegarse*** vpr to calm down

soseras nmf inv *Fam* dull person, bore

sosería nf lack of sparkle

sosia nm inv double, lookalike

sosiego ■ *ver* ***sosegar***
■ nm calm

soslayar vt to avoid

soslayo: de soslayo loc adv [oblicuamente] sideways, obliquely ▸ **mirar a alguien de ~** to look at sb out of the corner of one's eye

soso, -a ■ adj **1.** [sin sal] bland, tasteless **2.** [sin gracia] dull, insipid
■ nm,f dull person, bore

sospecha nf suspicion ▸ **despertar sospechas** to arouse suspicion ▸ **tengo la ~ de que...** I have a suspicion that..., I suspect that... ▸ **tengo fundadas sospechas de que miente** I have reason to suspect that he's lying

sospechar ■ vt [creer, suponer] to suspect ▸ **sospecho que no lo terminará** I doubt whether she'll finish it
■ vi **~ de** to suspect

sospechoso, -a ■ adj suspicious
■ nm,f suspect

sostén nm **1.** [apoyo] support **2.** [sustento] main support / [alimento] sustenance **3.** [sujetador] bra, brassiere

sostener [65] vt **1.** [sujetar] to support, to hold up ▸ **sostenme esto, por favor** hold this for me, please **2.** [defender] [idea, opinión, tesis] to defend / [promesa, palabra] to stand by, to keep ▸ **~ que...** to maintain that... **3.** [mantener, costear] to support **4.** [tener] [conversación] to hold, to have ▸ **~ correspondencia con alguien** to correspond with sb **5.** [aguantar] **el corredor no podía ~ aquel ritmo de carrera** the athlete couldn't keep up with the pace of the race ▸ **era una situación imposible de ~** the situation was untenable
◆ ***sostenerse*** vpr **1. sostenerse (en pie)** [persona] to stay on one's feet / [edificio, estructura] to stay up ▸ **es muy pequeño y aún le cuesta sostenerse de pie/sentado** he's only little and he still has difficulty standing up/sitting up **2.** [sustentarse] **la organización se sostiene a base de donaciones** the organization depends on donations for its survival

sostenible adj [objeto, desarrollo] sustainable / [idea, argumento] tenable

sostenido, -a ■ adj **1.** [persistente] sustained **2.** MÚS sharp
■ nm MÚS sharp

sostiene, sostuviera *etc ver* ***sostener***

sota nf jack

sotabanco nm [ático] attic

sotabarba nf double chin

sotana nf cassock

sótano nm basement, cellar

sotavento nm leeward

soterrado, -a adj [enterrado] buried / [oculto] hidden

soterrar [3] vt [enterrar] to bury / [ocultar] to hide

sotobosque nm undergrowth

sotto voce [soto'βotʃe] adv sotto voce

soufflé [su'fle] nm soufflé

soul nm MÚS soul (music)

souvenir [suβe'nir] (pl **souvenirs**) nm souvenir

soviet (pl **soviets**) nm soviet ▸ *Antes* **el ~ supremo** the Supreme Soviet

soviético, -a ■ adj [de la URSS] Soviet
■ nm,f Soviet

soy *ver* ***ser***

SP (abrev de ***servicio público***) = *sign indicating public transport vehicle*

spaghetti [espa'γeti] nm o nmpl spaguetti

spanglish [es'panglis] nm Spanglish

CÓMO EXPRESAR...

la sorpresa

I don't believe it! / ¡No me lo creo!
That's amazing! / ¡Es increíble!
It can't be true! / ¡No puede ser verdad!
Never! / ¡No!
Well I never! / ¡No me digas!
Oh my God! / ¡Oh, dios mío!
I can't get over it! / ¡No me entra en la cabeza!
I couldn't believe my eyes! / ¡No me lo podía creer!
What a nice surprise! / ¡Qué gran sorpresa!
I'm speechless! / ¡No tengo palabras!
You shouldn't have! / ¡No deberías haberlo hecho!

CULTURA / CULTURE

spanglish

Spanglish refers to a range of linguistic phenomena which result from the contact between English and Spanish. The Spanish spoken in the border region between the United States and Mexico contains many words which blend English and Spanish to create new words such as "ringuear" (to ring), "mopear" (to mop) and "groserías" (groceries - in standard Spanish this means "rude words or actions").Speakers of Spanish living in the United States, whether descended from the original Spanish settlers or first, second or even third generation immigrants, can often use Spanish and English so interchangeably that, in what linguists call "code-switching", single sentences can become a mixture of both languages, for example: "so you todavía haven't decided lo que vas a hacer". Some regard such linguistic mixtures as inferior, or a semi-language, but their various forms are increasingly the subject of academic research.

spaniel [es'paniel] (pl **spaniels**) nm spaniel

sparring [es'parrin] (pl **sparrings**) nm DEP sparring partner

speed [es'pið] nm [droga] speed

sport [es'por]: ***de sport*** loc adj **chaqueta de ~** sports jacket ▸ **ropa de ~** casual clothes

spot [es'pot] (pl **spots**) nm (TV) advert ▸ **un ~ publicitario** a (television) commercial

spray [es'prai] nm spray

sprint [es'prin] (pl **sprints**) nm sprint

sprinter [es'printer] (pl **sprinters**) nmf sprinter

squash [es'kwas] nm inv DEP squash

Sr. (abrev de ***señor***) Mr

Sra. (abrev de ***señora***) Mrs

Sres. (abrev de ***señores***) Messrs

Sri Lanka n Sri Lanka

Srta. (abrev de ***señorita***) Miss

SS (abrev de ***Su Santidad***) HH

SS. MM. (abrev de ***Sus Majestades***) their Royal Highnesses

Sta. (abrev de ***santa***) St

stand [es'tan] (pl **stands**) nm stall, stand

standing [es'tandin] (pl **standings**) nm standing, social status ▸ **un apartamento de alto ~** a luxury flat ▸ **una compañía de alto ~** a top company

starter [es'tarter] (pl **starters**) nm choke

statu quo [es'tatu'kwo] nm inv status quo

step [es'tep] (pl **steps**) nm step (aerobics)

stick [es'tik] (pl **sticks**) nm DEP hockey stick

Sto. (abrev de ***santo***) St

stock [es'tok] (pl **stocks**) nm COM stock

stop [es'top] (pl **stops**) nm **1.** AUT stop sign **2.** [en telegrama] stop

strip-tease [es'triptis] nm inv striptease

su (pl **sus**) adj posesivo [de él] his / [de ella] her / [de cosa, animal] its / [de uno] one's / [de ellos, ellas] their / [de usted, ustedes] your ▸ **su libro** his/her/your/their book ▸ **sus libros** his/her/your/their books ▸ **su hocico** its snout

suahili [swa'χili], ***suajili*** nm [lengua] Swahili

suave ■ adj **1.** [al tacto] soft **2.** [liso, no brusco] smooth ▸ **este coche tiene la dirección muy ~** this car has very smooth steering **3.** [sabor, olor, color] delicate ▸ **este curry está bastante ~** this curry is quite mild **4.** [apacible] [persona, carácter] gentle / [clima] mild **5.** [fácil, lento] [cuesta, tarea, ritmo] gentle **6.** *MÉX Fam* [agradable] pleasant
■ adv *MÉX Fam* [de acuerdo] all right, fine

suavemente adv [acariciar] gently / [hablar] softly

suavidad nf **1.** [de tacto] softness **2.** [lisura, falta de brusquedad] smoothness **3.** [de sabor, olor, color] delicacy **4.** [de carácter] gentleness **5.** [de clima] mildness **6.** [de cuesta, tarea, ritmo] gentleness

suavizante ■ adj [para ropa, cabello] conditioning / [para piel] moisturizing
■ nm conditioner ▸ **~ para la ropa** fabric conditioner *o* softener

suavizar [14] vt **1.** [poner blando] to soften / [hacer liso] to smooth / [ropa, cabello] to condition **2.** [hacer dócil] to temper **3.** [dificultad, tarea] to ease / [conducción] to make smoother / [clima] to make milder **4.** [sabor, olor, color] to tone down

Suazilandia n Swaziland

subacuático, -a adj subaquatic

subafluente nm minor tributary

subalimentación nf undernourishment

subalimentar vt to undernourish

subalquilar vt to sublet

subalterno, -a ■ adj [subordinado] auxiliary
■ nm,f [empleado] subordinate
■ nm TAUROM assistant to bullfighter

subarrendar [3] vt to sublet

subarrendatario, -a nm,f subtenant

subarriendo nm **1.** [acción] subtenancy **2.** [contrato] sublease (agreement)

subasta nf **1.** [venta pública] auction ▸ **sacar algo a ~** to put sth up for auction **2.** [contrata pública] tender ▸ **sacar algo a ~** to put sth out to tender

subastador, -ora nm,f auctioneer

subastar vt to auction

subcampeón, -ona nm,f runner-up

subcampeonato nm second place, runner-up's position

subclase nf subclass

subcomandante nmf = *military rank below that of commander*

subcomisión nf subcommittee

subcomité nm subcommittee

subconjunto nm MAT subset

subconsciencia nf subconscious

subconsciente adj & nm subconscious
subcontinente nm subcontinent
subcontratación nf subcontracting
subcontratar vt to subcontract
subcontrato nm subcontract
subcultura nf subculture
subcutáneo, -a adj subcutaneous
subdelegación nf subdelegation
subdelegado, -a nm,f subdelegate
subdesarrollado, -a adj underdeveloped
subdesarrollo nm underdevelopment
subdirección nf [puesto] post of assistant manager
subdirector, -ora nm,f assistant manager
subdirectorio nm INFORM subdirectory
súbdito, -a nm,f **1.** [de monarca] subject **2.** [ciudadano] citizen, national
subdividir vt to subdivide
◆ ***subdividirse*** vpr to be subdivided (**en** into)
subdivisión nf subdivision
subemplear vt to underemploy
subempleo nm underemployment
subespecie nf subspecies
subestimar vt to underestimate / [infravalorar] to underrate
◆ ***subestimarse*** vpr to underrate oneself
subfusil nm automatic rifle
subgénero nm subgenus
subgrupo nm subgroup
subibaja nm seesaw
subida nf **1.** [cuesta] hill **2.** [ascensión] ascent, climb **3.** [aumento] increase, rise ▸ **se espera una ~ de las temperaturas** temperatures are expected to rise ▸ **~ de precios** price increase ▸ **~ de sueldo** pay rise
subido, -a adj **1.** [intenso] strong, intense **2.** *Fam* [en cantidad] **tiene el guapo ~** he really fancies himself ▸ **está de un imbécil ~** he has been acting like an idiot recently **3.** *Fam* [atrevido] risqué ▸ **~ de tono** [impertinente] impertinent
subidón nm *Fam* [de drogas] high
subíndice nm subscript
subinspector, -ora nm,f deputy inspector
subir ■ vt **1.** [ascender] [calle, escaleras] to go/come up / [pendiente, montaña] to go up ▸ **subió las escaleras a toda velocidad** she ran up *o* climbed the stairs as fast as she could **2.** [poner arriba] to lift up / [llevar arriba] to take/bring up ▸ **ayúdame a ~ la caja** [a lo alto] help me get the box up / [al piso de arriba] help me carry the box upstairs **3.** [aumentar] [precio, peso] to put up, to increase / [volumen] to turn up / [voz] to raise **4.** [montar] **~ algo/a alguien a** to lift sth/sb onto **5.** [alzar] [mano, bandera, voz] to raise / [persiana] to roll up / [ventanilla] to wind up **6.** MÚS to raise the pitch of
■ vi **1.** [a piso, azotea] to go/come up / [a montaña, cima] to climb ▸ **~ en ascensor** to go/come up in the *BR* lift *o US* elevator ▸ **~ por la escalera** to go/come up the stairs **2.** [aumentar] [precio, temperatura] to go up, to rise / [cauce, marea] to rise ▸ **~ de categoría** [mejorar] to improve / [ser ascendido] to be promoted **3.** [montar] [en avión, barco] to get on / [en coche] to get in ▸ **sube al coche** get into the car **4.** [cuenta, importe] **~ a** to come *o* amount to **5.** CULIN [crecer] to rise
◆ ***subirse*** vpr **1.** [ascender] **subirse a** [árbol] to climb up / [mesa] to climb onto / [piso] to go/come up to ▸ *Fig* **subirse por las paredes** to hit the roof **2.** [montarse] **subirse a** [tren, avión] to get on, to board / [caballo, bicicleta] to mount, to get on / [coche] to get into ▸ **el taxi paró y me subí** the taxi stopped and I got in **3.** [alzarse] **subirse las mangas** to roll one's sleeves up ▸ **subirse los pantalones/calcetines** to pull one's trousers/socks up ▸ **subirse la cremallera** to do one's *BR* zip *o US* zipper up **4. subirse (a la cabeza)** [alcohol, éxito] to go to one's head
súbito, -a adj sudden ▸ **de ~** suddenly
subjefe, -a nm,f deputy manager
subjetividad nf subjectivity
subjetivismo nm subjectivism
subjetivo, -a adj subjective
sub júdice [suβ'juðiθe] adj DER sub judice
subjuntivo, -a adj & nm subjunctive
sublevación nf, ***sublevamiento*** nm uprising
sublevar vt **1.** [amotinar] to stir up **2.** [indignar] to infuriate
◆ ***sublevarse*** vpr [amotinarse] to rise up, to rebel
sublimación nf **1.** [exaltación] exaltation **2.** PSI & QUÍM sublimation
sublimar vt **1.** [exaltar] to exalt **2.** PSI & QUÍM to sublimate
sublime adj sublime
sublimidad nf sublimity
subliminal adj subliminal
submarinismo nm scuba diving
submarinista nmf scuba diver
submarino, -a ■ adj underwater ▸ **fotografía submarina** underwater photography
■ nm submarine
submúltiplo, -a adj & nm submultiple
submundo nm world, scene ▸ **el ~ de las drogas** the drugs world *o* scene
subnormal ■ adj **1.** [retrasado] mentally retarded **2.** *Pey* [insulto] moronic
■ nmf **1.** [retrasado] mentally retarded person **2.** *Pey* [insulto] moron, cretin
subnormalidad nf **una campaña de prevención de la ~** a campaign aimed at preventing children from being born with a mental handicap ▸ **la actitud de la sociedad ante la ~** society's attitude to the mentally retarded
suboficial nmf MIL non-commissioned officer
suborden nm BIOL suborder
subordinación nf [gen] & GRAM subordination
subordinado, -a adj & nm,f subordinate
subordinante adj GRAM subordinating
subordinar vt [gen] & GRAM to subordinate
◆ ***subordinarse*** vpr to be subordinate (**a** to)

subproducto nm by-product

subrayado, -a ■ adj underlined
■ nm underlining

subrayar vt *también Fig* to underline

subrepticio, -a adj surreptitious

subrogación nf subrogation

subrogar [38] vt to subrogate

subsahariano, -a adj sub-Saharan

subsanable adj **1.** [solucionable] solvable **2.** [corregible] rectifiable

subsanación nf [de errores] correction

subsanar vt **1.** [solucionar] to resolve **2.** [corregir] to correct **3.** [disculpar] to excuse

subscribir, subscripción, etc ➤ ***suscribir, suscripción***, etc

subsecretaría nf **1.** [oficina] undersecretary's office **2.** [cargo] undersecretaryship

subsecretario, -a nm,f **1.** [de secretario] assistant secretary **2.** [de ministro] undersecretary

subsidiar vt to subsidize

subsidiariedad nf subsidiarity

subsidiario, -a adj **1.** [empresa, compañía] subsidiary **2.** DER ancillary **3.** [de subvención] paid for by the State

subsidio nm benefit, allowance ▸ **~ de desempleo** unemployment benefit ▸ **~ de invalidez** disability allowance

subsiguiente adj subsequent

subsistema nm subsystem

subsistencia nf **1.** [vida] subsistence **2.** [conservación] continued existence **3. subsistencias** [provisiones] provisions

subsistente adj surviving

subsistir vi **1.** [vivir] to live, to exist **2.** [sobrevivir] to survive

substancia, substancial, etc ➤ ***sustancia, sustancial***, etc

substantivar, substantivo, -a, etc ➤ ***sustantivar, sustantivo, -a***, etc

substitución, substituir, etc ➤ ***sustitución, sustituir***, etc

substracción, substraer, etc ➤ ***sustracción, sustraer***, etc

substrato nm substratum

subsuelo nm subsoil

subte nm *RP* metro, *BR* underground, *US* subway

subteniente nm sub-lieutenant

subterfugio nm subterfuge ▸ **sin subterfugios** without subterfuge

subterráneo, -a ■ adj subterranean, underground
■ nm underground tunnel

subtipo nm BIOL subtype

subtitular vt [gen] & CINE to subtitle

subtítulo nm [gen] & CINE subtitle

subtotal nm subtotal

subtropical adj subtropical

suburbano, -a ■ adj suburban
■ nm [tren] suburban train

suburbial adj **barrio ~** poor suburb

suburbio nm poor suburb

subvalorar vt to undervalue, to underrate

subvención nf [para un proyecto] grant / [para proteger precios, una industria] subsidy ▸ **la orquesta recibe una ~ del ayuntamiento** the orchestra receives financial support from the town council

subvencionar vt [precios, industria] to subsidize / [proyecto, actividad cultural, estudios] to provide financial support for

subversión nf subversion

subversivo, -a adj subversive

subvertir [62] vt to subvert

subyacente adj underlying

subyacer [71] vi [ocultarse] **~ bajo algo** to underlie sth

subyugado, -a adj **1.** [sometido] subjugated **2.** [cautivado] **~ por** captivated by

subyugador, -ora, subyugante adj **1.** [dominador] conquering **2.** [atrayente] captivating

subyugar [38] vt **1.** [someter] to subjugate **2.** [atraer] to captivate

succión nf suction

succionar vt [sujeto: raíces] to suck up / [sujeto: bebé] to absorb, to suck

sucedáneo, -a ■ adj ersatz, substitute
■ nm [sustituto] substitute ▸ *Fig* **ser un ~ de** [mala copia] to be an apology for

suceder ■ v impersonal [ocurrir] to happen ▸ **suceda lo que suceda** whatever happens
■ vt [sustituir] to succeed (**en** in)
■ vi [venir después] **~ a** to come after, to follow ▸ **a la guerra sucedieron años muy tristes** the war was followed by years of misery

sucesión nf **1.** [serie] succession **2.** [cambio] [de monarca] succession / [de cargo importante] changeover **3.** [descendencia] **morir sin ~** to die without issue

sucesivamente adv successively ▸ **y así ~** and so on

sucesivo, -a adj **1.** [consecutivo] successive, consecutive **2.** [siguiente] **en días sucesivos les informaremos** we'll let you know over the next few days ▸ **en lo ~** in future

suceso nm **1.** [acontecimiento] event **2.** [hecho delictivo] crime / [incidente] incident ▸ **sección de sucesos** [en prensa] = *section of newspaper dealing with accidents, crimes, disasters etc*

FALSO AMIGO / FALSE FRIEND

suceso

Success is not a translation of the Spanish word *suceso*. **Success** is translated by *éxito*.

sucesor, -ora ■ adj succeeding
■ nm,f successor

suciedad nf **1.** [cualidad] dirtiness **2.** [porquería] dirt, filth

sucinto, -a adj **1.** [conciso] succinct **2.** [pequeño, corto] skimpy

sucio, -a ■ adj **1.** [sin limpieza] dirty ▸ **estar ~** to be dirty ▸ **tiene muy sucia la cocina** his kitchen is very dirty ▸ **la ropa sucia** the dirty clothes ▸ **el blanco es un color muy ~** white is a colour that gets dirty easily ▸ **en ~** [escribir] in rough **2.** [conciencia] bad, guilty
■ adv **jugar ~** to play dirty

sucre nm [moneda] sucre

suculento, -a adj tasty

sucumbir vi **1.** [rendirse, ceder] to succumb (**a** to) **2.** [fallecer] to die

sucursal nf branch

sudaca adj & nmf *Fam = term used to refer to Latin American people, which can sometimes be pejorative*

sudadera nf **1.** [prenda] sweatshirt **2.** [sudor] sweat

Sudáfrica n South Africa

sudafricano, -a adj & nm,f South African

Sudamérica n South America

sudamericano, -a adj & nm,f South American

Sudán n Sudan

sudanés, -esa adj & nm,f Sudanese

sudar ■ vi [transpirar] to sweat / [pared] to run with condensation ▸ *Fam* **sudaban a chorros** they were running with sweat ▸ *Fam* **~ la gota gorda** to sweat buckets / *Fig* [trabajar duro] to sweat blood
■ vt **1.** [empapar] to make sweaty **2.** *Fam* [trabajar duro por] to work hard for

sudario nm shroud

sudeste ■ adj [posición, parte] southeast, southeastern / [dirección, viento] southeasterly
■ nm southeast

sudista HIST ■ adj Southern *(in US Civil War)*
■ nmf Southerner *(in US Civil War)*

sudoeste ■ adj [posición, parte] southwest, southwestern / [dirección, viento] southwesterly
■ nm southwest

sudor nm [transpiración] sweat / [de pared] condensation ▸ **con el ~ de mi frente** by the sweat of my brow ▸ *Fig* **me costó muchos sudores conseguirlo** I had a real struggle to get it ▸ *Fig* **me entran sudores fríos de pensarlo** [me entra miedo] it makes me break out in a cold sweat *o* it sends a shiver down my spine just to think of it

sudoración nf sweating, perspiration

sudoriento, -a adj sweaty

sudoríparo, -a adj sweat ▸ **glándula sudorípara** sweat gland

sudoroso, -a adj sweaty

Suecia n Sweden

sueco, -a ■ adj Swedish
■ nm,f [persona] Swede ▸ *Fig* **hacerse el ~** to play dumb, to pretend not to understand
■ nm [lengua] Swedish

suegro, -a nm,f father-in-law, *f* mother-in-law

suela nf sole ▸ *Fig* **no llegarle a alguien a la ~ del zapato** not to hold a candle to sb

sueldo ■ *ver **soldar***
■ nm salary, wages / [semanal] wage ▸ **a ~** [empleado] salaried / [asesino] hired ▸ **me han subido el ~** they've given me a pay rise ▸ **~ base** basic salary / [semanal] basic wage ▸ **~ mínimo** minimum wage ▸ **~ neto** take-home pay

suelo ■ *ver **soler***
■ nm **1.** [pavimento] [en interiores] floor / [en el exterior] ground ▸ **venir** *o* **venirse al ~** [caer] to fall down, to collapse / *Fig* [fracasar] to fail **2.** [terreno, territorio] soil / [para edificar] land ▸ **en ~ colombiano** on Colombian soil ▸ **~ urbanizable** land suitable for development **3.** [expresiones] **arrastrarse por el ~** to grovel, to humble oneself ▸ **besar el ~** to fall flat on one's face ▸ **estar por los suelos** [persona, precio] to be at rock bottom / [producto] to be dirt cheap ▸ **poner** *o* **tirar por los suelos** to run down, to criticize

suelta nf [liberación] release

suelto, -a ■ *ver **soltar***
■ adj **1.** [en general] loose / [cordones] undone ▸ **¿tienes tres euros sueltos?** have you got three euros in loose change? ▸ **andar ~** [en libertad] to be free / [en fuga] to be at large / [con diarrea] to have diarrhoea **2.** [separado] separate / [desparejado] odd ▸ **no los vendemos sueltos** we don't sell them separately **3.** [arroz] fluffy **4.** [lenguaje, estilo] fluent, fluid **5.** [desenvuelto] comfortable, at ease
■ nm [calderilla] loose change

sueno *etc ver **sonar***

sueño ■ *ver **soñar***
■ nm **1.** [ganas de dormir] sleepiness / [por medicamento] drowsiness ▸ **¡qué ~!** I'm really sleepy! ▸ **(estoy que) me caigo** *o* **me muero de ~** I'm falling asleep on my feet ▸ **tener ~** to be sleepy ▸ **tienes cara de ~** you look sleepy **2.** [estado] sleep ▸ *ESP* **coger el ~** to get to sleep ▸ **conciliar el ~** to get to sleep ▸ **descabezar un ~** to have a nap ▸ *Fam* **no pierdas el ~ por él/ello** don't lose any sleep over him/it ▸ **no me quita el ~** I'm not losing any sleep over it ▸ *Fig* **~ eterno** eternal rest ▸ **~ pesado/ligero** heavy/light sleep **3.** [imagen mental, objetivo, quimera] dream ▸ *Fam* **esta casa es un ~** this house is a dream ▸ **en sueños** in a dream ▸ *Fig* **ni en sueños** no way, under no circumstances ▸ **un ~ hecho realidad** a dream come true

suero nm **1.** MED serum ▸ **~ artificial** saline solution **2.** [de la leche] whey

suerte nf **1.** [fortuna] luck ▸ **estar de ~** to be in luck ▸ **por ~** luckily ▸ **probar ~** to try one's luck ▸ **¡qué ~!** that was lucky! ▸ **¡qué ~ que traje el paraguas!** how lucky that I brought my umbrella! ▸ **tener (buena) ~** to be lucky ▸ **tener mala ~** to be unlucky ▸ **tener la ~ de espaldas** to be having a run of bad luck **2.** [azar] chance ▸ **echar** *o* **tirar algo** *ESP* **a suertes** *o* *AM* **a la ~** to draw lots for sth ▸ **tocar** *o* **caer en ~ a alguien** to fall to sb's lot ▸ **la ~ está echada** the die is cast **3.** [destino] fate ▸ **tentar a la ~** to tempt fate **4.** [clase] **toda ~ de** all manner of ▸ **ser una ~ de** to be a kind *o* sort of **5.** **de ~ que** in such a way that

suertudo, -a nm,f *Fam* lucky *o* *BR* jammy devil

suéter nm sweater

Suez n Suez

sufí (pl **sufíes**) ■ adj sufic
■ nmf sufi

suficiencia nf **1.** [capacidad] proficiency **2.** [idoneidad] suitability / [de medidas, esfuerzos] adequacy **3.** [presunción] smugness, self-importance **4.** *ESP* EDUC [examen] = *resit of secondary school end-of-year examination at end of June*

suficiente ■ adj **1.** [bastante] enough / [medidas, esfuerzos] adequate ▸ **no llevo (dinero) ~** I don't have enough (money) on me ▸ **no tienes la estatura ~** you're not tall enough **2.** [presuntuoso] smug, full of oneself
■ nm [nota] pass

suficientemente adv enough, sufficiently

sufijo nm suffix

suflé nm soufflé

sufragar [38] ■ vt [gastos] to defray
■ vi *AM* [votar] to vote

sufragio nm suffrage ▸ **~ directo/indirecto** direct/indirect suffrage ▸ **~ restringido/universal** restricted/universal suffrage

sufragismo nm HIST suffragette movement

sufragista HIST ■ adj suffragette ▸ **movimiento ~** suffragette movement
■ nmf suffragette

sufrido, -a adj **1.** [resignado] patient, uncomplaining / [durante mucho tiempo] long-suffering **2.** [resistente] [tela] hardwearing / [color] that does not show the dirt

sufridor, -ora adj easily worried

sufrimiento nm suffering

sufrir ■ vt **1.** [padecer] to suffer / [accidente] to have ▸ **no sufrió daños** it wasn't damaged ▸ **sufrió una agresión** he was the victim of an attack **2.** [soportar] to bear, to stand ▸ **tengo que ~ sus manías** I have to put up with his idiosyncrasies **3.** [experimentar] to undergo, to experience ▸ **la Bolsa sufrió una caída** the stock market fell ▸ **la empresa ha sufrido pérdidas** the company has reported *o* made losses
■ vi [padecer] to suffer ▸ **~ de** [enfermedad] to suffer from ▸ **~ del estómago** to have a stomach complaint

sugerencia nf suggestion

sugerente adj evocative

sugerir [62] vt **1.** [proponer] to suggest ▸ **¿qué sugieres que hagamos?** what do you suggest we do? ▸ **sugirió que diéramos una vuelta** he suggested we (should) go for a walk **2.** [evocar] to evoke ▸ **¿qué te sugiere este poema?** what does this poem remind you of?

sugestión nf suggestion

sugestionable adj impressionable

sugestionar vt to influence
◆ ***sugestionarse*** vpr **1.** [obsesionarse] to become obsessed **2.** PSI to use autosuggestion

sugestivo, -a adj attractive

sugiero *etc ver* ***sugerir***

sugiriera *etc ver* ***sugerir***

suiche nm *COL, VEN* switch

suicida ■ adj suicidal
■ nmf [por naturaleza] suicidal person / [suicidado] person who has committed suicide

suicidarse vpr to commit suicide

suicidio nm suicide

sui géneris adj inv unusual, individual

suite [suit] nf [gen] & MÚS suite ▸ **~ nupcial** bridal suite

Suiza n Switzerland

suizo, -a ■ adj & nm,f Swiss
■ nm *ESP* [bollo] = *type of sugared bun*

sujeción nf **1.** [atadura] fastening **2.** [sometimiento] subjection

sujetador nm *ESP* bra, brassiere

sujetalibros nm inv bookend

sujetapapeles nm inv paper clip

sujetar vt **1.** [agarrar] [para mantener en su sitio] to hold in place / [sobre una superficie, con un peso] to hold down / [para que no se caiga] to hold up ▸ **sujeta la cuerda al poste** tie the rope to the post ▸ **~ con clavos/cola** to fasten with nails/glue ▸ **sujeta los papeles con un clip** fasten the papers together with a paper clip ▸ **intentó escapar, pero la sujetaron firmemente** she tried to escape, but they kept a firm grip on her ▸ **si no lo llegan a ~, la mata** if they hadn't held him back, he would have killed her **2.** [sostener] to hold
◆ ***sujetarse*** vpr **1.** [agarrarse] **sujétate bien o te caerás** hold on tight or you'll fall ▸ **sujetarse a** to hold on to, to cling to ▸ **se sujeta el pelo con una horquilla** she keeps her hair in place with a hairclip **2.** [aguantarse]

CÓMO EXPRESAR...

las sugerencias

Hacer una sugerencia
Can I make a suggestion? / ¿Puedo hacer una sugerencia?
Would you like me to call him for you? / ¿Quieres que le llame por ti?
Why don't I come and pick you up? / ¿Y si paso a recogerte?
Perhaps we could buy him a watch. / Podríamos comprarle un reloj.
Shall I open another bottle of wine? / ¿Abro otra botella de vino?
How about a game of cards? / ¿Una partida de cartas?

Responder a una sugerencia
What a good idea! / ¡Qué buena idea!
All right then. / Vale.
Thank you, that's very kind of you. / Gracias, es muy amable por tu parte.
If you don't mind... / Si no te importa...
No thanks, I'm fine. / No, gracias, estoy bien.
No thank you, it's not necessary. / No, gracias, no es necesario.
Thanks, but I'd rather do it myself. / Gracias, pero prefiero hacerlo yo misma.

to keep in place **3.** [sometерse] **sujetarse a** to keep *o* stick to

sujeto, -a ■ adj **1.** [agarrado] fastened ▸ **las cuerdas están bien sujetas** the ropes are secure *o* are firmly fastened **2.** [expuesto] subject (**a** to) ▸ **este proyecto está ~ a modificaciones** this plan is subject to modification
■ nm **1.** [de acción, frase] subject **2.** [individuo] individual ▸ **un ~ sospechoso** a suspicious individual ▸ ECON **~ pasivo** taxpayer

sulfamida nf MED sulphonamide

sulfatarse vpr [pilas] to leak

sulfato nm sulphate ▸ **~ de cobre** copper sulphate

sulfurar vt **1.** [encolerizar] to infuriate **2.** QUÍM to sulphurate
◆ ***sulfurarse*** vpr [encolerizarse] to get mad

sulfúrico, -a adj sulphuric

sulfuro nm sulphide

sulfuroso, -a adj QUÍM sulphurous

sultán, -ana nm,f sultan, *f* sultana

suma nf **1.** MAT [acción] addition / [resultado] total **2.** [conjunto] [de conocimientos, datos] total, sum / [de dinero] sum **3.** [resumen] **en ~** in short

sumamente adv extremely

sumando nm MAT = *amount to be added, addend*

sumar vt **1.** [varias cantidades] to add together ▸ **tres y cinco suman ocho** three and five are *o* make eight ▸ **súmale diez** add ten **2.** [añadir] to add ▸ **súmale a eso todas las mentiras que nos ha dicho** to that we also have to add all the lies he's told us ▸ **suma y sigue** [en contabilidad] carried forward / *Fam Fig* here we go again! **3.** [costar] to come to
◆ ***sumarse*** vpr to join (**a** in) ▸ **sumarse a la opinión de alguien** to adhere to sb's opinion

sumarial adj pertaining to an indictment

sumario, -a ■ adj **1.** [conciso] brief **2.** DER summary
■ nm **1.** DER indictment **2.** [resumen] summary

sumarísimo, -a adj DER swift, expeditious

Sumatra n Sumatra

sumergible ■ adj waterproof
■ nm submarine

sumergir [24] vt [hundir] to submerge / [con fuerza] to plunge / [bañar] to dip ▸ **~ en el caos** to plunge into chaos ▸ **el libro sumerge al lector en otra época** the book immerses the reader in another age
◆ ***sumergirse*** vpr **1.** [hundirse] to submerge / [con fuerza] to plunge ▸ **el coche se sumergió en el río** the car sank to the bottom of the river **2.** [abstraerse] to immerse oneself (**en** in) ▸ **se sumergió en sus pensamientos** he immersed himself in his thoughts

sumerio, -a adj & nm,f Sumerian

sumidero nm drain

sumiller (pl **sumillers**) nm sommelier, wine waiter

suministrador, -ora nm,f supplier

suministrar vt to supply ▸ **~ algo a alguien** to supply sb with sth

suministro nm [productos] supply / [acción] supplying

sumir vt **~ a alguien en** to plunge sb into
◆ ***sumirse en*** vpr **1.** [depresión, sueño] to sink into **2.** [estudio, tema] to immerse oneself in

sumisión nf **1.** [obediencia] [acción] submission / [cualidad] submissiveness **2.** [rendición] surrender

sumiso, -a adj submissive

súmmum nm **el ~ de** the height of ▸ **esto es el ~** this is wonderful *o* magnificent

sumo, -a adj ■ **1.** [supremo] highest, supreme **2.** [gran] extreme, great ▸ **a lo ~** at most
■ nm [lucha japonesa] sumo (wrestling)

sunnita ■ adj Sunni
■ nmf Sunnite, Sunni Moslem

suntuario, -a adj luxury ▸ **unas vacaciones suntuarias** a luxury holiday

suntuosidad nf sumptuousness, magnificence

suntuoso, -a adj sumptuous, magnificent

supe *ver* ***saber***

supeditación nf subordination

supeditar vt to subordinate (**a** to) ▸ **estar supeditado a** to be dependent on
◆ ***supeditarse*** vpr **supeditarse a** to submit to

super- prefijo *Fam* [muy] really ▸ **es supermajo** he's lovely *o* really nice ▸ **superfácil** really *o* incredibly easy

súper ■ adj *Fam* great, super
■ adv *Fam* **pasarlo ~** to have a great time
■ nm *Fam* supermarket
■ nf **(gasolina) ~** *BR* four-star (petrol), *US* regular

superable adj surmountable

superabundancia nf excess

superabundante adj excessive

superabundar vi to abound

superación nf overcoming ▸ **afán de ~** drive to improve

superar vt **1.** [sobrepasar] to beat ▸ **queremos ~ los resultados del año pasado** we want to improve on *o* beat last year's results ▸ **me superó por dos décimas de segundo** she beat me by two tenths of a second ▸ **~ algo/a alguien en algo** to beat sth/sb for sth ▸ **nos superan en número** they outnumber us ▸ **me supera en altura/inteligencia** he's taller/cleverer than me **2.** [adelantar] to overtake, to pass **3.** [época, técnica] **estar superado** to have been superseded **4.** [resolver] to overcome ▸ **~ un examen** to get through an exam ▸ **tener algo superado** to have got over sth
◆ ***superarse*** vpr **1.** [mejorar] to better oneself ▸ **se supera día a día** he goes from strength to strength **2.** [lucirse] to excel oneself

superávit nm inv surplus ▸ **~ presupuestario** budget surplus

supercarburante nm high-grade fuel

superchería nf **1.** [engaño] fraud, hoax **2.** [superstición] superstition

superconductor nm superconductor

supercopa nf [en Europa] European Supercup / [en España] = *cup contested by the league champions and the winner of the cup at the end of the season*

superdotado, -a ■ adj extremely gifted

■ nm,f extremely gifted person

superego nm PSI superego

superestrella nf superstar

superestructura nf superstructure

superficial adj *también Fig* superficial

superficialidad nf superficiality

superficie nf **1.** [parte exterior] surface ▸ **salir a la ~** to come to the surface, to surface **2.** [área] area ▸ **tiene una ~ de 2.500 metros cuadrados** it covers 2,500 square metres ▸ **~ comercial/de venta** floor space

superfino, -a adj superfine

superfluo, -a adj superfluous / [gasto] unnecessary

supergigante nm DEP super giant slalom, Super G

superhéroe nm superhero

superhombre nm superman

superíndice nm superscript

superintendente nmf superintendent

superior[1] ■ adj **1.** [de arriba] top ▸ **la parte ~ (de algo)** the top (of sth) ▸ **la mitad ~** the top *o* upper half **2.** [mayor] higher (**a** than) ▸ **ser ~ en número, ser numéricamente ~** to have a numerical advantage **3.** [mejor] superior (**a** to) ▸ **es ~ a la media** it's above average **4.** [excelente] excellent **5.** *Fam* **es ~ a mí** *o* **a mis fuerzas** [insoportable] it's too much for me **6.** ANAT & GEOG upper **7.** EDUC higher

■ nm [jefe] superior

superior[2]***, -ora*** REL ■ adj superior

■ nm,f superior, *f* mother superior

superioridad nf *también Fig* superiority

superlativo, -a ■ adj **1.** [belleza, inteligencia] exceptional **2.** GRAM superlative

■ nm GRAM superlative

supermán nm superman

supermercado nm supermarket

superministro, -a nm,f = *powerful government minister in charge of more than one department*

supernova nf supernova

supernumerario, -a ■ adj **1.** [que está de más] supernumerary, extra **2.** [funcionario] on temporary leave

■ nm,f supernumerary

superpetrolero nm supertanker

superpoblación nf overpopulation

superpoblado, -a adj overpopulated

superponer [50] vt [poner encima] to put on top (**a** of)

superposición nf superimposing

superpotencia nf superpower

superproducción nf **1.** ECON overproduction **2.** CINE big-budget movie *o* *BR* film

superpuesto, -a ■ participio *ver* ***superponer***

■ adj superimposed

supersónico, -a adj supersonic

superstición nf superstition

supersticioso, -a adj superstitious

supervalorar vt [artista, obra] to overrate / [casa, acciones] to overvalue

superventas nm inv best-seller

supervisar vt to supervise

supervisión nf supervision

supervisor, -ora ■ adj supervisory

■ nm,f supervisor

supervivencia nf survival

superviviente ■ adj surviving

■ nmf survivor

supiera *etc ver* ***saber***

supino, -a ■ adj **1.** [tendido] supine **2.** [excesivo] utter ▸ **estupidez supina** crass stupidity

■ nm GRAM supine

suplantación nf **~ (de personalidad)** impersonation

suplantador, -ora nm,f impostor

suplantar vt to take the place of

suplementario, -a adj supplementary, extra

suplemento nm **1.** [añadido] & PRENSA supplement ▸ **~ a color** colour, supplement ▸ **~ dominical** Sunday supplement **2.** [complemento] attachment

suplencia nf **hacer una ~** [profesor] to do *BR* supply teaching *o* *US* substitute teaching / [médico] to do a locum

suplente ■ adj stand-in ▸ **profesor ~** *BR* supply teacher, *US* substitute teacher

■ nmf [sustituto] substitute, stand-in / TEATRO understudy / DEP substitute

supletorio, -a ■ adj additional, extra

■ nm TEL extension (phone)

súplica nf **1.** [ruego] plea, entreaty **2.** DER petition

suplicar [59] vt **1.** [rogar] **~ algo (a alguien)** to plead for sth (with sb) ▸ **~ a alguien que haga algo** to beg sb to do sth **2.** DER to appeal to

suplicatorio nm DER [a tribunal superior] = *request by lower court for assistance from a higher court* / [a órgano legislativo] = *request by court for the parliamentary immunity of the accused to be waived*

suplicio nm *también Fig* torture ▸ **es un ~** it's torture ▸ **¡qué ~!** what a life!

suplique *etc ver* ***suplicar***

suplir vt **1.** [sustituir] to replace (**con** with) **2.** [compensar] **~ algo (con)** to compensate for sth (with)

supo *ver* ***saber***

suponer [50] ■ vt **1.** [creer, presuponer] to suppose ▸ **supongo que ya habrán llegado** I suppose *o* expect (that) they'll have arrived by now ▸ **supongo que sí/no** I suppose *o* expect so/not ▸ **supongamos que me niego** supposing I refuse ▸ **es de ~ que se disculparán** I would expect them to apologize ▸ **suponiendo que...** supposing *o* assuming that... **2.** [implicar] to involve, to entail **3.** [significar] to mean **4.** [conjeturar] to imagine ▸ **lo suponía** I guessed as much ▸ **te suponía mayor** I thought you were older

■ vi to be important

■ nm **ser un ~** to be conjecture

◆ ***suponerse*** vpr **se supone que habíamos quedado a las ocho** we were supposed *o* meant to meet at eight ▸ **se supone que todos tenemos los mismos**

derechos we're all supposed to have the same rights

suposición nf assumption

supositorio nm suppository

supranacional adj supranational

suprarrenal adj suprarenal

supremacía nf supremacy

supremo, -a ■ adj *también Fig* supreme
■ nm DER **el (Tribunal) Supremo** *BR* ≃ the High Court, *US* ≃ the Supreme Court

supresión nf **1.** [de ley, impuesto, derecho] abolition / [de sanciones, restricciones] lifting **2.** [de palabras, texto] deletion **3.** [de puestos de trabajo, proyectos] axing

suprimir vt **1.** [ley, impuesto, derecho] to abolish / [sanciones, restricciones] to lift ▸ **hay que ~ todo lo superfluo** we have to get rid of everything that's superfluous **2.** [palabras, texto] to delete ▸ **suprime los detalles y ve al grano** forget the details and get to the point **3.** [puestos de trabajo, proyectos] to axe

supuesto, -a ■ participio *ver* ***suponer***
■ adj supposed / [culpable, asesino] alleged / [nombre] false ▸ **dar algo por ~** to take sth for granted
■ nm assumption ▸ **en el ~ de que...** assuming...
◆ ***por supuesto*** loc adv of course

supuración nf suppuration

supurar vi to suppurate, to fester

supusiera *etc ver* ***suponer***

sur ■ adj [posición, parte] south, southern / [dirección, viento] southerly ▸ **tiempo soleado en la mitad ~ del país** it will be sunny in the southern half of the country ▸ **partieron con rumbo ~** they headed south
■ nm south ▸ **viento del ~** south wind ▸ **ir hacia el ~** to go south(wards) ▸ **está al ~ de Madrid** it's (to the) south of Madrid

Suramérica n South America

suramericano, -a adj & nm,f South American

surcar [59] vt [tierra] to plough / [aire, agua] to cut *o* slice through

surco nm **1.** [zanja] furrow **2.** [señal] [de disco] groove / [de rueda] rut **3.** [arruga] line, wrinkle

surcoreano, -a ■ adj South Korean
■ nm,f South Korean

sureño, -a ■ adj southern / [viento] southerly
■ nm,f southerner

sureste ■ adj [posición, parte] southeast, southeastern / [dirección, viento] southeasterly
■ nm southeast

surf, surfing nm surfing

surfear vt & vi *Fam* INFORM to surf

surfista nmf surfer

surgir [24] vi **1.** [brotar] to spring forth **2.** [aparecer] to appear ▸ **surgió de detrás de las cortinas** he emerged from behind the curtains **3.** [producirse] to arise ▸ **se lo preguntaré si surge la ocasión** I'll ask her if the opportunity arises ▸ **nos surgieron varios problemas** we ran into a number of problems ▸ **me surge una duda** I have one doubt

Surinam n Surinam

suroeste ■ adj [posición, parte] southwest, southwestern / [dirección, viento] southwesterly
■ nm southwest

surque *etc ver* ***surcar***

surrealismo nm surrealism

surrealista adj & nmf surrealist

surtido, -a ■ adj **1.** [bien aprovisionado] well-stocked **2.** [variado] assorted
■ nm **1.** [gama] range **2.** [caja surtida] assortment

surtidor nm [de gasolina] pump / [de un chorro] spout

surtir ■ vt [proveer] to supply (**de** with)
■ vi [brotar] to spout, to spurt (**de** from)
◆ ***surtirse*** vpr [proveerse] **surtirse de** to stock up on

susceptibilidad nf oversensitivity

susceptible adj **1.** [sensible] oversensitive **2.** [posible] **~ de** liable to

suscitar vt [discusión] to give rise to / [dificultades] to cause, to create / [interés, simpatía, sospechas] to arouse / [dudas] to raise

suscribir, subscribir vt **1.** [firmar] to sign **2.** [ratificar] to endorse **3.** COM [acciones] to subscribe for
◆ ***suscribirse*** vpr **1.** PRENSA to subscribe (**a** to) **2.** COM **suscribirse a** to take out an option on

suscripción, subscripción nf subscription

suscriptor, -ora, subscriptor, -ora nm,f subscriber

suscrito, -a ■ participio *ver* ***suscribir***
■ adj **estar ~ a** to subscribe to

susodicho, -a adj above-mentioned

suspender ■ vt **1.** [colgar] to hang (up) ▸ **lo suspendieron de una cuerda/de un clavo** they hung it from a rope/nail **2.** *ESP* [examen, asignatura] to fail ▸ **me suspendieron la Historia** I failed History **3.** [interrumpir] to suspend / [reunión, sesión] to adjourn ▸ **el partido se suspendió a causa de la lluvia** the match was postponed *o* called off because of the rain **4.** [sancionar] [trabajador] to suspend / *AM* [alumno] to suspend ▸ **~ a alguien de empleo y sueldo** to suspend sb without pay
■ vi *ESP* [alumno] to fail

CÓMO EXPRESAR...

la suposición

Supposing he's right and she does resign... / Suponiendo que tiene razón y ella dimite...

Suppose he can't come? / ¿Y si no puede venir?

What if he decided not to sell? / ¿Y si decidiese no vender?

For the sake of argument, let's say the initial cost is one million euros. / Pongamos por ejemplo que el coste inicial es de un millón de euros.

suspense nm suspense

suspensión nf **1.** [gen] & AUT suspension ▸ **en ~** in suspension ▸ **~ de empleo** suspension on full pay ▸ **~ de pagos** temporary receivership, *BR* ≃ administration order, *US* ≃ Chapter 11 **2.** [interrupción] postponement / [de reunión, sesión] adjournment

suspenso, -a adj ■ **1.** [colgado] **~ de** hanging from **2.** *ESP* [no aprobado] **estar ~** to have failed
■ nm **1.** *ESP* [nota] **sacar un ~** to fail **2. en ~** [interrumpido] pending **3.** *AM* [suspense] suspense

suspensorio nm jockstrap

suspicacia nf suspicion

suspicaz adj suspicious

suspirar vi **1.** [dar suspiros] to sigh ▸ **~ de** to sigh with **2.** [desear] **~ por algo/por hacer algo** to long for sth/ to do sth

suspiro nm **1.** [aspiración] sigh ▸ **dar un ~** to heave a sigh **2.** [instante] **en un ~** in no time at all

sustancia, substancia nf **1.** [materia] substance ▸ **~ gris** grey matter ▸ **~ química** chemical **2.** [esencia] essence ▸ **sin ~** lacking in substance ▸ **este artículo no tiene mucha ~** this article lacks substance **3.** [de alimento] nutritional value

sustancial, substancial adj substantial, significant

sustanciar, substanciar vt **1.** [resumir] to summarize **2.** DER to substantiate

sustancioso, -a, substancioso, -a adj substantial

sustantivación, substantivación nf GRAM nominalization, use as a noun

sustantivar, substantivar vt GRAM to nominalize, to use as a noun

sustantivo, -a, substantivo, -a ■ adj *Formal* [fundamental] substantial, significant
■ nm GRAM noun

sustentación nf support

sustentar vt **1.** [sostener] to support ▸ **sustenta a toda la familia con su salario** he supports his entire family on his salary **2.** [defender] [argumento, teoría] to defend
◆ ***sustentarse*** vpr **1.** [sostenerse] to support oneself **2.** [apoyarse] **su ilusión se sustenta en vanas promesas** her hopes are based *o* founded on empty promises

sustento nm **1.** [alimento] sustenance / [mantenimiento] livelihood ▸ **ganarse el ~** to earn one's living **2.** [apoyo] support

sustitución, substitución nf **1.** [cambio] replacement ▸ **aprobaron la ~ del sistema informático por uno más moderno** they approved the relacement of the computer system by a more up-to-date one ▸ **entró al terreno de juego en ~ del defensa francés** he went onto the field as a replacement for the French defender ▸ **trabajar haciendo sustituciones** to temp *(for sb ill or on leave)* **2.** DER subrogation

sustituible, substituible adj replaceable

sustituir, substituir [34] vt to replace (**por** with) / [temporalmente] to substitute for ▸ **sustituyó a su secretaria** he replaced his secretary, he got a new secretary ▸ **tuve que sustituirle durante su enfermedad** I had to stand in *o* substitute for him while he was ill ▸ **la sustituyó como presidenta de la empresa** he took her place as president of the company

sustitutivo, -a, substitutivo, -a adj & nm substitute (**de** for)

sustituto, -a substituto, -a nm,f substitute, replacement

susto nm fright ▸ **dar** *o* **pegar un ~ a alguien** to give sb a fright ▸ **darse** *o* **pegarse un ~** to get a fright ▸ *Fam Fig* **darse un ~ mortal** *o* **de muerte** to be scared to death ▸ **no ganar para sustos** to have no end of troubles

sustracción, substracción nf **1.** [robo] theft **2.** MAT subtraction

sustraendo, substraendo nm MAT subtrahend, = *amount to be subtracted*

sustraer substraer [66] vt **1.** [robar] to steal **2.** MAT to subtract
◆ ***sustraerse*** vpr **sustraerse a** *o* **de** [obligación, problema] to avoid

sustrato nm substratum

susurrador, -ora, susurrante adj whispering

susurrar vt & vi to whisper

susurro nm [palabras] whisper / [de agua, viento] murmur

sutil adj [en general] subtle / [velo, tejido] delicate, thin / [brisa] gentle / [hilo, línea] fine

sutileza nf [en general] subtlety / [de velo, tejido] delicacy, thinness / [de brisa] gentleness / [de hilo, línea] fineness

sutura nf suture

suturar vt to stitch

Suva n Suva

suyo, -a ■ adj posesivo [de él] his / [de ella] hers / [de uno] one's (own) / [de ellos, ellas] theirs / [de usted, ustedes] yours ▸ **este libro es ~** this book is his/ hers/*etc* ▸ **un amigo ~** a friend of his/hers/*etc* ▸ **no es asunto ~** it's none of his/her/*etc* business ▸ *Fam Fig* **es muy ~** he's a law unto himself
■ pron posesivo **1. el ~** [de él] his / [de ella] hers / [de cosa, animal] its (own) / [de uno] one's own / [de ellos, ellas] theirs / [de usted, ustedes] yours **2.** [expresiones] **de ~** in itself ▸ **hacer de las suyas** to be up to his/her/*etc* usual tricks ▸ **hacer ~** to make one's own ▸ *Fam* **esta es la suya** this is the chance he's been waiting for *o* his big chance ▸ **lo ~ es el teatro** theatre is his/her *etc* thing ▸ **lo ~ sería volver** the proper thing to do would be to go back ▸ *Fam* **los suyos** [su familia] his/her/*etc* folks / [su bando] his/her/*etc* lot *o* side

svástica [es'βastika] nf swastika

SWAPO ['swapo] nm (abrev de ***South West African People's Organization***) SWAPO

swing [swin] (pl **swings**) nm MÚS & DEP swing

Sydney n Sydney

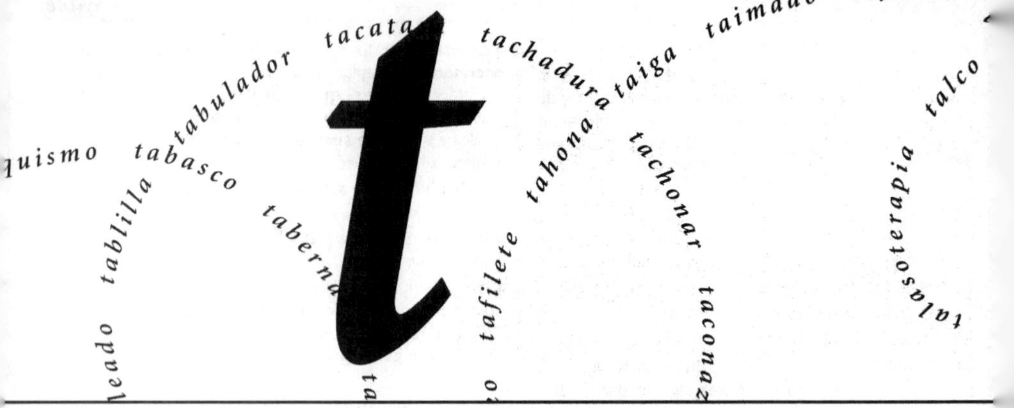

T, t [te] nf [letra] T, t

t **1.** (abrev de ***tonelada***) t **2.** (abrev de ***tomo***) vol

taba nf **jugar a las tabas** to play at fivestones

tabacalero, -a adj tobacco ▸ **la industria tabacalera** the tobacco industry

tabaco ■ nm **1.** [planta] tobacco plant **2.** [picadura] tobacco ▸ **~ de liar** rolling tobacco ▸ **~ negro/rubio** dark/Virginia tobacco ▸ **~ de pipa** pipe tobacco **3.** [cigarrillos] cigarettes
■ adj inv [color] light brown

tábano nm horsefly

tabaquera nf [caja] tobacco tin

tabaquería nf *AM BR* tobacconist's (shop), *US* cigar store

tabaquismo nm = *addiction to tobacco, and its damaging effects on one's health*

tabardo nm [de soldado] greatcoat

tabarra nf *Fam* **dar la ~** to be a pest, to play up ▸ **dar la ~ con algo** to go on and on about sth

tabasco nm Tabasco® (sauce)

taberna nf [bar] bar *(old-fashioned in style)* / [antiguo] tavern, inn

tabernáculo nm tabernacle

tabernario, -a adj coarse

tabernero, -a nm,f [propietario] landlord, *f* landlady / [encargado] bartender, barman, *f* barmaid

tabicar [59] vt to wall up

tabique nm **1.** [pared] partition (wall) **2.** ANAT **~ nasal** nasal septum **3.** *MÉX* [ladrillo] brick

tabla nf **1.** [de madera] plank ▸ **~ de planchar** ironing board ▸ DEP **~ de saltos** [trampolín] diving board **2.** [pliegue] pleat **3.** [lista, gráfico] table ▸ **~ de conversión** [para medidas] conversion table ▸ **~ de materias** table of contents ▸ **~ de multiplicación** multiplication table ▸ **~ periódica (de los elementos)** periodic table (of elements) **4.** CULIN **~ de cocina** chopping board ▸ **~ de patés** selection of pâtés ▸ **~ de quesos** cheeseboard **5.** [de surf, vela] board ▸ **~ de surf** surfboard **6.** ARTE panel **7.** [expresiones] **ser una ~ de salvación** to be a last resort *o* hope ▸ **hacer ~ rasa** to wipe the slate clean
◆ ***tablas*** nfpl **1.** [en ajedrez] **quedar en** *o* **hacer tablas** to end in stalemate ▸ **quedamos/el debate quedó en tablas** [en enfrentamiento] we reached a stalemate, the debate ended in a stalemate **2.** TEATRO stage, boards ▸ TEATRO **tener (muchas) tablas** to be an experienced actor / *Fig* to be an old hand **3.** TAUROM fence surrounding bullring

tablado nm [de teatro] stage / [de baile] dancefloor / [plataforma] platform

tablao nm [local] = *club where flamenco dancing and singing is performed*

tableado, -a adj [falda] pleated

tablero nm **1.** [tabla] board ▸ **~ de ajedrez** chessboard ▸ **~ de dibujo** drawing board **2.** [en baloncesto] backboard **3.** **~ (de mandos)** [de avión] instrument panel / [de coche] dashboard

tableta nf **1.** MED tablet **2.** [de chocolate] bar

tablilla nf **1.** MED [para entablillar] splint **2.** *MÉX* [de chocolate] bar

tabloide nm tabloid

tablón nm [tabla] plank / [viga] beam ▸ **~ de anuncios** *BR* notice board, *US* bulletin board

tabú (pl **tabúes** *o* **tabús**) adj & nm taboo

tabulación nf tab-settings

tabulador nm [tecla] tabulator, tab (key)

tabular vt & vi to tabulate

taburete nm stool

TAC [tak] MED nf (abrev de ***tomografía axial computerizada***) [sistema] CAT / [escáner] CAT scan

tacada nf [en billar] [golpe] stroke / [carambolas] break

tacañería nf meanness, miserliness

tacaño, -a ■ adj mean, miserly
■ nm,f mean *o* miserly person

tacataca, tacatá nm babywalker

tacha nf **1.** [defecto] flaw, fault ▸ **sin ~** faultless **2.** [clavo] tack

tachadura nf crossing out

tachar vt **1.** [lo escrito] to cross out **2.** [acusar] **~ a alguien de mentiroso/cobarde** to accuse sb of being a liar/coward

tacho nm *ANDES, RP* [metálico, de hojalata] tin / [de plástico] container / [papelera] *BR* waste-paper bin *o* basket, *US* wastebasket

tachón nm **1.** [tachadura] crossing out **2.** [clavo] stud

tachonado, -a adj [salpicado] studded (**de** with)

tachonar vt **1.** [poner clavos] to decorate with studs **2.** [salpicar] to stud

tachuela nf tack

tácito, -a adj [acuerdo] tacit / [norma, regla] unwritten

taciturno, -a adj taciturn

taco nm **1.** [tarugo] plug / [para tornillo] Rawlplug® **2.** [cuña] wedge **3.** *ESP Fam* [palabrota] swearword ▸ **decir tacos** to swear **4.** *ESP Fam* [confusión] mess, muddle ▸ **armarse un ~ (con algo)** to get into a muddle (over sth) **5.** [de billar] cue **6.** [de billetes de banco] wad / [de billetes de autobús, metro] book / [de hojas] pile, stack **7.** [de jamón, queso] cube **8.** *ESP Fam* **tacos** [años] years (of age) **9.** CULIN taco, = *filled tortilla* **10.** *ANDES, RP* [tacón] heel ▸ **tacos altos** high heels

tacógrafo nm tachograph

tacón nm heel ▸ **de ~ (alto)** high-heeled ▸ **~ de aguja** stiletto heel

taconazo nm stamp (of the heel) ▸ **dar un ~** to stamp one's foot

taconear vi **1.** [bailarín] to stamp one's feet **2.** MIL to click one's heels

taconeo nm [de bailarín] foot-stamping

táctica nf *también Fig* tactics

táctico, -a adj tactical

táctil adj tactile

tacto nm **1.** [sentido] sense of touch **2.** [textura] feel ▸ **áspero/suave al ~** rough/soft to the touch **3.** [delicadeza] tact ▸ **con ~** tactfully ▸ **tener ~** to be tactful **4.** MED manual examination

TAE ['tae] nf FIN (abrev de ***tasa anual equivalente***) APR, Annual Percentage Rate

taekwondo [tae'kwondo] nm tae kwon do

tafetán nm taffeta

tafilete nm morocco leather

tagalo, -a ■ adj & nm,f Tagalog
■ nm [lengua] Tagalog

tahona nf bakery

tahúr, -ura nm,f cardsharp

tai-chi nm tai chi

taifa nf HIST = *independent Muslim kingdom in Iberian peninsula*

taiga nf taiga

tailandés, -esa ■ adj & nm,f Thai
■ nm [lengua] Thai

Tailandia n Thailand

taimado, -a ■ adj crafty
■ nm,f crafty person

Taipei n Taipei

Taiwán [tai'wan] n Taiwan

taiwanés, -esa [taiwa'nes, -esa] adj & nm,f Taiwanese

tajada nf **1.** [rodaja] slice **2.** [parte] share ▸ **sacar ~ de algo** to get something out of sth **3.** *ESP Fam* [borrachera] **agarrarse una ~ (como un piano)** to get plastered *o* legless

tajadera nf **1.** [tabla] chopping board **2.** [cuchillo] chopping knife

tajante adj [respuesta, rechazo] categorical / [tono] emphatic

tajar vt [cortar] to cut *o* slice up / [en dos] to slice in two

Tajo nm **el (río) ~** the (River) Tagus

tajo nm **1.** [corte] deep cut **2.** *ESP* [trabajo] workplace, work **3.** [de carnicero] chopping block **4.** [acantilado] precipice

tal ■ adj **1.** [semejante, tan grande] such ▸ **¡jamás se vio cosa ~!** you've never seen such a thing! ▸ **lo dijo con ~ seguridad que...** he said it with such conviction that... ▸ **su miedo era ~** *o* **~ era su miedo que...** so great *o* such was her fear that..., she was so afraid that... ▸ **en ~ caso** in such a case ▸ **dijo cosas tales como...** he said things like... **2.** [sin especificar] such and such ▸ **a ~ hora** at such and such a time **3.** [desconocido] **te ha llamado un ~ Pérez** a Mr Pérez called for you ▸ **hay un ~ Jiménez que te puede ayudar** there's someone called Mr Jiménez who can help you
■ pron **1.** [alguna cosa] such a thing **2.** [expresiones] **que si ~ que si cual** this, that and the other ▸ **ser ~ para cual** to be two of a kind ▸ **~ y cual, ~ y ~** this and that ▸ **y ~** [etcétera] and so on
■ adv **¿qué ~...?** how...? ▸ **¿qué ~ (estás)?** how's it going?, how are you doing? ▸ **¿qué ~ el viaje?** how was the journey? ▸ **déjalo ~ cual** leave it just as it is ▸ **~ (y) como** just as *o* like ▸ *Fam* **~ que** [como por ejemplo] like
◆ ***tal vez*** loc adv perhaps, maybe
◆ ***con tal de*** loc conj as long as, provided ▸ **con ~ de volver pronto...** as long as we're back early... ▸ **con ~ (de) que** as long as, provided

tala nf felling

taladradora nf [para pared, madera] drill / [para papel] paper punch

taladrar vt to drill ▸ **este ruido te taladra los tímpanos** the noise is ear-piercing

taladro nm **1.** [taladradora] drill **2.** [agujero] drill hole

tálamo nm **1.** *Formal* [cama] marriage bed **2.** ANAT & BOT thalamus

talante nm **1.** [humor] mood ▸ **estar de buen ~** to be in a good mood **2.** [carácter] character, disposition

talar vt to fell

talasoterapia nf thalassotherapy

talco nm talc ▸ **polvos de ~** talcum powder

talega nf sack

talego nm *ESP Fam* [cárcel] slammer, *BR* nick, *US* pen

talento nm **1.** [don natural] talent **2.** [inteligencia] intelligence

talentoso, -a, talentudo, -a adj talented

Talgo ['talgo] nm (abrev de ***tren articulado ligero Goicoechea Oriol***) = *Spanish intercity high-speed train*

talibán adj & nmf Taliban

talidomida nf thalidomide

talión nm **la ley del ~** an eye for an eye and a tooth for a tooth

talismán nm talisman

talla nf **1.** [medida] size ▸ **¿qué ~ usas?** what size are you? ▸ **no es de mi ~** it's not my size **2.** [estatura] height ▸ **es de mi ~** she's as tall as me **3.** [capacidad] stature ▸ **dar la ~** to be up to it ▸ **no dio la ~ como representante del colegio** he wasn't up to the task of representing his school **4.** ARTE [en madera] carving / [en piedra] sculpture **5.** [de piedra preciosa] cutting

tallado, -a ■ adj [madera] carved / [piedra preciosa] cut

■ nm [de madera, piedra] carving / [de piedra preciosa] cutting

tallar vt **1.** [esculpir] [madera, piedra] to carve / [piedra preciosa] to cut **2.** [medir] to measure (the height of) **3.** *MÉX* [limpiar] to scrub / [masajear] to rub

tallarines nmpl [chinos] noodles / [italianos] tagliatelle

talle nm **1.** [cintura] waist **2.** [figura, cuerpo] figure **3.** [medida] measurement

taller nm **1.** [lugar de trabajo] workshop / [de artista] studio ▸ **~ de artesanía** craft studio **2.** AUT garage ▸ **~ de chapa y pintura** body shop ▸ **~ mecánico** *o* **de reparaciones** garage, repair shop **3.** [cursillo, seminario] workshop

Tallin n Tallin

tallista nmf [de madera] wood carver / [de piedra] stone carver

tallo nm [de planta, flor] stem / [brote] sprout, shoot

talludito, -a adj **estar** *o* **ser ~** to be getting on (a bit)

talludo, -a adj **1.** [planta] thick-stemmed **2.** [persona] tall

Talmud nm **el ~** the Talmud

talón nm **1.** [de pie] heel ▸ *Fig* **~ de Aquiles** Achilles' heel ▸ **pisarle a alguien los talones** to be hot on sb's heels **2.** [cheque] *BR* cheque, *US* check / [matriz] stub ▸ **~ cruzado/devuelto/en blanco** crossed/bounced/blank *BR* cheque *o US* check ▸ **~ bancario** *BR* cashier's cheque, *US* cashier's check ▸ **~ sin fondos** bad *BR* cheque *o US* check

talonario nm [de cheques] chequebook / [de recibos] receipt book

talonera nf heelpiece

talud nm bank, slope ▸ **~ continental** continental slope

talvez adv *AM* perhaps, maybe ▸ **¿vienes? – ~** are you coming? – perhaps *o* maybe ▸ **~ vaya** I may go

tamal nm tamale

tamaño, -a ■ adj such ▸ **¡cómo pudo decir tamaña estupidez!** how could he say such a stupid thing!

■ nm size ▸ **son del mismo ~** they're the same size ▸ **de gran ~** large ▸ **del ~ de** as large as, the size of ▸ **de ~ familiar** family(-size) ▸ **de ~ natural** life-size ▸ **~ carné** *o* **carnet** passport-size

tamarindo nm **1.** [fruta] tamarind **2.** *MÉX Fam* [policía de tránsito] traffic cop

tambaleante adj **1.** [inestable] [mesa] wobbly, unsteady / [persona] staggering **2.** [gobierno, economía] unstable, shaky

tambalearse vpr **1.** [bambolearse] [persona] to stagger, to totter / [mueble] to wobble, to be unsteady / [tren] to sway **2.** [gobierno, sistema] to totter

tambaleo nm [de tren] rocking motion / [de mueble] wobble / [de persona] staggering

también adv also, too ▸ **yo ~** me too ▸ **yo ~ vivo en Chile, yo vivo en Chile ~** I live in Chile too *o* as well ▸ **dormí muy bien – yo ~** I slept very well – me too *o* so did I ▸ **~ a mí me gusta** I like it too, I also like it ▸ **sabes cantar y bailar, pero no tocar el piano – sí, ~** you can sing and dance, but you can't play the piano – yes, I can do that too ▸ *Fam* **le eché un broncazo increíble – ¡tú ~!** I gave him a real telling off – was that really necessary?

tambor ■ nm **1.** MÚS & MEC drum / [de pistola] cylinder **2.** ANAT eardrum

■ nmf [tamborilero] drummer

tamboril nm small drum

tamborilear vi MÚS & *Fig* to drum

tamborileo nm drumming

tamborilero, -a nm,f drummer

Támesis nm **el (río) ~** the (River) Thames

tamice etc ver ***tamizar***

tamil ■ adj & nmf Tamil

■ nm [lengua] Tamil

tamiz nm **1.** [cedazo] sieve **2.** [selección] **la prueba es un ~ para eliminar a los peores** the test is designed to weed out the weaker candidates

tamizar [14] vt **1.** [cribar] to sieve **2.** [seleccionar] to screen

tampoco adv neither, not... either ▸ **ella no va y tú ~** she's not going and neither are you *o* and you aren't either ▸ **yo no voy – yo ~** I'm not going – neither am I *o* me neither ▸ **yo ~ lo veo** I can't see it either ▸ **no me gusta éste ni ése ~** I don't like this one or this one either ▸ **¡~ nos íbamos a presentar sin un regalo!** we were hardly going to turn up without a present! ▸ **~ es que me importe mucho** it's not as if it matters much to me ▸ **~ vendría mal descansar un poco** it wouldn't be a bad idea to have a little rest, a little rest wouldn't come amiss

tampón nm **1.** [sello] stamp / [almohadilla] inkpad **2.** [para la menstruación] tampon ▸ **~ contraceptivo** contraceptive sponge

tam-tam nm inv tom tom

tan adv **1.** [mucho] so ▸ **~ grande/deprisa (que...)** so big/quickly (that...) ▸ **¡qué película ~ larga!** what a long film! ▸ **~ es así que...** so much so that... ▸ **de ~ amable que es, se hace inaguantable** she's so kind it can get unbearable **2.** [en comparaciones] **~... como...** as... as... **3. ~ sólo** only

tanatorio nm = *building where relatives and friends of a dead person can stand vigil over the deceased in a private room on the night before the burial*

tanda nf **1.** [grupo, lote] group, batch **2.** [serie] series

tándem nm **1.** [bicicleta] tandem **2.** [pareja] duo, pair

tanga nm tanga

tangana nf *Fam* DEP punch-up, free-for-all

Tanganica nm **el lago ~** Lake Tanganyika

tangar vt *Fam* to rip off

tangencial adj tangential

tangente ■ adj tangential

■ nf tangent ▸ **irse** *o* **salirse por la ~** to go off at a tangent

Tánger n Tangiers

tangible adj tangible

tango nm tango

tanguero, -a ■ adj **ser muy ~** to love the tango

■ nm,f [aficionado] tango enthusiast

tanguista nmf tango singer

tanino nm tannin

tanque nm **1.** MIL tank **2.** [vehículo cisterna] tanker **3.** [depósito] tank **4.** *ESP* [de cerveza] beer mug

tanqueta nf armoured car

tanteador nm [marcador] scoreboard

tantear ■ vt **1.** [probar, sondear] to test (out) / [toro, contrincante] to size up ▸ *Fig* **~ el terreno** to see how the land lies, to test the waters **2.** [sopesar] [peso, precio, cantidad] to try to guess / [problema, posibilidades, ventajas] to weigh up

■ vi [andar a tientas] to feel one's way

tanteo nm **1.** [prueba, sondeo] testing out / [de posibilidades, ventajas] weighing up / [de contrincante, puntos débiles] sizing up **2.** [cálculo aproximado] rough calculation, estimate ▸ **a ~** roughly **3.** [puntuación] score **4.** DER first option *(on a purchase)*

tanto, -a ■ adj **1.** [gran cantidad] so much ▸ **tantos** so many ▸ **~ dinero** so much money, such a lot of money ▸ **tanta gente** so many people ▸ **tiene ~ entusiasmo/tantos amigos que...** she has so much enthusiasm/so many friends that... **2.** [cantidad indeterminada] so much ▸ **tantos** so many ▸ **nos daban tantos pesos al día** they used to give us so many pesos per day ▸ **cuarenta y tantos** forty-something, forty-odd ▸ **nos conocimos en el sesenta y tantos** we met sometime in the sixties **3.** [en comparaciones] **~... como** as much... as ▸ **tantos... como** as many... as

■ pron **1.** [gran cantidad] so much ▸ **tantos** so many ▸ **¿cómo puedes tener tantos?** how can you have so many? **2.** [cantidad indeterminada] so much ▸ **tantos** so many ▸ **a tantos de agosto** on such and such a date in August **3.** [igual cantidad] as much ▸ **tantos** as many ▸ **había mucha gente aquí, pero allí no había tanta** there were a lot of people here, but there weren't as many there ▸ **otro ~** as much again, the same again ▸ **otro ~ les ocurrió a los demás** the same thing happened to the rest of them **4.** [expresiones] **ser uno de tantos** to be nothing special ▸ **¡y ~!** most certainly!, you bet! **5.** *Fam* **las tantas** very late

■ nm **1.** [punto] point / [gol] goal ▸ **marcar un ~** to score ▸ **apuntarse un ~ (a favor)** to earn oneself a point in one's favour **2.** [cantidad indeterminada] **un ~** so much, a certain amount ▸ **~ por ciento** percentage **3. estar al ~ (de)** to be up to date (with) ▸ **mantener a alguien al ~ de algo** [informado] to keep sb up to date on *o* informed about sth

■ adv **1.** [mucho] **~ (que...)** [cantidad] so much (that...) / [tiempo] so long (that...) ▸ **no bebas ~** don't drink so much ▸ **de eso hace ~ que ya no me acordaba** it's been so long since that happened that I don't even remember ▸ **~ (es así) que...** so much so that... ▸ **~ mejor/peor** so much the better/worse **2.** [en comparaciones] **~ como** as much as ▸ **~ hombres como mujeres** both men and women ▸ **~ si estoy como si no** whether I'm there or not

◆ ***en tanto que*** loc prep as ▸ **en ~ que director** as director

◆ ***entre tanto*** loc adv meanwhile

◆ ***por (lo) tanto*** loc adv therefore, so

Tanzania n Tanzania

tanzano, -a adj & nm,f Tanzanian

tañer vt [instrumento] to strum / [campana] to ring

tañido nm [de instrumento] strumming / [de campana] ringing

taoísmo nm Taoism

taoísta adj & nmf Taoist

tapa nf **1.** [para cerrar] lid / [de frasco] top / *ANDES, RP* [de botella, bolígrafo] top ▸ *Fam* **levantarse la ~ de los sesos** to blow one's brains out ▸ **~ del objetivo** [de cámara] lens cap **2.** CULIN snack, tapa **3.** [portada] [de libro] cover / [de disco] sleeve **4.** [de zapato] heel plate **5.** [trozo de carne] topside

tapabarro nm *ANDES* mudguard

tapacubos nm inv hubcap

tapadera nf **1.** [tapa] lid **2.** [para encubrir] front

tapadillo: de tapadillo loc adv on the sly

tapado nm *CSUR* [abrigo] overcoat

tapar vt **1.** [cerrar] [ataúd, cofre] to close (the lid of) / [olla, caja] to put the lid on / [botella] to put the top on **2.** [ocultar, cubrir] to cover / [no dejar ver] to block out ▸ **quítate, que me tapas la tele** could you move out of the way? – I can't see the TV with you in the way ▸ **me tapó los ojos** [con las manos] he put his hands over my eyes / [con venda] he blindfolded me **3.** [abrigar] to cover up / [en la cama] to tuck in ▸ **lo tapó con una manta** she put a blanket over him to keep him warm **4.** [encubrir] to cover up **5.** *AM* [taponar] to block

◆ ***taparse*** vpr **1.** [cubrirse] to cover (up) ▸ **se tapó la boca con la mano** she put her hand over her mouth **2.** [abrigarse] [con ropa] to wrap up / [en la cama] to tuck oneself in ▸ **me tapé con una manta** I pulled a blanket over me **3.** *AM* [taponarse] to get blocked (up)

taparrabos nm inv **1.** [de hombre primitivo] loincloth **2.** [tanga] tanga briefs

tapear vi *ESP Fam* to have some tapas

tapeo nm *ESP Fam* **ir de ~** to go out for some tapas ▸ **bar de ~** tapas bar

tapete nm [paño] runner / [en mesa de billar, para cartas] baize / *AM* [alfombra] carpet ▸ *Fig* **estar sobre el ~** to be up for discussion ▸ *Fig* **poner algo sobre el ~** to put sth up for discussion ▸ **~ verde** [mesa de juego] card table

tapia nf (stone) wall ▸ *Fam* **estar sordo como una ~** to be (as) deaf as a post

tapiar vt **1.** [obstruir] to brick up **2.** [cercar] to wall in

tapice *etc ver* ***tapizar***

tapicería nf **1.** [tela] upholstery **2.** [tienda] [para muebles] upholsterer's / [para cortinas] draper's **3.** [tapices] tapestries **4.** [oficio] [de muebles] upholstery / [de tapices] tapestry making

tapicero, -a nm,f **1.** [de muebles] upholsterer **2.** [de tapices] tapestry maker

tapioca nf tapioca

tapir nm tapir

tapiz nm [para la pared] tapestry

tapizado, -a ■ adj [sillón] upholstered (**en** *o* **con** with) / [pared] lined (**en** *o* **con** with)
■ nm **1.** [de mueble] upholstery **2.** [de pared] tapestries

tapizar [14] vt [mueble] to upholster

tapón nm **1.** [para tapar] [botellas, frascos] stopper / [de corcho] cork / [de metal, plástico] cap, top / [de bañera, lavabo] plug ▸ **~ de rosca** screw-top **2.** [atasco] traffic jam **3.** [en el oído] [de cerumen] wax in the ear / [de algodón, goma] earplug **4.** *Fam* [persona baja] shorty **5.** [en baloncesto] block ▸ **poner un ~** to block a shot **6.** *AM* [plomo] fuse

taponamiento nm **1.** MED tamponage **2.** MEC plugging

taponar vt **1.** [cerrar] [botella] to put the top on / [lavadero] to put the plug in / [salida] to block / [tubería] to stop up **2.** MED to tampon
◆ ***taponarse*** vpr to get blocked

tapujo nm subterfuge ▸ **hacer algo con/sin tapujos** to do sth deceitfully/openly

taquear ■ vt *COL, VEN Fam* [atiborrar] **no taquees ese armario** don't stuff too many things into that cupboard
■ vi **1.** *AM Fam* [jugar] to play billiards, to play *o US* shoot pool **2.** *MÉX* [comer] to eat tacos
◆ ***taquearse*** vpr *COL, VEN Fam* [de comida] to stuff oneself

taquería nf *MÉX* [quiosco] taco stall / [restaurante] taco restaurant

taquicardia nf tachycardia

taquigrafía nf shorthand, stenography

taquigrafiar [32] vt to write (down) in shorthand

taquígrafo, -a nm,f shorthand writer, stenographer

taquilla nf **1.** [ventanilla] ticket office, booking office / [de cine, teatro] box office **2.** [armario] locker **3.** [recaudación] takings **4.** [casillero] set of pigeonholes

taquillero, -a ■ adj **es un espectáculo ~** the show is a box-office hit
■ nm,f ticket clerk

taquimecanografía nf shorthand and typing

taquimecanógrafo, -a nm,f shorthand typist

taquímetro nm [en topografía] tacheometer

tara nf **1.** [defecto] defect ▸ **artículos con ~** seconds **2.** [peso] tare

taracea nf inlay

tarado, -a ■ adj **1.** [defectuoso] defective **2.** [tonto] thick
■ nm,f idiot

tarambana nmf *Fam* ne'er-do-well

tarántula nf tarantula

tarar vt to tare

tararear vt to hum, to sing

tarareo nm humming, singing

tardanza nf lateness

tardar vi **1.** [llevar tiempo] to take ▸ **tardó un año en hacerlo** she took a year to do it ▸ **tardó en darse cuenta** it took him a while *o* he took a while to realize ▸ **¿cuánto tardarás (en hacerlo)?** how long will you be (doing it)?, how long will it take you (to do it)? **2.** [retrasarse] to be late / [ser lento] to be slow ▸ **~ en hacer algo** to take a long time to do sth ▸ **no tardará en llegar** he won't be long (in coming) ▸ **ahora vuelvo, no tardo** I'll be back in a minute, I won't be long ▸ **no tardaron en hacerlo** they were quick to do it ▸ **a más ~** at the latest ▸ **sin ~** promptly
◆ ***tardarse*** vpr *MÉX* **no me tardaré** I won't be long

tarde ■ nf [hasta las cinco] afternoon / [después de las cinco] evening ▸ **por la ~** [hasta las cinco] in the afternoon / [después de las cinco] in the evening ▸ **buenas tardes** [hasta las cinco] good afternoon / [después de las cinco] good evening ▸ **de ~ en ~** from time to time ▸ **muy de ~ en ~** very occasionally
■ adv late ▸ **(demasiado) ~** too late ▸ **ya es ~ para eso** it's too late for that now ▸ **llegar ~** to be late ▸ **se está haciendo ~** it's getting late ▸ **corre, no se te vaya a hacer ~** hurry or you'll be late ▸ **como muy ~ el miércoles** by Wednesday at the latest ▸ **~ o temprano** sooner or later ▸ **más vale ~ que nunca** better late than never

¡CUIDADO! / CAREFUL!

tarde

En inglés la tarde se divide en dos: **afternoon** y **evening**. Tradicionalmente, el cambio de **afternoon** a **evening** se marcaba con el **tea** de las cinco, si bien hoy en día no hay una distinción tan categórica y entre las cuatro y las seis no siempre está claro si se debe utilizar uno u otro.

tardíamente adv belatedly

tardío, -a adj [que ocurre tarde] late / [que ocurre demasiado tarde] belated

tardo, -a adj **1.** [lento] slow **2.** [torpe] dull ▸ **~ de oído** hard of hearing

tardón, -ona nm,f **1.** [impuntual] person who is always late **2.** [lento] slowcoach

tarea nf [trabajo] task / EDUC homework ▸ **tareas domésticas** household chores, housework

tarifa nf **1.** [precio] charge / [de servicio telefónico, postal] rate / [en transportes] fare / [de médico, abogado] fee ▸ **~ reducida** cheap rate ▸ INFORM **~ plana** flat rate **2.** COM [arancel] tariff

tarifar ■ vt to price
■ vi *Fam* [pelear] to have a row

tarima nf platform

tarjeta nf [gen] & INFORM card ▸ DEP **~ amarilla/roja** yellow/red card ▸ **~ de compra** store card, charge card ▸ **~ de crédito** credit card ▸ **~ de débito** debit card ▸ **~ de embarque** boarding pass ▸ **~ inteligente** smart card ▸ **~ multiviaje** travel pass ▸ **~ postal** postcard ▸ **~ sanitaria** = *card bearing national insurance number and doctor's address* ▸ INFORM **~ de sonido** sound card ▸ **~ de visita** visiting *o US* calling card

tarjetero nm credit-card wallet

tarot nm tarot

tarraconense ■ adj of/from Tarragona
■ nmf person from Tarragona

tarrina nf [envase] tub / CULIN terrine

tarro nm **1.** [recipiente] jar **2.** *ESP Fam* [cabeza] nut, *BR* bonce

tarso nm tarsus

tarta nf [pastel] cake / [plana, con base de pasta dura] tart / [plana, con base de bizcocho] flan ▸ **~ de cumpleaños** birthday cake ▸ **~ de manzana** apple tart

tartaja *Fam* ■ adj **ser ~** to have a stammer *o* stutter
■ nmf **ser un ~** to have a stammer *o* stutter

tartajear vi *Fam* to stammer, to stutter

tartajeo nm *Fam* stammer, stutter

tartaleta nf tartlet

tartamudear vi to stammer, to stutter

tartamudeo nm stammer, stutter

tartamudez nf stammer, stutter

tartamudo, -a ■ adj stammering, stuttering
■ nm,f stammerer, stutterer

tartán nm inv tartan

tartana nf **1.** [carruaje] trap **2.** *Fam* [coche viejo] banger

tártaro, -a ■ adj **1.** [pueblo] Tartar **2.** CULIN **salsa tártara** tartar sauce
■ nm,f Tartar

tartera nf [fiambrera] lunch box

tarugo nm **1.** *Fam* [necio] blockhead **2.** [de madera] block of wood **3.** [de pan] chunk (of stale bread)

tarumba adj *Fam* crazy

Tarzán n pr Tarzan

tasa nf **1.** [índice] rate ▸ **~ de cambio** exchange rate ▸ **~ de crecimiento** growth rate ▸ **~ de desempleo** (level of) unemployment ▸ **una ~ de desempleo del 10 por ciento** 10 percent unemployment ▸ **~ de interés** interest rate ▸ **~ de mortalidad/natalidad** death/birth rate ▸ **~ de paro** (level of) unemployment **2.** [impuesto] tax ▸ **tasas de aeropuerto** airport tax **3.** EDUC fee **4.** [tasación] valuation

tasación nf valuation

tasador, -ora ■ adj evaluating
■ nm,f valuer

tasar vt **1.** [valorar] to value **2.** [fijar precio] to fix a price for

tasca nf cheap bar ▸ **ir de tascas** to go round a few bars, *BR* to go on a pub crawl

Tasmania n Tasmania

tasquear vi to go round a few bars, *BR* to go on a pub crawl

tasqueo nm *BR* pubcrawling, *US* barhopping

tata ■ nf *ESP* [niñera] nanny
■ nm *AM Fam* [papá] dad, *US* pop

tatami nm DEP tatami, judo/karate mat

tatarabuelo, -a nm,f great-great-grandfather, *f* great-great-grandmother

tataranieto, -a nm,f great-great-grandson, *f* great-great-granddaughter

tate interj **¡~!** [¡cuidado!] watch out! / [¡ya comprendo!] I see!

tato, -a *Fam* nm,f [hermano] big brother, *f* big sister

tatuador, -ora nm,f tattooist

tatuaje nm **1.** [dibujo] tattoo **2.** [acción] tattooing

tatuar [4] ■ vt to tattoo
■ vi to make a tattoo
◆ ***tatuarse*** vpr to have a tattoo done

taumaturgia nf miracle-working

taumaturgo, -a nm,f miracle-worker

taurino, -a adj bullfighting ▸ **temporada taurina** bullfighting season

tauro ■ nm [zodiaco] Taurus ▸ *ESP* **ser ~** to be (a) Taurus
■ nmf *ESP* [persona] Taurean

tauromaquia nf bullfighting

tautología nf tautology

tautológico, -a adj tautological

taxativo, -a adj [órdenes] strict

taxi nm taxi, cab

taxidermia nf taxidermy

taxidermista nmf taxidermist

taxiflet (pl **taxiflets** *o* **taxifletes**) nm *RP* [vehículo] *BR* (removal) van, *US* moving truck

taximetrero, -a, nm,f, ***taximetrista*** nmf *RP* taxi driver

taxímetro nm taximeter

taxista nmf taxi driver

taxonomía nf taxonomy

taxonómico, -a adj taxonomic

taxonomista nmf taxonomist

Tayikistán n Tadzhikistan

tayiko, -a ■ adj & nm,f Tajik, Tadzhik
■ nm [lengua] Tajik, Tadzhik

taza nf **1.** [para beber] cup ▸ **~ de café/té** cup of coffee/tea **2.** [de retrete] bowl

tazón nm bowl

TC nm (abrev de ***Tribunal Constitucional***) constitutional court

te pron personal **1.** (complemento directo) you ▸ **le gustaría verte** she'd like to see you **2.** (complemento indirecto) (to) you ▸ **te lo dio** he gave it to you, he gave you it ▸ **te tiene miedo** he's afraid of you **3.** (reflexivo) yourself ▸ **¡vístete!** get dressed! **4.** [valor impersonal] **si te dejas pisar, estás perdido** if you let people walk all over you, you've had it

té nm tea ▸ **té con limón** lemon tea

tea nf [antorcha] torch

teatral adj **1.** [de teatro] theatre ▸ **grupo ~** drama group ▸ **temporada ~** theatre season **2.** [exagerado] theatrical

teatralidad nf *también Fig* theatricality

teatralizar [14] vt to exaggerate

teatrero, -a adj *Fam* [persona] **¡no seas tan ~!** don't be such a drama queen!

teatro nm **1.** [espectáculo, edificio] theatre ▸ **~ experimental** fringe theatre ▸ **~ lírico** opera and light opera ▸ **~ de variedades** *BR* music hall, *US* variety, vaudeville **2.** [fingimiento] play-acting ▸ **hacer ~** to playact

tebeo nm *ESP* (children's) comic ▸ *Fam* **estar más visto que el ~** to be old hat

teca nf teak

techado nm roof ▸ **bajo ~** under cover

techar vt to roof

techo nm **1.** [tejado] roof / [dentro de casa] ceiling ▸ **bajo ~** under cover ▸ **dormir bajo ~** to sleep with a roof over one's head *o* indoors ▸ *Fig* **quedarse sin ~** to become homeless ▸ **los sin ~** the homeless ▸ **~ solar** [en coche] sun roof **2.** [límite] ceiling ▸ **tocar ~** [inflación, precios] to level off and start to drop ▸ **la crisis ha tocado techo** the worst of the recession is behind us

techumbre nf roof

tecla nf INFORM & MÚS key / [botón] button ▸ **~ de borrado/control/función/mayúsculas/retorno** delete/control/function/shift/return key ▸ **pulsar** *o* **tocar una ~** to press *o* strike a key ▸ **tocar muchas teclas** [contactar] to pull lots of strings / [abarcar mucho] to have too many things on the go at once

tecladista nmf *AM* keyboard player

teclado nm INFORM & MÚS keyboard ▸ **~ expandido** expanded *o* enhanced keyboard ▸ **~ numérico** (numeric) keypad

teclear ■ vt [en ordenador] to type / [en piano] to play ▸ **teclee su número secreto** enter your PIN number
■ vi [en ordenador] to type / [en piano] to play

tecleo nm [en piano] playing / [en máquina de escribir] clattering

teclista nmf keyboard player

técnica nf **1.** [procedimiento] technique **2.** [tecnología] technology

tecnicismo nm **1.** [cualidad] technical nature **2.** [término] technical term

técnico, -a ■ adj technical
■ nm,f **1.** [mecánico] technician **2.** [experto] expert

tecnicolor nm Technicolor

tecnificación nf application of technology

tecnificar [59] vt to apply technology to

tecno nm inv techno (music)

tecnocracia nf technocracy

tecnócrata ■ adj technocratic
■ nmf technocrat

tecnología nf technology ▸ **~ punta** state-of-the-art technology

tecnológico, -a adj technological

tecnólogo, -a nm,f technologist

tecolote nm *CAM, MÉX* owl

tectónica nf tectonics *(singular)*

tectónico, -a adj tectonic

tedéum nm inv Te Deum

tedio nm boredom, tedium

tedioso, -a adj tedious

teflón nm Teflon

Tegucigalpa n Tegucigalpa

tegucigalpeño, -a ■ adj of/from Tegucigalpa
■ nm,f person from Tegucigalpa

tegumento nm BIOL integument

Teherán n Teheran

Teide nm **el ~** (Mount) Teide

teína nf caffeine *(contained in tea)*

teísmo nm theism

teja nf [de tejado] tile ▸ **color ~** brick red

tejado nm roof

tejano, -a ■ adj **1.** [de Texas] Texan **2.** [tela] denim
■ nm,f [persona] Texan

tejanos nmpl [pantalones] jeans

tejar ■ nm brickworks *(singular)*
■ vt & vi to tile

tejedor, -ora ■ adj weaving
■ nm,f weaver

tejeduría nf **1.** [arte] weaving **2.** [taller] weaver's shop

tejemaneje nm *Fam* **1.** [maquinación] intrigue **2.** [ajetreo] to-do, fuss

tejer ■ vt **1.** [hilos, mimbre] to weave **2.** [labor de punto] to knit **3.** [telaraña] to spin **4.** [labrar] [porvenir] to carve out / [ruina] to bring about **5.** [tramar] **~ un plan** to forge a plot
■ vi [hacer punto] to knit ▸ *Fig* **~ y destejer** to chop and change

tejido nm **1.** [tela] fabric, material / IND textile ▸ **el ~ social** the fabric of society **2.** ANAT tissue ▸ **~ adiposo** fatty tissue, ESPEC adipose tissue ▸ **~ blando** soft tissue **3.** *AM* [labor de lana] knitting

tejo nm **1.** [juego] hopscotch **2.** BOT yew **3.** *ESP Fam Fig* **tirar los tejos a alguien** to make a pass at sb

tejón nm badger

tel. (abrev de ***teléfono***) tel.

tela nf **1.** [tejido] fabric, material / [retal] piece of material ▸ **~ de araña** cobweb ▸ **~ asfáltica** asphalt roofing/flooring ▸ **~ metálica** wire netting **2.** ARTE [lienzo] canvas **3.** *Fam* [dinero] dough **4.** *Fam* [cosa complicada] **el examen era ~** the exam was really tricky ▸ **tener (mucha) ~** [ser difícil] to be (very) tricky ▸ **hay ~ (para rato)** [trabajo] there's no shortage of things to do ▸ **¡~ marinera!** that's too much! **5. poner**

en ~ de juicio to call into question

telar nm **1.** [máquina] loom **2.** TEATRO gridiron **3. telares** [fábrica] textiles mill

telaraña nf spider's web, cobweb

tele nf *Fam* TV, *BR* telly

teleadicto, -a nm,f TV addict, *BR* telly-addict

teleapuntador nm *BR* Autocue®, *US* Teleprompter®

telearrastre nm ski-tow

teleaudiencia nf *AM* TV audience, viewers

telebanca nf telephone banking

telebasura nf *Fam* junk TV

telecabina nf cable car

telecomedia nf sitcom

telecompra nf teleshopping, home shopping

telecomunicación nf [medio] telecommunication ▸ **telecomunicaciones** telecommunications

telecontrol nm remote control

telediario nm *ESP* television news

teledifusión nf broadcasting

teledirigido, -a adj remote-controlled

teledirigir [24] vt to operate by remote control

teléf. (abrev de ***teléfono***) tel.

telefax nm inv fax

teleférico nm cable car

telefilme (pl **telefilmes**), ***telefilm*** (pl **telefilms**) nm TV movie *o BR* film

telefonazo nm *Fam* buzz, *BR* ring ▸ **dar un ~ a alguien** to give sb a buzz *o BR* ring

telefonear vi to phone, *BR* to ring

telefonema nm *AM* telephone call

telefonía nf telephony ▸ **sistema de ~ móvil** mobile phone system

Telefónica nf = *main Spanish telephone company, formerly a state-owned monopoly*

telefónico, -a adj telephone ▸ **llamada telefónica** telephone call

telefonillo nm [portero automático] entryphone

telefonista nmf telephonist

teléfono nm **1.** [aparato, sistema] telephone, phone ▸ **coger el ~** to answer *o* pick up the phone ▸ **hablar por ~** to be on the phone ▸ **~ celular** cellular phone ▸ **~ fijo** land line (phone) ▸ **~ inalámbrico** cordless phone ▸ **~ modular** *o* **inteligente** cellphone ▸ **~ móvil** mobile phone ▸ **~ público** public phone ▸ **~ rojo** hot line ▸ **~ sin manos** phone with hands-free facility **2.** [número] telephone number ▸ **~ gratuito** *BR* freephone *o US* toll-free number

telefotografía nf telephotography

telegénico, -a adj telegenic

telegrafía nf telegraphy

telegrafiar [32] vt & vi to telegraph

telegráfico, -a adj *también Fig* telegraphic

telegrafista nmf telegraphist

telégrafo nm [medio, aparato] telegraph ▸ **telégrafos** [oficina] telegraph office

telegrama nm telegram

telejuego nm television game show

telele nm *Fam* **le dio un ~** [desmayo] he passed out, he fainted / [enfado, susto] he had a fit

telemando nm remote control

telemarketing nm telesales, telemarketing

telemática nf electronic communications technology

telemático, -a adj INFORM telematic

telémetro nm telemeter

telenovela nf television soap opera

teleobjetivo nm telephoto lens

telepatía nf telepathy

telepático, -a adj telepathic

teleplatea nf *CSUR* TV audience, viewers

telequinesia nf telekinesis

telerruta nf = *telephone service giving traffic information*

telescópico, -a adj telescopic

telescopio nm telescope

teleserie nf TV series

telesilla nm chair lift

telespectador, -ora nm,f viewer

telesquí (pl **telesquíes** *o* **telesquís**) nm button lift, ski-tow

teletexto nm Teletext®

teletienda nf home shopping programme

teletipo nm **1.** [aparato] teleprinter **2.** [texto] Teletype®

teletrabajador, -ora nm,f teleworker

teletrabajo nm teleworking

televendedor, -ora nm,f telesales assistant

televenta nf **1.** [por teléfono] telesales **2.** [por televisión] teleshopping, home shopping

televidente nmf viewer

televisado, -a adj televised

televisar vt to televise

televisión nf television ▸ **~ en blanco y negro/en color** black and white/colour television ▸ **~ por cable** cable television ▸ **~ digital** digital television ▸ **~ interactiva** interactive television ▸ **~ privada/pública** privately owned/public television ▸ **~ vía satélite** satellite television

televisivo, -a adj television ▸ **concurso ~** television game show

televisor nm television (set)

télex nm inv telex ▸ **mandar por ~** to telex

telón nm [de escenario] [delante] curtain / [detrás] backcloth ▸ *Fig* **~ de acero** Iron Curtain ▸ *Fig* **~ de fondo** backdrop

telonero, -a ■ adj **grupo ~** support (band)
■ nm,f [cantante] supporting artist / [grupo] support (band)

telúrico, -a adj telluric

tema nm **1.** [asunto] subject ▸ **cambiar de ~** to change the subject ▸ **temas de actualidad** current affairs ▸ **~ de conversación** talking point, topic of conversation

2. EDUC [lección] topic **3.** MÚS theme / [canción] track, song

temario nm **1.** [de una asignatura] syllabus / [de oposiciones] = *list of topics for public examination* **2.** [de reunión, congreso] agenda

temática nf subject matter

temático, -a adj thematic ▸ **parque ~** theme park

tembladera nf trembling fit

temblar [3] vi **1.** [persona] [de miedo] to tremble (**de** with) / [de frío] to shiver (**de** with) ▸ **le temblaba la voz de la emoción** her voice was trembling with emotion ▸ *Fig* **tiemblo por lo que pueda pasarle** I shudder to think what could happen to him ▸ **~ como un flan** to shake like a jelly **2.** [suelo, máquina] to shudder, to shake

tembleque nm trembling fit ▸ **le dio** *o* **entró un ~** he got the shakes

temblequear vi **1.** [persona] to tremble / [de frío] to shiver **2.** [suelo, máquina] to shudder, to shake

temblón, -ona adj shaky, trembling

temblor nm shaking, trembling ▸ **~ de tierra** earth tremor

tembloroso, -a adj trembling, shaky

temer ■ vt **1.** [tener miedo de] to fear, to be afraid of ▸ **yo no te temo** I'm not afraid of you ▸ **temo herir sus sentimientos** I'm afraid of hurting her feelings ▸ *Fam* **cuando se pone a hablar le temo** my heart sinks whenever he opens his mouth **2.** [sospechar] to fear

■ vi to be afraid ▸ **no temas** don't worry ▸ **le teme mucho al fuego** she's very afraid of fire ▸ **~ por** to fear for

◆ ***temerse*** vpr **temerse que...** to be afraid that..., to fear that... ▸ **me temo que no vendrá** I'm afraid she won't come ▸ **temerse lo peor** to fear the worst

temerario, -a adj rash, reckless ▸ **conducción temeraria** reckless driving

temeridad nf **1.** [cualidad] recklessness **2.** [acción] folly, reckless act

temeroso, -a adj [receloso] fearful

temible adj fearsome

temor nm fear (**a** *o* **de** of) ▸ **por ~ a** *o* **de** for fear of

témpano nm **~ (de hielo)** ice floe

témpera nf ARTE tempera

temperado, -a adj temperate

temperamental adj **1.** [cambiante] temperamental **2.** [impulsivo] impulsive

temperamento nm temperament

temperancia nf temperance

temperar vt [moderar] to temper

temperatura nf temperature ▸ **se espera un aumento/descenso de las temperaturas** temperatures are expected to rise/fall ▸ **tomar la ~ a alguien** to take sb's temperature ▸ **~ ambiental** *o* **ambiente** room temperature ▸ **~ máxima/mínima** highest/lowest temperature

tempestad nf storm ▸ *Fig* **levantar una ~ de protestas** to raise a storm of protest ▸ *Fig* **una ~ en un vaso de agua** *BR* a storm in a tea cup, *US* a tempest in a teapot ▸ **~ de nieve** snowstorm

tempestuoso, -a adj *también Fig* stormy

templado, -a adj **1.** [agua, comida] lukewarm **2.** GEOG [clima, zona] temperate **3.** [nervios] steady **4.** [persona, carácter] calm, composed

templanza nf **1.** [serenidad] composure **2.** [moderación] moderation **3.** [benignidad] [del clima] mildness

templar ■ vt **1.** [entibiar] [lo frío] to warm (up) / [lo caliente] to cool down **2.** [calmar] [nervios, ánimos] to calm / [ira, pasiones] to restrain / [voz] to soften **3.** MEC [metal] to temper **4.** MÚS to tune **5.** [tensar] to tighten (up)

■ vi [entibiarse] to get milder

◆ ***templarse*** vpr **1.** [calentarse] to warm up **2.** *CHILE* [enamorarse] to fall in love

templario nm Templar

temple nm **1.** [serenidad] composure ▸ **estar de buen/mal ~** to be in a good/bad mood **2.** MEC tempering **3.** [pintura] [témpera] tempera / [para paredes] distemper

templete nm pavilion

templo nm **1.** [edificio] [no cristiano] temple / [católico, protestante] church / [judío] synagogue / [musulmán] mosque **2.** [lugar mitificado] temple

tempo nm tempo

temporada nf **1.** [periodo concreto] season / [de exámenes] period ▸ **de ~** [fruta, trabajo] seasonal ▸ **los kiwis están fuera de ~** kiwis are out of season ▸ **~ alta/baja** high/low season ▸ **~ de caza** hunting season ▸ **~ media** mid-season ▸ **~ turística** tourist *o* holiday

CÓMO...

cambiar de tema

By the way, who was that you were talking to before? / Por cierto, ¿con quién estabas hablando antes?
Before I forget, where did you say she lives? / Antes de que se me olvide, ¿dónde has dicho que vive?
While I remember, have I told you about next week's meeting? / Ahora que me acuerdo, ¿te he hablado de la reunion de la semana que viene?
Talking of holidays, are you going skiing this year? / Hablando de vacaciones, ¿te vas a esquiar este año?
That reminds me. What time do we have to leave? / Eso me recuerda una cosa: ¿a qué hora tenemos que irnos?
On a completely different point, new regulations will come into effect next month. / Cambiando totalmente de tema, el próximo mes entrarán en vigor unas normas nuevas.
Let's change the subject! / ¡Vamos a cambiar de tema!

season **2.** [periodo indefinido] (period of) time ▸ **pasé una ~ en el extranjero** I spent some time abroad ▸ **tras una ~ como profesor, se puso a traducir** after a stint *o* spell of teaching, he went into translating ▸ **por temporadas** off and on

temporal ■ adj **1.** [no permanente] temporary **2.** [del tiempo] time ▸ **el factor ~** the time factor **3.** ANAT & REL temporal
■ nm **1.** [tormenta] storm **2.** ANAT temporal bone

temporalidad nf [transitoriedad] temporary nature

temporalmente, *AM* ***temporariamente*** adv temporarily

temporario, -a adj *AM* temporary

témporas nfpl REL Ember days

temporero, -a ■ adj seasonal
■ nm,f seasonal worker

temporizador nm timer

tempranero, -a adj [persona] early-rising

temprano, -a adj & adv early

ten *ver* ***tener***

tenacidad nf tenacity

tenacillas nfpl [para rizar el pelo] curling tongs

tenaz adj **1.** [perseverante] tenacious **2.** [persistente] stubborn

tenaza nf, ***tenazas*** nfpl **1.** [herramienta] pliers **2.** [pinzas] tongs **3.** ZOOL pincer

tendal nm awning

tendedero nm **1.** [armazón] clothes horse / [cuerda] clothes line **2.** [lugar] drying place

tendencia nf **1.** [inclinación] tendency ▸ **tener ~ a hacer algo** to have a tendency to do sth ▸ **~ a la depresión** tendency to get depressed **2.** [corriente] trend ▸ **las últimas tendencias de la moda** the latest fashion trends

tendenciosidad nf tendentiousness

tendencioso, -a adj tendentious

tendente adj **~ a** intended *o* designed to ▸ **medidas tendentes a mejorar la economía** measures (intended *o* designed) to improve the economy

tender [64] ■ vt **1.** [ropa] to hang out **2.** [tumbar] to lay (out) ▸ **lo tendieron en una camilla** they laid him out on a stretcher **3.** [extender, colocar] [manta] to stretch (out) / [mantel] to spread / *AM* [mesa] to set, to lay / *AM* [cama] to make **4.** [entre dos puntos] [cable, vía] to lay / [puente] to build / [cuerda] to stretch **5.** [dar] [cosa] to hand / [mano] to hold out, to offer ▸ **~ la mano a alguien** [extender la mano] to hold out one's hand to sb, to offer sb one's hand **6.** [trampa, emboscada] to lay
■ vi **~ a hacer algo** to tend to do something ▸ **~ a la depresión** to be prone to depression ▸ **un azul que tiende a violeta** a blue which is almost violet
◆ ***tenderse*** vpr to stretch out, to lie down

tenderete nm [puesto] stall

tendero, -a nm,f shopkeeper

tendido, -a ■ adj **1.** [extendido, tumbado] stretched out **2.** [colgado] [ropa] on the line
■ nm **1.** [instalación] [de puente] construction / [de cable] laying ▸ **~ eléctrico** power lines **2.** TAUROM front rows ▸ **saludar al ~** [monarca, personaje público] to wave to the crowd

tendinitis nf inv tendinitis

tendón nm tendon

tendré *etc ver* ***tener***

tenebrismo nm tenebrism

tenebroso, -a adj [oscuro] dark, gloomy / [siniestro] [asunto, personaje] shady, sinister

tenedor[1] nm [utensilio] fork

tenedor[2]***, -ora*** nm,f [poseedor] holder ▸ **~ de acciones** shareholder ▸ **~ de libros** bookkeeper

teneduría nf COM **~ (de libros)** bookkeeping

tenencia nf **1.** [posesión] possession ▸ **~ ilícita de armas** illegal possession of arms **2.** *MÉX* [impuesto] road tax

tener [65] ■ vt **1.** [poseer, experimentar] to have ▸ **tengo un hermano** I have *o* I've got a brother ▸ **~ fiebre** to have a temperature ▸ **tuvieron una pelea** they had a fight ▸ **~ un niño** to have a baby ▸ **¡que tengan buen viaje!** have a good journey! ▸ **tengo las vacaciones en agosto** my holidays are in August **2.** [medida, años, sensación, cualidad] to be ▸ **tiene 3 metros de ancho** it's 3 metres wide ▸ **¿cuántos años tienes?** how old are you? ▸ **tiene diez años** she's ten (years old) ▸ *AM* **tengo tres años aquí** I've been here for three years ▸ **~ hambre/miedo** to be hungry/afraid ▸ **~ mal humor** to be bad-tempered ▸ **le tiene lástima** he feels sorry for her **3.** [recibir] [mensaje, regalo, visita, sensación] to get ▸ **tuve un verdadero desengaño** I was really disappointed ▸ **tendrá una sorpresa** he'll get a surprise **4.** [sujetar] to hold ▸ **tenlo por el asa** hold it by the handle **5.** [tomar] **ten el libro que me pediste** here's the book you asked me for ▸ **¡aquí tienes!, ¡ten!** here you are! **6.** [valorar] **me tienen por tonto** they think I'm stupid ▸ **~ a alguien en mucho** to think the world of sb **7.** [expresiones] **no las tiene todas consigo** he is not too sure about it ▸ **~ a bien hacer algo** to be kind enough to do sth ▸ **~ que ver con algo/alguien** [existir relación] to have something to do with sth/sb / [existir semejanza] to be in the same league as sth/sb
■ v aux **1.** (antes de participio) [haber] **teníamos pensado ir al teatro** we had thought of going to the theatre **2.** (antes de adj) [hacer estar] **me tuvo despierto** it kept me awake ▸ **eso la tiene despistada** that has confused her **3. ~ que:** [expresa obligación] **~ que hacer algo** to have to do sth ▸ **tiene que ser así** it has to be this way ▸ **tenías que haber visto cómo corría** you should have seen him run **4. ~ que:** [expresa propósito] **tenemos que ir a cenar un día** we ought to *o* should go for dinner some time
◆ ***tenerse*** vpr **1.** [sostenerse] **tenerse de pie** to stand upright **2.** [considerarse] **se tiene por listo** he thinks he's clever

tengo *ver* ***tener***

tenia nf tapeworm

teniente ■ nm **1.** MIL lieutenant ▸ **~ coronel/general** lieutenant colonel/general **2.** [sustituto] deputy ▸ **~ (de) alcalde** deputy mayor
■ adj *Fam* [sordo] **estar ~** to be a bit deaf

tenis nm inv tennis ▸ **~ de mesa** table tennis

tenista nmf tennis player

tenístico, -a adj tennis ▸ **campeonato ~** tennis championship

Tenochtitlán n Tenochtitlan *(Aztec capital)*

tenor nm **1.** MÚS tenor **2.** [estilo] tone ▸ **a este ~** [de la misma manera] in the same vein
◆ ***a tenor de*** loc prep judging by

tenorio nm ladies' man, Casanova

tensado nm tightening

tensar vt [cable, cuerda] to tauten / [arco] to draw

tensión nf **1.** [estado emocional] tension ▸ **estar en ~** to be tense ▸ **hubo muchas tensiones entre ellos** there was a lot of tension between them ▸ **~ nerviosa** nervous tension ▸ **~ premenstrual** premenstrual tension, PMT **2.** [de cuerda, cable] tension ▸ **en ~** tensed ▸ **puso sus músculos en ~** he tensed his muscles **3.** MED **~ (arterial)** blood pressure ▸ **tener la ~ (arterial) alta/baja** to have high/low blood pressure ▸ **tener una subida/bajada de ~** to suffer a rise/drop in blood pressure **4.** ELEC voltage ▸ **alta ~** high voltage

tenso, -a adj [cuerda, cable] taut / [músculo, persona, situación] tense

tensor, -ora ■ adj tightening
■ nm **1.** [dispositivo] turnbuckle **2.** ANAT tensor

tentación nf temptation ▸ **caer en la ~** to give in to temptation ▸ **tener la ~ de** to be tempted to

tentáculo nm tentacle

tentador, -ora adj tempting

tentar [3] vt **1.** [palpar] to feel **2.** [atraer, incitar] to tempt

tentativa nf attempt ▸ **~ de asesinato** attempted murder ▸ **~ de suicidio** suicide attempt

tentempié nm snack

tentetieso nm Weeble®, tumbler (doll)

tenue adj **1.** [tela, hilo, lluvia] fine **2.** [luz, sonido, dolor] faint **3.** [relación] tenuous

teñido, -a ■ adj [pelo, tela] dyed
■ nm dyeing

teñir [47] vt **1.** [ropa, pelo] **~ algo (de rojo/verde)** to dye sth (red/green) **2.** [matizar] to tinge sth (**de** with)
◆ ***teñirse*** vpr **teñirse (el pelo)** to dye one's hair

teocracia nf theocracy

teocrático, -a adj theocratic

teodolito nm theodolite

teologal adj theological

teología nf theology ▸ **~ de la liberación** liberation theology

teológico, -a adj theological

teólogo, -a nm,f theologian

teorema nm theorem

teoría nf theory ▸ **en ~** in theory ▸ **~ del caos** chaos theory ▸ **~ del conocimiento** epistemology ▸ **~ cuántica** quantum theory ▸ **la ~ de la evolución** the theory of evolution ▸ **~ de la información** information theory ▸ **~ monetaria** monetary theory ▸ **la ~ de la relatividad** the theory of relativity

teóricamente adv theoretically

teórico, -a ■ adj theoretical
■ nm,f [persona] theorist

teorizador, -ora adj theorizing

teorizar [14] vi to theorize

tequila nmf tequila

terapeuta nmf [médico] doctor / [fisioterapeuta] physiotherapist

terapéutica nf therapeutics *(singular)*

terapéutico, -a adj therapeutic

terapia nf therapy ▸ **~ de electrochoque** shock therapy ▸ **~ genética** gene therapy ▸ **~ hormonal sustitutiva** hormone replacement therapy ▸ **~ de grupo** group therapy ▸ **~ ocupacional** occupational therapy

tercer *ver **tercero***

tercera nf AUT third (gear)

tercerización nf *AM* COM outsourcing

tercerizar [14] vt *AM* COM to outsource

tercermundismo nm [de países pobres] underdevelopment / [de servicios, sistema] backwardness

tercermundista adj third-world ▸ **un país ~** a third-world country ▸ **¡este servicio es ~!** this service is appalling *o* a disgrace!

tercero, -a

> **tercer** is used instead of **tercero** before masculine singular nouns (e.g. **el tercer piso** the third floor).

■ núm third ▸ *ESP* **a la tercera va la vencida** third time lucky ▸ **la tercera edad** senior citizens ▸ **durante la tercera edad** in old age ▸ **el Tercer Mundo** the Third World
■ nm **1.** [piso] third floor **2.** [curso escolar] = *third year of primary school,* US ≃ third grade **3.** [mediador, parte interesada] third party

terceto nm **1.** [estrofa] tercet **2.** MÚS trio

terciado, -a adj [mediano] medium-sized

terciar ■ vt **1.** [poner en diagonal] to place diagonally / [sombrero] to tilt **2.** [dividir] to divide into three
■ vi **1.** [mediar] to mediate (**en** in) **2.** [participar] to intervene, to take part
◆ ***terciarse*** vpr to arise ▸ **si se tercia** if the opportunity arises

terciario, -a ■ adj tertiary
■ nm GEOL **el Terciario** the Tertiary (era)

tercio nm **1.** [tercera parte] third **2.** MIL regiment ▸ **~ de la guardia civil** Civil Guard division **3.** TAUROM stage *(of bullfight)* **4.** [de cerveza] bottle of beer *(0.33 litre)*

terciopelo nm velvet

terco, -a ■ adj stubborn ▸ **~ como una mula** as stubborn as a mule
■ nm,f stubborn person ▸ **ser un ~** to be stubborn

tergal® nm = *type of synthetic fibre containing polyester*

tergiversación nf distortion

tergiversador, -ora ■ adj distorting
■ nm,f person who distorts the facts

tergiversar vt to distort, to twist

termal adj thermal ▸ **fuente de aguas termales** hot spring

termas nfpl [baños] hot baths, spa

termes nm inv termite

térmico, -a adj **1.** [de la temperatura] temperature ▸ **descenso ~** drop in temperature **2.** [aislante] thermal

terminación nf **1.** [finalización] completion **2.** [parte final] end **3.** GRAM ending

terminal ■ adj **1.** [del fin] final / [del extremo] end **2.** [enfermedad] terminal ▸ **es un enfermo ~** he's terminally ill

■ nm ELEC & INFORM terminal ▸ **~ videotexto** videotext terminal

■ nf [de aeropuerto] terminal / [de autobuses] terminus

terminante adj [categórico] categorical / [prueba] conclusive

terminantemente adv categorically ▸ **está ~ prohibido** it is strictly forbidden

terminar ■ vt to finish ▸ **terminamos el viaje en San Francisco** we ended our journey in San Francisco

■ vi **1.** [acabar] to end, to finish / [tren] to stop, to terminate ▸ **¿cómo termina la historia?** how does the story end *o* finish? ▸ **~ con** [pobreza, corrupción] to put an end to ▸ **~ de hacer algo** to finish doing sth ▸ **~ en** [objeto] to end in **2.** [reñir] to finish, to split up ▸ **¡hemos terminado!** it's over! **3.** [ir a parar] **terminó de camarero/en la cárcel** he ended up as a waiter/in jail ▸ **~ por hacer algo** to end up doing sth **4.** [llegar a] **no termino de entenderlo** I still can't quite understand it

◆ ***terminarse*** vpr **1.** [finalizar] to finish **2.** [agotarse] [repuestos, víveres] to run out ▸ **se nos ha terminado el azúcar** we've run out of sugar, the sugar has run out **3.** [acabar] [comida, revista] to finish off ▸ **me terminé la novela en una noche** I finished off the novel in one night

término nm **1.** [fin, extremo] end ▸ **dar ~ a algo** to bring sth to a close ▸ **llegó a su ~** it came to an end ▸ **llevar algo a buen ~** to bring sth to a successful conclusion ▸ **poner ~ a algo** to put a stop to sth **2.** [territorio] **~ municipal** = *area under the jurisdiction of a town council* **3.** [plazo] period ▸ **en el ~ de un mes** within (the space of) a month **4.** [lugar, posición] place ▸ ARTE & FOT **en primer ~** in the foreground ▸ **quedar** *o* **permanecer en un segundo ~** [pasar inadvertido] to remain in the background ▸ **en último ~** in the background / *Fig* [si es necesario] as a last resort / [en resumidas cuentas] in the final analysis **5.** [elemento] point ▸ **~ medio** [media] average / [compromiso] compromise, happy medium ▸ **por ~ medio** on average **6.** [palabra] term ▸ **lo dijo, aunque no con** *o* **en esos términos** that's what he said, although he didn't put it quite the same way ▸ **en términos generales** generally speaking ▸ **los términos del contrato** the terms of the contract **7.** [de transportes] terminus **8.** [relaciones] **estar en buenos/malos términos (con)** to be on good/bad terms (with)

terminología nf terminology

terminológico, -a adj terminological

termita nf termite

termitero nm termite mound *o* nest

termo nm Thermos®

termoaislante adj heat insulating

termodinámica nf thermodynamics *(singular)*

termodinámico, -a adj thermodynamic

termoeléctrico, -a adj thermoelectric

termografía nf thermography

termometría nf thermometry

termométrico, -a adj thermometric

termómetro nm thermometer ▸ **~ centígrado/clínico** centigrade/clinical thermometer ▸ **poner el ~ a alguien** to take sb's temperature

termonuclear adj thermonuclear

termorregulador nm thermostat

termostato nm thermostat

termoterapia nf heat treatment

terna nf POL = *shortlist of three candidates*

ternario, -a adj ternary

ternasco nm suckling lamb

ternera nf [carne] veal

ternero, -a nm,f [animal] calf

ternilla nf **1.** CULIN gristle **2.** ANAT cartilage

terno nm **1.** [trío] trio **2.** [traje] three-piece suit

ternura nf tenderness

terquedad nf stubbornness

terracota nf terracotta

terrado nm terrace roof

terral nm *AM* dust cloud

Terranova n Newfoundland

terraplén nm steep embankment

terráqueo, -a adj Earth ▸ **globo ~** [Tierra] Earth / [representación] globe

terrario, terrarium nm terrarium

terrateniente nmf landowner

terraza nf **1.** [balcón] balcony **2.** [de café] terrace, patio **3.** [azotea] terrace roof **4.** [bancal] terrace

terrazo nm terrazzo, = *polished composite floor covering made from stone chips*

terremoto nm earthquake ▸ *Fam* **este niño es un ~** this boy is a menace

terrenal adj earthly

terreno, -a ■ adj earthly

■ nm **1.** [suelo] land / [por su relieve] terrain / [por su composición, utilidad agrícola] soil ▸ **~ montañoso/abrupto** mountainous/rugged terrain ▸ **~ arenoso/volcánico** sandy/volcanic soil ▸ **~ irregular** uneven ground **2.** [solar] plot (of land) ▸ **~ edificable** land suitable for development **3.** [en deportes] **~ (de juego)** field, *BR* pitch **4.** [ámbito] field ▸ **en el ~ de la música/medicina** in the field of music/medicine **5.** [expresiones] **ceder ~** to give ground ▸ **estar** *o* **encontrarse en su propio ~** to be on home ground ▸ **ganar ~ (a alguien)** to gain ground (on sb) ▸ **perder ~** to lose ground ▸ **preparar** *o* **trabajar el ~ (para)** to pave the way (for) ▸ **reconocer** *o* **tantear el ~** to see how the land lies ▸ **saber el ~ que se pisa** to know what one is about ▸ **ser**

~ **abonado (para algo)** to be fertile ground (for sth) ▸ **estudiar algo sobre el ~** to study something in the field

térreo, -a adj earthy

terrestre ■ adj **1.** [del planeta] terrestrial **2.** [de la tierra] land ▸ **animales terrestres** land animals
■ nmf terrestrial, Earth-dweller

terrible adj **1.** [tremendo] terrible **2.** [aterrador] terrifying

terrícola nmf earthling

terrier (pl **terriers**) nm terrier ▸ **~ escocés** Scottish terrier

territorial adj territorial

territorialidad nf DER territoriality

territorio nm territory ▸ **fuera del ~ brasileño** outside of Brazilian territory ▸ **por todo el ~ nacional** across the country, nationwide ▸ **los territorios ocupados** [de Palestina] the Occupied Territories

terrón nm [de tierra] clod of earth ▸ **~ de azúcar** sugar lump

terror nm terror ▸ **de ~** [cine] horror ▸ **le da ~** it terrifies her ▸ **me da ~ pensar en las vacaciones con los niños** I shudder to think what the holidays with the children will be like ▸ **esa banda de delincuentes es el ~ del pueblo** this gang of criminals is terrorizing the village

terrorífico, -a adj terrifying

terrorismo nm terrorism

terrorista adj & nmf terrorist

terroso, -a adj **1.** [parecido a la tierra] earthy **2.** [con tierra] muddy

terruño nm **1.** [terreno] plot of land **2.** [patria] homeland

tersar vt to make smooth

terso, -a adj **1.** [piel, superficie] smooth **2.** [aguas, mar] clear **3.** [estilo, lenguaje] polished

tersura nf **1.** [de piel, superficie] smoothness **2.** [de aguas, mar] clarity **3.** [de estilo, lenguaje] polish

tertulia nf = *regular informal social gathering where issues of common interest are discussed* ▸ *Fam* **estar de ~** to sit (there) chatting ▸ **~ literaria** literary circle

tertuliano, -a nm,f RAD panelist

Tesalónica n Thessalonica

tesauro nm thesaurus

tesela nf tessera

tesina nf (undergraduate) dissertation

tesis nf inv thesis

tesitura nf **1.** [situación] circumstances, situation **2.** MÚS tessitura, pitch

tesón nm **1.** [tenacidad] tenacity, perseverance **2.** [firmeza] firmness

tesorería nf **1.** [cargo] treasurership **2.** [oficina] treasurer's office **3.** COM liquid capital

tesorero, -a nm,f treasurer

tesoro nm **1.** [botín] treasure ▸ **el cofre del ~** the treasure chest **2.** [hacienda pública] treasury, exchequer ▸ ECON **el Tesoro** the Treasury **3.** [persona valiosa] gem, treasure **4.** [apelativo] darling

test [tes] o [test] (pl **tests**) nm test ▸ **hacer un ~** to do o take a test ▸ **hacer un ~ a alguien** to give sb a test ▸ **tipo ~** [examen, pregunta] multiple-choice ▸ **~ de embarazo** pregnancy test ▸ **~ de inteligencia** intelligence test

testa nf head

testado, -a adj [persona] testate / [herencia] testamentary

testaferro nm front man

testamentaría nf **1.** [documentos] documentation *(of a will)* **2.** [bienes] estate, inheritance

testamentario, -a ■ adj testamentary
■ nm,f executor

testamento nm will ▸ **hacer ~** to write one's will ▸ **Antiguo/Nuevo Testamento** Old/New Testament

testar vi to make a will

testarudez nf stubbornness

testarudo, -a ■ adj stubborn
■ nm,f stubborn person

testear vt *CSUR* to test

testicular adj testicular

testículo nm testicle

testificación nf testimony ▸ **es la ~ de su talento** it is proof of her talent

testificar [59] ■ vt DER to testify / [ser muestra de] to testify to
■ vi DER to testify, to give evidence

testigo ■ nmf [persona] witness ▸ **ser ~ de algo** to witness sth ▸ **tú eres ~ de que estuve allí** you are my witness that I was there ▸ **un castillo que ha sido ~ de innumerables batallas** a castle that has witnessed countless battles ▸ **poner por ~ a alguien** to cite sb as a witness ▸ **~ de cargo/descargo** witness for the prosecution/defence ▸ **~ de Jehová** Jehovah's Witness ▸ **~ ocular** *o* **presencial** eyewitness
■ nm DEP baton

testimonial adj **1.** [documento, prueba] testimonial **2.** [simbólico] token, symbolic

testimoniar vt to testify to, to bear witness to

testimonio nm **1.** DER testimony ▸ **falso ~** perjury, false evidence **2.** [prueba] proof ▸ **como ~ de** as proof of ▸ **dar ~ de** to prove

testosterona nf testosterone

testuz nm o nf **1.** [frente] brow **2.** [nuca] nape

teta ■ nf **1.** *Fam* [de mujer] tit ▸ **dar la ~** to breast-feed ▸ **de ~** nursing **2.** [de animal] teat
■ adv *ESP Fam* **pasarlo ~** to have an ace *o* a wicked time

tétanos nm inv tetanus

tetera nf teapot

tetería nf tea-room

tetilla nf **1.** [de hombre, animal] nipple **2.** [de biberón] teat

tetina nf teat

tetona adj f *Fam* busty, top-heavy ▸ **es muy ~** she has big boobs

tetrabrik® (pl **tetrabriks**) nm carton

tetracampeón, -ona ■ adj **el equipo ~** the four-times winners *o* champions
■ nm,f four-times winner *o* champion

tetraedro nm tetrahedron

tetralogía nf LIT tetralogy

tetraplejía nf quadriplegia

tetrapléjico, -a adj & nm,f quadriplegic

tétrico, -a adj gloomy

teutón, -ona HIST ■ adj Teutonic
■ nm,f Teuton

teutónico, -a adj HIST Teutonic

Texas ['teχas] n Texas

textil adj & nm textile

texto nm **1.** [palabras, libro] text **2.** [pasaje] passage

textual adj **1.** [del texto] textual **2.** [exacto] exact ▸ **dijo, palabras textuales, que era horroroso** her exact words were "it was terrible"

textualmente adv literally, word for word

textura nf texture

tez nf complexion

thriller ['triler, 'θriler] (pl **thrillers**) nm thriller

ti pron personal [después de prep] **1.** [en general] you ▸ **siempre pienso en ti** I'm always thinking about you ▸ **me acordaré de ti** I'll remember you **2.** (reflexivo) yourself ▸ **sólo piensas en ti (mismo)** you only think about yourself **3.** [en frases] **¡a ti qué!** so what?, why should you care? ▸ **para ti** [tú crees] as far as you're concerned, in your opinion ▸ **si por ti no hay inconveniente, lo hacemos mañana** if it's fine by you we can do it tomorrow

tianguis nm inv *CAM, MÉX* open-air market

tiara nf tiara

tiarrón, -ona nm,f *Fam* hulk

Tibet nm **el ~** Tibet

tibetano, -a adj & nm,f Tibetan

tibia nf shinbone, tibia

tibieza nf **1.** [de líquido] tepidness, lukewarmness **2.** [de reacción, posición] lukewarmness

tibio, -a adj **1.** [líquido] tepid, lukewarm **2.** [reacción, posición] lukewarm **3.** [expresiones] *Fam* **poner ~ a alguien** [por la espalda] *BR* to slag sb off, *US* to dump on sb / [delante] to tear into sb ▸ **ponerse ~ de algo** [comer] to stuff one's face with sth / [beber] to down bucketfuls of sth

tiburón nm **1.** [pez] shark **2.** FIN raider

tic (pl **tics**) nm tic

ticket ['tike] o ['tiket] (pl **tickets**) nm **1.** [billete] ticket **2.** [recibo] **~ (de compra)** receipt

tictac nm tick tock

tiemblo *etc ver* ***temblar***

tiempo nm **1.** [en general] time ▸ **al poco ~** soon afterwards ▸ **a ~ (de hacer algo)** in time (to do sth) ▸ **a un ~, al mismo ~** at the same time ▸ **cada cierto ~** every so often ▸ **con el ~** in time ▸ **con ~** with plenty of time to spare, in good time ▸ **dar ~ al ~** to give things time ▸ **del ~** [fruta] of the season / [bebida] at room temperature ▸ **de un ~ a esta parte** recently, for a while now ▸ **en mis tiempos** in my day *o* time ▸ **estar a ~ de** to have time to ▸ **tener ~ de** to have time to ▸ **fuera de ~** at the wrong moment ▸ **ganar ~** to save time ▸ **hace mucho ~ que no lo veo** I haven't seen him for ages ▸ **hacer ~** to pass the time ▸ **matar** *o* **engañar el ~** to kill time ▸ **perder el ~** to waste time ▸ **en tiempos de Maricastaña** donkey's years ago ▸ **a ~ completo** full-time ▸ **a ~ parcial** part-time ▸ **~ de cocción** cooking time ▸ **~ de exposición** [en cámara] shutter speed ▸ **~ libre** spare time ▸ DEP **~ muerto** time out ▸ INFORM **~ real** real time ▸ **~ de respuesta** response time **2.** [periodo largo] long time ▸ **hace ~ que** it is a long time since ▸ **hace ~ que no vive aquí** he hasn't lived here for some time ▸ **tomarse uno su ~** to take one's time **3.** [edad] age ▸ **¿qué ~ tiene?** how old is he? **4.** [movimiento] movement ▸ **motor de cuatro tiempos** four-stroke engine **5.** [clima] weather ▸ **hizo buen/mal ~** the weather was good/bad ▸ **si el ~ lo permite** *o* **no lo impide** weather permitting ▸ **hace un ~ de perros** it's a foul day ▸ **poner a** *o* **al mal ~ buena cara** to put a brave face on things **6.** DEP half **7.** GRAM tense ▸ **~ simple/compuesto** simple/composite tense **8.** MÚS [compás] time / [ritmo] tempo

tienda nf **1.** [establecimiento] shop, store ▸ **ir de tiendas** to go shopping ▸ **~ de antigüedades** antique shop ▸ **~ de artículos de regalo** gift shop ▸ *MÉX* **~ de departamentos** department store ▸ **~ de deportes** sports shop ▸ **~ libre de impuestos** duty-free shop ▸ **~ de muebles** furniture shop ▸ **~ de ropa** clothes shop ▸ **~ virtual** online store *o* retailer **2.** [para acampar] **~ (de campaña)** tent

tiendo *ver* ***tender***

tiene *ver* ***tener***

tienta nf TAUROM trial *(of the bulls)*
◆ ***a tientas*** loc adv blindly ▸ **buscar algo a tientas** to grope about *o* around for sth ▸ **andar a tientas** to grope along

tiento ■ *ver* ***tentar***
■ nm **1.** [cuidado] care / [tacto] tact **2. dar un ~ a algo** [probar] to try sth **3.** [de ciego] white stick **4.** [de equilibrista] balancing pole

tierno, -a ■ adj **1.** [blando, cariñoso] tender **2.** [del día] fresh
■ nm *AM* baby

tierra nf **1.** [terrenos, continentes] land ▸ **en tierras mexicanas/del rey** on Mexican soil/the King's land ▸ **por estas tierras** round these parts, down this way ▸ **~ adentro** inland ▸ **~ firme** [por oposición al mar] dry land ▸ **~ de nadie** no-man's-land ▸ **~ prometida** Promised Land ▸ **Tierra del Fuego** Tierra del Fuego ▸ **Tierra Santa** the Holy Land ▸ **~ virgen** virgin land **2.** [en agricultura] land ▸ **cultivar la ~** to farm the land **3.** [materia inorgánica] earth / [para nutrir plantas] soil ▸ **se me ha metido ~ en los zapatos** I've got some earth in my shoes ▸ **un camino de ~** a dirt track ▸ **~ batida** [en tenis] clay **4.** [suelo] ground ▸ **bajo ~** underground ▸ **caer a ~** to fall to the ground ▸ **tomar ~** to land **5.** [lugar de origen] [país] homeland, native land / [región] home *o* native region ▸ **vino/queso de la ~** local wine/cheese ▸ **~ natal** homeland, native land

6. ELEC **(toma de) ~** *BR* earth, *US* ground **7.** [expresiones] **besar la ~** to fall flat on one's face ▸ **echar por ~ algo** to ruin sth ▸ **echar ~ a un asunto** to hush up an affair ▸ **poner ~ por medio** to make oneself scarce ▸ **quedarse en ~** to miss the boat/train/plane/*etc* ▸ *Fam* **¡~, trágame!** I wish the earth would swallow me up! **8.** *AM* [polvo] dust **9. la Tierra** [planeta] the Earth

> ¡CUIDADO! / CAREFUL!
>
> ***tierra***
>
> Prácticamente cada acepción de la palabra tierra tiene una traducción distinta en inglés. Así, el suelo natural (**ground**) está compuesto por materia orgánica (**earth**). Cuando dicha materia se emplea para nutrir las plantas, se suele denominar **soil**.

tierral nm *AM* dust cloud

tieso, -a adj **1.** [rígido] stiff ▸ *Fig* **dejar ~ a alguien** to kill sb ▸ **quedarse ~** [de frío] to freeze **2.** [erguido] erect **3.** *Fam* [engreído] haughty **4.** *Fam* [distante] distant

tiesto nm flowerpot

tifoideo, -a adj typhoid ▸ **fiebres tifoideas** typhoid fever

tifón nm typhoon

tifosi nmpl DEP tifosi *(Italian soccer fans)*

tifus nm inv typhus

tigre nm **1.** [animal] tiger ▸ **los tigres económicos del sudeste asiático** the tiger economies of South-East Asia ▸ *Fam Fig* **oler a ~** to stink **2.** *ESP Fam* [WC] *BR* bog, *US* john **3.** *AM* [jaguar] jaguar

tigresa nf tigress

Tigris nm **el ~** the (River) Tigris

TIJ [tiχ] nm (abrev de ***Tribunal Internacional de Justicia***) ICJ, International Court of Justice

tijera nf [en general] scissors / [de jardinero, esquilador] shears ▸ **unas tijeras** (a pair of) scissors/shears ▸ **de ~** [escalera, silla] folding ▸ **tijeras de podar** secateurs

tijereta nf **1.** [insecto] earwig **2.** DEP (overhead) bicycle *o* scissors kick

tijeretazo nm snip

tijeretear vt to snip

tila nf **1.** [flor] lime blossom **2.** [infusión] lime blossom tea

tildar vt **~ a alguien de algo** to brand *o* call sb sth

tilde nf [acento gráfico] accent

tilín nm tinkle, tinkling ▸ *Fam* **me hace ~** I like the look of him/her/it ▸ *Fam* **no me hizo mucho ~** he/she/it didn't do much for me

tilo nm **1.** [árbol] linden *o* lime tree **2.** [madera] lime

timador, -ora nm,f confidence trickster, swindler

timar vt **1.** [estafar] **~ a alguien** to swindle sb ▸ **~ algo a alguien** to swindle sb out of sth **2.** [engañar] to cheat, to con ▸ **te han timado** you've been done *o* had

timba nf card game *(in gambling den)*

timbal nm MÚS [de orquesta] kettledrum, timbal / [tamboril] small drum

timbrado, -a adj **1.** [sellado] stamped **2.** [sonido] clear

timbrar ■ vt [documento] to stamp
■ vi *ANDES, CAM, MÉX* to ring

timbrazo nm loud ring

timbre nm **1.** [aparato] bell ▸ **tocar el ~** to ring the bell ▸ **~ de alarma** alarm (bell) **2.** [de voz, sonido] timbre ▸ **el ~ de su voz** the sound of her voice **3.** [sello] [de documentos] (official) stamp / [de impuestos] seal / *CAM, MÉX* [de correos] stamp

timidez nf shyness

tímido, -a ■ adj shy
■ nm,f shy person

timo nm **1.** [estafa] swindle ▸ *Fam* **¡eso es el ~ de la estampita!** it's a complete rip-off! **2.** *Fam* [engaño] trick **3.** ANAT thymus

timón nm **1.** AV & NÁUT rudder **2.** [gobierno] helm ▸ **llevar el ~ de** to be at the helm of **3.** *ANDES, CUBA* [de vehículo] steering wheel

timonear vi to steer

timonel, timonero nm NÁUT helmsman

timorato, -a adj **1.** [mojigato] prudish **2.** [tímido] fearful

tímpano nm **1.** ANAT eardrum **2.** MÚS [tamboril] small drum / [de cuerda] hammer dulcimer **3.** ARQUIT tympanum

tina nf **1.** [tinaja] pitcher **2.** [gran cuba] vat **3.** *CAM, COL, MÉX* [bañera] bathtub

tinaja nf (large) pitcher

tinción nf dyeing

tinerfeño, -a ■ adj of/from Tenerife
■ nm,f person from Tenerife

tinglado nm **1.** [cobertizo] shed **2.** [armazón] platform **3.** [lío] fuss / [maquinación] plot

tinieblas nfpl darkness ▸ *Fig* **estar en ~ sobre algo** to be in the dark about sth

tino nm **1.** [puntería] good aim **2.** [habilidad] skill **3.** [juicio] sense, good judgement / [prudencia] moderation

tinta nf ink ▸ **andarse con medias tintas** to be wishy-washy ▸ **cargar** *o* **recargar las tintas** to exaggerate ▸ **se han escrito ríos de ~ sobre el tema** people have written reams on the subject ▸ **saberlo de buena ~** to have it on good authority ▸ **sudar ~** to sweat blood ▸ **~ china** Indian ink ▸ **~ indeleble** marking ink ▸ **~ invisible** *o* **simpática** invisible ink

tintar vt to dye

tinte nm **1.** [sustancia] dye **2.** [operación] dyeing **3.** [tintorería] dry cleaner's **4.** [rasgo] overtone ▸ **una novela de tintes autobiográficos** a novel with autobiographical overtones *o* elements

tintero nm [frasco] ink pot / [en la mesa] inkwell ▸ **dejarse algo en el ~** to leave sth unsaid

tintinear vi to jingle, to tinkle

tintineo nm tinkle, tinkling

tinto, -a ■ adj **1.** [vino] red **2.** [teñido] dyed **3.** [manchado] stained
■ nm [vino] red wine

tintorera nf porbeagle, mackerel shark

tintorería nf dry cleaner's

tintorero, -a nm,f dry cleaner

tintorro nm *Fam* cheap red wine, *BR* red plonk

tintura nf **1.** QUÍM tincture ▸ **~ de yodo** (tincture of) iodine **2.** [tinte] dye / [proceso] dyeing

tiña nf MED ringworm

tiñera *etc ver* ***teñir***

tiño *ver* ***teñir***

tiñoso, -a adj **1.** MED suffering from ringworm **2.** *Fam* [miserable] grotty

tío, -a nm,f **1.** [familiar] uncle, *f* aunt ▸ **~ abuelo** great uncle, *f* great aunt ▸ **~ carnal** uncle, *f* aunt *(blood relative)* ▸ *Fig* **el ~ Sam** Uncle Sam **2.** *ESP Fam* [hombre] guy, *BR* bloke / [mujer] woman / [mujer joven] girl ▸ **~ bueno** hunk ▸ **tía buena** gorgeous woman *o BR* bird **3.** *ESP Fam* [apelativo] [hombre] pal, *BR* mate ▸ [mujer] **¡tía, déjame en paz!** leave me alone, will you? ▸ **¡tía, qué guapa estás!** wow, you look fantastic! **4.** *Fam* **no hay tu tía, no puedo abrir el cajón** this drawer just refuses to open ▸ **por más que se lo pido, no hay tu tía** I've asked him and asked him, but he's not having any of it

tiovivo nm merry-go-round, *US* carousel

tiparraco, -a ➤ ***tipejo***

tipazo nm *Fam* [de mujer] great figure / [de hombre] good build

tipear vt & vi *AM* to type

tipejo, -a, tiparraco, -a nm,f *Fam Pey* individual, character

típico, -a adj [característico] typical (**de** of) / [traje, restaurante] traditional ▸ **es un plato ~ de Francia** this is a typical French dish ▸ **es un rasgo ~ de los orientales** it is a characteristic feature of orientals ▸ **es ~ de** *o* **en él llegar tarde** it's typical of him to arrive late ▸ **¿y qué hicisteis? – pues lo ~** so what did you do? – all the usual *o* typical things

tipificación nf **1.** [gen] & DER classification **2.** [normalización] standardization **3.** [paradigma, representación] epitome

tipificar [59] vt **1.** [gen] & DER to classify **2.** [normalizar] to standardize **3.** [representar] to epitomize, to typify

tipismo nm local colour

tiple ■ nmf [cantante] soprano
■ nm **1.** [voz] soprano **2.** [guitarra] treble guitar

tipo, -a ■ nm,f *Fam* [hombre] guy, *BR* bloke / [mujer] woman / [mujer joven] girl
■ nm **1.** [clase] type, sort ▸ **no es mi ~** he's not my type ▸ **todo ~ de** all sorts of ▸ **personas de todo ~** all sorts of people ▸ **no me gustan las películas de ese ~** I don't like those sorts of movies *o* movies like that **2.** [cuerpo] [de mujer] figure / [de hombre] build ▸ **tiene muy buen ~** she has a very good body ▸ *Fam* **jugarse el ~** to risk one's neck ▸ *Fam* **aguantar** *o* **mantener el ~** to keep one's cool, not to lose one's head **3.** ECON rate ▸ **~ de cambio** exchange rate ▸ **~ de descuento** base rate ▸ **~ impositivo** tax band ▸ **~ de interés** interest rate ▸ **tipo (de interés) hipotecario** mortgage rate **4.** IMPRENTA type

tipografía nf **1.** [procedimiento] printing **2.** [taller] printing works *(singular)*

tipográfico, -a adj typographical, printing ▸ **industria tipográfica** printing industry

tipógrafo, -a nm,f printer

tipología nf typology

típula nf daddy-longlegs

tíquet (pl **tíquets**) nm **1.** [billete] ticket **2.** [recibo] **~ (de compra)** receipt

tiquismiquis ■ adj inv [maniático] pernickety
■ nmf inv [maniático] fusspot
■ nmpl **1.** [riñas] squabbles **2.** [bagatelas] trifles

tira ■ nf **1.** [banda cortada] strip **2.** [tirante] strap **3.** [de viñetas] **~ (cómica)** comic *o* cartoon strip **4.** *Fam* **me gustó la ~** I really loved it ▸ **¿tienes juguetes? – ¡la ~!** have you got any toys? – loads (of them)! ▸ **la ~ de** loads of ▸ **hace la ~ que no viene por aquí** it's ages since she's been here
■ nm **hubo un ~ y afloja entre las dos partes** there was a lot of hard bargaining between the two sides

tirabeque nm mangetout, *US* snow pea

tirabuzón nm **1.** [rizo] curl **2.** [sacacorchos] corkscrew

tirachinas nm inv *BR* catapult, *US* slingshot

tirada nf **1.** [lanzamiento] throw **2.** IMPRENTA [número de ejemplares] print run / [reimpresión] reprint **3.** [sucesión] series **4.** *Fam* [distancia] **hay una buena ~ hasta allí** it's a fair way *o* quite a stretch ▸ **de** *o* **en una ~** in one go

tiradero nm *MÉX BR* rubbish tip *o* dump, *US* garbage dump

tirado, -a *Fam* ■ adj **1.** [barato] dirt cheap **2.** [fácil] simple, dead easy ▸ **estar ~** to be a cinch **3.** [débil, cansado] worn-out **4.** [miserable] seedy **5.** [abandonado, plantado] **dejar ~ a alguien** to leave sb in the lurch
■ nm,f [persona] wretch

tirador, -ora ■ nm,f [persona] marksman, *f* markswoman
■ nm **1.** [mango] handle **2.** [de campanilla] bell rope

tiragomas nm inv *BR* catapult, *US* slingshot

tiralíneas nm inv ruling pen, = *pen used with bottled ink for drawing geometrical figures, plans etc*

Tirana n Tirana

tiranía nf tyranny

tiránico, -a adj tyrannical

tiranizar [14] vt to tyrannize

tirano, -a ■ adj tyrannical
■ nm,f tyrant

tiranosaurio nm tyrannosaurus

tirante ■ adj **1.** [cuerda, goma] taut ▸ **me noto la piel ~** my skin feels stretched **2.** [situación, relaciones] tense ▸ **estar ~ con alguien** to be tense with sb
■ nm **1.** [de tela] strap ▸ **un sostén sin tirantes** a strapless bra ▸ **tirantes** [para pantalones] *BR* braces, *US* suspenders **2.** ARQUIT brace

tirantez nf *también Fig* tension

tirar ■ vt **1.** [lanzar] to throw ▸ **~ algo a algo/alguien** [para que lo agarre] to throw sth to sth/sb [para hacer daño] to throw sth at sth/sb ▸ **tírame una manzana**

throw me an apple **2.** [dejar caer] [objeto] to drop / [líquido] to spill **3.** [derribar] [botella, lámpara] to knock over / [muro, edificio] to knock down **4.** [desechar] to throw away ▸ **~ algo a la basura** to throw sth away ▸ **eso es ~ el dinero** that's a complete waste of money **5.** [disparar] [bala, misil] to fire / [bomba] to drop / [petardo, cohete] to let off / [dardo, flecha] to shoot ▸ **~ una foto** to take a picture **6.** [jugar] [carta] to play / [dado] to throw **7.** DEP [falta, penalti] to take / [balón] to pass ▸ **~ a gol** to shoot, to have a shot at goal **8.** [imprimir] to print **9.** *Fam* [suspender] to fail, *US* to flunk

■ vi **1.** [estirar, arrastrar] **~ (de algo)** to pull (sth) ▸ **la chaqueta me tira de atrás** the jacket's a bit tight at the back **2.** [disparar] to shoot ▸ **~ a matar** to shoot to kill **3.** *Fam* [atraer] to have a pull ▸ **me tira la vida del campo** I feel drawn towards life in the country ▸ **~ de algo** to attract sth **4.** [cigarrillo, chimenea] to draw **5.** *Fam* [funcionar] to go, to work **6.** [dirigirse] to go, to head ▸ **tira por esa calle** go up *o* take that street **7.** [jugar] to (have one's) go **8.** DEP [con el pie] to kick / [con la mano] to throw / [a meta, canasta] to shoot **9.** *Fam* **ir tirando** [apañárselas] to get by ▸ **voy tirando** I'm O.K., I've been worse **10.** [durar] to last **11.** [parecerse] **tira a gris** it's greyish ▸ **tira a su abuela** she takes after her grandmother ▸ **tirando a** approaching, not far from **12.** *Fam* [hacer uso] **~ de algo** to use sth ▸ **hubo que ~ de los ahorros** we had to draw on our savings **13.** [tender] **~ para algo** [persona] to have the makings of sth ▸ **este programa tira a (ser) hortera** this programme is a bit on the tacky side ▸ **el tiempo tira a mejorar** the weather looks as if it's getting better

◆ ***tirarse*** vpr **1.** [lanzarse] [al agua] to dive (**a** into) / [al aire] to jump (**a** into) ▸ **tirarse sobre alguien** to jump on top of sb ▸ **tirarse de** to jump from / [para bajar] to jump down from / [para matarse] to throw oneself from **2.** [tumbarse] to stretch out ▸ **tirarse en el suelo** to stretch out on the ground **3.** *Fam* [pasar tiempo] to spend ▸ **se tiraba todo el día viendo la tele** she'd be in front of the telly all day long, she'd spend the whole day in front of the telly **4.** *muy Fam* [sexualmente] **tirarse a alguien** to lay sb

tirita nf *BR* (sticking) plaster, *US* Band-Aid®

tiritar vi to shiver (**de** with)

tiritona, tiritera nf **le dio una ~** he had a fit of shivering

tiro nm **1.** [disparo] shot ▸ **le dieron un ~ en el brazo** he was shot in the arm ▸ **lo mataron de un ~** he was shot dead ▸ **pegar un ~ a alguien** to shoot sb ▸ **pegarse un ~** to shoot oneself ▸ **~ de gracia** coup de grâce ▸ DEP **~ libre** [en fútbol] free kick / [en baloncesto] free throw ▸ *Fam* **ni a tiros: este cajón no se abre ni a tiros** this drawer just refuses to open ▸ **esta cuenta no me sale ni a tiros** however hard I try I don't seem to be able to get this sum right ▸ **me salió el ~ por la culata** it backfired on me ▸ **no van por ahí los tiros** you're a bit wide of the mark there ▸ *Fam* **sentar como un ~ (a alguien)** to go down badly (with sb) **2.** [acción] shooting ▸ **~ con arco** archery ▸ **~ al blanco** [deporte] target shooting / [lugar] shooting range ▸ **~ al plato** clay-pigeon shooting **3.** [huella, marca] bullet mark / [herida] gunshot wound **4.** [alcance] range ▸ **a ~ de** within range of ▸ **a ~ de piedra** a stone's throw away ▸ **ponerse/estar a ~** [de arma] to come/be within range / *Fig* [de persona] to come/be within one's reach ▸ **si se me pone a ~ no dejaré escapar la ocasión** if the chance comes up, I won't miss it **5.** [de chimenea, horno] draw **6.** [de pantalón] = *distance between crotch and waist* ▸ **vestirse** *o* **ponerse de tiros largos** to dress up to the nines **7.** [de caballos] team

tiroideo, -a adj thyroid ▸ **glándula tiroidea** thyroid (gland)

tiroides nm inv thyroid (gland)

tirolés, -esa ■ adj Tyrolean ▸ **sombrero ~** Tyrolean hat

■ nm,f Tyrolean

tirón nm **1.** [estirón] pull ▸ **de un ~** in one go ▸ **un ~ de orejas** [como reprimenda] a slap on the wrist **2.** [robo] bagsnatching

tironear vt to tug (at)

tirotear ■ vt to fire at

■ vi to shoot

◆ ***tirotearse*** vpr to fire at each other

tiroteo nm [tiros] shooting / [intercambio de disparos] shootout

Tirreno nm **el (mar) ~** the Tyrrhenian Sea

tirria nf *Fam* **le tengo ~** I can't stand him

tisana nf herbal tea

tísico, -a adj & nm,f MED consumptive

tisis nf inv MED (pulmonary) tuberculosis

tisú nm [tela] lamé

titán nm giant

titánico, -a adj titanic

titanio nm titanium

títere nm *también Fig* puppet ▸ **no dejar ~ con cabeza** [destrozar] to destroy everything in sight / [criticar] to spare nobody ▸ **títeres** [guiñol] puppet show

titi nf *ESP muy Fam* [chica] *BR* bird, *US* broad

tití (pl **tities** *o* **titís**) nm [mono] titi, = *small monkey common in Central and South America*

Titicaca nm **el lago ~** Lake Titicaca

titilar vi **1.** [temblar] to tremble **2.** [estrella, luz] to flicker

titiritar vi to shiver (**de** with)

titiritero, -a nm,f **1.** [de títeres] puppeteer **2.** [acróbata] acrobat

titubeante adj [actitud] hesitant / [voz] hesitant, faltering

titubear vi [dudar] to hesitate / [al hablar] to falter, to hesitate

titubeo nm [duda, al hablar] hesitation, hesitancy ▸ **tras muchos titubeos** after much hesitation

titulación nf [académica] qualifications

titulado, -a ■ adj [diplomado] qualified / [licenciado] graduate ▸ **abogado ~** law graduate ▸ **~ en** with a qualification/degree in

■ nm,f [diplomado] holder of a qualification / [licenciado] graduate

titular ▪ adj [profesor] tenured ▸ **el equipo ~** the first team
▪ nmf [poseedor] holder / [profesor] tenured lecturer ▸ **~ de una tarjeta de crédito/cuenta corriente** credit card/current account holder
▪ nm PRENSA headline ▸ **con grandes titulares** splashed across the front page
▪ vt [libro, cuadro] to call, to title
◆ ***titularse*** vpr **1.** [llamarse] to be titled *o* called ▸ **¿cómo se titula la película?** what's the title of the movie?, what's the movie called? **2.** [licenciarse] to graduate (**en** in) / [diplomarse] to obtain a qualification (**en** in) ▸ **se tituló por la universidad de Cuernavaca** she graduated from *o* did her degree at Cuernavaca university

titularidad nf DEP **perder la ~** to lose one's first-team place

título nm **1.** [de obra] title ▸ CINE **títulos de crédito** credits ▸ **~ nobiliario** title **2.** [licenciatura] degree / [diploma] diploma ▸ **tiene muchos títulos** she has a lot of qualifications ▸ **~ universitario** university degree **3.** [de derecho, obligación] [documento] deed ▸ **~ de propiedad** title deed **4.** FIN security ▸ **~ de acción** *BR* share *o US* stock certificate
◆ ***a título*** loc prep **a ~ individual** on an individual basis ▸ **a ~ de amigo** as a friend

tiza nf chalk ▸ **una ~** a piece of chalk

tiznadura nf **1.** [acción] blackening, dirtying **2.** [mancha] black mark

tiznar vt to blacken
◆ ***tiznarse*** vpr to be blackened

tizne nm o nf soot

tizón nm burning stick *o* log

tizona nf sword

tlapalería nf *MÉX* ironmonger's (shop)

TLC nm (abrev de ***Tratado de Libre Comercio***) NAFTA, North American Free Trade Agreement

CULTURA / CULTURE

TLC

The best known TLC ("Tratado de Libre Comercio") in the Western hemisphere is the NAFTA agreement – also known as the TLCAN ("Tratado de Libre Comercio de América del Norte") in Spanish – between the USA, Mexico and Canada, which came into force in January 1994. However, the number of such agreements is growing. For example, Mexico has separate agreements with the EU, Nicaragua, Chile and Israel, among others, while Chile in turn also has agreements with the EU, Korea and with the USA. The economic and social effects of such agreements are likely to remain controversial, and it is not clear how they will relate to the "Área de Libre Comercio de las Américas" (ALCA) ("Free Trade Area of the Americas" or FTAA), which is planned for 2005.

TNT nm (abrev de ***trinitrotolueno***) TNT

toalla nf **1.** [para secarse] towel ▸ *Fig* **arrojar** *o* **tirar la ~** to throw in the towel ▸ **~ de baño** bath towel ▸ *AM* **~ femenina** *o* **sanitaria** sanitary *BR* towel *o US* napkin **2.** [tejido] towelling

toallero nm towel *BR* rail *o US* bar

toallita nf **1.** [para la cara] face cloth **2.** [refrescante] towelette **3.** [para bebés] baby *o* wet wipe

toallón nm *RP* [de baño] bath towel / [de playa] beach towel

toba nf *Fam* [papirotazo] flick

tobera nf [de horno] air inlet / [de propulsor] nozzle

tobillera nf ankle support

tobillo nm ankle

tobogán nm **1.** [rampa] slide / [en parque de atracciones] helter-skelter / [en piscina] chute, flume **2.** [trineo] toboggan / [pista] toboggan run

toca nf wimple

tocadiscos nm inv record player

tocado, -a ▪ adj **1.** *Fam* [loco] **~ (del ala)** soft in the head **2.** [fruta] bad, rotten
▪ nm **1.** [prenda] headgear **2.** [peinado] hairdo

tocador nm **1.** [mueble] dressing table **2.** [habitación] [en lugar público] powder room / [en casa] boudoir

tocamientos nmpl **1.** DER sexual assault **2.** *Euf* [masturbación] touching oneself

tocante adj **(en lo) ~ a** regarding

tocar [59] ▪ vt **1.** [entrar en contacto con] to touch / [palpar] to feel **2.** [hacer sonar] [instrumento, canción] to play / [bombo] to bang / [sirena, alarma] to sound / [campana, timbre] to ring ▸ **el reloj tocó las doce** the clock struck twelve **3.** [abordar] [tema] to touch on ▸ **no toques ese tema** don't mention that subject **4.** [concernir] **por lo que a mí me toca/a eso le toca** as far as I'm/that's concerned ▸ **~ a alguien de cerca** to concern sb closely **5.** [conmover] to touch
▪ vi **1.** [entrar en contacto] to touch **2.** [estar próximo] **~ con** [pared, mueble] to be touching / [país, jardín] to border (on) **3.** [llamar] **~ a la puerta/ventana** to knock on the door/window **4.** [en un reparto] **le tocó la mitad** he got half of it ▸ **tocamos a dos trozos cada uno** there's enough for two slices each ▸ **tocamos a mil cada uno** [nos deben] we're due a thousand each / [debemos] it's a thousand each ▸ **te toca a ti hacerlo** [turno] it's your turn to do it / [responsabilidad] it's up to you to do it ▸ **a mí me toca fregar la cocina** I've got to mop the kitchen **5.** [caer en suerte] **me ha tocado la lotería** I've won the lottery ▸ **le ha tocado sufrir mucho** he has had to suffer a lot **6.** [llegar el momento] **hoy toca limpiar** it's cleaning day today ▸ **ahora toca divertirse** now it's time to have some fun
◆ ***tocarse*** vpr **1.** (reflexivo) [palparse] to touch **2.** [dos objetos, personas] [estar en contacto] to touch

tocata ▪ nm *Fam* [tocadiscos] record player
▪ nf MÚS toccata

tocateja: a tocateja loc adv in cash

tocayo, -a nm,f namesake ▸ **somos tocayos** we have the same (first) name

tocho ▪ adj *Fam* [grande] huge
▪ nm **1.** *Fam* [cosa grande] massive *o* huge great thing /

[libro] massive tome **2.** [hierro] iron ingot

tocinería nf pork butcher's (shop)

tocinero, -a nm,f pork butcher

tocino nm **1.** [para cocinar] pork *o* bacon fat ▸ **~ entreverado** = *pork fat containing streaks of meat* **2.** *MÉX* [beicon] bacon **3. ~ de cielo** = *dessert made of syrup and eggs*

tocología nf obstetrics

tocólogo, -a nm,f obstetrician

tocomocho nm = *confidence trick involving the sale of a lottery ticket, claimed to be a certain winner, for a large amount of money*

tocón nm stump

todavía adv **1.** (con afirmación) still (con negación) / yet, still ▸ **están ~ aquí** they are still here ▸ **¿pero vive ~?** but is she still alive? ▸ **~ no** not yet ▸ **~ no lo he recibido** I still haven't got it, I haven't got it yet **2.** [con más énfasis] still ▸ **he hecho todo lo que me ha pedido y ~ no está contento** I've done everything he asked and he still isn't happy **3.** [incluso] even ▸ **~ más** even more ▸ **¡~ querrá más!** I hope he's not going to ask for more!

todo, -a ■ adj **1.** [en general] all ▸ **~ el día** all day ▸ **~ el libro** the whole book, all (of) the book ▸ **~ el mundo** everybody **2.** [cada, cualquier] every ▸ **todos los días/lunes** every day/Monday ▸ **~ español** every Spaniard, all Spaniards **3.** [para enfatizar] **es ~ un hombre** he's every inch a man ▸ **ya es toda una mujer** she's a grown woman now ▸ **fue ~ un éxito** it was a great success

■ pron **1.** [singular] everything / [plural] all of them ▸ **lo vendió ~** he sold everything, he sold it all ▸ **de ~** everything (you can think of) **2. todos** [todas las personas] everybody / [todas las cosas] all of them ▸ **vinieron todos** everybody *o* they all came ▸ **están todos rotos** they're all broken, all of them are broken **3.** [expresiones] **ante ~** [sobre todo] above all / [en primer lugar] first of all ▸ **con ~** despite everything ▸ **del ~** completely ▸ **no estoy del ~ contento** I'm not entirely happy ▸ **no lo hace mal del ~** she doesn't do it at all badly ▸ **después de ~** after all ▸ **estar en ~** to think of everything ▸ **de todas todas** without a shadow of a doubt ▸ **sobre ~** above all ▸ **~ lo más** at the most ▸ **me invitó a cenar y ~** she even asked me to dinner

■ nm whole ▸ **jugarse el ~ por el ~** to stake everything

todopoderoso, -a adj almighty ▸ **el Todopoderoso** the Almighty

todoterreno nm **1.** [vehículo] four-wheel drive, all-terrain vehicle **2.** [persona] all-rounder

toffee ['tofe] nm coffee-flavoured toffee

tofu nm tofu

toga nf **1.** [romana] toga **2.** [de académico] gown / [de magistrado] robes **3.** [en el pelo] **hacerse la ~** = *to wrap one's wet hair round one's head and cover it with a towel to dry, in order to straighten out curls*

togado, -a adj robed

Togo n Togo

toilette [twa'let] ■ nm *CSUR* toilet, lavatory

■ nf *Anticuado* **hacer la ~** to perform one's toilet(te)

toisón nm **~ de oro** [insignia] golden fleece

tojo nm gorse

Tokio n Tokyo

toldo nm [de tienda] awning / [de playa] sunshade

toledano, -a ■ adj of/from Toledo

■ nm,f person from Toledo

Toledo n Toledo

tolerable adj **1.** [aguantable] tolerable **2.** [perdonable] acceptable

tolerado, -a adj [película] suitable for all ages, *BR* ≃ U

tolerancia nf tolerance

tolerante ■ adj tolerant

■ nmf tolerant person

tolerar vt **1.** [consentir aceptar] to tolerate ▸ **~ que alguien haga algo** to tolerate sb doing sth ▸ **no tolero esa actitud** I won't tolerate that sort of attitude ▸ **¡cómo toleras que te hable así!** how can you let him talk to you like that! **2.** [aguantar] [altas temperaturas] to stand, to tolerate / [medicinas] to tolerate ▸ **esta planta tolera muy bien la sequedad** this plant survives very well in dry conditions

tolva nf hopper

toma ■ nf **1.** [acción de tomar] **~ de decisiones** decision-making ▸ **~ de posesión** [de gobierno, presidente] investiture / [de cargo] undertaking **2.** [de biberón, papilla] feed **3.** [de medicamento] dose **4.** [de ciudad] capture **5.** [de agua, aire] inlet ▸ ELEC **~ de corriente** power point, socket ▸ ELEC **~ de tierra** *BR* earth, *US* ground **6.** CINE [plano] take ▸ **~ de exteriores** location shot

■ nm *Fam* **~ y daca** give and take

tomacorriente nm *AM* power point, socket

tomadura nf **~ de pelo** hoax

tomahawk [toma'χauk] (pl **tomahawks**) nm tomahawk

tomar ■ vt **1.** [agarrar, obtener, recibir] to take **2.** [comida, bebida] to have ▸ **¿qué quieres ~?** [beber] what would you like (to drink)? / *ESP* [comer] what would you like (to eat)? **3.** [trasporte] [autobús, tren] to catch / [taxi, ascensor] to take **4.** [adquirir] [actitud, costumbre] to adopt ▸ **tomarle manía/cariño a algo/alguien** to take a dislike/a liking to sth/sb **5.** [apuntar] [datos, información] to take down **6.** [exponerse a] **~ el sol** to sunbathe ▸ **~ el aire** *o* **el fresco** to go out for a breath of fresh air **7.** [considerar, confundir] **~ a alguien por algo/alguien** to take sb for sth/sb **8.** [expresiones] *Fam* **tomarla con alguien** to have it in for sb ▸ **¡toma ésa!** [expresa venganza] that'll teach you!, chew on that!

■ vi **1.** [encaminarse] to go, to head **2.** *AM* [beber alcohol] to drink **3. toma** [al dar algo] here you are

◆ ***tomarse*** vpr **1.** [comida, bebida] to have / [tiempo, medicina] to take **2.** [interpretar] to take ▸ **tomarse algo bien/a mal/en serio** to take sth well/badly/seriously

■ interj *Fam* **¡~!** [expresa sorpresa] good grief!, *BR* blimey! ▸ **¡~ ya!, ¡qué golazo!** wow, what a goal!

tomate nm **1.** [fruto] tomato ▸ **ponerse como un ~** to go as red as a *BR* beetroot *o* *US* beet ▸ **~ frito** = *unconcentrated puree made by frying peeled tomatoes* ▸ **~ ketchup** tomato ketchup **2.** *Fam* [de calcetín] hole **3.** *Fam* [jaleo] uproar, commotion

tomatera nf tomato plant

tomavistas nm inv cine camera

tómbola nf tombola

tomillo nm thyme

tomo nm **1.** [volumen] volume **2.** [libro] tome

tomografía nf tomography

ton: sin ton ni son loc adv for no apparent reason

tonada nf **1.** [melodía] tune **2.** *AM* [acento] (regional) accent

tonadilla nf ditty

tonadillero, -a nm,f ditty singer/writer

tonal adj tonal

tonalidad nf **1.** MÚS key **2.** [de color] tone

tonel nm [recipiente] barrel ▸ **estar/ponerse como un ~** to be/become (like) an elephant *o* a whale

tonelada nf tonne ▸ **~ métrica** metric ton, tonne ▸ **pesar una ~** to weigh a ton

tonelaje nm tonnage

tóner (pl **tóner** *o* **tóners**) nm toner

Tonga n Tonga

tongada nf layer

tongo nm [engaño] **en la pelea hubo ~** the fight was fixed

tónica nf **1.** [tendencia] trend **2.** MÚS tonic **3.** [bebida] tonic water

tónico, -a ■ adj **1.** [reconstituyente] revitalizing **2.** GRAM & MÚS tonic
■ nm **1.** [reconstituyente] tonic **2.** [cosmético] skin toner

tonificación nf invigoration

tonificante, tonificador, -ora adj invigorating

tonificar [59] vt to invigorate

tonillo nm *Pey* [retintín] sarcastic tone of voice

tono nm **1.** [de sonido, palabras] tone ▸ **¡no me hables en ese ~!** don't speak to me in that tone (of voice)! ▸ **subir el ~, subir de ~** [volumen, ruido] to get *o* grow louder / [situación] to get angrier and angrier ▸ **~ de voz** tone of voice ▸ **~ de llamada** [de teléfono] *BR* dialling *o US* dial tone **2.** [de color] shade, tone ▸ **~ de piel** complexion **3.** [de músculo] tone ▸ **~ muscular** muscle tone **4.** MÚS [tonalidad] key / [altura] pitch / [intervalo] tone, *US* step ▸ **~ mayor** major key ▸ **~ menor** minor key **5.** [expresiones] **estar a ~ con algo** to suit sth ▸ *Fam* **darse ~** to give oneself airs ▸ **fuera de ~** out of place ▸ **ponerse a ~** [emborracharse] to get in the mood

tonsura nf tonsure

tonsurado nm [sacerdote] priest

tontaina *Fam* ■ adj daft
■ nmf daft idiot

tontear vi **1.** [hacer el tonto] to fool about **2.** [coquetear] **~ (con alguien)** to flirt (with sb)

tontería, *AM* ***tontera*** nf **1.** [estupidez] stupid thing ▸ **decir una ~** to say something stupid, to talk nonsense ▸ **decir tonterías** to talk nonsense ▸ **hacer una ~** to do sth foolish ▸ **hizo la ~ de decírselo** he was stupid enough to tell her **2.** [cosa sin importancia o valor] trifle ▸ **¿qué te ha pasado? – nada, una ~** what happened to you? – oh, it's nothing serious ▸ **por hacer cuatro tonterías me ha cobrado 100 euros** he charged me 100 euros for doing next to nothing

tonto, -a ■ adj **1.** [persona] [estúpido] stupid / [menos fuerte] silly ▸ **pero ¿seré ~? otra vez me he vuelto a confundir** I must be stupid or something, I've gone and got it wrong again ▸ **nos toman por tontos** they think we're idiots ▸ **¿estás ~? para qué me pegas?** don't be stupid! what are you hitting me for? ▸ **ponerse ~** [pesado, insistente] to be difficult / [arrogante] to get awkward ▸ **~ remate** daft as a brush **2.** [retrasado] dim, backward **3.** [sin sentido] [risa] mindless / [esfuerzo] pointless ▸ **a lo ~** [sin notarlo] without realizing it
■ nm,f idiot ▸ **el ~ del pueblo** the village idiot ▸ **hacer el ~** [juguetear] to mess around / [no actuar con inteligencia] to be stupid *o* foolish ▸ **hacerse el ~** to act innocent ▸ **a tontas y a locas** without thinking

tontorrón, -ona ■ adj daft
■ nm,f daft idiot

toña nf *Fam* [borrachera] **cogerse una ~** to get smashed *o BR* pissed

top (pl **tops**) nm [prenda] cropped top

topacio nm topaz

topadora nf *RP* bulldozer

topar vi **1.** [chocar] to bump into each other **2.** [encontrarse] **~ con alguien** to bump into sb ▸ **~ con algo** to come across sth
◆ ***toparse*** vpr **toparse con** [persona] to bump into / [cosa] to come across

tope ■ adj inv **1.** [máximo] top, maximum ▸ **fecha ~** deadline **2.** *ESP Fam* [genial] fab, *BR* brill
■ adv *Fam* [muy] mega, really
■ nm **1.** [pieza] block / [para puerta] doorstop **2.** FERROC buffer **3.** [límite máximo] limit / [de plazo] deadline **4.** *MÉX* [para velocidad] speed bump, *BR* sleeping policeman **5.** [freno] **poner ~ a** to rein in, to curtail **6.** [expresiones] **a ~** [de velocidad, intensidad] flat out / [lleno] packed ▸ **abrir el grifo a ~** to turn the *BR* tap *o US* faucet on full ▸ **estar hasta los topes** to be bursting at the seams

topera nf molehill

topetazo nm bump ▸ **darse un ~** [en la cabeza] to bump oneself on the head

topetear vi to butt

tópico, -a ■ adj **1.** MED topical **2.** [manido] clichéd
■ nm cliché

FALSO AMIGO / FALSE FRIEND

tópico

Topic is not a translation of the Spanish word *tópico*. **Topic** is translated by *tema, asunto*.

topless ['toples] nm inv topless sunbathing ▸ **en ~** topless ▸ **hacer ~** to go topless

topo nm **1.** ZOOL & *Fig* mole **2.** *ESP* [lunar en tela] polka dot ▸ **una falda de topos** a polka-dot skirt

topografía nf topography

topográfico, -a adj topographical

topógrafo, -a nm,f topographer

topología nf topology

toponimia nf **1.** [nombres] place names **2.** [ciencia] toponymy

topónimo nm place name

toque ■ *ver* ***tocar***
■ nm **1.** [golpe] knock ▸ **dio unos toques en la puerta** she knocked on the door **2.** [detalle] touch ▸ **dar los últimos toques a algo** to put the finishing touches to sth **3.** [aviso] warning ▸ **dar un ~ a alguien** [llamar] to call sb / [llamar la atención] to prod sb, to warn sb ▸ **~ de atención** warning **4.** [sonido] [de campana] chime / [de tambor] beat / [de sirena] blast ▸ **~ de diana** reveille ▸ **~ de difuntos** death knell ▸ **~ de queda** curfew

toquetear ■ vt [manosear] [cosa] to fiddle with / [persona] to fondle
■ vi *Fam* [sobar] to fiddle about

toqueteo nm [de cosa] fiddling / [a persona] fondling

toquilla nf shawl

tora nf [libro] Torah

torácico, -a adj thoracic

tórax nm inv thorax

torbellino nm **1.** [remolino] [de aire] whirlwind / [de agua] whirlpool / [de polvo] dustcloud **2.** [de actividad, emociones] whirlwind **3.** [persona inquieta] whirlwind

torcaz adj **paloma ~** ringdove, wood pigeon

torcedura nf **1.** [torsión] twist **2.** [esguince] sprain

torcer [15] ■ vt **1.** [retorcer] [cuerda, cuerpo] to twist / [doblar] [aguja, alambre] to bend ▸ **~ el gesto** to pull a face **2.** [girar] to turn ▸ **torció la cabeza** she turned her head **3.** [persona] to corrupt
■ vi [girar] to turn ▸ **el camino tuerce a la izquierda** the road turns to the left
◆ ***torcerse*** vpr **1.** [retorcerse] [cuerda, cuerpo] to twist / [doblarse] [aguja, alambre] to bend ▸ **me tuerzo al andar/escribir** I can't walk/write in a straight line ▸ **se ha torcido el cuadro** the painting's not straight **2.** [lastimarse] **torcerse el tobillo** to twist one's ankle **3.** [ir mal] [esperanzas, negocios, día] to go wrong / [persona] to go astray

torcido, -a adj [enroscado] twisted / [doblado] bent / [cuadro, corbata] crooked

tordo, -a ■ adj dappled
■ nm,f [caballo] dapple (horse)
■ nm [pájaro] thrush

toreador, -ora nm,f bullfighter

torear ■ vt **1.** [lidiar] to fight *(bulls)* **2.** [eludir] to dodge **3.** [burlarse de] **~ a alguien** to mess sb about
■ vi [lidiar] to fight bulls

toreo nm bullfighting

torera nf **1.** [prenda] bolero (jacket) **2. saltarse algo a la ~** to flout sth

torero, -a nm,f [persona] bullfighter

toril nm bullpen *(in bullring)*

tormenta nf storm ▸ *Fig* **esperar a que pase la ~** to wait until things have calmed down ▸ *Fig* **fue una ~ en un vaso de agua** it was *BR* a storm in a teacup *o US* a tempest in a teapot ▸ **~ de arena** sandstorm ▸ **~ eléctrica** electric storm ▸ **~ de ideas** brainstorming session ▸ **~ de nieve** snowstorm

tormento nm [dolor físico] torment, agony / [angustia] torment, anguish ▸ **el ~ de un amor no correspondido** the torment *o* anguish of unrequited love ▸ **ser un ~** [persona] to be a torment / [cosa] to be torture

tormentoso, -a adj [cielo, día, relación] stormy / [época] troubled, turbulent

tornadizo, -a adj fickle

tornado nm tornado

tornar ■ vt **1.** [convertir] **~ algo en algo** to turn sth into sth **2.** [devolver] to return
■ vi **1.** [regresar] to return **2.** [volver a hacer] **~ a hacer algo** to do sth again
◆ ***tornarse*** vpr **1.** [volverse] to become **2.** [convertirse] **tornarse en** to turn into

tornas nfpl **volver las ~** to turn the tables ▸ **las ~ han cambiado** the boot is on the other foot

tornasol nm **1.** [girasol] sunflower **2.** [reflejo] sheen **3.** QUÍM **papel de ~** litmus paper

tornasolado, -a adj iridescent

torneado, -a ■ adj **1.** [madera] turned **2.** [brazos, piernas] shapely
■ nm [de madera] turning

tornear vt to turn

torneo nm tournament, *US* tourney

tornero, -a nm,f [con madera] lathe operator

tornillo nm **1.** [con punta] screw / [con tuerca] bolt **2.** [expresiones] **apretar los tornillos a alguien** to put the screws on sb ▸ *Fam* **le falta un ~** he has a screw loose

torniquete nm **1.** MED tourniquet **2.** [en entrada] turnstile

torno nm **1.** [de dentista] drill **2.** [de alfarero] (potter's) wheel **3.** [de carpintero] lathe **4.** [para pesos] winch
◆ ***en torno a*** loc prep [alrededor de] around, round / [aproximadamente] around, about ▸ **la familia se reunía en ~ al televisor** the family gathered round *o* around the television ▸ **girar en ~ a** [tema] to revolve around ▸ **el debate giró en ~ al tema del euro** the debate revolved around the subject of the euro ▸ **el misterio que gira en ~ a su muerte** the mystery surrounding her death ▸ **ocurrió en ~ a finales de siglo** it happened somewhere around the turn of the century

toro nm bull ▸ **los toros** [lidia] bullfighting ▸ **~ de lidia** fighting bull ▸ *Fig* **agarrar** *o ESP* **coger el ~ por los cuernos** to take the bull by the horns ▸ *Fig* **ver los toros desde la barrera** to watch from the wings ▸ **ir a los toros** to go to a bullfight ▸ *Fig* **nos va a pillar el ~** we're going to be late

toronja nf grapefruit

toronjil nm lemon balm

Toronto n Toronto

torpe adj **1.** [sin destreza, sin tacto] clumsy ▸ **sus movimientos son torpes** her movements are clumsy ▸ **~ con las manos** [que rompe las cosas] *esp BR* ham-fisted, *US* ham-handed / [que deja caer las cosas] butter-fingered ▸ **es muy ~ conduciendo** he's a terrible driver

2. [sin inteligencia] slow, dim-witted

torpedear vt to torpedo

torpedero nm torpedo boat

torpedo nm **1.** [proyectil] torpedo **2.** [pez] electric ray

torpeza nf **1.** [falta de destreza, tacto] clumsiness ▸ **fue una ~ hacerlo/decirlo** it was a clumsy thing to do/say **2.** [falta de inteligencia] slowness

torpor nm torpor, sluggishness

torrar vt to roast
◆ ***torrarse*** vpr *Fam* to be roasting

torre nf **1.** [construcción] tower ▸ **~ (de apartamentos)** high-rise (apartment) block, *BR* tower block ▸ **una ~ de quince pisos** a fifteen-storey block ▸ **la Torre de Babel** the Tower of Babel ▸ **~ de control** control tower ▸ **~ del homenaje** keep ▸ *Fig* **~ de marfil** ivory tower ▸ **~ de perforación** oil derrick ▸ **~ de refrigeración** cooling tower ▸ **~ del reloj** clock tower **2.** [en ajedrez] rook, castle **3.** MIL turret **4.** ELEC pylon **5.** INFORM tower (computer)

torrefacto, -a adj high-roast ▸ **café ~** high-roast coffee

torrencial adj torrential

torrente nm torrent ▸ **un ~ de** [gente, palabras] a stream *o* flood of / [dinero, energía] masses of

torrentera nf channel *(made by flowing water)*

torreón nm large fortified tower

torreta nf **1.** MIL turret **2.** ELEC pylon

torrezno nm = *chunk of fried bacon*

tórrido, -a adj torrid

torrija nf = *French toast topped with cinnamon and sugar or golden syrup, typically eaten at Easter*

torsión nf **1.** [del cuerpo, brazo] twist, twisting **2.** MEC torsion

torso nm torso

torta nf **1.** CULIN *ESP* [de harina] = *flat, round plain cake* / *CSUR, VEN* [dulce] cake / *ANDES, CAM, CARIB, RP* [salada] pie / *MÉX* [tortilla] flat omelette, frittata / *MÉX* [sandwich] filled roll ▸ *Fig* **nos costó la ~ un pan** it cost us an arm and a leg **2.** *Fam* [bofetada] slap (in the face) ▸ **dar** *o* **pegar una ~ a alguien** to slap sb (in the face) **3.** *Fam* [golpe, accidente] thump ▸ **darse** *o* **pegarse una ~** [al caer] to bang oneself / [con el coche] to have a smash **4.** *Fam* **ni ~** not a thing

tortazo nm *Fam* **1.** [bofetón] slap (in the face) ▸ **dar** *o* **pegar un ~ a alguien** to slap sb (in the face) ▸ **liarse a tortazos** to come to blows **2.** [golpe, accidente] thump, wallop ▸ **darse** *o* **pegarse un ~** to give oneself a real thump *o* wallop / [con el coche] to have a crash

tortería nf *MÉX* sandwich shop, *US* luncheonette

tortícolis nf inv = *crick in the neck*

tortilla nf **1.** [de huevo] omelette ▸ *Fig* **dar la vuelta a la ~** to turn everything upside down ▸ **~ (a la) española** Spanish *o* potato omelette ▸ *ESP* **~ (a la) francesa** French *o* plain omelette **2.** [de maíz] tortilla, = *thin maize pancake*

tortillera nf *muy Fam* dyke, lezzy

tortillería nf *AM* = *shop selling (corn) tortillas*

tortita nf small pancake

tórtola nf turtledove

tortolito, -a nm,f **1.** [inexperto] novice **2.** *Fam* [enamorado] lovebird

tortuga nf [terrestre] tortoise, *US* turtle / [marina] turtle / [fluvial] terrapin ▸ *Fig* **ser una ~** [ser lento] to be a snail

tortuosidad nf **1.** [sinuosidad] tortuousness **2.** [perversidad] deviousness

tortuoso, -a adj **1.** [sinuoso] tortuous, winding **2.** [perverso] devious

tortura nf torture

torturador, -ora ■ adj torturing
■ nm,f torturer

torturar vt to torture
◆ ***torturarse*** vpr to torture oneself

torunda nf [de algodón] swab

torvo, -a adj fierce

torzamos *ver* ***torcer***

tos nf cough ▸ **~ ferina** whooping cough

Toscana nf **(la) ~** Tuscany

toscano, -a adj & nm,f Tuscan

tosco, -a adj **1.** [primitivo] crude **2.** [persona, modales] rough

toser vi to cough

tosferina nf whooping cough

tosquedad nf **1.** [de objeto] crudeness **2.** [de persona, modales] roughness

tostada nf piece of toast ▸ **tostadas** toast

tostadero nm [de café] roaster

tostado, -a adj **1.** [pan] toasted / [almendras, café] roasted **2.** [color] brownish **3.** [piel] tanned

tostador nm toaster

tostar **[63]** vt **1.** [dorar, calentar] [pan] to toast / [café, almendras] to roast / [carne] to brown **2.** [broncear] to tan
◆ ***tostarse*** vpr to get brown ▸ **tostarse al sol** to sunbathe

tostón nm **1.** *Fam* [aburrimiento] bore, drag ▸ **dar el ~ a alguien** to pester sb, to go on and on at sb **2.** *Fam* [persona] pain **3.** [de pan] crouton **4.** [cochinillo] roast sucking pig

total ■ adj **1.** [completo] [cifra, coste] total / [confianza, ruptura] total, complete **2.** *Fam* [fantástico] fab, *BR* brill
■ nm **1.** [suma] total ▸ **me da un ~ de 580 libras** I make it £580 **2.** [totalidad, conjunto] whole ▸ **el ~ del grupo** the whole group ▸ **nos costó 200 dólares en ~** it cost us 200 dollars in total *o* all ▸ **en ~ fuimos más de treinta personas** in total there were more than thirty of us
■ adv [en resumen] basically, in a word / [en realidad] anyway ▸ **~ que me marché** so anyway, I left ▸ **~, ¿qué más da?** what difference does it make anyway?

totalidad nf whole ▸ **en su ~** as a whole

totalitario, -a adj & nm,f totalitarian

totalitarismo nm totalitarianism

totalizar **[14]** vt to obtain, to score

totalmente adv totally, completely

tótem (pl **tótems** *o* **tótemes**) nm totem

totémico, -a adj totemic

totogol nm COL, CRICA = *gambling game involving betting on the results of soccer matches, BR* ≃ football pools

totuma nf AM calabash, gourd

Tour [tur] nm **el ~ (de Francia)** the Tour (de France)

tour [tur] (pl **tours**) nm tour ▸ **~ de force** tour de force ▸ **~ operador** tour operator

tournedós [turne'ðo] nm inv tournedos

tournée [tur'ne] nf tour ▸ **estar de ~** to be on tour

toxicidad nf toxicity

tóxico, -a ■ adj toxic, poisonous
■ nm poison

toxicología nf toxicology

toxicológico, -a adj toxicological

toxicomanía nf drug addiction

toxicómano, -a ■ adj addicted to drugs
■ nm,f drug addict

toxina nf toxin

tozudez nf stubbornness, obstinacy

tozudo, -a ■ adj stubborn
■ nm,f stubborn person

TPI nm (abrev de ***Tribunal Penal Internacional***) ICC

traba nf **1.** [obstáculo] obstacle ▸ **poner trabas (a alguien)** to put obstacles in the way (of sb) **2.** [para coche] chock **3.** [de mesa] crosspiece

trabado, -a adj **1.** [unido] [salsa] smooth / [discurso] coherent **2.** [atascado] jammed **3.** GRAM ending in a consonant

trabajado, -a adj **1.** [obra] well-crafted **2.** [músculo] developed

trabajador, -ora ■ adj hard-working
■ nm,f worker ▸ **~ por cuenta propia** self-employed person ▸ **~ cualificado** skilled worker ▸ **~ manual** blue-collar worker

trabajar ■ vi **1.** [en empleo, tarea] to work ▸ **¿de qué trabaja?** what does she do (for a living)? ▸ **~ de/en** to work as/in ▸ **~ en una empresa** to work for a firm ▸ **ponerse a ~** to get to work **2.** CINE & TEATRO to act ▸ **¡qué bien trabajan todos!** the acting is really good!
■ vt **1.** [hierro, barro, tierra] to work / [masa] to knead **2.** [vender] [producto, género, marca] to sell, to stock **3.** [mejorar] to work on *o* at
◆ ***trabajarse*** vpr *Fam* **trabajarse a alguien (para que haga algo)** to work on sb (to get them to do sth)

trabajo nm **1.** [tarea, actividad] work ▸ **una casa tan grande da mucho ~** a big house like that is a lot of work ▸ **hacer un buen ~** to do a good job ▸ *Fam Fig* **ser un ~ de chinos** to be a finicky job ▸ **~ de campo** field work ▸ **~ en** *o* **de equipo** teamwork ▸ **~ físico** physical effort ▸ **~ intelectual** mental effort ▸ **~ manual** manual labour ▸ **trabajos forzados** *o* **forzosos** hard labour ▸ **~ de oficina** office work ▸ **~ social** social work ▸ **~ sucio** dirty work ▸ **~ temporal** temporary work **2.** [empleo] job ▸ **buscar/encontrar ~** to look for/find work *o* a job ▸ **no tener ~** to be out of work **3.** [lugar] work ▸ **en el ~** at work ▸ **ir al ~** to go to work **4.** [escrito] [por estudiante] essay **5.** ECON & POL labour **6.** [esfuerzo] effort ▸ **costar mucho ~** to take a lot of effort ▸ **tomarse el ~ de hacer algo** to go to *o* take the trouble of doing sth

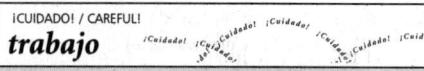

¡CUIDADO! / CAREFUL!

trabajo

Job es un sustantivo contable que se refiere a un empleo o a una tarea en particular ("I am looking for a job"), mientras que **work** es un sustantivo incontable que se usa para hablar del trabajo en general, como una acción o un conjunto de tareas ("I have a lot of work to do").

trabajoso, -a adj **1.** [difícil] hard, difficult **2.** [molesto] tiresome

trabalenguas nm inv tongue-twister

trabar vt **1.** [sujetar] to fasten / [a preso] to shackle **2.** [unir] to join **3.** [iniciar] [conversación, amistad] to strike up **4.** [obstaculizar] to obstruct, to hinder **5.** [espesar] to thicken
◆ ***trabarse*** vpr **1.** [enredarse] to get tangled **2.** [espesarse] to thicken **3.** [al hablar] to get one's tongue tied in knots ▸ **se le trabó la lengua** he tripped over his tongue

trabazón nf **1.** [unión] assembly **2.** [conexión] link, connection

trabilla nf [de pantalón] belt loop

trabucar [59] vt to mix up
◆ ***trabucarse*** vpr [liarse] to get things mixed up / [al hablar] to get one's tongue tied in knots

trabuco nm [arma de fuego] blunderbuss

traca nf string of firecrackers

tracción nf traction ▸ **vehículo de ~ animal** vehicle drawn by an animal ▸ **~ delantera/trasera** front-wheel/rear-wheel drive ▸ **~ a las cuatro ruedas** four-wheel drive

trace etc *ver* ***trazar***

tracoma nm trachoma

tracto nm tract ▸ **~ digestivo** digestive tract

tractor nm tractor

tractorista nmf tractor driver

tradición nf tradition ▸ **se hace por ~** it's done *o* people do it out of tradition

tradicional adj traditional

tradicionalismo nm traditionalism / POL conservatism

tradicionalista adj & nmf traditionalist

tradicionalmente adv traditionally

traducción nf translation ▸ **~ automática/simultánea** machine/simultaneous translation ▸ **~ directa/inversa** translation into/out of one's own language

traducir [18] ■ vt **1.** [a otro idioma] to translate ▸ **~ algo del alemán al castellano** to translate sth from German into Spanish **2.** [expresar] to express ▸ **una actitud corporal que traduce aplomo y seguridad** a posture that conveys composure and self-confidence
■ vi to translate (**de/a** from/into)
◆ ***traducirse*** vpr **1.** [a otro idioma] **traducirse (por)**

to be translated (by *o* as) **2. traducirse en** [ocasionar] to translate into ▸ **la subida de la inflación se traduce en una pérdida de poder adquisitivo** the rise in inflation translates into a loss of purchasing power

traductor, -ora ■ adj translating
■ nm,f translator ▸ **~ jurado** = *translator qualified to work in court*

traer [68] vt **1.** [de un lugar a otro] to bring ▸ **trae a tus amigos** bring your friends (along) **2.** [llevar encima] to carry ▸ **¿qué traes ahí?** what have you got there? **3.** [contener] to have ▸ **trae un artículo interesante** it has an interesting article in it ▸ **¿qué trae ese sobre?** what's in that envelope? **4.** [llevar puesto] to wear **5.** [provocar] [ruina, pobreza, suerte] to bring / [consecuencias] to carry, to have ▸ **~ consigo** [implicar] to mean, to lead to **6.** *Fam* [en un estado concreto] **~ a alguien loco** *o* **de cabeza** to be driving sb mad
◆ ***traerse*** vpr **1.** [llevar con uno] to bring (along) ▸ **se trajo un cuaderno/a unos amigos** she brought (along) a notebook/some friends **2.** *Fam* [tramar] **me pregunto qué se traerán (entre manos) esos dos** I wonder what those two are up to **3.** *Fam* **traérselas** [trabajo, asunto, persona] to be a real handful

tráfago nm drudgery

traficante nmf [de drogas, armas] trafficker

traficar [59] vi to traffic (**en/con** in)

tráfico nm **1.** [de vehículos] traffic ▸ **~ aéreo** air traffic ▸ **~ fluvial** river traffic ▸ **~ rodado** road traffic **2.** [comercio] traffic ▸ **~ de armas** arms trafficking ▸ **~ de drogas** drug trafficking ▸ **el ~ de esclavos** the slave trade ▸ **~ de influencias** political corruption, *US* graft

tragaderas nfpl *Fam* **tener (buenas) ~** [ser crédulo] to fall for anything / [ser tolerante] to be able to stomach anything

tragaldabas nmf inv *Fam* greedy-guts, human dustbin

tragaluz nm skylight

tragamonedas nf inv *AM Fam* slot machine

tragaperras nf inv *Fam* slot machine, one armed-bandit

tragar [38] ■ vt **1.** [ingerir, creer] to swallow **2.** [absorber] to swallow up **3.** *Fam* [soportar] to put up with ▸ **no la puedo ~** *o* **no la trago** I can't stand her **4.** *Fam* [consumir mucho] to devour, to guzzle ▸ **¡cómo traga gasolina este coche!** *BR* this car really guzzles petrol!, *US* this car is a real gas-guzzler!
■ vi **1.** [ingerir] to swallow **2.** *Fam* [acceder] to give in
◆ ***tragarse*** vpr **1.** [ingerir, creerse] to swallow ▸ *Fig* **se tuvo que ~ sus propias palabras** he had to swallow his words ▸ **se tragó el cuento** he swallowed the story **2.** [disimular] [orgullo] to swallow / [lágrimas] to choke back **3.** *Fam* [soportarse] **no se tragan** they can't stand each other

tragedia nf tragedy

trágico, -a ■ adj tragic
■ nm,f tragedian

tragicomedia nf tragicomedy

tragicómico, -a adj tragicomic

trago nm **1.** [de líquido] mouthful ▸ **de un ~** in one gulp **2.** *Fam* [copa] drink ▸ **echar** *o* **tomar un ~** to have a quick drink **3.** *AM Fam* **el ~** [la bebida] the booze **4.** *Fam* [disgusto] **ser un ~ para alguien** to be tough on sb ▸ **pasar un mal ~** to have a tough time of it

tragón, -ona *Fam* ■ adj greedy
■ nm,f **ser un ~** to be greedy

trague *etc ver* ***tragar***

traición nf **1.** [infidelidad] betrayal ▸ **a ~** treacherously **2.** DER treason ▸ **alta ~** high treason

traicionar vt [amigo, ideal, país] to betray / [ser descubierto por] to give away ▸ **su acento lo traicionó** his accent gave him away

traicionero, -a ■ adj **1.** [desleal] treacherous / DER treasonous **2.** [peligroso, dañino] treacherous, dangerous
■ nm,f traitor

traído, -a adj worn-out ▸ **~ y llevado** well-worn, hackneyed

traidor, -ora ■ adj **1.** [desleal] treacherous / DER treasonous **2.** [peligroso, dañino] treacherous, dangerous
■ nm,f traitor

traigo *etc ver* ***traer***

tráiler ['trailer] (pl **tráilers**) nm **1.** CINE trailer **2.** [remolque] trailer / [camión] *BR* articulated lorry, *US* semitrailer **3.** *MÉX* [casa rodante] *BR* caravan, *US* trailer

trainera nf = *small boat, for fishing or rowing in races*

traje ■ *ver* ***traer***
■ nm **1.** [con chaqueta] suit / [de una pieza] dress ▸ **~ de baño** swimming costume, bathing suit *o BR* costume ▸ **~ de buceo** wet suit ▸ **~ de chaqueta** woman's two-piece suit ▸ **~ espacial** space suit ▸ **~ de etiqueta** evening dress ▸ **~ de gala** dress suit ▸ **llevar ~ de gala** to wear formal dress ▸ **~ de luces** matador's outfit ▸ **~ de noche** evening dress ▸ **~ de novia** wedding dress ▸ **~ pantalón** trouser suit ▸ **~ de submarinismo** wet suit **2.** [regional, disfraz] costume ▸ **~ de época** period dress ▸ **~ típico** [de un país] national dress **3.** [ropa] clothes ▸ **~ de diario** everyday clothes ▸ **~ de paisano** [de militar] civilian clothes / [de policía] plain clothes

trajeado, -a adj **1.** [con chaqueta] wearing a jacket **2.** *Fam* [arreglado] spruced up

trajear vt to dress in a suit
◆ ***trajearse*** vpr to wear a suit

trajera *etc ver* ***traer***

trajín nm **1.** *Fam* [ajetreo] bustle **2.** [transporte] haulage, transport

trajinar ■ vi *Fam* to bustle about
■ vt to transport
◆ ***trajinarse*** vpr *muy Fam* **trajinarse a alguien** [sexualmente] *BR* to roger sb, *US* to bone sb

tralla nf **1.** [látigo] whip **2.** *Fam* **dar ~ a** [criticar] to slate

trallazo nm **1.** [chasquido] lash, crack **2.** *Fam* DEP [disparo] screamer, powerful shot

trama nf **1.** [historia] plot **2.** [confabulación] plot, intrigue **3.** [de hilos] weft

tramar vt **1.** [hilo] to weave **2.** [planear] to plot / [complot] to hatch ▸ **estar tramando algo** to be up to something

tramitación nf [acción] processing ▸ **está en ~** it is being processed

tramitar vt [sujeto: autoridades] [pasaporte, solicitud] to process / [sujeto: solicitante] to be in the process of applying for ▸ **me están tramitando la renovación de la licencia** my application for a new licence is being processed

trámite nm [gestión] formal step ▸ **de ~** routine, formal ▸ **trámites** [proceso] procedure / [papeleo] paperwork

tramo nm **1.** [espacio] section, stretch **2.** [de escalera] flight (of stairs) **3.** [de tarifa] band / [de edad] bracket, band ▸ **~ impositivo** tax bracket

tramontana nf north wind

tramoya nf **1.** TEATRO stage machinery **2.** [enredo] intrigue

tramoyista nmf **1.** TEATRO stagehand **2.** [tramposo] schemer

trampa nf **1.** [para cazar] trap **2.** [trampilla] trapdoor **3.** [engaño] trick ▸ **caer en la ~** to fall into the trap ▸ **tender una ~ (a alguien)** to set *o* lay a trap (for sb) ▸ **hacer trampas** to cheat **4.** [deuda] debt

trampear vi *Fam* **1.** [estafar] to swindle money **2.** [ir tirando] to struggle along

trampero, -a nm,f trapper

trampilla nf [puerta] trapdoor

trampolín nm **1.** [de piscina] diving board / [de esquí] ski jump / [en gimnasia] springboard **2.** [medio, impulso] springboard

trampolinista nmf diver

tramposo, -a ■ adj cheating
■ nm,f cheat

tranca nf **1.** [de puerta] bar ▸ **poner una ~ en la puerta** to bar the door **2.** [arma] cudgel, stick **3.** *Fam* [borrachera] **coger una ~** to get plastered **4.** *Fam* **a trancas y barrancas** with great difficulty

trancar [59] vt [puerta] to bar

trancazo nm **1.** [golpe] blow (with a stick) **2.** *Fam* [gripe] bout of the flu

trance nm **1.** [situación crítica] difficult situation ▸ **pasar por un mal ~** to go through a bad patch ▸ **a todo ~** at all costs **2.** [estado hipnótico] trance ▸ **estar en ~** to be in a trance

tranco nm stride

tranquilamente adv **1.** [con calma] calmly **2.** [con frescura] coolly ▸ **me lo dijo tan ~** he told me without batting a eyelid **3.** [sin dificultad] easily ▸ **cuesta ~ dos millones** it costs at least two million, it easily costs two million

tranquilidad nf **1.** [sosiego] [de lugar, música, vida] calm, peacefulness / [de ambiente, tono de voz] quietness, calmness / [de mar] calmness **2.** [falta de preocupaciones] peace of mind ▸ **para mayor ~** to be on the safe side ▸ **para tu ~** to put your mind at rest **3.** [de conciencia] clearness **4.** [despreocupación] calm

tranquilizador, -ora adj calming

tranquilizante ■ adj **1.** [música, color] soothing **2.** MED tranquilizing
■ nm MED tranquilizer

tranquilizar [14] vt **1.** [calmar] to calm (down) **2.** [dar confianza a] to reassure
◆ ***tranquilizarse*** vpr **1.** [calmarse] to calm down **2.** [ganar confianza] to feel reassured

tranquillo nm *ESP Fam* **cogerle el ~ a algo** to get the hang of sth

tranquilo, -a adj **1.** [sosegado] [lugar, música, vida] quiet, peaceful / [ambiente, tono de voz] quiet, calm / [mar] calm / [viento] gentle ▸ **¡(tú) ~!** don't you worry! **2.** [sin preocupaciones] relaxed, calm ▸ **no estoy ~ hasta que no llega a casa** I can't relax until she gets home ▸ **dejar a alguien ~** to leave sb alone **3.** [sin culpabilidad] [mente] untroubled / [conciencia] clear ▸ **tengo la conciencia tranquila** my conscience is clear **4.** [despreocupado] casual, laid-back ▸ **quedarse tan ~** not to bat an eyelid

transacción nf COM transaction

transalpino, -a, trasalpino, -a adj transalpine

transandino, -a, trasandino, -a adj trans-Andean

transar vi *AM* [transigir] to compromise, to give in / [negociar] to come to an arrangement, to reach a compromise

transatlántico, -a, trasatlántico, -a ■ adj transatlantic
■ nm NÁUT (ocean) liner

transbordador, trasbordador nm **1.** NÁUT ferry **2.** AV **~ (espacial)** space shuttle

transbordar, trasbordar vi to change *(trains)*

transbordo, trasbordo nm **hacer ~** to change *(trains)*

transcendencia, transcendental, etc ➤ ***trascendencia, trascendental***, *etc*

transcontinental adj transcontinental

transcribir, trascribir vt to transcribe

transcripción, trascripción nf transcription

transcriptor, -ora trascriptor, -ora ■ nm,f [persona] transcriber
■ nm [aparato] transcriber

transcrito, -a, trascrito, -a adj transcribed

transcurrir, trascurrir vi **1.** [tiempo] to pass, to go by **2.** [ocurrir] to take place, to happen ▸ **~ sin incidentes** to go off without incident

transcurso, trascurso nm **1.** [paso de tiempo] passing **2.** [periodo de tiempo] **en el ~ de** in the course of

transeúnte ■ adj passing
■ nmf **1.** [paseante] passer-by **2.** [residente temporal] temporary resident

transexual adj & nmf transsexual

transferencia, trasferencia nf transfer ▸ **~ electrónica de fondos** electronic transfer of funds

transferible, trasferible adj **1.** [en general] transferable **2.** [deportista] transfer-listed ▸ **ser ~** to be on the transfer list

transferir, trasferir [62] vt to transfer

transfiguración, trasfiguración nf transfiguration

transfigurar, trasfigurar vt to transfigure
◆ ***transfigurarse*** vpr to become transfigured

transformación, trasformación nf transformation

transformador, -ora, trasformador, -ora ■ adj transforming
■ nm ELEC transformer

transformar, trasformar vt **1.** [convertir] **~ algo (en)** to convert sth (into) ▸ **un convento transformado en hotel** a convent converted into a hotel ▸ **las penas lo han transformado en un alcohólico** his troubles have turned him into an alcoholic **2.** [cambiar radicalmente] **~ algo/a alguien (en)** to transform sth/sb (into)
◆ ***transformarse*** vpr **1.** [convertirse] **transformarse en algo** to be converted into sth ▸ **el pañuelo se transformó en una paloma** the handkerchief turned into a dove ▸ **la zona se ha transformado en un campo de batalla** the area has become a battleground **2.** [cambiar radicalmente] to be transformed ▸ **en un año la jovencita se había transformado** in just one year the young girl had undergone a transformation

transformismo, trasformismo nm evolution

transformista, trasformista ■ adj evolutionary
■ nmf **1.** [seguidor] evolutionist **2.** [artista] [que cambia de trajes] quick-change artist
■ nm [travestido] drag artist

transfronterizo, -a adj cross-border

tránsfuga, trásfuga nmf POL defector

transfuguismo, trasfuguismo nm POL defection *(to another party)*

transfusión, trasfusión nf transfusion ▸ **~ sanguínea** blood transfusion

transfusor, trasfusor nm [aparato] transfuser

transgénico, -a adj genetically modified, GM
◆ ***transgénicos*** nmpl GM foods

transgredir, trasgredir vt to transgress

transgresión, trasgresión nf transgression

transgresor, -ora, trasgresor, -ora nm,f transgressor

transiberiano nm Trans-Siberian railway

transición nf transition ▸ **periodo de ~** transition period ▸ **~ democrática** transition to democracy

transido, -a adj stricken (**de** with) ▸ **~ de pena** grief-stricken

transigencia nf **1.** [espíritu negociador] willingness to compromise **2.** [tolerancia] tolerance

transigente adj **1.** [que cede] willing to compromise **2.** [tolerante] tolerant

transigir [24] vi **1.** [ceder] to compromise (**en** on) **2.** [ser tolerante] to be tolerant

transistor nm transistor

transitable adj [franqueable] passable / [no cerrado al tráfico] open to traffic

transitar vi to go (along)

transitivo, -a adj transitive

tránsito nm **1.** [circulación] movement / [de coches] traffic ▸ **~ rodado** road traffic ▸ **pasajeros en ~ hacia Roma** [en aeropuerto] passengers with connecting flights to Rome **2.** [transporte] transit

transitoriedad nf temporary nature ▸ **la ~ de la vida** the transience of life

transitorio, -a adj [temporal] transitory / [residencia] temporary / [régimen, medida] transitional, interim

translación ➤ ***traslación***

translúcido, -a, translucirse ➤ ***traslúcido, traslucirse***

transmediterráneo, -a, trasmediterráneo, -a adj transmediterranean

transmigración nf transmigration

transmigrar vi to transmigrate

transmisible, trasmisible adj **1.** [enfermedad] transmittable **2.** [título, posesiones] transferrable

transmisión, trasmisión nf **1.** [gen] & AUT transmission / [de saludos, noticias] passing on ▸ **~ del pensamiento** telepathy **2.** RAD & TV [programa] broadcast / [servicio] broadcasting **3.** [de herencia, poderes] transference

transmisor, -ora trasmisor, -ora ■ adj transmitting
■ nm transmitter

transmitir, trasmitir vt **1.** [sonido, onda] to transmit / [saludos, noticias] to pass on **2.** RAD & TV to broadcast **3.** [ceder] to transfer
◆ ***transmitirse*** vpr to be transmitted

transmutación, trasmutación nf transmutation

transmutar, trasmutar vt to transmute

transnacional, trasnacional adj transnational

transoceánico, -a adj transoceanic

transparencia, trasparencia nf transparency

transparentarse, trasparentarse vpr **1.** [ser transparente] [tela] to be see-through / [cristal, líquido] to be transparent **2.** [verse] to show through ▸ **se transparentan sus intenciones/sentimientos** her intentions/feelings are obvious

transparente, trasparente adj [cristal, líquido] transparent / [tela] see-through

transpiración, traspiración nf perspiration / BOT transpiration

transpirar, traspirar ■ vi [sudar] to perspire / BOT to transpire
■ vt [exudar] to exude

transpirenaico, -a, traspirenaico, -a adj trans-Pyrenean

transplantar ➤ ***trasplantar***

transplante ➤ ***trasplante***

transponer, trasponer [50] vt **1.** [cambiar] to switch **2.** [desaparecer detrás de] to disappear behind
◆ ***transponerse*** vpr **1.** [adormecerse] to doze off **2.** [ocultarse] to disappear / [sol] to set

transportable adj portable

transportador nm **1.** [para transportar] **~ aéreo** cableway ▸ **~ de cinta** conveyor belt **2.** [para medir ángulos] protractor

transportar vt **1.** [trasladar] [mercancías, pasajeros] to

transport ▸ **transportaba una maleta en cada mano** he was carrying a suitcase in each hand ▸ **esta música me transporta a la infancia** this music takes me back to my childhood **2.** [embelesar] to captivate
◆ ***transportarse*** vpr [embelesarse] to go into raptures

transporte nm transport, *US* transportation ▸ **~ aéreo** air freight ▸ **~ por carretera** road transport ▸ **~ colectivo** public transport, *US* mass transit ▸ **~ de mercancías** freight transport ▸ **~ público** public transport, *US* mass transit

transportista nmf COM carrier

transposición, trasposición nf transposition

transpuesto, -a, traspuesto adj [dormido] dozing ▸ **quedarse ~** to doze off

transubstanciación nf REL transubstantiation

transvasar, trasvasar vt **1.** [líquido] to decant **2.** [agua de río] to transfer

transvase, trasvase nm **1.** [de líquido] decanting **2.** [entre ríos] transfer

transversal, trasversal ■ adj transverse
■ nf MAT transversal

transversalmente, trasversalmente adv crosswise

tranvía nm *BR* tram, *US* streetcar

trapecio nm **1.** GEOM *BR* trapezium, *US* trapezoid **2.** [de gimnasia] trapeze **3.** ANAT [músculo] trapezius

trapecista nmf trapeze artist

trapense adj & nmf Trappist

trapero, -a nm,f *BR* rag-and-bone man, *US* junkman

trapezoide nm ANAT & GEOM *BR* trapezoid, *US* trapezium

trapichear vi *Fam* to be on the fiddle

trapicheo nm *Fam* **1.** [negocio sucio] fiddle **2.** [tejemaneje] scheme ▸ **estoy harto de sus trapicheos** I'm sick of his scheming

trapillo: de trapillo loc adv *Fam* **vestir de ~** to wear any old thing

trapío nm *Formal* **1.** [garbo] elegance **2.** TAUROM good bearing

trapisonda nf *Fam* **1.** [riña] row, commotion **2.** [enredo] scheme

trapisondear vi *Fam* **1.** [reñir] to kick up a row **2.** [liar, enredar] to scheme

trapisondista nmf *Fam* **1.** [camorrista] troublemaker **2.** [liante] schemer

trapo ■ nm **1.** [trozo de tela] rag **2.** [gamuza, bayeta] cloth ▸ *Fam Fig* **sacar los trapos sucios (a relucir)** to wash one's dirty linen in public ▸ *Fam* **poner a alguien como un ~** to tear sb to pieces ▸ **~ de cocina** *BR* tea towel, *US* dish towel ▸ **~ del polvo** dust cloth, *BR* duster ▸ **~ de secar (los platos)** *BR* tea towel, *US* dish towel **3.** TAUROM cape **4.** *Fam* **a todo ~** at full pelt
◆ ***trapos*** nmpl *Fam* [ropa] clothes

trapón nm *MÉX* [trapo] dishcloth

tráquea nf windpipe, trachea

traqueotomía nf MED tracheotomy

traquetear ■ vt to shake
■ vi [hacer ruido] to rattle

traqueteo nm [ruido] rattling

tras prep **1.** [detrás de] behind **2.** [después de, en pos de] after ▸ **uno ~ otro** one after the other ▸ **andar ~ algo** to be after sth

trasalpino, -a ➤ ***transalpino***

trasandino, -a ➤ ***transandino***

trasatlántico, -a ➤ ***transatlántico***

trasbordador, trasbordar, etc ➤ ***transbordador, transbordar***, etc

trascendencia, transcendencia nf importance, significance ▸ **esta decisión tendrá una gran ~** this decision will be of major significance

trascendental, transcendental adj **1.** [importante] momentous **2.** [filosófico, elevado] transcendental ▸ *Fam* **ponerse ~** to wax philosophical

trascendente, transcendente adj momentous

trascender, transcender **[64]** vi **1.** [extenderse] to spread (**a** across) **2.** [filtrarse] to be leaked **3.** [sobrepasar] **~ de** to transcend, to go beyond

trascribir, trascripción, etc ➤ ***transcribir, transcripción***, etc

trascurrir ➤ ***transcurrir***

trascurso ➤ ***transcurso***

trasegar **[43]** vt **1.** [desordenar] to rummage about amongst **2.** [transvasar] to decant

trasera nf rear

trasero, -a ■ adj back, rear
■ nm backside

trasferencia, trasferir, etc ➤ ***transferencia, transferir***, etc

trasfiguración ➤ ***transfiguración***

trasfigurar ➤ ***transfigurar***

trasfondo nm [contexto] background / [de palabras, intenciones] undertone

trasformar, trasformación, etc ➤ ***transformar, transformación***, etc

trásfuga ➤ ***tránsfuga***

trasfuguismo ➤ ***transfuguismo***

trasfusión ➤ ***transfusión***

trasfusor ➤ ***transfusor***

trasgredir, trasgresión, etc ➤ ***transgredir, transgresión***, etc

trashumancia nf seasonal migration *(of livestock)*

trashumante adj seasonally migratory

trashumar vi to migrate seasonally

trasiego ■ *ver* ***trasegar***
■ nm **1.** [movimiento] comings and goings **2.** [transvase] decanting

trasiegue *etc ver* ***trasegar***

traslación, translación nf ASTRON passage

trasladar vt **1.** [desplazar] [objeto] to move / [detenido, sede] to transfer, to move ▸ **trasladaron su cuartel general a Túnez** they transferred *o* moved their headquarters to Tunis ▸ **fue trasladada al**

hospital en una ambulancia she was taken to hospital in an ambulance **2.** [empleado] to transfer **3.** [reunión, fecha] to postpone, to move back **4.** [petición, información] to refer, to pass on **5.** [reproducir] **~ algo al papel** to transfer sth onto paper **6.** [traducir] to translate

◆ ***trasladarse*** vpr **1.** [desplazarse] to go ▸ **las batallas comerciales se han trasladado a Internet** the battle for sales has moved over *o* shifted to the Internet **2.** [mudarse] to move ▸ **me traslado de casa** I'm moving house

traslado nm **1.** [de casa, empresa] move ▸ **el ~ de los muebles** the moving of the furniture **2.** [de trabajo] transfer **3.** [de personas] movement

traslúcido, -a, translúcido adj translucent

traslucirse, translucirse **[39]** vpr to show through, to be obvious

trasluz nm reflected light ▸ **al ~** against the light

trasmano: a trasmano loc adv [fuera de alcance] out of reach / [lejos] out of the way

trasmediterráneo, -a ➤ ***transmediterráneo***

trasmisible, trasmisión, etc ➤ ***transmisible, transmisión***, etc

trasmutación ➤ ***transmutación***

trasmutar ➤ ***transmutar***

trasnacional ➤ ***transnacional***

trasnochado, -a adj *Fam* **estar ~** to be old-hat

trasnochador, -ora ■ adj given to staying up late ■ nm,f night owl

trasnochar vi to stay up late, to go to bed late

traspapelar vt [papeles, documentos] to mislay, to misplace

◆ ***traspapelarse*** vpr to get mislaid *o* misplaced

trasparencia, trasparentarse, etc ➤ ***transparencia, transparentarse***, *etc*

traspasable adj [camino] passable / [río] crossable

traspasar vt **1.** [atravesar] to go through, to pierce ▸ **~ la puerta** to go through the doorway ▸ **~ una valla saltando** to jump over a fence ▸ **la tinta traspasó el papel** the ink soaked through the paper **2.** [transferir] [jugador] to transfer / [negocio] to sell (as a going concern) ▸ **se traspasa (negocio)** [en cartel] (business) for sale **3.** [desplazar] to move **4.** [exceder] to go beyond

traspaso nm **1.** [transferencia] [de jugador] transfer / [de negocio] sale (as a going concern) ▸ **~ de competencias** devolution ▸ **~ de poderes** transfer of power **2.** [precio] [de jugador] transfer fee / [de negocio] takeover fee

traspié nm **1.** [resbalón] trip, stumble ▸ **dar un ~** to trip up **2.** [error] blunder, slip ▸ **dar un ~** to slip up, to make a mistake

traspiración ➤ ***transpiración***

traspirar ➤ ***transpirar***

traspirenaico, -a ➤ ***transpirenaico***

trasplantar, transplantar vt to transplant

trasplante, transplante nm transplant ▸ **~ de corazón** heart transplant ▸ **~ de órganos** organ transplant

trasponer ➤ ***transponer***

trasportín nm [rejilla] rear rack *(on bike)* / [caja] = *container carried on rear rack*

trasposición ➤ ***transposición***

traspuesto, -a ➤ ***transpuesto, a***

trasquilado, -a adj *Fig* **salir ~** to come off badly

trasquilar vt **1.** [esquilar] to shear **2.** *Fam* **me trasquilaron (el pelo)** they gave me a terrible haircut

trasquilón nm *Fam* **hacerle un ~ a alguien** [cortar el pelo] to give sb a terrible haircut

trastabillar vi to stagger

trastada nf *Fam* [travesura] prank

trastazo nm bump, bang ▸ **darse** *o* **pegarse un ~** to bang *o* bump oneself

traste nm **1.** MÚS fret **2.** *AM salvo RP* [utensilio de cocina] cooking utensil ▸ **fregar los trastes** to wash the dishes **3. dar al ~ con algo** to ruin sth ▸ **irse al ~** to fall through

trasteado nm MÚS frets

trastear vi **1.** [mudar trastos] to move things around **2.** [hacer travesuras] to play pranks

trastero ■ adj **cuarto ~** lumber room ■ nm lumber room

trastienda nf backroom

trasto nm **1.** [utensilio inútil] piece of junk ▸ **trastos** junk **2.** *Fam* [persona traviesa] menace, nuisance **3.** *Fam* [persona inútil] **~ (viejo)** dead loss **4.** *Fam* **trastos** [pertenencias, equipo] things, stuff ▸ **tirarse los trastos a la cabeza** to have a flaming row

trastocar **[67]** vt **1.** [cambiar] to turn upside down **2.** [enloquecer] **~ a alguien** to drive sb mad, to unbalance sb's mind

◆ ***trastocarse*** vpr [enloquecer] to go mad

trastornable adj oversensitive

trastornado, -a adj disturbed, unbalanced

trastornar vt **1.** [volver loco] to drive mad **2.** [inquietar] to worry, to trouble **3.** [alterar] to turn upside down / [planes] to disrupt, to upset **4.** [estómago] to upset

◆ ***trastornarse*** vpr [volverse loco] to go mad

trastorno nm **1.** [mental] disorder / [digestivo] upset ▸ **~ de la personalidad** personality disorder **2.** [alteración] **causar trastornos** *o* **un ~** [huelga, nevada] to cause trouble *o* disruption / [guerra] to cause upheaval

trastrocar **[67]** vt **1.** [en orden] to mix up **2.** [en sentido] to change

◆ ***trastrocarse*** vpr **1.** [en orden] to get mixed up **2.** [en sentido] to change

trasvasar ➤ ***transvasar***

trasvase ➤ ***transvase***

trasversal ➤ ***transversal***

trasversalmente ➤ ***transversalmente***

trata nf slave trade ▸ **~ de blancas** white slave trade

tratable adj easy-going, friendly

tratadista nmf treatise writer, essayist

tratado nm **1.** [convenio] treaty ▸ **Tratado de Libre**

Comercio [entre EE.UU., Canadá y México] NAFTA Treaty ▸ **tratado de paz** peace treaty **2.** [escrito] treatise

tratamiento nm **1.** [hacia persona, de tema] treatment **2.** [título] title, form of address ▸ **apear el ~ a alguien** to address sb more informally **3.** MED treatment ▸ **estoy en ~** I'm receiving treatment **4.** [agua, sustancia, alimento] treatment **5.** INFORM processing ▸ **~ de datos/textos** data/word processing

CULTURA / CULTURE

tratamiento

In Latin America a lot of importance is attached to forms of address, which is hardly surprising in societies with pronounced differences between social classes. In many countries higher education is a privilege still largely restricted to the wealthy few and much significance is attached to university degrees and the titles that go with them. Titles such as "licenciado" ("graduate", much used in Mexico), "doctor" (used, for example, in Colombia and Uruguay) and "ingeniero" ("engineer") are used to address people felt to have social standing, sometimes even when they don't actually possess the degree in question. Such titles are also commonly used on business cards and in addresses.

tratante nmf dealer ▸ **~ de vinos** wine merchant

tratar ■ vt **1.** [comportarse con] [persona, objeto] to treat ▸ **¿qué tal te trataron?** how were you treated? **2.** [tener relación con] to have dealings *o* contact with ▸ **la traté muy poco** I didn't have much to do with her **3.** [dirigirse a] **~ a alguien de usted/tú** = *to address sb using the "usted" form/ the "tú" form* ▸ **~ a alguien de cretino/tonto** to call sb a cretin/an idiot **4.** [tema, asunto] to treat ▸ **eso lo tienes que ~ con el jefe** that's something you'll have to discuss with the boss **5.** [paciente, enfermedad] to treat **6.** [agua, sustancia, alimento] to treat **7.** INFORM [datos, información] to process

■ vi **1.** [versar] **~ de** *o* **sobre** to be about ▸ **¿de qué trata el documental?** what's the documentary about *o* on? **2.** [intentar] **~ de hacer algo** to try to do sth **3.** [tener relación] **~ con alguien** to mix with sb, to have dealings with sb **4.** [comerciar] to deal (**en** in)

◆ ***tratarse*** vpr **1.** [relacionarse] **tratarse con** to mix with, to have dealings with ▸ **no se trata con su padre** he has no contact with his father **2.** [versar] **tratarse de** to be about ▸ **¿de qué se trata?** what's it about? **3.** [ser cuestión de, ser el caso de] **tratarse de** to be a question *o* matter of ▸ **necesito hablar contigo – ¿de qué se trata?** I need to talk to you – what about?

tratativas nfpl *CSUR* negotiation

trato nm **1.** [comportamiento, conducta] treatment ▸ **de ~ agradable** pleasant ▸ **malos tratos** battering *(of child, wife)* **2.** [relación] dealings ▸ **tener ~ con** to associate with, to be friendly with ▸ **no querer tratos con alguien** to want (to have) nothing to do with sb **3.** [acuerdo] deal ▸ **cerrar** *o* **hacer un ~** to do *o* make a deal ▸ **¡~ hecho!** it's a deal! **4.** [tratamiento] title, term of address

trauma nm trauma

traumático, -a adj traumatic

traumatismo nm traumatism

traumatizante adj traumatic

traumatizar [14] vt to traumatize

◆ ***traumatizarse*** vpr to be devastated

traumatología nf traumatology

traumatólogo, -a nm,f traumatologist

travellers ['traβelers] nmpl travellers' cheques

travelling ['traβelin] (pl **travellings**) nm CINE travelling shot

través

◆ ***a través de*** loc prep **1.** [lugar, medio] through ▸ **a ~ del cristal** through the glass ▸ **lo supe a ~ de ella** I learnt of it through *o* from her ▸ **la difusión de la cultura a ~ de los libros** the spreading *o* diffusion of culture through books **2.** [tiempo] over ▸ **a ~ de los años** over the years ▸ **costumbres transmitidas a ~ de generaciones** customs passed on *o* handed down over generations

◆ ***de través*** loc adv [transversalmente] crossways / [de lado] crosswise, sideways ▸ **mirar de ~** to give a sidelong glance

travesaño nm **1.** ARQUIT crosspiece **2.** DEP crossbar

travesero, -a adj **flauta travesera** flute

travesía nf **1.** [viaje] [por mar] voyage, crossing / [por aire] flight **2.** [calle] [entre otras dos] cross-street, connecting street / [en pueblo] = *main road through a town*

travestí (pl **travestíes** *o* **travestís**) nmf, ***travesti*** nmf **1.** [que se viste de mujer] transvestite, cross-dresser **2.** [artista] drag artist

travestirse [47] vpr to cross-dress

travestismo nm transvestism

travesura nf prank, mischief

traviesa nf **1.** FERROC *BR* sleeper, *US* tie *(on track)* **2.** CONSTR crossbeam, tie beam

travieso, -a adj mischievous

trayecto nm **1.** [distancia] distance / [ruta] route ▸ **todas las estaciones del ~** all the stations along the way ▸ **el avión que cubría el ~ París-Bonn** the plane that used to fly the Paris-Bonn route ▸ **final de ~** end of the line **2.** [viaje] journey, trip ▸ **se puede realizar el ~ en una hora** the journey *o* trip can be done in an hour

trayectoria nf **1.** [recorrido] trajectory **2.** [evolución] path, development

traza nf **1.** [aspecto] appearance, looks **2.** [boceto, plano] plan, design **3.** [habilidad] **tener buena/mala ~ (para algo)** to be good/no good (at sth)

trazado, -a ■ adj designed, laid out

■ nm **1.** [trazo] outline, sketching **2.** [diseño] plan, design **3.** [recorrido] route

trazar [14] vt **1.** [línea] to draw, to trace / [plano, mapa] to draw / [ruta] to plot **2.** [indicar, describir] **~ las líneas generales del proyecto** to give an outline of the project ▸ **~ un paralelismo entre dos cosas** to draw a parallel between two things **3.** [plan, estrategia] to draw up / [objetivo] to set

trazo nm **1.** [de dibujo, rostro] line **2.** [de letra] stroke

trébol nm **1.** [planta] clover **2. tréboles** [naipes] clubs

trece núm thirteen ▸ **mantenerse** *o* **seguir en sus ~** to stick to one's guns / *ver también* ***seis***

treceavo, -a núm [fracción] thirteenth ▸ **la treceava parte** a thirteenth

trecho nm [espacio] distance / [tiempo] time, while ▸ **de ~ en ~** every so often

tregua nf [en guerra] truce / [respiro] respite ▸ **no dar ~** to give no respite

treinta núm thirty ▸ **los (años) ~** the thirties / *ver también* ***seis***

treintañero, -a adj & nm,f *Fam* thirtysomething

treintavo, -a núm [fracción] thirtieth ▸ **la treintava parte** a thirtieth

treintena nf thirty ▸ **andará por la ~** he must be about thirty ▸ **una ~ de...** [unos treinta] about thirty... / [treinta] thirty...

trekking ['trekin] nm hiking

tremebundo, -a adj terrifying

tremenda nf **tomar** *o* **tomarse algo a la ~** to take sth hard

tremendismo nm **1.** [exageración] alarmism **2.** LIT = *gloomy Spanish post-war realism*

tremendista adj & nmf [exagerado] alarmist

tremendo, -a adj **1.** [enorme] tremendous, enormous **2.** [enfadado] **ponerse ~** to get very angry

trementina nf turpentine

tremolar vi *Formal* to wave, to flutter

tremolina nf row, uproar

trémolo nm MÚS tremolo

trémulo, -a adj [voz] trembling / [luz] flickering

tren nm **1.** [ferrocarril] train ▸ **ir en ~** to go by rail *o* train ▸ **el ~ en Suiza funciona muy bien** the railways in Switzerland are very efficient ▸ **~ de alta velocidad** high-speed train ▸ **~ de carga** freight *o* goods train ▸ **~ de cercanías** local train, suburban train ▸ **~ correo** mail train ▸ **~ directo** through train ▸ **~ de largo recorrido** long-distance train ▸ **~ de mercancías** freight *o* goods train ▸ **~ nocturno** overnight train **2.** MEC line ▸ **~ de aterrizaje** undercarriage, landing gear ▸ **~ de lavado** car wash **3.** [estilo] *Fam* **vivir a todo ~** to live in style ▸ **~ de vida** lifestyle **4.** [expresiones] *Fam* **estar como (para parar) un ~** to be really gorgeous ▸ *Fig* **perder el ~** to miss the boat ▸ *Fig* **subirse al ~ del progreso** to keep pace with progress

trena nf *Fam* slammer, *BR* nick, *US* pen

trenca nf duffle coat

trence *etc ver* ***trenzar***

trencilla nm *Fam* DEP ref

trencito nm *URUG Fam* [chuleta] crib

trenza nf **1.** [de pelo] plait, *esp US* braid / [de fibras] braid **2.** CULIN = *sweet bun made of plaited dough*

trenzado, -a ■ adj plaited, *esp US* braided
■ nm **1.** [peinado] plait, *esp US* braid **2.** [en danza] entrechat

trenzar [14] vt **1.** [pelo] to plait, *esp US* to braid **2.** [fibras] to braid

trepa nmf *ESP Fam Pey* social climber

trepador, -ora ■ adj **planta trepadora** climbing plant
■ nm,f *Fam* social climber

trepanación nf trepanation

trepanar vt to trepan

trepar ■ vt to climb
■ vi **1.** [subir] to climb **2.** *Fam* [medrar] to be a social climber

trepidación nf shaking, vibration

trepidante adj **1.** [rápido, vivo] frenetic **2.** [que tiembla] shaking, vibrating

trepidar vi to shake, to vibrate

tres ■ núm three ▸ *Fam* **de ~ al cuarto** cheap, third-rate ▸ *Fam* **no ver ~ en un burro** to be as blind as a bat ▸ **~ cuartos de lo mismo** the same thing ▸ *Fam* **no le convencimos ni a la de ~** there was no way we could convince him / *ver también* ***seis***
■ nm inv **~ cuartos** [abrigo] three-quarter-length coat
■ nm **~ en raya** *BR* noughts and crosses, *US* tick-tack-toe

trescientos, -as núm three hundred / *ver también* ***seis***

tresillo nm **1.** [sofá] three-piece suite **2.** [juego de naipes] ombre, = *card game* **3.** MÚS triplet

treta nf [engaño] trick

tri- prefijo tri-

tríada nf triad

trial nm DEP trial ▸ **~ indoor** indoor trial

triangular adj triangular

triángulo nm **1.** MAT & MÚS triangle ▸ **triángulo equilátero/rectángulo** equilateral/right-angled triangle ▸ **triángulo escaleno/isósceles** scalene/isosceles triangle **2.** *Fam* **~ amoroso** love triangle

triatlón nm DEP triathlon

tribal adj tribal

tribalismo nm tribalism

tribu nf tribe ▸ **~ urbana** = *identifiable social group, such as punks or yuppies, made up of young people living in urban areas*

tribulación nf tribulation

tribuna nf **1.** [estrado] rostrum, platform / [del jurado] jury box **2.** DEP [localidad] stand / [graderío] grandstand ▸ **~ de prensa** press box **3.** PRENSA **~ libre** open forum

tribunal nm **1.** [de justicia] court ▸ **llevar a alguien/acudir a los tribunales** to take sb/go to court ▸ **Tribunal de Apelación** Court of Appeal ▸ **Tribunal Constitucional** Constitutional Court ▸ **Tribunal de Cuentas** [español] ≃ National Audit Office / [europeo] Court of Audit ▸ **Tribunal Europeo de Derechos Humanos** European Court of Human Rights ▸ **Tribunal Internacional de Justicia** International Court of Justice ▸ **Tribunal de Justicia Europeo** European Court of Justice ▸ **Tribunal Penal Internacional** International Criminal Court ▸ **el Tribunal Supremo** *BR*

≃ the High Court, *US* ≃ the Supreme Court ▸ **Tribunal Tutelar de Menores** Juvenile Court **2.** [de examen] board of examiners / [de concurso] panel

tributable adj taxable

tributación nf **1.** [impuesto] tax **2.** [sistema] taxation

tributar ■ vt [homenaje] to pay ▸ **~ respeto** *o* **admiración a** to have respect *o* admiration for
■ vi [pagar impuestos] to pay taxes

tributario, -a ■ adj tax ▸ **sistema ~** tax system ▸ **derecho ~** tax law
■ nm,f taxpayer

tributo nm **1.** [impuesto] tax **2.** [homenaje] tribute

tricampeón, -ona nm,f three-times champion

tricéfalo, -a adj three-headed

tricentenario nm tricentenary

tríceps nm inv triceps

triciclo nm tricycle

tricolor ■ adj tricolour, three-coloured
■ nf tricolour

tricornio nm three-cornered hat

tricot nm inv knitting

tricota nf *RP* [cerrado] sweater / [abierto] knitted jacket, cardigan

tricotar vt & vi to knit

tricotosa nf knitting machine

tridente nm trident

tridimensional adj three-dimensional

trienal adj triennial, three-yearly

trienio nm **1.** [tres años] three years **2.** [paga] three-yearly salary increase

trifásico, -a adj **1.** ELEC three-phase **2.** [de tres fases] three-part

trifulca nf *Fam* row, squabble

trigal nm wheat field

trigésimo, -a núm thirtieth

trigo nm wheat

trigonometría nf trigonometry

trigueño, -a adj [tez] olive / [cabello] corn-coloured

triguero, -a adj [del trigo] wheat ▸ **espárrago ~** wild asparagus

trilateral adj trilateral

trilero, -a nm,f *Fam* = *person who runs a game such as find-the-lady, the shell game etc, where people bet on which is the correct card, shell etc out of three*

trilingüe adj trilingual

trilita nf trinitrotoluene, TNT

trilla nf **1.** [acción] threshing **2.** [tiempo] threshing time *o* season

trillado, -a adj well-worn, trite

trillador, -ora ■ adj threshing
■ nm,f [persona] thresher

trilladora nf [máquina] threshing machine

trillar vt to thresh

trillizo, -a nm,f triplet

trilogía nf trilogy

trimestral adj three-monthly, quarterly ▸ **exámenes/notas trimestrales** end-of-term exams/*BR* marks *o US* grades

trimestralmente adv quarterly, every three months

trimestre nm three months, quarter / EDUC term

trimotor ■ adj three-engined
■ nm three-engined aeroplane

trinar vi to chirp, to warble ▸ *Fam Fig* **está que trina** he's fuming

trinca nf trio

trincar [59] vt *Fam* to grab ▸ **han trincado al ladrón** they've caught the thief

trincha nf strap

trinchante nm **1.** [cuchillo] carving knife **2.** [tenedor] meat fork

trinchar vt to carve

trinchera nf MIL trench

trineo nm [pequeño] sledge / [grande] sleigh

Trinidad nf **la (Santísima) ~** the (Holy) Trinity

Trinidad y Tobago n Trinidad and Tobago

trinitario, -a adj & nm,f REL Trinitarian

trinitrotolueno nm trinitrotoluene

trino nm [de pájaros] chirp / MÚS trill

trinque *etc ver* ***trincar***

trinquete nm NÁUT foremast

trío nm [en general] trio / [de naipes] three of a kind

tripa nf **1.** [vientre] stomach ▸ **me duele la ~** I've got a stomachache ▸ *Fam* **echar las tripas** to throw up, to puke ▸ *Fam* **hacer de tripas corazón** to pluck up one's courage ▸ *Fam* **¿qué ~ se te ha roto?** what's up with you, then?, what's bugging you? ▸ *Fam* **revolverle las tripas a alguien** to turn sb's stomach **2.** *ESP Fam* [barriga] gut, belly ▸ **está echando ~** he's getting a pot belly *o* a bit of a gut **3.** *Fam* **tripas** [interior] insides ▸ **quiero ver las tripas de la máquina** I want to see the workings of the machine

tripartito, -a adj tripartite

tripi nm *Fam* [de LSD] tab

triple ■ adj triple
■ nm **1. el ~** three times as much ▸ **el ~ de gente** three times as many people **2.** ELEC three-way adapter

triplicado nm second copy, triplicate ▸ **por ~** in triplicate

triplicar [59] vt to triple, to treble
◆ ***triplicarse*** vpr to triple, to treble

trípode nm tripod

Trípoli n Tripoli

tripón, -ona nm,f *ESP Fam* paunchy *o* pot-bellied person

tríptico nm **1.** ARTE triptych **2.** [folleto] leaflet *(folded twice to form three parts)*

triptongo nm GRAM triphthong

tripudo, -a nm,f *ESP Fam* paunchy *o* pot-bellied person

tripulación nf crew

tripulante nmf crew member

tripular vt to man

triquina nf trichina

triquinosis nf inv trichinosis

triquiñuela nf *Fam* [truco] trick

triquitraque nm [apagado] creaking / [fuerte] rattling

tris: en un tris loc adv **estar en un ~ de** to be within a whisker of

trisílabo, -a GRAM ■ adj trisyllabic
■ nm,f three-syllable word

triste adj **1.** [persona] sad ▸ **no te pongas ~** don't be sad **2.** [que entristece] [noticia, suceso] sad / [día, tiempo, paisaje] gloomy, dreary / [color, vestido, luz] dull, dreary ▸ **es ~ que...** it's sad *o* a shame that... ▸ **ofrecen un ~ espectáculo** they present a sorry spectacle **3.** [insignificante] **un ~ sueldo** a miserable salary ▸ **es un ~ consuelo** it's small consolation, it's cold comfort ▸ **ni un ~...** not a single... ▸ **no tengo ni una ~ radio** I haven't even got a radio **4.** [humilde] poor ▸ **un ~ viejo** a poor old man

tristemente adv sadly

tristeza nf [de persona] sadness / [de día, tiempo, paisaje] gloominess, dreariness / [de color, vestido, luz] dullness

tristón, -ona adj rather sad *o* miserable

tritón nm newt

trituración nf grinding, crushing

triturador nm [de basura] waste-disposal unit / [de papeles] shredder / [de ajos] garlic press

trituradora nf crushing machine, grinder

triturar vt **1.** [moler, desmenuzar] to crush, to grind / [papel] to shred **2.** [mascar] to chew

triunfador, -ora ■ adj winning, victorious
■ nm,f winner

triunfal adj triumphant

triunfalismo nm triumphalism

triunfalista adj triumphalist

triunfante adj victorious ▸ **salir ~** to win, to emerge triumphant *o* victorious

triunfar vi **1.** [vencer] to win, to triumph **2.** [tener éxito] to succeed, to be successful

triunfo nm **1.** [victoria] triumph / [en encuentro, elecciones] victory, win ▸ *Fam* **le costó un ~ hacerlo** it was a great effort for him to do it **2.** [en juegos de naipes] trump ▸ **sin ~** no trump

triunvirato nm triumvirate

trivial adj trivial

trivialidad nf triviality

trivializar [14] vt to trivialize

trizas nfpl **hacer ~ algo** [hacer añicos] to smash sth to pieces / [desgarrar] to tear sth to shreds ▸ *Fig* **hacer ~ a alguien** to tear *o* pull sb to pieces ▸ *Fig* **estar hecho ~** [persona] to be shattered

trocar [67] vt **1.** [transformar] **~ algo (en algo)** to change sth (into sth) **2.** [intercambiar] to swap, to exchange **3.** [malinterpretar] to mix up
◆ ***trocarse*** vpr [transformarse] **trocarse (en)** to change (into)

trocear vt to cut up (into pieces)

trocha nf [camino] path / *AM* FERROC gauge

troche: a troche y moche loc adv **repartir puñetazos a ~ y moche** to dish out punches *BR* left, right and centre *o* *US* left and right

trofeo nm trophy

troglodita ■ adj **1.** [cavernícola] cave dwelling **2.** *Fam* [bárbaro, tosco] rough, brutish
■ nmf **1.** [cavernícola] cave dweller **2.** *Fam* [bárbaro, tosco] brute

troika nf troika

trola nf *Fam* fib, lie

trolebús (pl **trolebuses**) nm trolleybus

trolero, -a *Fam* ■ adj fibbing, lying
■ nm,f fibber, liar

tromba nf waterspout ▸ *Fig* **entrar en ~** to burst in ▸ **~ de agua** heavy downpour

trombo nm thrombus

trombón nm MÚS [instrumento] trombone / [músico] trombonist ▸ **~ de pistones** *o* **de llaves** valve trombone ▸ **~ de varas** slide trombone

trombosis nf inv thrombosis ▸ **~ coronaria** coronary thrombosis

trompa ■ nf **1.** MÚS horn **2.** [de elefante] trunk / [de oso hormiguero] snout / [de insecto] proboscis **3.** ANAT tube ▸ **~ de Eustaquio/de Falopio** Eustachian/ Fallopian tube **4.** [músico] horn player **5.** *Fam* [borrachera] **coger** *o* **pillar una ~** to get plastered
■ adj *Fam* [borracho] plastered

trompada nf *Fam* thump, punch

trompazo nm bang ▸ **darse** *o* **pegarse un ~ con** to bang into

trompeta ■ nf trumpet
■ nmf trumpeter

trompetilla nf ear trumpet

trompetista nmf trumpeter, trumpet player

trompicar vi to stumble

trompicón nm [tropezón] stumble ▸ **a trompicones** in fits and starts

trompo nm **1.** [peonza] spinning top **2.** [giro] spin

trona nf high chair

tronada nf thunderstorm

tronado, -a adj *Fam* [loco] crazy

tronar [63] ■ v impersonal to thunder ▸ **está tronando** it's thundering
■ vt *MÉX* **1.** [hacer estallar] [cohetes] to let off **2.** *Fam* [destruir, acabar con] to get rid of, to do away with **3.** *Fam* [suspender] to fail
■ vi *MÉX* **1.** [estallar] to explode **2.** *Fam* [en relación] to split up, to break up (**con**) with

troncal adj **carretera ~** trunk road ▸ **asignatura ~** compulsory *o* core subject

tronchante adj *Fam* hilarious

tronchar vt [partir] to snap
◆ ***troncharse*** vpr *Fam* **troncharse (de risa)** to split one's sides laughing

troncho nm [de lechuga] heart

tronco[1] nm **1.** ANAT & BOT trunk / [talado y sin ramas] log ▸ *Fam* **dormir como un ~** to sleep like a log **2.** CULIN **~ (de Navidad)** yule log **3.** UNIV **~ común** compulsory subjects

tronco[2]***, -a*** ■ nm,f *Fam* **1.** *ESP* [como apelativo] pal, *BR* mate **2.** *AM* [persona estúpida] thicko / [persona torpe] bungler, *US* klutz
■ adj *AM* [estúpido] thick / [torpe] clumsy, *US* klutzy

tronera nf **1.** ARQUIT & HIST embrasure **2.** [en billar] pocket

tronío nm *Fam* **1.** [despilfarro] **comportarse/vivir con mucho ~** to throw one's money around **2.** [gracia] style ▸ **tener mucho ~** to have style

trono nm throne

tropa nf **1.** MIL [no oficiales] rank and file / [ejército] troops ▸ **tropas de asalto** assault troops, storm troops ▸ **tropas de choque** shock troops ▸ **tropas mecanizadas** mechanized troops ▸ **tropas de refresco** fresh troops **2.** *Fam* [multitud] troop, flock

tropecientos, -as adj inv *Fam* hundreds (and hundreds) of, umpteen

tropel nm **1.** [de personas] mob, crowd ▸ **en ~** in a mad rush, en masse **2.** [de cosas] mass, heap

tropelía nf outrage

tropezar [17] vi **1.** [con los pies] to trip *o* stumble (**con** on) ▸ **tropecé con el bordillo y me caí** I tripped on the *BR* kerb *o US* curb and fell over **2.** [por casualidad] **~ con alguien** to bump *o* run into sb **3.** [enfrentarse] **~ con** [problema, obstáculo] to come up against
◆ ***tropezarse*** vpr *Fam* [dos personas] to bump into each other, to come across one another ▸ **tropezarse con alguien** to bump into sb

tropezón nm **1.** [con los pies] trip, stumble ▸ **dar un ~** to trip up, to stumble ▸ **a tropezones** [hablar] haltingly / [moverse] in fits and starts **2.** [desacierto] slip-up, blunder **3.** CULIN **tropezones** = *finely chopped ham, boiled egg etc added as a garnish to soups or other dishes*

tropical adj tropical

trópico nm tropic

tropiece *etc ver* ***tropezar***

tropiezo nm **1.** [con los pies] trip, stumble ▸ **dar un ~** to trip up, to stumble **2.** [contratiempo] setback ▸ **tener un ~** to suffer a setback ▸ **realizamos la gira sin ningún ~** we finished the tour without a hitch **3.** [equivocación] slip-up, mistake / [desliz sexual] indiscretion ▸ **los tropiezos de la vida que me han ayudado a crecer** the mistakes in life that have helped me to grow as a person

tropismo nm tropism

tropo nm figure of speech, trope

troposfera nf troposphere

troqué *ver* ***trocar***

troquel nm **1.** [molde] mould, die **2.** [cuchilla] cutter

troquelado nm [acuñado] [de moneda] minting, mintage / [de medalla] die-casting

troquelar vt **1.** [acuñar] [moneda] to mint / [medalla] to cast **2.** [recortar] to cut

troquemos *ver* ***trocar***

trotamundos nmf inv globe-trotter

trotar vi to trot / *Fam* [andar mucho] to dash *o* run around

trote nm **1.** [de caballo] trot ▸ **al ~** at a trot **2.** *Fam* [actividad] **no estar para (estos) trotes** not to be up to it *o* to that kind of thing ▸ **le he dado un buen ~ a esta chaqueta** I've got good wear out of this jacket

trotskismo [tros'kismo] nm Trotskyism

trotskista [tros'kista] adj & nmf Trotskyite

troupe [trup] nf troupe

trova nf LIT lyric

trovador nm troubadour

Troya n Troy

troyano, -a adj & nm,f Trojan

trozar vt *AM* [carne] to cut up / [res, tronco] to butcher, to cut up

trozo nm [pedazo] piece / [de obra] extract / [de película] snippet ▸ **hacer algo a trozos** to do sth bit by bit ▸ **cortar algo en trozos** to cut sth into pieces

trucado, -a adj **una baraja/fotografía trucada** a trick *BR* pack *o US* deck/photograph ▸ **dados trucados** [cargados] loaded dice ▸ **el contador del gas estaba ~** the gas meter had been tampered with

trucaje nm trick effect ▸ **~ fotográfico** trick photography

trucar [59] vt to doctor ▸ **~ el motor** to soup up the engine

trucha nf [pez] trout ▸ **~ arcoiris** rainbow trout ▸ **~ asalmonada** salmon trout ▸ CULIN **~ a la navarra** = *fried trout stuffed with ham*

truchero, -a adj **río ~** trout river

truco nm **1.** [trampa, engaño] trick ▸ **un ~ de magia** a magic trick ▸ **la baraja no tiene ~** it's a perfectly normal *BR* pack *o US* deck of cards **2.** [habilidad, técnica] knack ▸ **el ~ está en saber no dejarlo demasiado tiempo en el horno** the secret is not to leave it in the oven for too long ▸ **pillarle el ~ (a algo)** to get the knack (of sth) ▸ **tiene ~** there's a knack to it ▸ **no tiene ~** there's nothing to it ▸ **~ publicitario** advertising gimmick

truculencia nf horror, terror

truculento, -a adj horrifying, terrifying

truena *ver* ***tronar***

trueno nm **1.** METEO clap of thunder ▸ **truenos** thunder **2.** [ruido] thunder, boom

trueque ■ *ver* ***trocar***
■ nm [intercambio] exchange, swap / COM & HIST barter

trufa nf [hongo, bombón] truffle

trufar vt CULIN to stuff with truffles

truhán, -ana ■ adj crooked
■ nm,f rogue, crook

trullo nm *Fam* slammer, *BR* nick, *US* pen

truncado, -a adj **1.** [frustrado] [vida, carrera] cut short / [planes, ilusiones] ruined **2.** MAT truncated

truncar [59] vt [frustrar] [vida, carrera] to cut short / [planes, ilusiones] to spoil, to ruin

truque *etc ver* ***trucar***

trusa nf **1.** CARIB [traje de baño] swimsuit **2.** PERÚ [short] briefs **3.** RP [faja] girdle

trust [trus] o [trust] (pl **trusts**) nm trust, cartel

TS nm (abrev de ***Tribunal Supremo***) = *Spanish Supreme Court*

tsé-tsé adj inv **mosca ~** tsetse fly

tsunami nm tsunami

tu (pl **tus**) adj posesivo your ▸ **tu casa** your house ▸ **tus libros** your books

tú pron personal

> Usually omitted in Spanish except for emphasis or contrast.

you ▸ **tú te llamas Sara** your name is Sara ▸ **es más alta que tú** she's taller than you ▸ **hablar** *o* **tratar de tú a alguien** = *to address sb as "tú", i.e. informally*

tuareg adj inv & mf inv Tuareg

tuba nf tuba

tuberculina nf tuberculin

tubérculo nm tuber, root vegetable

tuberculosis nf inv tuberculosis

tuberculoso, -a ■ adj **1.** MED tuberculous **2.** BOT tuberous
■ nm,f tuberculosis sufferer

tubería nf **1.** [cañerías] pipes, pipework **2.** [tubo] pipe

tubo nm **1.** [tubería] pipe ▸ **~ del desagüe** drainpipe ▸ **~ de escape** exhaust (pipe) **2.** [cilindro, recipiente] tube ▸ **~ de ensayo** test tube ▸ **~ fluorescente** fluorescent light strip ▸ **~ de rayos catódicos** cathode ray tube **3.** ANAT tract ▸ **~ digestivo** digestive tract, alimentary canal **4.** *Fam* **por un ~: comimos por un ~** we ate a hell of a lot ▸ **tiene dinero por un ~** he's got loads of money **5.** *ESP Fam* [de cerveza] = *tall glass of beer* **6.** *RP, VEN* [de teléfono] receiver **7.** *CHILE* [para el pelo] roller, curler

tubolux, tuboluz nm RP fluorescent tube

tubular ■ adj tubular
■ nm bicycle tyre

tucán nm toucan

tuerca nf nut ▸ **apretar las tuercas a alguien** to tighten the screws on sb

tuerce *ver* ***torcer***

tuerto, -a ■ adj [sin un ojo] one-eyed / [ciego de un ojo] blind in one eye
■ nm,f [sin un ojo] one-eyed person / [ciego de un ojo] person who is blind in one eye

tuerzo *ver* ***torcer***

tueste nm **~ natural** medium roast ▸ **~ torrefacto** high roast

tuesto *etc ver* ***tostar***

tuétano nm **1.** ANAT (bone) marrow **2.** [meollo] crux, heart ▸ **hasta el ~** *o* **los tuétanos** to the core ▸ **mojado hasta los tuétanos** soaked through, soaked to the skin

tufarada nf waft

tufillo nm whiff

tufo nm **1.** *Fam* [mal olor] stench, foul smell **2.** [emanación] vapour

tugurio nm hovel

tul nm tulle

tulipa nf **1.** [tulipán] tulip **2.** [de lámpara] tulip-shaped lampshade

tulipán nm tulip

tullido, -a ■ adj paralyzed, crippled
■ nm,f cripple, disabled person

tullir vt to paralyze, to cripple

tumba nf grave, tomb ▸ *Fam* **a ~ abierta** at breakneck speed ▸ *Fam* **ser (como) una ~** to be as silent as the grave

tumbado nm *ECUAD* ceiling

tumbar vt **1.** [derribar] to knock over *o* down ▸ *Fam Fig* **tiene un olor que tumba** it stinks to high heaven **2.** [reclinar] **~ al paciente** lie the patient down **3.** *Fam* [suspender] to fail
◆ ***tumbarse*** vpr **1.** [acostarse] to lie down **2.** [repantigarse] to lounge, to stretch out

tumbo nm jolt, jerk ▸ **dar tumbos** *o* **un ~** [coche] to jolt, to jerk ▸ *Fig* **ir dando tumbos** [persona] to have a lot of ups and downs

tumbona nf *BR* sun-lounger, *US* (beach) recliner

tumefacción nf swelling

tumefacto, -a adj swollen

tumescencia nf swelling

tumor nm tumour ▸ **~ cerebral** brain tumour

tumoración nf lump, swelling

túmulo nm **1.** [sepulcro] tomb **2.** [montecillo] burial mound **3.** [catafalco] catafalque

tumulto nm **1.** [disturbio] riot, disturbance **2.** [alboroto] uproar, tumult

tumultuoso, -a adj **1.** [conflictivo] tumultuous, riotous **2.** [turbulento] rough, stormy

tuna nf **1.** [agrupación] = *group of student minstrels* **2.** *AM* [planta] prickly pear

tunante, -a nm,f crook, scoundrel

tunco nm *CAM, MÉX* pig

tunda nf *Fam* **1.** [paliza] beating, thrashing **2.** [esfuerzo] drag, exhausting job

tundra nf tundra

tunecino, -a adj & nm,f Tunisian

túnel nm tunnel ▸ *Fig* **salir del ~** to turn the corner ▸ DEP **hacerle el ~ a alguien** to nutmeg sb ▸ **~ aerodinámico** wind tunnel ▸ **Túnel del Canal de la Mancha** Channel Tunnel ▸ AUT **~ de lavado** car wash

Túnez n **1.** [capital] Tunis **2.** [país] Tunisia

tungsteno nm tungsten

túnica nf tunic

tuno, -a nm,f **1.** [tunante] rogue, scoundrel **2.** [músico] student minstrel

tuntún nm **al (buen) ~** without thinking

tupamaro, -a nm,f POL Tupamaro, = *member of a Uruguayan Marxist urban guerrilla group of the 1960s and 70s*

tupé nm **1.** [cabello] quiff **2.** *Fam* [atrevimiento] cheek, nerve

tupido, -a adj thick, dense

tupí-guaraní ■ adj & nmf Tupí-Guaranian
■ nm [lengua] Tupí-Guaraní

tupir vt to pack tightly

tupperware® [taper'wer] nm Tupperware®

turba nf **1.** [combustible] peat, turf **2.** [muchedumbre] mob

turbación nf **1.** [desconcierto] upset, disturbance **2.** [vergüenza] embarrassment

turbador, -ora adj **1.** [desconcertante] disconcerting, troubling **2.** [emocionante] upsetting, disturbing

turbante nm turban

turbar vt **1.** [alterar] to disturb **2.** [emocionar] to upset **3.** [desconcertar] to trouble, to disconcert
◆ ***turbarse*** vpr [emocionarse] to get upset

turbera nf peat bog

turbiedad nf **1.** [de líquido] cloudiness **2.** [de negocios] shadiness

turbina nf turbine

turbio, -a adj **1.** [líquido] cloudy **2.** [vista] blurred **3.** [negocio] shady **4.** [época, periodo] turbulent, troubled

turbión nm downpour

turbo nm turbocharger ▸ **poner el ~** to put one's foot down (on the accelerator)

turbodiesel adj **motor ~** turbocharged diesel engine

turbohélice nf turboprop

turbopropulsor nm turboprop

turborreactor nm turbojet (engine)

turbulencia nf **1.** [de fluido] turbulence **2.** [alboroto] uproar, clamour

turbulento, -a adj **1.** [situación, aguas] turbulent **2.** [persona] unruly, rebellious

turco, -a ■ adj Turkish
■ nm,f [persona] Turk
■ nm [lengua] Turkish

turcochipriota ■ adj Turkish-Cypriot
■ nmf Turkish Cypriot

turgente adj [forma, muslos] well-rounded

turismo nm **1.** [actividad] tourism ▸ **hacer ~ (por)** to go touring (round) ▸ **~ de aventura** adventure holidays ▸ **~ ecológico** eco-tourism ▸ **~ rural** rural tourism, country holidays ▸ **casas de ~ rural** country holiday properties **2.** AUT private car

turista nmf tourist

turístico, -a adj tourist ▸ **atracción turística** tourist attraction

Turkmenistán n Turkmenistan

turmalina nf tourmaline

túrmix® nf inv blender, liquidizer

turnarse vpr to take turns (**con** with)

turnedó nm tournedos

turno nm **1.** [tanda] turn, go ▸ **cuando le llegue el ~ hará como todos** when it's his turn he'll do the same as everyone else ▸ **hacer algo por turnos** to take turns to do sth **2.** [de trabajo] shift ▸ **trabajar por turnos** to work shifts ▸ **~ de día/noche** day/night shift ▸ **tiene el ~ de noche** he's on the night shift, he's on nights ▸ **de ~** on duty ▸ **el médico de ~** the doctor on duty ▸ **el gracioso de ~** the inevitable smart alec

turolense ■ adj of/from Teruel
■ nmf person from Teruel

turón nm polecat

turquesa ■ nf [mineral] turquoise
■ adj inv [color] turquoise
■ nm [color] turquoise

Turquía n Turkey

turrón nm = *Christmas sweet similar to marzipan or nougat, made with almonds and honey*

turulato, -a adj *Fam* flabbergasted, dumbfounded

tururú interj *Fam* **¡~!** get away!, you must be joking!

tute nm **1.** [juego] = *card game similar to whist* **2.** *Fam* [trabajo intenso] hard slog ▸ **darse** *o* **pegarse un (buen) ~** [trabajar] to slog away

tutear vt = *to address as "tú", i.e. informally*
◆ ***tutearse*** vpr = *to address each other as "tú", i.e. informally*

tutela nf **1.** DER guardianship **2.** [cargo] responsibility (**de** for) ▸ **bajo la ~ de** under the protection of

tutelaje nm DER guardianship

tutelar ■ adj **1.** DER tutelary **2.** [protector] protecting
■ vt to act as guardian to

tuteo nm = *use of "tú" form of address, as opposed to formal "usted" form*

tutiplén: a tutiplén loc adv *Fam* galore, a gogo ▸ **tenía abrigos y zapatos a ~** she had coats and shoes galore ▸ **repartió mamporros a ~** he clouted people *BR* left, right and centre *o US* left and right

tutor, -ora nm,f **1.** DER guardian **2.** [profesor] [privado] tutor / [en colegio, instituto] *BR* form *o US* class teacher

tutoría nf **1.** DER guardianship **2.** [clase] ≃ form class

tutorial nm INFORM tutorial

tutti frutti, tuttifrutti nm tutti frutti

tutú nm tutu

tuviera *etc ver* ***tener***

tuyo, -a ■ adj posesivo yours ▸ **este libro es ~** this book is yours ▸ **un amigo ~** a friend of yours ▸ **no es asunto ~** it's none of your business
■ pron posesivo **el ~** yours ▸ **el tuyo es rojo** yours is red ▸ *Fam* **esta es la tuya** this is the chance you've been waiting for *o* your big chance ▸ **lo tuyo es el teatro** [lo que haces bien] theatre is your thing ▸ *Fam* **los tuyos** [tu familia] your folks / [tu bando] your lot, your side

TV nf (abrev de ***televisión***) TV

TV3 [teβe'tres] nf (abrev de ***Televisión de Cataluña***) = *Catalan television channel*

TVE nf (abrev de ***Televisión Española***) = *Spanish state television network*

TVG nf (abrev de ***Televisión de Galicia***) = *Galician television channel*

twist [twist] nm inv twist *(dance)*

U

U, u [u] nf [letra] U, u

u conj or / *ver también* ***o***

UA nf (abrev de ***Unión Africana***) AU

ubérrimo, -a adj *Formal* [tierra] extremely fertile / [vegetación] luxuriant, abundant

ubicación nf position, location

ubicado, -a adj [edificio] located, situated

ubicar [59] vt **1.** [situar] [edificio] to locate **2.** *AM* [colocar] [mueble, persona] to put, to place **3.** *AM* [encontrar] to find, to locate ▸ **¿cómo te ubico?** where can I get hold of *o* contact you? **4.** *AM* [identificar] **¿González?, no lo ubico** González? I can't quite place him
◆ ***ubicarse*** vpr **1.** [edificio] to be situated, to be located **2.** *AM* [persona] to get one's bearings

ubicuidad nf ubiquity ▸ **tiene el don de la ~** he seems to be everywhere at once

ubicuo, -a adj ubiquitous

ubique *etc ver* ***ubicar***

ubre nf udder

UCD nf (abrev de ***Unión de Centro Democrático***) = *former Spanish political party at the centre of the political spectrum*

UCI ['uθi] nf (abrev de ***unidad de cuidados intensivos***) ICU, intensive care unit

Ucrania n the Ukraine

ucraniano, -a adj & nm,f Ukrainian

Ud. abrev de ***usted***

UDC nf (abrev de ***universal decimal classification***) UDC

Uds. abrev de ***ustedes***

UE nf (abrev de ***Unión Europea***) EU

UEFA ['uefa] nf (abrev de ***Union of European Football Associations***) UEFA

UEM [uem] nf (abrev de ***unión económica y monetaria***) EMU

UEO nf (abrev de ***Unión Europea Occidental***) WEU

uf interj **¡uf!** [expresa cansancio, calor] phew! / [expresa fastidio] tut! / [expresa repugnancia] ugh!

ufanarse vpr **~ de** to boast about

ufano, -a adj **1.** [satisfecho] proud, pleased **2.** [engreído] boastful, conceited **3.** [lozano] luxuriant, lush

ufología nf ufology

ufólogo, -a nm,f ufologist

Uganda n Uganda

ugandés, -esa adj & nm,f Ugandan

ugetista ■ adj = *of or belonging to the "UGT"*
■ nmf = *member of the "UGT"*

UGT nf (abrev de ***Unión General de los Trabajadores***) = *major socialist Spanish trade union*

UHF nf (abrev de ***ultra high frequency***) UHF

UHT adj (abrev de ***ultra heat treated***) UHT

ujier nm usher

ukelele nm ukelele

Ulan-Bator n Ulan-Bator

úlcera nf MED ulcer ▸ **~ de estómago** stomach ulcer ▸ **~ perforada** perforated ulcer

ulceración nf ulceration

ulcerar vt to ulcerate
◆ ***ulcerarse*** vpr MED to ulcerate

ulceroso, -a adj ulcerous

Ulster nm **(el) ~** Ulster

ulterior adj **1.** [en el tiempo] subsequent **2.** [en el espacio] further

ulteriormente adv subsequently

ultimación nf conclusion, completion

últimamente adv recently, of late

ultimar vt **1.** [terminar] to conclude, to complete **2.** *AM* [matar] to kill

ultimátum (pl **ultimátums** *o* **ultimatos**) nm ultimatum

último, -a ■ adj **1.** [en una serie, en el tiempo] last ▸ **hizo un ~ intento** he made one last *o* final attempt

▸ **en una situación así es lo ~ que haría** it's the last thing I'd do in a situation like that ▸ **por ~** lastly, finally ▸ **ser lo ~** [lo final] to come last / [el último recurso] to be a last resort / [el colmo] to be the last straw ▸ **última voluntad** last wish(es) **2.** [más reciente] latest, most recent ▸ **las últimas noticias son inquietantes** the latest news is very worrying ▸ **la ~ vez que lo vi** the last time I saw him ▸ *Fam* **ser lo ~ en...** to be the latest thing in... **3.** [más remoto] furthest, most remote **4.** [más bajo] bottom / [más alto] top / [de más atrás] back
■ nm,f **1.** [en fila, carrera] **el ~** the last (one) ▸ **el ~ de la fila** the last person in the *BR* queue *o US* line ▸ **llegar el ~** to come last **2.** (en comparaciones, enumeraciones) **este ~** the latter **3.** [expresiones] **a últimos de mes** at the end of the month ▸ **estar en las últimas** [muriéndose] to be on one's deathbed / [sin dinero] to be down to one's last penny / [sin provisiones] to be down to one's last provisions ▸ *Fam* **ir a la última** to wear the latest fashion

ultra adj & nmf POL extremist

ultracongelado, -a adj deep-frozen ▸ **ultracongelados** deep-frozen food

ultraconservador, -ora adj & nm,f ultra-conservative

ultracorrección nf hypercorrection

ultraderecha nf far right

ultraderechista ■ adj far right
■ nmf extreme right-winger

ultraísmo nm = *Spanish and Latin American literary movement of the early 20th century*

ultraizquierda nf far left

ultraizquierdista ■ adj far left
■ nmf extreme left-winger

ultrajante adj insulting, offensive

ultrajar vt to insult, to offend

ultraje nm insult

ultraligero nm microlight

ultramar nm overseas ▸ **territorios de ~** overseas territories

ultramarino, -a adj overseas ▸ **posesiones ultramarinas** overseas territories

ultramarinos nmpl **1.** [comestibles] groceries **2.** [tienda] grocery store, *BR* grocer's (shop)

ultramicroscopio nm ultramicroscope

ultramoderno, -a adj ultramodern

ultramontano, -a ■ adj **1.** REL ultramontane **2.** [reaccionario] reactionary
■ nm,f **1.** REL ultramontane **2.** [reaccionario] reactionary

ultranza nf **a ~** [con decisión] to the death / [acérrimamente] out-and-out

ultrasecreto, -a adj top-secret

ultrasonido nm ultrasound

ultratumba nf **de ~** from beyond the grave

ultravioleta adj inv ultraviolet

ulular vi **1.** [viento, lobo] to howl **2.** [búho] to hoot

umbilical adj **cordón ~** umbilical cord

umbral nm **1.** [de puerta, periodo] threshold **2.** [nivel básico] threshold ▸ **el ~ de la pobreza** the poverty line

umbrío, -a adj shady

un, una art

> **un** is used instead of **una** before feminine nouns which begin with a stressed **a** or **ha** (e.g. **un águila** an eagle; **un hacha** an axe).

1. [singular] a / (ante sonido vocálico) an ▸ **un hombre/coche** a man/car ▸ **una mujer/mesa** a woman/table ▸ **una hora** an hour **2.** [plural] some ▸ **había unos coches mal aparcados** there were some badly parked cars ▸ **había unos doce muchachos** there were about *o* some twelve boys there

unánime adj unanimous

unanimidad nf unanimity ▸ **por ~** unanimously

unción nf unction

uncir [72] vt to yoke

UNCTAD [un'tað] nf (abrev de ***United Nations Conference on Trade and Development***) UNCTAD

undécimo, -a núm eleventh

underground [ander'ɣraun] adj inv underground

UNED [u'neð] nf (abrev de ***Universidad Nacional de Educación a Distancia***) = *Spanish open university*

Unesco [u'nesko] nf (abrev de ***United Nations Educational, Scientific and Cultural Organization***) UNESCO

ungimiento nm unction

ungir [24] vt to put ointment on / REL to anoint

ungüento nm ointment

únicamente adv only, solely

unicameral adj single-chamber

Unicef [uni'θef] nm (abrev de ***United Nations Children's Fund***) UNICEF

unicelular adj single-cell, unicellular

unicidad nf uniqueness

único, -a adj **1.** [solo] only ▸ **hijo ~** only child, only son ▸ **hija única** only child, only daughter ▸ **es lo ~ que quiero** it's all I want ▸ **lo ~ es que...** the (only) thing is..., it's just that... ▸ **única y exclusivamente** only, exclusively **2.** [excepcional] unique ▸ **eres ~** you're one of a kind **3.** [precio, función, moneda] single

unicornio nm unicorn ▸ **~ marino** narwhal

unidad nf **1.** [cohesión, acuerdo] unity ▸ **la fundación fracasó por falta de ~** the foundation failed for lack of unity ▸ **necesitamos ~ de acción** we need unity of action, we need to act as one **2.** [elemento, medida] unit ▸ **un euro la ~** one euro each ▸ **quiero comprar seis unidades** I'd like to buy six ▸ **~ de medida** unit of measurement **3.** [sección] unit ▸ INFORM **~ de CD-ROM** CD-ROM drive ▸ INFORM **~ central de proceso** central processing unit ▸ MIL **~ de combate** combat unit ▸ **~ de cuidados intensivos** intensive care (unit) ▸ INFORM **~ de disco** disk drive ▸ TV **~ móvil** mobile unit ▸ **~ de vigilancia intensiva** intensive care (unit)

unidimensional adj one-dimensional

unidireccional adj unidirectional, one-way

unido, -a adj [junto, reunido] united / [familia, amigos] close

unifamiliar adj **vivienda ~** house *(detached, semi-detached or terraced)*

unificación nf **1.** [unión] unification **2.** [uniformización] standardization

unificador, -ora adj **1.** [que une] unifying **2.** [que uniformiza] standardizing

unificar [59] vt **1.** [unir] to unite, to join / [países] to unify **2.** [uniformar] to standardize

uniformado, -a adj **1.** [igual, normalizado] standardized **2.** [policía, soldado] uniformed

uniformar vt **1.** [igualar, normalizar] to standardize **2.** [poner uniforme a] to put into uniform

uniforme ■ adj [movimiento, temperatura, criterios] uniform / [superficie] even
■ nm uniform ▸ **de ~** in uniform ▸ **~ escolar** school uniform ▸ **~ de gala** dress uniform

uniformidad nf [de movimiento, temperatura, criterios] uniformity / [de superficie] evenness

uniformización nf [normalización] standardization

uniformizar [14] vt [normalizar] to standardize

unilateral adj unilateral

unión nf **1.** [asociación] union ▸ **en ~ con** *o* **de** together with ▸ **~ aduanera** customs union ▸ **Unión Africana** African Union ▸ **la Unión Europea** the European Union ▸ **~ de hecho** unmarried couple ▸ *Antes* **Unión Soviética** Soviet Union **2.** [acción] joining, union ▸ **un compuesto es el resultado de la ~ de dos palabras** a compound is the result of the joining of two words ▸ **la ~ de las dos empresas** the union *o* merger of the two companies **3.** MEC join, joint **4.** [cohesión] **hay que potenciar la ~ entre los ciudadanos** we have to encourage a sense of solidarity amongst the people ▸ **la ~ hace la fuerza** unity is strength

CULTURA / CULTURE

unión de hecho

Some of Spain's autonomous regions (e.g. Madrid, Andalucía, and the Basque Country) have set up a means whereby unmarried couples in a stable relationship can officially register themselves as forming a **unión de hecho** (civil partnership or civil union). This entitles them to many of the same rights as married couples (for example when adopting a child, or when applying for public housing), though laws relating to pensions and inheritance are excluded, as they are governed by state law. The Catholic Church has objected to such laws, particularly because they may give the same rights to homosexual as heterosexual couples. Similar recognition has been sought (and has given rise to similar controversy) in some Latin American countries (for example, Argentina and Chile).

unionismo nm POL unionism

unionista adj & nmf POL unionist

unipersonal adj = *designed for one person* ▸ **verbo ~** impersonal verb

unir vt **1.** [juntar] [pedazos, habitaciones] to join / [empresas, estados, facciones] to unite ▸ **unió los dos palos con una cuerda** he joined *o* tied the two sticks together with a piece of string **2.** [relacionar] [personas] **les une una fuerte amistad** they are very close friends, they share a very close friendship ▸ **les une su pasión por la música** they share a passion for music ▸ **~ a dos personas en matrimonio** to join two people in matrimony **3.** [comunicar] [ciudades, terminales, aparatos] to connect, to link **4.** [combinar] to combine ▸ **en su obra une belleza y técnica** her work combines beauty with technique ▸ **~ algo a algo** to add sth to sth
◆ ***unirse*** vpr [personas, empresas, grupos] to join together / [factores, circunstancias] to come together ▸ **se unieron para derrocar al gobierno** they joined together *o* joined forces to bring down the government ▸ **unirse en matrimonio** to join in wedlock *o* matrimony ▸ **unirse a algo** to join sth ▸ **a la falta de interés se unió el mal tiempo** the lack of interest was compounded by the bad weather

unisex adj inv unisex

unisexual adj unisexual

unísono nm **al ~** in unison

UNITA [u'nita] nf (abrev de ***Unión Nacional para la Independencia Total de Angola***) UNITA

unitario, -a adj [unido, único] single / [de una unidad] unitary ▸ **precio ~** unit price

unitarismo nm REL Unitarianism

universal adj **1.** [total] universal **2.** [mundial] world ▸ **historia ~** world history ▸ FILOSOFÍA **universales** universals

universalidad nf universality

universalismo nm universalism

universalizar [14] vt to make widespread
◆ ***universalizarse*** vpr [costumbre, uso] to become widespread

universiada nf DEP **la Universiada** the World Student Games

universidad nf university ▸ **~ a distancia** = *distance learning university, BR* ≃ Open University

universitario, -a ■ adj university ▸ **estudiante ~** university student
■ nm,f **1.** [estudiante] university student **2.** [profesor] university lecturer **3.** [licenciado] university graduate

universo nm **1.** ASTRON universe **2.** [mundo] world

unívoco, -a adj univocal, unambiguous

UNIX ['unɪks] nm INFORM UNIX

unjo *etc ver* ***ungir***

uno, -a

un is used instead of **uno** before singular masculine nouns (e.g. **un perro a dog; un coche a car**).

■ adj **1.** [numeral] one ▸ **un hombre, un voto** one man, one vote ▸ **una hora y media** an hour and a half, one and a half hours ▸ **treinta y un días** thirty-one days **3.** [indefinido] one ▸ **un día volveré** one *o* some day I'll return
■ pron **1.** [indefinido, numeral] one ▸ **coge ~** take one

▸ **~ de ellos** one of them ▸ **unos... otros...** some... others... ▸ **~ a otro, unos a otros** each other, one another ▸ **~ y otro** both ▸ **unos y otros** all of them ▸ **unos cuantos** a few **2.** [cierta persona] someone, somebody ▸ **hablé con ~ que te conoce** I spoke to someone who knows you ▸ **me lo han contado unos** certain people told me so **3.** [yo] one ▸ **~ ya no está para estos trotes** one isn't really up to this sort of thing any more **4.** [expresiones] **a una** together ▸ **todos a una** [a la vez] everyone at once ▸ **de ~ en ~, ~ a ~, ~ por ~** one by one ▸ **juntar varias cosas en una** to combine several things into one ▸ **lo ~ por lo otro** it all evens out in the end ▸ **más de ~** many people / [unánimemente] as one ▸ **una de dos** it's either one thing or the other ▸ **una de las suyas** one of his/her/their tricks *o* pranks ▸ **~ de tantos** one of many ▸ **una y no más** once was enough, once bitten, twice shy

■ nm [número] (number) one ▸ **el ~** number one ▸ **la fila ~** row one ▸ **la una** [hora] one o'clock / *ver también* **seis**

untar vt **1.** [piel, cara] to smear (**con** *o* **de** with) ▸ **~ el paté en el pan** to spread the pâté on the bread **2.** *Fam* [sobornar] to grease the palm of, to bribe

◆ ***untarse*** vpr **1.** [embadurnarse] **untarse la piel/cara (con** *o* **de)** to smear one's skin/face (with) **2.** *Fam* [enriquecerse] to line one's pockets

unto nm [grasa] grease

untuosidad nf greasiness, oiliness

untuoso, -a adj greasy, oily

untura nf **1.** [ungüento] ointment **2.** [grasa] grease

uña nf **1.** [de mano] fingernail, nail ▸ **hacerse las uñas** to do one's nails ▸ **comerse** *o* **morderse las uñas** to bite one's nails ▸ *Fig* **con uñas y dientes** [agarrarse] doggedly / [defender] fiercely ▸ *Fig* **ser ~ y carne** to be as thick as thieves **2.** [de pie] toenail **3.** [garra] claw ▸ **enseñar** *o* **sacar las uñas** to get one's claws out **4.** [casco] hoof **5.** *MÉX* [para instrumento musical] plectrum

uñero nm **1.** [inflamación] whitlow **2.** [uña encarnada] ingrowing nail

uperisación, uperización nf U.H.T. treatment

uperisar, uperizar [14] vt to give U.H.T. treatment

Ural nm **el ~** the River Ural

Urales nmpl **los ~** the Urals

uralita® nf CONSTR = *material made of asbestos and cement, usually corrugated and used mainly for roofing*

uranio nm uranium

Urano nm Uranus

urbanidad nf politeness, courtesy

urbanismo nm town planning

urbanista nmf town planner

urbanístico, -a adj town-planning ▸ **plan ~** urban development plan

urbanita nmf city-dweller

urbanización nf **1.** [zona residencial] (private) housing development **2.** [acción] urbanization

urbanizador, -ora ■ adj developing

■ nm,f developer

urbanizar [14] vt to develop, to urbanize

urbano, -a adj urban, city ▸ **autobús ~** city bus ▸ **guardia ~** local policeman, *f* local policewoman

urbe nf large city

urdimbre nf **1.** [de hilos] warp **2.** [plan] plot

urdir vt **1.** [plan] to plot, to forge **2.** [hilos] to warp

urdu, urdú nm [lengua] Urdu

urea nf urea

uremia nf uraemia

uréter nm ureter

uretra nf urethra

urgencia nf **1.** [cualidad] urgency ▸ **con ~** urgently ▸ **necesitan con ~ alimentos y medicinas** they urgently need food and medicine ▸ **en caso de ~** in case of emergency **2.** [necesidad] urgent need **3.** [en hospital] [caso] emergency (case) ▸ **urgencias (médicas)** *BR* casualty (department), accident and emergency (department), *US* emergency room

urgente adj **1.** [apremiante] urgent **2.** [correo] express

urgir [24] v impersonal to be urgently necessary ▸ **me urge hacerlo** I urgently need to do it

úrico, -a adj uric

urinario, -a ■ adj urinary

■ nm urinal, *US* comfort station

URL nm INFORM (abrev de ***uniform resource locator***) URL

urna nf **1.** [caja de cristal] glass case / [para votar] ballot box ▸ **acudir a las urnas** to go to the polls **2.** [vasija] urn ▸ **~ cineraria** urn *(for somebody's ashes)*

uro nm aurochs, urus

urogallo nm capercaillie

urogenital adj urogenital

urología nf urology

urólogo, -a nm,f urologist

urraca nf magpie

URSS [urs] nf *Antes* (abrev de ***Unión de Repúblicas Socialistas Soviéticas***) USSR

ursulina nf **1.** REL Ursuline (nun) **2.** [mujer recatada] prudish woman

urticaria nf nettle rash, urticaria

Uruguay nm **(el) ~** Uruguay

uruguayo, -a adj & nm,f Uruguayan

usado, -a adj **1.** [utilizado] used ▸ **muy ~** widely-used **2.** [gastado] worn-out, worn **3.** [de segunda mano] second-hand

usanza nf custom, usage ▸ **a la vieja** *o* **antigua ~** in the old way *o* style

usar ■ vt **1.** [aparato, herramienta, término] to use ▸ **¿sabes ~ esta máquina?** do you know how to use this machine? ▸ **de ~ y tirar** [producto] disposable ▸ **sin ~** unused **2.** [ropa, lentes, maquillaje] to wear ▸ **estos guantes están sin ~** these gloves haven't been worn

■ vi **~ de** to use, to make use of

◆ ***usarse*** vpr **1.** [aparato, herramienta, término] to be used ▸ **ya casi no se usan las máquinas de escribir** people hardly use typewriters any more **2.** [ropa, lentes] to be worn ▸ **ya no se usan esos zapatos** those shoes are no longer worn *o* in fashion

usía nmf *Anticuado* Your Lordship, *f* Your Ladyship

usina nf *ANDES, RP* plant ▸ **~ eléctrica** power station, power plant

uso nm **1.** [utilización] use ▸ **hacer ~ de** [utilizar] to make use of, to use / [de prerrogativa, derecho] to exercise ▸ **de ~ externo** [medicamento] for external use only ▸ **fuera de ~** out of use, obsolete ▸ **tener el ~ de la palabra** to have the floor ▸ **~ de razón** power of reason **2.** [costumbre] custom ▸ **al ~** fashionable ▸ **al ~ andaluz** in the Andalusian style **3.** LING usage **4.** [desgaste] wear and tear

usted pron personal [tratamiento de respeto] you ▸ **ustedes** you (plural) ▸ **contesten ustedes a las preguntas** please answer the questions ▸ **de ~/ustedes** yours ▸ **me gustaría hablar con ~** I'd like to talk to you ▸ **hablar** *o* **tratar de ~ a alguien** = *to address sb as "usted", i.e. formally*

usual adj usual ▸ **lo ~ es hacerlo así** people usually do it this way ▸ **no es ~ verlo por aquí** it's unusual to see him here

usuario, -a nm,f user

usufructo nm DER usufruct, use

usufructuar [4] vt DER to have the usufruct *o* use of

usufructuario, -a adj & nm,f DER usufructuary

usura nf usury

usurero, -a nm,f usurer

usurpación nf usurpation

usurpador, -ora ■ adj usurping
■ nm,f usurper

usurpar vt to usurp

utensilio nm [instrumento] tool, implement ▸ **utensilios de cocina** cooking utensils ▸ **utensilios de pesca** fishing tackle

uterino, -a adj uterine

útero nm womb, uterus

útil adj useful ▸ **este hallazgo podría ser muy ~ en el tratamiento del cáncer** this discovery may be useful in the treatment of cancer ▸ **es ~ para cargar maletas** it comes in handy for carrying suitcases
◆ ***útiles*** nmpl [herramientas] tools / AGR implements ▸ *AM* **útiles escolares** school writing materials ▸ **útiles de pesca** fishing tackle

utilería nf [útiles] equipment / CINE & TEATRO props

utilidad nf **1.** [cualidad] usefulness **2.** INFORM utility (program)
◆ ***utilidades*** nfpl *AM* FIN profits

utilitario, -a ■ adj **1.** [persona] utilitarian **2.** [vehículo] run-around, utility
■ nm AUT run-around car, utility car

utilitarismo nm utilitarianism

utilización nf use ▸ **el tratamiento de las aguas residuales para su posterior ~** the treatment of waste water for subsequent use ▸ **de fácil ~** easy to use ▸ **una interfaz de fácil ~** a user-friendly interface

utilizar [14] vt to use

utillaje nm tools

utopía nf utopia

utópico, -a adj utopian

uva nf grape ▸ **de uvas a peras** once in a blue moon ▸ **estar de mala ~** to be in a bad mood ▸ **tener mala ~** to be a bad sort, to be a nasty piece of work ▸ **uvas de la suerte** = *grapes eaten for good luck as midnight chimes on New Year's Eve* ▸ **nos van a dar las uvas** we're going to be here for ever!, this is taking for ever!

UVI ['uβi] nf (abrev de ***unidad de vigilancia intensiva***) ICU, intensive care unit

úvula nf uvula

uxoricida *Formal* ■ adj uxoricidal, wife-murdering
■ nm uxoricide, wife-murderer

Uzbekistán n Uzbekistan

uzbeko, -a adj & nm,f Uzbek

V

V, v [*ESP* 'uβe, *AM* be'korta] nf [letra] V, v ▸ **v doble** W

v. (abrev de ***véase***) v., vide

va *ver* ***ir***

vaca nf **1.** [animal] cow ▸ *Fam* **estar como una ~** [gordo] to be as fat as an elephant ▸ **~ lechera** dairy cow ▸ **~ marina** manatee ▸ **~ sagrada** sacred cow ▸ *Fam* **vacas flacas** lean years ▸ *Fam* **vacas gordas** years of plenty ▸ **vacas locas** [enfermedad] mad cow disease **2.** [carne] beef

vacacional adj *BR* holiday, *US* vacation ▸ **periodo ~** holiday period

vacaciones nfpl holiday, *BR* holidays, *US* vacation ▸ **tomar** *o ESP* **coger (las) ~** to take one's *BR* holidays *o US* vacation ▸ **estar/irse de ~** to be/go on *BR* holiday *o US* vacation ▸ **diez días de ~** ten days' *BR* holiday *o US* vacation ▸ **~ pagadas** paid *BR* holidays *o US* vacation ▸ **~ de verano** summer *BR* holidays *o US* vacation

vacacionista nmf *AM BR* holidaymaker, *US* vacationer

vacante ■ adj vacant
■ nf vacancy

vaciado nm **1.** [de recipiente] emptying **2.** [de escultura] casting, moulding

vaciar [32] vt **1.** [recipiente] to empty (**de** of) / [líquido] to pour ▸ **~ el agua de la botella** to pour the water out of the bottle ▸ **vacía las bolsas de la compra** take the shopping out of the bags **2.** [dejar hueco] to hollow (out) **3.** ARTE to cast, to mould
◆ ***vaciarse*** vpr to empty ▸ **en verano se vacía la ciudad** the city empties out in summer

vaciedad nf [tontería] trifle

vacilación nf **1.** [duda] hesitation / [al elegir] indecision **2.** [oscilación] swaying / [de la luz] flickering

vacilante adj **1.** [dudoso, indeciso] hesitant / [al elegir] indecisive **2.** [luz] flickering / [pulso] irregular / [paso] swaying, unsteady

vacilar ■ vi **1.** [dudar] to hesitate / [al elegir] to be indecisive **2.** [voz, principios, régimen] to falter **3.** [fluctuar] [luz] to flicker / [pulso] to be irregular **4.** [tambalearse] to wobble, to sway **5.** *Fam* [chulear] to swank, to show off **6.** *ESP, CARIB, MÉX Fam* [bromear] **está vacilando** he's pulling your leg *o* kidding, *BR* he's taking the mickey
■ vt *ESP, CARIB, MÉX Fam* **~ a alguien** [tomar el pelo] to pull sb's leg, *BR* to take the mickey out of sb

vacile nm *ESP, CARIB, MÉX Fam* [tomadura de pelo] joke, *BR* wind-up ▸ **estar de ~** [de broma] to be kidding *o* joking, *BR* to be taking the mickey

vacilón, -ona *Fam* ■ adj **1.** [fanfarrón] swanky **2.** *ESP, CARIB, MÉX* [bromista] jokey, teasing
■ nm,f **1.** [fanfarrón] show-off **2.** *ESP, CARIB, MÉX* [bromista] tease
■ nm *CAM, CARIB, MÉX* [fiesta] party

vacío, -a ■ adj [recipiente, palabras, vida] empty ▸ **la ciudad estaba vacía** the city was empty *o* deserted ▸ **~ de** [contenido] devoid of
■ nm **1.** FÍS vacuum ▸ **envasar al ~** to vacuum-pack **2.** [abismo, carencia] void ▸ **su muerte ha dejado un gran ~** his death has left a big gap ▸ **~ legal** legal vacuum ▸ POL **~ de poder** power vacuum **3.** [espacio libre] **se lanzó al ~** she threw herself into the void ▸ **caer en el ~** [palabras] to fall on deaf ears ▸ **hacer el ~ a alguien** to send sb to Coventry ▸ **tener un ~ en el estómago** to feel hungry

vacuidad nf [trivialidad] shallowness, vacuity

vacuna nf vaccine

vacunación nf vaccination

vacunar vt to vaccinate
◆ ***vacunarse*** vpr to get vaccinated

vacuno, -a ■ adj bovine
■ nm cattle ▸ **carne de ~** beef

vacuo, -a adj [trivial] shallow, vacuous

vadeable adj fordable

vadear vt [río] to ford / [dificultad] to overcome

vademécum (pl **vademécums**) nm vade mecum, handbook

vade retro interj *Hum & Formal* [márchate] get thee gone!

vado nm **1.** [en acera] lowered *BR* kerb *o US* curb ▸ **~ permanente** [en letrero] keep clear at all times **2.** [de río] ford

Vaduz n Vaduz

vagabundear vi **1.** [ser un vagabundo] to lead a vagrant's life **2.** [vagar] **~ (por)** to wander, to roam

vagabundeo nm vagrant's life

vagabundo, -a ■ adj [persona] vagrant / [perro] stray
■ nm,f tramp, vagrant, *US* bum

vagamente adv vaguely

vagancia nf **1.** [holgazanería] laziness, idleness **2.** [vagabundeo] vagrancy

vagar [38] vi **~ (por)** to wander, to roam

vagido nm = *cry of a newborn baby*

vagina nf vagina

vaginal adj vaginal

vago, -a ■ adj **1.** [perezoso] lazy, idle **2.** [impreciso] vague
■ nm,f lazy person, idler

vagón nm [de pasajeros] carriage / [de mercancías] wagon ▸ **~ cisterna** tanker, tank wagon ▸ **~ delantero** front carriage ▸ **~ de mercancías** goods wagon *o* van ▸ **~ de primera** first-class carriage ▸ **~ restaurante** dining car, restaurant car ▸ **~ de segunda** second-class carriage

vagoneta ■ nf wagon
■ adj *RP Fam* lazy

vaguada nf valley floor

vague *etc ver* ***vagar***

vaguear vi to laze around

vaguedad nf **1.** [cualidad] vagueness **2.** [dicho] vague remark

vaguería nf *Fam* [holgazanería] laziness, idleness

vaharada nf [de olor] whiff

vahído nm blackout, fainting fit ▸ **me dio un ~** I fainted

vaho nm **1.** [vapor] steam ▸ MED **hacer vahos** to inhale (medicinal vapours) **2.** [aliento] breath

vaina nf **1.** [en planta] pod **2.** [de espada] scabbard **3.** *COL, PERÚ, VEN muy Fam* [problema, molestia] pain ▸ **¡déjate de vainas!** stop pissing around! ▸ **cualquier ~** [cosa] anything

vainica nf hemstitch

vainilla nf vanilla

vainita nf *CARIB* green bean

vaivén nm **1.** [balanceo] [de barco] swaying, rocking / [de péndulo, columpio] swinging **2.** [altibajo] ups-and-downs

vajilla nf crockery ▸ **una ~** a dinner service

valdepeñas nm inv Valdepeñas, = *Spanish wine from the La Mancha region, usually red*

valdré *etc ver* ***valer***

vale ■ nm **1.** [bono] coupon, voucher ▸ **~ de comida** luncheon voucher ▸ FIN **~ de compra** credit note ▸ **~ de regalo** gift token **2.** [entrada gratuita] free ticket **3.** [comprobante] receipt **4.** [pagaré] IOU **5.** *MÉX, VEN Fam* [compañero] pal, *BR* mate, *US* buddy
■ interj *ESP* **¡~!** okay!, all right! ▸ **¿~?** okay?, all right? ▸ **¡~ (ya)!** that's enough!

valedero, -a adj valid

valedor, -ora nm,f protector

Valencia n Valencia

valencia nf QUÍM valency

valenciano, -a ■ adj & nm,f Valencian
■ nm [idioma] Valencian

valentía nf **1.** [valor] bravery **2.** [hazaña] act of bravery

valentón, -ona nm,f **hacerse el ~** to boast of one's bravery

valentonada nf boast, brag

valer [69] ■ vt **1.** [costar] [precio] to cost / [tener un valor de] to be worth ▸ **¿cuánto vale?** how much does it cost?, how much is it? ▸ **este cuadro vale mucho dinero** this painting is worth a lot of money **2.** [suponer] to earn ▸ **su generosidad le valió el afecto de todos** her generosity earned her everyone's affection ▸ **esta victoria puede valerles el campeonato** this win may be enough for them to take the championship ▸ **aquello nos valió muchos disgustos** that cost us a lot of trouble **3.** [merecer] to deserve ▸ **esta noticia bien vale una celebración** this news deserves a celebration **4.** [en exclamaciones] **¡válgame Dios!** good God *o* heavens!
■ vi **1.** [tener valor, merecer aprecio] [persona, obra] to be good ▸ **la obra vale poco/no vale (nada)** the play isn't up to much/is no good at all ▸ **hacer ~ algo** [derechos, autoridad] to assert sth ▸ **hacerse ~** to show one's worth **2.** [servir] **eso aún vale** you can still use that ▸ **~ para algo** [objeto] to be for sth / [persona] to be good at sth ▸ **¿para qué vale?** what's it for? ▸ **~ a alguien** to be of use to sb **3.** [ser válido] [documento, norma] to be valid / [respuesta] to be correct / [en juegos] to be allowed **4.** [equivaler] **~ por** to be worth **5.** *ESP* [ser la talla] **~ a alguien** to fit sb **6.** *MÉX Fam* [no importar] **lo que él piense me vale** I couldn't care less what he thinks **7.** [expresiones] **más vale tarde que nunca** better late than never ▸ **más vale que te calles/vayas** it would be better if you shut up/left
■ nm worth, value
◆ ***valerse*** vpr **1.** [servirse] **valerse de algo/alguien** to use sth/sb **2.** [desenvolverse] **valerse (por sí mismo)** to manage on one's own **3.** *MÉX* [estar permitido] to be allowed ▸ **no se vale mentir** lying's not allowed

valeriana nf valerian, allheal

valeroso, -a adj brave, courageous

valgo *ver* ***valer***

valía nf value, worth

validación nf [de documento, billete] validation

validar vt [documento, billete] to validate / [resultado] to (officially) confirm

validez nf validity ▸ **este proyecto confirma la ~ científica de su enfoque** this project confirms the scientific validity of his approach ▸ **dar ~ a** to validate ▸ **tener ~** to be valid

valido, -a nm,f HIST royal adviser, éminence grise

válido, -a adj valid

valiente ■ adj **1.** [valeroso] brave **2.** *Irónico* [menudo] **¡en ~ lío te has metido!** you've got yourself into some mess *o* into a fine mess!
■ nmf [valeroso] brave person

valija nf **1.** [maleta] case, suitcase ▸ **~ diplomática** diplomatic bag **2.** [de correos] mailbag

valioso, -a adj **1.** [de valor] valuable **2.** [intento, esfuerzo] worthy

valium® (pl **valiums**) nm Valium®

valla nf **1.** [cerca] fence ▸ **poner una ~ alrededor de un terreno** to fence off a piece of land ▸ **~ electrificada** electric fence ▸ **~ publicitaria** billboard, hoarding **2.** DEP hurdle ▸ **los 110 metros vallas** the 110 metres hurdles

vallado nm fence

Valladolid n Valladolid

vallar vt to put a fence round

valle nm valley ▸ **~ de lágrimas** vale of tears

vallisoletano, -a adj ■ of/from Valladolid
■ nm,f person from Valladolid

valón, -ona adj & nm,f Walloon

valor nm **1.** [precio, utilidad, mérito] value ▸ **de ~** valuable ▸ **joyas por ~ de...** jewels worth... ▸ **sin ~** worthless ▸ **tener ~** [ser valioso] to be valuable / [ser válido] to be valid ▸ **tiene ~ sentimental** it is of sentimental value ▸ **sin el sello oficial carece de** *o* **no tiene ~** it is not valid without the official seal ▸ **~ adquisitivo** purchasing power ▸ ECON **~ añadido,** *AM* **~ agregado** added value ▸ **~ comercial** commercial value ▸ **~ nominal** face *o* nominal value ▸ **~ nutritivo** nutritional value **2.** MAT & MÚS value **3.** [importancia] importance ▸ **su opinión es de enorme ~ para nosotros** her opinion is of great value *o* importance to us ▸ **dar ~ a** to give *o* attach importance to ▸ **quitar ~ a algo** to take away from sth, to diminish the importance of sth **4.** [valentía] bravery, courage ▸ **armarse de ~** to pluck up one's courage **5.** [desvergüenza] cheek, nerve ▸ **tener el ~ de hacer algo** to have the cheek *o* nerve to do sth **6.** *Fam* [personaje] **un joven ~** a young prospect **7. valores** [principios] values **8.** FIN **valores** securities ▸ **valores en cartera** investment portfolio

valoración nf **1.** [de propiedad, obra] valuation / [de pérdidas, daños] assessment, estimation **2.** [de mérito, cualidad, ventajas] evaluation, assessment

valorar vt **1.** [tasar] [propiedad, obra] to value / [pérdidas, daños] to assess, to estimate ▸ **la casa está valorada en 25 millones** the house is valued at 25 million **2.** [evaluar] to evaluate, to assess ▸ **su actuación ha sido valorada muy positivamente** her performance has been judged very favourably ▸ **el peor valorado entre todos los candidatos** the least favoured among the candidates **3.** [apreciar] to value ▸ **valoran mucho los conocimientos de inglés** they value a knowledge of English very highly

valorización nf [revalorización] appreciation, increase in value

valorizar [14] vt to increase the value of
◆ ***valorizarse*** vpr to increase in value

valquiria nf Valkyrie

vals nm waltz

valuar [4] vt to value

valva nf BOT & ZOOL valve

válvula nf valve ▸ *Fig* **~ de escape** means of letting off steam ▸ **~ de seguridad** safety valve

vamos ■ *ver* ***ir***
■ adv [introduce inciso, matiz o conclusión] **tendrás que hacer la compra tú, ~, si no es mucha molestia** you'll have to do the shopping yourself, if it's not too much trouble, of course ▸ **se trata de un amigo, ~, de un conocido** he's a friend, well, more of an acquaintance, really ▸ **~, que al final la fiesta fue un desastre** anyway, the party was a disaster in the end

vampiresa nf *Fam* vamp, femme fatale

vampirismo nm vampirism

vampiro nm **1.** [personaje] vampire **2.** [murciélago] vampire bat

vanagloria nf boastfulness

vanagloriarse vpr to boast (**de** about), to show off (**de** about)

Vancouver n Vancouver

vandálico, -a adj [salvaje] vandalistic ▸ **un acto ~** an act of vandalism

vandalismo nm vandalism

vándalo, -a ■ nm,f HIST Vandal
■ nm [salvaje] vandal

vanguardia nf **1.** MIL vanguard ▸ *Fig* **ir a la ~ de** to be at the forefront of **2.** [cultural] avant-garde, vanguard

vanguardismo nm avant-garde

vanguardista ■ adj avant-garde
■ nmf member of the avant-garde

vanidad nf **1.** [orgullo] vanity **2.** [inutilidad] futility

vanidoso, -a ■ adj vain, conceited
■ nm,f vain person

vano, -a ■ adj **1.** [inútil, infundado] vain ▸ **en ~** in vain **2.** [vacío, superficial] [palabras] shallow, superficial / [persona] vain, conceited
■ nm ARQUIT [de puerta] doorway

Vanuatú n Vanuatu

vapor nm [emanación] vapour / [de agua] steam ▸ CULIN **al ~** steamed ▸ **barco de ~** steamer, steamship ▸ **máquina de ~** steam engine ▸ FÍS & QUÍM **~ de agua** water vapour

vaporización nf **1.** [pulverización] spraying **2.** FÍS vaporization

vaporizador nm **1.** [pulverizador] spray **2.** [para evaporar] vaporizer

vaporizar [14] vt **1.** FÍS to vaporize **2.** [pulverizar] to spray
◆ ***vaporizarse*** vpr FÍS to evaporate, to vaporize

vaporoso, -a adj **1.** [tela, vestido] diaphanous, sheer **2.** [con vapor] [ducha, baño] steamy / [cielo] hazy, misty

vapulear vt **1.** [golpear] to beat, to thrash /

[zarandear] to shake about **2.** [criticar] to slate ▸ **~ los derechos de alguien** to trample on sb's rights

vapuleo nm **1.** [golpes] beating / [zarandeo] shaking about **2.** [crítica] slating / [falta de respeto] contemptuous treatment, abuse

vaquería nf dairy

vaquero, -a ■ adj [tela] denim ▸ **falda/camisa vaquera** denim skirt/shirt ▸ **tela vaquera** denim ▸ **pantalón ~** jeans, denims
■ nm,f [persona] cowboy, *f* cowgirl ▸ **una película de vaqueros** a western, a cowboy film
■ nm [pantalón] jeans ▸ **unos vaqueros** (a pair of) jeans

vaquilla nf [vaca] heifer / [toro] young bull

vara nf **1.** [rama, palo] stick **2.** [pértiga] pole **3.** [fabricada] rod **4.** [tallo] stem, stalk **5.** [de trombón] slide **6.** [insignia] staff

varadero nm dry dock

varado, -a adj NÁUT [encallado] aground, stranded / [en el dique seco] in dry dock

varapalo nm [paliza] hiding

varar vi NÁUT to run aground
◆ ***vararse*** vpr *AM* [averiarse] to break down

varear vt [golpear] to beat (with a pole) ▸ **~ las aceitunas** = *to knock the branches of olive trees with a pole to bring down the ripe olives*

variabilidad nf changeability, variability

variable ■ adj changeable, variable
■ nf MAT variable

variación nf [cambio] variation / [del tiempo] change ▸ **~ magnética** magnetic declination

variado, -a adj [diverso] varied / [galletas, bombones] assorted

variante ■ adj variant
■ nf **1.** [variación] variation / [versión] version ▸ **~ ortográfica** variant spelling **2.** AUT by-pass **3.** [en quiniela] draw or away win **4. variantes** mixed pickles

varianza nf [en estadística] variance

variar [32] ■ vt **1.** [modificar] to alter, to change ▸ **~ el rumbo** to change course **2.** [dar variedad a] to vary ▸ **me gusta ~ el camino al trabajo** I like to vary my route to work
■ vi **1.** [cambiar] to change ▸ **las circunstancias varían a lo largo del año** the circumstances change over the year ▸ **~ (de)** to change ▸ *también Irónico* **para ~** (just) for a change **2.** [ser diferente] to vary, to differ (**de** from) ▸ **las causas varían de un país a otro** the causes vary from one country to another

varicela nf chickenpox

varicoso, -a adj varicose

variedad nf **1.** [diversidad] variety **2.** TEATRO **variedades** variety, *BR* music hall

varilla nf [barra delgada] rod / [de abanico, paraguas] spoke, rib / [de gafas] arm

varillaje nm [de abanico, paraguas] spokes, ribbing / [de gafas] arms

variopinto, -a adj diverse

varios, -as ■ adj [variados] several ▸ **pantalones de ~ colores** trousers in several *o* different colours ▸ **hay varias maneras de hacerlo** there are several *o* various ways of doing it ▸ **los motivos son ~** there are various reasons
■ pron pl several ▸ **delante de ~ de sus compañeros** in front of several colleagues ▸ **el accidente lo vimos ~** quite a few of us saw the accident

varita nf wand ▸ **~ mágica** magic wand

variz nf varicose vein

varón nm [hombre] male, man / [chico] boy

varonil adj [masculino] masculine, male / [viril] manly, virile

Varsovia n Warsaw

varsoviano, -a ■ adj of/from Warsaw
■ nm,f person from Warsaw

vasallaje nm HIST **1.** [servidumbre] servitude **2.** [impuesto] liege money

vasallo, -a nm,f **1.** [siervo] vassal **2.** [súbdito] subject

vasco, -a ■ adj & nm,f Basque
■ nm [lengua] Basque

vascofrancés, -esa ■ adj of/from the French Basque provinces
■ nm French Basque

Vascongadas nfpl **las ~** the Basque provinces of Spain

vascongado, -a adj & nm,f Basque

vascuence nm [lengua] Basque

vascular adj vascular

vasectomía nf vasectomy

vaselina nf Vaseline®

vasija nf [de barro] earthenware vessel

vaso nm **1.** [recipiente, contenido] glass ▸ **un ~ de vino** a glass of wine ▸ **un ~ de plástico** a plastic cup ▸ **se bebió un ~ entero** he drank a whole glass ▸ *Fig* **ahogarse en un ~ de agua** to make a mountain out of a molehill ▸ **vasos comunicantes** communicating vessels **2.** ANAT vessel ▸ **vasos capilares** capillaries ▸ **vasos sanguíneos** blood vessels **3.** BOT vein

vasoconstricción nf MED vasoconstriction

vasoconstrictor adj MED vasoconstrictor

vasodilatador adj MED vasodilator

vástago nm **1.** [descendiente] offspring **2.** [brote] shoot **3.** [varilla] rod

vastedad nf vastness

vasto, -a adj vast

vate nm *Formal* bard

váter nm toilet

Vaticano n **el ~** the Vatican

vaticinar vt to prophesy, to predict

vaticinio nm prophecy, prediction

vatio nm watt

vaya ■ *ver* ***ir***
■ interj **1.** [expresa sorpresa] **¡~!** well! ▸ **¡~! ¡ tú por aquí!** fancy seeing you here! ▸ **¡~, ~! no me esperaba eso de ti** well, I certainly didn't expect that from you! **2.** [expresa admiración] **¡~ moto!** what a motorbike! ▸ **¡~ si me gusta!** you bet I like it! ▸ *Irónico* **¡~ (un) amigo!** some friend he is! **3.** [expresa contrariedad, disgusto] **¡~!**

oh no! ▸ **¡~, me equivoqué otra vez!** oh, no, I've got it wrong again! ▸ **¡~ con la dichosa cuestecita!** so much for this being a little hill!, some little hill this is! ▸ **¡~ por Dios!** *o* *ESP* **¡~, hombre! para una vez que compro gambas, me las dan pasadas** can you believe it *o* honestly, the one time I buy some prawns, they're off! ■ adv [bueno, bien] not bad, O.K.

VB (abrev de ***visto bueno***) [en ejercicios escolares] = *abbreviation equivalent to a tick on a piece of schoolwork*

Vd. abrev de ***usted***

Vda. (abrev de ***viuda***) widow

Vds. abrev de ***ustedes***

ve[1] *ver* ***ir***

ve[2] nf [letra] *AM* **ve corta** v *(to distinguish from b)*

véase *ver* ***ver***

vecinal adj **1.** [relaciones, trato] neighbourly **2.** [camino, impuestos] local

vecindad nf **1.** [vecindario] neighbourhood **2.** [cualidad] neighbourliness **3.** [alrededores] vicinity **4.** *MÉX* = *communal dwelling where poor families each live in a single room with shared bathroom and kitchen*

vecindario nm [de barrio] neighbourhood / [de población] community, inhabitants

vecino, -a ■ adj [cercano] neighbouring ▸ **~ a** next to ■ nm,f **1.** [de la misma casa, calle] neighbour / [de un barrio] resident ▸ **los vecinos de arriba** my/our/*etc* upstairs neighbours ▸ **los vecinos de al lado** next-door neighbours **2.** [de una localidad] inhabitant

vector nm vector

vectorial adj vectorial

veda nf **1.** [prohibición] ban *(on hunting and fishing)* ▸ **levantar la ~** to open the season **2.** [periodo] close season

vedado, -a ■ adj prohibited ■ nm reserve

vedar vt to prohibit

vedette [be'ðet] nf star

vedismo nm Vedaism

vega nf fertile plain

vegetación nf vegetation
◆ ***vegetaciones*** nfpl MED adenoids

vegetal ■ adj **1.** BIOL vegetable, plant ▸ **aceite ~** vegetable oil ▸ **el mundo ~** the plant kingdom **2.** CULIN salad ▸ **sandwich ~** salad sandwich ■ nm vegetable

vegetar vi **1.** [planta] to grow **2.** *Fam* [holgazanear] to vegetate

vegetarianismo nm vegetarianism

vegetariano, -a adj & nm,f vegetarian

vegetativo, -a adj vegetative

vehemencia nf **1.** [pasión, entusiasmo] vehemence **2.** [irreflexión] impulsiveness, impetuosity

vehemente adj **1.** [apasionado, entusiasta] vehement **2.** [irreflexivo] impulsive, impetuous

vehicular adj **lengua ~** teaching language

vehículo nm **1.** [medio de transporte] vehicle ▸ **~ pesado** heavy goods vehicle **2.** [medio de propagación] [de enfermedad] carrier / [de ideas] vehicle

veinte núm twenty ▸ **los (años) ~** the twenties / *ver también* ***seis***

veinteañero, -a ■ adj = *in one's (early) twenties* ■ nm,f = *person in their (early) twenties*

veinteavo, -a núm [fracción] twentieth ▸ **la veinteava parte** a twentieth

veintena nf twenty ▸ **andará por la ~** he must be about twenty ▸ **una ~ de...** [unos veinte] about twenty... / [veinte] twenty...

veinticinco núm twenty-five / *ver también* ***seis***

veinticuatro núm twenty-four / *ver también* ***seis***

veintidós núm twenty-two / *ver también* ***seis***

veintinueve núm twenty-nine / *ver también* ***seis***

veintiocho núm twenty-eight / *ver también* ***seis***

veintiséis núm twenty-six / *ver también* ***seis***

veintisiete núm twenty-seven / *ver también* ***seis***

veintitantos, -as núm *Fam* twenty-odd

veintitrés núm twenty-three / *ver también* ***seis***

veintiuno, -a núm twenty-one / *ver también* ***seis***

> **Veintiún** is used instead of **veintiuno** before masculine nouns (e.g. **veintiún hombres** twenty-one men).

vejación nf, ***vejamen*** nm humiliation

vejar vt to humiliate

vejatorio, -a adj humiliating

vejestorio nm **1.** *Fam Pey* old codger *o* *BR* crock **2.** *AM* [cosa] old thing *o* relic

vejete nm *Fam* old guy *o* *BR* bloke

vejez nf old age ▸ **¡a la ~ viruelas!** fancy that at his/her age!

vejiga nf bladder ▸ **~ de la bilis** gall bladder

vela nf **1.** [para dar luz] candle ▸ *Fam Fig* **estar a dos velas** not to have two halfpennies to rub together ▸ *Fam Fig* **quedarse a dos velas** to be left none the wiser ▸ *Fam Fig* **¿quién te ha dado ~ en este entierro?** who asked you to butt in?, *BR* who asked you to stick your oar in? **2.** [de barco] sail ▸ **a toda ~** under full sail ▸ **~ mayor** mainsail **3.** DEP sailing ▸ **hacer ~** to go sailing ▸ **~ deportiva** sailing **4.** [vigilia] vigil ▸ **pasar la noche en ~** [adrede] to stay awake all night / [desvelado] to have a sleepless night
◆ ***velas*** nfpl *Fam* [mocos] snot

velada nf evening

veladamente adv covertly ▸ **le acusó ~ de ser el culpable** she hinted he was the guilty one

velado, -a adj **1.** [oculto] veiled, hidden **2.** FOT damaged by exposure to sunlight

velador nm **1.** [mesa] pedestal table **2.** *ANDES, MÉX* [mesilla de noche] bedside table **3.** *MÉX, RP* [lámpara] bedside lamp

veladora nf **1.** *MÉX* [vela] candle **2.** *MÉX, RP* [lámpara] bedside lamp

velamen nm sails

velar[1] adj ANAT & LING velar

velar[2] ■ vi **1.** [cuidar] ~ **por** to look after, to watch over **2.** [no dormir] to stay awake
■ vt **1.** [de noche] [muerto] to keep a vigil over / [enfermo] to sit up with **2.** [ocultar] to mask, to veil **3.** FOT to damage by exposure to sunlight
◆ ***velarse*** vpr FOT to be damaged by exposure to sunlight

velatorio nm **1.** [acto] wake, vigil **2.** [lugar] = *room where vigil is held over a dead person's remains on the night before burial*

velcro® nm Velcro®

veleidad nf **1.** [inconstancia] fickleness, capriciousness **2.** [antojo, capricho] whim, caprice

veleidoso, -a adj **1.** [inconstante] fickle **2.** [caprichoso] capricious

velero nm sailing boat *o* ship

veleta ■ nf weather vane
■ nmf capricious person

velista nmf yachtsman, *f* yachtswoman

vello nm **1.** [pelusilla] down **2.** [pelo] hair

vellocino nm fleece ▸ **el ~ de oro** the Golden Fleece

vellón nm [lana] fleece

vellosidad nf [presencia de pelo] hairiness / [más fino] downiness

velloso, -a adj [con pelo] hairy / [más fino] downy

velludo, -a adj hairy

velo nm **1.** [prenda] veil ▸ *Fam* **correr** *o* **echar un (tupido) ~ sobre algo** to draw a veil over sth **2.** **~ del paladar** soft palate

velocidad nf **1.** [rapidez] speed, *Espec* velocity ▸ **¿a qué ~ van?** what speed are they going at?, how fast are they going? ▸ **a toda ~** [en vehículo] at full speed ▸ **lo tuvimos que hacer a toda ~** we had to do it as fast as we could ▸ **de alta ~** high-speed ▸ **con la ~ de un rayo** as quick as lightning ▸ **~ de crucero** cruising speed ▸ **la ~ de la luz** the speed of light ▸ **~ máxima** top speed ▸ INFORM **~ de proceso** processing speed ▸ **la ~ del sonido** the speed of sound ▸ INFORM **~ de transmisión** [en módem] baud rate ▸ **~ de vuelo** airspeed **2.** AUT [marcha] gear ▸ **cambiar de ~** to change gear

velocímetro nm speedometer

velocípedo nm velocipede

velocista nmf sprinter

velódromo nm cycle track, velodrome

velomotor nm moped

velorio nm wake

veloz adj fast, quick

velozmente adv quickly, rapidly

ven *ver* ***venir***

vena nf **1.** [gen] & ANAT & MIN vein **2.** [inspiración] inspiration ▸ *Fam* **estar en ~, tener la ~** to be on form ▸ *Fam* **le dio la ~ de hacerlo** she took it into her head to do it **3.** [don] vein, streak ▸ **tener ~ de pintor** to have a gift for painting

venado nm [animal] deer / [carne] venison

venal adj **1.** [sobornable] venal, corrupt **2.** [vendible] for sale, saleable

vencedor, -ora ■ adj winning, victorious
■ nm,f winner

vencejo nm [pájaro] swift

vencer [40] ■ vt **1.** [derrotar] [rival] to beat / [enemigo] to defeat ▸ **consiguió ~ al cáncer** he won his battle against cancer **2.** [superar] [miedo, obstáculo] to overcome / [tentación] to resist ▸ **venció al cansancio/sueño** she overcame her exhaustion/sleepiness ▸ **lo venció el cansancio** he was overcome by tiredness **3.** [aventajar] **~ a alguien a** *o* **en algo** to outdo sb at sth
■ vi **1.** [equipo, partido] to win / [ejército] to be victorious ▸ **dejarse ~ por el desánimo/la apatía** to let oneself be discouraged/to give in *o* succumb to apathy **2.** [caducar] [garantía, contrato] to expire / [deuda, pago] to fall due, to mature / [bono] to mature / *AM* [medicamento] to reach *o* pass its expiry date ▸ **el plazo para entregar las solicitudes vence el 15 de mayo** the closing date *o* the deadline for sending in applications is 15 May **3.** [prevalecer] to prevail
◆ ***vencerse*** vpr **1.** [estante] to give way, to collapse **2.** *AM* [medicamento] to pass its expiry date

vencido, -a ■ adj **1.** [derrotado] defeated ▸ **darse por ~** to give up **2.** [caducado] [garantía, contrato, plazo] expired / [pago, deuda] due, payable / [bono] mature / *AM* [medicamento] past its expiry date
■ nm,f [en guerra] conquered *o* defeated person / [en deportes, concursos] loser

vencimiento nm **1.** [término] [de garantía, contrato, plazo] expiry / [de pago, deuda] falling due / [de bono] maturing **2.** [inclinación] giving way, collapse

venda nf bandage ▸ *Fig* **tener una ~ en** *o* **delante de los ojos** to be blind

vendaje nm bandaging

vendar vt to bandage ▸ **~ los ojos a alguien** to blindfold sb

vendaval nm gale

vendedor, -ora ■ adj selling
■ nm,f [en general] seller / [en tienda] *BR* shop *o* sales assistant, *US* salesclerk / [de coches, seguros] salesman, *f* saleswoman ▸ **~ ambulante** pedlar, hawker ▸ **~ a domicilio** door-to-door salesman

vender ■ vt to sell ▸ **~ algo a** *o* **por** to sell sth for ▸ **venden naranjas a 2 euros el kilo** they're selling oranges for 2 euros a kilo ▸ **es capaz de ~ a su madre** he'd sell his own mother ▸ **es capaz de ~ su alma al diablo por triunfar** he'd sell his soul to the Devil if that's what it took to be successful
■ vi [producto, autor] to sell
◆ ***venderse*** vpr **1.** [ser vendido] to be sold *o* on sale ▸ **se vende** [en letrero] for sale **2.** [dejarse sobornar] to sell oneself, to be bribed

vendetta nf vendetta

vendido, -a adj sold ▸ *Fig* **estar** *o* **ir ~** not to stand a chance

vendimia nf grape harvest

vendimiador, -ora nm,f grape picker

vendimiar ■ vt to harvest *(grapes)*
■ vi to pick grapes

vendré etc ver ***venir***

Venecia n Venice

veneciano, -a adj & nm,f Venetian

veneno nm **1.** [sustancia tóxica] poison / [de serpiente, insecto] venom **2.** [mala intención] venom

venenoso, -a adj **1.** [tóxico] poisonous **2.** [malintencionado] venomous

venerable adj venerable

veneración nf veneration, worship

venerador, -ora ■ adj venerational
■ nm,f venerator

venerar vt to venerate, to worship

venéreo, -a adj venereal

venezolano, -a adj & nm,f Venezuelan

Venezuela n Venezuela

venga interj *ESP Fam* **¡~!** come on!

vengador, -ora ■ adj avenging
■ nm,f avenger

venganza nf vengeance, revenge

vengar [38] vt to avenge
◆ ***vengarse*** vpr to take revenge (**de** on), to avenge oneself (**de** on)

vengativo, -a adj vengeful, vindictive

vengo *ver* ***venir***

vengue *etc ver* ***vengar***

venia nf **1.** [permiso] permission ▸ **con la ~** [tomando la palabra] by your leave **2.** [perdón] pardon

venial adj petty, venial

venialidad nf veniality, pettiness

venida nf **1.** [llegada] arrival **2.** [regreso] return

venidero, -a adj future

venir [69] ■ vi **1.** [en general] to come ▸ **~ a/de hacer algo** to come to do sth/from doing sth ▸ **~ de algo** [proceder, derivarse] to come from sth ▸ **~ a alguien con algo** to come to sb with sth ▸ **no me vengas con exigencias** don't come to me making demands ▸ **el año que viene** next year **2.** [llegar] to arrive ▸ **vino a las doce** he arrived at twelve o'clock **3.** [hallarse] to be ▸ **su foto viene en primera página** his photo is *o* appears on the front page ▸ **el texto viene en inglés** the text is in English ▸ **vienen en todos los tamaños** they come in every size ▸ **las anchoas vienen en lata** anchovies come in tins **4.** [acometer, sobrevenir] **me viene sueño** I'm getting sleepy ▸ **le vinieron ganas de reír** he was seized by a desire to laugh ▸ **le vino una tremenda desgracia** he suffered a great misfortune **5.** [ropa, calzado] **~ a alguien** to fit sb ▸ **¿qué tal te viene?** does it fit all right? ▸ **el abrigo le viene pequeño** the coat is too small for her **6.** [convenir] **~ bien/mal a alguien** to suit/not to suit sb **7.** [aproximarse] **viene a costar un millón** it costs almost a million **8.** [indica resultado] **esto viene a significar...** this means... ▸ **~ a parar en** to end in ▸ **~ a ser** to amount to **9.** [expresiones] **¿a qué viene esto?** what do you mean by that?, what's that in aid of? ▸ **~ a menos** [negocio] to go downhill / [persona] to go down in the world
■ v aux **1.** (antes de gerundio) [haber estado] **~ haciendo algo** to have been doing sth ▸ **las peleas vienen sucediéndose desde hace tiempo** fighting has been going on for some time **2.** (antes de participio) [estar] **los cambios vienen motivados por la presión de la oposición** the changes have resulted from pressure on the part of the opposition
◆ ***venirse*** vpr **1.** [venir] to come ▸ **venirse (de)** [volver] to come back *o* return (from) ▸ **¿te vienes?** are you coming? **2. venirse abajo** [techo, estante] to collapse / [ilusiones] to be dashed

venoso, -a adj venous

venta nf **1.** [acción] sale ▸ **de ~ en...** on sale at... ▸ **estar en ~** to be for sale ▸ **poner a la ~** [casa] to put up for sale / [producto] to put on sale ▸ **~ ambulante** street vending ▸ **~ por catálogo** mail-order selling ▸ **~ al contado** cash sale ▸ **~ por correo** *o* **por correspondencia** mail-order selling ▸ **~ a crédito** credit sale ▸ **~ directa** direct selling ▸ **~ a domicilio** door-to-door selling ▸ **~ al por mayor** wholesale ▸ **~ al por menor** retail ▸ **~ a plazos** sale by instalments, *BR* hire purchase ▸ **~ pública** public auction **2.** [cantidad] sales ▸ **han aumentado/caído las ventas** sales have risen/fallen **3.** [posada] country inn

ventaja nf **1.** [hecho favorable] advantage ▸ **tiene la ~ de que es más manejable** it has the advantage of being easier to handle ▸ **ventajas fiscales** tax breaks **2.** [en competición] lead ▸ **dar ~ a alguien** to give sb a start ▸ **le dieron 2 metros de ~** they gave him a 2-metre start ▸ **llevar ~ a alguien** to have a lead over sb **3.** [en tenis] advantage

ventajista adj & nmf opportunist

ventajoso, -a adj advantageous

ventana nf **1.** [de edificio] window ▸ *Fig* **echar** *o* **tirar algo por la ~** to let sth go to waste ▸ **~ de socorro** emergency exit (window) **2.** [de nariz] nostril **3.** INFORM window ▸ **~ activa** active window ▸ **~ de diálogo** dialog *o* *BR* dialogue box

ventanal nm large window

ventanilla nf **1.** [de vehículo, sobre] window **2.** [taquilla] counter

CULTURA / CULTURE

ventanilla única

Dealing with government bureaucracy has traditionally been a complicated matter in Spain. Obtaining permits, passports and other documents could involve numerous visits to different offices (or even towns), and take a lot of time and effort. The **ventanilla única** (literally "single window") initiative has been introduced to improve this situation. By ensuring that information from local, regional and national government levels is available in the same place, the system is also intended to improve communication between government and the public.

ventarrón nm *Fam* strong *o* blustery wind

ventear ■ v impersonal to be very windy
■ vi to sniff the air

ventero, -a nm,f innkeeper

ventilación nf ventilation

ventilador nm ventilator, fan

ventilar vt **1.** [airear] [habitación] to air, to ventilate / [ropa, colchón] to air **2.** *Fam* [resolver] [asunto] to clear up **3.** *Fam* [discutir] to air ▸ **le encanta ~ sus problemas en público** she loves to air her problems in public **4.** [difundir] [secreto] to spread, to make public
◆ ***ventilarse*** vpr **1.** [airearse] to air ▸ **voy a salir a ventilarme un poco** I'm going to pop out for a breath of fresh air **2.** *Fam* [terminarse] [botella] to knock back, to polish off ▸ **se ventiló el pastel en un periquete** he wolfed down the cake in next to no time **3.** *Fam* [asesinar] to rub out

ventisca nf blizzard

ventiscar [59], ***ventisquear*** v impersonal to blow a blizzard

ventisquero nm [nieve amontonada] snowdrift

ventolera nf **1.** [viento] gust of wind **2.** *Fam* [idea extravagante] wild idea ▸ **le ha dado la ~ de hacerlo** she has taken it into her head to do it

ventosa nf [gen] & ZOOL sucker

ventosear vi to break wind

ventosidad nf wind, flatulence

ventoso, -a adj windy

ventresca nf belly *(of fish)*

ventricular adj ventricular

ventrículo nm ventricle

ventrílocuo, -a nm,f ventriloquist

ventriloquía nf ventriloquism

ventura nf **1.** [felicidad] happiness, contentment **2.** [suerte] luck ▸ **por ~** luckily ▸ **a la (buena) ~** [al azar] at random, haphazardly / [sin nada previsto] without planning *o* a fixed plan

venturoso, -a adj happy, fortunate

Venus nm ASTRON Venus

venza *etc ver* ***vencer***

veo-veo nm I-spy

ver [70] ■ vt **1.** [en general] to see / [mirar] to look at / [televisión, partido de fútbol] to watch ▸ **¿ves algo?** can you see anything? ▸ **he estado viendo tu trabajo** I've been looking at your work ▸ **ya veo que estás de mal humor** I can see you're in a bad mood ▸ **¿ves lo que quiero decir?** do you see what I mean? ▸ **ir a ~ lo que pasa** to go and see what's going on ▸ **es una manera de ~ las cosas** that's one way of looking at it ▸ **yo no lo veo tan mal** I don't think it's that bad **2.** [expresiones] **eso habrá que verlo** that remains to be seen ▸ **¡hay que ~ qué lista es!** you wouldn't believe how clever she is! ▸ *Fam* **no puedo verlo (ni en pintura)** I can't stand him ▸ **si no lo veo, no lo creo** I would never have believed this was possible ▸ **pero ahora, si te he visto, no me acuerdo** but now he/she etc doesn't want anything to do with me ▸ **~ venir a alguien** to see what sb is up to
■ vi **1.** [en general] to see **2.** [expresiones] **dejarse ~ (por un sitio)** to show one's face (somewhere) ▸ **~ para creer** seeing is believing ▸ **eso está por ~** that remains to be seen ▸ **ni visto ni oído** in the twinkling of an eye ▸ **ya veremos** we'll see
■ nm **estar de buen ~** to be good-looking
◆ ***a ver*** loc adv [veamos] let's see ▸ **¿a ~?** [mirando con interés] let me see, let's have a look ▸ **¡a ~!** [¡pues claro!] what do you expect? / [al empezar algo] right!
◆ ***verse*** vpr **1.** (reflexivo) [mirarse, imaginarse] to see oneself ▸ **verse en el espejo** to see oneself in the mirror ▸ **ya me veo haciéndolo yo solo** I can see myself doing it on my own **2.** (pasivo, impersonal) [percibirse] **desde aquí se ve el mar** you can see the sea from here **3.** (recíproco) [encontrarse] to meet, to see each other ▸ **hace mucho que no nos vemos** we haven't seen each other for a long time **4.** [expresiones] **vérselas y deseárselas para hacer algo** to have a real struggle doing sth ▸ **por lo que se ve** apparently ▸ **véase** [en textos] see

vera nf **1.** [orilla] [de río, lago] bank / [de camino] edge, side **2.** [lado] side ▸ **a la ~ de** next to

veracidad nf truthfulness

veraneante ■ adj holiday-making
■ nmf *BR* holidaymaker, *US* (summer) vacationer

veranear vi **~ en** to spend one's summer *BR* holidays *o US* vacation in

veraneo nm summer *BR* holidays *o US* vacation ▸ **irse de ~** to go on (one's summer) holiday, *US* to vacation

veraniego, -a adj summer ▸ **ropa veraniega** summer clothing

veranillo nm Indian summer

verano nm **1.** [estación] summer ▸ **en ~** in (the) summer **2.** *AM* [estación seca] dry season

veras nfpl truth ▸ **lo dijo entre bromas y ~** she was only half-joking
◆ ***de veras*** loc adv [verdaderamente] really / [en serio] seriously ▸ **de ~, yo no quería hacerte daño** I really didn't want to hurt you ▸ **esta vez va de ~** this time it's serious *o* for real

veraz adj truthful

verbal adj verbal

verbalizar [14] vt to verbalize

verbena nf **1.** [fiesta] street party **2.** [planta] verbena

verbenero, -a adj street-party ▸ **ambiente ~** festive atmosphere

verbigracia adv *Formal* for example, for instance

verbo nm **1.** GRAM verb ▸ **~ auxiliar** auxiliary (verb) ▸ **~ copulativo** copula, copulative verb ▸ **~ impersonal** impersonal verb ▸ **~ intransitivo** intransitive verb ▸ **~ reflexivo** reflexive verb ▸ **~ transitivo** transitive verb **2.** [lenguaje] language

verborrea nf verbal diarrhoea, verbosity

verbosidad nf verbosity

verboso, -a adj verbose

verdad nf **1.** [en general] truth ▸ **decir la ~** to tell the truth ▸ **a decir ~** to tell the truth ▸ **¿es ~?** is that true *o* right? ▸ **eso no es ~** that isn't true *o* so ▸ **en ~** truly, honestly ▸ **la ~, no me importa** to tell the truth *o* to be honest, I don't care ▸ **la ~ es que no lo sé** to be honest, I don't know, I don't really know ▸ *Fam* **una ~ como un puño** an undeniable fact ▸ *Fig* **cantar las verdades** to speak one's mind ▸ *Fig* **cantarle** *o* **decirle a alguien cuatro verdades** to tell sb a few home truths **2.** [buscando confirmación] **no te gusta, ¿~?** you don't

like it, do you? ▸ **está bueno, ¿~?** it's good, isn't it? **3.** [principio aceptado] fact
◆ ***de verdad*** loc adv [en serio] seriously / [realmente] really / [auténtico] real

verdaderamente adv **1.** [de verdad] really ▸ **~, no sé cómo lo soportas** I really *o* honestly don't know how you put up with him **2.** [muy] truly, really ▸ **una historia ~ increíble** a truly amazing story

verdadero, -a adj **1.** [cierto, real] true, real **2.** [sin falsificar] real **3.** [enfático] real ▸ **fue un ~ lío** it was a real mess

verde ■ adj **1.** [en general] green ▸ **~ botella** bottle green ▸ **~ oliva** olive (green) ▸ **~ esmeralda** emerald (green) ▸ *Fam* **poner ~ a alguien** to run sb down **2.** [poco maduro] [fruta] unripe, green / *Fam* [persona] green, wet behind the ears / [proyecto, plan] in its early stages **3.** [ecologista] Green, green **4.** [obsceno] blue, dirty **5.** *ESP Antes Fam* **billete ~** = *1,000 peseta note*
■ nm [color] green
■ nmpl **los Verdes** [partido] the Greens

verdear vi **1.** [parecer verde] to look green **2.** [plantas] to turn *o* go green

verdecer **[46]** vi to turn *o* go green

verdinegro, -a adj very dark green

verdor nm **1.** [color] greenness **2.** [madurez] lushness

verdoso, -a adj greenish

verdugo nm **1.** [de preso] executioner / [que ahorca] hangman **2.** [tirano] tyrant **3.** [pasamontañas] balaclava helmet

verdulera nf *Fam Pey* [ordinaria] fishwife

verdulería nf fruit and vegetable store, *BR* greengrocer's (shop)

verdulero, -a nm,f [tendero] greengrocer

verdura nf **1.** [comestible] vegetables, greens **2.** [color verde] greenness

verdusco, -a adj dirty green

vereda nf **1.** [senda] path ▸ *Fam* **hacer entrar** *o* **meter a alguien en ~** to bring sb into line **2.** *CSUR, PERÚ* [acera] *BR* pavement, *US* sidewalk

veredicto nm verdict

verga nf **1.** ZOOL penis **2.** *esp AM muy Fam* [de hombre] cock **3.** NÁUT yard

vergel nm lush, fertile place

vergonzante adj shameful

vergonzoso, -a ■ adj **1.** [deshonroso] shameful **2.** [tímido] bashful
■ nm,f bashful person

vergüenza nf **1.** [deshonra] shame ▸ **me da ~ confesar que...** I'm ashamed to admit that... ▸ **sentir ~** to feel ashamed **2.** [bochorno] embarrassment ▸ **me da ~ decírtelo** I'm embarrassed to tell you ▸ **¡qué ~!** how embarrassing! ▸ **sentir ~** to feel embarrassed ▸ **sentir ~ ajena** to feel embarrassed for sb ▸ **¿quién quiere el de la ~?** who wants the last one? **3.** [timidez] bashfulness ▸ **perder la ~** to lose one's inhibitions ▸ **tener poca ~** to be shameless **4.** [escándalo] disgrace ▸ **¡es una ~!** it's disgraceful! ▸ **¡qué ~!** what a disgrace!
◆ ***vergüenzas*** nfpl [genitales] private parts, privates

vericueto nm [camino difícil] rough track ▸ *Fig* **vericuetos** ins and outs

verídico, -a adj **1.** [cierto] true, truthful **2.** [verosímil] true-to-life, real

verificable adj verifiable

verificación nf check, checking

verificador, -ora ■ adj [confirmador] checking / [examinador] testing, inspecting
■ nm,f tester, inspector

verificar **[59]** vt **1.** [verdad, autenticidad] to check, to verify **2.** [funcionamiento, buen estado] to check, to test **3.** [fecha, cita] to confirm **4.** [llevar a cabo] to carry out
◆ ***verificarse*** vpr **1.** [tener lugar] to take place **2.** [resultar cierto] [predicción] to come true / [comprobarse] to be verified

verja nf **1.** [puerta] iron gate **2.** [valla] railings **3.** [enrejado] grille

vermú (pl **vermús**), ***vermut*** (pl **vermuts**) nm [bebida] vermouth

vernáculo, -a adj vernacular

verónica nf **1.** TAUROM = *pass in which the matador swings his cape away from the bull* **2.** [planta] veronica

verosímil adj **1.** [creíble] believable, credible **2.** [probable] likely, probable

verosimilitud nf **1.** [credibilidad] credibility **2.** [probabilidad] likeliness

verraco nm boar

verruga nf wart

verrugoso, -a adj warty

versado, -a adj versed (**en** in)

versal nf capital (letter)

versalita nf small capital

Versalles n Versailles

versallesco, -a adj *Fam* [cortés] gallant, chivalrous

versar vi **~ sobre** to be about, to deal with

versátil adj **1.** [voluble] changeable, fickle **2.** [polifacético] versatile

versatilidad nf **1.** [volubilidad] changeability, fickleness **2.** [adaptabilidad] versatility

versículo nm verse

versificación nf versification

versificar **[59]** ■ vi to write (in) verse
■ vt to put into verse

versión nf **1.** [en general] version / [en música pop] cover version ▸ CINE **~ original** original (version) **2.** [traducción] translation, version

versionar vt *Fam* [en música pop] to cover

verso nm **1.** [género] verse ▸ **en ~** in verse ▸ **~ blanco/libre** blank/free verse **2.** [unidad rítmica] line *(of poetry)*

versus prep *Formal* versus

vértebra nf vertebra

vertebrado, -a adj vertebrate
◆ ***vertebrados*** nmpl vertebrates

vertebral adj vertebral

vertebrar vt to form the backbone of

vertedero nm **1.** [de basuras] *BR* rubbish tip *o* dump, *US* garbage dump **2.** [de pantano] drain, spillway

verter [64] ■ vt **1.** [derramar] to spill **2.** [vaciar] [líquido] to pour (out) / [recipiente] to empty / [basura, residuos] to dump ▸ **los ríos vierten sus aguas en el mar** rivers flow into the sea **3.** [traducir] to translate (**a** into) **4.** [expresar] [acusación, crítica] to make ▸ **~ insultos sobre alguien** to shower sb with insults
■ vi **~ a** *o* **en** to flow into
◆ ***verterse*** vpr [derramarse] to spill

vertical ■ adj **1.** MAT vertical / [derecho] upright ▸ **el respaldo estaba casi ~** the back was almost vertical ▸ **poner en posición ~** to place in an upright position **2.** [formato, orientación] portrait
■ nm ASTRON vertical circle
■ nf MAT vertical (line)

verticalidad nf verticality, vertical position

verticalmente adv vertically

vértice nm [en general] vertex / [de cono] apex ▸ **~ geodésico** triangulation pillar

vertido nm **1.** [residuo] waste ▸ **vertidos radiactivos** radioactive waste **2.** [acción] dumping ▸ **~ de residuos** waste dumping

vertiente nf **1.** [pendiente] slope **2.** [aspecto] side, aspect

vertiginosamente adv with dizzying speed

vertiginosidad nf dizziness

vertiginoso, -a adj **1.** [mareante] dizzy **2.** [raudo] giddy

vértigo nm **1.** [enfermedad] vertigo / [mareo] dizziness ▸ **trepar me da ~** climbing makes me dizzy ▸ **sólo de pensarlo me da ~** just thinking about it makes me feel dizzy ▸ *Fig* **de ~** [velocidad, altura] giddy / [cifras] mind-boggling **2.** [apresuramiento] mad rush, hectic pace

vesícula nf [ampolla] blister ▸ **~ biliar** gall bladder

vesicular adj vesicular

vespa® nf Vespa®, motor scooter

vespertino, -a ■ adj evening ▸ **diario ~** evening (news)paper
■ nm [periódico] evening (news)paper

vespino® nm moped

vestal nf vestal (virgin)

vestíbulo nm [de casa] (entrance) hall / [de hotel, oficina] lobby, foyer

vestido, -a ■ adj dressed ▸ **iba ~ con ropa de trabajo** he was dressed in *o* wearing his work clothes ▸ **ir vestido de** [blanco, negro] to be dressed in / [marinero, príncipe] to be dressed as
■ nm **1.** [indumentaria] clothes ▸ **el ~ a través de los siglos** clothing *o* costume through the ages **2.** [prenda femenina] dress ▸ **~ de novia** wedding dress ▸ **~ premamá** maternity dress

vestidor nm **1.** [en casa] dressing room **2.** *CAM, MÉX* [en club] *BR* changing *o US* locker room

vestiduras nfpl clothes / REL vestments

vestigio nm [de otras épocas, civilizaciones] vestige / [de vida] trace

vestimenta nf clothes, wardrobe

vestir [47] ■ vt **1.** [poner ropa a] to dress ▸ **viste al niño y vámonos** dress the child *o* get the child dressed and let's go ▸ **~ a alguien de algo** [disfrazar] to dress sb up as sth **2.** [llevar puesto] to wear ▸ **viste unos tejanos negros** he's wearing black jeans **3.** *Literario* [encubrir] **~ algo de** to disguise sth with
■ vi **1.** [ser elegante] [ropa] to be smart ▸ **de ~** dressy **2.** [llevar ropa] to dress ▸ **siempre viste muy bien** she always dresses very well **3.** [estar bien visto] to be the done thing
◆ ***vestirse*** vpr **1.** [ponerse ropa] to get dressed, to dress ▸ **vestirse de algo** [disfrazarse] to dress up as sth ▸ **se vistió de luto/de blanco** she dressed in *o* wore mourning/white **2.** [adquirir ropa] **vestirse en** to buy one's clothes at **3.** *Literario* [cubrirse] **vestirse de** to be covered in

vestuario nm **1.** [vestimenta] clothes, wardrobe / TEATRO costumes **2.** [guardarropa] cloakroom **3.** [para cambiarse] [en deportes] *BR* changing room, *US* locker room / [en teatro] dressing room

Vesubio nm **el ~** mount Vesuvius

veta nf **1.** [de mineral] seam **2.** [en madera] knot / [en mármol] vein

vetar vt to veto

veteado, -a adj grained

vetear vt to grain

veteranía nf seniority, age

veterano, -a adj & nm,f veteran

veterinaria nf [ciencia] veterinary science

veterinario, -a ■ adj veterinary
■ nm,f [persona] vet, *BR* veterinary surgeon, *US* veterinarian

veto nm veto ▸ **poner ~ a algo** to veto sth

vetusto, -a adj *Formal* ancient, very old

vez nf **1.** [en general] time ▸ **una ~** once ▸ **¿te acuerdas de una ~ (en) que fuimos a pescar?** do you remember that time we went fishing? ▸ **dos veces** twice ▸ **tres veces** three times ▸ **¿has estado allí alguna ~?** have you ever been there? ▸ **a mi/tu/*etc* ~** in my/your/*etc* turn ▸ **a la ~ (que)** at the same time (as) ▸ **alguna que otra ~** occasionally ▸ **a veces, algunas veces** sometimes, at times ▸ **cada ~ (que)** every time ▸ **cada ~ más** more and more ▸ **resulta cada ~ más difícil** it's getting harder and harder ▸ **cada ~ menos** less and less ▸ **cada ~ la veo más feliz** she seems happier and happier ▸ **de una ~** in one go ▸ **de una ~ para siempre** *o* **por todas** once and for all ▸ **de ~ en cuando** from time to time, now and again ▸ **vete de una ~** just go, for heaven's sake ▸ **en ~ de** instead of ▸ **érase una ~** once upon a time ▸ **hacer las veces de** to act as ▸ **muchas veces** often, a lot ▸ **otra ~** again ▸ **pocas veces, rara ~** rarely, seldom ▸ **por última/enésima ~** for the last/umpteenth time ▸ **tal ~** perhaps, maybe ▸ **una ~ más** once again ▸ **una ~ que** once, after ▸ **una y otra ~** time and again **2.** [turno] turn ▸ **¿quién lleva** *o* **da la ~?** who's the last in the *BR* queue *o US* line? ▸ **voy a pedir la ~** I'm going to ask who's last

v.g., v.gr. (abrev de ***verbigracia***) e.g.

VHF nf (abrev de ***very high frequency***) VHF

VHS nm (abrev de ***video home system***) VHS

vía ■ nf **1.** [medio de transporte] route ▸ **por ~ aérea** [en general] by air / [correo] (by) airmail ▸ **por ~ marítima** by sea ▸ **por ~ terrestre** overland, by land ▸ *Fam* **solucionar/conseguir algo por la ~ rápida** to solve/get sth as quickly as possible ▸ **~ de comunicación** communication route ▸ **~ fluvial** waterway **2.** [calzada, calle] road ▸ **~ pública** public thoroughfare ▸ **Vía Láctea** Milky Way **3.** FERROC [raíl] rails, track / [andén] platform ▸ **~ estrecha** narrow gauge ▸ **~ férrea** [ruta] railway line ▸ **~ muerta** siding **4.** ANAT tract ▸ **por ~ oral** orally **5.** [proceso] **estar en vías de** to be in the process of ▸ **país en vías de desarrollo** developing country ▸ **una especie en vías de extinción** an endangered species **6.** [opción] channel, path ▸ **por ~ oficial/judicial** through official channels/the courts **7.** [camino] **dar ~ libre** [dejar paso] to give way / [dar libertad de acción] to give a free rein ▸ **tener ~ libre** [proyecto] to have received the go-ahead ▸ **tener ~ libre para hacer algo** to have carte blanche to do sth **8.** [en barco] **~ de agua** leakage, hole (below the water line) **9.** DER procedure
■ prep via ▸ **volar ~ Bangkok** to fly via Bangkok
◆ ***vía crucis*** nm inv REL Stations of the Cross, Way of the Cross

viabilidad nf viability

viabilizar [14] vt to make viable

viable adj viable

viaducto nm viaduct

Viagra® nm o nf Viagra®

viajante nmf travelling salesperson

viajar vi **1.** [trasladarse, irse] to travel (**en** by) **2.** [circular] to run

viaje nm **1.** [en general] journey, trip / [en barco] voyage ▸ **¡buen ~!** have a good journey *o* trip! ▸ **fue un ~ agotador** it was an exhausting journey ▸ **estar/ir de ~** to be/go away (on a trip) ▸ **hay once días de ~** it's an eleven-day journey ▸ **en sus viajes al extranjero** on his journeys *o* travels abroad ▸ **los viajes de Colón** the voyages of Columbus ▸ **viajes espaciales** space travel ▸ **~ de Estado** state visit ▸ **~ de estudios** [en colegio, universidad] class trip ▸ **~ de ida** outward journey ▸ **~ de ida y vuelta** *esp BR* return trip, *US* round trip ▸ **~ marítimo** sea voyage ▸ **~ de negocios** business trip ▸ **~ de novios** honeymoon ▸ **~ oficial** official visit ▸ **~ organizado** organized trip ▸ **~ de placer** pleasure trip ▸ **~ relámpago** lightning trip *o* visit ▸ **~ de vuelta** return journey **2.** [recorrido] trip ▸ **di varios viajes para trasladar los muebles** it took me a good few trips to move all the furniture **3.** *Fam* [alucinación] trip **4.** *Fam* [golpe] bang, bump

> ¡CUIDADO! / CAREFUL!
>
> ***viaje***
>
> **Journey** se utiliza como traducción para hablar de un desplazamiento de un lugar a otro ("the journey to London took us ten hours"). **Trip** se suele utilizar para referirse a un viaje que implica la ida, una estancia generalmente corta y la vuelta ("when is she coming back from her business trip?")

viajero, -a ■ adj [persona] travelling / [ave] migratory
■ nm,f [en general] traveller / [en transporte público] passenger

vial ■ adj road ▸ **seguridad ~** road safety
■ nm [frasco] phial

vialidad nf **departamento de ~** roads and highways department

vianda nf **1.** [comida] food **2.** *MÉX, RP* [tentempié] packed lunch / [fiambrera] lunchbox

viandante nmf **1.** [peatón] pedestrian **2.** [transeúnte] passer-by

viario, -a adj road ▸ **red viaria** road network

viático nm **1.** [dieta] expenses allowance **2.** REL last rites, viaticum

víbora nf [animal] adder, viper / [persona] viper

viborear vi *MÉX Fam* to bitch, to backbite

vibración nf vibration

vibrador, -ora ■ adj vibrating
■ nm vibrator

vibráfono nm vibraphone

vibrante adj **1.** [aparato] vibrating **2.** [música, espectáculo] vibrant **3.** LING rolled, trilled

vibrar vi **1.** [onda, aparato] to vibrate **2.** [voz, edificio] to shake **3.** [público] to be thrilled ▸ **el teatro entero vibraba con la música** the whole theatre was thrilled by the music ▸ **el concierto hizo ~ al público** the concert had an electrifying effect on the audience

vibrátil adj vibratile

vibratorio, -a adj vibratory

vicaría nf **1.** [cargo] vicarship, vicariate **2.** [residencia] vicarage **3.** *Fam* **pasar por la ~** [casarse] to tie the knot

vicario nm vicar

vicealmirante nm vice-admiral

vicecanciller nmf vice-chancellor

vicecónsul nm vice-consul

vicepresidencia nf [de país, asociación] vice-presidency / [de comité, empresa] vice-chairmanship, *US* vice-presidency

vicepresidente, -a nm,f [de país, asociación] vice-president / [de comité, empresa] vice-chairman, *US* vice-president ▸ **~ (del Gobierno)** deputy prime minister

vicerrector, -ora nm,f = *deputy to the vice-chancellor of a university*

vicesecretario, -a nm,f assistant secretary

viceversa adv vice versa

vichy [bi'tʃi] (pl **vichys**) nm [tejido] gingham

vichyssoise [bitʃi'swas] nf CULIN vichyssoise

viciado, -a adj [aire] [maloliente] stuffy / [contaminado] polluted

viciar vt **1.** [enviciar] **~ a alguien** to get sb into a bad habit / [pervertir] to corrupt sb **2.** [falsear] to falsify / [tergiversar] to distort, to twist
◆ ***viciarse*** vpr **1.** [enviciarse] to get into a bad habit / [pervertirse] to become *o* get corrupted ▸ **es muy fácil viciarse con estos bombones** it's very easy to get addicted to these chocolates **2.** [aire] to get stuffy **3.** [deformarse] to warp

vicio nm **1.** [libertinaje, actividad inmoral] vice **2.** [mala costumbre] bad habit, vice ▸ **quejarse** *o* **llorar de ~** to complain for no (good) reason ▸ *Fam* **para mí, viajar es un ~** I'm addicted to travelling ▸ **vicios posturales** bad postural habits **3.** [defecto, error] defect ▸ **tiene un ~ al andar** he walks in a strange way ▸ **~ de dicción** incorrect use of language **4.** *Fam* **de ~** [fenomenal] brilliant ▸ **esta tarta está de ~** this cake is yummy *o* scrumptious ▸ **nos lo pasamos de ~** we had a great *o* fantastic time

vicioso, -a ■ adj depraved
■ nm,f **1.** [depravado] depraved person **2.** [enviciado] addict ▸ *Fam* **es un ~ de las novelas policíacas** he's addicted to detective novels

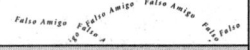

> FALSO AMIGO / FALSE FRIEND
> ***vicioso***
>
> Except in the phrase "vicious circle", vicious is not a translation of the Spanish word *vicioso*. Vicious is translated by *brutal*, *cruel* or *despiadado*.

vicisitudes nfpl vicissitudes, ups and downs

víctima nf [por mala suerte o negligencia] victim / [en accidente, guerra] casualty ▸ **~ propiciatoria** scapegoat

victimar vt *AM* to kill, to murder

victimario, -a nm,f *AM* killer, murderer

Victoria n **el lago ~** Lake Victoria

victoria nf victory ▸ **adjudicarse la ~** to win a victory ▸ **cantar ~** to claim victory ▸ DEP **~ local** home win ▸ **~ moral** moral victory ▸ **~ pírrica** Pyrrhic victory ▸ DEP **~ visitante** away win

victoriano, -a adj Victorian

victorioso, -a adj victorious

vicuña nf vicuña

vid nf vine

vid. (abrev de ***véase***) v., vide

vida nf **1.** [existencia] life ▸ **en ~ de** during the life *o* lifetime of ▸ **estar con ~** to be alive ▸ **perder la ~** to lose one's life ▸ **quitar la ~ a alguien** to kill sb ▸ **¿qué es de tu ~?** how's life? ▸ **~ amorosa** love life ▸ **~ campestre** country life ▸ **la ~ estudiantil** student life ▸ **~ eterna** eternal life ▸ **~ de familia** family life ▸ **~ laboral** working life ▸ **~ matrimonial** married life ▸ **~ privada** private life ▸ **~ sana** clean living ▸ **~ sentimental** love life ▸ **~ sexual** sex life ▸ **~ social** social life ▸ **~ útil** shelf life **2.** [expresiones] **amargarse la ~** to make one's life a misery ▸ **buscarse la ~** to try to earn one's own living ▸ **dar la ~ por** to give one's life for ▸ **de toda la ~** [amigo] lifelong ▸ **le conozco de toda la ~** I've known him all my life ▸ **de por ~** for life ▸ **una mujer de ~ alegre** a loose woman ▸ **en mi/tu/***etc* **~** never (in my/your/*etc* life) ▸ **estar entre la ~ y la muerte** to be at death's door ▸ **ganarse la ~** to earn a living ▸ **pasar a mejor ~** to pass away ▸ **pasarse la ~ haciendo algo** to spend one's life doing sth ▸ **se pasa la ~ quejándose** he does nothing but complain all the time ▸ **su ~ es el teatro** the theatre is her life ▸ **¡así es la ~!** that's life!, such is life! ▸ **darse** *o* **pegarse la gran ~, darse** *o* **pegarse la ~ padre** to live the life of Riley ▸ **enterrarse en ~** to forsake the world ▸ **la ~ y milagros de alguien** sb's life story ▸ **llevar una ~ de perros** to lead a dog's life ▸ **¡mi ~!, ¡~ mía!** my darling! ▸ **tener siete vidas (como los gatos)** to have nine lives ▸ **la otra ~** the next life

vidente nmf clairvoyant

vídeo, *AM* ***video*** nm [aparato, sistema] video / [cinta] video(tape) / [videoclip] (pop) video ▸ **en ~** on video ▸ **grabar en ~** to videotape, to record on video ▸ **cámara de ~** [profesional] video camera / [de aficionado] camcorder ▸ **~ comunitario** = *system enabling one video to be shown simultaneously on different television sets in one block of flats* ▸ **~ doméstico** home video ▸ **~ interactivo** interactive video

videoaficionado, -a nm,f = *person who makes amateur videos*

videocámara nf camcorder

videocasete nm video, videocassette

videocinta nf video, videotape

videoclip (pl **videoclips**) nm (pop) video

videoclub (pl **videoclubs** *o* **videoclubes**) nm video (rental) shop *o US* store

videoconferencia nf videoconference

videoconsola nf game console

videodisco nm videodisc

videoedición nf video editing

videojuego nm video game

videoportero nm video entryphone system

videoteca nf video library

videoteléfono nm videophone

videoterminal nm video terminal

videotexto nm, ***videotex*** nm inv [por señal de televisión] teletext / [por línea telefónica] videotext, viewdata

vidorra nf *Fam* **pegarse una gran ~** to live the life of Riley

vidriado, -a ■ adj glazed
■ nm **1.** [técnica] glazing **2.** [material] glaze

vidriar vt to glaze

vidriera nf **1.** [ventana] glass window / [en catedrales] stained glass window **2.** *AM* [escaparate] shop window

vidriero, -a nm,f **1.** [que fabrica cristales] glass merchant *o* manufacturer **2.** [que coloca cristales] glazier

vidrio nm **1.** [material] glass ▸ **~ de seguridad** safety glass **2.** [de ventana] window (pane) / *AM* [de anteojos] lens / *AM* [de vehículo] window ▸ **pagar los vidrios rotos** to carry the can

vidrioso, -a adj **1.** [quebradizo] brittle **2.** [tema, asunto] thorny, delicate **3.** [ojos] glazed

vieira nf scallop

viejo, -a ■ adj **1.** [persona, aparato] old ▸ **está muy ~ para su edad** he looks very old for his age ▸ **hacerse ~** to get *o* grow old ▸ **esa ropa te hace más ~** those clothes make you look older **2.** [antiguo] old ▸ **un ~ conocido** an old acquaintance
■ nm,f **1.** [anciano] old man, *f* old lady ▸ **los viejos** the elderly ▸ **los viejos del pueblo** the old people in the

village ▸ **llegar a ~** to live to be an old man ▸ **~ verde** dirty old man **2.** *Fam* [padre, madre] old man, *f* old girl ▸ **mis viejos** my folks **3.** *AM Fam* [amigo] pal, *BR* mate, *US* buddy **4.** *AM* **Viejo de Pascua** Father Christmas
■ nf *COL, MÉX, VEN Fam* [mujer, chica] woman, *BR* bird

Viena n Vienna

viene *ver* ***venir***

vienés, -esa adj & nm,f Viennese

viento nm **1.** [aire] wind ▸ **hace ~** it's windy ▸ **vientos alisios** trade winds ▸ **~ de cara** headwind ▸ **~ de costado** crosswind ▸ **~ fuerte** high winds ▸ **~ de lado** crosswind ▸ **~ del norte** north *o* northerly wind **2.** [cuerda] guy (rope) **3.** MÚS wind ▸ **la sección de ~** the wind section **4.** NÁUT [rumbo] course, bearing **5.** [expresiones] **a los cuatro vientos** from the rooftops ▸ **contra ~ y marea** in spite of everything ▸ **despedir** *o* **echar a alguien con ~ fresco** to send sb packing ▸ **~ en popa** splendidly, very nicely

vientre nm **1.** [de persona] stomach, belly ▸ **hacer de ~** to have a bowel movement ▸ **bajo ~** lower abdomen **2.** [de vasija] belly, rounded part

viera *etc ver* ***ver***

viernes nm inv Friday ▸ **Viernes Santo** Good Friday / *ver también* ***sábado***

vierto *etc ver* ***verter***

viese *etc ver* ***ver***

Vietnam n Vietnam

vietnamita adj & nmf Vietnamese

viga nf [de madera] beam, rafter / [de metal] girder ▸ **~ maestra** main beam

vigencia nf [de ley] validity / [de costumbre] use

vigente adj [ley] in force / [costumbre] in use

vigésimo, -a núm twentieth

vigía ■ nmf lookout
■ nf [atalaya] watchtower

vigilancia nf **1.** [cuidado] vigilance **2.** [seguridad] security ▸ **tras la fuga aumentaron la ~** after the escape security was increased

vigilante ■ adj vigilant
■ nmf guard ▸ **~ nocturno** night watchman

vigilar ■ vt [preso, banco] to guard / [niño, bolso] to keep an eye on / [enfermo] to watch over / [proceso] to oversee ▸ **vigila que nadie toque esto** make sure no-one touches this ▸ **me vigilan desde hace días** they've been watching me for days
■ vi to keep watch ▸ **~ por algo** to (keep a) watch over sth

vigilia nf **1.** [vela] wakefulness / [periodo] period of wakefulness **2.** [insomnio] sleeplessness **3.** [víspera] vigil

vigor nm **1.** [fuerza] vigour **2.** [vigencia] **en ~** in force ▸ **entrar en ~** to come into force, to take effect

vigorizador, -ora, vigorizante adj [medicamento] fortifying / [actividad] invigorating

vigorizar [14] vt to invigorate

vigoroso, -a adj [robusto] vigorous / [colorido] strong

vigués, -esa ■ adj of/from Vigo
■ nm,f person from Vigo

VIH nm (abrev de ***virus de la inmunodeficiencia humana***) HIV

vihuela nf vihuela, = *guitar-like musical instrument*

vikingo, -a adj & nm,f Viking

vil adj vile, despicable ▸ *Hum* **el ~ metal** filthy lucre

vileza nf **1.** [acción] vile *o* despicable act **2.** [cualidad] vileness

vilipendiar vt **1.** [ofender] to vilify, to revile **2.** [despreciar] to despise / [humillar] to humiliate

vilipendio nm **1.** [ofensa] vilification **2.** [desprecio] scorn, contempt / [humillación] humiliation

vilipendioso, -a adj **1.** [ofensivo] vilifying **2.** [despreciativo] scornful, contemptuous / [humillante] humiliating

villa nf **1.** [población] small town, ▸ **~ olímpica** Olympic village **2.** [casa] villa, country house **3.** *ARG, BOL* **~ miseria** shanty town

Villadiego nm *Fam* **tomar** *o* *ESP* **coger las de ~** to take to one's heels

villancico nm [navideño] Christmas carol

villanía nf vile *o* despicable act, villainy

villano, -a ■ adj villainous
■ nm,f villain

villorrio nm *Pey* one-horse town, backwater

Vilna n Vilnius

vilo nm **en ~** [suspendido] in the air, suspended / [inquieto] on tenterhooks ▸ **tener a alguien en ~** to keep sb in suspense

vinagre nm vinegar ▸ **~ de malta** malt vinegar ▸ **~ de vino** wine vinegar

vinagrera nf [vasija] vinegar bottle ▸ **vinagreras** [para aceite y vinagre] cruet set

vinagreta nf vinaigrette, French dressing

vinajera nf cruet, = *vessel holding wine or water in Catholic mass*

vinatero, -a nm,f vintner, wine merchant

vinculación nf link, connection

vinculante adj DER binding

vincular vt **1.** [enlazar] to link / [por obligación] to tie, to bind **2.** DER to entail
◆ ***vincularse*** vpr [enlazarse] **vincularse con** *o* **a** to form links with

vínculo nm **1.** [lazo] [entre hechos, países] link / [personal, familiar] tie, bond **2.** DER entail

vindicación nf **1.** [venganza] vengeance, revenge **2.** [defensa, rehabilitación] vindication

vindicar [59] vt **1.** [vengar] to avenge, to revenge **2.** [defender, rehabilitar] to vindicate **3.** [reivindicar] to claim

vindicatorio, -a, vindicativo, -a adj [reivindicativo] in defence (**de** of)

vinería nf *AM* wine shop

vinícola adj [país, región] wine-producing ▸ **industria ~** wine industry

vinicultor, -ora nm,f wine producer

vinicultura nf wine producing

viniera *etc ver* ***venir***

vinilo nm vinyl

vino ■ *ver* ***venir***

■ nm wine ▸ **~ blanco/tinto** white/red wine ▸ **~ de la casa** house wine ▸ **~ clarete** light red wine ▸ **~ dulce/seco** sweet/dry wine ▸ **~ espumoso** sparkling wine ▸ **~ generoso** full-bodied wine ▸ **~ de mesa** table wine ▸ **~ peleón** cheap wine, *BR* plonk ▸ **~ rosado** rosé

viña nf vineyard

viñador, -ora nm,f [productor] wine grower / [dueño] vineyard owner / [trabajador] vineyard worker

viñedo nm (large) vineyard

viñeta nf **1.** [de tebeo] (individual) cartoon **2.** [de libro] vignette

vio *ver* ***ver***

viola ■ nf viola

■ nmf viola player

violáceo, -a adj & nm violet

violación nf **1.** [de ley, derechos] violation, infringement **2.** [de persona] rape **3.** **~ de domicilio** unlawful entry

violador, -ora adj & nm,f rapist

violar vt **1.** [ley, derechos] to violate, to infringe **2.** [persona] to rape

violencia nf **1.** [agresividad] violence ▸ **~ doméstica** domestic violence **2.** [de viento, pasiones] force **3.** [incomodidad] awkwardness

violentar vt **1.** [incomodar] **~ a alguien** to make sb feel awkward **2.** [forzar] [cerradura] to force / [domicilio] to break into

◆ ***violentarse*** vpr [incomodarse] to feel awkward

violento, -a adj **1.** [persona, deporte, acción] violent / [pasión, tempestad] intense ▸ **muerte violenta** violent death **2.** [incómodo] awkward ▸ **me resulta ~ hablar con ella** I feel awkward talking to her

violeta ■ nf [flor] violet

■ adj inv & nm [color] violet

violetera nf violet seller

violín ■ nm violin

■ nmf violinist

violinista nmf violinist

violón ■ nm double bass

■ nmf double bass player

violonchelista, violoncelista nmf cellist

violonchelo, violoncelo ■ nm cello

■ nmf cellist

VIP [bip] nmf (abrev de ***very important person***) VIP

viperino, -a adj venomous

virada nf **1.** [vuelta] turn **2.** NÁUT tack

viraje nm **1.** [giro] AUT turn / NÁUT tack **2.** [curva] bend, curve **3.** FOT toning **4.** [cambio] change of direction

viral adj viral

virar ■ vt **1.** [girar] to turn (round) / NÁUT to tack, to put about **2.** FOT to tone

■ vi [girar] to turn (round) ▸ **~ en redondo** to turn round / *Fig* [persona] to do a volte-face *o* U-turn / [ideas, política] to change radically

virgen ■ adj [en general] virgin / [cinta] blank / [película] unused

■ nmf [persona] virgin

■ nf ARTE Madonna ▸ REL **la Virgen** the Virgin (Mary)

virginal adj [puro] virginal

virginiano, -a *AM* ■ adj Virgo ▸ **ser ~** to be (a) Virgo

■ nm,f Virgo

virginidad nf virginity

virgo ■ nm **1.** [virginidad] virginity / [himen] hymen **2.** [zodiaco] Virgo ▸ *ESP* **ser Virgo** to be (a) Virgo

■ nmf *ESP* [persona] Virgo

virguería nf *Fam* gem ▸ **hacer virguerías** to do wonders

vírico, -a adj viral

viril adj virile, manly

virilidad nf virility

virola nf [de bastón, paraguas] ferrule

virolento, -a adj pockmarked

virología nf virology

virólogo, -a nm,f virologist

virreina nf vicereine

virreinato, virreino nm viceroyalty

virrey nm viceroy

virtual adj **1.** [posible] possible, potential **2.** [casi real] virtual

virtualidad nf potential

virtud nf **1.** [cualidad] virtue ▸ **la principal ~ de este método es que...** the principal virtue of this method is that... ▸ **~ cardinal/teologal** cardinal/theological virtue **2.** [poder, facultad] power ▸ **tener la ~ de** to have the power *o* ability to

◆ ***en virtud de*** by virtue of ▸ **en ~ del tratado de París, cedieron varios territorios** under the Paris treaty they ceded several territories

virtuosismo nm virtuosity

virtuoso, -a ■ adj [honrado] virtuous

■ nm,f [genio] virtuoso

viruela nf **1.** [enfermedad] smallpox **2.** [pústula] pockmark ▸ **picado de viruelas** pockmarked

virulé nf *Fam* **a la ~** [torcido] *BR* skew-whiff, *US* skewgee ▸ **un ojo a la ~** a shiner, a black eye

virulencia nf *también Fig* virulence

virulento, -a adj *también Fig* virulent

virus nm inv virus ▸ **~ informático** computer virus ▸ **~ del sida** AIDS virus

viruta nf shaving

vis nf **1.** **~ a ~** face-to-face meeting **2.** **~ cómica** sense of humour

visado nm, *AM* ***visa*** nf visa ▸ **~ de entrada** entry visa ▸ **~ de salida** exit visa ▸ **~ de tránsito** transit visa

visar vt [pasaporte] to put a visa in

víscera nf internal organ ▸ **vísceras** entrails

visceral adj *también Fig* visceral ▸ **un sentimiento/una reacción ~** a gut feeling/reaction

viscosa nf [tejido] viscose

viscosidad nf **1.** [cualidad] viscosity **2.** [substancia] slime

viscoso, -a adj [denso] viscous / [baboso] slimy

visera nf **1.** [de gorra] peak **2.** [de casco, suelta] visor **3.** [de automóvil] sun visor

visibilidad nf visibility

visible adj visible ▸ **estar ~** [presentable] to be decent *o* presentable

visigodo, -a ■ adj Visigothic
■ nm,f Visigoth

visigótico, -a adj Visigothic

visillo nm net curtain, lace curtain

visión nf **1.** [sentido, lo que se ve] sight **2.** [alucinación, lucidez] vision ▸ **ver visiones** to be seeing things ▸ **tener ~ de futuro** to be forward-looking **3.** [punto de vista] (point of) view ▸ **una ~ clara de la situación** a clear view *o* appreciation of the situation

visionar vt CINE to view *(during production or before release)*

visionario, -a adj & nm,f visionary

visir nm vizier

visita nf **1.** [acción] [en general] visit / [breve] call ▸ **estar de ~** to be visiting *o* on a visit ▸ **hacer una ~ a alguien** to visit sb, to pay sb a visit ▸ **hacer una ~ a un museo** to visit *o* go to a museum ▸ **hacer una ~ turística de la ciudad** to do some sightseeing in the city ▸ **ir de ~** to go visiting ▸ MED **pasar ~** to see one's patients ▸ **~ de cortesía** *o* **cumplido** courtesy visit *o* call ▸ **~ guiada** guided tour ▸ **visitas médicas** doctor's rounds ▸ **~ relámpago** flying visit **2.** [visitante] visitor ▸ **tener ~** *o* **visitas** to have visitors **3.** [a página web] hit

visitador, -ora ■ adj fond of visiting
■ nm,f **1.** [de laboratorio] medical sales representative **2.** [visitante] visitor

visitante ■ adj DEP visiting, away
■ nmf visitor

visitar vt [en general] to visit ▸ **el médico visitó al paciente** the doctor called on *o* visited the patient

vislumbrar vt **1.** [entrever] to make out, to discern **2.** [adivinar] to have an inkling of
◆ ***vislumbrarse*** vpr **1.** [entreverse] to be barely visible **2.** [adivinarse] to become a little clearer

vislumbre nf *también Fig* glimmer

viso nm **1.** [aspecto] **tener visos de** to seem ▸ **tiene visos de verdad** it seems pretty true ▸ **tiene visos de hacerse realidad** it could become a reality **2.** [reflejo] [de tejido] sheen / [de metal] glint **3.** [de prenda] lining

visón nm mink ▸ **abrigo de ~** mink coat

visor nm **1.** FOT viewfinder **2.** [de arma] sight **3.** [en fichero] file tab

víspera nf **1.** [día antes] day before, eve ▸ **en vísperas de** on the eve of **2.** REL **vísperas** evensong, vespers

vista ■ adj *ver* ***visto***
■ nf **1.** [sentido] sight, eyesight / [ojos] eyes ▸ **tiene buena/mala ~, está bien/mal de la ~** she has good/poor eyesight ▸ **perder la ~** to lose one's sight, to go blind ▸ **corto de ~** short-sighted ▸ **~ cansada** eyestrain **2.** [observación] watching **3.** [mirada] gaze ▸ **dirigió la ~ hacia la pantalla** she turned her eyes *o* gaze to the screen ▸ **fijar la ~ en** to fix one's eyes on, to stare at ▸ **a primera** *o* **simple ~** [aparentemente] at first sight, on the face of it **4.** [panorama] view ▸ **una habitación con vistas** a room with a view ▸ **con vistas al mar** with a sea view ▸ **~ frontal** front view ▸ **~ lateral** side view ▸ **~ panorámica** bird's-eye-view **5.** DER hearing **6.** COM **a la ~** at sight **7.** [expresiones] **a ~ de pájaro** seen from above ▸ **conocer a alguien de ~** to know sb by sight ▸ **hacer la ~ gorda** to turn a blind eye ▸ **¡hasta la ~!** see you! ▸ **no perder de ~ a algo/alguien** [vigilar] not to let sth/sb out of one's sight / [tener en cuenta] not to lose sight of sth/sb, not to forget about sth/sb ▸ **perder de ~** [dejar de ver] to lose sight of / [perder contacto] to lose touch with ▸ **saltar a la ~** to be blindingly obvious ▸ **tener ~** to have vision *o* foresight ▸ **volver la ~ atrás** to look back
◆ ***a la vista*** loc adj **estar a la ~** [visible] to be visible / [muy cerca] to be staring one in the face
◆ ***a la vista de*** loc prep [delante de] in full view of / [en vista de] in view of
◆ ***con vistas a*** loc prep [con la intención de] with a view to
◆ ***en vista de*** loc prep in view of, considering ▸ **en ~ de que** since, seeing as

vistazo nm glance, quick look ▸ **echar** *o* **dar un ~ a** to have a quick look at

viste *ver* ***ver***

vistiera *etc ver* ***vestir***

visto, -a ■ participio *ver* ***ver***
■ *ver* ***vestir***
■ adj **estar muy ~** to be old hat ▸ **ese modelo está muy ~** that model's really old *o* ancient ▸ **estar bien/mal ~** to be considered good/frowned upon ▸ **está ~ que hoy no tendremos tranquilidad** it's quite clear that *o* obviously we're not going to get any peace today ▸ **es lo nunca ~** you've never seen anything like it ▸ **fue ~ y no ~** it happened just like that, it was over in a flash
■ nm **~ bueno** [en documento] approved ▸ **el ~ bueno** [aprobación] the go-ahead ▸ **dar el ~ bueno (a algo)** to give (sth) the go-ahead
◆ ***visto que*** loc conj seeing as, given that
◆ ***por lo visto*** loc adv apparently ▸ **por lo ~ no han aceptado la idea** apparently they haven't accepted the idea, they don't seem *o* appear to have accepted the idea

vistosidad nf brightness, colourfulness

vistoso, -a adj eye-catching

Vístula nm **el ~** the Vistula

visual ■ adj visual
■ nf line of sight

visualización nf **1.** [en general] visualization **2.** INFORM display

visualizador nm INFORM viewer

visualizar [14] vt **1.** [en general] to visualize **2.** INFORM to display

vital adj **1.** [de la vida, esencial] vital ▸ **ciclo ~** life cycle **2.** [persona] full of life, vivacious

vitalicio, -a ■ adj for life, life ▸ **renta vitalicia** life annuity

■ nm **1.** [pensión] life annuity **2.** [seguro] life insurance policy

vitalidad nf vitality

vitalismo nm vitality

vitalista adj dynamic

vitalizar [14] vt to vitalize

vitamina nf vitamin

vitaminado, -a adj with added vitamins, vitamin-enriched

vitamínico, -a adj vitamin ▸ **complejo ~** vitamin complex

vitícola adj [región, industria] grape-producing

viticultor, -ora nm,f grape grower, viticulturist

viticultura nf grape growing, viticulture

vitivinícola adj [región] wine-producing ▸ **producción ~** wine production

vítor nm cheer ▸ **los vítores de la multitud** the cheers *or* cheering of the crowd

vitorear vt to cheer

Vitoria n Vitoria

vitoriano, -a adj ■ of/from Vitoria
■ nmf person from Vitoria

vitral nm stained-glass window

vítreo, -a adj vitreous

vitrificar [59] vt to vitrify

vitrina nf [en casa] display cabinet / [en tienda] showcase, glass case / *AM* [escaparate] shop window

vitriolo nm vitriol

vitrocerámica nf **cocina (de) ~** ceramic hob

vituallas nfpl provisions

vituperar vt to criticize harshly, to condemn

vituperio nm harsh criticism, condemnation

viudedad nf **1.** [viudez] [de mujer] widowhood / [de hombre] widowerhood **2. (pensión de) ~** widow's/widower's pension

viudez nf [de mujer] widowhood / [de hombre] widowerhood

viudo, -a ■ adj widowed
■ nm,f widower, *f* widow

viva ■ nm cheer
■ interj **¡~!** hurrah! ▸ **¡~ el rey!** long live the King!

vivac (pl **vivacs**) nm bivouac ▸ **hacer ~** to bivouac

vivacidad nf liveliness

vivalavirgen nmf inv = *person with a devil-may-care attitude*

vivales nmf inv crafty person

vivamente adv **1.** [relatar, describir] vividly **2.** [afectar, emocionar] deeply

vivaque nm bivouac

vivaquear vi to bivouac

vivaracho, -a adj lively, vivacious

vivaz adj **1.** [despierto] alert, sharp **2.** BOT perennial

vivencia nf experience

víveres nmpl provisions, food (supplies)

vivero nm **1.** [de plantas] nursery **2.** [de peces] fish farm / [de moluscos] bed **3. ~ (de empresas)** business incubator

viveza nf **1.** [de colorido, descripción] vividness **2.** [de persona, discusión, ojos] liveliness / [de ingenio, inteligencia] sharpness

vivido, -a adj real-life, true

vívido, -a adj vivid

vividor, -ora nm,f parasite, scrounger

vivienda nf **1.** [casa] home ▸ **primera/segunda ~** first/second home ▸ **la carestía de las viviendas en la capital** the high cost of housing in the capital ▸ **~ de protección oficial** = *low cost home subsidized by the government*, *BR* ≃ council house/flat ▸ **~ de renta limitada** council house with fixed maximum rent **2.** [alojamiento] housing ▸ **plan de ~** housing plan

viviente adj living

vivificante adj [que da vida] life-giving / [que reanima] revitalizing

vivificar [59] vt [dar vida] to give life to / [reanimar] to revitalize

vivíparo, -a adj viviparous

vivir ■ vi **1.** [existir, residir, subsistir] to live ▸ **vivió noventa años** she lived for ninety years ▸ **alcanzar** *o* **dar para ~** [sujeto: sueldo, pensión] to be enough to live on ▸ **~ de** to live on *o* off ▸ **~ para algo/alguien** to live for sth/sb ▸ **~ bien** [económicamente] to be well-off / [en armonía] to be happy ▸ **no dejar ~ a alguien** not to give sb any peace ▸ **¿quién vive?** who goes there? ▸ **~ para ver** who'd have thought it? **2.** [estar vivo] to be alive ▸ **todavía vive** he's still alive
■ vt [experimentar] to live through ▸ **he vivido momentos difíciles** I've gone through *o* had some difficult times

vivisección nf vivisection

vivito, -a adj *Fam* **~ y coleando** alive and kicking

vivo, -a ■ adj **1.** [ser, lengua] living ▸ **un animal ~** a live animal ▸ **estar ~** [persona, costumbre, recuerdo] to be alive ▸ **~ o muerto** dead or alive **2.** [dolor, deseo, olor] intense / [luz, color, tono] bright ▸ **un ~ interés por algo** a lively interest in sth **3.** [gestos, ojos, descripción] lively, vivid ▸ **es el ~ retrato de su padre** he's the spitting image of his father **4.** [ingenio, niño] quick, sharp / [ciudad] lively **5.** [genio] quick, hot
■ nm,f **los vivos** the living
■ nm **en ~** [en directo] live / [sin anestesia] without anaesthetic

> ¡CUIDADO! / CAREFUL!
>
> ***vivo***
>
> El adjetivo **alive** se utiliza como traducción en posición predicativa o después de un sustantivo ("she is alive/the richest person alive"), mientras que **live**, cuando se refiere a un ser vivo, sólo puede anteceder al sustantivo ("a live fish").

vizcaíno, -a adj & nm,f Biscayan

Vizcaya n Vizcaya ▸ **Golfo de ~** Bay of Biscay

vizconde, -esa nm,f viscount, *f* viscountess

V.O. nf (abrev de ***versión original***) original language version ▸ **V.O. subtitulada** subtitled version

vocablo nm word, term

vocabulario nm **1.** [riqueza léxica] vocabulary **2.** [diccionario] dictionary

vocación nf vocation, calling

vocacional ■ adj vocational
■ nf *MÉX Fam* technical college

vocal ■ adj vocal
■ nmf member
■ nf vowel

vocálico, -a adj **sonido ~** vowel sound

vocalista nmf vocalist

vocalización nf vocalization

vocalizar [14] vi to enunciate clearly

vocativo nm vocative

vocear ■ vt **1.** [gritar] to shout out, to call out **2.** [llamar] to shout to, to call to **3.** [vitorear] to cheer **4.** [pregonar] [mercancía] to hawk / [secreto] to publicize
■ vi [gritar] to shout

vocerío nm shouting

vocero, -a nm,f [portavoz] spokesperson

vociferante adj shouting

vociferar vi to shout

vocinglero, -a ■ adj **1.** [que grita mucho] screaming, shrieking **2.** [que dice necedades] loudmouthed
■ nm,f **1.** [persona gritona] screamer, shrieker **2.** [persona que dice necedades] loudmouth

vodevil nm variety (show), *BR* music hall, *US* vaudeville

vodka ['boðka] nm o nf vodka

vol. (abrev de ***volumen***) vol

voladizo nm ledge

volado, -a adj *Fam* [ido] **estar ~** to be away with the fairies

volador, -ora ■ adj flying
■ nm **1.** [pez] flying fish **2.** [calamar] = *type of squid* **3.** [cohete] rocket

voladura nf [en guerras, atentados] blowing-up / [de edificio en ruinas] demolition *(with explosives)* / MIN blasting

volandas: en volandas loc adv **levantar a alguien en ~** to lift sb off the ground ▸ **la multitud le llevó en ~** the crowd carried him on their shoulders

volantazo nm **dar un ~** to slew one's car round, to swerve

volante ■ adj flying
■ nm **1.** [para conducir] (steering) wheel ▸ **estar** *o* **ir al ~** to be at the wheel **2.** [automovilismo] motor racing **3.** [de tela] frill, flounce **4.** *ESP* [del médico] (referral) note **5.** [en bádminton] shuttlecock **6.** *AM* [de propaganda] leaflet

volantín nm *CARIB, CHILE* kite

volapié nm TAUROM = *method of killing the bull*

volar [63] ■ vi **1.** [en el aire] to fly / [papeles] to blow away ▸ **hubo una pelea y empezaron a ~ sillas y botellas** there was a fight and the chairs and bottles started to fly ▸ **~ a** [una altura] to fly at / [un lugar] to fly to ▸ **echar(se) a ~** to fly away *o* off ▸ **salir volando** [pájaro, insecto] to fly off / [papeles, sombrero, ceniza] to blow away ▸ **~ por los aires** [estallar] to be blown into the air **2.** *Fam* [desaparecer] to disappear, to vanish **3.** [correr] to fly (off), to rush (off) ▸ **~ a hacer algo** to rush off to do sth ▸ **hacer algo volando** to do sth at top speed ▸ **me voy volando** I must fly *o* dash **4.** [días, años] to fly by
■ vt **1.** [hacer estallar] [en guerras, atentados] to blow up / [caja fuerte, puerta] to blow open / [edificio en ruinas] to demolish *(with explosives)* / MIN to blast **2.** *AM Fam* [robar] to swipe, *BR* to nick
◆ ***volarse*** vpr [papeles] to be blown away

volatería nf birds, fowl

volátil adj QUÍM & *Fig* volatile

volatilidad nf volatility

volatilización nf volatilization

volatilizar [14] vt to volatilize
◆ ***volatilizarse*** vpr **1.** FÍS to volatilize, to evaporate **2.** *Fam* [desaparecer] to vanish into thin air

volatinero, -a nm,f acrobat

volcado nm INFORM **~ de pantalla** screen dump ▸ **~ de pantalla en impresora** hard copy

volcán nm volcano

volcánico, -a adj volcanic

volcar [67] ■ vt **1.** [tirar] to knock over / [carretilla] to tip up **2.** [vaciar] to empty out
■ vi [coche, camión] to overturn / [barco] to capsize
◆ ***volcarse*** vpr **1.** [caerse] to fall over **2.** [esforzarse] to bend over backwards (**con/en** for/in)

volea nf volley

volear DEP ■ vt to volley
■ vi to volley

voleibol nm volleyball

voleo nm volley ▸ **a** *o* **al ~** randomly, any old how ▸ **sembrar a ~** to sow seed by hand

volframio nm wolfram

Volga nm **el ~** the (River) Volga

volitivo, -a adj voluntary

volován nm vol-au-vent

volqué *etc ver* ***volcar***

volquete nm dumper truck, *US* dump truck

voltaico, -a adj voltaic

voltaje nm voltage

volteador, -ora nm,f acrobat

voltear ■ vt **1.** [heno, crepe, torero] to toss / [tortilla] to turn over / [mesa, silla] to turn upside-down **2.** *AM* [derribar] to knock over **3.** *AM salvo RP* [dar la vuelta] to turn over / [cabeza, espalda] to turn
■ vi **1.** *MÉX* [doblar la esquina] to turn **2.** *MÉX* [volcar] [auto] to overturn **3.** *ANDES* [girar] [persona] to turn (round)
◆ ***voltearse*** vpr **1.** *AM salvo RP* [volverse] to turn round **2.** *MÉX* [vehículo] to overturn

voltereta nf [en el suelo] handspring / [en el aire] somersault ▸ **dar una ~** to do a somersault ▸ **~ lateral** cartwheel

voltímetro nm voltmeter

voltio nm **1.** [electricidad] volt **2.** *Fam* [paseo] walk, stroll ▸ **dar un ~** to go for a walk

volubilidad nf changeability, fickleness

voluble adj **1.** [persona] changeable, fickle **2.** BOT climbing

volumen nm **1.** [de sonido] volume ▸ **subir/bajar el ~** to turn up/down the volume ▸ **sube el ~ que no te oímos** speak up, please, we can't hear you ▸ **a todo ~** at full volume **2.** COM & FIN volume ▸ **~ de contratación** [en Bolsa] trading volume ▸ **~ de negocio** *o* **ventas** turnover **3.** [espacio ocupado] size, bulk ▸ **ocupa poco ~** it doesn't take up a lot of space ▸ **el sofá tiene un ~ excesivo para la habitación** the sofa is too big for the room **4.** [libro] volume

voluminoso, -a adj bulky

voluntad nf **1.** [determinación] will, willpower ▸ **tiene mucha/poca (fuerza de) ~** she has a very strong/weak will ▸ **~ de hierro** iron will **2.** [deseo] will ▸ **no existe la ~ política de resolver el problema** there isn't the political will to solve the problem ▸ **contra la ~ de alguien** against sb's will ▸ **por causas ajenas a mi ~** for reasons beyond my control ▸ **por ~ propia** of one's own free will ▸ **última ~** last will and testament **3.** [intención] intention ▸ **buena ~** goodwill ▸ **mala ~** ill will **4.** [albedrío] free will ▸ **a ~** [cuanto se quiere] as much as one likes ▸ **¿qué le debo? – la ~** what do I owe you? – whatever you think fit

voluntariado nm [actividad] voluntary work / [voluntarios] volunteers

voluntariedad nf **1.** [intencionalidad] volition **2.** [no obligatoriedad] voluntary nature

voluntario, -a ■ adj voluntary
■ nm,f volunteer

voluntarioso, -a adj willing

voluntarismo nm will to succeed

voluptuosidad nf voluptuousness

voluptuoso, -a adj voluptuous

voluta nf spiral

volver [41] ■ vt **1.** [dar la vuelta a] to turn round / [lo de arriba abajo] to turn over / [lo de dentro fuera] to turn inside out ▸ **al ~ la esquina** when we turned the corner **2.** [cabeza, ojos] to turn **3.** [convertir en] **eso le volvió un delincuente** that made him a criminal, that turned him into a criminal ▸ **la lejía volvió blanca la camisa** the bleach turned the shirt white
■ vi **1.** [ir de vuelta] to go back, to return / [venir de vuelta] to come back, to return ▸ **yo allí no vuelvo** I'm not going back there ▸ **vuelve, no te vayas** come back, don't go ▸ **al ~ pasé por el supermercado** I stopped off at the supermarket on the *o* my way back ▸ **aún no ha vuelto del trabajo** she isn't back *o* hasn't got back from work yet ▸ **~ en sí** to come to, to regain consciousness **2.** [reanudar] **~ a la tarea** to return to one's work ▸ [hacer otra vez] **~ a hacer algo** to do sth again ▸ *Fig* **~ a nacer** to be reborn
◆ ***volverse*** vpr **1.** [darse la vuelta, girar la cabeza] to turn round **2.** [ir de vuelta] to go back, to return / [venir de vuelta] to come back, to return **3.** [convertirse en] to become ▸ **volverse loco/pálido** to go mad/pale **4. volverse atrás** [de una afirmación, promesa] to go back on one's word / [de una decisión] to change one's mind, to back out ▸ **volverse (en) contra (de) alguien** to turn against sb

vomitar ■ vt to vomit, to bring up
■ vi to vomit, to be sick ▸ *Fig* **me dan** *o* **entran ganas de ~** it makes me want to throw up

vomitera nf acute vomiting

vomitivo, -a ■ adj **1.** MED emetic **2.** *Fam* [asqueroso] sick-making
■ nm emetic

vómito nm **1.** [acción] vomiting **2.** [substancia] vomit

vomitona nf *Fam* **me dio una ~** I threw up

voracidad nf voraciousness

vorágine nf confusion, whirl

voraz adj **1.** [persona, apetito] voracious **2.** [fuego, enfermedad] raging

vórtice nm **1.** [de agua] whirlpool, vortex **2.** [de aire] whirlwind

vos pron personal *AM* you

V.O.S.E. nf (abrev de ***versión original subtitulada en español***) = *original language version subtitled in Spanish*

voseo nm = *practice of using the "vos" pronoun*

CULTURA / CULTURE

voseo

Voseo means the use of the "vos" form instead of "tú" in the second person singular. This is the norm in the River Plate region, where it is used with a special form of the verb in the present tense (e.g. "vos sabés" instead of "tú sabes"). It is also found in other areas of Latin America. In Chile and areas of Bolivia, Peru and Venezuela, "tú" is also used, indicating slightly less informality. The forms "vos" and "tú" are used alternately in Central America, ranging from mostly "vos" in Costa Rica to mostly "tú" in Panama. In these areas, "vos" may be used with the normal second person singular verb form (e.g. "vos tienes").

vosotros, -as pron personal

Usually omitted in Spanish except for emphasis or contrast.

ESP you (plural) ▸ **~ bailáis muy bien** you dance very well ▸ **son más fuertes que ~** they're stronger than you

CULTURA / CULTURE

vosotros

In Spain, there are two ways to express the second person plural: one implies familiarity with the audience (**vosotros**) while the other indicates more courtesy ("ustedes"). **Vosotros** takes the verb in the second person plural, and "ustedes" the third person plural. This double option does not exist in Latin America, where the only form available is "ustedes", except in the religious liturgy, where **vosotros** is sometimes retained.

votación nf vote, voting ▸ **decidir algo por ~** to put sth to the vote ▸ **~ a mano alzada** show of hands

votante nmf voter

votar ■ vt **1.** [partido, candidato] to vote for / [ley] to vote on ▸ **¿qué has votado, sí o no?** how did you vote, yes or no? **2.** [aprobar] to pass, to approve *(by vote)*
■ vi to vote ▸ **~ a favor de/en contra de alguien** to vote for/against sb ▸ **~ por** [emitir un voto por] to vote for / *Fig* [estar a favor de] to be in favour of ▸ **yo voto por ir a la playa** I'm for going to the beach ▸ **~ por que...** to vote (that)... ▸ **~ en blanco** to return a blank ballot paper

voto nm **1.** [en elección] vote ▸ **tres votos a favor/en contra** three votes in favour/against ▸ **pide el ~ para el partido conservador** she's asking people to vote for the conservative party ▸ **~ afirmativo** vote in favour ▸ **~ en blanco** unmarked ballot ▸ **~ de calidad** casting vote ▸ **~ de castigo** vote against one's own party ▸ **~ de censura** vote of no confidence ▸ **~ de confianza** vote of confidence ▸ **~ por correspondencia** *o* **correo** postal vote ▸ **~ a favor** vote in favour ▸ **~ nulo** spoilt ballot ▸ **~ secreto** secret ballot ▸ **~ útil** tactical voting **2.** [derecho a votar] **tener ~** to have a vote **3.** REL vow ▸ **hacer ~ de** to vow to ▸ **~ de castidad/pobreza/silencio** vow of chastity/poverty/silence **4.** [ruego] prayer, plea ▸ **hacer votos por** to pray for ▸ **votos de felicidad** best wishes

vox populi nf **ser ~ que...** to be common knowledge that...

voy *ver* ***ir***

voyeur [bwa'jer] (pl **voyeurs**) nmf voyeur

voyeurismo [bwaje'rismo] nm voyeurism

voyeurístico, -a [bwaje'ristiko, -a] adj voyeuristic

voz nf **1.** [sonido, habla, tono] voice ▸ **a media ~** in a low voice, under one's breath ▸ **a ~ en grito** at the top of one's voice ▸ **aclarar** *o* **aclararse la ~** to clear one's throat ▸ **alzar** *o* **levantar la ~ a alguien** to raise one's voice to sb ▸ **de viva ~** by word of mouth ▸ **en ~ alta** aloud ▸ **en ~ baja** softly, in a low voice ▸ **mudó la ~** his voice broke ▸ **tener la ~ tomada** to be hoarse ▸ **la ~ de la conciencia** the voice of conscience ▸ CINE **~ en off** voice-over **2.** [grito] shout ▸ **decir algo a voces** to shout sth ▸ **dar voces** to shout ▸ **dar la ~ de alerta** to raise the alarm ▸ **~ de mando** order, command **3.** [derecho a expresarse] say, voice ▸ **la ~ de la experiencia/del pueblo** the voice of experience/of the people ▸ **no tener ni ~ ni voto** to have no say in the matter **4.** [rumor] rumour ▸ **corre la ~ de que va a dimitir** people are saying that she's going to resign ▸ **¡corre la ~!** pass it on! **5.** [cantante] voice ▸ **una de las mejores voces del país** one of the best voices in the country **6.** [vocablo] word **7.** GRAM voice ▸ **~ activa/pasiva** active/passive voice **8.** [expresiones] **estar pidiendo algo a voces** to be crying out for sth ▸ **llevar la ~ cantante** to be the boss

vozarrón nm loud voice

VPO nf (abrev de ***vivienda de protección oficial***) = *low-cost home subsidized by the government, BR* ≃ council house

vudú nm voodoo

vuelapluma: a vuelapluma loc adv **escribir algo a ~** to dash sth off

vuelco ■ *ver* ***volcar***
■ nm upset ▸ **dar un ~** [coche] to overturn / [relaciones, vida] to change completely / [empresa] to go to ruin ▸ **me dio un ~ el corazón** my heart missed *o* skipped a beat

vuelo ■ *ver* ***volar***
■ nm **1.** [gen] & AV flight ▸ **alzar** *o* **emprender** *o* **levantar el ~** [despegar] to take flight, to fly off / *Fig* [irse de casa] to fly the nest ▸ **coger algo al ~** [en el aire] to catch sth in flight / *Fig* [rápido] to catch on to sth very quickly ▸ **remontar el ~** to soar ▸ **de altos vuelos, de mucho ~** of great importance ▸ **no se oía el ~ de una mosca** you could have heard a pin drop ▸ **~ chárter** charter flight ▸ **~ sin escalas** direct flight ▸ **~ espacial** space flight ▸ **~ libre** hang-gliding ▸ **~ sin motor** gliding ▸ **vuelos nacionales** domestic flights ▸ **~ de reconocimiento** reconnaissance flight ▸ **~ regular** scheduled flight **2.** [de vestido] fullness ▸ **una falda de ~** a full skirt **3.** ARQUIT projection

vuelque *etc ver* ***volcar***

vuelta nf **1.** [giro] turn / [acción] turning ▸ **dar una ~** to turn round ▸ **dar una ~ a algo, dar vueltas a algo** [girándolo] to turn sth round / [recorriéndolo] to go round sth ▸ **darse la ~** to turn round ▸ MIL **media ~** about-turn / AUT U-turn ▸ *ARG* **~ al mundo** [noria] *BR* big wheel, *US* Ferris wheel ▸ TAUROM **~ al ruedo** bullfighter's lap of honour **2.** [parte opuesta] back, other side ▸ **dar la ~ a** [colchón, tortilla, disco, naipe] to turn over ▸ *también Fig* **a la ~ de la esquina** round the corner ▸ **a la ~ de la página** over the page **3.** [regreso, devolución] return ▸ **a la ~** [volviendo] on the way back / [al llegar] on one's return ▸ **estar de ~** to be back **4.** [paseo] **dar una ~** [a pie] to go for a walk / [en vehículo] to go for a drive *o* spin ▸ **dar vueltas** [en vehículo] to drive round and round **5.** DEP lap ▸ **~ (ciclista)** tour ▸ **~ de honor** lap of honour **6.** [ronda, turno] [de elecciones, competición deportiva] round ▸ DEP **la primera/segunda ~** the first/second round **7.** [dinero sobrante] change **8.** [cambio, avatar] change ▸ **dar la** *o* **una ~** to turn around completely **9.** [de pantalón] *BR* turn-up, *US* cuff / [de manga] cuff **10.** [en labor de punto] row **11.** [expresiones] **a la ~ de** [tras] at the end of ▸ **a ~ de correo** by return of post ▸ *Fam* **dar la ~ a la tortilla** to turn the tables ▸ *Fam* **darle cien vueltas a alguien** to knock spots off sb ▸ **dar una/dos/** *etc* **vueltas de campana** [vehículo] to turn over once/twice/*etc* ▸ **darle vueltas a algo** to turn sth over in one's mind ▸ **estar de ~ de algo** to be blasé about sth ▸ **estar de ~ de todo** to have seen it all before ▸ **la cabeza me da vueltas** my head's spinning ▸ **no tiene ~ de hoja** there are no two ways about it ▸ *Fam* **poner a alguien de ~ y media** [criticar] to call sb all the names under the sun / [regañar] to give sb a good telling-off ▸ **sin ~ de hoja** irrevocable

vuelto, -a ■ participio *ver* ***volver***
■ adj turned
■ nm *AM* change

vuelvo *etc ver* ***volver***

vuestro, -a *ESP* ■ adj posesivo your ▸ **~ libro/amigo**

your book/friend ▸ **este libro es ~** this book is yours ▸ **un amigo ~** a friend of yours ▸ **no es asunto ~** it's none of your business

■ pron posesivo **el ~** yours ▸ **los vuestros están en la mesa** yours are on the table ▸ *Fam* **ésta es la vuestra** this is the chance you've been waiting for *o* your big chance ▸ **lo ~ es el teatro** [lo que hacéis bien] theatre is your thing ▸ *Fam* **los vuestros** [vuestra familia] your folks / [vuestro bando] your lot, your side

vulcanología nf vulcanology

vulcanólogo, -a nm,f vulcanologist

vulgar adj **1.** [no refinado] vulgar **2.** [corriente, común] ordinary, common **3.** [no técnico] non-technical, lay

vulgaridad nf **1.** [grosería] vulgarity ▸ **hacer/decir una ~** to do/say something vulgar **2.** [banalidad] banality

vulgarismo nm GRAM vulgarism

vulgarización nf popularization

vulgarizar [14] vt to popularize

◆ ***vulgarizarse*** vpr to become popular *o* common

vulgo nm **el ~** [plebe] the masses, the common people / [no expertos] the lay public

vulnerabilidad nf vulnerability

vulnerable adj vulnerable

vulneración nf **1.** [de prestigio, reputación] harming, damaging / [de intimidad] invasion **2.** [de ley, pacto] violation, infringement

vulnerar vt **1.** [prestigio, reputación] to harm, to damage / [intimidad] to invade **2.** [ley, pacto] to violate, to break

vulva nf vulva

W

W, w [uβe'ðoβle] nf [letra] W, w

walkie-talkie [*ESP* 'walki'talki, *AM* 'woki'toki] (pl **walkie-talkies**) nm walkie-talkie

walkiria [bal'kiria] nf Valkyrie

walkman® ['walman] (pl **walkmans**) nm Walkman®

WAP [wap] nm INFORM (abrev de ***Wireless Application Protocol***) WAP

Washington ['wasinton] n Washington

wáter [*ESP* 'bater, *AM* 'water] nm toilet

waterpolista [waterpo'lista] nmf water polo player

waterpolo [water'polo] nm water polo

watio ['batio] nm watt

WC [*ESP* uβe'θe, *AM* doβleβe'se] nm (abrev de ***water closet***) WC

web [weβ] INFORM ■ nm o nf [página Web] web site ■ nf [World Wide Web] **la Web** the Web

weblog ['weβloγ] (pl **weblogs**) n INFORM weblog

Wellington ['welinton] n Wellington

western ['wester] (pl **westerns**) nm CINE western

whiskería [wiske'ria] nf = *bar where hostesses chat with clients*

whisky ['wiski] (pl **whiskys**) nm whisky ▸ **~ escocés** Scotch whisky ▸ **~ de malta** malt whisky

windsurf ['winsurf], ***windsurfing*** ['winsurfin] nm windsurfing

windsurfista [winsur'fista] nmf windsurfer

wireless ['waiales] adj INFORM [tecnología, red] wireless

WWW (abrev de ***World Wide Web***) WWW

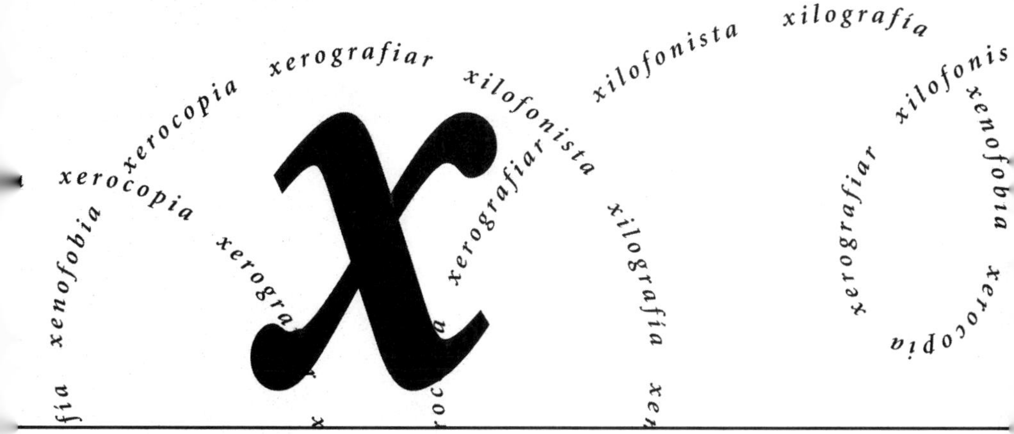

X, x ['ekis] ■ nf [letra] X, x ■ nmf **la señora X** Mrs X

xenofobia nf xenophobia

xenófobo, -a ■ adj xenophobic ■ nm,f xenophobe

xenón nm QUÍM xenon

xerocopia nf photocopy

xerografía nf photocopying

xerografiar [32] vt to photocopy

xilofón nm xylophone

xilofonista nmf xylophone player

xilófono nm xylophone

xilografía nf **1.** [técnica] woodcut printing **2.** [impresión] woodcut

Xunta [ʃunta] nf = *autonomous government of the region of Galicia*

y

Y, y [i'ɣrjeɣa] nf [letra] Y, y

y conj

> e is used instead of y before words beginning with i or **hi** (e.g. **Pérez e hijos** Perez and Sons).

1. [en general] and ▸ **un ordenador y una impresora** a computer and a printer ▸ **horas y horas de espera** hours and hours of waiting **2.** [en preguntas] what about ▸ **¿y tu mujer?** what about your wife?

ya ■ adv **1.** [en el pasado] already ▸ **ya me lo habías contado** you had already told me ▸ **¿llamaron** *o* **han llamado ya?** have they called yet? ▸ **¿habrán llegado ya?** will they have arrived yet *o* by now? ▸ **ya en 1926** as long ago as 1926 **2.** [ahora] now ▸ **bueno, yo ya me voy** right, I'm off now ▸ **¡ya voy!** I'm coming! **3.** [en frases negativas] **ya no me duele** it doesn't hurt any more, it no longer hurts ▸ **ya no es así** it's no longer like that **4.** [inmediatamente] at once ▸ **hay que hacer algo ya** something has to be done now *o* at once **5.** [en el futuro] **ya te llamaré** I'll give you a ring some time ▸ **¡ya te agarraré yo a ti!** I'll get you sooner or later! ▸ **ya hablaremos** we'll talk later ▸ **ya verás** you'll (soon) see **6.** [refuerza al verbo] **ya entiendo/lo sé** I understand/know

■ conj **1.** [distributiva] **ya (sea) por... ya (sea) por...** whether for... or... **2.** [adversativa] **ya no... sino..., no ya... sino...** not only... but... **3.** [consecutiva] **ya que** since ▸ **ya que has venido, ayúdame con esto** since you're here, give me a hand with this

■ interj **¡ya!** [expresa asentimiento] right! / [expresa comprensión] yes! ▸ *Irónico* **¡ya, ya!** sure!, yes, of course!

yac, (pl **yacs**) nm yak

yacaré nm cayman

yacente, yaciente adj [tumbado] lying / ARTE recumbent, reclining

yacer [71] vi **1.** [estar tumbado, enterrado] to lie ▸ **aquí yace...** here lies... **2.** [tener relaciones sexuales] to lie together

yaciente ➤ ***yacente***

yacimiento nm [minero] bed, deposit / [arqueológico] site ▸ **~ de petróleo** oilfield

yago *ver* ***yacer***

yak (pl **yaks**) nm yak

Yakarta n Jakarta

yanqui ■ adj **1.** HIST Yankee **2.** *Fam* [estadounidense] American ▸ **un político ~** an American politician

■ nmf **1.** HIST Yankee **2.** *Fam* [estadounidense] Yank

yantar *Anticuado* ■ nm fare, food

■ vt to eat

Yaoundé [jaun'de] n Yaoundé

yarda nf yard

yate nm yacht

yayo, -a nm,f *Fam* grandad, *f* grandma

yazco *ver* ***yacer***

yazgo *ver* ***yacer***

yedra nf ivy

yegua nf mare

yeguada nf herd of horses ▸ **tiene una gran ~** he's got a lot of horses

yeísmo nm = *pronunciation of Spanish "ll" as "y", widespread in practice, though regarded as incorrect by purists*

yeísta nmf = *person who pronounces Spanish "ll" as "y"*

yelmo nm helmet

yema nf **1.** [de huevo] yolk **2.** [de planta] bud, shoot **3.** [de dedo] fingertip **4.** CULIN = *sweet made from sugar and egg yolk*

Yemen nm **(el) ~** Yemen

yemení (pl **yemeníes**), ***yemenita*** adj & nmf Yemeni

yen nm yen

yerba ➤ ***hierba***

yerbatero nm *ANDES, CARIB* [curandero] healer / [vendedor de hierbas] herbalist

Yereván n Yerevan
yergo *etc ver* ***erguir***
yermar vt to leave unsown *o* fallow
yermo, -a ■ adj **1.** [estéril] barren **2.** [despoblado] uninhabited
■ nm wasteland
yerno nm son-in-law
yerro ■ *ver* ***errar***
■ nm mistake, error
yerto, -a adj rigid, stiff
yesca nf tinder
yesería nf [fábrica] gypsum kiln
yesero, -a ■ adj plaster ▸ **producción yesera** plaster production
■ nm,f **1.** [fabricante] plaster manufacturer **2.** [obrero] plasterer
yeso nm **1.** GEOL gypsum **2.** CONSTR plaster **3.** ARTE gesso **4.** *esp AM* [vendaje] plaster
yesquero nm *RP* cigarette lighter
yeta nf *RP Fam* **tener ~** to be jinxed
yeti nm yeti
yeyé adj inv *Fam* **música/ropa ~** sixties music/clothes
Yibuti n Djibouti
yiddish nm Yiddish
yihad [ji'χað] nf jihad
yiu-yitsu nm jujitsu
yo

Usually omitted as a personal pronoun in Spanish except for emphasis or contrast.

■ pron personal **1.** (sujeto) I ▸ **yo me llamo Luis** I'm called Luis **2.** (predicado) **soy yo** it's me **3. yo de ti/él/**
etc if I were you/him/*etc* ▸ *Fam* **yo que tú/ él/***etc* if I were you/him/*etc*
■ nm PSI **el yo** the ego

yodado, -a adj iodized
yodo nm iodine
yoduro nm iodide
yoga nm yoga
yogui nmf yogi
yogur (pl **yogures**), ***yogurt*** (pl **yogurts**) nm yoghurt
yogurtera nf yoghurt maker
yonqui nmf *Fam* junkie
yóquey nm jockey
yoyó nm yoyo
yubarta nf humpback whale
yuca nf **1.** BOT yucca **2.** CULIN cassava, manioc
Yucatán n **(el) ~** (the) Yucatan
yudo nm judo
yudoka nmf judo player, judoka
yugo nm *también Fig* yoke
Yugoslavia n Yugoslavia
yugoslavo, -a ■ adj Yugoslavian
■ nm,f Yugoslav
yugular adj & nf jugular
yunque nm anvil
yunta nf [de bueyes, vacas] yoke, team
yupi interj *Fam* **¡~!** yippee!
yuppie ['jupi] (pl **yuppies**), ***yuppi*** nmf yuppie
yute nm jute
yuxtaponer **[50]** vt to juxtapose
◆ ***yuxtaponerse*** vpr to be juxtaposed (**a** with)
yuxtaposición nf juxtaposition
yuxtapuesto, -a participio *ver* ***yuxtaponer***
yuyería nf *RP* herbalist's
yuyo nm **1.** *CSUR* [mala hierba] weed / [medicinal] medicinal herb **2.** *ANDES* [silvestre] wild herb

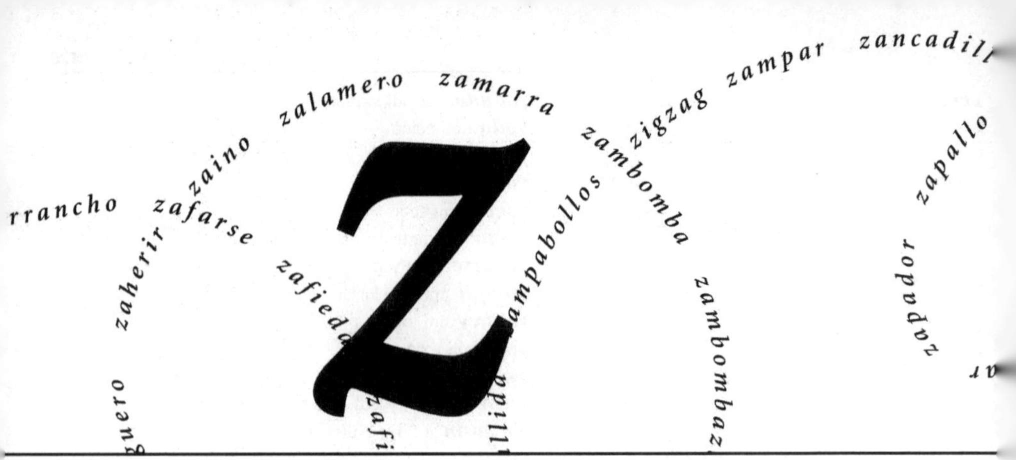

Z, z ['θeta] nf [letra] Z, z

zafacón nm *RDOM* [para basura] *BR* rubbish bin, *US* trash can

zafado, -a *AM Fam* ■ adj nuts, crazy
■ nm,f nutcase

zafarrancho nm **1.** NÁUT clearing of the decks ▸ MIL **~ de combate** call to action stations **2.** [destrozo] mess **3.** [riña] row, fracas

zafarse vpr to get out of it, to escape ▸ **~ de** [persona] to get rid of / [obligación] to get out of

zafiedad nf roughness, uncouthness

zafio, -a adj rough, uncouth

zafiro nm sapphire

zaga nf DEP defence ▸ **a la ~** behind, at the back ▸ *Fam* **no irle a la ~ a alguien** to be every bit *o* just as good as sb

zagal, -ala nm,f **1.** [muchacho] adolescent, teenager **2.** [pastor] shepherd, *f* shepherdess

zaguán nm (entrance) hall

zaguero, -a nm,f DEP defender / [en rugby] fullback

zaherir vt **1.** [herir] to hurt **2.** [burlarse de] to mock **3.** [criticar] to pillory

zahorí (pl **zahoríes**) nmf **1.** [de agua] water diviner **2.** [clarividente] mind reader

zaino, -a adj **1.** [caballo] chestnut **2.** [res] black

Zaire n *Antes* Zaire

zaireño, -a adj & nm,f Zairean

zalamería nf flattery, fawning

zalamero, -a ■ adj flattering, fawning
■ nm,f flatterer

zamarra nf sheepskin jacket

Zambia n Zambia

zambo, -a ■ adj knock-kneed
■ nm,f *AM* = *person who has one Black and one Indian parent*

zambomba ■ nf MÚS type of rustic drum
■ interj *Fam* **¡~!** wow!

zambombazo nm **1.** [ruido] bang **2.** DEP cracker of a shot, rocket

zambra nf **1.** [fiesta morisca] Moorish festival **2.** [baile gitano] = *Andalusian gypsy dance*

zambullida nf dive ▸ **darse una ~** [baño] to go for a dip

zambullir vt to dip, to submerge
◆ ***zambullirse*** vpr [agua] to dive (**en** into) / [actividad] to immerse oneself (**en** in)

zamorano, -a ■ adj of/from Zamora
■ nm,f person from Zamora

zampabollos nmf inv *Fam* human dustbin

zampar *Fam* **1** vt *AM* **1.** [meter] to shove, to stick **2.** [decir] to say (right out)
■ vi to gobble
◆ ***zamparse*** vpr to wolf down, *BR* to scoff

zampoña nf pan pipes

zanahoria nf carrot

zanca nf [de ave] leg, shank

zancada nf stride

zancadilla nf trip ▸ **poner una** *o* **la ~ a alguien** [hacer tropezar] to trip sb up / *Fig* to put a spoke in sb's wheel

zancadillear vt **~ a alguien** to trip sb up / *Fig* to put a spoke in sb's wheel

zanco nm stilt

zancuda nf wader

zancudo, -a ■ adj long-legged
■ nm *AM* mosquito

zanganear vi *Fam* to laze about

zángano, -a ■ nm,f *Fam* [persona] lazy oaf, idler
■ nm [abeja] drone

zanja nf ditch

zanjar vt [poner fin a] to put an end to / [resolver] to settle, to resolve

zapa nf **les acusó de hacer labor de ~** he accused them of undermining him

zapador nm MIL sapper

zapallito nm *CSUR* [planta] *BR* courgette, *US* zucchini

zapallo nm *ANDES, RP* [calabaza] pumpkin ▸ **~ (italiano)** *BR* courgette, *US* zucchini

zapapico nm pickaxe

zapata nf **1.** [cuña] wedge **2.** [de freno] shoe

zapatazo nm stamp (of the foot)

zapateado nm = *type of flamenco music and dance*

zapatear vi to stamp one's feet

zapatería nf **1.** [oficio] shoemaking **2.** [taller] shoemaker's **3.** [tienda] shoe shop

zapatero, -a ■ adj **industria zapatera** shoe-making industry
■ nm,f **1.** [fabricante] shoemaker **2.** [reparador] **~ de viejo** *o* **remendón** cobbler ▸ *Fig* **¡~ a tus zapatos!** mind your own business! **3.** [vendedor] shoe seller **4.** [insecto] pondskater

zapatilla nf **1.** [de baile] shoe, pump / [de estar en casa] slipper / [de deporte] sports shoe, *BR* trainer, *US* sneaker ▸ **zapatillas de lona** canvas shoes **2.** *MÉX* [de tacón] high-heeled shoe **3.** [de grifo] washer

zapatillazo nm whack *(with a slipper)*

zapatismo nm **1.** POL Zapatism **2.** HIST = *movement led by the Mexican revolutionary Emiliano Zapata*

zapatista ■ adj POL & HIST Zapatista
■ nmf POL Zapatista, = *member of the Zapatista Front, a mainly indigenous insurrectionist group in the Southern Mexican state of Chiapas* / HIST Zapatista, = *follower or supporter of the Mexican revolutionary Emiliano Zapata (1879-1919)*

zapato nm shoe ▸ **ponerse los zapatos** to put one's shoes on ▸ *Fig* **saber dónde le aprieta el ~ a alguien** to know how to deal with sb ▸ **~ de cordones** lace-up (shoe) ▸ **zapatos de plataforma** platform shoes ▸ **~ de salón** *BR* court shoe, *US* pump

zape interj *Fam* [sorpresa] **¡~!** wow!

zapear vi *Fam* to channel-hop

zapeo nm *Fam* channel-hopping, *US* channel surfing

zapping ['θapin] nm inv *Fam* channel-hopping, *US* channel surfing ▸ **hacer ~** to channel-hop

zar nm tsar, czar

zarabanda nf **1.** [danza] saraband **2.** [jaleo] commotion, uproar

Zaragoza n Saragossa, Zaragoza

zaragozano, -a ■ adj of/from Saragossa
■ nm,f person from Saragossa

zarajo nm = *lamb intestines, rolled round two crossed sticks and fried*

zarandajas nfpl *Fam* nonsense, trifles

zarandeado, -a adj eventful, turbulent

zarandear vt [cosa] to shake / [persona] to jostle, to knock about

zarandeo nm **1.** [sacudida] shake, shaking **2.** [empujón] pushing *o* knocking about

zarcillo nm earring

zarco, -a adj light blue

zarina nf tsarina, czarina

zarismo nm **el fin del ~** the end of the Tsars *o* Czars

zarista adj & nmf Tsarist, Czarist

zarpa nf **1.** [de animal] [uña] claw / [mano] paw **2.** *Fam* [de persona] paw, hand

zarpar vi to weigh anchor, to set sail

zarpazo nm clawing

zarrapastroso, -a *Fam* ■ adj scruffy, shabby
■ nm,f scruff

zarza nf bramble, blackberry bush

zarzal nm bramble patch

zarzamora nf blackberry

zarzaparrilla nf sarsaparilla

zarzuela nf **1.** MÚS zarzuela, = *Spanish light opera* **2.** CULIN = *fish and/or seafood stew*

zas interj **¡~!** wham!, bang!

zascandil nm *Fam* fidget, restless person

zascandilear vi *Fam* to faff about *o* around

zen adj inv & nm Zen

zenit nm *también Fig* zenith

zepelín nm zeppelin

zeta nm *ESP Fam* **(coche) ~** [de policía] police patrol car

zigoto nm zygote

zigurat (pl **zigurats**) nm ziggurat

zigzag (pl **zigzags** *o* **zigzagues**) nm zigzag

zigzagueante adj **una carretera ~** a winding road

zigzaguear vi to zigzag

zigzagueo nm [de carretera, sendero] twisting and turning

Zimbabue n Zimbabwe

zinc nm zinc

zíngaro, -a adj & nm,f Gypsy

zíper nm *CAM, MÉX BR* zip, *US* zipper

zipizape nm *Fam* squabble, set-to

zloty nm [moneda] zloty

zócalo nm **1.** [de pared] *BR* skirting board, *US* baseboard **2.** [de edificio, pedestal] plinth **3.** [pedestal] pedestal **4.** *MÉX* main square

zoco nm souk, Arabian market

zodiac® (pl **zodiacs**) nf Zodiac boat, = *rubber dinghy with outboard motor*

zodiacal adj zodiacal

zodiaco, zodíaco nm zodiac

zombi, zombie ■ adj *Fam* [atontado] zonked
■ nmf *también Fig* zombie

zona nf **1.** [espacio] zone, area ▸ **¿vives por la ~?** [por aquí] do you live around here? ▸ **ésta es la ~ de copas de la ciudad** this is the centre of the city's nightlife ▸ **~ azul** [de estacionamiento] restricted parking zone ▸ **~ de carga y descarga** loading bay ▸ **~ catastrófica** disaster area ▸ **~ comercial** shopping area ▸ **~ erógena** erogenous zone ▸ **~ de exclusión** exclusion zone ▸ **~ euro** euro zone ▸ COM **~ franca** free-trade zone ▸ **~ de guerra** war zone ▸ **~ de libre comercio** free-trade zone ▸ **~ peatonal** pedestrian precinct ▸ **~ protegida** [natural] conservation area ▸ **~ residencial** residential area ▸ ~ **verde** [grande] park, green area / [pequeña] lawn **2.** [en baloncesto] key

zonal adj **plano** ~ map of the area

zoo nm zoo

zoofilia nf bestiality

zoología nf zoology

zoológico, -a ■ adj zoological
■ nm zoo

zoólogo, -a nm,f zoologist

zoom [θum] (pl **zooms**) nm FOT zoom

zooplancton nm zooplankton

zopenco, -a *Fam* ■ adj idiotic, daft
■ nm,f idiot, nitwit

zopilote nm *CAM, MÉX* black vulture

zoquete ■ adj *Fam* thick, dense
■ nm *CSUR* [calcetín] ankle sock
■ nmf *Fam* [tonto] blockhead, idiot

zorra nf *ESP Fam Pey* [ramera] slut, *BR* slag

zorro, -a ■ adj foxy, crafty ▸ *ESP muy Fam* **no tengo ni zorra (idea)** I haven't got a *BR* bloody *o US* goddamn clue
■ nm,f *también Fig* fox ▸ ~ **azul/ártico** blue/arctic fox
■ nm [piel] fox (fur)
◆ ***zorros*** nmpl [utensilio] feather duster ▸ *Fam* **estar hecho unos zorros** [cansado, maltrecho] to be whacked, to be done in / [enfurecido] to be fuming

zorzal nm [ave] thrush

zozobra nf **1.** [inquietud] anxiety, worry **2.** [naufragio] [de barco] sinking / [de empresa, planes] ruin, end

zozobrar vi **1.** [naufragar] to be shipwrecked **2.** [fracasar] to fall through

zueco nm clog

zulo nm hiding place

zulú (pl **zulúes**) adj & nmf Zulu

zumaque nm [planta] sumach ▸ ~ **venenoso** poison sumach, poison ivy

zumbado, -a *Fam* ■ adj screwy, *BR* bonkers
■ nm,f nut, crackpot

zumbador nm buzzer

zumbar ■ vi [producir ruido] [insecto] to buzz / [máquina] to whirr, to hum ▸ **me zumban los oídos** my ears are buzzing ▸ *Fig* **pasar zumbando** to shoot past ▸ *Fig* **venir zumbando** to come running ▸ *Fig* **salir zumbando** to dash off
■ vt *Fam* [golpear] to beat, to thump

zumbido nm [de insecto] buzz, buzzing / [de máquina] whirr, whirring

zumbón, -ona *Fam* ■ adj funny, joking
■ nm,f joker, tease

zumo nm *ESP* juice ▸ ~ **de frutas** fruit juice ▸ ~ **de naranja** orange juice

zurcido nm **1.** [acción] darning **2.** [remiendo] darn

zurcidor, -ora nm,f darner, mender

zurcir [72] vt to darn ▸ *Fam* **¡anda y que te zurzan!** on your bike!, get lost!

zurda nf **1.** [mano] left hand **2.** [pierna] left foot

zurdazo nm left-footed kick

zurdo, -a ■ adj [mano, pierna] left / [persona] left-handed
■ nm,f [persona] left-handed person

Zurich ['θurik] n Zurich

zurito nm *ESP* = *little glass of wine*

zurra nf *Fam* beating, hiding

zurrar vt *Fam* [pegar] to beat, to thrash

zurrón nm shepherd's shoulder bag

zurullo nm *Fam* [excremento] turd

zurzo *ver* ***zurcir***

zutano, -a nm,f [hombre] so-and-so, what's-his-name / [mujer] so-and-so, what's-her-name

Spanish communication guide

Guía de comunicación en inglés

Spanish communication guide

CONTENTS

Spanish Communication Guide

Letters

Layout of a Spanish letter

The date

There are various ways of writing the date in a letter in Spanish. The full form is generally used in formal correspondence, while a shortened form is preferred for documents such as business letters and memos, which need to be clear and concise.

In official or legal correspondence, for example to government departments, the date appears after the place of origin in the bottom left-hand corner of the page, preceded by the preposition a.

Barcelona, a 4 de mayo de 2005
Barcelona, 4th May 2005

In all other cases the date should appear in the top right-hand corner of the page, under the printed header if there is one, in which case there is no need to include the town or city.

20 de enero de 2005
20 January 2005

Abbreviated forms using slashes or dashes may also be used. It is more common to use numerals for months than their written abbreviations. The year can be written in full or abbreviated.

Segovia, 14/03/05
Segovia, 14/03/05

Madrid, 5-sept.-2005
Madrid, 5 Sept 2005

In letters to friends or family the date is usually written in full, without the place.

27 de junio de 2005
27 June 2005

The sender

The name of the sender or **remitente** usually appears in the printed header on business correspondence. When writing a business letter the sender's details normally go in the top left-hand corner or in the centre at the top of the page. However, this information could also be shown at the bottom of the page together with the addresses of other branches of a company. In private letters to friends and family the address is omitted.

NEWSITEMS, S.L.
Paseo de las Acacias, 321-329
39540 San Vicente de la Barquera (Cantabria)
T. 942 710 999 / F. 942 710 998
e-mail: newsitems@newsitems.es

The recipient

The name and address of the person the letter is sent to appear lower down than the sender's details, on the left, with the job title if appropriate.

> ***A la atención del Sr. Pérez (Director de Ventas)***
> *For the attention of Mr Pérez (Sales Manager)*

If the polite form **don/doña (D. / Dª)** is used after the person's title, the first name is also included.

> ***Atn.: Sra. Dª Adelaida Molina***
> *FAO: Mrs Adelaida Molina*

This form is not normally used in memos or informal communications.

> ***A/A: Jaime López***
> *FAO: Jaime López*

In Spain certain honorary titles are used for heads of government, ministers, ambassadors and mayors: **Exc/Excmo (Excelencia/Excelentísimo)**, or bishops: **Ilmo (Ilustrísimo)**.

Unlike English addresses, the street name comes before the house or building number, and the number of the floor and the office or flat is normally also included, separated by a comma.

> ***C/ Ramón y Cajal, 20, 2º 3ª***
> ***20820 Deba (Guipúzcoa)***
>
> ***Avda. Diagonal, 345-347, Ático 4º***
> ***29600 Marbella – MÁLAGA***
>
> ***Pza. de la Constitución, 3, bajos***
> ***28020 MADRID***

The words for Street, Avenue, Road or Square may be abbreviated to **C/ (calle)**, **Avda. (avenida)**, **Ctra. (carretera)**, **Pza. (plaza)** respectively.

Starting a letter

If you do not know the name of the person you are writing to, start the letter with **Estimado Sr.:** or, more formally, **Distinguido Sr.:** *Dear Sir,*; if you do know it you begin with **Estimada Sra. Olmedillo:** *Dear Mrs Olmedillo,*. To a friend or relative you would write **Querido Javier:** *Dear Javier,* **Queridos papis:** *Dear Mum and Dad,* or even use the superlative **Queridísima María:** *Dearest María,*. These introductory phrases are always followed by a colon and a single line space.

Ending a letter

The way you end a letter should match the level of formality or informality used at the start. The most common ways of ending a formal letter are **Le/Les saluda atentamente**, **Muy atentamente**, or **Atentamente,**. These all translate as *Yours faithfully,* or, if the recipient's name is known *Yours sincerely,*.

Reciba un cordial saludo, or **Cordialmente** *(With kind) regards,* or *Best wishes,* are used if a relationship has already been established.

Ways of ending a letter to a friend or relative are:

Un abrazo,
Love,

Un fuerte abrazo, or ***Con cariño,***
Lots of love,

Recuerdos a la tía Teresa,
Regards to Aunt Teresa,

Saluda de mi parte a tu mujer,
Give my regards to your wife,

You can end more affectionately by saying:

Con todo mi cariño,
With all my love,

Tu nieto que te quiere,
Your loving grandson,

Besos,
Lots of love,

Sample layout of a business letter

PLÁSTICOS ONFALOS, S.L.
Dpto. Contabilidad
Avda. de la Luz, 45
19005 Guadalajara
Tel: 949 458 67 48 Fax: 949 458 67 40
E-mail: admin@pl-onfalos.es

Atn.: Sr. D. Agustín Rodríguez
CAJA DE INDUSTRIALES
Romero, 257
19004 Guadalajara

2 de diciembre de 2004

Estimado Sr. Rodríguez:

Nos es grato poner en su conocimiento que a partir de primeros de enero nos trasladaremos a nuestras nuevas oficinas, cuya dirección es la que figura en el membrete de la presente.

Le rogamos que a partir de esa fecha se sirva dirigirnos toda la correspondencia a dicha dirección.

Agradeciendo de antemano su colaboración, le saluda atentamente.

Ángela Fernández
Dpto. Administración

The date may also appear higher up on the right-hand side, in between the sender's and recipient's details.

Addressing an envelope

The recipient's address goes on the lower right-hand side of the envelope, as in the example below:

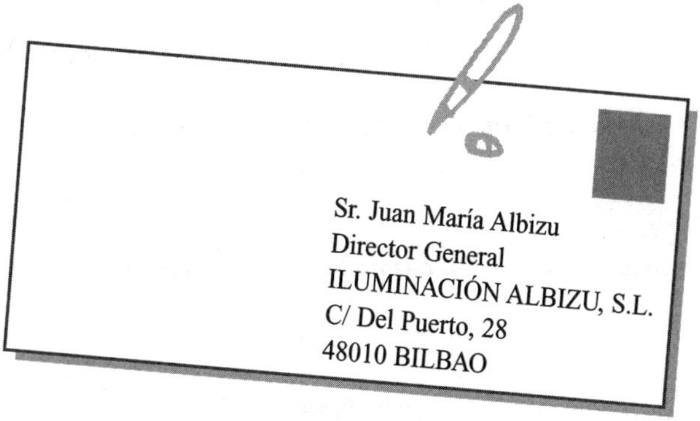

In private correspondence the sender's name and address go on the back of the envelope. Before the name you write **Rte.** : the abbreviation of **remitente** *sender*.

Postcodes always consist of five numbers and go before the name of the town or city. The first two numbers indicate the **provincia**, or province, in alphabetical order. Thus the province of Álava would be 01 and Zaragoza 50. If the town is not the provincial capital, the capital town is shown either in brackets or in upper case.

37008 SALAMANCA
46730 Gandía (Valencia)

Arranging a meeting

Formal meetings and appointments

In order to make an appointment you will often need to speak to someone else on the telephone first:

> ***Buenas tardes. Desearía concertar una cita con el Señor Rodríguez lo antes posible.***
> *Hello, I'd like to arrange a meeting with Mr Rodríguez as soon as possible, please.*
>
> ***Hola, buenos días. ¿Podría darme hora con la Doctora Casas para esta tarde?***
> *Hello, would it be possible to make an appointment with Dr Casas for this afternoon?*
>
> ***¿A qué hora le iría mejor? ¿Le va bien a las cuatro?***
> *What time would suit you? Is four o'clock convenient?*

Sometimes you may be speaking directly to the person you wish to meet:

> ***Buenas tardes. Me llamo Gerardo González. ¿Cuándo podríamos reunirnos para hablar del proyecto?***
> *Hello, my name is Gerardo González. When could we meet to talk about the project?*

Business appointments are often arranged by e-mail. In this case, the tone of the message will obviously be more formal:

```
Estimado Sr. Pérez :

He leído su propuesta y me
preguntaba si sería posible
vernos la semana que viene para
hablar sobre ella. Si no tiene
ningún inconveniente, puedo
pasar por su oficina el martes
a las 10 de la mañana.

Confírmeme si le viene bien,

Atte.,
Antonio Galindo
```

```
Dear Mr Pérez,
I read your proposal and I
was wondering if it would be
possible to meet next week
to discuss it. If it's all
right with you, I could come
to your office at 10am on
Tuesday.

Let me know if it's
convenient,

Yours,
Antonio Galindo
```

Here are some more phrases you can use when fixing the date, time and place of a meeting, or when confirming or cancelling a meeting:

¿Tiene algún momento libre para que nos reunamos esta semana?
Are you free any time this week when we can meet up?

¿Cree que sería posible quedar sobre las seis de la tarde?
Would it be possible to meet around six?

¿Dónde se hará la reunión?
Where will we have the meeting?

¿Prefiere que nos encontremos en un restaurante?
Would you rather we met in a restaurant?

Buenos días. Llamaba para confirmar nuestra cita del próximo martes.
Hello, I'm ringing to confirm our appointment next Tuesday.

> Desgraciadamente, no podré asistir a la entrevista que acordamos para el próximo viernes.
> Unfortunately I won't be able to attend the interview we arranged for next Friday.

This more formal type of expression would be used in a letter

Meeting friends

Between friends the language used when arranging a meeting is more direct:

¿Vas a hacer algo esta noche?
Are you doing anything tonight?

¿Por qué no quedamos a las siete?
How about if we meet at seven?

¿Te va bien el viernes?
Is Friday OK?

¿Voy yo a tu casa o vienes tú a la mía?
Shall I go round to yours or do you want to come to my place?

Vale, nos vemos el jueves.
OK, I'll see you on Thursday.

Applying for a job

General points

Letters to potential employers should be printed on good-quality A4-size paper, with your signature added by hand. Try to obtain as much information as possible about the company you are applying to, as well as the name of the person to whom the letter should be addressed. It is always better to avoid standard letters in favour of a personalized approach, which will create a better impression.

It is not usual to mention salary aspirations, either in a letter or a job interview, unless specifically requested to do so.

The CV

A CV should be clear, concise and honest and must be capable of being adapted to all the different businesses that you contact. If you are looking for a first job, you should give more space to the section on education and training and mention any work experience in companies, holiday jobs and voluntary work. Your educational qualifications and work experience should be shown in chronological order, with the most recent first.

Only mention hobbies if they add something personal to your profile or if they are particularly relevant to the job. Do not include referees on your CV.

Giving your age and marital status is not obligatory

Mary Grant
198 Francis Avenue
Leicester LE4 9PQ
Inglaterra
Tel: 0044 1493 767 33 36
E-mail: mgrant@USA.net

34 años, soltera
Nacionalidad británica

ESTUDIOS REALIZADOS

1989 – 1993	MA (equivalente a licenciatura) en Gestión, Universidad de Edimburgo
1989	A Levels (equivalente a bachillerato superior): economía, matemáticas, historia y francés (Harfield Comprehensive, Leicester)

EXPERIENCIA LABORAL

Desde septiembre de 1997 — Directora de exportaciones, Gannett UK Ltd, Leicester (fabricación y distribución de productos cosméticos)
- ➢ seguimiento y control de 40 representantes y 10 agentes
- ➢ negociación con los puntos de venta
- ➢ estudios de mercado

1994 – 1997 — Responsable de exportaciones en Europa, Simon & Co plc, Leicester (confección de prendas deportivas)
- ➢ captación de clientes
- ➢ control de ventas
- ➢ apertura de dos nuevos mercados (Francia e Italia)

OTRAS ACTIVIDADES

1993 – 1994	Profesora de inglés (Academia Brighton, León)

IDIOMAS

Inglés: lengua materna
Español: bilingüe (madre española)
Francés: nivel medio

INFORMÁTICA

Conocimientos a nivel de usuario del entorno Windows, Word, Excel y Access

Mary Grant
198 Francis Avenue
Leicester LE4 9PQ
England
Tel: 0044 1493 767 33 36
e-mail: mgrant@USA.net

Age 34, single
Nationality: British

EDUCATION & QUALIFICATIONS

1989 – 1993	MA in management, Edinburgh University.
1989	A Levels: economics, mathematics, history and French (Harfield Comprehensive, Leicester)

EMPLOYMENT

From September 1997 — Export Manager, Gannett UK Ltd, Leicester (manufacture and distribution of cosmetic products)

- ➢ supervision of 40 sales representives and 10 agents
- ➢ negotiation with sales outlets
- ➢ market research

1994 – 1997 — Head of European Exports, Simon & Co plc, Leicester (sportswear manufacturer)

- ➢ increasing the company's customer base
- ➢ sales control
- ➢ opening up of new markets (France and Italy)

OTHER ACTIVITIES

1993 – 1994 — Teacher of English (Academia Brighton, León)

LANGUAGES

English: mother tongue
Spanish: bilingual (Spanish mother)
French: intermediate level

COMPUTER SKILLS

Knowledge of Windows as an end user, Word, Excel and Access

Replying to a job advertisement

How to structure a letter of application

When you send your CV in response to a job advertisement it is normally accompanied by a letter mentioning the source and date of the advertisement, as well as the job title and any reference number. Here are some examples of introductory sentences and a sample letter:

Me dirijo a Vds. para expresar mi interés por la oferta aparecida en su página web con la referencia 102-TES, en la que solicitan un Adjunto al departamento de Tesorería de una importante empresa de cosmética.
I am writing to express my interest in the vacancy advertised on your website, reference 102-TES, for an assistant in the finance department of a large cosmetics firm.

Con referencia al anuncio aparecido en El Independiente del 4 de agosto, quisiera ser considerada para el puesto arriba mencionado
I am writing to apply for the above post, as advertised in El Independiente of 4 August.

The last example shown here would be used when the job title and reference number, usually underlined, have been inserted at the beginning of the letter.

Javier Pérez Cruz
C/ Caballeros, 12, 1º
05001 Ávila

7 de febrero de 2005

Apreciados Sres.:
En documento adjunto, les envío mi CV actualizado en respuesta a su anuncio aparecido en la edición del domingo 6/02/05, por el que solicitan un Asistente para su departamento de Recursos Humanos, oferta con la referencia A-RRHH. Quedo a su disposición para cualquier aclaración o comentario al respecto en los teléfonos que figuran en mi CV, que les recuerdo a continuación : 920 492 405 / 616 559 751

Les saluda atentamente,
Javier Pérez Cruz

Javier Pérez Cruz
C/ Caballeros, 12, 1º
05001 Ávila

7 February 2005

Dear Sirs,

I am enclosing my CV in reply to your advertisement of 6/2/05 for an assistant in your Personnel Department, reference A-RRHH.

Should you need any further information I can be contacted on the telephone numbers which appear on my CV: 920 492 405 / 616 559 751.

Yours faithfully,
Javier Pérez Cruz

You may like to draw attention to any aspects of your CV which demonstrate how you fulfil the requirements of the job, or highlight particular strengths or achievements which could be of interest to the employer in question:

Tal y como solicitan, poseo una titulación académica en Ciencias Exactas, además de un posgrado en Cálculo Infinitesimal, que según deduzco de sus requisitos, resultaría muy adecuado para el puesto que ofrecen.
As mentioned in the job description, I have a university degree in mathematics, as well as a postgraduate qualification in calculus, which I believe would be ideally suited to the post you are advertising.

Tengo una amplia y contrastada experiencia en los departamentos de Contabilidad y Administración de grandes empresas, tanto nacionales como internacionales.
I have extensive and varied experience in the accounting and administrative departments of large companies, both Spanish and international.*

*or British, Colombian, etc, depending on where the letter is written.

Además de haber seguido algunos cursos de especialización en gestión de proyectos, he ocupado puestos de responsabilidad como coordinador de equipos de hasta 10 personas.
In addition to completing specialist training courses in project management, I have held positions of responsibility, supervising teams of up to 10 people.

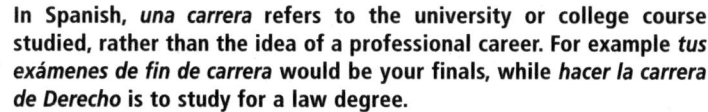

In Spanish, *una carrera* refers to the university or college course studied, rather than the idea of a professional career. For example *tus exámenes de fin de carrera* would be your finals, while *hacer la carrera de Derecho* is to study for a law degree.

Don't be afraid of talking about your personal qualities:

> ***Soy una persona muy trabajadora, capaz de mantener la calma bajo presión.***
> *I am hardworking and able to stay calm under pressure.*
>
> ***Trabajo bien en equipo y tengo aptitud para relacionarme con la gente.***
> *I am a team player with an ability to get on well with people.*

Explain the reason why you are applying for the post:

> ***Mi capacidad de comunicación en entornos altamente profesionales, sumada a mi interés por orientar mi trayectoria hacia el sector de las relaciones públicas, me han animado a escribirles.***
> *My ability to communicate in specialized professional contexts, together with my interest in establishing a career in the field of public relations, are what prompted me to write.*

Try to appear motivated and available for interview:

> ***Mi disponibilidad para incorporarme a la empresa es inmediata, ya que el pasado mes de junio acabé mis estudios de licenciatura.***
> *I am available for immediate employment, having completed my degree in June.*

Speculative applications

A speculative application is one possible way of obtaining a job, but such letters are difficult to write, since your request for work does not correspond to any official advertisement. For this reason it is important to write a letter that "gets you noticed". The main aim of a speculative letter of application is to secure an offer of an interview.

Emphasize your personal strengths and skills

Show a certain amount of knowledge of the company you are applying to

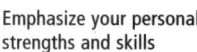

Juan Manuel Márquez Villanueva
Av. de Recaredo, 12, Entlo. 3º
45004 Toledo
Tel. 925 216 699

Sra. Amelia Ávalos Sánchez
Dtora. RR.HH.
McKencie & Jones, S.A.
Ctra. Navalpino, Km. 4,5
45004 Toledo

Toledo, a 21 de diciembre de 2004

Muy Sra. mía :

Acabo de regresar de Londres, donde he realizado un periodo de prácticas de seis meses, en el marco del Programa Leonardo, en el Departamento de Desarrollo y Formación de Directivos de la empresa Landon & Bros. Dado mi interés por las cuestiones de formación en ámbitos profesionales, he sabido que vds. cuentan con un departamento de formación muy dinámico e innovador, y es por ello que me he permitido presentar mi candidatura como asistente junior ante el Departamento que vd. coordina.

Como podrá comprobar en mi currículum vitae adjunto, soy Licenciado en Psicología y poseo experiencia en Calidad Total. Además, tengo un nivel alto de inglés y poseo un alto grado de competencia como usuario de herramientas informáticas.

Me gustaría tener la oportunidad de explicárselo personalmente en una entrevista, para lo cual quedo a su completa disposición.

Atentamente le saluda,

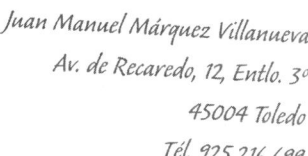

Juan Manuel Márquez Villanueva
Av. de Recaredo, 12, Entlo. 3º
45004 Toledo
Tél. 925 216 699

Mrs Amelia Avalos Sánchez
Head of Personnel
McKencie & Jones S.A.
Ctra. Navalpino, Km. 4,5
45004 Toledo

Toledo, 21 December 2004

Dear Mrs Avalos,

I have just returned from London, where I completed a six-month work placement, under the auspices of the Leonardo Programme, in the Management Development and Training Department of Landon & Bros. Given my interest in training and professional development issues, I learned that your company have a particularly dynamic and innovative training department. It is for this reason that I should like to be considered for a junior assistant's post in your department.

As you will see from the enclosed CV, I have a degree in psychology and experience in Total Quality management. I am also proficient in English and possess excellent computer skills.

I would like the opportunity to discuss this personally in an interview and look forward to hearing from you.

Yours sincerely,

Asking for work experience

If you are applying for work experience, it's probable that you don't have much professional experience on which to base your request for work. You can, nevertheless, concentrate on the qualities that you think you have that make you suitable for the type of work in question.

Estimado Sr. Suárez:

Los estudios que estoy cursando actualmente en la Escuela de Negocios de Córdoba tratan principalmente sobre técnicas de venta y los aspectos logísticos de la distribución de bienes de consumo. Estoy en el segundo curso y tengo que hacer unas prácticas de tres meses en una empresa.

Me han recomendado su compañía por el enfoque dinámico y creativo que ofrece sobre estos dos campos y me gustaría unirme a uno de sus grupos de representantes durante el período de prácticas.

Como sabe, tras éste tendré que realizar un informe, lo que podría ser de interés para sus departamentos puesto que ofrecería una visión fresca, aunque inexperta, de parte de sus actividades.

Espero que considere seriamente mi solicitud.

Atentamente,

Dear Mr Suárez,

The course I am currently taking at the Córdoba Business School deals principally with marketing techniques and the logistical aspects of consumer goods distribution. I am in my second year and have to do three months' in-house work experience.

Your company has been highly recommended to me for its dynamic and creative approach in these two fields and I would like to join one of your teams of reps during the period of my work experience.

As you will be aware, I will be required to submit a report on this work experience, which might be of interest to your departments in that it would offer a fresh, albeit inexperienced, look at a part of your activities.

I hope that you will give my request serious consideration.

Yours faithfully,

Asking for a reference

It is recommended that you include in a letter of application the names and details of two referees, a work experience supervisor or a previous employer, who can vouch for your skills and qualities.

Do obtain the agreement of referees before you put their names forward to potential employers.

Marina Gómez Calvo
Avenida García Lorca, 32, Ático 1º
39006 Santander

Sr. Ildefonso García-Prieto
Director de Comunicación y Relaciones Externas
Centro de Estudios para el Desarrollo del Medio Rural
C/ Nicolás Salmerón, 52
39009 Santander

Santander, 5 de octubre de 2004

Apreciado Sr. García-Prieto:

Durante el primer semestre del presente año tuve la oportunidad de realizar en su departamento mis prácticas como estudiante de la Facultad de Comunicación y Relaciones Públicas, con la que su institución tiene acuerdo de colaboración. Acabados mis estudios en junio, me encuentro en situación de búsqueda de empleo.

El motivo de mi carta es preguntarle si podría dar su nombre como superior responsable del trabajo que desempeñé para la Fundación para dar referencias mías en las entrevistas de trabajo que estoy realizando. Espero que ello no le causará ninguna inconveniencia.

Agradecida por su atención, aprovecho para darle una vez más las gracias por la buena acogida que me dispensaron y lo mucho que aprendí y disfruté en esos seis meses.

Reciba mi más cordial saludo,

Marina Gómez Calvo
Avenida García Lorca, 32, Ático 1º
39006 Santander

Mr Ildefonso García-Prieto
Head of Communication and External Relations
Centre for Rural Development Studies
C/ Nicolás Salmerón, 52
39009 Santander

Santander, 5 October 2004

Dear Mr García-Prieto,

As a student in the Faculty of Communication and Public Relations, with which your Centre has a cooperation agreement, I had the opportunity of doing my work experience in your department during the first six months of this year. Having completed my studies in June I am now seeking employment.

The reason I am writing is to ask if I could give your name, as my supervising officer while I was working for the Centre, as a reference for any job interviews I attend. I hope this will be all right with you.

Thanking you for your cooperation, I'd like to take the opportunity to thank you again for looking after me so well and for all that I learned during a really enjoyable six months.

Yours sincerely,

Writing an advertisement

Advertisements offering or requesting goods or services are found in some newspapers or in shops. Free newspapers that specialize in them are often available at newsstands, in the metro in big cities, at the entrance to supermarkets, etc.

The advertisements are written in a telegraphic style, often with abbreviations or omitted articles and prepositions, and must give the advertiser's details clearly.

Offers of goods or services

In the interests of clarity the abbreviations in the first advertisement below have been translated in full.

CTRA. BORDETA - PZA. ESPAÑA. Amplio piso en finca rehabilitada. Gran salón-com. ext. con balcón. Tres hab., cocina, galería, mucho sol, tranquilidad. Oportunidad por zona. 144.000 euro. 93 287 2375

CARRETERA BORDETA - PLAZA ESPAÑA. Spacious flat in newly renovated building. Large living-dining room, with balcony, facing the street. Three rooms, kitchen, veranda, very sunny, quiet. Bargain for the area. 144,000 euros. 93 287 2375

Renault Scénic seminuevo, modelo 5 puertas, aire acondicionado, radio-CD, pocos kilómetros, se vende. Tel. 972 456 883

For sale: Renault Scenic, nearly new, 5-door, air conditioning, radio-CD player, low mileage. Tel. 972 456 883

Estudiante de medicina cuida niños, noches a partir de 20h. Tel: 541 928 335

Medical student available for baby-sitting. Evenings from 8 pm. Tel: 541 928 335

Se vende refrigerador, en buen estado, con congelador. 150 euros, a negociar. Tel: 028 536 475 (mañanas)
For sale: fridge, in good condition, with freezer compartment. 150 euros o.n.o. Tel: 02 8 53 64 75 (mornings)

Requests for goods or services

Here are some examples of advertisements:

Estudiante español cambiaría horas de conversación en italiano contra horas de conversación en español, con vistas a una beca Erasmus en Padua. Tel: 054 367 788

Spanish student seeks conversation exchange with Italian speaker with view to ERASMUS scholarship in Padua. Tel: 054 367 788

Compro juegos de Playstation 2 a buen precio (10-20 euros). Contactar a: tauro66@hotmail.com

Playstation 2 games bought, good prices (10-20 euros). E-mail: tauro66@hotmail.com

Se busca: programador en plataforma Linux, que tenga conocimientos de SQL y C++. Interesados mandar correo con currículum, así como sueldo al que se aspira a: Las Huertas, 213-215, 46001 Valencia

Linux programmer required, knowledge of SQL and C++. Write with CV and salary expected to: Las Huertas, 213-215, 46001 Valencia

Profesor nativo se ofrece para clases particulares de inglés. Clases de conversación. Preparación exámenes First/Proficiency. Descuentos para grupos. Llamar tardes a partir de 17h. Tel. 91 348 75 69

Native speaker offers private English lessons. Conversation classes. Preparation for First/Proficiency exams. Group discounts. Telephone after 5 pm: 91 348 75 69

Telephone

Making and answering telephone calls

Making a call

If you call someone you know at home you can use the following phrases:

> ***Hola, ¿está Pilar?***
> *Hello, is Pilar there?*
>
> ***Hola, soy Carmen. ¿Puedo hablar con Juan, por favor?***
> *Hi, this is Carmen. Can I speak to Juan, please?*
>
> ***Hola, ¿hablo con Rodrigo?***
> *Hello, is that Rodrigo?*
>
> ***Hola, soy yo, cariño.***
> *Hello, it's me, love.*

Business calls use more formal expressions:

> ***Disculpe, ¿puede ponerme con la extensión 333?***
> *Could I have extension 333, please?*
>
> ***Buenas tardes, ¿es el departamento de contabilidad?***
> *Good afternoon, is that the accounts department?*

Answering

These are typical ways of answering the telephone in different situations:

> ***¿Diga?*** or ***¿Dígame?*** or ***¿Hola?***
> *Hello?*
>
> ***Despacho del Sr. Álvarez. ¿Con quién hablo?***
> *Mr Álvarez's office. Who's calling, please?*
>
> ***Oficina de turismo. ¿En qué puedo ayudarle?***
> *Tourist office. How can I help you?*

To answer someone who wants to speak to someone else, use the following expressions:

> ***Sí, un momento. ¿De parte de quién?***
> *Just a moment. Who's calling, please?*
>
> ***No cuelgue. Enseguida se lo paso.***
> *Hold on. I'll just get him for you.*
>
> ***¿Con quién quiere hablar?***
> *Who do you want to speak to?*
>
> ***Marta no está. ¿Quién la llama?***
> *Marta's not here. Who's calling, please?*

If you are answering the phone and someone is not available, you can say:

Lo siento, hoy no está. ¿Quiere dejarle un mensaje?
I'm sorry, she's not in today. Would you like to leave a message?

Sí, está, pero ahora no puede ponerse.
Yes, he's here, but he can't come to the phone at the moment.

En estos momentos está ocupado. ¿Podría volver a llamar más tarde?
He's a bit busy at the moment. Could you call back later?

The caller might then say:

¿Cuándo va a volver?
When will he be back?

¿Puede decirle que he llamado, por favor?
Can you tell her I called, please?

¿Podría decirle que me llame? Tiene mi teléfono.
Could you ask him to call me? He has my phone number.

Problems during a telephone call

You could have a bad line, be unable to get through or be speaking to someone you can't understand very well. In this case you could use one of the following phrases:

No te oigo bien, hay interferencias.
I can't hear you properly, there's a lot of noise on the line.

Las líneas estaban saturadas.
All the lines were engaged.

Por favor, ¿puede repetir la primera parte del número?
Could you repeat the first part of the number, please?

¿Puede deletrearme el nombre?
Can you spell that name, please?

If it's the wrong number

If you are answering :

Creo que se ha equivocado de número.
I think you've got the wrong number.

¿Está seguro que ha marcado bien?
Are you sure you dialled the right number?

If you are the caller:

Disculpe, me he equivocado de número.
Sorry, wrong number.

Finishing a telephone conversation

These are expressions you might use if you have to cut short a telephone call :

Tengo que dejarte. Hay una llamada por la otra línea.
I have to go. There's a call on the other line.

Bueno, tengo que colgar, que están llamando a la puerta.
Look, I'll have to hang up now. There's someone at the door.

You can use these phrases if you're talking to a friend:

Vale, te llamo mañana. Chao.
OK, I'll call you tomorrow. Bye.

Nos vemos.
See you.

Hasta pronto.
See you soon.

In a more formal context it would be:

Hasta luego.
Goodbye.

Mobile phones

New expressions have come into use with the advent of mobile phones. The following could be useful:

No te encontraba. ¿Tenías el móvil desconectado/apagado?
I couldn't get hold of you. Did you have your mobile switched off?

Si se corta, te llamo más tarde, ¿vale?
If we get cut off, I'll call you later, OK?

Si no cojo el teléfono, déjame un mensaje en el buzón de voz.
If I don't answer, leave a message on my voice mail.

Voy a entrar en el metro y no tengo cobertura, llámame en 15 minutos.
I'm going into the metro and there's no signal. Call me in 15 minutes.

Envíame un mensaje con tu número de (teléfono) móvil.
Text me your mobile (phone) number.

No me queda mucha batería.
I haven't got much battery left.

Answering machines

Recorded greetings

These usually follow a fairly standard format:

Hola, está llamando al 93.123.44.55. En este momento no podemos atenderle. Si quiere, puede dejar un mensaje/su número de teléfono al oír la señal y nos pondremos en contacto con usted.

Hello, you have reached the number 93.123.44.55. We are unable to take your call at the moment. If you wish, you may leave a message/your telephone number after the beep and we will contact you.

Hola, has llamado a Eva y José. Ahora no estamos en casa, pero si dejas un mensaje, te llamaremos en cuanto podamos.

Hello, this is Eva and José. We're not at home right now, but if you leave a message, we'll call you as soon as we can.

Leaving a message

This is an example of a message relating to a business telephone call:

Hola. Me llamo Luis Martín y llamo en relación con el anuncio del periódico. Mi número de teléfono es el 907.123.45.67 y pueden llamarme a cualquier hora del día. Gracias.

Hello. My name is Luis Martín and I'm calling about the advertisement in the newspaper. My telephone number is 907.123.45.67 and I can be reached any time of day. Thank you.

And here is a message for a friend:

Hola, este es un mensaje para Jorge. Llevo llamándote todo el día, ¿dónde te metes? Llámame cuando llegues. Chao.

Hello, this is a message for Jorge. I've been calling you all day. What are you up to? Call me when you get in. Bye.

E-mail

Starting and ending e-mails

Symbols common in e-mail addresses such as: **G_perez-menescal@terra.es** are **@ (arroba)** *(at)*, **_ (guión bajo)** *(underscore)*, **- (guión)** *(hyphen)*, **. (punto)** *(dot)*.

The header of a message consists of a series of sections: **De:** *From:* refers to the address of the sender, while **Para:** or **A:** *To:* refers to the address of the person the e-mail is sent to, **Cc: (con copia)** *Cc: (courtesy copy)* refers to the addresses of other recipients. **Cco: (con copia oculta)** *Bcc: (blind courtesy copy)* refers to the addresses of other recipients when they are not told who else has been sent the e-mail. **Asunto:** *Subject:*, which is optional, says what the message is about. **Adjuntar archivo:** *Attach:* refers to a file sent as an attachment to the e-mail.

It's not always necessary to start an e-mail with a standard greeting. The following are commonly used in messages between friends:

Hola, Pablo:
Hi Pablo,

¿Qué tal, Isabel?
How's things, Isabel?

To business colleagues greetings are more formal:

Querido Sr. Hernández:
Dear Mr Hernández,

Sra. Martín:
Dear Mrs Martín,

To end an e-mail you can use:

Cordialmente
Best wishes

Saludos
Regards

Abrazos or ***Un beso***
Love

Nos vemos or ***Hasta pronto***
See you soon

Writing an e-mail message

Probably because of the immediacy of the communication, the language used in e-mails can be much more direct than in a letter.

Contéstame lo antes posible. Esta noche volveré a mirar el correo.
Get back to me as soon as you can. I'll check my e-mail again tonight.

Hola Manolo. No puedo abrir el archivo que me has adjuntado. ¿Me lo puedes volver a enviar?
Hi Manolo. I can't open the file attachment you sent. Can you send it to me again?

Here is an example of an e-mail from one friend to another, suggesting they meet:

¡Hola, Pedro! ¿Cómo estás? Hace mucho tiempo que no nos vemos. ¿Qué te parece si vamos a comer juntos? Contéstame antes de las 13:30 para poder reservar sitio. Un saludo.
Hi Pedro: How are you? I haven't seen you for ages. How do you fancy going out to eat? Get back to me by 1.30 so I can book a table. Bye.

Text messaging

Mobile phones have brought with them a whole new form of expression, given the reduced space available for text messages and the time it takes to write them. One of the main features of this constantly evolving shorthand is the elimination of many vowels and consonants, with some consonants standing in for vowels: Q (**que** or **cu**), T (**te**), K (**ca**, **cu** or **que**), S (**se**), M (**me**) etc. and mathematical symbols representing some words. Here are some typical examples:

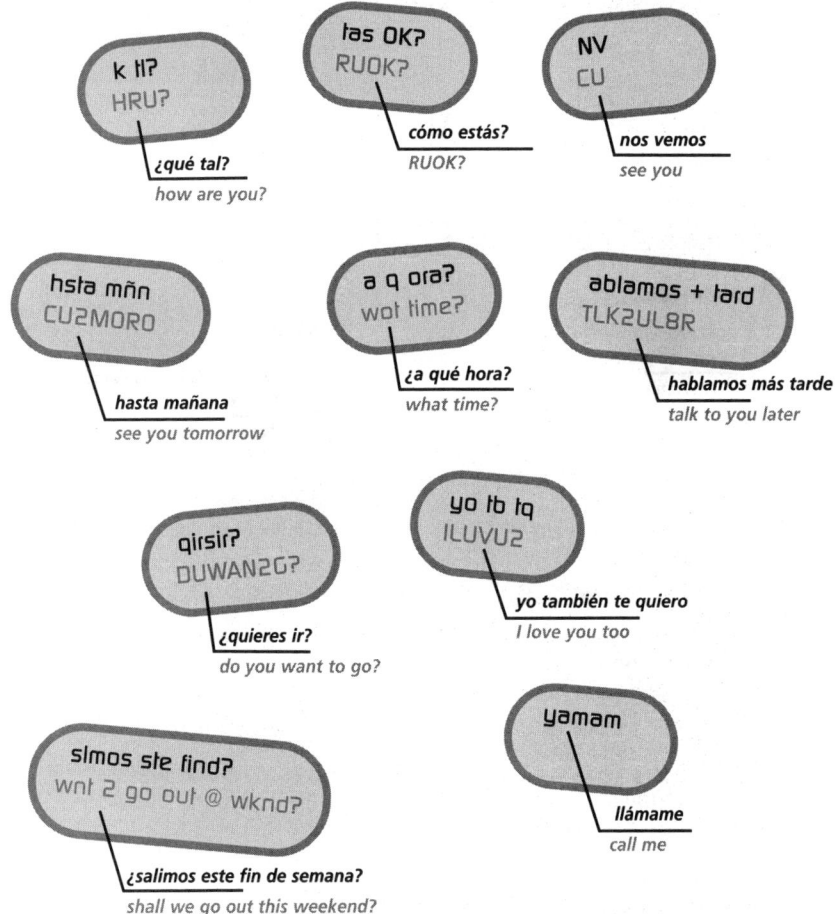

k tl?
HRU?
¿qué tal?
how are you?

tas OK?
RUOK?
cómo estás?
RUOK?

NV
CU
nos vemos
see you

hsta mñn
CU2MORO
hasta mañana
see you tomorrow

a q ora?
wot time?
¿a qué hora?
what time?

ablamos + tard
TLK2UL8R
hablamos más tarde
talk to you later

qirsir?
DUWAN2G?
¿quieres ir?
do you want to go?

yo tb tq
ILUVU2
yo también te quiero
I love you too

slmos ste find?
wnt 2 go out @ wknd?
¿salimos este fin de semana?
shall we go out this weekend?

yamam
llámame
call me

salu2
ATB
saludos
all the best

a2
adiós
bye

QT1BD
HAND
que tengas un buen día
have a nice day

1 bso
XX **or** LUV
un beso
love

Here are some examples of longer messages:

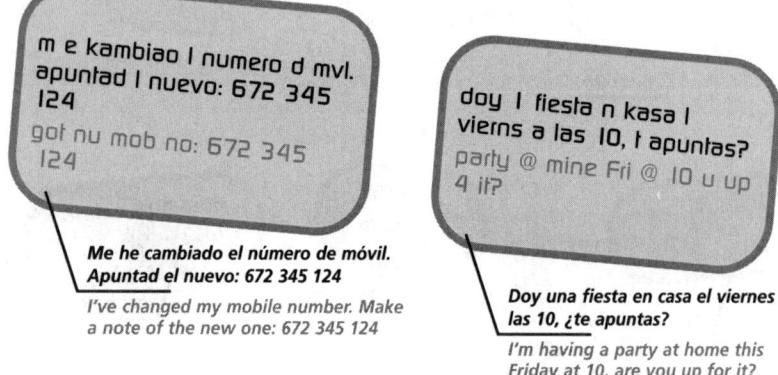

m e kambiao l numero d mvl. apuntad l nuevo: 672 345 124
got nu mob no: 672 345 124

Me he cambiado el número de móvil. Apuntad el nuevo: 672 345 124
I've changed my mobile number. Make a note of the new one: 672 345 124

doy 1 fiesta n kasa l viern s a las 10, t apuntas?
party @ mine Fri @ 10 u up 4 it?

Doy una fiesta en casa el viernes a las 10, ¿te apuntas?
I'm having a party at home this Friday at 10, are you up for it?

You can also use symbols called emoticons in text messages to convey your mood. Here are the most common ones:

:) (estoy contento)
:) (I'm happy)

:((estoy triste)
:((I'm sad)

;) (te guiño un ojo)
;) (I'm winking at you)

Guía de comunicación en inglés

ÍNDICE

Guía de comunicación en inglés

La correspondencia por carta

Presentación de una carta destinada a un amigo o conocido

La fecha puede escribirse completa:
29 September 2005,
12th July 2005,
3rd January 2005,
19th April 2005.
O bien abreviada:
29-Sept-05,
29/09/05,
29.09.05.

En una carta personal, la dirección del remitente (sin su nombre) se escribe en la parte superior derecha del papel. La fecha se pone justo debajo.

La coma después de la fórmula de saludo no es obligatoria. Sin embargo, si se pone después de la fórmula de saludo, también se debe poner después de la fórmula de despedida.

Cuando el estilo de la correspondencia es familiar, suele omitirse el pronombre sujeto de la primera persona.

La firma se pone debajo de la fórmula de despedida y no a la derecha.

Por último, las cruces que se ponen al final representan besos.

47 Mulberry Lane,
Oxford
OX4 3LA
5th May 2005

Dear Jane,

Just a few lines to let you have my new address. Sorry I haven't been in touch for so long but we've been very busy trying to organize the move. As always, there were a lot of last-minute complications, but we are now in Oxford and both looking forward to starting our new jobs.

I would have called you but the telephone has not been connected yet. I'll let you have the number as soon as I know it myself.

I must admit that I was a bit sad to leave Paris, but I'm sure it was the right decision. We've already joined the local tennis club in the hope of meeting people and all the neighbours seem really friendly. You'll have to come and see us when we've finished unpacking!

Hope you're well and not working too hard. Drop us a line when you have time. It's always great to hear from you.

Love,

Carol

XXX

No es necesario mencionar el nombre del lugar desde donde se escribe. Después del número del día puede añadirse 'th', 'st' o 'rd', aunque esto está cada vez más en desuso. En Estados Unidos, los nombres y la dirección del remitente ya no aparecen en la correspondencia personal.

En la fecha, la colocación del día y del mes se invierten en Estados Unidos y en los países que adoptaron el sistema estadounidense. De este modo, '12.08.05' en Estados Unidos significa '8 December 2005', mientras que en Gran Bretaña querría decir '12 August 2005'.

Presentación de una carta formal o comercial

En la correspondencia más formal, el nombre y la dirección del remitente se escriben en la parte superior derecha del papel (salvo cuando se trata de un papel con membrete, en cuyo caso se imprime en el centro).

Harvey & Co
29 Mudeford Road
Manchester
M14 6FR
Tel: 0161 543 7644
E-mail: harvey@uniline.co

The Manager
Lakelands Hotel
Windermere
Cumbria W16 8YT

2 May 2005

Re: Reservation of conference facilities

Dear Sir or Madam

Following our telephone conversation of this morning, I am writing to confirm the reservation of your conference facilities for the weekend of July 9 and 10. There will be a total of sixty-eight participants, most of whom will be arriving on the Saturday morning. As I mentioned on the phone, we would like to have a light lunch provided and a four-course meal in the evening. In addition we would appreciate coffee, tea and biscuits mid-morning and mid-afternoon.

If you need to discuss any details, please do not hesitate to contact me. I enclose a list of the participants for your information.

Thanking you in advance.

Yours faithfully

Brian Woods

Mr Brian Woods

Enc

El nombre y la dirección del destinatario se encuentran en la parte superior izquierda, por encima de un posible número de referencia o asunto, y de la fórmula de saludo.

Los párrafos no se inician con sangría en este tipo de cartas ('blocked style').

De acuerdo con el estilo británico, no es necesaria la puntuación después de despedida si no aparece después de la fórmula de saludo (en cambio, en Estados Unidos la fórmula va siempre seguida de una coma).

En el contenido de la carta, las fechas nunca van precedidas por 'of' o 'the'. De cualquier forma, se pronuncia 'July the seventh' o 'the seventh of July'.

'Enc' ('enclosed') al final de una carta indica que hay documentos adjuntos a la correspondencia.

Fórmulas de saludo y fórmulas de despedida

Carta destinada a una persona conocida o amiga

Fórmulas de saludo	*Fórmulas de despedida*
Dear David	***Love***
Dear Lily	***With love***
Dear Mum and Dad	***Love from both of us***
Dear uncle Toby	***Love to all***

Si queremos emplear un tono más afectuoso, utilizaremos alguna de las siguientes fórmulas:

My dearest Jill	***Lots of love***
My dear Patrick	***All my love***
	With all our love

Las siguientes expresiones son más neutrales:

Yours
All the best (Br)
Best wishes

Carta formal o de negocios

Si conocemos el nombre de nuestro destinatario, podemos emplear:

Dear Mr Jones	***Yours sincerely (Br)***
Dear Mrs Clarke	***Sincerely (US)***
Dear Ms Fletcher	***Yours truly (US)***

Con frecuencia se prefiere la abreviatura *Ms* con respecto a *Mrs* o a *Miss* ya que así se evita la referencia al estado civil de nuestra corresponsal.

Las fórmulas siguientes se emplean cuando ya existe una cierta familiaridad con la otra persona:

Dear Dr Martin	***With best wishes***
	With kind regards

Si nos dirigimos a alguien cuyo nombre desconocemos:

Dear Sir	***Yours faithfully (Br)***
Dear Madam	***Sincerely yours (US)***

Finalmente, si nos dirigimos a alguien cuyo nombre desconocemos y además no sabemos si es hombre o mujer:

Dear Sir or Madam	***Yours faithfully (Br)***
Dear Sir/Madam	***Sincerely yours (US)***
Dear Sirs	

Presentación de un sobre

Avenue, Road, Street suelen abreviarse a Ave, Rd, St.

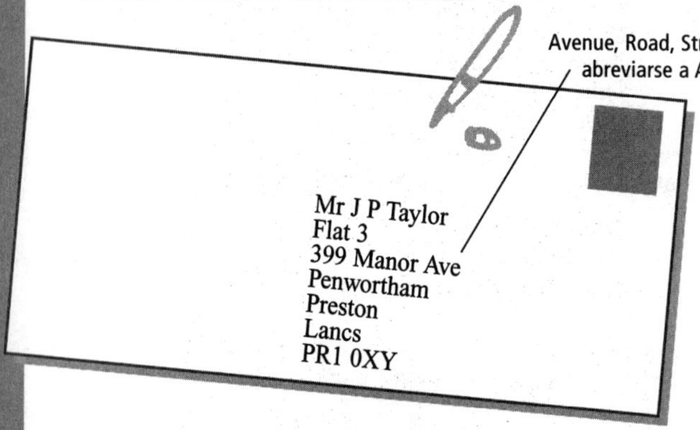

Los códigos postales del Reino Unido se escriben siempre con mayúscula, con un espacio entre las dos partes del código.

La dirección del destinatario va en el centro del sobre mientras que el remite puede ir en la parte superior del reverso.

Abreviaturas utilizadas en los sobres

Dr (Doctor)
Doctor

Prof (Professor)
Profesor

Ave (Avenue)
Avenida

Blvd (Boulevard)
Bulevar

Rd (Road)
Calle

St (Street)
Calle

En la actualidad, las abreviaturas de los títulos, las calles y las iniciales no van seguidas de punto.

Códigos postales

En general, los códigos postales británicos se presentan en forma de dos grupos de letras y números. Las primeras letras designan la ciudad o la población cercana más importante (por ejemplo **BN** para **Brighton** o **EH** para **Edinburgh**/*Edimburgo*). Por ejemplo: **EH7 5PZ**

Únicamente Londres no sigue este sistema, ya que allí las letras corresponden a los puntos cardinales: **W (West)**, **SW (South West)**, etc.

En Estados Unidos los códigos están compuestos de la abreviatura del estado seguida de un número de cinco cifras. Por ejempo: **NY 10001** o **MO 63145, (NY = New York, MO = Missouri)**

Concertar una cita

Quedar por teléfono

El teléfono es el medio más utilizado para quedar con alguien. Además del día, la hora y el lugar de la cita, por lo general se hacen sugerencias sobre lo que se va a hacer. He aquí algunas expresiones útiles:

What about ten o'clock?
¿Qué tal a las diez?

Why don't we meet next weekend?
¿Y si nos vemos el fin de semana que viene?

Let's have a coffee before we go home.
Vamos a tomar un café antes de volver a casa.

I suggest we meet up after the show.
Sugiero que nos veamos después del espectáculo.

Shall we just stay in and watch TV?
¿Y si nos quedamos en casa viendo la tele?

Can we meet soon?
¿Podemos vernos pronto?

Are you busy on Friday evening?
¿Estás ocupada el viernes por la noche?

Quedar por e-mail

Aunque es habitual organizar citas de negocios por e-mail y el estilo todavía sigue siendo algo formal, este medio nos permite expresarnos de manera más directa:

```
My name is David Thomas. I
am the Sales Rep for Mega
Wales and I will be in your
area next week. Could I
arrange to see you on
Friday morning at about 9
a.m.?
Let me know if this is not
convenient.
Yours,
```

```
Me llamo David Thomas. Soy
representante de ventas de
Mega Wales y estaré en su
zona la próxima semana.
¿Podría verlo el viernes por
la mañana alrededor de las
nueve? Dígame si lo considera
oportuno.
Atentamente,
```

En caso de que sea una cita entre amigos, el estilo es más informal aún:

Hi Jackie!
Long time no see! Shall we meet up for a coffee after college tomorrow? How about 5pm in the City Café? Hope you can make it.
Love Shona

¡Hola, Jackie!,
¡Cuánto tiempo! ¿Quieres que quedemos para tomar un café mañana después de clase? ¿Qué te parece a las 5 de la tarde en el City Café?
Espero que puedas venir.
Un abrazo,
Shona

Nótese el uso de las abreviaturas latinas 'a.m.' y 'p.m.' para expresar la hora antes del mediodía y después del mediodía ('ante meridian', 'post meridian').

Quedar por SMS

El envío de mensajes de texto (SMS, 'text message') también resulta muy útil para quedar. Muchas veces se abrevia el texto usando siglas o escribiendo algo según se pronuncia:

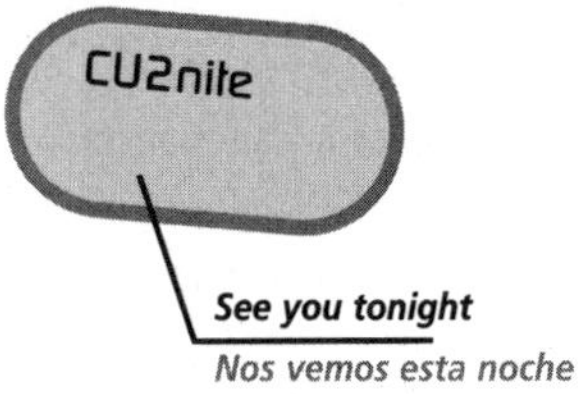
CU2nite
See you tonight
Nos vemos esta noche

Búsqueda de empleo

Cartas de presentación

Para solicitar un puesto de trabajo en prácticas, responder a una oferta de trabajo o presentarnos de manera espontánea en una empresa hay que tener en cuenta varios elementos fundamentales. A continuación, encontraremos algunas expresiones que nos orientarán en cada momento. En primer lugar, debemos precisar el puesto para el que nos presentamos:

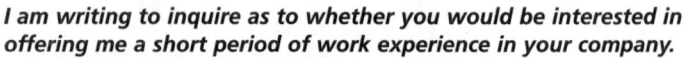

I am writing to inquire as to whether you would be interested in offering me a short period of work experience in your company.
Escribo para saber si estarían interesados en ofrecerme un trabajo en prácticas en su empresa durante un periodo de tiempo corto.

I would like to inquire as to whether there are any openings for junior sales administrators in your company.
Me gustaría saber si existe alguna vacante en su empresa para subdirectores de ventas.

I am writing to apply for the post of web designer.
Escribo para presentarme al puesto de diseñador de páginas web.

I would like to apply for the position of computer programmer, as advertised on your website.
Me gustaría presentarme al puesto de programador informático, que aparece anunciado en su página web.

I am writing to apply for the above post, as advertised in the 'Independent' of 4 August 2005.
Escribo en solicitud del puesto antes mencionado, anunciado en el periódico 'Independent' de fecha 4 de agosto de 2005.

A continuación se deben incluir algunos ejemplos de nuestra experiencia personal para demostrar que tenemos el perfil adecuado para el puesto:

I contributed to the development of our accounting software.
Colaboré en la creación de nuestros programas de contabilidad.

I co-ordinated the change-over from one operating system to another.
Coordiné el cambio de un sistema operativo al otro.

I developed new designs for a range of table linen.
Creé nuevos diseños para una línea de mantelerías.

I gained experience in several major aspects of marketing.
He adquirido experiencia en varios aspectos importantes de marketing.

I implemented a new system to monitor production.
Puse en marcha un nuevo sistema de control de producción.

I presented our new products at the annual sales fair.
Presenté nuestros nuevos productos en la exposición anual de ventas.

I have supervised a team of freelancers on several projects.
He sido supervisor de un equipo de trabajadores autónomos en diferentes proyectos.

Después podemos referirnos a nuestras cualidades personales:

I see myself as systematic and methodical in my approach to work.
Me considero una persona que trabaja de forma sistemática y metódica.

I am an impartial and tolerant person, with an ability to get on well with people from all walks of life.
Soy una persona imparcial y tolerante, con capacidad de llevarme bien con personas de diferentes estilos de vida.

I am hardworking and commercially minded, and able to stay calm under pressure.
Trabajo mucho y tengo espíritu comercial. También soy capaz de mantener la calma, bajo presión.

My last job required me to be sensitive and tactful, and I feel that my personality proved to be suited to this type of work.
Mi último trabajo me exigía sensibilidad y tacto, y creo que mi personalidad demostró ser adecuada a este tipo de trabajo.

Del mismo modo, explicaremos por qué nos interesa obtener el puesto:

I am keen to find a post with more responsibility where I can use my programming skills.
Tengo intención de encontrar un puesto de mayor responsabilidad en el que pueda aplicar mis conocimientos de programación.

I have been doing temporary work, and now wish to find a more permanent full-time position.
Llevo tiempo realizando trabajos temporales y ahora quisiera encontrar un puesto con mayor seguridad laboral y a tiempo completo.

I would now like to further my career.
Me gustaría darle un nuevo empuje a mi carrera.

Debemos mostrarnos motivados y disponibles para una entrevista:

I would be pleased to come for an interview at your convenience.
Estaría encantado de asistir a una entrevista cuando lo consideren oportuno.

I would be delighted to meet you to discuss the position further. I am available on Monday and Wednesday afternoons.
Estaría encantado de reunirme con ustedes para comentar más detalles sobre el puesto. Estoy disponible los lunes y miércoles por la tarde.

Please do not hesitate to contact me if you need more detailed information.
Por favor no duden en llamarme si necesitan más información.

Solicitar un trabajo en prácticas

Si buscamos un trabajo en prácticas, debemos concentrarnos en las cualidades requeridas para este tipo de trabajo y subrayar que creemos tener el perfil adecuado, a pesar de que no tengamos mucha experiencia laboral.

5 Lower King's Street
Cambridge
CA3 5BN

Ms F Osborne
Grandley's Merchant Bank
45-47 Monument Street
London
E1 6JZ

4 January 2005

Dear Ms Osborne

I am a student, currently in my second year of a Business Studies degree.

I am writing to inquire as to whether you have any openings for three months' work experience in your department during the period July to September this year.

Throughout my course of study, I have concentrated particularly on overseas markets, imports and exports, and business Spanish, and so I hope that while learning from your business activities, I may also be able to help out with some of the simpler tasks in the office.

I am reliable and punctual, and am looking forward to getting an insight into the world of work.

Please do not hesitate to contact me if you require any more information. I am available for interview on Wednesday and Friday afternoons. In the meantime, I look forward to hearing from you.

Yours sincerely

Jane Parkinson

4 de enero de 2005

Estimada Sra. Osborne:

En la actualidad estoy cursando el segundo año de licenciatura en Administración de Empresas.

Les escribo para saber si en su departamento cuentan con vacantes para unas prácticas de tres meses en el periodo de julio a septiembre de este año.

Durante mis estudios me he concentrado particularmente en mercados exteriores, importaciones y exportaciones, y en español comercial, así que espero que mientras aprendo de su actividad empresarial, pueda colaborar en alguna de las tareas más sencillas de la oficina.

Soy una persona responsable y puntual, y mi intención es conocer el mundo laboral desde dentro.

No dude en ponerse en contacto conmigo si necesita más información. Estoy disponible para una entrevista los miércoles y viernes por la tarde. Mientras tanto, quedo a la espera de sus noticias.

Atentamente,

Jane Parkinson

Presentarse de forma espontánea

Si no respondemos a una demanda de trabajo en concreto, sino que sólo nos presentamos a la empresa por si acaso surge alguna oportunidad, debemos tratar de obtener la máxima información sobre el puesto que nos podría interesar y preguntar si está disponible. Si ya tenemos un contacto con la empresa en cuestión, podemos mencionarlo en nuestra carta y adjuntar nuestro currículum.

18 Sheriff's Brae
Glasgow
GL8 2MS

Mr D Thomson
Personnel Manager
Fraser's Department Store
20-24 Prince's Gardens
Glasgow
GL1 3RD

4 July 2004

Subject: Management traineeship

Dear Mr Thomson,

Thank you very much for taking the time last Wednesday to speak to me about the possibility of a training position with your company.

Your advice has strongly encouraged me to pursue a career in this field, and your company's core activities closely match my own interests. I would therefore like to apply for a Trainee Manager placement. Please find attached a CV which highlights my professional experience and those qualities which I feel make me suited to this position.

I have a strong interest in and knowledge of staff management, and have gained extensive experience in handling heavy workloads and meeting deadlines. I pride myself on being well-organised and a self-starter, and have excellent communication skills. I am extremely motivated to develop my career with Fraser's department stores, and so would very much appreciate the opportunity to discuss further my suitability for a traineeship.

Please feel free to contact me, either by email: fobrien@quickserve.com, or by leaving a message on 01625 456123.

I look forward to speaking to you soon.

Yours sincerely,

Ms Fiona O'Brien

Asunto: Puesto de gerente en prácticas

Estimado Sr. Thomson:

Muchas gracias por el tiempo que me dedicó el pasado miércoles para hablar de la posibilidad de un puesto en prácticas en su empresa.

Sus consejos me han animado mucho a emprender una trayectoria profesional en este campo, y las actividades principales a las que se dedica su empresa coinciden con mis propios intereses. Por ello me gustaría presentarme como candidato para un puesto de gerente en prácticas. Adjunto le envío mi currículum, en el que se subraya la información más destacada en relación con mi experiencia profesional, así como las cualidades que considero me hacen adecuada para este puesto.

Tengo un gran interés en la gestión de personal y tengo bastante conocimiento del mismo. También he adquirido suficiente experiencia para hacer frente a grandes cantidades de trabajo y cumplir los plazos establecidos.

Puedo afirmar que soy una persona organizada y autosuficiente y cuento con excelentes aptitudes de comunicación. Por otro lado, sería para mí una gran satisfacción poder desarrollar mi carrera en los grandes almacenes Fraser's, de manera que estaría muy agradecida de tener la oportunidad de hablar con más detenimiento sobre la adecuación de mi perfil profesional al puesto en prácticas.

No dude en ponerse en contacto conmigo, por correo electrónico (fobrien@quickserve.com), o dejando un mensaje en el contestador del 01625 456123.

Con la confianza de que pronto pueda hablar con usted, me despido muy atentamente,

Fiona O'Brien

Responder a una oferta de trabajo

Si respondemos a un anuncio específico, debemos indicar dónde lo hemos visto, así como el puesto que nos interesa: **I am responding to your advertisement for a graphic designer, which appeared in the 'Guardian' on 22 October, 2005** *En respuesta a su anuncio aparecido en el 'Guardian' del 22 de octubre de 2005, quisiera manifestarle mi interés por el puesto de diseñador gráfico.*

He aquí un modelo de respuesta a una oferta:

Subject: application for post of desktop publishing manager

Dear Mrs Williams

I am writing in response to your advertisement in the January edition of "Publishing News", and am enclosing my CV for your review.
I have gained valuable experience in book design using various types of publishing software, and have written technical specifications and supervised page design and layout for both dictionary text and illustrated books. In my current position at Isis Press, I have initiated monitoring systems that enable pre-press controllers to work more easily with authors and other editors.
I am currently attending an evening class on the use of QuarkXPress for the advanced user, and am now looking for a post which would give me an opportunity to use my new skills. I look forward to having the opportunity to discuss the position further with you. I shall be in London for a week at the end of January, and would be available for interview any time between the 24th and the 31st.
Yours sincerely
Katie Mitchell

Asunto: Solicitud del puesto de director de autoedición

Estimada Sra. Williams:

Les escribo en respuesta a su anuncio aparecido en el ejemplar de enero de "Publishing News" y les adjunto mi currículum para su consideración.
Tengo bastante experiencia en el área del diseño de libros y he utilizado varios programas de software de edición. También he escrito especificaciones técnicas y he sido supervisora del diseño y la maquetación, tanto para diccionarios como para libros ilustrados. En mi actual trabajo en Isis Press, he puesto en marcha unos sistemas de control que permiten a los encargados de preimpresión trabajar con más facilidad con autores y con otros editores. En la actualidad estoy asistiendo a un curso avanzado de QuarkXPress y busco un puesto que me dé la oportunidad de poner en práctica mis nuevos conocimientos. Confío en tener la oportunidad de hablar más detenidamente de este puesto con usted. Estaré en Londres durante una semana a finales de enero y podría asistir a una entrevista en cualquier momento entre los días 24 y 31. Muy atentamente,
Katie Mitchell

Modelo de currículum

Name:	Michael Everett
Job objective:	Webmaster
Term Address:	138 Trinity Crescent, Langholm, Nottinghamshire N13 6JN
Telephone:	01378 456978
Home Address:	76 Sycamore Drive, Smallfield, Sussex RH9 4CD
Telephone:	01452 587234
Email address:	meverett@whincop.com
Date of Birth:	11.6.80
Nationality:	British

EDUCATION AND QUALIFICATIONS

2002:	BSc in Computer Studies Final year project: development of a program for tracking accessibility of websites
1996-1998	A-levels: English, Maths, Computer Studies, French
1994-1996	GCSEs: English, Maths, Geography, History, Science, Computer Studies, Art and Design

EXPERIENCE

2001-2002	Worked part-time as a cybercafé assistant
2000	Participated in the organisation of a conference on the future of office technology
1999	Completed a period of work experience at Compunet, Nottingham

OTHER SKILLS

In-depth knowledge of various operating systems:
Windows 2000, Windows NT, Linux, Mac OS

LANGUAGES

French: fluent
German: spoken
Spanish: basic knowledge

OTHER INFORMATION

Full clean driving licence
References available on request

Nombre:	Michael Everett
Trabajo deseado:	Programador multimedia
Dirección:	138 Trinity Crescent Langholm Nottinghamshire N13 6JN
Teléfono:	01378 456978
Domicilio:	76 Sycamore Drive Smallfield Sussex RH9 4CD
Teléfono:	01452 587234
Correo electrónico:	meverett@whincop.com
Fecha de nacimiento:	11 de junio de 1980
Nacionalidad:	Británica

FORMACIÓN ACADÉMICA

2002:	BSc en Informática Proyecto final: desarrollo de un programa para rastrear el acceso a sitios web
1996-1998	A-levels: Inglés, Matemáticas, Informática, Francés
1994-1996	GCSEs: Inglés, Matemáticas, Geografía, Historia, Ciencias, Informática, Artes gráficas

EXPERIENCIA PROFESIONAL

2001-2002	Empleado a tiempo parcial como ayudante en un cibercafé
2000	Colaborador en la organización de una conferencia sobre el futuro de la informática en la empresa
1999	Período de prácticas en Compunet, Nottingham

OTROS CONOCIMIENTOS

Conocimiento avanzado de varios sistemas operativos: Windows 2000, Windows NT, Linux, Mac OS

IDIOMAS

Francés: excelente
Alemán: expresión oral
Español: conocimientos básicos

INFORMACIÓN ADICIONAL

Carnet de conducir
Referencias disponibles

Pedir una referencia

Es recomendable incluir en la carta de presentación los nombres y direcciones de dos personas que puedan proporcionar referencias sobre tus habilidades y/o rendimiento en puestos anteriores.

Obten siempre el permiso de estas personas antes de proporcionar sus nombres en tu solicitud.

Alberto de Benito
C/ Juana de Vega, 8
15003 A Coruña

Dr Mary Cameron
Macpherson's Frozen Foods
24 LOWPORT STREET
BANFF
AB45 1AG

Dear Dr Cameron,

21 February 2005

I am writing to you to ask if I could give your name as a referee in future job applications. My degree course ends in June and I am currently preparing to submit applications to a number of companies. As you were my immediate superior during my three-month placement with the company, it would be very helpful for me if you would be willing to provide a reference to potential employers.

I hope it will be possible to use your name as a referee, as several of the companies I am interested in are outside Spain. It would therefore be particularly useful to have a referee who could provide information on how I coped with the demands of working in a foreign country, and in a second language. However, do let me know if this would in any way be inconvenient. Thanking you in advance, and with fond memories of my time in Scotland!

Yours sincerely,

Alberto de Benito
C/ Juana de Vega, 8
15003 A Coruña

Dr Mary Cameron
Macpherson's Frozen Foods
24 LOWPORT STREET
BANFF
AB45 1AG

21 February 2005

Estimada Dra. Cameron,

Le escribo para preguntarle si podría incluir su nombre en mis solicitudes de trabajo para posibles referencias.

Acabaré mis estudios en junio y actualmente estoy preparando solicitudes para enviar a una serie de compañías. Dado que usted fue mi superior directo durante los tres meses de prácticas que realicé en su compañía, sería muy útil para mí si estuviese dispuesto a proporcionar referencias ante alguna posibilidad de empleo.

Espero que sea posible dar su nombre en mis solicitudes, ya que varias de las compañías que me interesan están fuera de España. Por ello, sería especialmente útil tener referencias de alguien que pudiese proporcionar información sobre cómo hice frente a las dificultades de trabajar en otro país y con un idioma extranjero. No obstante, no dude en indicarme si esto pudiera causarle cualquier tipo de inconveniente.

Guardo un recuerdo entrañable de mi estancia en Escocia.

Agradeciéndole de antemano, le saluda atentamente,

Redactar un anuncio

Un anuncio para un periódico o revista debe redactarse de la forma más breve posible, por lo que podemos omitir artículos, preposiciones y algunas formas verbales, y se suele redactar en tercera persona. No hay que olvidar incluir un número de teléfono de contacto:

Experienced, mature babysitter seeks 4-5 hours' work per week.
Niñera madura con experiencia busca trabajo de 4-5 horas a la semana.

Cleaner required light housework two days a week. Good rates offered.
Se busca trabajadora doméstica para labores menores dos días a la semana. Buen salario.

Maths undergraduate offers help with revision. Friendly approach. £12/hour.
Estudiante de matemáticas ofrece clases de apoyo. Buen ambiente de aprendizaje. £12/hora.

Spanish student studying for MA in Edinburgh offers private Spanish tuition. Competitive rates. Grammar and spoken language covered. Preparation for exams. Phone Daniel on 0131 488 6798.
Estudiante universitario español en Edimburgo ofrece clases particulares de español. Precios asequibles. Gramática y expresión oral, preparación para exámenes. Llamar a Daniel al 0131 488 6798.

Si se está buscando u ofreciendo alojamiento y se quiere poner un anuncio, es recomendable indicar la zona en la que se busca, así como todos los detalles que puedan ser de interés, como el precio a pagar y el número de teléfono de contacto, o si buscamos compartir con algún tipo concreto de persona, o que sea no fumador, etc.

To let
Room in friendly shared house in Marchmont.
Central heating, access to shared kitchen and living area.
Rent £250 per calendar month.
Call 992 6755
Non-smokers only

Se alquila
Habitación en casa compartida en Marchmont.
Ambiente agradable.
Calefacción central, cocina y sala de estar compartidas.
Alquiler: 250 libras/mes.
992 6755
Sólo para no fumadores

For rent
Beautiful family house set in breathtaking Cotswold countryside.
Four bedrooms, two reception rooms, two bathrooms, farmhouse kitchen, utility room.
Large garden.
£850 per month
Fenwick Lettings 01867 78956

Se alquila
Preciosa casa de campo familiar, situada en la impresionante zona de Cotswold
Cuatro dormitorios, dos salones, dos baños, cocina rustica, lavadero.
Amplio jardín.
850 libras/mes.
Inmobiliaria Fenwick 01867 78956

El teléfono

Responder al teléfono

Hello, 934216394
¿Diga?

Mary Stephens? — Speaking (Br)
This is he/she (US)
¿Mary Stephens? — Soy yo

Pasar una llamada

I'll just get him/her for you
En un momento le paso con él/ella.

Can I ask/say who's calling?
¿Me podría decir su nombre?

Who's calling, please?
Perdone, ¿con quién hablo?

Just one moment. I'll put you through.
Un momento, por favor. En seguida le paso.

Hang/Hold on. I'll try to connect you.
No cuelgue. Intentaré pasarle la llamada.

Si no es posible pasar la llamada

I'm sorry. She's not here today. Can I take a message? / Would you like to leave a message?
Lo siento, pero hoy no se encuentra aquí. ¿Quiere dejar un mensaje?

I'm afraid he's not at his desk at the moment. Can I get him to call you back?
En estos momentos no se encuentra en su despacho. ¿Quiere que le diga que le llame?

I'm afraid she's on another call. Would you like to hold?
Lo siento, pero en este momento está al teléfono. ¿Puede mantenerse a la espera?

Dejar un mensaje

Can I leave a message?
¿Puedo dejarle un mensaje?

Could you give him a message?
¿Le podrías dar un mensaje?

Would you ask her to call me? She has my number.
¿Le puede decir que me llame? Tiene mi número.

Could you tell her I called?
¿Le puede decir que he llamado?

Would you ask her to call me on 557846?
¿Le puede decir que me llame al 557846?

En caso de interferencias durante la llamada

Puede suceder que haya interferencias en la línea o que no se entienda bien al interlocutor. Se pueden usar las frases siguientes:

I'm sorry, I didn't catch that. This is a really bad line.
Lo siento, no le entiendo. Hay problemas con la línea.

Could you say that again?
¿Puedes repetir eso, por favor?

Could you spell that for me?
¿Me podrías deletrear eso?

Was that 'M' for 'Mark' and 'N' for 'Nigel'?
¿Ha dicho M de Mark y N de Nigel?

I'm sorry. Could you repeat the first part of the number again, please?
Lo siento. ¿Puede repetir la primera parte del número otra vez, por favor?

Si el número está equivocado

Al llamar:

I'm sorry. Wrong number.
Lo siento. Me he equivocado de número.

Sorry. I've got the wrong number.
Lo siento. Tengo un número equivocado.

I'm terribly sorry. I think I must have the wrong number.
Lo siento. Creo que debo de tener un número equivocado.

Al responder:

I'm sorry. I think you must have the wrong number.
Lo siento. Creo que tiene el número equivocado.

Are you sure you've got the right number? There's no one here by that name.
¿Seguro que tiene el número correcto? Aquí no hay nadie con ese nombre.

Acabar la llamada

Thanks for calling.
Gracias por su llamada.

Speak to you soon.
Nos hablamos pronto.

I have to go. Someone's trying to get through on the other line.
Tengo que colgar. Hay alguien intentando comunicar por la otra línea.

Can I call you back? Someone's at the door.
¿Te puedo llamar más tarde? Están llamando a la puerta.

El teléfono móvil

Existen algunas frases que se usan mucho más al hablar por el móvil que por el fijo.

I'm on my mobile.
Llamo desde el móvil.

I'm sorry. You're breaking up.
Lo siento. Te estás quedando sin señal.

I'm sorry, the reception is really bad.
Lo siento, la señal es muy mala.

If we get cut off, I'll call you back.
Si se corta te vuelvo a llamar.

Can you text me the number?
¿Me puedes mandar el número en un mensaje?

I called her three times, but I keep getting her voicemail.
La he llamado tres veces, pero siempre me sale el buzón de voz.

El contestador automático

Al hacer una llamada, en muchas ocasiones nos saldrá un contestador automático, con mensajes como estos:

Hello. This is 483397. I'm afraid there's no one here to take your call right now but please leave your name and number and we'll get back to you as soon as possible. Thanks for calling.
Hola. Has llamado al 483397. En estos momentos no hay nadie en casa para atender la llamada. Por favor, deja tu nombre y número de teléfono y te llamaremos en cuanto podamos. Gracias por llamar.

This is the mobile messaging service of Indigo. Richard Stubbs is not available to take your call at the moment. Please try later or leave a message after the tone.
Éste es el servicio de buzón de voz de Indigo. En este momento Richard Stubbs no puede atender a su llamada. Por favor llame más tarde o deje un mensaje después de la señal.

Como respuesta, podemos dejar un mensaje grabado:

Hallo. This is Andrew Taylor calling. It's 9.30 on Monday morning. I'll ring back later.
Hola. Soy Andrew Taylor. Son las nueve y media de la mañana del lunes. Llamaré más tarde.

Hello. This is a message for Patrick Blanco. Could you call Claire Stevenson on 476998? Thank you.
Hola. Este mensaje es para Patrick Blanco. ¿Puedes llamar a Claire Stevenson al 476998? Gracias.

I'd like to make an appointment to see the dentist. It's Penny Worth speaking. My number is 0198 446579.
Quisiera pedir hora con el dentista. Soy Penny Worth. Mi número de teléfono es el 0198 446579.

Jade, it's Alison here. I need to speak to you urgently. In case you haven't got my mobile number, it's 08702 192561.
Jade, soy Alison. Tengo que hablar contigo urgentemente. Por si no tienes mi número de móvil, es el 08702 192561.

Cuando se da un número de teléfono en inglés, se pronuncia cada cifra por separado. Si la misma cifra se repite dos o tres veces, se emplea la palabra *double* o *triple*. Por ejemplo, 977240369 se dirá: *nine, double seven, two, four, oh, three, six, nine*, y 01237 4667888 se leerá: *oh, one, two, three, seven. Four, double six, seven, triple eight*.

El correo electrónico o e-mail

Un lenguaje escrito espontáneo

Con excepción de los saludos, en el correo electrónico nos expresamos de forma muy parecida a cuando hablamos:

Dear Hayley,
It was lovely to see you at Simon's party. I hope you had a good trip back to Edinburgh. I thought of you when I heard that flights were delayed because of bad weather.
Look forward to seeing you again soon.
Love Helen

Hola Hayley:
Fue estupendo verte en la fiesta de Simon. Espero que hayas tenido un buen viaje de vuelta a Edimburgo. Me acordé de ti cuando oí que se habían retrasado los vuelos por culpa del mal tiempo. Espero verte pronto otra vez. Un fuerte abrazo,
Helen

Hi Barry,
Good to hear from you after all this time. Sorry the football match was such a disaster. No wonder, in that weather!
Any chance of seeing you Easter weekend? Could catch up with news.
Love
June

Hola Barry:
¡Qué bien tener noticias tuyas por fin! ¡Qué pena que el partido de fútbol fuera un desastre!. Aunque no es de extrañar, con el tiempo que hacía.
¿Hay alguna posibilidad de que nos veamos en Semana Santa? Deberíamos mantenernos al día ¿no?
Besos,
June

El encabezamiento

El encabezamiento de un e-mail se compone de una serie de secciones. En primer lugar, **To** (Para) debe contener la dirección electrónica del destinatario; las secciones **Cc** ('courtesy copy') y **Bcc** ('blind courtesy copy') sirven para enviar copias del e-mail. Bcc está reservado para copias en las cuales no queremos que aparezca el nombre del destinatario. La sección **Subject** está destinada al asunto de nuestro mensaje.

Fórmulas de saludo

No son indispensables, aunque las siguientes suelen ser las más habituales:

Hi Jenny
Hola Jenny:

Jenny,
Jenny:

Hi there,
Hola:

Si el estilo es más formal, se recomienda utilizar **Dear** (seguido por un nombre):

Dear Jenny,
Querida Jenny:

Para finalizar un e-mail informal se puede usar:

See you soon,
Hasta pronto,

Take care,
Un abrazo,

Love,
Besos,

Lots of love,
Muchos besos,

Las formulas **Take care** y **See you soon** tienen un uso muy parecido, aunque **Take care** tiene un tono más afectuoso.

En un e-mail más formal, puede decirse (de menos a más formal):

All the best,
Saludos cordiales,

Best wishes,
Cordialmente,

Kind regards,
Atentamente,

Abreviaturas empleadas en el correo electrónico

En los e-mails se recurre con frecuencia al uso de las abreviaturas y contracciones. A continuación aparecen algunas de las que se pueden encontrar con más frecuencia:

AFAIK (as far as I know)
En lo que a mí respecta

B4 (before)
Antes de

BTW (by the way)
A propósito

Cld (could)
Poder (uso condicional)

FAQ (frequently asked questions)
Preguntas más frecuentes

FYI (for your information)
Para su información

GR8 (great)
Estupendo

HTH (hope this helps)
Espero que esto sirva de ayuda

IMHO (in my humble opinion)
En mi modesta opinión

Msg (message)
Mensaje

Prhps (perhaps)
Quizás

TNX (thanks)
Gracias

WRT (with regard to)
En lo que se refiere a

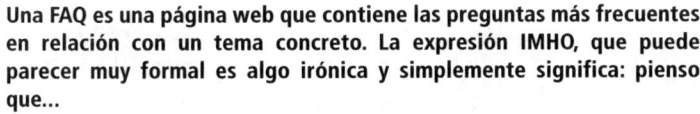

Una FAQ es una página web que contiene las preguntas más frecuentes en relación con un tema concreto. La expresión IMHO, que puede parecer muy formal es algo irónica y simplemente significa: pienso que...

El mensaje de texto o SMS

La clave principal para escribir un mensaje de texto es la concisión.

La mayor parte de las abreviaturas utilizadas para el correo electrónico también sirven para acortar los mensajes de texto. Muchas veces se trata de pronunciar las letras por separado, con lo que se obtiene un sonido similar a la palabra que queremos escribir; otras veces se escriben sólo las iniciales de las palabras que componen la frase o simplemente se eliminan las vocales:

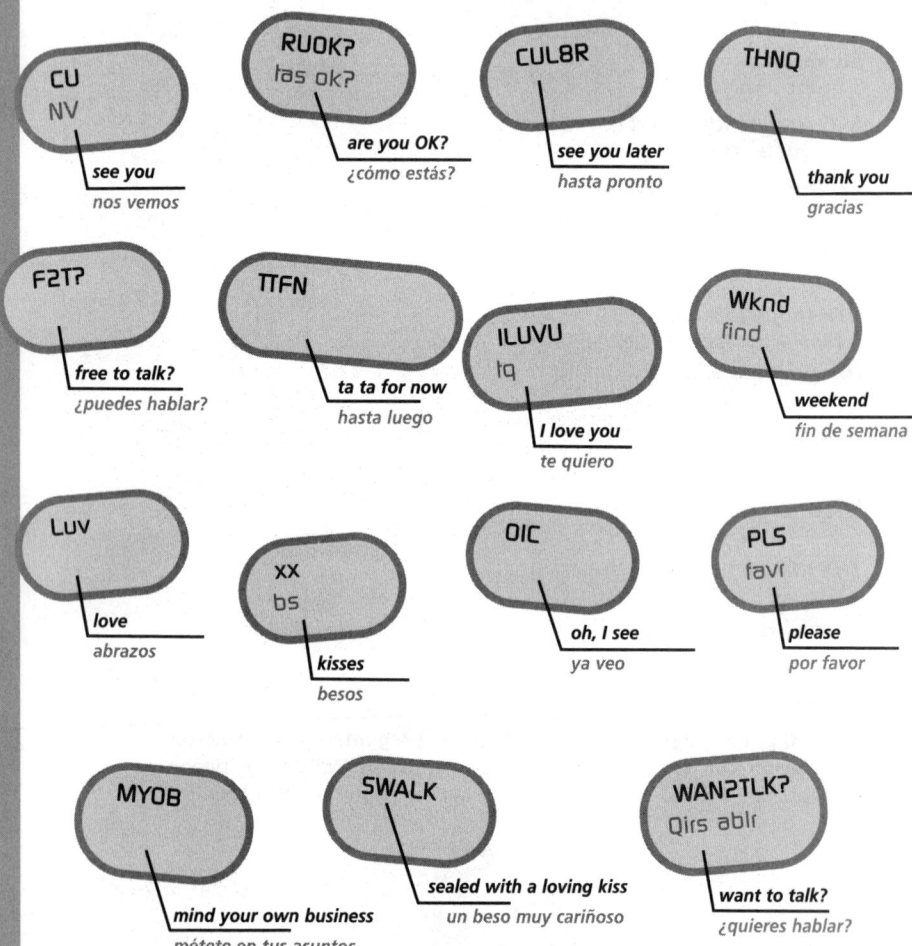

CU	NV	***see you***	*nos vemos*
RUOK?	tas ok?	***are you OK?***	*¿cómo estás?*
CUL8R		***see you later***	*hasta pronto*
THNQ		***thank you***	*gracias*
F2T?		***free to talk?***	*¿puedes hablar?*
TTFN		***ta ta for now***	*hasta luego*
ILUVU	tq	***I love you***	*te quiero*
Wknd	find	***weekend***	*fin de semana*
Luv		***love***	*abrazos*
xx	bs	***kisses***	*besos*
OIC		***oh, I see***	*ya veo*
PLS	favr	***please***	*por favor*
MYOB		***mind your own business***	*métete en tus asuntos*
SWALK		***sealed with a loving kiss***	*un beso muy cariñoso*
WAN2TLK?	Qirs ablr	***want to talk?***	*¿quieres hablar?*

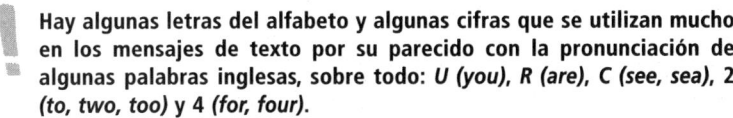

Hay algunas letras del alfabeto y algunas cifras que se utilizan mucho en los mensajes de texto por su parecido con la pronunciación de algunas palabras inglesas, sobre todo: *U (you)*, *R (are)*, *C (see, sea)*, 2 *(to, two, too)* y 4 *(for, four)*.

Todo lo anterior nos puede servir para fijar una cita con alguien:

Hi Dad great about job, XXX Ann
Hola papá buenas noticias sobre trabajo, besos Ann

Guess what? I passed. Luv Jo
Adivina. Aprobé. Besos Jo

CU 2nite. Jim's 7ish. Ang
Nos vemos esta noche donde Jim a las 7. Ang

CU 2mrw 11am. Outside pool. Roy
Te veo a las 11 am fuera de la piscina. Roy

Must CU. When? Jake
Tengo que verte. ¿Cuándo? Jake

Mon eve OK? XXX Al
Lunes por la tarde ¿ok? Besos Al

Además de las fórmulas que se han visto, también se usan numerosas abreviaturas, como para los días de la semana, por ejemplo: *Mon, Tues, Wed, Thur, Fri, Sat* y *Sun* o la expresión *asap*, es decir *as soon as possible*, que se traduce en español como 'cuanto antes'. Al final de un mensaje se puede escribir *Luv* para *Love*, o *XXX* para *Kisses*, que significa 'Te mando un abrazo/Besos'.

English-Spanish

Inglés-Español

a

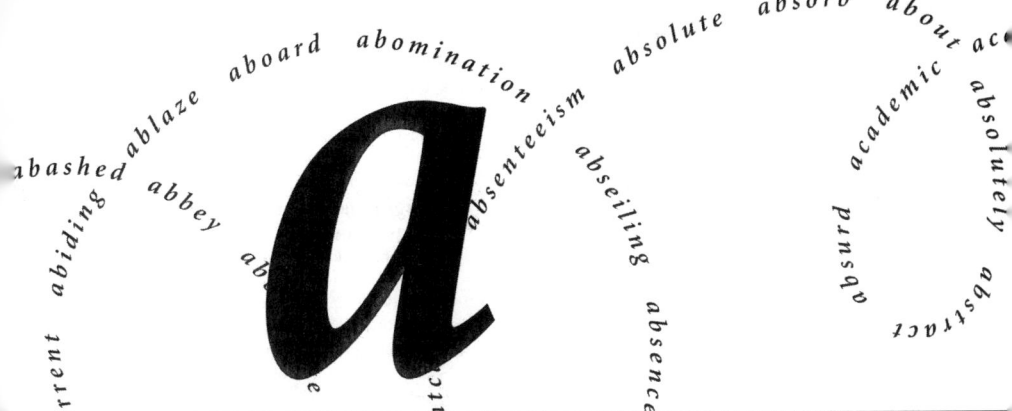

A, a [eɪ] n **1.** [letter] A, a *f* ▸ **to get from A to B** ir de un lugar a otro ▸ **from A–Z** de principio a fin ▸ **A bomb** bomba *f* atómica ▸ *BR* SCH **A level** = *examen final o diploma en una asignatura de los estudios preuniversitarios* ▸ *BR* **A road** ≃ carretera *f* nacional *or* general ▸ **A side** [of record] cara *f* A, primera cara *f* ▸ **A–Z** [street guide] *ESP* callejero *m*, *AM* guía *f* de la ciudad ▸ **an A-Z of gardening** una guía completa de jardinería **2.** SCH [grade] sobresaliente *m* ▸ **to get an A** [in exam, essay] sacar un sobresaliente **3.** MUS la *m*

CULTURE / CULTURA

A levels

Exámenes de acceso a la universidad en el Reino Unido. Se caracterizan por un alto grado de especialización ya que no se hacen en más de dos o tres asignaturas (excepcionalmente cuatro). Asimismo, las notas son decisivas a la hora de acceder al centro donde se desea cursar estudios.

a [ə, stressed eɪ] indefinite art

Antes de vocal o "h" muda se usa **an** [ən, *stressed* æn].

1. [in general] un, una ▸ **a man** un hombre ▸ **a woman** una mujer ▸ **an hour** una hora ▸ **he has a red nose** tiene la nariz roja ▸ **I haven't got a car** no tengo coche ▸ **he is an Englishman/a father/a barrister** es inglés/padre/abogado **2.** [expressing prices, rates] **30 pence a kilo** 30 peniques el kilo ▸ **three times a week/ a year** tres veces a la semana/al año ▸ **50 kilometres an hour** 50 kilómetros por hora **3.** [a certain] **a Mr Watkins phoned** llamó un tal Sr. Watkins

AA [eɪ'eɪ] n **1.** (abbr ***Automobile Association***) = *asociación automovilística británica* **2.** (abbr ***Alcoholics Anonymous***) AA, alcohólicos *mpl* anónimos

AAA [eɪeɪ'eɪ] n *US* (abbr ***American Automobile Association***) = *asociación automovilística estadounidense*

aardvark ['ɑːdvɑːk] n cerdo *m* hormiguero

AB [eɪ'biː] n *US* UNIV (abbr ***artium baccalaureus***) [qualification] = *licenciatura en letras* / [person] = *licenciado en letras*

aback [ə'bæk] adv **to be taken ~ (by)** quedarse desconcertado(a) (por)

abacus ['æbəkəs] (pl **abaci** ['æbəsaɪ] or **abacuses** ['æbəkəsɪz]) n ábaco *m*

abandon [ə'bændən] ■ n **with reckless ~** como loco(a)

■ vt [give up, leave] abandonar / [match] suspender ▸ **to ~ ship** abandonar el barco

abandonment [ə'bændənmənt] n [of idea, project] abandono *m*

abase [ə'beɪs] vt **to ~ oneself** humillarse, degradarse

abashed [ə'bæʃt] adj **to be ~** estar avergonzado(a) *or* abochornado(a) *or AM salvo RP* apenado(a)

abate [ə'beɪt] vi [storm, wind] amainar / [pain] remitir / [noise] disminuir

abatement [ə'beɪtmənt] n *Formal* [of storm] amaine *m* / [of pain] remisión *f* / [of noise] disminución *f*

abattoir ['æbətwɑː(r)] n matadero *m*

abbess ['æbes] n abadesa *f*

abbey ['æbɪ] n abadía *f*

abbot ['æbət] n abad *m*

abbreviate [ə'briːvɪeɪt] vt abreviar

abbreviation [əbriːvɪ'eɪʃən] n abreviatura *f*

ABC [eɪbiː'siː] n **1.** [alphabet] abecedario *m* ▸ **an ~ of gardening** una guía básica de jardinería **2.** (abbr ***American Broadcasting Corporation***) cadena *f* ABC *(de radio y televisión estadounidense)* **3.** (abbr ***Australian Broadcasting Corporation***) = *radiotelevisión pública australiana*

abdicate ['æbdɪkeɪt] ■ vt [throne] abdicar / [responsibility] desatender, abandonar

■ vi [monarch] abdicar

abdication [æbdɪ'keɪʃən] n [of throne] abdicación *f* / [of responsibilities] descuido *m*, abandono *m*

abdomen ['æbdəmən] n ANAT & ZOOL abdomen *m*

abdominal [əb'dɒmɪnəl] adj ANAT abdominal

abduct [əb'dʌkt] vt raptar, secuestrar

abduction [əb'dʌkʃən] n rapto *m,* secuestro *m*

abductor [əb'dʌktə(r)] n [of person] secuestrador(ora) *m,f,* raptor(ora) *m,f*

aberration [æbə'reɪʃən] n anomalía *f,* aberración *f* ▸ **mental ~** desvarío *m*, despiste *m*

abet [ə'bet] (pt & pp **abetted**) vt LAW **to aid and ~ sb** ser cómplice de alguien

abetting [ə'betɪŋ] n LAW **to be accused of aiding and ~ sb** ser acusado(a) de complicidad con alguien

abeyance [ə'beɪəns] n **to fall into ~** [law, custom] caer en desuso

abhor [əb'hɔ:(r)] (pt & pp **abhorred**) vt aborrecer

abhorrence [əb'hɒrəns] n aversión *f* (**of** hacia *or* por), aborrecimiento *m* (**of** hacia *or* por)

abhorrent [əb'hɒrənt] adj aborrecible, repugnante ▸ **it is ~ to me** me resulta repugnante

abide [ə'baɪd] vt [tolerate] soportar ▸ **I can't ~ him** no lo soporto

◆ ***abide by*** vt insep [promise] cumplir / [rule, decision] acatar, atenerse a

abiding [ə'baɪdɪŋ] adj [interest, impression] duradero(a) ▸ **my ~ memory of Spain is...** mi recuerdo más destacado de España es...

ability [ə'bɪlɪtɪ] n **1.** [talent, skill] aptitud *f,* habilidad *f* ▸ **he did it to the best of his ~** lo hizo lo mejor que supo **2.** [capability] capacidad *f* ▸ **we now have the ~ to record all calls** ahora podemos grabar todas las llamadas

abject ['æbdʒekt] adj [very bad] deplorable ▸ **to look ~** [unhappy] tener un aspecto lamentable ▸ **an ~ apology** una disculpa degradante ▸ **~ poverty** pobreza *f* extrema

ablaze [ə'bleɪz] adj **to be ~** estar ardiendo *or* en llamas ▸ **to set sth ~** prender fuego a algo ▸ *Fig* **her eyes were ~ with passion** sus ojos ardían de pasión

able ['eɪbəl] adj **1. to be ~ to do sth** [have the capability] ser capaz de hacer algo, poder hacer algo / [manage] conseguir *or* poder hacer algo ▸ **I was ~ to speak to him myself** conseguí *or* pude hablar con él ▸ **she was ~ to see exactly what was happening** pudo ver exactamente lo que estaba sucediendo **2.** [competent] [person] capaz / [piece of work, performance] logrado(a), conseguido(a)

able-bodied ['eɪbəl'bɒdɪd] adj sano(a) ▸ NAUT **~ seaman** marinero *m* de primera

abnormal [æb'nɔ:məl] adj anormal, anómalo(a)

abnormality [æbnɔ:'mælɪtɪ] n anormalidad *f,* anomalía *f*

aboard [ə'bɔ:d] ■ adv a bordo ▸ **to go ~** subir a bordo
■ prep [ship, aeroplane] a bordo de / [bus, train] en ▸ **~ ship** a bordo (del barco)

abode [ə'bəʊd] n *Literary* morada *f* ▸ LAW **of no fixed ~** sin domicilio fijo ▸ LAW **right of ~** derecho *m* de residencia

abolish [ə'bɒlɪʃ] vt [law, custom] abolir

abolition [æbə'lɪʃən] n [of law, custom] abolición *f*

abominable [ə'bɒmɪnəbəl] adj espantoso(a), abominable ▸ **the ~ snowman** el abominable hombre de las nieves

abomination [əbɒmɪ'neɪʃən] n [thing, action] abominación *f,* horror *m* / [disgust] repugnancia *f,* aversión *f*

aboriginal [æbə'rɪdʒənəl] ■ adj **1.** [inhabitant] aborigen, indígena **2.** [in Australia] aborigen
■ n ➤ ***Aborigine***

Aborigine [æbə'rɪdʒɪnɪ] n aborigen *mf (de Australia)*

abort [ə'bɔ:t] ■ vt **1.** MED **the foetus was aborted in the 14th week of pregnancy** se provocó un aborto en la 14ª semana de embarazo **2.** [project] interrumpir, suspender / COMPTR cancelar
■ vi abortar

abortion [ə'bɔ:ʃən] n aborto *m (provocado)* ▸ **to have an ~** abortar, tener un aborto

abortive [ə'bɔ:tɪv] adj [attempt, plan] fallido(a), malogrado(a)

abound [ə'baʊnd] vi abundar (**in** *or* **with** en)

about [ə'baʊt] ■ prep **1.** [regarding] sobre, acerca de ▸ **a book ~ France** un libro sobre Francia ▸ **the good/bad thing ~...** lo bueno/malo de... ▸ **to talk/argue ~ sth** hablar/discutir de *or* sobre algo ▸ **we must do something ~ this problem** tenemos que hacer algo con este problema *or* para solucionar este problema **2.** [in various parts of] por ▸ **to walk ~ the town** caminar por la ciudad
■ adv **1.** [in different directions, places] **to run ~** correr de aquí para allá ▸ **to walk ~** caminar *or* pasear por ahí ▸ **there were books lying all ~** había libros por todas partes **2.** [in the general area] **is Jack ~?** ¿está Jack por ahí? ▸ **there was nobody ~** no había nadie (por allí) **3.** [approximately] más o menos ▸ **~ thirty** unos treinta ▸ **at ~ one o'clock** alrededor de la una, a eso de la una ▸ **~ a week** una semana más o menos ▸ **she's ~ as tall as you** es más o menos como tú de alta ▸ **I've just ~ finished** estoy a punto de acabar ▸ **that's ~ enough** con eso basta ▸ **~ time!** ¡ya era hora! **4.** [on the point of] **to be ~ to do sth** estar a punto de hacer algo ▸ **I'm not ~ to...** [have no intention of] no tengo la más mínima intención de...

about-face [ə'baʊt'feɪs], *BR* ***about-turn*** [ə'baʊt-'tɜ:n] n [radical change] giro *m* radical *or* de 180 grados

above [ə'bʌv] ■ prep **1.** [physically] por encima de ▸ **~ sea level** sobre el nivel del mar ▸ **the Ebro ~ Zaragoza** el Ebro, antes de llegar a Zaragoza **2.** [with numbers] **~ twenty** por encima de veinte ▸ **~ $100** más de 100 dólares ▸ **the temperature didn't rise ~ 10°C** la temperatura no pasó de *or* superó los 10 grados **3.** [in importance, rank] **~ all** por encima de todo, sobre todo ▸ **he is ~ me** está por encima de mí **4.** [not subject to] **to be ~ suspicion** estar libre de sospecha ▸ **she thinks she's ~ criticism** cree que está por encima de las críticas **5.** [superior to] **he thinks he's ~ all that** cree que hacer eso sería humillarse ▸ **he's not ~ telling the occasional lie** incluso él miente de vez en cuando ▸ **to get ~ oneself** darse muchos humos
■ adv **1.** [in general] **the tenants (of the flat) ~** los inquilinos de arriba ▸ **to have a view from ~** ver desde arriba ▸ **imposed from ~** impuesto(a) desde arriba **2.** [in book, document] **the paragraph ~** el párrafo anterior ▸ **as noted ~,...** como se dice más arriba,... **3.** [with numbers] **women aged eighteen and ~** las

mujeres a partir de los dieciocho años

above-board [əˈbʌvbɔːd] adj [honest] honrado(a), sincero(a)

above-mentioned [əbʌvˈmenʃənd], ***above-named*** [əbʌvˈneɪmd] ■ adj arriba mencionado(a), susodicho(a)

■ n **the ~** [person] el arriba mencionado, la arriba mencionada

abrasion [əˈbreɪʒən] n [on skin] abrasión *f*

abrasive [əˈbreɪsɪv] ■ n [substance] abrasivo *m*

■ adj [surface, substance] abrasivo(a) / [person, manner] acre, corrosivo(a)

abreast [əˈbrest] adv **three/four ~** en fila de a tres/cuatro, de tres/cuatro en fondo ▸ **to come ~ of** situarse a la altura de ▸ **to keep ~ of sth** mantenerse al tanto de algo

abridge [əˈbrɪdʒ] vt [book] resumir / [speech] resumir, abreviar

abridged [əˈbrɪdʒd] adj abreviado(a)

abroad [əˈbrɔːd] adv en el extranjero, fuera del país ▸ **to be/live ~** estar/vivir en el extranjero ▸ **to go ~** ir al extranjero ▸ **to get ~** [news] difundirse

abrupt [əˈbrʌpt] adj **1.** [sudden] brusco(a), repentino(a) ▸ **the evening came to an ~ end** la velada terminó bruscamente **2.** [curt] brusco(a), abrupto(a)

abruptly [əˈbrʌptlɪ] adv **1.** [suddenly] bruscamente, repentinamente **2.** [curtly] bruscamente

ABS [eɪbiːˈes] n AUT (abbr ***antilock braking system***) ABS *m*

abscess [ˈæbses] n absceso *m* / [in mouth] flemón *m*

abscond [əbˈskɒnd] vi *Formal* darse a la fuga, huir

abseil [ˈæbseɪl] vi hacer rappel ▸ **to ~ down sth** bajar algo haciendo rappel

abseiling [ˈæbseɪlɪŋ] n rappel *m* ▸ **to go ~** ir a hacer rappel

absence [ˈæbsəns] n [of person, thing] ausencia *f* / [of evidence, information] ausencia *f*, falta *f* (**of** de) ▸ **in the ~ of...** a falta de... ▸ LAW **sentenced in one's ~** juzgado(a) en rebeldía ▸ *Prov* **~ makes the heart grow fonder** la ausencia aviva el cariño

absent ■ adj [ˈæbsənt] [pupil, expression] ausente ▸ MIL **~ without leave** ausente sin permiso

■ vt [æbˈsent] **to ~ oneself (from)** ausentarse (de)

absentee [æbsənˈtiː] n ausente *mf* ▸ **~ landlord** (propietario(a) *m,f*) ausentista *mf or ESP* absentista *mf*

absenteeism [æbsənˈtiːɪzəm] n ausentismo *m, ESP* absentismo *m*

absent-minded [æbsəntˈmaɪndɪd] adj distraído(a), despistado(a)

absent-mindedness [æbsəntˈmaɪndɪdnɪs] n distracción *f*, despiste *m*

absinthe [ˈæbsɪnθ] n absenta *f*, ajenjo *m*

absolute [ˈæbsəluːt] adj **1.** [in general] absoluto(a) ▸ **~ majority** mayoría *f* absoluta **2.** [emphatic] absoluto(a), auténtico(a) ▸ **he's an ~ fool!** ¡es un completo idiota! ▸ **~ rubbish!** ¡no son más que tonterías! ▸ **it's an ~ disgrace!** ¡es una auténtica vergüenza!

absolutely [æbsəˈluːtlɪ] adv absolutamente, completamente ▸ **you're ~ right** tienes toda la razón ▸ **do you support him?** – **~** ¿lo apoyas? – completamente ▸ **~ not!** ¡en absoluto! ▸ **it is ~ forbidden** está terminantemente prohibido

absolution [æbsəˈluːʃən] n REL absolución *f*

absolutism [æbsəˈluːtɪzəm] n HIST absolutismo *m*

absolve [əbˈzɒlv] vt [person] absolver (**from** *or* **of** de)

absorb [əbˈzɔːb] vt [liquid] absorber / [information, ideas] asimilar ▸ **paperwork absorbs too much of my time** paso demasiado tiempo ocupado en papeleos ▸ **to be absorbed in sth** estar absorto(a) en algo

absorbency [əbˈzɔːbənsɪ] n absorbencia *f*

absorbent [əbˈzɔːbənt] adj absorbente ▸ *US* **~ cotton** algodón *m* hidrófilo

absorbing [əbˈzɔːbɪŋ] adj [book, work] absorbente

abstain [əbˈsteɪn] vi **1.** [not act, vote] abstenerse (**from** de) **2.** [not drink alcohol] no beber alcohol, *AM* no tomar

abstainer [əbˈsteɪnə(r)] n **1.** [person not voting] abstencionista *mf* **2.** [teetotaller] abstemio(a) *m,f*

abstemious [əbˈstiːmɪəs] adj frugal, mesurado(a)

abstention [əbˈstenʃən] n abstención *f*

abstinence [ˈæbstɪnəns] n abstinencia *f*

abstract ■ n [ˈæbstrækt] **1. in the ~** en abstracto **2.** [of article] resumen *m*

■ adj [ˈæbstrækt] abstracto(a)

■ vt [æbˈstrækt] *Formal* [remove] extraer (**from** de) / [steal] sustraer (**from** de)

abstraction [æbˈstrækʃən] n abstracción *f*

abstruse [əbˈstruːs] adj abstruso(a), impenetrable

absurd [əbˈsɜːd] adj absurdo(a)

absurdity [əbˈsɜːdɪtɪ] n irracionalidad *f*

ABTA [ˈæbtə] n *BR* (abbr ***Association of British Travel Agents***) = *asociación británica de agencias de viajes*

abundance [əˈbʌndəns] n abundancia *f* ▸ **in ~** en abundancia

abundant [əˈbʌndənt] adj abundante (**in** en)

abundantly [əˈbʌndəntlɪ] adv en abundancia ▸ **it is ~ clear that...** está clarísimo que...

abuse ■ n [əˈbjuːs] **1.** [of power] abuso *m*, mal uso *m* **2.** [insults] insultos *mpl*, improperios *mpl* ▸ **term of ~** insulto *m*, término *m* ofensivo ▸ **to shower ~ on sb** despotricar contra alguien **3.** [cruelty] malos tratos *mpl* ▸ **(sexual) ~** abuso *m* (sexual)

■ vt [əˈbjuːz] **1.** [misuse] abusar de **2.** [insult] insultar **3.** [ill-treat] [physically] maltratar / [sexually] abusar de

abuser [əˈbjuːzə(r)] n **1.** [misuser] **(alcohol) ~** alcohólico(a) *m,f* ▸ **(drug) ~** drogodependiente *mf* **2.** [of child] pederasta *m*

abusive [əˈbjuːsɪv] adj [person] grosero(a) / [language] injurioso(a)

abusively [əˈbjuːsɪvlɪ] adv **1.** [insultingly] de manera insultante *or* ofensiva **2.** [to behave, treat sb] abusivamente

ABV (abbr ***alcohol by volume***) **~ 3.8 percent** 3,8 por ciento Vol.

abysmal [ə'bɪzməl] adj [stupidity, ignorance] profundo(a) / [performance, quality] pésimo(a)

abyss [ə'bɪs] n *also Fig* abismo *m*

AC ['eɪ'si:] n ELEC (abbr ***alternating current***) corriente *f* alterna

a/c (abbr ***account***) cuenta *f*

academic [ækə'demɪk] ■ n [university teacher] profesor(ora) *m,f* de universidad
■ adj **1.** [of school, university] académico(a) **2.** [intellectual] académico(a), intelectual **3. it's entirely ~ now** ya carece por completo de relevancia

academy [ə'kædəmɪ] n academia *f* ▸ **~ of music** conservatorio *m*

ACAS ['eɪkæs] n *BR* (abbr ***Advisory, Conciliation and Arbitration Service***) = *organismo independiente de arbitraje para conflictos laborales,* ≃ IMAC *m*

accede [æk'si:d] vi *Formal* **1.** [agree] **to ~ to** acceder a **2.** [monarch] **to ~ to the throne** acceder al trono

accelerate [ək'seləreɪt] ■ vt [rate, progress] acelerar
■ vi [car, driver] acelerar / [rate, growth] acelerarse

acceleration [əkselə'reɪʃən] n aceleración *f* ▸ *BR* **~ lane** carril *m* de aceleración

accelerator [ək'seləreɪtə(r)] n [gen] & COMPTR acelerador *m*

accent ['æksənt] n [when speaking] acento *m* / [in writing] acento *m,* tilde *f* ▸ **to put the ~ on sth** [emphasize] hacer hincapié en algo

accentuate [æk'sentʃʊeɪt] vt acentuar

accept [ək'sept] vt **1.** [invitation, apology, defeat] aceptar / [reasons] aceptar, admitir / [blame] admitir ▸ **the machine won't ~ foreign coins** la máquina no funciona con *or* no admite monedas extranjeras ▸ **to ~ responsibility for sth** asumir la responsabilidad de algo ▸ **it is generally accepted that...** en general, se acepta *or* se admite que... **2.** [into university] admitir

acceptable [ək'septəbəl] adj aceptable, admisible ▸ **to be ~ to sb** [suit] venirle bien a alguien ▸ COMPTR **Acceptable Use Policy** = *código de conducta definido por un proveedor de acceso a Internet*

acceptance [ək'septəns] n [of invitation, apology, defeat] aceptación *f* ▸ **to find ~** tener aceptación ▸ **~ speech** discurso *m* de agradecimiento *(al recibir un premio)*

access ['ækses] ■ n acceso *m* ▸ **to gain ~ to sth** acceder a algo ▸ **~ road** (vía *f* de) acceso *m* ▸ COMPTR **~ code** código *m* de acceso ▸ COMPTR **~ time** tiempo *m* de acceso
■ vt COMPTR [data] acceder a

accessible [ək'sesəbəl] adj [place, person, explanation] accesible ▸ **the beach is easily ~ by car** se puede acceder fácilmente a la playa en coche

accession [ək'seʃən] n [to power, throne] acceso *m* / [library book] adquisición *f*

accessorize [ək'sesəraɪz] vt complementar

accessory [ək'sesərɪ] n **1.** [for car, camera] accesorio *m* ▸ **accessories** [handbag, gloves etc] complementos *mpl* **2.** LAW **~ (to a crime)** cómplice *mf* (de un delito)

accident ['æksɪdənt] n accidente *m* ▸ **by ~** [by chance] por casualidad / [unintentionally] sin querer ▸ **to have an ~** tener *or* sufrir un accidente ▸ **that was no ~** eso no fue casualidad ▸ **car** *or* **road ~** accidente de coche *or* de tráfico ▸ **~ insurance** seguro *m* de accidentes

accidental [æksɪ'dentəl] adj accidental, casual ▸ LAW **~ death** muerte *f* accidental

accidentally [æksɪ'dentəlɪ] adv [unintentionally] sin querer, accidentalmente / [by chance] por casualidad

accident-prone ['æksɪdəntprəʊn] adj propenso(a) a tener accidentes

acclaim [ə'kleɪm] ■ n alabanza *f,* elogios *mpl*
■ vt alabar, elogiar

acclamation [æklə'meɪʃən] n aclamación *f*

acclimate *US* ➤ ***acclimatize***

acclimatization [əklaɪmətaɪ'zeɪʃən], *US* ***acclimation*** [æklɪ'meɪʃən] n aclimatación *f*

acclimatize [ə'klaɪmətaɪz], *US* ***acclimate*** ['æklɪmeɪt] vi aclimatarse (**to** a)

accolade ['ækəleɪd] n [praise] elogio *m* / [prize] galardón *m*

accommodate [ə'kɒmədeɪt] vt **1.** [provide room for] alojar, acomodar ▸ **the hotel can ~ three hundred people** el hotel puede albergar *or* alojar a trescientas personas **2.** [satisfy] complacer / [point of view] tener en cuenta

accommodating [ə'kɒmədeɪtɪŋ] adj [helpful] servicial / [easy to please] flexible

accommodation [əkɒmə'deɪʃən] n **1.** [lodging] alojamiento *m* ▸ **there is ~ in this hotel for fifty people** este hotel alberga a cincuenta personas **2.** *Formal* [agreement] **to come to an ~** llegar a un acuerdo satisfactorio **3.** *US* **accommodations** [lodging] alojamiento *m*

accompaniment [ə'kʌmpənɪmənt] n acompañamiento *m*

accompany [ə'kʌmpənɪ] vt acompañar

accompanying [ə'kʌmpənɪɪŋ] adj **the ~ documents** los documentos adjuntos

accomplice [ə'kʌmplɪs] n cómplice *mf*

accomplish [ə'kʌmplɪʃ] vt [task] realizar / [aim] cumplir, alcanzar ▸ **we didn't ~ much** no logramos *or* conseguimos gran cosa

accomplished [ə'kʌmplɪʃt] adj [performer] hábil / [performance] logrado(a), conseguido(a)

accord [ə'kɔ:d] ■ n [agreement, pact] acuerdo *m* ▸ **in ~ with** de acuerdo con, acorde con ▸ **with one ~** unánimemente, al unísono ▸ **of one's own ~** de motu propio
■ vt conceder (**to** a)

◆ ***accord with*** vt insep ser acorde con, estar de acuerdo con

accordance [ə'kɔ:dəns] n **in ~ with** de acuerdo con

accordingly [ə'kɔ:dɪŋlɪ] adv **1.** [appropriately] como corresponde ▸ **to act ~** actuar en consecuencia **2.** [therefore] así pues, por consiguiente

according to [ə'kɔ:dɪŋtu:] prep **1.** [depending on] **~ whether one is rich or poor** dependiendo de si se es rico o pobre, según se sea rico o pobre **2.** [in conformity with] **~ instructions** según las instrucciones ▸

everything went ~ plan todo fue de acuerdo con lo planeado **3.** [citing a source] según

accordion [əˈkɔːdɪən] n acordeón *m*

accost [əˈkɒst] vt [person] abordar

account [əˈkaʊnt] n **1.** [at bank] cuenta *f* ▸ **to open an ~** abrir una cuenta ▸ COM **accounts department** departamento *m* de contabilidad ▸ **~ number** número *m* de cuenta **2.** [reckoning] **to keep (an) ~ of sth** llevar la cuenta de algo ▸ **to take sth into ~, to take ~ of sth** tener *or* tomar algo en cuenta ▸ **to call sb to ~** pedir cuentas a alguien ▸ **the terrorists will be brought to ~** los terroristas tendrán que responder de sus acciones **3.** [importance] **of no ~** sin importancia **4. on ~ of** [because of] a causa de ▸ **on no ~, not on any ~** bajo ningún concepto ▸ **on one's own ~** por cuenta propia ▸ **don't do it on my ~!** ¡no lo hagas por mí! **5.** [report] relato *m*, descripción *f* ▸ *Fig* **to give a good ~ of oneself** [in fight, contest] salir airoso(a), lucirse ▸ **by all accounts** a decir de todos

◆ ***account for*** vt insep **1.** [explain, justify] explicar ▸ **I can't ~ for it** no puedo dar cuenta de ello ▸ **five people have still not been accounted for** todavía no se conoce la suerte de cinco personas ▸ **there's no accounting for taste** sobre gustos no hay nada escrito **2.** [constitute] constituir

accountability [əkaʊntəˈbɪlɪtɪ] n responsabilidad *f*

accountable [əˈkaʊntəbəl] adj **to be ~ (to sb/for sth)** ser responsable (ante alguien/de algo) ▸ **to hold sb ~** considerar a alguien responsable

accountancy [əˈkaʊntənsɪ] n contabilidad *f*

accountant [əˈkaʊntənt] n *ESP* contable *mf*, *AM* contador(ora) *m,f*

accounting [əˈkaʊntɪŋ] n contabilidad *f* ▸ **~ period** periodo *m* contable

accredit [əˈkredɪt] vt acreditar

accreditation [əkredɪˈteɪʃən] n **1.** [credentials] [for ambassador, envoy] credencial *f*, acreditación *f* **2.** [recognition] [for school, course] reconocimiento *m*, homologación *f*

accrual [əˈkrʊəl] n FIN [of interest, debt] acumulación *f*

accrue [əˈkruː] vi FIN [interest] acumularse ▸ **to ~ to sb** [interest, benefits] ir a parar a alguien

accumulate [əˈkjuːmjʊleɪt] ■ vt acumular
■ vi acumularse

accumulation [əkjuːmjʊˈleɪʃən] n acumulación *f*

accuracy [ˈækjʊrəsɪ] n [of calculation, report, measurement] exacitud *f*, precisión *f* / [of translation, portrayal] fidelidad *f* / [of firearm, shot] precisión *f*

accurate [ˈækjʊrət] adj [calculation, report, measurement exacto(a), preciso(a) / [translation, portrayal] fiel / [firearm, shot] certero(a)

accurately [ˈækjʊrətlɪ] adv [calculate] exactamente / [measure, aim, report] con exactitud, con precisión / [translate, portray] fielmente

accusation [ækjʊˈzeɪʃən] n acusación *f*

accusative [əˈkjuːzətɪv] ■ n acusativo *m*
■ vi acusativo(a)

accuse [əˈkjuːz] vt acusar ▸ **to ~ sb of sth/of doing sth** acusar a alguien de algo/de hacer algo

accused [əˈkjuːzd] n LAW **the ~** el/la acusado(a)

accuser [əˈkjuːzə(r)] n acusador(ora) *m,f*

accusing [əˈkjuːzɪŋ] adj [look, stare] acusador(ora)

accustom [əˈkʌstəm] vt acostumbrar ▸ **to be accustomed to sth/to doing sth** estar acostumbrado(a) a algo/a hacer algo ▸ **to get** *or* **grow accustomed to sth/to doing sth** acostumbrarse a algo/a hacer algo

AC/DC [ˈeɪsiːˈdiːsiː] n ELEC (abbr ***alternating current/direct current***) corriente *f* alterna/continua

ace [eɪs] ■ n **1.** [in cards] as *m* ▸ **~ of spades** as de picas ▸ *Fig* **to have an ~ up one's sleeve** tener un as en la manga ▸ **she came within an ~ of winning** [very near to] estuvo a punto *or* en un tris de ganar **2.** [tennis] ace *m* **3.** *Fam* [expert] as *m* ▸ **a flying ~** un as del vuelo
■ adj *Fam* [very good] genial, *ESP* guay, *AM salvo RP* chévere, *MÉX* padre, *RP* bárbaro(a)

acerbic [əˈsɜːbɪk] adj [wit, remark] acre, mordaz

acetate [ˈæsɪteɪt] n CHEM acetato *m*

acetic acid [æˈsiːtɪkˈæsɪd] n ácido *m* acético

ache [eɪk] ■ n dolor *m* ▸ **aches and pains** achaques *mpl*
■ vi doler ▸ **my head aches** me duele la cabeza ▸ **I ~ all over** me duele todo ▸ *Fig* **to be aching to do sth** estar deseando hacer algo

achieve [əˈtʃiːv] vt conseguir, lograr

achievement [əˈtʃiːvmənt] n [action] realización *f*, consecución *f* / [thing achieved] logro *m*

achiever [əˈtʃiːvə(r)] n triunfador(ora) *m,f*

aching [ˈeɪkɪŋ] adj [head, limbs] dolorido(a) ▸ **with an ~ heart** con gran dolor

acid [ˈæsɪd] ■ n **1.** [chemical] ácido *m* **2.** *Fam* [LSD] ácido *m* ▸ **~ house** [music] acid house *m*
■ adj **1.** [chemical, taste] ácido(a) ▸ **~ rain** lluvia *f* ácida ▸ *Fig* **~ test** prueba *f* de fuego **2.** [tone, remark] sarcástico(a)

acidic [əˈsɪdɪk] adj ácido(a)

acidity [əˈsɪdɪtɪ] n [of chemical, taste] acidez *f* / [of tone, remark] sarcasmo *m*

acknowledge [əkˈnɒlɪdʒ] vt [mistake, debt, truth] reconocer, admitir ▸ **to ~ (receipt of) a letter** acusar recibo de una carta ▸ **to ~ defeat** admitir una derrota ▸ **she didn't ~ me** *or* **my presence** no me saludó

acknowledged [əkˈnɒlɪdʒd] adj [expert, authority] de reconocido prestigio

acknowledg(e)ment [əkˈnɒlɪdʒmənt] n [of mistake, debt, truth] reconocimiento *m* / [of letter] acuse *m* de recibo ▸ **in ~ of** en reconocimiento a ▸ **acknowledgements** [in book] menciones *fpl*, agradecimientos *mpl*

ACLU [eɪsiːelˈjuː] n *US* (abbr ***American Civil Liberties Union***) = *organización americana para la defensa de las libertades civiles*

acne [ˈæknɪ] n acné *m*

acolyte [ˈækəlaɪt] n acólito *m*

acorn [ˈeɪkɔːn] n bellota *f*

acoustic [ə'ku:stɪk] adj acústico(a) ▸ ~ **guitar** guitarra *f* acústica

acoustics [ə'ku:stɪks] npl acústica *f*

acquaint [ə'kweɪnt] vt **1.** [with person] **to be acquainted with sb** conocer a alguien ▸ **to become** *or* **get acquainted** entablar relación **2.** [with facts, situation] **to be acquainted with sth** conocer algo, estar al corriente de algo ▸ **to ~ sb with sth** poner al corriente de algo a alguien ▸ **to ~ oneself with sth** familiarizarse con algo

acquaintance [ə'kweɪntəns] n **1.** [person] conocido(a) *m,f* **2.** [familiarity] [with person] relación *f* / [with facts] conocimiento *m* (**with** de) ▸ **to make sb's ~** conocer a alguien

acquiesce [ækwɪ'es] vi acceder (**in** a)

acquiescence [ækwɪ'esəns] n aquiescencia *f*, consentimiento *m*

acquiescent [ækwɪ'esənt] adj aquiescente

acquire [ə'kwaɪə(r)] vt adquirir ▸ **to ~ a taste for sth** aprender a disfrutar de algo

acquired [ə'kwaɪəd] adj [characteristic, habit] adquirido(a) ▸ **it's an ~ taste** es un placer adquirido con el tiempo ▸ **~ immune deficiency syndrome** síndrome *m* de inmunodeficiencia adquirida

acquisition [ækwɪ'zɪʃən] n adquisición *f*

acquisitive [ə'kwɪzɪtɪv] adj [person] consumista

acquit [ə'kwɪt] (pt & pp **acquitted**) vt **1.** LAW absolver, declarar inocente **2. to ~ oneself well/badly** salir bien/mal parado(a)

acquittal [ə'kwɪtəl] n LAW absolución *f*

acre ['eɪkə(r)] n acre *m*, *= 4047 m²* ▸ *Fam* **acres of space** [lots] un montón *or MÉX* un chorro *or RP* una pila de espacio

acrid ['ækrɪd] adj acre

acrimonious [ækrɪ'məʊnɪəs] adj [discussion, debate] agrio(a) / [words, remark] mordaz, acre

acrimony ['ækrɪmənɪ] n acritud *f*, acrimonia *f*

acrobat ['ækrəbæt] n acróbata *mf*

acrobatic [ækrə'bætɪk] adj acrobático(a)

acrobatics [ækrə'bætɪks] ■ n acrobacias *fpl*

■ npl *Fig* **mental ~** gimnasia *f* mental

acronym ['ækrənɪm] n siglas *fpl*, acrónimo *m*

across [ə'krɒs] prep ■ **1.** [from one side to the other of] a través de ▸ **to go ~ sth** cruzar algo ▸ **he ran ~ the road** cruzó corriendo la calle ▸ **to run ~ the road** cruzar la calle corriendo ▸ **we drove ~ the desert** cruzamos el desierto en coche ▸ **she swam ~ the river** cruzó el río a nado ▸ **the bridge ~ the river** el puente que cruza el río ▸ **she threw it ~ the room** lo tiró al otro lado de la habitación **2.** [on the other side of] al otro lado de ▸ **~ the street/border** al otro lado de la calle/frontera ▸ **I saw him ~ the room** lo vi en el otro extremo de la sala **3.** [throughout] **~ the country** por todo el país ▸ **changes have been introduced ~ the syllabus** se han introducido cambios en todo el programa

■ adv **1.** [from one side to the other] de un lado a otro ▸ **to run/swim ~** cruzar corriendo/a nado **2.** [with distance] **it's 10 cm/2 km ~** tiene 10 cms/2 kms de ancho **3. ~ from me/my house** enfrente **4.** [in crosswords] **8 ~** 8 horizontal

across-the-board [ə'krɒsðə'bɔ:d] adj generalizado(a) ▸ **an ~ increase** [in salary] un aumento lineal

acrylic [ə'krɪlɪk] ■ n acrílico *m*

■ adj acrílico(a)

act [ækt] ■ n **1.** [thing done] acto *m* ▸ **to catch sb in the ~** pillar *or* atrapar a alguien in fraganti ▸ **to catch sb in the ~ of doing sth** pillar a alguien haciendo algo ▸ **to be in the ~ of doing sth** estar haciendo algo (precisamente) ▸ *Fam* **to get in on the ~** [get involved] apuntarse, *AM* anotarse ▸ **an ~ of war** una acción de guerra ▸ LAW **~ of God** caso *m* fortuito **2.** [in play] acto *m* / [in cabaret, circus] número *m* ▸ *Fig* **to put on an ~** hacer teatro ▸ *Fig* **it's all an ~** es puro teatro *or* pura farsa ▸ *Fig* **to get one's ~ together** organizarse, ponerse las pilas **3.** LAW **~** (*BR* **of parliament** *or US* **of Congress**) ley *f*

■ vt **1.** [of actor] interpretar ▸ *Fig* **he was acting the part of the caring husband** estaba interpretando *or* haciendo el papel del marido solícito **2.** [behave like] **to ~ the fool** *or* **the goat** hacer el tonto ▸ *Fam* **~ your age!** ¡no seas infantil!

■ vi **1.** [take action] actuar ▸ **to ~ for sb** [lawyer] representar a alguien ▸ **to ~ as secretary/chairperson** actuar *or* hacer de secretario(a)/presidente(a) ▸ **to ~ as a warning/an incentive** servir de advertencia/incentivo **2.** [behave] actuar, comportarse ▸ **to ~ stupid** hacerse el tonto **3.** [actor] actuar

◆ ***act out*** vt sep [fantasy] realizar / [scene] representar

◆ ***act up*** vi [child, car, injury] dar guerra

acting ['æktɪŋ] ■ n [performance] interpretación *f*, actuación *f* / [profession] interpretación *f*, profesión *f* de actor/actriz

■ adj [temporary] en funciones

action ['ækʃən] n **1.** [individual act] acto *m*, acción *f* ▸ **to be responsible for one's actions** ser responsable de los propios actos ▸ *Prov* **actions speak louder than words** hechos son amores y no buenas razones **2.** [activity] acción *f* ▸ **to take ~** actuar ▸ **in ~** en acción ▸ **to go into ~** ponerse en acción ▸ **to be out of ~** [machine] no funcionar / [person] estar fuera de combate ▸ **to put a plan into ~** poner en marcha un plan ▸ *Fam* **they were looking for some ~** [excitement] estaban buscando acción, *RP* querían un poco de agite ▸ COM **~ plan** plan *m* de acción **3.** MIL (acción *f* de) combate *m* ▸ **to see ~** entrar en combate ▸ **missing in ~** desaparecido(a) en combate ▸ **~ stations** [positions] puestos de combate ▸ *Fam Fig* **~ stations!** [get ready!] ¡a sus puestos *or COL, RP* marcas! **4.** [of film, novel] acción *f* ▸ *BR* TV **~ replay** repetición *f* **5.** LAW demanda *f* ▸ **to bring an ~ against sb** poner una demanda a alguien, demandar a alguien

actionable ['ækʃənəbəl] adj LAW susceptible de procesamiento

action-packed ['ækʃənpækt] adj [movie, novel] lleno(a) de acción

activate ['æktɪveɪt] vt [alarm, mechanism] activar

active ['æktɪv] adj **1.** [person, imagination, life] activo(a) / [interest, dislike] profundo(a) / [volcano] activo(a) ▸ **to take an ~ part in sth** participar activamente en algo ▸ MIL **on ~ service** *or US* **duty** en servicio activo **2.** GRAM activo(a) **3.** COMPTR **~ window** ventana *f* activa

actively ['æktɪvlɪ] adv activamente ▸ **I ~ dislike him** me desagrada profundamente

activist ['æktɪvɪst] n POL activista *mf*

activity [æk'tɪvɪtɪ] n actividad *f* ▸ **~ holiday** = *vacaciones organizadas en las que se practica algún deporte o actividad similar*

actor ['æktə(r)] n actor *m*

actress ['æktrɪs] n actriz *f*

actual ['æktʃʊəl] adj [real] real ▸ **her ~ words were...** lo que dijo exactamente fue... ▸ **an ~ example** un ejemplo real ▸ **in ~ fact** de hecho, en realidad ▸ **although the garden is big, the ~ house is small** aunque el jardín es grande, la casa en sí es pequeña

FALSE FRIEND / FALSO AMIGO

actual

Actual no es la traducción del inglés *actual* en sus acepciones más frecuentes. **Actual** se traduce por *current, present, modern* o *topical:*
el actual alcalde *the present mayor*
un diseño muy actual *a very modern design*
un tema muy actual *a very topical issue*

actually ['æktʃʊəlɪ] adv **1.** [really] en realidad ▸ **what ~ happened?** ¿qué ocurrió en realidad? ▸ **what she ~ means is...** lo que quiere decir en realidad es... ▸ **he ~ believed me!** ¡me creyó y todo! **2.** [in fact] **~, I rather like it** la verdad es que me gusta ▸ **~, it WAS the right number** de hecho, sí que era el número correcto ▸ **I'm not sure, ~** pues... no estoy seguro

actuary ['æktʃʊərɪ] n actuario(a) *m,f* de seguros

acumen ['ækjʊmən] n perspicacia *f,* sagacidad *f* ▸ **business ~** perspicacia para los negocios

acupuncture ['ækjʊpʌŋktʃə(r)] n acupuntura *f*

acupuncturist ['ækjʊpʌŋktʃərɪst] n acupuntor(ora) *m,f*

acute [ə'kju:t] adj [pain, mind, eyesight] GRAM & MATH agudo(a) / [hearing, sense of smell] muy fino(a) / [problem, shortage] acuciante / [remorse, embarrassment] intenso(a)

acutely [ə'kju:tlɪ] adv [painful, embarrassing] extremadamente ▸ **to be ~ aware of sth** ser plenamente consciente de algo

AD [eɪ'di:] adv (abbr ***Anno Domini***) d. J.C., d.C.

ad [æd] n *Fam* [advertisement] anuncio *m*

Adam ['ædəm] pr n *Fam* **I wouldn't know him from ~** no lo conozco de nada *or RP* para nada ▸ **Adam's apple** nuez *f*, bocado *m* de Adán

adamant ['ædəmənt] adj inflexible ▸ **she is ~ that she saw him** insiste en que lo vio

adamantly ['ædəməntlɪ] adv rotundamente, categóricamente

adapt [ə'dæpt] ■ vt adaptar (**for** a) ▸ **to ~ oneself to sth** adaptarse a algo

■ vi adaptarse

adaptable [ə'dæptəbəl] adj [instrument, person] adaptable ▸ **she's very ~** se adapta a todo

adaptation [ædæp'teɪʃən] n adaptación *f*

adaptor, adapter [ə'dæptə(r)] n [for several plugs] ladrón *m* / [for different socket] adaptador *m*

ADC [eɪdi:'si:] n MIL (abbr ***aide-de-camp***) ayudante *m* de campo, edecán *m*

add [æd] vt añadir (**to** a) / MATH sumar

◆ ***add up*** ■ vt sep [figures] sumar

■ vi [give correct total] cuadrar / [make sense] encajar

◆ ***add up to*** vt insep **it adds up to £126** suma un total de 126 libras ▸ **it all adds up to an enjoyable day out** todo esto da como resultado una agradable excursión ▸ **it doesn't ~ up to much** no viene a ser gran cosa

added ['ædɪd] adj **1.** [additional] adicional ▸ **with ~ vitamins** con vitaminas añadidas **2.** [in addition] **~ to that,...** además de eso,...

adder ['ædə(r)] n víbora *f*

addict ['ædɪkt] n adicto(a) *m,f* ▸ **(drug) ~** drogadicto(a) *m,f*, toxicómano(a) *m,f* ▸ **heroin ~** heroinómano(a) *m,f* ▸ **TV ~** teleadicto(a) *m,f*

addicted [ə'dɪktɪd] adj **to be ~ to sth** ser adicto(a) a algo ▸ **to become** *or* **get ~ to sth** hacerse *or* volverse adicto(a) a algo

addiction [ə'dɪkʃən] n adicción *f*

addictive [ə'dɪktɪv] adj *also Fig* adictivo(a)

Addis Ababa ['ædɪs'æbəbə] n Addis Abeba

addition [ə'dɪʃən] n **1.** MATH suma *f* **2.** [action] incorporación *f,* adición *f* / [thing added] incorporación *f,* añadido *m* ▸ **in ~ (to)** además (de) ▸ **an ~ to the family** un nuevo miembro en la familia

additional [ə'dɪʃənəl] adj adicional

additionally [ə'dɪʃənəlɪ] adv **1.** [further, more] adicionalmente, de forma *or* manera adicional **2.** [moreover] además

additive ['ædɪtɪv] n aditivo *m*

addled ['ædəld] adj [mind] embarullado(a), abotargado(a)

add-on ['ædɒn] (pl **add-ons**) n COMPTR extra *m*

address [ə'dres] ■ n **1.** [of person, letter] dirección *f,* domicilio *m* ▸ **~ book** agenda *f* de direcciones **2.** [speech] alocución *f,* discurso *m* ▸ **form of ~** [when speaking to sb] tratamiento *m*

■ vt **1.** [letter, remarks, criticism] dirigir (**to** a) **2.** [speak to] [person, crowd] dirigirse a ▸ **he addressed her as "Your Majesty"** le dio el tratamiento de "Su Majestad" **3.** [question, problem] abordar ▸ **to ~ oneself to sth** abordar algo

addressee [ædre'si:] n destinatario(a) *m,f*

adenoids ['ædɪnɔɪdz] npl ANAT vegetaciones *fpl* (adenoideas)

adept [ə'dept] adj **she is ~ at getting her own way** siempre consigue lo que quiere ▸ **he had always been ~ at persuading people to support him** siempre se le había dado muy bien conseguir el apoyo de la gente

adequate ['ædɪkwət] adj [enough] suficiente / [satisfactory] adecuado(a), apropiado(a)

adhere [əd'hɪə(r)] vi **1.** [stick] adherirse (**to** a) **2. to ~ to** [rule] cumplir, observar / [belief, plan] atenerse a

adherence [əd'hɪərəns] n [to rule] cumplimiento *m,* observancia *f* (**to** de) / [to belief, plan] adhesión *f,* apoyo *m* (**to** a)

adherent [əd'hɪərənt] n adepto(a) *m,f*

adhesion [əd'hi:ʒən] n **1.** [stickiness] adherencia *f* **2.** [to belief, plan] adhesión *f,* apoyo *m* (**to** a)

adhesive [əd'hi:sɪv] ■ n adhesivo *m*
■ adj adhesivo(a), adherente ▸ **~ tape** cinta *f* adhesiva

ad hoc ['æd'hɒk] adj improvisado(a) ▸ **on an ~ basis** improvisadamente ▸ **~ committee** comisión *f* especial

ad infinitum ['ædɪnfɪ'naɪtəm] adv hasta el infinito

adjacent [ə'dʒeɪsənt] adj adyacente, contiguo(a) ▸ **to be ~ to** estar al lado de

adjectival [ædʒek'taɪvəl] adj adjetival ▸ **an ~ use** un uso adjetival

adjective ['ædʒɪktɪv] n adjetivo *m*

adjoin [ə'dʒɔɪn] vt [of building, land] lindar con

adjoining [ə'dʒɔɪnɪŋ] adj [building, room] contiguo(a)

adjourn [ə'dʒɜ:n] ■ vt [meeting, trial] aplazar, posponer
■ vi **the trial/meeting adjourned** se levantó la sesión *(tras juicio/reunión)* ▸ **to ~ to another room** pasar a otra habitación

adjournment [ə'dʒɜ:nmənt] n [of meeting, trial] aplazamiento *m*

adjudge [ə'dʒʌdʒ] vt **to ~ sb guilty** declarar a alguien culpable ▸ **to ~ sb the winner** proclamar a alguien ganador

adjudicate [ə'dʒu:dɪkeɪt] vt juzgar

adjudication [ədʒu:dɪ'keɪʃən] n fallo *m*

adjudicator [ə'dʒu:dɪkeɪtə(r)] n [of dispute] árbitro *m* / [of contest] juez *mf*

adjunct ['ædʒʌŋkt] n apéndice *m*

adjust [ə'dʒʌst] ■ vt [machine, mechanism] ajustar, regular / [method] ajustar, adaptar ▸ **to ~ one's tie** ajustarse la corbata ▸ **to ~ oneself to sth** adaptarse a algo
■ vi [person] adaptarse (**to** a)

adjustable [ə'dʒʌstəbəl] adj ajustable, regulable ▸ **~** *BR* **spanner** *or US* **wrench** llave *f* inglesa

adjustment [ə'dʒʌstmənt] n ajuste *m* ▸ **to make an ~ to sth** hacer un ajuste a algo, ajustar algo

ad-lib ['æd'lɪb] ■ adv improvisadamente
■ vi (pt & pp **ad-libbed**) improvisar

adman ['ædmæn] n *Fam* publicista *m,* publicitario *m*

admin ['ædmɪn] n *Fam* [work] papeleo *m*

administer [əd'mɪnɪstə(r)] vt **1.** [estate, funds] administrar, dirigir **2.** [give] [punishment] aplicar / [blow] propinar / [medication] administrar

administrate [əd'mɪnɪstreɪt] vt [business, institution] administrar, dirigir

administration [ədmɪnɪ'streɪʃən] n **1.** [act, activity] administración *f* **2.** *US* [government] gobierno *m,* administración *f*

administrative [əd'mɪnɪstrətɪv] adj administrativo(a)

administrator [əd'mɪnɪstreɪtə(r)] n administrador(ora) *m,f*

admirable ['ædmərəbəl] adj admirable

admiral ['ædmərəl] n almirante *m*

Admiralty ['ædmərəltɪ] n Ministerio *m* de Marina, Almirantazgo *m*

admiration [ædmə'reɪʃən] n admiración *f*

admire [əd'maɪə(r)] vt admirar

admirer [əd'maɪərə(r)] n admirador(ora) *m,f*

admiring [əd'maɪrɪŋ] adj [look, glance] de admiración

admissible [əd'mɪsɪbəl] adj admisible

admission [əd'mɪʃən] n **1.** [entry] [to school, hospital] ingreso *m* (**to** en) / [to museum, exhibition] visita *f* (**to** a), entrada *f* (**to** a) / [price] entrada *f* ▸ **~ free** entrada gratuita ▸ **no ~ to unaccompanied children** [sign] prohibida la entrada a menores no acompañados **2.** [acknowledgement] [of guilt, mistake] confesión *f* ▸ **by his own ~** según él mismo admite

admit [əd'mɪt] (pt & pp **admitted**, continuous **admitting**) ■ vt **1.** [allow to enter] admitir, dejar pasar ▸ **he was admitted to hospital** ingresó en un hospital ▸ **children not admitted** [sign] prohibida la entrada a niños ▸ **admits one** [on ticket] individual **2.** [acknowledge] [fact, mistake] admitir / [crime, guilt] confesar ▸ **I must ~ that...** tengo que reconocer *or* debo confesar que... ▸ **to ~ defeat** darse por vencido(a)
■ vi **to ~ to** [mistake] admitir / [crime] confesar ▸ **to ~ to doing sth** admitir haber hecho algo

admittance [əd'mɪtəns] n [entry] acceso *m,* admisión *f* ▸ **to gain ~** ser admitido(a) ▸ **to refuse sb ~** no dejar entrar a alguien ▸ **no ~** [sign] prohibido el paso

admittedly [əd'mɪtɪdlɪ] adv es cierto que ▸ **~, it was dark when I saw him** es cierto que estaba oscuro cuando lo vi ▸ **an ~ serious case** un caso sin duda serio

admonish [əd'mɒnɪʃ] vt [reprimand] reprender (**for** por)

admonition [ædmə'nɪʃən] n *Formal* admonición *f*

ad nauseam [æd'nɔ:sɪæm] adv hasta la saciedad

ado [ə'du:] n **without further ~** sin más dilación ▸ **much ~ about nothing** mucho ruido y pocas nueces

adobe [ə'dəʊbɪ] n [clay] adobe *m*

adolescence [ædə'lesəns] n adolescencia *f*

adolescent [ædə'lesənt] n adolescente *mf*

adopt [ə'dɒpt] vt [child, approach, measure] adoptar / [candidate] nombrar

adopted [ə'dɒptɪd] adj [country] adoptivo(a), de adopción ▸ **~ daughter** hija *f* adoptiva ▸ **~ son** hijo *m* adoptivo

adoption [ə'dɒpʃən] n adopción *f*

adorable [ə'dɔ:rəbəl] adj encantador(ora)

adoration [ædə'reɪʃən] n adoración *f*

adore [ə'dɔ:(r)] vt [person] adorar ▸ **I adored her last film** me encantó su última película

adoringly [ə'dɔ:rɪŋlɪ] adv apasionadamente, fervorosamente

adorn [ə'dɔːn] vt adornar

adornment [ə'dɔːnmənt] n adorno *m,* ornamento *m*

ADP [eɪdiː'piː] n COMPTR (abbr ***automatic data processing***) proceso *m or* procesamiento *m* automático de datos

adrenalin(e) [ə'drenəlɪn] n adrenalina *f*

Adriatic [eɪdrɪ'ætɪk] n **the ~ (Sea)** el (mar) Adriático

adrift [ə'drɪft] adv **to be ~** [boat] ir a la deriva ▸ *Fig* **to go ~** [plan] irse a pique *or* al garete

adroit [ə'drɔɪt] adj diestro(a), hábil

adulation [ædjʊ'leɪʃən] n adulación *f*

adult ['ædʌlt, ə'dʌlt] ■ n adulto(a) *m,f*
■ adj [person, animal] adulto(a) / [attitude] adulto(a), maduro(a) / [film] para adultos ▸ **~ education** educación *f* de *or* para adultos

adulterate [ə'dʌltəreɪt] vt adulterar

adulteration [ədʌltə'reɪʃən] n adulteración *f*

adulterer [ə'dʌltərə(r)] n adúltero(a) *m,f*

adulteress [ə'dʌltərəs] n adúltera *f*

adulterous [ə'dʌltərəs] adj adúltero(a)

adultery [ə'dʌltərɪ] n adulterio *m* ▸ **to commit ~** cometer adulterio

adulthood ['ædʌlthʊd] n edad *f* adulta

advance [əd'vɑːns] ■ n **1.** [forward movement] avance *m* / [progress] avance *m,* progreso *m* ▸ **to make advances to sb** [sexual] insinuarse a alguien / [in business] hacer una propuesta inicial a alguien ▸ **in ~** [pay] por adelantado / [give notice] con antelación ▸ **six weeks in ~** con seis semanas de antelación ▸ **~ booking** reserva *f* (anticipada) ▸ **~ notice** aviso *m* previo ▸ **~ warning** advertencia *f* previa **2.** [loan] anticipo *m,* adelanto *m*
■ vt **1.** [move forward] [chesspiece, troops] avanzar, adelantar / [science, knowledge] hacer avanzar, adelantar **2.** [idea, opinion] presentar **3.** [loan] anticipar, adelantar
■ vi [move forward, make progress] avanzar ▸ **the troops advanced on the city** las tropas avanzaron hacia la ciudad

advanced [əd'vɑːnst] adj [child, student] avanzado(a), aventajado(a) / [country] avanzado(a) ▸ **she's very ~ for her age** está muy adelantada para su edad

advantage [əd'vɑːntɪdʒ] n ventaja *f* ▸ **to have an ~ over** tener ventaja sobre ▸ **to take ~ of** aprovecharse de ▸ **to turn sth to one's ~** sacar provecho de algo ▸ **it would be to your ~** te conviene ▸ **~ Sampras** [in tennis] ventaja de *or* para Sampras

advantageous [ædvən'teɪdʒəs] adj ventajoso(a)

advent ['ædvənt] n [arrival] llegada *f,* advenimiento *m* ▸ REL **Advent** Adviento *m*

adventure [əd'ventʃə(r)] n aventura *f* ▸ COMPTR **~ game** juego *m* de aventuras ▸ **~ playground** parque *m* infantil ▸ **~ story** historia *f* de aventuras

adventurer [əd'ventʃərə(r)] n **1.** [person fond of adventure] aventurero(a) *m,f* **2.** [dishonest person] sinvergüenza *mf*

adventurous [əd'ventʃərəs] adj [plan, choice] aventurado(a), arriesgado(a) / [person] aventurero(a)

adverb ['ædvɜːb] n adverbio *m*

adverbial [əd'vɜːbɪəl] adj adverbial ▸ **an ~ use** un uso adverbial

adversarial [ædvə'seərɪəl] adj LAW de adversarios, = *basado en el enfrentamiento de dos partes*

adversary ['ædvəsərɪ] n adversario(a) *m,f*

adverse ['ædvɜːs] adj adverso(a), desfavorable

adversely ['ædvɜːslɪ] adv desfavorablemente, negativamente ▸ **to be ~ affected by sth** resultar perjudicado(a) por algo

adversity [əd'vɜːsɪtɪ] n adversidad *f* ▸ **in ~** en la adversidad

advert ['ædvɜːt] n *BR Fam* anuncio *m*

advertise ['ædvətaɪz] ■ vt **1.** [product, job] anunciar **2.** [call attention to] **he didn't want to ~ his presence** no quería llamar la atención
■ vi poner un anuncio ▸ **to ~ for sth/sb** poner un anuncio pidiendo algo/a alguien

advertisement [əd'vɜːtɪsmənt] n [on TV, in newspaper] anuncio *m* ▸ *Fig* **you're not a good ~ for your school** no le haces buena publicidad a tu colegio

advertiser ['ædvətaɪzə(r)] n anunciante *mf*

advertising ['ædvətaɪzɪŋ] n publicidad *f* ▸ **~ agency** agencia *f* de publicidad ▸ **~ campaign** campaña *f* publicitaria

advice [əd'vaɪs] n consejo *m* ▸ **a piece of ~** un consejo ▸ **that's good ~** es un buen consejo ▸ **to give sb ~** aconsejar a alguien ▸ **to ask sb's ~** pedir consejo a alguien ▸ **to take sb's ~** seguir el consejo de alguien

advisable [əd'vaɪzəbəl] adj aconsejable, recomendable

advise [əd'vaɪz] vt **1.** [give advice to] aconsejar ▸ **to ~ sb to do sth** aconsejar a alguien hacer *or* que haga algo ▸ **to ~ sb against doing sth** aconsejar a alguien que no haga algo ▸ **you'd be well advised to take an umbrella** más vale que lleves un paraguas **2.** [inform] **to ~ sb that...** informar a alguien de que... ▸ **to ~ sb of sth** informar a alguien de algo **3.** [give professional

HOW TO...

reply to adverts

He visto su anuncio en el periódico de hoy. / I saw your ad in today's paper.
Llamo por el anuncio de la habitación que apareció en el periódico de ayer. / I'm calling about the room advertised in yesterday's paper.
¿El piso está todavía disponible? / Is the apartment/flat still available?
Llamaba para pedir información sobre el servicio de limpieza de oficinas. / I'm phoning to enquire about the office cleaning service.
He decidido presentarme al puesto anunciado porque quiero trabajar en el extranjero. / I decided to apply for the position that was advertised because I want to work abroad.

guidance] asesorar (**on** sobre)

adviser, advisor [əd'vaɪzə(r)] n consejero(a) *m,f* / [professional] asesor(ora) *m,f*

advisory [əd'vaɪzərɪ] adj asesor(ora) ▶ **in an ~ capacity** en calidad de asesor(ora)

advocate ■ n ['ædvəkət] **1.** *SCOT* LAW abogado(a) *m,f* ▶ **the Lord Advocate** el fiscal general **2.** [of cause, doctrine] defensor(ora) *m,f*
■ vt ['ædvəkeɪt] [policy, plan] abogar por, defender

A & E [eɪən'diː] n *BR* (abbr ***Accident and Emergency***) urgencias *fpl*

AEA [eɪiː'eɪ] n *BR* (abbr ***Atomic Energy Authority***) = *agencia británica para la energía nuclear, ESP* ≃ CSN *m*

AEC [eɪiː'siː] n *US* (abbr ***Atomic Energy Commission***) = *comisión americana para la energía nuclear*

Aegean [ɪ'dʒiːən] n **the ~ (Sea)** el (mar) Egeo

aegis, *US* ***egis*** ['iːdʒɪs] n **under the ~ of...** bajo los auspicios de...

aeon, *US* ***eon*** ['iːən] n eón ▶ *Fam* **aeons ago** hace siglos

aerate ['eəreɪt] vt [blood] oxigenar

aerial ['eərɪəl] ■ n [of radio, TV] antena *f*
■ adj aéreo(a) ▶ **~ photography** fotografía *f* aérea

aerobic [eə'rəʊbɪk] adj [exercise] aeróbico(a)

aerobics [eə'rəʊbɪks] n aerobic *m,* aeróbic *m*

aerodrome ['eərədrəʊm] n *BR* aeródromo *m*

aerodynamic [eərəʊdaɪ'næmɪk] adj aerodinámico(a)

aerogram(me) ['eərəgræm] n aerograma *m*

aeronautic(al) [eərə'nɔːtɪk(əl)] adj aeronáutico(a)

aeroplane ['eərəpleɪn] n *BR* avión *m*

aerosol ['eərəsɒl] n aerosol *m* ▶ **~ spray** aerosol *m*

aesthetic, *US* ***esthetic*** [ɪs'θetɪk] adj estético(a)

afar [ə'fɑː(r)] adv *Literary* **from ~** desde lejos

affable ['æfəbəl] adj afable, amable

affably ['æfəblɪ] adv afablemente, amablemente

affair [ə'feə(r)] n **1.** [matter, concern] asunto *m* ▶ **that's my ~** eso es asunto mío ▶ **she put her affairs in order** puso sus asuntos en orden ▶ **in the present state of affairs** tal y como están las cosas ▶ **foreign affairs** asuntos exteriores ▶ **current affairs** (temas *mpl* de) actualidad *f* ▶ **affairs of state** asuntos de Estado **2.** [sexual] aventura *f,* lío *m* ▶ **to have an ~ with sb** tener una aventura con alguien **3.** [event] acontecimiento *m* ▶ **the wedding was a quiet ~** fue una boda discreta

affect[1] [ə'fekt] vt **1.** [have effect on] [person, organ, health] afectar / [decision] afectar a, influir en **2.** [move emotionally] afectar ▶ **to be deeply affected by sth** estar muy afectado(a) por algo

affect[2] vt [indifference, interest] afectar, fingir ▶ **to ~ an accent** poner un acento

affectation [æfek'teɪʃən] n afectación *f,* amaneramiento *m*

affected [ə'fektɪd] adj [unnatural, pretended] afectado(a), artificial

affection [ə'fekʃən] n afecto *m,* cariño *m*

affectionate [ə'fekʃənət] adj afectuoso(a), cariñoso(a)

affidavit [æfɪ'deɪvɪt] n LAW declaración *f* jurada

affiliate ■ n [ə'fɪlɪət] filial *f*
■ vt [ə'fɪlɪeɪt] afiliar (**to** *or* **with** a) ▶ **affiliated company** (empresa *f*) filial *f*

affiliated [ə'fɪlɪeɪtɪd] adj [member, organization] afiliado(a) ▶ **affiliated company** (empresa *f*) filial *f*

affiliation [əfɪlɪ'eɪʃən] n [link, connection] conexión *f* / [political, religious] filiación *f*

affinity [ə'fɪnɪtɪ] n **1.** [liking, attraction] afinidad *f* (**with/between** con/entre) ▶ **she felt an ~ for such places** sentía atracción por ese tipo de lugares **2.** [relationship, connection] afinidad *f* (**between/with** entre/con)

affirm [ə'fɜːm] vt afirmar

affirmation [æfə'meɪʃən] n afirmación *f*

affirmative [ə'fɜːmətɪv] ■ n **to answer in the ~** responder afirmativamente
■ adj [answer] afirmativo(a) ▶ *US* **~ action** discriminación *f* positiva

CULTURE / CULTURA

affirmative action

Designa las medidas diseñadas para combatir la discriminación de las minorías étnicas y de las mujeres en los Estados Unidos. Inicialmente fueron introducidas en la década de los sesenta

HOW TO...

ask for and give advice

Asking for advice
¿Tú qué harías en mi lugar? / What would you do, if you were me?
¿Qué te parece? / What do you think?
Me vendría bien una segunda opinión. / I could do with a second opinion.
¿Crees que debería hablarlo con él? / Do you think I should talk to him about it?
Giving advice
¿Quieres saber mi opinión? / Do you want to know what I think?
Si quieres un consejo, creo que deberías ir. / If you want my advice, I think you should go.
Te aconsejo que se lo digas. / I advise you to tell her.
Te recomiendo que lo hagas cuanto antes. / I recommend that you do it as soon as possible.
Yo en tu lugar, se lo diría. / If I were you, I'd tell her.
Yo creo que deberías decírselo. / I think you should tell her.
Quizás lo mejor sería que se lo dijeras. / Perhaps it would be best if you told her.
¿Por qué no se lo dices? / Why don't you tell her?

para luchar por la igualdad de oportunidades laborales entre blancos y negros. La noción de **affirmative action** ha llegado a desatar más de una polémica, especialmente en el ámbito racial, donde sus detractores han considerado que dispensaba un trato preferencial a los negros e hispanos, y continúa siendo objeto de debate.

affix ■ n ['æfɪks] LING afijo *m*
■ vt [ə'fɪks] [notice, poster] pegar (**to** a)

afflict [ə'flɪkt] vt afligir ▸ **to be afflicted with sth** padecer algo

affliction [ə'flɪkʃən] n [suffering] padecimiento *m* / [misfortune] desgracia *f*

affluent ['æflʊənt] adj opulento(a), acomodado(a) ▸ **the ~ society** la sociedad opulenta

afford [ə'fɔːd] vt **1.** [financially] permitirse ▸ **to be able to ~ sth** poder permitirse algo ▸ **I can't ~ it** no me lo puedo permitir **2.** [non-financial use] **I can ~ to wait** puedo esperar ▸ **can you ~ the time?** ¿tienes tiempo? ▸ **I can't ~ not to** no puedo permitirme no hacerlo ▸ **we can't ~ another mistake** no podemos permitirnos cometer otro error **3.** *Formal* [give] proporcionar

affordable [ə'fɔːdəbəl] adj [price, purchase] asequible

affray [ə'freɪ] n altercado *m,* reyerta *f*

affront [ə'frʌnt] ■ n afrenta *f,* ofensa *f*
■ vt afrentar, ofender ▸ **to be/feel affronted** estar/sentirse ofendido(a)

Afghan ['æfgæn] ■ n **1.** [person] afgano(a) *m,f* **2.** [dog] (galgo *m*) afgano *m*
■ adj afgano(a) ▸ **~ hound** galgo *m* afgano

Afghanistan [æf'gænɪstɑːn] n Afganistán

aficionado [əfɪsɪə'nɑːdəʊ] (pl **aficionados**) n aficionado(a) *m,f*

afield [ə'fiːld] adv **to go further ~** ir más allá ▸ **to look further ~** buscar más

AFL/CIO [eɪef'elsiːaɪ'əʊ] n (abbr ***American Federation of Labor and Congress of Industrial Organizations***) = *federación estadounidense de sindicatos*

afloat [ə'fləʊt] adv a flote ▸ **to stay ~** [boat, company] mantenerse a flote

afoot [ə'fʊt] adv **there's something ~** se está tramando algo

aforementioned [ə'fɔːmenʃənd], ***aforesaid*** [ə'fɔːsed] adj *Formal* susodicho(a), mencionado(a)

afraid [ə'freɪd] adj **1.** [scared] **to be ~** tener miedo ▸ **I'm ~ of him** me da miedo ▸ **I'm ~ of dogs** tengo miedo a los perros ▸ **I'm ~ of making a mistake** tengo miedo de equivocarme ▸ **that's exactly what I was ~ of!** ¡eso es precisamente lo que me temía! ▸ **I was ~ there would be an accident** temía que ocurriera un accidente **2.** [sorry] **I'm ~ so/not** me temo que sí/no ▸ **I'm ~ she's out** me temo que ha salido ▸ **I'm ~ I can't help you** lo siento, no puedo ayudarle

afresh [ə'freʃ] adv de nuevo, otra vez ▸ **to start ~** empezar de nuevo

Africa ['æfrɪkə] n África

African ['æfrɪkən] ■ n africano(a) *m,f*
■ adj africano(a) ▸ **~ American** afroamericano(a) *m,f* ▸ **~ Union** Unión *f* Africana

Afrikaans [æfrɪ'kɑːnz] n afrikaans *m*

Afro ['æfrəʊ] ■ n peinado *m* (a lo) afro
■ adj afro

Afro-American ['æfrəʊə'merɪkən] n & adj afroamericano(a) *m,f*

Afro-Caribbean ['æfrəʊkærɪ'bɪən] n & adj afrocaribeño(a) *m,f*

aft [ɑːft] adv NAUT a popa

after ['ɑːftə(r)] ■ prep **1.** [with time] después de ▸ **~ today** a partir de hoy ▸ **~ dinner** después de cenar ▸ **the day ~ tomorrow** pasado mañana ▸ **it's ~ five** son más de las cinco ▸ *US* **it's twenty ~ six** son las seis y veinte ▸ **~ all** [all things considered] después de todo / [despite everything] a pesar de todo **2.** [with motion] **to run ~ sb** correr tras (de) alguien ▸ **close the door ~ you** cierra la puerta al salir **3.** [looking for] **to be ~ sb** buscar a alguien, andar detrás de alguien ▸ **the police are ~ him** la policía lo busca ▸ **I think she's ~ a pay-rise** me parece que anda detrás de *or* va buscando un aumento de sueldo **4.** [expressing order] **~ you!** [you first] ¡después de usted! ▸ **am I ~ you (***BR* **in the queue** *or* *US* **in line)?** ¿voy detrás de usted (en la cola)? ▸ **the first crossing ~ the traffic lights** el primer cruce después del semáforo ▸ **~ her, he is the best** después de ella, el mejor es él **5.** [expressing repetition] **day ~ day** un día tras otro ▸ **time ~ time** una y otra vez ▸ **year ~ year** año tras año ▸ **one ~ the other** uno tras otro ▸ **page ~ page of statistics** páginas y más páginas de estadísticas **6.** *BR* [in honour of] **to name sth/sb ~ sb** ponerle a algo/alguien el nombre de alguien
■ adv después ▸ **soon/long ~** poco/mucho después ▸ **the day/the week ~** el día/la semana siguiente
■ conj después de que ▸ **I came ~ he left** llegué cuando él ya se había ido ▸ **~ doing sth** después de hacer algo

afterbirth ['ɑːftəbɜːθ] n placenta *f,* secundinas *fpl*

aftercare ['ɑːftəkeə(r)] n [after operation] atención *f* posoperatoria / [of convalescent, delinquent] seguimiento *m*

after-dinner ['ɑːftədɪnə(r)] adj [speaker, speech] de sobremesa

aftereffects ['ɑːftərəfekts] npl [of accident, crisis] secuelas *fpl* / [of drug] efectos *mpl* secundarios

afterglow ['ɑːftəgləʊ] n [of sunset] luz *f* del crepúsculo / [of pleasant feeling] regusto *m* placentero

after-hours ['æftər'aʊəz] adv [after closing time] después de cerrar / [after work] después del trabajo

afterlife ['ɑːftəlaɪf] n otra vida *f,* vida *f* de ultratumba

aftermath ['ɑːftəmæθ] n [period] periodo *m* posterior / [result] secuelas *fpl,* consecuencias *fpl*

afternoon [ɑːftə'nuːn] n tarde *f* ▸ **in the ~** por la tarde ▸ **at two o'clock in the ~** a las dos de la tarde ▸ **good ~!** ¡buenas tardes! ▸ **~ tea** [meal] merienda *f*

after-sales service ['ɑːftəseɪlz'sɜːvɪs] n COM servicio *m* posventa

after-school ['ɑːftəskuːl] adj [activities] extraescolar *(después de las clases)*

aftershave ['ɑːftəʃeɪv] n [as perfume] colonia *f* ▸ ~

balm *or* **lotion** [to protect skin] loción *f* para después del afeitado *or MÉX* rasurado

aftersun ['ɑ:ftəsʌn] adj ~ **cream/lotion** crema *f*/ loción *f* para después del sol

aftertaste ['ɑ:ftəteɪst] n *also Fig* regusto *m* ▸ **it leaves an unpleasant ~** deja mal sabor de boca

after-tax ['ɑ:ftətæks] adj [profits, salary] después de impuestos

afterthought ['ɑ:ftəθɔ:t] n idea *f* tardía ▸ **it was an ~** se me ocurrió después

afterwards ['ɑ:ftəwədz] adv después

again [ə'gen] adv **1.** [in general] de nuevo, otra vez ▸ **to begin ~** volver a empezar ▸ **he never came back ~** no volvió nunca más ▸ **once ~** una vez más ▸ **don't do it ~!** ¡no lo vuelvas a hacer! ▸ **not you ~!** ¡otra vez tú! ▸ **~ and ~** una y otra vez ▸ **now and ~** de vez en cuando ▸ **half as much ~** la mitad más ▸ **what did you say ~?** ¿qué?, ¿cómo has dicho? **2.** [besides] además ▸ **(then) ~** [on the other hand] por otra parte ▸ **~, I may have imagined it** en fin, *ESP* puede que me lo haya imaginado *or AM* tal vez me lo imaginé

against [ə'genst] prep **1.** [in opposition to] contra, en contra de ▸ **to be ~ sth/sb** estar en contra de algo/ alguien ▸ **to have something ~ sth/sb** tener algo en contra de algo/alguien ▸ **to have nothing ~ sth/sb** no tener nada en contra de algo/alguien ▸ **it was ~ my principles** iba (en) contra (de) mis principios ▸ **~ the law** ilegal ▸ **~ my will** en contra de mi voluntad **2.** [as protection from] contra ▸ **to warn sb ~ sth/sb** poner a alguien en guardia contra algo/alguien **3.** [in contact with] contra ▸ **to lean ~ sth** apoyarse en *or AM* contra algo ▸ **she put the ladder ~ the wall** apoyó la escalera contra la pared **4.** [in comparison with] frente ▸ **the pound rose/fell ~ the dollar** la libra subió/bajó frente al dólar ▸ **inflation was 4.1 percent, as ~ 3.2 percent last year** hubo una inflación del 4,1 por ciento frente a un 3,2 por ciento del año pasado ▸ **~ the light** a contraluz

age [eɪdʒ] (continuous **aging** *or* **ageing**) ■ n **1.** [of person] edad *f* ▸ **to be twenty years of ~** tener veinte años ▸ **what ~ is she?, what's her ~?** ¿qué edad tiene?, ¿cuántos años tiene? ▸ **he doesn't look his ~** no aparenta la edad que tiene ▸ **at the ~ of twenty,** *US* **at ~ twenty** a los veinte años ▸ **people of all ages** gente de todas las edades ▸ **the fifteen-to-twenty ~ bracket** *or* **group** la franja de edad comprendida entre los quince y los veinte años ▸ **~ of consent** edad núbil ▸ **~ limit** límite *m* de edad **2. (old)** ~ vejez *f* **3.** [adulthood] **to come of ~** alcanzar la mayoría de edad ▸ **to be under ~** ser menor *(para beber, tener relaciones sexuales, etc.)* **4.** [era] época *f*, edad *f* ▸ **through the ages** a lo largo del tiempo **5.** *Fam* [long time] **it's ages since I saw him** hace siglos que no lo veo ▸ **I've been waiting (for) ages** llevo esperando una eternidad

■ vt & vi envejecer

aged adj **1.** [eɪdʒd] [of the age of] **~ twenty** de veinte años (de edad) **2.** ['eɪdʒɪd] [old] anciano(a)

ageing ['eɪdʒɪŋ] ■ n [of person, wine] envejecimiento *m* ▸ **~ process** proceso *m* de envejecimiento

■ adj [old] viejo(a) ▸ **the problem of Britain's ~ population** el problema del envejecimiento de la población británica

ageism ['eɪdʒɪzəm] n discriminación *f* por motivos de edad

ageist ['eɪdʒɪst] adj discriminatorio(a) por motivos de edad

agency ['eɪdʒənsɪ] n **1.** COM agencia *f* ▸ **advertising/ travel ~** agencia de publicidad/viajes **2. through the ~ of** mediante la intervención de

agenda [ə'dʒendə] n [of meeting] orden *m* del día, programa *m* ▸ *Fig* **to be on top of the ~** ser un asunto prioritario ▸ *Fig* **what is his real ~?** ¿cuáles son sus verdaderas intenciones?

agent ['eɪdʒənt] n **1.** [representative] agente *mf*, representante *mf* **2. (secret) ~** agente *mf* secreto(a) **3.** [instrument] **to be the ~ of** ser la causa de

age-old ['eɪdʒəʊld] adj [custom, problem] antiguo(a)

aggravate ['ægrəveɪt] vt **1.** [worsen] agravar **2.** *Fam* [annoy] fastidiar, molestar, *RP* hinchar

aggravating ['ægrəveɪtɪŋ] adj **1.** LAW agravante **2.** *Fam* [annoying] molesto(a), *RP* hinchón(ona) ▸ **it's very ~** fastidia un montón

aggravation [ægrə'veɪʃən] n **1.** [worsening] agravamiento *m*, empeoramiento *m* **2.** *Fam* [annoyance] fastidio *m*, molestia *f*

aggregate ['ægrɪgət] ■ n conglomerado *m* ▸ SPORT **on ~** en el total de la eliminatoria

■ adj total, conjunto(a) ▸ **~ score** puntuación *f* total

aggression [ə'greʃən] n [violence] agresividad *f* ▸ **an act of ~** una agresión

aggressive [ə'gresɪv] adj [violent] agresivo(a) / [vigorous, dynamic] enérgico(a), agresivo(a)

aggressively [ə'gresɪvlɪ] adv [violently] agresivamente / [vigorously] enérgicamente, agresivamente

aggressiveness [ə'gresɪvnɪs] n [hostility] agresividad *f* / [vigour] acometividad *f*, agresividad *f*

aggressor [ə'gresə(r)] n agresor(ora) *m,f*

aggrieved [ə'gri:vd] adj agraviado(a), ofendido(a) ▸ **to be ~** estar ofendido(a)

aggro ['ægrəʊ] n *Fam* [violence] camorra *f*, pelea *f*, [trouble] líos *mpl*, *ESP* follones *mpl*, *AM* relajo *m*

aghast [ə'gɑ:st] adj horrorizado(a), espantado(a)

agile [*BR* 'ædʒaɪl, *US* 'ædʒəl] adj ágil

agility [ə'dʒɪlɪtɪ] n agilidad *f*

agitate ['ædʒɪteɪt] ■ vt [liquid] revolver, agitar / [person] inquietar, agitar

■ vi **to ~ for/against sth** hacer campaña a favor de/en contra de algo

agitated ['ædʒɪteɪtɪd] adj inquieto(a), agitado(a) ▸ **to be ~** estar inquieto(a) *or* agitado(a)

agitation [ædʒɪ'teɪʃən] n **1.** [of person] inquietud *f*, agitación *f* **2.** [campaign] campaña *f*

agitator ['ædʒɪteɪtə(r)] n POL agitador(ora) *m,f*, activista *mf*

aglow [ə'gləʊ] adj **to be ~ with** [with colour] estar encendido(a) de / [with pleasure, excitement] estar rebosante de

AGM [eɪdʒi:'em] n *BR* COM (abbr ***annual general***

meeting) asamblea *f* or junta *f* general anual

agnostic [æg'nɒstɪk] n & adj agnóstico(a) *m,f*

agnosticism [æg'nɒstɪsɪzəm] n agnosticismo *m*

ago [ə'gəʊ] adv **ten years ~** hace diez años ▸ **a little while ~, a short time ~** hace un rato ▸ **long ~** hace mucho (tiempo) ▸ **not long ~** no hace mucho (tiempo) ▸ **as long ~ as 1840** ya en 1840 ▸ **how long ~ was that?** ¿hace cuánto tiempo fue (eso)?

agog [ə'gɒg] adj **to be ~ at sth** estar entusiasmado(a) *or* emocionado(a) con algo

agonize ['ægənaɪz] vi angustiarse, agobiarse (**over** por *or* con)

agonizing ['ægənaɪzɪŋ] adj [pain, death] atroz / [silence, wait] angustioso(a) / [decision, dilemma] peliagudo(a)

agony ['ægənɪ] n [physical pain] dolor *m* intenso / [anguish] angustia *f,* agonía *f* ▸ **to be in ~** morirse de dolor ▸ **it's ~ walking in these shoes** andar con estos zapatos es un martirio ▸ *BR* **~ aunt** [in newspaper] consultor(ora) *m,f* sentimental ▸ **~ column** [in newspaper] consultorio *m* sentimental

agoraphobia [ægərə'fəʊbɪə] n agorafobia *f*

agoraphobic [ægərə'fəʊbɪk] n & adj agorafóbico(a) *m,f*

agrarian [ə'greərɪən] adj agrario(a)

agree [ə'gri:] ■ vt **1.** [reach agreement on] [price, conditions] acordar, pactar ▸ **(are we) agreed?** ¿(estamos) de acuerdo? **2.** [concur] **to ~ (that)...** estar de acuerdo en que... ▸ **it is generally agreed that...** se suele admitir que... **3.** [consent] **to ~ to do sth** acordar hacer algo ▸ **we agreed to meet at six** quedamos a las seis ▸ **he agreed to pay** estuvo de acuerdo en pagar él ▸ **we'll have to ~ to differ on that** tendremos que aceptar las discrepancias en cuanto a eso ■ vi **1.** [be of same opinion, concur] estar de acuerdo (**about/with** en cuanto a/con) ▸ **I quite** *or* **entirely ~** estoy completamente de acuerdo ▸ **I'm afraid I can't ~** lo siento, pero no puedo estar conforme ▸ **I couldn't ~ more!** ¡estoy completamente de acuerdo! ▸ **at least we ~ about that** al menos estamos de acuerdo en eso ▸ **I don't ~ with all this violence on television** no me parece bien toda esa violencia que aparece en televisión **2.** [match] [statements, facts, opinions] coincidir, concordar (**with** con) / GRAM concordar **3.** [accept] acceder, consentir

◆ ***agree on*** vt insep [be in agreement on] estar de acuerdo en / [reach agreement on] ponerse de acuerdo en

◆ ***agree to*** vt insep acceder a, aceptar ▸ **he'll never ~ to that** nunca accederá a eso ▸ **to ~ to a condition/a proposal** aceptar una condición/una propuesta

◆ ***agree with*** vt insep [of food, climate] sentar bien a

agreeable [ə'gri:əbəl] adj **1.** [pleasant] agradable / [person] simpático(a) **2.** [acceptable] **if that is ~ to you** si le parece bien

agreed [ə'gri:d] adj [price, time] fijado(a)

agreement [ə'gri:mənt] n **1.** [contract, assent] acuerdo *m* ▸ **to come to an ~** llegar a un acuerdo ▸ **by mutual ~** de mutuo acuerdo ▸ **the proposal met with unanimous ~** la propuesta recibió un apoyo unánime ▸ **to be in ~ with sth/sb** estar de acuerdo con algo/alguien **2.** [of facts, account] **to be in ~ (with)** concordar (con), coincidir (con) **3.** GRAM concordancia *f*

agricultural [ægrɪ'kʌltʃərəl] adj agrícola ▸ **~ college** escuela *f* de agricultura ▸ **~ labourer** trabajador(ora) *m,f* agrícola

agriculture ['ægrɪkʌltʃə(r)] n agricultura *f*

agronomy [ə'grɒnəmɪ] n agronomía *f*

aground [ə'graʊnd] adv **to run ~** [ship] varar, encallar / [project, government] encallar

ahead [ə'hed] adv **1.** [forwards] adelante / [in front] delante, *AM* adelante, ▸ **to go on ~** adelantarse ▸ **to send sb (on) ~** enviar a alguien por delante, *AM* mandar a alguien adelante ▸ **~ of** delante de ▸ **the road ~ was clear** no había nadie en la carretera delante *or AM* adelante de nosotros/él/ellos/*etc.* **2.** [winning] **to be ~ (of)** [in race, opinion poll] ir por delante (de) ▸ [in match] ir ganando (a) ▸ **Liverpool are two goals ~** el Liverpool gana por dos goles ▸ **to get ~** [in career] triunfar ▸ **to get ~ of sb** adelantar a alguien **3.** [in time] **to plan ~** hacer planes con antelación *or* por adelantado ▸ **in the years ~** en los años venideros ▸ **~ of time** antes de tiempo ▸ **he was ~ of his time** se adelantó a su tiempo ▸ **how far ~ should one book?** ¿con cuánta antelación hace falta reservar? ▸ **the project is ~ of schedule** el proyecto va adelantado *or* va por delante del calendario previsto

ahem [ə'hem] exclam ¡ejem!

ahoy [ə'hɔɪ] exclam **~ there!** ¡ha del barco! ▸ **ship ~!** ¡barco a la vista!

AI ['eɪaɪ] n **1.** COMPTR (abbr ***artificial intelligence***) inteligencia *f* artificial **2.** BIOL (abbr ***artificial insemination***) inseminación *f* artificial **3.** POL (abbr ***Amnesty International***) AI, Amnistía *f* Internacional

aid [eɪd] ■ n **1.** [help, for disaster relief] ayuda *f* ▸ **with the ~ of** con la ayuda de ▸ **to go to sb's ~** acudir en ayuda de alguien ▸ **in ~ of** [fundraising event] a beneficio

HOW TO...

agree with someone

Estoy totalmente de acuerdo con ella. / I quite agree with her.
Tiene (toda la) razón. / You're (absolutely) right.
Yo también lo creo. / I think so too.
Pienso/opino lo mismo que usted. / I'm with you.
¡Desde luego! / Absolutely!
¡Exacto! / Exactly!
En parte, comparto su opinión. / I agree with you up to a point.
Coincido con usted en que... / I agree that...
Me parece bien. / That's fine by me.
Bueno, vale. *(informal)* / OK, then.

de ▸ *BR Fam* **what's (all) this in ~ of?** ¿a qué se debe (todo) esto? ▸ **~ worker** cooperante *mf* **2.** [device] ayuda *f* ▸ **teaching aids** material *m* didáctico *or* docente
■ vt [growth, development] ayudar a, contribuir a / [person] ayudar ▸ LAW **to ~ and abet sb** ser cómplice de alguien

aide [eɪd] n asistente *mf*

aide-de-camp ['eɪddə'kɒŋ] (pl **aides-de-camp**) n MIL ayudante *mf* de campo, edecán *m*

aide-mémoire ['eɪdmem'wɑː(r)] (pl **aides-mémoire** ['eɪdzmem'wɑː(r)]) n recordatorio *m*

AIDS [eɪdz] n (abbr ***Acquired Immunodeficiency Syndrome***) sida *m* ▸ **~ sufferer** enfermo(a) *m,f* de sida ▸ **~ clinic** clínica *f* para enfermos de sida ▸ **~ virus** virus *m* del sida

AIDS-related ['eɪdzrɪleɪtɪd] adj asociado(a) al sida ▸ **~ complex** CAS *m*, complejo *m* asociado al sida

ailing ['eɪlɪŋ] adj [person] enfermo(a) / [company, economy] enfermizo(a), débil

ailment ['eɪlmənt] n achaque *m*

aim [eɪm] ■ n **1.** [at target] puntería *f* ▸ **to take ~ at** apuntar a ▸ **her ~ was good** tenía buena puntería **2.** [goal] objetivo *m*, propósito *m* ▸ **with the ~ of doing sth** con el propósito de hacer algo
■ vt [blow, remark, TV programme] dirigir (**at** a) / [gun, camera] apuntar (**at** hacia *or* a) ▸ **to be aimed at sb** [remarks, TV programme] estar dirigido(a) a alguien
■ vi **to ~ at sth/sb** [with gun] apuntar a *or* hacia algo/alguien ▸ **to ~ to do sth** [intend] tener la intención de hacer algo

aimless ['eɪmlɪs] adj [existence] sin objetivos / [remark] vago(a)

ain't [eɪnt] *Fam* **1.** ➤ ***is not, am not, are not*** **2.** ➤ ***has not, have not***

air [eər] ■ n **1.** [in general] aire *m* ▸ **by ~** en avión ▸ **to be on the ~** [person, programme] estar en el aire ▸ **to throw sth (up) in the ~** lanzar algo al aire ▸ **our plans are up in the ~** [undecided] nuestros planes están en el aire ▸ **there's a feeling of hope in the ~** hay (un) ambiente de esperanza ▸ AUT **~ bag** airbag *m* ▸ **~ bed** colchón *m* hinchable ▸ **~ fare** (precio *m* del) *ESP* billete *m or AM* boleto *m or AM* pasaje *m* ▸ **~ filter** filtro *m* del aire ▸ **the Air Force** las Fuerzas Aéreas ▸ **~ freight** transporte *m* aéreo ▸ **~ freshener** ambientador *m* ▸ **~ hostess** azafata *f* de vuelo, *AM* aeromoza *f* ▸ **~ marshal** teniente *m* general de las fuerzas aéreas ▸ **~ pollution** contaminación *f* atmosférica, polución *f* ambiental ▸ **~ pressure** presión *f* atmosférica ▸ **~ raid** ataque *m* aéreo ▸ **~ rifle** escopeta *f* de aire comprimido ▸ **~ show** demostración *f or* exhibición *f* aérea ▸ **~ steward** auxiliar *m* de vuelo ▸ **~ stewardess** auxiliar *f* de vuelo, azafata *f* de vuelo, *AM* aeromoza *f* ▸ **~ terminal** terminal *f* de vuelo ▸ **~ traffic control** control *m* (del tráfico) aéreo ▸ **~ traffic controller** controlador(ora) *m,f* aéreo(a) **2.** [melody] melodía *f*, aire *m* **3.** [look] aire *m* ▸ **he has the ~ of somebody who has travelled** tiene aire de haber viajado mucho ▸ **to give oneself airs, to put on airs** darse aires, darse tono
■ vt [room, opinions, grievances] ventilar, airear / [clothing, bedding] airear, orear

airborne ['eəbɔːn] adj [aircraft] en vuelo / [seeds, particles] transportado(a) por el viento / [troops] aerotransportado(a) ▸ **to be ~** [aircraft] estar volando

airbrush ['eəbrʌʃ] ■ n aerógrafo *m*
■ vt [photograph] retocar *(con aerógrafo)*

air-conditioned ['eəkən'dɪʃənd] adj climatizado(a), con aire acondicionado ▸ **to be ~** [room] tener aire acondicionado

air-conditioning ['eəkən'dɪʃənɪŋ] n aire *m* acondicionado

air-cooled ['eəkuːld] adj con refrigeración de aire

aircraft ['eəkrɑːft] (pl **aircraft**) n [aeroplane] avión *m* / [any flying vehicle] aeronave *f* ▸ **~ carrier** portaaviones *m inv*

aircrew ['eəkruː] n AV tripulación *f*

airfield ['eəfiːld] n campo *m* de aviación

airhead ['eəhed] n *Fam* cabeza *mf* de chorlito, simple *mf*

airing ['eərɪŋ] n **to give sth an ~** [room, opinions, grievances] ventilar *or* airear algo / [clothing] airear *or* orear algo ▸ **~ cupboard** = *ropero en el que se encuentra la caldera del agua caliente, y que se utiliza para orear la ropa, sábanas, etc.*

air-kiss ['eəkɪs] vi besar al aire

airless ['eəlɪs] adj [evening, atmosphere] cargado(a) ▸ **an ~ room** una habitación en la que falta el aire

airlift ['eəlɪft] ■ n puente *m* aéreo
■ vt [supplies, troops] transportar mediante un puente aéreo

airline ['eəlaɪn] n línea *f* aérea ▸ **~ pilot** piloto *mf* comercial

airlock ['eəlɒk] n **1.** [in submarine, spacecraft] compartimento *m* estanco, esclusa *f* de aire **2.** [in pipe] burbuja *f* de aire

airmail ['eəmeɪl] ■ n correo *m* aéreo ▸ **~ letter** carta *f* por vía aérea
■ adv **to send sth ~** enviar algo por vía aérea
■ vt [letter] mandar por vía aérea

airplane ['eəpleɪn] n *US* avión *m*

airport ['eəpɔːt] n aeropuerto *m*

air-sea rescue ['eəsiː'reskjuː] n rescate *m* marítimo desde el aire

airship ['eəʃɪp] n dirigible *m*

airsick ['eəsɪk] adj **to be ~** marearse *(en un avión)*

airspace ['eəspeɪs] n espacio *m* aéreo

airstrip ['eəstrɪp] n pista *f* de aterrizaje

airtight ['eətaɪt] adj hermético(a)

airtime ['eətaɪm] n RAD & TV tiempo *m* de emisión

air-to-surface ['eətə'sɜːfɪs] adj [missile] aire-superficie

airwaves ['eəweɪvz] npl **his voice came over the ~** su voz llegó a través de las ondas

airway ['eəweɪ] n **1.** [of body] vía *f* respiratoria **2.** [for aeroplane] ruta *f* aérea

airworthy ['eəwɜːðɪ] adj AV **to be ~** estar en condiciones de volar

airy ['eərɪ] adj **1.** [room, house] aireado(a) y

espacioso(a) **2.** [person, attitude] ligero(a), despreocupado(a)

airy-fairy ['eərɪ'feərɪ] adj *Fam* [idea, scheme] fantasioso(a), poco realista

aisle [aɪl] n [in church] nave *f* lateral / [in plane, bus, cinema] pasillo *m* ▸ *Fam* **to have them rolling in the aisles** [comedian] hacer que se caigan por los suelos *or RP* se revuelquen por el piso de risa ▸ **~ seat** [in plane] asiento *m* de pasillo

ajar [ə'dʒɑː(r)] adj & adv entornado(a)

aka [eɪkeɪ'eɪ] adv (abbr ***also known as***) alias

akimbo [ə'kɪmbəʊ] adj **with arms ~** con los brazos en jarras

akin [ə'kɪn] adj **~ to** parecido(a) a

alabaster ['æləbæstə(r)] n alabastro *m*

alacrity [ə'lækrɪtɪ] n presteza *f*

alarm [ə'lɑːm] ■ n alarma *f* ▸ **to raise** *or* **give the ~** dar la alarma ▸ **there's no cause for ~** no hay motivo de alarma ▸ **~ clock** (reloj *m*) despertador *m* ▸ **~ signal** señal *f* de alarma
■ vt alarmar ▸ **to be alarmed at sth** estar alarmado(a) por algo

alarming [ə'lɑːmɪŋ] adj alarmante

alarmist [ə'lɑːmɪst] n & adj alarmista *mf*

alas [ə'læs] ■ exclam ¡ay de mí!
■ adv desgraciadamente

Albania [æl'beɪnɪə] n Albania

Albanian [æl'beɪnɪən] ■ n **1.** [person] albanés(esa) *m,f* **2.** [language] albanés *m*
■ adj albanés(esa)

albatross ['ælbətrɒs] n albatros *m inv*

albeit [ɔːl'biːɪt] conj aunque ▸ **a brilliant, ~ uneven, novel** una novela brillante, aunque desigual

albino [æl'biːnəʊ] (pl **albinos**) n albino(a) *m,f*

album ['ælbəm] n [for photos, stamps, record] álbum *m*

albumen ['ælbjʊmɪn] n **1.** [in egg] albumen *m* **2.** [in blood] albúmina *f*

alchemist ['ælkəmɪst] n alquimista *mf*

alchemy ['ælkəmɪ] n alquimia *f*

alcohol ['ælkəhɒl] n alcohol *m*

alcoholic [ælkə'hɒlɪk] ■ n [person] alcohólico(a) *m,f*
■ adj alcohólico(a)

alcoholism ['ælkəhɒlɪzəm] n alcoholismo *m*

alcopop ['ælkəʊpɒp] n *BR = combinado alcohólico con aspecto de refresco que se comercializa envasado*

alcove ['ælkəʊv] n hueco *m*

alder ['ɔːldə(r)] n [tree] aliso *m*

ale [eɪl] n = *cerveza inglesa de malta*

alert [ə'lɜːt] ■ n alerta *f* ▸ **to be on the ~** estar alerta
■ adj [mind] lúcido(a) ▸ **to be ~** [watchful] estar alerta *or* vigilante / [lively] ser despierto(a) *or* espabilado(a) ▸ **to be ~ to sth** [aware of] ser consciente de algo
■ vt alertar ▸ **he alerted them to the danger** los alertó del peligro

alertness [ə'lɜːtnɪs] n [watchfulness] actitud *f* vigilante / [liveliness] vivacidad *f*

Aleutian Islands [æl'uːʃən'aɪləndz] npl **the ~** las (Islas) Aleutianas

Alexandria [ælɪg'zɑːndrɪə] n Alejandría

alfalfa [æl'fælfə] n alfalfa *f*

alfresco [æl'freskəʊ] adj & adv al aire libre

algae ['ældʒiː] npl algas *fpl*

algebra ['ældʒɪbrə] n álgebra *f*

Algeria [æl'dʒɪərɪə] n Argelia

Algerian [æl'dʒɪərɪən] n & adj argelino(a) *m,f*

Algiers [æl'dʒɪəz] n Argel

algorithm ['ælgərɪðəm] n COMPTR algoritmo *m*

alias ['eɪlɪəs] ■ n alias *m inv*
■ adv alias

alibi ['ælɪbaɪ] n LAW coartada *f*

Alice band ['ælɪsbænd] n cinta *f* para el cabello

alien ['eɪlɪən] ■ n **1.** *Formal* [foreigner] extranjero(a) *m,f* **2.** [from outer space] extraterrestre *mf,* alienígena *mf*
■ adj **1.** [strange] extraño(a) ▸ **it was ~ to her nature** era ajeno a su carácter **2.** [from outer space] extraterrestre, alienígena

alienate ['eɪlɪəneɪt] vt [supporters, readers] alejar, provocar el distanciamiento de

alienated ['eɪlɪəneɪtɪd] adj **they feel ~ from society** se sienten marginados de la sociedad

alight[1] [ə'laɪt] adj [burning] **to be ~** estar ardiendo *or* en llamas ▸ **to set sth ~** prender fuego a algo

alight[2] vi **1.** *Formal* [from train, car] apearse (**at** en) **2.** [bird, glance] posarse (**on** sobre *or* en)

align [ə'laɪn] vt alinear ▸ **to ~ oneself with/against sb** alinearse con/contra alguien

alignment [ə'laɪnmənt] n alineamiento *m,* alineación *f* ▸ **out of ~** desalineado(a), no alineado(a) ▸ **in ~** alineado(a)

alike [ə'laɪk] ■ adj igual ▸ **to look ~** parecerse ▸ **they are all ~!** ¡todos son iguales!
■ adv [treat, dress, think] igual ▸ **old and young ~** jovenes y viejos por igual

alimentary canal [ælɪ'mentərɪkə'næl] n ANAT tracto *m* alimentario, tubo *m* digestivo

alimony ['ælɪmənɪ] n LAW pensión *f* (matrimonial) compensatoria

alive [ə'laɪv] adj **1.** [living] vivo(a) ▸ **to be ~** estar vivo(a) ▸ **to keep sb ~** mantener vivo(a) a alguien ▸ **to keep a memory ~** mantener un recuerdo vivo ▸ **to stay ~** sobrevivir ▸ **to be burnt/buried ~** ser quemado(a)/enterrado(a) vivo(a) ▸ **to be ~ and well** [still living] estar a salvo ▸ **the oldest man ~** el hombre más viejo del mundo **2.** [aware] **to be ~ to sth** ser consciente de algo, darse cuenta de algo **3.** [full of vitality] **I've never felt so ~** nunca me he sentido tan lleno de vida ▸ **he came ~ when someone mentioned food** revivió cuando alguien nombró la comida **4.** [teeming] **to be ~ with sth** ser un hervidero de algo

alkali ['ælkəlaɪ] n álcali *m,* base *f*

alkaline ['ælkəlaɪn] adj alcalino(a)

all [ɔːl] ■ adj **1.** [every one of] todos(as) ▸ **~ men** todos los hombres ▸ **~ the others** todos los demás ▸ **~ four of them** los cuatro ▸ **~ the books** todos los libros ▸ **they**

are ~ smokers todos fuman, todos son fumadores ▸ **at ~ hours** a todas horas, continuamente **2.** [the whole of] todo(a) ▸ **~ the wine** todo el vino ▸ **~ day** todo el día ▸ **~ week** toda la semana ▸ **she has lived here ~ her life** ha vivido aquí toda la *or* su vida ▸ **~ the time** todo el tiempo ▸ **he leaves the door open ~ the time** siempre se deja la puerta abierta ▸ **is that ~ the money you're taking?** ¿no te llevas más que ese dinero? **3.** [for emphasis] **she helped me in ~ sorts of ways** me ayudó de mil maneras ▸ **what's ~ that noise?** ¿qué es ese escándalo? ▸ **in ~ honesty** para ser francos ▸ *Fam* **and ~ that** y todo eso ▸ **it's not ~ that easy** no es tan fácil ▸ **for ~ her apparent calm, she was actually very nervous** a pesar de su aparente tranquilidad, estaba realmente muy nerviosa ▸ **you, of ~ people, should understand** tú deberías comprenderlo mejor que nadie ▸ **of ~ the times to phone!** ¡vaya un momento para llamar!

■ pron **1.** [everyone] todos(as) *m,fpl* ▸ **~ of them say that..., they ~ say that...** todos dicen que... ▸ **~ of us** todos (nosotros) ▸ **we ~ love him** todos lo queremos ▸ **~ together** todos juntos **2.** [everything] [replacing uncountable noun] todo(a) *m,f* / [replacing plural noun] todos(as) *m,fpl* ▸ **I want ~ of it** lo quiero todo ▸ **~ of them are blue, they are ~ blue** todos son azules ▸ **I did ~ I could** hice todo lo que pude ▸ **it was ~ I could do not to laugh** apenas pude aguantar la risa ▸ **best/worst of ~,...** y lo que es mejor/peor,... ▸ **I like this one best of ~** este es el que más me gusta ▸ **most of ~** ante todo ▸ **when I was busiest of ~** cuando estaba más ocupado ▸ **that's ~** eso es todo ▸ **is that ~?** ¿nada más?, ¿es eso todo? ▸ **~ I said was "good morning"** sólo dije "buenos días" ▸ **when all's said and done** a fin de cuentas ▸ **for ~ I know** por lo que yo sé ▸ **it's ~ the same to me** me da lo mismo ▸ **thirty men in ~** treinta hombres en total ▸ **~ in ~** en resumen, en suma ▸ **it cost £260, ~ in** costó 260 libras con todo incluido ▸ *Ironic* **it cost ~ of £2** costó la increíble suma de 2 libras

■ adv **1.** [entirely] totalmente, completamente ▸ **he was left ~ alone** lo dejaron (completamente) solo(a) ▸ **he did it ~ on his own** lo hizo él solo ▸ **to be (dressed) ~ in black** ir (vestido(a)) todo de negro ▸ **to be ~ for sth** ser partidario(a) de algo ▸ **to be ~ ears** ser todo oídos ▸ **he's not ~ bad** no es del todo malo ▸ **~ around the room** por toda la habitación ▸ **~ over (the place)** por todas partes ▸ **~ too soon** demasiado pronto ▸ **~ at once** [suddenly] de repente / [at the same time] a la vez ▸ **~ along** desde el principio ▸ **~ but** [almost] casi ▸ **it's ~ yours** es todo tuyo ▸ *Fam* **to be ~ in** [exhausted] estar hecho(a) polvo *or* una piltrafa, *MÉX* estar camotes **2.** [with comparatives] **~ the better/worse** tanto mejor/peor ▸ **the noise made it ~ the harder to hear them** con el ruido era aún más difícil oírlos **3.** [in games] **two ~** [in soccer] empate *m* a dos ▸ **four (games) ~** [in tennis] empate a cuatro juegos ▸ **fifteen ~** [in tennis] quince iguales

■ n **to give one's ~** darlo todo

Allah ['ælə] n Alá *m*

all-American [ɔːlə'merɪkən] adj típico(a) americano(a), típico(a) estadounidense

all-around *US* ➤ ***all-round***

allay [ə'leɪ] vt [doubts, suspicions] despejar / [fear, pain] apaciguar, aplacar

all-clear ['ɔːl'klɪə(r)] n [after air-raid] señal *f* de que pasó el peligro / [for project] luz *f* verde

all-day ['ɔːl'deɪ] adj de todo el día

allegation [ælɪ'geɪʃən] n acusación *f*

allege [ə'ledʒ] vt alegar ▸ **it is alleged that...** se dice que...

alleged [ə'ledʒd] adj presunto(a)

allegedly [ə'ledʒɪdlɪ] adv presuntamente

allegiance [ə'liːdʒəns] n lealtad *f*

allegory ['ælɪgərɪ] n alegoría *f*

all-embracing [ɔːlɪm'breɪsɪŋ] adj general, global

allergen ['ælədʒən] n alergeno *m*

allergic [ə'lɜːdʒɪk] adj alérgico(a) (**to** a)

allergy ['ælədʒɪ] n alergia *f* ▸ **to have an ~ to sth** tener alergia a algo

alleviate [ə'liːvɪeɪt] vt [pain, symptoms] aliviar

alley ['ælɪ] n callejón *m*, callejuela *f* ▸ **~ cat** gato *m* callejero

alleyway ['ælɪweɪ] n callejón *m*, callejuela *f*

alliance [ə'laɪəns] n alianza *f* ▸ **to enter into an ~ (with)** formar una alianza (con), aliarse (con)

allied ['ælaɪd] adj [countries] aliado(a) / [issues, phenomena] afín, asociado(a)

alligator ['ælɪgeɪtə(r)] n caimán *m* ▸ **~ shoes/handbag** zapatos *mpl*/bolso *m* de cocodrilo

all-important ['ɔːlɪm'pɔːtənt] adj fundamental, esencial

all-in ['ɔːlɪn] adj [price] con todo incluido ▸ **~ wrestling** lucha *f* libre

all-inclusive ['ɔːlɪn'kluːsɪv] adj [price, holiday] con todo incluido

all-in-one ['ɔːlɪn'wʌn] adj [garment] de una pieza

alliteration [əlɪtə'reɪʃən] n aliteración *f*

all-night ['ɔːlnaɪt] adj [party, session] de toda la noche

all-nighter ['ɔːl'naɪtə(r)] n **the party was an ~** la fiesta duró toda la noche

allocate ['æləkeɪt] vt asignar (**to** a)

allocation [ælə'keɪʃən] n asignación *f*

allot [ə'lɒt] (pt & pp **allotted**) vt asignar ▸ **in the allotted time** en el tiempo asignado

allotment [ə'lɒtmənt] n **1.** *BR* [plot of land] huerto *m* de ocio, parcela *f* *(arrendada por el ayuntamiento para cultivo)* **2.** [of time, money] asignación *f*

all-out ['ɔː'laʊt] ■ adj [effort] supremo(a) / [opposition, resistance] total / [war] sin cuartel / [attack] frontal ▸ **an ~ strike** una huelga general

■ adv **to go ~ to do sth** poner toda la carne en el asador para hacer algo

allow [ə'laʊ] vt **1.** [permit] permitir ▸ **to ~ sb to do sth** permitir a alguien hacer *or* que haga algo, dejar a alguien hacer algo ▸ **smoking is not allowed** se prohíbe *or* no se permite fumar ▸ **they'll never ~ you to do it** nunca te dejarán hacerlo ▸ **~ me!** [offering help] ¡permítame! ▸ **I am allowed to do it** tengo permiso para hacerlo ▸ **to ~ oneself to be deceived/persuaded**

dejarse engañar/convencer **2.** [allocate, grant] dar, conceder ▸ **~ an hour to get to the airport** deja una hora para llegar al aeropuerto

◆ ***allow for*** vt insep tener en cuenta ▸ **add another hour to ~ for delays** añade una hora más por si hay retraso

allowable [ə'laʊəbəl] adj [error, delay] permisible

allowance [ə'laʊəns] n **1.** [government grant] subsidio *m* / [from parents] asignación *f* / *US* [pocket money] paga *f* ▸ **travel ~** gastos *mpl* de viaje, dietas *fpl* **2. to make ~ for sth** [take into account] tener algo en cuenta ▸ **I'm tired of making allowances for his inexperience** estoy harto de hacer concesiones *or* de disculparle por su falta de experiencia

alloy ['ælɔɪ] n aleación *f*

all-party ['ɔːl'pɑːtɪ] adj [committee, initiative] de todos los partidos

all-powerful ['ɔːl'paʊəfʊl] adj todopoderoso(a)

all-purpose ['ɔːl'pɜːpəs] adj multiuso ▸ **~ cleaner/adhesive** limpiador *m*/adhesivo *m* multiuso

all right, alright [ɔːl'raɪt] ■ adj [well] **to be ~** estar bien ▸ **are you ~?** ¿estás bien? ▸ **he was in a car crash but he's ~** tuvo un accidente, pero no le pasó nada ▸ **it's ~** [acceptable] no está mal / [not a problem] está bien ▸ **to be ~ for money** tener dinero suficiente ▸ **she's ~ at dancing/at French** no se le da mal el baile/el francés ▸ *BR Fam* **she's a bit of ~!** ¡está buenísima!
■ adv [yes] vale ▸ **is it ~ if I smoke?** ¿puedo fumar? ▸ **~, let's get started** venga, vamos a empezar

all-round ['ɔːl'raʊnd], *US* ***all-around*** ['ɔːlə-raʊnd] adj [education, improvement] general ▸ **an ~ athlete** un/una atleta completo(a)

all-rounder ['ɔːl'raʊndə(r)] n *BR* **he's an ~** todo se le da bien

all-singing all-dancing [ɔːl'sɪŋɪŋɔːl'dɑːnsɪŋ] adj *Hum* **1.** [versatile] multiusos *inv,* todoterreno **2.** [extravagant] **the conference was an ~ affair** el congreso resultó una celebración por todo lo alto

allspice ['ɔːlspaɪs] n pimienta *f* inglesa

all-star ['ɔːl'stɑː(r)] adj **an ~ cast** un reparto de primeras figuras, un reparto estelar

all-time ['ɔːl'taɪm] adj [record] sin precedentes / [favourite] de todos los tiempos ▸ **~ high/low** máximo *m*/mínimo *m* histórico

allude [ə'luːd] vi aludir (**to** a)

allure [ə'lʊə(r)] n atractivo *m,* encanto *m*

allusion [ə'luːʒən] n alusión *f* ▸ **to make an ~ (to)** hacer (una) alusión (a)

allusive [ə'luːsɪv] adj alusivo(a)

all-weather ['ɔːl'weðə(r)] adj para cualquier tiempo

ally ■ n ['ælaɪ] aliado(a) *m,f*
■ vt [ə'laɪ] **to ~ oneself with...** aliarse con...

almanac ['ælmənæk] n [calendar] almanaque *m*

almighty [ɔːl'maɪtɪ] ■ n **the Almighty** el Todopoderoso
■ adj *Fam* [fuss, row] de mil demonios, *RP* de la gran siete

almond ['ɑːmənd] n almendra *f* ▸ **~ tree** almendro *m*

almost ['ɔːlməʊst] adv casi ▸ **it's ~ six o'clock** son casi las seis ▸ **we're ~ there** [in journey] casi hemos llegado / [in task] casi hemos acabado

alms [ɑːmz] npl limosna *f*

aloft [ə'lɒft] adv por el aire, en vilo ▸ **to hold sth ~** levantar algo en el aire

alone [ə'ləʊn] adj & adv solo(a) ▸ **to be ~** estar solo(a) ▸ **to leave sth/sb ~** dejar algo/a alguien en paz ▸ **I did it ~** lo hice yo solo ▸ **to go it ~** ir por libre ▸ **we are not ~ in thinking that...** no somos los únicos que pensamos que... ▸ **you ~ can help me** tú eres el/la único(a) que me puede ayudar ▸ **my salary ~ isn't enough** con mi sueldo sólo no es suficiente ▸ **let ~...** mucho menos... ▸ **I can't afford a bicycle, let ~ a car!** no puedo comprarme una bicicleta, mucho menos un coche *or* *AM* carro *or* *RP* auto

along [ə'lɒŋ] ■ prep a lo largo de ▸ **to walk ~ the shore/a street** caminar por la costa/una calle ▸ **somewhere ~ the way** en algún punto (del camino)
■ adv **to move ~** avanzar ▸ **he'll be ~ in ten minutes** vendrá en diez minutos ▸ **to bring sth/sb ~** traerse algo/a alguien (consigo) ▸ **he knew all ~** lo sabía todo el tiempo, lo sabía desde el principio ▸ **~ with** [as well as] además de, junto con

alongside [ə'lɒŋ'saɪd] prep [next to] junto a / [together with] junto con ▸ NAUT **to come ~ the quay** arrimarse de costado al muelle

aloof [ə'luːf] ■ adj [person, manner] distante
■ adv al margen ▸ **to remain ~ (from)** mantenerse al margen (de)

aloofness [ə'luːfnɪs] n actitud *f* distante

aloud [ə'laʊd] adv en alto, en voz alta ▸ **I was thinking ~** estaba pensando en voz alta

alpha ['ælfə] n alfa *f* ▸ PHYS **~ rays** radiación *f* *or* rayos *mpl* alfa

alphabet ['ælfəbet] n alfabeto *m*

alphabetical [ælfə'betɪkl] adj alfabético(a) ▸ **in ~ order** en orden alfabético

alphabetically [ælfə'betɪklɪ] adv alfabéticamente

alpine ['ælpaɪn] adj alpino(a)

Alps [ælps] npl **the ~** los Alpes

al-Qaeda [æl'kaɪdə] n Al-Qaeda *n*

already [ɔːl'redɪ] adv ya ▸ **I've ~ seen it,** *US* **I ~ saw it** ya lo he visto, *AM* ya lo vi

alright ➤ ***all right***

Alsatian [æl'seɪʃən] ■ n [dog] pastor *m* alemán / [person from Alsace] alsaciano(a) *m,f*
■ adj [from Alsace] alsaciano(a)

also ['ɔːlsəʊ] adv también, además ▸ **not only... but ~...** no sólo..., sino también...

also-ran ['ɔːlsəʊræn] n [in horse race] = *caballo no clasificado entre los tres primeros* ▸ *Fig* [person] **he is just an ~** sólo es uno más *or* uno del montón

alt [ɔːlt] n COMPTR **~ key** tecla *f* alt

altar ['ɔːltə(r)] n altar *m* ▸ **~ boy** monaguillo *m*

alter ['ɔːltə(r)] ■ vt [person, design, plan] cambiar, alterar / [garment] arreglar ▸ **he altered his opinion** cambió de opinión ▸ **that doesn't ~ the fact that...** eso no cambia el hecho de que...

■ vi cambiar, alterarse

alteration [ɔːltəˈreɪʃən] n [to design, plan] cambio *m,* alteración *f* / [to timetable] alteración *f* / [to garment] arreglo *m*

altercation [ɔːltəˈkeɪʃən] n altercado *m*

alter ego [ˈæltəˈriːgəʊ] (pl **alter egos**) n álter ego *m*

alternate ■ adj [ɔːlˈtɜːnət] alterno(a) ▸ **on ~ days** en días alternos, cada dos días
■ vt [ˈɔːltəneɪt] alternar
■ vi alternar (**with** con)

alternately [ɔːlˈtɜːnətlɪ] adv alternativamente

alternating [ˈɔːltəneɪtɪŋ] adj alterno(a) ▸ ELEC **~ current** corriente *f* alterna

alternative [ɔːlˈtɜːnətɪv] ■ n [choice] alternativa *f* ▸ **there is no ~** no hay alternativa ▸ **she had no ~ but to obey** no tenía más remedio que obedecer
■ adj [plan, route, music, comedy] alternativo(a) ▸ **an ~ proposal** una alternativa ▸ **~ energy** energía *f* alternativa ▸ **~ medicine** medicina *f* alternativa

alternatively [ɔːlˈtɜːnətɪvlɪ] adv [on the other hand] si no ▸ **~, we could go to the beach** si no, podríamos ir a la playa

alternator [ˈɔːltəneɪtə(r)] n ELEC alternador *m*

although [ɔːlˈðəʊ] conj aunque

altitude [ˈæltɪtjuːd] n altitud *f* ▸ **~ sickness** mal *m* de altura, *ANDES* soroche *m*

alto [ˈæltəʊ] MUS ■ n (pl **altos**) contralto *m,f*
■ adj contralto ▸ **~ saxophone** saxo *m* alto

altogether [ɔːltəˈgeðə(r)] ■ adv **1.** [entirely] completamente, enteramente ▸ **I was not ~ pleased** no estaba del todo contento **2.** [in total] en total **3.** [on the whole] en general
■ n *Fam* **in the ~** [naked] como Dios lo/la trajo al mundo, en cueros, *CHILE* pilucho(a), *COL* en bola

altruism [ˈæltrʊɪzəm] n altruismo *m*

altruist [ˈæltrʊɪst] n altruista *mf*

altruistic [æltrʊˈɪstɪk] adj altruista

aluminium [æljʊˈmɪnɪəm], *US* ***aluminum*** [əˈluːmɪnəm] n aluminio *m* ▸ **~ foil** papel *m* de aluminio

alumnus [əˈlʌmnəs] (pl **alumni** [əˈlʌmnaɪ]) *US* n antiguo alumno *m*

always [ˈɔːlweɪz] adv siempre ▸ **I can ~ try** siempre puedo intentarlo

AM [ˈeɪˈem] n RAD (abbr ***amplitude modulation***) AM *f*

am [æm] 1st person singular *of* **be**

a.m. [ˈeɪˈem] adv (abbr ***ante meridiem***) a.m., de la mañana ▸ **five a.m.** las cinco de la mañana

amalgam [əˈmælgəm] n amalgama *f*

amalgamate [əˈmælgəmeɪt] ■ vt [metals, ideas] amalgamar / [companies] fusionar
■ vi [companies] unirse, fusionarse

amass [əˈmæs] vt [wealth] amasar / [objects, information, evidence] acumular, reunir

amateur [ˈæmətə(r)] ■ n [non-professional] aficionado(a) *m,f*
■ adj [painter, musician] aficionado(a) / [work, performance] de aficionado ▸ **it was a rather ~ job** fue un trabajo chapucero *or* de aficionados

amateurish [æməˈtɜːrɪʃ] adj *Pej* chapucero(a)

amateurism [ˈæmətərɪzəm] n **1.** SPORT amateurismo *m* **2.** *Pej* [of work, performance] chapucería *f*

amaze [əˈmeɪz] vt asombrar, pasmar ▸ **to be amazed at** *or* **by sth** quedarse atónito(a) *or* pasmado(a) ante algo

amazement [əˈmeɪzmənt] n asombro *m,* estupefacción *f* ▸ **she watched in ~** miró asombrada

amazing [əˈmeɪzɪŋ] adj **1.** [surprising] asombroso(a), extraordinario(a) ▸ **it's ~ that no one was hurt** es increíble que nadie resultara herido **2.** [excellent] genial, extraordinario(a)

Amazon [ˈæməzən] n **1. the ~** [river] el Amazonas / [region] la Amazonia **2.** [female warrior] amazona *f*

ambassador [æmˈbæsədə(r)] n embajador(ora) *m,f*

amber [ˈæmbə(r)] ■ n ámbar *m*
■ adj ambarino(a)

ambiance ➤ ***ambience***

ambidextrous [æmbɪˈdekstrəs] adj ambidextro(a), ambidiestro(a)

ambience, ambiance [ˈæmbɪəns] n ambiente *m*

ambient [ˈæmbɪənt] adj [temperature] ambiente, ambiental / [noise, lighting] ambiental

ambiguity [æmbɪˈgjuːɪtɪ] n ambigüedad *f*

ambiguous [æmˈbɪgjʊəs] adj ambiguo(a)

ambition [æmˈbɪʃən] n ambición *f*

ambitious [æmˈbɪʃəs] adj ambicioso(a)

ambivalent [æmˈbɪvələnt] adj ambivalente

amble [ˈæmbəl] vi [person] deambular

ambulance [ˈæmbjʊləns] n ambulancia *f* ▸ **~ man/woman** hombre *m*/mujer *f* de la ambulancia

ambush [ˈæmbʊʃ] ■ n *also Fig* emboscada *f*
■ vt *also Fig* tender una emboscada a

ameba, amebic *US* ➤ ***amoeba, amoebic***

amen [ˈɑːˈmen] exclam REL amén

amenable [əˈmiːnəbəl] adj receptivo(a) ▸ **to be ~ to reason** atender a razones ▸ **to prove ~ to a suggestion** acoger bien una sugerencia

amend [əˈmend] vt [text, law] enmendar, modificar / [plans, schedule] modificar / [error] corregir

amendment [əˈmendmənt] n [to text, law] enmienda *f* (**to** a), modificación *f* (**to** de) / [to plans, schedule] modificación *f* / [of error] corrección *f*

amends [əˈmendz] npl **to make ~ (for sth)** compensar (algo) ▸ **to make ~ to sb for sth** resarcir a alguien por *or* de algo

amenity [əˈmiːnɪtɪ] n [facility, service] servicio *m* ▸ **amenities** comodidades *fpl,* servicios *mpl*

America [əˈmerɪkə] n [United States] Estados Unidos, América / [continent] América

American [əˈmerɪkən] ■ n [from USA] estadounidense *mf,* americano(a) *m,f*
■ adj [of USA] estadounidense, americano(a) / [of continent] americano(a) ▸ **the ~ Civil War** la guerra civil *or* de secesión americana ▸ **~ football** fútbol *m* americano ▸ **~ Indian** amerindio(a) *m,f*

Americanization [əmerɪkənaɪ'zeɪʃen] n americanización *f*

amethyst ['æmɪθɪst] n amatista *f*

amiable ['eɪmɪəbəl] adj afable, amable

amicable ['æmɪkəbəl] adj [relationship, agreement] amistoso(a), amigable

amid [ə'mɪd], ***amidst*** [ə'mɪdst] prep entre, en medio de

amino acid [ə'mi:nəʊ'æsɪd] n aminoácido *m*

amiss [ə'mɪs] ■ adj **there's something ~** algo va mal ■ adv **to take sth ~** tomarse algo a mal ▸ **a cup of coffee wouldn't go ~** no vendría mal un café

ammeter ['æmi:tə(r)] n ELEC amperímetro *m*

ammonia [ə'məʊnɪə] n amoniaco *m*

ammunition [æmjʊ'nɪʃən] n [for guns] munición *f* / *Fig* [in debate, argument] argumentos *mpl*

amnesia [æm'ni:zɪə] n MED amnesia *f*

amnesty ['æmnɪstɪ] n amnistía *f*

amniotic [æmnɪ'ɒtɪk] adj amniótico(a) ▸ **~ fluid** líquido *m* amniótico

amoeba, *US* ***ameba*** [ə'mi:bə] n ameba *f*

amoebic, *US* ***amebic*** [ə'mi:bɪk] adj amebiano(a) ▸ **~ dysentery** disentería *f* amebiana

amok [ə'mɒk], ***amuck*** [ə'mʌk] adv **the demonstrators ran ~ through the town** los manifestantes se descontrolaron y recorrieron la ciudad destrozando todo a su paso ▸ **a gunman ran ~** un hombre perturbado disparó indiscriminadamente contra la multitud

among [ə'mʌŋ], ***amongst*** [ə'mʌŋst] prep entre ▸ **we are ~ friends** estamos entre amigos ▸ **~ the best** entre los mejores ▸ **~ other things** entre otras cosas ▸ **they quarrel ~ themselves** se pelean entre ellos ▸ **the money was divided ~ them** se repartió el dinero entre ellos

amoral [eɪ'mɒrəl] adj amoral

amorphous [ə'mɔ:fəs] adj amorfo(a)

amortization [æmɔ:taɪ'zeɪʃən] n FIN [of debt, asset] amortización *f*

amount [ə'maʊnt] n cantidad *f* ▸ **a certain ~ of discomfort** una cierta incomodidad ▸ **no ~ of money could persuade her to do it** no lo haría ni por todo el oro del mundo

◆ ***amount to*** vt insep **1.** [add up to] ascender a ▸ **her debts ~ to £700** sus deudas ascienden a 700 libras **2.** [mean] **it amounts to the same thing** viene a ser lo mismo, equivale a lo mismo ▸ **he'll never ~ to much** nunca llegará a nada

amp [æmp] n **1.** ELEC [unit] amperio *m* ▸ **a 13-~ plug** un enchufe (con fusible) de 13 amperios **2.** [amplifier] amplificador *m*

ampere ['æmpeə(r)] n ELEC amperio *m*

ampersand ['æmpəsænd] n TYP signo *m* et, ampersand *m*

amphetamine [æm'fetəmɪn] n anfetamina *f*

amphibian [æm'fɪbɪən] ■ n anfibio *m* ■ adj anfibio(a)

amphibious [æm'fɪbɪəs] adj [animal, vehicle] anfibio(a)

amphitheatre, *US* ***amphitheater*** ['æmfɪθɪətə(r)] n anfiteatro *m*

ample ['æmpəl] adj [large] [garment] amplio(a) / [bosom, proportions] abundante / [plentiful] sobrado(a), abundante ▸ **this will be ~** esto será más que suficiente ▸ **to have ~ time/opportunity to do sth** tener tiempo/ocasiones de sobra para hacer algo

amplification [æmplɪfɪ'keɪʃən] n [of sound] amplificación *f* / [of remark] ampliación *f*

amplifier ['æmplɪfaɪə(r)] n amplificador *m*

amplify ['æmplɪfaɪ] vt [essay, remarks] ampliar / [current, volume] amplificar

amplitude ['æmplɪtju:d] n PHYS [of wave, signal] amplitud *f* RAD **~ modulation** modulación *f* de la amplitud

amputate ['æmpjʊteɪt] vt amputar

amputation [æmpjʊ'teɪʃən] n amputación *f*

amputee [æmpjʊ'ti:] n amputado(a) *m,f*

Amsterdam [æmstə'dæm] n Amsterdam

Amtrak ['æmtræk] n = *compañía ferroviaria estadounidense*

amuck ➤ ***amok***

amulet ['æmjʊlet] n amuleto *m*

amuse [ə'mju:z] vt **1.** [make laugh] divertir **2.** [occupy] distraer ▸ **to ~ oneself by doing sth** divertirse haciendo algo ▸ **to keep sb amused** entretener a *or* distraer a alguien

amusement [ə'mju:zmənt] n **1.** [enjoyment] diversión *f* ▸ **much to everyone's ~** para regocijo *or* diversión de todos **2.** [pastime] distracción *f*, entretenimiento *m* ▸ **~ arcade** salón *m* de juegos (recreativos) ▸ **~ park** parque *m* de atracciones

amusing [ə'mju:zɪŋ] adj divertido(a)

an [æn] *see* ***a***[2]

anabolic steroid [ænə'bɒlɪk'stɪərɔɪd] n (esteroide *m*) anabolizante *m*

anachronism [ə'nækrənɪzəm] n anacronismo *m*

anaconda [ænə'kɒndə] n anaconda *f*

anaemia, *US* ***anemia*** [ə'ni:mɪə] n anemia *f*

anaemic, *US* ***anemic*** [ə'ni:mɪk] adj MED anémico(a) / *Fig* [weak] pobre

anaesthetic, *US* ***anesthetic*** [ænəs'θetɪk] n anestesia *f*, anestésico *m* ▸ **under ~** bajo (los efectos de la) anestesia ▸ **local/general ~** anestesia local/general

anaesthetist, *US* ***anesthetist*** [ə'ni:sθətɪst] n anestesista *mf*

anaesthetize, *US* ***anesthetize*** [ə'ni:sθətaɪz] vt MED anestesiar

anagram ['ænəgræm] n anagrama *m*

anal ['eɪnəl] adj ANAT anal

analgesic [ænəl'dʒi:zɪk] ■ n analgésico *m* ■ adj analgésico(a)

analog *US* ➤ ***analogue***

analogous [ə'næləgəs] adj análogo(a) (**to** a)

analogue, *US* ***analog*** ['ænəlɒg] ■ n equivalente *m*

■ adj analógico(a) ▸ ~ **clock** reloj *m* analógico

analogy [ə'nælədʒɪ] n analogía *f* ▸ **to draw an ~ between two things** establecer una analogía entre dos cosas

analyse, US ***analyze*** ['ænəlaɪz] vt analizar / PSY psicoanalizar

analysis [ə'nælәsɪs] (pl **analyses** [ə'næləsi:z]) n análisis *m inv* / PSY psicoanálisis *m inv* ▸ **in the final ~** a fin de cuentas

analyst ['ænəlɪst] n analista *mf* / PSY psicoanalista *mf*

analytic(al) [ænə'lɪtɪk(əl)] adj analítico(a)

analyze US ➤ ***analyse***

anarchic [ə'nɑ:kɪk] adj anárquico(a)

anarchist ['ænəkɪst] n anarquista *mf*

anarchistic [ænə'kɪstɪk] adj anarquista

anarchy ['ænəkɪ] n anarquía *f*

anathema [ə'næθəmə] n **1.** REL anatema *m* **2.** [repellent] **the very idea was ~ to her** la sola idea le resultaba repugnante

anatomical [ænə'tɒmɪkəl] adj anatómico(a)

anatomically [ænə'tɒmɪklɪ] adv anatómicamente

anatomy [ə'nætəmɪ] n anatomía *f*

ANC [eɪen'si:] n (abbr ***African National Congress***) ANC *m,* Congreso *m* Nacional Africano

ancestor ['ænsestə(r)] n ancestro *m,* antepasado(a) *m,f*

ancestral [æn'sestrəl] adj de los antepasados ▸ ~ **home** casa *f* solariega

ancestry ['ænsestrɪ] n [descent] linaje *m,* abolengo *m*

anchor ['æŋkə(r)] ■ n NAUT ancla *f* / *Fig* [of team] eje *m* ▸ **at ~** fondeado(a), anclado(a) ▸ **to drop ~** echar el ancla, fondear ▸ **to weigh ~** levar anclas

■ vt **1.** NAUT fondear, anclar **2.** [fix securely] sujetar, anclar (**to** a) **3.** [radio, TV programme] presentar

■ vi NAUT fondear, anclar

anchorman ['æŋkəmən] n [in radio, TV programme] presentador *m,* locutor *m*

anchorwoman ['æŋkəwʊmən] n [in radio, TV programme] presentadora *f,* locutora *f*

anchovy [*BR* 'æntʃəvɪ, *US* æn'tʃəʊvɪ] n anchoa *f*

ancient ['eɪnʃənt] ■ n **the ancients** los antiguos

■ adj antiguo(a) / *Fam* [car, clothes] vetusto(a) ▸ **you're forty? – that's ~!** ¿cuarenta años? – ¡estás hecho un carroza! ▸ ~ **history** historia *f* antigua ▸ **Ancient Rome** la antigua Roma

ancillary [æn'sɪlərɪ] adj [staff, workers] auxiliar

and [ænd, unstressed ənd, ən] conj **1.** [in general] y / [before **i**, **hi**] e ▸ **she can read ~ write** sabe leer y escribir ▸ **father ~ son** padre e hijo ▸ **my father ~ brother** mi padre y mi hermano ▸ **chicken ~ chips** pollo con patatas fritas ▸ **go ~ look for it** ve a buscarlo ▸ **come ~ see me** ven a verme ▸ **try ~ help me** intenta ayudarme ▸ **wait ~ see** espera a ver ▸ **nice ~ warm** bien calentito(a) ▸ **do that again ~ I'll hit you!** como lo vuelvas a hacer, te pego **2.** [in numbers] **two hundred ~ two** doscientos dos ▸ **four ~ a half** cuatro y medio ▸ **an hour ~ twenty minutes** una hora y veinte minutos ▸ **four ~ five make nine** cuatro y cinco, nueve **3.** [expressing repetition] **hours ~ hours** horas y horas ▸ **better ~ better** cada vez mejor ▸ **she talked ~ talked** no paraba de hablar **4.** ~ **so on ~ so forth** etcétera, etcétera

Andalusia [ændə'lu:sɪə] n Andalucía

Andalusian [ændə'lu:sɪən] n & adj andaluz(uza) *m,f*

Andean ['ændɪən] adj andino(a)

Andes ['ændi:z] npl **the ~** los Andes

Andorra [æn'dɔ:rə] n Andorra

Andorran [æn'dɔ:rən] n & adj andorrano(a) *m,f*

anecdotal [ænɪk'dəʊtəl] adj anecdótico(a)

anecdote ['ænɪkdəʊt] n anécdota *f*

anemia, anemic US ➤ ***anaemia, anaemic***

anemone [ə'nemənɪ] n [flower] anémona *f* ▸ **sea ~** anémona *f* de mar

anesthetic, anesthetist etc US ➤ ***anaesthetic, anaesthetist*** etc

anew [ə'nju:] adv de nuevo

angel ['eɪndʒəl] n ángel *m* ▸ *Fam* **you're an ~!** ¡eres un ángel *or* un sol! ▸ *US* CULIN ~ **(food) cake** = *bizcocho ligero elaborado con claras de huevo*

Angeleno [ændʒə'li:nəʊ] (pl **Angelenos**) n = *habitante o nativo de Los Angeles*

angelfish ['eɪndʒəlfɪʃ] n **1.** [saltwater fish] chiribico *m* **2.** [freshwater fish] escalar *m* **3.** [shark] angelote *m*

angelic [æn'dʒelɪk] adj angelical

angelus ['ændʒələs] n ángelus *m*

anger ['æŋgə(r)] ■ n ira *f, esp ESP* enfado *m, esp AM* enojo *m* ▸ **a fit of ~** un ataque de ira ▸ **to speak in ~** hablar con ira

■ vt *esp ESP* enfadar, *esp AM* enojar

■ vi **to be slow to ~** tardar en *esp ESP* enfadarse *or esp AM* enojarse ▸ **to be quick to ~** *esp ESP* enfadarse *or esp AM* enojarse con facilidad

angina [æn'dʒaɪnə] n MED angina *f* (de pecho)

angle ['æŋgəl] ■ n **1.** MATH ángulo *m* **2.** [viewpoint] ángulo *m,* punto *m* de vista ▸ **seen from this ~** visto(a) desde este ángulo **3.** ~ **bracket** [for shelving] escuadra *f* (en ángulo) / TYP paréntesis *m* angular

■ vi **1.** [fish] pescar con caña **2.** *Fam* **to ~ for an invitation** andar a la caza *or CHILE, RP* la pesca de una invitación

Anglepoise lamp® ['æŋgəlpɔɪz'læmp] n lámpara *f* de escritorio articulable, *ESP* flexo *m*

angler ['æŋglə(r)] n [person] pescador(ora) *m,f (con caña)* ▸ ~ **fish** rape *m*

Anglican ['æŋglɪkən] n & adj REL anglicano(a) *m,f*

Anglicanism ['æŋglɪkənɪzəm] n REL anglicanismo *m*

anglicize ['æŋglɪsaɪz] vt anglicanizar

angling ['æŋglɪŋ] n pesca *f* con caña

Anglo-American ['æŋgləʊə'merɪkən] adj angloamericano(a)

Anglo-Irish ['æŋgləʊ'aɪrɪʃ] ■ adj angloirlandés(esa)

■ npl **the ~** los angloirlandeses

anglophile ['æŋgləfaɪl] n anglófilo(a) *m,f*

anglophobe ['æŋgləfəʊb] n anglófobo(a) *m,f*

Anglo-Saxon ['æŋgləʊ'sæksən] n & adj anglosajón(ona) *m,f*

Angola [æŋ'gəʊlə] n Angola

Angolan [æŋ'gəʊlən] n & adj angoleño(a) *m,f*

angora [æŋ'gɔːrə] n [textile] angora *f* ▸ **~ goat** cabra *f* de angora ▸ **~ jumper** jersey *m* de angora ▸ **~ rabbit** conejo *m* de angora ▸ **~ wool** lana *f* de angora

angrily ['æŋgrɪlɪ] adv airadamente, con *esp ESP* enfado *or esp AM* enojo

angry ['æŋgrɪ] adj [person] *esp ESP* enfadado(a), *esp AM* enojado(a) / [voice, letter] airado(a) ▸ **to be ~** estar *esp ESP* enfadado(a) *or esp AM* enojado(a) ▸ **to get ~** *esp ESP* enfadarse, *esp AM* enojarse ▸ **to make sb ~** (hacer) *esp ESP* enfadar *or esp AM* enojar a alguien, hacer que alguien se *esp ESP* enfade *or esp AM* enoje

anguish ['æŋgwɪʃ] n angustia *f*

anguished ['æŋgwɪʃt] adj [look, cry] angustiado(a)

angular ['æŋgjʊlə(r)] adj [face, shape] anguloso(a)

animal ['ænɪməl] n [creature] animal *m* ▸ **the ~ kingdom** el reino animal ▸ **~ rights** derechos *mpl* de los animales ▸ **he's an ~** [uncivilized person] es un animal, es un bestia

animate ■ adj ['ænɪmɪt] animado(a)
■ vt ['ænɪmeɪt] animar

animated ['ænɪmeɪtɪd] adj [expression, discussion] animado(a) ▸ **to be ~** estar animado(a) ▸ **to become ~** animarse ▸ **~ cartoon** dibujos *mpl* animados

animation [ænɪ'meɪʃən] n animación *f*

animator ['ænɪmeɪtə(r)] n CIN animador(ora) *m,f*

animism ['ænɪmɪzəm] n REL animismo *m*

animosity [ænɪ'mɒsɪtɪ] n animosidad *f*

aniseed ['ænɪsiːd] n anís *m*

Ankara ['æŋkərə] n Ankara

ankle ['æŋkəl] n tobillo *m* ▸ **~ boots** botines *mpl* ▸ **~ socks** calcetines *mpl* cortos, *CSUR* zoquetes *mpl*, *COL* medias *fpl* tobilleras

ankle-deep ['æŋkəl'diːp] adj hasta los tobillos ▸ **she was ~ in mud** estaba metida en barro hasta los tobillos

ankle-length ['æŋkəlleŋθ] adj **~ sock** calcetín *m* corto *or* tobillero

anklet ['æŋklət] n [ankle bracelet] pulsera *f* para el tobillo

annals ['ænəlz] npl anales *mpl*

annex ■ vt [æ'neks] [territory] anexionar, anexar
■ n ['æneks] *US* ➤ ***annexe***

annexation [ænek'seɪʃən] n anexión *f*

annexe, *US* ***annex*** ['æneks] n [of building] edificio *m* anejo / [of document] anexo *m*

annihilate [ə'naɪəleɪt] vt aniquilar

annihilation [ənaɪə'leɪʃən] n aniquilación *f*

anniversary [ænɪ'vɜːsərɪ] n aniversario *m* ▸ **wedding ~** aniversario de boda

anno Domini ['ænəʊ'dɒmɪnaɪ] adv después de Cristo

annotate ['ænəteɪt] vt anotar

annotation [ænə'teɪʃən] n anotación *f*

announce [ə'naʊns] vt anunciar ▸ **"I think they're all wrong," she announced** "creo que están todos equivocados", declaró *or* anunció

announcement [ə'naʊnsmənt] n [of news] anuncio *m* / [formal statement] declaración *f*, anuncio *m*

announcer [ə'naʊnsə(r)] n [on radio, TV programme] presentador(ora) *m,f*

annoy [ə'nɔɪ] vt fastidiar, molestar, *esp AM* enojar ▸ **to get annoyed** molestarse, *esp ESP* enfadarse, *esp AM* enojarse ▸ **to be annoyed with sb** estar molesto(a) *or esp ESP* enfadado(a) *or esp AM* enojado(a) con alguien

annoyance [ə'nɔɪəns] n [feeling] *esp ESP* enfado *m* / *esp AM* enojo *m* / [annoying thing] molestia *f*, fastidio *m*

annoying [ə'nɔɪɪŋ] adj molesto(a), irritante ▸ **he has an ~ habit of interrupting me** tiene la mala *or* molesta costumbre de interrumpirme ▸ **how ~!** ¡qué fastidio!

annoyingly [ə'nɔɪɪŋlɪ] adv irritantemente

annual ['ænjʊəl] ■ n **1.** [plant] planta *f* anual **2.** [book] anuario *m* / [for children] = *libro grueso de historietas o de una serie televisiva que se publica cada año*
■ adj anual ▸ **~ general meeting** asamblea *f or* junta *f* general anual ▸ COM **~ turnover** volumen *m* de negocio anual

annually ['ænjʊəlɪ] adv anualmente

annuity [ə'njuːɪtɪ] n anualidad *f*

annul [ə'nʌl] (pt & pp **annulled**) vt LAW [contract, marriage] anular

annulment [ə'nʌlmənt] n anulación *f*

anode ['ænəʊd] n ELEC ánodo *m*

anodyne ['ænəʊdaɪn] adj [bland] anodino(a), insulso(a)

anoint [ə'nɔɪnt] vt ungir (**with** con)

anomalous [ə'nɒmələs] adj anómalo(a)

anomaly [ə'nɒməlɪ] n anomalía *f*

anon [1] [ə'nɒn] adv *Literary* [soon] pronto

anon [2] n (abbr ***anonymous***) anón., anónimo(a)

anonymity [ænə'nɪmɪtɪ] n anonimato *m*

anonymous [ə'nɒnɪməs] adj [gift, donor] anónimo(a) ▸ **to remain ~** permanecer en el anonimato ▸ **~ letter** carta *f* anónima, anónimo *m*

anorak ['ænəræk] n anorak *m*

anorexia [ænə'reksɪə] n MED anorexia *f* ▸ **~ nervosa** anorexia nerviosa

anorexic [ænə'reksɪk] adj MED anoréxico(a)

A. N. Other [eɪen'ʌðə(r)] n *BR* otra persona *f* ▸ **the group will be you, me and ~** el grupo lo formaremos tú, yo y alguien más

another [ə'nʌðə(r)] ■ adj otro(a) ▸ **~ cup of tea** otra taza de té ▸ **it lasted for ~ fifty years** duró otros cincuenta años *or* cincuenta años más ▸ **don't say ~ word** ni una palabra más ▸ **that's quite ~ matter** eso es algo (totalmente) distinto ▸ **~ time, perhaps** [declining invitation] quizá en otra ocasión ▸ **let's do it ~ way** vamos a hacerlo de otra manera
■ pron **1.** [in general] otro(a) *m,f* ▸ **give me ~** dame otro ▸ **what with one thing and ~, I forgot** entre unas cosas y otras, se me olvidó **2.** [reciprocal] **they saw one ~** se vieron ▸ **we always help one ~** siempre nos ayudamos el uno al otro

ANSI ['ænsɪ] n (abbr ***American National Standards Institute***) = *instituto estadounidense que crea estándares de calidad en el ámbito tecnológico*

answer ['ɑːnsə(r)] ■ n [to question, letter] respuesta *f*, contestación *f* / [to problem] solución *f* ▸ **I knocked but there was no ~** llamé a la puerta, pero no hubo respuesta ▸ **there's no ~** [on telephone] no contestan ▸ **he has an ~ to everything** tiene respuesta para todo ▸ *Formal* **in ~ to your letter** en respuesta a su carta
■ vt [person, question, letter] responder, contestar ▸ **to ~ the telephone** contestar *or* *ESP* coger el teléfono ▸ **to ~ the door** abrir la puerta ▸ **to ~ a description/need** responder a una descripción/una necesidad
■ vi [person] responder, contestar

◆ ***answer back*** vi [be impertinent] replicar, contestar ▸ **don't ~ back!** ¡no me repliques!

◆ ***answer for*** vt insep responder de, ser responsable de ▸ **he has a lot to ~ for** tiene mucho que explicar

◆ ***answer to*** vt insep **1.** [be accountable to] **to ~ to sb (for sth)** ser responsable ante alguien (de algo), responder ante alguien (de algo) **2.** [correspond to] [description] responder a **3. the dog answers to the name of Rover** el perro responde al nombre de Rover

answerable ['ɑːnsərəbəl] adj **to be ~ to sb** ser responsable ante alguien, responder ante alguien

answering machine ['ɑːnsərɪŋməʃiːn], *BR* ***answerphone*** ['ɑːnsəfəʊn] n contestador *m* (automático)

ant [ænt] n hormiga *f* ▸ **~ hill** hormiguero *m*

antagonism [æn'tægənɪzəm] n antagonismo *m*

antagonist [æn'tægənɪst] n antagonista *mf*

antagonize [æn'tægənaɪz] vt enfurecer, enfadar

Antarctica [æn'tɑːktɪkə] n la Antártida

ante ['æntɪ] n **to up the ~** *Fam* [in gambling, conflict] elevar la apuesta

anteater ['æntiːtə(r)] n oso *m* hormiguero

antecedents [æntɪ'siːdənts] npl antecedentes *mpl*

antelope ['æntɪləʊp] (pl **antelopes** *or* **antelope**) n antílope *m*

antenatal [æntɪ'neɪtəl] adj prenatal ▸ **~ clinic** clínica *f* de obstetricia *or* de preparación para el parto

antenna [æn'tenə] n **1.** (pl **antennae** [æn'teniː]) [of insect, snail] antena *f* **2.** (pl **antennas**) [of radio, TV] antena *f*

anteroom ['æntɪruːm] n antesala *f*

anthem ['ænθəm] n himno *m* ▸ **national ~** himno nacional

anthology [æn'θɒlədʒɪ] n antología *f*

anthracite ['ænθrəsaɪt] n antracita *f*

anthrax ['ænθræks] n MED carbunco *m*, ántrax *m inv*

anthropological ['ænθrəpə'lɒdʒɪkəl] adj antropológico(a)

anthropologist [ænθrə'pɒlədʒɪst] n antropólogo(a) *m,f*

anthropology [ænθrə'pɒlədʒɪ] n antropología *f*

anti- ['æntɪ] prefix anti- ▸ **~American** antiamericano(a)

anti-abortion ['æntɪə'bɔːʃən] adj antiabortista

anti-aircraft ['æntɪ'eəkrɑːft] adj [gun, defences] antiaéreo(a)

antibacterial [æntɪbæk'tiːrɪəl] adj antibacteriano(a)

antibiotic [æntɪbaɪ'ɒtɪk] n antibiótico *m*

antibody ['æntɪbɒdɪ] n MED anticuerpo *m*

Antichrist ['æntɪkraɪst] n Anticristo *m*

anticipate [æn'tɪsɪpeɪt] vt **1.** [expect] esperar / [foresee] prever ▸ **as anticipated, there was trouble** como se preveía, hubo problemas **2.** [foreshadow] anticipar, anunciar **3.** [do or say before] adelantarse a

anticipation [æntɪsɪ'peɪʃən] n **1.** [foresight] previsión *f* ▸ **in ~ of trouble** en previsión de posibles problemas ▸ **thanking you in ~** [in letter] le doy las gracias de antemano ▸ **to show great ~** [tennis player, soccer player] tener mucha visión de juego **2.** [eagerness] ilusión *f*, expectación *f*

anticlimax [æntɪ'klaɪmæks] n gran decepción *f*

anti-clockwise [æntɪ'klɒkwaɪz] ■ adj **in an ~ direction** en sentido contrario al de las agujas del reloj
■ adv en sentido contrario al de las agujas del reloj

antics ['æntɪks] npl payasadas *fpl* ▸ **he's been up to his usual ~** ha estado haciendo las payasadas de costumbre

anticyclone [æntɪ'saɪkləʊn] n MET anticiclón *m*

antidepressant [æntɪdɪ'presənt] ■ n antidepresivo *m*
■ adj antidepresivo(a)

antidote ['æntɪdəʊt] n *also Fig* antídoto *m* (**to** contra)

anti-dumping ['æntɪ'dʌmpɪŋ] adj [laws, legislation] antidumping

anti-establishment ['æntɪɪs'tæblɪʃmənt] adj en contra del orden establecido

antifreeze ['æntɪfriːz] n anticongelante *m*

antiglare ['æntɪ'gleə(r)] adj **1.** *US* [mirror, finish] antirreflector(ora), antirreflejante **2.** COMPTR **~ filter** filtro *m* de pantalla

antiglobalization ['æntɪgləʊbəlaɪ'zeɪʃən] n antiglobalización *f*

Antigua and Barbuda [æn'tiːgənbɑː'bjuːdə] n Antigua y Barbuda

antihistamine [æntɪ'hɪstəmiːn] ■ n antihistamina *f*
■ adj antihistamínico(a) ▸ **~ drug** antihistamínico *m*

anti-inflammatory [æntɪɪn'flæmətərɪ] ■ n antiinflamatorio *m*
■ adj antiinflamatorio(a) ▸ **~ drug** antiinflamatorio *m*

antipathy [æn'tɪpəθɪ] n antipatía *f*

antiperspirant [æntɪ'pɜːspɪrənt] n antitranspirante *m*

antipodean [æntɪpə'diːən] ■ n *Hum* [Australian] australiano(a) *m,f*
■ adj **1.** GEOG antípoda, de las antípodas **2.** *Hum* australiano(a)

Antipodes [æn'tɪpədiːz] npl *BR* **the ~** las antípodas *(Australia y Nueva Zelanda)*

antiquarian [æntɪ'kweərɪən] ■ n [dealer] anticuario(a) *m,f* / [collector] coleccionista *mf* de antigüedades
■ adj [book] antiguo(a) ▸ **~ bookshop** librería *f* de viejo

antiquated ['æntɪkweɪtɪd] adj anticuado(a)

antique [æn'ti:k] ■ n antigüedad *f* ▸ **~ dealer** anticuario(a) *m,f* ▸ **~ shop** tienda *f* de antigüedades
■ adj antiguo(a) ▸ **~ furniture** muebles *mpl* antiguos

antiquity [æn'tɪkwɪtɪ] n antigüedad *f*

antiracist [æntɪ'reɪsɪst] adj antirracista

anti-Semitic [æntɪsɪ'mɪtɪk] adj [person] antisemita / [beliefs, remarks] antisemítico(a)

antiseptic [æntɪ'septɪk] ■ n MED antiséptico *m*
■ adj **1.** [anti-bacterial] antiséptico(a) **2.** *Fig* [lacking character or warmth] aséptico(a)

antisocial [æntɪ'səʊʃəl] adj **1.** [disruptive] incívico(a), antisocial **2.** [unsociable] insociable

antiterrorist ['æntɪ'terərɪst] adj antiterrorista

antithesis [æn'tɪθɪsɪs] (pl **antitheses** [æn'tɪθɪsi:z]) n antítesis *f inv*

antivirus ['æntɪ'vaɪrəs] adj antivirus ▸ COMPTR **~ program** programa *m* antivirus

antler ['æntlə(r)] n cuerno *m* ▸ **antlers** cornamenta *f*

antonym ['æntənɪm] n antónimo *m*

Antwerp ['æntwɜ:p] n Amberes

anus ['eɪnəs] n ano *m*

anvil ['ænvɪl] n yunque *m*

anxiety [æŋ'zaɪətɪ] n **1.** [worry, concern] preocupación *f* / [anguish, impatience] ansiedad *f* ▸ **her behaviour has been the cause of great ~** su comportamiento ha causado gran preocupación **2.** [eagerness] ansia *f*, afán *m* ▸ **in her ~ not to offend...** en su afán por no ofender...

anxious ['æŋkʃəs] adj **1.** [worried] preocupado(a) / [anguished, impatient] ansioso(a) ▸ **to be ~ (for)** estar preocupado(a) (por) ▸ **I am ~ about his health** me preocupa su salud ▸ **he was ~ that all his work might come to nothing** temía que todo su trabajo quedara en nada **2.** [worrying] **an ~ moment** un momento de preocupación ▸ **it was an ~ time for us** en esos momentos estábamos muy preocupados **3.** [eager] **to be ~ to do sth** estar ansioso(a) por hacer algo

anxiously ['æŋkʃəslɪ] adv **1.** [worriedly] con preocupación **2.** [with anguish, impatience] ansiosamente

anxiousness ['æŋkʃəsnɪs] n [worry, concern] preocupación *f* / [anguish, impatience] ansiedad *f* ▸ **in her ~ not to offend...** en su afán por no ofender...

any ['enɪ] ■ pron **1.** [some] **have you got ~?** [with plural nouns] ¿tienes alguno(a)? / [with uncountable nouns] ¿tienes algo? ▸ **I fancy some biscuits – have you got ~?** me apetecen unas galletas, ¿tienes? ▸ **are there ~ left?** ¿queda alguno(a)? ▸ **is there ~ left?** ¿queda algo? ▸ **is there ~ more?** ¿hay más? ▸ **can ~ of them speak English?** ¿alguno (de ellos) habla inglés? **2.** [in negatives] ninguno(a) *m,f* ▸ **I haven't got ~** no tengo ▸ **there was nothing in ~ of the boxes** no había nada en ninguna de las cajas ▸ **few, if ~, can read** pocos, o ninguno, saben leer **3.** [no particular one] cualquiera / [before noun] cualquier ▸ **~ of us** cualquiera de nosotros ▸ **take ~ of the bottles** toma *or* ESP coge cualquier botella *or* una botella cualquiera **4.** [every one] **keep ~ you find** quédate con todos los que encuentres

■ adj **1.** [some] **have you ~ milk/sugar?** ¿tienes leche/azúcar? ▸ **have you ~ apples/cigarettes?** ¿tienes manzanas/cigarrillos? ▸ **is there ~ hope?** ¿hay alguna esperanza? **2.** [in negatives] ninguno(a) / [before masculine singular noun] ningún ▸ **he hasn't got ~ money** no tiene dinero ▸ **I didn't get ~ of your letters** no recibí ninguna de tus cartas ▸ **without ~ help** sin ninguna ayuda **3.** [no particular] [before noun] cualquier / [after noun] cualquiera ▸ **come ~ day** ven cualquier día, ven un día cualquiera ▸ **~ doctor will tell you the same** cualquier médico te diría lo mismo ▸ **~ minute now** de un momento a otro ▸ **I don't want just ~ (old) wine** no quiero un vino cualquiera **4.** [every] **~ pupil who forgets his books will be punished** los alumnos que olviden sus libros serán castigados ▸ **I'll take ~ books you don't want** me quedaré con todos los libros que no quieras ▸ **at ~ rate, in ~ case** en cualquier caso
■ adv **1.** [with comparative] **I'm not ~ better** no me encuentro mejor ▸ **the weather couldn't be ~ worse** el tiempo no podía ser peor ▸ **have you ~ more milk?** ¿tienes más leche? ▸ **we don't see them ~ longer** *or* **more** ya no los vemos ▸ **I don't like her ~ more than you do** a mí no me gusta más que a ti ▸ **is that ~ easier?** ¿es así más fácil? **2.** *Fam* **~ old how** de cualquier manera, a la buena de Dios ▸ **that didn't help us ~** eso no nos ayudó para nada

anybody ['enɪbɒdɪ], ***anyone*** ['enɪwʌn] pron **1.** [indeterminate] alguien ▸ **would ~ like some more cake?** ¿quiere alguien más pastel? ▸ **does ~ mind if I close the window?** ¿les importa que cierre la ventana? ▸ **she'll know if ~ does** si alguien lo sabe es ella **2.** [in negatives] nadie ▸ **there isn't ~ here** aquí no hay nadie ▸ **there was hardly ~** no había apenas nadie, apenas había nadie **3.** [no matter who] cualquiera ▸ **~ will tell you so** cualquiera te lo dirá ▸ **bring along ~ you like** trae a quien quieras ▸ **~ but her would have refused** cualquiera menos ella se habría negado ▸ **I don't want just ~!** ¡no quiero a cualquiera! **4.** [person with status] **he'll never be ~** nunca será nadie

anyhow ['enɪhaʊ] adv **1.** [however] de todas maneras *or* formas, de todos modos ▸ **~, let's get back to what we were saying** bueno, volvamos a lo que estábamos diciendo **2.** *Fam* [carelessly] a la buena de Dios, de cualquier manera ▸ **I don't want it done just ~** no quiero que se haga de cualquier manera

anyone ➤ ***anybody***

anyplace US ➤ ***anywhere***

anything ['enɪθɪŋ] ■ pron **1.** [indeterminate] algo ▸ **is there ~ I can do (to help)?** ¿puedo ayudarte en algo? ▸ **have you ~ to write with?** ¿tienes con qué escribir? ▸ **will there be ~ else?** [in shop] ¿algo más? ▸ **have you ~ smaller?** ¿tendría algo más pequeño? ▸ **if ~ should happen to me** si me ocurriera algo ▸ **do you notice ~ strange about him?** ¿le notas algo raro? ▸ **is (there) ~ the matter?** ¿ocurre algo? **2.** [in negatives] nada ▸ **he doesn't do ~** no hace nada ▸ **hardly ~** apenas nada **3.** [no matter what] cualquier cosa ▸ **he eats ~** come cualquier cosa ▸ **~ you want** lo que quieras ▸ **I love ~ French** me gusta todo lo francés ▸ **he would do ~ for me** haría cualquier cosa por mí ▸ **he was ~ but friendly**

fue de todo menos amable ▸ **are you angry? – ~ but** ¿estás *esp ESP* enfadado *or esp AM* enojado? – ni mucho menos

■ adv **is it ~ like the last one?** ¿se parece en algo al anterior? ▸ **it didn't cost ~ like £500** no costó 500 libras, ni muchísimo menos ▸ **the food wasn't ~ like as bad as they said** la comida no fue en absoluto tan mala como decían ▸ *Fam* **as funny as ~** divertidísimo(a) ▸ *Fam* **to work like ~** trabajar como loco(a) ▸ *Fam* **it's not that you were wrong or ~** no es que estuvieras equivocado ni nada parecido

anyway ['enɪweɪ] adv [however] de todas maneras *or* formas, de todos modos ▸ **~, let's get back to what we were saying** bueno, volvamos a lo que estábamos diciendo

anywhere ['enɪweə(r)], *US* ***anyplace*** ['enɪpleɪs] adv **1.** [in questions] **can you see it ~?** ¿lo ves por alguna parte? ▸ **have you found ~ to live?** ¿has encontrado un lugar *or* algún sitio para vivir? ▸ **did you go ~ yesterday?** ¿fuiste a alguna parte ayer? **2.** [in negatives] **I can't find it ~** no lo encuentro por ningún sitio ▸ **we never go ~ interesting** nunca vamos a ningún sitio interesante ▸ **we're not getting ~** no estamos consiguiendo nada ▸ **he isn't ~ near as clever as her** no es ni mucho menos tan listo como ella **3.** [no matter where] en cualquier lugar, en cualquier sitio ▸ **put it ~** ponlo en cualquier sitio ▸ **I'd know him ~** lo reconocería en cualquier parte ▸ **it's miles from ~** está en un lugar muy aislado ▸ **~ else** en cualquier otro lugar

AO(C)B [eɪəʊ(siː)'biː] *BR* COM (abbr ***any other (competent) business***) ruegos *mpl* y preguntas

aorta [eɪ'ɔːtə] n ANAT aorta *f*

apart [ə'pɑːt] adv **1.** [at a distance] alejado(a), separado(a) ▸ **to stand ~** estar separado(a) **2.** [separated] **the two towns are 10 kilometres ~** las dos ciudades están a 10 kilómetros una de la otra ▸ **boys and girls were kept ~** los chicos y las chicas estaban separados ▸ **they're never ~** no se separan nunca ▸ **with one's legs ~** con las piernas abiertas *or* separadas ▸ **they were born two years ~** nacieron con dos años de diferencia ▸ **they've lived ~ since 1987** viven separados desde 1987 ▸ **it is difficult to tell them ~** es difícil distinguirlos **3.** [to pieces] **to take sth ~** desmontar algo ▸ **to come ~** destrozarse **4. ~ from** [excepting] aparte de ▸ **quite ~ from the fact that...** independientemente del hecho de que... ▸ **joking ~** bromas aparte

apartheid [ə'pɑːtaɪt] n apartheid *m*

apartment [ə'pɑːtmənt] n *US* apartamento *m, ESP* piso *m, ARG* departamento *m* ▸ **~ building** bloque *m* de pisos

apathetic [æpə'θetɪk] adj apático(a) (**about** respecto a)

apathy ['æpəθɪ] n apatía *f*

ape [eɪp] ■ n [animal] simio *m* ▸ *US Fam* **to go ~ (over)** [lose one's temper] ponerse hecho(a) una furia (por) / [enthuse] ponerse como loco(a) (por *or* con), *ESP* despendolarse (por *or* con)

■ vt [imitate] imitar, remedar

aperitif [əperɪ'tiːf] n aperitivo *m (bebida)*

aperture ['æpətjʊə(r)] n [opening] abertura *f* / [of camera] (apertura *f* del) diafragma *m*

APEX ['eɪpeks] adj **~ ticket** billete *m or AM* boleto *m or AM* pasaje *m* (con tarifa) APEX

apex ['eɪpeks] n [of triangle] vértice *m* / [of career] cima *f,* cumbre *f*

aphasia [ə'feɪzɪə] n MED afasia *f*

aphid ['eɪfɪd] n pulgón *m*

aphorism ['æfərɪzəm] n aforismo *m*

aphrodisiac [æfrəʊ'dɪzɪæk] ■ n afrodisíaco *m*

■ adj afrodisíaco(a)

apiece [ə'piːs] adv cada uno(a) ▸ **they cost £3 ~** cuestan 3 libras cada uno, están a 3 libras

aplenty [ə'plentɪ] adv en abundancia ▸ **there was wine ~** corría el vino a raudales

aplomb [ə'plɒm] n aplomo *m*

apocalypse [ə'pɒkəlɪps] n apocalipsis *m inv*

apocalyptic [əpɒkə'lɪptɪk] adj apocalíptico(a)

apolitical [eɪpə'lɪtɪkəl] adj apolítico(a)

HOW TO...

make and accept apologies

Making an apology

Perdone, no le había visto. / Sorry, I didn't see you there.

¡Perdón! (eg: after sneezing) / Excuse me!

Perdone/Disculpe (eg: when trying to get past somebody) / Excuse me!

Perdona, tengo que dejarte. / Excuse me, I have to go now.

Perdone que le interrumpa, estoy buscando la salida. / Sorry to interrupt, but I'm looking for the exit.

Siento el malentendido de esta mañana. / I'm sorry about the misunderstanding this morning.

Siento no poder venir el sábado. / I'm sorry (that) I can't come on Saturday.

Si te ofendí el otro día, lo siento (muchísimo). / I'm (terribly) sorry if I offended you the other day.

Quisiera disculparme por... / I'd like to apologise for...

Disculpen las molestias/el retraso. / Please excuse the disturbance/delay.

Accepting an apology

No pasa nada. / That's OK.

No importa. / It doesn't matter.

No hay ningún problema. / Don't worry about it.

No se preocupe. / Don't worry (about it).

No tiene por qué disculparse. / There's no need to apologize.

No es ninguna molestia. / It's no trouble (at all).

apologetic [əpɒlə'dʒetɪk] adj [tone, smile] de disculpa ▸ **she was quite ~ about it** lo sentía mucho

apologist [ə'pɒlədʒɪst] n *Formal* apologista *mf,* defensor(ora) *m,f* (**for** de)

apologize [ə'pɒlədʒaɪz] vi disculparse (**to sb/for sth** ante alguien/por algo) ▸ **I had to ~ for you** tuve que pedir disculpas por ti ▸ **there's no need to ~** no hay por qué disculparse

apology [ə'pɒlədʒɪ] n disculpa *f* ▸ **to make/offer an ~** disculparse ▸ **I owe you an ~** te debo una disculpa ▸ **please accept my apologies** le ruego (que) acepte mis disculpas ▸ *Pej* **an ~ for a dinner** una birria de cena

apoplectic [æpə'plektɪk] adj **1.** [angry] **to be ~ (with rage)** estar hecho(a) una furia **2.** MED **to be ~** tener apoplejía

apoplexy ['æpəpleksɪ] n MED apoplejía *f*

apostle [ə'pɒsəl] n apóstol *m*

apostolic(al) [æpɒs'tɒlɪk(əl)] adj apostólico(a)

apostrophe [ə'pɒstrəfɪ] n apóstrofo *m*

appal, *US* ***appall*** [ə'pɔːl] (pt & pp **appalled**) vt horrorizar, espantar ▸ **he was appalled at** *or* **by...** le horrorizaba...

appalling [ə'pɔːlɪŋ] adj espantoso(a), horroroso(a)

apparatus [æpə'reɪtəs] n [in laboratory, gym] aparatos *mpl* ▸ **a piece of ~** un aparato

apparel [ə'pærəl] n *Literary* [garb] atuendo *m,* atavío *m*

apparent [ə'pærənt] adj **1.** [obvious] evidente ▸ **to become ~** hacerse patente *or* evidente **2.** [seeming] aparente

apparently [ə'pærəntlɪ] adv al parecer ▸ **~ easy/innocent** aparentemente fácil/inocente ▸ **~ not** parece que no

apparition [æpə'rɪʃən] n aparición *f*

appeal [ə'piːl] ■ n **1.** [call] llamamiento *m* ▸ **to make an ~ for sth** hacer un llamamiento para solicitar algo ▸ **an ~ for calm** un llamamiento a la calma ▸ **charity ~** = *campaña de recaudación de fondos para fines benéficos* **2.** LAW apelación *f* ▸ **to lodge an ~** presentar una apelación ▸ **Appeal Court, Court of Appeal** tribunal *m* de apelación **3.** [attraction] atractivo *m* ▸ **to have** *or* **hold little ~ for sb** no atraer mucho a alguien ▸ **to have great ~** ser muy atractivo(a) ▸ **their music has a wide ~** su música gusta a gente muy diversa

■ vt *US* LAW **to ~ a decision** entablar recurso de apelación contra una decisión

■ vi **1.** [make a plea] **to ~ (to sb) for help/money** solicitar ayuda/dinero (a alguien) ▸ **to ~ to sb's generosity** apelar a la generosidad de alguien **2.** [attract] **to ~ to sb** atraer a alguien ▸ **it doesn't ~ to me** no me atrae **3.** LAW apelar, recurrir ▸ **to ~ against a decision** entablar recurso de apelación contra una decisión

appealing [ə'piːlɪŋ] adj atractivo(a), atrayente

appear [ə'pɪə(r)] vi **1.** [come into view] aparecer / [publication, film] salir, aparecer ▸ **where did you ~ from?** ¿de dónde has salido? ▸ **to ~ from nowhere** aparecer de repente ▸ **to ~ on TV** salir en televisión **2.** LAW **to ~ before a court** comparecer ante un tribunal ▸ **to ~ for sb** [counsel] representar a alguien **3.** [look, seem] parecer ▸ **to ~ to be lost** parecer perdido(a) ▸ **there appears to be a mistake** parece que hay un error ▸ **so it would ~** eso parece

appearance [ə'pɪərəns] n **1.** [arrival] aparición *f* ▸ **to put in an ~** hacer acto de presencia **2.** [of actor] aparición *f* **3.** [of publication] publicación *f* **4.** LAW [in court] comparecencia *f* **5.** [looks, demeanour] apariencia *f,* aspecto *m* ▸ **you should not judge by appearances** no se debe juzgar por las apariencias ▸ **it has all the appearances of a conspiracy** tiene todo el aspecto de ser una conspiración ▸ **appearances can be deceptive** las apariencias engañan ▸ **to keep up appearances** guardar las apariencias

appease [ə'piːz] vt [anger] aplacar, apaciguar / [person] calmar, apaciguar / POL contemporizar con

appeasement [ə'piːzmənt] n [of person, anger] apaciguamiento *m* / POL contemporización *f*

append [ə'pend] vt [list, document] adjuntar / [one's signature] añadir

appendage [ə'pendɪdʒ] n apéndice *m* ▸ **she was tired of being treated as his ~** estaba harta de que se la tratara como si fuera un mero apéndice de él

appendicitis [əpendɪ'saɪtɪs] n apendicitis *f inv*

appendix [ə'pendɪks] (pl **appendices** [ə'pendɪsiːz] or **appendixes**) n **1.** ANAT apéndice *m* ▸ **to have one's ~ (taken) out** operarse de apendicitis **2.** [of book] apéndice *m*

appetite ['æpɪtaɪt] n **1.** [for food] apetito *m* ▸ **to have a good ~** tener buen apetito ▸ **to spoil sb's ~** quitarle el apetito a alguien ▸ **to give sb an ~** abrirle el apetito a alguien **2.** [for knowledge, sex] afán *m,* apetito *m* (**for** de)

appetizer ['æpɪtaɪzə(r)] n *also Fig* aperitivo *m*

appetizing ['æpɪtaɪzɪŋ] adj apetitoso(a)

applaud [ə'plɔːd] vt & vi aplaudir

applause [ə'plɔːz] n [clapping] aplauso *m,* ovación *f* / [approval] aplauso *m,* aprobación *f*

apple ['æpəl] n manzana *f* ▸ **she was the ~ of his eye** [his favourite] era la niña de sus ojos ▸ **~ core** corazón *m* de manzana ▸ **~ juice** *ESP* zumo *m* *or AM* jugo *m* de manzana ▸ **~ pie** pastel *m* de manzana ▸ **as American as ~ pie** típicamente americano(a) ▸ **~ tart** tarta *f* de manzana ▸ **~ tree** manzano *m*

applecart ['æplkɑːt] n **to upset the ~** [spoil plan] estropearlo todo

apple-pie ['æpəlpaɪ] adj **in ~ order** en perfecto orden

appliance [ə'plaɪəns] n **(electrical** *or* **domestic) ~** electrodoméstico *m*

applicable [ə'plɪkəbəl] adj válido(a) (**to** para), aplicable (**to** a) ▸ **delete where not ~** [on form] táchese lo que no proceda

applicant ['æplɪkənt] n [for job] solicitante *mf*

application [æplɪ'keɪʃən] n **1.** [for job, patent] solicitud *f* ▸ **to make an ~ for sth** solicitar algo ▸ **~ form** [for job] impreso *m* de solicitud **2.** [of paint, theory] aplicación *f* **3.** [effort] aplicación *f,* entrega *f* **4.** COMPTR aplicación *f*

applied [ə'plaɪd] adj [maths, physics] aplicado(a)

apply [ə'plaɪ] ■ vt **1.** [put on] aplicar ▸ **to ~ pressure to** ejercer presión sobre, presionar **2.** [use] [system, theory] aplicar ▸ **to ~ one's mind to sth** concentrarse en algo ▸ **to ~ oneself to one's work** aplicarse en el trabajo

■ vi **1.** [for job, grant] **to ~ (to sb) for sth** solicitar algo (a alguien) **2.** [law, rule] **rule 26b applies in all other cases** la norma 26b se aplicará en todos los demás casos ▸ **this clause no longer applies** esta cláusula ya no está en vigor ▸ **that applies to you too!** ¡esto es válido *or* vale para ti también!

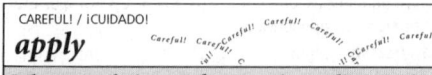

> CAREFUL! / ¡CUIDADO!
>
> ***apply***
>
> When translating *apply*, note that **aplicar** is the most general translation, but in contexts involving filling in forms, **solicitar** is used.

appoint [ə'pɔɪnt] vt [person, committee] nombrar, designar ▸ **to ~ sb to a post** designar a alguien para un cargo

appointed [ə'pɔɪntɪd] adj *Formal* [agreed] [place, hour] fijado(a)

appointment [ə'pɔɪntmənt] n **1.** [meeting] cita *f* ▸ **to make an ~ with sb** concertar una cita con alguien ▸ **she didn't keep the ~** faltó a la cita ▸ **I've made/got an ~ with the doctor** he pedido/tengo hora con el médico ▸ **by ~ only** con cita previa **2.** [to job, of committee] nombramiento *m,* designación *f* ▸ **to make an ~** hacer un nombramiento ▸ COM **by ~ to His/Her Majesty** proveedores de la Casa Real ▸ **appointments** [in newspaper] ofertas *fpl* de empleo

apportion [ə'pɔːʃən] vt [food, praise] distribuir, repartir ▸ **to ~ blame** repartir la culpa

appraisal [ə'preɪzəl] n [of standards, personnel] evaluación *f,* valoración *f*

appraise [ə'preɪz] vt [performance, situation] evaluar, valorar ▸ **to ~ the value of sth** tasar algo

appreciable [ə'priːʃɪəbəl] adj [change, difference] apreciable

appreciate [ə'priːʃɪeɪt] ■ vt **1.** [be grateful for] agradecer ▸ **I ~ your helping me** te agradezco tu ayuda ▸ **I would ~ it if you didn't shout** te agradecería que no gritaras **2.** [grasp, understand] darse cuenta de ▸ **I fully ~ (the fact) that...** me doy perfecta cuenta de que... ▸ **we ~ the risks** somos conscientes de los riesgos **3.** [value] apreciar

■ vi [goods, investment] revalorizarse, aumentar de valor

appreciation [əpriːʃɪ'eɪʃən] n **1.** [gratitude] gratitud *f,* agradecimiento *m* ▸ **in ~ of** en agradecimiento por **2.** [understanding] apreciación *f,* percepción *f* ▸ **she has no ~ of what is involved** no se da cuenta de lo que implica **3.** [review, assessment] [of film, author's work] reseña *f,* crítica *f* ▸ **a musical/wine ~ society** una asociación de amigos de la música/del vino **4.** [valuing] [of music, art] valorización *f* **5.** FIN **~ of assets** revalorización *f* de activos

appreciative [ə'priːʃɪətɪv] adj [person, response, audience] agradecido(a) / [review] elogioso(a) ▸ **to be ~ of sb's help/efforts** sentirse muy agradecido(a) por la ayuda/los esfuerzos de alguien

apprehend [æprɪ'hend] vt **1.** [arrest] detener, aprehender **2.** *Formal* [understand] aprehender, comprender

apprehension [æprɪ'henʃən] n **1.** [fear] aprensión *f* **2.** LAW [arrest] detención *f,* aprehensión *f*

apprehensive [æprɪ'hensɪv] adj [look, smile] temeroso(a), receloso(a) ▸ **to be ~ about (doing) sth** tener miedo de (hacer) algo

apprentice [ə'prentɪs] ■ n aprendiz(iza) *m,f*

■ vt **he was apprenticed to a tailor** estaba de aprendiz con un sastre

apprenticeship [ə'prentɪʃɪp] n *also Fig* aprendizaje *m* ▸ **to serve one's ~** hacer el aprendizaje

approach [ə'prəʊtʃ] ■ n **1.** [coming] [of person, season] llegada *f* / [of night] caída *f* ▸ **to make an ~ to sb** [proposal] hacer una propuesta inicial a alguien **2.** [method] enfoque *m,* planteamiento *m* **3.** [route of access] acceso *m* ▸ **the approaches to a town** los accesos a una ciudad ▸ AUT **~ road** (vía *f* de) acceso *m* **4. ~ (shot)** [in golf, tennis] golpe *m* de aproximación

■ vt **1.** [get nearer to] acercarse a, aproximarse a ▸ **I'm approaching forty-five** tengo casi cuarenta y cinco años **2.** [go up to] acercarse a, aproximarse a ▸ **she approached several organizations** acudió *or* se dirigió a varias organizaciones ▸ **to be easy/difficult to ~** ser/no ser accesible **3.** [tackle] abordar, enfocar

■ vi acercarse, aproximarse

approachable [ə'prəʊtʃəbəl] adj [person] accesible

approaching [ə'prəʊtʃɪŋ] adj [holiday, season] próximo(a) ▸ **the ~ car** el coche que viene de frente

appropriate[1] [ə'prəʊprɪət] adj [suitable] apropiado(a), adecuado(a) / [moment] oportuno(a), adecuado(a)

appropriate[2] [ə'prəʊprɪeɪt] vt **1.** [take, steal] apropiarse de **2.** [set aside] [money, funds] destinar, asignar

appropriately [ə'prəʊprɪətlɪ] adv [suitably] apropiadamente, adecuadamente / [properly] con propiedad

appropriation [əprəʊprɪ'eɪʃən] n [of funds] apropiación *f*

approval [ə'pruːvəl] n aprobación *f* ▸ **he gave/withheld his ~** dio/no dio su aprobación ▸ COM **on ~** a prueba ▸ **~ rating** [of product, politician] índice *m* de aceptación *or* popularidad

approve [ə'pruːv] vt aprobar

◆ ***approve of*** vt insep aprobar ▸ **she doesn't ~ of them smoking** no aprueba que fumen ▸ **I don't ~ of your friends** no me gustan tus amigos

approving [ə'pruːvɪŋ] adj de aprobación

approx [ə'prɒks] adv (abbr ***approximately***) aprox., aproximadamente

approximate ■ adj [ə'prɒksɪmɪt] aproximado(a)

■ vi [ə'prɒksɪmeɪt] **to ~ to** aproximarse a

approximately [ə'prɒksɪmətlɪ] adv aproximadamente

approximation [əprɒksɪ'meɪʃən] n aproximación *f*

APR [eɪpiː'ɑː] n FIN (abbr ***annual percentage rate***) TAE *m or f*

Apr (abbr ***April***) abril *m*

apricot ['eɪprɪkɒt] n [fruit] *ESP* albaricoque *m, ANDES, RP* damasco *m, MÉX* chabacano *m* ▸ **~ tree** *ESP* albaricoquero *m, ANDES, RP* damasco *m, MÉX* chabacano *m*

April ['eɪprɪl] n abril *m* ▸ **~ showers** lluvias *fpl* de abril ▸ **~ Fool's Day** ≃ día *m* de los (Santos) Inocentes *(uno de abril)* / *see also* ***May***

apron ['eɪprən] n **1.** [clothing] delantal *m* ▸ *Fam* **he's still tied to his mother's ~ strings** [dependent on her] sigue pegado a las faldas de su madre **2.** AV área *f* de estacionamiento

apt [æpt] adj **1.** [word, description] apropiado(a), acertado(a) **2.** [likely] **to be ~ to do sth** ser propenso(a) a hacer algo

apt. (abbr ***apartment***) apto.

aptitude ['æptɪtju:d] n aptitud *f* ▸ **to have an ~ for** tener aptitudes para ▸ **~ test** prueba *f* de aptitud

aptly ['æptlɪ] adv acertadamente

aquamarine [ækwəmə'ri:n] ■ n [gem] aguamarina *f* ■ adj [colour] azul verdoso(a)

aquarium [ə'kweərɪəm] (pl **aquariums** *or* **aquaria** [ə'kweərɪə]) n acuario *m*

Aquarius [ə'kweərɪəs] n [sign of zodiac] acuario *m* ▸ **to be (an) ~** ser acuario

aquatic [ə'kwætɪk] adj acuático(a)

aqueduct ['ækwɪdʌkt] n acueducto *m*

aquiline ['ækwɪlaɪn] adj aguileño(a), aquilino(a)

Arab ['ærəb] n & adj árabe *mf*

Arabia [ə'reɪbɪə] n Arabia

Arabian [ə'reɪbɪən] adj árabe ▸ **the ~ Sea** el Mar de Arabia *or* de Omán

Arabic ['ærəbɪk] ■ n [language] árabe *m* ■ adj árabe ▸ **~ numerals** números *mpl* arábigos

arable ['ærəbəl] adj cultivable, arable

arachnid [ə'ræknɪd] n ZOOL arácnido *m*

Aragon ['ærəgən] n Aragón

Aragonese [ærəgə'ni:z] n & adj aragonés(esa) *m,f*

arbiter ['ɑ:bɪtə(r)] n [of taste, fashion] árbitro *m*

arbitrary ['ɑ:bɪtrərɪ] adj arbitrario(a)

arbitrate ['ɑ:bɪtreɪt] ■ vt arbitrar ■ vi arbitrar (**between** entre)

arbitration [ɑ:bɪ'treɪʃən] n arbitraje *m* ▸ **the dispute went to ~** el conflicto se llevó ante un árbitro

arbitrator ['ɑ:bɪtreɪtə(r)] n [in dispute] árbitro *m*

arc [ɑ:k] n arco *m* ▸ **~ lamp** lámpara *f* de arco (voltaico)

arcade [ɑ:'keɪd] n **1.** [for shopping] galería *f* comercial **2.** ARCHIT galería *f*

arch[1] [ɑ:tʃ] ■ n **1.** ARCHIT arco *m* **2.** [of foot] puente *m* ▸ **to have fallen arches** tener los pies planos ■ vt **to ~ one's back** arquear la espalda

arch[2] adj **~ enemy** mayor enemigo(a) *m,f* ▸ **~ traitor** gran traidor(ora) *m,f*

arch[3] adj [mischievous] pícaro(a)

archaeological, *US* ***archeological*** [ɑ:kɪə'lɒdʒɪkəl] adj arqueológico(a)

archaeologist, *US* ***archeologist*** [ɑ:kɪ'ɒlədʒɪst] n arqueólogo(a) *m,f*

archaeology, *US* ***archeology*** [ɑ:kɪ'ɒlədʒɪ] adj arqueología *f*

archaic [ɑ:'keɪɪk] adj arcaico(a)

archangel ['ɑ:keɪndʒəl] n arcángel *m*

archbishop [ɑ:tʃ'bɪʃəp] n arzobispo *m*

archduke [ɑ:tʃ'dju:k] n archiduque *m*

archeological, archeologist etc *US* ➤ ***archaeological, archaeologist*** etc

archer ['ɑ:tʃə(r)] n arquero(a) *m,f*

archery ['ɑ:tʃərɪ] n tiro *m* con arco

archetypal [ɑ:kɪ'taɪpəl] adj arquetípico(a), típico(a)

archetype ['ɑ:kɪtaɪp] n arquetipo *m,* modelo *m*

archipelago [ɑ:kɪ'peləgəʊ] (pl **archipelagos** *or* **archipelagoes**) n archipiélago *m*

architect ['ɑ:kɪtekt] n [of building] arquitecto(a) *m,f* / *Fig* [of scheme] artífice *mf*

architecturally [ɑ:kɪ'tektʃərəlɪ] adv arquitectónicamente

architecture ['ɑ:kɪtektʃə(r)] n arquitectura *f*

archive ['ɑ:kaɪv] n [gen] & COMPTR archivo *m*

archives ['ɑ:kaɪvz] npl archivos *mpl*

archway ['ɑ:tʃweɪ] n [passage] arcada *f* / [entrance] arco *m*

arctic ['ɑ:ktɪk] ■ n **the Arctic** el Ártico ■ adj **1.** [climate] ártico(a) ▸ **the Arctic Circle** el Círculo Polar Ártico ▸ **the Arctic Ocean** el Océano Glacial Ártico **2.** *Fam* [very cold] gélido(a), glacial

ardent ['ɑ:dənt] adj [desire, love] ardiente / [admirer, believer] ferviente

ardently ['ɑ:dəntlɪ] adv [to desire, love] apasionadamente / [to admire, believe] fervientemente

ardour, *US* ***ardor*** ['ɑ:də(r)] n ardor *m,* fervor *m*

arduous ['ɑ:djʊəs] adj arduo(a)

are [ɑ:(r)] plural and 2nd person singular *of* ***be***

area ['eərɪə] n **1.** [surface] área *f* **2.** [region] área *f,* zona *f* / [of town, city] zona *f,* barrio *m* / [of knowledge] área *f,* ámbito *m* ▸ **the London ~** la región londinense ▸ **an ~ of agreement** un área de acuerdo ▸ *US* TEL **~ code** prefijo *m* ▸ COM **~ manager** jefe(a) *m,f* de zona

arena [ə'ri:nə] n **1.** [stadium] estadio *m* **2.** [area of activity] [economic, international] ruedo *m* ▸ **to enter the ~** salir al ruedo, saltar a la palestra

aren't [ɑ:nt] **1.** ➤ ***are not*** **2. ~ I?** ➤ ***am I not?***

Argentina [ɑ:dʒən'ti:nə] n Argentina

Argentine ['ɑ:dʒəntaɪn] ■ n [person] argentino(a) *m,f* ▸ *Old-fashioned* **the ~** [country] (la) Argentina ■ adj argentino(a)

Argentinian [ɑ:dʒən'tɪnɪən] n & adj argentino(a) *m,f*

argon ['ɑ:gɒn] n CHEM argón *m*

arguable ['ɑ:gjʊəbəl] adj **1.** [questionable] discutible ▸ **it is ~ whether it would have made any difference** cabe dudar que las cosas hubiesen sido distintas **2.** [conceivable] **it is ~ that...** se podría afirmar que...

arguably ['ɑːgjʊəblɪ] adv **it's ~ the city's best restaurant** es, probablemente, el mejor restaurante de la ciudad

argue ['ɑːgjuː] ■ vt [case, position] argumentar ▸ **to ~ that...** aducir *or* argumentar que...
■ vi [quarrel] discutir ▸ **to ~ about sth** discutir sobre algo ▸ **to ~ for** [defend] abogar por ▸ **to ~ against** [oppose] oponerse a

argument ['ɑːgjʊmənt] n **1.** [quarrel] discusión *f*, pelea *f* ▸ **to have an ~ (about sth)** discutir (por algo) ▸ **to get into an ~** meterse en una discusión ▸ **and I don't want any arguments!** ¡y punto! **2.** [reason] argumento *m* ▸ **an ~ for/against doing sth** un argumento a favor de/en contra de hacer algo ▸ **suppose for argument's sake that...** pongamos por caso que...

argumentative [ɑːgjʊ'mentətɪv] adj discutidor(ora), peleón(ona)

argy-bargy ['ɑːdʒɪ'bɑːdʒɪ] n *Fam* agarrada *f*, trifulca *f*

aria ['ɑːrɪə] n MUS aria *f*

arid ['ærɪd] adj árido(a)

Aries ['eəriːz] n [sign of zodiac] aries *m* ▸ **to be (an) ~** ser aries

arise [ə'raɪz] (pt **arose** [ə'rəʊz], pp **arisen** [ə'rɪzən]) vi [problem, situation] surgir ▸ **the question has not yet arisen** todavía no se ha presentado la cuestión ▸ **should the need ~** si surgiera la necesidad ▸ **a storm arose** se formó una tormenta

aristocracy [ærɪs'tɒkrəsɪ] n aristocracia *f*

aristocrat [*BR* 'ærɪstəkræt, *US* ə'rɪstəkræt] n aristócrata *mf*

aristocratic [*BR* ærɪstə'krætɪk, *US* ərɪstə'krætɪk] adj aristocrático(a)

arithmetic [ə'rɪθmətɪk] n [calculations] cálculos *mpl*, aritmética *f* / [subject] aritmética *f*

arithmetical [ærɪθ'metɪkəl] adj aritmético(a)

ark [ɑːk] n arca *f*

arm [ɑːm] ■ n **1.** [of person, chair] brazo *m* / [of garment] manga *f* ▸ **to carry sth/sb in one's arms** llevar algo/a alguien en brazos ▸ **he took my ~** me tomó *or* cogió del brazo ▸ **to walk ~ in ~** caminar *or* ir del brazo ▸ **to receive sb with open arms** [warmly welcome] recibir a alguien con los brazos abiertos ▸ *Fig* **to keep sb at arm's length** mantenerse a una distancia prudencial de alguien ▸ **~ wrestling** los pulsos, *AM* la pulseada **2. arms** [weapons] armas *fpl* ▸ **arms race** carrera *f* armamentística **3.** [in heraldry] **(coat of) arms** escudo *m* de armas
■ vt [person, country] armar ▸ **to ~ oneself with the facts** armarse de datos

armadillo [ɑːmə'dɪləʊ] (pl **armadillos**) n armadillo *m*

Armageddon [ɑːmə'gedən] n apocalipsis *m inv*

armaments ['ɑːməmənts] npl armamento *m*

armband ['ɑːmbænd] n [at funeral, for swimming] brazalete *m*

armchair ['ɑːmtʃeə(r)] n sillón *m* ▸ **an ~ strategist** un estratega de salón

armed [ɑːmd] adj armado(a) ▸ **to be ~** estar armado(a) ▸ **~ forces** fuerzas *fpl* armadas ▸ **~ robbery** atraco *m* a mano armada

Armenia [ɑː'miːnɪə] n Armenia

Armenian [ɑː'miːnɪən] n & adj armenio(a) *m,f*

armful ['ɑːmfʊl] n brazada *f* ▸ **an ~ of papers** un montón de papeles (en los brazos)

armhole ['ɑːmhəʊl] n sisa *f*

armistice ['ɑːmɪstɪs] n armisticio *m* ▸ **Armistice Day** *= día en que se conmemora el final de la primera Guerra Mundial*

armour, US ***armor*** ['ɑːmə(r)] n **1.** [of knight] armadura *f* ▸ **suit of ~** armadura *f* **2.** MIL [of tank] blindaje *m* / [tanks] división *f* acorazada

armoured, US ***armored*** ['ɑːməd] n **~ car** carro *m* de combate

armoury, US ***armory*** ['ɑːmərɪ] n arsenal *m*

armpit ['ɑːmpɪt] n axila *f*, sobaco *m*

armrest ['ɑːmrest] n reposabrazos *m inv*

arm-twisting ['ɑːmtwɪstɪŋ] n *Fam* **it took a bit of ~, but I got him to agree** tuve que apretarle las clavijas un poco, pero logré que cediese

arm-wrestle ['ɑːmresəl] vi **to ~ with sb** echar un pulso con alguien

army ['ɑːmɪ] n ejército *m* ▸ **to be in the ~** ser militar ▸ *Fig* **an ~ of workers/assistants** un ejército de obreros/ayudantes

aroma [ə'rəʊmə] n aroma *m*

aromatic [ærəʊ'mætɪk] adj aromático(a)

arose [ə'rəʊz] pt *of* ***arise***

around [ə'raʊnd] ■ prep **1.** [indicating position] alrededor de ▸ **~ the table** en torno a la mesa ▸ **there were hills all ~ the town** la ciudad estaba rodeada de colinas ▸ **~ here** por aquí (cerca) **2.** [indicating motion] **to look ~ the room** mirar por toda la habitación ▸ **to travel ~ the world** viajar por todo el mundo ▸ **to walk ~ the town/the streets** caminar por la ciudad/las calles
■ adv **1.** [surrounding] alrededor ▸ **a garden with a fence ~** un jardín rodeado por una valla ▸ **there were open fields all ~** estábamos rodeados de campo por todas partes ▸ **for miles ~** en millas a la redonda **2.** [in different directions] **to walk ~** pasear (por ahí) ▸ **there were books lying all ~** había libros por todas partes **3.** [in the general area] **is Jack ~?** [there] ¿está Jack por ahí? / [here] ¿está Jack por aquí? ▸ **there was nobody ~** no había nadie ▸ **there's never a policeman ~ when you need one** nunca hay un policía a mano cuando lo necesitas **4.** [approximately] **~ thirty** unos treinta ▸ **~ ten years** unos diez años ▸ **at ~ one o'clock** alrededor de la una

around-the-clock [ə'raʊndðə'klɒk] ■ adj continuo(a), 24 horas al día
■ adv (durante) las 24 horas del día

arousal [ə'raʊzəl] n excitación *f*

arouse [ə'raʊz] vt [sleeping person] despertar / [emotion, desire] despertar, provocar / [suspicion] levantar, despertar / [sexually] excitar

arr RAIL (abbr ***arrival***) llegada *f*

arraign [ə'reɪn] vt LAW hacer comparecer, citar

arraignment [ə'reɪnmənt] n LAW acusación *f*

arrange [ə'reɪndʒ] ■ vt **1.** [put in order] [books, furniture] ordenar, colocar / [hair, flowers] arreglar **2.** [organize] [wedding, meeting] organizar / [time, date] fijar / [accommodation] buscar ▸ **to ~ to do sth** quedar en hacer algo ▸ **to ~ to meet** quedar ▸ **to ~ what to do** planear qué hacer ▸ **it was arranged that...** se quedó en que... ▸ **an arranged marriage** un matrimonio concertado
■ vi **to ~ for sth to be done** disponer que se haga algo

arrangement [ə'reɪndʒmənt] n **1.** [order, placing] disposición *f* **2.** [plan, preparations] **to make arrangements** hacer los preparativos **3.** [agreement] acuerdo *m* ▸ **to come to an ~ (with sb)** llegar a un acuerdo (con alguien) ▸ **by ~** con cita previa **4.** MUS arreglo *m*

array [ə'reɪ] n [collection] muestrario *m*

arrears [ə'rɪəz] npl atrasos *mpl* ▸ **to be in ~ with the rent** ir atrasado(a) en el pago del alquiler *or MÉX* de la renta ▸ **I am paid monthly in ~** me pagan al final de cada mes

arrest [ə'rest] ■ n detención *f,* arresto *m* ▸ **to be under ~** estar detenido(a) ▸ **to make an ~** realizar *or* practicar una detención
■ vt [person, development] detener ▸ **my attention was arrested by...** me llamó poderosamente la atención...

arresting [ə'restɪŋ] adj [expression, look] llamativo(a)

arrival [ə'raɪvəl] n llegada *f* ▸ **on ~** al llegar ▸ **a new ~** [at work, in club] un/una recién llegado(a) / [baby] un/una recién nacido(a)

arrive [ə'raɪv] vi **1.** [at place] llegar ▸ **to ~ at a decision/solution** llegar a una decisión/solución **2.** *Fam* [attain success] triunfar

arrogance ['ærəgəns] n arrogancia *f*

arrogant ['ærəgənt] adj arrogante

arrow ['ærəʊ] n flecha *f* ▸ COMPTR **~ key** tecla *f* de dirección *or* de movimiento del cursor

arrowhead ['ærəʊhed] n punta *f* de flecha

arrowroot ['ærəʊruːt] n CULIN arrurruz *m*

arse [ɑːs] n *BR Vulg* **1.** [buttocks] culo *m* **2.** [stupid person] *ESP* gilipollas *mf inv, AM* pendejo(a) *m,f, RP* boludo(a) *m,f* ▸ **to make an ~ of oneself** quedar como *ESP* un(a) gilipollas *or AM* un(a) pendejo(a) *or RP* un(a) boludo(a)

◆ ***arse about, arse around*** vi *BR Vulg* [act foolishly] hacer el *ESP* gilipollas *or RP* boludo, *AM* pendejear, *RP* boludear / [waste time] tocarse las pelotas *or* los huevos, *RP* rascarse las bolas

arsehole ['ɑːshəʊl] n *BR Vulg* **1.** [anus] ojete *m* **2.** [unpleasant person] hijo(a) *m,f* de puta, cabrón(ona) *m,f*

arsenal ['ɑːsənəl] n arsenal *m*

arsenic ['ɑːsənɪk] n CHEM arsénico *m*

arson ['ɑːsən] n incendio *m* provocado

arsonist ['ɑːsənɪst] n incendiario(a) *m,f,* pirómano(a) *m,f*

art [ɑːt] n **1.** [in general] arte *m* ▸ **the arts** las artes ▸ **arts and crafts** artes *fpl* y oficios ▸ **~ exhibition** exposición *f* (artística) ▸ **~ form** manifestación *f* artística ▸ **~ gallery** [for sale] galería *f* de arte / [for exhibition] museo *m* ▸ **~ school** escuela *f* de bellas artes **2.** UNIV **arts** letras *fpl* **3.** [technique] arte *m* ▸ **there's an ~ to making omelettes** hacer tortillas tiene su arte ▸ **the ~ of war/conversation** el arte de la guerra/la conversación

artefact ['ɑːtɪfækt] n objeto *m*

arteriosclerosis [ɑː'tɪərɪəʊsklə'rəʊsɪs] n MED arteriosclerosis *f inv*

artery ['ɑːtərɪ] n arteria *f*

artful ['ɑːtfʊl] adj [person] astuto(a), artero(a) / [solution] astuto(a), hábil

arthritic [ɑː'θrɪtɪk] adj artrítico(a)

arthritis [ɑː'θraɪtɪs] n artritis *f inv*

arthropod ['ɑːθrəpɒd] n ZOOL artrópodo *m*

arthrosis [ɑː'θrəʊsɪs] n MED artrosis *f inv*

artichoke ['ɑːtɪtʃəʊk] n **(globe) ~** alcachofa *f, AM* alcaucil *m*

article ['ɑːtɪkəl] ■ n artículo *m* ▸ **~ of clothing** prenda *f* de vestir ▸ GRAM **definite/indefinite ~** artículo *m* determinado/indeterminado
■ vt LAW **to be articled to a firm of solicitors** trabajar en prácticas *or* hacer una pasantía en un bufete de abogados

articled ['ɑːtɪkəld] adj **~ clerk** abogado(a) *m,f* en prácticas

articulate[1] [ɑː'tɪkjʊlət] adj [person] elocuente / [description, account] claro(a), comprensible

articulate[2] [ɑː'tɪkjʊleɪt] vt [word] articular / [idea, feeling] formular, expresar

articulated lorry [ɑː'tɪkjʊleɪtɪd'lɒrɪ] n *BR* camión *m* articulado

articulately [ɑː'tɪkjʊlətlɪ] adv [to speak, explain] claramente

articulation [ɑːtɪkjʊ'leɪʃən] n [of words] articulación *f* / [of ideas, feelings] formulación *f*

artifice ['ɑːtɪfɪs] n artificio *m*

artificial [ɑːtɪ'fɪʃəl] adj [conditions, light, distinction] artificial / [limb, hair] postizo(a), artificial / [smile] afectado(a), artificial ▸ **~ insemination** inseminación *f* artificial ▸ COMPTR **~ intelligence** inteligencia *f* artificial ▸ **~ respiration** respiración *f* artificial

artificially [ɑːtɪ'fɪʃəlɪ] adv artificialmente

artillery [ɑː'tɪlərɪ] n artillería *f*

artisan [ɑːtɪ'zæn] n artesano(a) *m,f*

artist ['ɑːtɪst] n artista *mf*

artistic [ɑː'tɪstɪk] adj artístico(a) ▸ **she is very ~** tiene mucha sensibilidad artística

artistry ['ɑːtɪstrɪ] n arte *m,* destreza *f*

artless ['ɑːtlɪs] adj [simple] inocente, ingenuo(a) / [clumsy] torpe

artsy *US* ➤ ***arty***

artwork ['ɑːtwɜːk] n [in book, magazine] ilustraciones *fpl*

arty ['ɑːtɪ], *US* ***artsy*** ['ɑːtsɪ] adj *Fam* [person] = *que* *se interesa por las artes*

Aryan ['eərɪən] n & adj ario(a) *m,f*

as [əz] stressed [æz] ■ prep como ▸ **to work as a team** trabajar en equipo ▸ **to regard sb as a friend** considerar a alguien un amigo ▸ **to treat sb as a stranger** tratar a alguien como a un extraño ▸ **to act/serve as a protection against sth** actuar/servir de protección contra algo ▸ **she used it as a bandage** lo utilizó a modo de venda ▸ **as a woman, I think that...** como mujer, creo que...
■ adv **1.** [with manner] (tal y) como ▸ **we arrived at eight o'clock, as requested** llegamos a las ocho, tal y como se nos había pedido ▸ **we did exactly as we had been told** hicimos exactamente lo que nos habían dicho ▸ **B as in Birmingham** B de Birmingham **2.** [in comparisons] **as... as...** tan... como... ▸ **not as** *or* **so... as...** no tan... como... ▸ **as tall as me** tan alto(a) como yo ▸ **as white as a sheet** blanco(a) como la nieve ▸ **twice as big** el doble de grande ▸ **I pushed/tried as hard as I could** empujé/lo intenté con todas mis fuerzas ▸ **as many as you want** todos los que quieras ▸ **as much as you want** todo lo que quieras ▸ **as recently as last week** hace tan sólo una semana ▸ **as soon as possible** cuanto antes **3.** [phrases] ▸ **she looked as if** *or* **though she was upset** parecía (como si estuviera) disgustada ▸ **it isn't as if** *or* **though I haven't tried** no será porque no lo he intentado, no es que no lo haya intentado ▸ **it looks as if...** parece que... ▸ **as for the cost/the food,...** en *or* por lo que se refiere al coste/a la comida,... ▸ **as well** también
■ conj **1.** [with time] [when] cuando / [whilst] mientras ▸ **he went out as I came in** salió cuando yo entraba ▸ **she talked to me as I worked** me hablaba mientras trabajaba ▸ **as you get older...** a medida que te haces mayor... ▸ **as necessary** según sea necesario ▸ **as always** como siempre **2.** [because] como ▸ **as he has now left,...** como se ha ido,..., ahora que se ha ido,... **3.** [concessive] **late as it was,...** aunque era tarde,... ▸ **try as she might,...** por mucho que lo intentara,... ▸ **unlikely as it might seem,...** por improbable que parezca,... ▸ **stupid as he is, even he saw the mistake** hasta él, que es tan estúpido, se dio cuenta del error **4.** [with manner] como ▸ **as I was saying,...** como iba diciendo,... ▸ **do as you like** haz lo que quieras ▸ **as often happens,...** como suele suceder,... ▸ **it's hard enough as it is without this happening!** ¡ya es lo bastante duro como para que ahora pase esto! ▸ **it's far enough as it is!** ¡ya está suficientemente lejos así! **5.** [in addition] **I'm well, as are the children** estoy bien y los niños también

asap [eɪeseɪ'piː] adv (abbr ***as soon as possible***) cuanto antes, lo antes posible

asbestos [æs'bestəs] n amianto *m,* asbesto *m*

asbestosis [æsbes'təʊsɪs] n MED asbestosis *f inv*

ascend [ə'send] ■ vt [mountain] ascender, subir / [throne] ascender a, subir a
■ vi ascender

ascendancy, ascendency [ə'sendənsɪ] n dominio *m,* ascendiente *m*

ascendant, ascendent [ə'sendənt] n **to be in the ~** ir en ascenso

Ascension [ə'senʃən] n REL Ascensión *f* ▸ **~ Island** Ascensión

ascent [ə'sent] n [of mountain] ascenso *m,* subida *f* ▸ **her ~ to power** su ascenso al poder

ascertain [æsə'teɪn] vt [establish] precisar, determinar / [find out] averiguar

ascetic [ə'setɪk] ■ n asceta *mf*
■ adj ascético(a)

ASCII ['æskɪ] n COMPTR (abbr ***American Standard Code for Information Interchange***) ASCII *m*

ascribe [ə'skraɪb] vt atribuir

ASEAN ['æzɪæn] n (abbr ***Association of South-East Asian Nations***) ASEAN *f*

aseptic [eɪ'septɪk] adj aséptico(a)

asexual [eɪ'seksjʊəl] adj asexual

ash[1] [æʃ] n [tree] fresno *m*

ash[2] n [from fire, cigarette] ceniza *f* ▸ REL **Ash Wednesday** Miércoles *m inv* de Ceniza

ashamed [ə'ʃeɪmd] adj avergonzado(a), *AM salvo RP* apenado(a) ▸ **to be ~ (of)** estar avergonzado(a) *or AM salvo RP* apenado(a) (de) ▸ **to feel ~** sentir vergüenza *or AM salvo RP* pena ▸ **I'm ~ of you!** ¡me das vergüenza *or AM salvo RP* pena! ▸ **I am ~ to say that...** me avergüenza *or AM salvo RP* apena decir que... ▸ **there is nothing to be ~ of** no hay de qué avergonzarse *or AM salvo RP* apenarse ▸ **you ought to be ~ of yourself!** ¡debería darte vergüenza *or AM salvo RP* pena!

ashen ['æʃən] adj pálido(a)

ashore [ə'ʃɔː(r)] adv en tierra ▸ **to go ~** desembarcar

ashtray ['æʃtreɪ] n cenicero *m*

Asia ['eɪʒə] n Asia ▸ **~ Minor** Asia Menor

Asian ['eɪʒən] ■ n asiático(a) *m,f* ▸ *BR* [person from Indian sub-continent] = *persona de la India, Paquistán o Bangladesh*
■ adj asiático(a) ▸ *BR* [from Indian sub-continent] de la India, Paquistán o Bangladesh ▸ *US* **~ American** americano(a) de origen asiático

Asiatic [eɪsɪ'ætɪk] n & adj asiático(a) *m,f*

aside [ə'saɪd] ■ adv aparte, a un lado ▸ **~ from** aparte de ▸ **to put** *or* **set sth ~** apartar *or* reservar algo ▸ **stand ~ please!** ¡apártense, por favor! ▸ **to take sb ~** llevarse a alguien aparte ▸ **politics ~,...** dejando a un lado la política,...
■ n THEAT aparte *m*

asinine ['æsɪnaɪn] adj cretino(a), majadero(a)

ask [ɑːsk] ■ vt **1.** [enquire about] preguntar ▸ **to ~ sb sth** preguntar algo a alguien ▸ **to ~ (sb) a question** hacer una pregunta (a alguien) ▸ **to ~ sb the time** preguntar la hora a alguien ▸ **to ~ sb the way** preguntar a alguien el camino ▸ **don't ~ me!** ¿a mí me lo vas a preguntar? **2.** [request] pedir ▸ **to ~ sb for sth** pedir algo a alguien ▸ **to ~ to do sth** *ESP* pedir hacer algo, *AM* pedir para hacer algo ▸ **to ~ sb to do sth** pedir a alguien que haga algo ▸ **to ~ a favour of sb, to ~ sb a favour** pedir un favor a alguien ▸ **if it isn't asking too much** si no es mucho pedir ▸ **to ~ sb's permission to do sth** pedir permiso a alguien para hacer algo **3.** [invite] invitar, convidar ▸ **to ~ sb to lunch** invitar a alguien a comer

■ vi **1.** [enquire] preguntar (**about** por) **2.** [request] **to ~ for sth** pedir algo ▸ **you only have to ~!** ¡no tienes más que pedirlo! ▸ *Fam* **he was asking for it!** [deserved it] ¡se lo estaba buscando!

◆ ***ask after*** vt insep preguntar por

askance [ə'skæns] adv **to look ~ at sb** mirar a alguien con recelo

askew [ə'skju:] adv **her dress was ~** llevaba el vestido torcido

asking ['ɑ:skɪŋ] n **it's yours for the ~** si lo pides, es tuyo ▸ **~ price** precio *m* de salida

ASL [eɪes'el] n *US* (abbr ***American Sign Language***) = *lenguaje de signos para sordos*

asleep [ə'sli:p] adj **to be ~** estar dormido(a) *or* durmiendo ▸ **to be fast** *or* **sound ~** estar profundamente dormido(a) ▸ **to fall ~** quedarse dormido(a), dormirse

A/S-level [eɪ'esləvəl] n = *examen final o diploma en una asignatura de los estudios preuniversitarios, correspondiente a medio "A level"*

asocial [eɪ'səʊʃəl] adj asocial

asparagus [ə'spærəgəs] n [plant] esparraguera *f* / [vegetable] espárragos *mpl*

aspect ['æspekt] n **1.** [of problem, subject] aspecto *m* **2.** [of building] orientación *f*

asperity [æ'sperɪtɪ] n aspereza *f*

aspersions [əs'pɜ:ʃənz] npl **to cast ~ on sth** poner en duda algo

asphalt ['æsfælt] n asfalto *m*

asphyxia [æs'fɪksɪə] n MED asfixia *f*

asphyxiate [æs'fɪksɪeɪt] ■ vt asfixiar

■ vi asfixiarse

asphyxiation [æsfɪksɪ'eɪʃən] n asfixia *f*

aspic ['æspɪk] n CULIN gelatina *f* ▸ *Fig* **it was as if the house had been preserved in ~** parecía que hubieran conservado la casa en alcanfor

aspirant ['æspɪrənt] n aspirante *mf*

aspirate ['æspərət] adj LING aspirado(a)

aspiration [æspɪ'reɪʃən] n [ambition] aspiración *f*

aspire [ə'spaɪə(r)] vi **to ~ to do sth** aspirar a hacer algo

aspirin ['æsprɪn] n aspirina *f*

aspiring [ə'spaɪərɪŋ] adj **to be an ~ actor** aspirar a ser actor

ass[1] [æs] n **1.** [animal] burro *m,* asno *m* **2.** *Fam* [idiot] burro(a) *m,f,* tonto(a) *m,f* ▸ **to make an ~ of oneself** quedar como un tonto

ass[2] n *US Vulg* culo *m*

assail [ə'seɪl] vt [attack] asaltar, agredir (**with** con) ▸ **to ~ sb with questions** asediar a alguien a preguntas ▸ **assailed by doubt** asaltado(a) por la duda

assailant [ə'seɪlənt] n asaltante *mf,* agresor(ora) *m,f*

assassin [ə'sæsɪn] n asesino(a) *m,f*

assassinate [ə'sæsɪneɪt] vt asesinar

assassination [əsæsɪ'neɪʃən] n asesinato *m*

assault [ə'sɔ:lt] ■ n ataque *m* (**on** a), asalto *m* (**on** a) / LAW agresión *f* ▸ MIL **~ course** pista *f* de entrenamiento

■ vt atacar, asaltar / LAW agredir ▸ **to be sexually assaulted** ser objeto de una agresión sexual

assemble [ə'sembəl] ■ vt [people] reunir, congregar / [facts, objects] reunir, juntar / [machine, furniture] montar, ensamblar

■ vi [people] reunirse, congregarse

assembly [ə'semblɪ] n **1.** [gathering] reunión *f* / *BR* SCH = *reunión de todos los profesores y los alumnos al principio de la jornada escolar* ▸ **~ hall** [in school] salón *m* de actos **2.** [of machine, furniture] montaje *m,* ensamblaje *m* ▸ **~ instructions** instrucciones *fpl* de montaje ▸ IND **~ line** cadena *f* de montaje

assent [ə'sent] ■ n asentimiento *m,* consentimiento *m* ▸ **she gave/withheld her ~** dio/no dio su consentimiento

■ vi dar el consentimiento (**to** a)

assert [ə'sɜ:t] vt [one's rights, point of view, authority] afirmar, hacer valer ▸ **to ~ oneself** mostrarse firme, imponerse ▸ **to ~ that...** afirmar que...

assertion [ə'sɜ:ʃən] n [of right] afirmación *f* / [statement] afirmación *f,* aseveración *f*

assertive [ə'sɜ:tɪv] adj **a course aimed at teaching women to be more ~** un curso para potenciar la afirmación personal de las mujeres

assertiveness [ə'sɜ:tɪvnəs] n afirmación *f* personal, autoafirmación *f* ▸ **~ training** cursos *mpl* de afirmación personal

assess [ə'ses] vt **1.** [estimate] [value] tasar, valorar / [damage] evaluar, valorar ▸ **to ~ sb's income** [for tax purposes] evaluar la renta de alguien **2.** [analyse] evaluar

assessment [ə'sesmənt] n **1.** [estimate] [of value] tasación *f,* valoración *f* / [of damage] evaluación *f,* valoración *f* / [for insurance or tax purposes] tasación *f* **2.** [analysis] evaluación *f*

assessor [ə'sesə(r)] n FIN tasador(ora) *m,f*

asset ['æset] n ventaja *f,* beneficio *m* ▸ **she is a great ~ to the firm** es una valiosa aportación a la empresa ▸ FIN **assets** activos *mpl* ▸ FIN **~ stripper** liquidador(ora) *m,f* de activos ▸ FIN **~ stripping** liquidación *f* (especulativa) de activos

asshole ['æshəʊl] n *US Vulg* **1.** [anus] ojete *m* **2.** [unpleasant person] hijo(a) *m,f* de puta, cabrón(ona) *m,f*

assiduous [ə'sɪdjʊəs] adj perseverante

assign [ə'saɪn] vt [task, funds] asignar (**to** a) / [importance] atribuir ▸ **to ~ sb to do sth** asignar a alguien la tarea de hacer algo

assignation [æsɪg'neɪʃən] n *Formal* [meeting] cita *f*

assignee [æsaɪ'ni:] n LAW sucesor(ora) *m,f,* concesionario(a) *m,f*

assignment [ə'saɪnmənt] n **1.** [allocation] asignación *f* **2.** [task] SCH tarea *f,* trabajo *m* / JOURN encargo *m,* trabajo *m* / MIL misión *f*

assignor [ə'saɪnə(r)] n LAW cesionario(a) *m,f*

assimilate [ə'sɪmɪleɪt] ■ vt [food, ideas] asimilar

■ vi [immigrants] integrarse

assimilation [əsɪmɪ'leɪʃən] n [of food, ideas] asimilación *f* / [of immigrants] integración *f*

assist [ə'sɪst] ■ vt [person] ayudar / [process, development] colaborar en, contribuir a ▸ **to ~ sb in doing** *or* **to do sth** ayudar a alguien a hacer algo ▸ **assisted suicide** suicidio *m* asistido
■ vi prestar ayuda ▸ **to ~ in sth** colaborar en algo

assistance [ə'sɪstəns] n ayuda *f*, asistencia *f* ▸ **to come to sb's ~** acudir en ayuda de alguien ▸ **can I be of any ~?** ¿puedo ayudar en algo?

assistant [ə'sɪstənt] n ayudante *mf* ▸ **(shop) ~** dependiente(a) *m,f* ▸ **~ manager** subdirector(ora) *m,f*

assizes [ə'saɪzɪz] npl *BR* LAW ≃ audiencia *f* provincial

associate ■ n [ə'səʊsɪət] [in business] socio(a) *m,f* / [in crime] cómplice *mf*
■ adj [company] asociado(a)
■ vt [ə'səʊsɪeɪt] **1.** [mentally] asociar **2. to be associated with** estar asociado(a) *or* relacionado(a) con
■ vi **to ~ with sb** frecuentar a *or* tratar con alguien

associated [ə'səʊsɪeɪtɪd] adj asociado(a) ▸ **~ company** empresa *f* asociada

association [əsəʊsɪ'eɪʃən] n asociación *f* ▸ **the name has unfortunate associations for her** ese nombre le trae malos recuerdos, ese nombre tiene connotaciones desagradables para ella ▸ **in ~ with...** conjuntamente con... ▸ **to form an ~** crear una asociación

assonance ['æsənəns] n asonancia *f*

assorted [ə'sɔːtɪd] adj [colours, flavours] diverso(a) / [biscuits, sweets] surtido(a)

assortment [ə'sɔːtmənt] n [of colours, reasons] diversidad *f* / [of biscuits, sweets] surtido *m*

assuage [ə'sweɪdʒ] vt *Formal* [anger, person] apaciguar / [hunger, thirst] aplacar

assume [ə'sjuːm] vt **1.** [suppose] suponer ▸ **I ~ so/not** supongo que sí/no ▸ **he was assumed to be rich** se suponía que era rico ▸ **let us ~ that...** supongamos que... **2.** [take over] [duty, power] asumir / [name] adoptar ▸ **to ~ responsibility for sth** asumir la responsabilidad de algo ▸ **an assumed name** un nombre falso **3.** [take on] [appearance, shape] adquirir, adoptar

assumption [ə'sʌmpʃən] n **1.** [supposition] suposición *f* ▸ **to work on the ~ that...** trabajar sobre la base de que... **2.** [of power, responsibility] asunción *f* **3.** REL **the Assumption** la Asunción

assurance [ə'ʃʊərəns] n **1.** [guarantee] garantía *f* ▸ **to give sb one's ~** dar garantías a alguien **2.** [confidence] seguridad *f* ▸ **to answer with ~** responder con seguridad **3.** *BR* [insurance] seguro *m* ▸ **life ~** seguro de vida

assure [ə'ʃʊə(r)] vt asegurar ▸ **to ~ sb of sth** asegurar algo a alguien

assured [ə'ʃʊəd] adj [certain, confident] seguro(a) ▸ **to be ~ of sth** tener algo asegurado(a) ▸ **he gave a very ~ performance** se mostró muy seguro en su actuación

assuredly [ə'ʃʊərɪdlɪ] adv [undoubtedly] sin duda

asterisk ['æstərɪsk] n asterisco *m*

asteroid ['æstərɔɪd] n asteroide *m*

asthma ['æsmə] n asma *f*

asthmatic [æs'mætɪk] n & adj asmático(a) *m,f*

astonish [ə'stɒnɪʃ] vt asombrar ▸ **to be astonished at** *or* **by** quedarse asombrado(a) por ▸ **I am astonished that...** me asombra que...

astonished [ə'stɒnɪʃt] adj [look, reaction] de asombro, asombrado(a)

astonishing [ə'stɒnɪʃɪŋ] adj asombroso(a) ▸ **I find it ~ that...** me parece asombroso que...

astonishingly [ə'stɒnɪʃɪŋlɪ] adv asombrosamente

astonishment [ə'stɒnɪʃmənt] n asombro *m* ▸ **to my ~** para mi asombro

astound [ə'staʊnd] vt dejar atónito(a), pasmar

astounded [ə'staʊndɪd] adj atónito(a), pasmado(a) ▸ **I was ~** me quedé atónito(a) *or* pasmado(a)

astounding [ə'staʊndɪŋ] adj pasmoso(a), asombroso(a)

astoundingly [ə'staʊndɪŋlɪ] adv increíblemente, asombrosamente

astral ['æstrəl] adj astral

astray [ə'streɪ] adv **to go ~** [become lost] perderse, extraviarse ▸ **to lead sb ~** descarriar a alguien

astride [ə'straɪd] prep **to sit ~ sth** sentarse a horcajadas sobre algo

astringent [ə'strɪndʒənt] n & adj astringente *m*

astrologer [ə'strɒlədʒə(r)] n astrólogo(a) *m,f*

astrological [æstrə'lɒdʒɪkəl] adj astrológico(a) ▸ **~ chart** carta *f* astral

astrology [ə'strɒlədʒɪ] n astrología *f*

astronaut ['æstrənɔːt] n astronauta *mf*

astronomer [ə'strɒnəmə(r)] n astrónomo(a) *m,f*

astronomic(al) [æstrə'nɒmɪk(əl)] adj astronómico(a)

astronomically [æstrə'nɔmɪklɪ] adv *Fam* [to increase] astronómicamente, desorbitadamente ▸ **it's ~ expensive** tiene un precio astronómico

astronomy [ə'strɒnəmɪ] n astronomía *f*

astrophysics [æstrəʊ'fɪzɪks] npl astrofísica *f*

Astroturf® ['æstrəʊtɜːf] n SPORT (césped *m* de) hierba *f* artificial

Asturian [æ'stʊərɪən] n & adj asturiano(a) *m,f*

Asturias [æ'stʊərɪəs] n Asturias

astute [ə'stjuːt] adj astuto(a), sagaz

astutely [ə'stjuːtlɪ] adv astutamente, con sagacidad

astuteness [ə'stjuːtnɪs] n [of person] astucia *f*, sagacidad *f*

asunder [ə'sʌndə(r)] adv *Literary* **to tear sth ~** hacer pedazos algo

asylum [ə'saɪləm] n asilo *m* ▸ **to seek ~** buscar asilo ▸ **(mental) ~** manicomio *m* ▸ **political ~** asilo político ▸ **~ seeker** solicitante *mf* de asilo

asymmetric(al) [eɪsɪ'metrɪk(əl)] adj asimétrico(a)

asymmetry [eɪ'sɪmɪtrɪ] n asimetría *f*

at [æt, unstressed ət] prep **1.** [with place] en ▸ **at the top/bottom** (en la parte de) arriba/abajo ▸ **at university/the station** en la universidad/la estación ▸ **at the side** al lado ▸ **at John's (house)** en casa de John ▸ **at home** en casa **2.** [with time] **at six o'clock** a las seis ▸ **at night** *ESP* por la noche, *AM* en la noche ▸ **at Christmas** en Navidad ▸ **at a good time** en un momento oportuno ▸ **at the beginning/end** al principio/final ▸ **at (the age of) twenty** a los veinte años **3.** [with price, speed] a ▸ **at 60 km/h** a 60 km/h ▸ **at 50p a kilo** a 50 peniques el kilo **4.** [with direction] a ▸ **to throw a stone at sb** tirarle una piedra a alguien ▸ **to look at sth/sb** mirar algo/a alguien **5.** [with cause] **to be angry at sb** estar *esp ESP* enfadado(a) *or esp AM* enojado(a) con alguien ▸ **to be surprised at sth** sorprenderse de algo **6.** [with activity] **to be at work/ play** estar trabajando/jugando ▸ **she's been at it all weekend** [working] ha pasado todo el fin de semana trabajando ▸ **while you're at it, could you buy some sugar?** ya que vas, ¿podrías comprar azúcar? ▸ **I am good at languages** tengo facilidad para los idiomas, *ESP* los idiomas se me dan bien ▸ **he's bad at sport** no tiene habilidad para los deportes, *ESP* se le dan mal los deportes

◆ ***at all*** adv **do you know him at all?** ¿lo conoces de algo? ▸ **anything at all** cualquier cosa ▸ **nothing at all** nada en absoluto ▸ **not at all** [not in the slightest] en absoluto / [when thanked] de nada

atavistic [ætə'vɪstɪk] adj atávico(a)

ate [eɪt] pt *of* ***eat***

atheism ['eɪθɪɪzəm] n ateísmo *m*

atheist ['eɪθɪɪst] n ateo(a) *m,f*

Athenian [ə'θiːnɪən] n & adj ateniense *mf*

Athens ['æθənz] n Atenas

athlete ['æθliːt] n atleta *mf* ▸ MED **athlete's foot** pie *m* de atleta

athletic [æθ'letɪk] adj atlético(a)

athletics [æθ'letɪks] npl *BR* [track and field] atletismo *m* / *US* deportes *mpl*

atishoo [ə'tɪʃuː] exclam ¡achís!

Atlantic [ət'læntɪk] ■ n **the ~** el (océano) Atlántico ■ adj atlántico(a) ▸ **the ~ Ocean** el océano Atlántico

atlas ['ætləs] n atlas *m inv*

ATM [eɪtiː'em] n FIN (abbr ***automated teller machine***) cajero *m* automático

atmosphere ['ætməsfɪə(r)] n [of planet] atmósfera *f* / [feeling, mood] ambiente *m*

atmospheric [ætməs'ferɪk] adj [pressure] atmosférico(a) ▸ *Fig* **the music was very ~** la música te ponía la carne de gallina

atoll ['ætɒl] n GEOG atolón *m*

atom ['ætəm] n átomo *m* ▸ **~ bomb** bomba *f* atómica

atomic [ə'tɒmɪk] adj atómico(a) ▸ **~ bomb** bomba *f* atómica ▸ **~ energy** energía *f* atómica *or* nuclear ▸ **~ warfare** guerra *f* nuclear

atomizer ['ætəmaɪzə(r)] n atomizador *m*

atone [ə'təʊn] ◆ ***atone for*** vt insep [sin, crime] expiar / [mistake] subsanar

atonement [ə'təʊnmənt] n [for sin, crime] expiación *f* / [for mistake, behaviour] subsanación *f*

atrocious [ə'trəʊʃəs] adj [crime, behaviour] atroz, cruel / [mistake, decision, weather, meal] atroz, terrible

atrociously [ə'trəʊʃəslɪ] adv **1.** [cruelly] atrozmente, despiadadamente **2.** *Fam* [very badly] de pena ▸ **~ bad** malísimo(a), pésimo(a)

atrocity [ə'trɒsɪtɪ] n atrocidad *f*

atrophy ['ætrəfɪ] vi atrofiarse

attach [ə'tætʃ] vt [label, cheque] sujetar, fijar (**to** a) / [document] adjuntar (**to** a) / [blame, responsibility, importance] atribuir (**to** a) ▸ **to ~ oneself to sb** pegarse a alguien ▸ **to be very attached to sth/sb** tenerle mucho cariño a algo/alguien

attaché [ə'tæʃeɪ] n agregado(a) *m,f* ▸ **military ~** agregado(a) militar ▸ **~ case** maletín *m*

attachment [ə'tætʃmənt] n **1.** [device] accesorio *m* **2.** [secondment] **to be on ~ to a department** estar destinado(a) a un departamento **3.** [fondness] cariño *m* ▸ **to form an ~ to sb** tomar cariño a alguien

attack [ə'tæk] ■ n ataque *m* ▸ **to be under ~** estar siendo atacado(a) ▸ **to come under ~** ser atacado(a) ▸ **to launch an ~ on sb** lanzar un ataque contra alguien ▸ **an ~ of nerves** un ataque de nervios ▸ **I had an ~ of doubt** me asaltaron las dudas ▸ **an ~ of fever** un acceso de fiebre

■ vt atacar / [problem] acometer, abordar ▸ **he was attacked in the street** lo asaltaron en la calle

attacker [ə'tækə(r)] n [assailant, sportsperson] atacante *mf*

attain [ə'teɪn] vt [ambition, age] alcanzar / [rank] llegar a

attainable [ə'teɪnəbəl] adj [goal, ambition] alcanzable

attainment [ə'teɪnmənt] n [of goal, ambition] consecución *f,* logro *m*

attempt [ə'tempt] ■ n [effort] intento *m,* tentativa *f* ▸ **to make an ~ at doing sth** *or* **to do sth** intentar hacer algo ▸ **they made no ~ to help** no trataron de ayudar ▸ **to make an ~ on sb's life** atentar contra la vida de alguien ▸ **at the first ~** al primer intento

■ vt [task] intentar ▸ **to ~ to do sth** tratar de *or* intentar hacer algo ▸ **to ~ a smile** intentar sonreír ▸ LAW **attempted murder/robbery** intento *m* de asesinato/ robo

attend [ə'tend] ■ vt **1.** [meeting, school] asistir a, acudir a **2.** [patient] atender ▸ **we were attended by three waiters** nos atendieron tres camareros

■ vi [be present] asistir

◆ ***attend to*** vt insep [matter, problem] ocuparse de / [patient] atender, asistir / [customer] atender

attendance [ə'tendəns] n [presence, people present] asistencia *f* ▸ **there was a good/poor ~** acudió mucha/ poca gente ▸ **~ register** lista *f* de asistencia

attendant [ə'tendənt] n [in museum] vigilante *mf* / [in car park, cloakroom] encargado(a) *m,f*

attention [ə'tenʃən] n **1.** [in general] atención *f* ▸ **to pay ~ to sth/sb** prestar atención a algo/alguien ▸ **to pay ~ to detail** fijarse en los detalles ▸ **to give sth/sb one's full ~** atender bien algo/a alguien ▸ **to attract** *or* **catch sb's ~** llamar la atención de alguien ▸ **to draw ~ to oneself** llamar la atención ▸ **your ~ please, ladies and gentlemen** atención, señoras y señores ▸ **for the ~ of** a la atención de ▸ MED **~ deficit disorder** trastorno *m* por déficit de atención **2.** [repairs] **the engine needs**

some ~ hay que revisar el motor **3.** MIL **~!** ¡firmes! ▸ **to stand at** *or* **to ~** ponerse firme, cuadrarse

attentive [əˈtentɪv] adj [paying attention, considerate] atento(a) ▸ **to be ~ to sb** estar pendiente de alguien

attentively [əˈtentɪvlɪ] adv atentamente

attest [əˈtest] ■ vt [affirm, prove] atestiguar
■ vi **to ~ to** dar testimonio de

attic [ˈætɪk] n [storage space] desván *m* / [room] ático *m*

attire [əˈtaɪə(r)] n atuendo *m,* atavío *m*

attitude [ˈætɪtjuːd] n **1.** [opinion, behaviour] actitud *f* ▸ **what's your ~ to abortion?** ¿cuál es tu actitud *or* postura ante el aborto? ▸ **to take the ~ that...** adoptar la actitud de que... ▸ **I don't like your ~** no me gusta tu actitud ▸ COM **~ survey** = *estudio de la actitud del personal en materia laboral* **2.** [pose] postura *f* ▸ **to strike an ~** adoptar una pose

attn COM (abbr ***for the attention of***) a la atención de

attorney [əˈtɜːnɪ] n **1.** *US* abogado(a) *m,f* **2. Attorney General** [in England, Wales and Northern Ireland] ≃ fiscal *mf* general del Estado / [in United States] ≃ ministro(a) *m,f* de Justicia

attract [əˈtrækt] vt atraer ▸ **to ~ sb's attention** llamar la atención de alguien ▸ **to be attracted to sth/sb** sentirse atraído(a) por algo/alguien

attraction [əˈtrækʃən] n **1.** [power] atracción *f* ▸ **the prospect holds little ~ for me** la perspectiva no me atrae mucho **2.** [attractive aspect] atractivo *m*

attractive [əˈtræktɪv] adj [person, offer, prospect] atractivo(a)

attributable [əˈtrɪbjʊtəbəl] adj atribuible

attribute ■ n [ˈætrɪbjuːt] atributo *m*
■ vt [əˈtrɪbjuːt] atribuir (**to** a)

attributive [əˈtrɪbjʊtɪv] adj atributivo(a) ▸ **an ~ use** un uso atributivo

attrition [əˈtrɪʃən] n desgaste *m* ▸ **war of ~** guerra *f* de desgaste

attuned [əˈtjuːnd] adj **he's ~ to their way of thinking** sintoniza muy bien con su manera de pensar

atypical [eɪˈtɪpɪkəl] adj atípico(a)

AU [eɪˈjuː] n (abbr ***African Union***) UA *f*

aubergine [ˈəʊbəʒiːn] n *BR* berenjena *f*

auburn [ˈɔːbən] adj [hair] (color) caoba

auction [ˈɔːkʃən] ■ n subasta *f* ▸ **to put sth up for ~** sacar algo a subasta ▸ **~ room** sala *f* de subastas
■ vt subastar

◆ ***auction off*** vt sep liquidar mediante subasta, subastar

auctioneer [ɔːkʃəˈnɪə(r)] n subastador(ora) *m,f*

audacious [ɔːˈdeɪʃəs] adj audaz

audacity [ɔːˈdæsɪtɪ] n audacia *f*

audible [ˈɔːdɪbəl] adj audible

audibly [ˈɔːdɪblɪ] adv de manera audible

audience [ˈɔːdɪəns] n **1.** [spectators] público *m* / TV & RAD audiencia *f* ▸ **~ participation** participación *f* del público **2.** [meeting with monarch, Pope] audiencia *f* ▸ **to grant sb an ~** conceder una audiencia a alguien

audio [ˈɔːdɪəʊ] adj **~ book** audiolibro *m* ▸ **~ cassette** cinta *f* de audio ▸ **~ equipment** equipo *m* de sonido

audiotypist [ˈɔːdɪəʊˈtaɪpɪst] n mecanógrafo(a) *m,f* con dictáfono

audiovisual [ɔːdɪəʊˈvɪzjʊəl] adj audiovisual

audit [ˈɔːdɪt] ■ n FIN auditoría *f*
■ vt **1.** FIN auditar **2.** *US* [class, lecture] asistir de oyente a

audition [ɔːˈdɪʃən] THEAT ■ n prueba *f,* audición *f* ▸ **to hold auditions for a play** realizar pruebas a actores para una obra de teatro
■ vt [of director] hacer una prueba a
■ vi [actor] hacer una prueba

auditor [ˈɔːdɪtə(r)] n FIN auditor(ora) *m,f*

auditorium [ɔːdɪˈtɔːrɪəm] (pl **auditoriums** *or* **auditoria** [ɔːdɪˈtɔːrɪə]) n auditorio *m*

auditory [ˈɔːdɪtrɪ] adj auditivo(a)

Aug (abbr ***August***) agosto *m*

augment [ɔːgˈment] vt incrementar, aumentar

augur [ˈɔːgə(r)] vi **to ~ well/badly** ser un buen/mal augurio

August [ˈɔːgəst] n agosto *m* / *see also* ***May***

august [ɔːˈgʌst] adj *Literary* [distinguished] augusto(a)

aunt [ɑːnt] n tía *f*

auntie, aunty [ˈɑːntɪ] n *Fam* tita *f*

AUP [eɪjuːˈpiː] n COMPTR (abbr ***Acceptable Use Policy***) = *código de conducta definido por un proveedor de acceso a Internet*

au pair [əʊˈpeə(r)] n au pair *f*

aura [ˈɔːrə] n aura *f*

aural [ˈɔːrəl] adj auditivo(a)

aurora [əˈrɔːrə] (pl **auroras** *or* **aurorae** [əˈrɔːriː]) n ASTRON aurora *f* ▸ **~ australis** aurora *f* austral ▸ **~ borealis** aurora *f* boreal

auspices [ˈɔːspɪsɪz] npl **under the ~ of** bajo los auspicios de

auspicious [ɔːˈspɪʃəs] adj prometedor(a), halagüeño(a)

auspiciously [ɔːˈspɪʃəslɪ] adv de manera halagüeña

Aussie [ˈɒzɪ] n & adj *Fam* australiano(a) *m,f*

austere [ɒˈstɪə(r)] adj austero(a)

austerity [ɒˈsterɪtɪ] n austeridad *f*

Australasia [ɒstrəˈleɪʒə] n Australasia

Australasian [ɒstrəˈleɪʒən] adj de Australasia

Australia [ɒˈstreɪlɪə] n Australia

Australian [ɒˈstreɪlɪən] n & adj australiano(a) *m,f*

Austria [ˈɒstrɪə] n Austria

Austrian [ˈɒstrɪən] n & adj austriaco(a) *m,f*

autarchy [ˈɔːtɑːkɪ] n autarquía *f*

authentic [ɔːˈθentɪk] adj auténtico(a)

authenticate [ɔːˈθentɪkeɪt] vt autentificar, autenticar

authenticity [ɔːθenˈtɪsɪtɪ] n autenticidad *f*

author [ˈɔːθə(r)] n [by profession] escritor(ora) *m,f* / [of a book] autor(a) *m,f*

authoritarian [ɔːθɒrɪˈteərɪən] n & adj autoritario(a) *m,f*

authoritative [ɔː'θɒrɪtətɪv] adj **1.** [manner, voice, person] autoritario(a) **2.** [study, source] autorizado(a)

authoritatively [ɔː'θɒrɪtətɪvlɪ] adv [reliably] con autoridad, con dominio

authority [ɔː'θɒrɪtɪ] n **1.** [power] autoridad *f* ▸ **the authorities** las autoridades ▸ **I'd like to speak to someone in ~** quisiera hablar con el responsable ▸ **to have an air of ~** mostrar seguridad *or* aplomo **2.** [authorization] autorización *f* ▸ **to give sb ~ to do sth** autorizar a alguien a hacer algo ▸ **he did it on his own ~** lo hizo bajo su responsabilidad **3.** [expert] autoridad *f* ▸ **to be an ~ on sth** ser una autoridad en algo ▸ **to have it on good ~** saberlo de buena tinta

authorization [ɔːθəraɪ'zeɪʃən] n autorización *f*

authorize ['ɔːθəraɪz] vt autorizar ▸ **to ~ sb to do sth** autorizar a alguien a hacer algo

authorized ['ɔːθəraɪzd] adj **~ dealer** distribuidor *m* autorizado

autism ['ɔːtɪzəm] n autismo *m*

autistic [ɔː'tɪstɪk] adj autista

auto ['ɔːtəʊ] (pl **autos**) n *US* automóvil *m, ESP* coche *m, AM* carro *m, RP* auto *m*

auto- ['ɔːtəʊ] prefix auto-

autobiographic(al) [ɔːtəʊbaɪə'græfɪk(əl)] adj autobiográfico(a)

autobiography [ɔːtəʊbaɪ'ɒgrəfɪ] n autobiografía *f*

autocracy [ɔː'tɒkrəsɪ] n autocracia *f*

autocrat ['ɔːtəkræt] n autócrata *mf*

autocratic [ɔːtə'krætɪk] adj autocrático(a)

Autocue® ['ɔːtəkjuː] n *BR* TV teleapuntador *m*

autodialler ['ɔːtəʊdaɪələ(r)] n (dispositivo *m* de) marcación *f* automática

autofocus ['ɔːtəʊfəʊkəs] n autofocus *m,* autofoco *m*

autograph ['ɔːtəgrɑːf] ■ n autógrafo *m* ▸ **~ album** álbum *m* de autógrafos
■ vt autografiar, firmar

automat ['ɔːtəmæt] n *US = restaurante en el que la comida se obtiene de máquinas expendedoras*

automata pl of ***automaton***

automate ['ɔːtəmeɪt] vt automatizar

automated telling machine ['ɔːtəmeɪtɪd'telɪŋməʃiːn], ***automatic telling machine*** [ɔːtə'mætɪk'telɪŋməʃiːn] n cajero *m* automático

automatic [ɔːtə'mætɪk] ■ n [car] *ESP* coche *m or AM* carro *m or RP* auto *m* (con cambio) automático / [pistol] pistola *f* automática / [washing machine] lavadora *f* (automática)
■ adj automático(a) ▸ COMPTR **~ data processing** proceso *m or* procesamiento *m* automático de datos ▸ AV **~ pilot** piloto *m* automático ▸ *Fig* **to be on ~ pilot** tener puesto el piloto automático

automatically [ɔːtə'mætɪklɪ] adv automáticamente

automation [ɔːtə'meɪʃən] n automatización *f*

automaton [ɔː'tɒmətən] (pl **automata** [ɔː'tɒmətə]) n autómata *m*

automobile ['ɔːtəməʊbiːl] n *US* automóvil *m, ESP* coche *m, AM* carro *m, RP* auto *m* ▸ **the ~ industry** la industria automovilística *or* del automóvil

autonomous [ɔː'tɒnəməs] adj autónomo(a)

autonomy [ɔː'tɒnəmɪ] n autonomía *f*

autopsy ['ɔːtɒpsɪ] n autopsia *f*

auto-save ['ɔːtəʊseɪv] COMPTR ■ n autoguardado *m*
■ vt guardar automáticamente

autumn ['ɔːtəm] n otoño *m* ▸ **in (the) ~** en otoño

autumnal [ɔː'tʌmnəl] adj otoñal

auxiliary [ɔːg'zɪl(ɪ)ərɪ] ■ n **1.** [person] auxiliar *mf* **2. ~ (verb)** (verbo *m*) auxiliar *m*
■ adj auxiliar

avail [ə'veɪl] ■ n **of no ~** [not useful] inútil ▸ **to no ~** [in vain] en vano
■ vt **to ~ oneself of sth** aprovechar algo

availability [əveɪlə'bɪlɪtɪ] n disponibilidad *f*

available [ə'veɪləbəl] adj [information, services, products] disponible / [person] disponible, libre ▸ **to be ~** [person] estar disponible *or* libre ▸ **tickets are still ~** todavía quedan entradas *or AM* boletos ▸ **money is ~ for...** hay dinero para...

avalanche ['ævəlɑːntʃ] n *also Fig* avalancha *f*

avant-garde [ævɒŋ'gɑːd] adj vanguardista

avarice ['ævərɪs] n avaricia *f*

Ave (abbr ***Avenue***) Avda., avenida *f*

avenge [ə'vendʒ] vt [person, crime] vengar ▸ **to ~ oneself on sb** vengarse de alguien

avenger [ə'vendʒə(r)] n vengador(ora) *m,f*

avenue ['ævɪnjuː] n avenida *f* ▸ *Fig* **an ~ to success/fame** un camino hacia el éxito/la fama

aver [ə'vɜː(r)] (pt & pp **averred**) vt *Formal* aseverar

average ['ævərɪdʒ] ■ n promedio *m,* media *f* ▸ **on ~** de media, como promedio ▸ **above/below ~** por encima/debajo del promedio *or* de la media
■ adj **1.** [mean, typical] medio(a) ▸ **the ~ Englishman** el inglés medio **2.** [unexceptional] regular
■ vt alcanzar una media *or* un promedio de ▸ **to ~ eight hours work a day** trabajar un promedio de ocho horas diarias

◆ ***average out*** vi **my expenses ~ out at £400 per month** tengo una media de gastos de 400 libras al mes

averse [ə'vɜːs] adj reacio(a) (**to** a) ▸ **to be ~ to sth** ser reacio a algo ▸ **he is not ~ to the occasional glass of wine** no le hace ascos a un vino de vez en cuando

aversion [ə'vɜːʃən] n [feeling] aversión *f* ▸ **to have an ~ to sth/sb** sentir aversión por algo/alguien ▸ **~ therapy** terapia *f* de aversión

avert [ə'vɜːt] vt **1.** [turn away] [eyes, thoughts] apartar, desviar **2.** [prevent] [misfortune, accident] evitar, impedir

aviary ['eɪvɪərɪ] n pajarera *f*

aviation [eɪvɪ'eɪʃən] n aviación *f*

avid ['ævɪd] adj ávido(a) (**for** de)

avidly ['ævɪdlɪ] adv ávidamente

avocado [ævə'kɑːdəʊ] (pl **avocados**) n **~ (pear)** aguacate *m, ANDES, CSUR* palta *f*

avoid [ə'vɔɪd] vt [person, thing] evitar / [punishment, danger, question] evitar, eludir ▸ **to ~ doing sth** evitar hacer algo ▸ **to ~ sth/sb like the plague** huir de algo/

alguien como de la peste

avoidable [ə'vɔɪdəbəl] adj evitable

avowed [ə'vaʊd] adj declarado(a)

AWACS ['eɪwæks] n MIL (abbr ***Airborne Warning and Control System***) AWACS *m, = sistema de control y alarma aéreo*

await [ə'weɪt] vt esperar, *ESP* aguardar ▸ **a nasty surprise awaited her** le esperaba una desagradable sorpresa ▸ LAW **to be awaiting trial** estar en espera de juicio

awake [ə'weɪk] ■ adj **to be ~** estar despierto(a) ▸ **he lay ~ for hours** permaneció despierto en la cama durante horas ▸ **the coffee kept her ~** el café la mantuvo despierta ▸ *Fig* **he was ~ to the danger** era consciente del peligro

■ vt (pt **awoke** [ə'wəʊk], pp **awoken** [ə'wəʊkən]) despertar

■ vi despertarse

awaken [ə'weɪkən] (pt **awakened** *or* **awoke** [ə'wəʊk], pp **awakened** *or* **awoken** [ə'wəʊkən]) ■ vt despertar

■ vi despertarse

awakening [ə'weɪkənɪŋ] n despertar *m*

award [ə'wɔːd] ■ n [prize] premio *m* / LAW indemnización *f*

■ vt [prize, contract, damages] otorgar, conceder

award-winner [ə'wɔːdwɪnə(r)] n [person] galardonado(a) *m,f* / [film, book] obra *f* galardonada *or* premiada

award-winning [ə'wɔːdwɪnɪŋ] adj premiado(a)

aware [ə'weə(r)] adj **to be ~ of** ser consciente de ▸ **to be ~ that...** ser consciente de que... ▸ **not that I am ~ of** no, que yo sepa ▸ **as far as I'm ~** por lo que yo sé ▸ **to become ~ of** darse cuenta de ▸ **environmentally ~** preocupado(a) por los temas del medio ambiente

awareness [ə'weənɪs] n conciencia *f* (**of** de)

awash [ə'wɒʃ] adj **to be ~ (with)** estar inundado(a) (de)

away [ə'weɪ] adv **1.** [with distance] **a long way ~, far ~** muy lejos ▸ **it's 10 kilometres ~** está a 10 kilómetros ▸ **to keep ~ from sth/sb** mantenerse alejado(a) de algo/alguien ▸ **to go ~** marcharse, irse ▸ **go ~!** ¡vete! ▸ **to put sth ~** recoger *or* guardar algo ▸ **to take sth ~ from sb** quitarle algo a alguien ▸ **to stand ~ from sth** mantenerse alejado(a) de algo ▸ **to turn ~** apartar *or* desviar la mirada **2.** [not at school, work] **to be ~** estar fuera **3.** [in time] **right ~** inmediatamente ▸ **Christmas is only two weeks ~** sólo quedan dos semanas para la Navidad

awe [ɔː] n sobrecogimiento *m,* temor *m* ▸ **to be in ~ of sth/sb** estar intimidado(a) ante algo/alguien

awe-inspiring ['ɔːɪnspaɪərɪŋ] adj sobrecogedor(ora)

awesome ['ɔːsəm] adj [incredible] sobrecogedor(ora) / *US Fam* [wonderful] alucinante, *ANDES, RP* macanudo(a), *MÉX* padrísimo(a)

awestruck ['ɔːstrʌk] adj sobrecogido(a), impresionado(a)

awful ['ɔːfʊl] adj [death, weather] horrible, espantoso(a) ▸ *Fam* **an ~ lot** muchísimo, un montón ▸ **an ~ lot of people** un montón de gente, *AM salvo RP* harta gente

awfully ['ɔːflɪ] adv **1.** [very badly] fatal, espantosamente **2.** [very] tremendamente ▸ *Fam* **I'm ~ sorry/glad** lo siento/me alegro muchísimo ▸ **she's an ~ good player** es una jugadora buenísima

awhile [ə'waɪl] adv **wait ~** espera un poco

awkward ['ɔːkwəd] adj **1.** [clumsy] torpe **2.** [inconvenient] [moment, time] inoportuno(a) / [silence, situation] incómodo(a), embarazoso(a) / [location, person] difícil ▸ *Fam* **he's an ~ customer** es un tipo difícil

awl [ɔːl] n lezna *f*

awning ['ɔːnɪŋ] n [of shop] toldo *m*

awoke [ə'wəʊk] pt *of* ***awake***

awoken [ə'wəʊkən] pp *of* ***awake, awaken***

AWOL ['eɪwɒl] adj MIL (abbr ***absent without leave***) ▸ **to be ~** estar ausente sin permiso ▸ *Fig* **to go ~** desaparecer así como así

awry [ə'raɪ] adv **to go ~** salir mal

axe, *US* ***ax*** [æks] ■ n hacha *f* ▸ *Fig* **to have an ~ to grind** tratar de barrer para dentro ▸ *Fam* **two hospitals have been given the ~** van a cerrar dos hospitales

■ vt *Fam* [jobs, project] suprimir / [spending, costs] recortar

axiom ['æksɪəm] n axioma *m*

axiomatic [æksɪə'mætɪk] adj axiomático(a), incontrovertible

axis ['æksɪs] (pl **axes** ['æksiːz]) n MATH eje *m* / HIST **the Axis powers** las potencias del Eje

axle ['æksəl] n eje *m*

azalea [ə'zeɪlɪə] n azalea *f*

Azerbaijan [æzəbaɪ'dʒɑːn] n Azerbaiyán

Azerbaijani [æzəbaɪ'dʒɑːnɪ], ***Azeri*** [ə'zeərɪ] n & adj azerbaiyano(a) *m, f*

Azores [ə'zɔːz] npl **the ~** las Azores

Aztec ['æztek] n & adj azteca *mf*

azure ['eɪʒə(r)] n & adj azul *m* celeste, celeste *m*

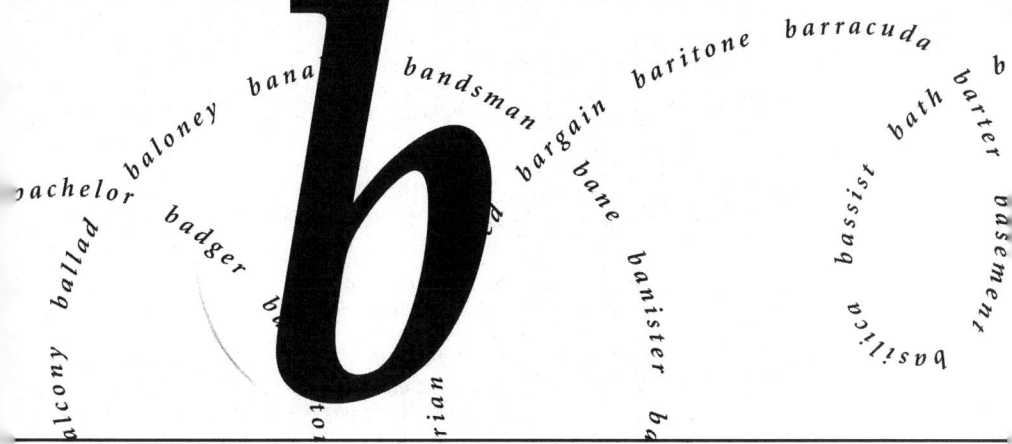

B, b [biː] n **1.** [letter] B, b ▸ **B-movie** película *f* de serie B ▸ *BR* **B road** carretera *f* secundaria **2.** MUS si *m* **3.** SCH [grade] notable *m* ▸ **to get a B** sacar un notable

b (abbr ***born***) nacido(a)

BA [biːˈeɪ] n UNIV (abbr ***Bachelor of Arts***) [qualification] licenciatura *f* en Filosofía y Letras / [person] licenciado(a) *m,f* en Filosofía y Letras

baa [bɑː] ■ n balido *m*
■ vi (pt & pp **baaed** *or* **baa'd** [bɑːd]) balar

babble [ˈbæbəl] ■ n [of voices] parloteo *m*
■ vi **1.** [baby] balbucear / [adult] farfullar ▸ **to ~ away** *or* **on (about sth)** parlotear (sobre algo) **2.** [water] murmurar

babbling [ˈbæblɪŋ] adj [stream] murmurante, susurrante

babe [beɪb] n **1.** *Literary* [child] bebé *m,* ANDES guagua *mf,* RP nene(a) *m,f* ▸ **a ~ in arms** un niño de pecho **2.** *Fam* [woman] nena *f,* bombón *m*

baboon [bəˈbuːn] n babuino *m,* papión *m*

baby [ˈbeɪbɪ] ■ n **1.** [infant] bebé *m,* ANDES guagua *mf,* RP nene(a) *m,f* ▸ **~ brother** hermanito *m* ▸ **~ sister** hermanita *f* ▸ **~ boom** explosión *f* de la natalidad ▸ US **~ carriage** cochecito *m* de niño ▸ **~ doll** [toy] muñeca *f* ▸ **~ grand** [piano] piano *m* de media cola ▸ **~ snatcher** [woman] ladrona *f* de bebés ▸ **~ talk** habla *f* infantil ▸ **~ wipes** toallitas *fpl* húmedas **2.** [idioms] **we have to avoid throwing the ~ out with the bathwater** tenemos que evitar dañar lo bueno al eliminar lo malo ▸ **to leave sb holding the ~** endilgar el muerto a alguien
■ vt mimar, tratar como a un bebé

baby-face(d) [ˈbeɪbɪfeɪs(t)] adj con cara de niño

Babygro® [ˈbeɪbɪgrəʊ] (pl **Babygros**) n pelele *m*

babyhood [ˈbeɪbɪhʊd] n primera infancia *f*

babyish [ˈbeɪbɪɪʃ] adj *Pej* infantil

Babylon [ˈbæbɪlən] n Babilonia

baby-minder [ˈbeɪbɪmaɪndə(r)] n niñera *f*

baby-sit [ˈbeɪbɪsɪt] (pt & pp **baby-sat** [ˈbeɪbɪsæt]) cuidar a niños, hacer de *ESP* canguro *or AM* babysitter ▸ **to ~ for sb** cuidar a los niños de alguien

baby-sitter [ˈbeɪbɪsɪtə(r)] n *ESP* canguro *mf,* *AM* babysitter *mf*

baby-walker [ˈbeɪbɪwɔːkə(r)] n *BR* andador *m,* tacataca *m*

baccalaureate [bækəˈlɔːrɪət] n [at school] bachillerato *m*

bachelor [ˈbætʃələ(r)] n soltero *m* ▸ **~ flat** apartamento *m or ESP* piso *m or AM* departamento *m* de soltero ▸ UNIV **Bachelor of Arts** [qualification] licenciatura *f* en Filosofía y Letras / [person] licenciado(a) *m,f* en Filosofía y Letras ▸ *US* **~ party** despedida *f* de soltero ▸ UNIV **Bachelor of Science** [qualification] licenciatura *f* en Ciencias / [person] licenciado(a) *m,f* en Ciencias

bacillus [bəˈsɪləs] (pl **bacilli** [bəˈsɪlaɪ]) n BIOL bacilo *m*

back [bæk] ■ n **1.** [of person] espalda *f* / [of animal] lomo *m* ▸ *also Fig* **to turn one's ~ on sb** volver la espalda a alguien ▸ **to sit/stand with one's ~ to sth/sb** dar la espalda a algo/alguien ▸ **~ pain** dolor *m* de espalda ▸ **to have ~ problems** tener problemas de espalda ▸ **~ slapping** [self-congratulation] felicitaciones *fpl* efusivas **2.** [of page, hand, book] dorso *m* / [of chair] respaldo *m* / [of house, car] parte *f* trasera *or* de atrás / [of room] fondo *m* ▸ **at the ~ of the book** al final del libro ▸ **the ~ of the neck** la nuca, el cogote ▸ **at the ~ (of)** [behind] en la parte de atrás (de), detrás (de) ▸ [to the rear of] al fondo (de) ▸ *US* **in ~ of** [behind] en la parte de atrás (de), detrás (de) / [to the rear of] al fondo (de) ▸ *BR* **in the ~,** *US* **in ~** [of car] atrás, en el asiento trasero ▸ **to have sth at the ~ of one's mind** tener algo en la cabeza ▸ **~ to front** del revés *(con lo de detrás hacia delante)* ▸ **he knows London like the ~ of his hand** conoce Londres como la palma de la mano ▸ *Fam* **in the ~ of beyond** en el quinto pino, CHILE en la punta del cerro, COL en la Patagonia, RP donde el diablo perdió el poncho **3.** [in soccer, rugby] **right/left ~** defensa *mf* **4.** [idioms] **to do sth behind sb's ~** hacer algo a espaldas de alguien ▸ **to be glad to see the ~ of sb** alegrarse de perder a alguien de vista ▸ **to have one's ~ to the wall**

estar contra las cuerdas ▸ **put your ~ into it!** ¡ponte a hacerlo en serio! ▸ **to break the ~ of the work** hacer la parte más dura del trabajo ▸ *Fam* **the boss was on my ~ all day** el jefe estaba todo el día encima de mí ▸ *Fam* **get off my ~!** ¡déjame en paz!, ¡deja de fastidiarme! ▸ *Fam* **to put** *or* **get sb's ~ up** hinchar las narices a alguien

■ adj **1.** [in space] [part, wheel] trasero(a), de atrás ▸ *Fig* **to put sth on the ~ burner** dejar algo para más tarde, aparcar algo ▸ **~ door** puerta *f* trasera *or* de atrás ▸ *Fig* **he got it through the ~ door** lo consiguió de manera poco ortodoxa ▸ *BR* **the ~ end of the year** el final del año ▸ **~ garden** jardín *m (en la parte de atrás de una casa)* ▸ **the ~ page** [of newspaper] la contraportada ▸ *Euph* **~ passage** [rectum] recto *m* ▸ **~ road** carretera *f* secundaria ▸ **~ room** cuarto *m* del fondo, habitación *f* trasera ▸ *Fig* **to take a ~ seat** quedarse en segundo plano ▸ **~ yard** *BR* [enclosed area] patio *m* trasero / *US* [garden] jardín *m* trasero **2.** [in time] **~ number** número *m* atrasado ▸ **~ pay** atrasos *mpl*, salario *m* atrasado ▸ **~ rent** alquiler *m or AM* renta *f* pendiente de pago, atrasos *mpl*

■ adv **1.** [in space] atrás ▸ **stand ~!** ¡atrás! ▸ **to step ~** dar un paso atrás ▸ **3 kilometres ~** 3 kilómetros atrás **2.** [in return, retaliation] **to get one's own ~ (on sb)** tomarse la revancha (contra alguien), desquitarse (de alguien) ▸ **to get ~ at sb** vengarse de alguien ▸ **to call sb ~** llamar más tarde a alguien ▸ **if you kick me I'll kick you ~** si me pegas una patada, te la devolveré **3.** [to original starting point] **to come/go ~** volver, *AM salvo RP* regresarse ▸ **when will she be ~?** ¿cuándo estará de vuelta? ▸ **~ in Britain** en Gran Bretaña ▸ **a few pages ~** unas cuantas páginas atrás **4.** [in time] **a few years ~** hace unos cuantos años ▸ **~ when...** cuando..., en el tiempo en que... ▸ **~ in 1982** allá por 1982 ▸ **as far ~ as 1914** ya en 1914

■ vt **1.** [support] respaldar, apoyar / [financially] financiar, dar respaldo financiero a **2.** [bet on] apostar por **3.** [move backwards] mover hacia atrás ▸ **to ~ one's car into the garage** entrar en el garaje (dando) marcha atrás ▸ **he backed his car into a lamppost** dio marcha atrás y chocó contra una farola

■ vi [move backwards] retroceder, ir hacia atrás / [car, driver] recular, dar marcha atrás

◆ ***back away*** vi alejarse (retrocediendo) (**from** de)

◆ ***back down*** vi echarse atrás

◆ ***back off*** vi [move back] echarse atrás ▸ *Fig* **~ off!** [leave me alone] ¡déjame en paz!

◆ ***back on to*** vt insep dar por la parte de atrás a ▸ **the house backs on to the park** la parte trasera de la casa da al parque

◆ ***back out*** vi **1.** [move backwards] salir de espaldas / [in car] salir marcha atrás **2.** [withdraw] echarse atrás ▸ **to ~ out of an agreement** retirarse de un acuerdo

◆ ***back up*** ■ vt sep **1.** [support] respaldar **2.** COMPTR [file] hacer una copia de seguridad de

■ vi **1.** [move backwards] retroceder / [in car] ir marcha atrás **2.** COMPTR hacer copias de seguridad

backache ['bækeɪk] n dolor *m* de espalda

backbench [bæk'bentʃ] n *BR* PARL = *escaños ocupados por los diputados sin cargo en el gobierno o la oposición* ▸ **~ MP** diputado(a) *m,f* ordinario(a) *(sin cargo en el gobierno o la oposición)*

backbencher ['bæk'bentʃə(r)] n *BR* PARL diputado(a) *m,f* ordinario(a) *(sin cargo en el Gobierno o la oposición)*

backbiting ['bækbaɪtɪŋ] n *Fam* chismorreo *m*, murmuración *f*, *RP* chusmerío *m*

backbone ['bækbəʊn] n columna *f* vertebral, espina *f* dorsal ▸ *Fig* **he's got no ~** no tiene agallas

backbreaking ['bækbreɪkɪŋ] adj [work] extenuante, agotador(ora)

backchat ['bæktʃæt] n *BR Fam* impertinencias *fpl*, insolencias *fpl*

backcloth ['bækklɒθ] n THEAT telón *m* de fondo

backdate ['bækdeɪt] vt **the increase will be backdated to 1 July** el aumento tendrá efecto retroactivo a partir del uno de julio

backdrop ['bækdrɒp] n THEAT telón *m* de fondo ▸ *Fig* **against a ~ of continuing violence** con la violencia como constante telón de fondo

-backed [bækt] suffix **1.** [with back] **a high~ chair** una silla de respaldo alto ▸ **a broad~ man** un hombre ancho de hombros *or* de espaldas anchas **2.** [supported by] **US~ rebels** rebeldes apoyados por Estados Unidos

backer ['bækə(r)] n [of political party] partidario(a) *m,f* / FIN fuente *f* de financiación, apoyo *m* económico

backfire [bæk'faɪə(r)] vi [car] petardear ▸ *Fig* **it backfired on them** les salió el tiro por la culata

backflip ['bækflɪp] n voltereta *f* hacia atrás

backgammon ['bækgæmən] n backgammon *m*

background ['bækgraʊnd] n **1.** [in scene, painting, view] fondo *m* ▸ **in the ~** al fondo, en el fondo ▸ **to stay in the ~** quedarse en segundo plano ▸ **to push sb into the ~** relegar a alguien a un segundo plano ▸ **~ music** música *f* de fondo ▸ **~ noise** ruido *m* de fondo **2.** [social] origen *m*, extracción *f* / [educational] formación *f* / [professional] experiencia *f* ▸ **he comes from a disadvantaged ~** procede de un entorno desfavorecido ▸ **we need someone with a ~ in computers** necesitamos a alguien con conocimientos de informática **3.** [circumstances] antecedentes *mpl* ▸ **against a ~ of unrest** en un contexto de disturbios ▸ **give me some ~** [information] ponme en contexto ▸ **~ information** información *f*, antecedentes *mpl*

backhand ['bækhænd] n [in tennis] revés *m*

backhanded [bæk'hændɪd] adj equívoco(a), ambiguo(a) ▸ **a ~ compliment** un cumplido con doble sentido

backhander ['bækhændə(r)] n *BR Fam* [bribe] soborno *m*, *ANDES, RP* coima *f*, *CAM, MÉX* mordida *f*

backing ['bækɪŋ] n [support] apoyo *m*, respaldo *m* ▸ **financial ~** respaldo *m* financiero ▸ **~ vocals** coros *mpl*

backlash ['bæklæʃ] n [reaction] reacción *f* violenta

backlit ['bæklɪt] adj COMPTR retroiluminado(a)

backlog ['bæklɒg] n acumulación *f* ▸ **to clear a ~** ponerse al día con el trabajo ▸ **a ~ of work** trabajo *m* atrasado *or* acumulado

backpack ['bækpæk] ■ n mochila *f*

■ vi viajar con la mochila al hombro ▸ **she backpacked**

around Europe recorrió Europa con la mochila al hombro

backpacker ['bækpækə(r)] n mochilero(a) *m,f*

back-pedal ['bæk'pedəl] vi [change mind] dar marcha atrás, echarse atrás

backrest ['bækrest] n respaldo *m*

back-seat driver ['bæksi:t'draɪvə(r)] n *Fam* = *pasajero que molesta constantemente al conductor con sus consejos*

backside [bæk'saɪd] n *Fam* trasero *m*

backslash ['bækslæʃ] n COMPTR barra *f* invertida

backsliding ['bækslaɪdɪŋ] n *Fam* recaída *f*, reincidencia *f*

backspace ['bækspeɪs] n COMPTR (tecla *f* de) retroceso *m*

backstage [bæk'steɪdʒ] adv *also Fig* entre bastidores ▸ **to go ~ after the performance** ir a los camerinos después de la representación

backstairs [bæk'steəz] n escalera *f* de servicio

backstitch ['bækstɪtʃ] n [in sewing] pespunte *m*

backstreet ['bækstri:t] n callejuela *f* ▸ **the backstreets** [of city] las zonas deprimidas ▸ **~ abortion** aborto *m* clandestino

backstroke ['bækstrəʊk] n [in swimming] espalda *f* ▸ **to do** *or* **swim (the) ~** nadar a espalda

backtalk ['bæktɔ:k] n *US Fam* impertinencias *fpl*, insolencias *fpl*

back-to-back [bæktə'bæk] ■ adj [in time] **~ meetings** reuniones *fpl* seguidas

■ adv **1.** [physically] espalda con espalda **2.** [consecutively] sucesivamente ▸ **to watch two films ~** ver dos películas seguidas

backtrack ['bæktræk] vi **1.** [retrace one's steps] volver atrás, retroceder ▸ **we backtracked to the main road** recorrimos el camino de vuelta hasta la carretera principal **2.** [renege] retractarse, volverse atrás ▸ **to ~ on a promise** incumplir una promesa ▸ **to ~ on a decision** retractarse de una decisión

backup ['bækʌp] n **1.** [support] apoyo *m*, respaldo *m* ▸ **to call for ~** pedir refuerzos ▸ **the expedition had no technical ~** la expedición no contaba con medios técnicos ▸ **~ system** sistema *m* de apoyo ▸ **~ team** equipo *m* técnico **2.** COMPTR **~ copy/file** copia *f* de seguridad ▸ **~ disk** disquete *m* con la copia de seguridad **3.** *US* AUT caravana *f*

backward ['bækwəd] ■ adj **1.** [direction] hacia atrás ▸ **she left without a ~ glance** partió sin mirar atrás ▸ *Fig* **a ~ step** un paso atrás **2.** [retarded] [child, country] atrasado(a) ▸ *BR Fam* **he isn't ~ in coming forward** no se corta

■ adv ➤ ***backwards***

backwardness ['bækwədnɪs] n [of child, country] atraso *m*

backwards ['bækwədz] adv hacia atrás ▸ **to walk ~ and forwards** caminar de un lado para otro ▸ *Fig* **a step ~** un paso atrás ▸ *Fig* **to bend** *or* **lean over ~ to help** hacer todo lo posible por ayudar ▸ *Fig* **to know sth ~** conocer algo de pe a pa

backwash ['bækwɒʃ] n [of boat] estela *f* / *Fig* repercusiones *fpl*

backwater ['bækwɔ:tə(r)] n **1.** [of river] remanso *m*, aguas *fpl* estancadas **2.** [isolated place] zona *f* estancada, lugar *m* atrasado ▸ **Jibrovia is a cultural ~** Jibrovia está muy atrasado culturalmente

bacon ['beɪkən] n panceta *f*, *MÉX* tocino *m*, *ESP* bacon *m*, *ESP* beicon *m* ▸ *Fam* **to save sb's ~** salvarle el pellejo a alguien ▸ *Fam* **to bring home the ~** [succeed] triunfar / [earn wages] ganar el pan

bacteria [bæk'tɪərɪə] npl bacterias *fpl*

bacterial [bæk'tɪərɪəl] adj bacteriano(a)

bacteriological [bæktɪərɪə'lɒdʒɪkəl] adj bacteriológico(a)

bacteriology [bæktɪərɪ'ɒlədʒɪ] n bacteriología *f*

bad [bæd] (comparative **worse** [wɜ:s], superlative **worst** [wɜ:st]) adj **1.** [of poor quality] malo(a) ▸ **it's not ~** [fair] no está mal ▸ [good] no está nada mal ▸ **he's ~ at English** se le da mal el inglés ▸ **I'm really ~ at cooking** soy un desastre cocinando ▸ **things are going from ~ to worse** las cosas van de mal en peor ▸ **it was a ~ time to leave** era un mal momento para irse ▸ **to have a ~ time** pasarlo mal ▸ **~ cheque** cheque *m* sin fondos ▸ FIN **~ debt** deuda *f* incobrable ▸ **in ~ faith** de mala fe ▸ **~ feeling** animadversión *f* ▸ **it was a ~ idea to invite them** no fue una buena idea invitarles ▸ **to give sth up as a ~ job** dejar algo por imposible ▸ **to be a ~ loser** ser un mal perdedor ▸ **~ luck** mala suerte *f* **2.** [unpleasant] malo(a) ▸ **~ blood** [mutual resentment] mala sangre *f* ▸ **there's ~ blood between them** existe una gran hostilidad entre ellos ▸ **to get into sb's ~ books** entrar en la lista negra de alguien ▸ **~ manners** mala educación *f*, malos modales *mpl* ▸ **it's ~ manners to...** es de mala educación... ▸ **to be in a ~ mood** estar de mal humor ▸ *Fig* **she's ~ news** no te traerá más que problemas **3.** [unfortunate] **it's (really) too ~!, that's too ~!** ¡es una (verdadera) pena! ▸ **to have a ~ effect on sth** perjudicar algo ▸ **he'll come to a ~ end** terminará mal **4.** [not healthy] enfermo(a) ▸ **he's got a ~ back/heart** está mal de la espalda/del corazón ▸ **smoking/alcohol is ~ for you** fumar/el alcohol es perjudicial para la salud ▸ **to be in a ~ way** estar muy mal **5.** [wicked] [person, behaviour] malo(a) ▸ **to use ~ language** decir palabrotas ▸ **~ word** palabrota *f* **6.** [serious] [mistake, illness, accident] grave / [pain, headache] fuerte **7.** [rotten] malo(a), podrido(a) ▸ **to be ~** estar malo(a) *or* podrido(a) ▸ **to go ~** estropearse, echarse a perder ▸ *Fig* **a ~ apple** una manzana podrida **8.** [guilty] **to feel ~ about sth** sentirse mal por algo

baddie, baddy ['bædɪ] n *Fam* [in film] **the ~** el malo (de la película) ▸ **the goodies and the baddies** [in conflict, war] los buenos y los malos

bade [bæd, beɪd] pt *of* ***bid***

badge [bædʒ] n [bearing coat of arms, logo] *also Fig* insignia *f* / [round, made of metal] chapa *f* / [pin] pin *m*

badger ['bædʒə(r)] ■ n [animal] tejón *m*

■ vt acosar, importunar ▸ **to ~ sb into doing sth** dar la lata a alguien para que haga algo ▸ **she's always badgering me with questions** siempre me está acosando con preguntas

bad-looking [bæd'lʊkɪŋ] adj **he's not ~** es bastante guapo

badly ['bædlɪ] adv (comparative **worse** [wɜːs], superlative **worst** [wɜːst]) **1.** [not well] mal ▸ **to do ~** hacerlo mal ▸ **he didn't do ~** [in contest] le fue (bastante) bien ▸ **he took it very ~** se lo tomó muy mal ▸ **we are ~ off for money/time** nos falta dinero/tiempo ▸ **to get on ~ (with sb)** llevarse mal (con alguien) ▸ **~ dressed** mal vestido(a) **2.** [seriously] gravemente ▸ **to be ~ beaten** recibir una buena paliza ▸ **~ damaged** gravemente dañado(a) **3.** [greatly] mucho ▸ **to want sth ~** desear algo mucho ▸ **to be ~ in need of sth** necesitar algo urgentemente

bad-mannered [bæd'mænəd] adj maleducado(a)

badminton ['bædmɪntən] n bádminton *m*

badmouth ['bædmaʊθ] vt *US Fam* hablar mal de

badness ['bædnɪs] n **1.** [poor quality] mala calidad *f* **2.** [wickedness] maldad *f*

bad-tempered [bæd'tempəd] adj [remark] malhumorado(a) ▸ **to be ~** [person] [by nature] tener mal carácter / [temporarily] estar de mal humor ▸ **he made a ~ apology** se excusó malhumorado

BAF [biːeɪ'ef] n *BR* (abbr ***British Athletics Federation***) = *federación británica de atletismo*

baffle ['bæfəl] vt **1.** [confuse] desconcertar ▸ **to be baffled** estar desconcertado(a) *or* atónito(a) ▸ **I'm baffled as to why she did it** no logro entender por qué lo hizo **2.** [foil] [plot, attempt] frustrar

baffling ['bæfəlɪŋ] adj desconcertante, incomprensible

BAFTA ['bæftə] n *BR* (abbr ***British Academy of Film and Television Arts***) = *organización que anualmente concede premios a personalidades del cine y de la televisión británicos*

bag [bæg] ■ n **1.** [of paper, plastic] bolsa *f* / [handbag] bolso *m, ANDES, RP* cartera *f, MÉX* bolsa *f* ▸ **to have bags under one's eyes** tener ojeras ▸ *Fam* **to be a ~ of bones** estar esquelético(a) *or ESP* en los huesos ▸ *Fig* **it's in the ~** [deal, victory] lo tenemos en el bote ▸ *Fig* **he let the secret out of the ~** descubrió el secreto ▸ **~ snatcher** tironero(a) *m,f* **2.** *Fam* **bags of** [lots] un montón de ▸ **there's bags of room** hay muchísimo sitio **3.** *BR very Fam Pej* [woman] **old ~** bruja *f*

■ vt (pt & pp **bagged**) **1.** [put in bag] guardar en una bolsa, embolsar **2.** [in hunting] cobrar **3.** *BR Fam* [claim] pedirse, *ESP* pillar ▸ **she always bags the best seat** siempre consigue *or ESP* coge el mejor asiento

bagel ['beɪgəl] n = *tipo de rosca de pan compacto de origen judío*

baggage ['bægɪdʒ] n equipaje *m* ▸ **~ allowance** equipaje *m* permitido ▸ **~ handler** mozo(a) *m,f* de equipajes ▸ **~ reclaim** recogida *f* de equipajes ▸ *US* **~ room** consigna *f*

baggy ['bægɪ] adj [garment] suelto(a), holgado(a)

Baghdad [bæg'dæd] n Bagdad

bagpipes ['bægpaɪps] npl gaita *f*

baguette [bæ'get] n barra *f* de pan

bah [bɑː] exclam ¡bah!

Bahamas [bə'hɑːməz] npl **the ~** las Bahamas

Bahrain [bɑː'reɪn] n Bahrein

Bahraini [bɑː'reɪnɪ] n & adj bahreiní *mf*

bail [beɪl] n LAW [guarantee] fianza *f* ▸ **on ~** bajo fianza ▸ **to release sb on ~** poner a alguien en libertad bajo fianza ▸ **to grant ~** conceder la libertad bajo fianza ▸ **to stand** *or US* **post ~ for sb** pagar la fianza de alguien

◆ ***bail out*** vt sep LAW **to ~ sb out** pagar la fianza de alguien ▸ *Fig* **your parents won't always be there to ~ you out!** ¡tus padres no van a estar siempre ahí para sacarte las castañas del fuego! ▸ **to ~ a company out** sacar a una empresa del apuro

bailiff ['beɪlɪf] n **1.** LAW alguacil *mf* **2.** [on estate] administrador(ora) *m,f*

bait [beɪt] ■ n [for fish] cebo *m* ▸ *Fig* cebo *m,* anzuelo *m* ▸ *Fig* **to rise to the ~** morder el anzuelo ▸ *Fig* **to swallow** *or* **take the ~** morder el anzuelo, picar

■ vt **1.** [torment] hostigar, atormentar **2.** [attach bait to] cebar

baize [beɪz] n tapete *m*

bake [beɪk] ■ vt [bread, cake] cocer (al horno), hornear / [potatoes] asar

■ vi [food] cocerse

baked [beɪkt] adj **~ beans** alubias *fpl* con tomate *or MÉX* jitomate ▸ **~ potato** = *patata asada con piel que se suele comer con un relleno*

baker ['beɪkə(r)] n panadero(a) *m,f* ▸ **baker's (shop)** panadería *f* ▸ **baker's dozen** docena *f* de fraile *(trece)*

bakery ['beɪkərɪ] n panadería *f*

baking ['beɪkɪŋ] ■ n **to do the ~** [bread] cocer el pan / [cakes] hacer pasteles ▸ **~ powder** levadura *f* (en polvo) ▸ **~ sheet** *or* **tray** placa *f or* bandeja *f* de hornear ▸ **~ soda** bicarbonato *m* sódico ▸ **~ tin** molde *m* para hornear

■ adj *Fam* **it's ~ (hot)** hace un calor achicharrante *or RP* calcinante ▸ **I'm ~ (hot)** ¡me estoy asando!, ¡estoy asado(a)!

balaclava [bælə'klɑːvə] n pasamontañas *m inv*

balance ['bæləns] ■ n **1.** [equilibrium] equilibrio *m* ▸ **to keep/lose one's ~** mantener/perder el equilibrio ▸ **to throw sb off ~** hacer que alguien pierda el equilibrio ▸ *Fig* **to catch sb off ~** *ESP* pillar *or ESP* coger *or AM* agarrar a alguien desprevenido(a) ▸ **the ~ of power** el equilibrio de fuerzas ▸ **on ~** en conjunto ▸ **to strike a ~** establecer un equilibrio **2.** [of bank account] saldo *m* ▸ ECON **~ of trade/payments** balanza *f* comercial/de pagos ▸ **~ sheet** balance *m* **3.** [for weighing] balanza *f* ▸ *Fig* **to hang** *or* **be in the ~** [decision, result] estar en el aire

■ vt [object] poner en equilibrio ▸ **she balanced the basket on her head** se puso la cesta en equilibrio sobre la cabeza ▸ **he sought to ~ the claims of the two parties** trató de equilibrar las reivindicaciones de ambos bandos ▸ FIN **to ~ the books** hacer que cuadren las cuentas

■ vi **1.** [physically] estar *or* mantenerse en equilibrio **2.** FIN cuadrar ▸ **she couldn't get the accounts to ~** no consiguió que le cuadraran las cuentas

balanced ['bælənst] adj [unbiased] objetivo(a), imparcial ▸ **~ diet** dieta *f* equilibrada

balancing act ['bælənsɪŋ'ækt] n **to do a political ~** hacer malabarismos en política

balcony ['bælkənɪ] n [small] balcón *m* / [larger] terraza *f* / [in theatre] anfiteatro *m*

bald [bɔ:ld] adj **1.** [person] calvo(a) / [tyre] desgastado(a) ▸ **to go ~** quedarse calvo(a) ▸ *Fam* **as ~ as a coot** con la cabeza monda y lironda ▸ **~ eagle** águila *f* calva ▸ **~ patch** calva *f*, claro *m* **2.** [truth] simple, llano(a) ▸ **the report contained a ~ statement of the facts** el informe *or AM* reporte contenía una mera descripción de los hechos

balderdash ['bɔ:ldədæʃ] n *Fam* bobadas *fpl*, tonterías *fpl* ▸ **~!** ¡bobadas! ▸ **to talk ~** decir bobadas

bald-headed ['bɔ:ld'hedɪd] adj calvo(a)

balding ['bɔ:ldɪŋ] adj medio calvo(a)

baldly ['bɔ:ldlɪ] adv francamente, llanamente

baldness ['bɔ:ldnɪs] n **1.** [of person] calvicie *f* **2.** [of statement, demand] franqueza *f*

bale [beɪl] n [of cloth] fardo *m*, bala *f* / [of hay] paca *f*, bala *f*

◆ ***bale out*** vi [pilot] tirarse *or* lanzarse en paracaídas / [from difficult situation] desentenderse, lavarse las manos

Balearic [bælɪ'ærɪk] ■ n **the Balearics** las (Islas) Baleares

■ adj **the ~ Islands** las (Islas) Baleares

baleful ['beɪlfʊl] adj maligno(a) ▸ **she gave me a ~ stare** me lanzó una mirada asesina

Bali ['bɑ:lɪ] n Bali

Balinese [bælɪ'ni:z] adj balinés(esa)

balk ➤ ***baulk***

Balkan ['bɔ:lkən] ■ npl **the Balkans** los Balcanes

■ adj balcánico(a), de los Balcanes

ball[1] [bɔ:l] n **1.** [for cricket, tennis, golf] pelota *f* / [of clay, of dough, for billiards] bola *f* / [for rugby, basketball, soccer] balón *m*, pelota *f* ▸ **to roll sth (up) into a ~** hacer una bola con algo ▸ **a ~ of wool** un ovillo de lana ▸ **~ bearing** rodamiento *m or* cojinete *m* de bolas ▸ **~ boy/girl** [in tennis] recogepelotas *mf inv* ▸ **~ game** [in general] juego *m* de pelota / *US* [baseball match] partido *m* de béisbol ▸ *Fig* **that's a whole new ~ game** esa es una historia completamente diferente **2.** [of foot] **to stand on the balls of one's feet** estar de puntillas **3.** *Vulg* **balls** [testicles] huevos *mpl*, cojones *mpl* / [nonsense] *ESP* gilipolleces *fpl*, *AM* pendejadas *fpl*, *RP* boludeces *fpl* / [courage] huevos *mpl*, cojones *mpl* ▸ *Fig* **to have sb by the balls** tener a alguien cogido *or* agarrado por los huevos **4.** [idioms] **to be on the ~** [alert] estar despierto(a) / [knowledgeable] estar muy enterado(a) ▸ **to start the ~ rolling** poner las cosas en marcha ▸ **the ~ is in your court** te toca dar el siguiente paso ▸ **to play ~** [co-operate] cooperar

◆ ***ball up*** *US* ➤ ***balls up***

ball[2] n [party] baile *m* ▸ *Fam* **to have a ~** pasárselo en grande ▸ **~ dress** *or* **gown** traje *m* de fiesta

ballad ['bæləd] n balada *f*

ball-and-socket joint [bɔ:lənd'sɒkɪt'dʒɔɪnt] n **1.** TECH junta *f* articulada **2.** MED enartrosis *f inv*

ballast ['bæləst] n **1.** NAUT lastre *m* **2.** RAIL balasto *m*

ballcock ['bɔ:lkɒk] n flotador *m*

ballerina [bælə'ri:nə] n bailarina *f* ▸ **prima ~** primera bailarina *f*

ballet ['bæleɪ] n ballet *m* ▸ **~ dancer** bailarín(ina) *m,f* ▸ **~ shoe** zapatilla *f* de ballet

ballistic [bə'lɪstɪk] adj [missile] balístico(a) ▸ *Fam Fig* **to go ~** ponerse hecho(a) una furia

ballistics [bə'lɪstɪks] n balística *f*

balloon [bə'lu:n] ■ n **1.** [for party, travel] globo *m* ▸ *Fam Fig* **when the ~ goes up** cuando se arme la gorda **2.** [in cartoon] bocadillo *m*

■ vi [swell] hincharse como un globo

ballooning [bə'lu:nɪŋ] n **to go ~** montar en globo

balloonist [bə'lu:nɪst] n piloto *mf* de aerostación

ballot ['bælət] ■ n [process] votación *f* / [paper] voto *m* ▸ **to hold a ~** celebrar una votación ▸ **to put sth to a ~** someter algo a votación ▸ **~ box** urna *f* ▸ **this matter should be decided at the ~ box** este asunto habrá que decidirlo en las urnas ▸ **~ paper** papeleta *f* (de voto), *CHILE, MÉX* voto *m*, *COL* tarjetón *m*, *RP* boleta *f*

■ vt POL consultar por votación

ballpark ['bɔ:lpɑ:k] *US* ■ n campo *m* de béisbol

■ adj **a ~ figure** una cifra aproximada

ballpoint ['bɔ:lpɔɪnt] n **~ (pen)** bolígrafo *m*, *CARIB, MÉX* pluma *f*, *COL, ECUAD* esferográfico *m*, *CSUR* lapicera *f*

ballroom ['bɔ:lru:m] n salón *m* de baile ▸ **~ dancing** baile *m* de salón

◆ ***balls up***, *US* ***ball up*** vt sep *very Fam* **he ballsed** *or US* **balled up the accounts** armó un cacao or *RP* despelote con las cuentas

balls-up ['bɔ:lzʌp], *US* ***ball-up*** ['bɔ:lʌp] n *very Fam* **he made a total ~ of the timetable** armó un cacao *or RP* despelote con el horario

ballyhoo [bælɪ'hu:] n *Fam* alboroto *m*, *ESP* escandalera *f*, *RP* batifondo *m*

balm [bɑ:m] n bálsamo *m*

balmy ['bɑ:mɪ] adj [weather] cálido(a), suave

baloney [bə'ləʊnɪ] n *Fam* [nonsense] tonterías *fpl*, bobadas *fpl*

balsa ['bɔ:lsə] n **~ (wood)** madera *f* de balsa

balsam ['bɔ:lsəm] n bálsamo *m*

balti ['bɔ:ltɪ] n *BR* CULIN = *plato hindú que se come en la misma cazuela en que se prepara*

Baltic ['bɔ:ltɪk] ■ n **the ~** el (mar) Báltico

■ adj báltico(a) ▸ **the ~ Sea** el mar Báltico

balustrade [bælə'streɪd] n balaustrada *f*

bamboo [bæm'bu:] n bambú *m* ▸ **~ shoots** brotes *mpl* de bambú

bamboozle [bæm'bu:zəl] vt *Fam* [confuse] embarullar / [trick] engatusar

ban [bæn] ■ n prohibición *f* ▸ **to impose a ~ on sth** prohibir algo

■ vt (pt & pp **banned**) prohibir ▸ **to ~ sb from doing sth** prohibir a alguien hacer algo

banal [bə'næl] adj banal

banality [bə'nælɪtɪ] n banalidad *f*

banana [bə'nɑ:nə] n plátano *m*, *CAM, COL* banano *m*, *RP* banana *f*, *VEN* cambur *m* ▸ *Fam* **to be bananas** [mad] estar como una cabra *or MÉX* destrompado(a) *or RP* de la nuca ▸ *Fam* **to go bananas** [angry] ponerse hecho(a) un basilisco, *CSUR* rayarse ▸ *Fam* **~ republic** república *f* bananera ▸ **~ skin** [of fruit] piel *f* de plátano *or CAM, COL* banano *or RP* banana *or VEN* cambur / *Fig* trampa *f* potencial ▸ **~ split** banana split *m* ▸ **~ tree** platanero *m*, *AM* bananero *m*

band[1] [bænd] n **1.** [of metal, cloth] banda *f*, tira *f* / [of colour] raya *f*, franja *f* / [on hat] cinta *f* / [on cigar] vitola *f* **2.** RAD banda *f* **3.** [of age, ability] franja *f*, banda *f*

band[2] n [of friends] pandilla *f*, grupo *m* / [of robbers] banda *f* / [of pop musicians] grupo *m* / [jazz, brass] banda *f*

◆ ***band together*** vi unirse

bandage ['bændɪdʒ] ■ n [fabric] venda *f* / [on wound, broken arm] vendaje *m*, venda *f*

■ vt vendar ▸ **the nurse bandaged his arm** la enfermera le vendó el brazo

◆ ***bandage up*** vt sep vendar

Band-Aid® ['bændeɪd] n *US ESP* tirita® *f*, *AM* curita *f*

bandit ['bændɪt] n bandolero *m*, bandido *m*

bandleader ['bændli:də(r)] n líder *mf (de un grupo musical)*

bandmaster ['bændmɑ:stə(r)] n MUS director *m (de una banda)*

bandsman ['bændzmən] n MUS músico *m (de banda)*

bandstand ['bændstænd] n quiosco *m* de música

bandwagon ['bændwægən] n *Fam* **to jump on the ~** subirse al carro

bandwidth ['bændwɪdθ] n COMPTR ancho *m* de banda

bandy[1] ['bændɪ] adj [legs] arqueado(a) *(hacia afuera)*

bandy[2] vt [words, insults] intercambiar, cambiar ▸ **his name is being bandied about** se está barajando su nombre

bandy-legged [bændɪ'leg(ɪ)d] adj estevado(a)

bane [beɪn] n cruz *f*, perdición *f* ▸ **he's the ~ of my life** es mi cruz, es mi ruina

bang [bæŋ] ■ n **1.** [noise] golpe *m* / [explosion] explosión *f* ▸ **the door shut with a ~** la puerta se cerró de un portazo ▸ *Fig* **to go with a ~** [party, event] salir redondo(a) **2.** [blow] golpe *m* ▸ **to get a ~ on the head** darse un golpe en la cabeza

■ adv **1. to go ~** explotar ruidosamente ▸ *Fam* **~ went my hopes of a quiet weekend** adiós a mi esperado fin de semana tranquilo **2.** *Fam* [exactly] **~ in the middle** justo en medio ▸ **~ on time** justo a tiempo

■ exclam [sound of gun] ¡pum! / [explosion] ¡bum!

■ vt [hit] golpear ▸ **to ~ one's head** golpearse la cabeza

■ vi [door, window] batir, dar golpes ▸ **the door banged shut** la puerta se cerró de un portazo ▸ **to ~ at** *or* **on the door** aporrear la puerta ▸ **to ~ into sth** chocar con algo

◆ ***bang about, bang around*** vi [make noise] [person] armar jaleo

◆ ***bang on*** vi *BR Fam* **to ~ on about sth** dar la murga con algo

◆ ***bang up*** vt sep *BR Fam* [imprison] meter en *ESP* chirona *or ANDES, RP* cana *or MÉX* bote

banger ['bæŋə(r)] n **1.** *BR Fam* [sausage] salchicha *f* **2.** *BR* [firework] petardo *m* **3.** *Fam* [car] **old ~** cacharro *m* viejo, carraca *f*

Bangkok [bæŋ'kɒk] n Bangkok

Bangladesh [bæŋglə'deʃ] n Bangladesh

Bangladeshi [bæŋglə'deʃɪ] n & adj bangladesí *mf*

bangle ['bæŋgəl] n brazalete *m*, pulsera *f*

bang-on ['bæŋ'ɒn] adj & adv **to hit sth ~** dar en el clavo ▸ **her answers were ~** sus respuestas dieron en el clavo

bangs [bæŋz] npl *US* flequillo *m*, *AM* cerquillo *m (corto)*

banish ['bænɪʃ] vt [exile] desterrar ▸ **he banished all thought of her from his mind** se la quitó de la cabeza

banishment ['bænɪʃmənt] n destierro *m*

banister ['bænɪstə(r)] n barandilla *f*

banjo ['bændʒəʊ] (pl **banjos**) n banjo *m*

bank[1] [bæŋk] ■ n **1.** [of river] orilla *f* / [of earth] terraplén *m* **2.** [of clouds, fog] banco *m* **3.** [of lights, switches] batería *f* ▸ **banks of seats** gradas *fpl* con asientos

■ vt flanquear ▸ **the road is banked by trees** la carretera se halla flanqueada por dos filas de árboles

■ vi **1.** [clouds, mist] formar bancos / [snow] acumularse **2.** [plane] ladearse, escorarse

bank[2] ■ n **1.** [financial institution] banco *m* ▸ **~ account** cuenta *f* bancaria ▸ **~ balance** saldo *m* bancario, haberes *mpl* bancarios ▸ **~ charges** comisión *f* bancaria, gastos *mpl* bancarios ▸ **~ clerk** empleado(a) *m,f* de banca ▸ *BR* **~ holiday** día *m* festivo ▸ **~ loan** préstamo *m or* crédito *m* bancario ▸ **~ manager** director(ora) *m,f* de banco ▸ FIN **~ rate** tipo *m or AM* tasa *f* de interés bancario ▸ **~ robber** atracador(ora) *m,f or* ladrón(ona) *m,f* de bancos ▸ **~ statement** extracto *m or* balance *m* de cuenta **2.** [in gambling] banca *f* ▸ **to break the ~** hacer saltar la banca ▸ *Fig* **it won't break the ~** no vas a arruinarte por eso **3.** [store] **blood/data ~** banco de sangre/datos

■ vt [funds] ingresar (en un banco)

■ vi **to ~ with** tener una cuenta en

CULTURE / CULTURA

Bank of England

El Banco de Inglaterra es el banco central del Reino Unido, también conocido como "the Old Lady of Threadneedle Street" (la Vieja Dama de la calle Threadneedle), que proporciona los servicios bancarios generales al gobierno y a la banca, además de gestionar el mercado de divisas, el registro de valores y las reservas de oro del país. Desde 1997, el llamado "Monetary Policy Committee" o "MPC" (Comité de Política Monetaria del banco) tiene la responsabilidad legal de establecer el tipo de interés oficial del Reino Unido.

◆ ***bank on*** vt insep [outcome, success] contar con

bankable ['bæŋkəbəl] adj [actor, actress] taquillero(a), de éxito

bankbook ['bæŋkbʊk] n cartilla *f*, libreta *f*

banker ['bæŋkə(r)] n FIN banquero *m* ▸ **banker's draft** giro *m* bancario

banking ['bæŋkɪŋ] n [occupation] banca *f*, sector *m* bancario / [activity] operaciones *fpl* bancarias ▸ **~ hours** horario *m* de los bancos

banknote ['bæŋknəʊt] n billete *m (de banco)*

bankroll ['bæŋkrəʊl] vt *US* [finance] financiar

bankrupt ['bæŋkrʌpt] ■ n FIN quebrado(a) *m,f*
■ adj en quiebra, en bancarrota ▸ **to be ~** estar en quiebra ▸ **to go ~** quebrar, ir a la quiebra ▸ *Fig* **to be morally ~** estar en quiebra moral
■ vt LAW conducir a la quiebra / *Fam* [make poor] arruinar, dejar en la ruina

bankruptcy ['bæŋkrəptsɪ] n LAW quiebra *f*, bancarrota *f* / *Fam* [poverty] ruina *f*

banner ['bænə(r)] n [flag] bandera *f* / [of trade union, political party] pancarta *f* ▸ **~ headlines** [in newspaper] grandes titulares *mpl*

bannister ➤ ***banister***

banns [bænz] npl amonestaciones *fpl* ▸ **to publish the ~** correr las amonestaciones

banquet ['bæŋkwɪt] n banquete *m*

bantam ['bæntəm] n gallina *f* de Bantam

bantamweight ['bæntəmweɪt] n [in boxing] peso *m* gallo

banter ['bæntə(r)] ■ n bromas *fpl*, chanzas *fpl*
■ vi bromear

bap [bæp] n *BR* = *panecillo blando redondo*

baptism ['bæptɪzəm] n bautismo *m* ▸ *Fig* **a ~ of fire** un bautismo de fuego

baptismal [bæp'tɪzməl] adj **~ certificate** partida *f* de bautismo ▸ **~ font** pila *f* bautismal

Baptist ['bæptɪst] n baptista *mf*, bautista *mf*

baptize [bæp'taɪz, *US* 'bæptaɪz] vt bautizar

bar [bɑ:(r)] ■ n **1.** [of metal] barra *f* / [of soap] pastilla *f* / [on window] barrote *m* ▸ **to be behind bars** estar entre rejas ▸ **chocolate ~** chocolatina *f* ▸ **gold bars** lingotes *mpl* de oro, oro *m* en barras ▸ **a three-~ fire** una estufa (eléctrica) de tres resistencias ▸ **~ chart** gráfico *m* de barras ▸ **~ of chocolate** tableta de chocolate ▸ COMPTR **~ code** código *m* de barras **2.** [obstacle] barrera *f* ▸ **to be a ~ to sth** constituir una barrera para algo ▸ **to impose a ~ on sth** prohibir algo **3.** LAW **the Bar** *BR* [barristers] = *conjunto de los abogados que ejercen en tribunales superiores* / *US* [lawyers in general] la abogacía ▸ *BR* **to be called to the Bar** obtener el título de abogado(a), ingresar en la abogacía ▸ **the prisoner at the ~** el/la acusado(a) **4.** [pub, in hotel] bar *m* / [pub counter] barra *f* ▸ **~ snack** aperitivo *m*, tentenpié *m* **5.** MUS compás *m*
■ vt (pt & pp **barred**) **1.** [obstruct] obstruir ▸ **to ~ the door against sb** atrancar la puerta para impedir el paso a alguien ▸ **to ~ sb's way** obstruir el camino *or* impedir el paso a alguien **2.** [ban] **to ~ sb from a place** prohibir la entrada de alguien a un lugar ▸ **to ~ sb from doing sth** prohibir a alguien hacer algo
■ prep salvo, excepto ▸ **~ none** sin excepción

barb [bɑ:b] n **1.** [on hook] lengüeta *f* **2.** [remark] dardo *m*

Barbadian [bɑ:'beɪdɪən] ■ n = *habitante* o *nativo de Barbados*
■ adj de Barbados

Barbados [bɑ:'beɪdɒs] n Barbados

barbarian [bɑ:'beərɪən] n & adj bárbaro(a) *m,f*

barbaric [bɑ:'bærɪk] adj salvaje

barbarism ['bɑ:bərɪzəm] n barbarie *f*

barbarity [bɑ:'bærɪtɪ] n [act] barbaridad *f* / [cruelty] barbarie *f*

barbarous ['bɑ:bərəs] adj [act, behaviour] bárbaro(a)

barbecue ['bɑ:bɪkju:] ■ n barbacoa *f*, *ANDES RP* asado *m* ▸ **to have a ~** hacer una barbacoa *or ANDES, RP* un asado ▸ **~ sauce** salsa *f* para barbacoa
■ vt asar en la barbacoa

barbed [bɑ:bd] adj **1.** [hook] con lengüeta(s) ▸ **~ wire** alambre *m* de espino *or* de púas **2.** [remark, comment] afilado(a), mordaz

barber ['bɑ:bə(r)] n barbero *m* ▸ **to go to the barber's** ir a la peluquería

barbershop ['bɑ:bəʃɒp] n *US* barbería *f* ▸ **~ quartet** cuarteto *m* de voces masculinas

barbiturate [bɑ:'bɪtjʊreɪt] n barbitúrico *m*

Barcelona [bɑ:sə'ləʊnə] n Barcelona

bard [bɑ:d] n bardo *m*, trovador *m* ▸ **the Bard** = *Shakespeare*

bare [beə(r)] ■ adj **1.** [not covered] desnudo(a) ▸ **to strip a house ~** [thieves] llevarse absolutamente todo de una casa ▸ **to fight with one's ~ hands** luchar sin armas ▸ **in one's ~ feet** descalzo(a) ▸ **to lay sth ~** poner algo de manifiesto, descubrir algo **2.** [just sufficient] **the ~ minimum** lo imprescindible, lo indispensable ▸ **the ~ bones of the case are...** lo esencial del caso es... ▸ **the ~ necessities (of life)** lo indispensable (para vivir) ▸ **a ~ pass** [in exam] un aprobado raspado *or* por los pelos ▸ **a ~ majority** una mayoría por los pelos
■ vt descubrir ▸ **to ~ one's head** descubrirse (la cabeza) ▸ **to ~ one's teeth** enseñar los dientes ▸ **he bared his heart** *or* **soul to me** me abrió su corazón *or* alma

bareback ['beəbæk] ■ adj **~ rider** jinete *m*/amazona *f* que monta a pelo
■ adv **to ride ~** montar a pelo

barefaced ['beəfeɪst] adj descarado(a)

barefoot ['beəfʊt], ***barefooted*** [beə'fʊtɪd] adj & adv descalzo(a)

bareheaded [beə'hedɪd] adj & adv sin sombrero

barelegged [beə'leg(ɪ)d] adj & adv con las piernas desnudas

barely ['beəlɪ] adv **1.** [scarcely] apenas **2.** [sparsely] **~ furnished** amueblado(a) con lo indispensable

barf [bɑ:f] vi *Fam* echar la papa, potar

bargain ['bɑ:gɪn] ■ n **1.** [agreement] pacto *m*, trato *m* ▸ **to make** *or* **strike a ~** hacer un pacto ▸ **you haven't kept your side** *or* **part of the ~** no has cumplido tu parte del trato ▸ **he drives a hard ~** es bueno regateando ▸ **into the ~** [what's more] encima,

además **2.** [good buy] ganga *f,* chollo *m* ▸ **~ basement** sección *f* de oportunidades ▸ **~ hunter** buscador(ora) *m,f* de gangas ▸ **~ price** precio *m* de saldo
■ vi negociar

◆ ***bargain away*** vt sep [rights, privileges] malvender, malbaratar

◆ ***bargain for*** vt insep **I hadn't bargained for that** no contaba con eso ▸ **he got more than he bargained for** recibió más de lo que esperaba

◆ ***bargain on*** vt insep **I didn't ~ on that** no contaba con eso

barge [bɑːdʒ] n [boat] gabarra *f* / [for parties, river cruises] = *barco para fiestas o pequeñas travesías turísticas*

◆ ***barge in*** vi [enter] irrumpir

bargepole ['bɑːdʒpəʊl] n *BR* pértiga *f* ▸ **I wouldn't touch it with a ~** no lo tocaría ni con pinzas

barhop ['bæhɒp] vi *US* ir de copas *or* de bares

baritone ['bærɪtəʊn] n barítono *m*

barium ['beərɪəm] n CHEM bario *m* ▸ MED **~ meal** (papilla *f* de) sulfato *m* de bario

bark[1] [bɑːk] ■ n [of tree] corteza *f*
■ vt **to ~ one's shins** arañarse *or* rasguñarse las espinillas

bark[2] ■ n [of dog] ladrido *m* ▸ *Fig* **his ~ is worse than his bite** perro ladrador, poco mordedor, *RP* perro que ladra no muerde
■ vt [order] gritar
■ vi ladrar / [person] gritar ▸ *Fam* **you're barking up the wrong tree** estás aviado *or* muy equivocado

barkeep(er) ['bɑːkiːp(ə(r))] n *US* camarero(a) *m,f, AM* mesero(a) *m,f, RP* mozo(a) *m,f*

barley ['bɑːlɪ] n cebada *f* ▸ **~ sugar** azúcar *m or f* cande

barmaid ['bɑːmeɪd] n *esp BR* camarera *f, AM* mesera *f, RP* moza *f*

barman ['bɑːmən] n camarero *m, AM* mesero *m, RP* mozo *m*

barmy ['bɑːmɪ] adj *BR Fam* chiflado(a) ▸ **to be ~** estar chiflado(a)

barn [bɑːn] n granero *m,* pajar *m* ▸ **~ dance** baile *m* campestre ▸ **~ owl** lechuza *f*

barnacle ['bɑːnəkəl] n bálano *m,* bellota *f* de mar

barnstorming ['bɑːnstɔːmɪŋ] adj [speech, performance] apoteósico(a)

barnyard ['bɑːnjɑːd] n corral *m*

barometer [bə'rɒmɪtə(r)] n barómetro *m*

baron ['bærən] n barón *m* ▸ **press/oil ~** [tycoon] magnate *m* de la prensa/del petróleo

baroness ['bærənes] n baronesa *f*

baronet ['bærənet] n baronet *m (título inglés)*

baroque [bə'rɒk] ■ n barroco *m*
■ adj barroco(a)

barrack ['bærək] vt *BR* [heckle] abuchear

barracks ['bærəks] npl cuartel *m*

barracuda [bærə'kjuːdə] n barracuda *f*

barrage ['bærɑːʒ] ■ n **1.** [dam] presa *f* **2.** MIL [of artillery fire] batería *f* de fuego / *Fig* [of questions, complaints] lluvia *f*
■ vt **to ~ sb with questions** acribillar a alguien a preguntas

barrel ['bærəl] n **1.** [container] barril *m,* tonel *m* / [of oil] barril *m* ▸ *Fam* **to have sb over a ~** tener a alguien en un puño ▸ *Fam* **the party wasn't exactly a ~ of fun** *or* **laughs** la fiesta no fue la más divertida del mundo ▸ **~ organ** organillo *m* **2.** [of gun] cañón *m*

barren ['bærən] adj [land, woman] yermo(a) / [landscape] árido(a)

barrenness ['bærənnɪs] n aridez *f,* esterilidad *f*

barrette [bə'ret] n *US* pasador *m*

barricade ['bærɪkeɪd] ■ n barricada *f*
■ vt [door, street] poner barricadas en ▸ **she had barricaded herself into the room** se había atrincherado en su habitación

barrier ['bærɪə(r)] n *also Fig* barrera *f* ▸ **the Great Barrier Reef** la Gran Barrera de Coral

barring ['bɑːrɪŋ] prep salvo, excepto ▸ **~ accidents** salvo imprevistos ▸ **~ a miracle** a menos que ocurra un milagro

barrister ['bærɪstə(r)] n *BR* LAW abogado(a) *m,f (que ejerce en tribunales superiores)*

barrow ['bærəʊ] n [wheelbarrow] carretilla *f* / *BR* [in market] carreta *f*

bartender ['bɑːtendə(r)] n *US* camarero *m, AM* mesero *m, RP* mozo *m*

barter ['bɑːtə(r)] ■ n trueque *m*
■ vt trocar, cambiar (**for** por)
■ vi hacer trueques, practicar el trueque

basalt ['bæsɔːlt] n basalto *m*

base [beɪs] ■ n **1.** [bottom] base *f* ▸ *US* **~ pay** salario *m or* sueldo *m* mínimo ▸ **~ rate** [interest rate] tipo *m or AM* tasa *f* de interés básico ▸ *US* **~ salary** salario *m or* sueldo *m* mínimo **2.** [for explorers, military forces] base *f* ▸ **~ camp** campamento *m* base **3.** [in baseball] base *f* ▸ *Fig* **she didn't get past first ~** no llegó a superar la primera etapa
■ adj **1.** *Formal* [motive, conduct] vil, bajo(a) **2. ~ metals** metales *mpl* comunes *or* no preciosos
■ vt basar (**on** en) ▸ **to be based on** estar basado(a) en, basarse en ▸ **to be based in Bath** [job, operation] desarrollarse en Bath / [troops, company] estar radicado(a) en Bath

baseball ['beɪsbɔːl] n béisbol *m* ▸ **~ cap** gorra *f* de visera

baseboard ['beɪsbɔːd] n *US* [along base of wall] zócalo *m,* rodapié *m*

Basel ['bɑːzəl] n Basilea

baseless ['beɪslɪs] adj infundado(a), sin fundamento ▸ **to be ~** carecer de fundamento

baseline ['beɪslaɪn] n [in tennis] línea *f* de saque *or* de fondo

basement ['beɪsmənt] n sótano *m* ▸ **~ flat** (apartamento *m or ESP* piso *m or AM* departamento *m* del) sótano *m*

bash [bæʃ] *Fam* ■ n **1.** [blow] porrazo *m,* castaña *f* ▸ *BR* **to have a ~ at (doing) sth** intentar (hacer) algo

2. [party] fiesta *f*
■ vt golpear ▸ **to ~ one's head** darse una castaña en la cabeza
◆ ***bash in*** vt sep *BR Fam* [door] echar abajo ▸ **I'll ~ your face in!** ¡te parto la cara!
◆ ***bash up*** vt sep *BR Fam* [person] dar una paliza a / [car] abollar
bashful ['bæʃfʊl] adj tímido(a)
bashfulness ['bæʃfʊlnɪs] n timidez *f*
-bashing ['bæʃɪŋ] suffix *Fam* **union~** ataque *m* a los sindicatos
BASIC ['beɪsɪk] n COMPTR (abbr ***Beginners' All-purpose Symbolic Instruction Code***) (lenguaje *m*) BASIC *m*
basic ['beɪsɪk] ■ n **the basics** [fundamental aspects] lo esencial / [of language, science] los fundamentos ▸ **let's get down to basics** centrémonos en lo esencial
■ adj básico(a) ▸ **I get the ~ idea** me hago una idea ▸ **to be ~ to sth** ser básico(a) para algo ▸ **~ pay** sueldo *m* base
basically ['beɪsɪklɪ] adv básicamente, fundamentalmente
basil [*BR* 'bæzəl, *US* 'beɪzəl] n albahaca *f*
basilica [bə'zɪlɪkə] n basílica *f*
basin ['beɪsən] n 1. [for cooking] recipiente *m*, bol *m* / [for washing hands] lavabo *m*, *AM* lavamanos *m inv* / [plastic, for washing up] barreño *m*, palangana *f* 2. GEOG cuenca *f*
basis ['beɪsɪs] (pl **bases** ['beɪsi:z]) n base *f* ▸ **on a weekly ~** semanalmente ▸ **on a monthly ~** mensualmente ▸ **on an informal ~** informalmente ▸ **the accusations have no ~ in fact** las acusaciones no se basan en los hechos ▸ **on the ~ of...** según...
bask [bɑ:sk] vi **to ~ in the sun** estar tumbado(a) al sol ▸ **to ~ in sb's favour** gozar del favor de alguien
basket ['bɑ:skɪt] n cesta *f* / [in basketball] canasta *f* / *BR Fam Euph* [person] cabrito *m* ▸ **wastepaper ~** papelera *f* ▸ *Fam* **to be a ~ case** [person] estar loco(a) de remate *or* *ESP* majareta *or* *MÉX* zafado(a)
basketball ['bɑ:skɪtbɔ:l] n baloncesto *m*, *AM* básquetbol *m*
basketful ['bɑ:skɪtfʊl] n cesta *f*
Basle [bɑ:l] n Basilea
Basque [bɑ:sk] ■ n 1. [person] vasco(a) *m,f* 2. [language] vasco *m*, vascuence *m*
■ adj vasco(a) ▸ **the ~ Country** el País Vasco, Euskadi
bas-relief [bɑ:rɪ'li:f] n ART bajorrelieve *m*
bass[1] [bæs] n [seawater] lubina *f*, róbalo *m* / [freshwater] perca *f*
bass[2] [beɪs] MUS ■ n [voice, singer, guitar] bajo *m* / [on amplifier] graves *mpl* / [double-bass] contrabajo *m* ▸ **~ player** bajista *m,f*
■ adj bajo(a) ▸ **~ clef** clave *f* de fa ▸ **~ drum** bombo *m* ▸ **~ guitar** bajo *m*
basset ['bæsɪt] n **~ (hound)** basset *m*
bassist ['beɪsɪst] n MUS bajista *mf*
bassoon [bə'su:n] n fagot *m*
bastard ['bɑ:stəd] ■ n 1. [illegitimate child] hijo(a) *m,f* ilegítimo(a), (hijo(a) *m,f*) bastardo(a) *m,f* 2. *very Fam* [unpleasant person] hijo(a) *m,f* de puta, cabrón(ona) *m,f* ▸ **you lucky ~!** ¡qué suerte (tienes), desgraciado(a) *or* cabrón! ▸ **a ~ of a job** un trabajo muy jodido
■ adj [child] bastardo(a)
baste [beɪst] vt 1. [meat] regar con grasa 2. *esp US* [sew] hilvanar
bastion ['bæstɪən] n *also Fig* bastión *m*, baluarte *m*
bat[1] [bæt] n [animal] murciélago *m* ▸ *Fam* **like a ~ out of hell** como alma que lleva el diablo
bat[2] ■ n [for cricket, baseball] bate *m* / [for table tennis] pala *f* ▸ *BR Fam* **to do sth off one's own ~** hacer algo por cuenta propia
■ vt (pt & pp **batted**) **he didn't ~ an eyelid** ni se inmutó
■ vi [in cricket, baseball] batear
batch [bætʃ] n [of goods, material] lote *m*, partida *f* / [of recruits] tanda *f* / [of bread] hornada *f* ▸ COMPTR **~ file** fichero *m* por lotes ▸ COMPTR **~ processing** proceso *m* por lotes
bated ['beɪtɪd] adj **with ~ breath** con el alma en vilo
bath [bɑ:θ] ■ n [action] baño *m* / [bathtub] bañera *f*, *AM* tina *f* ▸ **to take** *or* **have a ~** tomar *or* darse un baño, bañarse ▸ **to give sb a ~** bañar a alguien ▸ *BR* **(swimming) baths** piscina *f*, *MÉX* alberca *f*, *RP* pileta *f* ▸ **~ mat** alfombrilla *f* de baño ▸ **~ salts** sales *fpl* de baño ▸ **~ towel** toalla *f* de baño
■ vt bañar
■ vi bañarse
bathe [beɪð] ■ n *Old-fashioned* **to go for a ~** ir a bañarse
■ vt [wound] lavar ▸ **she was bathed in sweat** estaba empapada en *or* de sudor
■ vi *Old-fashioned* [swim] bañarse
bather ['beɪðə(r)] n bañista *mf*
bathing ['beɪðɪŋ] n **~ is prohibited** [sign] prohibido bañarse ▸ **~ cap** gorro *m* de baño ▸ **~ costume** bañador *m*, traje *m* de baño, *COL* vestido *m* de baño, *RP* malla *f* ▸ **~ trunks** bañador *m* (de hombre)
bathos ['beɪθɒs] n = *paso de lo sublime a lo común*
bathrobe ['bɑ:θrəʊb] n albornoz *m*
bathroom ['bɑ:θru:m] n 1. [with bath] cuarto *m* de baño ▸ **~ scales** báscula *f* de baño ▸ **~ suite** = *conjunto de bañera, lavabo e inodoro* 2. [toilet] baño *m*, *ESP* servicio *m*, *CSUR* toilette *m* ▸ **to go to the ~** ir al baño *or* *ESP* servicio
bathtub ['bɑ:θtʌb] n bañera *f*, *AM* tina *f*
batik [bə'ti:k] n batik *m*
batman ['bætmən] n *BR* MIL ordenanza *m*
baton ['bætən] n [in relay race] testigo *m* / [of conductor] batuta *f* / *BR* [of policeman] porra *f* ▸ **~ charge** carga *f* con porras
batsman ['bætsmən] n [in cricket] bateador *m*
battalion [bə'tæljən] n batallón *m*
batten ['bætən] ◆ ***batten down*** vt insep **to ~ down the hatches** [on ship] cerrar las escotillas / *Fig* [before crisis] atarse *or* apretarse los machos
batter[1] ['bætə(r)] n [in baseball] bateador(ora) *m,f*

batter [2] n [to coat food for frying] pasta *f* para rebozar

batter [3] vt [beat] [door] aporrear / [person] pegar, maltratar

battered ['bætəd] adj **1.** [person] maltratado(a) **2.** [furniture] desvencijado(a) / [hat] ajado(a) / [car] abollado(a)

battering ram ['bætərɪŋ'ræm] n ariete *m*

battery ['bætərɪ] n **1.** [of radio, clock] pila *f* / [of car, video camera] batería *f* ▸ **to be ~ operated** *or* **powered** funcionar a *or* con pilas ▸ **~ charger** cargador *m* de pilas/baterías **2.** MIL batería *f* ▸ *Fig* **a ~ of criticism** un aluvión de críticas ▸ PSY **a ~ of tests** una batería de pruebas **3. ~ farming** avicultura *f* intensiva ▸ **~ hen** gallina *f* de granja avícola intensiva

battle ['bætəl] ■ n *also Fig* batalla *f* ▸ **to fight a ~** librar una batalla ▸ **to do ~ with sb** librar una batalla contra alguien ▸ **a ~ of wits** un duelo de ingenio ▸ **that's half the ~** ya está recorrido medio camino ▸ **~ cry** grito *m* de guerra ▸ **~ royal** batalla campal
■ vi batallar, luchar

battle-axe, US ***battle-ax*** ['bætəlæks] n [weapon] hacha *f* de guerra / *Fam Pej* [woman] arpía *f,* bruja *f*

battledress ['bætəldres] n uniforme *m*

battlefield ['bætəlfi:ld], ***battleground*** ['bætəlgraʊnd] n *also Fig* campo *m* de batalla

battle-hardened ['bætəl'hɑ:dənd] adj curtido(a)

battlements ['bætəlmənts] npl almenas *fpl*

battle-scarred ['bætəl'skɑ:d] adj [place] minado(a) por la guerra *or* la batalla

battleship ['bætəlʃɪp] n acorazado *m*

batty ['bætɪ] adj *Fam* pirado(a), chiflado(a) ▸ **to be ~** [person] estar chiflado(a) *or* pirado(a) / [idea] ser peregrino(a)

bauble ['bɔ:bəl] n [cheap ornament] chuchería *f* / [Christmas decoration] bola *f* de Navidad

baud [bɔ:d] n COMPTR baudio *m* ▸ **~ rate** velocidad *f* de transmisión

baulk [bɔ:k] ■ vt [frustrate, defeat] frustrar, hacer fracasar
■ vi **to ~ at sth** [person] mostrarse reticente *or* echarse atrás ante algo ▸ **he baulked at paying such a price** se mostraba reticente a pagar un precio tan alto

bauxite ['bɔ:ksaɪt] n bauxita *f*

Bavaria [bə'veərɪə] n Baviera

Bavarian [bə'veərɪən] n & adj bávaro(a) *m,f*

bawdy ['bɔ:dɪ] adj [remark, humour] picante, verde

bawl [bɔ:l] ■ vt gritar, proferir ▸ **to ~ an order** gritar una orden
■ vi **1.** [shout] gritar, vociferar **2.** [cry] [baby, child] berrear

◆ ***bawl out*** vt sep **1. to ~ out an order** gritar una orden **2.** *Fam* [reprimand] **to ~ sb out** reñir *or* regañar a alguien

bay [1] [beɪ] n [shrub] laurel *m* ▸ **~ leaf** (hoja *f* de) laurel *m*

bay [2] ■ n **1.** [on coastline] bahía *f* ▸ **the Bay of Bengal** el Golfo de Bengala ▸ **the Bay of Biscay** el Golfo de Vizcaya **2.** ARCHIT entrante *m,* hueco *m* ▸ **loading ~** zona *f* de carga y descarga ▸ BR **parking ~** plaza *f* de aparcamiento *(señalizada)* ▸ **~ window** ventana *f* salediza **3. to keep** *or* **hold sth/sb at ~** tener a raya algo/a alguien
■ vi [dog, wolf] aullar

bayonet ['beɪənɪt] ■ n bayoneta *f*
■ vt **to ~ sb to death** matar a alguien a bayonetazos

bazaar [bə'zɑ:(r)] n [in Middle East] bazar *m* / [for charity] mercadillo *m*

bazooka [bə'zu:kə] n bazuca *m,* bazooka *m*

B & B [bi:ən'bi:] n BR (abbr ***bed and breakfast***) [hotel] = *hostal familiar en el que el desayuno está incluido en el precio de la habitación* / [service] habitación *f* y desayuno

BBC [bi:bi:'si:] n (abbr ***British Broadcasting Corporation***) BBC *f*

BBQ ['bɑ:bɪkju:] n *Fam* (abbr ***barbecue***) barbacoa *f,* ANDES, RP asado *m* ▸ **~ sauce** salsa *f* (para) barbacoa

BC [bi:'si:] adv (abbr ***before Christ***) a.C., antes de Cristo

BCG [bi:si:'dʒi:] n MED (abbr ***bacillus Calmette-Guérin***) B.C.G. *m,* = *vacuna contra la tuberculosis*

be [bi:]

> En el inglés hablado, y en el escrito en estilo coloquial, el verbo **be** se contrae de forma que **I am** se transforma en **I'm, he/she/it is** se transforman en **he's/she's/it's** y **you/we/they are** se transforman en **you're/we're/they're.** Las formas negativas **is not, are not, was not** y **were not** se transforman en **isn't, aren't, wasn't** y **weren't.**

(present **I am, you/we/they are, he/she/it is**, pt **were** [wɜ:(r)], 1st and 3rd person singular **was** [wɒz], pp **been** [bi:n])
■ vi **1.** [indicating permanent quality, condition] ser ▸ **sugar is sweet** el azúcar es dulce ▸ **it's two metres wide** tiene dos metros de ancho ▸ **three and two are five** tres y dos (son) cinco ▸ **she is English** es inglesa ▸ **he is clever** es inteligente ▸ **I'm a doctor** soy médico **2.** [indicating temporary state] estar ▸ **to be wet/dry** estar seco(a)/mojado(a) ▸ **the bottle is empty/full** la botella está vacía/llena ▸ **to be cold/hot** [of person] tener frío/calor / [of thing] estar frío(a)/caliente ▸ **it's cold/hot** [weather] hace frío/calor ▸ **to be hungry/thirsty** tener hambre/sed ▸ **to be right** tener razón ▸ **to be wrong** estar equivocado(a) ▸ **to be twenty (years old)** tener veinte años **3.** [with time, date] ser ▸ **it's six o'clock** son las seis (en punto) ▸ **when is the concert?** ¿cuándo es el concierto? ▸ **today is the tenth** hoy estamos a (día) diez ▸ **what day is it today?** ¿qué día es hoy? ▸ **it's a year since I saw her** hace un año que no la veo **4.** [with location] estar ▸ **where is the station?** ¿dónde está la estación? ▸ **is this where you work?** ¿es aquí donde trabajas? ▸ **to be at home** estar en casa ▸ **where was I?** [after disgression] ¿por dónde iba? **5.** [with cost] ser, costar ▸ **how much are the shoes?** ¿cuánto son *or* cuestan los zapatos? ▸ **how much is it?** ¿cuánto es? ▸ **how much is a kilo of beef?** ¿a cuánto está el kilo de ternera? **6.** [with health] estar ▸ **how are you?** ¿cómo estás? ▸ **I'm fine** estoy bien ▸ **he's better**

está mejor **7.** [with imperatives] **be good!** ¡sé bueno! ▸ **be still!** ¡estate quieto! ▸ **don't be stupid!** ¡no seas tonto! ▸ **let's be reasonable** seamos razonables **8.** [with question tags] **she's beautiful, isn't she?** es guapa, ¿verdad? ▸ **they're big, aren't they?** son grandes, ¿verdad? ▸ **you aren't from around here, are you?** tú no eres de aquí, ¿no? **9.** [as past participle of **go**] **I have been to London** he estado en Londres
■ v aux **1.** [in continuous tenses] estar ▸ **to be doing sth** estar haciendo algo ▸ **she is/was laughing** se está/estaba riendo ▸ **I'm leaving tomorrow** me voy mañana ▸ **I've been waiting for hours** llevo horas esperando **2.** [in passives] ser ▸ **six employees were made redundant** fueron despedidos seis empleados ▸ **they have been seen in London** han sido vistos *or* se les ha visto en Londres ▸ **he was killed** lo mataron ▸ **she is respected by all** todos la respetan **3.** [followed by infinitive] **the house is to be sold** la casa se va a vender ▸ **he was never to see them again** nunca volvería a verlos ▸ **you are not to mention this to anyone** no debes decir esto a nadie

beach [biːtʃ] ■ n playa *f* ▸ **~ ball** balón *m or* pelota *f* de playa ▸ **~ hut** caseta *f* ▸ *US* **~ recliner** tumbona *f*
■ vt [boat, ship] varar

beachcomber ['biːtʃkəʊmə(r)] n raquero(a) *m,f*

beachhead ['biːtʃhed] n MIL cabeza *f* de playa

beacon ['biːkən] n [for plane, ship] baliza *f* / [lighthouse] faro *m* / [bonfire] fuego *m,* hoguera *f* ▸ *Fig* **a ~ of hope** un rayo de esperanza

bead [biːd] n [of glass] cuenta *f* / [of dew, sweat] gota *f,* perla *f* ▸ **a string of beads** unas cuentas ensartadas

beady ['biːdɪ] adj **he had his ~ eyes on it** lo miraba intensamente

beady-eyed ['biːdɪ'aɪd] adj [observant] atento(a), vigilante

beagle ['biːgəl] n beagle *m*

beak [biːk] n **1.** [of bird] pico *m* / *Fam* [nose] napias *fpl* **2.** *BR Fam* [magistrate] juez *m*

beaker ['biːkə(r)] n vaso *m (generalmente de plástico)*

be-all and end-all ['biːɔːlə'endɔːl] n *Fam* **the ~** lo más importante del mundo

beam [biːm] ■ n **1.** [in building] viga *f* / [in gymnastics] barra *f* de equilibrio **2.** [of light] rayo *m* / PHYS haz *m* **3.** [idioms] *Fam* **you're way off ~** te equivocas de medio a medio ▸ *Fam* **broad in the ~** [person] ancho(a) de caderas
■ vt [programme] emitir / [information] mandar, enviar
■ vi [shine] [sun, moon] brillar ▸ **to ~ with pride/pleasure** sonreír con orgullo/de placer

bean [biːn] n **1.** [vegetable] *ESP* alubia *f, ESP* judía *f, AM salvo RP* frijol *m, ANDES, RP* poroto *m* / [of coffee] grano *m* ▸ **(green) ~** *ESP* judía *f* verde, *ESP, CARIB, COL* habichuela *f, BOL, RP* chaucha *f, ANDES, RP* poroto *m* verde, *MÉX, CAM* ejote *m, VEN* vainita *f* ▸ **~ curd** tofu *m* **2.** [idioms] *Fam* **to be full of beans** [energy] estar lleno(a) de vitalidad ▸ **it isn't worth a ~** no vale un pimiento ▸ **he hasn't a ~** no tiene (ni) un duro

beanbag ['biːnbæg] n [for juggling] bola *f* de malabares / [for sitting on] puf *m* relleno de bolitas

beanfeast ['biːnfiːst] n *BR Hum* francachela *f*

beanpole ['biːnpəʊl] n **1.** [stick] guía *f,* rodrigón *m* **2.** *Fam* [tall, thin person] larguirucho(a) *m,f,* espagueti *m*

beansprouts ['biːnspraʊts] npl brotes *mpl* de soja

beanstalk ['biːnstɔːk] n tallo *m* de *ESP* judía *or AM salvo RP* frijol *or ANDES, RP* poroto

bear[1] [beə(r)] n [animal] oso(a) *m,f* ▸ **~ cub** osezno *m* ▸ **to give sb a ~ hug** dar un fuerte abrazo a alguien ▸ FIN **~ market** mercado *m* a la baja

bear[2] (pt **bore** [bɔː(r)], pp **borne** [bɔːn]) ■ vt **1.** [carry] llevar / [bring] traer, portar / [weight, load] soportar ▸ **to ~ sth away** llevarse algo ▸ **to ~ sth in mind** tener algo presente *or* en cuenta ▸ **it bears no relation to...** no tiene nada que ver con... ▸ **we will ~ the costs** nos haremos cargo de los costos *or ESP* costes ▸ **to ~ the responsibility for sth** cargar con la responsabilidad de algo **2.** [endure] soportar, aguantar ▸ **I can't ~ him** no puedo soportarlo, no lo soporto ▸ **I could ~ it no longer** no podía aguantar más ▸ **it doesn't ~ thinking about** no quiero ni pensarlo **3.** [produce] **she bore him three children** le dio tres hijos ▸ **to ~ interest** [investment] devengar intereses ▸ **to ~ fruit** [tree] dar fruto, fructificar / [effort, plan] dar fruto(s), ser fructífero(a)
■ vi [move] **to ~ (to the) right/left** echarse hacia la derecha/izquierda

◆ ***bear down (up)on*** vt insep abalanzarse sobre

◆ ***bear out*** vt sep [theory] corroborar, confirmar

◆ ***bear up*** vi resistir ▸ **~ up!** ¡ánimo!

◆ ***bear with*** vt insep tener paciencia con ▸ **if you could ~ with me a minute...** si no le importa esperar un momento...

bearable ['beərəbəl] adj soportable

bear-baiting ['beəbeɪtɪŋ] n HIST = *espectáculo que consiste en atar a un oso y atacarle con perros y pinchos*

beard [bɪəd] n barba *f* ▸ **to grow/have a ~** dejarse/tener barba

bearded ['bɪədɪd] adj con barba

bearer ['beərə(r)] n [of news, cheque] portador(ora) *m,f* / [of passport] titular *mf*

bearing ['beərɪŋ] n **1.** [of person] porte *m* **2.** [in mechanism, engine] cojinete *m,* rodamiento *m* **3.** [orientation] **to find** *or* **get one's bearings** orientarse ▸ **to lose one's bearings** desorientarse **4.** [relevance] relación *f* (**on** con) ▸ **it has no ~ on the matter** es ajeno al asunto

beast [biːst] n **1.** [animal] bestia *f,* animal *m* ▸ **~ of burden** bestia de carga **2.** *Fam* [unpleasant person] bestia *mf* ▸ **a ~ of a job** un trabajo de chinos *or AM* negros

beastly ['biːstlɪ] adj *Fam* [smell, taste] horroroso(a) ▸ **to be ~ to sb** portarse como un canalla con alguien ▸ **what ~ weather!** ¡qué tiempo tan horrible!

beat [biːt] ■ n **1.** [of heart] latido *m* / [in music] [rhythm] ritmo *m* / [in bar] tiempo *m* **2.** *BR* [of policeman] ronda *f* ▸ **on the ~** de ronda
■ adj *Fam* [exhausted] **to be dead ~** estar hecho(a) polvo
■ vt (pt **beat**, pp **beaten** ['biːtən]) **1.** [hit] [person] golpear (repetidamente) / [eggs] batir ▸ **to ~ a drum** tocar el tambor ▸ **to ~ the retreat** batirse en retirada ▸

to ~ a path through the crowd abrirse camino entre la multitud ▸ *Fam* **~ it!** ¡largo!, ¡esfúmate!, *RP* ¡bórrate! ▸ **the bird beat its wings** el pájaro batió las alas **2.** [defeat] ganar ▸ **we beat them easily** les ganamos sin dificultad ▸ **that will take some beating** eso va a ser difícil de mejorar ▸ **I got up early to ~ the traffic** me levanté temprano para adelantarme a la hora *ESP* punta *or AM* pico ▸ **he beat me to it** se me adelantó ▸ **you can't ~ a good book** no hay nada mejor que un buen libro ▸ *Prov* **if you can't ~ them, join them** si no puedes vencer al enemigo, únete a él ▸ *Fam* **that beats everything!** ¡es lo mejor que he oído en mi vida! ▸ *Fam* **it beats me why he did it** no tengo ni idea de por qué lo hizo

■ vi **1.** [heart] latir **2. to ~ about** *or* **around the bush** andarse por las ramas

◆ ***beat back*** vt sep rechazar

◆ ***beat down*** ■ vt sep [price] conseguir una rebaja en ▸ **I beat him down to £40 for the dress** conseguí que me dejara el vestido en 40 libras

■ vi [rain] caer con fuerza / [sun] caer a plomo

◆ ***beat off*** vt sep rechazar

◆ ***beat out*** vt sep [fire, flames] apagar

◆ ***beat up*** vt sep [assault] dar una paliza a

beaten ['bi:tən] ■ adj **~ earth** tierra *f* batida ▸ *Fig* **off the ~ track** retirado(a)

■ pp *of* **beat**

beaten-up ['bi:tənʌp] adj *Fam* [vehicle] desvencijado(a), destartalado(a)

beater ['bi:tə(r)] n **1.** [in hunting] ojeador(ora) *m,f* **2.** [in cookery] batidora *f,* batidor *m*

beatification [bi:ætɪfɪ'keɪʃən] n REL beatificación *f*

beating ['bi:tɪŋ] n [assault, defeat] paliza *f* ▸ **to give sb a ~** dar una paliza a alguien

beatitude [bi:'ætɪtju:d] n REL beatitud *f* ▸ **the Beatitudes** [in the Bible] las Bienaventuranzas

beat-up ['bi:tʌp] adj *Fam* [car] desvencijado(a)

beaut [bju:t] n *Fam* **what a ~!** ¡qué preciosidad *or AM* preciosura!

beautician [bju:'tɪʃən] n esteticista *mf*

beautiful ['bju:tɪfʊl] adj [woman] bonita, *esp ESP* guapa / [child, animal] bonito(a), precioso(a) / [music, dress, landscape] hermoso(a), precioso(a) / [smell, taste] delicioso(a)

beautifully ['bju:tɪfʊlɪ] adv de maravilla

beautify ['bju:tɪfaɪ] vt embellecer

beauty ['bju:tɪ] n [attribute, person] belleza *f* / [object] preciosidad *f* ▸ **that's the ~ of it** eso es lo mejor ▸ **~ contest** concurso *m* de belleza ▸ **~ parlour** salón *m* de belleza ▸ **~ queen** miss *f* ▸ **~ salon** salón *m* de belleza ▸ *Hum* **~ sleep** dosis *f inv* de sueño ▸ **I need my ~ sleep** necesito dormir para estar como una rosa ▸ **~ spot** [on face] lunar *m* / [in country] paraje *m* de gran belleza

beaver ['bi:və(r)] n **1.** [animal] castor *m* **2.** *Vulg* [woman's genitals] *ESP* coño *m, ESP* conejo *m, ANDES, RP* concha *f, MÉX* panocha *f*

◆ ***beaver away*** vi afanarse, aplicarse (**at** en)

bebop ['bi:bɒp] n MUS bebop *m*

becalmed [bɪ'kɑ:md] adj **the ship lay ~** el barco estaba al pairo

became [bɪ'keɪm] pt *of* ***become***

because [bɪ'kɒz] conj porque ▸ **why? – just ~** ¿por qué? – porque sí ▸ **~ of** debido a, a causa de

beck [bek] n **to be at sb's ~ and call** estar a (la entera) disposición de alguien

beckon ['bekən] ■ vt **to ~ sb in** hacer a alguien una seña para que entre

■ vi **1.** [signal] **to ~ to sb** hacer una seña a alguien **2.** [attract, call] **I can't stay, work beckons** no puedo quedarme, el trabajo me reclama ▸ **the beach beckoned** la playa era una gran tentación ▸ **fame beckoned** la fama llamó a mi/su, *etc.* puerta

become [bɪ'kʌm] (pt **became** [bɪ'keɪm], pp **become**) ■ vi **1.** [a teacher, a doctor] hacerse / [boring, jealous, suspicious] volverse / [old, difficult, stronger] hacerse / [happy, sad, thin] ponerse ▸ **to ~ angry** *esp ESP* enfadarse, *esp AM* enojarse ▸ **to ~ interested** interesarse ▸ **to ~ king** convertirse en rey ▸ **to ~ known** saberse **2. what will ~ of him?** ¿qué va a ser de él? ▸ **I don't know what has become of her** no sé qué ha sido de ella

■ vt *Formal* [of clothes, colour] sentar bien a ▸ **such behaviour doesn't ~ you** ese comportamiento no es propio *or* digno de ti

becoming [bɪ'kʌmɪŋ] adj [behaviour] apropiado(a) ▸ **green looks very ~ on her** le sienta muy bien el verde

BEd [bi:'ed] n UNIV (abbr ***Bachelor of Education***) [qualification] licenciatura *f* en ciencias de la educación / [person] licenciado(a) *m,f* en ciencias de la educación

bed [bed] ■ n **1.** [for sleeping] cama *f* ▸ **to be in ~** estar en la cama ▸ **to go to ~** irse a la cama, ir a acostarse ▸ **to put a child to ~** acostar a un niño ▸ **to go to ~ with sb** irse a la cama con alguien ▸ *Fam* **to have got out of ~ on the wrong side** haberse levantado con el pie izquierdo ▸ **~ and breakfast** [hotel] = *hostal familiar en el que el desayuno está incluido en el precio de la habitación* / [service] habitación *f* y desayuno ▸ **~ linen** ropa *f* de cama **2.** [of river] lecho *m,* cauce *m* **3.** [of flowers] macizo *m* **4.** GEOL estrato *m* **5.** [of rice, lettuce] base *f,* lecho *m*

■ vt (pt & pp **bedded**) *Old-fashioned* acostarse con

◆ ***bed down*** vi **to ~ down (for the night)** acostarse

bedazzle [bɪ'dæzəl] vt [impress] deslumbrar, impresionar

bedbug ['bedbʌg] n chinche *f*

bedclothes ['bedkləʊðz] npl ropa *f* de cama

bedding ['bedɪŋ] n [sheets, blankets] ropa *f* de cama

bedevil [bɪ'devəl] (pt & pp **bedevilled**, *US* **bedeviled**) vt **to be bedevilled by problems** tener muchos problemas ▸ **to be bedevilled by bad luck** tener la negra, estar maldito(a)

bedfellow ['bedfeləʊ] n **they make strange bedfellows** forman una extraña pareja

bedlam ['bedləm] n jaleo *m,* alboroto *m*

Bedouin ['bedʊɪn] n & adj beduino(a) *m,f*

bedpan ['bedpæn] n cuña *f*

bedpost ['bedpəʊst] n pilar *f* de la cama

bedraggled [bɪ'drægəld] adj desaliñado(a) y empapado(a)

bedridden ['bedrɪdən] adj **to be ~** estar postrado(a) en la cama

bedrock ['bedrɒk] n GEOL lecho *m* rocoso / *Fig* [of beliefs, faith] base *f*, fondo *m*

bedroll ['bedrəʊl] n petate *m*

bedroom ['bedru:m] n [in house] dormitorio *m*, habitación *f*, *CAM, COL, MÉX* recámara *f* / [in hotel] habitación *f*, *AM* cuarto *m*, *CAM, COL, MÉX* recámara *f*

-bedroomed ['bedru:md] suffix **two/three~ house** casa de dos/tres dormitorios

bedsettee [bedse'ti:] n sofá-cama *m*

bedside ['bedsaɪd] n **at sb's ~** al lado de la cama de alguien ▸ **~ lamp** lamparita *f* de noche ▸ **~ manner** [of doctor] actitud *f* ante el paciente ▸ **~ table** mesilla *f or* mesita *f* (de noche), *ANDES* velador *m*, *MÉX* buró *m*, *RP* mesa *f* de luz

bedsit ['bedsɪt] n *BR* cuarto *m* de alquiler

bedsock ['bedsɒk] n calcetín *m* para dormir

bedsore ['bedsɔ:(r)] n úlcera *f* de decúbito

bedspread ['bedspred] n colcha *f*

bedstead ['bedsted] n (armazón *m or f* de la) cama *f*

bedtime ['bedtaɪm] n **it's ~!** ¡es hora de irse a la cama! ▸ **what's your usual ~?** ¿a qué hora te sueles acostar? ▸ **it's past my ~** ya debería estar acostado ▸ **~ story** cuento *m (contado antes de acostarse)*

bed-wetting ['bedwetɪŋ] n eneuresis *f inv*

bee [bi:] n abeja *f* ▸ *Fam* **to have a ~ in one's bonnet about sth** estar obsesionado(a) con algo ▸ *BR Fam* **she thinks she's the bee's knees** se cree superior al resto de los mortales

beech [bi:tʃ] n haya *f*

beechnut ['bi:tʃnʌt] n hayuco *m*

beef [bi:f] ■ n **1.** [meat] (carne *f* de) vaca *f or AM* res *f* ▸ **~ stew** guiso *m* de vaca **2.** *Fam* [strength] **to have plenty of ~** ser fornido(a), *ESP* estar cachas ▸ **give it some ~!** ¡un poco más de esfuerzo! **3.** *Fam* [complaint] queja *f*

■ vi *Fam* [complain] quejarse (**about** de)

◆ ***beef up*** vt sep *Fam* [text, resources] ampliar

beefburger ['bi:fbɜ:gə(r)] n hamburguesa *f*

Beefeater ['bi:fi:tə(r)] n = *guardia de la Torre de Londres*

beefsteak ['bi:fsteɪk] n filete *m*, bistec *m*, *RP* bife *m*

beefy ['bi:fɪ] adj *Fam* [muscular] fornido(a), *ESP* muy cachas

beehive ['bi:haɪv] n colmena *f*

beekeeper ['bi:ki:pə(r)] n apicultor(ora) *m,f*, colmenero(a) *m,f*

beeline ['bi:laɪn] n *Fam* **to make a ~ for sth** ir directamente hacia algo

been [bi:n] pp *of* ***be***

beep [bi:p] ■ n [sound] pitido *m*

■ vt [page] llamar *(a un busca)*

■ vi pitar

beer [bɪə(r)] n cerveza *f* ▸ **to go for a ~** ir a tomar una cerveza ▸ **~ garden** terraza *f* (interior) de un bar ▸ **~ glass** jarra *f* de cerveza

beery ['bɪərɪ] adj [smell, breath, taste] a cerveza

beeswax ['bi:zwæks] n cera *f* (de abeja)

beet [bi:t] n **1.** [sugar beet] remolacha *f* (azucarera) **2.** *US* [beetroot] remolacha *f*, *MÉX* betabel *m*

beetle ['bi:təl] n escarabajo *m*

beetroot ['bi:tru:t] n *BR* remolacha *f*, *MÉX* betabel *m* ▸ *Fam* **to go ~** ponerse colorado(a) como un tomate

befall [bɪ'fɔ:l] (pt **befell** [bɪ'fel], pp **befallen** [bɪ'fɔ:lən]) vi *Literary* sobrevenir

befit [bɪ'fɪt] (pt & pp **befitted**) vt ser digno(a) de

befitting [bɪ'fɪtɪŋ] adj digno(a)

before [bɪ'fɔ:(r)] ■ prep **1.** [with time] antes de ▸ **~ Christmas** antes de Navidad ▸ **I got here ~ you** he llegado antes que tú ▸ **the day ~ the battle** la víspera de la batalla ▸ **~ that,...** antes (de eso),... **2.** [with place] ante, delante de ▸ **~ my very eyes** ante mis propios ojos ▸ **to appear ~ the judge** comparecer ante el juez **3.** [in importance] **she puts her family ~ everything else** su familia es lo primero para ella

■ adv **1.** [with time] antes ▸ **two days ~** dos días antes ▸ **the day/year ~** el día/año anterior ▸ **I have seen him ~** lo he visto antes ▸ **I've told you ~** ya te lo he dicho (otras veces) **2.** [in space] **this page and the one ~** esta página y la anterior

■ conj antes de que ▸ **come and see me ~ you leave** ven a verme antes de marcharte ▸ **~ I forget, will you...** antes de que se me olvide, ¿podrías...? ▸ **give it to her ~ she cries** dáselo antes de que empiece a llorar

beforehand [bɪ'fɔ:hænd] adv [in advance] de antemano ▸ **two hours ~** con dos horas de antelación, dos horas antes ▸ **I must tell you ~ that...** debo prevenirte de que...

befriend [bɪ'frend] vt hacerse amigo(a) de

befuddled [bɪ'fʌdəld] adj [confused] aturdido(a) ▸ **to be ~ (with)** estar aturdido(a) (por)

beg [beg] (pt & pp **begged**) ■ vt **to ~ sb to do sth** rogar *or* suplicar a alguien que haga algo ▸ **to ~ a favour of sb** pedir un favor a alguien ▸ **to ~ forgiveness** pedir *or* implorar perdón ▸ **I ~ your pardon** [I apologize] perdón / [what did you say?] ¿cómo dice? ▸ **I ~ to differ** me temo que no comparto tu opinión ▸ **this begs the question why** esto nos lleva a preguntarnos el porqué

■ vi **to ~ for sth** [money, food] mendigar algo / [help, a chance] pedir *or* rogar algo ▸ **to ~ for mercy** implorar clemencia ▸ **these jobs are going begging** estos trabajos los hay a patadas ▸ **~ bowl** platillo *m* de las limosnas

began [bɪ'gæn] pt *of* ***begin***

beggar ['begə(r)] ■ n mendigo(a) *m,f* ▸ *BR Fam* **poor ~!** ¡pobre diablo! ▸ *BR Fam* **lucky ~!** ¡qué suertudo(a)! ▸ *Prov* **beggars can't be choosers** a buen hambre no hay pan duro

■ vt **to ~ description** [be impossible to describe] resultar indescriptible / [sth bad] no tener nombre ▸ **to ~ belief** ser difícil de creer

begin [bɪ'gɪn] (pt **began** [bɪ'gæn], pp **begun**

[bɪ'gʌn]) ■ vt empezar, comenzar ▸ **to ~ a new job** empezar en un trabajo nuevo ▸ **to ~ to do sth, to ~ doing sth** empezar *or* comenzar a hacer algo ▸ **I couldn't (even) ~ to describe** no sé ni cómo empezar a describir
■ vi empezar, comenzar ▸ **to ~ by doing sth** empezar por hacer algo ▸ **to ~ again** comenzar de nuevo ▸ **to ~ with,...** para empezar,...

beginner [bɪ'gɪnə(r)] n principiante *mf*

beginning [bɪ'gɪnɪŋ] n principio *m,* comienzo *m* ▸ **in** *or* **at the ~** al principio ▸ **at the ~ of the year/month** a principios de año/mes ▸ **from the ~** desde el principio ▸ **from ~ to end** de principio a fin ▸ **the ~ of the end** el principio del fin ▸ **the first beginnings of civilization** los orígenes de la civilización ▸ **the problem has its beginnings in...** el problema tiene su origen en...

begonia [bɪ'gəʊnɪə] n begonia *f*

begrudge [bɪ'grʌdʒ] vt **1.** [resent] **I ~ spending so much money** me duele gastar tanto **2.** [envy] **I don't ~ him his success** no le envidio su éxito

beguile [bɪ'gaɪl] vt **1.** [enchant] seducir **2.** [deceive] engañar ▸ **to ~ sb into doing sth** engatusar a alguien para que haga algo ▸ **to ~ sb with promises** encandilar a alguien con promesas

beguiling [bɪ'gaɪlɪŋ] adj seductor(ora)

begun [bɪ'gʌn] pp *of* ***begin***

behalf [bɪ'hɑːf] n **on** *or* *US* **in ~ of sb, on** *or* *US* **in sb's ~** en nombre de alguien ▸ **don't worry on my ~** no te preocupes por mí

behave [bɪ'heɪv] vi [person] portarse, comportarse / [car, machine] funcionar ▸ **to ~ (well)** portarse bien ▸ **to ~ badly** portarse mal ▸ **what a way to ~!** ¡menudo comportamiento! ▸ **~ (yourself)!** ¡compórtate como es debido!

behaviour, *US* ***behavior*** [bɪ'heɪvjə(r)] n comportamiento *m,* conducta *f* ▸ **to be on one's best ~** (com)portarse muy bien

behavioural, *US* ***behavioral*** [bɪ'heɪvjərəl] adj del comportamiento, de la conducta

behaviourism, *US* ***behaviorism*** [bɪ'heɪvjərɪzəm] n PSY conductismo *m*

behead [bɪ'hed] vt decapitar

beheld [bɪ'held] pt & pp *of* ***behold***

behest [bɪ'hest] n **at sb's ~, at the ~ of sb** por orden *or* a instancias de alguien

behind [bɪ'haɪnd] ■ prep detrás de, tras ▸ **to be ~ sb** [situated] estar detrás de alguien / [support] respaldar a alguien ▸ **to follow close ~ sb** seguir de cerca a alguien ▸ **look ~ you** mira detrás de ti ▸ **to be ~ schedule** ir atrasado(a) ▸ **to put sth ~ one** dejar algo atrás ▸ **let's put it all ~ us** olvidemos todo esto ▸ **she's ten minutes ~ the leaders** [in race] está a diez minutos de la cabeza de la carrera ▸ **to be ~ the times** no andar con los tiempos ▸ **the reasons ~ sth** los motivos de algo ▸ **what's ~ all this?** ¿qué hay detrás de todo esto?
■ adv atrás ▸ **from ~** [attack] por la espalda ▸ **to stay** *or* **remain ~** quedarse ▸ **to leave sth ~** dejarse algo ▸ **to be ~ with one's work/with the rent** estar atrasado(a) en el trabajo/en el pago del alquiler ▸ **they are only three points ~** [in contest] están a sólo tres puntos
■ n *Fam* [buttocks] trasero *m*

behindhand [bɪ'haɪndhænd] adv **to be ~ with one's work/with the rent** estar atrasado(a) en el trabajo/en el pago del alquiler

behind-the-scenes [bɪ'haɪndðə'siːnz] adj entre bastidores, oculto(a) ▸ **a ~ look at politics/the world of newspapers** una mirada a la cara desconocida *or* oculta de la política/del mundo de la prensa

behold [bɪ'həʊld] (pt & pp **beheld** [bɪ'held]) vt *Literary* contemplar

beholden [bɪ'həʊldən] adj *Formal* **to be ~ to sb** estar en deuda con alguien

beholder [bɪ'həʊldə(r)] n *Prov* **beauty is in the eye of the ~** sobre gustos no hay nada escrito

beige [beɪʒ] n & adj beige *m inv,* *ESP* beis *m inv*

Beijing [beɪ'ʒɪŋ] n Pekín

being ['biːɪŋ] n **1.** [creature] ser *m* **2.** [existence] **to come into ~** nacer ▸ **the company is no longer in ~** la empresa ya no existe ▸ **with all my ~** con todo mi corazón

Beirut [beɪ'ruːt] n Beirut

belabour, *US* ***belabor*** [bɪ'leɪbə(r)] vt apalear ▸ **to ~ sb with insults** poner verde a alguien

Belarus [belə'ruːs] n Bielorrusia

belated [bɪ'leɪtɪd] adj tardío(a) ▸ **wishing you a ~ happy birthday** deseándote, con retraso *or* *AM* demora, un feliz cumpleaños

belch [beltʃ] ■ n [burp] eructo *m*
■ vt [smoke, flames] escupir
■ vi [person] eructar

beleaguered [bɪ'liːgəd] adj [city, army] sitiado(a), asediado(a) / [government] acosado(a) / [person] atormentado(a)

Belfast [bel'fɑːst] n Belfast

belfry ['belfrɪ] n campanario *m*

Belgian ['beldʒən] n & adj belga *mf*

Belgium ['beldʒəm] n Bélgica

Belgrade [bel'greɪd] n Belgrado

belie [bɪ'laɪ] vt contradecir

belief [bɪ'liːf] n **1.** [conviction] creencia *f* ▸ **in the ~ that...** en el convencimiento de que... ▸ **it is my ~ that...** estoy convencido(a) de que... ▸ **it is beyond ~** es imposible de creer **2.** [confidence] confianza *f,* fe *f* ▸ **to have ~ in oneself** tener confianza en uno(a) mismo(a)

believable [bɪ'liːvəbəl] adj verosímil

believe [bɪ'liːv] ■ vt creer ▸ **I ~ (that) I am right** creo no equivocarme ▸ **I ~ him to be alive** creo que está vivo ▸ **she is believed to be here** se cree que está aquí ▸ **I don't ~ a word of it** no me creo (ni) una palabra ▸ **I could scarcely ~ my eyes** no podía creer lo que veían mis ojos ▸ **I don't ~ it!** ¡no me lo puedo creer! ▸ **I can well ~ it** no me extrañaría nada
■ vi **1.** [have faith] creer ▸ **to ~ in God** creer en Dios ▸ **to ~ in sb** [have confidence] creer en alguien, tener fe en alguien ▸ **to ~ in oneself** tener confianza en uno(a)

mismo(a) **2.** [be in favour] **to ~ in sth** ser partidario(a) de algo ▸ **I don't ~ in making promises** no soy partidario de las promesas **3.** [think, suppose] creer ▸ **I ~ not** creo que no ▸ **I ~ so** así lo creo, creo que sí

believer [bɪ'liːvə(r)] n **1.** [religious person] creyente *mf* **2.** [supporter] **to be a ~ in sth** ser partidario(a) de algo

belittle [bɪ'lɪtəl] vt menospreciar, restar importancia a ▸ **to ~ oneself** restarse importancia

Belize [be'liːz] n Belice

bell [bel] n [of church] campana *f* / [handbell] campanilla *f* / [on door, bicycle] timbre *m* / [on cat, hat] cascabel *m* ▸ **to ring the ~** [on door] llamar al timbre ▸ *BR Fam* **to give sb a ~** dar un telefonazo a alguien ▸ **~ jar** campana de vidrio *or ESP* cristal ▸ *US* **~ pepper** pimiento *m* (morrón) ▸ **~ tower** (torre *f* del) campanario *m*

belladonna [belə'dɒnə] n [plant] belladona *f* / [poison] atropina *f*

bell-bottoms ['belbɒtəmz] npl pantalones *mpl* de campana ▸ **a pair of ~** unos pantalones de campana

bellboy ['belbɔɪ] n *US Fam* botones *m inv*

belle [bel] n bella *f,* belleza *f*

bellhop ['belhɒp] n *US Fam* botones *m inv*

bellicose ['belɪkəʊs] adj belicoso(a)

belligerence [be'lɪdʒərəns] n beligerancia *f*

belligerent [be'lɪdʒərənt] ■ n contendiente *m*
■ adj beligerante

bellow ['beləʊ] ■ n bramido *m*
■ vi bramar

bellows ['beləʊz] npl fuelle *m* ▸ **a pair of ~** un fuelle

bell-ringer ['belrɪŋə(r)] n campanero(a) *m,f*

belly ['belɪ] n vientre *m,* barriga *f, CHILE* guata *f* ▸ **to have a full/an empty ~** tener la barriga llena/vacía ▸ **~ dance** danza *f* del vientre ▸ **~ laugh** sonora carcajada *f*

bellyache ['belɪeɪk] *Fam* ■ n dolor *m* de barriga
■ vi [complain] rezongar *or* quejarse *or MÉX* repelar (**about** de)

bellybutton ['belɪbʌtən] n *Fam* ombligo *m*

belly-flop ['belɪflɒp] ■ n **to do a ~** darse un panzazo *or* tripazo
■ vi (pt & pp **belly-flopped**) darse un panzazo *or* tripazo

bellyful ['belɪfʊl] n *Fam* **I've had a ~ of his complaints!** ¡estoy hasta el gorro de sus quejas!

belong [bɪ'lɒŋ] vi **1. to ~ to** [be property of] pertenecer a ▸ **that book belongs to me** este libro me pertenece **2. to ~ to** [be member of] [club] pertenecer a, ser socio(a) de / [party] pertenecer a, estar afiliado(a) a **3.** [have a proper place] ir ▸ **to put sth back where it belongs** devolver algo a su sitio ▸ **the saucepans don't ~ in that cupboard** las ollas no van en esa alacena ▸ **I feel I ~ here** aquí me siento (como) en casa ▸ **to feel that one doesn't ~** sentirse un(a) extraño(a)

belonging [bɪ'lɒŋɪŋ] n **to have a sense of ~** sentirse (como) en casa

belongings [bɪ'lɒŋɪŋz] npl pertenencias *fpl* ▸ **personal ~** efectos *mpl* personales

Belorussian [beləʊ'rʌʃən] n & adj bielorruso(a) *m,f*

beloved ■ n [bɪ'lʌvɪd] *Literary* amado(a) *m,f*
■ adj [bɪ'lʌvd] amado(a), querido(a)

below [bɪ'ləʊ] ■ prep debajo de, bajo, *AM* abajo de ▸ **~ the knee** por debajo de la rodilla ▸ **10 degrees ~ zero** 10 (grados) bajo cero ▸ **~ sea level** por debajo del nivel del mar ▸ **~ the surface** bajo la superficie
■ adv abajo ▸ **see ~** [on document] ver más abajo *or* adelante ▸ **on the floor ~** en el piso de abajo ▸ **it's 10 degrees ~** hace 10 grados bajo cero

belt [belt] ■ n **1.** [for trousers] cinturón *m,* correa *f* ▸ *Fig* **to tighten one's ~** apretarse el cinturón ▸ *Fig* **now that I've got some experience under my ~** ahora que tengo algo de experiencia a mis espaldas ▸ **to hit sb below the ~** [in boxing] dar un golpe bajo a alguien ▸ *Fig* **that was a bit below the ~!** [remark, criticism] ¡eso ha sido un golpe bajo! **2.** [of machine] correa *f* **3.** [of land] franja *f,* cinturón *m* **4.** *Fam* [blow] golpetazo *m* ▸ **to give sb a ~** dar a alguien un golpetazo
■ vt [hit] dar un golpetazo a / [with belt] dar correazos a / [ball] pegar un cañonazo a
■ vi *Fam* [move quickly] **to ~ along** ir a toda pastilla *or RP* máquina ▸ **she belted down the stairs** bajó las escaleras a toda pastilla *or RP* máquina

◆ ***belt out*** vt sep *Fam* [sing loudly] cantar a grito pelado

◆ ***belt up*** vi *BR Fam* [be silent] **~ up!** ¡cierra el pico!

beltway ['beltweɪ] n *US* carretera *f* de circunvalación, ronda *f* (de circunvalación)

bemoan [bɪ'məʊn] vt lamentar, lamentarse de

bemused [bɪ'mjuːzd] adj perplejo(a), desconcertado(a) ▸ **to be ~** estar perplejo(a) *or* desconcertado(a)

bench [bentʃ] n [seat, work table] banco *m* / PARL escaños *mpl* ▸ *BR* LAW **the Bench** la magistratura ▸ **to be on the ~** [in soccer] estar en el banquillo

benchmark ['bentʃmɑːk] n [for comparison] punto *m* de referencia

bend [bend] ■ n **1.** [of road, river] curva *f* / [of pipe, arm] codo *m* ▸ *Fam* **to be round the ~** estar *ESP* majara *or AM* zafado(a) *or RP* piantado(a) ▸ *Fam* **to drive sb round the ~** sacar a alguien de sus casillas, poner a alguien a cien **2. the bends** [decompression sickness] enfermedad *f* de los buzos / MED aeroembolismo *m*
■ vt (pt & pp **bent** [bent]) doblar ▸ **to ~ one's arm/back** doblar el brazo/la espalda ▸ **do not ~** [on envelope] no doblar ▸ **on bended knee** de rodillas ▸ **to ~ the rules** ser flexible en la interpretación de las reglas ▸ *BR Fam* **he bent my ear** [told me his problems] me contó sus penas
■ vi [road, river] hacer una curva, girar ▸ **to ~ under the strain of sth** ceder bajo la presión de algo

◆ ***bend down*** vi agacharse

◆ ***bend over*** vi agacharse ▸ **to ~ over backwards for sb/to do sth** desvivirse por alguien/por hacer algo

bender ['bendə(r)] n *Fam* **to go on a ~** irse de juerga *or* de copas

beneath [bɪ'niːθ] ■ prep **1.** [physically] debajo de, bajo **2.** [unworthy of] **to marry ~ one** casarse con alguien de clase social inferior ▸ **she thinks it's ~ her to work** cree que trabajar supondría rebajarse ▸ **~ contempt** (completamente) despreciable
■ adv abajo ▸ **from ~** desde abajo

Benedictine [benɪ'dɪktɪn] n & adj REL benedictino(a) *m,f*

benediction [benɪ'dɪkʃən] n REL bendición *f*

benefactor ['benɪfæktə(r)] n benefactor *m*

benefactress ['benɪfæktrɪs] n benefactora *f*

beneficent [bɪ'nefɪsənt] adj benéfico(a)

beneficial [benɪ'fɪʃəl] adj beneficioso(a) (**to** para)

beneficiary [benɪ'fɪʃərɪ] n beneficiario(a) *m,f*

benefit ['benɪfɪt] ■ n **1.** [advantages] beneficio *m*, provecho *m* / [individual advantage] ventaja *f* ▸ **to have the ~ of sth** contar con algo ▸ **to derive ~ from** sacar provecho de ▸ **for sb's ~, for the ~ of sb** en atención a alguien ▸ **that remark was for your ~** ese comentario iba dirigido a ti ▸ **to give sb the ~ of the doubt** dar a alguien el beneficio de la duda **2.** [charity event] acto *m* benéfico ▸ **~ match** [in soccer] partido *m* de homenaje **3.** [state payment] prestación *f*, subsidio *m* ▸ **to be on ~** cobrar un subsidio ▸ **social security benefits** prestaciones *fpl* sociales
■ vt beneficiar, favorecer
■ vi **to ~ by** *or* **from** beneficiarse de, sacar provecho de

Benelux ['benɪlʌks] n (el) Benelux ▸ **the ~ countries** los países del Benelux

benevolence [bɪ'nevələns] n benevolencia *f*

benevolent [bɪ'nevələnt] adj benévolo(a) ▸ **~ society** cofradía *f* benéfica

Bengal [beŋ'gɔ:l] n Bengala

Bengali [beŋ'gɔ:lɪ] ■ n **1.** [person] bengalí *mf* **2.** [language] bengalí *m*
■ adj bengalí

benign [bɪ'naɪn] adj [attitude, look] bondadoso(a) / [climate, tumour] benigno(a)

Benin [be'ni:n] n Benín

bent [bent] ■ n [inclination] inclinación *f* ▸ **to have a natural ~ for music** tener una inclinación natural por la música
■ adj **1.** [curved] torcido(a), curvado(a) **2.** *BR Fam* [dishonest] corrupto(a) ▸ **a ~ copper** un policía corrupto **3.** *BR very Fam* [homosexual] maricón(ona) **4. to be ~ on (doing) sth** [determined] estar empeñado(a) en hacer algo
■ pt & pp *of* ***bend***

benzene ['benzi:n] n CHEM benceno *m*

benzin(e) ['benzi:n] n CHEM bencina *f*

bequeath [bɪ'kwi:ð] vt *Formal* legar

bequest [bɪ'kwest] n LAW legado *m*

berate [bɪ'reɪt] vt *Formal* reconvenir, reñir

Berber ['bɜ:bə(r)] n & adj bereber *mf*

bereaved [bɪ'ri:vd] ■ npl **the ~** la familia del (de la) difunto(a)
■ adj privado(a) de un ser querido

bereavement [bɪ'ri:vmənt] n pérdida *f* (de un ser querido) ▸ **~ counselling** = *atención psicológica prestada a personas que sufren por la pérdida de un ser querido*

bereft [bɪ'reft] adj **to be ~ of** estar privado(a) de

beret ['bereɪ] n boina *f*

bergamot ['bɜ:gəmɒt] n bergamota *f*

berk [bɜ:k] n *BR Fam* idiota *mf*

Berlin [bɜ:'lɪn] n Berlín ▸ **the ~ Wall** el Muro de Berlín

Berliner [bɜ:'lɪnə(r)] n berlinés(esa) *m,f*

Bermuda [bə'mju:də] n (las) Bermudas ▸ **~ shorts** bermudas *fpl*

Bern(e) [bɜ:n] n Berna

berry ['berɪ] n baya *f*

berserk [bə'zɜ:k] adj *Fam* **to go ~** volverse loco(a)

berth [bɜ:θ] ■ n **1.** [on train, ship] litera *f* **2.** [in harbour] amarradero *m* ▸ *Fig* **to give sb a wide ~** evitar a alguien
■ vt & vi NAUT atracar

beseech [bɪ'si:tʃ] (pt & pp **besought** [bɪ'sɔ:t] or **beseeched**) vt *Literary* implorar, suplicar

beseeching [bɪ'si:tʃɪŋ] adj suplicante, implorante

beset [bɪ'set] (pt & pp **beset**) vt acosar ▸ **beset with dangers/difficulties** plagado(a) de peligros/dificultades ▸ **she was beset by doubts** le asaltaron las dudas

beside [bɪ'saɪd] prep **1.** [next to] al lado de ▸ **seated ~ me** sentado(a) a mi lado ▸ **a house ~ the lake** una casa a la orilla del *or* junto al lago ▸ **that's ~ the point** eso no viene al caso ▸ **he was ~ himself with joy** no cabía en sí de gozo ▸ **he was ~ himself with anger** estaba fuera de sí (de ira) **2.** [compared to] al lado de ▸ **~ him, everyone else appears slow** a su lado todos parecen lentos

besides [bɪ'saɪdz] ■ prep **1.** [apart from] además de, aparte de **2.** [in addition to] además de ▸ **...~ which, she was unwell** ...además de lo cual, no se encontraba bien
■ adv además ▸ **many more ~** muchos(as) otros(as)

besiege [bɪ'si:dʒ] vt [castle, town] asediar, sitiar ▸ *Fig* **to ~ sb with complaints/requests** asediar a alguien con quejas/peticiones

besmirch [bɪ'smɜ:tʃ] vt *Literary* [face] manchar / [reputation] mancillar

besotted [bɪ'sɒtɪd] adj **to be ~ with sth/sb** estar embobado(a) con algo/alguien

besought [bɪ'sɔ:t] pt & pp *of* ***beseech***

bespatter [bɪ'spætə(r)] vt salpicar (**with** de)

bespectacled [bɪ'spektəkəld] adj con gafas

bespoke [bɪ'spəʊk] adj [made to measure] a medida ▸ **~ tailor** sastre *m (que hace trajes a medida)*

best [best] (superlative of **good, well**) ■ n **the ~** el/la/lo mejor ▸ **at ~** en el mejor de los casos ▸ **the ~ of it is...** lo mejor del caso es que... ▸ **it's hard enough at the ~ of times** incluso en el mejor de los casos ya resulta bastante difícil ▸ **she did her ~** hizo todo lo que pudo ▸ **I'll want to look my ~** tendré que arreglarme lo mejor posible ▸ **he was at his ~** estaba en plena forma ▸ **to bring out the ~ in sb** poner de manifiesto lo mejor de alguien ▸ **to get the ~ of the bargain** salir ganando en un trato ▸ **to get the ~ out of sth** sacar el máximo provecho de algo ▸ **we will have to make the ~ of it** nos las tendremos que arreglar *or* *ESP* apañar ▸ **we are the ~ of friends** somos muy buenos amigos ▸ **I am in the ~ of health** estoy pletórico(a) de salud ▸ **to the ~ of my belief** *or* **knowledge** por lo que yo sé ▸ **I will do it to the ~ of my ability** lo haré lo mejor que pueda ▸

he can sing with the ~ of them canta como el mejor ▸ **to hope for the ~** esperar que todo vaya bien ▸ **to have** *or* **get the ~ of both worlds** salir ganando por partida doble ▸ *Fam* **all the ~!** ¡te deseo lo mejor! / [at end of letter] un saludo, *RP* cariños

■ adj mejor ▸ **my ~ dress** mi mejor vestido ▸ **she is ~ at French** [of group of people] es la que mejor habla francés / [French is her best subject] lo que mejor se le da es el francés ▸ **to put one's ~ foot forward** dar lo mejor de sí mismo(a) ▸ **it took the ~ part of a year** llevó casi todo un año ▸ **to know what is ~ for sb** saber lo que le conviene a alguien ▸ **it is ~ to...** lo mejor es... ▸ COM **~ before...** consumir preferentemente antes de... ▸ **this is a ~ case scenario** esto es lo que ocurriría en el mejor de los casos ▸ **~ man** [at wedding] padrino *m* ▸ **may the ~ man win** [in contest] que gane el mejor

■ adv mejor ▸ **I like fish ~** lo que más me gusta es el pescado ▸ **I comforted her as ~ I could** la consolé lo mejor que pude ▸ **you know ~** tú sabrás ▸ **do as you think ~** haz lo que te parezca mejor ▸ **the ~ dressed man** el hombre mejor vestido ▸ **she came off ~** ella fue la que salió mejor parada

■ vt [in contest, argument] superar

best-case scenario ['best'keɪssɪ'nɑːrɪəʊ] n **the ~** lo mejor que podría pasar

bestial ['bestɪəl] adj brutal, bestial

bestiality [bestɪ'ælɪtɪ] n **1.** [cruelty] brutalidad *f,* bestialidad *f* **2.** [sexual practice] bestialismo *m,* zoofilia *f*

bestow [bɪ'stəʊ] vt [title] conceder (**on** a) / [honour] conferir (**on** a)

bestseller [best'selə(r)] n [book] éxito *m* de ventas, bestseller *m*

bestselling [best'selɪŋ] adj **~ novel/author** novela *f*/ escritor(ora) *m,f* de éxito

bet [bet] ■ n **1.** [gamble] apuesta *f* ▸ **to make** *or* **place a ~** hacer una apuesta **2.** [guess, option] **my ~ is that he'll come** personalmente, creo que vendrá ▸ **your best ~ would be to...** lo mejor que puedes hacer es... ▸ **it's a safe ~** es casi seguro

■ vt (pt & pp **bet** *or* **betted**) **1.** [gamble] apostar ▸ **I'll ~ you £10** te apuesto 10 libras **2.** *Fam* [expressing conviction] **I ~ you don't!** ¡a que no! ▸ **I ~ you she'll win** te apuesto *or* qué te apuestas a que gana ella ▸ **I ~ you anything he won't do it** te apuesto lo que quieras a que no lo consigue

■ vi **1.** [gamble] **to ~ on a horse** apostar a un caballo **2.** *Fam* [expressing conviction] **I wouldn't ~ on it!** yo no me apostaría nada ▸ **you ~!** ¡ya lo creo!, ¡por supuesto! ▸ **John says he's sorry – I ~ he does!** John dice que lo siente – ¡ya lo creo! *or* *ESP* ¡hombre, claro!

beta ['biːtə] n **1.** [Greek letter] beta *f* **2.** PHYS **~ rays** rayos *mpl* beta **3.** COMPTR **~ testing** pruebas *fpl* beta ▸ **~ version** versión *f* beta

betel ['biːtəl] n betel *m* ▸ **~ nut** areca *f*

Bethlehem ['beθlɪhem] n Belén

betide [bɪ'taɪd] vt *Literary* **woe ~ him/you** pobre de él/ ti

betray [bɪ'treɪ] vt **1.** [person, country] traicionar ▸ **to ~ sb's trust** abusar de la confianza de alguien **2.** [secret, fact] revelar ▸ **his tone betrayed a lack of conviction** su tono revelaba falta de convicción

betrayal [bɪ'treɪəl] n **1.** [of person, country] traición *f* ▸ **a ~ of trust** un abuso de confianza **2.** [of secret, fact] muestra *f,* indicio *m* ▸ **her expression gave no ~ of her true feelings** su expresión no permitía adivinar sus verdaderos sentimientos

betrothal [bɪ'trəʊðəl] n *Literary* compromiso *m*

betrothed [bɪ'trəʊðd] n & adj *Formal* prometido(a) *m,f*

better ['betə(r)] (comparative of **good, well**) ■ n **I expected ~ of you** esperaba más de ti ▸ **you should respect your (elders and) betters** deberías guardar respeto a tus mayores ▸ **to change for the ~** cambiar para mejor ▸ **to get the ~ of sb** poder con alguien ▸ **his shyness got the ~ of him** pudo más su timidez ▸ **the sooner/faster the ~** cuanto antes/más rapido, mejor

■ adj mejor ▸ **to be ~** [feel well again] estar mejor ▸ **to get ~** mejorar ▸ **he's ~ at tennis than his brother** juega al tenis mejor que su hermano ▸ **she's ~ at chemistry than him** se le da mejor la química que a él ▸ **it would be ~ for you to go** más vale que te vayas ▸ **that's ~** ¡así está mejor! ▸ **~ luck next time!** ¡a ver si hay más suerte la próxima vez! ▸ **it took the ~ part of a week** llevó casi toda una semana ▸ **to have seen ~ days** haber visto mejores tiempos ▸ *BR Fam Hum* **my ~ half** mi media naranja

■ adv mejor ▸ **I am feeling ~** me siento mejor ▸ **to get to know sb ~** ir conociendo mejor a alguien ▸ **~ and ~** cada vez mejor ▸ **so much the ~, all the ~** tanto mejor ▸ **for ~ or worse** para bien o para mal ▸ **you had ~ not stay** más vale que no te quedes ▸ **to think ~ of it** cambiar de idea, pensárselo mejor ▸ **to think ~ of sb (for doing sth)** tener mejor concepto de alguien (por haber hecho algo) ▸ **to be ~ off** estar mejor / [financially] tener más dinero

■ vt [improve] superar / [surpass] mejorar ▸ **she wants to ~ herself** quiere mejorar su situación

betterment ['betəmənt] n mejora *f*

betting ['betɪŋ] n juego *m,* apuestas *fpl* ▸ *Fam Fig* **the ~ is that...** lo más probable es que... ▸ **~ shop** casa *f* de apuestas ▸ *BR* **~ slip** boleto *m* de apuestas

bettor ['betə(r)] n *US* apostante *mf*

between [bɪ'twiːn] ■ prep entre ▸ **~ eight and nine o'clock** entre (las) ocho y (las) nueve ▸ **~ Edinburgh and London** entre Edimburgo y Londres ▸ **you must choose ~ them** tienes que elegir entre ellos ▸ **we bought it ~ us** lo compramos entre todos ▸ **this is strictly ~ you and me** esto debe quedar entre tú y yo

■ adv **(in) ~** en medio ▸ **the trees in ~** los árboles que están en medio

bevel ['bevəl] ■ n [on wood, glass] bisel *m*

■ vt (pt & pp **bevelled,** *US* **beveled**) [wood, glass] biselar

beverage ['bevərɪdʒ] n bebida *f*

bevvy ['bevɪ] n *BR Fam* **to go for** *or* **have a ~** [go for a drink] tomarse una copa

bevy ['bevɪ] n [group] nube *f,* grupo *m*

bewail [bɪ'weɪl] vt lamentar

beware [bɪ'weə(r)] vi tener cuidado (**of** con) ▸ **~!** ¡cuidado! ▸ **~ of the dog** [sign] cuidado con el perro

bewilder [bɪ'wɪldə(r)] vt desconcertar

bewildered [bɪ'wɪldəd] adj desconcertado(a) ▸ **I was ~ by their lack of interest** me dejó atónito su falta de interés

bewildering [bɪ'wɪldərɪŋ] adj desconcertante

bewilderment [bɪ'wɪldəmənt] n desconcierto *m*

bewitch [bɪ'wɪtʃ] vt [fascinate] embrujar, cautivar

bewitching [bɪ'wɪtʃɪŋ] adj [smile, beauty] cautivador(ora)

beyond [bɪ'jɒnd] ■ prep **1.** [in space] más allá de ▸ **the house is ~ the church** la casa está pasada la iglesia **2.** [in time] **~ a certain date** después de *or* pasada una fecha determinada **3.** [exceeding] **he lived ~ his means** vivió por encima de sus posibilidades ▸ **it's ~ me (how they can do it)** no comprendo cómo lo hacen ▸ **due to circumstances ~ our control** por circunstancias ajenas a nuestra voluntad ▸ **I am ~ caring** ya me trae sin cuidado ▸ **it's ~ doubt/question (that...)** es indudable/incuestionable (que...) ▸ **it's ~ a joke** esto ya pasa de castaño oscuro ▸ **to be ~ belief** ser difícil de creer ▸ **~ reach** inalcanzable ▸ **~ repair** irreparable **4.** [except] aparte de, además de ▸ **I have nothing to say ~ observing that...** únicamente quisiera hacer notar que...
■ adv más allá
■ n **the ~** el más allá

B-girl ['bi:gɜ:l] n *US* chica *f* de alterne

bhangra ['bæŋgrə] n MUS bhangra *m*

Bhutan [bu:'tɑ:n] n Bután

bias ['baɪəs] ■ n **1.** [prejudice] prejuicio *m* / [inclination] inclinación *f* ▸ **to have a ~ towards** sentir inclinación por ▸ **to have a ~ against** tener prejuicios contra, estar predispuesto(a) en contra de **2.** [in sewing] bies *m,* sesgo *m*
■ vt (pt & pp **biased** *or* **biassed**) influir en ▸ **to ~ sb against/for sth** predisponer a alguien en contra/a favor de algo

bias(s)ed ['baɪəst] adj parcial / [opinion] parcial, sesgado(a) ▸ **you're ~ in her favour** estás predispuesto a favor de ella

biathlon [baɪ'æθlɒn] n biatlón *m*

bib [bɪb] n [for baby] babero *m* / [of apron, dungarees] peto *m*

bible ['baɪbəl] n biblia *f* ▸ **the Bible** la Biblia ▸ *Fig* **this dictionary is his ~** este diccionario es su Biblia ▸ *BR Fam Pej* **~ basher** proselitista *mf* fanático(a) ▸ *US* **the Bible Belt** = *zona integrista protestante en el sur de los Estados Unidos* ▸ *Fam Pej* **~ thumper** proselitista *mf* fanático(a)

biblical ['bɪblɪkəl] adj bíblico(a) ▸ *Hum* **to know sb in the ~ sense** haberse llevado al huerto a alguien

bibliography [bɪblɪ'ɒgrəfɪ] n bibliografía *f*

bibliophile ['bɪblɪəfaɪl] n bibliófilo(a) *m,f*

bicameral [baɪ'kæmərəl] adj POL bicameral

bicarbonate [baɪ'kɑ:bəneɪt] n bicarbonato *m* ▸ **~ of soda** bicarbonato sódico

biccy, bickie ['bɪkɪ] n *BR Fam* [biscuit] galletita *f*

bicentenary [baɪsen'ti:nərɪ], *US* ***bicentennial*** [baɪsen'tenɪəl] ■ n bicentenario *m*
■ adj bicentenario(a)

biceps ['baɪseps] npl ANAT bíceps *m inv*

bicker ['bɪkə(r)] vi reñir, pelearse

bickering ['bɪkərɪŋ] n riñas *fpl,* peleas *fpl*

bickie ➤ ***biccy***

bicultural [baɪ'kʌltʃərəl] adj con dos culturas

bicycle ['baɪsɪkəl] n bicicleta *f* ▸ **to ride a ~** montar en bicicleta ▸ **~ clips** = *pinzas que ciñen los pantalones a las pantorrillas para montar en bicicleta* ▸ **~ kick** [in soccer] tijereta *f,* chilena *f* ▸ **~ rack** [on pavement] soporte *m* para estacionar bicicletas / [on car] baca *f* para bicicletas ▸ **~ track** [through park, town] carril *m* para bicicletas / [through countryside] sendero *m* para bicicletas

bid[1] [bɪd] ■ n **1.** [offer] oferta *f* / [at auction] puja *f* ▸ ST EXCH **~ price** precio *m* comprador **2.** [attempt] tentativa *f,* intento *m* ▸ **a rescue/suicide ~** un intento de rescate/suicidio ▸ **to make a ~ for power** intentar conseguir el poder
■ vt (pt & pp **bid**) [offer] ofrecer / [at auction] pujar (**for** por) ▸ **what am I bid for this table?** ¿qué ofrecen por esta mesa?
■ vi [at auction] pujar (**for** por)

bid[2] (pt **bade** [bæd, beɪd] or **bid**, pp **bidden** ['bɪdən] or **bid**) vt *Literary* **1.** [greet] **to ~ sb welcome** dar la bienvenida a alguien ▸ **to ~ sb goodbye** despedir a alguien **2.** [order] **to ~ sb be silent** ordenar callar a alguien

bidder ['bɪdə(r)] n postor(ora) *m,f* ▸ **the highest ~** el mejor postor

bidding[1] ['bɪdɪŋ] n [at auction] puja *f* ▸ **to start the ~ at £5,000** comenzar la puja con 5.000 libras

bidding[2] n *Literary* [command] **to do sb's ~** llevar a cabo las órdenes de alguien

bide [baɪd] vt **to ~ one's time** esperar el momento oportuno

bidet ['bi:deɪ] n bidé *m*

biennial [baɪ'enɪəl] ■ n BOT planta *f* bienal
■ adj bienal

bier [bɪə(r)] n [for carrying coffin] andas *fpl*

biff [bɪf] *Fam* ■ n mamporro *m*
■ vt dar un mamporro a

bifocal [baɪ'fəʊkəl] ■ n **bifocals** gafas *fpl or AM* anteojos *fpl* (con lentes) bifocales ▸ **a pair of bifocals** unas gafas *or AM* unos anteojos bifocales
■ adj bifocal

big [bɪg] ■ adj **1.** [tall, large] grande / [before singular nouns] gran ▸ **a ~ problem** un problema grande, un gran problema ▸ **to grow big(ger)** crecer ▸ **my ~ brother** mi hermano mayor ▸ **he's a ~ eater** come un montón ▸ **a ~ hand for our guest!** ¡un gran aplauso para nuestro invitado! ▸ *Fam* **the Big Apple** [New York] Nueva York ▸ **the Big Bang theory** la teoría del big bang ▸ **~ business** grandes negocios *mpl* ▸ *BR* AUT **~ end** cabeza *f* de biela ▸ **~ game** [in hunting] caza *f* mayor ▸ **the ~ screen** la pantalla grande ▸ *BR Fam* **the Big Smoke** la gran ciudad *(especialmente Londres)* ▸ **to be a ~ spender** gastar mucho ▸ **~ toe** dedo *m* gordo del pie ▸ **~ top**

[of circus] carpa *f* ▸ **~ wheel** [at fair] *ESP* noria *f*, *ANDES* rueda *f* de Chicago, *ARG* vuelta *f* al mundo, *CHILE, URUG* rueda *f* gigante, *MÉX* rueda *f* de la fortuna **2.** [idioms] **it's her ~ day tomorrow** mañana es el gran día para ella ▸ **to have ~ ideas** tener grandes ideas ▸ *Fam* **hey, what's the ~ idea?** ¡eh!, ¿qué está pasando aquí? ▸ **to earn ~ money** *or US Fam* **bucks** ganar millones ▸ **I've got ~ plans for you** tengo grandes planes para ti ▸ **to make it ~** triunfar ▸ **she's into computers in a ~ way** le van mucho los ordenadores ▸ *Ironic* **that's ~ of you!** ¡qué generoso(a)! ▸ **he's getting too ~ for his boots** *or* **breeches** *or US* **britches** está empezando a darse humos, se lo tiene muy creído ▸ **the boss is very ~ on punctuality** el jefe le da mucha importancia a la puntualidad ▸ **it was ~ last year** [music, fashion] hizo furor el año pasado ▸ *Fam* **to have a ~ mouth** [be indiscreet] ser un/una bocazas ▸ *Fam* **the ~ guns** [important people] los pesos pesados ▸ **a ~ name** una gran figura ▸ *Fam* **~ shot** *or* **noise** pez *m* gordo ▸ **to make** *or* **hit the ~ time** conseguir el éxito

■ adv **he always talks ~** se le va siempre la fuerza por la boca ▸ **to think ~** pensar a lo grande

bigamist ['bɪgəmɪst] n bígamo(a) *m,f*

bigamous ['bɪgəməs] adj bígamo(a)

bigamy ['bɪgəmɪ] n bigamia *f*

big-boned ['bɪg'bəʊnd] adj huesudo(a)

biggie, biggy ['bɪgɪ] n *Fam* **I think this storm's going to be a ~** me parece que ésta va a ser una tormenta de las gordas

bighead ['bɪghed] n *Fam* creído(a) *m,f*

bigheaded [bɪg'hedɪd] adj creído(a), engreído(a) ▸ **we don't want him getting ~** no queremos que se vuelva un creído

big-hearted [bɪg'hɑːtɪd] adj **to be ~** tener gran corazón

bigmouth ['bɪgmaʊθ] n *Fam* bocazas *mf inv*, *AM* bocón(ona), *m,f*

bigot ['bɪgət] n fanático(a) *m,f*, intolerante *mf*

bigoted ['bɪgətɪd] adj fanático(a), intolerante

bigotry ['bɪgətrɪ] n fanatismo *m*, intolerancia *f*

bigwig ['bɪgwɪg] n *Fam* pez *m* gordo

bike [baɪk] n *Fam* [bicycle] bici *f* / [motorcycle] moto *f* ▸ *BR* **on your ~!** [go away] ¡largo!, ¡piérdete! / [don't talk nonsense] ¡no digas *ESP* chorradas *or AM* pendejadas *or RP* pavadas! ▸ **~ shed** cobertizo *m* para bicicletas

biker ['baɪkə(r)] n *Fam* motero(a) *m,f*

bikeway ['baɪkweɪ] n *US* carril-bici *m*

bikini [bɪ'kiːnɪ] n biquini *m* ▸ **to have one's ~ line done** depilarse las ingles ▸ **~ bottom** parte *f* de abajo del biquini ▸ **~ top** parte *f* de arriba del biquini

bilateral [baɪ'lætərəl] adj bilateral

bilberry ['bɪlbərɪ] n arándano *m*

bile [baɪl] n *also Fig* bilis *f inv*, hiel *f*

bilge [bɪldʒ] n *Fam* [nonsense] tonterías *fpl*, *ESP* chorradas *fpl*, *AM* pendejadas *fpl* ▸ **to talk (a lot of) ~** no decir más que tonterías *or ESP* chorradas *or AM* pendejadas

bilingual [baɪ'lɪŋgwəl] adj bilingüe

bilingualism [baɪ'lɪngwəlɪzəm] n bilingüismo *m*

bilious ['bɪlɪəs] adj **1.** MED bilioso(a) ▸ **~ attack** cólico *m* bilioso ▸ **~ yellow/green** amarillo/verde nauseabundo **2.** [bad-tempered] bilioso(a), atrabiliario(a)

Bill [bɪl] n *BR Fam* **the Old ~** [the police] *ESP* la pasma, *ANDES* los pacos, *MÉX* los cuicos, *RP* la cana

bill[1] [bɪl] ■ n [of bird] pico *m*

■ vi *Fam* [lovers] **to ~ and coo** hacerse mimos *or* arrumacos

bill[2] ■ n **1.** [in restaurant] cuenta *f* / [for goods, services] factura *f* ▸ FIN **~ of exchange** letra *f* de cambio **2.** *US* [banknote] billete *m* **3.** [notice] cartel *m* ▸ **(stick) no bills** [sign] prohibido fijar carteles ▸ THEAT **to head** *or* **top the ~** estar en cabecera de cartel **4.** [list] **~ of fare** menú *m*, carta *f* ▸ **the doctor gave me a clean ~ of health** el médico me dio el visto bueno ▸ *Fam* **to fit the ~** venir como anillo al dedo **5.** POL [proposed law] proyecto *m* de ley ▸ *US* POL **the Bill of Rights** = *las diez primeras enmiendas a la constitución estadounidense, relacionadas con la garantía de las libertades individuales*

■ vt **1.** [give invoice to] pasar (la) factura a **2.** [publicize] anunciar ▸ **it was billed as the debate of the decade** fue anunciado como el debate del decenio

billboard ['bɪlbɔːd] n valla *f* publicitaria

billet ['bɪlɪt] ■ n MIL acantonamiento *m*

■ vt acantonar

billfold ['bɪlfəʊld] n *US* cartera *f*, billetera *f*

billiard ['bɪljəd] n **billiards** billar *m* ▸ **to play billiards** jugar al billar ▸ **~ ball/table** bola *f*/mesa *f* de billar

billion ['bɪljən] n mil millones *mpl*, millardo *m* / *BR Old-fashioned* billón *m* ▸ *Fam* **I've got billions of things to do!** tengo miles de cosas que hacer

billionaire [bɪljə'neə(r)] n multimillonario(a) *m,f*

billow ['bɪləʊ] ■ n [of smoke] nube *f*

■ vi ondear

billowy ['bɪləʊɪ] adj [dress, sail] ondeante / [clouds] ondulante

billposter ['bɪlpeʊstə(r)] n **billposters will be prosecuted** [sign] prohibido fijar carteles (responsable la empresa anunciadora)

billycan ['bɪlɪkæn] n *BR, AUSTR* cazo *m*

billy-goat ['bɪlɪgəʊt] n macho *m* cabrío

bimbo ['bɪmbəʊ] (pl **bimbos**) n *Fam Pej* = *mujer atractiva y de pocas luces*

bin [bɪn] ■ n **1.** *BR* [domestic] balde *m*, *ESP* cubo *m* / [very large] contenedor *m* / [for wastepaper, on lamppost] papelera *f*, *CARIB* zafacón *m*, *CSUR* papelero *m*, *COL* caneca *f*, *MÉX* bote *m* ▸ **~ bag** bolsa *f* de basura **2.** [for coal] carbonera *f* / [for grain] granero *m* / *BR* [for bread] panera *f* ▸ **~ end** resto *m (de botellas de vino)*

■ vt (pt & pp **binned**) *BR Fam* [discard] tirar (a la papelera)

binary ['baɪnərɪ] adj MATH & COMPTR binario(a) ▸ **~ code** código *m* binario ▸ **~ number** número *m* binario

bind [baɪnd] ■ n *Fam* **to be in a ~** estar en un apuro ▸ *BR* **it's a real ~ to have to...** es una verdadera lata tener que...

■ vt (pt & pp **bound** [baʊnd]) **1.** [tie] atar ▸ **to ~ sb hand and foot** atar a alguien de pies y manos ▸ *Fig*

they are bound together by ties of friendship les unen lazos *or* vínculos de amistad **2.** [bandage] vendar **3.** [book] encuadernar **4.** [cause to stick] unir, ligar ▸ **~ the mixture with egg** ligar la mezcla con huevo **5.** [oblige] **she bound me to secrecy** me hizo prometer que guardaría el secreto ▸ **you are bound to report any change in your income** tienes obligación de notificar cualquier cambio en tus ingresos ▸ **to be bound by an oath** estar obligado(a) por un juramento

◆ ***bind over*** vt sep LAW **to ~ sb over** obligar judicialmente a alguien

◆ ***bind up*** vt sep **1.** [cut, wound] vendar **2. to be bound up with sth** [involved] estar íntimamente relacionado(a) con algo

binder ['baɪndə(r)] n **1.** [for papers] carpeta *f* **2.** [bookbinder] encuadernador(ora) *m,f* **3.** [farm machinery] empacadora *f*

binding ['baɪndɪŋ] ■ n cubierta *f*, tapa *f*
■ adj vinculante

binge [bɪndʒ] *Fam* ■ n [drinking spree] borrachera *f* ▸ **to go on a ~** ir de juerga *or* ESP marcha ▸ **to go on a shopping ~** ir de compras y traerse media tienda ▸ **a chocolate ~** un atracón de chocolate
■ vi **to ~ on sth** darse un atracón de algo

bingo ['bɪŋgəʊ] ■ n bingo *m* ▸ **~ hall** (sala *f* de) bingo *m*
■ exclam ¡ole!, ¡bravo!

binman ['bɪnmæn] n BR basurero *m*

binocular [bɪ'nɒkjʊlə(r)] adj binocular ▸ **~ vision** visión *f* binocular

binoculars [bɪ'nɒkjʊləz] npl prismáticos *mpl*

biochemic(al) [baɪəʊ'kemɪk(əl)] adj bioquímico(a)

biochemist [baɪəʊ'kemɪst] n bioquímico(a) *m,f*

biochemistry [baɪəʊ'kemɪstrɪ] n bioquímica *f*

biodegradable [baɪəʊdɪ'greɪdəbəl] adj biodegradable

biodiversity [baɪəʊdaɪ'vɜːsɪtɪ] n biodiversidad *f*

biographer [baɪ'ɒgrəfə(r)] n biógrafo(a) *m,f*

biographic(al) [baɪə'græfɪk(əl)] adj biográfico(a)

biography [baɪ'ɒgrəfɪ] n biografía *f*

biological [baɪə'lɒdʒɪkəl] adj biológico(a) ▸ **~ clock** reloj *m* biológico ▸ **~ warfare** guerra *f* bacteriológica ▸ **~ washing powder** detergente *m* de *or* con acción biológica

biologist [baɪ'ɒlədʒɪst] n biólogo(a) *m,f*

biology [baɪ'ɒlədʒɪ] n biología *f*

biopsy ['baɪɒpsɪ] n MED biopsia *f*

biorhythm ['baɪəʊrɪðəm] n biorritmo *m*

biosphere ['baɪəsfɪə(r)] n biosfera *f*

biotech ['baɪəʊtek] ■ n biotecnología *f*
■ adj [industry, company] de biotecnología

biotechnology [baɪəʊtek'nɒlədʒɪ] n biotecnología *f*

bipartisan [baɪ'pɑːtɪzæn] adj POL bipartito(a)

biped ['baɪped] n & adj bípedo(a) *m,f*

biplane ['baɪpleɪn] n biplano *m*

birch [bɜːtʃ] ■ n abedul *m* ▸ BR **to give sb the ~** azotar a alguien
■ vt [beat] azotar

bird [bɜːd] n **1.** [in general] pájaro *m* / [as opposed to mammals, reptiles etc] ave *f* ▸ **~ of paradise** ave del paraíso ▸ **~ of prey** (ave) rapaz *f*, ave de presa ▸ **~ sanctuary** refugio *m* de aves ▸ **~ table** comedero *m* de pájaros **2.** BR *Fam* [woman] nena *f*, ARG piba *f* **3.** [idioms] *Fam* **a little ~ told me** me lo ha dicho un pajarito ▸ **the ~ has flown** el pájaro ha volado ▸ *Prov* **a ~ in the hand is worth two in the bush** más vale pájaro en mano que ciento volando ▸ *Prov* **birds of a feather flock together** Dios los cría y ellos se juntan ▸ **to kill two birds with one stone** matar dos pájaros de un tiro ▸ *Euph* **to tell sb about the birds and the bees** explicar a alguien de dónde vienen los niños

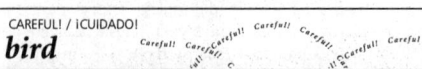

> CAREFUL! / ¡CUIDADO!
> **bird**
>
> When translating *bird*, note that **pájaro** is the most common word in Spanish, but **ave** is used when talking generically, as in, say, **las aves de España**, and in the names of some birds.

birdbath ['bɜːdbɑːθ] n = *especie de pila con agua que se coloca en el jardín para que los pájaros se refresquen*

bird-brained ['bɜːdbreɪnd] adj *Fam* **to be ~** ser un majadero ▸ **a ~ idea** una majadería

birdcage ['bɜːdkeɪdʒ] n jaula *f*

birdie ['bɜːdɪ] n **1.** *Fam* [bird] pajarito *m* ▸ BR **watch the ~!** [photographer to children] ¡mira el pajarito! **2.** [in golf] uno *m* bajo par, menos uno *m*

birdseed ['bɜːdsiːd] n alpiste *m*

bird's-eye view ['bɜːdzaɪ'vjuː] n **to have a ~** [place] tener una vista panorámica *(desde arriba)* / [of situation] tener una visión de conjunto

bird-watcher ['bɜːdwɒtʃə(r)] n aficionado(a) *m,f* a la observación de aves

bird-watching ['bɜːdwɒtʃɪŋ] n observación *f* de aves

Birmingham ['bɜːmɪŋəm] n Birmingham

Biro® ['baɪrəʊ] (pl **Biros**) n BR bolígrafo *m*, CARIB, MÉX pluma *f*, COL, ECUAD esferográfico *m*, CSUR lapicera *f*

birth [bɜːθ] n *also Fig* nacimiento *m* / [delivery] parto *m* ▸ **to give ~ (to sb)** dar a luz (a alguien) ▸ **at ~** al nacer ▸ **from ~** de nacimiento ▸ **Irish by ~** irlandés(esa) de nacimiento ▸ **~ certificate** partida *f* de nacimiento ▸ **~ control** control *m* de natalidad ▸ **~ control methods** métodos *mpl* anticonceptivos ▸ *Fig* **~ pangs** dolores *mpl* del parto ▸ **~ rate** índice *m* de natalidad

birthday ['bɜːθdeɪ] n cumpleaños *m inv* ▸ *Fam* **she was in her ~ suit** estaba como su madre la trajo al mundo ▸ **~ card** tarjeta *f* de felicitación de cumpleaños ▸ **~ present** regalo *m* de cumpleaños

birthmark ['bɜːθmɑːk] n antojo *m*, mancha *f (en la piel)*

birthplace ['bɜːθpleɪs] n lugar *m* de nacimiento

birthright ['bɜːθraɪt] n derecho *m* natural

birthstone ['bɜːθstəʊn] n piedra *f* de nacimiento

Biscay ['bɪskeɪ] n **the Bay of ~** el Golfo de Vizcaya

biscuit ['bɪskɪt] n **1.** BR [sweet, salted] galleta *f* ▸ *Fam* **that really takes the ~!** ¡esto es el colmo! **2.** US [muffin] tortita *f*, bollo *m*

bisect [baɪ'sekt] vt MATH bisecar / [town, area] dividir por la mitad

bisexual [baɪ'seksjʊəl] n & adj bisexual *mf*

bisexuality [baɪseksjʊ'ælɪtɪ] n bisexualidad *f*

bishop ['bɪʃəp] n obispo *m* / [in chess] alfil *m*

bishopric ['bɪʃəprɪk] n obispado *m*

bison ['baɪsən] n bisonte *m*

bisque [bɪsk] n CULIN crema *f* de mariscos, bisqué *m* ▸ **lobster ~** crema *f* de langosta

bistro ['biːstrəʊ] (pl **bistros**) n restaurante *m* pequeño

bit[1] [bɪt] n **1.** [in horseriding] bocado *m* ▸ *Fig* **to have the ~ between one's teeth** haber tomado *or* *ESP* cogido carrerilla **2.** [for drill] broca *f*

bit[2] n **1.** [piece] trozo *m* ▸ **a ~ of news** una noticia ▸ **with a ~ of luck** con un poco de suerte ▸ **I have done my ~** yo he cumplido con mi parte ▸ *Fam* **she's a ~ of all right** está muy buena, no está nada mal ▸ **to have a ~ on the side** [have a lover] tener un rollo, *RP* tener una historia **2.** [component part] **to take sth to bits** desarmar *or* desmontar algo ▸ **to tear/smash sth to bits** hacer añicos algo ▸ **he has eaten every ~** se ha comido hasta el último bocado ▸ **bits and pieces** *or* **bobs** [personal belongings] cosas *fpl*, trastos *mpl* **3.** [expressing degree] **a ~ late/heavy/tired** un poco tarde/pesado(a)/cansado(a) ▸ **we had a ~ of difficulty in finding him** nos costó un poco encontrarlo ▸ **he's a ~ of an idiot** es un imbécil ▸ **~ by ~** poco a poco ▸ **not a ~ of it!** ¡en absoluto! ▸ **wait a ~!** ¡espera un poco! ▸ **it takes a ~ of getting used to** lleva algo de tiempo acostumbrarse ▸ **a good ~ older** bastante más viejo(a) ▸ **a little ~ worried/tired** algo preocupado(a)/cansado(a) ▸ **I'm every ~ as good as him** no tengo nada que envidiarle ▸ *Fam* **that's a ~ much!** ¡eso es pasarse! ▸ **~ part** [in play, film] papel *m* secundario **4.** COMPTR bit *m* **5.** *Fam* [coin] moneda *f* ▸ *US* **two bits** 25 centavos

bit[3] pt *of* ***bite***

bitch [bɪtʃ] ■ n **1.** [female dog] perra *f* **2.** *very Fam Pej* [unpleasant woman] bruja *f*, zorra *f* ▸ **I've had a ~ of a day** he tenido un día bien jodido ▸ **life's a ~!** ¡qué vida más perra!

■ vi *Fam* [complain] quejarse, *ESP* dar la tabarra ▸ **he's always bitching about his colleagues** siempre está poniendo a parir *or* *RP* sacándole el cuero a sus compañeros

bitchy ['bɪtʃɪ] adj *Fam* malicioso(a), *ESP* puñetero(a)

bite [baɪt] ■ n **1.** [of person, dog] mordisco *m* / [of insect] picadura *f* / [of snake] mordedura *f*, picadura *f* **2.** [mouthful] bocado *m* ▸ **he took a ~ out of the apple** dio un bocado a la manzana ▸ **I haven't had a ~ to eat all day** no he probado bocado en todo el día **3.** [sharpness, fierceness] [of speech, article] chispa *f* ▸ **this mustard has a bit of a ~** esta mostaza está fuertecilla

■ vt (pt **bit** [bɪt], pp **bitten** ['bɪtən]) **1.** [of person, dog] morder / [of insect, snake] picar ▸ **the dog bit him in the leg** el perro le mordió en la pierna ▸ **to ~ one's nails** morderse las uñas **2.** [idioms] **to ~ one's tongue** [stay silent] morderse la lengua ▸ *Fam* **to ~ the bullet** agarrar el toro por los cuernos *or* *RP* las astas ▸ *Fam* **to ~ the dust** [scheme, plan] irse a pique *or* al garete *or* *RP* al cuerno ▸ **to ~ the hand that feeds you** morder la mano que nos da de comer ▸ *Prov* **once bitten twice shy** gato escaldado del agua fría huye, *RP* el que se quemó con leche, ve una vaca y llora

■ vi **1.** [person, dog] morder / [insect, snake] picar ▸ **to ~ into sth** dar un mordisco a algo ▸ *Fig* **the cost bit into our savings** los gastos supusieron una merma de nuestros ahorros **2.** *Fig* [be felt] [cuts] hacerse notar **3.** *US Fam* [be bad] ser una mierda

◆ ***bite off*** vt sep arrancar de un mordisco ▸ *Fig* **to ~ off more than one can chew** querer abarcar demasiado ▸ *Fam Fig* **there's no need to ~ my head off** ¡no hace falta que me contestes así!

bite-sized ['baɪtsaɪzd], ***bitesize*** ['baɪtsaɪz] adj del tamaño de un bocado

biting ['baɪtɪŋ] adj [wind, satire] penetrante

bitmap ['bɪtmæp] COMPTR ■ adj en mapa de bits

■ n mapa *m* de bits

bit-mapped ['bɪtmæpt] adj COMPTR en mapa de bits

bitten ['bɪtən] pp *of* ***bite***

bitter ['bɪtə(r)] ■ n *BR* [beer] = *cerveza británica sin burbujas y de tono castaño*

■ adj **1.** [taste] amargo(a) ▸ *Fig* **it was a ~ pill to swallow** costó mucho tragar (con) aquello **2.** [wind, opposition] recio(a) / [struggle] encarnizado(a) / [tears] de amargura ▸ **to go on/resist to the ~ end** seguir/resistir hasta el final **3.** [resentful] [person] amargado(a), resentido(a) / [argument, words] agrio(a) / [experience, memories, disappointment] amargo(a) ▸ **to be ~ about sth** estar resentido(a) por algo

bitterly ['bɪtəlɪ] adv **1.** [extremely] enormemente, terriblemente ▸ **we were ~ disappointed** nos llevamos una decepción tremenda ▸ **I ~ regretted telling them** me arrepentí enormemente de habérselo dicho ▸ **it was ~ cold** hacía un frío horrible **2.** [resentfully] **to complain ~** quejarse amargamente

bitterness ['bɪtənɪs] n **1.** [taste] amargor *m* **2.** [resentment] amargura *f*, amargor *m*

bittersweet ['bɪtəswiːt] adj [taste] agridulce ▸ *Fig* **~ memories** recuerdos *mpl* entre dulces y amargos

bitty ['bɪtɪ] adj *Fam* [incomplete] deshilvanado(a)

bitumen ['bɪtjʊmɪn] n betún *m*

bivouac ['bɪvʊæk] ■ n vivac *m*, vivaque *m*

■ vi (pt & pp **bivouacked**) vivaquear

bi-weekly [baɪ'wiːklɪ] ■ adj [fortnightly] quincenal / [twice weekly] bisemanal

■ adv [fortnightly] quincenalmente / [twice weekly] dos veces por semana

biz [bɪz] n *Fam* negocio *m*

bizarre [bɪ'zɑː(r)] adj extraño(a), raro(a)

blab [blæb] (pt & pp **blabbed**) *Fam* ■ vt soltar

■ vi [chatter] parlotear, *ESP* largar, *MÉX* platicar, *RP* chusmear ▸ **someone has blabbed to the newspapers** alguien se lo ha soplado a los periódicos

blabber ['blæbə(r)] vi *Fam* parlotear, *ESP* largar, *MÉX* platicar, *RP* chusmear

blabbermouth ['blæbəmaʊθ] n *Fam* cotorra *f*, bocazas *mf inv*, *AM* bocón(ona) *m,f*

black [blæk] ■ n **1.** [colour] negro *m* **2.** [person]

negro(a) *m,f* **3.** [idioms] **to be in the ~** [financially] tener saldo positivo ▸ **it says here in ~ and white...** aquí *ESP* pone *or AM* dice claramente que... ▸ **to see everything in ~ and white** tener una actitud maniquea

■ adj **1.** [colour] negro(a) ▸ **a ~ man** un negro ▸ **a ~ woman** una negra ▸ **~ and blue** [bruised] amoratado(a) ▸ **~ belt** [in martial arts] cinturón *m* negro ▸ AV **~ box** caja *f* negra ▸ **~ cab** = *típico taxi negro británico* ▸ **~ coffee** café *m* solo ▸ **~ eye** ojo *m* morado ▸ ASTRON **~ hole** agujero *m* negro ▸ **~ humour** humor *m* negro ▸ **~ ice** placas *fpl* de hielo ▸ **~ pepper** pimienta *f* negra ▸ *esp BR* **~ pudding** morcilla *f* ▸ *Fig* **~ sheep** oveja *f* negra ▸ **~ tie** *ESP* pajarita *f* negra, *CHILE* humita *f* negra, *COL* corbatín *m* negro, *MÉX* corbata *f* de moño negra, *RP* moñito *m* negro, *VEN* corbata *f* de lazo negra ▸ [on invitation] se ruega ir de etiqueta **2.** [evil, unfavourable] **to give sb a ~ look** lanzar a alguien una mirada asesina ▸ **the future is looking ~** el futuro se presenta muy negro ▸ **it's a ~ day for Britain** es un día negro *or* aciago para Gran Bretaña ▸ **~ magic** magia *f* negra ▸ **that earned him a ~ mark** aquello supuso un borrón en su historial ▸ **~ spot** [for accidents] punto *m* negro **3.** [unofficial] **~ economy** economía *f* sumergida ▸ **~ market** mercado *m* negro ▸ **~ marketeer** estraperlista *mf* **4.** [in proper names] **the Black Country** = *la región industrial de las Midlands* ▸ **the Black Death** la peste negra ▸ **the Black Forest** la Selva Negra ▸ **Black Forest gateau** = *tarta de chocolate y guindas* ▸ *BR* **Black Maria** [police van] coche *m* celular ▸ **the Black Sea** el Mar Negro

■ vt **1.** [blacken] ennegrecer, pintar de negro **2.** *BR* [boycott] [company] boicotear

◆ ***black out*** ■ vt sep **1.** [censor] [piece of writing] borrar, tachar / [person in photo] suprimir **2.** [city] dejar a oscuras **3.** TV **industrial action has blacked out this evening's programmes** la huelga ha obligado a suspender los programas de esta noche

■ vi [faint] desmayarse

black-and-white [blækən'waɪt] adj [film, TV, illustration] en blanco y negro

blackball ['blækbɔːl] vt vetar, votar en contra de

blackberry ['blækbərɪ] n [bush] zarzamora *f* / [berry] mora *f*

blackbird ['blækbɜːd] n mirlo *m*

blackboard ['blækbɔːd] n pizarra *f*, encerado *m*, *AM* pizarrón *m*

blackcurrant ['blækkʌrənt] n [berry] grosella *f* negra / [bush] grosellero *m* (negro)

blacken ['blækən] vt ennegrecer / *Fig* [reputation] manchar ▸ **clouds blackened the sky** las nubes oscurecían el cielo

blackguard ['blægɑːd] n *Old-fashioned* villano *m*, bellaco *m*

blackhead ['blækhed] n punto *m* negro, barrillo *m*

blackjack ['blækdʒæk] n **1.** *US* [truncheon] porra *f* **2.** [card game] veintiuna *f*

blackleg ['blækleg] n *Fam* [strikebreaker] esquirol(ola) *m,f*

blacklist ['blæklɪst] ■ n lista *f* negra

■ vt poner en la lista negra

blackmail ['blækmeɪl] ■ n chantaje *m*

■ vt hacer chantaje a, chantajear

blackness ['blæknɪs] n [dirtiness] negrura *f* / [darkness] oscuridad *f*

blackout ['blækaʊt] n **1.** [during air-raid] apagón *m* ▸ *Fig* **to impose a news ~** prohibir la cobertura informativa **2.** [fainting fit] desmayo *m*

blacksmith ['blæksmɪθ] n herrero *m*

bladder ['blædə(r)] n vejiga *f*

blade [bleɪd] n [of knife, sword] hoja *f* / [of propeller, oar] pala *f* / [of grass] brizna *f*, hoja *f*

blag [blæg] (pt & pp **blagged**) vt *BR Fam* **1.** [steal] robar **2.** [scrounge] **to ~ oneself sth** agenciarse algo ▸ **to ~ one's way in** colarse

blah [blɑː] n *Fam* [meaningless remarks, nonsense] sandeces *fpl*, *ESP* chorradas *fpl*, *AM* pendejadas *fpl*, *RP* pavadas *fpl* ▸ **~, ~, ~** [to avoid repetition] y tal y cual, patatín patatán

Blairite ['bleəraɪt] n seguidor(ora) *m,f* de Tony Blair

blame [bleɪm] ■ n culpa *f* ▸ **to put the ~ (for sth) on sb** culpar a alguien (de algo), echar la culpa a alguien (de algo) ▸ **to take the ~ (for sth)** asumir la culpa (de algo)

■ vt culpar, echar la culpa a ▸ **to ~ sb for sth, to ~ sth on sb** echar la culpa a alguien de algo ▸ **to be to ~** tener la culpa ▸ **I ~ myself for what happened** lo que pasó fue culpa mía ▸ **I don't ~ you for wanting to leave** no me extraña que quieras marcharte ▸ **she has nobody to ~ but herself** ella, y sólo ella, tiene la culpa

blameless ['bleɪmlɪs] adj [person] inocente / [conduct, life] intachable

blameworthy ['bleɪmwɜːðɪ] adj [person] culpable / [conduct] reprobable

blanch [blɑːntʃ] ■ vt CULIN escaldar

■ vi [go pale] palidecer, ponerse pálido(a)

blancmange [blə'mɒnʒ] n = *budín dulce de aspecto gelatinoso a base de leche y maicena*

bland [blænd] adj soso(a), insulso(a) ▸ **~ assurances** promesas *fpl* tibias

FALSE FRIEND / FALSO AMIGO

bland

Blando no es la traducción del inglés *bland.* Blando se traduce por *soft* o *lenient*:
una almohada blanda *a soft pillow*
es muy blanda con los niños *she's too soft on* or *very lenient with her children*

blandishments ['blændɪʃmənts] npl *Formal* halagos *mpl*, lisonjas *fpl*

blandly ['blændlɪ] adv [reply, smile] tibiamente, con tibieza

blank [blæŋk] ■ n **1.** [space] espacio *m* en blanco ▸ **my mind is a ~** no recuerdo absolutamente nada ▸ *Fig* **to draw a ~** [inquiry] no sacar nada en claro *or* en limpio **2.** [rifle cartridge] cartucho *m* de fogueo ▸ **to fire blanks** disparar tiros de fogueo / *Fam* [be infertile] ser estéril

■ adj [paper, screen] en blanco / [face, look] vacío(a),

inexpresivo(a) ▸ **he looked ~ when I mentioned your name** no dio muestras de reconocer tu nombre cuando lo mencioné ▸ **my mind went ~** se me quedó la mente en blanco ▸ **~ cassette** cinta *f* virgen ▸ **~ cheque** cheque *m* en blanco ▸ *Fig* **to give sb a ~ cheque to do sth** dar carta blanca a alguien para hacer algo ▸ **~ verse** [in poetry] verso *m* blanco, verso *m* suelto

◆ ***blank out*** vt sep [erase] borrar

blanket ['blæŋkɪt] ■ n manta *f*, *AM* cobija *f*, *AM* frazada *f* / [of fog, cloud] manto *m*

■ adj [agreement, ban] general, total ▸ **the government imposed a ~ ban on demonstrations** el gobierno prohibió todas las manifestaciones ▸ **~ term** término *m* general

blankly ['blæŋklɪ] adv [without expression] inexpresivamente / [without understanding] sin comprender ▸ **she stared ~ into the distance** tenía la mirada perdida en la distancia

blare ['bleə(r)] ■ n estruendo *m*

■ vi [radio, music] retumbar

blarney ['blɑːnɪ] n *Fam* coba *f*, labia *f*

blasé [*BR* 'blɑːzeɪ, *US* blɑː'zeɪ] adj **she was very ~ about the accident** no le dio mayor importancia al accidente

blaspheme [blæs'fiːm] vi blasfemar

blasphemer [blæs'fiːmə(r)] n blasfemo(a) *m,f*

blasphemous ['blæsfəməs] adj blasfemo(a)

blasphemy ['blæsfəmɪ] n blasfemia *f*

blast [blɑːst] ■ n **1.** [of wind] ráfaga *f* / [of heat] bocanada *f* / [of whistle, horn] pitido *m* ▸ **at full ~** [machines] a toda máquina ▸ *Fam* **the radio was on full ~** la radio estaba a todo volumen ▸ **~ furnace** alto horno *m* **2.** [explosion] explosión *f* / [shock wave] onda *f* expansiva ▸ *Fam* **meeting him was a real ~ from the past!** encontrarme con él fue como volver de repente al pasado **3.** *US Fam* [good time] pasada *f* ▸ **it was a ~** lo pasamos genial, *ESP* fue una pasada ▸ **we had a ~** lo pasamos bomba

■ vt **1.** [hole, tunnel] abrir (con la ayuda de explosivos) ▸ **the building had been blasted by a bomb** una bomba había volado el edificio ▸ *Fam* **to ~ sb's head off** volarle la cabeza a alguien ▸ *Fam* **to ~ sb's hopes** dar al traste con las esperanzas de alguien **2.** *Fam* [criticize] machacar, atacar **3.** *BR Fam* **~ (it)!** ¡maldita sea!

◆ ***blast off*** vi [space rocket] despegar

blast-off ['blɑːstɒf] n [of space rocket] lanzamiento *m*

blatant ['bleɪtənt] adj descarado(a), manifiesto(a) ▸ **a ~ lie** una mentira evidente

blatantly ['bleɪtəntlɪ] adv descaradamente, ostensiblemente ▸ **~ obvious** más que evidente

blather ['blæðə(r)] vi *US Fam* desbarrar, decir *ESP* paridas *or AM* pendejadas *or RP* pavadas

blaze [bleɪz] ■ n **1.** [fire] [in hearth] fuego *m*, hoguera *f* / [uncontrolled] fuego *m*, incendio *m* **2.** [of colour, light] explosión *f* ▸ **in a ~ of anger** en un ataque de ira ▸ **in a ~ of publicity** acompañado(a) de una gran campaña publicitaria ▸ **to go out in a ~ of glory** marcharse de forma apoteósica **3.** *Fam* **what the blazes does he want?** ¿qué diantre(s) quiere?

■ vt *Fig* **to ~ a trail** abrir nuevos caminos

■ vi [fire] arder / [sun] abrasar / [light] estar encendido(a) *or AM* prendido(a) ▸ **to ~ with anger** estar encendido(a) de ira

blazer ['bleɪzə(r)] n chaqueta *f*, americana *f*

blazing ['bleɪzɪŋ] adj [building] en llamas ▸ *Fig* **a ~ row** una discusión violenta

bleach [bliːtʃ] ■ n lejía *f*, *ARG* lavandina *f*, *CAM, CHILE, MÉX, VEN* cloro *m*, *URUG* jane *f*

■ vt [cloth] desteñir ▸ **hair bleached by the sun** cabellos descoloridos por el sol

bleak [bliːk] adj [landscape, mountain] desolado(a) / [weather] miserable / [outlook] desolador(ora)

bleary ['blɪərɪ] adj [eyes] enrojecido(a)

bleary-eyed [blɪərɪ'aɪd] adj **to be ~** tener los ojos enrojecidos

bleat [bliːt] ■ n [of lamb] balido *m*

■ vi [lamb] balar / *Pej* [complain] lamentarse (**about** de)

bleed [bliːd] (pt & pp **bled** [bled]) ■ vt MED sangrar / [radiator] purgar ▸ *Fig* **to ~ sb dry** chupar la sangre a alguien

■ vi sangrar ▸ **his nose is bleeding** le sangra la nariz ▸ **to ~ to death** morir desangrado(a)

bleeder ['bliːdə(r)] n *BR Fam* imbécil *mf*, *ESP* soplagaitas *mf inv* ▸ **poor ~** pobre diablo *m*

bleeding ['blɪːdɪŋ] ■ n hemorragia *f* ▸ **has the ~ stopped?** ¿te ha dejado de salir sangre?

■ adj **1.** [wound] sangrante **2.** *BR Fam* [for emphasis] **you ~ liar!** ¡pedazo de *or MÉX* pinche mentiroso!

■ adv *BR Fam* [for emphasis] **it's ~ cold/expensive** hace un frío/es caro de la leche ▸ **that was ~ stupid !** ¡qué estupidez!

bleep [bliːp] ■ n pitido *m*

■ vi pitar

bleeper ['bliːpə(r)] n *BR* [pager] buscapersonas *m inv*, *ESP* busca *m*, *MÉX* localizador *m*, *RP* radiomensaje *m*

blemish ['blemɪʃ] ■ n [mark] mancha *f*, marca *f* / [on reputation] mancha *f*, mácula *f*

■ vt *Fig* [spoil] manchar, perjudicar

blench [blentʃ] vi [flinch] inmutarse

blend [blend] ■ n mezcla *f*

■ vt [styles, ideas] conjugar (**with** con) / CULIN mezclar ▸ **~ the eggs and butter together** mezclar los huevos y la mantequilla ▸ **blended tea/tobacco** mezcla *f* de tés/tabacos

■ vi [mix together] mezclarse

◆ ***blend in*** vi [with surroundings] armonizar (**with** con)

◆ ***blend into*** vt insep [surroundings] confundirse con ▸ **to ~ into the background** [go unnoticed] pasar desapercibido(a)

blender ['blendə(r)] n *ESP* batidora *f*, *AM* licuadora *f*

bless [bles] (pt & pp **blessed** [blest]) vt [say blessing for] bendecir ▸ **God ~ you!** ¡(que) Dios te bendiga! ▸ **~ you!** [when someone sneezes] ¡salud!, *ESP* ¡jesús! ▸ **he is blessed with quick wits** tiene la suerte de ser muy espabilado ▸ **they have been blessed with two fine children** han tenido dos hermosos hijos

blessed ['blesɪd] adj **1.** [holy] sagrado(a), santo(a) ▸ **the Blessed Sacrament** el Santísimo Sacramento **2.** *Fam* [for emphasis] dichoso(a) ▸ **a ~ nuisance** una pesadez ▸ **I can't see a ~ thing!** ¡no veo un pimiento!

blessing ['blesɪŋ] n **1.** [religious] bendición *f* ▸ *Fig* **she gave her son/the plan her ~** bendijo a su hijo/el plan **2.** [benefit, advantage] bendición *f*, bondad *f* ▸ **it turned out to be a ~ in disguise** a pesar de lo que parecía al principio, resultó ser una bendición ▸ **it was a mixed ~** tuvo sus cosas malas y sus cosas buenas ▸ **to count one's blessings** dar gracias (a Dios) por lo que se tiene

blether ['bleðər] vi *Fam* [talk rubbish] desbarrar, decir *ESP* paridas *or AM* pendejadas *or RP* pavadas

blew [blu:] pt *of* ***blow***

blight [blaɪt] ▪ n [crop disease] mildiu *m* / *Fig* plaga *f* ▸ **potato ~** mildiu *m* de la patata ▸ **to cast a ~ on sth** enturbiar algo

▪ vt *Fig* menoscabar, socavar ▸ **to ~ sb's hopes** truncar las esperanzas de alguien

blighter ['blaɪtə(r)] n *BR Fam Old-fashioned* [fellow] tipo *m*, *ESP* gachó *m* ▸ **poor ~** pobre diablo *m* ▸ **lucky ~** suertudo(a) *m,f*

Blighty ['blaɪtɪ] n *BR Fam Old-fashioned* Inglaterra

blimey ['blaɪmɪ] exclam *BR Fam* ¡miércoles!, ¡caramba!, *MÉX* ¡ay güey!

blind[1] [blaɪnd] ▪ npl **the ~** los ciegos ▸ *Fig* **it's like the ~ leading the ~** es como un ciego guiando a otro ciego ▸ **~ school** escuela *f* para ciegos

▪ adj ciego(a) ▸ **to be ~** ser *or* estar ciego(a) ▸ **to go ~** quedarse ciego(a) ▸ **to be ~ to sth** no ver algo ▸ **a ~ man** un ciego ▸ **a ~ woman** una ciega ▸ **to be ~ in one eye** ser tuerto(a) ▸ **to be as ~ as a bat** ser cegato(a) perdido(a) ▸ **to turn a ~ eye (to sth)** hacer la vista gorda (con algo) ▸ **to be ~ with fury** estar ciego(a) de ira ▸ *Fam* **he didn't take a ~ bit of notice** no hizo ni caso ▸ **it doesn't make a ~ bit of difference** no importa lo más mínimo ▸ **~ alley** callejón *m* sin salida ▸ **~ date** cita *f* a ciegas ▸ **~ man's buff** la gallinita ciega ▸ **~ spot** [for driver] ángulo *m* muerto

▪ adv **to be ~ drunk** estar borracho(a) perdido(a)

▪ vt [deprive of sight, dazzle] cegar ▸ *Fig* **love blinded her to his faults** el amor le impedía ver sus defectos

blind[2] n *BR* persiana *f*

blinders ['blaɪndəz] npl [for horse] anteojeras *fpl*

blindfold ['blaɪndfəʊld] ▪ n venda *f*

▪ vt vendar los ojos a

blinding ['blaɪndɪŋ] adj [light] cegador(ora) / *Fig* [intensity] violento(a)

blindly ['blaɪndlɪ] adv [to obey, follow] ciegamente

blindness ['blaɪndnɪs] n *also Fig* ceguera *f*

blink [blɪŋk] ▪ n **1.** [of eyes] parpadeo *m*, pestañeo *m* **2.** *Fam* **the TV is on the ~ again** ya se ha vuelto a escacharrar la tele

▪ vt **to ~ one's eyes** parpadear, pestañear

▪ vi [person] parpadear, pestañear / [lights] parpadear

blinkered ['blɪnkəd] adj [approach, attitude] estrecho(a) de miras, cerrado(a)

blinkers [blɪŋkəz] npl **1.** [for horse] anteojeras *fpl* ▸ *Fig* **to be wearing ~** ser estrecho(a) de miras **2.** *Fam* [indicators] intermitentes *mpl*

blinking ['blɪŋɪŋ] ▪ adj **1.** [light] intermitente **2.** *BR Fam* [for emphasis] puñetero(a) ▸ **what a ~ nuisance!** ¡vaya lata *or RP* embole! ▸ **you ~ idiot!** ¡idiota de las narices!

▪ adv [for emphasis] **it's ~ cold/expensive** hace un frío/es caro de narices

blip [blɪp] n [on radar screen] parpadeo *m* / *Fam* [temporary problem] pequeño problema *m*

bliss [blɪs] n éxtasis *m inv* ▸ **breakfast in bed – what ~!** el desayuno en la cama, ¡qué maravilla!

blissful ['blɪsfʊl] adj maravilloso(a), feliz ▸ **to be in ~ ignorance** ser felizmente ignorante

blissfully ['blɪsfʊlɪ] adv felizmente ▸ **~ happy** completamente feliz ▸ **~ ignorant** felizmente ignorante

blister ['blɪstə(r)] ▪ n [on feet, skin] ampolla *f* / [on paint] burbuja *f*

▪ vt [feet, skin] levantar ampollas en, ampollar / [paint] hacer que salgan burbujas en

▪ vi [feet, skin] ampollarse / [paint] hacer burbujas

blistering ['blɪstərɪŋ] adj [sun, heat] abrasador(ora), achicharrante / [criticism, attack] feroz, despiadado(a)

blithe ['blaɪð] adj alegre

blithely ['blaɪðlɪ] adv alegremente

blithering ['blɪðərɪŋ] adj **a ~ idiot** un verdadero idiota

blitz [blɪts] n [air bombardment] bombardeo *m*, ataque *m* aéreo ▸ HIST **The Blitz** = *bombardeo alemán de ciudades británicas en 1940-41* ▸ *Fam Fig* **let's have a ~ on that paperwork** vamos a quitarnos de encima estos papeles

blizzard ['blɪzəd] n ventisca *f*, tormenta *f* de nieve

bloated ['bləʊtɪd] adj [stomach, budget] hinchado(a) / [ego] exagerado(a)

blob [blɒb] n [of cream, jam] cuajarón *m* / [of paint] goterón *m* / [of ink] gota *f*

bloc [blɒk] n POL bloque *m*

block [blɒk] ▪ n **1.** [of ice, wood, stone] bloque *m* / [of butcher, for execution] tajo *m* ▸ *Fam* **I'll knock your ~ off!** ¡te rompo la crisma! ▸ **~ and tackle** [for lifting] polipasto *m*, sistema *m* de poleas ▸ **~ capitals** (letras *fpl*) mayúsculas *fpl* ▸ **~ diagram** [flowchart] diagrama *m* (de flujo *or* bloques) **2.** [building] bloque *m* / [group of buildings] manzana *f*, *AM* cuadra *f* ▸ *BR* **~ of flats** bloque de apartamentos *or ESP* pisos **3.** [of shares] paquete *m* / [of seats, tickets] grupo *m*, conjunto *m* ▸ COMPTR **a ~ of text** un bloque de texto ▸ **~ booking** reserva *f* de grupo ▸ **~ vote** voto *m* por delegación

▪ vt **1.** [pipe, road, proposal] bloquear / [toilet, sink] atascar / [exit, stairs] obstruir ▸ **to ~ sb's way** cerrar el paso a alguien ▸ **to ~ sb's view** no dejar ver a alguien ▸ FIN **to ~ a cheque** anular un cheque **2.** COMPTR **to ~ text** marcar un bloque de texto

◆ ***block off*** vt sep [road, exit] cortar, bloquear

◆ ***block out*** vt sep [light] impedir el paso de / [memory] enterrar ▸ **she wears ear plugs to ~ out the music** se pone tapones en los oídos para no oír la música

◆ ***block up*** vt sep [door, window] atrancar / [hole,

entrance] tapar ▸ **to have a blocked-up nose** tener la nariz taponada

blockade [blɒ'keɪd] ■ n bloqueo *m,* embargo *m*
■ vt bloquear

blockage ['blɒkɪdʒ] n obstrucción *f*

blockbuster ['blɒkbʌstə(r)] n [success] bombazo *m,* gran éxito *m*

blockhead ['blɒkhed] n *Fam* zoquete *m, ESP* tarugo *m*

blog [blɒg] n COMPTR (abbr ***weblog***) blog *m,* bitácora *f*

blogger ['blɒgə(r)] n blogger *mf,* bitacorero(a) *m,f*

bloke [bləʊk] n *BR Fam* tipo *m, ESP* tío *m*

blokeish ['bləʊkɪʃ] adj *BR Fam* [attitude] típico(a) de machitos *or ESP* de tíos

blonde [blɒnd] ■ n [woman] rubia *f, MÉX* güera *f, CAM* chela *f, CARIB* catira *f, COL* mona *f*
■ adj rubio(a) / *MÉX* güero(a) / *CAM* chele(a) / *CARIB* catire(a), *COL* mono(a)

blood [blʌd] ■ n **1.** sangre *f* ▸ **to give ~** donar sangre ▸ **~ bank** banco *m* de sangre ▸ **~ cell** glóbulo *m* ▸ **~ clot** coágulo *m* ▸ **~ count** recuento *m* de células sanguíneas, hemograma *m* ▸ **~ donor** donante *mf* de sangre ▸ **~ group** grupo *m* sanguíneo ▸ **~ poisoning** septicemia *f* ▸ **~ pressure** tensión *f* (arterial), presión *f* sanguínea ▸ **to have high/low ~ pressure** tener la tensión alta/baja ▸ **they are ~ relations** les unen lazos de sangre ▸ *US* **~ sausage** morcilla *f* ▸ **~ sports** deportes *mpl* cinegéticos ▸ **~ sugar** (nivel *m* de) azúcar *m or f* en la sangre ▸ **~ test** análisis *m inv* de sangre ▸ **~ transfusion** transfusión *f* sanguínea ▸ **~ vessel** vaso *m* sanguíneo **2.** [idioms] **to have ~ on one's hands** tener las manos manchadas de sangre ▸ **it makes my ~ boil when...** me hierve la sangre cuando... ▸ **it makes my ~ run cold** me hiela la sangre ▸ **in cold ~** a sangre fría ▸ **he's after your ~** te tiene ojeriza ▸ **to have sth in one's ~** llevar algo en la sangre ▸ **it's like trying to get ~ out of a stone** es como intentar sacar agua de una piedra ▸ *Prov* **~ is thicker than water** la sangre tira
■ vt [initiate] [soldier, politician] dar el bautismo de fuego a

bloodbath ['blʌdbɑːθ] n baño *m* de sangre

bloodcurdling ['blʌdkɜːdlɪŋ] adj aterrador(ora), horripilante

bloodhound ['blʌdhaʊnd] n sabueso *m*

bloodless ['blʌdlɪs] adj **1.** [without bloodshed] incruento(a), sin derramamiento de sangre ▸ **~ coup** [in country] golpe *m* incruento / *Fig* [in company, political party] golpe *m* de mano **2.** [pale] pálido(a)

bloodletting ['blʌdletɪŋ] n **1.** MED sangría *f* **2.** [slaughter] sangría *f,* matanza *f* / [internal feuding] luchas *fpl* intestinas

bloodshed ['blʌdʃed] n derramamiento *m* de sangre

bloodshot ['blʌdʃɒt] adj [eyes] inyectado(a) de sangre

bloodstain ['blʌdsteɪn] n mancha *f* de sangre

bloodstained ['blʌdsteɪnd] adj manchado(a) de sangre

bloodstream ['blʌdstriːm] n torrente *m or* flujo *m* sanguíneo

bloodsucker ['blʌdsʌkə(r)] n [mosquito, leech] chupador(ora) *m,f* de sangre / *Fam* [person] sanguijuela *f,* parásito(a) *m,f*

bloodthirsty ['blʌdθɜːstɪ] adj sanguinario(a)

bloody ['blʌdɪ] ■ adj **1.** [bleeding] sanguinolento(a), sangriento(a) / [bloodstained] ensangrentado(a) / [battle, revolution] sangriento(a) ▸ *Fig* **to give sb a ~ nose** poner a alguien en su sitio **2.** *BR, AUSTR very Fam* [for emphasis] maldito(a), *ESP* puñetero(a), *MÉX* pinche ▸ **a ~ liar** un(a) mentiroso(a) de mierda ▸ **~ hell!** ¡me cago en la mar!, ¡mierda!, *MÉX* ¡en la madre!
■ adv *BR, AUSTR very Fam* **it's ~ hot!** hace un calor del carajo *or ESP* de la leche *or RP* de mierda ▸ **not ~ likely!** ¡ni de coña *or RP* en pedo!, *MÉX* ¡no mames! ▸ **he can ~ well do it himself!** ¡que lo haga él, carajo *or ESP* joder!

bloody-minded [blʌdɪ'maɪndɪd] adj *BR* terco(a)

bloody-mindedness [blʌdɪ'maɪndɪdnɪs] n *BR* terquedad *f*

bloom [bluːm] ■ n flor *f* ▸ **in (full) ~** en flor, florecido(a) ▸ *Fig* en su apogeo ▸ **in the ~ of youth** en la flor de la edad
■ vi [garden, flower, talent] florecer ▸ *Fig* **to ~ with health** estar rebosante de salud

bloomer ['bluːmə(r)] n **1.** *Fam* [mistake] metedura *f* de pata **2.** *BR* [bread] hogaza *f*

bloomers ['bluːməz] npl pololos *mpl*

blooming ['bluːmɪŋ] ■ adj **1.** [healthy] **~ (with health)** rebosante de salud **2.** *BR Fam* [for emphasis] condenado(a) ▸ **you ~ idiot!** ¡pedazo de idiota!
■ adv *BR Fam* **~ good** genial ▸ **~ awful** pésimo(a), *ESP* fatal ▸ **he's ~ useless!** ¡es un inútil!

blossom ['blɒsəm] ■ n flor *f* ▸ **to be in ~** estar en flor
■ vi *also Fig* florecer ▸ *Fig* **to ~ into sth** transformarse en algo

blot [blɒt] ■ n [of ink] borrón *m,* mancha *f* ▸ *Fig* tacha *f,* mácula *f* ▸ *Fig* **to be a ~ on the landscape** estropear el paisaje
■ vt (pt & pp **blotted**) **1.** [stain] emborronar, manchar ▸ *Fig* **he had blotted his copybook** había manchado su reputación **2.** [with blotting paper] secar

◆ ***blot out*** vt sep [sun, light] impedir el paso de / [memory] enterrar

blotch [blɒtʃ] n [on skin] mancha *f,* enrojecimiento *m*

blotchy ['blɒtʃɪ] adj [skin] con manchas

blotter ['blɒtə(r)] n [blotting pad] secante *m* (de rodillo)

blotting paper ['blɒtɪŋpeɪpə(r)] n papel *m* secante

blotto ['blɒtəʊ] adj *BR Fam* [drunk] **to be ~** estar *ESP, RP* mamado(a) *or MÉX* cuete

blouse [blaʊz] n blusa *f*

blow[1] [bləʊ] n **1.** [hit] golpe *m* ▸ **to come to blows (over sth)** llegar a las manos (por algo) ▸ *Fig* **to strike a ~ for sth** romper una lanza por algo ▸ *Fig* **to soften the ~** para suavizar el golpe **2.** [setback] duro golpe *m* ▸ **this news was a ~ to us** la noticia fue un duro golpe para nosotros

blow[2] (pt **blew** [bluː], pp **blown** [bləʊn]) ■ vt **1.** [of wind] **the wind blew down the fence** el viento derribó la valla ▸ **the wind blew the door open** el viento abrió la puerta **2.** [of person] [flute, whistle, horn] tocar ▸ **to ~ glass** soplar vidrio ▸ **to ~ the dust off sth** soplar el polvo que hay en algo ▶ **to ~ sb a kiss** lanzar un beso a alguien ▶ **to ~ bubbles** hacer pompas de jabón ▶ **to ~ one's nose** sonarse la nariz ▶ *Fig* **to ~ one's own trumpet** echarse flores, *RP* batirse el parche ▶ *Fig* **to ~ the whistle on sth/sb** dar la alarma sobre algo/alguien **3.** ELEC **the hairdryer has blown a fuse** se ha fundido el fusible (del enchufe) del secador ▶ *Fig* **to ~ a fuse** [person] ponerse hecho(a) una furia, *CSUR* rayarse ▶ *Fam Fig* **the Grand Canyon blew my mind** el Gran Cañón me dejó patidifuso **4.** *Fam* [chance, opportunity] echar a perder, *ESP* mandar al garete ▶ **that's blown it!** ¡lo ha estropeado todo! **5.** *Fam* [money] fundir, *RP* fumar ▶ **he blew all his savings on a holiday** se fundió *or RP* fumó todos sus ahorros en unas vacaciones

■ vi **1.** [wind, person] soplar ▶ **to ~ away** [newspaper] salir volando ▶ **the fence blew down** el viento derribó la valla ▶ **my papers blew out of the window** mis papeles salieron volando por la ventana ▶ **the door blew open/ shut** el viento abrió/cerró la puerta ▶ **to ~ on one's fingers** calentarse los dedos soplando ▶ *Fig* **he's always blowing hot and cold** está cambiando constantemente de opinión **2.** ELEC [fuse] fundirse

◆ ***blow away*** ■ vt sep **the wind blew the newspaper away** el viento se llevó el periódico ▶ *Fam* **to ~ sb away** [shoot dead] pegar un tiro a alguien ▶ *Fam Fig* **his latest film blew me away** su última película me dejó alucinado

■ vi [paper, hat] salir volando

◆ ***blow off*** ■ vt sep **the wind blew her hat off** el viento le quitó el sombrero ▶ *Fam* **to ~ sb's head off** [with gun] volarle la cabeza a alguien

■ vi [hat] salir volando

◆ ***blow out*** vt sep [extinguish] apagar

◆ ***blow over*** vi [storm] amainar / [scandal] calmarse

◆ ***blow up*** ■ vt sep **1.** [inflate] [balloon, tyre] inflar, hinchar **2.** [explode] explosionar, (hacer) explotar **3.** PHOT [enlarge] ampliar ▶ *Fig* **it had been blown up out of all proportion** se sacaron las cosas de quicio

■ vi [bomb] explotar, hacer explosión / *Fig* [lose one's temper] explotar, ponerse hecho(a) una furia

blow-by-blow ['bləʊbaɪ'bləʊ] adj [account] detallado(a), con todo lujo de detalles

blow-dry ['bləʊdraɪ] ■ n secado *m*

■ vt secar con secador de mano

blower ['bləʊə(r)] n *BR Fam* [telephone] teléfono *m*

blowhole ['bləʊhəʊl] n [of whale] espiráculo *m*

blowjob ['bləʊdʒɒb] n *Vulg* chupada *f*, *ESP* mamada *f* ▶ **to give sb a ~** chupársela *or ESP* comérsela a alguien

blowlamp ['bləʊlæmp] n *BR* soplete *m*

blown [bləʊn] pp *of* ***blow***

blow-out ['bləʊaʊt] n **1.** [of tyre] reventón *m*, *AM* ponchadura *f* **2.** *Fam* [big meal] comilona *f*, *ESP* cuchipanda *f*

blowpipe ['bləʊpaɪp] n [weapon] cerbatana *f*

blowtorch ['bləʊtɔːtʃ] n soplete *m*

blowzy ['blaʊzɪ] adj [woman] desaseada y gorda

blub [blʌb] (pt & pp **blubbed**) vi *BR Fam* [cry] lloriquear

blubber ['blʌbə(r)] ■ n [fat] grasa *f*

■ vi *Fam* [cry] lloriquear

bludgeon ['blʌdʒən] vt apalear ▶ *Fig* **to ~ sb into doing sth** forzar a alguien a que haga algo

blue [bluː] ■ n **1.** [colour] azul *m* ▶ *Fig* **out of the ~** inesperadamente **2. the blues** [music] el blues ▶ *Fam* **to have the blues** [be depressed] estar muy depre

■ adj **1.** [colour] azul ▶ **~ with cold** amoratado(a) de frío ▶ *Fam* **she can complain until she's ~ in the face** puede quejarse todo lo que quiera ▶ **once in a ~ moon** de uvas a peras, *RP* cada muerte de obispo ▶ *Fam* **to scream ~ murder** poner el grito en el cielo ▶ **~ blood** sangre *f* azul ▶ **~ cheese** queso *m* azul ▶ **~ whale** ballena *f* azul **2.** *Fam* [sad] **to feel ~** estar depre *or* triste **3.** *Fam* [obscene] [joke] verde ▶ **to tell ~ stories** contar chistes verdes ▶ **a ~ film** una película porno

bluebell ['bluːbel] n campanilla *f*

blueberry ['bluːbərɪ] n arándano *m*

bluebird ['bluːbɜːd] n azulejo *m*

bluebottle ['bluːbɒtəl] n moscarda *f*, mosca *f* azul

blue-chip ['bluːtʃɪp] adj FIN [shares, company] de gran liquidez, puntero(a)

blue-collar ['bluː'kɒlə(r)] adj **~ worker** trabajador(ora) *m,f* manual

blue-eyed ['bluːaɪd] adj de ojos azules ▶ *BR Fam* **his mother's ~ boy** el niño bonito de mamá

blueprint ['bluːprɪnt] n ARCHIT & IND cianotipo *m*, plano *m* / *Fig* [plan] proyecto *m*

blue-sky ['bluːskaɪ] adj *US* **1.** [research] puramente teórico(a) *or* especulativo(a) **2.** [stocks, shares] fraudulento(a)

bluetit ['bluːtɪt] n herrerillo *m*

bluff [1] [blʌf] ■ n [pretence] farol *m* ▶ **to call sb's ~** [at cards] ver a alguien un farol / [in negotiation] retar a alguien a que cumpla sus amenazas

■ vi [pretend] fingir, simular / [in cards] tirarse un farol

bluff [2] n [cliff] despeñadero *m*

bluff [3] adj [manner] abrupto(a)

blunder ['blʌndə(r)] ■ n metedura *f or AM* metida *f* de pata / [more serious] error *m*

■ vi **1.** [make mistake] meter la pata / [more seriously] cometer un error **2.** [move clumsily] **to ~ along** avanzar dando tumbos ▶ **to ~ into sth/sb** tropezar con algo/ alguien

blunderbuss ['blʌndəbʌs] n trabuco *m*

blunt [blʌnt] ■ adj **1.** [blade] romo(a), desafilado(a) / [pencil] desafilado(a) **2.** [manner, statement, person] franco(a) / [refusal] contundente ▶ **to be ~,...** para ser francos,...

■ vt **1.** [blade, pencil] desafilar **2.** [dull] [anger, enthusiasm] atenuar, templar

bluntly ['blʌntlɪ] adv [frankly] sin rodeos, claramente

bluntness ['blʌntnɪs] n **1.** [of blade] embotadura *f* **2.** [of manner, statement, person] franqueza *f*, llaneza *f*

blur [blɜː(r)] ■ n [vague shape] imagen *f* borrosa / [unclear memory] vago recuerdo *m* ▶ **to go by in a ~** [time] pasar sin sentir *or* en un suspiro

■ vt (pt & pp **blurred**) desdibujar

■ vi *also Fig* desdibujarse

blurb [blɜːb] n *Fam* [on book cover] notas y citas *fpl* promocionales

blurred [blɜːd] adj borroso(a)

blurt [blɜːt] ◆ ***blurt out*** vt sep soltar

blush [blʌʃ] ■ n rubor *m,* sonrojo *m* ▸ **to spare sb's blushes** salvar a alguien del bochorno
■ vi ruborizarse, sonrojarse ▸ **I ~ to admit it** me da vergüenza *or AM* pena confesarlo

blusher ['blʌʃə(r)] n [rouge] colorete *m*

bluster ['blʌstə(r)] ■ n [protests, threats] bravuconadas *fpl,* fanfarronadas *fpl*
■ vi [protest, threaten] echar bravatas

blustery ['blʌstərɪ] adj [wind] tempestuoso(a) ▸ **a ~ day** un día de vientos tempestuosos

BMA [biːe'meɪ] n (abbr ***British Medical Association***) = *colegio británico de médicos*

BO [biː'əʊ] n *Fam* (abbr ***body odour***) sobaquina *f,* olor *m* a sudor

boa ['bəʊə] n **~ (constrictor)** boa *f* (constrictor) ▸ **feather ~** boa *m*

boar ['bɔː(r)] n [male pig] verraco *m* / [wild pig] jabalí *m*

board [bɔːd] ■ n **1.** [of wood] tabla *f,* tablón *m* / [for notices] tablón *m* / [for chess, draughts] tablero *m* / [blackboard] pizarra *f,* encerado *m, AM* pizarrón *m* ▸ **to go by the ~** [be abandoned, ignored] irse a pique ▸ **across the ~** de manera global *or* general ▸ **~ game** juego *m* de mesa **2.** [group of people] **~ (of directors)** consejo *m* de administración ▸ **~ of enquiry** comisión *f* investigadora ▸ EDUC **~ of examiners** tribunal *m* (de examinadores) ▸ **~ meeting** reunión *f* del consejo, junta *f* ▸ *BR* **Board of Trade** = *departamento ministerial responsable de la supervisión del comercio y de la promoción de las exportaciones* ▸ *US* **~ of trade** cámara *f* de comercio **3.** [meals] **half ~** media pensión *f* ▸ **full ~** pensión *f* completa ▸ **~ and lodging** *or US* **room** alojamiento *m* y comida **4.** NAUT **on ~** a bordo ▸ **to go on ~** subir a bordo ▸ *BR* **to take an idea/a proposal on ~** aceptar una idea/una propuesta
■ vt [ship, plane] embarcar en / [train, bus] subir a, montar en
■ vi **1.** [lodge] alojarse (**with** en casa de) / [at school] estar interno(a) **2.** AV **flight 123 is now boarding** el vuelo 123 está en estos momentos procediendo al embarque
◆ ***board up*** vt sep [house, window] cubrir con tablas, entablar

boarder ['bɔːdə(r)] n [lodger] huésped *mf* / [at school] interno(a) *m,f*

boarding ['bɔːdɪŋ] n **1.** AV **~ card** *or* **pass** tarjeta *f* de embarque **2. ~ house** pensión *f* ▸ **~ school** internado *m*

boardroom ['bɔːdruːm] n sala *f* de juntas

boardwalk ['bɔːdwɔːk] n *US* paseo *m* marítimo entarimado

boast [bəʊst] ■ n jactancia *f,* alarde *m*
■ vt **the school boasts a fine library** el colegio posee una excelente biblioteca
■ vi alardear (**about** de) ▸ **it's nothing to ~ about!** ¡no es como para estar orgulloso!

boastful ['bəʊstfʊl] adj jactancioso(a), presuntuoso(a)

boasting ['bəʊstɪŋ] n jactancia *f,* alardeo *m*

boat [bəʊt] n [in general] barco *m* / [small] barca *f,* bote *m* / [large] buque *m* ▸ **I came by ~** vine en barco ▸ *Fig* **we're all in the same ~** estamos todos en el mismo barco ▸ *Fig* **to push the ~ out** [celebrate lavishly] tirar la casa por la ventana ▸ **the Boat race** = *carrera anual de barcos de remo que enfrenta en el río Támesis a una embarcación de la universidad de Cambridge con otra de la de Oxford* ▸ **~ train** = *ferrocarril que enlaza con una línea marítima*

boat-builder ['bəʊtbɪldə(r)] n constructor(ora) *m,f* de barcos

boater ['bəʊtə(r)] n [straw hat] canotier *m*

boathouse ['bəʊthaʊs] n cobertizo *m* para barcas

boating ['bəʊtɪŋ] n paseo *m* en barca ▸ **to go ~** ir a pasear en barca

boat-load ['bəʊtləʊd] n [of cargo, tourists] cargamento *m* ▸ *Fig* **by the ~** a espuertas

boatswain ['bəʊsən] n NAUT contramaestre *m*

boatyard ['bəʊtjɑːd] n astillero *m*

Bob [bɒb] n *BR Fam* **and Bob's your uncle!** ¡y ya está!

bob [1] [bɒb] ■ n **1.** [curtsey] ligera genuflexión *f (a modo de saludo)* **2.** [hairstyle] corte *m* estilo paje **3.** [bobsleigh] bobsleigh *m,* bob *m*
■ vt (pt & pp **bobbed**) **1. to ~ one's head** hacer un gesto con la cabeza **2. to have one's hair bobbed** cortarse el pelo a lo paje
■ vi **to ~ up and down** moverse arriba y abajo ▸ **to ~ about** [on water] mecerse

bob [2] (pl **bob**) n *BR Fam* [shilling] chelín *m* ▸ **that must have cost a few ~** debe haber costado buena *ESP* pasta *or AM* plata *or MÉX* lana

bobbin ['bɒbɪn] n [on machine] canilla *f,* bobina *f* / [for thread] carrete *m,* bobina *f*

bobble ['bɒbəl] n [on hat] borla *f*

bobby ['bɒbɪ] n **1.** *BR Fam* [policeman] poli *mf* **2.** *US* **~ pin** horquilla *f*

bobsled ['bɒbsled], ***bobsleigh*** ['bɒbsleɪ] n bobsleigh *m,* bob *m*

bod [bɒd] n *Fam* **1.** *BR* [person] tipo(a) *m,f, ESP* tío(a) *m,f* **2.** [body] cuerpo *m* ▸ **he's got a nice ~** tiene un cuerpazo

bode [bəʊd] vi **this bodes well/ill for the future** es un buen/mal presagio para el futuro

bodge [bɒdʒ] *BR Fam* vt hacer una chapuza con

bodice ['bɒdɪs] n **1.** [part of dress] cuerpo *m* **2.** [undergarment] corpiño *m*

bodily ['bɒdɪlɪ] ■ adj corporal ▸ **~ functions** funciones *fpl* fisiológicas ▸ **~ needs** necesidades *fpl* físicas
■ adv en volandas ▸ **he was carried ~ to the door** lo llevaron en volandas hasta la puerta

body ['bɒdɪ] n **1.** [of person, animal] cuerpo *m* / [dead] cadáver *m* ▸ *Fig* **to have enough to keep ~ and soul together** tener lo justo para vivir ▸ *Fam* **over my dead ~!** ¡por encima de mi cadáver! ▸ **~ bag** bolsa *f* para cadáveres ▸ *Fig* **a ~ blow** [severe setback] un duro golpe ▸ **~ builder** culturista *mf* ▸ **~ building** culturismo *m* ▸ **~ clock** reloj *m* biológico ▸ MIL **~ count** [of casualties] número *m* de bajas ▸ **~ fascism** dictadura *m* del cuerpo ▸ **~ language** lenguaje *m* corporal ▸ **~ lotion** loción *f* corporal ▸ **~ odour** olor *m* corporal ▸ **~ piercing** perforaciones *fpl* en el cuerpo, "piercing" *m* ▸ **~ warmer** chaleco *m* acolchado **2.** [of hair, wine] cuerpo *m* **3.** [group] grupo *m*, conjunto *m* / [organization] entidad *f* ▸ **public ~** organismo *m* público ▸ **a large ~ of people** un nutrido grupo de gente ▸ **a ~ of evidence** un conjunto de pruebas ▸ **the ~ politic** el Estado, la nación ▸ **~ of water** masa *f* de agua **4.** [main part] [of car] carrocería *f* / [of letter, argument] núcleo *m* ▸ **~ shop** taller *m* de carrocería **5.** [garment] body *m* ▸ **~ stocking** [leotard] malla *f* / [women's undergarment] body *m*

bodybuilder ['bɒdɪbɪldə(r)] n culturista *mf*

bodyguard ['bɒdɪgɑːd] n [person] guardaespaldas *mf inv*, escolta *mf* / [group] escolta *f*

bodywork ['bɒdɪwɜːk] n [of car] carrocería *f*

Boer ['bəʊə(r)] n bóer *mf* ▸ **the ~ War** la guerra de los bóers

boffin ['bɒfɪn] n *BR Fam Hum* [scientist] sabio *m*, lumbrera *f*

bog [bɒg] n **1.** [marsh] pantano *m*, ciénaga *f* **2.** *BR Fam* [toilet] baño *m*, *ESP* tigre *m* ▸ **~ roll** *or* **paper** papel *m* higiénico

◆ ***bog down*** vt sep **to get bogged down** [in mud, details] quedarse atascado(a)

bogey ['bəʊgɪ] n **1.** [cause of fear] pesadilla *f* **2.** *BR Fam* [snot] moco *m*

bogeyman ['bəʊgɪmæn] n **the ~** el coco, el hombre del saco

boggle ['bɒgəl] vi *Fam* **he boggled at the thought of her reaction** le horripilaba pensar cómo reaccionaría ella ▸ **she boggled at paying such a price** se quedó pasmada de tener que pagar un precio tan alto ▸ **the mind boggles!** no me lo puedo ni imaginar

Bogota [bɒgə'tɑː] n Bogotá

bog-standard ['bɒg'stændəd] adj *BR Fam* del montón, corrientucho(a)

bogus ['bəʊgəs] adj falso(a) ▸ *Fam* **he's completely ~** es un farsante

Bohemian [bəʊ'hiːmɪən] n & adj *also Fig* bohemio(a) *m,f*

boil[1] [bɔɪl] n MED forúnculo *m*, pústula *f*

boil[2] ■ n **to come to the ~** empezar *or* romper a hervir ▸ **to bring sth to the ~** hacer que algo hierva ▸ *Fig* **to go off the ~** pasar un mal momento

■ vt hervir, cocer ▸ **to ~ the kettle** poner el agua a hervir ▸ **a boiled egg** un huevo cocido

■ vi hervir ▸ **the kettle's boiling** el agua está hirviendo ▸ **the kettle boiled dry** el hervidor se quedó sin agua ▸ *Fig* **to ~ with rage** enfurecerse

◆ ***boil down to*** vt insep *Fam* **it all boils down to...** todo se reduce a...

◆ ***boil over*** vi [milk, soup] salirse, rebosar / *Fig* [situation] estallar

◆ ***boil up*** vt insep [milk, water] (poner a) hervir

boiler ['bɔɪlə(r)] n caldera *f* ▸ **~ room** (sala *f* de) calderas *fpl*

boilermaker ['bɔɪləmeɪkə(r)] n calderero *m*

boilersuit ['bɔɪləsuːt] n *BR* mono *m* (de trabajo), *AM* overol *m*, *CSUR, CUBA* mameluco *m*

boiling ['bɔɪlɪŋ] ■ adj hirviente ▸ *Fam* **I'm ~!** ¡me estoy asando! ▸ **~ point** punto *m* de ebullición ▸ *Fig* **the situation has reached ~ point** la situación está al rojo vivo

■ adv **it's ~ hot** hace un calor abrasador

boisterous ['bɔɪstərəs] adj [person] alborotador(ora), bullicioso(a)

bold [bəʊld] adj **1.** [brave] audaz **2.** [shameless] fresco(a) ▸ **to be as ~ as brass** ser un(a) caradura, *ESP* tener más cara que espalda **3.** [striking] marcado(a), acentuado(a) ▸ TYP **~ type** negrita *f*

boldly ['bəʊldlɪ] adv [bravely] audazmente, con audacia

boldness ['bəʊldnɪs] n audacia *f*

Bolivia [bə'lɪvɪə] n Bolivia

Bolivian [bə'lɪvɪən] n & adj boliviano(a) *m,f*

bollard ['bɒləd] n NAUT bolardo *m*, noray *m* / *BR* [traffic barrier] hito *m*

bollocking ['bɒləkɪŋ] n *BR Very Fam* **to give sb a ~** poner a alguien como un trapo *or MÉX* como camote, *ESP* echar una bronca que te cagas a alguien

bollocks ['bɒləks] npl *BR Vulg* [testicles] cojones *mpl*, huevos *mpl* ▸ **(that's) ~!** [nonsense] ¡eso son *ESP* gilipolleces *or AM* pendejadas!

Bolshevik ['bɒlʃəvɪk] n & adj bolchevique *mf*

Bolshevism ['bɒlʃəvɪzəm] n bolchevismo *m*

bolshie, bolshy ['bɒlʃɪ] adj *BR Fam* **to be ~** estar renegón(ona)

bolster ['bəʊlstə(r)] ■ n almohada *f* cilíndrica

■ vt [confidence, pride] reforzar, fortalecer

bolt [bəʊlt] ■ n **1.** [on door] cerrojo *m*, pestillo *m* / [metal fastening] perno *m* ▸ *Fam* **he has shot his ~** ha quemado sus últimos cartuchos **2.** [dash] **she made a ~ for the door** se precipitó hacia la puerta ▸ **~ hole** refugio *m* **3.** [of lightning] rayo *m* ▸ *Fig* **to come like a ~ from the blue** ocurrir de sopetón, pillar *or AM* agarrar a todo el mundo por sorpresa

■ adv **~ upright** erguido(a)

■ vt **1.** [lock] **to ~ the door/window** cerrar la puerta/ventana con pestillo **2.** [attach with bolts] atornillar **3.** [eat] engullir

■ vi [horse] salir de estampida / [person] salir huyendo

◆ ***bolt down*** vt insep [eat quickly] **to ~ sth down** engullir *or* zamparse algo

bomb [bɒm] ■ n bomba *f* ▸ **to drop/plant a ~** arrojar/colocar una bomba ▸ *BR Fam* **to go like a ~** [go quickly] ir como una bala ▸ *BR Fam* **it cost a ~** costó un ojo de la cara ▸ **~ disposal expert** (experto *m*) artificiero *m* ▸ **~ scare** amenaza *f* de bomba

■ vt bombardear

■ vi *US Fam* [fail] fracasar (estrepitosamente)

◆ ***bomb along*** vi *BR Fam* [go quickly] ir a toda máquina *or ESP* pastilla

bombard [bɒm'bɑːd] vt bombardear ▸ *Fig* **to ~ sb with questions** bombardear a alguien con preguntas

bombardment [bɒm'bɑːdmənt] n bombardeo *m*

bombast ['bɒmbæst] n ampulosidad *f*, altisonancia *f*

bombastic [bɒm'bæstɪk] adj ampuloso(a), altisonante

bomber ['bɒmə(r)] n [aircraft] bombardero *m* / [person] terrorista *mf (que coloca bombas)* ▸ **~ jacket** cazadora *f or CSUR* campera *f or MÉX* chamarra *f* de aviador

bombing ['bɒmɪŋ] n [aerial] bombardeo *m* / [by terrorist] atentado *m* con bomba

bombshell ['bɒmʃel] n obús *m* ▸ *Fig* **to drop a ~** dejar caer una bomba ▸ *Fam* **a blonde ~** una rubia explosiva

bombsight ['bɒmsaɪt] n visor *m* de bombardeo

bombsite ['bɒmsaɪt] n lugar *m* arrasado por un bombardeo ▸ *BR Fig* **your bedroom is a ~!** ¡tu cuarto está hecho una leonera!

bona fide ['bəʊnə'faɪdɪ] adj auténtico(a), genuino(a)

bonanza [bə'nænzə] n filón *m* ▸ **a ~ year** un año de grandes beneficios *or* de bonanza

bonbon ['bɒnbɒn] n caramelo *m*

bonce [bɒns] n *BR Fam* [head] coco *m*, *ESP* tarro *m*

bond [bɒnd] ■ n **1.** [between materials] unión *f* / [between people] vínculo *m* ▸ **to feel a ~ with sb** sentir un vínculo de unión con alguien ▸ *Literary* **bonds** [ropes, chains] ataduras *fpl* **2.** FIN bono *m* **3.** LAW fianza *f* ▸ *Formal* **my word is my ~** siempre cumplo mi palabra **4.** COM **to be in ~** estar en depósito aduanero

■ vt **1.** [stick] pegar, adherir **2.** *Fig* [unite] **to ~ together** unir

■ vi **1.** [stick] pegar, adherirse **2.** *Fig* [form attachment] unirse (**with** a)

bondage ['bɒndɪdʒ] n **1.** [slavery] esclavitud *f*, servidumbre *f* **2.** [sexual practice] bondage *m*, = *práctica sexual en la que se ata a uno de los participantes*

bonding ['bɒndɪŋ] n (lazos *mpl* de) unión *f* ▸ *Hum* **they're doing a bit of male ~** están haciendo cosas de hombres

bone [bəʊn] ■ n **1.** [of person, animal] hueso *m* / [of fish] espina *f* ▸ **~ china** porcelana *f* fina ▸ **~ meal** harina *f* de hueso **2.** [idioms] **to work one's fingers to the ~** matarse trabajando *or ESP* a trabajar ▸ **to be ~ idle** *or* **lazy** ser más vago(a) que la chaqueta de un guardia ▸ **I feel it in my bones** tengo una corazonada ▸ **~ of contention** manzana *f* de la discordia ▸ *Fam* **to have a ~ to pick with sb** tener que arreglar *or* ajustar cuentas con alguien ▸ **he made no bones about it** no trató de disimularlo ▸ **close to the ~** [tactless, risqué] fuera de tono

■ vt **1.** [fillet] [chicken] deshuesar / [fish] quitar las espinas a **2.** *US Vulg* [have sex with] *ESP* follarse *or* tirarse a, *AM* cogerse a, *MÉX* chingarse a

◆ ***bone up on*** vt insep *Fam* empollarse

bone-dry ['bəʊn'draɪ] adj completamente seco(a)

bonehead ['bəʊnhed] *US Fam* ■ n estúpido(a) *m,f*, *ESP* berzotas *mf inv*

■ adj estúpido(a)

bonfire ['bɒnfaɪə(r)] n hoguera *f*, fogata *f* ▸ *BR* **Bonfire Night** = *fiesta del 5 de noviembre en que de noche se hacen hogueras y hay fuegos artificiales*

bongo ['bɒŋgəʊ] n MUS **~ drums, bongos** bongos *mpl*, bongós *mpl*

bonhomie ['bɒnɒmiː] n camaradería *f*

bonk[1] [bɒŋk] vt *Fam* [hit] pegar

bonk[2] *BR very Fam* ■ n [sex] **to have a ~** *ESP* echar un casquete, *AM* coger, *MÉX* chingar

■ vt [have sex with] *ESP* echar un casquete con, *AM* cogerse a, *MÉX* chingarse a

■ vi [have sex] *ESP* echar un casquete, *AM* coger, *MÉX* chingar

bonkers ['bɒŋkəz] adj *BR Fam* [mad] **to be ~** estar chiflado(a) *or ESP* majareta

Bonn [bɒn] n Bonn

bonnet ['bɒnɪt] n **1.** [hat] cofia *f*, papalina *f* **2.** *BR* [of car] capó *m*, *CAM, MÉX* cofre *m*

bonny ['bɒnɪ] adj *SCOT* bonito(a), precioso(a)

bonsai ['bɒnsaɪ] n bonsai *m*

bonus ['bəʊnəs] n **1.** [for productivity, seniority] plus *m* / [in insurance, for investment] prima *f* ▸ **Christmas ~** aguinaldo *m (dinero)* ▸ **~ number** [in lottery] ≃ (número *m*) complementario *m* ▸ **~ scheme** sistema *m* de primas **2.** [advantage] ventaja *f* adicional

bony ['bəʊnɪ] adj [person, limb] huesudo(a) / [fish] con muchas espinas

boo [buː] ■ n (pl **boos**) abucheo *m*

■ vt abuchear

■ exclam [of audience, crowd] ¡buu! / [to frighten sb] ¡uuh! ▸ **he wouldn't say ~ to a goose** es muy tímido, *ESP* es un cortado

boob [buːb] *Fam* ■ n **1.** *BR* [mistake] metedura *f or AM* metida *f* de pata ▸ **to make a ~** meter la pata, *MÉX* segarla **2. boobs** [breasts] tetas *fpl* ▸ **~ tube** = *top ajustado sin mangas ni tirantes* **3.** *US* [person] lelo(a) *m,f*, bobalicón(ona) *m,f* ▸ **~ tube** [television] caja *f* tonta

■ vi *BR* [make mistake] meter la pata

booby-prize ['buːbɪpraɪz] n premio *m* para el farolillo rojo

booby-trap ['buːbɪtræp] ■ n [explosive device] bomba *f* trampa *or* camuflada / [practical joke] trampa *f*

■ vt (pt & pp **booby-trapped**) [with explosive device] colocar una bomba trampa en / [as practical joke] colocar una trampa en

boo-hoo ['buː'huː] exclam ¡buaaah!

book [bʊk] n ■ **1.** [in general] libro *m* / [of stamps] librillo *m* / [of matches] caja *f* (de solapa) / [of tickets] talonario *m* ▸ FIN **the books** [of company] la contabilidad ▸ **~ club** círculo *m* de lectores ▸ **~ end** sujetalibros *m inv* ▸ **~ review** reseña *f* literaria ▸ **~ token** vale *m* para comprar libros **2.** [idioms] **physics is a closed ~ to me** la física es un misterio para mí ▸ **in my ~...** a mi modo de ver... ▸ **to be in sb's good/bad books** estar a buenas/malas con alguien, *RP* estar en buenos/malos términos con alguien ▸ **to bring sb to ~ for sth** obligar a alguien a rendir cuentas por algo ▸ **by** *or* **according to the ~** según las normas ▸ **to throw the ~ at sb** castigar a alguien con la máxima severidad

■ vt **1.** [reserve] reservar / [performer] contratar ▸ **to ~ sb on a flight** reservarle (plaza en) un vuelo a alguien ▸ **to be fully booked** [theatre, flight] estar completo(a) / [person] tener la agenda completa **2.** [record details of] [police suspect] fichar / [traffic offender] multar **3.** *BR* [soccer player] mostrar una tarjeta amarilla a

◆ ***book in*** ■ vt sep **to ~ sb in** hacer una reserva para alguien

■ vi [take a room] coger una habitación / *BR* [register] registrarse

◆ ***book up*** vt sep **the hotel is fully booked up** el hotel está al completo ▸ **I'm booked up for this evening** ya he quedado para esta noche

bookable ['bʊkəbəl] adj [seat, flight] que se puede reservar con antelación

bookbinder ['bʊkbaɪndə(r)] n encuadernador(ora) *m,f*

bookbinding ['bʊkbaɪndɪŋ] n encuadernación *f*

bookcase ['bʊkkeɪs] n librería *f*, estantería *f*

bookie ['bʊkɪ] n *Fam* [in betting] corredor(ora) *m,f* de apuestas

booking ['bʊkɪŋ] n **1.** [reservation] reserva *f* ▸ **to make a ~** hacer una reserva ▸ **~ office** taquilla *f*, *AM* boletería *f* **2.** [in soccer] amonestación *f* ▸ **to receive a ~** ser amonestado(a)

bookish ['bʊkɪʃ] adj [person] estudioso(a) / *Pej* [approach, style] académico(a), sesudo(a)

bookkeeping ['bʊkki:pɪŋ] n FIN contabilidad *f*

booklet ['bʊklɪt] n folleto *m*

bookmaker ['bʊkmeɪkə(r)] n [in betting] corredor(ora) *m,f* de apuestas

bookmark ['bʊkmɑ:k] ■ n **1.** [for book] marcapáginas *m* **2.** COMPTR marcador *m*

■ vt COMPTR [Web page] añadir a la lista de marcadores

bookseller ['bʊkselə(r)] n librero(a) *m,f*

bookshelf ['bʊkʃelf] n [single shelf] estante *m* ▸ **bookshelves** [set of shelves] estantería *f*

bookshop ['bʊkʃɒp] n librería *f*

bookstall ['bʊkstɔ:l] n [in street] puesto *m* de libros / *BR* [in railway station] quiosco *m* de prensa

bookstand ['bʊkstænd] n **1.** [in bookstore, library] expositor *m* de libros **2.** [for supporting book] atril *m* (de pie) **3.** [in railway station] quiosco *m* de prensa

bookstore [bʊkstɔ:(r)] n *US* librería *f*

bookworm ['bʊkwɜ:m] n *Fam* [avid reader] ratón *m* de biblioteca

boom[1] [bu:m] n **1.** NAUT [barrier] barrera *f* / [for sail] botavara *f* **2.** CIN & TV jirafa *f*

boom[2] ■ n [economic] auge *m*, boom *m* ▸ **~ town** ciudad *f* en auge

■ vi [business, trade] estar en auge, dispararse

boom[3] ■ n [sound] estruendo *m*, retumbo *m*

■ vi [thunder, gun] retumbar

boomerang ['bu:məræŋ] n bumerán *m*

booming ['bu:mɪŋ] adj [voice] estruendoso(a), atronador(ora)

boon [bu:n] n bendición *f*

boor ['bʊə(r)] n grosero(a) *m,f*, cafre *mf*

boorish ['bʊərɪʃ] adj [person, behaviour] grosero(a), ordinario(a)

boost [bu:st] ■ n [of rocket] propulsión *f* / [of economy] impulso *m* ▸ **to give sth/sb a ~** dar un impulso a algo/alguien

■ vt [rocket] propulsar / TEL [signal] amplificar / [economy, production] impulsar, estimular / [hopes, morale] levantar

booster ['bu:stə(r)] n **1. ~ (rocket)** (cohete *m*) propulsor *m* **2.** ELEC elevador *m* de tensión **3.** MED revacunación *f*

boot [bu:t] ■ n **1.** [footwear] bota *f* / [ankle-length] botín *m* ▸ *US* MIL **~ camp** campamento *m* de reclutas **2.** *BR* [of car] maletero *m*, *CAM, MÉX* cajuela *f*, *CSUR* baúl *m* **3.** [idioms] **the ~ is on the other foot** se ha dado la vuelta a la tortilla ▸ *Fam* **to give sb the ~** poner a alguien de patitas en la calle ▸ *Fam* **to get the ~** ser despedido(a) ▸ *BR Fam* **to put** *or* **stick the ~ into sb** [beat severely] dar una paliza a alguien / [criticize] ensañarse con alguien ▸ **to ~** además, por añadidura

■ vt **1.** *Fam* [kick] dar una patada a ▸ **to ~ sb out** poner a alguien en la calle **2.** COMPTR arrancar

■ vi COMPTR **to ~ (up)** arrancar

bootee [bu:'ti:] n [child's shoe] patuco *m*

booth [bu:ð] n [at fair] barraca *f* (de feria) / [for telephone, in voting] cabina *f* / [in restaurant] mesa *f* *(rodeada de asientos corridos fijados al suelo)*

bootlace ['bu:tleɪs] n cordón *m*

bootleg ['bu:tleg] adj [alcohol] de contrabando / [recording, cassette] pirata

bootlicker ['bu:tlɪkə(r)] n *Fam* lameculos *mf inv*, *ESP* pelota *mf*, *MÉX* arrastrado(a) *m,f*, *RP* chupamedias *mf inv*

bootstrap ['bu:tstræp] n **1.** trabilla *f*, tirante *m* ▸ *Fig* **he pulled himself up by his bootstraps** logró salir adelante por su propio esfuerzo **2.** COMPTR arranque *m* ▸ **~ routine** secuencia *f* de arranque

booty ['bu:tɪ] n [loot] botín *m*

booze [bu:z] *Fam* ■ n bebida *f*, *ESP* priva *f*, *RP* chupi *m*

■ vi empinar el codo, *RP* chupar

boozer ['bu:zə(r)] n *Fam* **1.** [person] bebedor(ora) *m,f*, esponja *f*, *AM* tomador(ora) *m,f* **2.** *BR* [pub] bar *m*, *ESP* bareto *m*

booze-up ['bu:zʌp] n *BR Fam* juerga *f*

boozy ['bu:zɪ] adj *Fam* [voice, breath] de borracho(a)

bop[1] [bɒp] *BR Fam* ■ n [dance] baile *m*

■ vi (pt & pp **bopped**) [dance] bailotear

bop[2] *Fam* ■ n [blow] golpecito *m*

■ vt (pt & pp **bopped**) [hit] dar un golpecito a

boracic [bə'ræsɪk] adj CHEM bórico(a)

border ['bɔ:də(r)] ■ n **1.** [edge] borde *m* / [on clothes] ribete *m* / [in garden] arriate *m* **2.** [frontier] frontera *f* ▸ **the Borders** = *región al sureste de Escocia, los Borders* ▸ **~ guard** guardia *m* fronterizo ▸ **~ town** ciudad *f* fronteriza

■ vt bordear / [country] limitar con

◆ ***border on*** vt insep [of country] limitar con ▸ **to ~ on insanity/the ridiculous** bordear la locura/lo ridículo

borderland ['bɔ:dəlænd] n frontera *f*, zona *f* fronteriza

borderline ['bɔ:dəlaɪn] n frontera *f*, divisoria *f* ▸ **a ~ case** un caso dudoso

bore[1] [bɔ:(r)] ■ n [person] pelma *mf*, pelmazo(a) *m,f* / [thing] fastidio *m*, lata *f* ▸ **what a ~!** ¡qué lata *or* pesadez!
■ vt aburrir

bore[2] ■ n [calibre] calibre *m*
■ vt [with drill] perforar, taladrar ▸ **to ~ a hole in sth** taladrar algo
■ vi **to ~ for water/minerals** hacer perforaciones *or* prospecciones en búsqueda *or* *ESP* busca de agua/ minerales

bore[3] pt *of* ***bear***[2]

bored [bɔ:d] adj aburrido(a) ▸ **to be ~** estar aburrido(a) ▸ *Fam* **I was ~ stiff** *or* **to tears** me aburrí como una ostra *or* *RP* un perro

boredom ['bɔ:dəm] n aburrimiento *m*

boring ['bɔ:rɪŋ] adj aburrido(a) ▸ **to be ~** ser aburrido(a)

born [bɔ:n] ■ adj **he's a ~ storyteller/leader** es un narrador/líder nato
■ (pp *of* ***bear*** used to form passive) **to be ~** nacer ▸ **I was ~ in London/in 1975** nací en Londres/en 1975 ▸ *Fam* **I wasn't ~ yesterday** no me chupo el dedo

-born [bɔ:n] suffix **she's English~** es inglesa de nacimiento, nació en Inglaterra

born-again Christian ['bɔ:nəgen'krɪstʃən] n REL = *cristiano convertido a un culto evangélico*

borne [bɔ:n] pp *of* ***bear***[2]

Borneo ['bɔ:nɪəʊ] n Borneo

borough ['bʌrə] n *BR* = *división administrativa y electoral que comprende un municipio o un distrito urbano*

borrow ['bɒrəʊ] ■ vt **can I ~ your book?** ¿me prestas *or* *ESP* dejas tu libro? ▸ **I borrowed his bicycle without him knowing** le tomé la bicicleta prestada sin que lo supiera ▸ **to ~ a book from the library** tomar prestado un libro de la biblioteca ▸ **to ~ money from the bank** pedir un crédito al banco ▸ **to be living on borrowed time** [ill person, government] tener los días contados
■ vi **she's always borrowing from other people** siempre está pidiendo cosas prestadas a los demás

borrower ['bɒrəʊə(r)] n [from bank] prestatario(a) *m,f* / [from library] usuario(a) *m,f*

borstal ['bɔ:stəl] n *BR Formerly* correccional *m*, reformatorio *m*

bosh [bɒʃ] *Fam* ■ n tonterías *fpl*, *AM* pendejadas *fpl*, *RP* pavadas *fpl*
■ exclam ¡pamplinas!

Bosnia(-Herzegovina) ['bɒznɪə(hɜ:tsəgə'vi:nə)] n Bosnia(-Herzegovina)

Bosnian ['bɒznɪən] ■ n bosnio(a) *m,f*
■ adj bosnio(a) ▸ **~ Croat** croata *mf* de Bosnia ▸ **~ Muslim** musulmán(ana) *m,f* de Bosnia ▸ **~ Serb** serbio(a) *m,f* de Bosnia

bosom ['bʊzəm] ■ n [of woman] pecho *m* / *Fig* seno *m* ▸ *Fig* **in the ~ of one's family** en el seno de la familia
■ adj **~ friend** amigo(a) *m,f* del alma

Bosphorus ['bɒsfərəs] n **the ~** el Bósforo

boss[1] [bɒs] n [on shield] tachón *m*

boss[2] *Fam* ■ n [at work] jefe(a) *m,f* ▸ **he's his own ~** trabaja por cuenta propia ▸ *Fig* **to show sb who's ~** enseñar a alguien quién manda
■ vt **to ~ sb about** *or* **around** dar órdenes a alguien (a diestro y siniestro)

boss-eyed ['bɒsaɪd] adj *BR Fam* bizco(a)

bossy ['bɒsɪ] adj mandón(ona) ▸ *Fam* **a ~ boots** un(a) mandón(ona)

bosun ['bəʊsən] n NAUT contramaestre *m*

botanic(al) [bə'tænɪk(əl)] adj botánico(a) ▸ **~ garden(s)** jardín *m* botánico

botanist ['bɒtənɪst] n botánico(a) *m,f*

botany ['bɒtənɪ] n botánica *f*

botch [bɒtʃ] *Fam* ■ n chapuza *f* ▸ **to make a ~ of a job/an interview** hacer una chapuza de trabajo/ entrevista
■ vt **to ~ a job/an interview** hacer una chapuza de trabajo/entrevista

botched [bɒtʃt] adj chapucero(a) ▸ **a ~ job** una chapuza

both [bəʊθ] ■ pron ambos(as), los/las dos ▸ **~ (of them) are dead** los dos *or* ambos están muertos ▸ **~ of us agree** los dos estamos de acuerdo
■ adj ambos(as), los/las dos ▸ **~ (the) brothers** ambos hermanos, los dos hermanos ▸ **to hold sth in ~ hands** sostener algo con las dos manos ▸ **~ my brothers** mis dos hermanos ▸ **on ~ sides** a ambos lados ▸ **to look ~ ways** mirar a uno y otro lado ▸ **you can't have it ~ ways** o una cosa o la otra, no puedes tenerlo todo
■ adv **~ you and I** tanto tú como yo ▸ **she is ~ intelligent and beautiful** es inteligente y, además, guapa

bother ['bɒðə(r)] ■ n [trouble] problemas *mpl*, dificultades *fpl* / [inconvenience] molestia *f* ▸ **to go to the ~ of doing sth** tomarse la molestia de hacer algo
■ vt **1.** [annoy] molestar ▸ **my back's still bothering me** todavía me molesta la espalda ▸ **I hate to ~ you but...** siento tener que molestarte pero... **2.** [care about] **to be bothered about sth** estar preocupado(a) por algo ▸ *Fam* **I can't be bothered** no tengo ganas, paso ▸ *Fam* **I'm not bothered** me da igual
■ vi [care] preocuparse (**about** por) ▸ **he didn't even ~ to apologize** ni siquiera se molestó en pedir disculpas ▸ **don't ~!** no te molestes

bothersome ['bɒðəsəm] adj incordiante

Botox ['beʊtɒks] n Botox *m*

Botswana [bɒt'swɑ:nə] n Botsuana

bottle ['bɒtəl] ■ n **1.** [container] botella *f* / [of medicine] frasco *m* / [for baby] biberón *m* ▸ **bring your own ~** trae una botella de algo ▸ *Fam* **to take to** *or* **hit the ~** darse a la bebida ▸ **~ bank** contenedor *m* de vidrio ▸ **~ green** verde *m* botella ▸ **~ opener** abrebotellas *m inv* ▸ **~ party** fiesta *f (a la que cada invitado lleva una botella)* **2.** *BR Fam* [courage] **to have a lot of ~** echarle muchas narices, tener muchas agallas
■ vt embotellar

◆ ***bottle out*** vi *BR Fam* rajarse

◆ ***bottle up*** vt sep [emotions, anger] reprimir, contener

bottled ['bɒtəld] adj embotellado(a) ▸ **~ water** agua *f* embotellada

bottle-feed ['bɒtəlfi:d] (pt & pp **bottle-fed**) vt dar el biberón a

bottleneck ['bɒtəlnek] n [in road, traffic] embotellamiento *m*, estrechamiento *m* / [in production] atasco *m*

bottom ['bɒtəm] ▪ n **1.** [lowest part] [of well, corridor, sea] fondo *m* / [of stairs, mountain, page] pie *m* / [of list] final *m* ▸ **it's in the ~ of the cup** está en el fondo de la taza ▸ **at the ~ of** [well, sea] en el fondo de / [stairs, mountain, page] al pie de ▸ **at the ~ of the street** al final de la calle ▸ **from the ~ of one's heart** de todo corazón ▸ **he's at the ~ of the class** es el último de la clase ▸ **to touch ~** [boat] tocar fondo **2.** [underside] [of cup, box] parte *f* de abajo / [of shoe] suela *f* / [of ship] casco *m* ▸ **there's a sticker on the ~ of the box** hay una etiqueta en la parte de abajo de la caja **3.** *Fam* [buttocks] trasero *m*, culo *m* **4.** [idioms] **to be at the ~ of sth** [be the cause of] ser el motivo de algo ▸ **to get to the ~ of sth** llegar hasta el fondo de algo ▸ **at ~** [fundamentally] en el fondo ▸ **the ~ has fallen out of the market** la demanda ha caído en *ESP* picado *or AM* picada ▸ *Fam* **bottoms up!** ¡salud!
▪ adj inferior ▸ **the ~ layer/drawer** la capa/el cajón de abajo del todo ▸ **~ floor** planta *f* baja ▸ *Fam* **you can bet your ~ dollar that...** puedes apostar lo que quieras a que... ▸ **in ~ gear** en primera (velocidad) ▸ **the ~ line** [financially] el saldo final ▸ **the ~ line is that he is unsuited to the job** la realidad es que no resulta adecuado para el trabajo

◆ ***bottom out*** vi [recession, unemployment] tocar fondo

bottomless ['bɒtəmlɪs] adj [abyss] sin fondo / [reserve] inagotable ▸ *Fig* **a ~ pit** [costly project] un pozo *or AM* barril sin fondo

bottommost ['bɒtəmməʊst] adj de más abajo ▸ **the ~ layers of society** los estratos más bajos de la sociedad

botulism ['bɒtjʊlɪzəm] n botulismo *m*

boudoir ['bu:dwɑ:(r)] n tocador *m*

bouffant ['bu:fɒn] adj ahuecado(a)

bough [baʊ] n rama *f*

bought [bɔ:t] pt & pp *of* ***buy***

bought-back shares ['bɔ:tbækʃeəz] npl *BR* autocartera *f*

bouillon ['bu:jɒn] n CULIN caldo *m* ▸ *US* **~ cube** pastilla *f or* cubito *m* de caldo (concentrado)

boulder ['bəʊldə(r)] n roca *f (redondeada)*

boulevard ['bu:ləvɑ:d] n bulevar *m*

bounce [baʊns] ▪ n **1.** [of ball] rebote *m*, bote *m* **2.** [energy] vitalidad *f*
▪ vt botar ▸ *Fig* **to ~ an idea off sb** preguntar a alguien su opinión acerca de una idea
▪ vi **1.** [ball] botar, rebotar ▸ **to ~ off the wall** [ball] rebotar en la pared ▸ *Fig* **criticism bounces off him** las críticas le resbalan ▸ **to ~ into/out of a room** [person] entrar a/salir de una habitación dando brincos de alegría **2.** *Fam* [cheque] ser rechazado

◆ ***bounce back*** vi [after illness, disappointment] recuperarse, reponerse

bouncer ['baʊnsə(r)] n *Fam* [doorman] gorila *m*, matón *m*

bouncing ['baʊnsɪŋ] adj [baby] robusto(a)

bouncy ['baʊnsɪ] adj **1.** [ball] que bota bien / [mattress] elástico(a) **2.** [lively] **to be ~** [person] tener mucha vitalidad

bound[1] [baʊnd] ▪ n [leap] salto *m* ▸ **at one ~** de un salto
▪ vi [leap] saltar

bound[2] adj **1.** [destined] **~ for** con destino a ▸ **where are you ~ for?** ¿hacia dónde se dirige? **2.** [certain] **he's ~ to come** seguro que viene ▸ **it was ~ to happen** tenía que suceder

bound[3] pt & pp *of* ***bind***

-bound [baʊnd] suffix [heading towards] **a south~ train** un tren (que va) hacia el sur

boundary ['baʊndərɪ] n frontera *f*, límite *m*

bounder ['baʊndə(r)] n *Old-fashioned Fam* sinvergüenza *m*

boundless ['baʊndlɪs] adj ilimitado(a)

bounds [baʊndz] npl [limit] límites *mpl* ▸ **to be out of ~** estar vedado(a) ▸ **it is (not) beyond the ~ of possibility** (no) es del todo imposible ▸ **to know no ~** [anger, ambition, grief] no conocer límites

bountiful ['baʊntɪfʊl] adj abundante, copioso(a)

bounty ['baʊntɪ] n **1.** [reward] recompensa *f* ▸ **~ hunter** cazarrecompensas *mf inv* **2.** [generosity] generosidad *f*, exuberancia *f*

bouquet [bu:'keɪ] n **1.** [of flowers] ramo *m* **2.** [of wine] buqué *m*

bourbon ['bɜ:bən] n *US* [whiskey] whisky *m* americano, bourbon *m*

bourgeois ['bʊəʒwɑ:] adj burgués(esa)

bourgeoisie [bʊəʒwɑ:'zi:] n burguesía *f*

bout [baʊt] n **1.** [of illness] ataque *m* / [of work, activity] periodo *m* **2.** [boxing match] combate *m*

boutique [bu:'ti:k] n boutique *f*

bovine ['bəʊvaɪn] adj bovino(a)

bovver ['bɒvə(r)] n *BR Fam* camorra *f*, *ESP* follón *m* ▸ **~ boots** botas *fpl* militares *or* de tachuelas ▸ **~ boy** camorrista *m*, *RP* camorrero *m*

bow[1] [bəʊ] n **1.** [weapon, for violin] arco *m* **2.** [in hair, on dress] lazo *m* ▸ **~ tie** *ESP* pajarita *f*, *ARG* moñito *m*, *CAM, CARIB, COL* corbatín *m*, *CHILE* humita *f*, *MÉX* corbata *f* de moño, *URUG* moñita *f*, *VEN* corbata *f* de lacito

bow[2] [baʊ] n [of ship] proa *f*

bow[3] ▪ n [with head] reverencia *f* ▸ **to take a ~** salir a saludar
▪ vt **to ~ one's head** inclinar la cabeza
▪ vi **1.** [as greeting, sign of respect] inclinar la cabeza ▸ **to ~ down** inclinarse ▸ *Fig* **to ~ down before sb** inclinarse ante alguien **2.** [yield] **to ~ to sth/sb** rendirse ante algo/alguien

◆ ***bow out*** vi [resign] retirarse, hacer mutis (por el foro)

bowdlerize ['baʊdləraɪz] vt [text, account] expurgar, censurar

bowed [baʊd] adj **with ~ head** con la cabeza inclinada ▸ **~ with age** encorvado(a) por la edad

bowel ['baʊəl] n intestino *m* ▸ **bowels** entrañas *fpl* ▸ *Literary* **the bowels of the earth** las entrañas de la Tierra ▸ **~ complaint** afección *f* intestinal

bower ['baʊə(r)] n rincón *m* umbrío

bowl[1] [bəʊl] n **1.** [dish] cuenco *m,* bol *m* ▸ **a ~ of soup, please** un plato de sopa, por favor ▸ **soup ~** plato *m* sopero ▸ **salad ~** ensaladera *f* ▸ **fruit ~** frutero *m* **2.** [of toilet] taza *f*

bowl[2] vi [in cricket] lanzar la bola

◆ ***bowl along*** vi [car, bicycle] rodar

◆ ***bowl over*** vt sep [knock down] derribar ▸ *Fig* **she was bowled over by the news** la noticia la dejó pasmada

bowlegged [bəʊ'legɪd] adj con las piernas arqueadas, estevado(a)

bowler ['bəʊlə(r)] n **1.** [hat] sombrero *m* hongo, bombín *m* **2.** [in cricket] lanzador(ora) *m,f*

bowlful ['bəʊlfʊl] n cuenco *m,* bol *m*

bowling ['bəʊlɪŋ] n **1.** [on grass] **to go ~** ir a jugar a las bochas ▸ **~ green** cancha *f* de bochas (inglesas) **2.** [in bowling alley] (juego *m* de) bolos *mpl* ▸ **~ alley** pista *f* de bolos / [building] bolera *f*

bowls [bəʊlz] n [game] bochas *fpl inv* (inglesas), = *juego parecido a la petanca que se juega sobre césped, y en el que las bolas se lanzan a ras de suelo*

box [bɒks] ■ n **1.** [container] caja *f* ▸ **~ number 12** [postal] apartado *m* de correos número 12 ▸ **~ camera** cámara *f* de cajón **2.** [printed, drawn] recuadro *m* ▸ **tick the ~** ponga una cruz en la casilla ▸ **(penalty) ~** [in soccer] área *f* (de castigo) **3.** *BR Fam* [television] **the ~** la tele **4.** [in theatre] palco *m*

■ vt **1.** [place in box] guardar en una caja **2.** [hit] **to ~ sb's ears** abofetear a alguien

■ vi [fight] boxear

boxer ['bɒksə(r)] n **1.** [fighter] boxeador *m* ▸ **~ shorts, boxers** [underwear] calzoncillos *mpl,* bóxers *mpl* **2.** [dog] bóxer *m*

boxing ['bɒksɪŋ] n boxeo *m, CAM, MÉX* box *m* ▸ **~ glove** guante *m* de boxeo ▸ **~ match** combate *m* de boxeo ▸ **~ ring** ring *m*

Boxing Day ['bɒksɪŋ'deɪ] n *BR* = *San Esteban, el 26 de diciembre, fiesta nacional en Inglaterra y Gales*

box-office ['bɒksɒfɪs] n taquilla *f, AM* boletería *f* ▸ **a ~ success** un éxito de taquilla *or AM* boletería

boxroom ['bɒksru:m] n *BR* = *en una vivienda, cuarto pequeño sin ventana que se suele usar como trastero*

boy [bɔɪ] n chico *m* / [baby] niño *m* ▸ **one of the boys** uno del grupo, un amigo ▸ *Fam* **oh ~!** ¡vaya! ▸ *Fam* **boys will be boys** son como niños ▸ **Boy Scout** boy scout *m,* escultista *m* ▸ **~ band** = *grupo de música formado por chicos jóvenes*

boycott ['bɔɪkɒt] ■ n boicot *m*

■ vt boicotear

boyfriend ['bɔɪfrend] n novio *m*

boyhood ['bɔɪhʊd] n niñez *f*

boyish ['bɔɪɪʃ] adj **1.** [of man] [looks, grin] infantil **2.** [of woman] [looks, behaviour] varonil

bozo ['bəʊzəʊ] (pl **bozos**) n *US Fam* zoquete *m,* tarugo *m*

bps [bi:pi:'es] n COMPTR (abbr ***bits per second***) bps

bra [brɑ:] n sostén *m, ESP* sujetador *m, CARIB, COL, MÉX* brasier *m, RP* corpiño *m*

brace [breɪs] ■ n **1.** [on teeth] aparato *m* (corrector) **2.** *BR* **braces** [for trousers] tirantes *mpl* ▸ **a pair of braces** unos tirantes **3.** [pair] [of birds, pistols] par *m* **4. ~ and bit** [tool] berbiquí *m*

■ vt **1.** [reinforce] reforzar **2. to ~ oneself (for)** prepararse *or CHILE, MÉX, VEN* alistarse (para)

bracelet ['breɪslɪt] n pulsera *f*

bracing ['breɪsɪŋ] adj [wind, weather] vigorizante

bracken ['brækən] n helechos *mpl*

bracket ['brækɪt] ■ n **1.** [for shelves] escuadra *f,* soporte *m* **2.** [in writing] paréntesis *m inv* ▸ **in brackets** entre paréntesis **3.** [group] banda *f,* grupo *m* ▸ **age/income ~** banda de edad/de renta ▸ **tax ~** banda impositiva

■ vt **1.** [word, phrase] poner entre paréntesis **2.** [classify] asociar ▸ **bracketed together** asociado(a)

brackish ['brækɪʃ] adj [water] ligeramente salobre *or* salado(a)

brag [bræg] (pt & pp **bragged**) vi jactarse (**about** de)

braggart ['brægət] n fanfarrón(ona) *m,f*

braid [breɪd] ■ n [of hair] trenza *f* / [of thread] galón *m*

■ vt [hair, thread] trenzar

Braille [breɪl] n braille *m*

brain [breɪn] ■ n cerebro *m* ▸ **brains** [as food] sesos *mpl* ▸ *Fam* **to have brains** tener cerebro ▸ *Fam* **she's the brains of the business** ella es el cerebro del negocio ▸ *Fam* **to have money/sex on the ~** estar obsesionado(a) con el dinero/sexo ▸ MED **to suffer ~ damage** sufrir una lesión cerebral ▸ MED **~ death** muerte *f* cerebral ▸ **the ~ drain** la fuga de cerebros ▸ **~ surgeon** neurocirujano(a) *m,f* ▸ MED **~ tumour** tumor *m* cerebral ▸ *Fam* **~ wave** [brilliant idea] idea *f* genial

■ vt *Fam* [hit] descalabrar

brainbox ['breɪnbɒks] n *BR Fam* [intelligent person] cerebro *m*

brainchild ['breɪntʃaɪld] n [idea, project] idea *f*

brain-dead ['breɪnded] adj **1.** MED clínicamente muerto(a) **2.** *Pej* subnormal

brainless ['breɪnlɪs] adj insensato(a)

brainpower ['breɪnpaʊə(r)] n capacidad *f* intelectual, intelecto *m*

brainstorm ['breɪnstɔ:m] n *Fam* **1.** [mental confusion] cruce *m* de cables **2.** *US* [brilliant idea] idea *f* genial

brainstorming ['breɪnstɔ:mɪŋ] n **~ session** tormenta *f* de ideas, sesión *f* de reflexión creativa

brainwash ['breɪnwɒʃ] vt lavar el cerebro a ▸ **to ~ sb into doing sth** lavar el cerebro a alguien para que haga algo

brainy ['breɪnɪ] adj *Fam* **to be ~** tener mucho coco

braise [breɪz] vt estofar, *ANDES, MÉX* ahogar

brake [breɪk] ■ n freno *m* ▸ **to apply the brake(s)** frenar ▸ *Fig* **to put the brakes on a project** frenar un

proyecto ▸ ~ **fluid** líquido *m* de frenos ▸ ~ **lights** luces *mpl* de freno ▸ ~ **pedal** (pedal *m* del) freno *m*
■ vi frenar

braking distance ['breɪkɪŋ'dɪstəns] n distancia *f* de frenado *or* de seguridad

bramble ['bræmbəl] n [plant] zarza *f*

bran [bræn] n salvado *m*

branch [brɑːntʃ] ■ n **1.** [of tree, family, subject] rama *f* / [of river] afluente *m* / [of road, railway] ramal *m*, derivación *f* ▸ ~ **line** [railway] línea *f* secundaria, ramal *m* **2.** [of bank] sucursal *f* / [of shop] establecimiento *m*
■ vi bifurcarse

◆ ***branch off*** vi [discussion] desviarse

◆ ***branch out*** vi ampliar horizontes, diversificarse ▸ **the company has branched out into electronics** la compañía ha ampliado su oferta a productos de electrónica

brand [brænd] ■ n **1.** COM [of product] marca *f* ▸ *Fig* **she has her own ~ of humour** tiene un humor muy suyo ▸ ~ **image** imagen *f* de marca ▸ ~ **leader** marca *f* líder (en el mercado) ▸ ~ **loyalty** fidelidad *f* a la marca ▸ ~ **name** marca *f* de fábrica, nombre *m* comercial ▸ ~ **recognition** reconocimiento *m* de marca **2.** [on cattle] hierro *m*
■ vt [cattle] marcar con el hierro ▸ *Fig* **the image was branded on her memory** la imagen se le quedó grabada en la memoria ▸ *Fig* **to ~ sb (as) a liar/coward** tildar a alguien de mentiroso(a)/cobarde

brandish ['brændɪʃ] vt blandir

brand-new ['brænd'njuː] adj flamante, completamente nuevo(a)

brandy ['brændɪ] n [cognac] brandy *m*, coñac *m*, *RP* cognac *m* / [more generally] aguardiente *m* ▸ **cherry/plum** ~ aguardiente de cerezas/ciruelas

brash [bræʃ] adj [person] demasiado seguro(a) de sí mismo(a) y chillón(ona)

brass [brɑːs] n **1.** [metal] latón *m* ▸ *Fam* **the top ~** [in army] la plana mayor, los peces gordos ▸ *BR Fam* **it's not worth a ~ farthing** no vale un pimiento ▸ *BR Fam* **it's ~ monkey weather!** ¡hace un frío que pela *or AM* de la masita! ▸ **to get down to ~ tacks** ir al grano **2.** MUS [brass instruments] metales *mpl* ▸ ~ **band** banda *f* **3.** *BR Fam* [money] *ESP* pasta *f*, *ESP, RP* guita *f*, *AM* plata *f*, *MÉX* lana *f* **4.** *BR Fam* [cheek, nerve] cara *f*, caradura *f* ▸ **to have the ~ to do sth** tener la caradura de hacer algo ▸ **to have a ~ neck** ser un(a) caradura, *ESP* tener más cara que espalda

◆ ***brass off*** vt sep *BR Fam* **to be brassed off** estar hasta la coronilla

brassière ['bræzɪə(r)] n sostén *m*, *ESP* sujetador *m*, *CARIB, COL, MÉX* brasier *m*, *RP* corpiño *m*

brassy ['brɑːsɪ] adj *Fam* [woman] demasiado segura de sí misma y chillona

brat [bræt] n *Pej* niñato(a) *m,f* ▸ *Fam* ~ **pack** camada *f or* hornada *f* de jóvenes promesas

Bratislava [brætɪ'slɑːvə] n Bratislava

bravado [brə'vɑːdəʊ] n fanfarronería *f*, bravuconería *f*

brave [breɪv] ■ n [native American] guerrero *m* indio
■ adj valiente, valeroso(a) ▸ **a ~ effort** un intento encomiable ▸ **to put a ~ face on it** poner al mal tiempo buena cara
■ vt [danger, weather] encarar, afrontar

bravely ['breɪvlɪ] adv valientemente, valerosamente

bravery ['breɪvərɪ] n valentía *f*, valor *m*

bravo [brɑː'vəʊ] exclam ¡bravo!

bravura [brə'vjʊrə] n [spirit, zest] brío *m*, entrega *f* / MUS virtuosismo *m* ▸ **a ~ performance** MUS una virtuosa interpretación / *Fig* una brillante actuación

brawl [brɔːl] ■ n trifulca *f*, refriega *f*
■ vi pelearse

brawn [brɔːn] n *Fam* [strength] fuerza *f*, músculo *m* ▸ **he's got more ~ than brains** tiene más músculo que seso

brawny ['brɔːnɪ] adj musculoso(a)

bray [breɪ] ■ n [of donkey] rebuzno *m* / [laugh] risotada *f*
■ vi [donkey] rebuznar / [laugh] carcajearse

brazen ['breɪzən] adj descarado(a)

◆ ***brazen out*** vt sep **to ~ it out** echarle mucha cara al asunto

brazier ['breɪzɪə(r)] n brasero *m*

Brazil [brə'zɪl] n Brasil

brazil [brə'zɪl] n ~ **(nut)** coquito *m* del Brasil

Brazilian [brə'zɪlɪən] n & adj brasileño(a) *m,f*

breach [briːtʃ] ■ n **1.** [in wall] brecha *f* ▸ *Fig* **to step into the ~** [in emergency] echar un cable, cubrir el vacío **2.** [of agreement, rules] violación *f*, incumplimiento *m* / [of trust] abuso *m* ▸ ~ **of discipline** incumplimiento *m* de las normas ▸ LAW ~ **of the peace** alteración *f* del orden público **3.** [in friendship] ruptura *f*
■ vt **1.** [defences] atravesar, abrir brecha en **2.** [contract, agreement] violar, incumplir

bread [bred] n **1.** [food] pan *m* ▸ **a loaf of ~** un pan ▸ ~ **and butter** pan con mantequilla ▸ *Fig* **the customers are our ~ and butter** lo que nos da de comer son los clientes ▸ *Fig* **he knows which side his ~ is buttered on** él sabe lo que le conviene ▸ *BR* ~ **bin,** *US* ~ **box** panera *f* ▸ ~ **knife** cuchillo *m* del pan **2.** *Fam* [money] *ESP* pasta *f*, *ESP, RP* guita *f*, *AM* plata *f*, *MÉX* lana *f*

bread-and-butter [bredən'bʌtə(r)] adj *Fam* ~ **issues** asuntos *mpl* básicos

breadbasket ['bredbɑːskɪt] n cesta *f* del pan

breadboard ['bredbɔːd] n tabla *f* de cortar el pan

breadcrumb ['bredkrʌm] n miga *f* ▸ **breadcrumbs** [in recipe] pan *m* rallado ▸ **fried in breadcrumbs** empanado(a)

breadline ['bredlaɪn] n **on the ~** en la pobreza

breadstick ['bredstɪk] n colín *m*

breadth [bredθ] n [width] ancho *m*, anchura *f* / [of outlook, understanding] amplitud *f*

breadwinner ['bredwɪnə(r)] n **the ~** el que gana el pan

break [breɪk] ■ n **1.** [fracture] [in bone] fractura *f*, rotura *f* / [in wall, fence] abertura *f*, hueco *m* / [in clouds] claro *m* / [in electric circuit] corte *m* ▸ **at ~ of day** al despuntar el día ▸ ELEC ~ **switch** interruptor *m* **2.** [interval, pause] descanso *m*, pausa *f* / [holiday]

vacaciones *fpl* ▸ **(commercial) ~** [on TV, radio] pausa *f* publicitaria, anuncios *mpl* ▸ **to work/talk without a ~** trabajar/hablar sin pausa *or* sin descanso ▸ **a ~ in the weather** un periodo de buen tiempo ▸ *Fam* **give me a ~!** [leave me alone] ¡déjame en paz! / [I don't believe you] ¡no digas tonterías! **3.** *Fam* [escape] fuga *f* ▸ **to make a ~ for it** intentar escaparse **4.** *Fam* [chance] oportunidad *f*, *AM* chance *f* ▸ **to give sb a ~** [give opportunity] dar una oportunidad *or AM* (un) chance a alguien ▸ **a lucky ~** golpe *m* de suerte ▸ **big ~** gran oportunidad *f*

■ vt (pt **broke** [brəʊk], pp **broken** ['brəʊkən]) **1.** [in general] romper ▸ **she broke the roll in two** partió el panecillo en dos ▸ **to ~ one's arm/leg** romperse *or* partirse un brazo/una pierna ▸ **to ~ sth into pieces** romper algo en pedazos ▸ **to ~ the sound barrier** superar la barrera del sonido ▸ **to ~ cover** salir del escondite ▸ *Fig* **to ~ the ice** romper el hielo ▸ **to ~ one's journey** interrumpir el viaje ▸ **to ~ ranks** romper filas ▸ *Fig* **~ a leg!** [good luck!] ¡buena suerte! **2.** [soften] **the undergrowth broke his fall** la maleza amortiguó su caída **3.** [destroy] [person, health, resistance] acabar con, arruinar / [strike] reventar ▸ **to ~ sb's heart** romper el corazón a alguien ▸ **to ~ sb's spirit** minar la moral a alguien ▸ **to ~ the bank** hacer saltar la banca ▸ **to ~ sb's serve** [in tennis] romper el servicio a alguien **4.** [agreement, promise] romper / [law, rules] violar **5.** [story] descubrir, revelar (**to** a) ▸ **to ~ the news of sth to sb** dar la noticia de algo a alguien

■ vi **1.** [glass, machine, bone] romperse / [person's health] sucumbir / [weather] abrirse ▸ **to ~ in two** romperse *or* partirse en dos ▸ **the sea broke against the rocks** el mar rompía contra las rocas ▸ **day was beginning to ~** despuntaba el día **2.** [news, story] saltar, estallar **3.** [voice] [at puberty] cambiar ▸ **her voice broke with emotion** se quedó con la voz quebrada por la emoción

◆ ***break away*** vi **1.** [escape] escapar (**from** de) **2.** [from party, country] separarse (**from** de)

◆ ***break down*** ■ vt sep **1.** [destroy] [resistance] vencer **2.** [analyze] [argument] dividir / [figures] desglosar

■ vi [car, machine] estropearse, averiarse / [talks] romperse / [argument] fallar, desmoronarse / [person under pressure] derrumbarse ▸ **to ~ down in tears** romper a llorar

◆ ***break even*** vi cubrir gastos, no tener pérdidas

◆ ***break in*** ■ vt sep [horse, new shoes] domar / [new recruit] amoldar

■ vi [burglar] forzar la entrada *(a una casa o edificio)*

◆ ***break into*** vt insep **1.** [of burglar] [house] entrar en **2.** [begin suddenly] **to ~ into laughter/a song/a run** echarse a reír/cantar/correr

◆ ***break loose*** vi soltarse

◆ ***break off*** ■ vt sep **1.** [detach] [twig, handle] partir, desprender **2.** [terminate] [relations, engagement] romper

■ vi **1.** [become detached] partirse, desprenderse **2.** [stop talking] interrumpirse ▸ **to ~ off to do sth** parar para hacer algo

◆ ***break open*** ■ vt sep [lock, safe] forzar / [door] [kick down] echar abajo

■ vi romperse, partirse

◆ ***break out*** vi **1.** [escape] escaparse (**of** de) **2.** [disease, argument] desatarse / [war] estallar ▸ **he broke out in a sweat** le entraron sudores ▸ **she broke out in a rash** le salió un sarpullido

◆ ***break through*** ■ vt insep [wall, barrier] atravesar / *Fig* [sb's reserve, shyness] superar

■ vi [sun] salir

◆ ***break up*** ■ vt sep **1.** [machine, company] desmantelar **2.** [fight, quarrel] poner fin a

■ vi **1.** [disintegrate] hacerse pedazos **2.** [end] [meeting, school term] terminar / [marriage, relationship] romperse, terminar / [couple] separarse ▸ **to ~ up with sb** romper con alguien

◆ ***break with*** vt insep romper con

breakable ['breɪkəbəl] ■ n **breakables** objetos *mpl* frágiles

■ adj frágil, rompible

breakage ['breɪkɪdʒ] n **all breakages must be paid for** [sign] el cliente deberá abonar cualquier artículo que resulte roto

breakaway ['breɪkəweɪ] adj **a ~ group** un grupo escindido *(del principal)*

breakdance ['breɪkdɑːns] ■ n breakdance *m*

■ vi hacer breakdance, bailar breakdance

breakdown ['breɪkdaʊn] n **1.** [failure] [of car, machine, computer] avería *f* / [of talks] ruptura *f* / [of communication] *ESP* fallo *m*, *AM* falla *f* ▸ **(nervous) ~** depresión *f or* crisis *f inv* nerviosa ▸ **he had a ~** [nervous] le dio una depresión ▸ *BR* **~ truck** grúa *f* **2.** [analysis] [of figures, costs] desglose *m*

breaker ['breɪkə(r)] n [wave] ola *f* grande

break-even point [breɪk'iːvənpɒɪnt] n FIN punto *m* de equilibrio, umbral *m* de rentabilidad

breakfast ['brekfəst] ■ n desayuno *m* ▸ **to have ~** desayunar ▸ **to have sth for ~** desayunar algo ▸ **~ cereal** cereales *mpl* (de desayuno) ▸ **~ television** programación *f* matinal

■ vi **to ~ (on sth)** desayunar (algo)

break-in ['breɪkɪn] n [burglary] robo *m (en el interior de una casa o edificio)*

breaking ['breɪkɪŋ] n **1.** LAW **~ and entering** allanamiento *m* de morada **2. ~ point** [of person, patience] límite *m*

breakneck ['breɪknek] adj **at ~ speed** a una velocidad de vértigo

break-out ['breɪkaʊt] n [from prison] evasión *f*

breakthrough ['breɪkθruː] n [major advance] avance *m*, adelanto *m* ▸ **to make a ~** [in talks] dar un gran paso adelante

breakwater ['breɪkwɔːtə(r)] n rompeolas *m inv*

bream [briːm] n [freshwater] brema *f* ▸ **(sea) ~** besugo *m*

breast [brest] n [of woman] pecho *m*, seno *m* / *Literary* [of man, woman] pecho *m* / [of chicken] pechuga *f* ▸ **to make a clean ~ of it** confesarlo todo ▸ **~ cancer** cáncer *m* de mama ▸ **~ pocket** bolsillo *m or CAM, MÉX, PERÚ* bolsa *f* superior

breastbone ['brestbəʊn] n esternón *m*

breastfed ['brestfed] adj amamantado(a)

breastfeed ['brestfi:d] (pt & pp **breastfed** ['brestfed])
■ vt dar el pecho a, amamantar
■ vi dar el pecho

breastfeeding ['brestfi:dɪŋ] n lactancia *f* materna

breastplate ['brestpleɪt] n [of armour] peto *m* *(de armadura)*

breaststroke ['bres(t)strəʊk] n braza *f* ▸ **to do** *or* **swim (the) ~** *ESP* nadar a braza, *AM* nadar pecho

breath [breθ] n respiración *f* ▸ **take a deep ~** inspirar profundamente ▸ **to pause for ~** pararse para tomar aliento ▸ **bad ~** mal aliento *m* ▸ **in the same ~** a la vez, al mismo tiempo ▸ **they are not to be mentioned in the same ~** no tienen punto de comparación ▸ **in the next ~** al momento siguiente ▸ *also Fig* **to hold one's ~** contener la respiración ▸ *Fam* **don't hold your ~!** ¡ya puedes esperar sentado(a)! ▸ **to waste one's ~** malgastar saliva ▸ **out of ~** sin aliento, sin respiración ▸ **to get one's ~ back** recuperar la respiración ▸ **under one's ~** en voz baja, en un susurro ▸ *Fig* **to take sb's ~ away** quitar la respiración a alguien ▸ **a ~ of wind** una brisa ▸ **to go out for a ~ of fresh air** salir a tomar el aire ▸ *Fig* **she's a real ~ of fresh air** es una verdadera bocanada de aire fresco ▸ **~ test** prueba *f* de alcoholemia

breathalyse, *US* ***breathalyze*** ['breθəlaɪz] vt [driver] hacer la prueba de la alcoholemia a

Breathalyser®, *US* ***Breathalyzer®*** ['breθəlaɪzə(r)] n alcoholímetro *m*

breathe [bri:ð] ■ vt **1.** [inhale] respirar, inspirar / [exhale] espirar, exhalar ▸ **he breathed alcohol over her** le echó el aliento (con olor) a alcohol **2.** [idioms] **to ~ a sigh of relief** dar un suspiro de alivio ▸ *Literary* **to ~ one's last** exhalar el último suspiro ▸ **don't ~ a word (of it)!** ¡no digas una palabra! ▸ **to ~ fire** [in anger] echar chispas ▸ **to ~ new life into sth** [project, scheme] dar vida a algo
■ vi respirar ▸ *Fig* **to ~ easily again** volver a respirar tranquilo(a) ▸ *Fig* **to ~ down sb's neck** pisar los talones a alguien

◆ ***breathe in*** vt & vi inspirar, aspirar

◆ ***breathe out*** vi espirar

breather ['bri:ðə(r)] n *Fam* [rest] respiro *m* ▸ **to take a ~** tomarse un respiro

breathing ['bri:ðɪŋ] n respiración *f* ▸ **~ apparatus** respirador *m* ▸ *Fig* **~ space** respiro *m*

breathless ['breθlɪs] adj [person] jadeante / [calm, silence] completo(a)

breathtaking ['breθteɪkɪŋ] adj impresionante, asombroso(a)

breathy ['breθɪ] adj **to have a ~ voice** tener la voz jadeante

bred [bred] pt & pp *of* ***breed***

breech [bri:tʃ] n **1.** MED **~ delivery** *or* **birth** parto *m* de nalgas **2.** [of gun] recámara *f*

breeches ['brɪtʃɪz] npl (pantalones *mpl*) bombachos *mpl* ▸ **a pair of ~** unos (pantalones) bombachos

breed [bri:d] ■ n [of animal] *also Fig* raza *f* ▸ *Fig* **a dying ~** una especie en extinción
■ vt (pt & pp **bred** [bred]) [animals] criar / *Fig* [discontent] crear, producir
■ vi reproducirse

breeder ['bri:də(r)] n [of animals] criador(ora) *m,f* ▸ PHYS **~ reactor** reactor *m* nuclear reproductor

breeding ['bri:dɪŋ] n **1.** [of animals] cría *f* ▸ **~ ground** criadero *m* / *Fig* [of discontent, revolution] caldo *m* de cultivo **2.** [of person] **(good) ~** (buena) educación *f* ▸ **to lack ~** no tener educación

breeze [bri:z] ■ n brisa *f* ▸ *US Fam* **it was a ~** fue coser y cantar
■ vi **to ~ in/out** [casually] entrar/salir despreocupadamente

breezeblock ['bri:zblɒk] n *BR* bloque *m* de cemento ligero

breezy ['bri:zɪ] adj **1.** [weather] **it's ~** hace aire **2.** [person, attitude] despreocupado(a)

brethren ['breðrɪn] npl REL hermanos *mpl*

Breton ['bretɒn] n & adj bretón(ona) *m,f*

breviary ['bri:vɪərɪ] n REL breviario *m*

brevity ['brevɪtɪ] n brevedad *f*

brew [bru:] ■ n [beer] cerveza *f* / *US Fam* [drink of beer] birra *f* / [tea] té *m* / [strange mixture] brebaje *m*
■ vt [beer] elaborar, fabricar / [tea] preparar
■ vi [beer] fermentar / [tea] hacerse ▸ **there's a storm brewing** se está preparando una tormenta ▸ *Fig* **there's trouble brewing** se está fraguando *or* cociendo algo

◆ ***brew up*** vi *BR Fam* preparar el té

brewer ['bru:ə(r)] n [firm] fabricante *mf* de cerveza

brewery ['brʊərɪ] n fábrica *f* de cerveza

briar ['braɪə(r)] n [plant] brezo *m* / [pipe] pipa *f* (de madera) de brezo ▸ **~ rose** escaramujo *m*

bribe [braɪb] ■ n soborno *m*, *ANDES, CSUR* coima *f*, *CAM, MÉX* mordida *f*
■ vt sobornar ▸ **to ~ sb into doing sth** sobornar a alguien para que haga algo

bribery ['braɪbərɪ] n soborno *m*

bric-a-brac ['brɪkəbræk] n baratijas *fpl*, chucherías *fpl*

brick [brɪk] n **1.** [for building] ladrillo *m* ▸ *Fig* **to drop a ~** meter la pata ▸ **~ wall** muro *m* de ladrillo(s) ▸ **you're banging your head against a ~ wall** te estás esforzando para nada **2.** *BR Fam Old-fashioned* **he's a ~** es un gran tipo

◆ ***brick up*** vt sep tapiar

brickie ['brɪkɪ] n *BR Fam* albañil *m*

bricklayer ['brɪkleɪə(r)] n albañil *m*

brick-red ['brɪk'red] adj (de) color teja

brickwork ['brɪkwɜ:k] n albañilería *f*

bridal ['braɪdəl] adj nupcial ▸ **~ dress** *or* **gown** traje *m* de novia ▸ **~ suite** suite *f* nupcial

bride [braɪd] n novia *f* ▸ **the ~ and groom** los novios

bridegroom ['braɪdgru:m] n novio *m*

bridesmaid ['braɪdzmeɪd] n dama *f* de honor

bride-to-be ['braɪdtə'bi:] n futura esposa *f*

bridge[1] [brɪdʒ] ■ n [over river, on ship, of violin, on teeth] puente *m* / [of nose] caballete *m* ▸ *Fig* **we'll**

cross that ~ when we come to it no adelantemos acontecimientos ▸ *Fig* **a ~ building effort** un esfuerzo por tender un puente ▸ *US* FIN **~ loan** crédito *m* de puente
■ vt [river] tender un puente sobre ▸ **to ~ a gap** llenar un vacío ▸ **to ~ the gap between rich and poor** acortar la distancia entre ricos y pobres

bridge² n [cardgame] bridge *m*

bridgehead ['brɪdʒhed] n MIL cabeza *f* de puente

bridging loan ['brɪdʒɪŋləʊn] n *BR* FIN crédito *m* de puente

bridle ['braɪdəl] ■ n brida *f* ▸ **~ path** camino *m* de herradura
■ vt embridar, poner la brida a
■ vi [with anger] indignarse (**at** por)

brief [bri:f] ■ n **1.** LAW escrito *m* / [instructions] misión *f* ▸ *Fig* **that goes beyond our ~** eso no entra en el ámbito de nuestras competencias **2. in ~** [briefly] en suma
■ adj breve ▸ **a very ~ pair of shorts** unos pantalones muy cortos ▸ **to be ~** [when talking] ser breve ▸ **to be ~..., in ~...** en pocas palabras...
■ vt [inform] informar

briefcase ['bri:fkeɪs] n maletín *m,* portafolios *m inv*

briefing ['bri:fɪŋ] n [meeting] sesión *f* informativa / [information] información *f* / [written] informe *m*

briefly ['bri:flɪ] adv brevemente ▸ **(put) ~...** en pocas palabras...

briefs [bri:fs] npl [underwear] [woman's] *ESP* bragas *fpl, ANDES, MÉX, RP* calzones *mpl, ECUAD* follones *mpl, RP* bombacha *f* / [man's] calzoncillos *mpl, CHILE* fundillos *mpl, COL* pantaloncillos *mpl, MÉX* calzones *mpl*

brier ➤ ***briar***

brigade [brɪ'geɪd] n brigada *f*

brigadier [brɪgə'dɪə(r)] n *BR* general *m* de brigada ▸ *US* **~ general** general *m* de brigada

brigand ['brɪgənd] n *Literary* malhechor *m,* bandido *m*

bright [braɪt] ■ adj **1.** [sun, light, eyes] brillante / [day] claro(a), luminoso(a) / [colour] vivo(a) ▸ **~ red** rojo *m* vivo ▸ **to go ~ red** [blush] ruborizarse **2.** [optimistic] [future, situation] prometedor(ora) ▸ **it was the only ~ spot in the day** fue el único momento bueno del día ▸ **to look on the ~ side (of things)** fijarse en el lado bueno (de las cosas) **3.** [cheerful] jovial **4.** [clever] [person] inteligente / [idea, suggestion] excelente, brillante ▸ **he's ~ at physics** se le da bien la física ▸ **~ spark** [person] listo(a) *m,f,* listillo(a) *m,f*
■ adv **~ and early** tempranito

brighten ['braɪtən] ■ vt **1.** [room] alegrar, avivar **2.** [mood] alegrar, animar
■ vi [weather, sky] aclararse / [face, eyes, mood] alegrarse, animarse / [prospects] mejorar

◆ ***brighten up*** ■ vt sep [room, mood] alegrar
■ vi [person, face] animarse / [weather, sky] despejarse

bright-eyed ['braɪtaɪd] adj con los ojos brillantes / *Fig* [enthusiasm] vivo(a) ▸ *Fam* **~ and bushy-tailed** alegre y contento(a)

brightly ['braɪtlɪ] adv [shine] radiantemente / [say, smile] alegremente ▸ **~ coloured** de vivos colores

brightness ['braɪtnɪs] n **1.** [of light, sun] luminosidad *f,* brillo *m* / [of colour] viveza *f* ▸ **~ (control)** [on TV] (mando *m* del) brillo *m* **2.** [cleverness] inteligencia *f*

brill [brɪl] adj *BR Fam* genial, *ESP* guay

brilliance ['brɪljəns] n **1.** [of light, colour] resplandor *m* **2.** [of person, idea] genialidad *f*

brilliant ['brɪljənt] adj **1.** [light, sun, smile] radiante, resplandeciente **2.** [person] genial / [future, career] brillante **3.** *BR Fam* [excellent] genial, *AM salvo RP* chévere, *ANDES, CSUR* macanudo(a), *MÉX* padre, *RP* bárbaro(a)

brilliantly ['brɪljəntlɪ] adv **1.** [to shine] radiantemente ▸ **~ lit** muy iluminado(a) ▸ **~ coloured** de vivos colores **2.** [acted, played] magníficamente

brim [brɪm] ■ n [of cup, glass] borde *m* / [of hat] ala *f*
■ vi (pt & pp **brimmed**) [with liquid, enthusiasm] **to be brimming with** rebosar de ▸ **her eyes brimmed with tears** tenía los ojos anegados de lágrimas

◆ ***brim over*** vi rebosar, desbordarse ▸ *Fig* **to be brimming over with health/ideas** estar rebosante de salud/ideas

brimful ['brɪmfʊl] adj hasta el borde ▸ *Fig* **~ of health/ideas** pletórico(a) de salud/ideas

brimstone ['brɪmstəʊn] n *Literary* azufre *m* ▸ **fire and ~** fuego *m* del infierno

brine [braɪn] n [for preserving] salmuera *f*

bring [brɪŋ] (pt & pp **brought** [brɔ:t]) vt **1.** [take] traer ▸ **to ~ sth to sb's attention** llamar la atención de alguien sobre algo ▸ **what brings you to London?** ¿qué te trae por Londres? ▸ **that brings us to my final point...** esto nos lleva al último punto... ▸ **to ~ sth out of a box** sacar algo de una caja ▸ **to ~ a child into the world** traer al mundo a un niño ▸ LAW **to ~ an action against sb** interponer una demanda *or* entablar un pleito contra alguien **2.** [lead to, cause] traer ▸ **it has brought me great happiness** me ha causado gran alegría ▸ **to ~ sb (good) luck/bad luck** traer (buena) suerte/mala suerte a alguien ▸ **the announcement brought an angry reaction** el anuncio produjo una reacción airada ▸ **to ~ new hope to sb** infundir nuevas esperanzas a alguien ▸ **to ~ tears to sb's eyes** hacer llorar a alguien **3.** [cause to come to a particular condition] **to ~ sth into disrepute** perjudicar la reputación de *or* desprestigiar algo ▸ **to ~ sth into question** poner en duda algo ▸ **to ~ sth to the boil** hacer que algo hierva ▸ **to ~ sth to an end** poner fin a algo ▸ **to ~ sth to light** sacar algo a la luz ▸ **to ~ sth to mind** traer a la memoria algo ▸ **to ~ oneself to do sth** resolverse a hacer algo ▸ **I couldn't ~ myself to tell her** no pude decírselo **4.** [be sold for] **the house won't ~ very much** la casa no reportará mucho dinero

◆ ***bring about*** vt sep [cause] provocar, ocasionar

◆ ***bring along*** vt sep traer

◆ ***bring back*** vt sep **1.** [purchase] devolver / [person] traer de vuelta ▸ **to ~ sb back to life/health** devolver la vida/la salud a alguien **2.** [occasion] recordar ▸ **to ~ back memories of sth to sb** traer a alguien recuerdos de algo **3.** [law, punishment] reinstaurar

◆ ***bring down*** vt sep **1.** [from shelf, attic] bajar **2.** [cause to fall] [soldier, plane] derribar / [government] derrocar ▸ *Fam* **her performance**

brought the house down su actuación enfervorizó al público **3.** [price, temperature] bajar

◆ ***bring forward*** vt sep **1.** [proposal, plan] presentar **2.** [advance time of] adelantar **3.** FIN pasar a cuenta nueva ▸ **brought forward** saldo *m* anterior

◆ ***bring in*** vt sep **1.** [expert, consultant] contratar los servicios de ▸ **the police brought him in for questioning** la policía lo llevó a comisaría para interrogarlo **2.** [earn] [of person] ganar / [of sale, investment] generar **3.** POL [law, bill] introducir **4.** LAW [verdict] pronunciar

◆ ***bring off*** vt sep [accomplish] conseguir

◆ ***bring on*** vt sep provocar ▸ **you've brought it on yourself** tú te lo has buscado

◆ ***bring out*** vt sep **1.** [new product] sacar **2.** [provoke, elicit] **to ~ out the best/the worst in sb** sacar lo mejor/peor de alguien ▸ **strawberries ~ her out in a rash** las fresas *or CSUR* frutillas le provocan un sarpullido ▸ **to ~ sb out of his/her shell** sacar a alguien de su concha

◆ ***bring round*** vt sep **1.** [revive] hacer volver en sí, reanimar **2.** [persuade] convencer ▸ **she brought him round to her point of view** le convenció **3.** [direct] **he brought the conversation round to the subject of...** sacó a colación el tema de...

◆ ***bring to*** vt sep [revive] hacer volver en sí, reanimar

◆ ***bring together*** vt sep reunir

◆ ***bring up*** vt sep **1.** [subject] sacar a colación **2.** [child] educar ▸ **I was brought up in Spain** fui criado en España ▸ **they're very well/badly brought up** están muy bien/mal educados **3.** [vomit] vomitar

bring-and-buy ['brɪŋən'baɪ] adj *BR* **~ (sale)** = *mercadillo benéfico de compra y venta*

brink [brɪŋk] n *also Fig* borde *m* ▸ **on the ~ of** al borde de ▸ *Fig* **to be on the ~ of doing sth** estar a punto de hacer algo

brink(s)manship ['brɪŋk(s)mənʃɪp] n [in politics, diplomacy] = *política consistente en arriesgarse hasta el límite para obtener concesiones de la parte contraria*

brisk [brɪsk] adj **1.** [weather, wind] fresco(a), vigorizante **2.** [person, manner] enérgico(a) ▸ **to be ~ with sb** [rude] ser brusco(a) con alguien **3.** [rapid] rápido(a) ▸ **at a ~ pace** a paso ligero ▸ **business is ~** el negocio va muy bien

briskly ['brɪsklɪ] adv **1.** [efficiently] enérgicamente / [dismissively] bruscamente **2.** [rapidly] rápidamente

bristle ['brɪsəl] ■ n [of animal, brush] cerda *f* / [on face] pelo *m* de la barba / [of plant] pelo *m*
■ vi **1.** [animal's fur] erizarse ▸ *Fig* **to ~ (with anger)** enfurecerse **2.** [be full] **the room was bristling with security men** la habitación estaba repleta de agentes de seguridad ▸ **the situation was bristling with difficulties** la situación estaba erizada de dificultades

Brit [brɪt] n *Fam* británico(a) *m,f*

Britain ['brɪtən] n Gran Bretaña

British ['brɪtɪʃ] ■ npl **the ~** los británicos
■ adj británico(a) ▸ **the ~ Isles** las Islas Británicas ▸ **~ Broadcasting Corporation** = *nombre completo de la BBC* ▸ **~ Summer Time** = *hora oficial de verano en Gran Bretaña*

Briton ['brɪtən] n británico(a) *m,f* / HIST britano(a) *m,f*

Brittany ['brɪtənɪ] n Bretaña

brittle ['brɪtəl] adj **1.** [glass, bones] frágil / [paper, branches] quebradizo(a) **2.** [irritable] **to be ~** [permanent quality] ser susceptible / [temporarily] estar susceptible

broach [brəʊtʃ] vt [subject, question] sacar a colación, abordar

broad[1] [brɔːd] adj [wide] ancho(a) / [smile, sense] amplio(a) / [accent] marcado(a) / [humour] basto(a) / [mind] abierto(a) ▸ **in ~ daylight** en pleno día ▸ **to be in ~ agreement** estar de acuerdo en líneas generales ▸ *Fig* **the movement was a ~ church** el movimiento admitía miembros de diversas tendencias ▸ **~ bean** haba *f* ▸ **a ~ hint** una clara indirecta ▸ **~ outline** líneas *fpl* generales

broad[2] n *US Fam* tipa *f*, *ESP* tía *f*

broadband ['brɔːdbænd] ■ n TEL banda *f* ancha
■ adj COMPTR de banda ancha

broad-brush ['brɔːd'brʌʃ] adj a grandes rasgos

broadcast ['brɔːdkɑːst] ■ n [programme] emisión *f*
■ vt (pt & pp **broadcast**) transmitir, emitir ▸ *Fam* **don't ~ it!** ¡no lo pregones!
■ vi [station] emitir

broadcaster ['brɔːdkɑːstə(r)] n [person] presentador(ora) *m,f*

broadcasting ['brɔːdkɑːstɪŋ] n [programmes] emisiones *fpl*, programas *mpl* ▸ **he works in ~** trabaja en la televisión/radio ▸ **~ station** emisora *f*

broaden ['brɔːdən] ■ vt [road] ensanchar ▸ **to ~ sb's horizons** ampliar los horizontes de alguien
■ vi **to ~ (out)** ensancharse, ampliarse

broadly ['brɔːdlɪ] adv [generally] en general ▸ **to smile ~** esbozar una amplia sonrisa ▸ **~ speaking** en términos generales

broad-minded [brɔːd'maɪndɪd] adj tolerante, de mentalidad abierta

broad-mindedness [brɔːd'maɪndɪdnɪs] n tolerancia *f*, mentalidad *f* abierta

broadsheet ['brɔːdʃiːt] n [newspaper] periódico *m* de formato grande *(característico de la prensa británica seria)*

broad-shouldered [brɔːd'ʃəʊldəd] adj ancho(a) de espaldas

broadside ['brɔːdsaɪd] n *also Fig* **to fire a ~** soltar una andanada

brocade [brə'keɪd] n [cloth] brocado *m*

broccoli ['brɒkəlɪ] n brécol *m*, brócoli *m*

brochure ['brəʊʃə(r)] n folleto *m*

brogue[1] [brəʊg] n [shoe] zapato *m* de vestir *(de cuero calado)*

brogue[2] n [accent] acento *m (especialmente el irlandés)*

broil [brɔɪl] vt *US* [grill] asar a la parrilla

broke [brəʊk] ■ adj *Fam* **to be ~** [penniless] estar sin un centavo *or MÉX* sin un peso *or ESP* sin blanca ▸ **to go for ~** jugarse el todo por el todo
■ pt *of* ***break***

broken ['brəʊkən] ■ adj [object, bone, promise] roto(a) / [ground, surface] accidentado(a) / *Fig* [person, heart] destrozado(a) ▸ **in a ~ voice** con la voz quebrada ▸ **to speak ~ English** chapurrear inglés ▸ **~ home** hogar *m* deshecho *or* roto
■ pp *of* ***break***

broken-hearted [brəʊkən'hɑːtɪd] adj **to be ~** estar desolado(a) *or* desconsolado(a)

broker ['brəʊkə(r)] n FIN agente *mf,* corredor(ora) *m,f*

brolly ['brɒlɪ] n *BR Fam* paraguas *m inv*

bromide ['brəʊmaɪd] n CHEM bromuro *m* / *Fig* fórmula *f* caduca

bronchial ['brɒŋkɪəl] adj ANAT bronquial ▸ **the ~ tubes** los bronquios

bronchitic [brɒŋ'kɪtɪk] adj MED bronquítico(a)

bronchitis [brɒŋ'kaɪtɪs] n bronquitis *f inv*

bronze [brɒnz] ■ n bronce *m* ▸ **to win a ~** ganar una medalla de bronce ▸ **the Bronze Age** la Edad del Bronce
■ adj [material] de bronce / [colour] color (de) bronce

bronzed [brɒnzd] adj [tanned] bronceado(a)

brooch [brəʊtʃ] n broche *m*

brood [bruːd] ■ n [of baby birds] nidada *f* / *Hum* [of children] prole *f,* progenie *f*
■ vi [hen] empollar ▸ *Fig* **to ~ over one's mistakes** rumiar los propios errores

broody ['bruːdɪ] adj [hen] clueca ▸ *BR* **in springtime, I get ~** [woman] en primavera me surge el instinto maternal

brook[1] [brʊk] n [stream] arroyo *m,* riachuelo *m*

brook[2] vt *Formal* [tolerate] tolerar, consentir ▸ **he will ~ no opposition** no admitirá oposición

broom [bruːm] n **1.** [plant] retama *f,* escoba *f* **2.** [for cleaning] escoba *f* ▸ *Fig* **a new ~** = *jefe recién llegado que quiere cambiar radicalmente las cosas*

broomstick ['bruːmstɪk] n palo *m* de escoba

Bros npl COM (abbr ***Brothers***) **Riley ~** Hnos. Riley

broth [brɒθ] n [soup] [thin] sopa *f,* caldo *m* / [thick] potaje *m,* sopa

brothel ['brɒθəl] n burdel *m*

brother ['brʌðə(r)] n hermano *m*

brotherhood ['brʌðəhʊd] n [feeling] fraternidad *f* / REL hermandad *f* ▸ **the ~ of man** la humanidad

brother-in-law ['brʌðərɪnlɔː] (pl **brothers-in-law**) n cuñado *m*

brought [brɔːt] pt & pp *of* ***bring***

brow [braʊ] n **1.** [forehead] frente *f* / [eyebrow] ceja *f* **2.** [of hill] cima *f,* cumbre *f*

browbeat ['braʊbiːt] (pt **browbeat**, pp **browbeaten** ['braʊbiːtən]) vt intimidar ▸ **to ~ sb into doing sth** intimidar a alguien para que haga algo

brown [braʊn] ■ n marrón *m* / *AM* color *m* café
■ adj marrón, *AM* café / [hair, eyes] castaño(a) / [skin] moreno(a) ▸ **~ bread** pan *m* integral ▸ COM **~ goods** equipamiento *m* audiovisual ▸ **~ paper** papel *m* de estraza ▸ **~ rice** arroz *m* integral ▸ **~ sugar** azúcar *m or f* moreno(a)
■ vt [in cooking] dorar
■ vi [in cooking] dorarse

browned-off ['braʊnd'ɒf] adj *BR Fam* **to be ~ (with sth/sb)** estar hasta las narices (de algo/alguien)

Brownie ['braʊnɪ] [member of girls' organization] escultista *f* ▸ *Fig* **to win** *or* **get brownie points** anotarse tantos *or* *RP* porotos

brownie ['braʊnɪ] n [cake] bizcocho *m* de chocolate y nueces

brown-nose ['braʊnnəʊz] *very Fam* vt lamer el culo a

brownout ['braʊnaʊt] n apagón *m* momentáneo

browse [braʊz] ■ n **to have a ~** echar una ojeada
■ vi **1.** [in bookshop, magazine] echar una ojeada ▸ **to ~ through sth** [book, magazine] hojear algo **2.** [animal] pacer
■ vt COMPTR **to ~ the Web** navegar por la Web

browser ['braʊzə(r)] n COMPTR navegador *m*

bruise [bruːz] ■ n [on body] cardenal *m,* moradura *f* / [on fruit] maca *f,* magulladura *f*
■ vt [person, sb's arm] magullar / [feelings] herir ▸ **to ~ one's arm** hacerse un cardenal en el brazo
■ vi **to ~ easily** [fruit] macarse con facilidad ▸ **he bruises easily** le salen cardenales con facilidad

bruiser ['bruːzə(r)] n *Fam* matón *m*

bruising ['bruːzɪŋ] ■ n [bruises] moratones *mpl,* moraduras *fpl*
■ adj [encounter, impact] duro(a), violento(a)

Brummie ['brʌmɪ] *BR Fam* ■ n persona *f* de de Birmingham
■ adj de Birmingham

brunch [brʌntʃ] n *Fam* desayuno-comida *m,* *RP* brunch *m*

Brunei [bruː'naɪ] n Brunei

brunette [bruː'net] n morena *f*

brunt [brʌnt] n **she bore the ~ of the criticism** recibió la mayor parte de las críticas ▸ **the north of the city bore the ~ of the attack** el norte de la ciudad fue la parte más afectada por el ataque

bruschetta [brʊs'ketə] n = *tostada con tomate, albahaca y aceite de oliva*

brush [brʌʃ] ■ n **1.** [for clothes, hair] cepillo *m* / [for sweeping] cepillo *m*, escoba *f* / [for painting pictures] pincel *m* / [for house-painting, shaving] brocha *f* **2.** [action] [to hair, teeth, horse] cepillado *m* ▸ **to give one's hair a ~** cepillarse el pelo ▸ **to give the floor a ~** barrer el suelo **3.** [light touch] roce *m* ▸ *Fam* **to have a ~ with the law** tener un problemilla con la ley **4.** [of fox] cola *f* **5.** [undergrowth] maleza *f*
■ vt **1.** [clean] cepillar / [floor] barrer ▸ **to ~ one's hair** cepillarse el pelo ▸ **to ~ one's teeth** lavarse *or* cepillarse los dientes **2.** [touch lightly] rozar
■ vi **to ~ against sth/sb** rozar algo/a alguien ▸ **to ~ past sth/sb** pasar rozando algo/a alguien

◆ ***brush aside*** vt sep [objection, criticism] no hacer caso a / [opponent] deshacerse de

◆ ***brush off*** vt sep **1.** [dust, dirt] sacudir **2.** *Fam* [dismiss] no hacer caso a, *ESP* pasar de

◆ ***brush up*** vt sep **1.** [leaves, crumbs] barrer **2.** *Fam* [subject, language] **to ~ up (on)** pulir, dar un repaso a

brushed [brʌʃt] adj [cotton, nylon] afelpado(a)

brush-off ['brʌʃɒf] n *Fam* **to give sb the ~** no hacer ni caso a alguien

brush-up ['brʌʃʌp] n *BR* **to have a wash and ~** arreglarse

brushwood ['brʌʃwʊd] n **1.** [as fuel] leña *f,* broza *f* **2.** [undergrowth] maleza *f,* broza *f*

brushwork ['brʌʃwɜ:k] n ART pincelada *f,* técnica *f* del pincel

brusque [bru:sk] adj brusco(a)

brusquely ['bru:sklɪ] adv bruscamente

Brussels ['brʌsəlz] n Bruselas ▸ **brussels sprouts** coles *fpl* de Bruselas

brutal ['bru:təl] adj brutal

brutality [bru:'tælɪtɪ] n brutalidad *f*

brutalize ['bru:təlaɪz] vt [make cruel or insensitive] embrutecer / [ill-treat] tratar con brutalidad

brutally ['bru:təlɪ] adv brutalmente

brute [bru:t] ■ n bestia *mf*
■ adj **~ force** *or* **strength** fuerza *f* bruta

brutish ['bru:tɪʃ] adj brutal

BSc [bi:es'si:] n UNIV (abbr ***Bachelor of Science***) [qualification] licenciatura *f* en Ciencias / [person] licenciado(a) *m,f* en Ciencias

BSE [bi:es'i:] n (abbr ***bovine spongiform encephalopathy***) encefalopatía *f* espongiforme bovina *(enfermedad de las vacas locas)*

BSI [bi:es'aɪ] n *BR* (abbr ***British Standards Institution***) = *asociación británica de normalización,* *ESP* ≃ AENOR

BST [bi:es'ti:] n *BR* (abbr ***British Summer Time***) = *hora oficial de verano en Gran Bretaña*

bubble ['bʌbəl] ■ n [of air] burbuja *f* / [of soap] pompa *f* ▸ **to blow bubbles** hacer pompas de jabón ▸ *Fig* **the ~ has burst** la buena racha ha terminado ▸ **~ bath** [liquid] espuma *f* de baño / [bath] baño *m* de espuma ▸ **~ gum** chicle *m* ▸ COMPTR **~ jet (printer)** impresora *f* de inyección ▸ COM **~ pack** blister *m*
■ vi [form bubbles] burbujear, borbotar

◆ ***bubble over*** vi [soup, milk] salirse, desbordarse ▸ *Fig* **to ~ over with joy** rebosar alegría

bubbly ['bʌblɪ] ■ n *Fam* [champagne] champán *m*
■ adj **1.** [liquid] espumoso(a) **2.** [personality] alegre, jovial

bubonic plague [bju:'bɒnɪk'pleɪg] n peste *f* bubónica

buccaneer [bʌkə'nɪə(r)] n bucanero *m*

Bucharest ['bʊkərest] n Bucarest

buck [bʌk] ■ n **1.** [deer] ciervo *m* (macho) / [rabbit] conejo *m* (macho) **2.** *US, AUSTR Fam* [dollar] dólar *m* ▸ **to make a fast** *or* **quick ~** hacer dinero fácil **3.** *Fam* [responsibility] **to pass the ~** escurrir el bulto ▸ **the ~ stops here** aquí recae la responsabilidad última
■ vt **to ~ the odds** desafiar las leyes de la probabilidad ▸ **to ~ the system** oponerse al sistema ▸ **to ~ a trend** invertir una tendencia
■ vi [horse] corcovear

◆ ***buck up*** *Fam* ■ vt sep [encourage] animar, entonar ▸ **to ~ up one's ideas** espabilarse
■ vi [cheer up] animarse / [hurry] espabilarse, aligerar

bucket ['bʌkɪt] ■ n balde *m,* *ESP* cubo *m* ▸ *BR Fam* **it's raining buckets** está lloviendo a cántaros *or* *RP* a baldes ▸ *Fam* **to cry** *or* **weep buckets** llorar a mares ▸ *BR Fam* **~ shop** [for air tickets] agencia *f* de viajes barata / [for shares] = *agencia de cambio y bolsa fraudulenta*
■ vi *Fam* **it's bucketing (down)** está lloviendo a cántaros *or* *RP* a baldes

buckle ['bʌkəl] ■ n hebilla *f*
■ vt **1.** [fasten] abrochar **2.** [deform] combar
■ vi [deform] combarse / [knees] doblarse ▸ **he buckled at the knees** se le doblaron las rodillas

◆ ***buckle down*** vi poner manos a la obra ▸ **to ~ down to a task** ponerse a hacer una tarea

Buck's fizz [bʌks'fɪz] n *BR* = *cóctel a base de champán y jugo de naranja,* *ESP* ≃ agua *f* de Valencia

buckshot ['bʌkʃɒt] n perdigones *mpl*

buckskin ['bʌkskɪn] n piel *f (de ciervo o cabra)*

buckteeth [bʌk'ti:θ] npl dientes *mpl* de conejo

bucktoothed [bʌk'tu:θt] adj con dientes de conejo

buckwheat ['bʌkwi:t] n alforfón *m*

bucolic [bju:'kɒlɪk] adj *Literary* bucólico(a)

bud [bʌd] ■ n [of leaf, branch] brote *m* / [of flower] capullo *m*
■ vi (pt & pp **budded**) brotar, salir

Budapest ['bʊdəpest] n Budapest

Buddha ['bʊdə] pr n Buda *m*

Buddhist ['bʊdɪst] n & adj budista *mf*

budding ['bʌdɪŋ] adj [genius, actor] en ciernes, incipiente

buddy ['bʌdɪ] n *US Fam* [friend] *ESP* colega *mf,* *AM* compadre, *AM* hermano(a), *MÉX* cuate

budge [bʌdʒ] ■ vt [move] mover ▸ **I couldn't ~ him** [change his mind] no conseguí hacerle cambiar de opinión
■ vi [move] moverse / [yield] ceder

budgerigar ['bʌdʒərɪgɑ:(r)] n periquito *m* (australiano)

budget ['bʌdʒɪt] ■ n presupuesto *m* ▸ *BR* POL **the Budget** ≃ los Presupuestos Generales del Estado ▸ **to go over ~** salirse del presupuesto ▸ **we are within ~** no nos hemos salido del presupuesto ▸ **~ deficit** déficit *m* presupuestario ▸ **~ surplus** superávit *m* presupuestario
■ vt [time, money] calcular
■ vi **to ~ for** [include in budget] contemplar en el presupuesto / *Fig* contar con

budgetary ['bʌdʒɪtərɪ] adj FIN presupuestario(a)

budgie ['bʌdʒɪ] n *BR Fam* periquito *m* (australiano)

Buenos Aires ['bwenə'saɪrez] n Buenos Aires

buff [bʌf] ■ n **1.** [colour] marrón *m* claro ▸ *Fam* **in the ~** [naked] en cueros **2.** [enthusiast] **film ~** cinéfilo(a) *m,f* ▸ **opera ~** entendido(a) *m,f* en ópera
■ adj marrón claro
■ vt [polish] sacar brillo a

buffalo ['bʌfələʊ] (pl **buffalo** *or* **buffaloes**) n búfalo *m*

buffer[1] ['bʌfə(r)] n **1.** [on railway track] tope *m* / COMPTR buffer *m* ▸ **to act as a ~** hacer de amortiguador ▸ **~ state** estado *m* barrera ▸ **~ zone** zona *f* de protección **2.** *US* [on car] parachoques *m inv, MÉX* defensas *fpl, RP* paragolpes *m inv*

buffer[2] n *BR Fam* **old ~** vejete *m*

buffet[1] [ˈbʌfɪt] vt [of wind] zarandear, azotar ▸ *Fig* **he was buffeted by the crowds** le arrolló *or* zarandeó la multitud ▸ *Fig* **to be buffeted by events** verse sacudido(a) por el remolino de los acontecimientos

buffet[2] [ˈbʊfeɪ] n **1.** [sideboard] mostrador *m* de comidas, bufé *m* **2.** [meal] bufé *m* ▸ **~ lunch** (almuerzo *m* tipo) bufé *m* **3.** [at station] cafetería *f* ▸ **~ car** vagón *m* restaurante, bar *m*

buffeting [ˈbʌfɪtɪŋ] n **to take a ~** [ship] ser zarandeado(a) / *Fig* [person] recibir muchos golpes

buffoon [bəˈfuːn] n payaso *m,* bufón *m*

bug [bʌg] ■ n **1.** [biting insect] bicho *m (que pica)* / *US* [any insect] bicho *m,* insecto *m* **2.** *Fam* [illness] infección *f* ▸ **there's a ~ going round** hay un virus rondando por ahí ▸ *Fig* **the travel ~** el gusanillo de viajar **3.** COMPTR error *m* **4.** [listening device] micrófono *m* oculto

■ vt (pt & pp **bugged**) **1.** [telephone] pinchar, intervenir / [room] poner micrófonos en **2.** *Fam* [annoy] molestar, fastidiar ▸ **stop bugging me about it!** ¡deja de darme la lata con eso!

bugbear [ˈbʌgbeə(r)] n *Fam* tormento *m,* pesadilla *f*

bug-eyed [ˈbʌgeɪd] adj con ojos saltones

bug-free [bʌgˈfriː] adj COMPTR sin errores

bugger [ˈbʌgə(r)] ■ n *BR very Fam* [unpleasant person] hijo(a) *m,f* de puta, cabrón(ona) *m,f* ▸ **you silly ~** ¡qué tonto eres! ▸ **the poor ~!** ¡pobre desgraciado! ▸ **a ~ of a job** una putada de trabajo ▸ **~ all** nada de nada ▸ **he knows ~ all about it** no tiene ni puta idea

■ vt **1.** [sodomize] sodomizar **2.** *BR very Fam* **~ (it)!** ¡carajo!, *ESP* ¡joder!, *RP* ¡la puta (digo)! ▸ **I'll be buggered if I'm going to pay for it!** ¡no lo voy a pagar ni loco *or ESP* ni de coña *or RP* ni en joda! ▸ **I'm buggered if I know** no tengo ni puta idea ▸ **that's really buggered it!** ¡lo ha jodido todo bien!

◆ ***bugger about, bugger around*** *BR very Fam* ■ vt sep **stop buggering me about** *or* **around!** *ESP* ¡deja de marearme, joder!, *MÉX* ¡deja de chingarme!, *RP* ¡puta, dejá de volverme loco!

■ vi *ESP* hacer el/la gilipollas, *AM* pendejear

◆ ***bugger off*** vi *BR very Fam* abrirse, *ESP, RP* pirarse ▸ **~ off!** ¡vete a la mierda!

◆ ***bugger up*** vt sep *BR very Fam* joder

buggered [ˈbʌgəd] adj *BR very Fam* **to be ~** [broken] estar jodido(a) *or MÉX* chingado(a) / [exhausted] estar hecho(a) polvo

buggery [ˈbʌgərɪ] n **1.** LAW sodomía *f* **2.** *BR very Fam* **to run like ~** correr *ESP* a toda hostia *or RP* a los pedos, *MÉX* ir hecho(a) la raya

bugging device [ˈbʌgɪŋdɪˈvaɪs] n [in room] micrófono *m* oculto / [in telephone line] aparato *m* de escucha telefónica

buggy [ˈbʌgɪ] n **1.** *BR* [pushchair] sillita *f* (de niño) / *US* [pram] cochecito *m* (de niño) **2.** [carriage] calesa *f*

bugle [ˈbjuːgəl] n corneta *f,* clarín *m*

bugler [ˈbjuːglə(r)] n corneta *m,* clarín *m*

build [bɪld] ■ n complexión *f,* constitución *f*

■ vt (pt & pp **built** [bɪlt]) construir ▸ **to be built (out) of sth** estar hecho(a) de algo ▸ **to ~ sth into sth** incorporar algo en algo ▸ **they have built their hopes on it** han basado sus esperanzas en ello

◆ ***build on*** vt sep **1.** [add] añadir **2.** [use as foundation] **she built on their achievements** siguió avanzando a partir de sus logros

◆ ***build up*** ■ vt sep **1.** [hopes, expectations] alimentar / [resources] aumentar **2.** [reputation] crear ▸ **to ~ up speed** tomar *or ESP* coger velocidad ▸ **to ~ up an immunity (to sth)** hacerse inmune (a algo) **3.** [hype] **the press built her up as a future champion** la prensa construyó su imagen de futura campeona

■ vi [clouds] formarse / [tension, pressure] incrementarse, aumentar

builder [ˈbɪldə(r)] n [worker] albañil *m* / [small businessman] contratista *mf* de obras

building [ˈbɪldɪŋ] n **1.** [structure] edificio *m* **2.** [trade] construcción *f* ▸ **~ block** [toy] pieza *f* (de construcción) / *Fig* unidad *f* básica ▸ **~ site** obra *f* ▸ *BR* **~ society** ≃ caja *f* de ahorros

build-up [ˈbɪldʌp] n [of tension, forces] incremento *m,* aumento *m* / [before election, public event] periodo *m* previo ▸ **after all the ~...** después de toda la expectación creada...

built [bɪlt] pt & pp *of* ***build***

built-in [ˈbɪlˈtɪn] adj [cupboard] empotrado(a) / [included] incorporado(a) / *Fig* [safeguard, obsolescence] inherente

built-up [ˈbɪlˈtʌp] adj [area] urbanizado(a)

bulb [bʌlb] n [of plant] bulbo *m* / [lightbulb] *ESP* bombilla *f, ANDES, MÉX* foco *m, CAM, CARIB* bombillo *m, RP* lamparita *f*

bulbous [ˈbʌlbəs] adj bulboso(a)

Bulgaria [bʌlˈgeərɪə] n Bulgaria

Bulgarian [bʌlˈgeərɪən] ■ n **1.** [person] búlgaro(a) *m,f* **2.** [language] búlgaro *m*

■ adj búlgaro(a)

bulge [bʌldʒ] ■ n bulto *m,* abultamiento *m*

■ vi **1.** [be full of] estar repleto(a) (**with** de) **2.** [swell] abombarse ▸ *Fig* **her eyes bulged at the sight of all the food** al ver tanta comida parecía que se le iban a salir los ojos de las órbitas

bulimia [buːˈlɪmɪə] n MED bulimia *f*

bulk [bʌlk] ■ n **1.** [mass] masa *f,* volumen *m* ▸ **the ~ (of sth)** [most] el grueso (de algo) **2.** COM **in ~** a granel ▸ **to buy/sell in ~** comprar/vender al por mayor ▸ **~ mail** envío *m* (postal) masivo ▸ **~ purchase** compra *f* al por mayor

■ vt **to ~ sth out** abultar algo

■ vi **to ~ large** [problem] tener relieve

bulkhead [ˈbʌlkhed] n NAUT mamparo *m*

bulky [ˈbʌlkɪ] adj [thing] grande, voluminoso(a) / [person] corpulento(a)

bull[1] [bʊl] n **1.** [animal] toro *m* ▸ **~ elephant** elefante *m* (macho) ▸ FIN **~ market** mercado *m* al alza **2.** *esp US Fam* [nonsense] **to talk ~** decir sandeces **3.** [idioms] **to take the ~ by the horns** agarrar *or ESP* coger el toro por los cuernos ▸ **like a ~ in a china shop** como un elefante en una cacharrería

bull² n REL bula *f*

bulldog ['bʊldɒg] n bulldog *m* ▸ *BR* **Bulldog® clip** pinza *f* sujetapapeles

bulldoze ['bʊldəʊz] vt [flatten] [area, land] allanar, nivelar / [building] demoler / [remove] derribar ▸ *Fig* **to ~ sb into doing sth** forzar *or* obligar a alguien a hacer algo

bulldozer ['bʊldəʊzə(r)] n bulldozer *m*

bullet ['bʊlɪt] n bala *f,* proyectil *m* ▸ **~ hole** agujero *m* de bala ▸ **~ wound** herida *f* de bala

bulletin ['bʊlɪtɪn] n boletín *m* ▸ *US* [gen] & COMPTR **~ board** tablón *m* de anuncios

bulletproof ['bʊlɪtpruːf] adj antibalas *inv* ▸ **~ vest** chaleco *m* antibalas

bullfight ['bʊlfaɪt] n corrida *f* de toros

bullfighter ['bʊlfaɪtə(r)] n torero *m*

bullfighting ['bʊlfaɪtɪŋ] n toreo *m*

bullfinch ['bʊlfɪntʃ] n camachuelo *m*

bullfrog ['bʊlfrɒg] n rana *f* toro

bullion ['bʊljən] n **gold/silver ~** oro *m*/plata *f* en lingotes *or* barras

bullish ['bʊlɪʃ] adj FIN [market] al alza / *Fam* [person] optimista

bullock ['bʊlək] n buey *m*

bullring ['bʊlrɪŋ] n [building] plaza *f* de toros / [arena] ruedo *m*

bullrush ['bʊlrʌʃ] n junco *m*

bull's-eye ['bʊlzaɪ] n diana *f,* blanco *m* ▸ *also Fig* **to hit the ~** dar en el blanco *or* clavo

bullshit ['bʊlʃɪt] *Vulg* ■ n [nonsense] *ESP* gilipolleces *pfl, AM* pendejadas *fpl, RP* boludeces *fpl*

■ exclam ¡y un huevo!

■ vt (pt & pp **bullshitted**) **to ~ sb** vacilar a alguien ▸ **she bullshitted her way into the job** consiguió el puesto engañando a todo el mundo

■ vi [talk nonsense] decir *ESP* gilipolleces *or AM* pendejadas *or RP* boludeces

bully ['bʊlɪ] ■ n matón(ona) *m,f* / [at school] *ESP* abusón(ona) *m,f, AM* abusador(ora) *m,f*

■ exclam *Ironic* **~ for you!** ¡toma ya!

■ vt intimidar ▸ **to ~ sb into doing sth** intimidar a alguien para que haga algo

bully-boy ['bʊlɪbɔː] n matón *m* ▸ **~ tactics** tácticas *fpl* de intimidación

bullying ['bʊlɪɪŋ] ■ n intimidación *f*

■ adj intimidatorio(a), amenazador(ora)

bulrush ['bʊlrʌʃ] n *BR* [reed mace] anea *f,* espadaña *f* / *US* [soft rush] junco *m*

bulwark ['bʊlwɜːk] n *also Fig* bastión *m* (**against** contra)

bum [bʌm] *Fam* ■ n **1.** *BR* [buttocks] trasero *m,* culo *m, AM* cola *f* **2.** *US* [tramp] vagabundo(a) *m,f*

■ adj [of poor quality] malo(a), *ESP* cutre, *RP* berreta ▸ **she got a ~ deal** la trataron a patadas

■ vt (pt & pp **bummed**) **to ~ sth from** *or* **off sb** *ESP* gorronear *or MÉX* gorrear *or RP* garronear algo a alguien

◆ ***bum around*** vi *Fam* [be idle] holgazanear, gandulear / [travel] vagabundear

bumblebee ['bʌmbəlbiː] n abejorro *m*

bumbling ['bʌmbəlɪŋ] adj **~ fool** *or* **idiot** tonto(a) *m,f,* inútil *mf*

bumf [bʌmf] n *BR Fam* papelotes *mpl*

bummer ['bʌmə(r)] n *Fam* [annoying thing] lata *f, RP* embole *m, VEN* lava *f* ▸ **what a ~!** ¡qué lata!

bump [bʌmp] ■ n **1.** [jolt] golpe *m,* sacudida *f* ▸ *Fig* **to come back down to earth with a ~** volver a la dura realidad ▸ **~ start** [for car] = *método de arranque de un coche empujándolo mientras se mete la marcha conforme se pone en movimiento* **2.** [lump] chichón *m*

■ vt **to ~ one's head against sth** golpearse en la cabeza con algo

◆ ***bump into*** vt insep [collide with] chocar con / *Fam* [meet by chance] encontrarse con, toparse con

◆ ***bump off*** vt sep *Fam* [kill] liquidar, cargarse a

◆ ***bump up*** vt sep *Fam* [price] subir

bumper ['bʌmpə(r)] ■ n *BR* [of car] parachoques *m inv, MÉX* defensas *fpl, RP* paragolpes *m inv* ▸ **~ car** [at fairground] auto *m or* coche *m* de choque, *MÉX* carrito *m* chocón, *RP* autito *m* chocador ▸ **~ sticker** adhesivo *m* para parachoques *or MÉX* defensas *fpl or RP* paragolpes *m inv*

■ adj abundante, excepcional ▸ **~ crop** cosecha *f* excepcional ▸ *BR* **~ issue** número *m* especial

bumpkin ['bʌmpkɪn] n **(country) ~** palurdo(a) *m,f, ESP* paleto(a) *m,f*

bump-start ['bʌmpstɑːt] vt **to ~ a car** arrancar un coche empujando

bumptious ['bʌmpʃəs] adj presuntuoso(a), engreído(a)

bumpy ['bʌmpɪ] adj [road] lleno(a) de baches, accidentado(a) / [journey] incómodo(a), agitado(a) ▸ *Fam Fig* **to have a ~ ride** encontrar muchos obstáculos

bun [bʌn] n **1.** [food] bollo *m* **2.** [hair] moño *m*

bunch [bʌntʃ] n [of flowers] ramo *m,* ramillete *m* / [of bananas, grapes] racimo *m* / [of keys] manojo *m* / [of friends] pandilla *f* / [of people] grupo *m* ▸ **to wear one's hair in bunches** peinarse con *or* llevar coletas ▸ **to have a whole ~ of things to do** tener un montón de cosas que hacer ▸ **the best** *or* **the pick of the ~** el mejor de todo el lote

◆ ***bunch together*** vi [people] apiñarse

bundle ['bʌndəl] ■ n [of papers] manojo *m* / [of banknotes] fajo *m* / [of straw] haz *m,* gavilla *f* / [of clothes] fardo *m,* hato *m* ▸ *Fam* **she's a ~ of nerves** es un manojo de nervios ▸ *Fam* **I don't go a ~ on horror films** no me vuelven loco las películas de terror ▸ *Fam Ironic* **he's a real ~ of laughs** es un tipo aburridísimo, *ESP* es un muermo de tío, *RP* es un tipo embolante

■ vt **to ~ sb out of the door** sacar a alguien a empujones por la puerta ▸ **to ~ sb into a car** meter a alguien a empujones en un coche

◆ ***bundle off*** vt sep [send] despachar

bung [bʌŋ] ■ n **1.** [of barrel] tapón *m* **2.** *BR Fam* [bribe] soborno *m, ANDES, RP* coima *f, CAM, MÉX* mordida *f*

■ vt **1.** [pipe, hole] atascar, taponar **2.** *Fam* [put, throw] echar, *AM* botar ▸ **~ it there** échalo *or AM* bótalo ahí

◆ ***bung up*** vt sep *Fam* [pipe, hole] atascar, taponar ▸ **my nose is bunged up** tengo la nariz taponada

bungalow ['bʌŋgələʊ] n bungalow *m*

bungee jumping ['bʌndʒiː'dʒʌmpɪŋ] n puenting *m*

bunghole ['bʌŋhəʊl] n agujero *m* de barril

bungle ['bʌŋgəl] ■ vt [job, task] echar a perder, hacer mal ▸ **they bungled their attempt to escape** su intento de fuga les salió mal
■ vi hacer chapuzas

bunion ['bʌnjən] n [on foot] juanete *m*

bunk[1] [bʌŋk] n [bed] litera *f*

bunk[2] n *BR Fam* **to do a ~** [run away] *ESP* darse el piro, *ESP* pirarse, *MÉX* rajarse, *RP* tomarse el buque

bunker ['bʌŋkə(r)] n **1.** [for coal] carbonera *f* **2.** MIL búnker *m* ▸ **nuclear ~** refugio *m* antinuclear **3.** *BR* [on golf course] búnker *m*

bunkum ['bʌnkəm] n *Fam* palabrería *f,* tonterías *fpl*

bunny ['bʌnɪ] n *Fam* **~ (rabbit)** conejito *m*

Bunsen burner ['bʌnsən'bɜːnə(r)] n mechero *m* Bunsen

bunting ['bʌntɪŋ] n [decorations] banderines *mpl*

buoy [bɒɪ] n boya *f*

◆ ***buoy up*** vt sep [person] animar, alentar / [prices] mantener al alza

buoyancy ['bɔɪənsɪ] n [in water] flotabilidad *f* / *Fig* [of market] estabilidad *f,* optimismo *m*

buoyant ['bɔɪənt] adj [in water] flotante / *Fig* [economy, prices] boyante / *Fig* [person, mood] optimista, vital

burble ['bɜːbəl] ■ vt [say] farfullar
■ vi [stream] borbotar / [person] mascullar

burden ['bɜːdən] ■ n *also Fig* carga *f* ▸ LAW **~ of proof** obligación *f* de probar
■ vt cargar, sobrecargar (**with** con *or* de)

burdensome ['bɜːdənsəm] adj pesado(a), molesto(a)

bureau ['bjʊərəʊ] (pl **bureaux** ['bjʊərəʊz]) n **1.** *BR* [desk] secreter *m,* escritorio *m* / *US* [chest of drawers] cómoda *f* **2.** [office] oficina *f,* departamento *m* **3.** *US* [government department] departamento *m*

bureaucracy [bjʊə'rɒkrəsɪ] n burocracia *f*

bureaucrat ['bjʊərəkræt] n burócrata *mf*

bureaucratic [bjʊərə'krætɪk] adj burocrático(a)

burgeon ['bɜːdʒən] vi [trade, relationship] florecer ▸ **a burgeoning talent** un talento incipiente

burger [bɜːgə(r)] n *Fam* [hamburger] hamburguesa *f*

burglar ['bɜːglə(r)] n ladrón(ona) *m,f* ▸ **~ alarm** alarma *f* antirrobo

burglarize ['bɜːgləraɪz] vt *US* robar, desvalijar

burglar-proof ['bɜːgləpruːf] adj a prueba de ladrones

burglary ['bɜːglərɪ] n robo *m (en una casa o edificio)*

burgle ['bɜːgəl] vt robar, desvalijar

burgundy ['bɜːgəndɪ] adj [colour] (color) burdeos

burial ['berɪəl] n entierro *m* ▸ **~ ground** cementerio *m*

Burkina-Faso [bɜː'kiːnə'fæsəʊ] n Burkina Faso

burlap ['bɜːlæp] n *US* arpillera *f*

burlesque [bɜː'lesk] ■ n parodia *f*
■ adj burlesco(a), paródico(a)

burly ['bɜːlɪ] adj fornido(a), corpulento(a)

Burma ['bɜːmə] n Birmania

Burmese [bɜː'miːz] ■ npl [people] **the ~** los birmanos
■ n [language] birmano *m*
■ adj birmano(a)

burn[1] [bɜːn] ■ n quemadura *f*
■ vt (pt & pp **burnt** [bɜːnt] or **burned**) **1.** [fuel, building] quemar ▸ **the stove burns wood/coal** la cocina funciona con leña/carbón ▸ **to ~ one's hand/finger** quemarse la mano/el dedo ▸ **to ~ a hole in sth** hacer un agujero a algo quemándolo **2.** COMPTR [CD-ROM] estampar **3.** [idioms] **to have money to ~** [rich person] tener dinero de sobra ▸ **she's just got paid – she's got money to ~** le acaban de pagar y tiene dinero para gastar ▸ **to ~ one's boats** *or* **one's bridges** quemar las naves ▸ **to ~ the candle at both ends** darse demasiado trote ▸ **to ~ the midnight oil** quedarse hasta muy tarde *(estudiando o trabajando),* ANDES trasnocharse
■ vi [fire, fuel, building] arder / [light] estar encendido(a) / *Fig* [with desire, anger, enthusiasm] arder (**with** de) ▸ **the fire is burning low** el fuego está bajo

◆ ***burn down*** ■ vt sep incendiar, quemar
■ vi quemarse

◆ ***burn out*** ■ vt sep **to ~ itself out** [fire] consumirse, agotarse ▸ *Fig* **to ~ oneself out** [become exhausted] agotarse
■ vi [fire] consumirse / *Fig* [person] quemarse

◆ ***burn up*** ■ vt sep [energy] quemar, consumir
■ vi [rocket] entrar en combustión

burn[2] n *SCOT* [stream] arroyo *m*

burner ['bɜːnə(r)] n quemador *m*

burning ['bɜːnɪŋ] adj [on fire] en llamas / [heat, sun, passion] abrasador(ora) / [ambition] irrefrenable ▸ **to be ~ hot** abrasar ▸ **a ~ issue** un asunto candente

burnish ['bɜːnɪʃ] vt [polish] bruñir

burn-out ['bɜːnaʊt] n **1. I had a ~** [engine] se me quemó ▸ **what caused the ~?** [in electrical system] ¿por qué se fundió? **2.** *Fam* [exhaustion] agotamiento *m*

burnt [bɜːnt] ■ adj quemado(a) ▸ **to be ~** estar quemado(a)
■ pt & pp *of* ***burn***

burnt-out ['bɜːnt'aʊt] adj [building] calcinado(a), carbonizado(a) / [fuse] fundido(a)

burp [bɜːp] ■ n eructo *m*
■ vi eructar

burr[1] [bɜː(r)] n [of plant] erizo *m*

burr[2] n **to speak with a ~** hablar arrastrando la "r"

burrow ['bʌrəʊ] ■ n [of animal] madriguera *f*
■ vi [animal] cavar ▸ *Fig* **he burrowed around in his desk** rebuscó en su escritorio

bursar ['bɜːsə(r)] n UNIV tesorero(a) *m,f*

bursary ['bɜːsərɪ] n *BR* [scholarship] beca *f*

burst [bɜːst] ■ n [of applause] salva *f* / [of activity, enthusiasm] arranque *m* ▸ **a ~ of gunfire** una ráfaga de

disparos ▸ **a ~ of laughter** una carcajada ▸ **a ~ of speed** un acelerón
■ vt (pt & pp **burst**) [balloon, tyre] reventar ▸ **to ~ its banks** [river] desbordarse
■ vi [balloon, tyre, pipe] reventar ▸ *Fig* **to be bursting with pride/joy** reventar de orgullo/alegría ▸ *Fig* **to be bursting to do sth** morirse de ganas de hacer algo ▸ *Fig* **to be bursting at the seams** [room, bus] estar hasta los topes ▸ *Fam* **I'm bursting for the toilet** (estoy que) me meo

◆ ***burst into*** vt insep **1.** [enter] irrumpir en **2.** [suddenly start] **to ~ into flames** inflamarse ▸ **to ~ into song** ponerse a cantar ▸ **to ~ into laughter/tears** echarse a reír/llorar

◆ ***burst open*** vi [door, suitcase] abrirse de golpe / [plastic bag] reventar

◆ ***burst out*** vi **to ~ out laughing** soltar una carcajada ▸ **to ~ out crying** echarse a llorar

Burundi [bə'rʊndɪ] n Burundi

bury ['berɪ] vt [body, treasure] enterrar / [of avalanche, mudslide] sepultar ▸ **she buried the knife in his back** le clavó el cuchillo en la espalda ▸ *Fig* **to ~ oneself in the country** retirarse al campo ▸ **to ~ one's face in one's hands** esconder la cara en las manos ▸ *Fig* **to ~ the hatchet** [end quarrel] enterrar el hacha de guerra

bus [bʌs] ■ n **1.** autobús *m, ANDES* buseta *f, BOL, RP* colectivo *m, CAM, MÉX* camión *m, CAM, CARIB* guagua *f, URUG* ómnibus *m, VEN* microbusete *m* ▸ **by ~** en autobús ▸ **~ conductor** cobrador(ora) *m,f* de autobús ▸ **~ driver** conductor(ora) *m,f* de autobús ▸ **~ lane** carril *m* bus ▸ **~ route** línea *f* de autobús ▸ **~ shelter** marquesina *f* ▸ **~ station** estación *f* de autobuses, *CAM, MÉX* central *f* camionera ▸ **~ stop** parada *f* de autobús **2.** COMPTR bus *m*
■ vt (pt & pp **bused** *or* **bussed**) llevar *or* transportar en autobús

bush [bʊʃ] n [plant] arbusto *m,* mata *f* ▸ **the ~** [in Africa, Australia] el monte ▸ *Fam* **~ telegraph** *ESP* radio *f* macuto *CUBA, CRICA, PAN* radio *f* bemba

bushed [bʊʃt] adj *Fam* [exhausted] **to be ~** estar molido(a) *or* derrengado(a)

bushel ['bʊʃəl] n = *medida de áridos (GB = 36,35 litros, US = 35,23 litros)* ▸ *Fig* **don't hide your light under a ~** no ocultes tus buenas cualidades

bushfire ['bʊʃfaɪə(r)] n incendio *m* de matorral

Bushman ['bʊʃmən] n bosquimano(a) *m,f*

bushy ['bʊʃɪ] adj espeso(a)

busily ['bɪzɪlɪ] adv activamente, diligentemente

business ['bɪznɪs] n **1.** [task, concern] asunto *m* ▸ **it's none of your ~** no es asunto tuyo ▸ **it's not my ~ to...** no me corresponde a mí... ▸ **mind your own ~** métete en tus asuntos ▸ **to make it one's ~ to do sth** proponerse algo ▸ **I was just going about my ~** yo simplemente iba a lo mío ▸ **to get down to ~** ir a lo esencial, ir a lo importante ▸ **to mean ~** ir en serio ▸ **it's a sad** *or* **sorry ~** es un asunto lamentable *or* triste ▸ **I'm sick of the whole ~** estoy harto de todo este asunto ▸ *Fam* **he was working like nobody's ~** estaba trabajando de lo lindo ▸ *BR Fam* **it's the ~!** [excellent] ¡es fantástico *or* genial! **2.** [individual company] empresa *f* / [commercial activity] negocios *mpl* ▸ **to be in ~** dedicarse a los negocios ▸ **to be in the computing ~** [person] trabajar en el sector de la informática ▸ **I'm not in the ~ of making concessions** no estoy por hacer concesiones ▸ **to go into ~ (with)** montar un negocio (con) ▸ **to go out of ~** quebrar ▸ **to go to London on ~** ir a Londres en viaje de negocios ▸ **how's ~?** ¿cómo van los negocios? ▸ **it's good/bad for ~** es bueno/malo para los negocios ▸ **to talk ~** hablar de negocios ▸ **to do ~ (with)** hacer negocios (con) ▸ *Fig* **he's a man you can do ~ with** es un hombre con el que se puede tratar ▸ FIN **~ account** cuenta *f* comercial ▸ **~ card** tarjeta *f* de visita ▸ **~ centre** [in hotel] centro *m* de negocios / [city] centro *m* comercial ▸ AV **~ class** clase *f* preferente ▸ **~ college** facultad *f* de ciencias empresariales ▸ **~ hours** [of company] horario *m* de trabajo / [of shop] horario *m* comercial ▸ **~ incubator** vivero *m* (de empresas) ▸ **~ lunch** comida *f* de trabajo ▸ **~ management** gestión *f or* administración *f* de empresas ▸ **~ manager** administrador(ora) *m,f* de empresa ▸ **~ park** parque *m* empresarial ▸ **~ plan** plan *m* económico ▸ **~ school** escuela *f* de negocios ▸ **~ studies** empresariales *fpl* ▸ **~ trip** viaje *m* de negocios

businesslike ['bɪznɪslaɪk] adj eficiente

businessman ['bɪznɪsmæn] n [executive, manager] hombre *m* de negocios, ejecutivo *m* / [owner of business] empresario *m* ▸ **to be a good ~** tener cabeza para los negocios

businesswoman ['bɪznɪswʊmən] n [executive, manager] mujer *f* de negocios, ejecutiva *f* / [owner of business] empresaria *f* ▸ **to be a good ~** tener cabeza para los negocios

busk [bʌsk] vi *BR* [street musician] actuar en la calle

busker ['bʌskə(r)] n *BR* [street musician] músico(a) *m,f* callejero(a)

busload ['bʌsləʊd] n **a ~ of workers** un autobús repleto de trabajadores

busman ['bʌsmən] n *Fam* **a busman's holiday** = *tiempo libre que se ocupa con una actividad similar a la del trabajo habitual*

bust[1] [bʌst] n **1.** [of woman] busto *m* ▸ **~ measurement** medida *f* de busto **2.** [statue] busto *m*

bust[2] *Fam* ■ adj [broken] **to be ~** estar estropeado(a) *or ESP* escacharrado(a) ▸ **to go ~** [bankrupt] quebrar
■ vt (pt & pp **bust** *or* **busted**) **1.** [break] estropear, *ESP* escacharrar **2.** [arrest] trincar, empapelar

◆ ***bust out*** vi *Fam* [escape] fugarse, largarse

◆ ***bust up*** vt sep *Fam* [disrupt] [event] reventar / [friendship, relationship] romper

buster ['bʌstə(r)] n *US Fam* [term of address] *ESP* tío *m, ESP* tronco *m, MÉX* cuate *m, RP* boludo *m* ▸ **who are you looking at, ~?** ¿tú qué miras, *ESP* tronco *or MÉX* cuate *or RP* boludo?

bustle ['bʌsəl] ■ n [activity] bullicio *m,* trajín *m*
■ vi **to ~ (about)** trajinar

bust-up ['bʌstʌp] n *BR Fam* [quarrel] bronca *f* ▸ **to have a ~** tener una bronca

busty ['bʌstɪ] adj *Fam* pechugona, tetona

busy ['bɪzɪ] ■ adj **1.** [person] ocupado(a) / [day, week] ajetreado(a) ▸ **to be ~** [person] estar ocupado(a) / [day, week] ser ajetreado(a) ▸ **to be ~ doing sth** estar haciendo algo ▸ **the train was very ~** el tren iba muy lleno ▸ **a ~ road** una carretera con mucho tráfico **2.** *US* [telephone line] ocupado(a) ▸ **the line is ~** (el teléfono) da ocupado, *ESP* (el teléfono) está comunicando

■ vt **to ~ oneself with sth** entretenerse con algo

busybody ['bɪzɪbɒdɪ] n *Fam* metomentodo *mf,* entrometido(a) *m,f*

but [bʌt] ■ prep [except] salvo, excepto ▸ **any day ~ tomorrow** cualquier día salvo mañana ▸ **it's nothing ~ prejudice** no son más que prejuicios ▸ **she is anything ~ stupid** es todo menos tonta ▸ **~ for** de no ser por, si no es por ▸ **the last ~ one** el/la penúltimo(a) ▸ **the next ~ one** el próximo no, el otro

■ adv *Formal* **he is ~ a child** no es más que un niño ▸ **had I ~ known!** ¡si lo hubiera sabido! ▸ **one can ~ try** al menos, se debe intentar

■ conj **1.** [in general] pero ▸ **small ~ strong** pequeño, pero fuerte ▸ **I told her to do it ~ she refused** le dije que lo hiciera, pero se negó ▸ **~ I tell you I saw it!** ¡te aseguro que lo vi! ▸ **what could I do ~ invite him?** ¿qué otra cosa podía hacer más que invitarlo? **2.** [direct contrast] sino ▸ **not once ~ twice** no una vez sino dos

■ n **no buts!** ¡no hay peros que valgan!

butane ['bju:teɪn] n butano *m*

butch [bʊtʃ] adj *Fam* **she looks rather ~** tiene pinta de marimacho

butcher ['bʊtʃə(r)] ■ n *also Fig* carnicero(a) *m,f* ▸ **the butcher's** [shop] la carnicería

■ vt *also Fig* matar

butchery ['bʊtʃərɪ] n carnicería *f* / *Fig* carnicería *f,* matanza *f*

butler ['bʌtlə(r)] n mayordomo *m*

butt [bʌt] ■ n **1.** [of rifle] culata *f* / [of cigarette] colilla *f* ▸ **to be the ~ of a joke** ser el blanco de una broma **2.** *US Fam* [buttocks] trasero *m*

■ vt [hit with head] dar *or* arrear un cabezazo a

◆ ***butt in*** vi [interrupt] inmiscuirse, entrometerse

butter ['bʌtə(r)] ■ n mantequilla *f, RP* manteca *f* ▸ *Fig* **she looks as if ~ wouldn't melt in her mouth** parece incapaz de matar una mosca, *ESP* parece como si no hubiera roto un plato en su vida ▸ **~ bean** = *tipo de judía f blanca* ▸ **~ dish** mantequera *f* ▸ **~ knife** cuchillo *m* de mantequilla *or RP* manteca

■ vt untar de mantequilla *or RP* manteca

◆ ***butter up*** vt sep *Fam* [flatter] hacer la rosca a

buttercup ['bʌtəkʌp] n ranúnculo *m,* botón *m* de oro

butterfingers ['bʌtəfɪŋgəz] n *Fam* [clumsy person] torpe *mf,* manazas *mf inv*

butterfly ['bʌtəflaɪ] n mariposa *f* ▸ *Fig* **I had butterflies (in my stomach)** me temblaban las rodillas ▸ **~ (stroke)** [in swimming] (estilo *m*) mariposa *f* ▸ **to do** *or* **swim (the) ~** nadar a mariposa

buttermilk ['bʌtəmɪlk] n [by-product from butter making] suero *m* (de leche) / *US* [curdled milk] leche *f* cuajada *or* batida *(para beber)*

butterscotch ['bʌtəskɒtʃ] n = *dulce de mantequilla y azúcar*

butt-naked ['bʌt'neɪkɪd] adj *US Fam* en pelotas, en cueros

buttock ['bʌtək] n nalga *f*

button ['bʌtən] ■ n **1.** [on shirt, machine] botón *m* ▸ **~ mushroom** champiñón *m (pequeño)* **2.** *US* [badge] chapa *f*

■ vt [shirt] abotonar ▸ **to ~ one's shirt** abotonarse la camisa ▸ *Fam* **~ it!** ¡cierra el pico!

◆ ***button up*** vt sep [shirt, dress] abotonar ▸ **to ~ up one's shirt** abotonarse la camisa

buttonhole ['bʌtənhəʊl] ■ n ojal *m*

■ vt [detain] agarrar

buttress ['bʌtrɪs] ■ n ARCHIT contrafuerte *m* / *Fig* apoyo *m,* pilar *m*

■ vt *Fig* [support] respaldar

buxom ['bʌksəm] adj [full-bosomed] de amplios senos / [plump] de carnes generosas

buy [baɪ] ■ n compra *f* ▸ **a good/bad ~** una buena/ mala compra

■ vt (pt & pp **bought** [bɔ:t]) **1.** [purchase] comprar ▸ **to ~ sb sth, to ~ sth for sb** comprar algo a *or* para alguien ▸ **to ~ sth from sb** comprarle algo a alguien **2.** [idioms] **to ~ time** ganar tiempo ▸ *Fam* **he bought it** *or US* **the farm** [has died] estiró la pata, *ESP* la ha palmado ▸ *Fam* **she won't ~ that** [won't believe] no se lo tragará

◆ ***buy in*** vt sep [supplies] aprovisionarse de

◆ ***buy into*** vt insep [company, scheme] adquirir una parte *or* acciones de

◆ ***buy off*** vt sep *Fam* [opponent] comprar

◆ ***buy out*** vt sep COM comprar la parte de

◆ ***buy up*** vt sep acaparar, comprar la totalidad de

buyer ['baɪə(r)] n comprador(ora) *m,f* ▸ **buyer's market** mercado *m* favorable al comprador

buy-out ['baɪaʊt] n COM adquisición *f* (de todas las acciones)

buzz [bʌz] ■ n **1.** [noise] [of conversation] rumor *m* / [of machine, insects] zumbido *m* ▸ *Fam* **~ word** palabra *f* de moda **2.** *Fam* [phone call] **to give sb a ~** dar a alguien un toque *or* un telefonazo, *MÉX* echar un fonazo a alguien **3.** *Fam* [thrill] **to get a ~ out of sth** entusiasmarse con algo

■ vt *Fam* [on intercom] llamar por el portero electrónico / [on pager] llamar a través del buscapersonas *or ESP* busca *or MÉX* localizador *or RP* radiomensaje

■ vi [make noise] zumbar ▸ *Fig* **the whole town was buzzing with excitement** toda la ciudad hervía de animación ▸ *Fam* **my head was buzzing with ideas** las ideas me bullían en la cabeza ▸ **my ears were buzzing** me zumbaban los oídos

◆ ***buzz off*** vi *BR Fam* largarse, *ESP, RP* pirarse ▸ **~ off!** ¡lárgate!

buzzard ['bʌzəd] n [hawk] ratonero *m* común / *US* [vulture] buitre *m*

buzzer ['bʌzə(r)] n [electric bell] timbre *m*

buzzing ['bʌzɪŋ] n zumbido *m*

Bvd *US* (abbr ***Boulevard***) bulevar

b & w PHOT & CIN (abbr ***black and white***) b/n, blanco y negro

by [baɪ] ■ prep **1.** [expressing agent] por ▸ **he was arrested by the police** fue detenido por la policía ▸ **made by hand** hecho(a) a mano ▸ **a play by Shakespeare** una obra de Shakespeare **2.** [close to] junto a ▸ **by the fire** junto al fuego ▸ **by the side of the road** al borde de la carretera **3.** [via] por ▸ **to go by the same route** ir por la misma ruta ▸ **by land/sea** por tierra/mar **4.** [with manner, means] **by rail** en tren ▸ **by car/plane** en coche/avión ▸ **to pay by credit card** pagar con tarjeta de crédito ▸ **he had two children by his first wife** tuvo dos hijos de su primera esposa ▸ **to take sb by the hand/arm** tomar *or ESP* coger a alguien de la mano/del brazo ▸ **to know sb by sight** conocer a alguien de vista ▸ **to earn one's living by teaching** ganarse la vida enseñando ▸ **to go by appearances** fiarse de las apariencias ▸ **to call sb by their first name** llamar a alguien por su nombre (de pila) ▸ **what do you mean by that?** ¿qué quieres decir con eso? **5.** [past] **he walked right by me without stopping** pasó por mi lado sin detenerse ▸ **we drove by the school on the way here** pasamos delante del colegio camino de aquí **6.** [at or before] **he should be here by now** debería estar ya aquí ▸ **by then it was too late** para entonces ya era demasiado tarde ▸ **by tomorrow** para mañana ▸ **by 1980 they were all dead** en 1980 ya estaban todos muertos **7.** [during] **by day** de día ▸ **by night** de noche, por la noche **8.** [with measurements, quantities, numbers] **to divide by three** dividir entre tres ▸ **to multiply by three** multiplicar por tres ▸ **to sell sth by weight** vender algo al peso ▸ **three metres by two** tres por dos metros, tres metros por dos ▸ **one by one** uno(a) a uno(a) ▸ **to increase by 50 percent** aumentar en un 50 por ciento **9.** [with reflexive pronouns] *see* ***myself, himself, yourself*** etc **10.** [as a result of] **by chance/mistake** por casualidad/error

■ adv **1. by and by** [gradually] poco a poco / [soon] dentro de poco ▸ **by and large** en general, por lo general ▸ **by the way,...** a propósito,... **2.** [past] **to pass by** [person] pasar / [time] transcurrir, pasar ▸ **to drive by** pasar sin detenerse *(en coche)*

bye [baɪ] exclam *Fam* ¡adiós!, ¡hasta luego!, *AM* ¡bye!, *AM* ¡chau!

bye-bye ['baɪ'baɪ] exclam *Fam* ¡adiós!, ¡hasta luego!, *AM* ¡bye!, *AM* ¡chau!

by-election ['baɪɪlekʃən] n *BR* POL = *elección parcial en una sola circunscripción para cubrir un escaño dejado vacante*

bygone ['baɪgɒn] ■ n **let bygones be bygones** lo pasado, pasado está, *AM* lo pasado, pisado

■ adj pasado(a), pretérito(a) ▸ **in ~ days** en otros tiempos

byline ['baɪlaɪn] n JOURN pie *m* de autor

BYOB (abbr ***bring your own bottle***) = *en invitaciones a una fiesta o en restaurantes, siglas que invitan a llevar bebidas*

bypass ['baɪpɑːs] ■ n **1.** [road] (carretera *f* de) circunvalación *f* **2.** [heart operation] by-pass *m*

■ vt [of road] circunvalar / *Fig* [difficulty] evitar, esquivar

by-product ['baɪprɒdʌkt] n [of industrial process] subproducto *m* / *Fig* consecuencia *f*

bystander ['baɪstændə(r)] n espectador(ora) *m,f,* transeúnte *mf*

byte [baɪt] n COMPTR byte *m*

byway ['baɪweɪ] n carretera *f* secundaria

byword ['baɪwɜːd] n **to be a ~ for...** ser sinónimo de...

Byzantine [bɪ'zæntaɪn] n & adj HIST *also Fig* bizantino(a) *m,f*

C

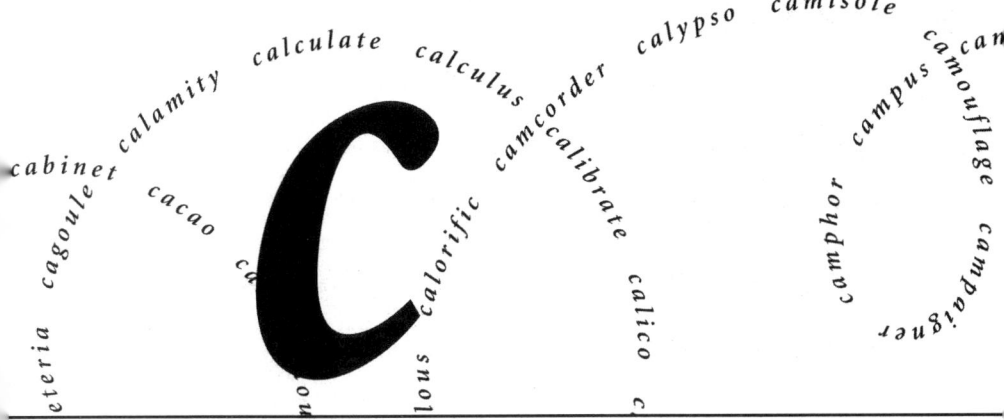

C, c [siː] n **1.** [letter] C, c **2.** MUS do *m* **3.** SCH [grade] aprobado *m* ▸ **to get a C** [in exam, essay] sacar un aprobado

C **1.** (abbr ***celsius*** or ***centigrade***) C, centígrado **2.** (abbr ***century***) s., siglo ▸ **~16** s. XVI

c, ca (abbr ***circa***) hacia

CA [siːˈeɪ] n *BR* (abbr ***Consumers' Association***) asociación *f* de consumidores

CAB [siːeɪˈbiː] n *BR* (abbr ***Citizens' Advice Bureau***) = *oficina de asesoría jurídica para los ciudadanos*, *ESP* ≃ OCU *f*

cab [kæb] n **1.** [taxi] taxi *m* ▸ **~ driver** taxista *mf* ▸ **~ rank** parada *f* de taxis **2.** [of lorry] cabina *f*

cabaret [ˈkæbəreɪ] n cabaret *m* ▸ **~ artist** [female] cabaretera *f* / [male or female] artista *mf* de variedades

cabbage [ˈkæbɪdʒ] n col *f*, repollo *m* ▸ **red ~** lombarda *f* ▸ **~ white** [butterfly] mariposa *f* de la col

cabbie, cabby [ˈkæbɪ] n *Fam* taxista *mf*, *RP* tachero(a) *mf*

cabin [ˈkæbɪn] n [hut] cabaña *f* / [of ship] camarote *m* / [of plane] cabina *f* ▸ **~ boy** [on ship] grumete *m* ▸ **~ crew** [on plane] personal *m* de a bordo, auxiliares *mfpl* de vuelo

cabinet [ˈkæbɪnɪt] n **1.** [piece of furniture] armario *m* / [with glass front] vitrina *f* **2.** POL Consejo *m* de Ministros ▸ **~ meeting** (reunión *f* del) Consejo *m* de Ministros ▸ **~ minister** ministro(a) *m,f* (con cartera)

cabinet-maker [ˈkæbɪnɪtmeɪkə(r)] n ebanista *mf*

cable [ˈkeɪbəl] ■ n [electrical] cable *m* / TEL cable(grama) *m* ▸ **~ car** teleférico *m*, funicular *m* ▸ **~ television** televisión *f* por cable
■ vt [message] cablegrafiar

cabling [ˈkeɪbəlɪŋ] n cables *mpl*

caboodle [kəˈbuːdəl] n *Fam* **the whole (kit and) ~** todo, *ESP* toda la pesca

caboose [kəˈbuːs] n *US* furgón *m* de equipajes

cacao [kəˈkɑːəʊ] n [plant] cacao *m*

cache [kæʃ] n **1.** [of drugs, arms] alijo *m* **2.** COMPTR (memoria *f*) caché *f*

cack-handed [kækˈhændɪd] adj *Fam* torpe, *ESP* patoso(a)

cackle [ˈkækəl] ■ n **1.** [of hen] cacareo *m*, cloqueo *m* **2.** *Fam* [talking] parloteo *m* / [laughter] carcajeo *m* ▸ **cut the ~!** ¡corta el rollo!
■ vi **1.** [hen] cacarear, cloquear **2.** *Fam* [laugh] carcajearse

cacophonous [kəˈkɒfənəs] adj cacofónico(a)

cactus [ˈkæktəs] (pl **cacti** [ˈkæktaɪ]) n cactus *m inv*

CAD [siːeɪˈdiː] n COMPTR (abbr ***computer-aided*** or ***-assisted design***) CAD *m*, diseño *m* asistido por *ESP* ordenador or *AM* computadora

cad [kæd] n *BR Fam Old-fashioned* canalla *m*

cadaver [kəˈdævə(r)] n cadáver *m*

cadaverous [kəˈdævərəs] adj cadavérico(a)

CAD/CAM [ˈkædˈkæm] n COMPTR (abbr ***computer-aided design/computer-assisted manufacture***) CAD/CAM *m*

caddie [ˈkædɪ] n [in golf] caddie *mf*, ayudante *mf*

caddy [ˈkædɪ] n **(tea) ~** caja *f* para el té

cadence [ˈkeɪdəns] n cadencia *f*

cadet [kəˈdet] n MIL cadete *m* ▸ **~ corps** = *organismo que, en algunas escuelas, enseña disciplina militar*

cadge [kædʒ] vt *Fam* gorrear, *ESP, MÉX* gorronear, *RP* garronear (**from** or **off** a) ▸ **can I ~ a lift from you?** ¿me puedes llevar or *CAM, MÉX, PERÚ* dar aventón?

cadmium [ˈkædmɪəm] n CHEM cadmio *m*

caecum, *US* ***cecum*** [ˈsiːkəm] (pl **caeca,** *US* **ceca** [ˈsiːkə]) n (intestino *m*) ciego *m*

caesarean, caesarian [sɪˈzeərɪən] n **~ (section)** (operación *f* de) cesárea *f*

café, cafe [ˈkæfeɪ] n café *m*, cafetería *f*

cafeteria [kæfɪˈtɪərɪə] n cafetería *f*, cantina *f*

cafetiere [kæfəˈtjɜː(r)] n *BR* cafetera *f* (de émbolo)

caff [kæf] n *BR Fam* = *cafetería barata*

caffeine [ˈkæfiːn] n cafeína *f*

caffeine-free ['kæfi:n'fri:] adj sin cafeina

cage [keɪdʒ] ■ n [for bird or animal, of lift] jaula *f*
■ vt enjaular ▸ **to feel caged in** sentirse enjaulado(a)

cagey ['keɪdʒɪ] adj **to be ~ (about sth)** [cautious] ir *or ESP* andar con tiento (con algo) / [evasive] salirse por la tangente (en cuanto a algo)

cagoule [kə'gu:l] n *BR* chubasquero *m*

cahoots [kə'hu:ts] npl *Fam* **to be in ~ (with sb)** estar conchabado(a) (con alguien), *RP* estar metido(a) (con alguien)

CAI [si:eɪ'aɪ] n COMPTR (abbr ***computer-aided*** or ***-assisted instruction***) enseñanza *f* asistida por *ESP* ordenador *or AM* computadora

cairn ['keən] n hito *m* de piedras

Cairo ['kaɪrəʊ] n El Cairo

cajole [kə'dʒəʊl] vt engatusar ▸ **to ~ sb into doing sth** engatusar a alguien para que haga algo

cake [keɪk] ■ n **1.** [food] pastel *m*, tarta *f* / [small] pastel *m* ▸ **a birthday ~** una tarta de cumpleaños ▸ **a wedding ~** un pastel de boda ▸ **~ shop** pastelería *f* ▸ *BR* **~ tin** molde *m* **2.** [of soap] pastilla *f* **3.** [idioms] **it's a piece of ~** está tirado, es facilísimo ▸ *US Fam* **that really takes the ~!** ¡esto es el colmo! ▸ *Prov* **you can't have your ~ and eat it** no se puede estar en misa y repicando
■ vt **her shoes were caked with mud** tenía los zapatos llenos de barro seco

CAL [kæl] n COMPTR (abbr ***computer-aided*** or ***-assisted learning***) enseñanza *f* asistida por *ESP* ordenador *or AM* computadora

calamity [kə'læmɪtɪ] n calamidad *f*

calcium ['kælsɪəm] n CHEM calcio *m*

calculate ['kælkjʊleɪt] ■ vt calcular ▸ **his remark was calculated to shock** pretendió impresionar con el comentario
■ vi **to ~ on (doing) sth** contar con (hacer) algo

calculated ['kælkjʊleɪtɪd] adj [intentional] deliberado(a) ▸ **a ~ risk** un riesgo calculado

calculating ['kælkjʊleɪtɪŋ] adj [scheming] calculador(ora)

calculation [kælkjʊ'leɪʃən] n cálculo *m* ▸ **to upset sb's calculations** desbaratar los cálculos de alguien

calculator ['kælkjʊleɪtə(r)] n [electronic] calculadora *f*

calculus ['kælkjʊləs] (pl **calculuses** *or* **calculi** ['kælkjʊlaɪ, 'kælkjʊli:]) n MATH cálculo *m* (infinitesimal)

calendar ['kælɪndə(r)] n calendario *m* ▸ **~ month/year** mes *m*/año *m* natural, *AM* mes *m*/año *m* calendario

calf[1] [kɑ:f] (pl **calves** [kɑ:vz]) n [animal] becerro(a) *m,f*, ternero(a) *m,f* ▸ **the cow is in** *or* **with ~** la vaca está preñada ▸ *Fig* **to kill the fatted ~** tirar la casa por la ventana

calf[2] (pl **calves** [kɑ:vz]) n [of leg] pantorrilla *f*

calfskin ['kɑ:fskɪn] n piel *f* de becerro

calibrate ['kælɪbreɪt] vt [instrument] calibrar

calibration [kælɪ'breɪʃən] n [of instrument] calibrado *m*, calibración *f*

calibre ['kælɪbə(r)] n [of firearm] calibre *m* / [of person] calibre *m*, categoría *f*

calico ['kælɪkəʊ] (pl **calicoes**) n percal *m*, calicó *m*

California [kælɪ'fɔ:nɪə] n California

Californian [kælɪ'fɔ:nɪən] n & adj californiano(a) *m,f*

call [kɔ:l] ■ n **1.** [shout] [of person] llamada *f*, grito *m*, *AM* llamado *m* / [of bird] reclamo *m* **2.** [appeal] llamamiento *m*, llamada *f*, *AM* llamado *m* ▸ **a ~ for unity/compassion** un llamamiento a la unidad/la compasión ▸ **a ~ to arms** una llamada *or AM* un llamado a (tomar) las armas **3.** [on phone] llamada *f*, *AM* llamado *m* ▸ **to give sb a ~** llamar a alguien ▸ **to make a ~** hacer una llamada *or AM* un llamado ▸ **to return sb's ~** devolverle la llamada *or AM* el llamado a alguien ▸ **~ box** *BR* cabina *f* telefónica *or* de teléfono / *US* teléfono *m* de emergencia ▸ **~ centre** centro *m* de atención telefónica ▸ **~ girl** prostituta *f (que concierta sus citas por teléfono)* ▸ **~ waiting** llamada *f or AM* llamado *m* en espera **4.** [visit] visita *f* ▸ **to pay a ~ on sb** hacer una visita a alguien **5.** [demand] demanda *f* ▸ **there are a lot of calls on my time** estoy muy solicitado ▸ **there's not much ~ for it** no tiene mucha demanda, no hay mucha demanda de ello ▸ **there's no ~ for rudeness!** ¡no hace falta ser grosero! ▸ **to be on ~** [doctor] estar de guardia **6.** [at airport] aviso *m*, llamada *f*, *AM* llamado *m*
■ vt **1.** [summon] [person] llamar / [meeting, strike] convocar ▸ **he called me over to show me something** me llamó para enseñarme una cosa ▸ **to ~ sb's attention to sth** llamar la atención de alguien sobre algo **2.** [on phone] llamar, telefonear, *AM* hablar **3.** [name] llamar ▸ **she is called Teresa** se llama Teresa ▸ **to ~ sb names** insultar a alguien ▸ **to ~ sb a liar/a thief** llamar a alguien mentiroso(a)/ladrón ▸ **we'll ~ it £10** dejémoslo en *or* digamos 10 libras ▸ **do you ~ that clean?** ¿llamas limpio a esto? ▸ *Ironic* **~ yourself a computer expert!** ¡vaya un experto en informática (estás hecho)! ▸ **let's ~ it a day** ya está bien por hoy **4. to ~ sb's name** llamar a alguien por su nombre
■ vi **1.** [to attract sb's attention] llamar ▸ **to ~ for help** pedir ayuda ▸ **he called to his companions** llamó a sus compañeros **2.** [on phone] llamar, *AM* hablar ▸ **did anyone ~ while I was out?** ¿me llamó alguien mientras no estaba? ▸ **(may I ask) who's calling?** ¿de parte de quién? **3.** [demand] **to ~ for sth** exigir algo **4.** [visit] **to ~ at** pasarse por, hacer una visita a ▸ **this train will ~ at York and Peterborough** este tren efectúa parada en York y Peterborough

◆ ***call back*** ■ vt sep **1.** [summon again] hacer volver ▸ **as I was leaving he called me back** me llamó cuando ya me iba **2.** [on phone] volver a llamar ▸ **could you ~ me back later?** ¿podría llamarme *or AM* hablarme más tarde?
■ vi [on phone] volver a llamar *or AM* hablar

◆ ***call for*** vt insep [require] requerir, necesitar ▸ **this calls for a celebration!** ¡esto hay que celebrarlo! ▸ **that wasn't called for!** ¡eso no era necesario!, ¡no había necesidad de eso!

◆ ***call in*** ■ vt sep [doctor, police] llamar
■ vi [visit] **to ~ in on sb** ir a *or* pasarse por casa de alguien

◆ ***call off*** vt sep **1.** [cancel] suspender **2.** [dogs] hacer retroceder

◆ ***call on*** vt insep **1.** [request] **to ~ on sb to do sth** instar a alguien a que haga algo **2.** [visit] visitar

◆ ***call out*** ■ vt sep **1.** [troops] convocar / [doctor] llamar ▸ **the workers were called out on strike** se convocó a los trabajadores a la huelga **2.** [shout] gritar
■ vi [shout out] gritar

◆ ***call up*** vt sep **1.** [reinforcements] pedir **2.** [on phone] llamar, *AM* hablar **3.** MIL [draft] llamar a filas, reclutar

caller [kɔːlə(r)] n [visitor] visita *f* / [on phone] persona *f* que llama

calligraphy [kə'lɪgrəfɪ] n caligrafía *f*

calling ['kɔːlɪŋ] n [vocation] vocación *f* ▸ *US* **~ card** tarjeta *f* de visita

callipers ['kælɪpəz] npl **1.** [for legs] aparato *m* ortopédico **2.** [measuring device] calibrador *m*, calibre *m*

callisthenics [kælɪs'θenɪks] n gimnasia *f* sueca, calistenia *f*

callous ['kæləs] adj cruel, desalmado(a)

call-up ['kɔːlʌp] n MIL llamada *f* or *AM* llamado *m* a filas, reclutamiento *m* ▸ **to get one's ~ papers** recibir la orden de reclutamiento, ser llamado(a) a filas

callus ['kæləs] n callo *m*, callosidad *f*

calm [kɑːm] ■ n calma *f*, tranquilidad *f* ▸ *also Fig* **the ~ before the storm** la calma que precede a la tormenta
■ adj [person, sea, water] tranquilo(a) / [weather] apacible ▸ **to stay ~** mantener la calma ▸ **to become** *or* **grow calmer** calmarse
■ vt calmar, tranquilizar

◆ ***calm down*** ■ vt sep [person] calmar, tranquilizar
■ vi [person] calmarse, tranquilizarse / [situation] calmarse

calming ['kɑːmɪŋ] adj [influence, effect] tranquilizador(ora), tranquilizante ▸ **her words had a ~ effect on him** sus palabras consiguieron tranquilizarlo

calmly ['kɑːmlɪ] adv serenamente, tranquilamente

Calor gas® ['kæləgæs] n *BR* butano *m*

calorie ['kælərɪ] n caloría *f*

calorific [kælə'rɪfɪk] adj calorífico(a)

calumny ['kæləmnɪ] n calumnia *f*

calve [kɑːv] vi [cow] parir

calves [kɑːvz] pl *of* ***calf***

calypso [kə'lɪpsəʊ] (pl **calypsos**) n MUS calipso *m*

CAM [sieɪ'em] n COMPTR (abbr ***computer-aided*** or ***-assisted manufacture***) CAM *f*, fabricación *f* asistida por *ESP* ordenador *or AM* computadora

Cambodia [kæm'bəʊdɪə] n Camboya

Cambodian [kæm'bəʊdɪən] n & adj camboyano(a) *m,f*

camcorder ['kæmkɔːdə(r)] n videocámara *f* (portátil)

came [keɪm] pt *of* ***come***

camel ['kæməl] n camello *m* ▸ **~ driver** camellero(a) *m,f*

camelhair ['kæməlheə(r)] n pelo *m* de camello ▸ **~ coat** abrigo *m* de pelo de camello

camellia [kə'miːlɪə] n camelia *f*

cameo ['kæmɪəʊ] (pl **cameos**) n **1. ~ (brooch)** camafeo *m* **2.** CIN aparición *f* breve *(de un actor famoso)*

camera ['kæmərə] n **1.** [photographic] cámara *f* (fotográfica) / TV & CIN cámara *f* ▸ TV **off ~** fuera de imagen ▸ TV **on ~** delante de la cámara ▸ TV **~ crew** equipo *m* de filmación **2.** LAW **in ~** a puerta cerrada

cameraman ['kæmərəmən] n cámara *m*, operador *m*

camera-shy ['kæmrəʃaɪ] adj **she's extremely ~** le da muchísima vergüenza *or AM* pena que le hagan fotos/ que le filmen

camerawoman ['kæmərəwʊmən] n cámara *f*, operadora *f*

camerawork ['kæmərəwɜːk] n fotografía *f*

Cameroon [kæmə'ruːn] n Camerún

camisole ['kæmɪsəʊl] n combinación *f*

camomile ['kæməmaɪl] n manzanilla *f*, camomila *f* ▸ **~ tea** (infusión *f* de) manzanilla *f*

camouflage ['kæməflɑːʒ] ■ n *also Fig* camuflaje *m*
■ vt *also Fig* camuflar

camp[1] [kæmp] ■ n campamento *m* ▸ **~ bed** cama *f* plegable, catre *m* ▸ **~ site** lugar *m* de acampada / [commercial] camping *m*
■ vi **to ~ (out)** acampar

camp[2] adj *Fam* **1.** [behaviour, manner] amariposado(a), amanerado(a) **2.** [style, taste] hortera

campaign [kæm'peɪn] ■ n campaña *f*
■ vi **to ~ for/against** hacer campaña a favor de/en contra de

campaigner [kæm'peɪnə(r)] n defensor(ora) *m,f* ▸ **to be a ~ for/against sth** hacer campaña a favor de/en contra de algo

camper ['kæmpə(r)] n **1.** [person] campista *mf* **2.** [vehicle] **~ (van)** autocaravana *f*

campfire ['kæmpfaɪə(r)] n fuego *m or* hoguera *f* (de campamento)

campground ['kæmpgraʊnd] n *US* camping *m*

camphor ['kæmfə(r)] n alcanfor *m*

camping ['kæmpɪŋ] n acampada *f* / [on commercial camp site] camping *m* ▸ **to go ~** ir de acampada / [on commercial camp site] ir de camping ▸ **~ site** lugar *m* de acampada / [commercial] camping

campus ['kæmpəs] n campus *m inv*

camshaft ['kæmʃɑːft] n TECH árbol *m* de levas

can[1] [kæn] ■ n **1.** [container] lata *f*, *AM* tarro *m* ▸ *Fig* **to open a ~ of worms** sacar a la luz un asunto espinoso ▸ **~ opener** abrelatas *m inv* **2.** *US Fam* [toilet] baño *m*, *ESP* tigre *m* **3.** *US Fam* [prison] cárcel *f*, *ESP* chirona *f*, *ANDES, RP* cana *f*, *MÉX* bote *m*
■ vt (pt & pp **canned**) **1.** [fruit, meat] enlatar ▸ *Fig* **canned laughter** [on radio, TV] risas *fpl* grabadas **2.** *US Fam* **~ it!** [keep quiet] ¡cállate la boca!

can[2] [stressed kæn, unstressed kən] modal aux v

El verbo **can** carece de infinitivo, de gerundio y de participio. En infinitivo o en participio, se empleará la forma correspondiente de **be able to**, por ejemplo **he wanted to be able to speak English** / **she has always been able to swim.** En el inglés hablado, y en el escrito en estilo coloquial, la forma negativa **cannot** se transforma en **can't**.

1. [be able to] poder ▸ **I ~ go** puedo ir ▸ **~ you help me?** ¿puedes ayudarme? ▸ **we cannot possibly do it** no podemos hacerlo de ninguna manera ▸ **I will come as soon as I ~** iré lo antes posible ▸ **he will do what he ~** hará lo que pueda ▸ **it can't be done** es imposible, no se puede hacer ▸ **we ~ but try** habrá que intentarlo **2.** [know how to] saber ▸ **I ~ swim** sé nadar ▸ **she ~ play the violin** sabe tocar el violín **3.** [indicating possibility] poder ▸ **adult animals ~ grow to 6 metres** los ejemplares adultos pueden llegar a los 6 metros ▸ **you CAN'T be serious!** ¡no lo dirás en serio! ▸ **what CAN he want now?** ¿pero qué es lo que quiere ahora? **4.** [indicating permission] poder ▸ **~ I ask you something?** ¿te puedo hacer una pregunta? ▸ **you can't smoke in here** aquí está prohibido fumar **5.** [with see, hear etc: not translated] **I ~ see them** los veo ▸ **I ~ see you don't believe me** ya veo que no me crees ▸ **how ~ you tell?** ¿cómo lo sabes?

CAREFUL! / ¡CUIDADO!

can

When translating *can*, note that neither **poder** nor **saber** are generally used where physical perception is referred to – so "I can see/hear him" is **lo veo/oigo**.

Canada ['kænədə] n (el) Canadá

Canadian [kə'neɪdɪən] n & adj canadiense *mf*

canal [kə'næl] n canal *m*

canapé ['kænəpeɪ] n canapé *m*

Canary [kə'neərɪ] n **the ~ Islands, the Canaries** las (Islas) Canarias

canary [kə'neərɪ] n canario *m* ▸ **~ yellow** amarillo *m* canario

cancel ['kænsəl] (pt & pp **cancelled**, *US* **canceled**) ■ vt [match, trip] suspender / [flight, train] suspender, cancelar / [order, subscription] anular
■ vi **they were supposed to be playing tonight, but they've cancelled** iban a tocar hoy, pero lo han suspendido

◆ ***cancel out*** vt sep **to ~ each other out** neutralizarse, contrarrestarse

cancellation [kænsə'leɪʃən] n [of match, trip, flight] suspensión *f* / [of order, subscription] anulación *f* ▸ **~ fee** tarifa *f* de cancelación de reserva

Cancer ['kænsə(r)] n [sign of zodiac] Cáncer *m* ▸ **to be (a) ~** ser Cáncer ▸ GEOG **the Tropic of ~** el Trópico de Cáncer

cancer ['kænsə(r)] n [disease] cáncer *m* ▸ **lung/skin ~** cáncer de pulmón/de piel ▸ **~ research** investigación *f* del cáncer

cancerous ['kænsərəs] adj MED canceroso(a)

candelabra [kændɪ'lɑːbrə] (pl **candelabras** *or* **candelabra**) n candelabro *m*

candid ['kændɪd] adj sincero(a), franco(a)

candidacy ['kændɪdəsɪ], ***candidature*** ['kændɪdətʃə(r)] n candidatura *f*

candidate ['kændɪdeɪt] n **1.** [for job, in election] candidato(a) *m,f* ▸ **to stand as a ~** presentarse como candidato **2.** [in exam] examinando(a) *m,f*, candidato(a) *m,f*

candidature ➤ ***candidacy***

candidly ['kændɪdlɪ] adv sinceramente, francamente

candied ['kændɪd] adj escarchado(a), confitado(a), *COL, MÉX* cristalizado(a), *RP* abrillantado(a) ▸ **~ peel** piel *f* de naranja/limón escarchada

candle ['kændəl] n **1.** vela *f* **2.** [idioms] **he can't hold a ~ to you** no te llega ni a la suela del zapato ▸ **it's not worth the ~** no vale *or ESP* merece la pena

candlelight ['kændəllaɪt] n luz *f* de las velas ▸ **by ~** a la luz de las velas

candlelit [kændəllɪt] adj [room] iluminado(a) con velas ▸ **a ~ dinner** una cena a la luz de las velas

candlestick ['kændəlstɪk] n palmatoria *f*

candour ['kændə(r)] n sinceridad *f*, franqueza *f*

candy ['kændɪ] n *US* [sweet] caramelo *m* / [sweets] dulces *mpl*, golosinas *fpl* ▸ **~ store** confitería *f*

candyfloss ['kændɪflɒs] n *BR* algodón *m* dulce

cane [keɪn] ■ n [of sugar, bamboo] caña *f* / [walking stick] bastón *m* / [for punishment] vara *f*, palmeta *f* ▸ **to get the ~** ser castigado(a) con la vara ▸ **~ furniture** muebles *mpl* de mimbre ▸ **~ sugar** azúcar *m or f* de caña
■ vt [beat] pegar con la vara

canine ['keɪnaɪn] ■ n [dog] can *m* / [tooth] colmillo *m*, canino *m*
■ adj canino(a) ▸ **~ tooth** colmillo *m*, (diente *m*) canino *m*

canister ['kænɪstə(r)] n [for tear gas, smoke] bote *m* / [for film, oil] lata *f*

canker ['kæŋkə(r)] n MED ulceración *f* / BOT cancro *m* / *Fig* cáncer *m*

cannabis ['kænəbɪs] n hachís *m*, cannabis *m*

cannery ['kænərɪ] n fábrica *f* de conservas

cannibal ['kænɪbəl] n caníbal *mf*

cannibalism ['kænɪbəlɪzəm] n canibalismo *m*

cannibalize ['kænɪbəlaɪz] vt [machinery, car] desguazar *(para aprovechar las piezas)*

cannon ['kænən] n cañón *m* ▸ **~ fodder** carne *f* de cañón

cannonball ['kænənbɔːl] n bala *f* de cañón

cannot ['kænɒt] ➤ ***can not***

canny ['kænɪ] adj astuto(a)

canoe [kə'nuː] n canoa *f* / SPORT piragua *f*

canoeing [kə'nuːɪŋ] n piragüismo *m* ▸ **to go ~** ir a hacer piragüismo

canoeist [kə'nuːɪst] n piragüista *mf*

canon ['kænən] n REL **1.** [religious decree] canon *m* ▸ *Fig* **canons of good taste** cánones del buen gusto ▸ **~ law** derecho *m* canónico **2.** [priest] canónigo *m*

canonize ['kænənaɪz] vt REL canonizar

canoodle [kə'nuːdəl] vi *Hum* besuquearse, *ESP* darse el lote

canopy ['kænəpɪ] n [above bed] dosel *m* / [outside shop] toldo *m* / [of tree] copa *f* ▸ **forest ~**

fronda *f*, copas *fpl* de los árboles

cant [kænt] n hipocresías *fpl*, falsedades *fpl*

can't [kɑːnt] ➤ ***can not***

Cantabria [kæn'tæbrɪə] n Cantabria

Cantabrian [kæn'tæbrɪən] ■ n [person] cántabro(a) *m,f*
■ adj cántabro(a) ▸ **the ~ Mountains** la Cordillera Cantábrica ▸ **the ~ Sea** el (Mar) Cantábrico

cantaloup(e) ['kæntəluːp] n **~ (melon)** melón *m* francés

cantankerous [kæn'tæŋkərəs] adj cascarrabias *inv*, refunfuñón(ona)

canteen [kæn'tiːn] n **1.** [restaurant] cantina *f*, cafetería *f* **2.** [water bottle] cantimplora *f* **3.** *BR* [set] **a ~ of cutlery** una cubertería

canter ['kæntə(r)] ■ n [on horse] medio galope *m*
■ vi [horse] ir a medio galope ▸ *Fig* **to ~ through an exam** pasar un examen con facilidad

cantilever bridge ['kæntɪliːvəbrɪdʒ] n puente *m* voladizo

Cantonese [kæntə'niːz] ■ n [language] cantonés *m*
■ adj cantonés(esa)

canvas ['kænvəs] n **1.** [cloth] lona *f* ▸ **under ~** [in tent] en una tienda de campaña *or AM* carpa / NAUT a vela ▸ **~ shoes** zapatillas *fpl* de lona **2.** ART lienzo *m*

canvass ['kænvəs] ■ vt **1.** POL **to ~ a street/an area** visitar las casas de una calle/zona haciendo campaña electoral **2.** COM [consumers, customers] encuestar ▸ *Fig* **to ~ opinion** hacer un sondeo de opinión informal
■ vi **1.** POL = *hacer campaña electoral hablando directamente con los electores por las casas o en la calle* **2.** COM **to ~ for customers** tratar de captar clientes

canvasser ['kænvəsə(r)] n POL = *persona que va de casa en casa tratando de captar votos para un partido*

canyon ['kænjən] n cañón *m*

CAP [siːeɪ'piː] n (abbr ***Common Agricultural Policy***) PAC *f*

cap [kæp] ■ n **1.** [headgear] [without peak] gorro *m* / [with peak] gorra *f* ▸ *BR* SPORT **to win a ~** entrar en la selección nacional ▸ *Fig* **to go ~ in hand to sb** acudir a alguien con actitud humilde ▸ *Prov* **if the ~ fits, wear it** quien se pica, ajos come **2.** [cover] [of bottle] tapón *m* / [for tooth] funda *f* **3.** [for toy gun] fulminante *m*
■ vt (pt & pp **capped**) **1.** [cover] **to be capped with** estar cubierto(a) de *or* por **2.** [surpass, do better than] superar ▸ **that caps the lot!** ¡es el colmo! ▸ **to ~ it all,...** para colmo,... **3.** *BR* SPORT **he was capped for England** fue internacional *or* jugó con la selección inglesa

capability [keɪpə'bɪlɪtɪ] n capacidad *f* (**to do sth** para hacer algo) ▸ **it is beyond our capabilities** no entra dentro de nuestras posibilidades

capable ['keɪpəbəl] adj [competent] capaz, competente ▸ **to be ~ of doing sth** [be able to do] ser capaz de hacer algo

capacious [kə'peɪʃəs] adj espacioso(a)

capacitor [kə'pæsɪtə(r)] n ELEC condensador *m*

capacity [kə'pæsɪtɪ] n **1.** [of container, bus, theatre] capacidad *f* ▸ **a ~ crowd** [in hall, stadium] un lleno (absoluto) **2.** [aptitude] **to have a ~ for sth** tener capacidad para algo ▸ **beyond/within my ~** fuera de/dentro de mis posibilidades **3.** [role] **in my ~ as...** en mi calidad de...

cape [1] [keɪp] n [cloak] capa *f*

cape [2] n GEOG cabo *m* ▸ **the Cape of Good Hope** el Cabo de Buena Esperanza ▸ **Cape Town** Ciudad del Cabo, El Cabo

caper [1] ['keɪpə(r)] n CULIN alcaparra *f*

caper [2] ■ n **capers** correrías *fpl*, peripecias *fpl* ▸ **what a ~!** [fuss] ¡qué lío *or ESP* follón!
■ vi **to ~ (about)** retozar

Cape Verde [keɪpvɜːd] n Cabo Verde

capful ['kæpfʊl] n [of liquid] tapón *m (lleno)*

capillary [kə'pɪlərɪ] n & adj capilar *m*

capital ['kæpɪtəl] ■ n **1.** [letter] mayúscula *f* **2.** [city] capital *f* **3.** FIN capital *m* ▸ *Fig* **to make ~ out of sth** sacar partido de algo ▸ **~ assets** activo *m* fijo, bienes *mpl* de capital ▸ **~ expenditure** inversión *f* en activo fijo ▸ **~ gains tax** impuesto *m* sobre las plusvalías ▸ **~ goods** bienes *mpl* de equipo *or* de producción ▸ **~ investment** inversión *f* (de capital) ▸ *US* **~ stock** capital *m* escriturado
■ adj **1.** [letter] mayúscula ▸ **~ T** T mayúscula ▸ *Fam* **he's arrogant with a ~ A** es terriblemente arrogante, *ESP* es un arrogante de tomo y lomo, *RP* es rearrogante **2. ~ city** capital *f* **3.** LAW **~ crime** *or* **offence** delito *m* capital ▸ **~ punishment** pena *f* capital *or* de muerte **4.** [important] capital ▸ **of ~ importance** de capital importancia **5.** *BR Old-fashioned* [splendid] **~!** ¡excelente!

capitalism ['kæpɪtəlɪzəm] n capitalismo *m*

capitalist ['kæpɪtəlɪst] n & adj capitalista *mf*

capitalization [kæpɪtəlaɪ'zeɪʃən] n FIN capitalización *f*

capitalize ['kæpɪtəlaɪz] vt **1.** FIN capitalizar **2.** [word, letter] escribir con mayúscula

◆ ***capitalize on*** vt insep aprovechar, aprovecharse de

Capitol ['kæpɪtəl] n *US* POL **the ~** el Capitolio

CULTURE / CULTURA

Capitol Hill

En **Capitol Hill**, Washington, se encuentran las dos cámaras legislativas del gobierno estadounidense, "the House of Representatives" y "the Senate" (conocidos colectivamente como "Congress"). El término **Capitol Hill** se utiliza a veces para referirse a estas instituciones, especialmente cuando se las quiere contrastar con el poder ejecutivo, al que se alude con los términos "the Administration" o "the White House".

capitulate [kə'pɪtjʊleɪt] vi capitular

capon ['keɪpən] n CULIN capón *m*

caprice [kə'priːs] n capricho *m*

capricious [kə'prɪʃəs] adj caprichoso(a)

Capricorn ['kæprɪkɔːn] n [sign of zodiac] Capricornio *m* ▸ **to be (a) ~** ser Capricornio ▸ GEOG **the Tropic of ~** el Trópico de Capricornio

capsicum ['kæpsɪkəm] n pimiento *m*

capsize [kæp'saɪz] vt & vi volcar

capstan ['kæpstən] n NAUT cabrestante *m*

capsule ['kæpsju:l] n cápsula *f* ▸ **(space) ~** cápsula espacial

Capt MIL (abbr ***Captain***) Capitán *m*

captain ['kæptɪn] ■ n [in army, air force, of team] capitán(ana) *m,f* / *US* [in police] comisario(a) *m,f* ■ vt SPORT capitanear

captaincy ['kæptɪnsɪ] n capitanía *f*

caption ['kæpʃən] n [under picture] pie *m* de foto / [under cartoon] texto *m*

captivate ['kæptɪveɪt] vt cautivar, embelesar

captivating ['kæptɪveɪtɪŋ] adj [smile, manner] cautivador(ora)

captive ['kæptɪv] ■ n cautivo(a) *m,f,* prisionero(a) *m,f* ■ adj cautivo(a) ▸ **he was taken ~** fue hecho prisionero ▸ **he knew he had a ~ audience** sabía que su público no tenía elección ▸ **~ market** mercado *m* cautivo

captivity [kæp'tɪvɪtɪ] n cautividad *f* ▸ **in ~** en cautividad

captor ['kæptə(r)] n captor(ora) *m,f*

capture ['kæptjə(r)] ■ vt [person] capturar / [town] tomar / [in chess, draughts] comer / *Fig* [mood] reflejar ■ n [of person] captura *f* / [of town] toma *f*

CAR [si:eɪ'ɑ:(r)] n (abbr ***Central African Republic***) República *f* Centroafricana

car [kɑ:(r)] n **1.** [automobile] coche *m, AM* carro *m, CSUR* auto *m* ▸ **by ~** en coche *or AM* carro *or CSUR* auto ▸ **~ bomb** coche *m* bomba ▸ *BR* **~ boot sale** = *mercadillo en el que los particulares venden objetos que exponen en el maletero del coche* ▸ **~ crash** accidente *m* de coche ▸ **~ door** puerta *f* (del coche) ▸ *BR* **~ hire** alquiler *m* de coches, *MÉX* renta *f* de carros ▸ **~ industry** industria *f* automovilística ▸ *BR* **~ park** estacionamiento *m, ESP* aparcamiento *m* ▸ **~ phone** teléfono *m* de coche ▸ **~ pool** parque *m* móvil ▸ **~ radio** radio *f* (del coche) ▸ *US* **~ rental** alquiler *m* de coches, *MÉX* renta *f* de carros **2.** *US* [train carriage] vagón *m,* coche *m*

Caracas [kə'rækəs] n Caracas

carafe [kə'ræf] n jarra *f*

caramel ['kærəməl] n caramelo *m*

carat ['kærət] n [of gold] quilate *m* ▸ **18-~ gold** oro *m* de 18 quilates

caravan ['kærəvæn] n **1.** *BR* [pulled by car] caravana *f* ▸ **~ holiday** vacaciones *fpl* en caravana ▸ **~ site** camping *m* para caravanas **2.** [in desert] caravana *f*

caraway ['kærəweɪ] n [plant] alcaravea *f* ▸ **~ seeds** carvis *mpl*

carbohydrate [kɑ:bəʊ'haɪdreɪt] n hidrato *m* de carbono, carbohidrato *m*

carbolic [kɑ:'bɒlɪk] adj CHEM **~ acid** fenol *m*, ácido *m* fénico *or* carbólico ▸ **~ soap** jabón *m* (desinfectante) de brea

carbon ['kɑ:bən] n CHEM carbono *m* ▸ **~ copy** copia *f* en papel carbón / *Fig* calco *m,* copia *f* exacta ▸ **~ dioxide** dióxido *m* de carbono ▸ **~ monoxide** monóxido *m* de carbono ▸ **~ paper** papel *m* carbón *or* de calco

carbonated ['kɑ:bəneɪtɪd] adj carbónico(a), con gas ▸ **~ water** agua *f* con gas

carbonize ['kɑ:bənaɪz] vt convertir en carbono

carbuncle ['kɑ:bʌŋkəl] n MED forúnculo *m*

carburettor, *US* ***carburetor*** ['kɑ:bjʊretə(r)] n carburador *m*

carcass ['kɑ:kəs] n [of animal] restos *mpl,* cadáver *m* / [at butcher's] canal *m*

carcinogen [kɑ:'sɪnədʒen] n MED agente *m* cancerígeno

carcinogenic [kɑ:sɪnəʊ'dʒenɪk] adj MED cancerígeno(a), carcinógeno(a)

carcinoma [kɑ:sɪ'nəʊmə] n MED carcinoma *m*

card [kɑ:d] n **1.** [for game] carta *f,* naipe *m* ▸ **to play cards** jugar a las cartas ▸ **~ game** juego *m* de cartas *or* naipes ▸ **~ table** mesa *f* de juego (para las cartas) ▸ **~ trick** truco *m or* juego *m* de cartas **2.** [with printed information] tarjeta *f* / [for identification] carné *m,* carnet *m, CSUR, MÉX* credencial *m* / [postcard] (tarjeta) postal *f* ▸ **birthday ~** tarjeta de felicitación de cumpleaños ▸ **Christmas ~** crismas *m inv* ▸ **~ index** *or* **file** fichero *m* de tarjetas ▸ POL **~ vote** votación *f* por delegación **3.** [thin cardboard] cartulina *f* **4.** [idioms] **play your cards right and you could get promoted** si juegas bien tus cartas, puedes conseguir un ascenso ▸ **to put one's cards on the table** poner las cartas sobre la mesa ▸ **to have a ~ up one's sleeve** tener un as en la manga ▸ **it is** *BR* **on** *or US* **in the cards that...** es más que probable que... ▸ *BR Fam* **to get one's cards** ser despedido(a)

cardamom ['kɑ:dəməm] n cardamomo *m*

cardboard ['kɑ:dbɔ:d] n cartón *m* ▸ **~ box** caja *f* de cartón ▸ **~ city** = *lugar donde duermen los vagabundos*

card-carrying ['kɑ:dkærɪɪŋ] adj **~ member** miembro *m or* socio(a) *m,f* (de pleno derecho)

cardiac ['kɑ:dɪæk] adj cardíaco(a) ▸ **~ arrest** paro *m* cardíaco

cardigan ['kɑ:dɪgən] n rebeca *f,* cárdigan *m*

cardinal ['kɑ:dɪnəl] ■ n REL cardenal *m* ■ adj [importance, significance] capital, cardinal ▸ **~ number** número *m* cardinal ▸ **~ sins** pecados *mpl* capitales ▸ **~ virtues** virtudes *fpl* cardinales

cardiogram ['kɑ:dɪəgræm] n cardiograma *m*

cardiograph ['kɑ:dɪəʊgræf] n cardiógrafo *m*

cardiologist [kɑ:dɪ'ɒlədʒɪst] n cardiólogo(a) *m,f*

cardiology [kɑ:dɪ'ɒlədʒɪ] n cardiología *f*

cardiovascular [kɑ:dɪəʊ'væskjʊlə(r)] adj cardiovascular

cardphone ['kɑ:dfəʊn] n *BR* teléfono *m* que funciona con tarjetas

cardsharp(er) ['kɑ:dʃɑ:p(ə(r))] n tahur *m,* fullero(a) *m,f*

care [keə(r)] ■ n **1.** [worry] preocupación *f,* inquietud *f* ▸ **she doesn't have a ~ in the world** no tiene ni una sola preocupación **2.** [attention] cuidado *m,* atención *f* ▸ **medical ~** asistencia *f* médica ▸ **to do sth with great ~** hacer algo con mucho cuidado ▸ **to take ~ to do sth** procurar hacer algo ▸ **to take ~ of** [look after] cuidar de

/ [deal with] ocuparse de ▸ **to take ~ of oneself** cuidarse ▸ **it will take ~ of itself** se resolverá por sí solo **3.** [looking after, maintenance] cuidado *m* ▸ *BR* **to put a child in ~** poner a un niño bajo la tutela del Estado ▸ **to be in** *or* **under sb's ~** estar al cuidado de alguien ▸ **write to me ~ of Mrs Wallace** escríbeme a la dirección de la Sra Wallace ▸ *BR* **~ in the community** = *política que aboga que el cuidado de discapacitados o ancianos no dependa de instituciones como hospitales o asilos, sino de sus familias y la comunidad en general*
■ vt **1.** [mind] **I don't ~ what he says** no me importa lo que diga ▸ **I don't ~ whether he likes it or not** me da lo mismo que le guste o no **2.** [like] **would you ~ to come with me?** ¿te gustaría venir conmigo?
■ vi [be concerned] preocuparse (**about** por) ▸ **no-one seems to ~** no parece importarle a nadie, nadie parece preocuparse ▸ **that's all he cares about** eso es lo único que le preocupa ▸ **who cares?** ¿qué más da? ▸ **I could be dead for all they ~** por ellos, como si me muero, *AM* por ellos, podría morirme ▸ **I don't ~!** ¡me da igual!, ¡no me importa!

◆ ***care for*** vt insep **1.** [look after] cuidar ▸ **well cared for** bien cuidado(a) **2.** [like] **I don't ~ for this music** no me gusta esta música ▸ **would you ~ for some tea?** ¿quiere un té?, ¿le *ESP* apetece *or CARIB, COL, MÉX* provoca *or MÉX* antoja un té?

career [kə'rɪə(r)] ■ n [working life, profession] carrera *f* ▸ **careers officer** asesor(ora) *m,f* de orientación profesional ▸ **careers service** servicio *m* de orientación profesional ▸ **~ diplomat** diplomático(a) *m,f* de carrera ▸ **it was a good ~ move** fue bueno para mi/tu/*etc.* carrera ▸ **a job with ~ prospects** un trabajo con buenas perspectivas profesionales
■ vi **to ~ (along)** ir a toda velocidad

careerist [kə'rɪərɪst] n *Pej* arribista *mf*

carefree ['keəfri:] adj despreocupado(a)

careful ['keəfʊl] adj **1.** [taking care] cuidadoso(a) / [prudent] cauto(a), precavido(a) ▸ **(be) ~!** ¡(ten) cuidado! ▸ **to be ~ to do sth** tener cuidado de *or* procurar hacer algo ▸ **she was ~ not to mention this** tuvo cuidado de *or* procuró no mencionar esto ▸ **be ~ not to drop it** procura que no se te caiga ▸ **be ~ what you say** cuidado con lo que dices ▸ **you can't be too ~ these days** en estos tiempos que corren toda precaución es poca **2.** [thorough] [work, inspection] cuidadoso(a) ▸ **after ~ consideration** tras mucho reflexionar

carefully ['keəfʊlɪ] adv [taking care, thoroughly] cuidadosamente / [to think, choose] con cuidado / [to drive] con cuidado, con precaución ▸ **to listen ~** escuchar atentamente

careless ['keəlɪs] adj [negligent] descuidado(a) ▸ **he's ~ about his appearance** descuida mucho su aspecto ▸ **a ~ mistake** un descuido ▸ **a ~ remark** una observación inoportuna

carelessly ['keəlɪslɪ] adv [negligently] descuidadamente

carelessness ['keəlɪsnɪs] n descuido *m,* negligencia *f*

carer ['keərə(r)] n = *persona que cuida de un familiar enfermo o anciano, sin que necesariamente reciba compensación económica por ello*

caress [kə'res] ■ n caricia *f*
■ vt acariciar

caret ['kærət] n TYP & COMPTR signo *m* de intercalación

caretaker ['keəteɪkə(r)] n *BR* [of building, school] conserje *m* ▸ **~ government** gobierno *m* provisional

careworn ['keəwɔ:n] adj agobiado(a) ▸ **to be ~** estar agobiado(a)

cargo ['kɑ:gəʊ] (pl *BR* **cargoes,** *US* **cargos**) n cargamento *m* ▸ **~ boat** *or* **ship** barco *m* de carga, carguero *m* ▸ **~ plane** avión *m* de carga

Caribbean [kærɪ'bi:ən, *US* kə'rɪbɪən] ■ n **the ~** [region, sea] el Caribe
■ adj **the ~ islands** las Antillas ▸ **the ~ Sea** el (mar) Caribe

caribou ['kærɪbu:] n caribú *m*

caricature ['kærɪkətjə(r)] ■ n caricatura *f*
■ vt [distort] caricaturizar

caricaturist [kærɪkə'tju:rɪst] n caricaturista *mf*

caries ['keəri:z] n MED caries *f inv*

caring ['keərɪŋ] adj [society] solícito(a), afectuoso(a) ▸ **the ~ professions** las profesiones relacionadas con la salud y la asistencia social

carjack ['kɑ:dʒæk] vt *Fam* **they were carjacked** se los llevaron secuestrados en el coche *or AM* carro *or CSUR* auto

carjacking ['kɑ:dʒækɪŋ] n *Fam* secuestro *m* de un coche *or AM* carro *or CSUR* auto

carload ['kɑ:ləʊd] n **1.** [in car] **we got them home in three carloads** los llevamos a casa en tres viajes **2.** *US* [by rail] vagón *m (lleno)*

carnage ['kɑ:nɪdʒ] n matanza *f*

carnal ['kɑ:nəl] adj carnal

carnation [kɑ:'neɪʃən] n clavel *m*

carnival ['kɑ:nɪvəl] n [funfair] feria *f* / [traditional festival] carnaval *m*

carnivore ['kɑ:nɪvɔ:(r)] n carnívoro *m*

carnivorous [kɑ:'nɪvərəs] adj carnívoro(a)

carob ['kærəb] n [substance] extracto *m* de algarroba *(sucedáneo de chocolate)*

carol ['kærəl] n **(Christmas) ~** villancico *m*

carouse [kə'raʊz] vi estar de parranda

carousel [kærə'sel] n **1.** *US* [at fair] tiovivo *m* **2.** [at airport] cinta *f* transportadora de equipajes **3.** [for slides] carro *m*

carp [1] [kɑ:p] (pl **carp**) n [fish] carpa *f*

carp [2] vi quejarse (sin motivo) (**at** de)

Carpathians [kɑ:'peɪθɪənz] npl **the ~** los Cárpatos

carpenter ['kɑ:pɪntə(r)] n carpintero(a) *m,f*

carpentry ['kɑ:pɪntrɪ] n carpintería *f*

carpet ['kɑ:pɪt] ■ n **1.** [rug] alfombra *f* / [fitted] *ESP* moqueta *f, AM* alfombra *f* ▸ *Fig* **a ~ of flowers** una alfombra de flores ▸ **~ slippers** zapatillas *fpl* de (andar por) casa **2.** [idioms] *BR* **to pull the ~ out from under sb** retirarle el apoyo a alguien repentinamente ▸ **~ bombing** bombardeo *m* de saturación
■ vt **1.** [floor] *ESP* enmoquetar, *AM* alfombrar **2.** *BR Fam*

to ~ sb echar una bronca a alguien

carpet-sweeper ['kɑːpɪtswiːpə(r)] n cepillo *m* mecánico (para alfombras)

carport ['kɑːpɔːt] n AUT plaza *f* de estacionamiento *or ESP* aparcamiento techado *(al lado de una casa)*

carriage ['kærɪdʒ] n **1.** [vehicle] carruaje *m,* coche *m* **2.** *BR* [of train] vagón *m,* coche *m* **3.** [of typewriter] carro *m* **4.** COM [transport] transporte *m,* porte *m* / [cost] portes *mpl* ▸ **~ free** franco(a) de porte ▸ **~ forward** porte *m* debido ▸ **~ paid** porte *m* pagado **5.** [bearing] [of person] porte *m*

carriageway ['kærɪdʒweɪ] n AUT calzada *f* ▸ **the northbound ~** la calzada en dirección norte

carrier ['kærɪə(r)] n **1.** [of disease, infection] portador(ora) *m,f* **2.** COM [company] transportista *m* / [airline] línea *f* aérea **3.** [container] [on bicycle] portaequipaje *m,* transportín *m* ▸ *BR* **~ (bag)** bolsa *f*

carrion ['kærɪən] n carroña *f*

carrot ['kærət] n zanahoria *f* ▸ *Fig* **to hold out a ~** mostrar un señuelo ▸ **to use the ~ and stick approach** prometer premios si se trabaja bien y amenazar con castigos si no

carry ['kærɪ] ■ vt **1.** [transport, convey] llevar, *CAM* andar / [goods, passengers] transportar / [have on one's person] [gun, money] llevar (encima), *MÉX* cargar ▸ **to ~ sth away** *or* **off** llevarse algo ▸ **to be carrying a child** [be pregnant] estar embarazada ▸ *Fam Fig* **to ~ the can** pagar el pato ▸ **to ~ oneself well** tener buen porte **2.** [involve] **to ~ a fine/a penalty** conllevar una multa/un castigo ▸ **to ~ weight/authority** tener peso/autoridad **3.** [take, lead, extend] **to ~ sth too far** llevar algo demasiado lejos ▸ **to ~ an argument to its logical conclusion** llevar un argumento hasta las últimas consecuencias **4.** [capture, win] **he carried all before him** arrolló, tuvo un éxito arrollador ▸ **his argument carried the day** su argumentación consiguió la victoria **5.** POL **the bill was carried** se aprobó el proyecto de ley **6.** COM [keep in stock] tener (en almacén) **7.** [contain] **to ~ an advertisement/article** [newspaper] publicar un anuncio/artículo

■ vi [sound] oírse ▸ **her voice carries well** tiene una voz potente

◆ ***carry away*** vt sep [make excited, over-enthusiastic] **to get carried away (by sth)** emocionarse (por *or* con algo), entusiasmarse (por *or* con algo)

◆ ***carry forward*** vt sep FIN pasar a nueva columna ▸ **carried forward** suma y sigue

◆ ***carry off*** vt sep **1.** [take away] llevarse ▸ **to ~ off a prize** [win] llevarse un premio **2.** [do successfully] **she carried it off (well)** salió airosa

◆ ***carry on*** ■ vt sep [tradition] seguir / [business, trade] dirigir, gestionar / [correspondence, conversation] mantener

■ vi **1.** [continue] continuar, seguir ▸ **to ~ on doing sth** seguir haciendo algo ▸ **~ on!** ¡sigue!, ¡adelante! **2.** *Fam* [behave badly] hacer trastadas ▸ **I don't like the way she carries on** no me gusta su forma de comportarse **3.** *Fam* [have an affair] tener un lío *or MÉX* una movida *or RP* un asunto (**with** con)

◆ ***carry out*** vt sep llevar a cabo

carrycot ['kærɪkɒt] n *BR* moisés *m,* capazo *m*

carry-on ['kærɪ'ɒn] n *BR Fam* bronca *f, ESP* follón *m* ▸ **what a ~!** ¡menuda bronca!

carry-out ['kærɪ'aʊt] n *US, SCOT* [food] = *comida preparada para llevar* / [restaurant] = *restaurante donde se vende comida para llevar*

car-sick ['kɑːsɪk] adj **to be ~** estar mareado(a) *(en el coche)* ▸ **to get ~** marearse *(en el coche)*

car-sickness ['kɑːsɪknɪs] n mareo *m (en el coche)* ▸ **he suffers from ~** se marea en el coche *or AM* carro *or CSUR* auto

cart [kɑːt] ■ n [drawn by horse] carro *m,* carreta *f* / *US* [in supermarket] carrito *m* ▸ *Fig* **to put the ~ before the horse** empezar la casa por el tejado

■ vt *Fam* [carry] cargar con

◆ ***cart off*** vt sep *Fam* **to ~ sb off** llevarse a alguien (a la fuerza)

carte blanche ['kɑːt'blɑ̃ʃ] n **to give sb ~ (to do sth)** dar a alguien carta blanca (para hacer algo)

cartel [kɑː'tel] n ECON cartel *m,* cártel *m*

carthorse ['kɑːthɔːs] n caballo *m* de tiro

cartilage ['kɑːtɪlɪdʒ] n cartílago *m*

cartographer [kɑː'tɒgrəfə(r)] n cartógrafo(a) *m,f*

cartography [kɑː'tɒgrəfɪ] n cartografía *f*

carton ['kɑːtən] n [for yoghurt, cream] envase *m* / [for milk] cartón *m,* tetrabrik® *m* ▸ **a ~ of cigarettes** un cartón de cigarrillos

cartoon [kɑː'tuːn] n [in newspaper] chiste *m,* viñeta *f* / [animated film] dibujos *mpl* animados ▸ **~ strip** tira *f* cómica

cartoonist [kɑː'tuːnɪst] n dibujante *mf* de humor *or* de chistes

cartridge ['kɑːtrɪdʒ] n **1.** [for firearm, of film] cartucho *m* / [for pen] recambio *m* ▸ **~ belt** canana *f,* cartuchera *f* **2. ~ paper** papel *m* de dibujo

cartwheel ['kɑːtwiːl] n [wheel] rueda *f* de carro ▸ **to turn cartwheels** hacer la voltereta lateral

carve [kɑːv] vt [wood, stone] tallar, esculpir / [meat] trinchar

◆ ***carve out*** vt sep **to ~ out a career for oneself** forjarse una carrera

◆ ***carve up*** vt sep [territory] repartir, dividir

carving ['kɑːvɪŋ] n **1.** ART talla *f* **2. ~ knife** [for meat] cuchillo *m* de trinchar

carwash ['kɑːwɒʃ] n lavado *m* de coches

cascade [kæs'keɪd] ■ n cascada *f*

■ vi [water] caer formando una cascada

case[1] [keɪs] n **1.** [instance, situation] & MED caso *m* ▸ **a ~ in point** un buen ejemplo, un caso claro ▸ **in ~ of emergency/accident** en caso de urgencia/accidente ▸ **in ~ he isn't there** en caso de que no esté allí ▸ **just in ~** por si acaso ▸ **in any ~** en cualquier caso ▸ **in that ~** en ese caso ▸ **as the ~ may be** según el caso ▸ MED **~ history** historial *m* médico, ficha *f* ▸ **~ study** estudio *m* de caso (real) **2.** LAW causa *f* ▸ **to bring a ~ for sth against sb** entablar un pleito por algo contra alguien ▸ **the ~ for the defence** la defensa ▸ **the ~ for the prosecution** la acusación ▸ *Fig* **the ~ for sth** los argumentos a favor de algo ▸ *Fig* **to have a good ~** estar respaldado(a) por buenos argumentos ▸ **~ law** jurisprudencia *f*

case[2] n **1.** [container] [for spectacles] funda *f* / [for jewellery] estuche *m* ▸ **a cigarette ~** una pitillera ▸ **(packing) ~** cajón *m* ▸ **(display** *or* **glass) ~** vitrina *f* ▸ **a ~ of wine** una caja de vino **2.** [suitcase] maleta *f*, *RP* valija *f* / [briefcase] maletín *m*, cartera *f* **3.** TYP **lower/upper ~** caja *f* baja/alta

casement ['keɪsmənt] n [window] ventana *f* (batiente)

casework ['keɪswɜːk] n asistencia *f* social en casos individuales

caseworker ['keɪswɜːkə(r)] n asistente *mf* social

cash [kæʃ] ■ n [coins, banknotes] (dinero *m* en) efectivo *m* / *Fam* [money in general] dinero *m*, *AM* plata *f* ▸ **to pay (in) ~** pagar en efectivo ▸ **~ on delivery** entrega *f* contra reembolso ▸ **~ and carry** [shop] almacén *m* (de venta) al por mayor ▸ **~ in hand** al contado ▸ **~ box** caja *f* (para el dinero) ▸ **~ card** tarjeta *f (del cajero automático)* ▸ *Fam* **~ cow** fuente *f* de ingresos, mina *f* ▸ **~ crop** cultivo *m* comercial ▸ *BR* **~ desk** (mostrador *m* de) caja *f* ▸ **~ dispenser** cajero *m* automático ▸ FIN **~ flow** flujo *m* de caja, cash-flow *m* ▸ **~ machine** cajero *m* automático ▸ **~ price** precio *m* al contado ▸ **~ register** caja *f* registradora

■ vt [cheque, postal order] hacer efectivo(a)

◆ ***cash in on*** vt insep *Fam* aprovechar, sacar provecho de

cashback ['kæʃbæk] n [in supermarket] = *servicio que ofrece la posibilidad de sacar dinero de una cuenta en el momento de pagar con tarjeta de débito una compra* ▸ **would you like any ~?** ¿quiere sacar dinero de la cuenta?

cash-book ['kæʃbʊk] n libro *m* de caja

cashew ['kæʃuː] n **~ (nut)** anacardo *m*

cashier[1] [kæ'ʃɪə(r)] n cajero(a) *m,f* ▸ **cashier's cheque** talón *m* bancario

cashier[2] vt MIL destituir

cashmere ['kæʃmɪə(r)] n cachemir *m*

cashpoint ['kæʃpɔɪnt] n cajero *m* automático

casing ['keɪsɪŋ] n TECH [of machine] cubierta *f*, carcasa *f* / [of tyre] cubierta *f* / [of wire, shaft] revestimiento *m* / [of sausage] piel *f*

casino [kə'siːnəʊ] (pl **casinos**) n casino *m*

cask [kɑːsk] n tonel *m*, barril *m*

casket ['kɑːskɪt] n **1.** [for jewellery] estuche *m* **2.** [coffin] ataúd *m*

Caspian ['kæspɪən] adj **the ~ Sea** el mar Caspio

cassava [kə'sɑːvə] n mandioca *f*

casserole ['kæsərəʊl] n [cooking vessel] cazuela *f*, cacerola *f* / [food] guiso *m*

cassette [kæ'set] n [audio, video] cinta *f*, casete *f* ▸ **~ player** casete *m*, magnetófono *m* ▸ **~ recorder** casete *m*, magnetófono *m*

cassock ['kæsək] n sotana *f*

cast [kɑːst] ■ n **1.** [of play, film] reparto *m* **2.** [reproduction] reproducción *f* / [mould] molde *m* ▸ MED **(plaster) ~** escayola *f*, *esp AM* yeso *m* ▸ *Fig* **~ of mind** mentalidad *f*

■ vt (pt & pp **cast**) **1.** [throw] [stone] tirar, lanzar / [shadow] proyectar, hacer / [net, line] lanzar ▸ **to ~ one's eyes over sth** echar una ojeada a algo ▸ **to ~ doubt on sth** poner en duda algo ▸ *Fig* **to ~ light on sth** arrojar luz sobre algo ▸ **to ~ one's mind back to sth** remontarse a algo ▸ **to ~ its skin** [reptile] mudar de piel *or* camisa ▸ **to ~ a spell over sb** hechizar a alguien **2. to ~ one's vote** emitir el voto, votar **3.** THEAT & CIN **to ~ a film/play** seleccionar a los actores para una película/una obra ▸ **she was cast in the role of** *or* **as Desdemona** la eligieron para el papel de Desdémona **4.** [metal, statue] fundir

◆ ***cast about, cast around*** vi **to ~ about** *or* **around for sth** buscar algo

◆ ***cast aside*** vt sep [idea, prejudice] abandonar

◆ ***cast away*** vt sep **to be cast away** ser un/una náufrago(a)

◆ ***cast down*** vt sep **to be cast down** estar deprimido(a), estar abatido(a)

◆ ***cast off*** ■ vt sep [clothes, chains] deshacerse de

■ vi **1.** NAUT soltar amarras **2.** [in knitting] rematar una vuelta

◆ ***cast on*** vi [in knitting] engarzar una vuelta

castanets [kæstə'nets] npl castañuelas *fpl*

castaway ['kɑːstəweɪ] n náufrago(a) *m,f*

caste [kɑːst] n [social rank] casta *f*

caster sugar ['kɑːstə'ʃʊgə(r)] n *BR* azúcar *m or f* extrafino(a), azúcar molido(a)

castigate ['kæstɪgeɪt] vt *Formal* [criticize] reprender

Castile [kæ'stiːl] n Castilla

Castilian [kæs'tɪlɪən] ■ n **1.** [person] castellano(a) *m,f* **2.** [language] castellano *m*

■ adj castellano(a)

casting ['kæstɪŋ] ■ n THEAT & CIN reparto *m* ▸ **he denied having got the part on the casting couch** negó haberse acostado con alguien para obtener el papel

■ adj **~ vote** voto *m* de calidad

cast-iron ['kɑːst'aɪən] n hierro *m* fundido *or* colado ▸ *Fig* **~ alibi/guarantee** coartada *f*/garantía *f* irrefutable

castle ['kɑːsəl] ■ n [building] castillo *m* / [in chess] torre *f* ▸ *Fig* **to build castles in the air** construir castillos en el aire

■ vi [in chess] enrocarse

cast-off ['kɑːstɒf] ■ n [garment] prenda *f* vieja *or* usada / *Fam* [person] persona *f* rechazada

■ adj **~ clothing** ropa *f* vieja *or* usada

castor ['kɑːstə(r)] n [on furniture] ruedecita *f*

castor oil ['kɑːstər'ɔɪl] n aceite *m* de ricino

castrate [kæs'treɪt] vt castrar

castration [kæs'treɪʃən] n castración *f*

casual ['kæʒjʊəl] adj **1.** [remark, glance] de pasada, casual **2.** [relaxed, informal] informal ▸ **~ clothes** ropa *f* informal *or* de sport **3.** [unconcerned] despreocupado(a) / [careless] descuidado(a) ▸ **~ sex** relaciones *fpl* sexuales ocasionales **4.** [employment, worker] eventual

casually ['kæʒjʊəlɪ] adv **she remarked quite ~**

that... comentó de pasada que... ▸ **he treated the issue rather ~** se tomó el asunto bastante a la ligera ▸ **to dress ~** vestirse de manera informal, vestirse de sport

casualty ['kæʒjʊəltɪ] n [in accident, earthquake] víctima *f* / [in war] baja *f* ▸ *BR* **~ (department)** (servicio *m* de) urgencias *fpl*

CAT [kæt] n MED (abbr ***Computerized Axial Tomography***) TAC *f* ▸ **~ scan** escáner *m* (TAC)

cat [kæt] n **1.** [animal] gato(a) *m,f* ▸ **the big cats** los grandes felinos ▸ **~ burglar** ladrón(ona) *m,f (que entra en las casas escalando)* ▸ **cat's eye®** [on road] = *baliza reflectante (en la calzada)* ▸ **~ flap** gatera *f* ▸ **~ litter** arena *f* para gatos **2.** [idioms] **to fight like ~ and dog** *ESP* llevarse como el perro y el gato, *AM* pelear como perro y gato ▸ **to play a ~-and-mouse game with sb** jugar al ratón y al gato con alguien ▸ *Fam* **to be like a ~ on a hot tin roof** *or* **on hot bricks** estar histérico(a) ▸ **to let the ~ out of the bag** revelar el secreto, *ESP* descubrir el pastel ▸ **to set the ~ among the pigeons** sembrar la discordia ▸ *Fam* **there isn't enough room to swing a ~** no se puede uno ni mover ▸ *Fam* **he thinks he's the cat's whiskers** *or* **pyjamas** se lo tiene muy creído, se cree el no va más *or RP* el súmum, *MÉX* se cree que es la única Coca-Cola en el desierto

cataclysm ['kætəklɪzəm] n cataclismo *m*

Catalan ['kætəlæn] ■ n **1.** [person] catalán(ana) *m,f* **2.** [language] catalán *m*
■ adj catalán(ana)

catalogue ['kætəlɒg] ■ n catálogo *m*
■ vt catalogar

Catalonia [kætə'ləʊnɪə] n Cataluña

catalyst ['kætəlɪst] n *also Fig* catalizador *m*

catamaran [kætəmə'ræn] n catamarán *m*

catapult ['kætəpʌlt] ■ n *BR* [hand-held] tirachinas *m inv* / [mediaeval siege weapon, on aircraft carrier] catapulta *f*
■ vt **to be catapulted into the air** salir despedido(a) por los aires ▸ **to ~ sb to stardom** lanzar *or* catapultar a alguien al estrellato

cataract ['kætərækt] n [in river] & MED catarata *f*

catarrh [kə'tɑː(r)] n catarro *m*

catastrophe [kə'tæstrəfɪ] n catástrofe *f*

catastrophic [kætə'strɒfɪk] adj catastrófico(a)

catatonic [kætə'tɒnɪk] adj MED catatónico(a)

catcall ['kætkɔːl] n silbido *m*

catch [kætʃ] ■ n **1.** [of ball] parada *f (sin que la pelota toque el suelo)* ▸ **to play ~** [ball game] jugar a (que no caiga) la pelota / [chasing game] jugar al corre-corre-que-te-pillo, *RP* jugar a la mancha **2.** [in fishing] pesca *f*, captura *f* **3.** [fastening] [on door, window] cierre *m* **4.** [disadvantage] **where's the ~?** ¿cuál es la pega? ▸ **it's a ~-22 situation** es como la pescadilla que se muerde la cola
■ vt (pt & pp **caught** [kɔːt]) **1.** [thrown object, falling object] atrapar, *ESP* coger, *AM* agarrar / [fish] pescar / [prey,thief] atrapar, capturar ▸ **~ (it)!** [when throwing something] ¡agárralo!, *ESP* ¡cógelo! ▸ **to ~ sb doing sth** pillar a alguien haciendo algo ▸ **you won't ~ me doing that again** no pienso volver a hacerlo ▸ **my bedroom catches the sun** a mi dormitorio le da el sol ▸ **you look as if you've caught the sun** parece que te ha pegado el sol **2.** [bus, train] tomar, *ESP* coger / [programme, film] ver, alcanzar a ver **3.** [hear] oír, alcanzar a oír **4.** [manage to find] *ESP* pillar, *ESP* coger, *AM* agarrar ▸ **you've caught me at a bad time** me *ESP* pillas *or AM* agarras en un mal momento ▸ **I'll ~ you later!** luego te veo **5.** [trap, entangle] **I caught my dress on a nail** me enganché el vestido en un clavo ▸ **don't ~ your fingers in the door!** no te *ESP* pilles *or AM* agarres los dedos con la puerta ▸ **to ~ sb's attention** *or* **eye** llamar la atención de alguien **6.** [illness] agarrar, *ESP* coger, *AM* pescar ▸ **to ~ a cold** resfriarse, *ESP* coger *or MÉX* pescar un resfriado, *ANDES, RP* agarrarse or pescarse un resfrío ▸ **I caught this cold from you** tú me pegaste este *ESP, MÉX* resfriado *or ANDES, RP* resfrío ▸ **you'll ~ your death (of cold) out there!** ¡vas a agarrar *or ESP* coger un resfriado de muerte ahí fuera!, *ANDES, RP* ¡te vas a agarrar un resfrío mortal ahí afuera! **7.** [of blow, missile] **he caught me (a blow) on the chest** me dio un golpe en el pecho ▸ **the stone caught her on the arm** la piedra le dio en el brazo ▸ *Fam* **you'll ~ it!** [get into trouble] ¡te la vas a *ESP* cargar *or ESP* ganar *or MÉX, RP* ligar! **8. to ~ fire** *or* **light** prenderse
■ vi **1.** [fire] prender **2.** [in door] quedarse pillado(a) / [on a nail] quedarse enganchado(a) ▸ **my skirt caught on a nail** se me enganchó la falda en un clavo **3.** [person] **to ~ at sth** tratar de agarrar *or ESP* coger algo

◆ ***catch on*** vi **1.** [fashion] cuajar **2.** *Fam* [understand] darse cuenta (**to** de), enterarse (**to** de)

◆ ***catch out*** vt sep **to ~ sb out** [discover, trick] *ESP* pillar *or AM* agarrar a alguien

◆ ***catch up*** ■ vi [close gap, get closer] **to ~ up with sb** alcanzar a alguien ▸ **to ~ up with one's work** ponerse al día en el trabajo ▸ **his past has caught up with him** ha salido a relucir su pasado
■ vt sep **1. to ~ sb up** alcanzar a alguien **2. to get caught up in sth** [become entangled] verse envuelto(a) *or* enredarse en algo

catch-all ['kætʃɔːl] adj *Fam* **a ~ term** un término que vale para todo *or* muy general

catching ['kætʃɪŋ] adj [disease, habit] contagioso(a)

catchment area ['kætʃmənt'eərɪə] n [of school] área *f* de cobertura

catchphrase ['kætʃfreɪz] n coletilla *f*, latiguillo *m*

catchy ['kætʃɪ] adj [tune, slogan] pegadizo(a)

catechism ['kætəkɪzəm] n catecismo *m*

categorical [kætɪ'gɒrɪkəl] adj [denial, refusal] categórico(a)

categorize ['kætɪgəraɪz] vt clasificar (**as** como)

category ['kætɪgərɪ] n categoría *f*

cater ['keɪtə(r)] vi **1.** [provide food] [at weddings] dar *or* organizar banquetes / [for company, airline] dar servicio de comidas *or* catering ▸ **we ~ for groups of up to fifty** [in restaurant] servimos a grupos de hasta cincuenta personas ▸ **parties catered for** [sign in restaurant] se organizan banquetes **2. to ~ for** [needs, requirements] tener en cuenta ▸ **to ~ for all tastes** atender a todos los gustos

caterer ['keɪtərə(r)] n [company] empresa *f* de

hostelería / [person] hostelero(a) *m,f*

catering ['keɪtərɪŋ] n [trade] hostelería *f* ▸ **to do the ~** [at party] dar el servicio de comida y bebida ▸ **~ school** escuela *f* de hostelería

caterpillar ['kætəpɪlə(r)] n oruga *f* ▸ **~ track** [on tank, tractor] oruga

catfish ['kætfɪʃ] n siluro *m*

cathartic [kə'θɑːtɪk] adj catártico(a)

cathedral [kə'θiːdrəl] n catedral *f* ▸ **~ town/city** ciudad *f* catedralicia

catheter ['kæθɪtə(r)] n MED catéter *m*

cathode ['kæθəʊd] n ELEC cátodo *m* ▸ **~ ray tube** tubo *m* de rayos catódicos

Catholic ['kæθlɪk] n & adj REL católico(a) *m,f*

catholic ['kæθlɪk] adj [wide-ranging] ecléctico(a)

Catholicism [kə'θɒlɪsɪzəm] n catolicismo *m*

catkin ['kætkɪn] n [on bush, tree] amento *m*, candelilla *f*

catnap ['kætnæp] n *Fam* siestecilla *f*, *AM* siestita *f*

catsuit ['kætsuːt] n *BR* mallas *fpl*

catsup ['kætsʌp] n *US* ketchup *m*, catchup *m*

cattail ['kætteɪl] n *US* espadaña *f (planta)*

cattle ['kætəl] npl ganado *m* (vacuno) ▸ **~ breeding** cría *f* de ganado vacuno ▸ *BR* **~ grid** paso *m* canadiense, reja *f (que impide el paso del ganado)* ▸ **~ market** feria *f* de ganado ▸ **~ truck** vagón *m* de ganado

catty ['kætɪ] adj *Fam* avieso(a), malintencionado(a)

CATV [siːeɪtiː'viː] n *US* (abbr ***community antenna television***) [cable TV] televisión *f* por cable / [via shared aerial] antena *f* (colectiva) comunitaria

catwalk ['kætwɔːk] n pasarela *f*

Caucasian [kɔː'keɪʒən] ■ n [white person] blanco(a) *m,f*
■ adj [in ethnology] caucásico(a)

Caucasus ['kɔːkəsəs] n **the ~ (Mountains)** el Cáucaso

caucus ['kɔːkəs] n *BR* POL comité *m* / *US = congreso de los dos principales partidos de Estados Unidos*

CULTURE / CULTURA

caucus

Un **caucus** es una reunión de militantes de cada uno de los principales partidos estadounidenses (republicanos y demócratas) para elegir al candidato presidencial. Se trata de un proceso que cuenta con varias etapas. En primer lugar, se reúnen los electores registrados en cada partido para debatir la designación de los delegados. Estos delegados participarán a su vez en otros **caucuses** de condado y posteriormente en el estatal, donde se eligen a los representantes que asistirán a la convención nacional, en la que se elige el candidato a la presidencia. El primer **caucus** oficial tiene lugar en Iowa, seguido del de New Hampshire, y los resultados obtenidos en ambos suelen ser decisivos para la campaña de los candidatos. Este proceso es más largo y complicado que el de los comicios primarios, donde los electores se pronuncian directamente por uno de los aspirantes a la candidatura de cada partido.

caught [kɔːt] pt & pp *of* ***catch***

cauldron ['kɔːldrən] n caldero *m*

cauliflower ['kɒlɪflaʊə(r)] n coliflor *f* ▸ **~ cheese** = *coliflor con besamel de queso* ▸ **~ ear** [swollen ear] oreja *f* hinchada por los golpes

cause [kɔːz] ■ n **1.** [origin] causa *f* ▸ **~ and effect** causa y efecto **2.** [reason] motivo *m*, razón *f* ▸ **to have good ~ for doing sth** tener un buen motivo para hacer algo ▸ **his condition is giving ~ for concern** su estado es preocupante **3.** [purpose, mission] causa *f* ▸ **to make common ~** hacer causa común ▸ **it's all in a good ~** es por una buena causa
■ vt causar, provocar ▸ **to ~ trouble** crear problemas ▸ **to ~ sb to do sth** hacer que alguien haga algo

causeway ['kɔːzweɪ] n paso *m* elevado *(sobre agua)*

caustic ['kɔːstɪk] adj *also Fig* [humour, joke] cáustico(a) ▸ **~ soda** sosa *f* cáustica

cauterize ['kɔːtəraɪz] vt MED cauterizar

caution ['kɔːʃən] ■ n **1.** [prudence] precaución *f*, cautela *f* ▸ **to exercise ~** actuar con precaución ▸ **to throw ~ to the wind(s)** olvidarse de la prudencia **2.** [warning] advertencia *f* ▸ LAW & SPORT **to be given a ~** recibir una advertencia
■ vt **1.** [warn] advertir ▸ **to ~ sb against sth** prevenir a alguien contra algo **2.** LAW [on arrest] leer los derechos a / [instead of prosecuting] amonestar

cautionary ['kɔːʃənrɪ] adj **a ~ tale** un cuento ejemplar

cautious ['kɔːʃəs] adj cauto(a), prudente

cautiously ['kɔːʃəslɪ] adv cautelosamente, con prudencia

cautiousness ['kɔːʃəsnɪs] n cautela *f*, prudencia *f*

cavalier [kævə'lɪə(r)] adj demasiado despreocupado(a) ▸ **to be ~ about sth** tomarse algo a la ligera

cavalry ['kævəlrɪ] n caballería *f*

cave [keɪv] n cueva *f*, caverna *f* ▸ **~ dweller** cavernícola *mf* ▸ **~ paintings** pinturas *fpl* rupestres

◆ ***cave in*** vi [ground, structure] hundirse, ceder / *Fig* [stop resisting] rendirse, darse por vencido(a)

caveat ['kævɪæt] n **1.** LAW = *demanda de notificación previa ante un tribunal* **2.** *Formal* [warning] salvedad *f*, reserva *f* ▸ **with the ~ that...** con la salvedad de que...

caveman ['keɪvmæn] n cavernícola *mf*

cavern ['kævən] n caverna *f*

cavernous ['kævənəs] adj [room, pit] cavernoso(a)

caviar(e) ['kævɪɑː(r)] n caviar *m*

cavil ['kævɪl] (pt & pp **cavilled,** *US* **caviled**) vi *Literary* poner reparos (**at** a)

cavity ['kævɪtɪ] n [hole] cavidad *f* / [of tooth] caries *f inv* ▸ **~ wall insulation** cámara *f* de aire, aislamiento *m* de doble pared

cavort [kə'vɔːt] vi retozar, brincar

caw [kɔː] ■ n [of bird] graznido *m*
■ vi graznar

cayenne [keɪ'en] n **~ (pepper)** cayena *f*

CB [si:'bi:] n RAD (abbr ***Citizen's Band***) banda *f* ciudadana *or* de radioaficionados

CBE [si:bi:'i:] n *BR* (abbr ***Commander of the Order of the British Empire***) = *condecoración británica al mérito civil*

CBI [si:bi:'aɪ] n *BR* (abbr ***Confederation of British Industry***) = *organización empresarial británica,* ≃ *ESP* CEOE *f*

cc [si:'si] n (abbr ***cubic centimetre(s)***) c.c., centímetros *mpl* cúbicos

CCTV [si:si:ti:'vi:] n (abbr ***closed-circuit television***) circuito *m* cerrado de televisión

CD [si:'di:] n **1.** (abbr ***compact disc***) CD *m,* (disco *m*) compacto *m* ◗ **CD burner** estampadora *f* de CD ◗ **CD player** (lector *m or* reproductor *m* de) CD ◗ **~ writer** grabadora *f* de CD **2.** (abbr ***Corps Diplomatique***) CD, cuerpo *m* diplomático

CDI [si:di:'aɪ] n COMPTR (abbr ***compact disc interactive***) CDI *m*

CD-R [si:di:'ɑ(r)] n COMPTR (abbr ***compact disc recordable***) CD-R *m*

Cdr MIL (abbr ***Commander***) Comandante *m*

Cdre NAUT (abbr ***Commodore***) Comodoro *m*

CD-ROM [si:di:'rɒm] n COMPTR (abbr ***compact disc-read only memory***) CD-ROM *m* ◗ **~ drive** unidad *f* de CD-ROM

CD-RW n (abbr ***compact disc rewritable***) CD-RW *m*

cease [si:s] ■ vt abandonar, suspender ◗ **~ fire!** ¡alto el fuego!

■ vi cesar ◗ **to ~ doing sth** *or* **to do sth** dejar de hacer algo ◗ **it never ceases to amaze me (that...)** no deja de sorprenderme (que...)

cease-fire ['si:sfaɪə(r)] n alto *m* el fuego, tregua *f*

ceaseless ['si:slɪs] adj incesante

ceaselessly ['si:slɪslɪ] adv incesantemente, sin parar

cecum *US* ➤ ***caecum***

cedar ['si:də(r)] n [tree, wood] cedro *m*

cede [si:d] vt LAW [territory, property] ceder

cedilla [sɪ'dɪlə] n cedilla *f*

ceilidh ['keɪlɪ] n *SCOT* = *fiesta en la que se bailan danzas tradicionales*

ceiling ['si:lɪŋ] n [of room] techo *m* ◗ *Fig* **to reach a ~** tocar techo ◗ **~ price** precio *m* máximo autorizado

celebrant ['selɪbrənt] n REL celebrante *mf*

celebrate ['selɪbreɪt] ■ vt celebrar ◗ REL **to ~ mass** decir misa

■ vi **let's ~!** ¡vamos a celebrarlo!

celebrated ['selɪbreɪtɪd] adj célebre

celebration [selɪ'breɪʃən] n celebración *f* ◗ **celebrations** [of anniversary, victory] actos *mpl* conmemorativos ◗ **in ~** en celebración ◗ **this calls for a ~!** ¡esto hay que celebrarlo!

celebrity [sɪ'lebrɪtɪ] n **1.** [person] celebridad *f* **2.** [fame] celebridad *f,* fama *f*

celery ['selərɪ] n apio *m*

celestial [sɪ'lestɪəl] adj celeste

celibacy ['selɪbəsɪ] n celibato *m*

celibate ['selɪbət] adj célibe

cell [sel] n **1.** [in prison, monastery] celda *f* **2.** ELEC pila *f* **3.** BIOL & POL célula *f*

cellar ['selə(r)] n [basement] sótano *m* / [for wine] bodega *f*

cellist ['tʃelɪst] n violonchelista *mf*

cello ['tʃeləʊ] (pl **cellos**) n violonchelo *m*

Cellophane® ['seləfeɪn] n *BR* celofán *m*

cellphone ['selfəʊn] n teléfono *m* móvil *or AM* celular

cellular ['seljʊlə(r)] adj celular ◗ **~ phone** teléfono *m* móvil *or AM* celular

cellulite ['seljʊlaɪt] n celulitis *f inv*

celluloid® ['seljʊlɔɪd] n celuloide *m*

cellulose ['seljuləʊs] n celulosa *f*

Celsius ['selsɪəs] adj centígrado(a) ◗ **10 degrees ~** 10 grados centígrados

Celt [kelt] n celta *mf*

Celtic ['keltɪk] adj celta, céltico(a)

cement [sɪ'ment] ■ n cemento *m* ◗ **~ mixer** hormigonera *f*

■ vt [glue together] encolar, pegar / [cover with cement] cubrir de cemento / *Fig* [friendship] consolidar

cemetery ['semətrɪ] n cementerio *m*

cenotaph ['senətæf] n cenotafio *m*

censor ['sensə(r)] ■ n censor(ora) *m,f*

■ vt censurar

censorious [sen'sɔ:rɪəs] adj [person] censurador(ora) / [look] reprobatorio(a) ◗ **to be ~ of** censurar

censorship ['sensəʃɪp] n censura *f*

censure ['senʃə(r)] ■ n censura *f,* crítica *f* ◗ POL **vote of ~** moción *f* de censura

■ vt censurar, criticar

census ['sensəs] n censo *m* ◗ **to take a ~ of** censar

cent [sent] n centavo *m* ◗ *US Fam* **I haven't got a ~** no tengo ni un centavo *or ESP* duro *or MÉX* peso

centaur ['sentɔ:(r)] n centauro *m*

centenarian [sentɪ'neərɪən] n centenario(a) *m,f*

centenary [sen'ti:nərɪ], *US* ***centennial*** [sen'tenɪəl] ■ n centenario *m*

■ adj centenario(a)

center, centerfold etc *US* ➤ ***centre, centerfold*** etc

centigrade ['sentɪgreɪd] adj centígrado(a) ◗ **10 degrees ~** 10 grados centígrados

centigramme, *US* ***centigram*** ['sentɪgræm] n centigramo *m*

centilitre, *US* ***centiliter*** ['sentɪli:tə(r)] n centilitro *m*

centime [sɒnti:m] n [subdivision of franc] céntimo *m*

centimetre, *US* ***centimeter*** ['sentɪmi:tə(r)] n centímetro *m*

centipede ['sentɪpi:d] n ciempiés *m inv*

central ['sentrəl] adj central / [in convenient location] céntrico(a) / [in importance] central, primordial ◗ **it is ~ to our plans** es el eje sobre el que giran nuestros planes ◗ **Central London** el centro de Londres ◗ **our hotel is quite ~** nuestro hotel es bastante céntrico ◗ **Central**

America Centroamérica, América Central ▸ **Central American** centroamericano(a) ▸ ~ **bank** banco *m* central ▸ ~ **character** [in book, film] personaje *m* central, protagonista *mf* ▸ **Central Europe** Europa Central ▸ **Central European** centroeuropeo(a) ▸ ~ **government** gobierno *m* central ▸ ~ **heating** calefacción *f* central ▸ AUT ~ **locking** cierre *m* centralizado ▸ ~ **nervous system** sistema *m* nervioso central ▸ COMPTR ~ **processing unit** unidad *f* central de proceso ▸ *BR* ~ **reservation** [on motorway] mediana *f*, *COL, MÉX* camellón *m* ▸ *US* **Central Standard Time** hora *f* oficial del meridiano 90°

Central African Republic ['sentrəl'æfrɪkənrɪ'pʌblɪk] n República *f* Centroafricana

centralism ['sentrəlɪzəm] n POL centralismo *m*

centralization [sentrəlaɪ'zeɪʃən] n centralización *f*

centralize ['sentrəlaɪz] vt centralizar

centrally ['sentrəlɪ] adv ~ **controlled** de control *or AM* monitoreo centralizado ▸ ~ **funded** de financiación *or AM* financiamiento central ▸ **the flat is** ~ **heated** el piso tiene calefacción central

centre, *US* ***center*** ['sentə(r)] ■ n centro *m* ▸ **in the** ~ en el centro ▸ POL **left of** ~ de izquierdas ▸ POL **right of** ~ de derechas ▸ ~ **of gravity** centro de gravedad ▸ ~ **of attraction** foco *m or* centro de atracción ▸ ~ **back** [in soccer] defensa *mf* central, central *mf* ▸ ~ **forward** [in soccer] delantero *mf* centro ▸ ~ **half** [in soccer] medio *mf* centro

■ vt [attention, interest] centrar (**on** en)

centrefold, *US* ***centerfold*** ['sentəfəʊld] n [in magazine] póster *m* central

centreline, *US* ***centerline*** ['sentəlaɪn] n [of tennis court, road] línea *f* central / [of geometrical figure] eje *m*

centrepiece, *US* ***centerpiece*** ['sentəpi:s] n [on table] centro *m* de mesa / [main element] núcleo *m*, eje *m*

centrifugal [sentrɪ'fjʊgəl] adj centrífugo(a)

century ['sentʃərɪ] n **1.** [a hundred years] siglo *m* ▸ **the 19th** ~ el siglo XIX **2.** [in cricket] = *cien (o más de cien) carreras*

CEO [si:i:'əʊ] (pl **CEOs**) n COM (abbr ***chief executive officer***) director(ora) *m,f* gerente, consejero(a) *m,f* delegado(a)

ceramic [sə'ræmɪk] ■ n cerámica *f*

■ adj de cerámica

ceramics [sə'ræmɪks] n [art] cerámica *f*

cereal ['sɪərɪəl] n cereal *m* ▸ **(breakfast)** ~ cereales *mpl* (de desayuno)

cerebellum [serɪ'beləm] (pl **cerebella** [serɪ'belə]) n ANAT cerebelo *m*

cerebra ['serɪbrə] pl *of* ***cerebrum***

cerebral ['serɪbrəl] adj [intellectual] & ANAT cerebral ▸ MED ~ **palsy** parálisis *f inv* cerebral

cerebrum ['serɪbrəm] (pl **cerebrums** *or* **cerebra** ['serɪbrə]) n ANAT cerebro *m*

ceremonial [serɪ'məʊnɪəl] ■ n ceremonial *m* ▸ **ceremonials** ceremoniales *mpl*

■ adj ceremonial

ceremonious [serɪ'məʊnɪəs] adj ceremonioso(a)

ceremoniously [serɪ'məʊnɪəslɪ] adv ceremoniosamente

ceremony ['serɪmənɪ] n ceremonia *f* ▸ **the marriage** ~ la ceremonia nupcial ▸ **with/without** ~ con/sin ceremonia ▸ *Fig* **he was sacked without** ~ lo despidieron sin ningún miramiento ▸ **there's no need to stand on** ~ no hace falta cumplir con formalidades

cert [sɜ:t] n *Fam* **it's a (dead)** ~ **to win** no cabe ninguna duda de que ganará

certain ['sɜ:tən] adj **1.** [sure] seguro(a) ▸ **to be** ~ **of sth** estar seguro(a) de algo ▸ **to make** ~ **of sth** asegurarse de algo ▸ **for** ~ con certeza ▸ **he is** ~ **to come** vendrá con toda seguridad **2.** [particular] cierto(a), determinado(a) ▸ **for** ~ **reasons** por ciertos motivos ▸ **a** ~ **person** cierta persona ▸ **a** ~ **Richard Sanders** un tal Richard Sanders

certainly ['sɜ:tənlɪ] adv [definitely] por supuesto ▸ ~ **not!** ¡ni hablar! ▸ **she's** ~ **very clever, but...** sin duda es muy lista, pero...

certainty ['sɜ:təntɪ] n certeza *f*, certidumbre *f* ▸ **she said it with some** ~ lo dijo con certidumbre ▸ **there is no** ~ **that we will win** no es seguro que ganemos ▸ **to know sth for a** ~ saber algo a ciencia cierta

certifiable ['sɜ:tɪfaɪəbəl] adj *Fam* [mad] **to be** ~ estar como para que lo/la encierren

certificate [sə'tɪfɪkət] n certificado *m* / [in education] título *m* ▸ **marriage/death** ~ certificado *or* partida *f* de matrimonio/defunción

certified ['sɜ:tɪfaɪd] adj [qualified] diplomado(a) / [document] certificado(a) ▸ *US* ~ **letter** carta *f* certificada ▸ *US* ~ **mail** correo *m* certificado ▸ *US* ~ **public accountant** *ESP* censor(ora) *m,f* jurado(a) de

HOW TO...

say you're certain about something

Estoy convencido de que lo ha hecho de buena fe. / I'm convinced he acted in good faith.

Estoy prácticamente/casi seguro de que es él. / I'm almost certain it's him.

¿Estás seguro de que era ella? / Are you sure it was her?

Está claro que los encontraremos. / We'll definitely find them.

Tengo la certeza de que triunfará. / I'm certain (that) he'll succeed.

Claro/Por supuesto que vendrá. / Of course he'll come.

Sé (perfectamente) que no lo hará / I know (for a fact) that he won't do it.

Apuesto lo que quieras a que se lo ha dicho ella. / I bet you anything it was her that told him.

No hay ninguna duda, es él. / There's no doubt about it, it's him.

cuentas, *AM* contador(ora) *m,f* público(a)

certify ['sɜːtɪfaɪ] vt [confirm] certificar ▸ **to ~ that sth is true** dar fe de que algo es verdad ▸ **this is to ~ that...** por la presente certifico que... ▸ **to ~ sb insane** declarar demente a alguien

certitude ['sɜːtɪtjuːd] n certidumbre *f*

cervical ['sɜːvɪkəl] adj ANAT cervical ▸ **~ cancer** cáncer *m* cervical ▸ **~ smear** frotis *m inv* cervical, citología *f* (cervical)

cervix ['sɜːvɪks] (pl **cervices** ['sɜːvɪsiːz]) n ANAT cuello *m* del útero

cessation [se'seɪʃən] n cese *m*

cesspit ['sespɪt], ***cesspool*** ['sespuːl] n pozo *m* negro / *Fig* sentina *f*, cloaca *f*

CET [siːiː'tiː] n (abbr ***Central European Time***) = *hora de Europa central*

Ceylon [sɪ'lɒn] n *Formerly* Ceilán

cf [siː'ef] (abbr ***confer, compare***) cf., cfr., compárese

CFC [siːef'siː] (pl **CFCs**) n CHEM (abbr ***chlorofluorocarbon***) CFC *m*, clorofluorocarbono *m*

CGI [siːdʒiː'aɪ] n (abbr ***computer-generated images***) imágenes *fpl* generadas por *ESP* ordenador *or AM* computadora

Chad [tʃæd] n Chad

chafe [tʃeɪf] ■ vt [rub] rozar, hacer rozadura en
■ vi [rub] rozar, hacer rozadura ▸ *Fig* **to ~ at** *or* **against sth** [resent] sentirse irritado(a) por algo

chaff [tʃɑːf] ■ n granzas *fpl*, barcia *f* ▸ *Fig* **to separate the wheat from the ~** separar el grano de la paja
■ vt [tease] tomar el pelo a

chaffinch ['tʃæfɪntʃ] n pinzón *m*

chagrin ['ʃægrɪn] n disgusto *m*, desazón *f* ▸ **much to my/her ~** muy a mi/su pesar

chain [tʃeɪn] ■ n cadena *f* / [of mountains] cadena *f* montañosa, cordillera *f* ▸ **in chains** encadenado(a) ▸ *Fig* **a ~ of events** una concatenación de sucesos ▸ **to pull the ~** [in toilet] tirar de la cadena ▸ **~ gang** cadena *f* de presidiarios ▸ **~ letter** = *carta en la que se pide al destinatario que envíe copias de la misma a otras personas* ▸ **~ mail** cota *f* de malla ▸ **~ reaction** reacción *f* en cadena ▸ **~ saw** motosierra *f*, sierra *f* mecánica ▸ **~ store** cadena *f* de tiendas
■ vt encadenar ▸ **to ~ sth to sth** encadenar algo a algo

◆ ***chain up*** vt sep encadenar

chain-smoke ['tʃeɪnsməʊk] vi fumar un cigarrillo tras otro

chain-smoker ['tʃeɪn'sməʊkə(r)] n fumador(ora) *m,f* empedernido(a)

chair [tʃeə(r)] ■ n **1.** [seat] silla *f* / [armchair] sillón *m* **2.** [chairperson] presidente(a) *m,f* ▸ **to be in the ~** ocupar la presidencia **3.** UNIV [of professor] cátedra *f*
■ vt [meeting] presidir

chairlift ['tʃeəlɪft] n telesilla *m*

chairman ['tʃeəmən] n presidente *m*

chairmanship ['tʃeəmənʃɪp] n presidencia *f*

chairperson ['tʃeəpɜːsən] n presidente(a) *m,f*

chairwoman ['tʃeəwʊmən] n presidenta *f*

chalet ['ʃæleɪ] n chalé *m*

chalice ['tʃælɪs] n REL cáliz *m*

chalk [tʃɔːk] ■ n [mineral] creta *f* / [for blackboard] tiza *f*, *MÉX* gis *m* ▸ *BR* **they are as different as ~ and cheese** no se parecen ni en el blanco de los ojos ▸ *BR Fam* **not by a long ~** ni de lejos
■ vt [mark] trazar *or* marcar con tiza / [write] escribir con tiza

◆ ***chalk up*** vt sep [victory] apuntarse

chalkboard ['tʃɔːkbɔːd] n *US* pizarra *f*, encerado *m*, *AM* pizarrón *m*

chalky ['tʃɔːkɪ] adj [soil] calizo(a)

challenge ['tʃælɪndʒ] ■ n [exacting task, to duel] desafío *m*, reto *m* / [competition] competición *f*, *AM* competencia *f* ▸ **to issue/accept a ~** lanzar/aceptar un desafío ▸ **to enjoy a ~** disfrutar con las tareas difíciles ▸ **the job presents a real ~** el trabajo constituye un auténtico reto ▸ **leadership ~** asalto *m* al liderato *or* a la presidencia
■ vt **1.** [to a contest, fight] desafiar, retar ▸ **to ~ sb to do sth** desafiar *or* retar a alguien a hacer algo ▸ **you need a job that will ~ you** necesitas un trabajo que represente un reto para ti **2.** [statement, authority] cuestionar, poner en duda ▸ **she challenged his right to decide** puso en duda que él tuviera derecho a decidir **3.** MIL dar el alto a

challenger ['tʃælɪndʒə(r)] n aspirante *mf*

challenging ['tʃælɪndʒɪŋ] adj [job] estimulante

chamber ['tʃeɪmbə(r)] n **1.** [hall] sala *f* ▸ POL **Lower/Upper Chamber** cámara *f* alta/baja ▸ **Chamber of Commerce** cámara *f* de comercio ▸ **~ music** música *f* de cámara **2.** [of heart] cavidad *f* (cardíaca) / [of

HOW TO...

chair a meeting

Buenos días a todos. Gracias por haber venido. / Good morning, everyone. Thank you for coming.
¿Todavía falta alguien por llegar? / Is there anyone still to come?
¿Podríamos empezar ya, por favor? / Could we make a start now, please?
El primer asunto en el orden del día es el lanzamiento de nuestro nuevo producto. / The first item on the agenda is our new product launch.
¿Podemos pasar al segundo punto? / Can we move on to the second point?
Hagamos una pausa para un café. / Let's break for coffee.
¿Alguien más tiene algún comentario? / Does anyone else have any comments?
¿Más preguntas? / Any other questions?
Si nadie tiene algo que añadir, podemos dar esta reunión por concluida. / If no one has anything to add, I think we can bring this meeting to a close.

revolver] recámara *f* **3.** LAW **chambers** [of barrister, judge] despacho *m*

chambermaid ['tʃeɪmbəmeɪd] n camarera *f* (de hotel)

chamberpot ['tʃeɪmbəpɒt] n orinal *m*, *AM* bacinica *f*

chameleon [kə'mi:lɪən] n camaleón *m*

chamois (pl **chamois**) n **1.** ['ʃæmwɑ:] [deer] rebeco *m*, gamuza *f* **2.** ['ʃæmɪ] ~ **(leather)** [material] ante *m* / [cloth] gamuza *f*

champ [1] [tʃæmp] n *Fam* campeón(ona) *m,f*

champ [2] vi **to ~ at the bit** [person] hervir de impaciencia

champagne [ʃæm'peɪn] n champán *m*

champion ['tʃæmpɪən] ■ n **1.** [in sport] campeón(ona) *m,f* ▸ **world/European ~** campeón(ona) mundial/de Europa **2.** [of cause] abanderado(a) *m,f*, defensor(ora) *m,f*
■ vt defender, abanderar

championship ['tʃæmpɪənʃɪp] n campeonato *m*

chance [tʃɑ:ns] ■ n **1.** [luck] casualidad *f*, suerte *f* ▸ **by ~** por casualidad ▸ **to leave nothing to ~** no dejar nada a la improvisación ▸ *Fam* **~ would be a fine thing!** ¡qué más quisiera yo! **2.** [opportunity] oportunidad *f*, *AM* chance *f* ▸ **to give sb a ~** darle una oportunidad a alguien ▸ **now's your ~!** ¡ésta es la tuya!, ¡ésta es tu oportunidad! ▸ **it's your last ~** es tu última oportunidad ▸ **when I get the ~** en cuanto tenga ocasión *or* oportunidad ▸ *Fam* **to have an eye to the main ~** estar a la que salta **3.** [likelihood] posibilidad *f* (**of** de) ▸ **to have** *or* **stand a ~** tener posibilidades ▸ **there's no ~ of that happening** es imposible que suceda **4.** [risk] riesgo *m* ▸ **to take a ~** correr el riesgo ▸ **it's a ~ we'll have to take** es un riesgo que habrá que correr ▸ **I'm taking no chances** no pienso correr riesgos
■ adj **a ~ discovery/meeting** un descubrimiento/encuentro casual
■ vt **to ~ doing sth** arriesgarse a hacer algo ▸ *Fam* **to ~ one's arm** arriesgarse, jugársela
■ vi [happen] **to ~ to do sth** hacer algo por casualidad

◆ ***chance on, chance upon*** vt insep encontrar por casualidad

chancellor ['tʃɑ:nsələ(r)] n **1.** [of university] *BR* rector(ora) *m,f* honorario(a) / *US* rector(ora) *m,f* **2.** [of Austria, Germany] canciller *m* **3.** *BR* POL **Chancellor (of the Exchequer)** ≃ ministro(a) *m,f* de Hacienda

chancy ['tʃɑ:nsɪ] adj *Fam* [risky] arriesgado(a)

chandelier [ʃændə'lɪə(r)] n araña *f (lámpara)*

change [tʃeɪndʒ] ■ n **1.** [alteration] cambio *m* ▸ **a ~ for the better/worse** un cambio a mejor/peor ▸ **a ~ of address** un cambio de domicilio ▸ **a ~ of clothes** una muda ▸ **to have a ~ of heart** cambiar de parecer ▸ **for a ~** para variar ▸ **that makes a ~** es toda una novedad ▸ **the ~ (of life)** [menopause] la menopausia **2.** [money] cambio *m*, *AM* vuelto *m*, *ANDES, CAM, MÉX* sencillo *m*, *CARIB, COL* devuelta *f* ▸ **small** *or* **loose ~** (dinero *m*) suelto *m* ▸ **have you got ~ for a $10 bill?** ¿tienes cambio *or* *AM* vuelto de 10 dólares? ▸ **keep the ~** quédese con el cambio *or* *AM* vuelto
■ vt **1.** [transform] cambiar ▸ **to ~ sth into sth** transformar algo en algo ▸ **to ~ one's ways** cambiar de comportamiento ▸ **to ~ one's mind/the subject** cambiar de opinión/de tema **2.** [exchange] cambiar (**for** por) ▸ **to ~ one thing for another** cambiar una cosa por otra ▸ **to ~ hands** [money, car] cambiar de manos ▸ **to ~ trains** hacer transbordo ▸ **to ~ places with sb** [in room] cambiar el sitio con alguien / [in job] ponerse en el lugar de alguien ▸ *Fig* **I wouldn't like to ~ places with him** no me gustaría estar en su lugar **3.** [money] cambiar ▸ **to ~ dollars into francs** cambiar dólares por francos **4. to get changed** cambiarse (de ropa)
■ vi **1.** [alter] cambiar ▸ **to ~ for the better/worse** cambiar a mejor/peor ▸ **to ~ into** [become] transformarse en **2.** [put on other clothes] cambiarse **3.** [passenger] hacer transbordo

◆ ***change over*** vi cambiarse ▸ **to ~ over from sth to sth** cambiar de algo a algo ▸ **to ~ over from dictatorship to democracy** pasar de la dictadura a la democracia ▸ **to ~ over to another channel** cambiar de canal

changeable ['tʃeɪndʒəbəl] adj [person, weather] variable

changeless ['tʃeɪndʒlɪs] adj invariable

change-over ['tʃeɪndʒəʊvə(r)] n transición *f* (**to** a)

changing ['tʃeɪndʒɪŋ] adj cambiante

changing room ['tʃeɪndʒɪŋ'ru:m] n **1.** [for sport, in theatre] vestuario *m*, vestuarios *mpl* **2.** [in shop] probador *m*

channel ['tʃænəl] ■ n canal *m* ▸ **~ of communication** canal *m* de comunicación ▸ **all enquiries must go through the proper channels** todas las consultas han de seguir los trámites *or* cauces apropiados ▸ **the (English) Channel** el Canal de la Mancha ▸ **the Channel Islands** las Islas del Canal de la Mancha ▸ **the Channel Tunnel** el Eurotúnel
■ vt (pt & pp **channelled,** *US* **channeled**) canalizar

channel-hop ['tʃænəlhɒp], *US* ***channel-surf*** ['tʃænəlsɜ:f] vi *Fam* zapear, hacer zapping

chant [tʃɑ:nt] ■ n **1.** [of demonstrators, crowd] consigna *f* / [at sports matches] canción *f* (coreada) **2.** REL canto *m*
■ vt & vi corear

chaos ['keɪɒs] n caos *m inv* ▸ **there has been ~ on the roads today** hoy el tráfico en las carreteras ha sido infernal ▸ **~ theory** teoría *f* del caos

chaotic [keɪ'ɒtɪk] adj caótico(a)

chap [tʃæp] n *Fam* [man] tipo *m*, *ESP* tío *m* ▸ **a good ~** un buen tipo

chapel ['tʃæpəl] n capilla *f*

chaperone ['ʃæpərəʊn] ■ n señora *f* de compañía, *ESP* carabina *f*, *AM* chaperona *f*
■ vt **to ~ sb** acompañar a alguien como carabina

chaplain ['tʃæplɪn] n REL capellán *m*

chaplaincy ['tʃæplɪnsɪ] n capellanía *f*

chapped [tʃæpt] adj [lips] cortado(a) / [skin] agrietado(a)

chapter ['tʃæptə(r)] n capítulo *m* ▸ **~ eight** capítulo ocho ▸ **the holiday was a ~ of accidents** las vacaciones consistieron en una sucesión de accidentes ▸ *Fig* **to quote ~ and verse for sth** dar pelos y señales en relación con algo ▸ *US* FIN **~ 11** [part of bankruptcy laws] = *sección de la ley de quiebras estadounidense que regula el proceso de declaración oficial de bancarrota*

char [1] [tʃɑː(r)] (pt & pp **charred**) vt [burn] carbonizar, quemar

char [2] *BR Fam* ■ n [cleaning lady] señora *f* de la limpieza
■ vi (pt & pp **charred**) [clean] **to ~ for sb** trabajar como señora de la limpieza para alguien

char [3] n *BR Fam* [tea] té *m*

character ['kærɪktə(r)] n **1.** [in novel, play] personaje *m* ▸ **~ actor** = *actor especializado en personajes poco convencionales* ▸ **~ sketch** descripción *f* de un personaje, semblanza *f* **2.** [personality] carácter *m* ▸ **to be in/out of ~** ser/no ser típico de él/ella, *etc.* ▸ **to have/lack ~** tener/no tener carácter ▸ **a person of good ~** una persona íntegra ▸ **~ assassination** campaña *f* de desprestigio ▸ *BR* **~ reference** [when applying for job] referencias *fpl* ▸ LAW **~ witness** = *testigo que declara en favor del buen carácter del acusado* **3.** [person] personaje *m* ▸ **he's quite a ~!** es todo un personaje **4.** [letter] carácter *m* ▸ COMPTR **~ set** juego *m* de caracteres

characteristic [kærɪktə'rɪstɪk] ■ n característica *f*
■ adj característico(a)

characterization [kærɪktəraɪ'zeɪʃən] n caracterización *f*

characterize ['kærɪktəraɪz] vt caracterizar ▸ **I would hardly ~ him as naive!** ¡yo no lo definiría como ingenuo, ni mucho menos!

characterless ['kærɪktəlɪs] adj anodino(a), sin carácter

charade [ʃə'rɑːd] n [farce] farsa *f* ▸ **charades** [party game] charada *f*

charcoal ['tʃɑːkəʊl] n carbón *m* vegetal ▸ **~ drawing** dibujo *m* al carboncillo ▸ **~ grey** gris *m* marengo

charge [tʃɑːdʒ] ■ n **1.** [cost] precio *m*, tarifa *f* ▸ **free of ~** gratis ▸ **~ account** cuenta *f* de crédito ▸ **~ card** tarjeta *f* de compra **2.** LAW cargo *m* ▸ **on a ~ of...** acusado(a) de... ▸ **to bring a ~ against sb** presentar cargos contra alguien ▸ *BR* **~ sheet** pliego *m* de acusaciones, atestado *m* policial **3.** [responsibility] **to take ~ (of)** hacerse cargo (de) ▸ **to be in ~** estar a cargo, ser el/la encargado(a) **4.** [of explosive] carga *f*
■ vt **1.** [price] cobrar ▸ **~ it to my account** cárguelo a mi cuenta **2.** LAW acusar ▸ **to ~ sb with a crime** acusar a alguien de un delito **3.** MIL [attack] cargar contra, atacar **4.** ELEC cargar ▸ *Fig* **a highly charged atmosphere** un ambiente muy tenso
■ vi [rush] cargar ▸ **he charged in** entró apresuradamente

chargé d'affaires ['ʃɑːʒeɪdæ'feəz] (pl **chargés d'affaires**) n encargado(a) *m,f* de negocios

chariot ['tʃærɪət] n [in battles] carro *m (de caballos)* / [in ancient Rome] cuadriga *f*

charisma [kæ'rɪzmə] n carisma *m*

charismatic [kærɪz'mætɪk] adj carismático(a)

charitable ['tʃærɪtəbəl] adj [person, action] caritativo(a) / [organization, work] benéfico(a), de caridad ▸ **it would be ~ to call him misguided** decir que va *or ESP* anda descaminado sería demasiado generoso

charitably ['tʃærɪtəblɪ] adv [kindly] con generosidad ▸ **he spoke very ~ of his former opponent** habló con mucha generosidad de su antiguo rival

charity ['tʃærɪtɪ] n **1.** [quality] caridad *f* ▸ *Prov* **~ begins at home** *ESP* la caridad bien entendida empieza por uno mismo, *AM* la caridad empieza por casa **2.** [organization] entidad *f* benéfica ▸ **all proceeds will go to ~** toda la recaudación se dedicará a obras de beneficencia

charlady ['tʃɑːleɪdɪ] n *BR* señora *f* de la limpieza

charlatan ['ʃɑːlətən] n charlatán(ana) *m,f*, embaucador(ora) *m,f*

Charlie ['tʃɑːlɪ] n *BR Fam* **to feel a right** *or* **proper ~** sentirse tonto(a)

charm [tʃɑːm] ■ n **1.** [attractiveness] encanto *m* **2.** [spell] hechizo *m* ▸ **to be under a ~** estar hechizado(a) ▸ **it worked like a ~** funcionó a las mil maravillas **3.** [talisman] **a lucky ~** un amuleto (de la suerte)
■ vt hechizar, encantar ▸ **she charmed the money out of him** lo cameló para sacarle dinero ▸ **to lead a charmed life** tener buena estrella

charmer ['tʃɑːmə(r)] n **to be a real ~** ser todo cumplidos, ser todo gentileza

charming ['tʃɑːmɪŋ] adj encantador(ora)

charred [tʃɑːd] adj carbonizado(a)

chart [tʃɑːt] ■ n [graph] gráfico *m* / [map] carta *f* ▸ **the charts** [pop music] las listas (de éxitos)
■ vt [on map] hacer un mapa de ▸ *Fig* **the book charts the rise of fascism** el libro describe el auge del fascismo

charter ['tʃɑːtə(r)] ■ n [of town] fuero *m* / [of university, organization] estatutos *mpl* ▸ **the UN ~** la carta de las Naciones Unidas ▸ **~ flight** vuelo *m* chárter ▸ **~ plane** avión *m* chárter
■ vt [plane, ship] fletar

chartered accountant ['tʃɑːtədə'kaʊntənt] n *BR* censor(ora) *m,f* jurado(a) *m,f* de cuentas, *AM* contador(ora) *m,f* público(a)

charwoman ['tʃɑːwʊmən] n *BR* señora *f* de la limpieza

chary ['tʃeərɪ] adj [cautious] cauteloso(a) ▸ **to be ~ of doing sth** mostrarse reacio(a) a la hora de hacer algo

chase [tʃeɪs] ■ n [pursuit] persecución *f* ▸ **to give ~ to sb** perseguir a alguien
■ vt [pursue] perseguir
■ vi **to ~ after sb** perseguir a alguien

◆ ***chase up*** vt sep [person] localizar / [report, information] hacerse con

chaser [tʃeɪsə(r)] n [drink] = *vasito de licor que se bebe después de la cerveza*

chasm ['kæzəm] n *also Fig* abismo *m*

chassis ['ʃæsɪ] (pl **chassis** ['ʃæsɪz]) n [of car] chasis *m inv*

chaste [tʃeɪst] adj casto(a)

chasten ['tʃeɪsən] vt aleccionar

chastise [tʃæs'taɪz] vt [tell off] reprender

chastisement [tʃæs'taɪzmənt] n castigo *m*

chastity ['tʃæstɪtɪ] n castidad *f* ▸ **~ belt** cinturón *m* de castidad

chat [tʃæt] ■ n **1.** [informal conversation] charla *f, CAM, MÉX* plática *f* ▸ **to have a ~** charlar ▸ *BR* **~ show** [on TV] tertulia *f* televisiva **2.** COMPTR charla *f,* chat *m* ▸ **~ room** sala *f* de conversación
■ vi (pt & pp **chatted**) **1.** [talk informally] charlar, *CAM, MÉX* platicar (**to** *or* **with** con) **2.** COMPTR charlar, chatear (**to** *or* **with** con)

◆ ***chat up*** vt sep *BR Fam* intentar ligar con, *RP* intentar levantar a

chattel ['tʃætəl] n LAW **goods and chattels** bienes *mpl* (muebles)

chatter ['tʃætə(r)] ■ n cháchara *f*
■ vi parlotear ▸ **my teeth were chattering (with cold/ fear)** me rechinaban *or* castañeteaban los dientes (de frío/miedo)

chatterbox ['tʃætəbɒks] n *Fam* cotorra *f*

chatty ['tʃætɪ] adj [person] hablador(ora) / [letter] desenfadado(a)

chauffeur ['ʃəʊfə(r)] ■ n *ESP* chófer *m, AM* chofer *m*
■ vt **we were chauffeured to the airport** el chófer nos llevó al aeropuerto

chauffeur-driven ['ʃəʊfə'drɪvən] adj con *ESP* chófer *or AM* chofer

chauvinism ['ʃəʊvɪnɪzəm] n [sexism] machismo *m* / [nationalism] chovinismo *m*

chauvinist ['ʃəʊvɪnɪst] n [sexist] machista *m* / [nationalist] chovinista *mf*

cheap [tʃi:p] ■ n **to do sth on the ~** hacer algo en plan barato *or* mirando el dinero
■ adj **1.** [inexpensive] barato(a) ▸ **~ rate** tarifa *f* reducida **2.** [of little value] **I feel ~** ¡qué bajo he caído! ▸ **~ and nasty** de chichinabo, de chicha y nabo ▸ **a ~ joke/ remark** [tasteless] un chiste/comentario de mal gusto
■ adv *Fam* **it was going ~** estaba tirado(a) de precio

cheapen ['tʃi:pən] vt **to ~ oneself** rebajarse

cheaply ['tʃi:plɪ] adv barato ▸ **to live ~** vivir con poco dinero

cheapo ['tʃi:pəʊ] adj *Fam* [of low quality] barato(a), *ESP* cutre, *RP* berreta

cheapskate ['tʃi:pskeɪt] n *Fam* roñica *mf*

cheat [tʃi:t] ■ n [dishonest person] tramposo(a) *m,f* / [deception, trick] trampa *f* ▸ **that's a ~** eso es trampa ▸ **~ sheet** *ESP, VEN* chuleta *f, ARG* machete *m, COL, MÉX* acordeón *m, PERÚ* comprimido *m, URUG* trencito *m*
■ vt engañar ▸ **he cheated her out of the money** le estafó todo el dinero
■ vi [in game] hacer trampa / [in exam] copiar

◆ ***cheat on*** vt insep [be unfaithful to] engañar

cheating ['tʃi:tɪŋ] n [in game] trampas *fpl* / [in exam] copieteo *m* ▸ **that's ~!** ¡eso es trampa!

Chechen ['tʃetʃen] n & adj checheno(a) *m,f*

Chechnya, Chechenia ['tʃetʃenɪə] n Chechenia

check[1] [tʃek] ■ n **1.** [inspection] control *m,* inspección *f* ▸ **to keep a ~ on sth/sb** llevar un control de algo/ alguien ▸ **the police ran a ~ on her** la policía investigó sus antecedentes **2.** [restraint] **to keep sth/sb in ~** mantener algo/a alguien a raya *or* bajo control ▸ POL **checks and balances** control *m* mutuo **3.** [in chess] jaque *m* ▸ **to put sb in ~** poner en jaque a alguien **4.** *US* [cheque] cheque *m* / [in restaurant] cuenta *f* ▸ **to make out** *or* **write a ~ (to sb)** extender un cheque *or* talón (a alguien) ▸ **a ~ for $50** un cheque de 50 dólares ▸ **~ card** = *tarjeta que avala los cheques*
■ vt **1.** [verify, examine] [information] comprobar, *GUAT, MÉX* checar / [passport, ticket] revisar ▸ **to ~ that...** comprobar que... **2.** [restrain] [inflation, enemy advance] frenar / [emotion, impulse] contener, reprimir ▸ **to ~ oneself** contenerse
■ vi [verify] comprobar, *GUAT, MÉX* checar ▸ **to ~ on sth** comprobar algo ▸ **to ~ on sb** controlar *or* vigilar a alguien ▸ **to ~ with sb** preguntar a alguien

CULTURE / CULTURA

checks and balances

Uno de los pilares fundamentales del gobierno estadounidense, garantizado por la constitución, es el del control mutuo o **checks and balances**. Este sistema fue concebido con el fin de que ninguno de los tres poderes, legislativo, ejecutivo o judicial, acumulase demasiada influencia con respecto a los otros dos.

check[2] n [pattern] cuadros *mpl* ▸ **a jacket in broad ~** una chaqueta a cuadros grandes

◆ ***check in*** ■ vi [at hotel] registrarse / [at airport] facturar
■ vt sep [baggage] facturar, *AM* despachar

◆ ***check out*** ■ vt sep [investigate] [person] investigar / [information] comprobar, verificar, *AM* chequear, *MÉX* checar / *Fam* [look at] mirar, echar un ojo a
■ vi [leave hotel] dejar el hotel

◆ ***check up*** vi asegurarse, cerciorarse ▸ **to ~ up on sb** hacer averiguaciones sobre alguien

checkbook *US* ➤ ***chequebook***

checkerboard ['tʃekəbɔ:d] n *US* tablero *m* de damas *or* de ajedrez

checkers ['tʃekəz] npl *US* damas *fpl*

check-in ['tʃekɪn] n AV facturación *f* ▸ **~ (desk)** mostrador *m* de facturación ▸ **~ time** = *hora a la que hay que facturar*

checking account ['tʃekɪŋə'kaʊnt] n *US* cuenta *f* corriente

checkmate ['tʃekmeɪt] ■ n [in chess] jaque *m* mate
■ vt [in chess] dar jaque mate a / *Fig* [opponent] poner fuera de combate

checkout ['tʃekaʊt] n [in supermarket] (mostrador *m* de) caja *f*

checkpoint ['tʃekpɔɪnt] n control *m*

checkroom ['tʃekru:m, 'tʃekrʊm] n *US* [for luggage] consigna *f*

checkup ['tʃekʌp] n MED revisión *f* (médica), chequeo *m* (médico)

cheek [tʃi:k] ■ n **1.** [of face] mejilla *f* ▸ **to dance ~ to ~** bailar muy agarrados ▸ **~ by jowl (with sb)** hombro

con hombro (con alguien) ▸ *Fig* **to turn the other ~** poner la otra mejilla **2.** [buttock] nalga *f* **3.** *Fam* [impudence] cara *f* ▸ **he's got a ~!** ¡qué cara tiene!, *ESP* ¡vaya morro!
■ vt *BR Fam* [be impudent to] ser descarado(a) con

cheekbone ['tʃi:kbəʊn] n pómulo *m*

cheeky ['tʃi:kɪ] adj *Fam* descarado(a)

cheep [tʃi:p] vi [birds] piar

cheer [tʃɪə(r)] ■ n **1.** [shout] [of crowd] ovación *f* / [of single person] grito *m* de entusiasmo ▸ **three cheers for Lidia!** ¡tres hurras por Lidia! **2.** *Fam* **cheers!** [when drinking] ¡salud! / *BR* [goodbye] ¡chao!, *AM* ¡chau! / *BR* [thanks] ¡gracias! **3.** *Literary* [mood] **to be of good ~** estar de buen humor
■ vt [applaud] aclamar, vitorear / [make happier] animar
■ vi [shout] lanzar vítores, gritar de entusiasmo

◆ ***cheer on*** vt sep [support] animar, vitorear

◆ ***cheer up*** ■ vt sep [person] animar / [room] alegrar
■ vi animarse ▸ **~ up!** ¡anímate!

cheerful ['tʃɪəfʊl] adj alegre

cheerfully ['tʃɪəfʊlɪ] adv alegremente ▸ *Fam* **I could ~ strangle him!** ¡lo estrangularía con sumo gusto!

cheerily ['tʃɪərɪlɪ] adv jovialmente

cheerio [tʃɪərɪ'əʊ] exclam *BR* ¡chao!, *AM* ¡chau!

cheerleader ['tʃɪəli:də(r)] n animadora *f*

cheerless ['tʃɪəlɪs] adj triste, sombrío(a)

cheery ['tʃɪərɪ] adj jovial, alegre

cheese [tʃi:z] n queso *m* ▸ *Fam* **(say) ~!** [for photograph] ¡sonríe!, *ESP* ¡(di) patata!, *MÉX* ¡(di) rojo!, *RP* ¡decí (whisky)! ▸ **~ sandwich/omelette** sandwich *m*/tortilla *f* de queso

◆ ***cheese off*** vt sep *BR Fam* **to be cheesed off (with)** estar hasta las narices (de)

cheeseboard ['tʃi:zbɔ:d] n [selection] tabla *f* de quesos

cheeseburger ['tʃi:zbɜ:gə(r)] n hamburguesa *f* de *or* con queso

cheesecake ['tʃi:zkeɪk] n tarta *f* de queso

cheesy ['tʃi:zɪ] n *Fam Pej* [inferior] de tres al cuarto, *ESP* cutre

cheetah ['tʃi:tə] n guepardo *m*

chef [ʃef] n chef *m*, jefe(a) *m,f* de cocina

chemical ['kemɪkəl] ■ n producto *m* químico
■ adj químico(a) ▸ **~ warfare** guerra *f* química ▸ **~ weapons** armas *fpl* químicas

chemist ['kemɪst] n **1.** *BR* [pharmacist] farmacéutico(a) *m,f* ▸ **chemist's (shop)** farmacia *f* **2.** [scientist] químico(a) *m,f*

chemistry ['kemɪstrɪ] n química *f* ▸ *Fig* **there was a certain ~ between them** entre ambos había una cierta química

chemotherapy ['ki:məʊ'θerəpɪ] n MED quimioterapia *f*

cheque [tʃek] n FIN cheque *m*, talón *m* ▸ **to make out** *or* **write a ~ (to sb)** extender un cheque *or* talón (a alguien) ▸ **a ~ for £50** un cheque de 50 libras ▸ *BR* **~ card** = *tarjeta que avala los cheques*

chequebook, *US* ***checkbook*** ['tʃekbʊk] n talonario *m* (de cheques) ▸ **~ journalism** periodismo *m* de exclusivas (a golpe de talonario)

chequered ['tʃekəd] adj [pattern] a cuadros ▸ *Fig* **she's had a somewhat ~ career** su trayectoria ha estado llena de altibajos

cherish ['tʃerɪʃ] vt [person] querer, tener mucho cariño a / [possessions] apreciar / [hopes, illusion] albergar / [memory] atesorar

cherry ['tʃerɪ] n [fruit] cereza *f* ▸ **~ orchard** cerezal *m* ▸ **~ tree** cerezo *m*

cherub ['tʃerəb] (pl **cherubs** *or* **cherubim** ['tʃerəbɪm]) n querubín *m*

chess [tʃes] n ajedrez *m* ▸ **a game of ~** una partida de ajedrez ▸ **~ player** ajedrecista *mf*, jugador(ora) *m,f* de ajedrez

chessboard ['tʃesbɔ:d] n tablero *m* de ajedrez

chessman ['tʃesmæn], ***chesspiece*** ['tʃespi:s] n pieza *f* (de ajedrez)

chest [tʃest] n **1.** [of person] pecho *m* ▸ *Fig* **I needed to get it off my ~** necesitaba desahogarme **2.** [box] baúl *m* ▸ **~ of drawers** cómoda *f*

chestnut ['tʃesnʌt] ■ n [nut] castaña *f* / [tree, wood] castaño *m* ▸ **horse ~ (tree)** castaño de Indias ▸ *Fam* **an old ~** un chiste viejísimo
■ adj [hair, horse] castaño(a)

chew [tʃu:] vt masticar ▸ **to ~ one's nails** morderse las uñas

◆ ***chew over*** vt sep *Fam* rumiar

chewing gum ['tʃu:ɪŋ'gʌm] n chicle *m*

chewy ['tʃu:ɪ] adj [meat, bread] correoso(a) / [sweet] gomoso(a), correoso(a)

chic [ʃi:k] adj chic, elegante

Chicago [ʃɪ'kɑ:geʊ] n Chicago

Chicana [tʃɪ'kɑ:nə] n *US* chicana *f*

Chicano [tʃɪ'kɑ:nəʊ] n *US* chicano *m*

chick [tʃɪk] n **1.** [young bird] polluelo *m* / [young chicken] pollito *m* **2.** *Fam* [woman] nena *f*, *ARG* piba *f*, *MÉX* chava *f*

chicken ['tʃɪkɪn] ■ n **1.** [bird] gallina *f* / [meat] pollo *m* ▸ *Prov* **don't count your chickens before they are hatched** no cantes victoria antes de tiempo ▸ **~ feed** [food] grano *m* / *Fam Fig* [insignificant sum] calderilla *f* **2.** *Fam* [coward] gallina *mf*, *ESP* miedica *mf*
■ adj *Fam* [cowardly] [action] cobarde ▸ **to be ~** ser un/una gallina

◆ ***chicken out*** vi *Fam* amilanarse, acoquinarse, *MÉX* ciscarse, *RP* achicarse ▸ **to ~ out of (doing) sth** amilanarse ante (la idea de hacer) algo

chickenpox ['tʃɪkɪnpɒks] n varicela *f*

chickpea ['tʃɪkpi:] n garbanzo *m*

chicory ['tʃɪkərɪ] n achicoria *f*

chide [tʃaɪd] (pt **chided** *or* **chid** [tʃɪd], pp **chided** *or* **chidden** ['tʃɪdən]) vt *Literary* reprender, regañar

chief [tʃi:f] ■ n [of tribe] jefe(a) *m,f* ▸ *Fam* **the ~** [boss] el/la jefe(a)
■ adj [most important] principal ▸ COM **~ executive,** *US* **~ executive officer** consejero(a) *m,f* delegado(a),

director(ora) *m,f* gerente

chiefly ['tʃi:flɪ] adv principalmente

chieftain ['tʃi:ftən] n [of clan] jefe *m* (del clan)

chiffon ['ʃɪfɒn] n gasa *f* ▸ **~ scarf** fular *m*

chihuahua [tʃɪ'wɑwɑ] n (perro *m*) chihuahua *m*

chilblain ['tʃɪlbleɪn] n sabañón *m*

child [tʃaɪld] (pl **children** ['tʃɪldrən]) n niño(a) *m,f* / [son] hijo *m* / [daughter] hija *f* ▸ **they have three children** tienen tres hijos ▸ **it's child's play** es un juego de niños ▸ **children's literature** literatura *f* infantil ▸ **~ abuse** = *malos tratos y/o agresión sexual a menores* ▸ *BR* **~ benefit** ayuda *f* familiar por hijos ▸ **~ labour** trabajo *m* de menores ▸ **~ poverty** pobreza *f* infantil

child-bearing ['tʃaɪldbeərɪŋ] n maternidad *f* ▸ **of ~ age** en edad de tener hijos

childbirth ['tʃaɪldbɜ:θ] n parto *m* ▸ **to die in ~** morir al dar a luz, morir en el parto

childcare ['tʃaɪldkeə(r)] n cuidado *m* de menores *or* niños

child-friendly ['tʃaɪld'frendlɪ] adj **a ~ restaurant** un restaurante en el que están bienvenidos los niños

childhood ['tʃaɪldhʊd] n infancia *f*

childish ['tʃaɪldɪʃ] adj *Pej* pueril, infantil

childless ['tʃaɪldlɪs] adj **to be ~** no tener hijos ▸ **a ~ couple** una pareja sin hijos

childlike ['tʃaɪldlaɪk] adj [innocence] infantil / [appearance] aniñado(a)

childminder ['tʃaɪldmaɪndə(r)] n *BR* niñero(a) *m,f, ESP* canguro *mf*

childproof ['tʃaɪldpruf] adj **~ bottle** = *botella que los niños no pueden abrir* ▸ **~ lock** [in car] cierre *m* de seguridad a prueba de niños

children ['tʃɪldrən] pl *of* ***child***

Chile ['tʃɪlɪ] n Chile

Chilean ['tʃɪlɪən] n & adj chileno(a) *m,f*

chill [tʃɪl] ■ n **1.** MED [cold] resfriado *m* ▸ **to catch a ~** resfriarse, agarrar *or ESP* coger un resfriado **2.** [cold temperature] **there's a ~ in the air** hace bastante fresco ▸ **to take the ~ off sth** templar algo ▸ *Fig* **~ of fear** escalofrío *m* de temor

■ adj frío(a)

■ vt [wine, food] poner a enfriar ▸ **serve chilled** [on product] sírvase frío ▸ **chilled to the bone** helado(a) de frío

◆ ***chill out*** vi *Fam* relajarse, estar tranqui

chilli ['tʃɪlɪ] n **~ (pepper)** chile *m*, *ESP* guindilla *f*, *ANDES, RP* ají *m* ▸ **~ (con carne)** = *guiso picante de carne picada y alubias rojas* ▸ **~ powder** guindilla *or* chile en polvo

chilling ['tʃɪlɪŋ] adj [frightening] escalofriante

chilly ['tʃɪlɪ] adj **1.** [cold] frío(a) ▸ **it's a bit ~ out** hace bastante fresco fuera **2.** [unfriendly] frío(a)

chime [tʃaɪm] ■ n [of bells] carillón *m* / [of clock] campanada *f*

■ vt **the clock chimed nine o'clock** el reloj dio las nueve

■ vi [clock] dar la hora / [bells] repicar

◆ ***chime in*** vi *Fam* [in conversation] meter baza *or MÉX, RP* la cuchara ▸ **they all chimed in at once** se pusieron todos a hablar a la vez

chimney ['tʃɪmnɪ] n chimenea *f* ▸ *Fam* **to smoke like a ~** [person] fumar como un carretero *or MÉX* un chacuaco *or RP* un escuerzo ▸ **~ sweep** deshollinador(ora) *m,f*

chimneypot ['tʃɪmnɪpɒt] n (cañón *m* exterior de) chimenea *f*

chimpanzee [tʃɪmpæn'zi:], *Fam* ***chimp*** [tʃɪmp] n chimpancé *m*

chin [tʃɪn] n mentón *m*, barbilla *f* ▸ *Fig* **to keep one's ~ up** mantener los ánimos

China ['tʃaɪnə] n China

china ['tʃaɪnə] n porcelana *f* ▸ **~ clay** caolín *m*

Chinese [tʃaɪ'ni:z] ■ n **1.** [person] chino(a) *m,f* **2.** [language] chino *m*

■ npl **the ~** los chinos

■ adj chino(a)

chink[1] [tʃɪŋk] n [gap] resquicio *m* ▸ *Fig* **to find a ~ in sb's armour** encontrar el punto flaco de alguien

chink[2] ■ n [sound] tintineo *m*

■ vt [glasses] entrechocar

■ vi tintinear

chintz [tʃɪnts] n [textile] cretona *f* satinada

chinwag ['tʃɪnwæg] n *Fam* **to have a ~** charlar, *CAM, MÉX* platicar

chip [tʃɪp] ■ n **1.** [of wood] viruta *f* / [of marble] lasca *f* / [out of plate, cup] mella *f*, desportilladura *f* ▸ **chocolate chips** trozos *mpl* de chocolate **2.** [food] *BR* **chips** [French fries] *ESP* patatas *fpl or AM* papas *fpl* fritas ▸ *US* **(potato) chips** [crisps] *ESP* patatas *fpl or AM* papas *fpl* fritas *(de bolsa)* ▸ *BR* **~ shop** = *tienda que vende comida para llevar, especialmente pescado frito con patatas fritas* **3.** [in card games] ficha *f* **4.** COMPTR chip *m*, pastilla *f* **5.** [idioms] **he's a ~ off the old block** de tal palo, tal astilla ▸ **to have a ~ on one's shoulder (about sth)** tener complejo (por algo) ▸ *Fam* **when the chips are down** en los momentos difíciles ▸ *BR Fam* **he's had his chips** [has failed] *ESP* ya ha tenido su oportunidad, *AM* perdió su chance / [has died] la ha palmado, estiró la pata, *CAM, MÉX* lió el petate, *RP* la quedó

■ vt (pt & pp **chipped**) **1.** [cut at] tallar / [damage] [knife] mellar / [plate] mellar, desportillar / [furniture] astillar ▸ **to ~ one's tooth** mellarse un diente **2.** [in soccer] [ball] picar / [in golf] dar un golpe corto con la cucharilla a

■ vi [plate, cup] mellarse, desportillarse

◆ ***chip in*** vi *Fam* [in collection of money] poner algo (de dinero) ▸ **to ~ in with a suggestion** [in discussion] aportar alguna sugerencia

chipboard ['tʃɪpbɔ:d] n aglomerado *m*

chipmunk ['tʃɪpmʌŋk] n ardilla *f* listada

chippy, chippie ['tʃɪpɪ] ■ n *Fam* **1.** *BR* [fish and chip shop] = *tienda que vende comida para llevar, especialmente pescado frito con patatas fritas* **2.** *BR* [carpenter] carpintero(a) *m,f*

■ adj [aggressive] irritable

chiropodist [kɪ'rɒpədɪst] n podólogo(a) *m,f, AM* podiatra *mf*

chiropody [kɪ'rɒpədɪ] n podología *f*

chirp [tʃɜːp], ***chirrup*** ['tʃɪrəp] ■ n [of birds] trino *m* / [of grasshopper] chirrido *m*
■ vi [bird] trinar / [grasshopper] chirriar

chirpy ['tʃɜːpɪ] adj alegre, jovial

chirrup ➤ ***chirp***

chisel ['tʃɪzəl] ■ n [for wood] formón *m* / [for stone] cincel *m*
■ vt (pt & pp **chiselled,** *US* **chiseled) 1.** [in woodwork, sculpture] tallar **2.** *Fam* [cheat] **to ~ sb out of his money** estafar a alguien

chit [tʃɪt] n [note] nota *f*

chitchat ['tʃɪttʃæt] n *Fam* charla *f,* cháchara *f, CAM, MÉX* plática *f*

chivalrous ['ʃɪvəlrəs] adj caballeroso(a)

chivalry ['ʃɪvəlrɪ] n [courteous behaviour] caballerosidad *f* / HIST caballería *f*

chives [tʃaɪvz] npl cebollinos *mpl*

chiv(v)y ['tʃɪvɪ] vt *BR Fam* **to ~ sb into doing sth** dar la lata *or RP* hinchar a alguien para que haga algo ▸ **to ~ sb along** meter prisa *or AM* apurar a alguien

chloride ['klɔːraɪd] n CHEM cloruro *m*

chlorinate ['klɒrɪneɪt] vt clorar

chlorine ['klɔːriːn] n CHEM cloro *m*

chloroform ['klɒrəfɔːm] n CHEM cloroformo *m*

chlorophyl(l) ['klɒrəfɪl] n BIOL clorofila *f*

choc-ice ['tʃɒkaɪs] n *BR* bombón *m* helado *(sin palo)*

chock [tʃɒk] n [for wheel of car, plane] calzo *m*

chock-a-block ['tʃɒkə'blɒk] adj *Fam* abarrotado(a) (**with** de)

chocolate ['tʃɒklət] ■ n chocolate *m* ▸ **a ~** [sweet] un bombón ▸ **bar of ~** tableta *f* de chocolate ▸ **drinking** *or* **hot ~** chocolate a la taza *or* caliente
■ adj [made of chocolate] de chocolate ▸ **~ (coloured)** marrón oscuro, color chocolate

choice [tʃɔɪs] ■ n **1.** [act, thing chosen] elección *f* ▸ **to make** *or* **take one's ~** elegir, escoger ▸ **by ~** por (propia) elección **2.** [alternative] alternativa *f,* opción *f* ▸ **you have no ~ in the matter** no tienes otra opción ▸ **we had no ~ but to do it** no tuvimos más remedio que hacerlo **3.** [selection] selección *f,* surtido *m* ▸ **there isn't much ~** no hay mucho donde elegir ▸ **available in a wide ~ of colours** disponible en una amplia gama de colores
■ adj **1.** [well chosen] escogido(a) ▸ **she used some ~ language** [offensive] soltó unas cuantas lindezas **2.** [food, wine] selecto(a)

choir ['kwaɪə(r)] n coro *m*

choirboy ['kwaɪəbɔɪ] n niño *m* de coro

choke [tʃəʊk] ■ n AUT estrangulador *m,* estárter *m*
■ vt **1.** [strangle] ahogar, estrangular **2.** [block] [sink] atascar ▸ **the roads were choked with traffic** las carreteras estaban atascadas *or* colapsadas de tráfico
■ vi ahogarse ▸ **she choked on a fish bone** se atragantó con una espina ▸ **to ~ with anger** ponerse rojo(a) de ira

◆ ***choke back*** vt sep [tears, words, anger] contener

choked ['tʃəʊkt] adj *Fam* [emotional] conmovido(a), emocionado(a) ▸ **I was really choked at the wedding** me emocioné mucho en la boda

cholera ['kɒlərə] n cólera *m*

cholesterol [kɒ'lestərɒl] n colesterol *m*

chomp [tʃɒmp] vt & vi masticar, mascar

choose [tʃuːz] (pt **chose** [tʃəʊz], pp **chosen** ['tʃəʊzən]) ■ vt elegir, escoger ▸ **to ~ to do sth** decidir hacer algo ▸ **there's not much to ~ between them** no es fácil escoger entre los dos
■ vi elegir, escoger ▸ **I'll do as I ~** haré lo que me parezca

choosy ['tʃuːzɪ] adj *Fam* exigente (**about** con)

chop [tʃɒp] ■ n **1.** [with axe] hachazo *m* ▸ *BR Fam* **she got the ~** [was sacked] la pusieron de patitas en la calle **2.** [of lamb, pork] chuleta *f*
■ vt (pt & pp **chopped**) [wood] cortar / [meat] trocear / [vegetables] picar
■ vi *BR* **to ~ and change** cambiar de idea continuamente

◆ ***chop down*** vt sep [tree] derribar, talar

◆ ***chop off*** vt sep cortar ▸ **to ~ sb's head off** cortale a alguien la cabeza

chopper ['tʃɒpə(r)] n **1.** [for meat] tajadera *f* / *BR* [axe] hacha *f* pequeña **2.** *Fam* [helicopter] helicóptero *m*

chopping ['tʃɒpɪŋ] n **~ block** [butcher's] tajo *m,* tajadera *f* ▸ **~ board** tabla *f* (para cortar)

choppy ['tʃɒpɪ] adj [sea, lake] picado(a) ▸ **to be ~** estar picado(a)

chopsticks ['tʃɒpstɪks] npl palillos *mpl*

choral ['kɔːrəl] adj MUS coral ▸ **~ society** orfeón *m,* coral *f*

chord [kɔːd] n **1.** MUS acorde *m* ▸ *Fig* **her speech struck a ~ with the electorate** su discurso caló hondo en el electorado **2.** MATH [of arc] cuerda *f*

chore [tʃɔː(r)] n **to do the chores** hacer las tareas ▸ **what a ~!** ¡vaya lata!

choreograph ['kɒrɪəgræf] vt coreografiar

choreography [kɒrɪ'ɒgrəfɪ] n coreografía *f*

chorister ['kɒrɪstə(r)] n orfeonista *mf,* miembro *mf* de un coro

chortle ['tʃɔːtəl] ■ n risa *f* placentera
■ vi reírse con placer

chorus ['kɔːrəs] ■ n [of song] estribillo *m* / [group of singers, actors] coro *m* ▸ **in ~** a coro ▸ **a ~ of protest** un coro de protestas ▸ **~ girl** corista *f*
■ vt corear, decir a coro

chose [tʃəʊz] pt *of* ***choose***

chosen ['tʃəʊzən] ■ adj escogido(a) ▸ **the ~ few** los elegidos
■ pp *of* ***choose***

Christ [kraɪst] n Cristo ▸ *Fam* **~ (Almighty)!** ¡Dios!

christen ['krɪsən] vt bautizar

christening ['krɪsənɪŋ] n bautizo *m*

Christian ['krɪstʃən] ■ n cristiano(a) *m,f*
■ adj cristiano(a) ▸ **~ name** nombre *m* de pila

Christianity [krɪstɪ'ænɪtɪ] n cristianismo *m*

Christmas ['krɪsməs] n Navidad *f,* Navidades *fpl* ◗ **at ~** en Navidad ◗ **Merry** *or* **Happy ~!** ¡Feliz Navidad! ◗ **~ cake** = *pastel de Navidad a base de frutas* ◗ **~ card** tarjeta *f* de Navidad, *ESP* crismas *m* ◗ **~ carol** villancico *m* ◗ **~ Day** día *m* de Navidad ◗ **~ dinner** comida *f* de Navidad ◗ **~ Eve** Nochebuena *f* ◗ **~ present** regalo *m* de Navidad ◗ **~ pudding** = *pudín con pasas y otras frutas típico de Navidad* ◗ **~ tree** árbol *m* de Navidad

chrome [krəʊm] adj cromado(a)

chromium ['krəʊmɪəm] ■ n CHEM cromo *m*
■ adj de cromo

chromosome ['krəʊməsəʊm] n BIOL cromosoma *m*

chronic ['krɒnɪk] adj **1.** [invalid, ill-health] crónico(a) ◗ **~ unemployment** desempleo *m* crónico, *ESP* paro *m* estructural, *AM* desocupación *f* crónica **2.** *BR Fam* [very bad] desastroso(a)

chronicle ['krɒnɪkəl] ■ n crónica *f*
■ vt relatar, dar cuenta de

chronicler ['krɒnɪklə(r)] n cronista *mf*

chronological [krɒnə'lɒdʒɪkəl] adj cronológico(a)

chronology [krə'nɒlədʒɪ] n cronología *f*

chrysalis ['krɪsəlɪs] n ZOOL pupa *f,* crisálida *f*

chrysanthemum [krɪ'sænθəməm] n crisantemo *m*

chubby ['tʃʌbɪ] adj rechoncho(a) ◗ **~-cheeked** mofletudo(a)

chuck [tʃʌk] vt *Fam* **1.** [throw] tirar, *AM* botar **2.** [finish relationship with] cortar con, *ANDES, CAM, CARIB* botar a

◆ ***chuck away*** vt sep *Fam* tirar (a la basura), *AM* botar / *Fig* [opportunity] desperdiciar

◆ ***chuck out*** vt sep *Fam* [throw away] tirar, *AM* botar / [eject from pub, house] echar

chuckle ['tʃʌkəl] ■ n risita *f*
■ vi reírse por lo bajo

chuffed [tʃʌft] adj *BR Fam* **to be ~ about sth** estar encantado(a) con algo

chug [tʃʌg] (pt & pp **chugged**) vi **the train chugged up the hill** el tren resollaba cuesta arriba ◗ *Fam* **he's still chugging along in the same job** sigue tirando con el mismo trabajo

chum [tʃʌm] n *Fam* amiguete(a) *m,f*

chummy ['tʃʌmɪ] adj *Fam* **to be ~ with sb** ir de amiguete(a) con alguien

chump [tʃʌmp] n *Fam* **1.** [foolish person] zoquete *mf* **2.** *BR* **to be off one's ~** [mad] faltarle un tornillo a alguien, *ESP* estar mal de la chaveta *or* azotea, *RP* estar del tomate

chunk [tʃʌŋk] n trozo *m*

chunky ['tʃʌŋkɪ] adj *Fam* [person] fortachón(ona), *ESP* cuadrado(a) ◗ *BR* **a ~ pullover** un suéter *or ESP* jersey *or RP* pulóver grueso *or* gordo

church [tʃɜːtʃ] n iglesia *f* ◗ **to go to ~** ir a misa ◗ **the Church of England** la Iglesia anglicana ◗ **the Church of Scotland** la Iglesia de Escocia ◗ **~ hall** = *sala para actividades parroquiales*

CULTURE / CULTURA

church

La anglicana "Church of England" es la Iglesia oficial de Inglaterra; su líder laico es el soberano, su cabeza espiritual el Arzobispo de Canterbury. En cambio, en Escocia la "Church of Scotland" es presbiteriana de tendencia calvinista. Los miembros de su clero se llaman "ministers" y no hay obispos dentro de esta jerarquía. La rama escocesa de la "Church of England" se denomina "Episcopal Church" en Escocia. La rama irlandesa de la "Church of England" se llama "Church of Ireland". En EE. UU. el estado no es confesional ya que lo prohíbe la primera enmienda de su constitución, si bien los telepredicadores ("televangelists") tienen mucha influencia, sobre todo en los estados del sur.

churchgoer ['tʃɜːtʃgəʊə(r)] n **to be a ~** ser cristiano(a) practicante

churchyard ['tʃɜːtʃjɑːd] n [burial ground] cementerio *m,* camposanto *m (de iglesia)*

churlish ['tʃɜːlɪʃ] adj grosero(a)

churn [tʃɜːn] ■ n [for making butter] mantequera *f* / *BR* [for milk] lechera *f*
■ vt [butter] batir ◗ **the propeller churned up the water** la hélice agitaba el agua
■ vi **my stomach's churning** [because of nervousness] tengo un nudo en el estómago

◆ ***churn out*** vt sep *Fam* **he churns out four novels a year** escribe como una máquina cuatro novelas al año

chute [ʃuːt] n **1.** [for parcels, coal] rampa *f* ◗ (*BR* **rubbish** *or US* **garbage**) **~** colector *m* de basuras **2.** [in swimming pool, playground] tobogán *m* **3.** *Fam* [parachute] paracaídas *m inv*

chutney ['tʃʌtnɪ] n = *salsa agridulce y picante a base de fruta*

chutzpah ['hʊtspə] n *US Fam* descaro *m,* frescura *f*

CIA [siːaɪ'eɪ] n (abbr ***Central Intelligence Agency***) CIA *f,* Agencia *f* Central de Inteligencia

ciabatta [tʃə'bɑːtə] n ciabatta *f*

cicada [sɪ'kɑːdə] n [insect] cigarra *f,* chicharra *f*

CID [siːaɪ'diː] n *BR* (abbr ***Criminal Investigation Department***) = *policía judicial británica*

cider ['saɪdə(r)] n sidra *f* ◗ **~ apple** manzana *f* sidrera ◗ **~ vinegar** vinagre *m* de sidra

cigar [sɪ'gɑː(r)] n (cigarro *m*) puro *m* ◗ **~ butt** colilla *f* de puro ◗ *US* **~ store** ≃ estanco *m*

cigarette [sɪgə'ret] n cigarrillo *m* ◗ **~ ash** ceniza *f* (de cigarrillo) ◗ **~ butt** colilla *f,* *AM* pucho *m* ◗ **~ case** pitillera *f* ◗ **~ end** colilla *f,* *AM* pucho *m* ◗ **~ holder** boquilla *f* ◗ **~ lighter** encendedor *m,* *ESP* mechero *m* ◗ **~ machine** máquina *f* (expendedora) de tabaco ◗ **~ packet** paquete *m* de cigarrillos *or* tabaco, *RP* atado *m* ◗ **~ paper** papel *m* de fumar, *ANDES* mortaja *f*

ciggy, ciggie ['sɪgɪ] n *BR Fam* pitillo *m,* *AM* pucho *m*

C-in-C [siːɪn'siː] n MIL (abbr ***Commander in Chief***) comandante *m* en jefe

cinch [sɪntʃ] n *Fam* **it's a ~** es pan comido

cinder ['sɪndə(r)] n **cinders** cenizas *fpl* ▸ **burnt to a ~** completamente carbonizado(a)

Cinderella [sɪndə'relə] n Cenicienta *f*

cine ['sɪnɪ] n *BR* **~ camera** cámara *f* de cine ▸ **~ film** película *f* ▸ **~ projector** proyector *m* de cine

cinema ['sɪnəmə] n cine *m*

cinema-goer ['sɪnəməgəʊə(r)] n *BR* **these scenes shocked many cinema-goers** estas escenas sacudieron a muchos espectadores ▸ **she's not a regular ~** no va al cine con regularidad

cinematography [sɪnəmə'tɒgrəfɪ] n fotografía *f*

cinnamon ['sɪnəmən] n canela *f*

cipher ['saɪfə(r)] n [code] clave *f*, cifra *f* ▸ *Fig* **he's a mere ~** es un don nadie

circa ['sɜːkə] prep hacia, circa

circle ['sɜːkəl] ■ n **1.** [shape] círculo *m* ▸ **to sit in a ~** sentarse en círculo ▸ *Fig* **we're going round in circles** estamos dándole vueltas a lo mismo **2.** [movement] **to come full ~** volver al punto de partida **3.** [in theatre] anfiteatro *m* ▸ **lower/upper ~** primer/segundo anfiteatro **4.** [group] círculo *m* ▸ **~ of friends** círculo de amistades ▸ **in certain circles** en determinados círculos
■ vt **1.** [go round] girar en torno de **2.** [surround] rodear
■ vi [plane, birds] volar en círculo, hacer círculos

circuit ['sɜːkɪt] n **1.** [electric] circuito *m* ▸ **~ breaker** cortacircuitos *m inv* **2.** [in motor racing] circuito *m*

circuitous [sə'kjuːɪtəs] adj [reasoning] enrevesado(a) ▸ **we got there by a ~ route** dimos muchos rodeos para llegar

circular ['sɜːkjʊlə(r)] ■ n [letter, advertisement] circular *f*
■ adj [movement, argument] circular

circulate ['sɜːkjʊleɪt] ■ vt hacer circular
■ vi circular / [at party] alternar

circulation [sɜːkjʊ'leɪʃən] n [of air, blood, money] circulación *f* / [of newspaper] tirada *f* ▸ **for internal ~ only** [on document] para uso interno solamente ▸ MED **to have poor ~** tener mala circulación ▸ *Fig* **to be out of ~** [person] estar fuera de la circulación

circumcise ['sɜːkəmsaɪz] vt circuncidar

circumcision [sɜːkəm'sɪʒən] n circuncisión *f* ▸ **female ~** ablación *f* del clítoris

circumference [sə'kʌmfərəns] n circunferencia *f*

circumflex ['sɜːkəmfleks] n acento *m* circunflejo

circumlocution [sɜːkəmlə'kjuːʃən] n circunloquio *m*

circumnavigate [sɜːkəm'nævɪgeɪt] vt circunnavegar

circumscribe ['sɜːkəmskraɪb] vt [limit] restringir, circunscribir

circumspect ['sɜːkəmspekt] adj circunspecto(a), *ESP* comedido(a)

circumstance ['sɜːkəmstəns] n [situation] circunstancia *f* ▸ **in** *or* **under the circumstances** dadas las circunstancias ▸ **in** *or* **under no circumstances** en ningún caso ▸ **due to circumstances beyond our control** debido a circunstancias ajenas a nuestra voluntad

circumstantial [sɜːkəm'stænʃəl] adj **~ evidence** prueba *f* indiciaria

circumvent [sɜːkəm'vent] vt eludir

circus ['sɜːkəs] n circo *m*

cirrhosis [sɪ'rəʊsɪs] n MED cirrosis *f inv* ▸ **~ of the liver** cirrosis hepática

CIS [siːaɪ'es] n (abbr ***Commonwealth of Independent States***) CEI *f*

cissy ['sɪsɪ] n *BR Fam* mariquita *m*

cistern ['sɪstən] n cisterna *f*

citadel ['sɪtədel] n ciudadela *f*

citation [saɪ'teɪʃən] n **1.** [from author] cita *f* **2.** MIL mención *f* (de honor)

cite [saɪt] vt [quote] citar

citizen ['sɪtɪzən] n ciudadano(a) *m,f* ▸ **citizen's band (radio)** (radio *f* de) banda *f* ciudadana *or* de radioaficionados

citizenship ['sɪtɪzənʃɪp] n ciudadanía *f*

citric acid ['sɪtrɪk'æsɪd] n ácido *m* cítrico

citrus ['sɪtrəs] n **~ fruit** cítrico *m*

city ['sɪtɪ] n ciudad *f* ▸ *BR* **the City** la City (de Londres), = *el barrio financiero y bursátil de Londres* ▸ **~ centre** centro *m* urbano ▸ *US* **~ council** ayuntamiento *m* ▸ *US* **~ hall** ayuntamiento *m*

city-dweller ['sɪtɪdwelə(r)] n habitante *mf* de ciudad, urbanita *mf*

civic ['sɪvɪk] adj cívico(a) ▸ **to do one's ~ duty** cumplir con la obligación de uno como ciudadano ▸ **~ centre** centro *m* cívico

civil ['sɪvəl] adj **1.** [of society] civil ▸ **~ aviation** aviación *f* civil ▸ **~ defence** protección *f* civil ▸ **~ disobedience** desobediencia *f* civil ▸ **~ engineering** ingeniería *f* civil ▸ **~ law** derecho *m* civil ▸ **~ marriage** matrimonio *m* civil ▸ **~ rights** derechos *mpl* civiles ▸ **~ servant** funcionario(a) *m,f* ▸ **the ~ service** la administración (pública), el funcionariado ▸ **~ war** guerra *f* civil ▸ *US* **to have a ~ wedding** casarse por lo civil **2.** [polite] cortés

civilian [sɪ'vɪljən] n & adj civil *mf*

civility [sɪ'vɪlɪtɪ] n cortesía *f*

civilization [sɪvɪlaɪ'zeɪʃən] n civilización *f*

civilize ['sɪvɪlaɪz] vt civilizar

civilized ['sɪvɪlaɪzd] adj civilizado(a)

cl (abbr ***centilitre***) cl, centilitro *m*

clad [klæd] ■ adj ataviado(a) (**in** de)
■ pt & pp *of* ***clothe***

claim [kleɪm] ■ n **1.** [for damages, compensation] reclamación *f* (**for** de) ▸ **wage ~** reivindicación *f* salarial ▸ **to make** *or* **put in a ~** hacer *or* presentar una reclamación ▸ **to make a ~ on the insurance** dar parte al seguro ▸ **I have many claims on my time** estoy muy ocupado ▸ **he has a ~ to the throne of France** tiene derechos sobre el trono de Francia ▸ **his only ~ to fame** su único título de gloria **2.** [assertion] afirmación *f* ▸ **she makes no ~ to originality** no pretende ser original
■ vt **1.** [as a right] reclamar ▸ **to ~ compensation/damages (from sb)** reclamar (a alguien) una compensación/daños y perjuicios ▸ **to ~ responsibility for sth**

atribuirse la responsabilidad de algo **2.** [assert] **to ~ that...** afirmar que... ▸ **he claims to be an expert** asegura ser un experto **3.** [baggage] recoger / [lost property] reclamar ▸ **the epidemic claimed thousands of lives** la epidemia segó miles de vidas

claimant ['kleɪmənt] n [to throne] aspirante *mf*, pretendiente *mf* / [for social security] solicitante *mf* / [for insurance] reclamante *mf*

clairvoyant [kleə'vɔɪənt] ■ n vidente *mf*
■ adj **to be ~** ser clarividente

clam [klæm] n almeja *f*

◆ ***clam up*** (pt & pp **clammed**) vi *Fam* meterse uno en su concha, retraerse

clamber ['klæmbər] vi trepar (**up** *or* **over** por)

clammy ['klæmɪ] adj [weather] húmedo(a) ▸ **his hands were ~** tenía las manos húmedas y frías

clamorous ['klæmərəs] adj [crowd] vociferante / [protest, complaint] vehemente

clamour ['klæmə(r)] ■ n [noise] griterío *m*, clamor *m* / [demands] demandas *fpl* (**for** de) ▸ **a ~ of protest** una oleada de protestas
■ vi [make noise] clamar ▸ **to ~ for sth** [demand] clamar por algo

clamp [klæmp] ■ n [of vice] mordaza *f*, abrazadera *f* ▸ AUT **(wheel) ~** cepo *m*
■ vt sujetar (**to** a) / [car] poner un cepo a

◆ ***clamp down on*** vt insep *Fam* [people] tomar medidas contundentes contra / [tax evasion, violence] poner coto a

clampdown ['klæmpdaʊn] n medidas *fpl* contundentes (**on** contra)

clan [klæn] n clan *m*

clandestine [klæn'destɪn] adj clandestino(a)

clang [klæŋ] ■ n ruido *m* metálico, estrépito *m*
■ vi [bell] repicar ▸ **the gate clanged shut** la verja se cerró con gran estrépito

clanger ['klæŋə(r)] n *BR Fam* metedura *f or AM* metida *f* de pata, patinazo *m* ▸ **to drop a ~** meter la pata

clank ['klæŋk] ■ n sonido *m* metálico
■ vi **the chains clanked** las cadenas produjeron un sonido metálico

clap [klæp] ■ n **1.** [with hands] **to give sb a ~** aplaudir a alguien **2.** [noise] **a ~ of thunder** el estampido de un trueno **3.** *very Fam* [venereal disease] **the ~** la gonorrea
■ vt (pt & pp **clapped**) **1.** [applaud] aplaudir ▸ **to ~ one's hands** dar palmadas ▸ **to ~ sb on the back** dar a alguien una palmada en la espalda **2.** [put] **he clapped his hat on** se encasquetó el sombrero ▸ *Fam* **to ~ sb in prison** *ESP* enchironar a alguien, meter *MÉX* en el bote *or* *RP* en cana a alguien ▸ *Fam* **to ~ eyes on sth/sb** ver algo/a alguien
■ vi [applaud] aplaudir

clapped-out [klæpt'aʊt] adj *BR Fam* [car, machine] destartalado(a), *ESP* cascado(a), *MÉX* jodido(a) ▸ **to be ~** estar destartalado(a) *or ESP* cascado(a) *or MÉX* jodido(a)

clapper ['klæpə(r)] n [of bell] badajo *m* ▸ *BR Fam* **to run like the clappers** correr como un(a) condenado(a)

clapping ['klæpɪŋ] n [applause] aplausos *mpl*

claptrap ['klæptræp] n *Fam* majaderías *fpl*, *AM* huevadas *fpl*, *AM* pendejadas *fpl*

claret ['klærət] n burdeos *m inv* (tinto)

clarification [klærɪfɪ'keɪʃən] n aclaración *f*

clarify ['klærɪfaɪ] vt aclarar

clarinet [klærɪ'net] n clarinete *m*

clarinettist [klærɪ'netɪst] n MUS clarinetista *mf*

clarity ['klærɪtɪ] n claridad *f*

clash [klæʃ] ■ n [of opinions] discrepancia *f* / [between people] enfrentamiento *m*, choque *m* ▸ **there have been clashes in the streets** ha habido enfrentamientos callejeros
■ vi **1.** [come into conflict] enfrentarse (**with** con *or* a) **2.** [evidence, explanations] contradecirse ▸ **the wallpaper clashes with the carpet** el papel no pega con la moqueta **3.** [events] **to ~ with** coincidir con **4.** [metal objects] entrechocar

clasp [klɑːsp] ■ n [on necklace, handbag] broche *m*, cierre *m* ▸ **~ knife** navaja *f*
■ vt [grip] agarrar / [embrace] estrechar ▸ **to ~ sb's hand** agarrar a alguien de la mano

class [klɑːs] ■ n [in school, category, social group] clase *f* ▸ **to be in a ~ of one's own** constituir una clase aparte ▸ *Fam* **to have a lot of ~** tener mucha clase ▸ **~ struggle** lucha *f* de clases
■ vt [classify] clasificar (**as** como)

classic ['klæsɪk] ■ adj clásico(a) ▸ **a ~ example** un ejemplo típico
■ n **1.** [book] clásico *m* **2.** SCH UNIV **classics** (lenguas *fpl*) clásicas *fpl*

classical ['klæsɪkəl] adj clásico(a) ▸ **~ music** música *f* clásica

classification [klæsɪfɪ'keɪʃən] n clasificación *f*

classified ['klæsɪfaɪd] ■ adj **1.** [secret] reservado(a) **2. ~ advertisements** [in newspaper] anuncios *mpl* por palabras
■ n **the classifieds** [in newspaper] los anuncios por palabras

classify ['klæsɪfaɪ] vt clasificar

classmate ['klɑːsmeɪt] n compañero(a) *m,f* de clase

classroom ['klɑːsruːm] n aula *f*, clase *f*

classy ['klɑːsɪ] adj *Fam* con clase, elegante

clatter ['klætə(r)] ■ n ruido *m*, estrépito *m*
■ vi **he clattered up the stairs** subió las escaleras con estrépito ▸ **to ~ about** [person] trastear, trapalear

clause [klɔːz] n [of contract] cláusula *f* / [of sentence] oración *f* (simple), cláusula *f*

claustrophobia [klɔːstrə'fəʊbɪə] n claustrofobia *f*

claustrophobic [klɔːstrə'fəʊbɪk] adj claustrofóbico(a)

clavichord ['klævɪkɔːd] n MUS clavicordio *m*

clavicle ['klævɪkəl] n ANAT clavícula *f*

claw [klɔː] ■ n [of animal, bird] garra *f* / [of crab, lobster] pinza *f* ▸ **~ hammer** martillo *m* de carpintero *or* de oreja
■ vt [scratch] arañar ▸ *Fig* **to ~ one's way to the top** lograr abrirse paso hasta la cima del éxito

◆ ***claw back*** vt [money] recobrar, recuperar

clay [kleɪ] n arcilla *f* ▸ SPORT **~ court** [for tennis] pista *f* de tierra batida ▸ **~ pigeon** plato *m* ▸ **~ pigeon shooting** tiro *m* al plato

clean [kliːn] ■ n **to give sth a ~** limpiar algo
■ adj **1.** [not dirty] limpio(a) ▸ **he keeps his flat very ~** tiene su piso muy limpio ▸ **a ~ piece of paper** una hoja (de papel) en blanco ▸ **a ~ game** un juego limpio ▸ **~ living** vida *f* sana ▸ **to have a ~** *BR* **driving licence** *or US* **driver's license** no tener puntos de penalización en *ESP* el carné de conducir *or AM* la licencia para conducir **2.** [not obscene] [humour, joke] sano(a) / [language] correcto(a), sin tacos ▸ **good ~ fun** diversión *f* sana **3.** [clear] [shape, outline] nítido(a) ▸ **to make a ~ break with** [separate completely] romper radicalmente con
■ adv **1.** [completely] **to cut ~ through sth** hacer un corte a través de algo ▸ *Fam* **I ~ forgot** me olvidé completamente **2.** *Fam* **to come ~ (about sth)** decir la verdad *or* sincerarse (acerca de algo)
■ vt limpiar ▸ **to ~ one's teeth/hands** limpiarse los dientes/las manos

◆ ***clean out*** vt sep **1.** [cupboard, room] limpiar de arriba abajo **2.** *Fam* [rob] desplumar / [leave without money] dejar *ESP* sin blanca *or AM* sin un centavo

◆ ***clean up*** ■ vt sep limpiar
■ vi **1.** [tidy up] ordenar / [wash oneself] lavarse **2.** *Fam* [win money] arrasar, ganar un pastón

clean-cut ['kliːn'kʌt] adj [features] nítido(a)

cleaner ['kliːnə(r)] n [person] limpiador(ora) *m,f* / [substance] producto *m* de limpieza ▸ *Fam* **to take sb to the cleaner's** [cheat] desplumar a alguien

cleaning ['kliːnɪŋ] n limpieza *f* ▸ **~ lady** mujer *f or* señora *f* de la limpieza

cleanliness ['klenlɪnɪs] n [of place] limpieza *f* / [of person] higiene *f*

clean-living ['kliːn'lɪvɪŋ] adj sano(a), sin vicios

cleanly ['kliːnlɪ] adv limpiamente

cleanse [klenz] vt limpiar

cleanser ['klenzə(r)] n loción *f* limpiadora

clean-shaven ['kliːn'ʃeɪvən] adj [man, face] (bien) afeitado(a) ▸ **to be ~** [just shaved] estar bien afeitado(a) / [not having a beard] no tener barba ni bigote

cleansing ['klenzɪŋ] adj limpiador(ora) ▸ *BR* **~ department** servicio *m* municipal de limpieza ▸ **~ lotion** loción *f* limpiadora ▸ **~ solution** [for contact lenses] solución *f* limpiadora

clear [klɪə(r)] ■ adj **1.** [liquid, image, explanation] claro(a) / [sky, road] despejado(a) ▸ **all ~!** ¡no hay peligro! ▸ **to be ~** [image, explanation] ser claro(a) ▸ [sky, road] estar despejado(a) ▸ **to have a ~ conscience** tener la conciencia tranquila ▸ **as ~ as a bell** [voice, sound] perfectamente audible ▸ **a ~ profit** un beneficio neto ▸ **a ~ winner** un claro vencedor **2.** [obvious] claro(a) ▸ **to make it ~ to sb that...** dejar bien claro a alguien que... ▸ **it is ~ that...** es evidente *or* está claro que... ▸ **to make oneself ~** expresarse con claridad *or* claramente ▸ **I wasn't ~ what she meant** no me quedó claro lo que quería decir **3.** [free] **~ of** [not touching] despegado(a) de ▸ [at safe distance] alejado(a) de ▸ **when the plane is ~ of the ground** cuando el avión haya despegado ▸ **they are six points ~ of their nearest rivals** les sacan seis puntos a sus inmediatos perseguidores
■ adv **to steer ~ of sth/sb** evitar algo/a alguien ▸ **stand ~ of the doors!** ¡apártense de las puertas!
■ vt **1.** [road, area] despejar ▸ **to ~ one's throat** carraspear ▸ **to ~ the table** recoger la mesa ▸ **to ~ a debt** saldar una deuda ▸ **the police cleared the square of demonstrators** la policía despejó la plaza de manifestantes ▸ *Fig* **to ~ the decks** ponerse al día y finalizar los asuntos pendientes ▸ *also Fig* **to ~ the way (for sth)** abrir el camino (a algo) ▸ *Fig* **to ~ the air** disipar los malentendidos **2.** [exonerate] eximir / LAW absolver ▸ **to ~ sb of blame** eximir de culpa a alguien ▸ **they campaigned to ~ his name** hicieron una campaña para limpiar su nombre **3.** [jump over] **to ~ a fence** sortear una valla **4.** [authorize] autorizar / [plan, proposals] aprobar ▸ **we've been cleared for take-off** nos han dado permiso para el despegue *or AM* decolaje ▸ **I'll need to ~ it with the boss** necesito el visto bueno del jefe
■ vi **1.** [weather, sky] despejarse **2.** [cheque] **the cheque hasn't cleared yet** el cheque no ha sido compensado todavía
■ n **to be in the ~** [not under suspicion] estar fuera de sospecha / [out of danger] estar fuera de peligro

◆ ***clear away*** vt sep quitar (de en medio)

◆ ***clear off*** vi *BR Fam* [leave] largarse ▸ **~ off!** ¡largo!

◆ ***clear out*** ■ vt sep [empty] limpiar, ordenar
■ vi *Fam* [leave] largarse

◆ ***clear up*** ■ vt sep **1.** [room] ordenar **2.** [doubt, misunderstanding, problem] aclarar
■ vi [weather] despejarse

clearance ['klɪərəns] n **1.** COM **reduced for ~** rebajado(a) por liquidación (de existencias) ▸ **~ sale** liquidación *f* (de existencias) **2.** [authorization] autorización *f* ▸ **to get ~ to do sth** obtener autorización para hacer algo

clear-cut ['klɪə'kʌt] adj claro(a), inequívoco(a)

clear-headed ['klɪə'hedɪd] adj lúcido(a)

clearing ['klɪərɪŋ] n [in forest] claro *m*

clearing house ['klɪərɪŋhaʊs] n FIN cámara *f* de compensación

clearly ['klɪəlɪ] adv **1.** [to see, explain, write] claramente, con claridad **2.** [obviously] claramente ▸ **he is ~ wrong** está claramente equivocado ▸ **~!** ¡sin duda! ▸ **~ not!** ¡en absoluto!

clearness ['klɪənɪs] n claridad *f*

clearout ['klɪəraʊt] n **I need to give my desk a ~** tengo que limpiar *or* ordenar mi escritorio

clear-sighted [klɪə'saɪtɪd] adj [perceptive] lúcido(a), clarividente

cleavage ['kliːvɪdʒ] n escote *m*

cleave [kliːv] (pt **cleaved** *or* **cleft** [kleft] or **clove** [kləʊv], pp **cleaved** *or* **cleft** *or* **cloven** [kləʊvən]) vt *Literary* hendir, partir en dos

◆ ***cleave to*** (pt & pp **cleaved**) vt insep *Formal* aferrarse a

cleaver ['kliːvə(r)] n cuchillo *m* de carnicero, tajadera *f*

clef [klef] n MUS clave *f*

cleft [kleft] ■ n grieta *f*, hendidura *f*
■ adj hendido(a) ▸ **to have a ~ palate** tener fisura de paladar ▸ **to be caught in a ~ stick** [in awkward situation] estar entre la espada y la pared
■ pt & pp *of* ***cleave***

clemency ['klemənsɪ] n clemencia *f*

clementine ['klemənti:n] n *BR* clementina *f*

clench [klentʃ] vt [teeth, fist] apretar

clergy ['klɜ:dʒɪ] n clero *m*

clergyman ['klɜ:dʒɪmən] n clérigo *m*

clergywoman ['klɜ:dʒɪwʊmən] n mujer *f* sacerdote

cleric ['klerɪk] n REL clérigo *m*

clerical ['klerɪkəl] adj **1.** [administrative] **~ assistant** auxiliar *mf* administrativo(a) ▸ **~ work** trabajo *m* de oficina **2.** REL clerical

clerk [klɑ:k, *US* klɜ:rk] n [in office] oficinista *mf* / [in court] oficial(ala) *m,f*, secretario(a) *m,f* / *US* [in store] dependiente(a) *m,f*

clever ['klevə(r)] adj [person, animal] listo(a) / [plan, idea] ingenioso(a) ▸ **she's very ~ at mathematics** se le dan muy bien las matemáticas ▸ **to be ~ with one's hands** ser muy habilidoso(a), *ESP* ser un(a) manitas ▸ *Fam* **she's too ~ by half** se pasa de lista ▸ *BR Fam Pej* **~ clogs** *or* **dick** sabelotodo *mf*, *ESP* listillo(a) *m,f*

cleverly ['klevəlɪ] adv [intelligently] inteligentemente / [ingeniously] ingeniosamente

cleverness ['klevənɪs] n [of person, plan] inteligencia *f*

cliché ['kli:ʃeɪ] n tópico *m*

clichéd ['kli:ʃeɪd] adj tópico(a) ▸ **a ~ comment** *or* **remark** un tópico, un lugar común

click ['klɪk] ■ n [sound] [of button] clic *m* / [of fingers, tongue] chasquido *m*
■ vt **to ~ one's heels** dar un taconazo ▸ **to ~ one's tongue** chasquear la lengua
■ vi **1.** [make a sound] hacer clic **2.** *Fam* [idioms] **suddenly it clicked** [became obvious to me] de pronto caí en la cuenta ▸ **they clicked at once** [got on] se entendieron desde el primer momento

clickable image ['klɪkəbəl'ɪmɪdʒ] n COMPTR imagen *f* interactiva

client ['klaɪənt] n cliente(a) *m,f* ▸ **~ state** estado *m* satélite

clientele [kli:ɒn'tel] n clientela *f*

client-server database ['klaɪəntsɜ:və'deɪtəbeɪs] n COMPTR base *f* de datos cliente/servidor

cliff [klɪf] n acantilado *m*

cliffhanger ['klɪfhæŋə(r)] n **the film was a real ~** la película tenía mucho *ESP* suspense *or AM* suspenso

climactic [klaɪ'mæktɪk] adj culminante

climate ['klaɪmət] n clima *m*

climatic [klaɪ'mætɪk] adj climático(a)

climax ['klaɪmæks] ■ n [peak] clímax *m inv*, momento *m* culminante / [sexual] orgasmo *m*
■ vi culminar

climb [klaɪm] ■ n [up hill] ascensión *f*, subida *f* / [of mountaineer] escalada *f* ▸ **it's quite a ~** hay una buena subida
■ vt [tree] subir a, trepar a / [mountain] escalar
■ vi [road, prices] subir ▸ **to ~ over a wall** trepar por un muro

◆ ***climb down*** ■ vt insep [descend] bajar por
■ vi **1.** [descend] descender, bajar **2.** *Fig* [in argument, conflict] echarse atrás, dar marcha atrás

climber ['klaɪmə(r)] n **1.** [mountain climber] alpinista *mf*, *AM* andinista *mf* / [rock climber] escalador(ora) *m,f* **2.** [plant] (planta *f*) trepadora *f*

climbing ['klaɪmɪŋ] ■ n [mountain climbing] alpinismo *m*, *AM* andinismo *m* / [rock climbing] escalada *f* ▸ **~ frame** = *en los parques, estructura de hierro o madera para que trepen los niños*
■ adj [plant] trepador(ora)

clinch [klɪntʃ] ■ n [of lovers, fighters] abrazo *m* ▸ **they were in a ~** estaban abrazados
■ vt [settle] [deal] cerrar / [argument] zanjar ▸ **that clinches it!** ¡eso lo resuelve del todo!

cling [klɪŋ] (pt & pp **clung** [klʌŋ]) vi **to ~ to** [rope, person] aferrarse a ▸ *Fig* **to ~ to an opinion** aferrarse a una idea

clingfilm ['klɪŋfɪlm] n *BR* plástico *m* transparente *(para envolver alimentos)*

clingy ['klɪŋɪ] adj **1.** [child] mimoso(a), pegajoso(a) / [boyfriend, girlfriend] pegajoso(a), empalagoso(a) **2.** [clothes] ceñido(a), ajustado(a)

clinic ['klɪnɪk] n clínica *f*

clinical ['klɪnɪkəl] adj **1.** MED clínico(a) **2.** [unemotional] aséptico(a)

clink[1] [klɪŋk] ■ n [sound] tintineo *m*
■ vt hacer tintinear ▸ **to ~ glasses (with sb)** brindar (con alguien)
■ vi [glasses] tintinear

clink[2] n *Fam* [prison] *ESP* trena *f*, *ESP* trullo *m*, *ANDES, RP* cana *f*, *MÉX* bote *m*

clip[1] [klɪp] ■ n [for paper] clip *m*, sujetapapeles *m inv*
■ vt (pt & pp **clipped**) [attach] sujetar (con un clip)
■ vi **the two pieces ~ together** las dos piezas se acoplan

clip[2] ■ n **1.** *BR Fam* [blow] **to give sb a ~ on** *or* **round the ear** darle a alguien *ESP* un cachete *or AM* una cachetada en la oreja **2.** [of film] fragmento *m* / [of programme] avance *m*
■ (pt & pp **clipped**) vt [hair] cortar / [hedge] podar / [ticket] picar ▸ *Fig* **to ~ sb's wings** cortar las alas a alguien

clipboard ['klɪpbɔ:d] n carpeta *f* con sujetapapeles

clip-on ['klɪpɒn] adj **~ bow tie** *ESP* pajarita *f* (de broche), *MÉX* corbata *f* de moño (de broche), *RP* moñito *m* (de broche) ▸ **~ earrings** pendientes *mpl or AM* aretes *mpl* de clip ▸ **~ microphone** micrófono *m* de solapa ▸ **~ sunglasses** suplemento *m* (de sol), = *gafas de sol para ponerse sobre las gafas graduadas*

clipped [klɪpt] adj [accent, tone] entrecortado(a)

clipper ['klɪpə(r)] n [ship] clíper *m*

clippers ['klɪpəz] npl [for hair] maquinilla *f (para cortar el pelo)* / [for nails] cortaúñas *m inv* / [for hedge] podadera *f*, tijeras *fpl* de podar

clipping ['klɪpɪŋ] n *esp US* [from newspaper] recorte *m*

clique [kli:k] n camarilla *f*, círculo *m*

cliquey ['kli:kɪ] adj exclusivista

clitoris ['klɪtərɪs] n clítoris *m inv*

cloak [kləʊk] ■ n capa *f* ▸ *Fig* **under the ~ of darkness** bajo el manto de la oscuridad
■ vt *Fig* **cloaked in secrecy** rodeado(a) de secreto

cloak-and-dagger [kləʊkən'dægər] adj [film, book] de intriga ▸ **a ~ affair** un asunto lleno de intrigas

cloakroom ['kləʊkru:m] n [for coats, bags] guardarropa *m* / *BR Euph* [toilet] servicio *m*

clobber[1] ['klɒbə(r)] n *BR Fam* [clothes] trapos *mpl*, ropa *f* / [belongings] trastos *mpl*

clobber[2] vt *Fam* [hit] sacudir / [defeat] dar una paliza a

clock [klɒk] ■ n **1.** [for telling the time] reloj *m (grande o de pared)* ▸ **to work round the ~** trabajar día y noche ▸ **a race against the ~** una carrera contrarreloj ▸ **to put the ~ forward/back** adelantar/atrasar el reloj ▸ *Fig* **to turn the ~ back** retroceder en el tiempo ▸ **~ radio** radio *f* despertador **2.** *Fam* [milometer] ≃ cuentakilómetros *m inv*
■ vt [measure speed of] medir la velocidad de / [reach speed of] alcanzar

◆ ***clock in, clock on*** vi [at work] fichar (a la entrada), *AM* marcar tarjeta (a la entrada)

◆ ***clock off, clock out*** vi [at work] fichar (a la salida), *AM* marcar tarjeta (a la salìda)

◆ ***clock on*** ➤ ***clock in***

◆ ***clock out*** ➤ ***clock off***

◆ ***clock up*** vt sep [votes, profits] registrar ▸ **this car has clocked up 10,000 miles** este coche *or AM* carro *or CSUR* auto marca 10.000 millas

clockmaker ['klɒkmeɪkə(r)] n relojero(a) *m,f*

clockwise ['klɒkwaɪz] adv en el sentido de las agujas del reloj

clockwork ['klɒkwɜ:k] ■ n **to go like ~** marchar a la perfección
■ adj [toy] mecánico(a)

clod [klɒd] n [of earth] terrón *m*

clog [klɒg] ■ n [shoe] zueco *m*
■ vt bloquear, atascar
■ vi (pt & pp **clogged**) bloquearse, atascarse

◆ ***clog up*** ■ vt bloquear, atascar
■ vi bloquearse, atascarse

cloister ['klɔɪstə(r)] n claustro *m*

cloistered ['klɒɪstəd] adj **to lead a ~ life** no tener mucha relación con el mundo exterior

clone [kləʊn] ■ n clon *m*
■ vt BIOL clonar

cloning ['kləʊnɪŋ] n BIOL clonación *f*

close[1] [kləʊs] ■ adj **1.** [in distance, time, relationship] cercano(a), próximo(a) / [contact, links, cooperation] estrecho(a) ▸ **to be ~ to** estar cerca de ▸ **to be ~ to tears/victory** estar a punto de llorar/vencer ▸ **to be ~ to sb** [friends] tener mucha confianza con alguien / [relatives] estar muy unido(a) a alguien ▸ **in ~ proximity to** muy cerca de ▸ **to be in ~ contact with sb** tener mucho contacto con alguien ▸ **a ~ friend** un(a) amigo(a) íntimo ▸ **a ~ relative** un pariente cercano *or* próximo ▸ **~ combat** combate *m* cuerpo a cuerpo ▸ **that was a ~ call** *or* **shave** ha faltado un pelo ▸ **at ~ quarters** de cerca ▸ **he was shot at ~ range** le dispararon *or AM* balearon a quemarropa **2.** [inspection, attention] cuidadoso(a) / [observer] atento(a) ▸ **to keep a ~ watch on sth/sb** vigilar de cerca algo/a alguien **3.** [weather] bochornoso(a) / [room] cargado(a) **4.** [contest, election] reñido(a)
■ n [cul-de-sac] callejón *m*
■ adv [near] cerca ▸ **to hold sb ~** abrazar a alguien fuerte ▸ **~ to** cerca de ▸ **he lives ~ to here** vive cerca de aquí ▸ **to come ~ to death** estar a punto de morir ▸ **~ at hand** a mano ▸ **to follow ~ behind sb** seguir de cerca a alguien ▸ **to be ~ on fifty** estar cerca de los cincuenta

close[2] [kləʊz] ■ n [end] final *m* ▸ **to draw to a ~** tocar *or* llegar a su fin ▸ **to bring sth to a ~** poner término a *or* dar por terminado(a) algo
■ vt **1.** [door, eyes, shop] cerrar ▸ *Fig* **to ~ ranks (around sb)** cerrar filas (en torno a alguien) **2.** [meeting, debate] terminar / [conference, Olympics] clausurar / [account] cancelar ▸ **to ~ a deal** cerrar un trato
■ vi [shop, door, business] cerrar

◆ ***close down*** ■ vt sep [production, operations] cesar / [business, factory] cerrar (definitivamente)
■ vi [business] cerrar (definitivamente) / *BR* RAD & TV finalizar la emisión

◆ ***close in*** vi [night] acercarse ▸ **to ~ in on sb** ir cercando a alguien

◆ ***close up*** ■ vi **1.** [wound, hole] cerrarse **2.** [shopkeeper] cerrar
■ vt sep [hole, shop] cerrar

close-cropped ['kləʊs'krɒpt] adj [hair] al rape

closed [kləʊzd] adj cerrado(a) ▸ **~ circuit television** circuito *m* cerrado de televisión ▸ **behind ~ doors** a puerta cerrada ▸ IND **~ shop** = *centro de trabajo que emplea exclusivamente a trabajadores sindicados*

close-fitting [kləʊs'fɪtɪŋ] adj ajustado(a)

close-knit [kləʊs'nɪt] adj [community, group] muy unido(a)

closely ['kləʊslɪ] adv **1.** [to examine, watch] de cerca ▸ **to listen ~** escuchar atentamente ▸ **to ~ resemble sb** parecerse mucho a alguien ▸ **~ related/connected** íntimamente relacionado(a)/conectado(a) ▸ **~ contested** muy reñido(a) **2.** [populated] densamente ▸ **~ packed** apiñado(a)

closeness ['kləʊsnɪs] n [physical nearness] proximidad *f*, cercanía *f* / [of relationship, contact] intimidad *f*

close-run ['kləʊsrʌn] adj [election, race] reñido(a)

close-set ['kləʊs'set] adj **to have ~ eyes** tener los ojos muy juntos

closet ['klɒzɪt] ■ n [cupboard] armario *m* ▸ *Fig* **to come out of the ~** salir del armario
■ adj **~ gay** homosexual *m* no declarado ▸ **she's a ~ Julio Iglesias fan** le encanta Julio Iglesias, pero nunca lo confesaría
■ vt **to be closeted with sb** [in meeting] estar encerrado(a) con alguien

close-up ['kləʊsʌp] n primer plano *m* ▸ **in ~** en primer plano

closing ['kləʊzɪŋ] n [shutting] cierre *m* ▸ **~ date** fecha *f* límite ▸ **~ prices** cotizaciones *fpl* al cierre ▸ **~ speech/ceremony** discurso *m*/ceremonia *f* de clausura ▸ **~ time** hora *f* de cierre

closure ['kləʊʒə(r)] n [of company, shop] cierre *m* ▸ **the bereaved families need some sort of ~** [feeling of completion] los familiares de las víctimas necesitan llegar a un desenlace satisfactorio

clot [klɒt] ■ n **1.** [of blood] coágulo *m* **2.** *Fam* [stupid person] lelo(a) *m,f*, *ESP* memo(a) *m,f*
■ vi (pt & pp **clotted**) [blood] coagularse

cloth [klɒθ] n **1.** [material] tela *f*, tejido *m* ▸ **a man of the ~** un ministro de Dios **2.** [individual piece] trapo *m*

clothe [kləʊð] (pt & pp **clad** [klæd] or **clothed**) vt vestir

cloth-eared ['klɒθɪəd] adj *BR Fam Hum* duro(a) de oído

clothes [kləʊðz] npl ropa *f* ▸ **to put one's ~ on** vestirse, ponerse la ropa ▸ **to take one's ~ off** quitarse *or AM* sacarse la ropa, desvestirse ▸ **~ brush** cepillo *m* para la ropa ▸ **~ hanger** percha *f* ▸ **~ horse** tendedero *m* (plegable) ▸ **~ line** cuerda *f* de tender la ropa ▸ **~** *BR* **peg** *or US* **pin** pinza *f* de la ropa

clothing ['kləʊðɪŋ] n [clothes] ropa *f* ▸ **an article of ~** una prenda de vestir ▸ **the ~ industry** la industria del vestido

cloud [klaʊd] ■ n nube *f* ▸ **to be under a ~** [in disgrace] haber caído en desgracia ▸ **to have one's head in the clouds** estar en Babia ▸ *Fam* **she is on ~ nine** está más contenta que un chico con zapatos nuevos *or ESP* que unas castañuelas
■ vt **1.** [mirror] empañar **2.** [obscure] **the news clouded their happiness** las noticias enturbiaron su alegría ▸ **to ~ the issue** embrollar las cosas

◆ ***cloud over*** vi [sky] nublarse

cloudburst ['klaʊdbɜːst] n chaparrón *m*

cloud-cuckoo-land ['klaʊd'kʊkuːlænd] n *BR Fam* **to be (living) in ~** estar en Babia *or* la luna

cloudless ['klaʊdlɪs] adj despejado(a)

cloudy ['klaʊdɪ] adj **1.** [sky, day] nublado(a) **2.** [liquid] turbio(a)

clout [klaʊt] ■ n **1.** *Fam* [blow] tortazo *m*, sopapo *m* ▸ **to give sb a ~** dar a alguien un tortazo *or* sopapo **2.** [power, influence] poder *m*, influencia *f* ▸ **to have a lot of ~** ser muy influyente
■ vt *Fam* [hit] sacudir, *ESP* atizar, *RP* mandar

clove [1] [kləʊv] n [of garlic] diente *m*

clove [2] n [spice] clavo *m*

cloven ['kləʊvən] ■ adj **~ hoof** pata *f* hendida
■ pp of **cleave**

clover ['kləʊvə(r)] n [plant] trébol *m* ▸ *Fig* **to be in ~** vivir a cuerpo de rey

clown [klaʊn] ■ n [in circus] payaso *m* ▸ **to act the ~** hacer el payaso
■ vi **to ~ about** *or* **around** hacer el payaso

cloying ['klɔɪɪŋ] adj [taste, smell] empalagoso(a)

club [klʌb] ■ n **1.** [society] club *m* ▸ *Fam Fig* **join the ~!** ¡ya eres uno más! ▸ **soccer/tennis ~** club de fútbol/tenis ▸ **~ sandwich** sándwich *m* club **2.** [nightclub] discoteca *f*, sala *f* (de fiestas) **3.** [weapon] palo *m*, garrote *m* **4.** [in golf] palo *m* **5.** [in cards] **clubs** tréboles *mpl* ▸ **ace of clubs** as *m* de tréboles
■ vt (pt & pp **clubbed**) [hit] apalear

◆ ***club together*** vi **to ~ together (to buy sth)** poner dinero a escote (para comprar algo)

clubhouse ['klʌbhaʊs] n = *en unas instalaciones de golf, edificio en el que se encuentran los vestuarios y el bar*

cluck [klʌk] ■ n cacareo *m*
■ vi cacarear

clue [kluː] n [in crime, mystery] pista *f* / [in crossword] definición *f*, pregunta *f* ▸ **to give sb a ~** dar una pista a alguien ▸ **he hasn't got a ~** no tiene ni idea

◆ ***clue up*** vt sep *Fam* **to be clued up (on sth)** estar muy puesto(a) (en algo)

clueless ['kluːlɪs] adj *Fam* **he's ~ (about)** es un *ESP* negado *or MÉX* desmadre *or RP* queso (para)

clump [klʌmp] ■ n **1.** [of bushes] mata *f* / [of people] grupo *m* **2.** [sound] **the ~ of her footsteps** el ruido de sus pisotones
■ vi **to ~ about** andar dando pisotones

clumsiness ['klʌmzɪnɪs] n torpeza *f*

clumsy ['klʌmzɪ] adj [person, movement] torpe

clung [klʌŋ] pt & pp *of* ***cling***

clunk [klʌŋk] ■ n estrépito *m*
■ vi golpear estrepitosamente

cluster ['klʌstə(r)] ■ n [of flowers] ramo *m* / [of grapes] racimo *m* / [of people, islands, houses] grupo *m* ▸ **~ bomb** bomba *f* de dispersión *or* fragmentación
■ vi **to ~ round sth/sb** apiñarse en torno a algo/alguien

clutch [1] [klʌtʃ] ■ n **1.** AUT embrague *m* ▸ **to let the ~ in** pisar el embrague, embragar ▸ **to let the ~ out** soltar el embrague, desembragar ▸ **~ pedal** (pedal *m* de) embrague *m* **2.** [grasp] **she had fallen into his clutches** ella había caído en sus garras
■ vt agarrar
■ vi **to ~ at sth** agarrarse a algo ▸ *Fig* **to ~ at straws** agarrarse a un clavo ardiendo

clutch [2] n [of eggs] nidada *f*

clutter ['klʌtə(r)] ■ n desbarajuste *m* ▸ **in a ~** revuelto(a)
■ vt **to be cluttered (up) with sth** estar abarrotado(a) de algo

cluttered ['clʌtəd] adj revuelto(a)

cm (abbr ***centimetre(s)***) cm, centímetro *m*

CNAA [siːeneɪ'eɪ] n *BR* (abbr ***Council for National Academic Awards***) = *organismo británico que expide los títulos universitarios*

CND [siːen'diː] n *BR* (abbr ***Campaign for Nuclear Disarmament***) = *organización británica en favor del desarme nuclear*

CO [siː'əʊ] (pl **COs**) n MIL (abbr ***Commanding Officer***) oficial *m* al mando

Co, co [kəʊ] n COM (abbr ***company***) cía, compañía *f* ▸ *Fam* **Jane and co** Jane y compañía

c/o [siː'əʊ] (abbr ***care of***) en el domicilio de

coach [kəʊtʃ] ■ n **1.** *esp BR* [bus] autobús *m*, *ESP*

autocar *m* / [horse-drawn carriage] coche *m* de caballos, diligencia *f* / [section of train] vagón *m* ▸ *US* ~ **class** [on plane] clase *f* turista ▸ ~ **party** grupo *m* de viajeros en autobús ▸ ~ **trip** excursión *f* en autobús **2.** [of athlete, team] entrenador(ora) *m,f*
■ vt [athlete, team] entrenar ▸ **to ~ sb for an exam** ayudar a alguien a preparar un examen

coachbuilder ['kəʊtʃbɪldə(r)] n AUT carrocero(a) *m,f*

coachload ['kəʊtʃləʊd] n **a ~ of tourists** un autobús (lleno) de turistas

coagulant [kəʊ'ægjʊlənt] n MED coagulante *m*

coagulate [kəʊ'ægjʊleɪt] vi coagularse

coal [kəʊl] n **1.** carbón *m* ▸ **a lump of ~** un trozo de carbón ▸ ~ **bunker** carbonera *f* ▸ ~ **merchant** carbonero(a) *m,f* ▸ ~ **mine** mina *f* de carbón ▸ ~ **miner** minero(a) *m,f* (del carbón) ▸ ~ **mining** minería *f* del carbón ▸ ~ **tar** alquitrán *m* mineral **2.** [idioms] **to carry coals to Newcastle** ir a vendimiar y llevar uvas de postre ▸ **to haul sb over the coals** echar una regañina *or ESP* una bronca a alguien

coalesce [kəʊə'les] vi [views, interests] fundirse / [movements, groups] coaligarse

coalfield ['kəʊlfi:ld] n yacimiento *m* de carbón / [large region] cuenca *f* carbonífera

coalition [kəʊə'lɪʃən] n coalición *f* ▸ **to form a ~** formar una coalición

coalman ['kəʊlmæn] n carbonero *m*

coarse [kɔ:s] adj **1.** [person, language] grosero(a), basto(a) **2.** [surface, texture] áspero(a) ▸ **to have ~ hair** tener el pelo basto

coarsely ['kɔ:slɪ] adv **1.** [vulgarly] groseramente **2.** [roughly] ~ **chopped** cortado(a) en trozos grandes ▸ ~ **ground** molido(a) grueso(a)

coarseness ['kɔ:snɪs] n **1.** [of person, language] grosería *f* **2.** [of surface, texture] aspereza *f*

coast [kəʊst] ■ n costa *f* ▸ *Fig* **the ~ is clear** no hay moros en la costa
■ vi [in car] rodar en punto muerto / [on bicycle] rodar sin pedalear ▸ *Fig* **she coasted through her exams** pasó sus exámenes con toda facilidad

coastal ['kəʊstəl] adj costero(a)

coaster ['kəʊstə(r)] n **1.** [ship] buque *m* de cabotaje **2.** [for glass] posavasos *m inv*

coastguard ['kəʊstgɑ:d] n *esp BR* [person] guardacostas *mf inv*

coastline ['kəʊstlaɪn] n costa *f,* litoral *m*

coast-to-coast ['kəʊsttə'kəʊst] adj de costa a costa

coat [kəʊt] ■ n **1.** [overcoat] abrigo *m* / [jacket] chaqueta *f, MÉX* chamarra *f, RP* campera *f* ▸ ~ **hanger** percha *f* ▸ ~ **hook** colgador *m* **2.** [of dog, horse] pelaje *m* **3.** [of snow, paint] capa *f* **4.** [in heraldry] ~ **of arms** escudo *m* de armas
■ vt cubrir (**with** de) ▸ **coated with mud** cubierto(a) de barro, embarrado(a) ▸ **hazelnuts coated with chocolate** avellanas recubiertas de chocolate

coating ['kəʊtɪŋ] n [of paint, dust] capa *f*

coat-tails ['kəʊtteɪlz] npl frac *m* ▸ *Fig* **on sb's ~** a la sombra de alguien

co-author [kəʊ'ɔ:θə(r)] ■ n coautor(ora) *m,f*
■ vt **to ~ a book with sb** escribir un libro conjuntamente con alguien

coax [kəʊks] vt persuadir ▸ **to ~ sb into doing sth** persuadir a alguien para que haga algo ▸ **to ~ sth out of sb** sonsacar algo a alguien

cob [kɒb] n **1.** [horse] jaca *f* **2.** [of maize] mazorca *f*

cobalt ['kəʊbɔ:lt] n CHEM cobalto *m* ▸ ~ **blue** azul *m* cobalto

cobble ['kɒbəl] ■ n adoquín *m*
■ vt adoquinar

◆ ***cobble together*** vt sep [make hastily] improvisar, *ESP* apañar

cobbled ['kɒbəld] adj [path, street] adoquinado(a)

cobbler ['kɒblə(r)] n zapatero *m* (remendón)

cobblers ['kɒbləz] npl *BR* **1.** *very Fam* [nonsense] *ESP* paridas *fpl, AM* pendejadas *fpl, RP* pelotudeces *fpl* **2.** *Vulg* [testicles] huevos *mpl, ESP* cojones *mpl*

COBOL ['kəʊbɒl] n COMPTR (abbr ***Common Business Oriented Language***) (lenguaje *m*) COBOL *m*

cobra ['kəʊbrə] n cobra *f*

cobweb ['kɒbweb] n telaraña *f* ▸ *Fig* **to brush the cobwebs off sth** desempolvar algo

cocaine [kə'keɪn] n cocaína *f*

coccyx ['kɒksɪks] n coxis *m*

cock [kɒk] ■ n **1.** [male fowl] gallo *m* ▸ ~ **sparrow** gorrión *m* macho **2.** *Vulg* [penis] *ESP* polla *f, esp AM* verga *f, CHILE* pico *m, MÉX* pito *m, RP* pija *f*
■ vt [gun] montar, amartillar ▸ **to ~ a snook at sb** hacer burla a alguien ▸ **to ~ its ears** [horse, dog] aguzar las orejas

◆ ***cock up*** vt sep *BR very Fam* **to ~ sth up** cagar *or ESP* joder *or MÉX* madrear algo

cockade [kɒ'keɪd] n escarapela *f*

cock-a-doodle-doo ['kɒkədu:dəl'du:] exclam ¡quiquiriquí!

cock-a-hoop ['kɒkə'hu:p] adj **he was ~ about the result** estaba encantado con el resultado

cock-and-bull story ['kɒkən'bʊlstɔ:rɪ] n *Fam* cuento *m* chino

cockatoo [kɒkə'tu:] (pl **cockatoos**) n cacatúa *f*

cockcrow ['kɒkkrəʊ] n *Literary* **at ~** al amanecer

cocked [kɒkt] adj **to knock sb into a ~ hat** [outclass] dar mil *or* cien vueltas a alguien

cockerel ['kɒkərəl] n gallo *m* joven

cocker spaniel ['kɒkə'spænjəl] n cocker *mf*

cockeyed ['kɒkaɪd] adj *Fam* [decision, plan] disparatado(a)

cockfight ['kɒkfaɪt] n pelea *f* de gallos

cockiness ['kɒkɪnɪs] n descaro *m,* engreimiento *m, ESP* chulería *f*

cockle ['kɒkəl] n **1.** [shellfish] berberecho *m* **2.** *Fam* **it warmed the cockles of his heart** le alegró el corazón

Cockney ['kɒknɪ] ■ n [person] = *habitante de los barrios obreros del este de Londres* / [dialect] = *habla de los barrios obreros del este de Londres*
■ adj = *de los barrios obreros del este de Londres*

cockpit ['kɒkpɪt] n [of passenger plane] cabina *f* / [of fighter plane] carlinga *f*

cockroach ['kɒkrəʊtʃ] n cucaracha *f*

cocksure ['kɒk'ʃʊə(r)] adj [person, manner] arrogante

cocktail ['kɒkteɪl] n *also Fig* cóctel *m* ▸ **~ bar** coctelería *f*, bar *m* de cócteles ▸ **~ dress** vestido *m* de noche ▸ **~ lounge** bar *m (de hotel)* ▸ **~ party** cóctel *m* ▸ **~ shaker** coctelera *f* ▸ **~ stick** palillo *m*

cock-up ['kɒkʌp] n *very Fam* cagada *f* ▸ **it was a ~, not a conspiracy** fue un error, no una conspiración

cocky ['kɒkɪ] adj *Fam* gallito(a), engreído(a), *ESP* chulo(a)

cocoa ['kəʊkəʊ] n [powder, drink] cacao *m* ▸ **~ bean** semilla *f or* grano *m* de cacao ▸ **~ butter** crema *f* de cacao

coconut ['kəʊkənʌt] n [fruit] coco *m* ▸ **~ milk** leche *f* de coco ▸ **~ palm** cocotero *m*

cocoon [kə'ku:n] ■ n capullo *m*
■ vt **to be cocooned from the outside world** estar sobreprotegido(a) del mundo exterior

COD [si:əʊ'di:] COM (abbr ***cash on delivery***) entrega *f* contra reembolso

cod [kɒd] n bacalao *m* ▸ **~ liver oil** aceite *m* de hígado de bacalao

coddle ['kɒdəl] vt [child] mimar

code [kəʊd] ■ n **1.** [cipher] código *m*, clave *f* ▸ **in ~** cifrado(a) ▸ **~ book** libro *m* de códigos ▸ **~ name** nombre *m* en clave ▸ **~ number** prefijo *m* ▸ **~ word** contraseña *f* **2.** [rules] código *m* ▸ **~ of conduct** código de conducta ▸ **~ of practice** código de conducta
■ vt [message] codificar, cifrar

codeine ['kəʊdi:n] n codeína *f*

codify ['kəʊdɪfaɪ] vt codificar

codswallop ['kɒdzwɒləp] n *BR Fam* majaderías *fpl*, sandeces *fpl*, *AM* pendejadas *fpl*

coeducation ['kəʊedjʊ'keɪʃən] n educación *f or* enseñanza *f* mixta

coeducational ['kəʊedjʊ'keɪʃənəl] adj [school] mixto(a)

coefficient [kəʊɪ'fɪʃənt] n MATH coeficiente *m*

coerce [kəʊ'ɜ:s] vt coaccionar ▸ **to ~ sb into doing sth** coaccionar a alguien para que haga algo

coercion [kəʊ'ɜ:ʃən] n coacción *f*

coexist ['kəʊɪg'zɪst] vi convivir, coexistir

coexistence ['kəʊɪg'zɪstəns] n convivencia *f*, coexistencia *f*

C of E [si:ə'vi:] adj *BR* (abbr ***Church of England***) anglicano(a)

coffee ['kɒfɪ] n café *m* ▸ **two coffees, please!** ¡dos cafés, por favor! ▸ **black ~** café *ESP* solo *or AM* negro ▸ **white ~** café con leche ▸ **~ bar** café, cafetería *f* ▸ **~ bean** grano *m* de café ▸ **~ break** descanso *m* para el café ▸ **~ cup** taza *f* de café ▸ **~ grinder** molinillo *m* de café ▸ **~ grounds** posos *mpl* del café ▸ **~ machine** cafetera *f* ▸ **~ pot** cafetera *f* ▸ **~ table** mesita *f* baja, mesa *f* de centro ▸ **~ table book** libro *m* de lujo para adornar

coffer ['kɒfə(r)] n [chest] cofre *m* ▸ *Fig* **the company's coffers** las arcas de la empresa

coffin ['kɒfɪn] n ataúd *m*, féretro *m*

cog [kɒg] n diente *m (en engranaje)* ▸ *Fig* **I'm only a ~ in the machinery** no soy más que una pieza del engranaje

cogent ['kəʊdʒənt] adj poderoso(a), convincente

cogitate ['kɒdʒɪteɪt] *Formal* vi meditar, reflexionar

cognac ['kɒnjæk] n coñá *m*, coñac *m*

cognition [kɒg'nɪʃən] n cognición *f*, conocimiento *m*

cognoscenti [kɒgnə'senti:] npl entendidos *mpl*

cohabit [kəʊ'hæbɪt] vi cohabitar, convivir

cohabitation [kəʊhæbɪ'teɪʃən] n cohabitación *f*, convivencia *f*

coherence [kəʊ'hɪərəns] n coherencia *f*

coherent [kəʊ'hɪərənt] adj coherente

cohesion [kəʊ'hi:ʒən] n cohesión *f*

cohesive [kəʊ'hi:sɪv] adj cohesivo(a)

coiffure [kwɑ:'fjʊə(r)] n peinado *m*

coil [kɔɪl] ■ n **1.** [of rope, wire] rollo *m* / [electrical] bobina *f* / *BR* [contraceptive device] DIU *m*, espiral *f* **2.** [single loop] bucle *m*, vuelta *f* ▸ **the snake's coils** los anillos de la serpiente
■ vt enrollar (**round** alrededor de)

◆ ***coil up*** vi [snake] enrollarse, enroscarse

coin [kɔɪn] ■ n moneda *f* ▸ *Fig* **the other side of the ~** la otra cara de la moneda
■ vt **to ~ money** acuñar moneda ▸ *Fam* **he's simply coining it** se está forrando, *MÉX* se está pudriendo en dinero ▸ **to ~ a phrase...** por así decirlo..., valga la expresión...

coinage ['kɔɪnɪdʒ] n **1.** [coins] monedas *fpl* **2.** [phrase] **a recent ~** una expresión de nuevo cuño

coincide [kəʊɪn'saɪd] vi coincidir (**with** con)

coincidence [kəʊ'ɪnsɪdəns] n coincidencia *f* ▸ **what a ~!** ¡qué coincidencia!

coincidental [kəʊɪnsɪ'dentəl] adj casual, accidental

coin-operated ['kɔɪnɒpəreɪtɪd] adj **~ machine** máquina *f* de monedas

coitus ['kɔɪtəs] n *Formal* coito *m* ▸ **~ interruptus** coitus *m inv* interruptus

coke [kəʊk] n **1.** [fuel] coque *m* **2.** *Fam* [cocaine] coca *f*

Col MIL (abbr ***Colonel***) coronel *m*

col (abbr ***column***) col., columna *f*

colander ['kɒləndə(r)] n [sieve] escurridor *m*

cold [kəʊld] ■ n **1.** [low temperature] frío *m* ▸ **he doesn't seem to feel the ~** parece que no siente el frío ▸ *Fig* **to be left out in the ~** ser dejado(a) de lado **2.** [illness] catarro *m*, *ESP, MÉX* resfriado *m*, *ANDES, RP* resfrío *m* ▸ **to have a ~** estar acatarrado(a), tener un *ESP, MÉX* resfriado *or ANDES, RP* resfrío ▸ **to catch a ~** agarrar *or ESP* coger *or MÉX* pescar un resfriado, *ANDES, RP* agarrarse *or* pescarse un resfrío
■ adj **1.** [in temperature] frío(a) ▸ **to be ~** [person] tener frío / [thing] estar frío(a) ▸ **it's ~** hace frío ▸ **to get ~** enfriarse ▸ **to be in a ~ sweat** tener sudores fríos ▸ **~ calling** [in marketing] contacto *m* en frío *or* sin previo aviso ▸ **~ cream** crema *f* de belleza ▸ *US* **~ cuts** fiambres *mpl* y embutidos ▸ MET **~ front** frente *m* frío ▸ **~ meats** fiambres *mpl* y embutidos ▸ **~ sore** herpes *m inv*

labial, *ESP* calentura *f*, *MÉX* fuego *m* ▸ **~ start** [of car] arranque *m* en frío ▸ **~ storage** conservación *f* en cámara frigorífica ▸ **~ war** guerra *f* fría **2.** [person, manner, welcome] frío(a) **3.** [idioms] *Fam* **it leaves me ~** [doesn't interest or impress me] ni me va ni me viene, *ESP* me deja frío(a) ▸ **in ~ blood** a sangre fría ▸ **that's ~ comfort** eso no es un consuelo ▸ **to get ~ feet** echarse atrás ▸ **to give sb the ~ shoulder** dar de lado a alguien

■ adv **to do sth ~** [without preparation] hacer algo en frío ▸ *Fam* **to be out ~** [unconscious] estar inconsciente

cold-blooded ['kəʊld'blʌdɪd] adj [animal] de sangre fría / *Fig* [act] desalmado(a) ▸ **to be ~** [animal] tener la sangre fría / [person] *Fig* ser desalmado(a) ▸ **~ murder** asesinato *m* a sangre fría

cold-hearted ['kəʊld'hɑːtɪd] adj [person, decision] insensible

coldly ['kəʊldlɪ] adv fríamente, con frialdad

coldness ['kəʊldnɪs] n [of weather, manner] frialdad *f*

cold-shoulder ['kəʊld'ʃəʊldə(r)] vt dar de lado a, dar la espalda a

coleslaw ['kəʊlslɔː] n = *ensalada de repollo, zanahoria y cebolla con mayonesa*

colic ['kɒlɪk] n cólico *m*

collaborate [kə'læbəreɪt] vi *also Pej* colaborar (**with** con)

collaboration [kəlæbə'reɪʃən] n *also Pej* colaboración *f*

collaborator [kə'læbəreɪtə(r)] n colaborador(ora) *m,f* / *Pej* [with the enemy] colaboracionista *mf*

collage ['kɒlɑːʒ] n [artwork] collage *m*

collagen ['kɒlədʒən] n colágeno *m*

collapse [kə'læps] ■ n [of building] hundimiento *m*, desplome *m* / [of prices] caída *f*, desplome *m* / [of government] caída *f*, hundimiento *m* / [of business] hundimiento *m*

■ vi [person] desplomarse / [building, prices, resistance] desplomarse, hundirse / [government] caer, hundirse / [business] hundirse

collapsible [kə'læpsəbəl] adj [table, bed] plegable

collar ['kɒlə(r)] ■ n [of shirt] cuello *m* / [for dog] collar *m*

■ vt *Fam* [seize] cazar, agarrar

collarbone ['kɒləbəʊn] n clavícula *f*

collate [kɒ'leɪt] vt cotejar

collateral [kə'lætərəl] ■ n FIN garantía *f* (prendaria)

■ adj MIL **~ damage** bajas *fpl* civiles *(en un bombardeo)*

colleague ['kɒliːg] n colega *mf*, compañero(a) *m,f*

collect [kə'lekt] ■ vt **1.** [as pastime] [stamps, books] coleccionar **2.** [gather] [supporters, belongings] reunir, juntar / [data, news] recoger, reunir / [taxes] recaudar ▸ **I'll ~ you at midday** te recogeré al mediodía **3.** [compose] **she collected her thoughts** puso en orden sus ideas ▸ **to ~ oneself** concentrarse

■ vi [people] reunirse / [things] acumularse

■ adj *US* **~ call** llamada *f* or *AM* llamado *m* a cobro revertido

■ adv *US* **to call sb ~** llamar *or AM* hablar a alguien a cobro revertido

collected [kə'lektɪd] adj **1.** [calm] sereno(a), entero(a) **2. the ~ works of...** las obras completas de...

collection [kə'lekʃən] n **1.** [group] [of stamps, paintings] colección *f* / [of poems, essays] recopilación *f* / [of objects] montón *m* / [of people] grupo *m* **2.** [act of collecting] [of money] colecta *f* / [of rubbish] recogida *f* / [of taxes] recaudación *f* ▸ **to make a ~** [for charity] hacer una colecta ▸ **~ plate** [in church] platillo *m* para las limosnas

collective [kə'lektɪv] ■ n [group] colectivo *m* / [farm] (granja *f*) cooperativa *f*

■ adj colectivo(a) ▸ **~ bargaining** negociación *f* colectiva ▸ GRAM **~ noun** sustantivo *m* colectivo

collectively [kə'lektɪvlɪ] adv colectivamente ▸ **they are ~ known as...** se los/las conoce como...

collectivize [kə'lektɪvaɪz] vt colectivizar

collector [kə'lektə(r)] n **1.** [of paintings, stamps] coleccionista *mf* ▸ **collector's item** pieza *f* de coleccionista **2. ~ of taxes** recaudador(ora) *m,f* de impuestos

college ['kɒlɪdʒ] n [for adult or further education] escuela *f* / [for vocational training] instituto *m* / *BR* [of university] colegio *m* universitario / *US* [university] universidad *f* ▸ **to be at ~** [be a student] estar en la universidad ▸ *BR* **~ of education** escuela de pedagogía *or* magisterio

collide [kə'laɪd] vi colisionar, chocar (**with** con *or* contra)

collie ['kɒlɪ] n [dog] collie *m*

colliery ['kɒlɪərɪ] n [coal mine] mina *f* de carbón

collision [kə'lɪʒən] n colisión *f*, choque *m* ▸ *Fig* **they are on a ~ course** terminarán enfrentándose

colloquial [kə'ləʊkwɪəl] adj coloquial

colloquialism [kə'ləʊkwɪəlɪzəm] n voz *f* or término *m* coloquial

collude [kə'luːd] vi conspirar, confabularse

collusion [kə'luːʒən] n connivencia *f* ▸ **to be in ~ with sb** estar en connivencia con alguien

collywobbles ['kɒlɪwɒbəlz] npl *Fam* **to have the ~** [be nervous] tener canguelo

Colombia [kə'lʌmbɪə] n Colombia

Colombian [kə'lʌmbɪən] n & adj colombiano(a) *m,f*

colon ['kəʊlən] n **1.** ANAT colon *m* **2.** [punctuation mark] dos puntos *mpl*

colonel ['kɜːnəl] n coronel *m*

colonial [kə'ləʊnɪəl] adj colonial

colonialism [kə'ləʊnɪəlɪzəm] n colonialismo *m*

colonist ['kɒlənɪst] n colonizador(ora) *m,f*, colono *m*

colonize ['kɒlənaɪz] vt colonizar

colonnade [kɒlə'neɪd] n ARCHIT columnata *f*

colony ['kɒlənɪ] n colonia *f*

color, colored etc *US* ➤ ***colour, coloured*** etc

colossal [kə'lɒsəl] adj colosal

colour, *US* ***color*** ['kʌlə(r)] ■ n **1.** color *m* ▸ **what ~ is it?** ¿de qué color es? ▸ **~ bar** [racial discrimination] discriminación *f* racial ▸ **~ code** código *m* de colores ▸ **~ scheme** combinación *f* de colores ▸ **~ supplement** [of

newspaper] suplemento *m* en color **2.** [idioms] **to be off ~** [person] *ESP* estar pocho(a), *AM* estar de capa caída ▸ **to give ~ to a story** dar colorido a una historia ▸ **let's see the ~ of your money** veamos primero el dinero ▸ **to pass with flying colours** aprobar con todos los honores ▸ **to show oneself in one's true colours** quitarse la máscara ▸ **she nailed her colours to the mast** manifestó públicamente su postura
■ vt [change colour of] colorear / *Fig* [judgement, view] influir en ▸ **to ~ one's hair** teñirse el pelo ▸ **to ~ sth blue** pintar *or* colorear algo de azul
■ vi [blush] ruborizarse

◆ ***colour in,*** *US* ***color in*** vt sep colorear

colour-blind, *US* ***color-blind*** ['kʌləblaɪnd] adj daltónico(a)

colour-blindness, *US* ***color-blindness*** ['kʌlə-blaɪndnɪs] n daltonismo *m*

colour-coded, *US* ***color-coded*** ['kʌlə'kəʊdɪd] adj **the wires are ~** los cables están coloreados de acuerdo con un código

coloured, *US* ***colored*** ['kʌləd] adj **1.** [illustration] en color ▸ **brightly ~** de colores vivos ▸ *Fig* **a highly ~ narrative** una narrativa llena de colorido **2.** [person] de color

FALSE FRIEND / FALSO AMIGO
coloured

Colorado no es la traducción del inglés *coloured.* **Colorado** se traduce por *red.*

colourful, *US* ***colorful*** ['kʌləfʊl] adj **1.** [having bright colours] de colores vivos **2.** [interesting, exciting] lleno(a) de colorido ▸ **a ~ character** un personaje pintoresco **3.** [vivid] [language, description] expresivo(a), vívido(a)

colouring, *US* ***coloring*** ['kʌlərɪŋ] n **1.** [in food] colorante *m* **2.** [complexion] tez *f* ▸ **to have dark/fair ~** ser de tez morena/clara **3. ~ book** libro *m* para colorear

colourless, *US* ***colorless*** ['kʌləlɪs] adj **1.** [clear] incoloro(a) **2.** *Fig* [dull] insulso(a), inexpresivo(a)

colt [kəʊlt] n [horse] potro *m*

column ['kɒləm] n [of building, troops, in newspaper] columna *f* ▸ **the story got a lot of ~ inches** [good coverage] la prensa se hizo amplio eco de la noticia

columnist ['kɒləmɪst] n [for newspaper, magazine] columnista *mf*

coma ['kəʊmə] n coma *m* ▸ **to go into/be in a ~** entrar en/estar en coma

comatose ['kəʊmətəʊs] adj MED comatoso(a) / *Fam* [exhausted] hecho(a) polvo

comb [kəʊm] ■ n **1.** [for hair] peine *m* ▸ **to run a ~ through one's hair, to give one's hair a ~** peinarse **2.** [of cock] cresta *f*
■ vt **1.** [hair] peinar ▸ **to ~ one's hair** peinarse **2.** [search] [area, town] peinar, rastrear minuciosamente

combat ['kɒmbæt] ■ n combate *m* ▸ **~ fatigue** fatiga *f* de combate ▸ **~ jacket** guerrera *f* ▸ **~ zone** área *f* de combate
■ vt [disease, prejudice, crime] combatir

combatant ['kɒmbətənt] n & adj combatiente *mf*

combination [kɒmbɪ'neɪʃən] n combinación *f* ▸ **a ~ of circumstances** un cúmulo de circunstancias ▸ **~ lock** cierre *m* de combinación ▸ **~ skin** piel *f* mixta

combine ■ n ['kɒmbaɪn] **1. ~ (harvester)** cosechadora *f* **2.** ECON grupo *m* empresarial
■ vt [kəm'baɪn] combinar ▸ **to ~ business with pleasure** combinar los negocios con el placer
■ vi [people] unirse / [merge] unirse, combinarse / [chemical elements] combinarse

combined [kəm'baɪnd] adj conjunto(a) ▸ **our ~ efforts** todos nuestros esfuerzos

combustible [kəm'bʌstɪbəl] adj combustible

combustion [kəm'bʌstʃən] n combustión *f* ▸ **~ chamber** cámara *f* de combustión

come [kʌm] (pt **came** [keɪm], pp **come**) vi **1.** [in general] venir (**from** de) / [arrive] venir, llegar ▸ **to ~ from France** ser francés(esa) ▸ **to ~ from Edinburgh** ser de Edimburgo ▸ **here ~ the children** ya llegan *or* ahí vienen los niños ▸ **~ here!** ¡ven aquí! ▸ **I'll ~ and help** iré a ayudar ▸ **coming!** ¡ya voy! ▸ **she always comes to me for help** siempre acude a mí en busca de ayuda ▸ **to ~ first/last** [in race, competition] llegar *or* terminar primero/último ▸ **my name comes before hers on the list** mi nombre está *or* va antes que el de ella en la lista ▸ **the mud came up to our knees** el barro nos llegaba a las rodillas ▸ *Fig* **she has come a long way since then** ha progresado mucho desde entonces ▸ *Fam* **I don't know whether I'm coming or going!** ¡no sé dónde tengo la cabeza! ▸ *Fam* **~, ~!** ¡bueno, bueno!, ¡venga ya! ▸ **she won't let anything ~ between her and her work** no permite que nada interfiera con su trabajo ▸ **that's surprising coming from him** viniendo de él, es sorprendente ▸ **now that I ~ to think of it** ahora que lo pienso ▸ **~ away from there, it's dangerous** quítate de ahí, que es peligroso ▸ **the rain came pouring down** se puso a llover a cántaros ▸ **to ~ for sth/sb** venir en busca de algo/alguien ▸ **she came running towards us** vino corriendo hacia nosotros **2.** [in time] venir ▸ **in the days/years to ~** en días/años venideros ▸ **to take things as they ~** tomarse las cosas como vienen ▸ **what comes next?** ¿qué viene a continuación? ▸ **she will be ten ~ January** cumple diez años en enero ▸ **~ what may** suceda lo que suceda ▸ **it came as a relief to me** fue un gran alivio para mí ▸ *Fam* **he had it coming (to him)** se lo estaba buscando **3.** [be available] **it comes in three sizes** viene en tres tallas ▸ **work of that quality doesn't ~ cheap** un trabajo de esa calidad no sale barato ▸ *Fam* **he's as tough as they ~** es duro como el que más ▸ **it's as good as they ~** es de lo mejor que hay **4.** [become] **to ~ loose** aflojarse ▸ **to ~ true** cumplirse, hacerse realidad ▸ **to ~ of age** hacerse mayor de edad ▸ **how did the door ~ to be open?** ¿cómo es que estaba la puerta abierta? **5.** *very Fam* [have orgasm] *ESP* correrse, *AM* venirse, *RP* irse

◆ ***come about*** vi ocurrir, suceder ▸ **how did it ~ about that...?** ¿cómo fue que...?

◆ ***come across*** ■ vt insep [find] encontrar, encontrarse con
■ vi [make an impression] **to ~ across well/badly** quedar bien/mal, dar buena/mala impresión ▸ **she**

comes across as a bit arrogant da la impresión de que es un poco arrogante

◆ ***come after*** vt insep [chase] perseguir

◆ ***come along*** vi **1.** [as exhortation] ~ **along!** ¡vamos!, *ESP* ¡venga! **2.** [project, work] marchar, progresar ▸ **how's the project coming along?** ¿qué tal marcha el proyecto? ▸ **his Spanish is coming along well** su español va mejorando

◆ ***come at*** vt insep [attack] atacar, *ESP* ir a por ▸ **he came at me with a knife** me atacó *or ESP* fue a por mí con un cuchillo

◆ ***come away*** vi [become detached] soltarse

◆ ***come back*** vi volver, regresar, *COL, MÉX* regresarse ▸ **to ~ back to what I was saying,...** volviendo a lo que decía antes,... ▸ **it's all coming back to me** ahora me acuerdo de todo

◆ ***come by*** ■ vt insep [acquire] conseguir ▸ **how did she ~ by all that money?** ¿de dónde sacó todo ese dinero?
■ vi [visit] pasarse ▸ **I'll ~ by tomorrow** me pasaré mañana (por tu casa)

◆ ***come down*** vi **1.** [descend] bajar / [rain] caer ▸ *Fig* **to ~ down in the world** venir a menos ▸ **to ~ down with the flu** *ESP* coger *or AM* agarrarse la gripe **2.** [decrease] [temperature, prices] bajar, descender **3.** [decide] **to ~ down in favour of** decantarse a favor de

◆ ***come down on*** vt insep [reprimand] regañar

◆ ***come down to*** vt insep [be a matter of] reducirse a, tratarse de

◆ ***come forward*** vi presentarse

◆ ***come in*** vi **1.** [person] entrar / [tide] subir ▸ **~ in!** ¡adelante! ▸ **to ~ in first/second** llegar en primer/segundo lugar **2.** [have a role] entrar ▸ *Fam* **that's where you ~ in** ahí es cuando entras tú ▸ **to ~ in handy** *or* **useful** resultar útil, venir bien

◆ ***come in for*** vt insep **to ~ in for praise/criticism** recibir alabanzas/críticas

◆ ***come into*** vt insep **1.** [room, city] entrar en ▸ **to ~ into the world** venir al mundo ▸ **to ~ into existence** nacer, surgir ▸ **to ~ into force** *or* **effect** [law, ruling] entrar en vigor ▸ **luck didn't ~ into it** la suerte no tuvo nada que ver **2.** [inherit] heredar

◆ ***come of*** vi [result from] **no good will ~ of it** no saldrá nada bueno de esto ▸ **that's what comes of being too ambitious** eso es lo que pasa por ser demasiado ambicioso

◆ ***come off*** ■ vt insep **1.** [fall from] [horse, bicycle] caerse de **2.** **~ off it!** ¡anda ya!
■ vi **1.** [be removed] [button] caerse / [paint] levantarse **2.** [succeed] [plan] salir ▸ **to ~ off well/badly** [in contest] quedar bien/mal

◆ ***come on*** vi **1.** [as exhortation] **~ on!** ¡vamos!, *ESP* ¡venga! **2.** [make progress] progresar ▸ **I feel a cold coming on** me estoy resfriando *or* acatarrando

◆ ***come out*** vi **1.** [person, sun, magazine] salir / [film] estrenarse ▸ **the truth will ~ out in the end** al final se sabrá la verdad ▸ **to ~ out of an affair well/badly** salir bien/mal parado(a) de un asunto ▸ **the photos have ~ out well** las fotos han salido bien ▸ **to ~ out on strike** declararse en huelga ▸ **she came out in a rash** le salió un sarpullido ▸ **to ~ out in favour of/against sth** declararse a favor de/en contra de algo ▸ **to ~ out with an opinion** expresar una opinión **2.** [tooth, screw, hair] caerse / [stain] salir, quitarse **3.** [as gay or lesbian] declararse homosexual

◆ ***come over*** ■ vt insep [affect] sobrevenir ▸ **a strange feeling came over me** me sobrevino una extraña sensación ▸ **what's come over you?** ¿qué te ha pasado?
■ vi **1.** [make impression] **to ~ over well/badly** quedar bien/mal **2.** [feel] **to ~ over all funny** sentirse raro(a) ▸ **to ~ over all dizzy** marearse **3.** [visit] pasarse ▸ **I'll ~ over tomorrow** me pasaré mañana (por tu casa)

◆ ***come round*** vi **1.** [visit] **~ round and see me one day** pásate a verme un día **2.** [regain consciousness] volver en sí **3.** [accept] **to ~ round to sb's way of thinking** terminar aceptando la opinión de alguien

◆ ***come through*** ■ vi [message, news] llegar
■ vt insep [survive] [war, crisis, illness] sobrevivir a

◆ ***come to*** ■ vt insep **1.** [amount to] sumar, alcanzar ▸ **how much does it ~ to?** ¿a cuánto asciende? ▸ **the scheme never came to anything** el plan se quedó en nada **2.** [reach] **to ~ to a crossroads** llegar a un cruce ▸ **to ~ to the end (of sth)** llegar al final (de algo) ▸ **to ~ to the point** ir al grano ▸ **what is the world coming to?** ¿adónde vamos a ir a parar? ▸ **when it comes to...** en cuestión de... ▸ **if it comes to that, you're not exactly a genius either** si se trata de eso, tú tampoco eres exactamente un genio
■ vi [regain consciousness] volver en sí

◆ ***come together*** vi [gather] reunirse

◆ ***come up*** ■ vt insep [stairs, hill] subir
■ vi **1.** [sun] salir / [opportunity, problem] surgir, presentarse ▸ **to ~ up against opposition/a problem** enfrentarse con la oposición/un problema ▸ **there are some interesting films coming up on television** van a poner algunas películas interesantes en la televisión ▸ **I'll let you know if anything comes up** te avisaré si surge algo ▸ **the case comes up for trial tomorrow** el caso se verá mañana **2. to ~ up with** [funding, solution] encontrar / [idea, theory] formular

◆ ***come upon*** vt insep [find] [person, object] encontrar, encontrarse con

◆ ***come up to*** vt insep **1.** [approach] acercarse a ▸ **a man came up to me and started talking** un hombre se me acercó y comenzó a hablarme ▸ **we're coming up to Christmas** se acerca la Navidad **2.** [equal] estar a la altura de ▸ **the film didn't ~ up to my expectations** la película no fue tan buena como yo esperaba

comeback ['kʌmbæk] n [of sportsperson] vuelta *f* a la competición *or AM* competencia / [of actor] regreso *m* ▸ **to make a ~** [fashion] volver / [actor] volver a actuar / [sportsperson] volver a la competición *or AM* competencia

comedian [kə'mi:dɪən] n humorista *mf*

comedienne [kəmi:dɪ'en] n humorista *f*

comedown ['kʌmdaʊn] n *Fam* degradación *f*

comedy ['kɒmɪdɪ] n [play, film] comedia *f* / [TV series] serie *f* cómica *or* de humor / [humorous entertainment] humor *m,* humorismo *m* ▸ **~ show** [on TV] programa *m* de humor

come-hither ['kʌm'hɪðə(r)] adj *Fam* **~ look** mirada *f* seductora

come-on ['kʌmɒn] n *Fam* **to give sb the ~** [sexually] intentar seducir a, *ESP* tirar los tejos a alguien, *MÉX* echarle los perros a alguien, *RP* cargar a alguien

comer ['kʌmə(r)] n **open to all comers** abierto(a) para todo el mundo

comet ['kɒmɪt] n cometa *m*

comeuppance [kʌm'ʌpəns] n *Fam* **he'll get his ~** ya tendrá su merecido

comfort ['kʌmfət] ■ n **1.** [ease] comodidad *f* ▸ **to live in ~** vivir confortablemente ▸ **in the ~ of one's own home** en el calor del hogar ▸ **home comforts** las comodidades del hogar ▸ **the bullets were too close for ~** las balas pasaban peligrosamente cerca ▸ *US* **~ station** servicio *m*, *ESP* aseos *mpl*, *AM* baños *mpl*, *AM* lavatorios *mpl* **2.** [consolation] consuelo *m* ▸ **if it's any ~,...** si te sirve de consuelo,... ▸ **to take ~ from** *or* **in sth** consolarse con algo
■ vt [console] consolar, confortar

comfortable ['kʌmfətəbəl] adj **1.** [bed, chair] cómodo(a) ▸ **to be ~** [person] estar cómodo(a) ▸ **the patient is ~** el paciente no sufre demasiados dolores ▸ **to make oneself ~** ponerse cómodo(a) ▸ **to feel ~** sentirse a gusto, sentirse cómodo(a) ▸ **I wouldn't feel ~ accepting that money** no me sentiría bien si aceptara ese dinero **2.** [majority, income] holgado(a) ▸ **to be in ~ circumstances** estar en una situación holgada *or* desahogada

comfortably ['kʌmftəblɪ] adv **1.** [to sit] cómodamente **2.** [without difficulty] holgadamente, cómodamente ▸ **to be ~ off** estar en una situación holgada *or* desahogada ▸ **to live ~** vivir sin apuros ▸ **to win ~** ganar holgadamente

comforter ['kʌmfətə(r)] n **1.** *US* [quilt] edredón *m* **2.** *esp BR* [baby's dummy] chupete *m*

comforting ['kʌmfətɪŋ] adj [news, thought] reconfortante

comfy ['kʌmfɪ] adj *Fam* [person, place] cómodo(a)

comic ['kɒmɪk] ■ n **1.** [performer] cómico(a) *m,f,* humorista *mf* **2. ~ (book)** [for children] *ESP* tebeo *m*, *AM* revista *f* de historietas / [for adults] cómic *m*
■ adj cómico(a) ▸ **~ opera** ópera *f* cómica ▸ **to provide some ~ relief** aliviar la tristeza con un toque de humor ▸ **~ strip** tira *f* cómica

comical ['kɒmɪkəl] adj cómico(a)

coming ['kʌmɪŋ] ■ n **1.** [of person] venida *f,* llegada *f* / [of night] caída *f* ▸ **comings and goings** idas *fpl* y venidas **2. ~ of age** [reaching adulthood] mayoría *f* de edad ▸ **the ~ of age of Icelandic cinema** la mayoría de edad del cine *m* islandés **3. ~ out** [in society] debut *m*, presentación *f*
■ adj [year, week] próximo(a)

comma ['kɒmə] n coma *f*

command [kə'mɑːnd] ■ n **1.** [order] orden *f* / COMPTR comando *m,* instrucción *f* ▸ **to do sth at sb's ~** hacer algo por orden de alguien **2.** [authority, control] [of army, expedition] mando *m* ▸ **to be in ~ (of)** estar al mando (de) ▸ **to be in ~ of a situation** dominar una situación ▸ **to be at sb's ~** estar a las órdenes de alguien ▸ **he has many resources at his ~** tiene muchos recursos a su disposición ▸ **she has a good ~ of English** tiene un buen dominio del inglés ▸ **~ economy** economía *f* dirigida ▸ COMPTR **~ language** lenguaje *m* de comandos *or* de mando
■ vt **1.** [order] mandar, ordenar ▸ **to ~ sb to do sth** mandar a alguien que haga algo **2.** [ship, regiment] estar al mando de, mandar **3.** [have at one's disposal] disponer de ▸ **with all the skill he could ~** con toda la habilidad de que disponía **4.** [inspire] [respect, admiration] infundir, inspirar / [attention] obtener ▸ **to ~ a high price** alcanzar un precio elevado

commandant ['kɒməndænt] n MIL comandante *mf*

commandeer [kɒmən'dɪə(r)] vt [requisition] requisar

commander [kə'mɑːndə(r)] n MIL comandante *mf*

commander-in-chief [kə'mɑːndərɪn'tʃiːf] (pl **commanders-in-chief**) n MIL comandante *mf* en jefe

commanding [kə'mɑːndɪŋ] adj [tone, appearance] autoritario(a) / [position] dominante / [lead] abrumador(ora) ▸ MIL **~ officer** oficial *m* al mando

commandment [kə'mɑːndmənt] n REL mandamiento *m*

commando [kə'mɑːndəʊ] (pl **commandos** *or* **commandoes**) n MIL [soldier] comando *m*

commemorate [kə'meməreɪt] vt conmemorar

commemoration [kəmemə'reɪʃən] n conmemoración *f* ▸ **in ~ of** en conmemoración de

commemorative [kə'memərətɪv] adj conmemorativo(a)

commence [kə'mens] *Formal* ■ vt comenzar ▸ **to ~ doing sth** comenzar a hacer algo
■ vi comenzar

commencement [kə'mensmənt] n **1.** comienzo *m,* inicio *m* **2.** *US* UNIV ceremonia *f* de licenciatura

CULTURE / CULTURA

commencement

Designa la ceremonia de graduación que tiene lugar en las universidades y centros de enseñanza secundarios de EE. UU. Los estudiantes lucen las típicas togas académicas y el núcleo de la ceremonia gira en torno al discurso conocido como "Commencement address". Por lo general, en las universidades el discurso lo pronuncia una personalidad destacada o un político, y en las más afortunadas el presidente de la nación es el encargado de pronunciarlo.

commend [kə'mend] vt **1.** [praise] encomiar, elogiar ▸ **to ~ sb for bravery** elogiar la valentía de alguien ▸ **highly commended** accésit **2.** [recommend] **the train journey has little to ~ it** el viaje en tren tiene poco de recomendable **3.** [entrust] encomendar (**to** a)

commendable [kə'mendəbəl] adj encomiable

commendably [kə'mendəblɪ] adv **his speech was ~ brief** su discurso fue de una brevedad digna de encomio

commendation [kɒmen'deɪʃən] n **to receive a ~** recibir una mención ▸ **worthy of ~** digno(a) de encomio *or* mención

commensurate [kə'mensərət] adj *Formal* acorde (**with** con), proporcional (**with** a) ▸ **you will receive a salary ~ with the position** percibirá un salario adecuado a su puesto

comment ['kɒment] ■ n comentario *m* ▸ **to make a ~ on sth** hacer un comentario acerca de algo ▸ **no ~** sin comentarios
■ vt **to ~ that...** comentar que... ▸ **"how interesting," he commented** "qué interesante", comentó
■ vi hacer comentarios ▸ **to ~ on sth** comentar algo

commentary ['kɒməntərɪ] n **1.** [on TV, radio] comentarios *mpl* **2.** [on text] comentario *m*

commentate ['kɒmənteɪt] vi [for TV, radio] hacer de comentarista ▸ **to ~ on a match** ser el comentarista de un partido

commentator ['kɒmənteɪtə(r)] n [on TV, radio] comentarista *mf*

commerce ['kɒmɜːs] n comercio *m*

commercial [kə'mɜːʃəl] ■ adj *also Pej* comercial ▸ **~ artist** diseñador(ora) *m,f* gráfico(a) de publicidad ▸ FIN **~ bank** banco *m* comercial ▸ TV & RAD **~ break** pausa *f* publicitaria ▸ **~ law** derecho *m* mercantil ▸ **~ traveller** viajante *mf* de comercio ▸ **~ value** valor *m* comercial ▸ **~ vehicle** vehículo *m* de transporte de mercancías
■ n [TV, radio advertisement] anuncio *m* (publicitario)

commercialism [kə'mɜːʃəlɪzəm] n *Pej* comercialidad *f*

commercialization [kəmɜːʃəlaɪ'zeɪʃən] n comercialización *f*

commercialize [kə'mɜːʃəlaɪz] vt comercializar

commercially [kə'mɜːʃəlɪ] adv comercialmente

commie ['kɒmɪ] n & adj *Fam Pej* [communist] rojo(a) *m,f*

commiserate [kə'mɪzəreɪt] vi **he commiserated with me** me dijo cuánto lo sentía

commiseration [kəmɪzə'reɪʃən] n **he offered his commiserations** dijo cuánto lo sentía ▸ **(you have) my commiserations** te compadezco, cuánto lo siento

commission [kə'mɪʃən] ■ n **1.** COM [payment] comisión *f* ▸ **to charge ~** cobrar comisión **2.** [order] encargo *m* **3.** [investigating body] comisión *f,* comité *m* **4. out of/in ~** [ship] fuera de/en servicio **5.** MIL nombramiento *m*
■ vt **1.** [order] [person] encargar ▸ **to ~ sb to do sth** encargar a alguien hacer algo **2.** MIL **to be commissioned** ser nombrado(a)

commissionaire [kəmɪʃə'neə(r)] n *BR* [at hotel, cinema] portero *m* de librea

commissioner [kə'mɪʃənə(r)] n comisario(a) *m,f* ▸ **~ of police** comisario(a) *m,f* de policía ▸ LAW **~ for oaths** ≃ notario(a) *m,f*, *CRICA, ECUAD, RP* ≃ escribano(a) *m,f*

commit [kə'mɪt] vt **1.** [error, crime] cometer ▸ **to ~ suicide** suicidarse **2.** [promise] **to ~ oneself** comprometerse ▸ **to ~ oneself to (doing) sth** comprometerse a (hacer) algo **3.** [entrust] confiar, encomendar ▸ **to ~ sth to writing** *or* **paper** poner algo por escrito ▸ **to ~ sth to memory** memorizar algo **4.** [confine] **to ~ sb to prison** encarcelar a alguien ▸ **he was committed** [to mental institution] fue ingresado en un psiquiátrico **5.** LAW **to ~ sb for trial** enviar a alguien a un tribunal superior para ser juzgado(a)

commitment [kə'mɪtmənt] n [obligation, loyalty] compromiso *m* ▸ **to make a ~ (to sth/sb)** comprometerse (con algo/alguien) ▸ **she lacks ~** no se compromete lo suficiente ▸ **family commitments** compromisos familiares

committal [kə'mɪtəl] n [to mental hospital, prison] reclusión *f* (**to** en), ingreso *m* (**to** en) ▸ LAW **~ proceedings** auto *m* de prisión, orden *f* de encarcelamiento

committed [kə'mɪtɪd] adj comprometido(a) ▸ **to be ~ to an idea** estar comprometido(a) con una idea

committee [kə'mɪtɪ] n comité *m,* comisión *f* ▸ **to sit** *or* **be on a ~** ser miembro de un comité ▸ **~ meeting** reunión *f* del comité ▸ **~ member** miembro *mf* del comité

commode [kə'məʊd] n **1.** [chest of drawers] cómoda *f* **2.** [toilet] silla *f* (de) servicio, silla *f* con inodoro

commodious [kə'məʊdɪəs] adj amplio(a), espacioso(a)

commodity [kə'mɒdɪtɪ] n ECON & FIN producto *m* básico ▸ *Fig* **a rare ~** un bien muy escaso ▸ **~ market** mercado *m* de productos básicos

commodore ['kɒmədɔː(r)] n NAUT comodoro *m*

common ['kɒmən] ■ n **1. to have sth in ~ (with sb)** tener algo en común (con alguien) **2.** [land] = *campo municipal para uso del común,* ≃ ejido *m*
■ adj **1.** [frequent] común, frecuente ▸ **in ~ use** de uso corriente **2.** [shared] común ▸ **it is by ~ consent the best** está considerado por todos como el mejor ▸ **Common Agricultural Policy** Política *f* Agrícola Común ▸ *also Fig* **~ denominator** denominador *m* común ▸ *also Fig* **~ factor** factor *m* común ▸ **the ~ good** el bien común ▸ *Fig* **~ ground** puntos *mpl* en común ▸ **it's ~ knowledge** es de(l) dominio público ▸ SCH **~ room** [for pupils] sala *f* de alumnos / [for teachers] sala *f* de profesores **3.** [average, ordinary] común, corriente ▸ **~ or garden** del montón, normal y corriente ▸ **the ~ cold** el *ESP, MÉX* resfriado *or ANDES, RP* resfrío común ▸ **the ~ man** el ciudadano medio ▸ **the ~ people** la gente corriente ▸ **~ sense** sentido *m* común ▸ *US* ST EXCH **~ stock** acciones *fpl* ordinarias **4.** [vulgar] ordinario(a)

commoner ['kɒmənə(r)] n plebeyo(a) *m,f*

common-law ['kɒmənlɔː] adj **~ marriage** matrimonio *m or* unión *f* de hecho ▸ **~ husband/wife** esposo *m*/ esposa *f* de hecho

commonly ['kɒmənlɪ] adv comúnmente

common-or-garden [kɒmənɔː'gɑːdən] adj *BR Fam* corriente y moliente, común y corriente

commonplace ['kɒmənpleɪs] ■ n tópico *m,* lugar *m* común
■ adj común, habitual

Commons ['kɒmənz] npl *BR, CAN* **the (House of) ~** la Cámara de los Comunes

Commonwealth ['kɒmənwelθ] n **the ~** la Commonwealth, la Comunidad Británica de Naciones

CULTURE / CULTURA

Commonwealth

La **Commonwealth** se compone de 54 estados soberanos que, en algún momento, formaron parte del Imperio Británico. El estatuto de la **Commonwealth** –fundado sobre principios de autonomía, igualdad y lealtad a la corona por parte de las colonias y dependencias británicas– fue adoptado en 1931. A pesar del desmoronamiento del Imperio, el monarca británico continúa a la cabeza de la **Commonwealth** y los dirigentes de todos los estados miembros se reúnen bienalmente para celebrar la "Commonwealth Conference". Los juegos de la **Commonwealth** permiten a los estados miembros competir en la mayoría de las disciplinas olímpicas y tienen lugar cada cuatro años en un país diferente.

commotion [kə'məʊʃən] n alboroto *m,* tumulto *m* ▸ **to cause a ~** causar un alboroto

communal ['kɒmjʊnəl] adj comunal

communally ['kɒmjʊnəlɪ] adv en comunidad ▸ **~ owned** de propiedad comunitaria

commune ■ n ['kɒmju:n] [collective] comuna *f*
■ vi [kə'mju:n] estar en comunión (**with** con)

communicable [kə'mju:nɪkəbəl] adj [disease] contagioso(a)

communicant [kə'mju:nɪkənt] n REL comulgante *mf*

communicate [kə'mju:nɪkeɪt] ■ vt [information, idea] comunicar (**to** a)
■ vi **1.** [person] comunicarse (**with** con) **2.** [rooms] comunicarse

communication [kəmju:nɪ'keɪʃən] n comunicación *f* ▸ **to be in ~ (with sb)** estar en contacto (con alguien) ▸ **radio ~** comunicación *f* por radio ▸ **to pull the ~ cord** accionar la alarma *(en los trenes)* ▸ **communications technology** tecnología *f* de las telecomunicaciones

communicative [kə'mju:nɪkətɪv] adj comunicativo(a)

communion [kə'mju:njən] n REL comunión *f* ▸ **to take Communion** comulgar

communism ['kɒmjʊnɪzəm] n comunismo *m*

communist ['kɒmjʊnɪst] n & adj comunista *mf*

community [kə'mju:nɪtɪ] n comunidad *f* ▸ **the Asian ~** la comunidad asiática ▸ **the business ~** el sector empresarial, los empresarios ▸ **~ care** asistencia *f* social domiciliaria ▸ **~ centre** ≃ centro *m* cívico *or* social ▸ **~ service** servicios *mpl* a la comunidad *(impuestos como pena sustitutiva de cárcel)* ▸ **~ spirit** espíritu *m* comunitario

commute [kə'mju:t] ■ vt LAW conmutar
■ vi **to ~ (to work)** viajar diariamente al lugar de trabajo

commuter [kə'mju:tə(r)] n = *persona que viaja diariamente al trabajo* ▸ **~ belt** barrios *mpl* de la periferia ▸ **~ train** = *tren de cercanías que las personas utilizan para desplazarse diariamente al lugar de trabajo*

Comoros ['kɒmərɒs] n **the ~ (Islands)** las (Islas) Comores

compact ■ n ['kɒmpækt] **1.** [for powder] polvera *f* **2.** [treaty] pacto *m* **3.** *US* [car] utilitario *m*
■ adj [kəm'pækt] compacto(a) ▸ **~ disc** (disco *m*) compacto *m* ▸ **~ disc player** reproductor *m* de discos compactos
■ vt [kɒm'pækt] [scrap metal] compactar, comprimir

companion [kəm'pænjən] n **1.** [friend] compañero(a) *m,f* ▸ **a drinking/travelling ~** un(a) compañero(a) de borrachera/viaje **2.** [guidebook] guía *f*

companionable [kəm'pænjənəbəl] adj sociable

companionship [kəm'pænjənʃɪp] n compañía *f*

company ['kʌmpənɪ] n **1.** [companionship] compañía *f* ▸ **in sb's ~** en compañía de alguien ▸ **to keep sb ~** hacer compañía a alguien ▸ **to be good ~** ser buena compañía ▸ **to part ~ (with sb)** separarse (de alguien) ▸ **to get into bad ~** mezclarse con malas compañías ▸ **you shouldn't pick your nose in ~** no se debe uno meter el dedo en la nariz delante de (la) gente ▸ **we're expecting ~** [guests] tenemos invitados ▸ *Prov* **two's ~, three's a crowd** dos es compañía, tres es multitud **2.** COM empresa *f,* compañía *f* ▸ **~ car** coche *m or AM* carro *m or RP* auto *m* de empresa ▸ **~ policy** política *f* de empresa ▸ COM **~ secretary** jefe(a) *m,f* de administración **3.** [army unit, theatre group] compañía *f* **4.** NAUT **the ship's ~** la tripulación (del barco)

comparable ['kɒmpərəbəl] adj comparable

comparative [kəm'pærətɪv] ■ n GRAM comparativo *m*
■ adj [cost, comfort, wealth] relativo(a) / [study, research] comparado(a)

compare [kəm'peə(r)] ■ n *Literary* **beyond ~** incomparable

HOW TO...

make comparisons

La empresa ha tenido muchas más ganancias que el año pasado. / The company made much more profit than last year.
Es más alta/mucho más alta/todavía más alta que tú. / She's taller/much taller/even taller than you.
Es mejor/peor que el año pasado. / It's better/worse than last year.
Hemos tardado más de lo previsto. / It's taken us longer than we expected.
Siempre llega más tarde que tú. / He always comes later than you.
Su empresa ha tenido tantas ganancias como la nuestra. / Their company has made as much profit as ours.
Ambos/Los dos son igual de perezosos. / They're both as lazy as each other.
No es tan amable como el abogado. / He's not as nice as the lawyer.

■ vt comparar (**with** *or* **to** con) ▸ **compared with** *or* **to...** comparado(a) con... ▸ *Fig* **to ~ notes (with sb)** intercambiar pareceres *or* opiniones (con alguien)
■ vi compararse (**with** con *or* a) ▸ **to ~ favourably with sth** resultar ser mejor que algo

comparison [kəm'pærɪsən] n comparación *f* ▸ **in** *or* **by ~** en comparación ▸ **there is no ~** no hay punto de comparación ▸ **to draw** *or* **make a ~ between** establecer un paralelismo entre

compartment [kəm'pɑːtmənt] n compartimento *m*

compass ['kʌmpəs] n **1.** [for finding direction] brújula *f* **2.** MATH **compasses** compás *m* ▸ **a pair of compasses** un compás **3.** [range] ámbito *m,* alcance *m*

compassion [kəm'pæʃən] n compasión *f*

compassionate [kəm'pæʃənət] adj [person, attitude] compasivo(a) ▸ **to be ~ towards sb** ser compasivo(a) con alguien ▸ **on ~ grounds** por compasión ▸ **~ leave** = *permiso por enfermedad grave o muerte de un familiar*

compatibility [kəmpætə'bɪlɪtɪ] n compatibilidad *f*

compatible [kəm'pætəbəl] adj compatible (**with** con)

compatriot [kəm'pætrɪət] n compatriota *mf*

compel [kəm'pel] (pt & pp **compelled**) vt obligar ▸ **to ~ sb to do sth** obligar a alguien a hacer algo ▸ **to ~ admiration/respect** inspirar admiración/respeto

compelling [kəm'pelɪŋ] adj [film, performance] absorbente / [argument] poderoso(a), convincente / [urgency] apremiante

compendium [kəm'pendɪəm] (pl **compendiums** *or* **compendia** [kəm'pendɪə]) n *BR* compendio *m*

compensate ['kɒmpenseɪt] ■ vt compensar, indemnizar (**for** por)
■ vi **to ~ for sth** compensar algo

compensation [kɒmpen'seɪʃən] n [reparation] compensación *f* / [money] indemnización *f*

compensatory [kɒmpen'seɪtərɪ] adj compensatorio(a)

compere ['kɒmpeə(r)] ■ n presentador(ora) *m,f*
■ vt [programme, show] presentar

compete [kəm'piːt] vi competir (**with** con *or* contra) ▸ **to ~ for a prize** competir por un premio

competence ['kɒmpɪtəns] n **1.** [ability] competencia *f,* cualidades *fpl* **2.** LAW competencia *f*

competent ['kɒmpɪtənt] adj competente

competition [kɒmpɪ'tɪʃən] n **1.** [contest] concurso *m* / [in sport] competición *f, AM* competencia *f* **2.** [rivalry] competencia *f* ▸ **to be in ~ with sb** competir con alguien ▸ **the ~** [rivals] la competencia

competitive [kəm'petɪtɪv] adj competitivo(a) ▸ **~ sports** deportes *mpl* de competición *or AM* competencia ▸ COM **~ tendering** adjudicación *f* por concurso público

competitiveness [kəm'petɪtɪvnɪs] n competitividad *f*

competitor [kəm'petɪtə(r)] n competidor(ora) *m,f*

compilation [kɒmpɪ'leɪʃən] n recopilación *f,* compilación *f*

compile [kəm'paɪl] vt recopilar, compilar

compiler [kəm'paɪlə(r)] n **1.** [of book, information] recopilador(ora) *m,f,* compilador(ora) *m,f* / [of dictionary] redactor(ora) *m,f* **2.** COMPTR compilador *m*

complacency [kəm'pleɪsənsɪ], ***complacence*** [kəm'pleɪsəns] n autocomplacencia *f*

complacent [kəm'pleɪsənt] adj autocomplaciente ▸ **to be ~ about sth** ser demasiado relajado(a) respecto a algo

complain [kəm'pleɪn] vi quejarse (**about** de) ▸ **to ~ of** [symptoms] estar aquejado(a) de ▸ **she complained that he had cheated** se quejó de que él había hecho trampa ▸ **I can't ~ about the service** no tengo queja alguna del servicio ▸ **how are things? – I can't ~** ¿cómo van las cosas? – no me puedo quejar

complainant [kəm'pleɪnənt] n LAW reclamante *mf*

complaint [kəm'pleɪnt] n **1.** [grievance] queja *f* ▸ **to have cause** *or* **grounds for ~** tener motivos de queja ▸ **to lodge** *or* **make a ~ (against sb)** presentar una queja (contra alguien) **2.** [illness] afección *f,* problema *m* ▸ **she suffers from a skin ~** tiene un problema de piel

complement ['kɒmplɪmənt] ■ n **1.** GRAM complemento *m* **2.** NAUT **the full ~** la dotación, la tripulación ▸ *Fig* **I still have my full ~ of teeth** todavía conservo toda mi dentadura
■ vt complementar

HOW TO...

make a complaint

Quería presentar una reclamación acerca de... / reclamar sobre... / I wish to make a complaint / complain about...
No estoy muy/nada satisfecho con el servicio. / I am not very happy/not at all happy with the service we have received.
No estoy nada contento con la manera como se ha hecho el trabajo. / I am not at all happy with the way the work has been done.
Es inaceptable la manera como nos han tratado. / The way we have been treated is quite unacceptable.
Creo que tengo derecho a solicitar una indemnización. / I think I am justified in asking for compensation.
Solicito el reembolso del precio de la cámara. / I expect the cost of the camera to be fully reimbursed.
Quisiera hablar con el responsable. / I'd like to speak to the manager, please.
Les agradecería que solucionasen este problema lo antes posible. / I would be grateful if you could deal with this problem as soon as possible.
Confío en que solucionarán este problema / I'm confident that you will be able to resolve this problem.

complementary [kɒmplɪˈmentərɪ] adj complementario(a) ▸ **~ medicine** medicina *f* alternativa

complete [kəmˈpliːt] ■ adj **1.** [lacking nothing] completo(a) ▸ **the ~ works of...** las obras completas de... **2.** [finished] terminado(a), acabado(a) ▸ **the work is now ~** el trabajo ya está terminado **3.** [total, thorough] total, absoluto(a) ▸ **a ~ turnaround in the situation** un vuelco total de la situación ▸ **it came as a ~ surprise** fue una sorpresa absoluta ▸ **she is a ~ fool** es tonta de remate ▸ **he's a ~ stranger** es un completo desconocido

■ vt completar, terminar ▸ **to ~ a form** rellenar un impreso

completely [kəmˈpliːtlɪ] adv completamente, totalmente

completeness [kəmˈpliːtnɪs] n **1.** [wholeness] **they added a final volume to the series for ~** añadieron un último volumen para redondear la colección **2.** [thoroughness] **the ~ of their victory/defeat** lo categórico de su victoria/derrota

completion [kəmˈpliːʃən] n finalización *f*, terminación *f* ▸ **on ~** al terminar ▸ **to be nearing ~** estar próximo a concluir

complex [ˈkɒmpleks] ■ n [of buildings, psychological] complejo *m* ▸ **to have a ~ about one's weight** tener complejo de gordo(a)

■ adj complejo(a)

complexion [kəmˈplekʃən] n tez *f* ▸ **to have a dark/fair ~** tener la tez oscura/clara ▸ *Fig* **that puts a different ~ on it** eso le da otro color

complexity [kəmˈpleksɪtɪ] n complejidad *f*

compliance [kəmˈplaɪəns] n cumplimiento *m* (**with** de) ▸ **in ~ with your wishes** en cumplimiento de sus deseos

compliant [kəmˈplaɪənt] adj dócil, sumiso(a)

complicate [ˈkɒmplɪkeɪt] vt complicar ▸ **the issue is complicated by the fact that...** el asunto se complica aún más debido al hecho de que...

complicated [ˈkɒmplɪkeɪtɪd] adj complicado(a)

complication [kɒmplɪˈkeɪʃən] n complicación *f* ▸ **complications** [in patient's condition] complicaciones

complicity [kəmˈplɪsɪtɪ] n complicidad *f*

compliment [ˈkɒmplɪmənt] ■ n cumplido *m* ▸ **to pay sb a ~** hacer un cumplido a alguien ▸ **to return the ~** *also Ironic* devolver el cumplido ▸ **with compliments** con mis mejores deseos ▸ **to send one's compliments to sb** enviar saludos *or* *CAM, COL, ECUAD* saludes a alguien ▸ **compliments slip** nota *f* de cortesía

■ vt **to ~ sb on sth** felicitar a alguien por algo

complimentary [kɒmplɪˈmentərɪ] adj **1.** [praising] elogioso(a) **2.** [free] de regalo, gratuito(a) ▸ **~ ticket** invitación *f*

comply [kəmˈplaɪ] vi **to ~ with** [rule] cumplir, ajustarse a / [order] cumplir / [request] someterse a

component [kəmˈpəʊnənt] ■ n pieza *f*

■ adj **~ part** pieza *f*

compose [kəmˈpəʊz] vt **1.** [music, poetry] componer **2.** [constitute] **to be composed of** estar compuesto(a) de **3.** [calm] **to ~ oneself** serenarse

composed [kəmˈpəʊzd] adj sereno(a)

composer [kəmˈpəʊzə(r)] n MUS compositor(ora) *m,f*

composite [ˈkɒmpəzɪt] adj compuesto(a)

composition [kɒmpəˈzɪʃən] n [piece of music, act of composing] composición *f* / [essay] redacción *f*

compositor [kəmˈpɒzɪtə(r)] n TYP cajista *mf*

compos mentis [ˈkɒmpəsˈmentɪs] adj LAW en pleno uso de sus facultades mentales

compost [ˈkɒmpɒst] n compost *m*, mantillo *m* ▸ **~ heap** montón *m* de compost *or* mantillo

composure [kəmˈpəʊʒə(r)] n compostura *f* ▸ **to lose/recover one's ~** perder/recobrar la compostura

compound[1] ■ n [ˈkɒmpaʊnd] CHEM & GRAM compuesto *m*

■ adj compuesto(a) ▸ MATH **~ fraction** fracción *f* mixta ▸ MED **~ fracture** fractura *f* abierta ▸ FIN **~ interest** interés *m* compuesto

■ vt [kəmˈpaʊnd] [problem] complicar, empeorar

compound[2] [ˈkɒmpaʊnd] n [enclosure] recinto *m*

comprehend [kɒmprɪˈhend] vt comprender

comprehensible [kɒmprɪˈhensəbəl] adj comprensible

comprehension [kɒmprɪˈhenʃən] n comprensión *f* ▸ **it is beyond my ~** me resulta incomprensible

comprehensive [kɒmprɪˈhensɪv] adj [answer, study, view] detallado(a), completo(a) / [defeat, victory] rotundo(a) ▸ FIN **~ insurance** seguro *m* a todo riesgo ▸ *BR* **~ (school)** ≃ instituto *m* (de enseñanza secundaria) *(no selectiva)*

> FALSE FRIEND / FALSO AMIGO
>
> ***comprehensive***
>
> Comprensivo no es la traducción del inglés *comprehensive*. **Comprensivo** se traduce por *understanding*.

compress ■ n [ˈkɒmpres] MED compresa *f*, apósito *m*

■ vt [kəmˈpres] [gas] comprimir / [text] condensar

compression [kəmˈpreʃən] n compresión *f*

compressor [kəmˈpresə(r)] n compresor *m*

comprise [kəmˈpraɪz] vt [include] comprender, incluir ▸ **to be comprised of** constar de

compromise [ˈkɒmprəmaɪz] ■ n solución *f* negociada *or* intermedia ▸ **to reach a ~** alcanzar una solución intermedia

■ vt poner en peligro ▸ **to ~ oneself** ponerse en una situación comprometida ▸ **he compromised his principles** traicionó sus principios

■ vi transigir, hacer concesiones

> FALSE FRIEND / FALSO AMIGO
>
> ***compromise***
>
> Compromiso no es la traducción del sustantivo inglés *compromise*. **Compromiso** se traduce por *commitment, agreement* o *engagement*.

compromising [ˈkɒmprəmaɪzɪŋ] adj comprometedor(ora)

compulsion [kəmˈpʌlʃən] n [urge] impulso *m* /

[obligation] obligación *f* ▸ **under ~** bajo coacción ▸ **to be under no ~ to do sth** no estar obligado(a) a hacer algo

compulsive [kəm'pʌlsɪv] adj compulsivo(a) ▸ **it's ~ viewing** hay que verlo

compulsory [kəm'pʌlsərɪ] adj obligatorio(a) ▸ *BR* **~ purchase** expropiación *f* ▸ **~ redundancy** despido *m* forzoso

compunction [kəm'pʌŋkʃən] n reparo *m* ▸ **without ~** sin reparos

computation [kɒmpjʊ'teɪʃən] n cálculo *m*

computational [kɒmpjʊ'teɪʃənəl] adj computacional

compute [kəm'pju:t] vt calcular

computer [kəm'pju:tə(r)] n *ESP* ordenador *m*, *AM* computadora *f*, *AM* computador *m* ▸ **~ crime** delitos *mpl* informáticos ▸ **~ game** juego *m* de *ESP* ordenador *or AM* computadora ▸ **~ literacy** conocimientos *mpl* de informática ▸ **~ literate** con conocimientos de informática ▸ **~ printout** listado *m*, copia *f* impresa ▸ **~ program** programa *m* informático ▸ **~ programmer** programador(ora) *m,f* ▸ **~ programming** programación *f* (de *ESP* ordenadores *or AM* computadoras) ▸ **~ rage** = *comportamiento agresivo por ordenador* ▸ **~ science** informática *f* ▸ **~ scientist** informático(a) *m,f* ▸ **~ simulation** simulación *f* por *ESP* ordenador *or AM* computadora ▸ **~ virus** virus *m inv* informático

computer-aided [kəm'pju:təreɪdɪd], ***computer-assisted*** [kəm'pju:tərə'sɪstɪd] adj **~ design** diseño *m* asistido por *ESP* ordenador *or AM* computadora ▸ **~ instruction** *or* **learning** enseñanza *f* asistida por *ESP* ordenador *or AM* computadora ▸ **~ manufacture** fabricación *f* asistida por *ESP* ordenador *or AM* computadora

computerization [kəmpju:təraɪ'zeɪʃən] n informatización *f*, *AM* computarización *f*, *AM* computadorización *f*

computerize [kəm'pju:təraɪz] vt informatizar, *AM* computarizar, *AM* computadorizar

computing [kəm'pju:tɪŋ] n informática *f*, *AM* computación *f*

comrade ['kɒmreɪd] n camarada *mf*, compañero(a) *m,f*

comradeship ['kɒmrədʃɪp] n camaradería *f*

Con *BR* POL (abbr ***Conservative***) conservador(ora)

con[1] [kɒn] *Fam* ■ n [swindle] timo *m*, *ANDES, RP* truchada *f* ▸ **what a ~!** ¡menudo timo!, *ANDES, RP* ¡qué truchada! ▸ **~ artist** *or* **man** timador *m*, *ANDES, RP* cagador *m*

■ vt (pt & pp **conned**) [swindle] timar, *RP* cagar ▸ **to ~ sth out of sb, to ~ sb out of sth** timarle *or* estafarle algo a alguien ▸ **to ~ sb into doing sth** embaucar a alguien para que haga algo

con[2] n *Fam* [prisoner] recluso(a) *m,f*, preso(a) *m,f*

con[3] n [disadvantage] **the pros and cons** los pros y los contras

concave ['kɒnkeɪv] adj cóncavo(a)

conceal [kən'si:l] vt [object] ocultar, esconder (**from** de) / [fact] ocultar (**from** a) ▸ **to ~ oneself** esconderse, ocultarse

concealed [kən'si:ld] adj [lighting] indirecto(a) / [driveway, entrance] oculto(a)

concede [kən'si:d] ■ vt **1.** [admit] reconocer, admitir ▸ **to ~ defeat** admitir la derrota ▸ **she was forced to ~ that he was right** se vio obligada a reconocer que él tenia razón **2.** [grant, allow] conceder **3.** SPORT **to ~ a goal** encajar un gol

■ vi ceder

conceit [kən'si:t] n [vanity] engreimiento *m*, presuntuosidad *f*

conceited [kən'si:tɪd] adj engreído(a), presuntuoso(a)

conceivable [kən'si:vəbəl] adj concebible, posible ▸ **it is ~ that...** es posible que...

conceivably [kən'si:vəblɪ] adv posiblemente ▸ **she could ~ have done it** es posible que lo haya hecho ella

conceive [kən'si:v] ■ vt concebir

■ vi **to ~ of** imaginar, concebir

concentrate ['kɒnsəntreɪt] ■ vt concentrar ▸ **the threat helped to ~ their minds** la amenaza les hizo aplicarse

■ vi concentrarse (**on** en)

■ n concentrado *m*

concentration [kɒnsən'treɪʃən] n concentración *f* ▸ **~ camp** campo *m* de concentración ▸ **~ span** capacidad *f* de concentración

concentric [kɒn'sentrɪk] adj MATH concéntrico(a)

concept ['kɒnsept] n concepto *m*

conception [kən'sepʃən] n **1.** [of child, idea] concepción *f* **2.** [understanding] idea *f* ▸ **to have no ~ of sth** no tener ni idea de algo

conceptual [kən'septjʊəl] adj conceptual

conceptualize [kən'septjʊəlaɪz] vt formarse un concepto de

concern [kən'sɜ:n] ■ n **1.** [interest] interés *m* ▸ **it's no ~ of mine/yours** no es de mi/tu incumbencia ▸ **of public ~** de interés público **2.** [worry, compassion] preocupación *f* ▸ **to give cause for ~** dar motivos de preocupación ▸ **there is no cause for ~** no hay motivo de preocupación ▸ **to show ~** mostrar preocupación

HOW TO...

concede a point

Debo reconocer que tiene razón. / I have to admit that he's right.
Tienes razón. / You're right.
Puede que sea cierto. / That could be true.
Puede ser. / Maybe./It's possible.
Supongo que sí. / I suppose so.
En efecto, es muy caro. / Certainly, it is very expensive.
Exactamente. / Exactly.

3. [company] empresa *f*
■ vt **1.** [affect] concernir, incumbir ▸ **to ~ oneself with** *or* **about sth** preocuparse de algo ▸ **as far as I'm concerned...** por lo que a mí respecta... ▸ **to whom it may ~** a quien pueda interesar **2.** [worry] preocupar **3.** [be about] concernir, atañer ▸ **it concerns your request for a transfer** tiene que ver con tu petición de traslado

concerned [kən'sɜːnd] adj [worried] preocupado(a) (**about** por)

concerning [kən'sɜːnɪŋ] prep en relación con *or* a

concert ['kɒnsət] n **1.** [musical] concierto *m* ▸ **in ~** en concierto ▸ **~ hall** sala *f* de conciertos ▸ **~ pianist** concertista *mf* de piano **2.** [cooperation] **in ~ with** en colaboración con

concerted [kən'sɜːtɪd] adj conjunto(a), concertado(a)

concertgoer ['kɒnsətgəʊə(r)] n **a crowd of concertgoers** una multitud de asistentes al concierto

concertina [kɒnsə'tiːnə] n [musical instrument] concertina *f*

concerto [kən'tʃɜːtəʊ] (pl **concertos**) n MUS concierto *m* ▸ **piano/violin ~** concierto para piano/violín

concession [kən'seʃən] n **1.** [compromise] concesión *f* ▸ **to make concessions** hacer concesiones **2.** [discount] descuento *m*

concessionary [kən'seʃənərɪ] adj con descuento ▸ *BR* **~ ticket** billete *m or AM* boleto *m* con descuento *(para niños, estudiantes, parados o jubilados)*

conciliate [kən'sɪlɪeɪt] vt [appease] apaciguar / [reconcile] conciliar

conciliation [kənsɪlɪ'eɪʃən] n arbitraje *m*, conciliación *f* ▸ **the dispute went to ~** se recurrió al arbitraje para dirimir el conflicto

conciliatory [kən'sɪlɪətərɪ] adj conciliador(ora)

concise [kən'saɪs] adj conciso(a)

conclude [kən'kluːd] ■ vt **1.** [finish] concluir ▸ **to ~ a treaty** firmar un tratado **2.** [deduce] **to ~ that...** concluir que...
■ vi [finish] concluir

concluding [kən'kluːdɪŋ] adj final

conclusion [kən'kluːʒən] n **1.** [inference] conclusión *f* ▸ **to draw a ~** sacar una conclusión ▸ **to come to** *or* **reach a ~** llegar a una conclusión ▸ **to jump to conclusions** sacar conclusiones precipitadas **2.** [end] conclusión *f* ▸ **in ~** en conclusión, concluyendo

conclusive [kən'kluːsɪv] adj concluyente

conclusively [kən'kluːsɪvlɪ] adv de manera concluyente

concoct [kən'kɒkt] vt [dish] preparar, confeccionar / [plan, excuse] tramar, fraguar

concoction [kən'kɒkʃən] n poción *f*, brebaje *m*

concord ['kɒŋkɔːd] n armonía *f*, concordia *f*

concordance [kən'kɔːdəns] n [agreement] consonancia *f*, acuerdo *m* ▸ **to be in ~ with...** estar en consonancia con...

concourse ['kɒnkɔːs] n [in airport, railway station] vestíbulo *m*

concrete ['kɒnkriːt] ■ n hormigón *m*, *AM* concreto *m* ▸ **~ jungle** jungla *f* de(l) asfalto ▸ **~ mixer** hormigonera *f*
■ adj [definite] concreto(a) ▸ GRAM **~ noun** sustantivo *m* concreto

concubine ['kɒŋkjʊbaɪn] n concubina *f*

concur [kən'kɜː(r)] (pt & pp **concurred**) vi [agree] coincidir, estar de acuerdo (**with** con)

concurrent [kən'kʌrənt] adj simultáneo(a)

concurrently [kən'kʌrəntlɪ] adv simultáneamente

concuss [kən'kʌs] vt conmocionar

concussed [kən'kʌst] adj conmocionado(a)

concussion [kən'kʌʃən] n conmoción *f* cerebral

condemn [kən'dem] vt **1.** LAW [sentence] condenar (**to** a) ▸ **to ~ sb to death** condenar a alguien a muerte ▸ **the condemned cell** la celda de los condenados a muerte **2.** [censure] condenar **3.** [building] declarar en ruina

condemnation [kɒndem'neɪʃən] n condena *f*

condensation [kɒnden'seɪʃən] n [on glass] vaho *m* / [on walls] condensación *f*, vapor *m* condensado

condense [kən'dens] ■ vt **1.** [gas, liquid] condensar ▸ **condensed milk** leche *f* condensada **2.** [text] condensar
■ vi condensarse

condenser [kən'densə(r)] n TECH condensador *m*

condescend [kɒndɪ'send] vi **to ~ towards sb** tratar a alguien con aires de superioridad ▸ **to ~ to do sth** dignarse a *or* tener a bien hacer algo

condescending [kɒndɪ'sendɪŋ] adj altivo(a)

condescension [kɒndɪ'senʃən] n altivez *f*

condiment ['kɒndɪmənt] n condimento *m*

condition [kən'dɪʃən] ■ n **1.** [state] condiciones *fpl*, estado *m* ▸ **in good/bad ~** en buen/mal estado ▸ **you're in no ~ to drive!** no estás en condiciones de conducir *or AM* manejar ▸ **to be out of ~** [person] no estar en forma **2. conditions** [circumstances] circunstancias *fpl* ▸ **working conditions** condiciones *fpl* laborales ▸ **driving conditions** estado *m* de las carreteras ▸ LAW **conditions of employment** términos *mpl* del contrato **3.** [requirement] condición *f* ▸ **on (the) ~ that...** con

HOW TO...

talk about conditions

Si te das prisa, quizás llegues a tiempo. / If you hurry, you might get there in time.
Avísame si no vas a venir. / Let me know if you're not coming.
Lo haré si me ayudas. / I'll do it if you help me.
¿Qué harías si ganases la lotería? / What would you do if you won the lottery?
Si lo hubiera sabido, te lo habría dicho. / If I'd known I would have told you.
Saldremos mañana, a no ser que/a menos que llueva. / We'll leave tomorrow, unless it rains.

la condición *or* a condición de que... ▸ **on no ~** bajo ningún concepto ▸ **on one ~** con una condición **4.** MED enfermedad *f,* afección *f* ▸ **heart ~** afección cardíaca
■ vt **1.** [influence] condicionar ▸ **we have been conditioned to believe that...** nos han programado para creer que... ▸ PSY **a conditioned reflex** un reflejo condicionado **2.** [hair] suavizar

conditional [kən'dɪʃənəl] ■ n GRAM condicional *m,* potencial *m*
■ adj condicional ▸ **to be ~ on sth** depender de algo, tener algo como condición ▸ LAW **~ discharge** remisión *f* condicional de la pena

conditionally [kən'dɪʃənəlɪ] adv [accept, grant] condicionalmente

conditioner [kən'dɪʃənə(r)] n [for hair] suavizante *m*

conditioning [kən'dɪʃənɪŋ] n [psychological] condicionamiento *m*

condo ['kɒndəʊ] (pl **condos**) n *US* [apartment] apartamento *m, ESP* piso *m, ARG* departamento *m (en propiedad)* / [building] = *bloque de pisos poseídos por diferentes propietarios*

condolences [kən'dəʊlənsɪz] npl pésame *m* ▸ **to offer sb one's ~** dar el pésame a alguien

condom ['kɒndəm] n preservativo *m,* condón *m*

condominium [kɒndə'mɪnɪəm] n *US* [apartment] apartamento *m, ESP* piso *m, ARG* departamento *m (en propiedad)* / [building] = *bloque de pisos poseídos por diferentes propietarios*

condone [kən'dəʊn] vt justificar ▸ **I cannot ~ such behaviour** no puedo justificar ese tipo de comportamiento

condor ['kɒndɔ:(r)] n cóndor *m*

conducive [kən'dju:sɪv] adj **to be ~ to** ser favorable para, facilitar ▸ **these conditions are not ~ to economic growth** estas condiciones no son favorables para el crecimiento de la economía

conduct ■ n ['kɒndʌkt] [behaviour] conducta *f*
■ vt [kən'dʌkt] **1.** [business, operations] gestionar, hacer / [campaign, experiment] realizar, hacer / MUS [orchestra] dirigir ▸ **to ~ oneself** comportarse, conducirse **2.** [guide] **we were conducted round the factory** nos llevaron por toda la fábrica ▸ **a conducted tour** una visita guiada **3.** [heat, electricity] conducir
■ vi MUS dirigir

conduction [kən'dʌkʃən] n PHYS conducción *f*

conductivity [kɒndʌk'tɪvɪtɪ] n PHYS conductividad *f*

conductor [kən'dʌktə(r)] n **1.** *BR* [on bus] cobrador(ora) *m,f, RP* guarda *mf* **2.** [of orchestra] director(ora) *m,f* de orquesta **3.** [of heat, electricity] conductor *m*

conductress [kən'dʌktrɪs] n *BR* [on bus] cobradora *f, RP* guarda *f*

conduit ['kɒndjʊɪt] n conducto *m*

cone [kəʊn] n [shape] cono *m* / [of pine] piña *f* / [for ice cream] cucurucho *m* / [for traffic] cono *m (de tráfico)*

cone-shaped ['kəʊnʃeɪpt] adj cónico(a)

confab ['kɒnfæb] n *Fam* [discussion] deliberación *f* ▸ **to have a ~ about sth** deliberar sobre algo

confectioner [kən'fekʃənə(r)] n pastelero(a) *m,f* ▸ CULIN **confectioner's custard** crema *f* pastelera ▸ **confectioner's (shop)** pastelería *f* ▸ *US* **confectioner's sugar** azúcar *m ESP, MÉX* glas *or ESP* de lustre *or CHILE* flor *or COL* pulverizado *or RP* impalpable

confectionery [kən'fekʃənərɪ] n dulces *mpl*

confederacy [kən'fedərəsɪ] n confederación *f,* liga *f*

confederate [kən'fedərət] ■ n compinche *mf,* cómplice *mf*
■ adj confederado(a)

confederation [kənfedə'reɪʃən] n confederación *f*

confer [kən'fɜ:(r)] (pt & pp **conferred**) ■ vt [title, rank, powers] conferir, otorgar (**on** a) / [degree, diploma] conceder, otorgar (**on** a)
■ vi [discuss] deliberar (**with** con)

conference ['kɒnfərəns] n congreso *m* ▸ COM **to be in ~** estar reunido(a)

confess [kən'fes] ■ vt confesar, admitir / REL confesar ▸ **to ~ that...** confesar que...
■ vi confesar / REL confesarse ▸ **to ~ to sth** confesarse culpable de algo, confesar algo

confession [kən'feʃən] n confesión *f* ▸ REL **to go to ~** confesarse

confessional [kən'feʃənəl] n REL confesionario *m,* confesonario *m*

confessor [kən'fesə(r)] n REL confesor *m*

confetti [kən'fetɪ] n confeti *m*

confidant [kɒnfɪ'dænt] n confidente *m*

confide [kən'faɪd] ■ vt confiar ▸ **to ~ sth to sb** confiarle algo a alguien
■ vi **to ~ in sb** confiarse a *or* confesarse con alguien

confidence ['kɒnfɪdəns] n **1.** [trust] confianza *f* ▸ **to have ~ in sb** fiarse de alguien, tener confianza en alguien ▸ **to have every ~ that...** estar completamente seguro(a) de que... ▸ **to take sb into one's ~** confiarse a alguien ▸ **~ trick** timo *m,* estafa *f* **2.** [self-assurance] confianza *f* (en uno/una mismo(a)) ▸ **she's full of ~** tiene mucha confianza en sí misma **3.** [secret] **to exchange confidences** intercambiar confidencias ▸ **in ~** confidencialmente

> CAREFUL! / ¡CUIDADO!
> ***confidence***
> When translating *confidence*, note that **confidencia** is used to translate the countable sense of "a secret", while the more common sense of "faith in oneself or others" is translated by **confianza.**

confident ['kɒnfɪdənt] adj seguro(a) de sí mismo(a) ▸ **to be ~ that...** estar seguro(a) de que...

confidential [kɒnfɪ'denʃəl] adj [secret] confidencial, secreto(a)

confidentiality [kɒnfɪdenʃɪ'ælɪtɪ] n confidencialidad *f*

confidentially [kɒnfɪ'denʃəlɪ] adv confidencialmente

confidently ['kɒnfɪdəntlɪ] adv con seguridad

configuration [kənfɪg(j)ʊ'reɪʃən] n configuración *f*

configure [kən'fɪg(j)ə(r)] vt configurar

confine [kən'faɪn] vt **1.** [imprison] confinar, recluir ▸ **to be confined to bed** tener que guardar cama ▸ **to be confined to barracks** quedarse arrestado(a) en el cuartel ▸ **in a confined space** en un espacio limitado **2.** [limit] **to ~ oneself to sth** limitarse a algo

confinement [kən'faɪnmənt] n **1.** [in prison] reclusión *f*, encierro *m* **2.** *Old-fashioned* MED [birth] parto *m*

confines ['kɒnfaɪnz] npl límites *mpl* ▸ **within the ~ of the home** en el ámbito del hogar

confirm [kən'fɜːm] vt confirmar

confirmation [kɒnfə'meɪʃən] n [gen] & REL confirmación *f*

confirmed [kən'fɜːmd] adj [smoker, liar] empedernido(a)

confiscate ['kɒnfɪskeɪt] vt confiscar

confiscation [kɒnfɪs'keɪʃən] n confiscación *f*

conflagration [kɒnflə'greɪʃən] n *Formal* incendio *m*

conflict ■ n ['kɒnflɪkt] conflicto *m* ▸ **to come into ~ with** entrar en conflicto con ▸ **a ~ of interests** un conflicto de intereses
■ vi [kən'flɪkt] [evidence, reports] chocar (**with** con)

conflicting [kən'flɪktɪŋ] adj [opinions] encontrado(a) / [reports, evidence] contradictorio(a)

confluence ['kɒnflʊəns] n confluencia *f*

conform [kən'fɔːm] vi **1.** [be in keeping with] [laws, standards] ajustarse (**to** a) / [expectations] ajustarse, responder (**with** a) **2.** [behave normally] ser conformista, actuar como todo el mundo

conformism [kən'fɔːmɪzəm] n conformismo *m*

conformist [kən'fɔːmɪst] n & adj conformista *mf*

conformity [kən'fɔːmɪtɪ] n conformidad *f* ▸ **in ~ with...** de conformidad con...

confound [kən'faʊnd] vt **1.** [frustrate] frustrar **2.** [surprise] desconcertar, sorprender **3.** *Fam* **~ it/him!** ¡maldita sea!

confront [kən'frʌnt] vt [face up to, meet face to face] enfrentarse a, hacer frente a ▸ **to be confronted by a problem** enfrentarse a un problema ▸ **to ~ sb (about sth)** hablar cara a cara con alguien (acerca de algo) ▸ **to ~ sb with the facts** enfrentar a alguien a los hechos

confrontation [kɒnfrʌn'teɪʃən] n confrontación *f*

confuse [kən'fjuːz] vt [bewilder] desconcertar, confundir / [mix up] confundir

confused [kən'fjuːzd] adj [person] confundido(a), desorientado(a) / [mind, ideas, situation] confuso(a) ▸ **to get ~** desorientarse

confusing [kən'fjuːzɪŋ] adj confuso(a) ▸ **Mexican history is very ~** la historia de México es muy complicada

confusingly [kən'fjuːzɪŋlɪ] adv confusamente ▸ **~, both twins do exactly the same courses at university** para mayor confusión, ambos gemelos cursan la misma carrera universitaria

confusion [kən'fjuːʒən] n [of person] desconcierto *m* / [disorder] confusión *f* ▸ **to throw sth into ~** [country, party] sumir a algo en el desconcierto / [plans] trastocar algo por completo

congeal [kən'dʒiːl] vi [blood] coagularse

congenial [kən'dʒiːnɪəl] adj [person] simpático(a) / [atmosphere] agradable

congenital [kən'dʒenɪtəl] adj congénito(a) ▸ *Fig* **~ liar** mentiroso(a) *m,f* patológico(a)

conger ['kɒŋgə(r)] n **~ (eel)** congrio *m*

congested [kən'dʒestɪd] adj [street, lungs] congestionado(a)

congestion [kən'dʒestʃən] n [of traffic, lungs] congestión *f* ▸ **~ charge** tasas *fpl* por congestión

conglomerate [kən'glɒmərət] n **1.** COM conglomerado *m* de empresas **2.** GEOL conglomerado *m*

Congo ['kɒŋgəʊ] n **the ~** [country] el Congo

Congolese ['kɒŋgəliːz] n & adj congoleño(a) *m,f*

congrats [kən'græts] exclam *Fam* **~!** ¡felicidades!, ¡enhorabuena!

congratulate [kən'grætjʊleɪt] vt felicitar ▸ **to ~ oneself on (having done) sth** felicitarse por (haber hecho) algo

congratulations [kəngrætjʊ'leɪʃənz] npl enhorabuena *f*, felicitaciones *fpl* ▸ **to give** *or* **offer one's ~ to sb** dar la enhorabuena a alguien ▸ **~!** ¡felicidades!

congratulatory [kən'grætjʊleɪtərɪ] adj de felicitación

congregate ['kɒŋgrɪgeɪt] vi congregarse

congregation [kɒŋgrɪ'geɪʃən] n [of church] fieles *mpl*, feligreses *mpl*

congress ['kɒŋgres] n [conference] congreso *m* ▸ *US* POL **Congress** el Congreso *(de los Estados Unidos)*

CULTURE / CULTURA

Congress

Por el artículo primero de la constitución estadounidense de 1789 se constituye el Congreso de EE. UU. ese mismo año, el cual está formado por dos instituciones: el Senado ("Senate") o cámara alta y la Cámara de Representantes

HOW TO...

give and ask for confirmation

Le escribo para confirmar los detalles de nuestras vacaciones. / I am writing to confirm the arrangements for our holiday.
Estimada Ana, sólo una nota para confirmarte la reunión del martes a las 10. / Dear Ana, this is just to confirm our meeting on Tuesday at 10.
¿Supongo que estas cifras se habrán comprobado? / I assume these figures have been checked?
¿Estás seguro de los datos que nos das? / Are you sure of your facts?
Entonces, ¿crees que debería aceptar el trabajo? / So you think I should take the job, do you?
Te debo 10 euros, ¿no? / I owe you 10 euros, right?

("House of Representatives") o cámara baja. Cada estado está representado por dos senadores, mientras que el número de diputados de la Cámara de Representantes varía según la población (hay un total de 435 diputados). El Senado debe ratificar todos los tratados con dos tercios de los votos. Los proyectos de ley son propuestos por la Cámara de Representantes pero han de ser aprobados por ambas cámaras (que tienen en mismo poder legislativo).

congressional [kən'greʃənəl] adj *US* POL [leaders, report, committee] del Congreso / [election] al Congreso ▸ **~ elections** ≃ elecciones *fpl* legislativas

Congressman ['kɒŋgresmæn] n *US* POL congresista *m*, *AM* congresal *m*

Congresswoman ['kɒŋgreswʊmən] n *US* POL congresista *f*, *AM* congresal *f*

conical ['kɒnɪkəl] adj cónico(a)

conifer ['kɒnɪfə(r)] n conífera *f*

coniferous [kə'nɪfərəs] adj conífero(a)

conjecture [kən'dʒektʃə(r)] ■ n conjetura *f* ▸ **it's sheer ~** no son más que conjeturas
■ vt conjeturar
■ vi hacer conjeturas

conjugal ['kɒndʒʊgəl] adj conyugal

conjugate ['kɒndʒʊgeɪt] GRAM ■ vt conjugar
■ vi conjugarse

conjugation [kɒndʒʊ'geɪʃən] n GRAM conjugación *f*

conjunction [kən'dʒʌŋkʃən] n conjunción *f* ▸ **in ~ with** junto con

conjunctivitis [kəndʒʌŋktɪ'vaɪtɪs] n MED conjuntivitis *f inv*

conjure ['kʌndʒə(r)] vi [do magic] hacer juegos de manos ▸ *BR* **a name to ~ with** un nombre ilustre

◆ ***conjure up*** vt sep **1.** [produce] hacer aparecer ▸ **she conjured up a meal** preparó una comida prácticamente con nada **2.** [call to mind] evocar

conjurer, conjuror ['kʌndʒərə(r)] n mago(a) *m,f*, prestidigitador(ora) *m,f*

conjuring ['kʌndʒərɪŋ] n magia *f*, prestidigitación *f* ▸ **~ trick** juego *m* de manos

conjuror ➤ ***conjurer***

conk [kɒŋk] n *BR Fam* [nose] napia *f*, *ESP* napias *fpl*

◆ ***conk out*** vi *Fam* **1.** [stop working] [car, TV] *ESP* escacharrarse, *AM* descomponerse, *MÉX* desconchinflarse **2.** [fall asleep] quedarse frito(a) *or ESP* roque *or MÉX* súpito(a)

conker ['kɒŋkə(r)] n *Fam* [chestnut] castaña *f* ▸ *BR* **conkers** [game] = *juego con castañas ensartadas en cordeles*

conman ['kɒnmæn] n timador *m*

connect [kə'nekt] ■ vt **1.** [pipes, wires, circuits] conectar (**to** con *or* a), empalmar (**to** con *or* a) ▸ **to ~ sth to the mains** enchufar algo, conectar algo a la red **2.** [relate] [person, problem] relacionar (**with** con), vincular (**with** con *or* a) ▸ **to be connected with...** estar relacionado(a) con... ▸ **are they connected?** ¿existe algún vínculo *or* alguna relación entre ellos? ▸ **the two issues are not connected** los dos asuntos no están relacionados ▸ **to be well connected** [socially] estar bien relacionado(a) **3.** TEL poner, pasar ▸ **could you ~ me with Lost Property, please?** ¿me pasa *or ESP* pone con el departamento de objetos perdidos, por favor?
■ vi **1.** [wires, roads, pipes] conectarse, empalmarse ▸ **the living room connects with the kitchen** el salón da a la cocina **2.** [train, plane] enlazar (**with** con) **3.** [blow] dar en el blanco

◆ ***connect up*** vt sep [pipes, wires] conectar

connection [kə'nekʃən] n **1.** [link, association] conexión *f*, vínculo *m* ▸ **to make a ~ between X and Y** relacionar X con Y ▸ **that was when I made the ~** entonces lo relacioné ▸ **in ~ with** en relación con ▸ **in this ~** a este respecto **2.** [acquaintance] contacto *m* ▸ **she has important connections** está bien relacionada **3.** [of pipes, wires] conexión *f*, empalme *m* **4.** [train, plane] enlace *m* ▸ **I missed my ~** he perdido el enlace

connivance [kə'naɪvəns] n connivencia *f* ▸ **to be in ~ with sb** estar en connivencia con alguien

connive [kə'naɪv] vi **1.** [conspire] **to ~ with** confabularse con **2.** [contribute] **to ~ at** contribuir a

conniving [kə'naɪvɪŋ] adj confabulador(ora)

connoisseur [kɒnɪ'sɜː(r)] n entendido(a) *m,f* (**of** en)

connotation [kɒnə'teɪʃən] n connotación *f*

connote [kə'nəʊt] vt [imply] tener connotaciones de, connotar

conquer ['kɒŋkə(r)] vt [country, sb's heart] conquistar / [difficulty, one's shyness, fears] vencer

conquering ['kɒŋkərɪŋ] adj vencedor(ora)

conqueror ['kɒŋkərə(r)] n conquistador(ora) *m,f*

conquest ['kɒŋkwest] n conquista *f* ▸ **to make a ~ of sb** conquistar a alguien

conscience ['kɒnʃəns] n conciencia *f* ▸ **to have a clear ~** tener la conciencia tranquila ▸ **to have a guilty ~** tener sentimiento de culpa ▸ **she had three deaths on**

HOW TO...

congratulate someone

¡Felicidades! / Congratulations!
¡Enhorabuena por tu ascenso! / Congratulations on your promotion!
Permítame que le felicite (por su excelente trabajo). / I'd like to congratulate you (on your excellent work).
Nos complace darle la enhorabuena por... / We're delighted to congratulate you on...
Has estado muy bien. / You were great.
¡Muy bien! / Very good!/ Well done!
Me alegro mucho por ti. / I'm so happy for you.
Nos alegró mucho oír la noticia. / We were delighted to hear the news.
¡Estupendo! / That's fantastic!

her ~ sobre su conciencia pesaban tres muertes ▸ **in all ~** en conciencia

conscientious [kɒnʃɪ'enʃəs] adj concienzudo(a) ▸ **she's ~ about wiping her feet before entering the house** nunca deja de limpiarse los zapatos antes de entrar en casa ▸ **~ objector** objetor(ora) *m,f* de conciencia

conscious ['kɒnʃəs] adj **1.** [awake] **to be ~** estar consciente ▸ **to become ~** volver en sí, recobrar la con(s)ciencia **2.** [aware] **to be ~ of** ser consciente de ▸ **to become ~ of** cobrar conciencia de, darse cuenta de ▸ **to be ~ that...** ser consciente de que... ▸ PSY **the ~ mind** la con(s)ciencia, el consciente **3.** [intentional] consciente, deliberado(a) ▸ **to make a ~ effort to do sth** hacer un esfuerzo consciente para hacer algo ▸ **to make a ~ decision to do sth** tomar conscientemente la decisión de hacer algo

-conscious ['kɒnʃəs] suffix **fashion~** que sigue la moda ▸ **health~** preocupado(a) por la salud

consciousness ['kɒnʃəsnɪs] n **1.** MED con(s)ciencia *f* ▸ **to lose ~** quedar inconsciente ▸ **to regain ~** volver en sí **2.** [awareness] conciencia *f,* concienciación *f* ▸ **to raise sb's ~ of sth** concienciar a alguien de algo ▸ **~ raising** concienciación *f*

conscript ■ n ['kɒnskrɪpt] recluta *mf (forzoso)*
■ vt [kən'skrɪpt] reclutar *(forzosamente)*

conscription [kən'skrɪpʃən] n reclutamiento *m* obligatorio

consecrate ['kɒnsɪkreɪt] vt REL & *Fig* consagrar (**to** a)

consecration [kɒnsɪ'kreɪʃən] n consagración *f*

consecutive [kən'sekjʊtɪv] adj consecutivo(a) ▸ **on three ~ days** tres días consecutivos

consensual [kən'sensjʊəl] adj **1.** [approach, politics] consensuado(a) **2.** [sexual activity] consentido(a) **3.** LAW [contract] consensual

consensus [kən'sensəs] n consenso *m* ▸ **to reach a ~** alcanzar un consenso

consent [kən'sent] ■ n consentimiento *m*
■ vi **to ~ to (do) sth** consentir (en hacer) algo ▸ LAW **consenting adult** mayor *mf* de edad (que actúa de motu proprio)

consequence ['kɒnsɪkwəns] n **1.** [result] consecuencia *f* ▸ **as a ~** como consecuencia ▸ **in ~** en consecuencia ▸ **to take the consequences** asumir las consecuencias **2.** [importance] **of little ~** de poca relevancia ▸ **of no ~** irrelevante

consequent ['kɒnsɪkwənt] adj consiguiente ▸ **~ upon sth** resultante de algo

consequential [kɒnsɪ'kwenʃəl] adj *Formal* **1.** [resultant] consiguiente, resultante **2.** [significant] trascendente, relevante

conservation [kɒnsə'veɪʃən] n [of the environment] conservación *f or* protección *f* del medio ambiente / [of energy, resources] conservación *f* ▸ **~ area** [of town, city] zona *f* arquitectónica protegida / [nature reserve] zona *f* protegida

conservationist [kɒnsə'veɪʃənɪst] n ecologista *mf*

Conservative [kən'sɜːvətɪv] *BR* POL ■ adj conservador(ora) ▸ **the ~ Party** el Partido Conservador
■ n conservador(ora) *m,f* ▸ **the Conservatives** los conservadores

conservative [kən'sɜːvətɪv] adj conservador(ora) ▸ **a ~ estimate** un cálculo prudente *or* por lo bajo

conservatively [kən'sɜːvətɪvlɪ] adv **1.** [to dress] de forma conservadora, con un estilo conservador **2.** [cautiously] **it was ~ estimated at £5,000** se calculó en 5.000 libras como mínimo

conservator [kən'sɜːvətə(r)] n conservador(ora) *m,f*

conservatory [kən'sɜːvətrɪ] n **1.** [room] = *habitación adicional acristalada* **2.** MUS conservatorio *m*

conserve ■ vt [kən'sɜːv] [monument] conservar, preservar / [water, energy] reservar
■ n ['kɒnsɜːv] [jam] compota *f*

consider [kən'sɪdə(r)] vt **1.** [think over] considerar ▸ **to ~ doing sth** considerar hacer algo ▸ **to ~ whether to do sth** contemplar la posibilidad de hacer algo ▸ **the jury retired to ~ its verdict** el jurado se retiró a deliberar ▸ **to ~ sb for a job** tener en cuenta a alguien para un puesto **2.** [take into account] tener en cuenta ▸ **all things considered** mirándolo bien **3.** [regard] considerar ▸ **~ it done** considéralo hecho ▸ **to ~ oneself happy** considerarse feliz

considerable [kən'sɪdərəbəl] adj considerable ▸ **with ~ difficulty** con grandes dificultades

considerate [kən'sɪdərət] adj considerado(a) (**towards** *or* **to** con)

considerately [kən'sɪdərətlɪ] adv con consideración

consideration [kənsɪdə'reɪʃən] n **1.** [deliberation] **different possibilities are under ~** se están estudiando varias posibilidades ▸ **after due ~** tras las debidas deliberaciones ▸ **to give a proposal some ~** considerar una propuesta ▸ **to take sth into ~** tomar algo en consideración **2.** [factor] factor *m* ▸ **for a small ~** [payment] a cambio de una pequeña retribución **3.** [respect] consideración *f* ▸ **show some ~!** ¡ten un poco de consideración! ▸ **out of ~ for** por consideración hacia

considering [kən'sɪdərɪŋ] ■ prep considerando, teniendo en cuenta
■ conj considerando que, teniendo en cuenta que ▸ **~ (that) he is so young** teniendo en cuenta su juventud
■ adv **it's not so bad, ~** no está tan mal, después de todo

consign [kən'saɪn] vt **1.** [entrust] confiar (**to** a) **2.** [send] consignar (**to** a), enviar (**to** a)

consignment [kən'saɪnmənt] n [of goods] envío *m*

consist [kən'sɪst] ◆ ***consist of*** vt insep consistir en

consistency [kən'sɪstənsɪ] n **1.** [of substance, liquid] consistencia *f* **2.** [of actions, arguments] coherencia *f,* congruencia *f* ▸ **to lack ~** ser incongruente **3.** [of performance, work] regularidad *f,* constancia *f*

consistent [kən'sɪstənt] adj [reasoning, behaviour] coherente, congruente / [quality, standard] invariable, constante / [refusal, failure] constante, continuo(a) ▸ **~ with** coherente con, consecuente con

consistently [kən'sɪstəntlɪ] adv [play, perform] con regularidad / [fail, deny, oppose] constantemente

consolation [kɒnsə'leɪʃən] n consuelo *m* ▸ **that's**

one ~ es un consuelo ▸ **if it's any ~** si te sirve de consuelo ▸ **~ prize** premio *m* de consolación

console[1] [ˈkɒnsəʊl] n [control panel] consola *f*

console[2] [kənˈsəʊl] vt consolar

consolidate [kənˈsɒlɪdeɪt] ■ vt consolidar
■ vi consolidarse

consolidated [kənˈsɒlɪdeɪtɪd] adj consolidado(a) ▸ FIN **~ accounts** cuentas *fpl* consolidadas

consolidation [kənsɒlɪˈdeɪʃən] n consolidación *f*

consonant [ˈkɒnsənənt] ■ n consonante *f*
■ adj *Formal* **~ with** en consonancia con

consort [ˈkɒnsɔːt] n [spouse of monarch] consorte *mf*

◆ ***consort with*** [kənˈsɔːt] vt insep asociarse con

consortium [kənˈsɔːtɪəm] (pl **consortiums** *or* **consortia** [kənˈsɔːtɪə]) n COM consorcio *m*

conspicuous [kənˈspɪkjʊəs] adj [person] visible / [colour] llamativo(a) / [bravery, intelligence] notable ▸ **to look ~** resaltar, llamar la atención ▸ **to make oneself ~** hacerse notar ▸ **in a ~ position** en un lugar bien visible ▸ **to be ~ by one's/its absence** brillar por su ausencia ▸ **~ consumption** ostentación *f* en el consumo

conspiracy [kənˈspɪrəsɪ] n conspiración *f*, conjura *f* ▸ **~ theory** = *teoría que sostiene la existencia de una conspiración, generalmente imaginaria*

conspirator [kənˈspɪrətə(r)] n conspirador(ora) *m,f*

conspiratorial [kənspɪrəˈtɔːrɪəl] adj conspirador(ora), de conspiración

conspire [kənˈspaɪə(r)] vi [person] conspirar (**against/with** contra/con) / [events] obrar ▸ **to ~ with sb to do sth** conspirar con alguien para hacer algo ▸ **circumstances conspired against me** las circunstancias obraban en mi contra

constable [ˈkʌnstəbəl, ˈkɒnstəbəl] n *BR* policía *mf* ▸ **chief ~** jefe(a) *m,f* de policía

constabulary [kənˈstæbjʊlərɪ] n *BR* (cuerpo *m* de) policía *f*

constant [ˈkɒnstənt] ■ adj **1.** [unchanging] [price, temperature] constante / [friend] leal **2.** [unceasing] [attention, questions] continuo(a), constante ▸ **a ~ stream of insults** una sarta de insultos
■ n constante *f*

constellation [kɒnstəˈleɪʃən] n constelación *f*

consternation [kɒnstəˈneɪʃən] n consternación *f*

constipated [ˈkɒnstɪpeɪtɪd] adj estreñido(a)

> FALSE FRIEND / FALSO AMIGO
> ***constipated***
>
> Constipado no es la traducción del inglés *constipated*. **Constipado** se traduce por *suffering from a cold.*

constipation [kɒnstɪˈpeɪʃən] n estreñimiento *m*

constituency [kənˈstɪtjʊənsɪ] n POL circunscripción *f* electoral

constituent [kənˈstɪtjʊənt] ■ n **1.** POL elector(ora) *m,f* **2.** [part] elemento *m* (constitutivo)
■ adj constitutivo(a)

constitute [ˈkɒnstɪtjuːt] vt constituir

constitution [kɒnstɪˈtjuːʃən] n [of state, organization] constitución *f* ▸ **to have a strong ~** ser de constitución robusta

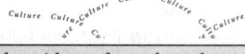

> CULTURE / CULTURA
> ***constitution***
>
> La constitución estadounidense fue redactada tras la independencia, durante una convención extraordiaria celebrada en Filadelfia en 1787 y entró en vigor al año siguiente. Junto con la Declaración de Independencia y la Carta de Derechos formó los cimientos de lo que puede considerarse el primer estado moderno. Por otro lado, la Constitución británica, a diferencia de la Constitución americana, no es un documento en sí mismo, sino el resultado virtual de la sucesión de leyes a lo largo del tiempo basándo en el principio de jurisprudencia.

constitutional [kɒnstɪˈtjuːʃənəl] ■ n [walk] paseo *m*
■ adj [reform, decision] constitucional ▸ **~ law** derecho *m* constitucional ▸ **~ monarchy** monarquía *f* constitucional

constitutionally [kɒnstɪˈtjuːʃənəlɪ] adv constitucionalmente

constrain [kənˈstreɪn] vt restringir, constreñir ▸ **to feel constrained to do sth** sentirse obligado(a) a hacer algo

constraint [kənˈstreɪnt] n [restriction] limitación *f*, restricción *f* ▸ **to place constraints (up)on sb/sth** imponer restricciones a alguien/algo ▸ **to do sth under ~** hacer algo bajo coacción ▸ **to speak without ~** hablar abiertamente ▸ **financial constraints** restricciones económicas

constrict [kənˈstrɪkt] vt [blood vessel] constreñir, contraer / [person, economy] constreñir

constriction [kənˈstrɪkʃən] n [of person, economy] constricción *f* ▸ **~ of the blood vessels** vasoconstricción *f*

construct ■ n [ˈkɒnstrʌkt] [idea] concepto *m*
■ vt [kənˈstrʌkt] [build] construir

construction [kənˈstrʌkʃən] n **1.** [act of building, thing built] construcción *f* ▸ **under ~** en construcción ▸ **the ~ industry** (el sector de) la construcción ▸ **~ site** obra *f* ▸ **~ workers** obreros *mpl* de la construcción **2.** [interpretation] **to put a favourable/unfavourable ~ on sb's words** darle un sentido bueno/malo a las palabras de alguien

constructive [kənˈstrʌktɪv] adj [comment, proposal] constructivo(a) ▸ *BR* LAW **~ dismissal** = *despido forzado por presiones del empresario*

construe [kənˈstruː] vt [interpret] interpretar

consul [ˈkɒnsəl] n cónsul *mf*

consular [ˈkɒnsjʊlə(r)] adj consular

consulate [ˈkɒnsjʊlət] n consulado *m*

consult [kənˈsʌlt] ■ vt consultar
■ vi consultar (**with sb/about sth** con alguien/sobre algo)

consultancy [kənˈsʌltənsɪ] n **1.** [of medical specialist]

= *plaza de especialista hospitalario(a)* **2.** COM asesoría *f,* consultoría *f*

consultant [kən'sʌltənt] n **1.** [medical specialist] médico(a) *m,f* especialista *(en hospital)* **2.** COM asesor(ora) *m,f,* consultor(ora) *m,f*

consultation [kɒnsəl'teɪʃən] n consulta *f* ▸ **to hold a ~ (with)** consultar (con) ▸ **in ~ with sb** con la asesoría de alguien

consultative [kən'sʌltətɪv] adj consultivo(a)

consumables [kən'sjuːməbəlz] npl bienes *mpl* consumibles / COMPTR consumibles *mpl*

consume [kən'sjuːm] vt [food, fuel] consumir ▸ **to be consumed with jealousy/desire** estar consumido(a) por los celos/el deseo

consumer [kən'sjuːmə(r)] n [of product] consumidor(ora) *m,f* ▸ **the ~ society** la sociedad de consumo ▸ **~ durables** bienes *mpl* de consumo duraderos ▸ **~ goods** bienes *mpl* de consumo ▸ ECON **~ price index** índice *m* de precios al consumo, IPC *m* ▸ **~ protection** protección *f* del consumidor

consumerism [kən'sjuːmərɪzəm] n consumismo *m*

consummate ■ adj ['kɒnsjʊmət] [skilled] consumado(a)

■ vt ['kɒnsəmeɪt] [marriage, relationship] consumar

consumption [kən'sʌmpʃən] n **1.** [of goods, resources] consumo *m* ▸ **unfit for human ~** no apto(a) para el consumo humano **2.** *Old-fashioned* [tuberculosis] tisis *f inv*

contact ['kɒntækt] ■ n contacto *m* ▸ **to be in/come into ~ with** estar/ponerse en contacto con ▸ **to make ~ with sb** contactar con alguien, ponerse en contacto con alguien ▸ **to lose ~ with sb** perder el contacto con alguien ▸ **he has lots of contacts** tiene muchos contactos ▸ **~ lens** lente *f* de contacto, *ESP* lentilla *f, MÉX* pupilente *f* ▸ **~ lenses, contacts** lentillas *fpl* ▸ **~ sport** deporte *m* de contacto

■ vt contactar con, ponerse en contacto con

contactable [kən'tæktəbəl] adj localizable

contagious [kən'teɪdʒəs] adj [disease, laughter] contagioso(a)

contain [kən'teɪn] vt **1.** [hold, include] contener **2.** [control] contener ▸ **I could scarcely ~ my indignation** apenas podía contener la indignación ▸ **to ~ oneself** contenerse

container [kən'teɪnə(r)] n [for storage] recipiente *m* / [for transport] contenedor *m* ▸ **~ lorry** camión *m* de transporte de contenedores ▸ **~ ship** buque *m* de transporte de contenedores ▸ **~ terminal** terminal *f* de contenedores

contaminate [kən'tæmɪneɪt] vt *also Fig* contaminar

contamination [kəntæmɪ'neɪʃən] n contaminación *f*

contd (abbr ***continued***) cont., continúa, sigue ▸ **~ on page 14** sigue en la página 14

contemplate ['kɒntempleɪt] vt [look at, consider] contemplar ▸ **to ~ doing sth** contemplar (la posibilidad de) hacer algo

contemplation [kɒntem'pleɪʃən] n contemplación *f*

contemplative [kən'templətɪv] adj contemplativo(a)

contemporary [kən'tempərərɪ] n & adj contemporáneo(a) *m,f*

contempt [kən'tempt] n desprecio *m,* menosprecio *m* ▸ **to hold sb/sth in ~** sentir desprecio por alguien/algo ▸ LAW **~ of court** desacato *m* (al tribunal)

contemptible [kən'temptəbəl] adj despreciable

contemptuous [kən'temptjʊəs] adj despreciativo(a) ▸ **to be ~ of** mostrar desprecio hacia

contend [kən'tend] ■ vt **to ~ that...** afirmar que..., alegar que...

■ vi **1.** [struggle] enfrentarse (**with** a *or* con) ▸ **the difficulties I have to ~ with** las dificultades a las que me tengo que enfrentar **2.** [compete] **to ~ for sth** disputarse algo, competir por algo

contender [kən'tendə(r)] n contendiente *mf*

content[1] ['kɒntent] n contenido *m* ▸ **contents** [of pockets, drawer, house] contenido *m* / [in book] índice *m* ▸ **high protein/fibre ~** alto contenido en proteínas/fibra ▸ **contents page** [of book] página *f* de índice

content[2] [kən'tent] ■ adj **to be ~ with sth** estar satisfecho(a) con *or* de algo

■ vt **to ~ oneself with (doing) sth** contentarse con (hacer) algo

contented [kən'tentɪd] adj [person, smile] satisfecho(a) (**with** con *or* de) ▸ **to be ~ (with)** estar satisfecho(a) (con *or* de)

contention [kən'tenʃən] n **1.** [dispute] disputa *f* ▸ **to be in ~ (for sth)** tener posibilidades (de ganar algo) **2.** [opinion] argumento *m* ▸ **my ~ is that...** sostengo que...

contentious [kən'tenʃəs] adj [issue, views] polémico(a) / [person] que siempre se mete en discusiones

contentment [kən'tentmənt] n satisfacción *f*

contest ■ n ['kɒntest] [competition] concurso *m* / [in boxing] combate *m* ▸ **leadership ~** carrera *f* or pugna *f* por la jefatura del partido

■ vt [kən'test] [right, decision] impugnar, rebatir ▸ **to ~ a seat** disputar un escaño ▸ POL **a fiercely contested election** unas elecciones muy reñidas

contestant [kən'testənt] n [in competition, game] concursante *mf* / [in sporting competition] competidor(ora) *m,f* / [in election] candidato(a) *m,f*

context ['kɒntekst] n contexto *m* ▸ **in/out of ~** en/fuera de contexto ▸ **to quote sth out of ~** citar algo fuera de contexto ▸ **to put sth into ~** poner algo en contexto

contextual [kən'tekstjʊəl] adj contextual, relativo(a) al contexto

contextualize [kɒn'tekstjʊəlaɪz] vt contextualizar

continent[1] ['kɒntɪnənt] n [landmass] continente *m* ▸ *BR* **(on) the Continent** (en) Europa continental

continent[2] adj MED & *Formal* continente

continental [kɒntɪ'nentəl] adj **1.** [in geography] continental ▸ **~ drift** deriva *f* continental ▸ **~ shelf** plataforma *f* continental **2.** *BR* [European] de la Europa continental ▸ **~ breakfast** desayuno *m* continental ▸ **~ quilt** edredón *m*

contingency [kən'tɪndʒənsɪ] n contingencia *f,* eventualidad *f* ▸ **to allow for contingencies** tomar precauciones ante cualquier eventualidad ▸ LAW ~ **fee** honorarios *mpl* condicionales ▸ ~ **fund** fondo *m* de emergencia ▸ ~ **plan** plan *m* de emergencia

contingent [kən'tɪndʒənt] ■ n contingente *m*
■ adj contingente ▸ **to be ~ on sth** depender de algo

continual [kən'tɪnjʊəl] adj continuo(a)

continuation [kəntɪnjʊ'eɪʃən] n [of story, situation] continuación *f* / [of road] continuación *f*, prolongación *f*

continue [kən'tɪnju:] ■ vt continuar, seguir / [after interruption] reanudar ▸ **to ~ doing** *or* **to do sth** continuar *or* seguir haciendo algo ▸ **to be continued** continuará ▸ **continued on page 30** sigue en la página 30
■ vi continuar, seguir ▸ **he continued on his way** siguió su camino ▸ **the situation cannot ~** esto no puede continuar así

continuity [kɒntɪ'nju:ɪtɪ] n continuidad *f* ▸ ~ **announcer** [on TV] locutor(ora) *m,f* de continuidad ▸ ~ **girl** script *f*, anotadora *f*

continuous [kən'tɪnjʊəs] adj continuo(a) ▸ SCH & UNIV ~ **assessment** evaluación *f* continua ▸ COMPTR ~ **paper** *or* **stationery** papel *m* continuo ▸ CIN ~ **performance** sesión *f* continua

contort [kən'tɔ:t] vt contorsionar

contortion [kən'tɔ:ʃən] n contorsión *f*

contour ['kɒntʊə(r)] n contorno *m*, perfil *m* ▸ ~ **(line)** [on map] curva *f* de nivel ▸ ~ **map** mapa *m* topográfico

contraband ['kɒntrəbænd] n contrabando *m* ▸ ~ **goods** mercancía *f* de contrabando

contraception [kɒntrə'sepʃən] n anticoncepción *f*

contraceptive [kɒntrə'septɪv] ■ n anticonceptivo *m*
■ adj ~ **method** método *m* anticonceptivo ▸ ~ **pill** píldora *f* anticonceptiva

contract ■ n ['kɒntrækt] contrato *m* ▸ **to break one's ~** incumplir el contrato ▸ **to be under ~** estar contratado(a) ▸ **to enter into a ~** firmar un contrato ▸ **to take out a ~ on sb** [hire assassin] contratar a un asesino para matar a alguien ▸ ~ **killer** asesino(a) *m,f* a sueldo
■ vt [kən'trækt] [illness] contraer ▸ **to ~ debts** contraer deudas ▸ **to ~ to do sth** firmar un contrato para hacer algo ▸ **to ~ sb to do sth** contratar a alguien para hacer algo
■ vi [shrink] contraerse

◆ ***contract out*** COM ■ vt sep **the cleaning service was contracted out** el servicio de limpieza lo lleva una contrata
■ vi *BR* excluirse, optar por salirse (**of** de)

contraction [kən'trækʃən] n contracción *f* ▸ **contractions have begun** [before childbirth] han empezado las contracciones

contractor [kən'træktə(r)] n contratista *mf*

contractual [kən'træktjʊəl] adj [agreement, obligations] contractual

contractually [kən'træktjʊəlɪ] adv contractualmente

contradict [kɒntrə'dɪkt] vt [disagree with] contradecir / [deny] desmentir ▸ **to ~ oneself** contradecirse

contradiction [kɒntrə'dɪkʃən] n contradicción *f* ▸ **it's a ~ in terms** es una contradicción en sí misma

contradictory [kɒntrə'dɪktərɪ] adj contradictorio(a)

contraflow system ['kɒntrəfləʊ'sɪstəm] n *BR* [on motorway] habilitación *f* del carril contrario

contralto [kən'træltəʊ] (pl **contraltos**) n MUS contralto *f*

contraption [kən'træpʃən] n *Fam* cachivache *m*, artilugio *m*

contrary ['kɒntrərɪ] ■ n **the ~** lo contrario ▸ **on the ~** por el *or* al contrario ▸ **unless you hear to the ~** salvo que te digan lo contrario *or* otra cosa
■ adj **1.** [opposite] contrario(a) ▸ ~ **to** contrario(a) a ▸ ~ **to my expectations** al contrario de lo que esperaba ▸ ~ **to popular belief,...** en contra de lo que vulgarmente se cree,... **2.** [kən'treərɪ] [awkward] puñetero(a), difícil

contrast ■ n ['kɒntrɑ:st] contraste *m* ▸ **in ~ with** *or* **to** en contraste con
■ vt [kən'trɑ:st] **to ~ sth with sth** contrastar *or* comparar algo con algo *or* algo y algo
■ vi contrastar (**with** con)

contravene [kɒntrə'vi:n] vt contravenir

contravention [kɒntrə'venʃən] n [of law] contravención *f* ▸ **in ~ of...** contraviniendo...

contribute [kən'trɪbju:t] ■ vt contribuir con, aportar ▸ **to ~ an article to a newspaper** escribir una colaboración para un periódico
■ vi contribuir

contribution [kɒntrɪ'bju:ʃən] n contribución *f*, aportación *f* / [to charity] donación *f* ▸ **social security contributions** cotizaciones *fpl* a la seguridad social

contributor [kən'trɪbjʊtə(r)] n [to charity] donante *mf* / [to newspaper] colaborador(ora) *m,f*

contributory [kən'trɪbjʊtərɪ] adj [cause, factor] coadyuvante ▸ LAW ~ **negligence** imprudencia *f* *or* negligencia *f* (culposa), culpa *f* concurrente

contrite [kən'traɪt] adj arrepentido(a) ▸ **to be ~** estar arrepentido(a)

contrition [kən'trɪʃən] n arrepentimiento *m*, contrición *f*

contrivance [kən'traɪvəns] n [device] aparato *m* / [scheme, plan] estratagema *f*

contrive [kən'traɪv] vt [device, scheme] idear, inventar ▸ **to ~ to do sth** arreglárselas *or* ingeniárselas para hacer algo

contrived [kən'traɪvd] adj [words, compliment] estudiado(a), forzado(a) / [ending, plot] artificioso(a)

control [kən'trəʊl] ■ n **1.** [power, restriction] control *m* ▸ **to take ~** ponerse al mando, tomar el control ▸ **to have ~ over** controlar ▸ **to be in ~ of** [in charge of] estar al cargo de ▸ **to be back in ~** [of situation] volver a controlar la situación ▸ **to get out of ~** descontrolarse ▸ **under ~** bajo control ▸ **to bring a fire under ~** controlar un incendio ▸ **due to circumstances beyond our ~** debido a circunstancias ajenas a nuestra voluntad ▸ **to lose/regain ~** perder/recuperar el control ▸ **he lost ~ of himself** perdió el control ▸ ~ **group** grupo *m* de control ▸ ~ **room** sala *f* de control ▸ ~ **tower** [at airport] torre *f* de control **2.** [of device] mando *m* ▸ **volume/brightness ~** mando del volumen/

brillo ▸ **the controls** los mandos ▸ **to be at the controls** estar a los mandos ▸ **~ panel** tablero *m* de mandos **3.** [experiment] prueba *f* de control ▸ **~ group** grupo *m* de control
■ vt (pt & pp **controlled**) [business, production, expenditure] controlar, regular / [child, pupils] controlar, dominar / [disease] controlar / [vehicle] manejar, controlar ▸ **to ~ oneself** controlarse, dominarse ▸ **to ~ the traffic** dirigir el tráfico ▸ **she was unable to ~ her anger** fue incapaz de dominar su ira

controllable [kən'trəʊləbəl] adj controlable ▸ **it's no longer ~** está fuera de control

controlled [kən'trəʊld] adj [person] controlado(a), contenido(a) / [experiment] controlado(a) ▸ **~ explosion** explosión *f* controlada

controlling interest [kɒn'treʊlɪŋ'ɪntrest] n FIN control *m* accionarial, participación *f* mayoritaria

controversial [kɒntrə'vɜːʃəl] adj polémico(a), controvertido(a)

controversy ['kɒntrəvɜːsɪ, kən'trɒvəsɪ] n polémica *f*, controversia *f*

conundrum [kə'nʌndrəm] n enigma *m*

conurbation [kɒnɜː'beɪʃən] n conurbación *f*

convalesce [kɒnvə'les] vi convalecer

convalescence [kɒnvə'lesəns] n convalecencia *f*

convalescent [kɒnvə'lesənt] n [patient] convaleciente *mf* ▸ **~ home** clínica *f* de reposo

convection [kən'vekʃən] n convección *f* ▸ **~ heater** calentador *m* de aire

convene [kən'viːn] ■ vt [meeting] convocar
■ vi [committee] reunirse

convenience [kən'viːnɪəns] n conveniencia *f* ▸ **at your ~** a su conveniencia, como mejor le convenga ▸ *Formal* **at your earliest ~** en cuanto le sea posible ▸ *BR* **(public) ~** [toilet] servicio *m* público, *ESP* aseos *mpl*, *AM* baños *mpl* públicos ▸ **~ food** comida *f* preparada

convenient [kən'viːnɪənt] adj **1.** [suitable] [arrangement, method] conveniente, adecuado(a) / [time, place] oportuno(a) ▸ **if it is ~ for you** si te viene bien **2.** [handy] [place] bien situado(a) ▸ **~ for** próximo(a) a

convent ['kɒnvənt] n REL convento *m* ▸ **~ school** colegio *m* de monjas

convention [kən'venʃən] n **1.** [conference] congreso *m* **2.** [agreement] convención *f*, convenio *m* **3.** [established practice] convencionalismo *m*, convención *f* ▸ **to go against ~** ir contra las convenciones ▸ **the ~ is that...** según la costumbre,...

CULTURE / CULTURA

convention

En EE. UU. se denomina **conventions** a las reuniones cuatrienales que los dos grandes partidos americanos, el Demócrata y el Republicano, vienen celebrando desde 1832. En ellas se recaba apoyo para los candidatos en las elecciones presidenciales del otoño y se discuten las líneas generales de la campaña electoral que arranca con la celebración de la **convention**.

conventional [kən'venʃənəl] adj convencional ▸ **the ~ wisdom is that...** la sabiduría popular dice que... ▸ **~ warfare** guerra *f* convencional

converge [kən'vɜːdʒ] vi converger, convergir (**on** con)

conversant [kən'vɜːsənt] adj **to be ~ with sth** estar familiarizado(a) con algo

conversation [kɒnvə'seɪʃən] n conversación *f*, *CAM*, *MÉX* plática *f* ▸ **to have a ~ (with sb)** mantener una conversación (con alguien) ▸ **to make ~ (with)** dar conversación (a) ▸ **~ piece** tema *m* de conversación ▸ **~ stopper** *or* **killer** comentario *m* que corta la conversación

conversational [kɒnvə'seɪʃənəl] adj [tone, style] coloquial / COMPTR [mode] conversacional

conversationalist [kɒnvə'seɪʃənəlɪst] n conversador(ora) *m,f* ▸ **to be a good ~** ser buen conversador

conversationally [kɒnvə'seɪʃənəlɪ] adv **he mentioned, quite ~, that he had got a new job** como quien no quiere la cosa, mencionó que tenía un empleo nuevo

converse[1] [kən'vɜːs] vi [talk] conversar (**about** sobre)

converse[2] ['kɒnvɜːs] n [opposite] **the ~** lo contrario, lo opuesto

conversion [kən'vɜːʃən] n **1.** REL & *Fig* conversión *f* **2.** [alteration] conversión *f*, transformación *f* ▸ **~ table** [for measurements] tabla *f* de conversión *or* de equivalencias **3.** [in rugby] transformación *f*

convert ■ n ['kɒnvɜːt] REL & *Fig* converso(a) *m,f* (**to** a)
■ vt [kən'vɜːt] **1.** REL & *Fig* convertir **2.** [alter, adapt] transformar, convertir (**into** en) **3.** [in rugby] **to ~ a try** transformar un ensayo, realizar la transformación
■ vi REL & *Fig* convertirse (**to** a)

convertible [kən'vɜːtəbəl] ■ adj [settee] convertible / [car] descapotable, *AM* convertible ▸ **~ currency** moneda *f* convertible ▸ *BR* **~ roof,** *US* **~ top** capota *f*
■ n [car] descapotable *m*, *AM* convertible *m*

convex ['kɒnveks] adj convexo(a)

HOW TO...

start a conversation

Permítame que me presente, me llamo Juan. / Let me introduce myself, I'm Juan.
Hola. Eres Ana, ¿verdad? / Hi. It's Ana, isn't it?
Entonces, ¿de qué conoce a David? / So, how do you know David?
¿No nos hemos visto ya antes? / Haven't we met before?
¿Es la primera vez que vienes aquí? / Is this your first time here?
¿Llevas mucho tiempo esperando? / Have you been waiting long?
Hace calor, ¿verdad? / It's hot today, isn't it?

convey [kən'veɪ] vt **1.** [communicate] transmitir **2.** [transport] transportar

conveyancing [kən'veɪənsɪŋ] n LAW (escrituración *f* de) traspaso *m* de propiedad

conveyor belt [kən'veɪə'belt] n cinta *f* transportadora

convict ■ n ['kɒnvɪkt] convicto(a) *m,f*
■ [kən'vɪkt] vt **to ~ sb (of a crime)** declarar a alguien culpable (de un delito), condenar a alguien (por un delito)

conviction [kən'vɪkʃən] n **1.** LAW condena *f* ▸ **to have no previous convictions** no tener condenas anteriores **2.** [belief] convicción *f* ▸ **her voice lacked ~** le faltaba convicción en la voz ▸ **to carry ~** ser convincente

convince [kən'vɪns] vt convencer ▸ **to ~ sb to do sth** convencer a alguien para hacer *or* para que haga algo ▸ **to ~ sb of sth** convencer a alguien de algo

convincing [kən'vɪnsɪŋ] adj convincente

convincingly [kən'vɪnsɪŋlɪ] adv convincentemente

convivial [kən'vɪvɪəl] adj [person] sociable / [atmosphere] agradable

convoluted ['kɒnvəlu:tɪd] adj [argument, explanation] intrincado(a), enrevesado(a)

convoy ['kɒnvɔɪ] n [of ships, lorries] convoy *m*

convulse [kən'vʌls] vt convulsionar ▸ **to be convulsed with laughter/pain** retorcerse de risa/dolor

convulsions [kən'vʌlʃənz] npl MED convulsiones *fpl* ▸ **to be in ~** [laughter] desternillarse de risa

coo [ku:] vi [dove] arrullar ▸ **the neighbours came to ~ over the baby** los vecinos vinieron a hacer monerías al niño

cook [kʊk] ■ n cocinero(a) *m,f* ▸ *Prov* **too many cooks spoil the broth** = *es difícil obtener un buen resultado cuando hay demasiadas personas trabajando en lo mismo*
■ vt [prepare] [meal, dish, dinner] preparar / [boil, bake, fry] guisar, cocinar ▸ *Fam* **to ~ the books** falsificar las cuentas
■ vi [person] cocinar / [food] cocinarse, hacerse ▸ *Fam* **what's cooking?** [what's happening?] ¿qué se cuece por aquí?, *AM* ¿qué andan tramando por acá?

◆ ***cook up*** vt insep [food] preparar, cocinar ▸ *Fam Fig* **to ~ up an excuse/a story** inventarse una excusa/un cuento

cookbook ['kʊkbʊk] n libro *m* de cocina

cooker ['kʊkə(r)] n [stove] cocina *f*, *COL, MÉX, VEN* estufa *f* ▸ **gas ~** cocina de gas ▸ **electric ~** cocina eléctrica

cookery ['kʊkərɪ] n cocina *f* ▸ **~ book** libro *m* de cocina

cookie ['kʊkɪ] n **1.** *US* [biscuit] galleta *f* ▸ *Fam Fig* **that's the way the ~ crumbles!** ¡qué se le va a hacer! **2.** *Fam* [person] **a smart ~** un(a) espabilado(a), *MÉX* un(a) listo(a), *RP* un(a) avivado(a) ▸ **a tough ~** un(a) tío(a) duro(a) de pelar

cooking ['kʊkɪŋ] n cocina *f* ▸ **to do the ~** cocinar ▸ **~ apple** manzana *f* para asar ▸ **~ foil** papel *m* (de) aluminio ▸ **~ time** tiempo *m* de cocción ▸ **~ utensils** utensilios *mpl* de cocina

cool [ku:l] ■ n **1.** [coldness] fresco *m* ▸ **in the ~ of the evening** al fresco de la tarde **2.** [calm] **to keep/lose one's ~** mantener/perder la calma
■ adj **1.** [wind, weather] [cold] fresco(a) / [lukewarm] tibio(a) ▸ **it's ~** hace fresco **2.** [person] [calm] sereno(a) / [unfriendly] frío(a) ▸ **keep ~!** [stay calm] ¡mantén la calma! ▸ **to keep a ~ head** mantener la cabeza fría ▸ **he's a ~ customer!** ¡qué sangre fría tiene! ▸ **as ~ as a cucumber** imperturbable, impasible, *RP* fresco(a) como una lechuga ▸ *Fam* **he lost a ~ thousand** [money] perdió nada menos que mil libras **3.** *Fam* [fashionable] genial, *ESP* guay, *MÉX* padre, *RP* copado(a) **4.** *Fam* [excellent] genial, *ESP* guay, *ANDES, RP* macanudo(a), *MÉX* padre
■ adv *Fam* **to play it ~** aparentar calma ▸ **play it ~!** ¡tómatelo con calma!
■ vt [make cold] enfriar / [make less warm] [air, one's feet] refrescar / [food, drink] enfriar (un poco) ▸ *Fam* **~ it!** ¡tranquilo!, *ESP* ¡tranqui! ▸ *Fam* **to ~ one's heels** esperar, hacer antesala
■ vi [become cold] enfriarse / [become less warm] [air] refrescarse / [food, drink] enfriarse (un poco) ▸ **his anger soon cooled** pronto se le pasó el *esp ESP* enfado *or esp AM* enojo

◆ ***cool down*** ■ vt sep **this will ~ you down** [cold drink] esto te refrescará
■ vi **1.** [weather] refrescar / [liquid] enfriarse (un poco) **2.** [become calm] calmarse, tranquilizarse

◆ ***cool off*** vi **1.** **he had a shower to ~ off** se dio una ducha para refrescarse **2.** [affection, enthusiasm] enfriarse / [angry person] calmarse, tranquilizarse

coolant ['ku:lənt] n [for engine, reactor] refrigerante *m*

cool-headed ['ku:l'hedɪd] adj **to be ~** tener la cabeza fría, tener serenidad

cooling ['ku:lɪŋ] adj refrescante ▸ **~ off period** IND [before strike] fase *f* de reflexión / FIN [after sale] periodo *f* de reflexión ▸ **~ tower** torre *f* de refrigeración

coop [ku:p] n [for chickens] corral *m*

◆ ***coop up*** vt sep encerrar

co-op ['kəʊɒp] n cooperativa *f*

co-operate [kəʊ'ɒpəreɪt] vi cooperar (**with** con)

co-operation [kəʊɒpə'reɪʃən] n cooperación *f*

co-operative [kəʊ'ɒpərətɪv] ■ n cooperativa *f*
■ adj cooperativo(a)

co-opt [kəʊ'ɒpt] vt **to ~ sb onto a committee** nombrar a alguien miembro de una comisión ▸ **to ~ sb to do sth** elegir a alguien para que haga algo

co-ordinate ■ n [kəʊ'ɔ:dɪnət] **1.** MATH coordenada *f* **2.** **co-ordinates** [clothes] conjuntos *mpl*
■ vt [kəʊ'ɔ:dɪneɪt] [campaign, efforts] coordinar

co-ordination [kəʊɔ:dɪ'neɪʃən] n coordinación *f*

co-ordinator [kəʊ'ɔ:dɪneɪtə(r)] n coordinador(ora) *m,f*

co-owner ['kəʊ'əʊnə(r)] n copropietario(a) *m,f*

cop [kɒp] *Fam* ■ n **1.** [policeman] poli *mf* ▸ **to play cops and robbers** jugar a policías y ladrones **2.** *BR* **it's not much ~** [not very good] no es nada del otro mundo
■ vt (pt & pp **copped**) *BR* **to ~ it** [be punished]

cargársela / [die] estirar la pata, *ESP* palmarla, *MÉX* petaleársela

◆ ***cop out*** vi *Fam* zafarse, *ESP* escaquearse, *RP* zafar ▸ **he copped out of telling her** se zafó *or ESP* escaqueó de decírselo, *RP* zafó de decírselo

copartner [kəʊ'pɑːtnə(r)] n socio(a) *m,f*

cope [kəʊp] vi arreglárselas ▸ **to ~ with** hacer frente a, poder con ▸ **he can't ~ with his job** su trabajo es demasiado para él ▸ **I just can't ~!** ¡es demasiado para mí!, ¡no puedo con ello!

Copenhagen [kəʊpən'hɑːgən] n Copenhague

copier ['kɒpɪə(r)] n [photocopying machine] fotocopiadora *f*

copilot ['kəʊpaɪlət] n copiloto *mf*

copious ['kəʊpɪəs] adj abundante, copioso(a)

cop-out ['kɒpaʊt] n *Fam* **to be a ~** ser una forma de zafarse *or ESP* escaquearse *or RP* zafar

copper ['kɒpə(r)] ■ n **1.** [metal] cobre *m* **2.** *Fam* **coppers** [coins] calderilla *f*, *MÉX* morralla *f*, *RP* chirolas *fpl (sólo monedas de uno y dos peniques)* **3.** *Fam* [policeman] poli *m*
■ adj **~(-coloured)** cobrizo(a)

copperplate ['kɒpəpleɪt] n [writing] letra *f* de caligrafía

coppice ['kɒpɪs] n arboleda *f*, soto *m*

coproduction [kəʊprə'dʌkʃən] n CIN coproducción *f*

copse [kɒps] n arboleda *f*, soto *m*

copulate ['kɒpjʊleɪt] vi copular

copulation [kɒpjʊ'leɪʃən] n cópula *f*

copy ['kɒpɪ] ■ n **1.** [reproduction] copia *f* **2.** [of letter, document] copia *f* ▸ **~ typist** mecanógrafo(a) *m,f* **3.** [of book, newspaper] ejemplar *m* **4.** JOURN **advertising ~** textos *mpl* publicitarios ▸ **the story made good ~** la noticia dio mucho de sí ▸ **~ editor** corrector(ora) *m,f* de estilo
■ vt & vi copiar

copybook ['kɒpɪbʊk] n cuaderno *m* de caligrafía ▸ **a ~ example** un ejemplo perfecto

copycat ['kɒpɪkæt] ■ n *Fam* copión(ona) *m,f*
■ adj **~ crime** = *delito inspirado en otro similar*

copyreader ['kɒpɪriːdə(r)] n *US* corrector(ora) *m,f* de estilo

copyright ['kɒpɪraɪt] ■ n derechos *mpl* de autor, propiedad *f* intelectual ▸ **this book is out of ~** los derechos de autor sobre este libro han vencido
■ adj = *protegido(a) por las leyes de la propiedad intelectual*

copywriter ['kɒpɪraɪtə(r)] n redactor(ora) *m,f* de publicidad

coquette [kɒ'ket] n (mujer *f*) coqueta *f*

coral ['kɒrəl] n coral *m* ▸ **~ island** isla *f* coralina ▸ **~ reef** arrecife *m* de coral ▸ **the Coral Sea** el Mar del Coral

cord [kɔːd] n **1.** [string] cuerda *f*, cordel *m* / [for curtains, pyjamas] cordón *m* **2.** ELEC cable *m*, cordón *m* **3.** [corduroy] pana *f* ▸ **a ~ jacket/skirt** una chaqueta *or MÉX* chamarra *or RP* campera/falda *or RP* pollera de pana ▸ **cords** pantalones *mpl* de pana

cordial ['kɔːdɪəl] ■ n [drink] refresco *m*
■ adj **1.** [friendly] cordial **2.** [deeply felt] profundo(a)

cordless ['kɔːdlɪs] adj **~ kettle** = *hervidor eléctrico con soporte independiente enchufado a la red* ▸ **~ phone** teléfono *m* inalámbrico

cordon ['kɔːdən] n cordón *m*

◆ ***cordon off*** vt sep acordonar

corduroy ['kɔːdərɔɪ] n pana *f* ▸ **a ~ jacket/skirt** una chaqueta *or MÉX* chamarra *or RP* campera/falda *or RP* pollera de pana ▸ **~ trousers** pantalones *mpl* de pana

core [kɔː(r)] ■ n [of apple] corazón *m* / [of earth, nuclear reactor] núcleo *m* ▸ **a hard ~ of support** un núcleo sólido de apoyo ▸ **he's rotten to the ~** está corrompido hasta la médula ▸ SCH **~ curriculum** asignaturas *fpl* troncales
■ vt [apple] quitar el corazón a

Corfu [kɔː'fuː] n Corfú

coriander [kɒrɪ'ændə(r)] n cilantro *m*

cork [kɔːk] ■ n [material] corcho *m* / [stopper] (tapón *m* de) corcho *m*
■ vt [bottle] encorchar

corked [kɔːkt] adj [wine] agrio(a) *(por entrada de aire al descomponerse el corcho)*

corkscrew ['kɔːkskruː] n sacacorchos *m inv*

cormorant ['kɔːmərənt] n cormorán *m*

corn[1] [kɔːn] n **1.** *BR* [wheat] trigo *m* **2.** [maize] maíz *m*, *ANDES, RP* choclo *m* ▸ **~ on the cob** mazorca *f* de maíz *or ANDES, RP* choclo, *MÉX* elote *m* ▸ **~ bread** pan *m* de maíz *or ANDES, RP* choclo ▸ **~ meal** harina *f* de maíz *or ANDES, RP* choclo ▸ **~ oil** aceite *m* de maíz

corn[2] n MED callo *m* ▸ **~ plaster** parche *m* para callos

cornea ['kɔːnɪə] n ANAT córnea *f*

corned beef ['kɔːnd'biːf] adj = *fiambre de carne de vaca prensado y enlatado*

corner ['kɔːnə(r)] ■ n **1.** [of page, screen, street] esquina *f* / [of room] rincón *m* ▸ *also Fig* **it's just round the ~** está a la vuelta de la esquina ▸ **to turn the ~** doblar la esquina / [economy, company] empezar a mejorar ▸ **~** *BR* **shop** *or US* **store** = *tienda pequeña de barrio que vende productos alimenticios, de limpieza, golosinas, etc.* ▸ **from the four corners of the earth** desde todos los rincones de la tierra ▸ **out of the ~ of one's eye** con el rabillo del ojo **2.** [bend in road] curva *f* (cerrada) ▸ *Fig* **to cut corners** hacer las cosas chapuceramente **3.** [in soccer] **~ (kick)** saque *m* de esquina, córner *m*
■ vt **1.** [enemy] acorralar, arrinconar **2.** [market] monopolizar, acaparar
■ vi [car] girar, torcer

cornerstone ['kɔːnəstəʊn] n *also Fig* piedra *f* angular

cornet [*BR* 'kɔːnɪt, *US* kɔː'net] n **1.** [musical instrument] corneta *f* **2.** *BR* [for ice-cream] cucurucho *m*

cornfield ['kɔːnfiːld] n *BR* [of wheat] trigal *m* / [of maize] maizal *m*

cornflakes ['kɔːnfleɪks] npl copos *mpl* de maíz

cornflour ['kɔːnflaʊə(r)] n *BR* harina *f* de maíz *or ANDES, RP* choclo, maicena® *f*

cornflower ['kɔːnflaʊə(r)] n [plant] aciano *m* ▸ **~ blue** azul *m* violáceo

cornice ['kɔːnɪs] n cornisa *f*

Cornish [ˈkɔːnɪʃ] ▪ npl [people] **the ~** la gente de Cornualles
▪ n [language] córnico *m*
▪ adj de Cornualles ▸ *BR* **~ pasty** empanada *f* de carne y *ESP* patatas *or AM* papas

cornstarch [ˈkɔːnstɑːtʃ] n *US* harina *f* de maíz *or ANDES, RP* choclo, maicena® *f*

Cornwall [ˈkɔːnwəl] n Cornualles

corny [ˈkɔːnɪ] adj *Fam* [joke] viejo(a), trillado(a) / [sentimental] [film, novel] sensiblero(a), cursi

corollary [kəˈrɒlərɪ] n corolario *m*

coronary [ˈkɒrənərɪ] ▪ n **he had a ~** le dio un infarto (de miocardio)
▪ adj MED coronario(a) ▸ **~ thrombosis** trombosis *f* coronaria

coronation [kɒrəˈneɪʃən] n coronación *f* ▸ **~ chicken** = *pollo con mayonesa aromatizada con curry*

coroner [ˈkɒrənə(r)] n LAW = *persona que preside una investigación sobre un caso de muerte sospechosa*

corporal[1] [ˈkɔːpərəl] adj corporal ▸ **~ punishment** castigo *m* corporal

corporal[2] n MIL cabo *mf*

corporate [ˈkɔːpərət] adj COM de empresa, corporativo(a) ▸ **~ culture** cultura *f* empresarial ▸ **~ image** imagen *f* corporativa *or* de empresa ▸ **~ (income) tax** impuesto *m* de sociedades

corporation [kɔːpəˈreɪʃən] n **1.** COM sociedad *f* anónima ▸ *BR* **~ tax** impuesto *m* de sociedades **2.** [council] consistorio *m,* ayuntamiento *m*

corporatism [ˈkɔːpərətɪzəm] n POL corporativismo *m*

corps [kɔː(r)] (pl **corps** [kɔːz]) n MIL cuerpo *m* ▸ **medical ~** cuerpo *m* médico

corpse [kɔːps] n cadáver *m*

corpulent [ˈkɔːpjʊlənt] adj obeso(a)

corpuscle [ˈkɔːpʌsəl] n ANAT glóbulo *m*

corral [kɒˈrɑːl] n *US* [for cattle, horses] corral *m,* cercado *m*

correct [kəˈrekt] ▪ adj **1.** [exact] [amount, change] exacto(a) / [information, use, spelling] correcto(a) ▸ **do you have the ~ time?** ¿sabes qué hora es exactamente? ▸ **he is ~** tiene razón ▸ **that is ~** (eso es) correcto ▸ **to prove ~** resultar (ser) correcto(a) **2.** [person, behaviour] correcto(a)
▪ vt corregir ▸ **to ~ a misunderstanding** corregir un malentendido ▸ **~ me if I'm wrong, but...** corríjame si me equivoco, pero... ▸ **I stand corrected** reconozco mi error

correction [kəˈrekʃən] n corrección *f* ▸ **~ fluid** líquido *m* corrector

correctness [kəˈrektnɪs] n corrección *f*

correlate [ˈkɒrɪleɪt] ▪ vt relacionar (**with** con)
▪ vi presentar una correlación (**with** con)

correlation [kɒrɪˈleɪʃən] n correlación *f*

correspond [kɒrɪsˈpɒnd] vi **1.** [be in accordance, be equivalent] corresponder (**with** *or* **to** con *or* a), corresponderse (**with** *or* **to** con) **2.** [write letters] mantener correspondencia (**with** con)

correspondence [kɒrɪsˈpɒndəns] n **1.** [relationship] correspondencia *f,* relación *f* (**between** entre) **2.** [letter writing] correspondencia *f* ▸ **to be in ~ with sb** mantener correspondencia con alguien ▸ **~ course** curso *m* por correspondencia

correspondent [kɒrɪsˈpɒndənt] n [of newspaper] corresponsal *mf* ▸ **our Middle East ~** nuestro corresponsal en Oriente Medio

corresponding [kɒrɪˈspɒndɪŋ] adj correspondiente

corridor [ˈkɒrɪdɔː(r)] n pasillo *m* ▸ *Fig* **the corridors of power** las altas esferas

corroborate [kəˈrɒbəreɪt] vt corroborar

corroboration [kərɒbəˈreɪʃən] n corroboración *f*

corrode [kəˈrəʊd] ▪ vt *also Fig* corroer
▪ vi [metal] corroerse

corrosion [kəˈrəʊʒən] n corrosión *f*

corrosive [kəˈrəʊsɪv] n & adj corrosivo(a) *m*

corrugated [ˈkɒrʊgeɪtɪd] adj ondulado(a) ▸ **~ iron** chapa *f* ondulada

corrupt [kəˈrʌpt] ▪ adj [dishonest] corrupto(a)
▪ vt corromper / COMPTR introducir errores en ▸ **to ~ sb's morals** pervertir a alguien

corruptible [kəˈrʌptəbəl] adj corruptible

corruption [kəˈrʌpʃən] n corrupción *f*

corruptly [kəˈrʌptlɪ] adv corruptamente, de forma deshonesta

corset [ˈkɔːsɪt] n corsé *m*

Corsica [ˈkɔːsɪkə] n Córcega

Corsican [ˈkɔːsɪkən] n & adj corso(a) *m,f*

cortege [kɔːˈteʒ] n cortejo *m* (fúnebre)

cortex [ˈkɔːteks] (pl **cortices** [ˈkɔːtɪsiːz]) n corteza *f*

cortisone [ˈkɔːtɪzəʊn] n cortisona *f*

cos[1] [kɒz] n MATH (abbr ***cosine***) cos

HOW TO...

correct someone

No creo que sea correcto. / I don't think that's quite right.
En realidad, eso no es del todo cierto / Actually, that's not strictly true.
¿Tú crees? Yo más bien diría que... / Do you think so? I'd say...
¿Estás seguro de que se dice/escribe así? / Are you sure that's how you say/spell it?
Con el debido respeto, creo que se equivoca. / With all due respect, I think you're mistaken.
Se equivoca, no tiene nada que ver con él. / You're wrong, this has nothing to do with him.
No, no es cierto. / No, that's not true.
Has malinterpretado mis palabras. / You've misunderstood what I said.
¡Yo no he dicho eso! / I didn't say that at all!

cos[2] conj *Fam* [because] porque

cos[3] [kɒs] n ~ **(lettuce)** lechuga *f* romana

cosh [kɒʃ] *BR* ■ n porra *f*
■ vt golpear con una porra

cosily ['kəʊzɪlɪ] adv [furnished, decorated] acogedoramente

cosmetic [kɒz'metɪk] ■ n cosmético *m* ▸ **cosmetics** cosméticos *mpl*, maquillaje *m*
■ adj cosmético(a) ▸ ~ **surgery** cirugía *f* estética

cosmic ['kɒzmɪk] adj cósmico(a)

cosmology [kɒz'mɒlədʒɪ] n cosmología *f*

cosmonaut ['kɒzmənɔ:t] n cosmonauta *mf*

cosmopolitan [kɒzmə'pɒlɪtən] adj cosmopolita

cosmos ['kɒzmɒs] n cosmos *m inv*

cosset ['kɒsɪt] vt mimar

cost [kɒst] ■ n **1.** [price] costo *m*, *ESP* coste *m* ▸ LAW **costs** costas *fpl* ▸ **at little ~** a bajo precio ▸ **at great ~** [financial] por un precio alto / *Fig* a un alto precio ▸ *Fig* **at the ~ of...** a costa de... ▸ ECON ~ **of living** costo *m or ESP* coste *m* de la vida ▸ COM ~ **of production** coste *m* de producción ▸ FIN ~ **accounting** contabilidad *f* de costes ▸ ECON ~ **benefit analysis** análisis *m inv* de costo-beneficio *or ESP* coste-beneficio ▸ COM **at ~ (price)** a precio de costo *or ESP* coste **2.** [idioms] **to count the ~ of sth** ver las consecuencias de algo ▸ **at all costs** a toda costa, a cualquier precio ▸ **as I found out to my ~** como pude comprobar para mi desgracia
■ vt **1.** (pt & pp **cost**) costar ▸ **how much does it ~?** ¿cuánto cuesta? ▸ **it costs £25** cuesta 25 libras ▸ **whatever it costs** cueste lo que cueste ▸ *Fam* **to ~ a fortune** *or* **the earth** costar una fortuna *or* un ojo de la cara ▸ **the attempt cost him his life** el intento le costó la vida **2.** (pt & pp **costed**) COM [budget] presupuestar, calcular el coste de

co-star ['kəʊstɑ:(r)] ■ n [in film] coprotagonista *mf*
■ vt (pt & pp **co-starred**) **co-starring...** coprotagonizada por...
■ vi ser el coprotagonista

Costa Rica ['kɒstə'ri:kə] n Costa Rica

Costa Rican ['kɒstə'ri:kən] n & adj costarricense *mf*

cost-conscious ['kɒst'kɒnʃəs] adj **to be ~** ser consciente de los costos *or ESP* costes

cost-cutting ['kɒst'kʌtɪŋ] ■ n reducción *f* de costos *or ESP* costes
■ adj [drive, campaign] de reducción de costos *or ESP* costes

cost-effective [kɒstɪ'fektɪv] adj rentable

costing ['kɒstɪŋ] n COM cálculo *m* de costos *or ESP* costes

costly ['kɒstlɪ] adj caro(a) ▸ **a ~ error** *or* **mistake** un error muy caro

costume ['kɒstjʊm] n traje *m* ▸ **(swimming) ~** traje *m* de baño, *ESP* bañador *m*, *RP* malla *f* ▸ **national ~** traje *m* típico ▸ ~ **drama** [TV series, film] serie *f*/película *f* de época ▸ ~ **jewellery** bisutería *f*

cosy ['kəʊzɪ] adj acogedor(ora) ▸ **it's ~ here** se está bien aquí ▸ **to feel ~** sentirse a gusto ▸ **a ~ relationship** una relación demasiado estrecha *or* amistosa

cot [kɒt] n **1.** *BR* [for child] cuna *f* ▸ ~ **death** (síndrome *m* de la) muerte *f* súbita infantil **2.** *US* [folding bed] catre *m*, cama *f* plegable

coterie ['kəʊtəri:] n camarilla *f*

cottage ['kɒtɪdʒ] n casa *f* de campo, chalé *m* ▸ ~ **cheese** queso *m* fresco ▸ ~ **hospital** hospital *m* rural ▸ ~ **industry** industria *f* artesanal ▸ ~ **pie** = *pastel de carne picada y puré de ESP patata or AM papa*

cotton ['kɒtən] n algodón *m*, *AM* cotón *m* ▸ **a ~ shirt** una camisa de algodón ▸ ~ **bud** bastoncillo *m* (de algodón) ▸ *US* ~ **candy** algodón dulce ▸ *BR* ~ **wool** algodón (hidrófilo)

◆ ***cotton on*** vi *Fam* enterarse, *ESP* coscarse, *RP* captar

couch [kaʊtʃ] ■ n sofá *m* ▸ *Fam* **to be on the ~** [in psycho-analysis] estar yendo al psicoanalista ▸ *Fam* ~ **potato** = *persona que se pasa el día apoltronada viendo la tele*
■ vt [express] expresar, formular

cougar ['ku:gə(r)] n puma *m*

cough [kɒf] ■ n tos *f* ▸ **to have a ~** tener tos ▸ ~ **drop** pastilla *f* para la tos ▸ ~ **mixture** jarabe *m* para la tos
■ vi toser

◆ ***cough up*** ■ vt sep **1.** [phlegm, blood] toser **2.** *Fam* [money] poner, *ESP* apoquinar, *RP* garpar
■ vi *Fam* [pay up] poner dinero, *ESP* apoquinar, *RP* garpar

could [kʊd] modal aux v

> En el inglés hablado, y en el escrito en estilo coloquial, la forma negativa **could not** se transforma en **couldn't**.

1. [was able to: past of **can**] **I ~ swim well at that age** a esa edad nadaba muy bien ▸ **I ~ hear them talking** los oía hablar ▸ **I ~ have tried harder** podía haberme esforzado más ▸ **he couldn't have been kinder** fue de lo más amable ▸ **how COULD you!** ¡cómo has podido! ▸ **I ~ have hit him!** [I was so angry] ¡me dieron ganas de pegarle! ▸ **you ~ have warned me!** ¡me podías haber avisado!, ¡haberme avisado! **2.** [in requests] **~ you get me some water?** ¿me puedes traer un poco de agua? ▸ **~ you be quiet please?** ¿te podrías callar, por favor? ▸ **~ I borrow your newspaper?** ¿me prestas el periódico? **3.** [in conditional, suggestions] **(it) ~ be** podría ser ▸ **if I had more money, I ~ buy a new car** si tuviera más dinero podría comprarme un coche nuevo ▸ **we ~ always telephone** siempre podríamos llamar *or AM* hablar por teléfono ▸ **you ~ go to the beach** podrías ir a la playa

couldn't ['kʊdənt] ➤ ***could not***

couldn't-care-less ['kʊdəntkeə'les] adj ~ **attitude** actitud *f* pasota

council ['kaʊnsəl] n **1.** [organization] consejo *m* ▸ **Council of Europe** Consejo *m* de Europa **2.** [local government] [of town] ayuntamiento *m* / [of region, county] autoridades *fpl* regionales, ≃ diputación *f* provincial ▸ *BR* ~ **house** ≃ vivienda *f* de protección oficial ▸ ~ **tax** ≃ contribución *f* urbana

councillor ['kaʊnsɪlə(r)] n POL concejal(ala) *m,f*

counsel ['kaʊnsəl] ■ n **1.** [advice] consejo *m* ▸ **he's someone who keeps his own ~** siempre se reserva su opinión **2.** LAW **~ for the defence** abogado(a) *m,f* defensor(ora) ▸ **~ for the prosecution** fiscal *mf*

■ vt (pt & pp **counselled,** *US* **counseled)** [advise] aconsejar / [give psychological help to] proporcionar apoyo psicológico a ▸ **to ~ sb to do sth** aconsejar a alguien que haga algo

counselling ['kaʊnsəlɪŋ] n apoyo *m* psicológico, orientación *f* psicológica

counsellor ['kaʊnsələ(r)] n **1.** [adviser] consejero(a) *m,f* asesor(ora) *m,f* / [therapist] orientador(ora) *m,f* psicológico(a) **2.** *US* LAW abogado(a) *m,f*

count [1] [kaʊnt] n [nobleman] conde *m*

count [2] ■ n **1.** [calculation] cuenta *f,* recuento *m* ▸ **at the last ~** según las cifras más recientes ▸ **to keep/lose ~** llevar/perder la cuenta **2.** [in boxing] cuenta *f* (hasta diez) ▸ **to be out for the ~** [boxer] estar fuera de combate / *Fig* [fast asleep] estar roque **3.** LAW cargo *m,* acusación *f* ▸ **guilty on both counts** culpable de los dos cargos ▸ *Fig* **on a number of counts** en una serie de puntos

■ vt **1.** [enumerate] contar ▸ **to ~ sheep** [in order to fall asleep] contar ovejitas ▸ **counting the dog there were four of us** éramos cuatro, contando al perro **2.** [consider] considerar ▸ **I ~ him as a friend** lo considero un amigo ▸ **~ yourself lucky you weren't killed** considérate afortunado(a) por haber salido con vida

■ vi **1.** contar ▸ **to ~ (up) to ten** contar hasta diez **2.** [be valid] contar, valer ▸ **that one doesn't ~** ese no cuenta ▸ **it counts as one of my worst holidays** fue una de mis peores vacaciones **3.** [be important] contar ▸ **every vote counts** todos los votos cuentan *or* son importantes

◆ ***count against*** vt insep ir en contra de, perjudicar

◆ ***count down*** vi hacer la cuenta atrás ▸ *Fig* **the whole nation is counting down to the elections** toda la nación espera *or* *ESP* aguarda con interés el día de las elecciones

◆ ***count in*** vt sep **~ me in!** ¡cuenta conmigo!

◆ ***count on*** vt insep contar con ▸ **to ~ on sb to do sth** contar con que alguien haga algo

◆ ***count out*** vt sep **1.** [money] contar **2.** [exclude] dejar fuera, excluir ▸ **~ me out!** ¡no cuentes conmigo! **3.** [in boxing] **to be counted out** quedar fuera de combate (tras la cuenta hasta diez)

◆ ***count up*** vt sep contar, hacer la cuenta de

countable ['kaʊntəbəl] adj contable

countdown ['kaʊntdaʊn] n cuenta *f* atrás

countenance ['kaʊntɪnəns] *Formal* ■ n **1.** [face] semblante *m* **2.** [support] **to give ~ to sth** dar respaldo a algo

■ vt respaldar

counter [1] ['kaʊntə(r)] n **1.** [in shop] mostrador *m* / [in bank] ventanilla *f* ▸ **it's available over the ~** [medicines] se vende sin receta (médica) ▸ **under the ~** bajo cuerda **2.** [token] ficha *f* **3.** [counting device] contador *m*

counter [2] ■ adv **~ to** en contra de ▸ **to run ~ to** estar en contra de

■ vt [argument, assertion] responder a ▸ **to ~ that...** replicar que...

■ vi **to ~ by doing sth** reaccionar haciendo algo

counteract [kaʊntə'rækt] vt contrarrestar

counter-attack ['kaʊntərətæk] ■ n contraataque *m*

■ vt & vi contraatacar

counterbalance [kaʊntə'bæləns] ■ n contrapeso *m* ▸ *Fig* **to act as a ~ (to sth)** contrarrestar (algo)

■ vt contrarrestar

counterbid ['kaʊntəbɪd] n FIN [during takeover] contraoferta *f*

counterblast ['kaʊntəblɑːst] n dura réplica *f*

counter-clockwise ['kaʊntə'klɒkwaɪz] *US* ■ adj **in a ~ direction** en sentido opuesto al de las agujas del reloj

■ adv en sentido opuesto al de las agujas del reloj

counter-culture ['kaʊntəkʌltʃə(r)] n contracultura *f*

counterespionage [kaʊntər'espɪənɑːʒ] n contraespionaje *m*

counterfeit ['kaʊntəfɪt] ■ n falsificación *f*

■ adj falso(a)

■ vt falsificar

counterfoil ['kaʊntəfɔɪl] n matriz *f*

counterintelligence ['kaʊntərɪn'telɪdʒəns] n contraespionaje *m*

countermand ['kaʊntəmɑːnd] vt revocar

countermeasure ['kaʊntəmeʒə(r)] n medida *f* en sentido contrario

counteroffensive ['kaʊntərə'fensɪv] n contraofensiva *f*

counteroffer ['kaʊntər'ɒfə(r)] n contraoferta *f*

counterpane ['kaʊntəpeɪn] n colcha *f*

counterpart ['kaʊntəpɑːt] n homólogo(a) *m,f*

counterpoint ['kaʊntəpɔɪnt] n MUS contrapunto *m*

counterproductive ['kaʊntəprə'dʌktɪv] adj contraproducente

counterproposal ['kaʊntəprə'pəʊzəl] n contrapropuesta *f*

counter-revolution ['kaʊntərevə'luːʃən] n contrarrevolución *f*

counter-revolutionary [kaʊntərevə'luːʃənərɪ] n & adj contrarrevolucionario(a) *m,f*

countersign ['kaʊntəsaɪn] vt refrendar

counterterrorism [kaʊntə'terərɪzəm] n contraterrorismo *m*

counterweight ['kaʊntəweɪt] n contrapeso *m* ▸ **to act as a ~ (to sth)** servir de contrapeso (a algo), contrarrestar (algo)

countess ['kaʊntɪs] n condesa *f*

countless ['kaʊntlɪs] adj innumerables, incontables ▸ **on ~ occasions** en innumerables ocasiones

country ['kʌntrɪ] n **1.** [state, people] país *m* ▸ *BR* **to go to the ~** [call elections] convocar elecciones **2.** [as opposed to town] campo *m* ▸ **in the ~** en el campo ▸ **~ life** vida *f* campestre ▸ **Country and Western music** música *f* country

countryman ['kʌntrɪmən] n paisano *m* ▸ **a fellow ~** un compatriota

countryside ['kʌntrɪsaɪd] n campo *m*

countrywoman ['kʌntrɪwʊmən] n paisana *f* ▸ **a fellow ~** una compatriota

county ['kaʊntɪ] n condado *m* ▸ **~ council** = *órgano de gobierno de un condado* ▸ *BR* **~ town,** *US* **~ seat** capital *f* de condado

coup [kuː] n [surprising achievement] golpe *m* de efecto ▸ POL **~ (d'état)** golpe *m* de Estado

couple ['kʌpəl] ■ n **1.** [of things] par *m* ▸ **a ~ of** un par de **2.** [people] pareja *f*
■ vt **1.** [associate] relacionar, asociar **2.** [combine] conjugar, combinar ▸ **coupled with** junto con

> CAREFUL! / ¡CUIDADO!
> ***couple***
>
> When translating *couple*, note that using **pareja** generally implies there is a relationship between the two people; you can refer to people using **par** if you just mean there are two of them – e.g. **un par de amigos** or **un par de mujeres.**

couplet ['kʌplɪt] n [in poem] pareado *m*

coupon ['kuːpɒn] n cupón *m,* vale *m*

courage ['kʌrɪdʒ] n valor *m,* coraje *m* ▸ **to have the ~ to do sth** tener valor para hacer algo ▸ **he didn't have the ~ of his convictions** no tuvo coraje para defender sus convicciones

courageous [kə'reɪdʒəs] adj valiente

courageously [kə'reɪdʒəslɪ] adv valientemente

courgette [kʊə'ʒət] n *BR* calabacín *m,* *CSUR* zapallito *m,* *MÉX* calabacita *f*

courier ['kʊrɪə(r)] n [messenger] mensajero(a) *m,f* / [in tourism] guía *mf* / [drug smuggler] correo *m,* enlace *m*

course [kɔːs] ■ n **1.** [of river, illness] curso *m* / [of time, events] transcurso *m,* curso *m* ▸ **to be on ~** [ship] seguir el rumbo ▸ **to be on ~ for** [likely to achieve] ir camino de ▸ **to be off ~** haber perdido el rumbo ▸ *also Fig* **to change ~** cambiar de rumbo ▸ **in the ~ of time** con el tiempo ▸ **a ~ of action** una táctica (a seguir) ▸ **to be in the ~ of doing sth** estar haciendo algo ▸ **in the normal ~ of events** normalmente ▸ **to let things take** *or* **run their ~** dejar que las cosas sigan su curso **2. of ~** [clearly, unsurprisingly] naturalmente ▸ [expressing agreement] **of ~ you can come!** ¡pues claro que puedes venir! ▸ **of ~ not!** ¡por supuesto que no! **3.** EDUC [as part of degree] asignatura *f* / [self-contained] curso *m* ▸ **to take a ~ in sth** hacer un curso de algo ▸ **(degree) ~** carrera *f* ▸ **a ~ of lectures** un ciclo de conferencias **4.** MED **~ of treatment** tratamiento *m* **5.** [of meal] plato *m* ▸ **first ~** primer plato ▸ **main ~** plato principal **6.** [for race] circuito *m* / [for golf] *ESP* campo *m,* *AM* cancha *f* / [for show-jumping] recorrido *m*
■ vi [liquid] correr

court [kɔːt] ■ n **1.** LAW tribunal *m* ▸ **to go to ~** ir a los tribunales *or* a juicio ▸ **to take sb to ~** llevar a alguien a juicio *or* a los tribunales ▸ **to settle a case out of ~** arreglar una disputa sin acudir a los tribunales ▸ **~ of appeal** tribunal *m* de apelación ▸ **~ of inquiry** comisión *f* de investigación ▸ **~ of law** tribunal *m* ▸ **~ appearance** [of defendant] comparecencia *f* en un juicio ▸ MIL **~ martial** consejo *m* de guerra ▸ **~ order** orden *f* judicial **2.** [for tennis, basketball, squash] pista *f,* cancha *f* **3.** [royal] corte *f* ▸ *Fig* **she held ~ in the hotel bar, surrounded by a posse of journalists** entretuvo a un grupo de periodistas en el bar del hotel ▸ *BR* **~ shoe** zapato *m* de salón
■ vt **1.** *Old-fashioned* [woo] cortejar **2.** [seek] [sb's friendship, favour] intentar ganarse / [failure] exponerse a / [death] jugar con
■ vi *Old-fashioned* **to be courting** [couple] cortejarse

courteous ['kɜːtɪəs] adj cortés

courteously ['kɜːtɪəslɪ] adv cortésmente

courtesy ['kɜːtəsɪ] n cortesía *f* ▸ **do me the ~ of listening** ten la cortesía de escucharme ▸ **by ~ of...** por cortesía de... ▸ **to exchange courtesies** intercambiar cumplidos ▸ **~ call** visita *f* de cortesía ▸ **~ car** coche *m* gratuito *(cortesía de la empresa)*

courthouse ['kɔːthaʊs] n *US* palacio *m* de justicia

courtier ['kɔːtɪə(r)] n cortesano(a) *m,f*

court-martial ['kɔːt'mɑːʃəl] (pt & pp **court-martialled,** *US* **court-martialed**) vt hacer un consejo de guerra a

courtroom ['kɔːtruːm] n LAW sala *f* de juicios

courtship ['kɔːtʃɪp] n [of people, animals] cortejo *m*

courtyard ['kɔːtjɑːd] n patio *m*

cousin ['kʌzən] n primo(a) *m,f* ▸ **first ~** primo(a) hermano(a) ▸ **second ~** primo(a) segundo(a)

cove [kəʊv] n [small bay] cala *f,* ensenada *f*

covenant ['kʌvənənt] LAW ■ n [agreement] pacto *m,* convenio *m* / *BR* [to charity] = *acuerdo para realizar regularmente una donación a una entidad benéfica la cual, además, recibe los impuestos con que haya sido gravada la cantidad donada*
■ vt *BR* [money] = *donar por el sistema de "covenant"*

Coventry ['kʌvəntrɪ, 'kɒvəntrɪ] n **to send sb to ~** hacer el vacío a alguien

cover ['kʌvə(r)] ■ n **1.** [lid] tapa *f* **2.** [soft covering] funda *f* ▸ **covers** [blankets] mantas *fpl* **3.** [of book] tapa *f* / [of magazine] portada *f* ▸ **front ~** portada *f* ▸ **back ~** contraportada *f,* *PERÚ, PR* contratapa *f* ▸ **to read a book from ~ to ~** leerse un libro de principio a fin ▸ **~ story** tema *m* de portada **4.** [shelter] protección *f* ▸ **to break ~** ponerse al descubierto ▸ **to take ~** ponerse a cubierto ▸ **under ~ of darkness** al amparo de la oscuridad **5.** [disguise, front] tapadera *f* ▸ **my ~ has been blown** me han desenmascarado ▸ **~ story** tapadera *f* **6.** FIN [in insurance] cobertura *f* ▸ **full ~** cobertura máxima **7.** [song] **~ (version)** versión *f (de una canción original)* **8.** [in restaurant] **~ charge** cubierto *m* **9.** *US* **~ letter** [for job application] carta *f* de presentación
■ vt **1.** [person, object] cubrir / [with a lid] tapar ▸ **to ~ one's eyes** taparse los ojos ▸ **to ~ a wall with paint** recubrir de pintura una pared ▸ **to ~ oneself with glory** cubrirse de gloria ▸ **to ~ one's costs** cubrir gastos ▸ **to ~ a song** [musician] hacer una versión de una canción **2.** [hide] [one's embarrassment, confusion] ocultar ▸ **to ~ one's tracks** no dejar rastro **3.** [travel over] cubrir, recorrer ▸ **we covered 100 km** cubrimos *or* recorrimos

100 kms ▸ *Fig* **to ~ a lot of ground** abarcar mucho **4.** [include, deal with] cubrir ▸ **to ~ a story** [journalist] cubrir una noticia **5.** [protect] FIN [with insurance] asegurar ▸ *Fig* **to ~ oneself** *or* *BR* **one's back** [take precautions] cubrirse las espaldas

◆ ***cover for*** vt insep [replace] reemplazar *or* sustituir temporalmente / [provide excuses for] excusar

◆ ***cover up*** ■ vt sep **1.** [conceal] ocultar **2.** [cover] cubrir, tapar

■ vi [conceal the truth] encubrir (**for sb** a alguien)

coverage ['kʌvərɪdʒ] n [on TV, in newspapers] cobertura *f* informativa

coveralls ['kʌvərɔːlz] npl *US* mono *m* (de trabajo), *AM* overol *m*

covering ['kʌvərɪŋ] n [on furniture] funda *f* / [of snow, dust, chocolate] capa *f*

coverlet ['kʌvəlɪt] n colcha *f*

covert ['kʌvət] adj encubierto(a)

cover-up ['kʌvərʌp] n encubrimiento *m*

covet ['kʌvɪt] vt codiciar

covetous ['kʌvɪtəs] adj codicioso(a) ▸ **to be ~ of** codiciar

cow[1] [kaʊ] n **1.** [animal] vaca *f* / [female elephant, whale] hembra *f* ▸ **till the cows come home** hasta que las ranas críen pelo **2.** *Pej very Fam* [woman] bruja *f*, pécora *f*

cow[2] vt acobardar, intimidar ▸ **to ~ sb into submission** reducir a alguien a la obediencia ▸ **to look cowed** parecer intimidado(a)

coward ['kaʊəd] n cobarde *mf*

cowardice ['kaʊədɪs], ***cowardliness*** ['kaʊədlɪnəs] n cobardía *f*

cowardly ['kaʊədlɪ] adj cobarde

cowboy ['kaʊbɔɪ] n **1.** vaquero *m* ▸ **to play cowboys and Indians** jugar a indios y vaqueros **2.** *BR Fam Pej* [careless or dishonest workman] jeta *m*, sinvergüenza *m* ▸ **a ~ company** una empresa de sinvergüenzas

cower ['kaʊə(r)] vi acoquinarse, amilanarse

cowhide ['kaʊhaɪd] n cuero *m*

cowl [kaʊl] n [monk's hood] capucha *f* / [on chimney] sombrerete *m*

co-worker [kəʊ'wɜːkə(r)] n *US* compañero(a) *m,f* de trabajo

cowshed ['kaʊʃed] n establo *m*

cox [kɒks] ■ n [in rowing] timonel *mf*

■ vt llevar el timón de

■ vi hacer de timonel

coy [kɔɪ] adj [shy] timorato(a) ▸ **to be ~ about sth** mostrarse evasivo(a) en relación con algo

coyness ['kɔɪnɪs] n [shyness] timidez *f* / [evasiveness] evasión *f*

coyote [kɔɪ'jəʊtɪ] n coyote *m*

CPI [siːpiː'aɪ] n *US* ECON (abbr ***consumer price index***) IPC *m*, Índice *m* de Precios al Consumo

Cpl MIL (abbr ***Corporal***) cabo *m*

CPU [siːpiː'juː] n COMPTR (abbr ***central processing unit***) CPU *f*, unidad *f* central de proceso

Cr (abbr ***Crescent***) = *calle en forma de media luna*

crab [kræb] n **1.** [crustacean] cangrejo *m*, *AM* jaiba *f* **2.** *Fam* [pubic louse] ladilla *f* **3. ~ apple** [fruit] manzana *f* silvestre / [tree] manzano *m* silvestre

crabbed ['kræbɪd] adj **~ writing** letra *f* apretada y difícil de leer

crabby ['kræbɪ] adj *Fam* [bad-tempered] gruñón(ona)

crack [kræk] ■ n **1.** [in glass, porcelain] raja *f* / [in wood, wall, ground, ice] grieta *f* ▸ **the door was open a ~** la puerta estaba entreabierta ▸ *Fig* **cracks have started to appear in his alibi** su coartada está empezando a hacer agua ▸ **to get up at the ~ of dawn** levantarse al amanecer **2.** [sound] chasquido *m* ▸ *Fig* **she wasn't given a fair ~ of the whip** no tuvo su oportunidad ▸ *Fig* **to have a ~ at sth** intentar algo **3.** [blow] **a ~ on the head** un porrazo en la cabeza **4.** *Fam* [joke, insult] chiste *m* **5.** [drug] crack *m*

■ adj *Fam* de primera ▸ **~ troops** tropas *fpl* de élite

■ vt **1.** [fracture] [cup, glass] rajar / [skin, wood, ground, wall] agrietar **2.** [make sound with] [whip] chasquear / [fingers] hacer crujir **3.** *Fam* [hit] **to ~ sb over the head** dar a alguien un porrazo en la cabeza ▸ **he cracked his head against the wall** se dio con la cabeza contra la pared **4.** [solve] [problem] resolver / [code] descifrar **5.** [break open] [safe] forzar / [nut, egg] cascar **6. to ~ a joke** soltar un chiste

■ vi **1.** [cup, glass] rajarse / [skin, wood, ground, wall] agrietarse **2.** [voice] [with emotion] fallar **3.** [person] [under pressure] venirse abajo, derrumbarse ▸ **his nerve cracked** perdió los nervios **4.** [make sound] crujir / [whip] chasquear ▸ *Fam Fig* **get cracking!** ¡manos a la obra!

◆ ***crack down*** vi **to ~ down on sth** adoptar medidas severas contra algo

◆ ***crack up*** *Fam* ■ vt sep **it's not all it's cracked up to be** no es tan bueno como lo pintan

■ vi **1.** [laugh] partirse *or* morirse *or* *ESP* troncharse *or* *MÉX* atacarse *or* *RP* descostillarse de risa **2.** [go mad] (empezar a) desvariar

crackbrained ['krækbreɪnd] adj *Fam* [plan] descabellado(a)

crackdown ['krækdaʊn] n medidas *fpl* severas ▸ **a ~ on drugs/tax evasion** medidas severas contra las drogas/la evasión fiscal

cracked [krækt] adj *Fam* [crazy] **to be ~** estar chiflado(a) *or* *ESP* majara

cracker ['krækə(r)] n **1.** [biscuit] galleta *f* salada, cracker *f* **2.** [firework] petardo *m* **3.** *BR Fam* [excellent thing, person] **the first goal was an absolute ~** el primer gol fue de antología ▸ **she's a ~** [very attractive] está muy buena, *ESP* está como un tren, *RP* está que mata **4.** COMPTR cracker

crackers ['krækəz] adj *BR Fam* [mad] **to be ~** estar como una cabra ▸ **to go ~** volverse majareta, *RP* pirarse

crackle ['krækəl] ■ n [of twigs] crujido *m* / [of fire] crepitación *m*

■ vi [twigs] crujir / [fire] crepitar

crackling ['kræklɪŋ] n [pork skin] cortezas *fpl* de cerdo, *AM* chicharrones *mpl*

crackpot ['krækpɒt] *Fam* ■ n [person] pirado(a) *m,f*, *MÉX* zafado(a) *m,f*
■ adj [plan] descabellado(a)

crack-up ['krækʌp] n *Fam* [of person] hundimiento *m*, derrumbe *m*

cradle ['kreɪdəl] ■ n **1.** [of child, civilization] cuna *f* ▸ **from the ~ to the grave** de la cuna a la sepultura **2.** [for cleaning windows] andamio *m* colgante
■ vt acunar

craft[1] [krɑːft] n **1.** [trade] oficio *m* / [skill] arte *m* **2.** [cunning] maña *f*, astucia *f*

craft[2] (pl **craft**) n [boat] embarcación *f*

craftily ['krɑːftɪlɪ] adv muy ladinamente ▸ **~ worded** muy hábilmente *or* astutamente expresado

craftiness ['krɑːftɪnɪs] n astucia *f*, maña *f*

craftsman ['krɑːftsmən] n artesano *m*

craftsmanship ['krɑːftsmənʃɪp] n destreza *f*, maestría *f*

crafty ['krɑːftɪ] adj ladino(a)

crag [kræg] n peñasco *m*, risco *m*

craggy ['krægɪ] adj [rocky] escarpado(a) / [features] marcado(a)

cram [kræm] (pt & pp **crammed**) ■ vt [things] embutir (**into** en) / [people] apiñar (**into** en) ▸ **he crammed the clothes into the suitcase** llenó la maleta *or RP* valija de ropa hasta los topes ▸ **to be crammed with sth** estar repleto(a) de algo ▸ **they crammed as much sightseeing as possible into their three days** no pararon de ver monumentos y sitios en los tres días que tenían
■ vi **1.** apiñarse ▸ **we all crammed into the taxi** nos embutimos todos en el taxi **2.** *Fam* [study] matarse estudiando, *ESP* empollar, *RP* tragar

cram-full [kræm'fʊl] adj *Fam* atestado(a), abarrotado(a)

cramp [kræmp] ■ n calambre *m* ▸ **to have ~** *or US* **a ~** tener calambres
■ vt [restrict] limitar, coartar ▸ *Fam* **to ~ sb's style** ser un estorbo para *or* coartar a alguien

cramped [kræmpt] adj [room] estrecho(a) ▸ **to be ~ for space** tener muy poco espacio

crampon ['kræmpɒn] n crampón *m*

cranberry ['krænbərɪ] n arándano *m* agrio

crane [kreɪn] ■ n **1.** [for lifting] grúa *f* **2.** [bird] grulla *f* ▸ **~ fly** [insect] típula *f*
■ vt **to ~ one's neck** estirar el cuello
■ vi **to ~ forward** inclinarse hacia delante (estirando el cuello)

cranium ['kreɪnɪəm] (pl **crania** ['kreɪnɪə]) n ANAT cráneo *m*

crank[1] [kræŋk] n [gear mechanism] cigüeñal *m* ▸ **~ handle** manivela *f*

crank[2] n *Fam* [eccentric] rarito(a) *m,f*, maniático(a) *m,f*

crankshaft ['kræŋkʃɑːft] n AUT cigüeñal *m*

cranky ['kræŋkɪ] adj *Fam* [eccentric] rarito(a), maniático(a)

crap [kræp] *very Fam* ■ n **1.** [excrement] mierda *f* ▸ **to have** *or* **take a ~** cagar, *ESP* echar una cagada, *COL, RP* embarrarla, *MÉX* chingarla **2.** [worthless things] mierdas *fpl*, porquerías *fpl* / [nonsense] *ESP* gilipolleces *fpl*, *ESP* paridas *fpl*, *COL, MÉX* pendejadas *fpl*, *RP* pelotudeces *fpl* / [disgusting substance] porquería *f*, mierda *f*
■ adj *BR* [of poor quality] **it's ~!** ¡es una mierda!

crash [kræʃ] ■ n **1.** [noise] estruendo *m* **2.** [accident] choque *m*, colisión *f* ▸ **car/train/plane ~** accidente *m* de coche *or AM* carro *or CSUR* auto/tren/avión ▸ AUT **~ barrier** quitamiedos *m inv* ▸ AUT **~ helmet** casco *m* (protector) ▸ AV **~ landing** aterrizaje *m* forzoso *or* de emergencia **3.** [financial] quiebra *f* (financiera), crac *m*
■ adj **~ course** curso *m* intensivo ▸ **~ diet** dieta *f* drástica
■ vt **1.** [plane] estrellar ▸ **she crashed the car** se estrelló con el coche *or AM* carro *or CSUR* auto **2.** *Fam* **to ~ a party** colarse en una fiesta
■ vi **1.** [make noise] [waves] romper ▸ **the bookcase crashed to the ground** la estantería cayó con estruendo **2.** [cars] chocar ▸ **to ~ into** estrellarse contra **3.** [business, economy] quebrar **4.** COMPTR bloquearse, colgarse **5.** *Fam* [sleep] dormir, *ESP* sobar ▸ **he lets me use his place as a ~ pad** me deja dormir *or ESP* sobar en su casa

◆ ***crash out*** ■ vt **he was crashed out on the sofa** estaba frito *or ESP* sopa en el sofá
■ vi *Fam* [go to sleep] quedarse frito(a) *or ESP* sopa

crashing ['kræʃɪŋ] adj **a ~ bore** un tostón

crash-land ['kræʃ'lænd] vi realizar un aterrizaje forzoso

crass [kræs] adj zafio(a) ▸ **~ ignorance/stupidity** ignorancia/estupidez supina

crate [kreɪt] n [box] caja *f*

crater ['kreɪtə(r)] n cráter *m*

cravat [krə'væt] n pañuelo *m*, fular *m*

crave [kreɪv] ■ vt [affection, a cigarette] ansiar
■ vi **to be craving for** [affection, a cigarette] ansiar

craving ['kreɪvɪŋ] n [in general] ansia *f* (**for** de) / [of pregnant woman] antojo *m* ▸ **to have a ~ for sth** desear vehementemente *or* ansiar algo

crawl [krɔːl] ■ n **1.** [slow pace] paso *m* lento ▸ **the traffic was moving at a ~** el tráfico avanzaba lentamente **2.** [swimming stroke] (estilo *m*) crol *m* ▸ **to do** *or* **swim (the) ~** nadar a crol
■ vi **1.** [person] arrastrarse / [baby] gatear / [car] avanzar lentamente **2.** *Fam* [be infested] **the flat was crawling with cockroaches** el piso estaba infestado de cucarachas ▸ **it makes my skin ~** me pone la carne de gallina **3.** *Fam* [be obsequious] **to ~ to sb** arrastrarse ante alguien

crawler ['krɔːlə(r)] n *Fam* [obsequious person] *ESP* pelota *mf*, *AM* arrastrado(a) *m,f*, *MÉX* lambiscón(ona) *m,f*, *RP* chupamedias *mf inv*

crayfish ['kreɪfɪʃ] n cangrejo *m* de río

crayon ['kreɪɒn] ■ n [wax] (barra *f* de) cera *f* / [pastel] (barra *f* de) pastel *m* / [pencil] lápiz *m* de color
■ vt pintar

craze [kreɪz] n locura *f*, moda *f* (**for** de)

crazed [kreɪzd] adj [look, person] demente, delirante

crazily ['kreɪzɪlɪ] adv [to behave] alocadamente

craziness ['kreɪzɪnɪs] n locura *f*

crazy ['kreɪzɪ] adj [person] loco(a) ▸ **to be ~** estar loco(a) ▸ **to go ~** volverse loco(a) ▸ **to drive sb ~** volver loco(a) a alguien ▸ **she's ~ about motorbikes** las motos la vuelven loca ▸ **to be ~ about sb** estar loco(a) por alguien ▸ **like ~** [to run, work] como un loco ▸ *BR* **~ paving** [on path] pavimento *m* de formas irregulares

CRE [siːɑː'riː] n *BR* (abbr ***Commission for Racial Equality***) = *órgano gubernamental británico contra el racismo*

creak [kriːk] ■ n [of hinge] chirrido *m* / [of timber, shoes] chirrido, crujido *m*
■ vi [hinge] chirriar, rechinar / [timber, shoes] crujir

creaky ['kriːkɪ] adj [chair] que cruje ▸ *Fig* **the dialogue is a bit ~** los diálogos chirrían un poco

cream [kriːm] ■ n **1.** [of milk] *ESP* nata *f*, *AM* crema *f* (de leche) ▸ **~ of tomato/chicken soup** crema *f* de tomate *or MÉX* jitomate/pollo ▸ **~ cake** pastel *m* de *ESP* nata *or AM* crema ▸ **~ cheese** queso *m* blanco para untar **2.** *Fig* **the ~** [best part] la flor y nata **3.** [lotion] crema *f* ▸ **face/hand ~** crema facial/de manos **4.** [colour] (color *m*) crema *m*
■ adj **~(-coloured)** (color) crema
■ vt CULIN [beat] batir

◆ ***cream off*** vt sep seleccionar, quedarse con

creamy ['kriːmɪ] adj [in texture] cremoso(a)

crease [kriːs] ■ n [in skin, crumpled fabric] arruga *f* / [in ironed trousers] raya *f*
■ vt arrugar ▸ **to ~ one's brow** fruncir el ceño
■ vi [become creased] arrugarse

◆ ***crease up*** vi *BR Fam* [laugh] partirse *or RP* descostillarse *or MÉX* atacarse de risa

create [krɪ'eɪt] ■ vt crear ▸ **to ~ a sensation** causar sensación
■ vi *BR Fam* [get angry, cause fuss] ponerse hecho(a) una furia

creation [krɪ'eɪʃən] n creación *f*

creative [krɪ'eɪtɪv] adj creativo(a) ▸ **the ~ process** el proceso creativo ▸ FIN **~ accounting** maquillaje *m* de cuentas, artificios *mpl* contables ▸ **~ writing** creación *f* literaria

creatively [kriː'eɪtɪvlɪ] adv creativamente, de forma creativa

creativity [krɪə'tɪvɪtɪ] n creatividad *f*

creator [krɪ'eɪtə(r)] n creador(ora) *m,f* ▸ REL **the Creator** el Creador

creature ['kriːtʃə(r)] n [living being, animal] criatura *f* ▸ **he's a ~ of habit** es un animal de costumbres ▸ **the chairman is a ~ of the government** [instrument] el presidente es un títere del Gobierno ▸ **~ comforts** (pequeños) placeres *mpl* de la vida

crèche [kreʃ] n *BR* [nursery] guardería *f* (infantil)

credence ['kriːdəns] n **to give ~ to sth** dar crédito a algo

credentials [krɪ'denʃəlz] npl [of ambassador] credenciales *fpl* ▸ *Fig* **he quickly established his ~** pronto demostró su valía

credibility [kredɪ'bɪlɪtɪ] n credibilidad *f* ▸ **~ gap** vacío *m or* falta *f* de credibilidad

credible ['kredɪbəl] adj creíble

credibly ['kredəblɪ] adv de forma creíble

credit ['kredɪt] ■ n **1.** FIN crédito *m* ▸ **to be in ~** tener saldo positivo ▸ **to give sb ~** conceder un crédito a alguien ▸ **to buy/sell on ~** comprar/vender a crédito ▸ **~ card** tarjeta *f* de crédito ▸ ECON **~ control** control *m* crediticio *or* de crédito ▸ **~ limit** límite *m* de descubierto *or* de crédito ▸ **~ note** vale *m* de compra ▸ **~ rating** clasificación *f or* grado *m* de solvencia ▸ ECON **~ squeeze** restricción *f* de crédito ▸ **~ terms** condiciones fpl de crédito ▸ **~ transfer** transferencia *f* bancaria **2.** [belief] crédito *m* ▸ **to give ~ to sth** dar crédito a algo ▸ **to gain ~** [theory] ganar aceptación **3.** [recognition] reconocimiento *m* ▸ **you'll have to give her ~ for that** se lo tendrás que reconocer ▸ **to take the ~ for sth** apuntarse el mérito de algo ▸ **~ where credit's due** las cosas como son ▸ **to her ~, she refused** se negó, lo cual dice mucho en su favor ▸ **it does you ~** puedes estar orgulloso de ello ▸ **you're a ~ to the school** eres motivo de orgullo para la escuela **4.** [of film] **credits** títulos *mpl* de crédito
■ vt **1.** [money] abonar ▸ **to ~ money to sb's account** abonar dinero en la cuenta de alguien **2.** [attribute] **to ~ sb with sth** atribuir algo a alguien ▸ **I credited you with more sense** te consideraba más sensato **3.** [believe] creer ▸ **would you ~ it?** ¿te lo quieres creer?

creditable ['kredɪtəbəl] adj [praiseworthy] encomiable, digno(a) de encomio

creditor ['kredɪtə(r)] n FIN acreedor(ora) *m,f*

creditworthy ['kredɪtwɜːðɪ] adj solvente

credulity [krɪ'djuːlɪtɪ] n credulidad *f*

credulous ['kredjʊləs] adj crédulo(a)

creed [kriːd] n *also Fig* credo *m*

creek [kriːk] n *BR* [small bay] cala *f* / *US & AUSTR* [stream] riachuelo *m* ▸ *Fam Fig* **to be up the ~ (without a paddle)** tenerlo claro, *ESP* ir de culo

creep [kriːp] ■ n *Fam* **1.** [unpleasant person] asqueroso(a) *m,f* / *BR* [obsequious person] *ESP* pelota *mf*, *AM* arrastrado(a) *m,f*, *MÉX* lambiscón(ona) *m,f*, *RP* chupamedias *mf inv* **2. he/it gives me the creeps** [makes me uneasy] me pone la piel de gallina ▸ **I always get the creeps when I'm alone in the house** [get frightened] siempre que me quedo solo(a) en casa me entra el *ESP* canguelo *or ARG* cuiqui *or COL* culillo *or MÉX* mello
■ vi (pt & pp **crept** [krept]) [animal, person] moverse sigilosamente, deslizarse / [plants] trepar ▸ **to ~ in** colarse ▸ **to ~ out** escapar (sigilosamente) ▸ **a mistake has crept into our calculations** se nos ha colado un error en los cálculos ▸ **old age has crept up on me** los años se me han echado encima ▸ *Fam* **it makes my flesh ~** me pone la carne de gallina

creeper ['kriːpə(r)] n [plant] enredadera *f* / [in wild] liana *f*

creeping ['kriːpɪŋ] adj [gradual] paulatino(a) ▸ **~ privatization** privatización *f* gradual subrepticia

creepy ['kriːpɪ] adj *Fam* **1.** [unpleasant] repugnante, repelente **2.** [frightening] espeluznante

creepy-crawly ['kriːpɪ'krɔːlɪ] n *Fam* bicho *m*, bicharraco *m*

cremate [krɪ'meɪt] vt incinerar

cremation [krɪ'meɪʃən] n incineración *f*, cremación *f*

crematorium [kremə'tɔ:rɪəm] (pl **crematoria** [kremə'tɔ:rɪə]) n crematorio *m*

crème [krem] n **~ caramel** flan *m* ▸ **the ~ de la ~** [the best] la flor y nata ▸ **~ fraîche** *ESP* nata *f or AM* crema *f* fresca fermentada

creole ['kri:əʊl] LING ■ n criollo *m*
■ adj criollo(a)

creosote ['krɪəsəʊt] n creosota *f*

crêpe n **1.** [kreɪp] [textile] crepé *m*, crespón *m* ▸ **~ bandage** venda *f* ▸ **~ paper** papel *m* crespón *or* pinocho ▸ **~(-rubber) soles** zapatos *mpl* de suela de goma *or* de crepé **2.** [krep] [pancake] crepe *f*

crept [krept] pt & pp *of* ***creep***

crescendo [krɪ'ʃendəʊ] (pl **crescendos**) n MUS & *Fig* crescendo *m* ▸ **to rise to a ~** [music, complaints] alcanzar el punto culminante

crescent ['kresənt] ■ n [shape] medialuna *f*
■ adj **~(-shaped)** en forma de medialuna ▸ **~ moon** cuarto *m* creciente

cress [kres] n berro *m*

crest [krest] n [of bird, wave] cresta *f* / [of helmet] penacho *m* / [of hill] cima *f* / [coat of arms] escudo *m* ▸ *Fig* **on the ~ of a wave** en la cresta de la ola

crestfallen ['krestfɔ:lən] adj abatido(a)

Cretan ['kri:tən] n & adj cretense *mf*

Crete [kri:t] n Creta

cretin ['kretɪn] n *Fam* cretino(a) *m,f*

cretinous ['kretɪnəs] adj estúpido(a), cretino(a)

Creutzfeldt-Jakob disease ['krɔɪtsfelt'ja:kɒbdɪ'zi:z] n enfermedad *f* de Creutzfeld(t)-Jakob

crevice ['krevɪs] n grieta *f*

crew[1] [kru:] ■ n [of ship, plane] tripulación *f* / [of ambulance] personal *m* de ambulancia / *Fam* [gang, group] pandilla *f*, *MÉX* bola *f*, *RP* barra *f* ▸ **~ cut** [hairstyle] rapado *m*, corte *m* al cero ▸ **~ neck** cuello *m* redondo
■ vt [ship] tripular

crew[2] pt *of* ***crow***

crib [krɪb] ■ n **1.** [cradle] cuna *f* / [Nativity scene] belén *m*, pesebre *m* **2.** *Fam* [at school] [translation] traducción *f (que permite entender el original)* / [in exam] *ESP, VEN* chuleta *f*, *ARG* machete *m*, *COL, MÉX* acordeón *m*, *PERÚ* comprimido *m*, *URUG* trencito *m*
■ vt (pt & pp **cribbed**) *Fam* [at school] copiar

crick [krɪk] ■ n [in neck] tortícolis *f inv* ▸ **to have a ~ in one's neck** tener tortícolis
■ vt **to ~ one's neck** hacerse daño en el cuello

cricket[1] ['krɪkɪt] n [insect] grillo *m*

cricket[2] n [sport] críquet *m* ▸ *BR Fig* **that's not ~!** ¡eso es juego sucio! ▸ **~ ball** pelota *f* de críquet ▸ **~ bat** bate *m* de críquet ▸ **~ pitch** campo *m* de críquet

crikey ['kraɪkɪ] exclam *Fam* ¡caramba!

crime [kraɪm] n [serious criminal act] crimen *m* / [less serious] delito *m* ▸ **~ is on the increase** está aumentando la delincuencia ▸ **to commit a ~** cometer un delito, delinquir ▸ *Fig* **it's a ~** [outrageous] es un crimen ▸ **~ wave** ola *f* de delincuencia ▸ **~ writer** [of detective novels] escritor(ora) *m,f* de novela negra

> CAREFUL! / ¡CUIDADO!
> ***crime***
>
> When translating *crime*, note that when crime as a general social phenomenon is referred to, **delincuencia** is used rather than **crimen** or **delito.**

Crimea [kraɪ'mɪə] n Crimea

Crimean [kraɪ'mɪən] adj de Crimea

criminal ['krɪmɪnəl] ■ n [in general] delincuente *mf* / [serious] criminal *mf*
■ adj delictivo(a), criminal ▸ *Fig* **a ~ waste of money** un despilfarro disparatado ▸ **Criminal Investigation Department** = *policía judicial británica* ▸ **~ court** juzgado *m* de lo penal ▸ **~ damage** daños *mpl* criminales ▸ **~ law** derecho *m* penal ▸ **~ lawyer** abogado(a) *m,f* criminalista, penalista *mf* ▸ **~ offence** delito *m* (penal) ▸ **to instigate ~ proceedings against sb** demandar a alguien ante un juzgado de lo penal ▸ **~ record** antecedentes *mpl* penales

criminality [krɪmɪ'nælɪtɪ] n [in general] delincuencia *f* / [serious] criminalidad *f*

criminalize ['krɪmɪnəlaɪz] vt penalizar

criminally ['krɪmɪnəlɪ] adv **the ~ insane** los (delincuentes) psicópatas ▸ **he was ~ negligent** cometió un delito de negligencia

criminology [krɪmɪ'nɒlədʒɪ] n criminología *f*

crimp [krɪmp] vt [hair] rizar (con tenacillas)

crimson ['krɪmzən] n & adj carmesí *m*

cringe [krɪndʒ] vi **1.** [show fear] encogerse **2.** [be embarrassed] tener vergüenza ajena, abochornarse ▸ **it makes me ~** me produce vergüenza ajena

cringe-making, ['krɪndʒmeɪkɪŋ], ***cringeworthy*** ['krɪndʒwɜ:ðɪ] adj *BR Hum* que da vergüenza ajena

cringing ['krɪndʒɪŋ] adj [afraid] atemorizado(a) / [servile] servil

crinkle ['krɪŋkəl] ■ vt [paper] arrugar ▸ **to ~ one's nose** arrugar la nariz
■ vi arrugarse

crinkly ['krɪŋklɪ] adj [skin, paper] arrugado(a)

cripple ['krɪpəl] ■ n inválido(a) *m,f*
■ vt **1.** [person] dejar inválido(a), lisiar **2.** [industry, system] deteriorar, arruinar

crippling ['krɪplɪŋ] adj **1.** [illness] incapacitante **2.** [taxes, strike] pernicioso(a)

crisis ['kraɪsɪs] (pl **crises** ['kraɪsi:z]) n crisis *f inv* ▸ **in ~** en crisis ▸ **to go through a ~** atravesar una crisis ▸ **~ management** gestión *f* de crisis

crisp [krɪsp] ■ n *BR* **crisps** *ESP* patatas *fpl or AM* papas *fpl* fritas (de bolsa) ▸ **burnt to a ~** achicharrado(a)
■ adj [apple, lettuce] fresco(a) / [pastry, bacon] crujiente / [air, breeze] fresco(a) / [style] conciso(a) / [tone] seco(a)

crisply ['krɪsplɪ] adv [say] secamente

crispy ['krɪspɪ] adj [bacon, pastry] crujiente

criss-cross ['krɪskrɒs] ■ vt entrecruzar
■ vi entrecruzarse

criterion [kraɪ'tɪərɪən] (pl **criteria** [kraɪ'tɪərɪə]) n criterio *m*

critic ['krɪtɪk] n crítico(a) *m,f*

critical ['krɪtɪkəl] adj **1.** [negative] crítico(a) ▸ **to be ~ of** criticar **2.** [essay, study] crítico(a) ▸ **it was a ~ success** fue un éxito de crítica *or* entre la crítica **3.** [decisive] crítico(a), decisivo(a) ▸ **she was in a ~ condition** [patient] se encontraba en estado crítico

criticism ['krɪtɪsɪzəm] n crítica *f*

criticize ['krɪtɪsaɪz] vt criticar ▸ **to ~ sb for (doing) sth** criticar a alguien por (hacer) algo

critique [krɪ'ti:k] n crítica *f*

croak [krəʊk] ■ n [of frog] croar *m* / [of raven] graznido *m* / [of person] gruñido *m*
■ vi **1.** [frog] croar / [raven] graznar / [person] gruñir **2.** *very Fam* [die] palmar, espicharla

Croat ['krəʊæt], ***Croatian*** [krəʊ'eɪʃən] ■ n **1.** [person] croata *mf* **2.** [language] croata *m*
■ adj croata

Croatia [krəʊ'eɪʃə] n Croacia

Croatian ➤ ***Croat***

crochet ['krəʊʃeɪ] ■ n ganchillo *m, COL, CSUR* crochet *m, MÉX* gancho *m* ▸ **~ hook** aguja *f* de ganchillo *or COL, CSUR* crochet *or MÉX* gancho *m*
■ vt **to ~ sth** hacer algo a ganchillo *or COL, CSUR* crochet *or MÉX* gancho
■ vi hacer ganchillo *or COL, CSUR* crochet *or MÉX* gancho

crock [krɒk] n **1.** [pot] vasija *f* de barro **2.** *Fam* **old ~** [person] viejo(a) *m,f* chocho(a) / [car] cacharro *m, ESP* tartana *f*

crockery ['krɒkərɪ] n vajilla *f*

crocodile ['krɒkədaɪl] n **1.** [animal] cocodrilo *m* ▸ **~ tears** lágrimas *fpl* de cocodrilo **2.** [line of pupils] fila *f*

crocus ['krəʊkəs] n azafrán *m*

croft [krɒft] n *SCOT* granja *f* pequeña

crofter [krɒftə(r)] n *SCOT* granjero(a) *m,f*

croissant ['krwæsɒŋ] n croisant *m*

crone [krəʊn] n *Pej* **old ~** bruja *f*

crony ['krəʊnɪ] n amigote *m,* amiguete(a) *m,f*

cronyism ['krəʊnɪɪzəm] n *Pej* amiguismo *m,* enchufismo *m*

crook [krʊk] ■ n **1.** [criminal] granuja *mf,* bribón(ona) *m,f* **2.** [shepherd's staff] cayado *m* / [bishop's] báculo *m* **3.** [curve] recodo *m* ▸ **to hold sth in the ~ of one's arm** llevar algo en brazos *or* en el brazo
■ vt [finger, arm] doblar

crooked ['krʊkɪd] adj **1.** [not straight] torcido(a) / [lane, path] tortuoso(a) **2.** [dishonest, illegal] [deal] sucio(a) / [policeman, politician] corrupto(a)

croon [kru:n] vt & vi canturrear

crop [krɒp] ■ n **1.** [of fruit, vegetables] cosecha *f* ▸ *Fig* **this year's ~ of films** la cosecha de películas de este año ▸ **~ circle** = *franja aplastada y circular de terreno cultivado, que aparece por causas supuestamente paranormales* **2.** [handle of whip] **(riding) ~** fusta *f* **3.** [of bird] buche *m*
■ vt (pt & pp **cropped**) **1.** [cut] [hair] cortar / [photograph] recortar **2.** [of cattle] [grass] pacer

◆ ***crop up*** vi [arise] surgir

cropper ['krɒpə(r)] n *Fam* **to come a ~** [fall] darse un porrazo *or ESP* batacazo *or MÉX* madrazo / [fail] pinchar

croquet ['krəʊkeɪ] n [game] croquet *m*

croquette [krɒ'ket] n CULIN croqueta *f*

cross [krɒs] ■ n **1.** [sign, shape] cruz *f* ▸ **to make the sign of the ~** [blessing self] santiguarse / [blessing others] dar la bendición **2.** [hybrid] [of animals] cruce *m,* híbrido *m, AM* cruza *f* ▸ *Fig* **to be a ~ between A and B** ser una mezcla de A y B **3.** [in soccer] centro *m* / [in boxing] (golpe *m*) directo *m*
■ adj [annoyed] *esp ESP* enfadado(a), *esp AM* enojado(a) ▸ **to be ~** estar *esp ESP* enfadado(a) *or esp AM* enojado(a) ▸ **to get ~** *esp ESP* enfadarse, *esp AM* enojarse
■ vt **1.** [river, road] cruzar, atravesar ▸ **to ~ sb's path** cruzarse en el camino de alguien ▸ **it crossed my mind (that...)** se me ocurrió (que...) ▸ *Fig* **we'll ~ that bridge when we come to it** *ESP* no adelantemos acontecimientos, *AM* no nos adelantemos a los acontecimientos **2.** [place across] cruzar ▸ **to ~ one's legs/arms** cruzar las piernas/los brazos ▸ *Fig* **to keep one's fingers crossed** cruzar los dedos ▸ **to ~ one's eyes** poner los ojos bizcos ▸ *Fig* **to ~ swords (with)** verse las caras *or* habérselas (con) ▸ *Fig* **we must have got our wires crossed** parece que no nos hemos entendido bien **3.** [oppose] oponerse a, contrariar **4.** [animals, plants] cruzar (**with** con) **5.** *BR* [cheque] **to ~ a cheque** cruzar un cheque **6.** REL **to ~ oneself** santiguarse ▸ *Fam* **~ my heart!** ¡te lo juro!
■ vi **1.** [roads, lines] cruzarse ▸ **our letters crossed in the post** nuestras cartas se cruzaron en el correo **2.** [go across] cruzar

◆ ***cross off, cross out*** vt sep tachar

crossbar ['krɒsbɑ:(r)] n [on bike] barra *f (de la bicicleta)* / [of goalposts] larguero *m*

crossbow ['krɒsbəʊ] n ballesta *f*

crossbreed ['krɒsbri:d] n híbrido *m,* cruce *m, AM* cruza *f*

cross-Channel ['krɒs'tʃænəl] adj **~ ferry** = *transbordador que cruza el Canal de la Mancha* ▸ **~ trade** = *comercio entre Gran Bretaña y el resto de Europa*

crosscheck ['krɒs'tʃek] ■ n comprobación *f,* verificación *f*
■ vt comprobar, contrastar

cross-country ['krɒs'kʌntrɪ] adj [vehicle] todoterreno ▸ **~ runner** corredor(ora) *m,f* de cross ▸ **~ running** campo *m* a través, cross *m*

cross-examination ['krɒsɪgzæmɪ'neɪʃən] n interrogatorio *m*

cross-examine ['krɒsɪg'zæmɪn] vt interrogar

cross-eyed ['krɒsaɪd] adj bizco(a)

cross-fertilization ['krɒsfɜ:tɪlaɪ'zeɪʃən] n **1.** [between plants] polinización *f* cruzada **2.** [cultural] mestizaje *m* (cultural) / [of ideas] intercambio *m*

cross-fertilize [krɒs'fɜ:tɪlaɪz] n **1.** [plants] polinizar con fecundación cruzada **2.** *Fig* favorecer el mestizaje (cultural) entre

crossfire ['krɒsfaɪə(r)] n *also Fig* fuego *m* cruzado ▸ **they were caught in the ~** el fuego cruzado los pilló *or ESP* cogió *or AM* agarró en medio

crossing ['krɒsɪŋ] n **1.** [of sea] travesía *f* **2.** [in street] paso *m* de peatones

cross-legged ['krɒs'leg(ɪ)d] adv **to sit ~** sentarse con las piernas cruzadas

cross-over ['krɒsəʊvə(r)] ■ n [of career] salto *m*, cambio *m*
■ adj MUS [style] híbrido(a), de fusión

cross-party ['krɒs'pɑːtɪ] adj interpartidista

cross-platform [krɒs'plætfɔːm] adj COMPTR multiplataforma *inv*

cross-purposes ['krɒs'pɜːpəsɪz] npl **they were at ~ with each other** sin darse cuenta, estaban hablando de cosas distintas

cross-reference ['krɒs'refərəns] n referencia *f*, remisión *f*

crossroads ['krɒsrəʊdz] n *also Fig* encrucijada *f*

cross-section ['krɒs'sekʃən] n sección *f* transversal ▸ **a ~ of the population** una muestra representativa de la población

crosswind ['krɒswɪnd] n viento *m* lateral

crossword ['krɒswɜːd] n **~ (puzzle)** crucigrama *m*

crotch [krɒtʃ] n [of trousers, person] entrepierna *f*

crotchet ['krɒtʃɪt] n *BR* MUS negra *f*

crotchety ['krɒtʃətɪ] adj [grumpy] gruñón(ona)

crouch [kraʊtʃ] vi [animal] agazaparse / [person] agacharse

croupier ['kruːpɪə(r)] n crupier *m*

crouton ['kruːtɒn] n picatoste *m*, = *dado de pan frito*

crow [krəʊ] ■ n [bird] corneja *f* ▸ **as the ~ flies** en línea recta ▸ **crow's feet** [facial lines] patas *fpl* de gallo ▸ **crow's nest** [on ship] cofa *f*
■ vi (pt **crowed** *or* **crew** [kruː], pp **crowed**) **1.** [cock] cacarear **2.** [show off] pavonearse (**about** de)

crowbar ['krəʊbɑː(r)] n palanqueta *f*

crowd [kraʊd] ■ n **1.** [large number of people] muchedumbre *f*, multitud *f* / [at soccer match] público *m* ▸ *Fig* **to stand out from the ~** destacar, sobresalir ▸ *Fig* **to follow the ~** dejarse llevar por la masa ▸ **to be a ~ puller** atraer a las masas ▸ **~ scene** [in film] escena *f* de masas **2.** *Fam* [group] pandilla *f*, *MÉX* bola *f*, *RP* barra *f* ▸ **the usual ~ were there** estaba la gente de siempre, estaban los de siempre
■ vt atestar, abarrotar
■ vi **to ~ (together)** apiñarse, amontonarse ▸ **to ~ round sb** apiñarse en torno de alguien

◆ ***crowd out*** vt sep [exclude] **to ~ sb out of a deal/the market** excluir a alguien de un acuerdo/del mercado

crowded ['kraʊdɪd] adj [room, bus] abarrotado(a), atestado(a) ▸ **to be ~** estar abarrotado(a) *or* atestado(a)

crown [kraʊn] ■ n **1.** [of monarch] corona *f* ▸ **the Crown** la Corona ▸ *BR* LAW **~ court** = *tribunal superior de lo penal* ▸ **the ~ jewels** las joyas de la corona ▸ **~ prince** príncipe *m* heredero **2.** [top] [of head] coronilla *f* / [of hat] copa *f* / [of hill] cima *f* / [on tooth] corona *f*
■ vt *also Fig* coronar ▸ **to ~ sb king** coronar rey a alguien ▸ **to ~ a tooth** ponerle una corona a una muela ▸ *Fam Fig* **I'll ~ you!** [hit on the head] ¡te voy a dar una!, *ESP* ¡te voy a sacudir!

crowning ['kraʊnɪŋ] adj [achievement] supremo(a) ▸ **~ glory** gloria *f* suprema

crucial ['kruːʃəl] adj **1.** [very important] crucial **2.** *BR Fam* [very good] genial, *ESP* guay, *AM salvo RP* chévere, *ANDES, RP* macanudo(a), *MÉX* padre

crucible ['kruːsɪbəl] n crisol *m*

crucifix ['kruːsɪfɪks] n crucifijo *m*

crucifixion [kruːsɪ'fɪkʃən] n crucifixión *f*

crucify ['kruːsɪfaɪ] vt *also Fig* crucificar

crude [kruːd] adj **1.** [unsophisticated, unrefined] burdo(a) ▸ **~ (oil)** (petróleo *m*) crudo *m* **2.** [rude, vulgar] ordinario(a), grosero(a)

cruel ['krʊəl] adj cruel (**to** con) ▸ **you have to be ~ to be kind** quien bien te quiere te hará llorar

cruelty ['krʊəltɪ] n crueldad *f*

cruet ['krʊɪt] n CULIN **~ (stand** *or* **set)** vinagreras *fpl*

cruise [kruːz] ■ n [on ship] crucero *m* ▸ **to go on a ~** ir de crucero ▸ **~ missile** misil *m* de crucero
■ vi [ship] navegar tranquilamente / [passengers] hacer un crucero / [car, plane] ir a velocidad de crucero / *Fam* [look for sexual partner] tratar de ligar, *ESP* buscar ligue ▸ **it was cruising at 25 knots** [ship] navegaba a 25 nudos ▸ **cruising speed** [of ship, plane] velocidad *f* de crucero

cruiser ['kruːzə(r)] n [ship] **(battle) ~** crucero *m* (de guerra) ▸ **(cabin) ~** yate *m*

crumb [krʌm] n [of bread] miga *f* ▸ **my only ~ of comfort is...** lo único que me consuela es... ▸ *Fig* **he was left with the crumbs** no le dejaron más que las migajas

crumble ['krʌmbəl] ■ n [dessert] = *postre al horno a base de compota con masa quebrada dulce por encima*
■ vt [bread] desmigajar
■ vi [stone] desmenuzarse / [bread] desmigajarse / *Fig* [empire, resistance] desmoronarse, venirse abajo

crumbly ['krʌmblɪ] adj **it's very ~** se desmenuza muy fácilmente

crumpet ['krʌmpɪt] n **1.** [teacake] = *torta pequeña que se come con mantequilla* **2.** *BR Fam* [women] tipas *fpl*, *ESP* titis *fpl*, *ESP* tías *fpl*, *MÉX* viejas *fpl*, *CSUR* minas *fpl* ▸ **a bit of ~** una tipa bien buena, *ESP* una tía maciza

crumple ['krʌmpəl] ■ vt [material, dress] arrugar
■ vi arrugarse / *Fig* [person] desplomarse / [resistance] sucumbir

crunch [krʌntʃ] ■ n [sound] crujido *m* ▸ *Fig* **when it comes to the ~** a la hora de la verdad
■ vt [with teeth] ronzar, machacar con los dientes
■ vi crujir

crunchy ['krʌntʃɪ] adj crujiente

crusade [kruː'seɪd] ■ n *also Fig* cruzada *f*
■ vi **to ~ for/against** emprender una cruzada a favor de/en contra de

crusader [kru:'seɪdə(r)] n HIST cruzado *m* / *Fig* paladín *m*

crush [krʌʃ] ■ n **1.** [crowd] muchedumbre *f*, aglomeración *f* ▸ **~ barrier** barrera *f* or valla *f* de seguridad **2.** [drink] **orange ~** naranjada *f* **3.** *Fam* [infatuation] **to have a ~ on sb** estar embobado(a) con alguien, *ESP* estar colado(a) por *or* encaprichado(a) de alguien
■ vt [person, thing] estrujar, aplastar / [grapes, garlic] prensar, aplastar / *Fig* [opponent, revolt] aplastar, destrozar ▸ **to ~ sb's hopes** tirar abajo las esperanzas de alguien
■ vi **we crushed into the car** nos estrujamos para entrar en el coche

crushing ['krʌʃɪŋ] adj [blow, defeat] demoledor(ora), aplastante

crust [krʌst] n [of bread, pie, the earth] corteza *f* ▸ *BR Fam* **to earn one's ~** ganarse el pan

crustacean [krʌs'teɪʃən] n crustáceo *m*

crusty ['krʌstɪ] adj **1.** [bread, roll] crujiente **2.** *BR* [person] malhumorado(a), gruñón(ona)

crutch [krʌtʃ] n **1.** [for walking] muleta *f* / *Fig* [support] apoyo *m*, sostén *m* ▸ **to be on crutches** ir con muletas **2.** [of trousers, person] entrepierna *f*

crux [krʌks] n **the ~ of the matter** el quid de la cuestión

cry [kraɪ] ■ n **1.** [call] [of person, animal] grito *m* / [in demonstration] consigna *f* ▸ **to give a ~** dar un grito ▸ **a ~ of pain** un grito de dolor ▸ *Fig* **a ~ for help** una petición de ayuda ▸ **it's a far ~ from what was promised** no tiene nada que ver con lo que se prometió **2.** [weeping] **to have a good ~** llorar abundantemente
■ vt (pt & pp **cried** [kraɪd]) **1.** [exclaim] exclamar **2.** [weep] **she cried herself to sleep** lloró hasta quedarse dormida
■ vi **1.** [weep] llorar ▸ **to ~ over sth** llorar por algo ▸ *Prov* **there's no point in crying over spilt milk** a lo hecho, pecho **2.** [shout, call] gritar ▸ **to ~ for help** gritar pidiendo ayuda

◆ ***cry off*** vi volverse atrás

◆ ***cry out*** ■ vt sep **1.** [shout] [name, warning] gritar **2.** [weep] **to ~ one's eyes** *or* **heart out** llorar a lágrima viva
■ vi [shout] gritar ▸ *Fam* **for crying out loud!** ¡por el amor de Dios! ▸ *Fam* **that wall is crying out for a coat of paint** esa pared está pidiendo a gritos una mano de pintura

crybaby ['kraɪbeɪbɪ] n *Fam* llorica *mf*

crying ['kraɪɪŋ] ■ n [weeping] llanto *m*
■ adj [need] acuciante ▸ **it's a ~ shame that...** es una auténtica vergüenza que...

crypt [krɪpt] n cripta *f*

cryptic ['krɪptɪk] adj críptico(a)

crystal ['krɪstəl] ■ n [glass, mineral] cristal *m* ▸ **salt/sugar crystals** cristales *mpl* de sal/azúcar
■ adj **1.** [clear] transparente, claro(a) **2.** [made of glass] de cristal ▸ **~ ball** bola *f* de vidrio *or ESP* cristal

crystal-clear ['krɪstəl'klɪə(r)] adj [water] cristalino(a) / [explanation] clarísimo(a), más claro(a) que el agua

crystal-gazing ['krɪstəlgeɪzɪŋ] n clarividencia *f*

crystallize ['krɪstəlaɪz] ■ vt CHEM cristalizar ▸ **crystallized fruits** frutas *fpl* escarchadas *or COL, MÉX* cristalizadas *or RP* abrillantadas
■ vi CHEM & *Fig* cristalizar

CST [si:es'ti:] n *US* (abbr ***Central Standard Time***) = *hora oficial en el centro de los Estados Unidos*

cub [kʌb] n [of fox, lion] cachorro *m* / [of bear] osezno *m* / [of wolf] lobezno *m*, lobato *m* ▸ **Cub (Scout)** lobato *m*, niño *m* explorador

Cuba ['kju:bə] n Cuba

Cuban ['kju:bən] n & adj cubano(a) *m,f*

cubbyhole ['kʌbɪhəʊl] n [cupboard] armario *m* empotrado / [room] cuartito *m*

cube [kju:b] ■ n [shape] cubo *m* / [of sugar] terrón *m* ▸ MATH **~ root** raíz *f* cúbica
■ vt MATH elevar al cubo

cubic ['kju:bɪk] adj cúbico(a) ▸ **~ capacity** capacidad *f*, volumen *m* ▸ **~ metre** metro *m* cúbico

cubicle ['kju:bɪkəl] n [in hospital, dormitory] cubículo *m* / [in swimming pool] cabina *f*, vestuario *m* / [in public toilet] cubículo *m*

cubism ['kju:bɪzəm] n ART cubismo *m*

cuckold ['kʌkəld] ■ n cornudo *m*
■ vt poner los cuernos a

cuckoo ['kʊku:] ■ n (pl **cuckoos**) cuco *m* ▸ **~ clock** reloj *m* de cuco, *RP* reloj *m* cucú
■ adj *Fam* [mad] **to be ~** estar pirado(a), *MÉX* estar zafado(a)

cucumber ['kju:kʌmbə(r)] n pepino *m*

cud [kʌd] n **to chew the ~** rumiar

cuddle ['kʌdəl] ■ n abrazo *m* ▸ **to give sb a ~** dar un abrazo a alguien
■ vt abrazar
■ vi arrimarse ▸ **to ~ up to sb** arrimarse a alguien

cuddly ['kʌdlɪ] adj *Fam* [child, animal] tierno(a) ▸ **a ~ toy** un muñeco de peluche

cudgel ['kʌdʒəl] ■ n porra *f*, palo *m* ▸ *Fig* **to take up the cudgels on sb's behalf** salir en defensa de alguien, *AM* quebrar una lanza por alguien
■ vt (pt & pp **cudgelled**, *US* **cudgeled**) **to ~ one's brains** estrujarse el cerebro

cue [1] [kju:] n [of actor] entrada *f* ▸ **to miss one's ~** no oír la entrada ▸ *Fig* **to take one's ~ from sb** tomar ejemplo de alguien ▸ **~ card** [for public speaker] chuleta *f* *(en la que están anotados los puntos más importantes)*

cue [2] n [in billiards, pool] taco *m* ▸ **~ ball** bola *f* jugadora

cuff [1] [kʌf] n [of shirt] puño *m* / *US* [of trousers] vuelta *f* ▸ **cuffs** [handcuffs] esposas *fpl* ▸ *Fam* **off the ~** improvisadamente ▸ **~ links** gemelos *mpl*

cuff [2] ■ n [blow] cachete *m*, cate *m*
■ vt [hit] dar un sopapo *or AM* una cachetada a

cuisine [kwɪ'zi:n] n cocina *f*

cul-de-sac ['kʌldəsæk] n callejón *m* sin salida

culinary ['kʌlɪnərɪ] adj culinario(a)

cull [kʌl] ■ n [of seals, deer] sacrificio *m*
■ vt **1.** [animals] sacrificar **2.** [select] extraer, recoger (**from** de)

culminate ['kʌlmɪneɪt] vi **to ~ in** culminar en

culmination [kʌlmɪ'neɪʃən] n culminación *f*

culottes [kju:'lɒts] npl falda *f or AM* pollera *f* pantalón ▸ **a pair of ~** una falda *or AM* pollera pantalón

culpable ['kʌlpəbəl] adj culpable ▸ *SCOT* LAW **~ homicide** homicidio *m* involuntario

culprit ['kʌlprɪt] n culpable *mf*

cult [kʌlt] n culto *m* ▸ **he became a ~ figure** se convirtió en objeto de culto ▸ **~ film/novel** película *f*/ novela *f* de culto

cultivate ['kʌltɪveɪt] vt *also Fig* cultivar

cultivated ['kʌltɪveɪtɪd] adj **1.** [land, plant] cultivado(a) **2.** [educated] culto(a)

cultivation [kʌltɪ'veɪʃən] n cultivo *m*

cultivator ['kʌltɪveɪtə(r)] n [machine] cultivadora *f* / [person] cultivador(ora) *m,f*

cultural ['kʌltʃərəl] adj cultural

culturally ['kʌltʃərəlɪ] adv culturalmente

culture ['kʌltʃə(r)] n **1.** [artistic activity, refinement] cultura *f* ▸ *Hum* **~ vulture** devorador(ora) *m,f* de cultura **2.** [society] cultura *f* ▸ **~ shock** choque *m* cultural **3.** BIOL cultivo *m*

cultured ['kʌltʃəd] adj [educated] culto(a)

cumbersome ['kʌmbəsəm] adj engorroso(a)

cumin ['kʌmɪn] n comino *m*

cumulative ['kju:mjʊlətɪv] adj acumulativo(a)

cunning ['kʌnɪŋ] ■ n astucia *f*

■ adj [devious] astuto(a), artero(a) / [ingenious] ingenioso(a)

cunningly ['kʌnɪŋlɪ] adv [deviously] astutamente / [ingeniously] ingeniosamente

cunt [kʌnt] n *Vulg* [vagina] coño *m, COL* cuca *f, MÉX* paloma *f, ANDES, RP* concha *f* / [as insult] hijo(a) *m,f* de puta, cabrón(ona) *m,f*

cup [kʌp] ■ n **1.** [for drinking] taza *f* / [measurement] taza *f*, vaso *m* ▸ **~ of coffee/tea** (taza *f* de) café *m*/té *m* ▸ *Fam Fig* **it's not my ~ of tea** no es santo de mi devoción, *ESP* no me va mucho ▸ *Fam Fig* **it's not everyone's ~ of tea** no (le) gusta a todo el mundo **2.** [trophy] copa *f* ▸ **~ final** final *f* de la copa ▸ **~ tie** eliminatoria *f* de copa **3.** [of bra] copa *f*

■ vt (pt & pp **cupped**) **to ~ one's hands round one's mouth** poner las manos en la boca a modo de bocina

cupboard ['kʌbəd] n armario *m* ▸ *BR Fam* **it was just ~ love** era un amor interesado ▸ **~ space** armarios *mpl*

cupcake ['kʌpkeɪk] n ≃ magdalena *f*

Cupid ['kju:pɪd] n Cupido *m*

cuppa ['kʌpə] n *BR Fam* (taza *f* de) té *m*

curable ['kjʊərəbəl] adj curable

curate ['kjʊərət] n REL coadjutor *m* ▸ *BR* **it's a curate's egg** [situation] tiene alguna que otra cosa buena

curator [kjʊə'reɪtə(r)] n conservador(ora) *m,f* (de museos)

curb [kɜ:b] ■ n **1.** [limit] **to put a ~ on sth** poner freno a algo **2.** *US* [at roadside] bordillo *m* (de la acera), *CHILE* solera *f, COL, PERÚ* sardinel *m, CSUR, CUBA* cordón *m* (de la vereda), *MÉX* borde *m* (de la banqueta)

■ vt [spending] reducir / [emotions] refrenar

curbstone *US* ➤ ***kerbstone***

curd [kɜ:d] n **curd(s)** cuajada *f* ▸ **~ cheese** queso *m* blanco

curdle ['kɜ:dəl] ■ vt cortar ▸ *Fam Fig* **to have a face that would ~ milk** tener la cara avinagrada

■ vi cortarse

cure ['kjʊə(r)] ■ n cura *f* ▸ **there is no known ~** no se conoce ninguna cura ▸ **beyond ~** incurable

■ vt **1.** [person] [of illness] curar, sanar / *Fig* [of bad habit] quitar, curar ▸ **to ~ sb of sth** curar a alguien de algo **2.** [preserve] [by salting, drying] curar / [hides] curtir

cure-all ['kjʊərɔ:l] n panacea *f*

curfew ['kɜ:fju:] n toque *m* de queda

curio ['kjʊərɪəʊ] (pl **curios**) n curiosidad *f*, rareza *f*

curiosity [kjʊərɪ'ɒsɪtɪ] n curiosidad *f* ▸ *Prov* **~ killed the cat** mejor no te metas donde no te llaman

curious ['kjʊərɪəs] adj [inquisitive, strange] curioso(a) ▸ **to be ~ to see/know** tener curiosidad por ver/saber

curl [kɜ:l] ■ n [of hair] rizo *m, ANDES, RP* rulo *m* / [of smoke] voluta *f*

■ vt [hair] rizar ▸ **to ~ one's lip** hacer un gesto de desprecio ▸ **to ~ oneself into a ball** enroscarse, hacerse un ovillo

■ vi [hair] rizarse / [paper] abarquillarse / [smoke] formar volutas

◆ ***curl up*** vi **1.** [settle down] [in bed, on sofa] acurrucarse **2.** [hedgehog, person] enroscarse, hacerse un ovillo **3.** [leaves] rizarse / [paper] abarquillarse

curler ['kɜ:lə(r)] n [for hair] rulo *m, CHILE* tubo *m, RP* rulero *m, VEN* rollo *m*

curlew ['kɜ:lju:] n zarapito *m*

curling ['kɜ:lɪŋ] n **1.** [sport] curling *m*, = *deporte consistente en el deslizamiento sobre hielo de piedras pulidas lo más cerca posible de una meta* **2. ~ tongs** tenacillas *fpl*

curly ['kɜ:lɪ] adj [hair] rizado(a), crespo(a), *MÉX* quebrado(a), *CHILE, RP* enrulado(a)

currant ['kʌrənt] n [dried grape] pasa *f* (de Corinto) ▸ **~ bun** bollo *m* de pasas

currency ['kʌrənsɪ] n **1.** FIN moneda *f* ▸ **to buy ~** comprar divisas ▸ **foreign ~** divisas *fpl* ▸ **~ market** mercado *m* de divisas **2.** *Fig* **to give ~ to a rumour** extender un rumor ▸ **to gain ~** [idea, belief] extenderse

current ['kʌrənt] ■ n [of water, electricity, opinion] corriente *f* ▸ *Fig* **to swim against the ~** ir a *or* nadar contra corriente

■ adj **1.** [existing, present] actual / [common] corriente ▸ **to be ~** ser corriente ▸ **in ~ use** de uso corriente ▸ **~ affairs** (temas *mpl* de) actualidad *f* ▸ **~ issue** [of magazine] (último) número *m* **2.** *BR* FIN **~ account** cuenta *f* corriente ▸ **~ assets** activo *m* circulante ▸ **~ expenditure** gasto *m* corriente *or* ordinario ▸ **~ liabilities** pasivo *m* corriente, obligaciones *fpl* a corto plazo

currently ['kʌrəntlɪ] adv actualmente, en este momento

curriculum [kə'rɪkjʊləm] (pl **curricula** [kə'rɪkjʊlə]) n SCH programa *m,* plan *m* de estudios ▸ *esp BR* **~ vitae** currículum *m* (vitae)

curry [1] ['kʌrɪ] CULIN ■ n curry *m* ▸ **~ powder** curry *m* *(especia)*
■ vt **curried chicken/lamb** pollo *m*/cordero *m* al curry

curry [2] vt **to ~ favour with sb** ganarse el favor de alguien con zalamerías

curse [kɜːs] ■ n [jinx, affliction] maldición *f* / [swearword] maldición *f,* juramento *m* ▸ **to put a ~ on sb** echar una maldición a alguien ▸ **a ~ on...!** ¡maldito(a) sea...!
■ vt maldecir ▸ **he is cursed with a violent temper** tiene la desgracia de tener mal genio
■ vi maldecir

cursor ['kɜːsə(r)] n COMPTR cursor *m* ▸ **~ keys** (teclas *fpl* de) flechas *fpl,* teclas *fpl* (de desplazamiento) del cursor

cursory ['kɜːsərɪ] adj [glance, examination] somero(a)

curt [kɜːt] adj brusco(a), seco(a)

curtail [kɜː'teɪl] vt [shorten] acortar / [limit] restringir, limitar

curtain ['kɜːtən] n [for window] cortina *f* / [in theatre] telón *m* ▸ **to draw the curtains** [open] descorrer las cortinas / [close] correr *or* echar las cortinas ▸ *Fam* **it's curtains for him** es su final ▸ THEAT **~ call** saludo *m* ▸ **~ raiser** THEAT número *m* introductorio / *Fig* prólogo *m* ▸ **~ rail** *or* **rod** barra *f* para las cortinas ▸ **~ ring** anilla *f* de cortina

◆ ***curtain off*** vt sep separar con una cortina

curts(e)y ['kɜːtsɪ] ■ n reverencia *f*
■ vi hacer una reverencia

curvaceous [kɜː'veɪʃəs] adj escultural

curvature ['kɜːvətʃə(r)] n curvatura *f* ▸ MED **~ of the spine** desviación *f* de la columna vertebral

curve [kɜːv] ■ n curva *f* ▸ *US* **~ ball** [in baseball] bola *f* con mucho efecto
■ vi [surface] curvarse / [road, river] hacer una curva

curved [kɜːvd] adj curvo(a), curvado(a)

cushion ['kʊʃən] ■ n [on chair] cojín *m,* almohadón *m* / [of air] colchón *m* / [on billiard table] banda *f* / *Fig* amortiguador *m* (**against** para)
■ vt [blow, impact] amortiguar ▸ **to ~ sb against sth** proteger a alguien de algo

cushy ['kʊʃɪ] adj *Fam* fácil ▸ **a ~ number** una ganga, *ESP* un chollo, *MÉX* pan *m* comido

custard ['kʌstəd] n natillas *fpl* ▸ **~ pie** [in slapstick comedy] pastel *m or ESP* tarta *f* de crema ▸ **~ powder** polvos *mpl* para hacer natillas

custodial [kʌ'stəʊdɪəl] adj LAW **~ sentence** pena *f* de cárcel

custodian [kʌs'təʊdɪən] n [of building, library] conservador(ora) *m,f* / [of principles, morals] guardián(ana) *m,f*

custody ['kʌstədɪ] n [of children] custodia *f* ▸ **to have ~ of sb** tener la custodia de alguien ▸ **in safe ~** bien custodiado(a) ▸ **to take sb into ~** detener a alguien

custom ['kʌstəm] n **1.** [tradition, practice] costumbre *f* ▸ **it was his ~ to rise early** tenía la costumbre de levantarse temprano **2.** COM clientela *f* ▸ **to lose sb's ~** perder a alguien como cliente ▸ **to take one's ~ elsewhere** comprar en otra parte

customary ['kʌstəmərɪ] adj acostumbrado(a), de costumbre ▸ **it is ~ to...** es costumbre...

custom-built ['kʌstəmbɪlt] adj hecho(a) de encargo

customer ['kʌstəmə(r)] n [in shop, of business] cliente(a) *m,f* ▸ *Fam* **an awkward ~** un tipo quisquilloso ▸ COM **~ base** clientela *f* fija, clientes *mpl* fijos ▸ COM **~ care** atención *f* al cliente ▸ COM **~ loyalty** fidelidad *f* del cliente ▸ COM **~ services (department)** (departamento *m* de) atención *f* al cliente

customize ['kʌstəmaɪz] vt adaptar al gusto del cliente

custom-made ['kʌstəm'meɪd] adj [equipment] personalizado(a) / [clothes] hecho(a) a medida / [musical instrument] de encargo

customs ['kʌstəmz] npl aduana *f* ▸ **to go through ~** pasar la aduana ▸ **~ declaration** declaración *f* en la aduana ▸ **~ duties** derechos *mpl* de aduana ▸ **~ officer** empleado(a) *m,f* de aduanas

cut [kʌt] ■ n **1.** [in flesh, wood, cloth] corte *m* ▸ **a ~ of meat** una pieza de carne ▸ **the ~ and thrust of debate** el duelo del debate ▸ *Fig* **to make cuts to** [text, film] cortar / [budget] recortar ▸ *Fam* **to be a ~ above sb/sth** ser mejor que *or* estar por encima de alguien/algo **2.** [reduction] [in wages, prices] recorte *m* **3.** [portion, share] **a ~ of the profits** una tajada de los beneficios **4.** [style] [of clothes, hair] corte *m*
■ adj *Fig* **~ and dried** [situation] claro(a), nítido(a) / [solution, result] preestablecido(a) ▸ **~ flowers** flores *fpl* cortadas ▸ **~ glass** vidrio *m or ESP* cristal *m* tallado ▸ *Fam* **a ~ glass accent** un acento muy afectado
■ vt (pt & pp **cut**) **1.** [in general] cortar / [in slices] rebanar / [wages, prices] recortar ▸ **to ~ one's finger** hacerse un corte en un dedo ▸ **to ~ one's nails** cortarse las uñas ▸ **to have one's hair cut** (ir a) cortarse el pelo ▸ **to ~ sb's hair** cortarle el pelo a alguien ▸ *also Fig* **to ~ one's throat** cortarse el cuello ▸ **to ~ sth in two** *or* **in half** cortar algo en dos *or* por la mitad ▸ **to ~ sth to pieces** cortar algo en pedazos / *Fig* [criticize] poner algo por los suelos ▸ COMPTR **to ~ and paste sth** cortar y pegar algo ▸ **to ~ oneself loose** soltarse ▸ **to ~ the cards/deck** cortar la baraja ▸ **to ~ a disc** [make recording] grabar un disco **2.** [idioms] **to ~ one's losses** cortar por lo sano ▸ **to ~ one's teeth on sth** iniciarse con *or* en algo ▸ **to ~ sb dead** [ignore] no hacer ni caso a alguien ▸ **it's cutting it** *or* **things (a bit) fine** eso es ir muy justo ▸ **to ~ sb short** cortar a alguien ▸ **to ~ a speech/a visit short** abreviar un discurso/una visita ▸ **to ~ a long story short...** en resumidas cuentas...
■ vi cortar ▸ CIN **cut!** ¡corten! ▸ **that's an argument that cuts both ways** es un arma de doble filo ▸ COMPTR **to ~ and paste** cortar y pegar ▸ *Fam* **to ~ and run** escabullirse, escaquearse

◆ ***cut across*** vt insep [take short cut] atajar por ▸ **this issue cuts across party lines** este tema está por encima de las diferencias entre partidos

◆ ***cut back*** ■ vt sep [bush, tree] podar / [costs, production] recortar
■ vi **to ~ back on expenses** recortar gastos ▸ **to ~ back on smoking/drinking** fumar/beber *or AM* tomar menos

◆ ***cut down*** ■ vt sep [tree] talar, cortar / [speech, text] reducir / [spending, time] recortar, reducir ▸ **they were cut down by machine-gun fire** los abatió una ráfaga de ametralladora ▸ *Fig* **to ~ sb down to size** bajarle los humos a alguien
■ vi **to ~ down on sth** reducir algo ▸ **he has cut down on smoking** fuma menos

◆ ***cut in*** vi [interrupt conversation] interrumpir ▸ **a van cut in in front of me** una camioneta me cerró el paso ▸ *US* **to ~ in line** colarse

◆ ***cut into*** vt insep [with knife] cortar ▸ **the rope was cutting into his wrists** la cuerda se le hincaba en las muñecas ▸ **the work was cutting into her free time** el trabajo estaba interfiriendo en su tiempo libre

◆ ***cut off*** vt sep **1.** [remove] cortar ▸ **to ~ off sb's head** cortarle la cabeza a alguien ▸ *Fig* **to ~ off one's nose to spite one's face** tirar piedras contra el propio tejado **2.** [disconnect] cortar ▸ **I've been cut off** [of electricity, water etc] me han cortado la luz/el agua/*etc.* / [during phone conversation] se ha cortado la comunicación **3.** [isolate] aislar ▸ **to be cut off (from)** quedar aislado(a) (de)

◆ ***cut out*** ■ vt sep **1.** [picture] recortar / [tumour] extirpar / [from text, film] eliminar ▸ **to ~ out cigarettes** dejar de fumar **2.** [idioms] **to ~ sb out of a deal** excluir a alguien de un trato ▸ **to ~ sb out of one's will** desheredar a alguien ▸ **to be cut out for sth** [suited] estar hecho(a) para algo ▸ *Fam* **I've really got my work cut out** lo tengo verdaderamente difícil, me las estoy viendo negras ▸ *Fam* **~ it out!** ¡basta ya!
■ vi [engine] calarse

◆ ***cut up*** ■ vt sep **1.** [meat, vegetables] cortar, trocear / [paper] recortar **2.** *Fam* **to be very cut up (about sth)** [upset] estar muy afectado(a) (por algo)
■ vi *BR Fam* **to ~ up rough** [person] ponerse hecho(a) una fiera, hacerse el *MÉX* pendejo *or RP* pavo

cutback ['kʌtbæk] n reducción *f,* recorte *m*

cute [kjuːt] adj bonito(a), mono(a)

cuticle ['kjuːtɪkəl] n cutícula *f*

cutlery ['kʌtlərɪ] n cubiertos *mpl,* cubertería *f*

cutlet ['kʌtlɪt] n [of meat] chuleta *f*

cutoff ['kʌtɒf] n **~ date** fecha *f* tope ▸ **~ point** límite *m*, tope *m*

cutout ['kʌtaʊt] n **1.** [shape] figura *f* recortada **2.** ELEC cortacircuitos *m inv*

cut-price ['kʌt'praɪs] adj [goods] rebajado(a)

cutter ['kʌtə(r)] n [ship] cúter *m*

cutthroat ['kʌtθrəʊt] ■ n matón *m,* asesino(a) *m,f*
■ adj **~ competition** competencia *f* salvaje *or* sin escrúpulos ▸ **~ razor** navaja *f* barbera

cutting ['kʌtɪŋ] ■ n **1.** [of plant] esqueje *m* ▸ *BR* **(newspaper) ~** recorte *m* (de periódico) **2. (railway) ~** desmonte *m* (para el ferrocarril)
■ adj [wind] cortante / [remark] hiriente, cortante ▸ **~ edge** filo *m* cortante ▸ *Fig* **to be at the ~ edge of** estar a la vanguardia de

cuttlefish ['kʌtəlfɪʃ] n sepia *f,* jibia *f*

CV [siː'viː] n (abbr ***curriculum vitae***) CV, currículum *m* vitae

cwt (abbr ***hundredweight***) **1.** [metric] 50 kg **2.** [imperial] *BR* [112 lb] = *50,8 kg* / *US* [100 lb] = *45,36 kg*

cyanide ['saɪənaɪd] n CHEM cianuro *m*

cybercafe ['saɪbəkæfe] n COMPTR cibercafé *m*

cyberculture ['saɪbəkʌltʃə(r)] n COMPTR cibercultura *f*

cybernetics [saɪbə'netɪks] n COMPTR cibernética *f*

cyberpunk ['saɪbəpʌŋk] n COMPTR [science fiction] ciberpunk *m*

cyberspace ['saɪbəspeɪs] n COMPTR ciberespacio *m*

cyborg ['saɪbɔːg] n COMPTR ciborg *m*

cyclamen ['sɪkləmən] n ciclamen *m,* pamporcino *m*

cycle ['saɪkəl] ■ n **1.** [pattern] ciclo *m* **2.** [bicycle] bicicleta *f* ▸ *BR* **~ lane** carril *m* bici ▸ **~ path** sendero *m* para bicicletas *(por parque, ciudad, campo)* ▸ **~ racing** carreras *fpl* ciclistas
■ vi ir en bicicleta

cyclic(al) ['sɪklɪk(əl)] adj cíclico(a)

cycling ['saɪklɪŋ] n ciclismo *m* ▸ **to go on a ~ holiday** hacer cicloturismo ▸ **~ track** pista *f* de ciclismo

cyclist ['saɪklɪst] n ciclista *mf*

cyclo-cross ['saɪkləkrɒs] n ciclocross *m*

cyclone ['saɪkləʊn] n MET ciclón *m*

cygnet ['sɪgnɪt] n cisne *m* joven

cylinder ['sɪlɪndə(r)] n [shape, in engine] cilindro *m* / [gas container] bombona *f* ▸ **~ block** bloque *m* (de cilindros) ▸ **~ head** culata *f*

cylindrical [sɪ'lɪndrɪkəl] adj cilíndrico(a)

cymbal ['sɪmbəl] n [musical instrument] platillo *m*

cynic ['sɪnɪk] n [sceptic] descreído(a) *m,f,* suspicaz *mf* ▸ **you're such a ~** ¡siempre estás pensando en lo peor!

cynical ['sɪnɪkəl] adj **1.** [sceptical] descreído(a), suspicaz ▸ **you're so ~!** ¡cómo puedes pensar siempre en lo peor! **2.** [unscrupulous] desaprensivo(a)

cypress ['saɪprəs] n ciprés *m*

Cypriot ['sɪprɪət] n & adj chipriota *mf*

Cyprus ['saɪprəs] n Chipre

cyst [sɪst] n MED quiste *m*

cystitis [sɪs'taɪtɪs] n MED cistitis *f inv*

czar [zɑː(r)] n zar *m*

Czech [tʃek] ■ n **1.** [person] checo(a) *m,f* **2.** [language] checo *m*
■ adj checo(a) ▸ **~ Republic** República *f* Checa

Czechoslovakia [tʃekəʊslə'vækɪə] n *Formerly* Checoslovaquia

d

D, d [diː] n **1.** [letter] D, d **2.** MUS re *m* **3.** SCH **to get a D** [in exam, essay] [pass] sacar un aprobado *or* suficiente bajo / [fail] *ESP* suspender, *AM* reprobar

D *US* POL (abbr ***Democratic***) demócrata *mf*

DA [diːˈeɪ] n *US* LAW (abbr ***district attorney***) fiscal *mf* (del distrito)

dab [dæb] ■ n [of paint, glue, perfume] pizca *f*, toque *m* ▸ *BR Fam* **dabs** [fingerprints] huellas *fpl* dactilares *or* digitales ▸ *esp BR* **she's a ~ hand at drawing** dibuja que es un alucine

■ vt (pt & pp **dabbed**) [paint, glue, perfume] aplicar, poner ▸ **she dabbed her eyes with a handkerchief** se secó los ojos delicadamente con un pañuelo

dabble [ˈdæbəl] vi **he dabbles in politics** se entretiene con la política

dabbler [ˈdæblə(r)] n [dilettante] aficionado(a) *m,f*, diletante *mf*

dachshund [ˈdækshʊnd] n dachshund *m*, perro *m* salchicha

dad [dæd] n *Fam* [said by child] papá *m* / [said by adult] padre *m*, *AM* papá *m*

daddy [ˈdædɪ] n *Fam* papi *m*, papaíto *m*

daddy-longlegs [ˈdædɪˈlɒŋlegz] (pl **daddy-longlegs**) n *Fam* **1.** *BR* [insect] típula *f* **2.** *US* [harvestman] segador *m*

daffodil [ˈdæfədɪl] n narciso *m*

daft [dɑːft] adj *BR* [person, idea] tonto(a), *AM* sonso(a), *AM* zonzo(a) ▸ **to be ~ about sb/sth** estar loco por alguien/algo

dagger [ˈdægə(r)] n **1.** daga *f*, puñal *m* **2.** [idioms] **to be at daggers drawn (with sb)** estar a matar (con alguien) ▸ **to look** *or US* **shoot daggers at sb** fulminar a alguien con la mirada

dago [ˈdeɪgəʊ] (pl **dagos**) n *very Fam* = *término ofensivo para referirse a españoles, italianos, portugueses o latinoamericanos*

dahlia [ˈdeɪlɪə] n dalia *f*

daily [ˈdeɪlɪ] ■ n [newspaper] diario *m*, periódico *m*

■ adj diario(a) ▸ **on a ~ basis** a diario ▸ **our ~ bread** el pan nuestro de cada día ▸ *Fam* **the ~ grind** la rutina diaria ▸ **~ paper** diario *m*, periódico *m*

■ adv diariamente ▸ **twice ~** dos veces al día

dainty [ˈdeɪntɪ] adj [movement] grácil / [porcelain, lace] delicado(a), fino(a)

dairy [ˈdeərɪ] n [shop] lechería *f* / [factory] central *f* lechera ▸ **~ cow** vaca *f* lechera ▸ **~ farm** vaquería *f* ▸ **~ farming** industria *f* lechera ▸ **~ produce** productos *mpl* lácteos

dais [ˈdeɪɪs] n tarima *f*

daisy [ˈdeɪzɪ] n [flower] margarita *f* ▸ *Fam* **he's pushing up the daisies** [dead] está criando malvas ▸ **~ chain** guirnalda *f* de margaritas

daisywheel [ˈdeɪzɪwiːl] n [on printer] margarita *f*

dale [deɪl] n valle *m*

dalliance [ˈdælɪəns] n *Formal* flirteo *m*, coqueteo *m*

dally [ˈdælɪ] vi [dawdle] perder el tiempo ▸ **to ~ over a decision** demorarse en tomar una decisión ▸ **to ~ with sb** coquetear con alguien

Dalmatian [dælˈmeɪʃən] n [dog] dálmata *m*

dam [dæm] ■ n [of lake] dique *m*, presa *f*

■ vt (pt & pp **dammed**) [valley] construir una presa en / [river, lake] embalsar

◆ ***dam up*** vt insep [one's feelings] reprimir

damage [ˈdæmɪdʒ] ■ n [to machine, building] daños *mpl* / [to health, reputation] perjuicio *m*, daño *m* ▸ **to do** *or* **cause ~ to sth** ocasionar daños a algo, perjudicar a algo ▸ LAW **damages** daños *mpl* y perjuicios ▸ **the ~ is done** el daño ya está hecho ▸ *BR Fam* **what's the ~?** ¿qué se debe? ▸ **~ limitation** limitación *f* de daños

■ vt [machine, building] dañar / [health, reputation] perjudicar, dañar

damaging [ˈdæmɪdʒɪŋ] adj perjudicial

Damascus [dəˈmæskəs] n Damasco

damask [ˈdæməsk] n [cloth] damasco *m*

dame [deɪm] n **1.** *US Fam* [woman] tipa *f*, *ESP* gachí *f*,

CSUR mina *f,* *MÉX* vieja *f* **2.** *BR* [in pantomime] = *personaje femenino de una vieja interpretado por un actor* **3.** *BR* [title] dama *f*

damfool, damn-fool ['dæmfu:l] adj *Fam* estúpido(a), ridículo(a)

dammit ['dæmɪt] exclam *Fam* **~!** ¡maldita sea! ▸ *BR* **as near as ~** casi casi

damn [dæm] ■ n *Fam* **I don't give a ~** me importa un bledo ▸ **it's not worth a ~** no vale un pimiento ▸ **~!** ¡maldita sea!
■ adj *Fam* maldito(a) ▸ **you ~ fool!** ¡maldito idiota! ▸ **it's a ~ nuisance!** ¡qué fastidio!
■ adv *Fam* **~ good** genial, buenísimo(a) ▸ *BR* **~ all** [absolutely nothing] nada de nada ▸ *BR* **he knows ~ all about politics** no tiene ni la más remota idea *or* *ESP* ni puñetera idea de política ▸ **you know ~ well what I mean!** ¡sabes de sobra lo que quiero decir!
■ vt **1.** [criticize severely] vapulear, criticar duramente **2.** *Fam* **~ the expense/the consequences!** ¡a la porra con los gastos/las consecuencias! ▸ *Fam* **well I'll be damned!** ¡que me aspen!, ¡madre mía! ■ exclam *Fam* ¡maldita sea!

damnation [dæm'neɪʃən] n *REL* condenación *f* ▸ *Fam* **~!** ¡maldición!

damned [dæmd] ■ adj *Fam* maldito(a) ▸ **you ~ fool!** ¡maldito idiota!
■ adv *Fam* **~ good** genial, buenísimo(a)
■ n **the ~** los condenados

damnedest ['dæmdəst] *Fam* ■ n **to do one's ~ (to do sth)** hacer todo lo posible (por hacer algo)
■ adj *US* **it was the ~ thing!** ¡fue de lo más raro!, ¡fue una cosa rarísima!

damn-fool ➤ ***damfool***

damning ['dæmɪŋ] adj [admission, revelation] condenatorio(a)

damp [dæmp] ■ n humedad *f*
■ adj húmedo(a) ▸ *Fig* **a ~ squib** un chasco
■ vt **to ~ sb's spirits** desanimar a alguien ▸ **to ~ down a fire** sofocar un fuego

dampcourse ['dæmpkɔ:s] n aislante *m* hidrófugo

dampen ['dæmpən] vt [make wet] humedecer ▸ *Fig* **to ~ sb's spirits** desanimar a alguien

damper ['dæmpə(r)] n *MUS* apagador *m* ▸ *Fig* **to put a ~ on sth** ensombrecer algo

damp-proof ['dæmppru:f] ■ vt aislar de la humedad
■ n **~ course** aislante *m* hidrófugo *or* antihumedad

damsel ['dæmzəl] n *Literary* doncella *f,* damisela *f* ▸ *Hum* **a ~ in distress** una doncella en apuros

damson ['dæmzən] n [fruit] ciruela *f* damascena / [tree] ciruelo *m* damasceno

dance [dɑ:ns] ■ n baile *m* ▸ *Fam* **to lead sb a (merry) ~** traer a alguien al retortero *or* a mal traer ▸ **~ band** orquesta *f* de baile ▸ **~ floor** pista *f* de baile ▸ **~ hall** salón *m* de baile ▸ **~ music** música *f* de baile *or* de discoteca
■ vt bailar ▸ **to ~ attendance on sb** atender servilmente a alguien
■ vi bailar ▸ **they danced down the road** bajaron la calle dando brincos

dancer ['dɑ:nsə(r)] n bailarín(ina) *m,f*

dancing ['dɑ:nsɪŋ] n baile *m* ▸ **~ shoes** zapatos *mpl* de baile

dandelion ['dændɪlaɪən] n diente *m* de león

dander ['dændə(r)] n *Fam* **to get sb's ~ up** [annoy] sacar de quicio a alguien

dandruff ['dændrəf] n caspa *f*

dandy ['dændɪ] ■ n [person] petimetre *m,* dandi *m*
■ adj *Fam* genial ▸ **everything's just (fine and) ~** está todo perfecto

Dane [deɪn] n danés(esa) *m,f*

danger ['deɪndʒə(r)] n peligro *m* ▸ **in/out of ~** en/fuera de peligro ▸ **to be in ~ of doing sth** correr el peligro de hacer algo ▸ **there is no ~ that...** no hay peligro de que... ▸ **to be on the ~ list** [patient] estar muy grave ▸ **to be off the ~ list** [patient] estar fuera de peligro ▸ **~ money** *or* *US* **pay** prima *f* *or* plus *m* de peligrosidad ▸ *Fig* **~ sign** señal *f* de peligro

dangerous ['deɪndʒərəs] adj peligroso(a)

dangerously ['deɪndʒərəslɪ] adv peligrosamente ▸ **they came ~ close to losing** estuvieron en un tris de caer derrotados

dangle ['dæŋgəl] ■ vt balancear, hacer oscilar ▸ *Fig* **the company dangled a bonus in front of its workers** la empresa ofreció una paga extra a sus trabajadores como incentivo
■ vi colgar ▸ *Fig* **to keep sb dangling** tener a alguien pendiente

Danish ['deɪnɪʃ] ■ n [language] danés *m*
■ adj danés(esa) ▸ **~ pastry** = *pastel dulce de hojaldre*

dank [dænk] adj [place, atmosphere] frío(a) y húmedo(a)

Danube ['dænju:b] n **the ~** el Danubio

dapper ['dæpə(r)] adj pulcro(a), atildado(a)

dappled ['dæpəld] adj **the ~ light on the forest floor** el lecho del bosque, salpicado de luces y sombras

dare ['deə(r)] ■ n reto *m,* desafío *m* ▸ **he would do anything for a ~** es capaz de hacer cualquier cosa si le desafían a ello
■ vt **1. to ~ to do sth** atreverse a hacer algo **2. to ~ sb to do sth** retar a alguien a que haga algo ▸ **I ~ you to tell her!** ¿a que no se lo dices?, ¿a que no eres capaz de decírselo?
■ modal aux v **to ~ do sth** atreverse a hacer algo ▸ **I ~ not** *or* **daren't ask him** no me atrevo a preguntarle ▸ **don't you ~ tell her!** ¡ni se te ocurra decírselo! ▸ **how ~ you!** ¡cómo te atreves! ▸ **I ~ say** probablemente

daredevil ['deədevəl] n & adj temerario(a) *m,f*

daring ['deərɪŋ] ■ n atrevimiento *m,* osadía *f*
■ adj [courageous] audaz, atrevido(a) / [provocative] atrevido(a)

daringly ['deərɪŋlɪ] adv [courageously] con audacia *or* atravemiento / [provocatively] con atrevimiento

dark [dɑ:k] ■ n **1.** [darkness] oscuridad *f* ▸ **before/after ~** antes/después del anochecer ▸ **in the ~** en la oscuridad **2.** [idioms] **to be in the ~ (about sth)** *ESP* estar in albis (sobre algo), *AM* no tener idea (sobre algo) ▸ **to keep sb in the ~ (about sth)** mantener a alguien en la ignorancia (acerca de algo)
■ adj **1.** [not light] oscuro(a) / [skin, hair] oscuro(a),

moreno(a) ▸ **it's ~ by six o'clock** a las seis ya es de noche ▸ **it's getting ~** está oscureciendo *or* anocheciendo ▸ **~ glasses** gafas *fpl* oscuras ▸ *Fig* **to be a ~ horse** [in competition] ser quien puede dar la campanada / [in politics] ser el/la candidato(a) sorpresa / [secretive person] ser un enigma **2.** *Fig* [thought, period] sombrío(a), oscuro(a) / [look] siniestro(a) ▸ HIST **the Dark Ages** la Edad Media *(antes del año mil)* ▸ *Fig* **to be in the Dark Ages** estar en la prehistoria

darken ['dɑːkən] ■ vt [sky, colour] oscurecer ▸ **never ~ my door again!** ¡no vuelvas a pisar el umbral de mi casa!
■ vi [sky, colour] oscurecerse / [thoughts] ensombrecerse

darkish ['dɑːkɪʃ] adj tirando a oscuro(a) ▸ **~ hair** pelo tirando a moreno

darkly ['dɑːklɪ] adv [say, hint] con tono sombrío

darkness ['dɑːknɪs] n oscuridad *f* ▸ **in ~** a oscuras, en tinieblas

darkroom ['dɑːkruːm] n PHOT cuarto *m* oscuro

dark-skinned ['dɑːk'skɪnd] adj moreno(a)

darling ['dɑːlɪŋ] ■ n encanto *m* ▸ **~!** ¡querido(a)! ▸ **be a ~ and...** sé bueno(a) y... ▸ **she's the ~ of the press** es la niña mimada de la prensa
■ adj encantador(ora)

darn[1] [dɑːn] vt [mend] zurcir

darn[2] *Fam* ■ adj maldito(a) ▸ **it's a ~ nuisance!** ¡es un verdadero fastidio!
■ exclam **~ (it)!** ¡caramba!

darning needle ['dɑːnɪŋ'niːdəl] n aguja *f* de zurcir

dart [dɑːt] ■ n **1.** [missile] dardo *m* ▸ **darts** [game] dardos *mpl* **2.** [movement] **to make a ~ for sth** salir disparado(a) hacia algo
■ vt **to ~ a glance at sb** lanzar una mirada a alguien
■ vi [move quickly] precipitarse ▸ **to ~ in/out** entrar/salir precipitadamente

dartboard ['dɑːtbɔːd] n diana *f*

dash [dæʃ] ■ n **1.** [of liquid] chorrito *m* / *Fig* [of humour, colour] toque *m*, pizca *f* **2.** [hyphen, in Morse] raya *f* **3.** [run] carrera *f* ▸ **to make a ~ for it** echar a correr **4.** [style] dinamismo *m*, brío *m* ▸ **to cut a ~** causar sensación
■ vt **1.** [throw] arrojar ▸ **to ~ sth to the ground** arrojar algo al suelo **2.** [destroy] **to ~ sb's hopes** truncar las esperanzas de alguien ▸ *Fam* **~ (it)!** ¡caramba!
■ vi [move quickly] correr, ir apresuradamente ▸ **to ~ in/out** entrar/salir apresuradamente ▸ **to ~ about** *or* **around** correr de acá para allá ▸ *Fam* **I must ~** tengo que salir pitando

◆ ***dash off*** ■ vt sep **to ~ off a letter** escribir a toda prisa *or AM* a todo apuro una carta
■ vi [leave] salir corriendo

dashboard ['dæʃbɔːd] n tablero *m* de mandos, *ESP* salpicadero *m*

dashing ['dæʃɪŋ] adj [person] imponente / [appearance] deslumbrante

DAT [diːeɪ'tiː] n (abbr ***digital audio tape***) cinta *f* digital de audio, DAT

data ['deɪtə] n datos *mpl* ▸ **an item** *or* **a piece of ~** un dato ▸ **~ bank** banco *m* de datos ▸ COMPTR **~ processing** proceso *m or* procesamiento *m* de datos ▸ COMPTR **~ protection** protección *f* de datos ▸ *BR* **Data Protection Act** = *ley de protección de datos*

database ['deɪtəbeɪs] n COMPTR base *f* de datos

date[1] [deɪt] n [fruit] dátil *m* ▸ **~ palm** palmera *f* datilera

date[2] ■ n **1.** [day] fecha *f* ▸ **~ of birth** fecha de nacimiento ▸ **what's the ~ (today)?** ¿a qué (fecha) estamos hoy?, ¿qué fecha es hoy?, *AM* ¿a cómo estamos? ▸ **to fix a ~ for sth** fijar una fecha para algo ▸ **to have a ~ with sb** haber quedado *or* tener una cita con alguien ▸ **to ~** hasta la fecha ▸ **up to ~** al día ▸ **out of ~** anticuado(a), pasado(a) de moda ▸ **~ stamp** sello *m* con la fecha **2.** [with girlfriend, boyfriend] cita *f* ▸ **~ rape** = *violación por una persona a la que se ha conocido de forma circunstancial o en una cita* **3.** *US* [girlfriend, boyfriend] pareja *f*
■ vt **1.** [letter, ticket] fechar ▸ **that dates you** eso demuestra lo viejo que eres **2.** *US* [go out with] salir con
■ vi **1. to ~ from** *or* **back to** [custom, practice] remontarse a / [building] datar de **2.** [go out of fashion] pasar de moda

dateline ['deɪtlaɪn] n meridiano *m* de cambio de fecha ▸ JOURN **~ Tel Aviv** fechado(a) en Tel Aviv

date-stamp ['deɪtstæmp] vt [book, letter] fechar, poner fecha a

dating agency ['deɪtɪŋ'eɪdʒənsɪ] n agencia *f* de contactos

dative ['deɪtɪv] n GRAM dativo *m*

daub [dɔːb] vt [with mud, paint] embadurnar (**with** de)

daughter ['dɔːtə(r)] n hija *f*

daughter-in-law ['dɔːtərɪnlɔː] (pl **daughters-in-law**) n nuera *f*

daunt [dɔːnt] vt intimidar, acobardar ▸ *Formal* **nothing daunted** sin dejarse arredrar

daunting [dɔːntɪŋ] adj desalentador(ora), desmoralizante ▸ **a ~ task** una tarea ingente

dauntless ['dɔːntlɪs] adj impávido(a), imperturbable

dawdle ['dɔːdəl] vi perder el tiempo

dawdler ['dɔːdlə(r)] n lento(a) *m,f*

dawn [dɔːn] ■ n amanecer *m*, alba *f* / *Fig* [of life, civilization] albores *mpl*, despertar *m* ▸ **at ~** al alba ▸ **from ~ to dusk** de sol a sol ▸ **the ~ chorus** el canto de los pájaros al amanecer ▸ **~ raid** [by soldiers, police] incursión *f* de madrugada / ST EXCH = *compra masiva de acciones al comienzo de la sesión*
■ vi amanecer / *Fig* [life, civilization] despertar ▸ **the day dawned bright and clear** el día amaneció claro y despejado

◆ ***dawn on*** vt insep **the truth finally dawned on him** finalmente vio la verdad ▸ **it dawned on me that...** caí en la cuenta de que...

day [deɪ] n **1.** [period of daylight, 24 hours] día *m* / [period of work] jornada *f* ▸ **once/twice a ~** una vez/dos veces al día ▸ **the ~ before yesterday** anteayer ▸ **the ~ after tomorrow** pasado mañana ▸ **all ~** todo el día ▸ **~ after ~** día tras día ▸ **from ~ to ~** de un día para otro ▸ **one ~, one of these days** un día (de estos) ▸ **any ~**

now cualquier día de estos ▸ **the other ~** el otro día ▸ **every other ~** cada dos días, un día sí y otro no ▸ **a year ago to the ~** hace exactamante un año ▸ **from ~ one** desde el primer día ▸ **to take a ~ off** tomarse un día libre ▸ **to be paid by the ~** cobrar por día trabajado ▸ **to work ~ and night** trabajar día y noche ▸ *Fam* **he's sixty if he's a ~** tiene como mínimo sesenta años ▸ FIN **~ book** diario *m* de entradas y salidas ▸ **~ care** [for children] servicio *m* de guardería (infantil) / [for elderly people] = *servicio de atención domiciliaria a los ancianos* ▸ **~ care centre** [for children] guardería *f* (infantil) ▸ **~ nursery** guardería *f* ▸ **~ pupil** alumno(a) *m,f* externo(a) ▸ **~ release** = *sistema que permite a un trabajador realizar cursos de formación continua un día a la semana* ▸ *BR* **~ return** [train ticket] billete *m or AM* boleto *m* de ida y vuelta en el día ▸ **~ school** colegio *m* sin internado ▸ **~ shift** [in factory] turno *m* de día ▸ **~ trip** excursión *f* (de un día) **2.** [era] **in my ~** en mis tiempos ▸ **in this ~ and age** en los tiempos que corren ▸ **Communism has had its ~** el auge del comunismo ya es historia ▸ **in the days of...** en tiempos de... ▸ **these days** hoy (en) día ▸ **in those days** en aquellos tiempos ▸ **those were the days!** ¡aquellos sí que eran buenos tiempos! ▸ **in days to come** más adelante, en el futuro ▸ **he ended his days in poverty** terminó sus días en la pobreza **3.** [idioms] **it's all in a day's work** son los gajes del oficio ▸ *Fam* **let's call it a ~** dejémoslo por hoy ▸ *Fam* **that'll be the ~!** ¡no lo verán tus ojos!, ¡cuando las ranas críen pelo! ▸ *Fam* **to make sb's ~** alegrarle el día a alguien ▸ **to name the ~** [of wedding] fijar la fecha de la boda ▸ **to carry** *or* **win the ~** [bring victory] conseguir la victoria

> CAREFUL! / ¡CUIDADO!
>
> ***day***
>
> When translating *day*, note that **jornada** is used, rather than the general translation **día**, when the working day is referred to. Thus "an eight-hour day" would be **una jornada de ocho horas.**

daybreak ['deɪbreɪk] n amanecer *m*, alba *f* ▸ **at ~** al alba

daydream ['deɪdri:m] ■ n fantasía *f*

■ vi fantasear, soñar despierto(a) ▸ **to ~ about sth** fantasear sobre algo

daydreamer ['deɪdri:mə(r)] n soñador(ora) *m,f*

daylight ['deɪlaɪt] n (luz *f* del) día *m* ▸ **it was still ~** todavía era de día ▸ **~ hours** horas *fpl* de luz ▸ *Fig* **it's ~ robbery!** ¡es un atraco a mano armada!

daytime ['deɪtaɪm] n día *m* ▸ **in the ~** durante el día ▸ **~ TV** programación *f* diurna *or* de día

day-to-day ['deɪtə'deɪ] adj diario(a), cotidiano(a) ▸ **on a ~ basis** día a día

day-tripper ['deɪ'trɪpə(r)] n dominguero(a) *m,f*

daze [deɪz] ■ n aturdimiento *m* ▸ **to be in a ~** estar aturdido(a)

■ vt aturdir

dazed [deɪzd] adj aturdido(a)

dazzle ['dæzəl] vt *also Fig* deslumbrar

dazzling ['dæzlɪŋ] adj *also Fig* deslumbrante

DC [di:'si:] n **1.** ELEC (abbr ***direct current***) corriente *f* continua **2.** (abbr ***District of Columbia***) DC, Distrito de Columbia

deacon ['di:kən] n REL diácono *m*

deaconess [di:kən'es] n REL diaconisa *f*

dead [ded] ■ adj **1.** [not alive] muerto(a) ▸ **a ~ man** un muerto ▸ **a ~ woman** una muerta ▸ **to be ~** estar muerto(a) ▸ *Fig* **to be ~ to the world** dormir como un tronco ▸ *Fam* **over my ~ body!** ¡por encima de mi cadáver! ▸ *Fam* **I wouldn't be seen ~ in that dress!** ¡no me pondría ese vestido ni borracha! ▸ *Fam* **as ~ as a doornail** *or* **a dodo** muerto(a) y bien muerto(a) ▸ *Fig* **~ and buried** finiquitado(a) ▸ **half ~ with fright** medio muerto(a) de miedo ▸ **~ or alive** vivo(a) o muerto(a) ▸ *Fam* **if dad finds out, you're ~** si papá se entera, te mata ▸ **the Dead Sea** el Mar Muerto **2.** [numb] dormido(a) ▸ **my leg went ~** se me durmió la pierna **3.** [lacking energy] [voice, eyes] apagado(a) / [battery] gastado(a), agotado(a) ▸ **the phone** *or* **line is ~** no hay línea ▸ **this place is ~ in winter** este lugar está muerto en invierno ▸ **~ ball situation** [in soccer] jugada *f* a balón parado ▸ *also Fig* **~ end** callejón *m* sin salida ▸ *Fig* **he's a ~ weight** es un peso muerto **4.** [absolute] **~ calm** calma *f* chicha ▸ **~ heat** [in race] empate *m* ▸ *Fam* **it/he was a ~ loss** resultó ser un desastre total ▸ *Fam* **to be a ~ ringer for sb** ser idéntico(a) a alguien

■ adv **1.** [completely] **to be ~ set against sth** oponerse rotundamente a algo ▸ **to stop ~** pararse en seco ▸ *Fam* **to be ~ wrong** equivocarse de medio a medio ▸ *Fam* **~ beat** *or* **tired** hecho(a) polvo, molido(a) ▸ **~ slow** [sign] muy despacio **2.** *Fam* [very] tela de ▸ **~ easy** facilísimo(a), chupado(a) **3.** [exactly] **~ on six o'clock** a las seis en punto

■ n **at ~ of night** a altas horas de la noche ▸ **in the ~ of winter** en pleno invierno

■ npl **the ~** los muertos ▸ **to rise from the ~** resucitar (de entre los muertos)

deadbeat ['dedbi:t] n *Fam* [lazy person] vago(a) *m,f*, holgazán(ana) *m,f*

deaden ['dedən] vt [blow, sound, pain] amortiguar, atenuar ▸ **to become deadened to sth** volverse insensible a algo

deadline ['dedlaɪn] n [day] fecha *f* tope / [time] plazo *m* ▸ **to meet a ~** cumplir un plazo ▸ **to work to a ~** trabajar con un plazo

deadlock ['dedlɒk] ■ n punto *m* muerto ▸ **to reach (a) ~** llegar a un punto muerto

■ vt **to be deadlocked** [talks, negotiations] estar en un punto muerto

deadly ['dedlɪ] ■ adj **1.** [poison, blow, enemy] mortal, mortífero(a) / [weapon] mortífero(a) / [pallor] cadavérico(a) / [silence] sepulcral ▸ **~ nightshade** [plant] belladona *f* **2.** *Fam* [boring] aburridísimo(a)

■ adv [very] **~ accurate** tremendamente exacto(a) ▸ **~ boring** mortalmente aburrido(a) ▸ **to be ~ serious about sth** decir algo completamente en serio

deadpan ['dedpæn] adj [expression] inexpresivo(a) / [humour] socarrón(ona)

deadwood ['dedwʊd] n **there is too much ~ in this office** en esta oficina sobra mucha gente *or* hay mucha gente que está de más

deaf [def] ■ adj sordo(a) ▸ **to be ~** ser/estar sordo(a) ▸ **~ and dumb** sordomudo(a) ▸ **to go ~** quedarse sordo(a) ▸ **to be ~ in one ear** ser sordo(a) de un oído ▸ **as ~ as a post** sordo(a) como una tapia ▸ **to turn a ~ ear to sb** hacer caso omiso de alguien ▸ **the appeal fell on ~ ears** la apelación cayó en saco roto
■ npl **the ~** los sordos

deaf-aid ['defeɪd] n audífono *m*

deafen ['defən] vt ensordecer

deafening ['defənɪŋ] adj ensordecedor(ora)

deafness ['defnəs] n sordera *f*

deal[1] [di:l] n [wood] madera *f* de conífera, madera *f* blanda

deal[2] ■ n **1.** [agreement] acuerdo *m* / [in business] trato *m* ▸ **to do a ~** hacer un trato ▸ **it's a ~!** ¡trato hecho! ▸ **to get a good/bad ~** recibir un buen/mal trato ▸ *Ironic Fam* **big ~!** ¡vaya cosa! ▸ *Fam* **it's no big ~** ¡no es nada!, ¡no es para tanto! **2.** [amount] **a good** *or* **great ~** [a lot] mucho ▸ **not a great ~** no mucho ▸ **to have a great ~ to do** tener mucho que hacer ▸ **a good or great ~ of my time** gran parte de mi tiempo **3.** [in cards] **your ~** te toca repartir *or* dar
■ vt (pt & pp **dealt** [delt]) **1.** [cards] repartir, dar **2. to ~ sb/sth a blow** dar un golpe a alguien/algo
■ vi **to ~ in leather/shares** comerciar con pieles/acciones ▸ **to ~ in drugs** traficar con drogas

◆ ***deal out*** vt sep [cards, justice] repartir

◆ ***deal with*** vt insep **1.** [be about] [subject] tratar **2.** [handle] [complaint, problem] ocuparse de ▸ **I know how to ~ with him** sé cómo tratarlo ▸ **I'll ~ with you later** ya hablaremos tú y yo después

dealer ['di:lə(r)] n **1.** [in cardgame] = *jugador que reparte* **2.** COM comerciante *mf* / [in drugs] traficante *mf* ▸ **art ~** marchante *mf* de arte

dealings ['di:lɪŋz] npl tratos *mpl* ▸ **to have ~ with sb** estar en tratos con alguien

dealt [delt] pt & pp *of* ***deal***

dean [di:n] n REL deán *m* / UNIV decano(a) *m,f*

dear [dɪə(r)] ■ adj **1.** [loved] querido(a) ▸ **to hold sth/sb ~** apreciar mucho algo/a alguien ▸ **a ~ friend** un amigo muy querido ▸ **my dearest wish is that...** mi mayor deseo es que... ▸ **a place ~ to the hearts of...** un lugar muy querido para... ▸ *Fam* **to run for ~ life** correr desesperadamente **2.** [in letter] **Dear Sir** Muy Sr. mío ▸ **Dear Madam** Muy Sra. mía ▸ **Dear Sir or Madam, Dear Sir/Madam** [when sex of addressee is unknown] Muy Sres. míos ▸ **Dear Mr Thomas** Estimado Sr. Thomas ▸ **Dear Andrew** Querido Andrew ▸ **My dearest Gertrude** Queridísima Gertrude **3.** [expensive] caro(a) **4.** [exclamation] **oh ~!** ¡vaya!
■ n **poor ~** pobrecito(a) ▸ **my ~** cariño mío, mi amor ▸ **be a ~ and...** sé bueno y... ▸ *Fam* **an old ~** una viejecita
■ adv [to buy, sell] caro ▸ *Fig* **it cost me ~** me costó muy caro

dearly ['dɪəlɪ] adv [very much] **I love him ~** lo quiero muchísimo ▸ **I would ~ love to know** me encantaría saberlo ▸ *Fig* **she paid ~ for her mistake** pagó muy caro su error

dearth [dɜ:θ] n escasez *f* (**of** de)

death [deθ] n **1.** muerte *f* ▸ **to put sb to ~** ejecutar a alguien ▸ **a fight to the ~** una lucha a muerte ▸ **~ to traitors!** ¡muerte a *or* mueran los traidores! ▸ **~ camp** campo *m* de exterminio ▸ **~ certificate** certificado *m or* partida *f* de defunción ▸ **~ mask** mascarilla *f* ▸ **~ penalty** pena *f* de muerte ▸ **~ rate** tasa *f* de mortalidad ▸ *US* **~ row** galería *f* de los condenados a muerte ▸ **~ sentence** pena *f* de muerte ▸ **~ squad** escuadrón *m* de la muerte ▸ **~ throes** últimos estertores *mpl*, agonía *f* ▸ **~ toll** número *m or* saldo *m* de víctimas mortales ▸ **~ warrant** orden *f* de ejecución **2.** [idioms] **to be sick to ~ of sth** estar hasta la coronilla de algo ▸ **to be scared to ~** estar muerto(a) de miedo ▸ **those children will be the ~ of her!** esos niños la van a matar (a disgustos) ▸ **you'll catch your ~ (of cold)!** ¡vas a agarrar *or ESP* coger un resfriado de muerte! ▸ **to be at death's door** estar a las puertas de la muerte ▸ **to sound the ~ knell for sth** asestar el golpe de gracia a algo ▸ **to look like ~ warmed** *BR* **up** *or US* **over** tener una pinta horrorosa

deathbed ['deθbed] n lecho *m* de muerte

deathblow ['deθbləʊ] n *Fig* golpe *m* mortal ▸ **to deal a ~ to sth** asestarle un golpe mortal a algo

deathly ['deθlɪ] adj [pallor] cadavérico(a) / [silence] sepulcral

deathtrap ['deθtræp] n **this house/this car is a ~** esta casa/este coche *or AM* carro *or RP* auto es un auténtico peligro

deathwatch beetle ['deθwɒtʃ'bi:təl] n carcoma *f*

debacle [deɪ'bɑ:kl] n desastre *m*, debacle *f*

debar [di:'bɑ:(r)] (pt & pp **debarred**) vt [from club, pub] prohibir la entrada (**from** en) ▸ **to ~ sb from doing sth** prohibirle a alguien hacer algo

debase [dɪ'beɪs] vt [person, reputation] degradar ▸ **to ~ oneself** degradarse

debasement [dɪ'beɪsmənt] n degradación *f*

debatable [dɪ'beɪtəbəl] adj discutible

debate [dɪ'beɪt] ■ n debate *m* ▸ **after much ~** tras mucho debatir
■ vt [issue] debatir, discutir ▸ **he debated whether to go** se debatía entre ir y no ir
■ vi debatir

debating society [dɪ'beɪtɪŋsə'saɪətɪ] n = *asociación que organiza debates en una universidad o instituto*

debauched [dɪ'bɔ:tʃt] adj depravado(a), degenerado(a)

debauchery [dɪ'bɔ:tʃərɪ] n libertinaje *m*, depravación *f*

debilitate [dɪ'bɪlɪteɪt] vt debilitar

debilitating [dɪ'bɪlɪteɪtɪŋ] adj debilitador(ora), debilitante

debility [dɪ'bɪlɪtɪ] n debilidad *f*

debit ['debɪt] FIN ■ n cargo *m*, adeudo *m* ▸ *Fig* **on the ~ side** en el lado negativo
■ vt cargar, adeudar ▸ **to ~ sb with an amount** cargar una cantidad negativa a alguien

debonair [debə'neə(r)] adj gallardo(a)

debrief [di:'bri:f] vt **to ~ sb on a mission** pedir a alguien que rinda cuentas sobre una misión

debriefing [diː'briːfɪŋ] n interrogatorio *m (tras una misión)*

debris ['debriː, *US* də'briː] n [of building] escombros *mpl* / [of plane, car] restos *mpl*

debt [det] n deuda *f* ▸ **to be in ~** estar endeudado(a) ▸ *Fig* **I shall always be in your ~** siempre estaré en deuda contigo ▸ **to owe sb a ~ of gratitude** tener una deuda de gratitud con alguien ▸ **~ collector** cobrador(ora) *m,f* de morosos

debtor ['detə(r)] n deudor(ora) *m,f*

debt-ridden ['detrɪdən] adj agobiado(a) *or* abrumado(a) por las deudas

debug [dɪ'bʌg] (pt & pp **debugged**) vt COMPTR [program] depurar, eliminar errores en

debunk [diː'bʌŋk] vt *Fam* [theory, myth] echar por tierra

debut ['deɪbjuː] n debut *m* ▸ **to make one's ~** debutar

Dec (abbr ***December***) diciembre *m*

decade ['dekeɪd] n decenio *m,* década *f*

decadence ['dekədəns] n decadencia *f*

decadent ['dekədənt] adj decadente

decaffeinated [diː'kæfɪneɪtɪd] adj descafeinado(a)

decal ['diːkæl] n *US* calcomanía *f*

decant [dɪ'kænt] vt [wine] decantar

decanter [dɪ'kæntə(r)] n licorera *f*

decapitate [dɪ'kæpɪteɪt] vt decapitar

decathlon [dɪ'kæθlɒn] n decatlón *m*

decay [dɪ'keɪ] ■ n **1.** [of wood] putrefacción *f,* descomposición *f* / [of teeth] caries *f inv* **2.** [decline] declive *m,* decadencia *f* / [of building] ruina *f*
■ vi **1.** [timber] pudrirse / [teeth] picarse, cariarse **2.** [decline] declinar

decease [dɪ'siːs] n *Formal* fallecimiento *m*

deceased [dɪ'siːst] ■ adj difunto(a)
■ n **the ~** el/la difunto(a)

deceit [dɪ'siːt] n engaño *m*

deceitful [dɪ'siːtfʊl] adj [person] falso(a) / [behaviour] engañoso(a) ▸ **to be ~** ser un(a) falso(a)

deceitfully [dɪ'siːtfʊlɪ] adv **to obtain sth ~** conseguir algo con engaños

deceive [dɪ'siːv] vt engañar ▸ **to be deceived by appearances** dejarse engañar por las apariencias ▸ **to ~ oneself** engañarse ▸ **to ~ sb into thinking sth** hacer creer algo a alguien ▸ **I thought my eyes were deceiving me** no creía lo que veían mis ojos

decelerate [diː'seləreɪt] vi decelerar, desacelerar

deceleration [diːselə'reɪʃən] vi deceleración *f,* desaceleración *f* ▸ **~ lane** carril *m* de deceleración *or* de salida

December [dɪ'sembə(r)] n diciembre *m* / *see also* ***May***

decency ['diːsənsɪ] n [of dress, behaviour] decencia *f,* decoro *m* ▸ **common ~** (mínima) decencia *f* ▸ **he didn't even have the ~ to tell us first** ni siquiera tuvo la delicadeza de decírnoslo primero

decent ['diːsənt] adj **1.** [respectable] decente, decoroso(a) **2.** [of acceptable quality, size] decente **3.** *Fam* [kind] **a ~ chap** un buen tipo ▸ **it's very ~ of you** es muy amable de tu parte

decently ['diːsəntlɪ] adv **1.** [respectably, to an acceptable degree] decentemente ▸ **they pay quite ~** pagan un sueldo bastante decente **2.** *Fam* [kindly] con amabilidad

decentralization [diːsentrəlaɪ'zeɪʃən] n descentralización *f*

decentralize [diː'sentrəlaɪz] vt descentralizar

deception [dɪ'sepʃən] n engaño *m*

> FALSE FRIEND / FALSO AMIGO
> ***deception***
> Decepción no es la traducción del inglés *deception*. Decepción se traduce por *disappointment*.

deceptive [dɪ'septɪv] adj engañoso(a)

deceptively [dɪ'septɪvlɪ] adv engañosamente ▸ **it looks ~ easy** a primera vista parece muy fácil

decibel ['desɪbel] n decibelio *m*

decide [dɪ'saɪd] ■ vt decidir ▸ **to ~ to do sth** decidir hacer algo ▸ **it was decided to wait for her reply** se decidió esperar su respuesta ▸ **that was what decided me** eso fue lo que me hizo decidirme ▸ **that decides the matter** eso zanja la cuestión
■ vi decidir ▸ **to ~ against doing sth** decidir no hacer algo ▸ **to ~ in favour of doing sth** decidir hacer algo

decided [dɪ'saɪdɪd] adj [person] decidido(a), resuelto(a) / [opinion] tajante / [difference, preference, improvement] claro(a), marcado(a)

decidedly [dɪ'saɪdɪdlɪ] adv **1.** [to answer, say] categóricamente **2.** [very] decididamente ▸ **he was ~ unhelpful** no ayudó en lo más mínimo

decider [dɪ'saɪdə(r)] n **the ~** [goal, match] el gol/partido/*etc.* decisivo

deciding [dɪ'saɪdɪŋ] adj decisivo(a)

deciduous [dɪ'sɪdjʊəs] adj de hoja caduca, caducifolio(a)

decimal ['desɪməl] ■ n número *m* decimal
■ adj decimal ▸ **~ point** coma *f* (decimal) ▸ **correct to five ~ places** correcto hasta la quinta cifra decimal

decimalization [desɪməlaɪ'zeɪʃən] n conversión *f* al sistema decimal

decimate ['desɪmeɪt] vt diezmar

decipher [dɪ'saɪfə(r)] vt descifrar

decision [dɪ'sɪʒən] n decisión *f* ▸ **to come to** *or* **arrive at** *or* **reach a ~** llegar a una decisión ▸ **to make** *or* **take a ~** tomar una decisión ▸ **to act/speak with ~** actuar/hablar con decisión

decision-making [dɪ'sɪʒənmeɪkɪŋ] n toma *f* de decisiones

decisive [dɪ'saɪsɪv] adj decisivo(a)

deck ■ n [dek] **1.** [of ship] cubierta *f* ▸ **on ~** en cubierta ▸ **~ chair** tumbona *f,* hamaca *f* **2. top/bottom ~** [of bus] piso *m* de arriba/abajo **3. cassette** *or* **tape ~** pletina *f* **4. ~ of cards** baraja *f*
■ vt **to ~ oneself out in sth** engalanarse con algo

declaim [dɪ'kleɪm] ■ vt proclamar, pregonar
■ vi pregonar

declamatory [dɪ'klæmətərɪ] adj [style, tone] declamatorio(a)

declaration [deklə'reɪʃən] n declaración *f* ▸ *US* HIST **the Declaration of Independence** la declaración de independencia de los Estados Unidos

declare [dɪ'kleə(r)] ■ vt declarar ▸ **to ~ war (on)** declarar la guerra (a) ▸ **to ~ sb guilty/innocent** declarar a alguien culpable/inocente ▸ **have you anything to ~?** [at customs] ¿(tiene) algo que declarar?
■ vi **to ~ for/against sth** declararse a favor de/en contra de algo ▸ *Old-fashioned* **I do ~!** ¡demontre!

declassified [di:'klæsɪfaɪd] adj desclasificado(a)

declassify [di:'klæsɪfaɪ] vt desclasificar

declension [dɪ'klenʃən] n GRAM declinación *f*

decline [dɪ'klaɪn] ■ n [of person, empire] declive *m* / [decrease, reduction] descenso *m,* disminución *f* ▸ **to go into ~** decaer, debilitarse ▸ **to be on the ~** estar en declive
■ vt **1.** [offer, invitation] declinar ▸ **to ~ to do sth** declinar hacer algo **2.** GRAM declinar
■ vi **1.** [refuse] rehusar **2.** [health, influence] declinar ▸ **to ~ in importance** perder importancia

declining [dɪ'klaɪnɪŋ] adj [decreasing] decreciente / [deteriorating] en declive, en decadencia

decode [di:'kəʊd] vt descodificar, descifrar

decompose [di:kəm'pəʊz] vi descomponerse

decomposition [di:kɒmpə'zɪʃən] n descomposición *f*

decompress [di:kəm'pres] vt COMPTR [file] descomprimir

decompression [di:kəm'preʃən] n descompresión *f* ▸ **~ chamber** cámara *f* de descompresión ▸ **~ sickness** aeroembolismo *m*

decongestant [di:kən'dʒestənt] n MED descongestionante *m*

deconstruct [di:kən'strʌkt] vt LIT deconstruir

deconstruction [di:kən'strʌkʃən] n LIT teoría *f* desconstructiva, desconstruccionismo *m*

decontaminate [di:kən'tæmɪneɪt] vt descontaminar

decontamination [di:kəntæmɪ'neɪʃən] n descontaminación *f*

decor ['deɪkɔ:(r)] n decoración *f*

decorate ['dekəreɪt] vt **1.** [cake, room] [with decorations] decorar, adornar (**with** con) **2.** [room] [with paint] pintar / [with wallpaper] empapelar **3.** [with medal] condecorar

decoration [dekə'reɪʃən] n **1.** [on cake, for party] decoración *f* ▸ **decorations** adornos *mpl* **2.** [of room] [with paint] pintado *m* / [with wallpaper] empapelado *m* **3.** [medal] condecoración *f*

decorative ['dekərətɪv] adj decorativo(a)

decorator ['dekəreɪtə(r)] n **(painter and) ~** pintor(ora) *m,f (que también empapela)*

decorous ['dekərəs] adj *Formal* decoroso(a)

decorum [dɪ'kɔ:rəm] n decoro *m*

decoy ['di:kɔɪ] ■ n *also Fig* señuelo *m*
■ vt [dɪ'kɔɪ] atraer con un señuelo ▸ **to ~ sb into doing sth** lograr que alguien haga algo utilizando un señuelo

decrease ■ n ['di:kri:s] reducción *f* (**in** de); disminución *f* (**in** de) ▸ **to be on the ~** estar disminuyendo, decrecer
■ vt [dɪ'kri:s] disminuir, reducir
■ vi disminuir, reducirse

decreasing [dɪ'kri:sɪŋ] adj decreciente

decree [dɪ'kri:] ■ n decreto *m* ▸ **to issue a ~** promulgar un decreto ▸ LAW **~ absolute** sentencia *f* definitiva de divorcio ▸ LAW **~ nisi** sentencia *f* provisional de divorcio
■ vt decretar

decrepit [dɪ'krepɪt] adj [person] decrépito(a) / [thing] ruinoso(a)

decrepitude [dɪ'krepɪtju:d] n *Formal* [of person] decrepitud *f* / [of thing] ruina *f,* deterioro *m*

decriminalization [di:krɪmɪnəlaɪ'zeɪʃən] n despenalización *f*

decriminalize [di:'krɪmɪnəlaɪz] vt despenalizar

decry [dɪ'kraɪ] vt censurar, condenar

dedicate ['dedɪkeɪt] vt dedicar ▸ **to ~ oneself to (doing) sth** consagrarse a (hacer) algo ▸ **she dedicated her life to helping the poor** consagró *or* dedicó su vida a ayudar a los pobres

dedicated ['dedɪkeɪtɪd] adj **1.** [committed] entregado(a), dedicado(a) ▸ **to be ~ to sth** estar consagrado(a) a algo **2.** COMPTR dedicado(a), especializado(a) ▸ **~ word processor** procesador *m* de textos *(ordenador)*

dedication [dedɪ'keɪʃən] n **1.** [of book] dedicatoria *f* **2.** [devotion] dedicación *f,* entrega *f*

deduce [dɪ'dju:s] vt deducir (**from** de)

deducible [dɪ'dju:sɪbəl] adj deducible (**from** de)

deduct [dɪ'dʌkt] vt **to ~ sth from sth** descontar *or* deducir algo de algo

deductible [dɪ'dʌktɪbəl] adj deducible ▸ FIN **~ for tax purposes** desgravable

deduction [dɪ'dʌkʃən] n **1.** [subtraction] deducción *f* ▸ **after deductions** después de (hacer las) deducciones **2.** [conclusion] deducción *f* ▸ **by a process of ~** por deducción

deed [di:d] n **1.** [action] acción *f,* obra *f* ▸ **to do one's good ~ for the day** hacer la buena acción *or* obra del día **2.** LAW [document] escritura *f,* título *m* de propiedad ▸ **title deeds** [to property] escrituras *fpl,* títulos *mpl* de propiedad ▸ **~ of covenant** = *escritura que formaliza el pago de una donación periódica a una entidad, generalmente benéfica, o a un individuo* ▸ **to change one's name by ~ poll** cambiarse legalmente el nombre

deem [di:m] vt *Formal* considerar, estimar

de-emphasize [di:'emfəsaɪz] vt [need, claim, feature] quitar énfasis *or* importancia a

deep [di:p] ■ n *Literary* **the ~** las profundidades del mar
■ adj **1.** [water, sleep, thinker] profundo(a) ▸ **to be 10 metres ~** tener 10 metros de profundidad ▸ **take a ~ breath** respire hondo ▸ *Fig* **to be in ~ water** estar en un lío ▸ **~ in debt** endeudado(a) hasta el cuello ▸ **~ in thought** ensimismado(a) ▸ **in deepest sympathy** [on card] con mi más sincero pésame ▸ **~ end** [of swimming pool] parte *f* profunda ▸ *Fig* **to go off the ~ end (at sb)**

ponerse hecho(a) un basilisco (con alguien) ▸ *Fig* **she was thrown in at the ~ end** le hicieron empezar de golpe, sin preparación ▸ **the Deep South** [of USA] la América profunda de los estados del sur **2.** [colour] intenso(a) / [sound, voice] grave

■ adv profundamente ▸ **to walk ~ into the forest** internarse en el bosque ▸ **to look ~ into sb's eyes** mirar a alguien fijamente a los ojos ▸ **to work ~ into the night** trabajar hasta bien entrada la noche ▸ **~ down he's very kind** en el fondo, es muy amable ▸ **mistrust between the two families runs ~** la desconfianza entre las dos familias está profundamente arraigada ▸ **the crowd lining the road was four ~** la gente se agolpaba en cuatro filas a lo largo de la calle

deepen ['di:pən] ■ vt [well, ditch] profundizar, ahondar / [sorrow, interest] acentuar, agudizar ▸ **to ~ one's understanding of sth** ahondar en el conocimiento de algo

■ vi **1.** [river, silence, mystery] hacerse más profundo(a) / [conviction, belief] afianzarse / [sorrow, interest] acentuarse, agudizarse **2.** [colour] intensificarse / [sound, voice] hacerse más grave

deep-freeze ['di:p'fri:z] n congelador *m*

deep-fried ['di:pfraɪd] adj frito(a) (en aceite abundante)

deep-fry ['di:p'fraɪ] vt freír (en aceite abundante)

deep-fryer ['di:p'fraɪə(r)] n freidora *f*

deepness ➤ ***depth***

deep-rooted ['di:pru:tɪd] adj [prejudice, fear] muy arraigado(a)

deep-sea ['di:p'si:] adj **~ diver** buceador(ora) *m,f or* buzo *m* de profundidad ▸ **~ fishing** pesca *f* de altura

deep-seated ['di:p'si:tɪd] adj muy arraigado(a)

deep-vein ['di:p'veɪn] adj **~ thrombosis** trombosis *f* venosa profunda

deer ['dɪə(r)] (pl **deer**) n ciervo *m,* venado *m*

deerstalker ['dɪəstɔ:kə(r)] n [hat] gorro *m* de cazador (con orejeras)

deface [dɪ'feɪs] vt dañar, deteriorar

de facto [deɪ'fæktəʊ] adj & adv de hecho

defamation [defə'meɪʃən] n difamación *f*

defamatory [dɪ'fæmətərɪ] adj [article, remark] difamatorio(a)

defame [dɪ'feɪm] vt difamar

default [dɪ'fɔ:lt] ■ n LAW & SPORT [failure to appear] incomparecencia *f* ▸ **to win sth by ~** ganar algo por incomparecencia (del contrario) ▸ *Fig* **he became the boss by ~** a falta de otra persona, él terminó por convertirse en el jefe ▸ COMPTR **~ drive** unidad *f* (de disco) por defecto *or* omisión ▸ COMPTR **~ settings** valores *mpl or* configuración *f* por defecto *or* omisión

■ vi LAW **to ~ on payments** [of debt, alimony] incumplir los pagos

defaulter [dɪ'fɔ:ltə(r)] n [on fine, payment] moroso(a) *m,f*

defeat [dɪ'fi:t] ■ n derrota *f* ▸ **to admit ~** admitir la derrota ▸ **to suffer (a) ~** sufrir una derrota

■ vt [army, government, opponent] derrotar, vencer / [proposal, bill, motion] rechazar ▸ **that rather defeats the object of the exercise** eso se contradice con la finalidad de la operación

defeatism [dɪ'fi:tɪzəm] n derrotismo *m*

defeatist [dɪ'fi:tɪst] n & adj derrotista *mf*

defecate ['defəkeɪt] vi *Formal* defecar

defect ■ n ['di:fekt] defecto *m*

■ vi [dɪ'fekt] desertar (**from** de) ▸ **to ~ to another party** pasarse a otro partido

defection [dɪ'fekʃən] n deserción *f* / [to another party] cambio *m* de partido

defective [dɪ'fektɪv] adj [machine] defectuoso(a) / [reasoning] erróneo(a)

defector [dɪ'fektə(r)] n desertor(ora) *m,f* / [to another party] tránsfuga *mf*

defence, *US* ***defense*** [dɪ'fens] n [of country, in sport, in court case] defensa *f* / *US* UNIV [of thesis] lectura *f* ▸ **defences** [of country] defensas *fpl* ▸ **to come to sb's ~** salir en defensa de alguien ▸ *BR* **the Ministry of Defence,** *US* **the Department of Defense** el Ministerio de Defensa ▸ LAW **~ counsel** abogado(a) *m,f* defensor(ora) ▸ **~ mechanism** mecanismo *m* de defensa ▸ *BR* **Defence Minister** ministro(a) *m,f* de Defensa ▸ **~ spending** gasto *m* de defensa ▸ LAW **~ witness** testigo *mf* de descargo

defenceless, *US* ***defenseless*** [dɪ'fenslɪs] adj indefenso(a)

defend [dɪ'fend] ■ vt defender (**from** de)

■ vi defender

defendant [dɪ'fendənt] n LAW acusado(a) *m,f*

defender [dɪ'fendə(r)] n [of country, belief] defensor(ora) *m,f* / [Sport] defensa *mf*

defending [dɪ'fendɪŋ] adj **the ~ champion** el defensor del título, el actual campeón

defense, defenseless *US* ➤ ***defence, defenceless***

defensible [dɪ'fensəbəl] adj justificable, defendible

defensive [dɪ'fensɪv] ■ n **on the ~** a la defensiva

■ adj defensivo(a) ▸ **to get ~** ponerse a la defensiva

defensively [dɪ'fensɪvlɪ] adv [gen] & SPORT a la defensiva ▸ **she answered ~** respondió en actitud defensiva

defer [dɪ'fɜ:(r)] (pt & pp **deferred**) ■ vt [delay, postpone] aplazar, posponer

■ vi **to ~ to** [person, knowledge] ceder ante, deferir a

deference ['defərəns] n deferencia *f* ▸ **in** *or* **out of ~ to...** por deferencia hacia...

deferential [defə'renʃəl] adj deferente ▸ **to be ~ to sb** mostrar deferencia hacia alguien

deferment [dɪ'fɜ:mənt] n aplazamiento *m*

deferred [dɪ'fɜ:d] adj aplazado(a)

defiance [dɪ'faɪəns] n desafío *m* ▸ **a gesture of ~** un gesto desafiante ▸ **in ~ of the law/my instructions** desafiando la ley/mis instrucciones

defiant [dɪ'faɪənt] adj [look, gesture, remark] desafiante / [person] insolente

deficiency [dɪ'fɪʃənsɪ] n **1.** [lack] [of resources] escasez *f* / [of vitamins, minerals] carencia *f,* deficiencia *f* **2.** [flaw, defect] deficiencia *f,* defecto *m*

deficient [dɪ'fɪʃənt] adj [unsatisfactory] deficiente ▸ **he**

is ~ in vitamin C le falta *or ESP* anda bajo de vitamina C

deficit ['defɪsɪt] n FIN déficit *m*

defile [dɪ'faɪl] vt [memory] manchar, mancillar / [sacred place, tomb] profanar

definable [dɪ'faɪnəbəl] adj definible

define [dɪ'faɪn] vt **1.** [give meaning of] definir **2.** [delimit, identify] delimitar, distinguir

defining [dɪ'faɪnɪŋ] adj **1.** [decisive] decisivo(a) **2.** [distinctive] definidor(ora), distintivo(a)

definite ['defɪnɪt] adj **1.** [precise] [plan, date, answer, decision] claro(a), definitivo(a) / [views] concluyente **2.** [noticeable] [change, advantage, improvement] claro(a), indudable **3.** [sure, certain] seguro(a) ▸ **are you ~ about it?** ¿estás seguro (de ello)?, ¿lo tienes claro? ▸ **it's not ~ yet** todavía no está claro **4.** GRAM **~ article** artículo *m* determinado

definitely ['defɪnɪtlɪ] adv **1.** [certainly] con certeza ▸ **I'll ~ be there** seguro que estaré allí ▸ **are you going? – ~!** ¿vas a ir? – ¡claro! ▸ **~ not!** ¡desde luego que no! **2.** [noticeably] [improved, superior] claramente, sin duda

definition [defɪ'nɪʃən] n **1.** [of word] definición *f* ▸ **by ~** por definición **2.** [of TV, binoculars] definición *f*

definitive [dɪ'fɪnɪtɪv] adj definitivo(a)

definitively [dɪ'fɪnɪtɪvlɪ] adv definitivamente

deflate [di:'fleɪt] ■ vt **1.** [ball, tyre] deshinchar, desinflar **2.** [economy] producir una deflación en **3.** [person] desanimar ▸ **to ~ sb's ego** bajarle los humos a alguien

■ vi **1.** [ball, tyre] deshincharse, desinflarse **2.** [economy] sufrir una deflación

deflated [di:'fleɪtɪd] adj **1.** [ball, tyre] deshinchado(a) **2.** [person] desanimado(a)

deflation [di:'fleɪʃən] n deflación *f*

deflationary [di:'fleɪʃənərɪ] adj deflacionario(a)

deflect [dɪ'flekt] ■ vt [bullet, sound] desviar / *Fig* [person] distraer, desviar (**from** de) ▸ **to ~ criticism** distraer la atención de los críticos

■ vi [projectile, light] desviarse

deflection [dɪ'flekʃən] n desviación *f*

defogger [di:'fɒgə(r)] n *US* AUT luneta *f* térmica, dispositivo *m* antivaho

deforestation [di:fɒrɪs'teɪʃən] n de(s)forestación *f*

deform [dɪ'fɔ:m] vt deformar

deformation [di:fɔ:'meɪʃən] n deformación *f*

deformity [dɪ'fɔ:mɪtɪ] n deformidad *f* / [in baby, unborn child] malformación *f* congénita

defraud [dɪ'frɔ:d] vt defraudar, estafar ▸ **to ~ sb of sth** defraudar algo a alguien

defray [dɪ'freɪ] vt *Formal* sufragar

defrost [di:'frɒst] ■ vt descongelar

■ vi descongelarse

deft [deft] adj diestro(a), hábil

defunct [dɪ'fʌŋkt] adj [person] difunto(a) / [company, scheme] ya desaparecido(a)

defuse [di:'fju:z] vt [bomb] desactivar / *Fig* [situation] calmar, apaciguar

defy [dɪ'faɪ] vt desafiar ▸ **to ~ description** ser indescriptible ▸ **to ~ sb to do sth** desafiar a alguien a hacer *or* a que haga algo

degenerate ■ n [dɪ'dʒenərət] [person] degenerado(a) *m,f*

■ adj degenerado(a)

■ vi [dɪ'dʒenəreɪt] degenerar (**into** en)

degeneration [dɪdʒenə'reɪʃən] n degeneración *f*

degenerative [dɪ'dʒenərətɪv] adj degenerativo(a)

degradation [degrə'deɪʃən] n degradación *f*

degrade [dɪ'greɪd] vt rebajar, degradar ▸ **I won't ~ myself by answering that** no me rebajaré a contestar a eso

degrading [dɪ'greɪdɪŋ] adj degradante

degree [dɪ'gri:] n **1.** [extent] grado *m* ▸ **a ~ of risk** un cierto riesgo, un elemento de riesgo ▸ **to a ~** hasta cierto punto ▸ **to such a ~ that...** hasta tal punto que... ▸ **by degrees** gradualmente **2.** [of temperature, in geometry] grado *m* ▸ **it's 25 degrees** [of temperature] hace 25 grados **3.** [at university] [title] título *m* universitario, licenciatura / [course] carrera *f* ▸ **postgraduate ~** título *m*/curso *m* de posgrado ▸ **to take** *or* **do a ~** hacer *or* estudiar una carrera ▸ **to have a ~ in physics** ser licenciado(a) en Física

dehumanize [di:'hju:mənaɪz] vt deshumanizar

dehumidifier [di:hju:'mɪdɪfaɪə(r)] n deshumidificador *m*

dehydrate [di:haɪ'dreɪt] ■ vt deshidratar

■ vi [person] deshidratarse

dehydrated [di:haɪ'dreɪtɪd] adj deshidratado(a) ▸ **to be ~** estar deshidratado(a) ▸ **to become ~** deshidratarse

dehydration [di:haɪ'dreɪʃən] n deshidratación *f*

de-icer [di:'aɪsə(r)] n [for car] descongelador *m* de parabrisas / [on plane] dispositivo *m* de descongelación

deification [deɪɪfɪ'keɪʃən] n deificación *f*, divinización *f*

deify ['deɪɪfaɪ] vt deificar, divinizar

deign [deɪn] vt **to ~ to do sth** dignarse a hacer algo

deindustrialization [di:ɪndʌstrɪəlaɪ'zeɪʃən] n desindustrialización *f*

deity ['deɪɪtɪ] n deidad *f*, divinidad *f*

dejected [dɪ'dʒektɪd] adj abatido(a) ▸ **to be ~** estar abatido(a)

dejectedly [dɪ'dʒektɪdlɪ] adv con abatimiento

dejection [dɪ'dʒekʃən] n abatimiento *m*, desencanto *m*

delay [dɪ'leɪ] ■ n retraso *m*, *AM* demora *f* ▸ **without ~** sin (mayor) demora ▸ **an hour's ~** un retraso *or AM* una demora de una hora ▸ **all flights are subject to ~** todos los vuelos llevan retraso *or AM* demora

■ vt [project, decision, act] retrasar / [traffic] retener, demorar ▸ **to be delayed** [train] llevar retraso / [person] llegar tarde, retrasarse, *AM* demorarse ▸ **I don't want to ~ you** no te quiero entretener ▸ **delaying tactics** tácticas *fpl* dilatorias

■ vi retrasarse, demorarse ▸ **don't ~!** ¡no deje pasar más tiempo!

delayed-action [dɪ'leɪd'ækʃən] adj [drug, fuse] de efecto retardado

delectable [dɪ'lektəbəl] adj delicioso(a)

delectation [dɪlek'teɪʃən] n *Formal or Hum* deleite *m* ▸ **for your ~** para mayor deleite suyo

delegate ■ n ['delɪgət] delegado(a) *m,f*
■ vt ['delɪgeɪt] [power, responsibility] delegar (**to** en) ▸ **to ~ sb to do sth** delegar en alguien para hacer algo
■ vi delegar responsabilidades

delegation [delɪ'geɪʃən] n delegación *f*

delete [dɪ'li:t] vt borrar ▸ **~ where inapplicable** táchese lo que no corresponda

deleterious [delɪ'tɪərɪəs] adj *Formal* nocivo(a), deletéreo(a)

deletion [dɪ'li:ʃən] n COMPTR supresión *f,* borrado *m*

deli ['delɪ] n *Fam* [shop] = *tienda de productos de alimentación de calidad*

deliberate ■ adj [dɪ'lɪbərət] **1.** [intentional] deliberado(a), intencionado(a) ▸ **it wasn't ~** fue sin querer **2.** [unhurried] pausado(a)
■ vi [dɪ'lɪbəreɪt] [think] reflexionar (**on** sobre) / [discuss] deliberar (**on** sobre)

deliberately [dɪ'lɪbərətlɪ] adv **1.** [intentionally] a propósito, deliberadamente **2.** [unhurriedly] pausadamente

deliberation [dɪlɪbə'reɪʃən] n **1.** [thought] reflexión *f* / [discussion] deliberación *f* **2.** [unhurriedness] pausa *f* ▸ **to do sth with ~** hacer algo pausadamente

delicacy ['delɪkəsɪ] n **1.** [of situation] dificultad *f* **2.** [tact] delicadeza *f,* tacto *m* **3.** [food] exquisitez *f*

delicate ['delɪkət] adj [glass, situation, flavour] delicado(a) / [health] frágil, delicado(a)

delicately ['delɪkətli] adv **1.** [finely] **~ carved** primorosamente tallado(a) **2.** [tactfully] con delicadeza

delicatessen [delɪkə'tesən] n [shop] = *tienda de productos de alimentación de calidad*

delicious [dɪ'lɪʃəs] adj delicioso(a)

deliciously [dɪ'lɪʃəslɪ] adv deliciosamente

delight [dɪ'laɪt] ■ n [pleasure] gusto *m,* placer *m* ▸ **to my/her ~** para mi/su deleite ▸ **he took ~ in her failure** se alegró de su fracaso ▸ **to take ~ in doing sth** disfrutar haciendo algo ▸ **the car is a ~ to drive** *ESP* conducir *or AM* manejar ese coche *or AM* carro *or RP* auto es una delicia ▸ **the delights of Blackpool** los encantos *or* placeres de la ciudad de Blackpool
■ vt deleitar, encantar
■ vi **to ~ in doing sth** disfrutar haciendo algo

delighted [dɪ'laɪtɪd] adj encantado(a) ▸ **to be ~ (with sth)** estar encantado(a) (con algo) ▸ **I'm ~ to see you** me alegro mucho de verte

delightful [dɪ'laɪtfʊl] adj [person, smile] encantador(ora) / [meal, evening] delicioso(a)

delightfully [dɪ'laɪtfʊlɪ] adv [to sing, write] maravillosamente

delimit [di:'lɪmɪt] vt delimitar

delineate [dɪ'lɪnɪeɪt] vt [plan, proposal] detallar, especificar

delineation [dɪlɪnɪ'eɪʃən] n *Formal* descripción *f*

delinquency [dɪ'lɪŋkwənsɪ] n delincuencia *f*

delinquent [dɪ'lɪŋkwənt] n & adj delincuente *mf*

delirious [dɪ'lɪrɪəs] adj *also Fig* delirante ▸ **to be ~** delirar ▸ **to be ~ about sth** estar como loco(a) con algo

deliriously [dɪ'lɪrɪəslɪ] adv **to be ~ happy** estar loco(a) de alegría

delirium [dɪ'lɪrɪəm] n *also Fig* delirio *m* ▸ MED **~ tremens** delírium *m* tremens

deliver [dɪ'lɪvə(r)] ■ vt [letter, parcel] entregar (**to** a) / [blow] propinar / [speech, verdict] pronunciar ▸ **to ~ a service** prestar un servicio ▸ *Fig* **to ~ the goods** cumplir (con lo esperado) ▸ **to ~ a child** traer al mundo a un niño
■ vi repartir ▸ **we ~** repartimos a domicilio ▸ *Fig* **their proposal is impressive, but can they ~?** la propuesta es impresionante, pero ¿podrán llevarla a la práctica?

deliverance [dɪ'lɪvərəns] n *Formal* liberación *f*

delivery [dɪ'lɪvərɪ] n **1.** [of letter, parcel] entrega *f* ▸ **to take ~ of sth** recibir algo ▸ **~ date** fecha *f* de entrega ▸ **~ man** repartidor *m* ▸ **~ van** furgoneta *f* de reparto **2.** [of child] parto *m* **3.** [style of speaking] discurso *m,* oratoria *f*

delta ['deltə] n [Greek letter] delta *f* / [rivermouth] delta *m* ▸ **~ wing** [of plane] AV ala *f* supercrítica

delude [dɪ'lu:d] vt engañar ▸ **to ~ oneself** engañarse

deluded [dɪ'lu:dɪd] adj [mistaken, foolish] engañado(a)

deluge ['delju:dʒ] ■ n [of water] diluvio *m* / *Fig* [of letters, questions] avalancha *f,* lluvia *f*
■ vt inundar (**with** de)

delusion [dɪ'lu:ʒən] n engaño *m,* ilusión *f* ▸ **to be under a ~** estar engañado(a) ▸ **delusions of grandeur** delirios *mpl* de grandeza

de luxe [dɪ'lʌks] adj de lujo

delve [delv] vi rebuscar ▸ **to ~ into a bag** rebuscar en una bolsa ▸ **to ~ into the past** hurgar en el pasado

demagogue ['deməgɒg] n demagogo(a) *m,f*

demand [dɪ'mɑ:nd] ■ n **1.** [request] exigencia *f* ▸ **to make demands on sb** exigir mucho de alguien **2.** [for goods] demanda *f* (**for** de) ▸ **to be in ~** estar muy solicitado(a)
■ vt **1.** [request] exigir **2.** [require] requerir, exigir

demanding [dɪ'mɑ:ndɪŋ] adj [person] exigente ▸ **to be ~** [job] exigir mucho (esfuerzo) ▸ **he's a ~ child** [trying] es un niño que da mucho trabajo

demarcate ['di:mɑ:keɪt] vt *Formal* delimitar, demarcar

demarcation [di:mɑ:'keɪʃən] n demarcación *f* ▸ IND **~ dispute** = *enfrentamiento entre grupos sindicales sobre la delimitación de las tareas que sus miembros deben realizar en el trabajo* ▸ **~ line** línea *f* de demarcación

demean [dɪ'mi:n] vt **to ~ oneself** rebajarse

demeanour, US ***demeanor*** [dɪ'mi:nə(r)] n comportamiento *m,* conducta *f*

demented [dɪ'mentɪd] adj demente ▸ **to be ~ with grief** estar trastornado(a) por el dolor

dementia [dɪ'menʃə] n demencia *f*

demerara sugar [demə'reərə'ʃʊgə(r)] n azúcar *m* moreno de caña *(procedente de las Antillas)*

demerger [di:'mɜ:dʒə(r)] n *BR* COM separación *f*, disolución *f*

demerit [di:'merɪt] n **1.** *Formal* [fault, flaw] demérito *m*, deficiencia *f* **2.** *US* SCH & MIL falta *f (en el historial)*

demigod ['demɪgɒd] n semidiós *m*

demilitarize [di:'mɪlɪtəraɪz] vt desmilitarizar

demise [dɪ'maɪz] n desaparición *f*, extinción *f*

demister [di:'mɪstə(r)] n *BR* AUT luneta *f* térmica, dispositivo *m* antivaho

demo ['deməʊ] (pl **demos**) n *Fam* **1.** [protest] mani *f* **2.** [musical] maqueta *f* **3.** COMPTR demo *f* ▸ **~ version** versión *f* demo *or* de demostración

demob [di:'mɒb] (pt & pp **demobbed**) vt *BR Fam* [troops] licenciar, desmovilizar

demobilization [di:məʊbɪlaɪ'zeɪʃən] n [of troops] licencia *f* (absoluta), desmovilización *f*

demobilize [di:'məʊbɪlaɪz] vt [troops] licenciar, desmovilizar

democracy [dɪ'mɒkrəsɪ] n democracia *f*

Democrat ['deməkræt] n *US* POL [politician, voter] demócrata *m,f* ▸ **the Democrats** [party] los demócratas, el partido demócrata

democrat ['deməkræt] n demócrata *mf*

democratic [demə'krætɪk] adj democrático(a)

democratically [demə'krætɪklɪ] adv democráticamente

demographic [demə'græfɪk] adj demográfico(a)

demolish [dɪ'mɒlɪʃ] vt [building] demoler, derribar / *Fig* [theory] desbaratar / [opponent] aplastar

demolition [demə'lɪʃən] n demolición *f*, derribo *m* ▸ **~ squad** equipo *m* de demolición

demon ['di:mən] n demonio *m* ▸ *Fam* **he's a ~ tennis player** es un fiera jugando al tenis

demonic [dɪ'mɒnɪk] adj demoníaco(a)

demonstrable [dɪ'mɒnstrəbəl] adj demostrable

demonstrate ['demənstreɪt] ▪ vt [fact, theory] demostrar ▸ **to ~ how sth works** hacer una demostración de cómo funciona algo
▪ vi [politically] manifestarse

demonstration [demən'streɪʃən] n **1.** [of fact, theory, skills] demostración *f* **2.** [political] manifestación *f*

demonstrative [dɪ'mɒnstrətɪv] adj **1.** [person] efusivo(a), extravertido(a) **2.** GRAM demostrativo(a)

demonstrator ['demənstreɪtə(r)] n [political] manifestante *mf*

demoralization [dɪmɒrəlaɪ'zeɪʃən] n desmoralización *f*

demoralize [dɪ'mɒrəlaɪz] vt desmoralizar

demoralizing [dɪ'mɒrəlaɪzɪŋ] adj desmoralizador(ora)

demote [dɪ'məʊt] vt degradar, relegar (a un puesto más bajo) ▸ **two teams were demoted** dos equipos fueron descendidos de categoría

demotion [dɪ'məʊʃən] n [of person] degradación *f* / SPORT descenso *m* de categoría

demur [dɪ'mɜ:(r)] (pt & pp **demurred**) vi objetar ▸ **to ~ at a suggestion** poner objeciones a una sugerencia

demure [dɪ'mjʊə(r)] adj recatado(a)

demutualize [di:'mju:tʃʊəlaɪz] vi FIN desmutualizarse

demystify [di:'mɪstɪfaɪ] vt aclarar, clarificar

den [den] n **1.** guarida *f* ▸ *Fig* **a ~ of thieves** una cueva de ladrones ▸ **a ~ of iniquity** un antro de depravación **2.** [room] cuarto *m* privado, madriguera *f*

denationalize [di:'næʃənəlaɪz] vt privatizar, desnacionalizar

denature [di:'neɪtʃə(r)] vt desnaturalizar

deniable [dɪ'naɪəbəl] adj refutable, negable

denial [dɪ'naɪəl] n **1.** [of right, request] denegación *f* **2.** [of accusation, guilt] negación *f* ▸ PSY **to be in ~** atravesar una fase de negación *or* rechazo

denigrate ['denɪgreɪt] vt denigrar

denim ['denɪm] n tela *f* vaquera ▸ **denims** [jeans] vaqueros *mpl*, *ANDES, VEN* bluyíns *nmpl*, *MÉX* pantalones *mpl* de mezclilla ▸ **~ skirt/shirt** falda *f*/camisa *f* vaquera

Denmark ['denmɑ:k] n Dinamarca

denomination [dɪnɒmɪ'neɪʃən] n **1.** [religious] confesión *f* **2.** FIN valor *m* (nominal)

denominator [dɪ'nɒmɪneɪtə(r)] n MATH denominador *m*

denote [dɪ'nəʊt] vt denotar

denouement [deɪ'nu:mɒŋ] n desenlace *m*

denounce [dɪ'naʊns] vt **1.** [inform against] denunciar **2.** [criticize publicly] denunciar, condenar

dense [dens] adj **1.** [smoke, fog] denso(a) / [jungle] tupido(a) / [crowd] nutrido(a) **2.** *Fam* [stupid] corto(a)

densely ['denslɪ] adv densamente ▸ **~ packed** muy apretado(a) ▸ **~ populated** densamente poblado(a)

density ['densɪtɪ] n densidad *f*

dent [dent] ▪ n abolladura *f* ▸ *Fig* **the wedding made a ~ in his savings** la boda le costó una buena parte de sus ahorros
▪ vt [car, bumper] abollar / *Fig* [confidence, pride] minar

dental ['dentəl] adj dental ▸ **~ appointment** cita *f* con el dentista ▸ **~ floss** hilo *m* (de seda) dental ▸ **~ hygiene** higiene *f* dental ▸ **~ nurse** enfermera *f* de dentista ▸ **~ surgeon** odontólogo(a) *m,f*

dentist ['dentɪst] n dentista *mf* ▸ **to go to the ~** ir al dentista

dentistry ['dentɪstrɪ] n [subject] odontología *f*

dentures ['dentʃəz] npl **(set of) ~** dentadura *f* postiza

denude [dɪ'nju:d] vt **to be denuded of** estar desprovisto(a) de

denunciation [dɪnʌnsɪ'eɪʃən] n **1.** [accusation] denuncia *f* **2.** [criticism] denuncia *f*, condena *f*

deny [dɪ'naɪ] vt **1.** [right, request] denegar ▸ **to ~ sb his rights** denegar *or* negar a alguien sus derechos ▸ **to ~ oneself sth** privarse de algo **2.** [accusation, fact] negar / [rumour] desmentir ▸ **to ~ doing sth, ~ having done sth** negar haber hecho algo ▸ **there's no denying that...** es innegable que... ▸ **to ~ all knowledge of sth** negar tener conocimiento de algo

deodorant [di:'əʊdərənt] n desodorante *m*

deodorize [di:'əʊdəraɪz] vt desodorizar, eliminar el mal olor de

dep RAIL (abbr ***departure***) salida *f*

depart [dɪ'pɑːt] vi [leave] salir (**from** de) ▸ **to ~ from** [tradition, subject, truth] desviarse de ▸ **the Glasgow train will ~ from Platform 6** el tren con destino a Glasgow efectuará su salida por la vía 6

department [dɪ'pɑːtmənt] n [in company, shop] departamento *m* / [in university] cátedra *f*, departamento *m* / [of government] ministerio *m* ▸ **that's not my ~** eso no es de mi competencia ▸ **~ store** grandes almacenes *mpl*

departmental [diːpɑːt'mentəl] adj de departamento ▸ **~ head** jefe(a) *m,f* de departamento

departure [dɪ'pɑːtʃə(r)] n [from place] salida *f* / [from tradition, subject, truth] desviación *f* ▸ **~ lounge** [in airport] sala *f* de embarque ▸ **~ time** hora *f* de salida

depend [dɪ'pend] vi depender (**on** de) ▸ **that/it depends** depende ▸ **to ~ on sb** [be dependent on] depender de alguien / [count on] confiar en alguien ▸ **it depends on how much money I have** depende de cuánto dinero tenga ▸ *Ironic* **you can ~ on him to be late** puedes estar seguro de que llegará tarde

dependable [dɪ'pendəbəl] adj [person] formal / [friend] leal / [car] fiable, *AM* confiable

dependant [dɪ'pendənt] n **his/her dependants** las personas a su cargo

dependence [dɪ'pendəns] n [reliance] dependencia *f* / [trust] confianza *f*

dependency [dɪ'pendənsɪ] n [territory] dependencia *f*

dependent [dɪ'pendənt] adj dependiente ▸ **to be ~ on** depender de

depending [dɪ'pendɪŋ] adv **~ on** dependiendo de

depersonalize [diː'pɜːsənəlaɪz] vt despersonalizar, deshumanizar

depict [dɪ'pɪkt] vt [of painting] retratar, plasmar / [of book, piece of writing] describir

depiction [dɪ'pɪkʃən] n [picture] representación *f* / [description] descripción *f*

depilatory [dɪ'pɪlətərɪ] adj depilatorio(a)

deplete [dɪ'pliːt] vt mermar

depletion [dɪ'pliːʃən] n merma *f*

deplorable [dɪ'plɔːrəbəl] adj deplorable

deplore [dɪ'plɔː(r)] vt deplorar

deploy [dɪ'plɔɪ] vt desplegar

deployment [dɪ'plɔɪmənt] n despliegue *m*

depoliticize [diːpə'lɪtɪsaɪz] vt despolitizar

depopulate [diː'pɒpjʊleɪt] vt despoblar

depopulation [diːpɒpjʊ'leɪʃən] n despoblación *f*

deport [dɪ'pɔːt] vt deportar

deportation [diːpɒ'teɪʃən] n deportación *f*

deportee [diːpɔː'tiː] n deportado(a) *m,f*

deportment [dɪ'pɔːtmənt] n porte *m*

depose [dɪ'pəʊz] vt deponer

deposit [dɪ'pɒzɪt] ■ n **1.** [in bank] depósito *m* / FIN imposición *f* ▸ **to make a ~** hacer *or* realizar un depósito *or ESP* ingreso ▸ *BR* **~ account** cuenta *f* de depósito *or* a plazo **2.** [returnable] señal *f*, fianza *f* / [first payment] entrega *f* inicial, *ESP* entrada *f* ▸ **to put down a ~ (on sth)** pagar la entrega inicial *or ESP* entrada (de algo) ▸ *BR* POL **to lose one's ~** = *perder el dinero depositado al presentarse como candidato por no haber sacado suficientes votos* **3.** [of minerals] yacimiento *m* / [in wine] poso *m*
■ vt depositar / [in bank account] *ESP* ingresar, *AM* depositar

deposition [diːpə'zɪʃən] n LAW declaración *f*

depositor [dɪ'pɒzɪtə(r)] n FIN depositante *mf*

depot [*BR* 'depəʊ, *US* 'diːpəʊ] n MIL depósito *m* / COM almacén *m* / *BR* [for keeping and repairing buses] cochera *f* / *US* [bus station] estación *f* de autobuses, *CAM, MÉX* central *f* camionera

depravation [deprə'veɪʃən] n depravación *f*

depraved [dɪ'preɪvd] adj depravado(a)

depravity [dɪ'prævɪtɪ] n depravación *f*

deprecate ['deprɪkeɪt] vt censurar ▸ **to ~ sb's efforts** restar importancia *or* mérito a los esfuerzos de alguien

deprecatory ['deprɪkeɪtərɪ] adj de desaprobación ▸ **to be ~ about sth/sb** mostrar desaprobación por algo/alguien

depreciate [dɪ'priːʃɪəɪt] vi [value, currency] depreciarse

depreciation [dɪpriːʃɪ'eɪʃən] n [of value, currency] depreciación *f*

depress [dɪ'pres] vt [person, economy] deprimir / [prices] hacer bajar

depressed [dɪ'prest] adj [person, economy] deprimido(a) ▸ **to be ~** estar deprimido(a) ▸ **to make sb ~** deprimir a alguien

depressing [dɪ'presɪŋ] adj deprimente

depressingly [dɪ'presɪŋlɪ] adv **~ slow** de una lentitud deprimente

depression [dɪ'preʃən] n **1.** [of person, economy] depresión *f* **2.** MET depresión *f* atmosférica, zona *f* de bajas presiones

deprivation [deprɪ'veɪʃən] n privación *f*

deprive [dɪ'praɪv] vt **to ~ sb of sth** privar a alguien de algo

deprived [dɪ'praɪvd] adj [background, area] desfavorecido(a)

dept (abbr ***department***) dpto., departamento *m*

depth [depθ], ***deepness*** ['diːpnɪs] n [of water, hole, sleep, feeling] profundidad *f* ▸ **in ~** [investigate, discuss] a fondo, en profundidad ▸ *Fig* **she was out of her ~ in her new job/in the competition** el nuevo trabajo/el campeonato le venía grande ▸ **in the depths of winter** en pleno invierno ▸ **the depths of despair** la más absoluta desesperación ▸ MIL **~ charge** carga *f* de profundidad

deputation [depjʊ'teɪʃən] n delegación *f*

depute [dɪ'pjuːt] vt delegar

deputize ['depjʊtaɪz] vi **to ~ for sb** suplir a alguien

deputy ['depjʊtɪ] n **1.** [substitute] sustituto(a) *m,f* / [second-in-command] asistente *mf*, lugarteniente *mf* ▸ **~ manager** director(ora) *m,f* adjunto(a) ▸ **~ prime minister** vicepresidente(a) *m,f* del Gobierno **2.** [political representative] diputado (a) *m,f* **3.** *US* [policeman] ~

(sheriff) ayudante *mf* del sheriff

derail [diː'reɪl] ■ vt **to be derailed** [train] descarrilar / *Fig* [project, plan] fracasar
■ vi [train] descarrilar

derailment [dɪ'reɪlmənt] n descarrilamiento *m*

deranged [dɪ'reɪndʒd] adj perturbado(a) ▸ **to be ~** estar perturbado(a)

derby n **1.** ['dɑːbɪ] [soccer match] derby *m* **2.** ['dɜːrbɪ] *US* [hat] bombín *m*, sombrero *m* hongo

deregulate [diː'regjʊleɪt] vt COM & ECON liberalizar

deregulation [diːregjʊ'leɪʃən] n COM & ECON liberalización *f*

derelict ['derəlɪkt] adj ruinoso(a), en ruinas

dereliction [derɪ'lɪkʃən] n ruina *f* ▸ **~ of duty** incumplimiento *m* del deber

deride [dɪ'raɪd] vt ridiculizar, burlarse de

derision [dɪ'rɪʒən] n burla *f*, escarnio *m* ▸ **to be an object of ~** ser objeto de burla

derisive [dɪ'raɪsɪv] adj burlón(ona)

derisively [dɪ'raɪsɪvlɪ] adv [to say, speak] con sorna, con burla

derisory [dɪ'raɪsərɪ] adj irrisorio(a)

derivation [derɪ'veɪʃən] n origen *m*

derivative [dɪ'rɪvətɪv] ■ n derivado *m*
■ adj poco original

derive [dɪ'raɪv] ■ vt [pleasure, satisfaction] encontrar (**from** en) / [benefit, profit] obtener (**from** de) ▸ **to be derived from** [name, behaviour] derivar *or* provenir de
■ vi **to ~ from** derivar *or* provenir de

dermatitis [dɜːmə'taɪtɪs] n MED dermatitis *f inv*

dermatology [dɜːmə'tɒlədʒɪ] n MED dermatología *f*

derogatory [dɪ'rɒgətərɪ] adj despectivo(a)

derrick ['derɪk] n [in oil industry] torre *f* de perforación

derv [dɜːv] n *BR* [fuel] gasóleo *m*, gasoil *m*

desalination [diːsælɪ'neɪʃən] n desalinización *f*, desalación *f*

descend [dɪ'send] ■ vt **1.** [hill, stairs] descender por, bajar **2.** [be related to] **to be descended from sb** descender de alguien
■ vi **1.** [come down] descender ▸ **darkness descended** cayó la noche ▸ **in descending order** en orden descendente ▸ **a mood of despair descended upon the country** el país quedó sumido en un sentimiento de desesperación ▸ **every summer tourists ~ on the town** todos los veranos los turistas invaden la ciudad ▸ *Fig* **to ~ to sb's level** rebajarse al nivel de alguien **2. to ~ from sb** [be related to] descender de alguien

descendant [dɪ'sendənt] n descendiente *m*

descent [dɪ'sent] n **1.** [way down] descenso *m* **2.** [ancestry] ascendencia *f*

describe [dɪs'kraɪb] vt **1.** [depict verbally] describir ▸ **she describes herself as an artist** se define a sí misma como artista **2.** *Formal* [draw] [circle, line] describir, trazar

description [dɪs'krɪpʃən] n descripción *f* ▸ **to give a ~ (of)** dar *or* hacer una descripción (de) ▸ **to answer** *or* **fit the ~** responder a la descripción ▸ **beyond ~** indescriptible ▸ **birds of all descriptions** todo tipo de aves ▸ **she's a journalist of some ~** es periodista o algo así

descriptive [dɪs'krɪptɪv] adj descriptivo(a)

desecrate ['desɪkreɪt] vt profanar

desecration [desɪ'kreɪʃən] n profanación *f*

desegregate [diː'segrɪgeɪt] vt terminar con la segregación racial en

desensitize [diː'sensɪtaɪz] vt [emotionally] insensibilizar

desert[1] ['dezət] n desierto *m* ▸ **~ island** isla *f* desierta

desert[2] [dɪ'zɜːt] ■ vt [place, family] abandonar ▸ *Fig* **his courage deserted him** el valor le abandonó
■ vi [from army] desertar

deserted [dɪ'zɜːtɪd] adj desierto(a)

deserter [dɪ'zɜːtə(r)] n [soldier] desertor(ora) *m,f*

desertification [dɪzɜːtɪfɪ'keɪʃən] n desertización *f*

desertion [dɪ'zɜːʃən] n LAW abandono *m* del hogar / MIL deserción *f*

deserts [dɪ'zɜːts] npl **he got his just ~** recibió su merecido

deserve [dɪ'zɜːv] vt merecer, merecerse, *AM* ameritar ▸ **to ~ (to do) sth** merecer (hacer) algo ▸ **she got what she deserved** recibió su merecido

deserving [dɪ'zɜːvɪŋ] adj **to be ~ of sth** ser digno(a) *or* merecedor(ora) de algo ▸ **a ~ case** un caso merecedor de ayuda

design [dɪ'zaɪn] ■ n **1.** [decorative pattern] dibujo *m*, motivo *m* **2.** [style] [of car, furniture, clothes] modelo *m*, diseño *m* ▸ **our latest ~** nuestro último diseño **3.** [drawing, subject] diseño *m* **4.** [intention] propósito *m* ▸ **by ~** a propósito ▸ **to have designs on sb/sth** tener las miras puestas en alguien/algo
■ vt [building, vehicle, clothes] diseñar ▸ **the book is designed for children** el libro está pensado *or* concebido para los niños ▸ **his remarks were designed to shock** sus comentarios pretendían escandalizar

designate ['dezɪgneɪt] ■ vt [person] designar ▸ **to ~ sb to do sth** designar a alguien para hacer algo ▸ **he designated her as his successor** la nombró su sucesora ▸ **this area has been designated a national park** esta zona ha sido declarada parque nacional
■ adj designado(a), nombrado(a)

designation [dezɪg'neɪʃən] n **1.** [appointment] nombramiento *m* **2.** [title] denominación *f*

designer [dɪ'zaɪnə(r)] n diseñador(ora) *m,f* ▸ **(set) ~** THEAT escenógrafo(a) *m,f* / CIN decorador(ora) *m,f* ▸ **~ clothes/drugs** ropa *f*/drogas *fpl* de diseño ▸ *Hum* **~ stubble** barba *f* de tres días

desirability [dɪzaɪərə'bɪlɪtɪ] n [of outcome] conveniencia *f* / [of person] atractivo *m*

desirable [dɪ'zaɪərəbəl] adj [attractive] apetecible / [sexually] deseable / [appropriate] deseable ▸ **a knowledge of French is ~** [in job advert] se valorarán los conocimientos de francés ▸ **~ residence** [in advert] propiedad *f* impecable

desire [dɪ'zaɪə(r)] ■ n deseo *m* ▸ **I feel no ~ to go** no

me *ESP* apetece *or CARIB, COL, MÉX* provoca nada ir, *CSUR* no tengo nada de ganas de ir
■ vt desear ▸ **to ~ (to do) sth** desear (hacer) algo ▸ **it leaves a lot to be desired** deja mucho que desear

desirous [dɪ'zaɪərəs] adj *Formal* deseoso(a) (**of** de)

desist [dɪ'sɪst] vi *Formal* desistir (**from** de)

desk [desk] n [in school] pupitre *m* / [in office] mesa *f*, escritorio *m* / [in hotel] mostrador *m* ▸ **the foreign/sports ~** [of newspaper] la sección de noticias internacionales/de información deportiva ▸ **~ diary** agenda *f* ▸ **a ~ job** un trabajo de oficina ▸ **~ lamp** lámpara *f* de mesa *or* de escritorio

desk-bound ['deskbaʊnd] adj **a ~ job** un trabajo de oficina

deskilling [diː'skɪlɪŋ] n = *pérdida de la aportación humana en un trabajo como resultado de la introducción de una nueva tecnología*

desktop ['desktɒp] n COMPTR **~ computer** *ESP* ordenador *m or AM* computadora *f* de sobremesa ▸ **~ publishing** autoedición *f*

desolate ['desələt] adj [place] desolado(a) / [person, look] desolado(a), afligido(a) / [future, prospect] desolador(ora)

desolation [desə'leɪʃən] n [of landscape, person, defeated country] desolación *f*

despair [dɪs'peə(r)] ■ n desesperación *f* ▸ **to be in ~** estar desesperado(a) ▸ **to drive sb to ~** llevar a alguien a la desesperación
■ vi desesperarse ▸ **to ~ of doing sth** perder la esperanza de hacer algo ▸ **I ~ of you** contigo me desespero, no sé qué voy a hacer contigo

despairing [dɪ'speərɪŋ] adj de desesperación

despatch ➤ ***dispatch***

desperate ['despərət] adj [person, situation] desesperado(a) ▸ **to be ~** [person] estar desesperado(a) ▸ **to be ~ to do sth** morirse de ganas de hacer algo ▸ **to be ~ for sth, to be in ~ need of sth** necesitar algo desesperadamente

desperately ['despərətlɪ] adv [to fight, plead] desesperadamente / [in love] perdidamente ▸ **~ ill** gravísimamente enfermo(a) ▸ **to be ~ sorry about sth** lamentar algo muchísimo

desperation [despə'reɪʃən] n desesperación *f* ▸ **in ~** presa de la desesperación ▸ **she did it in ~** lo hizo por desesperación *or* a la desesperada

despicable [dɪ'spɪkəbəl] adj despreciable

despise [dɪ'spaɪz] vt despreciar

despite [dɪs'paɪt] prep a pesar de, pese a

despondency [dɪs'pɒndənsɪ] n desánimo *m*, abatimiento *m*

despondent [dɪ'spɒndənt] adj desanimado(a), abatido(a) ▸ **to be ~** estar desanimado(a) *or* abatido(a) ▸ **to become ~** desanimarse, abatirse

despondently [dɪ'spɒndəntlɪ] adv con desánimo, con aire abatido

despot ['despɒt] n déspota *mf*

despotic [dɪs'pɒtɪk] adj despótico(a)

despotism ['despətɪzəm] n despotismo *m*

dessert [dɪ'zɜːt] n postre *m* ▸ **~ wine** vino *m* dulce

dessertspoon [dɪ'zɜːtspuːn] n cuchara *f or VEN* cucharilla *f* de postre / [as measurement] cucharada *f* de (las de) postre

destabilization [diːsteɪbɪlaɪ'zeɪʃən] n desestabilización *f*

destabilize [diː'steɪbəlaɪz] vt desestabilizar

destination [destɪ'neɪʃən] n (lugar *m* de) destino *m* ▸ COMPTR **~ disk** disco *m* de destino ▸ COMPTR **~ drive** unidad *f* (de disco) de destino

destine ['destɪn] vt destinar

destined ['destɪnd] adj **1.** [meant] destinado(a) ▸ **to be ~ to do sth** estar destinado a hacer algo **2.** [of plane, ship] **~ for** con destino *or* rumbo a

destiny ['destɪnɪ] n destino *m*, sino *m*

destitute ['destɪtjuːt] adj [needy] indigente ▸ **to be utterly ~** estar en la miseria

destitution [destɪ'tjuːʃən] n indigencia *f*

destroy [dɪs'trɔɪ] vt **1.** [damage, ruin] destruir / [health, career, reputation] acabar con, destruir **2.** [kill] [sick or unwanted animal] sacrificar / [vermin] acabar con, destruir

destroyer [dɪs'trɔɪə(r)] n [ship] destructor *m*

destruction [dɪs'trʌkʃən] n [action] destrucción *f* / [damage] destrozos *mpl*

destructive [dɪs'trʌktɪv] adj destructivo(a) ▸ **~ criticism** crítica *f* destructiva

destructiveness [dɪ'strʌktɪvnɪs] n [of bomb, weapon] capacidad *f* destructora *or* destructiva / [of person] tendencia *f* destructiva *or* destructora

desultory ['desəltərɪ] adj [attempt, manner] sin convicción, desganado(a) ▸ **to have a ~ conversation** mantener a desgana una conversación *or CAM, MÉX* plática

detach [dɪ'tætʃ] vt separar (**from** de) ▸ **to ~ oneself from sth** distanciarse de algo

detachable [dɪ'tætʃəbəl] adj [cover, handle] extraíble / [accessories] desmontable / [hood] de quita y pon

detached [dɪ'tætʃt] adj **1.** [separate] separado(a) ▸ **to become** *or* **get ~ from sth** alejarse *or* separarse de algo ▸ **to become ~ from reality** perder el contacto con la realidad ▸ *esp BR* **~ house** casa *f or* chalé *m* individual ▸ MED **~ retina** desprendimiento *m* de retina **2. to be ~** [objective] ser imparcial / [cold, distant] ser despegado(a) *or* distante

detachment [dɪ'tætʃmənt] n **1.** [military unit] destacamento *m* **2.** [objectivity] imparcialidad *f* ▸ **with an air of ~** con (aire de) despego *or* desapego

detail [*BR* 'diːteɪl, *US* dɪ'teɪl] ■ n **1.** [item of information] detalle *m* ▸ **to pay attention to ~** prestar atención a los pequeños detalles ▸ **to go into detail(s)** entrar en detalles ▸ **in ~** en *or* con detalle ▸ **details** [information] detalles *mpl* / [address and phone number] datos *mpl* ▸ **minor details** detalles sin importancia **2.** MIL [group of soldiers] piquete *m*, cuadrilla *f*
■ vt **1.** [describe] detallar **2.** MIL **to ~ sb to do sth** encomendar a alguien hacer algo

detailed ['di:teɪld] adj [account, description] detallado(a)

detain [dɪ'teɪn] vt [suspect] detener ▸ **such details need not ~ us** no deberíamos entretenernos en estos detalles

detainee [di:teɪ'ni:] n prisionero(a) *m,f or* preso(a) *m,f* político(a)

detect [dɪ'tekt] vt [of person] percibir / [of machine] detectar / [source of a problem] identificar, hallar

detectable [dɪ'tektəbəl] adj [by person] perceptible / [by machine, device] detectable

detection [dɪ'tekʃən] n [of mines, planes] detección *f* / [by detective] investigación *f* ▸ **to escape ~** no ser detectado(a)

detective [dɪ'tektɪv] n detective *mf* ▸ **~ story** relato *m* detectivesco ▸ **~ work** investigación *f*

detector [dɪ'tektə(r)] n [device] detector *m* ▸ *BR* **~ van** = *furgoneta que detecta a los usuarios de televisión que no han pagado la licencia para recibir el servicio*

détente [deɪ'tɒnt] n distensión *f (entre países)*

detention [dɪ'tenʃən] n **1.** LAW detención *f,* arresto *m* ▸ **in ~** bajo arresto ▸ **~ centre** centro *m* de internamiento *or* reclusión de menores **2.** SCH **to get ~** = *ser castigado a quedarse en el colegio después de terminadas las clases*

deter [dɪ'tɜ:(r)] (pt & pp **deterred**) vt disuadir (**from** de) ▸ **to ~ sb from doing sth** disuadir a alguien de que haga algo

detergent [dɪ'tɜ:dʒənt] n detergente *m*

deteriorate [dɪ'tɪərɪəreɪt] vi [situation, health, relations] deteriorarse / [weather] empeorar

deterioration [dɪtɪərɪə'reɪʃən] n [of situation, health, relations] deterioro *m* / [of weather] empeoramiento *m*

determination [dɪtɜ:mɪ'neɪʃən] n [resoluteness] decisión *f,* determinación *f*

determine [dɪ'tɜ:mɪn] vt **1.** [decide] decidir, resolver ▸ **to ~ to do sth** tomar la determinación de hacer algo **2.** [cause, date] determinar

determined [dɪ'tɜ:mɪnd] adj decidido(a), resuelto(a) ▸ **to be ~ to do sth** estar decidido(a) a hacer algo

determining [dɪ'tɜ:mɪnɪŋ] adj [factor, influence] determinante, decisivo(a)

deterrent [dɪ'terənt] ■ n elemento *m* de disuasión ▸ **to act as a ~** tener un efecto disuasorio
■ adj [effect] disuasivo(a), disuasorio(a)

detest [dɪ'test] vt detestar

dethrone [di:'θrəʊn] vt destronar

detonate ['detəneɪt] ■ vt [bomb, explosive] explosionar, hacer explotar
■ vi detonar, explotar

detonation [detə'neɪʃən] n detonación *f*

detonator ['detəneɪtə(r)] n detonador *m*

detour ['di:tʊə(r)] n desvío *m* / *US* [diversion of traffic] desviación *f* ▸ **to make a ~** dar un rodeo

detoxification [di:tɒksɪfɪ'keɪʃən], *Fam* ***detox*** ['di:tɒks] n desintoxicación *f* ▸ **~ centre/programme** centro *m*/programa *m* de desintoxicación

detoxify [di:'tɒksɪfaɪ] vt [person] desintoxicar / [substance] purificar, eliminar la toxicidad de

detract [dɪ'trækt] ◆ ***detract from*** vt insep disminuir, mermar / [achievement, contribution] restar importancia *or* valor a ▸ **the oil refinery detracts from the beauty of the place** la refinería de petróleo resta belleza al lugar

detraction [dɪ'trækʃən] n detracción *f*

detractor [dɪ'træktə(r)] n detractor(ora) *m,f*

detriment ['detrɪmənt] n **to the ~ of...** en detrimento de... ▸ **without ~ to...** sin perjuicio para...

detrimental [detrɪ'mentəl] adj perjudicial (**to** para) ▸ **to have a ~ effect on** perjudicar

detritus [dɪ'traɪtəs] n detrito *m*

deuce [dju:s] n [in tennis] deuce *m,* cuarenta *m* iguales

Deutschmark ['dɔɪtʃmɑ:k] n *Formerly* marco *m* alemán

devaluation [di:væljʊ'eɪʃən] n devaluación *f*

devalue [di:'vælju:] vt **1.** [currency] devaluar **2.** [person, achievements, efforts] restar mérito a

devastate ['devəsteɪt] vt [crops, village] devastar ▸ *Fam* **I was devastated by the news** la noticia me dejó consternado *or* desolado

devastating ['devəsteɪtɪŋ] adj [storm, bombardment] devastador(ora) / [news] desolador(ora) / [argument, criticism] demoledor(ora) / [charm, beauty] arrollador(ora)

devastatingly ['devəsteɪtɪŋlɪ] adv **~ effective** de efectos devastadores ▸ **~ beautiful/handsome** de una belleza arrolladora

devastation [devəs'teɪʃən] n devastación *f*

develop [dɪ'veləp] ■ vt **1.** [theory, argument, design] desarrollar / [skills] perfeccionar **2.** [region] desarrollar / [site] urbanizar ▸ **developed countries** países *mpl* desarrollados **3.** [acquire] [infection] contraer / [habit] adquirir ▸ **to ~ a liking for sth** tomar afición a algo ▸ **to ~ a taste for sth** agarrarle *or ESP* cogerle el gusto a algo **4.** PHOT revelar
■ vi **1.** [body, faculties, region, trade] desarrollarse ▸ **to ~ into sth** transformarse *or* convertirse en algo **2.** [become apparent] surgir

developer [dɪ'veləpə(r)] n **1.** [builders] promotor(ora) *m,f* inmobiliario(a) **2.** PHOT revelador *m,* líquido *m* de revelado

developing [dɪ'veləpɪŋ] adj [region, country] en (vías de) desarrollo / [crisis] creciente

development [dɪ'veləpmənt] n **1.** [growth, expansion] desarrollo *m* ▸ **~ aid** ayuda *f* al desarrollo ▸ *BR* **~ area** = *área deprimida en la que el gobierno fomenta la creación de nuevas industrias* ▸ ECON **~ potential** potencial *m* de explotación **2.** [progress, change] cambio *m,* variación *f* ▸ **recent developments in the industry** la evolución reciente de la industria ▸ **there have been some interesting developments** se han dado novedades interesantes ▸ **to await further developments** esperar a ver cómo se desarrolla la situación ▸ **the latest developments in medical research** los últimos avances de la investigación médica

developmental [dɪveləp'mentəl] adj de desarrollo

deviance ['di:vɪəns] n desviación *f*

deviant ['di:vɪənt] adj desviado(a), anómalo(a)

deviate ['di:vɪeɪt] vi desviarse (**from** de)

deviation [di:vɪ'eɪʃən] n desviación *f* (**from** de)

device [dɪ'vaɪs] n **1.** [for measuring, processing, cutting] aparato *m* / [for safety, security] dispositivo *m* ▸ **an explosive ~** un artefacto explosivo **2.** [method, scheme] estratagema *f* ▸ **to leave sb to his own devices** dejar a alguien que se las arregle solo(a)

devil ['devəl] n **1.** diablo *m,* demonio *m* ▸ **the Devil** el diablo *or* demonio ▸ **poor ~!** ¡pobre diablo! ▸ **you little ~!** [to child] ¡granujilla! ▸ **you lucky ~!** ¡qué suerte tienes! **2.** *Fam* [for emphasis] **what the ~ are you doing?** ¿qué diablos *or* demonios estás haciendo? ▸ **how the ~...?** ¿cómo diablos *or* demonios...? ▸ **we had a ~ of a job moving it** sudamos tinta para moverlo **3.** [idioms] **he's a bit of a ~** [daring, reckless] no se corta un pelo ▸ *Fam* **go on, be a ~!** ¡venga pues, date el gusto! ▸ **to be (caught) between the ~ and the deep blue sea** estar entre la espada y la pared ▸ **talk of the ~...** hablando del rey de Roma... ▸ *Prov* **better the ~ you know (than the ~ you don't)** más vale lo malo conocido (que lo bueno por conocer) ▸ **(to play) devil's advocate** (hacer de) abogado *m* del diablo

devilish ['devəlɪʃ] adj diabólico(a)

devil-may-care ['devəlmeɪ'keə(r)] adj despreocupado(a)

devious ['di:vɪəs] adj [person, mind] retorcido(a) / [route] sinuoso(a) ▸ **that's a bit ~ of you!** ¡qué maquiavélico eres!

deviously ['di:vɪəslɪ] adv maquiavélicamente

devise [dɪ'vaɪz] vt idear

devoid [dɪ'vɔɪd] adj desprovisto(a) (**of** de)

devolution [di:və'lu:ʃən] n POL transferencia *f* de poder político, traspaso *m* de competencias ▸ **they want ~** quieren la autonomía (política)

CULTURE / CULTURA

devolution

Este término hace referencia en el Reino Unido al proyecto de descentralización del parlamento británico llevado a cabo tras las elecciones de 1997, en las que obtuvo mayoría el partido laborista. El nuevo gobierno organizó sendos referendums y tras ellos se crearon parlamentos regionales en Edimburgo ("Scottish Parliament") y Cardiff ("Welsh Assembly") por primera vez en 300 y 500 años respectivamente. Estos parlamentos tienen distintos niveles de autonomía, pero carecen de competencias en defensa o política exterior, por ejemplo.

devolve [dɪ'vɒlv] ▪ vt [functions, powers] transferir, traspasar

▪ vi recaer (**on** en)

devote [dɪ'vəʊt] vt [time, money] dedicar (**to** a) ▸ **to ~ oneself to** consagrarse a

devoted [dɪ'vəʊtɪd] adj [father] muy afectuoso(a) / [admirer] devoto(a), ferviente ▸ **they are ~ to each other** están muy unidos ▸ **after years of ~ service** tras años de abnegada dedicación

devotee [devəʊ'ti:] n [of person, idea] adepto(a) *m,f* / [of sport, music] fanático(a) *m,f,* entusiasta *mf*

devotion [dɪ'vəʊʃən] n [to friend, family] devoción *f* / [to cause, leader of party] dedicación *f,* entrega *f* / [to god, saint] devoción *f* ▸ **devotions** [prayers] oraciones *fpl*

devour [dɪ'vaʊə(r)] vt *also Fig* devorar

devout [dɪ'vaʊt] adj [person] devoto(a) / [wish] sincero(a)

dew [dju:] n rocío *m*

dewy-eyed [dju:ɪ'aɪd] adj [loving] cándido(a), inocente, sentimental / [naive] ingenuo(a), candoroso(a)

dexterity [deks'terɪtɪ] n [mental, physical] destreza *f*

dext(e)rous ['dekstrəs] adj diestro(a), hábil

DG [di:'dʒi:] n (abbr ***director-general***) director(ora) *m,f* general

DHTML [di:eɪtʃti:em'el] n COMPTR (abbr ***Dynamic Hyper Text Transfer Protocol***) DHTML *m*

diabetes [daɪə'bi:ti:z] n diabetes *f inv*

diabetic [daɪə'betɪk] ▪ n diabético(a) *m,f* ▸ **~ chocolate** chocolate *m* para diabéticos

▪ adj diabético(a)

diabolic [daɪə'bɒlɪk] adj diabólico(a), demoníaco(a)

diabolical [daɪə'bɒlɪkəl] adj **1.** [evil] diabólico(a), demoníaco(a) **2.** *BR Fam* [very bad] espantoso(a)

diadem ['daɪədem] n diadema *f*

diagnose ['daɪəgnəʊz] vt *also Fig* diagnosticar

diagnosis [daɪəg'nəʊsɪs] (pl **diagnoses** [daɪəg'nəʊsi:z]) n MED *& Fig* diagnóstico *m* ▸ **to make** *or* **give a ~** emitir un diagnóstico

diagnostic [daɪəg'nɒstɪk] ▪ adj diagnóstico(a)

▪ n [symptom] síntoma *m,* indicador *m*

diagonal [daɪ'ægənəl] n & adj diagonal *f*

diagram ['daɪəgræm] n diagrama *m*

dial ['daɪəl] ▪ n [of clock] esfera *f* / [of radio] dial *m* / [of phone] disco *m* ▸ *US* **~ tone** tono *m (de marcar)*

▪ vt (pt & pp **dialled,** *US* **dialed**) [phone number] marcar, *ANDES, CSUR* discar

dialect ['daɪəlekt] n dialecto *m*

dialectic(al) [daɪə'lektɪk(əl)] adj dialéctico(a)

dialectics [daɪə'lektɪks] n dialéctica *f*

dialling ['daɪəlɪŋ] n *BR* **~ code** prefijo *m* (telefónico) ▸ **~ tone** tono *m (de marcar)*

dialogue, *US* ***dialog*** ['daɪəlɒg] n diálogo *m* ▸ POL **to enter into a ~** establecer un diálogo ▸ COMPTR **~ box** cuadro *m* de diálogo

dial-up ['daɪlʌp] n COMPTR conexión *f* telefónica *or Spec* por línea conmutada

dialysis [daɪ'ælɪsɪs] n MED diálisis *f inv*

diameter [daɪ'æmɪtə(r)] n diámetro *m* ▸ **the wheel is 60 cm in ~** la rueda tiene 60 cms de diámetro

diametrically [daɪə'metrɪklɪ] adv **to be ~ opposed to** ser diametralmente opuesto(a) a

diamond ['daɪəmənd] n [gem] diamante *m* / [shape] rombo *m* ▸ **diamonds** [in cards] diamantes *mpl* ▸ **~**

jubilee (celebración *m* del) sexagésimo *m* aniversario ▸ **~ necklace** collar *m* de diamantes ▸ **~ ring** sortija *f* de diamantes

diaper ['daɪəpə(r)] n *US* pañal *m*

diaphanous [daɪ'æfənəs] adj diáfano(a)

diaphragm ['daɪəfræm] n diafragma *m*

diarist ['daɪərɪst] n escritor(ora) *m,f* de diarios

diarrhoea, *US* ***diarrhea*** [daɪə'rɪə] n diarrea *f*

diary ['daɪərɪ] n [as record] diario *m* / [for appointments] agenda *f* ▸ **to keep a ~** llevar un diario

diatribe ['daɪətraɪb] n diatriba *f* (**against** contra *or* en contra de)

dice [daɪs] ■ n (pl **dice**) [in game] dado *m* ▸ **to shoot** *or* *BR* **play ~** jugar a los dados

■ vt [meat, potatoes] cortar en dados

■ vi **to ~ with death** jugarse la piel *or AM* la vida

dicey ['daɪsɪ] adj *Fam* arriesgado(a)

dichotomy [daɪ'kɒtəmɪ] n dicotomía *f*

dick [dɪk] n **1.** *US Fam* [detective] sabueso(a) *m,f* **2.** *Vulg* [penis] *ESP* polla *f, esp AM* verga *f, MÉX* pito *m, RP* pija *f*

dickens [dɪkɪnz] n **what the ~?** ¿qué diablos?

dickhead ['dɪkhed] n *BR Vulg* [idiot] *ESP* gilipollas *mf inv, AM* pendejo(a) *m,f, RP* boludo(a) *m,f*

dicky ['dɪkɪ] adj *BR Fam* **to have a ~ heart** no estar muy bien del corazón

dicky-bird ['dɪkɪbɜːd] n **1.** [in children's language] pío pío *m,* pajarito *m* **2.** *BR Fam* **not a ~** ni pío

dictate ■ n ['dɪkteɪt] **she followed the dictates of her conscience** siguió los dictados de su conciencia

■ vt [dɪk'teɪt] **1.** [letter, passage] dictar **2.** [determine] [choice] imponer, dictar / [conditions] imponer ▸ **circumstances ~ that we postpone the meeting** las circunstancias obligan a aplazar la reunión

■ vi **1.** [dictate text] dictar **2.** [give orders] **to ~ to sb** dar órdenes a alguien ▸ **I won't be dictated to!** ¡no voy a permitir que me den órdenes!

dictation [dɪk'teɪʃən] n dictado *m* ▸ **to take ~** escribir al dictado ▸ SCH **to do ~** hacer un dictado

dictator [dɪk'teɪtə(r)] n dictador(ora) *m,f*

dictatorial [dɪktə'tɔːrɪəl] adj dictatorial

dictatorship [dɪk'teɪtəʃɪp] n dictadura *f*

diction ['dɪkʃən] n dicción *f*

dictionary ['dɪkʃənərɪ] n diccionario *m*

dictum ['dɪktəm] (pl **dicta** ['dɪktə] or **dictums**) n *Formal* **1.** [statement] sentencia *f,* aforismo *m* / [maxim] máxima *f* **2.** LAW dictamen *m*

did [dɪd] pt *of* ***do***

didactic [dɪ'dæktɪk] adj didáctico(a)

diddle ['dɪdəl] vt *Fam* tangar, timar ▸ **they diddled him out of the money** le engatusaron para sacarle el dinero

didn't ['dɪdənt] ➤ ***did not***

die[1] [daɪ] n **1.** (pl **dice** [daɪs]) [in game] dado *m* ▸ *Fig* **the ~ is cast** la suerte está echada **2.** (pl **dies** [daɪz]) [mould for casting or stamping] cuño *m,* troquel *m*

die[2] ■ vi morir ▸ **she is dying** se está muriendo ▸ **to ~ from** *or* **of one's wounds** morir de las heridas recibidas ▸ **to ~ hard** [habit, rumour] ser difícil de eliminar ▸ *Fam* **never say ~!** ¡nunca te des por vencido! ▸ *Fam* **I nearly died (laughing/of shame)** casi me muero (de risa/de vergüenza *or CAM, CARIB, COL, MÉX* pena) ▸ *Fam* **to be dying to do sth** morirse de ganas de hacer algo ▸ *Fam* **I'm dying for a cigarette** me muero de ganas de fumar un cigarrillo ▸ **the engine died on me** se me estropeó el motor ▸ **their love died** su amor se extinguió

■ vt **to ~ a natural/violent death** morir de muerte natural/violenta ▸ *Fig* **his proposal died the death** su propuesta no llegó a cuajar

◆ ***die away*** vi [sound, voice] desvanecerse

◆ ***die down*** vi [fire] remitir / [wind] calmarse / [sound] atenuarse / [excitement, scandal] apaciguarse

◆ ***die off*** vi **the few remaining veterans were dying off** iban muriendo los pocos veteranos que quedaban

◆ ***die out*** vi [family, species] extinguirse, desaparecer

die-hard ['daɪhɑːd] n & adj intransigente *mf*

diesel ['diːzəl] ■ n [fuel] gasoil *m,* gasóleo *m* / [railway engine] locomotora *f* diesel / [car] coche *m or AM* carro *m or RP* auto *m* (de motor) diesel

■ adj [engine, train] diesel ▸ **~ oil** *or* **fuel** gasoil *m,* gasóleo *m*

diet ['daɪət] ■ n [habitual food] dieta *f* / [restricted food] dieta *f,* régimen *m* ▸ **to be/go on a ~** estar/ponerse a dieta *or* régimen

■ vi hacer dieta *or* régimen

■ adj [low-calorie] light, bajo(a) en calorías

dietary ['daɪətərɪ] adj dietético(a) ▸ **~ fibre** fibra *f* alimenticia

dietician [daɪə'tɪʃən] n especialista *mf* en dietética, *AM* dietista *mf*

differ ['dɪfə(r)] vi **1.** [be different] ser distinto(a) *or* diferente (**from** de) ▸ **to ~ in size/colour** diferenciarse por el tamaño/color **2.** [disagree] discrepar (**with sb/about sth** de alguien/en algo) ▸ **I beg to ~** me veo obligado a discrepar ▸ **to agree to ~** reconocer mutuamente las discrepancias

difference ['dɪfərəns] n **1.** [disparity] diferencia *f* (**between** entre) ▸ **that doesn't make any ~** eso no cambia nada ▸ **it makes no ~ (to me)** (me) da igual *or* lo mismo ▸ **that makes all the ~** eso cambia mucho las cosas ▸ **a car with a ~** un coche distinto a los demás ▸ **to pay the ~** pagar la diferencia ▸ **a ~ of opinion** una diferencia de opiniones **2.** [disagreement] diferencia *f,* discrepancia *f* ▸ **we have to settle our differences** tenemos que resolver nuestras diferencias

different ['dɪfərənt] adj **1.** [not the same] diferente, distinto(a) ▸ **that's quite a ~ matter** eso es una cuestión aparte ▸ **she feels a ~ person** se siente otra (persona) ▸ **he just wants to be ~** sólo busca ser diferente **2.** [various] diferente, distinto(a) ▸ **I spoke to ~ people about it** he hablado de ello con varias personas

differential [dɪfə'renʃəl] ■ n diferencial *m* ▸ **wage** *or* **pay differentials** diferencias *fpl* salariales

■ adj diferencial ▸ MATH **~ calculus** cálculo *m* diferencial ▸ AUT **~ gear** diferencial *m*

differentiate [dɪfə'renʃɪəɪt] ■ vt diferenciar, distinguir (**from** de)
■ vi diferenciar, distinguir (**between** entre)

differently ['dɪfərəntlɪ] adv de forma diferente ▸ *Euph* **~ abled** discapacitado(a)

difficult ['dɪfɪkəlt] adj [task, problem] difícil ▸ **he's ~ to get on with** no es fácil llevarse bien con él ▸ **you're just being ~** no estás siendo razonable ▸ **to make life ~ for sb** complicarle la vida a alguien ▸ **to make things ~ for sb** poner las cosas difíciles a alguien

difficulty ['dɪfɪkəltɪ] n **1.** [trouble] dificultad *f* ▸ **to have ~ in doing sth** tener dificultad en hacer algo ▸ **to be in ~** *or* **difficulties** estar en dificultades ▸ **with ~** con dificultad **2.** [obstacle, problem] dificultad *f*, problema *m* ▸ **to make difficulties (for sb)** crear dificultades (a alguien)

diffidence ['dɪfɪdəns] n pudor *m*, retraimiento *m*

diffident ['dɪfɪdənt] adj pudoroso(a), retraído(a)

diffuse ■ adj [dɪ'fju:s] [light] difuso(a) / [literary style] difuso(a), prolijo(a) / [sense of unease] vago(a), difuso(a)
■ vt [dɪ'fju:z] difundir
■ vi difundirse

dig [dɪg] ■ n **1.** [in archeology] excavación *f* **2.** [poke] golpe *m* ▸ **a ~ in the ribs** [with elbow] un codazo en las costillas **3.** [remark] pulla *f* ▸ **to get a ~ in at sb, to have a ~ at sb** lanzar una pulla a alguien
■ vt (pt & pp **dug** [dʌg]) **1.** [hole, grave] cavar / [garden] cavar en / [well] excavar ▸ **the dog dug a hole by the tree** el perro escarbó *or* hizo un agujero junto al árbol ▸ *Fig* **she is digging her own grave** está cavando su propia tumba **2.** [thrust] **to ~ sth into sth** clavar algo en algo **3.** *Fam* [like] **she really digs that kind of music** ese tipo de música le gusta un montón
■ vi **1.** [person] cavar (**for** en búsqueda *or* *ESP* busca de) / [animal] escarbar / [in archeology] excavar **2.** *Fam* [understand] **you ~?** ¿lo pillas?

◆ ***dig in*** ■ vt sep **to ~ one's heels in** emperrarse ▸ **to ~ oneself in** [soldiers] atrincherarse
■ vi **1.** *Fam* [start eating] ponerse a comer ▸ **~ in!** ¡a comer! **2.** [soldiers] atrincherarse

◆ ***dig out*** vt sep **1.** [bullet, splinter] extraer / [person] [from ruins, snow drift] rescatar **2.** *Fam* [find] [information] encontrar / [object] rescatar

◆ ***dig up*** vt sep **1.** [plant] arrancar, desarraigar / [treasure, body] desenterrar / [road] levantar **2.** *Fam* [find] [information] desenterrar, sacar a la luz / [person] sacar

digest ■ n ['daɪdʒest] [summary] resumen *m*
■ vt [dɪ'dʒest] *also Fig* digerir

digestible [dɪ'dʒestəbəl] adj digerible ▸ **to be easily ~** digerirse fácilmente

digestion [dɪ'dʒestʃən] n digestión *f*

digestive [dɪ'dʒestɪv] adj digestivo(a) ▸ *BR* **~ (biscuit)** galleta *f* integral ▸ **~ system** aparato *m* digestivo ▸ **~ tract** tubo *m* digestivo

digger ['dɪgə(r)] n excavadora *f*

digicam ['dɪdʒɪkæm] n cámara *f* digital

digit ['dɪdʒɪt] n [finger] dedo *m* / MATH dígito *m*

digital ['dɪdʒɪtəl] adj [watch, computer] digital ▸ **~ audio tape** cinta *f* digital (de audio) ▸ **~ camera** cámara *f* digital ▸ **~ radio** radio *f* digital ▸ **~ recording** grabación *f* digital ▸ **~ television** televisión *f* digital

digitization [dɪdʒɪtaɪ'zeɪʃən] n COMPTR digitalización *f*

dignified ['dɪgnɪfaɪd] adj solemne

dignify ['dɪgnɪfaɪ] vt dignificar

dignitary ['dɪgnɪtərɪ] n *Formal* dignatario(a) *m,f*

dignity ['dɪgnɪtɪ] n dignidad *f* ▸ **she considered it beneath her ~ to respond** le pareció que responder supondría una degradación

digress [daɪ'gres] vi divagar ▸ **..., but I ~** ..., pero me estoy alejando del tema

digression [daɪ'greʃən] n digresión *f*

digs [dɪgz] npl *BR* habitación *f* *or* cuarto *m* de alquiler

dike ➤ ***dyke***

dilapidated [dɪ'læpɪdeɪtɪd] adj [building] derruido(a) / [car] destartalado(a) ▸ **to be ~** estar derruido(a)/destartalado(a)

dilapidation [dɪlæpɪ'deɪʃən] n [of building, car] ruina *f*, grave deterioro *m*

dilate [daɪ'leɪt] ■ vt dilatar
■ vi dilatarse

dilation [daɪ'leɪʃən] n dilatación *f*

dilatory ['dɪlətərɪ] adj *Formal* dilatorio(a) ▸ **to be ~ in doing sth** hacer algo con dilación

dilemma [daɪ'lemə] n dilema *m*, disyuntiva *f* ▸ **to be in a ~** estar en un dilema

dilettante [dɪlɪ'tɑ:ntɪ] n diletante *mf*

diligence ['dɪlɪdʒəns] n diligencia *f*

diligent ['dɪlɪdʒənt] adj diligente

diligently ['dɪlɪdʒəntlɪ] adv con diligencia, diligentemente

dill [dɪl] n eneldo *m*

dilly-dally ['dɪlɪ'dælɪ] vi *Fam* [loiter] entretenerse / [hesitate] titubear, vacilar

dilute [daɪ'lu:t] ■ adj diluido(a)
■ vt [wine, acid] diluir / *Fig* [policy, proposal] debilitar, restar eficacia a ▸ **~ to taste** diluir al gusto de cada uno

dilution [daɪ'lu:ʃən] n *Fig* [of policy, proposal] debilitamiento *m*

dim [dɪm] ■ adj **1.** [light, outline] tenue / [memory] vago(a) / [eyesight] débil / [chance, hope] remoto(a), lejano(a) ▸ **to take a ~ view of sth** desaprobar algo **2.** *Fam* [stupid] tonto(a), corto(a) de alcances, *AM* sonso(a), *AM* zonzo(a)
■ vt (pt & pp **dimmed**) [light] atenuar
■ vi [light] atenuarse

dime [daɪm] n *US* = *moneda de diez centavos* ▸ *Fam* **it's not worth a ~** no vale un centavo *or* *ESP* un duro ▸ *Fam* **they're a ~ a dozen** los hay a patadas ▸ **~ store** (tienda *f* de) baratillo *m*, *ESP* (tienda *f* de) todo a cien *m*

dimension [daɪ'menʃən] n dimensión *f*

diminish [dɪ'mɪnɪʃ] ■ vt disminuir ▸ LAW **diminished responsibility** responsabilidad *f* atenuada
■ vi disminuir

diminishing [dɪ'mɪnɪʃɪŋ] adj decreciente ▸ **law of ~**

returns ley *f* de los rendimientos decrecientes

diminution [dɪmɪ'nju:ʃən] n *Formal* disminución *f* ▸ **there has been no ~ in his powers as a novelist** sus grandes facultades como novelista no se han visto mermadas

diminutive [dɪ'mɪnjʊtɪv] ■ n GRAM diminutivo *m*
■ adj diminuto(a), minúsculo(a)

dimly ['dɪmlɪ] adv [remember] vagamente / [see] con dificultad ▸ **~ lit** en penumbra, con luz tenue

dimmer ['dɪmə(r)] n **~ (switch)** potenciómetro *m*, regulador *m or* modulador *m* de (potencia de) luz

dimple ['dɪmpəl] n hoyuelo *m*

dimwit ['dɪmwɪt] n *Fam* estúpido(a) *m,f*, idiota *mf*

din [dɪn] n [of traffic, machinery] estrépito / [of people] jaleo *m*, alboroto *m*

dine [daɪn] vi cenar

◆ ***dine out*** vi cenar fuera ▸ *Fig* **he'll be able to ~ out on that story for weeks!** esa historia le dará tema de conversación para varias semanas

diner ['daɪnə(r)] n **1.** [person] comensal *mf* **2.** *US* [restaurant] restaurante *m* barato

dingbat ['dɪŋbæt] n **1.** *US Fam* chalado(a) *m,f* **2.** COMPTR & TYP (carácter *m*) dingbat *m*

ding-dong ['dɪŋ'dɒŋ] ■ n **1.** [sound] din don *m* **2.** *Fam* [fight] trifulca *f*
■ adj [argument, contest] reñido(a)

dinghy ['dɪŋ(g)ɪ] n **(rubber) ~** lancha *f* neumática ▸ **(sailing) ~** bote *m* de vela

dinginess ['dɪndʒɪnɪs] n [of room, street] sordidez *f* / [of colour] lo sucio, lo deslustrado

dingo ['dɪŋgəʊ] (pl **dingoes**) n dingo *m*

dingy ['dɪndʒɪ] adj [room, street] sórdido(a) / [colour] sucio(a), deslustrado(a)

dining ['daɪnɪŋ] n **~ car** [on train] vagón *m* restaurante ▸ **~ hall** [in school] comedor *m* ▸ **~ room** comedor *m* ▸ **~ table** mesa *f* de comedor

dinky, dinkie ['dɪŋkɪ] adj **1.** *BR Fam* [small and charming] lindo(a), chiquitín(ina) **2.** *US Pej* [insignificant] vulgar, del montón

dinner ['dɪnə(r)] n [midday meal] comida *f*, almuerzo *m* / [evening meal] cena *f* ▸ **to have ~** [at midday] comer, almorzar / [in evening] cenar ▸ **what's for ~?** [midday meal] ¿qué hay de comida? / [evening meal] ¿qué hay de cena? ▸ **~ hour** [at school] hora *f* de comer ▸ **~ jacket** esmoquin *m* ▸ **~ lady** camarera *f*, *AM* mesera *f*, *RP* moza *f (en un comedor escolar)* ▸ **~ party** cena *f (en casa con invitados)* ▸ **~ service** vajilla *f* ▸ **~ time** [midday meal] hora *f* de comer / [evening meal] hora *f* de cenar

dinosaur ['daɪnəsɔ:(r)] n *also Fig* dinosaurio *m*

dint [dɪnt] n **by ~ of** a fuerza de

diocese ['daɪəsɪs] n REL diócesis *f inv*

diode ['daɪəʊd] n ELEC diodo *m*

dioxide [daɪ'ɒksaɪd] n CHEM dióxido *m*

dip [dɪp] ■ n **1.** [in road] bajada *f*, pendiente *f* / [in prices] caída *f*, descenso *m* **2.** *Fam* [swim] chapuzón *m*, baño *m* ▸ **to go for a ~** ir a darse un chapuzón **3.** [sauce] salsa *f* fría *(para mojar aperitivos)*
■ vt (pt & pp **dipped**) **1.** [immerse] meter **(in(to)** en) / [food] mojar **(in(to)** en) **2.** [lower] bajar ▸ *BR* **to ~ one's headlights** poner las luces de cruce
■ vi [road] bajar, descender un poco / [prices] caer, descender ▸ **the sun dipped below the horizon** el sol se hundió en el horizonte

◆ ***dip into*** vt insep [savings, capital] recurrir a, echar mano de / [book, subject] echar un vistazo a

DipEd [dɪp'ed] n *BR* EDUC (abbr ***Diploma in Education***) ≃ C.A.P. *m*, = *diploma de capacitación para la enseñanza*

diphtheria [dɪf'θɪərɪə] n MED difteria *f*

diphthong ['dɪfθɒŋ] n LING diptongo *m*

diploma [dɪ'pləʊmə] n diploma *m*, título *m*

diplomacy [dɪ'pləʊməsɪ] n *also Fig* diplomacia *f*

diplomat ['dɪpləmæt] n diplomático(a) *m,f*

diplomatic [dɪplə'mætɪk] adj *also Fig* diplomático(a) ▸ **~ bag** valija *f* diplomática ▸ **~ corps** cuerpo *m* diplomático ▸ **~ immunity** inmunidad *f* diplomática

dipper ['dɪpə(r)] n **1.** *US* [ladle] cucharón *m*, cazo *m* **2. the Big Dipper** [constellation] la Osa Mayor ▸ **big ~** [rollercoaster] montaña *f* rusa

dippy ['dɪpɪ] adj *Fam* [mad] locuelo(a), chiflado(a)

dipsomania [dɪpsə'meɪnɪə] n dipsomanía *f*

dipsomaniac [dɪpsə'meɪnɪæk] n dipsómano(a) *m,f*, dipsomaníaco(a) *m,f*

dipstick ['dɪpstɪk] n **1.** AUT varilla *f* del aceite **2.** *Fam* [idiot] idiota *mf*, imbécil *mf*

dire ['daɪə(r)] adj [consequences] terrible / *Fam* [bad] chungo(a) ▸ **to be in ~ need of sth** tener una necesidad acuciante de algo ▸ **to be in ~ straits** estar en un serio apuro

direct [dɪ'rekt, daɪ'rekt] ■ adj directo(a) ▸ **the ~ opposite** justamente lo contrario ▸ **to be a ~ descendant of sb** ser descendiente directo(a) de alguien ▸ **to score a ~ hit** dar en el blanco, hacer diana ▸ ELEC **~ current** corriente *f* continua ▸ FIN **~ debit** domiciliación *f* bancaria *or* de pago, *AM* débito *m* bancario ▸ COM **~ mail** propaganda *f* por correo, correo *m* directo ▸ **~ marketing** marketing *m* directo ▸ GRAM **~ object** complemento *m or* objeto *m* directo ▸ POL **~ rule** gobierno *m* directo ▸ COM **~ selling** venta *f* directa ▸ GRAM **~ speech** estilo *m* directo ▸ FIN **~ taxation** impuestos *mpl* directos
■ adv [travel, write] directamente / [broadcast] en directo
■ vt **1.** [remark, gaze, effort] dirigir **(at** a) ▸ **can you ~ me to the station?** ¿podría indicarme cómo llegar a la estación? **2.** [company, traffic, film] dirigir **3.** [instruct] **to ~ sb to do sth** mandar *or* indicar a alguien que haga algo ▸ **as directed** según las instrucciones

direction [dɪ'rekʃən] n **1.** [way] dirección *f* ▸ **in the ~ of...** en dirección a... ▸ **in every ~, in all directions** en todas direcciones ▸ *Fig* **a step in the right ~** un paso hacia el buen camino *or* en la dirección correcta **2.** [of film, play, project] dirección *f* ▸ **under the ~ of...** dirigido(a) por... **3. directions** [to place] indicaciones *fpl* ▸ **he asked me for directions to the station** me preguntó cómo se llegaba a la estación

directive [dɪ'rektɪv] n directiva *f* ▸ **an EU ~** una directiva de la UE

directly [dɪ'rektlɪ, daɪ'rektlɪ] ■ adv **1.** [to go, write] directamente ▸ **to be ~ descended from sb** ser descendiente directo(a) de alguien **2.** [opposite, above] justo, directamente **3.** [frankly] [to answer, speak] directamente, abiertamente **4.** [soon] pronto, en breve ▸ **I'm coming ~** voy ahora mismo

■ conj **I'll come ~ I've finished** vendré en cuanto acabe

directness [dɪ'rektnɪs, daɪ'rektnɪs] n franqueza *f*

director [dɪ'rektə(r)] n [of company, film] director(ora) *m,f* ▸ **director's chair** silla *f* plegable de tela, silla *f* de director ▸ *BR* LAW **~ of public prosecutions** ≃ Fiscal *mf* General del Estado

directorate [dɪ'rektərət] n [post] dirección *f* / [board] consejo *m* de administración

directorial [dɪrek'tɔːrɪəl, daɪrek'tɔːrɪəl] adj THEAT & CIN [career, debut] como director(ora) / [work] de director(ora)

directorship [dɪ'rektəʃɪp] n dirección *f*, puesto *m* de director(ora)

directory [dɪ'rektərɪ] n [of phone numbers] guía *f* (telefónica), listín *m* (de teléfonos), *AM* directorio *m* de teléfonos / COMPTR directorio *m* ▸ **(street) ~** callejero *m* ▸ *BR* **~ enquiries,** *US* **~ assistance** (servicio *m* de) información *f* telefónica

dirge [dɜːdʒ] n *Fam* [depressing tune] = *canción sombría y aburrida*

dirt [dɜːt] n **1.** [mud, dust] suciedad *f* ▸ **to treat sb like ~** tratar a alguien como a un trapo ▸ **dog ~** excremento *m* de perro **2.** [soil] tierra *f* ▸ **~ road** pista *f* de tierra **3.** *Fam* [scandal] **to dig for ~ on sb** buscar material comprometedor acerca de alguien

dirt-cheap ['dɜːt'tʃiːp] *Fam* adj & adv tirado(a) de precio

dirty ['dɜːtɪ] ■ adj **1.** [unclean] sucio(a) ▸ **to get ~** ensuciarse, mancharse ▸ *also Fig* **to get one's hands ~** mancharse las manos ▸ *Fig* **the party is washing its ~ linen in public** el partido está sacando sus propios trapos sucios a la luz pública, *RP* el partido está sacando los trapitos al sol **2.** [unprincipled, ruthless] sucio(a) ▸ **it's a ~ business** es un asunto sucio ▸ **to give sb a ~ look** fulminar a alguien con la mirada ▸ **~ trick** jugarreta *f*, mala pasada *f* ▸ **~ tricks campaign** campaña *f* de descrédito *or* difamación ▸ *also Fig* **~ work** trabajo *m* sucio **3.** [obscene] [film] pornográfico(a) / [book, language] obsceno(a), lascivo(a) ▸ **to have a ~ mind** tener una mente calenturienta ▸ **~ joke** chiste *m* verde ▸ **~ old man** viejo *m* verde ▸ **~ weekend** fin *m* de semana de lujuria ▸ **~ word** palabrota *f*

■ adv **1.** [fight, play] sucio **2.** [obscenely] **to talk ~** decir obscenidades **3.** *BR Fam* [for emphasis] **a ~ big hole** un pedazo de agujero

■ vt ensuciar, manchar

■ n *BR Fam* **to do the ~ on sb** jugársela a alguien

disability [dɪsə'bɪlɪtɪ] n discapacidad *f*, minusvalía *f* ▸ **~ allowance** subsidio *m* por discapacidad *or* minusvalía

disable [dɪ'seɪbəl] vt [person] discapacitar, incapacitar / [tank, ship] inutilizar / [alarm system] desactivar

disabled [dɪ'seɪbəld] ■ adj discapacitado(a), minusválido(a) ▸ **~ toilet** servicio *m or AM* baño *m or AM* lavatorio *m* para minusválidos

■ npl **the ~** los discapacitados *or* minusválidos

disabuse [dɪsə'bjuːz] vt *Formal* desengañar (**of** de)

disadvantage [dɪsəd'vɑːntɪdʒ] ■ n desventaja *f*, inconveniente *m* ▸ **to be at a ~** estar en desventaja ▸ **to put sb at a ~** poner a alguien en desventaja

■ vt perjudicar

disadvantaged [dɪsəd'vɑːntɪdʒd] adj desfavorecido(a)

disaffected [dɪsə'fektɪd] adj descontento(a)

disaffection [dɪsə'fekʃən] n descontento *m*, desapego *m*

disagree [dɪsə'griː] vi **1.** [have different opinion] no estar de acuerdo ▸ **to ~ with sb** no estar de acuerdo con alguien **2.** *Euph* [quarrel] tener una discusión, discutir **3.** [not correspond] [reports, figures] no cuadrar, no coincidir **4.** [climate, food] **to ~ with sb** sentarle mal a alguien

disagreeable [dɪsə'griːəbəl] adj desagradable

disagreement [dɪsə'griːmənt] n **1.** [failure to agree] desacuerdo *m* ▸ **to be in ~ with sb** estar en desacuerdo con alguien **2.** [quarrel] discusión *f* ▸ **to have a ~ with sb** discutir con alguien **3.** [discrepancy] discrepancia *f*

disallow [dɪsə'laʊ] vt *Formal* [objection] rechazar / [goal] anular

disappear [dɪsə'pɪə(r)] vi desaparecer

disappearance [dɪsə'pɪərəns] n desaparición *f*

disappoint [dɪsə'pɔɪnt] vt [person] decepcionar, desilusionar / [hope, ambition] frustrar, dar al traste con

disappointed [dɪsə'pɔɪntɪd] adj [person] decepcionado(a), desilusionado(a) / [hope, ambition] frustrado(a) ▸ **to be ~** [person] estar decepcionado(a)

HOW TO...

disagree with someone

Yo pienso lo contrario. / I totally disagree.
No estoy de acuerdo (contigo). / I don't agree (with you).
No lo tengo nada claro. / I'm not at all convinced.
No comparto tu opinión. / I don't share your view.
Yo no creo que consista en eso. / I don't think that's what it's about.
Yo no lo veo de la misma manera. / I see it differently.
Ya, pero eso no quiere decir que... / Yes, but that doesn't mean (to say) that...
Puede ser, pero también hay que considerar que... / Maybe, but you should remember/have to bear in mind that...
¡En absoluto! / Absolutely not!
¡De ninguna manera! / Absolutely not!

or desilusionado(a) ▸ **she was ~ with the book** el libro le decepcionó

disappointing [dɪsə'pɔɪntɪŋ] adj decepcionante

disappointingly [dɪsə'pɔɪntɪŋlɪ] adv de manera decepcionante ▸ **she got ~ low grades** sacó unas notas decepcionantes

disappointment [dɪsə'pɔɪntmənt] n decepción *f*, desilusión *f* ▸ **to be a ~** [person, film] ser decepcionante

disapproval [dɪsə'pru:vəl] n desaprobación *f*

disapprove [dɪsə'pru:v] vi estar en contra, mostrar desaprobación ▸ **to ~ of sth** desaprobar algo

disapproving [dɪsə'pru:vɪŋ] adj [tone, look] desaprobatorio(a) ▸ **to be ~ of sth** desaprobar algo

disapprovingly [dɪsə'pru:vɪŋlɪ] adv con desaprobación

disarm [dɪs'ɑ:m] ■ vt *also Fig* desarmar
■ vi desarmarse

disarmament [dɪs'ɑ:məmənt] n desarme *m* ▸ **~ talks** conversaciones *fpl* para el desarme

disarming [dɪs'ɑ:mɪŋ] adj [smile] arrebatador(ora)

disarmingly [dɪs'ɑ:mɪŋlɪ] adv **she's ~ honest/friendly** su franqueza/amabilidad te desarma

disarray [dɪsə'reɪ] n desorden *m* ▸ **in ~** [untidy] en desorden / [confused] sumido(a) en el caos

disassemble [dɪsə'sembəl] vt desmontar, desarmar

disaster [dɪ'zɑ:stə(r)] n desastre *m*, catástrofe *f* ▸ **~ area** zona *f* catastrófica ▸ CIN **~ movie** película *f* de catástrofes

disastrous [dɪ'zɑ:strəs] adj desastroso(a), catastrófico(a)

disavow [dɪsə'vaʊ] vt *Formal* negar, desmentir

disavowal [dɪsə'vaʊ'æl] n *Formal* desmentido *m*, mentís *m*

disband [dɪs'bænd] ■ vt disolver
■ vi disolverse

disbar [dɪs'bɑ:(r)] vt LAW expulsar de la abogacía, inhabilitar como abogado(a)

disbelief [dɪsbɪ'li:f] n incredulidad *f* ▸ **in ~** con incredulidad

disbelieve [dɪsbɪ'li:v] vt no creer, dudar de

disburse [dɪs'bɜ:s] vt *Formal* desembolsar

disbursement [dɪs'bɜ:smənt] n *Formal* desembolso *m*

disc, *US* ***disk*** [dɪsk] n disco *m* ▸ **~ jockey** pinchadiscos *mf inv*

discard [dɪs'kɑ:d] vt [thing, person] desechar / [plan, proposal, possibility] descartar

discern [dɪ'sɜ:n] vt distinguir, apreciar

discernible [dɪ'sɜ:nɪbəl] adj perceptible ▸ **there is no ~ difference** no hay una diferencia apreciable

discerning [dɪ'sɜ:nɪŋ] adj [audience, customer] entendido(a) / [taste] cultivado(a)

discernment [dɪ'sɜ:nmənt] n discernimiento *m*, criterio *m*

discharge ■ n ['dɪstʃɑ:dʒ] **1.** [of patient] alta *f* / [of prisoner] puesta *f* en libertad / [of soldier] licencia *f* **2.** [of firearm] descarga *f*, disparo *m* **3.** [of gas, chemical] emisión *f* / [of pus, fluid] supuración *f*
■ vt [dɪs'tʃɑ:dʒ] **1.** [patient] dar el alta a / [prisoner] poner en libertad / [employee] despedir / [soldier] licenciar **2.** [firearm] descargar, disparar **3.** [gas, chemical] emitir / [pus, fluid] supurar **4.** [duty] cumplir / [debt] saldar / [fine] abonar

disciple [dɪ'saɪpəl] n discípulo(a) *m,f*

disciplinary ['dɪsɪplɪnərɪ] adj disciplinario(a) ▸ **to take ~ action against sb** abrirle a alguien un expediente disciplinario

discipline ['dɪsɪplɪn] ■ n [control, academic subject] disciplina *f* ▸ **to keep** *or* **maintain ~** guardar la disciplina
■ vt [punish] castigar / [train] disciplinar ▸ **to ~ oneself** disciplinarse

disclaim [dɪs'kleɪm] vt [deny] negar

disclaimer [dɪs'kleɪmə(r)] n negación *f* de responsabilidad ▸ **to issue a ~** hacer público un comunicado negando toda responsabilidad

disclose [dɪs'kləʊz] vt revelar

disclosure [dɪs'kləʊʒə(r)] n revelación *f*

disco ['dɪskəʊ] (pl **discos**) n discoteca *f*

discography [dɪs'kɒgrəfɪ] n discografía *f*

discolour, *US* ***discolor*** [dɪs'kʌlə(r)] vt [fade] decolorar / [stain] teñir, manchar

discomfiture [dɪs'kʌmfɪtʃə(r)] n *Formal* turbación *f*, desconcierto *m*

discomfort [dɪs'kʌmfət] n [lack of comfort] incomodidad *f* / [pain] molestia *f*, dolor *m* ▸ **to be in ~** sufrir, pasarlo mal

disconcerting [dɪskən'sɜ:tɪŋ] adj [causing confusion, embarrassment] desconcertante / [causing anxiety] preocupante

disconcertingly [dɪskən'sɜ:tɪŋlɪ] adv de manera desconcertante

HOW TO...

disapprove of something

Desapruebo (totalmente) su actitud. / I don't approve of his attitude (at all).
No me gusta que Alberto siempre llegue tarde al trabajo. / I don't like the fact that Alberto is always late for work.
No tenía derecho a hablarle así. / He had no right to speak to her like that.
Pero, ¿cómo se le ha ocurrido decirle eso? / What on earth made her say that to him?
No puedo decir que apruebe completamente su actitud. / I can't say that I entirely approve of his attitude.
No estoy seguro de que haya hecho bien al decírselo. / I'm not sure she did the right thing by telling him.
¡Es inaceptable! / It's totally unacceptable!

disconnect [dɪskə'nekt] vt [gas, electricity, phone] cortar, desconectar / [machine, appliance] desenchufar, desconectar ▸ **we've been disconnected** nos han cortado el gas/la electricidad/el teléfono

disconsolate [dɪs'kɒnsələt] adj desconsolado(a) (**at** por) ▸ **to be ~ (at)** estar desconsolado(a) (por)

disconsolately [dɪs'kɒnsələtlɪ] adv desconsoladamente

discontent [dɪskən'tent] n descontento *m*

discontented [dɪskən'tentɪd] adj descontento(a) ▸ **to be ~** estar descontento(a)

discontinue [dɪskən'tɪnju:] vt suspender, interrumpir ▸ COM **discontinued line** restos *mpl* de serie

discontinuous [dɪskən'tɪnjʊəs] adj [line] discontinuo(a) / [process, run of events] intermitente

discord ['dɪskɔ:d] n discordia *f*

discordant [dɪs'kɔ:dənt] adj [opinions, sound] discordante, discorde

discotheque ['dɪskətek] n discoteca *f*

discount ■ n ['dɪskaʊnt] descuento *m,* rebaja *f* ▸ **at a ~** con descuento

■ vt **1.** [price, goods] rebajar **2.** [dɪs'kaʊnt] [suggestion, possibility] descartar

discourage [dɪs'kʌrɪdʒ] vt **1.** [dishearten] desalentar, desanimar ▸ **to become discouraged** desalentarse, desanimarse **2.** [dissuade] **to ~ sb from doing sth** tratar de disuadir a alguien de que haga algo

discouragement [dɪs'kʌrɪdʒmənt] n **1.** [loss of enthusiasm] desaliento *m,* desánimo *m* **2.** [dissuasion] intento *m* de disuasión

discouraging [dɪs'kʌrɪdʒɪŋ] adj desalentador(ora)

discourse ['dɪskɔ:s] *Formal* ■ n discurso *m* ▸ **~ analysis** análisis *m inv* del discurso

■ vi **to ~ (up)on a subject** disertar sobre un tema

discourteous [dɪs'kɜ:tɪəs] adj descortés

discourtesy [dɪs'kɜ:təsɪ] n descortesía *f*

discover [dɪs'kʌvə(r)] vt descubrir

discovery [dɪs'kʌvərɪ] n descubrimiento *m* ▸ **to make a ~** realizar un descubrimiento

discredit [dɪs'kredɪt] ■ n descrédito *m* ▸ **to be a ~ to sth/sb** desacreditar algo/a alguien

■ vt desacreditar

discreet [dɪs'kri:t] adj discreto(a)

discrepancy [dɪs'krepənsɪ] n discrepancia *f* (**between** entre)

discretion [dɪs'kreʃən] n [tact] discreción *f* / [judgement] criterio *m* ▸ **at your ~** a discreción, a voluntad

discretionary [dɪs'kreʃənərɪ] adj discrecional

discriminate [dɪs'krɪmɪneɪt] ■ vt discriminar, distinguir (**from** de)

■ vi **to ~ between** discriminar *or* distinguir entre ▸ **to ~ against sb** discriminar a alguien ▸ **to ~ in favour of** discriminar a favor de

discriminating [dɪs'krɪmɪneɪtɪŋ] adj [audience, customer] entendido(a) / [taste] cultivado(a)

discrimination [dɪskrɪmɪ'neɪʃən] n **1.** [bias] discriminación *f* ▸ **racial/sexual/religious ~** discriminación racial/sexual/religiosa **2.** [taste] buen gusto *m,* refinamiento *m* **3.** [differentiation] distinción *f,* diferenciación *f*

discriminatory [dɪs'krɪmɪnətərɪ] adj discriminatorio(a)

discursive [dɪs'kɜ:sɪv] adj dilatado(a), con muchas digresiones *or* divagaciones

discus ['dɪskəs] n disco *m (para lanzamientos)*

discuss [dɪs'kʌs] vt discutir

discussion [dɪs'kʌʃən] n discusión *f* ▸ **the matter is under ~** el asunto está siendo discutido

disdain [dɪs'deɪn] ■ n desdén *m,* desprecio *m*

■ vt desdeñar, despreciar ▸ **to ~ to do sth** no dignarse a hacer algo

disdainful [dɪs'deɪnfʊl] adj desdeñoso(a)

disease [dɪ'zi:z] n enfermedad *f*

diseased [dɪ'zi:zd] adj [plant, limb] enfermo(a) ▸ **to be ~** estar afectado(a) por una enfermedad

disembark [dɪsɪm'bɑ:k] vt & vi desembarcar

disembodied [dɪsɪm'bɒdɪd] adj [voice, presence] inmaterial, incorpóreo(a)

disenchanted [dɪsɪn'tʃɑ:ntɪd] adj desencantado(a) ▸ **to be ~** estar desencantado(a)

disenchantment [dɪsɪn'tʃɑ:ntmənt] n desencanto *m*

disengage [dɪsɪn'geɪdʒ] ■ vt [separate] soltar / [gear] quitar / [clutch] soltar ▸ **to ~ oneself from sth** desasirse de algo

■ vi desasirse, soltarse (**from** de) / MIL retirarse

disentangle [dɪsɪn'tæŋgəl] vt desenredar

disfavour, *US* ***disfavor*** [dɪs'feɪvə(r)] n **to be in ~** no ser visto(a) con buenos ojos ▸ **to fall into ~** caer en desgracia

disfigure [dɪs'fɪgə(r)] vt desfigurar

disfigurement [dɪs'fɪgəmənt] n desfiguración *f*

disgorge [dɪs'gɔ:dʒ] vt [liquid, sewage] derramar / [people] expulsar / [information] desembuchar

disgrace [dɪs'greɪs] ■ n [shame] vergüenza *f* ▸ **it's a ~!** ¡es una vergüenza *or* un escándalo! ▸ **he is in ~ with the party** el partido está muy disgustado con él ▸ **to resign in ~** dimitir a causa de un escándalo ▸ **he is a ~ to his family/country** es una vergüenza *or* deshonra para su familia/país

■ vt [person] avergonzar / [family, country] deshonrar

disgraceful [dɪs'greɪsfʊl] adj vergonzoso(a), indignante ▸ **it's ~!** ¡es una vergüenza!

disgracefully [dɪs'greɪsfʊlɪ] adv vergonzosamente ▸ **she was ~ late** fue vergonzoso lo tarde que llegó

disgruntled [dɪs'grʌntəld] adj contrariado(a), descontento(a) ▸ **to be ~** estar contrariado(a) *or* descontento(a)

disguise [dɪs'gaɪz] ■ n [costume] disfraz *m* ▸ **in ~** disfrazado(a)

■ vt [person] disfrazar (**as** de) / [one's feelings, the truth] ocultar, disfrazar ▸ **there is no disguising the fact that...** no se puede ocultar el hecho de que...

disgust [dɪs'gʌst] ■ n asco *m,* repugnancia *f* ▸ **to fill sb with ~** dar asco a alguien

■ vt repugnar

FALSE FRIEND / FALSO AMIGO

disgust

Disgusto y disgustar no son traducciones del inglés *disgust*. **Disgusto** se traduce por *annoyance* o *disappointment* y **disgustar** por *to upset*:
¡Qué disgusto me llevé cuando lo supe! *I was so upset when I found out!*
Se le veía muy disgustado por la noticia *He seemed very upset by the news.*

disgusted [dɪs'gʌstɪd] adj indignado(a), asqueado(a) ▸ **he was** *or* **felt ~ with himself** sentía asco de sí mismo, estaba indignado consigo mismo

disgusting [dɪs'gʌstɪŋ] adj [revolting] asqueroso(a), repugnante / [disgraceful] vergonzoso(a)

disgustingly [dɪs'gʌstɪŋlɪ] adv [sickeningly] **a ~ bad meal** una comida asquerosa ▸ *Fam* **to be ~ rich** estar podrido(a) de millones

dish [dɪʃ] ■ n [bowl] [for serving] fuente *f* / [for cooking] cazuela *f* / [food] plato *m* ▸ **dishes** [crockery] platos *mpl* ▸ **to do the dishes** lavar los platos, fregar los cacharros ▸ *US* **~ liquid** *or* **soap** lavavajillas *m inv (detergente)* ▸ **~ towel** trapo *m or* paño *m* de cocina
■ vt *Fam* **to ~ the dirt (on sb)** sacar los trapos sucios (de alguien), *RP* sacar los trapitos al sol (de alguien)

◆ ***dish out*** vt sep [food, money, advice] repartir

◆ ***dish up*** vt sep [meal] servir

disharmony [dɪs'hɑːmənɪ] n discordia *f*

dishcloth ['dɪʃklɒθ] n [for washing] bayeta *f* / [for drying] paño *m* (de cocina), *CAM* secador *m*, *CHILE* paño *m* de loza, *COL* limpión *m*, *MÉX* trapón *m*, *RP* repasador *m*

dishearten [dɪs'hɑːtən] vt descorazonar, desalentar ▸ **don't get disheartened** trata de no desanimarte

disheartening [dɪs'hɑːtənɪŋ] adj descorazonador(ora)

dishevelled, *US* ***disheveled*** [dɪ'ʃevəld] adj [person, appearance] desaliñado(a) ▸ **to be ~** estar desaliñado(a)

dishonest [dɪs'ɒnɪst] adj deshonesto(a), poco honrado(a)

dishonesty [dɪs'ɒnɪstɪ] n deshonestidad *f*, falta *f* de honradez

dishonour, *US* ***dishonor*** [dɪs'ɒnə(r)] ■ n deshonra *f*
■ vt deshonrar

dishonourable, *US* ***dishonorable*** [dɪs'ɒnərəbəl] adj deshonroso(a)

dishpan ['dɪʃpæn] n *US* balde *m*, palangana *f (para fregar los platos)*

dishrag ['dɪʃræg] n *US* bayeta *f*

dishtowel ['dɪʃtaʊəl] n paño *m* (de cocina), *CAM* secador *m*, *CHILE* paño *m* de loza, *COL* limpión *m*, *MÉX* trapón *m*, *RP* repasador *m*

dishwasher ['dɪʃwɒʃə(r)] n [person] lavaplatos *mf inv*, friegaplatos *mf inv* / [machine] lavavajillas *m inv*

dishwater ['dɪʃwɒtə(r)] n agua *f* de fregar (los platos) ▸ *Fig* **this coffee is like ~!** ¡este café está aguado *or ESP* es puro aguachirle *or RP* parece caldo de medias!

dishy ['dɪʃɪ] adj *BR Fam* [good-looking] de buen ver, *ESP* majo(a)

disillusion [dɪsɪ'luːʒən] ■ vt desilusionar
■ n ➤ ***disillusionment***

disillusioned [dɪsɪ'luːʒənd] adj desencantado(a), desilusionado(a) ▸ **to be ~ (with sb/sth)** estar desencantado(a) (con alguien/algo)

disillusionment [dɪsɪ'luːʒənmənt] n desencanto *m*, desilusión *f* (**with** con)

disincentive [dɪsɪn'sentɪv] n traba *f* ▸ **it acts as a ~ to creativity** constituye una traba para la creatividad

disinclination [dɪsɪŋklɪ'neɪʃən] n falta *f* de interés (**to do sth** en hacer algo)

disinclined [dɪsɪn'klaɪnd] adj **to be ~ to do sth** no tener ganas de *or* interés por hacer algo

disinfect [dɪsɪn'fekt] vt desinfectar

disinfectant [dɪsɪn'fektənt] n desinfectante *m*

disinformation [dɪsɪnfə'meɪʃən] n desinformación *f*

disingenuous [dɪsɪn'dʒenjʊəs] adj falso(a), poco sincero(a)

disingenuousness [dɪsɪn'dʒenjʊəsnɪs] n falsedad *f*, falta *f* de sinceridad

disinherit [dɪsɪn'herɪt] vt desheredar

disintegrate [dɪs'ɪntɪgreɪt] vi desintegrarse

disintegration [dɪsɪntɪ'greɪʃən] n desintegración *f*

disinterest [dɪs'ɪntərɪst] n [lack of interest] desinterés *m*

disinterested [dɪs'ɪntərɪstɪd] adj **1.** [unbiased] desinteresado(a) **2.** [uninterested] **he was ~ in the film** no le interesaba la película

disinvestment [dɪsɪn'vestmənt] n FIN desinversión *f*

disjointed [dɪs'dʒɔɪntɪd] adj [novel, description] deshilvanado(a)

disk [dɪsk] n **1.** COMPTR disco *m* ▸ **~ drive** unidad *f* de disco, disquetera *f* **2.** *US* = ***disc***

diskette [dɪs'ket] n COMPTR disquete *m*

dislike [dɪs'laɪk] ■ n [of things] aversión *f* (**of** por) / [of people] antipatía *f* (**of** hacia) ▸ **my likes and dislikes** las cosas que me gustan y las que me disgustan
■ vt **I ~ him/it** no me gusta ▸ **I don't ~ him/it** no me disgusta ▸ **I ~ them** no me gustan ▸ **I don't ~ them** no me disgustan

dislocate ['dɪsləkeɪt] vt **1.** [shoulder, hip] dislocar ▸ **to ~ one's shoulder** dislocarse el hombro **2.** [plan, timetable] trastocar

dislocation [dɪslə'keɪʃən] n **1.** [of shoulder, hip] dislocación *f* **2.** [of plan] desbaratamiento *m*

dislodge [dɪs'lɒdʒ] vt [brick, tile] soltar / [something stuck] sacar / [opponent] desplazar, desalojar

disloyal [dɪs'lɔɪəl] adj desleal

disloyalty [dɪs'lɔɪəltɪ] n deslealtad *f*

dismal ['dɪzməl] adj **1.** [place] sombrío(a), tétrico(a) / [weather] muy triste / [future] oscuro(a) **2.** [failure] horroroso(a) / [performance] nefasto(a), *ESP* fatal

dismantle [dɪs'mæntəl] vt desmantelar

dismay [dɪs'meɪ] ■ n consternación *f* ▸ **in ~** con

consternación ▸ **(much) to my ~** para mi consternación ■ vt consternar

dismayed [dɪs'meɪd] adj consternado(a)

dismember [dɪs'membə(r)] vt [body] descuartizar / [country, company] desmembrar

dismiss [dɪs'mɪs] vt **1.** [from job] despedir **2.** [send away] **to ~ sb** dar a alguien permiso para retirarse ▸ MIL **~!** ¡rompan filas! **3.** [thought, theory] descartar / [proposal, suggestion] rechazar / [threat, danger] no hacer caso de / LAW [case] sobreseer / [appeal] desestimar ▸ **the suggestion was dismissed as being irrelevant** la sugerencia fue rechazada por no venir al caso **4.** [school class] dejar marchar

dismissal [dɪs'mɪsəl] n **1.** [from job] despido *m* **2.** LAW [of case] sobreseimiento *m* / [of appeal] desestimación *f*

dismissive [dɪs'mɪsɪv] adj desdeñoso(a), despectivo(a) (**of** hacia *or* respecto a) ▸ **he was very ~ of my chances** se mostró escéptico en cuanto a mis posibilidades

dismount [dɪs'maʊnt] vi [from horse, bicycle] desmontar, bajarse (**from** de)

disobedience [dɪsə'bi:dɪens] n desobediencia *f*

disobedient [dɪsə'bi:dɪənt] adj desobediente

disobey [dɪsə'beɪ] vt desobedecer

disorder [dis'ɔ:də(r)] n **1.** [confusion, unrest] desorden *m* ▸ **in ~** en desorden **2.** MED dolencia *f* ▸ **nervous ~** dolencia *f* nerviosa ▸ **personality ~** trastorno *m* de la personalidad

disordered [dɪs'ɔ:dəd] adj [room, mind] desordenado(a)

disorderly [dɪs'ɔ:dəlɪ] adj **1.** [untidy] desordenado(a) **2.** [unruly] revoltoso(a) ▸ LAW **~ conduct** escándalo *m* público ▸ LAW **~ house** casa *f* de prostitución

disorganization [dɪsɔ:gənaɪ'zeɪʃən] n desorganización *f*

disorganized [dɪs'ɔ:gənaɪzd] adj desorganizado(a)

disorientate [dɪs'ɔ:rɪənteɪt], ***disorient*** [dɪs'ɔ:rɪənt] vt desorientar

disorientation [dɪsɔ:rɪən'teɪʃən] n desorientación *f*

disown [dɪs'əʊn] vt [wife, child] repudiar / [country] renegar de / [statement] no reconocer como propio(a)

disparage [dɪs'pærɪdʒ] vt desdeñar, menospreciar

disparaging [dɪs'pærɪdʒɪŋ] adj desdeñoso(a), menospreciativo(a)

disparagingly [dɪs'pærɪdʒɪŋlɪ] adv con desdén, desdeñosamente

disparate ['dɪspərɪt] adj dispar

disparity [dɪs'pærɪtɪ] n disparidad *f*

dispassionate [dɪs'pæʃənət] adj desapasionado(a)

dispassionately [dɪs'pæʃənətlɪ] adv desapasionadamente, sin apasionamiento

dispatch, despatch [dɪs'pætʃ] ■ n **1.** [of letter, parcel] envío *m* **2.** [message] despacho *m* ▸ MIL **he was mentioned in dispatches** aparecía mencionado en partes de guerra ▸ MIL **~ rider** mensajero(a) *m,f* motorizado(a) **3.** *Formal* [promptness] **with ~** con celeridad *or* prontitud
■ vt **1.** [send] enviar, mandar **2.** [kill] dar muerte a

dispel [dɪs'pel] (pt & pp **dispelled**) vt [doubt, fear] disipar

dispensable [dɪs'pensəbəl] adj prescindible

dispensary [dɪs'pensərɪ] n MED dispensario *m*, botiquín *m*

dispensation [dɪspen'seɪʃən] n LAW & REL [exemption] dispensa *f* (**from** de)

dispense [dɪs'pens] vt [justice, medication, prescription] administrar / [advice] repartir / [of vending machine] expedir

◆ ***dispense with*** vt insep prescindir de

dispensing chemist [dɪs'pensɪŋ'kemɪst] n farmacéutico(a) *m,f*

dispersal [dɪs'pɜ:səl] n dispersión *f*

disperse [dɪs'pɜ:s] ■ vt [seeds, people] dispersar / [knowledge, information] difundir
■ vi [crowd] dispersarse / [darkness, clouds] disiparse

dispirited [dɪs'pɪrɪtɪd] adj desanimado(a), desalentado(a) ▸ **to be ~** estar desanimado(a) *or* desalentado(a)

displace [dɪs'pleɪs] vt **1.** [shift] desplazar ▸ **displaced persons** desplazados *mpl* **2.** [supplant] sustituir

displacement [dɪs'pleɪsmənt] n **1.** [of water, people, ship] desplazamiento *m* **2.** [substitution] **~ (of A by B)** sustitución *f* (de A por B) **3.** PSY **~ activity** actividad *f* sublimadora

display [dɪs'pleɪ] ■ n **1.** [of goods] muestra *f* / [of handicrafts, paintings] exposición *f* ▸ **on ~** expuesto(a) ▸ **~ cabinet** vitrina *f* ▸ **~ copy** [of book] ejemplar *m* de muestra ▸ **~ window** escaparate *m*, *AM* vidriera *f*, *CHILE*,

HOW TO...

say what you dislike

Odio el fútbol/conducir por la noche. / I hate football/driving at night.
No soporto las mentiras. / I can't stand lies.
No soporto que me hablen en ese tono. / I will not be spoken to like that.
Me molesta muchísimo que siempre llegue tarde a las reuniones. / It really annoys me that he's always late for meetings.
No me gusta mucho/demasiado. / I don't really like it.
La verdad es que estos cuadros no me apasionan. / To be honest, I'm not crazy about these paintings.
Me pone de los nervios. (informal) / He gets on my nerves.
No lo puedo ver./No lo soporto. (informal) / I can't stand him.
Los videojuegos no son lo mío. (informal) / Video games aren't really my thing.
La música clásica no me va mucho. (informal) / I'm not really into classical music.

COL, MÉX vitrina *f* **2.** [of emotion, technique] demostración *f* / [of sport] exhibición *f* ▸ **a fireworks ~** un festival *or* castillo de fuegos artificiales **3.** COMPTR pantalla *f*

■ vt **1.** [goods] disponer / [on sign, screen] mostrar **2.** [emotion, talent, ignorance] demostrar, mostrar

displease [dɪs'pli:z] vt disgustar, desagradar ▸ **to be displeased with sb/sth** estar disgustado(a) con alguien/algo

displeasing [dɪs'pli:zɪŋ] adj desagradable

displeasure [dɪs'pleʒə(r)] n disgusto *m,* desagrado *m* ▸ **to incur sb's ~** provocar el enojo de alguien

disposable [dɪs'pəʊzəbəl] adj [camera, pen, lighter] desechable / [funds] disponible ▸ **~ income** poder *m* adquisitivo

disposal [dɪs'pəʊzəl] n **1.** [of rubbish] eliminación *f* **2.** [of property] venta *f* **3.** [availability] **to have sth at one's ~** disponer de algo

dispose [dɪs'pəʊz] vt [arrange] disponer

◆ ***dispose of*** vt insep **1.** [get rid of] [rubbish] eliminar / [problem] acabar con **2.** [kill] dar muerte a

disposed [dɪs'pəʊzd] adj [willing] **to be ~ to do sth** estar dispuesto(a) a hacer algo

disposition [dɪspə'zɪʃən] n **1.** [temperament] carácter *m* **2.** [inclination] **to have a ~ to do sth** tener tendencia a hacer algo **3.** *Formal* [arrangement] disposición *f*

dispossess [dɪspə'zes] vt desposeer (**of** de)

dispossessed [dɪspə'zest] ■ npl **the ~** los desposeídos

■ adj desposeído(a)

disproportionate [dɪsprə'pɔ:ʃənət] adj desproporcionado(a)

disproportionately [dɪsprə'pɔ:ʃənətlɪ] adv desproporcionadamente ▸ **a ~ large sum of money** una cantidad enorme *or* desmesurada de dinero

disprove [dɪs'pru:v] (pp **disproved,** LAW **disproven** [dɪs'prəʊvən]) vt refutar

disputable [dɪs'pju:təbəl] adj discutible

dispute [dɪs'pju:t] ■ n [debate] discusión *f,* debate *m* / [argument] pelea *f,* disputa *f* ▸ **the matter in ~** la cuestión debatida ▸ **it's beyond ~** es indiscutible ▸ **it's open to ~** es cuestionable ▸ **(industrial) ~** conflicto *m* laboral

■ vt [subject, claim] debatir, discutir ▸ **I'm not disputing that** eso no lo discuto

■ vi discutir (**about** *or* **over** sobre)

disputed [dɪs'pju:tɪd] adj [decision, fact, claim] discutido(a), polémico(a)

disqualification [dɪskwɒlɪfɪ'keɪʃən] n [from competition] descalificación *f* ▸ *BR* LAW **a year's ~ from driving** un año de suspensión *ESP* del permiso de conducir *or AM* de la licencia para conducir

disqualify [dɪs'kwɒlɪfaɪ] vt [from competition] descalificar ▸ **to ~ sb from doing sth** incapacitar a alguien para hacer algo ▸ *BR* LAW **to ~ sb from driving** retirar a alguien *ESP* el permiso de conducir *or AM* la licencia para conducir

disquiet [dɪs'kwaɪət] n inquietud *f,* desasosiego *m*

disquieting [dɪs'kwaɪətɪŋ] adj inquietante

disregard [dɪsrɪ'gɑ:d] ■ n indiferencia *f,* menosprecio *m*

■ vt [warning, fact] no tener en cuenta / [order] desacatar

disrepair [dɪsrɪ'peə(r)] n **in (a state of) ~** deteriorado(a) ▸ **to fall into ~** deteriorarse

disreputable [dɪs'repjʊtəbəl] adj [person, behaviour] poco respetable / [neighbourhood, pub] de mala reputación

disreputably [dɪs'repjʊtəblɪ] adv [to behave] de forma poco respetable

disrepute [dɪsrɪ'pju:t] n **to bring sth into ~** desprestigiar algo ▸ **to fall into ~** ganar mala fama

disrespect [dɪsrɪ'spekt] n irreverencia *f,* falta *f* de respeto ▸ **to treat sb with ~** tratar a alguien irrespetuosamente ▸ **I meant no ~** no pretendía faltar al respeto

disrespectful [dɪsrɪ'spektfʊl] adj irrespetuoso(a)

disrupt [dɪs'rʌpt] vt [traffic] entorpecer, trastornar / [plan] trastornar, trastocar / [meeting] interrumpir, alterar el desarrollo de / [life, routine] alterar

disruption [dɪs'rʌpʃən] n [of traffic] entorpecimiento *m,* trastorno *m* / [of plan] desbaratamiento *m* / [of meeting] interrupción *f* / [of life, routine] alteración *f*

disruptive [dɪs'rʌptɪv] adj **to be ~** ocasionar trastornos ▸ **to have a ~ influence on sb** tener una influencia perjudicial sobre alguien

dis(s) [dɪs] vt *US Fam* faltar (al respeto) a

dissatisfaction [dɪsætɪs'fækʃən] n insatisfacción *f*

dissatisfied [dɪ'sætɪsfaɪd] adj insatisfecho(a) (**with** con) ▸ **to be ~ (with)** estar insatisfecho(a) (con)

dissect [dɪ'sekt] vt *also Fig* diseccionar

dissemble [dɪ'sembəl] *Formal* ■ vt ocultar, disimular

■ vi disimular

disseminate [dɪ'semɪneɪt] *Formal* ■ vt propagar, difundir

■ vi propagarse, difundirse

dissension [dɪ'senʃən] n *Formal* disensión *f,* discordia *f*

dissent [dɪ'sent] ■ n discrepancia *f,* disconformidad *f* ▸ **he was booked for ~** fue amonestado por protestar

■ vi disentir (**from** de)

dissenter [dɪ'sentə(r)] n disidente *mf*

dissenting [dɪ'sentɪŋ] adj discrepante

dissertation [dɪsə'teɪʃən] n UNIV *BR* [for higher degree] tesina *f* / *US* [doctoral] tesis *f*

disservice [dɪ'sɜ:vɪs] n **to do sb a ~** perjudicar a alguien

dissidence ['dɪsɪdəns] n POL disidencia *f*

dissident ['dɪsɪdənt] n & adj disidente *mf*

dissimilar [dɪ'sɪmɪlə(r)] adj distinto(a) (**to** de)

dissimilarity [dɪsɪmɪ'lærɪtɪ] n desigualdad *f,* disimilitud *f* (**between** entre)

dissimulate [dɪ'sɪmjʊleɪt] *Formal* ■ vt [feelings] disimular

■ vi disimular

dissimulation [dɪsɪmjʊ'leɪʃən] n *Formal* disimulo *m*

dissipate ['dɪsɪpeɪt] ■ vt [fears, doubts] disipar / [fortune, one's energy] derrochar
■ vi [mist, doubts] disiparse

dissipation [dɪsɪ'peɪʃən] n [loose living] disipación *f*

dissociate [dɪ'səʊsɪeɪt] vt disociar ▸ **to ~ oneself from sb/sth** desmarcarse de alguien/algo

dissolute ['dɪsəlu:t] adj disoluto(a)

dissolve [dɪ'zɒlv] ■ vt disolver
■ vi disolverse ▸ **it dissolves in water** es soluble en agua ▸ **to ~ into tears** deshacerse en lágrimas

dissonance ['dɪsənəns] n **1.** MUS disonancia *f* **2.** [disagreement] discordancia *f*

dissonant ['dɪsənənt] adj **1.** MUS disonante **2.** [opinions] discordante

dissuade [dɪ'sweɪd] vt **to ~ sb from doing sth** disuadir a alguien de hacer algo

distance ['dɪstəns] ■ n distancia *f* ▸ **from a ~** desde lejos ▸ **in the ~** en la lejanía ▸ **at a ~ of...** a una distancia de... ▸ **within five minutes walking ~** a cinco minutos a pie ▸ **a short ~ away** bastante cerca ▸ **some ~ away** bastante lejos ▸ **to keep sb at a ~** guardar las distancias con alguien ▸ **to keep one's ~** mantener las distancias ▸ **at this ~ in time...** después de tanto tiempo... ▸ **to go the ~** [in boxing] aguantar todos los asaltos ▸ **~ learning** educación *f* a distancia
■ vt **to ~ oneself from sb/sth** distanciarse de alguien/algo

distant ['dɪstənt] adj **1.** [far-off] distante, lejano(a) ▸ **3 kilometres ~** a 3 kilómetros de distancia ▸ **a ~ relative** un pariente lejano ▸ **she had a ~ look** tenía la mirada distante *or* perdida ▸ **in the ~ past** en el pasado lejano **2.** [reserved] distante

distantly ['dɪstəntlɪ] adv **1. ~ related** lejanamente emparentado(a) **2.** [distractedly] [answer, smile] distraídamente

distaste [dɪs'teɪst] n desagrado *m* (**for** por)

distasteful [dɪs'teɪstfʊl] adj desagradable

distemper[1] [dɪs'tempə(r)] n [animal disease] moquillo *m*

distemper[2] n [paint] (pintura *f* al) temple *m*

distend [dɪs'tend] ■ vt hinchar
■ vi hincharse

distil [dɪs'tɪl] (pt & pp **distilled**) vt destilar

distillation [dɪstɪ'leɪʃən] n [of water, whisky] destilación *f* / [of information] condensación *f*, compendio *m*

distillery [dɪs'tɪlərɪ] n destilería *f*

distinct [dɪs'tɪŋkt] adj **1.** [different] distinto(a) ▸ **as ~ from** a diferencia de **2.** [clear] [change, idea, preference] claro(a) **3.** [real] [possibility, feeling] claro(a)

distinction [dɪs'tɪŋkʃən] n **1.** [difference] distinción *f* ▸ **to make** *or* **draw a ~ between** establecer una distinción entre **2.** [honour] honor *m* ▸ *Ironic* **I had the ~ of coming last** me correspondió el honor de ser el último **3.** [excellence] **a writer/scientist of ~** un escritor/científico destacado ▸ **with ~** [perform, serve] de manera sobresaliente **4.** SCH & UNIV sobresaliente *m*

distinctive [dɪs'tɪŋktɪv] adj característico(a)

distinctively [dɪs'tɪŋktɪvlɪ] adv de manera característica

distinctly [dɪs'tɪŋktlɪ] adv **1.** [clearly] [speak, hear] claramente, con claridad ▸ **I ~ remember telling you** recuerdo con toda claridad habértelo dicho **2.** [decidedly] [better, easier] claramente / [stupid, ill-mannered] verdaderamente

distinguish [dɪs'tɪŋgwɪʃ] ■ vt **1.** [recognize] distinguir **2.** [characterize, differentiate] distinguir (**from** de) ▸ **distinguishing mark** rasgo *m* físico característico **3.** [earn praise, honour] **to ~ oneself by...** distinguirse por...
■ vi **to ~ between** distinguir entre

distinguishable [dɪs'tɪŋgwɪʃəbəl] adj **1.** [recognizable] distinguible ▸ **to be ~** distinguirse **2.** [differentiable] diferenciable (**from** de) ▸ **the two species are not easily ~ from a distance** las dos especies son difíciles de diferenciar *or* distinguir desde lejos

distinguished [dɪs'tɪŋgwɪʃd] adj [person, performance, career] destacado(a) / [air] distinguido(a)

distort [dɪs'tɔ:t] vt [shape] deformar / [sound] distorsionar / *Fig* [meaning, facts] distorsionar, tergiversar

distorted [dɪs'tɔ:tɪd] adj [shape] deformado(a) / [sound, guitar] distorsionado(a) / *Fig* [account] distorsionado(a), tergiversado(a)

distortion [dɪs'tɔ:ʃən] n [of shape] deformación *f* / [of sound] distorsión *f* / *Fig* [of meaning, facts] distorsión *f*, tergiversación *f*

distract [dɪs'trækt] vt [person, attention] distraer ▸ **this is distracting us from our main purpose** esto nos está alejando de nuestro objetivo principal ▸ **she is easily distracted** se distrae con facilidad

distracted [dɪs'træktɪd] adj abstraído(a), ausente ▸ **to be ~** estar abstraído(a) *or* ausente

distracting [dɪs'træktɪŋ] adj **that noise is very ~** ese ruido distrae mucho

distraction [dɪs'trækʃən] n **1.** [distracting thing] distracción *f* ▸ **to drive sb to ~** sacar a alguien de quicio **2.** [amusement] entretenimiento *m*, distracción *f*

distraught [dɪs'trɔ:t] adj desconsolado(a), consternado(a) ▸ **to be ~** estar desconsolado(a) *or* consternado(a)

distress [dɪs'tres] ■ n sufrimiento *m*, angustia *f* ▸ **to be in ~** estar sufriendo mucho / [ship] estar en situación de peligro ▸ **~ signal** señal *f* de socorro
■ vt [upset] afligir, angustiar

distressed [dɪs'trest] adj angustiado(a), afligido(a) ▸ **to be ~** estar angustiado(a) *or* afligido(a)

distressing [dɪs'tresɪŋ] adj [upsetting] angustioso(a) / [worrying] preocupante

distribute [dɪs'trɪbju:t] vt distribuir

distribution [dɪstrɪ'bju:ʃən] n distribución *f* ▸ **~ of wealth** reparto *m* de la riqueza ▸ COM **~ cost** coste *m* de distribución ▸ COM **~ network** red *f* de distribución

distributor [dɪs'trɪbjʊtə(r)] n **1.** [person, company] distribuidor(ora) *m,f* **2.** AUT distribuidor *m*, *ESP* delco® *m*

district ['dɪstrɪkt] n [of country] comarca *f* / [of town, city] barrio *m* ▸ *US* **~ attorney** fiscal *mf* del distrito ▸ **~ court** tribunal *m* federal ▸ *BR* **~ nurse** = *enfermera que* *visita a los pacientes en sus casas*

distrust [dɪs'trʌst] ■ n desconfianza *f*
■ vt desconfiar de

distrustful [dɪs'trʌstfʊl] adj desconfiado(a) ▸ **to be ~ of** desconfiar de

disturb [dɪs'tɜ:b] vt **1.** [annoy, interrupt] [person] molestar / [sleep, concentration] perturbar ▸ LAW **to ~ the peace** alterar el orden público **2.** [worry] preocupar **3.** [disarrange] [papers, room] desordenar / [water surface] agitar

disturbance [dɪs'tɜ:bəns] n **1.** [nuisance] molestia *f* **2.** [atmospheric, emotional] perturbación *f* **3.** [fight, riot] disturbio *m* ▸ **to cause** *or* **create a ~** provocar disturbios

disturbed [dɪs'tɜ:bd] adj [night, sleep] agitado(a) / [mentally, emotionally] trastornado(a), perturbado(a) ▸ **to be ~** [mentally, emotionally] estar trastornado(a) *or* perturbado(a)

disturbing [dɪs'tɜ:bɪŋ] adj [worrying] preocupante

disturbingly [dɪs'tɜ:bɪŋlɪ] adv **the level of pollution is ~ high** el (alto) nivel de contaminación es preocupante

disunity [dɪs'ju:nɪtɪ] n desunión *f*

disuse [dɪs'ju:s] n **to fall into ~** caer en desuso

ditch [dɪtʃ] ■ n zanja *f* / [at roadside] cuneta *f* / [as defence] foso *m*
■ vt *Fam* [get rid of] [car, useless object] deshacerse de / [girlfriend, boyfriend] plantar / [plan, idea] descartar

dither ['dɪðə(r)] *Fam* ■ n **to be all of a ~, to be in a ~** aturullarse
■ vi vacilar, estar hecho(a) un lío

ditherer ['dɪðərə(r)] n *Fam* **he's such a terrible ~** es superindeciso

ditsy ['dɪtsɪ] adj alocado(a)

ditto ['dɪtəʊ] adv ídem ▸ *Fam* **I'm hungry – ~** tengo hambre – ídem (de ídem)

ditty ['dɪtɪ] n *Fam* tonadilla *f*

diuretic [daɪjʊ'retɪk] n & adj diurético(a)

divan [dɪ'væn] n diván *m* ▸ **~ bed** cama *f* turca

dive [daɪv] ■ n **1.** [from poolside, diving board] salto *m* de cabeza / [of deep-sea diver, submarine] inmersión *f* **2.** *Fam Pej* [place] antro *m*
■ vi (pt *US* **dove** [dəʊv]) [from poolside, diving board] tirarse de cabeza / [scuba-diver] bucear / [deep-sea diver, submarine] sumergirse / [aircraft] lanzarse en *ESP* picado *or AM* picada ▸ **to ~ for cover** ponerse a cubierto

diver ['daɪvə(r)] n [from diving board] saltador(ora) *m,f* de trampolín / [with scuba apparatus] submarinista *mf,* buzo *m* / [deep sea] buzo *m*

diverge [daɪ'vɜ:dʒ] vi [rays] divergir / [roads] bifurcarse / [opinions, persons] discrepar, divergir

divergence [daɪ'vɜ:dʒəns] n divergencia *f*

divergent [daɪ'vɜ:dgənt], ***diverging*** [daɪ'vɜ:dʒɪŋ] adj divergente, discrepante

diverse [daɪ'vɜ:s] adj diverso(a)

diversification [daɪvɜ:sɪfɪ'keɪʃən] n COM diversificación *f*

diversify [daɪ'vɜ:sɪfaɪ] ■ vt diversificar
■ vi [company] diversificarse

diversion [daɪ'vɜ:ʃən] n **1.** [of traffic, funds] desvío *m* ▸ **to create a ~** distraer la atención **2.** [amusement] distracción *f*

diversity [daɪ'vɜ:sɪtɪ] n diversidad *f*

divert [daɪ'vɜ:t, dɪ'vɜ:t] vt **1.** [traffic, river, attention] desviar **2.** [amuse] **to ~ oneself** distraerse

divest [daɪ'vest] vt *Formal* **to ~ sb of sth** despojar a alguien de algo

divide [dɪ'vaɪd] ■ n [gulf] división *f,* separación *f*
■ vt **1.** [money, food] repartir (**between** *or* **among** entre) ▸ **to ~ sth in two/three** dividir algo en dos/tres partes **2.** MATH dividir ▸ **~ 346 by 17** dividir 346 entre 17 **3.** [separate] separar (**from** de) ▸ **~ and rule** divide y vencerás
■ vi [road] bifurcarse / [group] dividirse

◆ ***divide up*** vt sep [share] repartir

divided [dɪ'vaɪdɪd] adj dividido(a) ▸ **to be ~** estar dividido(a) ▸ **a family ~ against itself** una familia dividida ▸ *US* **~ highway** autovía *f*

dividend ['dɪvɪdend] n dividendo *m* ▸ *Fig* **to pay dividends** resultar beneficioso(a)

divider [dɪ'vaɪdə(r)] n **1.** [in room] [thin wall] tabique *m* / [screen] mampara *f* **2.** MATH **(a pair of) dividers** (un) compás *m* de puntas

dividing [dɪ'vaɪdɪŋ] adj **~ line** línea *f* divisoria ▸ **~ wall** muro *m* divisorio

divine [dɪ'vaɪn] ■ adj [judgement, worship] divino(a) ▸ *Fam* **you look ~ in that dress** estás divina con ese vestido
■ vt adivinar

diving ['daɪvɪŋ] n [from poolside, diving board] salto *m* (de cabeza) / [scuba diving] submarinismo *m,* buceo *m* / [deep sea] buceo *m* en alta mar ▸ **~ bell** campana *f* de buzo ▸ **~ board** trampolín *m* ▸ **~ suit** traje *m* de buceo *or* de hombre rana

divinity [dɪ'vɪnɪtɪ] n **1.** [divine nature, god] divinidad *f* **2.** [subject] teología *f* **3. the Divinity** Dios *m*

divisible [dɪ'vɪzɪbəl] adj divisible

division [dɪ'vɪʒən] n **1.** [separation, in maths] división *f* **2.** [distribution] reparto *m* ▸ **~ of labour** división *f* del trabajo **3.** [discord] discordia *f* **4.** [unit] división *f* ▸ **first/second ~** [in league] primera/segunda división

divisive [dɪ'vaɪsɪv] adj disgregador(ora)

divorce [dɪ'vɔ:s] ■ n divorcio *m* ▸ **to start ~ proceedings (against sb)** emprender los trámites de divorcio (contra alguien)
■ vt **1.** [spouse] divorciarse de ▸ **to get divorced (from sb)** divorciarse (de alguien) **2.** *Fig* separar (**from** de)
■ vi [husband and wife] divorciarse

divorcee [dɪvɔ:'si:] n divorciado(a) *m,f*

divorcée [dɪvɔ:'seɪ] n divorciada *f*

divulge [daɪ'vʌldʒ] vt divulgar, dar a conocer

DIY [di:aɪ'waɪ] n (abbr ***do-it-yourself***) bricolaje *m*

dizzily ['dɪzɪlɪ] adv **1.** [to rise] [cliffs, prices] vertiginosamente **2.** *Fam* [to behave, laugh] atolondradamente

dizzy ['dɪzɪ] adj **1.** [unsteady] [because of illness] mareado(a) / [feeling vertigo] con vértigo ▸ **to be ~** [because of illness] estar mareado(a) / [feeling vertigo] tener *or* sentir vértigo ▸ **to reach the ~ heights of government** alcanzar las altas esferas del gobierno ▸ **~ spell** mareo *m* **2.** *Fam* [frivolous] **a ~ blonde** una rubia *or* MÉX güera locuela

DJ ['di:dʒeɪ] n **1.** (abbr ***disc jockey***) pinchadiscos *mf inv* **2.** *Fam* (abbr ***dinner jacket***) esmoquin *m*

Djibouti [dʒɪ'bu:tɪ] n Yibuti

dl (abbr ***decilitres***) dl

DNA [di:en'eɪ] n CHEM (abbr ***deoxyribonucleic acid***) ADN *m*, ácido *m* desoxirribonucleico

do[1] [dəʊ] n MUS do *m*

do[2] [du:] ■ v aux

> En el inglés hablado, y en el escrito en estilo coloquial, las formas negativas **do not, does not** y **did not** se transforman en **don't, doesn't** y **didn't**. Como verbo transitivo **do**, unido a muchos nombres, expresa actividades, como **to do the gardening, to do the ironing** y **to do the shopping**. En el presente diccionario, estas estructuras se encuentran bajo los nombres respectivos.

(3rd person singular **does** [dʌz], pt **did** [dɪd], pp **done** [dʌn]) **1.** [not translated in negatives and questions] **I don't speak Spanish** no hablo español ▸ **I didn't see him** no lo vi ▸ **do you speak Spanish?** ¿hablas español? ▸ **did you see him?** ¿lo viste? ▸ **don't you speak Spanish?** ¿no hablas español? ▸ **didn't you see him?** ¿no lo viste? **2.** [for emphasis] **she DOES speak Spanish!** ¡sí que habla español! ▸ **I DIDN'T see him!** ¡te digo que no lo vi! **3.** [substituting main verb] **she writes better than I do** escribe mejor que yo ▸ **he has always loved her and still does** siempre la ha querido y todavía la quiere ▸ **if you want to speak to him, do it now** si quieres hablar con él, hazlo ahora ▸ **do you speak Spanish? – no I don't** ¿hablas español? – no ▸ **did you see him? – I did** ¿lo viste? – sí **4.** [in tag questions] **you speak Spanish, don't you?** tú hablas español, ¿no? ▸ **John lives near here, doesn't he?** John vive cerca de aquí, ¿verdad? ▸ **they said they'd come early, didn't they?** dijeron que vendrían pronto, ¿no? ▸ **you didn't see him, did you?** tú no lo viste, ¿verdad?

■ vt **1.** [in general] hacer ▸ **what are you doing?** ¿qué haces?, ¿qué estás haciendo? ▸ **what do you do?** [what's your job?] ¿a qué te dedicas?, ¿en qué trabajas? ▸ **what can I do for you?** ¿qué desea?, ¿puedo ayudarle en algo? ▸ **it just isn't done!** [is not acceptable behaviour] ¡eso no se hace!, ¡eso no está bien! ▸ **the car was doing 150 km per hour** el coche iba a 150 kms por hora ▸ **they do good food here** aquí hacen muy buena comida ▸ **that hairstyle does nothing for her** ese peinado no le favorece nada ▸ *Fam* **this music doesn't do anything for me** esta música no me dice nada ▸ **to do French/physics** [at school, university] estudiar francés/física ▸ **to do the housework** hacer las labores de la casa **2. to do one's hair** peinarse, arreglarse el pelo ▸ **to do one's teeth** lavarse los dientes **3.** *Fam* **to do drugs** tomar drogas **4. to be done** [food] estar hecho(a) ▸ **have you done complaining?** ¿has terminado ya de quejarte? ▸ *Fam* **I've been done!** [cheated] ¡me han tangado *or* timado! **5.** *Fam* [prosecute] **he was done for fraud** lo empapelaron por fraude

■ vi **1.** [perform, act] **she did well/badly** le fue bien/mal ▸ **he does well/badly at school** le va bien/mal en el colegio **2.** [suffice] **it will/won't do** será/no será suficiente ▸ **that'll do!** ¡ya basta *or* ESP vale! ▸ **this will never do!** ¡esto es intolerable! ▸ **to make do** arreglárselas, apañárselas **3.** [finish] **hasn't she done yet?** ¿no ha terminado aún?

■ n **1. do's and don'ts** reglas *fpl* básicas **2.** *Fam* [party, celebration] fiesta *f*

◆ ***do away with*** vt insep [abolish, kill] acabar con

◆ ***do down*** vt sep BR desacreditar, menospreciar ▸ **to do oneself down** minusvalorarse, infravalorarse

◆ ***do for*** vt insep *Fam* **he's done for** está perdido, lo tiene crudo *or* claro

◆ ***do in*** vt sep *Fam* **1.** [murder] cargarse **2.** *esp* BR [exhaust] **I'm absolutely done in** estoy hecho(a) migas **3.** BR [damage] **to do one's back/knee in** fastidiarse la espalda/rodilla

◆ ***do out of*** vt sep *Fam* **to do sb out of sth** [deprive] privar a alguien de algo / [cheat] tangar *or* estafar algo a alguien

◆ ***do over*** vt sep BR *Fam* [beat up] **to do sb over** dar una tunda a alguien

◆ ***do up*** ■ vt sep **1.** [fasten] abrochar ▸ **do your coat up** abróchate el abrigo **2.** [wrap] envolver **3.** [improve appearance of] remozar, renovar ▸ *Fam* **to do oneself up** [dress smartly] arreglarse, ESP ponerse guapo(a)

■ vi [clothes] abrocharse

◆ ***do with*** vt insep **1.** [benefit from] **I could do with a cup of tea** no me vendría mal una taza de té **2.** [expressing involvement] **I want nothing to do with him** no quiero tener nada que ver con él ▸ **I had nothing to do with it** no tuve nada que ver con eso ▸ **it's nothing to do with you** [not your business] no es asunto tuyo **3.** [stop using] **to have done with sth** terminar con algo ▸ **have you done with the scissors yet?** ¿has terminado con las tijeras?

◆ ***do without*** vt insep [manage without] pasar sin ▸ **I could do without your snide remarks** me sobran *or* puedes ahorrarte tus comentarios sarcásticos

DOA [di:əʊ'eɪ] adj MED (abbr ***dead on arrival***) **he was ~** cuando llegó al hospital ya había muerto, ESP ingresó cadáver

DOB (abbr ***date of birth***) = *fecha de nacimiento*

doc [dɒk] n *Fam* doctor(ora) *m,f*

docile ['dəʊsaɪl] adj dócil

docility [də'sɪlətɪ] n docilidad *f*

dock[1] [dɒk] ■ n [for ships] muelle *m* ▸ **the docks** el puerto ▸ **~ strike** huelga *f* de estibadores

■ vi [ship] atracar / [two spacecraft] acoplarse

dock[2] n LAW banquillo *m* (de los acusados)

dock[3] vt **1.** [tail] recortar **2.** [wages] recortar

docker ['dɒkə(r)] n estibador *m*

dockyard ['dɒkjɑːd] n astillero *m*

doctor ['dɒktə(r)] ■ n **1.** [medical] médico(a) *m,f* ▸ **to go to the ~('s)** ir al médico ▸ *Fam Fig* **that's just what the ~ ordered** me/le/*etc.* viene que ni pintado **2.** UNIV doctor(ora) *m,f*

■ vt **1.** *Fam* [accounts, evidence] amañar **2.** *BR* [cat] castrar, capar

doctorate ['dɒktərɪt] n UNIV doctorado *m*

doctrinaire [dɒktrɪ'neə(r)] adj doctrinario(a)

doctrinal [dɒk'traɪnəl] adj doctrinal

doctrine ['dɒktrɪn] n doctrina *f*

docudrama ['dɒkjʊdrɑːmə] n docudrama *m*

document ■ n ['dɒkjʊmənt] documento *m* ▸ **~ case** portafolios *m inv* ▸ COMPTR **~ reader** digitalizador *m,* lector *m* de documentos

■ vt ['dɒkjʊment] documentar ▸ **the first documented case** el primer caso registrado *or* documentado

documentary [dɒkjʊ'mentərɪ] ■ n [TV programme] documental *m*

■ adj documental

documentation [dɒkjʊmen'teɪʃən] n documentación *f*

dodder ['dɒdə(r)] vi renquear, caminar *or ESP* andar con paso vacilante

doddering ['dɒdərɪŋ] adj [walk] renqueante, vacilante ▸ **~ fool** viejo *m* chocho

doddle ['dɒdəl] n *BR Fam* **it's a ~** es pan comido

dodge [dɒdʒ] n ■ **1.** [movement] regate *m,* quiebro *m* **2.** *Fam* [trick] truco *m* ▸ **tax ~** trampa *f* para engañar a Hacienda

■ vt [blow, person] esquivar / [responsibility, question] eludir

■ vi apartarse bruscamente

Dodgems® ['dɒdgəmz] npl *BR* autos *mpl or* coches *mpl* de choque, *MÉX* carritos *mpl* chocones, *CSUR* autitos *mpl* chocadores

dodgy ['dɒdʒɪ] adj *BR Fam* [person] dudoso(a) / [area] peligroso(a), *ESP* chungo(a) / [situation, brakes, weather] chungo(a)

dodo ['dəʊdəʊ] (pl **dodos** *or* **dodoes**) n dodo *m* ▸ **(as) dead as a ~** muerto(a) y bien muerto(a)

doe [dəʊ] n [deer] cierva *f* / [rabbit] coneja *f*

does [dʌz] 3rd person singular *of* ***do***

doesn't ['dʌzənt] ➤ ***does not***

doff [dɒf] vt **to ~ one's cap to sb** descubrirse ante alguien

dog [dɒg] ■ n **1.** [animal] perro *m* ▸ **~ biscuit** galleta *f* para perros ▸ **~ collar** [of dog] collar *m* de perro / *Fam* [of cleric] alzacuello *m* ▸ **~ food** comida *f* para perros ▸ **~ handler** adiestrador(ora) *m,f* de perros ▸ **~ licence** licencia *f* del perro ▸ **~ paddle** [swimming stroke] estilo *m* perrito ▸ **~ racing** carreras *fpl* de galgos ▸ **~ tag** [of dog, soldier] placa *f* de identificación **2.** *Fam* [person] **you lucky ~!** ¡qué potra tienes! ▸ **dirty ~** canalla *mf,* perro(a) *m,f* asqueroso(a) **3.** *Fam Pej* [ugly woman] coco *m, ESP* cardo *m, ANDES, RP* bagre *m* **4.** [idioms] *Fam* **to lead a dog's life** llevar una vida de perros ▸ *Fam* **to make a dog's breakfast** *or* **dinner of sth** hacer una chapuza con algo ▸ *Fam* **it's a ~-eat-~ world** es un mundo de fieras ▸ *Fam* **to go to the dogs** irse a pique, hundirse ▸ *Fam* **to be a ~ in the manger** ser como el perro del hortelano, que ni come ni deja comer ▸ *Prov* **you can't teach an old ~ new tricks** a perro viejo no hay tus tus ▸ *Prov* **every ~ has his day** todos tenemos nuestro momento de gloria

■ vt (pt & pp **dogged**) [follow] perseguir, seguir ▸ **to ~ sb's footsteps** seguir los pasos de alguien ▸ **she was dogged by misfortune** le perseguía la mala suerte

dog-eared ['dɒgɪəd] adj [book, page] ajado(a), con las esquinas dobladas

dogfight ['dɒgfaɪt] n [between planes] combate *m* aéreo / [between people] lucha *f* encarnizada

dogfish ['dɒgfɪʃ] n lija *f,* pintarroja *f*

dogged ['dɒgɪd] adj tenaz, perseverante

doggedly ['dɒgɪdlɪ] adv tenazmente, con tenacidad

doggedness ['dɒgɪdnɪs] n tenacidad *f*

doggerel ['dɒgərəl] n [comical] poesía *f* burlesca / [bad] ripios *mpl*

doggy ['dɒgɪ] n *Fam* perrito *m* ▸ **~ bag** bolsa *f* con las sobras de la comida

doghouse ['dɒghaʊs] n *Fam* **to be in the ~** haber caído en desgracia

dogma ['dɒgmə] n dogma *m*

dogmatic [dɒg'mætɪk] adj dogmático(a)

dogmatism ['dɒgmətɪzəm] n dogmatismo *m*

do-gooder ['duː'gʊdə(r)] n *Fam Pej* buen(ena) samaritano(a) *m,f*

dogsbody ['dɒgzbɒdɪ] n *BR Fam* burro *m* de carga

dog-tired ['dɒg'taɪəd] adj *Fam* hecho(a) polvo

dogwood ['dɒgwʊd] n cornejo *m,* cerezo *m* silvestre

doh [dəʊ] n MUS do *m*

doily ['dɔɪlɪ] n blonda *f, RP* carpeta *f*

doing ['duːɪŋ] n **1. this is his ~** esto es obra suya ▸ **it was none of my ~** yo no he tenido nada que ver ▸ **that takes some ~** eso tiene su trabajo *or* no es ninguna tontería **2. doings** actividades *fpl*

do-it-yourself [duːɪtjɔː'self] n bricolaje *m* ▸ **a ~ enthusiast** un amante del bricolaje

doldrums ['dɒldrəmz] npl **to be in the ~** [person] estar con la moral baja, *AM* estar con el ánimo por el piso / [trade, economy] estar estancado(a)

dole [dəʊl] n *BR Fam* subsidio *m* de desempleo, *ESP* paro *m* ▸ **to be on the ~** cobrar el paro ▸ **to join the ~ queue** pasar a engrosar las filas del desempleo *or ESP* paro

◆ ***dole out*** vt sep *Fam* repartir

doleful ['dəʊlfʊl] adj triste

doll [dɒl] n muñeca *f* ▸ *BR* **doll's house** casa *f* de muñecas

◆ ***doll up*** vt sep *Fam* **to ~ oneself up** emperifollarse

dollar ['dɒlə(r)] n dólar *m* ▸ **~ bill** billete *m* de un dólar

dollhouse ['dɒlhaʊs] n *US* casa *f* de muñecas

dollop ['dɒləp] n *Fam* [of ice cream, mashed potato] cucharada *f*

dolly ['dɒlɪ] n *Fam* muñequita *f*

dolphin ['dɒlfɪn] n delfín *m*

dolt [dəʊlt] n estúpido(a) *m,f,* idiota *mf*

domain [də'meɪn] n [lands] dominios *mpl* / COMPTR dominio *m* / *Fig* [area of influence, expertise] ámbito *m,* campo *m* ▸ **that is outside my ~** eso queda fuera de mi campo ▸ COMPTR **~ name** nombre *m* de dominio

dome [dəʊm] n cúpula *f*

domestic [də'mestɪk] adj **1.** [appliance, pet] doméstico(a) ▸ **~ bliss** felicidad *f* hogareña ▸ *BR* **~ science** [school subject] economía *f* doméstica ▸ **~ servant** criado(a) *m,f* ▸ **~ violence** violencia *f* doméstica **2.** [policy] interior / [flight, economy] nacional

domesticate [də'mestɪkeɪt] vt [animal] domesticar

domesticated [də'mestɪkeɪtɪd] adj [animal] domesticado(a) ▸ *Fig Hum* **to be ~** [person] estar muy bien enseñado(a)

domestication [dəmestɪ'keɪʃən] n [of animal] domesticación *f*

domicile ['dɒmɪsaɪl] n LAW domicilio *m*

domiciliary [dɒmɪ'sɪlɪərɪ] adj *Formal* [visit] a domicilio / [care, services] domiciliario(a)

dominance ['dɒmɪnəns] n [in general] predominio *m,* dominación *f* / [of gene] dominancia *f*

dominant ['dɒmɪnənt] adj dominante

dominate ['dɒmɪneɪt] vt & vi dominar

domination [dɒmɪ'neɪʃən] n dominio *m*

domineer [dɒmɪ'nɪə(r)] vi dominar ▸ **to ~ over sb** someter a alguien

domineering [dɒmɪ'nɪerɪŋ] adj dominante

Dominica [də'mɪnɪkə] n Dominica

Dominican [də'mɪnɪkən] ■ n [person from Dominican Republic] dominicano(a) *m,f*
■ adj [of Dominican Republic] dominicano(a) ▸ **the ~ Republic** la República Dominicana

dominion [də'mɪnjən] n *Literary* dominio *m*

domino ['dɒmɪnəʊ] (pl **dominoes**) n ficha *f* de dominó ▸ **dominoes** [game] dominó *m* ▸ POL **~ effect** efecto *m* dominó

don[1] [dɒn] n *BR* UNIV profesor(ora) *m,f*

don[2] (pt & pp **donned**) vt *Formal* [hat, clothes] enfundarse, ponerse

donate [də'neɪt] vt donar

donation [də'neɪʃən] n donativo *m,* donación *f* ▸ **to make a ~** hacer un donativo

done [dʌn] pp *of* ***do***

donkey ['dɒŋkɪ] n [animal] burro *m* / [person] burro(a) *m,f* ▸ *Fam* **I haven't seen him for donkey's years** no lo he visto desde hace siglos ▸ **~ jacket** chaqueta *f or MÉX* chamarra *f or RP* campera *f* gruesa de trabajo ▸ *Fam* **~ work** trabajo *m* pesado

donor ['dəʊnə(r)] n donante *mf* ▸ **~ card** carné *m* de donante

don't [dəʊnt] ➤ ***do not***

don't know ['dəʊnt'nəʊ] n **1.** [answer] no sé *m* **2.** [person] = *persona que no sabe o no contesta en un cuestionario*

donut ['dəʊnʌt] n *US* dónut *m*

doodah ['du:dɑ:], *US* ***doodad*** ['du:dæd] n *Fam* chisme *m, CAM, CARIB, COL* vaina *f, RP* coso *m*

doodle ['du:dəl] *Fam* ■ n garabato *m*
■ vi garabatear

doom [du:m] ■ n fatalidad *f* ▸ **it's not all ~ and gloom** no todo es tan terrible
■ vt **to be doomed** [unlucky] tener mala estrella / [about to die] ir hacia una muerte segura / [plan, marriage, expedition] estar condenado(a) al fracaso ▸ **to be doomed to do sth** estar fatalmente predestinado(a) a hacer algo

doom-laden ['du:mleɪdən] adj funesto(a)

doomsday ['du:mzdeɪ] n día *m* del Juicio Final ▸ **till ~** hasta el día del Juicio Final

door [dɔ:(r)] n puerta *f* ▸ **to see sb to the ~** acompañar a alguien a la puerta *or* a la salida ▸ **to show sb the ~** [ask to leave] echar a alguien ▸ **out of doors** al aire libre ▸ **to shut the ~ in sb's face** dar a alguien con la puerta en las narices ▸ **she lives two doors away** vive a dos portales de aquí ▸ *Fig* **to lay sth at sb's ~** achacar algo a alguien ▸ **~ handle** manilla *f,* tirador *m* ▸ **~ knocker** aldaba *f,* llamador *m*

doorbell ['dɔ:bel] n timbre *m*

do-or-die ['du:ɔ:'daɪ] adj **he has a ~ approach to any challenge** ante cualquier reto va a por todas

doorkeeper ['dɔ:ki:pə(r)] n portero(a) *m,f*

doorknob ['dɔ:nɒb] n pomo *m*

doorman ['dɔ:mən] n portero *m*

doormat ['dɔ:mæt] n felpudo *m* ▸ *Fig* **to treat sb like a ~** tratar como un trapo *or* pisotear a alguien

doorpost ['dɔ:pəʊst] n jamba *f*

doorstep ['dɔ:step] n escalón *m* de entrada ▸ **he stood on the ~** se quedó en el umbral ▸ *Fig* **on one's ~** [very near] en la misma puerta

doorstop ['dɔ:stɒp] n [fixed] tope *m* / [wedge] cuña *f*

door-to-door ['dɔ:tə'dɔ:r] ■ adj POL **~ canvassing** = *campaña electoral en la que los representantes de los partidos van de casa en casa* ▸ COM **~ salesman** vendedor *m* a domicilio
■ adv **to sell sth ~** vender algo a domicilio

doorway ['dɔ:weɪ] n puerta *f,* entrada *f* ▸ **in the ~** a *or* en la puerta

dope [dəʊp] ■ n **1.** *Fam* [hashish, cannabis] costo *m* / [marijuana] maría *f* ▸ **~ test** [for athlete] control *m or* prueba *f* antidoping **2.** *Fam* [idiot] tonto(a) *m,f,* bobo(a) *m,f, AM* sonso(a) *m,f, AM* zonzo(a) *m,f*
■ vt [person, horse] drogar / [food, drink] echar droga en

dopey, dopy ['dəʊpɪ] adj *Fam* [stupid] tonto(a), bobo(a), *AM* sonso(a), *AM* zonzo(a)

doppelgänger ['dɒpəlgæŋə(r)] n doble *mf*

dopy ➤ ***dopey***

dork [dɔ:k] n *US Fam* petardo(a) *m,f*

dorm [dɔ:m] n *Fam* [dormitory] dormitorio *m*

dormant ['dɔ:mənt] ■ adj [emotions, ideas] latente / [volcano] inactivo(a)
■ adv **to lie ~** permanecer latente

dormitory ['dɔːmɪtərɪ] n **1.** dormitorio *m* ▸ **~ town** ciudad *f* dormitorio **2.** *US* UNIV ≃ colegio *m* mayor

dormouse ['dɔːmaʊs] (pl **dormice** ['dɔːmaɪs]) n lirón *m*

dorsal ['dɔːsəl] adj dorsal

DOS [dɒs] n COMPTR (abbr ***disk operating system***) DOS *m*

dosage ['dəʊsɪdʒ] n [amount] dosis *f* ▸ **to increase the ~** aumentar la dosis

dose [dəʊs] ■ n dosis *f inv* ▸ **a ~ of flu** una gripe *or COL, MÉX* gripa

■ vt *Fam* **to ~ oneself (up) with pills** tomarse una fuerte dosis de pastillas

dosh [dɒʃ] n *BR Fam* [money] *ESP* pasta *f, ESP, RP* guita *f, AM* plata *f, MÉX* lana *f*

doss [dɒs] vi *BR Fam* **to ~ (down) in a park** dormir *or ESP* sobar en un parque

dosser ['dɒsə(r)] n *BR Fam* [tramp] vagabundo(a) *m,f* / [lazy person] vago(a) *m,f* perdido(a) *or ESP* del copón

doss-house ['dɒshaʊs] n *BR Fam* pensión *f* de mala muerte

dossier ['dɒsɪeɪ] n dossier *m*, expediente *m*

dot [dɒt] ■ n punto *m* ▸ **on the ~** en punto ▸ COMPTR **~ matrix printer** impresora *f* matricial *or* de agujas

■ vt (pt & pp **dotted**) salpicar ▸ **to ~ an 'i'** poner el punto sobre una i ▸ **dotted with** salpicado(a) de ▸ *Fig* **to ~ the i's (and cross the t's)** dar los últimos toques ▸ **dotted line** línea *f* de puntos ▸ **to sign on the dotted line** estampar la firma

dotage ['dəʊtɪdʒ] n **to be in one's ~** estar chocho(a), chochear

dote [dəʊt] ◆ ***dote on, dote upon*** vt insep mimar, adorar

dotty ['dɒtɪ] adj *Fam* [person] chalado(a) ▸ **a ~ idea** una chaladura ▸ **to be ~** estar chalado(a) ▸ **he's ~ about her** se le cae la baba con ella

double ['dʌbəl] ■ n **1.** [of person] doble *mf* **2.** [hotel room] habitación *f* doble **3. doubles** [in tennis] dobles *mpl* ▸ **a doubles match** un partido de dobles **4. at** *or* **on the ~** a toda velocidad, corriendo

■ adj doble ▸ **a ~ gin/whisky** una ginebra/un whisky doble ▸ **~ m** [when spelling] doble eme, dos emes ▸ **~ agent** agente *mf* doble ▸ **~ bass** contrabajo *m* ▸ **~ bed** cama *f* de matrimonio ▸ **~ bill** [at cinema] sesión *f* doble ▸ **~ chin** papada *f* ▸ *BR* **~ cream** *ESP* nata *f* para montar, *AM* crema *f* líquida enriquecida, *RP* crema *f* doble ▸ **~ date** cita *f* de dos parejas ▸ *BR Fam* **to talk ~ Dutch** hablar en chino ▸ **~ fault** [in tennis] doble falta *f* ▸ **~ figures** números *mpl* de dos cifras ▸ **inflation is now in ~ figures** la inflación ha superado la barrera del 10 por ciento ▸ *BR* UNIV **~ first** = *licenciatura en dos especialidades con las calificaciones más altas* ▸ *US* FIN **~ indemnity** = *seguro de vida en el que se paga el doble del capital cuando el asegurado muere por accidente* ▸ **to lead a ~ life** llevar una doble vida ▸ **~ meaning** doble sentido *m* ▸ **~ parking** estacionamiento *m or ESP* aparcamiento *m* en doble fila ▸ **~ room** habitación *f* doble ▸ **~ spacing** doble espacio *m* ▸ **~ standard** doble moral *f* ▸ **to do a ~ take** reaccionar un instante más tarde ▸ *BR* **~ yellow line** = *línea doble continua de color amarillo próxima al bordillo que indica prohibición total de estacionamiento*

■ adv **1.** [twice as much] el doble ▸ **to charge sb ~** cobrar a alguien el doble ▸ **it costs ~ what it did last year** cuesta el doble de lo que costaba el año pasado ▸ **to see ~** ver doble **2.** [in two] **to fold sth ~** doblar algo por la mitad ▸ **to be bent ~** estar doblado(a) *or* agachado(a)

■ vt **1.** [multiply by 2] duplicar **2.** [fold] doblar por la mitad

■ vi **1.** [increase] duplicarse **2. to ~ as** [person] hacer también de / [thing] funcionar también como

◆ ***double back*** vi volver (uno) sobre sus pasos

◆ ***double up*** vi [bend] doblarse ▸ **to ~ up with pain** retorcerse de dolor ▸ **to ~ up with laughter** troncharse de risa

double-barrelled ['dʌbəl'bærəld] adj [shotgun] de dos cañones / [surname] compuesto(a)

double-blind ['dʌbəl'blaɪnd] adj [experiment] a doble ciego

double-breasted ['dʌbəl'brestɪd] adj [jacket, suit] cruzado(a)

double-check ['dʌbəl'tʃek] vt & vi comprobar dos veces

double-click ['dʌbəl'klɪk] COMPTR ■ n doble click *m*

■ vt hacer doble click en

■ vi hacer doble click (**on** en)

double-cross ['dʌbəl'krɒs] vt engañar, traicionar

double-dealing ['dʌbəl'diːlɪŋ] n doblez *f*, duplicidad *f*

double-decker ['dʌbəl'dekə(r)] n *BR* [bus] autobús *m* de dos pisos

double-edged ['dʌbəl'edʒd] adj [blade, remark] de doble filo

double-glazing ['dʌbəl'gleɪzɪŋ] n doble acristalamiento *m*

double-jointed ['dʌbəl'dʒɒɪntəd] adj **to be ~** = *tener las articulaciones más flexibles de lo normal de modo que se doblan hacia atrás*

double-lock ['dʌbəl'lɒk] vt cerrar con dos vueltas (de llave)

double-park ['dʌbəl'pɑːk] ■ vt estacionar *or ESP* aparcar en doble fila

■ vi estacionarse *or ESP* aparcar en doble fila

double-quick ['dʌbəl'kwɪk] adv rapidísimamente

doublethink ['dʌbəlθɪŋk] n (asunción *f* de) ideas *fpl* contradictorias

doubly ['dʌblɪ] adv doblemente, por partida doble

doubt [daʊt] ■ n duda *f* ▸ **to have doubts about sth** tener dudas sobre algo ▸ **to be in ~** [person] tener dudas / [outcome] ser incierto(a) ▸ **when in ~** en caso de duda ▸ **beyond ~** sin lugar a dudas ▸ **no ~** sin duda ▸ **there is no ~ that...** no cabe duda de que... ▸ **there is no ~ about her guilt** no hay duda alguna acerca de su culpabilidad ▸ **there is some ~ about her guilt** se tienen dudas acerca de su culpabilidad

■ vt dudar ▸ **I ~ it** lo dudo ▸ **I ~ whether that is the**

case dudo que sea así ▸ **do you ~ me?** ¿acaso dudas de mí?

doubtful ['daʊtfʊl] adj **1.** [uncertain] [person] dubitativo(a) / [outcome] incierto(a) ▸ **to be ~ about sth** tener dudas acerca de algo ▸ **it is ~ whether he will succeed** es dudoso que tenga éxito **2.** [questionable] dudoso(a)

doubtfully ['daʊtfʊlɪ] adv con aire dubitativo, sin demasiada convicción

doubting ['daʊtɪŋ] adj escéptico(a), incrédulo(a) ▸ **a ~ Thomas** un(a) escéptico(a) *or* incrédulo(a)

doubtless ['daʊtlɪs] adv sin duda, indudablemente

dough [dəʊ] n **1.** [for bread] masa *f* **2.** *Fam* [money] *ESP* pasta *f, ESP, RP* guita *f, AM* plata *f, MÉX* lana *f*

doughnut ['dəʊnʌt] n [with hole] dónut *m* / [without hole] buñuelo *m*

dour [dʊə(r)] adj severo(a), adusto(a)

Douro ['dʊərəʊ] n **the ~** el Duero

douse [daʊs] vt **1.** [soak] empapar, mojar **2.** [extinguish] apagar

dove[1] [dʌv] n paloma *f*

dove[2] [dəʊv] *US* pt *of* ***dive***

dovecote ['dʌvkɒt] n palomar *m*

dovetail ['dʌvteɪl] vi [fit closely] encajar (**with** en *or* con)

dowager ['daʊədʒə(r)] n viuda *f (de un noble)* ▸ **~ duchess** duquesa *f* viuda

dowdy ['daʊdɪ] adj poco atractivo(a)

dowel ['daʊəl] n [in carpentry] espiga *f*

down[1] [daʊn] n [feathers] plumón *m*

down[2] ■ prep **to go ~ the street** ir por la calle ▸ **to fall ~ the stairs** caerse por las escaleras (abajo) ▸ **they sailed ~ the river** navegaron río abajo

■ adv **1.** [motion] abajo ▸ **I'll be ~ in a minute** bajo enseguida ▸ **~ with traitors!** ¡abajo *or* fuera los traidores! **2.** [position] abajo ▸ **~ here/there** aquí/ahí abajo ▸ **further ~** más abajo ▸ **the price is ~** ha bajado el precio ▸ **one ~, two to go!** ¡uno menos, ya sólo quedan dos! ▸ **everyone from the boss ~** todos, desde el jefe hacia *or* para abajo **3.** [idioms] **to be ~ on sb/sth** haber agarrado *or ESP* cogido manía a alguien/algo ▸ **it's ~ to her** [her decision] ella decide / [her achievement] es gracias a ella ▸ **I'm ~ to my last cigarette** sólo me queda un cigarrillo ▸ *BR Fam* **~ under** en/a Australia y Nueva Zelanda **4.** COMPTR **to be ~** no funcionar ▸ **~ time** [in industry] paro *m* técnico

■ adj **1.** [depressed] deprimido(a) **2. ~ payment** pago *m* inicial, *ESP* entrada *f*, *AM* cuota *f* inicial

■ vt **to ~ an aircraft** derribar un avión ▸ **to ~ tools** [workers] dejar de trabajar ▸ **he downed his beer and left** se terminó la cerveza de un trago y se fue

■ n *Fam* **to have a ~ on sb** haber agarrado *or ESP* cogido manía a alguien

down-and-out ['daʊnən'aʊt] *Fam* ■ n [tramp] vagabundo(a) *m,f*, indigente *mf*

■ adj **to be ~** ser indigente

downbeat ['daʊnbiːt] adj **1.** [gloomy, pessimistic] triste, pesimista **2.** [restrained] **to be ~ about sth** minimizar algo

downcast ['daʊnkɑːst] adj [eyes] bajo(a) / [person] deprimido(a), abatido(a) ▸ **to be ~** [person] estar deprimido(a) *or* abatido(a)

downer ['daʊnə(r)] n *Fam* **1.** [drug] calmante *m*, depresor *m* **2. what a ~!** [how depressing] ¡qué muermo!

downfall ['daʊnfɔːl] n [of government] caída *f* / [of person] perdición *f*

downgrade ['daʊngreɪd] vt degradar, rebajar

downhearted [daʊn'hɑːtɪd] adj desanimado(a), abatido(a)

downhill ['daʊn'hɪl] ■ adj [road] cuesta abajo ▸ **~ skiing** (esquí *m* de) descenso *m*

■ adv *also Fig* **to go ~** ir cuesta abajo

Downing Street ['daʊnɪŋstriːt] n Downing Street

CULTURE / CULTURA

Downing Street

En esta calle londinense se encuentran las residencias oficiales del Primer Ministro británico y del ministro de Hacienda, en los números 10 y 11 respectivamente. El término **Downing Street** se emplea a menudo para designar al gobierno, como por ejemplo en la frase: "there has been no statement from Downing Street".

down-in-the-mouth ['daʊnɪnðə'maʊθ] adj **to be ~** estar deprimido(a) *or* tristón(ona)

download ['daʊn'ləʊd] COMPTR ■ n descarga *f*

■ vt bajar, descargar

downloadable [daʊn'ləʊdəbəl] adj COMPTR descargable ▸ **~ font** fuente *f* cargable

downloading [daʊn'ləʊdɪŋ] n COMPTR descarga *f*

down-market [daʊn'mɑːkɪt] adj popular, barato(a)

downpour ['daʊnpɔː(r)] n aguacero *m*, tromba *f* de agua

downright ['daʊnraɪt] ■ adj [stupidity, dishonesty] absoluto(a), completo(a) ▸ **it's a ~ lie!** ¡es completamente falso!

■ adv [stupid, untrue] absolutamente, completamente

downshift ['daʊnʃɪft] vi **1.** *US* [change gear] reducir **2.** [change lifestyle] relajar el ritmo de vida

downsize ['daʊnsaɪz] vt COM hacer reajuste de plantilla en, reducir plantilla en

downsizing ['daʊnsaɪzɪŋ] n reajuste *m* de plantillas

Down's Syndrome ['daʊn'sɪndrəʊm] n síndrome *m* de Down

downstairs ■ ['daʊnsteəz] adj del piso de abajo ▸ **the ~ flat/bathroom** el piso/cuarto de baño de abajo

■ [daʊn'steəz] adv **to come/go ~** bajar (la escalera) ▸ **he lives ~** vive en el apartamento *or ESP* piso de abajo

downstream [daʊn'striːm] adv aguas abajo

downswing ['daʊnswɪŋ] n ECON (fase *f* de) contracción *f*, bajón *m*

down-to-earth ['daʊntə'ɜːθ] adj práctico(a), realista

downtown ['daʊn'taʊn] *US* ■ n [city centre] centro *m* (urbano)

■ adj del centro ▸ **~ New York** el centro de Nueva York

■ adv **he gave me a lift ~** me llevó *or CAM, MÉX, PERÚ* me dio aventón al centro ▸ **to live ~** vivir en el centro

downtrodden ['daʊntrɒdən] adj oprimido(a)

downturn ['daʊntɜːn] n ECON (fase *f* de) contracción *f*, bajón *m*

downward ['daʊnwəd] adj [trend] descendente

downwards ['daʊnwədz] adv hacia abajo

dowry ['daʊrɪ] n dote *f*

doze [dəʊz] ■ n cabezada *f*, sueñecito *m* ▸ **to have a ~** echar una cabezada

■ vi dormitar

◆ ***doze off*** vi quedarse traspuesto(a)

dozen ['dʌzən] n docena *f* ▸ **a ~ eggs** una docena de huevos ▸ **half a ~ eggs** media docena de huevos ▸ **86 pence a ~** 86 peniques la docena ▸ *Fam* **dozens of times/people** cientos de veces/personas

dozy ['dəʊzɪ] adj *Fam* [sleepy] amodorrado(a) / [stupid] bobo(a), idiota

Dr (abbr ***doctor***) Dr., Dra., doctor(ora) *m,f*

drab [dræb] adj [person] gris, soso(a) / [colours, clothes] soso(a), insulso(a) / [atmosphere, city] anodino(a)

drabness ['dræbnɪs] n [of colour, clothes] sosería *f* / [of atmosphere] sosería *f*, insulsez *f*

drachma ['drækmə] n *Formerly* dracma *m*

draconian [drə'kəʊnɪən] adj draconiano(a)

draft[1] [drɑːft] ■ n **1.** [of letter, proposal, novel] borrador *m* **2.** FIN letra *f* de cambio, giro *m* ▸ **banker's ~** giro *m* bancario **3.** *US* [conscription] llamada *f or AM* llamado *m* a filas, reclutamiento *m* ▸ **~ dodger** = *persona que se libra de tener que alistarse en el ejército mediante subterfugios*

■ vt **1.** [letter, proposal] hacer un borrador de ▸ **to ~ a bill** redactar un anteproyecto de ley **2.** *US* MIL llamar a filas a, reclutar

◆ ***draft in*** vt sep [troops, supporters] movilizar

draft[2] *US* ➤ ***draught***

draft-proof, draft-proofing *US* ➤ ***draught-proof, draught-proofing***

draftsman *US* ➤ ***draughtsman***

drafty *US* ➤ ***draughty***

drag [dræg] ■ n **1.** [air resistance] resistencia *f* del aire ▸ **~ racing** = *carreras de aceleración en coches preparados* **2.** *Fam* [person] plomo *m*, pelma *mf* / [task] rollo *m*, lata *f* ▸ **the party was a real ~** la fiesta fue un rollazo **3.** *Fam* [on cigarette] chupada *f*, *ESP* calada *f*, *AM* pitada *f* ▸ **to take a ~ on a cigarette** dar una chupada a un cigarrillo **4.** [women's clothing] **he was in ~** iba vestido de mujer ▸ **~ artist** *or* **queen** transformista *m*, travestí *m (que viste espectacularmente)*

■ vt (pt & pp **dragged**) **1.** [pull] arrastrar ▸ *Fig* **they dragged their feet over the decision** se anduvieron con muchos rodeos hasta tomar la decisión ▸ *Fam* **we eventually dragged ourselves away from the party** finalmente y a regañadientes nos fuimos de la fiesta **2.** [trawl] [pond, canal] dragar

■ vi [film, conversation] resultar pesado(a) ▸ **the meeting dragged to a close** la reunión terminó por fin

◆ ***drag on*** vi [meeting, film] durar eternamente

◆ ***drag out*** vt sep [meeting, speech] alargar innecesariamente

◆ ***drag up*** vt [refer to] sacar a relucir

dragnet ['drægnet] n [in deep-sea fishing] red *f* de arrastre *or* barredera / *Fig* [to catch criminals] emboscada *f*

dragon ['drægən] n **1.** [mythological creature] dragón *m* **2.** *Fam* [fearsome woman] ogro *m*, bruja *f*

dragonfly ['drægənflaɪ] n libélula *f*

dragoon [drə'guːn] ■ n [soldier] dragón *m*

■ vt **to ~ sb into doing sth** obligar a alguien a hacer algo

drain [dreɪn] ■ n **1.** [for water] desagüe *m* / [for sewage] alcantarilla *f* / [grating] sumidero *m* ▸ *Fig* **to go down the ~** [money] echarse a perder / [work] irse al traste **2.** [on strength, resources] merma *f*, mengua *f* (**on** de) ▸ **the space programme is a ~ on the country's resources** el programa espacial se lleva muchos de los recursos del país

■ vt [liquid] vaciar, quitar (**from** de) / [sink] vaciar / [pond] desaguar / [swamp] drenar / [pasta, vegetables] escurrir ▸ *Fig* **to ~ wealth from a country** debilitar la economía de un país ▸ *Fig* **to feel drained** estar extenuado(a)

■ vi [liquid] irse / [sink, river] desaguar / [washed dishes] escurrir ▸ **the colour drained from her face** se puso pálida, empalideció repentinamente

◆ ***drain away*** vi [liquid] irse / *Fig* [strength, enthusiasm] diluirse, agotarse / *Fig* [fear, tension] disiparse

drainage ['dreɪnɪdʒ] n [of soil, land] drenaje *m*

drainboard *US* ➤ ***draining board***

drained [dreɪnd] adj *Fig* [person] exhausto(a)

draining board ['dreɪnɪŋbɔːd], *US* ***drainboard*** ['dreɪnbɔːd] n escurridero *m*, escurreplatos *m inv*

drainpipe ['dreɪnpaɪp] n tubo *m* de desagüe ▸ **~ trousers, drainpipes** pantalones *mpl* de pitillo

drake [dreɪk] n [male duck] pato *m*

dram [dræm] n [of whisky] chupito *m*

drama ['drɑːmə] n **1.** [art form] teatro *m*, drama *m* / [play] obra *f* de teatro, drama *m* ▸ *Fig* **to make a ~ out of sth** hacer una tragedia de algo ▸ **~ school** escuela *f* de arte dramático **2.** [excitement] dramatismo *m*

dramatic [drə'mætɪk] adj **1.** THEAT [actor, work] dramático(a) **2.** [change, reduction] drástico(a) / [effect] dramático(a) / [event, scenery] espectacular

dramatics [drə'mætɪks] npl **1.** THEAT arte *m* dramático, teatro *m* **2.** [behaviour] histrionismo *m*, dramatismo *m* exagerado

dramatist ['dræmətɪst] n dramaturgo(a) *m,f*

dramatization [dræmətaɪ'zeɪʃən] n dramatización *f*

dramatize ['dræmətaɪz] vt **1.** [novel] adaptar para el teatro **2.** [exaggerate] **to ~ a situation** dramatizar una situación

drank [dræŋk] pt *of* ***drink***

drape [dreɪp] ■ vt [table, coffin] cubrir (**with** con) ▸ **they**

draped the flag over the coffin cubrieron el ataúd con la bandera
■ n *US* **drapes** [curtains] cortinas *fpl*

drastic ['dræstɪk] adj drástico(a)

drat [dræt] exclam *Fam* ~ **(it)!** ¡caramba!

dratted ['drætɪd] adj *Fam* dichoso(a), condenado(a)

draught, *US* ***draft*** [drɑ:ft] n **1.** [wind] corriente *f* (de aire) ▸ **~ excluder** burlete *m* **2.** [drink] trago *m* ▸ **on ~** [beer] de barril ▸ **~ beer** cerveza *f* de barril

draughtboard ['drɑ:ftbɔ:d] n *BR* tablero *m* de damas

draught-proof, *US* ***draft-proof*** ['drɑ:ftpru:f] ■ vt hacer hermético(a)
■ adj hermético(a)

draught-proofing, *US* ***draft-proofing*** ['drɑ:ft-'pru:fɪŋ] n aislamiento *m* *(contra corrientes)*

draughts ['drɑ:fts] n *BR* [game] damas *fpl*

draughtsman, *US* ***draftsman*** ['drɑ:ftsmən] n delineante *mf*

draughty, *US* ***drafty*** ['drɑ:ftɪ] adj **this room/house is a bit ~** en este cuarto/en esta casa hay *or* hace bastante corriente

draw [drɔ:] ■ n **1.** [in soccer match, argument] empate *m* **2.** [lottery, for sporting competition] sorteo *m* **3.** [attraction] atracción *f*
■ vt (pt **drew** [dru:], pp **drawn** [drɔ:n]) **1.** [picture, diagram, map] dibujar ▸ **to ~ sb's picture** hacer el retrato de alguien **2.** [pull] [cart] tirar de / [person] llevar (**towards** hacia) ▸ **he drew her towards him in a passionate embrace** la atrajo hacia él abrazándola apasionadamente ▸ **to ~ the curtains** [open or shut] correr *or* *ESP* echar *or* *RP* cerrar las cortinas ▸ **he barely had time to ~ breath** apenas tuvo tiempo de respirar **3.** [extract] [cork, tooth, nail] sacar (**from** de) / [pistol] desenfundar / [sword] desenvainar / *Fig* [strength, comfort] hallar (**from** en) ▸ **to ~ money from the bank** sacar dinero del banco ▸ **to ~ a salary** recibir un sueldo ▸ **to ~ blood** hacer sangre ▸ **he drew a knife on me** me sacó un cuchillo ▸ **to ~ lots** echar a suertes ▸ **to ~ a conclusion from sth** sacar una conclusión de algo ▸ **she refused to be drawn on the issue** eludió dar detalles sobre el asunto ▸ **our members are drawn from all walks of life** nuestros socios proceden de diferentes profesiones ▸ **they were drawn against the champions** [in competition] les tocó enfrentarse a los campeones **4.** [attract] atraer ▸ **to ~ a crowd** atraer a una multitud ▸ **to feel drawn to sb/sth** sentirse atraído(a) hacia alguien/algo ▸ *Fig* **to ~ sb's fire** suscitar las críticas *or* iras de alguien **5.** [tie] **to ~ a game with sb** empatar con alguien
■ vi **1.** [illustrate] dibujar **2.** [in game] empatar (**with** con) **3.** [move] **to ~ ahead of sb** adelantar a alguien ▸ **to ~ level with sb** ponerse a la altura de alguien ▸ **to ~ to an end** llegar al final ▸ **to ~ near** acercarse, aproximarse ▸ **to ~ to a halt** detenerse, *AM* parar

◆ ***draw back*** ■ vt sep [sheet, veil] retirar
■ vi echarse atrás

◆ ***draw in*** vi **the nights are drawing in** las noches se están alargando

◆ ***draw on*** ■ vt insep [resources, savings, experience] recurrir a
■ vi **evening was drawing on** caía la tarde

◆ ***draw out*** vt sep **1.** [encourage to talk] **to ~ sb out** hacer que alguien hable **2.** [prolong] alargar, prolongar

◆ ***draw up*** ■ vt sep **1.** [pull] **to ~ up a chair** acercar una silla ▸ **she drew herself up to her full height** se levantó cuan larga era **2.** [plan, document, will] redactar
■ vi [vehicle] parar, detenerse

drawback ['drɔ:bæk] n inconveniente *m*

drawbridge ['drɔ:brɪdʒ] n puente *m* levadizo

drawer [drɔ:(r)] n cajón *m* ▸ **chest of drawers** cómoda *f*

drawers [drɔ:əz] npl *Old-fashioned* [for women] *ESP* bragas *fpl*, *ESP* braga *f*, *CAM, CARIB* blúmer *m*, *ANDES, MÉX, RP* calzón *m*, *CAM, CARIB, MÉX* pantaleta *f*, *RP* bombacha *f* / [for men] calzoncillos *mpl*, *CHILE* fundillos *mpl*, *COL* pantaloncillos *mpl*, *BOL, MÉX* calzones *mpl*

drawing ['drɔ:ɪŋ] n **1.** [illustration] dibujo *m* ▸ **~ board** tablero *m* de dibujo ▸ *Fig* **back to the ~ board!** ¡hay que volver a empezar desde el principio! ▸ **~ paper** papel *m* de dibujo ▸ *BR* **~ pin** *ESP* chincheta *f*, *AM* chinche *f* **2. ~ room** [in house] sala *f* de estar, salón *f* **3. ~ power** [attractive capacity] poder *m* de convocatoria

drawl [drɔ:l] ■ n acento *m* cansino
■ vi arrastrar los sonidos al hablar

drawn [drɔ:n] ■ adj **to look ~** tener aspecto demacrado(a) ▸ **~ features** facciones *fpl* demacradas
■ pp *of* ***draw***

drawstring ['drɔ:strɪŋ] n cordón *m*

dread [dred] ■ n pavor *m*, terror *m*
■ vt **she dreaded telling him** la idea de decírselo le aterraba ▸ **I ~ to think!** ¡me da pavor pensarlo!

dreaded ['dredɪd] adj temido(a), temible

dreadful ['dredfʊl] adj **1.** [terrible] espantoso(a), horroroso(a) ▸ **to feel ~** [ill, embarrassed] sentirse muy mal *or* *ESP* fatal ▸ **to look ~** tener un aspecto terrible **2.** *Fam* [for emphasis] **it's a ~ bore!** ¡es un aburrimiento total! ▸ **it's a ~ shame!** ¡es una vergüenza absoluta!

dreadfully ['dredfʊlɪ] adv *Fam* **1.** [very badly] espantosamente, *ESP* fatal **2.** [very] terriblemente

dreadlocks ['dredlɒks] npl trenzas *fpl* rastafari

dream [dri:m] ■ n sueño *m* ▸ **to have a ~ (about)** soñar (con) ▸ **to have bad dreams** tener pesadillas ▸ **a ~ come true** un sueño hecho realidad ▸ **it worked like a ~** salió a la perfección ▸ **my ~ house** la casa de mis sueños ▸ **~ world** mundo *m* de ensueño
■ vt (pt & pp **dreamt** [dremt] or **dreamed**) **to ~ that...** soñar que... ▸ *Fig* **I never dreamt you would take me seriously** nunca imaginé que me tomarías en serio
■ vi soñar ▸ **to ~ of** *or* **about** soñar con ▸ *Fam* **I wouldn't ~ of it!** ¡jamás se me ocurriría!

◆ ***dream up*** vt [scheme, excuse] idear, inventarse

dreamboat ['dri:mbəʊt] n *Fam* bombón *m*

dreamer ['dri:mə(r)] n soñador(ora) *m,f*

dreamlike ['dri:mlaɪk] adj onírico(a)

dreamt [dremt] pt & pp *of* ***dream***

dreamy ['dri:mɪ] adj soñador(ora)

dreary [ˈdrɪərɪ] adj deprimente

dredge [dredʒ] vt [canal, harbour] dragar ▸ *Fig* **she dredged her memory** rebuscó en su memoria

◆ ***dredge up*** vt sacar del agua al dragar / *Fig* [scandal, memory] sacar a relucir

dredger [ˈdredʒə(r)] n [boat] dragador *m*

dregs [dregz] npl [of drink] posos *mpl* ▸ *Fig* **the ~ of society** la escoria de la sociedad

drench [drentʃ] vt empapar (**with** *or* **in** con *or* en) ▸ **drenched to the skin** calado(a) hasta los huesos

dress [dres] ■ n **1.** [for woman] vestido *m* **2.** [clothing] traje *m* ▸ **to have good/no ~ sense** saber/no saber vestirse, tener/no tener estilo para vestir ▸ **~ circle** [in theatre] piso *m* principal ▸ **~ rehearsal** [of play] ensayo *m* general ▸ **~ shirt** camisa *f* de vestir

■ vt **1.** [person] vestir ▸ **to ~ oneself, to get dressed** vestirse ▸ **to be dressed in black** ir vestido(a) de negro ▸ **well/badly dressed** bien/mal vestido(a) **2.** [wound] vendar **3.** [salad] aderezar, *ESP* aliñar ▸ **dressed crab** changurro *m*

■ vi vestirse

◆ ***dress up*** vi [elegantly] arreglarse, vestirse de etiqueta / [in fancy dress] disfrazarse (**as** de)

dresser [ˈdresə(r)] n **1.** [in kitchen] aparador *m* **2.** *US* [in bedroom] cómoda *f* **3.** THEAT ayudante *mf* de camerino

dressing [ˈdresɪŋ] n **1.** **~ gown** bata *f* ▸ **~ room** THEAT camerino *m* / SPORT vestuario *m* ▸ **~ table** tocador *m* **2.** [for wound] vendaje *m,* gasa *f* **3.** [for salad] aderezo *m, ESP* aliño *m*

dressing-down [ˈdresɪŋˈdaʊn] n *Fam* **to give sb a ~** regañar a alguien, *ESP* echar un rapapolvo a alguien

dressmaker [ˈdresmeɪkə(r)] n modista *f*

dressmaking [ˈdresmeɪkɪŋ] n corte *m* y confección

dressy [dresɪ] adj *Fam* elegante, puesto(a)

drew [druː] pt *of* ***draw***

drib [drɪb] n **in dribs and drabs** poco a poco, con cuentagotas

dribble [ˈdrɪbəl] ■ n [saliva] baba *f* / [of blood, oil] reguero *m*

■ vi **1.** [person] babear **2.** [liquid] gotear ▸ *Fig* **to ~ in/out** [people] entrar/salir poco a poco **3.** [soccer player] llevar el balón controlado ▸ **to ~ past a defender** regatear *or* driblar a un defensa

drier [ˈdraɪə(r)] n [for hair] secador *m* / [for clothes] secadora *f*

drift [drɪft] ■ n **1.** [of current] movimiento *m,* arrastre *m* / [of business, conversation] tendencia *f* / [of events] curso *m* ▸ **~ net** [for fishing] red *f* de deriva **2.** [meaning] [of person's words] sentido *m,* idea *f* ▸ *Fam* **I get the ~** ya veo cuál es la idea **3.** [of snow] ventisquero *m*

■ vi **1.** [boat, economy] ir a la deriva / [conversation] derivar / [events] discurrir / [person] vagar, errar ▸ **to let things ~** dejar que las cosas vayan a la deriva ▸ **people drifted in and out during the speech** durante el discurso, la gente entraba y salía ▸ **to ~ apart** irse separando poco a poco ▸ **to ~ into war/crime** ir derivando hacia la guerra/la delincuencia **2.** [sand, snow] amontonarse

drifter [ˈdrɪftə(r)] n [aimless person] vagabundo(a) *m,f*

driftwood [ˈdrɪftwʊd] n madera *f* flotante

drill [drɪl] ■ n **1.** [electric tool] taladradora *f* / [manual tool] taladro *m* (manual) / [of dentist] torno *m* / [pneumatic] martillo *m* neumático ▸ **~ bit** broca *f* ▸ **~ hole** [in wood, brick] taladro *m* / [for oil well] perforación *f* **2.** [training] ejercicio *m* ▸ **fire ~** simulacro *m* de incendio

■ vt **1.** [well, road] perforar ▸ **to ~ a hole in sth** taladrar un agujero en algo **2.** [train] [soldiers] entrenar ▸ **to ~ pupils in pronunciation** hacer practicar la pronunciación a los alumnos ▸ *Fam* **to ~ sth into sb** meterle algo en la cabeza a alguien

■ vi **1. to ~ for oil** hacer perforaciones en búsqueda *or* *ESP* busca de petróleo **2.** [troops] entrenar, practicar

drink [drɪŋk] ■ n bebida *f* / [alcoholic] copa *f* ▸ **to have a ~** beber algo ▸ **to go for a ~** ir a tomar algo ▸ *Fam* **the ~** [the sea] el mar ▸ **to take to ~** darse a la bebida ▸ **to have a ~ problem** tener un problema con la bebida ▸ **drinks machine** máquina *f* expendedora de bebidas

■ vt (pt **drank** [dræŋk], pp **drunk** [drʌŋk]) beber ▸ **to ~ sb's health** brindar a la salud de alguien ▸ **to ~ sb under the table** aguantar bebiendo *or AM* tomando más que alguien

■ vi beber, *AM* tomar ▸ **don't ~ and drive** si bebes, no conduzcas, *AM* si tomas no manejes ▸ **to ~ like a fish** beber *or AM* tomar como un cosaco ▸ **to ~ to sb** brindar a la salud de alguien, *ESP* beber a la salud de alguien ▸ **to ~ to sth** brindar por algo ▸ *Fig* **to ~ in the atmosphere** empaparse del ambiente

◆ ***drink up*** ■ vt sep beberse todo

■ vi **~ up!** [in pub] ¡vayan terminando!

drinkable [ˈdrɪŋkəbəl] adj [water] potable / [wine, beer] pasable, aceptable

drink-driving [ˈdrɪŋkˈdraɪvɪŋ] n *BR* **he was arrested for ~** lo detuvieron por conducir *or AM* manejar en estado de embriaguez

drinker [ˈdrɪŋkə(r)] n bebedor(ora) *m,f* ▸ **he's a heavy ~** es un bebedor empedernido

drinking [ˈdrɪŋkɪŋ] n **heavy ~ is bad for you** beber *or AM* tomar mucho es malo ▸ **his ~ companions** sus compañeros de borracheras ▸ **~ chocolate** chocolate *m* a la taza ▸ **~ fountain** fuente *f* de agua potable ▸ **~ straw** pajita *f, COL* pitillo *m, MÉX* popote *m* ▸ **~ water** agua *f* potable

drinking-up time [ˈdrɪŋkɪŋˈʌptaɪm] n *BR* = *tiempo que tienen los clientes de un bar para acabarse las bebidas después de la hora oficial de cierre*

drip [drɪp] ■ n **1.** [drop] gota *f* / [sound] goteo *m* **2.** [in hospital] gota a gota *m inv* ▸ **she's on a ~** le han puesto suero **3.** *Fam* [weak person] sosaina *mf*

■ vt (pt & pp **dripped**) gotear

■ vi gotear ▸ **to be dripping with sweat/blood** estar empapado(a) en sudor/sangre ▸ *Fig* **to be dripping with jewels** ir cargado(a) de joyas

drip-dry [ˈdrɪpˈdraɪ] adj [shirt, fabric] que no necesita plancha

dripping [ˈdrɪpɪŋ] ■ n grasa *m*

■ adj **a ~ tap** un grifo *or CHILE, COL, MÉX* una llave *or RP*

una canilla que gotea
■ adv **to be ~ wet** estar empapado(a)

drippy ['drɪpɪ] adj **1.** *Fam Pej* [person] blandengue **2.** [tap, nose] que gotea

drive [draɪv] ■ n **1.** [trip] viaje *m* (en coche *or AM* carro *or CSUR* auto) ▸ **it's an hour's ~ away** está a una hora en coche *or AM* carro *or CSUR* auto ▸ **to go for** *or* **take a ~** dar una vuelta en *ESP* coche, dar un paseo en *AM* carro *or CSUR* auto **2.** AUT [of car] tracción *f* ▸ **four-wheel ~** [car] cuatro por cuatro *m inv*, vehículo *m* con tracción a *or AM* en las cuatro ruedas / [system] tracción *f* a *or AM* en las cuatro ruedas ▸ **left-hand ~** [car] vehículo *m* con el volante al *or AM* del lado izquierdo **3.** COMPTR unidad *f* de disco **4.** [in golf] golpe *m* largo, drive *m* / [in tennis] drive *m*, golpe *m* natural **5.** [of house] camino *m* de entrada **6.** [initiative, energy] brío *m*, empuje *m* **7.** [campaign] **sales/membership ~** campaña *f* de ventas/para captar socios
■ vt (pt **drove** [drəʊv], pp **driven** ['drɪvən]) **1.** [car, train] conducir, *AM* manejar ▸ **to ~ sb somewhere** llevar a alguien a algún sitio en coche *or AM* carro *or CSUR* auto **2.** [direct, guide] [cattle, people] conducir, guiar ▸ **to ~ sb to do sth** empujar a alguien a que haga algo ▸ **to ~ prices up/down** hacer que los precios suban/bajen ▸ **to ~ sb mad** volver loco(a) a alguien ▸ **to ~ oneself too hard** trabajar demasiado ▸ **to ~ a hard bargain** ser un/una duro(a) negociador(ora), no regalar nada a nadie **3.** [machine] impulsar, hacer funcionar ▸ **to be driven by electricity** funcionar con electricidad
■ vi [in car] conducir, *AM* manejar ▸ **can you ~?** ¿sabes conducir *or AM* manejar? ▸ **to ~ to work** ir al trabajo en coche *or AM* carro *or CSUR* auto

◆ ***drive at*** vi **what are you driving at?** ¿qué estás insinuando?

◆ ***drive away*** ■ vt sep **1.** [in car] **to ~ sb away** llevarse a alguien en un coche *or AM* carro *or CSUR* auto **2.** [alienate] **to ~ sb away** ahuyentar a alguien
■ vi [in car] irse, marcharse *(en coche)*

◆ ***drive off*** vt sep [repel] repeler

◆ ***drive on*** vi [in car] seguir adelante

drive-in ['draɪvɪn] n **~ (cinema)** autocine *m* ▸ **~ (restaurant)** = *establecimiento de comida rápida que atiende a los clientes sin que éstos necesiten salir del automóvil*

drivel ['drɪvəl] n *Fam ESP* chorradas *fpl*, *CAM, MÉX* babosadas *fpl*, *CHILE* leseras *fpl*, *ANDES, CSUR* macanas *fpl* ▸ **to talk ~** decir *ESP* chorradas *o CAM, MÉX* babosadas *o CHILE* leseras *o ANDES, CSUR* macanas

driven ['drɪvən] pp *of* ***drive***

-driven ['drɪvən] suffix **steam~** de vapor ▸ **market/consumer~** impulsado(a) por el mercado/por los consumidores

driver ['draɪvə(r)] n **1.** [of car, bus] conductor(ora) *m,f* / [of lorry] camionero(a) *m,f* / [of taxi] taxista *mf* / [of train] maquinista *mf* ▸ *US* **driver's license** *ESP* carné *m or* permiso *m* de conducir, *BOL, ECUAD, PERÚ* brevet *m*, *CARIB* licencia *f* de conducir, *MÉX* licencia *f* de manejar *or* para conducir, *RP* permiso *m* de conductor, *URUG* libreta *f* de manejar **2.** [golf club] driver *m* **3.** COMPTR controlador *m*

drive-through ['draɪvθru:] n = *establecimiento de comida rápida que atiende a los clientes sin que éstos tengan que salir del automóvil*

driveway ['draɪvweɪ] n camino *f* de entrada

driving ['draɪvɪŋ] ■ n [in car] conducción *f*, *AM* manejo *m* ▸ *Fig* **to be in the ~ seat** estar al mando ▸ **~ instructor** profesor(ora) *m,f* de autoescuela ▸ **~ lessons** clases *fpl* de conducir *or AM* manejar ▸ *BR* **~ licence** *ESP* carné *m or* permiso *m* de conducir, *BOL, ECUAD, PERÚ* brevet *m*, *CARIB* licencia *f* de conducir, *MÉX* licencia *f* de manejar or para conducir, *RP* permiso *m* de conductor, *URUG* libreta *f* de manejar ▸ **~ school** autoescuela *f* ▸ **~ test** examen *m* de conducir *or AM* manejar
■ adj [rain] torrencial ▸ **~ force** fuerza *f* motriz

drizzle ['drɪzəl] ■ n llovizna *f*, *ANDES, RP* garúa *f*
■ vi lloviznar, chispear, *ANDES, RP* garuar ▸ **it's drizzling** está lloviznando *or ANDES, RP* garuando

drizzly ['drɪzlɪ] adj [day, weather] **a ~ day** un día de llovizna *or ANDES, RP* garúa

droll [drəʊl] adj gracioso(a) ▸ *Ironic* **oh, very ~!** ¡muy gracioso!

dromedary ['drɒmədərɪ] n dromedario *m*

drone [drəʊn] ■ n **1.** [bee] zángano *m* **2.** [noise] zumbido *m*
■ vi zumbar

◆ ***drone on*** vi **to ~ on about sth** soltar una perorata sobre algo

drool [dru:l] vi [dribble] babear ▸ *Fig* **she was drooling at the idea** se le caía la baba con sólo pensarlo

droop [dru:p] vi [head] inclinarse / [shoulders] encorvarse / [flower] marchitarse / *Fig* [person] desanimarse

droopy ['dru:pɪ] adj [ears, eyes] caído(a)

drop [drɒp] ■ n **1.** [of liquid] gota *f* ▸ **drops** [for eyes, nose] gotas *fpl* ▸ **you've had a ~ too much** [to drink] llevas una copa de más ▸ **I haven't touched a ~ since** desde entonces no he bebido *or AM* tomado ni una gota ▸ *Fig* **it's only a ~ in the ocean** no es más que un grano de arena en el desierto **2.** [fall, decrease] caída *f*, descenso *m* (**in** de) / [by parachute] suministro *m* aéreo ▸ **a ~ of 10 metres** una caída de 10 metros ▸ *Fig* **at the ~ of a hat** a la primera *or* las primeras de cambio
■ vt (pt & pp **dropped**) **1.** [allow to fall] [accidentally] dejar caer / [deliberately] tirar, dejar caer, *AM salvo RP* botar / [bomb] lanzar, tirar ▸ **I've dropped my pen** se me ha caído el boli ▸ *Fam* **to ~ sb a line/a card** mandar unas líneas/una postal a alguien ▸ **I'll ~ you at the station** [in car] te dejaré en la estación ▸ **~ goal** [in rugby] gol *m* de botepronto ▸ **~ kick** [in rugby] (puntapié *m* de) botepronto *m* **2.** [lower] [prices, one's eyes, voice] bajar **3.** [abandon] [subject, idea, plan] dejar ▸ **to ~ sb** [as friend] abandonar *or* dejar a alguien ▸ **to ~ maths/French** dejar las matemáticas/el francés ▸ LAW **to ~ the charges** retirar los cargos **4.** [omit] [letter, syllable] saltarse, omitir / [not pronounce] no pronunciar ▸ **to ~ sb from a team** excluir a alguien de un equipo **5.** [lose] [points] perder
■ vi **1.** [object] caer, caerse / [ground] caer ▸ **to ~ out** [from pocket, briefcase] caerse ▸ *Fam* **I'm ready** *or* **fit to ~** estoy hecho polvo, *ESP* estoy para el arrastre ▸ *Fam*

people are dropping like flies la gente está cayendo como moscas ▸ **to ~ dead** caerse muerto ▸ *Fam* **~ dead!** ¡muérete!, *RP* ¡morite! ▸ *Fam* **let it ~!** ¡basta ya!, *ESP* ¡déjalo ya!, *RP* ¡acabala! **2.** [prices, temperature, demand, unemployment] caer, bajar / [voice] bajar / [wind] amainar / [speed] disminuir

◆ ***drop by*** vi **I thought I'd ~ by for a chat** se me ocurrió pasarme a charlar *or* *CAM, MÉX* platicar un rato

◆ ***drop in*** vi **to ~ in on sb** pasar a visitar a alguien

◆ ***drop off*** ■ vt sep [person from car] dejar
■ vi **1.** *Fam* **to ~ off (to sleep)** quedarse traspuesto(a) **2.** [membership, attendance] bajar, disminuir

◆ ***drop out*** vi [from a contest] retirarse / [from society] marginarse ▸ **to ~ out of university** dejar la universidad

◆ ***drop round*** ■ vt sep [deliver] **to ~ sth round** entregar *or* llevar algo ▸ **I'll ~ it round at your place tomorrow** lo dejaré en tu casa mañana
■ vi [visit] pasarse

drop-dead gorgeous ['drɒpded'gɔːdʒəs] adj *Fam* guapísimo(a) ▸ **to be/look ~** estar como un tren *or* para parar un tren

drop-down menu ['drɒpdaʊn'menjuː] n COMPTR menú *m* desplegable

droplet ['drɒplɪt] n gotita *f*

drop-off ['drɒpɒf] n **1.** [decrease] descenso *m* **2.** *US* [descent] descenso *m*

dropout ['drɒpaʊt] n *Fam* [from society] marginado(a) *m,f* / [from university] = *persona que ha abandonado los estudios* ▸ **~ rate** [from university] índice *m* de abandono de los estudios

dropper ['drɒpə(r)] n [for medicine] cuentagotas *m inv*

droppings ['drɒpɪŋs] npl excrementos *mpl*

dross [drɒs] n *Fam* [rubbish] porquería *f,* basura *f*

drought [draʊt] n sequía *f*

drove [drəʊv] ■ n **in droves** en manadas
■ pt *of* ***drive***

drown [draʊn] ■ vt **1.** [kill by drowning] ahogar ▸ **to ~ oneself** ahogarse ▸ **to ~ one's sorrows (in drink)** ahogar las penas (en alcohol) **2.** [make inaudible] ahogar
■ vi [die by drowning] ahogarse

◆ ***drown out*** vt sep [sound] ahogar

drowse [draʊz] vi dormitar

drowsiness ['draʊzɪnɪs] n somnolencia *f,* sueño *m*

drowsy ['draʊzɪ] adj [person] somnoliento(a), soñoliento(a) / [afternoon] soporífero(a) ▸ **to be ~** estar somnoliento(a)

drudge [drʌdʒ] n = *persona que tiene un trabajo pesado y aburrido*

drudgery ['drʌdʒərɪ] n trabajo *m* (duro y) rutinario

drug [drʌg] ■ n [medicine] medicamento *m* / [illegal] droga *f* ▸ **hard/soft drugs** drogas duras/blandas ▸ **to take drugs** drogarse, tomar drogas ▸ **~ abuse** drogadicción *f* ▸ **~ addict** drogadicto(a) *m,f*, toxicómano(a) *m,f* ▸ **~ dealer** [large-scale] narcotraficante *m,f*, traficante *mf* de drogas / [small-scale] camello *mf* ▸ **~ squad** brigada *f* de estupefacientes
■ vt (pt & pp **drugged**) drogar ▸ **they had drugged his wine/food** le echaron una droga en el vino/la comida

druggist ['drʌgɪst] n *US* farmacéutico(a) *m,f*

drugstore ['drʌgstɔː(r)] n *US* = *tienda que vende cosméticos, periódicos, medicamentos,* etc.

druid ['druːɪd] n druida *m*

drum [drʌm] ■ n **1.** [musical instrument] tambor *m* ▸ **~ kit, drums** batería *f* **2.** [container] barril *m* / [of washing machine] tambor *m* / [for oil] bidón *m*
■ vt (pt & pp **drummed**) **she was drumming her fingers on the table** estaba tamborileando en la mesa con los dedos ▸ **to ~ sth into sb** meterle algo en la cabeza a alguien
■ vi [play drums] tocar la batería ▸ **the rain was drumming on the window panes** la lluvia golpeaba en los cristales

◆ ***drum up*** vt [support, enthusiasm] buscar, reunir

drummer ['drʌmə(r)] n [in pop band] batería *mf*, *AM* baterista *mf* / [in military band] tamborilero(a) *m,f*

drumstick ['drʌmstɪk] n **1.** [for playing drums] baqueta *f* **2.** [chicken leg] muslo *m*

drunk [drʌŋk] ■ n borracho(a) *m,f*
■ adj borracho(a) ▸ **to be ~** estar borracho(a) ▸ **to get ~** emborracharse ▸ LAW **~ and disorderly behaviour** estado *m* de embriaguez con conducta violenta ▸ *Fig* **~ with power** ebrio(a) de poder
■ pp *of* ***drink***

drunkard ['drʌŋkəd] n borracho(a) *m,f*

drunk-driving ['drʌŋk'draɪvɪŋ] n *US* **he was arrested for ~** lo detuvieron por conducir *or* *AM* manejar en estado de embriaguez

drunken ['drʌŋkən] adj [person] borracho(a) / [party, argument] acalorado(a) por el alcohol ▸ **~ brawl** trifulca *f* de borrachos ▸ **in a ~ stupor** aturdido(a) por el alcohol

drunkenly ['drʌŋkənlɪ] adv **he staggered ~ down the street** iba calle abajo tambaleándose por la borrachera

drunkometer [drʌŋ'kɒmɪtə(r)] n *US Fam* alcoholímetro *m*

dry [draɪ] ■ adj **1.** [weather, clothing, wine] seco(a) ▸ **to run** *or* **go ~** secarse ▸ **to be kept ~** [sign on container] no mojar ▸ **as ~ as a bone** reseco(a) ▸ NAUT **~ dock** dique *m* seco ▸ **~ ice** nieve *f* carbónica, hielo *m* seco ▸ **~ land** tierra *f* firme ▸ **~ rot** putrefacción *f* de la madera ▸ **~ run** ensayo *m* **2.** [boring] [prose style, person] aburrido(a), árido(a) **3.** [deadpan] [humour] lacónico(a)
■ vt secar ▸ **to ~ oneself** secarse ▸ **to ~ one's hair** secarse el pelo
■ vi secarse

◆ ***dry out*** vi **1.** [alcoholic] dejar el alcohol **2.** [moisture, wet thing] secarse

◆ ***dry up*** vi **1.** [well, pool] secarse **2.** [funds, conversation, inspiration] agotarse **3.** [actor, public speaker] quedarse en blanco

dry-clean [draɪ'kliːn] vt limpiar en seco

dry-cleaner's [draɪ'kliːnəz] n tintorería *f*

dry-cleaning [draɪ'kliːnɪŋ] n [process] limpieza *f* en seco ▸ [clothes] **to collect the ~** recoger la ropa de la tintorería

dryer ➤ ***drier***

dry-roasted ['draɪrəʊstɪd] adj [peanuts] tostado(a)

DSS [di:es'es] n BR (abbr **Department of Social Security**) = *ministerio británico de seguridad social*

DTI [di:ti:'aɪ] n BR (abbr **Department of Trade and Industry**) ≃ Ministerio *m* de Industria

DTP [di:ti:'pi:] n COMPTR (abbr **desktop publishing**) autoedición *f*

DTs [di:'ti:z] npl (abbr **delirium tremens**) delírium tremens *m inv* ▸ **to have the ~** tener un delírium tremens

dual ['djʊəl] adj doble ▸ BR **~ carriageway** [road] (tramo *m* de) autovía *f* ▸ **to have ~ nationality** tener doble nacionalidad ▸ **~ ownership** copropiedad *f*

dual-purpose ['djʊəl'pɜ:pəs] adj de doble uso

dub [dʌb] (pt & pp **dubbed**) vt **1.** [film] doblar **2.** [call] apodar

dubbing ['dʌbɪŋ] n CIN doblaje *m*

dubious ['dju:bɪəs] adj **1.** [uncertain] **to be ~ (about sth)** no estar convencido(a) (de algo) **2.** [suspect, questionable] [distinction, honour] dudoso(a) ▸ **a ~ character** un tipo sospechoso

dubiously ['dju:bɪəslɪ] adv **1.** [doubtfully] **he listened ~** escuchaba poco convencido **2.** [in suspect manner] dudosamente

Dublin ['dʌblɪn] n Dublín

Dubliner ['dʌblɪnə(r)] n dublinés(esa) *m,f*

duchess ['dʌtʃɪs] n duquesa *f*

duchy ['dʌtʃɪ] n ducado *m*

duck [dʌk] ■ n pato *m* ▸ **to take to sth like a ~ to water** sentirse en algo como pez en el agua ▸ **criticism runs off him like water off a duck's back** le resbalan las críticas ▸ **~ pond** estanque *m* de patos
■ vt **1.** [one's head] agachar ▸ **to ~ sb** [under water] hacer una ahogadilla a alguien **2.** [avoid] **to ~ the issue** eludir el tema
■ vi [to avoid being hit] agacharse / [under water] zambullirse

◆ ***duck out of*** vt insep **to ~ out of sth/doing sth** zafarse de algo/hacer algo

duck-billed platypus ['dʌkbɪld'plætɪpəs] n ornitorrinco *m*

duckling ['dʌklɪŋ] n patito *m*

duct [dʌkt] n [for fuel, air, tears] conducto *m*

dud [dʌd] *Fam* ■ n [person] mamarracho *m,* desastre *m* / [shell] proyectil *m* que no estalla
■ adj defectuoso(a) / [banknote] falso(a)

dude [du:d] n US [man] tipo *m,* ESP tío *m*

due [dju:] ■ adj **1.** [owed] pagadero(a) ▸ **to fall ~** ser pagadero(a) ▸ **are you ~ any money from him?** ¿te debe dinero? ▸ **you're ~ an apology** mereces *or* AM ameritas una disculpa ▸ **~ to...** [because of, as result of] debido a... ▸ FIN **~ date** (fecha *f* de) vencimiento *m* **2.** [merited, proper] debido(a) ▸ **after ~ consideration** tras la debida consideración ▸ **with all ~ respect,...** con el debido respeto,... ▸ **in ~ course** [when appropriate] a su debido tiempo / [eventually] al final **3.** [expected] **the train/he is ~ (to arrive) at two o'clock** el tren/él tiene la llegada prevista a las dos ▸ **when is he ~?** ¿cuándo llega? ▸ **she's ~ back any minute** volverá en cualquier momento ▸ **when is their baby ~?** ¿para cuándo esperan el niño? ▸ **the film/book is ~ out soon** la película/el libro está a punto de aparecer
■ n **1. to give him his ~, he did apologize** para ser justos con él, hay que decir que se disculpó **2. dues** [for membership] cuota *f*
■ adv **~ north/south** justo al *or* hacia el norte/sur

duel ['djʊəl] ■ n duelo *m* ▸ **to fight a ~** batirse en duelo
■ vi (pt & pp **duelled,** US **dueled**) batirse en duelo

duet [dju:'et] n MUS dúo *m* ▸ **to sing/play a ~** cantar/tocar un dúo

duff [dʌf] adj *Fam* chungo(a), malo(a)

◆ ***duff up*** vt sep *Fam* dar un paliza a

duffel ➤ ***duffle***

duffer ['dʌfə(r)] n *Fam* [incompetent person] ceporro(a) *m,f,* nulidad *f* ▸ **to be a ~ at history/French** ser una nulidad en historia/francés

duffle, duffel ['dʌfəl] n **~ (coat)** trenca *f* ▸ **~ bag** talega *f* de lona

dug [dʌg] pt & pp *of* ***dig***

dugout ['dʌgaʊt] n **1.** [canoe] piragua *f,* canoa *f (hecha con un tronco vaciado)* **2.** [shelter] refugio *m* subterráneo / SPORT foso *m* (del banquillo)

duke [dju:k] n duque *m*

dull [dʌl] ■ adj **1.** [boring] [book, film, person] aburrido(a) / [job, life, party] insulso(a), soso(a) ▸ **to be as ~ as ditchwater** ser más soso(a) que la calabaza **2.** [not intelligent] tonto(a), torpe, AM sonso(a), AM zonzo(a) **3.** [not sharp] [tool, blade] romo(a) / [sound, pain] sordo(a) **4.** [not bright] [colour, surface] mate, apagado(a) / [eyes] apagado(a) / [weather, sky] gris, triste
■ vt **1.** [reduce intensity of] [pleasure] enturbiar / [the senses] embotar / [pain] mitigar, atenuar / [sound] apagar / [blade] desafilar, embotar **2.** [make less bright] [colours, eyes] apagar

dullness ['dʌlnɪs] n **1.** [tedium] **the ~ of the book/speech** lo aburrido que era el libro/discurso **2.** [lack of intelligence] necedad *f,* torpeza *f* **3.** [listlessness] apatía *f* **4.** [of tool, blade] embotamiento *m* / [of sound, pain] lo amortiguado **5.** [of colour, surface, eyes] falta *f* de brillo

dully ['dʌllɪ] adv **1.** [boringly] pesadamente **2.** [not brightly] pálidamente, sin brillo

duly ['dju:lɪ] adv **1.** [properly] como corresponde, debidamente ▸ **we were ~ worried** estábamos preocupados con razón **2.** [as expected] **he said he'd be punctual and he ~ arrived on the stroke of eight** dijo que llegaría puntual y confirmando las previsiones, llegó a las ocho en punto

dumb [dʌm] adj **1.** [unable to speak] mudo(a) ▸ **to be struck ~ with astonishment** quedarse mudo(a) de asombro ▸ **~ animals** los animales indefensos **2.** *Fam* [stupid] [person, action] bobo(a), estúpido(a) ▸ **~ blonde** rubia *f or* MÉX güera *f* sin cerebro

dumbbell ['dʌmbel] n pesa *f*

dumbfounded [dʌm'faʊndɪd] adj boquiabierto(a), pasmado(a)

dumbing (down) ['dʌmɪŋ('daʊn)] [of population,

youth, electorate] reducción *f* del nivel cultural / [of newspaper, programme] empobrecimiento *m* de contenidos

dumbstruck ['dʌmstrʌk] adj boquiabierto(a), pasmado(a)

dumbwaiter ['dʌmweɪtə(r)] n [lift] montaplatos *m inv*

dummy ['dʌmɪ] ■ n **1.** [in shop window] maniquí *m* / [of ventriloquist] muñeco *m* / [model of car, plane] modelo *m*, maqueta *f* **2.** *BR* [for baby] chupete *m* **3.** *Fam* [idiot] idiota *mf*, imbécil *mf*

■ adj [fake] falso(a) ▸ **~ run** prueba *f*

dump [dʌmp] ■ n **1.** [for refuse] vertedero *m*, basurero *m* ▸ *Fam* **what a ~!** ¡qué asco de sitio!, *ESP* ¡qué sitio más cutre!, *RP* ¡qué lugar más terraja! ▸ **~ truck** volquete *m* **2.** MIL [store] depósito *m* **3.** COMPTR **(memory** *or* **storage) ~** volcado *m* de memoria

■ vt **1.** [put down] soltar, dejar / [unload] descargar **2.** [dispose of] [rubbish, old car] tirar / [nuclear, toxic waste] verter / *Fam* [lover, boyfriend, girlfriend] dejar, dar calabazas a **3.** COMPTR [memory] volcar

◆ ***dump on*** vt insep *US Fam* [criticize] [person] poner verde a / [project, suggestion] dejar por los suelos

dumper ['dʌmpə(r)] n **~ (truck)** volquete *m*

dumping ['dʌmpɪŋ] n **1. no ~** [sign] prohibido arrojar basuras ▸ **~ ground** vertedero *m* **2.** ECON dumping *m*

dumpling ['dʌmplɪŋ] n [in stew] = *bola de masa hervida* ▸ **apple ~** bollo *m* relleno de manzana

dumps [dʌmps] npl *Fam* **to be down in the ~** estar con la moral por los suelos, *AM* estar con el ánimo por el piso

dumpy ['dʌmpɪ] adj *Fam* [person, appearance] rechoncho(a), achaparrado(a)

dunce [dʌns] n [at school] burro(a) *m,f* ▸ **dunce's cap** ≃ orejas *fpl* de burro

dune [dju:n] n **(sand) ~** duna *f*

dung [dʌŋ] n estiércol *m*

dungarees [dʌŋgə'ri:z] npl (pantalón *m* de) peto *m* ▸ **a pair of ~** unos pantalones de peto

dungeon ['dʌndʒən] n mazmorra *f*

dunghill ['dʌŋhɪl] n estercolero *m*

dunk [dʌŋk] vt mojar

dunno [də'nəʊ] *Fam* ➤ ***don't know***

duo ['dju:əʊ] (pl **duos**) n dúo *m*

duodenal [dju:əʊ'di:nəl] adj [ulcer] duodenal

duodenum [dju:əʊ'di:nəm] n duodeno *m*

DUP [di:ju:'pi:] n *BR* (abbr ***Democratic Unionist Party***) = *Partido Unionista Democrático, que apoya la permanencia de Irlanda del Norte en el Reino Unido*

dupe [dju:p] ■ n primo(a) *m,f*, ingenuo(a) *m,f*

■ vt engañar ▸ **to ~ sb into doing sth** engañar a alguien para que haga algo

duplex ['dju:pleks] n & adj dúplex *m*, duplex *m*

duplicate ['dju:plɪkət] ■ n [copy] duplicado *m*, copia *f* ▸ **in ~** por duplicado

■ adj duplicado(a)

■ vt ['dju:plɪkeɪt] **1.** [copy] [document] duplicar, hacer un duplicado de **2.** [repeat] [findings, result] repetir

duplication [dju:plɪ'keɪʃən] n duplicación *f*

duplicity [dju:'plɪsɪtɪ] n duplicidad *f*

durability [djʊərə'bɪlɪtɪ] n durabilidad *f*

durable ['djʊərəbəl] ■ adj duradero(a)

■ n **(consumer) durables** bienes *mpl* de consumo duraderos

duration [djʊ'reɪʃən] n duración *f* ▸ **for the ~ (of)** hasta el final (de)

duress [djʊ'res] n **under ~** bajo coacción

during ['djʊərɪŋ] prep durante

dusk [dʌsk] n crepúsculo *m*, anochecer *m* ▸ **at ~** al anochecer

dust [dʌst] ■ n **1.** [dirt, powder] polvo *m* ▸ **~ cover** [for furniture] funda *f* ▸ **~ cover** *or* **jacket** [for book] sobrecubierta *f* **2.** [action] **to give sth a ~** quitar el polvo a algo **3.** [idioms] **once the ~ has settled** [when fuss is over] cuando haya pasado la tormenta ▸ *Fam* **you won't see me for ~!** pondré pies en polvorosa

■ vt **1.** [clean] [room, furniture] limpiar el polvo de **2.** [sprinkle] [with flour, sugar] espolvorear (**with** con)

◆ ***dust down, dust off*** vt sep [furniture] quitar el polvo a / *Fig* [legislation, one's French] desempolvar

dustbin ['dʌstbɪn] n *BR* cubo *m* *or* *AM* bote *m* de la basura ▸ **~ man** basurero *m*

dustcart ['dʌstkɑ:t] n *BR* camión *m* de la basura

duster ['dʌstə(r)] n *BR* [cloth] trapo *m* *or* bayeta *f* del polvo / [for blackboard] borrador *m*

dusting ['dʌstɪŋ] n **1.** [of room, furniture] **to do the ~** limpiar *or* quitar el polvo **2.** [with sugar] **give the cake a ~ of cocoa** espolvorear el pastel con cacao

dustman ['dʌstmən] n *BR* basurero *m*

dustpan ['dʌstpæn] n recogedor *m* ▸ **~ and brush** cepillo *m* y recogedor

dustsheet ['dʌstʃi:t] n guardapolvo *m* *(funda)*

dust-up ['dʌstʌp] n *Fam* [brawl] bronca *f*, trifulca *f* ▸ **to have a ~ (with sb)** tener una bronca (con alguien)

dusty ['dʌstɪ] adj polvoriento(a) ▸ **to get ~** llenarse de polvo

Dutch [dʌtʃ] ■ npl [people] **the ~** los holandeses

■ n [language] neerlandés *m*

■ adj holandés(esa) ▸ **~ cap** [contraceptive] diafragma *m* ▸ **~ courage** = *valentía que da el alcohol*

■ adv *Fam* **to go ~** pagar cada uno lo suyo, *ESP* pagar a escote

Dutchman ['dʌtʃmən] n holandés *m* ▸ *Fam* **if that's a real diamond (then) I'm a ~** si esto es un diamante de verdad, que venga Dios y lo vea

Dutchwoman ['dʌtʃwʊmən] n holandesa *f*

dutiful ['dju:tɪfʊl] adj [son, daughter] obediente, bien mandado(a)

dutifully ['dju:tɪfʊlɪ] adv obedientemente, sin rechistar

duty ['dju:tɪ] n **1.** [obligation] deber *m* ▸ **to do one's ~** cumplir (uno) con su deber ▸ **he failed in his ~** faltó a *or* no cumplió con su deber ▸ **I shall make it my ~ to...** yo me ocuparé de... ▸ **it is your ~ to...** tu deber es... **2.** [task] **duties** tareas *fpl* ▸ **she took up** *or* **assumed her duties** se incorporó a su puesto ▸ **she carried out**

or **performed her duties well** desempeñó bien su trabajo **3.** [of soldier, employee] **to be on ~** estar de servicio ▸ **to be off ~** estar fuera de servicio ▸ MIL **tour of ~** destino *m* ▸ **~ roster** rota *f* de guardias **4.** FIN [tax] derecho *m,* impuesto *m* ▸ **to pay ~ on sth** pagar derechos *or* impuestos por algo

duty-free ['dju:tɪ'fri:] adj exento(a) *or* libre de impuestos ▸ **~ shop** tienda *f* libre de impuestos

duvet ['du:veɪ] n *BR* edredón *m* ▸ **~ cover** funda *f* de edredón

DVD [di:vi:'di:] n COMPTR (abbr ***Digital Versatile Disk, Digital Video Disk***) DVD *m* ▸ **~ player** reproductor *m* de DVD

DVT [di:vi:'ti:] n (abbr ***deep-vein thrombosis***) TVP *f*

dwarf [dwɔ:f] ■ n (pl **dwarfs** *or* **dwarves** [dwɔ:vz]) enano(a) *m,f*
■ adj [plant, tree] enano(a)
■ vt empequeñecer ▸ **the church is dwarfed by the new skyscraper** el nuevo rascacielos hace pequeña a la iglesia

dweeb [dwi:b] n *US Fam* petardo(a) *m,f*

dwell [dwel] (pt & pp **dwelt** [dwelt]) vi *Literary* [live] morar

◆ ***dwell on, dwell upon*** vt insep **why ~ on the negative side of things?** ¿para qué fijarse en el lado negativo de las cosas? ▸ **let's not** *or* **don't let's ~ on it** no le demos más vueltas al asunto

dwelling ['dwelɪŋ] n *Formal* **~ (place)** morada *f* ▸ **~ house** residencia *f*

dwelt [dwelt] pt & pp *of* ***dwell***

dwindle ['dwɪndəl] vi disminuir, reducirse ▸ **to ~ (away) to nothing** quedar reducido(a) a nada

dwindling ['dwɪndlɪŋ] adj [funds, membership] menguante / [enthusiasm] decreciente

dye [daɪ] ■ n [for clothes, hair] tinte *m*
■ vt teñir ▸ **to ~ sth black/red** teñir algo de negro/rojo ▸ **to ~ one's hair** teñirse el pelo

dyed-in-the-wool ['daɪdɪnðə'wʊl] adj [conservative, Marxist] acérrimo(a)

dying ['daɪɪŋ] ■ adj [person] moribundo(a), agonizante / [industry, tradition] en vías de desaparición ▸ **to my ~ day** hasta el día de mi muerte ▸ **~ wish** última voluntad *f* ▸ **~ words** últimas palabras *fpl*
■ npl **the ~** los moribundos

dyke, dike [daɪk] n **1.** [barrier] dique *m* **2.** *very Fam* [lesbian] tortillera *f*

dynamic [daɪ'næmɪk] ■ adj *also Fig* dinámico(a)
■ n [driving force] dinámica *f*

dynamics [daɪ'næmɪks] npl [of change, growth] dinámica *f*

dynamism ['daɪnəmɪzəm] n [of person, society] dinamismo *m*

dynamite ['daɪnəmaɪt] ■ n dinamita *f* ▸ *Fig* **his theories were political ~** sus teorías políticas eran pura dinamita ▸ *Fam* **it's ~!** [marvellous] ¡es genial!
■ vt [building, bridge] dinamitar

dynamo ['daɪnəməʊ] (pl **dynamos**) n ELEC dinamo *f*

dynastic [dɪ'næstɪk] adj dinástico(a)

dynasty ['dɪnəstɪ] n dinastía *f*

dysentery ['dɪsəntrɪ] n disentería *f*

dysfunction [dɪs'fʌŋkʃən] n [of organ] disfunción *f*

dysfunctional [dɪs'fʌŋkʃənəl] adj [family, relationship] disfuncional

dyslexia [dɪs'leksɪə] n dislexia *f*

dyslexic [dɪs'leksɪk] adj disléxico(a)

dystrophy ['dɪstrəfɪ] n MED distrofia *f*

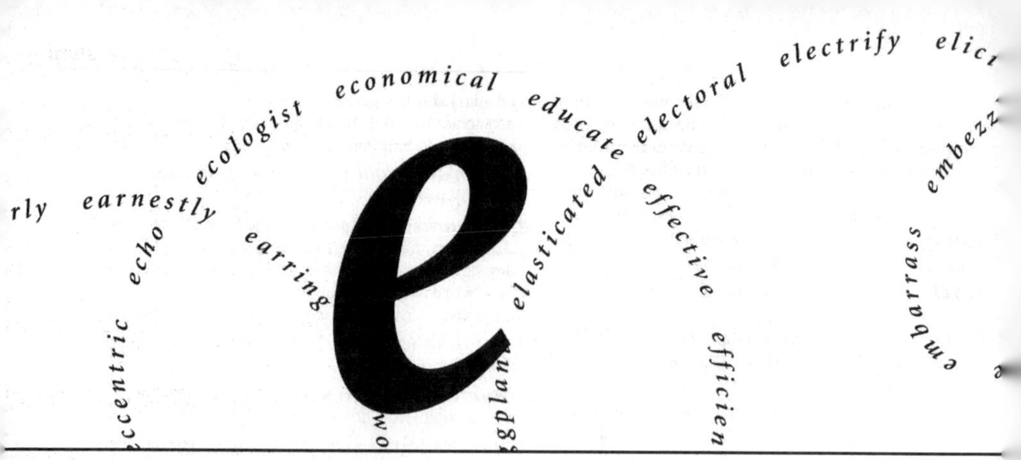

E, e [iː] n **1.** [letter] E, e *f* **2.** MUS mi *m* **3.** (abbr ***east***) E, este *m* **4.** SCH suspenso *m* ▸ **to get an E** [in exam, essay] obtener una baja calificación **5.** *Fam* (abbr ***ecstasy***) [drug] éxtasis *m inv*

each [iːtʃ] ■ adj cada ▸ **~ day** cada día ▸ **~ one of us** todos (y cada uno de) nosotros
■ pron **1.** [both, all] cada uno ▸ **~ of us** cada uno de nosotros ▸ **we ~ earn £300** ganamos cada uno 300 libras ▸ **peaches at 25 pence ~** melocotones a 25 peniques la pieza *or* cada uno ▸ **a little of ~** un poco de cada (uno) **2.** [reciprocal] **to hate ~ other** odiarse ▸ **to kiss ~ other** besarse ▸ **to support ~ other** apoyarse mutuamente ▸ **we write to ~ other** nos escribimos

eager [ˈiːɡə(r)] adj [look, interest] ávido(a), ansioso(a) / [supporter] entusiasta / [desire, hope] intenso(a) ▸ **to be ~ for sth** estar ansioso(a) por *or* ávido(a) de algo ▸ **the audience were ~ for more** el público seguía pidiendo más ▸ **to be ~ to do sth** estar ansioso(a) por hacer algo ▸ **to be ~ to please** estar deseando agradar ▸ **they were ~ to learn** estaban ávidos *or* ansiosos por aprender ▸ *Fam* **to be an ~ beaver** ser muy aplicado(a)

eagerly [ˈiːɡəlɪ] adv ansiosamente ▸ **~ awaited** ansiado(a), largamente esperado(a)

eagerness [ˈiːɡənɪs] n [impatience] avidez *f*, ansia *f* / [enthusiasm] entusiasmo *m* ▸ **to show ~ in doing sth** hacer algo con entusiasmo

eagle [ˈiːɡəl] n águila *f*

eagle-eyed [iːɡəˈlaɪd] adj **to be ~** tener vista de lince

ear [ˈɪə(r)] n **1.** [of person, animal] [external part] oreja *f* / [internal part] oído *m* ▸ **to have an ~ for music** tener buen oído para la música ▸ **to have an ~ for languages** tener aptitudes para los idiomas ▸ MED **~, nose and throat specialist** otorrinolaringólogo(a) *m,f* ▸ **~ lobe** lóbulo *m* de la oreja **2.** [of wheat] espiga *f* **3.** [idioms] **to play it by ~** ver qué pasa ▸ **he has the boss's ~** goza de la confianza del jefe ▸ **to keep one's ~ to the ground** mantenerse al corriente ▸ **to go in one ~ and out the other** [words, information] entrar por un oído y salir por el otro ▸ *Fam* **I'm all ears** soy todo oídos ▸ *Fam* **to be up to one's ears in work/debt** estar hasta las *ESP* cejas *or AM* narices de trabajo/deudas ▸ *Fam* **to be (thrown) out on one's ~** ser puesto(a) de patitas en la calle ▸ **to reach sb's ears** llegar a los oídos de alguien ▸ **the house was falling down around their ears** la casa se les caía encima

earache [ˈiːəreɪk] n dolor *m* de oídos

eardrum [ˈɪədrʌm] n tímpano *m*

-eared [ɪəd] suffix **long/short~** con orejas largas/cortas

earful [ˈɪəfʊl] n *Fam* **to give sb an ~** [scold, criticize] echar un sermón *or ESP* una bronca a alguien

earl [ɜːl] n conde *m*

earlier [ˈɜːlɪə(r)] ■ adj anterior ▸ **I caught an ~ train** tomé *or ESP* cogí un tren anterior ▸ **her ~ novels** sus novelas anteriores
■ adv **~ (on)** antes ▸ **a few days ~** unos días antes ▸ **no ~ than tomorrow** no antes de mañana ▸ **as we saw ~** como vimos anteriormente *or* antes

earliest [ˈɜːlɪəst] ■ n **at the ~** como muy pronto ▸ **the ~ I can be there is four o'clock** no podré estar ahí antes de las cuatro
■ adj [opportunity, memory] primero(a) ▸ **at the ~ possible moment** lo antes posible ▸ **from the earliest times** desde los primeros tiempos

early [ˈɜːlɪ] ■ adj **1.** [in the day] temprano(a) ▸ **at this ~ hour...** a una hora tan temprana... ▸ **in the ~ morning** *ESP* por la *or AM* en la *or ARG* a la *or URUG* de mañana temprano ▸ **in the ~ afternoon** a primera hora de la tarde ▸ **to have an ~ night** acostarse temprano ▸ **to be an ~ riser** *or* **bird** ser madrugador(ora) ▸ *Prov* **the ~ bird catches the worm** a quien madruga, Dios le ayuda ▸ *BR* **it's ~ closing on Wednesdays** los miércoles las tiendas abren sólo por la mañana **2.** [at beginning of period of time] temprano(a), primero(a) ▸ **an ~ goal** un gol temprano *or* tempranero ▸ **the ~ days/stages of...** los primeros días/las primeras etapas de... ▸ **in ~ summer** a principios del verano ▸ **at an ~ age** en una edad temprana ▸ **in the ~ 1980s** a principios de los ochenta ▸ **an ~ example of...** un ejemplo temprano de... **3.** [ahead of time] [arrival] antes de tiempo / [breakfast, lunch] temprano(a) ▸ **to be ~** llegar temprano *or ESP* pronto ▸ **I am half an hour ~** llego media hora antes *or* con media hora de adelanto ▸ **an ~ death** una muerte prematura ▸ **~ retirement** jubilación *f* anticipada ▸ MIL **~ warning system** sistema *f* de alerta inmediata **4.** [future] pronto(a) ▸ **an ~ reply** una pronta respuesta ▸ **at an ~ date** en fecha próxima

■ adv **1.** [in the day] temprano, *ESP* pronto ▸ **~ in the morning/evening** en las primeras horas de la mañana/tarde ▸ **to get up ~** levantarse temprano ▸ **as ~ as possible** lo antes posible, cuanto antes **2.** [at beginning of period of time] **~ in the year** a primeros de año ▸ **~ on** temprano ▸ **~ in one's life/career** al principio de la vida/carrera profesional **3.** [ahead of time] temprano, *ESP* pronto ▸ **too ~** demasiado pronto ▸ **they left the party ~** se fueron pronto de la fiesta ▸ **to die ~** morir prematuramente ▸ **to retire ~** jubilarse anticipadamente

earmark ['ɪəmɑːk] vt destinar (**for** a)

earn [ɜːn] vt [money] ganar / [rest, respect] ganarse ▸ **to ~ one's living** ganarse la vida

earner ['ɜːnə(r)] n **(wage) ~** asalariado(a) *m,f* ▸ *BR Fam* **the shop is a nice little ~** la tienda es una buena fuente de ingresos

earnest ['ɜːnɪst] ■ adj serio(a)

■ n **in ~** en serio

earnestly ['ɜːnɪstlɪ] adv [to speak, discuss, consider] seriamente, con gravedad / [to hope, desire, believe] sinceramente

earnestness ['ɜːnɪstnɪs] n seriedad *f*, gravedad *f*

earning power ['ɜːnɪŋ'paʊə(r)] n capacidad *f* de ingresos

earnings ['ɜːnɪŋz] npl [of person] ingresos *mpl* / [of company] beneficios *mpl*, ganancias *fpl* ▸ **~ related** [pensions, benefits] proporcional a los ingresos

earphones ['ɪəfəʊnz] npl auriculares *mpl*

earpiece ['ɪəpiːs] n [of telephone] auricular *m*

earplug ['ɪəplʌg] n tapón *m* para los oídos

earring ['ɪərɪŋ] n *ESP* pendiente *m*, *AM* arete *m*

earshot ['ɪəʃɒt] n **within/out of ~** al alcance del/fuera del alcance del oído ▸ **I was within ~ of them** yo podía oírles

ear-splitting ['ɪəsplɪtɪŋ] adj ensordecedor(ora)

earth [ɜːθ] ■ n **1.** [planet] **the Earth** la Tierra ▸ **~ mother** [in mythology] madre tierra *f*, diosa *f* de la fecundidad / *Fig* [woman] madraza *f* ▸ **~ sciences** ciencias *fpl* de la Tierra **2.** [soil] tierra *f* **3.** *BR* ELEC toma *f* de tierra **4.** [idioms] *Fam* **where/why on ~ ...?** ¿dónde/por qué diablos...? ▸ **to cost the ~** costar un ojo de la cara ▸ **to promise sb the ~** prometer a alguien el oro y el moro ▸ *Fig* **to come back to ~ (with a bump)** bajarse de la nube, bajar a la tierra

■ vt *BR* ELEC conectar a tierra

earthenware ['ɜːθənweə(r)] n loza *f*

earthling ['ɜːθlɪŋ] n terrícola *mf*

earthly ['ɜːθlɪ] adj **1.** [life, existence] terrenal **2.** *Fam* [emphatic] **there's no ~ reason** no hay razón alguna ▸ **she hasn't got an ~ (chance)** no tiene la menor posibilidad ▸ **it's of no ~ use** no vale absolutamente para nada

earthquake ['ɜːθkweɪk] n *also Fig* terremoto *m*

earth-shattering ['ɜːθʃætərɪŋ] adj *Fam* [news, discovery] extraordinario(a)

earthworks ['ɜːθwɜːks] n terraplén *m*

earthworm ['ɜːθwɜːm] n lombriz *f (de tierra)*

earthy ['ɜːθɪ] adj **1.** [of or like earth] terroso(a) **2.** [coarse] grosero(a) / [uninhibited] directo(a), campechano(a)

earwax ['ɪəwæks] n cera *f* de los oídos, cerumen *m*

earwig ['ɪəwɪg] n tijereta *f*

ease [iːz] ■ n **1.** [facility] facilidad *f* ▸ **with ~** con facilidad **2.** [peace] **at ~** a gusto ▸ **to put sb at ~** hacer que alguien se sienta a gusto ▸ **to put** *or* **set sb's mind at ~** tranquilizar a alguien ▸ **a life of ~** una vida desahogada

■ vt **1.** [alleviate] [pain, anxiety] calmar **2.** [relax] [pressure, tension] disminuir **3.** [move carefully, slowly] **she eased the heavy box into the car** despacio y con cuidado, trasladó la pesada caja al interior del coche

■ vi [pain, pressure] remitir ▸ **the wind/the rain has eased** el viento/la lluvia ha amainado un poco

◆ ***ease off, ease up*** vi [pain] disminuir, remitir / [rain] amainar

easel ['iːzəl] n caballete *m*

easily ['iːzɪlɪ] adv **1.** [without difficulty, probably] fácilmente ▸ **the information could ~ be wrong** la información puede muy bien ser errónea ▸ **~ the best/biggest** sin duda alguna el mejor/mayor ▸ **that's ~ said** eso se dice pronto **2.** [comfortably] cómodamente, sin dificultad ▸ **he's ~ 40** [at least] andará por los 40 como poco

easiness ['iːzɪnɪs] n **1.** [of task] facilidad *f* **2.** [of manner] desenvoltura *f*

east [iːst] ■ n este *m* ▸ **to the ~ (of)** al este (de) ▸ **the East** [Asia] el Oriente / [of Europe] el Este

■ adj [side] oriental, este ▸ **East Africa** África Oriental ▸ **the East End** = *el barrio este de Londres* ▸ *Formerly* **East Germany** Alemania Oriental *or* del Este ▸ *Old-fashioned* **the East Indies** = *el archipiélago indonesio, las Indias orientales* ▸ **the East Side** = *el barrio este de Manhattan* ▸ **~ wind** viento *m* de levante

■ adv [travel, move] en dirección este, hacia el este ▸ **it's (3 miles) ~ of here** está (a 3 millas) al este de aquí ▸ **to face ~** mirar hacia el este

eastbound ['iːstbaʊnd] adj [train, traffic] en dirección este ▸ **the ~ carriageway** el carril que va hacia el este

Easter ['iːstə(r)] n [period] Semana *f* Santa / [festival] Pascua *f* ▸ **at ~** en Semana Santa ▸ **~ egg** huevo *m* de Pascua ▸ **~ Island** la Isla de Pascua ▸ **~ Sunday** Domingo *m* de Pascua *or* de Resurrección ▸ **~ week** Semana Santa

easterly ['iːstəlɪ] ■ n [wind] levante *m*

■ adj [direction] (hacia el) este ▸ **the most ~ point** el punto más al este ▸ **~ wind** viento *m* de levante

eastern ['iːstən] adj [region] del este, oriental / [religion] oriental ▸ **Eastern Europe** Europa Oriental *or* del Este ▸ *US* **Eastern Standard Time** hora *f* oficial en la costa este de los EE.UU.

east-northeast ['i:stnɔ:θ'i:st] adv en dirección estenordeste *or* estenoreste

east-southeast ['i:stsaʊθ'i:st] adv en dirección estesudeste *or* estesureste

eastward ['i:stwəd] adj & adv hacia el este

eastwards ['i:stwədz] adv hacia el este

easy ['i:zɪ] ■ adj **1.** [not difficult] fácil ▸ **~ to please** fácil de contentar ▸ **~ to get on with** tratable ▸ **it's ~ to say...** es muy fácil decir... ▸ **that's easier said than done** es muy fácil decirlo, del dicho al hecho (hay mucho trecho) ▸ *Fam* **it's as ~ as ABC** *or* **as pie** es pan comido, *RP* es un boleto *or* una papa ▸ **the ~ option** la solución más fácil ▸ *Fam* **~ money** dinero *m* fácil ▸ **~ on the eye** agradable a la vista ▸ COM **by ~ payments, on ~ terms** con facilidades de pago ▸ *Fam* **I'm ~!** [I don't mind] ¡por mí es igual!, ¡a mí me da lo mismo! **2.** [comfortable] [pace, life] cómodo(a), apacible / [manners, style] desenvuelto(a) ▸ *Fam* **to be on ~ street** no tener problemas económicos ▸ **to have an ~ time (of it)** tenerlo fácil, no tener que emplearse a fondo ▸ **~ chair** butaca *f*, sillón *m* ▸ **~ listening** [music] música *f* ligera

■ adv **to go ~ on sb** no ser demasiado duro(a) con alguien ▸ **to go ~ on sth** no pasarse con algo ▸ **to take things** *or* **it ~** tomarse las cosas con calma, tomárselo con calma ▸ **take it ~!** ¡tranquilo! ▸ **~ come, ~ go** tal como viene, se va

easy-going ['i:zɪ'gəʊɪŋ] adj [tolerant] tolerante / [calm] tranquilo(a)

eat [i:t] (pt **ate** [et, eɪt], pp **eaten** ['i:tən]) ■ vt **1.** comer ▸ **to ~ one's breakfast** desayunar **2.** [idioms] **to ~ sb out of house and home** dejarle la nevera *or* la despensa vacía a alguien ▸ *Fam* **I could ~ a horse!** ¡tengo un hambre tremenda *or* *ESP* canina! ▸ *Fam* **he won't ~ you!** ¡no te va a comer! ▸ *Fam* **what's eating you?** [worrying you] ¿qué te preocupa?, *RP* ¿qué te pica? ▸ **to ~ one's words** tragarse (uno) sus propias palabras ▸ *Fam* **if it works, I'll ~ my hat** si esto funciona, me meto a monja

■ vi comer ▸ *Fig* **to have sb eating out of one's hand** tener a alguien en *ESP* el bote *or* *AM* el bolsillo

◆ ***eat away (at)*** vt insep *also Fig* erosionar

◆ ***eat into*** vt insep [erode] corroer / *Fig* [time] gastar / [savings] mermar

◆ ***eat out*** vi salir a comer fuera

◆ ***eat up*** ■ vt sep [food] terminar (de comer) / [petrol, money] consumir

■ vi **~ up!** ¡termina (de comer)!

eater ['i:tə(r)] n **to be a slow/fast ~** comer despacio/deprisa

eatery ['i:tərɪ] n *US* restaurante *m*

eats [i:ts] npl *Fam* comida *f*, *ESP* manduca *f*, *RP* morfi *m*

eau de Cologne ['əʊdəkə'ləʊn] n (agua *f* de) colonia *f*

eaves [i:vz] npl [of house] alero *m*

eavesdrop ['i:vzdrɒp] (pt & pp **eavesdropped**) vi escuchar disimuladamente

ebb [eb] ■ n [of tide] reflujo *m* ▸ *Fig* **the ~ and flow** [of events] los vaivenes *mpl* ▸ *Fig* **to be at a low ~** [person, spirits] estar en horas bajas ▸ **~ tide** marea *f* baja, bajamar *f*

■ vi [tide] bajar

◆ ***ebb away*** vi [water] bajar / [strength, enthusiasm] menguar, disminuir

Ebola virus ['ebələ'vaɪrəs] n virus *m* del Ébola

ebony ['ebənɪ] n ébano *m*

e-book ['i:bʊk] n COMPTR libro *m* electrónico

ebullience [ɪ'bʌlɪəns] n fogosidad *f*

ebullient [ɪ'bʌlɪənt] adj fogoso(a)

EC [i:'si:] n *Formerly* (abbr ***European Community***) CE *f*, Comunidad *f* Europea

eccentric [ek'sentrɪk] n & adj excéntrico(a) *m,f*

eccentrically [ek'sentrɪklɪ] adv de forma excéntrica, excéntricamente

eccentricity [eksen'trɪsɪtɪ] n excentricidad *f*

ecclesiastic [ɪkli:zɪ'æstɪk] ■ n clérigo *m*

■ adj eclesiástico(a)

ECG [i:si:'dʒi:] n MED (abbr ***electrocardiogram***) ECG *m*, electrocardiograma *m*

echelon ['eʃəlɒn] n **the higher echelons** las altas esferas ▸ **the lower echelons** los grados inferiores

echo ['ekəʊ] ■ n (pl **echoes**) *also Fig* eco *m*

■ vt [opinion, words] repetir, hacerse eco de

■ vi resonar (**with** con)

éclair [eɪ'kleə(r)] n [pastry] petisú *m*

eclectic [ɪ'klektɪk] adj ecléctico(a)

eclipse [ɪ'klɪps] *also Fig* ■ n eclipse *m*

■ vt eclipsar

eco-friendly ['i:kəʊfrendlɪ] adj ecológico(a)

ecological [i:kə'lɒdʒɪkəl] adj ecológico(a)

ecologist [ɪ'kɒlədʒɪst] n [scientist] ecólogo(a) *m,f*

ecology [ɪ'kɒlədʒɪ] n ecología *f*

e-commerce ['i:'kɒmɜ:s] n comercio *m* electrónico

economic [i:kə'nɒmɪk] adj **1.** ECON económico(a) ▸ **~ migrant** migrante *mf* (económico) **2.** [profitable] rentable ▸ **it's more ~ to buy in bulk** sale más barato *or* económico comprar grandes cantidades

economical [i:kə'nɒmɪkəl] adj [cost-effective] económico(a) ▸ **he was being ~ with the truth** no decía toda la verdad

economically [i:kə'nɒmɪklɪ] adv económicamente

economics [i:kə'nɒmɪks] n economía *f* ▸ **the ~ of a plan** el aspecto económico de un plan

economist [ɪ'kɒnəmɪst] n economista *mf*

economize [ɪ'kɒnəmaɪz] vi economizar, ahorrar (**on** en)

economy [ɪ'kɒnəmɪ] n economía *f* ▸ **economies of scale** economías *fpl* de escala ▸ AV **~ class** clase *f* turista ▸ **~ drive** [cost-cutting campaign] campaña *f* de ahorro ▸ **~ measure** medida *f* de ahorro ▸ **~ size** [of packet] tamaño *m* económico

ecosystem ['i:kəʊsɪstem] n ecosistema *m*

ecotax ['i:kəʊtæks] n ecotasa *f*, impuesto *m* ecológico

ecoterrorism ['i:kəʊterərɪzəm] n terrorismo *m*

ecológico, ecoterrorismo *m*

ecoterrorist ['iːkəʊterərɪst] n terrorista *mf* ecológico(a)

ecotourism ['iːkəʊtɔːrɪzəm] n ecoturismo *m,* turismo *m* verde *or* ecológico

ecowarrior ['iːkəʊwɒrɪə(r)] n militante *mf* ecologista

ecstasy ['ekstəsɪ] n [emotional state, drug] éxtasis *m inv* ▸ **he went into ecstasies over the food** se deshacía en elogios a la comida

ecstatic [ek'stætɪk] adj exultante, alborozado(a) ▸ **to be ~ (about** *or* **over sth)** estar exultante de alegría (por algo)

ECT [iːsiː'tiː] n MED (abbr ***electroconvulsive therapy***) electrochoque *m*

ECU, ecu ['ekjuː, 'iːkjuː] n FIN (abbr ***European Currency Unit***) ecu *m*

Ecuador ['ekwədɔː(r)] n Ecuador

Ecuadoran ['ekwədɔːrən], ***Ecuadorian*** [ekwə'dɔːrɪən] n & adj ecuatoriano(a) *m,f*

ecumenic(al) [iːkjʊ'menɪkəl] adj REL ecuménico(a)

eczema ['eksɪmə] n eccema *m*

ed [ed] **1.** (abbr ***edition***) ed., edición *f* **2.** (abbr ***editor***) ed., editor(ora) *m,f* **3.** (abbr ***edited***) editado(a)

Edam ['iːdæm] n queso *m* de bola

eddy ['edɪ] ■ n remolino *m*
■ vi arremolinarse

Eden ['iːdən] n (jardín *m* del) Edén *m*

edge [edʒ] ■ n **1.** [of table, road, forest] borde *m* / [of page] margen *m* / [of coin, book] canto *m* ▸ **at the water's ~** al borde *or* a la orilla del agua ▸ *Fig* **to be on the ~ of one's seat** estar (con el alma) en vilo **2.** [of blade, tool] filo *m* ▸ *Fig* **to take the ~ off sb's hunger** calmar el hambre a alguien ▸ *Fig* **it took the ~ off their victory** deslustró *or* enturbió su victoria ▸ *Fig* **to be on ~** [nervous] estar tenso(a) *or* nervioso(a) ▸ *Fig* **to set sb on ~** [make nervous] poner los nervios de punta a alguien **3.** [advantage] ventaja *f* ▸ **to have the ~ (over sb)** llevar ventaja (a alguien)
■ vt [in sewing] ribetear ▸ **edged with lace** ribeteado(a) con encaje
■ vi [move slowly] **to ~ towards sb/sth** acercarse lentamente a alguien/algo ▸ **to ~ past sb** pasar deslizándose junto a alguien ▸ **to ~ through the crowd** avanzar lentamente entre la multitud

◆ ***edge out*** vt sep [beat narrowly] batir por muy poco a

edgeways ['edʒweɪz], ***edgewise*** ['edʒwaɪz] adv de canto, de lado ▸ *Fam* **I can't get a word in ~** no me dejan meter baza

edginess ['edʒɪnɪs] n [nervousness] estado *m* de tensión, nerviosismo *m*

edgy ['edʒɪ] adj [nervous] nervioso(a) ▸ **to be ~** estar nervioso(a)

edible ['edɪbəl] adj comestible

edict ['iːdɪkt] n *Formal* edicto *m*

edification [edɪfɪ'keɪʃən] n *Formal* edificación *f,* instrucción *f*

edifice ['edɪfɪs] n edificio *m*

edify ['edɪfaɪ] vt edificar

edifying ['edɪfaɪɪŋ] adj edificante

Edinburgh ['edɪnbrə] n Edimburgo

edit ['edɪt] vt **1.** [rewrite] corregir / COMPTR editar **2.** [prepare for publication] editar ▸ **edited by...** edición (a cargo) de... **3.** CIN [cut] montar **4.** [manage] [newspaper, journal] dirigir

◆ ***edit out*** vt sep eliminar, excluir

editing ['edɪtɪŋ] n CIN montaje *m*

edition [ɪ'dɪʃən] n edición *f*

editor ['edɪtə(r)] n **1.** [of published writings] editor(ora) *m,f* **2.** [of film] montador(ora) *m,f* **3.** [of newspaper, journal] director(ora) *m,f* / [newspaper or TV journalist] redactor(ora) *m,f* **4.** COMPTR [software] editor *m*

editorial [edɪ'tɔːrɪəl] ■ n editorial *m*
■ adj editorial ▸ **~ staff** (equipo *m* de) redacción *f*

EDP [iːdiː'piː] n COMPTR (abbr ***electronic data processing***) tratamiento *m* *or* procesamiento *m* electrónico de datos

educate ['edjʊkeɪt] vt educar

educated ['edjʊkeɪtɪd] adj culto(a) ▸ **an ~ guess** una suposición bien fundada

education [edjʊ'keɪʃən] n [process of learning] educación *f,* aprendizaje *m* / [process of teaching] educación *f,* enseñanza *f* / [knowledge] educación *f,* cultura *f* ▸ **Faculty of Education** facultad *f* de pedagogía ▸ *Fam* **it was an ~ working over there** trabajar allí fue muy instructivo

educational [edjʊ'keɪʃənəl] adj [system, standards, TV programme] educativo(a) / [establishment] docente / [experience, visit] instructivo(a) ▸ **~ qualifications** títulos *mpl* académicos

educationally [edjuː'keɪʃənəlɪ] adv pedagógicamente hablando, desde el punto de vista pedagógico ▸ **~ sub-normal** con graves problemas de aprendizaje

Edwardian [ed'wɔːdɪən] adj [architecture, furniture] = *de la época de Eduardo VII (1901–10)*

eek [iːk] exclam *Fam* ¡ah!

eel [iːl] n anguila *f*

eerie ['ɪərɪ] adj espeluznante, sobrecogedor(ora)

eerily ['ɪərɪlɪ] adv de forma espeluznante ▸ **it was ~ silent** había un silencio sobrecogedor

eff [ef] vi *BR Fam Euph* **he was effing and blinding** estaba diciendo palabrotas *or* soltando maldiciones

efface [ɪ'feɪs] vt borrar ▸ **to ~ oneself** mantenerse en un segundo plano

effect [ɪ'fekt] ■ n **1.** [result] efecto *m* ▸ **to have an ~ on** tener efecto en *or* sobre ▸ **to take ~** [drug, medicine] hacer *or* surtir efecto / [law] entrar en vigor ▸ **to put sth into ~** llevar algo a la práctica ▸ **in ~** de hecho, en la práctica ▸ **or words to that ~** o algo por el estilo **2.** [impression] efecto *m,* impresión *f* ▸ **for ~** para impresionar **3.** *Formal* **personal effects** efectos *mpl* personales
■ vt *Formal* [cause] [reconciliation, cure] efectuar, hacer efectivo(a) ▸ **to ~ a change** efectuar un cambio ▸ **to ~ an entry** entrar, penetrar

effective [ɪ'fektɪv] adj **1.** [efficient, successful] eficaz **2.** [actual, real] efectivo(a) **3.** LAW [in force] **to be ~**

(from) entrar en vigor (desde)

effectively [ɪ'fektɪvlɪ] adv **1.** [efficiently] eficazmente **2.** [really] en realidad, de hecho ▸ **they are ~ the same** de hecho vienen a ser lo mismo

effectiveness [ɪ'fektɪvnɪs] n eficacia *f*

effeminate [ɪ'femɪnət] adj afeminado(a)

effervescence [efə'vesəns] n [of liquid, person] efervescencia *f*

effervescent [efə'vesənt] adj [liquid, person] efervescente

effete [ɪ'fi:t] adj [person, gesture] afectado(a), refinado(a) en exceso

efficacious [efɪ'keɪʃəs] adj *Formal* eficaz

efficacy ['efɪkəsɪ] n *Formal* eficacia *f*

efficiency [ɪ'fɪʃənsɪ] n eficiencia *f*

efficient [ɪ'fɪʃənt] adj eficiente

efficiently [ɪ'fɪʃəntlɪ] adv con eficiencia, eficientemente

effigy ['efɪdʒɪ] n [statue] efigie *f* / [for ridicule] monigote *m* ▸ **to burn sb in ~** quemar un monigote de alguien

effing ['efɪŋ] adj *BR Fam Euph* maldito(a), *ESP* puñetero(a)

effluent ['eflʊənt] n aguas *fpl* residuales

effort ['efət] n **1.** [exertion] esfuerzo *m* ▸ **to make an ~ (to do sth)** hacer un esfuerzo (por hacer algo) ▸ **to be worth the ~** valer la pena ▸ **put some ~ into it!** ¡podrías hacer un esfuerzo! **2.** [attempt] intento *m*

effortless ['efətlɪs] adj fácil, cómodo(a)

effortlessly ['efətlɪslɪ] adv sin esfuerzo, fácilmente

effrontery [ɪ'frʌntərɪ] n desfachatez *f*, descaro *m*

effusive [ɪ'fju:sɪv] adj efusivo(a)

effusively [ɪ'fju:sɪvlɪ] adv efusivamente

EFL [i:e'fel] n (abbr ***English as a Foreign Language***) inglés *m* como lengua extranjera

EFT [i:ef'ti:] n COMPTR (abbr ***electronic funds transfer***) TEF *f*, transferencia *f* electrónica de fondos

EFTA ['eftə] n (abbr ***European Free Trade Association***) EFTA *f*, AELC *f*, Asociación *f* Europea de Libre Comercio

EFTPOS ['eftpɒs] n COMPTR (abbr ***electronic funds transfer at point of sale***) transferencia *f* (electrónica de fondos) en el punto de venta

e.g. [i:'dʒi:] abbr p. ej., por ejemplo

egalitarian [ɪgælɪ'teərɪən] ■ n partidario(a) *m,f* del igualitarismo
■ adj igualitario(a) *m,f*

egalitarianism [ɪgælɪ'teərɪənɪzəm] n igualitarismo *m*

egg [eg] n **1.** [of animal, food] huevo *m*, *CAM, MÉX* blanquillo *m* ▸ **~ cup** huevera *f* ▸ **~ timer** reloj *m* de arena (para medir el tiempo que tarda en cocerse un huevo) ▸ **~ white** clara *f* (de huevo) ▸ **~ yolk** yema *f* (de huevo) **2.** [reproductive cell] óvulo *m* **3.** [idioms] **to be a good/bad ~** [person] ser buena/mala gente ▸ **to have ~ on one's face** haber quedado en ridículo ▸ *Prov* **don't put all your eggs in one basket** no te lo juegues todo a una sola carta, *AM* no pongas todos los huevos en la misma canasta

◆ ***egg on*** vt sep **to ~ sb on (to do sth)** incitar a alguien (a hacer algo)

egghead ['eghed] n *Hum or Pej* lumbrera *f*, cerebrito *m*

eggplant ['egplænt] n *US* berenjena *f*

eggshell ['egʃel] n cáscara *f* (de huevo)

eggwhisk ['egwɪsk] n *BR* varillas *fpl* (para batir), batidor *m*

egis *US* ➤ ***aegis***

ego ['i:gəʊ] (pl **egos**) n [self-esteem] amor *m* propio, autoestima *f* / PSY ego *m*, yo *m* ▸ **he has an enormous ~** tiene un ego descomunal, es un presuntuoso ▸ **to boost sb's ~** dar mucha moral a alguien ▸ *Fam* **to be on an ~ trip** hacer algo por autocomplacerse

egocentric [i:gəʊ'sentrɪk] adj egocéntrico(a)

egocentricity ['i:gəʊsen'trɪsɪtɪ], ***egocentrism*** ['i:gəʊ'sentrɪzəm] n egocentrismo *m*

egoist ['i:gəʊɪst] n egoísta *mf*

egotism ['i:gəʊtɪzəm] n egocentrismo *m*

egotist ['i:gəʊtɪst] n egocéntrico(a) *m,f*

egotistic(al) [i:gəʊ'tɪstɪk(əl)] adj egocéntrico(a)

egotistically ['i:gə'tɪstɪklɪ] adv egocéntricamente

Egypt ['i:dʒɪpt] n Egipto

Egyptian [ɪ'dʒɪpʃən] n & adj egipcio(a) *m,f*

eiderdown ['aɪdədaʊn] n [duvet] edredón *m*

eight [eɪt] ■ n ocho *m* ▸ **come at ~** ven a las ocho ▸ **~ and ~ are sixteen** ocho y ocho, dieciséis ▸ **there were ~ of us** éramos ocho ▸ **all ~ of them left** se marcharon los ocho ▸ **the ~ of hearts** [in cards] el ocho de corazones
■ adj ocho ▸ **they live at number ~** viven en el número ocho ▸ **chapter/page ~** capítulo/página ocho ▸ **~ hundred** ochocientos(as) ▸ **~ hundred men** ochocientos hombres ▸ **~ thousand** ocho mil ▸ **to be ~ (years old)** tener ocho años (de edad) ▸ **it costs ~ pounds** cuesta ocho libras ▸ **~ o'clock** las ocho ▸ **it's ~ minutes to five** son las cinco menos ocho minutos

eighteen [eɪ'ti:n] n & adj dieciocho *m* / *see also* ***eight***

eighteenth [eɪ'ti:nθ] ■ n **1.** [fraction] dieciochoavo *m*, decimoctava parte *f* **2.** [in series] decimoctavo(a) *m,f* **3.** [of month] dieciocho *m*
■ adj decimoctavo(a) / *see also* ***eleventh***

eighth [eɪtθ] ■ n **1.** [fraction] octavo *m*, octava parte *f* **2.** [in series] octavo(a) *m,f* ▸ **Edward the Eighth** [written] Eduardo VIII / [spoken] Eduardo octavo **3.** [of month] ocho *m* ▸ **(on) the ~ of May** el ocho de mayo ▸ **we're leaving on the ~** nos vamos el (día) ocho
■ adj octavo(a) ▸ **the ~ century** [written] el siglo VIII / [spoken] el siglo octavo *or* ocho ▸ *US* MUS **~ note** corchea *f*

eightieth ['eɪtɪəθ] n & adj octogésimo(a) *m,f*

eighty ['eɪtɪ] ■ n ochenta *m* ▸ **~-one** ochenta y uno(a) ▸ **he was doing ~ (miles an hour)** [in car] iba a unos ciento treinta (kilómetros por hora) ▸ **in the eighties** [decade] en los (años) ochenta ▸ **to be in one's eighties** tener ochenta y tantos años ▸ **the temperature was in**

the eighties [Fahrenheit] hacía alrededor de 30 grados
■ adj ochenta ▸ **about ~ cars/passengers** unos ochenta coches/pasajeros ▸ **~ per cent of the staff** el ochenta por ciento del personal ▸ **she's about ~ (years old)** tiene unos ochenta años ▸ **he will be ~ tomorrow** mañana cumple ochenta años

Eire ['eərə] n *Formerly* Eire *m (hoy la República de Irlanda)*

either ['aɪðə(r), 'iːðə(r)] ■ adj **1.** [one or other] cualquiera de los/las dos ▸ **~ candidate may win** puede ganar cualquiera de los (dos) candidatos **2.** [each of the two] **on ~ side** a cada lado ▸ **in ~ case** en los dos casos, en cualquier caso
■ pron cualquiera ▸ **~ (of them) will do** me sirve cualquiera (de ellos) ▸ **I don't believe ~ of you** no os creo a ninguno de los dos ▸ **I don't want ~ of them** no quiero ninguno
■ conj **~ ... or...** o... o..., (o) bien... o bien... ▸ **~ you or your brother** o tú o tu hermano ▸ **~ come in or go out!** ¡o entras o sales! ▸ **I don't eat ~ meat or fish** no como (ni) carne ni pescado
■ adv tampoco ▸ **if you don't go, I won't go ~** si tú no vas, yo tampoco ▸ **he can't sing, and he can't act ~** no sabe cantar ni tampoco actuar

either-or ['aɪðər'ɔː(r)] adj **to be in an ~ situation** tener que elegir (entre lo uno o lo otro)

ejaculate [ɪ'dʒækjʊleɪt] vi [emit semen] eyacular

ejaculation [ɪdʒækjʊ'leɪʃən] n **1.** [of semen] eyaculación *f* **2.** *Old-fashioned* [exclamation] exclamación *f*

eject [ɪ'dʒekt] ■ vt expulsar
■ vi [from plane] eyectarse

ejection [ɪ'dʒekʃən] n expulsión *f* / AV eyección *f*

ejector seat [ɪ'dʒektəsiːt] n AV asiento *m* eyectable *or* eyector

eke [iːk] ◆ ***eke out*** vt sep **to ~ out a living** ganarse la vida a duras penas

elaborate ■ adj [ɪ'læbərət] [plan, excuse, meal] elaborado(a) / [drawing, description] detallado(a)
■ vt [ɪ'læbəreɪt] elaborar
■ vi dar detalles (**on** sobre)

elaboration [ɪlæbə'reɪʃən] n elaboración *f*

élan [eɪ'lɑn] n *Literary* brío *m*

elapse [ɪ'læps] vi transcurrir

elastic [ɪ'læstɪk] ■ n elástico *m*
■ adj *also Fig* flexible, elástico(a) ▸ **~ band** goma *f* (elástica), gomita *f*

elasticated [ɪ'læstɪkeɪtɪd] adj con elástico(a), *RP* elastizado(a)

elasticity [iːlæs'tɪsɪtɪ] n elasticidad *f*

Elastoplast® [ɪ'læstəplɑːst] n *BR ESP* tirita® *f, AM* curita *f*

elated [ɪ'leɪtɪd] adj jubiloso(a), eufórico(a) ▸ **to be ~ (about sth)** estar jubiloso(a) *or* eufórico(a) (por algo)

elation [ɪ'leɪʃən] n júbilo *m,* euforia *f*

elbow ['elbəʊ] ■ n codo *m* ▸ **out at the elbows** [pullover, jacket] con agujeros en los codos ▸ *Fig* **to give sb the ~** [employer] dar la patada a alguien / [lover] mandar a alguien a paseo ▸ *Fig* **put some ~ grease into it!** ¡dale fuerte! *(al sacar brillo)*
■ vt **to ~ sb in the ribs** dar un codazo a alguien en las costillas ▸ **to ~ sb aside** apartar a alguien de un codazo ▸ **to ~ one's way through (a crowd)** abrirse paso a codazos (entre una multitud)

elbowroom ['elbəʊrʊm] n *Fam Fig* [freedom] **to have enough ~** tener un margen de libertad

elder¹ ['eldə(r)] ■ adj mayor ▸ **my ~ brother** mi hermano mayor ▸ **~ statesman** antiguo mandatario *m (que conserva su prestigio)*
■ n **1.** [older person] mayor *mf* ▸ **young people should respect their elders** los jóvenes deberían respetar a sus mayores **2.** [of tribe, church] anciano(a) *m,f*

elder² n [tree] saúco *m*

elderberry ['eldəberɪ] n [fruit] baya *f* de saúco

elderflower ['eldəflaʊə(r)] n flor *m* de saúco *m*

elderly ['eldəlɪ] ■ adj anciano(a)
■ npl **the ~** los ancianos

eldest ['eldɪst] ■ adj mayor ▸ **my ~ daughter** la mayor de mis hijas, mi hija mayor
■ n **the ~** el/la mayor

elect [ɪ'lekt] ■ adj electo(a) ▸ **the president ~** el presidente electo
■ vt **1.** [councillor, MP] elegir ▸ **to ~ sb president, to ~ sb to the presidency** elegir a alguien presidente **2.** *Formal* [choose] **to ~ to do sth** elegir hacer algo

election [ɪ'lekʃən] n elección *f* ▸ **to hold an ~** celebrar unas elecciones ▸ **to stand for ~** presentarse a las elecciones ▸ **~ campaign** campaña *f* electoral

electioneering [ɪlekʃə'nɪərɪŋ] n electoralismo *m*

elective [ɪ'lektɪv] adj [assembly] electivo(a) / UNIV [course] optativo(a), opcional

elector [ɪ'lektə(r)] n elector(ora) *m,f,* votante *mf*

electoral [ɪ'lektərəl] adj POL electoral ▸ **~ reform** reforma *f* electoral ▸ *BR, AUSTR* **~ register** *or* **roll** censo *m* electoral

electorate [ɪ'lektərət] n electorado *m*

electric [ɪ'lektrɪk] adj eléctrico(a) ▸ *Fig* **the atmosphere of the meeting was ~** en la reunión el ambiente estaba electrizado ▸ **~ blanket** manta *f* eléctrica ▸ **~ blue** azul *m* eléctrico ▸ **~ chair** silla *f* eléctrica ▸ **~ cooker** cocina *f or COL, MÉX* estufa *f* eléctrica ▸ **~ eel** anguila *f* eléctrica ▸ **~ fence** valla *f* electrificada, cerca *f* eléctrica ▸ **~ shock** descarga *f* eléctrica

electrical [ɪ'lektrɪkəl] adj eléctrico(a) ▸ **~ engineering** ingeniería *f* electrónica

electrically [ɪ'lektrɪkəlɪ] adv **~ powered** *or* **operated** eléctrico(a) ▸ **~ charged** con carga eléctrica

electrician [ɪlek'trɪʃən] n electricista *mf*

electricity [ɪlek'trɪsɪtɪ] n electricidad *f*

electrification [ɪlektrɪfɪ'keɪʃən] n electrificación *f*

electrify [ɪ'lektrɪfaɪ] vt [supply] electrificar / *Fig* [excite] electrizar

electrifying [ɪ'lektrɪfaɪɪŋ] adj *Fig* electrizante

electrocardiogram [ɪlektrəʊ'kɑːdɪəʊgræm] n MED electrocardiograma *m*

electrocardiograph [ɪlektrəʊ'kɑːdɪəʊgræf] n MED electrocardiógrafo *m*

electrocute [ɪ'lektrəkju:t] vt electrocutar ▸ **to ~ oneself** electrocutarse

electrocution [ɪlektrə'kju:ʃən] n electrocución *f*

electrode [ɪ'lektrəʊd] n electrodo *m*

electrolysis [ɪlek'trɒlɪsɪs] n CHEM electrólisis *f inv* / [to remove hair] depilación *f* eléctrica

electrolyte [ɪ'lektrəlaɪt] n CHEM electrólito *m,* electrolito *m*

electromagnet [ɪlektrəʊ'mægnɪt] n electroimán *m*

electron [ɪ'lektrɒn] n electrón *m* ▸ **~ microscope** microscopio *m* electrónico

electronic [ɪlek'trɒnɪk] adj electrónico(a) ▸ FIN **~ banking** banca *f* electrónica, (servicio *m* de) telebanco ▸ **~ funds transfer** transferencia *f* electrónica de fondos ▸ COMPTR **~ mail** correo *m* electrónico ▸ COMPTR **~ office** oficina *f* informatizada *or* electrónica

electronically [ɪlek'trɒnɪklɪ] adv electrónicamente

electronics [ɪlek'trɒnɪks] ■ n electrónica *f* ▸ **~ company** casa *f* de electrónica ▸ **the ~ industry** el sector de la electrónica

■ npl [of machine] sistema *m* electrónico

electroplated [ɪ'lektrəpleɪtɪd] adj galvanizado(a)

electroshock therapy [ɪlektrəʊ'ʃɒk'θerəpɪ], ***electroshock treatment*** [ɪlektrəʊ'ʃɒk'tri:tmənt] n MED terapia *f or* tratamiento *m* de electrochoque

elegance ['elɪgəns] n elegancia *f*

elegant ['elɪgənt] adj [appearance, movement] elegante / [reasoning] lúcido(a)

elegantly ['elɪgəntlɪ] adv [dress, move] elegantemente ▸ **~ arranged/proportioned** armoniosamente dispuesto(a)/proporcionado(a)

elegiac [elə'dʒaɪək] adj elegiaco(a), elegíaco(a)

elegy ['elɪdʒɪ] n elegía *f*

element ['elɪmənt] n **1.** [constituent part] elemento *m,* componente *m* ▸ **this film has all the elements of a hit movie** esta película contiene todos los ingredientes del éxito **2.** [factor] componente *m,* elemento *m* ▸ **the ~ of surprise** el factor sorpresa ▸ **the human ~** el factor humano ▸ **an ~ of danger** un factor de peligro **3.** [in society] elemento *m* ▸ **the hooligan ~** los gamberros *(en una multitud, en la sociedad)* **4.** CHEM elemento *m* **5.** [of kettle, electric fire] resistencia *f* **6.** [force of nature] **the four elements** los cuatro elementos ▸ **to brave the elements** desafiar a los elementos ▸ **she was in her ~** estaba en su elemento

elemental [elɪ'mentəl] adj elemental, primario(a)

elementary [elɪ'mentərɪ] adj elemental, básico(a) ▸ **~ algebra** álgebra *f* elemental ▸ *US* **~ school** escuela *f* primaria

elephant ['elɪfənt] n elefante *m*

elephantine [elɪ'fæntaɪn] adj [body, size] mastodóntico(a) / [steps, movement] pesado(a), de elefante

elevate ['elɪveɪt] vt elevar ▸ **to ~ sb to the peerage** otorgar a alguien un título nobiliario

elevated ['elɪveɪtɪd] adj elevado(a) ▸ **to have an ~ opinion of oneself** tener un concepto demasiado elevado de uno mismo ▸ **~ railway** ferrocarril *m or* tren *m* elevado

elevation [elɪ'veɪʃən] n **1.** [height] **~ above sea level** altitud *f* (por encima del nivel del mar) **2.** [promotion] ascenso *m,* elevación *f* **3.** ARCHIT alzado *m*

elevator ['elɪveɪtə(r)] n **1.** *US* [lift] ascensor *m* **2.** [for goods] montacargas *m inv* **3.** [on aeroplane wing] timón *m* de profundidad

eleven [ɪ'levən] ■ n once *m* ▸ **the Spanish ~** [soccer team] el once español ▸ *BR Formerly* **~ plus** = *prueba selectiva que podían realizar los alumnos británicos a la edad de 11 años para acceder a una "grammar school" y así encaminar su educación secundaria con miras a la universidad*

■ adj once / *see also* ***eight***

elevenses [ɪ'levənzɪz] npl *BR Fam* tentempié *m* (de la mañana), *AM* onces *nfpl*

eleventh [ɪ'levənθ] ■ n **1.** [fraction] onceavo *m,* onceava parte *f* **2.** [in series] undécimo(a) *m,f* ▸ **Louis the Eleventh** [written] Luis XI / [spoken] Luis once **3.** [in month] once *m* ▸ **(on) the ~ of May** el once de mayo ▸ **we're leaving on the ~** nos vamos el (día) once

■ adj undécimo(a) ▸ *Fig* **at the ~ hour** *ESP* en el *or AM* a último momento, *AM* en el último minuto ▸ **the ~ century** [written] el siglo XI / [spoken] el siglo once

elf [elf] (pl **elves** [elvz]) n elfo *m*

elfin ['elfɪn] adj delicado(a), angelical

elicit [ɪ'lɪsɪt] vt [information] sacar (**from** de), obtener (**from** de) / [reaction, response] provocar (**from** en)

elide [ɪ'laɪd] vt LING elidir

eligibility [elɪdʒɪ'bɪlɪtɪ] n elegibilidad *f* ▸ **they questioned his ~** cuestionaron si era apto para presentar su candidatura

eligible ['elɪdʒɪbəl] adj **to be ~ for sth** reunir los requisitos para algo ▸ **an ~ bachelor** un buen partido

eliminate [ɪ'lɪmɪneɪt] vt eliminar

elimination [ɪlɪmɪ'neɪʃən] n eliminación *f* ▸ **by a process of ~** por (un proceso de) eliminación

elision [ɪ'lɪʒən] n LING elisión *f*

elite [eɪ'li:t] n élite *f*

elitism [eɪ'li:tɪzəm] n elitismo *m*

elitist [eɪ'li:tɪst] n & adj elitista *mf*

elixir [ɪ'lɪksə(r)] n *Literary* elixir *m*

Elizabethan [ɪlɪzə'bi:θən] n & adj isabelino(a) *m,f*

elk [elk] n alce *m*

ellipse [ɪ'lɪps] n MATH elipse *f*

ellipsis [ɪ'lɪpsɪs] (pl **ellipses** [ɪ'lɪpsi:z]) n GRAM elipsis *f inv*

elm [elm] n olmo *m*

elocution [elə'kju:ʃən] n dicción *f*

elongate ['i:lɒŋgeɪt] vt alargar

elope [ɪ'ləʊp] vi fugarse *(para casarse)*

eloquence ['eləkwəns] n elocuencia *f*

eloquent ['eləkwənt] adj elocuente

else [els] adv **anyone ~** [any other person] cualquier otro(a) / [in negative sentences] nadie más ▸ **would anyone ~ like some coffee?** ¿alguien más quiere café? ▸ **someone ~** [different person] otra persona /

[additional person] alguien más ▸ **everyone ~** todos los demás ▸ **no-one ~** nadie más ▸ **anything ~** cualquier otra cosa / [in negative sentence] ninguna otra cosa ▸ **can I get you anything ~?** ¿(desean) alguna cosa más *or* algo más? ▸ **something ~** [different thing] otra cosa / [additional thing] algo más ▸ **everything ~** todo lo demás ▸ **nothing ~** [nothing different] ninguna otra cosa / [nothing additional] nada más ▸ **somewhere ~** en/a otro sitio ▸ **anywhere ~** (en/a) cualquier otro sitio ▸ **everywhere ~** (en/a) todos los demás sitios ▸ **nowhere ~** (en/a) ningún otro sitio ▸ **who ~ was there?** ¿quién más estaba allí? ▸ **who broke it? – Peter, who ~?** ¿quién lo rompió? – Peter, ¿quién si no? *or* ¿quién va a ser? ▸ **what ~?** ¿qué más? ▸ **where ~?** ¿en/a qué otro sitio? ▸ **when ~?** ¿en qué otro momento? ▸ **how ~?** ¿cómo si no? ▸ **how ~ do you think I did it?** ¿cómo piensas si no que lo hice?, *RP* ¿cómo te pensás que lo hice? ▸ **why ~?** ¿por qué si no? ▸ **why ~ would I do that?** ¿por qué iba a hacerlo si no? ▸ **little ~** poca cosa más, poco más ▸ **there isn't much ~ we can do** no podemos hacer mucho más ▸ **or ~** de lo contrario, si no ▸ **do what I tell you or ~!** ¡como no hagas lo que te digo, te vas a enterar *or* ya verás!

elsewhere ['elsweə(r)] adv en otro sitio

ELT [i:el'ti:] n (abbr ***English Language Teaching***) enseñanza *f* del inglés

elucidate [ɪ'lu:sɪdeɪt] vt aclarar, poner en claro

elude [ɪ'lu:d] vt eludir ▸ **success has eluded us so far** el éxito nos ha rehuido hasta ahora ▸ **his name eludes me** no consigo recordar su nombre

elusive [ɪ'lu:sɪv] adj [enemy, concept] escurridizo(a)

elver ['elvə(r)] n angula *f*

elves ['elvz] pl *of* ***elf***

emaciated [ɪ'meɪsɪeɪtɪd] adj esquelético(a), raquítico(a) ▸ **to be ~** estar esquelético(a) *or* raquítico(a)

e-mail ['i:meɪl] n correo *m* electrónico ▸ **~ account** cuenta *f* de correo (electrónico) ▸ **~ address** dirección *f* de correo (electrónico)

emanate ['emәneɪt] ■ vt emanar
■ vi emanar (**from** de)

emancipate [ɪ'mænsɪpeɪt] vt emancipar

emancipated [ɪ'mænsɪpeɪtɪd] adj emancipado(a)

emancipation [ɪmænsɪ'peɪʃən] n emancipación *f*

emasculate [ɪ'mæskjʊleɪt] vt *Formal* [rights, legislation] desvirtuar / [group, organization] debilitar, minar

embalm [ɪm'bɑ:m] vt embalsamar

embalmer [ɪm'bɑ:mə(r)] n embalsamador(ora) *m,f*

embankment [ɪm'bæŋkmənt] n [beside railway] terraplén *m* / [alongside river] dique *m*

embargo [em'bɑ:gəʊ] ■ n (pl **embargoes**) embargo *m* ▸ **to be under (an) ~** estar sometido(a) a embargo ▸ **to put an ~ on** imponer un embargo a
■ vt (pt & pp **embargoed**) someter a embargo

embark [ɪm'bɑ:k] vi embarcar ▸ *Fig* **to ~ (up)on** [adventure] embarcarse en

embarrass [ɪm'bærəs] vt avergonzar, abochornar, *AM salvo RP* apenar ▸ **to ~ the government** poner en apuros al Gobierno

embarrassed [ɪm'bærəst] adj [uncomfortable] azorado(a), violento(a) / [financially] apurado(a) (de dinero) ▸ **I'm so ~!** me da tanta vergüenza *or AM salvo RP* pena!

> FALSE FRIEND / FALSO AMIGO
> ***embarrassed***
>
> **Embarazado** no es la traducción del inglés *embarrassed.* **Embarazado** se traduce por *pregnant.*

embarrassing [ɪm'bærəsɪŋ] adj embarazoso(a), bochornoso(a) ▸ **how ~!** ¡qué vergüenza!, *AM salvo RP* ¡qué pena!

embarrassingly [ɪm'bærəsɪŋlɪ] adv bochornosamente ▸ **it was ~ easy** resultaba tan sencillo que le hacía a uno sentirse incómodo

embarrassment [ɪm'bærəsmənt] n [shame] vergüenza *f*, *AM salvo RP* pena *f* / [discomfort] apuro *m*, embarazo *m* ▸ **much to my ~** para mi bochorno ▸ **to be an ~ to sb** ser motivo de vergüenza *or AM salvo RP* pena para alguien

embassy ['embəsɪ] n embajada *f* ▸ **the Spanish Embassy** la embajada española *or* de España

embattled [ɪm'bætəld] adj acosado(a) ▸ **to be ~** estar acosado(a)

embed [ɪm'bed] (pt & pp **embedded**) vt **1. to be embedded in sth** estar incrustado(a) en algo ▸ **to be embedded in sb's memory** estar grabado(a) en la memoria de alguien ▸ **embedded journalist** periodista *m,f* incrustado(a) **2.** COMPTR incrustar

embellish [ɪm'belɪʃ] vt [room, account] adornar (**with** con)

embers ['embəz] npl brasas *fpl*, rescoldos *mpl*

embezzle [ɪm'bezəl] vt [public money] malversar / [private money] desfalcar

embezzlement [ɪm'bezəlmənt] n [of public money] malversación *f* / [of private money] desfalco *m*

embezzler [ɪm'bezlə(r)] n [of public money] malversador(ora) *m,f* / [of private money] desfalcador(ora) *m,f*

embitter [ɪm'bɪtə(r)] vt [person] amargar

embittered [ɪm'bɪtəd] adj amargado(a)

emblazon [ɪm'bleɪzən] vt [shield] blasonar / *Fig* [name, headline] estampar con grandes letras

emblem ['embləm] n emblema *m*

emblematic [emblə'mætɪk] adj simbólico(a), emblemático(a)

embodiment [ɪm'bɒdɪmənt] n encarnación *f* ▸ **she seemed the ~ of reasonableness** parecía la sensatez personificada

embody [ɪm'bɒdɪ] vt encarnar, representar

embolden [ɪm'bəʊldən] vt envalentonar

embolism ['embəlɪzəm] n MED embolia *f*

emboss [ɪm'bɒs] vt [metal, leather] repujar / [letter, design] grabar en relieve ▸ **an embossed letterhead** un membrete en relieve

embrace [ɪm'breɪs] ■ n abrazo *m*
■ vt [person, belief] abrazar / [include] abarcar
■ vi abrazarse

embroider [ɪm'brɔɪdə(r)] vt [cloth] bordar / *Fig* [account, report] adornar

embroidery [ɪm'brɔɪdərɪ] n bordado *m*

embroil [ɪm'brɔɪl] vt **to be embroiled in sth** estar enredado(a) en algo ▸ **to get embroiled in a debate with sb** enfrascarse *or* enredarse en una discusión con alguien

embryo ['embrɪəʊ] (pl **embryos**) n embrión *m* ▸ *Fig* **in ~** [plan, idea] en estado embrionario

embryonic [embrɪ'ɒnɪk] adj BIOL embrionario(a) / [plan, idea] en estado embrionario

emend [ɪ'mend] vt corregir

emendation [iːmen'deɪʃən] n corrección *f*

emerald ['emərəld] n esmeralda *f* ▸ **~ (green)** verde *m* esmeralda ▸ **the Emerald Isle** = *Irlanda*

emerge [ɪ'mɜːdʒ] vi [from water] emerger / [from behind sth] salir (**from** de) / *Fig* [difficulty, truth] aflorar, surgir ▸ **it later emerged that...** más tarde resultó que...

emergence [ɪ'mɜːdʒəns] n [of facts, from hiding] aparición *f* / [of new state, new leader] surgimiento *m*

emergency [ɪ'mɜːdʒənsɪ] n emergencia *f* / MED urgencia *f* ▸ **in an ~, in case of ~** en caso de emergencia ▸ *US* **~ brake** freno *m* de mano ▸ **~ exit** salida *f* de emergencia ▸ **~ landing** aterrizaje *m* forzoso ▸ *US* **~ lights** luces *fpl* de emergencia ▸ *US* MED **~ room** sala *f* de urgencias ▸ **~ services** [police, ambulance, fire brigade] servicios *mpl* de urgencia ▸ **~ stop** parada *f* en seco *or* de emergencia

emergent [ɪ'mɜːdʒənt] adj pujante ▸ **~ nations** países *mpl* emergentes

emery board ['emərɪ'bɔːd] n lima *f* de uñas

emetic [ɪ'metɪk] n emético *m*, vomitivo *m*

emigrant ['emɪgrənt] n emigrante *mf*

emigrate ['emɪgreɪt] vi emigrar

emigration [emɪ'greɪʃən] n emigración *f*

émigré ['emɪgreɪ] n emigrado(a) *m,f* / POL exiliado(a) *m,f*

eminence ['emɪnəns] n **1.** [importance] eminencia *f* **2.** [title of cardinal] **Your Eminence** Su *or* Vuestra Eminencia

eminent ['emɪnənt] adj [person] eminente / [quality] notable

eminently ['emɪnəntlɪ] adv sumamente

emirate ['emɪreɪt] n emirato *m*

emissary ['emɪsərɪ] n emisario(a) *m,f*

emission [ɪ'mɪʃən] n emisión *f*, emanación *f* ▸ **toxic emissions** emanaciones tóxicas

emit [ɪ'mɪt] (pt & pp **emitted**) vt [heat, light, sound] emitir / [smell, gas] desprender, emanar

Emmental ['eməntɑːl] n (queso *m*) emental *m* *or* emmenthal *m*

emoticon [ɪ'mɒtɪkɒn] n COMPTR emoticono *m*

emotion [ɪ'məʊʃən] n emoción *f*

emotional [ɪ'məʊʃənəl] adj [person] emotivo(a), sensible / [problem, reaction] emocional / [film, farewell] conmovedor(ora), emotivo(a) ▸ **to get** *or* **become ~** emocionarse

emotionally [ɪ'məʊʃənəlɪ] adv emotivamente ▸ **to be ~ involved with sb** tener una relación sentimental con alguien ▸ **~ deprived** privado(a) de cariño

emotive [ɪ'məʊtɪv] adj [words, plea] emotivo(a) ▸ **an ~ issue** un asunto que despierta las más encendidas pasiones

empathize ['empəθaɪz] vi identificarse (**with** con)

empathy ['empəθɪ] n identificación *f* ▸ **to feel ~ for sb** identificarse con alguien

emperor ['empərə(r)] n emperador *m*

emphasis ['emfəsɪs] (pl **emphases** ['emfəsiːz]) n énfasis *m inv* ▸ **to lay** *or* **place ~ on sth** hacer hincapié en algo ▸ **the ~ is on written work** se hace hincapié en el trabajo escrito

emphasize ['emfəsaɪz] vt **1.** [point, fact] hacer hincapié en, subrayar **2.** [word, syllable] acentuar

emphatic [ɪm'fætɪk] adj [gesture, tone] enfático(a) / [denial, response] rotundo(a), categórico(a) / [victory, scoreline] convincente ▸ **he was quite ~ that...** hizo especial hincapié en que...

emphatically [ɪm'fætɪkelɪ] adv [to say] enfáticamente / [to refuse, deny] categóricamente ▸ **most ~!** ¡absolutamente!

emphysema [emfɪ'siːmə] n enfisema *m*

empire ['empaɪə(r)] n *also Fig* imperio *m*

empire-building ['empaɪə'bɪldɪŋ] n [within an organization] acumulación *f* de poder, medro *m* personal

empirical [em'pɪrɪkəl] adj empírico(a)

empirically [em'pɪrɪklɪ] adv empíricamente

empiricism [em'pɪrɪsɪzəm] n empirismo *m*

employ [ɪm'plɔɪ] ■ n *Formal* **to be in sb's ~** trabajar al servicio *or* a las órdenes de alguien

■ vt **1.** [workers] emplear ▸ **to ~ oneself (by** *or* **in doing sth)** ocuparse (en hacer algo) **2.** [tool, time, force] emplear, utilizar

employed [ɪm'plɔɪd] adj empleado(a), con empleo

employee [em'plɔɪiː] n empleado(a) *m,f* ▸ COM **~ buyout** = *adquisición de una empresa por los empleados*

employer [ɪm'plɔɪə(r)] n [person] empresario(a) *m,f*, patrono(a) *m,f* / [company] empresa *f*

employment [ɪm'plɔɪmənt] n **1.** [work] empleo *m* ▸ **to be in ~** tener un (puesto de) trabajo, estar empleado(a) ▸ **to be without ~** no tener empleo, estar desempleado(a) *or AM* desocupado(a) ▸ COM **~ agency** *or* **bureau** agencia *f* de colocaciones **2.** [use] [of tool, force] empleo *m*, uso *m*

empower [ɪm'paʊə(r)] vt **to ~ sb to do sth** habilitar *or* capacitar a alguien para hacer algo

empowering [ɪm'paʊərɪŋ] adj emancipador(ora) ▸ **an ~ experience** una experiencia que hace sentir fuerte

empress ['emprɪs] n emperatriz *f*

emptiness ['emptɪnɪs] n vacío *m*

empty ['emptɪ] ■ adj [container, existence] vacío(a) / [promise, threat] vano(a) ▸ **on an ~ stomach** con el estómago vacío

■ vt vaciar

■ vi vaciarse
■ n [bottle] **empties** cascos *mpl*
◆ ***empty out*** vt sep [pockets] vaciar
empty-handed ['emptɪ'hændɪd] adv con las manos vacías
empty-headed ['emptɪ'hedɪd] adj necio(a), bobo(a) ▸ **to be ~** tener la cabeza hueca
EMS [i:em'es] n FIN (abbr ***European Monetary System***) SME *m,* Sistema *m* Monetario Europeo
EMU [i:em'ju:] n FIN (abbr ***Economic and Monetary Union***) UEM *f,* Unión *f* Económica y Monetaria
emu ['i:mju:] n [bird] emú *m*
emulate ['emjʊleɪt] vt emular
emulsify [ɪ'mʌlsɪfaɪ] vt TECH emulsionar
emulsion [ɪ'mʌlʃən] n [liquid mixture] emulsión *f* ▸ **~ (paint)** pintura *f* (al temple)
enable [ɪ'neɪbəl] vt **1.** [allow] **to ~ sb to do sth** permitir a alguien hacer algo **2.** COMPTR [function] ejecutar / [device] activar, hacer operativo(a)
enact [ɪ'nækt] vt **1.** [tragedy, play] interpretar **2.** [law] promulgar
enamel [ɪ'næməl] ■ n esmalte *m*
■ vt (pt & pp **enamelled,** *US* **enameled**) esmaltar
enamoured [ɪ'næməd] adj **to be ~ of** estar enamorado(a) de ▸ **I'm not greatly ~ of the idea** no me entusiasma la idea
encampment [ɪn'kæmpmənt] n MIL campamento *m*
encapsulate [ɪn'kæpsjʊleɪt] vt [summarize] sintetizar
encase [ɪn'keɪs] vt [with lining, cover] revestir ▸ **to be encased in concrete** estar revestido(a) de hormigón *or AM* concreto
enchant [ɪn'tʃɑ:nt] vt **1.** [charm] cautivar, encantar ▸ **he was less than enchanted by the idea** la idea no le hacía mucha gracia **2.** [put under a spell] hechizar
enchanting [ɪn'tʃɑ:ntɪŋ] adj encantador(ora), cautivador(ora)
enchantingly [ɪn'tʃɑ:ntɪŋlɪ] adv con encanto
enchantment [ɪn'tʃɑ:ntmənt] n fascinación *f,* encanto *m*
enchantress [ɪn'tʃɑ:ntrɪs] n [attractive woman] seductora *f*
enchilada [entʃɪ'lɑ:də] n *US Fam* **the whole ~** [everything] todo, toda la pesca *or RP* la bola
encircle [ɪn'sɜ:kəl] vt rodear
encl **1.** (abbr ***enclosure***) material *m* adjunto **2.** (abbr ***enclosed***) adjunto(a)
enclave ['enkleɪv] n enclave *m*
enclose [ɪn'kləʊz] vt **1.** [surround] rodear **2.** [include in letter] adjuntar ▸ **please find enclosed...** le adjunto..., le envío adjunto(a)...
enclosed [ɪŋ'kləʊzd] adj **1. an ~ space** un espacio cerrado **2.** [in letter] adjunto(a)
enclosure [ɪn'kləʊʒə(r)] n **1.** [area] recinto *m,* cercado *m* **2.** [in letter] documento *m* adjunto
encode [en'kəʊd] vt cifrar, codificar / COMPTR codificar
encoding [ɪn'kəʊdɪŋ] n COMPTR codificación *f*
encompass [ɪn'kʌmpəs] vt abarcar, incluir
encore ['ɒŋkɔ:(r)] n [in theatre] bis *m* ▸ **to call for an ~** pedir un bis ▸ **~!** ¡otra, otra!
encounter [ɪn'kaʊntə(r)] ■ n [meeting] encuentro *m* / [confrontation] enfrentamiento *m*
■ vt [person, difficulty] encontrarse *or* toparse con
encourage [ɪn'kʌrɪdʒ] vt [person] animar / [growth, belief] promover, impulsar ▸ **to ~ sb to do sth** animar a alguien a hacer algo
encouragement [ɪn'kʌrɪdʒmənt] n apoyo *m,* aliento *m* ▸ **to give** *or* **offer sb ~** animar *or* alentar a alguien
encouraging [ɪn'kʌrɪdʒɪŋ] adj alentador(ora)
encroach [ɪn'krəʊtʃ] ◆ ***encroach on, encroach upon*** vt insep [rights] usurpar / [time, land] invadir
encrusted [ɪn'krʌstɪd] adj **~ with diamonds** con diamantes incrustados ▸ **~ with mud** con barro incrustado
encumber [ɪn'kʌmbə(r)] vt **to be encumbered by** *or* **with** estar *or* verse entorpecido(a) por
encumbrance [ɪn'kʌmbrəns] n estorbo *m*
encyclical [ɪn'sɪklɪkəl] n REL encíclica *f*
encyclop(a)edia [ɪnsaɪklə'pi:dɪə] n enciclopedia *f*
encyclop(a)edic [ɪnsaɪklə'pi:dɪk] adj enciclopédico(a)
end [end] ■ n **1.** [extremity] extremo *m* ▸ **from one ~ to the other** de un extremo al otro ▸ **at the other ~ of the line** al otro lado del teléfono ▸ **the financial ~ of the business** el lado *or* aspecto financiero del negocio ▸ *Fig* **to come to the ~ of the road** *or* **line** llegar al final ▸ **~ to ~** en hilera ▸ **to stand sth on ~** colocar algo de pie *or AM* parado(a) ▸ **the deep/shallow ~** [of swimming pool] el lado más/menos hondo *or* donde cubre/no cubre **2.** [limit in time, quantity] final *m,* fin *m* ▸ **for hours/days on ~** por espacio de varias horas/varios días ▸ **to put an ~ to sth** poner fin a algo ▸ **to come to an ~** concluir, llegar a su fin ▸ **I am at the ~ of my patience** se me está agotando la paciencia ▸ *Fig* **at the ~ of the day** en definitiva, al final ▸ **in the ~** al final ▸ **it's not the ~ of the world** no es el fin del mundo ▸ *Fam* **no ~ of...** la mar de... ▸ **~ product** producto *m* final ▸ COM & COMPTR **~ user** usuario(a) *m,f* final **3.** [aim, purpose] fin *m,* propósito *m* ▸ **an ~ in itself** un fin en sí mismo ▸ **she attained** *or* **achieved her end(s)** logró lo que se proponía ▸ **to what ~?** ¿con qué fin *or* propósito? ▸ **the**

HOW TO...

encourage someone

¡Venga, pregúntaselo! / Go on, ask her!
Anda, sabes que te va a gustar. / Go on - you know you'll enjoy it.
Tengo un buen presentimiento. / I have a good feeling about this.
Estás muy bien así. / You look just fine.
¡No irás a dejarlo ahora! / You can't give up now!

~ **justifies the means** el fin justifica los medios **4.** [idioms] *Fam* **to keep one's ~ up** defenderse bien ▸ *Fam* **this job will be the ~ of me!** ¡este trabajo va a acabar conmigo! ▸ *Fam* **to make ends meet** llegar a fin de mes ▸ *Fam* **to get hold of the wrong ~ of the stick** agarrar el rábano por las hojas, *RP* agarrar para el lado de los tomates ▸ **he can't see beyond the ~ of his nose** no ve más allá de sus narices ▸ **we shall never hear the ~ of it** nos lo van a recordar mientras vivamos
■ vt terminar, finalizar ▸ **to ~ it all** [commit suicide] quitarse la vida
■ vi terminar, acabar ▸ **I must ~ by thanking...** para terminar, debo dar gracias a...

◆ ***end up*** vi terminar, acabar ▸ **to ~ up doing sth** terminar *or* acabar haciendo algo

endanger [ɪn'deɪndʒə(r)] vt poner en peligro ▸ **such work would ~ her health** un trabajo así resultaría peligroso para su salud ▸ **an endangered species** una especie amenazada *or* en peligro de extinción

endear [ɪn'dɪə(r)] vt **to ~ oneself to sb** hacerse querer por alguien ▸ **her outspokenness did not ~ her to her boss** su franqueza no le ganó el favor del jefe

endearing [ɪn'dɪərɪŋ] adj encantador(ora)

endearingly [ɪn'dɪərɪŋlɪ] adv de forma encantadora

endearment [ɪn'dɪəmənt] n **words of ~** palabras *fpl* tiernas *or* cariñosas

endeavour, *US* ***endeavor*** [ɪn'devər] ■ n esfuerzo *m*
■ vt **to ~ to do sth** procurar hacer algo

endemic [en'demɪk] adj endémico(a)

ending ['endɪŋ] n [of story] final *m*, desenlace *m* / [of word] terminación *f*

endive ['endaɪv] n **1. (curly) ~** escarola *f* **2.** *esp US* [chicory] endibia *f*, achicoria *f*

endless ['endlɪs] adj interminable

endocrine ['endəʊkraɪn] adj MED endocrino(a) ▸ **~ gland** glándula *f* endocrina

endocrinology [endəʊkraɪ'nɒlədʒɪ] n endocrinología *f*

endorphin [en'dɔ:fɪn] n endorfina *f*

endorse, indorse [ɪn'dɔ:s] vt **1.** [document, cheque] endosar / *BR* [driving licence] anotar una infracción en **2.** [approve] [opinion, action] apoyar, respaldar

endorsement [ɪn'dɔ:smənt] n **1.** [on document, cheque] endoso *m* / *BR* [on driving licence] infracción *f* anotada **2.** [approval] [of action, opinion] apoyo *m* (**of** a), respaldo *m* (**of** a)

endow [ɪn'daʊ] vt dotar (**with** de)

endowment [ɪn'daʊmənt] n **1.** FIN asignación *f* ▸ **~ mortgage** hipoteca-inversión *f*, = *crédito hipotecario por intereses ligado a un seguro de vida* ▸ **~ policy** póliza *f* de tipo mixto **2.** [talent] dote *f*

endurable [ɪn'djʊərəbəl] adj soportable

endurance [ɪn'djʊərəns] n resistencia *f* ▸ **beyond ~** a más no poder ▸ **~ test** prueba *f* de resistencia

endure [ɪn'djʊə(r)] ■ vt soportar, aguantar
■ vi [last] durar

enduring [ɪn'djʊərɪŋ] adj duradero(a)

enema ['enəmə] n enema *m*

enemy ['enəmɪ] ■ n enemigo(a) *m,f* ▸ **she's her own worst ~** su peor enemigo es ella misma
■ adj [country, ship] enemigo(a)

energetic [enə'dʒetɪk] adj enérgico(a)

energetically [enə'dʒetɪklɪ] adv enérgicamente

energize ['enədʒaɪz] vt [invigorate] dar energías a

energy ['enədʒɪ] n energía *f* ▸ **to save ~** ahorrar energía ▸ **~ crisis** crisis *f* energética

energy-saving ['enədʒɪseɪvɪŋ] adj que ahorra energía

enervating ['enəveɪtɪŋ] adj debilitante, enervante

enfeeble [ɪn'fi:bəl] vt debilitar, enervar

enfold [ɪn'fəʊld] vt rodear ▸ **he enfolded her in his arms** la rodeó con sus brazos

enforce [ɪn'fɔ:s] vt [law] hacer cumplir, aplicar / [rights] hacer valer

enforcement [ɪn'fɔ:smənt] n aplicación *f*

enfranchise [ɪn'fræntʃaɪz] vt otorgar el derecho al voto a

engage [ɪn'geɪdʒ] ■ vt **1.** [employ] contratar **2.** [attention, person] ocupar ▸ **to ~ sb in conversation** entablar conversación con alguien **3.** MIL **to ~ the enemy** entrar en liza con el enemigo **4.** [cog, gear] engranar ▸ **to ~ the clutch** embragar
■ vi **1. to ~ in** [activity, sport] dedicarse a **2.** [cog wheel] engranar

engaged [ɪn'geɪdʒd] adj **1.** [to be married] prometido(a) ▸ **to be ~ (to sb)** estar prometido(a) (a *or* con alguien) **2.** *BR* [to be in use] **to be ~** [phone] estar ocupado(a) *or* *ESP* comunicando / [public toilet] estar ocupado(a) **3.** [involved] **to be ~ in doing sth** estar ocupado(a) haciendo algo

engagement [ɪn'geɪdʒmənt] n **1.** [to be married] compromiso *m* / [period] noviazgo *m* ▸ **~ ring** anillo *m* de pedida *or* de compromiso **2.** [appointment] compromiso *m* **3.** [military action] batalla *f*, combate *m*

engaging [ɪn'geɪdʒɪŋ] adj atractivo(a)

engender [ɪn'dʒendə(r)] vt engendrar

engine ['endʒɪn] n **1.** [of car, plane, ship] motor *m* ▸ **~ room** sala *f* de máquinas ▸ **~ trouble** avería *f (del motor)* **2.** RAIL locomotora *f* ▸ *BR* **~ driver** maquinista *mf*

engineer [endʒɪ'nɪə(r)] ■ n ingeniero(a) *mf* / NAUT & *US* RAIL maquinista *mf*
■ vt [cause, bring about] urdir

engineering [endʒɪ'nɪərɪŋ] n ingeniería *f*

England ['ɪŋglənd] n Inglaterra

English ['ɪŋglɪʃ] ■ n [language] inglés *m* ▸ **~ class/teacher** clase *f*/profesor(a) *mf* de inglés
■ npl [people] **the ~** los ingleses
■ adj inglés(esa) ▸ **the ~ Channel** el Canal de la Mancha

Englishman ['ɪŋglɪʃmən] n inglés *m*

English-speaking ['ɪŋglɪʃ'spi:kɪŋ] adj anglófono(a), de habla inglesa

Englishwoman ['ɪŋglɪʃwʊmən] n inglesa *f*

engrave [ɪn'greɪv] vt grabar

engraver [ɪn'greɪvə(r)] n grabador(ora) *m,f*

engraving [ɪn'greɪvɪŋ] n grabado *m*

engrossed [ɪn'grəʊst] adj **to be ~ (in)** estar absorto(a) (en)

engrossing [ɪn'grəʊsɪŋ] adj absorbente

engulf [ɪn'gʌlf] vt [of waves, flames] devorar ▸ **she was engulfed by despair** se sumió en la desesperación

enhance [ɪn'hɑːns] vt [value, chances] incrementar, aumentar / [performance, quality] mejorar / [beauty, colour] realzar / [reputation] acrecentar, elevar

enigma [ɪ'nɪgmə] n enigma *m*

enigmatic [enɪg'mætɪk] adj enigmático(a)

enigmatically [enɪg'mætɪklɪ] adv enigmáticamente

enjoy [ɪn'dʒɔɪ] vt **1.** [take pleasure from] disfrutar de ▸ **did you ~ your meal?** ¿les gustó la comida? ▸ **he enjoys swimming** le gusta nadar ▸ **to ~ oneself** divertirse, pasarlo bien **2.** [benefit from] gozar de, disfrutar de

enjoyable [ɪn'dʒɔɪəbəl] adj agradable

enjoyably [ɪn'dʒɔɪəblɪ] adv agradablemente ▸ **we spent the weekend most ~** pasamos un fin de semana muy agradable

enjoyment [ɪn'dʒɔɪmənt] n [pleasure] disfrute *m* ▸ **to get ~ out of sth** disfrutar con algo

enlarge [ɪn'lɑːdʒ] ■ vt [make larger] ampliar, agrandar / [photograph] ampliar

■ vi ampliarse, agrandarse ▸ **to ~ (up)on sth** [explain in greater detail] explicar algo más detalladamente

enlargement [ɪn'lɑːdʒmənt] n ampliación *f*, agrandamiento *m* / PHOT ampliación *f*

enlighten [ɪn'laɪtən] vt aclarar ▸ **can somebody ~ me as to what is going on?** ¿podría alguien aclararme qué está ocurriendo?

enlightened [ɪn'laɪtənd] adj ilustrado(a), progresista

enlightenment [ɪn'laɪtənmənt] n [clarification] aclaración *f* ▸ HIST **the Enlightenment** la Ilustración

enlist [ɪn'lɪst] ■ vt [support, help] conseguir / MIL [soldier] alistar ▸ *US* **enlisted man/woman** soldado *mf* raso

■ vi MIL alistarse

enliven [ɪn'laɪvən] vt animar

en masse ['ɒn'mæs] adv en masa

enmesh [ɪn'meʃ] vt **to become enmeshed in sth** enredarse en algo

enmity ['enmɪtɪ] n enemistad *f*

enormity [ɪ'nɔːmɪtɪ] n magnitud *f*

enormous [ɪ'nɔːməs] adj enorme, inmenso(a)

enormously [ɪ'nɔːməslɪ] adv enormemente, inmensamente

enough [ɪ'nʌf] ■ adj suficiente, bastante ▸ **more than ~ money/wine** dinero/vino de sobra *or* más que suficiente

■ pron **will this be ~?** ¿bastará *or* será bastante con esto? ▸ **I haven't got ~** no tengo suficiente ▸ **more than ~** más que suficiente ▸ **that's ~** [sufficient] es suficiente ▸ **that's ~!** [stop doing that] ¡basta ya!, *ESP* ¡vale ya! ▸ **~ is ~** ya basta ▸ **~ said!** ¡no me digas más!, ¡ni una palabra más! ▸ **to have ~ to live on** tener (lo suficiente) para vivir ▸ **to have had ~ of sb/sth** estar harto(a) de alguien/algo

■ adv **1.** [sufficiently] suficientemente, bastante ▸ **good ~** suficientemente bueno(a), suficiente ▸ **she is not strong/tall ~** no es lo bastante fuerte/alta **2.** [reasonably] bastante ▸ **she's a nice ~ girl** la chica es agradable *or* *ESP* maja ▸ **oddly** *or* **strangely ~,...** curiosamente,...

en passant [ɒn'pæsɒŋ] adv de pasada

enquire ➤ ***inquire***

enquiry ➤ ***inquiry***

enrage [ɪn'reɪdʒ] vt enfurecer, encolerizar

enrapture [ɪn'ræptʃə(r)] vt embelesar

enraptured [ɪn'ræptʃəd] adj embelesado(a) ▸ **to be ~** estar embelesado(a)

enrich [ɪn'rɪtʃ] vt enriquecer

enriching [ɪn'rɪtʃɪŋ] adj enriquecedor(ora)

enrol, *US* ***enroll*** [ɪn'rəʊl] (pt & pp **enrolled**) ■ vt inscribir

■ vi inscribirse

enrolment, *US* ***enrollment*** [ɪn'rəʊlmənt] n inscripción *f*

ensconce [ɪn'skɒns] vt **to ~ oneself** aposentarse

ensemble [ɒn'sɒmbəl] n conjunto *m*

enshrine [ɪn'ʃraɪn] vt **to be enshrined in sth** estar amparado(a) por algo

ensign ['ensaɪn] n **1.** [flag] bandera *f*, enseña *f* **2.** *US* [naval officer] alférez *m* de fragata

enslave [ɪn'sleɪv] vt esclavizar

ensnare [ɪn'sneə(r)] vt [animal, criminal] capturar

ensue [ɪn'sjuː] vi sucederse, seguir

ensuing [ɪn'sjuːɪŋ] adj subsiguiente

en suite ['ɒn'swiːt] n **with an ~ bathroom, with bathroom ~** con cuarto de baño privado

ensure [ɪn'ʃʊə(r)] vt garantizar

ENT [iːen'tiː] n MED (abbr ***Ear, Nose and Throat***) otorrinolaringología *f* ▸ **~ specialist** otorrinolaringólogo(a) *m,f*

entail [en'teɪl] vt **1.** [involve] implicar, conllevar **2.** LAW **to ~ an estate** vincular mediante testamento una propiedad

entangle [ɪn'tæŋgəl] vt **to get** *or* **become entangled** [wires, animal in net] enredarse ▸ **to be romantically entangled with sb** tener relaciones amorosas con alguien

entanglement [ɪn'tæŋgəlmənt] n [of wires, cables] enredo *m* / [love affair, difficult situation] lío *m*

enter ['entə(r)] ■ vt **1.** [house, country] entrar en / [race] inscribirse en / [exam] presentarse a / [army, university] ingresar en ▸ **to ~ sb for an exam/a race** inscribir a alguien en un examen/una carrera ▸ **it never entered my head that...** jamás se me pasó por la cabeza que... ▸ **to ~ a protest** presentar un escrito de protesta **2.** COMPTR [data] introducir

■ vi [go in] entrar ▸ **to ~ for a race** inscribirse en una carrera

◆ ***enter into*** vt insep **1.** [service, dispute, relationship] empezar, iniciar ▸ **to ~ into partnership (with sb)** asociarse (con alguien) ▸ **to ~ into conversation with sb** entablar conversación con alguien **2.** [have a part in]

money doesn't ~ into it el dinero no tiene nada que ver

enterprise ['entəpraɪz] n **1.** [undertaking] empresa *f,* iniciativa *f* / [company] empresa *f* **2.** [initiative] iniciativa *f* ▸ **to show ~** tener iniciativa

enterprising ['entəpraɪzɪŋ] adj emprendedor(ora)

entertain [entə'teɪn] ■ vt **1.** [amuse] entretener, divertir ▸ **to ~ guests** tener invitados **2.** [consider] [opinion] considerar / [fear, suspicion, hope] albergar ■ vi recibir (invitados)

entertainer [entə'teɪnə(r)] n artista *mf* (del espectáculo)

entertaining [entə'teɪnɪŋ] ■ n **to do a lot of ~** tener a menudo invitados en casa
■ adj entretenido(a), divertido(a)

entertainment [entə'teɪnmənt] n **1.** [amusement] entretenimiento *m,* diversión *f* ▸ **much to the ~ of the crowd** para regocijo de la multitud ▸ COM **~ allowance** gastos *mpl* de representación **2.** THEAT espectáculo *m* ▸ **the ~ business** la industria del espectáculo

enthral, *US* ***enthrall*** [ɪn'θrɔːl] (pt & pp **enthralled**) vt cautivar, hechizar

enthralling [ɪn'θrɔːlɪŋ] adj cautivador(ora)

enthuse [ɪn'θjuːz] ■ vt entusiasmar
■ vi entusiasmarse (**about** *or* **over**, por)

enthusiasm [ɪn'θjuːzɪæzəm] n entusiasmo *m*

enthusiast [ɪn'θjuːzɪæst] n entusiasta *mf*

enthusiastic [ɪnθjuːzɪ'æstɪk] adj [person] entusiasmado(a) / [praise] entusiasta ▸ **to be ~ (about)** [person] estar entusiasmado(a) (con)

enthusiastically [ɪnθjuːzɪ'æstɪklɪ] adv con entusiasmo

entice [ɪn'taɪs] vt **to ~ sb to do sth** incitar a alguien a hacer algo ▸ **he was enticed away from her** le incitaron a que la abandonara

enticing [ɪn'taɪsɪŋ] adj tentador(ora), atractivo(a)

entire [ɪn'taɪə(r)] adj [whole, complete] entero(a) ▸ **the ~ building/country** el edificio/país entero ▸ **to be in ~ agreement (with sb)** estar completamente de acuerdo (con alguien)

entirely [ɪn'taɪəlɪ] adv completamente, por entero

entirety [ɪn'taɪərətɪ] n integridad *f,* totalidad *f* ▸ **in its ~** en su totalidad, íntegramente

entitle [ɪn'taɪtəl] vt **1.** [allow] **to ~ sb to do sth** autorizar a alguien a hacer algo ▸ **to be entitled to (do) sth** tener derecho a (hacer) algo **2.** [book, song] titular

entitlement [ɪn'taɪtəlmənt] n derecho *m*

entity ['entɪtɪ] n ente *m,* entidad *f*

entomologist [entə'mɒlədʒɪst] n entomólogo(a) *m,f*

entomology [entə'mɒlədʒɪ] n entomología *f*

entourage [ɒntuː'rɑːʒ] n séquito *m,* comitiva *f*

entrails ['entreɪlz] npl entrañas *fpl*

entrance[1] ['entrəns] n **1.** [way in, act of entering] entrada *f* ▸ **to gain ~ to** lograr acceder a, lograr ingresar en ▸ THEAT & *Fig* **he made his ~** hizo su aparición *or* entrada (en escena) ▸ **~ hall** vestíbulo *m* **2.** [admission] entrada *f,* ingreso *m* ▸ **~ examination** examen *m* de ingreso

entrance[2] [ɪn'trɑːns] vt [charm] cautivar, encantar

entrancing [ɪn'trɑːnsɪŋ] adj cautivador(ora), encantador(ora)

entrant ['entrənt] n participante *mf*

entrapment [ɪn'træpmənt] n LAW incitación *f* al delito

entreat [ɪn'triːt] vt rogar, suplicar ▸ **to ~ sb to do sth** suplicar a alguien que haga algo

entreaty [ɪn'triːtɪ] n ruego *m,* súplica *f*

entrée ['ɒntreɪ] n CULIN **1.** *BR* [first course] entrada *f,* primer plato *m* **2.** *US* [main course] plato *m* principal

entrenched [ɪn'trentʃd] adj [custom, attitude] arraigado(a) / [person] atrincherado(a) ▸ **to be ~** [custom, attitude] estar arraigado(a) / [person] estar atrincherado(a)

entrepreneur [ɒntrəprə'nɜː(r)] n empresario(a) *m,f*

entrepreneurial [ɒntrəprə'nɜːrɪəl] adj empresarial

entropy ['entrəpɪ] n entropía *f*

entrust [ɪn'trʌst] vt **to ~ sb with sth, to ~ sth to sb** confiar algo a alguien

entry ['entrɪ] n **1.** [way in, act of entering] entrada *f* / [into group, organization] ingreso *m* ▸ **to gain ~ to** lograr introducirse en ▸ **she made her ~** hizo su entrada **2.** [of competitor] participante *mf* ▸ **we had over 1,000 entries for the competition** se recibieron más de 1.000 inscripciones para el concurso ▸ **~ form** (impreso *m* de) inscripción *f* **3.** [in dictionary, encyclopaedia] entrada *f*

entryphone ['entrɪfəʊn] n *BR* portero *m* automático

entwine [ɪn'twaɪn] ■ vt entrelazar
■ vi entrelazarse

enumerate [ɪ'njuːməreɪt] vt enumerar

enunciate [ɪ'nʌnsɪeɪt] vt [sound, word] articular / [opinion, view] enunciar

envelop [ɪn'veləp] vt envolver

envelope ['envələʊp, 'ɒnvələʊp] n sobre *m*

enviable ['envɪəbəl] adj envidiable

envious ['envɪəs] adj envidioso(a) ▸ **to be** *or* **feel ~ (of)** tener envidia (de)

enviously ['envɪəslɪ] adv con envidia

environment [ɪn'vaɪrənmənt] n [surroundings] entorno *m* ▸ **the ~** el medio ambiente ▸ POL **Department** *or* **Ministry of the Environment** ministerio *m* del medio ambiente

environmental [ɪnvaɪrən'mentəl] adj medioambiental ▸ **~ damage** daños *mpl* medioambientales ▸ **~ disaster** catástrofe *f* ecológica ▸ **~ groups** grupos *mpl* ecologistas ▸ *BR* **Environmental Health Officer** inspector(ora) *m,f* de sanidad

environmentalist [ɪnvaɪrən'mentəlɪst] n ecologista *mf*

environmentally [ɪnvaɪrən'mentəlɪ] adv ecológicamente, desde el punto de vista ecológico ▸ **~ friendly** ecológico(a), que no daña el medio ambiente

environs [ɪn'vaɪrənz] npl inmediaciones *fpl,* alrededores *mpl*

envisage [ɪn'vɪzɪdʒ], ***envision*** [en'vɪʒən] vt [foresee] prever / [imagine] imaginar ▸ **I don't ~ any major changes** no preveo ningún cambio importante

envoy ['envɔɪ] n [diplomat] enviado(a) *m,f*

envy ['envɪ] ■ n envidia *f* ▸ **to be the ~ of sb** ser la envidia de alguien
■ vt [person] envidiar ▸ **they envied him his success** tenían envidia de *or* envidiaban su éxito

enzyme ['enzaɪm] n BIOL enzima *m or f*

EOC [iːəʊ'siː] n *BR* (abbr ***Equal Opportunities Commission***) = *organismo público británico que vela por la existencia de igualdad de oportunidades para los diferentes sexos, razas, etc.*

eon *US* ➤ ***aeon***

EPA [iːpiː'eɪ] n (abbr ***Environmental Protection Agency***) = *agencia gubernamental estadounidense encargada de la protección medioambiental*

epaulette, *US* ***epaulet*** ['epəlet] n MIL charretera *f*

ephemeral [ɪ'femərəl] adj efímero(a)

epic ['epɪk] ■ n [film] película *f* épica / [poem, novel] epopeya *f*
■ adj épico(a)

epicentre, *US* ***epicenter*** ['epɪsentə(r)] n epicentro *m*

epicurean [epɪkjʊ'rɪən] n & adj epicúreo(a) *m,f*

epidemic [epɪ'demɪk] MED & *Fig* ■ n epidemia *f*
■ adj epidémico(a)

epidermis [epɪ'dɜːmɪs] n ANAT epidermis *f inv*

epidural [epɪ'djʊərəl] n MED (anestesia *f*) epidural *f*

epigram ['epɪgræm] n epigrama *m*

epigraph ['epɪgrɑːf] n epígrafe *m*

epilepsy ['epɪlepsɪ] n epilepsia *f*

epileptic [epɪ'leptɪk] ■ n epiléptico(a) *m,f*
■ adj epiléptico(a) ▸ **~ fit** ataque *m* epiléptico

epilogue ['epɪlɒg] n epílogo *m*

Epiphany [ɪ'pɪfənɪ] n Epifanía *f*

episcopal [ɪ'pɪskəpəl] adj episcopal

episcopalian [ɪpɪskə'peɪlɪən] n & adj REL episcopalista *mf*

episode ['epɪsəʊd] n [part of story, programme] capítulo *m,* episodio *m* / [incident] episodio *m*

epistle [ɪ'pɪsəl] n *also Hum* epístola *f*

epitaph ['epɪtɑːf] n epitafio *m*

epithet ['epɪθet] n epíteto *m*

epitome [ɪ'pɪtəmɪ] n vivo ejemplo *m* ▸ **to be the ~ of sth** ser el vivo ejemplo de algo

epitomize [ɪ'pɪtəmaɪz] vt reflejar a la perfección, ser el vivo ejemplo de

epoch ['iːpɒk] n época *f*

epoch-making ['iːpɒkmeɪkɪŋ] adj **an ~ change/event** un cambio/acontecimiento que hace/hizo/*etc.* época

eponymous [ɪ'pɒnɪməs] adj epónimo(a)

EPS [iːpiː'es] n FIN (abbr ***earnings per share***) dividendos *mpl* por acción

equable ['ekwəbəl] adj [person, temper] ecuánime

equably ['ekwəblɪ] adv con ecuanimidad, ecuánimemente

equal ['iːkwəl] ■ n igual *mf* ▸ **to treat sb as an ~** tratar a alguien de igual a igual
■ adj **1.** [identical] igual ▸ **all things being ~** en condiciones normales ▸ **in ~ measure** en igual medida ▸ **on ~ terms** en igualdad de condiciones ▸ **~ opportunities** igualdad *f* de oportunidades ▸ **~ pay** igualdad *f* de retribuciones ▸ **~ rights** igualdad *f* de derechos **2.** [good enough] **to be ~ to (doing) sth** estar capacitado(a) para (hacer) algo
■ vt (pt & pp **equalled,** *US* **equaled**) [match] igualar ▸ **four fives equal(s) twenty** cuatro por cinco igual a veinte, cuatro por cinco, veinte

equality [ɪ'kwɒlɪtɪ] n igualdad *f*

equalize ['iːkwəlaɪz] ■ vt igualar
■ vi SPORT empatar, igualar el marcador

equalizer ['iːkwəlaɪzə(r)] n ELEC ecualizador *m* / SPORT tanto *m* del empate

equally ['iːkwəlɪ] adv **1.** [to an equal degree] igualmente **2.** [in equal amounts] **to share** *or* **divide sth ~** dividir algo en partes iguales

equanimity [ekwə'nɪmɪtɪ] n ecuanimidad *f* ▸ **with ~** ecuánimemente

equate [ɪ'kweɪt] vt equiparar (**with** con)

equation [ɪ'kweɪʒən] n MATH ecuación *f*

equator [ɪ'kweɪtə(r)] n ecuador *m*

equatorial [ekwə'tɔːrɪəl] adj ecuatorial ▸ **Equatorial Guinea** Guinea Ecuatorial

equestrian [ɪ'kwestrɪən] ■ n caballista *mf*
■ adj [statue, ability] ecuestre

equidistant [ekwɪ'dɪstənt] adj equidistante

equilateral [ekwɪ'lætərəl] adj equilátero(a)

equilibrium [ekwɪ'lɪbrɪəm] n equilibrio *m*

equinox ['ekwɪnɒks] n equinoccio *m*

equip [ɪ'kwɪp] (pt & pp **equipped**) vt **1.** [provide with equipment] equipar ▸ **to ~ sb with sth** equipar a alguien con *or* de algo **2.** [prepare] preparar ▸ **to be equipped for...** estar preparado(a) para...

equipment [ɪ'kwɪpmənt] n [items] equipo *m* ▸ **~ allowance** gastos *mpl* de equipamiento

equitable ['ekwɪtəbəl] adj justo(a), equitativo(a)

equitably ['ekwɪtəblɪ] adv equitativamente

Equity ['ekwɪtɪ] n *BR* [actors' union] = *sindicato británico de actores*

equity ['ekwɪtɪ] n **1.** [fairness] justicia *f,* equidad *f* **2.** FIN [of shareholders] fondos *mpl* propios, neto *m* patrimonial / [of company] capital *m* escriturado *or* social ▸ **equities** acciones *fpl* ordinarias

equivalence [ɪ'kwɪvələns] n equivalencia *f*

equivalent [ɪ'kwɪvələnt] ■ n equivalente *m*
■ adj equivalente (**to** a)

equivocal [ɪ'kwɪvəkəl] adj equívoco(a)

equivocally [ɪ'kwɪvəklɪ] adv de manera equívoca

equivocate [ɪ'kwɪvəkeɪt] vi andarse con rodeos

equivocation [ɪkwɪvə'keɪʃən] n evasivas *fpl,* ambigüedades *fpl*

FALSE FRIEND / FALSO AMIGO
equivocation

Equivocación no es la traducción del inglés *equivocation*. Equivocación se traduce por *mistake*.

ER [iː'ɑː(r)] n **1.** *US* MED (abbr ***Emergency Room***) (sala *f* de) urgencias *fpl* **2.** *BR* (abbr ***Elizabeth Regina***) = *emblema de la reina Isabel*

era ['ɪərə] n era *f*

eradicate [ɪ'rædɪkeɪt] vt erradicar

erase [*BR* ɪ'reɪz, *US* ɪ'reɪs] vt borrar

eraser [*BR* ɪ'reɪzə(r), *US* ɪ'reɪsə(r)] n goma *f* (de borrar)

erect [ɪ'rekt] ■ adj erguido(a), erecto(a)
■ vt erigir

erection [ɪ'rekʃən] n **1.** [of building] erección *f*, construcción *f* **2.** [erect penis] erección *f*

ergonomic [iːgə'nɒmɪk] adj ergonómico(a)

ergonomically [ɜːgə'nɒmɪklɪ] adv ergonómicamente ▸ **~ designed** con diseño ergonómico

ergonomics [ɜːgə'nɒmɪks] n ergonomía *f*

Eritrea [erɪ'treɪə] n Eritrea

Eritrean [erɪ'treɪən] n & adj eritreo(a) *m,f*

ERM [iːɑː'rem] n FIN (abbr ***Exchange Rate Mechanism***) mecanismo *m* de tipos de cambio

ermine ['ɜːmɪn] n armiño *m*

erode [ɪ'rəʊd] ■ vt [rock, soil, metal] erosionar / [confidence, power] erosionar, minar / [savings, income] mermar
■ vi [rock, soil, metal] erosionarse / [confidence, power] minarse / [savings, income] mermar

erogenous [ɪ'rɒdʒɪnəs] adj erógeno(a) ▸ **~ zone** zona *f* erógena

Eros ['ɪərɒs] n Eros

erosion [ɪ'rəʊʒən] n [of rock, soil, metal] erosión *f* / [of confidence, power] desgaste *m* / [of savings, income] merma *f*

erotic [ɪ'rɒtɪk] adj erótico(a)

erotica [ɪ'rɒtɪkə] npl obras *fpl* eróticas

erotically [ɪ'rɒtɪklɪ] adv eróticamente

eroticism [ɪ'rɒtɪsɪzəm] n erotismo *m*

err [ɜː(r)] vi [make mistake] cometer un error, errar ▸ **to ~ on the side of caution** pecar de prudente ▸ *Prov* **to ~ is human** errar es humano

errand ['erənd] n recado *m*, *AM* mandado *m* ▸ **to run errands for sb** hacerle los recados *or AM* mandados a alguien ▸ **~ boy** chico *m* de los recados, *RP* cadete *m*

errata [e'rɑːtə] npl TYP fe *f* de erratas

erratic [ɪ'rætɪk] adj [service, performance] desigual, irregular / [course, mood] errático(a)

erratically [ɪ'rætɪklɪ] adv [to act, behave] de manera errática, de forma imprevisible / [to move] erráticamente

erroneous [ɪ'rəʊnɪəs] adj erróneo(a)

error ['erə(r)] n [mistake] error *m* ▸ **to make an ~** cometer un error, equivocarse ▸ **in ~** por error ▸ **to see the ~ of one's ways** darse cuenta de los propios errores

ersatz ['ɜːzæts] adj sucedáneo(a)

erstwhile ['ɜːstwaɪl] adj *Literary* antiguo(a), de otros tiempos

erudite ['erʊdaɪt] adj erudito(a)

erudition [erʊ'dɪʃən] n erudición *f*

erupt [ɪ'rʌpt] vi [volcano] entrar en erupción / *Fig* [violence, war] estallar

eruption [ɪ'rʌpʃən] n [of volcano] erupción *f* / [of anger, noise] explosión *f*, estallido *m*

escalate ['eskəleɪt] vi [prices] aumentar ▸ **to ~ into...** [conflict] convertirse en...

escalation [eskə'leɪʃən] n [of prices, conflict] escalada *f*

escalator ['eskəleɪtə(r)] n escalera *f* mecánica

escalope ['eskəlɒp] n CULIN escalope *m*

escapade ['eskəpeɪd] n aventura *f*, correría *f*

escape [ɪs'keɪp] ■ n [of person] huida *f*, evasión *f* / [of gas, fluid] escape *m* ▸ **to make one's ~** escapar, huir ▸ COM **~ clause** cláusula *f* de escape *or* de salvaguardia ▸ **~ route** [from fire] vía *f* de salida (de emergencia) / [of criminal] vía *f* de escape
■ vt [danger, punishment] escapar de, librarse de ▸ **to ~ sb's notice** pasar inadvertido(a) a alguien ▸ **her name escapes me** ahora no me sale su nombre
■ vi [person, gas, fluid] escaparse (**from** de) ▸ **to ~ from reality** evadirse de la realidad

escaped [ɪ'skeɪpt] adj [prisoner] fugado(a) / [animal] escapado(a)

escapee [eskeɪ'piː] n fugitivo(a) *m,f*

escapism [ɪs'keɪpɪzəm] n evasión *f* de la realidad

escapist [ɪs'keɪpɪst] ■ n fantasioso(a) *m,f*
■ adj de evasión

escapologist [eskə'pɒlədʒɪst] n escapista *mf*

escarpment [ɪs'kɑːpmənt] n escarpa *f*, escarpadura *f*

eschew [ɪs'tʃuː] vt evitar

escort ■ n ['eskɔːt] escolta *f* ▸ **under ~** escoltado(a) ▸ **~ agency** agencia *f* de acompañantes ▸ MIL **~ duty** servicio *m* de escolta
■ vt [ɪs'kɔːt] escoltar

escudo [e'skuːdəʊ] (pl **escudos**) n *Formerly* escudo *m*

Eskimo ['eskɪməʊ] (pl **Eskimos**) n & adj esquimal *mf*

ESL [iːes'el] n (abbr ***English as a Second Language***) = *inglés como segunda lengua*

esophagus *US* ➤ ***oesophagus***

esoteric [esəʊ'terɪk] adj esotérico(a)

ESP [iːes'piː] n (abbr ***extrasensory perception***) percepción *f* extrasensorial

espadrille ['espədrɪl] n alpargata *f*, zapatilla *f* de esparto

especially [ɪs'peʃəlɪ] adv especialmente ▸ **we were ~ lucky with the weather** tuvimos especial suerte con el tiempo

Esperanto [espə'ræntəʊ] n esperanto *m*

espionage ['espɪənɑːʒ] n espionaje *m*

esplanade [esplə'neɪd] n paseo *m* marítimo

espouse [ɪs'paʊz] vt patrocinar

espresso [es'presəʊ] (pl **espressos**) n café *m* exprés *or* *ESP* solo *or AM* negro

Esq (abbr ***Esquire***) **Derek Wilson, ~** (Sr.) D. Derek Wilson

essay ['eseɪ] n [at school] redacción *f* / [at university] trabajo *m*

essayist ['eseɪɪst] n ensayista *mf*

essence ['esəns] n **1.** [most important part or quality] esencia *f* ▸ **in ~** esencialmente, en esencia ▸ **the very ~ of...** la más pura esencia de... ▸ **time is of the ~** no hay tiempo que perder **2.** CULIN esencia *f* ▸ **coffee/vanilla ~** esencia de café/vainilla

essential [ɪ'senʃəl] ■ npl **essentials** [basic foodstuffs] productos *mpl* primarios *or* de primera necesidad / [basic issues] cuestiones *fpl* básicas ▸ **just pack a few essentials** guarda sólo lo imprescindible
■ adj **1.** [basic] esencial, básico(a) ▸ **~ oil** aceite *m* esencial **2.** [indispensable] esencial, fundamental ▸ **it is ~ that ...** es fundamental que...

essentially [ɪ'senʃəlɪ] adv esencialmente

EST [i:es'ti:] n *US* (abbr ***Eastern Standard Time***) = *hora oficial de la costa este de los Estados Unidos*

establish [ɪs'tæblɪʃ] vt **1.** [set up] establecer ▸ **to ~ oneself in business** establecerse en el mundo de los negocios ▸ **to ~ a reputation** crearse *or* labrarse una reputación ▸ **they established their right to vote** establecieron su derecho al voto ▸ **the film established her as an important director** la película la consagró como una gran directora **2.** [prove] [fact, sb's innocence] determinar

established [ɪs'tæblɪʃt] adj [custom, practice] establecido(a) / [fact] probado(a) ▸ **the ~ Church** la religión oficial ▸ **the ~ order** el orden establecido

establishment [ɪs'tæblɪʃmənt] n **1. the Establishment** [established order] el sistema, el orden establecido / [ruling class] la clase dominante **2.** [hotel, restaurant] establecimiento *m* **3.** [of company] fundación *f* / [of reputation] establecimiento *m* / [of fact] determinación *f*

estate [ɪs'teɪt] n **1.** LAW [possessions] posesiones *fpl* **2.** [land] finca *f* ▸ *BR* **(housing) ~** urbanización *f* ▸ *BR* **~ agency** (agencia) *f* inmobiliaria *f* ▸ *BR* **~ agent** agente *mf* inmobiliario(a) ▸ *BR* **~ (car)** ranchera *f*, *ESP* coche *m* familiar

esteem [ɪs'ti:m] ■ n estima *f* ▸ **to hold sb in high/low ~** tener a alguien en gran/poca estima
■ vt estimar ▸ *Formal* **to ~ it an honour that...** considerar un honor que...

esthetic *US* ➤ ***aesthetic***

estimate ■ n ['estɪmət] [calculation] estimación *f*, cálculo *m* aproximado / COM presupuesto *m* ▸ **at a rough ~** aproximadamente
■ vt ['estɪmeɪt] estimar ▸ **an estimated cost/value** un coste/valor estimado

estimation [estɪ'meɪʃən] n **1.** [calculation] cálculo *m*, estimación *f* **2.** [judgement] juicio *m*, opinión *f* ▸ **she has gone up/down in my ~** ahora la tengo en más/menos estima

Estonia [es'təʊnɪə] n Estonia

Estonian [es'təʊnɪən] ■ n **1.** [person] estonio(a) *m,f* **2.** [language] estonio *m*
■ adj estonio(a)

estranged [ɪs'treɪndʒd] adj separado(a) ▸ **to be ~ (from)** estar separado(a) (de)

estrogen *US* ➤ ***oestrogen***

estuary ['estjʊərɪ] n estuario *m*

ETA [i:ti:'eɪ] n AV (abbr ***estimated time of arrival***) hora *f* prevista de llegada

et al [et'æl] (abbr ***et alii***) et al.

etc [et'setrə] adv (abbr ***et cetera***) etc., etcétera

etch [etʃ] vt grabar (al aguafuerte) ▸ *Fig* **the scene was etched in his memory** tenía la escena grabada en la memoria

etching ['etʃɪŋ] n [picture] (grabado *m* al) aguafuerte *m*

eternal [ɪ'tɜ:nəl] adj eterno(a)

eternally [ɪ'tɜ:nəlɪ] adv eternamente ▸ **I shall be ~ grateful to you** te estaré eternamente agradecido(a)

eternity [ɪ'tɜ:nɪtɪ] n eternidad *f* ▸ *Fam* **I waited an ~** esperé una eternidad

ether ['i:θə(r)] n éter *m*

ethereal [ɪ'θɪərɪəl] adj etéreo(a)

ethical ['eθɪkəl] adj ético(a) ▸ FIN **~ (investment) fund** fondo *m* (de inversión) ético

ethically ['eθɪklɪ] adv éticamente

ethics ['eθɪks] npl ética *f*

Ethiopia [i:θɪ'əʊpɪə] n Etiopía

Ethiopian [i:θɪ'əʊpɪən] n & adj etíope *mf*

ethnic ['eθnɪk] adj étnico(a) ▸ **~ cleansing** limpieza *f* étnica ▸ **~ minority** minoría *f* étnica

ethnically ['eθnɪklɪ] adv étnicamente

ethnicity ['eθnɪsɪtɪ] n etnicidad *f*

ethnocentric [eθnəʊ'sentrɪk] adj etnocéntrico(a)

ethnography [eθ'nɒgrəfɪ] n etnografía *f*

ethnology [eθ'nɒlədʒɪ] n etnología *f*

ethos ['i:θɒs] n código *m* ético, valores *mpl* (morales)

e-ticket ['i:'tɪkɪt] n *ESP* billete *m or AM* boleto *m or AM* pasaje *m* electrónico

etiquette ['etɪket] n etiqueta *f*, protocolo *m* ▸ **professional ~** ética *f* profesional

Etruscan [ɪ'trʌskən] n & adj etrusco(a) *m,f*

etymological [etɪmə'lɒdʒɪkəl] adj etimológico(a)

etymologist [etɪ'mɒlədʒɪst] n etimólogo(a) *m,f*

etymology [etɪ'mɒlədʒɪ] n etimología *f*

EU [i:'ju:] n (abbr ***European Union***) UE *f*

eucalyptus [ju:kə'lɪptəs] n eucalipto *m*

Eucharist ['ju:kərɪst] n **the ~** la Eucaristía

eulogize ['ju:lədʒaɪz] vt loar, alabar

eulogy ['ju:lədʒɪ] n panegírico *m*

eunuch ['ju:nək] n eunuco *m*

euphemism ['ju:fɪmɪzəm] n eufemismo *m*

euphemistic [ju:fɪ'mɪstɪk] adj eufemístico(a)

euphemistically [ju:f'æ'mɪstɪklɪ] adv de manera

eufemística, eufemísticamente

euphoria [juː'fɔːrɪə] n euforia *f*

euphoric [juː'fɔːrɪk] adj eufórico(a) ▸ **to be ~** estar eufórico(a)

Eurasian [jʊə'reɪʒən] n & adj eur(o)asiático(a) *m,f*

EURATOM [jʊə'rætəm] n (abbr ***European Atomic Energy Community***) EURATOM *f*, Comunidad *f* Europea de la Energía Atómica

eureka [jʊə'riːkə] exclam ¡eureka!

euro ['jʊəreʊ] (pl **euros**) n FIN [European currency] euro *m*

Eurocentric [jʊərəʊ'sentrɪk] adj eurocéntrico(a)

Eurocheque ['jʊərəʊtʃek] n FIN eurocheque *m*

Eurodollar ['jʊərəʊdɒlə(r)] n FIN eurodólar *m*

Euro-MP ['jʊərəʊempiː] n eurodiputado(a) *m,f*

Europe ['jʊərəp] n Europa

European [jʊərə'piːən] ■ n europeo(a) *m,f*
■ adj europeo(a) ▸ **~ Commission** Comisión *f* Europea ▸ **~ Community** Comunidad *f* Europea ▸ **~ Court of Human Rights** Tribunal *m* Europeo de Derechos Humanos ▸ **~ Court of Justice** Tribunal *m* de Justicia Europeo ▸ **~ Currency Unit** unidad *f* de cuenta europea ▸ **~ Free Trade Association** Asociación *f* Europea de Libre Comercio ▸ **~ Monetary System** Sistema *m* Monetario Europeo ▸ **~ Monetary Union** Unión *f* Monetaria Europea ▸ **~ Parliament** Parlamento *m* Europeo ▸ **~ Single Market** Mercado *m* Único Europeo ▸ **~ Union** Unión *f* Europea

Europhile ['jʊərəʊfaɪl] n & adj europeísta *mf*

Eurosceptic [jʊərəʊ'skeptɪk] n *BR* euroescéptico(a) *m,f*

Eurotunnel® ['jʊərəʊtʌnəl] n eurotúnel® *m*

Eurovision ['jʊərəʊvɪʒən] n **the ~ song contest** el Festival de Eurovisión

Eustachian tube [juːs'teɪʃən'tjuːb] n ANAT trompa *f* de Eustaquio

euthanasia [juːθə'neɪzɪə] n eutanasia *f*

evacuate [ɪ'vækjʊeɪt] vt [person, area] evacuar

evacuation [ɪvækjʊ'eɪʃən] n [of people, area] evacuación *f*

evacuee [ɪvækjʊ'iː] n evacuado(a) *m,f*

evade [ɪ'veɪd] vt [pursuer] burlar / [blow] esquivar / [question] eludir ▸ **she evaded her responsibilities** rehuyó sus responsabilidades ▸ **to ~ tax** evadir impuestos

evaluate [ɪ'væljʊeɪt] vt evaluar

evaluation [ɪvæljʊ'eɪʃən] n evaluación *f*

evangelical [iːvæn'dʒelɪkəl] n & adj evangélico(a) *m,f*

evangelism [ɪ'vændʒɪlɪzəm] n evangelismo *m*

evangelist [ɪ'vændʒɪlɪst] n evangelista *mf*

evangelize [ɪ'vændʒɪlaɪz] vt & vi evangelizar

evaporate [ɪ'væpəreɪt] ■ vt evaporar ▸ **evaporated milk** leche *f* concentrada
■ vi [liquid, enthusiasm] evaporarse

evaporation [ɪvæpə'reɪʃən] n evaporación *f*

evasion [ɪ'veɪʒən] n [escape] [of pursuer, question] evasión *f* ▸ **(tax) ~** evasión fiscal ▸ **I was met with the usual evasions** me dieron las evasivas de costumbre

evasive [ɪ'veɪsɪv] adj [person, reply] evasivo(a) ▸ **to take ~ action** MIL maniobrar para evitar el enfrentamiento / *Fig* quitarse *or ANDES, RP* sacarse de en medio

evasively [ɪ'veɪsɪvlɪ] adv con evasivas

eve [iːv] n [day before] víspera *f* ▸ **on the ~ of...** (en) la víspera de..., en vísperas de...

even ['iːvən] ■ adj **1.** [flat] [surface] llano(a), liso(a) **2.** [regular] [breathing, pace] regular, constante / [temperature] constante ▸ **to have an ~ temper** tener un carácter pacífico ▸ **~ number** número *m* par **3.** [equal] [contest] igualado(a) ▸ **to have an ~ chance (of doing sth)** tener un cincuenta por ciento de posibilidades (de hacer algo) ▸ *Fig* **to get ~ with sb** [take revenge on] vengarse *or* desquitarse de alguien
■ adv **1.** incluso ▸ **~ bigger/more interesting** aún *or* incluso mayor/más interesante ▸ **I never ~ saw it** ni siquiera llegué a verlo ▸ **without ~ speaking** sin tan siquiera hablar ▸ **~ as I speak** justo a la vez que estoy hablando **2.** [in phrases] **~ if** aunque ▸ **~ now** incluso ahora ▸ **~ so** aun así ▸ **~ then** [still] ya entonces / [nevertheless] aun así ▸ **~ though** aunque, a pesar de que
■ vt [make equal] igualar, equilibrar ▸ **to ~ the odds** dar igualdad de oportunidades ▸ **to ~ the score** igualar el marcador

◆ ***even out*** ■ vt **they aim to ~ out social inequalities** aspiran a eliminar las desigualdades sociales ▸ **with this account you can ~ out payments over the year** con esta cuenta, los pagos se reparten equitativamente a lo largo del año
■ vi [differences, workload] equilibrarse

◆ ***even up*** vt sep **to ~ things up** igualar *or* equilibrar las cosas

even-handed ['iːvən'hændɪd] adj imparcial

evening ['iːvnɪŋ] n [earlier] tarde *f* / [later] noche *f* ▸ **tomorrow ~** mañana por la tarde/noche ▸ **yesterday ~** ayer (por la) tarde/noche ▸ *Fam* **~!** ¡buenas tardes/noches!, *RP* ¡nas tardes/noches! ▸ **in the ~** por la tarde/noche ▸ **a musical/cultural ~** una velada musical/cultural ▸ **~ class** clase *f* nocturna ▸ **~ dress** [for men] traje *m* de etiqueta / [for women] vestido *m or* traje *m* de noche ▸ **~ paper** periódico *m* vespertino *or* de la tarde ▸ **~ performance** [of play] sesión *f* de noche

> CAREFUL! / ¡CUIDADO!
> ***evening***
>
> When translating *evening*, note that both **buenas tardes** and (if it's later – say after 9pm) **buenas noches** can be used when greeting someone, unlike in English, where *good night* always implies parting from someone.

evenly ['iːvənlɪ] adv [uniformly] uniformemente / [fairly] equitativamente ▸ **to breathe ~** respirar tranquilamente ▸ **to say sth ~** decir algo en tono neutro ▸ **~ matched** en igualdad de condiciones

evensong ['iːvənsɒŋ] n REL vísperas *fpl*

event [ɪ'vent] n **1.** [occurrence] acontecimiento *m* ▸ **in**

the course of events en el transcurso de los acontecimientos ▸ **in any ~** en cualquier caso ▸ **in the ~ of fire** en caso de incendio ▸ **in the ~ of her resigning...** en caso de que dimita... **2.** [in athletics] prueba *f*

even-tempered ['iːvən'tempəd] adj ecuánime, sereno(a)

eventful [ɪ'ventfʊl] adj [day, life] agitado(a), azaroso(a)

eventual [ɪ'ventjʊəl] adj final

eventuality [ɪventjʊ'ælɪtɪ] n eventualidad *f*, posibilidad *f* ▸ **in that ~** en ese caso ▸ **to be ready for all eventualities** estar preparado(a) *or AM* alistado(a) para cualquier eventualidad

eventually [ɪ'ventjʊəlɪ] adv finalmente, al final

ever ['evə(r)] adv **1.** [always, at any time] **~ since then/1960** desde entonces/1960 ▸ **more than ~** más que nunca ▸ **the worst/best ~** el peor/mejor de todos los tiempos ▸ **all she ~ does is criticize** no hace más que criticar ▸ **she was as friendly as ~** estuvo tan amable como siempre ▸ **she's a liar if ~ there was one** miente como ella sola, es la más mentirosa del mundo ▸ **she's a genius if ~ there was one** es un genio donde los haya ▸ **~ the gentleman, he opened the door for her** caballeroso como siempre, le abrió la puerta **2.** [with negative sense] **not ~** nunca ▸ **hardly ~** casi nunca ▸ **nothing ~ happens** nunca pasa nada ▸ **I don't know if I'll ~ meet him again** no sé si lo volveré a ver (alguna vez) ▸ **I seldom if ~ see her** apenas la veo **3.** [in questions] alguna vez ▸ **have you ~ been to Spain?** ¿has estado (alguna vez) en España? **4.** *Fam* [intensive] **~ so pretty** tan guapísima ▸ **~ so expensive** tan carísimo(a) ▸ **~ such a lot of money** tantísimo dinero

evergreen ['evəgriːn] ■ n árbol *m* (de hoja) perenne
■ adj (de hoja) perenne

everlasting [evə'lɑːstɪŋ] adj eterno(a), perpetuo(a)

evermore [evə'mɔː(r)] adv *Formal* por siempre (jamás) ▸ **for ~** para siempre

every ['evrɪ] adj **1.** [each, all] cada ▸ **at ~ opportunity** en toda ocasión ▸ **from ~ side** de todas partes ▸ **of ~ kind** *or* **sort** de todo tipo ▸ **they hung on his ~ word** estaban pendientes de cada una de sus palabras ▸ **~ time** siempre, cada vez ▸ **~ one of us** todos y cada uno de nosotros ▸ **~ man for himself!** ¡sálvese quien pueda! **2.** [indicating regular occurrence] **~ week** todas las semanas ▸ **~ day** todos los días ▸ **~ other** *or* **second day** cada dos días, *AM* día por medio ▸ **~ other line/page** [one in two] cada dos líneas/páginas, *AM* línea/página por medio ▸ **~ so often, ~ now and again** *or* **then** de vez en cuando **3.** [intensive] **you have ~ right to be angry** tienes todo el derecho a estar *esp ESP* enfadado *or esp AM* enojado ▸ **~ bit as good/as intelligent as...** exactamente igual de bueno/de inteligente que... ▸ **I shall give you ~ assistance** te ayudaré en todo

everybody ['evrɪbɒdɪ], ***everyone*** ['evrɪwʌn] pron todo el mundo, todos(as) ▸ **~ I know was there** toda la gente que conozco estaba allí ▸ **~ else** todos los demás ▸ **~ who is anybody** toda la gente importante

everyday ['evrɪdeɪ] adj [event, expression] cotidiano(a) ▸ **for ~ use** para uso cotidiano

everyone ➤ ***everybody***

everything ['evrɪθɪŋ] pron todo ▸ **~ I did seemed to go wrong** todo lo que hacía parecía salir mal ▸ **~ possible** todo lo posible ▸ **money isn't ~** el dinero no lo es todo

everywhere ['evrɪweə(r)] adv por *or* en todas partes ▸ **we looked ~** miramos por todas partes ▸ **~ you go/look** dondequiera que vayas/mires ▸ **~ in France** en toda Francia

evict [ɪ'vɪkt] vt desahuciar, desalojar

eviction [ɪ'vɪkʃən] n desahucio *m*, desalojo *m* ▸ **~ order** orden *f* de desahucio *or* desalojo

evidence ['evɪdəns] ■ n **1.** pruebas *fpl* ▸ **to be in ~** ser claramente visible ▸ **to show ~ of** demostrar, dar prueba de ▸ **there was no ~ of his stay in the house** no había pruebas de su paso por la casa **2.** LAW pruebas *fpl* ▸ **to give ~** testificar, prestar declaración ▸ **to turn** *BR* **King's** *or* **Queen's** *or US* **State's ~** *= inculpar a un cómplice ante un tribunal a cambio de recibir un trato indulgente*
■ vt *Formal* evidenciar, demostrar ▸ **as evidenced by...** como lo demuestra...

evident ['evɪdənt] adj evidente ▸ **it was ~ that...** era evidente que...

evidently ['evɪdəntlɪ] adv evidentemente

evil ['iːvəl] ■ n mal *m* ▸ **to speak ~ of sb** hablar mal de alguien
■ adj [person] malo(a), malvado(a) / [action, practice] vil, perverso(a) / [influence, effect] nocivo(a), perjudicial / [spirit] maligno(a) ▸ **the ~ eye** el mal de ojo

evildoer ['iːvəlduːə(r)] n *Literary* malhechor(ora) *m,f*

evil-looking ['iːvəllʊkɪŋ] adj de aspecto siniestro

evil-minded ['iːvəl'maɪndɪd] adj perverso(a)

evil-smelling ['iːvəl'smelɪŋ] adj maloliente, apestoso(a)

evince [ɪ'vɪns] vt *Formal* evidenciar

evocation [evə'keɪʃən] n evocación *f*

evocative [ɪ'vɒkətɪv] adj evocador(ora) (**of** de)

evoke [ɪ'vəʊk] vt evocar

evolution [iːvə'luːʃən] n evolución *f*

evolutionary [iːvə'luːʃənərɪ] adj evolutivo(a)

evolve [ɪ'vɒlv] ■ vt desarrollar
■ vi [species] evolucionar / [situation] desarrollarse ▸ **to ~ from** [species] provenir de ▸ **finding food has evolved into a major problem** encontrar comida se ha convertido en un problema de primer orden

ewe [juː] n oveja *f (hembra)*

ex [eks] n *Fam* [former spouse, girlfriend, boyfriend] ex *mf*

ex- [eks] prefix [former] ex ▸ **ex-minister/teacher** ex ministro(a)/profesor(ora) ▸ **ex-wife/husband** ex mujer/marido, exmujer/exmarido

exacerbate [eg'zæsəbeɪt] vt exacerbar

exact [ɪg'zækt] ■ adj [number, amount] exacto(a), preciso(a) ▸ **at the ~ moment when...** en el preciso momento *or* instante en que... ▸ **those were her ~ words** esas fueron exactamente sus palabras ▸ **the ~ opposite** exactamente lo contrario ▸ **to be ~** para ser

exactos ▸ **an ~ science** una ciencia exacta
■ vt [promise, apology] arrancar (**from** a) / [obedience, respect] imponer (**from** a) / [tax] imponer el pago de (**from** a)

exacting [ɪg'zæktɪŋ] adj [person] exigente / [task] arduo(a) / [standards] riguroso(a)

exactitude [ɪg'zæktɪtjuːd] n *Formal* exactitud *f*

exactly [ɪg'zæktlɪ] adv exactamente ▸ **~!** ¡exacto! ▸ **not ~** [not very] no precisamente / [as a reply] no exactamente

exaggerate [ɪg'zædʒəreɪt] vt & vi exagerar

exaggerated [ɪg'zædʒəreɪtɪd] adj exagerado(a)

exaggeration [ɪgzædʒə'reɪʃən] n exageración *f*

exalt [ɪg'zɔːlt] vt *Formal* [praise] exaltar

exalted [ɪg'zɔːltɪd] adj [high] elevado(a)

exam [ɪg'zæm] n examen *m* ▸ **to take** *or* **sit an ~** examinarse, hacer un examen ▸ **~ result** nota *f*, resultado *m*

examination [ɪgzæmɪ'neɪʃən] n [at school, at university, of records] examen *m* ▸ **to take** *or* **sit an ~** examinarse, hacer un examen ▸ EDUC **~ board** tribunal *m* (de examen), junta *f* examinadora ▸ EDUC **~ result** nota *f*, resultado *m*

examine [ɪg'zæmɪn] vt [evidence, student] examinar ▸ **to ~ one's conscience** hacer examen de conciencia ▸ **examining body** comité *m* de evaluación

examinee [ɪgzæmɪ'niː] n examinando(a) *m,f*

examiner [ɪg'zæmɪnə(r)] n examinador(ora) *m,f*

example [ɪg'zɑːmpəl] n ejemplo *m* ▸ **for ~** por ejemplo ▸ **to set an ~** dar ejemplo ▸ **to make an ~ of sb** imponer un castigo ejemplar a alguien ▸ **to follow sb's ~** seguir el ejemplo de alguien ▸ **to lead by ~** predicar con el ejemplo

exasperate [ɪg'zɑːspəreɪt] vt exasperar ▸ **to get exasperated** exasperarse

exasperating [ɪg'zɑːspəreɪtɪŋ] adj exasperante

exasperatingly [ɪg'zɑːspəreɪtɪŋlɪ] adv exasperantemente

exasperation [ɪgzɑːspə'reɪʃən] n exasperación *f*

excavate ['ekskəveɪt] vt excavar

excavation [ekskə'veɪʃən] n excavación *f*

excavator ['ekskəveɪtə(r)] n [machine] excavadora *f*

exceed [ɪk'siːd] vt [amount, number, expectations] superar, exceder / [limit] rebasar

exceedingly [ɪk'siːdɪŋlɪ] adv sumamente, extremadamente

excel [ɪk'sel] (pt & pp **excelled**) ■ vt *esp Ironic* **to ~ oneself** lucirse
■ vi sobresalir (**at** *or* **in** en)

excellence ['eksələns] n excelencia *f*

excellency ['eksələnsɪ] n **Your/His Excellency** Su Excelencia

excellent ['eksələnt] adj excelente

except [ɪk'sept] ■ prep excepto, salvo ▸ **nobody ~ him** nadie salvo él ▸ **~ for** a excepción de, exceptuando ▸ **we would have lost, ~ for you** de no ser *or* a no ser por ti, habríamos perdido ▸ **the dress is ready ~ for the buttons** menos *or* salvo los botones, el vestido está listo ▸ **he's my best friend, ~ for you, of course** es mi mejor amigo, aparte de ti, claro está ▸ **~ that** sólo que ▸ **~ when** salvo cuando
■ vt exceptuar, excluir (**from** de) ▸ **present company excepted** exceptuando a los aquí presentes ▸ **not excepting...** incluyendo a...

exception [ɪk'sepʃən] n excepción *f* ▸ **to make an ~ of sth/for sb** hacer una excepción con algo/con alguien ▸ **with the ~ of...** a excepción (hecha) de... ▸ **without ~** sin excepción ▸ **the ~ that proves the rule** la excepción que confirma la regla ▸ **to take ~ to sth** [be offended] ofenderse por algo / [object] censurar algo

exceptionable [ɪk'sepʃənəbəl] adj *Formal* inaceptable, censurable

exceptional [ɪk'sepʃənəl] adj excepcional

exceptionally [ɪk'sepʃənəlɪ] adv extraordinariamente ▸ **~, more time may be allowed** en casos excepcionales se dará más tiempo

excerpt ['eksɜːpt] n fragmento *m* (**from** de)

excess [ɪk'ses] n exceso *m* ▸ **in ~ of** más de ▸ **sums in ~ of £1,000** sumas superiores a *or* de más de 1.000 libras ▸ **to do sth to ~** hacer algo en exceso ▸ **to lead a life of ~** llevar una vida de excesos ▸ **to pay the ~** [on ticket] pagar la diferencia *or* el suplemento ▸ **~ baggage** exceso de equipaje

excessive [ɪk'sesɪv] adj excesivo(a)

excessively [ɪk'sesɪvlɪ] adv excesivamente

exchange [ɪks'tʃeɪndʒ] ■ n **1.** [of prisoners, ideas] intercambio *m* ▸ **in ~ (for)** a cambio (de) ▸ **there was a heated ~** hubo un acalorado intercambio verbal ▸ COM **~ of contracts** acto *m* notarial de compraventa ▸ **~ visit** visita *f* de intercambio **2.** FIN [of currency] cambio *m* ▸ **~ controls** controles *m* de cambio (monetario) ▸ **~ rate** tipo *m* or *AM* tasa *f* de cambio ▸ **~ rate mechanism** mecanismo *m* de los tipos de cambio **3. (Stock) Exchange** mercado *m* de valores, bolsa *f* **4. (telephone) ~** central *f* telefónica, centralita *f*
■ vt intercambiar / [faulty goods] descambiar ▸ **to ~ sth for sth** cambiar algo por algo ▸ **to ~ glances** intercambiar miradas

exchangeable [ɪks'tʃeɪndʒəbəl] adj [voucher, currency] canjeable

exchequer [eks'tʃekə(r)] n *BR* **the Exchequer** ≃ Hacienda *f*, el Tesoro (público) ▸ **the Chancellor of the Exchequer** ≃ el ministro de Hacienda

excise ■ n ['eksaɪz] **~ (duties)** [tax] impuesto *m* sobre el consumo
■ vt [ɪk'saɪz] [remove] extirpar

excitable [ɪk'saɪtəbəl] adj excitable

excite [ɪk'saɪt] vt [person] entusiasmar, emocionar / [feeling, passion] excitar, estimular / [envy, interest] suscitar

excited [ɪk'saɪtɪd] adj entusiasmado(a), emocionado(a) ▸ **to get ~ (about)** entusiasmarse *or* emocionarse (con)

excitedly [ɪk'saɪtɪdlɪ] adv con entusiasmo

excitement [ɪk'saɪtmənt] n emoción *f* ▸ **to avoid ~**

evitar las emociones fuertes ▸ **to cause great ~** provocar un gran revuelo

exciting [ɪk'saɪtɪŋ] adj emocionante, apasionante

exclaim [ɪks'kleɪm] vt & vi exclamar

exclamation [ekskləˈmeɪʃən] n exclamación *f* ▸ *BR* **~ mark** *or US* **point** signo *m* de admiración *or* exclamación

exclamatory [eks'klæmətərɪ] adj exclamativo(a)

exclude [ɪks'klu:d] vt excluir ▸ **excluding...** excluyendo...

exclusion [ɪks'klu:ʒən] n exclusión *f* ▸ **to the ~ of...** haciendo caso omiso de...

exclusive [ɪks'klu:sɪv] ▪ n [in newspaper, on TV] exclusiva *f*

▪ adj exclusivo(a) ▸ **~ interview** entrevista *f* en exclusiva

▪ adv **~ of** excluyendo

exclusively [ɪks'klu:sɪvlɪ] adv exclusivamente / [in newspaper, on TV] en exclusiva

exclusivity [eksklu:'sɪvɪtɪ], ***exclusiveness*** [ɪks'klu:sɪvnɪs] n uso *m* exclusivo, exclusividad *f*

excommunicate [ekskəˈmju:nɪkeɪt] vt excomulgar

excommunication [ekskəmju:nɪˈkeɪʃən] n excomunión *f*

excrement ['ekskrɪmənt] n excremento *m*

excrescence [eks'kresəns] n [monstrosity] adefesio *m*

excrete [ɪks'kri:t] *Formal* vt & vi excretar

excruciating [ɪks'kru:ʃɪeɪtɪŋ] adj terrible, espantoso(a)

excruciatingly [ɪks'kru:ʃɪeɪtɪŋlɪ] adv terriblemente, espantosamente ▸ **~ painful** terriblemente doloroso(a) ▸ *Fam* **~ funny** tremendamente gracioso(a)

excursion [ɪks'kɜ:ʃən] n excursión *f*

excuse ▪ n [ɪks'kju:s] excusa *f* ▸ **to make an ~, to make excuses** disculparse, excusarse ▸ **a poor ~ for a car** una porquería de coche

▪ vt [ɪks'kju:z] **1.** [forgive] disculpar, excusar ▸ **~ me!** [to attract attention] ¡perdón!, ¡oiga (por favor)! / [when trying to get past] ¿me permite? ▸ **~ me?** [what did you say?] ¿cómo? **2.** [exempt] eximir (**from** de) **3. to ~ oneself** [give excuse] disculparse, excusarse

ex-directory [eksdɪ'rektərɪ] adj *BR* **~ (telephone) number** = *número de teléfono que no figura en la guía or AM en el directorio*

execrable ['eksɪkrəbəl] adj *Formal* execrable

execute ['eksɪkju:t] vt [prisoner, command] ejecutar / [plan, operation] llevar a cabo / [one's duties] cumplir

execution [eksɪ'kju:ʃən] n [of order, prisoner] ejecución *f* / [of duty] cumplimiento *m*

executioner [eksɪ'kju:ʃənə(r)] n verdugo *m*

executive [ɪg'zekjʊtɪv] ▪ n [businessman] ejecutivo(a) *m,f* / [committee] ejecutiva *f*

▪ adj ejecutivo(a) ▸ **an ~ car** un coche *or AM* carro *or CHILE, RP* auto de lujo ▸ *BR* **~ director** director(ora) *m,f* ejecutivo(a) ▸ *US* **~ privilege** = *exención de la obligación de revelar el contenido de documentos internos por parte del ejecutivo del gobierno*

CULTURE / CULTURA

executive privilege

El **executive privilege** otorga al presidente de EE. UU., o a otros miembros del ejecutivo americano, el derecho a gozar de inmunidad ante las comisiones de investigación del Congreso o los procesos judiciales. Así, el presidente, al ejercerlo en determinadas circunstancias, puede acogerse al derecho de no revelar información al Congreso o al poder judicial.

executor [ɪg'zekjʊtə(r)] n LAW albacea *mf*

exemplary [ɪg'zemplərɪ] adj ejemplar

exemplify [ɪg'zemplɪfaɪ] vt ilustrar

exempt [ɪg'zempt] ▪ adj exento(a) (**from** de)

▪ vt eximir (**from** de)

exemption [ɪg'zem(p)ʃən] n exención *f* (**from** de)

exercise ['eksəsaɪz] ▪ n [physical, mental] ejercicio *m* / [military] maniobras *fpl* ▸ **to take ~** hacer ejercicio ▸ **~ bike** bicicleta *f* estática ▸ **~ book** libro *m* de ejercicios ▸ **~ yard** [in prison] patio *m* (de ejercicios)

▪ vt **1.** [body, mind] ejercitar **2.** [right, one's influence] ejercer ▸ **to ~ discretion** ser discreto(a) ▸ **to ~ restraint** controlarse

▪ vi [physically] hacer ejercicio

exert [ɪg'zɜ:t] vt [pressure, influence] ejercer ▸ **to ~ oneself** esforzarse

exertion [ɪg'zɜ:ʃən] n esfuerzo *m*

exfoliate [eks'fəʊlɪeɪt] ▪ vt exfoliar

▪ vi exfoliarse

exhale [eks'heɪl] vi espirar

exhaust [ɪg'zɔ:st] ▪ n [on car] escape *m* ▸ **~ (fumes)** gases *mpl* de la combustión ▸ **~ (pipe)** tubo *m or RP* caño *m* de escape

▪ vt [person, resources] agotar

exhausted [ɪg'zɔ:stɪd] adj agotado(a) ▸ **to be ~** estar agotado(a)

exhausting [ɪg'zɔ:stɪŋ] adj agotador(ora)

exhaustion [ɪg'zɔ:stʃən] n agotamiento *m*

exhaustive [ɪg'zɔ:stɪv] adj exhaustivo(a)

exhaustively [ɪg'zɔ:stɪvlɪ] adv exhaustivamente, de forma exhaustiva

exhibit [ɪg'zɪbɪt] ▪ n [in art exhibition] obra *f* expuesta / [in court case] prueba *f* material

▪ vt **1.** [object] exhibir **2.** [painting in exhibition] exponer **3.** [show] **to ~ signs of stress/wear** mostrar signos de estrés/desgaste

exhibition [eksɪ'bɪʃən] n exposición *f* ▸ *Fam* **to make an ~ of oneself** dar el espectáculo, *ESP* montar el número

exhibitionism [eksɪ'bɪʃənɪzəm] n exhibicionismo *m*

exhibitionist [eksɪ'bɪʃənɪst] n exhibicionista *mf*

exhibitor [ɪg'zɪbɪtə(r)] n ART expositor(ora) *m,f*

exhilarate [ɪg'zɪləreɪt] vt entusiasmar, enardecer

exhilarated [ɪg'zɪləreɪtɪd] adj eufórico(a), enardecido(a)

exhilarating [ɪg'zɪləreɪtɪŋ] adj vivificante, excitante

exhilaration [ɪgzɪlə'reɪʃən] n euforia *f*

exhort [ɪg'zɔːt] vt *Formal* exhortar

exhortation [ɪgzɔː'teɪʃən] n *Formal* exhortación *f*

exhume [eks'hjuːm] vt exhumar

exile ['eksaɪl] ■ n **1.** [banishment] exilio *m* ▸ **in ~** en el exilio **2.** [exiled person] exiliado(a) *m,f*
■ vt exiliar

exist [ɪg'zɪst] vi **1.** [be in existence] existir **2.** [survive] sobrevivir (**on** a base de)

existence [ɪg'zɪstəns] n existencia *f* ▸ **to be in ~** existir ▸ **to come into ~** nacer, ver la luz ▸ **to go out of ~** desaparecer

existential [egzɪs'tenʃəl] adj existencial

existentialism [egzɪs'tenʃəlɪzəm] n existencialismo *m*

existentialist [egzɪs'tenʃəlɪst] n & adj existencialista *mf*

existing [ɪg'zɪstɪŋ] adj actual, existente

exit ['eksɪt] ■ n salida *f* ▸ **to make an ~** salir ▸ POL **~ poll** sondeo *m* a la salida de los colegios electorales ▸ **~ visa** visado *m or AM* visa *f* de salida
■ vi [leave] & COMPTR salir

exodus ['eksədəs] n éxodo *m*

ex officio ['eksə'fɪʃɪəʊ] ■ adj [member] en virtud del cargo
■ adv **to act ~** actuar en virtud del cargo

exonerate [ɪg'zɒnəreɪt] vt exonerar (**from** *or* **of**, de)

exorbitant [ɪg'zɔːbɪtənt] adj exorbitante, exagerado(a)

exorbitantly [ɪg'zɔːbɪtəntlɪ] adv exorbitantemente ▸ **it's ~ priced** tiene un precio exorbitante

exorcism ['eksɔːsɪzəm] n exorcismo *m*

exorcist ['eksɔːsɪst] n exorcista *mf*

exorcize ['eksɔːsaɪz] vt exorcizar

exotic [ɪg'zɒtɪk] adj exótico(a)

exotically [ɪg'zɒtɪklɪ] adv [dressed, decorated] de forma exótica

expand [ɪks'pænd] ■ vt [production, output] ampliar
■ vi [solid, gas] dilatarse / [company] expandirse, extenderse

◆ ***expand on, expand upon*** vt insep [talk, write at greater length about] desarrollar

expandable [ɪks'pændəbəl] adj COMPTR expandible ▸ **4MB ~ to 64MB** 4MB expandibles a 64MB

expanded [ɪks'pændɪd] adj COMPTR ampliado(a) ▸ **~ polystyrene** poliestireno *m* expandido

expanding [ɪks'pændɪŋ] adj [market, company] en expansión

expanse [eks'pæns] n [of land, water] extensión *f*

expansion [ɪks'pænʃən] n [of solid, gas] dilatación *f* / [of production, output] ampliación *f* / [of company] expansión *f* ▸ COMPTR **~ card** tarjeta *f* de ampliación (de memoria)

expansive [ɪks'pænsɪv] adj expansivo(a), comunicativo(a)

expansively [ɪks'pænsɪvlɪ] adv de modo muy abierto

expat [eks'pæt] n *esp BR Fam* emigrado(a) *m,f*

expatriate ■ n [eks'pætrɪət] [voluntary] emigrado(a) *m,f* / [exile] expatriado(a) *m,f*
■ vt [eks'pætrɪeɪt] expatriar

expect [ɪks'pekt] ■ vt **1.** [anticipate] esperar ▸ **to ~ to do sth** esperar hacer algo ▸ **to ~ sb do sth** esperar que alguien haga algo ▸ **I expected as much** ya me lo esperaba ▸ **what do you ~ from him?** ¿qué esperas *or* esperabas de él? ▸ **I knew what to ~** ya sabía lo que me esperaba ▸ **to ~ the worst** esperarse lo peor ▸ **as one might ~** como era de esperar ▸ **the film was better than I expected** la película era mejor de lo que esperaba ▸ **she's expecting a baby** está esperando un hijo **2.** [require] **to ~ sb to do sth** esperar de alguien que haga algo ▸ **I ~ you to be punctual** confío en que serás puntual ▸ **I don't ~ you to be perfect** no pretendo que seas perfecto ▸ **you are expected to answer all the questions** conteste a todas las preguntas ▸ **to ~ sth from sb** esperar algo de alguien ▸ **I know what is expected of me** sé qué es lo que se espera de mí ▸ **people ~ too much from marriage** la gente espera demasiado del matrimonio **3.** [suppose] **to ~ (that)...** suponer (que)... ▸ **I ~ so/not** supongo que sí/que no
■ vi [be pregnant] **she's expecting** está en estado

expectancy [ɪks'pektənsɪ] n expectación *f* ▸ **life ~** esperanza *f* de vida

expectant [ɪks'pektənt] adj [air, crowd] expectante ▸ **~ mother** futura madre *f*

expectation [ekspek'teɪʃən] n expectativa *f* ▸ **in (the) ~ of sth** en previsión de algo ▸ **to have high expectations of sb/sth** tener muchas esperanzas puestas en alguien/algo ▸ **it came up to/fell short of his expectations** estuvo/no estuvo a la altura de sus expectativas ▸ **contrary to all expectations** contra lo que se esperaba

expected [ɪks'pektɪd] adj esperado(a), previsto(a)

expectorant [ɪks'pektərənt] n MED expectorante *m*

expediency [ɪks'piːdɪənsɪ] n conveniencia *f*

expedient [ɪks'piːdɪənt] ■ n recurso *m*
■ adj conveniente, oportuno(a)

expedite ['ekspɪdaɪt] vt *Formal* acelerar, apresurar

expedition [ekspə'dɪʃən] n expedición *f*

expeditionary force [ekspə'dɪʃənərɪ'fɔːs] n MIL fuerzas *fpl* expedicionarias

expel [ɪks'pel] (pt & pp **expelled**) vt expulsar

expendable [ɪks'pendəbəl] adj prescindible

expenditure [ɪks'pendɪtʃə(r)] n [of money, energy] gasto *m* ▸ **public ~** gasto público

expense [ɪks'pens] n **1.** [cost] gasto *m* ▸ **at no extra ~** sin costo *or ESP* coste adicional ▸ **at my own ~** a mi costa ▸ **to go to great ~** incurrir en grandes gastos ▸ **no ~ was spared to...** no se reparó en gastos para... ▸ **at the ~ of one's health/sanity** a costa de perder la salud/cordura ▸ **to make a joke at sb's ~** hacer un chiste a costa de alguien **2.** COM **expenses** gastos *mpl* ▸ **to meet** *or* **cover sb's expenses** correr con *or* costear los gastos de alguien ▸ **it's on expenses** corre a cargo de la empresa ▸ **all expenses paid** con todos los gastos pagados ▸ **~ account** cuenta *f* de gastos

expensive [ɪks'pensɪv] adj caro(a), costoso(a) ▸ **to have ~ tastes** tener gustos caros ▸ **an ~ mistake** un error muy caro

expensively [ɪks'pensɪvlɪ] adv caro ▸ **~ dressed/furnished** con ropa cara/muebles caros

experience [ɪks'pɪərɪəns] ■ n experiencia *f* ▸ **he still lacks ~** todavía le falta experiencia ▸ **to learn from ~** aprender de la experiencia ▸ **in my ~** según mi experiencia ▸ **she had a nasty ~** le pasó una cosa terrible
■ vt experimentar

experienced [ɪks'pɪərɪənst] adj experimentado(a) (**in** en)

experiment [ɪks'perɪmənt] ■ n experimento *m* ▸ **to do** *or* **conduct an ~** hacer *or* realizar un experimento ▸ **as an ~** como experimento
■ vi experimentar (**with/on** con)

experimental [ɪksperɪ'mentəl] adj experimental

experimentally [ɪksperɪ'mentəlɪ] adv de forma experimental, empíricamente

experimentation [ɪksperɪmən'teɪʃən] n experimentación *f*

expert ['ekspɜːt] ■ n experto(a) *m,f*
■ adj experto(a) (**in** *or* **at** en) ▸ **an ~ opinion** la opinión de un experto ▸ COMPTR **~ system** sistema *m* experto ▸ LAW **~ witness** perito(a) *m,f*

expertise [ekspɜː'tiːz] n destreza *f*, pericia *f*

expertly ['ekspɜːtlɪ] adv diestramente, hábilmente

expiate ['ekspɪeɪt] vt *Formal* expiar

expire [ɪks'paɪə(r)] vi **1.** [law] caducar / [deadline] expirar, vencer **2.** *Literary* [die] expirar

expiry [ɪks'paɪərɪ] n vencimiento *m* ▸ **~ date** fecha *f* de caducidad

explain [ɪks'pleɪn] ■ vt [rule, theory] explicar ▸ **to ~ oneself** explicarse
■ vi explicarse

◆ ***explain away*** vt sep justificar, explicar

explanation [eksplə'neɪʃən] n explicación *f* ▸ **to give an ~ of sth** explicar algo

explanatory [ɪks'plænətərɪ] adj explicativo(a)

expletive [ɪks'pliːtɪv] n palabrota *f*, *ESP* taco *m*

explicable [eks'plɪkəbəl] adj explicable

explicit [eks'plɪsɪt] adj explícito(a)

explicitly [eks'plɪsɪtlɪ] adv explícitamente

explode [ɪks'pləʊd] ■ vt [bomb] hacer explotar, explosionar / *Fig* [idea, theory] reventar, desbaratar
■ vi [bomb] explotar, estallar / *Fig* [with anger] estallar

exploit ■ n ['eksplɔɪt] hazaña *f*, proeza *f*
■ vt [eks'plɔɪt] **1.** [take unfair advantage of] explotar **2.** [use] [resources, sb's talents] aprovechar

exploitation [eksplɔɪ'teɪʃən] n explotación *f*

exploitative [eks'plɔɪtətɪv] adj explotador(ora)

exploration [eksplə'reɪʃən] n exploración *f*

exploratory [ɪks'plɒrətərɪ] adj exploratorio(a) ▸ **~ discussions** *or* **talks** negociaciones *fpl* preliminares ▸ MED **~ surgery** cirugía *f* exploratoria

explore [ɪks'plɔː(r)] vt & vi explorar

explorer [ɪks'plɒrə(r)] n explorador(ora) *m,f*

explosion [ɪks'pləʊʒən] n *also Fig* explosión *f*, estallido *m*

explosive [ɪks'pləʊsɪv] ■ n explosivo *m*
■ adj explosivo(a) ▸ *Fig* **an ~ combination** [of personalities, factors] una mezcla explosiva

exponent [ɪks'pəʊnənt] n [of theory, art] & MATH exponente *m* ▸ **a leading ~ of...** [supporter] un destacado defensor de...

exponential [ekspəʊ'nenʃəl] adj exponencial ▸ **~ growth/increase** crecimiento *m*/aumento *m* exponencial

export ■ n ['ekspɔːt] **1.** [product] artículo *m* de exportación ▸ **exports** [of country] exportaciones *fpl* **2.** [exportation] exportación *f* ▸ **~ duty** derechos *mpl* de exportación ▸ **~ licence** permiso *m* de exportación ▸ **~ trade** comercio *m* de exportación
■ vt [eks'pɔːt] exportar

exportation [ekspɔː'teɪʃən] n exportación *f*

exporter [eks'pɔːtə(r)] n exportador(ora) *m,f*

expose [ɪks'pəʊz] vt [gen] & PHOT exponer (**to** a) ▸ **to be exposed to criticism** estar expuesto(a) a las críticas ▸ **to ~ sb as a traitor** revelar que alguien es un traidor ▸ **a man exposed himself to my sister** a mi hermana le salió al paso un exhibicionista

exposé [eks'pəʊzeɪ] n [article] artículo *m* de denuncia *f* / [TV programme] programa *m* de denuncia

exposed [ɪks'pəʊzd] adj expuesto(a) ▸ **to be ~ (to)** estar expuesto(a) (a)

HOW TO...

ask for and give an explanation

Asking for explanation.
¿Qué quieres decir exactamente? / What do you mean exactly?
¿A qué te refieres exactamente? / What exactly are you referring to?
¿Podrías ser un poco más preciso? / Could you be a little more specific?
¿Me lo podrías explicar con más detalle? / Could you explain it to me in a bit more detail?
No entiendo muy bien qué quieres decir... / I don't quite understand what you mean...
Perdone, no le sigo... / I'm sorry, I don't quite follow...
¿Podría explicar qué quiere decir con eso? / Could you explain what you mean by that?
¿Es decir? / Meaning?

Giving explanations
Quiero/Quería decir que... / I mean/meant that...
Voy a intentar ser más claro... / I'll try to make myself clearer...
A ver si me explico... / Let me try and explain...
Lo que estoy intentando decir es que... / What I'm trying to say is...

exposition [ekspə'zɪʃən] n [explanation] exposición *f*

expostulate [ɪks'pɒstjʊleɪt] vi *Formal* discutir

exposure [ɪks'pəʊʒə(r)] n **1.** [to air, cold, danger] exposición *f* ▸ **to die of ~** morir de hipotermia *(a la intemperie)* **2.** [publicity] publicidad *f* ▸ **to get a lot of ~** recibir mucha publicidad **3.** [of crime, criminal] denuncia *f* **4.** PHOT [time] (tiempo *m* de) exposición *f* / [photograph] foto *f* ▸ **~ meter** fotómetro *m*

expound [ɪks'paʊnd] vt *Formal* explicar, dar cuenta de

express [ɪks'pres] ■ n [train] (tren *m*) rápido *m*
■ adj **1.** [clear] [purpose, instruction] expreso(a) **2.** [rapid] **~ letter** carta *f* urgente ▸ **~ train** tren *m* rápido
■ adv **to send a letter ~** enviar una carta urgente
■ vt [opinion, emotion] expresar ▸ **to ~ oneself** expresarse

expression [ɪks'preʃən] n [facial, verbal] expresión *f* ▸ **freedom of ~** libertad *f* de expresión

expressionism [ɪks'preʃənɪzəm] n expresionismo *m*

expressionist [ɪks'preʃənɪst] n & adj expresionista *mf*

expressionistic [ɪkspreʃə'nɪstɪk] adj expresionista

expressionless [ɪks'preʃənlɪs] adj [face, voice] inexpresivo(a)

expressive [ɪks'presɪv] adj expresivo(a)

expressiveness [ɪk'spresɪvnɪs] n expresividad *f*

expressly [ɪks'preslɪ] adv expresamente

expresso [e(k)s'presəʊ] (pl **expressos**) n café *m* solo

expropriate [eks'prəʊprɪeɪt] vt expropiar

expropriation [eksprəʊprɪ'eɪʃən] n expropiación *f*

expulsion [ɪks'pʌlʃən] n expulsión *f*

expunge [ɪks'pʌndʒ] vt borrar, eliminar

expurgate ['ekspɜːgeɪt] vt expurgar

exquisite ['ekskwɪzɪt] adj exquisito(a)

exquisitely [eks'kwɪzɪtlɪ] adv exquisitamente

extant [eks'tænt] adj *Formal* **one of the few ~ paintings of that period** una de las pocas pinturas que se conservan de aquel período

extempore [ɪks'tempərɪ] ■ adj [speech, speaker] improvisado(a)
■ adv **to speak ~** hablar improvisando

extemporize [ɪks'tempəraɪz] vi improvisar

extend [ɪks'tend] ■ vt **1.** [in space] extender / [frontier, knowledge] ampliar ▸ **to ~ a house** ampliar una casa **2.** [in time] [holiday, contract, deadline] prolongar **3.** [give, offer] [one's hand] tender / [support, thanks] dar ▸ FIN **to ~ credit to sb** conceder un crédito a alguien
■ vi **1.** [in space] extenderse **2.** [in time] prolongarse

extended family [ɪks'tendɪd'fæmɪlɪ] n clan *m* familiar

extension [ɪks'tenʃən] n **1.** [on building] ampliación *f* / [of deadline] prórroga *f*, prolongación *f* / [for essay] aplazamiento *m* (de la fecha de entrega) **2.** [for telephone] extensión *f*, *RP* interno *m* **3.** **~ (cable** *or* **cord** *or* *BR* **lead)** alargador *m*, alargadera *f*

extensive [ɪks'tensɪv] adj [area, knowledge] extenso(a), amplio(a) / [damage, repairs] cuantioso(a) ▸ **to make ~ use of sth** utilizar algo mucho

extensively [ɪks'tensɪvlɪ] adv [to travel, read] mucho, extensamente ▸ **to use sth ~** utilizar algo mucho

extent [ɪks'tent] n [of lands] extensión *f* / [of problem, damage, knowledge] alcance *m* ▸ **to an ~, to a certain ~, to some ~** hasta cierto punto, en cierta medida ▸ **to a great ~, to a large ~** en gran medida ▸ **to such an ~ that...** hasta tal punto que...

extenuating circumstances [ɪks'tenjʊeɪtɪŋ-'sɜːkəmstænsɪz] npl (circunstancias *fpl*) atenuantes *fpl*

exterior [ɪks'tɪərɪə(r)] ■ n exterior *m* ▸ **beneath her calm ~ she was extremely nervous** bajo su apariencia tranquila estaba sumamente inquieta
■ adj externo(a), exterior

exterminate [ɪks'tɜːmɪneɪt] vt exterminar

extermination [ɪkstɜːmɪ'neɪʃən] n exterminio *m*

external [ɪks'tɜːnəl] adj externo(a) ▸ POL **~ affairs** política *f* exterior ▸ UNIV **~ examiner** examinador(ora) *m,f* externo(a) ▸ **for ~ use only** [on medicine] (de) uso tópico

externalize [ɪks'tɜːnəlaɪz] vt [feelings, emotions] exteriorizar

extinct [ɪks'tɪŋkt] adj extinto(a), extinguido(a)

extinction [ɪks'tɪŋkʃən] n extinción *f*

extinguish [ɪks'tɪŋgwɪʃ] vt extinguir / [light, cigarette] apagar

extinguisher [ɪks'tɪŋgwɪʃə(r)] n *ESP* extintor *m*, *AM* extinguidor *m*

extirpate ['ekstɜːpeɪt] vt *Formal* extirpar, erradicar

extol, *US* ***extoll*** [ɪks'təʊl] (pt & pp **extolled**) vt ensalzar

extort [ɪks'tɔːt] vt [money] obtener (mediante extorsión)

extortion [ɪks'tɔːʃən] n extorsión *f*

extortionate [ɪks'tɔːʃənɪt] adj [demand, price] abusivo(a)

extortionately [ɪks'tɔːʃənɪtlɪ] adv **to be ~ expensive** tener un precio abusivo *or* exorbitante

extra ['ekstrə] ■ n [on bill] suplemento *m*, recargo *m* / [in film] extra *mf*
■ adj **1.** [additional] adicional ▸ **no ~ charge** sin recargo ▸ **~ time** [in soccer match] prórroga *f* **2.** [spare] de repuesto, de sobra
■ adv **be ~ careful with the salt** ten muchísmo cuidado con la sal ▸ **~ fast** superrápido ▸ **~ large** extragrande

extract ■ n ['ekstrækt] **1.** [concentrate] extracto *m* **2.** [from book, film] fragmento *m*
■ vt [ɪks'trækt] extraer, sacar

extraction [ɪks'trækʃən] n [removal] extracción *f* / [social, geographical] origen *m* ▸ **she is of Danish ~** es de origen danés

extractor [ɪks'træktə(r)] n **~ (fan)** extractor *m* ▸ **~ hood** campana *f* extractora (de humos)

extracurricular ['ekstrəkə'rɪkjʊlə(r)] adj SCH extraescolar

extradite ['ekstrədaɪt] vt LAW extraditar

extradition [ekstrəˈdɪʃən] n LAW extradición *f*

extrajudicial [ˈekstrədʒuːˈdɪʃəl] adj extrajudicial

extramarital [ˈekstrəˈmærɪtəl] adj extramarital, adúltero(a)

extramural [ˈekstrəˈmjʊərəl] adj *BR* UNIV **~ course** = *curso universitario para alumnos externos*

extraneous [ɪksˈtreɪnɪəs] adj *Formal* ajeno(a)

extraordinarily [ɪksˈtrɔːdənərɪlɪ] adv extraordinariamente

extraordinary [ɪksˈtrɔːdənrɪ] adj extraordinario(a) ▸ **the ~ thing is that...** lo extraordinario es que... ▸ **~ general meeting** junta *f* general extraordinaria ▸ **~ powers** poderes *mpl or* competencias *fpl* extraordinarios(as)

extrapolate [ɪkˈstræpəleɪt] vt & vi extrapolar (**from** a partir de)

extrapolation [ɪkstræpəˈleɪʃən] n extrapolación *f*

extrasensory perception [ˈekstrəˈsensərɪpəˈsepʃən] n percepción *f* extrasensorial

extraterrestrial [ˈekstrətɪˈrestrɪəl] n & adj extraterrestre *mf*

extravagance [ɪksˈtrævəgəns] n **1.** [excessive spending] derroche *m,* despilfarro *m* **2.** [expensive purchase] dispendio *m*

extravagant [ɪksˈtrævəgənt] adj [person] derrochador(ora) / [tastes] caro(a) ▸ **an ~ purchase** un despilfarro

extravagantly [ɪksˈtrævəgəntlɪ] adv dispendiosamente ▸ **to live ~** vivir a todo lujo

extravaganza [ekstrævəˈgænzə] n espectáculo *m* fastuoso

Extremadura [ekstrəməˈdjuːrə] n Extremadura

extreme [ɪksˈtriːm] ■ n extremo *m* ▸ **to go from one ~ to the other** pasar de un extremo al otro ▸ **to go to extremes** recurrir a comportamientos extremos ▸ **extremes of temperature** temperaturas *fpl* extremas ▸ **in the ~** en grado sumo
■ adj extremo(a) ▸ POL **the ~ left** la extrema izquierda ▸ **~ sports** deportes *mpl* extremos

extremely [ɪksˈtriːmlɪ] adv extremadamente, sumamente

extremism [ɪksˈtriːmɪzəm] n extremismo *m*

extremist [ɪksˈtriːmɪst] n & adj extremista *mf*

extremity [ɪksˈtremɪtɪ] n **1.** [end] extremo *m* **2. the extremities** [of the body] las extremidades **3.** [of situation] gravedad *f* extrema / [extreme measure] medida *f* extrema

extricate [ˈekstrɪkeɪt] vt sacar, extraer ▸ **to ~ oneself from** [danger, difficulties] escapar *or* librarse de

extrovert [ˈekstrəvɜːt] n & adj extrovertido(a) *m,f,* extravertido(a) *m,f*

exuberance [ɪgˈzjuːbərəns] n euforia *f,* exultación *f*

exuberant [ɪgˈzjuːbərənt] adj eufórico(a), exultante

exuberantly [ɪgˈzjuːbərəntlɪ] adv con euforia, eufóricamente

exude [ɪgˈzjuːd] vt [sweat, odour] exudar, rezumar / [health, confidence] rebosar, rezumar

exult [ɪgˈzʌlt] vi alborozarse, exultar (**in** ante)

exultant [ɪgˈzʌltənt] adj exultante

exultation [egzʌlˈteɪʃən] n júbilo *m,* euforia *f*

eye [aɪ] ■ n **1.** [of person, needle] ojo *m* ▸ **the ~ of the storm** el ojo del huracán ▸ **to open/close one's eyes** abrir/cerrar los ojos ▸ **to look sb straight in the ~** mirar a alguien a los ojos ▸ **as far as the ~ can see** hasta donde alcanza la vista ▸ **~ contact** contacto *m* visual ▸ **to establish ~ contact with sb** mirar a alguien a los ojos, cruzar la mirada con alguien ▸ **~ drops** [medicine] colirio *m* ▸ **at ~ level** a la altura de los ojos ▸ **~ shadow** sombra *f* de ojos ▸ **~ test** revisión *f* ocular *or* de la vista ▸ **~ tooth** colmillo *m* **2.** [idioms] **in the eye(s) of the law** a (los) ojos de la ley ▸ **to be in the public ~** estar en (el) candelero ▸ **to have an ~ for detail/colour** tener buen ojo para los detalles/el color ▸ **to look at sth with a critical ~** mirar algo con ojo crítico ▸ **to look at sth with an experienced ~** mirar algo con ojos de experto ▸ **I don't see ~ to ~ with my boss** no veo las cosas igual que (las ve) mi jefe ▸ **this is for your eyes only** no se lo enseñes a nadie ▸ **to keep one's eyes and ears open** mantener los ojos y los oídos bien abiertos ▸ **to keep one's eyes peeled** *or* **skinned** no perder ojo ▸ **to open sb's eyes to sth** abrirle a alguien los ojos en relación con algo, hacer ver algo a alguien ▸ **to shut** *or* **close one's eyes to sth** negarse a ver algo, no querer ver algo ▸ **to do sth with one's eyes open** hacer algo a sabiendas ▸ **to catch sb's ~** [attract attention] llamar la atención de alguien ▸ **to please** *or* **delight the ~** deleitar la vista ▸ **he has eyes in** *or* **at the back of his head** se entera de todo, *RP* tiene ojos en la nuca ▸ **he has eyes for nobody but her** sólo tiene ojos para ella ▸ **to set** *or* **lay eyes on sth** ver algo ▸ **I saw it with my own eyes** lo vi con mis propios ojos ▸ **to run** *or* **cast one's ~ over sth** echar una ojeada a algo ▸ **to keep an ~ on sth/sb** vigilar algo/a alguien ▸ **I'll keep an ~ out for it/him** estaré al tanto de ello/él ▸ **to have one's ~ on sth/sb** [be observing] estar vigilando algo/a alguien ▸ **to have one's ~ on sth** [be intending to buy] tenerle el ojo echado a algo ▸ **to have one's eye on sb** [be attracted to] haberle echado el ojo a alguien ▸ **to make eyes at sb** echar miradas lánguidas *or* miraditas a alguien ▸ **with an ~ to...** con vistas a... ▸ **to be up to one's eyes in work/debt** estar hasta el cuello de trabajo/deudas ▸ *BR Fam* **that's one in the ~ for him!** ¡le va a sentar como una patada! ▸ **I'd give my ~ teeth to go with them** daría *ESP* un ojo de la cara *or AM* todo por ir con ellos ▸ **an ~ for an ~, a tooth for a tooth** ojo por ojo, diente por diente
■ vt observar, mirar

◆ ***eye up*** vt sep *Fam* [ogle] desnudar con la mirada

eyeball [ˈaɪbɔːl] n globo *m* ocular

eyebrow [ˈaɪbraʊ] n ceja *f* ▸ **to raise one's eyebrows** [in surprise] arquear las cejas

eye-catching [ˈaɪkætʃɪŋ] adj llamativo(a)

eyeful [ˈaɪfʊl] n *Fam* **to get an ~ of sth** [look at] mirar algo bien

eyeglass [ˈaɪglɑːs] n monóculo *m*

eyeglasses [ˈaɪglɑːsɪz] npl *US* [spectacles] gafas *fpl*

eyelash [ˈaɪlæʃ] n pestaña *f*

eyelid ['aɪlɪd] n párpado *m* ▸ *Fig* **she didn't so much as bat an ~** [didn't show surprise] ni se inmutó

eyeliner ['aɪlaɪnə(r)] n lápiz *m* de ojos

eye-opener ['aɪəʊpənə(r)] n revelación *f*

eyepatch ['aɪpætʃ] n parche *m*

eyeshade ['aɪʃeɪd] n visera *f*

eyesight ['aɪsaɪt] n vista *f* ▸ **to have good/bad ~** estar bien/mal de la vista

eyesore ['aɪsɔː(r)] n [building] engendro *m*, adefesio *m*

eyestrain ['aɪstreɪn] n vista *f* cansada

eyewash ['aɪwɒʃ] n [for eye] colirio *m*, baño *m* ocular / *Fam* [nonsense] paparruchas *fpl*

eyewitness ['aɪwɪtnɪs] n testigo *mf* ocular

eyrie ['ɪərɪ] n nido *m* de águila

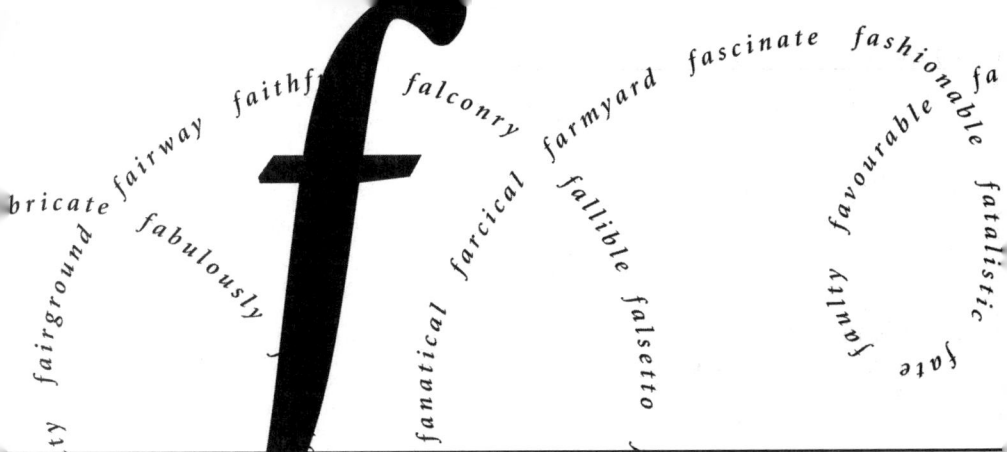

F, *f* [ef] n **1.** [letter] F, f *f* ▸ *BR Euph* **the F word** = *eufemismo para referirse a la palabra "fuck"* **2.** MUS fa *m* **3.** SCH muy deficiente *m* ▸ **to get an F** [in exam, essay] sacar un muy deficiente

F (abbr ***Fahrenheit***) F, Fahrenheit

FA [e'feɪ] n *BR* (abbr ***Football Association***) = *la copa de la federación inglesa de fútbol, ESP* ≃ Copa *f* del Rey

fa [fɑː] n MUS fa *m*

fab [fæb] adj *BR Fam* genial, *ESP* chupi

fable ['feɪbəl] n fábula *f*

fabled ['feɪbəld] adj legendario(a), fabuloso(a)

fabric ['fæbrɪk] n [cloth] tejido *m* ▸ *Fig* **the ~ of society** el tejido social ▸ **~ conditioner** suavizante *m* (para la ropa)

fabricate ['fæbrɪkeɪt] vt [story] inventar / [evidence] falsificar

fabulous ['fæbjʊləs] adj fabuloso(a), magnífico(a)

fabulously ['fæbjʊləslɪ] adv [rich] tremendamente

façade [fæ'sɑːd] n *also Fig* fachada *f*

face [feɪs] ■ n **1.** [of person] cara *f*, rostro *m* ▸ *very Fam* **shut your ~!** ¡cierra el pico!, ¡cállate la boca! ▸ **I told him to his ~** se lo dije a *or* en la cara ▸ **I shall never be able to look her in the ~ again** nunca podré volver a mirarla a la cara ▸ **to show one's ~** dejarse ver, hacer acto de presencia ▸ **her ~ doesn't fit** [in job, company] no encaja bien ▸ **to set one's ~ against sth** oponerse cerrilmente a algo ▸ **in the ~ of** [danger, threat] ante ▸ **~ card** [playing card] figura *f* ▸ **~ cloth** toallita *f* ▸ **~ cream** crema *f* facial ▸ **~ mask** [cosmetic] mascarilla *f* (facial) / [in ice hockey] protector *m* facial ▸ **~ pack** mascarilla *f* (facial) ▸ **~ powder** polvos *mpl (para la cara)* **2.** [expression] cara *f* ▸ **to make** *or* **pull faces** hacer muecas, poner caras ▸ **to keep a straight ~** quedarse serio(a) ▸ **to put a brave ~ on it** poner al mal tiempo buena cara **3.** [appearance] **on the ~ of it** a primera vista ▸ **to save ~** salvar las apariencias ▸ **to lose ~** sufrir una humillación ▸ **the changing ~ of Britain** el rostro cambiante de Gran Bretaña ▸ **to take sth at ~ value** aceptar algo sin darle más vueltas **4.** [surface] [of the earth] superficie *f*, faz *f* / [of clock] esfera *f* / [of coin] cara *f* / [of cliff] ladera *f* ▸ **to disappear off the ~ of the earth** desaparecer de la faz de la tierra ▸ **~ up/down** boca arriba/abajo

■ vt **1.** [confront] [difficulty, danger] afrontar, encarar ▸ **to ~ facts** afrontar la realidad ▸ **let's ~ it** no nos engañemos ▸ **to be faced with a decision** enfrentarse a una decisión ▸ *Fig* **to ~ the music** apechugar con las consecuencias **2.** [look towards] mirar a ▸ **to ~ the front** mirar al frente

■ vi **to ~ north/south** [building, window] estar orientado(a) hacia el norte/sur

◆ ***face up to*** vt insep [person, fears] hacer frente a

-faced [feɪst] suffix **round/long~** de cara redonda/alargada

faceless ['feɪslɪs] adj anónimo(a)

face-lift ['feɪslɪft] n [plastic surgery] lifting *m*, estiramiento *m* de piel / *Fig* [of building] lavado *m* de cara ▸ **to have a ~** hacerse un lifting

face-off ['feɪsɒf] n [confrontation] enfrentamiento *m* (a cara de perro)

face-saving ['feɪsseɪvɪŋ] adj [agreement, manoeuvre] para salvar las apariencias

facet ['fæsɪt] n [of gem, situation] faceta *f*

facetious [fə'siːʃəs] adj impertinente

face-to-face ['feɪstə'feɪs] ■ adj [meeting] cara a cara

■ adv cara a cara, frente a frente ▸ **to meet sb ~** encontrarse frente a frente con alguien

facial ['feɪʃəl] ■ n **to have a ~** hacerse una limpieza de cutis

■ adj facial

facile ['fæsaɪl] adj [argument, remark] obvio(a), fácil

facilitate [fə'sɪlɪteɪt] vt facilitar

facilitator [fə'sɪlɪteɪtə(r)] n [person] promotor(ora) *m,f*

facility [fə'sɪlɪtɪ] n **1.** [ease] facilidad *f* ▸ **to do sth with great ~** hacer algo con gran facilidad **2. facilities**

[buildings, equipment] instalaciones *fpl* / [services] servicios *mpl*

facsimile [fæk'sɪmɪlɪ] n [copy] facsímil *m*

fact [fækt] n hecho *m* ▸ **in ~** de hecho ▸ **to distinguish ~ from fiction** distinguir la realidad de la ficción ▸ **the ~ is that...** el hecho es que... ▸ **it's a ~ that...** se sabe que... ▸ **to know for a ~ (that)...** saber a ciencia cierta (que)... ▸ **it's a ~ of life** es una realidad insoslayable *or* un hecho cierto ▸ **the facts of life** [sexual] lo referente al sexo y a la reproducción

fact-finding ['fæktfaɪndɪŋ] adj de investigación

faction ['fækʃən] n [group] facción *f*

factor ['fæktə(r)] n factor *m*

factorize ['fæktəraɪz] vt MATH factorizar, descomponer en factores

factory ['fæktərɪ] n fábrica *f, AM* planta *f*

factual ['fæktʃʊəl] adj basado(a) en hechos

faculty ['fækəltɪ] n [of mind, section of university] facultad *f* / *US* [staff] cuerpo *m* docente ▸ **she is still in possession of all her faculties** tiene pleno uso de sus facultades

fad [fæd] n moda *f* (**for** de)

fade [feɪd] ■ vt desteñir
■ vi [material] desteñirse, perder color / [flower] marchitarse ▸ **to ~ from memory** desaparecer de la memoria

◆ ***fade away*** vi [music, hope] desvanecerse / *Fig* [person] evaporarse, desaparecer

◆ ***fade out*** CIN, TV & RAD ■ vt sep fundir en negro
■ vi fundirse en negro / [music] apagarse

faded ['feɪdɪd] adj [flower] marchito(a) / [photograph, garment] descolorido(a)

fading ['feɪdɪŋ] adj [light] mortecino(a)

faeces ['fi:si:z] npl heces *fpl*

faff [fæf] ◆ ***faff about, faff around*** vi *BR Fam* enredar

fag [fæg] n **1.** *BR Fam* [unpleasant job] lata *f,* rollo *m* **2.** *US very Fam* [homosexual] maricón *m, MÉX* tortillón *m, RP* trolo *m* **3.** *BR Fam* [cigarette] pitillo *m*

faggot ['fægət] n **1.** [firewood] haz *m* de leña **2.** *BR* [meatball] albóndiga *f* **3.** *US very Fam* [homosexual] maricón *m, MÉX* tortillón *m, RP* trolo *m*

faggy ['fægɪ] adj *US very Fam* de maricón *or MÉX* tortillón *or RP* trolo

fah [fɑ:] n *BR* MUS fa *m*

Fahrenheit ['færənhaɪt] adj Fahrenheit ▸ **70 degrees ~** 70 grados Fahrenheit, ≃ 21 grados centígrados

fail [feɪl] ■ n **1.** [in exam] *ESP* suspenso *m, AM* reprobado *m* **2. without ~** sin falta
■ vt [exam, candidate] *ESP* suspender, *AM* reprobar ▸ **to ~ a drugs test** dar positivo en un control antidoping ▸ **words ~ me** me faltan las palabras ▸ **his nerve failed him** le fallaron los nervios ▸ **I won't ~ you** no te fallaré
■ vi [person, plan, business] fracasar / [in exam] *ESP* suspender, *AM* reprobar / [health, brakes] fallar / [memory, eyesight] fallar, debilitarse ▸ **the light was failing** se hacía de noche, estaba oscureciendo ▸ **to ~ to do sth** no hacer algo ▸ **I ~ to see what the problem is** no acabo de ver cuál es el problema ▸ **if all else fails** en último extremo ▸ **he failed in his duty** no cumplió con su obligación ▸ **it never fails** [strategy, excuse] nunca falla ▸ **it never fails to surprise me...** nunca deja de sorprenderme...

failed [feɪld] adj [attempt, plan] fallido(a) / [writer, actor] fracasado(a)

failing ['feɪlɪŋ] ■ n [fault] defecto *m, ESP* fallo *m, AM* falla *f* ▸ **with all her failings** con todos sus *ESP* fallos *or AM* fallas
■ adj [sight, strength] debilitado(a)
■ prep a falta de ▸ **~ that** en su defecto ▸ **~ all else** en último extremo

fail-safe ['feɪlseɪf] adj [device] de seguridad *or* de bloqueo (en caso de *ESP* fallo *or AM* falla) / *Fig* [plan, excuse] infalible

failure ['feɪljə(r)] n [useless person] inútil *mf* / [unsuccessful person] fracasado(a) *m,f* / [unsuccessful film, lack of success] fracaso *m* / [of machine] *ESP* fallo *m, AM* falla *f* / [of company] quiebra *f* ▸ **~ to keep a promise** incumplimiento *m* de una promesa ▸ **~ to pay a bill** impago *m* de una factura

faint [feɪnt] ■ n [loss of consciousness] desmayo *m*
■ adj [light, sound, smell] leve, tenue / [idea, hope, memory] vago(a), ligero(a) / [chance, possibility] remoto(a) / [mark, trace] ligero(a) / [suggestion] leve ▸ **I haven't got the faintest idea** no tengo ni la más mínima idea ▸ **to feel ~** [person] sentirse mareado(a)
■ vi [lose consciousness] desmayarse

faint-hearted ['feɪnt'hɑ:tɪd] adj pusilánime

faintly ['feɪntlɪ] adv **1.** [to hear, see] apenas / [to shine] débilmente / [to remember] vagamente **2.** [slightly] [uneasy, ridiculous] ligeramente

fair[1] [feə(r)] n **1.** *BR* [funfair] feria *f* (ambulante) **2.** [trade fair] feria *f*

fair[2] ■ adj **1.** [just] justo(a) ▸ **it's not ~** no es justo ▸ **that's only ~, fair's ~** hay que ser justos ▸ **~ enough!** de acuerdo *or ESP* vale, está bien ▸ **it is only ~ to say that...** es justo decir que... ▸ **to be ~,...** para ser justos,... ▸ **by ~ means or foul** como sea ▸ *Prov* **all's ~ in love and war** en la guerra y en el amor, no hay reglas ▸ *Fam* **to get a ~ crack of the whip** tener una oportunidad ▸ **to be ~ game** ser un blanco legítimo ▸ **~ play** juego *m* limpio ▸ **they all got their ~ share** todos recibieron lo que les correspondía ▸ **we've had our ~ share of problems** hemos tenido bastantes problemas **2.** [quite good] bastante bueno(a) ▸ **a ~ amount of...** bastante(s)... ▸ **a ~ idea** una idea bastante buena ▸ **~ to middling** normal, regular **3.** *Literary* [attractive] hermoso(a) ▸ *Old-fashioned* **the fair(er) sex** el bello sexo ▸ **~ weather** buen tiempo **4.** [light-coloured] [hair] rubio(a), *MÉX* güero(a) / [skin] claro(a)
■ adv [to act] justamente ▸ **to play/fight ~** jugar/pelear limpio ▸ **you can't say fairer than that** no se puede pedir más ▸ **to beat sb ~ and square** derrotar a alguien con todas las de la ley

fairground ['feəgraʊnd] n feria *f*

fair-haired ['feə'heəd] adj rubio(a), *MÉX* güero(a)

fairly ['feəlɪ] adv **1.** [justly] justamente ▸ **to treat sb ~** tratar justamente a alguien ▸ **to play/fight ~** jugar/

pelear limpio ▸ **to come by sth ~** conseguir algo limpiamente **2.** [quite] [rich, skilful] bastante ▸ **it is ~ certain that...** es bastante probable que... ▸ **he ~ lost his temper** perdió por completo los estribos

fair-minded ['feə'maɪndɪd] adj imparcial, justo(a)

fairness ['feənɪs] n **1.** [of person] imparcialidad *f* / [of decision] justicia *f* ▸ **in all ~** con toda justicia **2.** [of hair] color *m* rubio / [of skin] claridad *f*

fair-sized ['feə'saɪzd] adj (de tamaño) considerable

fair-skinned ['feə'skɪnd] adj de piel blanca

fairway ['feəweɪ] n calle *f (de campo de golf)*

fair-weather friend ['feəweðə'frend] n amigo(a) *m,f* sólo para lo bueno

fairy ['feərɪ] n hada *f* ▸ **~ godmother** hada madrina ▸ **~ lights** lucecitas *fpl* de colores ▸ **~ story** *or* **tale** [magic story] cuento *m* de hadas / *Fam* [lie] cuento *m* chino, patraña *f*

fairy-tale ['feərɪteɪl] adj **a ~ ending** un final feliz

faith [feɪθ] n fe *f* ▸ **an act of ~** un acto de fe ▸ **to be of the Catholic/Jewish ~** profesar la fe católica/judía ▸ **to keep ~ with sb** mantenerse fiel a alguien ▸ **in good/bad ~** de buena/mala fe ▸ **~ healer** = *persona que pretende curar a la gente gracias a la fe y la oración*

faithful ['feɪθfʊl] ■ adj [friend, supporter] fiel, leal / [copy, account] fiel
■ npl **the ~** los fieles

faithfully ['feɪθfʊlɪ] adv [loyally, accurately] fielmente ▸ **Yours ~** [in formal letter] (le saluda) atentamente

fake [feɪk] ■ n [object] falsificación *f* / [person] impostor(ora) *m,f*
■ adj [passport, banknote] falso(a) / [beard] postizo(a)
■ vt [signature, result] falsificar / [illness, death] simular

falcon ['fɔːlkən] n halcón *m*

falconry ['fɔːlkənrɪ] n cetrería *f*

Falkland ['fɔːlklənd] n **the ~ Islands, the Falklands** las (Islas) Malvinas

fall [fɔːl] ■ n **1.** [of person, prices, besieged city] caída *f* ▸ **to have a ~** sufrir una caída ▸ **a ~ in interest rates** una caída de los tipos de interés ▸ **there has been a heavy ~ of snow** ha caído una gran nevada ▸ *Fig* **he's heading for a ~** un día de estos se va a pegar un batacazo ▸ *US Fam* **~ guy** chivo *m* expiatorio **2.** *US* [autumn] otoño *m* **3. falls** [waterfall] cascada *f*, catarata *f*
■ vi (pt **fell** [fel], pp **fallen** ['fɔːlən]) **1.** [stone, person] caer / [price, temperature] caer, descender / [empire, government] caer, sucumbir / [soldier] caer, morir ▸ **silence/night fell** se hizo el silencio/de noche ▸ **to ~ down a hole** caer por un agujero ▸ **she fell off the ladder** se cayó de la escalera ▸ **Christmas Day falls on a Thursday** el día de Navidad cae en jueves ▸ **my spirits fell** me desmoralicé ▸ **to ~ from grace** caer en desgracia ▸ **to ~ into a trap** caer en una trampa ▸ **to ~ to pieces** [object] romperse en pedazos / *Fig* [person] desmoronarse ▸ **to ~ flat** [be disappointing] no funcionar ▸ **to ~ short of doing sth** no llegar a hacer algo ▸ **to ~ victim to sth** ser víctima de algo ▸ **the match fell victim to the weather** el partido se suspendió debido al mal tiempo ▸ **the responsibility falls on you** la responsabilidad recae sobre usted ▸ *Formal* **it falls to me to introduce...** es un honor para mí presentarles... **2.** [become] **to ~ asleep** dormirse ▸ **to ~ ill** caer enfermo(a), enfermar, *RP, VEN* enfermarse ▸ **to ~ in love** enamorarse ▸ **to ~ silent** quedarse callado(a) **3.** [be classified] **to ~ into two categories** dividirse en dos categorías ▸ **suddenly everything fell into place** de pronto todo encajaba

◆ ***fall away*** vi [ground] caer, descender / [attendance] declinar

◆ ***fall back on*** vt insep **he fell back on his emergency supply** recurrió a sus provisiones de emergencia

◆ ***fall behind*** vi quedarse rezagado(a)

◆ ***fall down*** vi [person, building] caerse / *Fig* [argument, plan] fallar

◆ ***fall for*** vt insep *Fam* **1.** [fall in love with] enamorarse de **2.** [be deceived by] [story] tragarse ▸ **to ~ for it** picar

◆ ***fall in*** vi **1.** [roof] hundirse **2.** MIL [troops] formar

◆ ***fall off*** vi [profits, attendance] decrecer

◆ ***fall out*** vi **1.** [quarrel] reñir (**with** con), pelearse (**with** con) **2.** MIL romper filas

◆ ***fall over*** ■ vi tropezar, caerse
■ vt insep [stumble on] tropezar con ▸ *Fig* **to ~ over oneself to do sth** [be very keen] desvivirse por hacer algo

◆ ***fall through*** vi [plan, deal] venirse abajo

fallacious [fə'leɪʃəs] adj falaz

fallacy ['fæləsɪ] n falacia *f*

fallen ['fɔːlən] ■ npl **the ~** los caídos
■ adj caído(a) ▸ *Old-fashioned* **a ~ woman** una mujer perdida
■ pp *of* ***fall***

fallible ['fælɪbəl] adj falible

Fallopian tube [fə'ləʊpɪən'tjuːb] n ANAT trompa *f* de Falopio

fallout ['fɔːlaʊt] n PHYS lluvia *f* radiactiva / *Fig* [from scandal] secuelas *fpl*

fallow ['fæləʊ] ■ adj [uncultivated] en barbecho ▸ *Fig* **a ~ period** un período improductivo
■ adv **to lie ~** estar en barbecho

false [fɔːls] adj **1.** [incorrect] falso(a) ▸ **~ alarm** falsa alarma *f* ▸ **the ceasefire turned out to be a ~ dawn** el alto el fuego se convirtió en una esperanza frustrada ▸ **it's a ~ economy** es un falso ahorro ▸ **~ friend** [in foreign language] falso amigo *m* ▸ **~ modesty** falsa modestia *f* ▸ MUS & *Fig* **~ note** nota *f* falsa ▸ **under ~ pretences** bajo falsas apariencias ▸ **~ start** [in race] salida *f* nula ▸ **to bear ~ witness** presentar falso testimonio **2.** [unfaithful] infiel **3.** [not real] [beard, nose] postizo(a) ▸ **~ teeth** dentadura *f* postiza, *COL, RDOM* caja *f* de dientes

falsehood ['fɔːlshʊd] n [lie] falsedad *f*

falsely ['fɔːlslɪ] adv [mistakenly] equivocadamente / [insincerely] falsamente

falsetto [fɔːl'setəʊ] (pl **falsettos**) n MUS falsete *m*

falsification [fɔːlsɪfɪ'keɪʃən] n falsificación *f*

falsify ['fɔːlsɪfaɪ] vt **1.** [forge] [records, document] falsificar **2.** [disprove] [theory] refutar

falter ['fɔ:ltə(r)] vi vacilar, titubear

fame [feɪm] n fama *f* ▸ **to seek ~ and fortune** buscar fama y fortuna

famed [feɪmd] adj famoso(a), afamado(a)

familiar [fə'mɪlɪə(r)] adj **1.** [well-known] familiar ▸ **a ~ face** un rostro familiar **2.** [informal] familiar, *AM* confianzudo(a) ▸ **to be on ~ terms with sb** ser íntimo(a) de alguien ▸ **to get too ~ with sb** tomarse demasiada confianza con alguien **3.** [acquainted] **to be ~ with** estar familiarizado(a) con

familiarity [fəmɪlɪ'ærɪtɪ] n **1.** [intimacy] familiaridad *f,* confianza *f* ▸ **~ breeds contempt** donde hay confianza da asco **2.** [acquaintance] familiaridad *f*

familiarization [fəmɪlɪəraɪ'zeɪʃən] n familiarización *f*

familiarize [fə'mɪlɪəraɪz] vt **to ~ oneself with sth** familiarizarse con algo ▸ **to ~ sb with sth** familiarizar a alguien con algo

family ['fæmɪlɪ] n familia *f* ▸ **it runs in the ~** es cosa de familia ▸ **to start a ~** empezar a tener hijos ▸ **they treat her as one of the ~** la tratan como si fuera de la familia ▸ *Fam* **she's in the ~ way** está en estado ▸ **~ business** negocio *m* familiar ▸ **~ doctor** médico *m* de familia ▸ **~ life** vida *f* de familia ▸ **~ man** hombre *m* de familia ▸ **~ name** apellido *m* ▸ **~ planning** planificación *f* familiar ▸ **~ resemblance** parecido *m* de familia ▸ **~ tree** árbol *m* genealógico

famine ['fæmɪn] n hambruna *f* ▸ **~ relief** ayuda *f* humanitaria contra el hambre

famished ['fæmɪʃd] adj **to be ~** estar muerto(a) de hambre

famous ['feɪməs] adj famoso(a)

famously ['feɪməslɪ] adv *Fam* **to get on ~ (with sb)** llevarse genial (con alguien)

fan[1] [fæn] ■ n [cooling device] [hand-held] abanico *m* / [mechanical] ventilador *m* ▸ **~ belt** [of car] correa *f* del ventilador ▸ **~ heater** convector *m*

■ vt (pt & pp **fanned**) **1.** [with fan] abanicar ▸ **to ~ oneself** abanicarse **2.** [fire, passions] atizar, avivar

◆ ***fan out*** vi [police, soldiers] desplegarse

fan[2] n [enthusiast] [of music, art, sport] fanático(a) *m,f* / [of artist, singer] admirador(ora) *m,f,* fan *mf* ▸ **I'm not a ~ of electric cookers** no soy partidario de las cocinas *or COL, MÉX, VEN* estufas eléctricas ▸ **football ~** hincha *mf* de fútbol ▸ **~ club** club *m* de fans ▸ **~ mail** cartas *fpl* de fans *or* de admiradores

fanatic [fə'nætɪk] n fanático(a) *m,f*

fanatical [fə'nætɪkəl] adj fanático(a)

fanatically [fə'nætɪklɪ] adv con fanatismo, de un modo fanático

fanciable ['fænsɪəbəl] adj *Fam* atractivo(a), *ESP* resultón(ona)

fanciful ['fænsɪfʊl] adj [unrealistic] inverosímil

fancily ['fænsɪlɪ] adv extravagantemente, estrafalariamente

fancy ['fænsɪ] ■ n **1.** [imagination] fantasía *f* ▸ **a flight of ~** un delirio **2.** [whim] capricho *m* **3.** [liking] **to take a ~ to sb/sth** encapricharse de alguien/con algo

■ adj [jewels, hat] de fantasía / [gadget] sofisticado(a) / [party] encopetado(a) / [hotel] lujoso(a) / [food, decoration] con muchas florituras ▸ **~ dress** disfraz *m* ▸ **~ dress party** fiesta *f* de disfraces

■ vt **1.** *Fam* [want] **do you ~ a drink?** *ESP* ¿te apetece algo de beber?, *CARIB, COL, MÉX* te provoca algo de beber?, *RP* ¿querés algo de tomar? ▸ **I didn't ~ the idea** no me atraía la idea **2.** *BR Fam* [be attracted by] **he fancies her** le gusta ella **3.** [imagine] imaginar ▸ **to ~ (that)...** imaginar que... ▸ **I ~ I have seen her before** me parece que la he visto antes ▸ *Fam* **~ that!** ¡fíjate!, ¡lo que hay que ver! ▸ **~ meeting you here!** ¡qué sorpresa encontrarte aquí! **4.** [have good opinion of] **he is strongly fancied to win** se cree que tiene muchas posibilidades de ganar ▸ **she fancies herself as a writer/musician** se las da de buena escritora/música ▸ **he fancies his chances of getting the job** cree que tiene muchas posibilidades de conseguir el trabajo

fancy-free ['fænsɪ'fri:] adj sin compromisos *or* responsabilidades

fanfare ['fænfeə(r)] n fanfarria *f*

fang [fæŋ] n colmillo *m*

fanny ['fænɪ] n **1.** *US Fam* [buttocks] culo *m* ▸ **~ pack** riñonera *f* **2.** *BR Vulg* [vagina] *ESP* coño *m, ANDES, RP* concha *f, MÉX* paloma *f*

fantasize ['fæntəsaɪz] vi fantasear (**about** sobre)

fantastic [fæn'tæstɪk] adj **1.** *Fam* [excellent] fantástico(a), fabuloso(a) **2.** [enormous] [price, size] inmenso(a) **3.** [unbelievable] absurdo(a)

fantasy ['fæntəsɪ] n fantasía *f* ▸ **~ football** = *juego en que los participantes escogen su equipo de fútbol ideal de entre los futbolistas de un torneo y luego van sumando puntos según la actuación de éstos en la competición real, ESP* ≃ liga *f* fantástica®

FAO [efeɪ'əʊ] n (abbr ***Food and Agriculture Organization***) FAO *f,* Organización *f* para la Agricultura y la Alimentación

far [fɑ:(r)] ■ adj lejano(a) ▸ **the ~ end** el (otro) extremo ▸ POL **the ~ left/right** la extrema izquierda/derecha ▸ **the Far East** el Lejano Oriente *m* ▸ **Far Eastern** del Lejano Oriente

■ adv (comparative **farther** ['fɑ:ðə(r)] or **further** ['fɜ:ðə(r)] superlative **farthest** ['fɑ:ðɪst] or **furthest** ['fɜ:ðɪst]) **1.** [distance] lejos ▸ **how ~ is it to Glasgow?** ¿a cuánto estamos de Glasgow? ▸ **~ away** lejos ▸ **~ below/above** muy abajo/arriba ▸ **to go ~** ir lejos / *Fig* [person] llegar lejos / [money] dar para mucho ▸ *Fig* **to go so ~ as to do sth** llegar al extremo de hacer algo ▸ *Fig* **to go too ~** ir demasiado lejos ▸ *also Fig* **~ from...** lejos de... ▸ *Fig* **~ from it** todo lo contrario ▸ *Fig* **~ be it from me to criticize, but...** Dios me libre de criticar a nadie, pero... ▸ **~ and wide** *or* **near** por todas partes ▸ *Fig* **as ~ as I can see** tal y como yo lo veo ▸ **as ~ as I know** que yo sepa ▸ **as ~ as I'm concerned** en *or* por lo que a mí respecta ▸ *Fig* **as ~ as possible** en la medida de lo posible **2.** [time] **so ~** hasta el momento ▸ **so ~ so good** todo bien de momento ▸ **for as ~ back as I can remember** hasta donde alcanzo a recordar ▸ **to work ~ into the night** trabajar hasta bien entrada la noche **3.** [much] **by ~** con diferencia, con mucho, *RP* por lejos ▸ **~ better/worse** mucho mejor/peor ▸ **~ too many** demasiados(as) ▸ **~ too much** demasiado ▸ **she's ~ too intelligent to do that** es demasiado inteligente para hacer eso ▸ **~ and away the best** el mejor con diferencia *or RP* por lejos

faraway ['fɑːrəweɪ] adj [place] lejano(a) / [look] ausente

farce [fɑːs] n *also Fig* farsa *f*

farcical ['fɑːsɪkəl] adj grotesco(a)

fare [feər] ■ n **1.** [for journey] tarifa *f* **2.** [taxi passenger] pasajero(a) *m,f* **3.** *Formal* [food] comida *f*
■ vi comportarse ▸ **to ~ well/badly** [person, team] hacerlo bien/mal / [industry, sector] comportarse bien/mal ▸ **how did she ~?** ¿cómo le salió?

farewell [feə'wel] n despedida *f,* adiós *m* ▸ **to bid sb ~** despedirse de alguien ▸ **to say one's farewells** despedirse ▸ **~ dinner** cena *f* de despedida

far-fetched ['fɑː'fetʃt] adj [idea, plan] inverosímil, rebuscado(a)

far-flung ['fɑːflʌŋ] adj **1.** [distant] remoto(a) **2.** [widespread] amplio(a), vasto(a)

farm [fɑːm] ■ n [small] granja *f* / [large] hacienda *f,* explotación *f* agrícola, *CSUR* estancia *f* ▸ **dairy ~** vaquería *f* ▸ **~ animals** animales *mpl* de granja ▸ **~ labourer** trabajador *m* del campo
■ vt [land] cultivar / [livestock] criar
■ vi [grow crops] cultivar la tierra

◆ ***farm out*** vt sep [work] subcontratar

farmer ['fɑːmə(r)] n [of small farm] granjero(a) *m,f* / [of large farm] agricultor(ora) *m,f* ▸ **cattle ~** ganadero(a) *m,f (de vacuno)*

farmhouse ['fɑːmhaʊs] n granja *f,* casa *f* de campo

farming ['fɑːmɪŋ] n agricultura *f*

farmland ['fɑːmlænd] n terreno *m* agrícola

farmyard ['fɑːmjɑːd] n corral *m*

Faroe ['feɪrəʊ] n **the ~ Islands, the Faroes** las islas Feroe

far-off ['fɑːrɒf] adj [place, time] lejano(a)

far-out [fɑː'raʊt] adj *Fam* [strange] raro(a) ▸ **~!** ¡súper!, *ESP* ¡chachi!

far-reaching ['fɑː'riːtʃɪŋ] adj [decision, change] de gran alcance

Farsi ['fɑːsiː] n [language] persa *m* (moderno)

far-sighted ['fɑː'saɪtɪd] adj **1.** [shrewd] [person, decision] previsor(ora), con visión de futuro **2.** *US* [long-sighted] hipermétrope *f*

far-sightedness ['fɑː'saɪtɪdnɪs] n **1.** [of person, decision] visión *f* de futuro **2.** *US* [long-sightedness] hipermetropía *f*

fart [fɑːt] *Fam* ■ n pedo *m*
■ vi tirarse un pedo, pederse

◆ ***fart about*** vi *Fam* [waste time] perder el tiempo a lo tonto

farther ➤ ***further***

farthest ➤ ***furthest***

farthing ['fɑːðɪŋ] n *BR Formerly* cuarto *m* de penique ▸ *Fam* **he doesn't have a (brass) ~** no tiene (ni) un céntimo

fascinate ['fæsɪneɪt] vt fascinar

fascinating ['fæsɪneɪtɪŋ] adj fascinante

fascinatingly ['fæsɪneɪtɪŋlɪ] adv fascinantemente, de manera fascinante

fascination [fæsɪ'neɪʃən] n fascinación *f*

fascism ['fæʃɪzəm] n fascismo *m*

fascist ['fæʃɪst] n & adj fascista *mf*

fashion ['fæʃən] ■ n **1.** [in clothes] moda *f* ▸ **in ~** de moda ▸ **out of ~** pasado(a) de moda ▸ **to follow ~** seguir la moda ▸ **~ designer** modisto(a) *m,f* ▸ **~ house** casa *f* de moda(s) ▸ **~ parade** desfile *m* de moda, desfile *m or* pase *m* de modelos ▸ **~ victim** adicto(a) *m,f* a la moda **2.** [manner] modo *m,* manera *f* ▸ **after a ~** más o menos
■ vt [form] elaborar (**from** con) ▸ **he fashioned a small figure from a block of wood** modeló un figurín a partir de un bloque de madera

fashionable ['fæʃənəbəl] adj de moda ▸ **to be ~** estar de moda

fashionably ['fæʃnəblɪ] adv a la moda

fast[1] [fɑːst] ■ adj **1.** [rapid] rápido(a) ▸ *Fam* **he pulled a ~ one on me** me jugó una mala pasada, *ESP* me la pegó ▸ *Fam Fig* **a ~ woman** una mujer fácil *or ESP* casquivana ▸ **~ food** comida *f* rápida ▸ **the ~ lane** [of motorway] el carril rápido ▸ *Fig* **to live life in the ~ lane** llevar un tren de vida frenético **2.** [clock, watch] adelantado(a) **3.** [secure] [grip] firme / [colour] inalterable, que no destiñe
■ adv **1.** [rapidly] rápido, deprisa ▸ **not so ~!** ¡no tan rápido! ▸ **to play ~ and loose with the truth** jugar con la verdad **2.** [securely] firmemente ▸ **to hold ~** sujetarse bien ▸ **~ asleep** profundamente dormido(a)

fast[2] ■ n ayuno *m* ▸ **to break one's ~** romper el ayuno ▸ REL **~ day** día *m* de ayuno
■ vi ayunar

fasten ['fɑːsən] ■ vt [attach] sujetar / [door, window] cerrar, echar el cerrojo a / *Fig* [eyes, attention] fijar ▸ **to ~ one's belt/buttons** abrocharse el cinturón/los botones
■ vi [garment] abrocharse

fastener ['fɑːsənə(r)] n [of garment] cierre *m*

fast-forward ['fɑːst'fɔːwəd] ■ n avance *m* rápido
■ vt [cassette] pasar hacia delante

fastidious [fæ'stɪdɪəs] adj [fussy] quisquilloso(a) / [meticulous] meticuloso(a)

FALSE FRIEND / FALSO AMIGO

fastidious

Fastidioso no es la traducción del inglés *fastidious.* **Fastidioso** se traduce por *annoying* o *irritating.*

fast-moving ['fɑːst'muːvɪŋ] adj veloz, rápido(a)

fast-track ['fɑːsttræk] ■ n vía *f* rápida
■ vt hacer por la vía rápida

fat [fæt] ■ n **1.** grasa *f* ▸ **~ content** materia *f* grasa **2.** [idioms] *Fam* **the fat's in the fire!** ¡la que se va a armar! ▸ **to live off the ~ of the land** vivir a cuerpo de rey ▸ *Fam* **to chew the ~ (with sb)** estar de charla *or ESP* palique (con alguien)

■ adj [person] gordo(a) / [meat] graso(a) ▸ *Fam* [cheque, salary] jugoso(a) ▸ **to get ~** engordar ▸ *Fig* **to grow ~ at the expense of others** [become rich] hacerse rico(a) a costa de los demás ▸ *Fam* **a ~ lot of good that'll do you!** ¡pues sí que te va a servir de mucho! ▸ *Fig* **~ cat** pez *m* gordo ▸ *Pej* **~ cat executive** = *alto ejecutivo con un salario desproporcionado* ▸ *Fam* **~ chance!** ¡ni soñarlo!, *MÉX* ¡ya mero!

fatal ['feɪtəl] adj fatal

fatalist ['feɪtəlɪst] n fatalista *mf*

fatalistic [feɪtə'lɪstɪk] adj fatalista

fatality [fə'tælɪtɪ] n [in accident] víctima *f* mortal

fatally ['feɪtəlɪ] adv [wounded] mortalmente

fate [feɪt] n destino *m*, sino *m* ▸ **to leave sb to his ~** abandonar a alguien a su suerte ▸ **to suffer/share a similar ~** sufrir/compartir la misma suerte ▸ **a ~ worse than death** un sino peor que la muerte

fated ['feɪtɪd] adj [destined] predestinado(a)

fateful ['feɪtfʊl] adj [words, day] fatídico(a)

father ['fɑːðə(r)] ■ n [parent, priest] padre *m* ▸ **~ of six** padre de seis hijos ▸ **from ~ to son** de padre a hijo ▸ **he was like a ~ to me** fue como un padre para mí ▸ *Prov* **like ~, like son** de tal palo, tal astilla ▸ **Our Father** Padre Nuestro ▸ **Father Christmas** Papá *m* Noel ▸ **~ figure** figura *f* paterna

■ vt [child] engendrar / *Fig* [idea, invention] concebir, crear

fatherhood ['fɑːðəhʊd] n paternidad *f*

father-in-law ['fɑːðərɪnlɔː] (pl **fathers-in-law**) n suegro *m*

fatherly ['fɑːðəlɪ] adj paternal

father-to-be ['fɑːðətə'biː] (pl **fathers-to-be**) n futuro padre *m*

fathom ['fæðəm] ■ n [measurement] braza *f*

■ vt [mystery] desentrañar / [person] entender

◆***fathom out*** vt sep [mystery] desentrañar / [person] entender

fatigue [fə'tiːg] ■ n **1.** [tiredness] fatiga *f*, cansancio *m* ▸ **metal ~** fatiga *f* del metal **2.** MIL **~ (duty)** faena *f* ▸ **fatigues** [military clothing] traje *m* de faena

■ vt [person] fatigar, cansar

fatso ['fætsəʊ] (pl **fatsos**) n *Fam* gordinflón(ona) *m,f*

fatten ['fætən] vt engordar, cebar

◆***fatten up*** vt sep engordar, cebar

fatty ['fætɪ] ■ n *Fam* gordito(a) *m,f*

■ adj graso(a) ▸ **~ foods** alimentos *mpl* grasos ▸ **~ acid** ácido *m* graso ▸ **~ tissue** tejido *m* adiposo

fatuous ['fætjʊəs] adj fatuo(a), necio(a)

fatwa ['fætwɑː] n fatwa *f*

faucet ['fɔːsɪt] n *US ESP* grifo *m*, *CHILE, COL, MÉX* llave *f*, *RP* canilla *f*

fault [fɔːlt] ■ n **1.** [flaw] [of person, product] defecto *m* / [of engine] avería *f*, *ESP* fallo *m*, *AM* falla *f* ▸ **to find ~ with** encontrar defectos a ▸ **she's generous to a ~** se pasa de generosa **2.** [guilt] culpa *f* ▸ **to be at ~** tener la culpa ▸ **whose ~ is it?** ¿de quién es la culpa? ▸ **it was my ~** fue culpa mía ▸ **through no ~ of mine** sin tener yo la culpa **3.** [in tennis] falta *f* **4.** [geological] falla *f*

■ vt criticar, poner reparos a ▸ **her attitude can't be faulted** no se puede criticar su actitud

faultless ['fɔːltlɪs] adj impecable, intachable

faulty ['fɔːltɪ] adj defectuoso(a)

faun [fɔːn] n [mythological creature] fauno *m*

fauna ['fɔːnə] n [animal life] fauna *f*

favour, *US* ***favor*** ['feɪvə(r)] ■ n favor *m* ▸ **to be in/out of ~ (with)** [people] ser visto(a) con buenos/malos ojos (por) / [product, method] gozar/no gozar de mucha aceptación (entre) ▸ **to look on sth/sb with ~** ser partidario(a) de algo/alguien ▸ **to find ~ with sb** encontrar aceptación por parte de alguien ▸ **to ask sb a ~, to ask a ~ of sb** pedir un favor a alguien ▸ **to do sb a ~** hacer un favor a alguien ▸ *BR Fam* **do me a ~ and shut up!** ¡haz el favor de callarte! ▸ **in ~ of...** [in preference to] en favor de... ▸ **to be in ~ of sth** estar a favor de algo ▸ **to vote in ~ (of)** votar a favor (de) ▸ **that's a point in her ~** eso es un punto a su favor ▸ FIN **balance in your ~** saldo a su favor

■ vt **1.** [approve of] estar a favor de, ser partidario(a) de **2.** [bestow favour on] favorecer

favourable, *US* ***favorable*** ['feɪvərəbəl] adj favorable ▸ **in a ~ light** desde una óptica favorable

favourite, *US* ***favorite*** ['feɪvərɪt] n & adj favorito(a) *m,f*

favouritism, *US* ***favoritism*** ['feɪvərɪtɪzəm] n favoritismo *m*

fawn[1] [fɔːn] ■ n **1.** [deer] cervatillo *m* **2.** [colour] beige *m*, *ESP* beis *m*

■ adj [colour] beige, *ESP* beis

fawn[2] vi adular (**on** a)

fax [fæks] ■ n [machine] fax *m*, telefax *m* / [message] fax *m* ▸ COMPTR **~ modem** módem *m* fax ▸ **~ number** número *m* de fax

■ vt mandar por fax ▸ **to ~ sb** mandar un fax a alguien

faze [feɪz] vt *Fam* desconcertar

FBI [efbiː'aɪ] n *US* (abbr ***Federal Bureau of Investigation***) FBI *m*

fear [fɪə(r)] ■ n miedo *m*, temor *m* ▸ **to be** *or* **go in ~ of** tener miedo de ▸ **she was in ~ of her life** temía por su vida ▸ *Fam* **to put the ~ of God into sb** meter a

HOW TO...

express fears

Tengo miedo a perder el trabajo. / I'm afraid of losing my job.
Estaba muerta de miedo. / I was petrified.
Sara me preocupa. / I'm worried about Sara.
Está muy preocupado por su hijo. / He's very worried about his son.
Me aterroriza la idea de darle la noticia. / I'm dreading telling him the news.
Me dan miedo las arañas. / I'm scared of spiders.

alguien el miedo en el cuerpo ▸ **for ~ of** por miedo a ▸ *Fam* **no ~!** ¡ni pensarlo!, *MÉX* ¡ya mero!
■ vt temer ▸ **to ~ that...** temer(se) que... ▸ **I ~ so** eso me temo ▸ **I ~ not** me temo que no ▸ **to ~ the worst** temerse lo peor
■ vi temer (**for** por)

fearful ['fɪəfʊl] adj **1.** [person] temeroso(a) ▸ **to be ~ of...** tener miedo de... **2.** [pain, consequence] terrible, espantoso(a) **3.** *Fam* [noise, expense] tremendo(a)

fearfully ['fɪəfʊlɪ] adv **1.** [in fear] temerosamente, atemorizadamente **2.** *Fam* [extremely] tremendamente

fearless ['fɪəlɪs] adj valiente, arrojado(a)

fearlessness ['fɪəlɪsnɪs] n valentía *f*, arrojo *m*

fearsome ['fɪəsəm] adj terrible, espantoso(a)

feasibility [fiːzə'bɪlɪtɪ] n viabilidad *f* ▸ **~ study** estudio *m* de viabilidad

feasible ['fiːzəbəl] adj factible, viable

feast [fiːst] ■ n banquete *m*, festín *m* ▸ REL **~ day** fiesta *f* de guardar
■ vt **to ~ one's eyes on sth** recrear la vista en algo
■ vi darse un banquete (**on** *or* **upon** de)

feat [fiːt] n hazaña *f*

feather ['feðə(r)] ■ n pluma *f* ▸ **you could have knocked me down with a ~** me quedé de piedra ▸ *Fig* **that's a ~ in her cap** es un triunfo personal para ella ▸ *Fig* **to make the feathers fly** armar un buen revuelo ▸ **~ bed** colchón *m* de plumas
■ vt *Fig* **to ~ one's nest** hacer el agosto

feathered ['feðəd] adj con plumas ▸ *Hum* **~ friend** pájaro *m*

featherweight ['feðəweɪt] n [in boxing] peso *m* pluma

feathery ['feðərɪ] adj [sponge, pastry] ligero(a), liviano(a)

feature ['fiːtʃə(r)] ■ n **1.** [of face] rasgo *m*, facción *f* ▸ **features** [face] facciones *fpl* **2.** [of system, machine] característica *f* **3.** **~ (film)** largometraje *m* **4.** [in newspaper, on television, radio] reportaje *m* ▸ **~ writer** articulista *mf*
■ vt **a film featuring...** una película en la que figura...
■ vi [appear] figurar, aparecer

feature-length ['fiːtʃəleŋθ] adj de larga duración, de largo metraje

featureless ['fiːtʃəlɪs] adj uniforme, monótono(a)

Feb (abbr ***February***) febrero *m*

febrile ['fiːbraɪl] adj *Formal* [atmosphere, state] febril

February ['februərɪ] n febrero *m* / *see also* ***May***

feckless ['feklɪs] adj abúlico(a), apático(a)

fecklessness ['feklɪsnɪs] n abulia *f*, apatía *f*

fed [fed] pt & pp *of* ***feed***

federal ['fedərəl] adj federal ▸ FIN **Federal Reserve (System)** Reserva *f* Federal

CULTURE / CULTURA

Federal Reserve

La **Federal Reserve** (Reserva Federal) es el banco central de los Estados Unidos, establecida por el Congreso en 1913. Tiene cuatro funciones principales: gestionar la política monetaria nacional; supervisar y regular las instituciones bancarias y proteger los derechos financieros de los consumidores; mantener la estabilidad del sistema financiero, y proveer ciertos servicios financieros al gobierno, al pueblo estadounidense, a instituciones financieras y a instituciones extranjeras oficiales.

federalism ['fedərəlɪzəm] n federalismo *m*

federalist ['fedərəlɪst] n & adj federalista *mf*

federally ['fedərəlɪ] adv **to be ~ funded** estar sufragado(a) con fondos federales

federation [fedə'reɪʃən] n federación *f*

fedora [fɪ'dɔːrə] n = *sombrero flexible de fieltro*

fed up [fed'ʌp] adj *Fam* **to be ~ (with)** estar harto(a) (de)

fee [fiː] n [of lawyer, doctor] minuta *f*, honorarios *mpl* / [for entrance] (precio *m* de) entrada *f*, *MÉX* (precio *m* del) boleto *m* / [for membership] cuota *f*

feeble ['fiːbəl] adj [person, light] débil / [argument, excuse] flojo(a), pobre

feeble-minded ['fiːbəl'maɪndɪd] adj lelo(a)

feebly ['fiːblɪ] adv débilmente

feed [fiːd] ■ n **1.** [animal food] pienso *m* **2.** [for baby] [from breast, bottle] toma *f*
■ vt (pt & pp **fed** [fed]) **1.** [give food to] alimentar, dar de comer a / [baby] [from breast] amamantar, dar de mamar a / [from bottle] dar el biberón a / [plant] echar fertilizante a ▸ **we were well fed** nos dieron muy bien de comer ▸ **to ~ one's family** dar de comer a la familia **2.** [supply] **to ~ a fire** alimentar un fuego ▸ **to ~ coins into a machine** introducir monedas en una máquina ▸ **to ~ sb with information** proporcionar información a alguien
■ vi alimentarse (**on** de)

feedback ['fiːdbæk] n ELEC realimentación *f* / [on guitar, microphone] acoplamiento *m*, feedback *m* / *Fig* [response] reacción *f*

feel [fiːl] ■ n **1.** [sense of touch] tacto *m* **2.** [sensation] sensación *f* ▸ **the ~ of silk against her skin** el roce de la seda contra su piel ▸ **the film has an authentic ~ to it** la película da sensación de autenticidad **3.** [knack] **she has a real ~ for languages** tiene un don especial para los idiomas ▸ **he soon got the ~ for it** *ESP* enseguida cogió el truco *or* tranquillo, *AM* enseguida agarró la onda *or RP* le encontró la vuelta
■ vt (pt & pp **felt** [felt]) **1.** [touch with hand] tocar, palpar ▸ **to ~ one's way** [in darkness] andar a tientas / *Fig* [in new situation] familiarizarse **2.** [be physically conscious of] notar ▸ **I felt the floor tremble** *or* **trembling** noté que el suelo temblaba **3.** [experience] [pain, despair] sentir ▸ **to ~ the cold** ser *ESP* friolero(a) *or AM* friolento(a) ▸ **I ~ it in my bones** [have intuition] lo presiento, me da en la nariz **4.** [believe] creer, pensar ▸ **I ~ (that)...** me parece que...
■ vi **1.** [physically] [person] **to ~ ill/tired** sentirse enfermo(a)/cansado(a) ▸ **to ~ hot/cold** tener calor/frío ▸ **to ~ hungry/thirsty** tener hambre/sed ▸ **my foot feels better** tengo mejor el pie ▸ **how do you ~?** ¿cómo te

encuentras? ▸ **not to ~ oneself** no sentirse muy bien ▸ **to ~ up to doing sth** [well enough] sentirse con fuerzas para hacer algo / [competent enough] sentirse capaz de hacer algo **2.** [mentally] **to ~ strongly about sth** tener convicciones muy arraigadas sobre algo ▸ **to ~ sure (that)...** estar seguro(a) (de que)... ▸ **to ~ bad about sth** sentirse mal por algo ▸ **how would you ~ if...?** ¿cómo te sentirías si...? ▸ **I ~ as if...** me da la sensación de que... ▸ **to ~ (like) a new man/woman** sentirse otro/otra ▸ **I felt (like) an idiot** me sentí como un/una idiota ▸ **to ~ like doing sth** tener ganas de hacer algo ▸ **I ~ like a cup of coffee** *ESP* me apetece *or CARIB, COL, MÉX* me provoca *or MÉX* se me antoja *or CSUR* me tomaría un café **3.** [feel sympathy for] **to ~ for sb** sentirlo por alguien ▸ **I really felt for his wife** me daba mucha pena su mujer **4.** [things] **to ~ hard/soft** ser duro(a)/ blando(a) al tacto ▸ **it feels soft now** ahora está blando(a) ▸ **to ~ hot/cold** estar caliente/frío(a) ▸ **it feels like (it's going to) rain** parece que va a llover ▸ **it feels strange/good** es extraño/agradable **5.** [touch with hands] **to ~ in one's pockets** mirarse *or RP* fijarse en los bolsillos *or CAM, MÉX, PERÚ* las bolsas ▸ **he felt on the ground for the key** buscó la llave a tientas por el suelo

feeler ['fiːlə(r)] n [of insect] antena *f* / [of snail] cuerno *m* ▸ *Fig* **to put out feelers** tantear el terreno

feeling ['fiːlɪŋ] n **1. (sense of) ~** sensibilidad *f* ▸ **to have no ~ in one's arm** tener un brazo insensible **2.** [sensation] [of cold, pain] sensación *f* **3.** [emotion] sentimiento *m* ▸ **a ~ of joy/anger** un sentimiento de alegría/ira ▸ **to speak with ~** hablar apasionadamente ▸ **I know the ~!** ¡sé cómo te sientes! ▸ **I had a ~ I might find you here** me daba la sensación *or* tenía la impresión de que te encontraría aquí ▸ **his feelings towards me** sus sentimientos hacia mí ▸ **to hurt sb's feelings** herir los sentimientos de alguien ▸ **to have no feelings** no tener sentimientos ▸ **feelings were running high (about)** estaban los ánimos revueltos (en cuanto a) ▸ *Fam* **no hard feelings!** ¡estamos en paz! **4.** [opinion] opinión *f* ▸ **there is a general ~ that...** la impresión general es que... ▸ **my ~ is that...** pienso *or* creo que... **5.** [sensitivity] sensibilidad *f* ▸ **to have a ~ for sth** tener sensibilidad para algo

feet [fiːt] pl *of* ***foot***

feign [feɪn] vt [anger, surprise] simular

feint [feɪnt] ■ n amago *m*, finta *f*
■ vi **to ~ to the left/right** hacer una finta *or* amagar a la izquierda/derecha

felicitous [fɪ'lɪsɪtəs] adj [choice, expression] feliz, acertado(a)

feline ['fiːlaɪn] ■ n felino *m*, félido *m*
■ adj felino(a)

fell[1] [fel] vt [tree] talar / [opponent] derribar

fell[2] adj **at one ~ swoop** de un golpe

fell[3] n *BR* [hill] monte *m*

fell[4] pt *of* ***fall***

fella(h) ['felə], ***feller*** ['felə(r)] n *Fam* **1.** [man] tipo *m*, *ESP* tío *m*, *RP* flaco *m* **2.** [boyfriend] novio *m*, *ESP* chorbo *m*

fellow ['feləʊ] n **1.** [comrade] compañero(a) *m,f*, camarada *mf* ▸ **~ citizen** conciudadano(a) *m,f* ▸ **~ countryman/countrywoman** compatriota *mf* ▸ **~ feeling** (sentimiento *m* de) solidaridad *f* ▸ **~ passenger/student/worker** compañero(a) *m,f* de viaje/de estudios/de trabajo ▸ *Fig* **~ traveller** [in politics] simpatizante *mf* **2.** [at university] profesor(ora) *m,f* / [of academy, society] miembro *m* **3.** *Fam* [man] tipo *m*, *ESP* tío *m*, *RP* flaco *m*

fellowship ['feləʊʃɪp] n **1.** [friendship] compañerismo *m*, camaradería *f* **2.** [association] sociedad *f*, asociación *f* **3.** [at university] beca *f* de investigación

felon ['felən] n LAW criminal *mf*

felony ['felənɪ] n LAW crimen *m*, delito *m* grave

felt[1] [felt] n [fabric] fieltro *m*

felt[2] pt & pp *of* ***feel***

felt-tip ['felt'tɪp] n **~ (pen)** rotulador *m*, *MÉX* plumón *m*, *RP* marcador *m*

female ['fiːmeɪl] ■ n [person] mujer *f* / [animal, plant] hembra *f*
■ adj [person] femenino(a) / [animal, plant] hembra

feminine ['femɪnɪn] ■ n GRAM femenino *m*
■ adj femenino(a)

femininity [femɪ'nɪnɪtɪ] n femin(e)idad *f*

feminism ['femɪnɪzəm] n feminismo *m*

feminist ['femɪnɪst] n & adj feminista *mf*

femur ['fiːmə(r)] n ANAT fémur *m*

fen [fen] n [marshy land] pantano *m*, ciénaga *f* ▸ **the Fens** = *tierras bajas del este de Inglaterra, especialmente Norfolk y Cambridgeshire*

fence [fens] ■ n **1.** [barrier] valla *f*, cerca *f* ▸ *Fig* **to sit on the ~** no pronunciarse, nadar entre dos aguas ▸ *Fig* **to get off the ~** pronunciarse **2.** *Fam* [receiver of stolen property] perista *mf*
■ vi [as sport] hacer esgrima

◆ ***fence off*** vt sep vallar, cercar

fencing ['fensɪŋ] n [sport] esgrima *f*

fend [fend] vi **to ~ for oneself** valerse por sí mismo

◆ ***fend off*** vt sep [attack] rechazar / [blow] atajar, parar / [question] eludir

fender ['fendə(r)] n **1.** *US* [of car] *ESP, RP* guardabarros *mpl*, *ANDES, CAM, CARIB* guardafango *m*, *MÉX* salpicadera *f* **2.** [for fireplace] pantalla *f* (de chimenea), parachispas *m inv*

feng shui [fəŋ'ʃweɪ] n feng shui *m*

fennel ['fenəl] n hinojo *m*

fenugreek ['fenjʊgriːk] n alholva *f*, fenogreco *m*

ferment ■ n ['fɜːment] [commotion] agitación *f* ▸ **in a (state of) ~** agitado(a)
■ vi [fə'ment] [alcoholic drink] fermentar

fermentation [fɜːmen'teɪʃən] n fermentación *f*

fern [fɜːn] n helecho *m*

ferocious [fə'rəʊʃəs] adj feroz

ferocity [fə'rɒsɪtɪ], ***ferociousness*** [fə'rəʊʃəsnɪs] n ferocidad *f*

ferret ['ferɪt] ■ n hurón *m*
■ vi *Fam* **to ~ (about) for sth** rebuscar algo

◆ ***ferret out*** vt sep [object, information] encontrar, dar con

Ferris wheel ['ferɪs'wi:l] n noria *f*

ferrous ['ferəs] adj ferroso(a)

ferry ['ferɪ] ■ n transbordador *m,* ferry *m*
■ vt **to ~ sth/sb across a river** pasar algo/a alguien al otro lado de un río ▸ **the injured were ferried to hospital in taxis** los heridos fueron transportados al hospital en taxis

ferryman ['ferɪmən] n barquero *m*

fertile ['fɜ:taɪl] adj *also Fig* fértil

fertility [fɜ:'tɪlɪtɪ] n fertilidad *f* ▸ **~ symbol** símbolo *m* de fertilidad ▸ MED **~ treatment** tratamiento *m* de fertilidad

fertilize ['fɜ:tɪlaɪz] vt [animal, plant, egg] fecundar / [land] fertilizar

fertilizer ['fɜ:tɪlaɪzə(r)] n fertilizante *m*

fervent ['fɜ:vənt] adj ferviente

fervently ['fɜ:vəntlɪ] adv fervientemente

fervour, *US* ***fervor*** ['fɜ:və(r)] n fervor *m*

fess [fes] ◆ ***fess up*** vi *US Fam* [confess] cantar

fester ['festə(r)] vi *also Fig* enconarse

festival ['festɪvəl] n **1.** [of arts, music, drama] festival *m* **2.** [public holiday] festividad *f*

festive ['festɪv] adj festivo(a) ▸ **in ~ mood** con ganas de fiesta ▸ **the ~ season** [Christmas] la época navideña

festivity [fes'tɪvɪtɪ] n regocijo *m* ▸ **the festivities** la celebración, las fiestas

festoon [fes'tu:n] vt festonear (**with** con), engalanar (**with** con)

feta ['fetə] n **~ (cheese)** queso *m* feta

fetal *US* ➤ ***foetal***

fetch [fetʃ] ■ vt **1.** [bring] [object, liquid] traer, *ESP* ir a por / [person] ir a recoger a ▸ **~!** [to dog] ¡busca! **2.** [be sold for] alcanzar ▸ **it should ~ at least £50,000** debería venderse al menos por 50.000 libras
■ vi **to ~ and carry for sb** ser el criado de alguien

◆ ***fetch up*** vi [end up] ir a parar

fetching ['fetʃɪŋ] adj atractivo(a)

fête [feɪt] ■ n = *fiesta benéfica al aire libre con mercadillo, concursos, actuaciones, etc.*
■ vt festejar, agasajar

fetid ['fetɪd] adj fétido(a)

fetish ['fetɪʃ] n fetiche *m*

fetishism ['fetɪʃɪzəm] n fetichismo *m*

fetter ['fetə(r)] vt poner grilletes a / *Fig* encadenar, atar
◆ ***fetters*** npl [on slave, prisoner] grilletes *mpl* / *Fig* [on rights, freedom] cadenas *fpl,* ataduras *fpl*

fettle ['fetəl] n **in good** *or* **fine ~** en plena forma

fetus *US* ➤ ***foetus***

feud [fju:d] ■ n disputa *f*
■ vi estar enemistado(a) (**with** con)

feudal ['fju:dəl] adj feudal

feudalism ['fju:dəlɪzəm] n feudalismo *m*

feuding ['fju:dɪŋ] n altercados *mpl,* reyertas *fpl*

fever ['fi:və(r)] n *also Fig* fiebre *f* ▸ **to have a ~** tener fiebre ▸ **excitement had risen to ~ pitch** los ánimos estaban muy exaltados

feverish ['fi:vərɪʃ] adj [patient] con fiebre, febril / *Fig* [excitement, atmosphere] febril

few [fju:] ■ n **the ~ who came** los pocos que vinieron
■ adj **1.** [not many] pocos(as) ▸ **his visits are ~ and far between** sólo viene muy de vez en cuando ▸ **every ~ minutes/days** cada pocos minutos/días ▸ **he gave too ~ examples** dio muy pocos ejemplos ▸ **as ~ as a dozen finished the race** tan sólo una docena terminó la carrera ▸ **~ people knew who she was** pocos sabían quién era **2.** [some] **a ~** unos(as) pocos(as), algunos(as) ▸ **a good ~** unos cuantos ▸ **quite a ~** bastantes ▸ **in the next ~ days** en los próximos días
■ pron **1.** [not many] pocos(as) ▸ **there are very/too ~ of us** somos muy/demasiado pocos ▸ **~ (of them) could speak French** pocos (de ellos) hablaban francés ▸ **~, if any** pocos(as) o ninguno(a), apenas alguno(a) **2.** [some] **a ~** algunos(as) ▸ **a ~ of the survivors** algunos supervivientes ▸ **a ~ of us** algunos de nosotros

fewer ['fju:ə(r)] (comparative of few) ■ adj menos ▸ **no ~ than thirty** no menos de treinta ▸ **~ and ~ people** cada vez menos gente
■ pron menos *mpl, fpl* ▸ **there are ~ (of them) than I thought** hay menos de lo que creía

fewest ['fju:ɪst] (superlative of few) ■ adj **that hospital reported the ~ cases** ese hospital es el que menos casos registró ▸ **take the road which has the ~ curves** ve por la carretera que tenga menos curvas
■ pron **we received the ~** nosotros somos los que menos recibimos

fez [fez] (pl **fezzes**) n fez *m*

fiancé [fɪ'ɒnseɪ] n prometido *m,* novio *m*

fiancée [fɪ'ɒnseɪ] n prometida *f,* novia *f*

fiasco [fɪ'æskəʊ] (pl *BR* **fiascos,** *US* **fiascoes**) n fiasco *m*

fib [fɪb] *Fam* ■ n cuento *m, ESP* trola *f* ▸ **to tell a ~** contar un cuento, *ESP* meter una trola
■ vi (pt & pp **fibbed**) contar un cuento, *ESP* meter una trola

fibber ['fɪbə(r)] n *Fam* cuentista *mf, AM* cuentero(a) *m,f*

fibre, *US* ***fiber*** ['faɪbə(r)] n fibra *f* ▸ **~ optics** transmisión *f* por fibra óptica

fibreglass, *US* ***fiberglass*** ['faɪbəglɑ:s] n fibra *f* de vidrio

fibre-optic, *US* ***fiber-optic*** [faɪbə'rɒptɪk] adj de fibra óptica

fibrous ['faɪbrəs] adj fibroso(a)

fickle ['fɪkəl] adj inconstante, voluble

fiction ['fɪkʃən] n [sth invented] ficción *f* / [short stories, novels] (literatura *f* de) ficción *f* ▸ **a work of ~** una obra de ficción

fictional ['fɪkʃənəl] adj [character] de ficción / [scene, account] novelado(a)

fictitious [fɪk'tɪʃəs] adj ficticio(a)

fiddle ['fɪdəl] ■ n **1.** [violin] violín *m (en música folk)* **2.** *esp BR Fam* [swindle] timo *m* ▸ **to be on the ~** dedicarse a hacer chanchullos
■ vt *BR Fam* [cheat] amañar ▸ **to ~ the accounts** amañar la contabilidad, *MÉX* hacer una transa con la contabilidad
■ vi **1.** [play violin] tocar el violín *(en música folk)*

2. [fidget] **to ~ (about** *or* **around) with sth** juguetear *or* enredar con algo

fiddler ['fɪdlə(r)] n violinista *mf (en música folk)*

fiddlesticks ['fɪdəlstɪks] exclam *Old-fashioned* ¡paparruchas!

fiddly ['fɪdlɪ] adj *BR Fam* complicado(a)

fidelity [fɪ'delɪtɪ] n fidelidad *f*

fidget ['fɪdʒɪt] ■ n [person] enredador(ora) *m,f,* trasto *m*

■ vi enredar, trastear

fidgety ['fɪdʒɪtɪ] adj inquieto(a)

field [fi:ld] ■ n **1.** [of crops] & COMPTR campo *m* / [for sport] campo *m, AM* cancha *f* / [of oil, coal] yacimiento *m* ▸ **she's an expert in her ~** es una experta en su campo ▸ **to work in the ~** [not in office] hacer trabajo de campo, trabajar in situ ▸ **~ of vision** campo visual ▸ **~ events** [in athletics] pruebas *fpl* de salto y lanzamiento ▸ *US* **~ hockey** hockey *m* sobre hierba *or AM* césped ▸ **~ study** [scientific] estudio *m* de campo ▸ SCH & UNIV **~ trip** viaje *m or* salida *f* para (realizar) trabajo de campo ▸ **~ work** [scientific] trabajo *m* de campo **2.** MIL **in the ~** en el campo de batalla ▸ *Fig* **the press had a ~ day** la prensa se puso las botas ▸ **~ glasses** prismáticos *mpl,* gemelos *mpl* ▸ **~ gun** cañón *m* de campaña ▸ **~ hospital** hospital *m* de campaña ▸ **~ marshal** mariscal *m* de campo **3. the ~** [in race, contest] los participantes ▸ *also Fig* **to lead the ~** ir en cabeza

■ vt **1.** [team] poner a jugar / [candidates] presentar **2. to ~ a question** contestar con destreza a una pregunta

fieldmouse ['fi:ldmaʊs] (pl **fieldmice** ['fi:ldmaɪs]) n ratón *m* de campo

fiend [fi:nd] n [demon] demonio *m* ▸ **my boss is a ~ for punctuality** mi jefe está obsesionado con la puntualidad

fiendish ['fi:ndɪʃ] adj [evil, difficult] endiablado(a), endemoniado(a)

fiendishly ['fi:ndɪʃlɪ] adv [difficult, clever] endiabladamente, endemoniadamente

fierce [fɪəs] adj [animal, look] fiero(a) / [heat] abrasador(ora) / [contest, argument, criticism] encarnizado(a) / [loyalty] fervoroso(a)

fiercely ['fɪəslɪ] adv [to glare] fieramente / [to fight] ferozmente / [to condemn, defend] vehementemente, apasionadamente / [to resist] con furia

fierceness ['fɪəsnɪs] n [of animal, look] fiereza *f* / [of fighting] encarnizamiento *m* / [of heat] intensidad *f* / [of contest, argument, criticism] violencia *f* / [of loyalty] fervor *m*

fiery ['faɪərɪ] adj [heat] achicharrante, abrasador(ora) / [red, sky] encendido(a) / [taste] muy picante / [person, character] fogoso(a), ardiente

fiesta [fɪ'estə] n fiesta *f*

FIFA ['fi:fə] n (abbr ***Fédération Internationale de Football Association***) FIFA *f*

fifteen [fɪf'ti:n] ■ n quince *m* / SPORT [rugby team] equipo *m*

■ adj quince / *see also* ***eight***

fifteenth [fɪf'ti:nθ] ■ n **1.** [fraction] quinceavo *m,* quinceava parte *f* **2.** [in series] decimoquinto(a) *m,f* **3.** [of month] quince *m*

■ adj decimoquinto(a) / *see also* ***eleventh***

fifth [fɪfθ] ■ n **1.** [fraction] quinto *m,* quinta parte *f* **2.** [in series] quinto(a) *m,f* **3.** [of month] cinco *m*

■ adj quinto(a) ▸ **the Fifth Amendment** la Quinta Enmienda ▸ POL **~ column** quinta columna *f* / *see also* ***eighth***

CULTURE / CULTURA

Fifth Amendment

La Quinta Enmienda a la Constitución estadounidense, recogida en la "Bill of Rights" o carta de derechos, establece que ningún ciudadano está obligado a facilitar información ante un tribunal de justicia que pueda ser empleada en su contra y que no podrá ser encarcelado ni sufrir el embargo de sus bienes a menos que haya tenido un juicio justo. Esta enmienda también dispone que un ciudadano no podrá ser juzgado dos veces por el mismo delito. Ante un tribunal, se emplea la expresión "to plead the Fifth" ("acogerse a la Quinta") para recurrir a este derecho; la misma expresión es utilizada en tono jocoso cuando en lenguaje cotidiano se quiere dar a entender que no se tiene la intención de responder a una pregunta.

fiftieth ['fɪftɪəθ] n & adj quincuagésimo(a) *m,f*

fifty ['fɪftɪ] n & adj cincuenta *m* / *see also* ***eighty***

fig [1] [fɪg] n [fruit] higo *m* ▸ *Fam* **he doesn't give** *or* **care a ~** le importa un rábano ▸ **~ leaf** [in art] hoja *f* de parra ▸ *Fig* **it's just a ~ leaf** no es más que una tapadera ▸ **~ tree** higuera *f*

fig [2] (abbr ***figure***) fig., figura *f*

fight [faɪt] ■ n **1.** [physical, verbal] pelea *f* / [contest, battle] lucha *f* / [boxing match] combate *m* ▸ **to start a ~ (with sb)** pelearse (con alguien) ▸ **to get into a ~ (with sb)** pelearse (con alguien) ▸ **to give in without a ~** ceder sin oponer resistencia ▸ **to put up a good ~** oponer resistencia **2.** [spirit] **to show some ~** demostrar espíritu de lucha ▸ **there was no ~ left in him** no le quedaban arrestos **3.** [struggle] lucha *f* (**for** por) ▸ **the ~ against cancer** la lucha contra el cáncer

■ vt (pt & pp **fought** [fɔ:t]) [person, enemy, rivals] luchar contra / [disease, poverty, fire] luchar contra, combatir / [temptation, desire, decision] luchar contra / [war, battle] librar ▸ LAW **she fought her case** defendió su caso *(en un juicio)* ▸ **to ~ an election** presentarse a unas elecciones ▸ *Fig* **to ~ sb's battles for them** dar la cara por alguien ▸ **to ~ one's way through a crowd** abrirse paso entre una multitud

■ vi **1.** [physically] luchar, pelearse / [verbally] pelearse, discutir ▸ **to go down fighting** luchar hasta el final ▸ **to ~ fair** pelear limpio ▸ **to ~ shy of sth** evitar algo **2.** [struggle] luchar ▸ **to ~ for breath** luchar por respirar

◆ ***fight back*** ■ vi [retaliate] responder

■ vt sep **to ~ back one's tears** tratar de contener las lágrimas

◆ ***fight off*** vt sep [enemy, attack] rechazar, ahuyentar / [illness] librarse de

fighter ['faɪtə(r)] n [in fight] combatiente *mf*, contendiente *mf* / [for cause] luchador(ora) *m,f* ▸ **~ pilot** piloto *m* de caza ▸ **~ (plane)** caza *m* ▸ **~ squadron** escuadrón *m* de cazas

fighter-bomber ['faɪtə'bɒmə(r)] n cazabombardero *m*

fighting ['faɪtɪŋ] ■ n peleas *fpl* / MIL luchas *fpl*
■ adj **to have a ~ chance** tener posibilidad de ganar ▸ **to be ~ fit** estar en plena forma ▸ **~ forces** fuerzas *fpl* de combate

figment ['fɪgmənt] n **it's a ~ of your imagination** es producto de tu imaginación

figurative ['fɪgərətɪv] adj figurado(a)

figuratively ['fɪgərətɪvlɪ] adv en sentido figurado

figure ['fɪgə(r), *US* 'fɪgjə(r)] ■ n **1.** [number] cifra *f* ▸ **there must be a mistake in the figures** debe de haber un error en los números ▸ **she's good at figures** se le dan bien los números ▸ **to reach double/three figures** alcanzar valores de dos/tres cifras **2.** [body shape] figura *f* ▸ **to have a good ~** tener buena figura ▸ **a fine ~ of a man** un hombre muy bien plantado ▸ **to cut a sorry ~** tener un aspecto lamentable **3.** [person] figura *f* ▸ **a leading ~ in local politics** una figura destacada de la política local ▸ **a distinguished ~** una personalidad distinguida **4.** [illustration] figura *f*, ilustración *f* ▸ **see ~ 21 b** ver figura 21 b **5.** [expression] **~ of speech** figura *f* retórica ▸ **I didn't mean it like that, it was just a ~ of speech** no quería decir eso, era sólo una manera *or* forma de hablar
■ vt *US* pensar, figurarse ▸ **I ~ (that) it will take three years** calculo que llevará tres años
■ vi **1.** [appear] [in list, book] figurar **2.** *Fam* [make sense] **that figures!** (es) normal *or* lógico

◆ ***figure on*** vt insep *Fam* **to ~ on doing sth** contar con hacer algo

◆ ***figure out*** vt sep *Fam* [amount] calcular / [problem] solventar ▸ **she can't ~ you out at all** ¡no te entiende en absoluto!

figurehead ['fɪgəhed] n [on ship] mascarón *m* de proa / *Fig* [of country, party] testaferro *m*

figure-hugging ['fɪgəhʌgɪŋ] adj muy ceñido(a)

Fiji ['fi:dʒi:] n (las islas) Fiyi *or* Fiji

Fijian [fi:'dʒi:ən] ■ n fiyiano(a), *m,f*, fijiano(a) *m,f*
■ adj fiyiano(a), fijiano(a)

filament ['fɪləmənt] n ELEC filamento *m*

filch [fɪltʃ] vt *Fam* afanar, *ESP* mangar

file[1] [faɪl] ■ n [tool] lima *f*
■ vt [metal] limar ▸ **to ~ one's nails** limarse las uñas

file[2] ■ n **1.** [folder] carpeta *f* / [box] archivo *m* / [documents] expediente *m*, ficha *f* ▸ **to keep** *or* **have a ~ on sb/sth** tener una ficha *or* un expediente de alguien/algo ▸ **to have sth on ~** tener algo archivado **2.** COMPTR archivo *m*, fichero *m* ▸ **~ management** gestión *f* de archivos *or* ficheros ▸ **~ manager** administrador *m* de archivos ▸ **~ server** servidor *m* de ficheros *or* archivos
■ vt **1.** [store] [documents, letters] archivar **2. to ~ a claim** presentar una demanda
■ vi **to ~ for divorce** presentar una demanda de divorcio

file[3] ■ n [line] fila *f* ▸ **in single ~** en fila india
■ vi **to ~ past (sth/sb)** desfilar (ante algo/alguien) ▸ **to ~ in/out** entrar/salir en fila

filial ['fɪlɪəl] adj filial

filigree ['fɪlɪgri:] n filigrana *f*

filing ['faɪlɪŋ] n archivación *f*, archivado *m* ▸ **~ cabinet** archivador *m*

Filipino [fɪlɪ'pi:nəʊ] ■ n (pl **Filipinos**) filipino(a) *m,f*
■ adj filipino(a)

fill [fɪl] ■ n **to eat one's ~** comer hasta reventar ▸ *Fig* **to have had one's ~ of sth** estar harto(a) de algo
■ vt **1.** [container] llenar (**with** de) / [gap, hole] rellenar ▸ **to ~ sb's glass** llenar el vaso a alguien ▸ **to be filled with admiration/hope** estar lleno(a) de admiración/esperanza ▸ **to ~ a vacancy** [employer] cubrir una vacante ▸ **I had a tooth filled** me hicieron un empaste *or RP* una emplomadura **2.** [occupy] [time] ocupar
■ vi [become full] llenarse (**with** de *or* con) ▸ **her eyes filled with tears** se le llenaron los ojos de lágrimas

◆ ***fill in*** ■ vt sep **1.** [hole, space, form] rellenar ▸ **to ~ in time** matar el tiempo **2.** *Fam* [inform] **to ~ sb in (on sth)** poner a alguien al tanto (de algo)
■ vi **to ~ in for sb** sustituir a alguien

◆ ***fill out*** ■ vt sep [form, application] rellenar
■ vi [person] engordar

◆ ***fill up*** ■ vt sep [glass] llenar (hasta el borde) ▸ *Fam* **~ her up!** [with petrol] ¡lleno, por favor!
■ vi [tank, container] llenarse

fillet ['fɪlɪt] ■ n [of fish] filete *m* ▸ **~ steak** filete *m*
■ vt [fish] cortar en filetes

filling ['fɪlɪŋ] ■ n **1.** [in tooth] empaste *m* **2.** [in sandwich, pie] relleno *m* **3. ~ station** gasolinera *f*, estación *f* de servicio
■ adj **a ~ meal** una comida que llena mucho

filly ['fɪlɪ] n [horse] potra *f*

film [fɪlm] ■ n **1.** [thin layer] película *f* ▸ **a ~ of ice** una fina capa de hielo **2.** *esp BR* [at cinema] película *f* ▸ **~ actor/actress** actor *m*/actriz *f* de cine ▸ **~ critic** crítico(a) *m,f* de cine ▸ **~ director** director(ora) *m,f* de cine, cineasta *mf* ▸ **the ~ industry** la industria cinematográfica ▸ **~ script** guión *m* de cine ▸ **~ star** estrella *f* de cine ▸ **~ studio** estudio *m* cinematográfico **3.** [photographic] **a (roll of) ~** [for camera] un rollo *or* carrete
■ vt [person, event] filmar, rodar
■ vi rodar

filmgoer ['fɪlmgəʊə(r)] n aficionado(a) *m,f* al cine, espectador(ora) *m,f* de cine

filmy ['fɪlmɪ] adj [material] de gasa

filo pastry ['fi:ləʊ'peɪstrɪ] n hojaldre *m* griego

filter ['fɪltə(r)] ■ n **1.** [for liquids, on cigarette] & PHOT filtro *m* ▸ **~ coffee** café *m* de filtro ▸ **~ paper** papel *m* de filtro **2.** *BR* AUT **~ lane** carril *m* de giro a la derecha/izquierda ▸ **~ signal** [on traffic light] señal *f* de giro a la derecha/izquierda
■ vt filtrar

■ vi **1.** [liquid, light] filtrarse (**through** a través de) ▸ **the news soon filtered through** la noticia se filtró rápidamente **2.** *BR* AUT [traffic] **to ~ to the right/left** girar a la derecha/izquierda *(según la indicación del semáforo)*

filth [fɪlθ] n [dirt] porquería *f* ▸ **to talk ~** decir cochinadas

filthy ['fɪlθɪ] ■ adj **1.** [very dirty] asqueroso(a) **2.** [very bad] **to be in a ~ temper** tener un humor de perros ▸ **he gave me a ~ look** me atravesó con la mirada ▸ *BR* **~ weather** tiempo *m* de perros **3.** [obscene] [language, jokes] obsceno(a) / (film, book) indecente, *ESP* guarro(a)
■ adv *Fam* **~ rich** asquerosamente rico(a)

filtration [fɪl'treɪʃən] n CHEM filtración *f*

fin [fɪn] n [of fish, aeroplane] aleta *f*

final ['faɪnəl] ■ n **1.** [of competition] final *f* ▸ **to be through to the finals** haber llegado a la fase final **2.** UNIV **finals** *BR* exámenes *mpl* de fin de carrera / *US* exámenes *mpl* finales
■ adj **1.** [last] último(a) ▸ **the ~ whistle** el pitido final ▸ **the ~ stages** las etapas finales, las últimas etapas ▸ FIN **~ demand** último aviso *m* de pago ▸ **~ warning** última advertencia *f* **2.** [definitive] definitivo(a) ▸ **the umpire's decision is ~** la decisión del árbitro es definitiva ▸ **and that's ~!** ¡y no hay más que hablar!

finale [fɪ'nɑːlɪ] n [of concert, play] final *m* ▸ **grand ~** gran final ▸ **there was a grand ~ to the match** el partido tuvo un final apoteósico

finalist ['faɪnəlɪst] n finalista *mf*

finality [faɪ'nælɪtɪ] n [of words, statement] rotundidad *f*, irrevocabilidad *f* / [of death] carácter *m* irreversible

finalization [faɪnəlaɪ'zeɪʃən] n ultimación *f*, conclusión *f*

finalize ['faɪnəlaɪz] vt ultimar

finally ['faɪnəlɪ] adv **1.** [lastly] por último, finalmente ▸ **and ~,...** y por último,... **2.** [at last] por fin, finalmente ▸ **she had ~ met him** por fin lo había conocido **3.** [irrevocably] definitivamente ▸ **it hasn't been decided ~ yet** todavía no se ha tomado la decisión definitiva

finance [faɪ'næns, fɪ'næns] ■ n **1.** [subject] finanzas *fpl* ▸ **~ company** *or BR* **house** compañía *f* financiera **2. finances** [funds] finanzas *fpl* ▸ **his finances are low** se encuentra en una mala situación financiera
■ vt financiar

financial [faɪ'nænʃəl, fɪ'nænʃəl] adj financiero(a) ▸ **~ adviser** asesor(ora) *m,f* financiero(a) ▸ **~ control** control *m* financiero ▸ **~ management** gestión *f* financiera ▸ **~ market** mercado *m* financiero ▸ **~ planning** planificación *f* financiera ▸ **~ statement** balance *m* (general) ▸ *BR* **~ year** [for budget] ejercicio *m* (económico) / [for tax] año *m* fiscal

financially [faɪ'nænʃəlɪ, fɪ'nænʃəlɪ] adv económicamente

financier [faɪ'nænsɪə(r)] n financiero(a) *m,f*

finch [fɪntʃ] n pinzón *m*

find [faɪnd] ■ n hallazgo *m*
■ vt (pt & pp **found** [faʊnd]) **1.** [discover by chance] encontrar, hallar ▸ **to ~ sb at home** *or* **in** encontrar a alguien en casa ▸ **I found her waiting in the hall** me la encontré esperando en la entrada ▸ **leave everything as you found it** deja todo tal y como lo encontraste ▸ **I often ~ myself wondering...** a menudo me sorprendo preguntándome... ▸ **they found an unexpected supporter in Richard Sanders** recibieron el inesperado apoyo de Richard Sanders ▸ **you will ~ that I am right** te darás cuenta de que tengo razón ▸ **I was surprised to ~ that...** me sorprendió enterarme de que... **2.** [discover by searching] encontrar, hallar ▸ **to try to ~ sth** tratar de encontrar algo ▸ **to ~ an answer/a solution** hallar una respuesta/una solución ▸ **the money has been found** han encontrado el dinero ▸ **she was nowhere to be found** no la encontraron por ninguna parte ▸ **to ~ a job for sb** encontrarle un trabajo a alguien ▸ **he found something for me to do** me encontró algo que hacer ▸ **he couldn't ~ it in his heart to tell her** no halló fuerzas para decírselo ▸ **to ~ one's way** orientarse, encontrar el camino ▸ **this leaflet somehow found its way into my bag** no sé cómo ha venido a parar a mi bolso este folleto ▸ **to ~ a way to do sth** encontrar la manera de hacer algo ▸ **to ~ oneself** [spiritually] encontrarse a uno mismo **3.** [experience] **they will ~ it easy/difficult** les resultará *or* lo encontrarán fácil/difícil ▸ **she found it impossible to understand him** le resultó imposible entenderle ▸ **he found it necessary to remind her of her duty** consideró necesario recordarle su obligación ▸ **how did you ~ the meal/the exam?** ¿qué te pareció la comida/el examen? ▸ **I found her charming** me pareció muy simpática **4.** LAW **to ~ sb guilty/innocent** declarar a alguien culpable/inocente
■ vi LAW **to ~ for/against sb** fallar a favor de/en contra de alguien

◆ ***find out*** ■ vt sep **1.** [discover] averiguar, descubrir ▸ **we found out that she was French** descubrimos que era francesa **2.** [see through] **to ~ sb out** descubrir a alguien ▸ **we've been found out** nos han descubierto
■ vi **to ~ out about sth** enterarse de algo

finder ['faɪndə(r)] n **the ~ of the money should contact the police** quien encuentre el dinero ha de llamar a la policía ▸ *Fam* **finders keepers** = *si yo lo encontré, es para mí*

findings ['faɪndɪŋz] npl conclusiones *fpl*

fine[1] [faɪn] ■ n LAW multa *f*
■ vt LAW multar, poner una multa a ▸ **to ~ sb £100** poner a alguien una multa de 100 libras

fine[2] ■ adj **1.** [excellent] [food, performance] excelente, exquisito(a) / [weather] bueno(a) ▸ **to appeal to sb's finer feelings** apelar a los más nobles sentimientos de alguien ▸ **she's a ~ woman** es una mujer extraordinaria ▸ **the ~ arts** las bellas artes ▸ **she's got it down to a ~ art** lo hace con los ojos cerrados, lo tiene muy controlado **2.** [thin] fino(a) **3.** [satisfactory] bien ▸ **she's ~** está bien ▸ **everything is ~** todo está bien ▸ **that's ~ by me** ¡me parece bien!, ¡por mí, *ESP* vale *or ARG* dale *or MÉX* órale!; **4.** *Ironic* [great] **you're a ~ one to talk!** ¡mira quién fue a hablar! ▸ **this is another ~ mess you've got us into!** ¡en menudo lío nos has vuelto a meter!, *RP* ¡otra vez nos metiste en flor de lío! ▸ **he was in a ~ (old) temper!** estaba de un humor de perros **5.** [subtle, delicate] fino(a) ▸ **~ distinction** distinción *f* sutil ▸ **not to put too ~ a point on it** hablando en plata ▸ **there's a ~ line between eccentricity and madness** la frontera entre la excentricidad y la locura es muy tenue

▪ adv bien ▸ **she's getting on** *or* **doing ~** le va bien ▸ **they get on ~** se llevan bien

finely ['faɪnlɪ] adv [skilfully] acertadamente, hábilmente ▸ **~ balanced** [contest] muy equilibrado(a) ▸ **~ chopped** picado(a) muy fino(a) ▸ **~ tuned** [engine] a punto

finery ['faɪnərɪ] n galas *fpl*

finesse [fɪ'nes] n finura *f* ▸ **he handled the matter with great ~** llevó el asunto con mucha mano izquierda *or* delicadeza

fine-tune ['faɪn'tju:n] vt poner a punto

fine-tuning ['faɪn'tju:nɪŋ] n ajuste *m*

finger ['fɪŋgə(r)] ▪ n **1.** [of hand, glove] dedo *m* ▸ *Fig* **to keep one's fingers crossed** cruzar los dedos ▸ **~ bowl** bol *m or* cuenco *m* para las manos ▸ **~ buffet** bufé *m* a base de canapés y aperitivos ▸ **~ food** [snacks] cosas *fpl* de picar **2.** [measure] **a ~ of brandy** un dedo de coñac **3.** [idioms] **he's got them (wrapped) round his little ~** los tiene a sus pies ▸ **to have a ~ in every pie** estar metido(a) en todo ▸ **don't you dare lay a ~ on him** no te atrevas a tocarle un pelo ▸ **she wouldn't lift a ~ to help you** no levantaría *or* movería un dedo por ayudarte ▸ **I can't quite put my ~ on it** no consigo dar con ello ▸ **to get one's fingers burnt** salir escaldado *or* escarmentado ▸ *BR very Fam* **get** *or* **pull your ~ out!** ¡mueve el culo!, *RP* ¡mové las bolas!

▪ vt **1.** [feel] tocar **2.** *Fam* [inform on] soplar acerca de, *RP* pasar el dato de

fingering ['fɪŋgərɪŋ] n MUS digitación *f*

fingerless ['fɪŋgəlɪs] adj **~ gloves** mitones *mpl*

fingernail ['fɪŋgəneɪl] n uña *f*

fingerprint ['fɪŋgəprɪnt] ▪ n huella *f* digital *or* dactilar

▪ vt [person] tomar las huellas digitales *or* dactilares a

fingertip ['fɪŋgətɪp] n punta *f* del dedo ▸ **to have sth at one's fingertips** [facts, information] tener algo al alcance de la mano / [subject] conocer algo al dedillo

finicky ['fɪnɪkɪ] adj [fussy] quisquilloso(a) / [complicated] trabajoso(a), entretenido(a)

finish ['fɪnɪʃ] ▪ n **1.** [end] [of day, meeting] final *m* / [of race] meta *f* ▸ **to be in at the ~** seguir estando hasta el final **2.** [surface] [of furniture, metalwork] acabado *m*

▪ vt **1.** [end] terminar, acabar ▸ **to ~ doing sth** terminar de hacer algo ▸ **you didn't let me ~ (what I was saying)** no me dejaste terminar (lo que estaba diciendo) **2.** [ruin, kill] [person] acabar con

▪ vi terminar, finalizar ▸ **to ~ on an optimistic note** finalizar con una nota de optimismo ▸ **to ~ fourth** [in race, contest] quedar en cuarto lugar, terminar cuarto(a)

◆ ***finish off*** ▪ vt sep **1.** [complete] [task, book] terminar (del todo) **2.** [use up] acabar (con) **3.** *Fam* [kill] terminar con

▪ vi terminar

finished ['fɪnɪʃt] adj **1.** [completed] terminado(a), acabado(a) ▸ **the job isn't ~ yet** el trabajo no está terminado aún ▸ *Fam* **he's ~!** ¡está acabado! **2.** [of high quality] elaborado(a)

finishing ['fɪnɪʃɪŋ] adj **to put the ~ touches to sth** dar los últimos (re)toques a algo ▸ **~ line** línea *f* de meta ▸ **~ school** = *escuela privada de etiqueta para señoritas*

finite ['faɪnaɪt] adj finito(a) / GRAM [verb] conjugado(a)

Finland ['fɪnlənd] n Finlandia

Finn [fɪn] n [person] finlandés(esa) *m,f*

Finnish ['fɪnɪʃ] ▪ n [language] finés *m,* finlandés *m*

▪ adj finlandés(esa)

fir [fɜ:(r)] n **~ (tree)** abeto *m* ▸ **~ cone** piña *f*

fire ['faɪə(r)] ▪ n **1.** [element, in hearth] fuego *m* / [large, destructive] incendio *m* / *Fig* [enthusiasm] pasión *f* ▸ **on ~** en llamas, ardiendo ▸ **to cause** *or* **start a ~** provocar un incendio ▸ **to catch ~** prender ▸ **to set ~ to sth, to set sth on ~** prender fuego a algo ▸ **~!** ¡fuego! ▸ *Fig* **to play with ~** jugar con fuego ▸ *Fig* **we'll have to fight ~ with ~** a grandes males, grandes remedios ▸ **~ alarm** alarma *f* contra incendios ▸ *esp BR* **~ brigade,** *US* **~ department** (cuerpo *m* de) bomberos *mpl* ▸ **~ door** puerta *f* contra incendios ▸ **~ drill** simulacro *m* de incendio ▸ **~ engine** coche *m* de bomberos ▸ **~ escape** escalera *f* de incendios ▸ **~ exit** salida *f* de incendios ▸ **~ extinguisher** *ESP* extintor *m*, *AM* extinguidor *m* ▸ **~ fighter** bombero(a) *m,f* ▸ **~ hazard** = *objeto que supone peligro de incendio* ▸ **~ hydrant** boca *f* de incendios ▸ **~ insurance** seguro *m* contra incendios ▸ **~ regulations** [laws] normativa *f* contra incendios / [in building] procedimiento *m* en caso de incendio ▸ **~ sale** venta *f* de objetos dañados en un incendio ▸ **~ station** parque *m* de bomberos ▸ *US* **~ truck** coche *m* de bomberos ▸ *US* **~ warden** = *responsable en caso de incendios forestales* **2.** *BR* [heater] estufa *f* ▸ **electric/gas ~** estufa *f* eléctrica/de gas **3.** [of rifle, artillery] fuego *m* ▸ **to open ~** abrir fuego ▸ **to hold one's ~** dejar de disparar ▸ **to come under ~** caer bajo el fuego enemigo ▸ *Fig* **to be** *or* **come under ~** [be criticized] recibir muchas críticas ▸ **~ power** capacidad *f* ofensiva

▪ vt **1.** [rifle, bullet, missile] disparar (**at** contra) ▸ **to ~ a shot** disparar ▸ *Fig* **to ~ a question at sb** lanzar una pregunta a alguien **2.** *Fam* [dismiss] despedir ▸ **you're fired!** ¡quedas despedido! **3. oil-/gas-fired central heating** calefacción *f* central de petróleo/gas ▸ *Fig* **to ~ sb with enthusiasm** hacer a alguien arder de entusiasmo ▸ *Fig* **the film fired his imagination** la película despertó su imaginación **4.** [pottery] cocer

▪ vi **1.** [with gun] disparar ▸ **~!** ¡fuego! ▸ *Fam Fig* **~ away!** [to questioner] ¡adelante! **2.** [engine] encenderse, *AM* prenderse

firearm ['faɪərɑ:m] n arma *f* de fuego

firebrand ['faɪəbrænd] n [torch] antorcha *f* / [agitator] agitador(ora) *m,f*

firecracker ['faɪəkrækə(r)] n petardo *m*

firefighting ['faɪəfaɪtɪŋ] adj **~ equipment** equipo *m* contra incendios

firefly ['faɪəflaɪ] n luciérnaga *f*

fireguard ['faɪəgɑ:d] n pantalla *f* (de chimenea), parachispas *m inv*

firelight ['faɪəlaɪt] n luz *f* del fuego

firelighter ['faɪəlaɪtə(r)] n pastilla *f* para (encender *or* *AM* prender) el fuego

fireman ['faɪəmən] n bombero *m*

fireplace ['faɪəpleɪs] n chimenea *f*

fireproof ['faɪəpru:f] adj [clothing, material] ignífugo(a), incombustible

fireside ['faɪəsaɪd] n **by the ~** junto a la chimenea

firewall ['faɪəwɔ:l] n COMPTR cortafuegos *m inv*

firewood ['faɪəwʊd] n leña *f*

firework ['faɪəwɜ:k] n fuego *m* de artificio ▸ **fireworks** fuegos *mpl* artificiales ▸ *Fig* **there'll be fireworks** se va a armar una buena ▸ **~ display** (castillo *m* de) fuegos *mpl* artificiales

firing ['faɪərɪŋ] n disparos *mpl* ▸ *Fig* **to be in the ~ line** [be blamed, criticized] estar en la línea de fuego *or* en el punto de mira ▸ **~ squad** pelotón *m* de ejecución *or* de fusilamiento

firm [1] [fɜ:m] n [company] empresa *f*

firm [2] ■ adj **1.** [steady, definite] firme ▸ **the ~ favourite** el gran favorito ▸ **it is my ~ belief that...** creo firmemente que... **2.** [strict] firme, estricto(a) ▸ **to be ~ with sb** ser estricto(a) con alguien ▸ **she was polite but ~** se mostró educada, pero firme

■ adv **to stand ~** mantenerse firme ▸ **she held ~ to her principles** se mantuvo firme en sus principios

firmly ['fɜ:mlɪ] adv [securely, resolutely] con firmeza, firmemente ▸ **I ~ believe that...** creo firmemente que...

first [fɜ:st] ■ n **1.** [in series] primero(a) *m,f* ▸ **we were the ~ to arrive** fuimos los primeros en llegar ▸ **it's the ~ I've heard of it** es la primera noticia que tengo (de ello), ahora me entero ▸ **Edward the First** [written] Eduardo I / [spoken] Eduardo primero **2.** [of month] primero *m*, *ESP* uno *m* ▸ **the ~ of May** [labour holiday] el primero de mayo ▸ **we're leaving on the ~** nos vamos el primero *or ESP* el (día) uno **3.** [beginning] **from ~ to last** de principio a fin ▸ **from the ~** desde el principio ▸ **at ~** al principio **4.** *BR* UNIV **to get a ~** sacar una matrícula de honor **5.** [first gear] primera *f* ▸ **to put the car into ~** meter (la) primera **6.** [unique event] **it was a ~** fue un acontecimiento sin precedentes

■ adj primero(a) ▸ **the ~ century** el siglo uno *or* primero ▸ **for the ~ time** por primera vez ▸ **at ~ hand** de primera mano ▸ **~ things ~!** lo primero es lo primero ▸ **I don't know the ~ thing about motorbikes** no tengo ni idea de motos ▸ **~ thing in the morning** a primera hora de la mañana ▸ **at ~ light** al alba ▸ **at ~ sight** a primera vista ▸ **in the ~ place** en primer lugar ▸ **on the ~ floor** *BR* en el primer piso / *US* en la planta baja ▸ **the First World War** la Primera Guerra Mundial ▸ **~ aid** [skill] socorrismo *m* / [treatment] primeros auxilios *mpl* ▸ **the First Amendment** la Primera Enmienda ▸ **~ cousin** primo(a) *m,f* carnal ▸ **~ edition** primera edición *f* ▸ AUT **~ gear** primera *f* ▸ *US* **the First Lady** la primera dama ▸ NAUT **~ mate** segundo *m* de a bordo ▸ **First Minister** Primer(era) Ministro(a) *m,f* de Escocia ▸ **~ name** nombre *m* (de pila) ▸ **~ night** [of play] (noche *f* del) estreno *m* ▸ LAW **~ offence** primer delito *m* ▸ LAW **~ offender** delincuente *mf* sin antecedentes

■ adv **1.** [firstly] primero(a) ▸ **~ and foremost** ante todo ▸ **~ of all** antes de nada, en primer lugar **2.** [for the first time] por primera vez ▸ **I ~ met her in London** la conocí en Londres **3.** [before others] primero, antes ▸ **you go ~!** [in queue] usted está antes ▸ **to come ~** [in race, contest] terminar primero / [in importance] ser lo primero ▸ **~ come, ~ served** por orden de llegada ▸ **ladies ~!** las señoras primero ▸ **to fall head ~** caer de cabeza ▸ **I'd resign ~** [rather than do sth] antes dimito

CULTURE / CULTURA

First Amendment

La Primera Enmienda a la Constitución estadounidense, recogida en la "Bill of Rights" o carta de derechos, protege el derecho a la libertad de expresión y de religión, así como a la libertad de prensa y de asociación. Se acostumbra a hacer referencia a dicha enmienda cuando se considera que estos derechos han sido violados debido a algún tipo de censura, sobre todo si se trata de los ámbitos artístico o periodístico.

first-aid [fɜ:st'eɪd] adj **~ certificate** título *m* de primeros auxilios ▸ **~ box** *or* **kit** botiquín *m* de primeros auxilios

first-born ['fɜ:stbɔ:n] (pl **first-born**) n & adj *Literary* primogénito(a) *m,f*

first-class ['fɜ:stklɑ:s] ■ adj [compartment, ticket] de primera (clase) ▸ *BR* UNIV **~ honours (degree)** matrícula *f* de honor ▸ *BR* **~ stamp** = *en el Reino Unido, sello correspondiente a la tarifa postal de primera clase*

■ adv **to travel ~** viajar en primera (clase) ▸ **to send a letter ~** enviar una carta urgente

first-degree ['fɜ:stdɪ'gri:] adj **1.** MED [burns] de primer grado **2.** *US* LAW [murder] en primer grado

first-generation ['fɜ:stdʒenə'reɪʃən] adj de primera generación

first-hand ['fɜ:sthænd] ■ adj de primera mano

■ adv de primera mano ▸ **he heard it ~** se lo dijeron a él mismo

firstly ['fɜ:stlɪ] adv en primer lugar

first-past-the-post ['fɜ:stpɑ:stðə'pəʊst] adj POL **~ system** sistema *m* de elección por mayoría simple

first-rate [fɜ:st'reɪt] adj excelente, de primera clase

first-time buyer ['fɜ:staɪm'baɪə(r)] n = *persona que compra una vivienda por primera vez*

fiscal ['fɪskəl] adj fiscal ▸ **~ policy** política *f* fiscal ▸ **~ year** año *m* fiscal

fish [fɪʃ] ■ n (pl **fish** *or* **fishes**) **1.** [animal] pez *m* / [food] pescado *m* ▸ *BR* **~ and chips** = *pescado frito con ESP patatas or AM papas fritas* ▸ *BR* **~-and-chip shop** = *tienda de "fish and chips"* ▸ **~ cake** pastelillo *m* de pescado ▸ **~ farm** piscifactoría *f* ▸ **~ farming** piscicultura *f* ▸ *BR* **~ fingers** palitos *mpl or* barritas *fpl* de pescado ▸ **~ knife** cuchillo *m or* paleta *f* de pescado ▸ **~ slice** pala *f or* espátula *f* (de cocina) ▸ *US* **~ sticks** palitos *mpl or* barritas *fpl* de pescado ▸ **~ tank** acuario *m* **2.** [idioms] **there are plenty more ~ in the sea** con él/ella no se acaba el mundo ▸ **to have other ~ to fry** tener algo más importante que hacer ▸ **she felt like a ~**

out of water no se sentía en su elemento ▸ **at school/ work, he was a big ~ in a small pond** le venía pequeña la escuela/la empresa ▸ **neither ~ nor fowl** ni chicha ni limoná

■ vt **1.** [river] pescar en **2.** [remove] **to ~ sth from somewhere** retirar algo de un lugar

■ vi **1.** [for fish] pescar **2.** *Fam* **to ~ for compliments** tratar de atraer elogios ▸ **she fished around in her pocket for some change** rebuscó en el bolsillo *or CAM, MÉX, PERÚ* la bolsa a ver si tenía monedas

fisherman ['fɪʃəmən] n pescador *m*

fish-hook ['fɪʃhʊk] n anzuelo *m*

fishing ['fɪʃɪŋ] n pesca *f* ▸ **to go ~** ir de pesca *or* a pescar ▸ **~ boat** barco *m* pesquero ▸ **~ grounds** caladeros *mpl* ▸ **~ line** sedal *m* ▸ **~ net** red *f* de pesca ▸ **~ port** puerto *m* pesquero ▸ **~ rod** caña *f* de pescar

fishmonger ['fɪʃmʌŋgə(r)] n [person] pescadero(a) *m,f* ▸ **the fishmonger's** la pescadería

fishnet ['fɪʃnet] adj **~ stockings** *or* **tights** medias *fpl* de red *or* de malla

fishy ['fɪʃɪ] adj **1.** [smell, taste] a pescado **2.** *Fam* [suspicious] sospechoso(a) ▸ **there's something ~ going on here** aquí hay gato encerrado

fission ['fɪʃən] n fisión *f*

fissure ['fɪʃə(r)] n [in mountain, rock] grieta *f* / MED fisura *f*

fist [fɪst] n puño *m* ▸ **to shake one's ~ at sb** amenazar a alguien con el puño ▸ *Fig* **to make a (good) ~ of it** hacerlo bastante bien

fistfight ['fɪstfaɪt] n pelea *f* a puñetazos

fistful ['fɪstfʊl] n puñado *m*

fisticuffs ['fɪstɪkʌfs] npl pelea *f* a puñetazos

fit¹ [fɪt] n ataque *m,* crisis *f inv* ▸ **(epileptic) ~** ataque *m* de epilepsia, crisis epiléptica ▸ **a ~ of coughing** un acceso de tos ▸ *Fam Fig* **to have** *or* **throw a ~** [get angry] ponerse hecho(a) una furia ▸ **in a ~ of temper** en un arrebato de ira ▸ **a ~ of crying** un ataque de llanto ▸ *BR Fam* **to have sb in fits (of laughter)** hacer que alguien se muera de risa ▸ **to do sth by fits and starts** hacer algo a trompicones

fit² ■ adj **1.** [appropriate] adecuado(a), apto(a) ▸ **~ to eat** comestible ▸ **~ to drink** potable ▸ **a meal ~ for a king** una comida digna de un rey ▸ **do as you see** *or* **think ~** haz lo que creas conveniente ▸ **this is no ~ way to behave** esta no es manera de comportarse ▸ **that's all he's ~ for** no vale para más ▸ **she worked until she was ~ to drop** trabajó hasta caer rendida ▸ *US Fam* **she was ~ to be tied** se subía por las paredes **2.** [healthy] en forma ▸ **to get/keep ~** ponerse/ mantenerse en forma ▸ **he is not yet ~ to go back to work** todavía no está en condiciones de volver a trabajar ▸ *Fam* **to be as ~ as a fiddle** estar en plena forma **3.** *BR Fam* [attractive] **to be ~** estar como un tren, *MÉX* estar buenón(ona)

■ vt (pt & pp **fitted**) **1.** [match] ajustarse a, adecuarse a ▸ **to make the punishment ~ the crime** imponer un castigo proporcional al delito **2.** [be the right size for] **it fits me** me sirve, me queda *or* me va bien ▸ **this key fits the lock** esta llave entra (bien) en la cerradura **3.** [install] colocar, poner ▸ **to ~ a carpet** colocar una *ESP* moqueta or *AM* alfombra ▸ **the car is fitted with an alarm** el coche viene equipado con alarma **4.** [insert] **to ~ sth into sth** introducir *or* encajar algo en algo ▸ **to ~ sth onto sth** colocar algo sobre algo ▸ **we can ~ another two people inside** podemos meter a dos personas más

■ vi **1.** [lid, key, plug] encajar ▸ **to ~ (together)** encajar ▸ **to ~ into sth** caber en algo **2.** [clothes] quedar bien (de talla)

■ n **the skirt is a good/ bad ~** la falda *or RP* pollera está bien/mal de talla

◆ ***fit in*** ■ vt sep [in timetable] **to ~ sb in** hacer un hueco a alguien

■ vi **1.** [go into place] encajar **2.** [person] **he just didn't ~ in** simplemente no encajaba bien (en aquel ambiente)

◆ ***fit up*** vt sep *Fam* [frame] **to ~ sb up for sth** cargar a alguien con algo

fitful ['fɪtfʊl] adj [sleep] intermitente ▸ **to make ~ progress** ir progresando por rachas

fitfully ['fɪtfʊlɪ] adv intermitentemente, a ratos

fitness ['fɪtnɪs] n **1.** [health] buena forma *f* **2.** [suitability] aptitud *f*

fitted ['fɪtɪd] adj *BR* **~ carpet** *ESP* moqueta *f, AM* alfombra *f* ▸ *BR* **~ kitchen** cocina *f* amueblada a medida ▸ **~ skirt** falda *f or AM* pollera *f* a medida

fitting ['fɪtɪŋ] ■ n **1.** [of clothes] prueba *f* ▸ **~ room** probador *m* **2. fittings** [of office] equipamiento *m* / [of bathroom] accesorios *mpl*

■ adj apropiado(a)

fittingly ['fɪtɪŋlɪ] adv muy apropiadamente

five [faɪv] ■ n cinco *m* ▸ **~-o'clock shadow** sombra *f* de barba

■ adj cinco / *see also* ***eight***

five-and-dime ['faɪvən'daɪm], ***five-and-ten*** ['faɪvən'ten] n *US* = *tienda en la que sólo se venden productos muy baratos*

five-a-side ['faɪvəsaɪd] adj *BR* **~ football** fútbol *m* sala

fivefold ['faɪvfəʊld] adj quintuplicado(a)

fiver ['faɪvə(r)] n *Fam BR* cinco libras *fpl* / *US* cinco dólares *mpl*

fix [fɪks] ■ n **1.** *Fam* [difficulty] **to be in a ~** estar en un lío ▸ **to get into a ~** meterse en un lío **2.** [of drug] pico *m, ESP* chute *m* ▸ *Fig* **my daily ~ of television news** mi dosis diaria de noticias **3.** *Fam* [set-up] **the match/quiz was a ~** el partido/concurso estaba amañado

■ vt **1.** [attach securely] fijar ▸ **to ~ sth in one's memory** fijar algo en la memoria ▸ **to ~ one's attention on sth** fijar la atención en algo ▸ **to ~ one's eyes on sb** fijar la mirada en alguien **2.** [decide] [limit, price] fijar ▸ **nothing is fixed yet** no hay nada fijo todavía **3.** [repair] arreglar **4.** [arrange] [meeting] organizar ▸ **just wait while I ~ my hair** espera mientras me peino ▸ *Fam* **I'll ~ him!** ¡se va a enterar! **5.** *Fam* [rig] [election, contest] *ESP* amañar, *AM* arreglar **6. to ~ sb breakfast/a drink** preparar el desayuno/una bebida a alguien

◆ ***fix up*** vt sep [meeting] preparar ▸ **it's all fixed up** está todo dispuesto ▸ **I've fixed him up with a date** le he buscado a alguien para que salgan juntos

fixated [fɪk'seɪtɪd] adj obsesionado(a) (**on** con)

fixation [fɪk'seɪʃən] n fijación *f* ▸ **to have a ~ about sth** tener una fijación con algo

fixed [fɪkst] adj **1.** [price] fijo(a) ▸ **~ assets** activo *m* fijo *or* inmovilizado ▸ **~ costs** costos *mpl or ESP* costes *mpl* fijos ▸ **~ expenses** gastos *mpl* fijos ▸ **~ income** renta *f* fija ▸ **~ rate** *ESP* tipo *m or AM* tasa *f* de interés fijo **2.** [definite] **to have ~ ideas** tener ideas fijas ▸ **to have no ~ plans** no tener planes definidos **3.** *Fam* **how are you ~ for money/time?** ¿qué tal andas de dinero/tiempo? **4.** *Fam* [election, contest] *ESP* amañado(a), *AM* arreglado(a)

fixedly ['fɪksɪdlɪ] adv fijamente

fixer ['fɪksə(r)] n *Fam* negociador(ora) *m,f*

fixture ['fɪkstʃə(r)] n **1. bathroom fixtures and fittings** saneamientos *mpl or* sanitarios *mpl* y accesorios ▸ *Fam* **she was something of a ~ at his parties** asistía invariablemente a todas sus fiestas **2.** *BR* [in soccer] encuentro *m*

fizz [fɪz] ■ n **1.** [sound] burbujeo *m* **2.** *Fam* [soft drink] refresco *m* / [champagne] champán *m*

■ vi burbujear

fizzle [fɪzəl] ◆ ***fizzle out*** vi *Fam* [plan] quedarse en nada *or ESP* en agua de borrajas / [enthusiasm, interest] disiparse

fizziness ['fɪzɪnɪs] n [of drink] efervescencia *f*

fizzy ['fɪzɪ] adj [wine] espumoso(a) / [soft drink] con gas, con burbujas

fjord [fjɔːd] n fiordo *m*

flab [flæb] n *Fam* [fat] grasa *f*

flabbergast ['flæbəgɑːst] vt *Fam* **I was flabbergasted by this news** aluciné *or ESP* flipé con la noticia

flabby ['flæbɪ] adj [person] fofo(a) / *Fig* [argument, reasoning] flojo(a)

flaccid ['flæsɪd] adj flác(c)ido(a)

flag [flæg] ■ n bandera *f* / [on boat] pabellón *m*, bandera *f* ▸ **Flag Day** [in United States] = *día de la bandera en Estados Unidos, 14 de junio* ▸ *BR* **~ day** [for charity] día *m* de la banderita, día *m* de cuestación

■ vt (pt & pp **flagged**) **to ~ (down) a taxi** llamar *or* parar a un taxi ▸ **to ~ a mistake** señalar un error

■ vi [person] desfallecer / [conversation, interest] decaer / [strength] flaquear

flagellate ['flædʒəleɪt] vt flagelar

flagged [flægd] adj [floor] enlosado(a)

flagging ['flægɪŋ] ■ n [on floor] enlosado *m*

■ adj [strength, enthusiasm] debilitado(a) / [conversation, interest] decreciente

flagpole ['flægpəʊl] n asta *f (de bandera)*

flagrant ['fleɪgrənt] adj flagrante

flagrantly ['fleɪgrəntlɪ] adv flagrantemente

flagship ['flægʃɪp] n [of fleet] buque *m* insignia / *Fig* [of range of products, policies] estandarte *m*

flagstone ['flægstəʊn] n losa *f*

flag-waving ['flægweɪvɪŋ] adj **the streets were full of ~ crowds** las calles estaban llenas de multitudes agitando banderas

flail [fleɪl] ■ n [agricultural implement] mayal *m*

■ vt agitar ▸ **she flailed her fists at him** trató inútilmente de golpearle

■ vi agitarse ▸ **I managed to avoid his flailing fists** conseguí evitar sus puñetazos

◆ ***flail about, flail around*** vi [arms, legs] moverse descontroladamente

flair [fleə(r)] n don *m*, dotes *fpl* ▸ **to have a ~ for sth** tener dotes para algo ▸ **to do sth with ~** hacer algo con estilo *or* elegancia

flak [flæk] n fuego *m* antiaéreo ▸ *Fig* **she got a lot of ~ for her decision** su decisión recibió duras críticas ▸ **~ jacket** chaleco *m* antifragmentación

flake [fleɪk] ■ n [of snow, cereal] copo *m* / [of skin, soap] escama *f* / [of paint] desconchón *m*

■ vi [skin] descamarse / [paint] desconcharse

◆ ***flake out*** vi *Fam* [fall asleep] quedarse roque

flaky ['fleɪkɪ] adj **1.** [surface] desconchado(a) / [skin] con escamas ▸ **~ pastry** hojaldre *m* **2.** *US Fam* [eccentric] raro(a)

flamboyance [flæm'bɔɪəns] n [of person, manner] extravagancia *f* / [of clothes] vistosidad *f*

flamboyant [flæm'bɔɪənt] adj [person, manner] extravagante / [clothes] vistoso(a)

flame [fleɪm] ■ n llama *f* / COMPTR llamarada *f* ▸ **to go up in flames** ser pasto de las llamas ▸ **to burst into flames** incendiarse ▸ *Fam* **he's an old ~ of mine** es un antiguo amor

■ vi **1.** [fire] llamear **2.** COMPTR lanzar llamaradas

■ vt COMPTR lanzar llamaradas a

flamenco [flə'meŋkəʊ] n flamenco *m* ▸ **~ dancing** baile *m* flamenco

flameproof ['fleɪmpruːf] adj resistente al fuego

flamethrower ['fleɪmθrəʊə(r)] n lanzallamas *m inv*

flaming ['fleɪmɪŋ] ■ adj **1.** [burning] en llamas ▸ *BR Fam* **in a ~ temper** enfurecido(a) **2.** *BR Fam* [for emphasis] maldito(a), *MÉX* pinche, *RP* bendito(a) ▸ **he's got a ~ cheek** ¡qué jeta que tiene el tipo!

■ adv *BR Fam* **don't be so ~ stupid** ¡mira que eres bobo! ▸ **it was ~ expensive** fue *ESP* caro del copón *or MÉX* mucho muy caro *or RP* recaro

flamingo [flə'mɪŋgəʊ] (pl **flamingos**) n flamenco *m*

flammable ['flæməbəl] adj inflamable

flan [flæn] n tarta *f*

Flanders ['flɑːndəz] n Flandes

flange [flændʒ] n pestaña *f*

flank [flæŋk] ■ n [of person, animal] costado *m* / [of beef, mutton] falda *f* / [of mountain] ladera *f* / [of army] flanco *m*

■ vt flanquear

flannel ['flænəl] n **1.** [fabric] franela *f* **2.** *BR* [facecloth] toallita *f* **3.** *BR Fam* [wordy talk] palabrería *f* **4. flannels** [trousers] pantalones *mpl* de franela ▸ **a pair of ~** unos pantalones de franela

flap [flæp] ■ n **1.** [of envelope, book cover] solapa *f* / [of tent] puerta *f* / [of aeroplane] alerón *m* **2.** *Fam* [panic] **to get into a ~** ponerse hecho(a) un manojo de nervios

■ vt (pt & pp **flapped**) [wings] batir ▸ **she flapped her arms excitedly** agitó los brazos con excitación
■ vi [wings] aletear / [flag] ondear

flapjack ['flæpdʒæk] n **1.** *BR* [biscuit] galleta *f* de avena **2.** *US* [pancake] crepe *f*, hojuela *f*

flare [fleə(r)] ■ n **1.** [signal] bengala *f* ▸ **~ gun** *or* **pistol** pistola *f* de *or* lanza bengalas **2. flares** [trousers] pantalones *mpl* de campana ▸ **a pair of flares** unos pantalones de campana
■ vt **to ~ one's nostrils** hinchar las aletas de la nariz
■ vi [fire, flame] llamear / [temper, trouble] estallar

◆ ***flare up*** vi [fire] llamear / [medical condition] exacerbarse / [anger, trouble] estallar

flash [flæʃ] ■ n **1.** [of light] destello *m* ▸ **a ~ of lightning** un relámpago ▸ **a ~ of wit** una ocurrencia ▸ **a ~ of inspiration** una inspiración súbita ▸ **in a ~** [very quickly] en un abrir y cerrar de ojos ▸ *Fig* **a ~ in the pan** un éxito aislado ▸ **~ flood** riada *f* ▸ **~ point** [of situation] momento *m* de máxima tensión / [region] zona *f* conflictiva **2.** [in photography] flash *m*
■ adj *BR Fam* [showy] llamativo(a), ostentoso(a)
■ vt [smile, look] lanzar (**at** a) / [card, badge] mostrar, exhibir ▸ **to ~ one's headlights at sb** darle las luces a alguien, hacerle señales con los faros a alguien
■ vi **1.** [light] destellar ▸ **his eyes flashed with anger** sus ojos lanzaban destellos de ira **2.** [move quickly] **to ~ past** pasar a toda velocidad ▸ **it flashed across my mind that...** se me ocurrió de pronto que... ▸ **my life flashed before me** en un instante vi mi vida entera

flashback ['flæʃbæk] n [in novel, film] escena *f* retrospectiva

flasher ['flæʃə(r)] n *BR Fam* exhibicionista *m*

flashily ['flæʃɪlɪ] adv *Pej* ostentosamente ▸ **~ dressed** con ropa muy llamativa

flashing ['flæʃɪŋ] adj [light] intermitente

flashlight ['flæʃlaɪt] n *US* linterna *f*

flashy ['flæʃɪ] adj *Pej* llamativo(a), ostentoso(a)

flask [flɑːsk] n [in chemistry] matraz *m* ▸ **(hip) ~** petaca *f* ▸ **(thermos) ~** termo *m*

flat [flæt] ■ n **1.** *BR* [apartment] apartamento *m*, *ESP* piso *m*, *ARG* departamento *m* **2.** *Fam* [flat tyre] rueda *f* desinflada **3. mud flats** marismas *fpl* ▸ **salt flats** salinas *fpl*
■ adj **1.** [surface] llano(a), liso(a), plano(a) / [landscape, region] llano(a) / [roof] liso(a), plano(a) / [nose] chato(a) ▸ **to be as ~ as a pancake** estar liso(a) como un plato / *Fam* [flat-chested] estar plana como una tabla ▸ *Fam* **~ cap** = *gorra de tela* ▸ **to have ~ feet** tener los pies planos ▸ **~ racing** carrera *f* de caballos (sin obstáculos) ▸ **~ rate** tarifa *f* única ▸ **~ tyre** rueda *f* desinflada **2.** [refusal] rotundo(a) **3.** [existence, atmosphere] gris, monótono(a) / [voice] monótono(a) / [battery] descargado(a) ▸ **this beer is ~** esta cerveza ha perdido el gas *or* no tiene fuerza **4.** MUS [a semitone lower] bemol / [out of tune] desafinado(a) ▸ **B ~** si *m* bemol
■ adv **1. he lay ~ on the floor** estaba tumbado en el suelo ▸ **to fall ~ on one's face** caer de bruces ▸ *Fig* **the joke fell ~** el chiste no hizo mucha gracia **2.** [completely] **to turn sb down ~** rechazar a alguien de plano ▸ **in twenty seconds ~** en veinte segundos justos ▸ **to work ~ out** trabajar a tope ▸ *Fam* **to be ~ broke** estar sin un *ESP* duro *or MÉX* quinto, *RP* estar en lampa y la vía

flat-chested ['flæt'tʃestɪd] adj plana (de pecho)

flatfish ['flætfɪʃ] n pez *m* (de cuerpo) plano

flat-footed ['flæt'fʊtɪd] adj **to be ~** tener (los) pies planos

flat-hunting ['flæt'hʌntɪŋ] n *BR* búsqueda *f* de apartamento *or ESP* piso *or ARG* departamento

flatly ['flætlɪ] adv [refuse, deny] rotundamente, de plano

flatmate ['flætmeɪt] n *BR* compañero(a) *m,f* de apartamento *or ESP* piso *or ARG* departamento

flat-screen ['flæt'skriːn] adj de pantalla plana

flatten ['flætən] vt [make flat] aplastar / [ground] allanar / [paper] alisar / [building, area] arrasar / *Fam* [in fight] tumbar

flatter ['flætə(r)] vt [of person] halagar, adular / [of clothes] favorecer ▸ **I felt flattered** me sentí halagado ▸ **to ~ oneself** engañarse a sí mismo(a) ▸ **she flatters herself that she's a good cook** se piensa que es una buena cocinera ▸ *Fam* **don't ~ yourself!** ¡no te engañes!

flattering ['flætərɪŋ] adj [words] halagador(ora) / [clothes, colour] favorecedor(ora)

flattery ['flætərɪ] n halagos *mpl*

flatulence ['flætjʊləns] n MED flatulencia *f*

flatulent ['flætjʊlənt] adj MED flatulento(a) / *Fig* [speech, style] rimbombante, campanudo(a)

flaunt [flɔːnt] vt hacer ostentación de

flautist ['flɔːtɪst] n MUS flautista *mf*

flavour, *US* ***flavor*** ['fleɪvə(r)] ■ n [of food] & *Fig* sabor *m* ▸ **her stories have a Mediterranean ~** sus relatos tienen un sabor mediterráneo
■ vt [food] condimentar ▸ **vanilla flavoured** con sabor a vainilla

flavouring, *US* ***flavoring*** ['fleɪvərɪŋ] n aromatizante *m*

flavourless, *US* ***flavorless*** ['fleɪvəlɪs] adj insípido(a)

flaw [flɔː] n [in diamond, plan, personality] defecto *m*, *ESP* fallo *m*, *AM* falla *f*

flawed [flɔːd] adj defectuoso(a)

flawless ['flɔːlɪs] adj impecable

flax [flæks] n [plant] lino *m*

flay [fleɪ] vt [flog, criticize] despellejar, desollar

flea [fliː] n [insect] pulga *f* ▸ *Fam* **to send sb away with a ~ in his ear** echar a alguien una buena reprimenda *or ESP* bronca, *RP* dar a alguien un buen rezongo ▸ **~ collar** (collar *m*) antiparasitario *m* ▸ **~ market** mercadillo *m* callejero, rastro *m*

fleabite ['fliːbaɪt] n picadura *f* de pulga

flea-bitten ['fliːbɪtən] adj *Fam* [shabby] mugriento(a)

flea-pit ['fliːpɪt] n *BR Fam* [cinema] cine *m* de mala muerte, cine *m* de barrio

fleck [flek] ■ n mota *f*
■ vt motear (**with** de) ▸ **flecked with paint** con gotas de pintura

fled [fled] pt & pp *of* ***flee***

fledgling ['fledʒlɪŋ] ■ n [young bird] polluelo *m*
■ adj *Fig* [person] novato(a) / [company, state] naciente

flee [fli:] (pt & pp **fled** [fled]) vi huir (**from** de)

fleece [fli:s] ■ n [of sheep] vellón *m*
■ vt *Fam* [cheat] desplumar

fleecy ['fli:sɪ] adj algodonoso(a)

fleet [fli:t] n [of ships] flota *f* / [of taxis, buses] flota *f*, parque *m* (móvil)

CULTURE / CULTURA

Fleet Street

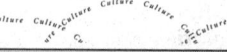

Así se llama la calle de la "City" londinense en la que se encontraban las oficinas de una gran parte de los periódicos del país. Hoy en día, la mayoría tiene establecida su sede central en otras zonas, en particular en los "Docklands", al este de Londres. Sin embargo, el término **Fleet Street** sigue empleándose para denominar a la prensa y al mundo del periodismo.

fleet-footed ['fli:t'fʊtɪd] adj *Literary* alígero(a)

fleeting ['fli:tɪŋ] adj fugaz

fleetingly ['fli:tɪŋlɪ] adv fugazmente, por un momento

Flemish ['flemɪʃ] ■ n [language] flamenco *m*
■ adj flamenco(a)

flesh [fleʃ] n [of person] carne *f* / [of fruit] pulpa *f* ▸ **in the ~** en persona ▸ **to make sb's ~ creep** *or* **crawl** darle escalofríos a alguien ▸ **his own ~ and blood** los de su misma sangre ▸ **~ wound** herida *f* superficial

◆ ***flesh out*** vt sep [plan, remarks] definir, precisar

flesh-coloured, *US* ***flesh-colored*** ['fleʃkʌləd] adj color carne *inv*

fleshy ['fleʃɪ] adj [limb, fruit] carnoso(a)

flew [flu:] pt *of* ***fly***

flex [fleks] ■ n *BR* [cable] cable *m*, cordón *m*
■ vt flexionar ▸ *Fig* **they are flexing their muscles** están haciendo una demostración de fuerza

flexibility [fleksɪ'bɪlɪtɪ] n flexibilidad *f*

flexible ['fleksɪbəl] adj flexible ▸ **~ working hours** horario *m* de trabajo flexible

flexitime ['fleksɪtaɪm] n horario *m* flexible

flick [flɪk] ■ n **1.** [movement] [of finger] toba *f* ▸ **a ~ of the wrist** [in tennis] un golpe de muñeca ▸ *BR* **~ knife** navaja *f* automática **2.** *BR Fam Old-fashioned* **the flicks** [cinema] el cine
■ vt [with finger] dar una toba a / [with hands, tail] sacudir ▸ **to ~ a switch** pulsar un interruptor ▸ **he flicked the cigarette ash onto the carpet** tiró *or AM* botó la ceniza del cigarrillo al suelo

◆ ***flick through*** vt insep [book, magazine] hojear

flicker ['flɪkə(r)] ■ n parpadeo *m* ▸ **a ~ of hope** un rayo de esperanza ▸ **a ~ of interest** un atisbo de interés
■ vi [flame] parpadear

flier ['flaɪə(r)] n [pilot] piloto *mf*

flight [flaɪt] n **1.** [act of flying] vuelo *m* ▸ **it's two hours' ~ from Edinburgh** está a dos horas de vuelo desde Edimburgo ▸ *Fig* **a ~ of fancy** un vuelo de la imaginación ▸ AV **~ attendant** auxiliar *mf* de vuelo ▸ AV **~ deck** [of plane] cabina *f* del piloto ▸ AV **~ path** ruta *f* de vuelo ▸ AV **~ recorder** caja *f* negra ▸ AV **~ simulator** simulador *m* de vuelo **2.** [group of birds] bandada *f* ▸ *Fig* **in the top ~** con los mejores, entre la élite **3. ~ (of stairs)** tramo *m* (de escalera) ▸ **two flights up from me** dos pisos más arriba **4.** [escape] huida *f*, fuga *f* ▸ **to put sb to ~** poner a alguien en fuga

flightless ['flaɪtlɪs] adj no volador(ora)

flighty ['flaɪtɪ] adj [fickle] inconstante, voluble

flimsily ['flɪmzɪlɪ] adv con poca solidez

flimsy ['flɪmzɪ] adj [structure, fence] endeble / [dress] ligero(a) / [excuse, evidence] débil, flojo(a)

flinch [flɪntʃ] vi [with pain] encogerse ▸ **to ~ from (doing) sth** [shy away] echarse atrás a la hora de (hacer) algo

fling [flɪŋ] ■ n *Fam* [affair] aventura *f*
■ vt (pt & pp **flung** [flʌŋ]) arrojar ▸ **to ~ one's arms around sb** abrazar fuertemente a alguien ▸ *Fig* **to ~ oneself into a campaign** meterse de lleno en una campaña

◆ ***fling out*** vt sep [object] tirar, *AM* botar / [person] echar

flint [flɪnt] n [stone] sílex *m inv*, pedernal *m* / [of lighter] piedra *f*

flinty ['flɪntɪ] adj [soil] silíceo(a) / *Fig* [person] duro(a), despiadado(a) / [manner] arisco(a)

flip [flɪp] ■ n **~ chart** flip chart *m*, pizarra *f* de conferencia *(con bloc)* ▸ *Fam* **the ~ side** [of record] la cara B / *Fig* [of situation] la otra cara de la moneda ▸ **~ top** tapa *f* abatible
■ vt (pt & pp **flipped**) **to ~ the switch** dar al interruptor ▸ *US* **to ~ a coin** lanzar una moneda al aire ▸ *Fam* **to ~ one's lid** *or US* **wig** [get angry] ponerse hecho(a) una fiera, *ESP* cabrearse / [go mad] volverse loco *or ESP* majara
■ vi *Fam* [get angry] ponerse hecho(a) una fiera *or MÉX* como agua para chocolate / [go mad] volverse loco *or ESP* majara

◆ ***flip through*** vt insep [book, magazine] hojear, echar un vistazo a

flip-flop ['flɪpflɒp] n *BR* [sandal] chancleta *f*, chancla *f*

flippant ['flɪpənt] adj frívolo(a)

flipper ['flɪpə(r)] n aleta *f*

flirt [flɜ:t] ■ n [man] ligón *m*, mariposón *m* / [woman] ligona *f*, coqueta *f*
■ vi flirtear (**with** con), coquetear (**with** con) ▸ *Fig* **to ~ with danger/an idea** coquetear con el peligro/una idea

flirtatious [flɜ:'teɪʃəs] adj coqueto(a)

flit [flɪt] ■ n *BR Fam* **to do a moonlight ~** [move house] mudarse de casa a escondidas
■ vi (pt & pp **flitted**) **to ~ about** [bird] revolotear ▸ *Fig* **to ~ from one thing to another** saltar de una cosa a otra

float [fləʊt] ■ n **1.** [on fishing line, net] flotador *m*, corcho *m* / [as swimming aid] flotador *m* **2.** [vehicle in procession] carroza *f* ▸ *BR* **(milk) ~** = *furgoneta (eléctrica) de reparto de leche*

■ vt **1.** [ship] flotar **2.** [idea, proposal] lanzar ▸ **they decided to ~ the company** [on Stock Exchange] decidieron que la empresa comenzara a cotizar en bolsa
■ vi [in water, air] flotar ▸ *Fig* **she floated out of the room** se deslizó fuera de la habitación

floater ['fləʊtə(r)] n [floating voter] votante *mf* indeciso(a)

floating ['fləʊtɪŋ] adj [object, exchange rate] flotante / [population] fluctuante, flotante / POL [voter] indeciso(a)

flock [flɒk] ■ n [of sheep] rebaño *m* / [of birds] bandada *f* / REL [congregation] rebaño *m,* grey *f* ▸ **a ~ of tourists** un grupo multitudinario de turistas
■ vi [gather] acudir en masa

flog [flɒg] (pt & pp **flogged**) vt **1.** [beat] azotar ▸ *Fam Fig* **you're flogging a dead horse** te estás esforzando inútilmente ▸ *Fam* **to ~ a subject to death** agotar completamente un tema **2.** *BR Fam* [sell] enchufar, vender

flogging ['flɒgɪŋ] n [beating] azote *m,* flagelación *f* ▸ **he was given a ~** lo azotaron

flood [flʌd] ■ n inundación *f* ▸ **the Flood** [in the Bible] el diluvio (universal) ▸ **floods of tears** un mar de lágrimas
■ vt [land, bathroom, market] inundar ▸ **to be flooded with complaints/telephone calls** recibir un aluvión de quejas/llamadas *or AM* llamados telefónicos
■ vi [river] desbordarse ▸ **the sun's rays came flooding through the window** el sol entraba a raudales por la ventana ▸ **the spectators flooded out of the stadium** los espectadores salían en masa del estadio ▸ **money flooded out of the country** el dinero salió a raudales del país

flood-damaged ['flʌd'dæmɪdʒd] adj dañado(a) por inundaciones

floodgate ['flʌdgeɪt] n **to open the floodgates to sth** abrir las puertas de par en par a algo

flooding ['flʌdɪŋ] n inundaciones *fpl*

floodlight ['flʌdlaɪt] ■ n foco *m*
■ vt (pt & pp **floodlit** ['flʌdlɪt] or **floodlighted**) iluminar con focos

floodlit ['flʌdlɪt] adj iluminado(a) con focos

floor [flɔ:(r)] ■ n **1.** [of room, forest] suelo *m* / [of Stock Exchange] parquet *m* / [of ocean] fondo *m* ▸ **to give sb the ~** [in debate] pasar *or* dar la palabra a alguien ▸ **~ covering** revestimiento *m* para suelos ▸ *US* **~ lamp** lámpara *f* de pie ▸ **~ plan** (plano *m* de) planta *f* ▸ **~ show** espectáculo *m* de variedades ▸ **~ space** superficie *f* comercial, superficie *f* de venta **2.** [storey] [of building] piso *m,* planta *f*
■ vt [knock down] derribar ▸ *Fig* **the question floored him** la pregunta lo dejó perplejo

floorboard ['flɔ:bɔ:d] n tabla *f* del suelo *(de tarima)*

floozie, floozy ['flu:zɪ] n *Fam* pelandusca *f*

flop [flɒp] ■ n [failure] fracaso *m*
■ vi (pt & pp **flopped**) **1.** [fall] dejarse caer **2.** [fail] fracasar

floppy ['flɒpɪ] ■ adj [ears] caído(a) / [garments] flojo(a) ▸ COMPTR **~ disk** disquete *m*
■ n COMPTR disquete *m*

flora ['flɔ:rə] n [plant life] flora *f*

floral ['flɔ:rəl] adj floral ▸ **~ tribute** [at funeral] corona *f* de flores

Florence ['flɒrəns] n Florencia

florid ['flɒrɪd] adj [style] florido(a) / [complexion] colorado(a)

florist ['flɒrɪst] n florista *mf* ▸ **florist's (shop)** floristería *f*

floss [flɒs] ■ n **(dental) ~** hilo *m* dental
■ vt **to ~ one's teeth** limpiarse los dientes con hilo dental

flotation [fləʊ'teɪʃən] n COM [of company] salida *f* a bolsa

flotsam ['flɒtsəm] n **~ (and jetsam)** desechos *mpl* arrojados por el mar ▸ *Fig* **the ~ of the war/of society** los desechos de la guerra/de la sociedad

flounce [flaʊns] ■ n [in sewing] volante *m, CHILE* vuelo *m, RP, VEN* volado *m*
■ vi **to ~ in/out/off** entrar/salir/irse haciendo aspavientos

flounced [flaʊnst] adj [skirt] avolantado(a)

flounder ['flaʊndə(r)] ■ n [fish] platija *f*
■ vi [in water, mud] debatirse

flour ['flaʊə(r)] ■ n harina *f*
■ vt enharinar

flourish ['flʌrɪʃ] ■ n [gesture] ademán *m* floriturescо / [musical, in writing] floritura *f* / [in signature] rúbrica *f*
■ vt [brandish] blandir
■ vi [thrive] [plant, person] crecer con vigor / [business, arts] florecer

flourishing ['flʌrɪʃɪŋ] adj [plant] vigoroso(a), lozano(a) / [business] próspero(a), floreciente

floury ['flaʊrɪ] adj [hands, surface] lleno(a) de harina, enharinado(a) / [roll] con harina encima / [in texture] harinoso(a)

flout [flaʊt] vt [rule, sb's authority] desobedecer

flow [fləʊ] ■ n [of liquid] flujo *m* ▸ *Fig* **the speaker was interrupted in full ~** el orador fue interrumpido en pleno discurso ▸ *Fig* **to follow the ~ of an argument** seguir el hilo de un razonamiento ▸ *Fig* **to go with the ~** seguir la corriente ▸ **~ chart** organigrama *m*
■ vi **1.** [water] correr, fluir / *Fig* [ideas, conversation] fluir ▸ **to ~ into the sea** [river] desembocar en el mar **2. to ~ from** [be the result of] derivarse de

flower ['flaʊə(r)] ■ n flor *f* ▸ *Fig* **in the first ~ of youth** en la flor de la juventud ▸ **~ arranging** arte *m or* decoración *f* floral ▸ **~ garden** jardín *m* floral ▸ **~ girl** = *dama de honor de corta edad que lleva un ramo de flores en una boda* ▸ **~ power** movimiento *m* pacifista hippie ▸ **~ show** exposición *f* de flores
■ vi [plant] florecer

flowerbed ['flaʊəbed] n parterre *m*

flowerpot ['flaʊəpɒt] n tiesto *m,* maceta *f*

flower-seller ['flaʊəselə(r)] n florista *mf*

flowery ['flaʊərɪ] adj [fabric, dress] floreado(a) / *Fig* [prose, compliments] florido(a)

flowing ['fləʊɪŋ] adj [hair, movement] suelto(a)

flown [fləʊn] pp *of* ***fly***

flu [flu:] n gripe *f, AM* gripa *f* ▸ **a dose of the ~** una gripe *or AM* gripa

fluctuate ['flʌktjʊeɪt] vi fluctuar

fluctuating ['flʌktjʊeɪtɪŋ] adj fluctuante

fluctuation [flʌktjʊ'eɪʃən] n fluctuación *f*

flue [flu:] n [of heater, chimney] salida *f* de humos

fluency ['flu:ənsɪ] n fluidez *f* ▸ **~ in French required** [in job advert] se requiere dominio del francés

fluent ['flu:ənt] adj **he is ~ in French, he speaks ~ French** habla francés con soltura

fluently ['flu:əntlɪ] adv con soltura

fluff [flʌf] ■ n pelusa *f*
■ vt *Fam* [botch] hacer muy mal / [lines] decir mal

fluffy ['flʌfɪ] adj esponjoso(a)

fluid ['flu:ɪd] ■ n fluido *m*
■ adj fluido(a) ▸ **a ~ situation** una situación inestable ▸ **~ ounce** onza *f* líquida (*BR* 28,4 ml / *US* 29,6ml)

fluidity [flu:'ɪdɪtɪ] n fluidez *f*

fluke [flu:k] n *Fam* [stroke of luck] chiripa *f* ▸ **by a ~** de chiripa

fluk(e)y ['flu:kɪ] adj *Fam* [lucky] suertudo(a)

flume [flu:m] n tobogán *m*

flummox ['flʌməks] vt *Fam* desconcertar

flung [flʌŋ] pt & pp *of* ***fling***

flunk [flʌŋk] vt & vi *US Fam ESP* catear, *AM* reprobar, *MÉX* tronar, *RP* desaprobar

flunkey ['flʌŋkɪ] n *Fam Pej* lacayo *m*

fluorescent [flʊə'resənt] adj fluorescente ▸ **~ light** (luz *f*) fluorescente *m*

fluoride ['flʊəraɪd] n fluoruro *m*

flurry ['flʌrɪ] n *also Fig* torbellino *m*

flush [flʌʃ] ■ n **1.** [beginning] **in the first ~ of youth** en la primera juventud ▸ **in the first ~ of enthusiasm** en el primer momento de entusiasmo **2.** [redness of face] rubor *m,* sonrojo *m* **3.** [in cards] color *m*
■ adj **1.** [even] **the door is ~ with the wall** la puerta no sobresale de la pared **2.** *Fam* **to be ~ (with money)** [person] estar forrado(a) (de dinero)
■ vt [toilet] **to ~ the toilet** tirar de la cadena
■ vi **1.** [person] ruborizarse, sonrojarse **2. the lavatory isn't flushing properly** la cisterna (del váter) no funciona bien

◆ ***flush out*** vt sep [force to emerge] hacer salir

flushed [flʌʃd] adj [face] ruborizado(a) ▸ **~ with** [joy, pride] rebosante de / [success] enardecido(a) por

fluster ['flʌstə(r)] ■ vt poner nervioso(a), alterar
■ vi ponerse nervioso(a), alterarse

flute [flu:t] n [musical instrument] flauta *f*

flutter ['flʌtə(r)] ■ n **1.** [of wings] aleteo *m* / [of eyelids] parpadeo *m* ▸ *Fig* **in a ~ of excitement** en un revuelo de emoción **2.** *BR Fam* [bet] apuesta *f* ▸ **to have a ~** hacer una pequeña apuesta
■ vt **to ~ its wings** [bird] batir las alas ▸ **she fluttered her eyelashes at him** lo miró pestañeando con coquetería
■ vi [birds, insects] aletear

flux [flʌks] n **in a state of ~** en constante cambio

fly[1] [flaɪ] n **1. ~** *or* **flies** [of trousers] bragueta *f* **2. ~ sheet** [of tent] doble techo *m*

fly[2] *BR Fam* adj [cunning] astuto(a), listo(a)

fly[3] n [insect] mosca *f* ▸ **he wouldn't hurt a ~** es incapaz de matar una mosca ▸ **they were dropping like flies** caían como moscas ▸ *Fig* **a ~ in the ointment** un pero, *ESP* una pequeña pega ▸ *Fam Fig* **there are no flies on him** se las sabe todas ▸ **I wish I could be a ~ on the wall** [at interview, meeting] me encantaría espiar por un agujerito

fly[4] (pt **flew** [flu:], pp **flown** [fləʊn]) ■ vt **1.** [plane] pilotar / [goods] mandar por avión / [route, distance] cubrir ▸ **to ~ Air India** volar con Air India **2.** [kite] volar ▸ **the ship/town hall was flying the Polish flag** la bandera polaca ondeaba en el barco/ayuntamiento ▸ *Fig* **to ~ the flag** [be patriotic] defender el pabellón *(del propio país)* **3.** [flee] huir de, escapar de ▸ *Fig* **to ~ the nest** [child] volar del nido
■ vi **1.** [bird, plane] volar / [passenger] ir en avión, volar ▸ **to ~ over London** sobrevolar Londres ▸ **to ~ across the Atlantic** cruzar el Atlántico en avión **2.** [flag, hair] ondear **3.** [move quickly] ir volando ▸ **I must ~** tengo que salir volando ▸ **the door flew open** la puerta se abrió de golpe ▸ **to ~ into a rage** enfurecerse ▸ **to ~ at sb** [attack] lanzarse sobre alguien ▸ *Fam* **to send sth/sb flying** mandar algo/a alguien por los aires ▸ **to ~ in the face of reason** ir en contra de la razón

◆ ***fly away*** vi [bird] salir volando / [papers] volarse

◆ ***fly in*** ■ vt sep [transport by aircraft] traer en avión
■ vi [arrive by aircraft] llegar en avión

flyaway ['flaɪəweɪ] adj [hair] suelto(a)

flyblown ['flaɪbləʊn] adj **1.** [food] infestado(a) de moscarda **2.** [shabby] mugriento(a)

fly-by-night ['flaɪbaɪnaɪt] adj *Fam Pej* [company] nada fiable *or AM* confiable

flyer ['flaɪə(r)] n **1.** [pilot] piloto *mf* **2.** [leaflet] hoja *f* de propaganda

flying ['flaɪɪŋ] ■ n **she loves ~** le encanta volar ▸ **~ club** aeroclub *m* ▸ **~ lessons** lecciones *fpl* de vuelo ▸ **~ time** horas *fpl* de vuelo
■ adj **1.** [bird] volador(ora) ▸ **to pass an exam with ~ colours** aprobar un examen con muy buena nota ▸ AV **~ boat** hidroavión *m* ▸ **~ doctor** = *médico que hace uso del avión o del helicóptero para visitar a pacientes en zonas remotas o de difícil acceso* ▸ **~ fish** pez *m* volador ▸ **~ saucer** platillo *m* volante **2.** [visit] breve

flyleaf ['flaɪli:f] (pl **flyleaves** ['flaɪli:vz]) n [of book] guarda *f*

fly-on-the-wall ['flaɪɒnðə'wɔ:l] adj **a ~ documentary** = *un documental en el que la cámara actua con la mayor discreción posible para mostrar un retrato realista*

flyover ['flaɪəʊvə(r)] n *BR* AUT paso *m* elevado

flypaper ['flaɪpeɪpə(r)] n papel *m* atrapamoscas

fly-past ['flaɪpɑ:st] n *BR* AV desfile *m* aéreo

fly-tipping ['flaɪtɪpɪŋ] n *BR* vertido *m* ilegal (de residuos)

flyweight ['flaɪweɪt] n [in boxing] peso *m* mosca

FM [e'fem] n RAD (abbr ***frequency modulation***) FM *f*, frecuencia *f* modulada

FO [e'fəʊ] n *BR* POL (abbr ***Foreign Office***) ≃ Mº AA EE, = *Ministerio m de Asuntos or AM Relaciones Exteriores*

foal [fəʊl] ■ n [horse] potro *m*, potrillo *m*
■ vi parir

foam [fəʊm] ■ n espuma *f* ▸ **~ rubber** gomaespuma *f*
■ vi [sea, beer] hacer espuma ▸ **to ~ at the mouth** echar espuma por la boca

foamy ['fəʊmɪ], ***foaming*** ['fəʊmɪŋ] adj espumoso(a)

fob [fɒb] n cadena *f* (de reloj), leontina *f* ▸ **~ watch** reloj *m* de bolsillo

◆ ***fob off*** (pt & pp **fobbed**) vt sep *Fam* **to ~ sb off with sth** quitarse a alguien de encima con algo ▸ **to ~ sth off on sb** colocarle *or* endilgarle algo a alguien

focaccia [fə'kætʃə] n focaccia *f*

focal ['fəʊkəl] adj focal ▸ **~ length** distancia *f* focal ▸ **~ point** núcleo *m*, foco *m* de atención

focus ['fəʊkəs] ■ n (pl **focuses** *or* **foci** ['fəʊkaɪ]) [of lens, discontent, interest] foco *m* ▸ **in ~** enfocado(a) ▸ **out of ~** desenfocado(a) ▸ COM & POL **~ group** grupo *m* de discusión
■ vt (pt & pp **focussed** *or* **focused**) [rays of light] enfocar / [one's interest, energy] concentrar (**on** en) ▸ **all eyes were focused on him** todas las miradas estaban centradas en él
■ vi [with eyes] enfocar la vista (**on** en) ▸ *Fig* **to ~ on sth** [debate, speaker] centrarse en algo

fodder ['fɒdə(r)] n [for animal] forraje *m*

foe [fəʊ] n enemigo(a) *m,f*

foetal, *US* ***fetal*** ['fi:təl] adj fetal ▸ **~ position** posición *f* fetal

foetus, *US* ***fetus*** ['fi:təs] n feto *m*

fog [fɒg] n niebla *f* ▸ *Fig* **to be in a ~** [confused] estar hecho(a) un lío ▸ AUT **~ lamp** *or* **light** faro *m* antiniebla

◆ ***fog up*** (pt & pp **fogged**) vi [windows] empañarse

fogbound ['fɒgbaʊnd] adj [port, airport] paralizado(a) por la niebla

fog(e)y ['fəʊgɪ] (pl **fogeys** or **fogies**) n *Fam* **old ~** carroza *mf*, carcamán *mf*

foggy ['fɒgɪ] adj neblinoso(a) ▸ **a ~ day** un día de niebla ▸ **it's ~** hay (mucha) niebla ▸ *Fam* **I haven't (got) the foggiest (idea)!** no tengo ni la menor idea

foghorn ['fɒghɔ:n] n [on ship] sirena *f* de niebla ▸ **a voice like a ~** una voz estridente, un vozarrón

fogy ➤ ***fogey***

foible ['fɔɪbəl] n manía *f*

foil [fɔɪl] ■ n **1.** [metal paper] papel *m* de aluminio **2. to act as a ~ (to** *or* **for)** servir de contrapunto (a *or* para) **3.** [sword] florete *m*
■ vt [thwart] frustrar, malograr

foist [fɔɪst] vt imponer (**on** a)

fold[1] [fəʊld] n (**sheep**) **~** redil *m*

fold[2] ■ n pliegue *m*
■ vt [cloth, paper] doblar / [chair, table] plegar ▸ **to ~ sth in two** *or* **in half** doblar algo por la mitad ▸ **to ~ one's arms** cruzarse de brazos
■ vi **1.** [chair, table] plegarse **2.** *Fam* [business] quebrar

◆ ***fold up*** ■ vt sep doblar
■ vi [map, chair] plegarse

-fold [fəʊld] suffix **it's a six/twelve~ increase** se ha multiplicado por seis/doce

folder ['fəʊldə(r)] n [file, document wallet] carpeta *f* / [ring binder] carpeta *f* de anillas

folding ['fəʊldɪŋ] adj [chair, table] plegable ▸ **~ doors** puertas *fpl* plegables

foldout ['fəʊldaʊt] n [in a book] (página *f*) desplegable *m*

foliage ['fəʊlɪɪdʒ] n follaje *m*

folic acid ['fɒlɪk'æsɪd] n ácido *m* fólico

folio ['fəʊlɪəʊ] (pl **folios**) n folio *m*

folk [fəʊk] ■ npl *Fam* [people] gente *f* ▸ **the ~ I work with** la gente con la que trabajo ▸ **my/your folks** [family] mi/tu familia, mi/tu gente / *US* [parents] mis/tus padres
■ adj [traditional] **~ dance** baile *m* popular *or* regional ▸ **~ (music)** música *f* folk *or* popular ▸ **~ singer** cantante *mf* de folk ▸ **~ song** canción *f* folk ▸ **~ tale** cuento *m* popular

folklore ['fəʊklɔ:(r)] n folclor *m*, folclore *m*

follicle ['fɒlɪkəl] n folículo *m*

follow ['fɒləʊ] ■ vt **1.** [person, path, route] seguir ▸ **I think we're being followed** creo que nos están siguiendo ▸ **the road follows the coast** la carretera va a lo largo de la costa ▸ **to ~ one's nose** [go straight ahead] seguir todo recto / [act instinctively] guiarse por el instinto ▸ **to ~ suit** seguir el ejemplo **2.** [example, pattern, fashion, instructions] seguir / [career] hacer, seguir **3.** [understand] seguir ▸ **I don't quite ~ you** no te sigo bien **4.** [pay attention to] seguir
■ vi **1.** [come after] seguir ▸ **proceed as follows** proceda de la siguiente forma **2.** [result] **it follows that...** se sigue *or* deduce que... ▸ **it follows from X that Y** de X se deduce que Y **3.** [understand] entender ▸ **I don't ~** no (lo) entiendo

◆ ***follow on*** vi continuar, seguir ▸ **to ~ on from my earlier remarks...** a lo anteriormente dicho quisiera añadir *or AM* agregar...

◆ ***follow through*** ■ vt sep **to ~ a project through (to the end)** llevar a cabo un proyecto (hasta el final)
■ vi llegar hasta el final

◆ ***follow up*** vt sep [advantage, success] acrecentar / [contact, job opportunity] hacer un seguimiento de ▸ **to ~ up a clue** seguir una pista

follower ['fɒləʊə(r)] n seguidor(ora) *m,f*

following ['fɒləʊɪŋ] ■ n [of team] seguidores *mpl* / [of politician, political party] partidarios *mpl* / [of TV programme] audiencia *f* / [of novelist, pop group] admiradores *mpl*
■ pron **the ~ is the full list** a continuación figura la lista completa
■ adj siguiente ▸ **on the ~ day** al día siguiente ▸ **a ~ wind** un viento favorable *or* a favor

follow-my-leader ['fɒləʊmaɪ'li:də(r)], *US* ***follow-the-leader*** ['fɒləʊðə'li:də(r)] n = *juego en el que los participantes han de imitar lo que hace el primero de la fila*

follow-through ['fɒləʊθruː] n SPORT [of stroke] acompañamiento *m* (del golpe)

follow-up ['fɒləʊʌp] n COM seguimiento *m*

folly ['fɒlɪ] n locura *f*

foment [fə'ment] vt [unrest, ill-feeling] fomentar

fond [fɒnd] adj **1. to be ~ of sb** [like] tenerle cariño a alguien ▸ **to become ~ of sb** encariñarse con alguien ▸ **she was ~ of the occasional whisky** le gustaba tomarse un whisky de vez en cuando **2.** [loving] cariñoso(a) ▸ **~ memories** recuerdos *mpl* entrañables **3.** [hope, belief] vano(a)

fondant ['fɒndənt] n fondant *m*

fondle ['fɒndəl] vt acariciar

fondly ['fɒndlɪ] adv **1.** [lovingly] cariñosamente **2.** [naively] **to ~ imagine that...** creer ingenuamente que...

fondness ['fɒndnɪs] n **1.** [affection] cariño *m* (**for** por), afecto *m* (**for** por) **2.** [liking] afición *f* (**for** a), gusto *m* (**for** por)

fondue ['fɒnduː] n fondue *f*

font [fɒnt] n **1.** REL pila *f* bautismal **2.** TYP & COMPTR fuente *f*

food [fuːd] n comida *f* ▸ **~ and drink** comida y bebida ▸ **to be off one's ~** andar desganado(a) ▸ **to give sb ~ for thought** servir a alguien como materia de reflexión ▸ BIOL **~ chain** cadena *f* alimentaria ▸ **~ court** = *plaza o zona de un centro comercial dedicada al consumo de comida rápida* ▸ **~ industry** industria *f* alimentaria ▸ **~ poisoning** intoxicación *f* alimentaria ▸ **~ processor** robot *m* de cocina

foodie ['fuːdɪ] n *Fam* sibarita *mf* de la cocina

foodstuffs ['fuːdstʌfs] npl alimentos *mpl*

fool [fuːl] ■ n [stupid person] idiota *mf* / [jester] bufón *m* ▸ **to play** *or* **act the ~** hacer el tonto ▸ **to make a ~ of sb** poner a alguien en ridículo ▸ **to make a ~ of oneself** hacer el ridículo ▸ **(the) more ~ you!** ¡peor para ti! ▸ **I felt such a ~** me sentí como un tonto ▸ **she's no** *or* **nobody's ~** no tiene un pelo de tonta ▸ **they're living in a fool's paradise** viven en las nubes
■ vt [deceive] engañar ▸ **to ~ sb into doing sth** engañar a alguien para que haga algo ▸ **you can't ~ me** a mí no me engañas ▸ **he's an expert? you could have fooled me!** ¿que es un experto? ¡quién lo hubiera dicho!
■ vi [act foolishly] hacer el tonto *or* el indio ▸ **stop fooling!** ¡deja de hacer el tonto! ▸ **I was only fooling** estaba de broma

◆***fool about, fool around*** vi **1.** [act foolishly] hacer el tonto *or* el indio ▸ **to ~ about** *or* **around with sth** enredar con algo **2.** [waste time] perder el tiempo **3.** *Fam* [have affair] tener una aventura (**with** con)

foolhardy ['fuːlhɑːdɪ] adj temerario(a)

foolish ['fuːlɪʃ] adj [stupid] tonto(a) / [imprudent] absurdo(a), imprudente ▸ **to do sth ~** hacer una tontería ▸ **to make sb look ~** dejar a alguien en ridículo

foolishly ['fuːlɪʃlɪ] adv [act] irreflexivamente

foolproof ['fuːlpruːf] adj [method, plan] infalible

foosball ['fuːzbɔːl] n *US* fútbol *m* de mesa, *ESP* futbolín *m, ARG* metegol *m, CHILE* taca-taca *m, MÉX, URUG* futbolito *m*

foot [fʊt] (pl **feet** [fiːt]) ■ n **1.** [of person] pie *m* / [of animal, chair] pata *f* ▸ **to put one's feet up** [rest] descansar ▸ **to set ~ in/on** poner los pies en ▸ **she is on her feet all day** se pasa el día entero de pie *or AM* parada ▸ **to be on one's feet again** [after illness] estar recuperado(a) ▸ **on ~** a pie, caminando, *ESP* andando ▸ **it was wet under ~** el suelo estaba mojado ▸ **~ bath** baño *m* de pies ▸ MIL **~ patrol** patrulla *f* de infantería ▸ **~ pump** bomba *f* de pie ▸ **~ soldier** soldado *mf* de infantería **2.** [lower part] [of mountain, stairs, page] pie *m* **3.** [in poetry] pie *m* **4.** [measurement] pie *m* *(30,48 cm)* ▸ **three ~** *or* **feet six (inches)** tres pies y seis pulgadas *(1,06 m)* ▸ **at 2,000 feet** a dos mil pies *(609,6 m)* **5.** [idioms] **to have one's feet firmly on the ground** tener los pies en la tierra ▸ **to have one ~ in the grave** tener un pie en la tumba ▸ **she hasn't put a ~ wrong** no ha cometido un solo error ▸ **to put one's ~ down** [be firm] *ESP* ponerse serio(a), *AM* no ceder / [refuse] negarse *ESP* en redondo *or AM* en rotundamente ▸ *Fam* **to put one's ~ in it** meter la pata ▸ **to find one's feet** [in new surroundings, activity] familiarizarse ▸ **the job's not much, but it's a ~ in the door** el trabajo no es gran cosa, pero supone un primer paso ▸ **to have feet of clay** tener (los) pies de barro ▸ *Fam* **my ~!** ¡ni loco!, *ESP* ¡y un jamón!, *MÉX* ¡ni yendo a bailar a Chalma!, *RP* ¡tu abuela!
■ vt **to ~ the bill** pagar la cuenta

footage ['fʊtɪdʒ] n CIN secuencias *fpl*

foot-and-mouth disease [fʊtən'maʊθdɪ'ziːz] n glosopeda *f,* fiebre *f* aftosa

football ['fʊtbɔːl] n **1.** *BR* [soccer] fútbol *m* / [ball] balón *m* (de fútbol) ▸ **~ club** club *m* (de fútbol) ▸ **~ fan** hincha *mf*, forofo(a) *m,f* ▸ **~ ground** estadio *m* de fútbol ▸ **~ hooligan** hincha *m* violento ▸ **~ pitch** campo *m* de fútbol ▸ **~ player** futbolista *mf* ▸ **~ pools** quiniela *f* ▸ **~ stadium** estadio *m* de fútbol ▸ **~ supporter** hincha *mf*, forofo(a) *m,f* ▸ **~ team** equipo *m* (de fútbol americano) **2.** *US* [American football] fútbol *m* americano / [ball] balón *m* (de fútbol americano) ▸ **~ fan** hincha *mf*, forofo(a) *m,f* ▸ **~ player** futbolista *mf*, jugador(ora) *m,f* de fútbol americano ▸ **~ stadium** estadio *m* de fútbol americano ▸ **~ supporter** hincha *mf*, forofo(a) *m,f* ▸ **~ team** equipo *m* (de fútbol americano)

footballer ['fʊtbɔːlə(r)] n futbolista *mf*

footbridge ['fʊtbrɪdʒ] n puente *m* peatonal

footer ['fʊtə(r)] n COMPTR & TYP pie *m* de página

-footer ['fʊtə(r)] suffix **the boat is a 15~** la barca mide seis pies de eslora

foothills ['fʊthɪlz] npl estribaciones *fpl*

foothold ['fʊthəʊld] n punto *m* de apoyo ▸ *Fig* **to gain a ~** afianzarse

footing ['fʊtɪŋ] n **1. to lose one's ~** [on hill, ladder] perder el equilibrio **2. on an equal ~** de igual a igual ▸ **to be on a friendly ~ with sb** tener relaciones amistosas con alguien

footlights ['fʊtlaɪts] npl THEAT candilejas *fpl*

footloose ['fʊtluːs] adj libre de ataduras ▸ **to be ~ and fancy-free** ser libre como el viento

footman ['fʊtmən] n lacayo *m*

footnote ['fʊtnəʊt] n nota *f* a pie de página

footpath ['fʊtpɑːθ] n sendero *m,* senda *f*

footprint ['fʊtprɪnt] n huella *f,* pisada *f*

footrest ['fʊtrest] n [under desk, on motorcycle] reposapiés *m inv*

Footsie ['fʊtsɪ] n ST EXCH (abbr ***Financial Times-Stock Exchange 100 Index***) Footsie *m*

footsie ['fʊtsɪ] n *Fam* **to play ~ with sb** = *acariciar a alguien con el pie por debajo de la mesa*

footsore ['fʊtsɔː(r)] adj con los pies doloridos

footstep ['fʊtstep] n paso *m* ▸ *Fig* **to follow in sb's footsteps** seguir los pasos de alguien

footstool ['fʊtstuːl] n escabel *m,* reposapiés *m inv*

footwear ['fʊtweə(r)] n calzado *m*

footwork ['fʊtwɜːk] n [in dancing, sports] juego *m* de piernas ▸ *Fig* **fancy ~** [in difficult situation] malabarismos *mpl*

fop [fɒp] n *Pej* petimetre *m*

foppish ['fɒpɪʃ] adj *Pej* peripuesto(a)

for [fɔː(r), unstressed fə(r)] ■ prep **1.** [reason] por ▸ **they chose him ~ his looks** lo eligieron por su aspecto ▸ **she couldn't sleep ~ the pain** no pudo dormir a causa del dolor **2.** [purpose, destination] para ▸ **to leave ~ France** salir hacia *or* para Francia ▸ **there's no time ~ that** no hay tiempo para eso ▸ **it's ~ you** es para ti ▸ **what's it ~?** ¿para qué es? ▸ **can you give me something ~ the pain?** ¿me puede dar algo para el dolor? **3.** [in exchange for] **I bought it ~ £10** lo compré por 10 libras ▸ **you get a lot ~ your money** el dinero te da mucho de sí **4.** [with regard to] para ▸ **he is big ~ his age** es grande para su edad ▸ **as ~ him/that,...** en cuanto a él/eso,... ▸ **they sell ten red bikes ~ every black one** se venden diez bicicletas de color rojo por cada una de color negro **5.** [representing] **A ~ Andrew** A de Andrés ▸ **what's the Russian ~ "book"?** ¿cómo se dice "libro" en ruso? **6.** [duration] durante ▸ **I was there ~ a month** pasé un mes allí ▸ **I've been here ~ a month** llevo *or AM* tengo un mes aquí ▸ **I will be here ~ a month** voy a pasar un mes aquí ▸ **I haven't been there ~ a month** hace un mes que no voy (por allí) ▸ **we have enough food ~ two days** tenemos comida suficiente para dos días **7.** [point in time] **~ the first/last time** por primera/última vez ▸ **I need it ~ Friday** lo necesito (para) el viernes ▸ **can you do it ~ next Monday?** ¿lo puedes hacer para el lunes que viene? **8.** [in favour of] **to be ~ sth** estar absolutamente a favor de algo ▸ *Fam* **I'm all ~ it!** ¡estoy absolutamente a favor! **9.** [introducing an infinitive clause] **it is too early ~ me to decide** es demasiado pronto para decidirme ▸ **it will be difficult/easy ~ her to come** lo va a tener difícil/fácil para venir ▸ **it took an hour ~ us to get there** tardamos *or AM* demoramos una hora en llegar **10.** [in phrases] *Fam* **he's ~ it!** ¡se la va a cargar!, *RP* ¡se va a ligar una! ▸ **~ all the good it will do!** ¡para lo que va a servir! ▸ **~ all his wealth, he was still unhappy** a pesar de todo su dinero, no era feliz ▸ **that's men ~ you!** ¡los hombres, ya se sabe!

■ conj *Literary* [because] dado que

forage ['fɒrɪdʒ] ■ n [animal food] forraje *m* ▸ MIL **~ cap** gorra *f* militar

■ vi **to ~ for** buscar

foray ['fɒreɪ] n incursión *f* (**into** en)

forbade pt *of **forbid***

forbear [fɔː'beə(r)] (pt **forbore** [fɔː'bɔː(r)], pp **forborne** [fɔː'bɔːn]) vi *Formal* **to ~ from doing sth** abstenerse de hacer algo, contenerse para no hacer algo

forbearance [fɔː'beərəns] n paciencia *f,* tolerancia *f*

forbid [fə'bɪd] (pt **forbade** [fə'bæd, fə'beɪd], pp **forbidden** [fə'bɪdən]) vt prohibir ▸ **to ~ sb to do sth** prohibir a alguien que haga algo ▸ **God ~!** ¡Dios no lo quiera!

forbidden [fə'bɪdən] adj prohibido(a) ▸ **smoking/talking (is) ~** (está) prohibido fumar/hablar

forbidding [fə'bɪdɪŋ] adj [appearance, look] severo(a) / [sky] amenazador(ora) / [landscape] agreste / [task] dificultoso(a)

forbore [fɔː'beə(r)] pt *of **forbear***

forborne [fɔː'bɔːn] pp *of **forbear***

force [fɔːs] ■ n **1.** [strength, violence] fuerza *f* ▸ **to use ~** emplear la fuerza ▸ **by sheer** *or* **brute ~** por la fuerza **2.** [power, influence] fuerza *f* ▸ **the forces of Nature** las fuerzas de la naturaleza ▸ **a ~ for good** una fuerza del bien ▸ **~ of circumstance(s)** causas *fpl* de fuerza mayor ▸ **the ~ of gravity** la fuerza de la gravedad ▸ **~ of habit** la fuerza de la costumbre ▸ **various forces conspired to bring about his downfall** diversas causas contribuyeron a su caída **3.** MIL fuerza *f* ▸ **the (armed) forces** las fuerzas armadas ▸ **the police ~** la policía, el cuerpo de policía ▸ **to join forces (to do sth)** unir fuerzas (para hacer algo) ▸ **they turned out in (full) ~** se presentaron en gran número **4.** [of law] **to come into ~** entrar en vigor

■ vt **1.** [compel] **to ~ sb to do sth** *or* **into doing sth** forzar a alguien a hacer algo ▸ **they forced the enemy back** obligaron a retroceder al enemigo ▸ **to ~ sth on sb** imponer algo a alguien **2.** [use force on] [door, lock] forzar ▸ **to ~ the issue** acelerar las cosas ▸ **to ~ sb's hand** forzar a alguien a tomar una decisión ▸ **to ~ a car off the road** obligar a un coche a salirse de la carretera ▸ **to ~ one's way through a crowd** abrirse paso a través de una multitud ▸ **to ~ oneself on sb** [sexually] intentar forzar a alguien

◆ ***force open*** vt sep forzar

forced [fɔːst] adj [manner, laugh] forzado(a) ▸ **~ labour** trabajos *mpl* forzados ▸ AV **~ landing** aterrizaje *m* forzoso ▸ MIL **~ march** marcha *f* forzada

force-feed ['fɔːs'fiːd] (pt & pp **force-fed** ['fɔːs'fed]) vt dar de comer a la fuerza

forceful ['fɔːsfʊl] adj [person, argument] poderoso(a)

forceps ['fɔːseps] npl MED fórceps *m inv*

forcible ['fɔːsɪbəl] adj [reminder] contundente ▸ LAW **~ entry** allanamiento *m* de morada, *AM* invasión *f* de domicilio

forcibly ['fɔːsɪblɪ] adv **1.** [by force] por la fuerza **2.** [convincingly] de manera contundente

ford [fɔːd] ■ n vado *m*

■ vt vadear

fore [fɔː(r)] ■ n **to come to the ~** cobrar importancia

■ adv NAUT **they searched the ship ~ and aft** registraron el barco de proa a popa

forearm ['fɔːrɑːm] n antebrazo *m*
forebear ['fɔːbeə(r)] n antepasado(a) *m,f,* ancestro *m*
foreboding [fɔː'bəʊdɪŋ] n presentimento *m* ominoso
forecast ['fɔːkɑːst] ■ n pronóstico *m* / COM previsión *f* ▸ **the (weather) ~** [prediction] el pronóstico meteorológico / [programme] el parte meteorológico, el tiempo
■ vt (pt & pp **forecast(ed)**) pronosticar
foreclose [fɔː'kləʊz] vt FIN **to ~ a mortgage** ejecutar una hipoteca
forecourt ['fɔːkɔːt] n [of petrol station] explanada *f* delantera
forefathers ['fɔːfɑːðəz] npl ancestros *mpl*
forefinger ['fɔːfɪŋgə(r)] n (dedo *m*) índice *m*
forefront ['fɔːfrʌnt] n **to be in the ~ (of)** estar a la vanguardia (de)
forego, forgo [fɔː'gəʊ] (pt **for(e)went** [fɔː'went], pp **for(e)gone** [fɔː'gɒn]) vt renunciar a
foregone, forgone ['fɔːgɒn] adj **the result was a ~ conclusion** el resultado ya se conocía de antemano
foreground ['fɔːgraʊnd] ■ n primer plano *m* ▸ **in the ~** [in picture] en primer plano / [issue, person] en primer plano de actualidad, en el candelero
■ vt poner de relieve
forehand ['fɔːhænd] n [tennis stroke] derecha *f*
forehead ['fɒrɪd, 'fɔːhed] n frente *f*
foreign ['fɒrɪn] adj **1.** [from another country] extranjero(a) ▸ **~ aid** [to another country] ayuda *f* al exterior / [from another country] ayuda *f* extranjera *or* del exterior ▸ POL **~ affairs** política *f* exterior, asuntos *mpl* exteriores ▸ JOURN **~ correspondent** corresponsal *mf* (en el extranjero) ▸ ECON **~ debt** deuda *f* exterior *or* externa ▸ MIL **Foreign Legion** legión *f* extranjera ▸ POL **Foreign Minister** ministro(a) *m,f* de Asuntos *or AM* Relaciones Exteriores ▸ *BR* POL **Foreign Office** ministerio *m* de Asuntos Exteriores ▸ *BR* POL **Foreign Secretary** ministro(a) *m,f* de Asuntos *or AM* Relaciones Exteriores ▸ ECON **~ trade** comercio *m* exterior **2.** [not characteristic of] ajeno(a) ▸ MED **~ body** cuerpo *m* extraño
foreigner ['fɒrɪnə(r)] n extranjero(a) *m,f*
foreleg ['fɔːleg] n pata *f* delantera
foreman ['fɔːmən] n IND encargado *m* / [of jury] presidente *m,* portavoz *m*
foremost ['fɔːməʊst] adj principal
forename ['fɔːneɪm] n nombre *m* (de pila)
forensic [fə'rensɪk] adj LAW forense ▸ **~ evidence** pruebas *fpl* forenses ▸ **~ medicine** medicina *f* forense ▸ **~ scientist** forense *mf*
foreplay ['fɔːpleɪ] n juego *m* amoroso *(antes del coito)*
forerunner ['fɔːrʌnə(r)] n predecesor(ora) *m,f*
foresee [fɔː'siː] (pt **foresaw** [fɔː'sɒ], pp **foreseen** [fɔː'siːn]) vt prever
foreseeable [fɔː'siːəbəl] adj previsible ▸ **in the ~ future** en un futuro próximo *or* no muy lejano
foreseen pp *of* ***foresee***
foreshadow [fɔː'ʃædəʊ] vt presagiar, anunciar
foresight ['fɔːsaɪt] n previsión *f* ▸ **lack of ~** falta *f* de previsión
foreskin ['fɔːskɪn] n ANAT prepucio *m*
forest ['fɒrɪst] n bosque *m* ▸ **~ fire** incendio *m* forestal
forestall [fɔː'stɔːl] vt [attempt, criticism, rivals] anticiparse a, adelantarse a
forester ['fɒrɪstə(r)] n guardabosque *mf,* guarda *mf* forestal
forestry ['fɒrɪstrɪ] n silvicultura *f* ▸ *BR* **the Forestry Commission** = *organismo oficial británico dedicado al cuidado y explotación forestales* ▸ **~ worker** trabajador(ora) *m,f* forestal
foretaste ['fɔːteɪst] n anticipo *m*
foretell [fɔː'tel] (pt & pp **foretold** [fɔː'təʊld]) vt predecir
forethought ['fɔːθɔːt] n previsión *f*
foretold [fɔː'təʊld] pt & pp *of* ***foretell***
forever [fə'revə(r)] ■ n *Fam* **to take ~ (to do sth)** tardar un siglo (en hacer algo), *AM* demorar una eternidad (en hacer algo)
■ adv [until end of time] para siempre / [repeatedly] constantemente ▸ **he was ~ changing his mind** siempre estaba cambiando de opinión
forewarn [fɔː'wɔːn] vt advertir ▸ *Prov* **forewarned is forearmed** hombre prevenido vale por dos
forewent pt *of* ***forego***
foreword ['fɔːwɜːd] n prólogo *m*
forfeit ['fɔːfɪt] n ■ [in game] prenda *f* / LAW sanción *f*
■ vt [right, property, sb's respect] renunciar a, sacrificar
forfeiture ['fɔːfɪtʃə(r)] n pérdida *f*
forgave [fə'geɪv] pt *of* ***forgive***
forge [fɔːdʒ] ■ n [factory] fundición *f* / [of blacksmith] forja *f,* fragua *f*
■ vt **1.** [metal, alliance] forjar **2.** [counterfeit] falsificar
◆ ***forge ahead*** vi [make progress] progresar a pasos agigantados / [in competition] tomar la delantera
forged [fɔːdʒd] adj [banknote, letter] falso(a), falsificado(a)
forgery ['fɔːdʒərɪ] n falsificación *f* ▸ **it's a ~** es una falsificación
forget [fə'get] (pt **forgot** [fə'gɒt], pp **forgotten** [fə'gɒtən]) ■ vt olvidar ▸ **to ~ to do sth** olvidarse de hacer algo ▸ **to ~ how to do sth** olvidar cómo se hace algo ▸ **to be forgotten (by)** caer en el olvido (de) ▸ *Fam* **~ it!** [in reply to apology] olvídalo / [in reply to thanks] no hay de qué / [stop talking about it] dejémoslo ▸ *Fam* **you can ~ the holiday** ya puedes decir adiós a las vacaciones
■ vi olvidarse (**about** de) ▸ **before I ~** antes de que se me olvide ▸ **let's ~ about it** olvidémoslo
forgetful [fə'getfʊl] adj olvidadizo(a)
forget-me-not [fɔː'getmiːnɒt] n nomeolvides *m inv*
forgettable [fə'getəbəl] adj poco memorable
forgivable [fə'gɪvəbəl] adj perdonable
forgivably [fə'gɪvəblɪ] adv comprensiblemente
forgive [fə'gɪv] (pt **forgave** [fə'geɪv], pp **forgiven**

[fə'gɪvən]) ■ vt perdonar ▸ **to ~ sb (for sth)** perdonar (algo) a alguien
■ vi **to ~ and forget** perdonar y olvidar

forgiveness [fə'gɪvnɪs] n perdón *m* ▸ **to ask (sb) for ~** pedir perdón (a alguien)

forgiving [fə'gɪvɪŋ] adj indulgente

forgo ➤ ***forego***

forgone ➤ ***foregone***

forgot [fə'gɒt] pt *of* ***forget***

forgotten [fə'gɒtən] pp *of* ***forget***

fork [fɔ:k] ■ n **1.** [for food] tenedor *m*, *AM* trinche *m* **2.** [for lifting hay] horca *f* **3.** [in road] bifurcación *f* ▸ **take the left ~** tomar el desvío a *or* de la izquierda
■ vi [road] bifurcarse

◆ ***fork out*** *Fam* ■ vt sep [money] aflojar, *ESP* apoquinar, *RP* garpar
■ vi aflojar, *ESP* apoquinar, *RP* garpar (**for** por)

forked [fɔ:kt] adj [tongue] bífido(a) / [stick] bifurcado(a) ▸ **~ lightning** relámpagos *mpl (bifurcados)*

fork-lift truck ['fɔ:klɪft'trʌk] n carretilla *f* elevadora

forlorn [fə'lɔ:n] adj [place] abandonado(a) / [look] desamparado(a) / [belief, attempt] desesperado(a) ▸ **in the ~ hope that...** con la vana esperanza de que...

form [fɔ:m] ■ n **1.** [shape] forma *f* ▸ **in the ~ of...** en forma de... ▸ **to take the ~ of...** consistir en... ▸ **~ and content** forma y fondo *or* contenido **2.** [type] **it's a ~ of madness** es una forma de locura ▸ **a ~ of address** una fórmula de tratamiento **3.** [formality] **as a matter of ~, for form's sake** por guardar las formas ▸ **it's good/bad ~** es de buena/mala educación **4.** [for applications, orders] impreso *m*, formulario *m*, *MÉX* forma *f* ▸ **to fill in** *or* **out a ~** rellenar un impreso **5.** [condition] forma *f* (física) ▸ **to be in (good) ~** estar en (buena) forma **6.** [recent performances] [of athlete, player, team] forma *f* / [in horseracing] reciente historial *m* ▸ **on present ~** de seguir así ▸ **to be on (good) ~** estar en plena forma **7.** *BR* SCH [class] clase *f* / [year] curso *m*
■ vt [in general] formar / [relationship, friendship] establecer / [plan] concebir / [obstacle] constituir ▸ **to ~ an idea/opinion** formarse una idea/una opinión ▸ **to ~ part of sth** formar parte de algo
■ vi formarse

formal ['fɔ:məl] adj [manner, offer] formal ▸ **~ dress** traje *m* de etiqueta ▸ **~ education** formación *f* académica

formality [fɔ:'mælɪtɪ] n formalidad *f*

formalize ['fɔ:məlaɪz] vt formalizar

formally ['fɔ:məlɪ] adv [with formality] formalmente / [officially] oficialmente

format ['fɔ:mæt] ■ n formato *m*
■ vt (pt & pp **formatted**) COMPTR formatear

formation [fɔ:'meɪʃən] n [act, arrangement] formación *f* ▸ **~ flying** vuelo *m* en formación

formative ['fɔ:mətɪv] adj formativo(a) ▸ **the ~ years** el periodo en que se forja la personalidad

formatting ['fɔ:mætɪŋ] n COMPTR [of text] formato *m*

former ['fɔ:mə(r)] ■ adj [pupil, colleague] antiguo(a) ▸ **in a ~ life** en una vida anterior ▸ **he is a mere shadow of his ~ self** no es más que una sombra de lo que fue
■ pron **the ~** el/la primero(a) / [plural] los/las primeros(as)

formerly ['fɔ:məlɪ] adv antiguamente

formidable ['fɔ:mɪdəbəl] adj [opponent, difficulty] terrible / [performance, talent] formidable

formidably ['fɔ:mɪdəblɪ] adv [difficult] tremendamente / [talented, thorough] extraordinariamente

formula ['fɔ:mjʊlə] (pl **formulas** *or* **formulae** ['fɔ:mjʊli:]) n **1.** [in general] fórmula *f* ▸ **the ~ for success** la clave del éxito ▸ **a peace/pay ~** una fórmula para la paz/de pago ▸ SPORT **Formula One** Fórmula *f* uno **2.** *US* [baby milk] leche *f* maternizada

formulaic [fɔ:mjʊ'leɪɪk] adj formulario(a)

formulate ['fɔ:mjʊleɪt] vt formular

fornication [fɔ:nɪ'keɪʃən] n *Formal* fornicación *f*

forsake [fə'seɪk] (pt **forsook** [fə'sʊk], pp **forsaken** [fə'seɪkən]) vt *Literary* abandonar

forswear [fɔ:'sweə(r)] (pt **forswore** [fɔ:'swɔ:(r)], pp **forsworn** [fɔ:'swɔ:n]) vt *Formal* renunciar a

fort [fɔ:t] n MIL fortaleza *f*, fuerte *m* ▸ *Fig* **to hold the ~** quedarse al cargo

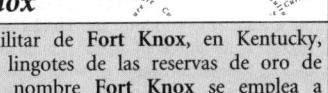

CULTURE / CULTURA

Fort Knox

La base militar de **Fort Knox**, en Kentucky, alberga los lingotes de las reservas de oro de EE. UU. El nombre **Fort Knox** se emplea a menudo en sentido figurado para dar a entender que un lugar está celosamente vigilado o es inexpugnable: "their house has so many burglar alarms it's like **Fort Knox**" ("su casa tiene tantas alarmas que parece Fort Knox").

forte ['fɔ:tɪ] n fuerte *m* ▸ **punctuality is not his ~** la puntualidad no es su fuerte

forth [fɔ:θ] adv **to go ~** partir ▸ **and so ~** y así sucesivamente ▸ **to walk back and ~** ir de aquí para allá ▸ **from that day ~** a partir de ese día

forthcoming [fɔ:θ'kʌmɪŋ] adj **1.** [imminent] [election] próximo(a) / [book] de próxima aparición **2.** [available] **no money/help was ~** no había dinero/ayuda disponible **3.** [informative] comunicativo(a)

forthright ['fɔ:θraɪt] adj directo(a), franco(a)

forthwith [fɔ:θ'wɪθ] adv *Formal* en el acto

fortieth ['fɔ:tɪəθ] n & adj cuadragésimo(a) *m,f*

fortification [fɔ:tɪfɪ'keɪʃən] n fortificación *f*

fortified ['fɔ:tɪfaɪd] adj **1.** [town] fortificado(a) **2. ~ wine** = *vino fuerte tipo Oporto o Jerez*

fortify ['fɔ:tɪfaɪ] vt MIL fortificar ▸ **to ~ oneself** fortalecerse

fortitude ['fɔ:tɪtju:d] n fortaleza *f*, entereza *f*

fortnight ['fɔ:tnaɪt] n *BR* quincena *f* ▸ **a ~ today** en quince días ▸ **a fortnight's holiday** quince días de vacaciones

fortnightly ['fɔ:tnaɪtlɪ] *BR* ■ adj quincenal

■ adv quincenalmente, cada quince días

fortress ['fɔːtrɪs] n fortaleza *f*

fortuitous [fɔː'tjuːɪtəs] adj casual, fortuito(a)

fortunate ['fɔːtʃənət] adj afortunado(a) ▸ **to be ~ enough to do sth** tener la suerte de hacer algo

fortunately ['fɔːtʃənətlɪ] adv afortunadamente

fortune ['fɔːtʃən] n **1.** [riches] fortuna *f* ▸ **to make a** *or* **one's ~** hacer una fortuna ▸ *Fam* **it cost me a (small) ~** me ha costado una fortuna **2.** [luck] suerte *f*, fortuna *f* ▸ **good/bad ~** buena/mala suerte ▸ **the changing fortunes of...** los avatares de... ▸ **to tell sb's ~** decir a alguien la buenaventura ▸ **~ cookie** galleta *f* de la suerte

fortune-teller ['fɔːtʃəntelə(r)] n adivino(a) *m,f*

forty ['fɔːtɪ] ■ n cuarenta *m*

■ adj cuarenta ▸ *Fam* **to have ~ winks** echarse una siestecita / *see also* ***eighty***

forum ['fɔːrəm] n foro *m* ▸ **a ~ for debate** un foro de debate

forward ['fɔːwəd] ■ n SPORT delantero(a) *m,f*

■ adj **1.** [position] delantero(a) / [movement] hacia delante ▸ FIN **~ market** mercado *m* de futuros ▸ **~ planning** planificación *f* (de futuro) ▸ **~ roll** [in gymnastics] voltereta *f* hacia adelante **2.** [impudent, bold] atrevido(a)

■ adv **1.** [of time] **from this/that day ~** desde este/ese día en adelante ▸ **to put the clocks ~** adelantar los relojes **2.** [of direction] hacia delante **3.** [of position] delante ▸ **we're too far ~** estamos demasiado delante

■ vt **1.** [letter] reexpedir, remitir ▸ **to ~ sth to sb** enviar algo a alguien **2.** [one's career, interests] promover

forwarding agent ['fɔːwədɪŋ'eɪdʒənt] n COM transitario(a) *m,f*

forward-looking ['fɔːwədlʊkɪŋ] adj con visión de futuro, progresista

forwards ['fɔːwədz] adv ➤ ***forward***

forwent ['fɔːwədz] adv ➤ ***forewent***

fossil ['fɒs(ɪ)l] n fósil *m* ▸ *Fam* **an old ~** [person] un carcamal *or AM* carcamán ▸ **~ fuel** combustible *m* fósil

fossilized ['fɒsɪlaɪzd] adj *also Fig* fosilizado(a)

foster ['fɒstə(r)] ■ adj **~ child** niño(a) *m,f* en régimen de acogida ▸ **~ parents** familia *f* de acogida ▸ **~ home** hogar *m* de acogida

■ vt **1.** [child] adoptar (temporalmente), acoger **2.** [idea, hope, friendship] fomentar

fostering ['fɒstərɪŋ] n acogida *f* familiar *(de un niño)*

fought [fɔːt] pt & pp *of* ***fight***

foul [faʊl] ■ n SPORT falta *f*

■ adj **1.** [disgusting] [smell, taste] asqueroso(a) / [weather] espantoso(a) ▸ **to be in a ~ temper** estar de un humor de perros ▸ **to be ~ to sb** tratar muy mal *or ESP* fatal a alguien ▸ **~ air** aire *m* viciado ▸ **~ breath** aliento *m* fétido ▸ **~ language** lenguaje *m* soez **2.** [illegal] SPORT **~ play** juego *m* sucio ▸ LAW **~ play is not suspected** no hay sospecha de que exista un acto delictivo

■ adv **1. to smell/taste ~** oler/saber asqueroso(a) *or ESP* fatal **2. to fall ~ of the law** tener problemas con la ley

■ vt **1.** [make dirty] ensuciar / [pollute] contaminar **2.** [entangle] **weeds had fouled the propeller** unas algas atascaron la hélice **3.** SPORT **to ~ sb** hacerle (una) falta a alguien

◆ ***foul up*** vt sep *Fam* [ruin] echar a perder, estropear

foul-mouthed ['faʊl'maʊðd] adj grosero(a), soez

foul-up ['faʊlʌp] n *Fam* metedura *f or AM* metida *f* de pata

found[1] [faʊnd] vt **1.** [city, organization] fundar **2.** [suspicions, hope] fundar, basar (**on** en) ▸ **the story is founded on fact** la historia se basa en hechos reales

found[2] pt & pp *of* ***find***

foundation [faʊn'deɪʃən] n **1.** [act of founding, institution] fundación *f* **2.** [basis] [of theory, belief] fundamento *m* ▸ **the rumour is without ~** el rumor no tiene fundamento **3.** CONSTR **the foundations** los cimientos ▸ *Fig* **the foundations of modern society** los pilares de la sociedad moderna ▸ UNIV **~ course** curso *m* introductorio *or* de iniciación ▸ **~ stone** primera piedra *f* **4.** [make-up] **~ (cream)** (crema *f* de) base *f*

founder[1] ['faʊndə(r)] n [of hospital, school] fundador(ora) *m,f* ▸ *BR* **~ member** miembro *mf* fundador(ora)

founder[2] vi [project, talks] irse a pique (**on** en)

founding father ['faʊndɪŋ'fɑːðə(r)] n padre *m* fundador

foundling ['faʊndlɪŋ] n *Old-fashioned* expósito(a) *m,f*

foundry ['faʊndrɪ] n fundición *f*

fount [faʊnt] n *Literary & Fig* fuente *f*

fountain ['faʊntɪn] n fuente *f* ▸ **~ pen** pluma *f* (estilográfica), *CSUR* lapicera *f* fuente

four [fɔː(r)] ■ n cuatro *m* ▸ **on all fours** a gatas, a cuatro patas

■ adj cuatro ▸ **the ~ winds** los cuatro vientos ▸ **to the ~ corners of the earth** a todos los rincones del orbe / *see also* ***eight***

four-by-four ['fɔːbaɪ'fɔː(r)] n [vehicle] todoterreno *m*

four-door ['fɔːdɔː(r)] n de cuatro puertas ▸ **~ saloon** berlina *f* ▸ **~ hatchback** cinco puertas *m*

four-eyes ['fɔːraɪz] n *Fam* cuatro ojos *mf inv*, *ESP* gafotas *mf inv*, *MÉX* cuatro lámparas *mf inv*

four-figure ['fɔː'fɪgə(r)] adj de cuatro cifras ▸ **a ~ sum** una suma de dinero de cuatro cifras

fourfold ['fɔːfəʊld] ■ adj **a ~ increase (in)** cuatro veces más (de)

■ adv cuatro veces

four-legged ['fɔː'legɪd] adj cuadrúpedo(a) ▸ *Hum* **~ friend** amigo *m* cuadrúpedo

four-letter word ['fɔːletə'wɜːd] n palabrota *f*, *ESP* taco *m*

four-ply ['fɔːplaɪ] adj [wool] de cuatro hebras / [wood] de cuatro capas

four-poster ['fɔː'pəʊstə(r)] n **~ (bed)** cama *f* de dosel

foursome ['fɔːsəm] n grupo *m* de cuatro / [for tennis match, card game] dos parejas *fpl*

fourteen ['fɔːtiːn] n & adj catorce *m* / *see also* ***eight***

fourteenth [fɔː'tiːnθ] ■ n **1.** [fraction] catorceavo *m*, catorceava parte *f* **2.** [in series] decimocuarto(a) *m,f* **3.** [of month] catorce *m*

■ adj decimocuarto(a) / *see also* ***eleventh***

fourth [fɔ:θ] ■ n **1.** [in series] cuarto(a) *m,f* **2.** [of month] cuatro *m*
■ adj cuarto(a) ▸ **the ~ estate** [the press] el cuarto poder / *see also* ***eighth***

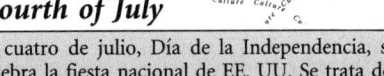

> CULTURE / CULTURA
>
> ## *Fourth of July*
>
> El cuatro de julio, Día de la Independencia, se celebra la fiesta nacional de EE. UU. Se trata del aniversario de la firma de la Declaración de Independencia estadounidense en 1776. Aquel histórico acontecimiento, que marcó el nacimiento de la nación, se conmemora en todo el territorio estadounidense con fuegos artificiales, discursos y desfiles.

fourthly ['fɔ:θlɪ] adv en cuarto lugar

four-wheel drive ['fɔ:wi:l'draɪv] n tracción *f* a las cuatro ruedas

fowl [faʊl] (pl **fowl**) n ave *f* de corral

fox [fɒks] ■ n zorro *m* ▸ *Fig* **a sly old ~** [cunning person] un viejo zorro ▸ **~ cub** cría *f* de zorro ▸ **~ hunt** caza *f* del zorro
■ vt *Fam* [perplex] dejar pasmado(a) / [deceive] burlar, engañar

foxed [fɒkst] adj [book] con motas en las páginas

foxglove ['fɒksglʌv] n digital *f*, dedalera *f*

fox-hunting ['fɒkshʌntɪŋ] n caza *f* del zorro

foxtrot ['fɒkstrɒt] ■ n foxtrot *m*
■ vi (pt & pp **foxtrotted**) bailar el foxtrot

foxy ['fɒksɪ] adj *Fam* **1.** astuto(a), zorro **2.** *US* sexy

foyer ['fɔɪeɪ] n vestíbulo *m*

fractal ['fræktəl] n fractal *m*

fraction ['frækʃən] n MATH fracción *f*, quebrado *m* / *Fig* [small part] fracción *f* ▸ **a ~ too small/large** un poquitín pequeño/grande

fractional ['frækʃənəl] adj [very small] ínfimo(a) / [decline, hesitation] mínimo(a), ligero(a)

fractious ['frækʃəs] adj irritable

fracture ['fræktʃə(r)] ■ n fractura *f*
■ vt fracturar
■ vi fracturarse

fragile ['frædʒaɪl] adj frágil

fragility [frə'dʒɪlɪtɪ] n fragilidad *f*

fragment ■ n ['frægmənt] [of object, story] fragmento *m*
■ vi [fræg'ment] [object] romperse / [organization] fragmentarse

fragmentation [frægmen'teɪʃən] n [gen] & COMPTR fragmentación *f*

fragrance ['freɪgrəns] n fragancia *f*

fragrant ['freɪgrənt] adj fragante

frail [freɪl] adj [person] delicado(a), frágil / [object, beauty, happiness] frágil

frailty ['freɪltɪ] n fragilidad *f*

frame [freɪm] ■ n **1.** [of picture, door] marco *m* / [of person, animal] cuerpo *m* / [of building, bridge] estructura *f* / [of bicycle] cuadro *m* / [of spectacles] montura *f* **2.** *Fig* **~ of mind** humor *m*, estado *m* de ánimo ▸ **~ of reference** marco *m* de referencia
■ vt **1.** [picture] *also Fig* enmarcar **2.** [answer, legislation] formular **3.** *Fam* [falsely incriminate] tender una trampa a

framework ['freɪmwɜ:k] n [of structure] estructura *f* / *Fig* [for talks] marco *m*

franc [fræŋk] n [currency] franco *m* ▸ *Formerly* **Belgian/French ~** franco *m* belga/francés ▸ **Swiss ~** franco *m* suizo

France [frɑ:ns] n Francia

franchise ['fræntʃaɪz] ■ n **1.** COM franquicia *f* **2.** POL sufragio *m*
■ vt COM franquiciar

Franciscan [fræn'sɪskən] n & adj franciscano(a) *m,f*

francophile ['fræŋkəfaɪl] n & adj francófilo(a) *m,f*

francophobe ['fræŋkəfəʊb] n & adj francófobo(a) *m,f*

francophone ['fræŋkəʊfəʊn] n & adj francófono(a) *m,f*

franglais ['frɒŋgleɪ] n *Hum* francés *m* lleno de anglicismos

Frank [fræŋk] n HIST franco(a) *m,f*

frank [fræŋk] ■ adj [person, answer] franco(a) ▸ **to be ~,...** francamente,...
■ vt *BR* [letter] franquear

Frankfurt [fræŋkfɜ:t] n Fráncfort

frankfurter ['fræŋkfɜ:tə(r)] n [sausage] salchicha *f* de Francfort

frankincense ['fræŋkɪnsens] n incienso *m*

frankly ['fræŋklɪ] adv francamente ▸ **~, I couldn't care less** la verdad, me da igual

frantic ['fræntɪk] adj [rush, pace] frenético(a) ▸ **~ with worry** angustiado(a)

frantically ['fræntɪklɪ] adv frenéticamente

frappé [*BR* 'fræpeɪ, *US* fræ'peɪ] n [alchoholic] = *cóctel alcohólico servido con hielo picado* / [milkshake] batido *m*

fraternal [frə'tɜ:nəl] adj fraterno(a), fraternal

fraternity [frə'tɜ:nɪtɪ] n **1.** [brotherliness] fraternidad *f* / [religious group] hermandad *f*, cofradía *f* ▸ **the medical/banking ~** el gremio médico/de la banca **2.** *US* UNIV = *asociación de estudiantes que suele funcionar como club social* ▸ **~ house** = *residencia perteneciente a dicha asociación*

fraternize ['frætənaɪz] vi confraternizar (**with** con)

fraud [frɔ:d] n **1.** [person] impostor(ora) *m,f* **2.** [deception] fraude *m* ▸ **to obtain sth by ~** conseguir algo por medios fraudulentos ▸ **~ squad** brigada *f* de delitos económicos, brigada anticorrupción

fraudulence ['frɔ:djʊləns], ***fraudulency*** ['frɔ:djʊlənsɪ] n fraudulencia *f*

fraudulent ['frɔ:djʊlənt] adj fraudulento(a)

fraudulently ['frɔ:djʊləntlɪ] adv de forma fraudulenta, fraudulentamente

fraught [frɔ:t] adj [situation] tenso(a), tirante / [person] tenso(a) ▸ **~ with danger/emotion** cargado(a) de peligro/emoción

fray[1] [freɪ] n [brawl] contienda *f,* combate *m* ▸ **to enter the ~** entrar en liza

fray[2] ■ vt [material] deshilachar
■ vi [material] deshilacharse / [nerves, tempers] crisparse

frazzle ['fræzəl] n **to be burnt to a ~** estar (totalmente) carbonizado(a)

frazzled ['fræzəld] adj *Fam* [worn out] **to be ~** estar hecho(a) polvo *or RP* destruido(a)

freak [fri:k] ■ n **1.** [strange being] engendro *m,* monstruo *m* ▸ **by a ~ of fortune** por un capricho del destino ▸ **~ show** = *espectáculo que consiste en exhibir a personas con extrañas anomalías físicas* ▸ **~ storm** tormenta *f* inesperada **2.** [enthusiast] fanático(a) *mf* ▸ *Fam* **jazz/film ~** fanático(a) del jazz/cine
■ vi ➤ ***freak out***

◆ ***freak out*** *Fam* ■ vt sep [shock] alucinar / [scare] meter canguelo *or MÉX* mello *or RP* cuiqui a
■ vi [become angry] ponerse hecho(a) una furia ▸ **I freaked out** [panicked] me entró el pánico *or ESP* la neura

freaky ['fri:kɪ] adj *Fam* muy raro(a)

freckle ['frekəl] n peca *f*

freckled ['frekəld], ***freckly*** ['freklɪ] adj pecoso(a)

free [fri:] ■ adj **1.** [unrestricted] libre (**from** *or* **of** de) ▸ **to be ~ to do sth** ser libre para hacer algo ▸ **to set sb ~** liberar a alguien ▸ **~ and easy** relajado(a) ▸ **feel ~ to borrow the car** coge el coche cuando quieras ▸ **feel ~ to help yourself to tea** sírvete té si quieres ▸ **she didn't feel ~ to...** no se atrevía a... ▸ **as ~ as a bird** libre como el viento ▸ **to be a ~ agent** [in general] poder obrar a su antojo / [sports player] tener la carta de libertad ▸ *Fig* **to have a ~ hand** [to make decisions] tener carta blanca ▸ ECON **~ enterprise** empresa *f* libre ▸ **~ fall** [of parachutist] caída *f* libre / [of economy] caída *f* en *ESP* picado *or AM* picada ▸ **~ kick** [in soccer] golpe *m* franco ▸ ECON **~ market** libre mercado *m* ▸ **~ speech** libertad *f* de expresión ▸ **she's a ~ spirit** no se conforma con una vida convencional ▸ **~ trade** libre cambio *m,* libre comercio *m* ▸ **~ trade agreement** acuerdo *m* de libre comercio ▸ **~ verse** verso *m* libre ▸ **~ will** [generally] propia voluntad *f* / [in philosophy, theology] libre albedrío *m* **2.** [unoccupied] libre ▸ **I am ~ tomorrow** mañana estoy libre ▸ **is this seat ~?** ¿está libre este asiento? ▸ **~ time** tiempo *m* libre **3.** [without charge] gratuito(a), gratis ▸ **~ gift** obsequio *m* (promocional) **4.** *Ironic* [generous] **he is very ~ with his advice** es demasiado pródigo a la hora de dar consejos
■ adv [without charge] gratis, gratuitamente ▸ **for ~** gratis
■ vt (pt & pp **freed** [fri:d]) [prisoner, funds, mechanism] liberar (**from** de) / [time, place] desocupar / [something stuck] soltar ▸ **to ~ oneself from** *or* **of sth** librarse de algo

freedom ['fri:dəm] n libertad *f* ▸ **to have the ~ to do sth** tener libertad para hacer algo ▸ **~ of information/speech/worship** libertad de información/expresión/culto ▸ **~ of the press** libertad *f* de prensa ▸ **to give sb the ~ of the city** entregar la llave de la ciudad a alguien ▸ **~ fighter** luchador(ora) *m,f* por la libertad

free-for-all ['fri:fərɔ:l] n *Fam* [fight, discussion] bronca *f,* gresca *f, MÉX* agarrón *m* ▸ **it turned into a ~** degeneró en una bronca

freehold ['fri:həʊld] n LAW propiedad *f* absoluta

freeholder ['fri:həʊldə(r)] n propietario(a) *m,f* absoluto(a)

freelance ['fri:lɑ:ns] ■ n (trabajador(ora) *m,f*) autónomo(a) *m,f,* free-lance *mf*
■ adj autónomo(a), free-lance
■ adv **to work ~** trabajar como autónomo(a) *or* free-lance
■ vi trabajar como autónomo(a) *or* free-lance

freelancer ['fri:lɑ:nsə(r)] n colaborador(ora) *m,f* externo(a), free-lance *mf*

freeloader ['fri:ləʊdə(r)] n *Fam* gorrero(a) *m,f, ESP, MÉX* gorrón(ona) *m,f, RP* garronero(a) *m,f*

freely ['fri:lɪ] adv [to give, speak] libremente ▸ **to be ~ available** encontrarse fácilmente

Freemason ['fri:meɪsən] n masón *m,* francmasón *m*

Freemasonry ['fri:meɪsənrɪ] n masonería *f,* francmasonería *f*

Freepost ['fri:pəʊst] n *BR* franqueo *m* pagado

free-range ['fri:'reɪndʒ] adj [egg, chicken] de corral

freestyle ['fri:staɪl] n [in swimming] estilo *m* libre

freethinker [fri:'θɪŋkə(r)] n librepensador(ora) *m,f*

freeware ['fri:weə(r)] n COMPTR freeware *m,* programa *m* de dominio público *(y gratuito)*

freeway ['fri:weɪ] n *US* autopista *f*

freewheel [fri:'wi:l] vi [bicycle] ir sin pedalear / [car] ir en punto muerto

freeze [fri:z] ■ n [in weather] helada *f* ▸ **price/wage ~** congelación *f* de los precios/los salarios
■ vt (pt **froze** [frəʊz], pp **frozen** [frəʊzən]) [food, prices] congelar
■ vi **1.** [weather] **it's freezing** [very cold] hace un frío espantoso ▸ **it may ~ tonight** puede que hiele esta noche **2.** [liquid] congelarse ▸ **to ~ to death** morirse de frío ▸ *Fam* **I'm freezing!** ¡me estoy congelando! **3.** [person] [stand still] quedarse paralizado(a) ▸ **~!** ¡quieto(a)!

◆ ***freeze out*** vt sep *Fam* **to ~ sb out of the conversation** excluir a alguien de la conversación

◆ ***freeze over*** vi [pond, river] helarse

◆ ***freeze up*** vi [pond, mechanism] helarse

freeze-dried ['fri:z'draɪd] adj [coffee, herbs] liofilizado(a)

freeze-dry ['fri:z'draɪ] vt liofilizar

freeze-frame ['fri:z'freɪm] n CIN imagen *f* congelada

freezer ['fri:zə(r)] n congelador *m*

freezing ['fri:zɪŋ] adj [room] helado(a) / [weather, temperature] muy frío(a) ▸ **~ cold** helado(a)

freight [freɪt] COM ■ n [transport] transporte *m or* flete *m* de mercancías / [goods] flete *m,* carga *f* / [price] flete *m,* porte *m* ▸ *US* **~ elevator** montacargas *m inv* ▸ **~ train** tren *m* de mercancías
■ vt [transport] fletar, transportar ▸ **we'll ~ it to you tomorrow** se lo fletaremos mañana

freighter ['freɪtə(r)] n [ship] carguero *m*

French [frentʃ] ■ npl [people] **the ~** los franceses
■ n [language] francés *m* ▸ *Hum* **excuse my ~** [after swearing] con perdón ▸ **~ class/teacher** clase *f*/profesor *m* de francés
■ adj francés(esa) ▸ **~ fries** *ESP* patatas *fpl or AM* papas *fpl* fritas ▸ MUS **~ horn** trompa *f* ▸ **~ kiss** beso *m* con lengua *or ESP* de tornillo ▸ *BR Old-fashioned* **~ letter** condón *m* ▸ **~ loaf** *or* **stick** barra *f* de pan ▸ **~ window** (puerta *f*) cristalera *f*

Frenchman ['frentʃmən] n francés *m*

French-speaking ['frentʃ'spiːkɪŋ] adj francófono(a)

Frenchwoman ['frentʃwʊmən] n francesa *f*

frenetic [frə'netɪk] adj frenético(a)

frenetically [frə'netɪklɪ] adv frenéticamente

frenzied ['frenzɪd] adj frenético(a) ▸ **~ with rage** fuera de sí (de ira) ▸ **~ with worry** angustiado(a)

frenzy ['frenzɪ] n frenesí *m* ▸ **to work oneself into a ~** ponerse frenético(a)

frequency ['friːkwənsɪ] n frecuencia *f* ▸ RAD **~ band** banda *f* de frecuencia

frequent ■ adj ['friːkwənt] frecuente
■ vt [frɪ'kwent] frecuentar

frequently ['friːkwəntlɪ] adv con frecuencia

fresco ['freskəʊ] (pl **frescos** *or* **frescoes**) n fresco *m*

fresh [freʃ] ■ adj **1.** [food, air] fresco(a) ▸ **it is still ~ in my mind** todavía lo tengo fresco en la memoria ▸ **as ~ as a daisy** (fresco(a)) como una rosa ▸ **to get some ~ air** tomar un poco de aire fresco ▸ **~ troops** tropas *f* de refresco ▸ **~ water** [not salty] agua *f* dulce **2.** [page, attempt, drink] nuevo(a) ▸ **to make a ~ start** empezar de nuevo **3.** [original] [approach, writing] novedoso(a), original **4.** *US Fam* [cheeky] fresco(a) ▸ **to get ~ with sb** [sexually] propasarse con alguien
■ adv **~ from...** recién salido(a) de... ▸ **we're ~ out of lemons** se nos acaban de terminar los limones

freshen ['freʃən] vi [wind, weather] refrescar

◆ ***freshen up*** vi [wash] refrescarse

fresher ['freʃər] n *BR* UNIV novato(a) *m,f* ▸ **freshers' week** = *semana previa al inicio de las clases universitarias con actividades organizadas para los estudiantes de primero*

freshly [freʃlɪ] adv recién ▸ **~ baked/made/painted** recién horneado/hecho/pintado

freshman ['freʃmən] n UNIV novato(a) *m,f*

freshness ['freʃnɪs] n [of food] frescura *f*

freshwater ['freʃwɔːtə(r)] adj [fish] de agua dulce

fret[1] [fret] (pt & pp **fretted**) vi [worry] ponerse nervioso(a)

fret[2] n MUS [on guitar] traste *m*

fretful ['fretfʊl] adj [anxious] inquieto(a)

fretfully ['fretfʊlɪ] adv con mucha desazón, con gran disgusto

Freudian ['frɔɪdɪən] adj freudiano(a) ▸ **~ slip** lapsus *m inv* (linguae)

FRG [efɑː'dʒiː] n (abbr ***Federal Republic of Germany***) RFA *f*, República *f* Federal de Alemania

Fri (abbr ***Friday***) viernes *m inv*

friar ['fraɪə(r)] n fraile *m* ▸ **Friar Edmund** Fray Edmund

fricassee [frɪkə'siː] n fricasé *m*

friction ['frɪkʃən] n [rubbing, disagreement] fricción *f* / PHYS rozamiento *m*

Friday ['fraɪdɪ] n viernes *m inv* ▸ **~ the 13th** ≃ martes y trece / *see also* ***Saturday***

fridge [frɪdʒ] n *esp BR* nevera *f*, *ESP* frigorífico *m*, *MÉX* refrigerador *m*, *RP* heladera *f*

fridge-freezer ['frɪdʒ'friːzə(r)] n combi *m*, *ESP* frigorífico-congelador *m*

fried [fraɪd] adj frito(a)

friend [frend] n amigo(a) *m,f* ▸ **to be friends with sb, to be sb's ~** ser amigo de alguien ▸ **to make friends with sb** hacerse amigo de alguien ▸ **to be a ~ to sb** ser amigo de alguien, ser un amigo para alguien ▸ **that's what friends are for** para eso están los amigos ▸ **we're just good friends** sólo somos buenos amigos ▸ **he's no ~ of mine** no es amigo mío ▸ **to have friends in high places** tener amigos influyentes ▸ **to be a ~ of the arts** ser un mecenas de las artes ▸ *Prov* **a ~ in need is a ~ indeed** en la adversidad se conoce al amigo

friendless ['frendlɪs] adj **to be ~** no tener amigos ▸ **a ~ childhood** una infancia sin amigos

friendliness ['frendlɪnɪs] n amabilidad *f*, simpatía *f*

friendly ['frendlɪ] ■ n SPORT partido *m* amistoso
■ adj [person] agradable, amable / [greeting, place] amistoso(a) ▸ **to be ~ with sb** llevarse bien con alguien ▸ **they became ~** se hicieron amigos(as) ▸ **to be on ~ terms with sb** llevarse bien con alguien ▸ MIL **~ fire** fuego *m* del propio bando ▸ *BR* FIN **~ society** mutua *f*, mutualidad *f*

friendship ['frendʃɪp] n amistad *f* ▸ **to form a ~ with sb** forjar una amistad con alguien ▸ **to lose sb's ~** perder la amistad de alguien

frier ➤ ***fryer***

fries [fraɪz] npl *US* **(French) ~** *ESP* patatas *fpl or AM* papas *fpl* fritas

frieze [friːz] n ART & ARCHIT friso *m*

frigate ['frɪgət] n fragata *f*

frigging ['frɪgɪŋ] *very Fam* ■ adj [for emphasis] *ESP* puñetero(a), *MÉX* pinche, *RP* reverendo(a) ▸ **shut your ~ mouth!** ¡cierra el pico, joder!
■ adv [for emphasis] **I'm ~ freezing!** ¡tengo un frío del carajo!

fright [fraɪt] n susto *m* ▸ **to take ~** asustarse ▸ **to get a ~** darse un susto, asustarse ▸ **to give sb a ~** dar un susto a alguien ▸ *Fam* **to look a ~** estar horroroso(a)

frighten ['fraɪtən] ■ vt asustar ▸ **to ~ sb into doing sth** atemorizar a alguien para que haga algo ▸ *Fam* **to ~ the life** *or* **the wits out of sb** dar a alguien un susto *ESP* de muerte *or MÉX* de la madre *or RP* de miércoles
■ vi **I don't ~ easily** no me asusto fácilmente

frightened ['fraɪtənd] adj asustado(a) **(of** de) ▸ **to be ~ to do sth** tener miedo de hacer algo

frightening ['fraɪtənɪŋ] adj escalofriante, aterrador(ora)

frighteningly ['fraɪtnɪŋlɪ] adv tremendamente, terriblemente

frightful ['fraɪtfʊl] adj espantoso(a)

frightfully ['fraɪtfʊlɪ] adv tremendamente, terriblemente

frigid ['frɪdʒɪd] adj [smile, atmosphere] glacial / [sexually] frígida

frigidity [frɪ'dʒɪdɪtɪ] n [of smile, atmosphere] frialdad *f* / [sexual] frigidez *f*

frill [frɪl] n volante *m* ▸ *Fig* **without frills** [of ceremony] sin florituras

frilly ['frɪlɪ] adj **~ shirt/skirt** camisa *f*/falda *f* de volantes

fringe [frɪndʒ] n **1.** [on clothes, lampshade] flecos *mpl* **2.** *BR* [of hair] flequillo *m* **3.** [edge] extremo *m*, borde *m* ▸ **to be on the fringes of society** ser un/una marginado(a), vivir en la marginalidad ▸ **~ benefits** ventajas *fpl* adicionales *or* extras ▸ POL **~ group** grupo *m* marginal ▸ **~ theatre** teatro *m* experimental

frisk [frɪsk] ■ vt [search] cachear, registrar
■ vi **to ~ about** retozar, corretear

frisky ['frɪskɪ] adj [person] lleno(a) de vitalidad / [animal] retozón(ona), saltarín(ina) ▸ **to be ~** [person] estar lleno(a) de vitalidad

fritter ['frɪtə(r)] n CULIN buñuelo *m* ▸ **banana ~** plátano rebozado y frito

◆ ***fritter away*** vt sep [money] despilfarrar / [time] desperdiciar

frivolity [frɪ'vɒlɪtɪ] n frivolidad *f*

frivolous ['frɪvələs] adj frívolo(a)

frizz [frɪz] ■ n rizos *mpl* muy pequeños
■ vt rizar (con rizos muy pequeños)

frizzy ['frɪzɪ] adj ensortijado(a)

fro [frəʊ] adv **to go to and ~** ir y venir (de un lado para otro)

frock [frɒk] n [dress] vestido *m* ▸ **~ coat** levita *f*

frog [frɒg] n **1.** [animal] rana *f* ▸ *Fam* **to have a ~ in one's throat** tener carraspera **2.** *BR Fam* **Frog** [French person] franchute *mf*, *ESP* gabacho(a) *m,f*

frogman ['frɒgmən] n hombre *m* rana

frogmarch ['frɒgmɑːtʃ] vt llevar por la fuerza

frogspawn ['frɒgspɔːn] n *BR* huevos *mpl* de rana

frolic ['frɒlɪk] vi retozar

from [frɒm, unstressed frəm] prep **1.** [expressing place] de / [expressing specific location or origin] desde ▸ **~ above/the outside** desde arriba/fuera *or AM* afuera ▸ **there's a great view ~ the top** desde la cima la vista es magnífica ▸ **to travel ~ Edinburgh to Madrid** viajar de Edimburgo a Madrid ▸ **the train ~ Manchester** el tren (procedente) de Manchester ▸ **10 km ~ Barcelona** a 10 km de Barcelona **2.** [expressing time] desde ▸ **~ then (on)** desde entonces ▸ **~ tomorrow** a partir de mañana ▸ **~ morning to** *or* **till night** de la mañana a la noche ▸ **~ the beginning** desde el principio ▸ **~ six to seven (o'clock)** de (las) seis a (las) siete ▸ **five years ~ now** de aquí a cinco años ▸ **to be blind ~ birth** ser ciego(a) de nacimiento **3.** [expressing range, change] **~ ... to...** de... a... ▸ **for children ~ seven to nine (years)** para niños de siete a nueve años ▸ **wine ~ £4 a bottle** vinos desde 4 libras la botella **4.** [expressing source] de ▸ **I bought it ~ a friend** se lo compré a un amigo ▸ **where are you ~?, where do you come ~?** ¿de dónde eres? ▸ **she's ~ Portugal** es portuguesa *or* de Portugal ▸ **to drink ~ a cup** beber de una taza *or* en taza ▸ **a quotation ~ the Bible** una cita de la Biblia ▸ **made ~ rubber** hecho(a) de goma **5.** [expressing removal] **to take sth ~ sb** quitar *or ANDES, RP* sacar algo a alguien ▸ **he was banned ~ the club** fue expulsado del club **6.** [on the basis of] **~ what I heard/saw...** (a juzgar) por lo que yo he oído/visto... ▸ **to act ~ conviction** actuar por convicción

frond [frɒnd] n [of fern] fronda *f* / [of palm] (hoja *f* de) palma *f*

front [frʌnt] ■ n **1.** [not back] parte *f* delantera / [of building] fachada *f* / [cover of book] portada *f*, *RP* tapa *f* ▸ **on the ~ of the book** en la portada *or RP* tapa del libro ▸ **at the ~ of the book** al principio del libro ▸ **I sat in (the) ~** [of car] me senté delante *or AM* adelante ▸ THEAT **~ of house** = *conjunto de actividades que se desarrollan dentro del teatro y que implican contacto con el público* **2.** [outward appearance] fachada *f* ▸ **his kindness is only a ~** su amabilidad no es más que fachada ▸ **the company is a ~ for their arms dealing** la empresa es una tapadera *or RP* pantalla para el tráfico de armas ▸ *Fam* **~ man** [of TV, radio programme] presentador *m* / [of pop group] líder *m* / [of organization] cabeza *f* visible **3.** MIL, POL & MET frente *m* ▸ *Fig* **to make progress on all fronts** hacer progresos en todos los frentes ▸ MET **warm/cold ~** frente cálido/frío **4.** *BR* **the ~** [at seaside] el paseo marítimo, *ARG* la costanera, *CUBA* el malecón, *URUG* la rambla

◆ ***in front*** adv **in ~** [in race, contest] en cabeza, por delante

◆ ***in front of*** prep [in queue, opposite] delante de, *AM* adelante de / [in presence of] delante de, en presencia de

◆ ***up front*** adv *Fam* [money] por adelantado

◆ ***up front*** adj **to be up ~ about sth** ser claro(a) en cuanto a algo

■ adj delantero(a) ▸ *BR* PARL **~ bench** = *cada una de las dos primeras filas de escaños ocupados por los ministros y sus homólogos en la oposición* ▸ RAIL **~ carriage** vagón *m* delantero ▸ **~ cover** [of magazine, book] portada *f*, *RP* tapa *f* ▸ **~ door** puerta *f* principal ▸ *BR* **~ garden** jardín *m* delantero *or AM* de adelante ▸ MIL **~ line** frente *m* (de batalla) ▸ **~ page** [of newspaper] portada *f*, primera plana *f* ▸ **~ room** salón *m*, sala *f* de estar ▸ **in the ~ row** en la primera fila ▸ THEAT **to have a ~ row seat** tener asiento de primera fila / *Fig* ser espectador privilegiado ▸ **~ seat** [in car] asiento *m* delantero *or AM* de adelante ▸ **~ teeth** palas *fpl* ▸ **~ view** vista *f* frontal

■ vt [government] encabezar / [TV programme] presentar / [organization] dirigir / [pop group] liderar

■ vi [building] **the house fronts onto the river** la casa da al río

frontage ['frʌntɪdʒ] n fachada *f*

frontal ['frʌntəl] adj ANAT & MIL frontal

frontbencher [frʌnt'bentʃə(r)] n *BR* PARL = *diputado con cargo ministerial en el gobierno u homólogo en la oposición*

frontier ['frʌntɪə(r)] n frontera *f* ▸ **the frontiers of human knowledge** los límites del conocimiento humano ▸ **~ guard** [person] guardia *mf* fronterizo(a) ▸ **~ town** ciudad *f* fronteriza

frontispiece ['frʌntɪspi:s] n frontispicio *m*

front-loading ['frʌnt'ləʊdɪŋ] adj de carga frontal

frontrunner ['frʌntrʌnə(r)] n favorito(a) *m,f*

frost [frɒst] n escarcha *f* ▸ **there was a ~** cayó una helada

◆ ***frost over, frost up*** vi [window] cubrirse de escarcha

frostbite ['frɒstbaɪt] n congelación *f*

frostbitten ['frɒstbɪtən] adj [fingers, toes] con síntomas de congelación / *Fig* [very cold] congelado(a) ▸ **his fingers were ~** sus dedos mostraban síntomas de congelación

frosted ['frɒstɪd] adj [glass] esmerilado(a)

frostily ['frɒstɪlɪ] adv con gelidez *or* frialdad

frosting ['frɒstɪŋ] n *US* [on cake] glaseado *m*

frosty ['frɒstɪ] adj [night, air] gélido(a), helado(a) / *Fig* [welcome, smile] glacial

froth [frɒθ] ■ n [foam] espuma *f*
■ vi hacer espuma ▸ **he was frothing at the mouth** [with rage] echaba espuma por la boca

frothy ['frɒθɪ] adj espumoso(a)

frown [fraʊn] ■ n **a disapproving ~** el ceño fruncido en señal de desaprobación
■ vi fruncir el ceño

◆ ***frown on, frown upon*** vt insep [disapprove of] desaprobar

froze [frəʊz] pt *of* ***freeze***

frozen ['frəʊzən] ■ adj congelado(a) ▸ **to be ~** estar congelado(a)
■ pp *of* ***freeze***

fructose ['frʌktəʊs] n fructosa *f*

frugal ['fru:gəl] adj frugal

frugally ['fru:gəlɪ] adv frugalmente

fruit [fru:t] n [for eating] fruta *f* / [on plant] fruto *m* ▸ **to bear ~** *also Fig* dar fruto ▸ **~ bowl** frutero *m* ▸ **~ cocktail** cóctel *m* de frutas, macedonia *f* (de frutas) ▸ **~ fly** mosca *f* de la fruta ▸ **~ juice** *ESP* zumo *m or AM* jugo *m* de frutas ▸ *BR* **~ machine** (máquina *f*) tragaperras *f inv* ▸ **~ salad** macedonia *f* (de frutas) ▸ **~ tree** (árbol *m*) frutal *m*

fruitcake ['fru:tkeɪk] n bizcocho *m* de frutas / *Fam* [mad person] chiflado(a), *ESP* chalado(a) *m,f*

fruitful ['fru:tfʊl] adj [discussion, meeting] fructífero(a)

fruitfully ['fru:tfʊlɪ] adv provechosamente, de modo fructífero

fruition [fru:'ɪʃən] n **to come to ~** [plan, effort] fructificar

fruitless ['fru:tlɪs] adj infructuoso(a)

fruitlessly ['fru:tlɪslɪ] adv infructuosamente

fruity ['fru:tɪ] adj [taste] afrutado(a) / *Fam* [voice] profundo(a)

frump [frʌmp] n *Fam* **she's a ~** es muy rancia en la manera de vestir

frumpish ['frʌmpɪʃ], ***frumpy*** ['frʌmpɪ] adj *Fam* **to be ~** ser rancio(a) en la manera de vestir

frustrate [frʌs'treɪt] vt [person, plan] frustrar

frustrated [frʌs'treɪtɪd] adj frustrado(a) ▸ **to be ~** estar frustrado(a)

frustrating [frʌs'treɪtɪŋ] adj frustrante

frustration [frʌs'treɪʃən] n [emotion] frustración *f*

fry [fraɪ] ■ vt freír
■ vi freírse

fryer, frier ['fraɪə(r)] n **(deep fat) ~** freidora *f*

frying ['fraɪɪŋ] n fritura *f* ▸ **~ pan** sartén *f* ▸ **to jump out of the ~ pan into the fire** ir de Guatemala a Guatepeor

fry-pan ['fraɪpæn] n *US* sartén *f*

fry-up ['fraɪʌp] n *BR* fritura *f*

ft (abbr ***foot*** or ***feet***) pie *m (30,48 cm)* ▸ **20 ft** 20 pies

FTAA [efti:eɪ'eɪ] n (abbr ***Free Trade Area of the Americas***) ALCA *f*

FTP [efti:'pi:] n COMPTR (abbr ***File Transfer Protocol***) FTP *m*, protocolo *m* de transferencia de ficheros

fuchsia ['fju:ʃə] n [plant] fucsia *f*

fuck [fʌk] *Vulg* ■ n **1.** [intercourse] polvo *m* ▸ **to have a ~** echar un polvo, *ESP* follar, *AM* coger, *MÉX* chingar, *RP, VEN* clavar **2.** [other uses] **~!** ¡carajo!, *ESP* ¡joder! ▸ **I don't give a ~** me importa un huevo ▸ **what the ~...?** ¿qué coño...?, ¿qué cojones...? ▸ **shut the ~ up!** ¡cállate de una puta vez! ▸ **he's as stupid/rich as ~** es más bobo/rico que la hostia ▸ **~ knows why he came!** ¡para qué cojones habrá venido! ▸ **get to ~!** ¡vete a tomar por (el) culo!
■ vt **1.** [have sex with] *ESP* follar, *AM* coger, *MÉX* chingar **2.** [expressing surprise, contempt, irritation] **~ it!** ¡carajo!, *ESP* ¡joder! ▸ **~ you!** *ESP* ¡que te den por culo!, *MÉX* ¡chinga tu madre!, *RP* ¡andate a la puta que te parió!
■ vi *ESP* follar, *AM* coger, *MÉX* chingar

◆ ***fuck about, fuck around*** *Vulg* ■ vt sep **to ~ sb about** *or* **around** [treat badly] joder *or MÉX* chingar a alguien
■ vi [act foolishly] hacer el *ESP* gilipollas *or AM* pendejo **(with** con)

◆ ***fuck off*** vi *Vulg* [go away] largarse, *RP* tomarse el raje ▸ **~ off!** *ESP* ¡vete a tomar por (el) culo!, *MÉX* ¡vete a la chingada!, *RP* ¡andate a la puta que te parió!

◆ ***fuck up*** vt sep *Vulg* **to ~ sth up** [bungle] joder bien algo

fuck-all ['fʌk'ɔ:l] n *Vulg* [nothing] **he's done ~ this week** se ha tocado los huevos *or RP* rascado las bolas toda la semana, *MÉX* estuvo de huevón toda la semana ▸ **to know ~ about sth** no tener ni puta idea de algo

fucked [fʌkt] adj *Vulg* **to be ~** [exhausted] estar *ESP* hecho(a) una braga *or MÉX* chingado(a) *or RP* hecho(a) una mierda / [broken] estar jodido(a)

fucker ['fʌkə(r)] n *Vulg* [person] cabrón(ona) *m,f*, hijo(a) *m,f* de puta *or MÉX* de la chingada ▸ [thing] **I can't get the ~ to start** este hijo (de) puta *or MÉX* de la chingada no arranca

fucking ['fʌkɪŋ] *Vulg* ■ adj **he's a ~ idiot!** ¡es un *ESP* gilipollas *or AM* pendejo *or RP* boludo! ▸ **where's the ~ key?** ¿dónde está la puta llave?

■ adv **it's ~ cold!** ¡hace un frío *ESP* de cojones *or MÉX* de la chingada *or RP* de mierda! ▸ **it's ~ brilliant!** ¡está de puta madre *or MÉX* de la chingada!

fuddy-duddy ['fʌdɪdʌdɪ] n *Fam* **an old ~** un carcamal *or AM* carcamán

fudge [fʌdʒ] ■ n [sweet] = *dulce de azúcar, leche y mantequilla*

■ vt [avoid] **to ~ an issue** eludir un asunto, *ESP* echar balones fuera

■ vi **stop fudging!** ¡déjate de evasivas!

fuel ['fjʊəl] ■ n combustible *m* ▸ *Fig* **to add ~ to the flames** [situation, crisis] echar leña al fuego ▸ **~ bill** facturas *fpl* del gas y la electricidad ▸ AUT **~ consumption** consumo *m* de combustible ▸ AUT **~ gauge** indicador *m* del nivel de gasolina *or RP* nafta ▸ AUT **~ injection** inyección *f* (de combustible) ▸ **~ pump** bomba *f* de (la) gasolina *or RP* nafta ▸ **~ tank** depósito *m* de combustible

■ vt *Fig* [argument, hatred] dar pábulo a, avivar

fuel-efficient ['fjʊəlɪ'fɪʃənt] adj de poco consumo

fug [fʌg] n *BR Fam* ambiente *m* cargado, aire *m* viciado

fugitive ['fju:dʒɪtɪv] n fugitivo(a) *m,f*

fugue [fju:g] n MUS fuga *f*

fulcrum ['fʌlkrəm] n fulcro *m,* punto *m* de apoyo

fulfil, *US* ***fulfill*** [fʊl'fɪl] (pt & pp **fulfilled**) vt [plan, condition, ambition] cumplir / [dream, task] realizar, cumplir / [need, requirement] satisfacer / [function, role] desempeñar ▸ **to feel fulfilled** [person] sentirse realizado(a)

fulfilment, *US* ***fulfillment*** [fʊl'fɪlmənt] n [of plan, condition] cumplimiento *m* / [of ambition, dream, task] realización *f,* cumplimiento / [of need, requirement] satisfacción *f* / [of function, role] desempeño *m* ▸ **to find** *or* **achieve ~** realizarse, hallar satisfacción

full [fʊl] ■ adj **1.** [container, room] lleno(a) / [day] completo(a) ▸ **to be ~ of** estar lleno(a) de ▸ **~ of holes** lleno(a) de agujeros ▸ **to be ~ of praise for sb** no tener más que elogios para alguien ▸ **to be ~ of oneself** tenérselo muy creído ▸ **~ to the brim** (lleno(a)) hasta el borde ▸ **don't speak with your mouth ~** no hables con la boca llena ▸ **to be ~ (up)** [person] estar lleno(a) ▸ **on a ~ stomach** con el estómago lleno **2.** [complete] [amount, support] total / [explanation, recovery] completo(a) ▸ **to take ~ responsibility for sth** asumir plena responsabilidad por algo ▸ **she gave me the ~ story** me lo contó todo ▸ **the ~ horror** todo el horror ▸ **the ~ implications** todas las implicaciones *or CHILE, RP* implicancias ▸ **to lead a ~ life** llevar una vida plena ▸ **I waited two ~ hours** *or* **a ~ two hours** esperé dos horas enteras ▸ **to ask for fuller information about sth** pedir más información acerca de algo ▸ **to be in ~ bloom** estar reventón(ona) *or* en pleno florecimiento ▸ **in ~ flow** [speaker] en pleno discurso ▸ **to be in ~ swing** [party] estar en pleno apogeo ▸ **in ~ view** completamente a la vista ▸ **~ board** pensión *f* completa ▸ *BR* AUT **~ beam** luces *fpl* largas *or AM* altas, luces *fpl* de carretera ▸ PHOT **in ~ colour** a todo color ▸ RAIL **~ fare** precio *m or* tarifa *f* normal ▸ **~ house** [in theatre] lleno *m* / [in cards] full *m* ▸ **~ member** miembro *m* de pleno derecho ▸ **~ moon** luna *f* llena ▸ **~ name** nombre *m* y apellido ▸ THEAT **~ price** precio *m* completo ▸ **~ stop** [punctuation] punto *m* (y seguido) ▸ **~ time** [in soccer match] final *m* del tiempo reglamentario **3.** [maximum] **at ~ blast** [heater, air conditioning] a plena potencia, *RP* a todo vapor / [radio, TV] a todo volumen ▸ **at ~ pelt** *or* **tilt** a toda pastilla *or* marcha ▸ **(at) ~ speed** a toda velocidad ▸ **at ~ stretch** a pleno rendimiento ▸ **~ marks** [in exam] nota *f or* puntuación *f* máxima **4.** [skirt, sleeve] holgado(a), amplio(a) ▸ **a ~ figure** [of woman] una figura de formas bien contorneadas ▸ **~ lips** labios *mpl* carnosos

■ n **to pay in ~** pagar el total ▸ **name in ~** nombre *m* y apellidos ▸ **to live life to the ~** disfrutar la vida al máximo

■ adv **I know it ~ well** lo sé perfectamente ▸ **it hit him ~ in the face** le dió en plena cara

fullback ['fʊlbæk] n [in soccer] (defensa *m*) lateral *m* / [in rugby] defensa *m* de cierre, zaguero *m*

full-blown ['fʊl'bləʊn] adj [war, scandal] declarado(a) / [argument] verdadero(a) ▸ **to have ~ AIDS** haber desarrollado la enfermedad del SIDA (por completo)

full-bodied ['fʊl'bɒdɪd] adj [wine] con cuerpo

full-cream ['fʊl'kri:m] adj **~ milk** leche *f* entera

full-fledged *US* ➤ ***fully-fledged***

full-grown ['fʊl'grəʊn] adj plenamente desarrollado(a) ▸ **to be ~** estar plenamente desarrollado(a)

full-length ['fʊl'leŋθ] adj [portrait, mirror] de cuerpo entero ▸ **~ film** largometraje *m*

fullness, fulness ['fʊlnɪs] n **in the ~ of time** en su momento

full-on ['fʊl'ɒn] adj *Fam* [argument] en serio ▸ **to have ~ sex** llegar hasta el final

full-page ['fʊl'peɪdʒ] adj [advert, illustration] a toda página

full-scale ['fʊl'skeɪl] adj **1.** [model] (de) tamaño natural **2.** [search] exhaustivo(a) ▸ **~ war** guerra *f* a gran escala

full-time ['fʊl'taɪm] ■ adj [job, employment] a tiempo completo / [teacher, housewife] con dedicación exclusiva, de plena dedicación ▸ *Fig* **looking after the baby is a ~ job** cuidar del bebé es un trabajo de plena dedicación

■ adv [work] a tiempo completo

full-timer ['fʊl'taɪmə(r)] n trabajador(ora) *m,f or* empleado(a) *m,f* a tiempo completo

fully ['fʊlɪ] adv **1.** [completely] completamente ▸ **~ grown** hecho(a) y derecho(a) **2.** [at least] **it takes ~ two hours** lleva dos horas largas

fully-fledged ['fʊlɪ'fledʒd], *US* ***full-fledged*** ['fʊl'fledʒd] adj *BR Fig* hecho(a) y derecho(a)

fulminate ['fʌlmɪneɪt] vi tronar, arremeter (**against** contra)

fulness ➤ ***fullness***

fulsome ['fʊlsəm] adj excesivo(a), exagerado(a) ▸ **to be ~ in one's praise of sth/sb** alabar algo/a alguien en exceso

fumble ['fʌmbəl] ■ vt **the goalkeeper fumbled the**

ball al portero *or AM* arquero se le escapó la pelota de las manos
■ vi rebuscar ▸ **to ~ for words** no encontrar las palabras adecuadas, titubear ▸ **he fumbled with the controls** trató torpemente de accionar los mandos

fume [fju:m] ■ n **fumes** humos *mpl*
■ vi **1.** [give off fumes] despedir humo **2.** [be angry] **to be fuming** echar humo (por las orejas)

fumigate ['fju:mɪgeɪt] vt fumigar

fun [fʌn] n diversión *f* ▸ **to have ~** divertirse ▸ **it was great ~** fue muy divertido(a) ▸ **there'll be ~ and games** [trouble] se va a armar una buena ▸ **to make ~ of, to poke ~ at** burlarse de ▸ **to say sth in ~** decir algo en broma ▸ **to do sth for ~, to do sth for the ~ of it** hacer algo para divertirse ▸ **to join in the ~** unirse a la diversión ▸ **what ~!** ¡qué divertido!

function ['fʌŋkʃən] ■ n **1.** [of machine, person, institution] & MATH función *f* ▸ **my ~ in life is to...** mi papel consiste en... ▸ COMPTR **~ key** tecla *f* de función **2.** [celebration] celebración *f* / [official occasion] acto *m* ▸ **~ room** salón *m* de fiestas
■ vi funcionar ▸ **to ~ as** servir de, hacer de

functional ['fʌŋkʃənəl] adj **1.** [practical] funcional **2.** [operational] **to be ~** estar en funcionamiento *or* funcionar

functionality [fʌŋkʃən'ælɪtɪ] n funcionalidad *f*

functionary ['fʌŋkʃənərɪ] n funcionario(a) *m,f*

fund [fʌnd] ■ n **1.** [of money] fondo *m* ▸ **funds** fondos *mpl* ▸ FIN **~ manager** gestor(ora) *m,f* financiero(a) *or* de fondos **2.** [of information, jokes] fuente *f*
■ vt FIN financiar

fundamental [fʌndə'mentəl] ■ adj fundamental ▸ **her ~ honesty** su honradez inherente
■ n **fundamentals** principios *mpl* básicos, fundamentos *mpl*

fundamentalist [fʌndə'mentəlɪst] n REL integrista *mf,* fundamentalista *mf*

fundamentally [fʌndə'mentəlɪ] adv básicamente, fundamentalmente

fundholder ['fʌndhəʊldə(r)] n *BR* = *centro de salud o médico con autonomía en la gestión financiera*

funding ['fʌndɪŋ] n fondos *mpl,* financiación *f, AM* financiamiento *m*

fund-raiser ['fʌndreɪzə(r)] n [person] recaudador(ora) *m,f* de fondos / [event] acto *m* para recaudar fondos

funeral ['fju:nərəl] n funeral *m* ▸ *Fam* **that's your ~!** ¡eso es cosa tuya *or* tu problema! ▸ **~ director** encargado(a) *m,f* de la funeraria ▸ *US* **~ home** funeraria *f* ▸ MUS **~ march** marcha *f* fúnebre ▸ **~ parlour** funeraria *f* ▸ **~ procession** cortejo *m* fúnebre ▸ **~ service** funeral *m,* honras *fpl* fúnebres

funfair ['fʌn'feə(r)] n feria *f* (ambulante)

fungal ['fʌŋgəl] adj fúngico(a), de los hongos ▸ **a ~ infection** una micosis

fungi ['fʌŋgaɪ] pl *of* ***fungus***

fungicide ['fʌŋgɪsaɪd] n fungicida *m*

fungus ['fʌŋgəs] (pl **fungi** ['fʌŋgaɪ]) n [mushroom, toadstool] hongo *m* / [on walls] & MED hongos *mpl*

funk [fʌŋk] n **1.** *Fam Old-fashioned* [fright] **to be in a ~** estar muerto(a) de miedo ▸ **he got into a ~** le entró mieditis *or MÉX* el mello *or RP* el cuiqui **2.** [music] funk *m,* funky *m*

funky ['fʌŋkɪ] adj *Fam* [fashionable, excellent] genial, *ESP* muy guapo(a), *MÉX* muy padre

fun-loving ['fʌnlʌvɪŋ] adj amante de las diversiones

funnel ['fʌnəl] ■ n **1.** [of locomotive, steamship] chimenea *f* **2.** [for filling bottle] embudo *m*
■ vt (pt & pp **funnelled,** *US* **funneled**) [direct] canalizar

funnily ['fʌnɪlɪ] adv [strangely] de forma rara ▸ **~ enough...** curiosamente..., por raro que parezca...

funny ['fʌnɪ] adj **1.** [amusing] gracioso(a) ▸ **are you trying to be ~?** ¿te estás haciendo el gracioso? ▸ *Ironic* **very ~!** ¡muy gracioso! ▸ **~ bone** hueso *m* de la risa **2.** [strange] curioso(a), raro(a) ▸ **I feel a bit ~** [ill] no me siento muy allá ▸ **(that's) ~, I thought I'd locked the door** qué curioso, creía que había cerrado la puerta con llave ▸ **(it's) ~ you should say that** es curioso que digas eso ▸ **this butter tastes/smells ~** esta mantequilla *or RP* manteca sabe/huele raro ▸ **he went a bit ~ in his old age** [eccentric] se volvió un poco raro con los años ▸ *Fam* **I don't want any ~ business!** ¡nada de trucos! ▸ *Fam* **~ farm** manicomio *m, ESP* frenopático *m*

fur [fɜ:(r)] n **1.** [hair] pelo *m* / [animal skin] piel *f* ▸ *Fig* **the ~ was flying** se armó la marimorena ▸ **~ coat** abrigo *m* de piel ▸ **~ trade** comercio *m* de pieles **2.** [on tongue] sarro *m* **3.** *BR* [in kettle, boiler] sarro *m*

furious ['fjʊərɪəs] adj furioso(a) ▸ **to be ~** estar furioso(a) ▸ **to be ~ with oneself** tirarse de los pelos ▸ **at a ~ speed** a una velocidad de vértigo

furiously ['fjʊərɪəslɪ] adv con furia ▸ **the fire was blazing ~** el fuego ardía con furia

furlong ['fɜ:lɒŋ] n [measurement] = *201 metros (unidad utilizada en las carreras de caballos)*

furnace ['fɜ:nɪs] n horno *m*

furnish ['fɜ:nɪʃ] vt **1.** [house, flat] amueblar **2.** *Formal* [provide] proporcionar, suministrar ▸ **to ~ sb with sth** proporcionar algo a alguien

furnished ['fɜ:nɪʃd] adj [flat, room] amueblado(a) ▸ **to be ~** estar amueblado(a) ▸ **~ accommodation** viviendas *fpl* amuebladas

furnishings ['fɜ:nɪʃɪŋz] npl [furniture, fittings] mobiliario *m,* muebles *mpl* ▸ **soft ~** tapicería *f*

furniture ['fɜ:nɪtʃə(r)] n muebles *mpl,* mobiliario *m* ▸ **a piece of ~** un mueble ▸ **~ polish** abrillantador *m* de muebles, *CSUR* lustramuebles *m inv* ▸ *BR* **~ remover** empleado(a) *m,f* de una empresa de mudanzas ▸ **~ shop** tienda *f* de muebles ▸ **~ van** camión *m* de mudanzas

furore [fjʊ'rɔ:rɪ], *US* ***furor*** [fjʊ'rɔ:(r)] n [uproar] revuelo *m,* escándalo *m* ▸ **to cause a ~** levantar un gran revuelo

furrow ['fʌrəʊ] ■ n [in field, on face] surco *m*
■ vt *Literary* **his brow was furrowed with worry** arrugaba la frente con preocupación

furry ['fɜ:rɪ] adj [animal] peludo(a) / [toy] de peluche ▸ **to have a ~ tongue** tener la lengua llena de sarro

further ['fɜːðə(r)], ***farther*** ['fɑːðə(r)] (comparative of **far**) ▪ adv **1.** más lejos ▸ **I can go no ~** no puedo seguir ▸ **this mustn't go any ~** [don't tell anyone else] esto no debe salir de aquí ▸ **I didn't question him any ~** no le pregunté más ▸ **to go no ~ into the matter** no profundizar más en el asunto ▸ **by being careful he made his money go ~** siendo cuidadoso pudo sacar más partido a su dinero ▸ **that doesn't get us much ~** eso no nos ayuda mucho ▸ **~ back** [in space] más atrás / [in time] antes **2.** *Formal* [moreover] además ▸ **~ to your recent letter...** en respuesta a su última carta...
▪ adj **1.** [more distant] más alejado(a) **2.** [additional] nuevo(a), adicional ▸ **upon ~ consideration** tras considerarlo de nuevo ▸ **until ~ notice** hasta nuevo aviso ▸ **without ~ warning** sin más aviso ▸ *BR* **~ education** ≃ formación *f* continua, = *enseñanza no universitaria para adultos*
▪ vt promover

furthermore [fɜːðə'mɔː(r)] adv *Formal* es más

furthermost ['fɜːðəməʊst] adj *Literary* último(a), más alejado

furthest ['fɜːðɪst], ***farthest*** ['fɑːðist] (superlative of **far**) ▪ adj **the ~** el/la más alejado(a), el/la más distante
▪ adv más lejos

furtive ['fɜːtɪv] adj furtivo(a)

fury ['fjʊərɪ] n [of person, storm] furia *f* ▸ **to be in a ~** estar furioso(a) ▸ *Fam* **to work like ~** trabajar como loco(a)

fuse [fjuːz] ▪ n **1.** ELEC fusible *m* ▸ *Fam Fig* **she blew a ~** [became angry] se puso como una fiera ▸ **~ box** cuadro *m* eléctrico, caja *f* de fusibles ▸ **~ wire** fusible *m* **2.** [for dynamite] mecha *f* / [in bomb] espoleta *f* ▸ *Fam Fig* **to have a short ~** [be short-tempered] saltar a la mínima, *RP* ser muy calderita
▪ vt **1.** [join, melt] fundir **2.** *BR* ELEC **a surge of power fused the lights** se fundieron los plomos y se fue la luz por una subida de corriente
▪ vi **1.** [metals] fundirse **2.** [organizations, parties] fusionarse **3.** *BR* ELEC **the lights have fused** se han fundido los plomos y se ha ido la luz

fused [fjuːzd] adj ELEC [plug, appliance] provisto(a) de fusible

fuselage ['fjuːzəlɑːʒ] n fuselaje *m*

fusillade [fjuːzɪ'leɪd] n [of bullets] descarga *f* cerrada / *Fig* [of criticism, questions] lluvia *f*

fusion ['fjuːʒən] n fusión *f*

fuss [fʌs] ▪ n alboroto *m*, escándalo *m* ▸ **a lot of ~ about** *or* **over nothing** mucho ruido y pocas nueces ▸ **I don't see what all the ~ is about** no veo a qué viene tanto alboroto ▸ **to make** *or Fam* **kick up a ~** armar un alboroto *or* un escándalo ▸ **he always makes a ~ of his grandchildren** se deshace en atenciones cada vez que está con sus nietos
▪ vt *Fam* **I'm not fussed** [I don't mind] me da lo mismo
▪ vi **to ~ (about** *or* **around)** estar inquieto(a) ▸ **stop fussing!** ¡estate quieto(a)!

fussily ['fʌsɪlɪ] adv **1.** [react, comment] quisquillosamente **2.** [dressed, decorated] recargadamente

fussiness ['fʌsɪnɪs] n **1.** [fastidiousness] meticulosidad *f*, exigencia *f* **2.** [of dress, decoration] lo recargado

fusspot ['fʌspɒt] n *Fam* quisquilloso(a) *m,f*

fussy ['fʌsɪ] adj **1.** [person] quisquilloso(a), tiquismiquis ▸ **I'm not ~** [I don't mind] me da lo mismo **2.** [dress, decor] recargado(a)

futile ['fjuːtaɪl] adj [attempt, protest] inútil, vano(a) / [remark, suggestion] fútil

futility [fjuː'tɪlɪtɪ] n [of attempt, protest] inutilidad / [of remark, suggestion] futilidad *f*

futon ['fuːtɒn] n futón *m*

future ['fjuːtʃə(r)] ▪ n **1.** [time] futuro *m* ▸ **in (the) ~** en el futuro ▸ **in the near/distant ~** en un futuro próximo/lejano ▸ **she has a job with a (good) ~** [prospects] tiene un trabajo con (mucho) futuro **2.** FIN **futures** futuros *mpl* ▸ **futures market** mercado *m* de futuros **3.** GRAM **~ (tense)** futuro *m* ▸ **~ perfect (tense)** futuro perfecto
▪ adj futuro(a) ▸ **at some ~ date** en una fecha futura ▸ **for ~ reference** para consultar en el futuro

futuristic ['fjuːtʃə'rɪstɪk] adj futurista

fuze *US* [fjuːz] [for dynamite] mecha *f* / [in bomb] espoleta *f*

fuzz [fʌz] n **1.** [on peach, skin] pelusa *f* **2.** *BR Fam* **the ~** [the police] la poli, *ESP* la pasma, *MÉX* los pitufos, *RP* la cana

fuzzy ['fʌzɪ] adj [outline] borroso(a) / [idea] vago(a) / [hair] crespo(a)

FYI (abbr ***for your information***) para tu información

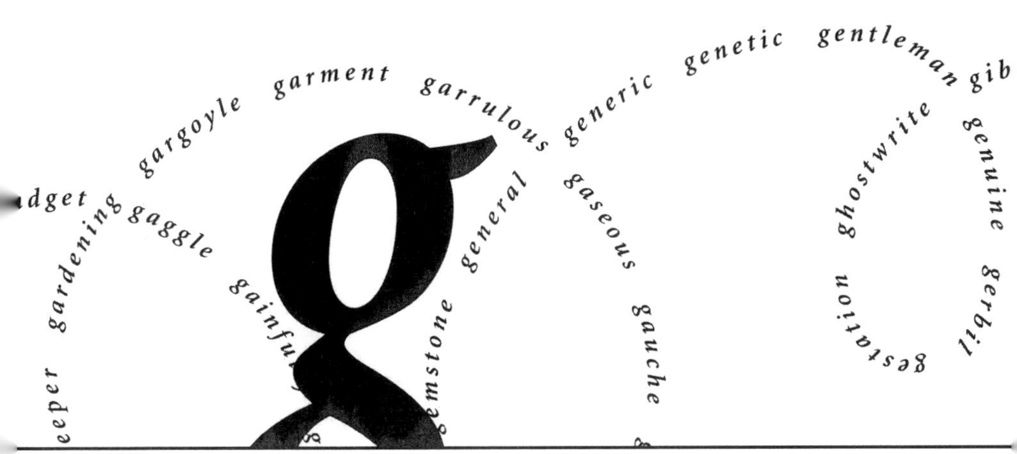

G, g [dʒiː] ■ n **1.** [letter] G *f,* g *f* **2.** MUS sol *m*
■ adj *US* CIN ≃ (apta) para todos los públicos

g (abbr ***gramme***) g

gab [gæb] *Fam* ■ n **to have the gift of the ~** tener un pico de oro
■ vi (pt & pp **gabbed**) [talk, gossip] darle al pico / [to police, press] dar el soplo, *MÉX* soplar, *RP* pasar el dato

gabardine [gæbə'diːn] n [coat, material] gabardina *f*

gabble ['gæbəl] ■ n vocerío *m,* alboroto *m*
■ vi farfullar

gable ['geɪbəl] n [of house] hastial *m,* gablete *m* ▸ **~ end** hastial

Gabon ['gæbən] n Gabón

Gabonese [gæbə'niːz] n & adj gabonés(esa) *m,f*

gad [gæd] ◆ ***gad about*** vi *Fam* pendonear, zascandilear

gadabout ['gædəbaʊt] n *Fam* pendón *m,* zascandil *mf*

gadfly ['gædflaɪ] n [insect] tábano *m* / *Fig* [person] provocador(ora) *m,f*

gadget ['gædʒɪt] n artilugio *m*

Gael [geɪl] n = *persona de origen celta oriunda de Irlanda o el Noroeste de Escocia*

Gaelic ['geɪlɪk, 'gælɪk] ■ n [language] gaélico *m*
■ adj gaélico(a) ▸ SPORT **~ football** fútbol *m* gaélico, = *deporte irlandés a medio camino entre el fútbol y el rugby*

gaff [gæf] n **1.** [in fishing] garfio *m* **2.** *BR Fam* [home] choza *f,* *ESP* queli *m* **3.** *Fam* **to blow the ~ (on)** descubrir el pastel (acerca de)

gaffe [gæf] n [blunder] desliz *m,* metedura *f or AM* metida *f* de pata ▸ **to make a ~** cometer un desliz

gaffer ['gæfə(r)] n *BR Fam* [boss] mandamás *m* / [soccer manager] míster *m*

gag [gæg] ■ n **1.** [on mouth] mordaza *f* **2.** *Fam* [joke] chiste *m*
■ vt (pt & pp **gagged**) [silence] [person, the press] amordazar
■ vi [retch] tener arcadas ▸ **to make sb ~** provocar arcadas a alguien

gaga ['gɑːgɑː] adj *BR Fam* [senile] chocho(a)

gage *US* ➤ ***gauge***

gaggle ['gægəl] n [of geese] bandada *f* ▸ *Fig* **a ~ of journalists** una manada de periodistas

gaiety ['geɪətɪ] n regocijo *m,* alegría *f*

gaily ['geɪlɪ] adv alegremente, con alegría

gain [geɪn] ■ n **1.** [profit] beneficio *m,* ganancia *f* ▸ **for personal ~** en beneficio propio **2.** [increase] aumento *m* (**in** de)
■ vt **1.** [advantage, reputation] cobrar, ganar / [victory] obtener / [sympathy] granjearse, ganarse ▸ **to ~ access to** [burglar] lograr acceder *or* acceso a ▸ **he gained the impression that...** le dio la impresión de que... **2.** [increase] ganar ▸ **to ~ weight** ganar peso ▸ **to ~ ground on** ganar terreno a ▸ **to ~ speed** cobrar velocidad ▸ **to ~ time** ganar tiempo
■ vi **1.** [benefit] **to ~ by sth** beneficiarse de algo **2.** [increase] **to ~ in confidence** cobrar *or* ganar confianza ▸ **to ~ in popularity** hacerse cada vez más popular **3.** [clock] adelantar

◆ ***gain on*** vt insep **to ~ on one's competitors** ganar terreno a los competidores

gainful ['geɪnfʊl] adj remunerado(a)

gainfully ['geɪnfʊlɪ] adv **to be ~ employed** tener un empleo remunerado

gainsay [geɪn'seɪ] (pt & pp **gainsaid** [geɪn'sed]) vt *Formal* negar

gait [geɪt] n paso *m,* manera *f* de caminar *or* *ESP* andar

gal [gæl] n *Old-fashioned Fam* moza *f*

gala ['gɑːlə] n gala *f* ▸ *BR* **swimming ~** concurso *m* de natación ▸ **~ evening** noche *f* de gala ▸ **~ performance** (actuación *f* de) gala

galactic [gə'læktɪk] adj galáctico(a)

Galapagos [gə'læpəgəs] npl **the ~ (Islands)** las (Islas) Galápagos

galaxy ['gæləksɪ] n galaxia *f* ▸ *Fig* **a ~ of stars** un elenco de estrellas

gale [geɪl] n [strong wind] vendaval *m* ▸ *Fig* **a ~ of laughter** un torrente de carcajadas

Galicia [gə'lɪsɪə] n [in Spain] Galicia

Galician [gə'lɪsɪən] n & adj [from Spain] gallego(a) *m,f*

gall [gɔːl] ■ n **1.** MED bilis *f inv* ▸ **~ bladder** vesícula *f* biliar **2.** [impudence] insolencia *f* ▸ **she had the ~ to...** tuvo la insolencia de...
■ vt [annoy] irritar, dar rabia a

gallant ['gælənt] adj [brave] valiente, intrépido(a) / [attentive] galante

gallantly ['gæləntlɪ] adv [bravely] con coraje, valerosamente / [attentively] galantemente, cortésmente

gallantry ['gæləntrɪ] n [attentiveness] galantería *f* / [bravery] valentía *f,* intrepidez *f*

galleon ['gælɪən] n galeón *m*

gallery ['gælərɪ] n **1. (art) ~** [for sale] galería *f* de arte / [for exhibition] museo *m* (de arte) **2.** [in theatre] galería *f,* paraíso *m* ▸ *Fig* **to play to the ~** [politician] actuar para la galería

galley ['gælɪ] (pl **galleys**) n **1.** [ship] galera *f* ▸ **~ slave** galeote *m* **2.** [ship's kitchen] cocina *f* **3.** TYP **~ (proof)** galerada *f*

Gallic ['gælɪk] adj [French] galo(a) / HIST [of Gaul] galo(a), gálico(a)

gallicism ['gælɪsɪzəm] n LING galicismo *m*

galling ['gɔːlɪŋ] adj irritante, mortificante

gallivant [gælɪvænt] ◆ ***gallivant about, gallivant around*** vi pendonear

gallon ['gælən] n galón *m (GB= 4,546 litros; EU= 3,785 litros)*

gallop ['gæləp] ■ n galope *m* ▸ **at a ~** al galope
■ vi galopar ▸ *Fig* **she galloped through her work** despachó rápidamente su trabajo

gallows ['gæləʊz] npl patíbulo *m,* horca *f* ▸ **~ humour** humor *m* negro *or* macabro

gallstone ['gɔːlstəʊn] n cálculo *m* biliar

galore [gə'lɔː(r)] adv *Fam* a montones, a patadas

galvanize ['gælvənaɪz] vt galvanizar ▸ **to ~ sb into action** mover a alguien a la acción

galvanized ['gælvənaɪzd] adj galvanizado(a) ▸ **~ steel** acero *m* galvanizado

Gambia ['gæmbɪə] n **the ~** Gambia

Gambian ['gæmbɪən] n & adj gambiano(a) *m,f,* gambio(a) *m,f*

gambit ['gæmbɪt] n [in chess] gambito *m* / [in negotiation, diplomacy] jugada *f,* maniobra *f* ▸ **opening ~** [in negotiation, diplomacy] primer envite *m*

gamble ['gæmbəl] ■ n riesgo *m* ▸ **to take a ~** arriesgarse
■ vt jugarse ▸ **to ~ one's future on sth** jugarse el porvenir por algo
■ vi jugar, apostar dinero ▸ **to ~ on sth** [bet money on] apostar a algo / [take risk on] jugársela confiando en algo, apostar por algo

gambler ['gæmblə(r)] n jugador(ora) *m,f*

gambling ['gæmblɪŋ] n juego *m* ▸ **~ debts** deudas *fpl* de juego ▸ **~ den** timba *f,* garito *m*

gambol ['gæmbəl] (pt & pp **gambolled,** *US* **gamboled**) vi [lamb, children] retozar

game [geɪm] ■ n **1.** [activity, sport] juego *m* / [of cards, chess] partida *f* / [match] [of soccer, tennis, golf] partido *m* ▸ **~, set, and match** [in tennis] juego, set y partido ▸ **games** [sporting event] juegos *mpl* ▸ *BR* [school subject] deportes *mpl* ▸ **politics is just a ~ to them** la política no es más que un juego para ellos ▸ **~ show** concurso *m* televisivo ▸ **~ theory** teoría *f* de juegos **2.** [in hunting] caza *f* ▸ **~ reserve** coto *m* de caza **3.** [idioms] **to play the ~** jugar limpio ▸ **two can play at that ~** donde las dan las toman ▸ **to beat sb at his own ~** vencer a alguien con sus propias armas ▸ **to play games with sb** jugar con alguien ▸ **to give the ~ away** desvelar el secreto ▸ **what's his ~?** ¿qué pretende? ▸ **I know what your ~ is** sé a qué estás jugando ▸ **the game's up for him** para él se acabó lo que se daba ▸ **I've been in this ~ a long time** llevo mucho tiempo metido en esto ▸ *BR Fam* **to be on the ~** [prostitute] hacer la calle
■ adj **1.** [brave] valiente ▸ **to be ~ (to do sth)** [willing] estar dispuesto(a) (a hacer algo) **2.** *BR Fam Old-fashioned* **a ~ leg** una pata chula

gamekeeper ['geɪmkiːpə(r)] n guarda *mf* de caza

gamely ['geɪmlɪ] adv valientemente

gamey ➤ ***gamy***

gamma ['gæmə] n [Greek letter] gamma *f* ▸ PHYS **~ rays** rayos *mpl* gamma

gammon ['gæmən] n *BR* jamón *m* ▸ **~ steak** = *loncha de jamón a la plancha*

gammy ['gæmɪ] adj *Fam* **a ~ leg** una pata coja *or* *ANDES, RP* renga *or ESP* chula

gamut ['gæmət] n gama *f* ▸ **to run the ~ of** pasar por toda la gama de

gamy, gamey ['geɪmɪ] adj [of flavour] de *or* a caza

gander ['gændə(r)] n **1.** [male goose] ganso *m* **2.** *BR Fam* **to take a ~ (at)** [look] echar un ojo *or* un vistazo (a)

gang [gæŋ] n [of criminals] banda *f* / [of children, friends] pandilla *f* / [of workers] cuadrilla *f*

◆ ***gang up*** vi **to ~ up on sb/with sb** confabularse contra/con alguien

gang-bang ['gæŋ'bæŋ] n *very Fam* [group rape] violación *f* colectiva

Ganges ['gændʒiːz] n **the ~** el Ganges

gangland ['gæŋlænd] n [underworld] hampa *f* ▸ **a ~ killing** un ajuste de cuentas entre gángsters

gangling ['gæŋglɪŋ] adj larguirucho(a)

ganglion ['gæŋglɪən] (pl **ganglia** ['gæŋglɪə]) n ANAT ganglio *m*

gangplank ['gæŋplæŋk] n NAUT pasarela *f,* plancha *f*

gangrene ['gæŋgriːn] n gangrena *f*

gangrenous ['gæŋgrɪnəs] adj gangrenoso(a) ▸ **to go ~** gangrenarse

gangsta ['gæŋstə] n **1.** [music] **~ (rap)** gangsta *m* **2.** [rapper] gangsta *mf*

gangster ['gæŋstə(r)] n gángster *m* ▸ **~ film** película *f* de gángsters

gangway ['gæŋweɪ] n THEAT [passage] pasillo *m* / NAUT [gangplank] pasarela *f*, plancha *f* ▸ **~!** ¡paso!

gannet ['gænɪt] n [bird] alcatraz *m* / *Fam* [greedy person] glotón(ona) *m,f*

gantry ['gæntrɪ] n [for crane] pórtico *m* / [for rocket] torre *f* de lanzamiento / [for theatre lighting] pasarela *f* de focos *or* luces, rejilla *f* de iluminación / [in pub] botellero *m*

gaol [dʒeɪl] *BR* ■ n cárcel *f*, prisión *f* ▸ **to be in ~** estar en la cárcel ▸ **to go to ~** ir a la cárcel
■ vt encarcelar

gap [gæp] n [physical opening] hueco *m* / [in mountains] desfiladero *m*, paso *m* / [in time] intervalo *m* / [in age, ability] diferencia *f* / [in knowledge] laguna *f* / [in text] espacio *m* en blanco ▸ **the ~ between rich and poor** la brecha entre ricos y pobres ▸ **his death leaves a ~ in all of our lives** su muerte deja un vacío en la vida de todos nosotros ▸ COM **a ~ in the market** un hueco en el mercado ▸ **~ year** = *año que muchos jóvenes utilizan, una vez concluida la educación secundaria y antes de ingresar a la universidad, para viajar por el mundo o trabajar*

gape [geɪp] vi **1.** [stare] **to ~ (at sth/sb)** mirar (algo/a alguien) con los ojos desorbitados **2. to ~ (open)** abrirse

gaping ['gəɪpɪŋ] adj [hole, chasm] enorme

gappy ['gæpɪ] adj [account, knowledge] disperso(a), con muchas lagunas ▸ **to have ~ teeth** tener los dientes separados

garage ['gærɑːʒ, 'gærɪdʒ, *US* gə'rɑːʒ] n [for storing cars] garaje *m*, *AM* cochera *f* / [for repairing cars] taller *m* (de reparaciones) / *BR* [where fuel is sold] gasolinera *f*, estación *f* de servicio / *US* **~ sale** = *mercadillo en casa de un particular*

garb ['gɑːb] n *Literary* atuendo *m*, atavío *m*

garbage ['gɑːbɪdʒ] n **1.** *US* [household waste] basura *f* ▸ **~ can** cubo *m* *or* *AM* bote *m* de la basura ▸ **~ collector** basurero(a) *m,f* ▸ **~ disposal unit** trituradora *f* de basura ▸ **~ dump** basurero *m* ▸ **~ heap** montón *m* de basura ▸ **~ man** basurero *m* ▸ **~ truck** camión *m* de la basura **2.** *Fam* [nonsense] *ESP* chorradas *fpl*, *AM* pendejadas ▸ **he's talking ~** está diciendo *ESP* chorradas *or* *AM* pendejadas

garble ['gɑːbəl] vt [story, message] embrollar

garbled ['gɑːbəld] adj [story, explanation] embrollado(a), confuso(a)

garden ['gɑːdən] ■ n jardín *m* ▸ **back/front ~** jardín trasero/delantero ▸ **~ centre** centro *m* de jardinería ▸ *BR* **~ flat** apartamento *m* *or* ▸ *ESP* piso *m* *or* *ARG* departamento *m* (en planta baja) con jardín ▸ **~ furniture** mobiliario *m* de jardín ▸ **~ party** recepción *f* al aire libre ▸ *Fig* **to lead sb up the ~ path** [mislead] engatusar a alguien ▸ *BR* **~ suburb** = *urbanización con grandes zonas ajardinadas* ▸ **~ tools** útiles *mpl* de jardinería
■ vi cuidar el jardín, trabajar en el jardín

gardener ['gɑːdnə(r)] n jardinero(a) *m,f*

gardening [gɑːdnɪŋ] n jardinería *f* ▸ **to do the ~** cuidar el jardín

gargantuan [gɑː'gæntjʊən] adj [in general] colosal / [meal] pantagruélico(a)

gargle ['gɑːgəl] vi hacer gárgaras

gargoyle ['gɑːgɔɪl] n gárgola *f*

garish ['geərɪʃ] adj [clothes, colour] chillón(ona), estridente / [light] deslumbrante

garishly ['geərɪʃlɪ] adv con colores chillones

garland ['gɑːlənd] ■ n guirnalda *f*
■ vt adornar con guirnaldas

garlic ['gɑːlɪk] n ajo *m* ▸ **~ bread** pan *m* de ajo ▸ **~ butter** mantequilla *f* *or* *RP* manteca *f* aromatizada con ajo ▸ **~ sausage** embutido *m* al ajo

garment ['gɑːmənt] n prenda *f* (de vestir)

garnet ['gɑːnɪt] n granate *m*

garnish ['gɑːnɪʃ] ■ n CULIN guarnición *f*
■ vt guarnecer, adornar (**with** con)

garret ['gærət] n [attic] buhardilla *f*

garrison ['gærɪsən] ■ n guarnición *f* ▸ **~ duty** servicio *m* en una guarnición ▸ **~ town** ciudad *f* con guarnición
■ vt [troops] acuartelar

garrotte [gə'rɒt] ■ n garrote *m* vil
■ vt dar garrote vil a

garrulous ['gærʊləs] adj gárrulo(a)

garter ['gɑːtə(r)] n [for stockings] liga *f* ▸ *BR* **the Order of the Garter** la Orden de la Jarretera ▸ *US* **~ belt** liguero *m* ▸ **~ snake** culebra *f* de jaretas

gas [gæs] ■ n **1.** gas *m* ▸ **to have ~** [as anaesthetic] recibir anestesia gaseosa ▸ **~ bill** factura *f* del gas ▸ **~ chamber** cámara *f* de gas ▸ **~ cooker** cocina *f* *or* *COL, MÉX, VEN* estufa *f* de gas ▸ **~ cylinder** bombona *f* de gas ▸ **~ fire** estufa *f* de gas ▸ **~ heater** [for heating] estufa *f* de gas / [for hot water] calentador *m* de gas ▸ **~ lamp** lámpara *f* de gas ▸ **~ main** tubería *f* del gas, gasoducto *m* ▸ **~ mask** máscara *f* antigás ▸ **~ ring** quemador *m* **2.** *US* [gasoline] gasolina *f*, *RP* nafta *f* ▸ *Fam* **to step on the ~** [accelerate] pisar el acelerador ▸ **~ pump** surtidor *m* de gasolina *or* *RP* nafta ▸ **~ station** gasolinera *f*, estación *f* de servicio ▸ **~ tank** depósito *m* de la gasolina *or* *RP* nafta **3.** *Fam* **what a ~!** ¡qué divertido!
■ vt (pt & pp **gassed**) gasear
■ vi *Fam* [chat] estar de cháchara *or* *ESP* palique

gasbag ['gæsbæg] n *Fam* charlatán(ana) *m,f*, cotorra *f*

gaseous ['geɪsɪəs] adj gaseoso(a)

gas-fired ['gæs'faɪəd] adj *BR* de gas

gash [gæʃ] ■ n [wound] herida *f* (profunda), corte *m* (profundo) / [in wood, metal] brecha *f*
■ vt hacerse una herida en

gasket ['gæskɪt] n AUT junta *f* ▸ *Fam Fig* **he blew a ~** [lost his temper] se salió de sus casillas

gasoline ['gæsəliːn] n *US* gasolina *f*, *RP* nafta *f*

gasometer [gæ'sɒmɪtə(r)] n gasómetro *m*

gasp [gɑːsp] ■ n [of surprise] grito *m* ahogado ▸ **to be at one's last ~** estar en las últimas
■ vi lanzar un grito ahogado (**with** *or* **in** de) ▸ **to make sb ~** dejar boquiabierto a alguien ▸ **she gasped for breath** *or* **for air** luchaba por respirar ▸ *BR Fam* **to be**

gasping for a cigarette/a drink morirse por un cigarrillo/algo de beber *or AM* tomar

gassy ['gæsɪ] adj [beer] con burbujas

gastric ['gæstrɪk] adj gástrico(a) ▸ **~ flu** gripe *f* gastrointestinal ▸ **~ juices** jugos *mpl* gástricos ▸ **~ ulcer** úlcera *f* gástrica

gastritis [gæs'traɪtɪs] n gastritis *f inv*

gastroenteritis [gæstrəʊəntə'raɪtɪs] n gastroenteritis *f inv*

gastronomic [gæstrə'nɒmɪk] adj gastronómico(a)

gastronomy [gæs'trɒnəmɪ] n gastronomía *f*

gasworks ['gæswɜːks] n fábrica *f or AM* planta *f* de gas

gate [geɪt] n **1.** [entrance] puerta *f* / [made of metal] verja *f* ▸ **~ (number) 15** [in airport] puerta número 15 **2.** SPORT [spectators] entrada *f* / [takings] recaudación *f*

CULTURE / CULTURA

-gate

El escándalo del Watergate, que sacudió a los Estados Unidos en 1972, tuvo un gran efecto no sólo sobre la política americana, sino también sobre la lengua inglesa. De hecho, el término "Watergate" ha generado toda una serie de derivados donde el sufijo **-gate** se asocia a un nombre o incidente sinónimo de escándalo público. Así, "Irangate" hace referencia a la venta ilegal de armas al gobierno iraní por parte del gobierno de Reagan a mediados de los ochenta, y "Contragate" al financiamiento de la campaña terrorista llevada a cabo contra el Estado nicaragüense gracias al dinero así obtenido. "Monicagate" evoca el proceso judicial del presidente Clinton en 1998 como consecuencia de su relación con la joven ayudante Monica Lewinsky. No cabe duda de que futuros escándalos continuarán dando lugar a expresiones de nuevo cuño con este sufijo.

gâteau ['gætəʊ] (pl **gâteaux** ['gætəʊz]) n pastel *m, ESP* tarta *f, COL, CSUR* torta *f*

gatecrash ['geɪtkræʃ] *Fam* ■ vt **to ~ a party** colarse en una fiesta
■ vi colarse

gatecrasher ['geɪtkræʃə(r)] n *Fam* intruso(a) *m,f*

gatehouse ['geɪthaʊs] n [of park, castle] casa *f* del guarda / [of house, estate] casa *f* del portero

gatekeeper ['geɪtkiːpə(r)] n [of park, castle] guarda *mf* / [of house, estate] portero(a) *m,f*

gatepost ['geɪtpəʊst] n poste *m* (de la verja)

gateway ['geɪtweɪ] n entrada *f* ▸ *Fig* **the ~ to the East** la vía de entrada a Oriente ▸ *Fig* **the ~ to success** la clave del éxito

gather ['gæðə(r)] ■ vt **1.** [collect] reunir / [fruit, flowers] recoger ▸ **to ~ the harvest** recoger la cosecha, cosechar ▸ **he gathered his thoughts** puso en orden sus ideas ▸ **to ~ all one's strength to do sth** hacer acopio de fuerzas para hacer algo ▸ **we are gathered here today...** estamos hoy aquí reunidos... ▸ **he gathered her in his arms** la tomó entre sus brazos **2.** [accumulate] [dirt, dust] acumular ▸ *Fig* **to be gathering dust** estar arrinconado(a) ▸ **to ~ speed** ganar velocidad **3.** [conclude, understand] **to ~ that...** deducir que..., entender que... ▸ **as you may already have gathered...** como probablemente ya habrás deducido... ▸ **so I ~** eso parece
■ vi [people] reunirse, congregarse / [things] acumularse ▸ **a storm is gathering** se está formando una tormenta ▸ **to ~ round the fire/the radio** reunirse en torno al fuego/a la radio

◆ ***gather round*** vi formar corro, agruparse

◆ ***gather together*** ■ vt sep [belongings, evidence] reunir
■ vi [people] reunirse

◆ ***gather up*** vt sep recoger ▸ **he gathered her up in his arms** la tomó en sus brazos

gathering ['gæðərɪŋ] ■ n [group] grupo *m* de personas / [meeting] reunión *f*
■ adj [darkness, speed] creciente ▸ *also Fig* **the ~ storm** la tormenta que se viene preparando

GATT [gæt] n (abbr ***General Agreement on Tariffs and Trade***) GATT *m*

gauche [gəʊʃ] adj torpe, desmañado(a)

gaudily [gɔːdɪlɪ] adv con colores chillones

gaudy ['gɔːdɪ] adj chillón(ona), llamativo(a)

gauge, *US* ***gage*** [geɪdʒ] ■ n **1.** [size] [of screw, wire, gun] calibre *m* / [of railway track] ancho *m* de vía **2.** [measuring device] calibrador *m* ▸ **fuel ~** indicador *m* del nivel de gasolina ▸ **pressure ~** manómetro *m* ▸ **the poll is a useful ~ of public opinion** los sondeos son un útil indicador de la opinión pública
■ vt [amount, difficulty] calcular, precisar

Gaul [gɔːl] n HIST **1.** [region] Galia *f* **2.** [inhabitant] galo(a) *m,f*

gaunt [gɔːnt] adj [person, features] demacrado(a)

gauntlet ['gɔːntlɪt] n [glove] guante *m* (largo) / HIST guantelete *m,* manopla *f* ▸ *Fig* **to throw** *or* **fling down the ~** [challenge] arrojar el guante, *AM* desafiar a alguien ▸ *Fig* **to take up the ~** recoger el guante, aceptar el reto ▸ *Fig* **to run the ~ of sth** exponerse a algo

gauze [gɔːz] n gasa *f*

gave [geɪv] pt *of* ***give***

gavel ['gævəl] n martillo *m,* maceta *f (de subastador, juez)*

gawk [gɔːk] ➤ ***gawp***

gawky ['gɔːkɪ] adj *Fam* desgarbado(a)

gawp [gɔːp] vi *Fam* quedarse papando moscas ▸ **to ~ at sth/sb** mirar boquiabierto(a) algo/a alguien

gay [geɪ] ■ adj **1.** [homosexual] homosexual, gay ▸ **~ rights** derechos *mpl* de los homosexuales **2.** *esp Old-fashioned* [happy] alegre ▸ **with ~ abandon** con alegre despreocupación
■ n [man] homosexual *m,* gay *m* / [woman] lesbiana *f*

Gaza [gɑːzə] n Gaza ▸ **the ~ Strip** la Franja de Gaza

gaze [geɪz] ■ n mirada *f* (fija) ▸ **to meet** *or* **return sb's ~** devolver la mirada a alguien
■ vi **to ~ at** mirar fijamente *or* embobadamente ▸ **to ~ into space** *or* **the middle distance** mirar al vacío

gazelle [gə'zel] n gacela *f*

gazette [gə'zet] n [official journal] boletín *m* oficial

gazetteer [gæzɪ'tɪə(r)] n [book] diccionario *m* geográfico

gazump [gə'zʌmp] vt *BR Fam* = *en una compraventa de una propiedad, retractarse el vendedor de un precio acordado verbalmente para obtener otro mayor de otro comprador*

GB [dʒiː'biː] n (abbr ***Great Britain***) GB, Gran Bretaña

GBH [dʒiːbiː'eɪtʃ] n *BR* LAW (abbr ***grievous bodily harm***) lesiones *fpl* graves

GC [dʒiː'siː] n *BR* (abbr ***George Cross***) = *condecoración civil concedida por actos de heroísmo*

GCHQ [dʒiːsiːeɪtʃ'kjuː] n (abbr ***Government Communications Headquarters***) = *servicio británico de espionaje electrónico*

GCSE [dʒiːsiːes'iː] n *BR* SCH (abbr ***General Certificate of Secondary Education***) = *certificado de enseñanza secundaria*

Gdns (abbr ***Gardens***) Jardines *(en direcciones)*

GDP [dʒiːdiː'piː] n ECON (abbr ***gross domestic product***) PIB *m*

gear [gɪə(r)] n **1.** [on car, bicycle] [speed] marcha *f*, velocidad *f* / [mechanism] engranaje *m* ▸ *Fig* **to put sb's plans out of ~** desbaratar los planes de alguien ▸ **first/second ~** primera *f*/segunda *f* (marcha *or* velocidad) ▸ AUT **~** *BR* **lever** *or US* **shift** palanca *f* de cambios **2.** *Fam* [equipment] equipo *m* / [in kitchen] aparatos *mpl* / [belongings] bártulos *mpl* **3.** *Fam* [clothes] ropa *f*

◆ ***gear to*** vt sep **to ~ sth to sth** adaptar algo a algo

◆ ***gear towards*** vt sep **to be geared towards sth/sb** estar dirigido(a) *or* orientado(a) a algo/alguien

gearbox ['gɪəbɒks] n caja *f* de cambios

gearstick ['gɪəstɪk] n palanca *f* de cambios

gee [dʒiː] exclam **1.** [to horse] **~ up!** ¡arre! **2.** *US* **~ (whizz)!** ¡anda!, ¡caramba!

gee-gee ['dʒiːdʒɪ] n *Fam* [in children's language] caballito *m*

geese [giːs] pl *of* ***goose***

geezer ['giːzə(r)] n *BR Fam* tipo *m*, *ESP* tío *m* ▸ **old ~** tarra *m*, vejestorio *m*

Geiger counter ['gaɪgə(r)] n contador *m* Geiger

gel [dʒel] ■ n [substance] gel *m* / [for hair] gel *m* moldeador, *ESP* gomina *f*

■ vi (pt & pp **gelled**) [liquid] aglutinarse / *Fig* [ideas, plans, team] cuajar

gelatin(e) [dʒelə'tiːn] n gelatina *f*

gelatinous [dʒɪ'lætɪnəs] adj gelatinoso(a)

gelding ['geldɪŋ] n caballo *m* castrado

gelignite ['dʒelɪgnaɪt] n gelignita *f* (explosiva)

gem [dʒem] n [precious stone] gema *f* ▸ *Fig* **he's an absolute ~** es una verdadera joya

Gemini [dʒemɪnaɪ] n [sign of zodiac] Géminis *m inv* ▸ **to be (a) ~** ser Géminis

gemstone ['dʒemstəʊn] n piedra *f* preciosa, gema *f*

gen [dʒen] n *BR Fam* [information] información *f*, datos *mpl*

gender ['dʒendə(r)] n **1.** GRAM género *m* **2.** [sex] sexo *m*

gene [dʒiːn] n BIOL gen *m* ▸ **to have sth in one's genes** [talent, trait] llevar algo en los genes *or* en la sangre

genealogical [dʒiːnɪə'lɒdʒɪkəl] adj genealógico(a)

genealogy [dʒiːnɪ'ælədʒɪ] n genealogía *f*

genera pl *of* ***genus***

general ['dʒenərəl] ■ n **1. in ~** en general **2.** MIL general *m* ▸ *US* **~ of the army** capitán(ana) *nm,f* general

■ adj general ▸ **as a ~ rule** por norma *or* regla general ▸ **in ~ terms** en términos generales ▸ **~ anaesthetic** anestesia *f* general ▸ **General Assembly** [of United Nations] Asamblea *f* General ▸ *US* **~ delivery** lista *f* de correos ▸ **~ election** elecciones *fpl* generales ▸ **~ knowledge** cultura *f* general ▸ **~ manager** director(ora) *m,f* general ▸ **~ meeting** asamblea *f* general ▸ MED **~ practice** medicina *f* general / MED **~ practitioner** médico(a) *m,f* de cabecera *or* de familia ▸ **the ~ public** el gran público, el público en general ▸ *US* **~ store** tienda *f (que vende de todo)* ▸ **~ strike** huelga *f* general

generalist ['dʒenərəlɪst] n generalista *mf*

generality [dʒenə'rælɪtɪ] n generalidad *f*

generalization [dʒenərəlaɪ'zeɪʃən] n generalización *f*

generalize ['dʒenərəlaɪz] ■ vt **to become generalized** [practice, belief] generalizarse

■ vi generalizar

generally ['dʒenrəlɪ] adv [taken overall] en general / [as a general rule] generalmente, por lo general ▸ **~ speaking** en términos generales

generate ['dʒenəreɪt] vt [electricity, income] generar / [reaction, interest] provocar

generation [dʒenə'reɪʃən] n **1.** [of people, computers] generación *f* ▸ **from ~ to ~** de generación en generación ▸ **the younger/older ~** la generación joven/vieja ▸ **~ gap** conflicto *m* generacional **2.** [production] [of electricity] producción *f*

generator ['dʒenəreɪtə(r)] n ELEC generador *m*

generic [dʒɪ'nerɪk] adj genérico(a)

generosity [dʒenə'rɒsɪtɪ] n generosidad *f*

generous ['dʒenərəs] adj generoso(a)

generously ['dʒenərəslɪ] adv generosamente

genesis ['dʒenɪsɪs] (pl **geneses** ['dʒenɪsiːz]) n génesis *f inv*, origen *m* ▸ **(the Book of) Genesis** (el Libro *m* del) Génesis *m*

genetic [dʒɪ'netɪk] adj genético(a) ▸ **~ code** código *m* genético ▸ **~ engineering** ingeniería *f* genética ▸ **~ fingerprinting** identificación *f* genética

genetically [dʒɪ'netɪklɪ] adv genéticamente ▸ **~ modified** transgénico(a), modificado(a) genéticamente

geneticist [dʒɪ'netɪsɪst] n genetista *mf*

genetics [dʒɪ'netɪks] n genética *f*

Geneva [dʒɪ'niːvə] n Ginebra ▸ **Lake ~** el Lago Leman ▸ **the ~ Convention** la Convención de Ginebra

genial ['dʒiːnɪəl] adj cordial, amable

FALSE FRIEND / FALSO AMIGO

genial

Genial no es la traducción del adjetivo inglés *genial*. **Genial** se traduce por *of genius* o por *great, brilliant*.

geniality [dʒi:nɪ'ælɪtɪ] n cordialidad *f*, amabilidad *f*

genially ['dʒi:nɪəlɪ] adv cordialmente, amablemente

genie ['dʒi:nɪ] (pl **genii** ['dʒi:nɪaɪ]) n duende *m*, genio *m*

genital ['dʒenɪtəl] adj genital
◆ ***genitals*** npl (órganos *mpl*) genitales *mpl*

genitalia [dʒenɪ'teɪlɪə] npl *Formal* (órganos *mpl*) genitales *mpl*

genitive ['dʒenɪtɪv] GRAM ■ n genitivo *m*
■ adj genitivo(a) ▸ ~ **case** (caso *m*) genitivo *m*

genius ['dʒi:nɪəs] n [person] genio *m* / [aptitude] genio *m*, don *m* ▸ **to have a ~ for...** tener un don (natural) para... ▸ **man/work of ~** hombre *m*/obra *f* genial

Genoa ['dʒenəʊə] n Génova

genocide ['dʒenəsaɪd] n genocidio *m*

genre ['ʒɒnrə] n [of film, novel] género *m*

gent [dʒent] n *BR Fam* **1.** [gentleman] caballero *m*, señor *m* ▸ **gents' footwear** calzado *m* de caballero **2. the gents** [toilets] el baño *or ESP* el servicio *or CSUR* la toilette de caballeros

genteel [dʒen'ti:l] adj [delicate] fino(a) / *Pej* afectado(a) / [respectable] respetable

Gentile ['dʒentaɪl] n gentil *mf*, no judío(a) *m,f*

gentility [dʒen'tɪlɪtɪ] n refinamiento *m*, finura *f* / *Pej* afectación *f*, cursilería *f*

gentle ['dʒentəl] adj [person, manner] tierno(a), afectuoso(a) / [push, breeze, slope, exercise] suave / [hint] discreto(a) / [rise, fall] leve ▸ **to be ~ with sb/sth** tener cuidado con alguien/algo

gentleman ['dʒentəlmən] n caballero *m* ▸ **he's a real ~** es todo un caballero ▸ **a gentleman's agreement** un pacto entre caballeros ▸ **Ladies and Gentlemen!** ¡señoras y señores!

gentlemanly ['dʒentəlmənlɪ] adj caballeroso(a), cortés

gentleness ['dʒentəlnɪs] n [of person, nature] ternura *f*, afectuosidad *f*

gentlewoman ['dʒentəlwʊmən] n HIST dama *f*, señora *f*

gently ['dʒentlɪ] adv [to treat] con ternura, afectuosamente / [to move, touch] con suavidad / [slowly] despacio, poco a poco

gentrification [dʒentrɪfɪ'keɪʃən] n *BR* aburguesamiento *m (de barrio obrero)*

gentry ['dʒentrɪ] npl alta burguesía *f*

genuflect ['dʒenjʊflekt] vi hacer una genuflexión

genuine ['dʒenjʊɪn] adj **1.** [authentic] [manuscript, painting] genuino(a), auténtico(a) **2.** [sincere] sincero(a) ▸ **a ~ mistake** un error no intencionado

genuinely ['dʒenjʊɪnlɪ] adv [sincerely] realmente

genus ['dʒi:nəs] (pl **genera** ['dʒenərə]) n BIOL género *m*

geo- ['dʒi:əʊ] prefix geo-

geographer [dʒɪ'ɒgrəfə(r)] n geógrafo(a) *m,f*

geographic(al) [dʒɪə'græfɪk(əl)] adj geográfico(a)

geography [dʒɪ'ɒgrəfɪ] n geografía *f*

geologic(al) [dʒɪə'lɒdʒɪk(əl)] adj geológico(a)

geologist [dʒɪ'ɒlədʒɪst] n geólogo(a) *m,f*

geology [dʒɪ'ɒlədʒɪ] n geología *f*

geometric(al) [dʒɪə'metrɪk(əl)] adj geométrico(a)

geometry [dʒɪ'ɒmɪtrɪ] n geometría *f*

geophysics [dʒɪəʊ'fɪzɪks] n geofísica *f*

geopolitics [dʒɪəʊ'pɒlɪtɪks] n geopolítica *f*

Geordie ['dʒɔ:dɪ] *BR Fam* ■ n = *natural o habitante de la región de Tyneside*
■ adj de la región de Tyneside

Georgia ['dʒɔ:dʒɪə] n [country, US state] Georgia

Georgian ['dʒɔ:dʒɪən] ■ n **1.** [person] georgiano(a) *m,f* **2.** [language] georgiano *m*
■ adj **1.** [of country, US state] georgiano(a) **2.** *BR* [architecture, furniture] georgiano(a)

geothermal [dʒi:əʊ'θɜ:məl] adj geotérmico(a)

geranium [dʒə'reɪnɪəm] n geranio *m*

gerbil ['dʒɜ:bɪl] n jerbo *m*, gerbo *m*

geriatric [dʒerɪ'ætrɪk] ■ n MED anciano(a) *m,f* / *Fam Pej* vejestorio *mf*
■ adj geriátrico(a)

geriatrics [dʒerɪ'ætrɪks] n geriatría *f*

germ [dʒɜ:m] n **1.** MED [micro-organism] germen *m*, microbio *m* ▸ ~ **warfare** guerra *f* bacteriológica **2.** BOT & *Fig* germen

German ['dʒɜ:mən] ■ n **1.** [person] alemán(ana) *m,f* **2.** [language] alemán *m* ▸ ~ **class/teacher** clase *f*/profesor(ora) *m,f* de alemán
■ adj alemán(ana) ▸ ~ **measles** rubeola *f* ▸ ~ **shepherd** pastor *m* alemán

germane [dʒɜ:'meɪn] adj *Formal* pertinente ▸ **that's not entirely ~ to the matter** eso no concierne mucho al asunto

Germanic [dʒɜ:'mænɪk] adj germánico(a)

Germany ['dʒɜ:mənɪ] n Alemania

germ-free ['dʒɜ:m'fri:] adj aséptico(a)

germinate ['dʒɜ:mɪneɪt] vi germinar

germination [dʒɜ:mɪ'neɪʃən] n germinación *f*

gerontology [dʒerɒn'tɒlədʒɪ] n MED gerontología *f*

gerrymander ['dʒerɪmændə(r)] vt POL = *alterar los límites de un distrito electoral para que un partido obtenga mejores resultados*

gerund ['dʒerənd] n GRAM gerundio *m*

gestation [dʒes'teɪʃən] n MED & *Fig* gestación *f* ▸ ~ **period** período *m* de gestación

gesticulate [dʒes'tɪkjʊleɪt] vi gesticular

gesture ['dʒestʃə(r)] ■ n *also Fig* gesto *m* ▸ *Fig* **as a ~ of friendship** en señal de amistad ▸ *Fig* **a hollow** *or* **empty ~** un gesto vacuo *or* para guardar las apariencias
■ vi [single action] hacer un gesto / [repeatedly]

gesticular, hacer gestos ◗ **to ~ towards sth** [point] señalar *or* indicar hacia algo

get [get] (pt & pp **got** [gɒt], *US* pp **gotten** [ˈgɒtən])

> En las expresiones que aparecen bajo 12. y 13., get suele ser opcional. Cuando se omite **get**, **have** no se contrae. Para los casos en que se puede omitir, véase **have**.

■ vt **1.** [obtain] conseguir / [buy] comprar ◗ **could you ~ me some crisps from the shop?** ¿me traes unas patatas fritas de la tienda? ◗ **I can ~ you a new video for just £30** te puedo conseguir un vídeo nuevo por sólo 30 libras ◗ **to ~ a job** encontrar trabajo ◗ **to ~ the right/wrong answer** dar la respuesta correcta/ equivocada **2.** [receive] [present, reply, shock] recibir ◗ **we can't ~ BBC2 here** aquí no recibimos *or* no llega la BBC2 ◗ **I got the idea from a book** saqué la idea de un libro ◗ **to ~ £18,000 a year** ganar 18.000 libras anuales ◗ **we don't ~ many visitors here** no viene mucha gente por aquí **3.** [catch] [person, disease] *ESP* coger / *AM* agarrar / [train, bus] tomar, *ESP* coger, *AM* agarrar ◗ *Fam* **I'll ~ you for that!** ¡me las pagarás! **4.** [fetch] **to ~ sth for sb** traerle algo a alguien ◗ **~ me the hammer** tráeme el martillo ◗ **go and ~ a doctor** ve a buscar a un médico **5.** *Fam* [annoy] **what gets me is that...** lo que me saca de quicio es que... **6.** *Fam* [understand] **now I ~ you!** ¡ahora te entiendo! ◗ **I don't ~ your meaning** no entiendo *or ESP* cojo lo que quieres decir ◗ **to ~ a joke** pescar *or ESP* coger *or AM* cachar un chiste **7.** [send] **to ~ sth to sb** mandar *or* enviar algo a alguien ◗ **I got a message to them** les mandé *or* envié un mensaje **8.** [cause to be in a certain state] **to ~ sth dry/wet** secar/mojar algo ◗ **to ~ sth dirty** ensuciar algo ◗ **she got her work finished** terminó su trabajo ◗ **to ~ sth fixed** arreglar algo ◗ **you've got him worried** lo has dejado preocupado ◗ **to ~ the children to bed** acostar a los niños **9.** [cause to do] **she got me to help her** me pidió que la ayudara ◗ **why don't you ~ your mother to do it?** ¿por qué no le pides a tu madre que lo haga ella? ◗ **I finally got my mother to do it** por fin conseguí que lo hiciera mi madre ◗ **you can ~ them to wrap it for you** puedes pedir que te lo envuelvan ◗ **I can't ~ the car to start** no consigo que arranque el coche *or AM* carro *or CSUR* auto **10.** [do gradually] **to ~ to know sb** llegar a conocer a alguien ◗ **you'll ~ to like him** te llegará a gustar ◗ **she soon got to thinking that...** pronto empezó a pensar que... **11.** [have opportunity] **to ~ to do sth** llegar a *or* tener la ocasión de hacer algo ◗ **you ~ to travel a lot in this job** en este trabajo se viaja mucho ◗ **I finally got to see her** por fin pude *or* conseguí verla **12.** [possess] [with **have**] **they've got a big house** tienen una casa grande ◗ **she hasn't got a car** no tiene coche *or AM* carro *or CSUR* auto ◗ **she's got measles/AIDS** tiene (el) sarampión/sida ◗ **we've got a choice** tenemos una alternativa ◗ **I've got something to do** tengo algo que hacer ◗ **what's that got to do with it?** ¿qué tiene eso que ver? **13.** [must] [with **have**] **I've got to go** me tengo que ir ◗ **have you got to work?** ¿tienes que trabajar? ◗ **it's got to be done** hay que hacerlo

■ vi **1.** [arrive] llegar ◗ **to ~ home** llegar a casa ◗ **how do you ~ there?** ¿cómo se llega? ◗ **he got as far as Chapter Five** llegó hasta el quinto capítulo **2.** [move] **to ~ in the way** ponerse en medio ◗ **to ~ in the way of sb, to ~ in sb's way** ponerse delante de alguien ◗ **she got over the wall** sorteó *or* pasó el muro **3.** [become] **to ~ angry** *esp ESP* enfadarse, *esp AM* enojarse ◗ **to ~ better** mejorar ◗ **to ~ drunk** emborracharse ◗ **to ~ old** envejecer **4.** [in passive-type constructions] **to ~ broken** romperse ◗ **to ~ stolen** ser robado(a) **5.** [in reflexive-type constructions] **to ~ dressed** vestirse ◗ **to ~ married** casarse **6.** [start] **to ~ going** [leave] irse, marcharse / [start working] empezar a funcionar ◗ **to ~ talking with sb** empezar a hablar con alguien

◆ ***get about*** vi [person] moverse / [news, rumour] difundirse, trascender

◆ ***get across*** vt sep **to ~ an idea/a message across** hacer entender una idea/un mensaje ◗ **to ~ sth across to sb** hacer que alguien entienda algo

◆ ***get ahead*** vi abrirse paso *or* camino

◆ ***get along*** vi **1.** [leave] marcharse, irse **2.** [progress] **how are you getting along in your new job?** ¿cómo te va en el nuevo trabajo? ◗ **we can ~ along without them** podemos seguir sin ellos **3.** [have good relationship] llevarse bien

◆ ***get around*** ■ vt insep [avoid] eludir
■ vi ➤ ***get about***

◆ ***get around to*** vt insep **to ~ around to doing sth** sacar tiempo para hacer algo

◆ ***get at*** vt insep **1.** [gain access to] acceder a, llegar a / [reach] alcanzar ◗ **to ~ at the truth** dar con la verdad **2.** [imply] **what are you getting at?** ¿qué (es lo que) quieres decir? **3.** *Fam* [criticize unfairly] [person] meterse con, *ESP* chinchar

◆ ***get away*** vi [escape] irse, escaparse / [have a holiday] tomarse unas vacaciones ◗ *BR Fam* **~ away (with you)!** [expressing disbelief] *ESP* ¡anda *or* venga ya!, *MÉX* ¡no me cuentes!, *RP* ¡dale!

◆ ***get away with*** vt insep [crime] salir impune de ◗ **I don't know how you ~ away with speaking to your mother like that** no entiendo cómo tu madre te permite que le hables así ◗ **he got away with a small fine** sólo le han puesto una pequeña multa ◗ *Fig* **that child gets away with murder!** ¡ese niño se sale siempre con la suya!

◆ ***get back*** ■ vt sep [recover] recuperar
■ vi [return] volver, regresar

◆ ***get back at*** vt insep **to ~ back at sb (for sth)** vengarse de alguien (por algo)

◆ ***get behind*** ■ vt insep [support] apoyar
■ vi [become delayed] atrasarse, quedarse atrás

◆ ***get by*** vi [manage] arreglárselas ◗ **to ~ by in Spanish** defenderse en español

◆ ***get down*** ■ vt sep **1.** [reduce] [weight] bajar / [costs, temperature] reducir **2.** [depress] **to ~ sb down** desanimar *or* deprimir a alguien
■ vi [descend] bajarse (**from** de)

◆ ***get down to*** vt insep ponerse a ◗ **to ~ down to doing sth** ponerse a hacer algo ◗ **to ~ down to work** poner manos a la obra ◗ **to ~ down to the facts** ir (directamente) a los hechos ▸ **when you ~ down to it...** en el fondo...

◆ ***get in*** ■ vt sep **1.** [bring inside] [washing] meter / [harvest] recoger **2. I couldn't ~ a word in** [in conversation] no pude meter baza **3.** [stock up with] [food, coal] hacer acopio de

■ vi **1.** [arrive] [train, person] llegar **2.** [be elected] salir elegido(a), ganar las elecciones

◆ ***get into*** vt insep **1.** [house, car] entrar en ▸ **to ~ into Parliament** salir elegido(a) parlamentario(a) ▸ **to ~ into trouble** meterse en un lío ▸ *Fam* **I don't know what's got into her** no sé qué mosca le ha picado **2.** [clothes, boots] ponerse **3.** *Fam* **I really got into it** [book, activity] me enganchó muchísimo

◆ ***get in with*** vt insep [ingratiate oneself with] congraciarse con

◆ ***get off*** ■ vt sep **1.** [save from punishment] **to ~ sb off** librar *or* salvar a alguien **2. to ~ the children off to school** mandar a los niños al colegio ▸ **to ~ a baby off to sleep** dormir a un niño

■ vt insep [bus, train] bajarse de

■ vi **1.** [descend from vehicle] bajarse, apearse ▸ *Fig* **I told him where to ~ off** [rebuked him] lo mandé a paseo **2.** [go unpunished] librarse **3.** [begin] **to ~ off (to sleep)** dormirse, quedarse dormido(a) ▸ **to ~ off to a good/bad start** empezar con buen/mal pie

◆ ***get off on*** vt insep *Fam* **she really gets off on ordering people about** realmente le mola eso de mandar

◆ ***get off with*** vt insep *BR Fam* **to ~ off with sb** enrollarse *or* ligar con alguien

◆ ***get on*** ■ vt sep **to ~ one's clothes/trousers on** ponerse la ropa/los pantalones

■ vt insep [board] [train, bus, plane] montar en, subir a

■ vi **1.** [board] montarse, subirse **2.** [succeed, progress] **how are you getting on?** ¿cómo te va? ▸ **I'm getting on well/badly** me va bien/mal ▸ **you'll never ~ on in life** *or* **in the world with that attitude!** ¡con esa actitud nunca llegarás a ninguna parte! **3.** [have good relationship] llevarse bien ▸ **to ~ on well/badly with sb** llevarse bien/mal con alguien **4. to be getting on (in years)** ser bastante mayor **5.** *US Fam* **to get on it on (with sb)** [have sex] *ESP* enrollarse (con alguien), *AM* coger (con alguien)

◆ ***get on for*** vt insep **he must be getting on for fifty** debe de tener cerca de los cincuenta ▸ **it was getting on for midnight** era cerca de medianoche

◆ ***get onto*** vt insep **1.** [contact] ponerse en contacto con **2.** [move onto subject of] pasar a (hablar de) ▸ **they eventually got onto (the subject of) money** finalmente pasaron a hablar de (asuntos de) dinero

◆ ***get out*** ■ vt sep [tools, books] sacar / [nail, splinter] sacar, extraer / [stain] quitar, *ANDES, RP* sacar

■ vi **1.** [leave] salir **2.** [news] filtrarse ▸ **the secret got out** se descubrió el secreto

◆ ***get out of*** vt insep [car] salir *or* bajar de / [the way] apartarse de ▸ **to ~ out of doing sth** librarse de hacer algo

◆ ***get over*** ■ vt sep [communicate] hacer llegar, transmitir

■ vt insep **1.** [cross] [road, river] cruzar / [wall, fence] franquear **2.** [recover from] [illness, trauma] recuperarse de

◆ ***get over with*** vt sep **to ~ sth over with** terminar con algo

◆ ***get round*** ■ vt insep [avoid] eludir

■ vi ➤ ***get about***

◆ ***get round to*** ➤ ***get around to***

◆ ***get through*** ■ vt sep [communicate] **to ~ sth through to sb** hacer ver algo a alguien

■ vt insep **1.** [pass through] [hole, roof] entrar por **2.** [survive] [test, interview] pasar, superar / [period of time] superar, aguantar **3.** [finish] [work] terminar, acabar **4.** [consume] [food, drink] consumir / [money] gastar

■ vi **1.** [arrive] [news, messenger] llegar **2. to ~ through to sb** [on telephone] (lograr) comunicarse con alguien / *Fig* [communicate with] conectar con alguien ▸ **the idea had finally got through to him** la idea le entró por fin en la cabeza

◆ ***get together*** ■ vt sep **to ~ some money together** juntar algo de dinero ▸ **let me ~ my thoughts together** déjame poner en claro mis ideas

■ vi [people] quedar, verse

◆ ***get up*** ■ vt sep **1.** [rouse] **to ~ sb up** levantar *or* despertar a alguien **2.** [dress up] **he got himself up in his best clothes** se puso sus mejores ropas ▸ **to ~ oneself up as sb/sth** disfrazarse de alguien/algo **3.** *very Fam* **he couldn't ~ it up** [achieve erection] no se le *ESP* empinaba *or AM* paraba

■ vt insep *Fig* **to ~ up sb's nose** [annoy] fastidiar a alguien, *ESP* tocar a alguien las narices

■ vi [in morning] levantarse / [stand up] levantarse, ponerse de pie, *AM* pararse

◆ ***get up to*** vt insep **what have you been getting up to recently?** ¿qué has estado haciendo últimamente? ▸ **to ~ up to mischief** hacer de las suyas ▸ **he's been getting up to his old tricks** ha vuelto a las andadas

getaway ['getəweɪ] n fuga *f*, huida *f* ▸ **to make one's ~** fugarse, escaparse ▸ **~ car** vehículo *m* utilizado en la fuga

get-rich-quick ['get'rɪtʃ'kwɪk] adj *Fam* **a ~ scheme** un proyecto para enriquecerse rápidamente

get-together ['get'təgeðə(r)] n *Fam* reunión *f*

get-up ['getʌp] n *Fam* [clothes] indumentaria *f* / [fancy dress] disfraz *m*

get-up-and-go [getʌpənd'gəʊ] n *Fam* [energy] dinamismo *m*, iniciativa *f*

get-well card ['get'wel'kɑːd] adj = *tarjeta con que se desea a un enfermo su mejoría*

geyser ['giːzə(r)] n GEOG géiser *m*

Ghana ['gɑːnə] n Ghana

Ghanaian [gɑː'neɪən] n & adj ghanés(esa) *m,f*

ghastly ['gɑːstlɪ] adj [terrible] horrible, horroroso(a) ▸ **it was all a ~ mistake** todo fue un tremendo error ▸ **he looked ~** tenía un aspecto horrible *or ESP* fatal

gherkin ['gɜːkɪn] n pepinillo *m*

ghetto ['getəʊ] (pl **ghettos**) n gueto *m* ▸ **~ blaster** [cassette player] radiocasete *m* portátil *(de gran tamaño)*

ghettoize ['getəʊaɪz] vt marginar (como en un gueto)

ghost [gəʊst] ■ n fantasma *m* ▸ *Fig* **the ~ of a smile** la sombra de una sonrisa ▸ *Fig* **she doesn't have the ~ of a chance** no tiene ni la más remota posibilidad ▸ REL **the Holy Ghost** el Espíritu Santo ▸ **to give up the ~** pasar a mejor vida ▸ **~ story** relato *m* de fantasmas ▸ **~ town** ciudad *f*/pueblo *m* fantasma
■ vt **to ~ a book for sb** escribir anónimamente un libro para alguien

ghostly ['gəʊstlɪ] adj fantasmal

ghostwrite ['gəʊstraɪt] vt **to ~ a book for sb** escribir anónimamente un libro para alguien

ghostwriter ['gəʊstraɪtə(r)] n negro(a) *m,f*, escritor(ora) *m,f* anónimo(a)

ghoul [gu:l] n [evil spirit] espíritu *m* maligno / *Fig* [morbid person] espíritu *m* macabro

ghoulish ['gu:lɪʃ] adj [humour, remark] macabro(a)

GHQ [dʒi:eɪtʃ'kju:] n MIL (abbr ***General Headquarters***) cuartel *m* general

GHz ELEC (abbr ***gigahertz***) GHz

GI [dʒi:'aɪ] n *US Fam* soldado *m* raso

giant ['dʒaɪənt] ■ n gigante(a) *m,f* ▸ **~ killer** [in sport] matagigantes *mf inv*
■ adj colosal, gigantesco(a) ▸ **~ panda** (oso *m*) panda *m*, panda *m* gigante

giantess ['dʒaɪəntes] n giganta *f*

gibber ['dʒɪbər] vi [talk incoherently] farfullar / [monkey] parlotear

gibbering ['dʒɪbərɪŋ] adj incoherente, desvariado(a) ▸ *Fam* **a ~ idiot** un perfecto idiota

gibberish ['dʒɪbərɪʃ] n [unintelligible speech, writing] galimatías *m inv* / [nonsense] tonterías *fpl*, memeces *fpl* ▸ **to talk ~** decir tonterías *or* memeces

gibbet ['dʒɪbɪt] n horca *f*

gibbon ['gɪbən] n gibón *m*

gibe [dʒaɪb] ■ n burla *f*
■ vi **to ~ at sb** hacer burla de alguien

giblets ['dʒɪblɪts] npl menudillos *mpl*

Gibraltar [dʒɪ'brɔ:ltə(r)] n Gibraltar

giddily ['gɪdɪlɪ] adv [dizzily] vertiginosamente

giddiness ['gɪdɪnɪs] n [dizziness] mareo *m* / [from height] vértigo *m*

giddy ['gɪdɪ] adj [dizzy] **to be ~** estar mareado(a) / [from height] tener vértigo ▸ **~ heights** alturas *fpl*, cumbre *f*

◆ ***giddy up*** ■ vt sep presionar, apurar
■ exclam [to horse] ¡arre!

GIF [dʒɪf] n COMPTR (abbr ***Graphics Interchange Format***) GIF *m*, formato *m* de intercambio de gráficos

gift [gɪft] n **1.** [present] regalo *m*, obsequio *m* ▸ *Prov* **never look a ~ horse in the mouth** a caballo regalado no le mires el diente ▸ **~ shop** tienda *f* de artículos de regalo ▸ *BR* **~ token** vale *m* de regalo **2.** [talent] don *m* ▸ **to have a ~ for mathematics** tener un don para las matemáticas ▸ **to have the ~ of the gab** tener un pico de oro

gifted ['gɪftɪd] adj [talented] dotado(a) / [unusually talented] superdotado(a)

gift-wrap ['gɪftræp] vt envolver con papel de regalo ▸ **would you like it gift-wrapped?** ¿se lo envuelvo para regalo?

gift-wrapped ['gɪftræpt] adj envuelto(a) para regalo

gig [gɪg] n **1.** [carriage] calesa *f* **2.** *Fam* [pop concert] actuación *f*, concierto *m*

gigabyte ['dʒɪgəbaɪt] n COMPTR gigabyte *m*

gigahertz ['dʒɪgəhɜ:ts, 'gɪgəhɜ:ts] n ELEC gigahercio *m*

gigantic [dʒaɪ'gæntɪk] adj gigantesco(a)

giggle ['gɪgəl] ■ n risita *f*, risa *f* floja ▸ **to have (a fit of) the giggles** tener un ataque de risa tonta ▸ *esp BR Fam* **to do sth for a ~** hacer algo de broma
■ vi soltar risitas

giggly ['gɪgəlɪ] adj **two ~ girls at the back of the class** dos niñas soltando risitas al fondo de la clase

gigolo ['dʒɪgələʊ] (pl **gigolos**) n gigoló *m*

gild [gɪld] (pt & pp **gilded** *or* **gilt** [gɪlt]) vt dorar ▸ *Fig* **to ~ the lily** rizar el rizo

gill[1] [gɪl] n **gills** [of fish] branquias *fpl* ▸ *Fig* **to be green about the gills** [look unwell] estar pálido(a)

gill[2] [dʒɪl] n [liquid measure] cuarto *m* de pinta *(0,142 litros)*

gilt [gɪlt] ■ n (baño *m*) dorado *m* ▸ *BR* FIN **gilts** valores *mpl* del Estado
■ adj dorado(a)
■ pt & pp *of* ***gild***

gilt-edged ['gɪlt'edʒd] adj FIN **~ securities** *or* **stock** *BR* títulos *mpl* de deuda pública, valores *mpl* del Estado / *US* títulos *mpl or* valores *mpl* de máxima garantía

gimlet ['gɪmlɪt] n [tool] barrena *f* ▸ **his ~ eyes** su mirada *f* penetrante

gimme ['gɪmi:] *Fam* ➤ ***give me***

gimmick ['gɪmɪk] n truco *m*, reclamo *m*

gimmicky ['gɪmɪkɪ] adj artificioso(a)

gin [dʒɪn] n ginebra *f* ▸ **~ and tonic** gin-tonic *m*

ginger ['dʒɪndʒə(r)] ■ n jengibre *m* ▸ **~ ale** ginger ale *m* ▸ **~ beer** = *cerveza de baja graduación o sin alcohol con sabor a jengibre* ▸ *BR* **~ nut** galleta *f* de jengibre ▸ **~ snap** galleta *f* de jengibre
■ adj [hair] pelirrojo(a)

◆ ***ginger up*** vt sep *Fam* animar

gingerbread ['dʒɪndʒəbred] n pan *m* de jengibre / [biscuit-like] galleta *f* de jengibre

gingerly ['dʒɪndʒəlɪ] adv con mucho tiento

gingham ['gɪŋəm] n guinga *f*, = *tela de algodón a cuadros*

gingivitis [dʒɪndʒɪ'vaɪtɪs] n MED gingivitis *f inv*

ginormous [dʒaɪ'nɔ:məs] adj *Fam* descomunal, gigantesco(a)

ginseng ['dʒɪnseŋ] n ginseng *m*

gipsy, gypsy ['dʒɪpsɪ] n gitano(a) *m,f* ▸ **~ caravan** carromato *m* de gitanos

giraffe [dʒɪ'rɑ:f] n jirafa *f*

gird [gɜ:d] (pt & pp **girded** *or* **girt** [gɜ:t]) vt *Literary* **to ~ one's loins** armarse para la batalla

girder ['gɜ:də(r)] n viga *f*

girdle ['gɜːdəl] ■ n [corset] faja *f*
■ vt *Literary* ceñir

girl [gɜːl] n [child, baby] niña *f* / [young woman] chica *f* ▸ **that's my ~!** [well done] ¡buena chica! ▸ *BR* **Girl Guide** scout *f*, escultista *f*

girlfriend ['gɜːlfrend] n [of boy, man] novia *f* / [of girl, woman] amiga *f*

girlhood ['gɜːlhʊd] n niñez *f*

girlie, girly ['gɜːlɪ] n *Fam* **~ mag** revista *f* de chicas desnudas

girlish ['gɜːlɪʃ] adj **1.** [of girl, young woman] de niña **2.** [man] afeminado(a)

girly ➤ ***girlie***

giro ['dʒaɪrəʊ] (pl **giros**) n *BR* **1.** FIN **~ account** cuenta *f* de giros postales **2.** *Fam* [unemployment cheque] cheque *m* del desempleo *or* *ESP* paro

girt [gɜːt] pt & pp *of* ***gird***

girth [gɜːθ] n [of tree] contorno *m* / [of person] barriga *f*

gist [dʒɪst] n esencia *f* ▸ **to get the ~ (of sth)** entender el sentido general (de algo)

git [gɪt] n *BR very Fam ESP* capullo(a) *m,f*, *AM* pendejo(a) *m,f*

give [gɪv] ■ vt (pt **gave** [geɪv], pp **given** ['gɪvən]) **1.** [in general] dar / [as present] regalar ▸ **to ~ sth to sb, to ~ sb sth** dar algo a alguien ▸ **to ~ sb sth to eat** dar algo de comer a alguien ▸ **to ~ a child a name** ponerle nombre a un niño ▸ **to ~ sb an illness** contagiarle *or* pegarle una enfermedad a alguien ▸ **he was given ten years** le cayeron diez años ▸ **he was given a fine** le pusieron una multa ▸ **~ her my love** dale recuerdos *or* *AM* cariños de mi parte ▸ **to ~ sb a choice** dar a alguien una alternativa ▸ **given the chance again** si se presentara de nuevo la ocasión ▸ **he gave his age as twenty** declaró que tenía veinte años ▸ **she gave me to understand that...** me dio a entender que... ▸ **~ or take a few minutes/euros** minuto/euro arriba o abajo **2.** [with noun, to form verbal expressions] **to ~ a laugh** soltar una carcajada ▸ **to ~ sb a smile** sonreírle a alguien ▸ **to ~ sb a fright** dar un susto a alguien ▸ **she gave me a strange look** me lanzó una mirada extraña ▸ **he gave his face a wash** se lavó la cara ▸ **she gave the soup a stir** removió *or* revolvió la sopa
■ vi **1.** [donate] hacer donativos *or* *AM* donaciones ▸ **please ~ generously** por favor, sea generoso en sus donativos *or* *AM* donaciones ▸ **he gave of his free time to the cause** dedicó gran parte de su tiempo libre a la causa **2.** [bend, stretch] dar de sí / [break] ceder, romperse ▸ **she refused to ~ on the question of money** se negó a ceder en la cuestión del dinero **3.** *US Fam* **what gives?** ¿qué pasa?
■ n elasticidad *f*

◆ ***give away*** vt sep **1.** [give for nothing] regalar **2.** [prize] repartir ▸ **to ~ the bride away** llevar a la novia al altar **3.** [betray, reveal] traicionar ▸ **to ~ away a secret** revelar un secreto ▸ **his accent gave him away** su acento lo delató

◆ ***give back*** vt sep devolver

◆ ***give in*** ■ vt sep [hand over] entregar
■ vi [surrender] rendirse (**to** a) / [admit defeat] rendirse, darse por vencido(a)

◆ ***give off*** vt sep [smell, heat] despedir

◆ ***give onto*** vt insep [of window, door] dar a

◆ ***give out*** ■ vt sep **1.** [money, food] repartir / [information] divulgar **2.** [noise, heat] emitir
■ vi [supplies, patience] agotarse / [luck] acabarse

◆ ***give over*** ■ vt sep [money, objects] entregar
■ vi *BR Fam* [stop] **~ over, will you?** déjalo ya, ¿quieres?

◆ ***give up*** ■ vt sep [possessions, activity, hope] abandonar, renunciar a ▸ **to ~ up smoking** dejar de fumar ▸ **to ~ up one's job** dejar el trabajo ▸ **to ~ sb up for dead** dar a alguien por muerto(a)
■ vi [stop trying] rendirse, darse por vencido(a) ▸ **to ~ up on sth/sb** [lose faith, hope in] dejar algo/a alguien por imposible

◆ ***give way*** vi **1.** [collapse] ceder, hundirse **2.** [yield] [in argument] ceder (**to** ante) / [in car] ceder el paso (**to** a) ▸ **~ way** [sign] ceda el paso **3.** [be superseded] verse desbancado(a) (**to** por) ▸ **her tears gave way to laughter** las lágrimas dieron paso a la risa

give-and-take ['gɪvən'teɪk] n toma y daca *m*

giveaway ['gɪvəweɪ] n *Fam* **1.** [revelation] señal *f* reveladora ▸ **it was a dead ~** estaba más claro que el agua **2.** [free gift] obsequio *m* ▸ **~ price** precio *m* de saldo

given ['gɪvən] ■ adj **1.** [specific] [time, place] dado(a), determinado(a) ▸ **at a ~ point** en un momento dado ▸ **~ name** nombre *m* (de pila) **2.** [apt, likely] **to be ~ to** ser dado(a) *or* propenso(a) a
■ conj [considering] dado(a) ▸ **~ the nature of the case** dada la naturaleza del caso
■ pp *of* ***give***

gizmo ['gɪzməʊ] (pl **gizmos**) n *US Fam* chisme *m*, aparato *m*

gizzard ['gɪzəd] n molleja *f*

glacé ['glæsɪ] adj CULIN confitado(a), escarchado(a), *COL, MÉX* cristalizado(a), *RP* abrillantado(a) ▸ **~ cherries** cerezas *fpl* confitadas

glacial ['gleɪsɪəl] adj *also Fig* glacial

glacier ['glæsɪə(r)] n glaciar *m*

glad [glæd] adj alegre, contento(a) ▸ **to be ~ about sth** estar alegre *or* contento por algo ▸ **to be ~ of sth** [grateful for] agradecer algo ▸ **to be ~ to do sth** estar encantado(a) de hacer algo ▸ *Literary* **~ tidings** buenas nuevas *fpl* ▸ *Fam* **~ rags** ropa *f* elegante

gladden ['glædən] vt alegrar, llenar de contento

glade [gleɪd] n *Literary* calvero *m*, claro *m*

gladiator ['glædɪeɪtə(r)] n gladiador *m*

gladiolus [glædɪ'əʊləs] (pl **gladioli** [glædɪ'əʊlaɪ]) n gladiolo *m*

gladly ['glædlɪ] adv con mucho gusto

glam [glæm] n **~ rock** (música *f*) glam *m*, glam rock *m*

glamor *US* ➤ ***glamour***

glamorize ['glæməraɪz] vt hacer atractivo(a)

glamorous ['glæmərəs] adj atractivo(a)

glamorously ['glæmərəslɪ] adv con una elegancia deslumbrante

glamour, *US* ***glamor*** ['glæmə(r)] n atractivo *m,* encanto *m* ▸ *Fam* ~ **girl** bombón *m, AM* muñequita *f*

glance [glɑːns] ■ n vistazo *m,* ojeada *f* ▸ **at a ~** de un vistazo ▸ **at first ~** a primera vista
■ vi **to ~ at** echar una mirada *or* un vistazo a ▸ **to ~ through** [book, magazine] ojear

◆ ***glance off*** vt insep [of blow, missile] rebotar en

glancing ['glɑːnsɪŋ] adj [blow] de lado, de refilón

gland [glænd] n glándula *f*

glandular ['glændjʊlə(r)] adj glandular ▸ MED ~ **fever** mononucleosis *f inv* infecciosa

glare [gleə(r)] ■ n **1.** [angry stare] mirada *f* feroz **2.** [bright light] resplandor *m* ▸ *Fig* **in the full ~ of publicity** en el punto de mira de toda la gente
■ vi [stare angrily] **to ~ at sth/sb** mirar algo/a alguien con furia

glaringly ['gleərɪŋlɪ] adv ~ **obvious** clarísimo(a), de una claridad meridiana

Glasgow ['glɑːzgeʊ] n Glasgow

glass [glɑːs] n [material] vidrio *m, ESP* cristal *m* / [vessel] vaso *m* / [with stem] copa *f* / [glassware] cristalería *f* ▸ **a ~ of wine** un vaso de vino ▸ ~ **bottle** botella *f* de vidrio *or ESP* cristal ▸ ~ **case** vitrina *f* ▸ *Fig* ~ **ceiling** [in career] barreras *fpl* laborales *or* profesionales ▸ ~ **eye** ojo *m* de vidrio *or ESP* cristal ▸ ~ **wool** lana *f* de vidrio

glass-blower ['glɑːsbləʊə(r)] n soplador(ora) *m,f* de vidrio

glass-blowing ['glɑːsbləʊɪŋ] n soplado *m* de vidrio

glasses ['glɑːsɪz] npl [spectacles] gafas *fpl, AM* anteojos *mpl, AM* lentes *mpl*

glassful ['glɑːsfʊl] n vaso *m*

glasshouse ['glɑːshaʊs] n *BR* invernadero *m*

glasspaper ['glɑːspeɪpə(r)] n *BR* papel *m* de lija

glassware ['glɑːsweə(r)] n cristalería *f*

glassworks ['glɑːswɜːks] n fábrica *f* de vidrio

glassy ['glɑːsɪ] adj [water, lake] cristalino(a) / [surface] vítreo(a), bruñido(a) ▸ **a ~ look** una mirada vidriosa

glassy-eyed ['glɑːsɪ'aɪd] adj de mirada vidriosa

Glaswegian [glæs'wiːdʒɪən] ■ n = *natural o habitante de Glasgow*
■ adj de Glasgow

glaucoma [glɔː'kəʊmə] n glaucoma *m*

glaze [gleɪz] ■ n [on pottery] vidriado *m* / [on pastry] glaseado *m*
■ vt **1.** [window] acristalar **2.** [pottery] vidriar / [pastry] glasear

◆ ***glaze over*** vi [eyes] velarse

glazed [gleɪzd] adj **1.** [roof, door] acristalado(a) **2.** [pottery] vidriado(a)

glazier ['gleɪzɪə(r)] n cristalero(a) *m,f* vidriero(a) *m,f*

glazing ['gleɪzɪŋ] n [glass] vidrios *mpl,* cristales *mpl*

gleam [gliːm] ■ n [of light] destello *m*
■ vi resplandecer, relucir

gleaming ['gliːmɪŋ] adj resplandeciente, reluciente

glean [gliːn] vt [information] averiguar ▸ **to ~ information from sth** extraer información de algo

glee [gliː] n [delight] regocijo *m,* contento *m* / [malicious pleasure] regodeo *m*

gleeful ['gliːfʊl] adj [happy] regocijado(a) ▸ **to be ~** [to be maliciously happy] regodearse

gleefully ['gliːfʊlɪ] adv [joyfully] con regocijo / [maliciously] con malicia, regodeándose

glen [glen] n *SCOT* cañada *f*

glib [glɪb] adj [salesman, politician] con mucha labia, *CAM, ECUAD, MÉX* labioso(a) / [talk] simplista / [excuse, answer] fácil

glibly ['glɪblɪ] adv con labia

glide [glaɪd] vi [slide] deslizarse / AV planear

glider ['glaɪdə(r)] n AV planeador *m*

gliding ['glaɪdɪŋ] n AV vuelo *m* sin motor

glimmer ['glɪmə(r)] ■ n brillo *m* tenue ▸ *Fig* ~ **of hope** resquicio *m* de esperanza ▸ **not the slightest ~ of intelligence** ni el más mínimo atisbo de inteligencia
■ vi [light] brillar tenuemente / [water, metal] relucir

glimpse [glɪmps] ■ n vistazo *m* fugaz, atisbo *m* ▸ **to catch a ~ of** vislumbrar, entrever ▸ **a ~ of the future** un atisbo del futuro
■ vt vislumbrar, entrever

glint [glɪnt] ■ n centelleo *m,* destello *m* ▸ **with a ~ in her eye** con un brillo en los ojos
■ vi centellear, lanzar destellos

glisten ['glɪsən] vi relucir, brillar

glitter ['glɪtə(r)] ■ n [sparkle] brillo *m,* resplandor *m* / *Fig* [of occasion] esplendor *m,* brillantez *f*
■ vi lanzar destellos ▸ **her eyes glittered with excitement** le brillaban los ojos de emoción ▸ *Prov* **all that glitters is not gold** no es oro todo lo que reluce

glitterati [glɪtə'rɑːtɪ] npl *Fam* famosos *mpl, ESP* gente *f* guapa, *MÉX* popis *mpl, RP* crema *f*

glittering ['glɪtərɪŋ] adj [jewels] brillante, resplandeciente / *Fig* [occasion, career] rutilante

glittery ['glɪtərɪ] adj llamativo(a), de relumbrón

glitz [glɪts] n boato *m,* pompa *f*

glitzy ['glɪtsɪ] adj *Fam* [party] espectacular, despampanante

gloat [gləʊt] vi [at one's own success] alardear (**at** *or* **about** de), presumir (**at** *or* **about** de) / [about someone else's misfortune] regodearse (**about** *or* **over** con *or* de)

global ['gləʊbəl] adj [comprehensive] global / [worldwide] mundial, global ▸ ~ **economy** economía *f* global ▸ **the ~ village** la aldea global ▸ ~ **warming** cambio *m* climático, calentamiento *m* global

globalism ['gləʊbəlɪzəm] n globalismo *m*

globalization [gləʊbəlaɪ'zeɪʃən] n mundialización *f,* globalización *f*

globally ['gləʊbəlɪ] adv globalmente

globe [gləʊb] n [sphere] esfera *f,* bola *f* / [with map] globo *m* terráqueo, bola *f* del mundo ▸ **the ~** [the Earth] el globo, el planeta ▸ **to travel the ~** viajar por todo el mundo ▸ ~ **artichoke** alcachofa *f, RP* alcaucil *m*

globetrotter ['gləʊbtrɒtə(r)] n *Fam* trotamundos *mf inv*

globetrotting ['gləʊbtrɒtɪŋ] n viajes *mpl* por todo el mundo

globule ['glɒbju:l] n gota *f*

gloom [glu:m] n **1.** [darkness] oscuridad *f*, tinieblas *fpl* **2.** [melancholy] abatimiento *m*, tristeza *f* ▸ **to cast** *or* **throw a ~ over sth** enturbiar algo **3.** [pessimism] pesimismo *m*

gloomily ['glu:mɪlɪ] adv [unhappily] sombríamente, tenebrosamente

gloomy ['glu:mɪ] adj **1.** [dark] oscuro(a) ▸ **~ weather** tiempo *m* gris **2.** [melancholy] abatido(a), decaído(a) ▸ **~ thoughts** pensamientos *mpl* sombríos **3.** [pessimistic] pesimista ▸ **to paint a ~ picture (of sth)** hacer un retrato sombrío (de algo), pintar (algo) muy negro

glorify ['glɔ:rɪfaɪ] vt [extol, glamorize] glorificar, ensalzar ▸ REL **to ~ God** alabar a Dios

glorious ['glɔ:rɪəs] adj **1.** [reign, victory] glorioso(a) **2.** [view, weather] espléndido(a), magnífico(a)

gloriously ['glɔ:rɪəslɪ] adv espléndidamente

glory ['glɔ:rɪ] n **1.** [honour] gloria *f* ▸ **to live on past glories** vivir de glorias pasadas **2.** [splendour] esplendor *m*

◆ ***glory in*** vt insep deleitarse *or* regocijarse con

gloss[1] [glɒs] ■ n [in text] glosa *f*

■ vt [text] glosar, explicar

gloss[2] n [of paint, finish] & *Fig* lustre *m*, brillo *m* ▸ **to take the ~ off sth** deslucir algo ▸ **~ paint** pintura *f* (con acabado) brillo

◆ ***gloss over*** vt insep [difficulty, mistake] mencionar muy de pasada

glossary ['glɒsərɪ] n glosario *m*

glossy ['glɒsɪ] adj brillante ▸ **a ~ brochure** un folleto en papel cuché ▸ **~ magazine** revista *f* de lujo a todo color ▸ **~ paper** papel *m* cuché

glottal stop ['glɒtəl'stɒp] n oclusión *f* glotal

glove [glʌv] n guante *m* ▸ *Fig* **the gloves are off** se ha desatado la lucha ▸ AUT **~ compartment** guantera *f* ▸ *BR* **~ puppet** marioneta *f* de guiñol

glow [gləʊ] ■ n [light] brillo *m*, resplandor *m* / [on cheeks] rubor *m* ▸ *Fig* **to have a healthy ~** [person] tener buen color ▸ *Fig* **he had a ~ of pride/satisfaction** se le iluminaba la cara de orgullo/satisfacción

■ vi [light, fire] brillar ▸ *Fig* **to be glowing with health** tener un color muy saludable ▸ *Fig* **he was glowing with pride/pleasure** la cara se le iluminaba de orgullo/placer

glower ['glaʊə(r)] vi **to ~ at sb** mirar con furia a alguien

glowing ['gləʊɪŋ] adj [cigarette, coal] encendido(a) ▸ *Fig* [report] encendido(a), entusiasta / *Fig* **to paint sth in ~ colours** pintar algo de color de rosa

glowingly ['gləʊɪŋlɪ] adv **to speak ~ of sth/sb** hablar elogiosamente de algo/alguien

glow-worm ['gləʊwɜ:m] n luciérnaga *f*

glucose ['glu:kəʊs] n glucosa *f*

glue [glu:] ■ n [in general] pegamento *m* / [thicker, for wood, metal] cola *f*

■ vt [in general] pegar / [wood, metal] encolar ▸ *Fig* **to be glued to the television** estar pegado(a) a la televisión

glue-sniffer ['glu:snɪfə(r)] n persona *f* que inhala pegamento

glue-sniffing ['glu:snɪfɪŋ] n inhalación *f* de pegamento

glum [glʌm] adj abatido(a), triste ▸ **to be ~** estar abatido *or* triste

glumly ['glʌmlɪ] adv con abatimiento, con aire sombrío

glut [glʌt] ■ n COM saturación *f*

■ vt (pt & pp **glutted**) **1.** COM saturar **2. to ~ oneself (on)** saciarse (de), hartarse (de)

gluten ['glu:tən] n BIOCHEM gluten *m*

gluten-free ['glu:tən'fri:] adj sin gluten

glutinous ['glu:tɪnəs] adj [substance] viscoso(a), glutinoso(a) / [rice] apelmazado(a)

glutton ['glʌtən] n [greedy person] glotón(ona) *m,f* ▸ *Fig* **she's a ~ for work** nunca se harta de trabajar ▸ *Fig* **you're a ~ for punishment** eres masoquista

gluttonous ['glʌtənəs] adj glotón(ona)

gluttony ['glʌtənɪ] n gula *f*, glotonería *f*

glycerin ['glɪsərɪn], ***glycerine*** ['glɪsəri:n], ***glycerol*** ['glɪsərɒl] n glicerina *f*

GM [dʒi:'em] adj (abbr ***genetically modified***) transgénico(a), modificado(a) genéticamente ▸ **GM food** (alimentos *mpl*) transgénicos *mpl*

GMT [dʒi:em'ti:] n (abbr ***Greenwich Mean Time***) hora *f* del meridiano de Greenwich

gnarled [nɑ:ld] adj [tree] retorcido(a) y nudoso(a) / [hands] deformado(a)

gnash [næʃ] vt **to ~ one's teeth** hacer rechinar los dientes

gnat [næt] n mosquito *m*

gnaw [nɔ:] ■ vt [of animal] roer

■ **1.** [animal] **to ~ through sth** roer algo **2.** *Fig* [doubt] **to ~ away at sb** corroer a alguien

gnawing ['nɔ:ɪŋ] adj [pain] martirizador(ora) / [doubts] atenazador(ora)

gnome [nəʊm] n gnomo *m*

GNP [dʒi:en'pi:] n ECON (abbr ***Gross National Product***) PNB *m*

gnu [nu:] n ñu *m*

go [gəʊ] ■ n (pl **goes**) **1.** [energy] **to be full of go** estar lleno(a) de vitalidad **2.** [turn] turno *m* ▸ **(it's) your go!** ¡te toca a ti! ▸ **to have a go at doing sth** probar a *or* intentar hacer algo ▸ *Fam* **let's have a go!** ¡vamos a probar *or* intentarlo! / [let me try] ¡déjame probar! ▸ *Fam* **she had a go at me** [told me off] me echó una reprimenda *or* *ESP* la bronca ▸ **at one go** de una vez ▸ **this ride is £1 a go** esta atracción es a una libra el viaje, *RP* en este juego sale una libra la vuelta **3.** [idioms] **on the go** [active] en marcha ▸ **she had three boyfriends on the go at the same time** tenía tres novios al mismo tiempo ▸ **it's all go** hay mucha actividad ▸ **from the word "go"** desde el principio, desde el primer momento ▸ **to make a go of sth** [succeed] tener éxito con algo

■ vi (3rd person singular **goes** [gəʊz], pt **went** [went], pp **gone** [gɒn]) **1.** [in general] ir ▸ **to go home** irse a casa ◗ **to go to Spain/the doctor** ir a España/al médico ◗ **the proceeds will go to charity** las ganancias se destinarán a obras de beneficencia ◗ MIL **who goes there?** ¿quién va? ◗ *Fig* **where do we go from here?** [what do we do next?] y ahora, ¿qué hacemos? ◗ **to go hunting/skiing** ir de caza/a esquiar **2.** [leave] [person] irse, marcharse / [train, bus] salir ◗ **that dog will have to go!** ¡tenemos que librarnos de ese perro! ◗ **we'd better get going** deberíamos irnos *or* salir ya ◗ *Euph* **when I am gone** cuando yo falte **3.** [extend] **the garden goes down to the river** el jardín llega *or* se extiende hasta el río ◗ **this path goes down to the beach** el camino lleva hasta la playa **4.** [function] funcionar ◗ [bell] sonar ◗ **to keep the conversation going** mantener viva la conversación **5.** [progress] ir ◗ **to go well/badly** ir bien/mal ◗ **to go wrong** ir mal, *AM* descomponerse, *ANDES* malograrse ◗ *Fam* **how's it going?** ¿qué tal? ◗ **if all goes well** si todo va bien ◗ **how does the tune/story go?** ¿cómo es *or* dice la canción/historia? **6.** [time] **the time went quickly** el tiempo pasó muy rápido ◗ **it has just gone eight** acaban de dar las ocho ◗ **there are only five minutes to go** sólo quedan cinco minutos **7.** [disappear, deteriorate] desaparecer ◗ **her sight is going** está perdiendo la vista ◗ **the fuse has gone** se ha fundido el fusible ◗ **the batteries are going** se están acabando las pilas ◗ **most of my money goes on food** la mayor parte del dinero se me va en comida **8.** [forming future] **to be going to do sth** ir a hacer algo ◗ **I was going to walk there** iba a ir caminando *or* *ESP* andando ◗ **it's going to rain** va a llover ◗ **I'm going to be a doctor** voy a ser médico **9.** [match] ir bien, pegar (**with** con) ◗ **these colours go/don't go** estos colores pegan/no pegan **10.** [be available] **there's a job going at the factory** hay una (plaza) vacante en la fábrica ◗ **is there any wine going?** ¿hay vino? ◗ **it went for £12** se vendió por 12 libras **11.** [fit] caber ◗ **the piano won't go through the door** el piano no cabe por la puerta ◗ **four into three won't go** tres no es divisible entre cuatro, tres entre cuatro no cabe **12.** [become] **to go crazy** volverse loco(a) ◗ **to go bad** echarse a perder ◗ **to go red** enrojecer, ponerse rojo(a) ◗ **to go cold** enfriarse **13.** [be the rule] **what she says goes** ella es la que manda **14.** *Fam* [urinate] mear, *MÉX* miar **15.** *US* **to go** [to take away] para llevar

■ vt **to go it alone** montárselo por su cuenta ◗ **to go one better than sb** superar a alguien ◗ *Fam* **I could really go a beer!** ¡me tomaría una cerveza ahora mismo!

◆ ***go about*** ■ vi [circulate] [person] ir por ahí / [rumour] correr ◗ **there's a bug going about** hay un virus por ahí suelto

■ vt insep **1.** [travel] [country] viajar por **2.** [tackle] [task] abordar ◗ **to go about doing sth** [start] ponerse a hacer algo ◗ **how do I go about getting a licence?** ¿qué hay que hacer para conseguir un permiso?

◆ ***go across*** ■ vt insep cruzar, atravesar

■ vi **to go across to the States** ir a los Estados Unidos

◆ ***go after*** vt insep [pursue] ir tras / *Fig* [job, prize, person] estar detrás de, *ESP* ir a por

◆ ***go against*** vt insep **1.** [conflict with] [principles, instincts] ir (en) contra de ◗ **he went against my wishes** actuó en contra de mis deseos **2.** [be unfavourable to] **the decision went against him** la decisión le fue desfavorable

◆ ***go ahead*** vi **1.** [proceed] seguir adelante ◗ **to go ahead with sth** seguir (adelante) con algo ◗ **may I say something? – go ahead** ¿puedo hablar? – adelante **2.** [go in front] ir delante

◆ ***go along*** vi [proceed] avanzar ◗ **to do sth as one goes along** hacer algo sobre la marcha

◆ ***go along with*** vt insep estar de acuerdo con, aceptar ◗ **she wouldn't go along with it** no quiso tomar parte en ello

◆ ***go at*** vt insep [person] atacar / [task] emprender

◆ ***go away*** vi [leave] irse / [disappear] desaparecer ◗ **go away!** ¡vete! ◗ **to go away on business** irse en viaje de negocios ◗ **to go away for the weekend** irse a pasar el fin de semana fuera

◆ ***go back*** vi **1.** [return] volver ◗ **to go back to doing sth** volver a hacer algo ◗ **to go back to one's old ways** volver a las andadas **2.** [date back] **to go back to** remontarse a, datar de ◗ *Fam* **we go back a long way** nos conocemos desde hace mucho tiempo

◆ ***go back on*** vt insep [promise, one's word] faltar a

◆ ***go before*** ■ vt insep **to go before the court** [defendant] comparecer ante el juez, ir a juicio / [case] verse

■ vi [precede] preceder

◆ ***go by*** ■ vi **1.** [pass] pasar ◗ **to watch people going by** mirar a la gente que pasa **2.** [elapse] [time] pasar, transcurrir

■ vt insep **1.** [be guided by] guiarse por ◗ **to go by appearances** fiarse de las apariencias ◗ **to go by the rules** seguir las reglas **2.** [be known by] **to go by the name of...** ser conocido(a) con el nombre de...

◆ ***go down*** ■ vt insep [descend] [hill, ladder] bajar por

■ vi **1.** [descend] bajar / [sun] ponerse / [ship] hundirse ◗ **to go down on one's knees** arrodillarse, ponerse de rodillas ◗ *Fam* **to go down with an illness** agarrar *or* *ESP* coger una enfermedad **2.** [be defeated] perder (**to** contra), caer (**to** ante) ◗ **I'm not going to go down without a fight** no voy a rendirme sin luchar **3.** [decrease] [flood, temperature, prices] descender / [tyre, balloon] desinflarse **4.** [be received] **to go down well/badly (with sb)** ser bien/mal acogido(a) (por alguien) ◗ **he went down in history as a tyrant** pasó a la historia como un tirano

◆ ***go for*** vt insep **1.** [attack] lanzarse contra, atacar ◗ **if you really want the job, go for it!** si realmente te interesa el trabajo, ¡lánzate *or* *ESP* a por él! **2.** [like] **she goes for strong types** le van los tipos fuertes **3.** [choose] escoger, elegir **4. he has got a lot going for him** tiene mucho a su favor **5.** [apply to] valer para ◗ **the same goes for you** lo mismo te digo a ti *or* vale para ti

◆ ***go in*** vi [enter] entrar / [fit] caber ◗ **the sun has gone in** se ha nublado

◆ ***go in for*** vt insep **1.** [competition] tomar parte en **2. she doesn't go in for cooking/sports** no le atrae la cocina/el deporte

◆ ***go into*** vt insep **1.** [enter] [place] entrar en / [hospital] ingresar en / [career] entrar en, meterse en **2.** [examine] [question] tratar ▸ **to go into detail** entrar en detalle

◆ ***go off*** ■ vi **1.** [leave] marcharse, irse ▸ **to go off with sb** [elope] escaparse con alguien ▸ **to go off with sth** irse con algo, llevarse algo **2.** [milk, meat, fish] echarse a perder **3.** [gun] dispararse / [bomb] explotar / [alarm] saltar, sonar **4. to go off well** *or* **smoothly** [event] salir bien **5.** [be disconnected] **the lights went off** se fue la luz

■ vt insep [lose liking for] **I've gone off the idea** me ha dejado de gustar la idea

◆ ***go on*** ■ vi **1.** [continue] seguir (**with** con), continuar (**with** con) ▸ **as time went on...** a medida que pasaba el tiempo... **2.** [proceed] **to go on to sth/to do sth** pasar a algo/a hacer algo **3.** [talk excessively] hablar sin parar, enrollarse ▸ **to go on about sth** no parar de hablar de algo, enrollarse con algo ▸ **to go on at sb** dar la lata a alguien **4.** [happen] pasar, ocurrir ▸ **what's going on here?** ¿qué pasa aquí? **5.** [electricity, light, heating] encenderse, *AM* prenderse

■ vt insep **1.** [enter] [boat, train] subir a **2.** [be guided by] guiarse por ▸ **the police have nothing to go on** la policía carece de pistas **3.** [approach] **she's two going on three** tiene dos años, casi tres

◆ ***go out*** vi **1.** [leave] salir ▸ **to go out for a meal** salir a comer fuera ▸ **to go out on strike** ponerse *or* declararse en huelga **2.** [date] salir ▸ **to go out with sb** salir con alguien **3.** [fire, light] apagarse **4.** [become unfashionable] pasar de moda **5.** SPORT [be eliminated] quedar eliminado(a) **6.** TV & RAD [programme] emitirse

◆ ***go over*** ■ vi **1.** [cross] **to go over to sb** aproximarse a alguien, acercarse hasta alguien **2.** [switch] **to go over to a different system** cambiar de sistema ▸ **to go over to the enemy** pasarse a las filas del enemigo **3.** [be received] **to go over well/badly** tener buena/mala acogida

■ vt insep **1.** [road, bridge] cruzar **2.** [examine] [accounts, report] estudiar, examinar ▸ **to go over sth in one's mind** repasar algo mentalmente

◆ ***go round*** ■ vi **1.** [visit] **I said I'd go round (and see her)** dije que me pasaría (a visitarla) ▸ **she's gone round to a friend's** ha ido a casa de un amigo **2.** [circulate] [rumour, cold, flu] circular **3.** [suffice] [food, drink] llegar, alcanzar ▸ **there should be enough money to go round** debería llegarnos el dinero

■ vt insep **to go round town/the shops** recorrer la ciudad/las tiendas

◆ ***go through*** ■ vi [be completed] [bill] aprobarse / [deal, divorce] consumarse

■ vt insep **1.** [penetrate] atravesar **2.** [suffer] pasar (por), atravesar ▸ **in spite of all she had gone through** a pesar de todo lo que había pasado **3.** [complete] [formalities] cumplir con **4.** [examine] [document, accounts] estudiar, examinar / [search] [suitcase, house, pockets] registrar **5.** [use up] [money, food] acabar con, gastar ▸ **we've gone through six bottles of milk** hemos gastado seis botellas de leche

◆ ***go through with*** vt insep [carry out] llevar a término

◆ ***go together*** vi [harmonize] pegar, ir bien

◆ ***go under*** vi [drowning man] hundirse / [ship] naufragar / [go bankrupt] quebrar, ir a la quiebra

◆ ***go up*** vi **1.** [climb, rise] subir / THEAT [curtain] levantarse ▸ **to go up to bed** subir a acostarse ▸ **a shout went up from the crowd** se elevó un grito desde la multitud ▸ *Fig* **to go up in the world** subir peldaños, prosperar **2.** [prices, temperature] subir ▸ **to go up in sb's estimation** crecer *or* aumentar en la estima de alguien **3.** [explode] estallar ▸ **to go up in flames** ser pasto de las llamas

◆ ***go up to*** vt insep **1.** [approach] acercarse a, aproximarse a **2.** [reach] **the book only goes up to the end of the war** el libro sólo llega hasta el final de la guerra

◆ ***go with*** vt insep **1.** [accompany] ir con ▸ **a company car goes with the job** el puesto lleva aparejado coche de empresa **2.** [harmonize with] pegar con

◆ ***go without*** ■ vi pasar privaciones ▸ **they haven't got any, so we'll just have to go without** no les quedan, así que habrá que apañárselas (sin ellos)

■ vt insep [not have] prescindir de, quedarse sin

goad [gəʊd] ■ n [remark, criticism] acicate *m*

■ vt [sb's curiosity, interest] suscitar ▸ **to ~ sb into doing sth** pinchar a alguien para que haga algo ▸ **he was goaded by these remarks** estos comentarios le sirvieron de acicate

◆ ***goad on*** vt sep **to ~ sb on** [motivate] espolear *or* acicatear a alguien

go-ahead ['gəʊəhed] ■ n **to give sb/sth the ~** dar luz verde a alguien/algo

■ adj [enterprising] dinámico(ca)

goal [gəʊl] n **1.** [aim] objetivo *m*, meta *f* ▸ **to achieve a ~** alcanzar un objetivo **2.** [in soccer] [point] gol *m* / [goalmouth] portería *f*, *AM* arco *m* ▸ **~ difference** gol *m* average ▸ **~ kick** saque *m* de puerta ▸ **~ line** [at end of field] línea *f* de fondo / [between goalposts] línea *f* de gol *or* meta / [in rugby] línea *f* de marca, *RP* ingoal *m* ▸ **~ scorer** goleador(ora) *m,f*

goalkeeper ['gəʊlki:pə(r)], *Fam* ***goalie*** ['gəʊlɪ] n portero(a) *m,f*, guardameta *mf*, *AM* arquero(a) *m,f*, *AM* guardavallas *mf inv*, *RP* golero *m,f*

goalkeeping ['gəʊlki:pɪŋ] n defensa *f* de la portería *or AM* del arco

goalless ['gəʊllɪs] adj [in soccer] **~ draw** empate *m* a cero

goalmouth ['gəʊlmaʊθ] n [in soccer] portería *f*, *AM* arco *m*

goalpost ['gəʊlpəʊst] n [in soccer] poste *m* ▸ **the goalposts** la portería, la meta, *AM* el arco ▸ *Fig* **to move** *or* **shift the goalposts** cambiar las reglas del juego

goat [gəʊt] n cabra *f* ▸ *Fam* **it really gets my ~!** ¡me pone negro(a) *or* a cien *or* ▸ *RP* de la nuca! ▸ *BR* **to act** *or* **play the ~** hacer el indio, hacer el ganso ▸ **goat's milk** leche *f* de cabra

goatee [gəʊ'ti:] n perilla *f*

goatherd ['gəʊthɜ:d] n cabrero(a) *m,f*

goatskin ['gəʊtskɪn] n piel *f* de cabra

gob [gɒb] ■ n *esp BR very Fam* [mouth] pico *m* ▸ **shut**

your ~! ¡cierra el pico!
■ vi (pt & pp **gobbed**) *BR Fam* [spit] escupir, echar lapos

gobble ['gɒbəl] ■ vt [eat] engullir
■ vi [turkey] gluglutear

◆ ***gobble up*** vt sep engullir ▸ **to ~ up one's food** engullir la comida ▸ **to ~ up money/resources** [project] consumir mucho dinero/muchos recursos

gobbledygook ['gɒbəldɪgu:k] n *Fam* jerigonza *f*, galimatías *m inv*

go-between ['gəʊbɪtwi:n] n mediador(ora) *m,f* ▸ **to act** *or* **serve as a ~** actuar como mediador, mediar

goblet ['gɒblɪt] n copa *f*

goblin ['gɒblɪn] n duende *m*

gobsmacked ['gɒbsmækt] adj *BR Fam* **I was ~** me quedé atónito *or ESP* flipado

go-cart ['gəʊkɑ:t] n [child's toy] coche *m* de juguete / SPORT kart *m* ▸ **~ racing** carreras *fpl* de karts

God [gɒd] n **1.** Dios *m* ▸ **~ forbid!** ¡Dios no lo quiera! ▸ **~ willing** si Dios quiere ▸ **I wish to ~...** ojalá... ▸ **in God's name** por el amor de Dios ▸ *Fam* **oh ~!, my ~!** ¡Dios mío! ▸ *Fam* **for God's sake!** ¡por (el amor de) Dios! ▸ *Fam* **~ knows** sabe Dios ▸ *Fam* **he thinks he's God's gift to women** se cree irresistible para las mujeres **2.** *Fam* THEAT **the gods** [gallery] el gallinero

god-awful ['gɒdɔ:fəl] adj *Fam* horroroso(a)

godchild ['gɒdtʃaɪld] n ahijado(a) *m,f*

goddam(n) ['gɒdæm], ***goddamned*** ['gɒdæmd] *Fam*
■ adj maldito(a), *ESP* dichoso(a), *MÉX* pinche ▸ **he's a ~ fool!** ¡es un maldito imbécil!
■ adv **that was ~ stupid!** ¡eso fue una auténtica estupidez!
■ exclam **~ (it)!** ¡maldita sea!, *MÉX* ¡híjole!, *RP* ¡miércoles!

goddaughter ['gɒddɔ:tə(r)] n ahijada *f*

goddess ['gɒdɪs] n diosa *f*

godfather ['gɒdfɑ:ðə(r)] n padrino *m*

god-fearing ['gɒdfi:rɪŋ] adj temeroso(a) de Dios

godforsaken ['gɒdfəseɪkən] adj dejado(a) de la mano de Dios

godless ['gɒdlɪs] adj [person, action] impío(a)

godlike ['gɒdlaɪk] adj divino(a)

godmother ['gɒdmʌðə(r)] n madrina *f*

godparent ['gɒdpeərənt] n padrino *m*, madrina *f* ▸ **my godparents** mis padrinos

godsend ['gɒdsend] n regalo *m* del cielo ▸ **this money is a ~ to him** este dinero le viene como llovido del cielo

godson ['gɒdsʌn] n ahijado *m*

goer ['gəʊə(r)] n *BR Fam* [woman] **she's quite a ~** es una calentona, *ESP* le va la marcha

go-getter ['gəʊgetə(r)] n *Fam* **he's a real ~** es ambicioso y decidido

goggle ['gɒgəl] vi mirar con ojos desorbitados ▸ **to ~ at sth/sb** mirar algo/a alguien con los ojos como platos

goggle-eyed ['gɒgəlaɪd] adv *Fam* con ojos como platos *or RP* como dos huevos fritos

goggles ['gɒgəlz] npl gafas *fpl (para esquí, natación);* ▸ **safety ~** gafas protectoras

go-go dancer ['gəʊ'gəʊ'dɑ:nsə(r)] n gogó *f*

going ['gəʊɪŋ] ■ n **1.** [progress] **that's very good ~!** ¡es un buen ritmo! ▸ **it's slow ~** es muy trabajoso(a) **2.** [condition of path] camino *m* / [in horseracing] terreno *m* ▸ *Fig* **heavy ~** [film, book] pesado(a) ▸ *Fig* **to get out while the ~ is good** retirarse mientras las cosas van bien
■ adj **1.** [functioning] **a ~ concern** [successful business] un negocio en marcha y rentable **2.** [current] **the ~ price** *or* **rate** la tasa *or* el precio vigente

going-away ['gəʊɪŋə'weɪ] adj **a ~ party/present** una fiesta/un regalo de despedida

going-over ['gəʊɪŋ'əʊvə(r)] n *Fam* **to give sb a ~** [beating] dar una paliza *or ESP* tunda a alguien / [criticism] echar una reprimenda *or ESP* bronca a alguien, *RP* dar a alguien un buen rezongo ▸ **the auditors gave the accounts a thorough ~** los auditores miraron las cuentas de arriba abajo *or* con lupa

goings-on ['gəʊɪŋzɒn] npl *Fam* asuntos *mpl* turbios, tejemanejes *mpl*

goitre, *US* ***goiter*** ['gɔɪtə(r)] n bocio *m*

go-kart ['gəʊkɑ:t] n [child's toy] coche *m* de juguete / SPORT kart *m* ▸ **~ racing** carreras *fpl* de karts

gold [gəʊld] ■ n oro *m* ▸ **~ bullion** lingotes *mpl* de oro ▸ **~ dust** oro *m* en polvo ▸ **tickets are like ~ dust** es casi imposible conseguir una entrada *or COL, MÉX* un boleto ▸ **~ leaf** *or* **foil** pan *m* de oro, oro batido ▸ SPORT **~ medal** medalla *f* de oro ▸ *also Fig* **~ mine** mina *f* de oro ▸ **~ plate** [decoration] baño *m* de oro / [dishes] vajilla *f* de oro ▸ FIN **~ reserves** reservas *fpl* de oro
■ adj [of gold] de oro / [colour] dorado(a)

gold-digger ['gəʊld'dɪgə(r)] n *Fam* [mercenary woman] cazafortunas *f inv*

golden ['gəʊldən] adj [made of gold] de oro / [gold-coloured] dorado(a) ▸ **a ~ opportunity** una oportunidad de oro ▸ **the ~ boy/girl of...** el chico/la chica de oro de... ▸ **the ~ age** la edad de oro ▸ **~ eagle** águila *f* real ▸ **the Golden Fleece** el Vellocino de Oro ▸ COM **~ handcuffs** contrato *m* blindado ▸ **~ handshake** [retirement bonus] gratificación *f* voluntaria por jubilación ▸ **~ hello** = *cuantiosa gratificación ofrecida como incentivo para ingresar en una empresa* ▸ **~ jubilee** quincuagésimo aniversario *m* (de un reinado) ▸ **~ oldie** clásico *m*, viejo éxito *m* ▸ FIN **~ share** acción *f* de oro, participación *f* de control ▸ *BR* **~ syrup** melaza *f* de caña ▸ **~ wedding** [anniversary] bodas *fpl* de oro

goldfield ['gəʊldfi:ld] n yacimiento *m* de oro

goldfinch ['gəʊldfɪntʃ] n jilguero *m*

goldfish ['gəʊldfɪʃ] n pez *m* de colores ▸ **~ bowl** pecera *f* ▸ **it's like living in a ~ bowl** es como estar expuesto(a) en un escaparate

gold-plated ['gəʊld'pleɪtɪd] adj bañado(a) en oro

gold-rimmed ['gəʊld'rɪmd] adj [spectacles] con montura de oro

goldsmith ['gəʊldsmɪθ] n orfebre *mf*

golf [gɒlf] n golf *m* ▸ **~ ball** pelota *f* de golf ▸ **~ club** [stick] palo *m* de golf / [association] club *m* de golf ▸ **~ course** campo *m* de golf

golfer ['gɒlfə(r)] n jugador(ora) *m,f* de golf, golfista *mf*

▸ **to be a good ~** jugar bien al golf

golfing ['gɒlfɪŋ] n **~ holiday** = *vacaciones dedicadas a jugar al golf*

golly ['gɒlɪ] exclam *Fam Old-fashioned* ¡caramba!

gondola ['gɒndələ] n góndola *f*

gondolier [gɒndə'lɪə(r)] n gondolero *m*

gone [gɒn] ■ adj **1.** [past] **it's ~ ten o'clock** son las diez pasadas **2.** *Fam* **to be six months ~** [pregnant] estar (embarazada) de seis meses ▸ *Fam* **to be pretty far ~** [drunk] estar como una cuba ▸ *Fam* **to be ~ on sb** [infatuated] estar colado(a) por alguien
■ pp *of* **go**

goner ['gɒnə(r)] n *Fam* **I thought she was a ~** [thought she would die] la vi con un pie en la tumba ▸ **I'm a ~ if she finds out** [will be in trouble] si se entera, me mata

gong [gɒŋ] n gong *m* / *BR Fam* [medal] medalla *f*

gonna ['gənə] *Fam* ➤ ***going to***

gonorrhoea, *US* **gonorrhea** [gɒnə'rɪə] n gonorrea *f*

goo [gu:] n *Fam* **1.** [sticky substance] pringue *f* **2.** [sentimentality] cursilería *f*, *ESP* cursiladas *fpl*

good [gʊd] ■ n **1.** [in general] bien *m* ▸ **to do ~** hacer el bien ▸ **he's up to no ~** está tramando algo malo ▸ **to see the ~ in sb/sth** ver el lado bueno de alguien/algo **2.** [benefit] bien *m* ▸ **I did it for your own ~** lo hice por tu bien ▸ **it was all to the ~** todo ha sido para bien ▸ **for the ~ of his health** por motivos de salud ▸ **for the common ~** por el bien de todos ▸ **it will do you ~** te sentará bien, te vendrá bien ▸ **it won't do any ~** no va a hacer ningún bien ▸ **what's the ~ of that?** ¿para qué sirve eso? ▸ **it's no ~ complaining** quejarse no sirve de nada ▸ **he's no ~** [incompetent] no sirve para nada ▸ [morally bad] no es bueno
■ adj (comparative **better** ['betə(r)], superlative **best** [best]) **1.** [of positive quality] bueno(a) ▸ **it looks ~ on you** te queda bien ▸ **she looks ~ in that hat** le queda muy bien ese sombrero ▸ **to sound/taste ~** sonar/saber bien ▸ **~ to eat** comestible ▸ **it's ~ to see you** me alegro de verte ▸ *Fam* **that's a ~ one!** [I don't believe you] ¡no me digas!, *ESP* ¡venga ya! ▸ **I suppose he thinks he's too ~ for us** debe pensar que es más que nosotros ▸ **if it's ~ enough for you, it's ~ enough for me** si a ti te sirve *or ESP* vale, a mí también ▸ **to earn ~ money** ganar un buen sueldo ▸ **you've got a ~ chance** tienes bastantes posibilidades ▸ **to be on to a ~ thing** tener entre manos algo bueno ▸ **to have a ~ time** pasarlo bien ▸ **to show sb a ~ time** sacar a alguien a divertirse por ahí ▸ **all in ~ time** todo llegará ▸ **too ~ to be true** demasiado bueno para ser verdad ▸ **the ~ old days** los viejos tiempos ▸ **~ afternoon!** ¡buenas tardes! ▸ **the Good Book** la Biblia ▸ **he's a ~ friend** es un buen amigo ▸ **Good Friday** Viernes *m inv* Santo ▸ *Fam* **~ grief!** ¡madre mía! ▸ **the ~ life** la buena vida ▸ **~ looks** atractivo *m* ▸ *Fam* **~ Lord!, ~ heavens!, ~ gracious!** ¡madre mía!, ¡santo cielo! ▸ **~ morning!** ¡buenos días! ▸ **~ news** buenas noticias *fpl* ▸ **~ night!** ¡buenas noches!, ¡hasta mañana! ▸ **the Good Samaritan** el buen samaritano **2.** [advantageous, appropriate] bueno(a) ▸ **a ~ opportunity** una buena ocasión ▸ **to be in a ~ position to do sth** estar en una buena posición para hacer algo ▸ **things are looking ~** la cosa tiene buena pinta **3.** [beneficial] bueno(a) ▸ **this medicine is very ~ for coughs** este medicamento es muy bueno para la tos ▸ **he doesn't know what's ~ for him** no sabe lo que le conviene ▸ **to be ~ for business** ser bueno para el negocio ▸ **it's a ~ thing we were here** menos mal que estábamos aquí ▸ **~ riddance!** ¡ya era hora de que desapareciera! **4.** [skilful] bueno(a) ▸ **she is ~ at chemistry** se le da bien la química, *AM* es buena en química ▸ **he is ~ at languages** se le dan bien los idiomas, *AM* es bueno para los idiomas ▸ **to be ~ with one's hands** ser habilidoso(a) con las manos *or ESP* muy manitas ▸ **she is ~ with children** se le dan bien los niños ▸ **to be ~ in bed** ser bueno(a) en la cama **5.** [well-behaved] bueno(a) ▸ **be ~!** [to child] ¡sé bueno!, ¡pórtate bien! ▸ **~ conduct** *or* **behaviour** buena conducta, buen comportamiento ▸ **to be as ~ as gold** ser más bueno(a) que el pan ▸ **to lead a ~ life** llevar una vida ejemplar **6.** [kind] amable ▸ **that's very ~ of you** es muy amable de tu parte ▸ **he was very ~ about it** fue muy comprensivo al respecto ▸ **to do sb a ~ turn** hacer un favor a alguien **7.** [valid] **a ~ reason** una buena razón ▸ **I have ~ reason to believe that...** tengo buenas razones para creer que... ▸ **there is no ~ reason why...** no hay razón alguna por la que... ▸ **he's ~ for £25,000** [has in credit] tiene un activo de 25.000 libras ▸ [will contribute] aportará 25.000 libras **8.** [thorough] bueno(a) ▸ **to have a ~ look (at sb/sth)** echar una buena ojeada (a alguien/algo) ▸ **to have a ~ cry (about)** llorar a gusto (por), *ESP* echarse una buena llantina (por) **9. to make ~** [person] prosperar ▸ **he was ordered to make ~ the company's losses** fue condenado a indemnizar a la empresa por las pérdidas ▸ **to make ~ one's promise** hacer uno buena su promesa ▸ **he made ~ his escape** consiguió escapar **10.** [at least] **a ~ two hours** dos horas largas, por lo menos dos horas ▸ **a ~ deal of** mucho(s), mucha(s) ▸ **a ~ many** muchos(as)
■ adv **1.** [for emphasis] bien, muy ▸ **a ~ long time** un tiempo bien largo, mucho tiempo ▸ **I'll do it when I'm ~ and ready** lo haré cuando crea conveniente **2.** [as comment, answer] bien, estupendo ▸ **I feel better today – ~** hoy me encuentro mejor – estupendo *or MÉX* padre *or RP* bárbaro
◆ ***for good*** adv [permanently] para siempre
◆ ***as good as*** adv [almost] **it's as ~ as new** está como nuevo ▸ **he as ~ as called me a liar** prácticamente me llamó mentiroso

goodbye ['gʊd'baɪ] n despedida *f*, adiós *m* ▸ **~!** ¡adiós! ▸ **to say ~** despedirse ▸ **to say ~ to sb** decir adiós a alguien, despedir a alguien ▸ **he can say ~ to his chances of winning** puede despedirse del triunfo, puede decir adiós al triunfo

good-for-nothing ['gʊdfənʌθɪŋ] ■ n inútil *mf*
■ adj [person] inútil

good-hearted [gʊd'hɑ:tɪd] adj [person] de buen corazón / [action] bien intencionado(a)

good-humoured, *US* **good-humored** [gʊd'hju:məd] adj jovial, distendido(a)

goodie ➤ ***goody***

good-looker ['gʊd'lʊkə(r)] n *Fam* **to be a ~** estar bueno(a)

good-looking ['gʊdlʊkɪŋ] adj *ESP* guapo(a), *AM* lindo(a)

good-natured [gʊd'neɪtʃəd] adj bondadoso(a)

goodness ['gʊdnɪs] n **1.** [of person] bondad *f* **2.** [of food] **if you boil it, you lose all the ~** si lo hierves, pierde todas sus propiedades **3.** [in exclamations] **~ (me)!** ¡santo cielo! ▸ **thank ~!** ¡gracias a Dios! ▸ **for ~ sake, be quiet!** ¡por el amor de Dios, cállate!

goodnight [gʊd'naɪt] n buenas noches *fpl* ▸ **to say ~ (to sb)** dar las buenas noches (a alguien)

goods [gʊdz] npl **1.** LAW bienes *mpl* **2.** [articles] productos *mpl*, artículos *mpl* ▸ **leather ~** marroquinería *f*, artículos *mpl* de cuero ▸ *Fig* **to deliver the ~** [keep one's promise] cumplir (lo prometido) ▸ *Fig* **to come up with the ~** cumplir **3.** *BR* [freight] **~ depot** almacén *m* de mercancías ▸ **~ lift** montacargas *m inv* ▸ **~ train** tren *m* de mercancías

good-tempered [gʊd'tempəd] adj afable

goodwill ['gʊd'wɪl] n **1.** [benevolence, willingness] buena voluntad *f* ▸ **to retain sb's ~** conservar el favor de alguien **2.** COM fondo *m* de comercio

goody, goodie ['gʊdɪ] *Fam* ■ n **1.** [person] buenazo(a) *m,f* ▸ **the goodies and the baddies** los buenos y los malos **2. goodies** [food] golosinas *fpl*
■ exclam **~!** ¡viva!, *ESP* ¡qué chupi!

goody-goody ['gʊdɪgʊdɪ] n *Fam Pej* niño(a) *m,f* modelo

gooey ['gu:ɪ] adj *Fam* **1.** [sticky] pegajoso(a) **2.** [sentimental] empalagoso(a), sentimentaloide

goof [gu:f] *US Fam* ■ n **1.** [blunder] metedura *f or AM* metida *f* de pata **2.** [idiot] bobo(a) *m,f*
■ vi meter la pata

◆ ***goof about, goof around*** vi *US Fam* [mess around] hacer el bobo

◆ ***goof off*** *US Fam* ■ vt insep **to ~ off work** no ir a trabajar *or ESP* currar
■ vi gandulear, holgazanear

goofy ['gu:fɪ] adj *Fam* **1.** [stupid] bobalicón(ona), *ESP* zampabollos *inv* **2.** *BR* [buck-toothed] dentón(a), dentudo(a)

goolies ['gu:lɪz] npl *BR very Fam* [testicles] pelotas *fpl*, huevos *mpl*

goon [gu:n] n *Fam* **1.** *BR* [stupid person] bobo(a) *m,f*, lerdo(a) *m,f* **2.** *US* [thug] matón *m*

goose [gu:s] (pl **geese** [gi:s]) n [bird] ganso *m*, oca *f* ▸ *Fig* **his ~ is cooked** se va a caer con todo el equipo ▸ **to kill the ~ that lays the golden egg** matar la gallina de los huevos de oro ▸ **~ pimples,** *US* **~ bumps** carne *f* de gallina

gooseberry ['gʊzbərɪ] n grosella *f* ▸ *BR Fam* **to play ~** *ESP* hacer de carabina *or* de sujetavelas, *MÉX* hacer mal tercio, *RP* estar de paleta ▸ **~ bush** grosellero *m*

gooseflesh ['gu:sfleʃ] n carne *f* de gallina

goose-step ['gu:sstep] ■ n paso *m* de la oca
■ vi (pt & pp **goose-stepped**) marchar al paso de la oca

gopher ['gəʊfə(r)] n [ground squirrel] ardilla *f* de tierra

gore [gɔ:(r)] ■ n [blood] sangre *f* (derramada)
■ vt [of bull] cornear, empitonar

gorge [gɔ:dʒ] ■ n **1.** [valley] garganta *f*, desfiladero *m* **2.** [throat] **it makes my ~ rise** me revuelve el estómago
■ vt **to ~ oneself (on)** hartarse (de), atiborrarse (de)
■ vi hartarse, atiborrarse (**on** de)

gorgeous ['gɔ:dʒəs] adj **1.** [beautiful] [colours, day, sunset] precioso(a) / [woman, man] *ESP* guapísimo(a), *AM* lindísimo(a) / [baby] precioso(a) **2.** [very good] [meal, weather] estupendo(a), magnífico(a)

gorilla [gə'rɪlə] n gorila *m*

gormless ['gɔ:mlɪs] adj *BR Fam* [person, expression] idiota, *ESP* memo(a) ▸ **a ~ idiot** un completo idiota

gorse [gɔ:s] n tojo *m*, aulaga *f*

gory ['gɔ:rɪ] adj [film, crime] sangriento(a) / [covered in blood] ensangrentado(a) ▸ *Fig & Hum* **in ~ detail** con todo lujo de detalles, con pelos y señales

gosh [gɒʃ] exclam *Fam* ¡vaya!, *ESP* ¡jolines!, *MÉX* ¡híjole!

goshawk ['gɒshɔ:k] n azor *m*

gosling ['gɒzlɪŋ] n ansarón *m*

go-slow ['gəʊ'sləʊ] n *BR* huelga *f* de celo

gospel ['gɒspəl] n evangelio *m* ▸ **St Mark's Gospel, the Gospel according to St Mark** el evangelio según San Marcos ▸ **to take sth as ~** tomarse algo como si fuera el evangelio ▸ **~ (music)** (música *f*) gospel *m* ▸ **~ singer** cantante *mf* (de) gospel

gossamer ['gɒsəmə(r)] n **1.** [spider's thread] (hilos *mpl* de) telaraña *f* **2.** [fabric] gasa *f*

gossip ['gɒsɪp] ■ n **1.** [person] chismoso(a) *m,f*, *ESP* cotilla *mf* **2.** [talk] chismorreo *m*, *ESP* cotilleo *m* ▸ **to have a ~ (about)** chismorrear *or ESP* cotillear (sobre) ▸ **~ column** [in newspaper] ecos *mpl* de sociedad ▸ **~ columnist** cronista *mf* de sociedad
■ vi chismorrear, *ESP* cotillear

HOW TO...

say goodbye

Adiós y gracias otra vez. / Goodbye, and thanks again!
Adiós y buen viaje. / Goodbye, and have a safe journey.
Saluda a Roberto de mi parte. / Give my regards to Roberto.
Hasta pronto. / See you soon./Speak to you soon.
Hasta la próxima. / See you next time.
Hasta luego. / See you later.
Que tengas un buen día/una buena tarde. / Have a nice day/evening!
¡Que te vaya bien! / All the best!
Que tengas mucha suerte en... / Good luck with/in...
¡Chao! *(informal)* / Bye!

gossipy ['gɒsɪpɪ] adj **he's very ~** es muy chismoso *or* *ESP* cotilla ▸ **a ~ letter** una carta llena de chismorreos *or* *ESP* cotilleos

got [gɒt] pt & pp *of* ***get***

Goth [gɒθ] n **1.** HIST godo(a) *m,f* **2.** [music fan] siniestro(a) *m,f*

Gothic ['gɒθɪk] ■ n [artistic style, language] gótico *m*
■ adj gótico(a) ▸ **gothic novel** novela *f* gótica

gotta ['gɒtə] *Fam* ➤ ***got to***

gotten ['gɒtən] *US* pp *of* ***get***

gouge [gaʊdʒ] ◆ ***gouge out*** vt sep [eye] arrancar / [hole] cavar

goulash ['gu:læʃ] n gulach *m*

gourd ['gʊəd] n [vegetable, container] calabaza *f*

gourmand ['gʊəmənd] n gourmand *mf*

gourmet ['gʊəmeɪ] n gastrónomo(a) *m,f*, gourmet *mf* ▸ **~ cooking** alta *or* buena cocina *f*

gout [gaʊt] n [illness] gota *f*

Gov **1.** (abbr ***government***) gobierno *m* **2.** (abbr ***governor***) gobernador(ora) *m,f*

govern ['gʌvən] vt [state, country] gobernar / [of scientific law] regir, determinar / [emotions] dominar ▸ **her behaviour was governed by a desire for revenge** le movía el deseo de venganza

governess ['gʌvənɪs] n institutriz *f*

governing ['gʌvənɪŋ] adj [party, coalition] gobernante / [concept, principle] rector(a) ▸ **~ body** órgano *m* rector

government ['gʌvənmənt] n gobierno *m* ▸ **to form a ~** formar gobierno ▸ **~ policy** la política gubernamental

governmental [gʌvən'mentəl] adj gubernamental, gubernativo(a)

governor ['gʌvənə(r)] n [of colony, central bank] gobernador(ora) *m,f* / *BR* [of prison] director(ora) *m,f* ▸ *US* **(state) ~** gobernador(ora) *m,f* ▸ *BR Fam* **the ~** [boss] el/la mandamás ▸ **~ general** gobernador general

governorship ['gʌvənəʃɪp] n gobernación *f*

Govt (abbr ***government***) gobierno *m*

gown [gaʊn] n [of woman] vestido *m* (largo) / [of magistrate, academic] toga *f*

GP [dʒi:'pi:] n *BR* (abbr ***general practitioner***) médico(a) *m,f* de familia *or* de cabecera

gr (abbr ***gramme(s)***) g

grab [græb] ■ n [movement] **to make a ~ at** *or* **for sth** tratar de agarrar algo ▸ *Fam* **to be up for grabs** estar a disposición de cualquiera
■ vt (pt & pp **grabbed**) **to ~ (hold of) sth/sb** agarrar algo/a alguien ▸ **to ~ sth off sb** arrebatar algo a alguien ▸ *Fam* **how does that ~ you?** ¿qué te parece? ▸ *Fam* **the idea doesn't ~ me** no me entusiasma la idea
■ vi **to ~ at sth/sb** tratar de agarrar algo/a alguien

grace [greɪs] ■ n **1.** [of movement, dancer, language] gracia *f*, elegancia *f* **2.** [of manners] **to do sth with (a) good/bad ~** hacer algo de buena/mala gana ▸ **to have the (good) ~ to do sth** tener la delicadeza de hacer algo **3.** [favour] **to be in/get into sb's good graces** gozar del/ganarse el favor de alguien **4.** REL **in a state of ~** en estado de gracia ▸ **to fall from ~** caer en desgracia ▸ **the ~ of God** la gracia de Dios ▸ **there, but for the ~ of God, go I** siento mucho lo que le ha pasado, nos podría haber pasado a cualquiera **5.** [for payment of a bill] **to give a debtor seven days' ~** conceder a un moroso una prórroga de siete días **6.** [prayer before meal] **to say ~** bendecir la mesa **7.** [form of address] **Your Grace** [bishop] (Su) Ilustrísima / [duke, duchess] (Su) Excelencia
■ vt **1.** [honour] honrar **2.** [ornament] adornar

graceful ['greɪsfʊl] adj [person, movement] airoso(a), elegante / [speech, style] elegante

gracefully ['greɪsfʊlɪ] adv con elegancia ▸ **to accept/decline ~** aceptar/declinar cortésmente

graceless ['greɪslɪs] adj **1.** [inelegant] [person, movement] falto(a) de gracia, ordinario(a) **2.** [rude] [apology, behaviour] grosero(a)

gracious ['greɪʃəs] adj **1.** [kind, polite] amable, atento(a) / [in victory] caballeroso(a) **2.** [elegant] elegante, lujoso(a) **3.** [exclamation] **~ (me)!, good(ness) ~!** ¡santo cielo!, ¡Dios bendito!

graciously ['greɪʃəslɪ] adv [kindly] amablemente, cortésmente

graciousness ['greɪʃəsnɪs] n **1.** [kindness, politeness] cortesía *f*, gentileza *f* **2.** [elegance] elegancia *f*

gradation [grə'deɪʃən] n gradación *f*

grade [greɪd] ■ n **1.** [rank] grado *m*, rango *m* **2.** [quality] clase *f*, calidad *f* ▸ **to make the ~** [be good enough] dar la talla **3.** *US* SCH [mark] nota *f* **4.** *US* [year at school] curso *m* ▸ **~ school** escuela *f* primaria **5.** *US* RAIL **~ crossing** paso *m* a nivel
■ vt **1.** [classify] clasificar **2.** *US* **to ~ essays** calificar los trabajos

gradient ['greɪdɪənt] n **1.** [of slope] pendiente *f* ▸ **a ~ of 1 in 4, a 1 in 4 ~** una pendiente del 25 por ciento **2.** [of temperature] gradiente *m*, curva *f* de temperaturas

gradual ['grædjʊəl] adj gradual

gradualism ['grædjʊəlɪzəm] n transformación *f* gradual

gradually ['grædjʊəlɪ] adv gradualmente

graduate ■ n ['grædjʊət] UNIV licenciado(a) *m,f* / *US* [from high school] ≃ bachiller *mf*
■ adj *US* [postgraduate] **~ studies** estudios *mpl* de posgrado
■ vi ['grædjʊeɪt] *BR* UNIV licenciarse / *US* [from high school] ≃ sacar el bachillerato ▸ *Fig* **she learnt on a cheap violin before graduating to a better instrument** aprendió con un violín corriente antes de pasar a tocar con uno mejor

graduated ['grædʊeɪtɪd] adj [thermometer] graduado(a) ▸ **~ income tax** impuesto *m* sobre la renta progresivo

graduation [grædjʊ'eɪʃən] n [from school, university] graduación *f* ▸ **~ ceremony** ceremonia *f* de graduación

graffiti [græ'fi:ti:] n [slogans] pintadas *fpl* / [art] graffiti *mpl*

graft[1] [grɑ:ft] ■ n [of skin, plant] injerto *m*
■ vt [skin, plant] injertar (**onto** en); *Fig* [idea, method] implantar (**onto** en)

graft[2] *Fam* ■ n **1.** *BR* [work] **the job involves a lot of**

hard ~ en ese trabajo hay que trabajar mucho *or ESP* currar a tope *or MÉX* chambear duro *or RP* laburar como loco **2.** *US* [bribery] corruptelas *fpl*
■ vi *BR* [work hard] trabajar mucho, *ESP* currar a tope, *MÉX* chambear duro, *RP* laburar como loco

grafter ['grɑːftə(r)] n *BR Fam* trabajador(ora) *m,f, ESP* currante *mf, COL* camellador(ora) *m,f, RP* laburador(ora) *m,f*

grain [greɪn] n **1.** [of wheat, pepper, salt, sand] grano *m* ▸ **a ~ of truth** una pizca de verdad **2.** [of photo] grano *m* / [of wood, meat] grano *m* ▸ *Fig* **it goes against the ~ for me to do it** hacer eso va contra mi naturaleza

grainy ['greɪnɪ] adj PHOT granuloso(a), con mucho grano

gram [græm] n gramo *m*

grammar ['græmə(r)] n gramática *f* ▸ **~ (book)** (método *m* de) gramática *f* ▸ *BR* **~ school** instituto *m* de enseñanza secundaria *(al que sólo se accede después de superar un examen de ingreso)*

grammarian [grə'meərɪən] n gramático(a) *m,f*

grammatical [grə'mætɪkəl] adj gramatical

grammatically [grə'mætɪklɪ] adv gramaticalmente

gramme [græm] n *BR* gramo *m*

gramophone ['græməfəʊn] n *Old-fashioned* gramófono *m*

gran [græn] n *BR Fam* [grandmother] abuelita *f, ESP* yaya *f*

granary ['grænərɪ] n granero *m* ▸ *BR* **~ bread** pan *m* de semillas

grand [grænd] ■ adj **1.** [imposing] grandioso(a), imponente / [plan, scheme] ambicioso(a) ▸ **on a ~ scale** a gran escala ▸ **~ finale** final *m* apoteósico, apoteosis *f inv* final ▸ *US* **~ jury** jurado *m* de acusación ▸ *US* **~ larceny** = *delito de robo por un valor superior a 500 dólares* ▸ **~ master** [in chess] gran maestro(a) *m,f* ▸ *BR* **the Grand National** el Grand National, = *carrera hípica de obstáculos que se celebra anualmente en Aintree, Gran Bretaña* ▸ **~ piano** piano *m* de cola ▸ **~ slam** [in rugby] Gran Slam *m*, = *conseguir derrotar a los otros cuatro países en el Torneo de las Cinco Naciones* ▸ **a ~ total of £5,000** una suma total de 5.000 libras **2.** *Fam* [excellent] genial, *AM salvo RP* chévere, *MÉX* padre, *RP* bárbaro(a)
■ n *Fam* [thousand pounds] mil libras *fpl* / [thousand dollars] mil dólares *mpl*

CULTURE / CULTURA

grand jury

En el sistema judicial de los Estados Unidos el llamado **grand jury** es el jurado que decide si hay suficientes pruebas para llevar a juicio al acusado de un delito. Pueden ser federales o estatales. Tienen potestad para llamar a juicio a testigos y colectar pruebas y la mayoría puede además investigar asuntos civiles y criminales. Sus deliberaciones se celebran a puerta cerrada y los testigos no suelen tener derecho a la presencia de su abogado.

grandad ['grændæd] n *Fam* abuelito *m, ESP* yayo *m*

grandaddy ['grændædɪ] n *Fam* abuelito *m, ESP* yayo *m*

grandchild ['græntʃaɪld] n nieto(a) *m,f*

granddaughter ['grændɔːtə(r)] n nieta *f*

grandeur ['grændjə(r)] n [of place, building] grandiosidad *f* / [personal status] grandeza *f*

grandfather ['grænfɑːðə(r)] n abuelo *m* ▸ **~ clock** reloj *m* de pie

grandiloquence [græn'dɪləkwəns] n *Formal* grandilocuencia *f*

grandiloquent [græn'dɪləkwənt] adj *Formal* grandilocuente

grandiose ['grændɪəʊs] adj grandioso(a)

grandly ['grændlɪ] adv [impressively] grandiosamente, majestuosamente / [pompously] solemnemente

grandma ['grænmɑː] n *Fam* abuelita *f, ESP* yaya *f*

grandmother ['grænmʌðə(r)] n abuela *f*

grandness ['grændnɪs] n [of behaviour, gesture] grandilocuencia *f* / [of lifestyle] opulencia *f* / [of appearance] ostentosidad *f*

grandpa ['grænpɑː] n *Fam* abuelito *m, ESP* yayo *m*

grandparent ['grænpeərənt] n abuelo(a) *m,f* ▸ **grandparents** abuelos *mpl*

grandson ['grænsʌn] n nieto *m*

grandstand ['grænstænd] n [in stadium] tribuna *m* ▸ **to have a ~ view of sth** presenciar algo desde una posición privilegiada

granite ['grænɪt] n granito *m*

grannie, granny ['grænɪ] n *Fam* abuelita *f, ESP* yaya *f* ▸ **~ knot** nudo *m* mal hecho

grant [grɑːnt] ■ n [financial aid] subvención *f* / [for student] beca *f*
■ vt **1.** [allow] [permission, request] conceder ▸ **to take sth for granted** dar algo por supuesto *or* por sentado ▸ **she felt that she was being taken for granted** sentía que no la apreciaban debidamente **2.** [award] [money, subsidy] conceder **3.** [admit] reconocer, admitir ▸ **I ~ that he's talented, but...** admito que tiene talento, pero...

granular ['grænjʊlə(r)] adj [surface, texture] granuloso(a)

granulated sugar ['grænjʊleɪtɪd'ʃʊgə(r)] n azúcar *m or f* granulado(a)

granule ['grænjʊl] n gránulo *m*

grape [greɪp] n uva *f* ▸ **~ harvest** vendimia *f* ▸ **~ juice** mosto *m, ESP* zumo *m or AM* jugo *m* de uva ▸ **~ picker** vendimiador(ora) *m,f*

grapefruit ['greɪpfruːt] n pomelo *m, AM* toronja *f* ▸ **~ juice** *ESP* zumo *m or AM* jugo *m* de pomelo

grapevine ['greɪpvaɪn] n vid *f* / [climbing] parra *f* ▸ *Fam* **I heard on the ~ that...** me ha dicho un pajarito que...

graph [grɑːf] n gráfico *m*, gráfica *f* ▸ **~ paper** papel *m* cuadriculado

graphic ['græfɪk] adj **1.** [description, language] gráfico(a) **2.** ART gráfico(a) ▸ **~ artist** artista *mf* gráfico(a) ▸ **~ arts** artes *fpl* gráficas ▸ **~ designer** diseñador(ora) *m,f* gráfico(a), grafista *mf* ▸ **~ novel** novela *f* ilustrada **3.** ELEC **~ equalizer** ecualizador *m* gráfico

graphically ['græfɪklɪ] adv [to describe, portray] gráficamente

graphics ['græfɪks] ■ n ART diseño *m* gráfico, grafismo *m*
■ npl COMPTR gráficos *mpl*

graphite ['græfaɪt] n grafito *m*

graphology [græ'fɒlədʒɪ] n grafología *f*

grapnel ['græpnəl] n NAUT rezón *m*

grapple ['græpəl] vi [fight] forcejear ▸ **to ~ with a problem** debatirse *or* batallar con un problema

grappling hook ['græplɪŋ'hʊk], ***grappling iron*** ['græplɪŋ 'aɪən] n NAUT rezón *m*

grasp [grɑ:sp] ■ n **1.** [hold] asimiento *m* ▸ **to wrest sth from sb's ~** arrancar algo de las manos de alguien ▸ *Fig* **to have sth within one's ~** tener algo al alcance de la mano ▸ *Fig* **the opportunity had slipped from her ~** había dejado escapar la oportunidad **2.** [understanding] comprensión *f* ▸ **to have a good ~ of modern history** comprender *or* dominar muy bien la historia moderna
■ vt **1.** [hold firmly] agarrar, asir ▸ *Fig* **to ~ the opportunity** aprovechar la oportunidad **2.** [understand] comprender

grasping ['grɑ:spɪŋ] adj avaricioso(a)

grass [grɑ:s] ■ n **1.** [plant] hierba *f* ▸ *Fig* **she doesn't let the ~ grow under her feet** [is very decisive] no se dedica a perder el tiempo ▸ *Fig* **the ~ roots** [of organization] las bases ▸ **~ roots support/opposition** apoyo *m*/oposición *f* de las bases ▸ **~ snake** culebra *f* de agua ▸ **~ widow** = *mujer cuyo marido se encuentra ausente* **2.** [lawn] césped *m*, hierba *f* ▸ **keep off the ~** [sign] prohibido pisar el césped ▸ **~ court** [in tennis] pista *f* de hierba **3.** [pasture] pasto *m* ▸ *Fig* **to put sb out to ~** = *despedir a alguien por ser demasiado mayor para el trabajo* **4.** *Fam* [marijuana] maría *f*, hierba *f* **5.** *BR Fam* [informer] soplón(a) *m,f*, *ESP* chivato(a) *m,f*
■ vi *BR Fam* [inform] cantar ▸ **to ~ on sb** delatar a alguien, *ESP* dar el soplo sobre alguien

grasshopper ['grɑ:shɒpə(r)] n saltamontes *m inv*

grassland ['grɑ:slænd] n pradera *f*, pastizal *m*

grass-roots ['græs'ru:ts] adj bases *fpl* ▸ **~ opinion** la opinión de las bases

grassy ['grɑ:sɪ] adj poblado(a) de hierba

grate[1] [greɪt] n [of hearth] parrilla *f*, rejilla *f*

grate[2] ■ vt [cheese, nutmeg] rallar
■ vi [machinery] chirriar, rechinar ▸ **to ~ on the ear** [voice, sound] chirriar al oído ▸ **it really grates on my nerves** me ataca los nervios

grateful ['greɪtfʊl] adj agradecido(a) ▸ **to be ~** estar agradecido(a) ▸ **I'm ~ for all you've done** te agradezco todo lo que has hecho ▸ **I would be ~ if you could let me know as soon as possible** le agradecería que me lo comunicara lo antes posible

gratefully ['greɪtfʊlɪ] adv agradecidamente, con agradecimiento

grater ['greɪtə(r)] n [for cheese, nutmeg] rallador *m*

gratification [grætɪfɪ'keɪʃən] n satisfacción *f*

gratified ['grætɪfaɪd] adj **to be ~** estar satisfecho(a) *or* complacido(a)

gratify ['grætɪfaɪ] vt satisfacer, complacer

gratifying ['grætɪfaɪɪŋ] adj satisfactorio(a), gratificante

grating[1] ['greɪtɪŋ] adj [noise] chirriante / [voice] chillón(ona)

grating[2] n [grille] reja *f*

gratis ['grɑ:tɪs] adv gratis

gratitude ['grætɪtju:d] n gratitud *f*

gratuitous [grə'tju:ɪtəs] adj [unnecessary] gratuito(a), arbitrario(a)

gratuitously [grə'tju:ɪtəslɪ] adv gratuitamente, arbitrariamente

gratuity [grə'tju:ɪtɪ] n *Formal* [tip] propina *f*, gratificación *f*

grave [greɪv] ■ n **1.** tumba *f*, sepultura *f* **2.** [idioms] **to make sb turn in his ~** hacer que alguien se revuelva en su sepultura ▸ **to have one foot in the ~** estar con un pie en la tumba
■ adj [manner, voice, situation, mistake] grave

gravedigger ['greɪvdɪgə(r)] n sepulturero(a) *m,f*

gravel ['grævəl] n grava *f*, gravilla *f* ▸ **~ path** camino *m* de grava ▸ **~ pit** yacimiento *m* de grava, gravera *f*

gravelly ['grævəlɪ] adj [sand, soil] pedregoso(a) ▸ **a ~ voice** una voz cavernosa

gravely ['greɪvlɪ] adv gravemente

graven ['greɪvən] adj [in the Bible] **~ image** ídolo *m*

graveside ['greɪvsaɪd] n pie *m* de la sepultura

gravestone ['greɪvstəʊn] n lápida *f*

graveyard ['greɪvjɑ:d] n cementerio *m*

gravitate ['grævɪteɪt] vi **to ~ towards** verse atraído(a) por ▸ *Fig* **most of the guests had gravitated towards the bar** casi todos los invitados se habían ido desplazando hacia el bar

gravitational [grævɪ'teɪʃənəl] adj [force, field] gravitatorio(a) ▸ **~ pull** atracción *f* gravitatoria

gravity ['grævɪtɪ] n *also Fig* gravedad *f*

gravy ['greɪvɪ] n jugo *m* de carne ▸ **~ boat** salsera *f* ▸ *Fam* **to be on the ~ train** estar apuntado(a) al *ESP* chollo *or AM* chance de la temporada

gray, gray-haired etc *US* ➤ ***grey, grey-haired*** etc

graze[1] [greɪz] ■ vt [of farmer] [cattle, herd] apacentar
■ vi [cattle] pastar, pacer

graze[2] ■ n rasguño *m*, arañazo *m*
■ vt [scrape] arañar / [touch lightly] rozar ▸ **to ~ one's knee** hacerse un arañazo en la rodilla

grease [gri:s] ■ n [in cooking, for machine] grasa *f* ▸ **~ gun** pistola *f* engrasadora
■ vt [machine] engrasar, lubricar / [cake tin] engrasar ▸ **to ~ back one's hair** engominarse el pelo ▸ *Fam* **to ~ sb's palm** [bribe] untar a alguien, *ANDES, RP* coimear a alguien, *CAM, MÉX* dar una mordida a alguien ▸ *Fam* **to move like greased lightning** moverse con la velocidad del rayo

greasepaint ['gri:speɪnt] n THEAT maquillaje *m* de teatro

greaseproof paper ['gri:spru:f'peɪpə(r)] adj *BR* papel *m* de cera

greasy ['gri:sɪ] adj **1.** [containing, covered in grease] grasiento(a) / [hair] graso(a) / [grease-stained] manchado(a) de grasa ▸ *Fam* ~ **spoon** [cheap restaurant] restaurante *m* barato **2.** *Fam* [manner] adulador(ora), *MÉX, RP* arrastrado(a)

great [greɪt] ■ adj **1.** [large, important] grande, gran *(before singular noun)* ▸ **a ~ deal of...** un montón de..., muchísimo(a)... ▸ **to reach a ~ age** llegar a una edad avanzada ▸ **to take ~ care** poner mucho cuidado ▸ **they are ~ friends** son muy buenos amigos ▸ **a ~ artist** un/una gran artista ▸ **to be the greatest** ser el mejor **2.** [in proper names] **Great Britain** Gran Bretaña ▸ **Great Dane** gran danés *m* ▸ **the Great Lakes** los Grandes Lagos ▸ **Greater London** el área metropolitana de Londres ▸ HIST **the Great War** la Primera Guerra Mundial, la guerra del 14 **3.** *Fam* [very good] genial, bárbaro(a), *AM salvo RP* chévere, *MÉX* padre ▸ **to have a ~ time** pasarlo muy bien ▸ **(that's) ~!** ¡genial!, *AM salvo RP* ¡chévere!, *MÉX* ¡padre!, *RP* bárbaro(a)! ▸ **he's a ~ guy** es un tipo excelente **4.** [enthusiastic] **she's a ~ hillwalker** es muy aficionada al montañismo ▸ **he's a ~ one for having everything planned in advance** nadie como él para tener todo planeado de antemano

■ n grande *mf*

■ adv *Fam* **1.** [well] estupendamente ▸ **I feel ~!** ¡me siento estupendamente! ▸ **he's doing ~** [in health] se está recuperando muy bien **2.** [for emphasis] **a ~ big dog** un perrazo enorme ▸ **you ~ fat slob!** ¡so vago!, ¡pedazo de *ANDES, MÉX* flojo *or RP* haragán!

great-aunt ['greɪt'ɑ:nt] n tía *f* abuela

greatcoat ['greɪtkəʊt] n abrigo *m*, gabán *m*

great-grandchild ['greɪt'græntʃaɪld] n bisnieto(a) *m,f*

great-granddaughter ['greɪt'grændɔ:tə(r)] n bisnieta *f*

great-grandfather ['greɪt'grænfɑ:ðə(r)] n bisabuelo *m*

great-grandmother ['greɪt'grænmʌðə(r)] n bisabuela *f*

great-grandparents ['greɪt'grænpeərənts] npl bisabuelos *mpl*

great-grandson ['greɪt'grænsʌn] n bisnieto *m*

greatly ['greɪtlɪ] adv [when modifying adjective] muy / [when modifying verb] mucho ▸ **he was ~ influenced by his father** estaba muy influenciado por su padre

great-nephew ['greɪt'nefju:] n sobrino *m* nieto

greatness ['greɪtnɪs] n [of person] talla *f*, grandeza *f* / [of action] grandeza *f* ▸ **to achieve ~** [writer, politician] alcanzar una gran notoriedad

great-niece ['greɪt'ni:s] n sobrina *f* nieta

great-uncle ['greɪt'ʌŋkəl] n tío *m* abuelo

grebe [gri:b] n somormujo *m*

Grecian ['gri:ʃən] adj helénico(a), griego(a)

Greece [gri:s] n Grecia

greed [gri:d], ***greediness*** ['gri:dɪnɪs] n [for food] glotonería *f*, gula *f* / [for material things] codicia *f* (**for** de), avidez *f* (**for** de) / [for fame, power] ambición *f* (**for** de), avidez *f* (**for** de)

greedily ['gri:dɪlɪ] adv [to eat] con glotonería / [to eye, behave] con avidez

greediness ➤ ***greed***

greedy ['gri:dɪ] adj [for food] glotón(a) / [for material things] codicioso(a), ávido(a) ▸ **to be ~ for sth** [knowledge, success] estar ávido de algo ▸ *Fam* ~ **guts** tragón(ona) *m,f*

Greek [gri:k] ■ n **1.** [person] griego(a) *m,f* **2.** [language] griego *m* ▸ **modern ~** griego moderno ▸ *Fam* **it's all ~ to me** me suena a chino

■ adj griego(a)

green [gri:n] ■ n **1.** [colour] verde *m* **2. greens** [vegetables] verdura *f* **3.** [grassy area] [in golf] green *m* ▸ **village ~** = *en los pueblos, zona de césped de uso público* **4.** POL [person] ecologista *mf*, verde *mf*

■ adj **1.** [colour] verde ▸ **to go** *or* **turn ~** [traffic lights] cambiar a *or* ponerse verde ▸ **to be ~ with envy** estar muerto(a) de envidia ▸ *Fig* **to give sb the ~ light (to do sth)** dar a alguien luz verde (para hacer algo) ▸ **~ bean** *ESP* judía *f* verde, *BOL, RP* chaucha *f*, *CARIB, COL* habichuela *f*, *CHILE* poroto *m* verde, *MÉX* ejote *m* ▸ **~ belt** [around city] cinturón *m* verde, pulmón *m* ▸ *US* **~ card** permiso *m* de trabajo, carta *f* verde ▸ **to have** *BR* **~ fingers** *or US* **a ~ thumb** tener buena mano para *or ESP* con las plantas ▸ *US* **~ onion** cebolleta *f*, *RP* cebolla *f* de verdeo ▸ **~ pepper** pimiento *m* verde ▸ **the ~ revolution** la revolución verde ▸ **~ salad** ensalada *f* verde ▸ **~ tea** té *m* verde **2.** [young, inexperienced] novato(a) / [naive] ingenuo(a) **3.** [environmentalist] ecologista, verde ▸ **the Green Party** el partido ecologista *or* de los verdes

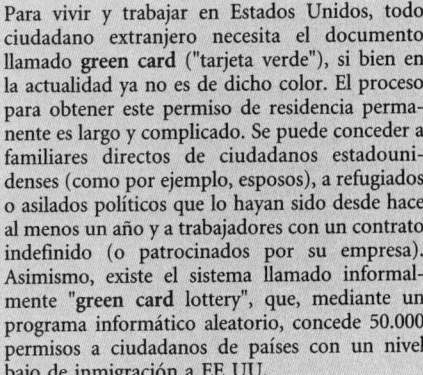

CULTURE / CULTURA

green card

Para vivir y trabajar en Estados Unidos, todo ciudadano extranjero necesita el documento llamado **green card** ("tarjeta verde"), si bien en la actualidad ya no es de dicho color. El proceso para obtener este permiso de residencia permanente es largo y complicado. Se puede conceder a familiares directos de ciudadanos estadounidenses (como por ejemplo, esposos), a refugiados o asilados políticos que lo hayan sido desde hace al menos un año y a trabajadores con un contrato indefinido (o patrocinados por su empresa). Asimismo, existe el sistema llamado informalmente **"green card lottery"**, que, mediante un programa informático aleatorio, concede 50.000 permisos a ciudadanos de países con un nivel bajo de inmigración a EE UU.

greenback ['gri:nbæk] n *US Fam* billete *m (dólar estadounidense)*, *RP* verde *m*

greenery ['gri:nərɪ] n vegetación *f*

green-eyed ['gri:naɪd] adj de ojos verdes ▸ *Literary* **the ~ monster** [jealousy] los celos

greenfield ['gri:nfi:ld] n **~ site** [for factory, houses] terreno *m* edificable *(fuera del casco urbano)*

green-fingered ['gri:n'fɪŋgəd] adj *BR* con buena mano para las plantas

greenfly ['gri:nflaɪ] n pulgón *m*

greengage ['gri:ngeɪdʒ] n [fruit] ciruela *f* claudia

greengrocer ['gri:ngrəʊsə(r)] n *BR* verdulero(a) *m,f* ▸ **greengrocer's (shop)** verdulería *f*

greenhouse ['gri:nhaʊs] n invernadero *m* ▸ **the ~ effect** el efecto invernadero

Greenland ['gri:nlənd] n Groenlandia

Greenlander ['gri:nləndə(r)] n groenlandés(esa) *m,f*

green-thumbed ['gri:n'θʌmd] adj *US* con buena mano para las plantas

Greenwich Mean Time ['grenɪtʃ'mi:ntaɪm] n tiempo *m* universal, hora *f* del meridiano cero *or* de Greenwich

greet [gri:t] vt [say hello to] saludar / [welcome] [person, idea] recibir, acoger

greeting ['gri:tɪŋ] n saludo *m* ▸ **to send greetings to sb** enviar saludos *or CAM, COL, ECUAD* saludes a alguien ▸ **New Year/birthday greetings** felicitaciones *fpl* de Año Nuevo/cumpleaños ▸ *US* **~ card,** *BR* **greetings card** tarjeta *f* de felicitación

gregarious [grɪ'geərɪəs] adj sociable

gremlin ['gremlɪn] n *Fam* duende *m*

Grenada [grə'neɪdə] n Granada *(país)*

grenade [grə'neɪd] n [small bomb] granada *f*

grenadier [grenə'dɪə(r)] n [soldier] granadero *m*

grenadine ['grenədi:n] n [drink] granadina *f*

grew ['gru:] pt *of* ***grow***

grey, *US* ***gray*** [greɪ] ■ n [colour] gris *m*
■ adj gris / [hair] cano(a), gris / *Fig* [boring] gris ▸ **to go ~** [hair] encanecer ▸ *Fig* **a ~ area** [unclear] una cuestión poco clara ▸ **~ hairs** canas *fpl* ▸ **~ matter** [brain] materia *f* gris ▸ **~ squirrel** ardilla *f* gris
■ vi [hair] encanecer

grey-haired, *US* ***gray-haired*** ['greɪ'heəd] adj canoso(a)

Greyhound® ['greɪhaʊnd] n *US* **~ (bus)** = *autobús de largo recorrido*

greyhound ['greɪhaʊnd] n [dog] galgo *m* ▸ **~ stadium** canódromo *m*

greying, *US* ***graying*** ['greɪɪŋ] adj [hair] encanecido(a) / [population] envejecido(a)

grid [grɪd] n **1.** [bars] reja *f* **2.** [on map] cuadrícula *f* ▸ **~ layout** [of town] trazado *m* cuadricular, planta *f* cuadriculada ▸ **~ reference** coordenadas *fpl* **3.** [for electricity] red *f* eléctrica

griddle ['grɪdəl] n [for cooking] plancha *f*

gridiron ['grɪdaɪən] n **1.** [for cooking] parrilla *f* **2.** *US* [American football] fútbol *m* americano / [field] campo *m* de fútbol americano

gridlock ['grɪdlɒk] n *US* [traffic jam] atasco *m,* embotellamiento *m*

grief [gri:f] n dolor *m,* aflicción *f* ▸ **to come to ~** venirse abajo ▸ *Fam* **good ~!** ¡santo Dios! ▸ *Fam* **to give sb ~ (about sth)** [hassle] dar la vara *or* la lata a alguien (con algo), *RP* hinchar a alguien (con algo)

grief-stricken ['gri:fstrɪkən] adj afligido(a) ▸ **to be ~** estar afligido(a)

grievance ['gri:vəns] n **1.** [resentment] (sentimiento *m* de) agravio *m* **2.** [complaint] motivo *m* de queja ▸ IND **~ procedure** juicio *m* de faltas

grieve [gri:v] ■ vt **it grieves me to have to tell you that...** lamento tener que decirte que...
■ vi sufrir de aflicción ▸ **to ~ for** *or* **over sb** llorar la muerte de alguien

grieving ['gri:vɪŋ] adj desconsolado(a)

grievous ['gri:vəs] adj *Formal* grave ▸ *BR* LAW **~ bodily harm** lesiones *fpl* graves

grievously ['gri:vəslɪ] adv *Formal* [seriously] seriamente ▸ **to be ~ wounded** estar gravemente herido(a) ▸ **you are ~ mistaken** estás en un grave error

griffin ['grɪfɪn] n [mythological creature] grifo *m*

grill [grɪl] ■ n *BR* [on cooker] grill *m* / [for open fire] parrilla *f* / [food] parrillada *f* ▸ **a mixed ~** una parrillada de carne
■ vt **1.** [cook] asar (a la parrilla) ▸ **grilled meat** carne *f* a la parrilla **2.** *Fam* [interrogate] acribillar a preguntas

grille [grɪl] n [bars] reja *f* ▸ AUT **(radiator) ~** rejilla *f* del radiador

grilling ['grɪlɪŋ] n *Fam* [interrogation] **to give sb a ~** acribillar a alguien a preguntas

grim [grɪm] adj [news, prospects, landscape] desolador(ora) / [mood] sombrío(a) / [reality] duro(a) / [expression, smile] adusto(a) ▸ **he showed ~ determination** se mostró completamente resuelto ▸ **to hold on like ~ death** agarrarse como si le fuera a uno la vida en ello ▸ **to look ~** [serious] tener cara de pocos amigos / [ill] tener muy mala cara ▸ *Fam* **how do you feel? – pretty ~!** ¿cómo te sientes? – *ESP* ¡fatal!, *AM* ¡pésimo!

grimace [grɪ'meɪs] ■ n mueca *f*
■ vi [once] hacer una mueca / [more than once] hacer muecas

grime [graɪm] n mugre *f,* porquería *f*

grimly ['grɪmlɪ] adv [to fight, hold on] con determinación

grimness ['grɪmnɪs] n [of news, report] lo desalentador / [mood] lo sombrío / [of expression, smile] adustez *f* / [of landscape] desolación *f*

grimy ['graɪmɪ] adj mugriento(a)

grin [grɪn] ■ n [smile] (amplia) sonrisa *f*
■ vi [smile] sonreír abiertamente ▸ *Fig* **to ~ and bear it** poner al mal tiempo buena cara

grind [graɪnd] ■ n *Fam* **1.** [work] **the daily ~** la rutina diaria ▸ **what a ~!** ¡qué rollo de trabajo! **2.** *US* [student] *ESP* empollón(ona) *m,f, MÉX* matado(a) *m,f, RP* traga *mf*
■ vt (pt & pp **ground** [graʊnd]) **1.** [grain, coffee] moler ▸ *Fig* **to ~ sth/sb under one's heel** hacer añicos algo/a alguien ▸ **to ~ one's teeth** hacer rechinar los dientes **2.** [polish] [glass] pulir
■ vi [wheels, gears] chirriar ▸ **to ~ to a halt** [vehicle, machine] detenerse con estrépito / [project] acabar estancado(a)

◆ ***grind down*** vt sep *Fig* [opposition] desgastar, minar

◆ ***grind on*** vi [proceed relentlessly] proseguir machaconamente

◆ ***grind out*** vt sep **to ~ out a novel/an essay** escribir una novela/un ensayo con gran dificultad

grinder ['graɪndə(r)] n [for coffee, pepper] molinillo *m* / [crusher] trituradora *f* / [for polishing] pulidora *f* / [for sharpening] afilador *m*

grinding ['graɪndɪŋ] adj [boredom, worry] insufrible, insoportable ▸ **to come to a ~ halt** [car, machine] pararse en seco / [project] acabar estancado(a) ▸ **~ poverty** pobreza *f* absoluta

grindstone ['graɪndstəʊn] n muela *f*, piedra *f* de afilar ▸ *Fig* **to keep one's nose to the ~** trabajar como un negro

gringo ['grɪŋgəʊ] (pl **gringos**) n *US Fam* gringo(a) *m,f*

grip [grɪp] ■ n **1.** [hold, grasp] sujeción *f* / [in tennis, golf] sujeción *f*, forma *f* de sujetar ▸ **to have a strong ~** agarrar con fuerza ▸ **to get a ~ on sth** [rope, handle] agarrar algo ▸ *Fig* **to get to grips with** [situation] asimilar / [subject, method] llegar a comprender ▸ *Fig* **to get a ~ on oneself** dominarse, contenerse ▸ *Fig* **get a ~!** [control yourself] ¡no desvaríes! ▸ *Fig* **to have a firm ~ on a situation** ejercer un fuerte control sobre una situación ▸ **to lose one's ~ (on sth)** [on rope] perder el control (de algo) ▸ *Fig* **to lose one's ~ on reality** perder el contacto con la realidad ▸ *Fig* **to be in the ~ of a disease/a crisis** ser presa de una enfermedad/una crisis **2.** [handle] [of oar, handlebars] mango *m* **3. (hair) ~** horquilla *f* **4.** *US* [bag] bolsa *f* de viaje

■ vt (pt & pp **gripped**) [seize] agarrar, coger / [hold] sujetar ▸ **tyres that ~ the road** neumáticos *or COL, MÉX* llantas *or RP* gomas que se adhieren (bien) a la carretera ▸ *Fig* **to be gripped by panic/fear** ser presa del pánico/miedo ▸ *Fig* **the play gripped the audience** la obra tuvo en vilo al público

■ vi [tyre] adherirse

gripe [graɪp] ■ n **1.** *Fam* [complaint] queja *f* ▸ **what's your ~?** ¿qué tripa se te ha roto? **2.** *BR* **~ water** (medicamento *m*) carminativo *m*, agua *f* de anís

■ vi *Fam* [complain] quejarse (**about** de)

gripping ['grɪpɪŋ] adj [book, story] apasionante

grisly ['grɪzlɪ] adj espeluznante, horripilante

grist [grɪst] n **it's all ~ to his mill** todo lo aprovecha

gristle ['grɪsəl] n ternilla *f*

gristly ['grɪslɪ] adj [meat] lleno(a) de nervios

grit [grɪt] ■ n **1.** [gravel] gravilla *f* **2.** [courage, determination] coraje *m* ▸ **to have a lot of ~** tener mucho coraje

■ vt (pt & pp **gritted**) **1.** *BR* [put grit on] **to ~ a road** echar gravilla en una carretera **2.** [clench] **to ~ one's teeth** apretar los dientes

gritter ['grɪtə(r)] n *BR* [lorry] = *camión que va esparciendo gravilla por la carretera cuando está resbaladiza por el hielo o la nieve*

gritty ['grɪtɪ] adj **1.** [sandy] arenoso(a) ▸ **~ soil** guijarral *m* **2.** [determined] valiente, audaz **3. ~ realism** realismo *m* descarnado

grizzle ['grɪzəl] vi [complain] refunfuñar

grizzled ['grɪzəld] adj [hair, person] [grey] canoso(a) / [greyish] entrecano(a)

grizzly ['grɪzlɪ] ■ n **~ (bear)** oso *m* pardo *(norteamericano)*

■ adj [hair, person] canoso(a)

groan [grəʊn] ■ n [of pain, dismay] gemido *m* / [of chair, floor] crujido *m*

■ vi [in pain, dismay] gemir ▸ **to ~ inwardly** ahogar un gemido ▸ **the shelves groaned under the weight of the books** la estantería estaba hasta arriba de libros

grocer ['grəʊsə(r)] n tendero(a) *m,f* ▸ *BR* **grocer's (shop)** *ESP* tienda *f* de alimentación, *CSUR* almacén *m*, *COL, MÉX* tienda *f* de abarrotes

groceries ['grəʊsərɪz] npl [shopping] comestibles *mpl*

grocery ['grəʊsərɪ] n *esp US* **~ (store)** *ESP* tienda *f* de alimentación, *CSUR* almacén *m*, *COL, MÉX* tienda *f* de abarrotes

grog [grɒg] n *Fam* [drink] grog *m*, ponche *m*

groggily ['grɒgɪlɪ] adv *Fam* con aire aturdido

groggy ['grɒgɪ] adj *Fam* atontado(a), grogui ▸ **to be ~** estar atontado(a) *or* grogui

groin [grɔɪn] n ingle *f*

groom [gru:m] ■ n **1.** [of horse] mozo *m* de cuadra **2.** [at wedding] novio *m*

■ vt [horse] almohazar / *Fig* [candidate] preparar

grooming ['gru:mɪŋ] n [smart, neat appearance] buena presencia *f*

groove [gru:v] n [slot] ranura *f* / [of record] surco *m*

groovy ['gru:vɪ] adj *Fam ESP* chachi, *MÉX* padre, *RP* bárbaro(a)

grope [grəʊp] ■ vt **1. to ~ one's way forward** avanzar a tientas **2.** *Fam* [sexually] meter mano a

■ vi **to ~ (about) for sth** buscar algo a tientas

gross [grəʊs] ■ n [quantity] gruesa *f*, doce docenas *fpl* ▸ **two ~** dos gruesas

■ adj **1.** [fat] muy gordo(a) **2.** [blatant] [error, ignorance] craso(a) / [stupidity, indecency, incompetence] tremendo(a) ▸ LAW **~ negligence** negligencia *f* grave **3.** [vulgar] [joke, person] basto(a), grosero(a) **4.** [profit, income] bruto(a) ▸ ECON **~ domestic product** producto *m ESP* interior *or ESP* interno bruto ▸ COM **~ margin** beneficio *m or* margen *m* bruto ▸ ECON **~ national product** producto nacional bruto ▸ **~ weight** peso *m* bruto **5.** *Fam* [disgusting] asqueroso(a)

■ vt [profit] ganar en bruto ▸ **she grosses £40,000 a year** gana 40.000 libras brutas al año

grossly ['grəʊslɪ] adv [exaggerated, negligent] tremendamente, enormemente

grotesque [grəʊ'tesk] adj grotesco(a)

grotesquely [grəʊ'tesklɪ] adv grotescamente ▸ **he was ~ fat** estaba inmensamente gordo

grotto ['grɒtəʊ] (pl **grottoes** *or* **grottos**) n gruta *f*

grotty ['grɒtɪ] adj *esp BR Fam* [house, job] malo(a), *ESP* cutre, *MÉX* gacho(a), *RP* roñoso(a) ▸ **to feel ~** sentirse *ESP* fatal *or AM* pésimo

grouch [graʊtʃ] *Fam* ■ n **1.** [person] gruñón(ona) *m,f* **2.** [complaint] queja *f*

■ vi refunfuñar

grouchy ['graʊtʃɪ] adj *Fam* **(to be) ~** [inherent quality] (ser) refunfuñón(ona) / [temporary mood] (estar) enfurruñado(a) *or AM* enojado(a)

ground [graʊnd] ■ n **1.** [earth] suelo *m*, tierra *f* ▸ **to sit**

on the ~ sentarse en el suelo ▸ **above ~** sobre la tierra ▸ **to come above ~** salir a la superficie ▸ **below ~** bajo tierra ▸ **burnt to the ~** completamente destruido(a) por el fuego ▸ *Fig* **to get off the ~** [project] ponerse en marcha ▸ *Fig* **to work** *or* **drive oneself into the ~** matarse *or* *ESP* a trabajar *or* *AM* trabajando ▸ **to go to ~** ocultarse, desaparecer de la circulación ▸ **to run sb to ~** dar por fin con alguien ▸ AV **~ control** control *m* de tierra ▸ AV **~ crew** personal *m* de tierra ▸ *BR* **~ floor** planta *f* baja ▸ *Fig* **to get in on the ~ floor** [project] estar metido(a) desde el principio ▸ MIL **~ forces** ejército *m* de tierra ▸ **~ frost** escarcha *f* ▸ **at ~ level** a nivel del suelo ▸ **to establish the ~ rules** establecer las normas básicas ▸ **~ staff** personal *m* de mantenimiento (del campo de juego) **2.** [land] terreno *m* ▸ *Fig* **to find common ~ for negotiations** hallar un terreno común para las negociaciones ▸ *Fig* **to be on firm ~** pisar terreno firme ▸ **he's very sure of his ~** está muy seguro de lo que hace/dice ▸ *Fig* **to be on shaky ~** pisar un terreno resbaladizo ▸ *Fig* **to change** *or* **shift one's ~** cambiar la línea de argumentación ▸ *Fig* **to break new** *or* **fresh ~** abrir nuevas vías *or* nuevos caminos ▸ *Fig* **to cover a lot of ~** [book, lecture] abarcar mucho ▸ *Fig* **to gain ~ on sb** ganarle terreno a alguien ▸ *Fig* **to lose ~ to sb** perder terreno ante alguien ▸ *Fig* **to stand** *or* **hold one's ~** mantenerse firme ▸ **~ rent** = *alquiler que se paga al dueño del solar donde está edificada una vivienda* **3. grounds** [of school, hospital] terrenos *mpl* / ▸ [of country house] jardines *mpl* **4.** [reason] **grounds** motivo *m*, razón *f* ▸ **to have (good) ~** *or* **grounds for doing sth** tener (buenos) motivos para hacer algo ▸ **~** *or* **grounds for complaint** motivo de queja ▸ **on grounds of ill-health** por motivos de salud ▸ LAW **grounds for divorce** motivo de divorcio **5.** *US* ELEC toma *f* de tierra

■ adj [coffee, pepper] molido(a) / *US* **~ meat** *ESP, RP* carne *f* picada, *AM* carne *f* molida

■ vt **1.** [base] fundamentar, basar ▸ **their argument is not grounded in fact** su argumento no se basa en hechos reales **2. to ~ sb in a subject** [educate] enseñar a alguien los principios de una materia **3.** *US* ELEC [current] conectar a tierra **4.** AV **the plane was grounded by bad weather** el avión no salió a causa del mal tiempo **5.** [prevent from going out] **her parents grounded her** sus padres la castigaron a quedarse en casa

■ pt & pp *of* ***grind***

groundbreaking ['graʊndbreɪkɪŋ] adj innovador(ora)

groundcloth ['graʊndklɒθ] n *US* [of tent] suelo *m*

groundhog ['graʊndhɒg] n marmota *f*

grounding ['graʊndɪŋ] n **1.** [basis] fundamento *m*, base *f* **2.** [basic knowledge] nociones *fpl* elementales, rudimentos *mpl*

groundless ['graʊndlɪs] adj [suspicion, fear] infundado(a), inmotivado(a)

groundnut ['graʊndnʌt] n *ESP* cacahuete *m*, *AM* maní *m*, *CAM, MÉX* cacahuate *m* ▸ **~ oil** aceite *m* de *ESP* cacahuete *or* *AM* maní *or* *CAM, MÉX* cacahuate

groundsheet ['graʊndʃi:t] n *BR* [of tent] suelo *m*

groundsman ['graʊndzmən] n *BR* encargado(a) *m,f* del mantenimiento del campo de juego

groundswell ['graʊndswel] n oleada *f*

groundwork ['graʊndwɜ:k] n **to do** *or* **lay the ~** allanar el camino

group [gru:p] ■ n grupo *m* ▸ **~ decision** decisión *f* colectiva ▸ **~ dynamics** dinámica *f* de grupo ▸ **~ photograph** fotografía *f* de grupo ▸ **~ therapy** terapia *f* de grupo

■ vt agrupar

■ vi agruparse

groupie ['gru:pɪ] n *Fam* groupie *mf*, grupi *mf*

grouping ['gru:pɪŋ] n agrupación *f*, grupo *m*

grouse[1] [graʊs] (pl **grouse**) n [bird] lagópodo *m* escocés

grouse[2] *Fam* ■ n [complaint] queja *f*

■ vi quejarse (**about** de)

grout [graʊt] n [for tiles] lechada *f*

grove [grəʊv] n [of trees] arboleda *f*

grovel ['grɒvəl] (pt & pp **grovelled,** *US* **groveled**) vi [physically] andar a gatas, gatear ▸ *Fig* **to ~ to sb** arrastrarse ante alguien

grovelling, *US* ***groveling*** ['grɒvəlɪŋ] adj [tone, remark] servil

grow [grəʊ] (pt **grew** [gru:], pp **grown** [grəʊn]) ■ vt [roses, vegetables] cultivar ▸ **to ~ a beard** dejarse (crecer la) barba ▸ **I've decided to ~ my hair long** he decidido dejarme el pelo largo ▸ **~ bag** = *bolsa de compost en la que crecen plantas*

■ vi **1.** [increase in size] crecer ▸ *Fam* **it'll ~ on you** [music, book] te irá gustando con el tiempo ▸ **his influence grew** su influencia se acrecentó ▸ **to ~ in wisdom/beauty** ganar en sabiduría/belleza **2.** [become] hacerse ▸ **to ~ old** envejecer ▸ **to ~ big** *or* **bigger** crecer ▸ **to ~ angry** *esp ESP* enfadarse, *esp AM* enojarse **3.** [come eventually] **they grew to like the house** les llegó a gustar la casa

◆ ***grow apart*** vi [people] distanciarse

◆ ***grow out of*** vt insep **1.** [become too large for] **he's grown out of his shoes** se le han quedado pequeños los zapatos **2.** [become too old for] **she grew out of her dolls** dejó de jugar con muñecas al hacerse mayor

◆ ***grow up*** vi [become adult] crecer ▸ **I want to be a doctor when I ~ up** de mayor quiero ser médico ▸ **we didn't have television when I was growing up** cuando era pequeño no teníamos televisión ▸ *Fam* **~ up!** ¡no seas niño *or* *ESP* crío!

grower ['grəʊə(r)] n [person] cultivador(ora) *m,f*

growing ['grəʊɪŋ] ■ adj [child] en edad de crecer / [town, population] creciente, en crecimiento / [debt, discontent] creciente ▸ **there was a ~ fear that...** se extendía el temor de que...

■ n *Fig* **~ pains** [of firm, country] dificultades *fpl* del desarrollo

growl [graʊl] ■ n [of dog] gruñido *m*

■ vi [dog, person] gruñir (**at** a)

growling ['graʊlɪŋ] n [of dog] gruñidos *mpl*

grown [grəʊn] ■ adj adulto(a) ▸ **a ~ woman** una mujer adulta ▸ **fully ~** completamente desarrollado(a)

■ pp *of* ***grow***

grown-up ■ n ['grəʊnʌp] adulto(a) *m,f* ▸ **the grown-**

ups los adultos, los mayores
■ adj [grəʊn'ʌp] [person, attitude] maduro(a) ▸ **he was very ~ about it** reaccionó con mucha madurez

growth [grəʊθ] n **1.** [increase in size] crecimiento *m* ▸ **a week's ~ of beard** una barba de una semana ▸ **a ~ area** un área de crecimiento ▸ **~ industry** industria *f* en expansión **2.** [lump] bulto *m*

grub [grʌb] n **1.** [larva] larva *f,* gusano *m* **2.** *Fam* [food] comida *f,* *ESP* manduca *f,* *RP* morfi *m* ▸ **grub's up!** ¡a comer!

◆ ***grub about, grub around*** vi [search] rebuscar (**for sth** algo)

grubby ['grʌbɪ] adj sucio(a), mugriento(a)

grudge [grʌdʒ] ■ n rencor *m,* resentimiento *m* ▸ **to bear sb a ~** guardar rencor *or* resentimiento a alguien
■ vt **he paid, but he grudged them every penny** les pagó, pero escatimándoles cada penique ▸ **she grudges him his success** reconoce su éxito a regañadientes

grudging ['grʌdʒɪŋ] adj **he felt ~ respect for her** sentía respeto por ella a pesar de sí mismo ▸ **to be ~ in one's praise** ser reacio(a) a alabar

grudgingly ['grʌdʒɪŋlɪ] adv de mala gana, a regañadientes

gruel ['gru:əl] n [thin porridge] gachas *fpl* (de avena)

gruelling, *US* ***grueling*** ['gru:əlɪŋ] adj [journey, experience] agotador(ora)

gruesome ['gru:səm] adj horripilante, espantoso(a) ▸ **in ~ detail** sin ahorrar detalles truculentos

gruesomely ['gru:səmlɪ] adv horripilantemente, espantosamente

gruff [grʌf] adj [tone, manner] seco(a), hosco(a) / [voice] áspero(a)

gruffly ['grʌflɪ] adv secamente, bruscamente

grumble ['grʌmbəl] ■ n queja *f* ▸ **she obeyed without so much as a ~** obedeció sin rechistar
■ vi [person] quejarse (**about** de) / [stomach] gruñir

grumbler ['grʌmblə(r)] n quejica *mf,* gruñón(ona) *m,f*

grumbling ['grʌmblɪŋ] ■ n quejas *fpl*
■ adj quejumbroso(a) ▸ MED **~ appendix** dolores *mpl* intermitentes de apéndice

grump [grʌmp] n *Fam* [person] gruñón(ona) *m,f*

grumpily ['grʌmpɪlɪ] adv de mal humor

grumpiness ['grʌmpɪnɪs] n mal genio *m,* malas pulgas *fpl*

grumpy ['grʌmpɪ] adj gruñón(ona)

grunge [grʌndʒ] n [music] (música *f*) grunge *m*

grungy ['grʌndʒɪ] adj *US Fam* asqueroso(a), *ESP* cutre, *MÉX* gacho(a), *RP* roñoso(a)

grunt [grʌnt] ■ n **1.** [of pig, person] gruñido *m* ▸ **to give a ~** dar un gruñido **2.** *US Fam* [foot soldier] soldado *mf* de infantería
■ vi [pig, person] gruñir

guarantee [gærən'ti:] ■ n [assurance, document] garantía *f* ▸ **she gave me her ~ that it wouldn't happen again** me aseguró que no volvería a pasar ▸ COM **under ~** en garantía
■ vt garantizar ▸ **the watch is guaranteed for two years** el reloj tiene una garantía de dos años ▸ FIN **to ~ sb against loss** ofrecer a alguien una garantía contra posibles pérdidas

guaranteed [gærən'ti:d] adj garantizado(a)

guarantor [gærən'tɔ:(r)] n avalista *mf,* garante *mf*

guard [gɑ:d] ■ n **1.** [readiness] **to be on one's ~** estar en guardia ▸ **to put sb on his ~** poner en guardia a alguien ▸ **to put sb off his ~** desarmar a alguien ▸ **to catch sb off his ~** agarrar *or* *ESP* coger a alguien desprevenido **2.** [supervision] **under ~** bajo custodia ▸ **to be on ~ duty** estar de guardia ▸ **~ dog** perro *m* guardián **3.** [sentry] guardia *mf* / *BR* [on train] jefe *m* de tren / *US* [in prison] funcionario(a) *m,f* de prisiones, guardián(ana) *m,f* / MIL [body of sentries] guardia *f* ▸ **~ of honour** guardia de honor ▸ *BR* **guard's van** [on train] furgón *m* de cola **4.** [device] [on machine] protección *f* ▸ **as a ~ against...** como protección contra... **5.** [in basketball] escolta *mf*
■ vt **1.** [protect] guardar ▸ **a closely guarded secret** un secreto muy bien guardado **2.** [supervise] vigilar

◆ ***guard against*** vt insep evitar

guarded ['gɑ:dɪd] adj [cautious] cauteloso(a), cauto(a)

guardedly ['gɑ:dɪdlɪ] adv con cautela, cautamente

guardhouse ['gɑ:dhaʊs] n MIL cuerpo *m* de guardia / [prison] prisión *f* militar

guardian ['gɑ:dɪən] n [of standards] guardián(ana) *m,f* / LAW [of minor] tutor(ora) *m,f* ▸ **~ angel** ángel *m* custodio *or* de la guarda

guardianship ['gɑ:dɪənʃɪp] n LAW tutela *f*

guardrail ['gɑ:dreɪl] n pasamanos *m inv,* *ESP* barandilla *f*

guardroom ['gɑ:dru:m] n [guardhouse] cuerpo *m* de guardia

guardsman ['gɑ:dzmən] n *BR* MIL miembro *m* de la Guardia real

Guatemala [gwætɪ'mɑ:lə] n Guatemala

Guatemalan [gwætɪ'mɑ:lən] n & adj guatemalteco(a) *m,f*

guava ['gwɑ:və] n [fruit] guayaba *f* ▸ **~ tree** guayabo *m*

gubernatorial [gu:bənə'tɔ:rɪəl] adj *Formal* del/de la gobernador(ora) ▸ **a ~ candidate/election** un candidato/unas elecciones a gobernador

guerrilla [gə'rɪlə] n guerrillero(a) *m,f* ▸ **~ warfare** guerra *f* de guerrillas

guess [ges] ■ n conjetura *f,* suposición *f* ▸ **to have** *or* **make a ~** intentar adivinar ▸ **at a ~** a ojo (de buen cubero) ▸ **it was a lucky ~** lo he adivinado por casualidad ▸ **it's anybody's ~** no se sabe
■ vt **1.** [estimate] adivinar ▸ **~ who I saw!** ¡adivina a quién he visto! ▸ **you've guessed it!** ¡has acertado! **2.** [suppose] suponer ▸ **I ~ you're right** supongo que tienes razón
■ vi adivinar ▸ **to ~ right** acertar ▸ **to ~ wrong** equivocarse, no acertar ▸ **to keep sb guessing** tener a alguien en vilo ▸ **to ~ at sth** hacer suposiciones *or* conjeturas acerca de algo

guessing game ['gesɪŋ'geɪm] n (juego *m* de las) adivinanzas *fpl*

guesstimate ['gestɪmɪt] n *Fam* cálculo *m* a ojo

guesswork ['geswɜːk] n conjeturas *fpl* ▸ **it's pure** *or* **sheer ~** son sólo conjeturas

guest [gest] n [at home, on TV programme] invitado(a) *m,f* / [at hotel] huésped *mf* ▸ **be my ~!** ¡por favor!, ¡no faltaba más! ▸ **a ~ appearance by...** una aparición como artista invitado(a) de... ▸ **~ artist** artista *mf* invitado(a) ▸ **~ room** habitación *f* de los invitados ▸ **~ speaker** orador(ora) *m,f* invitado(a) ▸ **~ worker** = *extranjero con permiso de trabajo*

guesthouse ['gesthaʊs] n *BR* [hotel] casa *f* de huéspedes

guff [gʌf] n *Fam* paparruchas *fpl, ESP* chorradas *fpl, AM* pendejadas

guffaw [gʌ'fɔː] ■ n carcajada *f*
■ vi carcajearse

GUI ['guːɪ] n COMPTR (abbr ***Graphical User Interface***) interfaz *f* gráfica

Guiana [gaɪ'ɑːnə] n (la) Guayana, las Guayanas

guidance ['gaɪdəns] n orientación *f* ▸ **under the ~ of...** bajo la dirección de... ▸ **for your ~** para su información

guide [gaɪd] ■ n **1.** [person] guía *mf* ▸ *BR* **(Girl) Guide** scout *f*, escultista *f* ▸ **~ dog** perro *m* lazarillo **2.** [book] guía *f* (**to** de) **3.** [indication] guía *f* ▸ **as a ~** como guía
■ vt guiar ▸ **I will be guided by your advice** me guiaré por tus consejos

guidebook ['gaɪdbʊk] n guía *f*

guided ['gaɪdɪd] adj **~ missile** misil *m* teledirigido ▸ **~ tour** visita *f* guiada

guideline ['gaɪdlaɪn] n [indication] directriz *f*, línea *f* general ▸ **guidelines** directrices *fpl* ▸ **as a general ~** como orientación general

guiding ['gaɪdɪŋ] adj **the ~ principle of his life** el principio que rige su vida ▸ *Fig* **~ light** guía *mf*

guild [gɪld] n [of craftsmen, merchants] gremio *m*

guilder ['gɪldə] n *Formerly* [Dutch currency] florín *m*

guile [gaɪl] n astucia *f*

guileless ['gaɪllɪs] adj ingenuo(a), cándido(a)

guillemot ['gɪlɪmɒt] n arao *m* común

guillotine ['gɪlətiːn] ■ n guillotina *f* ▸ *BR* PARL **to put a ~ on a bill** = *limitar el tiempo de discusión de un proyecto de ley*
■ vt guillotinar

guilt [gɪlt] n **1.** [blame] culpa *f* ▸ **an admission of ~** una declaración de culpabilidad **2.** [emotion] culpabilidad *f*, culpa *f* ▸ **to feel ~** tener sentimientos de culpabilidad ▸ **~ complex** complejo *m* de culpabilidad

guiltily ['gɪltɪlɪ] adv con aire culpable

guiltless ['gɪltlɪs] adj inocente

guilty ['gɪltɪ] adj **1.** [of crime] culpable ▸ **to find sb ~/not ~** declarar a alguien culpable/inocente **2.** [emotionally] **to feel ~** sentirse culpable ▸ **~ conscience** remordimientos *mpl* de conciencia ▸ **a ~ secret** un secreto vergonzante

Guinea ['gɪnɪ] n Guinea

guinea ['gɪnɪ] n **1.** *BR* [coin] guinea *f (moneda equivalente a 21 chelines)* **2. ~ fowl** pintada *f*, gallina *f* de Guinea ▸ **~ pig** cobaya *m or f*, conejillo *m* de Indias ▸ *Fig* **to be a ~ pig** [for new idea] hacer de conejillo de Indias

Guinea-Bissau ['gɪnɪbɪ'saʊ] n Guinea-Bissau

Guinean [gɪ'neɪən] n & adj guineano(a) *m,f*

guise [gaɪz] n apariencia *f* ▸ **in** *or* **under the ~ of...** bajo la apariencia de... ▸ **in a different ~** con una apariencia diferente

guitar [gɪ'tɑː(r)] n guitarra *f*

guitarist [gɪ'tɑːrɪst] n guitarrista *mf*

gulag ['guːlæg] n gulag *m*

gulch [gʌltʃ] n *US* [valley] garganta *f*, hoz *f*

gulf [gʌlf] n **1.** [bay] golfo *m* ▸ **the (Persian) Gulf** el Golfo (Pérsico) ▸ **the Gulf of Mexico** el Golfo de México ▸ **the Gulf Stream** la corriente del Golfo ▸ **the Gulf War** la guerra del Golfo **2.** [between people, ideas] brecha *f*, abismo *m*

gull [gʌl] n gaviota *f*

gullet ['gʌlɪt] n esófago *m*

gulley ➤ ***gully***

gullibility [gʌlɪ'bɪlɪtɪ] n credulidad *f*, ingenuidad *f*

gullible ['gʌlɪbəl] adj crédulo(a), ingenuo(a)

gully, gulley ['gʌlɪ] n barranco *m*

gulp [gʌlp] ■ n trago *m* ▸ **in** *or* **at one ~** de un trago ▸ **"what money?" he said, with a ~** "¿qué dinero?" dijo, tragando saliva
■ vt [swallow] tragar, engullir
■ vi [with surprise] tragar saliva

◆ ***gulp down*** vt sep [swallow] tragar, engullir

gum [gʌm] ■ n **1.** [in mouth] encía *f* ▸ **~ disease** gingivitis *f inv* **2.** [adhesive] pegamento *m*, goma *f* **3. (chewing) ~** chicle *m* **4.** [resin] **~ arabic** goma *f* arábiga ▸ **~ tree** eucalipto *m* ▸ *BR Fam* **to be up a ~ tree** estar metido(a) en un buen lío
■ vt (pt & pp **gummed**) [stick] pegar

◆ ***gum up*** vt sep [mechanism] pegar

gumboot ['gʌmbuːt] n bota *f* de agua *or* goma *or MÉX, VEN* caucho

gummed [gʌmd] adj [label] engomado(a)

gumption ['gʌmʃən] n *Fam* [common sense] sensatez *f*, sentido *m* común / [courage] narices *fpl*, agallas *fpl*

gumshield ['gʌmʃiːld] n SPORT protector *m* bucal

gun [gʌn] ■ n **1.** [pistol] pistola *f* / [rifle] rifle *m* / [artillery piece] cañón *m* ▸ **~ carriage** cureña *f* ▸ **~ dog** perro *m* de caza ▸ **~ laws** legislación *f* sobre armas de fuego ▸ **~ licence** licencia *f* de armas **2.** [idioms] *Fam* **big ~** [important person] pez *m* gordo ▸ **to be going great guns** ir a pedir de boca ▸ **to stick to one's guns** no dar el brazo a torcer ▸ **to jump the ~** precipitarse
■ vt (pt & pp **gunned**) **to ~ the engine** dar acelerones

◆ ***gun down*** vt sep [kill] matar a tiros

◆ ***gun for*** vt insep **he's gunning for us** la tiene tomada con nosotros ▸ **he's gunning for the heavyweight title** aspira al título de los pesos pesados ▸ **she's gunning for my job** tiene las miras puestas en mi trabajo

gunboat ['gʌnbəʊt] n cañonera *f* ▸ **~ diplomacy** la diplomacia de los cañones

gunfight ['gʌnfaɪt] n tiroteo *m*

gunfire ['gʌnfaɪə(r)] n disparos *mpl,* tiros *mpl*

gunge [gʌndʒ] n *BR Fam* porquería *f,* pringue *f*

gung-ho [gʌŋhəʊ] adj [enthusiastic] exaltado(a) / [eager for war] belicoso(a) ▸ **to be ~ about sth** lanzar las campanas al vuelo con relación a algo

gunk [gʌŋk] n *Fam* porquería *f, ESP* pringue *f*

gunman ['gʌnmən] n hombre *m* armado

gunner ['gʌnə(r)] n artillero *m*

gunpoint ['gʌnpɔɪnt] n **at ~** a punta de pistola

gunpowder ['gʌnpaʊdə(r)] n pólvora *f*

gunrunner ['gʌnrʌnə(r)] n contrabandista *mf* de armas

gunrunning ['gʌnrʌnɪŋ] n contrabando *m* de armas

gunship ['gʌnʃɪp] n **(helicopter) ~** helicóptero *m* de combate

gunshot ['gʌnʃɒt] n disparo *m,* tiro *m* ▸ **~ wound** herida *f* de bala

gunsmith ['gʌnsmɪθ] n armero *m*

gunwale ['gʌnəl] n NAUT borda *f,* regala *f*

gurgle ['gɜːgəl] ■ n [of liquid] borboteo *m,* gorgoteo *m* / [of baby] gorjeo *m* ▸ **a ~ of delight** un gorjeo de placer

■ vi [liquid] borbotear, gorgotear / [baby] gorjear ▸ **to ~ with delight** gorjear de placer

guru ['gʊruː] n *also Fig* gurú *m*

gush [gʌʃ] ■ n [of spring, fountain] chorro *m* ▸ **a ~ of words** un torrente de palabras

■ vi **1.** [spurt, pour] manar, correr ▸ **tears gushed from her eyes** derramaba lágrimas a mares **2.** *Pej* [talk effusively] **to ~ about sth** hablar con excesiva efusividad de algo

gushing ['gʌʃɪŋ] adj *Pej* [person, praise] excesivamente efusivo(a)

gusset ['gʌsɪt] n [of tights, underwear] escudete *m*

gust [gʌst] ■ n [of wind, rain, air] ráfaga *f*

■ vi [wind] soplar racheado *or* en ráfagas

gusto ['gʌstəʊ] n entusiasmo *m,* ganas *fpl* ▸ **with ~** con muchas ganas

gusty ['gʌstɪ] adj [wind] racheado(a) ▸ **a ~ day/weather** un día/tiempo con viento racheado

gut [gʌt] ■ n **1.** [intestine] intestino *m* ▸ *Fam* **guts** [of person, machine] tripas *fpl* ▸ *Fam* **to sweat** *or* **work one's guts out** dejarse la piel ▸ *Fam* **she hates my guts** no me puede ver ni en pintura ▸ *Fam* **I'll have his guts for garters** lo haré picadillo ▸ **a ~ feeling** [intuition] una intuición, una corazonada ▸ **I have a ~ feeling that...** tengo la intuición *or* corazonada de que... ▸ **~ reaction** [intuitive] reacción *f* instintiva **2.** *Fam* **guts** [courage] agallas *fpl*, arrestos *mpl* ▸ **I didn't have the guts to tell them** no tuve agallas para decírselo

■ vt (pt & pp **gutted**) **1.** [fish] limpiar **2.** [building] **the house had been gutted by the fire** el fuego destruyó por completo el interior de la casa ▸ **she gutted the house and completely redecorated it** dejó la casa totalmente vacía e hizo una reforma completa

gutless ['gʌtlɪs] adj *Fam* cobarde

gutsy ['gʌtsɪ] adj *Fam* [brave] corajudo(a)

gutted ['gʌtɪd] adj *BR Fam* [disappointed] **to be ~** llevarse un chasco enorme, quedarse hecho(a) polvo

gutter ['gʌtə(r)] ■ n [in street] cuneta *f* / [on roof] canalón *m* ▸ *Fig* **to end up in the ~** terminar en el arroyo ▸ *Fig* **to drag oneself out of the ~** salir del arroyo ▸ *Fam Pej* **~ press** prensa *f* amarilla *or* sensacionalista

■ vi [flame] parpadear

guttural ['gʌtərəl] adj gutural

guy[1] [gaɪ] n *Fam* [man] tipo *m,* tío *m* ▸ **a great ~** un gran tipo ▸ **a tough ~** un tipo duro ▸ *esp US* **hi guys!** ¡hola, amigos(as) *or ESP* tíos(as)!

guy[2] n **~ (rope)** [for tent] viento *m*

Guyana [gaɪ'ænə] n Guyana

Guyanese [gaɪə'niːz] n & adj guyanés(esa) *m,f*

Guy Fawkes Night ['gaɪ'fɔːks'naɪt] n *BR = fiesta del 5 de noviembre en la que se lanzan fuegos artificiales en recuerdo del fracaso del intento de voladura del Parlamento por Guy Fawkes en 1605*

guzzle ['gʌzəl] *Fam* vt [food] engullir

gym [dʒɪm] n [gymnasium] gimnasio *m* / [gymnastics] gimnasia *f* ▸ **~ shoes** zapatillas *fpl* de gimnasia *or* de deporte

gymkhana [jiŋ'kɑnɑ] n gincana *f* hípica

gymnasium [dʒɪm'neɪzɪəm] (pl **gymnasiums** *or* **gymnasia** [dʒɪm'neɪzɪə]) n gimnasio *m*

gymnast ['dʒɪmnæst] n gimnasta *mf*

gymnastic [dʒɪm'næstɪk] adj gimnástico(a)

gymnastics [dʒɪm'næstɪks] ■ n gimnasia *f*

■ npl *Fig* **mental ~** gimnasia *f* mental

gynaecological, US ***gynecological*** [gaɪnɪkə'lɒdʒɪkəl] adj ginecológico(a)

gynaecologist, US ***gynecologist*** [gaɪnɪ'kɒlədʒɪst] n ginecólogo(a) *m,f*

gynaecology, US ***gynecology*** [gaɪnɪ'kɒlədʒɪ] n ginecología *f*

gyp [dʒɪp] n *BR Fam* **my tooth/leg is giving me ~** la muela/pierna me está matando ▸ **he's been giving me ~ about my decision** no para de darme la barrila por mi decisión

gypsum ['dʒɪpsəm] n yeso *m*

gypsy ➤ ***gipsy***

gyrate [dʒaɪ'reɪt] vi rotar, girar

gyration [dʒaɪ'reɪʃən] n rotación *f,* giro *m*

gyroscope ['dʒaɪrəskəʊp] n giróscopo *m,* giroscopio *m*

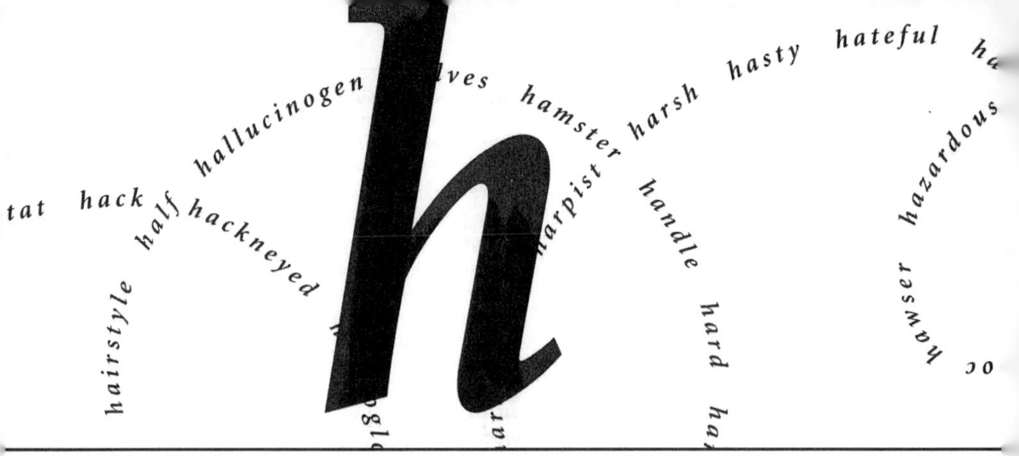

H, h [eɪtʃ] n [letter] H, h *f* ▸ **H bomb** bomba *f* H

habeas corpus ['heɪbɪəs'kɔːpəs] n LAW habeas corpus

haberdashery ['hæbədæʃərɪ] n **1.** *BR* [sewing items, shop] mercería *f* **2.** *US* [men's clothes] ropa *f* de caballero / [shop] tienda *f* de confección de caballero

habit ['hæbɪt] n **1.** [custom, practice] hábito *m,* costumbre *f* ▸ **to be in the ~ of doing sth** tener la costumbre de hacer algo ▸ **to get into the ~ of doing sth** adquirir el hábito de hacer algo ▸ **you must get out of the ~ of always blaming other people** tienes que dejar de echar siempre la culpa a los demás ▸ **don't make a ~ of it** que no se convierta en una costumbre ▸ **from force of ~** por la fuerza de la costumbre ▸ **a bad/good ~** una mala/buena costumbre **2.** *Fam* [addiction] [to cocaine, heroin] vicio *m,* hábito *m* ▸ **to kick the ~** dejar el vicio **3.** [costume] hábito *m*

habitable ['hæbɪtəbəl] adj habitable

habitat ['hæbɪtæt] n hábitat *m*

habitation [hæbɪ'teɪʃən] n **1.** [occupation] habitación *f* ▸ **there were few signs of ~** había pocos rastros de habitantes ▸ **fit/unfit for ~** apto/no apto para su uso como vivienda **2.** [dwelling place] vivienda *f*

habitual [hə'bɪtjʊəl] adj [generosity, rudeness] habitual, acostumbrado(a) / [liar, drunk] habitual

habitually [hə'bɪtjʊəlɪ] adv habitualmente

habituate [hə'bɪtjʊeɪt] vt habituar (**to** a) ▸ **to become habituated to sth** habituarse a algo

hack [1] [hæk] n **1.** *Fam Pej* [journalist] gacetillero(a) *m,f* / [political activist] militante *mf,* activista *mf* **2.** [horseride] **to go for a ~** ir a dar un paseo a caballo

hack [2] ■ vt **1.** [cut] cortar ▸ **to ~ sth/sb to pieces** despedazar algo/a alguien a golpes de cuchillo ▸ **to ~ one's way through the jungle** abrirse paso a machetazos por la jungla **2.** [in soccer] dar un hachazo a **3.** *Fam* [cope with] **he can't ~ it** no puede con ello

■ vi **1.** [cut] **to ~ at sth** dar machetazos a algo **2.** [cough] toser con fuerza **3.** COMPTR **to ~ into a computer system** introducirse ilegalmente en un sistema informático

◆ ***hack down*** vt sep [tree] talar, cortar

◆ ***hack off*** vt sep **1.** [chop off] [branch, limb] cortar **2.** *Fam* **to be hacked off (with sb/sth)** estar furioso(a) *or ESP* mosqueado(a) (con algo/alguien)

hacker ['hækə(r)] n COMPTR pirata *mf* informático(a), hacker *mf*

hacking jacket ['hækɪŋ'dʒækɪt] n chaqueta *f* de montar

hackles ['hækəlz] npl [of dog] pelo *m* del cuello ▸ *Fig* **to make sb's ~ rise** [make sb angry] enfurecer a alguien

hackney cab ['hæknɪ'kæb], ***hackney carriage*** ['hæknɪ 'kærɪdʒ] n *Formal* taxi *m*

hackneyed ['hæknɪd] adj [language, argument] manido(a), trillado(a)

hacksaw ['hæksɔː] n sierra *f* para metales

had [hæd] pt & pp *of* ***have***

haddock ['hædək] n eglefino *m*

hadn't ['hædənt] ➤ ***had not***

haemoglobin, *US* ***hemoglobin*** [hiːməʊ'gləʊbɪn] n hemoglobina *f*

haemophilia, *US* ***hemophilia*** [hiːməʊ'fɪlɪə] n hemofilia *f*

haemophiliac, *US* ***hemophiliac*** [hiːməʊ'fɪlɪæk] n hemofílico(a) *m,f*

haemorrhage, *US* ***hemorrhage*** ['hemərɪdʒ] ■ n [bleeding] hemorragia *f* / *Fig* [of people, resources] fuerte pérdida *f*

■ vi MED sangrar, sufrir una hemorragia / *Fig* [of support, funds] decrecer por momentos

haemorrhoids, *US* ***hemorrhoids*** ['hemərɔɪdz] npl MED hemorroides *fpl*

hag [hæg] n *Pej* [old woman] bruja *f,* arpía *f*

haggard ['hægəd] adj marcado(a) por el cansancio y/o el dolor

haggis ['hægɪs] n = *plato típico escocés a base de*

asaduras de cordero embutidas en una tripa

haggle ['hægəl] vi regatear ▸ **to ~ about** *or* **over the price of sth** regatear el precio de algo

hagiography [hægɪ'ɒgrəfɪ] n hagiografía *f*

Hague [heɪg] n **the ~** La Haya

hail[1] [heɪl] ■ n [hailstones] granizo *m* / *Fig* [of blows, bullets, insults] lluvia *f*
■ vi **it's hailing** está granizando

hail[2] vt **1.** [attract attention of] llamar **2.** [acclaim] aclamar (**as** como) ▸ **she has been hailed as the greatest novelist of the century** se la ha aclamado como la mejor novelista del siglo

◆ ***hail from*** vt insep proceder de

hailstone ['heɪlstəʊn] n (piedra *f* de) granizo *m*

hailstorm ['heɪlstɔːm] n granizada *f*

hair [heə(r)] n [of head] pelo *m*, cabello *m* / [of body] vello *m* / [of animal] pelo *m* ▸ **to have long ~** tener el pelo largo ▸ **to do one's ~** peinarse ▸ **to brush/comb one's ~** cepillarse/peinarse el pelo ▸ **to have** *or* **get one's ~ cut** cortarse el pelo ▸ **if you harm** *or* **touch a ~ on that child's head...** como le toques un solo pelo a ese niño... ▸ **to make sb's ~ stand on end** ponerle a alguien los pelos de punta ▸ *Fam* **keep your ~ on!** ¡no te sulfures! ▸ *Fam* **to get in sb's ~** dar la lata a alguien ▸ *Fig* **to let one's ~ down** [lose inhibitions] soltarse el pelo ▸ *Fam* **~ of the dog** [for hangover] = *algo de alcohol para quitar la resaca* ▸ **~ gel** gel *m* moldeador, *ESP* gomina *f* ▸ *BR* **~ slide** pasador *m* (para el pelo)

hairband ['heəbænd] n cinta *f* (para el pelo)

hairbrush ['heəbrʌʃ] n cepillo *m*

hair-clip ['heəklɪp] n clipe *m* para el pelo, horquilla *f*

haircut ['heəkʌt] n corte *m* de pelo ▸ **to have a ~** cortarse el pelo

hairdo ['heəduː] (pl **hairdos**) n *Fam* peinado *m*

hairdresser ['heədresə(r)] n peluquero(a) *m,f* ▸ **hairdresser's** peluquería *f*

hairdressing ['heədresɪŋ] n peluquería *f* ▸ **~ salon** salón *m* de peluquería

hairdryer ['heədraɪə(r)] n secador *m* (de pelo)

-haired [heəd] suffix **long/short/curly~** de pelo largo/corto/rizado

hairgrip ['heəgrɪp] n *BR* horquilla *f*, *ANDES, CAM, MÉX,* gancho *m*

hairless ['heəlɪs] adj sin pelo / [face] lampiño(a) / [infant, puppy] pelón(ona)

hairline ['heəlaɪn] n **1.** [of person] nacimiento *m* del pelo ▸ **to have a receding ~** tener entradas **2. ~ crack** [in pipe, wall] fisura *f* muy pequeña ▸ **~ fracture** [of bone] fisura *f* (de hueso)

hairnet ['heənet] n redecilla *f* para el pelo

hairpiece ['heəpiːs] n peluquín *m*

hairpin ['heəpɪn] n horquilla *f*, *ANDES, CAM, MÉX,* gancho *m* ▸ **~ bend** [on road] curva *f* muy cerrada

hair-raising ['heəreɪzɪŋ] adj espeluznante

hair's-breadth ['heəzbredθ] n **by a ~** por un pelo ▸ **to be within a ~ of** estar al borde de

hairspray ['heəspreɪ] n laca *f* (de pelo)

hairstyle ['heəstaɪl] n peinado *m*

hairy ['heərɪ] adj **1.** [hair-covered] velludo(a), peludo(a) **2.** *Fam* [scary] peliagudo(a)

Haiti ['heɪtɪ] n Haití

Haitian ['heɪʃən] n & adj haitiano(a) *m,f*

hake [heɪk] n merluza *f*

halcyon days ['hælsɪən'deɪz] npl *Literary* días *mpl* felices

hale [heɪl] adj sano(a) ▸ **to be ~ and hearty** estar como una rosa

half [hɑːf] ■ n (pl **halves** [hɑːvz]) **1.** [in general] mitad *f* ▸ **~ an hour** media hora *f* ▸ **~ past twelve, ~ twelve** las doce y media ▸ SPORT **first/second ~** primera/segunda parte *f*, primer/segundo tiempo *m* ▸ **to fold/cut sth in ~** doblar/cortar algo por la mitad ▸ **~ a dozen, a ~ dozen** media docena *f* ▸ **~ of them** la mitad (de ellos) ▸ **to have ~ a mind to do sth** estar tentado(a) de hacer algo ▸ *Hum* **my better** *or* **other ~** mi media naranja ▸ **she is too clever/arrogant by ~** se pasa de lista/arrogante ▸ **she doesn't do things by halves** no le gusta hacer las cosas a medias ▸ **to go halves with sb** pagar *or* ir a medias con alguien **2.** [fraction] medio *m* ▸ **three and a ~** tres y medio **3.** *BR* [ticket] [for child] *ESP* billete *m* or *AM* boleto *m* infantil **4.** *BR* [half pint] media pinta *f*
■ adj medio(a) ▸ **~ board** media pensión *f* ▸ **~ day** media jornada *f* ▸ **~ hour** media hora *f* ▸ **every ~ hour** cada media hora ▸ *US* MUS **~ note** blanca *f* ▸ **at ~ price** a mitad de precio ▸ **~ volley** media volea *f*
■ adv a medias ▸ **to ~ do sth** hacer algo a medias ▸ **the bottle was ~ full/empty** la botella estaba medio llena/vacía ▸ **you're ~ right** tienes razón a medias ▸ *BR Fam* **not ~!** ¡y que lo digas! ▸ *BR Fam* **it isn't ~ cold!** ¡menudo frío (que) hace!, ¡no hace frío ni nada!

half- [hɑːf] prefix **~naked/asleep/dead** medio desnudo(a)/dormido(a)/muerto(a)

half-baked [hɑːf'beɪkt] adj *Fam* [theory, plan] mal concebido(a)

halfbreed ['hɑːfbriːd] n mestizo(a) *m,f*

half-brother ['hɑːfbrʌðə(r)] n hermanastro *m*

half-caste ['hɑːfkɑːst] n & adj mestizo(a) *m,f*

half-cock ['hɑːf'kɒk] n *BR* **to go off at ~** [plan, event] fracasar *(por falta de preparación)*

half-full ['hɑːf'fʊl] adj medio lleno(a)

half-hearted ['hɑːf'hɑːtɪd] adj [effort, performance] desganado(a) / [belief, support] tibio(a)

half-heartedly ['hɑːf'hɑːtɪdlɪ] adv sin (muchas) ganas

half-hourly [hɑːf'aʊəlɪ] adv cada media hora

half-jokingly [hɑːf'dʒəʊkɪŋlɪ] adv [to say, suggest] medio en broma

half-life ['hɑːflaɪf] n PHYS media vida *f*

half-marathon [hɑːf'mærəθən] n media maratón *f*

half-mast ['hɑːf'mɑːst] n **at ~** a media asta

half-open [hɑːf'əʊpən] adj [eyes, window] entreabierto(a), entornado(a)

half-sister ['hɑːf'sɪstə(r)] n hermanastra *f*

half-size ['hɑːf'saɪz] n [for clothing] talla *f* intermedia

/ [for shoes] número *m* intermedio

half-term ['hɑ:f'tɜ:m] n *BR* ~ **(holiday)** vacaciones *fpl* de mitad de trimestre

half-time ['hɑ:f'taɪm] n [of match] descanso *m*

half-truth ['hɑ:f'tru:θ] n verdad *f* a medias

halfway [hɑ:f'weɪ] ■ adj [point, stage] intermedio(a) ▸ ~ **house** [for former prisoners, addicts] centro *m* de reinserción / *Fig* [compromise] término *m* medio ▸ ~ **line** [on soccer pitch] línea *f* divisoria *or* de medio campo
■ adv a mitad de camino ▸ *Fig* **to meet sb ~** [compromise] llegar a una solución de compromiso con alguien

halfwit ['hɑ:fwɪt] n bobo(a) *m,f*, *ESP* memo(a) *m,f*

halfwitted [hɑ:f'wɪtɪd] adj [person] idiota, *ESP* memo(a) ▸ **a ~ idea** una bobada, *ESP* una memez

half-yearly ['hɑ:f'jɪəlɪ] adj semestral, bianual

halibut ['hælɪbət] n fletán *m*

halitosis [hælɪ'təʊsɪs] n MED halitosis *f inv*

hall [hɔ:l] n **1.** [entrance room] vestíbulo *m* / [corridor] pasillo *m* ▸ ~ **stand,** *US* ~ **tree** perchero *m* **2.** [for concerts, meetings] [large room] salón *m* de actos / [building] auditorio *m* **3.** *BR* UNIV ~ **of residence** residencia *f* de estudiantes, *ESP* colegio *m* mayor

hallmark ['hɔ:lmɑ:k] n [on silver] contraste *m* / *Fig* [of idea, plan] sello *m* característico

hallo ➤ ***hello***

hallowed ['hæləʊd] adj sagrado(a)

Hallowe'en [hæləʊ'i:n] n = *víspera de Todos los Santos en la que los niños se disfrazan de brujas y fantasmas*

hallucinate [hə'lu:sɪneɪt] vi alucinar, sufrir alucinaciones

hallucination [həlu:sɪ'neɪʃən] n alucinación *f*

hallucinatory [hə'lu:sɪnətərɪ] adj alucinatorio(a)

hallucinogen [hə'lu:sɪnədʒən] n alucinógeno *m*

hallucinogenic [həlu:sɪnəʊ'dʒenɪk] adj alucinógeno(a)

hallway ['hɔ:lweɪ] n [entrance room] vestíbulo *m* / [corridor] pasillo *m*

halo ['heɪləʊ] (pl **halos** *or* **haloes**) n halo *m*

halogen ['hælədʒən] n halógeno(a) ▸ ~ **lamp** lámpara *f* halógena

halt [hɒlt] ■ n alto *m*, parada *f* ▸ **to come to a ~** detenerse ▸ **to bring sth to a ~** paralizar algo ▸ **to call a ~ to sth** interrumpir algo
■ vt detener
■ vi detenerse

halter ['hɔ:ltə(r)] n [for horse] ronzal *m*

halterneck ['hɔ:ltənek] adj [dress, top] sujeto(a) al cuello

halting ['hɔ:ltɪŋ] adj [voice, progress] vacilante, titubeante

haltingly ['hɔ:ltɪŋlɪ] adv [to walk] con paso vacilante / [to speak] con la voz entrecortada

halva ['hælvə] n halva *f*, = *dulce que contiene frutos secos, miel, azafrán y semillas de sésamo*

halve [hɑ:v] vt **1.** [divide in two] dividir (en dos) / [cake, fruit] partir por la mitad **2.** [reduce by half] reducir a la mitad

halves [hɑ:vz] pl *of* ***half***

ham [hæm] ■ n **1.** [meat] jamón *m* **2.** *Fam* [actor] actor *m* exagerado, actriz *f* exagerada ▸ ~ **acting** sobreactuación *f*, histrionismo *m*
■ vt (pt & pp **hammed**) *Fam* [of actor] **to ~ it up** sobreactuar

Hamburg ['hæmbɜ:g] n Hamburgo

hamburger ['hæmbɜ:gə(r)] n hamburguesa *f*

ham-fisted ['hæm'fɪstɪd] adj *Fam* [person] torpe, *ESP* manazas / [workmanship, attempt] torpe

hamlet ['hæmlɪt] n aldea *f*

hammer ['hæmə(r)] ■ n [tool] & SPORT martillo *m* ▸ **to come under the ~** [be auctioned] salir a subasta ▸ **to go at it ~ and tongs** [argue] tener una acalorada discusión / [try hard] poner mucho empeño *or* esfuerzo ▸ **the ~ and sickle** la hoz y el martillo
■ vt **1.** [hit with hammer] martillear / [hit with fist] dar puñetazos a ▸ **to ~ a nail into sth** clavar un clavo en algo ▸ **to ~ home** [nail, argument] remachar ▸ **she hammered home her advantage** se aseguró su ventaja **2.** *Fam* [defeat] dar una paliza a, *ESP* machacar

◆ ***hammer away at*** vt insep *Fig* **to ~ away at a problem** ponerse en serio con un problema

◆ ***hammer out*** vt sep *Fig* [agreement] alcanzar, llegar a

hammering ['hæmərɪŋ] n **1.** [noise] martilleo *m* **2.** *Fam* [defeat] paliza *f*

hammock ['hæmək] n hamaca *f*

hamper ['hæmpə(r)] ■ n [for food] cesta *f*, cesto *m* ▸ **(Christmas)** ~ cesta de Navidad
■ vt [hinder] entorpecer

hamster ['hæmstə(r)] n hámster *m*

hamstring ['hæmstrɪŋ] ■ n tendón *m* de la corva
■ vt (pt & pp **hamstrung** ['hæmstrʌŋ]) [incapacitate] incapacitar, paralizar

hand [hænd] ■ n **1.** [part of body] mano *f* / [of clock, watch] manecilla *f* ▸ **to hold hands** cogerse de las manos ▸ ~ **in** ~ (cogidos) de la mano ▸ **to hold sth in one's ~** sostener algo en la mano ▸ **to take sb by the ~** coger a alguien de la mano ▸ **on one's hands and knees** a cuatro patas ▸ **by ~** [make, wash] a mano / [on envelope] en propia mano ▸ **hands off!** ¡las manos fuera! ▸ **hands up!** ¡manos arriba! ▸ ~ **ball** [offence in soccer] mano *m* ▸ *BR* ~ **basin** lavabo *m*, *AM* lavamanos *m* ▸ ~ **cream** crema *f* de manos ▸ ~ **grenade** granada *f* de mano ▸ ~ **luggage** equipaje *m* de mano **2.** [worker] brazo *m* ▸ **to be an old ~ at sth** ser veterano(a) en algo **3.** [handwriting] **in his own ~** de su puño y letra **4.** [in cards] mano *f* ▸ *Fig* **to show one's ~** poner las cartas boca arriba *or* sobre la mesa **5.** [idioms] **at ~** a mano ▸ **on ~** disponible ▸ **to have sth to ~** tener algo a mano ▸ **to ask for sb's ~ (in marriage)** pedir la mano de alguien ▸ **to be in good hands** estar en buenas manos ▸ **to fall into the wrong hands** caer en malas manos ▸ **it's out of my hands** no está en mi mano ▸ **to change hands** [money, car] cambiar de mano ▸ **I had a ~ in designing the course** tuve que ver *or* puse de mi parte en el diseño del curso ▸ **to go ~ in ~ with sth** estar asociado(a) a algo ▸ **to try one's ~ at sth** intentar algo alguna vez ▸ **to turn one's ~ to sth** dedicarse a algo ▸ **to give** *or* **lend sb a ~** echar una mano a alguien ▸ **to give sb a big ~** [applaud] dar un gran aplauso a alguien ▸ **to suffer at sb's hands** sufrir a manos de alguien ▸ **on the one ~** por una parte ▸ **on the other ~** por otra parte ▸ **to have time on one's hands** tener tiempo libre ▸ **to have a situation in ~** tener una situación bajo control ▸ **to take sb in ~** hacerse cargo de alguien ▸ **to get out of ~** escaparse de las manos ▸ **the children got out of ~** los niños se desmandaron ▸ **to dismiss a suggestion out of ~** rechazar una sugerencia sin más ni más ▸ **to have one's hands full** estar completamente ocupado(a) ▸ **to have one's hands tied** tener las manos atadas ▸ **to be ~ in glove with sb** colaborar estrechamente con alguien ▸ **to live from ~ to mouth** vivir de forma precaria ▸ **to lose money ~ over fist** perder dinero a raudales ▸ **to make money ~ over fist** ganar dinero a espuertas ▸ **to win hands down** ganar con comodidad

■ vt pasar ▸ **to ~ sth to sb** pasar algo a alguien ▸ *Fig* **to ~ sth to sb on a plate** ponerle algo a alguien en bandeja ▸ *Fig* **you've got to ~ it to him** tienes que reconocérselo

◆ ***hand back*** vt sep [return] devolver

◆ ***hand down*** vt sep [bequeath] dejar en herencia

◆ ***hand in*** vt sep [give] entregar / [resignation] presentar

◆ ***hand on*** vt sep pasar

◆ ***hand out*** vt sep [distribute] repartir

◆ ***hand over*** vt sep [give] dar, entregar / *Fig* [control, responsibility] ceder

◆ ***hand round*** vt sep [circulate] pasar

handbag ['hændbæg] n *BR* [woman's] *ESP* bolso *m*, *COL, CSUR* cartera *f*, *MÉX* bolsa *f*

handball ['hændbɔ:l] n [game] balonmano *m*

handbook ['hændbʊk] n manual *m*

handbrake ['hændbreɪk] n *BR* [of car] freno *m* de mano

handclap ['hændklæp] n *BR* **a slow ~** = *palmas lentas del público en señal de desaprobación*

handcuff ['hændkʌf] vt esposar

handcuffs ['hændkʌfs] npl esposas *fpl*

hand-drier ['hænd'draɪə(r)] n secador *m* de manos, secamanos *m inv*

handful ['hændfʊl] n [of sand, rice, people] puñado *m* ▸ *Fig* **that child is a real ~** ese niño es un terremoto

handgun ['hændgʌn] n pistola *f*

hand-held ['hænd'held] adj [camera] de mano, portátil ▸ **~ computer** *ESP* ordenador *m or AM* computadora *f* de bolsillo

handicap ['hændɪkæp] ■ n [disadvantage] desventaja *f*, hándicap *m* / [disability] discapacidad *f*, minusvalía *f* / [in golf, horseracing] hándicap *m*

■ vt (pt & pp **handicapped**) suponer una desventaja para ▸ **to be handicapped by...** verse perjudicado(a) por...

handicapped ['hændɪkæpt] ■ adj discapacitado(a), minusválido(a)

■ npl **the ~** los discapacitados *or* minusválidos

handicraft ['hændɪkrɑ:ft] n [skill] artesanía *f* / [object] objeto *m* de artesanía

handiwork ['hændɪwɜ:k] n [craftwork] trabajos *mpl* manuales, manualidades *fpl* ▸ *Ironic* **this mess looks like Clara's ~!** este desorden parece obra de Clara

handkerchief ['hæŋkətʃɪf] n pañuelo *m*

hand-knit ['hænd'nɪt] ■ n prenda *f* (de punto) tejida a mano

■ vt tejer a mano

handle ['hændəl] ■ n [of broom, umbrella, gun, knife] mango *m* / [of racket, bat] empuñadura *f* / [of suitcase, cup] asa *f* / [of door] manilla *f* ▸ *Fig* **to fly off the ~** [lose one's temper] perder los estribos ▸ *Fig* **to get a ~ on sth** [understand] hacerse una idea clara de algo

■ vt **1.** [touch, hold] manejar, manipular ▸ **~ with care** [sign] frágil ▸ **to ~ the ball** [in soccer] hacer (falta con la) mano **2.** [cope with] [situation, crisis] hacer frente a, afrontar **3.** COM [business, contract, client] encargarse de

■ vi **to ~ well** [car, boat] responder bien

handlebars ['hændəlbɑ:z] npl [of bicycle, motorbike] manillar *m*, *AM* manubrio *m*

handmade ['hænd'meɪd] adj hecho(a) a mano ▸ **to be ~** estar hecho(a) a mano

hand-me-downs ['hændmɪdaʊnz] npl *Fam* **he wore his brother's ~** llevaba ropa heredada de su hermano

handout ['hændaʊt] n **1.** [donation] donativo *m*, limosna *f* **2.** [leaflet] hoja *f* informativa

handover ['hændəʊvə(r)] n entrega *f*

handpick ['hænd'pɪk] vt **1.** [fruit, vegetables] escoger **2.** [people, team] seleccionar cuidadosamente

hand-picked ['hænd'pɪkd] adj **1.** [fruit, vegetables] escogido(a) **2.** [person, team] cuidadosamente seleccionado(a)

handrail ['hændreɪl] n pasamanos *m inv*, baranda *f*, *ESP* barandilla *f*

handset ['hændset] n [of telephone] auricular *m*

handsewn ['hænd'səʊn] adj cosido(a) a mano

hands-free ['hænz'fri:] adj [phone, dialling] de manos libres

handshake ['hændʃeɪk] n apretón *m* de manos

hands-off ['hæn'zɒf] adj [approach, style] no intervencionista

handsome ['hænsəm] adj **1.** [man] atractivo, *ESP* guapo, *AM* lindo / [woman] distinguida / [animal] hermoso(a), bello(a) / [building] elegante, bello(a) **2.** [praise] generoso(a) / [price, profit] considerable

handsomely ['hænsəmlɪ] adv **1.** [dressed, furnished] elegantemente **2.** [praised, paid] generosamente

hands-on ['hæn'zɒn] adj **he has a ~ management style** le gusta implicarse en todos los aspectos del negocio ▸ **~ training** formación *f* práctica

handstand ['hændstænd] n **to do a ~** hacer el pino

hand-stitched [hænd'stɪtʃt] adj cosido(a) a mano

hand-to-hand ['hæntə'hænd] adj **~ combat** combate *m* cuerpo a cuerpo

hand-to-mouth ['hæntə'maʊθ] ■ adj **a ~ existence** una existencia precaria

■ adv **to live ~** vivir de forma precaria

handwash ['hændwɒʃ] ■ vt lavar a mano
■ n **I'm doing a ~** voy a lavar unas cosas a mano

handwriting ['hændraɪtɪŋ] n letra *f,* caligrafía *f*

handwritten ['hændrɪtən] adj manuscrito(a), escrito(a) a mano

handy ['hændɪ] adj **1.** [useful] práctico(a), útil ▸ **to come in ~** venir bien **2.** [conveniently situated] bien situado(a) ▸ **the flat is very ~ for the shops** el piso queda muy cerca de las tiendas **3.** [within reach] a mano ▸ **have you got a pen ~?** ¿tienes un bolígrafo a mano? **4.** [skilful] habilidoso(a), *ESP* mañoso(a) ▸ **he's very ~ in the kitchen** se le da muy bien la cocina *or* cocinar ▸ **she's very ~ with a paintbrush** es muy hábil con la brocha

handyman ['hændɪmæn] n [person good at odd jobs] persona *f* habilidosa, *ESP* manitas *mf inv*

hang [hæŋ] ■ n *Fam* **to get the ~ of sth** pillar el truco *or ESP* el tranquillo a algo, *MÉX* pescar algo, *RP* agarrar la mano a algo
■ vt (pt & pp **hung** [hʌŋ]) **1.** [suspend] colgar **2. to ~ one's head** bajar la cabeza ▸ **he hung his head in shame** bajó la cabeza avergonzado **3.** (pt & pp **hanged**) [criminal] ahorcar, colgar (**for** por)
■ vi **1.** [be suspended] colgar ▸ **she hung on his every word** estaba totalmente pendiente de sus palabras **2.** [be executed] ser ahorcado(a) *or* colgado(a) **3.** [material, clothes] caer, colgar

◆ ***hang about, hang around*** vi *Fam* [wait] esperar ▸ **he kept me hanging about for hours** me tuvo esperando horas

◆ ***hang back*** vi [hesitate] dudar, titubear

◆ ***hang in*** vi *Fam* [persevere] aguantar ▸ **~ in there!** ¡resiste!, ¡aguanta!

◆ ***hang on*** ■ vi **1.** *Fam* [wait] esperar **2.** [survive] resistir, aguantar
■ vt insep [depend on] depender de ▸ **everything hangs on his answer** todo depende de su respuesta

◆ ***hang on to*** vt insep [keep] conservar ▸ **I'd ~ on to those documents if I were you** yo, en tu lugar, me quedaría con esos documentos

◆ ***hang out*** ■ vt sep [washing] tender
■ vi **1. his tongue/shirt was hanging out** tenía la lengua/camisa fuera **2.** *Fam* **to ~ out with one's friends** andar por ahí con los amigos ▸ **he usually hangs out in the Bronx Café** normalmente va por el Café Bronx

◆ ***hang together*** vi [argument, statements] encajar, concordar

◆ ***hang up*** ■ vt sep [suspend] [hat, picture] colgar
■ vi [on telephone] colgar ▸ **to ~ up on sb** colgarle (el teléfono) a alguien

hangar ['hæŋə(r)] n AV hangar *m*

hangdog ['hæŋdɒg] adj **a ~ look** una expresión avergonzada *or AM salvo RP* apenada

hanger ['hæŋə(r)] n [for clothes] percha *f*

hanger-on [hæŋə'rɒn] (pl **hangers-on**) n *Fam Pej* parásito(a) *m,f,* adlátere *mf*

hang-glider ['hæŋglaɪdər] n ala *f* delta

hang-gliding ['hæŋglaɪdɪŋ] n **to go ~** hacer ala delta

hanging ['hæŋɪŋ] n [execution] ahorcamiento *m,* ejecución *f* en la horca

hangman ['hæŋmən] n verdugo *m*

hangnail ['hæŋneɪl] n padrastro *m*

hang-out ['hæŋaʊt] n *Fam* guarida *f,* sitio *m* predilecto

hangover ['hæŋəʊvə(r)] n **1.** [from drinking] resaca *f, GUAT, MÉX* cruda *f* **2.** [practice, belief] vestigio *m*

hang-up ['hæŋʌp] n *Fam* [complex] complejo *m,* paranoia *f* ▸ **to have a ~ about sth** estar acomplejado(a) por algo

hanker ['hæŋkə(r)] vi **to ~ after** *or* **for sth** anhelar algo

hankering ['hæŋkərɪŋ] n **to have a ~ for sth** sentir anhelo de algo

hankie, hanky ['hæŋkɪ] n *Fam* pañuelo *m*

hanky-panky ['hæŋkɪ'pæŋkɪ] n *Fam* **1.** [sexual activity] *ESP* ñacañaca *m, MÉX* cuchi-cuchi *m* **2.** [underhand behaviour] chanchullos *mpl,* tejemanejes *mpl*

Hanover ['hæneʊvər] n Hanover

haphazard [hæp'hæzəd] adj [choice, decision] arbitrario(a), incoherente / [attempt] desorganizado(a)

haphazardly [hæp'hæzədlɪ] adv a la buena de Dios, descuidadamente

hapless ['hæplɪs] adj infortunado(a)

happen ['hæpən] vi [take place] pasar, ocurrir, suceder ▸ **it happened ten years ago** pasó hace diez años ▸ **as it happens,...** precisamente..., casualmente... ▸ **what has happened to him?** ¿qué le ha pasado? ▸ **to ~ to meet sb** encontrarse con alguien por casualidad ▸ **I ~ to know that...** resulta que sé que...

◆ ***happen on, happen upon*** vt insep encontrarse con

happening ['hæpənɪŋ] n suceso *m*

happily ['hæpɪlɪ] adv **1.** [with pleasure] alegremente ▸ **they lived ~ ever after** fueron felices y comieron perdices **2.** [fortunately] afortunadamente, por suerte

happiness ['hæpɪnɪs] n felicidad *f*

happy ['hæpɪ] adj **1.** [in a state of contentment] feliz / [pleased] contento(a) / [cheerful] alegre, feliz ▸ **to be ~ with sth** estar contento con algo ▸ **to be ~ to do sth** hacer algo con mucho gusto ▸ **to make sb ~** hacer feliz a alguien ▸ **a ~ ending** un final feliz ▸ **a ~ medium** un (satisfactorio) término medio ▸ **~ birthday/Christmas/New Year!** ¡feliz cumpleaños/Navidad/Año Nuevo! **2.** [fortunate] [choice, phrase] afortunado(a), acertado(a)

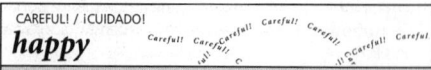

CAREFUL! / ¡CUIDADO!

happy

When translating *happy*, note that **feliz** is the most general translation, but **contento** is used when a (possibly temporary) cause is stated or implied, while **alegre** suggests an obvious and expressive mood.

happy-go-lucky ['hæpɪgəʊ'lʌkɪ] adj despreocupado(a)

Hapsburg ['hæpsbɜːg] n **the Hapsburgs** los Habsburgo, los Austrias

harangue [hə'ræŋ] ■ n arenga *f*
■ vt arengar, soltar una arenga a ▸ **to ~ sb into doing sth** acosar a alguien para que haga algo

harass [hə'ræs, 'hærəs] vt acosar, hostigar ▸ **to ~ sb into doing sth** acosar a alguien para que haga algo

harassed [hə'ræst, 'hærəst] adj agobiado(a)

harassment [hə'ræsmənt, 'hærəsmənt] n acoso *m*

harbour, *US* ***harbor*** ['hɑːbə(r)] ■ n puerto *m*
■ vt [fugitive] acoger, proteger / [hope, suspicion] albergar ▸ **to ~ a grudge against sb** guardar rencor a alguien

hard [hɑːd] ■ adj **1.** [substance] duro(a) / [fact, evidence] concreto(a), real ▸ *Fig* **to be as ~ as nails** [unfeeling] ser insensible, *ESP* ser un hueso / [tough] ser duro(a) de pelar ▸ **in ~ cash** en metálico ▸ COMPTR **~ copy** copia *f* impresa, listado *m* ▸ **~ court** [for tennis] pista *f* de cemento ▸ COMPTR **~ disk** disco *m* duro ▸ **~ drugs** drogas *fpl* duras ▸ POL **~ left** izquierda *f* radical ▸ COMPTR **~ return** retorno *m* manual ▸ *BR* AUT **~ shoulder** *ESP* arcén *m*, *MÉX* acotamiento *m*, *RP* banquina *f* **2.** [difficult] difícil ▸ **it's ~ to say...** no es fácil decir... ▸ **to be ~ to please** ser muy exigente ▸ **to learn the ~ way** aprender a base de equivocarse ▸ **~ of hearing** duro(a) de oído **3.** [harsh] [person, conditions, life] duro(a) ▸ **to be ~ on sb** ser (muy) duro con alguien ▸ **to give sb a ~ time** hacérselo pasar mal a alguien ▸ **a ~ winter** un invierno muy duro ▸ *Fam* **no ~ feelings?** ¿no me guardas rencor? ▸ **to take a ~ line on sth** ponerse duro(a) con (respecto a) algo ▸ *Fam* **~ luck!, ~ cheese!,** *BR* **~ lines!** ¡mala pata *or* suerte! **4.** [intense] **to be a ~ worker** ser muy trabajador(ora) ▸ LAW **~ labour** trabajos *mpl* forzados ▸ COM **~ sell** venta *f* agresiva **5.** [water] duro(a) **6.** *US* **~ cider** sidra *f*
■ adv **1.** [to work] duro, duramente / [to think, consider] detenidamente / [to push, hit] fuerte ▸ **to try ~** esforzarse ▸ **to look ~ at sb** mirar fijamente a alguien ▸ **to be ~ at work** estar muy metido(a) en el trabajo ▸ **it's raining ~** está lloviendo mucho ▸ **to feel ~ done by** sentirse injustamente tratado(a) ▸ *Fam* **~ up** estar en apuros *or AM* problemas **2.** [near] **~ by** muy cerca de ▸ **to follow ~ upon** *or* **behind sb** seguir a alguien muy de cerca

hard-and-fast ['hɑːdən'fɑːst] adj **there are no ~ rules** no hay reglas fijas

hardback, hardcover ['hɑːdbæk] n [book] edición *f* de pasta dura

hard-bitten ['hɑːd'bɪtən] adj curtido(a)

hardboard ['hɑːdbɔːd] n aglomerado *m*, conglomerado *m*

hard-boiled [hɑːd'bɔɪld] adj [egg] duro(a), cocido(a) / *Fig* [person] [tough] duro(a), curtido(a)

hard-core ['hɑːdkɔː(r)] adj [support] incondicional, acérrimo(a) ▸ **~ porn(ography)** porno *m* duro

hardcover ➤ ***hardback***

hard-earned [hɑːd'ɜːnd] adj ganado(a) con mucho esfuerzo

harden ['hɑːdən] ■ vt endurecer ▸ **to ~ oneself to sth** insensibilizarse a algo
■ vi [substance, attitude] endurecerse

hardened ['hɑːdənd] adj [steel] endurecido(a), templado(a) / [drinker] empedernido(a) / [sinner] impenitente ▸ **a ~ criminal** un delincuente habitual

hard-faced ['hɑːd'feɪst] adj *Fam* duro(a), *ESP* borde, *RP* de terror

hard-fought ['hɑːd'fɔːt] adj [election, contest] (muy) reñido(a), (muy) disputado(a)

hard-headed ['hɑːd'hedɪd] adj pragmático(a)

hard-hearted ['hɑːd'hɑːtɪd] adj duro(a), insensible

hard-hitting [hɑːd'hɪtɪŋ] adj [criticism, report] contundente

hardiness ['hɑːdɪnɪs] n fortaleza *f*, reciedumbre *m*

hardliner [hɑːd'laɪnə(r)] n [politician, activist] intransigente *mf*, partidario(a) *m,f* de la línea dura

hardly ['hɑːdlɪ] adv [scarcely] apenas ▸ **~ ever** casi nunca ▸ **~ anyone/anything** casi nadie/nada ▸ **I can ~ believe it** me cuesta creerlo

hardness ['hɑːdnɪs] n **1.** [of substance] dureza *f* **2.** [of problem] dificultad *f*

hard-on ['hɑːdɒn] n *Vulg* **to have a ~** *ESP* estar empalmado, *AM* tenerla parada ▸ **he got a ~** se le puso dura, *ESP* se empalmó, *AM* se le paró

hard-pressed [hɑːd'prest], ***hard-pushed*** [hɑːd'pʊʃt] adj **to be ~ to do sth** tenerlo difícil para hacer algo ▸ **to be ~ for time/money** estar (muy) apurado(a) de tiempo/dinero

hardship ['hɑːdʃɪp] n [suffering] sufrimiento *m* / [deprivation] privación *f* ▸ **to live in ~** vivir en la miseria

hardware ['hɑːdweə(r)] n **1.** [tools] ferretería *f* ▸ **(military) ~** [weapons] armamento *m* ▸ *US* **~ store** [ironmonger's] ferretería *f* **2.** COMPTR hardware *m*, soporte *m* físico

hard-wearing [hɑːd'weərɪŋ] adj resistente

hard-wired ['hɑːd'waɪəd] adj COMPTR integrado(a)

hard-won [hɑːd'wʌn] adj ganado(a) a pulso

hard-working ['hɑːd'wɜːkɪŋ] adj trabajador(ora)

hardy ['hɑːdɪ] adj [person] recio(a) / [plant] resistente (al frío) ▸ **a ~ perennial** una planta vivaz

hare [heə(r)] ■ n [animal] liebre *f*
■ vi *BR* **to ~ off** salir disparado(a)

harebrained ['heəbreɪnd] adj disparatado(a)

harelip ['heəlɪp] n labio *m* leporino

harem [hɑː'riːm] n harén *m*

haricot ['hærɪkəʊ] n **~ (bean)** alubia *f* blanca, *ESP* judía *f* blanca, *AM salvo RP* frijol *m* blanco, *ANDES, RP* poroto *m* blanco

hark [hɑːk] exclam *Literary* ¡escucha! ▸ *BR Fam* **~ at him!** ¿has oído lo que dice?
◆ ***hark back*** vi **to ~ back to sth** recordar algo ▸ **he's always harking back to his youth** siempre está recordando su juventud

harlot ['hɑːlət] n *Literary* ramera *f*, meretriz *f*

harm [hɑːm] ■ n daño *m* ▸ **to do sb ~** hacer daño a alguien ▸ **to do oneself ~** hacerse daño ▸ **it will do more ~ than good** hará más mal que bien ▸ **I see no ~**

in it no veo que tenga nada de malo ▸ **there's no ~ in trying** no se pierde nada por intentarlo ▸ **you will come to no ~** no sufrirás ningún daño ▸ **out of harm's way** en lugar seguro
■ vt [person, animal] hacer daño a / [reputation, image, quality] dañar / [chances, interests, business] perjudicar

harmful ['hɑːmfʊl] adj perjudicial, dañino(a)

harmless ['hɑːmlɪs] adj inofensivo(a)

harmonica [hɑː'mɒnɪkə] n armónica *f*

harmonics [hɑː'mɒnɪks] n armonía *f*

harmonious [hɑː'məʊnɪəs] adj armonioso(a)

harmoniously [hɑː'məʊnɪəslɪ] adv [to live] en armonía / [to blend] armoniosamente

harmonization [hɑːmənaɪ'zeɪʃən] n armonización *f*

harmonize ['hɑːmənaɪz] vt & vi armonizar

harmony ['hɑːmənɪ] n *also Fig* armonía *f* ▸ **in ~ with** en armonía con ▸ **to live in ~ (with)** vivir en armonía *or* en paz (con)

harness ['hɑːnɪs] ■ n **1.** [of horse] arreos *mpl* / [for safety, of parachute] arnés *m* **2.** [idioms] **to work in ~ with sb** trabajar hombro con hombro con alguien ▸ **to die in ~** morir antes de jubilarse
■ vt [horse] arrear, aparejar / [resources] emplear, hacer uso de

harp [hɑːp] ■ n arpa *f*
■ vi *Fam* **to ~ on (at sb) about sth** dar la lata (a alguien) con algo, *RP* hinchar (a alguien) con algo

harpist ['hɑːpɪst] n arpista *mf*

harpoon [hɑː'puːn] ■ n arpón *m*
■ vt arponear

harpsichord ['hɑːpsɪkɔːd] n clave *m,* clavicémbalo *m*

harpy ['hɑːpɪ] n arpía *f*

harridan ['hærɪdən] n *Literary* vieja *f* gruñona, arpía *f*

harrow ['hærəʊ] n [farm equipment] grada *f*

harrowing ['hærəʊɪŋ] adj [experience, sight] angustioso(a)

harry ['hærɪ] vt acosar

harsh [hɑːʃ] adj [voice, sound] áspero(a) / [climate, treatment] duro(a)

harshly ['hɑːʃlɪ] adv [to answer, speak] con aspereza ▸ **to treat sb ~** tratar a alguien con dureza

harvest ['hɑːvɪst] ■ n cosecha *f* ▸ *BR* **~ festival** = *fiesta con que se celebra la recogida de la cosecha*
■ vt cosechar

has [hæz] 3rd person singular *of* ***have***

has-been ['hæzbiːn] n *Fam Pej* vieja gloria *f*

hash [hæʃ] n **1.** [stew] guiso *m* de carne con *ESP* patatas *or AM* papas, *ANDES, MÉX* ahogado *m* de carne con papas ▸ *US* **~ browns** = *fritura de ESP patata or AM papa y cebolla* **2.** *Fam* [hashish] chocolate *m, ESP* costo *m* **3.** [symbol] **~ mark** COMPTR & TYP signo *m* número / [on telephone] almohadilla *f*, numeral *m* / [in music] sostenido *m* **4.** [idioms] *Fam* **to make a ~ of sth** hacer algo muy mal

hashish ['hæʃiːʃ] n hachís *m*

hasn't ['hæznt] ➤ ***has not***

hassle ['hæsəl] *Fam* ■ n lío *m, ESP* follón *m* ▸ **it's too much ~** es demasiado lío ▸ **it's a real ~ buying a house** comprarse una casa es un lío *ESP* de aquí te espero *or MÉX* de la madre *or RP* que para qué te cuento ▸ **to give sb ~** dar la lata a alguien
■ vt dar la lata a

haste [heɪst] n prisa *f, AM* apuro *m* ▸ **in ~** a toda prisa, *AM* con apuro ▸ **to make ~** apresurarse, *AM* apurarse ▸ *Prov* **more ~ less speed** vísteme despacio que tengo prisa

hasten ['heɪsən] ■ vt acelerar ▸ **to ~ sb's departure** apresurar *or* acelerar la partida de alguien
■ vi apresurarse, *AM* apurarse ▸ **I ~ to add** me apresuro a añadir

hastily ['heɪstɪlɪ] adv [quickly] deprisa, apresuradamente / [rashly] precipitadamente, apresuradamente ▸ **to judge sth ~** juzgar algo a la ligera

hastiness ['heɪstɪnɪs] n [speed] celeridad *f* / [rashness] precipitación *f*

hasty ['heɪstɪ] adj apresurado(a) ▸ **to jump to a ~ conclusion** sacar conclusiones apresuradas

hat [hæt] n sombrero *m* ▸ *also Fig* **to take one's ~ off to sb** descubrirse ante alguien ▸ *Fig* **to pass the ~ round** [collect money] pasar la gorra ▸ *Fig* **to throw one's ~ in the ring** [enter contest] echarse al ruedo ▸ *Fam Fig* **to keep sth under one's ~** no decir ni media de algo a nadie ▸ **~ stand** perchero *m* ▸ **~ trick** [of goals] tres goles *mpl (en el mismo partido)* / [of victories] tres victorias *fpl* consecutivas

hatch [1] [hætʃ] n [covering opening] escotilla *f* ▸ *Fam* **down the ~!** ¡salud! ▸ **(serving) ~** ventanilla *f*

hatch [2] ■ vt [eggs] incubar ▸ **to ~ a plot** urdir un plan
■ vi **the egg hatched** el pollo salió del cascarón

hatchback ['hætʃbæk] n [car] [3-door] tres puertas *m inv* / [5-door] cinco puertas *m inv*

hatchet ['hætʃɪt] n hacha *f (pequeña)* ▸ *Fam* **to do a ~ job on sb/sth** [critic, reviewer] ensañarse con alguien/algo ▸ *Fam* **~ man** = *encargado del trabajo sucio*

hatchet-faced ['hætʃɪtfeɪst] adj de rostro enjuto y anguloso

hate [heɪt] ■ n [hatred] odio *m* ▸ **~ mail** = *cartas que contienen amenazas o fuertes críticas*
■ vt odiar, detestar ▸ **he hates to be contradicted** no soporta que le contradigan ▸ *Fam* **I ~ to admit it but I think he's right** me cuesta admitirlo, pero creo que tiene razón

hateful ['heɪtfʊl] adj odioso(a), detestable

hatpin ['hætpɪn] n alfiler *m* (de sombrero)

hatred ['heɪtrɪd] n odio *m*

haughtily ['hɔːtɪlɪ] adv con altanería

haughtiness ['hɔːtɪnɪs] n altanería *f*

haughty ['hɔːtɪ] adj altanero(a)

haul [hɔːl] ■ n **1.** [fish caught] captura *f* / [loot, of stolen goods] botín *m* / [of drugs] alijo *m* **2.** *Fam* [journey] **it's a long ~** hay un tirón
■ vt **1.** [pull] arrastrar ▸ *Fam* **he was hauled in for questioning** se lo llevaron para interrogarlo ▸ *Fam* **to ~ sb over the coals** [reprimand] echar una reprimenda *or ESP* una bronca a alguien ▸ **she was hauled up before the headmaster** la llevaron al despacho del director

2. [transport] transportar

haulage ['hɔːlɪdʒ] n [transportation] transporte *m* (de mercancías) / [costs] portes *mpl* ▸ **~ firm** empresa *f* de transportes, transportista *m*

haulier ['hɔːlɪə(r)], *US* ***hauler*** ['hɔːlə(r)] n [company] empresa *f* de transportes, transportista *m*

haunch [hɔːntʃ] n [of person] trasero *m* / [of meat] pierna *f* ▸ **to sit** *or* **squat on one's haunches** ponerse en cuclillas

haunt [hɔːnt] ■ n [favourite place] lugar *m* predilecto ■ vt 1. [of ghost] [house] aparecerse en / [person] aparecerse a 2. [of thought, memory] asaltar ▸ **he was haunted by the fear that...** le asaltaba el temor de que... 3. [frequent] frecuentar

haunted ['hɔːntɪd] adj [castle, room] encantado(a) ▸ **he has a ~ look** tiene una mirada atormentada

haunting ['hɔːntɪŋ] adj obsesivo(a)

Havana [hə'vænə] n La Habana ▸ **~ cigar** (puro *m*) habano *m*

have [hæv]

> En el inglés hablado, y en el escrito en estilo coloquial, el verbo auxiliar **have** se contrae de forma que **I have** se transforma en **I've, he/she/it has** se transforman en **he's/she's/it's** y **you/we/they have** se transforman en **you've/we've/they've**. Las formas de pasado **I/you/he** *etc* **had** se transforman en **I'd, you'd, he'd** *etc*. Las formas negativas **has not, have not** y **had not** se transforman en **hasn't, haven't** y **hadn't**.

■ n **the haves and the have-nots** los ricos y los pobres ■ vt (3rd person singular **has** [hæz], pt & pp **had** [hæd]) 1. [in general] tener ▸ **they've got** *or* **they ~ a big house** tienen una casa grande ▸ **she hasn't got** *or* **doesn't ~ a cat** no tiene gato ▸ **I've got** *or* **I ~ something to do** tengo algo que hacer ▸ **which one will you ~?** ¿cuál prefieres? ▸ **she's got** *or* **she has measles/AIDS** tiene (el) sarampión/el sida ▸ **she's got** *or* **she has blue eyes** tiene los ojos azules ▸ **can I ~ a beer and a brandy, please?** ¿me daría *or* *ESP* pone una cerveza y un coñac, (por favor)? ▸ **I'll ~ the soup** yo tomaré una sopa ▸ **we've got** *or* **we ~ a choice** tenemos una alternativa ▸ **what's that got to do with it?** ¿qué tiene que ver eso? ▸ **he had me by the throat** me tenía sujeto *or* cogido por el cuello ▸ **he had them in his power** los tenía en su poder ▸ **you shall ~ it back tomorrow** te lo devolveré mañana ▸ *Fam* **I've had it if she finds out!** ¡si se entera, me la cargo! ▸ *Fam* **this coat has had it** este abrigo está para el arrastre, *RP* este saco ya cumplió ▸ *Fam* **you've been had!** [you've been cheated] ¡te han timado!, *MÉX* ¡te chingaron!, *RP* ¡te embromaron! ▸ *Fam* **you've got** *or* **you ~ me there!** [I don't know] ¡ahí me has *ESP* pillado *or* *AM* agarrado *or* *MÉX* cachado! 2. [with noun, to denote activity] **to ~ a bath** darse un baño ▸ **to ~ a shave** afeitarse ▸ **to ~ a wash** lavarse ▸ **to ~ breakfast** desayunar ▸ **to ~ lunch** comer ▸ **to ~ dinner** cenar 3. [experience] pasar ▸ **to ~ an accident** tener *or* sufrir un accidente ▸ **to ~ a good/bad time** pasarlo bien/mal ▸ **I had a pleasant evening** pasé una agradable velada 4. [causative] **I had him do it again** le hice repetirlo ▸ **I'm having my record player repaired** me están arreglando el tocadiscos ▸ **I'll ~ you know that...!** te diré que... 5. [in passive-type constructions] **to ~ one's hair cut** cortarse el pelo ▸ **I had my watch stolen** me robaron el reloj 6. [allow] **I will not ~ such conduct!** ¡no toleraré ese comportamiento! ▸ **I won't ~ you causing trouble!** ¡no permitiré que crees problemas! 7. [be compelled] **to ~ to do sth** tener que hacer algo ▸ **I ~** *or* **I've got to go** me tengo que ir ▸ **do you ~ to work?, ~ you got to work?** ¿tienes que trabajar? ▸ **it's got** *or* **it has to be done** hay que hacerlo 8. [obtain] **there were no tickets to be had** no quedaban entradas *or* *COL, MÉX* boletos ▸ **I ~ it on good authority that...** sé por fuentes fidedignas que...

■ v aux haber ▸ **I/we/they ~ seen it** lo he/hemos/han visto ▸ **you ~ seen it** [singular] lo has visto / [plural] *ESP* lo habéis visto, *AM* lo vieron ▸ **he/she/it has seen it** lo ha visto ▸ **I ~ worked here for three years** llevo tres años trabajando aquí ▸ **he has been in prison before – no he hasn't!** ha estado ya antes en la cárcel – ¡no! ▸ **you have told him, haven't you?** se lo has dicho, ¿no? *or* ¿verdad? ▸ **you haven't forgotten, have you?** no te habrás olvidado, ¿no? *or* ¿verdad?

◆ ***have away*** vt sep *BR very Fam* [have sex] **to ~ it away (with sb)** echar un polvo (con alguien), *AM* cogerse (a alguien)

◆ ***have in*** vt sep *Fam* **to ~ it in for sb** tenerla tomada con alguien

◆ ***have off*** vt sep *BR very Fam* ▸ [have sexual intercourse] **to ~ it off (with sb)** echar un polvo (con alguien), *AM* cogerse (a alguien)

◆ ***have on*** vt sep 1. [wear] llevar puesto ▸ **they had nothing on** estaban desnudos 2. *Fam* [fool] **to ~ sb on** tomarle el pelo *or* *ESP, CARIB, MÉX* vacilar a alguien ▸ **you're having me on!** ¡me estás tomando el pelo *or* *ESP, CARIB, MÉX* vacilando! 3. [have arranged] **he has a lot on this week** esta semana tiene mucho que hacer ▸ **I haven't got anything on on Tuesday** el martes lo tengo libre

◆ ***have out*** vt sep 1. [have extracted] **I had a tooth out** me sacaron una muela 2. [resolve] **to ~ it out with sb** poner las cosas en claro con alguien

◆ ***have up*** vt sep *BR Fam* **to be had up (for sth)** tener que ir a juicio (por algo)

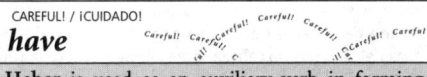

> CAREFUL! / ¡CUIDADO!
>
> ***have***
>
> **Haber** is used as an auxiliary verb in forming perfect tenses, while **tener** is used to translate *have* as a main verb meaning "possess".

haven ['heɪvən] n refugio *m*

haven't ['hævnt] ➤ ***have not***

haversack ['hævəsæk] n mochila *f*

havoc ['hævək] n estragos *mpl* ▸ **to cause** *or* **wreak ~** hacer estragos ▸ **to play ~ with** hacer estragos en

Hawaii [hə'waɪiː] n Hawai

Hawaiian [hə'waɪən] n & adj hawaiano(a) *m,f*

hawk[1] [hɔːk] n 1. [bird] halcón *m* ▸ **to watch sth/sb**

like a ~ mirar algo/a alguien con ojos de lince **2.** POL halcón *m,* partidario(a) *m,f* de la línea dura *(en política exterior)*

hawk² vt **to ~ one's wares** hacer venta ambulante

hawk-eyed ['hɔːkaɪd] adj con ojos de lince

hawkish ['hɔːkɪʃ] adj POL partidario(a) de la línea dura *(en política exterior)*

hawser ['hɔːzə(r)] n cable *m,* estacha *f*

hawthorn ['hɔːθɔːn] n espino *m* (albar)

hay [heɪ] n heno *m* ▸ **to make ~** dejar secar la paja ▸ *Fam* **to hit the ~** [go to bed] irse al sobre ▸ *Prov* **make ~ while the sun shines** aprovecha mientras puedas

hayfever ['heɪfiːvə(r)] n fiebre *f* del heno, alergia *f* al polen

hayloft ['heɪlɒft] n henal *m,* henil *m*

haystack ['heɪstæk] n almiar *m*

haywire ['heɪwaɪə(r)] adv *Fam* **to go ~** [plan] desbaratarse / [mechanism] volverse loco(a)

hazard ['hæzəd] ■ n [danger] peligro *m,* riesgo *m* ▸ **a health ~** un peligro para la salud ▸ **a fire ~** una causa potencial de incendio ▸ AUT **~ lights** luces *fpl* de emergencia

■ vt [one's life, fortune] arriesgar, poner en peligro / [opinion, guess] aventurar

hazardous ['hæzədəs] adj peligroso(a)

haze [heɪz] n [of mist] neblina *f* / [of doubt, confusion] nube *f* ▸ **my mind was in a ~** tenía la mente nublada

hazel ['heɪzəl] n [colour] color *m* avellana ▸ **~ (tree)** avellano *m*

hazelnut ['heɪzəlnʌt] n avellana *f*

hazily ['heɪzɪlɪ] adv [remember] vagamente

haziness ['heɪzɪnɪs] n [of weather] ambiente *m* neblinoso / [of memory] vaguedad *f*

hazy ['heɪzɪ] adj [weather] neblinoso(a) / [memory] vago(a), confuso(a) ▸ **to be ~ about sth** no tener algo nada claro

he [hiː] ■ pron él ▸ [usually omitted in Spanish, except for contrast] **he's Scottish** es escocés ▸ **HE hasn't got it!** ¡él no lo tiene! ▸ *Formal* **he who believes this...** quien se crea *or* aquel que se crea esto...

■ n **it's a he** [animal] es macho

head [hed] ■ n **1.** [of person] cabeza *f* ▸ **a fine ~ of hair** una buena cabellera ▸ **to be a ~ taller than sb** sacar *or* *RP* llevar una cabeza a alguien ▸ **from ~ to foot** *or* **toe** de la cabeza a los pies ▸ **to stand on one's ~** hacer el pino (con la cabeza sobre el suelo) ▸ *Fig* **to stand a situation on its ~** trastornar completamente una situación ▸ **to win by a ~** [horse] ganar por una cabeza ▸ *Fig* **she's ~ and shoulders above the other candidates** [much better than] está muy por encima de los demás candidatos ▸ MED **~ cold** catarro *m* ▸ **~ start** [advantage] ventaja *f* **2.** [intellect, mind] **to do sums in one's ~** sumar mentalmente ▸ **to have a good ~ on one's shoulders** tener la cabeza sobre los hombros ▸ **to have a good ~ for business/figures** tener (buena) cabeza para los negocios/los números ▸ **to have a (good) ~ for heights** no tener vértigo ▸ **he has taken it into his ~ that...** se le ha metido en la cabeza que... ▸ **it never entered my ~ that...** nunca se me pasó por la cabeza que... ▸ **to put ideas into sb's ~** meter ideas a alguien en la cabeza ▸ *Fam* **he's not right in the ~** no está bien de la cabeza **3.** [of pin, hammer, garlic, list] cabeza *f* / [of arrow] punta *f* / [of page, stairs] parte *f* superior / [of bed, table] cabecera *f* / [on beer] espuma *f* / [on tape recorder] cabeza *f* (magnética), cabezal *m* ▸ **a ~ of lettuce** una lechuga ▸ **a ~ of cabbage** un repollo ▸ **to be at the ~ of a list/queue** encabezar una lista/cola ▸ **heads or tails?** [when tossing coin] ¿cara o cruz?, *CHILE, COL* ¿cara o sello?, *MÉX* ¿águila o sol?, *RP* ¿cara o ceca? ▸ **to build up a ~ of steam** [person, campaign] tomar ímpetu ▸ **to come to a ~** [conflict, situation] alcanzar un punto crítico **4.** [person in charge] [of family, the Church] cabeza *mf* / [of business] jefe(a) *m,f* ▸ *BR* SCH **~ (teacher)** director(ora) *m,f* ▸ *BR* SCH **~ boy** delegado *m* de toda la escuela ▸ *BR* SCH **~ girl** delegada *f* de toda la escuela ▸ **~ office** sede *f*, central *f* ▸ **~ of state** jefe *m* de Estado ▸ **~ waiter** maître *m* **5.** [unit] **to pay £10 per** *or* **a ~** pagar 10 libras por cabeza ▸ **six ~ of cattle** seis cabezas de ganado, seis reses **6.** [idioms] **we put our heads together** entre todos nos pusimos a pensar ▸ **they'll have your ~ (on a plate) for this** vas a pagar con el pellejo por esto ▸ **to bury** *or* **have one's ~ in the sand** adoptar la estrategia del avestruz ▸ **to give sb his ~** [allow to take decisions] dar libertad a alguien ▸ **on your own ~ be it** allá tú con lo que haces ▸ **to go over sb's ~** [appeal to higher authority] pasar por encima de alguien ▸ *Fam* **to shout one's ~ off** desgañitarse, vociferar ▸ **the wine/the praise went to his ~** se le subió a la cabeza el vino/tanto halago ▸ *Prov* **two heads are better than one** dos mentes discurren más que una sola ▸ **off the top of one's ~** sin pararse a pensar ▸ **it was** *or* **went over my ~** no me di cuenta de nada ▸ **I can't make ~ or tail of this** no le encuentro ni pies ni cabeza a esto ▸ *Fam* **to lose one's ~** perder la cabeza *or* los nervios ▸ *Fam* **to keep one's ~** mantener la cabeza en su sitio ▸ *Fam* **to be off one's ~** estar mal de la cabeza *or* como un cencerro ▸ *Vulg* **to give sb ~** [oral sex] chupársela *or* *ESP* hacerle una mamada a alguien

■ vt **1.** [lead] [organization, campaign] estar a la cabeza de / [list, procession] encabezar **2.** [direct] conducir ▸ **one of the locals headed me in the right direction** un lugareño me indicó el camino **3.** [put a title on] [page, chapter] encabezar, titular **4.** [in soccer] **to ~ the ball** cabecear el balón, darle al balón de cabeza

■ vi [move] dirigirse ▸ **they were heading out of town** salían de la ciudad

◆ ***head for*** vt insep dirigirse a ▸ **you're heading for trouble/disaster** te estás buscando problemas/la ruina

◆ ***head off*** ■ vt sep [prevent] eludir, evitar

■ vi [depart] marcharse

headache ['hedeɪk] n dolor *m* de cabeza / *Fig* [problem] quebradero *m* de cabeza

headachy ['hedeɪkɪ] adj *Fam* **I'm feeling a bit ~** me duele un poquillo la cabeza

headband ['hedbænd] n cinta *f* para la cabeza

headboard ['hedbɔːd] n [of bed] cabecero *m*

headbutt ['hedbʌt] vt dar un cabezazo a

headcase ['hedkeɪs] n *Fam* [lunatic] chiflado(a) *m,f*

headdress ['heddres] n tocado *m*

headed ['hedɪd] adj **~ (note)paper** papel *m* con membrete

-headed ['hedɪd] suffix **a three~ dragon** un dragón tricéfalo *or* de tres cabezas

header ['hedə(r)] n **1.** TYP encabezamiento *m* **2.** [in soccer] cabezazo *m*

headfirst ['hed'fɜːst] adv de cabeza

headgear ['hedgɪə(r)] n tocado *m*

head-hunt ['hed'hʌnt] vt COM captar, cazar *(altos ejecutivos)*

head-hunter ['hedhʌntə(r)] n COM cazatalentos *mf inv*

heading ['hedɪŋ] n [of chapter, article] encabezamiento *m* ▸ **it comes** *or* **falls under the ~ of...** entra dentro de la categoría de...

headlamp ['hedlæmp] n [on car] faro *m*

headland ['hedlənd] n promontorio *m*

headless ['hedlɪs] adj [creature, figure] sin cabeza / [corpse] decapitado(a) ▸ *Fam* **to run about like a ~ chicken** ir *or* andar de aquí para allá sin parar

headlight ['hedlaɪt] n [on car] faro *m*

headline ['hedlaɪn] ■ n [of newspaper, TV news] titular *m*, *MÉX, RP* encabezado *m* ▸ **to hit the headlines** saltar a los titulares ▸ **to be ~ news** ser noticia de portada
■ vt [article, story] titular

headlock ['hedlɒk] n presa *f or* llave *f* de cabeza

headlong ['hedlɒŋ] adv de cabeza ▸ **there was a ~ rush for the bar** se produjo una estampida hacia el bar

headmaster [hed'mɑːstə(r)] n SCH director *m*

headmistress [hed'mɪstrɪs] n SCH directora *f*

head-on ['he'dɒn] ■ adj de frente ▸ **a ~ collision** un choque frontal
■ adv de frente ▸ **to meet sb ~** encontrarse con alguien de frente

headphones ['hedfəʊnz] npl auriculares *mpl*

headquarters [hed'kwɔːtəz] npl [of organization] sede *f*, central *f* / MIL cuartel *m* general

headrest ['hedrest] n reposacabezas *m inv*

headroom ['hedruːm] n [under bridge] gálibo *m* / [inside car] altura *f* de la cabeza al techo

headscarf ['hedskɑːf] n pañuelo *m (para la cabeza)*

headset ['hedset] n [earphones] auriculares *mpl*, cascos *mpl*

headstone ['hedstəʊn] n [on grave] lápida *f*

headstrong ['hedstrɒŋ] adj testarudo(a), cabezota

head-up display ['hedʌpdɪs'pleɪ] n [in aircraft, car] pantalla *f* virtual a la altura de la vista

headway ['hedweɪ] n **to make ~** avanzar

headwind ['hedwɪnd] n viento *m* de cara

heady ['hedɪ] adj [drink, feeling] embriagador(ora) / [atmosphere, experience, days] emocionante

heal [hiːl] ■ vt [wound] curar / *Fig* [differences] subsanar ▸ *Fig* **wounds which only time would ~** heridas que sólo el tiempo podría cerrar
■ vi [wound] **to ~ (up** *or* **over)** curarse, sanar

healer ['hiːlə(r)] n curandero(a) *m,f* ▸ **time is a great ~** el tiempo todo lo cura

health [helθ] n salud *f* ▸ **to be in good/poor ~** estar bien/mal de salud ▸ **the economy is in good ~** la economía goza de buena salud ▸ **the Department of Health** el Ministerio de Sanidad ▸ **to drink (to) sb's ~** brindar a la salud de alguien, brindar por alguien ▸ **~ care** atención *f* sanitaria ▸ *BR* **~ centre** centro *m* de salud, ambulatorio *m* ▸ FIN **~ cover** cobertura *f* sanitaria ▸ **~ farm** clínica *f* de adelgazamiento ▸ **~ food** comida *f* integral ▸ **~ hazard** *or* **risk** peligro *m* para la salud ▸ FIN **~ insurance** seguro *m* de enfermedad ▸ **~ resort** centro *m* de reposo ▸ *BR* **the Health Service** = *el sistema de sanidad pública británico* ▸ **~ visitor** enfermero(a) *m,f* visitante

CAREFUL! / ¡CUIDADO!
health

When refering to public health provision, **sanidad** is usually used rather than **salud** in translating *health.*

healthily ['helθɪlɪ] adv de un modo sano

healthy ['helθɪ] adj [person, climate] sano(a), saludable ▸ **a ~ appetite** un apetito sano ▸ **it is a ~ sign that...** es un buen síntoma que... ▸ **he has a ~ disrespect for authority** demuestra una saludable falta de respeto ante la autoridad

heap [hiːp] ■ n montón *m* ▸ *Fig* **people at the top/ bottom of the ~** los de arriba/abajo ▸ *Fam* **we've got heaps of time** tenemos un montón de tiempo ▸ *Fam* **she had heaps of children** tenía montones de hijos
■ vt amontonar ▸ **his plate was heaped with food** tenía el plato lleno hasta arriba de comida ▸ **to ~ riches/ praise/insults on sb** colmar a alguien de riquezas/ alabanzas/insultos

heaped [hiːpt], *US* ***heaping*** ['hiːpɪŋ] adj [spoonful] colmado(a)

hear [hɪə(r)] (pt & pp **heard** [hɜːd]) ■ vt **1.** [perceive] oír ▸ **to ~ sb speak** oír hablar a alguien ▸ **I could hardly ~ myself speak** apenas se oía ▸ **she was struggling to make herself heard over the noise** se esforzaba por hacerse oír en medio del ruido ▸ **let's ~ it for...** aplaudamos a... ▸ *Fam* **I've heard that one before!** ¡no me vengas con ésas!, *ESP* ¡a otro perro con ese hueso! **2.** [listen to] escuchar ▸ **~ me out** escúchame antes ▸ **~! ~!** [at meeting] ¡sí señor!, ¡eso es! ▸ LAW **to ~ a case** ver un caso **3.** [find out] oír ▸ **I heard that she was in Spain** he oído (decir) que estaba en España ▸ **I ~ you're getting married** tengo entendido que te vas a casar
■ vi **I can't ~ properly** no oigo bien ▸ **to ~ from sb** tener noticias de alguien, saber de alguien ▸ **you'll be hearing from my lawyer!** ¡mi abogado se pondrá en contacto con usted! ▸ **to ~ about sth** saber de algo ▸ **they were never heard of again** nunca se supo nada más de ellos ▸ **that's the first I've heard of it!** es la primera noticia que tengo ▸ **I've never heard of such a thing!** ¡nunca he oído hablar de nada semejante! ▸ **I won't ~ of it!** ¡no quiero ni oír hablar de ello!

hearing ['hɪərɪŋ] n **1.** [sense] oído *m* ▸ **~ aid** audífono *m* ▸ **the ~ impaired** las personas con discapacidad auditiva **2.** [earshot] **to be within/out of ~** estar/no estar lo suficientemente cerca como para oír **3.** [chance to explain] **to give sb a fair ~** dejar a alguien que se explique ▸ **to condemn sb without a ~** condenar a alguien sin haberlo escuchado antes **4.** LAW [enquiry] vista *f*

hearsay ['hɪəseɪ] n rumores *mpl* ▸ LAW **~ evidence** pruebas *fpl* basadas en rumores

hearse [hɜːs] n coche *m* fúnebre

heart [hɑːt] n **1.** [organ] corazón *m* ▸ **to have ~ trouble, to have a weak** *or* **bad ~, to have a ~ condition** tener problemas cardíacos *or* de corazón ▸ **~ attack** ataque *m* al corazón ▸ **~ disease** cardiopatía *f* ▸ **~ failure** [condition] insuficiencia *f* cardíaca / [cessation of heartbeat] paro *m* cardíaco ▸ **~ surgery** cirugía *f* cardíaca ▸ **~ transplant** transplante *m* de corazón **2.** [seat of the emotions] corazón *m* ▸ **to have a big ~** tener un gran corazón ▸ **a ~ of gold** un corazón de oro ▸ **a ~ of stone** un corazón duro ▸ **have a ~!** ¡no seas cruel! ▸ **her heart's in the right place** tiene un gran corazón ▸ **with a heavy ~** con aflicción ▸ **my ~ sank at the news** la noticia me dejó hundido ▸ **to have one's ~ in one's mouth** tener el corazón en un puño *or AM* en la boca ▸ **to break sb's ~** romperle el corazón a alguien ▸ **to wear one's ~ on one's sleeve** no ocultar los sentimientos ▸ **affairs** *or* **matters of the ~** asuntos *mpl or* cosas *fpl* del corazón ▸ *esp Ironic* **my ~ bleeds for you** ¡qué pena me das! ▸ **in my ~ of hearts** en el fondo (de mi corazón) ▸ **from the bottom of one's ~** [thank, congratulate] de todo corazón ▸ **he loved her with all his ~** la amaba con toda su alma ▸ **at ~** en el fondo ▸ **to have sb's welfare/interests at ~** preocuparse de veras por el bienestar/los intereses de alguien ▸ **to take sth to ~** tomarse algo a pecho ▸ **he had set his ~ on it** lo deseaba con toda el alma ▸ **he's a man after my own ~** es uno de los míos ▸ **to one's ~'s content** hasta saciarse **3.** [enthusiasm, courage] **to take/lose ~** animarse/desanimarse ▸ **he tried to convince them but his ~ wasn't in it** trató de convencerlos, pero sin mucho empeño ▸ **I didn't have the ~ to tell him** no tuve coraje para decírselo **4.** [memory] **by ~** de memoria **5.** [centre] **the ~ of the matter** el meollo del asunto ▸ **in the ~ of the forest** en el corazón del bosque **6.** [in cards] **hearts** corazones *mpl*

heartache ['hɑːteɪk] n dolor *m,* tristeza *f*

heartbeat ['hɑːtbiːt] n latido *m* (del corazón)

heartbreak ['hɑːtbreɪk] n [sorrow] congoja *f,* pena *f* / [in love] desengaño *m* amoroso

heartbreaking ['hɑːtbreɪkɪŋ] adj desolador(ora), desgarrador(ora)

heartbroken ['hɑːtbrəʊkən] adj abatido(a), descorazonado(a)

heartburn ['hɑːtbɜːn] n [indigestion] acidez *f* (de estómago), ardor *m* de estómago

hearten ['hɑːtən] vt alentar

heartening ['hɑːtənɪŋ] adj alentador(ora)

heartfelt ['hɑːtfelt] adj sincero(a)

hearth [hɑːθ] n **1.** [fireplace] chimenea *f* **2.** [home] hogar *m*

heartily ['hɑːtɪlɪ] adv de todo corazón ▸ **to be ~ sick of sth** estar hasta las narices de algo

heartiness ['hɑːtɪnɪs] n [of person, laughter] campechanía *f,* jovialidad *f* / [of welcome] efusividad *f,* cordialidad *f* / [of appetite] voracidad *f*

heartland ['hɑːtlænd] npl núcleo *m* ▸ **Britain's industrial ~ was devastated by the depression** la recesión asoló el núcleo *or* el corazón industrial de Gran Bretaña

heartless ['hɑːtlɪs] adj inhumano(a), despiadado(a)

heartlessly ['hɑːtlɪslɪ] adv despiadadamente

heartlessness ['hɑːtlɪsnɪs] n crueldad *f*

heart-rending ['hɑːtrendɪŋ] adj desgarrador(ora)

heart-searching ['hɑːtsɜːtʃɪŋ] n **after much ~** tras un profundo examen de conciencia

heart-stopping ['hɑːtstɒpɪŋ] adj emocionantísimo(a)

heartstrings ['hɑːtstrɪŋz] npl **to tug at sb's ~** tocar la fibra sensible de alguien

heart-throb ['hɑːtθrɒb] n *Fam* ídolo *m*

heart-to-heart ['hɑːtə'hɑːt] n **to have a ~ with sb** tener una charla íntima con alguien

heart-warming ['hɑːtwɔːmɪŋ] adj conmovedor(ora)

hearty ['hɑːtɪ] adj **1.** [person, laugh] campechano(a), jovial / [welcome] cordial, efusivo(a) ▸ **my heartiest congratulations** felicidades de todo corazón **2.** [wholehearted] [approval] caluroso(a) / [dislike] profundo(a) **3.** [substantial] [meal] copioso(a) / [appetite] voraz

heat [hiːt] ■ n **1.** [high temperature] calor *m* ▸ **to cook at a high/moderate/low ~** cocinar a fuego vivo/moderado/lento ▸ **to turn up the ~** [on cooker] subir el fuego ▸ *Fam Fig* **to turn up the ~ on sb** presionar a alguien ▸ **~ exhaustion** colapso *m* por exceso de calor ▸ **~ haze** calima *f* ▸ **~ loss** pérdida *f* de calor ▸ **~ rash** sarpullido *m (por el calor)* ▸ MED **~ treatment** termoterapia *f* **2.** [passion] calor *m* ▸ **in the ~ of the moment/of the argument** con el acaloramiento del momento/de la pelea **3.** [of female animal] **in** *or BR* **on ~** en celo **4.** [in sport] serie *f,* eliminatoria *f*

■ vt calentar

◆ ***heat up*** ■ vt sep calentar

■ vi calentarse / *Fig* [argument, contest] subir de tono, acalorarse

heated ['hiːtɪd] adj **1.** [room, building] caldeado(a) / [swimming pool] climatizado(a) **2.** [argument] acalorado(a) ▸ **to become ~** [person] acalorarse

heatedly ['hiːtɪdlɪ] adv acaloradamente

heater ['hiːtə(r)] n [radiator] radiador *m* / [electric, gas] estufa *f*

heath [hiːθ] n brezal *m,* páramo *m*

heathen ['hiːðən] n bárbaro(a) *m,f*

heather ['heðə(r)] n brezo *m*

heating ['hiːtɪŋ] n calefacción *f*

heatproof ['hiːtpruːf] adj termorresistente, refractario(a)

heatstroke ['hiːtstrəʊk] n MED insolación *f*

heatwave ['hiːtweɪv] n ola *f* de calor

heave [hiːv] ■ vt [pull] tirar de, *AM salvo RP* jalar de / [push] empujar / [lift] subir ▸ **she heaved herself out of her chair** se levantó de la silla con dificultad ▸ **to ~ a**

sigh of relief exhalar un suspiro de alivio
■ vi **1. they heaved on the rope** tiraron *or AM salvo RP* jalaron de la cuerda **2.** [deck, ground] subir y bajar / [bosom] palpitar **3.** [retch] tener arcadas / [vomit] vomitar **4.** NAUT (pt **hove** [həʊv]) ▸ **to ~ into view** [ship] aparecer / *Fig Hum* [person] aparecer por el horizonte
■ n [pull] tirón *m* / [push] empujón *m*

◆ ***heave to*** (pp **hove** [həʊv]) vi NAUT [ship] ponerse al pairo

heaven ['hevən] n cielo *m* ▸ **in ~** en el cielo ▸ *Fig* [overjoyed] en la gloria ▸ **to go to ~** ir al cielo ▸ **this is ~!** ¡esto es la gloria! ▸ **to move ~ and earth to do sth** mover *or* remover Roma con Santiago para hacer algo ▸ **the heavens opened** cayó un aguacero ▸ *Fam* **it stinks to high ~** ¡huele que apesta! ▸ **(good) heavens!, heavens above!** ¡madre mía!, ¡Dios mío! ▸ **thank ~ (for that)!** ¡gracias a Dios! ▸ **~ knows!** ¡sabe Dios! ▸ **for heaven's sake!** ¡por el amor de Dios! ▸ **~ forbid!** ¡Dios no lo quiera!

heavenly ['hevənlɪ] adj **1. ~ body** cuerpo *m* celeste **2.** *Fam* [weather, food] celestial

heaven-sent ['hevənsent] adj como caído(a) del cielo ▸ **a ~ opportunity** una ocasión de oro

heavily ['hevɪlɪ] adv [to fall, walk, sleep] pesadamente ▸ **to drink/smoke ~** beber *or AM* tomar/fumar mucho ▸ **it was raining ~** llovía a cántaros, llovía con fuerza ▸ **to rely** *or* **depend ~ on sth** depender mucho de algo ▸ **~ built** corpulento(a) ▸ **to be ~ defeated** perder estrepitosamente ▸ **to be ~ taxed** estar sometido(a) a fuertes impuestos

heavy ['hevɪ] ■ adj **1.** [in weight] pesado(a) / [food] pesado(a) ▸ **how ~ is it?** ¿cuánto pesa? ▸ **a ~ blow** un golpe fuerte ▸ *BR* **~ goods vehicle** vehículo *m* pesado ▸ **~ industry** industria *f* pesada ▸ **~ metal** CHEM metal *m* pesado / [music] rock *m* duro, heavy metal *m* **2.** [large, thick] [coat, shoes] grueso(a) **3.** [intense] [fighting] enconado(a) / [rain, showers] fuerte / [drinker, smoker] empedernido(a) ▸ **~ losses** grandes pérdidas ▸ **a ~ cold** [illness] un fuerte resfriado *or RP* resfrío ▸ **to be a ~ sleeper** dormir profundamente ▸ *Fig* **to come under ~ fire** recibir una lluvia de críticas ▸ **the traffic was very ~** había mucho tráfico **4.** [oppressive] [smell] fuerte / [sky] cargado(a), plomizo(a) / [fine, sentence] duro(a) ▸ **~ responsibility** gran responsabilidad **5.** [hard] [work, day] duro(a) / [breathing] pesado(a) ▸ **the book was ~ going** el libro era muy denso ▸ **~ seas** mar *f* gruesa **6.** *Fam* [threatening] [situation] complicado(a), *ESP* chungo(a), *MÉX* gocho(a), *RP* fulero(a)
■ n *Fam* [thug] gorila *m*, matón *m*

heavy-duty [hevɪ'dju:tɪ] adj resistente

heavy-handed [hevɪ'hændɪd] adj **1.** [clumsy] torpe **2.** [harsh] de *or* con mano dura

heavy-hearted ['hevɪ'hɑ:tɪd] adj afligido(a), desconsolado(a)

heavyweight ['hevɪweɪt] n [in boxing] & *Fig* peso *m* pesado

Hebrew ['hi:bru:] ■ n [language] hebreo *m*
■ adj hebreo(a) ▸ **~ script** escritura *f* hebrea

Hebrides ['hebrɪdi:z] npl **the ~** las Hébridas

heck [hek] n *Fam* **~!** ¡vaya, hombre! ▸ **what the ~ are you doing here?** ¿qué diablos *or ESP* narices haces aquí? ▸ **what the ~!** [when taking risk] ¡qué demonios! ▸ **a ~ of a lot** un montón ▸ **not a ~ of a lot** no mucho

heckle ['hekəl] vt & vi interrumpir (con comentarios impertinentes)

heckler ['heklə(r)] n espectador *m* molesto

heckling ['hekəlɪŋ] n interrupciones *fpl* impertinentes

hectare ['hektɑ:(r)] n hectárea *f*

hectic ['hektɪk] adj ajetreado(a)

hector ['hektə(r)] vt intimidar ▸ **she tried to ~ me into agreeing** trató de intimidarme para que accediera

hectoring ['hektərɪŋ] adj intimidante, intimidatorio(a)

he'd [hi:d] ➤ ***he had, he would***

hedge [hedʒ] ■ n **1.** [in field, garden] seto *m* **2.** [protection] **a ~ against inflation** una protección contra la inflación
■ vt **1.** [field] cercar con un seto **2. to ~ one's bets** cubrirse las espaldas
■ vi [in discussion] responder con evasivas

hedgehog ['hedʒhɒg] n erizo *m*

hedgerow ['hedʒrəʊ] n seto *m*

hedonism ['hedənɪzəm] n hedonismo *m*

hedonistic [hedə'nɪstɪk] adj hedonista

heebie-jeebies [hi:bɪ'dʒi:bɪz] npl *Fam* **it gives me the ~** me da canguelo *or MÉX* mello *or RP* cuiqui

heed [hi:d] ■ vt [warning, advice] prestar atención a, escuchar
■ n **to pay ~ to, to take ~ of** hacer caso de *or* a ▸ **to pay no ~ to, to take no ~ of** hacer caso omiso de

heedless ['hi:dlɪs] adj **to be ~ of** hacer caso omiso de

heedlessly ['hi:dlɪslɪ] adv sin preocuparse, con gran irresponsabilidad

heel [hi:l] ■ n [of foot, sock] talón *m* / [of shoe] tacón *m*, *AM* taco *m* ▸ **high heels** [shoes] zapatos *mpl* de tacón *or AM* taco alto ▸ **he had the police at his heels** la policía le venía pisando los talones ▸ **to take to one's heels** poner pies en polvorosa ▸ **to turn on one's ~** dar media vuelta ▸ *Fam* **to cool** *or* **kick one's heels** [wait] quedarse esperando un largo rato ▸ *Fig* **to bring sb to ~** meter a alguien en cintura ▸ *BR* **~ bar** tienda *f* de reparaciones de calzado en el acto
■ vt [shoe] poner un tacón *or AM* taco nuevo a

hefty ['heftɪ] adj *Fam* [person] robusto(a), fornido(a) / [suitcase, box] pesado(a) / [bill, fine] cuantioso(a)

heifer ['hefə(r)] n [young cow] novilla *f*, vaquilla *f*

height [haɪt] n [of building, mountain] altura *f* / [of person] estatura *f*, altura *f* ▸ **what ~ are you?** ¿cuánto mides? ▸ **to gain/lose ~** [plane] ganar/perder altura ▸ **to be afraid of heights** tener vértigo ▸ **she's at the ~ of her powers** está en plenas facultades ▸ **she's at the ~ of her career** está en la cumbre de su carrera ▸ **the ~ of fashion** el último grito ▸ **it's the ~ of madness!** ¡es el colmo de la locura!

heighten ['haɪtən] vt [intensify] intensificar, aumentar

heightened ['haɪtənd] adj [fear, pleasure, tension] mayor

heinous ['heɪnəs] adj *Formal* [crime] execrable, infame

heir [eə(r)] n heredero *m* ▸ **to be ~ to sth** ser heredero de algo ▸ **the ~ to the throne** el heredero al trono ▸ **~ apparent** heredero *m* forzoso / *Fig* heredero *m* natural

heiress ['eərɪs] n heredera *f*

heirloom ['eəlu:m] n reliquia *f* familiar

heist [haɪst] n *US Fam* golpe *m*, robo *m*

held [held] pt & pp of ***hold***

helicopter ['helɪkɒptə(r)] n helicóptero *m*

helipad ['helɪpæd] n helipuerto *m*

heliport ['helɪpɔ:t] n helipuerto *m*

helium ['hi:lɪəm] n CHEM helio *m*

hell [hel] n **1.** infierno *m* ▸ *Fam* **~!** [expressing annoyance] ¡mierda! ▸ **Hell's Angels** [bikers] los ángeles del infierno **2.** *Fam* [in phrases] **it was ~** [very difficult or unpleasant] fue un infierno ▸ **to feel like ~** sentirse fatal *or* muy mal ▸ **to make sb's life ~** amargarle a alguien la vida ▸ **these shoes are giving me ~** estos zapatos me están matando ▸ **all ~ broke loose** se armó la gorda *or ESP* la marimorena ▸ **there'll be ~ to pay if...** alguien lo va a pasar muy mal si... ▸ **go to ~!** ¡vete a la mierda! ▸ **to run like ~** correr como alma que lleva el diablo ▸ **like ~ (I will)!** *ESP* ¡ni de coña!, *MÉX* ¡ya mero!, *RP* ¡ni en joda! ▸ **you can wait till ~ freezes over** puedes esperar hasta que las ranas críen pelo ▸ **come ~ or high water** pase lo que pase ▸ **to go ~ for leather** ir a toda mecha ▸ **to do sth for the ~ of it** hacer algo porque sí **3.** *Fam* [as intensifier] **a ~ of a price** un precio altísimo ▸ **he put up a ~ of a fight** opuso muchísima resistencia ▸ **to have a ~ of a time** [good] pasárselo como Dios *or RP* como los dioses / [bad] pasarlas negras *or ESP* moradas ▸ **a ~ of a lot of...** *ESP* una porrada de..., *MÉX* un chorro de..., *RP* un toco de... ▸ **he's one** *or* **a ~ of a guy** *ESP* es una pasada de tío, *AM* es un tipo de primera ▸ **what the ~ do you think you're doing?** ¿me quieres decir qué demonios estás haciendo? ▸ **who the ~ are you?** ¿y tú quién diablos *or ESP* leches eres?

he'll [hi:l] ➤ ***he will, he shall***

hellbent ['helbent] adj *Fam* **to be ~ on doing sth** tener entre ceja y ceja hacer algo

hellhole ['helhəʊl] n *Fam* [place] infierno *m*, agujero *m* infecto

hellish ['helɪʃ] adj *Fam* infernal, horroroso(a)

hellishly ['helɪʃlɪ] adv *Fam* endiabladamente, horrorosamente

hello, hullo [he'ləʊ] exclam ¡hola! / [on phone] [when answering] ¿sí?, *ESP* ¿diga?, *ESP* ¿dígame?, *AM* ¿aló?, *CARIB, RP* ¿oigo?, *MÉX* ¿bueno?, *RP* ¿hola? / [when calling] ¡hola! ▸ **to say ~ to sb** saludar a alguien ▸ **~, what's this?** [indicating surprise] caramba, ¿qué es esto?

hell-raiser ['helreɪzə(r)] n *Fam* camorrista *mf*

helluva ['heləvə] *Fam* ➤ ***hell of a***

helm [helm] n [of ship] timón *m* ▸ *Fig* **to be at the ~** [party, country] estar al frente

helmet ['helmɪt] n casco *m*

helmsman ['helmzmən] n [on ship] timonel *m*

help [help] ■ n **1.** [aid] ayuda *f* ▸ **~!** ¡socorro! ▸ **to be of ~ to sb** ser de ayuda para alguien ▸ **thank you, you've been a great ~** gracias, has sido de gran ayuda ▸ **with the ~ of sb, with sb's ~** con la ayuda de alguien ▸ **to be beyond ~** no tener remedio ▸ *BR Fam* **there was no ~ for it** no había más remedio ▸ COMPTR **~ menu** menú *m* de ayuda **2.** [cleaning woman] asistenta *f*

■ vt **1.** [aid] ayudar ▸ **to ~ sb (to) do sth** ayudar a alguien a hacer algo ▸ **to ~ sb on/off with his coat** ayudar a alguien a ponerse/quitarse *or AM* sacarse el abrigo ▸ **can I ~ you?** [in shop] ¿en qué puedo servirle? ▸ **to ~ one another** ayudarse mutuamente, ayudarse el uno al otro ▸ **to ~ oneself to sth** agarrar *or ESP* coger algo ▸ **~ yourself** sírvete **2.** [prevent] **I can't ~ it** no lo puedo evitar ▸ **it can't be helped** no queda otro remedio ▸ **I can't ~ laughing** no puedo evitar reírme ▸ **she couldn't ~ overhearing** no pudo evitar oír (la conversación) ▸ **not if I can ~ it!** ¡no, si lo puedo evitar!

■ vi ayudar ▸ **can I ~?** ¿puedo ayudar?

◆ ***help out*** vt sep **to ~ sb out** ayudar a alguien

helper ['helpə(r)] n ayudante *mf*

helpful ['helpfʊl] adj [person] [willing to help] servicial / [advice, book] útil, provechoso(a) ▸ **you've been very ~** nos has sido de gran ayuda

helpfully ['helpfʊlɪ] adv **"have you tried asking Sue?" he suggested ~** "¿has probado a preguntar a Sue?" sugirió, tratando de ser útil ▸ **a translation is ~ provided** como ayuda se incluye una traducción

helping ['helpɪŋ] ■ n [portion] ración *f* ▸ **I had a second ~ of spaghetti** repetí (de) espagueti

■ adj **to lend a ~ hand** echar una mano

helpless ['helplɪs] adj [powerless] impotente / [defenceless] indefenso(a) ▸ **we were ~ to prevent it** no pudimos evitarlo ▸ **to be ~ with laughter** no poder dejar de reír

helplessly ['helplɪslɪ] adv impotentemente, sin poder hacer nada

helplessness ['helplɪsnɪs] n **1.** [powerlessness] impotencia *f* **2.** [defencelessness] indefensión *f*

helpline ['helplaɪn] n teléfono *m* de asistencia *or* ayuda

Helsinki [hel'sɪŋkɪ] n Helsinki

helter-skelter ['heltə'skeltə(r)] ■ n *BR* [at fairground] tobogán *m*

■ adv [in disorder] atropelladamente, a lo loco

hem [hem] ■ n dobladillo *m*

■ vt (pt & pp **hemmed**) hacer el dobladillo a

◆ ***hem in*** vt sep [surround] cercar, rodear

he-man ['hi:mæn] n *Fam* machote *m*, *ESP* hombretón *m*

hemidemisemiquaver ['hemɪ'demɪ'semɪ'kweɪvə(r)] n MUS semifusa *f*

hemisphere ['hemɪsfɪə(r)] n hemisferio *m*

hemline ['hemlaɪn] n bajo *m*

hemlock ['hemlɒk] n cicuta *f*

hemoglobin, hemophilia etc *US* ➤ ***haemoglobin, haemophilia*** etc

hemp [hemp] n cáñamo *m*

hen [hen] n gallina *f* ▸ *Fam* **~ party** *or BR* **night** [before wedding] despedida *f* de soltera

hence [hens] adv **1.** [thus] de ahí ▸ **~ his anger** de ahí su enfado *or AM* enojo **2.** [from now] desde aquí ▸ **five years ~** de aquí a cinco años

henceforth [hens'fɔ:θ], ***henceforward*** [hens'fɔ:wəd] adv *Formal* en lo sucesivo

henchman ['henʃmən] n *Pej* sicario *m,* secuaz *m*

hencoop ['henku:p] n gallinero *m*

henhouse ['henhaʊs] n gallinero *m*

henna ['henə] n henna *f*

henpecked ['henpekt] adj calzonazos *inv*

hepatitis [hepə'taɪtɪs] n MED hepatitis *f inv*

heptagon ['heptəgɒn] n heptágono *m*

heptathlon [hep'tæθlɒn] n heptatlón *m*

her [unstressed hə(r)], [stressed hɜ:(r)] ■ pron **1.** [direct object] la ▸ **I hate ~** la odio ▸ **I can forgive her son but not HER** puedo perdonar a su hijo, pero no a ella **2.** [indirect object] le ▸ **I gave ~ the book** le di el libro ▸ **I gave it to ~** se lo di **3.** [after preposition] ella ▸ **I talked to ~** hablé con ella ▸ **her mother lives near ~** su madre vive cerca de ella **4.** [as complement of verb **to be**] ella ▸ **it's ~!** ¡es ella! ▸ **it was ~ who did it** lo hizo ella
■ possessive adj **1.** [singular] su / [plural] sus ▸ **I took ~ car** cogí su coche / [contrasting with his or theirs] cogí el coche de ella **2.** [for parts of body, clothes] **~ eyes are blue** tiene los ojos azules ▸ **she hit ~ head** se dio un golpe en la cabeza ▸ **she put ~ hands in ~ pockets** se metió las manos en los bolsillos

herald ['herəld] ■ n heraldo *m*
■ vt anunciar

heraldic [hə'rældɪk] adj heráldico(a)

heraldry ['herəldrɪ] n heráldica *f*

herb [hɜ:b, *US* ɜ:rb] n hierba *f*

herbaceous [hɜ:'beɪʃəs, *US* ɜ:'beɪʃəs] adj herbáceo(a) ▸ **~ border** arriate *m* de plantas y flores

herbal ['hɜ:bəl, *US* 'ɜ:rbəl] adj de hierbas ▸ **~ remedies** = *remedios a base de hierbas medicinales* ▸ **~ tea** infusión *f*

herbalist ['hɜ:bəlɪst] n herbolario(a) *m,f*

herbicide ['hɜ:bɪsaɪd] n herbicida *m*

herbivore ['hɜ:rbɪvɔ:(r)] n herbívoro *m*

herbivorous [hɜ:'bɪvərəs] adj herbívoro(a)

herd [hɜ:d] ■ n [of cattle, sheep] rebaño *m* / [of horses, elephants] manada *f* / [of people] rebaño *m,* manada *f* ▸ **the ~ instinct** el instinto gregario
■ vt [cattle, people] conducir

herdsman ['hɜ:dzmən] n vaquero(a) *m,f*

here [hɪə(r)] ■ n **the ~ and now** el aquí y ahora
■ adv aquí ▸ **over ~** (por) aquí ▸ **~ it/he is** aquí está ▸ **~!** [at roll call] ¡presente! ▸ **come ~!** ¡ven aquí! ▸ **~!, come and look at this** ¡ven! echa un vistazo a esto ▸ **she's not ~** no está aquí ▸ **~ she comes** aquí viene ▸ **~ and now** aquí y ahora ▸ **~ and there** aquí y allá ▸ *Fig* **that's neither ~ nor there** eso es irrelevante ▸ **what have we ~?** ¿qué es esto?, ¿qué tenemos aquí? ▸ **here's what you have to do** esto es lo que tienes que hacer ▸ **~ you are!** [when giving something] aquí tienes ▸ **~ goes!** ¡vamos allá! ▸ **here's to the future!** ¡por el futuro!

hereafter [hɪər'ɑ:ftə(r)] ■ adv *Formal* en adelante, en lo sucesivo
■ n *Literary* **the ~** el más allá

hereby [hɪə'baɪ] adv *Formal* [in writing] por la presente / [in speech] por el presente acto

hereditary [hɪ'redɪtərɪ] adj hereditario(a)

heredity [hɪ'redɪtɪ] n herencia *f*

heresy ['herəsɪ] n herejía *f*

heretic ['herətɪk] n hereje *mf*

heretical [hɪ'retɪkəl] adj herético(a)

heritage ['herɪtɪdʒ] n patrimonio *m*

hermaphrodite [hɜ:'mæfrədaɪt] n & adj hermafrodita *mf*

hermetic [hɜ:'metɪk] adj hermético(a)

hermetically [hɜ:'metɪklɪ] adv herméticamente

hermit ['hɜ:mɪt] n ermitaño(a) *m,f* ▸ **~ crab** cangrejo *m* ermitaño

hermitage ['hɜ:mɪtɪdʒ] n ermita *f*

hernia ['hɜ:nɪə] n hernia *f*

hero ['hɪərəʊ] (pl **heroes**) n héroe *m* ▸ **~ worship** idolatría *f*

heroic [hɪ'rəʊɪk] adj heroico(a)

heroically [hɪ'rəʊɪklɪ] adv heroicamente

heroics [hɪ'rəʊɪks] npl heroicidades *fpl*

heroin ['herəʊɪn] n [drug] heroína *f* ▸ **~ addict** heroinómano(a) *m,f*

heroine ['herəʊɪn] n [female hero] heroína *f*

heroism ['herəʊɪzəm] n heroísmo *m*

heron ['herən] n garza *f*

hero-worship ['hɪərəʊwɜ:ʃɪp] (pt & pp **hero-worshipped**) vt idolatrar

herpes ['hɜ:pi:z] n herpes *m inv*

herring ['herɪŋ] n arenque *m*

hers [hɜ:z] possessive pron **1.** [singular] el suyo *m,* la suya *f* / [plural] los suyos *mpl,* las suyas *fpl* / [to distinguish] el/la/los/las de ella ▸ **my house is big but ~ is bigger** mi casa es grande, pero la suya es mayor ▸ **he didn't have a book, so I gave him ~** no tenía libro, así que le di la de ella **2.** [used attributively] [singular] suyo(a) / [plural] suyos(as) ▸ **this book is ~** este libro es suyo ▸ **a friend of ~** un amigo suyo

herself [hɜ:'self] pron **1.** [reflexive] se ▸ **she hurt ~** se hizo daño **2.** [emphatic] ella misma ▸ **she did all the work ~** hizo todo el trabajo ella misma *or* ella sola ▸ **she told me ~** me lo dijo ella misma ▸ **she's not ~ today** hoy está un poco rara **3.** [after preposition] ella ▸ **she lives by ~** vive sola ▸ **she bought it for ~** se lo compró para ella ▸ **she talks to ~** habla sola

hertz [hɜ:tz] (pl **hertz**) n PHYS hercio *m*

he's [hi:z] ➤ ***he is, he has***

hesitancy ['hezɪtənsɪ] n duda *f,* vacilación *f*

hesitant ['hezɪtənt] adj [speaker, smile, gesture] vacilante, dubitativo(a) / [speech, voice] vacilante, titubeante ▸ **to be ~ about doing sth** tener dudas a la hora de algo ▸ **I would be ~ to...** no me atrevería a...

hesitantly ['hezɪtəntlɪ] adv [to act, try] con indecisión, sin demasiada convicción / [to answer, speak] con vacilación, de modo vacilante

hesitate ['hezɪteɪt] vi dudar, vacilar

hesitation [hezɪ'teɪʃən] n vacilación *f,* titubeo *m* ▸ **without ~** sin vacilar

hessian ['hesɪən] n arpillera *f*

heterogeneous [hetərə'dʒi:nɪəs] adj heterogéneo(a)

heterosexual [hetərəʊ'seksjʊəl] n & adj heterosexual *mf*

het up ['hetʌp] adj *BR Fam* [angry] furioso(a), *ESP* mosqueado(a) / [tense] nervioso(a) ▸ **to get ~ (about sth)** [angry] enfurecerse *or ESP* mosquearse (por algo) / [tense] ponerse nervioso(a) (por algo)

heuristics [hju:'rɪstɪks] npl heurística *f*

hew [hju:] (pp **hewn** [hju:n] or **hewed**) vt [cut down] cortar / [shape] tallar

hexagon ['heksəgən] n hexágono *m*

hexagonal [hek'sægənəl] adj hexagonal

hey [heɪ] exclam ¡eh! ▸ *BR* **~ presto!** ¡ale-hop!

heyday ['heɪdeɪ] n apogeo *m* ▸ **in his/its ~** en su apogeo

HGV [eɪtʃdʒi:'vi:] n *BR* (abbr ***heavy goods vehicle***) vehículo *m* de carga pesada

hi [haɪ] exclam *Fam* ¡hola!

hiatus [haɪ'eɪtəs] n [interruption] interrupción *f* / [blank space] laguna *f*

hibernate ['haɪbəneɪt] vi hibernar

hibernation [haɪbə'neɪʃən] n hibernación *f*

hiccup ['hɪkʌp] ■ n hipo *m* / *Fig* [minor problem] traspié *m,* desliz *m* ▸ **to have (the) hiccups** tener hipo
■ vi (pt & pp **hiccupped**) [repeatedly] tener hipo / [once] hipar

hick [hɪk] n *US Fam* pueblerino(a) *m,f, ESP* paleto(a) *m,f, MÉX* paisa *mf, RP* pajuerano(a) *m,f*

hickey ['hɪkɪ] n *US Fam* [lovebite] marca *f* (de un beso), *ESP* chupetón *m, AM* chupón *m*

hickory ['hɪkərɪ] n [tree, wood] nogal *m* americano

hid [hɪd] pt *of* ***hide***

hidden ['hɪdən] ■ adj oculto(a) ▸ **to be ~** estar oculto(a) ▸ **~ agenda** objetivo *m* secreto ▸ **~ economy** economía *f* sumergida
■ pp *of* ***hide***

hide[1] [haɪd] ■ n *BR* [for birdwatching] puesto *m* de observación
■ vt (pt **hid** [hɪd], pp **hidden** ['hɪdən]) esconder (**from** de) / [emotions, truth] ocultar ▸ **to have nothing to ~** no tener nada que ocultar ▸ **to ~ oneself** esconderse
■ vi esconderse (**from** de)

hide[2] n **1.** [skin] piel *f* **2.** [idioms] **to save one's ~** salvar el pellejo ▸ **I haven't seen ~ nor hair of her** no le he visto el pelo

hide-and-seek [haɪdən'si:k] n escondite *m, AM* escondidas *fpl* ▸ **to play ~** jugar al escondite

hidebound ['haɪdbaʊnd] adj [person, attitude] rígido(a), inflexible

hideous ['hɪdɪəs] adj espantoso(a)

hideously ['hɪdɪəslɪ] adv espantosamente

hide-out ['haɪdaʊt] n guarida *f,* escondite *m*

hidey-hole ['haɪdɪhəʊl] n *Fam* escondite *m,* escondrijo *m*

hiding[1] ['haɪdɪŋ] n **to be in ~** estar en la clandestinidad ▸ **to go into/come out of ~** pasar a/ salir de la clandestinidad ▸ **~ place** escondite *m*

hiding[2] n *Fam* [beating] paliza *f* ▸ **to give sb a ~** dar una paliza a alguien ▸ *Fig BR* **to be on a ~ to nothing** no tener nada que hacer, estar perdiendo el tiempo

hierarchical [haɪə'rɑ:kɪkəl] adj jerárquico(a)

hierarchically [haɪə'rɑ:kɪkəlɪ] adv jerárquicamente

hierarchy ['haɪərɑ:kɪ] n jerarquía *f*

hieroglyphics [haɪərə'glɪfɪks] npl jeroglíficos *mpl*

hi-fi ['haɪ'faɪ] n alta fidelidad *f* / [stereo system] equipo *m* de alta fidelidad

higgledy-piggledy ['hɪgəldɪ'pɪgəldɪ] adv *Fam* de cualquier manera, a la buena de Dios

high [haɪ] ■ n **1.** [peak] punto *m* álgido ▸ **to reach a new ~** [in career, performance] alcanzar nuevas cotas de éxito / [unemployment, inflation] alcanzar un nuevo máximo *or* récord ▸ **to be on a ~** [from drugs] estar colocado(a) / [from success] estar ebrio(a) de triunfo ▸ **highs and lows** altibajos *mpl* **2.** MET anticiclón *m*
■ adj **1.** [mountain, building] alto(a) ▸ **it's 2 metres ~** tiene dos metros de altura ▸ *Fam* **to be left ~ and dry** quedarse en la estacada ▸ **~heels** tacones *mpl or* ▸ *AM* tacos *mpl* altos ▸ **~ jump** salto *m* de altura, *AM* salto *m* alto ▸ *BR Fam* **you'll be for the ~ jump** [will be punished] vas a cobrar, *ESP* te vas a enterar de lo que vale un peine ▸ **~ jumper** saltador(ora) *m,f* de altura ▸ **~ tide** marea *f* alta ▸ **~ wire** cuerda *f* floja **2.** [price, speed, standards] alto(a), elevado(a) ▸ **to have a ~ opinion of sb** tener una buena opinión de alguien ▸ **in ~ spirits** muy animado(a) ▸ *US* AUT **~ beam** luces *fpl* largas *or AM* altas, luces *fpl* de carretera ▸ **~ explosive** explosivo *m* de gran potencia ▸ *Fam* **~ jinks** juerga *f,* jarana *f* ▸ **~ point** momento *m* culminante ▸ LAW **~ treason** alta traición *f* ▸ **~ winds** viento *m* fuerte **3.** [rank, position] elevado(a), alto(a) ▸ **to act all ~ and mighty** comportarse de forma arrogante ▸ **to have a ~ profile** ser muy prominente *or* destacado(a) ▸ MIL **~ command** alto mando *m* ▸ **High Commission** = *embajada de un país de la Commonwealth en otro* ▸ **High Court** Tribunal *m* Supremo ▸ **High Mass** misa *f* solemne ▸ **~ school** instituto *m* de enseñanza secundaria ▸ **~ society** alta sociedad *f* ▸ *BR* **~ street** calle *f* principal **4.** [in tone, pitch] agudo(a) ▸ *Fig* **~ note** [of career, performance] punto *m* culminante **5.** [of time] **it's ~ time you got yourself a job** ya es hora de que te busques un trabajo ▸ **~ noon** mediodía *m* ▸ **~ summer** pleno verano *m* ▸ *BR* **~ tea** merienda *f* cena **6.** [meat] pasado(a) **7.** *Fam* **to be ~** [on drugs] estar colocado(a) *or RP* entregado(a) / *Fig* [on success, excitement] estar eufórico(a) (**on** de)
■ adv [to aim, jump] alto ▸ **to hunt ~ and low for sth** buscar algo por todas partes ▸ **feelings were running ~** los ánimos estaban exaltados *or* caldeados

-high [haɪ] suffix **shoulder~** por los hombros, hasta los hombros, a la altura de los hombros ▸ **waist~** por la cintura, hasta la cintura, a la altura de la cintura

highbrow ['haɪbraʊ] adj [tastes, interests] intelectual, culto(a)

highchair ['haɪtʃeə(r)] n trona *f*

Higher ['hɑɪe(r)] n *SCOT* SCH = *examen final de los estudios preuniversitarios*

higher education ['haɪəredjʊ'keɪʃən] n enseñanza *f* superior

highfalutin [haɪfə'lu:tɪn] adj *Fam* pretencioso(a), creído(a)

high-five [haɪfaɪv] n *US Fam* palmada *f* en el aire *(saludo entre dos)*

high-flier, high-flyer ['haɪ'flaɪə(r)] n [successful person] persona *f* brillante y ambiciosa

high-flying ['haɪ'flaɪɪŋ] adj brillante y ambicioso(a)

high-frequency [haɪ'fri:kwənsɪ] adj de alta frecuencia

high-handed [haɪ'hændɪd] adj despótico(a)

high-handedness ['haɪ'hændɪdnɪs] n despotismo *m*

high-heeled ['haɪ'hi:ld] adj de tacón, *AM* de taco alto

highland ['haɪlənd] adj de montaña ▸ **Highland fling** = *danza individual de ritmo vivo originaria de las Tierras Altas escocesas* ▸ **Highland games** juegos *mpl* escoceses, = *fiesta al aire libre con concursos de música tradicional, deportes rurales, etc.*, que se celebra en distintas localidades escocesas

highlander ['haɪləndə(r)] n **1.** [mountain dweller] montañés(esa) *m,f* **2.** [Scottish] **Highlander** habitante *mf* de las Tierras Altas de Escocia

Highlands ['haɪləndz] npl **the ~** [of Scotland] las Tierras Altas de Escocia ▸ **the Kenyan/Guatemalan ~** las zonas montañosas de Kenia/Guatemala

high-level ['haɪlevəl] adj [talks, delegation] de alto nivel

highlight ['haɪlaɪt] ■ n **1.** [of performance, career] momento *m* cumbre ▸ **highlights** [of match] (repetición *f* de las) jugadas *fpl* más interesantes, mejores momentos *mpl* **2.** [in hair] **highlights** reflejos *mpl*, mechas *fpl*

■ vt [problem, difference] destacar / [with pen] resaltar *(con rotulador fluorescente)*

highlighter ['haɪlaɪtə(r)] n [pen] rotulador *m* fluorescente, *COL, RP* resaltador *m*, *MÉX* marcador *m*

highly ['haɪlɪ] adv **1.** [very] muy ▸ **~ paid** (muy) bien pagado(a) ▸ **~ seasoned** muy condimentado(a) ▸ **to be ~ strung** ser muy nervioso(a) **2. to think ~ of sb** tener buena opinión de alguien

high-minded ['haɪ'maɪndɪd] adj noble, elevado(a)

Highness ['haɪnɪs] n **His/Her Royal ~** Su Alteza Real

high-performance ['haɪpə'fɔ:məns] adj de alto rendimiento

high-pitched ['haɪpɪtʃt] adj agudo(a)

high-powered ['haɪ'paʊəd] adj [engine, car, telescope] potente, de gran potencia / [person, job] de altos vuelos

high-pressure ['haɪ'preʃə(r)] adj [substance, container] a gran presión

high-profile ['haɪ'prəʊfaɪl] adj [person] prominente, destacado(a) / [campaign] de gran alcance

high-resolution ['haɪrezə'lu:ʃən] adj [screen, graphics] de alta resolución

high-rise ['haɪ'raɪz] ■ n [block of flats] bloque *m*, torre *f*

■ adj **~ building** bloque *m*, torre *f*

high-risk ['haɪrɪsk] adj [strategy, investment] de alto riesgo

highroad ['haɪrəʊd] n *Old-fashioned* carretera *f* principal ▸ *Fig* **the ~ to success** la vía directa hacia el éxito

high-speed ['haɪ'spi:d] adj de alta velocidad

high-spirited [haɪ'spɪrɪtɪd] adj radiante, exultante

high-strung ['haɪ'strʌŋ] adj *US* **to be ~** ser muy nervioso(a)

hightail ['haɪteɪl] vt *US Fam* **to ~ it** largarse corriendo, *ESP, RP* pirarse, pirárselas

high-tech ['haɪ'tek] adj de alta tecnología

high-up ['haɪʌp] adj *Fam* importante

highway ['haɪweɪ] n carretera *f* / [freeway] autopista *f* ▸ *BR* **Highway Code** código *m* de (la) circulación

highwayman ['haɪweɪmən] n bandolero *m*, salteador *m* de caminos

hijack ['haɪdʒæk] vt secuestrar

hijacker ['haɪdʒækə(r)] n secuestrador(ora) *m,f*

hijacking ['haɪdʒækɪŋ] n secuestro *m*

hike [haɪk] ■ n **1.** [walk] excursión *f*, caminata *f* ▸ **to go on** *or* **for a ~** darse una caminata ▸ *US Fam* **go take a ~!** ¡vete a paseo! **2.** [in prices] subida *f*

■ vi [walk] caminar

■ vt [prices] subir

hiker ['haɪkə(r)] n excursionista *mf*, senderista *mf*

hiking ['haɪkɪŋ] n senderismo *m* ▸ **to go ~** hacer senderismo ▸ **~ boots** botas *fpl* de excursionismo

hilarious [hɪ'leərɪəs] adj divertidísimo(a), tronchante

hilariously [hɪ'leərɪəslɪ] adv **~ funny** divertidísimo(a), tronchante

hilarity [hɪ'lærɪtɪ] n hilaridad *f*

hill [hɪl] n **1.** [small mountain] colina *f*, monte *m* ▸ *Fig* **to be over the ~** [past one's best] no estar ya para muchos trotes **2.** [slope] cuesta *f* ▸ **to go down/up the ~** ir cuesta abajo/arriba

hillbilly ['hɪlbɪlɪ] n *US Pej* palurdo(a) *m,f* de la montaña

hillock ['hɪlək] n cerro *m*, collado *m*

hillside ['hɪlsaɪd] n ladera *f*

hilltop ['hɪltɒp] n cima *f*, cumbre *f*

hillwalker ['hɪlwɔ:kə(r)] n *BR* senderista *mf*

hillwalking ['hɪlwɔ:kɪŋ] n *BR* senderismo *m*

hilly ['hɪlɪ] adj con muchas colinas

hilt [hɪlt] n [of sword, dagger] puño *m*, empuñadura *f* [support] ▸ **to back sb to the ~** apoyar sin reservas a alguien

him [hɪm] pron **1.** [direct object] lo ▸ **I hate ~** lo odio ▸ **I can forgive his son but not HIM** puedo perdonar a su hijo, pero no a él **2.** [indirect object] le ▸ **I gave ~ the book** le di el libro ▸ **I gave it to ~** se lo di **3.** [after preposition] él ▸ **I talked to ~** hablé con él ▸ **his mother**

lives near ~ su madre vive cerca de él **4.** [as complement of verb **to be**] él ▸ **it's ~!** ¡es él! ▸ **it was ~ who did it** es él el que lo hizo

Himalayan [hɪmə'leɪən] adj himalayo(a)

Himalayas [hɪmə'leɪəz] npl **the ~** el Himalaya

himself [hɪm'self] pron **1.** [reflexive] se ▸ **he hurt ~** se hizo daño **2.** [emphatic] él mismo ▸ **he did all the work ~** hizo todo el trabajo él (mismo) ▸ **he told me ~** me lo dijo él mismo ▸ **he's not ~ today** hoy está un poco raro **3.** [after preposition] él ▸ **he lives by ~** vive solo ▸ **he bought it for ~** se lo compró para él ▸ **he talks to ~** habla solo

hind [haɪnd] adj trasero(a), de atrás ▸ **~ legs** patas *fpl* traseras ▸ **she could talk the ~ leg off a donkey** hablaba como una cotorra, hablaba por los codos

hinder ['hɪndə(r)] vt [person] estorbar / [movements, operation, negotiations] entorpecer ▸ **his shyness hindered him from making friends** su timidez le impedía hacer amigos

Hindi ['hɪndɪ] n [language] hindi *m*

hindquarters ['haɪndkwɔːtəz] npl cuartos *mpl* traseros

hindrance ['hɪndrəns] n [person] estorbo *m* / [thing] impedimento *m,* traba *f*

hindsight ['haɪndsaɪt] n retrospección *f* ▸ **with the benefit of ~** con la ventaja que proporciona una mirada retrospectiva

Hindu ['hɪnduː] n & adj hindú *mf*

Hinduism ['hɪnduːɪzəm] n hinduismo *m*

hinge [hɪndʒ] n bisagra *f*

◆ ***hinge on, hinge upon*** vt insep [depend on] depender de

hinged [hɪndʒd] adj con bisagras, de bisagra

hint [hɪnt] ■ n **1.** [allusion] indirecta *f,* insinuación *f* ▸ **to give** *or* **drop sb a ~** lanzar a alguien una indirecta ▸ **to be able to take a ~** saber pillar *or ESP* coger *or AM* agarrar una indirecta **2.** [sign] rastro *m* ▸ **not a ~ of surprise** ni un asomo de sorpresa ▸ **a ~ of garlic** un ligero gusto a ajo **3.** [piece of advice] consejo *m* ▸ **to give sb a ~** dar a alguien una pista

■ vt **to ~ that...** insinuar que...

◆ ***hint at*** vt insep aludir a, hacer alusión a

hinterland ['hɪntəlænd] n región *f* interior

hip [1] [hɪp] n cadera *f* ▸ **~ flask** petaca *f* ▸ **~ joint** articulación *f* de la cadera ▸ **~ pocket** bolsillo *m* trasero

hip [2] adj *Fam* [trendy] moderno(a), a la última, *AM* de onda

hippo ['hɪpəʊ] (pl **hippos**) n *Fam* hipopótamo *m*

hippopotamus [hɪpə'pɒtəməs], (pl **hippopotami** [hɪpə'pɒtəmaɪ]) n hipopótamo *m*

hippy ['hɪpɪ] n hippy *mf*

hipsters ['hɪpstəz] npl pantalones *mpl* de cintura baja, pantalones *mpl* por la cadera

hire [haɪə(r)] ■ n *BR* [of car, room, suit] alquiler *m, MÉX* renta *f* ▸ **for ~** [taxi] libre ▸ **bicycles for ~** [en letrero] se alquilan *or MÉX* rentan bicicletas ▸ **~ car** coche *m or AM* carro *m or CSUR* auto *m* de alquiler, *MÉX* carro *m* rentado

■ vt [lawyer, worker] contratar / *BR* [car, room, suit] alquilar, *MÉX* rentar

◆ ***hire out*** vt sep *BR* [boat, bicycle] alquilar, *MÉX* rentar / [one's services] ofrecer

hired ['haɪəd] adj [car, suit] alquilado(a), *MÉX* rentado(a) ▸ **~ hand** [on farm] jornalero(a) *m,f*

hire-purchase ['haɪə'pɜːtʃɪs] n *BR* COM compra *f* a plazos ▸ **~ agreement** contrato *m* de compra a plazos

hirsute ['hɜːsjuːt] adj *Literary* hirsuto(a)

his [hɪz] ■ possessive adj **1.** [singular] su / [plural] sus ▸ **I took ~ car** tomé su coche ▸ [contrasting with hers or theirs] tomé el coche de él **2.** [for parts of body, clothes] **~ eyes are blue** tiene los ojos azules ▸ **he hit ~ head** se dio un golpe en la cabeza ▸ **he put ~ hands in ~ pockets** se metió las manos en los bolsillos

■ possessive pron **1.** [singular] el suyo *m,* la suya *f* / [plural] los suyos *mpl,* las suyas *fpl* / [to distinguish] el/la/los/las de él ▸ **my house is big but ~ is bigger** mi casa es grande, pero la suya es mayor ▸ **she didn't have a book so I gave her ~** ella no tenía libro, así que le di el de él **2.** [used attributively] [singular] suyo(a) / [plural] suyos(as) ▸ **this book is ~** este libro es suyo ▸ **a friend of ~** un amigo suyo

Hispanic [hɪs'pænɪk] ■ n *US* hispano(a) *m,f*

■ adj hispánico(a), hispano(a)

Hispanist ['hɪspənɪst], ***Hispanicist*** [hɪs'pænɪsɪst] n hispanista *mf*

Hispanophile [hɪs'pænəfaɪl] n hispanófilo(a) *m,f*

hiss [hɪs] ■ n [sound] silbido *m* / [to express disapproval] siseo *m, ANDES, RP* chistido *m*

■ vt sisear

■ vi **1.** [expressing disapproval] chistar **2.** [snake, steam] silbar

histogram ['hɪstəgræm] n histograma *m*

historian [hɪs'tɔːrɪən] n historiador(ora) *m,f*

historic [hɪs'tɒrɪk] adj histórico(a)

historical [hɪs'tɒrɪkəl] adj histórico(a) ▸ **~ novel** novela *f* histórica

historically [hɪs'tɒrɪklɪ] adv históricamente

history ['hɪstərɪ] n historia *f* ▸ **to go down in ~ as...** pasar a (los anales de) la historia como... ▸ *Fig* **that's ~** eso pasó a la historia ▸ MED **to have a ~ of...** tener un historial de... ▸ **~ book** libro *m* de historia ▸ **~ teacher** profesor(ora) *m,f* de historia

histrionic [hɪstrɪ'ɒnɪk] adj *Pej* histriónico(a), teatral

histrionics [hɪstrɪ'ɒnɪks] npl *Pej* histrionismo *m,* teatralidad *f*

hit [hɪt] ■ n **1.** [blow] golpe *m* / [in shooting] impacto *m* ▸ **to score a direct ~** dar de lleno en el blanco ▸ **~ list** [of assassination targets] lista *f* negra ▸ **~ man** asesino *m* a sueldo ▸ **~ squad** banda *f* de asesinos **2.** [success] éxito *m* ▸ **~ (record)** (disco *m* de) éxito *m* **3.** COMPTR [visit to website] visita *f,* acceso *m* / [in search] aparición *f*

■ adj [successful] de mucho éxito

■ vt (pt & pp **hit**) **1.** [of person] golpear / [of car] [tree, bus] chocar contra / COMPTR [key] pulsar ▸ **to ~ one's hand (on sth)** darse un golpe en la mano (con algo) ▸ **the bullet hit him in the leg** la bala le dio en *or* le alcanzó la pierna ▸ *Fig* **it suddenly hit me that...** de repente me di cuenta de que... ▸ *Fig* **he didn't know what had hit him** no le dio tiempo ni a reaccionar **2.** [reach] **to ~ a note** llegar a *or* dar una nota ▸ **to ~ 90 (miles an hour)** alcanzar las noventa millas por hora ▸ **to have hit an all-time low** [investment] haber alcanzado un mínimo histórico / *Fig* [relationship] estar por los suelos **3.** [affect] afectar ▸ **to be hard hit by...** verse muy afectado(a) por... **4.** [arrive at] [barrier, difficulty] toparse *or* encontrarse con ▸ **the circus hits town tomorrow** el circo llega mañana a la ciudad ▸ **it hits the shops next week** estará a la venta la próxima semana ▸ *Fam* **to ~ the road** [leave] ponerse en marcha, largarse

■ vi golpear

◆ ***hit back*** ■ vt sep **to ~ sb back** devolver el golpe a alguien

■ vi [return blow] devolver el golpe / *Fig* [with answer, accusation, criticism] responder

◆ ***hit off*** vt sep *Fam* **to ~ it off** caerse bien

◆ ***hit on, hit upon*** vt insep [idea, solution] dar con

◆ ***hit out*** vi [physically] lanzar golpes (**at** contra) / [verbally] lanzar ataques (**at** contra)

◆ ***hit upon*** ➤ ***hit on***

hit-and-run ['hɪtən'rʌn] adj **he was knocked down in a ~ accident** lo atropelló un coche que se dio a la fuga ▸ **a ~ driver** = *conductor que huye tras atropellar a alguien*

hitch [hɪtʃ] ■ n **1.** [difficulty] contratiempo *m* ▸ **without a ~** sin ningún contratiempo **2.** [knot] nudo *m*

■ vt **1.** [attach] enganchar (**to** a) ▸ *Fam* **to get hitched** [marry] casarse **2.** *Fam* **to ~ a lift to...** ir en autoestop *or* a dedo a..., *CAM, MÉX, PERÚ* irse de aventón a...

■ vi *Fam* hacer autoestop *or* dedo, *CAM, MÉX, PERÚ* pedir aventón

◆ ***hitch up*** vt sep [trousers, skirt] subirse

hitchhike ['hɪtʃhaɪk] vi hacer autoestop *or* dedo, *CAM, MÉX, PERÚ* pedir aventón

hitchhiker ['hɪtʃhaɪkə(r)] n autoestopista *mf*

hi-tech ['haɪ'tek] adj de alta tecnología

hither ['hɪðə(r)] adv *Literary* acá ▸ **~ and thither** de acá para allá

hitherto ['hɪðə'tu:] adv hasta ahora, hasta la fecha

hit-or-miss ['hɪtɔ:'mɪs] adj azaroso(a), al tuntún

HIV [eɪtʃaɪ'vi:] n (abbr ***human immuno-deficiency virus***) VIH *m*, virus *m inv* de la inmunodeficiencia humana ▸ **to be ~ positive/negative** ser/no ser seropositivo(a)

hive [haɪv] n colmena *f* ▸ *Fig* **a ~ of activity** un hervidero de actividad

◆ ***hive off*** vt sep [sell] desprenderse de

hiya [haɪjə] exclam *Fam* **~!** ¡hola!, ¿qué hay?

HMG [eɪtʃem'dʒi:] n *BR* (abbr ***Her/His Majesty's Government***) el Gobierno de Su Majestad

HMS [eɪtʃem'es] n *BR* NAUT (abbr ***Her/His Majesty's Ship***) = *título que precede a los nombres de buques de la marina británica*

HNC [eɪtʃen'si:] n *BR* EDUC (abbr ***Higher National Certificate***) = *título de escuela técnica de grado medio (un año)*

HND [eɪtʃen'di:] n *BR* EDUC (abbr ***Higher National Diploma***) = *título de escuela técnica de grado superior (dos años)*

hoard [hɔ:d] ■ n [of food] provisión *f* / [of money] montón *m*

■ vt [food] hacer acopio de / [money] atesorar

hoarder ['hɔ:də(r)] n acaparador(ora) *m,f*

hoarding ['hɔ:dɪŋ] n **1.** [of food, money] acaparamiento *m*, acopio *m* **2.** *BR* [display board] valla *f* publicitaria

hoarfrost ['hɔ:frɒst] n escarcha *f*

hoarse [hɔ:s] adj ronco(a) ▸ **to be ~** quedarse ronco(a)

hoarsely ['hɔ:slɪ] adv con la voz ronca

hoary ['hɔ:rɪ] adj [old] viejo(a)

hoax [həʊks] ■ n engaño *m* ▸ **to play a ~ on sb** engañar a alguien ▸ **~ caller** = *persona que realiza falsas alarmas por teléfono*

■ vt engañar

hob [hɒb] n [on cooker] fuego *m*, *ANDES, ESP, MÉX* hornilla *f*, *RP* hornalla *f* / [on hearth] plancha *f*

hobble ['hɒbəl] vi cojear, *ANDES, RP* renguear

hobby ['hɒbɪ] n afición *f*, hobby *m*

hobbyhorse ['hɒbɪhɔ:s] n [toy] caballito *m* de juguete / *Fig* [favourite subject] tema *m* favorito

hobnail boot ['hɒbneɪl'bu:t] n bota *f* de suela claveteada

hobnob ['hɒbnɒb] (pt & pp **hobnobbed**) vi *Fam* **to ~ with sb** codearse con alguien

hock[1] [hɒk] n [wine] = *vino blanco alemán del valle del Rin*

hock[2] *Fam* ■ n **in ~** empeñado(a) ▸ **to be in ~ to the bank** tener una deuda con el banco

■ vt empeñar

hockey ['hɒkɪ] n *BR* [on grass] hockey *m* (sobre hierba *or AM* césped) / *US* [on ice] hockey (sobre hielo) ▸ **~ pitch** campo *m* de hockey ▸ **~ stick** stick *m*, palo *m* de hockey

hocus-pocus ['həʊkəs'pəʊkəs] n camelo *m*, embaucamiento *m*

hodgepodge ➤ ***hotchpotch***

hoe [həʊ] ■ n azada *f*, azadón *m*

■ vt remover con la azada

hog [hɒg] ■ n **1.** *BR* [castrated pig] cerdo *m* castrado / *US* [pig] cerdo *m*, puerco *m*, *AM* chancho *m* ▸ **to go the whole ~** [be extravagant] tirar *or AM salvo RP* botar la casa por la ventana ▸ *US* **~ cholera** peste *f* porcina **2.** [glutton] glotón(ona) *m,f*

■ vt (pt & pp **hogged**) *Fam* acaparar

Hogmanay [hɒgmə'neɪ] n *SCOT* Nochevieja *f*

hogwash ['hɒgwɒʃ] n *Fam* sandeces *fpl*, tonterías *fpl*

hoi polloi [hɔɪpə'lɔɪ] n **the ~** el populacho, la plebe

hoist [hɔɪst] ■ n [device] aparejo *m* para izar

■ vt [equipment, person] subir, izar / [flag, sail] izar ▸ *Fig* **she was hoist with her own petard** le salió el tiro por la culata

hoity-toity ['hɔɪtɪ'tɔɪtɪ] adj altivo(a), engreído(a)

hold [həʊld] ■ n **1.** [grip] **to have ~ of sth** tener algo *ESP* cogido *or AM* agarrado ▸ **to catch** *or* **take ~ of** agarrarse a ▸ **to let go one's ~ on sth** soltar algo ▸ *Fig* **to get ~ of sb** [make contact with] localizar a alguien ▸ *Fig* **to get ~ of sth** [obtain] hacerse con algo ▸ **to lose one's ~ on reality** perder el contacto con la realidad ▸ *Fig* **to have a ~ on** *or* **over sb** tener poder sobre alguien **2.** [in wrestling] llave *f* ▸ *Fig* **no holds barred** sin límites **3.** [of ship] bodega *f*

■ vt (pt & pp **held** [held]) **1.** [grip] coger, sujetar, *AM* agarrar / [embrace] abrazar ▸ **~ this!** ¡sujeta esto! ▸ **to ~ sth/sb tight** coger *or* sujetar algo/a alguien fuerte ▸ **they held hands** estaban agarrados de la mano ▸ **to ~ sth in position** sujetar algo sin que se mueva ▸ **to ~ sb prisoner** retener a alguien como prisionero ▸ **the police are holding him for questioning** la policía lo tiene retenido para interrogarlo ▸ **to ~ sb's interest/attention** mantener el interés/la atención de alguien ▸ **to ~ sb to his promise** hacer que alguien cumpla su promesa ▸ **to ~ one's breath** contener el aliento ▸ **there's no holding him** no hay quien lo pare ▸ **~ your tongue!** ¡cierra la boca! ▸ *Fam* **~ it!, ~ your horses!** ¡para el carro! ▸ MUS **to ~ a note** sostener una nota ▸ TEL **~ the line** espere un momento, no cuelgue **2.** [keep] [ticket, room] guardar, reservar ▸ **to ~ a town** tener tomada una ciudad ▸ **to ~ one's position** mantener la posición ▸ *Fig* **to ~ one's ground** mantenerse en sus trece ▸ **to ~ one's own** resistir, mantenerse ▸ **to ~ one's own against sb** no desmerecer frente a alguien **3.** [carry] **to ~ one's head high** llevar la cabeza bien alta ▸ **to ~ oneself well** mantenerse erguido(a) **4.** [contain] contener ▸ **the stadium holds over 20,000** el estadio tiene capacidad *or* cabida para más de 20.000 espectadores ▸ *Fig* **to ~ water** [theory, story] no hacer agua ▸ **nobody knows what the future holds** nadie sabe lo que deparará el futuro ▸ **it holds no interest for me** no tiene ningún interés para mí **5.** [conduct] [negotiations, meeting] llevar a cabo ▸ [conversation] mantener **6.** [possess] [title, rank] poseer / [job, position] ocupar / [opinion] mantener / [record] ostentar ▸ **she had held office before** ya antes había ocupado un cargo **7.** [consider] **to ~ sb responsible** hacer a alguien responsable ▸ **to be held in respect** ser respetado(a) ▸ **to ~ that...** sostener que...

■ vi **1.** [rope] resistir, aguantar ▸ **~ tight!** ¡agárrate bien! **2.** [agreement, weather] mantenerse ▸ **if your luck holds** si sigues teniendo suerte ▸ **the same holds (true) for everyone** lo mismo es válido para todos

◆ ***on hold*** adv **to put sth on ~** suspender algo temporalmente ▸ TEL **to put sb on ~** poner a alguien a la espera

◆ ***hold against*** vt sep **to ~ sth against sb** tener algo contra alguien

◆ ***hold back*** ■ vt sep [person, emotion] contener / [progress, project] impedir el avance de ▸ **he's holding something back** se está guardando algo

■ vi [refrain] contenerse ▸ **to ~ back from doing sth** abstenerse de hacer algo

◆ ***hold down*** vt sep **1.** [restrain] [person] sujetar / [taxes, prices] mantener en un nivel bajo **2. to ~ down a job** conservar un trabajo

◆ ***hold forth*** vi explayarse

◆ ***hold off*** ■ vt sep [keep at bay] rechazar ▸ **she held off making a decision until she had more information** pospuso su decisión hasta disponer de más datos

■ vi [delay] **the rain is holding off** no se decide a llover

◆ ***hold on*** vi **1.** [endure] resistir, aguantar **2.** [wait] esperar ▸ **~ on (a minute)!** ¡espera (un momento)! **3. ~ on (tight)!** ¡agárrate (fuerte)!

◆ ***hold on to*** vt insep **1.** [grip tightly] [to stop oneself from falling] agarrarse a / [to stop something from falling] agarrar / *Fig* [idea, hope] aferrarse a **2.** [keep] guardar, conservar

◆ ***hold out*** ■ vt sep [one's hand] tender / [hope, opportunity] ofrecer ▸ **I don't ~ out much hope that...** tengo pocas esperanzas de que...

■ vi **1.** [resist] resistir ▸ **to ~ out for a better offer** aguantar a la espera de una oferta mejor **2.** [supplies] durar

◆ ***hold over*** vt sep diferir, posponer

◆ ***hold together*** ■ vt sep [party, marriage, alliance] mantener unido(a) / [with glue, string, rope] sujetar

■ vi [party, marriage, alliance] mantenerse unido(a)

◆ ***hold up*** ■ vt sep **1.** [support] soportar, aguantar **2.** [raise] levantar, alzar ▸ *Fig* **to ~ sb up as an example** poner a alguien como ejemplo **3.** [delay] retrasar **4.** [rob] atracar

■ vi [theory, alibi] tenerse en pie / [good weather] aguantar ▸ **she's holding up well under the pressure** está aguantando bien las presiones

◆ ***hold with*** vt insep [behaviour] aprobar ▸ **I don't ~ with his opinions** no estoy de acuerdo con sus opiniones

holdall ['həʊldɔ:l] n *esp BR* bolsa *f (de viaje o de deporte)*

holder ['həʊldə(r)] n **1.** [of record, trophy, ticket] poseedor(ora) *m,f* / [of passport, licence, permit] titular *mf* / [of belief, opinion] defensor(ora) *m,f* **2.** [device] soporte *m*

holding ['həʊldɪŋ] n **1.** [property] propiedad *f* / [of shares] participación *f* ▸ COM **~ company** holding *m* **2.** MIL **~ operation** maniobra *f* de contención

hold-up ['həʊldʌp] n **1.** [delay] [in plan] retraso *m, AM* demora *f* / [of traffic] retención *f* **2.** [armed robbery] atraco *m*

hole [həʊl] ■ n **1.** [in roof, clothing] agujero *m* / [in ground] hoyo *m,* agujero *m* / [animal's burrow] madriguera *f* / [in golf] hoyo *m* ▸ **to make a ~ in sth** hacer un agujero en algo ▸ **the holiday made a ~ in their savings** las vacaciones dejaron maltrecha su economía ▸ *Fig* **to pick holes in sth** [in argument, theory] encontrar defectos en *or* a algo ▸ **~ in one** [in golf] hoyo *m* en uno ▸ *Fam Fig* **to be in a ~** [in difficulty] estar en un brete **2.** *Fam* [room, house] cuchitril *m* / [town] lugar *m* de mala muerte

■ vt **1.** [make a hole in] agujerear **2.** [in golf] **to ~ a shot** embocar la bola

◆ ***hole up*** vi *Fam* [hide] esconderse

holiday ['hɒlɪdeɪ] ■ n **1.** *esp BR* [vacation] vacaciones *fpl* ▸ **to go on ~** irse de vacaciones ▸ **~ camp** centro *m* turístico, colonia *f* turística *or AM* de vacaciones ▸ **~ home** segunda residencia *f*, casa *f* para las vacaciones ▸ **~ season** temporada *f* de vacaciones **2.** [day off] *ESP* (día *m* de) fiesta *f*, *AM* feriado *m* / [public holiday] día *m* festivo, *AM* día *m* feriado
■ vi pasar las vacaciones / [in summer] veranear

CULTURE / CULTURA

holidays

En el Reino Unido las celebraciones religiosas no suelen ser día festivo a nivel nacional, a excepción del Viernes Santo y del día de Navidad. Otros tres días de fiesta coinciden con estas fechas: "Easter Monday" (lunes de Pascua), "Boxing Day" (26 de diciembre) y "New Year's Day" (1 de enero). Hay dos fiestas más en mayo: "May Day" (primer lunes) y "Spring Bank Holiday" (último lunes), y otra en agosto: "Summer Bank Holiday" (último lunes de agosto). Escocia e Irlanda del Norte tienen algunas fiestas distintas.
En Estados Unidos cada estado tiene sus propios días festivos, además de las fiestas nacionales. Estas son "Christmas Day", "New Year's Day", "Labor Day" (primer lunes de septiembre), "Columbus Day" (segundo lunes de octubre) y "Thanksgiving" (cuarto jueves de noviembre). En otras dos se commemoran aniversarios de líderes importantes: "Martin Luther King Day" (tercer lunes de enero) y "Presidents' Day" (tercer lunes de febrero, aniversario de los presidentes Lincoln y Washington). Por último, también se celebran eventos relacionados con distintas guerras: "Memorial Day" (en memoria de las víctimas de guerra, último lunes de mayo), "Independence Day" (4 de julio) y "Veteran's Day" (11 de noviembre).

holidaymaker ['hɒlɪdeɪ'meɪkə(r)] n *esp BR* turista *mf* / [in summer] veraneante *mf*

holiness ['həʊlɪnɪs] n santidad *f* ▸ **Your Holiness** Su Santidad

holistic [həʊ'lɪstɪk] adj holístico(a)

Holland ['hɒlənd] n Holanda

holler ['hɒlə(r)] vi *Fam* gritar, dar voces

hollow ['hɒləʊ] ■ n hueco *m* / [in ground] depresión *f*
■ adj **1.** [container, log] hueco(a) / [cheek, eyes] hundido(a) **2.** [sound] hueco(a), resonante ▸ **in a ~ voice** con voz hueca ▸ **a ~ laugh** una risa sardónica **3.** [promise, guarantee] vacío(a) ▸ **~ victory** victoria *f* deslucida
■ adv **1. to sound ~** sonar a hueco **2.** *Fam* **to beat sb ~** dar una (buena) paliza a alguien

◆ ***hollow out*** vt sep ahuecar, vaciar

hollow-eyed ['hɒləʊwaɪd] adj de ojos hundidos

holly ['hɒlɪ] n acebo *m*

hollyhock ['hɒlɪhɒk] n malvarrosa *f*

holocaust ['hɒləkɔːst] n holocausto *m*

hologram ['hɒləgræm] n holograma *m*

holster ['həʊlstə(r)] n pistolera *f*

holy ['həʊlɪ] adj santo(a) ▸ **the Holy Bible** la Sagrada Biblia ▸ *Fam* **~ cow** *or* **smoke** *or* **mackerel!** ¡madre del amor hermoso! ▸ **Holy Communion** Sagrada Comunión *f* ▸ **the Holy Father** el Santo Padre ▸ **the Holy Ghost** el Espíritu Santo ▸ *Fam Pej* **Holy Joe** meapilas *mf inv* ▸ **the Holy Land** Tierra Santa ▸ **~ orders** sagradas órdenes *fpl* ▸ **the Holy Spirit** el Espíritu Santo ▸ **~ war** guerra *f* santa ▸ **~ water** agua *f* bendita ▸ **Holy Week** Semana *f* Santa

homage ['hɒmɪdʒ] n homenaje *m* ▸ **to pay ~ to sth/sb** rendir homenaje a algo/alguien

home [həʊm] ■ n **1.** [house] casa *f* / [of animal, plant] hábitat *m* / [family] hogar *m* ▸ **at ~** en casa ▸ **to feel at ~** sentirse como en casa ▸ **make yourself at ~** estás en tu casa, ponte cómodo ▸ **to leave ~** [in the morning] salir de casa / [one's parents' home] independizarse, irse de casa ▸ **to be away from ~** estar fuera (de casa) ▸ SPORT **to be** *or* **play at ~** jugar en casa ▸ **to have a ~ of one's own** tener casa propia ▸ *BR* **it's a ~ from ~,** *US* **it's a ~ away from ~** es como estar en casa ▸ **to make one's ~ in...** asentarse en... ▸ **children's/old people's ~** residencia *f* infantil/de ancianos ▸ **~ address** domicilio *m* ▸ **~ banking** telebanco *m* ▸ **~ brew** cerveza *f* casera ▸ **~ cooking** cocina *f* casera ▸ *BR* **the Home Counties** = *los condados de alrededor de Londres* ▸ **~ economics** [school subject] economía *f* doméstica ▸ *BR* **~ help** ayuda *f* doméstica ▸ *US* **~ improvements** reformas *fpl* del hogar ▸ **~ life** vida *f* doméstica ▸ FIN **~ loan** crédito *m* hipotecario, hipoteca *f* ▸ **~ movie** vídeo *m or AM* video *m* casero *or* doméstico ▸ **~ owner** propietario(a) *m,f* de vivienda ▸ COMPTR **~ page** portada *f* de página Web, página *f* inicial *or* de inicio ▸ *US* SCH **~ room** = *aula donde cada alumno debe presentarse todas las mañanas* ▸ **~ run** [in baseball] carrera *f* completa, home run *m*, *AM* jonrón *m* ▸ **~ shopping** telecompra *f* ▸ **~ shopping channel** teletienda *f* ▸ **the ~ straight** *or esp US* **stretch** [in athletics] la recta final ▸ **~ town** ciudad *f*/pueblo *m* natal ▸ **to tell sb a few ~ truths** decirle a alguien cuatro verdades **2.** [country, region] tierra *f* ▸ **at ~ and abroad** nacional e internacionalmente ▸ **an example nearer ~** un ejemplo más cercano ▸ **Milan, the ~ of fashion** Milán, la meca *or* la cuna de la moda ▸ **~ front** frente *m* civil ▸ TV & JOURN **~ news** noticias *fpl* nacionales ▸ *BR* POL **Home Office** Ministerio *m* del Interior ▸ POL **~ rule** autonomía *f*, autogobierno *m* ▸ *BR* POL **the Home Secretary** el ministro del Interior
■ adv **1.** [in general] a casa ▸ **to go/come ~** ir/venir a casa ▸ **to be ~** estar en casa ▸ **to send sb ~** mandar a alguien a casa **2.** [all the way] **he drove the knife ~** hundió el cuchillo hasta el fondo ▸ **to bring sth ~ to sb** dejar bien claro algo a alguien

◆ ***home in on*** vt insep [on target] apuntar a, dirigirse a / [on mistake, evidence] señalar, concentrarse en

homeboy [həʊmbɔɪ] n *US Fam* **1.** [man from one's home town, district] paisano(a) *m,f* **2.** [friend] amiguete(a) *m,f*, *ESP* colega *mf*, *MÉX, CAM* cuate(a) *m,f* **3.** [fellow gang member] compinche *mf*, *MÉX, CAM* cuate(a) *m,f*

homecoming ['həʊmkʌmɪŋ] n regreso *m* a casa, recepción *f*

home-grown ['həʊm'grəʊn] adj [from own garden] de cosecha propia / *Fig* [not imported] del país

homeland ['həʊmlænd] n tierra *f* natal, país *m*

homeless ['həʊmlɪs] ■ adj sin techo, sin hogar ■ npl **the ~** las personas sin techo, los sin techo

homely ['həʊmlɪ] adj **1.** *BR* [welcoming] [person, atmosphere] hogareño(a) **2.** *US* [ugly] feúcho(a)

home-made ['həʊm'meɪd] adj casero(a)

homemaker [həʊm'meɪkə(r)] n ama *f* de casa

homeopath ['həʊmɪəʊpæθ] n homeópata *mf*

homeopathic [həʊmɪəʊ'pæθɪk] adj homeopático(a)

homeopathy [həʊmɪ'ɒpəθɪ] n homeopatía *f*

homesick ['həʊmsɪk] adj nostálgico(a) ▸ **to be feel ~ (for)** tener nostalgia *or ESP* morriña (de)

homesickness ['həʊmsɪknɪs] n nostalgia *f*, *ESP* morriña *f*

homespun ['həʊmspʌn] adj [wisdom, advice] de andar por casa, *AM* de entrecasa

homestead ['həʊmsted] n finca *f*, hacienda *f*

homeward ['həʊmwəd] ■ adj de vuelta a casa ■ adv a casa ▸ **to be ~ bound** estar de regreso a casa

homewards ['heʊmwədz] adv ➤ ***homeward***

homework ['həʊmwɜːk] n SCH deberes *mpl* ▸ *also Fig* **to do one's ~** hacer los deberes

homeworker ['həʊmwɜːkə(r)] n teletrabajador(ora) *m,f*, persona *f* que trabaja desde su propio domicilio

homicidal [hɒmɪ'saɪdəl] adj homicida

homicide ['hɒmɪsaɪd] n homicidio *m*

homily ['hɒmɪlɪ] n REL homilía *f* / *Fig* sermón *m*

homing ['həʊmɪŋ] adj **~ device** [of missile] sistema *m* de guiado pasivo ▸ **~ pigeon** paloma *f* mensajera

homo ['həʊməʊ] n *Fam Pej* [homosexual] marica *m*

homogeneous [hɒmə'dʒiːnɪəs, hə'mɒdʒɪnəs] adj homogéneo(a)

homogenize [hɒ'mɒdʒənaɪz] vt homogeneizar

homonym ['hɒmənɪm] n homónimo *m*

homophobia [hɒmə'fəʊbɪə] n homofobia *f*

homophobic [həʊmə'fəʊbɪk] adj homófobo(a)

homosexual [hɒmə'seksjʊəl] n & adj homosexual *mf*

homosexuality [hɒməseksjʊ'ælɪtɪ] n homosexualidad *f*

Hon *BR* PARL (abbr ***Honourable***) **the ~ member (for...)** el/la señor(ora) diputado(a) (por...)

honcho ['hɒntʃəʊ] n *esp US Fam* **the head ~** el/la mandamás

Honduran [hɒn'djuərən] n & adj hondureño(a) *m,f*

Honduras [hɒn'djuərəs] n Honduras

hone [həʊn] vt afilar

honest ['ɒnɪst] adj [trustworthy] honrado(a) / [truthful] sincero(a) ▸ **he has an ~ face** tiene aspecto de honrado ▸ **the ~ truth** la pura verdad ▸ **I don't think he was being ~ with me** creo que no me estaba diciendo la verdad ▸ **to be ~, I don't know** la verdad es que no lo sé ▸ **to earn an ~ living** ganarse honradamente la vida ▸ *esp Hum* **to make an ~ woman of sb** [marry] llevar a alguien al altar

honestly ['ɒnɪstlɪ] adv **1.** [legitimately] honradamente ▸ **to obtain sth ~** conseguir algo honradamente **2.** [sincerely] sinceramente ▸ **I can ~ say that...** puedo decir sin faltar a la verdad que... ▸ **~, I'm fine/it doesn't matter** en serio que estoy bien/no importa ▸ **I can't ~ remember** la verdad es que no me acuerdo **3.** [expressing indignation] **well ~!** ¡desde luego!, ¡hay que ver! ▸ **~! some people!** ¡desde luego, hay cada uno por ahí!

honesty ['ɒnɪstɪ] n [trustworthiness] honradez *f* / [truthfulness] sinceridad *f* ▸ **in all ~** con toda sinceridad ▸ *Prov* **~ is the best policy** lo mejor es decir la verdad

honey ['hʌnɪ] n **1.** [food] miel *f* **2.** *esp US Fam* [term of endearment] cariño *m*, cielo *m*

honeycomb ['hʌnɪkəʊm] ■ n panal *m* ■ vt **the mountain is honeycombed with tunnels** el interior de la montaña es un entramado de túneles

honeyed ['hʌnɪd] adj [voice, words] meloso(a)

honeymoon ['hʌnɪmuːn] ■ n luna *f* de miel, viaje *m* de novios ▸ *Fig* **the ~ is over** se acabó el periodo de gracia ■ vi pasar la luna de miel, estar de viaje de novios

honeymooner ['hʌnɪmuːnə(r)] n recién casado(a) *m,f* (en viaje de novios) ▸ **honeymooners** parejas *fpl* de recién casados (en viaje de novios)

honeysuckle ['hʌnɪsʌkəl] n madreselva *f*

Hong Kong ['hɒŋ'kɒŋ] n Hong Kong

honk [hɒŋk] ■ n [of goose] graznido *m* / [of car horn] bocinazo *m* ■ vi [goose] graznar / [car driver] tocar la bocina *or* el claxon, dar bocinazos

honky ['hɒŋkɪ] n *US very Fam = término ofensivo para referirse a un blanco*

honor, honorable etc *US* ➤ ***honour, honourable*** etc

honorary ['ɒnərərɪ] adj honorífico(a), honorario(a) ▸ UNIV **~ degree** título *m* honoris causa

honour, *US* ***honor*** ['ɒnə(r)] ■ n **1.** [respect] honor *m* / [pride] honra *f* ▸ **in ~ of** en honor de ▸ **this is a great ~** es un gran honor ▸ **to have the ~ of doing sth** tener el honor de hacer algo ▸ *Hum* **to what do I owe this ~?** ¿a qué debo semejante honor *or* privilegio? ▸ **Your Honour** [judge] Señoría **2.** [good name] honor *m*, honra *f* ▸ **to feel ~ bound to do sth** sentirse moralmente obligado(a) a hacer algo ▸ **on my (word of) ~!** ¡palabra de honor! ▸ *Prov* **(there is) ~ among thieves** hasta los ladrones tienen sus reglas **3.** [award, distinction] *BR* **honours list** relación *f* de condecorados ▸ **honours degree** licenciatura *f* ▸ **he was buried with full military honours** fue enterrado con todos los honores militares ▸ *Hum* **to do the honours** [serve food or drink] hacer los honores ▸ *US* **~ roll** lista *f* de honor académica ■ vt **1.** [person] honrar ▸ **I felt honoured that they had invited me** me honró mucho su invitación **2.** [fulfil] [commitment, obligation] cumplir / [debt, cheque] pagar

CULTURE / CULTURA

honours list

Dos veces al año el monarca británico confiere honores a ciudadanos que se hayan distinguido por realizar alguna proeza o servir a la sociedad. La **honours list** se hace pública en el día de Año Nuevo ("New Year's Honours") y en el día del cumpleaños de la reina ("the Birthday Honours"). Las distinciones van desde ser nombrado miembro vitalicio de la Cámara de los Lores a títulos de menor importancia. Muchas de las condecoraciones que se confieren son rangos dentro de las órdenes de caballería, como, por ejemplo, la de la Orden del Imperio Británico. El primer ministro británico debe dar su consentimiento a la relación definitiva de los candidatos a las distinciones.

honourable, *US* ***honorable*** ['ɒnərəbəl] adj honorable ▸ *BR* PARL **the Honourable member for Caithness** el señor diputado por Caithness ▸ **~ mention** mención *f* honorífica

honourably, *US* ***honorably*** ['ɒnərəblɪ] adv honorablemente

hooch [hu:tʃ] n *US Fam* [liquor] alcohol *m (destilado clandestinamente)*

hood [hʊd] n **1.** [of coat, cloak] capucha *f* / *BR* [of car, pram] capota *f* / *US* [car bonnet] capó *m, CAM, MÉX* cofre *m* / [over cooker, fireplace] campana *f* (extractora) **2.** *US Fam* [gangster] matón *m*

hoodlum ['hu:dləm] n *Fam* matón *m*

hoodwink ['hʊdwɪŋk] vt *Fam* engañar, *ESP* timar

hoof [hu:f] ▪ n (pl **hooves** [hu:vz]) [of horse] casco *m* / [of cattle, deer, sheep] pezuña *f*
▪ vt *Fam* **to ~ it** ir a pata

hoo-ha ['hu:hɑ:] n *Fam* [fuss] alboroto *m, ESP* jaleo *m*

hook [hʊk] ▪ n **1.** [in general] gancho *m* / [for coats] colgador *m* / [on dress] corchete *m* / [for fishing] anzuelo *m* / [for hanging pictures] escarpia *f,* alcayata *f* ▸ **to leave the phone off the ~** dejar el teléfono descolgado ▸ *Fam Fig* **to get sb off the ~** [get out of trouble] sacar a alguien del apuro ▸ *Fam* **he swallowed it ~, line and sinker** [believed it] se tragó el anzuelo ▸ *Fam* **by ~ or by crook** sea como sea **2.** [in boxing] gancho *m*
▪ vt enganchar ▸ **to ~ one's legs around sth** rodear algo con las piernas ▸ **to ~ a fish** pescar un pez (con anzuelo)

◆ ***hook up*** ▪ vt sep TV & COMPTR conectar
▪ vi **1.** [dress] abrocharse **2.** COMPTR conectar (**with** con *or* a)

hooked [hʊkt] adj **1. ~ nose** nariz *f* aguileña **2.** *Fam* **to be ~ on sth** estar enganchado(a) a algo

hooker ['hʊkər] n **1.** *BR* [in rugby] talon(e)ador *m* **2.** *US Fam* [prostitute] fulana *f,* puta *f*

hook(e)y ['hʊkɪ] n *US Fam* **to play ~** faltar a clase, *ESP* hacer novillos, *COL* capar clase, *MÉX* irse de pinta, *RP* hacerse la rabona

hook-nosed ['hʊknəʊzd] adj de nariz aguileña

hooligan ['hu:lɪgən] n vándalo(a) *m,f, ESP* gamberro(a) *m,f*

hooliganism ['hu:lɪgənɪzəm] n vandalismo *m, ESP* gamberrismo *m*

hoop [hu:p] n aro *m* ▸ *Fig* **to put sb through the hoops** [test thoroughly] poner a alguien a prueba

hoop-la ['hu:plɑ:] n **1.** *BR* [game] = *juego de feria en el que se intentan colar aros en los premios* **2.** *US* [noise, bustle] alboroto *m* ▸ **there was a lot of ~ about the new design** hubo mucho revuelo en torno al nuevo diseño

hooray [hʊ'reɪ] exclam ¡hurra!

hoot [hu:t] ▪ n **1.** [of owl] ululato *m* / [of horn, factory whistle] bocinazo *m* ▸ **hoots of laughter** risotadas *fpl* ▸ *Fam Fig* **I don't give a ~** *or* **two hoots** me importa un bledo **2.** *Fam* **he's a ~!** ¡es divertidísimo!, *ESP* ¡es un cachondo! ▸ **it was a ~!** ¡fue divertidísimo!, *ESP* ¡fue un cachondeo!
▪ vi [owl] ulular / [car] dar bocinazos / [train] pitar ▸ **to ~ with laughter** reírse a carcajadas

hooter ['hu:tə(r)] n *BR* **1.** [of ship, factory] sirena *f* / [of car] bocina *f,* claxon *m* **2.** *Fam* [nose] napias *fpl*

hoover® ['hu:və(r)] *BR* ▪ n aspiradora *f,* aspirador *m*
▪ vt [room] aspirar, pasar la aspiradora por

hooves [hu:vz] pl *of* ***hoof***

hop [hɒp] ▪ n [jump] salto *m,* brinco *m* / *Fam* [on plane] vuelo *m* corto / *Fam* [dance] baile *m* ▸ *Fam Fig* **to catch sb on the ~** agarrar *or ESP* coger desprevenido(a) a alguien
▪ vt (pt & pp **hopped**) *Fam* **~ it!** ¡lárgate!
▪ vi [jump] saltar, brincar / [on one leg] saltar con *or AM* en un pie, saltar a la pata coja ▸ **to ~ out of bed** salir de la cama de un salto ▸ *Fam* **~ in!** [to car] ¡sube!

◆ ***hop off*** vi *Fam* largarse

hope [həʊp] ▪ n esperanza *f* ▸ **in the ~ of (doing) sth** con la esperanza de (hacer) algo ▸ **in the ~ that...** con la esperanza de que... ▸ **there is little ~ (of)** hay pocas esperanzas (de) ▸ **there is no ~ (of)** no hay esperanza(s) (de) ▸ **to have (high) hopes of doing sth** tener (grandes) esperanzas de hacer algo ▸ **to get one's hopes up** hacerse ilusiones ▸ **to raise (sb's) hopes** dar esperanzas (a alguien) ▸ **she hasn't got a ~ of winning** no tiene posibilidad alguna de ganar ▸ *Ironic* **what a ~!, some ~!** ¡no caerá esa breva! ▸ *Fam* **we live in ~!** la esperanza es lo último que se pierde
▪ vt **to ~ to do sth** esperar hacer algo ▸ **I ~ to see you again** espero volverte a ver ▸ **I ~ (that) your brother is better** espero que tu hermano esté mejor ▸ **I ~ you are right** ojalá tengas razón ▸ **we ~ and pray that...** ojalá que... ▸ **I ~ so** eso espero ▸ **I ~ not** espero que no
▪ vi esperar ▸ **don't ~ for too much** no esperes demasiado ▸ **to ~ for the best** esperar (que pase) lo mejor ▸ **we must ~ against ~** no debemos perder la esperanza

hopeful ['həʊpfʊl] ▪ n *Fam* **a young ~** un/una joven con aspiraciones
▪ adj [situation] prometedor(ora) ▸ **we are ~ that...** esperamos que...

hopefully ['həʊpfʊlɪ] adv **1.** [in a hopeful manner] esperanzadamente **2.** [it is to be hoped] **~ not**

esperemos que no, *AM* ojalá que no ▸ **~ we will have found him by then** con un poco de suerte, para entonces ya le habremos encontrado

hopeless ['həʊplɪs] adj **1.** [without hope] [person] desesperanzado(a), sin esperanza / [situation] desesperado(a) ▸ **it's ~!** ¡es inútil! ▸ **a ~ cause** una causa perdida **2.** *Fam* [very bad] malísimo(a) ▸ **to be ~ at maths/cooking** ser nulo(a) *or ESP* un(a) negado(a) para las matemáticas/la cocina

hopelessly ['həʊplɪslɪ] adv **1.** [inconsolably] desesperanzadamente, sin esperanza **2.** [completely] totalmente ▸ **he was ~ in love with her** estaba desesperadamente enamorado de ella

hopping ['hɒpɪŋ] adv *Fam* **to be ~ mad** estar hecho(a) una furia, *MÉX* estar como agua para chocolate

hops [hɒps] npl lúpulo *m*

hopscotch ['hɒpskɒtʃ] n tejo *m*, rayuela *f*

horde [hɔːd] n [crowd] multitud *f*, *AM* horda *f* / [nomadic] horda *f*

horizon [hə'raɪzən] n horizonte *m* ▸ **there is a general election on the ~** hay elecciones generales a la vista

horizontal [hɒrɪ'zɒntəl] ■ n horizontal *f*
■ adj horizontal

horizontally [hɒrɪ'zɒntəlɪ] adv horizontalmente

hormonal [hɔː'məʊnəl] adj hormonal

hormone ['hɔːməʊn] n hormona *f* ▸ MED **~ replacement therapy** terapia *f* hormonal sustitutiva

horn [hɔːn] n **1.** [of animal] cuerno *m* **2.** [musical instrument] trompa *f* / [on car] bocina *f*, claxon *m* ▸ **to sound one's ~** [in car] tocar la bocina *or* el claxon **3.** [idioms] **to be on the horns of a dilemma** estar entre la espada y la pared

horned [hɔːnd] adj con cuernos

hornet ['hɔːnɪt] n avispón *m* ▸ *Fig* **to stir up a hornet's nest** remover un avispero

hornpipe ['hɔːnpaɪp] n [dance, music] aire *m* marinero

horn-rimmed ['hɔːnrɪmd] adj **~ spectacles** *or* **glasses** gafas *fpl* de (montura de) concha

horny ['hɔːnɪ] adj **1.** [hands] calloso(a), encallecido(a) **2.** *very Fam* [sexually aroused] *ESP, MÉX* cachondo(a), *ESP* calentorro(a), *CAM, COL, MÉX, VEN* arrecho(a), *RP* caliente / *BR* [sexually attractive] *ESP* buenorro(a), *CARIB, COL, MÉX* buenón(ona), *RP* fuerte

horoscope ['hɒrəskəʊp] n horóscopo *m*

horrendous [hɒ'rendəs] adj horrendo(a), espantoso(a)

horrendously [hɒ'rendəslɪ] adv *Fam* [expensive, complicated] terriblemente

horrible ['hɒrəbəl] adj **1.** [unpleasant] horrible ▸ **how ~!** ¡qué horror! **2.** [unkind] antipático(a) ▸ **to be ~ to sb** ser muy antipático(a) con alguien

horribly ['hɒrɪblɪ] adv espantosamente, horriblemente

horrid ['hɒrɪd] adj **1.** [unpleasant] espantoso(a) **2.** [unkind] antipático(a) ▸ **to be ~ to sb** ser muy antipático con alguien

horrific [hɒ'rɪfɪk] adj horrible, espantoso(a)

horrifically [hɒ'rɪfɪklɪ] adv de un modo horrible, espantosamente

horrify ['hɒrɪfaɪ] vt horrorizar

horrifying ['hɒrɪfaɪɪŋ] adj horroroso(a), *AM* aterrorizante

horror ['hɒrə(r)] n [feeling, terrifying thing] horror *m* ▸ **to my ~ I saw that...** me horroricé al ver que... ▸ **to have a ~ of sth** tener pánico *or* horror a algo ▸ *Fam* **that child's a little ~** ese niño es un monstruo ▸ **~ film** película *f* de terror ▸ **~ story** cuento *m* de terror

horror-stricken ['hɒrəstrɪkən], ***horror-struck*** ['hɒrəstrʌk] adj horrorizado(a)

horse [hɔːs] n **1.** [animal, gym apparatus] caballo *m* ▸ **~ chestnut** [tree] castaño *m* de Indias ▸ **~ racing** carreras *fpl* de caballos ▸ **I like ~ riding** me gusta montar *or RP* andar a caballo ▸ *Fig* **~ trading** negociaciones *fpl* entre bastidores **2.** [idioms] **to eat like a ~** comer muchísimo *or ESP* como una lima ▸ **to get up on one's high ~** darse ínfulas ▸ **to hear sth from the horse's mouth** haber oído algo de boca del propio interesado

◆ ***horse about, horse around*** vi hacer el indio

horseback ['hɔːsbæk] n **on ~** a caballo

horsebox ['hɔːsbɒks] n *BR* remolque *m* para caballos

horse-drawn ['hɔːsdrɔːn] adj de tiro, de caballos

horsefly ['hɔːsflaɪ] n tábano *m*

horsehair ['hɔːsheə(r)] n crin *f*, crines *fpl* ▸ **~ mattress** colchón *m* de crin

horseman ['hɔːsmən] n jinete *m*

horsemanship ['hɔːsmənʃɪp] n equitación *f*, manejo *m* del caballo

horsemeat ['hɔːsmiːt] n carne *f* de caballo

horseplay ['hɔːspleɪ] n retozo *m*, jugueteo *m*

horsepower ['hɔːspaʊə(r)] n TECH caballos *mpl* de vapor

horseradish ['hɔːsrædɪʃ] n rábano *m* silvestre

horseshoe ['hɔːsʃuː] n herradura *f*

horsewhip ['hɔːswɪp] ■ n fusta *f*
■ vt (pt & pp **horsewhipped**) azotar

horsewoman ['hɔːswʊmən] n amazona *f*

hors(e)y ['hɔːsɪ] adj **1.** [horse-like] caballuno(a) **2.** [keen on horses] aficionado(a) a los caballos **3.** *BR Fam* [upper class] *ESP* pijo(a), *AM* de la hípica

horticultural [hɔːtɪ'kʌltʃərəl] adj hortícola

horticulture ['hɔːtɪkʌltʃə(r)] n horticultura *f*

hosanna [həʊ'zænə] n hosanna *m*

hose [həʊz] ■ n [pipe] manguera *f*
■ vt regar con manguera

◆ ***hose down*** vt sep limpiar con manguera

hosepipe ['həʊzpaɪp] n manguera *f*

hosiery ['həʊzɪərɪ] n calcetines *mpl* y medias

hospice ['hɒspɪs] n [for the terminally ill] hospital *m* para enfermos terminales

hospitable [hɒs'pɪtəbəl] adj hospitalario(a)

hospitably [hɒs'pɪtəblɪ] adv hospitalariamente

hospital ['hɒspɪtəl] n hospital *m* ▸ **~ bed** cama *f* de hospital ▸ **~ care** atención *f* hospitalaria

hospitality [hɒspɪ'tælɪtɪ] n hospitalidad *f*

hospitalize ['hɒspɪtəlaɪz] vt hospitalizar

host[1] [həʊst] ■ n **1.** [at home, party] anfitrión(ona) *m,f* / [on TV] presentador(ora) *m,f* ▸ **~ country** país *m* anfitrión *or* organizador **2.** BIOL [of parasite] huésped *m* ■ vt [party] dar / [TV show] presentar

host[2] n [great number] **a whole ~ of** un sinfín de

host[3] n REL [consecrated bread] hostia *f*

hostage ['hɒstɪdʒ] n rehén *m* ▸ **to take/hold sb ~** tomar/tener a alguien como rehén ▸ *Fig* **that's offering a ~ to fortune** eso supone hipotecar el futuro

hostel ['hɒstəl] n **1. (youth) ~** albergue *m* juvenil **2.** *esp BR* [for students, nurses] residencia *f* / [for the homeless] albergue *m,* hogar *m*

hostelling, *US* ***hosteling*** ['hɒstəlɪŋ] n **to go ~** ir de albergues

hostess ['həʊstɪs] n [in private house] anfitriona *f* / [on TV] azafata *f* ▸ **(air) ~** azafata *f*

hostile ['hɒstaɪl, *US* 'hɒstəl] adj hostil (**to** a, con) ▸ **to be ~ to** ser hostil a, mostrarse hostil ante ▸ COM **~ takeover bid** OPA *f* hostil

hostility [hɒs'tɪlɪtɪ] n hostilidad *f* ▸ **hostilities** [war] hostilidades *fpl*

hosting ['həʊstɪŋ] n COMPTR hospedaje *m*

hot [hɒt] adj **1.** [having high temperature] caliente / [day, summer, climate] caluroso(a) ▸ **to be ~** [person] tener calor / [thing] estar caliente ▸ **it's ~** [weather] hace calor ▸ **~ dog** perrito *m* caliente, *COL, MÉX* perro *m* caliente, *RP* pancho *m* ▸ MED **~ flushes** sofocos *mpl* ▸ *US* **~ tub** jacuzzi® *m* ▸ **~ water bottle** bolsa *f* de agua caliente **2.** [spicy] picante **3.** [close] **you're getting ~** [in guessing game] caliente, caliente ▸ **to be ~ on sb's/sth's trail** estar pisando los talones a alguien/algo **4.** *Fam* [good] **to be ~ on sth** [be knowledgeable about] estar muy puesto(a) en algo, *RP* estar muy por dentro de algo / [attach importance to] ser muy quisquilloso(a) con algo ▸ **it wasn't such a ~ idea** no fue una idea tan buena ▸ **how are you? – not so ~** ¿qué tal? – regular **5.** *Fam* [sexually attractive] sexy / [sexually aroused] *ESP, MÉX* cachondo(a), *CAM, COL, MÉX, VEN* arrecho(a), *RP* alzado(a) **6.** *Fam* [stolen] afanado(a), *ESP* chorizado(a) **7. ~ pants** minishorts *mpl* **8.** [idioms] **~ from the press** [news] caliente / [book] recién salido(a) [de la imprenta) ▸ **too ~ to handle** [issue] demasiado comprometido(a) ▸ **to have a ~ temper** tener mal genio ▸ **to get ~ under the collar** [become indignant] acalorarse ▸ *Fam* **~ air** [meaningless talk] palabras *fpl* vanas ▸ *Fam* **it's all ~ air** no son más que fanfarronadas ▸ **they're selling like ~ cakes** se venden como pan caliente *or ESP* churros *or ESP* rosquillas ▸ **a ~ favourite** [in race] un/una gran favorito(a) ▸ **~ gossip** chismorreo *m or ESP* cotilleo *m or RP* chusmerío *m* jugoso ▸ TEL **~ line** línea *f* directa ▸ **~ news** noticias *fpl* frescas ▸ *Fam* **~ potato** [controversial issue] asunto *m* espinoso, *ESP* patata *f* caliente ▸ **to be in the ~ seat** ser el responsable ▸ **~ spot** [trouble spot] zona *f* conflictiva ▸ *Fam* **to be in ~ water** [in difficult situation] estar en apuros

◆ ***hot up*** (pt & pp **hotted**) vi *Fam* [situation, contest] *ESP* calentarse, *AM* ponerse bravo(a)

hot-air balloon ['hɒteəbə'lu:n] n globo *m* de aire caliente, aerostato *m*

hotbed ['hɒtbed] n **a ~ of rebellion/intrigue** un foco de rebelión/intrigas

hot-blooded ['hɒt'blʌdɪd] adj **1.** [passionate] ardiente **2.** [excitable] irascible

hotchpotch ['hɒtʃpɒtʃ], *US* ***hodgepodge*** ['hɒdʒpɒdʒ] n *Fam* revoltijo *m, ESP* batiburrillo *m*

hotel [həʊ'tel] n hotel *m* ▸ **~ room** habitación *f (de hotel)* ▸ **~ manager** director(ora) *m,f* de hotel

hotelier [həʊ'teljeɪ] n hotelero(a) *m,f*

hotelkeeper [həʊ'telki:pə(r)] n hotelero(a) *m,f*

hotfoot ['hɒt'fʊt] *Fam* ■ adv a la carrera, zumbando ■ vt **to ~ it** ir a la carrera, ir zumbando

hothead ['hɒthed] n impulsivo(a) *m,f,* impetuoso(a) *m,f*

hot-headed ['hɒt'hedɪd] adj impulsivo(a), impetuoso(a)

hothouse ['hɒthaʊs] n [glasshouse] invernadero *m* / *Fig* hervidero *m*

hotly ['hɒtlɪ] adv [to reply, protest] acaloradamente ▸ **~ contested** reñidamente disputado(a)

hotplate ['hɒtpleɪt] n [on cooker] placa *f* / [for keeping food warm] = *placa para mantener la comida caliente*

hotpot ['hɒtpɒt] n [stew] estofado *m, AM* ahogado *m*

hots [hɒts] npl *very Fam* **she had the ~ for Fred** Fred la ponía a cien *or* caliente, *RP* estaba recaliente con Fred

hotshot ['hɒtʃɒt] n *Fam* [expert] as *m, ESP* hacha *m*

hot-tempered ['hɒt'tempəd] adj con mal genio

hot-water [hɒt'wɔ:tə(r)] adj de agua caliente ▸ **~ bottle** bolsa *f* de agua caliente

houmous ➤ ***hummus***

hound [haʊnd] ■ n [dog] perro *m* de caza ■ vt [persecute] acosar ▸ **she was hounded by the press** la prensa la acosaba

hour ['aʊə(r)] n **1.** [period of time] hora *f* ▸ **an ~ and a half** una hora y media ▸ **half an ~** media hora ▸ **to pay sb by the ~** pagar a alguien por horas ▸ **to take hours over sth** tardar *or AM* demorar horas en algo ▸ **we've been waiting for hours** llevamos horas esperando ▸ **to work long hours** trabajar muchas horas ▸ **to keep late hours** acostarse muy tarde ▸ **~ hand** [of watch, clock] manecilla *f* de las horas **2.** [time of day] **at this ~!** ¡a estas horas! ▸ **till all hours** hasta las tantas ▸ **where were you in my ~ of need?** ¿dónde estabas cuando te necesitaba? ▸ **his ~ has come** ha llegado su hora

hourglass ['aʊəglɑ:s] n reloj *m* de arena ▸ **an ~ figure** una cintura de avispa

hourly ['aʊəlɪ] ■ adj **at ~ intervals** con intervalos de una hora ■ adv [every hour] cada hora / [at any time] en cualquier momento

house ■ n [haʊs] **1.** [dwelling] casa *f* ▸ *Fig* **to set one's ~ in order** poner sus cosas *or* asuntos en orden, *AM* poner la casa en orden ▸ **to get on like a ~ on fire** llevarse estupendamente ▸ **the ~ of God** la casa del Señor ▸ **the House of Commons/Lords** la Cámara de los Comunes/Lores ▸ **the Houses of Parliament** el Parlamento británico ▸ **the House of Representatives** la Cámara de Representantes ▸ **the House of Stuart/**

Bourbon la casa de los Estuardo/los Borbones ▸ LAW **~ arrest** arresto *m* domiciliario ▸ **~ guest** huésped *mf*, invitado(a) *m,f* ▸ **~ martin** avión *m* común ▸ **~ painter** pintor(ora) *m,f* de brocha gorda ▸ **~ party** fiesta *f (en una casa de campo)* ▸ **~ plant** planta *f* de interior ▸ **~ surgeon** [in hospital] cirujano(a) *m,f* residente **2.** COM [company] casa *f*, empresa *f* ▸ **banking ~** banco *m* ▸ **publishing ~** (casa *f*) editorial *f* ▸ **~ style** política *f* (de estilo) de la casa **3.** [restaurant] **on the ~** por cuenta de la casa ▸ **~ wine** vino *m* de la casa **4.** THEAT **an empty/a good ~** un público escaso/numeroso **5.** [music] (música *f*) house *m* **6.** *BR* SCH = *división que se hace de los alumnos de cada curso para la realización de actividades no académicas* ■ vt [haʊz] [person, collection, mechanism] alojar

CULTURE / CULTURA

House of Commons

La Cámara de los Comunes o cámara baja británica está compuesta por 650 diputados ("MPs") elegidos por un período de cinco años y que ocupan un escaño unos 175 días al año.

CULTURE / CULTURA

House of Lords

Tradicionalmente, la Cámara de los Lores o cámara alta británica estaba compuesta por nobles hereditarios, obispos y magistrados, y desde 1958 el primer ministro tiene la potestad de nombrar a miembros vitalicios. Aparte de su cometido senatorial, también ejerce las funciones de tribunal supremo en todo el país, excepto en Escocia. En 1998 se abolió el derecho de los nobles hereditarios a formar parte de esta cámara, aunque todavía tienen la capacidad de elegir por votación a 90 nuevos miembros entre sus pares. En la actualidad el gobierno británico está estudiando la introducción de nuevas reformas. Entre ellas, que los componentes de esta cámara sean escogidos por sufragio.

houseboat ['haʊsbəʊt] n barco-vivienda *m*

housebound ['haʊsbaʊnd] adj **to be ~** estar confinado(a) en casa

housebreaker ['haʊsbreɪkə(r)] n ladrón(ona) *m,f*

housebreaking ['haʊsbreɪkɪŋ] n robos *mpl* de casas, *RP* escruche *m*

housebroken ['haʊsbrəʊkən] adj *US* [pet] = *que ya ha aprendido a no hacer sus necesidades en casa*

housecoat ['haʊskəʊt] n bata *f* de (estar en) casa

housefly ['haʊsflaɪ] n mosca *f* (doméstica)

household ['haʊshəʊld] n hogar *m*, *ESP* unidad *f* familiar ▸ **~ appliance** electrodoméstico *m* ▸ **~ chores** tareas *fpl* domésticas ▸ **to be a ~ name** [famous person] ser un nombre conocidísimo

householder ['haʊshəʊldə(r)] n ocupante *mf* de vivienda

house-hunting ['haʊshʌntɪŋ] n búsqueda *f* de vivienda

househusband ['haʊs'hʌzbənd] n amo *m* de casa

housekeeper ['haʊski:pə(r)] n ama *f* de llaves

housekeeping ['haʊski:pɪŋ] n **~ (money)** dinero *m* para los gastos domésticos

housemaid ['haʊsmeɪd] n doncella *f*, criada *f* ▸ **housemaid's knee** [inflammation] bursitis *f inv* de rodilla

houseman ['haʊsmən] n *BR* MED médico(a) *m,f* interno(a) residente

housemaster ['haʊsmɑ:stə(r)] n *BR* SCH = *profesor a cargo de una "house" (división para actividades no académicas)*

housemistress ['haʊsmɪstrɪs] n *BR* SCH = *profesora a cargo de una "house" (división para actividades no académicas)*

house-proud ['haʊspraʊd] adj **she's very ~** es una mujer muy de su casa

houseroom ['haʊsru:m] n **I wouldn't give it ~** [theory, suggestion] yo no lo aceptaría

house-sit ['haʊssɪt] vi quedarse cuidando la casa (**for** de)

house-to-house ['haʊstə'haʊs] adj [search] de casa en casa

house-trained ['haʊstreɪnd] adj *BR* [dog] = *que ya ha aprendido a no hacer sus necesidades en casa; Hum* [husband] bien enseñado

house-warming ['haʊswɔ:mɪŋ] n **~ (party)** fiesta *f* de inauguración *(de un piso, de una casa)*

housewife ['haʊswaɪf] n ama *f* de casa

housework ['haʊswɜ:k] n tareas *fpl* domésticas

housing ['haʊzɪŋ] n vivienda *f* ▸ *BR* **~ association** cooperativa *f* de viviendas ▸ *BR* **~ benefit** = *subsidio para el pago del alquiler* ▸ *BR* **~ estate** [public housing] ≃ viviendas *fpl* de protección oficial / [private housing] urbanización *f*, complejo *m* residencial, *MÉX* fraccionamiento *m* ▸ **~ market** mercado *m* inmobiliario ▸ *US* **~ project** ≃ viviendas *fpl* de protección oficial

hove pt of ***heave***

hovel ['hɒvəl] n *Pej ESP* chabola *f*, *MÉX* jacal *m*, *CSUR, VEN* rancho *m*

hover ['hɒvə(r)] vi **1.** [bird] cernerse, cernirse / [aircraft] permanecer inmóvil en el aire **2.** [person] rondar ▸ **she hovered between life and death** se debatía entre la vida y la muerte

hovercraft ['hɒvəkrɑ:ft] n aerodeslizador *m*, hovercraft *m*

how [haʊ] adv **1.** [in what way, by what means] cómo ▸ **~ did they find out?** ¿cómo lo averiguaron? ▸ **~ do you pronounce this word?** ¿cómo se pronuncia esta palabra? ▸ **tell me ~ he did it** dime cómo lo hizo ▸ *Fam* **~ come?** ¿cómo es eso? ▸ *Fam* **and ~!** ¡y cómo! **2.** [to what extent] **~ much** cuánto ▸ **~ many** cuántos(as) ▸ **~ many times?** ¿cuántas veces? ▸ **~ often?** ¿con qué frecuencia? ▸ **~ old are you?** ¿cuántos años tienes? ▸ **~ big is it?** ¿cómo es de grande? ▸ **~ long have you been here?** ¿cuánto tiempo llevas *or MÉX, VEN* tienes aquí? ▸ **you know ~ useful he is to me** sabes lo útil que me resulta ▸ **~ interested are you in politics?** ¿hasta qué punto te interesa la política? **3.** [greetings, enquiries after health] **~**

are you? ¿cómo estás?, ¿qué tal estás? ▸ *Fam* **~ are things?** ¿qué tal? ▸ **how's business?** ¿qué tal el negocio? **4.** [in exclamations] qué ▸ **~ pretty she is!** ¡qué guapa es! ▸ **~ disgusting!** ¡qué asqueroso(a)! ▸ **~ she has changed!** ¡cómo ha cambiado! **5.** [in suggestions] **~ about a game of cards?, ~ would you like a game of cards?** ¿quieres jugar a las cartas?, ¿te *ESP* apetece *or* *CARIB, COL, MÉX* provoca jugar a las cartas? ▸ **~ about going out for a meal?, ~ would you like to go out for a meal?** ¿quieres salir a comer?, ¿te *ESP* apetece *or* *CARIB, COL, MÉX* provoca salir a comer? ▸ **~ about it?** ¿qué te parece? ▸ **~ about you?** ¿y tú?

however [haʊ'evə(r)] ■ adv **1.** [to whatever degree] **~ clever she is** por muy lista que sea ▸ **~ hard she tried, she couldn't do it** por mucho que lo intentaba no podía hacerlo **2.** [in whatever way] **~ you look at it,...** se mire como se mire,... ▸ **~ did she find out?** pero, ¿cómo se pudo enterar?
■ conj sin embargo, no obstante

howl [haʊl] ■ n [of animal, person] aullido *m*
■ vi [animal, person] aullar ▸ **to ~ with laughter** desternillarse de risa

◆ ***howl down*** vt sep [silence by shouting] acallar con gritos

howler ['haʊlə(r)] n *Fam* [mistake] error *m* grave *or* *ESP* de bulto

howling ['haʊlɪŋ] ■ n aullidos *mpl*
■ adj [wolf] aullador(ora) / [gale, wind] violento(a), salvaje ▸ *Fam* **it wasn't exactly a ~ success** no fue un éxito clamoroso que digamos

HP, hp [eɪtʃ'pi:] n **1.** TECH (abbr ***horsepower***) C.V. **2.** *BR* COM (abbr ***hire-purchase***) compra *f* a plazos

HQ [eɪtʃ'kju:] n (abbr ***headquarters***) sede *f*, central *f*

hr (abbr ***hour***) h.

HRH [eɪtʃɑ:'reɪtʃ] n *BR* (abbr ***Her/His Royal Highness***) S.A.R.

HRT [eɪtʃɑ:'ti:] n MED (abbr ***hormone replacement therapy***) terapia *f* hormonal sustitutiva

HTML [eɪtʃti:em'el] n COMPTR (abbr ***Hyper Text Markup Language***) HTML *m*

HTTP [eɪtʃti:ti:'pi:] n COMPTR (abbr ***Hyper Text Transfer Protocol***) HTTP *m*

hub [hʌb] n **1.** [of wheel] cubo *m* **2.** [of community] centro *m*

hubbub ['hʌbʌb] n griterío *m*, algarabía *f*

hubby ['hʌbɪ] n *Fam* [husband] maridito *m*

hubcap ['hʌbkæp] n [of wheel] tapacubos *m inv*

huckleberry ['hʌkəlbərɪ] n = *especie de arándano norteamericano*

huddle ['hʌdəl] ■ n [of people, houses] piña *f*
■ vi acurrucarse

◆ ***huddle together, huddle up*** vi apiñarse

Hudson Bay [hʌdsən'beɪ] n la bahía de Hudson

hue[1] [hju:] n [colour] tonalidad *f*

hue[2] n **~ and cry** revuelo *m* tremendo ▸ **to raise a ~ and cry about sth** poner el grito en el cielo por algo

huff [hʌf] ■ n *Fam* **to be in a ~** estar mosqueado(a)
■ vi **to ~ and puff** [blow] resoplar / *Fig* [show annoyance] refunfuñar

huffily ['hʌfɪlɪ] adv *Fam* [sulkily] con tono ofendido *or* *ESP* de mosqueo

huffy ['hʌfɪ] adj *Fam* **to be ~** [in bad mood] estar mosqueado(a) / [by nature] ser un/una refunfuñón(ona)

hug [hʌg] ■ n abrazo *m* ▸ **to give sb a ~** dar un abrazo a alguien
■ vt (pt & pp **hugged**) **1.** [embrace] abrazar ▸ **she hugged the child to her** abrazó al niño ▸ **her dress hugged her figure** el vestido se ceñía a su cuerpo **2.** *Fig* [ground, shore] no alejarse de

huge [hju:dʒ] adj enorme, inmenso(a)

hugely ['hju:dʒlɪ] adv enormemente

hulk [hʌlk] n **1.** [of ship] casco *m*, carcasa *f* **2.** [large thing] armatoste *m* / [large person] mole *f*, mastodonte *m*

hulking ['hʌlkɪŋ] adj descomunal, mastodóntico(a)

hull [hʌl] ■ n **1.** [of ship] casco *m* **2.** [of pea] vaina *f*
■ vt [peas] desgranar

hullabaloo [hʌləbə'lu:] n *Fam* jaleo *m*, alboroto *m*

hullo ➤ ***hello***

hum [hʌm] ■ n zumbido *m*
■ vt (pt & pp **hummed**) [tune] tararear, canturrear
■ vi **1.** [make noise] [person] tararear / [insect, engine] zumbar ▸ **to ~ and haw** titubear, vacilar ▸ **to ~ with activity** bullir de actividad **2.** *BR Fam* [smell] apestar

human ['hju:mən] ■ n ser *m* humano
■ adj humano(a) ▸ **~ being** ser *m* humano ▸ **~ error** error *m* humano ▸ **~ interest** interés *m* humano ▸ **a ~ interest story** una historia de interés humano ▸ **~ nature** la naturaleza humana ▸ **~ resources** recursos *mpl* humanos ▸ **~ rights** derechos *mpl* humanos ▸ **~ shield** escudo *m* humano

humane [hjʊ'meɪn] adj humano(a)

humanely [hjʊ'meɪnlɪ] adv humanamente

humanism ['hju:mənɪzəm] n humanismo *m*

humanistic [hjʊmə'nɪstɪk] adj humanístico(a)

humanitarian [hjʊmænɪ'teərɪən] ■ n persona *f* humanitaria
■ adj humanitario(a)

humanity [hjʊ'mænɪtɪ] n humanidad *f* ▸ UNIV **the humanities** humanidades *fpl*, letras *fpl*

humanize ['hju:mənaɪz] vt humanizar

humankind [hjʊmən'kaɪnd] n humanidad *f*, raza *f* humana

humanly ['hju:mənlɪ] adv humanamente ▸ **to do everything ~ possible** hacer todo lo humanamente posible

humble ['hʌmbəl] ■ adj [meek, unpretentious] humilde ▸ **in my ~ opinion** en mi humilde opinión ▸ *Fig* **to eat ~ pie** [admit one was wrong] tragarse sus palabras
■ vt [defeat] humillar, poner en su sitio ▸ **to be humbled (by sth)** sacar una lección de humildad (de algo)

humbling ['hʌmbəlɪŋ] adj **a ~ experience** una lección de humildad

humbly ['hʌmblɪ] adv humildemente

humbug ['hʌmbʌg] n **1.** [nonsense] tonterías *fpl*

2. [hypocrite] embaucador(ora) *m,f* **3.** *BR* [sweet] caramelo *m* de menta

humdinger ['hʌmdɪŋə(r)] n *Fam* **a ~ of a movie** una película bestial *or* genial *or MÉX* padrísima

humdrum ['hʌmdrʌm] adj anodino(a)

humerus ['hju:mərəs] n ANAT húmero *m*

humid ['hju:mɪd] adj húmedo(a)

humidifier [hjʊ'mɪdɪfaɪə(r)] n humidificador *m*

humidity [hjʊ'mɪdɪtɪ] n humedad *f*

humiliate [hjʊ'mɪlɪeɪt] vt humillar

humiliating [hjʊ'mɪlɪeɪtɪŋ] adj humillante

humiliation [hjʊmɪlɪ'eɪʃən] n humillación *f*

humility [hjʊ'mɪlɪtɪ] n humildad *f*

hummingbird ['hʌmɪŋbɜ:d] n colibrí *m*

hummus, houmous ['hʊməs] n hum(m)us *m inv,* puré *m* de garbanzos

humongous, humungous [hju:'mʌŋgəs] adj *Fam* grandísimo(a), *ESP* gansísimo(a)

humor, humorless *US* ➤ ***humour, humourless***

humorous ['hju:mərəs] adj [person, remark] gracioso(a) / [play, magazine] humorístico(a)

humorously ['hju:mərəslɪ] adv con humor, con gracia

humour, *US* ***humor*** ['hju:mə(r)] ■ n [in general] humor *m* / [of a situation, a story] gracia *f* ▸ **sense of ~** sentido *m* del humor ▸ *Formal* **to be in good/bad ~** estar de buen/mal humor

■ vt [indulge] complacer

humourless, *US* ***humorless*** ['hju:məlɪs] adj serio(a), con poco sentido del humor

hump [hʌmp] ■ n [on back] joroba *f* / [on road] bache *m (convexo)*

■ vt **1.** *esp BR Fam* [carry] acarrear **2.** *Vulg* [have sex with] tirarse a

humpback ['hʌmpbæk] n *BR* **~ bridge** puente *m* peraltado ▸ **~ whale** yubarta *f*

humungous ➤ ***humongous***

humus ['hju:məs] n [in soil] humus *m inv*

hunch [hʌntʃ] ■ n [intuition] presentimiento *m,* corazonada *f*

■ vt **to ~ one's back** encorvar la espalda, encorvarse

hunchback ['hʌntʃbæk] n [person] jorobado(a) *m,f*

hunchbacked ['hʌntʃbækt] adj jorobado(a)

hundred ['hʌndrəd] ■ n [in general and before "thousand", "million", etc] cien *m* / [before other numbers] ciento *m* ▸ **one** *or* **a ~** cien ▸ **one** *or* **a ~ thousand** cien mil ▸ **a ~ and twenty-five books** ciento veinticinco libros ▸ **two ~ books** doscientos libros ▸ *Fig* **a ~ and one details** mil y un detalles ▸ **to live to be a ~** vivir hasta los cien años ▸ **I've told you hundreds of times** te lo he dicho cientos de veces ▸ CULIN **hundreds and thousands** gragea *f or* anises *mpl* de colores

■ adj cien ▸ **a ~ kilometres an hour** cien kilómetros por hora ▸ **one** *or* **a ~ per cent** cien por cien, ciento por ciento, *AM* cien por ciento ▸ **to be a ~ per cent certain** estar seguro(a) al cien por cien *or AM* cien por ciento ▸ **I'm not feeling a ~ per cent** no me encuentro del todo bien ▸ **the ~ metres** [in athletics] los cien metros (lisos) ▸ **the Hundred Years' War** la guerra de los Cien Años

hundredfold ['hʌndrədfəʊld] adv **to increase a ~** multiplicar por cien

hundredth ['hʌndrədθ] ■ n **1.** [fraction] centésimo *m,* centésima parte *f* **2.** [in series] centésimo(a) *m,f*

■ adj centésimo(a) ▸ *Fam* **for the ~ time, no!** por enésima vez, ¡no!

hundredweight ['hʌndrədweɪt] n **1.** [metric] 50 kg **2.** [imperial] *BR = 50,8 kg; US = 45,36 kg*

hung [hʌŋ] ■ adj **~ jury** jurado *m* dividido ▸ **~ parliament** parlamento *m* sin mayoría

■ pt & pp *of* ***hang***

Hungarian [hʌŋ'geərɪən] ■ n **1.** [person] húngaro(a) *m,f* **2.** [language] húngaro *m*

■ adj húngaro(a)

Hungary ['hʌŋgərɪ] n Hungría

hunger ['hʌŋgə(r)] n hambre *f* ▸ **~ strike** huelga *f* de hambre

◆ ***hunger after, hunger for*** vt insep ansiar

hungrily ['hʌŋgrɪlɪ] adv [eat] vorazmente / [stare] con avidez

hungry ['hʌŋgrɪ] adj hambriento(a) ▸ **to be ~** tener hambre ▸ **to be as ~ as a wolf** tener un hambre canina ▸ **to be ~ for knowledge** tener ansias de conocimiento

hunk [hʌŋk] n **1.** [large piece of bread, meat] pedazo *m,* trozo *m* **2.** *Fam* [attractive man] tipo *m or ESP* tío *m* bueno

hunky ['hʌŋkɪ] adj *Fam* [man] fortachón, *ESP* cachas *inv*

hunt [hʌnt] ■ n [for animals] caza *f* / [for person, work] búsqueda *f,* caza *f*

■ vt [fox, deer] cazar ▸ **to ~ a criminal** ir tras la pista de un delincuente

■ vi **1.** [search] **to ~ for** ir en búsqueda *or ESP* busca de **2.** [kill animals] cazar

◆ ***hunt down*** vt sep [animal] cazar / [person] atrapar, capturar / [information] conseguir

◆ ***hunt out*** vt sep [find] [person] dar con, lograr encontrar / [look for] [thing] buscar

hunted ['hʌntɪd] adj [look, appearance] angustiado(a)

hunter ['hʌntə(r)] n cazador(ora) *m,f*

hunter-gatherer [hʌntə'gæðərə(r)] n cazador-recolector *m*

hunting ['hʌntɪŋ] n caza *f* ▸ **~ ground** terreno *m* de caza ▸ **~ lodge** refugio *m* de cazadores

huntsman ['hʌntsmən] n [hunter] cazador *m*

hurdle ['hɜ:dəl] ■ n [in race] valla *f, AM* obstáculo *m* / *Fig* [obstacle] obstáculo *m* ▸ *Fig* **to overcome a ~** vencer un obstáculo

■ vt [obstacle] saltar

hurdler ['hɜ:dlə(r)] n SPORT vallista *mf*

hurdling ['hɜ:dəlɪŋ] n SPORT carreras *fpl* de vallas

hurl [hɜ:l] vt [thing] lanzar / [insults] proferir ▸ **to ~ oneself at sb** lanzarse contra alguien ▸ **she hurled herself off the bridge** se tiró desde el puente

hurling ['hɜ:lɪŋ] n [Irish game] = *hockey irlandés*

hurly-burly ['hɜ:lɪ'bɜ:lɪ] n *Fam* tumulto *m,* barullo *m*

hurrah [hʊ'rɑː], ***hurray*** [hʊ'reɪ] exclam ¡hurra!

hurricane ['hʌrɪkən, *US* 'hʌrɪkeɪn] n huracán *m* ▸ **~ lamp** farol *m*

hurried ['hʌrɪd] adj apresurado(a) ▸ **to be ~** tener prisa, *AM* estar apurado(a)

hurriedly ['hʌrɪdlɪ] adv apresuradamente

hurry ['hʌrɪ] ■ n prisa *f, AM* apuro *m* ▸ **to be in a ~ (to do sth)** tener prisa *or AM* apuro (por hacer algo) ▸ **to do sth in a ~** hacer algo deprisa *or AM* rápido ▸ **to leave in a ~** marcharse apresuradamente ▸ **I won't do that again in a ~** no lo volveré a hacer con prisas ▸ **there's no ~** no corre prisa, *AM* no hay apuro ▸ **what's the ~?** ¿a qué tanta prisa *or AM* tanto apuro?
■ vt [person] meter prisa a, apremiar, *AM* apurar / [work, decision] apresurar, realizar con prisas ▸ **she was hurried to hospital** la llevaron apresuradamente al hospital
■ vi **to ~ (to do sth)** apresurarse *or AM* apurarse (a hacer algo) ▸ **to ~ into a room** entrar apresuradamente en una habitación ▸ **to ~ out of a room** salir apresuradamente de una habitación

◆ ***hurry along*** ■ vt sep [person] meter prisa a, *AM* apurar
■ vi irse rápido ▸ **to ~ along towards** precipitarse hacia

◆ ***hurry back*** vi volver corriendo

◆ ***hurry on*** ■ vt sep [person] meter prisa a, *AM* apurar / [work] acelerar
■ vi [proceed quickly] [person] seguir sin pararse ▸ **to ~ on with sth** continuar algo deprisa *or AM* rápido

◆ ***hurry up*** ■ vt sep [person] meter prisa a, *AM* apurar / [work] acelerar
■ vi apresurarse, darse prisa, *AM* apurarse ▸ **~ up!** ¡date prisa!, *AM* ¡apúrate!

hurt [hɜːt] ■ n [emotional] dolor *m*
■ adj [emotionally] [person] dolido(a) / [look] dolorido(a) / [feelings] herido(a) ▸ **are you ~?** [after falling] ¿te has hecho daño? / [wounded] ¿estás herido?
■ vt (pt & pp **hurt**) **1.** [physically] hacer daño a ▸ *Fig* [chances, prospects] perjudicar ▸ **to ~ oneself** hacerse daño ▸ **to ~ one's foot** hacerse daño en un pie ▸ **to get ~** hacerse daño ▸ *Fig* **it wouldn't ~ him to have to wait** no le va a pasar nada por que espere **2.** [emotionally] herir ▸ **to ~ sb's feelings** herir los sentimientos de alguien
■ vi **1.** [cause pain] doler ▸ **it hurts** me duele ▸ **where does it ~?** ¿dónde te duele? ▸ **my foot hurts** me duele el pie **2.** [emotionally] resultar doloroso(a), doler

hurtful ['hɜːtfʊl] adj [remark] hiriente

hurtle ['hɜːtəl] vi **to ~ along** pasar zumbando ▸ **to ~ down the street** bajar por la calle a todo correr ▸ **to ~ towards** precipitarse hacia

husband ['hʌzbənd] ■ n marido *m* ▸ **~ and wife** marido y mujer
■ vt *Formal* [one's resources] economizar

husbandry ['hʌzbəndrɪ] n agricultura *f* ▸ **animal ~** ganadería *f*

hush [hʌʃ] ■ n [quiet] silencio *m* ▸ **~!** ¡silencio!
■ vt acallar

◆ ***hush up*** vt sep [scandal] echar tierra a

hushed [hʌʃt] adj susurrado(a)

hush-hush ['hʌʃhʌʃ] adj *Fam* secreto(a)

husk [hʌsk] ■ n [of seed] cáscara *f*
■ vt [grain] pelar

huskily ['hʌskɪlɪ] adv [hoarsely] con voz ronca, con tono ronco / [attractively] con voz grave

huskiness ['hʌskɪnɪs] n [of voice, sound] [hoarse] aspereza *f* / [attractive] tonalidad *f* grave

husky[1] ['hʌskɪ] adj [voice] áspero(a) / [attractive] grave

husky[2] n [dog] perro *m* esquimal

hussar [hʊ'zɑː(r)] n MIL húsar *m*

hussy ['hʌsɪ] n *Old-fashioned or Hum* fresca *f,* pelandusca *f*

hustings ['hʌstɪŋz] npl mítines *mpl* electorales

hustle ['hʌsəl] ■ n agitación *f,* bullicio *m* ▸ **~ and bustle** ajetreo *m*, bullicio *m*
■ vt [shove, push] empujar ▸ **I was hustled into a small room** me metieron a empujones en un cuartito

hustler ['hʌslə(r)] n *US Fam* [swindler] estafador(ora) *m,f, ESP* timador(ora) *m,f*

hut [hʌt] n [shed] cobertizo *m* / [dwelling] cabaña *f,* choza *f*

hutch [hʌtʃ] n [for rabbit] jaula *f* para conejos

hyacinth ['haɪəsɪnθ] n jacinto *m*

hybrid ['haɪbrɪd] ■ n híbrido *m*
■ adj híbrido(a)

hydrangea [haɪ'dreɪndʒə] n hortensia *f*

hydrant ['haɪdrənt] n boca *f* de incendio *or* de riego

hydraulic [haɪ'drɔːlɪk] adj hidráulico(a)

hydraulics [haɪ'drɔːlɪks] npl hidráulica *f*

hydrocarbon [haɪdrəʊ'kɑːbən] n hidrocarburo *m*

hydrochloric acid [haɪdrəʊ'klɒrɪk'æsɪd] n ácido *m* clorhídrico

hydroelectric [haɪdrəʊɪ'lektrɪk] adj hidroeléctrico(a) ▸ **~ power** energía *f* hidroeléctrica

hydroelectricity [haɪdrəʊɪlek'trɪsɪtɪ] n hidroelectricidad *f*

hydrofoil ['haɪdrəfɔɪl] n [boat] hidroala *m, RP* alíscafo *m*

hydrogen ['haɪdrədʒən] n CHEM hidrógeno *m* ▸ **~ bomb** bomba *f* de hidrógeno ▸ **~ peroxide** agua *f* oxigenada, *Spec* peróxido *m* de hidrógeno

hydrolysis [haɪ'drɒlɪsɪs] n hidrólisis *f inv*

hydrophobia [haɪdrə'fəʊbɪə] n MED [rabies] hidrofobia *f,* rabia *f*

hydroplane ['haɪdrəpleɪn] n [boat] hidroala *m, RP* alíscafo *m*

hydrotherapy [haɪdrəʊ'θerəpɪ] n hidroterapia *f*

hydroxide [haɪ'drɒksaɪd] n hidróxido *m*

hyena [haɪ'iːnə] n hiena *f*

hygiene ['haɪdʒiːn] n higiene *f*

hygienic [haɪ'dʒiːnɪk] adj higiénico(a)

hygienically [haɪ'dʒiːnɪklɪ] adv con higiene, de un modo higiénico

hymen ['haɪmen] n ANAT himen *m*

hymn [hɪm] n himno *m* ▸ **~ book** libro *m* de himnos, himnario *m*

hymnal ['hɪmnəl] n REL himnario *m,* libro *m* de himnos

hype [haɪp] *Fam* ■ n [publicity] bombo *m,* revuelo *m* publicitario

■ vt [publicize] dar mucho bombo a

◆ ***hype up*** vt sep **1.** [publicize] dar mucho bombo a **2. to be hyped up** [excited] estar hecho(a) un manojo de nervios

hyper ['haɪpə(r)] adj *Fam* [overexcited] acelerado(a)

hyperactive [haɪpə'ræktɪv] adj hiperactivo(a)

hyperactivity [haɪpə'ræktɪvɪtɪ] n hiperactividad *f*

hyperbola [haɪ'pɜːbələ] n MATH hipérbola *f*

hyperbole [haɪ'pɜːbəlɪ] n hipérbole *f*

hypercritical [haɪpə'krɪtɪkəl] adj criticón(ona)

hypermarket ['haɪpəmɑːkɪt] n hipermercado *m*

hyperopia [haɪpə'rəʊpɪə] n MED hipermetropía *f*

hypersensitive [haɪpə'sensɪtɪv] adj hipersensible, muy susceptible

hypersensitivity ['haɪpəsensɪ'tɪvɪtɪ] n hipersensibilidad *f*

hypertension [haɪpə'tenʃən] n MED hipertensión *f*

hypertext ['haɪpətekst] n COMPTR hipertexto *m*

hyphen ['haɪfən] n guión *m*

hyphenate ['haɪfəneɪt] vt [word] escribir con guión

hypnosis [hɪp'nəʊsɪs] n hipnosis *f inv*

hypnotherapy [hɪpnə'θerəpɪ] n terapia *f* hipnótica, hipnoterapia *f*

hypnotic [hɪp'nɒtɪk] adj hipnótico(a)

hypnotism ['hɪpnətɪzəm] n hipnotismo *m*

hypnotist ['hɪpnətɪst] n hipnotizador(ora) *m,f*

hypnotize ['hɪpnətaɪz] vt hipnotizar

hypoallergenic [haɪpəʊælə'dʒenɪk] adj hipoalergénico(a)

hypochondria [haɪpə'kɒndrɪə] n MED hipocondría *f*

hypochondriac [haɪpə'kɒndrɪæk] n hipocondríaco(a) *m,f*

hypocrisy [hɪ'pɒkrɪsɪ] n hipocresía *f*

hypocrite ['hɪpəkrɪt] n hipócrita *mf*

hypocritical [hɪpə'krɪtɪkəl] adj hipócrita

hypodermic [haɪpə'dɜːmɪk] ■ n (jeringuilla *f*) hipodérmica *f*

■ adj hipodérmico(a)

hypotenuse [haɪ'pɒtənjuːz] n MATH hipotenusa *f*

hypothermia [haɪpəʊ'θɜːmɪə] n MED hipotermia *f*

hypothesis [haɪ'pɒθəsɪs] (pl **hypotheses** [haɪ'pɒθəsiːz]) n hipótesis *f inv*

hypothesize [haɪ'pɒθəsaɪz] ■ vt plantear como hipótesis, conjeturar

■ vi plantear hipótesis, conjeturar

hypothetical [haɪpə'θetɪkəl] adj hipotético(a)

hypothetically [haɪpə'θetɪklɪ] adv en teoría, hipotéticamente

hysterectomy [hɪstə'rektəmɪ] n MED histerectomía *f*

hysteria [hɪs'tɪərɪə] n **1.** [panic] histeria *f,* histerismo *m* **2.** [laughter] grandes carcajadas *fpl,* hilaridad *f*

hysterical [hɪs'terɪkəl] adj **1.** [uncontrolled] histérico(a) **2.** [very funny] graciosísimo(a), divertidísimo(a) ▸ **~ laughter** carcajadas *fpl* histéricas

hysterically [hɪs'terɪklɪ] adv **1.** [uncontrolledly] histéricamente **2. ~ funny** para morirse de risa

hysterics [hɪs'terɪks] npl **1.** [panic] ataque *m* de histeria ▸ **to go into** *or* **have ~** tener un ataque de histeria **2.** [laughter] **we were in ~** nos desternillábamos de risa

Hz ELEC (abbr ***Hertz***) Hz

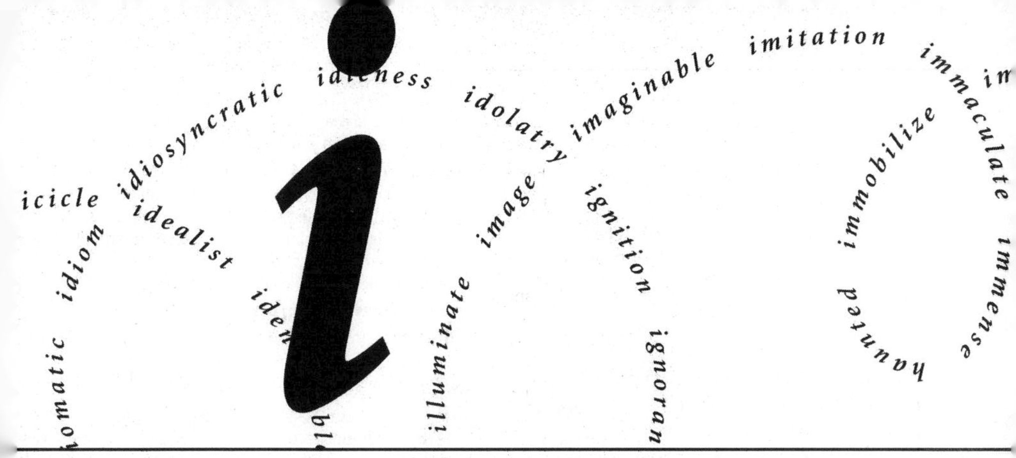

I, i [aɪ] n [letter] I, i *f*

I pron yo (usually omitted, except for contrast) ▸ **I'm Scottish** soy escocés ▸ **I haven't got it!** ¡yo no lo tengo! ▸ *Formal* **it was I who did it** yo fui el que lo hizo

IAAF [aɪdʌbəleɪ'ef] n (abbr ***International Amateur Athletics Federation***) IAAF *f*

IAEA [aɪeɪiː'eɪ] n (abbr ***International Atomic Energy Agency***) AIEA *f*

IBA [aɪbiː'eɪ] n *BR* (abbr ***Independent Broadcasting Authority***) = *organismo regulador de las cadenas privadas de radio y televisión británicas*

Iberian [aɪ'biːrɪən] adj ibérico(a) ▸ **the ~ peninsula** la península Ibérica

ibex ['aɪbeks] n íbice *m,* cabra *f* montés

ibid ['ɪbɪd] adv (abbr ***ibidem***) ibíd., ib.

IBM [aɪbi'ːem] n MIL (abbr ***intercontinental ballistic missile***) misil *m* balístico intercontinental

IBRD [aɪbiːɑː'diː] n (abbr ***International Bank for Reconstruction and Development***) BIRD *m,* Banco *m* Mundial

ICC [aɪsiː'siː] n (abbr ***International Criminal Court***) CPI *f,* TPI *m*

ice [aɪs] ■ n **1.** [frozen water] hielo *m* ▸ **~ age** glaciación *f* ▸ **~ cream** helado ▸ **~ cream cone** helado *m* de cucurucho ▸ *US* **~ cream soda** helado *m* con soda, = *helado de mantecado mezclado con agua con gas y algún sabor* ▸ **~ cube** cubito *m* de hielo ▸ **~ dance** *or* **dancing** patinaje *m* artístico por parejas en la modalidad de danza ▸ **~ floe** témpano *m* (de hielo) ▸ **~ hockey** hockey *m* sobre hielo ▸ *BR* **~ lolly** polo *m, BOL, COL, PERÚ* paleta *f* ▸ **~ pack** bolsa *f* de hielo ▸ **~ pick** pico *m* para el hielo ▸ **~ rink** pista *f* de hielo **2.** [idioms] **to put a project on ~** suspender *or ESP* aparcar un proyecto ▸ **to break the ~** [socially] romper el hielo ▸ **to be skating on thin ~** estar jugándosela ▸ **that cuts no ~ with me** eso me deja frío
■ vt [cake] glasear

◆ ***ice over*** vi [pond] cubrirse de hielo, helarse

◆ ***ice up*** vi helarse

iceberg ['aɪsbɜːg] n iceberg *m* ▸ **~ lettuce** lechuga *f* iceberg *or* repolluda ▸ *Fig* **that's just the tip of the ~** eso es sólo la punta del iceberg

icebound ['aɪsbaʊnd] adj [ship, port] bloqueado(a) por el hielo

icebox ['aɪsbɒks] n *BR* [in fridge] congelador *m* / *US* [fridge] nevera *f, RP* heladera *f, MÉX* refrigerador *m*

icebreaker ['aɪs'breɪkə(r)] n [ship] rompehielos *m inv* ▸ *Fig* **this game's a good ~** este juego viene muy bien para romper el hielo

icecap ['aɪskæp] n [at poles] casquete *m* polar *or* glaciar

ice-cold ['aɪs'kəʊld] adj helado(a)

iced [aɪst] adj **1. ~ water** agua *f* con hielo **2.** [cake] glaseado(a)

Iceland ['aɪslənd] n Islandia

Icelander ['aɪsləndə(r)] n islandés(esa) *m,f*

Icelandic [aɪs'lændɪk] ■ n [language] islandés *m*
■ adj islandés(esa)

ice-skate ['aɪs'skeɪt] ■ n patín *m (de hielo)*
■ vi patinar sobre hielo

ice-skating ['aɪs'skeɪtɪŋ] n patinaje *m* sobre hielo

icicle ['aɪsɪkəl] n carámbano *m*

icing ['aɪsɪŋ] n [on cake] glaseado *m* ▸ *Fig* **the ~ on the cake** la guinda ▸ *BR* **~ sugar** azúcar *m ESP, MÉX* glas *or ESP* de lustre *or CHILE* flor *or RP* impalpable

icon ['aɪkɒn] n ART, COMPTR & *Fig* icono *m*

iconoclastic [aɪkɒnəʊ'klæstɪk] adj iconoclasta

ICRC [aɪsiːɑː'siː] n (abbr ***International Committee of the Red Cross***) CICR *m*

icy ['aɪsɪ] adj **1.** [road] con hielo / [wind] helado(a) **2.** *Fig* [expression, reply] frío(a)

ID ['aɪ'diː] n (abbr ***identification***) documentación *f* ▸ **ID card** carné *m* de identidad, *ESP* ≃ DNI *m*

I'd [aɪd] ➤ ***I had, I would***

idea [aɪ'diːə] n **1.** [individual notion] idea *f* ▸ **what a good ~!** ¡qué buena idea! ▸ **what put that ~ into**

your head? ¿qué te metió esa idea en la cabeza? ▸ **the very ~!** ¡es el colmo!, ¡vaya idea! ▸ *Fam* **what's the big ~?** ¿a qué viene esto? **2.** [concept] idea *f*, concepto *m* ▸ **to have an ~ that...** tener la sensación de que... ▸ **her ~ of a joke is...** su idea de una broma es... ▸ **I had no ~ that...** no tenía ni idea de que... ▸ **can you give me an ~ of how much it will cost?** ¿puede darme una idea de cuánto va a costar? ▸ **I thought the ~ was for them to come here** creí que la idea era que ellos vinieran aquí ▸ **the general ~ is to...** la idea general es...

ideal [aɪ'diːəl] n & adj ideal *m*

idealism [aɪ'dɪəlɪzəm] n idealismo *m*

idealist [aɪ'dɪəlɪst] n idealista *mf*

idealistic [aɪdɪə'lɪstɪk] adj idealista

idealize [aɪ'dɪəlaɪz] vt idealizar

ideally [aɪ'diːəlɪ] adv **~, we should all be there** lo ideal sería que estuviéramos todos ▸ **they're ~ matched** están hechos el uno para el otro ▸ **~ situated** en una posición ideal

identical [aɪ'dentɪkəl] adj idéntico(a) ▸ **~ twins** gemelos(as) *mfpl* idénticos(as) *or* monocigóticos(as)

identically [aɪ'dentɪklɪ] adv igual, de manera idéntica

identifiable [aɪdentɪ'faɪəbəl] adj identificable ▸ **it was not easily ~** no se podía identificar fácilmente

identification [aɪdentɪfɪ'keɪʃən] n **1.** [of body, criminal] identificación *f* **2.** [documents] documentación *f*

identify [aɪ'dentɪfaɪ] ■ vt identificar ▸ **to ~ sth with sth** identificar algo con algo
■ vi **to ~ with sb/sth** identificarse con alguien/algo

identifying mark [aɪ'dentɪfaɪɪŋ'mɑːk] n seña *f* de identidad

Identikit® [aɪ'dentɪkɪt] n **~ (picture)** retrato *m* robot

identity [aɪ'dentɪtɪ] n identidad *f* ▸ **a case of mistaken ~** un caso de identificación errónea ▸ **~ card** carné *m* de identidad, ≃ DNI *m* ▸ **~ crisis** crisis *f inv* de identidad ▸ *BR* **~ parade** rueda *f* de identificación

ideological [aɪdɪə'lɒdʒɪkəl] adj ideológico(a)

ideologically [aɪdɪə'lɒdʒɪklɪ] adv ideológicamente

ideology [aɪdɪ'ɒlədʒɪ] n ideología *f*

idiocy ['ɪdɪəsɪ] n idiotez *f*, estupidez *f*

idiom ['ɪdɪəm] n [expression] modismo *m*, giro *m* / [dialect] lenguaje *m*

idiomatic [ɪdɪə'mætɪk] adj **his English isn't very ~** su inglés no suena muy natural ▸ **~ expression** modismo *m*, giro *m*

idiomatically [ɪdɪə'mætɪklɪ] adv con modismos *or* giros idiomáticos

idiosyncrasy [ɪdɪəʊ'sɪŋkrəsɪ] n peculiaridad *f*, particularidad *f*

idiosyncratic [ɪdɪəʊsɪŋ'krætɪk] adj peculiar, particular

idiot ['ɪdɪət] n idiota *mf*, estúpido(a) *m,f* ▸ **you ~!** ¡idiota!, ¡imbécil!

idiotic [ɪdɪ'ɒtɪk] adj idiota, estúpido(a)

idiot-proof ['ɪdɪətpruːf] *Fam* ■ adj [system, machine] a prueba de idiotas
■ vt garantizar a prueba de idiotas

idle ['aɪdəl] ■ adj **1.** [unoccupied] [person] ocioso(a), desocupado(a) / [factory, machine] inactivo(a) ▸ **an ~ moment** un momento libre **2.** [lazy] vago(a) **3.** [futile] [threat, boast] vano(a) / [gossip, rumour] frívolo(a) ▸ **~ curiosity** mera curiosidad
■ vi [engine] estar en punto muerto

◆ ***idle away*** vt sep pasar ociosamente

idleness ['aɪdəlnɪs] n **1.** [inaction] ociosidad *f* **2.** [laziness] vagancia *f*

idler ['aɪdlə(r)] n [lazy person] vago(a) *m,f*

idly ['aɪdlɪ] adv **1.** [inactively] ociosamente ▸ **to stand ~ by** estar sin hacer nada **2.** [casually] despreocupadamente

idol ['aɪdəl] n ídolo *m*

idolatry [aɪ'dɒlətrɪ] n idolatría *f*

idolize ['aɪdəlaɪz] vt idolatrar

idyll ['ɪdɪl] n idilio *m*

idyllic [ɪ'dɪlɪk] adj idílico(a)

i.e. ['aɪ'iː] (abbr ***id est***) i.e., es decir

if [ɪf] ■ n **ifs and buts** pegas *fpl* ▸ **it's a big if** es un gran condicionante
■ conj **1.** [conditional] si ▸ **if I were rich** si fuese rico ▸ **if I were you** yo en tu lugar ▸ **if the weather's good** si hace buen tiempo **2.** [conceding] si bien ▸ **the film was good, if rather long** la película fue buena, si bien un poco larga ▸ **if anything it's better** en todo caso, es mejor **3.** [whether] si ▸ **I asked if it was true** pregunté si era verdad **4.** [in phrases] **if not** si no ▸ **if so** en ese caso ▸ **if only!** ¡ojalá! ▸ **if only I had more money!** ¡ojalá tuviera más dinero! ▸ **if and when...** en caso de que... ▸ **he sees them rarely, if at all** *or* **if ever** apenas los ve

IFA [aɪef'eɪ] n *BR* (abbr ***independent financial adviser***) asesor(ora) *m,f* financiero(a) independiente

iffy ['ɪfɪ] adj *Fam* [doubtful] dudoso(a)

igloo ['ɪgluː] (pl **igloos**) n iglú *m*

ignite [ɪg'naɪt] ■ vt [fire, conflict] prender, encender
■ vi [fire, conflict] prender, encenderse

ignition [ɪg'nɪʃən] n AUT encendido *m*, contacto *m* ▸ **~ key** llave *f* de contacto

ignoble [ɪg'nəʊbəl] adj innoble, indigno(a)

ignominious [ɪgnə'mɪnɪəs] adj ignominioso(a)

ignominiously [ɪgnə'mɪnɪəslɪ] adv de forma ignominiosa, ignominiosamente

ignominy ['ɪgnəmɪnɪ] n ignominia *f*

ignoramus [ɪgnə'reɪməs] n ignorante *mf*

ignorance ['ɪgnərəns] n ignorancia *f* ▸ **out of** *or* **through ~** por ignorancia

ignorant ['ɪgnərənt] adj ignorante ▸ **to be ~ of sth** ignorar algo

ignore [ɪg'nɔː(r)] vt [person] no hacer caso a, ignorar / [warning, advice] no hacer caso de, ignorar ▸ **just ~ him!** ¡no le hagas caso!

iguana [ɪg'wɑːnə] n iguana *f*

ilk [ɪlk] n **of that ~** por el estilo

I'll [aɪl] ➤ ***I will, I shall***

ill [ɪl] ■ npl **ills** males *mpl*

■ adj **1.** [unwell] enfermo(a) ▸ **to be ~** estar enfermo(a) *or* malo(a) ▸ **to fall** *or* **be taken ~** caer enfermo(a) *or* malo(a) **2.** [bad, poor] **~ effects** efectos *mpl* indeseables ▸ **~ feeling** rencor *m* ▸ **~ fortune** mala suerte *f or* fortuna *f* ▸ **to be in ~ health** tener mala salud ▸ **to be** *or* **feel ~ at ease** no sentirse a gusto ▸ **a house of ~ repute** [brothel] una casa de prostitución ▸ **~ will** rencor *m*

■ adv mal ▸ **I can ~ afford it** me lo puedo permitir a duras penas ▸ **to speak/think ~ of sb** hablar/pensar mal de alguien

ill. (abbr ***illustration***) ilustración *f*

ill-advised ['ɪləd'vaɪzd] adj imprudente, desacertado(a) ▸ **you'd be ~ to complain** harías mal en quejarte

ill-bred ['ɪl'bred] adj maleducado(a)

ill-concealed ['ɪlkən'si:ld] adj [disappointment, disgust] mal disimulado(a)

ill-considered ['ɪlkən'sɪdəd] adj [remark, decision] irreflexivo(a), precipitado(a)

ill-disposed ['ɪldɪs'pəʊzd] adj **to be ~ towards sb** tener mala disposición hacia alguien

illegal [ɪ'li:gəl] adj ilegal

illegality [ɪlɪ'gælɪtɪ] n ilegalidad *f*

illegible [ɪ'ledʒɪbəl] adj ilegible

illegitimacy [ɪlɪ'dʒɪtɪməsɪ] n ilegitimidad *f*

illegitimate [ɪlɪ'dʒɪtɪmət] adj ilegítimo(a)

ill-equipped ['ɪlɪ'kwɪpd] adj mal equipado(a) ▸ *Fig* **to be ~ to do sth** [lack skill, experience] no estar preparado(a) para hacer algo

ill-fated ['ɪl'feɪtɪd] adj [day, occasion] aciago(a) / [enterprise] infausto(a), desdichado(a)

ill-founded ['ɪl'faʊndɪd] adj infundado(a)

ill-gotten gains ['ɪlgɒtn'gaɪnz] npl ganancias *fpl* obtenidas por medios ilícitos

illiberal [ɪ'lɪbərəl] adj [narrow-minded] intolerante

illicit [ɪ'lɪsɪt] adj ilícito(a)

ill-informed [ɪlɪn'fɔ:md] adj mal informado(a)

ill-intentioned ['ɪlɪn'tenʃənd] adj malintencionado(a)

illiteracy [ɪ'lɪtərəsɪ] n analfabetismo *m*

illiterate [ɪ'lɪtərət] ■ adj [unable to read or write] analfabeto(a) / [usage, style] analfabeto(a), ignorante

■ n analfabeto(a) *m,f*

ill-mannered ['ɪl'mænəd] adj maleducado(a)

ill-natured ['ɪl'neɪtʃəd] adj malhumorado(a)

illness ['ɪlnɪs] n enfermedad *f*

illogical [ɪ'lɒdʒɪkəl] adj ilógico(a)

ill-suited ['ɪl'su:tɪd] adj [not appropriate] inadecuado(a) (**to** para)

ill-tempered ['ɪl'tempəd] adj [person] malhumorado(a) / [meeting, exchange] agrio(a) / [match, occasion] brusco(a), áspero(a)

ill-timed ['ɪl'taɪmd] adj inoportuno(a)

ill-treat ['ɪl'tri:t] vt maltratar

illuminate [ɪ'lu:mɪneɪt] vt **1.** [light up] iluminar **2.** [clarify] ilustrar

illuminating [ɪ'lu:mɪneɪtɪŋ] adj ilustrativo(a), iluminador(ora)

illumination [ɪlʊmɪ'neɪʃən] n iluminación *f* ▸ *Fig* **his answer provided little ~** su respuesta no resultó muy ilustrativa ▸ **illuminations** [decorative lights] iluminación *f*

ill-use ■ n ['ɪl'ju:s] maltrato *m*

■ vt ['ɪl'ju:z] maltratar ▸ **to feel ill-used** sentirse maltratado(a)

illusion [ɪ'lu:ʒən] n ilusión *f* ▸ **to be under the ~ that...** hacerse la ilusión de que... ▸ **I was under no illusions about the risk** no me engañaba en lo referente al peligro

illusory [ɪ'lu:sərɪ] adj ilusorio(a)

illustrate ['ɪləstreɪt] vt *also Fig* ilustrar

illustration [ɪləs'treɪʃən] n [picture, example] ilustración *f*

illustrative ['ɪlʌstrətɪv] adj ilustrativo(a) ▸ **to be ~ of sth** ilustrar algo

illustrator ['ɪləstreɪtə(r)] n ilustrador(ora) *m,f*

illustrious [ɪ'lʌstrɪəs] adj ilustre, insigne

ILO [aɪe'ləʊ] n (abbr ***International Labour Organization***) OIT *f*, Organización *f* Internacional del Trabajo

I'm [aɪm] ➤ ***I am***

image ['ɪmɪdʒ] n imagen *f* ▸ **he's the ~ of his father** es la viva imagen *or* el vivo retrato de su padre

image-conscious ['ɪmɪdʒ'kɒnʃəs] adj preocupado(a) por la propia imagen

imagery ['ɪmɪdʒərɪ] n imágenes *fpl*

imaginable [ɪ'mædʒɪnəbəl] adj imaginable ▸ **the best/worst thing ~** lo mejor/peor del mundo

imaginary [ɪ'mædʒɪnərɪ] adj imaginario(a), ficticio(a)

imagination [ɪmædʒɪ'neɪʃən] n imaginación *f* ▸ **to have no ~** no tener imaginación

imaginative [ɪ'mædʒɪnətɪv] adj imaginativo(a)

imaginatively [ɪ'mædʒɪnətɪvlɪ] adv imaginativamente, con imaginación

imagine [ɪ'mædʒɪn] vt **1.** [mentally picture] imaginar, imaginarse ▸ **to ~ sb doing sth** imaginarse a alguien haciendo algo ▸ **you're imagining things** son imaginaciones *or AM* fantasías tuyas ▸ **you must have imagined it** debes de haberlo imaginado **2.** [suppose] imaginar, imaginarse ▸ **I ~ that you must be very tired** (me) imagino que debes de estar muy cansado

imbalance [ɪm'bæləns] n desequilibrio *m*

imbecile ['ɪmbɪsi:l] n imbécil *mf*, idiota *mf*

imbibe [ɪm'baɪb] vt *Formal* [drink] ingerir, beber / *Fig* [knowledge, ideas] absorber, embeber

imbue [ɪm'bju:] vt *Formal* **to ~ sb with sth** inculcar algo a alguien ▸ **to be imbued with sth** estar imbuido(a) de algo

IMF [aɪe'mef] n (abbr ***International Monetary Fund***) FMI *m*

imitate ['ɪmɪteɪt] vt imitar

imitation [ɪmɪ'teɪʃən] n [action, copy] imitación *f* ▸

in ~ of a imitación de, imitando a ▸ **~ jewellery** bisutería *f* ▸ **~ leather** *ESP, MÉX* piel *f* sintética, *AM salvo MÉX* cuero *m* sintético

imitative ['ɪmɪtətɪv] adj imitativo(a)

imitator ['ɪmɪteɪtə(r)] n imitador(ora) *m,f*

immaculate [ɪ'mækjʊlət] adj [very clean, tidy] inmaculado(a) / [performance, rendition, taste] impecable ▸ REL **the Immaculate Conception** la Inmaculada Concepción

immaterial [ɪmə'tɪərɪəl] adj irrelevante ▸ **that's quite ~** eso no tiene ninguna importancia

immature [ɪmə'tjʊə(r)] adj inmaduro(a)

immaturity [ɪmə'tjʊərɪtɪ] n inmadurez *f*

immeasurable [ɪ'meʒərəbəl] adj [size, distance] inconmensurable / [change, improvement] incalculable, inmenso(a)

immeasurably [ɪ'meʒərəblɪ] adv [long, high] inmensamente, infinitamente / [better, improved] infinitamente, sumamente

immediacy [ɪ'mi:dɪəsɪ] n inmediatez *f*, proximidad *f*

immediate [ɪ'mi:dɪət] adj inmediato(a) ▸ **in the ~ future** en un futuro inmediato ▸ **the ~ family** la familia más cercana ▸ **in the ~ vicinity** en las inmediaciones

immediately [ɪ'mi:dɪətlɪ] ■ adv inmediatamente
■ conj **~ I saw her I knew...** en cuanto la vi supe...

immemorial [ɪmɪ'mɔ:rɪəl] adj **from time ~** desde tiempo(s) inmemorial(es)

immense [ɪ'mens] adj inmenso(a)

immensely [ɪ'menslɪ] adv inmensamente

immensity [ɪ'mensɪtɪ] n inmensidad *f*

immerse [ɪ'mɜ:s] vt *also Fig* sumergir (**in** en) ▸ **to ~ oneself in sth** sumergirse en algo

immersion [ɪ'mɜ:ʃən] n [in liquid] inmersión *f* / [in activity] enfrascamiento *m* ▸ **~ heater** calentador *m* de agua eléctrico

immigrant ['ɪmɪgrənt] n & adj inmigrante *mf*

immigrate ['ɪmɪgreɪt] vi inmigrar

immigration [ɪmɪ'greɪʃən] n inmigración *f* ▸ **to go through ~** pasar por el control de pasaportes ▸ **~ control** control *m* de pasaportes ▸ **~ officer** agente *mf* de inmigración

imminent ['ɪmɪnənt] adj inminente

immobile [ɪ'məʊbaɪl] adj inmóvil

immobility [ɪmə'bɪlɪtɪ] n inmovilidad *f*

immobilize [ɪ'məʊbɪlaɪz] vt inmovilizar

immoderate [ɪ'mɒdərət] adj desmedido(a)

immodest [ɪ'mɒdɪst] adj [vain] inmodesto(a), vanidoso(a) / [indecent] deshonesto(a), impúdico(a)

immoral [ɪ'mɒrəl] adj inmoral ▸ LAW **~ earnings** ganancias *fpl* procedentes del proxenetismo

immorality [ɪmə'rælɪtɪ] n inmoralidad *f*

immortal [ɪ'mɔ:təl] adj & n inmortal *mf*

immortality [ɪmɔ:'tælɪtɪ] n inmortalidad *f*

immortalize [ɪ'mɔ:təlaɪz] vt inmortalizar

immovable [ɪ'mu:vəbəl] adj [object] inamovible, fijo(a) / *Fig* [opposition] inflexible

immune [ɪ'mju:n] adj inmune ▸ **to be ~ to a disease** ser inmune a una enfermedad ▸ *Fig* **~ to criticism** inmune a la crítica ▸ MED **~ system** sistema *m* inmunológico

immunity [ɪ'mju:nɪtɪ] n MED inmunidad *f* ▸ LAW **~ (from prosecution)** inmunidad *f* (procesal)

immunization [ɪmjʊnaɪ'zeɪʃən] n MED inmunización *f*, vacunación *f*

immunize ['ɪmjʊnaɪz] vt MED inmunizar

immunodeficiency [ɪmjʊnəʊdə'fɪʃənsɪ] n inmunodeficiencia *f*

immunology [ɪmjʊ'nɒlədʒɪ] n inmunología *f*

immutable [ɪ'mju:təbəl] adj inmutable

imp [ɪmp] n diablillo *m*

impact ■ n ['ɪmpækt] impacto *m* ▸ **on ~** en el momento del impacto ▸ *Fig* **to make an ~ on sb/sth** causar (un) gran impacto en algo/alguien
■ vt [ɪm'pækt] [collide with] impactar en, chocar con / [influence] repercutir en

impacted [ɪm'pæktɪd] adj **to have ~ wisdom teeth** tener las muelas del juicio impactadas *or* incluidas

impair [ɪm'peə(r)] vt [sight, hearing] dañar, estropear / [relations, chances] perjudicar

impaired [ɪm'peəd] adj defectuoso(a)

impairment [ɪm'peəmənt] n [in sight, hearing] defecto *m*

impale [ɪm'peɪl] vt clavar (**on** en)

impart [ɪm'pɑ:t] vt *Formal* [heat, light] desprender / [quality] conferir / [knowledge] impartir / [news] revelar

impartial [ɪm'pɑ:ʃəl] adj imparcial

impartiality [ɪmpɑ:ʃɪ'ælɪtɪ] n imparcialidad *f*

impartially [ɪm'pɑ:ʃəlɪ] adv imparcialmente, de manera imparcial

impassable [ɪm'pɑ:səbəl] adj [river, barrier] infranqueable / [road] intransitable

impasse ['æmpɑ:s] n punto *m* muerto, callejón *m* sin salida

impassioned [ɪm'pæʃənd] adj apasionado(a)

impassive [ɪm'pæsɪv] adj impasible, impertérrito(a)

impassively [ɪm'pæsɪvlɪ] adv impasiblemente

impatience [ɪm'peɪʃəns] n impaciencia *f*

impatient [ɪm'peɪʃənt] adj impaciente ▸ **to be ~ (to do sth)** estar impaciente (por hacer algo) ▸ **to get ~ (with sb)** impacientarse (con alguien) ▸ **to be ~ for change** esperar con impaciencia el cambio

impatiently [ɪm'peɪʃəntlɪ] adv impacientemente

impeach [ɪm'pi:tʃ] vt *US* LAW iniciar un proceso de destitución *or* un impeachment contra

impeachment [ɪm'pi:tʃmənt] n *US* LAW proceso *m* de destitución, impeachment *m*

CULTURE / CULTURA

impeachment

Recogido en la constitución estadounidense, el **impeachment** designa el proceso de incapacitación de altos funcionarios del gobierno, incluido el presidente, por haber cometido delitos penales. La potestad para presentar cargos reside exclusivamente en la Cámara de Representantes, mientras que sólo al Senado le corresponde la función de juzgar un caso de **impeachment**. Andrew Johnson en 1868 y Bill Clinton en 1998 son los únicos presidentes estadounidenses que han sido sometidos a un **impeachment**, aunque ambos fueron absueltos. Richard Nixon dimitió al verse al borde del **impeachment** tras el escándalo Watergate en 1974.

impeccable [ɪm'pekəbəl] adj impecable

impede [ɪm'piːd] vt dificultar

impediment [ɪm'pedɪmənt] n impedimento *m* ▸ **(speech) ~** defecto *m* del habla, trastorno *m* del lenguaje

impel [ɪm'pel] (pt & pp **impelled**) vt impulsar

impending [ɪm'pendɪŋ] adj inminente

impenetrable [ɪm'penɪtrəbəl] adj [defences, mystery] impenetrable

imperative [ɪm'perətɪv] ■ n GRAM imperativo *m*
■ adj **1.** [need] imperioso(a), acuciante ▸ **it is ~ that he should come** es imprescindible que venga **2.** [tone] & GRAM imperativo(a)

imperceptible [ɪmpə'septɪbəl] adj imperceptible

imperceptibly [ɪmpə'septɪblɪ] adv imperceptiblemente, de forma imperceptible

imperfect [ɪm'pɜːfɪkt] ■ n GRAM imperfecto *m*
■ adj [not perfect] & GRAM imperfecto(a)

imperfection [ɪmpə'fekʃən] n imperfección *f*

imperfectly [ɪm'pɜːfɪktlɪ] adv de un modo imperfecto

imperial [ɪm'pɪərɪəl] adj **1.** [of empire] imperial **2.** [weights and measures] británico(a), imperial *(que utiliza pesos y medidas anglosajones la pulgada, la libra, el galón, etc.)*

imperialism [ɪm'pɪərɪəlɪzəm] n imperialismo *m*

imperialist [ɪm'pɪərɪəlɪst] n & adj imperialista *mf*

imperil [ɪm'perɪl] (pt & pp **imperilled,** *US* **imperiled**) vt poner en peligro

imperious [ɪm'pɪərɪəs] adj imperioso(a), autoritario(a)

imperiously [ɪm'pɪərɪəslɪ] adv imperiosamente

impermanent [ɪm'pɜːmənənt] adj provisional, pasajero(a)

impermeable [ɪm'pɜːmɪəbəl] adj impermeable

impersonal [ɪm'pɜːsənəl] adj impersonal

impersonally [ɪm'pɜːsənəlɪ] adv de forma impersonal

impersonate [ɪm'pɜːsəneɪt] vt [pretend to be] hacerse pasar por / [do impression of] imitar, hacer una imitación de

impersonation [ɪmpɜːsə'neɪʃən] n [impression] imitación *f* ▸ **he was sent to prison for ~ of a diplomat** fue encarcelado por hacerse pasar por un diplomático

impersonator [ɪm'pɜːsəneɪtə(r)] n [impostor] impostor(ora) *m,f* / [impressionist] imitador(ora) *m,f*

impertinence [ɪm'pɜːtɪnəns] n impertinencia *f*

impertinent [ɪm'pɜːtɪnənt] adj impertinente

impertinently [ɪm'pɜːtɪnəntlɪ] adv de un modo impertinente, impertinentemente

imperturbable [ɪmpə'tɜːbəbəl] adj imperturbable

impervious [ɪm'pɜːvɪəs] adj [to water] impermeable / [to threats, persuasion] insensible ▸ **she is ~ to reason** es imposible que razone

impetuous [ɪm'petjʊəs] adj impetuoso(a)

impetus ['ɪmpɪtəs] n ímpetu *m,* impulso *m*

impinge [ɪm'pɪndʒ] ◆ ***impinge on*** vt insep influir en, repercutir en

impious ['ɪmpɪəs] adj impío(a)

impish ['ɪmpɪʃ] adj travieso(a)

implacable [ɪm'plækəbəl] adj implacable

implant ■ n ['ɪmplɑːnt] MED implante *m*
■ vt [ɪm'plɑːnt] **1.** MED implantar **2.** [opinion, belief] inculcar

implausible [ɪm'plɔːzɪbəl] adj poco convincente

implement ■ n ['ɪmplɪmənt] utensilio *m*
■ vt ['ɪmplɪment] [plan, agreement, proposal] poner en práctica, llevar a cabo

implementation [ɪmplɪmen'teɪʃən] n [of plan, agreement, proposal] puesta *f* en práctica

implicate ['ɪmplɪkeɪt] vt implicar

implication [ɪmplɪ'keɪʃən] n [effect] consecuencia *f, ESP* implicación *f, AM* implicancia *f* / [inference] insinuación *f* ▸ **by ~** indirectamente, implícitamente

implicit [ɪm'plɪsɪt] adj implícito(a) ▸ **it was ~ in his remarks** estaba implícito en sus comentarios ▸ **~ faith** fe *f* inquebrantable

implied [ɪm'plaɪd] adj implícito(a)

implore [ɪm'plɔː(r)] vt implorar ▸ **to ~ sb to do sth** implorar a alguien que haga algo

imploring [ɪm'plɔːrɪŋ] adj implorante

imply [ɪm'plaɪ] vt **1.** [insinuate] insinuar **2.** [involve] implicar

impolite [ɪmpə'laɪt] adj maleducado(a)

impolitely [ɪmpə'laɪtlɪ] adv maleducadamente, con mala educación

impoliteness [ɪmpə'laɪtnɪs] n mala educación *f*

imponderable [ɪm'pɒndərəbəl] ■ n (factor *m*) imponderable *m*
■ adj imponderable

import ■ n ['ɪmpɔːt] **1.** [item, activity] importación *f* ▸ **~ duty** derechos *mpl* de importación *or* de aduana **2.** *Formal* [importance] significación *f,* importancia *f*
■ vt [ɪm'pɔːt] [goods] importar

importance [ɪm'pɔːtəns] n importancia *f* ▸ **it is of no great ~** no tiene mucha importancia ▸ **to attach ~ to sth** dar importancia a algo ▸ **to be full of one's own ~** darse aires, estar pagado(a) de sí mismo(a)

important [ɪm'pɔːtənt] adj importante ▸ **it's not ~** no tiene importancia

importantly [ɪm'pɔːtəntlɪ] adv [speak] dándose

importancia ▸ **but, more ~...** pero, lo que es más importante...

importation [ɪmpɔːˈteɪʃən] n [of goods] importación *f*

importer [ɪmˈpɔːtə(r)] n importador(ora) *m,f*

import-export [ˈɪmpɔːtˈekspɔːt] n ~ **(trade)** importación *f* y exportación, comercio *m* exterior

importune [ɪmˈpɔːtjuːn] vt *Formal* [pester] importunar

impose [ɪmˈpəʊz] vt [silence, one's will, restrictions] imponer (**on** a) ▸ **to ~ a tax on sth** gravar algo con un impuesto ▸ **to ~ a fine on sb** poner *or* imponer a alguien una multa

◆ ***impose on, impose upon*** vt insep [take advantage of] abusar de

imposing [ɪmˈpəʊzɪŋ] adj imponente

imposition [ɪmpəˈzɪʃən] n **1.** [of tax, fine] imposición *f* **2.** [unfair demand] abuso *m*

impossibility [ɪmpɒsɪˈbɪlɪtɪ] n imposibilidad *f* ▸ **it's a physical ~** es físicamente imposible

impossible [ɪmˈpɒsɪbəl] ■ n **the ~** lo imposible ▸ **to ask the ~** pedir lo imposible ▸ **to attempt the ~** intentar lo imposible

■ adj imposible ▸ **an ~ position/situation** una posición/situación insostenible ▸ **to make it ~ for sb to do sth** imposibilitar a alguien hacer algo ▸ **it's not ~ that...** no es imposible que... ▸ **it's ~ to say when we'll finish** es imposible saber cuándo terminaremos ▸ **you're ~!** ¡eres imposible!

impossibly [ɪmˈpɒsɪblɪ] adv increíblemente ▸ **he's ~ stupid** es increíblemente estúpido ▸ **to behave ~** (com)portarse de forma insoportable

impostor [ɪmˈpɒstə(r)] n impostor(ora) *m,f*

impotence [ˈɪmpətəns] n impotencia *f*

impotent [ˈɪmpətənt] adj impotente

impound [ɪmˈpaʊnd] vt LAW embargar / [car] trasladar al depósito municipal por infracción ▸ **his car has been impounded** se le ha llevado el coche la grúa

impoverish [ɪmˈpɒvərɪʃ] vt empobrecer

impoverished [ɪmˈpɒvərɪʃd] adj empobrecido(a) ▸ **to be ~** estar empobrecido(a)

impoverishment [ɪmˈpɒvərɪʃmənt] n empobrecimiento *m*

impracticable [ɪmˈpræktɪkəbəl] adj irrealizable, impracticable

impractical [ɪmˈpræktɪkəl] adj [person, suggestion] poco práctico(a)

imprecise [ɪmprɪˈsaɪs] adj impreciso(a)

imprecision [ɪmprɪˈsɪʒən] n imprecisión *f*

impregnable [ɪmˈpregnəbəl] adj [fortress] inexpugnable / *Fig* [argument] incontestable

impregnate [ˈɪmpregneɪt] vt **1.** [fertilize] fecundar **2.** [soak] impregnar (**with** de)

impresario [ɪmpreˈsɑːrɪəʊ] (pl **impresarios**) n empresario(a) *m,f or* organizador(ora) *m,f* de espectáculos

impress [ɪmˈpres] vt **1.** [make an impression on] impresionar ▸ **she was impressed with** *or* **by it** aquello la impresionó ▸ **to ~ sb favourably/unfavourably** causar buena/mala impresión a alguien **2.** [emphasize to sb] **to ~ sth on sb** recalcarle a alguien la importancia de algo **3.** [imprint] **to ~ sth on sth** imprimir algo en algo ▸ **to ~ sth on sb's mind** imprimir algo en la mente de alguien

impression [ɪmˈpreʃən] n **1.** [effect] impresión *f* ▸ **to make a good/bad ~** dar buena/mala impresión ▸ **to create a false ~** dar una impresión falsa ▸ **to be under the ~ that...** tener la impresión de que... ▸ **to give the ~ that...** dar la impresión de que... **2.** [imprint] [in wax, snow] marca *f*, impresión *f* **3.** [of book] impresión *f*, tirada *f* **4.** [imitation] imitación *f* ▸ **to do impressions** hacer imitaciones

impressionable [ɪmˈpreʃənəbəl] adj impresionable

impressionism [ɪmˈpreʃənɪzəm] n ART impresionismo *m*

impressionist [ɪmˈpreʃənɪst] ■ n **1.** ART impresionista *mf* **2.** [impersonator] imitador(ora) *m,f*

■ adj ART impresionista

impressionistic [ɪmpreʃəˈnɪstɪk] adj impresionista

impressive [ɪmˈpresɪv] adj impresionante

impressively [ɪmˈpresɪvlɪ] adv de un modo impresionante

imprint ■ n [ˈɪmprɪnt] **1.** [of seal] marca *f* / [of feet] huella *f* **2.** [of publisher] pie *m* de imprenta

■ vt [ɪmˈprɪnt] marcar (**on** en), grabar (**on** en) ▸ **her words were imprinted on my memory** sus palabras se me quedaron grabadas en la memoria

imprison [ɪmˈprɪzən] vt encarcelar

imprisonment [ɪmˈprɪzənmənt] n encarcelamiento *m*

improbability [ɪmprɒbəˈbɪlɪtɪ] n [unlikelihood] improbabilidad *f* / [strangeness] inverosimilitud *f*

improbable [ɪmˈprɒbəbəl] adj [unlikely] improbable / [strange, unusual] inverosímil

improbably [ɪmˈprɒbəblɪ] adv increíblemente ▸ **~ enough, they turned out to be twin brothers** por inverosímil que parezca, resultó que eran hermanos gemelos

impromptu [ɪmˈprɒmptjuː] ■ adj [speech, party] improvisado(a)

■ adv [unexpectedly] de improviso / [ad lib] improvisadamente

improper [ɪmˈprɒpə(r)] adj [use, purpose] impropio(a), incorrecto(a) / [suggestion, behaviour] indecoroso(a) ▸ LAW **~ practices** actuaciones *fpl* irregulares

improperly [ɪmˈprɒpəlɪ] adv [incorrectly] incorrectamente / [inappropriately] de manera impropia, indecorosamente

impropriety [ɪmprəˈpraɪətɪ] n [inappropriateness] impropiedad *f*, incorrección *f* / [indecency] falta *f* de decoro / [unlawfulness] irregularidad *f*

improve [ɪmˈpruːv] ■ vt mejorar ▸ **to ~ a property** hacer mejoras en un inmueble ▸ **she was eager to ~ her mind** estaba ansiosa por ampliar sus conocimientos

■ vi mejorar ▸ **to ~ with time** mejorar con el tiempo

◆ ***improve on, improve upon*** vt insep mejorar, superar

improved [ɪmˈpruːvd] adj [system, design] mejorado(a)

▸ **he is much ~** ha mejorado mucho

improvement [ɪm'pruːvmənt] n [in situation, quality, behaviour] mejora *f* / [in health] mejoría *f* ▸ **to be an ~ on** ser mejor que ▸ **there's room for ~** se puede mejorar ▸ **to make improvements (to)** [home] hacer reformas (en)

improvident [ɪm'prɒvɪdənt] adj *Formal* poco previsor(ora), imprudente

improvisation [ɪmprəvaɪ'zeɪʃən] n improvisación *f*

improvise ['ɪmprəvaɪz] vt & vi improvisar

imprudent [ɪm'pruːdənt] adj imprudente

impudence ['ɪmpjʊdəns] n desvergüenza *f*, insolencia *f*

impudent ['ɪmpjʊdənt] adj desvergonzado(a), insolente

impugn [ɪm'pjuːn] vt *Formal* poner en tela de juicio, cuestionar

impulse ['ɪmpʌls] n impulso *m* ▸ **to do sth on ~** hacer algo guiado(a) por un impulso ▸ **~ buying** compra *f* impulsiva

impulsive [ɪm'pʌlsɪv] adj impulsivo(a)

impulsively [ɪm'pʌlsɪvlɪ] adv [to buy, act] impulsivamente

impulsiveness [ɪm'pʌlsɪvnɪs] n impulsividad *f*

impunity [ɪm'pjuːnɪtɪ] n impunidad *f* ▸ **with ~** impunemente

impure [ɪm'pjʊə(r)] adj impuro(a)

impurity [ɪm'pjuːrɪtɪ] n impureza *f*

impute [ɪm'pjuːt] vt *Formal* **to ~ sth to sb** imputar *or* achacar algo a alguien

in [1] (abbr ***inch*** or ***inches***) pulgada *f (2,54 cm)*

in [2] [ɪn] ■ prep **1.** [with place] en ▸ **in Spain** en España ▸ **to arrive in Spain** llegar a España ▸ **it was cold in the bar** dentro del bar *or* en el bar hacía frío ▸ **those records in the corner are mine** los discos del rincón son míos ▸ **in the rain** bajo la lluvia ▸ **in the sun** al sol ▸ **in bed** en la cama ▸ **in hospital** en el hospital ▸ **in here** aquí dentro ▸ **in there** allí dentro **2.** [with expressions of time] en ▸ **in 1927/April/spring** en 1927/abril/primavera ▸ **he did it in three hours** lo hizo en tres horas ▸ **he'll be here in three hours** llegará dentro de tres horas ▸ **in the morning/afternoon** por la mañana/tarde ▸ **at three o'clock in the afternoon** a las tres de la tarde ▸ **for the first time in years** por primera vez en años *or* desde hace años ▸ **I haven't seen her in years** hace años que no la veo **3.** [expressing manner] **in Spanish** en español ▸ **to write in pen/pencil** escribir con bolígrafo/a lápiz ▸ **in a loud/quiet voice** en voz alta/baja ▸ **in this way** de este modo, de esta manera ▸ **dressed in white** vestido(a) de blanco ▸ **in horror/surprise** con horror/sorpresa **4.** [expressing quantities, denominations, ratios] **in twos** de dos en dos ▸ **one in ten** uno de cada diez ▸ **2 metres in length/height** dos metros de longitud/altura ▸ **in small/large quantities** en pequeñas/grandes cantidades ▸ **in dollars** en dólares ▸ **he's in his forties** anda por los cuarenta ▸ **the temperature was in the nineties** ≃ hacía (una temperatura de) treinta y tantos grados **5.** [with gerund] **he had no difficulty in doing it** no tuvo dificultad en hacerlo ▸ **in saying this, I don't mean to imply that...** no quiero dar a entender con esto que... **6.** [with field of activity] **to be in insurance/marketing** dedicarse a los seguros/al marketing **7.** [in phrases] *Fam* **I didn't think she had it in her (to...)** no la creía capaz (de...)

■ adv **1.** [inside] dentro ▸ **to go in** entrar **2.** [not out] **is your mother in?** ¿está tu madre (en casa)? ▸ **to stay in** quedarse en casa, no salir **3.** [of train, plane] **is the train in yet?** ¿ha llegado ya el tren? **4.** [fashionable] de moda ▸ **mini-skirts are in** se llevan las minifaldas **5.** [idioms] **she is in for a surprise** le espera una sorpresa ▸ *Fam* **he's in for it** se va a enterar de lo que es bueno *or ESP* de lo que vale un peine ▸ *Fam* **he's got it in for me** la *ESP* tiene tomada *or MÉX* trae conmigo, *RP* se la agarró conmigo ▸ **to be in on a plan** estar al corriente de un plan

■ adj **the in crowd** la gente selecta

■ n **the ins and outs** los pormenores

◆ ***in that*** conj en el sentido de que

inability [ɪnə'bɪlɪtɪ] n incapacidad *f* (**to do sth** para hacer algo)

inaccessibility [ɪnæksesɪ'bɪlɪtɪ] n inaccesibilidad *f*

inaccessible [ɪnæk'sesɪbəl] adj inaccesible

inaccuracy [ɪn'ækjʊrəsɪ] n inexactitud *f*, imprecisión *f* ▸ **the report was full of inaccuracies** el informe estaba lleno de imprecisiones

inaccurate [ɪn'ækjʊrət] adj inexacto(a), impreciso(a)

inaction [ɪn'ækʃən] n pasividad *f*, inactividad *f*

inactive [ɪn'æktɪv] adj inactivo(a)

inactivity [ɪnæk'tɪvɪtɪ] n inactividad *f*

inadequacy [ɪn'ædɪkwəsɪ] n [of person] incapacidad *f* / [of explanation, measures] insuficiencia *f*

inadequate [ɪn'ædɪkwət] adj **1.** [insufficient] insuficiente **2.** [not capable] incapaz, inepto(a) ▸ **I feel ~** no me siento competente, *ESP* siento que no doy la talla

inadequately [ɪn'ædɪkwətlɪ] adv insuficientemente

inadmissible [ɪnəd'mɪsɪbəl] adj LAW [evidence] inadmisible

inadvertent [ɪnəd'vɜːtənt] adj fortuito(a), inintencionado(a)

inadvertently [ɪnəd'vɜːtəntlɪ] adv sin querer

inadvisability [ɪnədvaɪzə'bɪlɪtɪ] n **she pointed out the ~ of such a move** señaló lo poco aconsejable que era tal paso

inadvisable [ɪnəd'vaɪzəbəl] adj poco aconsejable

inalienable [ɪn'eɪlɪənəbəl] adj *Formal* inalienable

inane [ɪ'neɪn] adj necio(a), estúpido(a)

inanimate [ɪn'ænɪmət] adj inanimado(a)

inanity [ɪ'nænɪtɪ] n necedad *f*, estupidez *f*

inapplicable [ɪn'æplɪkəbəl] adj inaplicable (**to** a) ▸ **delete where ~** táchese lo que no proceda

inappropriate [ɪnə'prəʊprɪət] adj [behaviour, remark] inadecuado(a), improcedente / [dress] inadecuado(a), impropio(a) / [present, choice] inapropiado(a) / [time, moment] inoportuno(a)

inappropriately [ɪnə'prəʊprɪətlɪ] adv de modo inadecuado ▸ **to be ~ dressed** no ir vestido de un modo adecuado ▸ ~ **timed** inoportuno(a)

inapt [ɪn'æpt] adj inapropiado(a)

inarticulate [ɪnɑː'tɪkjʊlɪt] adj [sound] inarticulado(a) ▸ **to be ~** [person] expresarse mal ▸ **she was ~ with rage** estaba tan *esp ESP* enfadada *or esp AM* enojada que no podía ni hablar

inasmuch as [ɪnəz'mʌtʃəz] conj *Formal* por cuanto

inattention [ɪnə'tenʃən] n falta *f* de atención

inattentive [ɪnə'tentɪv] adj distraído(a) ▸ **to be ~ to** no poner suficiente atención a *or* en

inattentively [ɪnə'tentɪvlɪ] adv distraídamente, sin prestar atención

inaudible [ɪn'ɔːdɪbəl] adj inaudible

inaudibly [ɪn'ɔːdɪblɪ] adv de forma inaudible

inaugural [ɪ'nɔːgjʊrəl] adj inaugural

inaugurate [ɪ'nɔːgjʊreɪt] vt [event, scheme] inaugurar ▸ **the President will be inaugurated in January** el presidente tomará posesión de su cargo en enero

inauguration [ɪnɔːgjʊ'reɪʃən] n [of event, scheme] inauguración *f* / [of president] toma *f* de posesión

inauspicious [ɪnɔːs'pɪʃəs] adj [circumstances] desafortunado(a) / [start, moment] aciago(a)

inauthentic [ɪnɔː'θentɪk] adj no auténtico(a), falso(a)

in-between [ɪnbɪ'twiːn] adj intermedio(a)

inborn ['ɪn'bɔːn] adj innato(a)

inbred ['ɪn'bred] adj **1.** [animals, people] endogámico(a) **2.** [innate] innato(a)

in-built ['ɪn'bɪlt] adj [tendency, weakness] inherente / [feature] incorporado(a) ▸ **his height gives him an ~ advantage** su altura le proporciona una ventaja de entrada

Inc [ɪŋk] adj *US* COM (abbr ***Incorporated***) ≃ S.A.

Inca ['ɪŋkə] ■ n inca *mf*
■ adj incaico(a), inca

incalculable [ɪn'kælkjʊləbəl] adj incalculable

incandescent [ɪnkæn'desənt] adj incandescente ▸ *Fig* **to be ~ with rage** estar rojo(a) de ira

incantation [ɪnkæn'teɪʃən] n conjuro *m*

incapable [ɪn'keɪpəbəl] adj incapaz (**of doing sth** de hacer algo) ▸ **she is ~ of kindness/deceit** es incapaz de ser amable/engañar a nadie

incapacitate [ɪnkə'pæsɪteɪt] vt incapacitar

incapacity [ɪnkə'pæsɪtɪ] n incapacidad *f*

in-car ['ɪnkɑː(r)] adj de automóvil ▸ **an ~ stereo** un autorradio

incarcerate [ɪn'kɑːsəreɪt] vt *Formal* encarcelar, recluir

incarceration [ɪnkɑːsə'reɪʃən] n *Formal* encarcelamiento *m*, reclusión *f*

incarnate [ɪn'kɑːneɪt] adj personificado(a) ▸ **beauty ~** la belleza personificada ▸ **the devil ~** el diablo en persona

incarnation [ɪnkɑː'neɪʃən] n encarnación *f*

incautious [ɪn'kɔːʃəs] adj incauto(a)

incendiary [ɪn'sendɪərɪ] ■ n [arsonist] incendiario(a) *m,f* / [bomb] bomba *f* incendiaria
■ adj [bomb, device, remarks] incendiario(a)

incense[1] ['ɪnsens] n incienso *m*

incense[2] [ɪn'sens] vt [anger] encolerizar, enfurecer

incensed [ɪn'senst] adj enfurecido(a) ▸ **to get** *or* **become ~** enfurecerse

incentive [ɪn'sentɪv] n [stimulus, payment] incentivo *m* ▸ *BR* ~ **scheme,** *US* ~ **plan** plan *m* de incentivos

inception [ɪn'sepʃən] n comienzo *m*, inicio *m*

incessant [ɪn'sesənt] adj incesante, continuo(a)

incest ['ɪnsest] n incesto *m*

incestuous [ɪn'sestjʊəs] adj [sexually] incestuoso(a) / *Fig* [environment, group] endogámico(a)

inch [ɪntʃ] n **1.** pulgada *f (2,54 cm)* ▸ ~ **by ~** palmo a palmo ▸ **the car missed me by inches** el coche no me atropelló por cuestión de centímetros **2.** [idioms] **I know every ~ of the town** me conozco la ciudad como la palma de la mano ▸ **he's every ~ the gentleman** es todo un caballero ▸ **to be within an ~ of doing sth** estar en un tris de hacer algo ▸ **she won't give an ~** no cederá ni un ápice ▸ **give her an ~ and she'll take a mile** dale la mano y se tomará el brazo

◆ ***inch along, inch forward*** vi avanzar poco a poco

incidence ['ɪnsɪdəns] n incidencia *f* (**of** de)

incident ['ɪnsɪdənt] n incidente *m* ▸ ~ **room** [in police investigation] centro *m* de investigaciones policiales

incidental [ɪnsɪ'dentəl] adj incidental, accesorio(a) ▸ ~ **expenses** gastos *mpl* imprevistos ▸ CIN & THEAT ~ **music** música *f* de acompañamiento

incidentally [ɪnsɪ'dentəlɪ] adv [by the way] por cierto

incinerate [ɪn'sɪnəreɪt] vt incinerar

incineration [ɪnsɪnə'reɪʃən] n incineración *f*

incinerator [ɪn'sɪnəreɪtə(r)] n incineradora *f*

incipient [ɪn'sɪpɪənt] adj *Formal* incipiente

incision [ɪn'sɪʒən] n incisión *f*

incisive [ɪn'saɪsɪv] adj [comment, analysis] agudo(a), incisivo(a) / [mind] sagaz, incisivo(a)

incisively [ɪn'saɪsɪvlɪ] adv [comment] con agudeza / [think] con sagacidad

incisor [ɪn'saɪzə(r)] n incisivo *m*

incite [ɪn'saɪt] vt incitar ▸ **to ~ sb to do sth** incitar a alguien a que haga algo

incitement [ɪn'saɪtmənt] n incitación *f*

incivility [ɪnsɪ'vɪlɪtɪ] n *Formal* descortesía *f*

incl **1.** (abbr ***including***) incl. **2.** (abbr ***inclusive***) incl.

inclement [ɪn'klemənt] adj *Formal* [weather] inclemente

inclination [ɪnklɪ'neɪʃən] n [desire, angle] inclinación *f* ▸ **to have no ~ to do sth** no sentir ninguna inclinación por *or* a hacer algo ▸ **by ~** por naturaleza

incline ■ n ['ɪnklaɪn] [slope] cuesta *f*, pendiente *f*
■ vt [ɪn'klaɪn] **1.** [motivate, cause] inclinar ▸ **her remarks don't ~ me to be sympathetic** sus comentarios no me mueven a ser comprensivo **2.** [lean] inclinar ▸ **she inclined her head towards him** inclinó la cabeza hacia él **3.** [tend] **to be inclined to do sth** tener tendencia *or* tender a hacer algo ▸ **I'm inclined to agree with you** soy de tu misma opinión
■ vi **1.** [lean] inclinarse **2.** [tend] **to ~ to** *or* **towards**

inclinarse a ▸ **to ~ to the belief that...** inclinarse a pensar que...

include [ɪn'kluːd] vt incluir / [in letter] adjuntar ▸ **my name was not included on the list** mi nombre no figuraba en la lista ▸ **the price does not ~ accommodation** el alojamiento no está incluido en el precio

including [ɪn'kluːdɪŋ] prep contando, incluyendo ▸ **not ~** sin contar, sin incluir ▸ **£4.99 ~ postage and packing** 4,99 libras incluyendo gastos de envío

inclusion [ɪn'klʊʒən] n inclusión *f*

inclusive [ɪn'kluːsɪv] adj **an ~ price/sum** un precio/una cifra con todo incluido ▸ **~ of** incluido(a), incluyendo ▸ **~ of VAT** IVA incluido ▸ **from the 4th to the 12th February ~** del 4 al 12 de febrero, ambos inclusive

incognito [ɪnkɒg'niːtəʊ] adv de incógnito

incoherence [ɪnkəʊ'hɪərəns] n incoherencia *f*

incoherent [ɪnkəʊ'hɪərənt] adj incoherente ▸ **he was ~ with rage** estaba tan furioso que le fallaban las palabras

incoherently [ɪnkəʊ'hɪərəntlɪ] adv incoherentemente

income ['ɪnkəm] n [of person] [from work] ingresos *mpl* / [from shares, investment] rendimientos *mpl*, réditos *mpl* / [from property] renta *f* / [in accounts] ingresos *mpl* ▸ **~ bracket** tramo *m* de renta ▸ *BR* **~ support** = *ayuda gubernamental a personas con muy bajos ingresos o desempleadas pero sin derecho al subsidio de desempleo* ▸ **~ tax** impuesto *m* sobre la renta

incoming ['ɪnkʌmɪŋ] adj [government, president] entrante / [tide] ascendente ▸ **~ flights** vuelos *mpl* de llegada ▸ **the ~ missile** el misil que se aproximaba ▸ **~ mail** correo *m* recibido ▸ **~ calls** llamadas *fpl or AM* llamados *mpl* de fuera

incommensurate [ɪnkə'menʃərɪt] adj desproporcionado(a) (**with** con relación a, en relación con)

incommunicado [ɪnkəmjuːnɪ'kɑːdəʊ] adv **to be held ~** estar incomunicado(a)

in-company ['ɪnkʌmpənɪ] adj *esp BR* **~ training** fomación *f* en el lugar de trabajo

incomparable [ɪn'kɒmpərəbəl] adj incomparable

incomparably [ɪn'kɒmpərəblɪ] adv incomparablemente, infinitamente

incompatibility [ɪnkəmpætɪ'bɪlɪtɪ] n [gen] & COMPTR incompatibilidad *f* / [as grounds for divorce] incompatibilidad *f* de caracteres

incompatible [ɪnkəm'pætɪbəl] adj [gen] & COMPTR incompatible (**with** con)

incompetence [ɪn'kɒmpɪtəns] n incompetencia *f*

incompetent [ɪn'kɒmpɪtənt] adj incompetente

incomplete [ɪnkəm'pliːt] adj incompleto(a)

incompletely [ɪnkəm'pliːtlɪ] adv de forma incompleta

incomprehensible [ɪnkɒmprɪ'hensɪbəl] adj incomprensible

incomprehension [ɪnkɒmprɪ'henʃən] n incomprensión *f*

inconceivable [ɪnkən'siːvəbəl] adj inconcebible

inconclusive [ɪnkən'kluːsɪv] adj [evidence, investigation] no concluyente ▸ **the meeting was ~** la reunión no sirvió para aclarar las cosas

incongruity [ɪnkɒŋ'gruːɪtɪ] n incongruencia *f*

incongruous [ɪn'kɒŋgrʊəs] adj incongruente

inconsequential [ɪnkɒnsɪ'kwenʃəl] adj trivial, intrascendente

inconsiderate [ɪnkən'sɪdərɪt] adj desconsiderado(a)

inconsiderately [ɪnkən'sɪdərɪtlɪ] adv desconsideradamente

inconsistency [ɪnkən'sɪstənsɪ] n [lack of logic, illogical statement] contradicción *f*, incongruencia *f* / [uneven quality] irregularidad *f*

inconsistent [ɪnkən'sɪstənt] adj [contradictory] contradictorio(a), incongruente / [uneven] irregular ▸ **his words are ~ with his conduct** sus palabras no están en consonancia con sus actos

inconsolable [ɪnkən'səʊləbəl] adj inconsolable, desconsolado(a)

inconsolably [ɪnkən'səʊləblɪ] adv desconsoladamente

inconspicuous [ɪnkən'spɪkjʊəs] adj discreto(a) ▸ **to be ~** pasar desapercibido(a)

incontestable [ɪnkən'testəbəl] adj incontestable, indiscutible

incontinence [ɪn'kɒntɪnəns] n incontinencia *f*

incontinent [ɪn'kɒntɪnənt] adj incontinente

incontrovertible [ɪnkɒntrə'vɜːtɪbəl] adj incontrovertible, indiscutible

inconvenience [ɪnkən'viːnjəns] ■ n [difficulty] molestia *f* / [problem, drawback] inconveniente *m* ▸ **we apologize for any ~** disculpen las molestias ▸ **to be an ~ to sb** suponer una molestia para alguien

■ vt causar molestias a

inconvenient [ɪnkən'viːnjənt] adj [time, request] inoportuno(a) / [place] mal situado(a) ▸ **I'm afraid 4.30 would be ~** (me temo que) las cuatro y media no me viene bien *or* no es buena hora

inconveniently [ɪnkən'viːnjəntlɪ] adv inoportunamente ▸ **the shop is ~ situated** la tienda no está en buen sitio *or* no queda muy a mano

incorporate [ɪn'kɔːpəreɪt] vt incorporar

incorporated [ɪn'kɔːpəreɪtɪd] adj *US* [company] legalmente constituido(a) en sociedad anónima ▸ **Bradley, Wells & Jones Incorporated** Bradley, Wells & Jones S.A.

incorrect [ɪnkə'rekt] adj incorrecto(a)

incorrectly [ɪnkə'rektlɪ] adv incorrectamente

incorrigible [ɪn'kɒrɪdʒɪbəl] adj incorregible

incorruptible [ɪnkə'rʌptɪbəl] adj incorruptible

increase ■ n ['ɪnkriːs] aumento *m* (**in** de) / [in price, temperature] subida *f* (**in** de) ▸ **to be on the ~** ir en aumento

■ vt [ɪn'kriːs] aumentar ▸ **to ~ one's efforts** esforzarse más ▸ **to ~ one's speed** acelerar, aumentar la velocidad

■ vi aumentar ▸ **to ~ in price** subir de precio ▸ **to ~ in value** aumentar de valor

increasing [ɪn'kriːsɪŋ] adj creciente

increasingly [ɪn'kriːsɪŋlɪ] adv cada vez más

incredible [ɪn'kredɪbəl] adj **1.** [unbelievable] increíble **2.** *Fam* [excellent] increíble, extraordinario(a)

incredibly [ɪn'kredɪblɪ] adv increíblemente ▸ *Fam* ~ **good** increíblemente bueno(a)

incredulity [ɪnkrɪ'djuːlɪtɪ] n incredulidad *f*

incredulous [ɪn'kredjʊləs] adj incrédulo(a)

incredulously [ɪn'kredjʊləslɪ] adv con incredulidad

increment ['ɪnkrɪmənt] n incremento *m*

incriminate [ɪn'krɪmɪneɪt] vt incriminar

incriminating [ɪn'krɪmɪneɪtɪŋ] adj incriminador(ora)

incubate ['ɪnkjʊbeɪt] vt incubar

incubation [ɪnkjʊ'beɪʃən] n incubación *f* ▸ MED ~ **period** [of disease] período *m* de incubación

incubator ['ɪnkjʊbeɪtə(r)] n [for eggs, babies] incubadora *f*

inculcate ['ɪnkʌlkeɪt] vt *Formal* **to ~ sth in sb, to ~ sb with sth** inculcar algo en alguien

incumbent [ɪn'kʌmbənt] ■ n titular *mf*

■ adj **to be ~ on sb to do sth** incumbir *or* corresponder a alguien hacer algo

incur [ɪn'kɜː(r)] (pt & pp **incurred**) vt [blame, expense] incurrir en / [sb's anger] provocar, incurrir en / [debt] contraer

incurable [ɪn'kjʊərəbəl] adj [disease] incurable / [optimist, romantic] incorregible

incurably [ɪn'kjʊərəblɪ] adv **to be ~ ill** padecer una enfermedad incurable ▸ **he's ~ romantic/optimistic** es un romántico/optimista incorregible

incurious [ɪn'kjʊərɪəs] adj poco curioso(a)

incursion [ɪn'kɜːʃən] n *Formal* incursión *f*

indebted [ɪn'detɪd] adj [financially] endeudado(a) ▸ **to be ~ to sb** [financially] estar endeudado(a) con alguien / [for help, advice] estar en deuda con alguien

indebtedness [ɪn'detɪdnɪs] n [financial] endeudamiento *m* / [for help, advice] deuda *f* (**to** con), agradecimiento *m* (**to** a)

indecency [ɪn'diːsənsɪ] n indecencia *f*

indecent [ɪn'diːsənt] adj indecente, indecoroso(a) ▸ **to do sth with ~ haste** apresurarse descaradamente a hacer algo ▸ LAW **~ assault** abusos *mpl* deshonestos ▸ LAW **~ exposure** exhibicionismo *m*

indecently [ɪn'diːsəntlɪ] adv indecentemente ▸ **to be ~ assaulted** ser víctima de abusos deshonestos

indecipherable [ɪndɪ'saɪfərəbəl] adj indescifrable

indecision [ɪndɪ'sɪʒən] n indecisión *f*

indecisive [ɪndɪ'saɪsɪv] adj [person] indeciso(a) / [battle, election] no concluyente

indecisively [ɪndɪ'saɪsɪvlɪ] adv [showing indecision] con indecisión / [inconclusively] sin una conclusión clara

indecorous [ɪn'dekərəs] adj *Formal* indigno(a), indecoroso(a)

indeed [ɪn'diːd] adv **1.** [used with "very"] **very happy ~** contentísimo(a) ▸ **I am very glad ~** me alegro muchísimo ▸ **thank you very much ~** muchísimas gracias **2.** [in confirmation] efectivamente, ciertamente ▸ **yes ~!** ¡ciertamente! ▸ **~ not!** ¡por supuesto que no! ▸ **you've been to Venice, haven't you? – ~ I have!** has estado en Venecia, ¿verdad? – ¡ya lo creo! **3.** [what is more] es más ▸ **I think so, ~ I am sure of it** creo que sí, es más, estoy seguro **4.** [expressing ironic surprise] **have you ~?** ¿ah, sí?, ¿no me digas?

indefatigable [ɪndɪ'fætɪgəbəl] adj *Formal* infatigable, incansable

indefatigably [ɪndɪ'fætɪgəblɪ] adv *Formal* infatigablemente, incansablemente

indefensible [ɪndɪ'fensɪbəl] adj indefendible, injustificable

indefinable [ɪndɪ'faɪnəbəl] adj indefinible

indefinite [ɪn'defɪnɪt] adj **1.** [period of time, number] indefinido(a) **2.** [ideas, promises] indefinido(a), vago(a) **3.** GRAM indeterminado(a), indefinido(a) ▸ **~ article** artículo *m* indeterminado *or* indefinido

indefinitely [ɪn'defɪnɪtlɪ] adv indefinidamente

indelible [ɪn'delɪbəl] adj *also Fig* indeleble, imborrable

indelibly [ɪn'delɪblɪ] adv *also Fig* de forma indeleble

indelicate [ɪn'delɪkət] adj poco delicado(a), indelicado(a)

indemnify [ɪn'demnɪfaɪ] vt **to ~ sb for sth** [compensate] indemnizar a alguien por algo ▸ **to ~ sb against sth** [give security] asegurar a alguien contra algo

indemnity [ɪn'demnɪtɪ] n [guarantee] indemnidad *f* / [money] indemnización *f*

indent TYP ■ n ['ɪndent] sangrado *m*

■ vt [ɪn'dent] sangrar

indentation [ɪnden'teɪʃən] n [on edge] muesca *f* / [dent] abolladura *f* / TYP sangrado *m*

independence [ɪndɪ'pendəns] n independencia *f*

independent [ɪndɪ'pendənt] adj independiente ▸ **to be ~ of** ser independiente de ▸ *BR* **~ school** colegio *m* privado

independently [ɪndɪ'pendəntlɪ] adv independientemente (**of** de)

in-depth ['ɪn'depθ] adj a fondo, exhaustivo(a)

indescribable [ɪndɪs'kraɪbəbəl] adj [pain, beauty] indescriptible

indescribably [ɪndɪs'kraɪbəblɪ] adv indescriptiblemente

indestructible [ɪndɪs'trʌktəbəl] adj indestructible

indeterminate [ɪndɪ'tɜːmɪnət] adj indeterminado(a)

index ['ɪndeks] ■ n [of book, in library, financial] índice *m* ▸ **~ finger** (dedo *m*) índice *m*

■ vt **1.** [book] indizar **2.** FIN [wages] ajustar según el IPC

index-linked ['ɪndeks'lɪŋkt] adj FIN [wages, pension] ajustado(a) al IPC

India ['ɪndɪə] n (la) India

Indian ['ɪndɪən] ■ n [native of India] indio(a) *m,f*, hindú *mf* / [Native American] indio(a) *m,f*, *AM* indígena *mf*

■ adj [from India] indio(a), hindú / [Native American] indio(a), *AM* indígena ▸ **~ elephant** elefante *m* asiático ▸ **~ file** fila *f* india ▸ **the ~ Ocean** el Océano Índico ▸ ~

summer [in northern hemisphere] veranillo *m* de San Martín / [in southern hemisphere] veranillo *m* de San Juan

indicate ['ɪndɪkeɪt] ■ vt **1.** [point to] indicar, señalar **2.** [show] demostrar **3.** [state] manifestar
■ vi *BR* [car-driver] poner el intermitente

indication [ɪndɪ'keɪʃən] n indicación *f* ▸ **she gave no ~ of her feelings** no manifestó sus sentimientos ▸ **there is every ~ that he was speaking the truth** todo parece indicar que dijo la verdad ▸ **all the indications are that...** todo indica que...

indicative [ɪn'dɪkətɪv] ■ n GRAM indicativo *m*
■ adj indicativo(a) (**of** de) ▸ GRAM **~ mood** modo *m* indicativo

indicator ['ɪndɪkeɪtə(r)] n **1.** [sign] indicador *m* ▸ **economic indicators** indicadores *mpl* económicos ▸ RAIL **~ board** panel *m* de información **2.** *BR* AUT intermitente *m, BOL* guiñador *m, CHILE* señalizador *m, COL, ECUAD, MÉX* direccional *m or f, URUG* señalero *m*

indict [ɪn'daɪt] vt LAW acusar (**for** de)

indictable [ɪn'daɪtəbəl] adj LAW **~ offence** delito *m* procesable

indictment [ɪn'daɪtmənt] n LAW acusación *f* ▸ *Fig* **it is an ~ of our society** pone en tela de juicio a nuestra sociedad

indie ['ɪndɪ] adj *Fam* [music, band] independiente, indie

indifference [ɪn'dɪfərəns] n indiferencia *f* ▸ **it's a matter of complete ~ to me** es un asunto que me trae sin cuidado

indifferent [ɪn'dɪfərənt] adj **1.** [not interested] indiferente **2.** [mediocre] mediocre, regular

indigenous [ɪn'dɪdʒɪnəs] adj indígena (**to** de)

indigestible [ɪndɪ'dʒestɪbəl] adj indigerible

indigestion [ɪndɪ'dʒestʃən] n indigestión *f*

indignant [ɪn'dɪgnənt] adj indignado(a) ▸ **to get ~ about sth** indignarse por algo

indignation [ɪndɪg'neɪʃən] n indignación *f*

indignity [ɪn'dɪgnɪtɪ] n indignidad *f*

indigo ['ɪndɪgəʊ] n & adj añil *m*

indirect [ɪndɪ'rekt] adj indirecto(a) ▸ COM **~ costs** costos *or ESP* costes *mpl* indirectos ▸ GRAM **~ object** complemento *m or* objeto *m* indirecto ▸ GRAM **~ speech** estilo *m* indirecto ▸ **~ tax** impuesto *m* indirecto

indirectly [ɪndɪ'rektlɪ] adv indirectamente

indiscernible [ɪndɪ'sɜːnɪbəl] adj indiscernible

indiscipline [ɪn'dɪsɪplɪn] n indisciplina *f*

indiscreet [ɪndɪs'kriːt] adj indiscreto(a)

indiscreetly [ɪndɪs'kriːtlɪ] adv con indiscreción

indiscretion [ɪndɪs'kreʃən] n indiscreción *f*

indiscriminate [ɪndɪs'krɪmɪnɪt] adj indiscriminado(a) ▸ **to be ~ in one's praise** hacer elogios indiscriminadamente

indispensable [ɪndɪs'pensəbəl] adj indispensable, imprescindible

indisposed [ɪndɪs'pəʊzd] adj *Formal* [ill] indispuesto(a) ▸ **to be ~** hallarse indispuesto

indisposition [ɪndɪspə'zɪʃən] n *Formal* [illness] indisposición *f*

indisputable [ɪndɪs'pjuːtəbəl] adj indiscutible

indissoluble [ɪndɪ'sɒljʊbəl] adj *Formal* indisoluble

indistinct [ɪndɪs'tɪŋkt] adj indistinto(a), impreciso(a)

indistinctly [ɪndɪs'tɪŋktlɪ] adv [to speak] ininteligiblemente / [to see, remember] de forma imprecisa *or* confusa

indistinguishable [ɪndɪs'tɪŋgwɪʃəbəl] adj indistinguible (**from** de)

individual [ɪndɪ'vɪdjʊəl] ■ n [person] individuo *m*
■ adj **1.** [of or for one person, thing] individual **2.** [characteristic] personal **3.** [single] individual ▸ **the ~ hospitals are responsible for running their own affairs** cada hospital lleva sus propios asuntos

individualism [ɪndɪ'vɪdjʊəlɪzəm] n individualismo *m*

individualist [ɪndɪ'vɪdjʊəlɪst] n individualista *mf*

individuality [ɪndɪvɪdjʊ'ælɪtɪ] n individualidad *f*

individually [ɪndɪ'vɪdjʊəlɪ] adv individualmente ▸ **he spoke to us all ~** nos habló a todos uno por uno

indivisible [ɪndɪ'vɪzɪbəl] adj indivisible

Indochina ['ɪndəʊ'tʃaɪnə] n Indochina

indoctrinate [ɪn'dɒktrɪneɪt] vt adoctrinar ▸ **he indoctrinated his pupils with his prejudices** inculcó sus prejuicios a sus alumnos

indoctrination [ɪndɒktrɪ'neɪʃən] n adoctrinamiento *m*

indolence ['ɪndələns] n *Formal* indolencia *f*

indolent ['ɪndələnt] adj *Formal* indolente

indomitable [ɪn'dɒmɪtəbəl] adj *Formal* indómito(a)

Indonesia [ɪndəʊ'niːzɪə] n Indonesia

Indonesian [ɪndəʊ'niːʒən] ■ n **1.** [person] indonesio(a) *m,f* **2.** [language] indonesio *m*
■ adj indonesio(a)

indoor ['ɪndɔː(r)] adj [plant, photography] de interior ▸ **~ athletics** atletismo *m* en pista cubierta ▸ ~

HOW TO...

express indignation

¡Es indignante! / That's outrageous!
¡Nunca había visto algo así! / I'd never seen anything like it!
¡No puede ser (verdad)! / It's unbelievable!
¿En serio? / Really?
¡Estás de broma! / You must be joking!
¿Pero cómo ha podido decirte algo así? / How could he have said such a thing to you?
¿Pero quién te crees que eres? / Who do you think you are?
Pero, ¿te has vuelto loco o qué? / Are you out of your mind?
¡Qué morro! (informal) / What a cheek!

(swimming) pool piscina *f or MÉX* alberca *f or RP* pileta *f* cubierta

indoors [ɪn'dɔːz] adv dentro (de casa) ▸ **to go ~** entrar en casa

indorse ➤ ***endorse***

induce [ɪn'djuːs] vt **1.** [persuade] inducir ▸ **to ~ sb to do sth** inducir a alguien a hacer algo **2.** [cause] provocar ▸ MED **to ~ labour** provocar *or* inducir el parto

inducement [ɪn'djuːsmənt] n [incentive] aliciente *m*, incentivo *m*

induction [ɪn'dʌkʃən] n MED [of labour] inducción *f* ▸ *esp BR* **~ course** [to new job] cursillo *m* introductorio

inductive [ɪn'dʌktɪv] adj [reasoning] inductivo(a)

indulge [ɪn'dʌldʒ] ■ vt consentir ▸ **they indulged his every whim** le consentían todos los caprichos ▸ **to ~ oneself** darse un capricho *or* un gusto

■ vi **to ~ in alcohol** darse a la bebida ▸ **to ~ in idle speculation** entregarse a especulaciones vanas

indulgence [ɪn'dʌldʒəns] n indulgencia *f* ▸ **I allow myself the occasional ~** de vez en cuando me permito algún lujo

indulgent [ɪn'dʌldʒənt] adj indulgente (**to** con)

indulgently [ɪn'dʌldʒəntlɪ] adv con indulgencia

industrial [ɪn'dʌstrɪəl] adj industrial ▸ **~ action** huelga *f* (obrera) ▸ **to take ~ action** declararse en huelga ▸ **~ disease** enfermedad *f* laboral ▸ *BR* **~ dispute** conflicto *m* laboral ▸ **~ espionage** espionaje *m* industrial ▸ *BR* **~ estate** polígono *m* industrial ▸ **~ injury** accidente *m* laboral ▸ *US* **~ park** polígono *m* industrial ▸ **~ relations** relaciones *fpl* laborales ▸ HIST **the Industrial Revolution** la Revolución Industrial ▸ *BR* LAW **~ tribunal** tribunal *m* laboral, *ESP* magistratura *f* de trabajo ▸ **~ unrest** conflictividad *f* laboral ▸ **~ waste** residuos *mpl* industriales

industrialist [ɪn'dʌstrɪəlɪst] n industrial *mf*

industrialization [ɪndʌstrɪəlaɪ'zeɪʃən] n industrialización *f*

industrialize [ɪn'dʌstrɪəlaɪz] vt industrializar

industrialized [ɪn'dʌstrɪəlaɪzd] adj industrializado(a)

industrious [ɪn'dʌstrɪəs] adj [pupil, worker] aplicado(a) / [research] minucioso(a)

industry ['ɪndʌstrɪ] n **1.** [economic] industria *f* ▸ **heavy/light ~** industria pesada/ligera ▸ **aircraft/mining/shipping ~** industria aeronáutica/minera/naviera ▸ **tourist ~** sector *m* turístico ▸ **entertainment ~** industria *or* sector del espectáculo **2.** [hard work] aplicación *f*

inebriated [ɪn'iːbrɪeɪtɪd] adj *Formal* ebrio(a) ▸ **to be ~** estar ebrio(a)

inedible [ɪn'edɪbəl] adj [not edible] incomestible / [unpalatable] incomible

ineffable [ɪn'efəbəl] adj *Formal* inefable, indescriptible

ineffective [ɪnɪ'fektɪv] adj ineficaz

ineffectual [ɪnɪ'fektjʊəl] adj [person] inepto(a) / [measure] ineficaz

inefficiency [ɪnɪ'fɪʃənsɪ] n ineficiencia *f*

inefficient [ɪnɪ'fɪʃənt] adj ineficiente

inefficiently [ɪnɪ'fɪʃəntlɪ] adv de forma ineficiente

inelastic [ɪnɪ'læstɪk] adj [material, principles] rígido(a)

inelegant [ɪn'elɪgənt] adj poco elegante

inelegantly [ɪn'elɪgəntlɪ] adv sin elegancia, con poca elegancia

ineligibility [ɪnelɪdʒə'bɪlɪtɪ] n ausencia *f* del derecho (**for** a)

ineligible [ɪn'elɪdʒɪbəl] adj **to be ~ for sth** no tener derecho a algo

inept [ɪn'ept] adj [clumsy] inepto(a), incapaz / [inappropriate] inapropiado(a)

ineptitude [ɪn'eptɪtjuːd] n ineptitud *f*

ineptly [ɪn'eptlɪ] adv con bastante ineptitud

inequality [ɪnɪ'kwɒlɪtɪ] n desigualdad *f*

inequitable [ɪn'ekwɪtəbəl] adj *Formal* injusto(a), no equitativo(a)

inert [ɪ'nɜːt] adj [motionless] inmóvil ▸ CHEM **~ gas** gas *m* noble *or* inerte

inertia [ɪ'nɜːʃɪə] n inercia *f*

inescapable [ɪnɪ'skeɪpəbəl] adj inevitable, ineludible

inessential [ɪnɪ'senʃə] adj prescindible

inestimable [ɪn'estɪməbəl] adj inestimable, inapreciable

inevitability [ɪnevɪtə'bɪlɪtɪ] n inevitabilidad *f*

inevitable [ɪn'evɪtəbəl] adj inevitable

inevitably [ɪn'evɪtəblɪ] adv inevitablemente

inexact [ɪnɪg'zækt] adj inexacto(a)

inexcusable [ɪnɪks'kjuːzəbəl] adj inexcusable, injustificable

inexhaustible [ɪneg'zɔːstɪbəl] adj inagotable

inexorable [ɪn'eksərəbəl] adj inexorable

inexpensive [ɪnɪks'pensɪv] adj económico(a), barato(a)

inexpensively [ɪnɪks'pensɪvlɪ] adv [to live] con pocos gastos / [to buy, sell] a bajo precio / [to eat] barato

inexperience [ɪnɪks'pɪərɪəns] n inexperiencia *f*

inexperienced [ɪnɪks'pɪərɪənst] adj inexperto(a) ▸ **to the ~ eye/ear** para el ojo/oído inexperto ▸ **he's ~ in handling staff** no tiene experiencia en cuestiones de personal

inexplicable [ɪnɪks'plɪkəbəl] adj inexplicable

inexpressible [ɪnɪks'presɪbəl] adj indescriptible, indecible

inexpressive [ɪnɪks'presɪv] adj inexpresivo(a)

inextricably [ɪneks'trɪkəblɪ] adv inseparablemente

infallibility [ɪnfælɪ'bɪlɪtɪ] n infalibilidad *f*

infallible [ɪn'fælɪbəl] adj infalible

infamous ['ɪnfəməs] adj infame ▸ **to be ~ for sth** ser tristemente famoso(a) por algo

infamy ['ɪnfəmɪ] n *Formal* infamia *f*

infancy ['ɪnfənsɪ] n [childhood] infancia *f* ▸ *Fig* **when medicine was still in its ~** cuando la medicina daba sus primeros pasos

infant ['ɪnfənt] n [baby] bebé *m*, *ANDES* guagua *f*, *ANDES, RP* bebe(a) *m* / [small child] niño(a) *m,f* pequeño(a), *ANDES* pelado(a) *m,f* ▸ *BR* ~ **class** clase *f* de párvulos ▸ MED ~ **mortality** mortalidad *f* infantil ▸ *BR* ~ **school** colegio *m* de párvulos, escuela *f* infantil

infanticide [ɪn'fæntɪsaɪd] n infanticidio *m*

infantile ['ɪnfəntaɪl] adj *Pej* pueril, infantil

infantry ['ɪnfəntrɪ] n infantería *f*

infantryman ['ɪnfəntrɪmən] n soldado *m* de infantería, infante *m*

infatuated [ɪn'fætjʊeɪtɪd] adj **to be ~ with** estar prendado(a) *or* encaprichado(a) de

infatuation [ɪnfætjʊ'eɪʃən] n encaprichamiento *m* *(amoroso)*

infect [ɪn'fekt] vt [with disease] infectar / [with prejudice] emponzoñar ▸ **to become infected** [wound] infectarse ▸ **to ~ sb with sth** contagiar algo a alguien ▸ **her enthusiasm infected us all** nos contagió a todos su entusiasmo

infection [ɪn'fekʃən] n MED infección *f*

infectious [ɪn'fekʃəs] adj **1.** [disease] infeccioso(a) **2.** [laughter, enthusiasm] contagioso(a)

infer [ɪn'fɜː(r)] (pt & pp **inferred**) vt [deduce] inferir (**from** de), deducir (**from** de)

inference ['ɪnfərəns] n inferencia *f,* deducción *f* ▸ **by ~** por deducción

inferior [ɪn'fɪərɪə(r)] ■ n **to be sb's ~** ser inferior a alguien

■ adj [in status, quality] inferior (**to** a)

inferiority [ɪnfɪərɪ'ɒrɪtɪ] n inferioridad *f* ▸ **~ complex** complejo *m* de inferioridad

infernal [ɪn'fɜːnəl] adj [diabolical] infernal, diabólico(a) ▸ *Fam* **that ~ little man!** ¡esa peste de hombre!

inferno [ɪn'fɜːnəʊ] (pl **infernos**) n infierno *m*

infertile [ɪn'fɜːtaɪl] adj [land] yermo(a) / [person] estéril

infertility [ɪnfɜː'tɪlɪtɪ] n esterilidad *f*

infest [ɪn'fest] vt infestar ▸ **to be infested with** *or* **by sth** estar infestado(a) de algo

infidelity [ɪnfɪ'delɪtɪ] n infidelidad *f*

infield ['ɪnfiːld] n SPORT [in baseball] diamante *m* (interior)

infielder ['ɪnfiːldə(r)] n SPORT [in baseball] jugador *m* (del diamante) interior

infighting ['ɪnfaɪtɪŋ] n lucha *f* interna

infiltrate ['ɪnfɪltreɪt] ■ vt infiltrar ▸ **the organization had been infiltrated by spies** se habían infiltrado espías en la organización

■ vi infiltrarse

infiltration [ɪnfɪl'treɪʃən] n infiltración *f*

infiltrator ['ɪnfɪltreɪtə(r)] n infiltrado(a) *m,f*

infinite ['ɪnfɪnɪt] ■ n **the ~** el infinito

■ adj infinito(a) ▸ REL *or Hum* **in his ~ wisdom** en su infinita sabiduría

infinitely ['ɪnfɪnɪtlɪ] adv infinitamente

infinitesimal [ɪnfɪnɪ'tesɪməl] adj infinitesimal

infinitive [ɪn'fɪnɪtɪv] n GRAM infinitivo *m* ▸ **in the ~** en infinitivo

infinity [ɪn'fɪnɪtɪ] n infinito *m*

infirm [ɪn'fɜːm] adj achacoso(a)

infirmary [ɪn'fɜːmərɪ] n [hospital] hospital *m,* clínica *f* / [in school, prison] enfermería *f*

infirmity [ɪn'fɜːmɪtɪ] n [weakness] debilidad *f* ▸ **the infirmities of old age** los achaques de la edad

inflame [ɪn'fleɪm] vt **1.** [desire, curiosity] despertar / [crowd] enardecer **2.** [of wound] **to become inflamed** inflamarse

inflammable [ɪn'flæməbəl] adj [substance] inflamable / [situation] explosivo(a)

inflammation [ɪnflə'meɪʃən] n inflamación *f*

inflammatory [ɪn'flæmətrɪ] adj [speech] incendiario(a)

inflatable [ɪn'fleɪtəbəl] ■ n [rubber dinghy] barca *f* hinchable

■ adj hinchable

inflate [ɪn'fleɪt] ■ vt **1.** [tyre] inflar, hinchar / [sail] hinchar **2.** [prices] inflar

■ vi hincharse, inflarse

inflated [ɪn'fleɪtɪd] adj [balloon, tyre] inflado(a), hinchado(a) / [prices, salary] desorbitado(a) ▸ **she has an ~ opinion of herself** se cree mejor de lo que es

inflation [ɪn'fleɪʃən] n ECON inflación *f* ▸ **~-proof pension** pensión *f* revisable de acuerdo con la inflación

inflationary [ɪn'fleɪʃənrɪ] adj ECON inflacionista

inflect [ɪn'flekt] ■ vt [voice] modular

■ vi GRAM [verb] conjugarse / [noun] declinarse

inflection [ɪn'flekʃən] n [of word] flexión *f,* terminación *f* / [in voice] inflexión *f*

inflexibility [ɪnfleksɪ'bɪlɪtɪ] n rigidez *f,* inflexibilidad *f*

inflexible [ɪn'fleksɪbəl] adj [material, principles] rígido(a), inflexible

inflict [ɪn'flɪkt] vt [suffering, punishment, defeat] infligir (**on** a) ▸ **he was inflicting himself on us** teníamos que estar aguantando su presencia

in-flight ['ɪn'flaɪt] adj **~ entertainment** distracciones *fpl* ofrecidas durante el vuelo ▸ **~ meal** comida *f* (servida) a bordo

influence ['ɪnflʊəns] ■ n influencia *f* ▸ **to be a good/bad ~ on sb** tener una buena/mala influencia en alguien ▸ **to have ~ over/with sb** tener influencia sobre/con alguien ▸ **a man of ~** un hombre influyente ▸ **under the ~ (of drink)** bajo los efectos del alcohol

■ vt influir en, influenciar ▸ **he is easily influenced** se deja influir fácilmente

influential [ɪnflʊ'enʃəl] adj influyente

influenza [ɪnflʊ'enzə] n gripe *f,* *COL, MÉX* gripa *f*

influx ['ɪnflʌks] n afluencia *f*

info ['ɪnfəʊ] n *Fam* información *f*

infomercial ['ɪnfəʊmɜːʃəl] n TV publirreportaje *m*

inform [ɪn'fɔːm] ■ vt informar *or CAM, MÉX* reportar (**of/about** de/sobre) ▸ **keep me informed of what is happening** manténme informado de lo que pase

■ vi **to ~ on sb** delatar a alguien

informal [ɪn'fɔːməl] adj [dress, manner] informal / [word, language] familiar / [meeting, talks] extraoficial, informal

informality [ɪnfɔː'mælɪtɪ] n informalidad *f*

informally [ɪn'fɔːməlɪ] adv [hold talks, inform] extraoficialmente / [dress, behave] informalmente, de manera informal

informant [ɪn'fɔːmənt] n [for police] confidente *mf* / [for study] informante *mf*

information [ɪnfə'meɪʃən] n **1.** [news, facts] información *f* ▸ **a piece of ~** una información, un dato ▸ **for your ~** para tu información ▸ **~ bureau** oficina *f* de información ▸ **~ desk** mostrador *m* de información **2.** COMPTR **~ processing** proceso *m* de datos ▸ **~ retrieval** recuperación *f* de la información ▸ **~ science** informática *f* ▸ **~ society** sociedad *f* de la información ▸ **~ superhighway** autopista *f* de la información ▸ **~ technology** informática *f* **3.** *US* TEL información *f*, *AM* informaciones *fpl*

informative [ɪn'fɔːmətɪv] adj informativo(a)

informed [ɪn'fɔːmd] adj [person] informado(a) ▸ **an ~ guess/decision** una conjetura/decisión bien fundada

informer [ɪn'fɔːmə(r)] n confidente *mf*

infotainment [ɪnfəʊ'teɪnmənt] n TV programas *mpl* informativos de entretenimiento

infra dig ['ɪnfrə'dɪg] adj *Fam Old-fashioned* ordinario(a), *ESP* cutre, *MÉX* gacho(a)

infrared [ɪnfrə'red] adj PHYS infrarrojo(a)

infrastructure ['ɪnfrəstrʌktʃə(r)] n infraestructura *f*

infrequent [ɪn'friːkwənt] adj infrecuente

infrequently [ɪn'friːkwəntlɪ] adv con poca frecuencia, raras veces

infringe [ɪn'frɪndʒ] vt [rule] infringir / [right] violar, vulnerar

◆ ***infringe on*** vt insep infringir

infringement [ɪn'frɪndʒmənt] n [of rule, law] infracción *f* / [of right] violación *f*, vulneración *f*

infuriate [ɪn'fjuːrɪeɪt] vt exasperar, enfurecer

infuriating [ɪn'fjuːrɪeɪtɪŋ] adj exasperante

infuriatingly [ɪn'fjuːrɪeɪtɪŋlɪ] adv **she's an ~ nice person** es tan buena persona que resulta exasperante

infuse [ɪn'fjuːz] vt infundir (**into** en)

infusion [ɪn'fjuːʒən] n **1.** [drink] infusión *f* **2.** [of money, high spirits] inyección *f*

ingenious [ɪn'dʒiːnɪəs] adj ingenioso(a)

ingeniously [ɪn'dʒiːnɪəslɪ] adv ingeniosamente

ingenuity [ɪndʒɪ'njuːɪtɪ] n ingenio *m*

ingenuous [ɪn'dʒenjʊəs] adj ingenuo(a)

inglorious [ɪn'glɔːrɪəs] adj vergonzoso(a)

ingot ['ɪŋgət] n lingote *m*

ingrained [ɪn'greɪnd] adj [dirt] incrustado(a) / [prejudice, habit] arraigado(a)

ingratiate [ɪn'greɪʃɪeɪt] vt **to ~ oneself (with sb)** congraciarse (con alguien)

ingratiating [ɪn'greɪʃɪeɪtɪŋ] adj obsequioso(a)

ingratitude [ɪn'grætɪtjuːd] n ingratitud *f*

ingredient [ɪn'griːdɪənt] n *also Fig* ingrediente *m* ▸ *Fig* **the missing ~** lo que falta

ingrowing toenail ['ɪngrəʊɪŋ'təʊneɪl], ***ingrown toenail*** ['ɪngrəʊn'təʊneɪl] n MED uña *f* encarnada

inhabit [ɪn'hæbɪt] vt habitar

inhabitable [ɪn'hæbɪtəbəl] adj habitable

inhabitant [ɪn'hæbɪtənt] n habitante *mf*

inhabited [ɪn'hæbɪtɪd] adj habitado(a)

> FALSE FRIEND / FALSO AMIGO
> ***inhabited***
>
> **Inhabitado** no es la traducción del inglés *inhabited*. **Inhabitado** se traduce por lo contrario, *uninhabited*.

inhale [ɪn'heɪl] ■ vt [gas, fumes] inhalar / [cigarette smoke] aspirar

■ vi inspirar / [when smoking] tragarse el humo

inhaler [ɪn'heɪlə(r)] n [for asthmatics] inhalador *m*

inherent [ɪn'herənt] adj inherente (**in** a)

inherit [ɪn'herɪt] vt heredar (**from** de)

inheritance [ɪn'herɪtəns] n herencia *f* ▸ **~ tax** impuesto *m* sobre sucesiones

inhibit [ɪn'hɪbɪt] vt [progress, growth] impedir, coartar / [breathing] inhibir / [feeling, person] cohibir, inhibir

inhibited [ɪn'hɪbɪtɪd] adj cohibido(a)

inhibition [ɪnɪ'bɪʃən] n inhibición *f* ▸ **to lose one's inhibitions** dejar de sentirse cohibido(a) ▸ **to have no inhibitions about doing sth** no sentir ninguna vergüenza *or CAM, COL, VEN* pena a la hora de hacer algo

inhospitable [ɪnhɒ'spɪtəbəl] adj [person] inhospitalario(a) / [town, climate] inhóspito(a)

in-house ['ɪn'haʊs] ■ adj **~ staff** personal *m* en plantilla ▸ **~ training** formación *f* en el lugar de trabajo

■ adv **the work was done ~** el trabajo se hizo en la misma empresa

inhuman [ɪn'hjuːmən] adj inhumano(a)

inhumane [ɪnhjuː'meɪn] adj inhumano(a)

inhumanity [ɪnhjuː'mænɪtɪ] n falta *f* de humanidad

inimical [ɪ'nɪmɪkəl] adj adverso(a) (**to** a)

inimitable [ɪ'nɪmɪtəbəl] adj inimitable

iniquitous [ɪ'nɪkwɪtəs] adj inicuo(a)

iniquity [ɪ'nɪkwɪtɪ] n iniquidad *f*

initial [ɪ'nɪʃəl] ■ n inicial *f* ▸ **initials** iniciales *fpl*

■ adj inicial

■ vt (pt & pp **initialled,** *US* **initialed**) poner las iniciales en

initially [ɪ'nɪʃəlɪ] adv inicialmente

initiate [ɪ'nɪʃɪeɪt] vt **1.** *Formal* [begin] iniciar ▸ LAW **to ~ proceedings (against sb)** emprender una acción legal (contra alguien) **2.** [to secret society, gang] iniciar (**into** en)

initiation [ɪnɪʃɪ'eɪʃən] n iniciación *f* ▸ **~ ceremony** ceremonia *f* iniciática *or* de iniciación

initiative [ɪ'nɪʃətɪv] n iniciativa *f* ▸ **to take the ~** tomar la iniciativa ▸ **on one's own ~** por iniciativa propia ▸ **she lacks ~** le falta iniciativa

initiator [ɪ'nɪʃɪeɪtə(r)] n [of scheme, process] iniciador(ora) *m,f*

inject [ɪn'dʒekt] vt [drug, money] inyectar (**into** en) ▸ **to**

~ **sb with a drug** inyectar un medicamento a alguien ▸ *Fig* **to ~ sb with enthusiasm** infundir entusiasmo a alguien ▸ *Fig* **to ~ new life into sth** infundir nueva vida a algo

injection [ɪn'dʒekʃən] n inyección *f* ▸ **to give sb an ~** poner una inyección a alguien

injudicious [ɪndʒʊ'dɪʃəs] adj imprudente, poco juicioso(a)

injunction [ɪn'dʒʌnkʃən] n LAW requerimiento *m* judicial

injure ['ɪndʒə(r)] vt [person] herir, lesionar / [feelings] herir / [reputation, interests] dañar, perjudicar ▸ **to ~ oneself** lesionarse ▸ **to ~ one's leg** lesionarse una pierna

injured ['ɪndʒəd] ■ npl **the ~** los heridos
■ adj *also Fig* herido(a) / [tone, voice] resentido(a) ▸ LAW **the ~ party** la parte perjudicada

injurious [ɪn'dʒʊrɪəs] adj perjudicial (**to** para)

injury ['ɪndʒərɪ] n [open wound] herida *f* / [broken bone, damaged muscle] lesión *f* / [harm] lesiones *fpl* ▸ **to do oneself an ~** *esp ESP* hacerse daño, *esp AM* lastimarse ▸ *BR* SPORT **~ time** tiempo *m* de descuento

injustice [ɪn'dʒʌstɪs] n injusticia *f* ▸ **you do her an ~** estás siendo injusto con ella

ink [ɪŋk] n tinta *f* ▸ COMPTR **~ jet (printer)** impresora *f* de chorro de tinta ▸ **~ pad** tampón *m*

inkling ['ɪŋklɪŋ] n **to have an ~ of sth** tener una ligera idea de algo ▸ **she had no ~ of what they were up to** no tenía ni idea de lo que estaban tramando

inkwell ['ɪŋkwel] n tintero *m*

inky [ɪŋkɪ] adj **1.** [stained with ink] manchado(a) de tinta **2. ~ (black)** negro(a) (como el carbón)

inlaid [ɪn'leɪd] adj [with wood] taraceado(a) / [with jewels] incrustado(a)

inland ['ɪnlænd] ■ adj interior, del interior ▸ *BR* **the Inland Revenue** ≃ Hacienda, *ESP* ≃ la Agencia Tributaria, *MÉX* ≃ el Servicio de Administración Tributaria
■ adv [travel] al interior / [live] en el interior

in-laws ['ɪnlɔːz] npl familia *f* política

inlet ['ɪnlet] n **1.** [of sea] ensenada *f* **2.** [of pipe, machine] entrada *f*

inline ['ɪnlaɪn] adj AUT **~ engine** motor *m* de cilindros en línea ▸ **~ skates** patines *mpl* en línea

inmate ['ɪnmeɪt] n [in prison] recluso(a) *m,f* / [in mental hospital] paciente *mf*

inn [ɪn] n mesón *m,* posada *f*

innards ['ɪnədz] npl tripas *fpl*

innate [ɪ'neɪt] adj innato(a)

innately [ɪ'neɪtlɪ] adv por naturaleza

inner ['ɪnə(r)] adj **1.** [chamber, lining] interior ▸ **~ city** = *área céntrica y degradada de una ciudad* ▸ ANAT **~ ear** oído *m* interno ▸ **~ tube** cámara *f* (de aire) **2.** [thought, feeling] íntimo(a) ▸ **~ peace** paz *f* interior

innermost ['ɪnəməʊst] adj **~ part** parte *f* más interior ▸ **~ thoughts** pensamientos *mpl* más íntimos

innings ['ɪnɪŋz] n [in cricket] turno *m* para batear ▸ *BR Fig* **she had a good ~** [a long life] tuvo una vida larga y plena

innkeeper [ɪnkiːpə(r)] n mesonero(a) *m,f,* posadero(a) *m,f*

innocence ['ɪnəsəns] n inocencia *f*

innocent ['ɪnəsənt] adj [not guilty, naive] inocente

innocently ['ɪnəsəntlɪ] adv inocentemente, con inocencia

innocuous [ɪ'nɒkjʊəs] adj inocuo(a)

innovate ['ɪnəveɪt] vi innovar

innovation [ɪnə'veɪʃən] n innovación *f*

innovative ['ɪnəveɪtɪv], ***innovatory*** ['ɪnəveɪtərɪ] adj innovador(ora)

innovator ['ɪnəveɪtə(r)] n innovador(ora) *m,f*

innovatory ➤ ***innovative***

innuendo [ɪnjʊ'endəʊ] (pl **innuendos**) n indirecta *f,* insinuación *f* / [in jokes] doble sentido *m,* juegos *mpl* de palabras *(sobre sexo)*

innumerable [ɪ'njuːmərəbəl] adj innumerable

innumerate [ɪ'njuːmərət] adj falto(a) de conocimientos de aritmética

inoculate [ɪ'nɒkjʊleɪt] vt inocular ▸ **to ~ sb with sth** inocularle algo a alguien ▸ **to ~ sb against sth** vacunar a alguien de algo

inoculation [ɪnɒkjʊ'leɪʃən] n [action] vacunación *f*

inoffensive [ɪnə'fensɪv] adj inofensivo(a)

inoperable [ɪn'ɒpərəbəl] adj MED **to be ~** no ser operable

inoperative [ɪn'ɒpərətɪv] adj [rule] inoperante ▸ **to be ~** [machine] no funcionar

inopportune [ɪn'ɒpətjuːn] adj inoportuno(a)

inordinate [ɪn'ɔːdɪnət] adj desmesurado(a)

inorganic [ɪnɔː'gænɪk] adj inorgánico(a)

in-patient ['ɪnpeɪʃənt] n paciente *mf* interno(a)

input ['ɪnpʊt] ■ n ELEC entrada *f* / COMPTR input *m,* entrada *f* (de información) / [to project] aportación *f,* aporte *m*
■ vt COMPTR **to ~ data** introducir datos

inquest ['ɪnkwest] n LAW investigación *f* / [in politics, business] análisis *m inv,* evaluación *f* ▸ **to hold an ~** LAW [of coroner] determinar las causas de la muerte / [in politics, business] hacer un análisis

inquire, enquire [ɪn'kwaɪə(r)] vi preguntar ▸ **to ~ as to** *or* **about...** informarse sobre... ▸ **he inquired why I was there** me preguntó por qué estaba allí ▸ **~ within** [sign] razón aquí

◆ ***inquire after, enquire after*** vt insep preguntar por

◆ ***inquire into, enquire into*** vt insep investigar, indagar

inquiring, enquiring [ɪn'kwaɪrɪŋ] adj [mind] inquisitivo(a) / [look] de interrogación

inquiry, enquiry [ɪn'kwaɪrɪ] n **1.** [official investigation] investigación *f* (oficial) ▸ **to hold an ~ (into sth)** realizar una investigación (sobre algo) **2.** [request for information] consulta *f* ▸ **to make inquiries (about sth)** consultar *or* informarse (sobre algo) ▸ **~ desk** (mostrador *m* de) información *f*

inquisition [ɪnkwɪ'zɪʃən] n HIST **the Spanish**

Inquisition la (Santa) Inquisición

inquisitive [ɪn'kwɪzɪtɪv] adj [person] curioso(a) / [mind] inquisitivo(a) / [look] de curiosidad

inquisitively [ɪn'kwɪzɪtɪvlɪ] adv con curiosidad

inquisitiveness [ɪn'kwɪzɪtɪvnɪs] n curiosidad *f*

inroads ['ɪnrəʊdz] npl **I had to make ~ into my savings** tuve que recurrir a mis propios ahorros ▸ **to make ~ into the market** penetrar en el mercado ▸ **the Nationalists had made ~ into the Labour vote** los nacionalistas se habían hecho con parte del voto laborista

insane [ɪn'seɪn] adj [person] demente, loco(a) / *Fam* [desire, scheme] demencial, descabellado(a) ▸ **to be ~** [person] estar loco(a) ▸ **to go ~** trastornarse, volverse loco(a) ▸ **to drive sb ~** volver loco(a) a alguien ▸ **to be ~ with grief/jealousy** enloquecer de dolor/celos ▸ *US* **~ asylum** manicomio *m*

insanely [ɪn'seɪnlɪ] adv disparatadamente ▸ **~ jealous** loco(a) de celos

insanitary [ɪn'sænɪtrɪ] adj antihigiénico(a)

insanity [ɪn'sænɪtɪ] n [of person] demencia *f,* locura *f* / *Fam* [of desire, scheme] demencialidad *f,* locura *f*

insatiable [ɪn'seɪʃəbəl] adj insaciable

inscribe [ɪn'skraɪb] vt [write, engrave] inscribir

inscription [ɪn'skrɪpʃən] n [on stone, coin] inscripción *f* / [in book] dedicatoria *f*

inscrutable [ɪn'skru:təbəl] adj inescrutable

insect ['ɪnsekt] n insecto *m* ▸ **~ bite** picadura *f* de insecto ▸ **~ repellent** repelente *m* contra insectos

insecticide [ɪn'sektɪsaɪd] n insecticida *m*

insecure [ɪnsɪ'kjʊə(r)] adj [person] inseguro(a) / [nail, scaffolding] poco seguro(a)

insecurely [ɪnsɪ'kjʊəlɪ] adv [not confidently] de forma insegura / [not safely] de forma poco segura

insecurity [ɪnsɪ'kjʊərɪtɪ] n inseguridad *f*

insemination [ɪnsemɪ'neɪʃən] n inseminación *f*

insensible [ɪn'sensɪbəl] adj *Formal* **1.** [unconscious] inconsciente ▸ **to be ~** estar inconsciente **2.** [unaware] **to be ~ of sth** no ser consciente de algo

insensitive [ɪn'sensɪtɪv] adj insensible

insensitively [ɪn'sensɪtɪvlɪ] adv [tactlessly] con muy poca sensibilidad

insensitivity [ɪnsensɪ'tɪvɪtɪ] n insensibilidad *f*

inseparable [ɪn'sepərəbəl] adj inseparable

insert ■ n ['ɪnsɜ:t] [in magazine] encarte *m*
■ vt [ɪn'sɜ:t] [key, finger, coin] introducir (**into** en) / [clause, advertisement] insertar (**in** en)

insertion [ɪn'sɜ:ʃən] n inserción *f*

inset ['ɪnset] n [in map, picture] recuadro *m*

inshore [ɪn'ʃɔ:(r)] ■ adj [navigation] costero(a) / [fishing] de bajura
■ adv [to sail, blow] hacia la costa

inside ■ n ['ɪn'saɪd] **1.** [of house] interior *m* ▸ **on/from the ~** en/desde el interior ▸ **to overtake on the ~** [in Britain] adelantar por la izquierda ▸ [in Europe, USA] adelantar por la derecha **2.** *Fam* **insides** [internal organs] tripas *fpl*
■ adj ['ɪnsaɪd] interior ▸ **to have ~ information/help** tener información/ayuda confidencial ▸ **to know the ~ story** conocer la historia de cerca *or* de primera mano ▸ *Fam* **it must have been an ~ job** [robbery, fraud] debe de haber sido un trabajo realizado desde dentro *or AM* adentro ▸ **~ lane** [in Britain] carril *m* de la izquierda ▸ [in Europe, USA] carril de la derecha ▸ **~ left/right** [in soccer] interior *m* izquierdo/derecho
■ adv **1.** [to be, stay] dentro, *AM* adentro / [to look, run] adentro ▸ **they painted the house ~ and out** pintaron la casa por dentro y por fuera ▸ **come ~!** [to guest] ¡pasa! / [to children playing outside] ¡vamos para dentro! **2.** [within oneself] **~ she was angry** por dentro estaba *esp ESP* enfadada *or esp AM* enojada **3.** *Fam* [in prison] *ESP* en chirona, *ANDES, CUBA, RP* en cana, *MÉX, VEN* en bote
■ prep [ɪn'saɪd] **1.** [place] dentro de **2.** [with time] **~ (of) a week/hour** en el espacio de una semana/hora
◆ ***inside out*** adv **his shirt is ~ out** lleva la camisa del revés, *AM* dio vuelta la camiseta ▸ *Fig* **to know sth ~ out** saberse algo al dedillo

insider [ɪn'saɪdə(r)] n = *persona que cuenta con información confidencial* ▸ FIN **~ dealing, ~ trading** uso *m* de información privilegiada

insidious [ɪn'sɪdɪəs] adj insidioso(a), larvado(a)

insight ['ɪnsaɪt] n **1.** [perspicacity] perspicacia *f,* penetración *f* **2.** [understanding] idea *f* (**into** de) / [revealing comment] revelación *f,* aclaración *f* (**into** sobre) ▸ **to get an ~ into sth** hacerse una idea de algo

insignia [ɪn'sɪgnɪə] npl insignias *fpl*

insignificance [ɪnsɪg'nɪfɪkəns] n insignificancia *f* ▸ **my problems pale into ~ beside yours** mis problemas son insignificantes comparados con los tuyos

insignificant [ɪnsɪg'nɪfɪkənt] adj insignificante

insincere [ɪnsɪn'sɪə(r)] adj falso(a)

insincerely [ɪnsɪn'sɪəlɪ] adv de un modo poco sincero

insincerity [ɪnsɪn'serɪtɪ] n falsedad *f,* insinceridad *f*

insinuate [ɪn'sɪnjʊeɪt] vt [hint] insinuar ▸ **to ~ oneself into sb's favour** ganarse arteramente el favor de alguien

insinuation [ɪnsɪnjʊ'eɪʃən] n insinuación *f*

insipid [ɪn'sɪpɪd] adj insípido(a)

insist [ɪn'sɪst] ■ vt **to ~ that...** insistir en que...
■ vi insistir ▸ **to ~ on sth** [demand] exigir algo / [emphasize] insistir en algo ▸ **to ~ on doing sth** insistir en hacer algo

insistence [ɪn'sɪstəns] n insistencia *f* ▸ **at her ~** ante su insistencia

insistent [ɪn'sɪstənt] adj [person, demand] insistente ▸ **to be ~ about sth** insistir sobre *or* en algo

insistently [ɪn'sɪstəntlɪ] adv insistentemente, con insistencia

insofar as ['ɪnsəʊ'fɑ:rəz] adv en la medida en que

insole ['ɪnsəʊl] n [of shoe] plantilla *f*

insolence ['ɪnsələns] n insolencia *f*

insolent ['ɪnsələnt] adj insolente

insolently [ˈɪnsələntlɪ] adv insolentemente, de un modo insolente

insoluble [ɪnˈsɒljʊbəl] adj **1.** [substance] insoluble, indisoluble **2.** [problem] irresoluble

insolvency [ɪnˈsɒlvənsɪ] n FIN insolvencia *f*

insolvent [ɪnˈsɒlvənt] adj FIN insolvente

insomnia [ɪnˈsɒmnɪə] n insomnio *m*

insomniac [ɪnˈsɒmnɪæk] n insomne *mf*

inspect [ɪnˈspekt] vt [passport, luggage, picture] examinar, inspeccionar / [school, factory] inspeccionar / [troops] pasar revista a

inspection [ɪnˈspekʃən] n [of passport, luggage, picture] examen *m,* inspección *f* / [of school, factory] inspección *f* / [of troops] revista *f* ▸ **on closer ~** tras un examen más detallado

inspector [ɪnˈspektə(r)] n [of schools, factories] inspector(ora) *m,f* ▸ *BR* [on train, bus] revisor(ora) *m,f* ▸ *BR* **(police) ~** inspector(ora) de policía ▸ *BR* **tax ~** inspector(ora) de Hacienda

inspiration [ɪnspɪˈreɪʃən] n inspiración *f* ▸ **to be an ~ to sb** ser una fuente de inspiración para alguien ▸ **to draw ~ from sth** inspirarse en algo

inspirational [ɪnspɪˈreɪʃənəl] adj inspirador(ora)

inspire [ɪnˈspaɪə(r)] vt inspirar ▸ **to ~ sb to do sth** inspirar a alguien para hacer algo ▸ **to ~ confidence in sb, to ~ sb with confidence** inspirar confianza a alguien

inspired [ɪnˈspaɪəd] adj inspirado(a)

inspiring [ɪnˈspaɪərɪŋ] adj estimulante

instability [ɪnstəˈbɪlɪtɪ] n inestabilidad *f*

install, *US* ***instal*** [ɪnˈstɔːl] vt instalar ▸ **to ~ sb in a post** colocar a alguien en un puesto ▸ **to ~ oneself in an armchair** instalarse en una butaca

installation [ɪnstəˈleɪʃən] n instalación *f*

instalment, *US* ***installment*** [ɪnˈstɔːlmənt] n **1.** [part payment] plazo *m* ▸ **to pay by instalments** pagar a plazos ▸ *US* COM **~ plan** compra *f* a plazos *or AM* en cuotas **2.** [of radio, TV programme] episodio *m* ▸ **to publish sth in instalments** publicar algo por entregas

instance [ˈɪnstəns] n [example] caso *m* ▸ **for ~** por ejemplo ▸ **in the first ~** en primer lugar

instant [ˈɪnstənt] ■ n [moment] instante *m* ▸ **do it this ~!** ¡hazlo ahora mismo! ▸ **not an ~ too soon** justo a tiempo ▸ **in an ~** en un instante ▸ **the ~ I saw him** en cuanto lo vi

■ adj instantáneo(a) ▸ FIN **~ access account** cuenta *f* a la vista ▸ TV **~ replay** repetición *f* (a cámara lenta)

instantaneous [ɪnstənˈteɪnɪəs] adj instantáneo(a)

instantaneously [ɪnstənˈteɪnɪəslɪ] adv instantáneamente, al instante

instantly [ˈɪnstəntlɪ] adv al instante

instead [ɪnˈsted] adv **she couldn't come so he came ~** como ella no podía venir, vino él en su lugar ▸ **I was going to buy the green one but I bought the blue one ~** iba a comprar el verde, pero al final compré el azul ▸ **~ of** en vez de, en lugar de ▸ **~ of doing sth** en lugar *or* vez de hacer algo

instep [ˈɪnstep] n empeine *m*

instigate [ˈɪnstɪgeɪt] vt [strike, unrest, violence] instigar / [inquiry, search, changes] iniciar

instigation [ˈɪnstɪgeɪʃən] n [of strike, unrest, violence] instigación *f* ▸ **at sb's ~** a instancias de alguien

instigator [ˈɪnstɪgeɪtə(r)] n [of strike, unrest, violence] instigador(ora) *m,f* / [of inquiry, search, changes] iniciador(ora) *m,f*

instil, *US* ***instill*** [ɪnˈstɪl] (pt & pp **instilled**) vt inculcar (**in** en)

instinct [ˈɪnstɪŋkt] n instinto *m* ▸ **to have an ~ for sth** tener buen olfato para algo

instinctive [ɪnˈstɪŋktɪv] adj instintivo(a)

institute [ˈɪnstɪtjuːt] ■ n instituto *m*

■ vt [system, procedure] instaurar / [search] emprender / LAW [enquiry] emprender ▸ LAW **to ~ proceedings (against sb)** emprender una acción legal (contra alguien)

institution [ɪnstɪˈtjuːʃən] n **1.** [organization] institución *f* ▸ *Fig* **to become a national ~** [event, TV programme] convertirse en una institución (nacional) **2.** [mental hospital] (hospital *m*) psiquiátrico *m* / [old people's home] residencia *f* de ancianos, asilo *m* / [children's home] centro *m* de menores

institutional [ɪnstɪˈtjuːʃənəl] adj institucional

institutionalize [ɪnstɪˈtjuːʃənəlaɪz] vt **1.** [put in a home] internar en un asilo/psiquiátrico ▸ **to become institutionalized** desarrollar una fuerte dependencia institucional *(de la vida carcelaria, hospitalaria, etc.)* **2.** [turn into an institution] institucionalizar ▸ **institutionalized racism** racismo *m* institucionalizado

in-store [ˈɪnstɔː(r)] adj MKTG **~ advertising** publicidad *f* en el punto de venta ▸ **~ promotion** promoción *f* en el punto de venta

instruct [ɪnˈstrʌkt] vt **1.** [teach] instruir (**in** en) **2.** [command] dar instrucciones a ▸ **to ~ sb to do sth** ordenar a alguien que haga algo

instruction [ɪnˈstrʌkʃən] n **1.** [training] instrucción *f,* adiestramiento *m* ▸ **we received ~ in using the machines** nos enseñaron cómo utilizar las máquinas **2. instructions** instrucciones *fpl* ▸ **instructions for use** instrucciones de uso ▸ **~ manual** manual *m* de instrucciones

instructive [ɪnˈstrʌktɪv] adj instructivo(a)

instructor [ɪnˈstrʌktə(r)] n [teacher] instructor(ora) *m,f* / *US* [university lecturer] profesor(ora) *m,f* de universidad ▸ **driving ~** profesor de autoescuela ▸ **ski ~** monitor(ora) *m,f* de esquí

instrument [ˈɪnstrʊmənt] n MUS MED instrumento *m* ▸ AV **~ board** *or* **panel** tablero *m* de mandos, panel *m* de instrumentos

instrumental [ɪnstrʊˈmentəl] ■ n MUS (pieza *f*) instrumental *m*

■ adj **1.** fundamental ▸ **she was ~ in negotiating the agreement** desempeñó un papel fundamental en la negociación del acuerdo **2.** MUS instrumental

instrumentalist [ɪnstrʊˈmentəlɪst] n [musician] instrumentista *mf*

instrumentation [ɪnstrʊmenˈteɪʃən] n instrumentación *f*

insubordinate [ɪnsə'bɔːdɪnət] adj insubordinado(a)

insubordination [ɪnsəbɔːdɪ'neɪʃən] n insubordinación *f*

insubstantial [ɪnsəb'stænʃəl] adj [structure, argument] endeble / [meal] poco sustancioso / [book] intrascendente, insustancial

insufferable [ɪn'sʌfrəbəl] adj insufrible, insoportable

insufficient [ɪnsə'fɪʃənt] adj insuficiente

insufficiently [ɪnsə'fɪʃəntlɪ] adv insuficientemente

insular ['ɪnsjʊlə(r)] adj [people, views] provinciano(a)

insulate ['ɪnsjʊleɪt] vt [wire, pipe] aislar ▸ *Fig* **insulated from the outside world** aislado(a) del mundo exterior

insulating tape ['ɪnsjʊleɪtɪŋ'teɪp] n *BR* cinta *f* aislante

insulation [ɪnsjʊ'leɪʃən] n aislamiento *m*

insulator ['ɪnsjʊleɪtə(r)] n [material] aislante *m* / [device] aislador *m*

insulin ['ɪnsjʊlɪn] n insulina *f*

insult ■ n ['ɪnsʌlt] [words, action] insulto *m* ▸ **to add ~ to injury...** para colmo...
■ vt [ɪn'sʌlt] insultar

insulting [ɪn'sʌltɪŋ] adj insultante

insuperable [ɪn'suːpərəbəl] adj insuperable, infranqueable

insurable [ɪn'ʃʊərəbl] adj asegurable

insurance [ɪn'ʃʊərəns] n seguro *m* ▸ **to take out ~** hacerse un seguro, asegurarse ▸ **~ broker** agente *mf* libre *or AM* corredor(ora) *m,f* de seguros ▸ **~ claim** reclamación *f or COL, CSUR* reclamo *m* al seguro ▸ **~ company** aseguradora *f*, compañía *f* de seguros ▸ **~ policy** póliza *f* de seguros ▸ **~ premium** prima *f* (del seguro)

insure [ɪn'ʃʊə(r)] vt asegurar (**against** contra) ▸ **to ~ one's life** hacerse un seguro de vida

insured [ɪn'ʃʊəd] adj asegurado(a) ▸ **to be ~** estar asegurado(a) ▸ **~ value** valor *m* asegurado

insurer [ɪn'ʃʊərə(r)] n asegurador(ora) *m,f*

insurgent [ɪn'sɜːdʒənt] n insurgente *mf*

insurmountable [ɪnsə'maʊntəbəl] adj insuperable, insalvable

insurrection [ɪnsə'rekʃən] n insurrección *f*

intact [ɪn'tækt] adj intacto(a) ▸ **to be ~** estar intacto(a)

intake ['ɪnteɪk] n [of alcohol, calories] ingestión *f* / [of pupils, recruits] remesa *f*

intangible [ɪn'tændʒɪbəl] adj intangible

integer ['ɪntɪdʒə(r)] n MATH (número *m*) entero *m*

integral ['ɪntɪgrəl] adj [essential] esencial ▸ **to be** *or* **form an ~ part of sth** formar parte integrante de algo ▸ MATH **~ calculus** cálculo *m* integral

integrate ['ɪntɪgreɪt] ■ vt integrar (**into** en)
■ vi integrarse

integrated ['ɪntɪgreɪtɪd] adj integrado(a)

integration [ɪntɪ'greɪʃən] n integración *f*

integrity [ɪn'tegrɪtɪ] n integridad *f*

intellect ['ɪntɪlekt] n intelecto *m*

intellectual [ɪntɪ'lektjʊəl] n & adj intelectual *mf*

intellectually [ɪntɪ'lektjʊəlɪ] adv intelectualmente, desde el punto de vista intelectual

intelligence [ɪn'telɪdʒəns] n **1.** [faculty] inteligencia *f* ▸ PSY **~ quotient** cociente *m* intelectual ▸ **~ test** test *m* de inteligencia **2.** [information] información *f* secreta ▸ **~ officer** agente *mf* de los servicios de inteligencia ▸ **~ service** servicio *m* de inteligencia

intelligent [ɪn'telɪdʒənt] adj inteligente

intelligentsia [ɪntelɪ'dʒensɪə] n intelectualidad *f*

intelligible [ɪn'telɪdʒɪbəl] adj inteligible

intemperate [ɪn'tempərət] adj [climate] riguroso(a) / [person, behaviour] inmoderado(a)

intend [ɪn'tend] vt **to ~ to do sth** tener la intención de hacer algo ▸ **to ~ sth for sb** [plan to give to] tener pensado dar algo a alguien ▸ **those comments were intended for you** esos comentarios iban por ti *or* destinados a ti ▸ **was that intended?** ¿ha sido a propósito? ▸ **it was intended as a joke/a compliment** pretendía ser una broma/un cumplido ▸ **I told her to do it, and I ~ to be obeyed** le dije que lo hiciera sin rechistar ▸ **I didn't ~ her to see it yet** no quería que ella lo viera todavía ▸ **a film intended for children** una película para niños *or* dirigida a los niños

intended [ɪn'tendɪd] ■ n *Old-fashioned or Hum* [future spouse] prometido(a) *m,f*
■ adj [consequence, outcome] deseado(a) / [insult, mistake] intencionado(a)

intense [ɪn'tens] adj intenso(a) / [person] muy serio(a)

intensely [ɪn'tenslɪ] adv [strongly, deeply] intensamente / [highly, extremely] enormemente

intensifier [ɪn'tensɪfaɪə(r)] n GRAM intensivo *m*, intensificador *m*

intensify [ɪn'tensɪfaɪ] ■ vt intensificar
■ vi intensificarse

intensity [ɪn'tensɪtɪ] n intensidad *f*

intensive [ɪn'tensɪv] adj intensivo(a) ▸ MED **~ care** cuidados *mpl* intensivos, *MÉX, RP* terapia *f* intensiva

intensively [ɪn'tensɪvlɪ] adv intensivamente

intent [ɪn'tent] ■ n intención *f* ▸ **to all intents and purposes** a todos los efectos
■ adj [look, expression] intenso(a), concentrado(a) ▸ **to be ~ on doing sth** estar empeñado(a) en hacer algo

intention [ɪn'tenʃən] n intención *f* ▸ **to have no ~ of doing sth** no tener ninguna intención de hacer algo ▸ **to have every ~ of doing sth** tener toda la intención de hacer algo

intentional [ɪn'tenʃənəl] adj intencionado(a)

intentionally [ɪn'tenʃənəlɪ] adv adrede, a propósito

intently [ɪn'tentlɪ] adv [to listen] atentamente / [to look at] intensamente

inter [ɪn'tɜː(r)] (pt & pp **interred**) vt enterrar

interact [ɪntə'rækt] vi [people] interrelacionarse (**with** con) / [factors, events] combinarse (**with** con) / COMPTR interactuar (**with** con)

interaction [ɪntə'rækʃən] n interacción *f*

interactive [ɪntə'ræktɪv] adj interactivo(a) ▸ COMPTR **~ CD** CD *m* interactivo ▸ **~ television** televisión *f* interactiva ▸ COMPTR ~ **video** vídeo *m or AM* video *m* interactivo

interbank [ˈɪntəbæŋk] adj interbancario(a)

intercede [ɪntəˈsiːd] vi interceder (**with/for** ante/por)

intercept [ɪntəˈsept] vt interceptar

interception [ɪntəˈsepʃən] n interceptación *f*

intercession [ɪntəˈseʃən] n intercesión *f*

interchange ■ n [ˈɪntətʃeɪndʒ] [exchange] intercambio *m* / [on motorway] enlace *m*, nudo *m* de carreteras
■ vt [ɪntəˈtʃeɪndʒ] intercambiar

interchangeable [ɪntəˈtʃeɪndʒəbəl] adj intercambiable

intercity [ˈɪntəˈsɪtɪ] adj *ESP* intercity *m* / *AM* interurbano *m*

intercom [ˈɪntəkɒm] n interfono *m*

intercommunicate [ɪntəkəˈmjuːnɪkeɪt] vi comunicarse

interconnect [ɪntəkəˈnekt] vt interconectar

intercontinental [ɪntəkɒntɪˈnentəl] adj intercontinental ▸ MIL ~ **ballistic missile** misil *m* balístico intercontinental

intercourse [ˈɪntəkɔːs] n **1.** **(sexual)** ~ coito *m*, cópula *f* **2.** *Formal* [dealings] trato *m* ▸ **social** ~ relaciones *fpl* sociales

interdependence [ˈɪntədɪˈpendəns] n interdependencia *f*

interdependent [ˈɪntədɪˈpendənt] adj interdependiente

interest [ˈɪntrest] ■ n **1.** [curiosity] interés *m* / [hobby] afición *f* ▸ **of** ~ de interés ▸ **to be of** ~ **to sb** interesar a alguien ▸ **to take an** ~ **in sth** interesarse por algo ▸ **to lose** ~ **(in sth)** perder el interés (por algo) **2.** [stake] interés *m* ▸ **to have an** ~ **in sth** [in general] tener interés en *or* por algo / FIN tener intereses *or* participación en algo **3.** [benefit] **to act in sb's interests** obrar en interés de alguien ▸ **the public** ~ el interés general *or* público ▸ **it's in my** ~ **to do it** me interesa hacerlo ▸ **in the interests of...** en pro de... **4.** FIN [on investment] interés *m* ▸ ~ **rate** tipo *m or AM* tasa *f* de interés
■ vt interesar ▸ **to** ~ **sb in sth** interesar a alguien en algo ▸ **to be interested in sth** estar interesado(a) en algo, interesarse por algo

interested [ˈɪntrestɪd] adj interesado(a)

interest-free [ˈɪntrestˈfriː] adj [loan, credit] sin intereses

interesting [ˈɪntrestɪŋ] adj interesante

interestingly [ˈɪntrestɪŋlɪ] adv de manera *or* forma interesante ▸ ~ **enough** curiosamente

interface [ˈɪntəfeɪs] n COMPTR interface *m*, interfaz *f*

interfere [ɪntəˈfɪə(r)] vi interferir, entrometerse (**in/with** en) ▸ **to** ~ **with a child** [sexually] realizar abusos deshonestos a un menor ▸ **he's always interfering** siempre está metiéndose donde no le importa ▸ **don't** ~ **with my papers** no enredes en mis papeles ▸ **to** ~ **with sth** [hinder] interferir en *or* afectar a algo

interference [ɪntəˈfɪərəns] n **1.** [meddling] intromisión *f* **2.** RAD & TV interferencia *f*

interfering [ɪntəˈfɪərɪŋ] adj entrometido(a)

interim [ˈɪntərɪm] ■ n **in the** ~ entre tanto, en el ínterin
■ adj [agreement, report] provisional, *AM* provisorio

interior [ɪnˈtɪərɪə(r)] ■ n interior *m*
■ adj interior ▸ ~ **decorator** interiorista *mf*, *AM* decorador(ora) *m,f* de interiores ▸ ~ **design** interiorismo *m*, decoración *f* de interiores ▸ **Secretary/Department of the Interior** Ministro(a)/Ministerio del Interior

interject [ɪntəˈdʒekt] vt interponer

interjection [ɪntəˈdʒekʃən] n interjección *f*

interlace [ɪntəˈleɪs] vt [entwine] entrelazar / [mix, intersperse] intercalar

interlocking [ɪntəˈlɒkɪŋ] adj interconectado(a)

interlocutor [ɪntəlɒˈkjuːtə(r)] n *Formal* interlocutor(ora) *m,f*

interloper [ˈɪntələʊpə(r)] n intruso(a) *m,f*

interlude [ˈɪntəluːd] n THEAT intermedio *m* / *Fig* intervalo *m*

intermarriage [ɪntəˈmærɪdʒ] n matrimonio *m* mixto *(entre personas de distintas razas, religiones o comunidades)*

intermarry [ɪntəˈmærɪ] vi casarse (entre sí) *(personas de diferente raza, religión o comunidad)* ▸ **Catholics and Protestants rarely intermarried** católicos y protestantes raras veces se casaban entre sí

intermediary [ɪntəˈmiːdɪərɪ] n intermediario(a) *m,f*, mediador(ora) *m,f*

intermediate [ɪntəˈmiːdɪət] adj intermedio(a)

interment [ɪnˈtɜːmənt] n *Formal* sepelio *m*

interminable [ɪnˈtɜːmɪnəbəl] adj interminable

interminably [ɪnˈtɜːmɪnəblɪ] adv interminablemente

intermingle [ɪntəˈmɪŋgəl] ■ vt mezclar (**with** con)
■ vi mezclarse (**with** con)

intermission [ɪntəˈmɪʃən] n CIN THEAT intermedio *m*, descanso *m*

intermittent [ɪntəˈmɪtənt] adj intermitente

intermittently [ɪntəˈmɪtəntlɪ] adv de forma intermitente, a intervalos

intern ■ n [ˈɪntɜːn] *US* MED médico(a) *m,f* interno(a) residente / COM [on work placement] becario(a) *m,f*
■ vt [ɪnˈtɜːn] recluir

internal [ɪnˈtɜːnəl] adj interno(a) ▸ FIN ~ **audit** auditoría *f* interna ▸ TECH ~ **combustion engine** motor *m* de combustión interna ▸ *US* ~ **medicine** medicina *f* interna ▸ *US* **the Internal Revenue Service** ≃ Hacienda, *ESP* ≃ la Agencia Tributaria

internalize [ɪnˈtɜːnəlaɪz] vt interiorizar, *AM* internalizar

internally [ɪnˈtɜːnəlɪ] adv internamente ▸ **not to be taken** ~ [on medicine container] para uso externo

international [ɪntəˈnæʃənəl] ■ n SPORT [player] (jugador(ora) *m,f*) internacional *mf* / [match] partido *m* internacional
■ adj internacional ▸ **International Court of Justice** Tribunal *m* Internacional de Justicia ▸ **International Criminal Court** Corte *f or* Tribunal *m* Penal International ▸ **International Date Line** línea *f* de cambio de fecha ▸ ~ **law** derecho *m* internacional ▸ FIN

International Monetary Fund Fondo *m* Monetario Internacional

internationalize [ɪntəˈnæʃənəlaɪz] vt internacionalizar ▸ **to become internationalized** internacionalizarse

internee [ɪntɜːˈniː] n recluso(a) *m,f*

Internet [ˈɪntənet] n COMPTR **the ~** Internet ▸ **~ address** dirección *f* de Internet ▸ **~ banking** banca *f* por Internet ▸ **~ connection** conexión *f* a Internet

internment [ɪnˈtɜːnmənt] n reclusión *f*

internship [ˈɪntɜːnʃɪp] n *US* MED *ESP* ≃ MIR *m, AM* internado *m*

interpersonal [ɪntəˈpɜːsənəl] adj interpersonal

interplay [ˈɪntəpleɪ] n interacción *f* (**of** de)

Interpol [ˈɪntəpɒl] n Interpol *f*

interpolate [ɪnˈtɜːpəleɪt] vt interpolar

interpose [ɪntəˈpəʊz] vt interponer (**between** entre)

interpret [ɪnˈtɜːprɪt] vt & vi interpretar

interpretation [ɪntɜːprɪˈteɪʃən] n interpretación *f*

interpretative [ɪnˈtɜːprɪtətɪv], ***interpretive*** [ɪnˈtɜːprɪtɪv] adj interpretativo(a) ▸ **~ centre** centro *m* de interpretación

interpreter [ɪnˈtɜːprɪtə(r)] n intérprete *mf*

interpretive ➤ ***interpretative***

interracial [ɪntəˈreɪʃəl] adj interracial

interrelated [ɪntərɪˈleɪtɪd] adj interrelacionado(a)

interrogate [ɪnˈterəgeɪt] vt interrogar

interrogation [ɪnterəˈgeɪʃən] n interrogatorio *m*

interrogative [ɪnteˈrɒgətɪv] ■ n GRAM [voice] forma *f* interrogativa / [word] interrogativo *m*
■ adj [look, tone] & GRAM interrogativo(a)

interrogator [ɪnˈterəgeɪtə(r)] n interrogador(ora) *m,f*

interrogatory [ɪntəˈrɒgətərɪ] adj interrogativo(a)

interrupt [ɪntəˈrʌpt] vt & vi interrumpir

interruption [ɪntəˈrʌpʃən] n interrupción *f*

intersect [ɪntəˈsekt] ■ vt [of street] cruzar, atravesar
■ vi cruzarse

intersection [ɪntəˈsektʃən] n [of roads] cruce *m*, intersección *f*

intersperse [ɪntəˈspɜːs] vt **to be interspersed with sth** estar salpicado(a) de algo

interstate [ɪntəˈsteɪt] ■ n *US* autopista *f (que une un estado con otro)*
■ adj entre estados

intertwine [ɪntəˈtwaɪn] vt entrelazar (**with** con), entretejer (**with** con) ▸ **his fate seemed to be intertwined with hers** sus destinos parecían estar entrelazados

interval [ˈɪntəvəl] n **1.** [of time, space] & MUS intervalo *m* ▸ **at regular intervals** a intervalos regulares ▸ **rainy weather with sunny intervals** tiempo lluvioso con intervalos soleados **2.** *BR* [at cinema] intermedio *m*, descanso *m* / [at theatre] entreacto *m*, intermedio *m*

intervene [ɪntəˈviːn] vi [person] intervenir / [event] sobrevenir

intervening [ɪntəˈviːnɪŋ] adj [years, months] mediante, transcurrido(a) / [miles] intermedio(a) ▸ **in the ~ period** en el ínterin

intervention [ɪntəˈvenʃən] n intervención *f*

interview [ˈɪntəvjuː] ■ n entrevista *f*
■ vt entrevistar

interviewee [ɪntəvjuːˈiː] n entrevistado(a) *m,f*

interviewer [ˈɪntəvjuːə(r)] n entrevistador(ora) *m,f*

intestate [ɪnˈtesteɪt] adv LAW **to die ~** morir intestado(a)

intestinal [ɪntesˈtaɪnəl] adj intestinal

intestine [ɪnˈtestaɪn] n ANAT intestino *m* ▸ **large/small ~** intestino grueso/delgado

intimacy [ˈɪntɪməsɪ] n [of relationship, atmosphere] intimidad *f* / *Euph* [sexual] relaciones *fpl* (sexuales)

intimate ■ n [ˈɪntɪmət] [close friend, associate] íntimo(a) *m,f*, allegado(a) *m,f*
■ adj [ˈɪntɪmət] [friend, restaurant] íntimo(a) ▸ **to be ~ with sb** [friendly] ser amigo(a) íntimo(a) de alguien / *Euph* [sexually] tener relaciones (sexuales) con alguien ▸ **to have an ~ knowledge of sth** conocer algo a fondo
■ vt [ˈɪntɪmeɪt] *Formal* dar a entender, sugerir

intimately [ɪnˈtɪmətlɪ] adv íntimamente

intimidate [ɪnˈtɪmɪdeɪt] vt intimidar ▸ **to ~ sb into doing sth** intimidar a alguien para que haga algo

intimidating [ɪnˈtɪmɪdeɪtɪŋ] adj [experience] imponente, aterrador(ora) / [person] avasallador(ora)

intimidation [ɪntɪmɪˈdeɪʃən] n intimidación *f*

into [ˈɪntʊ] prep **1.** [with motion, direction] en, dentro de ▸ **to go ~ a house** entrar en una casa *or AM* a una casa ▸ **to get ~ a car** subirse a un coche ▸ **she fell ~ the water** cayó al agua ▸ **the car crashed ~ a tree** el coche chocó contra un árbol **2.** [with change] en ▸ **to change ~ sth** convertirse en algo ▸ **to grow ~ a man** hacerse un hombre ▸ **to translate sth ~ English** traducir algo al

HOW TO...

express yourself in a job interview

Como puede ver en mi currículum... / As you can see from my CV...
Hace casi diez años que trabajo en la edición. / I've been working in publishing for almost ten years.
Pienso que tengo facilidad en el trato con la gente. / I think I'm good at dealing with people.
Me gusta trabajar en equipo. / I like working as part of a team.
¿En qué consiste el trabajo? / What does the job involve?
¿Quién es el responsable del departamento? / Who's in charge of the department?
¿Es un contrato indefinido? / Is it a permanent contract?
¿Cuál es el horario de trabajo? / What are the normal working hours?

inglés ▸ **to break sth ~ pieces** romper algo en pedazos **3.** [regarding] en relación con ▸ **an inquiry ~ the accident** una investigación sobre el accidente **4.** [with time] **rain continued to fall well ~ the summer** siguió lloviendo hasta bien entrado el verano **5.** MATH **three ~ six goes twice** seis entre tres cabe a dos **6.** *Fam* **she's really ~ folk music** le gusta *or ESP* va mucho la música folk ▸ **he's really ~ my sister** le gusta un montón *or ESP* mogollón *or MÉX* un chingo mi hermana

intolerable [ɪn'tɒlərəbəl] adj [heat, conditions] insoportable / [price, behaviour] intolerable

intolerably [ɪn'tɒlərəblɪ] adv [to behave] de un modo intolerable, muy mal

intolerance [ɪn'tɒlərəns] n intolerancia *f*

intolerant [ɪn'tɒlərənt] adj intolerante (**of** con)

intonation [ɪntə'neɪʃən] n entonación *f*

intone [ɪn'təʊn] vt decir solemnemente

intoxicated [ɪn'tɒksɪkeɪtɪd] adj [drunk] **to be ~** estar embriagado(a) *or* ebrio(a) ▸ *Fig* **~ with power** ebrio de poder

intoxication [ɪntɒksɪ'keɪʃən] n embriaguez *f*, ebriedad *f*

intractable [ɪn'træktəbəl] adj [person] intratable / [problem] arduo(a)

intranet ['ɪntrənet] n COMPTR intranet *f*

intransigence [ɪn'trænzɪdʒəns] n *Formal* intransigencia *f*

intransigent [ɪn'trænzɪdʒənt] adj *Formal* intransigente

intransitive [ɪn'trænzɪtɪv] adj GRAM intransitivo(a)

intrastate ['ɪntrə'steɪt] adj *US* intraestatal

intrauterine device ['ɪntrə'ju:tərаɪndɪ'vaɪs] n MED dispositivo *m* intrauterino, DIU *m*

intravenous ['ɪntrə'vi:nəs] adj MED **~ drip** gota a gota *m* ▸ **~ injection** inyección *f* intravenosa

intravenously ['ɪntrə'vi:nəslɪ] adv MED por vía intravenosa

in-tray ['ɪntreɪ] (pl **in-trays**) n = *bandeja de trabajos pendientes*

intrepid [ɪn'trepɪd] adj intrépido(a)

intricacy ['ɪntrɪkəsɪ] n complejidad *f*, complicación *f* ▸ **the intricacies of...** los entresijos de...

intricate ['ɪntrɪkət] adj intrincado(a), complicado(a)

intricately ['ɪntrɪkətlɪ] adv intrincadamente, con gran complejidad

intrigue ■ n ['ɪntri:g] intriga *f*
■ vt [ɪn'tri:g] [interest] intrigar
■ vi [conspire] intrigar, conspirar (**against** contra)

intriguing [ɪn'tri:gɪŋ] adj intrigante

intriguingly [ɪn'tri:gɪŋlɪ] adv curiosamente

intrinsic [ɪn'trɪnsɪk] adj intrínseco(a)

intrinsically [ɪn'trɪnsɪklɪ] adv intrínsecamente

introduce [ɪntrə'dju:s] vt **1.** [person] presentar ▸ **to ~ oneself** presentarse ▸ **allow me to ~ you to Mr Black** permítame presentarle al Sr. Black ▸ **to ~ sb to sth** introducir *or* iniciar a alguien en algo **2.** [reform, practice] introducir ▸ **this custom was introduced by missionaries** esta costumbre la trajeron los misioneros

introduction [ɪntrə'dʌkʃən] n **1.** [in general] introducción *f* **2.** [of person] presentación *f* ▸ **to make the introductions** hacer las presentaciones

introductory [ɪntrə'dʌktərɪ] adj introductorio(a) ▸ COM **~ price/offer** precio *m*/oferta *f* de lanzamiento

introspection [ɪntrə'spekʃən] n introspección *f*

introspective [ɪntrə'spektɪv] adj introspectivo(a)

introvert ['ɪntrəvɜ:t] n introvertido(a) *m,f*

introverted [ɪntrə'vɜ:tɪd] adj introvertido(a)

intrude [ɪn'tru:d] vi **1.** [impose oneself] **to ~ on sb** molestar *or* importunar a alguien ▸ **I hope I'm not intruding** espero no molestar **2.** [interfere] **her work intrudes on her family life** el trabajo invade su vida familiar ▸ **to ~ on sb's privacy** perturbar *or* invadir la intimidad de alguien

intruder [ɪn'tru:də(r)] n intruso(a) *m,f*

intrusion [ɪn'tru:ʒən] n intromisión *f*

intrusive [ɪn'tru:sɪv] adj molesto(a), importuno(a)

intuition [ɪntju:'ɪʃən] n intuición *f*

intuitive [ɪn'tju:ɪtɪv] adj intuitivo(a)

Inuit ['ɪnʊɪt] n & adj inuit *mf*, esquimal *mf*

HOW TO...

introduce yourself and other people

Introducing oneself

Permítame que me presente. Me llamo Miguel. / Allow me to introduce myself, I'm Miguel.

Hola, soy Miguel. / Hello, I'm Miguel.

Creo que no nos conocemos, ¿verdad? / I don't think we've met, have we?

Introducing others

Voy a hacer las presentaciones. / Let me do the introductions.

¿Os conocéis/Se conocen todos? / Does everyone know each other?

Permítame presentarle al señor Solano. / Allow me to introduce Mr Solano.

Cristina, te presento al señor Castrillón. / Cristina, I'd like you to meet Mr Castrillón.

Cristina, creo que aún no conoces al señor Castrillón. / Cristina, I don't think you've met Mr Castrillón.

Marcos, (ésta es) Ana; Ana, (éste es) Marcos. / Marcos, (this is) Ana; Ana, (this is) Marcos.

Responding to introductions

Encantado (de conocerle)./Mucho gusto. / Pleased to meet you.

Es un placer conocerle. / Pleased to meet you.

Me alegro de conocerle. / Nice to meet you.

Creo que ya nos hemos visto antes, ¿no? / I think we've met before, haven't we?

Perdone, no he entendido su nombre. / I'm sorry, I didn't quite catch your name.

inundate ['ɪnʌndeɪt] vt *also Fig* inundar (**with** de)

invade [ɪn'veɪd] vt invadir ▸ **to ~ sb's privacy** perturbar *or* invadir la intimidad de alguien

invader [ɪn'veɪdə(r)] n invasor(ora) *m,f*

invalid¹ [ɪn'vælɪd] adj [document, argument] nulo(a)

invalid² ['ɪnvəlɪd] n [disabled person] inválido(a) *m,f* ▸ **I'm not an ~!** ¡no soy ningún inválido!

invalidate [ɪn'vælɪdeɪt] vt [theory] invalidar / [document, contract] anular, invalidar

invalidity [ɪnvə'lɪdɪtɪ] n [of person] invalidez *f* ▸ *BR* **~ benefit** pensión *f* por invalidez transitoria

invaluable [ɪn'væljʊəbəl] adj inestimable, inapreciable ▸ **to be ~ for sth/to sb** ser de gran valor para algo/para alguien

invariable [ɪn'veərɪəbəl] adj invariable

invariably [ɪn'veərɪəblɪ] adv invariablemente

invasion [ɪn'veɪʒən] n invasión *f*

invasive [ɪn'veɪsɪv] adj MED invasivo(a)

invective [ɪn'vektɪv] n invectivas *fpl*

inveigh [ɪn'veɪ] vi *Formal* **to ~ against** lanzar invectivas contra

inveigle [ɪn'veɪgəl] vt **to ~ sb into doing sth** engatusar a alguien para que haga algo

invent [ɪn'vent] vt inventar

invention [ɪn'venʃən] n **1.** [action] invención *f* / [thing invented] invento *m,* invención *f* / [lie] invención *f* **2.** [creativity] inventiva *f*

inventive [ɪn'ventɪv] adj [creative] inventivo(a), imaginativo(a) / [ingenious] ingenioso(a)

inventiveness [ɪn'ventɪvnəs] n inventiva *f*

inventor [ɪn'ventə(r)] n inventor(ora) *m,f*

inventory ['ɪnventərɪ] n [list] inventario *m* / [stock] existencias *fpl*

inverse [ɪn'vɜːs] adj inverso(a)

inversion [ɪn'vɜːʃən] n inversión *f*

invert [ɪn'vɜːt] vt invertir

invertebrate [ɪn'vɜːtɪbrɪt] ■ n invertebrado *m*
■ adj invertebrado(a)

inverted [ɪn'vɜːtɪd] adj invertido(a) ▸ **~ commas** comillas *fpl* ▸ **in ~ commas** entre comillas ▸ **~ snob** = *persona que busca identificarse con una clase social inferior a la suya*

invest [ɪn'vest] ■ vt **1.** [money, time] invertir (**in** en) **2.** *Formal* [confer on] **to ~ sb with sth** investir a alguien con algo
■ vi invertir (**in** en)

investigate [ɪn'vestɪgeɪt] vt investigar

investigation [ɪnvestɪ'geɪʃən] n investigación *f*

investigative [ɪn'vestɪgətɪv] adj de investigación, investigador(ora) ▸ **~ journalism** periodismo *m* de investigación

investigator [ɪn'vestɪgeɪtə(r)] n investigador(ora) *m,f*

investigatory [ɪn'vestɪgeɪtərɪ] adj de investigación

investment [ɪn'vestmənt] n FIN inversión *f* ▸ **~ account** cuenta *f* de inversiones ▸ **~ analyst** analista *mf* financiero(a) *or* de inversiones ▸ **~ bank** banco *m* de inversiones ▸ **~ income** rendimientos *mpl (de una inversión)* ▸ **~ trust** sociedad *f or* fondo *m* de inversión

investor [ɪn'vestə(r)] n inversor(ora) *m,f*

inveterate [ɪn'vetərɪt] adj [gambler, smoker, reader] empedernido(a) / [liar] redomado(a)

invidious [ɪn'vɪdɪəs] adj [choice, comparison] odioso(a) ▸ **to be in an ~ position** estar en una posición ingrata

invigilate [ɪn'vɪdʒɪleɪt] vt & vi *BR* vigilar

invigilator [ɪn'vɪdʒɪleɪtə(r)] n *BR* [in exam] vigilante *mf*

invigorating [ɪn'vɪgəreɪt] adj [bath, air] tonificante / [walk] vigorizante

invincibility [ɪnvɪnsɪ'bɪlɪtɪ] n invencibilidad *f*

invincible [ɪn'vɪnsɪbəl] adj invencible

inviolable [ɪn'vaɪələbəl] adj *Formal* inviolable

inviolate [ɪn'vaɪələt] adj *Formal* inviolado(a)

invisibility [ɪnvɪzɪ'bɪlɪtɪ] n invisibilidad *f*

invisible [ɪn'vɪzɪbəl] adj invisible ▸ FIN **~ assets** activos *mpl* invisibles *or* intangibles ▸ FIN **~ earnings** (ganancias *fpl*) invisibles *mpl* ▸ **~ ink** tinta *f* simpática *or* invisible

invitation [ɪnvɪ'teɪʃən] n invitación *f*

invite ■ vt [ɪn'vaɪt] **1.** [guest] invitar ▸ **to ~ sb in/up** invitar a alguien a entrar/subir **2.** [request] **to ~ sb to do sth** invitar a alguien a que haga algo ▸ **applications are invited for the post of...** se admiten candidaturas para el puesto de... **3.** [trouble, criticism] buscarse, provocar
■ n ['ɪnvaɪt] *Fam* invitación *f*

inviting [ɪn'vaɪtɪŋ] adj atractivo(a) / [meal] apetecible, apetitoso(a)

in vitro fertilization [ɪn'viːtrəʊfɜːtɪlaɪ'zeɪʃən] n fertilización *f or* fecundación in vitro

invoice ['ɪnvɔɪs] COM ■ n factura *f* ▸ **to make out an ~** extender *or* hacer una factura
■ vt [goods] facturar / [person, company] mandar la factura a

invoke [ɪn'vəʊk] vt *Formal* invocar

involuntarily [ɪn'vɒləntərəlɪ, 'ɪnvɒlən'teərəlɪ] adv involuntariamente ▸ **she smiled ~** sonrió sin querer

involuntary [ɪn'vɒlʌntərɪ] adj involuntario(a)

involve [ɪn'vəʊlv] vt **1.** [implicate, concern] **to ~ sb in sth** implicar *or* involucrar a alguien en algo ▸ **this doesn't ~ you** esto no tiene nada que ver contigo ▸ **we try to ~ the parents in the running of the school** intentamos que los padres participen en el manejo de la escuela **2.** [entail] [work, expense] entrañar, implicar

> CAREFUL! / ¡CUIDADO!
> **involve**
>
> When translating *involve*, note that both **implicar** and **involucrar** have implications of deception, difficulty or a problem. Where the sense is simply "not leave on the sidelines", a translation using **participar** is often preferrable.

involved [ɪn'vəʊlvd] adj **1.** [implicated] **to be ~ in sth** [crime, affair] estar implicado(a) *or* involucrado(a) en algo ▸ **to be ~ in an accident** verse envuelto(a) en un accidente ▸ **to be ~ in teaching/banking** dedicarse a la enseñanza/la banca **2.** [emotionally] **to be/get ~ with sb** tener una relación (sentimental) con alguien **3.** [engrossed] **to get ~ in a book/film** enfrascarse en un libro/una película **4.** [complicated] complicado(a), embrollado(a)

involvement [ɪn'vəʊlvmənt] n **1.** [participation] participación *f* (**in** en) / [role] relación *f* (**in** con) **2.** [commitment] implicación *f,* compromiso *m*

invulnerable [ɪn'vʌlnərəbəl] adj invulnerable

inward ['ɪnwəd] ■ adj [thoughts] interno(a), interior / [motion] hacia dentro ▸ ECON **~ investment** inversión *f* del exterior
■ adv ➤ ***inwards***

inward-looking [ɪnwəd'lʊkɪŋ] adj [person] introvertido(a) / [community] cerrado(a)

inwards ['ɪnwədz] adv hacia dentro

in-your-face ['ɪnjɔ:'feɪs] adj *Fam* [style] descarado(a) / [movie, advert] impactante, fuerte

IOC [aɪəʊ'si:] n (abbr ***International Olympic Committee***) COI *m,* Comité *m* Olímpico Internacional

iodine ['aɪədi:n] n CHEM yodo *m*

ion ['aɪən] n ion *m*

Ionian [aɪ'əʊnɪən] n **the ~ (Sea)** el mar Jónico

ionize ['aɪənaɪz] vt ionizar

iota [aɪ'əʊtə] n ápice *m* ▸ **not an ~ of truth** ni un ápice de verdad

IOU [aɪəʊ'ju:] n [= I owe you] pagaré *m*

IP [aɪ'pi:] n COMPTR (abbr ***Internet Protocol***) **IP address** dirección *f* IP

IPA [aɪpi:'eɪ] n LING (abbr ***International Phonetic Alphabet***) AFI *m,* Alfabeto *m* Fonético Internacional

IQ [aɪ'kju:] n PSY (abbr ***intelligence quotient***) cociente *m* intelectual

IRA [aɪ'ɑ:'reɪ] n *BR* (abbr ***Irish Republican Army***) IRA *m,* Ejército *m* Republicano Irlandés

Iran [ɪ'rɑ:n] n Irán

Iranian [ɪ'reɪnɪən] n & adj iraní *mf*

Iraq [ɪ'rɑ:k] n Irak, Iraq

Iraqi [ɪ'rɑ:kɪ] n & adj iraquí *mf,* irakí *mf*

irascible [ɪ'ræsɪbəl] adj irascible

irate [aɪ'reɪt] adj airado(a), furioso(a)

ire ['aɪə(r)] n *Literary* ira *f*

Ireland ['aɪələnd] n Irlanda

iridium [ɪ'rɪdɪəm] n CHEM iridio *m*

iris ['aɪrɪs] n [of eye] iris *m inv* / [flower] lirio *m*

Irish ['aɪrɪʃ] ■ npl [people] **the ~** los irlandeses
■ n [language] irlandés *m*
■ adj irlandés(esa) ▸ **~ coffee** café *m* irlandés ▸ **the ~ Sea** el Mar de Irlanda ▸ **~ stew** guiso *m* de carne con *ESP* patatas *or AM* papas

Irishman ['aɪrɪʃmən] n irlandés *m*

Irishwoman ['aɪrɪʃwʊmən] n irlandesa *f*

irk [ɜ:k] vt fastidiar, irritar ▸ **I was irked by his attitude** me fastidiaba *or* irritaba su actitud

irksome ['ɜ:ksəm] adj molesto(a), irritante

iron ['aɪən] ■ n **1.** [metal] hierro *m* ▸ **made of ~** de hierro ▸ **the ~ and steel industry** la industria siderúrgica ▸ **he has an ~ constitution** está hecho(a) un roble ▸ **a will of ~** una voluntad de hierro ▸ **~ discipline** disciplina *f* férrea ▸ **the Iron Age** la Edad del Hierro ▸ **the Iron Curtain** el telón de acero, *AM* la cortina de hierro ▸ MED **~ lung** pulmón *m* de acero ▸ **~ ore** mineral *m or* mena *f* de hierro **2.** [for clothes] plancha *f* ▸ *Fig* **to have several irons in the fire** andar metido(a) en muchos asuntos **3.** [in golf] hierro *m*
■ vt & vi [clothes] planchar

◆ ***iron out*** vt sep [problem, difficulty] allanar, solventar

ironic(al) [aɪ'rɒnɪk(əl)] adj irónico(a)

ironing ['aɪənɪŋ] n planchado *m, AM* planchada *f* ▸ **to do the ~** planchar ▸ **~ board** tabla *f* de planchar

ironmonger ['aɪənmʌngə(r)] n *BR* ferretero(a) *m,f* ▸ **ironmonger's (shop)** ferretería *f*

HOW TO...

make and reply to invitations

Inviting someone

Estamos organizando un cóctel de bienvenida. Esperamos que puedan asistir. / We're organizing a welcome drinks party. We hope you'll be able to join us.

¿Estas libre para comer un día de la semana que viene? / Are you free for lunch one day next week?

¿Quieres venir a tomar una copa con nosotros después del trabajo? / Would you like to come for a drink with us after work?

¿Qué te parece si organizamos una cena? / Why don't we arrange to have dinner some time?

¿Por qué no te vienes a París con nosotros? / Why don't you come to Paris with us?

Me gustaría invitarte a un café esta tarde, si estás disponible/tienes tiempo. / I'd like to take you out for a coffee this afternoon, if you're free/you have time.

Replying to an invitation

Me encantaría. / Thanks, I'd love to

Sí, cuenta con nosotros. / Yes, we'll be there.

Sí, qué buena idea. Se lo voy a decir. / That's a lovely idea. I'll mention it to her.

¿En serio?, ¿estás seguro de que no te importa/molesta? / Really? Are you sure it's no trouble?

Muchas gracias, pero el caso es que ya tengo algo previsto/ya tengo otros planes... / Thanks for asking, but I've already made other plans...

Eres muy amable, pero esta tarde no puedo. Tengo muchísimo trabajo. / That's very kind of you, but I'm afraid I can't this afternoon. I've got loads of work to do.

No sé si voy a poder... / I'm not sure I can make it...

irony ['aɪrənɪ] n ironía *f* ▸ **the ~ is that...** lo paradójico del asunto es que...

irrational [ɪ'ræʃənəl] adj irracional

irrationality [ɪræʃə'nælɪtɪ] n irracionalidad *f*

irrationally [ɪ'ræʃənəlɪ] adv irracionalmente

irreconcilable [ɪrekən'saɪləbəl] adj irreconciliable

irrecoverable [ɪrɪ'kʌvərəbəl] adj irrecuperable

irredeemable [ɪrɪ'di:məbəl] adj [fault, situation] irremediable

irrefutable [ɪrɪ'fju:təbəl] adj irrefutable

irregular [ɪ'regjʊlə(r)] adj irregular

irregularity [ɪregjʊ'lærɪtɪ] n irregularidad *f*

irrelevance [ɪ'reləvəns], ***irrelevancy*** [ɪ'reləvənsɪ] n falta *f* de pertinencia

irrelevant [ɪ'reləvənt] adj carente de pertinencia ▸ **an ~ objection/remark** una objeción/un comentario que no viene al caso ▸ **that's ~** eso no viene al caso

irreligious [ɪrɪ'lɪdʒəs] adj irreligioso(a), impío(a)

irremediable [ɪrɪ'mi:dɪəbəl] adj *Formal* irreparable, irremediable

irreparable [ɪ'repərəbəl] adj irreparable

irreplaceable [ɪrɪ'pleɪsəbəl] adj irreemplazable

irrepressible [ɪrɪ'presɪbəl] adj irreprimible

irreproachable [ɪrɪ'prəʊtʃəbəl] adj irreprochable, intachable

irresistible [ɪrɪ'zɪstɪbəl] adj irresistible

irresistibly [ɪrɪ'zɪstɪblɪ] adv irresistiblemente

irresolute [ɪ'rezəlu:t] adj *Formal* irresoluto(a)

irrespective of [ɪrɪ'spektɪvəv] adv independientemente de

irresponsible [ɪrɪ'spɒnsɪbəl] adj irresponsable

irretrievable [ɪrɪ'tri:vəbəl] adj [loss, money] irrecuperable / [mistake, situation, damage] irreparable, irremediable

irretrievably [ɪrɪ'tri:vəblɪ] adv *Formal* irremediablemente, de forma irremediable

irreverence [ɪ'revərəns] n irreverencia *f*, falta *f* de respeto

irreverent [ɪ'revərənt] adj irreverente

irreversible [ɪrɪ'vɜ:sɪbəl] adj [decision, process] irreversible

irrevocable [ɪ'revəkəbəl] adj irrevocable

irrigate ['ɪrɪgeɪt] vt regar

irrigation [ɪrɪ'geɪʃən] n riego *m*, irrigación *f* ▸ **~ canal** *or* **ditch** acequia *f*

irritable ['ɪrɪtəbəl] adj irritable ▸ MED **~ bowel syndrome** colon *m* irritable

irritably ['ɪrɪtəblɪ] adv con irritación, irritadamente

irritant ['ɪrɪtənt] n [to eyes, skin] agente *m* irritante / [to person, government] molestia *f*

irritate ['ɪrɪteɪt] vt [annoy] irritar, fastidiar / MED irritar

irritated ['ɪrɪteɪtɪd] adj [gen] & MED irritado(a) ▸ **don't get ~!** *ESP* ¡no te enfades!, *AM* ¡no te enojes!

irritating ['ɪrɪteɪtɪŋ] adj irritante, exasperante

irritation [ɪrɪ'teɪʃən] n irritación *f* ▸ **I discovered, to my intense ~, that...** me irritó profundamente descubrir que...

IRS [aɪɑ:'res] n *US* (abbr ***Internal Revenue Service***) **the ~** Hacienda, *ESP* ≃ la Agencia Tributaria, *MÉX* ≃ el Servicio de Administración Tributaria

is [ɪz] 3rd person singular *of* ***be***

ISA ['aɪsə] n *BR* (abbr ***individual savings account***) ≃ cuenta *f* de ahorro personal

ISBN [aɪes:bi:'en] n (abbr ***International Standard Book Number***) ISBN *m*

ISDN [aɪesdi:'en] n COMPTR (abbr ***integrated services digital network***) RDSI *f* ▸ **ISDN modem** módem *m* RDSI

Islam ['ɪzlɑ:m] n (el) Islam

Islamic [ɪz'læmɪk] adj islámico(a)

island ['aɪlənd] n [in sea, river] isla *f* / [in road] isleta *f*

islander ['aɪləndə(r)] n isleño(a) *m,f*

isle [aɪl] n isla *f* ▸ **the Isle of Man** la isla de Man ▸ **the Isle of Wight** la isla de Wight

isn't ['ɪzənt] ➤ ***is not***

ISO [aɪes'əʊ] n (abbr ***International Standards Organization***) ISO *f*, Organización *f* Internacional de Normalización

isobar ['aɪsəʊbɑ:(r)] n isobara *f*

isolate ['aɪseleɪt] vt aislar (**from** de)

isolated ['aɪseleɪtɪd] adj aislado(a) ▸ **to be ~ (from)** estar aislado (de)

isolation [aɪse'leɪʃən] n aislamiento *m* ▸ **to deal with sth in ~** tratar algo aisladamente ▸ MED **~ ward** pabellón *m* de enfermedades infecciosas

isosceles [aɪ'sɒsɪli:z] adj isósceles ▸ **~ triangle** triángulo *m* isósceles

isotope ['aɪsətəʊp] n PHYS isótopo *m*

Israel ['ɪzreɪəl] n Israel

Israeli [ɪz'reɪlɪ] n & adj israelí *mf*

Israelite ['ɪzrəlaɪt] n HIST israelita *mf*

issue ['ɪʃu:] ■ n **1.** [topic] tema *m*, cuestión *f* ▸ **the issues of the day** los temas de actualidad ▸ **that's not the ~** no se trata de eso ▸ **to avoid the ~** evitar el tema ▸ **to confuse the ~** complicar el asunto ▸ **to make an ~ of sth** sacar algo de quicio ▸ **at ~** en cuestión ▸ **to take ~ with sb** discrepar de alguien **2.** [of banknotes, stamps] emisión *f* **3.** [of magazine] número *m* **4.** *Formal* [offspring] descendencia *f* ▸ LAW **to die without ~** morir sin dejar descendencia

■ vt [banknote, stamp] emitir, poner en circulación / [order] dar ▸ **to ~ sb with sth** proporcionar algo a alguien ▸ **to ~ a statement** emitir un comunicado ▸ LAW **to ~ a summons** enviar una citación judicial

■ vi *Formal* [blood] manar (**from** de) / [noise] surgir (**from** de) / [smoke] brotar (**from** de)

Istanbul [ɪstæn'bʊl] n Estambul

isthmus ['ɪsməs] n istmo *m*

IT [aɪ'ti:] n COMPTR (abbr ***information technology***) informática *f*

it [ɪt] pron **1.** [subject] [usually omitted in Spanish] **it is red** es rojo(a) ▸ **it escaped** se escapó **2.** [direct object] lo *m*, la *f* ▸ **I don't want it** no lo/la quiero ▸ **give it to him**

dáselo **3.** [indirect object] le ▸ **give it something to eat** dale algo de comer **4.** [prepositional object] [masculine] él / [feminine] ella / [referring to uncountable nouns] ello ▸ **from it** de él/ella/ello ▸ **with it** con él/ella/ello ▸ **I don't want to talk about it** no quiero hablar de ello ▸ **put some newspaper under it** pon papel de periódico debajo **5.** [impersonal subject] **it's raining** está lloviendo, llueve ▸ **it's ten o'clock** son las diez (en punto) ▸ **it's cold today** hoy hace frío **6.** [as complement of verb **to be**] **who is it?** ¿quién es? ▸ **that's it for today** eso es todo por hoy

Italian [ɪ'tælɪən] ■ n **1.** [person] italiano(a) *m,f* **2.** [language] italiano *m* ▸ **~ class/teacher** clase *f*/ profesor(ora) *m,f* de italiano
■ adj italiano(a)

italic [ɪ'tælɪk] n TYP **italic(s)** cursiva *f* ▸ **in italics** en cursiva

italicize [ɪ'tælɪsaɪz] vt poner en cursiva

Italy ['ɪtəlɪ] n Italia

itch [ɪtʃ] ■ n picor *m* ▸ *Fig* **to have an ~ to do sth** tener muchas ganas de hacer algo
■ vi picar ▸ **my leg is itching** me pica la pierna ▸ *Fig* **to be itching to do sth** tener muchas ganas de hacer algo

itching ['ɪtʃɪŋ] n picor *m* ▸ **~ powder** polvos *mpl* (de) picapica

itchy ['ɪtʃɪ] adj **I've got an ~ hand, my hand's ~** me pica la mano ▸ *Fig* **to have ~ feet** tener muchas ganas de viajar

it'd ['ɪtəd] ➤ ***it would, it had***

item ['aɪtəm] n [in collection] artículo *m* / [on list, agenda] punto *m* / JOURN noticia *f* ▸ **an ~ of clothing** una prenda de vestir ▸ **personal items** objetos *mpl* personales ▸ *Fam* **they're an ~** llevan un montón de tiempo (saliendo) juntos

itemize ['aɪtəmaɪz] vt [contents] hacer una lista de / [bill] detallar

iterative ['ɪtərətɪv] adj COMPTR iterativo(a)

itinerant [ɪ'tɪnərənt] adj ambulante, itinerante

itinerary [aɪ'tɪnərərɪ] n itinerario *m*

it'll ['ɪtəl] ➤ ***it will***

ITN [aɪtiː'en] n *BR* (abbr ***Independent Television News***) = *servicio de noticias del canal privado de televisión ITV*

its [ɪts] possessive adj **1.** [singular] su / [plural] sus ▸ **the lion returned to ~ den** el león volvió a su guarida **2.** [for parts of body, clothes] **the bear hurt ~ paw** el oso se hizo daño en la zarpa ▸ **the plane lost one of ~ engines** el avión perdió uno de los motores

it's [ɪts] ➤ ***it is, it has***

itself [ɪt'self] pron **1.** [reflexive] se ▸ **the dog hurt ~** el perro se hizo daño **2.** [emphatic] **this method is simplicity ~** este método es la sencillez misma ▸ **the town ~ isn't very interesting** la ciudad en sí (misma) no es muy interesante **3.** [after preposition] **by/in ~** por/ en sí mismo(a)

ITV [aɪtiː'viː] n *BR* (abbr ***Independent Television***) = *canal privado de televisión británico*

IUD [aɪjuː'diː] n MED (abbr ***intra-uterine device***) DIU *m*, dispositivo *m* intrauterino

I've [aɪv] ➤ ***I have***

IVF [aɪviː'ef] n MED (abbr ***in vitro fertilization***) fertilización *f* in vitro

ivory ['aɪvərɪ] n [substance] marfil *m* / [colour] color *m* marfil ▸ **the Ivory Coast** la Costa de Marfil ▸ *Fig* **~ tower** torre *f* de marfil

ivy ['aɪvɪ] n [plant] hiedra *f* ▸ *US* **Ivy League** = *grupo de universidades de gran prestigio del nordeste de Estados Unidos*

CULTURE / CULTURA

Ivy League

Así se denomina a un grupo de ocho universidades del nordeste de los Estados Unidos: Brown, Columbia, Cornell, Dartmouth, Harvard, la Universidad de Pensilvania, Princeton y Yale. Estas ocho universidades se encuentran entre las más prestigiosas del país. Aunque originalmente el cometido de la **Ivy League** era el de promover encuentros deportivos entre las universidades que la componen, ha acabado por convertirse en sinónimo de una educación de prestigio, altamente competitiva y reservada a una élite.

J, j [dʒeɪ] n [letter] J, j *f*

J ELEC (abbr ***Joule(s)***) J

jab [dʒæb] ■ n **1.** [with elbow] codazo *m* / [with finger] movimiento *m* seco / [in boxing] golpe *m* corto **2.** *BR Fam* [injection] inyección *f*, pinchazo *m*
■ vt (pt & pp **jabbed**) **he jabbed her in the leg with a pencil** le clavó un lápiz en la pierna ▸ **to ~ a finger at sb** señalar a alguien con el dedo

jabber ['dʒæbə(r)] vi *Fam* parlotear

Jack [dʒæk] n [diminutive of **John**] **~ Frost** la escarcha, la helada ▸ *BR Fam* **an "I'm all right, ~" attitude** una actitud de "ande yo caliente..."

jack [dʒæk] n **1.** [person] **every man ~ of them** todo quisque ▸ **he is a ~ of all trades** hace *or* sabe hacer un poco de todo **2.** [for car] gato *m* **3.** [in cards] jota *f* / [in Spanish cards] sota *f* **4.** ELEC [plug] clavija *f* / [socket] clavijero *m* **5. ~ rabbit** [North American hare] liebre *f* americana

◆ ***jack in*** vt sep *BR Fam* [job] dejar

◆ ***jack up*** vt sep *Fam* [price, salaries] subir

jackal ['dʒækəl] n chacal *m*

jackass ['dʒækæs] n **1.** [male donkey] burro *m*, asno *m* **2.** *Fam* [person] burro(a) *m,f*, animal *mf*

jackboot ['dʒækbu:t] n bota *f* militar ▸ *Fig* **under the ~ of a military dictatorship** bajo el yugo de una dictadura militar

jackdaw ['dʒækdɔ:] n grajilla *f*

jacket ['dʒækɪt] n **1.** [coat] [formal] chaqueta *f*, americana *f*, *AM* saco *m* / [casual] cazadora *f*, *CSUR* campera *f*, *MÉX* chamarra *f* ▸ **~ potatoes** *ESP* patatas *fpl or AM* papas *fpl* asadas *(con piel)* **2.** [of book] sobrecubierta *f* **3.** [of boiler] funda *f*

jackhammer ['dʒækhæmə(r)] n martillo *m* neumático

jack-in-the-box ['dʒækɪnðəbɒks] n caja *f* sorpresa

jackknife ■ ['dʒæknaɪf] n navaja *f*
■ vi [articulated lorry] hacer la tijera, derrapar por el remolque

jack-o'-lantern ['dʒækə'læntən] n *US* [Hallowe'en lantern] = *farolillo hecho con una calabaza hueca y una vela dentro*

jackpot ['dʒækpɒt] n [in lottery] (premio *m*) gordo *m* ▸ **he hit** *or* **won the ~** le tocó el gordo

Jacobean [dʒækə'bɪən] adj jacobino(a), = *relativo al periodo del reinado de Jacobo I de Inglaterra (1603-1625)*

Jacobite ['dʒækəbaɪt] n & adj jacobita *mf*

Jacuzzi® [dʒə'ku:zɪ] n jacuzzi® *m*

jade [dʒeɪd] ■ n [stone] jade *m* / [colour] verde *m* jade
■ adj [colour] verde jade

jaded ['dʒeɪdɪd] adj [tired] agotado(a) / [bored] harto(a), hastiado(a)

jag [dʒæg] n *Fam* **1. to go on a (drinking) ~** ir de borrachera ▸ **he had a crying ~** le dio la llorera **2.** *BR* [injection] pinchazo *m*

jagged ['dʒægɪd] adj [coastline] accidentado(a) / [crest] escarpado(a) / [blade] dentado(a)

jaguar *BR* ['dʒægjʊə(r), *US* 'dʒægwɑ:(r)] n jaguar *m*

jail [dʒeɪl] ■ n cárcel *f* ▸ **to be in ~** estar en la cárcel ▸ **to go to ~** ir a la cárcel
■ vt encarcelar

jailbait ['dʒeɪlbeɪt] n *very Fam* **she's ~** es menor y puede meterte en líos

jailbird ['dʒeɪlbɜ:d] n *Fam* preso(a) *m,f* reincidente

jailbreak ['dʒeɪlbreɪk] n fuga *f*, evasión *f*

jailer, jailor ['dʒeɪlə(r)] n carcelero(a) *m,f* / [of hostages] captor(ora) *m,f*

jailhouse ['dʒeɪlhaʊs] n *US* cárcel *f*

jailor ➤ ***jailer***

Jakarta [dʒə'kɑ:tə] n Yakarta

jalop(p)y [dʒə'lɒpɪ] n *Fam* cacharro *m*, cafetera *f*

jam[1] ■ [dʒæm] n **1.** [crowd] [of people] muchedumbre *f*, multitud *f* ▸ **traffic ~** atasco *m*, embotellamiento *m* **2.** *Fam* [difficult situation] **to be in/get into a ~** estar/meterse en un aprieto **3.** [improvised performance] **~ (session)** jam-session *f*

■ vt (pt & pp **jammed**) **1.** [pack tightly] [objects] embutir (**into** en) / [container] atestar (**with** de) ▸ **traffic jammed the streets** el tráfico colapsaba las calles **2.** [block] [radio broadcast, station] provocar interferencias en / [switchboard] bloquear ▸ **the drawer is jammed** el cajón se ha atascado ▸ **he jammed the window open** atrancó la ventana para que se quedara abierta

■ vi **1.** [drawer, machine] atascarse, *AM* trancarse ▸ **people jammed into the hall** la gente abarrotaba la sala **2.** MUS improvisar *(con un grupo)*

jam [2] n [fruit preserve] mermelada *f* ▸ **~ jar** tarro *m* de mermelada ▸ **~ tart** pastel *m or COL, CSUR* torta *f* de confitura

◆ ***jam on*** vt sep **to ~ on the brakes** frenar en seco

Jamaica [dʒə'meɪkə] n Jamaica

Jamaican [dʒə'meɪkən] n & adj jamaicano(a) *m,f*

jamb [dʒæm] n [side post of door] jamba *f*

jamboree [dʒæmbə'riː] n [scouts' meeting] encuentro *m* de boy-scouts / *Fam* [celebration] jolgorio *m,* fiesta *f*

jamming ['dʒæmɪŋ] n RAD interferencias *fpl*

jammy ['dʒæmɪ] adj **1.** [covered with jam] cubierto(a) de mermelada **2.** *BR Fam* [lucky] suertudo(a)

jam-packed ['dʒæm'pækd] adj **to be ~ (with)** estar atestado(a) *or* abarrotado(a) (de)

Jan (abbr ***January***) ene., enero *m*

jangle ['dʒæŋgəl] ■ n [of keys, chain] tintineo *m*

■ vt [keys, chain] hacer tintinear

■ vi [keys, chain] tintinear ▸ *Fig* **her voice made his nerves ~** su voz le ponía los nervios de punta

janitor ['dʒænɪtə(r)] n *US & SCOT* [caretaker] conserje *m,* bedel *m*

January ['dʒænjʊərɪ] n enero *m* / *see also* ***May***

Jap [dʒæp] n *Fam = término ofensivo para referirse a los japoneses, RP* ponja *mf*

Japan [dʒə'pæn] n Japón

Japanese [dʒæpə'niːz] ■ n **1.** [person] japonés(esa) *m,f* **2.** [language] japonés *m* ▸ **~ class/teacher** clase *f*/ profesor(ora) *m,f* de japonés

■ npl **the ~** los japoneses

■ adj japonés(esa)

jape [dʒeɪp] n broma *f*

jar [1] [dʒɑː(r)] ■ n [jolt, shock] sacudida *f* ▸ **the news gave him a nasty ~** la noticia supuso una sorpresa desagradable para él

■ vt (pt & pp **jarred**) [knock] sacudir, golpear / *Fig* [surprise] alterar, sacudir

■ vi [make unpleasant sound] rechinar ▸ **to ~ on the ears** rechinar en los oídos ▸ **to ~ on the nerves** crispar los nervios ▸ **to ~ (with each other)** [colours] desentonar / [ideas] chocar (entre sí)

jar [2] n [container] tarro *m* ▸ *BR Fam* [beer] **to have a ~** tomarse una caña

jargon ['dʒɑːgən] n *Pej* jerga *f*

jarring ['dʒɑːrɪŋ] adj [noise, voice] estridente / [blow] contundente

jasmine ['dʒæzmɪn] n [plant] jazmín *m*

jaundice ['dʒɔːndɪs] n MED ictericia *f*

jaundiced ['dʒɔːndɪst] adj [attitude, opinion] resentido(a)

jaunt [dʒɔːnt] n excursión *f*

jauntily ['dʒɔːntɪlɪ] adv desenfadadamente

jauntiness ['dʒɔːntɪnɪs] n desenfado *m*

jaunty ['dʒɔːntɪ] adj desenfadado(a)

Java ['dʒɑːvə] n Java

javelin ['dʒævlɪn] n jabalina *f*

jaw [dʒɔː] ■ n mandíbula *f* ▸ **jaws** [of animal] fauces *fpl* / [of vice] mordaza *f* ▸ **the jaws of death** las garras de la muerte

■ vi *Fam* [chat] charlar, *CAM, MÉX* platicar

jawbone ['dʒɔːbəʊn] n maxilar *m* inferior

jawbreaker ['dʒɔːbreɪkə(r)] n *Fam* [unpronounceable word, name] trabalenguas *m inv*

jay [dʒeɪ] (pl **jays**) n arrendajo *m*

jaywalker ['dʒeɪwɔːkə(r)] n peatón(ona) *m,f* imprudente

jaywalking ['dʒeɪwɔːkɪŋ] n imprudencia *f* peatonal

jazz [dʒæz] n jazz *m* ▸ *Fam* **and all that ~** y otras cosas por el estilo, *ESP* y todo el rollo

◆ ***jazz up*** vt sep *Fam* [enliven] animar

jazzy ['dʒæzɪ] adj [tune] jazzístico(a) / [clothes, pattern] llamativo(a)

jealous ['dʒeləs] adj **1.** [envious] envidioso(a) ▸ **to be ~ of sb** tener envidia de alguien **2.** [possessive] celoso(a)

jealously ['dʒeləslɪ] adv **1.** [enviously] con envidia **2.** [possessively] celosamente ▸ **a ~ guarded secret** un secreto celosamente guardado

jealousy ['dʒeləsɪ] n **1.** [envy] envidia *f* **2.** [possessiveness] celos *mpl*

jeans [dʒiːnz] npl (pantalones *mpl*) vaqueros *mpl, ANDES, VEN* bluyín *m, COL* bluejeans *mpl, MÉX* pantalones *mpl* de mezclilla ▸ **a pair of ~** unos (pantalones) vaqueros

jeep [dʒiːp] n todoterreno *m,* jeep *m*

jeer [dʒɪə(r)] ■ n [boo] abucheo *m* / [derision] burla *f*

■ vt [boo] abuchear / [mock] burlarse de

■ vi [boo] abuchear (**at** a) / [mock] burlarse (**at** de)

jeering ['dʒɪərɪŋ] ■ n [booing] abucheo *m* / [mocking] burlas *fpl*

■ adj burlón(ona)

jeez [dʒiːz] exclam *US Fam* ¡caray!

Jehovah [dʒɪ'həʊvə] n Jehová ▸ **Jehovah's Witness** testigo *mf* de Jehová

jell [dʒel] vi [liquid] aglutinarse / *Fig* [ideas, plans, team] cuajar

Jell-O® ['dʒeləʊ] n *US* gelatina *f,* jalea *f*

jelly ['dʒelɪ] n **1.** *BR* [dessert] gelatina *f,* jalea *f* ▸ **~ baby** = *gominola en forma de bebé* **2.** *esp US* [jam] mermelada *f,* confitura *f* ▸ *US* **~ roll** brazo *m* de gitano

jellybean ['dʒelɪbiːn] n pastilla *f* de goma, *ESP* gominola *f*

jellyfish ['dʒelɪfɪʃ] n medusa *f*

jemmy ['dʒemɪ], *US* ***jimmy*** ['dʒɪmɪ] n *BR* palanqueta *f*

jeopardize ['dʒepədaɪz] vt poner en peligro

jeopardy ['dʒepədɪ] n **in ~** en peligro ▸ **to put sth/sb in ~** poner en peligro algo/a alguien

jerk [1] [dʒɜːk] ■ n [sudden movement] sacudida *f* / [pull] tirón *m* ▸ **to give sth a ~** sacudir algo
■ vt [move suddenly] sacudir / [pull] [once] dar un tirón a / [in order to move] mover a tirones
■ vi **to ~ forward** [car] dar una sacudida hacia delante / [head] caer hacia delante ▸ **to ~ to a halt** detenerse con una sacudida

◆ ***jerk off*** vi *Vulg* [masturbate] hacerse una paja

jerk [2] n *Fam* [person] majadero(a) *m,f*

jerkily ['dʒɜːkɪlɪ] adv a trompicones

jerky ['dʒɜːkɪ] adj [movement] brusco(a)

jerrican ['dʒerɪkæn] n bidón *m*

jerry-built ['dʒerɪbɪlt] adj chapucero(a)

Jersey ['dʒɜːzɪ] n [island] Jersey ▸ **~ (cow)** vaca *f* de Jersey

jersey ['dʒɜːzɪ] (pl **jerseys**) n [garment] suéter *m*, *ESP* jersey *m*, *COL* saco *m*, *RP* pulóver *m*

Jerusalem [dʒə'ruːsələm] n Jerusalén ▸ **~ artichoke** aguaturma *f*, cotufa *f*

jest [dʒest] ■ n **in ~** en broma, de broma ▸ **(only) half in ~** [to speak] medio en broma medio en serio
■ vi bromear

jester ['dʒestə(r)] n bufón *m*

jesting ['dʒestɪŋ] adj [remark, tone] de broma

Jesuit ['dʒezjʊit] n jesuita *m*

Jesuitical [dʒezjʊ'itɪkəl] adj *Pej* [argument, reasoning] retorcido(a), sibilino(a)

Jesus ['dʒiːzəs] n Jesús *m* ▸ **~ Christ** Jesucristo *m* ▸ *Fam* **~ (Christ)!** ¡Santo Dios!

jet [1] [dʒet] ■ n **1.** [plane] reactor *m*, avión *m* a reacción ▸ **~ engine** reactor *m* ▸ **~ fighter** caza *m* ▸ **~ lag** desfase *m* horario, jet lag *m* ▸ **~ propulsion** propulsión *f* a reacción *or* a chorro ▸ **the ~ set** *ESP* la jet(-set), *AM* el jet-set **2.** [of liquid, steam] chorro *m* **3.** [nozzle] boquilla *f*
■ vi (pt & pp **jetted**) *Fam* [travel by plane] **to ~ in/off** llegar/salir en avión

jet [2] ■ n [stone] azabache *m*
■ adj **~ (black)** (negro) azabache

jet-lagged ['dʒetlægd] adj afectado(a) por el desfase horario, con jet lag

jet-powered [dʒet'paʊəd], ***jet-propelled*** [dʒetprə'peld] adj a reacción

jet-setter ['dʒetsetə(r)] n miembro *m* de la jet (set)

jetski ['dʒetskiː] n moto *f* náutica *or* acuática

jettison ['dʒetɪsən] vt *also Fig* tirar *or* echar or *AM salvo RP* botar por la borda

jetty ['dʒetɪ] n malecón *m*

Jew [dʒuː] n judío(a) *m,f* ▸ **Jew's harp** birimbao *m*, guimbarda *f*

jewel ['dʒuːəl] n [gem, piece of jewellery] joya *f*, alhaja *f* / *Fig* [person] joya *f*

jeweller, *US* ***jeweler*** ['dʒuːələ(r)] n joyero(a) *m,f* ▸ **jeweller's (shop)** joyería *f*

jewellery, *US* ***jewelry*** ['dʒuːəlrɪ] n joyas *fpl*, alhajas *fpl* ▸ **a piece of ~** una joya *or* alhaja

Jewess [dʒuː'es] n *Old-fashioned* judía *f*

Jewish ['dʒuːɪʃ] adj judío(a)

Jewry ['dʒuːərɪ] n **British ~** la comunidad judía británica

jib [1] [dʒɪb] n [sail] foque *m* / [of crane] aguilón *m*

jib [2] (pt & pp **jibbed**) vi **to ~ at doing sth** resistirse a hacer algo

jibe [dʒaɪb] ■ n burla *f*
■ vi **to ~ at sb** hacer burla de alguien

jiffy ['dʒɪfɪ] n *Fam* **in a ~** en un segundo

jig [dʒɪg] ■ n [dance, music] giga *f*, jiga *f*
■ vi (pt & pp **jigged**) [dance] bailar (a ritmo ligero)

jigger ['dʒɪgə(r)] vt *Fam* [damage] descuajaringar, escacharrar

jiggered ['dʒɪgəd] adj *Fam* [TV, microwave] descuajaringado(a), escacharrado(a) / [back, knee] *ESP* descoyuntado(a), *AM* reventado(a)

jiggery-pokery ['dʒɪgərɪ'pəʊkərɪ] n *BR Fam* tejemanejes *mpl*

jiggle ['dʒɪgəl] ■ vt menear
■ vi menearse

◆ ***jiggle about, jiggle around*** vt sep & vi ➤ ***jiggle***

jigsaw ['dʒɪgsɔː] n **1.** [saw] sierra *f* de calar *or* de vaivén, caladora *f* **2.** [game] **~ (puzzle)** rompecabezas *m inv*, puzzle *m*

jihad [dʒɪ'hæd] n guerra *f* santa, yihad *f* (islámica)

jilt [dʒɪlt] vt [lover, girlfriend] dejar plantado(a)

jimmy *US* ➤ ***jemmy***

jingle ['dʒɪŋgəl] ■ n [of bells, keys] tintineo *m* / RAD & TV melodía *f* (de un anuncio), sintonía *f*
■ vt [bells, keys] hacer tintinear
■ vi tintinear

jingoism ['dʒɪŋgəʊɪzəm] n *Pej* patrioterismo *m*

jingoistic ['dʒɪŋgəʊ'ɪstɪk] adj *Pej* patriotero(a)

jinx [dʒɪŋks] *Fam* ■ n [spell, curse] gafe *m* ▸ **to put a ~ on sth/sb** embrujar algo/a alguien, *ESP* gafar algo/a alguien, *CAM, CARIB, MÉX* echarle la sal a algo/a alguien, *RP* enyetar algo/a alguien
■ vt **to be jinxed** estar embrujado(a) *or ESP* gafado(a) *or CAM, CARIB, MÉX* salado, *RP* tener yeta

JIT [dʒɪt] adj IND (abbr ***just in time***) **~ production** producción *f* "justo a tiempo" *(con minimización de stocks)*

jitters ['dʒɪtəz] npl *Fam* **the ~** [anxiety] canguelo *m*, *MÉX* mello *m*, *RP* cuiqui *m* ▸ **I got the ~** me entró canguelo *or MÉX* mello *or RP* cuiqui

jittery ['dʒɪtərɪ] adj *Fam* [anxious] histérico(a) ▸ **to be/get ~** estar/ponerse histérico

jiu-jitsu ➤ ***ju-jitsu***

jive [dʒaɪv] ■ n [music, dance] swing *m*
■ vi [dance] bailar el swing

Jnr (abbr ***Junior***) **Nigel Molesworth, ~** Nigel Molesworth, hijo

job [dʒɒb] n **1.** [employment] trabajo *m*, empleo *m* / [post] (puesto *m* de) trabajo *m*, empleo *m* ▸ **to be out of a ~** estar sin trabajo *or* empleo ▸ *BR Fam* **jobs for the boys** amiguismo *m*, *ESP* enchufismo *m*, *COL, MÉX, RP* palanca *f* ▸ *US* **~ action** huelga *f* de celo ▸ *US* **Job**

Center oficina *f* de empleo ▸ **~ creation** creación *f* de empleo ▸ **~ description** responsabilidades *fpl* del puesto ▸ **to go ~ hunting** ponerse a buscar empleo ▸ **~ losses** despidos *mpl* ▸ **~ offer** oferta *f* de empleo ▸ **~ opportunities** ofertas *fpl* de empleo ▸ **~ satisfaction** satisfacción *f* laboral ▸ **~ security** seguridad *f* en el trabajo ▸ **~ seeker** persona *f* en busca de empleo ▸ **~ sharing** empleo compartido ▸ **~ title** cargo *m*, nombre *m* del puesto **2.** [piece of work, task] tarea *f* ▸ **to do a good ~** hacer un buen trabajo ▸ *Fig* **to do the ~** [serve purpose] servir, funcionar ▸ **it was quite a ~ getting her to come** me costó mucho convencerla para que viniera ▸ COM **~ lot** lote *m* de saldos **3.** [responsibility, duty] tarea *f* ▸ **I have (been given) the ~ of writing the report** me han encargado redactar el informe **4.** *Fam* [crime] **to do a ~** dar un golpe **5.** [idioms] *BR Fam* **it's a good ~ (that)...!** ¡menos mal que...! ▸ *BR Fam* **that's just the ~!** ¡eso viene que ni pintado!

jobbing ['dʒɒbɪŋ] adj *BR* [carpenter, electrician] a destajo

Jobcentre ['dʒɒbsentə(r)] n *BR* oficina *f* de empleo

jobholder ['dʒɒbhəʊldə(r)] n *US* empleado(a) *m,f*

jobhunter ['dʒɒbhʌntə(r)] ➤ ***job seeker***

jobless ['dʒɒblɪs] ■ npl **the ~** los desempleados, *ESP* los parados, *AM* los desocupados
■ adj desempleado(a), *ESP* parado(a), *AM* desocupado(a)

Jobseekers allowance ['dʒɒbsi:kəzə'laʊəns] n *BR* subsidio *m* de desempleo *or AM* de desocupación

job-share ['dʒɒbʃeə(r)] ■ n empleo *m* compartido
■ vi compartir un empleo

jobsworth ['dʒɒbzwɜ:θ] n *Fam* **he's a real ~** es muy cuadriculado en su trabajo

jock [dʒɒk] n *US Fam* [athlete] deportista *m*

jockey ['dʒɒkɪ] ■ n (pl **jockeys**) jockey *m*, jinete *m*
■ vi **to ~ for position** luchar por tomar posiciones

Jockey® shorts ['dʒɒkɪʃɔ:ts] npl *US* calzoncillos *mpl*, *CHILE* fundillos *mpl*, *COL* pantaloncillos *mpl*, *MÉX* calzones *mpl*, *MÉX* chones *mpl*

jockstrap ['dʒɒkstræp] n suspensorio *m*

jocular ['dʒɒkjʊlə(r)] adj jocoso(a)

jodhpurs ['dʒɒdpəz] npl pantalones *mpl* de montar

Joe [dʒəʊ] n *US Fam* **he's an ordinary ~** es un tipo del montón ▸ *BR* **~ Bloggs** *or* **Public**, *US* **~ Blow** *or* **Schmo** el ciudadano de a pie *or RP* común y silvestre

jog [dʒɒg] ■ n **1.** [push] empujoncito *m* ▸ **to give sb's memory a ~** refrescar la memoria de alguien **2.** [run] trote *m* ▸ **to break into a ~** echar a correr lentamente ▸ **to go for a ~** ir a hacer footing *or* jogging, ir a correr
■ vt (pt & pp **jogged**) [push] empujar ▸ **to ~ sb's memory** refrescar la memoria a alguien
■ vi SPORT hacer footing *or* jogging, correr ▸ **to go jogging** ir a hacer footing *or* jogging, ir a correr

◆ ***jog along*** vi [run] correr lentamente / *Fig* [in job] seguir apalancado(a)

jogger ['dʒɒgə(r)] n corredor(ora) *m,f* de footing *or* jogging

jogging ['dʒɒgɪŋ] n footing *m*, jogging *m* ▸ **to go ~** ir a hacer footing *or* jogging ▸ *BR* **~ bottoms**, *US* **~ pants** pantalones *mpl* de *ESP* chándal *or RP* jogging *or VEN* mono, *MÉX* pants *mpl*

joggle ['dʒɒgəl] vt menear

Johannesburg [dʒəʊ'hænɪzbɜ:g] n Johan(n)esburgo

john [dʒɒn] n *US Fam* **the ~** [lavatory] el váter

John Bull ['dʒɒn'bʊl] n [Englishman] el inglés de a pie / [England] = *la personificación de Inglaterra*

join [dʒɔɪn] ■ n juntura *f*, unión *f* / [in sewing] costura *f*
■ vt **1.** [unite, connect] unir ▸ **to ~ two things/places together** unir dos cosas/lugares ▸ **to ~ battle** entablar batalla ▸ **to ~ the dots** unir los puntos con una línea ▸ **we joined forces with them** unimos nuestras fuerzas con ellos *or* a las de ellos **2.** [become a member of] [club] ingresar en / [political party, union] afiliarse a / [army] alistarse en / [discussion, game] unirse a ▸ **to ~ the queue** ponerse a la cola ▸ **may I ~ you?** [to sb at table] ¿puedo sentarme contigo? ▸ **to ~ sb for a drink** tomarse una copa con alguien **3.** [of river, road] desembocar en ▸ **where the river joins the sea** en la desembocadura del río
■ vi **1.** [pipes, roads, rivers] juntarse, unirse **2.** [enrol] [in club] ingresar / [in political party, union] afiliarse

◆ ***join in*** ■ vt insep [game, discussion] participar en
■ vi participar

◆ ***join up*** vi MIL alistarse

joined-up ['dʒɔɪnd'ʌp] adj **1.** SCH **can you do ~ writing yet?** ¿ya sabes unir las letras al escribir? **2.** *BR* POL **we must strive for ~ government** debemos esforzarnos para que todas las áreas del gobierno trabajen de una forma integrada

joiner ['dʒɔɪnə(r)] n *BR* [carpenter] carpintero(a) *m,f*

joint [dʒɔɪnt] ■ n **1.** ANAT articulación *f* ▸ **out of ~** dislocado(a) ▸ *BR Fig* **to put sb's nose out of ~** [upset] desairar a alguien **2.** [in woodwork] junta *f*, juntura *f* **3.** [of meat] [raw] pieza *f* / [roasted] asado *m* **4.** *Fam* [nightclub, restaurant] garito *m*, local *m* **5.** *Fam* [cannabis cigarette] porro *m*, canuto *m* **6.** *US Fam* [prison] *ESP* chirona *f*, *ANDES, RP* cana *f*, *MÉX* bote *m*
■ adj conjunto(a) ▸ FIN **~ account** cuenta *f* indistinta *or* conjunta ▸ **~ ownership** copropiedad *f* ▸ **~ stock company** sociedad *f* anónima ▸ **~ venture** empresa *f* conjunta *or* común
■ vt [chicken] trinchar

jointly ['dʒɔintlɪ] adv conjuntamente

joist [dʒɔist] n [beam] viga *f*

joke [dʒəʊk] ■ n **1.** [funny remark] broma *f*, chiste *m* / [funny story] chiste / [prank, trick] broma ▸ **to tell** *or* **crack a ~** contar un chiste ▸ **to make a ~ about sth** hacer una broma *or* bromear sobre algo ▸ **to make a ~ of sth** pretender que algo era en broma ▸ **to say/do sth for a ~** decir/hacer algo en *or* de broma ▸ **to play a ~ on sb** gastar una broma a alguien ▸ **the ~ was on him when he had to...** la broma le salió rana cuando tuvo que... ▸ **she can't take a ~** no sabe aguantar una broma ▸ **that's** *or* **it's no ~!** ¡no es cosa de broma! ▸ **it's getting beyond a ~** esto ya pasa de castaño oscuro **2.** *Fam* **to be a ~** [person] ser un/una inútil, no valer *ESP* un duro *or AM* ni cinco / [thing] ser de chiste
■ vi bromear ▸ **to ~ about sth** bromear acerca de algo ▸ **to ~ with sb** bromear con alguien ▸ **I'm not joking**

(hablo) en serio ▸ **I was only joking** estaba de broma ▸ **you're joking!, you must be joking!** [expressing surprise] ¡no hablarás en serio! / [expressing refusal] ¡ni hablar! ▸ **joking apart...** bromas aparte..., fuera de broma...

joker ['dʒəʊkə(r)] n **1.** [clown] bromista *mf,* gracioso(a) *m,f* / [incompetent person] inútil *mf* **2.** [in cards] comodín *m* ▸ *Fig* **the ~ in the** *BR* **pack** *or US* **deck** la gran incógnita

jokey ['dʒəʊkɪ] adj jocoso(a)

jokily ['dʒəʊkɪlɪ] adv en tono de broma

jokingly ['dʒəʊkɪŋlɪ] adv en broma

joky ['dʒəʊkɪ] adj jocoso(a)

jolly ['dʒɒlɪ] ■ adj [cheerful] alegre ▸ **the Jolly Roger** la bandera pirata

■ adv *BR Fam* [very] bien ▸ **~ good!** ¡estupendo!, *AM salvo RP* ¡chévere!, *MÉX* ¡padre!, *RP* ¡bárbaro(a)! ▸ **it serves him ~ well right!** ¡se lo tiene bien merecido! ▸ **yes, I ~ well DID do it!** sí, fui yo ¿qué pasa?

■ vt **to ~ sb into doing sth** animar a alguien a hacer algo ▸ **to ~ sb along** animar a alguien

jolt [dʒəʊlt] ■ n [shake] sacudida *f* / [shock, surprise] susto *m* ▸ **it gave me a bit of a ~** me dio un buen susto

■ vt [shake] sacudir / [shock, surprise] sacudir, alterar ▸ **to ~ sb into action** empujar a alguien a actuar ▸ **to ~ sb out of a depression** hacer salir a alguien de una depresión

■ vi [shake] dar sacudidas ▸ **to ~ along** [vehicle] avanzar a tirones ▸ **to ~ to a stop** [vehicle] pararse en seco

Jordan ['dʒɔːdən] n [country] Jordania ▸ **the (River) ~** el Jordán

Jordanian [dʒɔː'deɪnɪən] n & adj jordano(a) *m,f*

josh [dʒɒʃ] vt *Fam* [tease] tomar el pelo a

joss stick ['dʒɒsstɪk] n pebete *m,* varilla *f* aromática

jostle ['dʒɒsəl] ■ vt empujar ▸ **to ~ sb out of the way** quitar *or AM* sacar a alguien de en medio a empujones

■ vi [push] empujarse ▸ **to ~ for position** [in contest, job] luchar por tomar posiciones

jot [dʒɒt] n *Fam* **not a ~** ni pizca ▸ **he doesn't care a ~** le importa un comino ▸ **there isn't a ~ of truth in what you say** no hay ni un ápice de verdad en lo que dices

◆ ***jot down*** vt sep apuntar, anotar

jotter ['dʒɒtə(r)] n *BR* libreta *f*

jottings ['dʒɒtɪŋz] npl anotaciones *fpl*

joule [dʒuːl] n PHYS julio *m*

journal ['dʒɜːnəl] n [publication] revista *f (especializada),* boletín *m* / [diary] diario *m* ▸ **to keep a ~** llevar *or* escribir un diario

journalese [dʒɜːnə'liːz] n *Fam Pej* jerga *f* periodística

journalism ['dʒɜːnəlɪzəm] n periodismo *m*

journalist ['dʒɜːnəlɪst] n periodista *mf*

journalistic [dʒɜːnə'lɪstɪk] adj periodístico(a)

journey ['dʒɜːnɪ] ■ n (pl **journeys**) viaje *m* ▸ **a train/plane/boat ~** un viaje en tren/avión/barco ▸ **to make a ~** hacer un viaje ▸ **to set off** *or* **out on a ~** salir de viaje ▸ **to go (away) on a ~** ir(se) de viaje ▸ **to get to** *or* **reach the end of one's ~** llegar al final del viaje

■ vi viajar

joust [dʒaʊst] vi HIST justar / [compete] pugnar, estar en liza

jovial ['dʒəʊvɪəl] adj jovial

jovially ['dʒəʊvɪəlɪ] adv jovialmente

jowl [dʒaʊl] n [jaw] mandíbula *f* / [cheek] carrillo *m,* mejilla *f*

joy [dʒɔɪ] (pl **joys**) n **1.** [happiness] alegría *f,* gozo *m* ▸ **to wish sb ~** desear a alguien lo mejor **2.** [pleasure] placer *m,* maravilla *f* ▸ **she's a ~ to be with** su compañía es muy placentera ▸ **he's a ~ to work for** es una maravilla de jefe **3.** *BR Fam* [success] **(did you have** *or* **get) any ~?** ¿hubo suerte? ▸ **I didn't get any ~** no conseguí nada

joyful ['dʒɔɪfʊl] adj alegre

joyfully ['dʒɔɪfəlɪ] adv alegremente

joyless ['dʒɔɪlɪs] adj triste

joyous ['dʒɔɪəs] adj jubiloso(a)

joyride ['dʒɔɪraɪd] n [in stolen car] **to go for a ~** (ir a) dar una vuelta en un coche *or AM* carro *or esp CSUR* auto robado

joyrider ['dʒɔɪraɪdə(r)] n = *persona que roba coches para darse una vuelta por diversión*

joystick ['dʒɔɪstɪk] n AV palanca *f* de mando / COMPTR joystick *m*

JP [dʒeɪ'piː] n *BR* LAW (abbr ***Justice of the Peace***) juez *mf* de paz

Jr (abbr ***Junior***) **Nigel Molesworth, Jr** Nigel Molesworth, hijo

jubilant ['dʒuːbɪlənt] adj [shouts, expression] de júbilo / [person, celebration] jubiloso(a) ▸ **to be ~ (at** *or* **about** *or* **over sth)** estar encantado(a) (con algo)

jubilation [dʒuːbɪ'leɪʃən] n júbilo *m*

jubilee ['dʒuːbɪliː] n aniversario *m* ▸ **silver/golden ~** vigésimo quinto/quincuagésimo aniversario

Judaic [dʒuː'deɪɪk] adj judaico(a)

Judaism ['dʒuːdeɪɪzəm] n judaísmo *m*

Judas ['dʒuːdəs] n [traitor] judas *mf*

judder ['dʒʌdə(r)] vi *BR* dar sacudidas ▸ **to ~ to a halt** pararse en seco

judge [dʒʌdʒ] ■ n LAW juez *mf,* jueza *f* / [in competition] jurado *m,* juez *m* ▸ **to be a good/poor ~ of sth** tener buen ojo para (juzgar) algo ▸ **I will be the ~ of that** lo juzgaré por mí mismo

■ vt **1.** LAW SPORT [try, give decision about] juzgar ▸ **to ~ a case** juzgar un caso **2.** [assess critically] juzgar, calificar ▸ **to ~ sb by** *or* **on sth** juzgar a alquien por algo ▸ **to ~ sth/sb a success/failure** calificar algo/a alguien de éxito/fracaso ▸ **to ~ it necessary to do sth** juzgar necesario hacer algo **3.** [estimate] estimar, calcular

■ vi LAW REL juzgar ▸ **to ~ by appearances** juzgar por las apariencias ▸ **as far as I can ~** en mi opinión ▸ **~ for yourself** júzgalo tú mismo, juzga por ti mismo ▸ **judging by...** a juzgar por...

judgement, judgment ['dʒʌdʒmənt] n **1.** [decision] juicio *m* / [of judge, in court] fallo *m* ▸ LAW **to sit in ~** deliberar ▸ LAW **to pass ~** pronunciar *or* emitir el veredicto ▸ *Fig* **to sit in** *or* **pass ~ on sb** emitir juicios sobre alguien ▸ REL **Judgement Day** el día del Juicio Final

2. [opinion] juicio *m,* parecer *m* ▸ **she gave her ~ on the performance** dio su parecer acerca de la actuación ▸ **to form a ~** formarse un juicio **3.** [discernment] juicio *m* ▸ **good ~** buen juicio ▸ **to show poor ~** demostrar tener poco juicio ▸ **to trust sb's ~** fiarse (del juicio) de alguien ▸ **in my ~** a mi juicio ▸ **against my better ~** a pesar de no estar plenamente convencido(a)

judgemental, judgmental [dʒʌdʒ'mentəl] adj **to be ~** hacer juicios a la ligera

judicial [dʒuː'dɪʃəl] adj judicial

judiciary [dʒuː'dɪʃɪərɪ] n [judges] judicatura *f,* magistratura *f* / [branch of authority] poder *m* judicial

judicious [dʒuː'dɪʃəs] adj juicioso(a)

judiciously [dʒuː'dɪʃəslɪ] adv juiciosamente

judiciousness [dʒuː'dɪʃəsnɪs] n buen juicio *m*

judo ['dʒuːdəʊ] n judo *m*

jug [dʒʌg] n **1.** [for wine, water] jarra *f* **2.** *Fam* [prison] **in the ~** en la cárcel *or ESP* chirona *or ANDES, RP* la cana *or MÉX* el bote

juggernaut ['dʒʌgənɔːt] n *BR* camión *m* grande, tráiler *m*

juggle ['dʒʌgəl] ■ vt [balls, figures] hacer malabarismos *or* juegos malabares con
■ vi hacer malabarismos, hacer juegos malabares

juggler ['dʒʌglə(r)] n malabarista *mf*

jugular ['dʒʌgjʊlə(r)] ■ n yugular *f* ▸ *Fig* **to go for the ~** [in argument] entrar a degüello
■ adj yugular

juice [dʒuːs] n **1.** [of fruit] zumo *m, AM* jugo *m* / [of meat] jugo *m* **2.** *US Fam* [petrol] gasolina *f, ESP* gasofa *f, RP* nafta *f*

juicer ['dʒuːsə(r)] n exprimidor *m*

juicy ['dʒuːsɪ] adj *also Fig* jugoso(a)

ju-jitsu, jiu-jitsu [dʒuː'dʒɪtsuː] n jiu-jitsu *m*

jukebox ['dʒuːkbɒks] n máquina *f* de discos

Jul (abbr ***July***) julio *m*

July [dʒuː'laɪ] n julio *m* / *see also* ***May***

jumble ['dʒʌmbəl] ■ n [of things, ideas, words] revoltijo *m,* batiburrillo *m* ▸ **in a ~** [papers] revueltos / [ideas] confusas ▸ *BR* **~ sale** rastrillo *m* benéfico
■ vt [things, ideas, words] revolver

jumbo ['dʒʌmbəʊ] adj gigante ▸ **~ sized** (de tamaño) gigante ▸ **~ jet** jumbo *m*

jump [dʒʌmp] ■ n **1.** [leap] salto *m* ▸ *Fig* **go take a ~!** ¡vete a freír espárragos!, *RP* ¡andá a freír churros! ▸ *Fig* **to be one ~ ahead** ir (un paso) por delante ▸ AV **~ jet** reactor *m* de despegue vertical ▸ *BR* AUT **~ leads** pinzas *fpl or* cables *mpl* (de arranque) de batería ▸ *US* **~ rope** *ESP* comba *f, AM* cuerda *f* de saltar ▸ **~ suit** mono *m (de vestir)* **2.** [rise] salto *m* (**in** en) **3.** [fence on racecourse] obstáculo *m*
■ vt [hedge, ditch] saltar / [word, paragraph, page] saltarse ▸ **to ~ sb** [attack] asaltar a alguien ▸ **to ~ bail** huir durante la libertad bajo fianza ▸ **to ~ the gun** [in race] hacer una salida en falso / *Fig* precipitarse ▸ **to ~ the lights** [in car] saltarse un semáforo, *RP* comerse la luz roja ▸ **to ~** *BR* **the queue** *or US* **the line** colarse ▸ *US* **to ~ rope** saltar a la cuerda *or ESP* comba ▸ **to ~ ship** desertar, abandonar el barco
■ vi **1.** [leap] [person, animal] saltar, brincar ▸ **to ~ to one's feet** ponerse en pie de un salto ▸ **to ~ for joy** saltar de alegría ▸ **to ~ on a train/bus** coger *or* tomar un tren/un autobús ▸ **to ~ into a taxi** montar en un taxi ▸ **to ~ from a train** tirarse de un tren ▸ **to ~ (down) from a wall/tree** dejarse caer desde (lo alto de) un muro/árbol ▸ **to ~ out of bed** tirarse de la cama, levantarse (de la cama) de un salto ▸ **to ~ to conclusions** sacar conclusiones precipitadas ▸ *Fig* **let's wait and see which way she jumps** esperemos a ver por dónde sale ▸ *Fam* **to ~ down sb's throat** ponerse hecho(a) una furia con alguien ▸ *Fig* **to ~ out at sb** [mistake, surprising detail] saltarle a alguien a la vista **2.** [go directly] **to ~ from one subject to another** saltar de un tema a otro ▸ **the film then jumps to the present** luego la película da un salto hasta el presente **3.** [rise rapidly] [unemployment] dispararse, ascender rápidamente **4.** [make a sudden movement] dar un salto, saltar ▸ **my heart jumped** me dio un vuelco el corazón ▸ **we nearly jumped out of our skins** nos dimos un susto de muerte

◆ ***jump at*** vt insep **to ~ at an offer/a chance** no dejar escapar una oferta/una oportunidad

◆ ***jump on*** vt insep *Fam* [reprimand] **to ~ on sb (for doing sth)** echarse encima de alguien (por haber hecho algo)

jumped-up ['dʒʌmp'tʌp] adj *BR Fam Pej* [recently promoted, arrogant] advenedizo(a)

jumper ['dʒʌmpə(r)] n *BR* [sweater] suéter *m, ESP* jersey *m, COL* saco *m, RP* pulóver *m* / *US* [sleeveless dress] *ESP* pichi *m, CSUR, MÉX* jumper *m*

jumping-off place ['dʒʌmpɪŋ'ɒf'pleɪs], ***jumping-off point*** ['dʒʌmpɪŋ'ɒf'pɒɪnt] n punto *m* de partida

jump-start ['dʒʌmpstɑːt] vt [car] arrancar utilizando pinzas de batería

jumpy ['dʒʌmpɪ] adj nervioso(a) ▸ **to be ~** estar nervioso(a)

Jun (abbr ***June***) junio *m*

junction ['dʒʌŋkʃən] n [of roads, railway lines] cruce *m,* nudo *m* ▸ ELEC **~ box** caja *f* de empalmes

juncture ['dʒʌŋktʃə(r)] n coyuntura *f* ▸ **at this ~** en esta coyuntura

June [dʒuːn] n junio *m* / *see also* ***May***

jungle ['dʒʌŋgəl] n [forest] selva *f,* jungla *f* / *Fig* jungla *f*

junior ['dʒuːnjə(r)] ■ adj **1.** [in age] **to be ~ to sb** ser más joven que alguien ▸ **Nigel Molesworth Junior** Nigel Molesworth hijo ▸ *US* **~ high (school)** [between 11 and 15] escuela *f* secundaria ▸ *BR* **~ school** [between 7 and 11] escuela *f* primaria **2.** [in rank] de rango inferior ▸ **to be ~ to sb** tener un rango inferior al de alguien ▸ *BR* UNIV **~ common room** sala *f* de estudiantes ▸ *BR* PARL **~ minister** ≃ secretario(a) *m,f* de Estado
■ n **1.** [in age] **to be sb's ~** ser más joven que alguien ▸ **he's three years my ~** es tres años menor que yo **2.** [in rank] subalterno(a) *m,f*

juniper ['dʒuːnɪpə(r)] n **~ (tree)** enebro *m* ▸ **~ berry** enebrina *f,* baya *f* de enebro

***junk*[1]** [dʒʌŋk] ■ n [unwanted objects] trastos *mpl* ▸ FIN ~ **bond** bono *m* basura ▸ *Pej* ~ **food** comida *f* basura ▸ *Pej* ~ **mail** propaganda *f* (postal) ▸ ~ **shop** cacharrería *f*, baratillo *m*
■ vt *Fam* [discard] deshacerse de

***junk*[2]** n [boat] junco *m*

junket ['dʒʌŋkɪt] n **1.** [food] cuajada *f* **2.** *Pej* [trip by public official] = *viaje pagado con dinero del contribuyente*

junkie, junky ['dʒʌŋkɪ] n *Fam* [drug addict in general] drogadicto(a) *m,f*, ESP drogota *mf* / [heroin addict] yonqui *mf* ▸ **a game-show** ~ un adicto a los concursos

junkman ['dʒʌŋkmæn] n US trapero

junkyard ['dʒʌŋkjɑːd] n [for metal] chatarrería *f*, depósito *m* de chatarra

junta ['dʒʌntə] n *Pej* junta *f* militar

Jupiter ['dʒuːpɪtə(r)] n [planet, god] Júpiter *m*

jurisdiction [dʒʊərɪs'dɪkʃən] n jurisdicción *f* ▸ **to have ~ over** tener jurisdicción sobre ▸ **within** *or* **under the ~ of...** bajo la jurisdicción de...

jurisprudence [dʒʊərɪs'pruːdəns] n jurisprudencia *f*

jurist ['dʒʊərɪst] n *Formal* [legal expert] jurista *mf*

juror ['dʒʊərə(r)] n LAW (miembro *m* del) jurado *m*

jury ['dʒʊərɪ] n LAW jurado *m* ▸ **to be** *or* **serve on the ~** ser miembro del jurado ▸ *Fig* **the ~ is still out on the reforms** aún está por ver la conveniencia de las reformas ▸ ~ **box** tribuna *f* del jurado ▸ **to do ~ service** formar parte de un jurado (popular)

jury-rigging ['dʒʊərɪ'rɪgɪŋ] n manipulación *f* del jurado

just [dʒʌst] ■ adj [fair] justo(a) ▸ **it's only ~ that...** es justo que... ▸ **he got his ~ deserts** recibió su merecido
■ adv **1.** [exactly] justamente, justo ▸ **that's ~ what I told her** eso es exactamente *or* justo lo que le dije ▸ **that's ~ the point!** ¡de eso se trata, precisamente! ▸ **isn't that ~ my luck!** ¡vaya mala suerte que tengo! ▸ **it's ~ as good/difficult as...** es tan bueno/difícil como... ▸ ~ **then** justo entonces ▸ **he's busy ~ now** está ocupado en este (preciso) momento ▸ ~ **as I was leaving...** justo en el momento en que me iba... ▸ **I can ~ see her as a doctor** me la imagino perfectamente como médica **2.** [only] sólo, solamente ▸ **she's ~ a baby** no es más que una niña ▸ **it costs ~ £10** sólo cuesta 10 libras **3.** [barely] justo ▸ ~ **before/after** justo antes/después ▸ ~ **over/under £50** poco más/menos de 50 libras ▸ ~ **in time** justo a tiempo ▸ **it's only ~ big enough** tiene el tamaño justo ▸ **it's ~ enough to live on** llega justo para vivir ▸ **they ~ missed the train** perdieron el tren un pelo **4.** [recently] **to have ~ done sth** acabar de hacer algo ▸ **I saw him ~ now** lo acabo de ver ▸ ~ **yesterday** ayer mismo ▸ ~ **last year** tan sólo el año pasado **5.** [simply] **it was ~ wonderful/dreadful!** ¡fue sencillamente maravilloso/horroroso! ▸ **he ~ refuses to listen!** ¡es que se niega a escuchar! ▸ ~ **ask if you need money** si necesitas dinero, no tienes más que pedirlo **6.** [in threats, exhortations] ~ **(you) try/wait!** ¡inténtalo/espera y verás! ▸ **(that's) ~ as well!** ¡menos mal!
◆ ***just about*** adv [almost] casi ▸ **they're ~ about the same** son casi iguales ▸ **I can ~ about manage** me las puedo arreglar más o menos ▸ **to be ~ about to do sth** estar a punto de hacer algo

justice ['dʒʌstɪs] n **1.** [power of law] justicia *f* ▸ **to bring sb to ~** llevar a alguien a los tribunales **2.** [fairness] justicia *f* ▸ **this photograph doesn't do him ~** esta fotografía no le hace justicia ▸ **not to do oneself ~** no dar lo mejor de sí mismo(a) **3.** LAW [judge] juez *mf*, jueza *f* ▸ US ~ **court** juzgado *m* de instrucción *or* de primera instancia ▸ **Justice of the Peace** juez de paz

justifiable ['dʒʌstɪfaɪəbəl] adj justificable ▸ LAW ~ **homicide** homicidio *m* justificado

justifiably ['dʒʌstɪfaɪəblɪ] adv justificadamente

justification [dʒʌstɪfɪ'keɪʃən] n justificación *f* ▸ **in ~ of** para justificar

justify ['dʒʌstɪfaɪ] vt **1.** [explain] justificar ▸ **to be justified in doing sth** tener justificación para hacer algo **2.** TYP & COMPTR justificar

justly ['dʒʌstlɪ] adv [fairly, rightly] justamente, con justicia ▸ ~ **famous** justamente *or* merecidamente famoso(a)

jut [dʒʌt] ◆ ***jut out*** (pt & pp **jutted**) ■ vt sep [chin] sacar
■ vi [balcony, rock] sobresalir

jute [dʒuːt] n [plant, fibre] yute *m*

juvenile ['dʒuːvɪnaɪl] ■ adj **1.** [for young people] juvenil ▸ LAW ~ **court** tribunal *m* (tutelar) de menores ▸ ~ **delinquency** delincuencia *f* juvenil ▸ ~ **delinquent** delincuente *mf* juvenil **2.** *Pej* [childish] infantil, pueril
■ n LAW menor *mf*

juxtapose [dʒʌkstə'pəʊz] vt yuxtaponer

juxtaposition [dʒʌkstəpə'zɪʃən] n yuxtaposición *f*

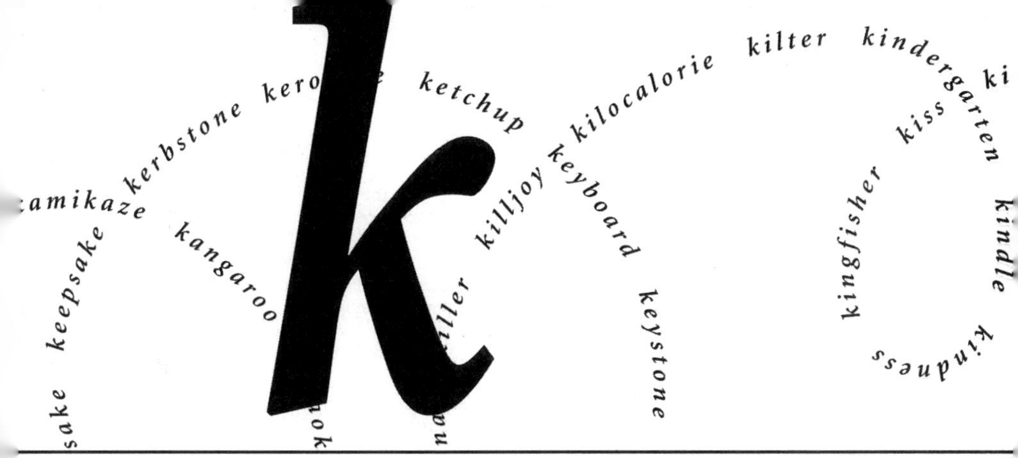

K, k [keɪ] n **1.** [letter] K, k *f* **2.** [thousand] **he earns 30K** gana treinta mil

Kabul ['kɑːbʊl] n Kabul

Kaffir ['kæfə(r)] n *very Fam = término ofensivo para referirse a los negros,* negraco(a) *m,f*

kaftan ['kæftæn] n caftán *m*

kale [keɪl] n col *f* rizada, *CSUR* repollo *m* rizado

kaleidoscope [kə'laɪdəskəʊp] n calidoscopio *m*

kamikaze [kæmɪ'kɑːzɪ] n & adj *also Fig* kamikaze *mf*

kangaroo [kæŋgə'ruː] (pl **kangaroos**) n canguro *m* ▸ *Pej* ~ **court** tribunal *m* irregular

kaput [kə'pʊt] adj *Fam* **to be ~** *ESP* estar cascado(a), *esp AM* estar roto(a) *or* estropeado(a)

karaoke [kærɪ'əʊkɪ] n karaoke *m*

karate [kə'rɑːtɪ] n kárate *m* ▸ ~ **chop** golpe *m* de kárate

karma ['kɑːmə] n REL karma *m* ▸ *Fam Fig* **good/bad ~** buenas/malas vibraciones *or AM* ondas, *ESP* buen/mal rollo

Kashmir [kæʃ'mɪə(r)] n Cachemira

Kashmiri [kæʃ'mɪərɪ] ■ n *= habitante* or *nativo(a) de Cachemira*
■ adj de Cachemira

Katmandu [kætmæn'duː] n Katmandú

kayak ['kaɪæk] n canoa *f*, kayak *m*

Kazak(h)stan [kæzæk'stɑːn] n Kazajistán

kebab [kə'bæb] n brocheta *f*, pincho *m* moruno

kedgeree [kedʒə'riː] n *= plato especiado de arroz, pescado y huevo duro*

keel [kiːl] n NAUT quilla *f* ▸ *Fig* **to be on an even ~** [business, economy] estar en equilibrio

◆ ***keel over*** vi [boat] volcar / *Fam* [person] derrumbarse

keen [kiːn] adj **1.** [enthusiastic] entusiasta ▸ **to be ~ to do sth** tener muchas ganas de hacer algo ▸ **to be ~ for sth to happen** tener muchas ganas de que ocurra algo ▸ **she's ~ on Patrick** le gusta Patrick ▸ **he wasn't ~ on the idea** no le entusiasmaba la idea ▸ *Fam* **to be as ~ as mustard** [enthusiastic] estar entusiasmadísimo(a) ▸ **to take a ~ interest in sth** mostrar gran interés por algo **2.** [acute, perceptive] [mind] penetrante / [eyesight] agudo(a) / [sense of smell] fino(a) ▸ **to have a ~ eye for detail** tener buen ojo para el detalle ▸ **to have a ~ awareness of sth** ser profundamente consciente de algo **3.** [sharp, intense] [sorrow, regret] profundo(a) ▸ **a ~ appetite** un apetito voraz ▸ **a ~ blade** una hoja afilada ▸ **~ competition** competencia *f* feroz ▸ *BR* COM **~ prices** precios *mpl* competitivos ▸ **a ~ wind** un viento cortante

keenly ['kiːnlɪ] adv [enthusiastically] con entusiasmo / [intensely] profundamente ▸ **a ~ contested election** unas elecciones muy reñidas

keep [kiːp] ■ n **1.** [maintenance] **to pay for one's ~** pagarse la manutención ▸ **to earn one's ~** ganarse el sustento **2.** [of castle] torre *f* del homenaje
■ vt (pt & pp **kept** [kept]) **1.** [retain] quedarse con, guardar / [store] guardar ▸ **to ~ sth for sb** guardar algo para alguien ▸ **to ~ sth from sb** [information] ocultar algo a alguien ▸ **to ~ one's job** conservar el trabajo ▸ **to ~ its shape** [garment] no deformarse ▸ **to ~ its colour** [garment] no desteñir ▸ **to ~ sb's attention** mantener la atención de alguien ▸ **~ the change** quédese con el cambio **2.** [maintain] **to ~ a diary** llevar un diario ▸ **to ~ a note of sth** llevar cuenta de algo ▸ **to ~ order** mantener el orden ▸ **to ~ a record of sth** registrar algo ▸ **to ~ a secret** guardar un secreto **3.** [maintain in a certain condition] mantener ▸ **to ~ sth clean/secret** mantener algo limpio/en secreto ▸ **to ~ sb awake** mantener *or* tener despierto(a) a alguien ▸ **to ~ sb waiting** tener a alguien esperando **4.** [look after] [animals, shop] tener / [mistress] mantener ▸ **a kept woman** una mujer mantenida ▸ **I've got a family to ~** tengo una familia que mantener **5.** [detain] entretener, parar ▸ **what kept you?** ¿qué fue lo que te retrasó? **6.** [observe] [promise] cumplir ▸ **to ~ late hours** trasnochar ▸ **she kept her word** mantuvo su palabra
■ vi **1.** [remain, stay] mantenerse ▸ **to ~ well** mantenerse bien ▸ **how are you keeping?** ¿qué tal estás? ▸ **to ~ quiet** estar callado(a) **2.** [continue] **to ~**

doing sth [continue doing] seguir haciendo algo ▸ **he kept getting into trouble** siempre se estaba metiendo en líos ▸ **to ~ straight on** seguir todo recto ▸ **~ (to the) left/right** circular por la izquierda/derecha ▸ **I wish you wouldn't ~ saying that** me gustaría que no dijeras eso todo el tiempo **3.** [food] conservarse ▸ *Fig* **it will ~** [problem] puede esperar

◆ ***for keeps*** adv *Fam* para siempre

◆ ***keep away*** ■ vt sep **to ~ sb away from sth** mantener a alguien alejado(a) de algo ▸ **~ that dog away from me!** ¡no me acerques ese perro!
■ vi **to ~ away from** mantenerse alejado(a) de

◆ ***keep back*** ■ vt sep **1.** [crowd, tears] contener ▸ **to ~ sth back from sb** ocultarle algo a alguien **2.** [delay] entretener ▸ **he was kept back by his lack of qualifications** su falta de titulación le impidió progresar
■ vi [not approach] no acercarse

◆ ***keep down*** ■ vt sep **1. to ~ one's voice down** hablar bajo ▸ **to ~ one's head down** [physically] mantener la cabeza agachada / *Fig* esconder la cabeza ▸ **I can't ~ my food down** vomito todo lo que como **2.** [repress] reprimir / [prices] mantener bajos
■ vi [not stand up] mantenerse cuerpo a tierra

◆ ***keep from*** vt sep **to ~ sb from doing sth** impedir que alguien haga algo ▸ **to ~ sb from his work** no dejar trabajar a alguien

◆ ***keep in*** vt sep [pupil] castigar sin salir ▸ **they decided to ~ her in overnight** [in hospital] decidieron dejarla ingresada hasta el día siguiente

◆ ***keep in with*** vt insep *Fam* **to ~ in with sb** cultivar la amistad de alguien

◆ ***keep off*** ■ vt sep **~ your hands off that!** ¡no toques eso! ▸ **~ your hands off me!** ¡no me toques!
■ vt insep **~ off the grass!** [sign] prohibido pisar el césped
■ vi [stay away] mantenerse al margen

◆ ***keep on*** ■ vt sep [not take off] dejarse puesto(a) / [not switch off] dejar encendido(a) *or AM* prendido(a) / [continue to employ] mantener en el puesto ▸ *Fam* **~ your hair on!** ¡no te sulfures!
■ vi continuar, seguir ▸ **to ~ on doing sth** [continue doing] seguir haciendo algo ▸ **she kept on getting into trouble** siempre se estaba metiendo en líos ▸ **to ~ on about sth** insistir sobre algo

◆ ***keep on at*** vt insep *Fam* **to ~ on at sb (to do sth)** dar la lata a alguien (para que haga algo)

◆ ***keep out*** ■ vt sep [intruders, foreign imports] impedir el paso a
■ vi [avoid, stay away from] **to ~ out of sth** no meterse en algo ▸ **to ~ out of trouble** no meterse en líos ▸ **to ~ out of an argument** mantenerse al margen de una discusión ▸ **~ out** [sign] prohibida la entrada, prohibido el paso

◆ ***keep to*** ■ vt sep **1.** [hold] **to ~ sb to a promise** hacer que alguien cumpla una promesa ▸ **to ~ delays/costs to a minimum** reducir al mínimo *or* minimizar los retrasos/costes **2.** [not reveal] **to ~ sth to oneself** no contar algo ▸ **to ~ oneself to oneself** mantenerse apartado(a) del resto
■ vt insep [promise] cumplir ▸ **to ~ to a subject** ceñirse a un tema ▸ **she kept to her room** se quedó encerrada en su habitación

◆ ***keep up*** ■ vt sep **1.** [custom] mantener ▸ **to ~ up the payments** llevar al día los pagos ▸ **~ it up!** ¡sigue así! ▸ **~ up the good work!** ¡sigue así! ▸ **to ~ up appearances** guardar las apariencias **2.** [keep awake] tener en vela
■ vi **1.** [rain, snow] continuar **2.** [remain level, go at same speed] no quedarse atrás ▸ **to ~ up with sb** seguir el ritmo de alguien ▸ **to ~ up with the Joneses** no ser menos que el vecino ▸ **to ~ up with events** mantenerse informado(a) ▸ **to ~ up with the times** adaptarse a los tiempos

keeper ['ki:pə(r)] n [in zoo, park] guarda *mf* / [in museum] conservador(ora) *m,f* / [gamekeeper] guardabosque *m* / *BR Fam* [goalkeeper] portero *m*, guardameta *m*, *AM* arquero *m*

keep-fit ['ki:p'fɪt] n *BR* **~ class** clase *f* de mantenimiento, clase *f* de gimnasia ▸ **~ fanatic** = *persona obsesionada por mantenerse en forma*

keeping ['ki:pɪŋ] n **to have sth/sb in one's ~** tener algo/a alguien bajo la custodia de uno ▸ **in ~ with...** de acuerdo con... ▸ **out of ~ with...** en desacuerdo con...

keepsake ['ki:pseɪk] n recuerdo *m*

keg [keg] n barrica *f*, barrilete *m*

ken [ken] n **to be beyond sb's ~** estar fuera del alcance de alguien

kennel ['kenəl] n caseta *f* (del perro) ▸ *BR* **to put a dog into kennels** dejar a un perro en una residencia canina

Kenya ['kenjə, 'ki:njə] n Kenia

Kenyan ['kenjən] n & adj keniano(a) *m,f*, keniata *mf*

kept [kept] pt & pp *of* ***keep***

kerb [kɜ:b] n *BR* bordillo *m* (de la acera), *CHILE* solera *f*, *COL, PERÚ* sardinel *m*, *CSUR* cordón *m* (de la vereda), *MÉX* borde *m* (de la banqueta)

kerb-crawler ['kɜ:bkrɔ:lə(r)] n *BR* = *persona que busca prostitutas conduciendo lentamente junto a la acera*

kerb-crawling ['kɜbkrɔ:lɪŋ] n *BR* = *conducir despacio en busca de prostitutas*

kerbstone, *US* ***curbstone*** ['kɜ:bstəʊn] n *BR* adoquín *m* (del bordillo)

kerfuffle [kə'fʌfəl] n *BR Fam* lío *m*, *ESP* jaleo *m*

kernel ['kɜ:nəl] n [of nut] pepita *f* / [of grain] grano *m* / *Fig* [of problem] núcleo *m*

kerosene ['kerəsi:n] n *US* queroseno *m*, *AM* querosén *m* ▸ **~ lamp** lámpara *f* de queroseno

kestrel ['kestrəl] n cernícalo *m*

ketchup ['ketʃəp] n **(tomato) ~** ketchup *m*

kettle [ketəl] n [for boiling water] [on stove] tetera *f* / [electric] hervidor *m* (eléctrico) ▸ **I'll put the ~ on** pondré el agua a hervir ▸ *Fam* **that's a different ~ of fish** eso es harina de otro costal

kettledrum ['ketəldrʌm] n timbal *m*

key [ki:] ■ n (pl keys) **1.** [of door] llave *f* / [of clock, mechanical toy] cuerda *f* / [of piano, typewriter] tecla *f* / [to problem, situation] clave *f*, llave *f* ▸ **the ~ to happiness/success** la clave de la felicidad/del éxito

2. [answers, guide] [of map] clave *f* / [to exercises] respuestas *fpl* **3.** MUS tono *m* ▸ **major/minor ~** tono mayor/menor ▸ **the ~ of C** la clave de do ▸ **to be off ~** estar desafinado(a)

▪ adj [most important] clave

◆ ***key in*** vt sep COMPTR teclear, *AM* tipear

keyboard ['kiːbɔːd] n [of piano, computer] teclado *m* ▸ MUS **keyboards** teclado *m*, teclados *mpl* ▸ **~ player** teclista *mf*

keycard ['kiːkɑːd] n [for door] tarjeta *f* de acceso

keyhole ['kiːhəʊl] n (ojo *m* de la) cerradura *f* ▸ **~ surgery** cirugía *f* endoscópica

keynote ['kiːnəʊt] ▪ n nota *f* dominante

▪ adj [speech, speaker] principal

keypad ['kiːpæd] n COMPTR teclado *m* numérico

keyring ['kiːrɪŋ] n llavero *m*

keystone ['kiːstəʊn] n ARCHIT clave *f (de un arco)* / *Fig* piedra *f* angular

keystroke ['kiːstrəʊk] n COMPTR pulsación *f*

kg (abbr ***kilogram***) kg *m*

KGB [keɪdʒiː'biː] n *Formerly* KGB *m*

khaki ['kɑːkɪ] ▪ n caqui *m*

▪ adj caqui *inv* ▸ **~ shorts** pantalones *mpl* cortos caqui

Khartoum [kɑː'tuːm] n Jartum

kHz ELEC (abbr ***kilohertz***) kHz *m*

kibbutz [kɪ'bʊts] (pl **kibbutzim** [kɪbʊt'siːm]) n kibutz *m*

kibosh ['kaɪbɒʃ] n *Fam* **to put the ~ on sth** echar algo abajo *or ESP* a pique

kick [kɪk] ▪ n **1.** [with foot] patada *f*, puntapié *m* / [of horse] coz *f* / [of gun] retroceso *m* ▸ **to have a ~** [drink] estar fuerte *(aunque entre bien)* ▸ **to give sth/sb a ~** dar una patada a algo/alguien ▸ *Fam Fig* **she needs a ~ up the backside** necesita una buena patada en el trasero ▸ *Fig* **that was a ~ in the teeth for him** le sentó como una patada en la boca **2.** [thrill] **to get a ~ out of sth** disfrutar con algo ▸ **to get a ~ out of doing sth** disfrutar haciendo algo ▸ **to do sth for kicks** hacer algo por gusto, regodearse haciendo algo

▪ vt [once] dar una patada a / [several times] dar patadas a ▸ **to get kicked** [once] recibir una patada, [several times] recibir patadas ▸ *Fam* **to ~ the bucket** estirar la pata, *CAM, MÉX* doblar *or* liar el petate ▸ *Fig* **to ~ a man when he's down** atacar a alguien cuando ya está derrotado ▸ **I could have kicked myself** me hubiera dado de bofetadas, era para tirarme de los pelos ▸ *Fam* **to ~ the habit** [stop taking drugs] dejar las drogas

▪ vi [once] dar una patada / [several times] dar patadas / [animal] dar coces / [gun] hacer el retroceso ▸ *Fam* **to ~ against sth** [rebel against] patalear contra algo

◆ ***kick about, kick around*** ▪ vt sep **to ~ a ball about** *or* **around** pelotear, dar patadas a un balón ▸ *Fam* **to ~ an idea about** *or* **around** darle vueltas a una idea ▸ **don't let them ~ you about** *or* **around** no dejes que te traten a patadas

▪ vi *Fam* andar por ahí

◆ ***kick in*** vt sep [door] abrir de una patada ▸ *Fam* **to ~ sb's head in** romperle la cabeza a alguien

◆ ***kick off*** vi [in soccer] hacer el saque inicial / *Fam Fig* [in meeting, debate] empezar

◆ ***kick out*** vt sep *Fam* **he was kicked out** [of job, house] lo echaron, le dieron la patada

◆ ***kick up*** vt sep *Fam* **to ~ up a fuss** armar *or ESP* montar un alboroto ▸ **to ~ up a row** *or* **a racket** armar *or ESP* montar una bronca

kickback ['kɪkbæk] n *Fam* [payment] **he got a ~ for doing it** le *ESP* untaron *or ANDES, RP* coimearon *or CAM, MÉX* dieron una mordida para que lo hiciera

kick-off ['kɪkɒf] n [in soccer] saque *m* inicial ▸ *Fam* **for a ~** [to start with] para empezar

kick-start ['kɪkstɑːt] vt [motorbike, engine] arrancar a patada *(con el pedal)* / *Fig* [economy] reactivar

kid [kɪd] ▪ n **1.** *Fam* [child] niño(a) *m,f*, *esp ESP* crío(a) *m,f*, *ARG* pibe(a) *m,f*, *CHILE* cabro(a) *m,f*, *URUG* botija *mf* ▸ **my ~ brother** mi hermano pequeño ▸ **it's kid's stuff** [easy, childish] eso es cosa de niños **2.** [young goat] cabrito *m* / [skin] cabritilla *f* ▸ **~ gloves** guantes *mpl* de cabritilla ▸ *Fig* **to handle sb with ~ gloves** tratar a alguien con mucho tacto *or AM* guantes de seda

▪ vt (pt & pp **kidded**) *Fam* [fool] quedarse con, vacilar ▸ **to ~ oneself** engañarse

▪ vi *Fam* **to be kidding** estar bromeando ▸ **no kidding!** ¿en serio?

kidnap ['kɪdnæp] vt (pt & pp **kidnapped**) secuestrar, raptar

kidnapper ['kɪdnæpə(r)] n secuestrador(ora) *m,f*, raptor(ora) *m,f*

kidnapping ['kɪdnæpɪŋ] n secuestro *m*, rapto *m*

kidney ['kɪdnɪ] (pl **kidneys**) n riñón *m* ▸ **~ beans** alubias *fpl*, *ESP* judías *fpl*, *AM salvo RP* frijoles *mpl*, *ANDES, RP* porotos *mpl* ▸ **~ donor** donante *mf* de riñón ▸ **~ machine** riñón artificial, aparato *m* de diálisis

kill [kɪl] ▪ n [animals killed] presas *fpl*, caza *f* ▸ *Fig* **to be in at the ~** no perderse el desenlace

▪ vt **1.** [person, animal] matar ▸ **twelve people were killed** resultaron muertas doce personas ▸ **to ~ oneself** matarse ▸ *Fam* **to ~ oneself laughing** morirse de risa ▸ *Ironic* **don't ~ yourself!** [to sb not working very hard] ¡cuidado, no te vayas a herniar! ▸ *Fam* **this one'll ~ you** [joke] este es buenísimo ▸ **to ~ two birds with one stone** matar dos pájaros de un tiro ▸ *Fam* **my feet/these shoes are killing me** los pies/estos zapatos me están matando **2.** [pain] acabar con / [sound] amortiguar ▸ **the speech killed his chances of promotion** el discurso acabó con sus posibilidades de ascenso ▸ JOURN **to ~ a story** = *interrumpir la difusión de una noticia* ▸ **to ~ time** matar el tiempo

◆ ***kill off*** vt sep acabar con ▸ **to ~ off a character** [in novel, TV series] matar a un personaje

killer ['kɪlə(r)] n asesino(a) *m,f* ▸ *Fam Fig* **those steps were a ~!** ¡esos escalones me han dejado muerto! ▸ *Fam Fig* **this one's a ~** [joke] este es buenísimo ▸ *Fig* **he lacks the ~ instinct** [sportsman] le falta garra para terminar con su contrincante ▸ **~ whale** orca *f*

killing ['kɪlɪŋ] ▪ n [of person] asesinato *m* / [of animals] matanza *f* ▸ *Fam* **to make a ~** [on Stock Exchange] forrarse de dinero

▪ adj **1.** *Fam* [exhausting] matador(ora) **2.** *Fam* [very amusing] desternillante

killjoy [ˈkɪldʒɔɪ] (pl **killjoys**) n aguafiestas *mf inv*

kiln [kɪln] n horno *m (para cerámica, ladrillos)*

kilo [ˈkiːləʊ] (pl **kilos**) n kilo *m*

kilobyte [ˈkɪləbaɪt] n COMPTR kilobyte *m*

kilocalorie [ˈkɪləkæləri] n kilocaloría *f*

kilogram(me) [ˈkɪləgræm] n kilogramo *m*

kilohertz [ˈkɪləhɜːts] n kilohercio *m,* kilohertz *m*

kilometre, US ***kilometer*** [ˈkɪləmiːtə(r), kɪˈlɒmətə(r)] n kilómetro *m*

kilowatt [ˈkɪləwɒt] n kilovatio *m* ▸ **~-hour** kilovatio-hora *m*

kilt [kɪlt] n falda *f* escocesa

kilter [ˈkɪltə(r)] n *Fam* **out of ~** [machine part] descuajeringado(a), *ESP* escacharrado(a), *MÉX* madreado(a) / [schedule] manga por hombro

kimono [kɪˈməʊnəʊ] (pl **kimonos**) n quimono *m,* kimono *m*

kin [kɪn] n parientes *mpl,* familiares *mpl* ▸ **next of ~** pariente *mf* más cercano(a)

kind[1] [kaɪnd] n **1.** [class, sort] clase *f,* tipo *m* ▸ **all kinds of...** toda clase *or* todo tipo de... ▸ **something of the ~** algo así ▸ **nothing of the ~** nada por el estilo ▸ **in a ~ of a way** en cierto sentido ▸ **well, it's coffee of a ~, I suppose** supongo que debe de ser café, pero no lo parece ▸ **we're two of a ~** estamos hechos de la misma pasta ▸ **it's the only one of its ~** es único en su género ▸ **he's that ~ of person** es de esa clase de personas ▸ **this is my ~ of party!** ¡este es el estilo de fiestas que me gusta! ▸ **is this the ~ of thing you're looking for?** ¿estás buscando algo así? **2.** *Fam* **you look ~ of tired** pareces como cansado ▸ **I ~ of expected this** me esperaba algo así, me lo temía ▸ **do you like it? – ~ of** ¿te gusta? – vaya *or* más o menos ▸ **it was a ~ of saucer-shaped thing** era una especie de objeto con forma de plato

◆ ***in kind*** adj & adv [payment] en especie

kind[2] adj amable ▸ **to be ~ to sb** ser amable con alguien ▸ **it's very ~ of you (to do sth)** es muy amable de tu parte (hacer algo) ▸ *Formal* **would you be ~ enough to** *or* **so ~ as to...?** ¿le importaría...? ▸ **~ to the skin** [on detergent, soap package] no irrita la piel ▸ **by ~ permission of...** con el consentimiento de... ▸ **~ words** palabras *fpl* amables

kinda [ˈkaɪndə] *Fam* ➤ ***kind of***

kindergarten [ˈkɪndəgɑːtən] n jardín *m* de infancia, guardería *f*

kind-hearted [ˈkaɪndˈhɑːtɪd] adj bondadoso(a)

kindle [ˈkɪndəl] vt [flame, fire] encender, *AM* prender / [emotions] despertar

kindling [ˈkɪndlɪŋ] n leña *f* (menuda)

kindly [ˈkaɪndli] ■ adv amablemente / [nobly] generosamente ▸ **to speak ~ of sb** hablar bien de alguien ▸ *Formal* **(would you) ~ be quiet!** ¿serías tan amable de callarte? ▸ **she didn't take ~ to being criticized** no se tomaba bien las críticas

■ adj amable

kindness [ˈkaɪndnɪs] n amabilidad *f* ▸ **to show ~ to sb** mostrarse amable con alguien ▸ **to do sb a ~** hacer un favor a alguien ▸ *Formal* **would you have the ~ to...?** ¿tendría la bondad de...? ▸ **she did it out of the ~ of her heart** lo hizo desinteresadamente

kindred [ˈkɪndrɪd] adj por el estilo ▸ **~ spirits** almas *fpl* gemelas

kinetic [kɪˈnetɪk] adj cinético(a)

king [kɪŋ] n rey *m* ▸ **the three Kings** [in the Bible] los Reyes Magos ▸ **the ~ of the beasts** el rey de la selva ▸ *BR* **~ prawn** langostino *m*

kingdom [ˈkɪŋdəm] n reino *m* ▸ **the ~ of Heaven** el Reino de los Cielos ▸ **the animal/plant ~** el reino animal/vegetal ▸ *Fam* **till ~ come** hasta el día del Juicio Final ▸ *Fam* **to send sb to ~ come** mandar a alguien al otro mundo

kingfisher [ˈkɪŋfɪʃə(r)] n martín *m* pescador

kingpin [ˈkɪŋpɪn] n [of organization, company] eje *m*

king-size(d) [ˈkɪŋˈsaɪz(d)] adj (de) tamaño gigante / [cigarette] extralargo(a)

kink [kɪŋk] n [in wire, rope] retorcimiento *m* / [in hair] rizo *m* / [in character] manía *f*

kinky [ˈkɪŋki] adj **1.** [hair] rizado(a), *CHILE, COL* crespo(a), *MÉX* quebrado(a), *RP* enrulado(a) **2.** *Fam* [person] aberrante, pervertido(a) / [erotic, pornographic] erótico(a)

kinship [ˈkɪnʃɪp] n [family relationship] parentesco *m* / [affinity] afinidad *f*

kinsman [ˈkɪnzmən] n *Literary* pariente *m*

kinswoman [ˈkɪnzwʊmən] n *Literary* pariente *f*

kiosk [ˈkiːɒsk] n quiosco *m,* kiosco *m*

kip [kɪp] *BR Fam* ■ n [sleep] sueño *m* ▸ **to have a ~** echar un sueño

■ vi (pt & pp **kipped**) [sleep] dormir

kipper [ˈkɪpə(r)] n arenque *m* ahumado

Kirg(h)izia [kɜːˈgiːzɪə], ***Kirg(h)izstan*** [kɜːgɪzˈstæn] n Kirguizistán

Kiribati [kɪrɪˈbætɪ] n Kiribati

kirk [kɜːk] n *SCOT* iglesia *f* ▸ **the Kirk** la Iglesia de Escocia

kiss [kɪs] ■ n beso *m* ▸ **to give sb a ~** dar un beso a alguien ▸ **to give sb the ~ of life** hacer el boca a boca a alguien ▸ *Fig* **the news was the ~ of death for the project** la noticia dio el golpe de gracia al proyecto ▸ **~ curl** caracolillo *m (en la frente o la mejilla)*

■ vt besar ▸ **to ~ sb goodbye/goodnight** dar un beso de despedida/de buenas noches a alguien ▸ **you can ~ your chances of promotion goodbye** ya puedes despedirte de tu ascenso

■ vi besarse ▸ **to ~ and make up** reconciliarse ▸ **to ~ and tell** = *tener un lío con un/una famoso(a) y luego contárselo a la prensa*

kiss-and-tell [kɪsənˈtel] adj [journalism] del corazón ▸ **~ stories/revelations** historias fpl/secretos *mpl* de alcoba

kisser [ˈkɪsə(r)] n *Fam* [mouth] morros *mpl,* boca *f*

kissogram [ˈkɪsəgræm] n *BR* = *servicio en el que se contrata a una persona para que felicite a otra dándole un beso*

kit [kɪt] n **1.** MIL [equipment] equipo *m* **2.** [sports clothes] equipo *m* **3.** [for assembly] kit *m,* modelo *m* para armar ▸ **to make sth from a ~** montar algo ▸ **in ~ form** para montar

◆ ***kit out*** vt sep *BR* equipar (**with** con)

kitbag ['kɪtbæg] n petate *m*

kitchen ['kɪtʃɪn] n cocina *f* ▸ **~ knife** cuchillo *m* de cocina ▸ **~ sink** fregadero *m, CHILE, COL, MÉX* lavaplatos *m, RP* pileta *f* ▸ *Fam* **he took everything but the ~ sink** se llevó hasta el colchón ▸ **~ roll** (rollo *m* de) papel *m* de cocina ▸ **~ unit** módulo *m* de cocina

kitchenette [kɪtʃɪ'net] n pequeña cocina *f*

kitchenware ['kɪtʃɪnweə(r)] n menaje *m*

kite [kaɪt] n **1.** [toy] cometa *f, CAM, MÉX* papalote *m, CHILE* volantín *m, PAR* pandorga *f, ARG* barrilete *m* ▸ *Fig* **to fly a ~** lanzar un globo sonda (para tantear el terreno) ▸ *Fam* **go fly a ~!** ¡vete a hacer gárgaras! ▸ *Fam* **to be as high as a ~** ir como una moto **2.** [bird] milano *m*

kith [kɪθ] n *Literary* **~ and kin** parientes y amigos *mpl*

kitsch [kɪtʃ] n kitsch *m*

kitschy ['kɪtʃɪ] adj kitsch *inv*

kitten ['kɪtən] n [young cat] gatito(a) *m,f* ▸ *Fig* **she had kittens** [was shocked] le dio un soponcio

kitty ['kɪtɪ] n **1.** *Fam* [cat] gatito(a) *m,f,* minino(a) *m,f* **2.** [for bills] fondo *m or* caja *f* común / [in cards] posturas *fpl,* puesta *f*

kiwi ['ki:wi:] n **1.** [bird] kiwi *m* ▸ **~ fruit** kiwi *m* **2.** *Fam* [New Zealander] **Kiwi** neozelandés(esa) *m,f*

kleptomania [kleptə'meɪnɪə] n cleptomanía *f*

kleptomaniac [kleptə'meɪnɪæk] n cleptómano(a) *m,f*

klutz [klʌts] n *US Fam* [clumsy person] torpe, *ESP* patoso(a) *m,f*

km (abbr ***kilometre***) km *m*

kmph, km/h (abbr ***kilometres per hour***) km/h *mpl*

knack [næk] n habilidad *f,* maña *f* ▸ **to have the ~ of** *or* **a ~ for doing sth** tener habilidad *or* darse maña para hacer algo ▸ **to get the ~ of sth** pillarle *or ESP* cogerle *or AM* agarrarle el truco *or* el tranquillo a algo

knacker ['nækə(r)] *BR* n matarife *m* de caballos ▸ **knacker's yard** matadero *m* de caballos

knackered ['nækəd] adj *BR Fam* **to be ~** [tired] estar hecho(a) polvo *or* reventado(a) / [broken, damaged] estar hecho(a) polvo

knapsack ['næpsæk] n mochila *f*

knave [neɪv] n **1.** [in cards] [English pack] jota *f* / [Spanish pack] sota *f* **2.** *Literary* [scoundrel] villano *m*

knead [ni:d] vt [dough] amasar / [muscles] masajear, dar un masaje a

knee [ni:] ■ n rodilla *f* ▸ **to go down on one's knees** arrodillarse, ponerse de rodillas ▸ *Fig* **to bring sb to his knees** hacer que alguien hinque la rodilla *or* se arrodille
■ vt [hit with knee] dar un rodillazo a

kneecap ['ni:kæp] ■ n rótula *f*
■ vt *BR* (pt & pp **kneecapped**) **to ~ sb** = *dispararle una bala en la rodilla a alguien como castigo*

knee-deep ['ni:'di:p] adj **she was ~ in water** le llegaba el agua por la rodilla ▸ *Fig* **she was ~ in work** estaba hasta el cuello de trabajo

knee-high ['ni:'haɪ] adj hasta (la altura de) la rodilla ▸ *Fam* **when I was ~ to a grasshopper** cuando era pequeño *or* canijo *or AM* chiquito

kneejerk ['ni:dʒɜ:k] adj [reaction, response] reflejo(a)

kneel [ni:l] (pt & pp **knelt** [nelt]) vi [go down on one's knees] arrodillarse, ponerse de rodillas / [be on one's knees] estar de rodillas

knee-length ['ni:leŋθ] adj hasta la rodilla

kneepad ['ni:pæd] n rodillera *f*

knees-up ['ni:zʌp] n *BR Fam* fiestorro *m,* juerga *f*

knell [nel] n *Literary* tañido *m* fúnebre, toque *m* de difuntos ▸ *Fig* **to toll the (death) ~ for sb/sth** suponer el (principio del) fin para alguien/algo

knelt [nelt] pt & pp *of* ***kneel***

knew [nju:] pt *of* ***know***

knickerbockers ['nɪkəbɒkəz], *US* ***knickers*** ['nɪkəz] npl bombachos *mpl*

knickers ['nɪkəz] npl **1.** *BR* [underwear] bragas *fpl, CHILE, COL, MÉX* calzones *mpl, COL* blúmers *mpl, ECUAD* follones *mpl, RP* bombacha *f* ▸ *BR Fam* **he got his ~ in a twist** se salió de sus casillas **2.** *US* ➤ ***knickerbockers***

knick-knack ['nɪknæk] n *Fam* chuchería *f,* baratija *f*

knife [naɪf] ■ n (pl **knives** [naɪvz]) cuchillo *m* ▸ *Fig* **the knives are out for the Prime Minister** el primer ministro tiene los días contados ▸ **~ sharpener** afilador *m* de cuchillos ▸ **~ wound** puñalada *f,* cuchillada *f*
■ vt [stab] apuñalar, acuchillar

knife-edge ['naɪfedʒ] n *Fig* **he has been on a ~ all day** [nervous] ha estado todo el día con los nervios de punta ▸ *Fig* **the situation/game is balanced on a ~** la situación/el partido pende de un hilo

knife-point ['naɪfpɔɪnt] n **to be robbed at ~** ser robado(a) a punta de cuchillo

knifing ['naɪfɪŋ] n apuñalamiento *m,* acuchillamiento *m*

knight [naɪt] ■ n [person] caballero *m* / [in chess] caballo *m*
■ vt ordenar caballero a

knighthood ['naɪthʊd] n [title] título *m* de caballero

knit [nɪt] (pt & pp **knitted** *or* **knit**) ■ vt [sweater] tejer ▸ **to ~ one's brows** fruncir el ceño
■ vi hacer punto

◆ ***knit together*** vi [broken bones] soldarse

knitted ['nɪtəd] adj de punto

knitting ['nɪtɪŋ] n [item produced] (labor *f* de) punto *m, AM* tejido *m* ▸ **have you finished your ~?** ¿has terminado de hacer punto?, *AM* ¿terminaste el tejido? ▸ **~ machine** *ESP* tricotosa *f, AM* máquina *f* de tejer ▸ **~ needle** aguja *f* de punto *or AM* de tejer

knitwear ['nɪtweə(r)] n prendas *fpl* de punto *or AM* tejidas

knob [nɒb] n [on a cane] empuñadura *f,* puño *m* / [on banisters, door, drawer] pomo *m* / [on radio] botón *m,* mando *m* ▸ **a ~ of butter** una nuez de mantequilla *or RP* manteca

knobbly ['nɒblɪ] adj nudoso(a) ▸ **~ knees** rodillas *fpl* huesudas

knock [nɒk] ■ n [blow] golpe *m* / [to sb's pride,

chances] revés *m* ▸ **there was a ~ at the door** se oyó un golpe en la puerta

■ vt **1.** [hit] golpear ▸ **to ~ sb to the ground** tumbar a alguien *(a golpes)* ▸ **to ~ sb unconscious** dejar a alguien inconsciente ▸ **to ~ one's head against sth** golpearse la cabeza contra algo ▸ **to ~ a hole in sth** abrir un agujero de un golpe en algo ▸ **to ~ holes in an argument** echar por tierra un argumento ▸ **to ~ some sense into sb** meter un poco de sentido común en la cabeza a alguien ▸ *Fig* **to ~ sth/sb into shape** poner algo/a alguien a punto ▸ *US Fam* **to ~ on wood** tocar madera **2.** *Fam* [criticize] poner peros a, criticar

■ vi **1.** [hit] dar golpes ▸ **to ~ at the door** llamar a la puerta (con los nudillos) ▸ **to ~ against sth** chocar con *or* contra algo ▸ **his knees were knocking** le temblaban las rodillas **2.** [engine] golpetear

◆ ***knock about, knock around*** ■ vt sep **1.** [person] maltratar, pegar ▸ **the furniture has been badly knocked about** *or* **around** los muebles están muy maltratados **2.** *Fam* [idea, suggestion] dar vueltas a

■ vt insep *Fam* **she's been knocking about** *or* **around Glasgow for years** se ha movido por Glasgow durante años

■ vi *Fam* **to ~ about** *or* **around with sb** ir *or* andar con alguien ▸ **they knocked about** *or* **around together at school** en la escuela iban juntos ▸ **has anyone seen my keys knocking about** *or* **around?** ¿ha visto alguien mis llaves por ahí?

◆ ***knock back*** vt sep *Fam* **1. to ~ back a drink** *ESP* atizarse una copa, *AM* hacer fondo blanco con algo de beber **2.** *BR* [idea, proposal] rechazar

◆ ***knock down*** vt sep **1.** [pedestrian] atropellar **2.** [building] derribar

◆ ***knock off*** ■ vt sep **1.** [cause to fall off] tirar ▸ **he was knocked off his bike by a car** un coche *or AM* carro *or CSUR* auto lo tiró de la bicicleta ▸ *Fam* **to ~ sb's head** *or* **block off** romperle la cabeza a alguien ▸ *Fam* **I managed to get something knocked off the price** conseguí que me rebajaran algo el precio **2.** *Fam* [steal] *ESP* mangar, *AM* volar **3.** *Fam* [kill] asesinar a, *ESP* cepillarse a **4.** *Fam* **~ it off!** [stop it] ¡para ya! **5.** *Fam* [produce quickly] [letter, report, song] despachar

■ vi [finish work] terminar de trabajar

◆ ***knock out*** vt sep **1.** [make unconscious] dejar sin sentido / [in boxing match] dejar fuera de combate ▸ *Fam* **to ~ sb's brains/teeth out** partirle la cabeza/la boca a alguien **2.** [eliminate from competition] eliminar

◆ ***knock over*** vt sep [person] derribar / [container] volcar

◆ ***knock up*** vt sep **1.** [make hastily] improvisar **2.** *very Fam* [make pregnant] dejar preñada a

knockabout ['nɒkəbaʊt] ■ n astracanada *f*

■ adj [comedy, comedian] bullanguero(a)

knockdown ['nɒkdaʊn] adj *Fam* [argument] contundente, *ESP* impepinable ▸ **at a ~ price** a un precio de risa

knockdown price ['nɒkdaʊn'praɪs] n *Fam* **at a ~** a un precio de risa

knocker ['nɒkə(r)] n **1.** [on door] llamador *m,* aldaba *f* **2.** *very Fam* **knockers** [breasts] domingas *fpl, MÉX* chichis *fpl, RP* lolas *fpl*

knocking ['nɒkɪŋ] n [at door] golpes *mpl* / [of engine] golpeteo *m*

knock-kneed ['nɒk'ni:d] adj patizambo(a), *AM* chueco(a)

knock-on effect ['nɒkɒnɪ'fekt] n efecto *m* dominó

knockout ['nɒkaʊt] ■ n **1.** [in boxing] K.O. *m,* fuera de combate *m* ▸ *Fig* [to chances] golpe *m* de gracia **2.** *Fam* **he's/she's a ~** [attractive] está imponente

■ adj **1. ~ blow** [in boxing] golpe *m* que pone fuera de combate ▸ *Fig* **to deliver the ~ blow** [to chances] asestar el golpe de gracia **2.** [in sport] **a ~ competition** una competición *or AM* competencia por eliminatorias

knot [nɒt] ■ n **1.** [in rope, string] nudo *m* / [in ribbon] lazo *m,* lazada *f* ▸ **to tie/untie a ~** atar/desatar un nudo, hacer/deshacer un nudo ▸ *Fam Fig* **to tie the ~** [get married] casarse **2.** [in wood] nudo *m* **3.** NAUT [unit of speed] nudo *m* ▸ *Fam* **at a rate of knots** a toda máquina **4.** [group of people] corro *m*

■ vt (pt & pp **knotted**) [piece of string] anudar, atar ▸ *BR very Fam* **get knotted!** ¡vete al cuerno!, *ESP* ¡que te den!

knotty ['nɒtɪ] adj *Fam* [problem] espinoso(a)

know [nəʊ] ■ n *Fam* **to be in the ~** estar enterado(a), estar en el ajo

■ vt (pt **knew** [nju:], pp **known** [nəʊn]) **1.** [be acquainted with] conocer ▸ **to get to ~ sb** conocer a alguien ▸ **she had long hair when I first knew her** cuando la conocí tenía el pelo largo ▸ **I've never known anything like it** nunca he visto nada igual ▸ **I ~ him to say hello to** lo conozco de hola y adiós nada más ▸ **knowing** HIM... conociéndolo... **2.** [have knowledge of] saber ▸ **to ~ that...** saber que... ▸ **to ~ the answer** saber la respuesta ▸ **to ~ Spanish** saber español ▸ **to ~ a lot/a little about sth** saber mucho/poco de algo ▸ **she knows what she is talking about** sabe de lo que está hablando ▸ **to ~ how to do sth** saber hacer algo ▸ *Fam* **to ~ a thing or two** saber alguna que otra cosa, saber un rato ▸ **to ~ one's own mind** tener las ideas claras ▸ **heaven** *or* **God knows!** ¡sabe Dios! **3.** [recognize, distinguish] distinguir, reconocer ▸ **I knew her by her walk** la distinguí *or* la reconocí por su forma de andar ▸ **he knows a good business opportunity when he sees one** sabe reconocer un buen negocio (cuando lo tiene delante) ▸ **to ~ right from wrong** distinguir lo bueno de lo malo

■ vi saber ▸ **to ~ about sth** saber de algo ▸ **to get to ~ of sth** enterarse de algo ▸ **as far as I ~** que yo sepa ▸ **how should I ~?** ¿cómo voy a saberlo yo? ▸ **you never ~** nunca se sabe ▸ **not that I ~ of** que yo sepa, no ▸ **you should ~ better than that by now!** ¡a estas alturas ya podías saber que eso no se hace! ▸ *Fam* **it wasn't, you ~, quite what I was expecting** en fin, no era lo que me esperaba ▸ **James, you ~, my cousin...** James, sí hombre, mi primo...

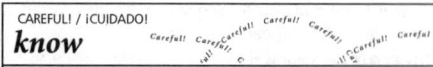

CAREFUL! / ¡CUIDADO!

know

When translating *know*, note that **saber** is used of knowledge of facts or skills and abilities, while **conocer** implies "to be familiar with" (e.g. a person or place).

know-all ['nəʊɔːl] n *Fam* sabihondo(a) *m,f,* sabelotodo *mf*

know-how ['nəʊhaʊ] n *Fam* conocimientos *mpl* prácticos / COM técnica *f,* conocimientos *mpl* técnicos

knowing ['nəʊɪŋ] ■ n **there's no ~** no hay manera de saber
■ adj [look, smile] cómplice, de complicidad

knowledge ['nɒlɪdʒ] n **1.** [awareness] conocimiento *m* ▸ **(not) to my ~** que yo sepa(, no) ▸ **I had no ~ of it** no tenía conocimiento de ello ▸ **to have full ~ of sth** saber algo perfectamente ▸ **it is common ~ that...** todo el mundo sabe que..., de todos es sabido que... ▸ *Formal* **it has come to our ~ that...** ha llegado a nuestro conocimiento que... **2.** [learning] conocimientos *mpl* ▸ **to have a ~ of several languages** saber varios idiomas ▸ **her ~ is immense** tiene unos grandes conocimientos ▸ *Prov* **~ is power** el poder llega por el conocimiento ▸ COMPTR **~-based system** sistema *m* experto ▸ **the ~ economy** la economía del conocimiento

knowledgeable ['nɒlɪdʒəbəl] adj entendido(a) ▸ **to be ~ about sth** ser un (gran) entendido en algo

knowledgeably ['nɒlɪdʒəblɪ] adv con conocimiento, con erudición

known [nəʊn] ■ adj conocido(a)
■ pp *of* ***know***

knuckle ['nʌkəl] n nudillo *m*

◆ ***knuckle down*** vi *Fam* **to ~ down (to sth)** ponerse (a algo) en serio

◆ ***knuckle under*** vi *Fam* pasar por el aro, rendirse

knuckle-duster ['nʌkəldʌstə(r)] n puño *m* americano

KO ['keɪ'əʊ] *Fam* ■ n (pl **KO's** ['keɪ'əʊz]) [in boxing] K.O. *m*
■ vt (pp & pt **KO'd** ['keɪ'əʊd]) [in boxing] dejar fuera de combate, noquear

koala [kəʊ'ɑːlə] n **~ (bear)** koala *m*

kopek ['kəʊpek] n [subdivision of rouble] kopek *m,* copec *m*

Koran [kə'rɑːn] n **the ~** el Corán

Koranic [kə'rænɪk] adj coránico(a)

Korea [kə'rɪə] n Corea ▸ **North/South ~** Corea del Norte/del Sur

Korean [kə'rɪən] ■ n **1.** [person] coreano(a) *m,f* **2.** [language] coreano *m*
■ adj coreano(a) ▸ **the ~ War** la guerra de Corea

kosher ['kəʊʃə(r)] adj **1.** [in Judaism] kosher, conforme a la ley judaica ▸ **~ meat** carne *f* kosher **2.** *Fam* [legitimate] legal

Kosovan ['kɒsəvən], ***Kosovar*** ['kɒsəvɑː(r)] ■ n kosovar *mf*
■ adj kosovar

kowtow ['kaʊ'taʊ] vi *also Fig* **to ~ to sb** inclinarse ante alguien

kph (abbr ***kilometres per hour***) km/h

Kraut [kraʊt] n *Fam* cabeza cuadrada *mf*, = *término despectivo para referirse a los alemanes*

krona ['kreʊnə] n corona *f* (sueca)

krone ['kreʊnə] n [Danish/Norwegian currency] corona *f* (danesa/noruega)

krypton ['krɪptɒn] n CHEM criptón *m,* kriptón *m*

kudos ['kjuːdɒs] n gloria *f,* renombre *m*

Kurd [kɜːd] n & adj kurdo(a) *m,f*

Kurdish ['kɜːdɪʃ] ■ n [language] kurdo *m*
■ adj kurdo(a)

Kurdistan [kɜːdɪ'stæn] n Kurdistán

Kuwait [kʊ'weɪt] n Kuwait

Kuwaiti [kʊ'weɪtɪ] n & adj kuwaití *mf*

kW ELEC (abbr ***kilowatt***) kW *m*

kWh (abbr ***kilowatt-hour***) kWh

Kyoto [kiː'əʊtəʊ] n Kioto

l

L [el] n **1.** [letter] L, l *f* **2.** *BR* AUT **L-plate** placa *f* de la "L"

l (abbr ***litre(s)***) l, litro(s) *mpl*

LA [el'eɪ] n (abbr ***Los Angeles***) Los Ángeles

la [lɑː] n MUS la

Lab *BR* POL (abbr ***Labour***) laborista

lab [læb] n *Fam* (abbr ***laboratory***) laboratorio *m*

label ['leɪbəl] ■ n **1.** *also Fig* etiqueta *f* **2.** [of record company] casa *f* discográfica, sello *m* discográfico
■ vt (pt & pp **labelled,** *US* **labeled**) [parcel, bottle] etiquetar / [describe] tildar de ▸ **the bottle was labelled "poison"** la botella tenía una etiqueta que decía "veneno" ▸ **to ~ sb a liar** tildar a alguien de mentiroso(a)

labor, labored etc *US* ➤ ***labour, laboured*** etc

laboratory [lə'bɒrətrɪ] n laboratorio *m* ▸ **~ assistant** ayudante *mf* de laboratorio

laborious [lə'bɔːrɪəs] adj [work, explanation] laborioso(a), arduo(a)

laboriously [lə'bɔːrɪəslɪ] adv laboriosamente, arduamente

labour, *US* ***labor*** ['leɪbə(r)] ■ n **1.** [work] trabajo *m* ▸ **~ camp** campo *m* de trabajo **2.** [workers] mano *f* de obra, trabajadores *mpl* ▸ **~ costs** costos *mpl or ESP* costes *mpl* de mano de obra ▸ **~ dispute** conflicto *m* laboral ▸ **~ force** mano *f* de obra ▸ **~ market** mercado *m* laboral *or* de trabajo ▸ **~ shortage** escasez *f* de mano de obra **3.** *BR* POL **Labour, the Labour Party** el partido laborista **4.** [task] esfuerzo *m,* tarea *f* ▸ **a ~ of love** un trabajo hecho por amor al arte **5.** [childbirth] parto *m* ▸ **to be in ~** estar de parto ▸ **~ pains** dolores *mpl* del parto
■ vt **to ~ a point** repetir lo mismo una y otra vez
■ vi **1.** [person] trabajar afanosamente (**at** *or* **over** en) ▸ **to ~ in vain** trabajar en vano ▸ **to be labouring under a misapprehension/a delusion** tener un malentendido/una falsa ilusión **2.** [engine] funcionar con dificultad

laboured, *US* ***labored*** ['leɪbəd] adj [breathing] fatigoso(a), trabajoso(a) / [style] farragoso(a) / [joke] pesado(a)

labourer, *US* ***laborer*** ['leɪbərə(r)] n obrero(a) *m,f*

labouring, *US* ***laboring*** ['leɪbərɪŋ] adj **he did a number of ~ jobs** trabajó de obrero en varias ocasiones

labour-intensive, *US* ***labor-intensive*** ['leɪbər-ɪn'tensɪv] adj que absorbe mucha mano de obra

labour-saving device, *US* ***labor-saving device*** ['leɪbəseɪvɪŋdɪ'vaɪs] n aparato *m* que permite ahorrarse trabajo

labrador ['læbrədɔː(r)] n [dog] terranova *m,* labrador *m*

laburnum [lə'bɜːnəm] n codeso *m*

labyrinth ['læbərɪnθ] n laberinto *m*

labyrinthine [læbə'rɪnθaɪn] adj laberíntico(a)

lace [leɪs] ■ n **1.** [cloth] encaje *m* ▸ **~ handkerchief** pañuelo *m* de encaje **2.** [of shoe] cordón *m*
■ vt **1.** [shoes] atar (los cordones de) **2. to ~ a drink** rociar una bebida (con unas gotas de algo fuerte) ▸ *Fig* **he laced his story with salacious details** aderezó el relato con detalles obscenos

◆ ***lace up*** ■ vt sep **to ~ one's shoes up** atarse los zapatos
■ vi [shoes, corset] atarse

lacerate ['læsəreɪt] vt lacerar

laceration [læsə'reɪʃən] n laceración *f*

lace-up ['leɪsʌp] ■ n [shoe] zapato *m* de cordones
■ adj [shoe] de cordones

lachrymose ['lækrɪməʊs] adj *Literary* lacrimoso(a)

lack [læk] ■ n falta *f* (**of** de), carencia *f* (**of** de) ▸ **for ~ of...** por falta de...
■ vt carecer de
■ vi **time was lacking** faltaba tiempo ▸ **she is lacking in confidence/experience** le falta confianza/experiencia ▸ **they ~ for nothing** no les falta (de) nada

lackadaisical [lækə'deɪzɪkəl] adj dejado(a)

lackey ['lækɪ] (pl **lackeys**) n *Pej* lacayo *m*

lacklustre, *US* ***lackluster*** ['læklʌstə(r)] adj [mediocre] deslucido(a)

laconic [lə'kɒnɪk] adj lacónico(a)

lacquer ['lækə(r)] ■ n laca *f*
■ vt [wood] lacar, laquear / [hair] aplicar laca a

lacrosse [lə'krɒs] n SPORT lacrosse *m*

lactose ['læktəʊs] n BIOCHEM lactosa *f*

lacuna [lə'kju:nə] (pl **lacunae** [lə'kju:ni:] or **lacunas**) n laguna *f*

lad [læd] n *Fam* **1.** [boy] muchacho *m,* chaval *m, ARG* pibe *m, CAM, MÉX* chavo *m, CHILE* cabro *m* **2.** *BR* [young man] tipo, *ESP* tío *m* ▸ **come on, lads!** ¡vamos, compadres *or ESP* tíos! ▸ **he's a bit of** *or* **quite a ~** es un poco golfo *or MÉX* gandalla

ladder ['lædə(r)] ■ n **1.** escalera *f* ▸ **the social ~** la escala social ▸ *Fig* **to get one's foot on the ~** dar el primer paso ▸ *Fig* **to reach the top of the ~** llegar a la cumbre **2.** *BR* [in stocking] carrera *f*
■ vt *BR* [stocking] hacer una carrera en
■ vi *BR* [stocking] hacerse una carrera

ladderproof ['lædəpru:f] adj *BR* indesmallable

laddie ['lædɪ] n *Fam* muchacho *m, CAM, MÉX* chavalo *m*

laden ['leɪdən] adj cargado(a) (**with** de)

la-di-da, lah-di-dah [lɑ:dɪ'dɑ:] adj *Fam* [accent, manner] *ESP* pijo(a), *MÉX* fresa, *RP* fifí

ladle ['leɪdəl] n cucharón *m,* cazo *m*

◆ ***ladle out*** vt sep [soup] servir (con el cucharón) / *Fig* [sympathy, praise] prodigar

lady ['leɪdɪ] n **1.** [woman] señora *f* / [in literature, of high status] dama *f* ▸ **a young ~** [unmarried] una señorita / [married] una (señora) joven ▸ **an old ~** una señora mayor ▸ **ladies and gentlemen!** ¡señoras y señores! ▸ **he's a ladies' man** es un mujeriego ▸ **the ~ of the house** la señora de la casa ▸ **the ladies,** *US* **the ladies' room** el baño *or ESP* servicio *m or CSUR* toilette *f* de señoras ▸ **~ friend** querida *f*, amiga *f* **2. Our Lady** Nuestra Señora **3.** [title] **Lady Browne** Lady Browne ▸ **Lady Luck** la diosa Fortuna ▸ *BR Fam* **she's acting like Lady Muck** se porta como una señoritinga

ladybird ['leɪdɪbɜ:d], *US* ***ladybug*** ['leɪdɪbʌg] n mariquita *f*

lady-in-waiting ['leɪdɪɪn'weɪtɪŋ] (pl **ladies-in-waiting**) n dama *f* de honor

lady-killer ['leɪdɪkɪlə(r)] n *Fam* castigador *m,* casanova *m*

ladylike ['leɪdɪlaɪk] adj femenino(a), propio(a) de una señorita

ladyship ['leɪdɪʃɪp] n **her/your Ladyship** su señoría

lag [læg] ■ n **1.** [gap] intervalo *m,* lapso *m* **2.** *BR Fam* [prisoner] **old ~** presidiario *m*
■ vt (pt & pp **lagged**) [pipes, boiler] revestir con un aislante
■ vi **to ~ (behind)** quedarse atrás

lager ['lɑ:gə(r)] n cerveza *f (rubia)* ▸ *BR Fam* **~ lout** borracho *m* peligroso *or ESP* gamberro

laggard ['lægəd] n rezagado(a) *m,f*

lagoon [lə'gu:n] n laguna *f*

lah-di-dah ➤ ***la-di-da***

laid [leɪd] pt & pp *of* ***lay***

laid-back [leɪd'bæk] adj *Fam* tranquilo(a), *ESP* cachazudo(a)

lain [leɪn] pp *of* ***lie***[2]

lair [leə(r)] n guarida *f*

laird [leəd] n *SCOT* terrateniente *m*

laisser-faire [leseɪ'feə(r)] ■ n ECON liberalismo *m*
■ adj [in general] permisivo(a) / ECON liberal

laity ['leɪɪtɪ] n **the ~** el sector laico, los seglares

lake [leɪk] n lago *m* ▸ **Lake Geneva** el Lago Leman ▸ **the Lake District, the Lakes** la Región de los Lagos *(en el noroeste de Inglaterra)*

lamb [læm] n cordero *m* ▸ REL **Lamb (of God)** Cordero de Dios ▸ **poor ~!** ¡pobrecillo! ▸ **like lambs to the slaughter** como ovejas al matadero ▸ **~ chop** chuleta *f* de cordero

lambast [læm'bæst] vt vapulear

lambing ['læmɪŋ] n (tiempo *m* del) nacimiento *m* de los corderos

lambskin ['læmskɪn] n piel *f* de cordero

lambswool ['læmswʊl] ■ n lana *f* de cordero
■ adj de lana de cordero

lame [leɪm] ■ adj **1.** [person, animal] cojo(a) ▸ **to be ~** [permanently] ser cojo(a) / [temporarily] estar cojo(a) ▸ **to go ~** quedarse cojo(a) **2.** [excuse, argument] endeble, pobre
■ vt dejar cojo(a)

lamé ['lɑ:meɪ] n lamé *m*

lamely ['leɪmlɪ] adv [to apologize] sin convicción

lament [lə'ment] ■ n lamento *m* / MUS canto *m* elegíaco, treno *m*
■ vt lamentar ▸ **the late lamented Mr Jones** el llorado difunto Sr. Jones
■ vi lamentarse (**over** de)

lamentable [lə'məntəbəl] adj lamentable

lamentably [lə'məntəblɪ] adj lamentablemente

lamentation [læmən'teɪʃən] n lamentación *f*

laminate ['læmɪneɪt] n laminado *m*

laminated ['læmɪneɪtəd] adj **1.** [glass] laminado(a) ▸ **the wood is laminated with plastic** la madera está laminada en plástico **2.** [paper, identity card] plastificado(a)

lamp [læmp] n lámpara *f*

lamplight ['læmplaɪt] n luz *f* de una lámpara

lampoon [læm'pu:n] ■ n sátira *f*
■ vt satirizar

lamppost ['læmppəʊst] n farola *f*

lamprey ['læmprɪ] (pl **lampreys**) n lamprea *f*

lampshade ['læmpʃeɪd] n pantalla *f* (de lámpara)

lampstand ['læmpstænd] n pie *m* de lámpara

LAN [eleɪ'en] n COMPTR (abbr ***local area network***) red *f* de área local

lance [lɑ:ns] ■ n [weapon] lanza *f*
■ vt MED sajar, abrir con una lanceta

lance corporal ['lɑ:ns'kɔ:pərəl] n MIL soldado *mf* de primera

lancer ['lɑ:nsə(r)] n [soldier] lancero *m*

lancet ['lɑːnsɪt] n lanceta *f*

land [lænd] ■ n **1.** [in general] tierra *f* ▸ **on ~** en tierra ▸ **to live off the ~** vivir de la tierra ▸ *Literary* **he came from a distant ~** venía de una tierra lejana ▸ **he's still in the ~ of the living** todavía está en el reino de los vivos ▸ MIL **~ forces** ejército *m* de tierra ▸ **~ line** [telephone] teléfono *m* fijo ▸ **~ reform** reforma *f* agraria **2.** [property] tierras *fpl,* terrenos *mpl* ▸ **get off my ~!** ¡fuera de mi propiedad! ▸ **~ registry (office)** registro *m* de la propiedad
■ vt **1.** [passengers] desembarcar / [cargo] descargar **2.** [plane] hacer aterrizar **3.** [fish] capturar ▸ *Fam* **he's just landed a good job** acaba de conseguir un buen trabajo ▸ *Fam* **that will ~ you in prison** eso hará que des con tus huesos en la cárcel ▸ *Fam* **he was landed with the problem** le endosaron el problema **4.** *Fam* [hit] **I landed him one** le di *or ESP* aticé un buen tortazo
■ vi **1.** [aircraft, pilot] aterrizar, tomar tierra ▸ **we landed in New York** aterrizamos en Nueva York **2.** [gymnast, somebody falling] caer ▸ *Fig* **to ~ on one's feet** caer de pie

CAREFUL! / ¡CUIDADO!
land

When translating *land*, note that **tierra** is used in general (in contrast to the sea, for example); where ownership of a specific place is involved, **terrenos** (or the plural form **tierras**) is used.

◆ ***land up*** vi ir a parar (**in** a)

landed ['lændɪd] adj **~ gentry** aristocracia *f* terrateniente ▸ **~ proprietor** terrateniente *mf*

landfall ['lændfɔːl] n NAUT **to make ~** arribar a tierra

landfill ['lændfɪl] n [technique] enterramiento *m* de residuos / [refuse] residuos *mpl* ▸ **~ (site)** vertedero *m* controlado *(en el que se entierran los residuos)*

landfill site ['lændfɪl'saɪt] n = *vertedero donde se entierran basuras*

landing ['lændɪŋ] n **1.** NAUT desembarco *m* ▸ **~ card** tarjeta *f* de inmigración ▸ **~ craft** lancha *f* de desembarco ▸ **~ stage** desembarcadero *m* **2.** AV aterrizaje *m* ▸ **~ gear** tren *m* de aterrizaje ▸ **~ lights** luces *fpl* de aterrizaje ▸ **~ strip** pista *f* de aterrizaje **3.** [of staircase] descansillo *m,* rellano *m*

landlady ['lændleɪdɪ] n **1.** [owner of rented accommodation] casera *f,* dueña *f* **2.** [woman who runs boarding house, pub] patrona *f*

landlocked ['lændlɒkt] adj [country] sin salida al mar, interior

landlord ['lændlɔːd] n **1.** [owner of rented accommodation] casero *m,* dueño *m* **2.** [man who runs pub] patrón *m* **3.** [landowner] terrateniente *m*

landmark ['lændmɑːk] n [distinctive feature] punto *m* de referencia, lugar *m* señero / *Fig* [in history] hito *m*

landmass ['lændmæs] n masa *f* terrestre

landmine ['lændmaɪn] n mina *f* terrestre

landowner ['lændəʊnə(r)] n terrateniente *mf*

landowning ['lændəʊnɪŋ] adj **the ~ classes** la clase terrateniente

landscape ['lændskeɪp] ■ n [land, painting] paisaje *m* ▸ **~ design** paisajismo *m* ▸ **~ gardener** paisajista *mf* ▸ COMPTR **~ (orientation)** formato *m* apaisado ▸ **~ painter** paisajista *mf*
■ vt ajardinar

landslide ['lændslaɪd] n desprendimiento *m or* corrimiento *m* de tierras ▸ POL **to win by a ~** ganar por una mayoría abrumadora

landslip ['lændslɪp] n *BR* desprendimiento *m or* corrimiento *m* de tierras

landward ['lændwəd] adj NAUT más cercano(a) a (la) tierra

lane [leɪn] n **1.** [in country] vereda *f,* camino *m* / [in town] callejón *m* **2.** [on road] carril *m* ▸ **traffic is reduced to two lanes** se ha limitado el tráfico a dos carriles **3.** [for runner, swimmer] calle *f, ANDES, RP* andarivel *m*

language ['læŋgwɪdʒ] n **1.** [of a people] idioma *m,* lengua *f* ▸ *Fam Fig* **we don't talk the same ~** no hablamos el mismo idioma ▸ **~ laboratory** laboratorio *m* de idiomas ▸ **~ learning** aprendizaje *m* de idiomas ▸ **~ teaching** enseñanza *f* de idiomas **2.** [style of speech or writing] lenguaje *m* ▸ **you should have heard the ~ they were using!** ¡tenías que haber oído el lenguaje que empleaban!

CAREFUL! / ¡CUIDADO!
language

When translating **language**, note that **idioma** or **lengua** are used when talking of national tongues, like English or Spanish; **lenguaje** or **lengua** are used when talking of language in the sense of "style", of the general human faculty, and **lenguaje** is also used for non-linguisitic codes of communication (e.g. in computing, or using flowers or gestures).

languid ['læŋgwɪd] adj lánguido(a)

languidly ['læŋgwɪdlɪ] adv lánguidamente

languish ['læŋgwɪʃ] vi languidecer ▸ **to ~ in prison** pudrirse en la cárcel

languor ['læŋgə(r)] n languidez *f*

languorous ['læŋgərəs] adj lánguido(a)

lank [læŋk] adj [hair] lacio(a)

lanky ['læŋkɪ] adj larguirucho(a)

lanolin(e) ['lænəlɪn] n lanolina *f*

lantern ['læntən] n farol *m* ▸ **~ jawed** demacrado(a)

Laos [laʊs] n Laos

Laotian ['laʊʃɪən] n & adj laosiano(a) *m,f*

lap [1] [læp] n regazo *m* ▸ **to sit on sb's ~** sentarse en el regazo de alguien ▸ *Fig* **it's in the ~ of the gods** está en el aire ▸ *Fig* **he expects everything to fall into his ~** espera que todo le llueva *or AM* caiga del cielo ▸ *Fig* **to live in the ~ of luxury** vivir a cuerpo de rey ▸ **~ dancing** striptease *m (para un único cliente)*

lap [2] ■ n [in race] vuelta *f* ▸ **~ of honour** vuelta de honor
■ vt [overtake] doblar

lap [3] (pt & pp **lapped**) vi [animal] beber a lengüetadas ▸

to ~ **against sth** [waves] lamer algo

◆ ***lap up*** vt sep [drink] beberse a lengüetadas / *Fam Fig* [enjoy] tragarse

lapdog ['læpdɒg] n perrito *m* faldero

lapel [lə'pel] n solapa *f*

lapis lazuli ['læpɪs'læzjʊli:] n GEOL lapislázuli *m*

Lapland ['læplænd] n Laponia

Laplander ['læplændə(r)] n lapón(ona) *m,f*

Lapp [læp] n & adj lapón(ona) *m,f*

lapse [læps] ■ n **1.** [of time] lapso *m* **2.** [in behaviour] desliz *m* / [in standards] bajón *m* ▸ **a ~ in concentration** un momento de distracción

■ vi **1.** [err] tener un desliz / [morally] reincidir ▸ **to ~ into silence** sumirse en el silencio ▸ **he soon lapsed back into his old ways** pronto volvió a las andadas **2.** [permit, membership] caducar, vencer

lapsed [læpst] adj REL **a ~ Catholic** un/una católico(a) no practicante

laptop ['læptɒp] n COMPTR **~ (computer)** *ESP* ordenador *m or AM* computadora *f* portátil

lapwing ['læpwɪŋ] n avefría *f*

larceny ['lɑ:sənɪ] n LAW (delito *m* de) robo *m or* latrocinio *m*

larch [lɑ:tʃ] n alerce *m*

lard [lɑ:d] ■ n [fat] manteca *f or RP* grasa *f* de cerdo

■ vt *Fam* [sprinkle] **he larded his writings with quotations** sus escritos estaban recargados de citas

larder ['lɑ:də(r)] n despensa *f*

large [lɑ:dʒ] ■ n **to be at ~** andar suelto(a) ▸ **people/the public at ~** la gente/el público en general

■ adj **1.** [in size] grande ▸ **to grow** *or* **get larger** crecer ▸ **to make sth larger** agrandar algo ▸ **as ~ as life** en persona ▸ **larger than life** singular, que se sale de la norma **2.** [extensive, significant] **to a ~ extent** en gran medida ▸ **a ~ part of my job involves...** gran parte de mi trabajo implica...

◆ ***by and large*** adv en general

> FALSE FRIEND / FALSO AMIGO
>
> ***large***
>
> Largo no es la traducción del inglés *large*. Largo se traduce fundamentalmente por *long*.

largely ['lɑ:dʒlɪ] adv [to a great extent] en gran medida / [mostly] principalmente

large-scale ['lɑ:dʒ'skeɪl] adj a gran escala

largesse [lɑ:'ʒes] n magnanimidad *f*

lark[1] [lɑ:k] n [bird] alondra *f* ▸ **to be up/rise with the ~** levantarse con el gallo

lark[2] n *BR* [joke] broma *f* ▸ **to do sth for a ~** hacer algo por diversión ▸ **what a ~!** ¡qué divertido! ▸ **I don't like this fancy dress ~** no me gusta este asunto *or ESP* rollo *or COL, PERÚ, VEN* esta vaina de la fiesta de disfraces

◆ ***lark about, lark around*** vi *BR Fam* jugar, *ESP* trastear

larva ['lɑ:və] (pl **larvae** ['lɑ:vi:]) n larva *f*

laryngitis [lærɪn'dʒaɪtɪs] n laringitis *f inv*

larynx ['lærɪŋks] n laringe *f*

lasagne [lə'sænjə] n lasaña *f*

lascivious [lə'sɪvɪəs] adj lascivo(a)

lasciviously [lə'sɪvɪəslɪ] adv lascivamente

laser ['leɪzə(r)] n láser *m* ▸ **~ beam** rayo *m* láser ▸ **~ disc** láser disc *m* ▸ COMPTR **~ printer** impresora *f* láser ▸ MED **~ surgery** cirugía *f* con láser

lash [læʃ] ■ n **1.** [eyelash] pestaña *f* **2.** [blow with whip] latigazo *m*

■ vt **1.** [with whip] azotar ▸ **to ~ (against) sth** [rain, waves] azotar algo **2.** [tie] amarrar (**to** a)

■ vi **the rain** *or* **it was lashing down** caían chuzos de punta

◆ ***lash out*** vi **1. to ~ out at sb** [physically] atacar *or* agredir a alguien / [verbally] arremeter contra alguien **2.** *BR Fam* [spend extravagantly] tirar *or AM salvo RP* botar la casa por la ventana

lashings ['læʃɪŋz] npl *BR Fam Old-fashioned* [lots] **~ of** un montón de

lass [læs] n chica *f,* muchacha *f*

lassitude ['læsɪtju:d] n lasitud *f*

lasso [læ'su:] ■ n (pl **lassos** *or* **lassoes**) lazo *m (para ganado)*

■ vt capturar con lazo, *CSUR* lacear

last[1] [lɑ:st] ■ n **the ~** el/la último(a) ▸ **the ~ but one** el/la penúltimo(a) ▸ **we'll never hear the ~ of it** nos lo recordará eternamente ▸ **I don't think we've heard the ~ of him** creo que volveremos a oír hablar de él ▸ **that's the ~ I saw of him** fue la última vez que lo vi ▸ **that's the ~ of the wine** es lo último que queda de vino ▸ **to** *or* **till the ~** hasta el fin ▸ **at (long) ~** por fin

■ adj **1.** [final] último(a) ▸ **this is your ~ chance** es tu última oportunidad ▸ **you are my ~ hope** eres mi última esperanza ▸ **to have the ~ word** tener la última palabra ▸ **the ~ word in comfort** el no va más en comodidad ▸ **at the ~ moment** *or* **minute** en el último momento *or* minuto ▸ **~ thing at night** lo último antes de acostarse ▸ **to be on one's ~ legs** estar en las últimas ▸ **he's the ~ person I'd ask to help me** es la última persona a la que pediría ayuda ▸ **that's the ~ thing I'd do in your position** eso es lo último que haría si estuviera en tu lugar ▸ **as a ~ resort** como último recurso ▸ REL **the Last Judgement** el Juicio Final ▸ **~ name** apellido *m* ▸ REL **~ rites** extremaunción *f* ▸ **the ~ straw** la gota que colma el vaso **2.** [most recent] pasado(a), último(a) ▸ **the ~ time I saw him** la última vez que lo vi ▸ **~ January** en enero pasado ▸ **~ night** anoche ▸ **~ Tuesday** el martes pasado ▸ **~ week** la semana pasada

■ adv **when I ~ saw him** la última vez que lo vi ▸ **to come ~** llegar en último lugar ▸ **to finish ~** terminar el último / [in race] llegar en último lugar ▸ **~ but not least** por último, pero no por ello menos importante

last[2] n [for shoe] horma *f*

last[3] ■ vt durar ▸ **it will ~ me a lifetime** me durará toda la vida ▸ **it has lasted him well** le ha durado bastante

■ vi durar ▸ **it's too good to ~** es demasiado bueno para que dure ▸ **he won't ~ long in that job** no durará mucho en ese trabajo ▸ **she won't ~ the night** no llegará a mañana

◆ ***last out*** ■ vt sep **to ~ the year/the weekend out** llegar a fin de año/al fin de semana
■ vi [person] aguantar, resistir / [supplies] durar

last-ditch [lɑːst'dɪtʃ] adj último(a), desesperado(a)

lasting ['lɑːstɪŋ] adj duradero(a)

lastly ['lɑːstlɪ] adv por último

last-minute [lɑːst'mɪnɪt] adj de última hora

lat GEOG (abbr ***latitude***) lat., latitud *f*

latch [lætʃ] n picaporte *m,* pestillo *m* ▸ **to be on the ~** = *tener sólo el pestillo echado, no la llave*

◆ ***latch onto*** vt insep *Fam* **1.** [attach oneself to] **to ~ onto sb** pegarse a alguien ▸ *Fig* **to ~ onto an idea** meterse una idea en la cabeza **2.** [understand] **to ~ onto sth** darse cuenta *or ESP* enterarse de algo

latchkey ['lætʃkiː] (pl **latchkeys**) n llave *f (de la puerta de entrada)* ▸ **~ kid** = *niño que llega a casa antes que sus padres, que están trabajando*

late [leɪt] ■ adj **1.** [not on time] retrasado(a) ▸ **to be ~ (for sth)** llegar tarde (a algo) ▸ **the train is ten minutes ~** el tren tiene *or* lleva diez minutos de retraso *or AM* demora **2.** [far on in time] tarde ▸ **it is getting ~** se está haciendo tarde ▸ **to keep ~ hours** trasnochar ▸ **in the ~ afternoon** al final de la tarde ▸ **in ~ summer** al final del verano ▸ **in ~ March** a últimos de marzo ▸ *Fig* **it's a bit ~ in the day to...** ya es un poco tarde para... ▸ **to be in one's ~ thirties** tener treinta y muchos años ▸ **in the ~ eighties** a finales de los ochenta **3.** [dead] difunto(a) ▸ **my ~ husband** mi difunto marido
■ adv **1.** [in general] tarde ▸ **to arrive too ~** llegar demasiado tarde ▸ **he came home very ~** llegó a casa muy tarde ▸ **to work ~** trabajar hasta tarde ▸ **this ~ in the day** a estas alturas ▸ **to go to bed/get up ~** acostarse/levantarse tarde ▸ **~ into the night** hasta (altas horas de) la madrugada ▸ **~ in the year** a finales de año ▸ **~ in life** hacia el final de la vida ▸ *Prov* **better ~ than never** más vale tarde que nunca **2.** [recently] **as ~ as last week** incluso la semana pasada ▸ **of ~** recientemente

latecomer ['leɪtkʌmə(r)] n rezagado(a) *m,f*

lately ['leɪtlɪ] adv recientemente, últimamente ▸ **until ~** hasta hace poco

lateness ['leɪtnɪs] n [of person, train] retraso *m* ▸ **the ~ of the hour** lo avanzado de la hora

latent ['leɪtənt] adj [disease, tendency] latente ▸ **~ period** periodo *m* de incubación

later ['leɪtə(r)] ■ adj posterior ▸ **I caught a ~ train** tomé *or ESP* cogí otro tren más tarde ▸ **his ~ novels** sus novelas posteriores ▸ **in ~ life** en la madurez
■ adv **~ (on)** más tarde ▸ **a few days ~** unos días más tarde ▸ **no ~ than tomorrow** mañana como muy tarde ▸ **as we shall see ~** como veremos más adelante ▸ *Fam* **see you ~!** ¡hasta luego!

lateral ['lætərəl] adj lateral ▸ **~ thinking** pensamiento *m* lateral, = *capacidad para darse cuenta de aspectos no inmediatamente evidentes de los problemas*

latest ['leɪtɪst] ■ n **at the ~** como muy tarde ▸ **the ~ I can stay is four o'clock** sólo puedo quedarme hasta las cuatro ▸ **have you heard the ~?** ¿has oído las últimas noticias?
■ adj último(a) ▸ **her ~ work** su última obra ▸ **the ~ news** las últimas noticias ▸ **the ~ edition** la última edición ▸ **the ~ fashions** la última moda

latex ['leɪteks] n látex *m*

lathe [leɪð] n torno *m*

lather ['læðə(r)] ■ n espuma *f* ▸ *Fam* **to work oneself into a ~** ponerse histérico(a)
■ vt enjabonar ▸ **to ~ one's face** enjabonarse la cara

Latin ['lætɪn] ■ n **1.** [language] latín *m* **2.** [person] latino(a) *m,f*
■ adj latino(a)

Latin America ['lætɪnə'merɪkə] n América Latina, Latinoamérica

Latin American ['lætɪnə'merɪkən] n & adj latinoamericano(a) *m,f*

latitude ['lætɪtjuːd] n **1.** GEOG latitud *f* **2.** [freedom] libertad *f*

latrine [lə'triːn] n letrina *f*

latter ['lætə(r)] ■ adj **1.** [of two] último(a), segundo(a) **2.** [last] último(a) ▸ **the ~ half** *or* **part of June** la segunda mitad de junio
■ n [of two] **the former..., the ~...** aquél..., éste..., el primero..., el segundo...

latter-day ['lætə'deɪ] adj moderno(a), de hoy ▸ REL **the Latter-day Saints** los Mormones

latterly ['lætəlɪ] adv recientemente, últimamente

lattice ['lætɪs] n celosía *f* ▸ **~ window** vidriera *f* de celosía

latticework ['lætɪswɜːk] n celosía *f,* enrejado *m*

Latvia ['lætvɪə] n Letonia

Latvian ['lætvɪən] ■ n **1.** [person] letón(ona) *m,f* **2.** [language] letón *m*
■ adj letón(ona)

laudable ['lɔːdəbəl] adj loable

laudanum ['lɔːdənəm] n láudano *m*

laugh [lɑːf] ■ n risa *f* ▸ *Fam* **to do sth for a ~** hacer algo para divertirse *or* por diversión ▸ *Ironic* **that's a ~!** ¡no me hagas reír! ▸ *BR Fam* **he's a good ~** es muy divertido ▸ **to have the last ~** ser el último en reír
■ vi reírse (**at** de) ▸ *Fam* **don't make me ~!** ¡no me hagas reír! ▸ **he'll be laughing on the other side of his face when...** se llevará un buen chasco cuando... ▸ *Fam* **to ~ all the way to the bank** hacer el agosto ▸ *Prov* **he who laughs last laughs** *BR* **longest** *or US* **best** el que ríe el último ríe mejor
■ vt **you'll be laughed out of court** se te reirán en la cara ▸ *Fam* **to ~ one's head off, to ~ oneself silly** partirse *or ESP* mondarse de risa

◆ ***laugh off*** vt sep tomarse a risa

laughable ['lɑːfəbəl] adj ridículo(a), risible / [sum] irrisorio(a)

laughing ['lɑːfɪŋ] ■ n risa *f*
■ adj [eyes] risueño(a) ▸ **it's no ~ matter** no es ninguna tontería ▸ **~ gas** gas *m* hilarante ▸ **~ stock** hazmerreír *m*

laughingly ['lɑːfɪŋlɪ] adv **1.** [cheerfully] **he said ~** dijo risueño **2.** [inappropriately] **this noise is ~ called music** este ruido algunos lo llaman música

laughter ['lɑːftə(r)] n risa *f*

launch [lɔːntʃ] ■ n **1.** [boat] lancha *f* **2.** [act of launching] [of ship] botadura *f* / [of rocket, product] lanzamiento *m* ▸ **~ pad** plataforma *f* de lanzamiento
■ vt [ship] botar / [rocket, product] lanzar / [business, enquiry] emprender ▸ **to ~ sb on a career** [event] marcar el inicio de la carrera de alguien

◆ ***launch into*** vt insep [attack, story] emprender / [complaint] embarcarse en

launcher ['lɔːntʃə(r)] n [for missiles] lanzamisiles *m inv* / [for rocket, spacecraft] lanzador *m,* lanzacohetes *m inv*

launching pad ['lɔːntʃɪŋ'pæd] n plataforma *f* de lanzamiento

launder ['lɔːndə(r)] vt [clothes] lavar (y planchar) / *Fig* [money] blanquear

laund(e)rette [lɔːn'dret], *US* ***Laundromat***® ['lɔːndrəmæt] n lavandería *f*

laundry ['lɔːndrɪ] n [dirty clothes] ropa *f* sucia / [clean clothes] ropa *f* limpia, *ESP* colada *f* ▸ **to do the ~** lavar la ropa, *ESP* hacer la colada ▸ **~ basket** cesto *m* de la ropa sucia

laurel ['lɒrəl] n [tree] laurel *m* ▸ *Fig* **to rest on one's laurels** dormirse en los laureles ▸ **~ wreath** corona *f* de laurel

lava ['lɑːvə] n lava *f*

lavatory ['lævətrɪ] n [room] cuarto *m* de baño *m,* servicio *m, AM* baño *m* / [receptacle] váter *m,* retrete *m* ▸ **to go to the ~** ir al baño ▸ **public ~** servicios *mpl or ESP* aseos *mpl or AM* baños *mpl* públicos ▸ **~ paper** papel *m* higiénico

lavender ['lævɪndə(r)] ■ n [shrub] espliego *m,* lavanda *f* ▸ **~ water** agua *f* de lavanda
■ adj [colour] lila *inv,* violeta *inv*

lavish ['lævɪʃ] ■ adj **1.** [person] generoso(a), espléndido(a) (**with** con) **2.** [expenditure, decor] espléndido(a)
■ vt **to ~ gifts/praise on sb** colmar de regalos/alabanzas a alguien

lavishly ['lævɪʃlɪ] adv espléndidamente

law [lɔː] n **1.** [rule] ley *f* ▸ **there's no ~ against it** no hay ninguna ley que lo prohíba ▸ **the laws of gravity** la ley de la gravedad ▸ **she is a ~ unto herself** hace lo que le viene en gana *or* lo que le da la gana ▸ **there's one ~ for the rich and another for the poor** hay una ley para el rico y otra para el pobre **2.** [set of rules] ley *f* ▸ **it's the ~** es la ley ▸ **to break the ~** quebrantar la ley ▸ **to be above the ~** estar por encima de la ley ▸ **you can't take the ~ into your own hands** no te puedes tomar la justicia por tu mano ▸ **~ and order** el orden público ▸ **the problem of ~ and order** la inseguridad ciudadana ▸ **~ enforcement** mantenimiento *m* de la ley y el orden ▸ **~ firm** bufete *m* de abogados **3.** [system of justice, subject] derecho *m* ▸ **to practise ~** ejercer la abogacía ▸ *BR* **~ centre** servicio *m* público de asesoría jurídica **4.** *Fam* **the ~** [police] la poli

law-abiding ['lɔːəbaɪdɪŋ] adj respetuoso(a) con la ley

lawbreaker ['lɔːbreɪkə(r)] n delincuente *mf*

lawcourt ['lɔːkɔːt] n juzgado *m*

lawful ['lɔːfʊl] adj [legal] legal / [rightful] legítimo(a) / [not forbidden] lícito(a)

lawless ['lɔːlɪs] adj sin ley ▸ **a ~ mob** una muchedumbre anárquica

lawlessness ['lɔːlɪsnɪs] n anarquía *f*

lawmaker ['lɔːmeɪkə(r)] n legislador(ora) *m,f*

lawn [lɔːn] n césped *m* ▸ **~ tennis** tenis *m* en pista de hierba

lawnmower ['lɔːnməʊə(r)] n cortadora *f* de césped, cortacésped *m or f*

lawsuit ['lɔːs(j)uːt] n pleito *m*

lawyer ['lɔːjə(r)] n abogado(a) *m,f*

lax [læks] adj [morals, discipline] relajado(a), laxo(a) / [person] negligente, poco riguroso(a) / [security, standards] descuidado(a), poco riguroso(a)

laxative ['læksətɪv] ■ n laxante *m*
■ adj laxante

laxity ['læksɪtɪ], ***laxness*** ['læksnɪs] n [of morals, discipline] laxitud *f, ESP* relajo *m* / [of person] negligencia *f* (**in doing sth** al hacer algo) / [of security, standards] falta *f* de rigor

lay[1] [leɪ] adj *REL* laico(a), lego(a) ▸ **~ preacher** predicador *m* laico

lay[2] ■ vt (pt & pp **laid** [leɪd]) **1.** [place] dejar, poner ▸ **to ~ a book on the table** dejar un libro encima de la mesa ▸ **to ~ sb flat** [hit] tumbar a alguien (de un golpe) ▸ **to ~ sth flat** extender algo ▸ **to ~ sb to rest** [bury] dar sepultura a alguien ▸ **to ~ one's hands on sth** [find] dar con algo ▸ **she reads everything she can ~ her hands on** lee todo lo que cae en sus manos ▸ **if you ~ a finger on her...** como le pongas un solo dedo encima... ▸ **to have nowhere to ~ one's head** no tener donde caerse muerto ▸ **to ~ eyes on sth/sb** ver algo/a alguien ▸ **to ~ emphasis on sth** hacer hincapié en algo ▸ **to ~ the facts before sb** exponer los hechos a alguien ▸ **to ~ claim to sth** reclamar algo ▸ **to ~ a curse on sb** echar una maldición a alguien ▸ **to ~ the blame on sb** echar la culpa a alguien ▸ **this decision lays bare her true intentions** esta decisión deja claro cuáles son sus verdaderas intenciones ▸ **to ~ oneself open to criticism** exponerse a (las) críticas ▸ **to ~ sb's fears to rest** apaciguar los temores de alguien **2.** [foundations, carpet, mine] colocar, poner / [cable, trap] tender ▸ **to ~ the table** poner la mesa **3.** [egg] poner **4. to ~ a bet** hacer una apuesta **5.** *very Fam* **to get laid** *ESP, ARG* echar un polvo, *AM* coger
■ vi [bird] poner (huevos)
■ pt *of* ***lie***[2]

◆ ***lay aside*** vt sep **1.** [money] reservar, apartar **2.** [prejudices, doubt] dejar a un lado

◆ ***lay by*** vt sep [money] ahorrar, guardar

◆ ***lay down*** vt sep **1. to ~ down one's arms** dejar *or* deponer las armas ▸ **he laid down his life for his beliefs** dio su vida por sus creencias **2.** [principle, rule] establecer ▸ **she's always laying down the law** siempre está dando órdenes

◆ ***lay in*** vt sep [supplies, food] abastecerse de

◆ ***lay into*** vt insep *Fam* [attack, criticize] arremeter contra

◆ ***lay off*** ■ vt sep [make redundant] despedir *(por reducción de plantilla)*

■ vt insep *Fam* [abstain from] dejar ▸ **to ~ off drink** dejar la bebida

■ vi *Fam* **~ off!** ¡déjame en paz!

◆ ***lay on*** vt sep [food, drink] preparar / [party, entertainment] organizar, preparar

◆ ***lay out*** vt sep **1.** [arrange, display] colocar, disponer / [dead body] amortajar **2.** [plan] [road] trazar / [town] diseñar el trazado de

layabout ['leɪəbaʊt] n *BR Fam* holgazán(ana) *m,f,* gandul(ula) *m,f, MÉX* flojo(a), *RP* fiaca

lay-by ['leɪbaɪ] (pl **lay-bys**) n *BR* área *f* de descanso

layer ['leɪə(r)] ■ n [of paint, chocolate] capa *f* / [of rock] estrato *m*

■ vt **to have one's hair layered** cortarse el pelo a capas

layered ['leɪəd] adj [hair] a capas

layman ['leɪmən] n REL laico *m,* lego *m* / [non-specialist] profano *m,* lego *m*

lay-off ['leɪɒf] (pl **lay-offs**) n despido *m (por reducción de plantilla)*

layout ['leɪaʊt] n [of town] trazado *m* / [of house] disposición *f* / [of text] composición *f*

laywoman ['leɪwʊmən] n REL laica *f,* lega *f* / [non-specialist] profana *f,* lega *f*

laze [leɪz] vi **to ~ (about/around)** holgazanear, gandulear

laziness ['leɪzɪnɪs] n pereza *f*

lazy ['leɪzɪ] adj [person] perezoso(a) / [afternoon] ocioso(a)

lazybones ['leɪzɪbəʊnz] n *Fam* holgazán(ana) *m,f*

lb (abbr ***pound***) libra *f (= 0,45 kg)*

LCD [elsiː'diː] n ELEC & COMPTR (abbr ***liquid crystal display***) LCD, pantalla *f* de cristal líquido

LDC [eldiː'siː] n ECON (abbr ***less-developed country***) país *m* menos desarrollado

LEA [eliː'eɪ] n *BR* POL (abbr ***Local Education Authority***) *= organismo local encargado de la enseñanza, ESP* ≃ consejería *f* de educación

lead¹ [led] n **1.** [metal] plomo *m* ▸ **~ poisoning** saturnismo *m* **2.** [for pencil] mina *f* **3.** [idioms] **to go** *BR* **down** *or US* **over like a ~ balloon** fracasar estrepitosamente ▸ *Fam* **they filled him full of ~** le llenaron el cuerpo de plomo ▸ *Fam* **to swing the ~** escurrir el bulto

lead² [liːd] ■ n **1.** [advantage] ventaja *f* ▸ **to be in the ~** ir *or* estar a la cabeza *or* en cabeza ▸ **to take** *or* **go into the ~** ponerse a la *or* en cabeza ▸ IND **~ time** [for production] tiempo *m or* período *m* de producción / [for delivery] tiempo *m* de entrega **2.** [example] ejemplo *m* ▸ **to give sb a ~** dar un ejemplo a alguien ▸ **to follow sb's ~** seguir el ejemplo de alguien **3.** [clue] pista *f* **4.** [in cardgame] mano *f* ▸ **it's your ~** tú eres mano, tú llevas la mano **5.** THEAT & CIN papel *m* protagonista **6.** [for dog] correa *f* **7.** [cable] cable *m*

■ vt (pt & pp **led** [led]) **1.** [show the way to] llevar, conducir ▸ **to ~ the way** mostrar el camino ▸ **to ~ the conversation away from a subject** llevar la conversación hacia otro tema ▸ **to be easily led** dejarse influir con facilidad ▸ **that leads me to believe that...** eso me hace creer que... **2. to ~ a happy/sad life** tener *or* llevar una vida feliz/triste **3.** [team, attack, troops] dirigir **4.** [be ahead of] **to ~ the field** estar *or* ir a la cabeza ▸ *Fig* **to ~ the field in sth** estar a la cabeza *or* a la vanguardia en algo ▸ **to ~ sb by eight points** llevar a alguien ocho puntos de ventaja

■ vi **1.** [road] conducir, llevar **2. to ~ to sth** [cause] llevar a algo **3.** [in competition, race] ir en cabeza / [in card game] salir ▸ **you ~ and I'll follow** tú vas delante y yo te sigo

◆ ***lead away*** vt sep **to ~ sb away** llevarse a alguien

◆ ***lead off*** vi **1.** [road, corridor] salir, bifurcarse (**from** de) **2.** [in discussion] comenzar, empezar

◆ ***lead on*** vt sep [deceive, seduce] tomar el pelo a

◆ ***lead up to*** vt insep [subject, event] llevar a, conducir a / [of person] ir a referirse a ▸ **the period leading up to the war** el periodo previo *or* que precedió a la guerra ▸ **what are you leading up to?** ¿a dónde quieres ir a parar (con todo esto)?

leaded ['ledɪd] adj *BR* **~ petrol,** *US* **~ gasoline** gasolina *f or RP* nafta *f* con plomo ▸ **~ window** vidriera *f* (emplomada)

leaden ['ledən] adj [heavy] pesado(a), plúmbeo(a) ▸ **a ~ sky** un cielo plomizo

leader ['liːdə(r)] n **1.** [of group, in race] líder *mf* ▸ **to be a born ~** ser un líder nato **2.** *BR* [in newspaper] editorial *m*

leadership ['liːdəʃɪp] n [people in charge] dirección *f* / [position] liderato *m,* liderazgo *m* / [quality] capacidad *f* de liderazgo, dotes *fpl* de mando

lead-free [led'friː] adj [petrol, paint] sin plomo

lead-in ['liːdɪn] n TV & RAD presentación *f*

leading ['liːdɪŋ] adj **1.** [best, most important] principal, destacado(a) ▸ **one of Europe's ~ electronics firms** una de las principales empresas europeas de electrónica ▸ **a ~ authority in the field** una destacada autoridad en la materia ▸ JOURN **~ article** *BR* [editorial] editorial *m* / *US* [main story] artículo *m* principal ▸ **~ light** [in politics, society] figura *f* prominente ▸ **~ question** [seeking to elicit answer] pregunta *f* capciosa ▸ CIN & THEAT **~ role** papel *m* protagonista **2.** [team, runner] líder

leaf [liːf] (pl **leaves** [liːvz]) n **1.** [of plant, book] hoja *f* ▸ *Fig* **to turn over a new ~** hacer borrón y cuenta nueva ▸ *Fig* **to take a ~ out of sb's book** seguir el ejemplo de alguien **2.** [of table] hoja *f* abatible

◆ ***leaf through*** vt insep [book, magazine] hojear

leaflet ['liːflɪt] ■ n folleto *m* / [political] octavilla *f* / [folded] díptico *m,* panfleto *m*

■ vt **to ~ an area** repartir folletos en una zona

leafy ['liːfɪ] adj [tree] frondoso(a) ▸ **~ suburb** zona *f* residencial con arbolado

league [liːg] n liga *f* ▸ **~ champions** [in soccer] campeón *m* de liga ▸ **to be in ~ with sb** estar coaligado(a) con alguien ▸ *Fig* **to be in a different ~** estar a otro nivel

leak [liːk] ■ n **1.** [in bucket] agujero *m* / [in pipe] fuga *f,* escape *m* / [in roof] gotera *f* / [in ship] vía *f* de agua ▸ *Fam* **to take** *or BR* **have a ~** echar una meadita **2.** [of

liquid, gas] fuga *f,* escape *m* / [of information] filtración *f*
■ vt [liquid, gas] tener una fuga *or* un escape de / [information] filtrar
■ vi **1.** [pipe] tener una fuga *or* un escape / [roof] tener goteras / [shoe] calar / [ship] hacer agua ▸ **this bucket's leaking** este cubo pierde **2.** [liquid, gas] salirse, escaparse / [information] filtrarse

leakage ['li:kɪdʒ] n [of liquid, gas] fuga *f,* escape *m* / [of information] filtración *f*

leakproof ['li:kpru:f] adj hermético(a)

leaky ['li:kɪ] adj [bucket] con agujeros / [pipe] con fugas *or* escapes / [roof] con goteras / [shoe] que cala / [ship] que hace agua / [tap] que gotea

lean [1] [li:n] adj **1.** [person] delgado(a) / [meat] magro(a) **2.** [year] de escasez / [harvest] escaso(a)

lean [2] (pt & pp **leaned** or *BR* **leant** [lent]) ■ vt **to ~ sth against sth** apoyar algo contra algo
■ vi [building] inclinarse ▸ **to ~ on/against sth** apoyarse en/contra algo ▸ *Fig* **to ~ on sb** [rely on] apoyarse en alguien / [pressurize] presionar a alguien ▸ **to ~ out of the window** asomarse a la ventana

◆ ***lean back*** vi reclinarse

◆ ***lean over*** vt insep **he leaned over the fence** se asomó por encima de la valla

leaning ['li:nɪŋ] n [tendency] inclinación *f,* tendencia *f* ▸ **to have artistic leanings** tener tendencias *or* inclinaciones artísticas

leant [lent] *BR* pt & pp *of* ***lean***

lean-to ['li:ntu:] (pl **lean-tos**) n [shack] cobertizo *m*

leap [li:p] ■ n salto *m,* brinco *m* ▸ *Fig* **to take a ~ in the dark** dar un salto al vacío ▸ *Fig* **to advance by leaps and bounds** avanzar a pasos agigantados ▸ **~ year** año *m* bisiesto
■ vt (pt & pp **leapt** [lept] or **leaped**) saltar
■ vi saltar ▸ **to ~ to one's feet** ponerse en pie de un salto ▸ **to ~ at the chance** no dejar escapar la oportunidad ▸ **to ~ for joy** dar saltos de alegría

leapfrog ['li:pfrɒg] ■ n **to play ~** jugar a pídola
■ vt (pt & pp **leapfrogged**) saltar por encima de
■ vi *Fig* **to ~ over** [rivals] pasar por encima de

leapt [lept] pt & pp *of* ***leap***

learn [lɜ:n] (pt & pp **learned** or *BR* **learnt** [lɜ:nt]) ■ vt **1.** [language, skill] aprender ▸ *Fig* **he has learnt his lesson** ha aprendido la lección **2.** [find out about] enterarse de ▸ **we are sorry to ~ that...** sentimos mucho haber sabido que...
■ vi **1.** [acquire knowledge] aprender **2.** [find out] enterarse ▸ **to ~ of** *or* **about sth** enterarse de algo

learned ['lɜ:nɪd] adj erudito(a) ▸ *BR* LAW **my ~ friend** mi colega

learner ['lɜ:nə(r)] n [beginner] principiante *mf* / [student] estudiante *mf* ▸ **to be a quick ~** aprender deprisa ▸ **to be a slow ~** ser lento(a) *(para aprender)* ▸ AUT **~ driver** conductor(ora) *m,f* en prácticas

learning ['lɜ:nɪŋ] n [process] aprendizaje *m* / [knowledge] conocimientos *mpl* ▸ **~ curve** curva *f* de aprendizaje ▸ **~ disabilities** discapacidad *f* psíquica

learnt [lɜ:nt] *BR* pt & pp *of* ***learn***

lease [li:s] ■ n LAW (contrato *m* de) arrendamiento *m* ▸ *Fig* **to give sb a new ~ on** *or* *BR* **of life** dar a alguien una nueva inyección de vida
■ vt arrendar (**from/to** de/a)

leasehold ['li:shəʊld] n arriendo *m* ▸ **~ property** propiedad *f* arrendada

leaseholder ['li:shəʊldə(r)] n arrendatario(a) *m,f*

leash [li:ʃ] n [for dog] correa *f* ▸ *Fig* **to keep sb on a tight ~** atar corto a alguien

leasing ['li:sɪŋ] n COM leasing *m,* arrendamiento *m*

least [li:st] ■ n **1. the ~** lo menos ▸ **it's the ~ I can do** es lo menos que puedo hacer ▸ **that's the ~ of my worries** eso es lo que menos me preocupa ▸ **to say the ~** por no decir otra cosa ▸ **not in the ~** en absoluto ▸ **it doesn't matter in the ~** no tiene la menor importancia
■ adj (superlative of **little**) [smallest] menor ▸ **the ~ thing annoys her** la menor cosa le molesta
■ adv menos ▸ **the ~ interesting/difficult** el menos interesante/difícil ▸ **~ of all her** mucho menos ella ▸ **when I was ~ expecting it** cuando menos lo esperaba

◆ ***at least*** adv por lo menos, al menos ▸ **at ~ as old/expensive as...** por lo menos tan viejo/caro como... ▸ **at the (very) ~ they should pay your expenses** como mínimo deberían pagar tus gastos ▸ **he's leaving, at ~ that's what I've heard** se marcha, o al menos eso he oído

least-cost ['li:st'kɒst] n COM coste *m* mínimo

leather ['leðə(r)] ■ n cuero *m,* *ESP, MÉX* piel *f*
■ vt *Fam* [beat] cascar, zurrar, *MÉX* madrear

leather-bound ['leðəbaʊnd] adj [book] encuadernado(a) en cuero *or* *ESP, MÉX* piel

leathery ['leðərɪ] adj [face, skin] curtido(a) / [meat] correoso(a)

leave [li:v] ■ n **1.** [permission, holiday] permiso *m* ▸ **to be on ~** estar de permiso ▸ **to ask ~ to do sth** pedir permiso para hacer algo ▸ **to grant** *or* **give sb ~ to do sth** conceder *or* dar permiso a alguien para hacer algo ▸ **~ of absence** permiso *m* **2.** [farewell] **to take one's ~ (of sb)** despedirse (de alguien) ▸ **to take ~ of one's senses** perder el juicio
■ vt (pt & pp **left** [left]) **1.** [depart from] [place] irse de, marcharse de / [room] salir de / [person] dejar ▸ **he has left London** se ha ido de Londres ▸ **to ~ the table** levantarse de la mesa ▸ **to ~ one's job** dejar el trabajo ▸ **the car left the road** el coche salió de la carretera ▸ **his eyes never left her** sus ojos no se apartaban de ella **2.** [abandon] abandonar, dejar ▸ **he left his wife** dejó a su mujer **3.** [put, deposit] **to ~ sth somewhere** [deliberately] dejar algo en algún sitio / [by mistake] dejarse algo en algún sitio ▸ **take it or ~ it** lo tomas o lo dejas ▸ **to ~ a message for sb** dejar un recado *or* mensaje para alguien **4.** [allow to remain] dejar ▸ **to ~ the door open** dejar la puerta abierta ▸ **to ~ oneself open to criticism** exponerse a las críticas ▸ **to ~ sth unfinished** dejar algo sin terminar ▸ **to ~ sb to do sth** dejar a alguien hacer algo ▸ **~ it to me** déjamelo a mí ▸ **it leaves much to be desired** deja mucho que desear ▸ **let's ~ it at that** vamos a dejarlo aquí ▸ **I think we should ~ (it) well alone** creo que sería mejor no meterse *or* dejar las cosas como están ▸ **~ me alone!**

¡déjame en paz! **5.** [bequeath] legar, dejar ▸ **he leaves a wife and three children** deja mujer y tres hijos **6.** [remain] **to be left** quedar ▸ **how many are there left?** ¿cuántos quedan? ▸ **three from seven leaves four** siete menos tres son cuatro
■ vi [depart] salir / [go away] irse, marcharse

◆ ***leave behind*** vt sep **to ~ sth behind** dejarse algo ▸ **to ~ sb behind** dejar a alguien

◆ ***leave off*** ■ vt insep *Fam* **to ~ off doing sth** dejar de hacer algo ▸ **to ~ off work** dejar el trabajo
■ vi **where did we ~ off?** ¿dónde lo dejamos?

◆ ***leave on*** vt sep **to ~ the light/TV on** dejar la luz/televisión encendida or *AM* prendida

◆ ***leave out*** vt sep **1.** [omit] omitir **2.** [not involve] **to ~ sb out of sth** dejar a alguien al margen de algo ▸ **to feel left out** sentirse excluido(a) **3.** [leave ready, available] **I'll ~ your dinner out on the table for you** te dejaré la cena encima de la mesa ▸ **~ the disks out where I can see them** deja los disquetes donde pueda verlos **4.** [not put away] **we ~ the car out on the street** dejamos el coche en la calle ▸ **who left the milk out?** ¿quién ha dejado la leche fuera? **5.** *BR Fam* **~ it out!** [stop it] ¡basta ya!, *ESP* ¡vale ya!

◆ ***leave over*** vt sep **to be left over** [food, money] sobrar

CAREFUL! / ¡CUIDADO!

leave

When translating *leave*, note that **salir** refers to the simple action and it can be used without an object, while **dejar** implies some involvement (whether in an activity or through emotional ties) has been cut short.

leaven ['levən] n CULIN & *Fig* fermento *m*

leave-taking ['li:vteɪkɪŋ] n despedida *f*

Lebanese [lebə'ni:z] ■ npl [people] **the ~** los libaneses
■ n & adj libanés(esa) *m,f*

Lebanon ['lebənən] n el Líbano

lech [letʃ] *Fam* ■ n [person] salido(a) *m,f*, sátiro *m*, *ESP, MÉX* cachondo(a)
■ vi estar salido(a) *or ESP, MÉX* cachondo(a) perdido(a) *or RP* caliente ▸ **to ~ after sb** ir detrás de alguien, *ESP* querer trajinarse *or AM* cogerse *or MÉX* chingarse a alguien

lecher ['letʃə(r)] n sátiro *m*, obseso *m*

lecherous ['letʃərəs] adj lascivo(a), lujurioso(a)

lecherously ['letʃərəslɪ] adv lascivamente

lechery ['letʃərɪ] n lascivia *f*, lujuria *f*

lectern ['lektən] n atril *m*

lecture ['lektʃə(r)] ■ n **1.** [public speech] conferencia *f* / [university class] clase *f* ▸ **~ room** sala *f* de conferencias ▸ **~ theatre** [in university] aula *f* / [in conference centre] sala *f* de conferencias **2.** *Fam* [reprimand] sermón *m* ▸ **to give sb a ~** echarle un sermón a alguien, sermonear a alguien
■ vt *Fam* [reprimand] echar un sermón a, sermonear
■ vi [give public lectures] dar conferencias / [at university] dar *or AM* dictar clases

lecturer ['lektʃərə(r)] n *BR* UNIV profesor(ora) *m,f* de universidad

lectureship ['lektʃəʃɪp] n *BR* UNIV plaza *f* de profesor(ora) de universidad

LED [eli:'di:] n ELEC (abbr ***light-emitting diode***) LED *m*, diodo *m* emisor de luz

led [led] pt & pp *of* ***lead***

ledge [ledʒ] n [shelf] repisa *f* / [on cliff] saliente *m* / [of window] alféizar *m (exterior)* / [on building] cornisa *f*

ledger ['ledʒə(r)] n libro *m* mayor

lee [li:] n socaire *m*

leech [li:tʃ] n **1.** [animal] sanguijuela *f* ▸ **to cling to sb like a ~** pegarse a alguien como una lapa **2.** *Pej* [parasitical person] sanguijuela *f*, chupóptero(a) *m,f*

leek [li:k] n puerro *m*

leer ['lɪə(r)] ■ n mirada *f* impúdica *or* obscena
■ vi **to ~ at sb** mirar impúdicamente a alguien

lees [li:z] npl [of wine] madre *f*, heces *fpl*

leeward ['li:wəd] ■ n sotavento *m*
■ adj de sotavento ▸ **the Leeward Islands** las Islas de Sotavento

leeway ['li:weɪ] n [freedom] margen *m* de maniobra

left[1] [left] ■ n izquierda *f* ▸ **on** *or* **to the ~** a la izquierda ▸ **on my ~** a mano izquierda
■ adj izquierdo(a) ▸ **the ~ wing** [of party] la izquierda
■ adv a la izquierda ▸ *Fig* **~, right and centre,** *US* **~ and right** por todas partes

left[2] pt & pp *of* ***leave***

left-click ['leftklɪk] ■ vt hacer click con el botón izquierdo en
■ vi hacer click con el botón izquierdo (**on** en)

left-field ['left'fi:ld] adj *US Fam* [bizarre] raro(a), extravagante

left-hand ['left'hænd] adj de la izquierda ▸ **on the ~ side** a la izquierda

left-handed [left'hændɪd] ■ adj zurdo(a)
■ adv con la izquierda *or* zurda

left-hander [left'hændə(r)] n [person] zurdo(a) *m,f*

left luggage ['left'lʌgɪdʒ] n *BR* **~ (office)** consigna *f*

left-of-centre ['leftəv'sentə(r)] adj POL de centroizquierda

leftover ['leftəʊvə(r)] ■ npl **leftovers** [food] sobras *fpl*
■ adj [food, paint] sobrante

left-wing ['leftwɪŋ] adj izquierdista, de izquierdas

left-winger ['left'wɪŋə(r)] n POL izquierdista *mf*

leg [leg] ■ n **1.** [of person] pierna *f* / [of animal, table, chair] pata *f* / [of trousers] pernera *f* / CULIN [of lamb] pierna *f* / CULIN [of chicken] muslo *m* **2.** [of journey, race] etapa *f* **3.** [idioms] **to pull sb's ~** tomar el pelo a alguien ▸ **shake a ~!** ¡muévete! ▸ **to show a ~** [get up] levantarse ▸ **you don't have a ~ to stand on** no tienes a qué agarrarte ▸ **he was given a ~ up** [was helped] le echaron una mano *or* un cable ▸ *BR very Fam* **to get one's ~ over** [have sex] echar un polvo, *AM* coger, *MÉX* chingar
■ vt (pt & pp **legged**) *Fam* **to ~ it** [hurry] salir zumbando

legacy ['legəsɪ] n legado *m* ▸ **to come into a ~** recibir una herencia

legal ['li:gəl] adj legal ▸ **to take ~ action (against sb)** presentar una demanda (contra alguien) ▸ **~ advice** asesoría *f* jurídica *or* legal ▸ **~ aid** asistencia *f* jurídica de oficio ▸ **~ eagle** [successful lawyer] = *abogado de éxito, especialmente joven, brillante y dinámico* ▸ **the ~ profession** la profesión jurídica ▸ **~ tender** moneda *f* de curso legal

legality [lɪ'gælɪtɪ] n legalidad *f*

legalization [li:gəlaɪ'zeɪʃən] n legalización *f*

legalize ['li:gəlaɪz] vt legalizar

legally ['li:gəlɪ] adv legalmente

legate ['legɪt] n REL nuncio *m*

legation [lɪ'geɪʃən] n [diplomatic mission] legación *f*

legend ['ledʒənd] n leyenda *f* ▸ **to be a ~ in one's own lifetime** ser una leyenda viva

legendary ['ledʒəndərɪ] adj legendario(a)

leggings ['legɪŋz] npl [of woman] mallas *fpl* / [of cowboy] antiparas *fpl*, polainas *fpl*

leggy ['legɪ] adj [person] patilargo(a)

legibility [ledʒɪ'bɪlɪtɪ] n legibilidad *f*

legible ['ledʒɪbəl] adj legible

legion ['li:dʒən] n legión *f*

legionary ['li:dʒənərɪ] n legionario *m*

legionnaire [li:dʒə'neə(r)] n legionario *m* ▸ MED **legionnaire's disease** enfermedad *f* del legionario, legionel(l)a *f*

legislate ['ledʒɪsleɪt] vi legislar (**against** en contra de)

legislation [ledʒɪs'leɪʃən] n legislación *f*

legislative ['ledʒɪslətɪv] adj legislativo(a)

legislator ['ledʒɪsleɪtə(r)] n legislador(ora) *m,f*

legislature ['ledʒɪslətjə(r)] n legislativo *m*, asamblea *f* legislativa

legitimacy [lɪ'dʒɪtɪməsɪ] n legitimidad *f*

legitimate ■ adj [lɪ'dʒɪtɪmət] legítimo(a)
■ vt [lɪ'dʒɪtɪmeɪt] legitimar

legitimately [lɪ'dʒɪtɪmətlɪ] adv legítimamente

legitimize [lɪ'dʒɪtɪmaɪz] vt legitimizar

legless ['leglɪs] adj BR *Fam* [drunk] *ESP, MÉX* pedo, *COL* caído(a), *MÉX* cuete, *RP* en pedo

leg-pull ['legpʊl] n *Fam* tomadura *f* de pelo, vacile *m*

legroom ['legrʊm] n espacio *m* para las piernas *(en vehículo, en el cine)*

legume ['legju:m] n BOT legumbre *f*

legwarmers ['legwɔ:məz] npl calentadores *mpl*, calientapiernas *mpl*

leisure ['leʒə(r), *US* 'li:ʒər] n ocio *m* ▸ **take these leaflets and read them at your ~** llévate estos folletos y tómate tu tiempo para leerlos ▸ **a life of ~** una vida de ocio ▸ **~ activities** actividades *fpl* para el tiempo libre ▸ **~ centre** centro *m* recreativo *or* de ocio

leisurely ['leʒəlɪ, *US* 'li:ʒərlɪ] adj [unhurried] pausado(a), lento(a) / [relaxed] tranquilo(a), relajado(a)

leisurewear ['leʒəweə(r)] n ropa *f* de sport

lemming ['lemɪŋ] n lemming *m* ▸ **they followed him like lemmings** le siguieron ciegamente

lemon ['lemən] ■ n **1.** [fruit] limón *m* / [colour] amarillo *m* limón ▸ BR **~ curd** crema *f* de limón ▸ **~ sole** mendo *m* limón ▸ **~ squeezer** exprimidor *m*, exprimelimones *m inv* ▸ **~ tea** té *m* con limón ▸ **~ tree** limonero *m* **2.** BR *Fam* **I felt like a real ~** me sentí como un verdadero merluzo
■ adj **~ (coloured)** (color) amarillo limón

lemonade [lemə'neɪd] n [still] limonada *f* / BR [fizzy] *ESP, ARG* gaseosa *f*, *AM* gaseosa *f* de lima *or* limón

lemur ['li:mə(r)] n lémur *m*

lend [lend] (pt & pp **lent** [lent]) vt [money, book, pen] prestar / [dignity, support, credibility] proporcionar, prestar (**to** a) ▸ **to ~ sb a (helping) hand** echar una mano a alguien ▸ **to ~ an ear** *or* **one's ear to...** escuchar de buena gana a... ▸ **her work doesn't ~ itself to dramatization** su obra no se presta a la dramatización

lender ['lendə(r)] n FIN prestamista *mf*

lending ['lendɪŋ] n FIN préstamos *mpl*, créditos *mpl* ▸ **~ library** biblioteca *f* de préstamo ▸ FIN **~ rate** tipo *m or* ▸ *AM* tasa *f* de interés de los préstamos *or* créditos ▸ *US* **~ science** biblioteconomía *f*

length [leŋθ] n **1.** [in space] longitud *f* ▸ **it's 4.50m in ~** tiene 4,5 m de longitud ▸ **to wander the ~ and breadth of the country** vagabundear a lo largo y ancho del país **2.** [in time] duración *f* ▸ **at (great) ~** extensamente, dilatadamente ▸ **a great ~ of time** un largo periodo de tiempo ▸ **~ of service** antigüedad *f* en la empresa **3. to go to the ~ of doing sth** llegar incluso a hacer algo ▸ **to go to great lengths to do sth** tomarse muchas molestias para hacer algo ▸ **he would go to any lengths (to do sth)** estaría dispuesto a cualquier cosa (con tal de hacer algo) **4.** [piece] [of wood, string] trozo *m*, pedazo *m* **5.** [of swimming pool] largo *m*

lengthen ['leŋθən] ■ vt alargar
■ vi alargarse

lengthily ['leŋθɪlɪ] adv extensamente, dilatadamente

lengthways ['leŋθweɪz], ***lengthwise*** ['leŋθwaɪz] adv a lo largo

lengthy ['leŋθɪ] adj largo(a), extenso(a)

lenient ['li:nɪənt] adj indulgente, benévolo(a)

leniently ['li:nɪəntlɪ] adv con indulgencia, benevolamente

Leningrad ['lenɪngræd] n *Formerly* Leningrado

lens [lenz] n [of glasses] cristal *m*, lente *f*, *AM* vidrio *m* / [of camera] objetivo *m*, lente *f* / [of eye] cristalino *m* ▸ **(contact) lenses** *ESP* lentillas *fpl*, *AM* lentes *fpl* de contacto, *MÉX* pupilentes *fpl* ▸ **~ cap** tapa *f* del objetivo

Lent [lent] n REL cuaresma *f*

lent [lent] pt & pp *of* ***lend***

lentil ['lentɪl] n lenteja *f*

Leo ['li:əʊ] n [sign of zodiac] Leo *m* ▸ **to be (a) ~** ser Leo

leopard ['lepəd] n leopardo *m*

leopard-skin ['lepədskɪn] adj de piel de leopardo

leotard ['li:ətɑ:d] n malla *f*

leper ['lepə(r)] n leproso(a) *m,f* ▸ **~ colony** leprosería *f*, lazareto *m*

leprechaun ['leprəkɔ:n] n [Irish fairy] duende *m*

leprosy ['leprəsɪ] n lepra *f*

lesbian ['lezbɪən] ■ n lesbiana *f*
■ adj lésbico(a), lesbiano(a)

lesion ['li:ʒən] n lesión *f*

Lesotho [lɪ'su:tu:] n Lesoto

less [les] ■ adj (comparative of **little**) menos ▸ **it's ~ than a week's work** es menos de una semana de trabajo ▸ **the distance is ~ than we thought** la distancia es menor de lo que pensábamos
■ prep menos ▸ **a year ~ two days** un año menos dos días ▸ **I've got £50, ~ what I spent on the train ticket** tengo 50 libras, menos lo que me he gastado en el billete de tren
■ pron menos ▸ **I don't think any (the) ~ of you** no pienso peor de ti ▸ **I see ~ of her nowadays** la veo menos ahora ▸ **in ~ than an hour** en menos de una hora ▸ **the ~ said about it the better** cuanto menos se hable de ello, mejor ▸ *Fam* **~ of that!** ¡basta ya!
■ adv menos ▸ **~ and ~** cada vez menos ▸ **no more, no ~** ni más ni menos ▸ **still ~, even ~** todavía menos ▸ **nothing ~ than** nada menos que ▸ **she was driving a Rolls, no ~** conducía nada menos que un Rolls ▸ **I expected no ~ from you** no esperaba menos de ti ▸ **they haven't got a fridge, much ~ a freezer** no tienen nevera y mucho menos congelador

lessen ['lesən] ■ vt reducir
■ vi disminuir, reducirse

lesser ['lesə(r)] adj menor ▸ **the ~ of two evils** el mal menor ▸ **to a ~ extent** *or* **degree** en menor medida

lesser-known ['lesə'nəʊn] adj menos conocido(a)

lesson ['lesən] n clase *f*, lección *f* ▸ *Fig* **he has learnt his ~** ha aprendido la lección ▸ *Fig* **to teach sb a ~** dar una lección a alguien

lest [lest] conj *Formal* para que no, por si ▸ **~ we forget...** para que no olvidemos,...

let[1] [let] n [in tennis] servicio *m* nulo

let[2] *BR* ■ n [property] **short/long ~** alquiler *m or MÉX* renta *f* por un periodo corto/largo
■ vt (pt & pp **let**) [rent out] alquilar, *MÉX* rentar ▸ **to ~** [sign] se alquila, *MÉX* se renta

let[3] vt (pt & pp **let**) **1.** [allow] **to ~ sb do sth** dejar a alguien hacer algo ▸ **to ~ sb know sth** decir algo a alguien ▸ **~ me see** [when answering] veamos, a ver / [show me] déjame ver ▸ **to ~ sth pass** [not criticize, comment on] dejar pasar algo, pasar algo por alto ▸ **to ~ go of sth, to ~ sth go** soltar algo ▸ **to ~ oneself go** [lose restraint] soltarse el pelo / [stop caring for one's appearance] abandonarse ▸ **I'm afraid we'll have to ~ you go** [on making somebody redundant] me temo que vamos a tener que prescindir de usted ▸ **don't ~ it get to you** *or* **get you down** no dejes que eso pueda contigo ▸ **can you ~ me have it back tomorrow?** ¿me lo puedes devolver mañana? ▸ **don't ~ me see you here again!** ¡que no te vuelva a ver por aquí! ▸ MATH **~ AB be equal to CD** sea AB igual a CD **2.** [with suggestions] **let's go!** ¡vamos! ▸ **let's hurry!** ¡deprisa! ▸ **let's not have an argument about it!** ¡no nos peleemos por eso! ▸ **now, don't let's have any nonsense!** ¡bueno, y nada de tonterías!

◆ ***let alone*** conj mucho menos, menos aún

◆ ***let by*** vt sep [allow to pass] **to ~ sb by** dejar pasar a alguien

◆ ***let down*** vt sep **1.** [hem] bajar / [tyre] deshinchar, desinflar ▸ *Fig* **to ~ one's hair down** soltarse el pelo **2.** *Fam* [disappoint, fail] **to ~ sb down** fallar a alguien ▸ **the car let us down again** el coche nos dejó tirados otra vez

◆ ***let in*** vt sep **1.** [allow to enter] dejar pasar ▸ **to ~ oneself in** [to house] entrar ▸ **to ~ in the light** dejar que entre la luz ▸ **my shoes are letting in water** me están calando los zapatos **2. to ~ sb in on a secret/a plan** contar a alguien un secreto/un plan **3.** *Fam* **do you know what you are letting yourself in for?** ¿tienes idea de en qué te estás metiendo?

◆ ***let into*** vt sep **who let them into the house?** ¿quién los dejó entrar en la casa? ▸ **I'll ~ you into a secret** te contaré un secreto

◆ ***let off*** vt sep **1.** [bomb, firework] hacer explotar ▸ *Fig* **to ~ off steam** desfogarse **2.** [excuse] perdonar ▸ **they let him off with a fine** sólo le pusieron una multa

◆ ***let on*** vi *Fam* **don't ~ on that I was there** no digas que estuve allí ▸ **he was more ill than he let on** estaba más enfermo de lo que decía

◆ ***let out*** vt sep **1.** [release] dejar salir ▸ **to ~ out the air from sth** desinflar *or* deshinchar algo ▸ **to ~ out a yell** soltar un grito **2.** [jacket, trousers] agrandar **3.** [rent out] alquilar

◆ ***let up*** vi [weather] amainar ▸ **once he's started he never lets up** una vez que empieza ya no se detiene

let-down ['letdaʊn] n *Fam* chasco *m*, desilusión *f*

lethal ['li:θəl] adj letal, mortal ▸ *Fam* **that vodka's ~!** ¡ese vodka es fortísimo! ▸ **~ dose** dosis *f inv* letal ▸ **~ weapon** arma *f* mortífera

lethargic [lɪ'θɑ:dʒɪk] adj [drowsy] aletargado(a) / [inactive] apático(a)

lethargy ['leθədʒɪ] n [drowsiness] sopor *m*, letargo *m* / [inactivity] apatía *f*

let-out ['letaʊt] n *BR Fam* [from obligation] salida *f*

letter ['letə(r)] n **1.** [written message] carta *f* ▸ **~ of acknowledgement** carta de acuse de recibo ▸ FIN **~ of credit** carta de crédito ▸ FIN **~ of exchange** letra *f* de cambio ▸ **~ bomb** carta bomba ▸ **~ box** buzón *m* ▸ **~ opener** abrecartas *m inv* **2.** [of alphabet] letra *f* ▸ **the ~ of the law** la interpretación literal de la ley ▸ **to obey to the ~** obedecer al pie de la letra **3. man of letters** hombre *m* de letras

letterhead ['letəhed] n membrete *m*

lettuce ['letɪs] n lechuga *f*

let-up ['letʌp] n *Fam* tregua *f*, descanso *m* ▸ **they worked fifteen hours without a ~** trabajaron quince horas sin descanso

leucocyte, *US* ***leukocyte*** ['lu:kəsaɪt] n ANAT leucocito *m*

leukaemia, *US* ***leukemia*** [lu:'ki:mɪə] n leucemia *f*

leukocyte *US* ➤ ***leucocyte***

level ['levəl] ■ n nivel *m* ▸ **at eye ~** a la altura de los ojos ▸ **to be on a ~ with** estar al mismo nivel *or* a la misma altura que ▸ *Fam* **on the ~** honrado(a) ▸ **to come down to sb's ~** ponerse al nivel de alguien ▸ **to sink to sb's**

~ rebajarse al nivel de alguien ▸ **at ministerial/international ~** a nivel ministerial/internacional
■ adj **1.** [not sloping] nivelado(a), liso(a), horizontal ▸ *Fig* **a ~ playing field** igualdad *f* de condiciones **2. ~ with...** a la altura de... ▸ **to draw ~ with...** [in race] alcanzar, ponerse a la altura de / [in match] conseguir el empate contra ▸ **she did her ~ best** hizo todo lo que estaba en su mano ▸ **the two parties are ~ pegging** los dos partidos están empatados ▸ **a ~ spoonful** una cucharada rasa ▸ *BR* RAIL **~ crossing** paso *m* a nivel **3.** [voice, tone] neutro(a), desapasionado(a) ▸ **to keep a ~ head** mantener la cabeza fría
■ vt (pt & pp **levelled,** *US* **leveled**) **1.** [make level] nivelar / [raze] arrasar **2.** [aim] **to ~ a blow at sb** propinar *or* asestar un golpe a alguien ▸ **to ~ criticism at sb** dirigir críticas a alguien ▸ **to ~ accusations at sb** lanzar acusaciones contra alguien
■ vi *Fam* **to ~ with sb** ser franco(a) con alguien
◆ ***level off, level out*** vi [ground] nivelarse, allanarse / [prices, demand] estabilizarse / AV enderezarse

level-headed ['levəl'hedɪd] adj ecuánime

lever ['liːvə(r), *US* 'levə(r)] ■ n palanca *f*
■ vt **to ~ a box open** abrir una caja haciendo palanca

leverage ['liːvərɪdʒ] n TECH apalancamiento *m* ▸ *Fig* **to bring ~ to bear on** [pressurize] ejercer presión sobre

leveraged buyout ['liːvərɪdʒd'baɪaʊt] n FIN compra *f* apalancada

levitate ['levɪteɪt] vi levitar

levitation [levɪ'teɪʃən] n levitación *f*

levity ['levɪtɪ] n frivolidad *f*

levy ['levɪ] ■ n [tax] impuesto *m,* tasa *f* (**on** sobre)
■ vt [tax] aplicar (**on** a)

lewd [luːd] adj obsceno(a)

lexical ['leksɪkəl] adj léxico(a)

lexicographer [leksɪ'kɒgrəfə(r)] n lexicógrafo(a) *m,f*

lexicography [leksɪ'kɒgrəfɪ] n lexicografía *f*

lexicon ['leksɪkən] n [dictionary] lexicón *m* / [vocabulary] léxico *m*

ley ['leɪ] n **~ (line)** = *línea que une hitos del paisaje y a la que se atribuyen antecedentes prehistóricos*

liability [laɪə'bɪlɪtɪ] n **1.** LAW [responsibility] responsabilidad *f* (**for** de) ▸ FIN **liabilities** pasivo *m*, deudas *fpl* **2.** [disadvantage] estorbo *m*

liable ['laɪəbəl] adj **1.** LAW [responsible] responsable (**for** de) **2.** [to tax, fine] sujeto(a) (**to** a) **3.** [likely] propenso(a) (**to** a) ▸ **it is ~ to explode** puede que explote

liaise [liː'eɪz] vi **to ~ with sb (about sth)** trabajar en cooperación con alguien (para algo)

liaison [lɪ'eɪzɒn] n **1.** [cooperation] coordinación *f* ▸ MIL **~ officer** oficial *m* de enlace **2.** [love affair] relación *f* (amorosa)

liar ['laɪə(r)] n mentiroso(a) *m,f*

libel ['laɪbəl] LAW ■ n libelo *m* ▸ **~ action** juicio *m* por libelo ▸ **~ laws** legislación *f* sobre el libelo
■ vt (pt & pp **libelled,** *US* **libeled**) calumniar

libellous, *US* ***libelous*** ['laɪbələs] adj calumnioso(a)

liberal ['lɪbərəl] ■ n **1.** [tolerant person] liberal *mf* **2.** POL **Liberal** liberal *mf*
■ adj **1.** [tolerant] liberal ▸ **~ education** educación *f* liberal **2.** [generous] desprendido(a), generoso(a) (**with** con) **3.** [abundant] abundante, generoso(a) **4.** POL **Liberal** liberal

liberalism ['lɪbərəlɪzəm] n liberalismo *m*

liberalize ['lɪbərəlaɪz] vt liberalizar

liberally ['lɪbərəlɪ] adv generosamente

liberate ['lɪbəreɪt] vt liberar

liberated ['lɪbəreɪtɪd] adj liberado(a) ▸ **a ~ woman** una mujer liberada

liberating ['lɪbəreɪtɪŋ] adj liberador(ora)

liberation [lɪbə'reɪʃən] n liberación *f* ▸ **~ movement** movimiento *m* de liberación ▸ **~ theology** teología *f* de la liberación

liberator ['lɪbəreɪtə(r)] n libertador(ora) *m,f,* liberador(ora) *m,f*

Liberia [laɪ'bɪərɪə] n Liberia

Liberian [laɪ'bɪərɪən] n & adj liberiano(a) *m,f*

libertarian [lɪbə'teərɪən] n & adj libertario(a) *m,f*

liberty ['lɪbətɪ] n libertad *f* ▸ **at ~** [free] en libertad ▸ **to be at ~ to do sth** tener libertad para hacer algo ▸ **to take the ~ of doing sth** tomarse la libertad de hacer algo ▸ **to take liberties with** tomarse (excesivas) libertades con ▸ **what a ~!** ¡qué cara más dura!

libido [lɪ'biːdəʊ] (pl **libidos**) n libido *f*

Libra ['liːbrə] n [sign of zodiac] Libra *m* ▸ **to be (a) ~** ser Libra

librarian [laɪ'breərɪən] n bibliotecario(a) *m,f*

library ['laɪbrərɪ] n biblioteca *f* / COMPTR librería *f* ▸ **film ~** filmoteca *f* ▸ **music ~** fonoteca *f* ▸ **~ book** libro *m* de biblioteca ▸ **~ card** carné *m* de biblioteca

FALSE FRIEND / FALSO AMIGO

library

Excepto en la acepción de informática, **librería** no es la traducción del inglés *library*. **Librería** se traduce por *bookshop* o (en España) *bookcase.*

CULTURE / CULTURA

Library of Congress

Fundada en 1800 en Washington DC para uso privado del Congreso de EE. UU., en la actualidad es la biblioteca nacional del país. Recibe dos ejemplares de todos los libros que se publican con derechos de autor en ese país, lo que la convierte en la biblioteca con más fondos bibliográficos del mundo y en un centro de recursos sin par en el ámbito internacional. También goza del mayor depósito del mundo de mapas, atlas, partituras y grabaciones musicales, películas y progamas de televisión.

libretto [lɪ'bretəʊ] (pl **librettos** *or* **libretti** [lɪ'bretiː]) n MUS libreto *m*

Libya ['lɪbɪə] n Libia

Libyan ['lɪbɪən] n & adj libio(a) *m,f*

lice [laɪs] pl *of* ***louse***

licence, *US* ***license*** ['laɪsəns] n **1.** [permit] licencia *f,* permiso *m* ▸ COM **under ~** bajo licencia, con autorización ▸ (*BR* **driving** *or US* **driver's**) **~** carné *m or* permiso *m* de *ESP* conducir *or RP* conductor, licencia *f CARIB* de conducir *or MÉX* para conducir ▸ *BR* TV **~ fee** = *tarifa de la licencia de uso de la televisión* ▸ AUT **~ number** [of car] (número *m* de) matrícula *f* ▸ *US* AUT **~ plate** (placa *f* de) matrícula *f* **2.** [freedom] licencia *f* / [excessive freedom] libertinaje *m*

license ['laɪsəns] ■ n *US* ➤ ***licence***

■ vt COM autorizar ▸ **to be licensed to carry a gun** tener permiso *or* licencia de armas

licensed ['laɪsənst] adj *BR* **~ premises** = *establecimiento donde se pueden vender bebidas alcohólicas* ▸ **~ restaurant** = *restaurante con licencia para vender bebidas alcohólicas*

licensing ['laɪsənsɪŋ] n *BR* **~ hours** = *horario en el que está permitido servir bebidas alcohólicas* ▸ **~ laws** = *legislación sobre la venta de bebidas alcohólicas*

> CULTURE / CULTURA
>
> ***licensing hours***
>
> Tradicionalmente, la legislación que regula los horarios de los pubs británicos ha sido muy estricta, aunque se suavizó ligeramente en 1988. Desde entonces, en lugar de abrir únicamente de 11.30 a 14.30 y de 18.00 a 22.30, los pubs en Inglaterra pueden permanecer abiertos desde las 11.00 hasta las 23.00. En Escocia, en cambio, la reglamentación es menos estricta y los pubs que así lo solicitan pueden abrir hasta la una de la mañana los fines de semana. En la actualidad, el gobierno británico está estudiando una mayor liberalización de horarios en Inglaterra y Gales.

licentious [laɪ'senʃəs] adj licencioso(a)

lichen ['laɪkən] n liquen *m*

lick [lɪk] ■ n **1.** [with tongue] lametazo *m,* lamedura *f* ▸ **a ~ of paint** una mano de pintura **2.** *Fam* **at a great ~** a toda máquina *or* ▸ *ESP* pastilla

■ vt **1.** [with tongue] lamer ▸ *Fig* **to ~ one's lips** [in anticipation] relamerse ▸ *Fig* **to ~ one's wounds** lamerse las heridas ▸ *Fam Fig* **to ~ sb's boots** darle coba a alguien ▸ *Vulg* **to ~ sb's** *BR* **arse** *or US* **ass** lamer *or RP* chupar el culo a alguien ▸ *Fam* **to ~ sth/sb into shape** poner algo/ a alguien a punto **2.** *Fam* [defeat] hacer trizas a

licking ['lɪkɪŋ] n *Fam* **to get** *or* **take a ~** [physically] llevarse una buena zurra / [in game, competition] llevarse una soberana paliza

licorice *US* ➤ ***liquorice***

lid [lɪd] n **1.** [of pot, jar] tapa *f* **2.** [idioms] **to take the ~ off sth** destapar algo ▸ **to keep the ~ on sth** mantener oculto algo

lie[1] [laɪ] ■ n mentira *f* ▸ **to tell a ~** decir una mentira, mentir ▸ **to give the ~ to sth** desmentir algo ▸ **~ detector** detector *m* de mentiras

■ vi mentir ▸ **to ~ through one's teeth** mentir descaradamente

lie[2] ■ n **the ~ of the land** [in politics, business] el estado de las cosas

■ vi (pt **lay** [leɪ], pp **lain** [leɪn]) **1.** [person, animal] [be still] estar tumbado(a) *or* acostado(a) / [get down] tumbarse, acostarse ▸ **here lies...** [on gravestone] aquí yace... ▸ **to ~ in bed** estar en la cama ▸ **I lay awake all night** permanecí despierto toda la noche ▸ **to ~ in wait for sb** permanecer *or* estar a la espera de alguien ▸ *Fig* **to ~ low** permanecer en un segundo plano **2.** [object] estar ▸ **a vast plain lay before us** ante nosotros se extendía una vasta llanura ▸ **to ~ in ruins** [building] quedar en ruinas / [career, hopes] quedar arruinado(a) ▸ **the obstacles that ~ in our way** los impedimentos que obstaculizan nuestro camino ▸ **the snow did not ~** la nieve no cuajó **3.** [abstract thing] **the responsibility lies with the author** la responsabilidad recae sobre el autor ▸ **they know where their true interests ~** saben dónde se hallan sus verdaderos intereses ▸ **the difference lies in that...** la diferencia radica en que... ▸ **a brilliant future lies before her** tiene ante sí un brillante futuro ▸ **what lies behind this uncharacteristic generosity?** ¿qué hay detrás de esta inusual generosidad?

◆ ***lie about*** vi [person, thing] estar tirado(a) ▸ **she had left her papers lying about** había dejado sus papeles tirados

◆ ***lie back*** vi recostarse

◆ ***lie down*** vi echarse, tumbarse ▸ *Fig* **I'm not going to take this lying down** no voy a quedarme de brazos cruzados ante esto

◆ ***lie in*** vi quedarse en la cama hasta tarde

> CAREFUL! / ¡CUIDADO!
>
> ***lie***
>
> When translating *lie,* note that **echarse** and **tumbarse** are largely synonymous, except that **tumbarse** is not used when sleep is involved.

Liechtenstein ['lɪktənstaɪn] n Liechtenstein

lie-down ['laɪ'daʊn] n *BR Fam* **to have a ~** echarse un rato

lie-in ['laɪ'ɪn] n *BR Fam* **to have a ~** quedarse en la cama hasta tarde

lieu [lju:, lu:] n **in ~ of...** en lugar de...

lieutenant [*BR* lef'tenənt, *US* lu:'tenənt] n MIL teniente *m* / NAUT teniente *m* de navío / *US* [police officer] oficial *mf* de policía / *Fig* [helper] lugarteniente *mf* ▸ MIL **~ colonel** teniente *m* coronel

life [laɪf] (pl **lives** [laɪvz]) n **1.** [existence] vida *f* ▸ **to take sb's ~** quitar la vida a alguien ▸ **to take one's own ~** quitarse la vida ▸ **to bring sb back to ~** devolver la vida a alguien ▸ **a matter of ~ and death** una cuestión de vida o muerte ▸ **~ after death** la vida después de la muerte ▸ **to risk one's ~, to risk ~ and limb** arriesgar la vida ▸ **to escape with one's ~** salir con vida ▸ **to lose one's ~** perder la vida ▸ **no lives were lost** no hubo que lamentar víctimas *or* ninguna muerte ▸ **he held on to the rope for dear ~** se aferró a la cuerda con todas sus fuerzas ▸ **run for your lives!** ¡sálvese quien pueda! ▸ *Fam* **not on your ~!** ¡ni en broma!, ¡ni soñarlo! ▸ *Fam* **I**

couldn't for the ~ of me remember por más que lo intentaba, no conseguía recordar ▸ **from ~** [to draw, paint] del natural ▸ **bird ~** aves *fpl* ▸ **plant ~** flora *f* ▸ **~ belt** flotador *m*, salvavidas *m inv* ▸ **~ cycle** ciclo *m* vital ▸ **~ force** fuerza *f* vital ▸ **~ form** forma *f* de vida ▸ **~ jacket** chaleco *m* salvavidas ▸ **~ sciences** ciencias *fpl* naturales *or* biológicas **2.** [period of existence] vida *f* ▸ **she worked all her ~** trabajó toda su vida ▸ **never in (all) my ~** (nunca) en mi vida... ▸ **a ~ of Tolstoy** una biografía de Tolstói ▸ **to be given a ~ sentence,** *Fam* **to get ~** ser condenado(a) a cadena perpetua ▸ FIN **~ annuity** renta *f* anual, anualidad *f* vitalicia ▸ MED **~ expectancy** esperanza *f* de vida ▸ LAW **~ imprisonment** cadena *f* perpetua ▸ FIN **~ insurance** seguro *m* de vida ▸ **~ member** socio(a) *m,f* vitalicio(a) ▸ *BR* POL **~ peer** = *miembro vitalicio de la Cámara de los Lores* ▸ FIN **~ pension** pensión *f* vitalicia ▸ **~ span** vida ▸ **~ story** biografía *f* ▸ **~ subscription** suscripción *f* vitalicia **3.** [mode of existence] vida *f* ▸ *Fam* **to live** *or* **lead the ~ of Riley** vivir como un rajá ▸ **to make a new ~ for oneself** construirse una nueva vida ▸ **the man/woman in your ~** el hombre/la mujer que hay en tu vida ▸ **way of ~** modo *m* de vida ▸ **he makes her ~ a misery** le amarga la vida ▸ **to make ~ worth living** hacer que la vida merezca la pena ▸ *Fam* **how's ~?** ¿qué tal te va?, ¿cómo va eso?, *CAM, COL, MÉX* ¿quihubo? ▸ *Fam* **what a ~!** ¡qué vida esta! ▸ *Fam* **such is ~!, that's ~!** ¡así es la vida!, ¡la vida es así! ▸ *Fam* **this is the ~!** ¡esto es vida! ▸ *Fam* **get a ~!** ¿no tienes nada mejor que hacer? **4.** [liveliness] **to come to ~** animarse, cobrar vida ▸ **to bring sb to ~** dar vida a alguien ▸ **to breathe new ~ into** [person, company] dar nuevos bríos a ▸ **the ~ and soul of the party** el alma de la fiesta ▸ **there's ~ in the old dog yet** todavía le queda mucha cuerda

lifeblood ['laɪfblʌd] n [blood] sangre *f* / *Fig* [key part] alma *f*

lifeboat ['laɪfbəʊt] n **1.** [from coast] lancha *f* de salvamento **2.** [on ship] bote *m* salvavidas

life-giving ['laɪfgɪvɪŋ] adj salvador(ora)

lifeguard ['laɪfgɑːd] n socorrista *mf*

lifeless ['laɪflɪs] adj sin vida

lifelessly ['laɪflɪslɪ] adv sin vida

lifelike ['laɪflaɪk] adj realista

lifeline ['laɪflaɪn] n [rope] cabo *m* (salvavidas) / [means of rescue, survival] salvavidas *m inv*

lifelong ['laɪflɒŋ] adj de toda la vida ▸ EDUC **~ learning** aprendizaje *m* a continuo

life-or-death ['laɪfɔː'deθ] adj [choice, decision] de vida o muerte / [struggle] a vida o muerte

lifer ['laɪfə(r)] n *Fam* [prisoner] condenado(a) *m,f* a cadena perpetua

life-saver ['laɪfseɪvə(r)] n *Fam* **it was a ~** [provided relief] me salvó la vida

life-saving ['laɪfseɪvɪŋ] adj **a ~ drug** un medicamento que salva muchas vidas ▸ **he had a ~ operation** la operación le salvó la vida

life-size(d) ['laɪfsaɪz(d)] adj (de) tamaño natural

lifestyle ['laɪfstaɪl] n estilo *m* de vida

life-support system ['lɑɪfsəpɔːt'sɪstəm], ***life-support machine*** ['lɑɪfsəpɔːt'məʃiːn] n MED equipo *m* de ventilación *or* respiración asistida

life-threatening ['laɪfθretnɪŋ] adj MED **~ condition** *or* **disease** enfermedad *f* mortífera *or* que puede ocasionar la muerte ▸ **~ situation** situación *f* de peligro mortal

lifetime ['laɪftaɪm] n vida *f* ▸ **in my ~** durante mi vida ▸ **it's the chance** *or* **opportunity of a ~** es la oportunidad de mi/tu/su *etc.* vida ▸ **the holiday of a ~** las vacaciones de mi/tu/su *etc.* vida

lift [lɪft] ▪ n **1.** *BR* [elevator] ascensor *m* ▸ **~ attendant** ascensorista *mf* ▸ **~ shaft** hueco *m* del ascensor **2.** [car ride] **to give sb a ~** llevar a alguien (en el coche), *CAM, MÉX, PERÚ* dar aventón a alguien ▸ **could you give me a ~ to the station?** ¿puedes llevarme *or* acercarme a la estación?, *CAM, MÉX, PERÚ* ¿puedes darme aventón hasta la estación? **3.** *Fam* **that really gave me a ~!** [cheered me up] ¡eso me levantó muchísimo los ánimos! **4.** AV sustentación *f*

▪ vt **1.** [one's head, eyes, arm] levantar ▸ **he won't ~ a finger to help** no moverá un dedo para ayudar ▸ **to ~ sb (up)** [after fall] levantar a alguien ▸ **to ~ a child up** coger a un niño en brazos **2.** [remove] [restrictions, siege] levantar **3.** *Fam* [take, steal] afanar, *ESP* birlar, *MÉX* volar **4.** *Fam* [arrest] detener, *ESP* trincar

▪ vi [mist, fog] disiparse

◆ ***lift off*** vi [rocket] despegar

lift-off ['lɪftɒf] n [of rocket] despegue *m*, *AM* decolaje *m*

ligament ['lɪgəmənt] n ligamento *m*

ligature ['lɪgətʃə(r)] n MED, MUS & TYP ligadura *f*

light[1] [laɪt] ▪ n **1.** [illumination] luz *f* ▸ **artificial/electric ~** luz artificial/eléctrica ▸ **by the ~ of the moon** a la luz de la luna ▸ **things will look different in the cold ~ of day** las cosas se ven distintas a la luz del día ▸ **to be in sb's ~** taparle la luz a alguien ▸ COMPTR **~ pen** lápiz *m* óptico ▸ ASTRON **~ year** año *m* luz **2.** [lamp] luz *f* ▸ **to put** *or* **turn on the ~** encender *or AM* prender la luz ▸ **to put** *or* **turn off the ~** apagar la luz ▸ *Fam* **to go out like a ~** [fall asleep] quedarse planchado(a) *or ESP* traspuesto(a) ▸ **(traffic) lights** semáforo *m* ▸ **~ bulb** bombilla *f*, *CAM, MÉX, RP* foco *m*, *RP* lamparita *f*, *ANDES, CAM* bombillo *m* **3.** [fire] **to set ~ to sth** prender fuego a algo ▸ **have you got a ~?** ¿tienes fuego? **4.** [idioms] **the ~ at the end of the tunnel** la luz al final del túnel ▸ **to throw** *or* **cast ~ on sth** arrojar luz sobre algo ▸ **to bring sth to ~** sacar algo a la luz ▸ **to come to ~** salir a la luz ▸ **to see sth/sb in a new** *or* **different ~** ver algo/a alguien desde un punto de vista diferente ▸ **in a positive** *or* **favourable ~** desde una óptica positiva *or* favorable ▸ **in the ~ of...** [considering] a la luz de..., en vista de...

▪ adj **1.** [room] luminoso(a) ▸ **it will soon be ~** pronto será de día **2.** [hair, complexion, colour] claro(a)

▪ vt (pt & pp **lit** [lɪt]) **1.** [fire] prender, encender / [cigarette] encender **2.** [room, street] iluminar

light[2] ▪ adj **1.** [not heavy] ligero(a) ▸ **to be ~ on one's feet** tener los pies ligeros ▸ **to have a ~ meal** tomar una comida ligera ▸ **to be a ~ sleeper** tener el sueño ligero ▸ **to have a ~ touch** tener delicadeza ▸ AV **~ aircraft** avioneta *f* ▸ MIL **~ artillery** artillería *f* ligera ▸ MIL **~ infantry** infantería *f* ligera **2.** [not strenuous] [job, work] ligero(a) / [rain] fina ▸ **a ~ sentence** una sentencia benévola **3.** [not serious] alegre ▸ **to make ~ of sth** no dar importancia a algo ▸ **~ entertainment** espectáculo *m* de entretenimiento ▸ **~ reading** lectura *f* ligera ▸ **~ verse** poesía *f* ligera

■ adv **to travel ~** viajar ligero(a) de equipaje

◆ ***light on*** (pt & pp **lighted**) vt insep dar con ▸ **his eyes lighted on the picture** su mirada se posó en el cuadro

◆ ***light up*** ■ vt sep **1.** [house, room] iluminar **2.** [cigarette] encender

■ vi **1.** [sky] iluminarse ▸ **his eyes lit up** se le encendieron los ojos **2.** *Fam* [smoker] encender un cigarrillo

lighten[1] ['laɪtən] ■ vt [colour, hair] aclarar

■ vi [sky] aclararse

lighten[2] vt [make less heavy] aligerar ▸ *Fig* **to ~ sb's load** aligerar la carga de alguien

◆ ***lighten up*** vi *Fam* **~ up!** ¡no te pongas así!

lighter ['laɪtə(r)] n encendedor *m*, *ESP* mechero *m* ▸ **~ fluid** gas *m* (licuado) para mecheros

light-fingered [laɪt'fɪŋgəd] adj *Fam* largo(a) de manos

light-headed [laɪt'hedɪd] adj **to feel ~** [dizzy] estar mareado(a) / [with excitement] estar exaltado(a)

light-headedness [laɪt'hedɪdnɪs] n [dizziness] mareo *m* / [with excitement] euforia *f*

light-hearted [laɪt'hɑːtɪd] adj alegre

lighthouse ['laɪthaʊs] n faro *m* ▸ **~ keeper** farero(a) *m,f*

lighting ['laɪtɪŋ] n [act, system] iluminación *f* ▸ **street ~** alumbrado *m* público

lighting-up time ['laɪtɪŋ'ʌptaɪm] n *BR* [for cars] = *hora de encender los faros*

lightly ['laɪtlɪ] adv ligeramente ▸ **to sleep ~** tener el sueño ligero ▸ **to get off ~** salir bien parado(a) ▸ **to speak ~ of sth/sb** hablar a la ligera de algo/alguien ▸ **it was not a decision she took ~** no tomó la decisión a la ligera

lightness ['laɪtnɪs] n **1.** [brightness] claridad *f* **2.** [in weight] ligereza *f*

lightning ['laɪtnɪŋ] n **1.** [bolt] rayo *m* / [sheet] relámpago *m* ▸ **~ conductor** pararrayos *m inv* **2.** [idioms] **as quick as ~, with ~ speed** como el rayo ▸ **~ attack** ataque *m* relámpago ▸ **~ strike** huelga *f* relámpago *or* sin previo aviso ▸ **~ visit** visita *f* relámpago

lightweight ['laɪtweɪt] ■ n [in boxing] peso *m* ligero ▸ *Fig Pej* **an intellectual ~** un personaje de poca talla intelectual

■ adj [garment] ligero(a)

lignite ['lɪgnaɪt] n lignito *m*

like[1] [laɪk] ■ n **he and his ~** él y los de su clase ▸ **it's not for the likes of me** no es para gente como yo ▸ **music, painting and the ~** música, pintura y cosas así ▸ **I've never seen the ~ (of it)** nunca he visto nada parecido *or* nada igual

■ adj parecido(a), similar ▸ **they are of ~ temperament** tienen un temperamento parecido ▸ **they are as ~ as two peas (in a pod)** son como dos gotas de agua

■ prep **1.** [similar to] como ▸ **to be ~ sb/sth** ser como alguien/algo ▸ **to taste ~ sth** saber a algo ▸ **to look ~ sb/sth** parecerse a alguien/algo ▸ **what's the weather ~?** ¿qué tiempo hace? ▸ **people ~ you** la gente como tú ▸ **you know what she's ~** ya sabes cómo es ▸ **it costs something ~ £10** cuesta unas 10 libras ▸ **that's more ~ it** eso está mejor ▸ **we don't have anything ~ as many as that** no tenemos tantos, ni muchísimo menos ▸ **there's nothing ~ it!** ¡no hay nada igual! ▸ **she is nothing ~ as intelligent as you** no es ni mucho menos tan inteligente como tú ▸ **that's not ~ him** no es su estilo ▸ **that's just ~ him!** ¡es típico de él! ▸ *Prov* **~ father ~ son** de tal palo tal astilla **2.** [in the manner of] como ▸ **just ~ anybody else** como todo el mundo ▸ *Fam* **to run ~ blazes** *or* **mad** correr como alma que lleva el diablo ▸ *Fam* **don't be ~ that** no seas así ▸ **~ this?** ¿así? **3.** [such as] como (por ejemplo) ▸ **take more exercise, ~ jogging** haz más ejercicio, como (por ejemplo) correr

■ adv *Fam* **as ~ as not** casi seguro, seguramente

■ conj *Fam* **do it ~ I said** hazlo como te dije ▸ **he looked ~ he'd seen a ghost** parecía que *or* como si hubiera visto una aparición ▸ **it's not ~ he's ill or anything** no es que esté enfermo

like[2] ■ n **likes** preferencias *fpl* ▸ **likes and dislikes** preferencias y aversiones *fpl*

■ vt **1.** [in general] **she likes him/it** le gusta ▸ **she likes them** le gustan ▸ **she likes John** [as friend] le cae bien John / [is attracted to] le gusta John ▸ **I don't ~ him/it** no me gusta ▸ **I don't ~ them** no me gustan ▸ **they ~ him/it** les gusta ▸ **they ~ each other** se gustan ▸ **do you ~ Italian food?** ¿te gusta la comida italiana? ▸ **she likes reading** le gusta leer ▸ **she is well liked** es muy querida (por todo el mundo) ▸ **I ~ to think my father would have agreed** me gusta pensar que mi padre habría estado de acuerdo ▸ **he doesn't ~ people to talk about it** no le gusta que la gente hable de ello ▸ *Fam Ironic* **well, I ~ that!** ¿qué te parece?, ¡tiene gracia la

HOW TO...

say what you like

Me gusta mi nuevo trabajo. / I like my new job.
Me gusta bastante/mucho/muchísimo este cuadro. / I quite like/I really like/I love this painting.
Me encanta la ópera/pasear por la playa. / I love opera/walking on the beach.
Es un gran fan del jazz. / He's a big jazz fan.
Me apasiona la literatura china. / I have a passion for Chinese literature.
Me interesa mucho la actualidad. / I'm very interested in current affairs.
Le tengo mucho aprecio. / I'm very fond of him/her.
Me parece una persona muy simpática. / He seems like a very nice person.
El chocolate negro le vuelve loca/es su debilidad. / She's mad about/She can't resist dark chocolate.

cosa! 2. [want] querer ▸ **what would you ~?** ¿qué quieres?, AM ¿qué se te antoja? ▸ **would you ~ a cigarette?** ¿quieres un cigarrillo? ▸ **I would very much ~ to go** me encantaría ir ▸ **I would ~ to know whether...** me gustaría saber si... ▸ **I would ~ nothing better than...** nada me gustaría más que... ▸ **you can't always do just as you ~!** ¡no puedes hacer siempre lo que te dé la gana! ▸ **he thinks he can do anything he likes** se cree que puede hacer lo que quiera ▸ **if you ~** si quieres ▸ **when you ~** cuando quieras ▸ **as much/often/many as you ~** tanto/tan a menudo/tantos como quieras ▸ **I didn't ~ to mention it** no quise mencionarlo

-like [laɪk] suffix **ghost~** fantasmagórico(a) ▸ **jelly~** gelatinoso(a)

likeable ['laɪkəbəl] adj simpático(a)

likelihood ['laɪklɪhʊd] n probabilidad *f* ▸ **in all ~** con toda probabilidad ▸ **there is little ~ of finding it** hay pocas probabilidades de encontrarlo ▸ **the ~ is that...** lo más probable es que...

likely ['laɪklɪ] ■ adj 1. [probable] probable ▸ **a ~ outcome** un resultado probable ▸ **it's not very ~** no es muy probable ▸ **it's more than ~** es más que probable ▸ **it's ~ to rain** lo más probable es que llueva ▸ **she is ~ to come** lo más probable es que venga ▸ *Ironic* **a ~ story!** ¡y yo me lo creo! 2. [suitable] apropiado(a), adecuado(a)

■ adv **very ~** muy probablemente ▸ **as ~ as not** casi seguro, seguramente ▸ *Fam* **not ~!** ¡ni hablar!

like-minded [laɪk'maɪndɪd] adj de mentalidad similar

liken ['laɪkən] vt comparar (**to** a *or* con)

likeness ['laɪknɪs] n 1. [similarity] parecido *m* ▸ **a close ~** un parecido muy marcado ▸ **a family ~** un parecido familiar 2. [portrait] retrato *m*

likewise ['laɪkwaɪz] adv [similarly] también; asimismo ▸ **to do ~** hacer lo mismo

liking ['laɪkɪŋ] n **it's too sweet for my ~** es demasiado dulce para mi gusto ▸ **is it to your ~?** ¿es de su agrado? ▸ **to have a ~ for sth** ser aficionado(a) a algo ▸ **to take a ~ to sth** tomar *or* ESP coger gusto a algo, aficionarse a algo ▸ **to take a ~ to sb** tomar *or* ESP coger simpatía a alguien

lilac ['laɪlək] ■ n [tree] lilo *m*, lila *f* / [flower] lila *f* / [colour] lila *m*

■ adj lila

Lilo® ['laɪləʊ] (pl **Lilos**) n BR colchoneta *f* (inflable)

lilt [lɪlt] n modulación *f*, entonación *f*

lilting ['lɪltɪŋ] adj melodioso(a)

lily ['lɪlɪ] n lirio *m* ▸ **~ of the valley** lirio *m* de los valles

lily-livered ['lɪlɪlɪvəd] adj cobarde, pusilánime

Lima ['liːmə] n Lima

lima bean ['liːmə'biːn] n ESP judía *f* blanca (limeña), AM salvo RP frijol *m* blanco, ANDES, RP poroto *m* blanco

limb [lɪm] n 1. [of body] miembro *m* ▸ **to tear sb ~ from ~** descuartizar a alguien 2. [of tree] rama *f* ▸ *Fig* **to be out on a ~** quedarse más solo(a) que la una

limber ['lɪmbə(r)] adj flexible

◆ ***limber up*** vi precalentar, hacer precalentamiento

limbo ['lɪmbəʊ] n REL limbo *m* ▸ *Fig* **to be in ~** [person] estar perdido(a) / [negotiations, project] estar en el aire

lime[1] [laɪm] n [fruit] lima *f*, MÉX limón *m* / [citrus tree] lima *f*, limero *m*, MÉX limonero *m* / [linden tree] tilo *m* ▸ **~ juice** ESP zumo *m or* AM jugo *m* de lima ▸ **~ green** verde *m* lima

lime[2] n CHEM cal *f*

limelight ['laɪmlaɪt] n *Fig* **to be in the ~** estar en el candelero

limerick ['lɪmərɪk] n = *estrofa humorística de cinco versos*

limestone ['laɪmstəʊn] n (roca *f*) caliza *f*

limey ['laɪmɪ] (pl **limeys**) n US *Fam* [British person] = *término peyorativo para referirse a un británico*

limit ['lɪmɪt] ■ n límite *m* ▸ **within limits** dentro de un límite ▸ **to be off limits** estar en una zona de acceso prohibido ▸ **the limits of decency** los límites de la decencia ▸ **to know no limits** no conocer límites ▸ *Fam* **he's/that's the ~!** ¡es el colmo!

■ vt limitar ▸ **to ~ oneself to sth** limitarse a algo

limitation [lɪmɪ'teɪʃən] n limitación *f* ▸ **I know my limitations** conozco mis limitaciones

limited ['lɪmɪtəd] adj limitado(a) / US [train] semidirecto(a) ▸ COM **~ company** sociedad *f* (de responsabilidad) limitada ▸ **~ edition** edición *f* limitada ▸ LAW **~ liability** responsabilidad *f* limitada

limitless ['lɪmɪtlɪs] adj ilimitado(a)

limo ['lɪməʊ] (pl **limos**) n *Fam* limusina *f*

limousine [lɪmə'ziːn] n limusina *f*

limp[1] [lɪmp] ■ n cojera *f* ▸ **to have a ~** cojear

■ vi cojear

limp[2] adj [handshake, body] lánguido(a), flojo(a) / [lettuce] mustio(a) ▸ **to go ~** relajarse

limpet ['lɪmpɪt] n lapa *f* ▸ **to stick like a ~** pegarse como una lapa ▸ MIL **~ mine** mina *f* lapa, mina *f* magnética

limpid ['lɪmpɪd] adj límpido(a), cristalino(a)

limply ['lɪmplɪ] adv [weakly] lánguidamente, débilmente

limp-wristed [lɪmp'rɪstɪd] adj *Pej* amariposado(a), afeminado(a)

linchpin ['lɪntʃpɪn] n [of team, policy] pieza *f* clave

linctus ['lɪŋktəs] n jarabe *m* para la tos

linden ['lɪndən] n **~ (tree)** tilo *m*

line[1] [laɪn] ■ n 1. [in general] línea *f* / [on face] arruga *f* ▸ *Fig* **to draw the ~ at doing sth** no estar dispuesto(a) a hacer algo ▸ **~ drawing** dibujo *m (sin sombreado)* 2. [row of people or things] fila *f* ▸ **to stand in a ~** formar una fila ▸ US **to stand in ~** [queue] hacer cola ▸ *Fig* **to get out of ~** [be disobedient] saltarse las normas ▸ **to be in ~ with sth** estar de acuerdo con algo ▸ **she is in ~ for promotion** la van a ascender ▸ *Fig* **to be on the ~** [job, reputation] correr peligro ▸ **~ dancing** baile *m* en línea, = *baile al ritmo de música country en el que los participantes se colocan en hileras y dan los mismos pasos* ▸ COM IND **~ manager** gerente *mf or* jefe(a) *m,f* de línea 3. [rope, for washing] cuerda *f* / [for fishing] sedal *m* / [telephone line] línea *f* **4.** [railway track] vía *f* / [railway route] línea *f* **5.** [direction] **~ of argument** hilo *m* argumental ▸ **~ of attack** línea *or* plan *m* de ataque ▸ **~ of fire** *also Fig* línea de fuego ▸ **on the same lines as** en la misma línea que ▸ **to be on the right/wrong lines** estar en el buen/mal camino ▸ **along the lines of...** en la (misma) línea que... **6.** [policy] línea *f*, política *f* ▸ **the party ~** la línea del partido ▸ **to take a firm ~ with sb** tener mano dura con alguien **7.** [of text] línea *f* / [of poem, song] verso *m* ▸ **to drop sb a ~** mandar unas letras *or* escribir a alguien ▸ THEAT **to learn one's lines** aprenderse el papel ▸ *Fig* **to read between the lines** leer entre líneas **8.** [family] línea *f* ▸ **male/female ~** línea paterna/materna ▸ **in (a) direct ~** por línea directa **9.** *Fam* [job] especialidad *f* ▸ **what ~ (of business) are you in?** ¿a qué te dedicas? **10.** COM [of goods] línea *f*

■ vt [border] bordear ▸ **the crowd lined the street** la muchedumbre bordeaba la calle

line[2] vt [provide with lining] forrar ▸ *Fig* **to ~ one's pockets** [enrich oneself] forrarse

◆ ***line up*** ■ vt sep **1.** [form into a line] alinear **2.** [prepare] **have you got anyone lined up for the job?** ¿tienes algún candidato firme *or* a alguien pensado para el trabajo? ▸ **have you got anything lined up for this evening?** ¿tienes algo pensado para esta noche?

■ vi [form a line] alinearse

lineage ['lɪnɪɪdʒ] n linaje *m*

linear ['lɪnɪə(r)] adj lineal ▸ MATH **~ equation** ecuación *f* lineal ▸ COMPTR **~ programming** programación *f* lineal

lined[1] [laɪnd] adj [paper] de rayas, pautado(a) / [face] arrugado(a)

lined[2] adj [coat] forrado(a) (**with** de)

linen ['lɪnɪn] n **1.** [fabric] lino *m* **2.** [clothes] ropa *f* blanca ▸ *Fig* **dirty ~** trapos *mpl* sucios ▸ **~ basket** cesto *m* de la ropa sucia

line-out ['laɪnaʊt] n [in rugby] touche *f*, saque *m* de banda

liner ['laɪnə(r)] n [ship] transatlántico *m*

linesman ['laɪnzmən] n juez *m* de línea, linier *m*

line-up ['laɪnʌp] n [of team] alineación *f*

linger ['lɪŋgə(r)] vi [person] entretenerse / [smell, custom] perdurar, persistir ▸ **to ~ behind** rezagarse ▸ **to ~ over doing sth** quedarse haciendo algo

lingerie ['lɔːnʒərɪ] n lencería *f*, ropa *f* interior femenina

lingo ['lɪŋgəʊ] n *Fam* [language] idioma *m* / [jargon] jerga *f*

lingua franca ['lɪŋgwə'fræŋkə] n lengua *f or* lingua *f* franca

linguist ['lɪŋgwɪst] n [specialist in linguistics] lingüista *mf* / [polyglot] políglota *mf*

linguistic [lɪŋ'gwɪstɪk] adj lingüístico(a)

linguistics [lɪŋ'gwɪstɪks] n lingüística *f*

lining ['laɪnɪŋ] n [of coat] forro *m* / [of brakes, stomach] revestimiento *m*

link [lɪŋk] ■ n **1.** [of chain] eslabón *m* / [connection] conexión *f*, nexo *m* (**between** entre) / [between countries, people] lazo *m*, vínculo *m* / [road, railway line] enlace *m* ▸ *Fig* **the weak ~** [in argument, team] el punto débil **2. links** SPORT campo *m* de golf (cerca del mar)

■ vt [places] enlazar, comunicar / [facts, events, situations] relacionar / [computers, radio stations] conectar ▸ **she has been linked to** *or* **with the mafia** ha sido asociada con la mafia ▸ **to ~ hands** enlazar las manos

◆ ***link up*** ■ vt sep COMPTR conectar

■ vi [roads, travellers] encontrarse (**with** con)

lino ['laɪnəʊ] n *Fam* linóleo *m*, sintasol® *m*

linoleum [lɪ'nəʊlɪəm] n linóleo *m*, sintasol® *m*

linseed ['lɪnsiːd] n linaza *f* ▸ **~ oil** aceite *m* de linaza

lintel ['lɪntəl] n dintel *m*

lion ['laɪən] n león *m* ▸ **the lion's share** la mejor parte ▸ **~ cub** cachorro *m* de león ▸ **~ tamer** domador(ora) *m,f* de leones

lioness ['laɪənes] n leona *f*

lion-hearted ['laɪənhɑːtɪd] adj valeroso(a), valiente

lip [lɪp] n **1.** [of mouth] labio *m* ▸ **to read sb's lips** leer los labios a alguien ▸ **the government is only paying ~ service to fighting crime** el Gobierno dice luchar *or* defiende que lucha contra la delincuencia ▸ **~ gloss** brillo *m* de labios **2.** [of jug] pico *m* **3.** *Fam* [impudence] **less of your ~!** ¡no seas impertinente!

liposuction ['lɪpəʊsʌkʃən] n liposucción *f*

-lipped [lɪpt] suffix **thin/full~** de labios finos/gruesos

lippy ['lɪpɪ] *Fam* ■ n *BR* [lipstick] pintalabios *m inv*, *ESP* carmín *m*, *MÉX* bilet *m*

■ adj [cheeky] fresco(a), *ESP* chulo(a)

lip-read ['lɪpriːd] vi leer los labios

lipstick ['lɪpstɪk] n [substance] carmín *m*, pintalabios *m inv* / [stick] lápiz *m or ESP* barra *f* de labios, *CSUR* lápiz *m* rouge, *MÉX* bilet *m*

lip-sync(h) ['lɪpsɪŋk] vi hacer play-back

liquefy ['lɪkwɪfaɪ] ■ vt licuar

■ vi licuarse

liqueur [lɪ'kjʊə(r)] n licor *m*

liquid ['lɪkwɪd] ■ n líquido *m*

■ adj líquido(a) ▸ FIN **~ assets** activo *m* líquido *or* disponible ▸ **~ crystal display** pantalla *f* de cristal líquido

liquidate ['lɪkwɪdeɪt] vt [kill] & FIN liquidar

liquidation [lɪkwɪ'deɪʃən] n FIN liquidación *f* ▸ **to go into ~** [company] ir a la quiebra

liquidity [lɪ'kwɪdɪtɪ] n FIN liquidez *f* ▸ **~ ratio** coeficiente *m or* ratio *m or f* de liquidez

liquidize ['lɪkwɪdaɪz] vt licuar

liquidizer ['lɪkwɪdaɪzə(r)] n *BR ESP* batidora *f*, *AM* licuadora *f*

liquor ['lɪkə(r)] n *US* bebida *f* alcohólica, alcohol *m* ▸ **~ store** tienda *f* de bebidas alcohólicas

liquorice, *US* ***licorice*** ['lɪkərɪs] n regaliz *m*

lira ['lɪrə] (pl **lire** ['lɪrə]) n *Formerly* lira *f*

Lisbon ['lɪzbən] n Lisboa

lisp [lɪsp] ■ n ceceo *m* ▸ **to have a ~** cecear

■ vi cecear

list[1] [lɪst] ▪ n lista *f*
▪ vt [enter in list] **his phone number isn't listed in the directory** su número de teléfono no aparece *or* figura en la guía *or AM* en el directorio ▸ **to ~ names in alphabetical order** poner nombres en orden alfabético ▸ **he listed his demands** enumeró sus exigencias ▸ *BR* ARCHIT **listed building** edificio *m* protegido

list[2] NAUT ▪ n escora *f*
▪ vi [ship] escorarse

listen ['lɪsən] vi escuchar ▸ **to ~ to sth/sb** escuchar algo/a alguien ▸ **to ~ for sth** estar pendiente *or* a la escucha de algo ▸ **to ~ to reason** atender a razones ▸ **he wouldn't ~** no hizo (ningún) caso

◆ ***listen in*** vi escuchar ▸ **to ~ in on/to sth** escuchar algo

listener ['lɪsnə(r)] n **1. to be a good ~** saber escuchar **2.** [to radio programme] oyente *mf*

listeria [lɪ'stɪərɪə] n MED [illness] listeriosis *f inv* / [bacteria] listeria *f*

listing ['lɪstɪŋ] n [list] listado *m*, lista *f* ▸ **listings** [in newspaper] cartelera *f* ▸ **listings magazine** = *guía de ocio*

listless ['lɪstlɪs] adj [lacking energy] desfallecido(a), cansino(a) / [lacking enthusiasm] desanimado(a), apático(a)

listlessly ['lɪstlɪslɪ] adv [without energy] cansinamente, lánguidamente / [without enthusiasm] apáticamente

lit [lɪt] pt & pp *of* ***light***

litany ['lɪtənɪ] n [of complaints] letanía *f*

liter *US* ➤ ***litre***

literacy ['lɪtərəsɪ] n alfabetización *f* ▸ **~ rate** índice *m* de alfabetización

literal ['lɪtərəl] adj literal

literally ['lɪtərəlɪ] adv literalmente ▸ **to take sth ~** tomar algo al pie de la letra ▸ **it was ~ this big!** ¡era sin exagerar así de grande!

literary ['lɪtərərɪ] adj literario(a) ▸ **~ agent** agente *mf* literario(a)

literate ['lɪtərɪt] adj [style] culto(a) ▸ **to be ~** [able to read and write] saber leer y escribir

literati [lɪtə'rɑːtɪ] npl *Formal* literatos *mpl*, gente *f* de las letras

literature ['lɪtərɪtʃə(r)] n [fiction, poetry] literatura *f* / [of academic subject] bibliografía *f* / COM [leaflets] folletos *mpl*, prospectos *mpl*

lithe [laɪð] adj ágil

lithium ['lɪθɪəm] n CHEM litio *m*

lithograph ['lɪθəgræf] n litografía *f*

Lithuania [lɪθjʊ'eɪnɪə] n Lituania

Lithuanian [lɪθjʊ'eɪnɪən] ▪ n **1.** [person] lituano(a) *m,f* **2.** [language] lituano *m*
▪ adj lituano(a)

litigant ['lɪtɪgənt] n LAW litigante *mf*, pleiteante *mf*

litigate ['lɪtɪgeɪt] vi LAW litigar, pleitear

litigation [lɪtɪ'geɪʃən] n LAW litigio *m*, pleito *m*

litigious [lɪ'tɪdʒəs] adj *Formal* litigante, litigioso(a)

litmus ['lɪtməs] n **~ paper** papel *m* de tornasol ▸ *Fig* **~ test** prueba *f* definitiva

litre, *US* ***liter*** ['liːtə(r)] n litro *m*

litter ['lɪtə(r)] ▪ n **1.** [rubbish] basura *f* ▸ *BR* **~ bin** cubo *m* de basura ▸ *Fam* **~ lout** = *persona que arroja desperdicios en la vía pública* **2.** [of animal] camada *f* **3.** [for cat] arena *f* absorbente ▸ **~ tray** cama *f or* bandeja *f* para la arena del gato
▪ vt **to be littered with** estar sembrado(a) *or* cubierto(a) de

litterbug ['lɪtəbʌg] n *Fam* = *persona que arroja desperdicios en la vía pública*

little ['lɪtəl] ▪ n poco *m* ▸ **a ~ (bit)** un poco ▸ **to eat ~ or nothing** apenas comer ▸ **he knows very ~** no sabe casi nada ▸ **a ~ more** un poco más ▸ **a ~ hot/slow** un poco caliente/lento(a) ▸ **~ by ~** poco a poco ▸ **every ~ helps** todo cuenta aunque sea poco
▪ adj **1.** [small] pequeño(a) ▸ **a ~ girl** una niña pequeña ▸ **a ~ house** una casita ▸ **wait a ~ while!** ¡espera un poco! ▸ **~ finger** (dedo *m*) meñique *m* ▸ **~ toe** meñique *m* del pie **2.** (comparative **less** superlative **least**) [not much] poco(a) ▸ **a ~ money/luck** un poco de dinero/suerte ▸ **there is ~ hope/doubt...** quedan pocas esperanzas/dudas... ▸ **it makes ~ sense** no tiene mucho sentido
▪ adv (comparative **less** superlative **least**) poco ▸ **~ known** poco conocido ▸ **~ more than an hour ago** hace poco más de una hora ▸ **that's ~ short of bribery** eso es poco menos que un soborno ▸ **~ did I think that...** poco me podía imaginar que...

littoral ['lɪtərəl] n & adj GEOG litoral *m*

liturgy ['lɪtədʒɪ] n liturgia *f*

live[1] [laɪv] ▪ adj **1.** [person, animal] vivo(a) ▸ *Fam* **a real ~ filmstar** un estrella de carne y hueso ▸ **a ~ issue** un tema candente **2.** [TV, radio broadcast] en directo ▸ **~ performance** actuación *f* en vivo **3.** [ammunition] [unused] sin utilizar / [not blank] real **4.** ELEC **~ wire** cable *m* con corriente ▸ *Fig* **she's a ~ wire** rebosa energía
▪ adv [to broadcast, perform] en directo

live[2] [lɪv] ▪ vt vivir ▸ **to ~ a happy/long life** vivir una vida feliz/larga ▸ **it makes life worth living** hace que merezca la pena vivir ▸ **to ~ a lie** vivir en la mentira
▪ vi vivir ▸ **to ~ with sb** vivir con alguien ▸ **as long as I ~** mientras viva ▸ **I want to ~ a little** quiero disfrutar un poco de la vida ▸ **he lives by his writing** vive de lo que escribe ▸ **~ and let ~** vive y deja vivir ▸ **you ~ and learn** ¡vivir para ver!

◆ ***live down*** vt sep [mistake, one's past] relegar al olvido, enterrar ▸ **I'll never ~ it down** nunca lograré que se olvide

◆ ***live off*** vt insep [depend on] vivir de

◆ ***live on*** ▪ vt insep [depend on] vivir de ▸ **it's not enough to ~ on** no da para vivir
▪ vi [continue to live] [person] sobrevivir, vivir / [memory] perdurar

◆ ***live out*** vt sep **she lived out her life** *or* **days in poverty/sadness** acabó sus días sumida en la pobreza/la tristeza ▸ **to ~ out a fantasy** vivir *or* realizar una fantasía

◆ ***live through*** vt insep [war, hard times] sobrevivir a

◆ ***live together*** vi vivir juntos(as)

◆ ***live up*** vt sep *Fam* **to ~ it up** pasarlo bien, divertirse

◆ ***live up to*** vt insep [expectations] responder a, satisfacer ▸ **to fail to ~ up to expectations** no responder a las expectativas ▸ **he lives up to his principles** vive de acuerdo con sus principios

lived-in ['lɪvdɪn] adj [home, room] acogedor(ora), con un toque humano ▸ **a ~ face** un rostro curtido

live-in ['lɪvɪn] adj [chauffeur, nanny] interno(a) ▸ **she has a ~ lover** su amante vive con ella

livelihood ['laɪvlɪhʊd] n sustento *m* ▸ **to earn one's ~** ganarse la vida

liveliness ['laɪvlɪnɪs] n [of person] vivacidad *f*, viveza *f* / [of place, debate] animación *f*

lively ['laɪvlɪ] adj [person, place, debate] animado(a) / [interest] vivo(a) ▸ **a ~ mind** una mente despierta ▸ *Fam* **to make things ~ for sb** poner las cosas difíciles a alguien ▸ *Fam* **look ~!** ¡vamos, muévete!

liven ['laɪvən] ◆ ***liven up*** ■ vt sep animar
■ vi animarse

liver ['lɪvə(r)] n hígado *m*

Liverpool ['lɪvəpu:l] n Liverpool

Liverpudlian [lɪvə'pʌdlɪən] ■ n = *natural or habitante de Liverpool*
■ adj de Liverpool

livery ['lɪvərɪ] n librea *f*

livestock ['laɪvstɒk] n ganado *m*

livid ['lɪvɪd] adj **1.** [angry] **to be ~ (with rage)** estar colérico(a) *or* enfurecido(a) **2.** [bluish-grey] lívido(a), amoratado(a)

living ['lɪvɪŋ] ■ n **1.** [way of life] vida *f* ▸ **to be fond of good ~** ser aficionado a la buena vida ▸ **~ conditions** condiciones *fpl* de vida ▸ **~ expenses** gastos *mpl (cotidianos)* ▸ **~ room** sala *f* de estar, salón *m* **2.** [livelihood] sustento *m* ▸ **to earn one's ~** ganarse la vida ▸ **what does he do for a ~?** ¿a qué se dedica?
■ adj vivo(a) ▸ **she is our finest ~ artist** es nuestra mejor artista viva ▸ **there is not a ~ soul to be seen** no se ve ni un alma ▸ **the best/worst within ~ memory** lo mejor/peor que se recuerda ▸ *Fam* **to scare the ~ daylights out of sb** dar un susto de muerte a alguien ▸ *Fam* **to beat the ~ daylights out of sb** dar una buena paliza *or* *ESP* tunda a alguien ▸ **~ will** testamento *m* en vida

lizard ['lɪzəd] n [small] lagartija *f* / [large] lagarto *m*

llama ['lɑ:mə] n [animal] llama *f*

lo [ləʊ] exclam **lo and behold...** hete aquí que...

load [ləʊd] ■ n **1.** [burden] carga *f* ▸ **to share/spread the ~** compartir/repartir el trabajo ▸ **that's a ~ off my mind!** ¡me quito *or* *AM* saco un peso de encima! **2.** *Fam* [lot] **a ~ of, loads of** un montón de ▸ **it's a ~ of rubbish!** [nonsense] ¡no son más que tonterías! / [very bad] ¡es nefasto(a) *or* de pena! ▸ **we've got loads of time** tenemos tiempo de sobra
■ vt & vi cargar

◆ ***load up*** vt sep & vi cargar

loaded ['ləʊdɪd] adj **1.** [lorry, gun] cargado(a) / [dice] trucado(a) ▸ **to be ~** [gun] estar cargado(a) ▸ **a ~ question** una pregunta capciosa **2.** *Fam* [rich] **to be ~** estar forrado(a) **3.** *US Fam* [drunk] *ESP, RP* mamado(a), *MÉX* hasta atrás / [on drugs] colocado(a), *RP* falopeado(a)

loading ['ləʊdɪŋ] n [of lorry] carga *f* ▸ **~ bay** zona *f* de carga y descarga

loaf [ləʊf] (pl **loaves** [ləʊvz]) n pan *m* ▸ **a ~ of bread** [in general] un pan / [brick-shaped] un pan de molde, *COL* un pan tajado, *RP* un pan lactal / [round and flat] una hogaza de pan ▸ *BR Fig* **use your ~!** ¡utiliza la mollera!

◆ ***loaf about, loaf around*** vi haraganear, gandulear

loafer ['ləʊfə(r)] n **1.** [person] haragán(ana) *m,f*, gandul(ula) *m,f* **2.** *US* [shoe] mocasín *m*

loam [ləʊm] n [soil] marga *f*

loan [ləʊn] ■ n préstamo *m* ▸ **to give sb a ~ of sth** prestar algo a alguien ▸ FIN **to take out a ~** obtener un préstamo *or* crédito *or* *MÉX* prestamiento ▸ *Fam* **~ shark** usurero(a) *m,f*
■ vt prestar

loath, loth [ləʊθ] adj **to be ~ to do sth** ser reacio(a) a hacer algo

loathe [ləʊð] vt odiar, detestar ▸ **to ~ doing sth** detestar hacer algo

loathing ['ləʊðɪŋ] n odio *m*, aborrecimiento *m*

loathsome ['ləʊðsəm] adj [person, character, behaviour] detestable, odioso(a)

lob [lɒb] ■ n [in tennis] globo *m*, lob *m*
■ vt (pt & pp **lobbed**) [in tennis] hacer un globo *or* lob a

lobby ['lɒbɪ] ■ n **1.** [of hotel] vestíbulo *m* **2.** [pressure group] grupo *m* de presión, lobby *m*
■ vt **to ~ an MP** presionar a un diputado
■ vi cabildear, presionar ▸ **to ~ for/against sth** hacer presión a favor de/en contra de algo

lobbying ['lɒbɪɪŋ] n POL presiones *fpl* políticas

lobbyist ['lɒbɪɪst] n POL miembro *m* de un lobby *or* grupo de presión

lobe [ləʊb] n [of ear, brain] lóbulo *m*

lobotomy [lə'bɒtəmɪ] n lobotomía *f*

lobster ['lɒbstə(r)] n [with pincers] bogavante *m* ▸ **(spiny) ~** langosta *f* ▸ **he was as red as a ~** [sunburnt] estaba rojo como un cangrejo ▸ **~ pot** nasa *f*

local ['ləʊkəl] ■ n **1.** [person] **the locals** los lugareños, los paisanos **2.** *BR Fam* [pub] bar *m* habitual
■ adj local ▸ **~ anaesthetic** anestesia *f* local ▸ *BR* **~ education authority** = *organismo local encargado de la enseñanza* ▸ **~ government** gobierno *m* *or* administración *f* municipal ▸ **~ newspaper** periódico *m* local

locale [ləʊ'kɑ:l] n emplazamiento *m*, lugar *m*

locality [ləʊ'kælɪtɪ] n vecindad *f*, zona *f*

localize ['ləʊkəlaɪz] vt [restrict] localizar

locally ['ləʊkəlɪ] adv **I live/work ~** vivo/trabajo cerca

locate [ləʊ'keɪt] ■ vt [find] localizar / [situate] emplazar, ubicar
■ vi [company] instalarse, ubicarse

location [ləʊ'keɪʃən] n **1.** [place] emplazamiento *m*, ubicación *f* ▸ CIN **on ~** en exteriores ▸ CIN **~ shot** toma *f* de exteriores **2.** [act of finding] localización *f*

loch [lɒχ] n *SCOT* [lake] lago *m* / [inlet] ría *f*

lock[1] [lɒk] ■ n **1.** [on door] cerradura *f* ▸ **to be under ~ and key** estar encerrado(a) bajo siete llaves ▸ *Fig* **~, stock and barrel** [in its entirety] íntegramente **2.** [in wrestling] llave *f*, inmovilización *f* **3.** [on canal] esclusa *f*
■ vt [door, padlock] cerrar ▸ **they were locked in each other's arms** estaban fundidos en un fuerte abrazo ▸ *Fig* **to ~ horns with sb** enzarzarse en una disputa con alguien
■ vi [door] cerrarse / [car wheels] bloquearse

lock[2] n [of hair] mechón *m* ▸ **her golden locks** sus cabellos dorados

◆ ***lock in*** vt sep encerrar

◆ ***lock out*** vt sep dejar fuera ▸ **I locked myself out of my flat** me dejé las llaves dentro de casa

◆ ***lock up*** ■ vt sep [person] encerrar / [valuables] guardar bajo llave / [house] cerrar *or* dejar cerrado(a) (con llave)
■ vi cerrar (con llave)

locker ['lɒkə(r)] n [for luggage, in school] taquilla *f* ▸ *US* **~ room** vestuarios *mpl*

locket ['lɒkɪt] n guardapelo *m*

lockjaw ['lɒkdʒɔː] n *Old-fashioned* tétanos *m*

lockout ['lɒkaʊt] n cierre *m* patronal

locksmith ['lɒksmɪθ] n cerrajero(a) *m,f*

lockup ['lɒkʌp] n **1.** *BR* [for storage] garaje *m*, *AM* cochera *f* **2.** *Fam* [police cells] calabozo *m*

locomotion [ləʊkə'məʊʃən] n locomoción *f*

locomotive [ləʊkə'məʊtɪv] ■ n [train] locomotora *f*
■ adj locomotor(ora)

locum ['ləʊkəm] n *BR* [doctor, vet] suplente *mf*, sustituto(a) *m,f*

locust ['ləʊkəst] n langosta *f*

locution [ləʊ'kjuːʃən] n locución *f*

lodge [lɒdʒ] ■ n [of porter] garita *f*, portería *f* / [of gatekeeper] garita *f*, casa *f* del guarda / [of beaver] madriguera *f* / [of masons] logia *f*
■ vt **1.** [accommodate] hospedar, alojar **2.** LAW **to ~ an appeal** presentar una apelación, apelar
■ vi **1.** [live] hospedarse, alojarse **2.** [become fixed] alojarse ▸ **the bullet had lodged in his lung** la bala se le había alojado en el pulmón ▸ **the name had lodged in her memory** el nombre se le quedó grabado en la memoria

lodger ['lɒdʒə(r)] n huésped *mf*, huéspeda *f*

lodging ['lɒdʒɪŋ] n alojamiento *m* ▸ **to take up lodgings** instalarse ▸ **~ house** casa *f* de huéspedes

loft [lɒft] n [attic] buhardilla *f*, ático *m*

lofty ['lɒftɪ] adj [aim, desire] noble, elevado(a)

log [lɒg] ■ n **1.** [tree-trunk] tronco *m* / [firewood] leño *m* ▸ **to sleep like a ~** dormir como un tronco ▸ **~ cabin** cabaña *f* ▸ **~ fire** fuego *m* de leña **2.** [record] registro *m* / [of ship, traveller] diario *m* de a bordo
■ vt (pt & pp **logged**) [record] registrar

◆ ***log in*** vi COMPTR entrar

◆ ***log off*** vi COMPTR salir

◆ ***log on*** ➤ ***log in***

◆ ***log out*** ➤ ***log off***

logarithm ['lɒgərɪðəm] n logaritmo *m*

logbook ['lɒgbʊk] n NAUT cuaderno *m* de bitácora

loggerheads ['lɒgəhedz] n *Fam* **to be at ~ with sb** estar peleado(a) *or ESP* andar a la greña con alguien

logic ['lɒdʒɪk] n lógica *f*

logical ['lɒdʒɪkəl] adj lógico(a)

logically ['lɒdʒɪklɪ] adv lógicamente

login ['lɒgɪn] n COMPTR conexión *f* ▸ **~ name** nombre *m* del usuario

logistic(al) [lɒ'dʒɪstɪk(əl)] adj logístico(a)

logistically [lə'dʒɪstɪklɪ] adv logísticamente

logistics [lɒ'dʒɪstɪks] npl logística *f*

logjam ['lɒgdʒæm] n [in negotiations] punto *m* muerto

logo ['ləʊgəʊ] (pl **logos**) n logotipo *m*

loin [lɔɪn] n **1.** [of person] **loins** pubis *m inv*, bajo vientre *m* **2.** [of meat] lomo *m*

loincloth ['lɔɪnklɒθ] n taparrabos *m inv*

loiter ['lɔɪtə(r)] vi [delay] entretenerse / [suspiciously] merodear ▸ LAW **to ~ (with intent)** merodear

lollipop ['lɒlɪpɒp] n [disc] piruleta *f* / [ball] *ESP* chupachups® *m inv* / [disc, ball] *CHILE* chupete *m*, *COL* colombina *f*, *ANDES, CAM, MÉX* paleta *f*, *RP* chupetín *m*, *VEN* chupeta *f* ▸ *BR Fam* **~ man/lady** = *persona encargada de ayudar a cruzar la calle a los colegiales*

lollop ['lɒləp] vi *Fam* **to ~ along** avanzar con paso desgarbado

lolly ['lɒlɪ] n *BR Fam* **1.** [frozen] **(ice) ~** polo *m* **2.** [lollipop] [disc] piruleta *f* / [ball] *ESP* chupachups® *m inv* / [disc, ball] *CHILE* chupete *m*, *COL* colombina *f*, *ANDES, CAM, MÉX* paleta *f*, *RP* chupetín *m* **3.** [money] *ESP* pasta *f*, *AM* plata *f*, *ANDES, MÉX* lana *f*

London ['lʌndən] ■ n Londres
■ adj londinense

Londoner ['lʌndənə(r)] n londinense *mf*

lone [ləʊn] adj [solitary] solitario(a) ▸ **~ parent** madre *f* soltera, padre *m* soltero ▸ **the Lone Ranger** el Llanero Solitario ▸ *Fig* **a ~ wolf** una persona solitaria

loneliness ['ləʊnlɪnɪs] n soledad *f*

lonely ['ləʊnlɪ] adj solitario(a) ▸ **to feel very ~** sentirse muy solo(a) ▸ **~ hearts club** club *m* de contactos ▸ JOURN **~ hearts column** sección *f* de contactos

loner ['ləʊnə(r)] n solitario(a) *m,f*

lonesome ['ləʊnsəm] ■ n *Fam* **to be on one's ~** estar solito
■ adj *US* solitario(a) ▸ **to be ~** [person] estar solo(a)

long[1] [lɒŋ] ■ n **the ~ and the short of it is that...** el caso es que...
■ adj **1.** [in size] largo(a) ▸ **how ~ is the table?** ¿cuánto mide *or* tiene la mesa de largo? ▸ **it's 4 metres ~** mide *or* tiene 4 metros de largo ▸ **to go the ~ way (round)** ir por el camino más largo ▸ *Fig* **the best by a ~ way** con mucho *or* de lejos el/la mejor ▸ *Fig* **she'll go a ~ way** llegará lejos ▸ *Fig* **to go a ~ way towards doing sth** contribuir mucho a hacer algo ▸ *Fam* **to be ~ on charm/ good ideas** estar lleno(a) de *or ESP* andar sobrado(a) de

encanto/buenas ideas ▸ **the ~ arm of the law** el largo brazo de la ley ▸ *Fig* **to have/pull a ~ face** tener/poner cara triste ▸ **it's a ~ shot, but it's our only hope** es difícil que funcione, pero es nuestra única esperanza ▸ **not by a ~ shot** *or* **chalk** ni muchísimo menos ▸ **~ johns** calzoncillos *mpl* largos ▸ **~ jump** salto *m* de longitud, *CHILE, COL* salto *m* largo, *RP* salto *m* en largo **2.** [in time] largo(a) ▸ **a ~ time ago** hace mucho tiempo ▸ **it's been a ~ day** ha sido un día muy largo ▸ **the days are getting longer** se están alargando los días ▸ **three days at the longest** tres días como mucho ▸ **it looks like being a ~ job** parece que el trabajo va a llevar mucho tiempo ▸ **to take a ~ look at sth** mirar algo largamente ▸ **in the ~ term** *or* **run** a largo plazo, a la larga ▸ **to have a ~ memory** no olvidar con facilidad ▸ **~ weekend** fin de semana *m* largo, puente *m* (corto)

■ adv **1.** [for a long period] durante mucho tiempo, mucho ▸ **I didn't wait ~** no esperé mucho ▸ **I won't stay for ~** no me voy a quedar mucho tiempo ▸ **it won't take ~** no llevará mucho tiempo ▸ **she won't be ~** no tardará *or AM* demorará mucho ▸ **~ live the King/ Queen!** ¡viva el Rey/la Reina! ▸ **as ~ as** [providing] mientras, siempre que ▸ **as ~ as he is alive,...** mientras viva,... ▸ **to think ~ and hard (about sth)** reflexionar profundamente (sobre algo) ▸ **I have ~ been convinced of it** llevo mucho tiempo convencido de ello ▸ **how ~ have you known her?** ¿cuánto (tiempo) hace que la conoces? ▸ *Fam* **so ~!** ¡hasta luego! ▸ **~ before/after** mucho antes/después ▸ **~ ago** hace mucho (tiempo) **2.** [for the duration of] **all day/winter ~** todo el día/el invierno, el día/el invierno entero **3.** [idioms] **I could no longer hear him** ya no lo oía ▸ **I couldn't wait any longer** no podía esperar más ▸ **five minutes longer** cinco minutos más

long[2] vi **to ~ to do sth** desear *or* anhelar hacer algo ▸ **to ~ for the day when...** desear que llegue el día en que... ▸ **to ~ for sth to happen** desear que ocurra algo ▸ **a longed-for holiday** unas ansiadas vacaciones

long[3] GEOG (abbr ***longitude***) long., longitud *f*

longboat ['lɒŋbəʊt] n HIST chalupa *f*, lancha *f* de remos

longbow ['lɒŋbəʊ] n arco *m*

long-distance ['lɒŋ'dɪstəns] ■ adj **a ~ (telephone) call** una conferencia ▸ *BR* **~ lorry driver** camionero(a) *m,f (que hace viajes largos)* ▸ **a ~ race** carrera *f* de fondo ▸ **~ runner** corredor(ora) *m,f* de fondo

■ adv **to telephone ~** poner una conferencia

longed-for ['lɒŋdfɔ:(r)] adj ansiado(a)

longevity [lɒn'dʒevɪtɪ] n longevidad *f*

long-forgotten ['lɒŋfə'gɒtən] adj olvidado(a)

longhaired ['lɒŋ'heəd] adj de pelo largo

longhorn ['lɒŋhɔ:n] n *US* buey *m* colorado de Tejas

longing ['lɒŋɪŋ] n [in general] deseo *m* (**for** de), anhelo *m* (**for** de) / [for home, family, old days] añoranza *f* (**for** de)

longingly ['lɒŋɪŋlɪ] adv con deseo, anhelantemente

longitude ['lɒndʒɪtju:d] n longitud *f (coordenada)*

longitudinal [lɒndʒɪ'tju:dɪnəl] adj longitudinal

long-life ['lɒŋ'laɪf] adj *BR* [battery, milk] de larga duración

long-lived ['lɒŋ'lɪvd] adj [person] anciano(a) / [campaign, friendship] perdurable

long-lost ['lɒŋ'lɒst] adj perdido(a) tiempo atrás ▸ **his ~ brother returned** regresó su hermano al que no veía desde hacía mucho tiempo

long-range ['lɒŋ'reɪndʒ] adj [missile] de largo alcance / [forecast] a largo plazo

longshoreman [lɒŋ'ʃɔ:mən] n *US* estibador *m*

long-sighted [lɒŋ'saɪtɪd] adj hipermétrope

long-sleeved [lɒŋ'sli:vd] adj de manga larga

long-standing [lɒŋ'stændɪŋ] adj [arrangement, friendship] antiguo(a), viejo(a)

long-suffering [lɒŋ'sʌfərɪŋ] adj sufrido(a)

long-term ['lɒŋtɜ:m] adj a largo plazo ▸ **the ~ unemployed** los desempleados *or ESP* parados de larga duración ▸ **~ planning** planificación *f* a largo plazo

long-winded [lɒŋ'wɪndɪd] adj prolijo(a)

loo [lu:] (pl **loos**) n *BR Fam* baño *m*, váter *m* ▸ **~ paper** papel *m* higiénico *or* del váter, *CHILE* confort *m*

loofah ['lu:fə] n esponja *f* vegetal

look [lʊk] ■ n **1.** [act of looking] **to have** *or* **take a ~ at sth** mirar algo ▸ **to have a ~ for sth** buscar algo ▸ **let me have a ~** déjame ver ▸ **to have a ~ round the town** (ir a) ver la ciudad ▸ **to have a ~ through some magazines** ojear unas revistas **2.** [glance] mirada *f* ▸ **a suspicious/angry ~** una mirada recelosa/de *esp ESP* enfado *or esp AM* enojo ▸ **we got some very odd looks** nos miraron con cara rara ▸ **if looks could kill...** si las miradas mataran... **3.** [appearance] aspecto *m* ▸ *Fig* **I don't like the ~ of this at all!** no me gusta nada el cariz *or* la pinta que tiene esto ▸ *Fig* **I don't like the ~ of him** me da mala espina ▸ **I don't like the ~ of those clouds** no me gusta la pinta de esas nubes ▸ **by the ~ of it** por lo que parece **4.** [personal appearance] **(good) looks** atractivo *m*, guapura *f* ▸ **looks don't matter** la belleza no es lo principal

■ vt **I can never ~ him in the face again** nunca podré volver a mirarlo a la cara ▸ **to ~ sb up and down** mirar a alguien de arriba abajo ▸ **~ what you've done!** ¡mira lo que has hecho! ▸ **~ where you're going!** ¡mira por dónde vas!

■ vi **1.** [in general] mirar, *AM* ver ▸ **to ~ at sth/sb** mirar algo/a alguien ▸ **he's not much to ~ at** no es gran cosa, es del montón ▸ *Fig* **to ~ the other way** hacer la vista gorda ▸ **I'm just looking, thank you** [in shop] sólo estoy mirando ▸ **to ~ on the bright side** mirar el lado bueno (de las cosas) ▸ **to ~ to the future** mirar al futuro ▸ **~ here!** ¡mire usted! ▸ **(now) ~!** ¡mira! ▸ **I don't ~ at it that way** yo no lo miro de esa manera ▸ *Prov* **~ before you leap** hay que pensar las cosas dos veces (antes de hacerlas) **2.** [search] **to ~ for sth/sb** buscar algo/a alguien ▸ **we've looked everywhere** hemos buscado *or* mirado *or RP* nos hemos fijado por todas partes **3.** [seem, appear] parecer ▸ **to ~ old/ill** parecer viejo/enfermo ▸ **she looks tired** parece cansada ▸ **things are looking good/bad** las cosas van bien/mal ▸ **he doesn't ~ his age** no aparenta la edad que tiene ▸ **to ~ the part** dar la talla ▸ **what does she ~ like?** ¿cómo es?, ¿qué aspecto tiene? ▸ **to ~ like sb** parecerse a alguien ▸ **it looks like** *or* **as if...** parece que *or* como si... ▸ **it looks like rain** parece que va a llover ▸ **you ~ as if you've slept badly** tienes aspecto de haber dormido mal

◆ ***look after*** vt insep [person, property, possessions] cuidar / [process, arrangements, finances] hacerse cargo de

◆ ***look around*** vi **I went into the centre of town to ~ around** fui al centro a dar una vuelta ▸ **I've been looking around for something better** he estado buscando para ver si encontraba algo mejor

◆ ***look back*** vi **1.** [in space] mirar atrás, volver la vista atrás **2.** [in time] **to ~ back on sth** recordar algo ▸ **he has never looked back since that day** desde ese día no ha hecho más que progresar

◆ ***look down*** vi [from above] mirar hacia abajo / [lower one's eyes] bajar la mirada *or* la vista ▸ *Fig* **to ~ down on sb** desdeñar a alguien

◆ ***look forward to*** vt insep **to ~ forward to sth** [party, event] estar deseando que llegue algo ▸ **I was looking forward to my holidays/a good breakfast** tenía muchas ganas de coger las vacaciones/de un buen desayuno ▸ **I'm looking forward to our next meeting in April** confío en que nuestra próxima reunión de abril será de sumo interés ▸ **I'm sure we're all looking forward to a productive couple of days' work** seguro que vamos a disfrutar de dos días de fructífero trabajo ▸ **to ~ forward to doing sth** estar deseando hacer algo, tener muchas ganas de hacer algo ▸ **I ~ forward to hearing from you** [in letter] quedo a la espera de recibir noticias suyas

◆ ***look in*** vi **to ~ in (on sb)** [visit] hacer una visita (a alguien)

◆ ***look into*** vt insep [investigate] investigar, examinar

◆ ***look on*** ■ vt insep [consider] considerar ▸ **to ~ on sth/sb as...** considerar algo/a alguien... ▸ **I ~ on her as a friend** la considero una amiga
■ vi quedarse mirando

◆ ***look out*** ■ vt sep *BR* **to ~ sth out for sb** encontrar algo para *or* a alguien
■ vi mirar ▸ **to ~ out of the window** mirar por la ventana ▸ **~ out!** [be careful] ¡cuidado!

◆ ***look out for*** vt insep **1.** [look for] buscar **2.** [be on guard for] estar al tanto de

◆ ***look over*** vt insep mirar por encima, repasar

◆ ***look round*** ➤ ***look around***

◆ ***look through*** vt **1.** [inspect] examinar **2.** [not see] **she looked straight through me** miró hacia mí, pero no me vio

◆ ***look to*** vt insep **1.** [rely on] **to ~ to sb (for sth)** dirigirse a alguien (en busca de algo) **2. we must ~ to the future** debemos mirar hacia el futuro

◆ ***look up*** ■ vt sep [in dictionary, address book] buscar ▸ **to ~ sb up** [visit] visitar a alguien
■ vi [from below] mirar hacia arriba / [raise one's eyes] levantar la mirada *or* la vista ▸ *Fig* **things are looking up** las cosas están mejorando

◆ ***look upon*** vt insep [consider] considerar

◆ ***look up to*** vt insep admirar

lookalike ['lʊkəlaɪk] n doble *mf*

looker ['lʊkə(r)] n *Fam* **she's a real ~** es un bombón, es monísima

look-in ['lʊkɪn] n *Fam* [chance] **he won't get a ~** no tendrá ninguna oportunidad

looking-glass ['lʊkɪŋglɑːs] n *Old-fashioned* espejo *m*

lookout ['lʊkaʊt] n [person] centinela *mf*, vigilante *mf* ▸ **to keep a ~ for sth/sb** estar alerta por si se ve algo/a alguien ▸ **to be on the ~ for sth/sb** estar buscando algo/a alguien ▸ *BR Fam* **that's your ~!** ¡allá tú! ▸ **~ post** puesto *m* de vigilancia ▸ **~ tower** atalaya *f*

loom[1] [luːm] n [for making cloth] telar *m*

loom[2] vi cernerse, cernirse ▸ **dangers ~ ahead** los peligros nos acechan ▸ **to ~ large** cobrar relevancia ▸ **with the elections/exams looming large,...** con las elecciones/los exámenes a la vuelta de la esquina,...

loony ['luːnɪ] *Fam* ■ n lunático(a) *m,f*, chalado(a) *m,f*, *MÉX* zafado(a) ▸ **~ bin** loquero *m*, *ESP* frenopático *m*
■ adj [person] chalado(a), lunático(a) / [idea] disparatado(a)

loop [luːp] ■ n bucle *m*
■ vt [string] enrollar ▸ **to ~ sth around sth** enrollar algo alrededor de algo ▸ AV **to ~ the loop** rizar el rizo

loophole ['luːphəʊl] n [in law] resquicio *m* legal

loopy ['luːpɪ] adj *Fam* [person] majareta, chiflado(a) / [idea] disparatado(a) ▸ **to be ~** [person] estar chiflado(a) *or* *ESP* majareta *or* *MÉX* zafado(a)

loose [luːs] ■ n **to be on the ~** andar suelto(a)
■ adj [tooth, animal, connection] suelto(a) / [piece of clothing] suelto(a), holgado(a) / [skin] colgante / [alliance, network] informal / [translation] poco exacto(a) / [morals, lifestyle] disoluto(a) / [sweets, olives] suelto(a), a granel ▸ **to come ~** aflojarse ▸ **to let sb ~ on sth** dar rienda suelta a alguien en algo ▸ **don't let him ~ in the kitchen!** ¡no lo dejes suelto en la cocina! ▸ **they let the riot police ~ on the crowd** soltaron a los antidisturbios entre la multitud ▸ **to let ~ a torrent of abuse** soltar una sarta de improperios ▸ **~ change** (dinero *m*) suelto *m* ▸ *BR* **~ cover** [of cushion] funda *f* de quita y pon ▸ **to be at a ~ end** no tener nada que hacer ▸ *Fig* **to tie up the ~ ends** [in investigation] atar cabos sueltos ▸ **~ living** vida *f* disoluta *or* disipada ▸ **~ talk** indiscreciones *fpl* ▸ **a ~ woman** una mujer fácil
■ vt *Literary* [arrow] disparar
■ adv **to buy sth ~** comprar algo a granel

◆ ***loose off*** vt [fire] disparar

loose-fitting ['luːsfɪtɪŋ] adj suelto(a), holgado(a)

loose-leaf ['luːsliːf] adj **~ binder** *or* **folder** cuaderno *m* *or* carpeta *f* de anillas

loose-limbed ['luːs'lɪmd] adj suelto(a)

loosely ['luːslɪ] adv **1. ~ attached** flojo(a) ▸ **~ packed** [snow, earth] suelto(a) **2.** [roughly] aproximadamente, vagamente ▸ **~ speaking** hablando en términos generales ▸ **~ translated** traducido(a) muy libremente

loosen ['luːsən] ■ vt [screw, knot, belt] aflojar / [restrictions] suavizar ▸ **to ~ one's grip** soltar, aflojar la presión ▸ **to ~ sb's tongue** soltar la lengua a alguien
■ vi aflojarse

◆ ***loosen up*** vi [relax] relajarse

loot [luːt] ■ n [booty] botín *m* / *Fam* [money] *ESP* pasta

f, *AM* plata *f*, *MÉX* lana *f*
■ vt saquear

looter ['lu:tə(r)] n saqueador(ora) *m,f*

looting ['lu:tɪŋ] n saqueo *m*, pillaje *m*

lopsided [lɒp'saɪdɪd] adj torcido(a) ▸ **a ~ grin** una sonrisa torcida

loquacious [lɒ'kweɪʃəs] adj locuaz

lord [lɔ:d] ■ n **1.** [aristocrat] señor *m*, lord *m* ▸ *BR* **the (House of) Lords** la Cámara de los Lores ▸ **the ~ Mayor** = *alcalde en algunas ciudades de Inglaterra y Gales que desempeña funciones ceremoniales* **2.** REL **the Lord** el Señor ▸ **the Lord's Prayer** el padrenuestro ▸ *Fam* **good Lord!** ¡Dios mío! ▸ *Fam* **Lord knows if...** sabe Dios si...
■ vt **to ~ it over sb** tratar despóticamente a alguien

lordly ['lɔ:dlɪ] adj altanero(a)

lordship ['lɔ:dʃɪp] n señoría *f* ▸ **Your Lordship** (su) Señoría

lore [lɔ:(r)] n tradición *f*

lorry ['lɒrɪ] n *BR* camión *m* ▸ *Fam Euph* **it fell off the back of a ~** [was stolen] es de trapicheo, *MÉX* es chueco(a), *RP* es trucho(a) ▸ **~ driver** camionero(a) *m,f*, *CAM, MÉX* trailero(a) *m,f*

lorry-load ['lɒrɪləʊd] n *BR* **they needed a ~ of bricks** necesitaron un camión de ladrillos

Los Angeles [lɒs'ændʒəli:z] n Los Ángeles

lose [lu:z] (pt & pp **lost** [lɒst]) ■ vt **1.** [accidentally] perder ▸ **you have nothing to ~** no tienes nada que perder ▸ **to ~ one's voice** quedarse afónico(a) ▸ **he had lost interest in his work** había perdido el interés por su trabajo ▸ **it loses something in translation** al traducirlo, pierde algo ▸ **to be lost at sea** desaparecer *or* morir en el mar ▸ **the joke/the irony was lost on him** no entendió el chiste/la ironía ▸ **my watch loses five minutes a day** mi reloj se atrasa cinco minutos al día ▸ **that mistake lost him the match** ese error hizo que perdiera el partido ▸ **to ~ one's way, to get lost** perderse ▸ *Fam* **get lost!** ¡lárgate!, ¡piérdete! ▸ **to ~ one's balance** perder el equilibrio ▸ **to ~ sight of sth/sb** perder algo/a alguien de vista ▸ *Fam Fig* **you've lost me!** [I don't understand] no te sigo **2.** [deliberately] **to ~ weight** adelgazar, perder peso ▸ **we lost him in the crowd** le dimos esquinazo entre la multitud ▸ **she had lost herself in a book/in her work** se quedó absorta en la lectura de un libro/en su trabajo
■ vi [in contest] perder ▸ **to ~ in value** perder valor

◆ ***lose out*** vi salir perdiendo (**to** en beneficio de) ▸ **to ~ out on sth** salir perdiendo en algo

loser ['lu:zə(r)] n [in contest] perdedor(ora) *m,f* ▸ **to be a good/bad ~** ser buen/mal perdedor(ora) ▸ **he's a (born) ~** es un fracasado

losing ['lu:zɪŋ] adj **to fight a ~ battle** luchar por una causa perdida ▸ **the ~ side** los vencidos

loss [lɒs] n **1.** [in general] pérdida *f* ▸ **there was great ~ of life** hubo muchas víctimas mortales ▸ **to suffer heavy losses** [casualties] sufrir muchas bajas (mortales) ▸ **it's no great ~** no es una gran pérdida ▸ **without ~ of face** sin perder la dignidad ▸ **to be at a ~ to explain...** no saber cómo explicar... ▸ **she's never at a ~ for an answer** siempre sabe qué contestar **2.** [financial] **losses** pérdidas *fpl* ▸ **to make a ~** tener pérdidas ▸ **to sell at a ~** vender con pérdidas ▸ **to cut one's losses** reducir pérdidas ▸ **~ leader** reclamo *m* de ventas

loss-maker ['lɒsmeɪkə(r)] n [company] empresa *f* deficitaria / [product] producto *m* deficitario

loss-making ['lɒsmeɪkɪŋ] adj *BR* con pérdidas

lost [lɒst] ■ adj perdido(a) ▸ **to be ~** estar perdido(a) ▸ **to seem** *or* **look ~** [confused] tener un aire perdido(a) ▸ **to give sth/sb up for ~** dar algo/a alguien por perdido(a) ▸ **~ cause** causa *f* perdida ▸ *US* **~ and found** objetos *mpl* perdidos ▸ *US* **~ and found office** oficina *f* de objetos perdidos ▸ **~ property** objetos *mpl* perdidos ▸ *BR* **~ property office** oficina *f* de objetos perdidos
■ pt & pp *of* ***lose***

lot [lɒt] ■ n **1.** [large quantity] **a ~** [singular] mucho / [plural] muchos(as) ▸ **a ~ of** [singular] mucho(a) / [plural] muchos(as) ▸ **a ~** *or* **lots of questions** muchas preguntas ▸ **a ~** *or* **lots of people** mucha gente ▸ **I saw quite a ~ of her in Paris** la vi mucho en París ▸ **we had a ~** *or* **lots of fun** nos divertimos mucho ▸ **the ~** todo ▸ **I bought the ~** lo compré todo ▸ *Fam* **listen, you ~!** *ESP* ¡escuchadme bien!, *AM* ¡oigan, ustedes! ▸ *Fam* **that ~ next door** los de al lado ▸ *Fam* **he's a bad ~** es un mal bicho **2.** [destiny] fortuna *f*, suerte *f* ▸ **to draw** *or* **cast lots for sth** echar algo a suertes ▸ **he was happy with his ~** estaba contento con su suerte ▸ **to throw in one's ~ with sb** compartir la suerte de alguien, unir (uno) su suerte a la de alguien **3.** [piece of land] terreno *m* / [at auction] lote *m* ▸ **in lots** por lotes
■ adv **a ~** mucho ▸ **a ~ bigger** mucho más grande ▸ **thanks a ~** muchas gracias

loth ➤ ***loath***

lotion ['ləʊʃən] n loción *f*

lottery ['lɒtərɪ] n lotería *f* ▸ *Fig* **it's a ~** es una lotería ▸ *BR* **the National Lottery** ≃ la lotería primitiva ▸ **~ ticket** billete *m or AM* boleto *m* de lotería

lotto ['lɒtəʊ] n [game] = *juego parecido al bingo*

lotus ['ləʊtəs] n loto *m* ▸ **~ position** posición *f* del loto

loud [laʊd] ■ adj **1.** [noise, bang, explosion] fuerte / [voice, music, radio] alto(a) / *Pej* [person] escandaloso(a) ▸ **to be ~ in one's praise/condemnation of sth** elogiar/condenar algo rotundamente **2.** [colour, clothes] chillón(ona)
■ adv alto ▸ **to think out ~** pensar en alto ▸ **louder!** ¡más alto! ▸ **~ and clear** alto y claro

loudhailer [laʊd'heɪlə(r)] n *BR* megáfono *m*

loudly ['laʊdlɪ] adv alto

loud-mouth ['laʊdmaʊθ] n *Fam* **to be a ~** ser un(a) chismoso(a), *ESP* ser un/una bocazas

loud-mouthed ['laʊdmaʊðd] adj *Fam* bocazas (*inv*)

loudness ['laʊdnɪs] n [of noise, bang, explosion] fuerza *f*, intensidad *f* / [of voice, music, radio] volumen *m* (alto)

loudspeaker [laʊd'spi:kə(r)] n altavoz *m*, *AM* altoparlante *m*, *MÉX* bocina *f*

lounge [laʊndʒ] ■ n [in house, hotel] salón *m* / [in airport] sala *f* (de espera) ▸ *BR* **~ bar** = *en ciertos*

"pubs" y hoteles, sala más cómoda que la del "public bar" ▸ *BR* **~ suit** traje *m* de calle
■ vi holgazanear, gandulear

◆ ***lounge about, lounge around*** vi holgazanear, gandulear

lounger ['laʊndʒə(r)] n [chair] tumbona *f*

louse [laʊs] (pl **lice** [laɪs]) n **1.** [insect] piojo *m* **2.** *Fam* [person] sinvergüenza *mf,* rufián *m*

lousy ['laʊzɪ] adj *Fam* pésimo(a), horroroso(a) ▸ **to feel ~** sentirse *ESP* fatal *or AM* pésimo ▸ **a ~ trick** una jugarreta ▸ **we had a ~ time on holiday** lo pasamos *ESP* fatal *or AM* pésimo durante las vacaciones

lout [laʊt] n salvaje *m, ESP* gamberro *m*

loutish ['laʊtɪʃ] adj grosero(a), *ESP* gamberro(a)

louvre, *US* ***louver*** ['luːvə(r)] n [on door, window] lama *f,* listón *m* / [on roof] lumbrera *f*

louvred, *US* ***louvered*** ['luːvəd] adj **~ door** puerta *f* (tipo) persiana *or* de listones

lovable ['lʌvəbəl] adj adorable, encantador(ora)

love [lʌv] ■ n **1.** [between lovers or members of a family] amor *m* ▸ **to fall in ~ with sb** enamorarse de alguien ▸ **to be in ~ with sb** estar enamorado(a) de alguien ▸ **to make ~ with** *or* **to sb** [have sex] hacer el amor con *or* a alguien ▸ *Old-fashioned* **to make ~ to sb** [court] cortejar a alguien ▸ **the ~ of my life** el amor de mi vida ▸ **it was ~ at first sight** fue un flechazo ▸ *BR* **(my) ~** [term of endearment] mi amor ▸ **~ affair** aventura *f* (amorosa) ▸ *Euph* **~ child** hijo(a) *m,f* natural ▸ **~ letter** carta *f* de amor ▸ **~ life** vida *f* amorosa ▸ **~ match** matrimonio *m* por amor ▸ **~ nest** nido *m* de amor ▸ **~ song** canción *f* de amor ▸ **~ story** historia *f* de amor **2.** [affection] cariño *m* ▸ **~ of one's country** cariño por el propio país ▸ **give my ~ to your parents** saluda a tus padres de mi parte ▸ **with ~ from...** [at end of letter] con cariño,... ▸ **Bill sends his ~** Bill manda recuerdos ▸ **there's no ~ lost between them** se llevan mal ▸ **I wouldn't do it for ~ or money** no lo haría por nada del mundo **3.** [liking, interest] afición *f* (**of** *or* **for** a *or* por) ▸ **to do sth for the ~ of it** hacer algo por gusto *or* afición **4.** [in tennis] nada ▸ **fifteen ~** quince nada
■ vt amar, querer ▸ **I ~ you** te quiero ▸ **I ~ Chinese food** me encanta la comida china ▸ **they ~ to go for walks, they ~ going for walks** les encanta ir de paseo ▸ **I'd ~ to come** me encantaría ir

lovebird ['lʌvbɜːd] n *Fam* **a pair of lovebirds** un par de tortolitos

lovebite ['lʌvbaɪt] n chupetón *m,* señal *f* (de un mordisco)

love-hate [lʌv'heɪt] adj **a ~ relationship** una relación de amor y odio

loveless ['lʌvlɪs] adj sin amor, carente de amor

lovelorn ['lʌvlɔːn] adj *Literary or Hum* apesadumbrado(a) *(por amor)*

lovely ['lʌvlɪ] adj [weather, idea, smell] estupendo(a) / [curtains, room, garden] precioso(a), *AM* lindo(a) / [person] bello(a), *ESP* guapo(a), *AM* lindo(a) ▸ **to have a ~ time** pasárselo estupendamente ▸ *BR Fam* **it's ~ and warm** hace un tiempo fabuloso ▸ **Clara's coming – oh ~!** viene Clara – *ESP* ¡estupendo!, *ANDES, CARIB* ¡chévere!, *MÉX* ¡padre!, *RP* ¡bárbaro!

lovemaking ['lʌvmeɪkɪŋ] n relaciones *fpl* sexuales ▸ **a night of passionate ~** una noche de pasión

lover ['lʌvə(r)] n [of person] amante *mf* / [of nature, good food] amante *mf,* aficionado(a) *mf*

lovesick ['lʌvsɪk] adj con mal de amores, enfermo(a) de amor

lovey-dovey ['lʌvɪ'dʌvɪ] adj *Fam* almibarado(a)

loving ['lʌvɪŋ] adj cariñoso(a), afectuoso(a)

low[1] [ləʊ] ■ n **1.** MET zona *f* de bajas presiones **2.** [minimum] mínimo *m* ▸ **to reach a new ~** [price, popularity] alcanzar un nuevo mínimo / [country, reputation] caer aún más bajo ▸ **an all-time ~** un mínimo histórico
■ adj **1.** [not high, not loud] bajo(a) ▸ **fuel is getting ~** nos estamos quedando sin combustible ▸ **our stock of food is rather ~** nos queda bastante poca comida ▸ **to cook sth over a ~ heat** cocinar algo a fuego lento ▸ *US* AUT **to be on ~ beam** llevar las luces cortas *or* de cruce puestas ▸ **a ~ bow** una reverencia profunda ▸ **of ~ birth** de baja extracción ▸ **the lower classes** las clases bajas ▸ MIL **lower ranks** soldados *mpl* rasos *or* de rango inferior ▸ **to have a ~ opinion of sb** tener mala opinión de alguien ▸ *Fig* **a ~ blow** un golpe bajo ▸ **the Low Countries** los Países Bajos ▸ **a ~ neckline** un escote amplio ▸ **~ tide** marea *f* baja ▸ **~ water** marea *f* baja **2.** [depressed] **to feel ~** estar un poco deprimido(a) **3.** [ignoble] **the lowest of the ~** lo más bajo ▸ **that's a ~ trick!** ¡eso es una mala pasada! ▸ **~ life** [world] hampa *f*
■ adv [to hang, aim] bajo ▸ **to bow ~** hacer una reverencia profunda ▸ **to fly ~** volar bajo ▸ **the ~ paid** los que perciben salarios bajos ▸ **turn the music/the lights down ~** baja la música/las luces ▸ **we're running ~ on fuel/food** nos estamos quedando sin combustible/comida

low[2] vi [cattle] mugir

lowbrow ['ləʊbraʊ] adj [tastes, interests] vulgar, de las masas ▸ **~ novelist** novelista *mf* populachero(a)

low-budget [ləʊ'bʌdʒɪt] adj [film, holiday] de bajo presupuesto

low-calorie [ləʊ'kælərɪ] adj bajo(a) en calorías

low-cost [ləʊ'kɒst] adj [mortgage] de bajo costo *or ESP* coste / [flight] económico(a)

low-cut [ləʊ'kʌt] adj [dress] escotado(a)

low-down ['ləʊdaʊn] *Fam* n **to give sb the ~ on sth** explicar de pe a pa a alguien los pormenores de algo

lower[1] ['ləʊə(r)] vt [in general] bajar / [flag, sail] arriar ▸ **to ~ one's guard** bajar la guardia ▸ **he lowered his voice** bajó la voz ▸ **to ~ oneself into sth** entrar en algo ▸ **to ~ oneself onto sth** bajar hasta algo ▸ *Fig* **to ~ oneself to do sth** rebajarse a hacer algo

lower[2] ['laʊə(r)] vi [person] mirar amenazadoramente / [sky] estar tormentoso(a)

lower-case ['ləʊə'keɪs] TYP ■ n minúsculas *fpl, Spec* caja *f* baja
■ adj en minúsculas, *Spec* en caja baja

lower-class ['ləʊə'klɑːs] adj de clase baja

low-flying ['ləʊ'flaɪɪŋ] adj que vuela bajo

low-grade ['ləʊ'greɪd] adj [in quality] de baja calidad

low-key [ləʊ'ki:] adj discreto(a)

lowland ['ləʊlənd] adj de las tierras bajas

lowlands ['ləʊlənd] npl tierras *fpl* bajas ▸ **the Lowlands** [of Scotland] las Tierras Bajas de Escocia

low-level ['ləʊ'levəl] adj **1.** [discussion] de bajo nivel **2.** ~ **radiation** radiación *f* de baja intensidad

lowly ['ləʊlɪ] adj humilde

low-lying ['ləʊ'laɪɪŋ] adj [area, mist] bajo(a)

low-profile ['ləʊ'prəʊfaɪl] adj [talks, visit] discreto(a) ▸ **the police maintained a ~ presence throughout** la presencia de la policía fue discreta todo el tiempo

low-spirited ['ləʊ'spɪrɪtɪd] adj desanimado(a)

low-tar ['ləʊ'tɑ:(r)] adj [cigarettes] bajo(a) en nicotina, de bajo nivel de nicotina

low-tech ['ləʊtek] adj rudimentario(a), elemental

loyal ['lɔɪəl] adj leal, fiel

loyalist ['lɔɪəlɪst] n & adj [to government, party] leal *mf*, adicto(a) *m,f* / *BR* POL [in Northern Ireland] lealista *mf*

loyally ['lɔɪəlɪ] adv lealmente, fielmente

loyalty ['lɔɪəltɪ] n lealtad *f*, fidelidad *f* ▸ **you'll have to decide where your loyalties lie** tienes que decidir con quién estás ▸ **she had divided loyalties** sus lealtades estaban divididas ▸ ~ **card** tarjeta *f or* carné *m* de fidelización

lozenge ['lɒzɪndʒ] n [shape] rombo *m* / [cough sweet] pastilla *f* para la tos

LP [el'pi:] n (abbr ***long player***) LP *m*, elepé *m*

LSD [eles'di:] n (abbr ***lysergic acid diethylamide***) LSD *m*

Lt MIL (abbr ***Lieutenant***) Tte., teniente *m*

lt (abbr ***litres***) l.

Ltd *BR* COM (abbr ***limited***) ≃ S.L.

lubricant ['lu:brɪkənt] n lubricante *m*

lubricate ['lu:brɪkeɪt] vt lubricar

lubrication [lu:brɪ'keɪʃən] n lubricación *f*

lucid ['lu:sɪd] adj lúcido(a)

lucidity [lu:'sɪdɪtɪ] n lucidez *f*

luck [lʌk] n [chance] suerte *f* ▸ **(good) ~** (buena) suerte ▸ **bad ~** mala suerte ▸ **he couldn't believe his ~** no podía creerse la suerte que tenía ▸ **to bring sb good/ bad ~** traer buena/mala suerte a alguien ▸ **good ~!** ¡(buena) suerte! ▸ **to wish sb ~** desear suerte a alguien ▸ **to be in ~** estar de suerte ▸ **to be out of ~** no tener suerte ▸ **to be down on one's ~** no estar de suerte ▸ **to try one's ~** probar suerte ▸ **to push one's ~** tentar a la suerte ▸ **don't push your ~!** [said in annoyance] ¡no me busques las cosquillas! ▸ **some people have all the ~** hay quien nace con estrella ▸ **just my ~!** ¡qué mala suerte! ▸ **no such ~!** ¡ojalá! ▸ **with any ~ he'll still be there** con un poco de suerte, todavía estará allí

luckily ['lʌkɪlɪ] adv por suerte, afortunadamente

lucky ['lʌkɪ] adj [person] afortunado(a) ▸ **to be ~** tener suerte ▸ **to make a ~ guess** adivinarlo por casualidad ▸ *Fam* **(you) ~ devil!, (you) ~ beggar!** ¡qué suertudo(a)! ▸ *Ironic* **you'll be ~!** ¡ni lo sueñes! ▸ **it's ~ you came when you did** fue una suerte que llegaras en ese momento ▸ **she's ~ to be alive** tiene suerte de estar con vida ▸ **my ~ number** mi número de la suerte ▸ **it's not my ~ day** hoy no es mi día (de suerte) ▸ **that was ~** ¡qué suerte! ▸ **to strike it ~** tener suerte ▸ **~ charm** amuleto *m* ▸ *BR* **~ dip** caja *f* de sorpresas ▸ **you can thank your ~ stars she didn't see you!** ¡da gracias al cielo porque no te vio!

lucrative ['lu:krətɪv] adj lucrativo(a)

lucre ['lu:kə(r)] n *Pej or Hum* [money] vil metal *m* ▸ **to do sth for filthy ~** hacer algo por el vil metal

ludicrous ['lu:dɪkrəs] adj ridículo(a)

ludicrously ['lu:dɪkrəslɪ] adv de forma ridícula ▸ **~ cheap/expensive** increíblemente barato/caro

ludo ['lu:dəʊ] n *BR* ≃ parchís *m*

lug [lʌg] (pt & pp **lugged**) vt *Fam* arrastrar, cargar con

luggage ['lʌgɪdʒ] n equipaje *m* ▸ **a piece of ~** un bulto (de equipaje) ▸ **~ label** etiqueta *f* identificativa del equipaje ▸ **~ locker** taquilla *f* (para equipaje) ▸ **~ rack** [in train, bus] portaequipajes *m inv* / [on car] baca *f* ▸ *BR* **~ van** [on train] furgón *m* de equipajes

lughole ['lʌghəʊl] n *BR Fam* oreja *f*, *ESP* soplillo *m*

lugubrious [lu:'gu:brɪəs] adj lúgubre

lukewarm ['lu:kwɔ:m] adj [water, response] tibio(a) ▸ **she was rather ~ about my suggestion** recibió mi sugerencia con bastante tibieza

lull [lʌl] ▪ n [in conflict] tregua *f* / [in conversation] pausa *f* ▸ *Fig* **the ~ before the storm** la calma que precede a la tormenta

▪ vt **to ~ sb to sleep** dormir a alguien ▸ **to ~ sb into a false sense of security** dar a alguien una falsa sensación de seguridad

lullaby ['lʌləbaɪ] n nana *f*, canción *f* de cuna

lumbago [lʌm'beɪgəʊ] n lumbago *m*

lumbar ['lʌmbə(r)] adj ANAT lumbar

lumber ['lʌmbə(r)] ▪ n **1.** *BR* [junk] trastos *mpl* (viejos) ▸ **~ room** trastero *m* **2.** *US* [wood] madera *f*, maderos *mpl*

▪ vt **to ~ sb with sth** hacerle a alguien cargar con algo ▸ **I got lumbered with a huge bill** me hicieron pagar una factura enorme

▪ vi **to ~ about** *or* **around** caminar pesadamente

lumbering ['lʌmbərɪŋ] adj [walk] pesado(a)

lumberjack ['lʌmbədʒæk] n leñador(ora) *m,f*

luminary ['lu:mɪnərɪ] n figura *f*, lumbrera *f*

luminosity [lu:mɪ'nɒsɪtɪ] n luminosidad *f*

luminous ['lu:mɪnəs] adj [in general] luminoso(a) / [strip, roadsign] reflectante / [colour, socks] fluorescente, fosforito(a)

lump [lʌmp] ▪ n **1.** [of earth, sugar] terrón *m* / [of stone, coal] trozo *m* / [in sauce] grumo *m* / [on head] chichón *m* / [on breast] bulto *m* ▸ *Fig* **it brought a ~ to my throat** [made me sad] me hizo sentir un nudo en la garganta ▸ FIN **~ sum** pago *m* único, suma *f* global **2.** *Fam* [person] zoquete *m*, *ESP* tarugo *m*

▪ vt **1.** [group] **all such payments were lumped under "additional expenses"** todos esos pagos estaban agrupados bajo el epígrafe de "gastos adicionales" ▸ **you shouldn't ~ them together just because they're brothers** no deberías tratarlos de la misma manera sólo porque sean hermanos **2.** *Fam* [endure] **you'll just have to (like it or) ~ it!** ¡no te queda más remedio que aguantar!

lumpy ['lʌmpɪ] adj [sauce] grumoso(a), lleno(a) de grumos / [mattress] lleno(a) de bultos

lunacy ['lu:nəsɪ] n locura *f*, demencia *f* ▸ *Fam* **it's sheer ~** ¡es demencial!

lunar ['lu:nə(r)] adj lunar ▸ **~ eclipse** eclipse *m* de luna ▸ **~ landing** alunizaje *m*

lunatic ['lu:nətɪk] ■ n loco(a) *m,f*, lunático(a) *m,f* ▸ **~ asylum** manicomio *m*
■ adj [idea, behaviour] demencial ▸ **the ~ fringe** el sector fanático *or* intransigente

lunch [lʌntʃ] ■ n comida *f*, almuerzo *m* ▸ **to have ~** comer, almorzar ▸ *Fam* **to be out to ~** [be crazy] estar chiflado(a) *or* ▸ *ESP* chalado(a) ▸ **~ hour** hora *f* de comer ▸ *US* **~ pail** tartera *f*, fiambrera *f*, *MÉX, RP* vianda *f*
■ vi comer, almorzar

lunchbox ['lʌntʃbɒks] n [container] tartera *f*, fiambrera *f*, *MÉX, RP* vianda *f*

luncheon ['lʌntʃən] n **1.** *Formal* almuerzo *m*, comida *f* **2. ~ meat** fiambre *m* de lata ▸ *BR* **~ voucher** vale *m* de comida

lung [lʌŋ] n pulmón *m* ▸ **to shout at the top of one's lungs** gritar a pleno pulmón ▸ **~ cancer** cáncer *m* de pulmón

lunge [lʌndʒ] ■ n embestida *f*, acometida *f* ▸ **to make a ~ for sb/sth** embestir contra alguien/algo
■ vi **to ~ at sb (with sth)** embestir contra alguien (con algo)

lungful ['lʌŋfʊl] n **to take a ~ of air** llenar los pulmones de aire, inspirar profundamente

lupin ['lu:pɪn] n altramuz *m*

lurch [lɜ:tʃ] ■ n [of ship, car] bandazo *m* ▸ **a ~ to the right/left** [of politician, party] un giro brusco a la derecha/izquierda ▸ *Fam* **to leave sb in the ~** dejar a alguien en la estacada
■ vi [ship, car] dar bandazos / [person] tambalearse ▸ **to ~ to the left/right** [pols one itician, party] dar un giro brusco a la izquierda/derecha

lure ['lʊə(r)] ■ n [attraction] atractivo *m* ▸ **she was drawn by the ~ of the big city** la sedujo el reclamo de la gran cuidad
■ vt [into trap, ambush] atraer (**into** hasta) ▸ **nothing could ~ her away from the computer** nada conseguía alejarla *ESP* del ordenador *or AM* de la computadora

lurid ['lʊərɪd] adj **1.** [sensational] provocador(ora) / [shocking] espeluznante ▸ **in ~ detail** con macabra precisión **2.** [gaudy] chillón(ona)

lurk [lɜ:k] vi estar al acecho ▸ **a doubt still lurked in his mind** su mente todavía albergaba una duda

luscious ['lʌʃəs] adj [woman] voluptuoso(a) / [fruit] jugoso(a)

lush [lʌʃ] adj [vegetation, garden] exuberante / [offices, furniture] lujoso(a)

lust [lʌst] n [sexual] lujuria *f* / *Fig* [for power, knowledge] sed *f*, ansia *f* (**for** de)

◆ ***lust after*** vt insep **to ~ after sb** beber los vientos por alguien ▸ **to ~ after sth** desvivirse por *or* ansiar algo

luster *US* ➤ ***lustre***

lustful ['lʌstfʊl] adj lujurioso(a)

lustily ['lʌstɪlɪ] adv con ganas, con fuerza

lustre, *US* ***luster*** ['lʌstə(r)] n lustre *m*

lustrous ['lʌstrəs] adj lustroso(a)

lusty ['lʌstɪ] adj [person] lozano(a), vigoroso(a) / [cry] sonoro(a)

lute [lu:t] n laúd *m*

Lutheran ['lu:θərən] n & adj luterano(a) *m,f*

Luxemb(o)urg ['lʌksəmbɜ:g] n Luxemburgo

Luxemburger ['lʌksəmbɜ:gər] n luxemburgués(esa) *m,f*

luxuriant [lʌg'zjʊərɪənt] adj exuberante

luxuriate [lʌg'zjʊərɪeɪt] vi deleitarse (**in** con)

luxurious [lʌg'zjʊərɪəs] adj lujoso(a)

luxury ['lʌkʃərɪ] ■ n lujo *m* ▸ **a life of ~** una vida llena de lujos
■ adj [car, flat] de lujo

> FALSE FRIEND / FALSO AMIGO
> ***luxury***
>
> Lujuria no es la traducción del inglés *luxury*. Lujuria se traduce por *lust*.

LW RAD (abbr ***Long Wave***) LW, OL

lychee [laɪ'tʃi:] n lichi *m*

lying ['laɪɪŋ] ■ n mentiras *fpl*
■ adj mentiroso(a), embustero(a)

lymph [lɪmf] n ANAT linfa *f* ▸ **~ node** ganglio *m* linfático

lynch [lɪntʃ] vt linchar

lynching ['lɪntʃɪŋ] n linchamiento *m*

lynx [lɪŋks] n lince *m*

lyre ['laɪə(r)] n [musical instrument] lira *f*

lyric ['lɪrɪk] adj lírico(a)

lyrical ['lɪrɪkəl] adj lírico(a)

lyricism ['lɪrɪsɪzəm] n lirismo *m*

lyricist ['lɪrɪsɪst] n letrista *mf*

lyrics ['lɪrɪks] npl letra *f*

M, ***m*** [em] n [letter] M, m *f*

M *BR* AUT (abbr ***motorway***) A, autopista *f*

m **1.** (abbr ***metre(s)***) m, metro *m* **2.** (abbr ***mile(s)***) milla *f*

MA [em'eɪ] n UNIV (abbr ***Master of Arts***) máster *m or AM* maestría *f* (en Humanidades) ▸ **to have an MA in linguistics** tener un máster en Lingüística ▸ **Frederick Watson, MA** Frederick Watson, licenciado con máster (en letras)

ma [mɑː] n *Fam* mamá *f*

ma'am [mɑːm] n *Old-fashioned* señora *f*

mac [mæk] n *BR Fam* [raincoat] impermeable *m*, gabardina *f*

macabre [mə'kɑːbə(r)] adj macabro(a)

macaroni [mækə'rəʊnɪ] n macarrones *mpl* ▸ **~ cheese** macarrones con queso

macaroon [mækə'ruːn] n mostachón *m*

macaw [mə'kɔː] n guacamayo *m*

Mace® [meɪs] n [spray] aerosol *m* antivioladores

mace [1] [meɪs] n [weapon, symbol of office] maza *f*

mace [2] n [spice] macis *f inv*

Macedonia [mæsə'dəʊnɪə] n Macedonia

Macedonian [mæsə'dəʊnɪən] ■ n **1.** [person] macedonio(a) *m,f* **2.** [language] macedonio *m*
■ adj macedonio(a)

Mach [mæk] n PHYS ~ **(number)** (número *m* de) Mach *m*

machete [mə'ʃetɪ] n machete *m*

Machiavellian [mækɪə'velɪən] adj maquiavélico(a)

machinations [mæʃɪ'neɪʃənz] npl maquinaciones *fpl*

machine [mə'ʃiːn] ■ n máquina *f* ▸ **he's a ~!** ¡es (como) una máquina! ▸ **party/propaganda ~** aparato *m* del partido/propagandístico ▸ COMPTR **~ code** código *m* máquina ▸ **~ gun** ametralladora *f* ▸ COMPTR **~ language** lenguaje *m* máquina ▸ **~ shop** taller *m* de máquinas ▸ **~ tool** máquina *f* herramienta ▸ COMPTR **~ translation** traducción *f* automática
■ vt **1.** IND producir a máquina **2.** [with sewing machine] coser a máquina

machine-gun [mə'ʃiːngʌn] (pt & pp **machine-gunned**) vt ametrallar

machine-readable [mə'ʃiːn'riːdəbəl] adj COMPTR legible para *ESP* el ordenador *or AM* la computadora

machinery [mə'ʃiːnərɪ] n *also Fig* maquinaria *f*

machine-washable [mə'ʃiːn'wɒʃəbəl] adj lavable a máquina

machinist [mə'ʃiːnɪst] n [operator] operario(a) *m,f*

machismo [mæ'tʃɪzməʊ] n machismo *m*

macho ['mætʃəʊ] adj [remark, attitude] muy de macho ▸ **to be ~** [person] (presumir de) ser muy macho

macintosh ➤ ***mackintosh***

mackerel ['mækrəl] n caballa *f*

mac(k)intosh ['mækɪntɒʃ] n impermeable *m*, gabardina *f*

macro ['mækrəʊ] (pl **macros**) n COMPTR macro *m or f* ▸ **~ virus** virus *m* de macro

macrobiotic [mækrəʊbaɪ'ɒtɪk] adj macrobiótico(a) ▸ **a ~ diet** una dieta macrobiótica

macrobiotics ['mækrəʊbaɪ'ɒtɪks] n macrobiótica *f*

macrocosm ['mækrəʊkɒzəm] n ASTRON macrocosmos *m inv*

macroeconomics ['mækrəʊiːkə'nɒmɪks] n [subject] macroeconomía *f*

mad [mæd] adj **1.** [insane] [person] loco(a) / [idea] disparatado(a) / [dog] rabioso(a) ▸ **to be ~** [person] estar loco(a) ▸ **to go ~** volverse loco(a) ▸ **as ~ as a hatter** más loco(a) que una cabra ▸ **~ with fear** aterrorizado(a) ▸ **there was a ~ rush for the door** la gente se precipitó como loca hacia la puerta ▸ *Fam* **to run/shout/work like ~** correr/gritar/trabajar como (un/una) loco(a) ▸ *Fam* **~ cow disease** el mal *or* la enfermedad de las vacas locas **2.** *Fam* [enthusiastic] **to be ~ about sth** estar loco(a) por algo **3.** *esp US Fam* [angry] *esp ESP* enfadado(a), *esp AM* enojado(a) ▸ **to be ~**

with *or* **at sb** estar muy *esp ESP* enfadado(a) *or esp AM* enojado(a) con alguien

Madagascan [mædə'gæskən] n & adj malgache *mf*

Madagascar [mædə'gæskə(r)] n Madagascar

madam ['mædəm] n [as form of address] señora *f* ▸ *BR Fam* **she's a proper little ~** [child] es una señoritinga

madcap ['mædkæp] adj [scheme, idea] disparatado(a)

madden ['mædən] vt sacar de quicio, exasperar

maddening ['mædənɪŋ] adj irritante, exasperante

made [meɪd] pt & pp *of* ***make***

Madeira [mə'dɪərə] n [island] (la isla de) Madeira / [wine] (vino *m* de) Madeira *m*

made-to-measure ['meɪdtə'meʒə(r)] ***made-to-order*** ['meɪdtə'ɔːdə(r)] adj a medida

made-up [meɪ'dʌp] adj **1.** [story, excuse] inventado(a) **2.** [lips] pintado(a) / [face] maquillado(a) ▸ **to be heavily ~** ir muy maquillado(a)

madhouse ['mædhaʊs] n *Fam* [lunatic asylum] manicomio *m,* casa *f* de locos ▸ *Fig* **this place is a ~!** ¡esto es una casa de locos!

madly ['mædlɪ] adv **1.** [insanely] enloquecidamente **2.** [desperately] [to rush, struggle] como loco(a) **3.** *Fam* [extremely] tremendamente ▸ **~ in love** locamente enamorado(a)

madman ['mædmən] n loco *m,* demente *m*

madness ['mædnɪs] n locura *f,* demencia *f* ▸ **it's sheer ~!** ¡es una locura!

Madrid [mə'drɪd] n Madrid

madwoman ['mædwʊmən] n loca *f,* demente *f*

maelstrom ['meɪlstrəm] n *also Fig* torbellino *m*

maestro ['maɪstrəʊ] (pl **maestros**) n maestro *m*

mafia ['mæfɪə] n mafia *f*

mag [mæg] n *Fam* revista *f*

magazine [mægə'ziːn] n **1.** [publication] revista *f* ▸ **~ programme** [on radio, TV] magazine *m,* programa *m* de variedades ▸ **~ rack** revistero *m* **2.** [for gun] recámara *f* / [ammunition store] polvorín *m*

magenta [mə'dʒentə] n & adj magenta *m*

maggot ['mægət] n larva *f,* gusano *m*

Maghreb [mæ'greb] n **the ~** el Magreb

Maghrebi [mæ'grebɪ] n & adj magrebí *mf*

Magi ['meɪdʒaɪ] npl **the ~** los Reyes Magos

magic ['mædʒɪk] ■ n magia *f* ▸ **as if by ~** como por arte de magia ▸ **black/white ~** magia negra/blanca
■ adj **1.** mágico(a) ▸ **~ wand** varita *f* mágica **2.** *Fam* [excellent] genial, *ESP* guay, *AM salvo RP* chévere, *MÉX* padrísimo(a), *RP* bárbaro(a)

◆ ***magic away*** (pt & pp **magicked**) vt sep hacer desaparecer

magical ['mædʒɪkəl] adj mágico(a)

magically ['mædʒɪklɪ] adv mágicamente, por arte de magia

magician [mə'dʒɪʃən] n mago(a) *m,f*

magisterial [mædʒɪs'tɪərɪəl] adj [domineering] autoritario(a) / [authoritative] magistral

magistrate ['mædʒɪstreɪt] n *BR* LAW juez *mf* de primera instancia ▸ **magistrates' court** juzgado *m* de primera instancia

magna cum laude ['mægnəkʊm'laʊdeɪ] adv *US* UNIV **to graduate ~** = *licenciarse con matrícula de honor*

magnanimity [mægnə'nɪmɪtɪ] n magnanimidad *f*

magnanimous [mæg'nænɪməs] adj magnánimo(a)

magnanimously [mæg'nænɪməslɪ] adv magnánimamente

magnate ['mægneɪt] n magnate *mf*

magnesium [mæg'niːzɪəm] n CHEM magnesio *m*

magnet ['mægnɪt] n imán *m* / *Fig* [for tourists, investors] foco *m* de atracción

magnetic [mæg'netɪk] adj [force, pole] magnético(a) / *Fig* [personality] cautivador(ora) ▸ **~ compass** brújula *f*

magnetism ['mægnɪtɪzəm] n *also Fig* magnetismo *m*

magnification [mægnɪfɪ'keɪʃən] n ampliación *f* ▸ **a lens with a ~ of** × 7 una lente de siete aumentos

magnificence [mæg'nɪfɪsəns] n magnificencia *f*

magnificent [mæg'nɪfɪsənt] adj magnífico(a)

magnify ['mægnɪfaɪ] vt [of lens, telescope] ampliar, aumentar / [exaggerate] magnificar, desorbitar

magnifying glass ['mægnɪfaɪɪŋ'glɑːs] n lupa *f*

magnitude ['mægnɪtjuːd] n magnitud *f* ▸ **a problem of the first ~** un problema de primer orden

magnolia [mæg'nəʊlɪə] n magnolia *f*

magnum ['mægnəm] n = *botella de vino o champán de 1,5 litros*

magpie ['mægpaɪ] n urraca *f* ▸ *BR Fig* **he's a bit of a ~** parece un trapero

mahogany [mə'hɒgənɪ] ■ n [wood] caoba *f* / [colour] (color *m*) caoba *m*
■ adj de caoba

maid [meɪd] n **1.** [servant] sirvienta *f* ▸ **~ of honour** dama *f* de honor **2.** *Literary* [girl] doncella *f*

maiden ['meɪdən] ■ n *Literary* [girl] doncella *f*
■ adj [flight] inaugural ▸ **~ aunt** tía *f* soltera ▸ **~ name** apellido *m* de soltera ▸ **~ over** [in cricket] = *entrada en la que no se consigue ninguna carrera* ▸ PARL **~ speech** primer discurso *m* como parlamentario(a) ▸ **~ voyage** viaje *m* inaugural, primer trayecto *m*

mail[1] [meɪl] ■ n [postal system] correo *m* / [letters or parcels received] correspondencia *f* ▸ **it came in the ~** vino en el correo ▸ *US* **~ drop** [letter] buzón *m* / [PO box] apartado *m* de correos, *AM* casilla *f* postal, *ANDES, RP* casilla *f* de correos, *COL* apartado *m* aéreo ▸ COMPTR **~ merge** fusión *f* de correo ▸ COM **~ order** venta *f* por correo ▸ **~ train** tren *m* correo
■ vt *esp US* enviar *or* mandar (por correo)

mail[2] n [armour] malla *f*

mailbag ['meɪlbæg] n saca *f* de correos ▸ **she gets a huge ~** [celebrity, politician] recibe muchísimas cartas

mailbox ['meɪlbɒks] n *US* buzón *m* (de correos) / COMPTR buzón *m*

mailing ['meɪlɪŋ] n [mailshot] mailing *m* ▸ **~ list** lista *f* de direcciones *(para envío de publicidad)*

mailman ['meɪlmæn] n *US* cartero *m*

mailshot ['meɪlʃɒt] n *BR* [leaflet] carta *f* publicitaria / [campaign] mailing *m*

maim [meɪm] vt lisiar

main [meɪn] ■ n **1.** [pipe] (tubería *f*) general *f* / [cable] cable *m* principal ▸ **the mains** [water, gas] la (tubería) general / [electricity] la red eléctrica **2. in the ~** [generally] en general
■ adj principal ▸ **the ~ thing is to...** lo principal es... ▸ **~ entrance** entrada *f* principal ▸ GRAM **~ clause** oración *f* principal ▸ **~ course** plato *m* principal ▸ RAIL **~ line** línea *f* principal ▸ **~ road** carretera *f* general ▸ **~ street** calle *f* principal

mainframe ['meɪnfreɪm] n COMPTR *ESP* ordenador *m* or *AM* computadora *f* central

mainland ['meɪnlænd] n tierra *f* firme ▸ **~ Europe** la Europa continental ▸ **on the ~** en tierra firme ▸ **he escaped from Mull to the Scottish ~** escapó de la isla de Mull hacia tierra firme escocesa

mainline ['meɪnlaɪn] vi *Fam* [inject drugs] picarse, *ESP* chutarse

mainly ['meɪnlɪ] adv principalmente ▸ **the accident was caused ~ by carelessness** la imprudencia fue la principal causa del accidente ▸ **the passengers were ~ Spanish** los pasajeros eran en su mayoría españoles

mains-operated ['meɪnzɒpəreɪtɪd] adj que funciona con *or* a corriente

mainspring ['meɪnsprɪŋ] n [of clock, watch] muelle *m* real, resorte' *m* principal / *Fig* [of change, revolution] móvil *m* principal

mainstay ['meɪnsteɪ] n [of economy, philosophy] pilar *m* fundamental

mainstream ['meɪnstriːm] ■ n corriente *f* principal *or* dominante
■ adj [politics, ideas, tastes] convencional / [movie, literature] comercial

maintain [meɪn'teɪn] vt mantener ▸ **to ~ (that)...** mantener *or* sostener que...

maintainable [meɪn'teɪnəbəl] adj [attitude, opinion] defendible

maintenance ['meɪntənəns] n **1.** [of car, equipment, roads] mantenimiento *m* ▸ **~ costs** costos *mpl or ESP* costes *mpl* de mantenimiento **2.** LAW [alimony] pensión *f* (alimenticia)

maisonette [meɪzə'net] n dúplex *m inv*

maître d' ['meɪtrə'diː] n *US* maître *mf* (d'hôtel)

maize [meɪz] n maíz *m, ANDES, RP* choclo *m*

Maj MIL (abbr ***Major***) comandante *m*

maj MUS (abbr ***Major***) mayor

majestic [mə'dʒestɪk] adj majestuoso(a)

majesty ['mædʒəstɪ] n majestuosidad *f* ▸ **His/Her/Your Majesty** Su Majestad

major ['meɪdʒə(r)] ■ n **1.** MIL comandante *mf* ▸ **~ general** general *mf* de división **2.** *US* UNIV [subject] especialidad *f*
■ adj **1.** [important] importante, de primer orden ▸ **of ~ importance** de enorme importancia ▸ **~ league** [in baseball] = *liga profesional de béisbol estadounidense* ▸ *Fig* **a ~ league company** una de las grandes empresas del sector **2.** MUS mayor
■ vi *US* UNIV **to ~ in** [subject] especializarse en

Majorca [mə'jɔːkə] n Mallorca

Majorcan [mə'jɔːkən] n & adj mallorquín(ina) *m,f*

majority [mə'dʒɒrɪtɪ] n **1.** [in vote] mayoría *f* ▸ **to be in a** *or* **the ~** ser mayoría ▸ **~ decision** decisión *f* por mayoría ▸ FIN **~ interest** participación *f* mayoritaria ▸ POL **~ rule** gobierno *m* mayoritario ▸ LAW **~ verdict** veredicto *m* mayoritario ▸ POL **~ vote** votación *f* por mayoría **2.** LAW [age] mayoría *f* de edad

make [meɪk] ■ n **1.** [brand] marca *f* **2.** *Fam* **to be on the ~** [financially] buscar sólo el propio beneficio / [sexually] ir a ligar *or RP* de levante
■ vt (pt & pp **made** [meɪd]) **1.** [produce, prepare, perform] hacer / [payment, transaction] realizar, efectuar / [speech] pronunciar / [decision] tomar / [mistake] cometer ▸ **to ~ a promise** hacer una promesa ▸ **made in Spain** fabricado(a) en España ▸ **made from** *or* **out of...** hecho(a) con *or* de... ▸ *Fam* **I'll show them what I'm made of** les voy a demostrar quién soy yo ▸ *Fam* **I'm not made of money!** ¡que no soy millonario(a) *or* de oro! ▸ **to ~ something of oneself** convertirse en una persona de provecho ▸ **two and two ~ four** dos y dos son cuatro ▸ **to ~ a choice** elegir ▸ **to ~ a difference** cambiar mucho las cosas (a mejor) ▸ **it doesn't ~ any difference** da lo mismo ▸ **to ~ a noise** hacer ruido ▸ **to ~ trouble** crear problemas **2.** [earn] [money] ganar ▸ **to ~ a living** ganarse la vida ▸ **to ~ a name for oneself** crearse *or* labrarse una reputación **3.** [cause to be successful] **to ~ it** [be successful] tener éxito, llegar a la cima ▸ **you've got it made** lo tienes todo hecho ▸ **this book made her** este libro le dio la fama ▸ **it's ~ or break** es la hora de la verdad ▸ **it made my day** me alegró el día **4.** [cause to be] hacer ▸ **to ~ sb happy** hacer feliz a alguien ▸ **to ~ sb sad** entristecer a alguien ▸ **to ~ sb hungry** dar hambre a alguien ▸ **to ~ sb tired** cansar a alguien ▸ **that made me angry** eso me *esp ESP* enfadó *or esp AM* enojó ▸ **to ~ sb a present of sth** regalar algo a alguien **5.** [compel] **to ~ sb do sth** hacer que alguien haga algo ▸ **they made us wear suits** nos obligaron a llevar traje ▸ **don't make me laugh!** ¡no me hagas reír! **6.** [estimate, calculate] **what time do you ~ it?** ¿qué hora tienes? ▸ **I ~ it £50 in total** calculo un total de 50 libras **7.** [reach] *Fam* **to ~ it** [arrive in time] llegar (a tiempo) / [finish in time] terminar a tiempo ▸ **to ~ the charts** [record] llegar a las listas de éxitos ▸ **to ~ the first team** [be selected] conseguir entrar en el primer equipo **8.** [become, be] ser ▸ **he'll ~ a good doctor/singer** será un buen médico/cantante **9.** [manage to attend] [show, meeting] llegar a ▸ **I can ~ two o'clock** puedo estar allí para las dos
■ vi **1.** [act] **to ~ as if** *or* **as though to do sth** hacer como si se fuera a hacer algo **2. to make do** arreglárselas ▸ **to ~ believe (that)...** imaginarse que... **3. to ~ sure** *or* **certain (of sth)** asegurarse (de algo)

◆ ***make after*** vt insep **to ~ after sb** [chase] salir en persecución de alguien

◆ ***make for*** vt insep **1.** [head towards] dirigirse hacia **2.** [contribute to] facilitar, contribuir a

◆ ***make of*** vt sep **what do you ~ of the new**

manager? ¿qué te parece el nuevo jefe? ▸ **I don't know what to ~ of that remark** no sé cómo interpretar ese comentario

◆ ***make off*** vi *Fam* [leave] largarse

◆ ***make off with*** vt insep *Fam* [steal] largarse con, llevarse

◆ ***make out*** ■ vt sep **1.** [write] [list] elaborar, hacer / [cheque] extender **2.** *Fam* [claim] **to ~ out (that)...** decir *or* pretender que... **3.** [understand, decipher] entender / [see] distinguir / [hear] oír
■ vi *US Fam* [sexually] meterse mano, *ESP* darse el lote

◆ ***make over*** vt sep **she has made the estate over to her granddaughter** ha nombrado a su nieta heredera de sus propiedades

◆ ***make up*** ■ vt sep **1.** [story, excuses] inventar **2.** [deficit, loss] enjugar, recuperar ▸ **I'll ~ it up to you later, I promise** te prometo que te recompensaré (por ello) más adelante **3.** [complete] [team, amount] completar **4.** [form] formar, componer ▸ **the community is made up primarily of old people** la comunidad se compone principalmente de ancianos ▸ **to ~ up one's mind** decidirse **5.** [put together] [list] elaborar, hacer / [parcel, bed] hacer / [prescription] preparar **6.** [apply make-up to] **to ~ oneself up** maquillarse
■ vi [end quarrel] reconciliarse

◆ ***make up for*** vt insep [losses] compensar / [lost time] recuperar

make-believe [ˈmeɪkbɪliːv] ■ n **to live in the land of ~** vivir en un mundo de fantasías
■ adj ficticio(a)

makeover [ˈmeɪkəʊvə(r)] n renovación *f or* cambio *m* de imagen

maker [ˈmeɪkə(r)] n **1.** [manufacturer] fabricante *mf* **2.** *Euph* **to meet one's Maker** entregar el alma a Dios

-maker [ˈmeɪkə(r)] suffix **1.** [manufacturer] **furniture/motorcycle ~** fabricante *mf* de muebles/motocicletas **2.** [machine] **coffee/ice cream ~** máquina *f* de café/helados

makeshift [ˈmeɪkʃɪft] adj improvisado(a)

make-up [ˈmeɪkʌp] n **1.** [cosmetics] maquillaje *m* ▸ **~ artist** maquillador(ora) *m,f* ▸ **~ bag** bolsa *f* del maquillaje ▸ **~ remover** desmaquillador *m* **2.** [composition] [of team, group] composición *f* / [of person] temperamento *m,* carácter *m*

making [ˈmeɪkɪŋ] n [of goods] fabricación *f,* manufactura *f* ▸ **the film was three years in the ~** llevó tres años realizar la película ▸ **this is history in the ~** se está haciendo historia (aquí y ahora) ▸ **a musician in the ~** un músico en ciernes ▸ **the problem is of her own ~** el problema se lo ha buscado ella ▸ **he has the makings of an actor** tiene madera de actor

maladjusted [mæləˈdʒʌstɪd] adj inadaptado(a)

maladroit [mæləˈdrɔɪt] adj torpe, desacertado(a)

malady [ˈmælədɪ] n mal *m*

Malaga [ˈmæləgə] n Málaga

Malagasy [ˈmæləgæsɪ] ■ n [language] malgache *m*
■ adj malgache

malaise [mæˈleɪz] n malestar *m*

malaria [məˈleərɪə] n malaria *f*

malark(e)y [məˈlɑːkɪ] n *Fam* [ridiculous behaviour] payasadas *fpl,* majaderías *fpl* / [ridiculous explanation] sandeces *fpl,* majaderías *fpl*

Malawi [məˈlɑːwɪ] n Malaui

Malawian [məˈlɑːwɪən] n & adj malauita *mf*

Malay [məˈleɪ] n & adj malayo(a) *m,f*

Malaysia [məˈleɪzɪə] n Malaisia

Malaysian [məˈleɪzən] n & adj malaisio(a) *m,f*

Maldives [ˈmɔːldiːvz] npl **the ~** las Maldivas

male [meɪl] ■ n [person] varón *m,* hombre *m* / [animal] macho *m*
■ adj [person] masculino(a) / [animal] macho ▸ **~ chauvinism** machismo *m* ▸ **~ chauvinist** machista *m* ▸ **~ nurse** enfermero *m*

malefactor [ˈmælɪfæktə(r)] n *Literary* malhechor(ora) *m,f*

malevolence [məˈlevələns] n malevolencia *f*

malevolent [məˈlevələnt] adj malévolo(a)

malevolently [məˈlevələntlɪ] adv malévolamente

malfeasance [mælˈfiːzəns] n LAW infracción *f*

malformation [mælfɔːˈmeɪʃən] n malformación *f*

malformed [mælˈfɔːmd] adj [organ, baby] con malformación, deforme

malfunction [mælˈfʌŋkʃən] ■ n *ESP* fallo *m, AM* falla *f*
■ vi averiarse

Mali [ˈmɑːlɪ] n Mali

malice [ˈmælɪs] n malicia *f* ▸ LAW **with ~ aforethought** con premeditación y alevosía

malicious [məˈlɪʃəs] adj malicioso(a)

maliciously [məˈlɪʃəslɪ] adv maliciosamente

malign [məˈlaɪn] ■ adj perjudicial, pernicioso(a)
■ vt difamar

malignant [məˈlɪgnənt] adj [person, tumour] maligno(a)

malinger [məˈlɪŋgə(r)] vi fingir una enfermedad (para no ir a trabajar)

malingerer [məˈlɪŋgərə(r)] n = *persona que se finge enferma (para no ir a trabajar)*

mall [mɔːl] n *esp US* centro *m* comercial

mallard [ˈmælɑːd] n ánade *m* real

malleable [ˈmælɪəbəl] adj [person, metal] maleable

mallet [ˈmælɪt] n mazo *m*

mallow [ˈmæləʊ] n [plant] malva *f*

malnutrition [mælnjuːˈtrɪʃən] n desnutrición *f*

malpractice [mælˈpræktɪs] n negligencia *f* (profesional) ▸ *esp US* LAW **~ suit** demanda *f* por negligencia (profesional)

malt [mɔːlt] n malta *f* ▸ **~ vinegar** vinagre *m* de malta ▸ **~ whisky** whisky *m* de malta

Malta [ˈmɔːltə] n Malta

Maltese [mɔːlˈtiːz] ■ n **1.** [person] maltés(esa) *m,f* **2.** [language] maltés *m*
■ npl [people] **the ~** los malteses
■ adj maltés(esa) ▸ **~ cross** cruz *f* de Malta

maltreat [mælˈtriːt] vt maltratar

maltreatment [mæl'tri:tmənt] n maltrato *m,* malos tratos *mpl*

mammal ['mæməl] n mamífero *m*

mammary ['mæmərɪ] adj ANAT mamario(a) ▸ **~ glands** mamas *fpl*, glándulas *fpl* mamarias

mammography [mæ'mɒgrəfɪ] n MED mamografía *f*

mammoth ['mæməθ] ■ n [animal] mamut *m*
■ adj [huge] gigantesco(a), enorme / [task] ingente

mammy ['mæmɪ] n *Fam* mamá *f*

man [mæn] ■ n (pl **men** [men]) **1.** [adult male] hombre *m* ▸ *Fam* **hey ~!** ¡oye, tío! ▸ **a man's jacket/bicycle** una cazadora/bicicleta de hombre ▸ **the army will make a ~ of him** el ejército lo hará un hombre ▸ **he took it like a ~** lo aceptó como un hombre ▸ **this will separate the men from the boys** así se verá quién vale de verdad ▸ **to be ~ enough to do sth** tener el valor suficiente para hacer algo ▸ **to talk to sb ~ to ~** hablar con alguien de hombre a hombre ▸ **he's just the ~ for the job** es el hombre indicado (para el trabajo) ▸ **to be one's own ~** ser dueño de sí mismo ▸ **he's a man's ~** le gustan las cosas de hombres ▸ **the ~ in the street** el hombre de la calle ▸ **a ~ of God** un clérigo ▸ **a ~ of the world** un hombre de mundo **2.** [individual, person] persona *f,* hombre *m* ▸ **any ~** cualquiera ▸ **few men** pocos, pocas personas ▸ **they replied as one ~** respondieron como un solo hombre ▸ **they were patriots to a ~** hasta el último de ellos era un patriota **3.** [husband] marido *m* ▸ **to live as ~ and wife** vivir como marido y mujer **4.** [humanity] el hombre **5.** [employee] [in factory] empleado(a) *m,f* / [servant] criado *m* / [soldier] hombre *m* ▸ **our ~ in Rome** [spy] nuestro agente en Roma / [diplomat] nuestro representante en Roma / [reporter] nuestro corresponsal en Roma **6.** [in chess] pieza *f* / [in draughts] ficha *f*
■ vt (pt & pp **manned**) [machine] manejar / [plane, boat] tripular / [phone, reception desk] atender ▸ **a manned flight** un vuelo tripulado

man-about-town ['mænəbaʊt'taʊn] n urbanita *m* sofisticado

manacles ['mænəkəlz] npl [for hands] esposas *fpl* / [for feet] grilletes *mpl*

manage ['mænɪdʒ] ■ vt **1.** [company, hotel, project] dirigir / [the economy, resources] gestionar, administrar / [shop] llevar ▸ FIN **managed fund** fondo *m* administrado **2.** [deal with] [situation] manejar, tratar ▸ **to ~ to do sth** conseguir hacer algo ▸ **to know how to ~ sb** saber cómo tratar a alguien ▸ **I can't ~ three suitcases** no puedo con tres maletas *or AM* valijas ▸ **£100 is the most that I can ~** no puedo dar más de 100 libras ▸ **can you ~ dinner on Thursday?** ¿puedes venir el jueves a cenar?
■ vi [cope] arreglárselas ▸ **to ~ without sth/sb** arreglárselas sin algo/alguien ▸ **he'll never ~ on his own** no lo podrá hacer él solo

manageable ['mænɪdʒəbəl] adj [object, hair] manejable / [level, proportions] razonable / [task] realizable, factible

management ['mænɪdʒmənt] n **1.** [activity] [of company, project] dirección *f,* gestión *f* / [of economy, resources] gestión *f,* administración *f* ▸ **~ consultant** consultor(ora) *m,f* en administración de empresas ▸ **~ studies** estudios *mpl* de gestión empresarial *or* administración de empresas ▸ **~ style** estilo *m* de dirección **2.** [managers, employers] **the ~** la dirección ▸ **under new ~** [sign] nuevos propietarios ▸ **~ and unions** la patronal y los sindicatos ▸ **~ buyout** = *adquisición de una empresa por sus directivos* ▸ **~ team** equipo *m* de dirección

manager ['mænɪdʒə(r)] n [of bank, company] director *m* / [of shop, bar] encargado *m* / [of boxer, singer] representante *mf,* manager *mf* / [of soccer team] entrenador(ora) *m,f*

manageress [mænɪdʒə'res] n [of bank, company] directora *f* / [of shop, bar] encargada *f*

managerial [mænɪ'dʒɪərɪəl] adj de gestión, directivo(a) ▸ **~ skills** capacidad *f* de gestión ▸ **~ staff** directivos *mpl*

managing ['mænɪdʒɪŋ] n *esp BR* **~ director** director(ora) *m,f* gerente ▸ **~ editor** director(ora) *m,f*

Manchester ['mæntʃestə(r)] n Manchester

Mancunian [mæŋ'kju:nɪən] ■ n = *natural o habitante de Manchester*
■ adj de Manchester

Mandarin ['mændərɪn] n [language] mandarín *m*

mandarin ['mændərɪn] n **1.** [official] mandarín *m* **2.** [fruit] mandarina *f*

mandate ['mændeɪt] n mandato *m* ▸ **to have a ~ to do sth** tener autoridad para hacer algo ▸ **to obtain/give a ~** obtener/conferir autoridad *or* permiso

mandatory ['mændətərɪ] adj obligatorio(a)

man-day ['mæn'deɪ] n ECON día-hombre *m,* día *m* de mano de obra

mandible ['mændɪbəl] n mandíbula *f*

mandolin ['mændəlɪn] n mandolina *f*

mane [meɪn] n [of lion] melena *f* / [of horse] crines *fpl*

man-eater ['mæni:tə(r)] n **1.** [animal] devorador(ora) *m,f* de hombres **2.** *Fam* [woman] devoradora *f* de hombres

man-eating ['mæni:tɪŋ] adj devorador(ora) de hombres

maneuver, maneuverable *US* ➤ ***manoeuvre, manoeuvrable***

manful ['mænfʊl] adj [courageous] valiente

manfully ['mænfʊlɪ] adv con hombría

manganese [mæŋgə'ni:z] n CHEM manganeso *m*

mange [meɪndʒ] n [animal disease] sarna *f*

manger ['meɪndʒə(r)] n pesebre *m*

mangle ['mæŋgəl] ■ n [for clothes] escurridor *m* de rodillos *(para ropa)*
■ vt [body, text, truth] mutilar

mango ['mæŋgəʊ] (pl **mangos** *or* **mangoes**) n mango *m*

mangrove ['mæŋgrəʊv] n mangle *m* ▸ **~ swamp** manglar *m*

mangy ['meɪndʒɪ] adj [animal] sarnoso(a) / [carpet, coat] raído(a)

manhandle ['mænhændəl] vt **they manhandled**

him into the car lo metieron en el coche *or AM* carro *or RP* auto a empujones ▸ **they manhandled the piano down the stairs** acarrearon a duras penas el piano escaleras abajo

manhole ['mænhəʊl] n (boca *f* de) alcantarilla *f* ▸ **~ cover** tapa *f* de alcantarilla

manhood ['mænhʊd] n **1.** [maturity] madurez *f* ▸ **to reach ~** alcanzar la madurez **2.** [masculinity] hombría *f* ▸ **he proved his ~** demostró su hombría **3.** [men collectively] **Scottish ~** los hombres escoceses

man-hour ['mænaʊə(r)] n ECON hora-hombre *f*

manhunt ['mænhʌnt] n caza *f* del hombre

mania ['meɪnɪə] n [strong interest] pasión *f* (**for** por) ▸ **to have a ~ for doing sth** tener pasión por hacer algo

maniac ['meɪnɪæk] n maniaco(a) *m,f* ▸ **to drive like a ~** *ESP* conducir *or AM* manejar como un/una loco(a)

maniacal [mə'naɪəkəl] adj [crazy] maniaco(a) ▸ **~ laughter** risa desquiciada

manic ['mænɪk] adj [person] histérico(a) ▸ **~ depression** psicosis *f inv* maniacodepresiva

manic-depressive ['mænɪkdɪ'presɪv] n & adj PSY maniacodepresivo(a) *m,f*

manicure ['mænɪkjʊə(r)] ■ n manicura *f*
■ vt **to ~ one's nails** hacerse la manicura

manicurist ['mænɪkjʊərɪst] n manicuro(a) *m,f*

manifest ['mænɪfest] ■ n [of ship, aircraft] manifiesto *m*
■ adj manifiesto(a), patente
■ vt manifestar

manifestation [mænɪfes'teɪʃən] n manifestación *f*

manifestly ['mænɪfestlɪ] adv manifiestamente

manifesto [mænɪ'festəʊ] (pl **manifestos** *or* **manifestoes**) n POL manifiesto *m*

manifold ['mænɪfəʊld] adj [numerous] múltiple

manikin ➤ ***mannequin***

Manila [mə'nɪlə] n Manila

mani(l)la envelope [mə'nɪlə'envələʊp] n sobre *m* marrón de papel manila

manipulate [mə'nɪpjʊleɪt] vt [controls, people, statistics] manipular

manipulation [mənɪpjʊ'leɪʃən] n [of controls, people, statistics] manipulación *f*

manipulative [mə'nɪpjʊlətɪv] adj *Pej* manipulador(ora)

mankind [mæn'kaɪnd] n la humanidad

manliness ['mænlɪnɪs] n hombría *f,* virilidad *f*

manly ['mænlɪ] adj viril

man-made ['mænmeɪd] adj [fabric, product] sintético(a), artificial / [lake, beach] artificial ▸ **~ disaster** catástrofe *f* provocada por el hombre

mannequin, man(n)ikin ['mænɪkɪn] n [person] modelo *mf,* maniquí *mf* / [dummy] maniquí *m*

manner ['mænə(r)] n **1.** [way, method, style] manera *f,* modo *m* ▸ **in a ~ of speaking** en cierto modo **2.** [etiquette] **(good) manners** buenos modales *mpl* ▸ **bad manners** malos modales ▸ **it's bad manners to...** es de mala educación... ▸ **he's got no manners** no tiene modales, es un maleducado **3.** [type] **all ~ of...** toda clase de... ▸ **by no ~ of means, not by any ~ of means** en absoluto **4.** [attitude, behaviour] actitud *f* ▸ **I don't like his ~** no me gusta su actitud ▸ **she's got a very unpleasant ~** es muy arisca

mannered ['mænəd] adj afectado(a), amanerado(a)

mannerism ['mænərɪzəm] n tic *m,* peculiaridad *f*

mannikin ➤ ***mannequin***

manoeuvrable, US ***maneuverable*** [mə'nuːvrəbəl] adj manejable

manoeuvre, US ***maneuver*** [mə'nuːvə(r)] ■ n *also Fig* maniobra *f* ▸ *Fig* **there wasn't much room for ~** no había mucho margen de maniobra ▸ MIL **to be on manoeuvres** estar de maniobras
■ vt **we manoeuvred the piano up the stairs** subimos el piano con cuidado por la escalera ▸ **he manoeuvred the taxi into the space** maniobró para meter el taxi en el hueco
■ vi maniobrar

manor ['mænə(r)] n [estate] señorío *m* ▸ **~ (house)** casa *f* solariega

manpower ['mænpaʊə(r)] n mano *f* de obra

mansion ['mænʃən] n mansión *f*

manslaughter ['mænslɔːtə(r)] n LAW homicidio *m* (involuntario)

mantelpiece ['mæntəlpiːs] n repisa *f* (de la chimenea)

mantis ['mæntɪs] n *US* mantis *f inv* religiosa

mantle ['mæntəl] n [of lava, snow] manto *m,* capa *f* / [of gas lamp] camisa *f,* manguito *m* incandescente / [cloak] capa *f* ▸ *Fig* **to take on the ~ of office** asumir las responsabilidades del puesto

man-to-man [mæntʊ'mæn] adj & adv de hombre a hombre

mantra ['mæntrə] n mantra *m* / *Fig* estribillo *m*

manual ['mænjʊəl] ■ n [handbook] manual *m*
■ adj manual

manually ['mænjʊəlɪ] adv a mano, manualmente

manufacture [mænjʊ'fæktʃə(r)] ■ n [act] fabricación *f,* manufactura *f* ▸ **manufactures** [products] productos *mpl* manufacturados
■ vt [cars, clothes] fabricar / *Fig* [excuse] inventarse / [evidence] sacarse de la manga ▸ **to ~ an opportunity to do sth** crear *or* generar la oportunidad para hacer algo

manufacturer [mænjʊ'fæktʃərə(r)] n IND fabricante *mf*

manufacturing [mænjʊ'fæktʃərɪŋ] n IND fabricación *f* ▸ **~ capacity** capacidad *f* de fabricación ▸ **~ industries** industrias *fpl* manufactureras *or* de transformación

manure [mə'njʊə(r)] ■ n estiércol *m,* abono *m*
■ vt abonar, estercolar

manuscript ['mænjʊskrɪpt] n manuscrito *m*

many ['menɪ] ■ adj (comparative **more**, superlative **most**) muchos(as) ▸ **~ people** mucha gente ▸ **~ times** muchas veces ▸ **there weren't ~ houses** no había muchas casas, había pocas casas ▸ **in ~ ways** de muchas maneras ▸ **not in so ~ words** no exactamente ▸ **so ~**

tantos(as) ▸ **so ~ people** tanta gente ▸ **too ~** demasiados(as) ▸ **too ~ people** demasiada gente ▸ **how ~ times?** ¿cuántas veces? ▸ **I have as ~ books as you** tengo tantos libros como tú ▸ **many's the time I've done that** lo he hecho muchas veces ▸ *Prov* **~ hands make light work** cuanta más gente, más llevadero es el trabajo

■ pron muchos(as) ▸ **~ of us** muchos de nosotros ▸ **not (very) ~** no muchos(as) ▸ **how ~?** ¿cuántos(as)? ▸ **as ~ as you like** todos los que quieras ▸ **too ~** demasiados(as) ▸ **one of the ~ I have known** uno de los muchos que he conocido ▸ *Fam* **to have had one too ~** llevar una copa de más, haber bebido *or AM* tomado más de la cuenta

many-coloured ['menɪ'kʌləd] adj multicolor

Maori ['maʊrɪ] n & adj maorí *mf*

map [mæp] ■ n mapa *m* ▸ *Fig* **this will put Stonybridge on the ~** esto dará a conocer a Stonybridge ▸ **~ reference** coordenadas *fpl*

■ vt (pt & pp **mapped**) [region] trazar un mapa de

◆ ***map out*** vt sep [route] indicar en un mapa / [plan, programme] proyectar ▸ **she had her career all mapped out** tenía su carrera profesional planeada paso por paso

maple ['meɪpəl] n [tree, wood] arce *m* ▸ **~ leaf** hoja *f* de arce ▸ **~ syrup** jarabe *m* de arce

Mar (abbr ***March***) marzo *m*

mar [mɑː(r)] (pt & pp **marred**) vt deslucir, empañar

maracas [mə'rækəz] npl MUS maracas *fpl*

marathon ['mærəθən] n maratón *m* ▸ **a ~ speech** un discurso maratoniano ▸ **~ runner** corredor(ora) *m,f* de maratón

marauder [mə'rɔːdə(r)] n merodeador(ora) *m,f*

marauding [mə'rɔːdɪŋ] adj [gangs, people] merodeador(ora) ▸ **~ animals** animales *mpl* en busca de su presa

marble ['mɑːbəl] n **1.** [stone] mármol *m* **2.** [glass ball] canica *f* ▸ **to play marbles** jugar a las canicas ▸ *Fam Fig* **to lose one's marbles** [go mad] volverse loco(a) *or ESP* majareta

marbled ['mɑːbəld] adj [paper] jaspeado(a)

March [mɑːtʃ] n marzo *m* / *see also* ***May***

march [mɑːtʃ] ■ n [of soldiers, demonstrators] marcha *f* / *Fig* [of time, events] transcurso *m* ▸ **on the ~** en marcha ▸ **~ past** desfile *m*

■ vt hacer marchar ▸ **he was marched off to prison** le llevaron (por la fuerza) a la cárcel

■ vi [soldiers, demonstrators] marchar ▸ **to ~ off** marcharse ▸ **to ~ by** *or* **past (sth/sb)** desfilar (ante algo/alguien)

marcher ['mɑːtʃə(r)] n [demonstrator] manifestante *mf*

marching orders ['mɑːtʃɪŋ'ɔːdəz] npl *Fam* **to give sb his ~** mandar a paseo a alguien, *ANDES, RP* mandar a alguien a bañarse

mare [meə(r)] n yegua *f*

margarine [mɑːdʒə'riːn], *BR Fam* ***marge*** [mɑːdʒ] n margarina *f*

margin ['mɑːdʒɪn] n [gen] & COM margen *m* ▸ **on the margin(s) of society** en la marginación ▸ **to win by a narrow/an enormous ~** ganar por un estrecho/un amplio margen ▸ **~ of error** margen de error

marginal ['mɑːdʒɪnəl] ■ n *BR* POL [constituency] = *circunscripción electoral con mayoría muy estrecha*

■ adj **1.** [improvement, increase] marginal **2.** [note] al margen, marginal **3.** *BR* POL [seat, constituency] muy reñido(a)

marginalize ['mɑːdʒɪnəlaɪz] vt marginar

marginally ['mɑːdʒɪnəlɪ] adv ligeramente

marigold ['mærɪgəʊld] n caléndula *f*

marihuana, marijuana [mærɪ'hwɑːnə] n marihuana *f*

marina [mə'riːnə] n puerto *m* deportivo

marinade [mærɪ'neɪd] CULIN ■ n adobo *m*

■ vt & vi ➤ ***marinate***

marinate ['mærɪneɪt] vt & vi CULIN adobar

marine [mə'riːn] ■ n [soldier] marine *mf*, infante *mf* de marina, *AM* fusilero *m* naval ▸ *Fam* **(go) tell it to the marines!** ¡eso cuéntaselo a tu abuela!

■ adj [life, biology] marino(a) ▸ **~ engineering** ingeniería *f* naval

mariner ['mærɪnə(r)] n *Literary* marinero *m*

marionette [mærɪə'net] n marioneta *f*

marital ['mærɪtəl] adj marital ▸ **~ status** estado *m* civil

maritime ['mærɪtaɪm] adj marítimo(a)

marjoram ['mɑːdʒərəm] n mejorana *f*

mark[1] [mɑːk] n [German currency] marco *m* (alemán)

mark[2] ■ n **1.** [scratch, stain, symbol] marca *f* **2.** [sign, proof] signo *m*, señal *f* ▸ **as a ~ of respect** en señal de respeto ▸ **years of imprisonment had left their ~ on him** había quedado marcado por años de reclusión ▸ **to make one's ~** [succeed] dejar huella, hacerse famoso(a) **3.** [target] **his comments hit the ~** dio en el blanco con sus comentarios ▸ **unemployment has passed the three million ~** el número de desempleados *or AM* desocupados ha rebasado la barrera de los tres millones ▸ **her accusation was wide of the ~** su acusación estaba lejos de ser cierta ▸ **he's not up to the ~** no está a la altura de las circunstancias **4.** SCH [score] nota *f*, calificación *f* / [point] punto *m* ▸ **to get good** *or* **high marks** sacar buenas notas ▸ **full marks** nota *f* máxima ▸ **full marks for observation!** no se te escapa una, ¿eh? **5.** [in race] **on your marks! get set! go!** preparados, listos, ¡ya! ▸ **to be quick/slow off the ~** [in race] salir rápidamente/lentamente / *Fig* reaccionar con rapidez/lentitud **6.** [of machine] **~ II/III** versión *f* II/III **7.** [on cooker] **cook at (gas) ~ 4** cocínese con el mando en el 4

■ vt **1.** [scratch, stain] marcar **2.** [homework, exam] corregir, calificar ▸ **to ~ sth right/wrong** dar/no dar algo por bueno(a) ▸ **it's marked out of ten** está puntuado(a) sobre diez **3.** [indicate] marcar ▸ **this decision marks a change in policy** esta decisión marca un cambio de política ▸ **to ~ time** [musician] marcar el compás / *Fig* [wait] hacer tiempo **4.** [characterize] marcar, caracterizar ▸ **his comments were marked by their sarcasm** sus comentarios se caracterizaban por el sarcasmo **5.** *BR* SPORT [opponent] marcar **6.** [pay attention to] **~ my words** fíjate en lo que te digo

◆ ***mark down*** vt sep **1.** [make note of] anotar, apuntar ▸ **they had him marked down as a troublemaker** lo tenían fichado como alborotador **2.** COM rebajar

◆ ***mark off*** vt sep **1.** [line, road] delimitar **2.** [tick off] poner una marca en

◆ ***mark out*** vt sep **to ~ sb out** distinguir a alguien

◆ ***mark up*** vt sep [price] subir / [goods] subir de precio

mark-down ['mɑːkdaʊn] n [price reduction] rebaja *f,* reducción *f* (de precio)

marked [mɑːkt] adj **1.** [difference] marcado(a) / [improvement] notable **2. ~ cards** cartas *fpl* marcadas ▸ **to be a ~ man** tener los días contados

markedly ['mɑːkɪdlɪ] adv notablemente, considerablemente

marker ['mɑːkə(r)] n **1.** [of essay, exam] examinador(ora) *m,f,* corrector(ora) *m,f* de exámenes ▸ **he's a hard ~** es muy severo al corregir **2. ~ (pen)** rotulador *m, COL* marcador *m, MÉX* plumón *m* **3.** [indicator] señal *f*

market ['mɑːkɪt] ■ n mercado *m, CSUR* feria *f, CAM, MÉX* tianguis *m* ▸ **to put sth on the ~** sacar algo al mercado ▸ FIN **~ analyst** analista *mf* de mercados ▸ **~ day** día *m* de mercado ▸ ECON **(free) ~ economy** economía *f* de (libre) mercado ▸ ECON **~ forces** fuerzas *fpl* del mercado ▸ *BR* **~ garden** huerto *m* / [larger] huerta *f* ▸ COM **~ leader** líder *mf* del mercado ▸ FIN **~ maker** creador *m* de mercado ▸ ECON **~ price** precio *m* de mercado ▸ COM **~ research** estudio *m or* investigación *f* de mercado ▸ COM **~ researcher** investigador(ora) *m,f* de mercado ▸ COM **~ share** cuota *f* de mercado ▸ **~ square** (plaza *f* del) mercado *m* ▸ COM **~ survey** estudio *m* de mercados ▸ **~ town** localidad *f* con mercado

■ vt comercializar

marketable ['mɑːkɪtəbəl] adj comercializable

marketing ['mɑːkɪtɪŋ] n COM [study, theory] marketing *m,* mercadotecnia *f* / [promotion] comercialización *f* ▸ **~ campaign** campaña *f* de marketing *or* de publicidad ▸ **~ department** departamento *m* de marketing ▸ **~ manager** director(ora) *m,f* comercial, director(ora) *m,f* de marketing ▸ **~ strategy** estrategia *f* de marketing

marketplace ['mɑːkətpleɪs] n (gen) & ECON mercado *m*

marking ['mɑːkɪŋ] n **1. markings** [on animal] marcas *fpl*, manchas *fpl* / [on plane] distintivo *m* ▸ **~ ink** tinta *f* indeleble **2.** [of essay, exam] corrección *f* ▸ **I've got a lot of ~ to do** tengo que corregir muchos exámenes

markka ['mɑːkə] n *Formerly* marco *m* finlandés

marksman ['mɑːksmən] n tirador *m*

mark-up ['mɑːkʌp] n [on price] recargo *m*

marmalade ['mɑːməleɪd] n mermelada *f* (de naranja)

maroon[1] [mə'ruːn] n **1.** [colour] granate *m* **2.** [firework] bengala *f* de auxilio *(en el mar)*

maroon[2] vt [sailor] abandonar ▸ *Fig* **we were marooned by the floods** nos quedamos aislados *or* incomunicados por la inundación

marquee [mɑː'kiː] n *BR* [tent] carpa *f* / *US* [of building] marquesina *f*

marquis ['mɑːkwɪs] n marqués *m*

Marrakesh [mærə'keʃ] n Marraquech

marriage ['mærɪdʒ] n [wedding] boda *f, ANDES* matrimonio *m, RP* casamiento *m* / [institution, period, relationship] matrimonio *m* / *Fig* [of ideas, organizations] unión *f* ▸ **~ of convenience** matrimonio *m* de conveniencia ▸ **uncle by ~** tío *m* político ▸ *Fig* **a ~ of minds** una perfecta sintonía ▸ **~ certificate** certificado *m or* partida *f* de matrimonio ▸ **~ guidance counsellor** consejero(a) *m,f* matrimonial ▸ **~ vows** votos *mpl* matrimoniales

marriageable ['mærɪdʒəbəl] adj **a girl of ~ age** una muchacha casadera

married ['mærɪd] adj casado(a) ▸ **to be ~** estar *or AM* ser casado(a) ▸ **to get ~** casarse ▸ **a ~ couple** un matrimonio ▸ **~ life** vida *f* matrimonial ▸ **~ name** apellido *m* de casada ▸ MIL **~ quarters** = *residencia para oficiales casados y sus familias*

marrow ['mærəʊ] n **1.** [of bone] médula *f* ▸ **to be frozen to the ~** estar helado(a) hasta la médula *or* hasta los tuétanos **2.** *BR* [vegetable] = *especie de calabacín de gran tamaño*

marrowbone ['mærəʊbəʊn] n hueso *m* de caña

marrowfat pea ['mærəʊfæt'piː] n = *tipo de guisante grande*

marry ['mærɪ] ■ vt **1.** [get married to] casarse con / [of priest, parent] casar ▸ **will you ~ me?** ¿te quieres casar conmigo? ▸ *Fig* **he's married to his job** es esclavo de su trabajo **2.** [combine] casar, combinar ▸ **a style which marries the traditional and the modern** un estilo que combina lo tradicional con lo moderno

■ vi casarse

◆ ***marry off*** vt sep casar

Mars [mɑːz] n [planet, god] Marte *m*

Marseilles [mɑː'saɪ] n Marsella

marsh [mɑːʃ] n pantano *m,* ciénaga *m*

marshal ['mɑːʃəl] ■ n **1.** [army officer] mariscal *m* **2.** [at race, demonstration] miembro *m* del servicio de orden

■ vt (pt & pp **marshalled,** *US* **marshaled**) [people, troops] dirigir / [arguments, thoughts] poner en orden

marshland ['mɑːʃlænd] n ciénaga *f,* zona *f* pantanosa

marshmallow [mɑːʃ'mæləʊ] n **1.** [food] = *dulce de consistencia esponjosa* **2.** [plant] malvavisco *m*

marshy ['mɑːʃɪ] adj pantanoso(a)

marsupial [mɑː'suːpɪəl] n & adj marsupial *m*

martial ['mɑːʃəl] adj marcial ▸ **~ arts** artes *fpl* marciales ▸ **to declare ~ law** declarar la ley marcial

Martian ['mɑːʃən] n & adj marciano(a) *m,f*

martyr ['mɑːtə(r)] ■ n mártir *mf* ▸ *Fig* **to be a ~ to rheumatism** estar martirizado(a) por el reúma ▸ *Fig* **to make a ~ of oneself** hacerse el/la mártir

■ vt martirizar, hacer mártir

martyrdom ['mɑːtədəm] n martirio *m*

marvel ['mɑːvəl] ■ n maravilla *f* ▸ **to work marvels** hacer maravillas ▸ **if we survive this it'll be a ~** si

salimos de ésta será un milagro ▸ *Fam* **you're a ~!** ¡eres un genio!
■ vi (pt & pp **marvelled,** *US* **marveled**) maravillarse (**at** de), asombrarse (**at** de)

marvellous, *US* ***marvelous*** ['mɑːvələs] adj maravilloso(a)

marvellously, *US* ***marvelously*** ['mɑːvələslɪ] adv maravillosamente

Marxism ['mɑːksɪzəm] n marxismo *m*

Marxist ['mɑːksɪst] n & adj marxista *mf*

marzipan ['mɑːzɪpæn] n mazapán *m*

mascara [mæs'kɑːrə] n rímel *m*

mascot ['mæskət] n mascota *f*

masculine ['mæskjʊlɪn] ■ n GRAM (género *m*) masculino *m*
■ adj masculino(a)

masculinity [mæskjʊ'lɪnɪtɪ] n masculinidad *f*

mash [mæʃ] ■ n **1.** *Fam* [mashed potato] puré *m* de *ESP* patatas *or AM* papas **2.** [for pigs, poultry] frangollo *m*
■ vt [squash, crush] machacar / [vegetables] majar, hacer puré de

mashed potatoes [mæʃtpə'teɪtəʊz] npl puré *m* de *ESP* patatas *or AM* papas

mask [mɑːsk] ■ n máscara *f,* careta *f* ▸ *Fig* **his ~ had slipped** se le había caído la máscara
■ vt [conceal] enmascarar

masked [mɑːskt] adj enmascarado(a)

masking tape ['mɑːskɪŋteɪp] n cinta *f* adhesiva de pintor

masochism ['mæsəkɪzəm] n masoquismo *m*

masochist ['mæsəkɪst] n masoquista *mf*

masochistic [mæsə'kɪstɪk] adj masoquista

mason ['meɪsən] n **1.** [builder] cantero(a) *m,f,* picapedrero(a) *m,f* **2.** [freemason] masón *m*

masonry ['meɪsənrɪ] n [stonework] albañilería *f,* obra *f* ▸ **she was hit by a piece of falling ~** le cayó encima un cascote que se había desprendido del edificio

masquerade [mæskə'reɪd] ■ n mascarada *f*
■ vi **to ~ as** hacerse pasar por

mass [1] [mæs] ■ n **1.** [large number] sinnúmero *m* ▸ *Fam* **I've got masses (of things) to do** tengo un montón de cosas que hacer ▸ *Fam* **there's masses of room** hay muchísimo espacio ▸ **~ grave** fosa *f* común ▸ **~ hysteria** histeria *f* colectiva ▸ **~ media** medios *mpl* de comunicación (de masas) ▸ **~ meeting** mítin *m* multitudinario ▸ **~ murderer** asesino(a) *m,f* múltiple ▸ **~ production** fabricación *f* en serie ▸ *US* **~ transit** transporte *m* colectivo *or* público ▸ **~ unemployment** desempleo *m* generalizado *or* masivo, *AM* desocupación *f* generalizada *or* masiva **2.** [shapeless substance] masa *f* **3.** POL **the masses** las masas **4.** PHYS masa *f*
■ vi [troops, people] congregarse, concentrarse / [clouds] acumularse

mass [2] n REL misa *f*

massacre ['mæsəkə(r)] ■ n masacre *f* ▸ *Fam Fig* **it was a ~** [in sport, election] fue una auténtica paliza
■ vt *also Fig* masacrar ▸ *Fam Fig* **they were massacred** [in sport, election] les dieron un palizón

massage ['mæsɑːʒ] ■ n masaje *m*
■ vt [body, scalp] dar un masaje a, masajear ▸ *Fig* **to ~ the figures** maquillar las cifras

massed [mæst] adj **1.** [crowds, soldiers] apelotonado(a) **2.** [collective] **the ~ weight of public opinion** el peso de la opinión pública en conjunto

masseur [mæ'sɜː(r)] n masajista *m*

masseuse [mæ'sɜːz] n masajista *f*

massive ['mæsɪv] adj enorme, inmenso(a) / [heart attack, stroke] muy grave

mass-produce [mæsprə'djuːs] vt IND fabricar en serie

mast [mɑːst] n [of ship] mástil *m* / [of radio, TV transmitter] torre *f*

mastectomy [mæs'tektəmɪ] n MED mastectomía *f*

master ['mɑːstə(r)] ■ n **1.** [of servants] señor *m* / [of ship] patrón *m* ▸ **the ~ of the house** el señor de la casa ▸ **to be one's own ~** ser dueño(a) de sí mismo(a) ▸ **to be ~ of the situation** ser dueño(a) de la situación ▸ **~ of ceremonies** maestro *m* de ceremonias ▸ **~ bedroom** dormitorio *m or AM* cuarto *m or CAM, COL, MÉX* recámara *f* principal ▸ **~ copy** original *m* ▸ COMPTR **~ file** archivo *m* maestro ▸ **~ key** llave *f* maestra ▸ **~ plan** plan *m* maestro ▸ **~ race** raza *f* superior **2.** [skilled person] maestro(a) *m,f* ▸ UNIV **Master of Arts/Science** [degree] máster *m* en humanidades/ciencias / [person] licenciado(a) *m,f* con máster en humanidades/ciencias ▸ **~ carpenter/builder** maestro carpintero/albañil ▸ MUS **~ class** clase *f* magistral ▸ **master's (degree)** máster *m* ▸ **she has a master's (degree) in economics** tiene un máster en *o* de Economía **3.** [instructor] **fencing/dancing ~** maestro *m* de esgrima/de danza ▸ **French/Geography ~** profesor *m* de francés/geografía **4.** *Old-fashioned* [young boy] **Master David Thomas** señorito David Thomas **5.** ART **an old ~** [painter, painting] un clásico de la pintura antigua
■ vt [one's emotions, foreign language, violin] dominar

masterful ['mɑːstəfʊl] adj autoritario(a)

masterly ['mɑːstəlɪ] adj magistral

mastermind ['mɑːstəmaɪnd] ■ n cerebro *m*
■ vt [project, plot] dirigir

masterpiece ['mɑːstəpiːs] n obra *f* maestra

masterstroke ['mɑːstəstrəʊk] n golpe *m* maestro

mastery ['mɑːstərɪ] n [of territory, subject matter] dominio *m*

masthead ['mɑːsthed] n **1.** NAUT tope *m* **2.** JOURN cabecera *f*

mastiff ['mæstɪf] n mastín *m*

mastitis [mæs'taɪtɪs] n MED mastitis *f inv*

masturbate ['mæstəbeɪt] ■ vt masturbar
■ vi masturbarse

masturbation [mæstə'beɪʃən] n masturbación *f*

mat [mæt] ■ n [on floor] alfombrilla *f* / [at door] felpudo *m* ▸ **(table) ~** salvamanteles *m inv* ▸ **(drink) ~** posavasos *m inv*
■ vi (pt & pp **matted**) [hair, fibres] enredarse

match [1] [mætʃ] n fósforo *m, ESP* cerilla *f, AM* cerillo *m*

match [2] ■ n **1.** [in sport] partido *m* ▸ **~ point** [in tennis] punto *m* de partido **2.** [in design, ability] **they're**

a good ~ [clothes] pegan, combinan bien ▸ **to be no ~ for sb** no ser rival para alguien ▸ **he had met his ~** había encontrado la horma de su zapato **3.** [marriage] **to make a good ~** casarse bien
■ vt [equal in quality, performance] igualar, llegar a la altura de / [pair up] emparejar / [of colours, clothes] pegar con, combinar con / [of description, account] coincidir con ▸ **we can't ~ their prices** no podemos igualar sus precios ▸ **to ~ sb against sb** enfrentar a alguien con alguien ▸ **~ your skill against the experts** mide tu habilidad con los expertos ▸ **to be well matched** [teams, players] estar muy igualados(as) ▸ **to be a well-matched couple** hacer buena pareja
■ vi [colours, clothes] pegar con, combinar con / [descriptions, stories] coincidir

◆ ***match up*** ■ vt sep [colours, clothes] pegar, combinar
■ vi [clothes, colours] pegar, combinar / [explanations] coincidir ▸ **to ~ up to sb's expectations** estar a la altura de las expectativas de alguien

matchbox ['mætʃbɒks] n caja *f* de fósforos *or ESP* cerillas *or AM* cerillos

match-fit ['mætʃfɪt] adj *BR* [player] en condiciones de jugar

matching ['mætʃɪŋ] adj a juego

matchless ['mætʃlɪs] adj sin par, sin igual

matchmaker ['mætʃmeɪkə(r)] n [arranger of marriages] casamentero(a) *m,f*

matchstick ['mætʃstɪk] n *ESP* cerilla *f, AM* cerillo *m* ▸ **~ man** *or* **figure** monigote *m (dibujo hecho con palotes)*

mate[1] [meɪt] ■ n **1.** [male animal] macho *m* / [female animal] hembra *f* / [person] pareja *f* **2.** *BR, AUSTR Fam* [friend] amigo(a) *m,f, ESP* colega *mf, MÉX* cuate *mf* **3.** [assistant] aprendiz(iza) *m,f* **4.** [on ship] oficial *m* ▸ **(first) ~** primer oficial *m*
■ vt [animals] aparear
■ vi [animals] aparearse

mate[2] [in chess] ■ n jaque *m* mate
■ vt dar jaque mate a

material [mə'tɪərɪəl] ■ n **1.** [in general] material *m* ▸ **he isn't officer ~** no tiene madera de oficial **2.** [for book] documentación *f,* material *m* ▸ **reading ~** (material *m* de) lectura *f,* lecturas *fpl* ▸ **she writes all her own ~** [singer, musician] ella sola compone toda su música **3.** [cloth] tejido *m,* tela *f* **4.** [equipment] **building materials** material *m* de construcción ▸ **cleaning materials** productos *mpl* de limpieza ▸ **writing materials** objetos *mpl* de papelería *or* escritorio
■ adj **1.** [physical] material **2.** [important] sustancial, relevante ▸ **the point is ~ to my argument** es un punto pertinente para mi razonamiento

materialism [mə'tɪərɪəlɪzəm] n materialismo *m*

materialistic [mətɪərɪə'lɪstɪk] adj materialista

materialize [mə'tɪərɪəlaɪz] vi [hope, something promised] materializarse / [spirit] aparecer

materially [mə'tɪərɪəlɪ] adv **1.** [in money, goods] materialmente **2.** [appreciably] sustancialmente

maternal [mə'tɜːnəl] adj [feelings, instinct, love] maternal / [relative, genes] materno(a)

maternity [mə'tɜːnɪtɪ] n maternidad *f* ▸ **~ dress** vestido *m* premamá ▸ **~ hospital** (hospital *m* de) maternidad *f* ▸ **~ leave** baja *f* por maternidad ▸ **~ ward** pabellón *m* de maternidad

matey ['meɪtɪ] *BR Fam* ■ n [form of address] *ESP* colega *m, AM salvo RP* mano *m, RP* flaco *m*
■ adj **he's been very ~ with the boss recently** se ha hecho muy amigo *or ESP* colega del jefe últimamente

math [mæθ] n *US* matemáticas *fpl*

mathematical [mæθə'mætɪkəl] adj matemático(a)

mathematically [mæθə'mætɪklɪ] adv matemáticamente

mathematician [mæθəmə'tɪʃən] n matemático(a) *m,f*

mathematics [mæθə'mætɪks] n [subject] matemáticas *fpl* ▸ **the ~ of the problem is quite complex** el problema entraña una complicada aritmética

maths [mæθs] n *BR* matemáticas *fpl*

matinée ['mætɪneɪ] n [of play] función *f* de tarde / [of film] sesión *f* de tarde, primera sesión *f*

mating ['meɪtɪŋ] n apareamiento *m* ▸ **~ call** llamada *f* nupcial ▸ **~ season** época *f* de celo *or* apareamiento

matriarch ['meɪtrɪɑːk] n matriarca *f*

matriarchal [meɪtrɪ'ɑːkəl] adj matriarcal

matriarchy ['meɪtrɪɑːkɪ] n matriarcado *m*

matriculate [mə'trɪkjʊleɪt] vi [enrol] matricularse

matriculation [mətrɪkjʊ'leɪʃən] n [enrolment] matrícula *f*

matrimonial [matrɪ'məʊnɪəl] adj matrimonial

matrimony ['mætrɪmənɪ] n matrimonio *m*

matrix ['meɪtrɪks] (pl **matrixes** ['meɪtrɪksɪz], **matrices** ['meɪtrɪsiːz]) n matriz *f*

matron ['meɪtrən] n **1.** [in school] = *mujer a cargo de la enfermería* / [in hospital] enfermera *f* jefe **2.** [older woman] matrona *f*

matt [mæt] adj [colour, finish] mate

matted ['mætɪd] adj [hair] enredado(a), apelmazado(a)

matter ['mætə(r)] ■ n **1.** [substance] materia *f* **2.** [affair, issue] asunto *m,* cuestión *f* ▸ **that's a ~ of opinion/taste** es una cuestión de opinión/gustos ▸ **it's no easy ~** no es asunto fácil ▸ **that's quite another ~** eso es otra cuestión ▸ **within a ~ of hours** en cuestión de horas ▸ **he doesn't like it and nor do I for that ~** a él no le gusta y a mí de hecho tampoco ▸ **as a ~ of course** automáticamente ▸ **as a ~ of fact** de hecho, en realidad ▸ **as matters stand** tal como están las cosas ▸ **to make matters worse...** para colmo de males... ▸ **military/business matters** cuestiones *fpl* militares/de negocios **3.** [problem] **what's the ~?** ¿qué pasa? ▸ **what's the ~ with you?** ¿qué (es lo que) te pasa? ▸ **there's something the ~** hay algo que no va bien **4.** [with **no**] **no ~!** ¡no importa! ▸ **no ~ who/where** quien/donde sea ▸ **no ~ how hard I push...** por muy fuerte que empuje... ▸ **no ~ who I ask...** pregunte a quien pregunte... ▸ **no ~ where I look for it...** por mucho que lo busque... ▸ **no ~ what I do...** haga lo que haga...
■ vi importar (**to** a) ▸ **it doesn't ~** no importa ▸ **nothing else matters** lo demás no importa ▸ **it doesn't ~ to me/her** no me/le importa

matter-of-fact ['mætərə'fækt] adj [tone, voice] pragmático(a) ▸ **he was very ~ about it** se lo tomó como si tal cosa

matting ['mætɪŋ] n estera *f*

mattress ['mætrɪs] n colchón *m*

mature [mə'tjʊə(r)] ■ adj [person] maduro(a) / [wine] de crianza / [cheese] curado(a) ▸ *BR* UNIV **~ student** ≃ estudiante *mf* mayor de veinticinco años
■ vt madurar / [wine] criar
■ vi [person] madurar / [wine] envejecer, criarse / FIN [investment] vencer

maturity [mə'tjʊərɪtɪ] n madurez *f* / FIN vencimiento *m*

maudlin ['mɔːdlɪn] adj llorón(ona), lacrimoso(a) ▸ **to be ~** estar llorón(ona) *or* lacrimoso(a)

maul [mɔːl] vt **he was mauled by a tiger** fue gravemente herido por un tigre ▸ *Fig* **the book was mauled by the critics** los críticos destrozaron el libro

Maundy ['mɔːndɪ] n **~ money** = *monedas de plata que la monarquía distribuye el Jueves Santo* ▸ **~ Thursday** Jueves Santo

Mauritania [mɒrɪ'teɪnɪə] n Mauritania

Mauritanian [mɒrɪ'teɪnɪən] n & adj mauritano(a) *m,f*

Mauritian [mə'rɪʃən] n & adj mauriciano(a) *m,f*

Mauritius [mə'rɪʃəs] n (isla) Mauricio

mausoleum [mɔːsə'liːəm] (pl **mausoleums** *or* **mausolea** [mɔːsə'liːə]) n mausoleo *m*

mauve [məʊv] n & adj malva *m*

maverick ['mævərɪk] n & adj inconformista *mf,* disidente *mf*

mawkish ['mɔːkɪʃ] adj *Pej* empalagoso(a)

max [mæks] n (abbr ***maximum***) máx., máximo *m*

maxim ['mæksɪm] n máxima *f*

maximal ['mæksɪməl] adj máximo(a)

maximize ['mæksɪmaɪz] vt elevar al máximo, maximizar

maximum ['mæksɪməm] ■ n (pl **maxima** ['mæksɪmə]) máximo *m* ▸ **to the ~** al máximo ▸ **at the ~** como máximo
■ adj máximo(a) ▸ **~ security prison** cárcel *f* de máxima seguridad ▸ **~ speed** velocidad *f* máxima

May [meɪ] n mayo *m* ▸ **in ~** en mayo ▸ **at the beginning/end of ~** a principios/finales de mayo ▸ **during ~** en mayo ▸ **each** *or* **every ~** todos los meses *or* cada mes de mayo ▸ **in the middle of ~** a mediados de mayo ▸ **last/next ~** el mayo pasado/próximo ▸ **(on) the first/sixteenth of ~** el uno/dieciséis de mayo ▸ **she was born on the 22nd of ~ 1953** nació el 22 de mayo de 1953 ▸ **~ Day** el Primero *or* Uno de Mayo

may [meɪ] v aux (3rd person singular **may**, pt **might** [maɪt])

> En las expresiones del apartado 1., puede utilizarse **might** sin que se altere apenas el significado.

1. [expressing possibility] **he ~ return at any moment** puede volver de un momento a otro ▸ **I ~ tell you and I ~ not** puede que te lo diga o puede que no ▸ **he ~ have lost it** puede que lo haya perdido ▸ **it ~ be that...** podría ser que... ▸ **you ~ well ask!** ¡eso quisiera saber yo! ▸ **we ~ as well go** ya puestos, podíamos ir ▸ **shall we go? – we ~ as well** ¿vamos? – bueno *or* *ESP* vale *or* *ARG* dale *or* *MÉX* órale **2.** *Formal* [asking for or giving permission] **~ I come in?** ¿se puede?, ¿puedo pasar? ▸ **if I ~ say so** si me permite hacer una observación ▸ **~ I?** [when borrowing sth] ¡con permiso!, ¿me permite? **3.** [expressing wishes, fears, purpose] **~ she rest in peace** que en paz descanse ▸ **~ the best man win!** ¡que gane el mejor! ▸ **I fear you ~ be right** me temo que tengas razón ▸ **they work long hours so their children ~ have a better future** trabajan mucho para que sus hijos tengan un futuro mejor **4.** [conceding a fact] **he ~ be very rich, but I still don't like him** tendrá mucho dinero, pero sigue sin caerme bien ▸ **be that as it ~, that's as ~ be** en cualquier caso

Maya ['maɪə], ***Mayan*** ['maɪən] n & adj maya *mf*

maybe ['meɪbiː] adv quizá(s), tal vez ▸ **~ she won't accept** quizá no acepte

Mayday ['meɪdeɪ] n AV & NAUT [distress signal] SOS *m,* señal *f* de socorro ▸ **~!** ¡SOS!

mayhem ['meɪhem] n alboroto *m*

mayonnaise [meɪə'neɪz] n mayonesa *f*

mayor ['meə(r)] n alcalde *m*

mayoress ['meəres] n alcaldesa *f*

maypole ['meɪpəʊl] n mayo *m (poste)*

maze [meɪz] n *also Fig* laberinto *m*

MBA [embiː'eɪ] n UNIV (abbr ***Master of Business Administration***) máster *m* en administración de empresas

MBE [embiː'iː] n *BR* (abbr ***Member of the Order of the British Empire***) miembro *mf* de la Orden del Imperio Británico

MBO [embiː'əʊ] (pl **MBOs**) n COM (abbr ***management buyout***) = *adquisición de una empresa por sus directivos*

MC [em'siː] n (abbr ***Master of Ceremonies***) maestro *m* de ceremonias

MD [em'diː] n **1.** MED (abbr ***Doctor of Medicine***) doctor(ora) *m,f* en medicina **2.** COM (abbr ***Managing Director***) director(ora) *m,f* gerente

ME [em'iː] MED (abbr ***myalgic encephalomyelitis***) encefalomielitis *f inv* miálgica

me unstressed [mɪ], stressed [miː] pron **1.** [object] me ▸ **she hates me** me odia ▸ **she forgave my brother but not ME** perdonó a mi hermano, pero no a mí ▸ **she gave me the book** me dio el libro **2.** [after preposition] mí ▸ **with me** conmigo **3.** [as complement of verb to be] yo ▸ **it's me!** ¡soy yo! **4.** [in interjections] **who, me?** ¿quién, yo? ▸ **silly me!** ¡qué bobo soy!

meadow ['medəʊ] n prado *m,* pradera *f*

meagre, *US* ***meager*** ['miːgə(r)] adj exiguo(a), escaso(a)

meal[1] [miːl] n comida *f* ▸ **midday ~** comida *f,* almuerzo *m* ▸ **evening ~** cena *f* ▸ *Fig* **to make a ~ of sth** [make a fuss] hacer de algo un mundo / [take too long] entretenerse un montón con algo ▸ **~ ticket** *US* [voucher] vale *m* de comida / *Fam Fig* [person] hermanita *f* de la caridad

meal[2] n [flour] harina *f*

mealtime ['mi:ltaɪm] n hora *f* de comer

mealy ['mi:lɪ] adj harinoso(a)

mealy-mouthed [mi:lɪ'maʊðd] adj *Pej* evasivo(a) ▸ **to be ~** andarse con rodeos

mean[1] [mi:n] ■ n [average] media *f*
■ adj [average] medio(a)

mean[2] adj **1.** [miserly] tacaño(a) **2.** [nasty] malo(a), mezquino(a) ▸ **she has a ~ streak** a veces tiene muy mala uva ▸ **that was a ~ thing to do/say** hacer/decir eso estuvo muy mal *or ESP* fatal *or AM* pésimo ▸ **a ~ trick** una jugarreta **3.** [poor] **she's no ~ photographer** es muy buena fotógrafa ▸ **it was no ~ feat** fue una gran proeza **4.** *US Fam* [good] genial, *ESP* guay, *AM salvo RP* chévere, *MÉX* padre, *RP* macanudo(a) ▸ **he plays a ~ game of pool** juega al billar de vicio

mean[3] (pt & pp **meant** [ment]) vt **1.** [signify] [of word, event] significar / [person] querer decir ▸ **what does the word "tacky" ~?** ¿qué significa *or* qué quiere decir la palabra "tacky"? ▸ **this is Tim, I ~ Tom** éste es Tim, digo Tom ▸ **what do you ~?** ¿qué quieres decir? ▸ **it doesn't ~ anything** no quiere decir *o* significa nada **2.** [speak sincerely] hablar en serio ▸ **I ~ it** lo digo en serio ▸ **you don't ~ it!** ¡no lo dirás en serio! **3.** [be of importance] significar (**to** para) ▸ **the price means nothing to him** el precio no le preocupa ▸ **it means a lot to me** significa mucho para mí **4.** [imply, involve] significar, suponer ▸ **it would ~ having to give up smoking** significaría tener que dejar de fumar **5.** [intend] **to ~ to do sth** tener (la) intención de hacer algo ▸ **she means well** lo hace con buena intención ▸ **I ~ him no harm** no pretendo hacerle ningún daño ▸ **I ~ to succeed** me he propuesto triunfar ▸ **you were meant to ring me first** se suponía que primero me tenías que telefonear ▸ **it's meant to be a good film** (se supone que) tiene que ser una buena película ▸ **she meant you to have this ring** quería que esta sortija fuera para ti ▸ **it was meant as a joke/a compliment** pretendía ser una broma/un cumplido ▸ **the bomb was meant for you** la bomba iba destinada a ti ▸ **this portrait is meant to be of the duke** este cuadro pretende ser un retrato del duque ▸ **we were meant for each other** estábamos hechos el uno para el otro

meander [mɪ'ændə(r)] ■ n meandro *m*
■ vi [river, road] serpentear / [person] vagar, callejear

meaning ['mi:nɪŋ] n significado *m*, sentido *m* ▸ **to understand sb's ~** entender lo que alguien quiere decir ▸ *Fam* **if you get my ~** sabes por dónde voy ¿no? ▸ **what's the ~ of this?** [expressing indignation] ¿qué significa esto? ▸ **the ~ of life** el sentido de la vida

meaningful ['mi:nɪŋfʊl] adj significativo(a) ▸ **to be ~** tener sentido ▸ **it no longer seemed ~ to her** ya no parecía tener sentido para ella

meaningfully ['mi:nɪŋfʊlɪ] adv **"they left together," she said ~** "se marcharon juntos", dijo intencionadamente

meaningless ['mi:nɪŋlɪs] adj sin sentido ▸ **to be ~** no tener sentido

meanness ['mi:nnɪs] n **1.** [miserliness] tacañería *f* **2.** [nastiness] maldad *f*

means [mi:nz] ■ n [method] medio *m* ▸ **by ~ of...** mediante..., por medio de... ▸ **there is no ~ of escape** no hay forma de escapar ▸ **by some ~ or other** de un modo u otro ▸ **a ~ to an end** un medio para conseguir un (determinado) fin ▸ **to use every possible ~ to do sth** utilizar cualquier medio para hacer algo ▸ **by all ~** por supuesto ▸ **by no ~** de ningún modo, en absoluto ▸ **~ of production** medios *mpl* de producción ▸ **~ of transport** medio *m* de transporte
■ npl [income, wealth] medios *mpl* ▸ **a man of ~** un hombre acaudalado *or* de posibles ▸ **I live beyond/within my ~** vivo por encima de/de acuerdo con mis posibilidades ▸ **~ test** [for benefits] estimación *f* de ingresos *(para la concesión de un subsidio)*

mean-spirited ['mi:n'spɪrɪtɪd] adj malintencionado(a)

meant [ment] pt & pp *of* ***mean***

meantime ['mi:ntaɪm], ***meanwhile*** ['mi:nwaɪl] ■ n **in the ~** mientras tanto
■ adv mientras tanto

measles ['mi:zəlz] n sarampión *m*

measly ['mi:zlɪ] adj *Fam* ridículo(a), irrisorio(a)

measurable ['meʒərəbəl] adj apreciable

measure ['meʒə(r)] ■ n **1.** [measurement, quantity] medida *f* / [means of estimating] indicador *m*, índice *m* ▸ **this was a ~ of how serious the situation was** esto era una muestra *or* un indicador de la gravedad de la situación ▸ **a ~ of...** cierto grado de... ▸ **there was a ~ of bravado in his words** había cierta fanfarronería en sus palabras ▸ **to get the ~ of sb** tomar la medida a alguien ▸ **for good ~** por añadidura ▸ **for good ~, he called me a liar** no contento con ello, me llamó *or AM* dijo mentiroso **2.** [degree] **in some ~** en cierta medida, hasta cierto punto ▸ **beyond ~** increíblemente ▸ **she has tried my patience beyond ~** ya ha acabado con mi paciencia **3.** [action, step] medida *f* ▸ **to take measures** tomar medidas
■ vt & vi medir

◆ ***measure up*** vi dar la talla (**to** para)

measured ['meʒəd] adj [movement, step] medido(a), pausado(a) / [tone, response] mesurado(a), *ESP* comedido(a)

measurement ['meʒəmənt] n [quantity, length] medida *f*

measuring ['meʒərɪŋ] n **~ jug** recipiente *m* graduado ▸ **~ spoon** cuchara *f* dosificadora ▸ **~ tape** cinta *f* métrica

meat [mi:t] n **1.** [food] carne *f* ▸ *Fig* **it was ~ and drink to them** era algo que les entusiasmaba ▸ **~ loaf** = *pastel de carne picada horneado en un molde* **2.** *Fig* [substantial content] miga *f*

meatball ['mi:tbɔ:l] n albóndiga *f*

meat-eater ['mi:ti:tə(r)] n [animal] carnívoro(a) *m,f*

meat-eating ['mi:ti:tɪŋ] adj carnívoro(a)

meaty ['mi:tɪ] adj [taste] a carne / [fleshy] carnoso(a)

/ *Fig* [book, film] con mucha miga, sustancioso(a)

Mecca ['mekə] n La Meca / *Fig* meca *f*

mechanic [mɪ'kænɪk] n mecánico(a) *m,f*

mechanical [mɪ'kænɪkəl] adj *also Fig* mecánico(a) ▸ **~ engineer** ingeniero(a) *m,f* industrial ▸ **~ engineering** ingeniería *f* industrial

mechanically [mɪ'kænɪklɪ] adv **1.** [by machine] mecánicamente ▸ **~ recovered meat** carne *f* obtenida mediante separación mecánica **2.** [unthinkingly] mecánicamente

mechanics [mɪ'kænɪks] ■ n **1.** [science] mecánica *f* **2.** [working parts] mecanismo *m,* mecánica *f*
■ npl *Fig* **the ~ of the electoral system** la mecánica del sistema electoral

mechanism ['mekənɪzəm] n mecanismo *m*

mechanize ['mekənaɪz] vt mecanizar

mechanized ['mekənaɪzd] adj **~ industry** industria *f* mecanizada ▸ **~ troops** tropas *fpl* mecanizadas

MEd [e'med] n UNIV (abbr ***Master of Education***) [title] máster *m* en Pedagogía

medal ['medəl] n medalla *f*

medalist *US* ➤ ***medallist***

medallion [mɪ'dæljən] n medallón *m*

medallist, *US* ***medalist*** ['medəlɪst] n medallista *mf,* ganador(ora) *m,f* de medalla ▸ **gold/silver ~** medalla *mf* de oro/plata

meddle ['medəl] vi entrometerse (**in** en)

meddler ['medlə(r)] n entrometido(a) *m,f*

meddlesome ['medəlsəm] adj entrometido(a)

media ['mi:dɪə] n **1.** [TV, press] medios *mpl* de comunicación ▸ **~ coverage** cobertura *f* informativa ▸ **~ studies** ciencias *fpl* de la información **2.** pl *of* ***medium***

mediaeval ➤ ***medieval***

median ['mi:dɪən] MATH ■ n **1.** MATH mediana *f* **2.** *US* AUT **~ (strip)** mediana *f, COL, MÉX* camellón *m*
■ adj mediano(a)

mediate ['mi:dɪeɪt] vi mediar (**in/between** en/entre)

mediation [mi:dɪ'eɪʃən] n mediación *f*

mediator ['mi:dɪeɪtə(r)] n mediador(ora) *m,f*

medic ['medɪk] n [student] estudiante *mf* de medicina / [doctor] médico(a) *m,f*

Medicaid ['medɪkeɪd] n [in US] = *seguro médico estatal para personas con renta baja*

medical ['medɪkəl] ■ n [physical examination] reconocimiento *m or* examen *m* médico ▸ **to pass/fail a ~** pasar/no pasar un reconocimiento médico
■ adj [record, treatment, profession] médico(a) / [book, student] de medicina ▸ **~ advice** consejo *m* médico ▸ **~ examination** examen *m* médico, reconocimiento *m* médico ▸ **~ insurance** seguro *m* médico *or* de enfermedad ▸ **~ practitioner** facultativo(a) *m,f,* médico(a) *m,f*

medically ['medɪklɪ] adv **to be ~ qualified** tener titulación médica

Medicare ['medɪkeə(r)] n [in US] = *seguro médico para ancianos y algunos discapacitados*

CULTURE / CULTURA

Medicare and Medicaid

En 1965 se establecieron en Estados Unidos dos programas de atención sanitaria: **Medicare** y **Medicaid**. El primero, dirigido a mayores de 65 años, se financia por medio de contribuciones a la seguridad social y una prima mensual individual. Además se necesita pagar un pequeño suplemento cada vez que se utiliza un servicio médico. El número de beneficiarios de **Medicare** está en continuo aumento, por lo que el programa se enfrenta a problemas financieros y tendrá que ser renovado para satisfacer la demanda. Por su parte, **Medicaid**, que también cuenta con problemas presupuestarios, está dirigido a personas con ingresos bajos o alguna discapacidad y se financia a través del gobierno federal y los distintos gobiernos estatales.

medicated ['medɪkeɪtɪd] adj medicinal

medication [medɪ'keɪʃən] n medicamento *m,* medicina *f* ▸ **to be on ~** tomar medicación

medicinal [me'dɪsɪnəl] adj medicinal

medicine ['medɪsɪn] n **1.** [science] medicina *f* ▸ **to practise ~** ejercer la medicina ▸ **to study ~** estudiar medicina **2.** [drugs] medicina *f,* medicamento *m* ▸ *Fig* **to give sb a taste of his own ~** pagar a alguien con su misma moneda ▸ **~ chest** *or* **cabinet** (armario *m* del) botiquín *m* ▸ **~ man** [traditional healer] hechicero *m* (de la tribu), chamán *m*

medieval, mediaeval [medɪ'i:vəl] adj medieval

mediocre [mi:dɪ'əʊkə(r)] adj mediocre

mediocrity [mi:dɪ'ɒkrɪtɪ] n mediocridad *f*

meditate ['medɪteɪt] vi [spiritually] meditar / [reflect] reflexionar, meditar (**on** sobre)

meditation [medɪ'teɪʃən] n [spiritual] meditación *f* / [reflection] reflexión *f*

meditative ['medɪtətɪv] adj [person, mood] meditativo(a), meditabundo(a) / [film, piece of music] reflexivo(a)

Mediterranean [medɪtə'reɪnɪən] ■ n **the ~** el Mediterráneo
■ adj mediterráneo(a) ▸ **the ~ Sea** el (mar) Mediterráneo

medium ['mi:dɪəm] ■ n **1.** (pl **media** ['mi:dɪə] or **mediums**) [means of expression, communication] medio *m* ▸ **through the ~ of the press** a través de la prensa ▸ ART **mixed media** técnica *f* mixta **2.** [in spiritualism] médium *mf*
■ adj medio(a) ▸ **of ~ height** de estatura mediana ▸ **in the ~ term** a medio plazo ▸ **~ dry** [wine] semiseco(a) ▸ CULIN **~ rare** poco hecho(a) ▸ *BR* RAD **~ wave** onda *f* media

medium-range ['mi:dɪəm'reɪndʒ] adj [missile] de medio alcance / [forecast] a medio plazo

medium-term ['mi:dɪəm'tɜ:m] adj a medio plazo

medley ['medlɪ] n [mixture] mezcla *f* / MUS popurrí *m*

meek [mi:k] adj manso(a), dócil ▸ **to be ~ and mild** ser manso(a) como un corderito

meekly ['miːklɪ] adv dócilmente

meet [miːt] (pt & pp **met** [met]) ■ vt **1.** [encounter] [by accident] encontrarse con / [by arrangement] encontrarse con, reunirse con ▸ **to ~ sb in the street** encontrarse con alguien en la calle ▸ **to arrange to ~ sb** quedar con alguien ▸ **to go to ~ sb** ir a encontrarse con alguien ▸ **to ~ sb at the station** ir a buscar a alguien a la estación ▸ **his eyes met mine** nuestras miradas se encontraron ▸ **a remarkable sight met our eyes** nos topamos con una vista extraordinaria ▸ **there's more to this than meets the eye** es más complicado de lo que parece **2.** [become acquainted with] conocer ▸ **~ Mr Jones** le presento al señor Jones ▸ **have you met my husband?** ¿conoces a mi marido? **3.** [join with] unirse con, juntarse con ▸ **where East meets West** donde se encuentran el Oriente y el Occidente **4.** [satisfy] [demand, need, condition] satisfacer / [objection, criticism] responder a / [cost, expense] cubrir / [order] servir, cumplir ▸ **to ~ a deadline** cumplir (con) un plazo **5.** [encounter] [danger, difficulties] encontrar, encontrarse con ▸ **to ~ one's death** encontrar la muerte
■ vi **1.** [by accident] encontrarse / [by arrangement] quedar, encontrarse ▸ **where shall we ~?** ¿dónde quedamos? ▸ **our eyes met** nuestras miradas se encontraron **2.** [become acquainted] conocerse **3.** [society, assembly] reunirse ▸ **the club meets every Tuesday** el club se reúne todos los martes **4.** [rivers, continents] encontrarse, unirse

CAREFUL! / ¡CUIDADO!
meet

When translating *meet*, note that **encontrarse con** is used for casual or planned encounters, while **conocer** implies one's first experience of a place, person or thing.

◆ ***meet up*** vi encontrarse, quedar (**with** con)

◆ ***meet with*** vt insep [danger, difficulty] encontrarse con / [success] tener / [accident] sufrir ▸ **to ~ with failure** resultar un fracaso ▸ **to ~ with refusal** ser recibido(a) con rechazo

meeting ['miːtɪŋ] n **1.** [encounter] [by chance] encuentro *m* / [prearranged] cita *f* ▸ **~ place** lugar *m or* punto *m* de encuentro **2.** [of committee, delegates] reunión *f* ▸ **she's in a ~** está en una reunión ▸ **to hold a ~** celebrar una reunión

megabucks ['megəbʌks] npl *Fam* una millonada, *ESP* un pastón, *MÉX* un chingo de dinero, *RP* una ponchada de pesos

megabyte ['megəbaɪt] n COMPTR megabyte *m,* mega *m*

megahertz ['megəhɜːts] n ELEC megahercio *m*

megalomania [megələʊ'meɪnɪə] n megalomanía *f*

megalomaniac [megələʊ'meɪnɪæk] n megalómano(a) *m,f*

megaphone ['megəfəʊn] n megáfono *m*

megastar ['megəstɑː(r)] n *Fam* superestrella *f*

megastore ['megəstɔː(r)] n macrotienda *f*

megaton ['megətʌn] n megatón *m*

megawatt ['megəwɒt] n ELEC megavatio *m*

melancholic [melən'kɒlɪk] adj melancólico(a)

melancholy ['melənkəlɪ] ■ n melancolía *f*
■ adj melancólico(a)

melanin ['melənɪn] n PHYSIOL melanina *f*

melanoma [melə'nəʊmə] n MED melanoma *m*

melee ['meleɪ] n [excited crowd] turba *f,* enjambre *m* / [fight] riña *f,* tumulto *m*

mellifluous [me'lɪflʊəs] adj melifluo(a)

mellow ['meləʊ] ■ adj [flavour] delicado(a) / [wine] añejo(a) / [voice, colour] suave / [person] apacible, sosegado(a)
■ vi [flavour] ganar (con el tiempo) / [wine] añejarse / [voice, light] suavizarse / [person] serenarse, sosegarse

melodic [mɪ'lɒdɪk] adj melódico(a)

melodious [mɪ'ləʊdɪəs] adj melodioso(a)

melodrama ['melədrɑːmə] n melodrama *m*

melodramatic [melədrə'mætɪk] adj melodramático(a)

melodramatically [melədrə'mætɪklɪ] adv melodramáticamente

melody ['melədɪ] n melodía *f*

melon ['melən] n [honeydew] melón *m* / [watermelon] sandía *f*

melt [melt] ■ vt derretir, fundir / *Fig* [sb's resistance] vencer
■ vi derretirse, fundirse ▸ **it melts in the mouth** se funde en la boca ▸ **to ~ into thin air** esfumarse

◆ ***melt away*** vi [snow] derretirse / [crowd] dispersarse,

HOW TO...
arrange a meeting

No se olviden de que la reunión es el martes a las 10h30. / Don't forget the meeting is on Tuesday at 10:30.
Les esperamos el martes 15 de marzo a las 14h00. / We'll see you on Tuesday 15 March at 2pm.
Podríamos vernos/quedar la semana que viene. / We could meet up next week.
¿Estás libre/tienes tiempo mañana para comer? / Are you free for lunch tomorrow?
¿Te viene/parece bien el martes a las 10h30? / Is Tuesday at 10:30 OK for you?
Hemos quedado con el agente inmobiliario delante del edificio. / We're meeting the estate agent in front of the building
Entonces nos vemos a las 8h30. / So we'll see each other at 8:30, then.
Quedamos en recepción, ¿vale? / Let's meet at reception, OK?
Paso a buscarte/recogerte a los ocho. / I'll pick you up at 8 (o'clock).

disgregarse / [objections, opposition] disiparse, desvanecerse

◆ ***melt down*** vt sep [metal] fundir

meltdown ['meltdaʊn] n PHYS [process] = *fusión accidental del núcleo de un reactor* / [leak] fuga *f* radiactiva

melting ['meltɪŋ] n ~ **point** punto *m* de fusión ▸ *Fig* ~ **pot** crisol *m*

member ['membə(r)] ■ n **1.** [of family, group] miembro *m* / [of club] socio(a) *m,f* / [of union, party] afiliado(a) *m,f,* militante *mf* ▸ *BR* POL **Member of Parliament** diputado(a) *m,f* **2.** [limb, penis] miembro *m*
■ adj ~ **country/state** país *m*/estado *m* miembro

membership ['membəʃɪp] n **1.** [state of being a member] [of club] calidad *f* de socio / [of party, union] afiliación *f* ▸ **to renew one's ~** [of club] renovar el carné de socio / [of party, union] renovar la afiliación ▸ ~ **card** carné *m* de socio/afiliado ▸ ~ **fee** cuota *f* de socio/afiliado **2.** [members] [of club] socios *mpl* / [of union, party] afiliación *f,* afiliados(as) *mfpl* ▸ **a large/small ~** un elevado/escaso número de socios/afiliados

membrane ['membreɪn] n membrana *f*

memento [mɪ'mentəʊ] (pl **mementos** *or* **mementoes**) n recuerdo *m*

memo ['meməʊ] (pl **memos**) n memorándum *m* / [within office] nota *f* ▸ ~ **pad** bloc *m* de notas

memoir ['memwɑː(r)] n [biography] biografía *f* / [essay] memoria *f* ▸ **she's writing her memoirs** está escribiendo sus memorias

memorable ['memərəbəl] adj memorable

memorably ['memərəblɪ] adv **as Dante so ~ said** como dicen las memorables palabras de Dante

memorandum [memə'rændəm] (pl **memorandums** *or* **memoranda** [memə'rændə]) n memorándum *m* / [within office] nota *f*

memorial [mɪ'mɔːrɪəl] ■ n [monument] monumento *m* conmemorativo
■ adj conmemorativo(a) ▸ **Memorial Day** [in US] = *día de los caídos en la guerra*

memorize ['meməraɪz] vt memorizar

memory ['memərɪ] n **1.** [faculty] & COMPTR memoria *f* ▸ **to have a good/bad ~** tener buena/mala memoria ▸ **if my ~ serves me right** si la memoria no me engaña ▸ **from ~** de memoria ▸ **to commit sth to ~** memorizar algo ▸ **there has been famine here within living ~** aquí todavía se recuerdan épocas de hambre ▸ ~ **loss** pérdida *f* de memoria **2.** [thing remembered] recuerdo *m* ▸ **good/bad memories (of sth)** buenos/malos recuerdos (de algo) ▸ **my earliest memories** mis primeros recuerdos ▸ **to have no ~ of sth** no recordar algo ▸ **in ~ of...** en memoria de... ▸ **to take a trip down ~ lane** volver al pasado

men [men] pl of ***man***

menace ['menɪs] ■ n [threat] amenaza *f* / [danger] peligro *m* ▸ *Fam* **that kid's a ~** este niño es un demonio
■ vt amenazar

menacing ['menəsɪŋ] adj amenazador(ora)

menagerie [mɪ'nædʒərɪ] n colección *f* de animales *(privada)*

mend [mend] ■ n *Fam* **she's on the ~** se está recuperando
■ vt [repair] arreglar / [garment] coser, remendar ▸ **to ~ one's ways** corregirse
■ vi [broken bone] soldarse

mendacity [men'dæsɪtɪ] n *Formal* falsedad *f,* mendacidad *f*

menfolk ['menfəʊk] npl **the ~** los hombres

menial ['miːnɪəl] ■ n *Pej* lacayo(a) *m,f*
■ adj ingrato(a), penoso(a)

meningitis [menɪn'dʒaɪtɪs] n meningitis *f inv*

meniscus [mə'nɪskəs] n PHYS & ANAT menisco *m*

menopausal [menə'pɔːzəl] adj MED *or Fam* menopáusico(a)

menopause ['menəpɔːz] n menopausia *f*

menstrual ['menstrʊəl] adj menstrual ▸ ~ **cycle** ciclo *m* menstrual

menstruate ['menstrʊeɪt] vi tener la menstruación, menstruar

menstruation [menstrʊ'eɪʃən] n menstruación *f*

menswear ['menzweə(r)] n ropa *f* de caballero *or* hombre ▸ ~ **department** departamento *m or* sección *f* de caballeros

mental ['mentəl] adj **1.** [state, age] mental ▸ **to make a ~ note of sth/to do sth** tratar de acordarse de algo/de hacer algo ▸ **to have a ~ block about sth** tener un bloqueo mental con algo ▸ ~ **arithmetic** cálculo *m* mental ▸ **to have a ~ breakdown** sufrir un ataque de enajenación mental ▸ ~ **health** salud *f* mental ▸ ~ **hospital** hospital *m* psiquiátrico ▸ ~ **illness** enfermedad *f* mental **2.** *BR Fam* [mad] pirado(a), *CSUR* rayado(a) ▸ **to be ~** estar pirado(a) *or CSUR* rayado(a) ▸ **to go ~** [lose one's temper] subirse por las paredes, *MÉX* ponerse como agua para chocolate, *RP* ponerse como loco(a)

mentality [men'tælɪtɪ] n mentalidad *f*

mentally ['mentəlɪ] adv mentalmente ▸ **to be ~ handicapped** tener una minusvalía psíquica ▸ **to be ~ ill** tener una enfermedad mental

menthol ['menθɒl] n mentol *m* ▸ ~ **cigarettes** cigarrillos *mpl* mentolados

mention ['menʃən] ■ n mención *f* ▸ **to make ~ of sth** hacer mención de algo
■ vt mencionar ▸ **to ~ sb in one's will** mencionar *or* incluir a alguien en el testamento ▸ **not to ~...** por no mencionar... ▸ **now that you ~ it** ahora que lo dices ▸ **don't ~ it!** ¡no hay de qué!

mentor ['mentɔː(r)] n mentor(ora) *m,f*

menu ['menjuː] n [list of dishes] [at restaurant] carta *f,* menú *m* / [for a particular meal] menú *m* / COMPTR menú *m*

MEP [emiː'piː] n *BR* POL (abbr ***Member of the European Parliament***) eurodiputado(a) *m,f*

mercantile ['mɜːkəntaɪl] adj mercantil

mercenary ['mɜːsɪnərɪ] n & adj mercenario(a) *m,f*

merchandise ['mɜːtʃəndaɪz] ■ n mercancías *fpl,* géneros *mpl*
■ vt comercializar

merchandising ['mɜːtʃəndaɪzɪŋ] n COM artículos *mpl* de promoción *or* promocionales

merchant ['mɜːtʃənt] n comerciante *mf* ▸ **~ bank** banco *m* mercantil *or* de negocios ▸ *BR* **~ banker** banquero(a) *m,f (en un banco mercantil o de negocios)* ▸ *BR* **~ navy** marina *f* mercante ▸ **~ seaman** marino *m* mercante ▸ **~ ship** buque *m or* barco *m* mercante

merchantman ['mɜːtʃəntmən] n [ship] buque *m or* barco *m* mercante

merciful ['mɜːsɪfʊl] adj compasivo(a), clemente

mercifully ['mɜːsɪfʊlɪ] adv [showing mercy] con compasión / [fortunately] afortunadamente

merciless ['mɜːsɪlɪs] adj despiadado(a)

mercurial [mɜː'kjʊərɪəl] adj voluble, veleidoso(a)

Mercury ['mɜːkjʊrɪ] n [planet, god] Mercurio *m*

mercury ['mɜːkjʊrɪ] n CHEM mercurio *m*

mercy ['mɜːsɪ] n compasión *f*, clemencia *f* ▸ **to have ~ on sb** tener compasión *or* apiadarse de alguien ▸ **to beg for ~** suplicar clemencia ▸ **to be at the ~ of** estar a merced de ▸ **we should be thankful for small mercies** habría que dar gracias de que las cosas no vayan aún peor ▸ **~ killing** eutanasia *f*

mere [mɪə(r)] adj simple, mero(a) ▸ **a ~ 10 percent of the candidates passed the test** tan sólo un 10 por ciento de los aspirantes superaron la prueba ▸ **the ~ mention/presence of...** la sola *or* mera mención/presencia de... ▸ **there was the merest hint of irony in his voice** en su voz había un matiz casi imperceptible de ironía

merely ['mɪəlɪ] adv meramente, simplemente

merge [mɜːdʒ] ■ vt [in general] fundir / [companies, organizations] fusionar / COMPTR [files] fusionar, unir
■ vi [in general] fundirse (**into/with** con) / [companies, banks] fusionarse ▸ **to ~ into the background** perderse de vista

merger ['mɜːdʒə(r)] n COM fusión *f*

meridian [mə'rɪdɪən] n GEOG & ASTRON meridiano *m*

meringue [mə'ræŋ] n CULIN merengue *m*

merit ['merɪt] ■ n [advantage, worth] mérito *m* ▸ **the merits of peace** las ventajas de la paz ▸ **to judge sth on its merits** juzgar algo por sus méritos ▸ **in order of ~** según los méritos
■ vt merecer, *AM* ameritar ▸ **we hardly ~ a mention in the report** apenas nos mencionan en el informe *or AM* reporte

meritocracy [merɪ'tɒkrəsɪ] n meritocracia *f*

meritorious [merɪ'tɔːrɪəs] adj *Formal* meritorio(a)

mermaid ['mɜːmeɪd] n sirena *f*

merrily ['merɪlɪ] adv alegremente

merriment ['merɪmənt] n alegría *f*, regocijo *m*

merry ['merɪ] adj **1.** [happy] alegre ▸ **to make ~** festejar ▸ **Merry Christmas!** ¡Feliz Navidad! ▸ **the more the merrier** cuantos más, mejor **2.** [slightly drunk] alegre, *ESP* piripi

merry-go-round ['merɪgəʊraʊnd] n tiovivo *m*, carrusel *m*, *RP* calesita *f*

mesh [meʃ] ■ n [of net, sieve] malla *f*, red *f*
■ vi **1.** [gears] engranarse **2.** [proposals] estar de acuerdo / [ideas, characters] encajar

mesmerize ['mezməraɪz] vt cautivar

mess [mes] ■ n **1.** [disorder] lío *m*, desorden *m* ▸ **the kitchen's a ~** la cocina está toda revuelta ▸ **you look a ~!** ¡estás hecho un desastre! ▸ **to be in a ~** [room] estar todo(a) revuelto(a) / *Fig* [person] estar en un lío *or* aprieto ▸ *Fig* **to make a ~ of sth** [bungle] hacer algo desastrosamente **2.** [dirt] porquería *f* ▸ **the dog's done a ~ on the carpet** el perro ha hecho caca en la alfombra **3.** MIL comedor *m* ▸ *BR* **~ tin** plato *m* de campaña *or* del rancho
■ vi *Fam* [dog, cat] hacer caca

◆ ***mess about, mess around*** *Fam* ■ vt sep [treat badly] traer a maltraer
■ vi **1.** [fool about, waste time] hacer el tonto **2.** [tinker] **to ~ about** *or* **around with sth** enredar con algo

◆ ***mess up*** vt sep *Fam* [room] desordenar / [hair] revolver / [plan] estropear

message ['mesɪdʒ] n mensaje *m* ▸ **to leave a ~ for sb** dejar un recado *or AM* mensaje a *or* para alguien ▸ *Fam* **to get the ~** enterarse

messaging ['mesədʒɪŋ] [by mobile phone] mensajería

messenger ['mesɪndʒə(r)] n mensajero(a) *m,f* ▸ **~ boy** chico *m* de los recados

Messiah [mɪ'saɪə] n REL Mesías *m inv*

messianic [mesɪ'ænɪk] adj mesiánico(a)

messily ['mesɪlɪ] adv **to eat ~** ponerse perdido(a) comiendo ▸ *Fig* **to end ~** [relationship] terminar mal

Messrs ['mesɜːz] npl (abbr ***Messieurs***) Sres., señores *mpl*

mess-up ['mesʌp] n *Fam* lío *m*, desastre *m*

messy ['mesɪ] adj **1.** [dirty] sucio(a) ▸ **to be ~** [place] estar sucio(a) / [person] ser sucio(a) **2.** [untidy] [room] desordenado(a) / [hair] revuelto(a) / [appearance] desastroso(a) / [handwriting] malo(a) / [person] desaliñado(a) **3.** [unpleasantly complex] lioso(a)

met [met] pt & pp *of* ***meet***

metabolic [metə'bɒlɪk] adj metabólico(a)

metabolism [mɪ'tæbəlɪzəm] n metabolismo *m*

metabolize [me'tæbəlaɪz] vt metabolizar

metal ['metəl] ■ n metal *m* ▸ **~ detector** detector *m* de metales ▸ **~ polish** abrillantador *m* de metales
■ adj metálico(a)

metalled ['metəld] adj [road] de grava

metallic [mɪ'tælɪk] adj [sound, voice, taste] metálico(a) / [paint] metalizado(a)

metallurgy [me'tælədʒɪ] n metalurgia *f*

metalwork ['metəlwɜːk] n [craft] trabajo *m* del metal, metalistería *f* / [articles] objetos *mpl* de metal

metamorphosis [metə'mɔːfəsɪs] (pl **metamorphoses** [metə'mɔːfəsiːz]) n metamorfosis *f inv*

metaphor ['metəfə(r)] n metáfora *f*

metaphoric(al) [metə'fɒrɪk(əl)] adj metafórico(a)

metaphorically [metə'fɒrɪklɪ] adv metafóricamente

metaphysical [metə'fɪzɪkəl] adj metafísico(a)

metaphysics [metə'fɪzɪks] n [subject] metafísica *f*

mete [miːt] ◆ ***mete out*** vt sep [punishment] imponer / [justice] aplicar (**to** a)

meteor ['mi:tɪə(r)] n meteoro *m,* bólido *m*

meteoric [mi:tɪ'ɒrɪk] adj meteórico(a) ▸ *Fig* **a ~ rise** un ascenso meteórico

meteorite ['mi:tɪəraɪt] n meteorito *m*

meteorological [mi:tɪərə'lɒdʒɪkəl] adj meteorológico(a)

meteorology [mi:tɪə'rɒlədʒɪ] n meteorología *f*

meter ['mi:tə(r)] n **1.** [device] contador *m* ▸ **(gas/electricity) ~** contador (del gas/de la electricidad) ▸ **(parking) ~** parquímetro *m* ▸ **~ reading** lectura *f* del contador **2.** *US* ➤ **metre**

methadone ['meθədəʊn] n metadona *f*

methane ['mi:θeɪn] n CHEM metano *m*

methinks [mi:'θɪŋks] adv *Archaic or Hum* me parece a mí

method ['meθəd] n método *m* ▸ **there's ~ in his madness** no está tan loco como parece ▸ THEAT & CIN **~ acting** interpretación *f* según el método de Stanislavski

methodical [mɪ'θɒdɪkəl] adj metódico(a)

Methodism ['meθədɪzəm] n REL metodismo *m*

Methodist ['meθədɪst] n REL metodista *mf*

methodological [meθədə'lɒdʒɪkəl] adj metodológico(a)

methodology [meθə'dɒlədʒɪ] n metodología *f*

methyl ['meθɪl] n metilo *m* ▸ **~ alcohol** alcohol *m* metílico

methylated spirits ['meθɪleɪtɪd'spɪrɪts], *Fam* **meths** [meθs] n *BR* alcohol *m* desnaturalizado *(con metanol)*, alcohol *m* de quemar

meticulous [mɪ'tɪkjʊləs] adj meticuloso(a)

meticulousness [mɪ'tɪkjʊləsnɪs] n meticulosidad *f*

metre[1] ['mi:tə(r)] n [of poetry] metro *m*

metre[2], *US* **meter** n [measurement] metro *m*

metric ['metrɪk] adj [system] métrico(a)

metrical ['metrɪkəl] adj [in poetry] métrico(a)

metronome ['metrənəʊm] n MUS metrónomo *m*

metropolis [mɪ'trɒpəlɪs] n metrópolis *f inv*

metropolitan [metrə'pɒlɪtən] adj metropolitano(a) ▸ **the Metropolitan Police** la policía de Londres

mettle ['metəl] n [courage] valor *m,* ánimo *m* ▸ **you'll have to be on your ~** tendrás que dar el do de pecho ▸ **she showed her ~** demostró de lo que era capaz

mew [mju:] ■ n maullido *m*
■ vi maullar

mews [mju:z] n *BR* [backstreet] = *plazoleta o callejuela formada por antiguos establos convertidos en viviendas o garajes* ▸ **~ cottage** = *antiguo establo reconvertido en apartamento de lujo*

Mexican ['meksɪkən] ■ n mejicano(a) *m,f,* mexicano(a) *m,f*
■ adj mejicano(a), mexicano(a) ▸ **~ wave** [in stadium] ola *f* (mejicana)

Mexico ['meksɪkəʊ] n Méjico, México ▸ **~ City** Ciudad de Méjico *or* México

mezzanine ['metsəni:n] n **~ (floor)** entreplanta *f*

mezzo-soprano ['metsəʊsə'prɑ:nəʊ] (pl **mezzo-sopranos**) n MUS [singer] mezo-soprano *f* / [voice] mezzo-soprano *m*

mg [em'dʒi:] n (abbr ***milligram(s)***) mg, miligramo *m*

Mgr REL (abbr ***monsignor***) Mons., monseñor *m*

MHz ELEC (abbr ***megahertz***) Mhz, megahercio *m*

mi [mi:] n MUS mi *m*

MI5 [emaɪ'faɪv] n *BR* (abbr ***Military Intelligence Section 5***) = *servicio británico de espionaje interior*

MI6 [emaɪ'sɪks] n *BR* (abbr ***Military Intelligence Section 6***) = *servicio británico de espionaje exterior*

miaow [mɪ'aʊ] ■ n maullido *m* ▸ **~!** ¡miau!
■ vi maullar

mica ['maɪkə] n mica *f*

mice [maɪs] pl of ***mouse***

mickey ['mɪkɪ] n *BR Fam* **to take the ~ (out of sb)** tomar el pelo (a alguien)

Mickey Mouse ['mɪkɪ'maus] adj *Fam Pej* [job, qualification] de tres al cuarto

micro ['maɪkrəʊ] (pl **micros**) n COMPTR *ESP* microordenador *m, AM* microcomputadora *f*

microbe ['maɪkrəʊb] n microbio *m*

microbiology [maɪkrəʊbaɪ'ɒlədʒɪ] n microbiología *f*

microchip ['maɪkrəʊtʃɪp] n COMPTR microchip *m*

microcomputer ['maɪkrəʊkəm'pju:tə(r)] n COMPTR *ESP* microordenador *m* , *AM* microcomputadora *f*

microcomputing ['maɪkrəʊkəm'pju:tɪŋ] n COMPTR microinformática *f*

microcosm ['maɪkrəʊkɒzəm] n microcosmos *m inv*

microelectronics ['maɪkrəʊɪlek'trɒnɪks] n microelectrónica *f*

microfiche ['maɪkrəʊfi:ʃ] n microficha *f*

microfilm ['maɪkrəʊfɪlm] ■ n microfilm *m*
■ vt microfilmar

micrometer [maɪ'krɒmɪtə(r)] n micrómetro *m*

microorganism ['maɪkreʊ'ɔ:rgənɪzəm] n microorganismo *m*

microphone ['maɪkrəfəʊn] n micrófono *m*

microprocessor ['maɪkrəʊ'prəʊsesə(r)] n COMPTR microprocesador *m*

microscope ['maɪkrəskəʊp] n microscopio *m*

microscopic [maɪkrə'skɒpɪk] adj microscópico(a)

microscopically [maɪkrə'skɒpɪklɪ] adv [to examine] microscópicamente ▸ **~ small** microscópicamente *or* infinitamente pequeño(a)

microsurgery [maɪkrəʊ'sɜ:dʒərɪ] n microcirugía *f*

microwave ['maɪkrəʊweɪv] ■ n PHYS microonda *f* ▸ **~ (oven)** microondas *m inv*
■ vt cocinar en el microondas

microwaveable ['maɪkrəʊ'weɪvəbəl] adj **it's ~** se puede cocinar en el microondas

mid [mɪd] adj **in ~ ocean** en medio del océano ▸ **in ~ June** a mediados de junio ▸ **she stopped in ~ sentence** se detuvo a mitad de la frase

midair [mɪd'eə(r)] ■ n *Fig* **to leave sth in ~** dejar algo en el aire
■ adj [collision, explosion] en pleno vuelo

mid-Atlantic ['mɪdət'læntɪk] adj [accent] = *a medio camino entre el inglés británico y el americano*

midday ['mɪd'deɪ] n mediodía *m* ▸ **at ~** a mediodía ▸ **~ meal** comida *f*, almuerzo *m*

middle ['mɪdəl] ■ n **1.** [in general] medio *m* ▸ **in the ~ of the room** en medio de la habitación ▸ **to be in the ~ of doing sth** estar ocupado(a) haciendo algo ▸ **he was in the ~ of an important conversation** estaba en mitad de una importante conversación ▸ **in the ~ of the month** a mediados de mes ▸ **in the ~ of the night** en plena noche, en mitad de la noche ▸ *Fig* **to split sth down the ~** dividir algo por la mitad, *RP* partir algo a la mitad ▸ **in the ~ of nowhere** en un lugar dejado de la mano de Dios **2.** [waist] cintura *f*
■ adj [in the middle] del medio ▸ **~ age** edad *f* madura, madurez *f* ▸ HIST **the Middle Ages** la Edad Media ▸ POL **Middle America** los estadounidenses tradicionalistas y conservadores ▸ MUS **~ C** do *m* central ▸ **the ~ class(es)** la clase media ▸ *Fig* **to steer a ~ course** [in politics, diplomacy] tomar la vía intermedia ▸ **in the ~ distance** a media distancia ▸ ANAT **the ~ ear** el oído medio ▸ **the Middle East** Oriente *m* Medio ▸ **Middle Eastern** de Oriente Medio ▸ POL **Middle England** la Inglaterra tradicionalista y conservadora ▸ **~ finger** (dedo *m*) corazón *m or* mayor *m* ▸ POL **the ~ ground** el centro ▸ **~ management** mandos *mpl* intermedios ▸ **~ name** segundo nombre *m* ▸ *Fam* **"generosity" isn't exactly his ~ name!** no destaca precisamente por su generosidad

middle-aged [mɪdəl'eɪdʒd] adj de mediana edad

middlebrow ['mɪdəlbrəʊ] adj [tastes, interests] del público medio ▸ **a ~ novelist** un/una novelista para el público medio

middle-class [mɪdəl'klɑːs] adj de clase media

middleman ['mɪdəlmæn] n intermediario *m*

middle-of-the-road ['mɪdləvðə'rəʊd] adj [policy] moderado(a) / [music] convencional

middle-sized ['mɪdəl'saɪzd] adj mediano(a)

middleweight ['mɪdəlweɪt] n [in boxing] peso *m* medio

middling ['mɪdlɪŋ] adj regular

midfield [mɪd'fiːld] n [in soccer] media *f*, centro *m* del campo ▸ **~ player** centrocampista *mf*

midfielder [mɪd'fiːldə(r)] n [in soccer] centrocampista *mf*

midge [mɪdʒ] n mosquito *m*

midget ['mɪdʒɪt] ■ n [small person] enano(a) *m,f*
■ adj en miniatura

midi system ['mɪdɪ'sɪstəm] n [stereo] minicadena *f*

Midlands ['mɪdləndz] npl **the ~** = *la región central de Inglaterra*

midlife crisis ['mɪdlaɪf'kraɪsɪs] n crisis *f inv* de los cuarenta

midmorning [mɪd'mɔːnɪŋ] n media mañana *f*

midnight ['mɪdnaɪt] n medianoche *f* ▸ **to burn the ~ oil** quedarse hasta muy tarde *(estudiando o trabajando)*

midpoint ['mɪdpɔɪnt] n ecuador *m*

mid-range ['mɪd'reɪndʒ] adj COM [computer, car] de gama media

midriff ['mɪdrɪf] n diafragma *m*

midshipman ['mɪdʃɪpmən] n guardia *m* marina, guardiamarina *m*

midst [mɪdst] n **in the ~ of** en medio de ▸ **in our/their ~** entre nosotros/ellos

midstream [mɪd'striːm] n **in ~** por el centro del río / *Fig* [when speaking] en mitad del discurso ▸ **to interrupt sb in ~** interrumpir a alguien en plena conversación

midsummer ['mɪdsʌmə(r)] n pleno verano *m* ▸ **Midsummer's Day** el 24 de junio, San Juan

midterm ['mɪd'tɜːm] n **1.** POL *BR* **~ by-election** = *elecciones parciales a mitad de legislatura* ▸ *US* **~ elections** = *elecciones a mitad del mandato presidencial* **2.** SCH & UNIV de mitad de trimestre ▸ **~ break** = *vacaciones de mitad de trimestre*

midway ['mɪdweɪ] ■ adj medio(a)
■ adv [in space] a mitad de camino, a medio camino / [in time] hacia la mitad

midweek [mɪd'wiːk] adv a mediados de semana ▸ **~ show/flight** representación *f*/vuelo *m* de mitad de semana

Mid-West ['mɪd'west] n Medio Oeste *m* (de Estados Unidos)

Mid-Western [mɪd'westən] adj del Medio Oeste (de Estados Unidos)

midwife ['mɪdwaɪf] n comadrona *f*

midwifery [mɪd'wɪfərɪ] n obstetricia *f*

midwinter ['mɪd'wɪntə(r)] n pleno invierno *m*

might[1] [maɪt] n [strength] fuerza *f*, poder *m* ▸ **with all his ~** [to work, push] con todas sus fuerzas ▸ *Prov* **~ is right** quien tiene la fuerza tiene la razón

might[2] v aux

> En el inglés hablado, y en el escrito en estilo coloquial, la forma negativa **might not** se transforma en **mightn't**. La forma **might have** se transforma en **might've**. Cuando expresa posibilidad (ver 1.), puede utilizarse **may** sin que se altere apenas el significado.

1. [expressing possibility] **it ~ be difficult** puede que sea *or* puede ser difícil ▸ **I ~ go if I feel like it** puede que vaya si tengo ganas ▸ **it ~ be better to ask permission first** sería mejor pedir permiso primero ▸ **you ~ want to...** tal vez podrías... ▸ **shall we go? – we ~ as well** ¿nos vamos? – bueno, bien *or ESP* vale *or ARG* dale *or MÉX* órale ▸ **I wonder what I ~ have done to offend him** me pregunto qué le habré hecho para que se ofenda ▸ **I ~ as well be talking to myself!** ¡es como si hablara con la pared! **2.** [as past form of **may**] **I knew he ~ be angry** ya sabía que se podía *esp ESP* enfadar *or esp AM* enojar ▸ **I was afraid she ~ have killed him** tenía miedo de que (ella) lo hubiera matado ▸ **he said he ~ be late** dijo que quizá se retrasaría **3.** *Formal* [asking for permission] **~ I have a word with you?** ¿podría hablar un momento con usted? **4.** [with concessions] **it might not be the fastest car in the world, but...** no será el coche más rápido del mundo, pero...

mightily ['maɪtɪlɪ] adv **1.** [powerfully] con fuerza

2. *Fam* cantidad de, muy ▸ **to be ~ relieved** quedarse aliviadísimo(a)

mightn't ['maɪtənt] ➤ ***might not***

might've ['maɪtəv] ➤ ***might have***

mighty ['maɪtɪ] ■ adj **1.** [powerful] fuerte, poderoso(a) **2.** [large, imposing] grandioso(a)
■ adv *US Fam* un montón, *ESP* cantidad

migraine ['mi:greɪn] n migraña *f*

migrant ['maɪgrənt] ■ n [person] emigrante *m,f,* migrante *mf* / [bird] ave *f* migratoria
■ adj migratorio(a) ▸ **~ worker** trabajador(ora) *m,f* inmigrante

migrate [maɪ'greɪt] vi migrar, emigrar

migration [maɪ'greɪʃən] n migración *f,* emigración *f*

migratory ['maɪgrətrɪ] adj migratorio(a)

mike [maɪk] n *Fam* [microphone] micro *m,* micrófono *m*

Milan [mɪ'læn] n Milán

mild [maɪld] ■ adj [person, remark] apacible, afable / [food] suave / [punishment, illness, criticism] leve / [climate] benigno(a), suave / [displeasure, amusement] ligero(a)
■ n *BR* [beer] cerveza *f* tostada *(suave)*

mildew ['mɪldju:] n moho *m* / [on plants] añublo *m*

mildly ['maɪldlɪ] adv **1.** [to say] con suavidad **2.** [moderately] ligeramente ▸ **to put it ~** por no decir algo peor

mildness ['maɪldnɪs] n [of person] afabilidad *f* / [of weather] suavidad *f* / [of criticism] comedimiento *m* / [of punishment] levedad *f*

mile [maɪl] n [distance] milla *f (= 1,6 km)* ▸ **miles per hour** millas por hora ▸ **he lives miles away** vive a kilómetros de distancia ▸ *Fam Fig* **to be miles away** [be daydreaming] estar en Babia ▸ *Fam* **miles better** muchísimo mejor ▸ *Fam* **it sticks** *or* **stands out a ~** se ve a la legua

mileage ['maɪlɪdʒ] n **1.** [distance travelled] ≃ kilómetros *mpl* (recorridos) ▸ **~ allowance** ≃ (dieta *f* de) kilometraje *m* **2.** [rate of fuel consumption] consumo *m* (de millas por galón de gasolina) ▸ *Fig* **to get a lot of ~ out of sth** sacarle mucho partido a algo

milepost ['maɪlpəʊst] n mojón *m*

milestone ['maɪlstəʊn] n [on road] mojón *m* / *Fig* [in career, history] hito *m*

milieu ['mi:ljɜ:] n entorno *m,* medio *m*

militancy ['mɪlɪtənsɪ] n militancia *f*

militant ['mɪlɪtənt] ■ n militante *mf,* activista *mf*
■ adj militante

militarism ['mɪlɪtərɪzəm] n militarismo *m*

militaristic [mɪlɪtə'rɪstɪk] adj militarista

military ['mɪlɪtərɪ] ■ n **the ~** el ejército
■ adj militar ▸ **~ academy** academia *f* militar ▸ **~ man** militar *m* ▸ **~ police** policía *f* militar ▸ **~ service** servicio *m* militar

militate ['mɪlɪteɪt] vi [fact, reason] obrar (**against** en contra de)

militia [mɪ'lɪʃə] n milicia *f*

militiaman [mɪ'lɪʃəmæn] n miliciano *m*

milk [mɪlk] ■ n leche *f* ▸ **the ~ of human kindness** el don de la amabilidad ▸ **~ of magnesia** magnesia *f* ▸ **~ bottle** botella *f* de leche ▸ **~ chocolate** chocolate *m* con leche ▸ **~ churn** lechera *f* ▸ *BR* **~ float** = *furgoneta eléctrica para el reparto de leche* ▸ **~ jug** jarra *f* de leche ▸ **~ powder** polvo *m* de leche ▸ **~ round** = *ruta de reparto de leche* ▸ **~ shake** batido *m, AM* licuado *m* ▸ **~ tooth** diente *m* de leche
■ vt [cow] ordeñar ▸ *Fam Fig* **to ~ sb dry** [exploit] exprimir a alguien hasta la última gota ▸ *Fig* **they milked the story for all it was worth** le sacaron todo el jugo posible a la noticia

milking ['mɪlkɪŋ] n ordeño *m* ▸ **~ machine** ordeñadora *f*

milkman ['mɪlkmən] n lechero *m*

milky ['mɪlkɪ] adj [containing too much milk] con demasiada leche / [containing a lot of milk] con mucha leche / [colour] lechoso(a) ▸ **the Milky Way** la Vía Láctea

mill [mɪl] ■ n **1.** [grinder] molinillo *m* / [for flour] molino *m* ▸ *Fam* **to put sb through the ~** hacérselas pasar negras *or ESP* moradas a alguien **2.** [textile factory] fábrica *f or AM* planta *f* de tejidos
■ vt [grain] moler / [metal] fresar

◆ ***mill about, mill around*** vi [crowd] pulular

millenarian [mɪlə'neərɪən] n & adj milenario(a) *m,f*

millennial [mɪ'lenɪəl] adj del milenio

millennium [mɪ'lenɪəm] (pl **millenniums** *or* **millennia** [mɪ'lenɪə]) n milenio *m*

miller ['mɪlə(r)] n molinero(a) *m,f*

millet ['mɪlɪt] n mijo *m*

milligram(me) ['mɪlɪgræm] n miligramo *m*

millilitre ['mɪlɪli:tə(r)] n mililitro *m*

millimetre ['mɪlɪmi:tə(r)] n milímetro *m*

milliner ['mɪlɪnə(r)] n sombrerero(a) *m,f*

million ['mɪljən] n millón *m* ▸ **two ~ men** dos millones de hombres ▸ *Fam* **I've told him a ~ times** se lo he dicho millones de veces ▸ *Fam* **thanks a ~!** ¡un millón de gracias! ▸ *Fam* **she's one in a ~** es única

millionaire [mɪljə'neə(r)] n millonario(a) *m,f*

millionairess [mɪljə'neərɪs] n millonaria *f*

millionth ['mɪljənθ] ■ n **1.** [fraction] millonésimo *m* **2.** [in series] millonésimo(a) *m,f*
■ adj millonésimo(a)

millipede ['mɪlɪpi:d] n milpiés *m inv*

millpond ['mɪlpɒnd] n **as calm as a ~** [water] como una balsa de aceite, totalmente en calma

millstone ['mɪlstəʊn] n muela *f,* rueda *f* de molino ▸ *Fig* **it's a ~ round my neck** es una cruz que llevo encima

milometer [maɪ'lɒmɪtə(r)] n [in car] cuentakilómetros *m inv*

mime [maɪm] ■ n [performance] mimo *m,* pantomima *f* ▸ **~ artist** mimo *m*
■ vt representar con gestos
■ vi hacer mimo

mimic ['mɪmɪk] ■ n imitador(ora) *m,f*
■ vt (pt & pp **mimicked**) imitar

mimicry ['mɪmɪkrɪ] n imitación *f*

Min MUS (abbr ***Minor***) menor

min **1.** (abbr ***minute(s)***) min., minuto *m* **2.** (abbr ***minimum***) mín., mínimo *m*

minaret [mɪnə'ret] n alminar *m,* minarete *m*

mince [mɪns] ■ n *BR* carne *f ESP, RP* picada *or AM* molida ▸ **~ pie** [containing meat] = *empanada de carne picada* / [containing fruit] = *pastelillo navideño a base de fruta escarchada, frutos secos y especias*
■ vt [chop up] picar ▸ *Fig* **she doesn't ~ her words** no tiene pelos en la lengua
■ vi [walk] caminar con afectación

mincemeat ['mɪnsmiːt] n [meat] carne *f ESP, RP* picada *or AM* molida / [fruit] = *relleno a base de fruta escarchada, frutos secos, especias, zumo de limón y grasa animal* ▸ *Fam Fig* **to make ~ of sb** hacer trizas *or ESP* picadillo *or RP* bolsa a alguien

mincer ['mɪnsə(r)] n picadora *f* (de carne)

mincing ['mɪnsɪŋ] adj [walk, voice] afectado(a)

mind [maɪnd] ■ n **1.** [thoughts] mente *f* ▸ **to see sth in one's mind's eye** hacerse una imagen mental de algo ▸ **to bear** *or* **keep sth in ~** tener algo en cuenta ▸ **it went completely** *or* **clean out of my ~** se me fue por completo de la cabeza ▸ **to have sth on one's ~** tener algo en la cabeza ▸ **to put** *or* **set sb's ~ at rest** tranquilizar a alguien ▸ **to take sb's ~ off sth** quitarle *or AM* sacarle a alguien algo de la cabeza, hacer que alguien olvide algo ▸ **I couldn't get it off my ~** no podía quitármelo de la cabeza ▸ **it puts me in ~ of...** me recuerda... **2.** [opinion] **to my ~** en mi opinión ▸ **to speak one's ~** hablar sin rodeos ▸ **to change one's ~ (about sth)** cambiar de opinión (acerca de algo) ▸ *Fam* **I gave him a piece of my ~** le canté las cuarenta ▸ **to be of one ~, to be of the same ~** ser de la misma opinión ▸ **to keep an open ~ (about sth)** no formarse ideas preconcebidas (respecto a algo) **3.** [will, wants] **she knows her own ~** sabe bien lo que quiere ▸ **to have a ~ of one's own** ser capaz de pensar *or* decidir por sí mismo(a) ▸ **to make up one's ~** decidirse ▸ **to be in two minds (about sth)** estar indeciso(a) (acerca de algo) ▸ **I've a good ~ to do it** me estoy planteando seriamente *or* tengo en mente hacerlo ▸ **I've half a ~ to tell his parents** me entran ganas de decírselo a sus padres ▸ **this computer has a ~ of its own** este *ESP* ordenador *or AM* computadora hace lo que le da la gana ▸ **to have sth/sb in ~** estar pensando en algo/alguien **4.** [attention] **to keep one's ~ on sth** mantenerse concentrado(a) en algo ▸ **your ~ is not on the job** no estás concentrado en el trabajo ▸ **I'm sure if you put your ~ to it you could do it** estoy seguro de que podrías hacerlo si pusieses tus cinco sentidos (en ello) **5.** [way of thinking] **to have the ~ of a three-year-old** tener la mentalidad de un niño de tres años ▸ **you've got a dirty/nasty ~!** ¡qué ideas más cochinas/desagradables tienes! **6.** [reason] **to be out of one's ~** [mad] haber perdido el juicio ▸ **to be bored out of one's ~** estar más aburrido(a) que una ostra ▸ **to be worried out of one's ~** estar muerto(a) de preocupación ▸ **no one in his right ~...** nadie en su sano juicio... ▸ **his ~ is going** se le va la cabeza **7.** [person] **one of the finest minds of this century** una de las mentes más insignes de este siglo ▸ *Prov* **great minds think alike** los genios siempre tenemos las mismas ideas
■ vt **1.** [pay attention to] **~ you don't fall!** ¡ten cuidado no te caigas *or* no te vayas a caer! ▸ **~ you're not late!** ¡ten cuidado de no llegar tarde! ▸ **~ the step!** ¡cuidado con el escalón! ▸ **~ your language!** ¡vaya lenguaje!, ¡no digas palabrotas *or ESP* tacos! **2.** [concern oneself with] preocuparse de *or* por ▸ **never ~ the car/money** no te preocupes por el coche/dinero ▸ **~ you, I've always thought that...** fíjate, yo siempre he pensado que... **3.** [object to] **I don't ~ the cold** el frío no me importa *or* no me molesta ▸ **what I ~ is...** lo que me molesta es... ▸ **I don't ~ trying** no me importa intentarlo ▸ **if you don't ~ my asking,...** si no te importa que te lo pregunte... ▸ **would you ~ not doing that?** ¿te importaría no hacer eso? ▸ **I wouldn't ~ a cup of tea** me gustaría tomar una taza de té **4.** [look after] [children, house, shop] cuidar
■ vi **1.** [object] **do you ~!** [how dare you] ¡oiga usted! ▸ **do you ~ if I smoke?** ¿le importa *or* molesta que fume? ▸ **I don't ~** no me importa ▸ **I don't ~ if I do** [accepting sth offered] ¿por qué no? **2.** [trouble oneself] **never ~!** ¡es igual! ▸ **never ~ about that now** olvídate de eso ahora ▸ *Fam* **never you ~!** [it's none of your business] ¡no es asunto tuyo!

◆ ***mind out*** vi *BR* **~ out!** ¡cuidado!

mind-boggling ['maɪndbɒglɪŋ], ***mind-blowing*** ['maɪndbləʊɪŋ] adj *Fam* alucinante

minded ['maɪndɪd] adj **if you were so ~** si te pusieras (a hacerlo) ▸ **he is commercially/mechanically ~** se le da muy bien el comercio/la mecánica

minder ['maɪndə(r)] n **1.** *BR Fam* [bodyguard] gorila *m, MÉX* guarura *m* **2. (child** *or* **baby) ~** *ESP* canguro *mf, MÉX* nana *f, AM* baby-sitter *f*

mindful ['maɪndfʊl] adj **to be ~ of sth** ser consciente de algo

mindless ['maɪndlɪs] adj [destruction, violence] gratuito(a), absurdo(a) / [task, job] mecánico(a)

mind-reader ['maɪndriːdə(r)] n adivinador(ora) *m,f* del pensamiento ▸ *Fam Hum* **I'm not a ~!** ¡yo no soy ningún adivino!

mine[1] [maɪn] ■ n **1.** [for coal, tin, diamonds] mina *f* ▸ *Fig* **a ~ of information** una mina *or* un filón de información ▸ **~ shaft** pozo *m* de extracción **2.** [bomb]

HOW TO...

say you don't mind

Me da lo mismo. / It's all the same to me.
Me da exactamente igual. / It makes absolutely no difference to me.
No me importa mucho como lo hagas. / I don't really mind how you do it.
Da igual, escoge tú. / I don't mind, you choose.
Al final el resultado es el mismo. / It comes down to the same thing in the end.

mina *f* ▸ ~ **detector** detector *m* de minas
▪ vt **1.** [coal, gold] extraer **2.** [place explosive mines in] minar
▪ vi **to ~ for coal/gold** extraer carbón/oro

mine² possessive pron **1.** [singular] el mío *m,* la mía *f* / [plural] los míos *mpl,* las mías *fpl* ▸ **her house is big but ~ is bigger** su casa es grande, pero la mía es mayor **2.** [used attributively] [singular] mío(a) / [plural] míos(as) ▸ **this book is ~** este libro es mío ▸ **a friend of ~** un amigo mío

minefield ['maɪnfiːld] n campo *m* de minas / *Fig* [in law, politics] campo *m* minado, polvorín *m*

miner ['maɪnə(r)] n minero(a) *m,f*

mineral ['mɪnərəl] n mineral *m* ▸ **~ deposits** depósitos *mpl* minerales ▸ **~ water** agua *f* mineral

mineralogist [mɪnə'rɒlədʒɪst] n mineralogista *mf*

minesweeper ['maɪnswiːpə(r)] n [ship] dragaminas *m inv*

mineworker ['maɪnwɜːkə(r)] n minero(a) *m,f*

mingle ['mɪŋgəl] ▪ vt mezclar
▪ vi [things] mezclarse / [person] alternar ▸ **to ~ with the crowd** mezclarse con la multitud

mini ['mɪnɪ] n [miniskirt] mini *f,* minifalda *f*

miniature ['mɪnɪtʃə(r)] ▪ n miniatura *f*
▪ adj en miniatura

miniaturize ['mɪnɪtʃəraɪz] vt miniaturizar

minibus ['mɪnɪbʌs] n microbús *m*

minicab ['mɪnɪkæb] n *BR* taxi *m (que sólo se puede pedir por teléfono)*

MiniDisc® ['mɪnɪdɪsk] n COMPTR MiniDisc® *m*

minidress ['mɪnɪdres] n minivestido *m*

minim [mɪnɪm] n *BR* MUS blanca *f*

minimal ['mɪnɪməl] adj mínimo(a)

minimalism ['mɪnɪməlɪzəm] n [in art, music, design] minimalismo *m*

minimalist ['mɪnɪməlɪst] n & adj minimalista *mf*

minimally ['mɪnɪməlɪ] adv mínimamente

minimize ['mɪnɪmaɪz] vt minimizar, reducir al mínimo

minimum ['mɪnɪməm] ▪ n mínimo *m* ▸ **to keep sth to a ~** reducir algo al mínimo
▪ adj mínimo(a) ▸ FIN **~ lending rate** tipo *m* activo mínimo de interés, *AM* tasa *f* activa mínima de interés ▸ **~ wage** salario *m* mínimo (interprofesional)

CULTURE / CULTURA

the minimum wage

El salario mínimo se introdujo en el Reino Unido en abril de 1999 y define la tarifa mínima por hora a nivel nacional que debe pagar un empresario a sus trabajadores. Esta tarifa, establecida por un comité llamado "Low Pay Comission", varía según la edad del trabajador (es más baja para los menores de 22 años e inferior aún para los menores de 18). Ciertos grupos, como por ejemplo los au pairs, están exentos. A pesar de que su introducción fue muy polémica, en la actualidad las empresas reconocen que no ha elevado sustancialmente sus costes.

mining ['maɪnɪŋ] n minería *f* ▸ **~ area** cuenca *f* minera ▸ **~ engineer** ingeniero(a) *mf* de minas ▸ **the ~ industry** el sector minero

minion ['mɪnjən] n lacayo *m,* subordinado(a) *m,f*

minipill ['mɪnɪpɪl] n = *píldora anticonceptiva sin estrógenos*

mini-series ['mɪnɪsɪəriːz] n TV miniserie *f*

miniskirt ['mɪnɪskɜːt] n minifalda *f*

minister ['mɪnɪstə(r)] ▪ n **1.** POL ministro(a) *m,f* ▸ *BR* **Minister of Defence/Health** ministro de Defensa/Sanidad **2.** REL ministro *m* de la Iglesia
▪ vi **to ~ to sb** ocuparse de alguien ▸ **to ~ to sb's needs** atender las necesidades de alguien

ministerial [mɪnɪ'stɪərɪəl] adj POL ministerial

ministry ['mɪnɪstrɪ] n **1.** POL ministerio *m* ▸ *BR* **the Ministry of Defence/Transport** el Ministerio de Defensa/Transportes **2.** REL **to enter the ~** hacerse sacerdote

mink [mɪŋk] n visón *m* ▸ **a ~ coat** un abrigo de visón

minnow ['mɪnəʊ] n [fish] alevín *m* / *BR* [team, company] comparsa *mf*

minor ['maɪnə(r)] ▪ n LAW menor *mf* (de edad)
▪ adj [lesser] menor / [unimportant] [injury, illness] leve / [role, problem] menor / [detail, repair] pequeño(a) ▸ **of ~ importance** de poca importancia ▸ MUS **~ key** tono *m* menor / SPORT **~ league** = *liga profesional estadounidense de béisbol de menor importancia que la liga nacional* ▸ *Fig* **a ~ league company** una empresa de segunda ▸ MED **~ operation** operación *f* sencilla ▸ *BR* **~ roads** carreteras *fpl* secundarias

Minorca [mɪ'nɔːkə] n Menorca

Minorcan [mɪ'nɔːkən] adj menorquín(ina)

minority [maɪ'nɒrɪtɪ] n **1.** [of total number] minoría *f* ▸ **to be in a** *or* **the ~** ser minoría ▸ FIN **~ interest** participación *f* minoritaria ▸ **~ opinion** opinión *f* de la minoría ▸ **~ party/government** partido *m*/gobierno *m* minoritario **2.** LAW [age] minoría *f* de edad

minstrel ['mɪnstrəl] n juglar *m*

mint¹ [mɪnt] n [plant] menta *f* / [sweet] caramelo *m* de menta ▸ **~ sauce** salsa *f* de menta ▸ **~ tea** [herbal tea] infusión *f* de menta

mint² ▪ n **the (Royal) Mint** ≃ la Casa de la Moneda, *ESP* ≃ la Fábrica Nacional de Moneda y Timbre ▸ *Fam* **to make a ~** montarse en el dólar, *MÉX* llenarse de lana, *RP* llenarse de guita ▸ **in ~ condition** como nuevo(a)
▪ vt [coins] acuñar

minuet [mɪnjʊ'et] n MUS minué *m,* minueto *m*

minus ['maɪnəs] ▪ n [sign] (signo *m*) menos *m* / [negative aspect] desventaja *f,* punto *m* negativo
▪ adj [quantity, number] negativo(a) ▸ SCH **B ~** notable *m* bajo ▸ **the ~ side** la parte negativa ▸ **~ sign** signo *m* menos
▪ prep **ten ~ eight leaves two** diez menos ocho igual a dos ▸ **it's ~ 12 degrees** hace 12 grados bajo cero ▸ **he managed to escape, but ~ his luggage** consiguió escapar, pero sin el equipaje

minuscule ['mɪnəskjuːl] adj minúsculo(a), diminuto(a)

minute¹ ['mɪnɪt] ▪ n **1.** [of time] minuto *m* ▸ **it's ten**

minutes to three son las tres menos diez ▸ **it's ten minutes past three** son las tres y diez ▸ **wait a ~!** ¡espera un momento! ▸ **just a ~** un momento ▸ **go downstairs this ~!** ¡baja ahora mismo! ▸ **the ~ my back was turned she...** en cuanto me di la vuelta, ella... ▸ **he'll be here any ~** llegará en cualquier momento ▸ **it'll be ready in a ~** estará listo en un minuto *or* momento ▸ **I've just popped in for a ~** sólo me quedaré un momento ▸ **until/at the last ~** hasta/en el último momento ▸ **~ hand** [of watch] minutero *m* ▸ **~ steak** filete *m* muy fino **2.** [note] nota *f* ▸ **minutes** [of meeting] acta *f*, actas *fpl*

■ vt [make note of] hacer constar en acta ▸ **the meeting will be minuted** se levantará acta de la reunión

minute[2] [maɪ'nju:t] adj **1.** [small] diminuto(a), minúsculo(a) / [increase, improvement] mínimo(a) **2.** [detailed] [examination] minucioso(a)

minutely [maɪ'nju:tlɪ] adv [to examine] minuciosamente

mips COMPTR (abbr ***million instructions per second***) millón *m* de instrucciones por segundo

miracle ['mɪrəkəl] n milagro *m* ▸ **to perform** *or* **work miracles** hacer milagros ▸ **by a** *or* **some ~** de milagro, milagrosamente ▸ **it's a ~ that...** es un milagro que... ▸ **~ cure** cura *f* milagrosa ▸ **~ worker** persona *f* que hace milagros

miraculous [mɪ'rækjʊləs] adj milagroso(a)

mirage ['mɪrɑ:ʒ] n *also Fig* espejismo *m*

mire [maɪə(r)] n lodo *m*, fango *m*

mirror ['mɪrə(r)] ■ n espejo *m* ▸ *Fig* **to hold a ~ (up) to sth** dar un fiel reflejo de algo ▸ **~ image** [exact copy] reflejo *m* exacto / [reversed image] imagen *f* invertida

■ vt *also Fig* reflejar

mirth [mɜ:θ] n regocijo *m*

mirthless ['mɜ:θlɪs] adj distante, frío(a)

misadventure [mɪsəd'ventʃə(r)] n desventura *f* ▸ LAW **death by ~** muerte *f* accidental

misaligned [mɪsə'laɪnd] adj desalineado(a)

misanthropic [mɪzən'θrɒpɪk] adj misantrópico(a)

misanthropist [mɪ'zænθrəpɪst] n misántropo(a) *m,f*

misanthropy [mɪ'zænθrəpɪ] n misantropía *f*

misapprehension [mɪsæprɪ'henʃən] n malentendido *m*, equívoco *m* ▸ **to be (labouring) under a ~** albergar una falsa impresión

misappropriation ['mɪsəprəʊprɪ'eɪʃən] n [of private funds] apropiación *f* indebida / [of public funds] malversación *f* (de fondos públicos)

misbegotten [mɪsbɪ'gɒtən] adj **1.** [plan, decision, idea] desacertado(a), desafortunado(a) **2.** [person] inútil

misbehave [mɪsbɪ'heɪv] vi (com)portarse mal

misbehaviour, US ***misbehavior*** [mɪsbɪ'heɪvjə(r)] n mala conducta *f*, mal comportamiento *m*

misc (abbr ***miscellaneous***) varios

miscalculate [mɪs'kælkjʊleɪt] vt & vi calcular mal

miscalculation [mɪskælkjʊ'leɪʃən] n error *m* de cálculo

miscarriage [mɪs'kærɪdʒ] n **1.** MED aborto *m* (natural *or* espontáneo) ▸ **to have a ~** abortar de forma natural **2.** LAW **~ of justice** error *m* judicial

miscarry [mɪs'kærɪ] vi **1.** [pregnant woman] abortar de forma natural **2.** [plan] fracasar

miscast [mɪs'kɑ:st] vt **to ~ an actor** dar a un actor un papel poco apropiado

miscellaneous [mɪsə'leɪnɪəs] adj diverso(a)

miscellany [mɪ'selənɪ] n miscelánea *f*

mischief ['mɪstʃɪf] n **1.** [naughtiness] travesura *f* ▸ **to be full of ~** ser un/una travieso(a) ▸ **to get up to ~** hacer travesuras ▸ **to keep sb out of ~** evitar que alguien haga de las suyas **2.** [trouble] problemas *mpl* ▸ **to make ~ (for sb)** crear problemas (a alguien) **3.** *BR Fam Hum* [injury] **to do oneself a ~** hacerse daño

mischievous ['mɪstʃɪvəs] adj [naughty] travieso(a) / [malicious] malicioso(a)

mischievously ['mɪstʃɪvəslɪ] adv [maliciously] maliciosamente ▸ **he smiled ~** [naughtily] sonrió con gesto travieso

misconception [mɪskən'sepʃən] n idea *f* equivocada *or* errónea

misconduct [mɪs'kɒndʌkt] n conducta *f* poco ética

misconstruction [mɪskən'strʌkʃən] n *Formal* **to be open to ~** ser susceptible de malas interpretaciones

misconstrue [mɪskən'stru:] vt malinterpretar

misdeed [mɪs'di:d] n *Formal* fechoría *f*

misdemeanour, US ***misdemeanor*** [mɪsdɪ'mi:nə(r)] n LAW falta *f*

misdiagnose [mɪsdaɪəg'nəʊz] vt MED diagnosticar erróneamente

misdirect [mɪsdɪ'rekt] vt **1.** [person] dar indicaciones equivocadas a ▸ LAW **to ~ the jury** dar instrucciones erróneas al jurado **2.** [letter] mandar a una dirección equivocada

miser ['maɪzə(r)] n avaro(a) *m,f*

miserable ['mɪzərəbəl] adj **1.** [unhappy] triste, infeliz ▸ **to be ~** estar triste, ser infeliz ▸ **to make sb's life ~** amargar la vida a alguien **2.** [unpleasant] lamentable / [weather] horroroso(a) **3.** [wretched] miserable ▸ **I only got a ~ £70** sólo me dieron 70 miserables libras

miserably ['mɪzərəblɪ] adv **1.** [unhappily] tristemente **2.** [wretchedly] miserablemente **3.** [very badly] lamentablemente

miserly ['maɪzəlɪ] adj avariento(a)

misery ['mɪzərɪ] n **1.** [unhappiness] tristeza *f*, infelicidad *f* ▸ **to make sb's life a ~** amargar la vida a alguien ▸ **to put an animal out of its ~** terminar con los sufrimientos de un animal ▸ *Hum* **put him out of his ~!** [by telling him sth] ¡acaba de una vez con sus sufrimientos! **2.** *BR Fam* [person] amargado(a) *m,f*

misery-guts ['mɪzərɪgʌts] n *BR Fam* amargado(a) *m,f*

misfire [mɪs'faɪə(r)] vi [gun] encasquillarse / [plan] fallar

misfit ['mɪsfɪt] n [person] inadaptado(a) *m,f*

misfortune [mɪs'fɔ:tʃən] n desgracia *f*

misgiving [mɪs'gɪvɪŋ] n recelo *m*, duda *f* ▸ **to have misgivings (about sth)** tener recelos (sobre algo) ▸ **to have misgivings about doing sth** tener reparos en hacer algo

misgovern [mɪs'gʌvən] vt gobernar mal

misguided [mɪs'gaɪdɪd] adj [person] confundido(a), equivocado(a) / [advice, decision, attempt] desacertado(a), desafortunado(a) / [energy, belief, idealism] mal encaminado(a) ▸ **to be ~** [person] estar confundido(a) *or* equivocado(a) / [advice, decision, attempt] ser desacertado(a) *or* desafortunado(a) / [energy, belief, idealism] ir mal encaminado(a)

mishandle [mɪs'hændəl] vt [device] manejar mal / [situation] encauzar mal

mishap ['mɪshæp] n contratiempo *m* ▸ **without ~** sin ningún contratiempo

mishear [mɪs'hɪə(r)] (pt & pp **misheard** [mɪs'hɜːd]) vt entender mal

mishmash ['mɪʃmæʃ] n *Fam* batiburrillo *m, AM* menjunge *m*

misinterpret [mɪsɪn'tɜːprɪt] vt malinterpretar

misinterpretation [mɪsɪntɜːprɪ'teɪʃən] n interpretación *f* errónea ▸ **his words are open to ~** sus palabras se prestan a una mala interpretación

misjudge [mɪs'dʒʌdʒ] vt [distance] calcular mal / [person, situation] juzgar mal

misjudg(e)ment [mɪs'dʒʌdʒmənt] n error *m* de apreciación

mislay [mɪs'leɪ] (pt & pp **mislaid** [mɪs'leɪd]) vt extraviar, perder

mislead [mɪs'liːd] (pt & pp **misled** [mɪs'led]) vt engañar ▸ **they misled him into thinking that...** le hicieron creer que...

misleading [mɪs'liːdɪŋ] adj engañoso(a)

mismanage [mɪs'mænɪdʒ] vt administrar *or* gestionar mal

mismanagement [mɪs'mænɪdʒmənt] n mala administración *f,* mala gestión *f*

misnomer [mɪs'nəʊmə(r)] n denominación *f* impropia

misogynist [mɪ'sɒdʒɪnɪst] n misógino(a) *m,f*

misogyny [mɪ'sɒdʒɪnɪ] n misoginia *f*

misplace [mɪs'pleɪs] vt [book, umbrella] extraviar / [trust, confidence] depositar equivocadamente

misprint ['mɪsprɪnt] n errata *f* (de imprenta)

mispronounce [mɪsprə'naʊns] vt pronunciar mal

mispronunciation [mɪsprənʌnsɪ'eɪʃən] n pronunciación *f* incorrecta

misquotation [mɪskwəʊ'teɪʃən] n **1.** [accidental] cita *f* errónea **2.** [deliberate] tergiversación *f*

misquote [mɪs'kwəʊt] vt **1.** [accidentally] citar equivocadamente **2.** [deliberately] [person] tergiversar las palabras de / [words] tergiversar

misread [mɪs'riːd] (pt & pp **misread** [mɪs'red]) vt **1.** [notice, timetable] leer mal **2.** [misinterpret] malinterpretar

misrepresent [mɪsreprɪ'zent] vt [person] tergiversar las palabras de / [words, facts] deformar, tergiversar

misrepresentation [mɪsreprɪzen'teɪʃən] n deformación *f,* tergiversación *f*

misrule [mɪs'ruːl] n desgobierno *m*

Miss [mɪs] n señorita *f* ▸ **~ Jones** la señorita Jones ▸ **~ World** Miss Mundo

miss [mɪs] ■ n *ESP* fallo *m, AM* falla *f* ▸ *Fam* **I think I'll give the cake/film a ~** creo que voy a pasar de tomar tarta/ver la película

■ vt **1.** [target] no acertar en / [shot, penalty] *ESP* fallar, *AM* errar / [bus, train, chance] perder / [film, TV programme] perderse ▸ *Fig* **to ~ the boat** [miss opportunity] perder el tren ▸ **you've just missed him** se acaba de marchar ▸ **you haven't missed much!** no te has perdido mucho ▸ **you can't ~ the house** la casa no tiene pérdida ▸ **you can't ~ the turning** [in city] no puedes confundirte de bocacalle ▸ **the boss doesn't ~ a thing** al jefe no se le pasa *or* escapa nada **2.** [not hear] [question, remark] no oír, perderse ▸ **to ~ the point** no entender bien **3.** [omit] [word, line] saltarse **4.** [avoid] **the car just missed me** el coche *or AM* carro *or CSUR* auto no me atropelló por poco ▸ **she just missed being killed** por poco se mata **5.** [feel lack of] echar de menos, *esp AM* extrañar ▸ **I ~ you** te echo de menos, *esp AM* te extraño **6.** [lack] **the table's missing one of its legs** a la mesa le falta una pata

■ vi **1.** [miss target] **he shot at me, but missed** me disparó, pero no me dio *or* pero erró **2.** [be absent] **to be missing** faltar ▸ **nothing is missing** no falta nada

◆ ***miss out*** ■ vt sep [omit] pasar por alto, omitir

■ vi [not benefit] **to ~ out on sth** perderse algo

missal ['mɪsəl] n REL misal *m*

misshapen [mɪs'ʃeɪpən] adj deforme

missile ['mɪsaɪl, *US* 'mɪsəl] n [rocket] misil *m* / [object thrown] proyectil *m* ▸ **~ launcher** lanzamisiles *m inv*

missing ['mɪsɪŋ] adj [lost] perdido(a) / [absent] ausente ▸ **to be ~** [person, thing] faltar ▸ **find the ~ word** encuentra la palabra que falta ▸ **~ link** eslabón *m* perdido ▸ **~ person** desaparecido(a) *m,f*

mission ['mɪʃən] n **1.** [task] misión *f* ▸ **~ control** centro *m* de control ▸ COM **~ statement** declaración *f* de (la) misión, misión *f* **2.** [delegation] delegación *f* **3.** REL misión *f* ▸ **~ station** misión *f*

missionary ['mɪʃənərɪ] n REL misionero(a) *m,f* ▸ **~ position** [sexual] postura *f* del misionero

missis ➤ ***missus***

missive ['mɪsɪv] n *Formal* misiva *f*

misspell ['mɪs'spel] (pt & pp **misspelt** ['mɪs'spelt]) vt escribir incorrectamente

misspent ['mɪs'spent] adj **a ~ youth** una juventud malgastada *or* desaprovechada

missus, missis ['mɪsɪz] n *BR Fam* [wife] **the ~** la parienta, *MÉX* la vieja, *RP* la doña

mist [mɪst] n [fog] neblina *f* / [condensation] vaho *m* ▸ **sea ~** bruma *f* ▸ **the mists of time** la noche de los tiempos

◆ ***mist over*** vi [mirror, eyes] empañarse

◆ ***mist up*** vi [mirror, glasses] empañarse

mistake [mɪs'teɪk] ■ n error *m,* equivocación *f* ▸ **to make a ~** cometer un error ▸ **make no ~** puedes estar seguro(a) ▸ **by ~** por error *or* equivocación ▸ *Fam* **this is**

hard work and no ~! no cabe duda de que es un trabajo duro

■ vt (pt **mistook** [mɪs'tʊk], pp **mistaken** [mɪs'teɪkən]) **1.** [misunderstand] interpretar mal ▸ **I mistook her intentions** interpreté mal sus intenciones **2.** [confuse] confundir (**for** con) ▸ **I mistook him for someone else** lo confundí con otra persona ▸ **there's no mistaking a voice like that!** ¡esa voz es inconfundible!

mistak(e)able [mɪs'teɪkəbəl] adj confundible (**for** por)

mistaken [mɪs'teɪkən] adj [belief, impression] equivocado(a), erróneo(a) ▸ **to be ~** [person] estar equivocado(a)

Mister ['mɪstə(r)] n señor *m* ▸ **~ Jones** el señor Jones

mistime [mɪs'taɪm] vt **to ~ sth** hacer algo a destiempo

mistletoe ['mɪsəltəʊ] n muérdago *m*

mistranslate [mɪstræns'leɪt] vt traducir erróneamente

mistranslation [mɪstræns'leɪʃən] n error *m* de traducción, mala traducción *f*

mistreat [mɪs'tri:t] vt maltratar

mistress ['mɪstrɪs] n **1.** [of servant, house] señora *f*, ama *f* **2.** [woman teacher] [in primary school] señorita *f*, maestra *f* / [in secondary school] profesora *f* **3.** [lover] querida *f*, amante *f*

mistrial [mɪs'traɪəl] n LAW juicio *m* nulo

mistrust [mɪs'trʌst] ■ n desconfianza *f*

■ vt desconfiar de

mistrustful [mɪs'trʌstfʊl] adj desconfiado(a) ▸ **to be ~ of...** desconfiar de...

misty ['mɪstɪ] adj [place, weather] neblinoso(a) / [at sea or seaside] brumoso(a) / [form] borroso(a)

misunderstand [mɪsʌndə'stænd] (pt & pp **misunderstood** [mɪsʌndə'stʊd]) vt entender mal

misunderstanding [mɪsʌndə'stændɪŋ] n **1.** [misconception] malentendido *m*, confusión *f* ▸ **there's been a ~ about the time** ha habido un malentendido con la hora **2.** [disagreement] desacuerdo *m*, diferencias *fpl*

misuse ■ n [mɪs'ju:s] uso *m* indebido

■ vt [mɪs'ju:z] usar indebidamente

mite [maɪt] n **1.** [bug] ácaro *m* **2.** *Fam* [child] criatura *f* ▸ **poor little ~!** ¡pobre criaturita! **3.** *Fam* [a little bit] **it's a ~ expensive** es un poquitín *or ESP* pelín caro

miter *US* ➤ ***mitre***

mitigate ['mɪtɪgeɪt] vt [effect, suffering] atenuar, mitigar / [pain] aliviar, mitigar ▸ LAW **mitigating circumstances** circunstancias *fpl* atenuantes

mitigation [mɪtɪ'geɪʃən] n atenuación *f* ▸ LAW **in ~** como atenuante

mitre, *US* ***miter*** ['maɪtə(r)] n REL mitra *f*

mitt [mɪt] n **1.** [mitten] manopla *f* ▸ *US* **baseball ~** guante *m* de béisbol **2.** *Fam* [hand] **mitts** garras *fpl*, *ESP* zarpas *fpl*

mitten ['mɪtən] n [glove] manopla *f* / [fingerless] mitón *m*

mix [mɪks] ■ n [gen] & MUS mezcla *f*

■ vt mezclar / (drink] preparar ▸ **to ~ business with pleasure** mezclar el placer con los negocios

■ vi **1.** [blend] mezclarse / [combine well] compaginar bien **2.** [socially] relacionarse (**with** con)

◆ ***mix up*** vt sep **1.** [ingredients] mezclar **2.** [confuse] [one's papers] revolver, desordenar / [people, dates] confundir **3.** *Fam* [in situation, relationship] **to be mixed up in sth** andar metido(a) en algo ▸ **to get mixed up with sb** liarse con alguien

mix-and-match ['mɪksən'mætʃ] adj **~ clothes** coordinados *mpl*

mixed ['mɪkst] adj [assorted] variado(a) ▸ **it was a ~ blessing** tuvo su lado bueno y su lado malo ▸ *Fam* **it was a ~ bag** había de todo ▸ **to have ~ feelings (about sth)** tener sentimientos contradictorios (respecto a algo) ▸ **~ doubles** [in tennis] dobles *mpl* mixtos ▸ **~ grill/salad** parrillada *f*/ensalada *f* mixta ▸ **~ marriage** = *matrimonio entre personas de distintas razas o religiones* ▸ *BR* **~ school** [coeducational] colegio *m* mixto

mixed-media ['mɪkst'mi:dɪə] adj ART multimedia *inv*

mixed-up [mɪks'tʌp] adj *Fam* [person] desorientado(a), confuso(a)

mixer ['mɪksə(r)] n **1.** [for cooking] batidora *f* **2.** [in drink] refresco *m (para mezcla alcohólica)* **3.** [socially] **to be a good ~** ser muy abierto(a) con la gente **4.** *BR* **~ tap** (grifo *m or CHILE, COL, MÉX* llave *f or RP* canilla *f*) monomando *m*

mixing ['mɪksɪŋ] n **~ bowl** cuenco *m*, bol *m* ▸ CIN & MUS **~ desk** mesa *f* de mezclas

mixing bowl ['mɪksɪŋ'bəʊl] n cuenco *m*, bol *m*

mixture ['mɪkstʃə(r)] n mezcla *f*

mix-up ['mɪksʌp] n confusión *f* ▸ **there was a ~ over the dates** hubo una confusión con las fechas

mktg COM (abbr ***marketing***) marketing *m*

ml (abbr ***millilitre(s)***) ml, mililitro *m*

MLR [emel'ɑ:(r)] n FIN (abbr ***minimum lending rate***) tipo *m* activo mínimo de interés, *AM* tasa *f* activa mínima de interés

mm (abbr ***millimetre(s)***) mm, milímetro *m*

mnemonic [nɪ'mɒnɪk] n recurso *m* mnemotécnico

moan [məʊn] ■ n **1.** [sound] gemido *m* **2.** [complaint] queja *f*

■ vi **1.** [make sound] gemir **2.** [complain] quejarse (**about** de)

moaner ['məʊnə(r)] n quejica *mf*, *AM* quejoso(a) *m,f*

moat [məʊt] n foso *m*

mob [mɒb] ■ n [crowd] turba *f*, horda *f* ▸ *Fam* **the Mob** [the Mafia] la Mafia ▸ **~ rule** la ley de la calle

■ vt (pt & pp **mobbed**) **to be mobbed by fans** ser asediado(a) por una multitud de admiradores

mobile ['məʊbaɪl] ■ n **1.** [hanging ornament] móvil *m* **2.** *Fam* [mobile phone] móvil *m*, *AM* celular *m*

■ adj móvil ▸ **~ home** [caravan] caravana *f*, *RP* casa *f* rodante ▸ **~ phone** teléfono *m* móvil *or AM* celular

mobility [məʊ'bɪlɪtɪ] n movilidad *f*

mobilize ['məʊbɪlaɪz] vt [troops, support] movilizar

mobster ['mɒbstə(r)] n *US Fam* gángster *m*

moccasin ['mɒkəsɪn] n mocasín *m*

mocha ['mɒkə] ■ n [type of coffee] (café *m*) moca *f* / [flavour] moca *f*
■ adj [coffee, flavour] de moca

mock [mɒk] ■ adj fingido(a), simulado(a) ▸ **~ battle** simulacro *m* de batalla ▸ *BR* SCH **~ examination** examen *m* de prueba
■ vt [ridicule] burlarse de

mockery ['mɒkərɪ] n **1.** [ridicule] burlas *fpl* **2.** [travesty] farsa *f* ▸ **to make a ~ of sth/sb** poner algo/a alguien en ridículo

mockingbird ['mɒkiŋbɜ:d] n sinsonte *m*

mock-up ['mɒkʌp] n reproducción *f*, modelo *m* *(de tamaño natural)*

MOD [eməʊ'di:] n *BR* (abbr ***Ministry of Defence***) Ministerio *m* de Defensa

modal ['məʊdəl] ■ n verbo *m* modal
■ adj **~ verb** verbo *m* modal

mod cons ['mɒd'kɒnz] npl *BR Fam* **with all ~** con todas las comodidades

mode [məʊd] n **1.** [manner] modo *m* ▸ **~ of transport** medio *m* de transporte **2.** COMPTR & TECH modalidad *f*, función *f* **3.** MATH moda *f*

model ['mɒdəl] ■ n **1.** [small version] maqueta *f* ▸ **~ aircraft** maqueta de avión ▸ **~ kit** kit *m* de montaje **2.** [example] modelo *m* ▸ **this is our latest ~** este es nuestro último modelo **3.** [paragon] modelo *m* ▸ **to take sb as one's ~** tomar a alguien como modelo ▸ **~ pupil** alumno(a) *m,f* modélico(a) *or* modelo **4.** [person] [fashion model, for artist] modelo *mf*
■ vt (pt & pp **modelled,** *US* **modeled**) **1. to ~ oneself on sb** seguir el ejemplo de alguien **2.** COMPTR simular por *ESP* ordenador *or AM* computadora
■ vi [artist's model] posar / [fashion model] hacer *or* trabajar de modelo

modelling, *US* ***modeling*** ['mɒdəlɪŋ] n **1.** [of model planes, boats] **he's into ~** su hobby es hacer maquetas **2.** [in fashion show, for magazine] trabajo *m* de modelo **3.** COMPTR modelado *m*

modem ['məʊdem] n COMPTR módem *m*

moderate ['mɒdərɪt] ■ n POL moderado(a) *m,f*
■ adj moderado(a) ▸ **to be a ~ drinker** beber *or AM* tomar moderadamente
■ vt ['mɒdəreɪt] [one's demands, zeal] moderar
■ vi *Formal* [at meeting] moderar, hacer de moderador

moderately ['mɒdərɪtlɪ] adv [to eat, drink] moderadamente, con moderación / [reasonably] medianamente, moderadamente

moderation [mɒdə'reɪʃən] n moderación *f* ▸ **in ~** con moderación

modern ['mɒdən] adj moderno(a) ▸ **~ languages** lenguas *fpl* modernas

modernism ['mɒdənɪzəm] n modernismo *m*

modernist ['mɒdənɪst] n & adj modernista *mf*

modernity [mɒ'dɜ:nɪtɪ] n modernidad *f*

modernization [mɒdənaɪ'zeɪʃən] n modernización *f*

modernize ['mɒdənaɪz] ■ vt modernizar
■ vi modernizarse

modest ['mɒdɪst] adj **1.** [not boastful] modesto(a) **2.** [moderate] [requirement, increase] modesto(a), moderado(a) **3.** [chaste] recatado(a)

modestly ['mɒdɪstlɪ] adv **1.** [not boastfully] modestamente **2.** [moderately] moderadamente **3.** [chastely] recatadamente

modesty ['mɒdɪstɪ] n **1.** [humility] modestia *f* ▸ **false ~** falsa modestia **2.** [moderation] [of requirement, increase] modestia *f*, moderación *f* **3.** [chastity] recato *m*

modicum ['mɒdɪkəm] n **a ~ of...** un mínimo de...

modification [mɒdɪfɪ'keɪʃən] n modificación *f* ▸ **to make modifications to sth** modificar algo

modify ['mɒdɪfaɪ] vt modificar

modular ['mɒdjʊlə(r)] adj por módulos

modulate ['mɒdjʊleɪt] vt modular

modulation [mɒdjʊ'leɪʃən] n modulación *f*

module ['mɒdju:l] n módulo *m*

modus operandi ['məʊdəsɒpə'rændaɪ] n *Formal* modus *m* operandi

mogul ['məʊgəl] n [magnate] magnate *mf*

mohair ['məʊheə(r)] n mohair *m* ▸ **~ sweater** suéter *m* or *ESP* jersey *m or COL* saco *m or RP* pulóver *m* de mohair

Mohammed [məʊ'hæmɪd] pr n Mahoma

moist [mɔɪst] adj húmedo(a)

moisten ['mɔɪsən] vt humedecer

moisture ['mɔɪstʃə(r)] n humedad *f*

moisturize ['mɔɪstʃəraɪz] vt [skin] hidratar

moisturizer ['mɔɪstʃəraɪzə(r)] n crema *f* hidratante

molar ['məʊlə(r)] n muela *f*, molar *m*

molasses [mə'læsɪz] n melaza *f*

mold, molder etc *US* ➤ ***mould, moulder*** etc

Moldavia [mɒl'deɪvɪə], ***Moldova*** [mɒl'dəʊvə] n Moldavia

Moldavian [mɒl'deɪvɪən], ***Moldovan*** [mɒl'dəʊvən] n & adj moldavo(a) *m,f*

mole[1] [məʊl] n [birthmark] lunar *m*

mole[2] n [animal, spy] topo *m*

molecular [mə'lekjʊlə(r)] adj molecular

molecule ['mɒlɪkju:l] n molécula *f*

molehill ['məʊlhɪl] n topera *f*

moleskin ['məʊlskɪn] ■ n [fur] piel *f* de topo / [cotton fabric] piel *f* de melocotón
■ adj de piel de melocotón

molest [mə'lest] vt [pester] molestar, importunar / [sexually] abusar (sexualmente) de

molestation [mɒle'steɪʃən] n **1.** [sexual] abuso *m* sexual **2.** [pestering] hostigamiento *m* / [more violently] agresión *f*

mollify ['mɒlɪfaɪ] vt apaciguar

mollusc, *US* ***mollusk*** ['mɒləsk] n molusco *m*

mollycoddle ['mɒlɪkɒdəl] vt *Fam* mimar

molten ['məʊltən] adj fundido(a)

mom [mɒm] n *US Fam* mamá *f*, mami *f*

moment ['məʊmənt] n **1.** [instant] momento *m* ▸ **a ~ ago** hace un momento ▸ **at the ~** [right now] en este momento / [these days] actualmente ▸ **at the last ~** en el último momento ▸ **for the ~** por el momento ▸ **in a ~** enseguida ▸ **at any ~** en cualquier momento ▸ **wait a ~!, one ~!** ¡espera un momento! ▸ **I haven't a ~ to spare** no tengo ni un minuto ▸ **tell him the ~ he arrives** díselo en cuanto llegue ▸ **without a moment's hesitation** sin dudarlo un momento ▸ **to live for the ~** vivir el presente ▸ **the man of the ~** el hombre del momento ▸ **the ~ of truth** la hora de la verdad ▸ **he has his moments** tiene sus buenos golpes ▸ **the book has its moments** el libro tiene sus (buenos) momentos **2.** [importance] **of great/little ~** de mucha/poca importancia

momentary ['məʊməntərɪ] adj momentáneo(a)

momentous [məʊ'mentəs] adj muy importante, trascendental

momentum [məʊ'mentəm] n PHYS momento *m* (lineal) ▸ **to gather/lose ~** [car, campaign] cobrar/perder impulso

Mon (abbr ***Monday***) lunes *m inv*

Monaco ['mənɑːkəʊ] n Mónaco

monarch ['mɒnək] n monarca *mf*

monarchist ['mɒnəkɪst] n monárquico(a) *m,f*

monarchy ['mɒnəkɪ] n monarquía *f*

monastery ['mɒnəstrɪ] n monasterio *m*

monastic [mə'næstɪk] adj monástico(a)

monasticism [mə'næstɪsɪzəm] n vida *f* monástica

Monday ['mʌndɪ] n lunes *m inv* / *see also* ***Saturday***

monetarism ['mʌnɪtərɪzəm] n monetarismo *m*

monetarist ['mʌnɪtərɪst] n & adj monetarista *mf*

monetary ['mʌnɪtərɪ] adj monetario(a) ▸ **~ policy** política *f* monetaria ▸ **~ policy committee** comité *m* de política monetaria

money ['mʌnɪ] n dinero *m* ▸ **to do sth for ~** hacer algo por dinero ▸ **to make ~** [person] ganar *or* hacer dinero / [business] dar dinero ▸ **to be worth a lot of ~** [thing] valer mucho dinero / [person] tener mucho dinero ▸ **there's no ~ in it** no es un buen negocio ▸ *Fam* **to be in the ~** haber ganado mucha plata, *ESP* haberse hecho con un montón de pasta, *MÉX* haber hecho un chorro de lana, *RP* haber juntado un toco de guita ▸ **we really got our money's worth** desde luego, valía la pena pagar ese dinero ▸ *BR Fam* **it was ~ for old rope** era dinero fácil ▸ **the Government must put its ~ where its mouth is** el Gobierno debe demostrar con hechos lo que mantiene ▸ *Fam* **to spend ~ like water** gastar dinero a espuertas *or AM* a patadas ▸ *Fam* **~ doesn't grow on trees!** ¡el dinero no se encuentra así como así!, *RP* ¡la plata no cae del cielo! ▸ **for my ~...** para mí..., en mi opinión... ▸ **~ belt** = *cinturón donde se puede guardar el dinero* ▸ FIN **~ market** mercado *m* monetario ▸ ECON **~ supply** oferta *f or* masa *f* monetaria

money-back ['mʌnɪ'bæk] n **~ guarantee** garantía *f* de devolución del dinero si el producto no es satisfactorio

moneybags ['mʌnɪbægz] n *Fam* [person] ricachón(ona) *m,f*

moneybox ['mʌnɪbɒks] n *ESP* hucha *f*, *esp AM* alcancía *f*

moneyed ['mʌnɪd] adj adinerado(a), pudiente

money-grubbing ['mʌnɪgrʌbɪŋ] adj *Fam* tacaño(a), rata

moneylender ['mʌnɪlendə(r)] n prestamista *mf*

moneymaker ['mʌnɪmeɪkə(r)] n [shop, business, product] negocio *m* rentable

moneymaking ['mʌnɪmeɪkɪŋ] adj rentable, lucrativo(a)

Mongol ['mɒŋgəl] HIST ■ n mongol(ola) *m,f* ■ adj mongol(ola) ▸ **the ~ Hordes** las hordas mongolas

mongol ['mɒŋgəl] n *Old-fashioned* [person with Down's Syndrome] mongólico(a) *m,f*

Mongolia [mɒŋ'gəʊlɪə] n Mongolia

Mongolian [mɒŋ'gəʊlɪən] n & adj mongol(ola) *m,f*

mongoose ['mɒŋguːs] n mangosta *f*

mongrel ['mʌŋgrəl] n [dog] perro *m* cruzado

monitor ['mɒnɪtə(r)] ■ n **1.** [supervisor] supervisor(ora) *m,f* **2.** TV pantalla *f* / COMPTR monitor *m* ■ vt controlar

monk [mʌŋk] n monje *m*

monkey ['mʌŋkɪ] n **1.** [animal] mono *m* ▸ *Fam* **to make a ~ out of sb** tomarle el pelo a alguien ▸ *BR Fam* **I don't give a monkey's** me importa un pito ▸ *Fam* **~ business** bribonadas *fpl* ▸ *BR* **~ nut** *ESP* cacahuete *m*, *AM* maní *m*, *CAM, MÉX* cacahuate *m* ▸ **~ puzzle tree** araucaria *f* ▸ *US* **~ wrench** llave *f* inglesa **2.** [naughty child] diablillo *m*

◆ ***monkey about, monkey around*** vi *Fam* [fool around] hacer el indio (**with** con)

monkfish ['mʌŋkfɪʃ] n rape *m*

mono ['mɒnəʊ] n **in ~** [sound recording] en mono(aural)

monochrome ['mɒnəkrəʊm] adj ART monocromo(a), monocromático(a) / PHOT en blanco y negro

monocle ['mɒnəkəl] n monóculo *m*

monogamous [mɒ'nɒgəməs] adj monógamo(a)

monogamy [mɒ'nɒgəmɪ] n monogamia *f*

monogram ['mɒnəgræm] n monograma *m*

monograph ['mɒnəgræf] n monografía *f*

monolingual [mɒnəʊ'lɪŋgwəl] adj monolingüe

monolith ['mɒnəlɪθ] n monolito *m*

monolithic [mɒnə'lɪθɪk] adj monolítico(a)

monologue ['mɒnəlɒg] n monólogo *m*

monopolistic [mənɒpə'lɪstɪk] adj monopolístico(a)

monopolization [mənɒpəlaɪ'zeɪʃən] n [of market] monopolización *f* / [of conversation, attention] monopolización *f*

monopolize [mə'nɒpəlaɪz] vt monopolizar ▸ *Fig* **she monopolized him for the evening** lo acaparó *or* monopolizó toda la noche

monopoly [mə'nɒpəlɪ] n *also Fig* monopolio *m* ▸ **to have a ~ on sth** tener el monopolio *or* la exclusiva de algo

monorail ['mɒnəʊreɪl] n monorraíl *m*

monosemic [mɒnə'siːmɪk] adj LING monosémico(a)

monosyllabic [mɒnəʊsɪ'læbɪk] adj [word] monosílabo(a), monosilábico(a) / [person, reply] lacónico(a)

monosyllable ['mɒnəʊsɪləbəl] n monosílabo *m*

monotheism ['mɒnəθɪɪzəm] n monoteísmo *m*

monotone ['mɒnətəʊn] n **to speak in a ~** hablar con voz monótona

monotonous [mə'nɒtənəs] adj monótono(a)

monotony [mə'nɒtənɪ] n monotonía *f*

Monsignor [mɒn'si:njə(r)] n monseñor *m*

monsoon [mɒn'su:n] n monzón *m*

monster ['mɒnstə(r)] ■ n monstruo *m*
■ adj *Fam* [enormous] monstruoso(a)

monstrosity [mɒn'strɒsɪtɪ] n monstruosidad *f*

monstrous ['mɒnstrəs] adj [repugnant, enormous] monstruoso(a) ▸ **it is ~ that...** es una monstruosidad que...

monstrously ['mɒnstrəslɪ] adv monstruosamente

montage [mɒn'tɑ:ʒ] n CIN & PHOT montaje *m*

month [mʌnθ] n mes *m* ▸ **in the ~ of August** en el mes de agosto ▸ **in the summer/winter months** en los meses de verano/invierno ▸ **a ~ ago** hace un mes ▸ **a ten-~-old baby** un bebé *or ANDES* una guagua *or RP* un nene de diez meses ▸ **once a ~** una vez al mes ▸ *Fam* **never in a ~ of Sundays** ni aunque viva cien años

monthly ['mʌnθlɪ] ■ n [magazine] revista *f* mensual
■ adj mensual ▸ **~ instalment** plazo *m* mensual ▸ **~ payment** mensualidad *f*
■ adv mensualmente

Montreal [mɒntri:'ɔ:l] n Montreal

Montserrat [mɒntsə'ræt] n (la isla de) Monserrat

monument ['mɒnjʊmənt] n monumento *m*

monumental [mɒnjʊ'mentəl] adj [large, impressive] monumental ▸ **of ~ significance** de enorme trascendencia ▸ **~ ignorance** ignorancia *f* supina

moo [mu:] ■ n (pl **moos**) mugido *m* ▸ **~!** ¡mu!
■ vi mugir

mooch [mu:tʃ] ◆ ***mooch about, mooch around*** vi *Fam* zascandilear, zangolotear

mood [mu:d] n **1.** [state of mind] humor *m* ▸ **the ~ of the public/electorate** el sentir del gran público/del electorado ▸ **to be in a good/bad ~** estar de buen/mal humor ▸ **she's in one of her moods** está otra vez de mal humor ▸ **I'm not in the ~ (for)** no estoy de humor (para) ▸ **he's in no ~ for jokes** no está de humor para chistes ▸ **~ swing** cambio *m* repentino de humor **2.** GRAM modo *m*

moodily ['mu:dɪlɪ] adv malhumoradamente

moodiness ['mu:dɪnɪs] n **1.** [sulkiness] mal humor **2.** [changeability] volubilidad *f*, cambios *mpl* de humor

moody ['mu:dɪ] adj **1.** [sulky] malhumorado(a) ▸ **to be ~** [permanently] tener mal humor / [temporarily] estar malhumorado(a) *or* de mal humor **2.** [changeable] voluble, variable

moon [mu:n] ■ n luna *f* ▸ **the Moon** la Luna ▸ *Fam* **to ask for the ~** pedir la luna ▸ *Fam* **to promise sb the ~** prometer a alguien el oro y el moro ▸ *Fam* **to be over the ~** estar encantado(a) ▸ **~ landing** alunizaje *m*
■ vi *Fam* [expose one's buttocks] enseñar el culo

◆ ***moon about, moon around*** vi vagar, andar mirando a las musarañas

moonbeam ['mu:nbi:m] n rayo *m* de luna

moonlight ['mu:nlaɪt] ■ n luz *f* de la luna ▸ **in the ~, by ~** a la luz de la luna ▸ *BR Fam* **to do a ~ flit** escaparse de noche
■ vi *Fam* [work illegally] estar pluriempleado(a)

moonlighting ['mu:nlaɪtɪŋ] n *Fam* pluriempleo *m*

moonlit ['mu:nlɪt] adj iluminado(a) por la luna

moonshine ['mu:nʃaɪn] n *Fam* **1.** [nonsense] sandeces *fpl* **2.** *US* [illegal alcohol] = *alcohol destilado ilegalmente*

Moor [mʊə(r)] n moro(a) *m,f*

moor [1] [mʊə(r)] n [heath] páramo *m*

moor [2] vt [ship] atracar

moorhen ['mɔ:hen] n **1.** [water bird] polla *f* de agua **2.** [grouse] [black] gallo *m* lira / [red grouse] lagópodo *m* escocés hembra

mooring ['mʊərɪŋ] n [place] atracadero *m* ▸ **moorings** amarras *fpl*

Moorish ['mʊərɪʃ] adj moro(a)

moorland ['mʊələnd] n páramo *m*

moose [mu:s] (pl **moose**) n [elk] alce *m*

moot [mu:t] ■ adj **it's a ~ point** es discutible
■ vt [propose, suggest] **it was mooted that...** se sugirió que...

mop [mɒp] ■ n [for floor] fregona *f* ▸ *Fam* **a ~ of hair** una mata de pelo
■ vt (pt & pp **mopped**) **to ~ the floor** fregar el suelo, pasarle la fregona al suelo ▸ **to ~ one's brow** enjugarse la frente

◆ ***mop up*** vt sep [liquid] limpiar, enjugar / *Fig* [enemy forces] terminar con, limpiar

mope [məʊp] ◆ ***mope about, mope around*** vi andar como alma en pena

moped ['məʊped] n [motorbike] ciclomotor *m*

mopping-up operation ['mɒpɪŋ'ʌpɒpə'reɪʃən] n [of enemy forces] operación *f* de limpieza

moral ['mɒrəl] ■ n **1.** [of story] moraleja *f* **2. morals** moral *f*, moralidad *f*
■ adj moral ▸ **to give sb ~ support** dar apoyo moral a alguien ▸ **he is lacking in ~ fibre** carece de solidez *or* talla moral ▸ **the ~ majority** la mayoría moral ▸ **~ victory** victoria *f* moral

morale [mɒ'rɑ:l] n moral *f* ▸ **his ~ is very low/high** tiene la moral muy baja/alta ▸ **to be good/bad for ~** ser bueno/malo para la moral ▸ **a ~ booster** una inyección de moral

moralist ['mɒrəlɪst] n moralista *mf*

moralistic [mɒrə'lɪstɪk] adj moralista

morality [mə'rælɪtɪ] n moralidad *f*

moralize ['mɒrəlaɪz] vi moralizar

moralizing ['mɒrəlaɪzɪŋ] ■ n moralización *f*
■ adj moralizador(ora), moralizante

morally ['mɒrəlɪ] adv moralmente ▸ **~ right/wrong** moralmente aceptable/inaceptable

morass [mə'ræs] n [marsh] pantano *m*, cenagal *m* / *Fig* [of detail, despair] marasmo *m*, laberinto *m*

moratorium [mɒrə'tɔ:rɪəm] (pl **moratoriums** *or* **moratoria** [mɒrə'tɔ:rɪə]) n moratoria *f* (**on** en)

morbid ['mɔːbɪd] adj morboso(a)

morbidly ['mɔːbɪdlɪ] adv morbosamente

mordant ['mɔːdənt] adj *Formal* [sarcasm, wit] mordaz

more [mɔː(r)] (comparative of **many, much**) ■ pron más ▸ **there are ~ of us** nosotros somos más ▸ **there's no ~** ya no hay *or* queda más ▸ **do you want (any** *or* **some) ~?** ¿quieres más? ▸ **what ~ can I say?** ¿qué más puedo decir? ▸ **he knows ~ than you (do)** él sabe más que tú ▸ **we should see ~ of each other** deberíamos vernos más ▸ **it's just ~ of the same** es más de lo mismo ▸ **what is ~,...** lo que es más,... ▸ **let us say no ~ about it** el asunto queda olvidado ▸ **the ~ I hear about this, the less I like it** cuanto más sé del asunto, menos me gusta

■ adj más ▸ **~ water/children** más agua/niños ▸ **~ than a hundred people** más de cien personas ▸ **one ~ week** una semana más ▸ **is there any ~ bread?** ¿hay *or* queda más pan? ▸ **to have some ~ wine** tomar un poco más de vino ▸ **I have no ~ money** no me queda dinero ▸ **there are ~ and ~ accidents** cada vez hay más accidentes ▸ **there are two ~ questions to go** quedan dos preguntas (más)

■ adv **1.** [to form comparative of adjective or adverb] más ▸ **~ interesting (than)** más interesante (que) ▸ **he became ~ and ~ drunk** cada vez estaba más borracho ▸ **this made things all the ~ difficult** esto *ESP* ponía *or* *AM* hacía las cosas aún más difíciles ▸ **~ easily** más fácilmente **2.** [with verbs] [to eat, exercise] más ▸ **I would think ~ of her if...** tendría mejor opinión de ella si... ▸ **(the) more's the pity** es una lástima ▸ **he was ~ surprised than annoyed** más que molesto estaba sorprendido ▸ **I'm ~ than satisfied** estoy más que satisfecho ▸ **I like her ~ than I used to** me cae mejor que antes ▸ **that's ~ like it!** ¡eso está mejor! ▸ **~ or less** más o menos **3.** [in time] **once ~** una vez más, otra vez ▸ **he doesn't drink any ~** ha dejado la bebida ▸ *Euph* **he is no ~** ha pasado a mejor vida

morello [mə'reləʊ] (pl **morellos**) n **~ (cherry)** guinda *f*

moreover [mɔː'rəʊvə(r)] adv además, (lo que) es más

mores ['mɔːreɪz] npl *Formal* costumbres *fpl*

morgue [mɔːg] n depósito *m* de cadáveres ▸ *Fig* **this place is like a ~** este sitio parece un entierro

moribund ['mɒrɪbʌnd] adj agonizante, moribundo(a)

Mormon ['mɔːmən] n REL mormón(ona) *m,f*

morn [mɔːn] n *Literary* mañana *f*

morning ['mɔːnɪŋ] n mañana *f* ▸ **this ~** esta mañana ▸ **tomorrow ~** mañana por la mañana ▸ **yesterday ~** ayer por la mañana ▸ **the next ~, the ~ after** la mañana siguiente ▸ **the ~ before** la mañana anterior ▸ **the ~ after (the night before)** la resaca (de la noche anterior) ▸ **~, noon and night** (mañana,) día y noche ▸ **(early) in the ~** por la mañana (temprano) ▸ **on Wednesday ~** el miércoles por la mañana ▸ **good ~!**, *Fam* **~!** ¡buenos días! ▸ **~ dress** chaqué *m* ▸ **~ sickness** náuseas *fpl* matutinas del embarazo ▸ **~ star** lucero *m* del alba

morning-after pill ['mɔːnɪŋ'ɑːftəpɪl] n píldora *f* del día siguiente

Moroccan [mə'rɒkən] n & adj marroquí *mf*

Morocco [mə'rɒkəʊ] n Marruecos

moron ['mɔːrɒn] n *Fam* subnormal *mf*, *AM* zonzo(a) *m,f*

moronic [mə'rɒnɪk] adj *Fam* [person] subnormal, *AM* zonzo(a) / [expression, behaviour] de subnormal, *AM* zonzo(a) ▸ **a ~ comment** una memez

morose [mə'rəʊs] adj hosco(a), huraño(a)

morphine ['mɔːfiːn] n morfina *f*

morrow ['mɒrəʊ] n **1.** *Literary* [next day] día *m* siguiente ▸ **on the ~** mañana, al siguiente día **2.** *Archaic or Literary* [morning] mañana *f*

Morse [mɔːs] n **in ~** en (código) morse ▸ **~ code** código *m* morse

morsel ['mɔːsəl] n pedacito *m*

mortal ['mɔːtəl] ■ n mortal *mf* ▸ *Ironic* **he doesn't speak to mere mortals like us!** ¡no habla con los simples mortales como nosotros!

■ adj mortal ▸ **~ enemy** enemigo *m* mortal ▸ **~ remains** restos *mpl* mortales ▸ **~ sin** pecado *m* mortal ▸ **~ wound** herida *f* mortal

mortality [mɔː'tælɪtɪ] n [of person, death rate] mortalidad *f*

mortally ['mɔːtəlɪ] adv **~ wounded** herido(a) de muerte ▸ **~ offended** ultrajado(a)

mortar ['mɔːtə(r)] n **1.** [in construction] argamasa *f*, mortero *m* **2.** [for grinding] **pestle and ~** almirez *m*, mortero *m* **3.** [missile] mortero *m*

mortgage ['mɔːgɪdʒ] ■ n hipoteca *f* ▸ **~ (re)payments** plazos *mpl* de la hipoteca ▸ **~ broker** agente *mf* hipotecario(a) ▸ **~ lender** entidad *f* de préstamo hipotecario ▸ **~ rate** tipo *m* (de interés) hipotecario, *AM* tasa *f* de interés hipotecaria

■ vt [property, one's future] hipotecar

mortician [mɔː'tɪʃən] n *US* [undertaker] encargado(a) *m,f* de funeraria

mortification [mɔːtɪfɪ'keɪʃən] n REL mortificación *f* / *Fig* [embarrassment] bochorno *m*

mortify ['mɔːtɪfaɪ] vt REL mortificar ▸ **I was mortified** me sentí abochornado

mortise ['mɔːtɪs] n [in carpentry] muesca *f*, mortaja *f* ▸ **~ lock** cerradura *f* embutida *or* de pestillo

mortuary ['mɔːtjʊərɪ] n depósito *m* de cadáveres

mosaic [məʊ'zeɪɪk] n mosaico *m*

Moscow ['mɒskəʊ] n Moscú

Moses ['məʊzɪz] pr n Moisés ▸ **~ basket** moisés *m*, canastilla *f*

Moslem ['mɒzlem] n & adj musulmán(ana) *m,f*

mosque [mɒsk] n mezquita *f*

mosquito [məs'kiːtəʊ] (pl **mosquitoes**) n mosquito *m*, *AM* zancudo *m* ▸ **~ bite** picadura *f* de mosquito ▸ **~ net** mosquitera *f*, mosquitero *m*

moss [mɒs] n musgo *m*

most [məʊst] (superlative of **many, much**) ■ pron **~ of my friends** la mayoría de *or* casi todos mis amigos ▸ **~ of the time** la mayor parte del *or* casi todo el tiempo ▸ **at ~, at the (very) ~** como mucho ▸ **to make the ~ of an opportunity** aprovechar al máximo una oportunidad ▸ **he is more interesting than ~** es más

interesante que la mayoría ▸ **he earns the ~** él es el que más (dinero) gana
■ adj **1.** [the majority of] la mayoría de ▸ **~ women** la mayoría de las mujeres **2.** [greatest amount of] **the ~** más ▸ **he has (the) ~ money** él es el que más dinero tiene ▸ **for the ~ part** en su mayor parte
■ adv **1.** [to form superlative of adjectives and adverbs] el/la más ▸ **the ~ beautiful woman** la mujer más bella ▸ **the ~ interesting book** el libro más interesante ▸ **these are the ~ expensive** éstos son los más caros ▸ **those who have answered ~ accurately** los que mejor hayan contestado **2.** [with verbs] **the one who works ~ is...** el/la que trabaja más es... ▸ **who do you like ~?** ¿quién te cae mejor? ▸ **what I want ~** lo que más deseo ▸ **that's what worries me (the) ~** eso es lo que más me preocupa **3.** [very] muy, sumamente ▸ **~ unhappy** muy desgraciado(a)

most-favoured nation, US ***most-favored nation*** ['məʊst'feɪvəd'neɪʃən] n ECON nación *f* más favorecida ▸ **~ status** estatus *m inv* de nación más favorecida

mostly ['məʊstlɪ] adv **1.** [in the main] principalmente, sobre todo **2.** [most often] casi siempre

MOT [eməʊ'tiː] n BR AUT = *inspección técnica anual de vehículos de más de tres años,* ESP ≃ ITV *f,* RP ≃ VTV *f*

motel [məʊ'tel] n motel *m*

moth [mɒθ] n polilla *f*

mothball ['mɒθbɔːl] n bola *f* de naftalina ▸ *Fig* **to put a project in mothballs** aparcar un proyecto

moth-eaten ['mɒθiːtən] adj apolillado(a)

mother ['mʌðə(r)] ■ n madre *f* ▸ **~ of six** madre de seis hijos ▸ **Mother's Day** Día *m* de la Madre ▸ **~ country** madre patria *f* ▸ **Mother Nature** la madre naturaleza ▸ REL **Mother Superior** madre superiora ▸ **~ tongue** lengua *f* materna
■ vt mimar

motherboard ['mʌðəbɔːd] n COMPTR placa *f* madre

motherfucker ['mʌðəfʌkə(r)] n *Vulg* **1.** [person] hijo(a) *m,f* de puta, *MÉX* hijo(a) *m,f* de la chingada **2.** [thing] **the ~ won't start** este puto coche *or AM* carro *or CHILE, RP* auto no arranca

motherhood ['mʌðəhʊd] n maternidad *f*

mother-in-law ['mʌðərɪnlɔː] (pl **mothers-in-law**) n suegra *f*

motherland ['mʌðəlænd] n tierra *f* natal

mother-of-pearl ['mʌðərəv'pɜːl] n nácar *m*

mother-to-be ['mʌðətə'biː] (pl **mothers-to-be**) n futura madre *f*

motif [məʊ'tiːf] n motivo *m*

motion ['məʊʃən] ■ n **1.** [movement] movimiento *m* ▸ **to set sth in ~** poner algo en marcha ▸ *Fig* **to go through the motions** hacer las cosas mecánicamente ▸ **to go through the motions of doing sth** cumplir con el formulismo de hacer algo ▸ *US* **~ picture** película *f* ▸ **~ sickness** mareo *m (del viajero)* **2.** [in meeting, debate] moción *f* ▸ **to propose/second a ~** proponer/apoyar una moción ▸ **the ~ was carried** la moción fue aprobada **3.** BR *Formal* [of bowel] deposición *f,* evacuación *f*
■ vt **to ~ sb to do sth** indicar a alguien (con un gesto) que haga algo
■ vi **to ~ to sb to do sth** indicar a alguien (con un gesto) que haga algo

motionless ['məʊʃənlɪs] adj inmóvil ▸ **to remain ~** permanecer inmóvil

motivate ['məʊtɪveɪt] vt motivar

motivating ['məʊtɪveɪtɪŋ] adj estimulante, alentador(ora)

motivation [məʊtɪ'veɪʃən] n motivación *f*

motivational [məʊtɪ'veɪʃənəl] adj PSY **~ research** estudio *m* de la psicología del consumidor

motive ['məʊtɪv] ■ n [reason] motivo *m,* razón *f* / LAW móvil *m*
■ adj **~ force** fuerza *f* motriz

motiveless ['məʊtɪvlɪs] adj [crime] sin motivo

motley ['mɒtlɪ] adj heterogéneo(a), abigarrado(a) ▸ **~ crew** grupo *m* heterogéneo

motocross ['məʊtəkrɒs] n motocross *m*

motor ['məʊtə(r)] ■ n [engine] motor *m* / *BR Fam* [car] coche *m, AM* carro *m, CSUR* auto *m* ▸ **~ home** [caravan] autocaravana *f,* rulot *f, RP* casa *f* rodante ▸ **~ industry** sector *m* automovilístico ▸ **~ insurance** seguro *m* de automóviles ▸ MED **~ neurone disease** enfermedad *f* de la motoneurona *or* neurona motora ▸ **~ racing** carreras *fpl* de coches *or AM* carros *or CSUR* autos ▸ **~ show** salón *m* del automóvil ▸ **the ~ trade** el sector de compraventa de automóviles ▸ **~ vehicle** vehículo *m* de motor
■ vi *Old-fashioned* [travel by car] viajar en automóvil ▸ *Fam* **he was really motoring** [going fast] iba a toda mecha

motorail ['məʊtəreɪl] n autoexpreso *m*

motorbike ['məʊtəbaɪk] n moto *f*

motorboat ['məʊtəbəʊt] n (lancha *f*) motora *f*

motorcade ['məʊtəkeɪd] n desfile *m* de coches *or AM* carros *or CSUR* autos

motorcar ['məʊtəkɑː(r)] n *BR* automóvil *m,* coche *m*

motorcycle ['məʊtəsaɪkəl] n motocicleta *f*

motorcyclist ['məʊtəsaɪklɪst] n motociclista *mf*

motoring ['məʊtərɪŋ] n automovilismo *m* ▸ **school of ~** autoescuela *f* ▸ *BR* **~ offence** infracción *f* de tráfico

motorist ['məʊtərɪst] n conductor(ora) *m,f,* automovilista *mf*

motorize ['məʊtəraɪz] vt motorizar

motorized ['məʊtəraɪzd] adj MIL motorizado(a)

motorway ['məʊtəweɪ] n *BR* autopista *f* ▸ **~ services** área *f* de servicios

mottled ['mɒtəld] adj [complexion] con manchas rojizas / [coat, surface] moteado(a)

motto ['mɒtəʊ] (pl **mottoes**) n lema *m*

mould[1], *US* ***mold*** [məʊld] n [fungus] moho *m*

mould[2], *US* ***mold*** ■ n [in art, cooking] molde *m* ▸ *Fig* **cast in the same ~** cortado(a) por el mismo patrón ▸ *Fig* **a star in the John Wayne ~** un actor del estilo de John Wayne ▸ *Fig* **to break the ~** romper moldes *or* el molde
■ vt [plastic, person's character] moldear

moulder, *US* ***molder*** ['məʊldə(r)] vi desmoronarse

moulding, *US* ***molding*** ['məʊldɪŋ] n ARCHIT moldura *f*

mouldy, *US* ***moldy*** ['məʊldɪ] adj mohoso(a)

moult [məʊlt] vi [animal] mudar el pelo / [bird] mudar el plumaje

mound [maʊnd] n [hill] colina *f* / [of earth, sand] montículo *m*

mount¹ [maʊnt] n [mountain] monte *m* ▸ **Mount Sinai** el Monte Sinaí ▸ **Mount Vesuvius** el Vesubio

mount² ■ n **1.** [for painting, colour slide] soporte *m* **2.** [horse] montura *f*
■ vt **1.** [bicycle, horse] montar en, subirse a / [stairs, ladder] subir **2.** [photograph, gun] montar ▸ **to ~ an exhibition** montar una exposición ▸ **to ~ an offensive** realizar una ofensiva ▸ **to ~ guard** montar guardia
■ vi **1.** [get onto horse] montar, montarse **2.** [opposition, tension] aumentar, crecer

◆ ***mount up*** vi [cost, debts] aumentar, crecer

mountain ['maʊntɪn] n montaña *f* ▸ *Fig* **a ~ of work** una montaña de trabajo ▸ **EC butter ~** toneladas *fpl* de excedentes comunitarios de mantequilla ▸ **to make a ~ out of a molehill** hacer una montaña de un grano de arena ▸ **~ bike** bicicleta *f* de montaña ▸ **~ climbing** montañismo *m*, alpinismo *m*, *AM* andinismo *m* ▸ **~ goat** [in general] cabra *f* montés / [American variety] rebeco *m* blanco, cabra *f* de las nieves *or* de las Montañas Rocosas ▸ **~ lion** puma *m* ▸ **~ range** cadena *f* montañosa, cordillera *f* ▸ **~ rescue team** equipo *m* de rescate de montaña ▸ *US* **Mountain Standard Time** = *hora oficial en la zona de las Montañas Rocosas en los Estados Unidos*

mountaineer [maʊntɪ'nɪə(r)] n montañero(a) *m,f*, alpinista *mf*, *AM* andinista *mf*

mountaineering [maʊntɪ'nɪərɪŋ] n montañismo *m*, alpinismo *m*, *AM* andinismo *m*

mountainous ['maʊntɪnəs] adj montañoso(a)

mountainside ['maʊntɪnsaɪd] n ladera *f*

mounted ['maʊntɪd] adj montado(a) ▸ **the ~ police** la policía montada

mounting ['maʊntɪŋ] ■ n [for engine, gun] soporte *m*
■ adj [cost, opposition] creciente

mourn ['mɔːn] ■ vt llorar la muerte de
■ vi **to ~ for sb** llorar la muerte de alguien

mourner ['mɔːnə(r)] n doliente *mf*

mournful ['mɔːnfʊl] adj fúnebre, lúgubre

mourning ['mɔːnɪŋ] n duelo *m*, luto *m* ▸ **to be in ~ (for sb)** guardar luto (por alguien) ▸ **to go into ~** ponerse de luto

mouse [maʊs] (pl **mice** [maɪs]) n **1.** [animal] ratón *m* **2.** COMPTR *ESP* ratón *m*, *AM* mouse *m* ▸ **~ mat** alfombrilla *f*

mousetrap ['maʊstræp] n ratonera *f*

mousse [muːs] n [dessert] mousse *m or f* / [for hair] espuma *f*

moustache [mə'stæʃ], *US* ***mustache*** ['mʌstæʃ] n bigote *m*

mousy ['maʊsɪ] adj **1.** [hair] parduzco(a) **2.** [person, manner] apocado(a), tímido(a)

mouth ■ n [maʊθ] [of person, animal, tunnel] boca *f* / [of river] desembocadura *f* ▸ **we have seven mouths to feed** tenemos siete bocas que alimentar ▸ *Fam* **keep your ~ shut about this** no digas ni mu *or ESP* ni pío de esto ▸ *Fam* **to have a big ~** ser un(a) bocazas *or AM* chusmo(a) ▸ *Fam* **he's all ~** todo lo hace de boquilla *or MÉX* de dientes para afuera *or RP* de boca para afuera ▸ **to put words into sb's ~** poner palabras en boca de alguien ▸ **~ organ** armónica *f* ▸ **~ ulcer** llaga *f* en la boca
■ vt [maʊð] [without sincerity] decir mecánicamente / [silently] decir moviendo sólo los labios

mouthful ['maʊθfʊl] n [of food] bocado *m* / [of drink] trago *m* ▸ *BR Fam* **to give sb a ~** poner a alguien de vuelta y media ▸ *Fam Fig* **that's quite a ~!** [long name, word] ¡qué *or ESP* menudo trabalenguas!

mouthpiece ['maʊθpiːs] n **1.** [of musical instrument] boquilla *f* / [of telephone] micrófono *m* **2.** [of government, political party] portavoz *mf*

mouth-to-mouth ['maʊθtə'maʊθ] adj **~ resuscitation** (respiración *f*) boca a boca *m* ▸ **to give sb ~ resuscitation** hacer el boca a boca a alguien

mouthwash ['maʊθwɒʃ] n elixir *m* (bucal)

mouthwatering ['maʊθwɔːtərɪŋ] adj muy apetecible

movable, moveable ['muːvəbəl] adj móvil ▸ REL **a ~ feast** una fiesta movible

move [muːv] ■ n **1.** [motion] movimiento *m* ▸ **we must make a ~** debemos irnos ▸ **to make a ~ towards sth/sb** hacer amago de dirigirse hacia algo/alguien ▸ **on the ~** [travelling] de viaje / [active, busy] en marcha, en movimiento ▸ *Fam* **get a ~ on!** ¡date prisa!, *AM* ¡apúrate! **2.** [action, step] paso *m* ▸ **to make the first ~** dar el primer paso **3.** [from home] mudanza *f*, traslado *m* / [in job] cambio *m* **4.** [in board games] movimiento *m*, jugada *f* / [in sport] jugada *f* ▸ **(it's) your ~** te toca (jugar), tú mueves
■ vt **1.** [shift] [person, object, chesspiece] mover / [employee] trasladar / [postpone] trasladar ▸ **could you ~ your bag out of the way?** ¿puedes quitar *or AM* sacar tu bolsa de en medio? ▸ **~ your chair a bit closer** acerca la silla un poco ▸ **to ~ house** mudarse de casa ▸ **to ~ jobs** [within company, sector] cambiar de trabajo ▸ *Fam* **~ yourself! we're going to be late!** ¡muévete, que vamos a llegar tarde! **2.** [influence] **I won't be moved** no voy a cambiar de opinión ▸ **I felt moved to protest** me sentí impulsado a protestar **3.** [affect emotionally] conmover ▸ **to ~ sb to anger** enfurecer a alguien ▸ **to ~ sb to tears** hacer saltar las lágrimas a alguien **4.** [in debate] [resolution] proponer, *AM* mocionar ▸ **I ~ that...** propongo *or AM* mociono que...
■ vi **1.** [change position] moverse / [progress, advance] avanzar ▸ **to get things moving** poner las cosas en marcha ▸ **don't ~!** ¡no te muevas! ▸ **I can't ~** [I'm stuck] ¡no puedo moverme! ▸ **could you ~, please?** ¿podría apartarse, por favor? ▸ *Fam* **come on, ~!** ¡venga *or MÉX* ándale, muévete!, *RP* ¡dale, movete! **2.** [act] moverse, actuar ▸ **to ~ to do sth** moverse *or* actuar para hacer algo **3.** [to new home, office] mudarse ▸ **to ~ to another job** cambiar de trabajo ▸ **to ~ to the country** irse a vivir al campo **4.** [in games] mover

◆ ***move about, move around*** ▪ vt sep [furniture] mover / [employee] trasladar
▪ vi moverse ▸ **I heard somebody moving about upstairs** oí a alguien trajinar arriba ▸ **he moves around a lot** [in job] se mueve mucho

◆ ***move along*** ▪ vt sep [crowd] dispersar ▸ **he was moved along by the police** la policía lo echó de allí
▪ vi **it's time we were moving along** es hora de marcharse

◆ ***move away*** ▪ vt sep apartar, retirar
▪ vi [from window, person] apartarse, retirarse / [from house] mudarse

◆ ***move back*** ▪ vt sep [further away] hacer retroceder / [to former position] devolver a su sitio
▪ vi [retreat] retirarse / [to former position] volver

◆ ***move forward*** ▪ vt sep [meeting] adelantar
▪ vi [person, car] avanzar

◆ ***move in*** vi [take up residence] instalarse, mudarse ▸ **to ~ in with sb** irse a vivir con alguien

◆ ***move off*** vi [person] marcharse, irse / [car, train, procession] partir

◆ ***move on*** ▪ vt sep [crowd] dispersar ▸ **he was moved on by the police** la policía lo echó de allí
▪ vi **1.** [person, queue] avanzar ▸ **time's moving on** no queda mucho tiempo ▸ **it's time we were moving on** es hora de marcharse ▸ **things have moved on since then** las cosas han cambiado mucho desde entonces **2.** [change subject] cambiar de tema ▸ **to ~ on to** pasar a (hablar de)

◆ ***move out*** vi [move house] mudarse ▸ **my boyfriend moved out last week** mi novio me dejó y se fue de casa la semana pasada

◆ ***move over*** vi [make room] echarse a un lado, correrse ▸ **to ~ over to a new system** pasar a un nuevo sistema ▸ **~ over!** ¡apártate!, ¡córrete!

◆ ***move up*** vi **1.** [make room] echarse a un lado, correrse **2.** [be promoted] ascender

moveable ➤ ***movable***

movement ['mu:vmənt] n [gen] & MUS movimiento *m*; ▸ **free ~ of people, goods,...** la libre circulación de personas, mercancías,... ▸ **to watch sb's movements** seguir los movimientos de alguien ▸ **the armour made ~ very difficult** la armadura dificultaba el movimiento ▸ **a political ~** un movimiento político ▸ **(bowel) ~** evacuación *f* (del vientre)

mover ['mu:və(r)] n **1.** [in debate] ponente *mf* ▸ **the movers and shakers** [in politics] los que mueven los hilos **2. he's a beautiful ~** [dancer, footballer] se mueve con mucha elegancia

movie ['mu:vɪ] n película *f* ▸ **to go to the movies** ir al cine ▸ **she's in the movies** es actriz de cine ▸ **~ actor/actress** actor *m*/actriz *f* de cine ▸ **~ camera** cámara *f* cinematográfica *or* de cine ▸ **~ industry** industria *f* cinematográfica *or* del cine ▸ **~ projector** proyector *m* cinematográfico ▸ **~ star** estrella *f* de cine ▸ *US* **~ theater** cine *m*

moviegoer ['mu:vɪgəʊə(r)] n *US* asiduo(a) *m,f* al cine

moving ['mu:vɪŋ] adj **1.** [train, vehicle] en movimiento ▸ **~ staircase** escalera *f* mecánica **2.** [causing motion] **the ~ spirit** la fuerza impulsora **3.** [description, story] conmovedor(ora) **4.** *US* **~ firm** empresa *f* de portes y mudanzas

mow [məʊ] vt (pp **mown** [məʊn]) [lawn] cortar / [hay] segar

◆ ***mow down*** vt sep [slaughter] segar la vida de

mown [məʊn] pp *of* ***mow***

Mozambican [məʊzæm'bi:kən] n & adj mozambiqueño(a) *m,f*

Mozambique [məʊzæm'bi:k] n Mozambique

MP [em'pi:] n **1.** *BR* POL (abbr ***Member of Parliament***) diputado(a) *m,f* **2.** MIL (abbr ***Military Policeman***) policía *m* militar

MP3 [empi:'θri:] n (abbr ***MPEG-1 Audio Layer-3***) MP3 *m* ▸ **~ player** reproductor *m* de MP3

MPEG ['empeg] n COMPTR (abbr ***Moving Pictures Expert Group***) MPEG *m*

mpg [empi:'dʒi:] n AUT (abbr ***miles per gallon***) ≃ litros *mpl* a los cien, = *consumo del coche medido en millas por galón de combustible*

mph [empi:'eɪtʃ] n (abbr ***miles per hour***) millas *fpl* por hora

Mr ['mɪstə(r)] n (abbr ***Mister***) Sr., señor *m* ▸ **Mr Jones** el Sr. Jones ▸ **Mr Right** [ideal man] el hombre ideal

Mrs ['mɪsɪz] n (abbr ***Missus***) Sra., señora *f* ▸ **Mrs Jones** la Sra. Jones

MS (abbr ***manuscript***) ms., manuscrito *m*

Ms [mɪz] n [non-specific as to marital status] Sra.

> Ms es el equivalente femenino de Mr, y se utiliza para dirigirse a una mujer sin precisar su estado civil.

ms (abbr ***milliseconds***) ms, milisegundos *mpl*

MSc [emes'si:] n UNIV (abbr ***Master of Science***) máster *m or AM* maestría *f* en Ciencias ▸ **to have an ~ in chemistry** tener un máster en Química ▸ **Fiona Watson, ~** Fiona Watson, licenciada con máster en Ciencias

MSG [emes'dʒi:] n (abbr ***monosodium glutamate***) glutamato *m* monosódico

MSP [emes'pi:] n (abbr ***Member of the Scottish Parliament***) diputado(a) *m,f* del parlamento escocés

MST [emes'ti:] n *US* (abbr ***Mountain Standard Time***) = *hora oficial en la zona de las Montañas Rocosas en los Estados Unidos*

Mt (abbr ***Mount***) monte *m*

much [mʌtʃ] (comparative **more** superlative **most**) ▪ pron mucho ▸ **there is not ~ left** no queda mucho ▸ **it's not worth ~** no vale mucho, no tiene mucho valor ▸ **~ has happened since you left** han pasado muchas cosas desde que te fuiste ▸ **she made ~ of the fact that...** le dio mucha importancia al hecho de que... ▸ **I'll say this ~ for him, he's very polite** tengo que admitir que es muy amable ▸ **I don't think ~ of him** no lo tengo en gran estima ▸ **it didn't come as ~ of a surprise** no fue ninguna sorpresa ▸ **she isn't ~ of a singer** no es gran cosa como cantante ▸ **in the end it cost as ~ again** al final costó el doble ▸ **twice as ~** el doble ▸ **I thought/expected as ~** era lo que pensaba/

me esperaba ▸ **as ~ as possible** todo lo posible ▸ **it was as ~ as we could do to stand upright** apenas podíamos mantenernos en pie ▸ **he left without so ~ as saying goodbye** se marchó sin siquiera decir adiós ▸ **he has drunk so ~ that...** ha bebido *or AM* tomado tanto que... ▸ **so ~ the better** tanto mejor ▸ **so ~ so that...** tanto es así que... ▸ **so ~ for her promises of help!** ¡y me había prometido su ayuda! ▸ **I've got too ~** tengo demasiado ▸ *Fam* **that's a bit ~!** ¡eso es pasarse!

■ adj

Normalmente, sólo se usa en estructuras negativas e interrogativas, salvo en lenguaje formal.

mucho(a) ▸ **how ~ money?** ¿cuánto dinero? ▸ **there isn't ~ traffic** no hay mucho tráfico ▸ **too ~ time** demasiado tiempo ▸ **so ~ time** tanto tiempo ▸ **as ~ time as you like** tanto tiempo como quieras, todo el tiempo que quieras ▸ *Formal* **~ work still needs to be done** aún queda mucho trabajo por hacer

■ adv mucho ▸ **I don't like it ~** no me gusta mucho ▸ **~ as I'd like to, I can't go** por mucho que quiera, no puedo ir ▸ **~ better/worse** mucho mejor/peor ▸ **~ the best/largest** con mucho el mejor/más grande ▸ **thank you very ~** muchas gracias ▸ **it's/he's ~ the same (as before)** no ha cambiado mucho ▸ **~ to my astonishment** para mi estupefacción ▸ **~ too good** demasiado bueno ▸ **~ as I like him, I don't really trust him** aunque me cae muy bien, no me fío de él ▸ **the result was ~ as I expected** resultó más o menos como esperaba ▸ **so ~** tanto ▸ **too ~** demasiado ▸ **they charged me £10 too ~** me cobraron 10 libras de más ▸ **this is too ~!** ¡esto ya es el colmo!

muchness ['mʌtʃnɪs] n *Fam* **they're much of a ~** son prácticamente iguales

muck [mʌk] n [dirt] mugre *f*, porquería *f* / [manure] estiércol *m* / *Fam* [bad food] bazofia *f*

◆ ***muck about, muck around*** *BR Fam* ■ vt sep [treat badly] traer a maltraer

■ vi **1.** [fool about, waste time] hacer el tonto **2.** [tinker] **to ~ about** *or* **around with sth** *ESP* enredar *or AM* dar vueltas con algo

◆ ***muck in*** vi *BR Fam* [help] arrimar el hombro, *MÉX, RP* dar una mano

◆ ***muck out*** vt sep [stables] limpiar

◆ ***muck up*** vt sep *Fam* [make dirty] ensuciar / [spoil] echar a perder

muckraking ['mʌkreɪkɪŋ] n *Fam* [in journalism] búsqueda *f* del escándalo

mucky ['mʌkɪ] adj *Fam* mugriento(a)

mucous ['mju:kəs] adj mucoso(a)

mucus ['mju:kəs] n mocos *mpl*, mucosidad *f*

mud [mʌd] n barro *m* ▸ *Fig* **to throw ~ at sb** difamar *or* desacreditar a alguien ▸ *Fam* **his name is ~** tiene muy mala fama ▸ **~ hut** choza *f* de barro

mudbank ['mʌdbæŋk] n barrizal *m*, cenagal *m*

muddle ['mʌdəl] ■ n lío *m* ▸ **to be in a ~** [things, person] estar hecho(a) un lío ▸ **to get into a ~** [things] liarse / [person] hacerse un lío ▸ **there was a ~ over the dates** hubo un lío con las fechas

■ vt **1.** [put in disorder] desordenar / [mix up] confundir **2.** [bewilder] liar ▸ **to get muddled** hacerse un lío

◆ ***muddle along*** vi ir tirando

◆ ***muddle through*** vi arreglárselas ▸ **we'll ~ through somehow** ya nos las arreglaremos

◆ ***muddle up*** vt sep **1.** [put in disorder] desordenar / [mix up] confundir **2.** [bewilder] liar ▸ **to get muddled up** hacerse un lío

muddleheaded [mʌdəl'hedɪd] adj [person, decision] atolondrado(a)

muddy ['mʌdɪ] ■ adj [path] embarrado(a), enfangado(a) / [water] turbio(a) / [jacket, hands] lleno(a) de barro / [colour, complexion] terroso(a)

■ vt manchar de barro ▸ *Fig* **to ~ the waters** enturbiar el asunto

mudflat ['mʌdflæt] n marisma *f*

mudguard ['mʌdgɑ:d] n *BR ESP, RP* guardabarros *m inv*, *ANDES, CAM, CARIB* guardafango *m*, *MÉX* salpicadera *f*

mudpack ['mʌdpæk] n mascarilla *f* de barro

mudslinging ['mʌdslɪŋɪŋ] n *Fam* **the debate degenerated into ~** el debate degeneró en meras descalificaciones

muesli ['mju:zlɪ] n muesli *m*

muezzin [mʊ'ezɪn] n REL almuecín *m*

muff[1] [mʌf] vt *Fam* [catch] fallar / [chance, opportunity] echar a perder / [job, task] hacer de pena ▸ **he muffed the line** se lió con la frase

muff[2] n [for hands] manguito *m*

muffin ['mʌfɪn] n *BR* [teacake] tortita *f* / *US* ≃ magdalena *f*

muffle [mʌfəl] vt **1.** [deaden sound of] amortiguar **2. to ~ oneself up** abrigarse bien

muffled ['mʌfəld] adj [sound, footstep] apagado(a)

muffler ['mʌflə(r)] n **1.** [scarf] bufanda *f* **2.** *US* [of car] silenciador *m*

mufti ['mʌftɪ] n *Fam* **in ~** [soldier] de paisano

mug [mʌg] ■ n **1.** [cup] taza *f* alta **2.** *Fam* [face] jeta *f* ▸ **~ shot** foto *f* para ficha policial **3.** *BR Fam* [gullible person] bobo(a) *m,f*, primo(a) *m,f*, *AM* zonzo(a) *m,f* ▸ **it's a mug's game** eso es cosa de tontos

■ vt (pt & pp **mugged**) [attack] atracar

◆ ***mug up*** vi *BR Fam* [study] **to ~ up on sth** matarse estudiando algo, *ESP* empollar algo, *RP* tragar algo

mugger ['mʌgə(r)] n atracador(ora) *m,f*

mugging ['mʌgɪŋ] n atraco *m*

muggins ['mʌgɪnz] n *BR Fam* **I suppose ~ will have to do it!** supongo que tendrá que hacerlo un servidor *or* mi menda, como siempre

muggy ['mʌgɪ] adj bochornoso(a) ▸ **it's ~** hace mucho bochorno

Muhammad [mə'hæmɪd] pr n Mahoma

mulatto [mju:'lætəʊ] (pl **mulattos** *or* **mulattoes**) n mulato(a) *m,f*

mulberry ['mʌlbərɪ] n [fruit] mora *f* / [tree] morera *f*

mulch [mʌltʃ] n mantillo *m*, *COL* capote *m*

mule [mjuːl] n mulo(a) *m,f*

mull [mʌl] ◆ ***mull over*** vt sep [consider] **to ~ sth over** darle vueltas a algo

mulled wine ['mʌld'waɪn] n = *vino con azúcar y especias que se toma caliente*

mullet ['mʌlɪt] n **grey ~** mújol *m* ▸ **red ~** salmonete *m*

multi-access ['mʌltɪ'ækses] adj COMPTR multiusuario *inv,* de acceso múltiple

multichannel [mʌltɪ'tʃænəl] adj [TV] multicanal

multicoloured, *US* ***multicolored*** ['mʌltɪkʌləd] adj multicolor

multicultural [mʌltɪ'kʌltʃərəl] adj multicultural

multidisciplinary ['mʌltɪdɪsɪ'plɪnərɪ] adj EDUC multidisciplinar

multiethnic ['mʌltɪ'eθnɪk] adj multiétnico(a)

multifaceted ['mʌltɪ'fæsɪtɪd] adj múltiple, con múltiples facetas

multifarious [mʌltɪ'feərɪəs] adj múltiple

multi-functional [mʌltɪ'fʌŋkʃənəl] adj multifuncional

multilateral [mʌltɪ'lætərəl] adj multilateral

multilingual [mʌltɪ'lɪŋgwəl] adj **1.** [person] políglota(a) **2.** [dictionary, document] multilingüe

multimedia [mʌltɪ'miːdɪə] ■ n multimedia *f*
■ adj multimedia *inv*

multimillion [mʌltɪ'mɪljən] adj **a ~ pound/dollar project** un proyecto multimillonario

multimillionaire [mʌltɪmɪlɪə'neə(r)] n multimillonario(a) *m,f*

multinational [mʌltɪ'næʃənəl] n & adj multinacional *f*

multiparty [mʌltɪ'pɑːtɪ] adj **~ democracy/system** democracia *f*/sistema *m* pluripartidista

multiple ['mʌltɪpəl] ■ n **1.** MATH múltiplo *m* **2.** *BR* COM [chain store] cadena *f* (de tiendas)
■ adj múltiple ▸ MED **~ sclerosis** esclerosis *f inv* múltiple

multiple-choice ['mʌltɪpl'tʃɔɪs] adj **~ exam/question** examen *m*/pregunta *f* (de) tipo test

multiplex ['mʌltɪpleks] n multicine *m*

multiplication [mʌltɪplɪ'keɪʃən] n multiplicación *f* ▸ **~ table** tabla *f* de multiplicar

multiplicity [mʌltɪ'plɪsɪtɪ] n multiplicidad *f,* diversidad *f*

multiplier ['mʌltɪplaɪə(r)] n MATH & PHYS multiplicador *m*

multiply ['mʌltɪplaɪ] ■ vt multiplicar (**by** por)
■ vi [reproduce] multiplicarse

multiprocessor [mʌltɪ'prəʊsesə(r)] n COMPTR multiprocesador *m*

multiprogramming [mʌltɪ'prəʊgræmɪŋ] n COMPTR multiprogramación *f*

multipurpose [mʌltɪ'pɜːpəs] adj multiusos

multiracial [mʌltɪ'reɪʃəl] adj multirracial

multistorey, *US* ***multistory*** [mʌltɪ'stɔːrɪ] adj de varios pisos *or* plantas ▸ **~ carpark** estacionamiento *m* *or ESP* aparcamiento *m or COL* parqueadero *m* de varias plantas

multitasking ['mʌltɪ'tɑːskɪŋ] n **1.** COMPTR multitarea *f* **2.** IND movilidad *f* funcional

multitude ['mʌltɪtjuːd] n [large number, crowd] multitud *f* ▸ **a ~ of** multitud de

multitudinous [mʌltɪ'tjuːdɪnəs] adj *Fam* multitudinario(a)

multi-user ['mʌltɪ'juːsə(r)] adj COMPTR multiusuario *inv* ▸ **~ system** sistema *m* multiusuario

mum [mʌm] *Fam* ■ n *BR* [mother] mamá *f* ▸ **mum's the word!** ¡de esto ni mu!
■ adv **to keep ~ (about sth)** no decir ni pío *or* ni mu (sobre algo)

mumble ['mʌmbəl] ■ n murmullo *m*
■ vt & vi murmurar, musitar

mumbo jumbo ['mʌmbəʊ'dʒʌmbəʊ] n [nonsense] palabrería *f,* monsergas *fpl* / [jargon] jerigonza *f,* jerga *f*

mummify ['mʌmɪfaɪ] vt momificar

mummy[1] ['mʌmɪ] n [embalmed body] momia *f*

mummy[2] n *BR Fam* [mother] mamá *f* ▸ **mummy's boy** niño *m or RP* nene *m* de mamá

mumps [mʌmps] n [illness] paperas *fpl*

munch [mʌntʃ] vt ronzar, mascar

munchies ['mʌntʃɪz] npl *Fam* **1.** [snacks] cosillas *fpl* de picar, *MÉX* antojitos *mpl* **2.** [desire to eat] **to have the ~** tener un poquillo de hambre

mundane [mʌn'deɪn] adj banal

municipal [mjuː'nɪsɪpəl] adj municipal

municipality [mjuːnɪsɪ'pælɪtɪ] n municipio *m*

munitions [mjuː'nɪʃənz] npl municiones *fpl,* armamento *m*

mural ['mjʊərəl] n mural *m*

Murcian ['mɜːsɪən] n & adj murciano(a) *m,f*

murder ['mɜːdə(r)] ■ n [killing] asesinato *m* ▸ *Fig* **she gets away with ~** se le consiente cualquier cosa ▸ **~ case** causa *f* de *or* juicio *m* por asesinato ▸ **~ inquiry** investigación *f* de un asesinato **2.** *Fam* [difficult task] tortura *f* ▸ **finding a parking place on a Saturday is ~** buscar estacionamiento *or ESP* aparcamiento el sábado es una tortura
■ vt **1.** [kill] asesinar ▸ *Fam Fig* **I'll ~ you (for that)!** ¡te voy a matar! ▸ *Fam* **I could ~ a beer/a pizza!** ¡me muero por una cerveza/una pizza! **2.** [ruin] [song, tune] destrozar

murderer ['mɜːdərə(r)] n asesino(a) *m,f*

murky ['mɜːkɪ] adj [weather, sky] oscuro(a), sombrío(a) / [details, past] tenebroso(a)

murmur ['mɜːmə(r)] ■ n murmullo *m* ▸ **to do sth without a ~** hacer algo sin rechistar
■ vi murmurar

Murphy's law ['mɜːfɪz'lɔː] n *Fam* la ley de Murphy, = *aquello de que si algo puede ir mal, ten por seguro que lo hará*

muscle ['mʌsəl] n músculo *m* ▸ **she didn't move a ~** no movió un solo músculo ▸ *Fig* **political ~** pujanza *f* política

◆ ***muscle in*** vi entrometerse (**on** en)

muscleman ['mʌsəlmæn] n forzudo *m,* hércules *m inv*

Muscovite ['mʌskəvaɪt] n & adj moscovita *mf*

muscular ['mʌskjʊlə(r)] adj [tissue] muscular / [person] musculoso(a) ▸ MED ~ **dystrophy** distrofia *f* muscular

Muse [mju:z] n musa *f*

muse [mju:z] vi reflexionar, cavilar (**on** *or* **about** sobre)

museum [mju:'zɪəm] n museo *m* ▸ *also Hum* ~ **piece** pieza *f* de museo

mush [mʌʃ] n **1.** [pulp] masa *f*, puré *m* **2.** *Fam* [sentimentality] ñoñeces *fpl*, sensiblerías *fpl*

mushroom ['mʌʃrʊm] ■ n BOT hongo *m*, *ESP* seta *f* / CULIN [wild mushroom] *ESP* seta *f*, *AM* hongo *m* / [button mushroom] champiñón *m* ▸ ~ **cloud** hongo *m* atómico

■ vi [costs, prices] dispararse / [town] expandirse, extenderse

mushy ['mʌʃɪ] adj [pulpy] blando(a), pastoso(a) / *Fam* [sentimental] ñoño(a), sensiblero(a)

music ['mju:zɪk] n música *f* ▸ **to set words to ~** poner música a la letra ▸ *Fig* **those words were ~ to her ears** esas palabras le sonaban a música celestial ▸ ~ **box** caja *f* de música ▸ ~ **piracy** piratería *f* musical ▸ ~ **stand** atril *m* ▸ ~ **teacher** profesor(ora) *m,f* de música ▸ ~ **video** vídeo *m or AM* video *m* musical

musical ['mju:zɪkəl] ■ n [show, film] musical *m*

■ adj [tuneful] musical / [musically gifted] con talento musical ▸ ~ **chairs** juego *m* de las sillas ▸ *Fig* **to play ~ chairs** andar constantemente cambiando de puesto ▸ ~ **instrument** instrumento *m* musical

musically ['mju:zɪklɪ] adv [sing] armoniosamente ▸ ~ **gifted** con talento para la música

musician [mju:'zɪʃən] n músico(a) *m,f*

musicologist [mju:zɪ'kɒlədʒɪst] n musicólogo(a) *m,f*

musings ['mju:zɪŋz] npl reflexiones *fpl*, cavilaciones *fpl*

musk [mʌsk] n almizcle *m*

musket ['mʌskɪt] n mosquete *m*

musketeer [mʌskɪ'tɪə(r)] n mosquetero *m*

muskrat ['mʌskræt] n rata *f* almizclada

musky ['mʌskɪ] adj almizclado(a), almizcleño(a) ▸ **a ~ smell** un olor a almizcle

Muslim ['mʌzlɪm] n & adj musulmán(ana) *m,f*

muslin ['mʌzlɪn] n muselina *f*

mussel ['mʌsəl] n mejillón *m* ▸ ~ **bed** vivero *m* de mejillones

must [mʌst] ■ n *Fam* **1.** [necessity] **to be a ~** ser imprescindible **2.** [thing not to be missed] **this film's a ~** esta película hay que verla *or* no hay que perdérsela

■ modal aux v **1.** [expressing obligation] tener que, deber ▸ **you ~ do it** tienes que hacerlo, debes hacerlo ▸ **you ~ be ready at four o'clock** tienes que estar listo a las cuatro ▸ **you mustn't tell anyone** no se lo digas a nadie ▸ **this plant ~ be watered daily** esta planta hay que regarla todos los días ▸ **I ~ say I thought it was rather good** la verdad es que me pareció bastante bueno ▸ **will you come with me? – if I ~** ¿vendrás conmigo? – si no queda más remedio ▸ **take it if you ~** llévatelo *or ESP* cógelo si tanta falta te hace ▸ **~ you be so silly?** ¡mira que eres tonto! **2.** [suggesting, inviting] tener que ▸ **you ~ come and visit us** tienes que venir a vernos ▸ **we ~ go out for a drink sometime** tenemos que quedar algún día para tomar algo **3.** [expressing probability] deber de ▸ **you ~ be hungry** debes de tener hambre ▸ **it ~ be interesting working there** debe de ser interesante trabajar allí ▸ **I ~ have made a mistake** debo de haberme equivocado ▸ **you ~ be joking!** ¡no lo dirás en serio!

mustache *US* ➤ ***moustache***

mustachioed [mə'stɑ:ʃɪəʊd] adj con bigotes, bigotudo(a)

mustard ['mʌstəd] n mostaza *f* ▸ *US Fam Fig* **she couldn't cut the ~** no consiguió dar la talla ▸ ~ **gas** gas *m* mostaza

muster ['mʌstə(r)] ■ n *Fig* **it was good enough to pass ~** era pasable

■ vt [gather] reunir ▸ **to ~ one's strength/courage** hacer acopio de fuerzas/valor

musty ['mʌstɪ] adj **to have a ~ smell** [room] oler a cerrado / [clothes] oler a humedad

mutable ['mju:təbəl] adj *Formal* mudable, mutable

mutant ['mju:tənt] n & adj mutante *mf*

mutate [mju:'teɪt] vi mutarse (**into** en), transformarse (**into** en)

mutation [mju:'teɪʃən] n mutación *f*

mute [mju:t] ■ n **1.** [person] mudo(a) *m,f* **2.** MUS sordina *f*

■ adj [silent] mudo(a)

muted ['mju:tɪd] adj [sound] apagado(a) / [protest, criticism] débil

mutely ['mjʊ:tlɪ] adv [to stare, gaze] en silencio

mutilate ['mju:tɪleɪt] vt mutilar

mutilation [mju:tɪ'leɪʃən] n mutilación *f*

mutineer [mju:tɪ'nɪə(r)] n amotinado(a) *m,f*

mutinous ['mju:tɪnəs] adj [rebellious] rebelde / [taking part in mutiny] amotinado(a)

mutiny ['mju:tɪnɪ] ■ n motín *m*

■ vi amotinarse

mutt [mʌt] n *Fam* [dog] chucho *m*, *RP* pichicho *m*

mutter ['mʌtə(r)] ■ n murmullo *m*

■ vt & vi murmurar

mutton ['mʌtən] n [meat of sheep] carnero *m* ▸ *Fam* **~ dressed as lamb** una mujer ya carroza con pintas de jovencita

mutual ['mju:tʃʊəl] adj [reciprocal] mutuo(a) / [shared] común ▸ **the feeling is ~** el sentimiento es mutuo ▸ **a ~ friend** un amigo común ▸ *US* FIN **~ benefit society** mutua *f*, mutualidad *f* ▸ *US* FIN **~ fund** fondo *m* de inversión mobiliaria

mutually ['mju:tʃʊəlɪ] adv mutuamente ▸ **to be ~ exclusive** excluirse mutuamente

muzzle ['mʌzəl] ■ n **1.** [dog's snout] hocico *m* / [device for dog] bozal *m* **2.** [of gun] boca *f*

■ vt [dog] poner un bozal a / *Fig* [person, press] amordazar

MW **1.** RAD (abbr ***Medium Wave***) OM, onda *f* media **2.** ELEC (abbr ***Megawatts***) MW, megavatios *mpl*

my [maɪ] possessive adj **1.** [singular] mi / [plural] mis ▸

my dog mi perro ◗ **my parents** mis padres ◗ **it wasn't MY idea** ¡no fue idea mía! **2.** [for parts of body, clothes] [translated by definite article] **my eyes are blue** tengo los ojos azules ◗ **I hit my head** me di un golpe en la cabeza ◗ **I put my hands in my pockets** me metí las manos en los bolsillos *or CAM, MÉX, PERÚ* las bolsas **3. (oh) my!** ¡madre mía!, ¡jesús!

Myanmar [maɪæn'mɑ:(r)] n [official name of Burma] Myanmar

mynah ['maɪnə] n **~ (bird)** miná *f,* = *estornino hablador de la India*

myopia [maɪ'əʊpɪə] n *also Fig* miopía *f*

myopic [maɪ'ɒpɪk] adj miope / *Fig* corto(a) de miras

myriad ['mɪrɪəd] adj *Literary* **there are ~ examples** hay una miríada *or* un sinnúmero de ejemplos

myrrh [mɜ:(r)] n mirra *f*

myrtle ['mɜ:təl] n [shrub] mirto *m,* arrayán *m*

myself [maɪ'self] pron **1.** [reflexive] me ◗ **I hurt ~** me hice daño **2.** [emphatic] [male] yo mismo / [female] yo misma ◗ **I did all the work ~** yo mismo *or* yo solo hice todo el trabajo ◗ **I told her ~** se lo dije yo mismo ◗ **I'm not quite ~ today** me siento un poco raro hoy, *ESP* hoy no estoy muy allá **3.** [after preposition] mí ◗ **I bought it for ~** lo compré para mí ◗ **I live by ~** vivo solo ◗ **I realized I was talking to ~** me di cuenta de que estaba hablando solo

mysterious [mɪs'tɪərɪəs] adj misterioso(a) ◗ **to be ~ about sth** andarse con muchos misterios acerca de algo

mysteriously [mɪs'tɪərɪəslɪ] adv misteriosamente

mystery ['mɪstərɪ] ■ n misterio *m* ◗ **it's a ~ to me** es un misterio para mí ◗ **~ tour** = *excursión organizada con un destino sorpresa*

■ adj [guest, prize] sorpresa *inv* / [benefactor, witness] anónimo(a), desconocido(a)

mystic ['mɪstɪk] n místico(a) *m,f*

mystical ['mɪstɪkəl] adj místico(a)

mysticism ['mɪstɪsɪzəm] n misticismo *m*

mystification [mɪstɪfɪ'keɪʃən] n [bewilderment] estupefacción *f,* desconcierto *m* / [deliberate confusion] artimaña *f,* ardid *m*

mystify ['mɪstɪfaɪ] vt dejar estupefacto(a) *or* perplejo(a), desconcertar ◗ **I was mystified** me quedé estupefacto

mystique [mɪs'ti:k] n aureola *f* de misterio

myth [mɪθ] n mito *m*

mythical ['mɪθɪkəl] adj mítico(a)

mythological [mɪθə'lɒdʒɪkəl] adj mitológico(a)

mythology [mɪ'θɒlədʒɪ] n mitología *f*

myxomatosis [mɪksəmə'təʊsɪs] n mixomatosis *f inv*

N, n [en] n **1.** [letter] N, n *f* **2.** (abbr ***north***) N

NAACP [eneɪeɪsiː'piː] n *US* (abbr ***National Association for the Advancement of Colored People***) = *asociación americana para la defensa de los derechos de la gente de color*

naan [nɑːn] n **~ (bread)** = *clase de pan indio en forma de hogaza aplanada*

nab [næb] (pt & pp **nabbed**) vt *Fam* **1.** [catch, arrest] pescar, *ESP* trincar **2.** [steal] birlar

nadir ['neɪdɪə(r)] n ASTRON nadir *m* ▸ *Fig* **to reach a ~** [party, career] tocar fondo

naff [næf] adj *BR Fam* [tasteless] ordinario(a), *ESP* hortera, *ESP* cutre, *CHILE* cuico(a), *RP* terraja / [comment, behaviour] de mal gusto ▸ **a ~ remark** una bordería

◆ ***naff off*** vi *BR Fam* **~ off!** ¡vete a paseo!, *ESP* ¡que te den!, *CSUR* ¡andá a bañarte!

NAFTA ['næftə] n (abbr ***North American Free Trade Agreement***) NAFTA *m,* TLC *m*

nag[1] [næg] n *Fam* [horse] rocín *m,* jamelgo *m*

nag[2] ■ n [person] pesado(a) *m,f,* latoso(a) *m,f*

■ vt (pt & pp **nagged**) [of person] fastidiar, *ESP* dar la lata a / [of doubt] asaltar ▸ **to ~ sb into doing sth** dar la lata a alguien para que haga algo

■ vi fastidiar, dar la lata ▸ **to ~ at sb to do sth** dar la lata a alguien para que haga algo ▸ **her conscience was nagging at her to go to the police** tenía remordimientos de conciencia que le impulsaban a acudir a la policía

nagging ['nægɪŋ] ■ n regañinas *fpl*

■ adj persistente

nail [neɪl] ■ n **1.** [in carpentry] clavo *m* ▸ *Fig* **it was another ~ in his coffin** era otro clavo más en su ataúd ▸ *Fig* **to hit the ~ on the head** dar en el clavo **2.** [of finger, toe] uña *f* ▸ **~ file** lima *f* de uñas ▸ **~ scissors** tijeras *fpl* de manicura ▸ **~ varnish** *or* **polish** laca *f or* esmalte *m* de uñas ▸ **~ varnish remover** quitaesmaltes *m inv*

■ vt **1.** clavar ▸ **he nailed the lid shut** fijó la tapa con clavos ▸ *Fig* **he stood nailed to the spot** se quedó clavado **2.** [idioms] *Fam* **to ~ sb for a crime** emplumar *or* empapelar a alguien por un delito ▸ *Fam* **to ~ a lie** desterrar una falsedad

◆ ***nail down*** vt sep [fasten] fijar con clavos ▸ *Fam Fig* **to ~ sb down to a date/price** hacer que alguien se comprometa a dar una fecha concreta/un precio concreto

nail-biting ['neɪlbaɪtɪŋ] adj *Fam* [contest, finish] de infarto, emocionantísimo(a) ▸ **after a ~ few hours, the hostages were released** después de varias horas de tensa espera liberaron a los rehenes

nailbrush ['neɪlbrʌʃ] n cepillo *m* de uñas

naive [naɪ'iːv] adj ingenuo(a)

naively [naɪ'iːvlɪ] adv ingenuamente

naivety [naɪ'iːvətɪ] n ingenuidad *f*

naked ['neɪkɪd] adj desnudo(a) ▸ **to be ~** estar desnudo(a) ▸ **a ~ flame** una llama (sin protección) ▸ **~ aggression** agresión *f* abierta *or* alevosa ▸ **visible to the ~ eye** visible a simple vista

nakedness ['neɪkədnɪs] n desnudez *f*

namby-pamby ['næmbɪ'pæmbɪ] n & adj *Fam* ñoño(a) *m,f*

name [neɪm] ■ n **1.** [of person] nombre *m* ▸ **my ~ is...** me llamo... ▸ **what's your ~?** ¿cómo te llamas? ▸ **to mention sb by ~** mencionar a alguien por su nombre ▸ **to take sb's ~** [note down] anotar *or* tomar el nombre de alguien ▸ **a big ~ in the theatre** una figura del teatro ▸ **to put one's ~ down (for sth)** apuntarse (a algo) ▸ **to go by** *or* **under the ~ of...** ser conocido(a) como... ▸ **in the ~ of...** en nombre de... ▸ **in the ~ of God** *or* **Heaven!, in God's** *or* **Heaven's ~!** ¡por el amor de Dios! ▸ **he was President in all but ~** él era el Presidente de hecho ▸ **to call sb names** poner verde *or* insultar a alguien ▸ **he hasn't got a penny to his ~** no tiene ni un centavo *or ESP* duro *or RP* peso ▸ **last ~** apellido *m* **2.** [reputation] nombre *m,* reputación *f* ▸ **she has a good/bad ~** tiene buena/mala fama ▸ **to have a ~ for prompt and efficient service** tener fama de ofrecer un servicio bueno y rápido ▸ **to make a ~ for**

oneself (as) hacerse un nombre (como)
■ vt **1.** [give name to] poner nombre a, bautizar ▸ **they named her Paula** le pusieron *or* llamaron Paula ▸ **to ~ sb after** *or* *US* **for sb** poner a alguien el nombre de alguien **2.** [appoint] nombrar **3.** [designate, identify] nombrar ▸ **to ~ names** dar nombres concretos ▸ **~ your price** di *or* pon un precio

name-calling ['neɪmkɔːlɪŋ] n improperios *mpl*, insultos *mpl*

name-dropper ['neɪmdrɒpə(r)] n *Fam* **she's a terrible ~** se las da de conocer a muchos famosos

name-dropping ['neɪmdrɒpɪŋ] n *Fam* **there was a lot of ~ in his speech** en el discurso se las daba de conocer a muchos famosos

nameless ['neɪmlɪs] adj [person] anónimo(a) ▸ **someone who shall remain ~** alguien que permanecerá en el anonimato

namely ['neɪmlɪ] adv a saber, es decir

nameplate ['neɪmpleɪt] n placa *f* con el nombre

namesake ['neɪmseɪk] n tocayo(a) *m,f*

Namibia [nə'mɪbɪə] n Namibia

Namibian [nə'mɪbɪən] n & adj namibio(a) *m,f*

nancy ['nænsɪ] n *very Fam* **~ (boy)** [homosexual] mariquita *m*, marica *m* / [effeminate man] mariposón *m*

nanny ['nænɪ] n **1.** [nursemaid] niñera *f* ▸ *BR* **the ~ state** el estado protector **2.** **~ goat** cabra *f*

nanosecond ['nænəʊsekənd] n PHYS nanosegundo *m*

nanotechnology ['nænəʊtek'nɒlədʒɪ] n nanotecnología *f*

nap [1] [næp] ■ n [sleep] cabezada *f*, siesta *f* ▸ **to take** *or* **have a ~** echar una cabezada *or* una siesta
■ vi (pt & pp **napped**) echar una cabezada *or* una siesta ▸ *Fig* **they were caught napping** los *ESP* cogieron *or* *AM* agarraron desprevenidos

nap [2] n [of cloth] pelusa *f*, lanilla *f*

napalm ['neɪpɑːm] n napalm *m*

nape [neɪp] n **~ (of the neck)** nuca *f*

naphthalene ['næfθəliːn] n naftalina *f*

napkin ['næpkɪn] n **1. (table) ~** servilleta *f* ▸ **~ ring** servilletero *m (aro)* **2.** *US* [sanitary towel] compresa *f*, *AM* toalla *f* higiénica

Naples ['neɪpəlz] n Nápoles

Napoleonic [nəpəʊlɪ'ɒnɪk] adj napoleónico(a) ▸ **the ~ Wars** las guerras napoleónicas

nappy ['næpɪ] n *BR* pañal *m* ▸ **~ rash** escoceduras *fpl* *or* eritema *m* del pañal

narc [nɑːk] n *US Fam* estupa *mf (agente de la brigada de estupefacientes)*

narcissus [nɑː'sɪsəs] (pl **narcissi** [nɑː'sɪsaɪ]) n [flower] narciso *m*

narcosis [nɑː'kəʊsɪs] n MED narcosis *f inv*

narcotic [nɑː'kɒtɪk] ■ n narcótico *m*, estupefaciente *m* ▸ *US* **narcotics agent** agente *mf* (de la brigada) de estupefacientes
■ adj narcótico(a), estupefaciente

nark [nɑːk] n *BR Fam* **1.** [informer] soplón(ona) *m,f* **2.** [irritable person] malaleche *mf*, *ESP* picajoso(a) *m,f*

narky ['nɑːkɪ] adj *BR Fam* **to be ~** [by nature] ser malaleche *or* *ESP* picajoso(a) / [temporarily] estar de mala leche *or* *ESP* picajoso(a) ▸ **he's a ~ git** es un susceptible

narrate [nə'reɪt] vt narrar

narrative ['nærətɪv] ■ n [story] narración *f*
■ adj narrativo(a)

narrator [nə'reɪtə(r)] n narrador(ora) *m,f*

narrow ['nærəʊ] ■ adj estrecho(a) / [majority] escaso(a) ▸ **to grow** *or* **become ~** estrecharse, angostarse ▸ **to have a ~ mind** ser estrecho(a) de miras ▸ **to have a ~ escape** librarse por los pelos ▸ **by a ~ margin** [to win, lose] por un estrecho margen ▸ **in the narrowest sense** en el sentido mas estricto ▸ **to take a ~ view of sth** enfocar algo desde un punto de vista muy limitado ▸ **~ boat** barcaza *f* ▸ **~ gauge** vía *f* estrecha
■ vt **to ~ one's eyes** [in suspicion, anger] entornar los ojos *or* la mirada
■ vi [road] estrecharse

◆ ***narrow down*** vt sep [choice, possibilities] limitar, reducir

narrowly ['nærəʊlɪ] adv **1.** [to interpret] estrictamente, al pie de la letra **2.** [only just] por poco

narrow-minded ['nærəʊ'maɪndɪd] adj estrecho(a) de miras

narrow-mindedness ['nærəʊ'maɪndɪdnɪs] n [of person] estrechez *f* de miras, cerrazón *f* / [of attitude, opinions] cerrazón *f*

narrowness ['nærəʊnɪs] n estrechez *f* / [of majority] escaso margen *m*

NASA ['næsə] n *US* (abbr ***National Aeronautics and Space Administration***) la NASA, = *agencia aeroespacial norteamericana*

nasal ['neɪzəl] adj nasal ▸ **to have a ~ voice** tener la voz nasal

nastily ['nɑːstɪlɪ] adv [to act, behave, remark] con mala intención, desagradablemente ▸ **to fall ~** tener una mala caída

nastiness ['nɑːstɪnɪs] n [of person, remark] mala intención *f*

nasturtium [nə'stɜːʃəm] n capuchina *f*

nasty ['nɑːstɪ] adj [taste, experience, person] desagradable / [remark] malintencionado(a) / [book, film, crime] repugnante / [shock] desagradable / [problem] espinoso(a), peliagudo(a) ▸ **a ~ accident** un accidente grave ▸ **a ~ cut** una herida muy fea ▸ **a ~ fall** una mala caída ▸ **to be ~ to sb** ser antipático(a) con alguien ▸ **to turn ~** [situation, weather] ponerse feo(a) ▸ **hiding her clothes was a really ~ thing to do** esconderle la ropa fue una broma demasiado pesada ▸ *Fig* **his behaviour left (me with) a ~ taste in the mouth** su comportamiento me dejó muy mal sabor de boca ▸ **you've got a ~ mind!** ¡qué mal pensado eres! ▸ *BR* **he's a ~ piece of work** es un elemento de cuidado

nation ['neɪʃən] n nación *f* ▸ **~ state** estado-nación *m*

national ['næʃənəl] ■ n **1.** [person] ciudadano(a) *m,f*, súbdito(a) *m,f* **2.** [newspaper] periódico *m* (de ámbito) nacional
■ adj nacional ▸ **~ anthem** himno *m* nacional ▸ *BR*

National Curriculum programa *m* de estudios oficial ▸ **the ~ debt** la deuda pública ▸ **the ~ grid** la red eléctrica nacional ▸ *BR* **the National Health Service** = *la sanidad pública británica* ▸ **National Insurance** seguridad *f* social ▸ **National Lottery** = *lotería nacional británica, ESP* ≃ lotería *f* primitiva, *RP* ≃ Quini 6 *f* ▸ **~ park** parque *m* nacional ▸ **~ service** [in army] servicio *m* militar ▸ **National Socialism** nacionalsocialismo *m* ▸ **National Trust** = *organismo estatal británico encargado de la conservación de edificios y parajes de especial interés, ESP* ≃ Patrimonio *m* Nacional

CULTURE / CULTURA

National Insurance

Para trabajar en el Reino Unido es obligatorio tener un **National Insurance number** (número de afiliación a la seguridad social). Los empresarios y los trabajadores tienen que pagar unas contribuciones a la "Inland Revenue" (Agencia Tributaria), que son proporcionales a los ingresos de cada trabajador y que, en general, se retienen directamente de su nómina mensual. Los trabajadores autónomos suelen pagar una cantidad por adelantado y el resto se calcula según los ingresos de cada año fiscal.

nationalism [ˈnæʃənəlɪzəm] n nacionalismo *m*

nationalist [ˈnæʃənəlɪst] n & adj nacionalista *mf*

nationalistic [næʃənəˈlɪstɪk] adj nacionalista

nationality [næʃəˈnælɪtɪ] n nacionalidad *f*

nationalization [næʃənəlaɪˈzeɪʃən] n nacionalización *f*

nationalize [ˈnæʃənəlaɪz] vt nacionalizar

nationally [ˈnæʃənəlɪ] adv en el ámbito nacional ▸ **to be ~ renowned** ser conocido(a) en todo el país

nationhood [ˈneɪʃənhʊd] n estatus *m inv* de nación

nationwide [ˈneɪʃənwaɪd] ■ adj de ámbito nacional
■ adv en todo el país ▸ **to be broadcast ~** ser transmitido(a) a todo el país

native [ˈneɪtɪv] ■ n [of country, town] natural *mf*, nativo(a) *m,f* ▸ **I am a ~ of Edinburgh** soy natural de Edimburgo ▸ **the koala is a ~ of Australia** el koala es originario de Australia ▸ **she speaks English like a ~** su inglés es perfecto
■ adj natal, nativo(a) ▸ **he returned to his ~ London** regresó a su Londres natal ▸ **Native American** indio(a) *m,f* americano(a) ▸ **~ land** tierra *f* natal ▸ **~ language** lengua *f* materna ▸ **~ speaker** hablante *mf* nativo(a) ▸ **I'm not a ~ speaker of Spanish** mi lengua materna no es el español

CAREFUL! / ¡CUIDADO!

native

When translating *native*, note that **natal** is restricted to one's place of origin ('ciudad/país natal'), while **nativo** can be used more generally.

Nativity [nəˈtɪvɪtɪ] n REL **the ~** la Natividad ▸ **~ play** auto *m* navideño *or* de Navidad

Nato, NATO [ˈneɪtəʊ] n (abbr ***North Atlantic Treaty Organization***) OTAN *f*

natter [ˈnætə(r)] *esp BR Fam* ■ n charla *f, CAM, MÉX* plática *f* ▸ **to have a ~** charlar, darle a la lengua, *CAM, MÉX* platicar
■ vi charlar, darle a la lengua, *CAM, MÉX* platicar

natty [ˈnætɪ] adj *Fam* [person, dress] fino(a), elegante

natural [ˈnætʃərəl] ■ n **he's a ~ as an actor** es un actor nato
■ adj **1.** [colour, taste] natural ▸ **death from ~ causes** muerte *f* natural ▸ **~ childbirth** parto *m* natural ▸ **~ disaster** catástrofe *f* natural ▸ **~ gas** gas *m* natural ▸ **~ history** historia *f* natural ▸ **~ mother** madre *f* biológica ▸ **~ resources** recursos *mpl* naturales ▸ **~ sciences** ciencias *fpl* naturales ▸ **~ selection** selección *f* natural **2.** [normal, to be expected] natural, lógico(a) ▸ **it's only ~ that you should want to be here** es natural que quieras estar aquí ▸ **one's** *or* **the ~ reaction is to...** la reacción más normal es... ▸ IND **~ wastage** amortización *f* de puestos de trabajo por jubilación **3.** [unaffected] natural, espontáneo(a)

naturalism [ˈnætʃərəlɪzəm] n naturalismo *m*

naturalist [ˈnætʃərəlɪst] n naturalista *mf*

naturalistic [ˈnætʃərəlɪstɪk] adj naturalista

naturalization [nætʃərəlaɪˈzeɪʃən] n naturalización *f*

naturalize [ˈnætʃərəlaɪz] vt naturalizar, nacionalizar

naturally [ˈnætʃərəlɪ] adv [obviously, logically] naturalmente / [in one's nature] por naturaleza / [unaffectedly] con naturalidad ▸ **to come ~ to sb** ser innato(a) en alguien

nature [ˈneɪtʃə(r)] n **1.** [the natural world] naturaleza *f* ▸ **to let ~ take its course** dejar que la naturaleza siga su curso ▸ **~ lover** amante *mf* de la naturaleza ▸ **~ reserve** reserva *f* natural ▸ **~ trail** senda *f* natural, ruta *f* ecológica **2.** [character] [of thing] naturaleza *f* / [of person] naturaleza *f*, carácter *m* ▸ **to have a jealous ~** tener un carácter celoso ▸ **it's not in her ~** no es su carácter, no es propio de ella ▸ **to be shy by ~** ser tímido(a) por naturaleza **3.** [sort] género *m*, clase *f* ▸ **problems of this ~** problemas de este género ▸ *Formal* **what is the ~ of your complaint?** ¿cuál es el motivo de su queja?

naturism [ˈneɪtʃərɪzəm] n naturismo *m*, nudismo *m*

naught [nɔːt] n **1.** *Literary* [nothing] nada *f* ▸ **his plans came to ~** sus planes (se) quedaron en nada **2.** *US* ➤ ***nought***

naughtily [ˈnɔːtɪlɪ] adv **to behave ~** portarse mal

naughtiness [ˈnɔːtɪnɪs] n [disobedience, mischievousness] travesura *f* / [sexual impropriety] picardía *f*

naughty [ˈnɔːtɪ] adj [child] malo(a), travieso(a) / [word, picture, magazine] picante

Naúru [ˈnaʊruː] n Nauru

nausea [ˈnɔːzɪə] n náuseas *fpl*

nauseate [ˈnɔːzɪeɪt] vt dar *or* provocar náuseas a

nauseating [ˈnɔːzɪeɪtɪŋ] adj nauseabundo(a)

nauseatingly [ˈnɔːzɪeɪtɪŋlɪ] adv repugnantemente ▸ **she was ~ smug** su engreimiento era repugnante

nauseous [ˈnɔːzɪəs] adj nauseabundo(a) ▸ **to feel ~** sentir *or* tener náuseas

nautical ['nɔːtɪkəl] adj náutico(a) ▸ **~ mile** milla *f* marina *or* náutica

naval ['neɪvəl] adj naval ▸ **~ battle** batalla *f* naval ▸ **~ officer** oficial *mf* de marina

Navarre [nə'vɑː] n Navarra

Navarrese [nævɑː'riːz] adj navarro(a)

nave [neɪv] n ARCHIT [of church] nave *f* central

navel ['neɪvəl] n ombligo *m*

navigable ['nævɪgəbəl] adj navegable

navigate ['nævɪgeɪt] ■ vt [seas] surcar, navegar por / [ship] gobernar, pilotar
■ vi navegar ▸ **I'll drive if you ~** [in car] yo conduzco *or AM* manejo si tú haces de copiloto

navigation [nævɪ'geɪʃən] n navegación *f*

navigational [nævɪ'geɪʃənəl] adj **~ equipment** equipo *m* de navegación

navigator ['nævɪgeɪtə(r)] n NAUT oficial *m* de derrota / AV piloto *m* navegante

navvy ['nævɪ] n *BR* peón *m*

navy ['neɪvɪ] n marina *f*, armada *f* ▸ **~ (blue)** azul *m* marino

Nazi ['nɑːtsɪ] n & adj nazi *mf*

Nazism ['nɑːtsɪzəm] n nazismo *m*

NB [en'biː] (abbr ***nota bene***) N.B.

NBA [enbiː'eɪ] *US* (abbr ***National Basketball Association***) NBA *f*

NCO [ensiː'əʊ] (pl NCOs) n MIL (abbr ***non-commissioned officer***) suboficial *mf*

NE (abbr ***north east***) NE

Neanderthal [nɪ'ændətɑːl] ■ n **1.** hombre *m* de Neandert(h)al **2.** *Fam* [coarse person] troglodita *mf*
■ adj **1. ~ man** el hombre de Neandert(h)al **2.** *Fam* [attitude, behaviour] cavernícola

Neapolitan [niːə'pɒlɪtən] n & adj napolitano(a) *m,f*

near [nɪə(r)] ■ adj cercano(a), próximo(a) ▸ **to the nearest metre** en número redondo de metros ▸ **in the ~ future** en un futuro próximo ▸ **it was a ~ thing** poco faltó ▸ **this is the nearest thing we have to a conference room** esto es lo más parecido que tenemos a una sala de reuniones ▸ **the Near East** (el) Cercano Oriente, *ESP* (el) Oriente Próximo
■ adv cerca ▸ **to be ~** estar cerca ▸ **~ at hand** [thing] a mano / [event] cercano(a) ▸ **they were ~ to giving up** estuvieron a punto de abandonar ▸ **~ to tears** a punto de (echarse a) llorar ▸ **~ to despair** próximo(a) a la desesperación ▸ **she's nowhere ~ finished** le falta mucho para terminar ▸ **a ~ total failure** un fracaso casi absoluto
■ prep cerca de ▸ **~ Madrid/the town centre** cerca de Madrid/del centro ▸ **her birthday is ~ Christmas** su cumpleaños cae por Navidad ▸ **he came ~ (to) being run over** estuvo a punto de ser atropellado ▸ **nobody comes anywhere ~ her** [in skill, performance] nadie se le puede comparar ▸ **he's nowhere ~ it!** [with guess] ¡no tiene ni idea!
■ n **my nearest and dearest** mis (parientes) más allegados
■ vt acercarse a, aproximarse a ▸ **to be nearing completion** estar próximo(a) a finalizarse

near- [nɪə(r)] prefix **~complete** casi completo(a) ▸ **~perfect** casi perfecto(a)

nearby ■ ['nɪəbaɪ] adj cercano(a)
■ [nɪə'baɪ] adv cerca

nearly ['nɪəlɪ] adv [almost] casi ▸ **we're ~ there** [finished] ya casi hemos terminado / [at destination] ya casi hemos llegado ▸ **he very ~ died** estuvo a punto de morir ▸ **not ~ enough money/time** muy poco dinero/tiempo ▸ **it's not ~ so beautiful as I remember** no es ni de lejos tan bonito como lo recuerdo

nearly-new ['nɪəlɪ'njuː] adj casi como nuevo(a)

nearside ['nɪəsaɪd] *BR* AUT ■ n lado *m* del copiloto
■ adj del lado del copiloto

near-sighted [nɪə'saɪtɪd] adj corto(a) de vista, miope

neat [niːt] adj **1.** [person] [in habits] ordenado(a) / [in appearance] aseado(a), pulcro(a) / [room, house] pulcro(a), ordenado(a) / [handwriting] claro(a), nítido(a) / [solution] certero(a), hábil ▸ **he's a ~ worker** es un trabajador esmerado **2.** [whisky, vodka] seco(a), solo(a) **3.** *US Fam* [good] genial, fenomenal

neaten ['niːtən] ◆ ***neaten up*** vt sep [hair, garden] arreglar

neatly ['niːtlɪ] adv **1.** [carefully] cuidadosamente, con esmero **2.** [skilfully] **she ~ avoided the subject** eludió hábilmente el tema

neatness ['niːtnɪs] n [of appearance] pulcritud *f* / [of work] esmero *m* / [of solution] acierto *m*, habilidad *f* / [of handwriting] nitidez *f* / [of room, house] pulcritud *f*

nebula ['nebjʊlə] n ASTRON nebulosa *f*

nebulous ['nebjʊləs] adj [vague] nebuloso(a)

necessarily [nesɪ'serəlɪ] adv necesariamente ▸ **it's not ~ the case** no tiene por qué ser necesariamente así

HOW TO...

say what is necessary

¿Hay que pedir cita previa? / Do you have to make an appointment?

¿Es necesario/obligatorio reservar? / Do you need/have to book?

No se necesita visado. / You don't need a visa.

¿Tengo que ir obligatoriamente? / Do I really have to go?

Es absolutamente indispensable que se lo digas a tu jefe. / You really must tell your boss.

Tienes que estar allí a las ocho. / You have to be there at 8 o'clock

No estás obligado a quedarte. / You don't have to stay.

Nadie te obliga a ir. / Nobody's forcing you to go.

No te sientas obligado a... / Don't feel you have to...

No tienes por qué hacerlo. / You don't have to do it.

necessary ['nesɪsərɪ] ■ n *Fam* **to do the ~** hacer lo necesario ▸ **the ~** [money] *ESP* la pasta, *AM* la plata, *MÉX* la lana
■ adj [indispensable] necesario(a), preciso(a) ▸ **it is ~ to remind them** hay que recordárselo ▸ **to do what is ~** hacer lo necesario ▸ **if ~** si es preciso *or* necesario ▸ **when(ever) ~** cuando sea necesario *or* preciso ▸ **a ~ evil** un mal necesario

necessitate [nɪ'sesɪteɪt] vt *Formal* hacer necesario(a), precisar

necessity [nɪ'sesɪtɪ] n [need] necesidad *f* ▸ **of ~** por fuerza, necesariamente ▸ **necessities** [things needed] necesidades *fpl* ▸ *Prov* **~ is the mother of invention** la necesidad aviva el ingenio

neck [nek] ■ n **1.** [of person, dress, bottle] cuello *m* / [of animal] pescuezo *m* / [of guitar] mástil *m* / [of violin] mango *m* / [of land] istmo *m* ▸ **~ of lamb/beef** cuello *m or* cogote *m* de cordero/vaca ▸ **high ~** [of dress] cuello alto ▸ **low ~** [of dress] escote *m* **2.** [idioms] *Fam* **to risk one's ~** jugarse el pellejo ▸ *Fam* **he got it in the ~** [was severely punished] se le cayó el pelo ▸ *Fam* **he's in it up to his ~** está metido hasta el cuello ▸ **to finish ~ and ~** llegar igualados(as) ▸ *Fam* **to stick one's ~ out** [take risk] arriesgarse ▸ *Fam* **what are you doing in this ~ of the woods?** ¿qué haces tú por estos andurriales?
■ vi *Fam* [couple] *ESP* morrearse, *AM* manosearse

necklace ['neklɪs] n collar *m*

neckline ['neklaɪn] n escote *m*

necromancy ['nekrəʊmænsɪ] n *Formal* nigromancia *f*, necromancia *f*

nectar ['nektə(r)] n néctar *m*

nectarine ['nektəri:n] n nectarina *f*

née [neɪ] adj de soltera ▸ **Mrs Gutteridge, ~ Bard** la Sra. Gutteridge, de soltera Bard

need [ni:d] ■ n necesidad *f* (**for** de) ▸ **to attend to sb's needs** atender las necesidades de alguien ▸ **there is no ~ to...** no hace falta... ▸ **if ~ be, in case of ~** si fuera necesario ▸ **to be in ~** [poor, destitute] estar necesitado(a) ▸ **to be in ~ of sth** necesitar algo ▸ **in time of ~** en los momentos de necesidad ▸ **their ~ is greater than mine** ellos están más necesitados que yo
■ vt [of person] necesitar ▸ **to ~ to do sth** tener que hacer algo ▸ **you'll ~ to take more money** te hará falta más dinero ▸ **I didn't ~ to be reminded of it** no hizo falta que nadie me lo recordara ▸ **his hair needs cutting** le hace falta un corte de pelo ▸ **the torch needs a new battery** hay que cambiarle la pila a la linterna ▸ **this work needs a lot of patience** este trabajo requiere mucha paciencia ▸ *Ironic* **that's all I ~!** ¡sólo me faltaba eso!
■ modal aux v

> Cuando se emplea como verbo modal sólo existe una forma, y los auxiliares **do/does** no se usan **he need only worry about himself** / **need she go?** / **it needn't matter**

you needn't worry, I'll be fine! no te preocupes, no me va a pasar nada ▸ **you needn't wait** no hace falta que me esperes ▸ **need I say more?** no hace falta decir más, ya se sabe

needful ['ni:dfʊl] n *Fam* **to do the ~** hacer lo necesario

needle ['ni:dəl] ■ n [for sewing, of compass, of pine-tree] aguja *f* ▸ **it's like looking for a ~ in a haystack** es como buscar una aguja en un pajar ▸ *Fam Fig* **to give sb the ~** [annoy] fastidiar a alguien ▸ *BR Fam* **~ match** [in soccer] partido *m* a muerte *or* con tintes revanchistas
■ vt *Fam* pinchar, picar

needlecraft ['ni:dəlkrɑ:ft] n costura *f*

needless ['ni:dlɪs] adj innecesario(a) ▸ **~ to say,...** ni que decir tiene que..., huelga decir que...

needlessly ['ni:dlɪslɪ] adv innecesariamente

needlework ['ni:dəlwɜ:k] n [sewing] costura *f* / [embroidery] bordado *m*

need-to-know [ni:dtə'nəʊ] adj **information is given on a ~ basis** se proporciona la información sólo a las personas que se considere que la necesitan

needy ['ni:dɪ] ■ npl **the ~** los necesitados
■ adj [person] necesitado(a) ▸ **to be ~** estar necesitado(a)

ne'er [neə(r)] adv *Literary* nunca, jamás

ne'er-do-well ['neədʊwel] n & adj inútil *mf*

nefarious [nɪ'feərɪəs] adj infame

negate [nɪ'geɪt] vt [work, effect] invalidar, anular

negation [nɪ'geɪʃən] n negación *f*

negative ['negətɪv] ■ n **1.** GRAM negación *f*, forma *f* negativa ▸ **to answer in the ~** dar una respuesta negativa **2.** PHOT negativo *m*
■ adj negativo(a) ▸ **don't be so ~** ¡no seas tan negativo! ▸ FIN **~ cash flow** cash flow *m or* flujo *m* de caja negativo ▸ FIN **~ equity** = *depreciación del valor de mercado de una propiedad por debajo de su valor en hipoteca* ▸ **~ sign** [minus] signo *m* negativo

negatively ['negətɪvlɪ] adv negativamente

negativity [negə'tɪvɪtɪ] n negatividad *f*

neglect [nɪ'glekt] ■ n [of garden, person, machine] abandono *m*, descuido *m* / [of duty, responsibilities] incumplimiento *m* ▸ **from** *or* **through ~** por negligencia
■ vt **1.** [not care for] [child, one's health] descuidar, desatender ▸ **to ~ oneself** descuidarse **2.** [ignore] [duty, responsibilities] incumplir / [post] abandonar / [one's work] tener abandonado(a) ▸ **to ~ to do sth** dejar de hacer algo

neglectful [nɪ'glektfʊl] adj descuidado(a), negligente ▸ **to be ~ of sth/sb** descuidar *or* desatender algo/a alguien

negligée ['neglɪʒeɪ] n salto *m* de cama, negligé *m*

negligence ['neglɪdʒəns] n negligencia *f*

negligent ['neglɪdʒənt] adj negligente

negligently ['neglɪdʒəntlɪ] adv negligentemente

negligible ['neglɪdʒɪbəl] adj insignificante

negotiable [nɪ'gəʊʃəbəl] adj [demand, salary] negociable ▸ **not ~** [obstacle] infranqueable / [path] intransitable / [demand] no negociable, innegociable

negotiate [nɪ'gəʊʃɪeɪt] ■ vt **1.** [price, treaty] negociar ▸ **price to be negotiated** precio a convenir **2.** [obstacle] salvar, franquear
■ vi negociar

negotiating [nɪ'gəʊʃɪeɪtɪŋ] adj negociador(ora) ▸ **the ~ table** la mesa de negociaciones

negotiation [nɪgəʊʃɪ'eɪʃən] n negociación *f* ▸ **under ~** en proceso de negociación ▸ **negotiations** negociaciones

negotiator [nɪ'gəʊʃɪeɪtə(r)] n negociador(ora) *m,f*

Negress ['ni:grɪs] n *Old-fashioned* negra *f*

Negro ['ni:grəʊ] *Old-fashioned* ■ n (pl **Negroes**) negro(a) *m,f*

■ adj negro(a) ▸ **~ spiritual** [song] espiritual *m* negro

neigh [neɪ] ■ n relincho *m*

■ vi relinchar

neighbour, *US* ***neighbor*** ['neɪbə(r)] n vecino(a) *m,f* ▸ **to be a good ~** ser un buen vecino ▸ REL **love thy ~ as thyself** ama a tu prójimo como a ti mismo

neighbourhood, *US* ***neighborhood*** ['neɪbəhʊd] n **1.** [district] barrio *m* / [people] vecindario *m* ▸ **~ watch** vigilancia *f* vecinal **2.** [vicinity] cercanías *fpl* ▸ **to live in the (immediate) ~ of...** vivir en las cercanías de... ▸ **a figure in the ~ of £2,000** una cantidad que ronda las 2.000 libras

neighbouring, *US* ***neighboring*** ['neɪbərɪŋ] adj vecino(a)

neighbourliness, *US* ***neighborliness*** ['neɪbəlɪnɪs] n buena vecindad *f*

neighbourly, *US* ***neighborly*** ['neɪbəlɪ] adj [person] amable (con los vecinos) ▸ **to be ~** ser buen(a) vecino(a)

neither ['naɪðə(r), 'ni:ðə(r)] ■ adv **~ ... nor...** ni... ni... ▸ **~ (the) one nor the other** ni uno ni otro ▸ **that's ~ here nor there** eso no viene al caso

■ conj **~ do I** yo tampoco ▸ **if you don't go ~ shall I** si tú no vas, yo tampoco ▸ **the money wasn't available and ~ were the facilities** no había ni dinero ni instalaciones

■ adj ninguno(a) ▸ **~ driver was injured** ninguno de los conductores resultó herido

■ pron ninguno(a) ▸ **which do you want? – ~ (of them)** ¿cuál quieres? – ninguno ▸ **~ of my brothers can come** no puede venir ninguno de mis hermanos

nemesis ['neməsɪs] n *Literary* verdugo *m*

neo- ['ni:əʊ] prefix neo-

neoclassical [ni:əʊ'klæsɪkəl] adj neoclásico(a)

neoclassicism [ni:əʊ'klæsɪsɪzəm] n neoclasicismo *m*

neofascism ['ni:əʊ'fæʃɪzəm] n neofascismo *m*

neofascist [nɪəʊ'fæʃɪst] n & adj neofascista *mf*

neolithic [ni:əʊ'lɪθɪk] adj neolítico(a)

neologism [nɪ'ɒlədʒɪzəm] n neologismo *m*

neon ['ni:ɒn] n CHEM neón *m* ▸ **~ light** luz *f* de neón ▸ **~ sign** letrero *m or* rótulo *m* de neón

neonatal ['ni:əʊ'neɪtəl] adj neonatal

neo-Nazi ['ni:əʊ'nɑ:tsɪ] n & adj neonazi *mf*

Nepal [nɪ'pɔ:l] n Nepal

Nepalese [nepə'li:z], ***Nepali*** [ne'pɔ:lɪ] ■ n **1.** [person] nepalés(esa) *m,f,* nepalí *mf* **2.** [language] nepalés *m,* nepalí *m*

■ adj nepalés(esa), nepalí

nephew ['nefju:] n sobrino *m*

nepotism ['nepətɪzəm] n nepotismo *m*

Neptune ['neptju:n] n [planet, god] Neptuno

nerd [nɜ:d] n *Fam* **1.** [boring person] petardo(a) *m,f, RP* nerd *mf* ▸ **a computer ~** un tipo raro obsesionado con los *ESP* ordenadores *or AM* computadoras **2.** [as insult] bobo(a) *m,f,* gil *mf*

nerdy [nɜ:dɪ] adj *Fam* de petardo(a) *or RP* nerd

nerve [nɜ:v] ■ n **1.** ANAT nervio *m* ▸ *Fam* **she gets on my nerves!** ¡me saca de quicio! ▸ **her nerves were in a terrible state** tenía los nervios destrozados ▸ ANAT **~ cell** neurona *f* ▸ *Fig* **~ centre** [of organization] centro *m* neurálgico ▸ **~ ending** terminación *f* nerviosa ▸ **~ gas** gas *m* nervioso **2.** [courage] sangre *f* fría ▸ **to have nerves of steel** tener nervios de acero ▸ **to keep/lose one's ~** mantener/perder la calma **3.** *Fam* [cheek] cara *f* dura, descaro *m* ▸ **what a ~!** ¡qué cara más dura! ▸ **you've got a ~!** ¡qué cara tienes!

■ vt **to ~ oneself to do sth** templar los nervios para hacer algo

nerve-(w)racking ['nɜ:vrækɪŋ] adj angustioso(a)

nervous ['nɜ:vəs] adj **1.** [apprehensive] inquieto(a), nervioso(a) ▸ **to be ~** [by nature] ser nervioso(a) / [temporarily] estar nervioso(a) ▸ **he was ~ about (doing) it** le ponía nervioso (hacerlo) **2.** **~ breakdown** crisis *f inv* nerviosa ▸ **~ energy** nervio *m* ▸ **~ exhaustion** agotamiento *m* nervioso ▸ **~ system** sistema *m* nervioso

nervously [nɜ:vəslɪ] adv nerviosamente

nervousness ['nɜ:vəsnɪs] n [of speaker, performer] nerviosismo *m*

nervy ['nɜ:vɪ] adj *Fam* [tense] nervioso(a) ▸ **to be ~** estar nervioso(a)

nest [nest] ■ n [of bird, bandits] nido *m* / [of ants] hormiguero *m* / [of wasps] avispero *m* ▸ *Fig* **to fly the ~** dejar el nido, irse de casa ▸ **~ of tables** mesas *fpl* nido ▸ *Fig* **~ egg** ahorrillos *mpl*

■ vi anidar

nesting ['nestɪŋ] n **~ box** caja *f* nido

nestle ['nesəl] vi [person] acomodarse ▸ **to ~ up to sb** recostarse en alguien

nestling ['neslɪŋ] n [young bird] polluelo *m*

Net [net] n *Fam* COMPTR [Internet] **the ~** la Red

net[1] [net] ■ n red *f* ▸ *Fig* **to slip through the ~** [mistake] colarse / [criminal] escaparse ▸ **~ curtain** visillo *m*

■ vt (pt & pp **netted**) [capture] [animals] capturar, apresar / [drugs] incautarse de / [donations] recoger / [reward] embolsarse

net[2] ■ adj [weight, price, profit] neto(a) ▸ *US* **~ revenue** facturación *f*

■ vt (pt & pp **netted**) [earn] **to ~ £2,000 pounds** ganar 2.000 libras netas *or* limpias

netball ['netbɔ:l] n nétbol *m,* = *modalidad de baloncesto para mujeres*

Netherlands ['neðələndz] npl **the ~** los Países Bajos

nethermost ['neðəməʊst] adj *Literary* inferior

netiquette ['netɪket] n COMPTR netiqueta *f*

netting ['netɪŋ] n red *f,* malla *f*

nettle ['netəl] ■ n [plant] ortiga *f*

■ vt [irritate] irritar, fastidiar

network ['netwɜːk] ▪ n [gen] & COMPTR red *f* / TV cadena *f* ▸ ~ **computer** *ESP* ordenador *m or AM* computadora *f* de red
▪ vi (establish contacts) establecer contactos

networking ['netwɜːkɪŋ] n COM establecimiento *m* de contactos profesionales

neural ['njʊərəl] adj ANAT neural

neuralgia [njʊ'rældʒə] n MED neuralgia *f*

neurologist [njʊə'rɒlədʒɪst] n MED neurólogo(a) *m,f*

neurology [njʊə'rɒlədʒɪ] n MED neurología *f*

neuron ['njʊərɒn] n ANAT neurona *f*

neurosis [njʊ'rəʊsɪs] (pl **neuroses** [njʊ'rəʊsiːz]) n neurosis *f inv*

neurosurgeon ['njʊərəʊ'sɜːdʒən] n neurocirujano(a) *m,f*

neurosurgery [njʊərəʊ'sɜːdʒərɪ] n MED neurocirugía *f*

neurotic [njʊ'rɒtɪk] ▪ n neurótico(a) *m,f*
▪ adj neurótico(a), paranoico(a) ▸ **to be/get ~ about sth** estar/ponerse neurótico(a) *or* paranoico(a) por algo

neuter ['njuːtə(r)] ▪ n GRAM (género *m*) neutro *m*
▪ adj GRAM neutro(a)
▪ vt [animal] castrar

neutral ['njuːtrəl] ▪ n **1.** [country] nación *f* neutral ▸ **to be a ~** ser neutral **2.** AUT **in ~** en punto muerto
▪ adj **1.** POL neutral **2.** [colour] neutro(a) ▸ ~ **shoe polish** crema *f* (de calzado) incolora

neutrality [njuː'trælɪtɪ] n neutralidad *f*

neutralization ['njuːtrəlaɪ'zeɪʃən] n neutralización *f*

neutralize ['njuːtrəlaɪz] vt neutralizar

neutrino [njʊ'triːnəʊ] n PHYS neutrino *m*

neutron ['njuːtrɒn] n PHYS neutrón *m* ▸ ~ **bomb** bomba *f* de neutrones

never ['nevə(r)] adv nunca ▸ ~ **again!** ¡nunca más! ▸ ~ **mind!** ¡no importa! ▸ **she ~ said a word** no dijo ni una palabra ▸ **I've ~ met him** no lo conozco de *or MÉX, RP* para nada ▸ **I ~ expected this** jamás hubiera esperado esto ▸ **he ~ even congratulated me** ni siquiera me felicitó ▸ *Fam* **well I ~!** ¡no me digas!

never-ending [nevər'endɪŋ] adj interminable

never-never [nevə'nevə(r)] n *BR Fam* **to buy sth on the ~** comprar algo a plazos

nevertheless [nevəðə'les] adv [however] no obstante, sin embargo / [despite everything] de todas maneras, a pesar de todo

new [njuː] adj **1.** [not old, recent] nuevo(a) ▸ **we need a ~ dishwasher** nos hace falta otro lavavajillas *or* un lavavajillas nuevo ▸ **what's ~?** [greeting] ¿qué tal?, *CAM, COL, MÉX, VEN* ¡qué hubo! ▸ **that's nothing ~!** no es ninguna novedad ▸ **she's ~ to this work** es la primera vez que trabaja en esto ▸ **to be ~ to a town** ser nuevo(a) en *or* acabar de mudarse a una ciudad ▸ ~ **man** hombre *m* moderno *(que ayuda en casa, etc)* ▸ ~ **moon** luna *f* nueva ▸ ~ **town** = *ciudad satélite de nueva planta creada para descongestionar un núcleo urbano* **2.** [in proper names] **New Age** = *movimiento que gira en torno a las ciencias ocultas, medicinas alternativas, religiones orientales, etc.* ▸ **New Delhi** Nueva Delhi ▸ **New England** Nueva Inglaterra ▸ **New Guinea** Nueva Guinea ▸ *BR* POL **New Labour** [ideology] el Nuevo Laborismo / [party] el Nuevo Partido Laborista ▸ **New Mexico** Nuevo México ▸ **New Orleans** Nueva Orleans ▸ **New South Wales** Nueva Gales del Sur ▸ **the New Testament** el Nuevo Testamento ▸ **the New World** el Nuevo Mundo ▸ **New Year** año *m* nuevo ▸ **New Year's Day** día *m* de año nuevo ▸ **New Year's Eve** Nochevieja *f* ▸ **New Year's resolutions** = *buenos propósitos para el año nuevo* ▸ **New York** Nueva York ▸ **New Yorker** neoyorquino(a) *m,f* ▸ **New Zealand** Nueva Zelanda ▸ **New Zealander** neozelandés(esa) *m,f*, neocelandés(esa) *m,f*

newbie ['njuːbɪ] n *Fam* COMPTR novato(a) *m,f*

newborn ['njuːbɔːn] adj recién nacido(a) ▸ ~ **baby** (bebé *m*) recién nacido *m*

newcomer ['njuːkʌmə(r)] n recién llegado(a) *m,f* (**to** a)

newfangled ['njuːfæŋgəld] adj *Pej* moderno(a) ▸ **I don't hold with those ~ ideas** yo no comulgo con esas moderneces

Newfoundland ['njuːfəndlænd] n Terranova

newly ['njuːlɪ] adv recién, recientemente ▸ ECON ~ **industrialized country** país *m* de reciente industrialización

newlyweds ['njuːlɪwedz] npl recién casados *mpl*

newness ['njuːnɪs] n [of design] novedad *f* ▸ **because of her ~ to the job** por ser nueva en el trabajo

news [njuːz] n noticias *fpl* / [TV programme] telediario *m*, *AM* noticiero *m*, *ANDES, RP* noticioso *m* / [radio programme] noticiario *m*, informativo *m*, *AM* noticiero *m*, *ANDES, RP* noticioso *m* ▸ **a piece of ~** una noticia ▸ **to be in the ~** ser noticia ▸ **good/bad ~** buenas/malas noticias ▸ *Fam* **he's bad ~** es un tipo de cuidado, tiene mucho peligro ▸ *Fam* **that's ~ to me!** ¡(pues) ahora me entero! ▸ *Prov* **no ~ is good ~** si no hay noticias, es que todo va bien ▸ ~ **agency** agencia *f* de noticias ▸ ~ **bulletin** boletín *m* de noticias ▸ ~ **conference** rueda *f* de prensa ▸ ~ **item** noticia *f* ▸ ~ **report** crónica *f* (informativa), artículo *m* ▸ ~ **service** servicios *mpl* informativos

newsagent ['njuːzeɪdʒənt] n *BR* vendedor(ora) *m,f* de periódicos ▸ **newsagent's (shop)** = *tienda que vende prensa así como tabaco, chucherías e incluso artículos de papelería*

newscaster ['njuːzkɑːstə(r)] n locutor(ora) *m,f or* presentador(ora) *m,f* de informativos

newsflash ['njuːzflæʃ] n noticia *f* de última hora *or* de alcance

newsgroup ['njuːzgruːp] n COMPTR grupo *m* de noticias

newsletter ['njuːzletə(r)] n boletín *m* informativo

newspaper ['njuːzpeɪpə(r)] n periódico *m* / [daily] periódico, diario *m* ▸ **wrapped in ~** envuelto(a) en papel de periódico ▸ ~ **report** artículo *m* periodístico

newspaperman ['njuːzpeɪpəmæn] n [reporter] periodista *m*, hombre *m* de prensa / [proprietor] propietario *m* de un periódico, hombre *m* de prensa

newsprint ['njuːzprɪnt] n papel *m* de periódico

newsreader ['njuːzriːdə(r)] n RAD & TV locutor(ora) *m,f or* presentador(ora) *m,f* de informativos

newsreel ['nju:zri:l] n noticiario *m* cinematográfico, ≃ nodo *m*

newsroom ['nju:zru:m] n (sala *f* de) redacción *f*

newsstand ['nju:zstænd] n quiosco *m*, puesto *m* de periódicos

newsworthy ['nju:zwɜ:ðɪ] adj de interés periodístico

newt [nju:t] n tritón *m*

next [nekst] ■ adj **1.** [in space] siguiente / [room, house] de al lado ▸ **~ door** (en la casa de) al lado **2.** [in time, order] siguiente ▸ **~ week/month** la semana/el mes que viene ▸ **the ~ chapter/page** el capítulo/la página siguiente ▸ **the ~ time I see him** la próxima vez que lo vea ▸ **it's the ~ station** es la próxima estación ▸ **the ~ turning on the right** el primer desvío a la derecha ▸ **your name is ~ on the list** tu nombre es el siguiente de la lista ▸ **ask the ~ person you meet** pregunta a la primera persona que te encuentres ▸ **who's ~?, whose turn is it ~?** ¿quién es el siguiente?, ¿a quién le toca? ▸ **the ~ size up/down** una talla más/menos, *RP* el talle siguiente/anterior
■ adv **1.** [in space] **to be ~ to** estar al lado de ▸ **I can't bear wool ~ to my skin** no soporto el contacto de la lana (en la piel) **2.** [in time, order] después, luego ▸ **what shall we do ~?** ¿qué hacemos ahora? ▸ **what did you do ~?** ¿qué hiciste después *or* a continuación? ▸ **she'll be asking me to give up my job ~!** ¡ya sólo falta que me pida que deje el trabajo! ▸ **when shall we meet ~?** ¿cuándo nos volveremos a ver? ▸ **~ to my dog I like my sister best** después de mi perro, a quien más quiero es a mi hermana ▸ **if we can't do that, the ~ best thing would be to...** si eso no se puede hacer, siempre podríamos... ▸ **the ~ fastest after the Ferrari was...** el (siguiente) más rápido después del Ferrari fue... ▸ **who is the ~ oldest/youngest after Mark?** ¿quién es el más viejo/joven después de Mark? ▸ **I got it for ~ to nothing** lo compré por casi nada ▸ **there is ~ to no evidence** no hay apenas pruebas ▸ **in ~ to no time** en un abrir y cerrar de ojos
■ pron **the ~** el/la siguiente ▸ **the year after ~** el año siguiente al que viene ▸ **your train is the ~ but one** tu tren no es el siguiente, sino el otro ▸ **(the) ~ to arrive was Carmen** la siguiente en llegar fue Carmen ▸ **~ please!** ¡el siguiente, por favor!

next-door ['neks'dɔ:(r)] adj de al lado ▸ **the ~ neighbours** los vecinos de al lado

next-of-kin [nekstəv'kɪn] n familiar *m or* pariente *m* más próximo

NFL [enef'el] n *US* (abbr ***National Football League***) = *una de las dos ligas nacionales de fútbol americano*

NGO [endʒi:'əʊ] (pl NGOs) n (abbr ***non-governmental organization***) ONG *f*

NHS [eneɪtʃ'es] n *BR* (abbr ***National Health Service***) = *la sanidad pública británica, ESP* ≃Insalud *m*

CULTURE / CULTURA

NHS

El National Health Service o NHS fue creado por el gobierno laborista británico en 1948 para permitir que todos los británicos tengan acceso a la asistencia médica gratuita. El gasto en sanidad es una de las partidas más abultadas de los presupuestos del Estado, y hoy en día dicha institución se encuentra en situación de crisis casi permanente debido a la escasez de fondos. Esta ha provocado una gradual pérdida de fe en la capacidad del NHS para atender las necesidades sanitarias de los británicos, cosa que ha animado a muchos a suscribir seguros de salud privados. Últimamente el gobierno ha aumentado radicalmente el gasto en sanidad para procurar que el Reino Unido alcance la media europea.

NI [en'aɪ] n *BR* (abbr ***National Insurance***) SS *f*

nib [nɪb] n [of pen] plumilla *f*

nibble ['nɪbəl] ■ n **to have a ~ at sth** dar un mordisquito a *or* mordisquear algo ▸ **nibbles** [snacks] algo *m* de picar, *MÉX* antojitos *mpl*
■ vt mordisquear

Nicaragua [nɪkə'rægjʊə] n Nicaragua

Nicaraguan [nɪkə'rægjʊən] n & adj nicaragüense *mf*

nice [naɪs] adj **1.** [pleasant] agradable / [good] bueno(a) / [attractive] *ESP* bonito(a), *AM* lindo(a) / [friendly] simpático(a), *ESP* majo(a), *RP* dulce ▸ **to be ~ to sb** ser amable con alguien ▸ **to have a ~ time** pasarlo bien ▸ **have a ~ day!** ¡adiós, buenos días!, ¡que pase un buen día!, *RP* ¡que lo pase bien! ▸ **it was ~ of her to...** fue muy amable de su parte... ▸ *Ironic* **we ARE in a ~ mess!** ¡nos hemos metido en un buen lío! ▸ *Ironic* **that's a ~ way to behave!** ¡*ESP* bonita *or AM* linda manera de comportarse! **2.** [intensive] **~ and easy** muy fácil ▸ **~ and handy** muy conveniente ▸ **a ~ warm bath** un buen baño calentito

nice-looking ['naɪslʊkɪŋ] adj *ESP* guapo(a), *AM* lindo(a)

nicely ['naɪslɪ] adv **1.** [politely] [to behave] bien, correctamente / [to ask] con educación **2.** [well] bien ▸ **to be doing ~** ir bien ▸ **she has done very ~ (for herself)** le han ido muy bien las cosas

nicety ['naɪsɪtɪ] n **niceties** detalles *mpl*, sutilezas *fpl*

niche [ni:ʃ] n hornacina *f*, nicho *m* ▸ COM **~ market** nicho *m* de mercado ▸ COM **~ marketing** marketing *m* de nichos *or* segmentación

nick [nɪk] ■ n **1.** [in wood] muesca *f* / [on face] corte *m* **2. in the ~ of time** justo a tiempo **3.** *BR Fam* [condition] **in good/bad ~** en buen/mal estado **4.** *BR Fam* [prison] cárcel *f*, *ESP* trullo *m*, *ANDES, RP* cana *f*, *MÉX* bote *m* / [police station] comisaría *f*
■ vt **1.** [cut] [object] hacer un corte *or* una muesca en ▸ **to ~ one's face** cortarse la cara **2.** *BR Fam* [arrest] detener, *ESP* trincar **3.** *BR Fam* [steal] afanar, *ESP* mangar

nickel ['nɪkəl] n [metal] níquel *m* / *US* [coin] moneda *f* de cinco centavos

nickname ['nɪkneɪm] ■ n apodo *m*, mote *m*
■ vt apodar ▸ **he was nicknamed "Tank"** lo apodaron "Tank"

nicotine ['nɪkəti:n] n nicotina *f* ▸ **~ patch** parche *m* de nicotina

niece [ni:s] n sobrina *f*

niff [nɪf] *BR Fam* ■ n [bad smell] tufo *m,* peste *f*
■ vi [smell bad] apestar, *ESP* atufar

nifty ['nɪftɪ] adj *Fam* **1.** [clever] [idea, device] ingenioso(a) **2.** [agile] [person, footwork] ágil

Niger ['naɪdʒə] n Níger

Nigeria [naɪ'dʒɪərɪə] n Nigeria

Nigerian [naɪ'dʒɪərɪən] n & adj nigeriano(a) *m,f*

niggardly ['nɪgədlɪ] adj mísero(a)

nigger ['nɪgə(r)] n *very Fam = término generalmente ofensivo para referirse a un negro, RP* grone *m*

niggle ['nɪgəl] ■ vt incomodar, fastidiar ▸ **there is still something that is niggling me** todavía hay algo que me provoca desazón
■ vi [be overfussy] **to ~ about details** ser muy quisquilloso(a) ▸ **to ~ (away) at sb** dar la tabarra a alguien

niggling ['nɪgəlɪŋ] adj [details] de poca monta, insignificante / [pain] molesto(a) / [doubt] inquietante

nigh [naɪ] adv **1.** *Literary* cerca ▸ **the end is ~!** ¡el fin está cerca! **2. well ~ impossible** [almost] casi *or* prácticamente imposible

night [naɪt] n noche *f* ▸ **at ~** por la noche ▸ **late at ~** bien entrada la noche ▸ **all ~** toda la noche ▸ **last ~** anoche ▸ **tomorrow ~** mañana por la noche ▸ **on Thursday ~** el jueves por la noche ▸ **good ~!** ¡buenas noches! ▸ **to have a ~ out** salir por la noche ▸ **to make a ~ of it** salir toda la noche ▸ *Fig* **~ bird** noctámbulo(a) *m,f*, trasnochador(ora) *m,f* ▸ **~ flight** vuelo *m* nocturno ▸ *Fig* **~ owl** noctámbulo(a) *m,f*, trasnochador(ora) *m,f* ▸ **~ school** escuela *f* nocturna ▸ **~ shift** turno *m* de noche ▸ **to have good/bad ~ vision** ver bien/mal de noche

nightcap ['naɪtkæp] n **1.** [hat] gorro *m* de dormir **2.** [drink] copa *f* antes de acostarse

nightclub ['naɪtklʌb] n sala *f* de fiestas, discoteca *f*

nightclubbing ['naɪtklʌbɪŋ] n **to go ~** ir de discotecas

nightdress ['naɪtdres] n camisón *m*

nightfall ['naɪtfɔːl] n anochecer *m* ▸ **at ~** al anochecer

nightgown ['naɪtgaʊn] n camisón *m*

nightie ['naɪtɪ] n *Fam* camisón *m*

nightingale ['naɪtɪŋgeɪl] n ruiseñor *m*

nightjar ['naɪtdʒɑː(r)] n [bird] chotacabras *m inv*

nightlife ['naɪtlaɪf] n vida *f* nocturna, ambiente *m* nocturno

nightlong ['naɪtlɒŋ] adj **~ celebrations/vigil** fiesta *f*/ vigilia *f* durante toda la noche

nightly ['naɪtlɪ] ■ adj **his ~ stroll** su paseo de cada noche ▸ **twice ~ flights** dos vuelos cada noche
■ adv todas las noches

nightmare ['naɪtmeə(r)] n *also Fig* pesadilla *f*

nightmarish ['naɪtmeərɪʃ] adj de pesadilla

nightshirt ['naɪtʃɜːt] n camisa *f* de dormir

nightstick ['naɪtstɪk] n *US* porra *f*

night-time ['naɪttaɪm] ■ n noche *f* ▸ **at ~** por la noche, durante la noche
■ adj nocturno(a)

nihilist ['naɪɪlɪst] n nihilista *mf*

nihilistic [naɪ(h)ɪ'lɪstɪk] adj nihilista

nil [nɪl] n cero *m* ▸ *BR* **to win two/three ~** ganar (por) dos/tres a cero

Nile [naɪl] n **the ~** el Nilo

nimble ['nɪmbəl] adj ágil ▸ **to have ~ feet** [footballer] tener un buen juego de piernas

nimbly ['nɪmblɪ] adv con agilidad

nincompoop ['nɪŋkəmpuːp] n *Fam* bobo(a) *m,f, ESP* percebe *mf*

nine [naɪn] ■ n nueve *m* ▸ **a ~-to-five job** un trabajo de oficina *(de nueve a cinco)* ▸ *Fam* **to be dressed up to the nines** ir de punta en blanco
■ adj nueve ▸ *Fig* **~ times out of ten** la mayoría de las veces ▸ **to have ~ lives** tener siete vidas (como los gatos) / *see also* ***eight***

nineteen [naɪn'tiːn] ■ n diecinueve *m* ▸ *BR Fam* **to talk ~ to the dozen** hablar por los codos
■ adj diecinueve / *see also* ***eight***

nineteenth [naɪn'tiːnθ] ■ n **1.** [fraction] diecinueveavo *m,* diecinueveava parte *f* **2.** [in series] decimonoveno(a) *m,f* **3.** [of month] diecinueve *m*
■ adj decimonoveno(a) ▸ *Fam* **the ~ hole** [of golf course] el bar / *see also* ***eleventh***

ninetieth ['naɪntɪɪθ] n & adj nonagésimo(a) *m,f*

nine-to-five ['naɪntə'faɪv] ■ adj **a ~ job** un trabajo de oficina *(de nueve a cinco)*
■ adv **to work ~** trabajar de nueve a cinco, tener horario de oficina

ninety ['naɪntɪ] ■ n noventa *m*
■ adj noventa ▸ **~ nine times out of a hundred** el noventa y nueve por ciento de las veces / *see also* ***eighty***

ninth [naɪnθ] ■ n **1.** [fraction] noveno *m,* novena parte *f* **2.** [in series] noveno(a) *m,f* **3.** [of month] nueve *m*
■ adj noveno(a) / *see also* ***eighth***

nip [nɪp] ■ n **1.** [pinch] pellizco *m* / [with teeth] bocado *m,* mordisquillo *m* **2. there's a ~ in the air** hace fresco **3.** *Fam* [of brandy] chupito *m,* copita *f*
■ vt (pt & pp **nipped**) **1.** [pinch] pellizcar / [with teeth] mordisquear ▸ *Fam Fig* **to ~ sth in the bud** cortar algo de raíz **2.** [of cold, frost] helar
■ vi [sting] escocer

◆ ***nip out*** vi *BR Fam* [go out] salir (un momento) ▸ **I'll ~ out and buy a paper** salgo un momento a comprar el periódico

nipper ['nɪpə(r)] n *BR Fam* [child] chavalín(ina) *m,f, CAM, MÉX* chavalo(a) *m,f, RP* pibito(a) *m,f*

nipple ['nɪpəl] n [female] pezón *m* / [male] tetilla *f* / [on baby's bottle] tetilla *f,* tetina *f*

nippy ['nɪpɪ] adj *Fam* **1.** [quick] ligero(a), rápido(a) **2.** [cold] fresco(a) ▸ **it's a bit ~ today** hoy hace un poco de fresco

nit [nɪt] n **1.** [insect] piojo *m* / [insect's egg] liendre *f* **2.** *BR Fam* [person] idiota *mf,* bobo(a) *m,f*

nit-pick ['nɪtpɪk] vi *Fam* poner peros *or ESP* pegas, ser un/una quisquilloso(a)

nit-picker ['nɪtpɪkə(r)] n *Fam* quisquilloso(a) *m,f*

nit-picking ['nɪtpɪkɪŋ] *Fam* ■ n critiqueo *m* por

nimiedades, *ESP* puñetería *f*
■ adj quisquilloso(a)

nitrate ['naɪtreɪt] n nitrato *m*

nitric ['naɪtrɪk] adj nítrico(a)

nitrogen ['naɪtrədʒən] n nitrógeno *m*

nitroglycerine [naɪtrəʊ'glɪsəri:n] n nitroglicerina *f*

nitrous ['naɪtrəs] adj nitroso(a)

nitty-gritty ['nɪtɪ'grɪtɪ] n *Fam* meollo *m* ▸ **to get down to the ~** ir al grano, ir al meollo del asunto

nitwit ['nɪtwɪt] n *Fam* idiota *mf,* bobo(a) *m,f*

NNE (abbr ***north-northeast***) NNE, nornordeste

NNW (abbr ***north-northwest***) NNO, nornoroeste

No, no (abbr ***number***) n°, núm., número

no [nəʊ] ■ adv **1.** [interjection] no ▸ **to say no** decir que no ▸ **she won't take no for an answer** no para hasta salirse con la suya **2.** [not] no ▸ **he's no cleverer than her** no es más listo que ella ▸ **no more/less than £100** no más/menos de 100 libras
■ adj **there is no bread** no hay pan ▸ **he's no friend of mine** no es amigo mío ▸ **I am in no way surprised** no me sorprende en absoluto ▸ **there's no denying it** no se puede negar ▸ **there's no pleasing him** no hay forma de agradarle ▸ **no smoking** *(sign)* prohibido fumar ▸ *Fam* **no way!** ¡ni hablar!, *ESP* ¡de eso nada!, *AM* ¡para nada!
■ n (pl **noes**) POL **ayes and noes** votos a favor y en contra

Noah's ark ['nəʊə'zɑ:k] n el arca de Noé

no-ball ['nəʊ'bɔ:l] n [in baseball, cricket] lanzamiento *m* antirreglamentario

nobble ['nɒbəl] vt *BR Fam* **1.** [bribe] comprar, untar, *ANDES, RP* coimear, *CAM, MÉX* dar la mordida a **2.** [attract attention of] pillar, *AM* agarrar

Nobel Prize ['nəʊbel'praɪz] n Premio *m* Nobel

nobility [nəʊ'bɪlɪtɪ] n nobleza *f*

noble ['nəʊbəl] ■ n noble *mf*
■ adj [birth, person] noble / [sentiment, act] noble, magnánimo(a) / [building, sight] grandioso(a)

nobleman ['nəʊbəlmən] n noble *m*

noble-minded [nəʊbəl'maɪndɪd] adj noble

noblewoman ['nəʊbəlwʊmən] n noble *f*

nobly ['nəʊblɪ] adv generosamente, noblemente

nobody ['nəʊbədɪ] ■ n **he's/she's a ~** es un/una don nadie
■ pron nadie ▸ **~ spoke to me** nadie me dirigió la palabra ▸ **~ else** nadie más ▸ **he is nobody's fool** no tiene un pelo de tonto ▸ **if you don't have money, you're ~** si no tienes dinero, no eres nadie

no-brainer ['nəʊ'breɪnə(r)] n *US Fam* **it's a ~** está tirado

no-claims bonus ['nəʊ'kleɪmz'bəʊnəs] n descuento *m* por no siniestralidad

nocturnal [nɒk'tɜ:nəl] adj nocturno(a)

nod [nɒd] ■ n [greeting] saludo *m (con la cabeza)* / [in agreement] señal *f* de asentimiento *(con la cabeza)* ▸ **to give sth/sb the ~** dar el consentimiento para algo/a alguien
■ vt (pt & pp **nodded**) **to ~ one's head** [in assent] asentir con la cabeza / [in greeting] saludar con la cabeza / [as signal] hacer una señal con la cabeza ▸ **to ~ one's approval** dar la aprobación con una inclinación de cabeza
■ vi **to ~ in agreement** asentir con la cabeza

◆ ***nod off*** vi *Fam* quedarse dormido(a), dormirse

nodding ['nɒdɪŋ] adj **to have a ~ acquaintance with sth/sb** conocer un poco algo/a alguien ▸ *US Fam* **~ donkey** [oil-pump] = *tipo de bomba para extraer petróleo*

node [nəʊd] n nudo *m* / MED nodo *m,* nódulo *m*

nodule ['nɒdju:l] n nódulo *m*

no-fly zone [nəʊ'flaɪzəʊn] n zona *f* de exclusión aérea

no-frills [nəʊ'frɪlz] adj sin florituras

no-go area ['nəʊ'gəʊ'eərɪə] n zona *f* prohibida

no-good ['nəʊgʊd] *Fam* adj inútil

no-holds-barred ['nəʊ'həʊldz'bɑ:d] adj [report, documentary] a fondo, sin restricciones

no-hoper [nəʊ'həʊpə(r)] n *BR Fam* inútil *mf*

noise [nɔɪz] n ruido *m* ▸ **to make a ~** [individual sound] hacer un ruido / [racket] hacer ruido ▸ **to make noises about doing sth** andar diciendo que uno va a hacer algo ▸ *Fig* **a big ~** un pez gordo

noiselessly ['nɔɪzlɪslɪ] adv silenciosamente

noisily ['nɔɪzɪlɪ] adv ruidosamente

noisy ['nɔɪzɪ] adj ruidoso(a)

nomad ['nəʊmæd] n & adj nómada *mf*

nomadic [nəʊ'mædɪk] adj nómada

no man's land ['nəʊmænzlænd] n *also Fig* tierra *f* de nadie

nomenclature [nəʊ'menklətʃə(r)] n nomenclatura *f*

nominal ['nɒmɪnəl] adj nominal / [price, amount] simbólico(a)

nominally ['nɒmɪnəlɪ] adv nominalmente

nominate ['nɒmɪneɪt] vt [propose] proponer / [appoint] nombrar

nomination [nɒmɪ'neɪʃən] n [proposal] nominación *f* / [appointment] nombramiento *m*

nominative ['nɒmɪnətɪv] ■ n nominativo *m*
■ adj nominativo(a)

nominee [nɒmɪ'ni:] n candidato(a) *m,f*

non- [nɒn] prefix no

non-acceptance ['nɒnək'septəns] n no aceptación *f*

non-addictive ['nɒnə'dɪktɪv] adj que no crea adicción

non-aggression pact [nɒnə'greʃən'pækt] n POL pacto *m* de no agresión

non-alcoholic [nɒnælkə'hɒlɪk] adj sin alcohol

nonaligned [nɒnə'laɪnd] adj POL no alineado(a)

nonattendance [nɒnə'tendəns] n ausencia *f*

nonbinding ['nɒn'baɪndɪŋ] adj no vinculante

nonbiodegradable ['nɒnbaɪəʊdɪ'greɪdəbəl] adj no biodegradable

nonchalance [*BR* 'nɒnʃələns, *US* nɒnʃə'lɑ:ns] n indiferencia *f,* despreocupación *f*

nonchalant [*BR* 'nɒnʃələnt, *US* nɒnʃə'la:nt] adj indiferente, despreocupado(a)

nonchalantly [*BR* 'nɒnʃələntlɪ, *US* nɒnʃə'la:ntlɪ] adv con indiferencia *or* despreocupación

noncombatant [nɒn'kɒmbətənt] n & adj MIL no combatiente *mf*

noncommissioned officer ['nɒnkəmɪʃənd'ɒfɪsə(r)] n MIL suboficial *mf*

noncommittal [nɒnkə'mɪtəl] adj [answer] evasivo(a) ▸ **to be ~** responder con evasivas

non-compliance ['nɒnkəm'plaɪəns] n *Formal* incumplimiento *m* (**with** de)

nonconformist [nɒnkən'fɔ:mɪst] n & adj inconformista *mf*

non-dairy ['nɒndeərɪ] adj no lácteo(a)

nondeductible [nɒndɪ'dʌktɪbəl] adj FIN no desgravable

nondescript [*BR* 'nɒndɪskrɪpt, *US* nɒndɪ'skrɪpt] adj anodino(a)

none [nʌn] ■ pron [not any] nada / [not one] ninguno(a) ▸ **~ of us/them** ninguno de nosotros/ellos ▸ **~ of this concerns me** nada de esto me concierne ▸ **it was ~ other than the President** no era otro que el propio Presidente ▸ **there was ~ left** no quedaba nada ▸ **there were ~ left** no quedaba ninguno ▸ *Fam* **we'll have ~ of that!** ¡eso no te lo consiento!
■ adv **his answer left me ~ the wiser** su respuesta no me aclaró nada ▸ **she was ~ too happy about the situation** la situación no le hacía ninguna gracia ▸ **~ too soon** justo a tiempo

nonentity [nɒ'nentɪtɪ] n nulidad *f*

nonessential [nɒnɪ'senʃəl] ■ n **nonessentials** lo accesorio
■ adj accesorio(a), prescindible

nonetheless [nʌnðə'les] adv [however] no obstante, sin embargo / [despite everything] de todas maneras, a pesar de todo

non-event [nɒnɪ'vent] n chasco *m* ▸ **the party turned out to be a bit of a ~** al final la fiesta no fue nada especial

nonexecutive director [nɒnɪg'zekjʊtɪvdaɪ'rektə(r)] n director(ora) *m,f* no ejecutivo(a)

nonexistent [nɒnɪg'zɪstənt] adj inexistente

non-fat ['nɒnfæt] adj [food] sin grasa

non-fiction [nɒn'fɪkʃən] n no ficción *f*

nonflammable [nɒn'flæməbəl] adj incombustible, ininflamable

non-habit-forming ['nɒn'hæbɪtfɔ:mɪŋ] adj que no crea adicción

non-intervention ['nɒnɪntə'venʃən] n no intervención *f*

non-linear [nɒn'lɪnɪə(r)] adj COMPTR **~ programming** programación *f* no lineal

non-native ['nɒn'neɪtɪv] adj no nativo(a) ▸ **~ speaker** hablante *mf* no nativo

non-negotiable [nɒnnɪ'gəʊʃɪəbəl] adj no negociable

non-nuclear [nɒn'nju:klɪə(r)] adj [war] convencional / [energy] no nuclear / [country] sin armamento nuclear

no-no ['nəʊnəʊ] n *Fam* **that's a ~** eso ni se te ocurra

no-nonsense [nəʊ'nɒnsəns] adj [approach] serio(a) y directo(a) / [implement, gadget] práctico(a), funcional

non-partisan [nɒn'pɑ:tɪzæn] adj imparcial

non-payment [nɒn'peɪmənt] n impago *m*

non-person ['nɒn'pɜ:sən] (pl **non-persons**) n **politically, she became a ~** políticamente hablando, dejó de existir

nonplussed [nɒn'plʌst] adj perplejo(a), anonadado(a)

non-profit(-making) [nɒn'prɒfɪt(meɪkɪŋ)] adj sin ánimo de lucro

non-racist [nɒn'reɪsɪst] adj no racista

non-refundable ['nɒnri:'fʌndəbəl] adj [deposit] a fondo perdido, sin posibilidad de reembolso

nonresident [nɒn'rezɪdənt] n [of country, hotel] no residente *mf*

non-returnable [nɒnrɪ'tɜ:nəbəl] adj no retornable

non-sectarian ['nɒnsek'teərɪən] adj no sectario(a)

nonsense ['nɒnsəns] n tonterías *fpl*, disparates *mpl* ▸ **~!** ¡tonterías! ▸ **to talk (a lot of) ~** decir (muchos) disparates ▸ **to make a ~ of sth** echar por tierra algo

nonsensical [nɒn'sensɪkəl] adj absurdo(a), disparatado(a)

non sequitur [nɒn'sekwɪtə(r)] n incongruencia *f*

non-sexist [nɒn'seksɪst] adj no sexista

non-smoker [nɒn'sməʊkə(r)] n no fumador(ora) *m,f*

non-smoking ['nɒnsməʊkɪŋ] adj [area, carriage] de no fumadores ▸ **this is a ~ flight** no está permitido fumar en este vuelo

non-specialist [nɒn'speʃəlɪst] ■ n profano(a) *m,f*
■ adj no especializado(a)

non-standard ['nɒn'stændəd] adj **1.** LING no normativo(a) **2.** [product, size] fuera de lo común

nonstarter [nɒn'stɑ:tə(r)] n **the project's a ~** es un proyecto inviable

nonstick ['nɒn'stɪk] adj antiadherente

non-stop ['nɒn'stɒp] ■ adj [journey, flight] directo(a), sin escalas
■ adv sin parar, ininterrumpidamente / [fly] directo

non-tariff barrier ['nɒn'tærɪf'bærɪə(r)] n ECON barrera *f* no arancelaria

nontransferable ['nɒntræns'fɜ:rəbəl] adj intransferible

nonverbal [nɒn'vɜ:bəl] adj no verbal ▸ **~ communication** comunicación *f* no verbal

nonviolent [nɒn'vaɪələnt] adj no violento(a)

noodle ['nu:dəl] n **1.** [pasta] **noodles** tallarines *mpl (chinos)* **2.** *BR Fam* [fool] zoquete *m*, tarugo *m* **3.** *US Fam* [head] coco *m*, mollera *f*

nook [nʊk] n rincón *m*, recoveco *m* ▸ **nooks and crannies** recovecos *mpl*

nooky, nookie ['nʊkɪ] n *Fam* marcha *f* para el cuerpo, ñacañaca *m* ▸ **to get one's ~** echar un polvete *or MÉX* caldito

noon [nu:n] n mediodía *m* ▸ **at ~** al mediodía

noonday ['nu:ndeɪ] n **the ~ sun** el sol del mediodía

no one ['nəʊwʌn] ➤ ***nobody***

noose [nu:s] n [loop] nudo *m* corredizo / [rope] soga *f* ▸ *Fig* **to put one's head in a ~** meterse en la boca del lobo

nope [nəʊp] adv *Fam* no

nor [nɔ:(r)] conj ni ▸ **neither... ~** ni... ni ▸ **he neither drinks ~ smokes** ni fuma ni bebe *or AM* toma ▸ **~ do I** yo tampoco, ni yo

Nordic ['nɔ:dɪk] adj nórdico(a)

norm [nɔ:m] n norma *f* ▸ **to deviate from the ~** salirse de la norma

normal ['nɔ:məl] ■ n **above/below ~** [temperature, rate] por encima/por debajo de lo normal ▸ **things quickly got back to ~ after the strike** las cosas volvieron pronto a la normalidad después de la huelga
■ adj normal

normality [nɔ:'mælɪtɪ], *US* ***normalcy*** ['nɔ:məlsɪ] n normalidad *f*

normalization [nɔ:məlaɪ'zeɪʃən] n normalización *f*

normalize ['nɔ:məlaɪz] ■ vt normalizar
■ vi normalizarse

normally ['nɔ:məlɪ] adv normalmente

Norman ['nɔ:mən] n & adj normando(a) *m,f*

Normandy ['nɔ:məndɪ] n Normandía

north [nɔ:θ] ■ n norte *m* ▸ **to the ~ (of)** al norte (de) ▸ **the North-South divide** la división Norte-Sur
■ adj [direction, side] norte ▸ **~ London** el norte de Londres ▸ **~ wind** viento *m* del norte ▸ **North Africa** África del Norte ▸ **North African** norteafricano(a) *m,f* ▸ **North America** Norteamérica ▸ **North American** norteamericano(a) *m,f* ▸ **North Carolina** Carolina del Norte ▸ **North Dakota** Dakota del Norte ▸ **the North Pole** el Polo Norte ▸ **the North Sea** el Mar del Norte
■ adv al norte ▸ **to face ~** estar orientado(a) al norte ▸ **to go ~** ir hacia el norte

CULTURE / CULTURA

the North-South divide

Se refiere a la división entre el opulento sur, en especial Londres y los condados del sudeste, y el norte de Inglaterra. El norte había sido tradicionalmente el corazón industrial del país pero muchas de sus áreas geográficas sufrieron privaciones económicas y sociales como consecuencia del declive de la industria manufacturera en Gran Bretaña. La disparidad entre las dos regiones queda reflejada en el hecho de que los precios y los alquileres de la propiedad en el sur son mucho más elevados que en el norte, y en que la tasa de desempleo es mucho menor en las zonas meridionales.

northbound ['nɔ:θbaʊnd] adj [train, traffic] en dirección norte ▸ **the ~ carriageway** el carril que va hacia el norte

northeast [nɔ:'θi:st] ■ n nordeste *m,* noreste *m*
■ adj [side] nordeste, noreste ▸ **~ wind** viento *m* del nordeste
■ adv [to go, move] hacia el nordeste / [to be situated, face] al nordeste

northeasterly [nɔ:θ'i:stəlɪ] ■ n [wind] viento *m* del nordeste
■ adj [direction] nordeste ▸ **~ wind** viento *m* del nordeste

northeastern [nɔ:θ'i:stən] adj [region] del nordeste

northerly ['nɔ:ðəlɪ] ■ n [wind] viento *m* del norte
■ adj [direction] norte ▸ **the most ~ point** el punto más septentrional ▸ **~ wind** viento *m* del norte

northern ['nɔ:ðən] adj [region, accent] del norte, norteño(a) ▸ **~ Spain** el norte de España ▸ **~ hemisphere** hemisferio *m* norte ▸ **Northern Ireland** Irlanda del Norte ▸ **Northern Irish** norirlandés(esa) ▸ **~ lights** aurora *f* boreal

northerner ['nɔ:ðənə(r)] n norteño(a) *m,f*

north-facing ['nɔ:θ'feɪsɪŋ] adj orientado(a) al norte

North Korea ['nɔ:θkə'ri:ə] n Corea del Norte

North Korean ['nɔ:θkə'ri:ən] n & adj norcoreano(a) *m,f*

north-northeast [nɔ:θnɔ:θ'i:st] adv en dirección nornordeste

north-northwest [nɔ:θnɔ:θ'west] adv en dirección nornoroeste

northward ['nɔ:θwəd] adj & adv hacia el norte

northwards ['nɔ:θwədz] adv hacia el norte

northwest [nɔ:θ'west] ■ n noroeste *m*
■ adj [side] noroeste ▸ **~ wind** viento *m* del noroeste
■ adv [to go, move] hacia el noroeste / [to be situated, face] al noroeste

northwesterly [nɔ:θ'westəlɪ] ■ n [wind] viento *m* del noroeste
■ adj [direction] noroeste ▸ **~ wind** viento *m* del noroeste

northwestern [nɔ:θ'westən] adj [region] del noroeste

Norway ['nɔ:weɪ] n Noruega

Norwegian [nɔ:'wi:dʒən] ■ n **1.** [person] noruego(a) *m,f* **2.** [language] noruego *m*
■ adj noruego(a)

nose [nəʊz] n **1.** [of person] nariz *f* / [of animal] hocico *m* ▸ **her ~ is bleeding** está sangrando por la nariz ▸ **to blow one's ~** sonarse la nariz ▸ **to hold one's ~** taparse la nariz ▸ **to have a ~ job** [cosmetic surgery] operarse la nariz **2.** [of vehicle, plane, missile] morro *m* ▸ **the traffic was ~ to tail** había caravana (de coches) **3.** [idioms] **it's right under your ~** lo tienes delante de las narices ▸ **to turn one's ~ up at sth** hacerle ascos a algo ▸ **she walked by with her ~ in the air** pasó con gesto engreído ▸ **to look down one's ~ at sb** mirar a alguien por encima del hombro ▸ **she paid through the ~ for it** le costó un ojo de la cara ▸ **to get up sb's ~** poner negro(a) a alguien ▸ **they are leading them by the ~** les están manejando a su antojo ▸ **to keep one's ~ clean** no meterse en líos ▸ **to have a ~ for sth** tener olfato para algo ▸ **to poke one's ~ into other people's business** meter las narices en los asuntos de otros ▸ **to put sb's ~ out of joint** hacerle un feo a alguien

◆ ***nose about, nose around*** vi *Fam* curiosear

nosebleed ['nəʊzbli:d] n **to have a ~** sangrar por la nariz

-nosed [nəʊzd] suffix **red~** con la nariz colorada

nose-dive ['nəʊzdaɪv] ■ n [of plane] *ESP* picado *m, AM* picada *f* / [of prices] caída *f* en *ESP* picado *or AM* picada
■ vi [plane] hacer *ESP* un picado *or AM* una picada / [prices] caer en *ESP* picado *or AM* picada

nosey ['nəʊzɪ] adj *Fam* entrometido(a) ▸ *BR* **~ parker** metomentodo *mf*

nosh [nɒʃ] *BR Fam* ■ n [food] *ESP* manduca *f, MÉX, RP* papa *f, RP* morfi *m*
■ vi [eat] manducar, *MÉX* echar papa, *RP* morfar

no-show [nəʊ'ʃəʊ] n [for flight] pasajero *m* (con reserva) no presentado / [at theatre] reserva *f* no cubierta

nosiness ['nəʊzɪnɪs] n curiosidad *f,* entrometimiento *m*

no-smoking [nəʊ'sməʊkɪŋ] adj [carriage, area] de *or* para no fumadores

nostalgia [nɒs'tældʒɪə] n nostalgia *f* (**for** de)

nostalgic [nɒs'tældʒɪk] adj nostálgico(a)

nostalgically [nɒs'tældʒɪklɪ] adv con nostalgia

nostril ['nɒstrɪl] n orificio *m* nasal, ventana *f* de la nariz

nosy ➤ ***nosey***

not [nɒt] adv

> En el inglés hablado, y en el escrito en estilo coloquial, **not** se contrae después de verbos modales y auxiliares.

no ▸ **~ me/him** yo/él no ▸ **I don't know** no sé ▸ **don't move!** ¡no te muevas! ▸ **whether she likes it or ~** le guste o no ▸ **I think/hope ~** creo/espero que no ▸ **she asked me ~ to tell him** me pidió que no se lo dijera ▸ **~ wishing to cause an argument, he said nothing** como no deseaba provocar una discusión, no dijo nada ▸ **you understand, don't you?** entiendes, ¿no? ▸ **~ at all** en absoluto ▸ **thank you so much! – ~ at all!** ¡muchísimas gracias! – ¡de nada! *or* ¡no hay de qué! ▸ **~ always** no siempre ▸ **~ any more** ya no ▸ **~ even** ni siquiera ▸ **~ only... but also...** no sólo... sino también... ▸ **~ yet** todavía no, aún no ▸ **~ that I minded** no es que me importara ▸ **~ that it matters** no es que importe

notable ['nəʊtəbəl] adj notable ▸ **to be ~ for sth** destacar por algo

notably ['nəʊtəblɪ] adv [especially] en particular, en especial / [noticeably] notablemente

notary ['nəʊtərɪ] n LAW **~ (public)** notario(a) *m,f, AM* escribano(a) *m,f*

notation [nəʊ'teɪʃən] n notación *f*

notch [nɒtʃ] ■ n **1.** [in stick] muesca *f* **2.** [grade, level] punto *m,* grado *m* ▸ **she's a ~ above the rest** está por encima de los demás
■ vt [once] hacer una muesca en / [several times] hacer muescas en

◆ ***notch up*** vt sep [victory, sale] apuntarse

note [nəʊt] ■ n **1.** [short letter, at foot of page, record] nota *f* ▸ **(lecture) notes** apuntes *mpl* de clase ▸ **to take** *or* **make a ~ of sth** tomar nota de algo ▸ **to take ~ of sth/sb** [notice] fijarse en algo/alguien **2.** [musical] nota *f* / *Fig* [of doubt, anger] nota *f,* tono *m* ▸ **on a lighter ~** pasando a cosas menos serias **3.** *esp BR* [banknote] billete *m* **4. of ~** excepcional, destacable
■ vt [notice] notar / [mention] señalar / [error, mistake] advertir / [fact] darse cuenta de ▸ **please ~ that...** tenga en cuenta que...

◆ ***note down*** vt sep anotar, apuntar

notebook ['nəʊtbʊk] n libreta *f* / [bigger] cuaderno *m* / COMPTR *ESP* ordenador *m or AM* computadora *f* portátil

noted ['nəʊtɪd] adj destacado(a) ▸ **to be ~ for sth** destacar por algo

notepad ['nəʊtpæd] n bloc *m* de notas

notepaper ['nəʊtpeɪpə(r)] n papel *m* de carta

noteworthy ['nəʊtwɜːðɪ] adj digno(a) de mención

not-for-profit ['nɒtfər'prɒfɪt] adj *US* sin ánimo de lucro

nothing ['nʌθɪŋ] ■ pron nada ▸ **~ happened** no pasó nada ▸ **say ~ about it** no digas nada (de esto) ▸ **to say ~ of...** por no hablar de... ▸ **he was ~ if not discreet** desde luego fue muy discreto ▸ **~ new/remarkable** nada nuevo/especial ▸ **~ else** nada más ▸ **~ but** tan sólo ▸ **you've caused me ~ but trouble** no me has traído (nada) más que problemas ▸ **buy ~ but the best** compre sólo lo mejor ▸ **~ much** no mucho, poca cosa ▸ **there is ~ more to be said** no hay (nada) más que decir ▸ **there's ~ like a nice steak!** ¡no hay nada como un buen filete! ▸ **as a pianist he has ~ on his brother** como pianista, no tiene ni punto de comparación con su hermano ▸ **there's ~ in it** [it's untrue] es falso ▸ **he thinks ~ of telling lies to get what he wants** no le importa mentir para conseguir sus propósitos ▸ *Fam* **there's ~ to it** no tiene ningún misterio ▸ **£1,000 is ~ to her** para ella 1.000 libras no son nada ▸ **I have ~ to do** no tengo nada que hacer ▸ **to have ~ to do with sth/sb** no tener nada que ver con algo/alguien ▸ **we have ~ to do with the neighbours** no tenemos trato con los vecinos ▸ **that's ~ to do with you** no tiene nada que ver contigo ▸ **to get angry/worried for** *or* **about ~** *esp ESP* enfadarse *or esp AM* enojarse/preocuparse por nada ▸ **to do sth for ~** [in vain] hacer algo para nada / [with no reason] hacer algo porque sí / [free of charge] hacer algo gratis
■ n **to come to ~** quedar en nada ▸ **a hundred pounds? – a mere ~!** ¿cien libras? – ¡una bagatela!
■ adv **she looks ~ like her sister** no se parece en nada a su hermana ▸ **it was ~ like as difficult as they said** no era ni mucho menos tan difícil como decían

notice ['nəʊtɪs] ■ n **1.** [warning] aviso *m* ▸ **to give sb ~ of sth** avisar a alguien de algo, notificar algo a alguien ▸ **without (prior) ~** sin previo aviso ▸ **until further ~** hasta nuevo aviso ▸ **at short ~** en poco tiempo, con poca antelación ▸ **at a moment's ~** enseguida ▸ **to give** *or* **hand in one's ~** [resign] presentar la dimisión, despedirse ▸ **to give sb their ~** [make redundant] despedir a alguien ▸ **to give sb a month's ~** [of redundancy] comunicarle a alguien el despido con un mes de antelación / [to move out] darle a alguien un plazo de un mes para abandonar el inmueble **2.** [attention] **to take ~ of sth/sb** prestar atención a algo/alguien ▸ **to take no ~ (of)** no hacer caso (de) ▸ **to attract ~** llamar la atención ▸ **the fact escaped everyone's ~** el hecho pasó inadvertido a todo el mundo ▸ **it has come to my ~ that...** ha llegado a mi conocimiento que... **3.** [sign] cartel *m* **4.** THEAT crítica *f*, reseña *f*

■ vt [realize] darse cuenta de / [sense] notar / [observe] fijarse en ▸ **I noticed he was uncomfortable** me di cuenta de que estaba incómodo ▸ **have you noticed anything strange in her behaviour?** ¿has notado algo extraño en su comportamiento? ▸ **I noticed a man yawning at the back** me fijé en un hombre al fondo que bostezaba ▸ **to be noticed, to get oneself noticed** llamar la atención

■ vi darse cuenta

> FALSE FRIEND / FALSO AMIGO
> ***notice***
>
> Noticia no es la traducción del inglés *notice.* Noticia se traduce por *(piece of) news.*

noticeable ['nəʊtɪsəbəl] adj [change, difference] apreciable, notable ▸ **barely ~** apenas perceptible ▸ **it was very ~ that...** se notaba claramente que...

noticeably ['nəʊtɪsəblɪ] adv claramente, notablemente

noticeboard ['nəʊtɪsbɔːd] n *BR* tablón *m* de anuncios

notifiable [nəʊtɪ'faɪəbəl] adj [disease] notificable

notification [nəʊtɪfɪ'keɪʃən] n notificación *f* ▸ **to give sb ~ of sth** notificar algo a alguien

notify ['nəʊtɪfaɪ] vt notificar ▸ **to ~ sb of sth** notificar algo a alguien

notion ['nəʊʃən] n **1.** [idea, concept] idea *f*, noción *f* ▸ **to have no ~ of sth** no tener noción de algo ▸ **I have a ~ that...** me parece que... ▸ **to have a ~ to do sth** tener el capricho de hacer algo **2.** *US* **notions** [sewing materials] cosas *fpl* de costura ▸ **notions store** mercería *f*

notoriety [nəʊtə'raɪətɪ] n mala fama *f*

notorious [nəʊ'tɔːrɪəs] adj *Pej* (tristemente) famoso(a) *or* célebre ▸ **he's ~ for his bad temper** todo el mundo conoce su mal humor

> FALSE FRIEND / FALSO AMIGO
> ***notorious***
>
> Notorio no es la traducción del inglés *notorious.* Notorio se traduce por *obvious* o *widely-known*: **hay un notorio malestar entre los empleados** *there is obvious discontent among the staff* **es un hecho notorio que...** *it's a widely-known fact that...*

notoriously [nəʊ'tɔːrɪəslɪ] adv **it is ~ difficult/bad** es de sobra conocido lo difícil/malo que es

notwithstanding [nɒtwɪθ'stændɪŋ] *Formal* ■ prep a pesar de, pese a

■ adv no obstante, sin embargo

nougat ['nuːgɑː] n = *tipo de dulce con frutos secos*

nought, *US* ***naught*** [nɔːt] n cero *m* ▸ *BR* **noughts and crosses** [game] tres en raya *m*

noun [naʊn] n GRAM sustantivo *m*, nombre *m* ▸ **proper ~** nombre propio

nourish ['nʌrɪʃ] vt [person, animal] nutrir, alimentar / [feeling, hope] abrigar, albergar ▸ **to be well nourished** estar bien alimentado(a)

nourishing ['nʌrɪʃɪŋ] adj nutritivo(a)

nourishment ['nʌrɪʃmənt] n [food] alimentos *mpl* / [nourishing quality] alimento *m*, alimentación *f*

nous [naʊs] n *BR Fam* [common sense] seso *m*

Nov (abbr ***noviembre***) noviembre *m*

Nova Scotia ['nəʊvə'skəʊʃə] n Nueva Escocia

novel ['nɒvəl] ■ n novela *f*

■ adj [original] novedoso(a), original

novelist ['nɒvəlɪst] n novelista *mf*

novelty ['nɒvəltɪ] n [newness] novedad *f* / [cheap toy] baratija *f* ▸ **the ~ will soon wear off** pronto dejará de ser una novedad ▸ **it has a certain ~ value** tiene un cierto atractivo por ser nuevo

November [nəʊ'vembə(r)] n noviembre *m* / *see also* ***May***

novice ['nɒvɪs] n [beginner] principiante *mf*, novato(a) *m,f* / REL novicio(a) *m,f*

now [naʊ] ■ adv **1.** [at this moment] ahora / [these days] hoy (en) día ▸ **what shall we do ~?** ¿y ahora qué hacemos? ▸ *Fam* **it's ~ or never** ahora o nunca ▸ **that'll do for ~** ya basta por ahora *or* por el momento ▸ **it's two years ~ since his mother died** hace dos años que murió su madre ▸ **he won't be long ~** no tardará mucho, *AM* no demorará mucho más ▸ **~ is the time to...** ahora es el momento de... ▸ **any minute ~** en cualquier momento ▸ **any day ~** cualquier día de estos ▸ **right ~** ahora mismo ▸ **(every) ~ and then, (every) ~ and again** de vez en cuando ▸ **up to** *or* **until ~** hasta ahora ▸ **from ~ on** a partir de ahora ▸ **in three days from ~** de aquí a tres días ▸ **he ought to be here by ~** ya debería haber llegado ▸ **and ~ for some music** y a continuación, un poco de música **2.** [to introduce statement, question] **~, there are two ways of interpreting this** ahora bien, lo podemos interpretar de dos maneras ▸ **well ~, what's happened here?** vamos a ver, ¿qué ha pasado? **3.** [as reproof] **come ~!** ¡venga, hombre/mujer!, *AM* ¡pero qué cosa! ▸ **~, ~! stop quarrelling!** *ESP* ¡hala, hala! *or AM* ¡bueno, bueno! ¡basta de peleas!

■ conj **~ (that) I'm older I think differently** ahora que soy más viejo *or AM* grande, ya no pienso igual ▸ **~ (that) you mention it,...** ahora que lo dices,...

nowadays ['naʊədeɪz] adv hoy (en) día, actualmente

nowhere ['nəʊweə(r)] ■ n **in the middle of ~** en un lugar dejado de la mano de Dios ▸ **he came from ~ to win the race** remontó desde atrás y ganó la carrera

■ adv [posición] en/a ningún lugar, en/a ninguna parte ▸ **~ else** en/a ningún otro lugar ▸ **she was ~ to be found** no se la podía encontrar por ninguna parte ▸ **qualifications alone will get you ~** sólo con los estudios no irás a ninguna parte ▸ **it's ~ near the shopping centre** no queda nada cerca del centro comercial ▸ **the rest were ~** [in contest] los demás quedaron muy por detrás ▸ *Fam* **we're getting ~ fast** estamos perdiendo el tiempo

noxious ['nɒkʃəs] adj nocivo(a)

nozzle ['nɒzəl] n boquilla *f*

nr (abbr ***near***) cerca de

NRA [enɑː'reɪ] n *US* (abbr ***National Rifle Associa-***

tion) = *asociación estadounidense que se opone a cualquier restricción en el uso de armas de fuego*

NSPCC [enespi:si:'si:] n *BR* (abbr ***National Society for the Prevention of Cruelty to Children***) = *sociedad protectora de la infancia*

nth [enθ] adj *Fam* enésimo(a) ▸ **for the ~ time** por enésima vez

nuance ['nju:ɒns] n matiz *m*

nub [nʌb] n **the ~ of the matter** *or* **issue** el quid de la cuestión

nubile ['nju:baɪl] adj [attractive] de buen ver

nuclear ['nju:klɪə(r)] adj nuclear ▸ **~ disarmament** desarme *m* nuclear ▸ **~ energy** energía *f* nuclear ▸ **~ family** familia *f* nuclear ▸ **~ physics** física *f* nuclear ▸ **~ power** energía *f* nuclear *or* atómica ▸ **~ power station** central *f* nuclear ▸ **~ war(fare)** guerra *f* nuclear *or* atómica ▸ **~ warhead** cabeza *f* nuclear ▸ **~ waste** residuos *mpl* nucleares ▸ **~ weapon** arma *f* nuclear *or* atómica ▸ **~ winter** invierno *m* nuclear

nuclear-free zone ['nju:klɪəfri:'zəʊn] n zona *f* desnuclearizada

nuclear-powered ['nju:klɪə'paʊəd] adj nuclear ▸ **~ submarine** submarino *m* nuclear

nucleic [nju:'kli:ɪk] adj nucleico(a) ▸ **~ acid** ácido *m* nucleico

nucleus ['nju:klɪəs] (pl **nuclei** ['nju:klɪaɪ]) n *also Fig* núcleo *m*

nude [nju:d] ■ n desnudo *m* ▸ **in the ~** desnudo(a)
■ adj desnudo(a) ▸ **to be ~** estar desnudo(a)

nudge [nʌdʒ] ■ n [push] empujón *m* / [with elbow] codazo *m*
■ vt [push] dar un empujón a / [elbow] dar un codazo a

nudist ['nju:dɪst] n nudista *mf* ▸ **~ camp/colony** campamento *m*/colonia *f* nudista

nudity ['nju:dɪtɪ] n desnudez *f*

nugatory ['nju:gətɒrɪ] adj fútil

nugget ['nʌgɪt] n [of gold] pepita *f* ▸ *Fig* **a few useful nuggets of information** unas cuantas informaciones útiles

nuisance ['nju:səns] n [annoying thing] pesadez *f*, molestia *f* / [annoying person] pesado(a) *m,f* ▸ **to make a ~ of oneself** dar la lata ▸ **what a ~!, that's a ~!** ¡qué contrariedad! ▸ **~ call** llamada *f* (telefónica) molesta, *AM* llamado *m* (telefónico) molesto

nuke [nju:k] vt *Fam* atacar con armas nucleares

null [nʌl] adj nulo(a) ▸ **~ and void** nulo(a) y sin valor

nullify ['nʌlɪfaɪ] vt anular, invalidar

NUM [enju:'em] n *BR* (abbr ***National Union of Mineworkers***) = *sindicato minero británico*

numb [nʌm] ■ adj entumecido(a) ▸ **to be ~** estar entumecido(a) ▸ **to go ~** entumecerse ▸ **~ with cold** entumecido(a) por el frío ▸ **~ with fear** paralizado(a) por el miedo
■ vt [of cold, grief] entumecer / [of terror] paralizar

number ['nʌmbə(r)] ■ n **1.** número *m* ▸ **a large ~ of** gran número de ▸ **their supporters were present in small/great numbers** un pequeño/gran número de sus partidarios hizo acto de presencia ▸ **I live at ~ 40** vivo en el (número) 40 ▸ **(telephone) ~** número (de teléfono *or AM* telefónico) ▸ COMPTR **~ crunching** cálculos *mpl* ▸ **to be ~ one** ser el número uno ▸ *Fam* **to look after ~ one** cuidarse de los propios intereses ▸ *BR* **Number Ten** = *residencia oficial del primer ministro británico* **2.** [song] tema *m*, canción *f* **3.** [idioms] **he's my ~ two** [subordinate] es mi segundo (de a bordo) ▸ *Fam* **I've got your ~!** ¡te tengo calado! ▸ *Fam* **his number's up** le ha llegado la hora ▸ *Fam* **that car is a nice little ~** ¡vaya cochazo!, *MÉX* ¡qué carro más padre!, *CSUR* ¡flor de auto! ▸ *Fam* **she's got a nice little ~ there** [situation] ha conseguido un buen chollo *or MÉX* churro *or RP* curro
■ vt **1.** [assign number to] numerar **2.** [count] contar / [amount to] sumar ▸ **his days are numbered** tiene los días contados ▸ **he numbers her among his friends** la cuenta entre sus amigos

numbering ['nʌmbərɪŋ] n numeración *f*

numberplate ['nʌmbəpleɪt] n *BR* [on car] (placa *f* de la) matrícula *f*

numbly ['nʌmlɪ] adv [answer, stare] sin poder reaccionar

numbness ['nʌmnɪs] n [of fingers] entumecimiento *m* / [from grief] aturdimiento *m* / [from fear] parálisis *f inv*

numbskull ['nʌmskʌl] n *Fam* idiota *mf*, *ESP* majadero(a) *m,f*

numeracy ['nju:mərəsɪ] n conocimiento *m* de aritmética

numeral ['nju:mərəl] n número *m*

numerate ['nju:mərət] adj **to be ~** tener un conocimiento básico de aritmética

numerator ['nju:məreɪtə(r)] n MATH numerador *m*

numeric(al) [nju:'merɪk(əl)] adj numérico(a) ▸ COMPTR **~ keypad** teclado *m* numérico

numerically [nju:'merɪklɪ] adv en número, numéricamente

numerous ['nju:mərəs] adj numeroso(a) ▸ **on ~ occasions** en numerosas ocasiones

nun [nʌn] n monja *f*

nunnery ['nʌnərɪ] n convento *m*

nuptial ['nʌpʃəl] ■ npl **nuptials** boda *f*, esponsales *mpl*
■ adj nupcial

nurse [nɜ:s] ■ n **1.** [medical] enfermera *f* ▸ **(male) ~** enfermero *m* **2.** [looking after children] niñera *f*
■ vt [look after] cuidar, atender / [suckle] amamantar, dar de mamar a / *Fig* [feeling, hope] guardar, abrigar ▸ **she nursed him back to health** lo cuidó hasta que se restableció ▸ *Fig* **to ~ a grievance** guardar rencor

nursery ['nɜ:sərɪ] n **1.** [establishment] guardería *f* / [room in house] cuarto *m* de los niños ▸ **~ education** educación *f* preescolar ▸ **~ rhyme** poema *m or* canción *f* infantil ▸ **~ school** centro *m* de preescolar, parvulario *m* ▸ **~ slopes** [in skiing] pistas *fpl* para principiantes **2.** [for plants] vivero *m*, semillero *m*

nursing ['nɜ:sɪŋ] n [profession] enfermería *f* / [care given by a nurse] cuidados *mpl*, atención *f* sanitaria ▸ **~ home** *BR* [where children are born] maternidad *f* / [for old people, war veterans] residencia *f* ▸ **~ staff** personal *m* sanitario

nurture ['nɜːtʃə(r)] vt **1.** [feed] [children, plants] nutrir, alimentar / [plan, scheme] alimentar **2.** [bring up] criar

NUS [enjuː'es] n *BR* (abbr ***National Union of Students***) = *sindicato nacional de estudiantes británico*

NUT [enjuː'tiː] n *BR* (abbr ***National Union of Teachers***) = *sindicato británico de profesores*

nut [nʌt] n **1.** [food] fruto *m* seco / [walnut] nuez *f* / [peanut] *ESP* cacahuete *m, ANDES, CARIB, RP* maní *m, CAM, MÉX* cacahuate *m* / [hazelnut] avellana *f* / [almond] almendra *f* ▸ **nuts and raisins** frutos *mpl* secos ▸ *Fig* **a hard** *or* **tough ~** [person] un hueso (duro de roer) ▸ *Fig* **a tough** *or* **hard ~ to crack** [problem] un hueso duro de roer **2.** *Fam* [head] coco *m* ▸ **to be off one's ~** estar mal de la azotea ▸ *BR* **he'll do his ~ when he finds out!** ¡se va a cabrear *or RP* poner como loco cuando se entere! **3.** *Fam* [mad person] chiflado(a) *m,f, ESP* chalado(a) *m,f* ▸ **a jazz/tennis ~** un/una loco(a) del jazz/tenis **4.** [for fastening bolt] tuerca *f* ▸ *Fig* **the nuts and bolts** los aspectos prácticos **5.** *very Fam* [testicle] **nuts** huevos *mpl, MÉX* albóndigas *fpl*

CAREFUL! / ¡CUIDADO!

nut

There is no general word for *nuts* in Spanish, so you have to specify which type you mean (**avellana, almendra**, etc); **frutos secos** is not exactly equivalent to *nuts*, as it can include dried fruit such as raisins.

nutcase ['nʌtkeɪs] n *Fam* chalado(a) *m,f*

nutcrackers ['nʌtkrækəz] npl cascanueces *m inv* ▸ **a pair of ~** un cascanueces

nuthouse ['nʌthaʊs] n *Fam* manicomio *m,* loquero *m*

nutmeg ['nʌtmeg] n nuez *f* moscada

nutrient ['njuːtrɪənt] ■ n **nutrients** sustancias *fpl* nutritivas

■ adj nutritivo(a)

nutrition [njuː'trɪʃən] n nutrición *f*

nutritional [njuː'trɪʃənəl] adj nutritivo(a)

nutritious [njuː'trɪʃəs] adj nutritivo(a), alimenticio(a)

nuts [nʌts] adj *Fam* [mad] chiflado(a), *ESP* majara ▸ **to be ~** estar chiflado(a) *or ESP* majara ▸ **to be ~ about** [be very keen on] estar loco(a) por

nutshell ['nʌtʃel] n cáscara *f* (de fruto seco) ▸ *Fig* **in a ~...** en una palabra...

nutter ['nʌtə(r)] n *BR Fam* [mad person] chalado(a) *m,f*

nutty ['nʌtɪ] adj **1.** [in taste] **to have a ~ taste** saber a avellana/nuez/*etc* **2.** *Fam* [mad] chiflado(a), chalado(a) ▸ **to be ~** estar chiflado(a) *or* chalado(a)

nuzzle ['nʌzəl] ■ vt [of dog, cat] acariciar con el morro *or* hocico / [of person] acurrucarse contra

■ vi **to ~ against sb** [person] acurrucarse contra alguien

NW (abbr ***north west***) NO

NY [en'waɪ] n *US* (abbr ***New York***) Nueva York

nylon ['naɪlɒn] n [textile] nylon *m,* nailon *m*

nylons ['naɪlɒnz] npl [stockings] medias *fpl* de nylon ▸ **a pair of nylons** unas medias de nylon

nymph [nɪmf] n ninfa *f*

nymphomania [nɪmfəʊ'meɪnɪə] n ninfomanía *f*

nymphomaniac [nɪmfəʊ'meɪnɪæk] n ninfómana *f*

NZ (abbr ***New Zealand***) Nueva Zelanda

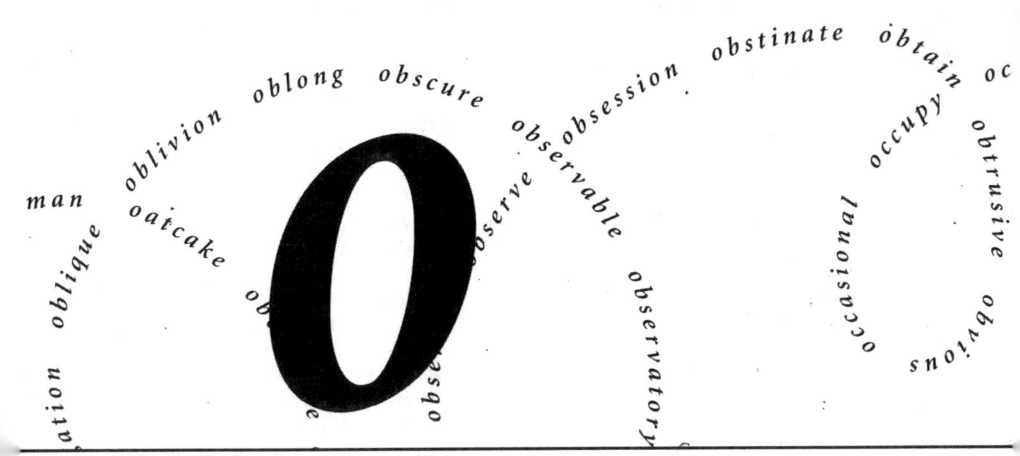

O, o [əʊ] n **1.** [letter] O, o *f* **2.** [zero] cero *m*

oaf [əʊf] n tarugo *m,* zote *m*

oak [əʊk] n roble *m* ▸ **~ apple** agalla *f* de roble

OAP [əʊeɪ'pi:] n *BR* (abbr ***old age pensioner***) pensionista *mf,* jubilado(a) *m,f*

oar [ɔ:(r)] n remo *m* ▸ *Fig* **to put** *or* **stick one's ~ in** meter las narices

oarsman ['ɔ:zmən] n remero *m*

OAS [əʊeɪ'es] n (abbr ***Organization of American States***) OEA *f,* Organización *f* de Estados Americanos

oasis [əʊ'eɪsɪs] (pl **oases** [əʊ'eɪsi:z]) n oasis *m inv* ▸ *Fig* **an ~ of calm** un oasis de tranquilidad

oat [əʊt] n **1.** [plant] avena *f* ▸ **~ bran** salvado *m* de avena **2.** [food] **an ~ biscuit** una galleta de avena
◆ ***oats*** npl **1.** [food] copos *mpl* de avena **2.** *US Fam* **to be feeling one's oats** [be full of energy] estar en plena forma ▸ *BR very Fam* **to get one's oats** echar el polvo de costumbre, *MÉX* echarse el caldito de costumbre ▸ *BR Fam* **to be off one's oats** [have no appetite] estar desganado(a)

oatcake ['əʊtkeɪk] n galleta *f* de avena

oath [əʊθ] n **1.** [pledge] juramento *m* ▸ **~ of allegiance** juramento de adhesión ▸ **to take** *or* **swear an ~** prestar juramento, jurar ▸ LAW **on** *or* **under oath** bajo juramento **2.** [swearword] juramento *m,* palabrota *f*

oatmeal ['əʊtmi:l] n harina *f* de avena

obdurate ['ɒbdjʊrɪt] adj obstinado(a)

OBE [əʊbi:'i:] n *BR* (abbr ***Officer of the Order of the British Empire***) = *título de miembro de la Orden del Imperio Británico, otorgado por servicios a la comunidad*

obedience [ə'bi:dɪəns] n obediencia *f*

obedient [ə'bi:dɪənt] adj obediente

obelisk ['ɒbəlɪsk] n obelisco *m*

obese [əʊ'bi:s] adj obeso(a)

obesity [əʊ'bi:sɪtɪ] n obesidad *f*

obey [ə'beɪ] ■ vt [person, order] obedecer ▸ **to ~ the law** obedecer las leyes
■ vi obedecer

obfuscation [ɒbfə'skeɪʃən] n oscurecimiento *m*

obituary [ə'bɪtjʊərɪ] n nota *f* necrológica, necrología *f* ▸ **~ column** sección *f* de necrológicas ▸ **~ notice** nota necrológica

object ■ n ['ɒbdʒɪkt] **1.** [thing] objeto *m* **2.** [focus] **he was the ~ of their admiration** él era el objeto de su admiración ▸ *Fig* **to give sb an ~ lesson in sth** dar a alguien una lección magistral de algo **3.** [purpose, aim] objeto *m,* propósito *m* ▸ **the ~ of the exercise is to...** el ejercicio tiene por objeto... **4.** [obstacle] **expense is no ~** el gasto no es ningún inconveniente **5.** GRAM **direct/indirect ~** complemento *m or* objeto *m* directo/indirecto
■ vi [əb'dʒekt] oponerse (**to** a) ▸ **I ~ to doing that** me indigna tener que hacer eso

objection [əb'dʒekʃən] n objeción *f,* reparo *m* ▸ **to raise objections** poner objeciones *or* reparos ▸ **I see no ~** no veo ningún inconveniente

objectionable [əb'dʒekʃənəbəl] adj [behaviour] reprobable ▸ **he made himself thoroughly ~** se puso muy desagradable

objective [əb'dʒektɪv] ■ n [aim, goal] objetivo *m*
■ adj [impartial] objetivo(a)

objectively [əb'dʒektɪvlɪ] adv objetivamente

objectivity [ɒbdʒek'tɪvɪtɪ] n objetividad *f*

obligation [ɒblɪ'geɪʃən] n obligación *f* ▸ **to be under an ~ to sb** tener una obligación para con alguien ▸ **to be under an ~ to do sth** estar obligado(a) a hacer algo

obligatory [ɒ'blɪgətərɪ] adj obligatorio(a)

oblige [ə'blaɪdʒ] vt **1.** [compel] obligar ▸ **to be obliged to do sth** estar obligado(a) a hacer algo **2.** [do a favour for] hacer un favor a **3. to be obliged to sb** [be grateful] estarle agradecido(a) a alguien ▸ **I would be obliged if you would...** te estaría muy agradecido si... ▸ **much obliged** muy agradecido(a)

obliging [ə'blaɪdʒɪŋ] adj atento(a)

obligingly [ə'blaɪdʒɪŋlɪ] adv atentamente

oblique [ə'bli:k] adj [line, angle] oblicuo(a) / [reference, hint] indirecto(a)

obliterate [ə'blɪtəreɪt] vt **1.** [erase] borrar / *Fig* [the past] suprimir **2.** [destroy] asolar, arrasar

oblivion [ə'blɪvɪən] n olvido *m* ▸ **to sink into ~** caer en el olvido

oblivious [ə'blɪvɪəs] adj inconsciente ▸ **~ to the pain/risks** ajeno(a) al dolor/a los riesgos ▸ **I was ~ of** *or* **to what was going on** no era consciente de lo que estaba pasando

oblong ['ɒblɒŋ] ■ n rectángulo *m*
■ adj rectangular

obnoxious [əb'nɒkʃəs] adj [person, action] perverso(a)

oboe ['əʊbəʊ] n oboe *m*

oboist ['əʊbəʊɪst] n MUS oboe *mf*

obscene [əb'si:n] adj [indecent] obsceno(a) / *Fig* [profits, prices] escandaloso(a)

obscenely [əb'si:nlɪ] adv obscenamente ▸ **~ rich** escandalosamente rico(a)

obscenity [əb'senɪtɪ] n obscenidad *f*

obscure [əb'skjʊə(r)] ■ adj [author, book, background] oscuro(a) / [remark, argument] oscuro(a), enigmático(a) / [feeling, sensation] vago(a), oscuro(a)
■ vt **1.** [hide from view] ocultar **2.** [make unclear] oscurecer

obscurely [əb'skjʊəlɪ] adv [to feel, see] vagamente / [to speak] confusamente

obscurity [əb'skjʊərɪtɪ] n oscuridad *f*

obsequious [əb'si:kwɪəs] adj servil

obsequiousness [əb'si:kwɪəsnɪs] n servilismo *m*

observable [əb'zɜ:vəbəl] adj observable, apreciable

observance [əb'zɜ:vəns] n [of law, custom] observancia *f*, acatamiento *m* ▸ **religious observances** prácticas *fpl* religiosas

observant [əb'zɜ:vənt] adj observador(ora)

observation [ɒbzə'veɪʃən] n **1.** [act of observing] observación *f* / [by police] vigilancia *f* ▸ [gen] & MED ▸ **to keep sb under ~** tener a alguien en *or* bajo observación ▸ **to escape ~** pasar inadvertido(a) ▸ MIL **~ post** puesto *m* de observación **2.** [remark] observación *f*, comentario *m* ▸ **to make an ~** hacer una observación *or* un comentario

observational [ɒbzə'veɪʃənəl] adj [study, techniques] de observación

observatory [əb'zɜ:vətərɪ] n observatorio *m*

observe [əb'zɜ:v] vt **1.** [watch] observar **2.** [notice] advertir **3.** [say] **to ~ that...** señalar *or* observar que... **4.** [law, customs] observar, acatar ▸ **to ~ the Sabbath** guardar el descanso sabático

observer [əb'zɜ:və(r)] n observador(ora) *m,f*

obsess [əb'ses] vt obsesionar ▸ **to be obsessed with** *or* **by sth/sb** estar obsesionado(a) con *or* por algo/alguien

obsession [əb'seʃən] n obsesión *f*

obsessive [əb'sesɪv] adj obsesivo(a)

obsessively [əb'sesɪvlɪ] adv obsesivamente

obsolescence [ɒbsə'lesəns] n obsolescencia *f*

obsolete ['ɒbsəli:t] adj obsoleto(a)

obstacle ['ɒbstəkəl] n obstáculo *m* ▸ **to put obstacles in sb's way** ponerle a alguien obstáculos en el camino ▸ *also Fig* **~ course** carrera *f* de obstáculos

obstetric(al) [ɒb'stetrɪk(əl)] adj MED obstétrico(a)

obstetrician [ɒbste'trɪʃən] n MED obstetra *mf*, tocólogo(a) *m,f*

obstetrics [ɒb'stetrɪks] n MED obstetricia *f*, tocología *f*

obstinacy ['ɒbstɪnəsɪ] n obstinación *f*, terquedad *f*

obstinate ['ɒbstɪnɪt] adj [person] obstinado(a), terco(a) / [resistance] tenaz, obstinado(a) / [illness] pertinaz ▸ **to be ~ about sth** obstinarse en algo

obstreperous [əb'strepərəs] adj alborotado(a) ▸ **to get ~ (about sth)** alborotarse (por algo)

obstruct [əb'strʌkt] vt **1.** [block] [road, pipe] obstruir, bloquear / [view] impedir **2.** [hinder] obstaculizar, entorpecer / [in soccer, rugby] obstruir ▸ PARL **to ~ a bill** entorpecer la aprobación de un proyecto de ley ▸ LAW **to ~ the course of justice** obstaculizar *or* entorpecer la acción de la justicia

obstruction [əb'strʌkʃən] n **1.** [action] [of street] obstrucción *f* / [in soccer, rugby] obstrucción *f* **2.** [blockage] atasco *m* ▸ **to cause an ~** [on road] provocar un atasco

obstructive [əb'strʌktɪv] adj [behaviour, tactics] obstruccionista ▸ **to be ~** [person] poner impedimentos

obtain [əb'teɪn] ■ vt [information, money] obtener, conseguir
■ vi *Formal* [practice, rule] prevalecer

obtainable [əb'teɪnəbəl] adj **easily ~** fácilmente obtenible ▸ **only ~ on prescription** sólo disponible con receta médica

obtrusive [əb'tru:sɪv] adj **1.** [person] entrometido(a) / [behaviour] molesto(a) **2.** [smell] penetrante

obtuse [əb'tju:s] adj **1.** MATH obtuso(a) **2.** [person, mind] obtuso(a), duro(a) de mollera ▸ **you're being deliberately ~** no estás queriendo entender

obverse ['ɒbvɜ:s] ■ n [of medal] anverso *m* ▸ *Fig* **the ~ is sometimes true** a veces se da el caso contrario
■ adj opuesto(a)

obviate ['ɒbvɪeɪt] vt *Formal* [difficulty, danger] evitar ▸ **this would ~ the need to...** esto evitaría la necesidad de...

obvious ['ɒbvɪəs] ■ n **to state the ~** constatar lo evidente
■ adj obvio(a), evidente ▸ **it was the ~ thing to do** hacer eso era lo más lógico

obviously ['ɒbvɪəslɪ] adv **1.** [in an obvious way] obviamente, evidentemente ▸ **she ~ likes you** está claro que le gustas **2.** [of course] desde luego, por supuesto ▸ **~ not** claro que no

occasion [ə'keɪʒən] ■ n **1.** [time] ocasión *f* ▸ **on one ~** en una ocasión ▸ **on several occasions** en varias ocasiones ▸ **on ~** [occasionally] en ocasiones **2.** [event] acontecimiento *m* ▸ **on the ~ of...** con ocasión de... ▸ **a sense of ~** un ambiente de gala **3.** [opportunity] ocasión *f*, oportunidad *f* ▸ **on the first ~** a la primera oportunidad ▸ **I'd like to take this ~ to...** me gustaría aprovechar esta oportunidad para... **4.** *Formal* [cause]

motivo *m* ▸ **to have ~ to do sth** tener motivos para hacer algo ▸ **~ for complaint** motivo de queja
■ vt *Formal* [fear, surprise] ocasionar, causar

occasional [ə'keɪʒənəl] adj ocasional, esporádico(a) ▸ **~ showers** chubascos *mpl* ocasionales ▸ **~ table** mesita *f* auxiliar

occasionally [ə'keɪʒənəlɪ] adv ocasionalmente, de vez en cuando

occidental [ɒksɪ'dentəl] adj occidental

occluded front [ə'klu:dɪd'frʌnt] n MET frente *m* ocluido

occult [ɒ'kʌlt] ■ n **the ~** lo oculto
■ adj oculto(a)

occupant ['ɒkjʊpənt] n [of house, car] ocupante *mf* / [of job] titular *mf*

occupation [ɒkjʊ'peɪʃən] n **1.** [profession] profesión *f*, ocupación *f* **2.** [pastime] pasatiempo *m* **3.** [of house, land] ocupación *f*

occupational [ɒkjʊ'peɪʃənəl] adj profesional, laboral ▸ **~ disease** enfermedad *f* profesional ▸ **~ hazard** gaje *m* del oficio ▸ *BR* **~ pension scheme** plan *m* de pensiones de empleo *or* de empresa ▸ **~ therapy** terapia *f* ocupacional

occupied ['ɒkjʊpaɪd] adj **1.** [house] ocupado(a) **2.** [busy] ocupado(a), atareado(a) ▸ **to be ~ with sth** estar ocupado(a) con algo ▸ **to keep sb ~** tener ocupado(a) a alguien

occupier ['ɒkjʊpaɪə(r)] n *BR* [of house] ocupante *mf*

occupy ['ɒkjʊpaɪ] vt [house, sb's attention] ocupar ▸ **she occupies her time in studying** ocupa su tiempo estudiando, dedica su tiempo a estudiar

occur [ə'kɜ:(r)] (pt & pp **occurred**) vi **1.** [event] suceder, ocurrir / [opportunity] darse, surgir ▸ **his name occurs several times in the report** su nombre aparece varias veces en el informe *or AM* reporte **2.** [idea] **when did the idea ~ to you?** ¿cuándo se te ocurrió esa idea?

occurrence [ə'kʌrəns] n **1.** [event] suceso *m* ▸ **it's an everyday ~** sucede todos los días **2.** [incidence] [of disease] incidencia *f* ▸ **to be of frequent ~** ocurrir con frecuencia

> FALSE FRIEND / FALSO AMIGO
> ***occurrence***
>
> Ocurrencia no es la traducción del inglés *occurrence.* Ocurrencia se traduce por *bright idea* o *witty remark*:
> **tuvo la ocurrencia de llamar a medianoche** *he had the bright idea of phoning at midnight*
> **nos reímos mucho con sus ocurrencias** *we laughed a lot at his witty remarks*

ocean ['əʊʃən] n océano *m* ▸ *Fam* **oceans of** la mar de ▸ **~ liner** transatlántico *m*

ocean-going ['əʊʃəngəʊɪŋ] adj [vessel] marítimo(a)

Oceania [əʊʃɪ'eɪnɪə] n Oceanía

oceanic [əʊʃɪ'ænɪk] adj oceánico(a)

oceanography [əʊʃə'nɒgrəfɪ] n oceanografía *f*

ocelot ['ɒsəlɒt] n ocelote *m*

ochre, *US* ***ocher*** ['əʊkə(r)] n & adj ocre *m*

o'clock [ə'klɒk] adv **(it's) one ~** (es) la una ▸ **(it's) two/three ~** (son) las dos/tres ▸ **at four ~** a las cuatro

OCR [əʊsi:'ɑ:(r)] n COMPTR **1.** (abbr ***optical character reader***) lector *m* óptico de caracteres **2.** (abbr ***optical character recognition***) reconocimiento *m* óptico de caracteres

Oct (abbr ***October***) octubre *m*

octagon ['ɒktəgən] n octógono *m*, octágono *m*

octagonal [ɒk'tægənəl] adj octogonal, octagonal

octane ['ɒkteɪn] n CHEM octano *m* ▸ **~ number** octanaje *m*

octave ['ɒktɪv] n MUS octava *f*

October [ɒk'təʊbə(r)] n octubre *m* / *see also* ***May***

octogenarian [ɒktədʒɪ'neərɪən] n & adj octogenario(a) *m,f*

octopus ['ɒktəpəs] n pulpo *m*

oculist ['ɒkjʊlɪst] n oculista *mf*

OD [əʊ'di:] (pt & pp **OD'd, OD'ed**) vi *Fam* meterse una sobredosis ▸ *Fig* **I think I've rather OD'd on pizza** creo que me he pasado con la pizza

odd [ɒd] ■ adj **1.** [strange] raro(a), extraño(a) **2.** MATH [number] impar ▸ **to be the ~ man out** ser el bicho raro **3.** [one of a pair] **an ~ sock** un calcetín desparejado **4.** [occasional] ocasional ▸ **I smoke the ~ cigarette** me fumo un cigarrillo de cuando en cuando ▸ **you've made the ~ mistake** has cometido algún que otro error ▸ **~ jobs** chapuzas *fpl*, trabajillos *mpl* (caseros)
■ adv **a hundred ~ sheep** ciento y pico ovejas ▸ **twenty ~ pounds** veintitantas libras

oddball ['ɒdbɔ:l] *Fam* n & adj excéntrico(a) *m,f*, raro(a) *m,f*

oddity ['ɒdɪtɪ] n **1.** [strangeness] rareza *f* **2.** [person] bicho *m* raro / [thing] rareza *f* ▸ **it's just one of his little oddities** no es más que otra de sus rarezas

oddly ['ɒdlɪ] adv extrañamente, de manera rara ▸ **~ enough** aunque parezca raro

oddness ['ɒdnɪs] n [strangeness] rareza *f*

odds [ɒdz] npl **1.** [probability] probabilidades *fpl* / [in betting] apuestas *fpl* ▸ **this horse has ~ of 7-1** las apuestas para este caballo están en *or* son de 7 a 1 ▸ **the ~ are that...** lo más probable es que... ▸ **the ~ are against him** tiene pocas posibilidades ▸ **the ~ are in his favour** tiene muchas posibilidades ▸ **to succeed against the ~** triunfar a pesar de las dificultades ▸ *BR Fam* **to pay over the ~ (for sth)** pagar más de lo que vale (por algo) ▸ *BR Fam* **it makes no ~** da igual **2. to be at ~ with sb** [disagree] estar peleado(a) con alguien **3.** *Fam* **~ and ends,** *BR* **~ and sods** cosillas *fpl*, chismes *mpl*

odds-on [ɒd'zɒn] adj [horse] **~ favourite** favorito(a) *m,f* claro(a) *or* indiscutible ▸ *Fam* **it's ~ that...** es casi seguro que...

ode [əʊd] n oda *f*

odious ['əʊdɪəs] adj odioso(a), aborrecible

odium ['əʊdɪəm] n *Formal* odio *m*, aborrecimiento *m*

odometer [əʊ'dɒmɪtə(r)] n *US* [in car] ≃ cuentakilómetros *m inv*

odour, *US* ***odor*** ['əʊdə(r)] n [smell] olor *m* /

[unpleasant smell] mal olor *m,* tufo *m* ▸ *Fig* **to be in good/bad ~ with sb** estar a bien/mal con alguien

odourless, *US* ***odorless*** ['əʊdəlɪs] adj inodoro(a)

Odyssey ['ɒdɪsɪ] n odisea *f*

OECD [əʊi:si:'di:] n (abbr ***Organization for Economic Co-operation and Development***) OCDE *f,* Organización *f* para la Cooperación y el Desarrollo Económico

oedema, *US* ***edema*** [ɪ'di:mə] n MED edema *m*

Oedipal ['i:dɪpəl] adj edípico(a)

o'er ['əʊə(r)] prep & adv *Literary* por

oesophagus, *US* ***esophagus*** [i:'sɒfəgəs] (pl **oesophagi,** *US* **esophagi** [i:'sɒfəgaɪ]) n ANAT esófago *m*

oestrogen, *US* ***estrogen*** ['i:strədʒen] n BIOL & CHEM estrógeno *m*

of [ɒv, unstressed əv] prep de ▸ **made of wood** de madera ▸ **to be guilty/capable of...** ser culpable/capaz de... ▸ **to be proud/tired of...** estar orgulloso(a)/cansado(a) de... ▸ **a bag of potatoes** una bolsa de *ESP* patatas *or AM* papas ▸ **a bottle of wine** una botella de vino ▸ **a friend of mine** un amigo mío ▸ **a car of her own** su propio coche ▸ **the two of us** los dos, nosotros dos ▸ **how much of it do you want?** ¿cuánto quiere? ▸ **a drop of 20 percent** una bajada del 20 por ciento ▸ **there were four of us** éramos cuatro ▸ **he of all people should know that...** él más que nadie debería saber que... ▸ **it was clever of her to do it** fue muy lista en hacerlo ▸ **the husband of the Prime Minister** el marido de la primera ministra ▸ **the University of Manchester** la Universidad de Manchester ▸ **a girl of ten** una niña de diez años ▸ **fear of spiders** miedo a las arañas ▸ **it was very kind of you** fue muy amable de tu parte ▸ **the 4th of October** el 4 de octubre ▸ **of an evening** por la noche ▸ *US* **a quarter of one** la una menos cuarto

off [ɒf] ■ adv **1.** [away] **the meeting is only two weeks ~** sólo quedan dos semanas para la reunión ▸ **five miles ~** a cinco millas (de distancia) ▸ **I must be ~** tengo que irme ▸ **I'm ~ to London** me voy a Londres ▸ **~ you go!** ¡andando! **2.** [indicating removal] **to take ~ one's coat** quitarse el abrigo ▸ **the handle has come ~** se ha soltado el asa ▸ **~ and on, on and ~** [intermittently] a intervalos, intermitentemente **3.** [with prices] **20 percent/£5 ~** una rebaja del 20 por ciento/de 5 libras **4.** [away from work, school] **to have time ~** tener tiempo libre

■ prep **1.** [away from] **~ the coast** cerca de la costa ▸ **a street ~ the main road** una calle que sale de la principal ▸ **~ the record** extraoficialmente **2.** [indicating removal from] **to fall/jump ~ sth** caerse/saltar de algo ▸ **the handle has come ~ the saucepan** se ha desprendido el mango de la cacerola **3.** [with prices] **20 percent/£5 ~ the price** una rebaja del 20 por ciento/de 5 libras **4.** [absent from] **to be ~ work/school** faltar al trabajo/colegio ▸ **Jane's ~ work today** Jane no viene hoy a trabajar **5.** [not liking] **she's been ~ her food lately** últimamente no está comiendo bien *or* está sin apetito *or ESP* está desganada **6.** *Fam* [from] **to buy/borrow sth ~ sb** comprar/pedir prestado algo a alguien ▸ **I got some useful advice ~ him** me dio algunos consejos útiles

■ adj **1.** [not functioning] [light, TV] apagado(a) / [water, electricity] desconectado(a) **2.** [cancelled] **the wedding is ~** se ha cancelado la boda ▸ **the deal is ~** el acuerdo se ha roto **3.** [absent from work, school] **to be ~** faltar ▸ **Jane's ~ today** Jane no viene hoy a trabajar/a clase **4.** [food] pasado(a) / [milk] cortado(a) / [meat] malo(a), *RP* estropeado(a) **5.** [unsuccessful] **to have an ~ day** tener un mal día **6.** [in tourism] **the ~ season** la temporada baja **7.** [describing situation] **to be well/badly ~** tener mucho/poco dinero ▸ **you'd be better ~ staying where you are** será mejor *or* más vale que te quedes donde estás **8.** *BR* [unacceptable] **that comment was a bit ~** ese comentario estaba de más

offal ['ɒfəl] n CULIN asaduras *fpl*

offbeat [ɒf'bi:t] adj *Fam* [unconventional] inusual, original

off-chance ['ɒftʃɑ:ns] n **on the ~** por si acaso

off-colour, *US* ***off-color*** [ɒf'kʌlə(r)] adj **1.** *BR* [unwell] indispuesto(a) **2.** [joke] fuera de tono

offcut ['ɒfkʌt] n [of wood] recorte *m* / [of cloth] retal *m* / [of carpet] retazo *m*

off-duty ['ɒf'dju:tɪ] adj [soldier] de permiso / [policeman] fuera de servicio

offence, *US* ***offense*** [ə'fens] n **1.** LAW delito *m,* infracción *f* ▸ **petty** *or* **minor ~** infracción leve **2.** [annoyance, displeasure] ofensa *f* ▸ **to cause ~**

HOW TO...

make and reply to an offer

Making an offer

¿Puedo ayudarle? / Can I help you?

¿Va todo bien?, ¿necesitas ayuda? / Is everything OK? Do you need any help?

¿Quieres que se lo diga yo? / Do you want me to tell her?

¿Te llevo? / Can I give you a lift?

Puedes quedarte en mi casa cuando vengas a Madrid. / You can stay with me when you come to Madrid.

Si necesitas algo, no dudes en decírmelo/pedírmelo. / If you need anything, just let me know/ask me.

Replying to an offer

Sí, por favor, si no le causa molestia. / Yes please, if it's no trouble.

Gracias, es muy amable por tu parte. / Thank you, that's very kind of you.

No, no te preocupes, ya se lo digo yo. / No, that's all right, I'll tell her myself.

No, gracias, no es necesario. / No, it's OK thanks.

Gracias, pero ya hemos reservado una habitación en un hotel. / Thank you, but we've already booked a hotel room.

ofender ▸ **to take ~** sentirse ofendido(a) (**at** por), ofenderse (**at** por)

offend [ə'fend] ■ vt ofender ▸ **to be offended (at** *or* **by sth)** ofenderse *or* sentirse ofendido(a) (por algo)
■ vi LAW delinquir ▸ **to ~ against good taste** atentar contra el buen gusto

offended [ə'fendɪd] adj [insulted] ofendido(a)

offender [ə'fendə(r)] n LAW delincuente *mf*

offending [ə'fendɪŋ] adj [causing a problem] enojoso(a)

offense *US* ➤ ***offence***

offensive [ə'fensɪv] ■ n MIL & *Fig* ofensiva *f* ▸ **to take the ~** pasar a la ofensiva ▸ **to be on the ~** estar en plena ofensiva
■ adj [word, action] ofensivo(a) ▸ **to be ~ to sb** mostrarse ofensivo(a) con alguien

offensively [ə'fensɪvlɪ] adv **1.** [insultingly] de manera insultante *or* ofensiva **2.** [on the attack] ofensivamente

offer ['ɒfə(r)] ■ n oferta *f* ▸ **to make sb an ~ (for sth)** hacer a alguien una oferta (por algo) ▸ **on ~** [reduced] de oferta / [available] disponible ▸ **~ of marriage** propuesta *f* de matrimonio
■ vt ofrecer ▸ **to ~ sb sth, to ~ sth to sb** ofrecer algo a alguien ▸ **to ~ to do sth** ofrecerse a hacer algo ▸ LAW **to ~ a plea of guilty/innocent** declararse culpable/inocente

◆ ***offer up*** vt sep [prayers] ofrecer

offering ['ɒfərɪŋ] n entrega *f* / REL ofrenda *f*

offhand [ɒf'hænd] ■ adj desconsiderado(a) ▸ **to be ~ (with sb)** mostrarse desconsiderado(a) (con alguien)
■ adv [immediately] **I don't know ~** ahora mismo, no lo sé

offhanded [ɒf'hændɪd] adj desconsiderado(a)

offhandedly [ɒf'hændɪdlɪ] adv [casually] indiferentemente

office ['ɒfɪs] n **1.** [place] oficina *f* / *US* [of doctor, dentist] consulta *f* ▸ **the manager's ~** el despacho *or* la oficina del jefe ▸ **~ boy** chico *m* de los recados ▸ **~ building** bloque *m* de oficinas ▸ **~ hours** horas *fpl or* horario *m* de oficina ▸ **~ work** trabajo *m* de oficina ▸ **~ worker** oficinista *mf* **2.** POL [position] cargo *m* ▸ **to hold ~** ocupar un cargo ▸ **to be out of ~** [political party] estar en la oposición **3.** *Formal* **I got the flat through the good offices of Philip** conseguí el piso gracias a los buenos oficios de Philip

officeholder ['ɒfɪshəʊldə(r)] n titular *mf* de (un) cargo

officer ['ɒfɪsə(r)] n [army] oficial *mf* / [police] agente *mf* / [in local government] inspector(ora) *m,f*

official [ə'fɪʃəl] ■ n [in public sector] funcionario(a) *m,f* / [in trade union] representante *mf*
■ adj oficial ▸ *BR* **Official Secrets Act** ≃ ley *f* de secretos oficiales *or* de Estado

officialdom [ə'fɪʃəldəm] n *Pej* [bureaucracy] los funcionarios, la administración

officialese [əfɪʃə'li:z] n *Pej* jerga *f* administrativa

officially [ə'fɪʃəlɪ] adv oficialmente

officiate [ə'fɪʃɪəɪt] vi REL celebrar (el oficio) (**at** en)

officious [ə'fɪʃəs] adj excesivamente celoso(a) *or* diligente

officiously [ə'fɪʃəslɪ] adv con excesiva diligencia

offing ['ɒfɪŋ] n **(to be) in the ~** (ser) inminente

off-key ['ɒf'ki:] MUS ■ adj desafinado(a)
■ adv desafinadamente

off-licence ['ɒflaɪsəns] n *BR* tienda *f* de bebidas alcohólicas *or* de licores

off-line ['ɒflaɪn] adj COMPTR [processing] fuera de línea / [printer] desconectado(a)

off-load [ɒf'ləʊd] vt [surplus goods] colocar ▸ **to ~ sth onto sb** colocarle algo a alguien ▸ **to ~ blame onto sb** descargar la culpa en alguien

off-message ['ɒf'mesɪdʒ] adj *BR* POL **he's ~** no sigue la línea del partido

off-peak ['ɒf'pi:k] adj [electricity, travel] en horas valle / [holidays] en temporada baja / [phonecall] en horas de tarifa reducida

off-piste ['ɒfpi:st] adj & adv fuera de pista

offprint ['ɒfprɪnt] n TYP separata *f*

off-putting ['ɒfpʊtɪŋ] adj *BR* desagradable ▸ **I find his manner rather ~** sus modales me resultan desagradables

off-ramp ['ɒfræmp] n *US* carril *m* de deceleración *or* de salida

off-road ['ɒfrəʊd] adj [driving] fuera de pista ▸ **an ~ vehicle** un (vehículo) todoterreno

off-sales ['ɒfseɪlz] n *BR* = *venta de bebidas alcohólicas para llevar*

off-screen ['ɒf'skri:n] adj CIN & TV **their ~ relationship mirrored their love affair in the film** su relación detrás de la cámara era un reflejo de su aventura amorosa en la película

off-season ['ɒfsi:zən] adj [rate] de temporada baja

offset ['ɒfset] ■ n TYP [process] offset *m*
■ vt (pt & pp **offset**) compensar

offshoot ['ɒfʃʊt] n [of tree] vástago *m* / [of family] rama *f* / [of political party, artistic movement] ramificación *f*

offshore ['ɒfʃɔ:(r)] ■ adv cerca de la costa
■ adj [island] cercano(a) a la costa ▸ **~ oil rig** plataforma *f* petrolífera *(en el mar)* ▸ **~ fund** fondo *m* colocado en paraíso fiscal ▸ FIN **~ investment** inversión *f* en un paraíso fiscal

offside ['ɒfsaɪd] ■ n AUT lado *m* del conductor
■ adj **1.** AUT del lado del conductor **2.** [ɒf'saɪd] [in soccer, rugby] (en) fuera de juego

offspring ['ɒfsprɪŋ] npl [young of an animal] crías *fpl* / [children] hijos *mpl,* descendencia *f*

offstage [ɒf'steɪdʒ] THEAT ■ adv fuera del escenario
■ adj de fuera del escenario

off-the-cuff [ɒfðə'kʌf] adj [remark] espontáneo(a), improvisado(a)

off-the-peg [ɒfðə'peg] adj *esp BR* de confección ▸ **an ~ suit** un traje de confección

off-the-record [ɒfðə'rekɔ:d] adj extraoficial, oficioso(a)

off-the-wall [ɒfðə'wɔ:l] adj *Fam* estrafalario(a)

off-white ['ɒf'waɪt] ■ n tono *m* blancuzco, blanco *m* marfil
■ adj blancuzco(a)

OFGAS ['ɒfgæs] n *BR* (abbr ***Office of Gas Supply***) = *organismo regulador del suministro de gas en Gran Bretaña*

OFSTED ['ɒfsted] n *BR* (abbr ***Office for Standards in Education***) = *organismo responsable de la supervisión del sistema educativo británico*

oft- [ɒft] prefix **~repeated** muy repetido(a) ◗ **~quoted** muy citado(a)

OFTEL ['ɒftel] n *BR* (abbr ***Office of Telecommunications***) = *organismo regulador de las telecomunicaciones en Gran Bretaña*

often ['ɒfən, 'ɒftən] adv a menudo, frecuentemente ◗ **how ~?** [how many times] ¿cuántas veces? / [how frequently] ¿cada cuánto tiempo?, ¿con qué frecuencia? ◗ **as ~ as not** la mitad de las veces ◗ **more ~ than not** muchas veces ◗ **every so ~** de vez en cuando, cada cierto tiempo

OFWAT ['ɒfwɒt] n *BR* (abbr ***Office of Water Services***) = *organismo regulador del suministro de agua en Gran Bretaña*

ogle ['ɒgəl] vt **to ~ sb** comerse a alguien con los ojos

ogre ['əʊgə(r)] n *also Fig* ogro *m*

ogress ['əʊgrɪs] n [frightening woman] ogro *m*

oh [əʊ] exclam [expressing surprise] ¡oh! ◗ **oh no!** ¡oh, no!

ohm [əʊm] n ELEC ohmio *m*

OHMS [əʊəɪtʃem'es] *BR* (abbr ***On Her/His Majesty's Service***) = *siglas que aparecen en documentos emitidos por el gobierno británico indicando su carácter oficial*

oho [əʊ'həʊ] exclam [expressing triumph, surprise] ¡ajajá!

oik [ɔɪk] n *BR Fam* tipo(a) *m,f* vulgar

oil [ɔɪl] ■ n [for cooking, lubricating] aceite *m* / [petroleum] petróleo *m* ◗ *Fig* **to pour ~ on troubled waters** calmar los ánimos ◗ **~ company** compañía *f* petrolera ◗ **~ drum** bidón *m* de petróleo ◗ **~ lamp** lámpara *f* de aceite ◗ **~ paint** pintura *f* al óleo ◗ **~ painting** óleo *m* ◗ *Fig Hum* **he's/she's no ~ painting** no es ninguna belleza ◗ **~ refinery** refinería *f* de petróleo ◗ **~ rig** plataforma *f* petrolífera ◗ **~ slick** marea *f* negra ◗ **~ tanker** petrolero *m* ◗ **~ well** pozo *m* petrolífero *or* de petróleo
■ vt [machine] engrasar, lubricar ◗ *Fig* **to ~ the wheels** allanar el terreno

oilcan ['ɔɪlkæn] n [for applying oil] aceitera *f* / [large container] lata *f* de aceite

oiled [ɔɪld] adj **1.** [machine] engrasado(a) **2.** *Fam* **(well) ~** [drunk] (bien) puesto(a) *or* mamado(a)

oilfield ['ɔɪlfiːld] n yacimiento *m* petrolífero

oil-fired ['ɔɪlfaɪəd] adj **~ central heating** calefacción *f* central de petróleo

oilskin ['ɔɪlskɪn] n [fabric] hule *m* ◗ **oilskins** chubasquero *m*, impermeable *m*

oily ['ɔɪlɪ] adj **1.** [hands, rag] grasiento(a) / [skin, hair] graso(a) / [food] grasiento(a), aceitoso(a) **2.** *Pej* [manner] empalagoso(a)

oink [ɔɪŋk] vi [pig] gruñir

ointment ['ɔɪntmənt] n ungüento *m*, pomada *f*

O.K., okay ['əʊ'keɪ] ■ exclam de acuerdo, *ESP* vale, *AM* ok, *MÉX* ándale ◗ **O.K., O.K.! I'll do it now** ¡bueno, de acuerdo *or ESP* vale *or AM* ok *or MÉX* ándale!, ya lo hago
■ adj bien ◗ **that's O.K. by** *or* **with me** (a mí) me parece bien ◗ **is it O.K. to wear jeans?** ¿está bien si voy con vaqueros? ◗ **no, it is NOT O.K.!** no, no está bien ◗ **it's more than O.K.** está pero que muy bien ◗ *Fam* **she was O.K. about it** [didn't react badly] se lo tomó bastante bien ◗ *Fam* **he's an O.K. sort of guy** es un tipo *ESP* legal *or MÉX, RP* derecho ◗ **are we O.K. for time?** ¿vamos bien de tiempo?
■ n **to give (sb) the O.K.** dar permiso (a alguien)
■ vt (pt & pp **O.K.'d** *or* **okayed)** *Fam* [proposal, plan] dar el visto bueno a

okra ['ɒkrə] n quingombó *m*, okra *f*

old [əʊld] ■ npl **the ~** los ancianos, las personas mayores
■ adj **1.** [not young, not new] [person] anciano(a), viejo(a) / *MÉX, RP* grande / [furniture, car, custom] viejo(a) ◗ **an ~ man** un anciano, un viejo ◗ **an ~ woman** una anciana, una vieja ◗ **~ people, ~ folk(s)** los ancianos, las personas mayores ◗ **to go over ~ ground** volver sobre un asunto muy trillado ◗ **to be an ~ hand at sth** tener larga experiencia en algo ◗ *Fam* **to be ~ hat** estar muy visto(a), *ESP* estar más visto(a) que el tebeo ◗ *Fig* **he's one of the ~ school** es de la vieja escuela ◗ **~ age** la vejez ◗ *BR* **~ age pension** pensión *f* de jubilación ◗ *BR* **~ age pensioner** pensionista *mf*, jubilado(a) *m,f* ◗ *BR Fam* **the Old Bill** la poli, *ESP* la pasma, *RP* la cana ◗ **Old Glory** [US flag] = *la bandera estadounidense* ◗ **the Old Testament** el Antiguo Testamento ◗ **~ wives' tale** cuento *m* de viejas **2.** [referring to person's age] **how ~ are you?** ¿cuántos años tienes? ◗ **to be five years ~** tener cinco años ◗ **at six years ~** a los seis años (de edad) ◗ **a two-year-~ (child)** un niño de dos años ◗ **to grow** *or* **get older** hacerse mayor ◗ **when you're older** cuando seas mayor ◗ **you're ~ enough to do that yourself** ya eres mayorcito para hacerlo tú mismo **3.** [former] antiguo(a) ◗ **in the ~ days** antes, antiguamente ◗ **~ boy/girl** [of school] antiguo(a) alumno(a) *m,f* ◗ **~ boy network** = *red de contactos entre antiguos compañeros de los colegios privados y universidades más selectos* ◗ **an ~ flame** un antiguo amor, *AM* un ex amor **4.** [long-standing] **an ~ friend (of mine)** un viejo amigo (mío) ◗ **~ habits die hard** es difícil abandonar las costumbres de toda la vida **5.** *Fam* [intensifier] **any ~ how** de cualquier manera ◗ **any ~ thing** cualquier cosa **6.** *Fam* [affectionate] **~ Fred** el bueno de Fred ◗ **~ fellow** *or* **boy** [addressing sb] muchacho ◗ **my** *or* **the ~ man** [husband] mi *or* el pariente, *MÉX* mi *or* el viejo, *RP* el don *or* el viejo / [father] mi *or* el viejo, *MÉX* mi *or* el jefe ◗ **my** *or* **the ~ woman** *or* **lady** [wife] mi *or* la parienta, *MÉX* mi *or* la vieja, *RP* la dueña *or* la vieja

old-fashioned [əʊld'fæʃənd] adj [outdated] anticuado(a) / [from former times] tradicional, antiguo(a) ◗ **the ~ way** a la antigua

old-timer [əʊld'taɪmə(r)] n *Fam* **1.** [experienced person] veterano(a) *m,f* **2.** *US* [form of address] abuelo(a) *m,f*

old-world ['əʊld'wɜːld] adj [courtesy, charm] del pasado, de antes

oleander [əʊlɪ'ændə(r)] n adelfa *f*

olfactory [ɒl'fæktərɪ] adj ANAT olfativo(a)

oligarchy ['ɒlɪgɑːkɪ] n oligarquía *f*

olive ['ɒlɪv] ■ n [fruit] aceituna *f* / [tree] olivo *m* ▸ *Fig* **to hold out the ~ branch** hacer un gesto de paz ▸ **~ grove** olivar *m* ▸ **~ oil** aceite *m* de oliva
■ adj [skin] aceitunado(a) ▸ **~ (green)** verde oliva

Olympic [ə'lɪmpɪk] ■ npl **the Olympics** las Olimpiadas, los Juegos Olímpicos
■ adj olímpico(a) ▸ **the ~ Games** los Juegos Olímpicos

Oman [əʊ'mɑːn] n Omán

Omani [əʊ'mɑːnɪ] n & adj omaní *mf*

ombudsman ['ɒmbʊdzmən] n defensor(ora) *m,f* del pueblo

omelette, *US* ***omelet*** ['ɒmlɪt] n tortilla *f* (francesa) ▸ **ham/cheese ~** tortilla de jamón/queso

omen ['əʊmen] n presagio *m,* augurio *m*

ominous ['ɒmɪnəs] adj siniestro(a) ▸ **an ~-looking sky** un cielo amenazador ▸ **an emergency meeting? – that sounds ~** ¿una reunión de emergencia? – eso no presagia nada bueno

ominously ['ɒmɪnəslɪ] adv siniestramente, amenazadoramente

omission [əʊ'mɪʃən] n omisión *f*

omit [əʊ'mɪt] (pt & pp **omitted**) vt omitir ▸ **to ~ to do sth** no hacer algo

omnibus ['ɒmnɪbəs] n **1.** [book] recopilación *f,* antología *f* **2.** *Old-fashioned* [bus] ómnibus *m inv*

omnipotence [ɒm'nɪpətəns] n omnipotencia *f*

omnipotent [ɒm'nɪpətənt] adj omnipotente

omnipresent [ɒmnɪ'prezənt] adj omnipresente

omniscience [ɒm'nɪsɪəns] n omnisciencia *f*

omniscient [ɒm'nɪsɪənt] adj omnisciente

omnivorous [ɒm'nɪvərəs] adj omnívoro(a) / *Fig* [reader] insaciable

on [ɒn] ■ prep **1.** [position] en ▸ **on the table** encima de *or* sobre la mesa, en la mesa ▸ **on the second floor** en el segundo piso ▸ **on the wall** en la pared ▸ **on page 4** en la página 4 ▸ **on the right/left** a la derecha/izquierda ▸ **on foot** a pie ▸ **on horseback** a caballo ▸ **on (the) television** en la televisión ▸ **to be on a committee** formar parte de un comité ▸ **I haven't got any money on me** no llevo nada de dinero encima, *AM* no tengo nada de plata encima **2.** [direction] **to fall on sth** caerse encima de *or* sobre *or AM* arriba de algo **3.** [time] **on the 15th** el día 15 ▸ **on Sunday** el domingo ▸ **on Christmas Day** el día de Navidad ▸ **on that occasion** en aquella ocasión **4.** [about] sobre, acerca de ▸ **a book on France** un libro sobre Francia **5.** [introducing a gerund] **on completing the test, you should...** después de terminar la prueba, tienes que... ▸ **on discovering the corpse, she screamed** al descubrir el cadáver, dio un grito **6.** [indicating use, support] **to live on £200 a week** vivir con 200 libras a la semana ▸ **it runs on lead-free petrol** usa *or* lleva gasolina sin plomo ▸ **to play sth on the guitar** tocar algo en *or ESP* a la guitarra ▸ **the drinks are on me** las bebidas corren de mi cuenta ▸ **I'm on antibiotics** estoy tomando antibióticos ▸ **to be on drugs** tomar drogas
■ adj **1.** [in operation] [light, television, engine] encendido(a), *AM* prendido(a) ▸ **in the 'on' position** en posición de encendido *or AM* prendido **2.** [taking place] **what's on?** [on TV] ¿qué hay en la tele? / [at cinema] ¿qué película pasan *or* dan *or ESP* echan? ▸ **is the meeting still on?** ¿sigue en pie lo de la reunión? ▸ **I've got a lot on at the moment** [am very busy] ahora estoy muy ocupado **3.** [on duty] de servicio ▸ **who's on this evening?** ¿quién está de servicio esta noche? **4.** *BR Fam* [acceptable] **it's not on** eso no está bien
■ adv **1.** [as clothing] **she had a red dress on** llevaba un vestido rojo ▸ **he had nothing on** estaba desnudo ▸ **to put sth on** ponerse algo **2.** [in time] **earlier on** antes ▸ **later on** más tarde ▸ **from that day on** desde aquel día, a partir de aquel día ▸ **on and off, off and on** [intermittently] a intervalos, intermitentemente **3.** [expressing continuation] **to read/work on** seguir leyendo/trabajando ▸ **he went on and on about it** no dejaba de hablar de ello ▸ **I've been on at him to get it fixed** le he estado dando la lata para que lo arregle

onboard ['ɒnbɔːd] adj de a bordo ▸ **~ computer** *ESP* ordenador *m or AM* computadora *f* de a bordo

once [wʌns] ■ adv **1.** [on one occasion] una vez ▸ **more than ~** más de una vez ▸ **~ a week** una vez a la semana ▸ **~ or twice** una o dos veces ▸ **~ in a while** de vez en cuando ▸ **~ more, ~ again** otra vez, una vez más ▸ **you've called me stupid ~ too often** ya me has llamado estúpido demasiadas veces ▸ **~ and for all** de una vez por todas ▸ **a ~-in-a-lifetime opportunity** una ocasión única, una ocasión que sólo se presenta una vez en la vida **2.** [formerly] una vez, en otro tiempo ▸ **~ upon a time there was a princess** érase una vez una princesa
■ conj una vez que ▸ **~ he reached home, he collapsed** una vez en casa, se derrumbó ▸ **~ he finishes we can leave** cuando termine, nos podremos marchar
◆ ***at once*** adv [immediately] inmediatamente, ahora mismo / [at the same time] al mismo tiempo, a la vez

once-over ['wʌnsəʊvə(r)] n *Fam* **to give sth the ~** dar a algo un repaso ▸ **to give sb the ~** mirar a alguien de arriba a abajo

oncologist [ɒŋ'kɒlədʒɪst] n oncólogo(a) *m,f*

oncoming ['ɒnkʌmɪŋ] adj [traffic] en dirección contraria

one [wʌn] ■ n uno *m* ▸ **there's only ~ left** sólo queda uno ▸ **the guests arrived in ones and twos** poco a poco fueron llegando los invitados ▸ **to be at ~ with sb** coincidir plenamente con alguien ▸ **to have ~ for the road** [final drink] tomar la última *or ESP* la espuela ▸ **he's had ~ too many** [drink] lleva *or ESP* ha tomado una copa de más ▸ *Fam* **to get ~ up on sb** quedar por encima de alguien
■ pron **1.** [identifying] **this ~** éste(a) ▸ **that ~** ése(a), aquél(élla) ▸ **these ones** éstos(as) ▸ **those ones** ésos(as), aquéllos(as) ▸ **which ~ do you want?** ¿cuál quieres? ▸ **the ~ I told you about** el/la que te dije ▸ **the big/red ~** el grande/rojo ▸ **the ones with the long sleeves** los/las

de manga larga ▸ **the last but ~** el/la penúltimo(a) ▸ **that's a difficult ~!** ¡qué difícil! **2.** [indefinite] **I haven't got a pencil, have you got ~?** no tengo lápiz, ¿tienes tú (uno)? ▸ **he is ~ of us** es uno de los nuestros ▸ **she is ~ of the family** es de la familia ▸ **~ of my friends** uno de mis amigos ▸ **~ of these days** un día de estos ▸ **any ~ of us** cualquiera de nosotros ▸ **it is just ~ of those things** son cosas que pasan ▸ **~ after the other** uno tras otro ▸ **~ at a time** de uno en uno, *AM* uno por uno ▸ **~ by ~** de uno en uno, uno por uno **3.** [particular person] **to act like ~ possessed** actuar como un/una poseso(a) ▸ **I, for ~, do not believe it** yo, desde luego, no me lo creo ▸ **I'm not ~ to complain** yo no soy de los que se quejan ▸ **he's not a great ~ for parties** no le gustan *or ESP* van mucho las fiestas **4.** [impersonal] **~ never knows** nunca se sabe ▸ **it is enough to make ~ weep** basta para hacerle llorar a uno(a)

■ adj **1.** [number] un(a) ▸ **chapter ~** capítulo *m* primero ▸ **page ~** primera página *f* ▸ **to be ~ (year old)** tener un año ▸ **they live at number ~** viven en el número uno ▸ **~ o'clock** la una ▸ **come at ~** ven a la una ▸ **~ or two people** una o dos personas ▸ **~ stormy evening in January** una tarde tormentosa de enero ▸ **~ day we shall be free** algún día seremos libres ▸ **for ~ thing,...** para empezar,... **2.** [single] un/una único(a), un/una solo(a) ▸ **he did it with ~ end in mind** lo hizo con un solo propósito ▸ **her ~ worry** su única preocupación ▸ **my ~ and only suit** mi único traje ▸ **they are ~ and the same thing** son una *or* la misma cosa ▸ **we'll manage ~ way or another** nos las arreglaremos de una forma u otra ▸ **as ~ man** como un solo hombre ▸ *Fam* **it's all ~ to me** me da igual

one-armed ['wʌnɑːmd] adj [person] manco(a) ▸ *BR Fam* **~ bandit** (máquina *f*) tragaperras *f inv*, *RP* tragamonedas *f inv*

one-dimensional ['wʌndaɪ'menʃənəl] adj GEOM unidimensional / [character] superficial

one-eyed ['wʌnaɪd] adj tuerto(a)

one-horse town ['wʌnhɔːrs'taʊn] n *Fam* pueblo *m* de mala muerte

one-legged [wʌn'legɪd] adj cojo(a)

one-liner [wʌn'laɪnə(r)] n *Fam* [joke] golpe *m*

one-man ['wʌnmæn] adj [job] individual, de una sola persona ▸ **~ band** hombre *m* orquesta ▸ **~ show** espectáculo *m* en solitario ▸ *Fig* **this company/team is a ~ show** el funcionamiento de esta empresa/de este equipo gira en torno a un solo hombre

one-night stand ['wʌnnaɪt'stænd] n *Fam* [of performer] representación *f* única / [of musician] concierto *m* único / [sexual encounter] ligue *m or RP* levante *m* de una noche

one-off ['wʌnɒf] *BR* n *Fam* **it was a ~** [mistake, success] fue una excepción *or* un hecho aislado ▸ **a ~ job** un trabajo aislado

one-parent family ['wʌnpeərənt'fæmɪlɪ] n familia *f* monoparental

one-party ['wʌn'pɑːtɪ] adj unipartidista

one-piece swimsuit ['wʌnpiːs'swɪmsuːt] n bañador *m or RP* malla *f* de una pieza

onerous ['əʊnərəs] adj oneroso(a)

oneself [wʌn'self] pron **1.** [reflexive] **to look after ~** cuidarse ▸ **to trust ~** confiar en uno(a) mismo(a) ▸ **to feel ~ again** volver a sentirse el/la de siempre **2.** [emphatic] uno(a) mismo(a), uno(a) solo(a) ▸ **to do sth all by ~** hacer algo uno(a) solo(a) ▸ **to see (sth) for ~** ver (algo) uno(a) mismo(a)

one-sided [wʌn'saɪdɪd] adj **1.** [unequal] desnivelado(a), desigual **2.** [biased] parcial

one-time ['wʌntaɪm] adj antiguo(a) ▸ **her ~ lover** su ex amante

one-to-one ['wʌntə'wʌn] adj [discussion] cara a cara ▸ **~ tuition** clases *fpl* particulares

one-track ['wʌntræk] adj **to have a ~ mind** [be obsessed with one thing] estar obsesionado(a) con una cosa, no pensar más que en una cosa / [be obsessed with sex] no pensar más que en el sexo

one-two [wʌn'tuː] n **1.** [in soccer, hockey] pared *f* ▸ **to play a ~** hacer la pared **2.** [in boxing] izquierdazo *m* seguido de derechazo

one-upmanship [wʌn'ʌpmənʃɪp] n *Fam* **it was pure ~** todo era por quedar por encima de los demás

one-way ['wʌnweɪ] adj [ticket] de ida / [street, traffic] de sentido único

ongoing ['ɒngəʊɪŋ] adj en curso

onion ['ʌnjən] n cebolla *f* ▸ *BR Fam* **she knows her onions** sabe lo que se trae entre manos ▸ **~ soup** sopa *f* de cebolla

on-line ['ɒn'laɪn] adj COMPTR en línea, on line ▸ **to be ~** [person] estar conectado(a) (a Internet) ▸ **~ banking** banca *f* electrónica ▸ **~ retailer** minorista *mf* online *or* en línea, tienda *f* virtual ▸ **~ store** tienda *f* virtual

onlooker ['ɒnlʊkə(r)] n curioso(a) *m,f*

only ['əʊnlɪ] ■ adj único(a) ▸ **~ child** hijo(a) *m,f* único(a) ▸ **you are not the ~ one** no eres el único ▸ **the ~ thing that worries me is...** lo único que me preocupa es...

■ adv solamente, sólo ▸ **I ~ touched it** no hice más que tocarlo ▸ **it's ~ natural** es (más que) natural ▸ **I shall be ~ too pleased to come** me encantará acudir ▸ **if ~ they knew!, if they ~ knew!** ¡si ellos supieran! ▸ **not ~..., but also...** no sólo..., sino también... ▸ **I saw her ~ yesterday** la vi ayer mismo ▸ **I ~ just managed it** por poco no lo consigo ▸ **it's ~ me** (sólo) soy yo

■ conj sólo que, pero ▸ **I would do it ~ I haven't the time** lo haría, sólo que no tengo tiempo

on-message ['ɒn'mesɪdʒ] adj *BR* POL **she's very ~** sigue fielmente la línea del partido

o.n.o. [əʊen'əʊ] adv COM (abbr ***or nearest offer***) **£300 ~** 300 libras negociables

on-off switch ['ɒn'ɒfswɪtʃ] n interruptor *m*

onomatopoeia [ɒnəmætə'piːə] n onomatopeya *f*

onomatopoeic [ɒnəmætə'piːɪk] adj onomatopéyico(a)

on-ramp ['ɒnræmp] n *US* carril *m* de aceleración *or* de incorporación

onrush ['ɒnrʌʃ] n [of emotions] arrebato *m* / [of people] oleada *f*

onset ['ɒnset] n irrupción *f* ▸ **the ~ of a disease** el desencadenamiento *or* inicio de una enfermedad ▸ **the ~ of war** el estallido de la guerra

on-site ['ɒn'saɪt] adj & adv in situ

onslaught ['ɒnslɔːt] n acometida *f*

on-stage ■ adj ['ɒnsteɪdʒ] de escena
■ adv [ɒn'steɪdʒ] en escena

onto ['ɒntʊ] unstressed ['ɒntə] prep sobre, encima de ▸ **to jump ~ sth** saltar sobre algo ▸ **to fall ~ sth** caerse encima de algo ▸ **to get ~ sb** [contact] ponerse en contacto con alguien ▸ **to be ~ a good thing** habérselo montado bien ▸ **I think the police are ~ us** creo que la policía anda detrás de nosotros

onus ['əʊnəs] n responsabilidad *f* ▸ **the ~ is on the government to resolve the problem** la resolución del problema es incumbencia del Gobierno ▸ LAW **~ of proof** peso *m* de la prueba, onus probandi *m*

onward ['ɒnwəd] ■ adj [motion] hacia delante
■ adv ➤ ***onwards***

onwards ['ɒnwədz] adv **from tomorrow ~** a partir de mañana ▸ **from this time ~** (de ahora) en adelante

onyx ['ɒnɪks] n ónice *m*

oodles ['uːdəlz] npl *Fam* **~ of time/money** una porrada *or* un chorro *or COL* un jurgo *or RP* un toco de tiempo/dinero

oomph [ʊmf] n *Fam* [energy] garra *f*, *ESP* marcha *f*

oops [uːps] exclam [to child] ¡arriba!, *ESP* ¡aúpa! / [after mistake] ¡uy!, ¡oh!

ooze [uːz] ■ n **1.** [mud] fango *m* **2.** [flow] flujo *m*
■ vt [liquid] rezumar ▸ **to ~ charm** rezumar encanto ▸ **to ~ confidence** rebosar confianza
■ vi rezumar, brotar ▸ **to ~ with confidence** rebosar confianza

op [ɒp] n *Fam* [medical operation] operación *f*

opal ['əʊpəl] n ópalo *m*

opaque [əʊ'peɪk] adj [glass] opaco(a) / *Fig* [difficult to understand] oscuro(a), poco claro(a)

op cit [ɒp'sɪt] n (abbr ***opere citato***) op. cit., en la obra citada

OPEC ['əʊpek] n (abbr ***Organization of Petroleum-Exporting Countries***) OPEP *f*

open ['əʊpən] ■ n **1. in the ~** [outside] al aire libre / [not hidden] a la vista ▸ **to bring sth out into the ~** [problem, disagreement] sacar a relucir algo ▸ **to come out into the ~ about sth** desvelar algo **2.** [sporting competition] open *m*, abierto *m*
■ adj **1.** [in general] abierto(a) ▸ **to be ~** estar abierto(a) ▸ **~ from nine to five** abierto(a) de nueve a cinco ▸ **~ to the public** abierto(a) al público ▸ **~ all night** abierto(a) toda la noche *or* las veinticuatro horas ▸ **~ late** abierto(a) hasta tarde ▸ **let's leave the matter ~** dejemos el asunto ahí pendiente de momento ▸ **a career ~ to very few** una profesión reservada a unos pocos ▸ **~ to traffic** abierto(a) al tráfico ▸ **membership is ~ to people over eighteen** pueden hacerse socios los mayores de dieciocho años ▸ **two possibilities are ~ to us** tenemos dos opciones ▸ **~ to the elements** expuesto(a) a las inclemencias del tiempo ▸ **to be ~ to doubt** ser dudoso(a) *or* cuestionable ▸ **to be ~ to ridicule** exponerse a quedar en ridículo ▸ **to be ~ to suggestions** estar abierto(a) a sugerencias ▸ **in the ~ air** al aire libre ▸ **to welcome sb with ~ arms** recibir a alguien con los brazos abiertos ▸ **~ country** campo *m* abierto ▸ LAW **in ~ court** en juicio público, en vista pública ▸ *BR* **~ day,** *US* **~ house** jornada *f* de puertas abiertas ▸ **~ invitation** [to guests] invitación *f* permanente / *Fig* [to thieves] invitación clara ▸ ECON **~ market** mercado *m* libre ▸ **to keep an ~ mind (on sth)** mantenerse libre de prejuicios (acerca de algo) ▸ **~ prison** cárcel *f* de régimen abierto ▸ **~ sandwich** = *una rebanada de pan con algo de comer encima* ▸ **the ~ sea** mar *m* abierto ▸ **~ season** [for hunting] temporada *f* (de caza) ▸ *Fig* **to declare ~ season on sth/sb** abrir la veda de *or* contra algo/alguien ▸ **~ spaces** [parks] zonas *fpl or AM* áreas *fpl* verdes ▸ **~ ticket** billete *m or AM* boleto *m or* pasaje *m* abierto ▸ *BR* **Open University** = *universidad a distancia británica, ESP* ≃ UNED *f* ▸ LAW **~ verdict** = *declaración de que se ha producido una muerte sin esclarecimiento de las causas* ▸ **~ wound** herida *f* abierta **2.** [person, manner] abierto(a) / [preference, dislike] claro(a), manifiesto(a) / [conflict] abierto(a) ▸ **to be ~ with sb** ser franco(a) con alguien ▸ **to be ~ about sth** ser muy claro(a) *or* sincero(a) con respecto a algo ▸ **~ letter** [in newspaper] carta *f* abierta ▸ **~ secret** secreto *m* a voces
■ adv **to cut sth ~** abrir algo de un corte ▸ **the door flew ~** la puerta se abrió con violencia
■ vt [in general] abrir / [negotiations, conversation] entablar, iniciar ▸ **to ~ a hole in sth** abrir *or* practicar un agujero en algo ▸ **to ~ fire (on sb)** hacer *or* abrir fuego (sobre alguien) ▸ **he opened his heart to her** se sinceró con ella
■ vi [door, window, flower] abrirse / [shop, bank] abrir / [meeting, negotiations] abrirse, dar comienzo ▸ **to ~ late** [shop] abrir hasta tarde ▸ **the kitchen opens onto the garden** la cocina da al jardín ▸ **the play opens with a death scene** la obra comienza con una escena de muerte ▸ **the film opens next week** la película se estrena la semana que viene ▸ **~ wide!** [at dentist's] ¡abre bien la boca!

◆ ***open out*** ■ vt sep [sheet of paper] abrir, desdoblar
■ vi [flower] abrirse / [view, prospects] abrirse, extenderse [road, valley] ensancharse, abrirse

◆ ***open up*** ■ vt sep [new shop, business] abrir ▸ **to ~ up opportunities for** abrir las puertas a, presentar nuevas oportunidades para
■ vi [shopkeeper, new shop] abrir / [flower, new market] abrirse / *Fig* [person] abrirse, sincerarse ▸ **this is the police – ~ up!** ¡policía, abran la puerta!

open-air [əʊpə'neə(r)] adj [restaurant, market] al aire libre

open-and-shut ['əʊpənən'ʃʌt] n ▸ **an o. case** un caso elemental *or* claro

opencast ['əʊpən'kɑːst] adj [mine] a cielo abierto

open-door policy ['əʊpən'dɔːpɒlɪsɪ] n política *f* permisiva *or* de puertas abiertas

open-ended ['əʊpən'endɪd] adj [contract] indefinido(a) / [question] abierto(a) / [discussion] sin restricciones

open-heart surgery ['əʊpən'hɑːt'sɜːdʒərɪ] n cirugía *f* a corazón abierto

opening [ˈəʊpənɪŋ] ■ n **1.** [of play, new era] principio *m* / [of negotiations] apertura *f* / [of Parliament] sesión *f* inaugural **2.** [gap] abertura *f,* agujero *m* **3.** [of cave, tunnel] entrada *f* **4.** [opportunity] oportunidad *f* / [job] puesto *m* vacante
■ adj **~ address** *or* **speech** [in court case] presentación *f* del caso ▸ **~ batsman** [in cricket] bateador *m* inicial ▸ **~ ceremony** ceremonia *f* inaugural *or* de apertura ▸ **~ gambit** [in chess] gambito *m* de salida / [in conversation, negotiation] táctica *f* inicial ▸ **~ hours** horario *m* de apertura ▸ *BR* **~ time** [of pub] hora *f* de abrir

openly [ˈəʊpənlɪ] adv abiertamente

open-minded [əʊpənˈmaɪndɪd] adj de mentalidad abierta

open-mindedness [əʊpənˈmaɪndɪdnɪs] n mentalidad *f* abierta

open-mouthed [əʊpənˈmaʊðd] adj boquiabierto(a)

openness [ˈəʊpənnɪs] n [frankness] franqueza *f*

open-plan [ˈəʊpənplæn] adj [office] de planta abierta

opera [ˈɒpərə] n ópera *f* ▸ **~ glasses** prismáticos *mpl,* gemelos *mpl (de teatro)* ▸ **~ house** (teatro *m* de la) ópera ▸ **~ singer** cantante *mf* de ópera

operable [ˈɒpərəbəl] adj MED operable

operagoer [ˈɒprəgəʊə(r)] n **as regular operagoers will know...** como los asiduos *or* aficionados a la ópera ya sabrán...

operate [ˈɒpəreɪt] ■ vt [machine] manejar, hacer funcionar / [brakes] accionar / [service] proporcionar ▸ **to be operated by electricity** funcionar con electricidad
■ vi **1.** [machine] funcionar / [company] actuar, operar ▸ **we ~ in most of the North of Scotland** desarrollamos nuestra actividad en la mayor parte del norte de Escocia **2.** MED operar ▸ **to ~ on sb (for)** operar a alguien (de) ▸ **to be operated on** ser operado(a)

operatic [ɒpəˈrætɪk] adj operístico(a)

operating [ˈɒpəreɪtɪŋ] adj **~ costs** costos *mpl or ESP* costes *mpl* de explotación ▸ *US* **~ room** quirófano *m* ▸ COMPTR **~ system** sistema *m* operativo ▸ MED **~ table** mesa *f* de operaciones ▸ *BR* **~ theatre** quirófano *m*

operation [ɒpəˈreɪʃən] n **1.** [of machine] funcionamiento *m* ▸ **to be in ~** [machine] estar funcionando / [system, law] estar en vigor ▸ **to come into ~** [law] entrar en vigor **2.** [process] tarea *f,* operación *f* ▸ **a firm's operations** las operaciones *or* actividades de una empresa **3.** MED operación *f* ▸ **to have an ~ (for sth)** operarse (de algo) **4.** MIL operación *f* ▸ **operations room** centro *m* de control

operational [ɒpəˈreɪʃənəl] adj operativo(a) ▸ **it should be ~ next year** debería entrar en funcionamiento el año que viene

operative [ˈɒpərətɪv] ■ n [manual worker] operario(a) *m,f* / [spy] agente *mf*
■ adj [law, rule] vigente ▸ **to become ~** [law] entrar en vigor ▸ **the ~ word** la palabra clave

operator [ˈɒpəreɪtə(r)] n **1.** [of machine] operario(a) *m,f* **2.** TEL telefonista *mf,* operador(ora) *m,f* **3.** *Fam* **he's a pretty smooth ~** [with women] se las lleva de calle / [in business] es un lince *or* un hacha para los negocios

operetta [ɒpəˈretə] n MUS opereta *f*

ophthalmic [ɒfˈθælmɪk] adj *BR* **~ optician** óptico(a) *m,f*

ophthalmology [ɒfθælˈmɒlədʒɪ] n MED oftalmología *f*

opinion [əˈpɪnjən] n opinión *f* ▸ **in my ~** en mi opinión ▸ **to be of the ~ that...** ser de la opinión de que... ▸ **to ask sb's ~** pedir la opinión de alguien ▸ **to form an ~ of sth/sb** formarse una opinión sobre algo/alguien ▸ **to have a high/low ~ of sb** tener (una) buena/mala opinión de alguien ▸ **what is your ~ of him?** ¿qué opinas de él? ▸ **~ poll** *or* **survey** sondeo *m* de opinión, encuesta *f*

opinionated [əˈpɪnjəneɪtɪd] adj dogmático(a) ▸ **to be ~** creer a toda costa que uno lleva la razón

opium [ˈəʊpɪəm] n opio *m* ▸ **~ addict** adicto(a) *m,f* al opio ▸ **~ den** fumadero *m* de opio

Oporto [ɒˈpɔːteʊ] n Oporto

opossum [əˈpɒsəm] n zarigüeya *f*

opp (abbr ***opposite***) en la página opuesta

HOW TO...

give and ask for an opinion

Giving one's opinion

En mi opinión/a mi modo de ver, está mintiendo. / In my opinion, he's lying.

Personalmente, no creo que sea justo. / Personally, I don't think it's fair.

Yo opino que no está muy bien escrito. / I don't think it's very well written.

Creo que es demasiado joven. / I think she's too young.

A mí me parece que tenemos que hacer algo. / It seems to me that we have to do something.

Tengo la impresión de que no está muy contento. / I get the impression he's not very happy.

Asking for someone's opinion

¿Tú que opinas, Sofía? / What do you think, Sofia?

¿Y tú, Jorge, que piensas de todo esto? / How about you, Jorge, what do you think about all this?

¿A ti qué te parece? / What do you think?

Avoiding giving an opinion

La verdad es que no sé muy bien... / To be honest I'm not quite sure...

No lo tengo muy claro... / I'm not very sure...

No tengo una opinión fundada sobre el tema. / I haven't got a strong opinion on the subject.

¡Ni idea! / No idea!

Depende. / It depends.

opponent [ə'pəʊnənt] n [in game, politics] adversario(a) *m,f,* oponente *mf* / [of policy, system] opositor(ora) *m,f*

opportune ['ɒpətju:n] adj oportuno(a)

opportunism [ɒpə'tju:nɪzəm] n oportunismo *m*

opportunist [ɒpə'tju:nɪst] n & adj oportunista *mf*

opportunistic [ɒpətjʊ'nɪstɪk] n oportunista ▸ MED **~ infection** infección *f* oportunista

opportunity [ɒpə'tju:nɪtɪ] n oportunidad *f,* ocasión *f* ▸ **to have the ~ of doing sth** *or* **to do sth** tener la oportunidad *or* ocasión de hacer algo ▸ **at every ~** a la mínima oportunidad ▸ **at the first** *or* **earliest ~** a la primera oportunidad ▸ **if I get an ~** si tengo ocasión *or* oportunidad ▸ **the ~ of a lifetime** una oportunidad única en la vida ▸ **a job with opportunities** un trabajo con buenas perspectivas

oppose [ə'pəʊz] vt oponerse a ▸ **to be opposed to sth** estar en contra de algo ▸ **we should act now as opposed to waiting till later** deberíamos actuar ya en lugar de esperar más ▸ **I'm referring to my real father as opposed to my stepfather** me refiero a mi verdadero padre y no a mi padrastro

opposing [ə'pəʊzɪŋ] adj opuesto(a), contrario(a)

opposite ['ɒpəzɪt] ■ n **the ~ of...** lo contrario de...
■ adj **1.** [page, shore] opuesto(a) ▸ **the ~ side of the street** el otro lado de la calle **2.** [opinion] contrario(a) ▸ **in the ~ direction** en dirección contaria ▸ **the ~ sex** el sexo opuesto
■ adv enfrente ▸ **the house ~** la casa de enfrente
■ prep enfrente de

opposition [ɒpə'zɪʃən] n **1.** [resistance] oposición *f* ▸ **to meet with ~** encontrar oposición **2.** [contrast] **to act in ~ to...** actuar en contra de... **3.** [opponents] **the ~** los contrincantes, los adversarios ▸ *BR* POL **the Opposition** la oposición ▸ POL **to be in ~** estar en la oposición

oppress [ə'pres] vt [treat cruelly] oprimir

oppressed [ə'prest] ■ npl **the ~** los oprimidos
■ adj [people, nation] oprimido(a)

oppression [ə'preʃən] n **1.** [of a people] opresión *f* **2.** [of the mind] agobio *m,* desasosiego *m*

oppressive [ə'presɪv] adj **1.** [law, regime] opresor(ora), opresivo(a) **2.** [atmosphere] agobiante / [heat] sofocante

oppressively [ə'presɪvlɪ] adv [govern] opresivamente ▸ **it was ~ hot** hacía un calor agobiante

opt [ɒpt] ■ vt **to ~ to do sth** optar por hacer algo
■ vi **to ~ for...** optar por...

◆ ***opt out*** vi **they opted out of the project** decidieron no participar en el proyecto ▸ **to ~ out of local authority control** [school, hospital] decidir no continuar bajo el control de las autoridades locales

optic ['ɒptɪk] adj óptico(a) ▸ **~ nerve** nervio *m* óptico

optical ['ɒptɪkəl] adj óptico(a) ▸ COMPTR **~ character reader** lector *m* óptico de caracteres ▸ COMPTR **~ character recognition** reconocimiento *m* óptico de caracteres ▸ COMPTR **~ disk** disco *m* óptico ▸ **~ fibre** fibra *f* óptica ▸ **~ illusion** ilusión *f* óptica

optician [ɒp'tɪʃən] n óptico(a) *m,f*

optics ['ɒptɪks] n [subject] óptica *f*

optimal ['ɒptɪməl] adj óptimo(a)

optimism ['ɒptɪmɪzəm] n optimismo *m*

optimist ['ɒptɪmɪst] n optimista *mf*

optimistic [ɒptɪ'mɪstɪk] adj optimista

optimistically [ɒptɪ'mɪstɪklɪ] adv con optimismo

optimize ['ɒptɪmaɪz] vt optimizar

optimum ['ɒptɪməm] ■ n nivel *m* óptimo
■ adj óptimo(a)

option ['ɒpʃən] n **1.** [choice] opción *f* ▸ **to have the ~ of doing sth** tener la opción de hacer algo ▸ **to have no ~** no tener opción ▸ **a soft** *or* **easy ~** una opción cómoda *or* fácil ▸ **to leave** *or* **keep one's options open** dejar abiertas varias opciones **2.** FIN opción *f* **3.** SCH & UNIV (asignatura *f*) optativa *f*

optional ['ɒpʃənəl] adj optativo(a) ▸ **~ extras** accesorios *mpl* opcionales ▸ SCH **~ subject** asignatura *f* optativa

optionally ['ɒpʃənəlɪ] adv opcionalmente

optometry [ɒp'tɒmətrɪ] n MED optometría *f*

opt-out ['ɒptaʊt] ■ n autoexclusión *f*
■ adj **~ clause** cláusula *f* de exclusión *or* de no participación

opulent ['ɒpjʊlənt] adj opulento(a)

OR n [əʊ'ɑ:(r)] *US* (abbr ***operating room***) quirófano *m,* sala *f* de operaciones ▸ *US* **OR nurse** instrumentista *mf*

or [ɔ:(r), unstressed ə(r)] conj **1.** o / [before **o** or **ho**] u ▸ **an hour or so** alrededor de una hora ▸ **did she do it or not?** ¿lo hizo o no? ▸ **keep still or I'll shoot!** ¡quieto o disparo! ▸ **snow or no snow, she was determined to go** con nieve o sin ella, estaba decidida a ir **2.** [with negative] ni ▸ **she didn't write or phone** no escribió ni llamó

oracle ['ɒrəkəl] n oráculo *m*

oral ['ɔ:rəl] ■ n [exam] (examen *m*) oral *m*
■ adj [tradition, history, skills] oral / [agreement] verbal ▸ SCH **~ examination** examen *m* oral ▸ **~ sex** sexo *m* oral

orally ['ɔ:rəlɪ] adv oralmente ▸ **to take medicine ~** tomar un medicamento por vía oral

orange ['ɒrɪndʒ] ■ n [fruit] naranja *f* / [colour] naranja *m* ▸ **~ blossom** flor *f* de azahar ▸ **~ grove** naranjal *m* ▸ **~ juice** *ESP* zumo *m or AM* jugo *m* de naranja ▸ **~ peel** peladura *f* de naranja ▸ **~ squash** naranjada *f* ▸ **~ tree** naranjo *m*
■ adj [colour] naranja, anaranjado(a)

orang-outan(g) [ə'ræŋə'tæŋ] n orangután *m*

oration [ɔ:'reɪʃən] n alocución *f,* discurso *m*

orator ['ɒrətə(r)] n orador(ora) *m,f*

oratorical [ɒrə'tɒrɪkəl] adj oratorio(a)

oratory[1] ['ɒrətərɪ] n [art of speaking] oratoria *f*

oratory[2] n REL [chapel] oratorio *m,* capilla *f*

orb [ɔ:b] n *Literary* esfera *f*

orbit ['ɔ:bɪt] ■ n **1.** [of planet] órbita *f* ▸ **in ~** en órbita ▸ **to go into ~** entrar en órbita **2.** [scope] órbita *f,* ámbito *m*
■ vt girar alrededor de
■ vi estar en órbita

orbital ['ɔːbɪtəl] ■ n *BR* [road] carretera *f* de circunvalación
■ adj **1.** ASTRON orbital **2.** *BR* [road] de circunvalación

orchard ['ɔːtʃəd] n huerto *m* (de frutales) ▸ **(apple) ~** huerto de manzanos, manzanal *m*

orchestra ['ɔːkɪstrə] n **1.** [musicians] orquesta *f* ▸ THEAT **~ pit** orquesta, foso *m* **2.** *US* [in theatre] platea *f*, patio *m* de butacas

orchestral [ɔː'kestrəl] adj orquestal

orchestrate ['ɔːkɪstreɪt] vt *also Fig* orquestar

orchid ['ɔːkɪd] n orquídea *f*

ordain [ɔː'deɪn] vt **1.** *Formal* [decree] decretar, disponer ▸ **fate ordained that we should meet** el destino dispuso que nos encontráramos **2.** REL [priest] ordenar

ordeal [ɔː'diːl] n calvario *m*

order ['ɔːdə(r)] ■ n **1.** [instruction] orden *f* ▸ **to give sb an ~** dar una orden a alguien ▸ **to obey** *or* **follow orders** obedecer *or* cumplir órdenes ▸ **to be under orders (to do sth)** tener órdenes (de hacer algo) ▸ **I don't take orders from you/anyone** yo no acepto órdenes tuyas/de nadie ▸ FIN **pay to the ~ of L. Black** páguese a L. Black **2.** COM pedido *m* ▸ **to place an ~ (with sb)** hacer un pedido (a alguien) ▸ **to have sth on ~** haber hecho un pedido de algo ▸ **to make sth to ~** hacer algo por encargo ▸ **~ book** libro *m* de pedidos ▸ **~ form** hoja *f* de pedido **3.** [peace, tidiness] orden *m* ▸ **to restore ~** restablecer el orden ▸ *Fig* **to set one's own house in ~** poner (uno) orden en su vida **4.** [condition] **out of ~** averiado(a), estropeado(a) ▸ **in (good) working** *or* **running ~** en buen estado de funcionamiento **5.** [in meeting] **to call sb to ~** llamar a alguien al orden ▸ **to rule a question out of ~** declarar improcedente una pregunta ▸ *Fam* **that's out of ~!** ¡eso no está bien!, *ESP* ¡eso no es de recibo! ▸ *Fig* **I think a celebration is in ~** creo que se impone celebrarlo ▸ REL **~ of service** orden *m* ritual *or* litúrgico ▸ PARL **~ paper** orden *m* del día **6.** [system] orden *m* ▸ **the new world ~** el nuevo orden mundial **7.** [sequence] orden *m* ▸ **in the right/wrong ~** bien/mal ordenado(a) ▸ **in ~** en orden ▸ **out of ~** desordenado(a) ▸ **in ~ of age/size** por orden de edad/tamaño **8.** [degree] orden *m* ▸ **of the highest ~** de primer orden ▸ **in the ~ of...** del orden de... ▸ **the higher/lower orders** [social classes] las capas altas/bajas de la sociedad **9.** REL orden *f* ▸ **to take holy orders** ordenarse sacerdote **10. in ~ to do sth** para hacer algo ▸ **in ~ that they understand** para que comprendan
■ vt **1.** [instruct] **to ~ sb to do sth** mandar *or* ordenar a alguien hacer algo ▸ LAW **he was ordered to pay costs** el juez le ordenó pagar las costas **2.** COM pedir, encargar / [in restaurant] pedir **3.** [arrange] ordenar, poner en orden ▸ **to ~ sth according to size/age** ordenar algo de acuerdo con el tamaño/la edad
■ vi [in restaurant] pedir

◆ ***order about, order around*** vt sep **to ~ sb about** *or* **around** mangonear a alguien, no parar de dar órdenes a alguien

◆ ***order in*** vt sep [supplies] encargar / [troops] solicitar el envío de

ordered ['ɔːdəd] adj [organized] ordenado(a)

orderly ['ɔːdəlɪ] ■ n celador(ora) *m,f*
■ adj [tidy, methodical] ordenado(a) ▸ **in an ~ fashion** de forma ordenada

ordinal ['ɔːdɪnəl] n & adj ordinal *m*

ordinance ['ɔːdɪnəns] n *Formal* [decree] ordenanza *f*, decreto *m*

ordinarily ['ɔːdɪnərɪlɪ, *US* ɔːdən'erəlɪ] adv normalmente

ordinary ['ɔːdɪnərɪ] ■ n **out of the ~** fuera de lo normal
■ adj [normal] normal / [mediocre] común, ordinario(a) ▸ **an ~ Englishman** un inglés medio ▸ **she was just an ~ tourist** no era más que una simple turista ▸ **this is no ~ car** es un coche fuera de lo normal ▸ **in the ~ course of events** si las cosas siguen su curso normal ▸ *BR* NAUT **~ seaman** marinero *m* ▸ *BR* FIN **~ share** acción *f* ordinaria

ordination [ɔːdɪ'neɪʃən] n REL ordenación *f*

ordnance ['ɔːdnəns] n MIL [supplies] pertrechos *mpl* / [guns] armamento *m* ▸ **~ factory** fábrica *f or AM* planta *f* de armamento ▸ *BR* **Ordnance Survey** = *instituto británico de cartografía*

ore [ɔː(r)] n mineral *m* ▸ **iron/aluminium ~** mineral de hierro/aluminio

oregano [*BR* ɒrɪ'gɑːnəʊ, *US* ɒ'regənəʊ] n orégano *m*

organ ['ɔːgən] n **1.** ANAT & MUS órgano *m* ▸ **~ donor** donante *mf* de órganos ▸ **~ transplant** transplante *m* de órganos **2.** [newspaper, journal] órgano *m* (de difusión)

organ-grinder ['ɔːgəngraɪndə(r)] n organillero(a) *m,f*

organic [ɔː'gænɪk] adj [disease, function] orgánico(a) / [farming, gardening] biológico(a), ecológico(a)

organism ['ɔːgənɪzəm] n organismo *m*

organist ['ɔːgənɪst] n organista *mf*

organization [ɔːgənaɪ'zeɪʃən] n organización *f*

organize ['ɔːgənaɪz] ■ vt organizar ▸ **they organized accommodation for me** se encargaron de buscarme alojamiento

HOW TO...
give orders

Retrocedan un poco, por favor. / Move back a bit, please.
Dile que estoy reunido y le llamaré más tarde. / Tell him I'm in a meeting and I'll call him back later.
No le digas nada hasta que no hayamos terminado. / Don't say anything to him until we've finished.
Llámame en cuanto llegue, ¿vale? / Call me as soon as he arrives, OK?
Necesito que termines este artículo antes del fin de semana. / I need you to finish this article before the end of the week.
¿Podrías traerme las fotocopias, por favor? / Could you bring me the photocopies, please?
Silencio, por favor. / Quiet, please!

■ vi [workers] organizarse / [form union] constituirse en sindicato

organizer ['ɔ:gənaɪzə(r)] n **1.** [person] organizador(ora) *m,f* **2.** [diary] agenda *f*

orgasm ['ɔ:gæzəm] n orgasmo *m* ▸ **to have an ~** tener un orgasmo

orgasmic [ɔ:'gæzmɪk] adj *Fam* [smell, taste] orgásmico(a)

orgy ['ɔ:dʒɪ] n orgía *f* ▸ *Fig* **an ~ of violence** una masacre

orient ['ɔ:rɪənt] ■ n **the Orient** (el) Oriente
■ vt ➤ ***orientate***

oriental [ɔ:rɪ'entəl] ■ n *Old-fashioned* [person] **an Oriental** un/una oriental
■ adj oriental

orientate ['ɔ:rɪənteɪt] vt orientar ▸ **to ~ oneself** orientarse

orientation [ɔ:rɪən'teɪʃən] n orientación *f* ▸ **~ course** curso *m* orientativo

-oriented ['ɔ:rɪəntɪd], ***-orientated*** ['ɔ:rɪənteɪtɪd] suffix **she's very work~** el trabajo ocupa un lugar fundamental en su vida ▸ **youth~** enfocado(a) hacia los jóvenes

orienteering [ɒrɪən'tɪərɪŋ] n orientación *f (deporte de aventura)*

orifice ['ɒrɪfɪs] n orificio *m*

origin ['ɒrɪdʒɪn] n origen *m* ▸ **country of ~** país *m* de origen ▸ **of Greek ~** de origen griego

original [ə'rɪdʒɪnəl] ■ n [painting, document] original *m* ▸ **to read Tolstoy in the ~** leer a Tolstói en el idioma original
■ adj [first, innovative] original ▸ REL **~ sin** pecado *m* original

originality [ərɪdʒɪ'nælɪtɪ] n originalidad *f*

originally [ə'rɪdʒɪnəlɪ] adv **1.** [initially] originariamente, en un principio ▸ **where do you come from ~?** ¿cuál es tu lugar de origen? **2.** [in an innovative way] originalmente, de forma original

originate [ə'rɪdʒɪneɪt] ■ vt crear, promover
■ vi originarse ▸ **to ~ from...** [person] proceder de... ▸ **to ~ in...** [river] nacer en / [custom] proceder *or* surgir de

Orkney ['ɔ:knɪ] n **the ~ Islands, the Orkneys** las (Islas) Orcadas

ornament ■ n ['ɔ:nəmənt] adorno *m*
■ vt ['ɔ:nəment] [room] decorar / [style] adornar

ornamental [ɔ:nə'mentəl] adj ornamental, decorativo(a) ▸ **purely ~** meramente decorativo(a)

ornate [ɔ:'neɪt] adj [building, surroundings] ornamentado(a) / [style] recargado(a)

ornithology [ɔ:nɪ'θɒlədʒɪ] n ornitología *f*

orphan ['ɔ:fən] ■ n huérfano(a) *m,f* ▸ **to be left an ~** quedar huérfano(a)
■ adj **an ~ child** un niño huérfano
■ vt **to be orphaned** quedar huérfano(a)

orphanage ['ɔ:fənɪdʒ] n orfanato *m*

orthodontics [ɔ:θə'dɒntɪks] n ortodoncia *f*

orthodontist [ɔ:θə'dɒntɪst] n ortodontista *mf*

orthodox ['ɔ:θədɒks] adj ortodoxo(a)

orthodoxy ['ɔ:θədɒksɪ] n ortodoxia *f*

orthopaedic, *US* ***orthopedic*** [ɔ:θə'pi:dɪk] adj MED ortopédico(a)

orthopaedics, *US* ***orthopedics*** [ɔ:θə'pi:dɪks] n MED ortopedia *f*

oscillate ['ɒsɪleɪt] vi oscilar ▸ **he oscillated between hope and despair** pasaba de la esperanza a la desesperación

Oslo ['ɒzləʊ] n Oslo

osmosis [ɒz'məʊsɪs] n *also Fig* ósmosis *f inv,* osmosis *f inv*

osprey ['ɒspreɪ] n águila *f* pescadora

ossify ['ɒsɪfaɪ] vi ANAT osificarse / *Fig* [person, system] anquilosarse

ostensible [ɒs'tensɪbəl] adj aparente

ostensibly [ɒ'stensɪblɪ] adv aparentemente

ostentation [ɒsten'teɪʃən] n ostentación *f*

ostentatious [ɒsten'teɪʃəs] adj ostentoso(a)

ostentatiously [ɒsten'teɪʃəslɪ] adv ostentosamente

osteoarthritis [ɒstɪəʊɑ:'θraɪtɪs] n MED osteoartritis *f inv,* artritis *f inv* ósea

osteopath ['ɒstɪəpæθ] n MED osteópata *mf*

ostracism ['ɒstrəsɪzəm] n ostracismo *m*

ostracize ['ɒstrəsaɪz] vt aislar, condenar al ostracismo

ostrich ['ɒstrɪtʃ] n avestruz *m*

OTC [əʊti:'si:] n *BR* (abbr ***Officers' Training Corps***) = *unidad de adiestramiento de futuros oficiales del ejército británico provenientes de la universidad*

other ['ʌðə(r)] ■ adj otro(a) ▸ **the ~ one** el otro/la otra ▸ **every ~ day/week** cada dos días/semanas ▸ **I work every ~ day/month** trabajo un día/mes sí, un día/mes no ▸ **the ~ day** el otro día ▸ **the ~ four** los otros cuatro ▸ **~ people seem to like it** parece que a otros les gusta ▸ **~ people's property** propiedad ajena ▸ **any ~ book** cualquier otro libro ▸ **somebody ~ than me should do it** debería hacerlo alguien que no sea yo
■ pron **the ~** el otro/la otra ▸ **one after the ~** uno tras otro ▸ **(the) others** (los/las) otros(as) ▸ **some laughed, others wept** unos reían y otros lloraban ▸ **one or ~ of us will be there** alguno de nosotros estará allí ▸ **somewhere or ~** en algún sitio ▸ **someone or ~** no sé quién, alguien ▸ **some woman or ~** no sé qué mujer, una mujer ▸ **something or ~** no sé qué, algo ▸ **somehow or ~** de la manera que sea, sea como sea ▸ **somehow or ~, we arrived on time** nos las arreglamos para llegar a tiempo
■ adv **the colour's odd – ~ than that, it's perfect** el color es un poco raro, pero, por lo demás, resulta perfecto ▸ **she never speaks of him ~ than admiringly** siempre habla de él con admiración

otherwise ['ʌðəwaɪz] ■ adv **1.** [differently] de otra manera ▸ **he could not do ~** no pudo hacer otra cosa ▸ **to think ~** pensar de otra manera ▸ **to be ~ engaged** tener otros asuntos que resolver ▸ **except where ~ stated** excepto donde se indique lo contrario **2.** [apart from that] por lo demás
■ conj si no, de lo contrario

other-worldly [ʌðə'wɜːldlɪ] adj [person] místico(a) / [religion, experience] sobrenatural

OTT [əʊtiː'tiː] adj *BR Fam* (abbr ***over the top***) exagerado(a) ▸ **to be ~** pasarse un *ESP* pelín *or MÉX* tantito *or RP* chiquitín

Ottawa ['ɒtəwə] n Ottawa

otter ['ɒtə(r)] n nutria *f*

Ottoman ['ɒtəmən] HIST n & adj otomano(a) *m,f*

ottoman ['ɒtəmən] n [piece of furniture] canapé *m,* otomana *f*

OU [əʊ'juː] n *BR* (abbr ***Open University***) = *universidad a distancia británica, ESP* ≃ UNED *f*

ouch [aʊtʃ] exclam [expressing pain] ¡ay!

ought [ɔːt] v aux

> En el inglés hablado, y en el escrito en estilo coloquial, la forma negativa **ought not** se transforma en **oughtn't**.

1. [expressing obligation, desirability] deber, tener que ▸ **I ~ to be going** tendría que irme ya ▸ **you oughtn't to worry so much** no deberías preocuparte tanto ▸ **I thought I ~ to let you know about it** me pareció que deberías saberlo ▸ **he had drunk more than he ~ to** había bebido *or AM* tomado más de la cuenta ▸ **this ~ to have been done before** esto se tenía que haber hecho antes ▸ **they ~ not to have waited** no tenían que haber esperado **2.** [expressing probability] **they ~ to be in Paris by now** a estas horas tendrían que estar ya en París ▸ **you ~ to be able to get £150 for the painting** deberías conseguir al menos 150 libras por el cuadro

oughtn't ['ɔːtənt] ➤ ***ought not***

ounce [aʊns] n [measurement] onza *f* ▸ **if you had an ~ of sense** si tuvieras dos dedos de frente

our ['aʊə(r)] possessive adj **1.** [singular] nuestro(a) / [plural] nuestros(as) **2.** [for parts of body, clothes] [translated by definite article] **someone stole ~ clothes** nos robaron la ropa

ours ['aʊəz] possessive pron **1.** [singular] el nuestro *m,* la nuestra *f* / [plural] los nuestros *mpl,* las nuestras *fpl* ▸ **their house is big but ~ is bigger** su casa es grande, pero la nuestra es mayor **2.** [used attributively] [singular] nuestro *m,* nuestra *f* / [plural] nuestros *mpl,* nuestras *fpl* ▸ **this book is ~** este libro es nuestro ▸ **a friend of ~** un amigo nuestro

ourselves [aʊə'selvz] pron **1.** [reflexive] nos ▸ **we both hurt ~** los dos nos hicimos daño **2.** [emphatic] nosotros mismos *or* solos *mpl,* nosotras mismas *or* solas *fpl* ▸ **we did all the work ~** hicimos todo el trabajo nosotros solos ▸ **we ~ do not believe it** nosotros mismos no nos lo creemos **3.** [after preposition] nosotros *mpl,* nosotras *fpl* ▸ **we shouldn't talk about ~** no deberíamos hablar sobre nosotros ▸ **we shouldn't fight among ~** no deberíamos pelearnos entre nosotros ▸ **we were all by ~** estábamos nosotros solos

oust [aʊst] vt desbancar ▸ **to ~ sb from his post** destituir a alguien, separar a alguien de su cargo

out [aʊt] ■ adv **1.** [outside, not in, not at home] fuera ▸ **he's ~** está fuera ▸ **I was only ~ for a minute** sólo salí un momento ▸ **~ here** aquí fuera ▸ **it's cold ~ there** hace frío (ahí) fuera ▸ **to go ~** salir ▸ **to stay ~ late** salir hasta muy tarde ▸ **the tide is ~** la marea está baja ▸ **~!** [in tennis] ¡out! **2.** [not concealed] **the secret is ~** se ha desvelado el secreto ▸ **he's ~** [openly gay] es homosexual declarado ▸ **the sun is ~** ha salido el sol, hace sol ▸ **the tulips are ~ early this year** los tulipanes han salido *or* florecido muy pronto este año **3.** [published] **to come ~** salir ▸ **her new book will be ~ next week** la semana que viene sale su nuevo libro **4.** [not in fashion] **to be ~** no *ESP* llevarse *or AM* usarse **5.** [indicating intention] **to be ~ to do sth** pretender hacer algo ▸ **to be ~ for money/a good time** ir en busca de dinero/diversión ▸ *Fam* **to be ~ to get sb** ir detrás de alguien, *ESP* ir a por alguien **6.** [unconscious, asleep] **to be ~ cold** [unconscious] estar inconsciente ▸ *Fam* **to be ~ for the count** [asleep] estar roque *or AM* planchado(a) ▸ *Fam* **I was ~ like a light** caí redondo en la cama **7.** [extinguished] [fire, light] apagado(a) **8.** [incorrect] equivocado(a) ▸ **I was £50 ~** me equivocaba en 50 libras ▸ **the calculations were ~** los cálculos no eran correctos **9. to be ~ (on strike)** estar en huelga **10.** [indicating completion] **before the week is ~** antes de que termine la semana **11.** LAW **the jury is ~** el jurado está deliberando **12.** [unacceptable] **that's ~** eso es imposible

■ prep [through] **to look ~ the window** mirar por la ventana

■ vt *Fam* revelar la homosexualidad de

◆ ***out of*** prep [outside] **to go ~ of the office** salir de la oficina ▸ **to throw sth ~ of the window** tirar *or AM salvo RP* botar algo por la ventana ▸ **keep ~ of direct sunlight** manténgase a resguardo de los rayos del sol ▸ **to be ~ of the country** estar fuera del país ▸ **~ of danger** fuera de peligro ▸ **to be ~ of power** estar en la oposición

◆ ***out of*** prep [lacking] **I'm ~ of cash/ideas** me he quedado sin dinero/ideas

◆ ***out of*** prep [from] de ▸ **to get sth ~ of sth/sb** sacar algo de algo/a alguien ▸ **three days ~ of four** tres días de cada cuatro ▸ **twenty ~ of twenty** [mark] veinte sobre *or* de veinte ▸ **he built a hut ~ of sticks** construyó una choza con palos ▸ **it's made ~ of plasticine** está hecho de plastilina ▸ **she paid for it ~ of her own money** lo pagó de *or* con su dinero ▸ **~ of friendship/curiosity** por amistad/curiosidad

◆ ***out of*** prep [in phrases] *Fam* **to be ~ of it** [dazed] estar atontado(a) ▸ **to feel ~ of it** [excluded] no sentirse integrado(a)

out-and-out [aʊtə'naʊt] adj [villain, reactionary] consumado(a), redomado(a) / [success, failure] rotundo(a), absoluto(a)

outback ['aʊtbæk] n **the ~** el interior despoblado de Australia

outbid [aʊt'bɪd] (pt & pp **outbid**) vt sobrepasar *(en una puja)* ▸ **to ~ sb** sobresar la puja de alguien

outboard ['aʊtbɔːd] ■ n [motor] fueraborda *m*

■ adj **~ motor** motor *m* (de) fueraborda

outbreak ['aʊtbreɪk] n [of hostilities] comienzo *m* / [of epidemic, violence] brote *m* / [of war, conflict] estallido *m*

outbuilding ['aʊtbɪldɪŋ] n dependencia *f*

outburst ['aʊtbɜːst] n arrebato *m,* arranque *m*

outcast ['aʊtkɑːst] n paria *mf,* marginado(a) *m,f*

outclass [aʊt'klɑːs] vt superar (ampliamente)

outcome ['aʊtkʌm] n resultado *m*

outcrop ['aʊtkrɒp] n [of rock] afloramiento *m*

outcry ['aʊtkraɪ] n [protest] protesta *f* ▸ **to raise an ~ (against)** protestar (en contra de)

outdated [aʊt'deɪtɪd] adj anticuado(a)

outdistance [aʊt'dɪstəns] vt dejar atrás

outdo [aʊt'duː] (pt **outdid** [aʊt'dɪd], pp **outdone** [aʊt'dʌn]) vt [person] superar, sobrepasar ▸ **not to be outdone,...** para no ser menos,...

outdoor ['aʊtdɔː(r)] adj al aire libre ▸ **she's an ~ person** le gusta salir al aire libre ▸ **the ~ life** la vida al aire libre ▸ **~ swimming pool** piscina *f or MÉX* alberca *f or RP* pileta *f* descubierta

outdoors [aʊt'dɔːz] ■ n **the great ~** la naturaleza, el campo

■ adv fuera ▸ **the wedding will be held ~** la boda se celebrará al aire libre ▸ **to sleep ~** dormir al raso

outer ['aʊtə(r)] adj exterior ▸ **~ door** puerta *f* exterior ▸ **~ London** la periferia londinense ▸ **Outer Mongolia** Mongolia Exterior ▸ **~ space** el espacio exterior

outermost ['aʊtəməʊst] adj [layer] exterior

outfit ['aʊtfɪt] n **1.** [clothes] traje *m* **2.** *Fam* [organization] grupo *m*

outflank [aʊt'flæŋk] vt MIL sorprender por la espalda / *Fig* [outmanoeuvre] superar

outflow ['aʊtfləʊ] n [of liquid, currency] salida *f,* fuga *f*

outgoing [aʊt'gəʊɪŋ] adj **1.** [departing] saliente **2.** [sociable] abierto(a), extrovertido(a)

outgoings ['aʊtgəʊɪŋz] npl *BR* FIN gastos *mpl*

outgrow [aʊt'grəʊ] (pt **outgrew** [aʊt'gruː], pp **outgrown** [aʊt'grəʊn]) vt [toys] hacerse demasiado mayor para ▸ **he's outgrown the jacket** se le ha quedado pequeña la chaqueta ▸ **he should have outgrown that habit by now** ya no tiene edad para esas cosas ▸ **to have outgrown one's friends** tener ya poco en común *or* poco que ver con los amigos

outhouse ['aʊthaʊs] n dependencia *f*

outing ['aʊtɪŋ] n **1.** [excursion] excursión *f* **2.** [of homosexual] = *hecho de revelar la homosexualidad de alguien, generalmente un personaje célebre*

outlandish [aʊt'lændɪʃ] adj estrafalario(a), extravagante

outlast [aʊt'lɑːst] vt sobrevivir a

outlaw ['aʊtlɔː] ■ n proscrito(a) *m,f*

■ vt [custom] prohibir / [person] proscribir

outlay ['aʊtleɪ] n [expense] desembolso *m*

outlet ['aʊtlet] n **1.** [for water] desagüe *m* / [for steam] salida *f* / [for talents, energy] válvula *f* de escape **2.** [shop] punto *m* de venta

outline ['aʊtlaɪn] ■ n [shape] silueta *f,* contorno *m* / [drawing] esbozo *m,* bosquejo *m* / [of play, novel] resumen *m* / [of plan, policy] líneas *fpl* maestras ▸ **a rough ~** [of plan, proposal] un esbozo, una idea aproximada ▸ **in ~** a grandes rasgos

■ vt [shape] perfilar / [plot of novel] resumir / [plan, policy] exponer a grandes rasgos

outlive [aʊt'lɪv] vt sobrevivir a ▸ **to have outlived its usefulness** [machine, theory] haber dejado de ser útil *or* de servir

outlook ['aʊtlʊk] n **1.** [prospect] perspectiva *f* / [of weather] previsión *f* ▸ **the ~ is gloomy** [for economy] las previsiones son muy malas **2.** [attitude] punto *m* de vista, visión *f* ▸ **~ on life** visión de la vida

outlying ['aʊtlaɪɪŋ] adj periférico(a)

outmanoeuvre, *US* ***outmaneuver*** [aʊtmə'nuːvə(r)] vt MIL superar a base de estrategia / [in politics, sport] superar

outmoded [aʊt'məʊdɪd] adj anticuado(a)

outnumber [aʊt'nʌmbə(r)] vt [the enemy] superar en número ▸ **we were outnumbered** eran más que nosotros

out-of-court ['aʊtəv'kɔːt] adj **an ~ settlement** un acuerdo sin acudir a los tribunales

out-of-doors [aʊtəv'dɔːz] adv fuera ▸ **to sleep ~** dormir al raso

out-of-pocket expenses ['aʊtəv'pɒkɪtɪk'spensɪz] npl gastos *mpl* extras

out-of-the-ordinary [aʊtəvðə'ɔːdɪnərɪ] adj fuera de lo normal

out-of-the-way [aʊtəvðə'weɪ] adj [remote] apartado(a), remoto(a) / [unusual] fuera de lo común

out-of-work ['aʊtəv'wɜːk] adj sin trabajo, desempleado(a)

outpatient ['aʊtpeɪʃənt] n paciente *mf* externo(a)

outperform ['aʊtpə'fɔːm] vt rendir más que, ofrecer un mejor rendimiento que

outplacement ['aʊtpleɪsmənt] n recolocación *f,* = *asesoramiento dirigido a facilitar la recolocación de empleados, generalmente subvencionado por la empresa que los despide*

outpost ['aʊtpəʊst] n MIL enclave *m* ▸ *Fig* **the last ~ of civilization** el último baluarte de la civilización

output ['aʊtpʊt] ■ n [of goods, of author] producción *f* / [of data, information] información *f* producida / [of generator] potencia *f* (de salida)

■ vt (pt & pp **output**) producir

outrage ['aʊtreɪdʒ] ■ n **1.** [act] ultraje *m* ▸ **it's an ~!** ¡es un escándalo! **2.** [indignation] indignación *f*

■ vt [make indignant] indignar, ultrajar ▸ **I am outraged** estoy indignado

outrageous [aʊt'reɪdʒəs] adj [cruelty] atroz / [price, conduct] escandaloso(a) / [clothes, haircut] estrambótico(a)

outrageously [aʊt'reɪdʒəslɪ] adv [cruel] espantosamente, terriblemente / [expensive, to behave] escandalosamente / [to dress] estrambóticamente

outreach ■ n ['aʊtriːtʃ] **~ worker** = *trabajador social que presta asistencia a personas que pudiendo necesitarla no la solicitan*

■ vt [aʊt'riːtʃ] [exceed] exceder, superar

outright ■ adv [aʊt'raɪt] **1.** [completely] [ban, win] completamente ▸ **to buy sth ~** comprar algo (con) dinero en mano ▸ **he was killed ~** murió en el acto **2.** [bluntly] **I told him ~ what I thought of him** le dije claramente lo que pensaba de él ▸ **to refuse ~** negarse rotundamente

■ adj ['aʊtraɪt] total, absoluto(a) ▸ **an ~ failure** un fracaso total, un rotundo fracaso ▸ **the ~ winner** el campeón absoluto

outrun [aʊt'rʌn] (pt **outran** [aʊt'ræn], pp **outrun**) vt [run faster than] correr más rápido que

outsell [aʊt'sel] vt superar en ventas

outset ['aʊtset] n principio *m* ▸ **at the ~** al principio ▸ **from the ~** desde el principio

outshine [aʊt'ʃaɪn] (pt & pp **outshone** [aʊt'ʃɒn]) vt [surpass] eclipsar

outside ['aʊtsaɪd, aʊt'saɪd] ■ n [of book, building] exterior *m* ▸ **on the ~** por fuera *or AM* afuera ▸ **from the ~** desde fuera *or AM* afuera ▸ **at the ~** [of estimate] a lo sumo

■ adj [help, influence, world] exterior ▸ RAD & TV **~ broadcast** emisión *f* desde fuera del estudio ▸ **~ lane** [in Britain] carril *m* de la derecha / [in Europe, USA] carril *m* de la izquierda ▸ **there's an ~ chance** existe una posibilidad remota

■ adv fuera ▸ **to go ~** salir afuera ▸ **from ~** desde fuera *or AM* afuera

■ prep **1.** [physically] fuera de ▸ **I'll meet you ~ the cinema** nos vemos a la entrada del cine ▸ **~ office hours** fuera de horas de oficina **2.** [apart from] aparte de ▸ **~ (of) a few friends** aparte de unos pocos amigos

outsider [aʊt'saɪdə(r)] n **1.** [socially] extraño(a) *m,f* **2.** [in election, race, competition] **he's an ~** no figura entre los favoritos

outsize ['aʊtsaɪz] n COM [large size] talla *f* (grande) especial

outsize(d) ['aʊtsaɪz(d)] adj [clothes] de talla especial / [appetite, ego] desmedido(a)

outskirts ['aʊtskɜːts] npl [of city] afueras *fpl*

outsmart [aʊt'smɑːt] vt superar en astucia, burlar

outsourcing ['aʊtsɔːsɪŋ] n COM externalización *f*, subcontratación *f*, *AM* tercerización *f*, *AM* terciarización *f*

outspend [aʊt'spend] vt gastar más que

outspoken [aʊt'spəʊkən] adj directo(a), abierto(a)

outspokenness [aʊt'spəʊkənnɪs] n franqueza *f*

outstanding [aʊt'stændɪŋ] adj **1.** [remarkable] [feature, incident] notable, destacado(a) / [person] excepcional **2.** [unresolved, unpaid] pendiente

outstandingly [aʊt'stændɪŋlɪ] adv extraordinariamente

outstay [aʊt'steɪ] vt **to ~ one's welcome** abusar de la hospitalidad, quedarse más tiempo del apropiado

outstretched ['aʊtstretʃt] adj extendido(a), estirado(a) ▸ **with ~ arms** con los brazos extendidos

outstrip [aʊt'strɪp] (pt & pp **outstripped**) vt superar, aventajar

outtake ['aʊtteɪk] n CIN & TV = *escena o secuencia que se elimina de la versión montada de una película o vídeo*

out-tray ['aʊttreɪ] n bandeja *f* de trabajos terminados

outward ['aʊtwəd] ■ adj **1.** [journey, flight] de ida ▸ **~ voyage** *or* **journey** viaje *m* de ida ▸ *BR* **Outward Bound course** curso *m* de aventura **2.** [external] externo(a)

■ adv ➤ ***outwards***

outwardly ['aʊtwədlɪ] adv aparentemente, en apariencia ▸ **~ calm** aparentemente tranquilo(a)

outwards ['aʊtwədz] adv hacia fuera

outweigh [aʊt'weɪ] vt [be more important than] tener más peso que

outwit [aʊt'wɪt] (pt & pp **outwitted**) vt ser más astuto(a) que, burlar

outworker ['aʊtwɜːkə(r)] n trabajador(ora) *m,f* a domicilio *or* externo(a)

outworn [aʊt'wɔːn] adj [theories, ideas] anticuado(a)

oval ['əʊvəl] ■ n óvalo *m*

■ adj oval, ovalado(a)

ovarian [əʊ'veərɪən] adj ANAT ovárico(a) ▸ **~ cancer** cáncer *m* de ovario

ovary ['əʊvərɪ] n ANAT ovario *m*

ovation [əʊ'veɪʃən] n ovación *f* ▸ **the audience gave her a standing ~** el público puesto en pie le dedicó una calurosa ovación

oven ['ʌvən] n horno *m* ▸ **electric/gas ~** horno eléctrico/de gas ▸ **~ gloves** manoplas *fpl* de cocina

oven-proof ['ʌvənpruːf] adj refractario(a)

oven-ready ['ʌvənredɪ] adj [chicken] listo(a) para hornear

ovenware ['ʌvənweə(r)] n accesorios *mpl* para el horno

over ['əʊvə(r)] ■ n [in cricket] = *serie de seis lanzamientos en la misma dirección*

■ prep **1.** [above, on top of] sobre, encima de, *AM* arriba de ▸ **to put a blanket ~ sb** cubrir a alguien con una manta ▸ **all ~ Spain** por toda España ▸ **all ~ the world** por todo el mundo ▸ **to throw sth ~ the wall** tirar *or* lanzar *or AM salvo RP* botar algo por encima de la tapia ▸ **to read ~ sb's shoulder** leer por encima del hombro de alguien ▸ **directly ~ our heads** justo encima de nosotros ▸ *Fig* **the lecture was way ~ my head** no me enteré de nada de la conferencia ▸ **I couldn't hear her ~ the noise** no podía oírla por el ruido ▸ *Fam Fig* **~ the top** [excessive] exagerado(a) **2.** [across] **to go ~ the road** cruzar la calle ▸ **to live ~ the road** vivir al *or AM* del otro lado de la calle ▸ **~ the border** al *or AM* del otro lado de la frontera ▸ **the bridge ~ the river** el puente sobre el río **3.** [about] **to laugh ~ sth** reírse de algo ▸ **to fight ~ sth** pelear por algo ▸ **we had trouble ~ the tickets** tuvimos problemas con las entradas *or AM* los boletos **4.** [in excess of] más de ▸ **~ and above** además de, más allá de ▸ **he's ~ fifty** tiene más de cincuenta años ▸ **children ~ five** los niños mayores de cinco años **5.** [during] durante ▸ **~ Christmas/the weekend** durante la Navidad/el fin de semana ▸ **~ the last three years** (durante) los tres últimos años ▸ **to discuss sth ~ lunch** hablar de algo durante la comida **6.** [recovered from] **I'm ~ the flu/the disappointment** ya se me ha pasado la gripe or *MÉX* gripa/la desilusión

■ adv **1.** [across] **~ here/there** aquí/allí, *AM* acá/allá ▸ **he led me ~ to the window** me llevó hasta la ventana ▸ **to cross ~** [the street] cruzar ▸ **I asked him ~ (to my house)** lo invité a mi casa **2.** [down] **to fall ~** caerse ▸ **to**

bend ~ agacharse ▸ **to push sth ~** tirar algo, *CSUR* voltear algo **3.** [everywhere] **famous the world ~** famoso(a) en el mundo entero **4.** [indicating repetition] **three times ~** tres veces ▸ **~ and ~ again** una y otra vez ▸ **all ~ again** otra vez desde el principio **5.** [in excess] **children of five and ~** niños mayores de cinco años ▸ **there was £5 left ~** sobraron *or* quedaron 5 libras ▸ *Fam* **I wasn't ~ happy about it** no estaba demasiado contento **6.** [on radio] **~ (and out)** cambio (y corto)
■ adj [finished] **it is (all) ~** todo ha terminado ▸ **the danger is ~** ha pasado el peligro ▸ **to get sth ~ (and done) with** terminar algo de una vez por todas

CAREFUL! / ¡CUIDADO!

over

When translating *over*, note that encima de can be used of a relationship between stationary objects (**el cuadro que está encima de la puerta**), but if objects are in movement, then **por encima de** is used (**volamos por encima de Madrid**).

overabundant [əʊvərə'bʌndənt] adj superabundante

overachiever [əʊvərə'tʃi:və(r)] n = *persona que rinde más de lo normal*

overact [əʊvər'ækt] vi sobreactuar

overactive [əʊvər'æktɪv] adj hiperactivo(a)

overall ['əʊvərɔ:l] ■ adj total, global
■ adv en general ▸ **England came third ~** Inglaterra quedó tercera en la clasificación general

overalls ['əʊvərɔ:lz] npl *BR* [boiler suit] mono *m* (de trabajo), *AM* overol *m* / *US* [dungarees] peto *m*, *CSUR* mameluco *m*

overanxious [əʊvər'æŋkʃəs] adj excesivamente preocupado(a)

overawe [əʊvər'ɔ:] vt intimidar, cohibir ▸ **to be overawed by sth/sb** quedarse anonadado(a) por algo/alguien

overbalance [əʊvə'bæləns] vi perder el equilibrio

overbearing [əʊvə'beərɪŋ] adj imperioso(a), despótico(a)

overblown [əʊvə'bləʊn] adj exagerado(a)

overboard ['əʊvəbɔ:d] adv por la borda ▸ **to fall ~** caer por la borda, caer al agua ▸ **man ~!** ¡hombre al agua! ▸ *Fig* **to go ~ (about)** entusiasmarse mucho (con)

overbook ['əʊvə'bʊk] vt [flight, holiday] = *aceptar un número de reservas mayor que el de plazas disponibles* ▸ **they've overbooked this flight** este vuelo tiene overbooking

overbooking [əʊvə'bʊkɪŋ] n overbooking *m*, = *venta de más plazas de las disponibles*

overcapacity ['əʊvəkə'pæsɪtɪ] n IND capacidad *f* excesiva de producción

overcast ['əʊvəkɑ:st] adj [sky, day] nublado(a) ▸ **to be ~** estar nublado(a)

overcautious [əʊvə'kɔ:ʃəs] adj demasiado cauteloso(a)

overcharge [əʊvə'tʃɑ:dʒ] vt **1.** [for goods, services] **to ~ sb (for sth)** cobrar de más a alguien (por algo) ▸ **he overcharged me by £5** me cobró cinco libras de más **2.** ELEC [battery] sobrecargar

overcoat ['əʊvəkəʊt] n abrigo *m*

overcome [əʊvə'kʌm] (pt **overcame** [əʊvə'keɪm], pp **overcome**) vt [defeat] [an opponent, one's fears] vencer / [problem, obstacle] superar ▸ **to be ~ with** *or* **by grief** sucumbir al dolor ▸ **I was quite overcome** estaba totalmente abrumado(a), me embargaba la emoción

overcompensate [əʊvə'kɒmpenseɪt] vi **to ~ for sth** compensar algo en exceso

overcomplicate [əʊvə'kɒmplɪkeɪt] vt complicar en exceso

overconfident [əʊvə'kɒnfɪdənt] adj demasiado confiado(a)

overcook [əʊvə'kʊk] vt cocinar demasiado, pasar mucho

overcrowded [əʊvə'kraʊdəd] adj [room] atestado(a) / [area, region] superpoblado(a) ▸ **the problem of ~ classrooms** el problema de la masificación de las aulas

overcrowding [əʊvə'kraʊdɪŋ] n [of slums, prisons] hacinamiento *m* / [of classrooms] masificación *f* / [of city, region] superpoblación *f*

overdeveloped [əʊvədɪ'veləpt] adj hiperdesarrollado(a) / PHOT sobrerrevelado(a)

overdo [əʊvə'du:] (pt **overdid** [əʊvə'dɪd], pp **overdone** [əʊvə'dʌn]) vt **1.** [exaggerate] exagerar ▸ **to ~ it** [work too hard] trabajar demasiado **2.** [do or have too much of] pasarse con ▸ **to ~ the salt/make-up** pasarse con la sal/el maquillaje

overdone ['əʊvədʌn] adj [food] demasiado hecho(a), pasado(a)

overdose ['əʊvədəʊs] ■ n sobredosis *f inv*
■ vi tomar una sobredosis ▸ **to ~ on drugs** tomar una sobredosis de drogas ▸ *Fig* **to ~ on chocolate** darse un atracón de chocolate

overdraft ['əʊvədrɑ:ft] n FIN [amount borrowed] saldo *m* negativo *or* deudor ▸ **to arrange an ~** acordar un (límite de) descubierto ▸ **~ limit** límite *m* de descubierto

overdrawn [əʊvə'drɔ:n] adj FIN [account] en descubierto ▸ **to be £100 ~** tener un descubierto de 100 libras

overdressed [əʊvə'drest] adj demasiado trajeado(a)

overdrive ['əʊvədraɪv] n [in car] superdirecta *f* ▸ *Fig* **to go into ~** entregarse a una actividad frenética

overdue [əʊvə'dju:] adj **to be ~** [person, train] retrasarse, venir con retraso *or AM* demora / [bill] estar sin pagar / [library book] haber rebasado el plazo de préstamo *or MÉX* prestamiento ▸ **this measure is long ~** esta medida debía haberse adoptado hace tiempo

overeat [əʊvə'ri:t] (pt **overate** [əʊvər'et], pp **overeaten** [əʊvər'i:tən]) vi comer demasiado

overemphasize [əʊvər'emfəsaɪz] vt hacer excesivo hincapié en, recalcar en exceso

overenthusiastic [əʊvərɪnθju:zɪ'æstɪk] adj excesivamente entusiasta

overestimate [əʊvər'estɪmeɪt] vt sobreestimar

overexcited [əʊvərɪk'saɪtɪd] adj demasiado emocionado(a) *or* entusiasmado(a)

overexcitement [əʊvərɪk'saɪtmənt] n emoción *f* excesiva, entusiasmo *m* excesivo

overexpose [əʊvərɪks'pəʊz] vt PHOT sobreexponer

overexposure ['əʊvərɪk'spəʊʒə(r)] n [of film] sobreexposición *f* ▸ **to suffer from ~** [issue, public figure] = *aparecer demasiado en los medios de comunicación*

overextended [əʊvərɪk'stendɪd] adj FIN insolvente, con alto grado de pasivo

overfamiliar [əʊvəfə'mɪlɪə(r)] adj **1.** [too intimate, disrespectful] confianzudo(a) ▸ **to be ~ with sb** ser demasiado confianzudo(a) con alguien, tomarse demasiadas libertades con alguien **2.** [conversant] **I'm not ~ with the system** no estoy muy familiarizado con el sistema

overflow ■ n ['əʊvəfləʊ] [of population] exceso *m* de población ▸ **~ (pipe)** rebosadero *m*, desagüe *m*
■ vi [əʊvə'fləʊ] [river] desbordarse / [liquid, cup] rebosar ▸ **to ~ with joy** estar rebosante de felicidad

overfull [əʊvə'fʊl] adj repleto(a), saturado(a)

overground ■ adj ['əʊvəgraʊnd] de superficie ▸ **an ~ rail link** un enlace ferroviario de superficie
■ adv [əʊvə'graʊnd] por la superficie

overgrown [əʊvə'grəʊn] adj **~ with weeds** [garden] invadido(a) por las malas hierbas ▸ **he's like an ~ schoolboy** es como un niño grande

overhang ■ n ['əʊvəhæŋ] [of roof] alero *m*, voladizo *m* / [on mountain] saliente *m*
■ vt [əʊvə'hæŋ] (pt & pp **overhung** [əʊvə'hʌŋ]) [of balcony, rocks] colgar sobre

overhanging ['əʊvəhæŋɪŋ] adj [ledge, balcony] sobresaliente ▸ **we walked under the ~ branches** caminamos bajo las crecidas ramas de los árboles

overhaul ■ ['əʊvəhɔːl] n [of machine, policy] revisión *f*
■ vt [əʊvə'hɔːl] **1.** [machine, policy] revisar **2.** [overtake] adelantar

overhead ['əʊvəhed] ■ adj [cable] aéreo(a) ▸ **~ projector** retroproyector *m*, proyector *m* de transparencias
■ adv [əʊvə'hed] (por) arriba ▸ **a plane flew ~** un avión sobrevoló nuestras cabezas
■ n COM *US* ➤ ***overheads***

overheads ['əʊvəhedz] npl *BR* COM gastos *mpl* generales

overhear [əʊvə'hɪə(r)] (pt & pp **overheard** [əʊvə'hɜːd]) vt oír *or* escuchar casualmente

overheat [əʊvə'hiːt] vi [engine, economy] recalentarse

overheated [əʊvə'hiːtɪd] adj [engine, economy] recalentado(a) / *Fig* [argument, person] acalorado(a), agitado(a)

overindulge [əʊvərɪn'dʌldʒ] ■ vt [child] consentir ▸ **to ~ oneself** [drink, eat to excess] atiborrarse, empacharse
■ vi atiborrarse, empacharse

overindulgence [əʊvərɪn'dʌldʒəns] n **1.** [towards person] indulgencia *f* excesiva **2.** [in food and drink] exceso *m* ▸ **a lifetime of ~** una vida de excesos

overindulgent ['əʊvərɪn'dʌldʒənt] adj **1.** [towards person] demasiado indulgente **2.** [in food and drink] **an ~ weekend** un fin de semana de excesos

overjoyed [əʊvə'dʒɔɪd] adj contentísimo(a) ▸ **to be ~ at sth** estar contentísimo(a) con algo ▸ **he was ~ to hear that they were coming** le encantó saber que venían

overkill ['əʊvəkɪl] n **there's a danger of ~** se corre el peligro de caer en el exceso ▸ **media ~** [on TV, in newspapers] cobertura *f* informativa exagerada

overland ■ adv [əʊvə'lænd] por tierra
■ adj ['əʊvəlænd] terrestre

overlap ■ n ['əʊvəlæp] [of planks, tiles] superposición *f*, solapamiento *m* / [between two areas of work, knowledge] coincidencia *f*
■ vi [əʊvə'læp] (pt & pp **overlapped**) [planks, tiles] superponerse *or* solaparse (**with** con) / [categories, theories] tener puntos en común (**with** con) / [periods of time] coincidir (**with** con)

overleaf [əʊvə'liːf] adv al dorso ▸ **see ~** véase al dorso

overload ■ n ['əʊvələʊd] ELEC sobrecarga *f*
■ vt [əʊvə'ləʊd] [machine, person] sobrecargar

overlong [əʊvə'lɒŋ] adj demasiado largo(a)

overlook [əʊvə'lʊk] vt **1.** [look out over] dar a ▸ **the town is overlooked by the castle** el castillo domina la ciudad **2.** [fail to notice] pasar por alto, no darse cuenta de **3.** [disregard] pasar por alto, no tener en cuenta

overly ['əʊvəlɪ] adv excesivamente, demasiado ▸ **not ~** no excesivamente, no demasiado

overmanning [əʊvə'mænɪŋ] n IND exceso *m* de empleados

overmuch [əʊvə'mʌtʃ] adv en exceso

overnight ■ adv [əʊvə'naɪt] **1.** [during the night] durante la noche ▸ **to stay ~** quedarse a pasar la noche **2.** [suddenly] de la noche a la mañana, de un día para otro
■ adj ['əʊvənaɪt] **1.** [for one night] de una noche ▸ **~ bag** bolso *m* de viaje ▸ **~ train/flight** tren *m*/vuelo *m* nocturno ▸ **~ stay** *ESP, MÉX* estancia *f or AM* estadía *f* de una noche **2.** [sudden] repentino(a)

overoptimistic [əʊvərɒptɪ'mɪstɪk] adj demasiado optimista

overpaid [əʊvə'peɪd] adj **to be ~** ganar demasiado (dinero), estar demasiado bien pagado(a)

overpass ['əʊvəpɑːs] n *US* paso *m* elevado

overpayment [əʊvə'peɪmənt] n [of taxes, employee] pago *m* excesivo

overpopulation [əʊvəpɒpjʊ'leɪʃən] n superpoblación *f*

overpower [əʊvə'paʊə(r)] vt vencer, dominar

overpowering [əʊvə'paʊərɪŋ] adj [emotion, heat] tremendo(a), desmesurado(a) / [smell, taste] fortísimo(a), intensísimo(a) / [desire] irrefrenable, irreprimible

overpriced [əʊvə'praɪst] adj excesivamente caro(a)

overproduction [əʊvəprə'dʌkʃən] n ECON superproducción *f*

overqualified [əʊvə'kwɒlɪfaɪd] adj **to be ~ (for a job)** tener más títulos de los necesarios (para un trabajo)

overrate [əʊvə'reɪt] vt sobrevalorar

overrated [əʊvə'reɪtɪd] adj sobrevalorado(a)

overreach [əʊvə'riːtʃ] vt **to ~ oneself** extralimitarse

overreact [əʊvərɪ'ækt] vi reaccionar exageradamente

overreaction [əʊvərɪ'ækʃən] n reacción *f* exagerada *or* excesiva

override [əʊvə'raɪd] (pt **overrode** [əʊvə'rəʊd], pp **overridden** [əʊvə'rɪdən]) vt **1.** [objections, wishes, regulations] hacer caso omiso de **2.** [take precedence over] anteponerse a / TECH [controls] anular

overriding [əʊvə'raɪdɪŋ] adj primordial

overrule [əʊvə'ru:l] vt [opinion] desautorizar / LAW [decision] anular, invalidar ▸ **she was overruled by her boss** su jefe la desautorizó

overrun ■ n ['əʊvərʌn] COM **(cost) ~** costos *mpl or ESP* costes *mpl* superiores a los previstos

■ vt [əʊvə'rʌn] (pt **overran** [əʊvə'ræn], pp **overrun**) **1.** [country] invadir ▸ **the house was overrun with mice** los ratones habían invadido la casa **2.** [allotted time] rebasar, excederse de ▸ **to ~ a budget** salirse de un presupuesto

■ vi [exceed allotted time] alargarse más de la cuenta, rebasar el tiempo previsto

overseas ■ adj ['əʊvəsi:z] extranjero(a) / [trade, debt] exterior ▸ **~ possessions** territorios *mpl* de ultramar

■ adv [əʊvə'si:z] fuera del país

oversee [əʊvə'si:] (pt **oversaw** [əʊvə'sɔ:], pp **overseen** [əʊvə'si:n]) vt supervisar

overseer ['əʊvəsɪə(r)] n *Old-fashioned* supervisor(ora) *m,f*

oversensitive [əʊvə'sensɪtɪv] adj susceptible

oversexed [əʊvə'sekst] adj libidinoso(a), lujurioso(a)

overshadow [əʊvə'ʃædəʊ] vt [person, success] eclipsar / [occasion] deslucir

overshoe ['əʊvəʃu:] n chanclo *m*

overshoot [əʊvə'ʃu:t] (pt & pp **overshot** [əʊvə'ʃɒt]) vt pasar de largo, pasarse ▸ AV **to ~ the runway** salirse de la pista

oversight ['əʊvəsaɪt] n descuido *m*, omisión *f* ▸ **through** *or* **by an ~** por descuido

oversimplify [əʊvə'sɪmplɪfaɪ] vt simplificar en exceso

oversized ['əʊvəsaɪzd] adj enorme

oversleep [əʊvə'sli:p] (pt & pp **overslept** [əʊvə'slept]) vi quedarse dormido(a)

overspend [əʊvə'spend] (pt & pp **overspent** [əʊvə'spent]) ■ vt **to ~ one's budget** salirse del presupuesto

■ vi gastar de más ▸ **to ~ by £100** gastar cien libras de más

overspill ['əʊvəspɪl] n *esp BR* [of population] exceso *m* de población

overstaffing [əʊvə'stɑ:fɪŋ] n exceso *m* de personal

overstate [əʊvə'steɪt] vt exagerar

overstatement [əʊvə'steɪtmənt] n exageración *f*

overstay [əʊvə'steɪ] vt **to ~ one's welcome** abusar de la hospitalidad, quedarse más tiempo del apropiado

overstep [əʊvə'step] vt traspasar, saltarse ▸ *Fig* **to ~ the mark** [exceed one's powers] pasarse de la raya

oversubscribed [əʊvəsəb'skraɪbd] adj FIN **the share offer was (five times) ~** la demanda superó (en cinco veces) la oferta de venta de acciones

overt [əʊ'vɜ:t] adj claro(a), ostensible ▸ **do you have to be so ~ about it?** ¿tienes que mostrarlo tan a las claras?

overtake [əʊvə'teɪk] (pt **overtook** [əʊvə'tʊk], pp **overtaken** [əʊvə'teɪkən]) ■ vt [car] adelantar / [competitor in race] rebasar ▸ **they had been overtaken by events** se habían visto superados por los acontecimientos

■ vi *BR* [in car] adelantar

over-the-counter ['əʊvəðə'kaʊntə(r)] adj & adv [medicine] sin receta

overthrow ■ n ['əʊvəθrəʊ] derrocamiento *m*

■ vt [əʊvə'θrəʊ] (pt **overthrew** [əʊvə'θru:], pp **overthrown** [əʊvə'θrəʊn]) derrocar

overtime ['əʊvətaɪm] ■ n **1.** IND [work] horas *fpl* extraordinarias *or* extras ▸ **~ pay** horas *fpl* extra(s) **2.** [in basketball, American football] prórroga *f*

■ adv IND **to work ~** hacer horas extras ▸ *Fig* **your imagination is working ~** se te está disparando la imaginación

overtly [əʊ'vɜ:tlɪ] adv abiertamente, claramente

overtone ['əʊvətəʊn] n [of sadness, bitterness] tinte *m*, matiz *m*

overture ['əʊvətjʊə(r)] n MUS obertura *f* ▸ *Fig* **to make overtures to sb** hacer proposiciones a *or* tener contactos con alguien

overturn [əʊvə'tɜ:n] ■ vt [table, boat] volcar / [government] derribar / [bill] rechazar

■ vi volcar

overuse ■ n [əʊvə'ju:s] uso *m* excesivo, abuso *m*

■ vt [əʊvə'ju:z] abusar de

overvalue [əʊvə'vælju:] vt [currency, house] sobrevalorar / [person's abilities] sobreestimar

overview ['əʊvəvju:] n visión *f* general

overweight [əʊvə'weɪt] adj **to be ~** tener exceso de peso ▸ **to be 10 kilos ~** tener 10 kilos de más

overwhelm [əʊvə'welm] vt [enemy, opponent] arrollar ▸ **to be overwhelmed with joy** no caber en sí de alegría ▸ **overwhelmed by grief/with work** abrumado(a) por la pena/el trabajo

overwhelming [əʊvə'welmɪŋ] adj [need, desire] acuciante / [pressure] abrumador(ora) / [defeat, majority] aplastante

overwhelmingly [əʊvə'welmɪŋlɪ] adv **to vote ~ in favour of sth** aprobar algo por mayoría aplastante

overwork [əʊvə'wɜ:k] ■ n exceso *m* de trabajo

■ vt [person] hacer trabajar en exceso

■ vi trabajar en exceso

overwrite COMPTR ■ n ['əʊvəraɪt] **~ mode** función *f* de "sobreescribir"

■ vt [əʊvə'raɪt] sobreescribir

overwrought [əʊvə'rɔ:t] adj muy alterado(a), muy nervioso(a) ▸ **to get ~ (about sth)** alterarse mucho (por algo)

overzealous [əʊvə'zeləs] adj demasiado celoso(a)

ovulate ['ɒvjʊleɪt] vi BIOL ovular

ovulation [ɒvjʊ'leɪʃən] n BIOL ovulación *f*

ovum ['əʊvəm] (pl **ova** ['əʊvə]) n BIOL óvulo *m*

ow [aʊ] exclam ¡ay!

owe [əʊ] vt deber ▸ **to ~ sb sth, to ~ sth to sb** deber algo a alguien ▸ **to ~ sb an apology** deber disculpas a alguien ▸ **to ~ it to oneself to do sth** deber hacer algo, tener merecido hacer algo, *AM* ameritar hacer algo ▸ **I ~ my life to you** te debo la vida

owing ['əʊɪŋ] adj **the money ~ to me** el dinero que se me adeuda ▸ **~ to** [because of] debido a

owl [aʊl] n **(short-eared) ~** búho *m*, *CAM, MÉX* tecolote *m* ▸ **(barn) ~** lechuza *f*

own [əʊn] ■ adj propio(a) ▸ **her ~ money** su propio dinero ▸ **I saw it with my ~ eyes** lo vi con mis propios ojos ▸ **I do my ~ accounts** llevo mi propia contabilidad ▸ **in one's ~ right** por derecho propio ▸ **~ goal** [in soccer] autogol *m*, gol *m* en propia meta *or ESP* puerta *or AM* propio arco ▸ *Fig* **to score an ~ goal** meter la pata
■ pron **1.** [of possession] **my ~** el/la mío(a) ▸ **it's my ~** es mío(a) ▸ **I have money of my ~** tengo dinero propio *or AM* mío ▸ **a child of his ~** un hijo suyo ▸ **he made that expression/part his ~** hizo suya esa expresión/suyo ese papel ▸ **she has a copy of her ~** tiene un ejemplar para ella ▸ **for reasons of his ~** por razones privadas **2.** [idioms] **to do sth on one's ~** [without company] hacer algo solo(a) / [on one's own initiative] hacer algo por cuenta propia ▸ **I am (all) on my ~** estoy solo ▸ **you're on your ~!** [I won't support you] ¡conmigo no cuentes! ▸ **he has come into his ~ since being promoted** desde que lo ascendieron ha demostrado su verdadera valía *or* sus verdaderas posibilidades ▸ **to get one's ~ back (on sb)** vengarse (de alguien), tomarse la revancha (contra alguien) ▸ **he looks after his ~** [friends, relatives] cuida de los suyos ▸ **she managed to hold her ~** consiguió defenderse
■ vt **1.** [property] poseer ▸ **who owns this land?** ¿de quién es esta tierra?, ¿quién es el propietario de esta tierra? ▸ **he behaves as if he owned the place** se comporta como si fuera el dueño **2.** [admit] *Old-fashioned* **to ~ (that)...** reconocer que...

◆ ***own up*** vi [confess] **to ~ up (to sth)** confesar (algo)

own-brand ['əʊn'brænd] adj *BR* COM = *de la marca del supermercado que vende el producto*

owner ['əʊnə(r)] n dueño(a) *m,f*, propietario(a) *m,f* ▸ **cars parked here at owners' risk** [sign] estacionamiento *or ESP* aparcamiento permitido bajo responsabilidad del propietario

owner-occupier ['əʊnər'ɒkjʊpaɪə(r)] n *BR* propietario(a) *m,f* de la vivienda que habita

ownership ['əʊnəʃɪp] n propiedad *f* ▸ **under new ~** [sign] nuevos propietarios ▸ **to be in private/public ~** ser de propiedad privada/pública

own-label ['əʊn'leɪbəl] adj COM del establecimiento ▸ **~ product** producto *m* de marca blanca

ox [ɒks] (pl **oxen** ['ɒksən]) n buey *m*

Oxbridge ['ɒksbrɪdʒ] n = *las universidades de Oxford y Cambridge*

CULTURE / CULTURA

Oxbridge

Oxbridge designa conjuntamente las universidades de Oxford y Cambridge, las más antiguas y prestigiosas de Inglaterra. Aparte de éstas, hasta el s. XIX las universidades que había en las Islas Británicas se hallaban en Escocia y Dublín. Hoy en día Oxford tiene cuarenta colegios universitarios y Cambridge treinta y uno; este curioso sistema de agrupación de colegios universitarios las distingue de las demás universidades británicas. Hasta hace poco, un título de **Oxbridge** era prácticamente indispensable para quien aspirase a una posición prominente entre la clase dirigente. Incluso al día de hoy, aunque otras universidades se encuentran a la par o incluso superan a Oxford y Cambridge en determinadas áreas académicas, **Oxbridge** continúa conservando ese prestigio mitad académico mitad social. Aunque ambas han realizado notables esfuerzos para captar estudiantes provenientes de la enseñanza pública, la verdad es que hoy por hoy la mitad de sus estudiantes vienen del sector privado, el cual, a su vez, reúne únicamente al 10 por ciento de los escolares británicos.

oxide ['ɒksaɪd] n CHEM óxido *m*

oxidize ['ɒksɪdaɪz] CHEM ■ vt oxidar
■ vi oxidarse

oxtail ['ɒksteɪl] n rabo *m* de buey

oxyacetylene ['ɒksɪə'setɪliːn] n CHEM oxiacetileno *m* ▸ **~ torch** soplete *m* (oxiacetilénico)

oxygen ['ɒksɪdʒən] n CHEM oxígeno *m* ▸ **~ bottle** *or* **cylinder** bombona *f* de oxígeno ▸ **~ mask** mascarilla *f* de oxígeno

oxygenation [ɒksɪdʒə'neɪʃən] n CHEM & PHYSIOL oxigenación *f*

oxymoron [ɒksɪ'mɔːrɒn] n oxímoron *m*, = *figura del lenguaje consistente en yuxtaponer dos palabras aparentemente contradictorias*

oyster ['ɔɪstə(r)] n ostra *f* ▸ *Fig* **the world is your ~** el mundo es tuyo, te vas a comer el mundo ▸ **~ bed** criadero *m* de ostras

oystercatcher ['ɔɪstəkætʃə(r)] n [bird] ostrero *m*

Oz [ɒz] n *Fam* Australia

oz (abbr ***ounce(s)***) onza(s) *fpl*

ozone ['əʊzəʊn] n CHEM ozono *m* ▸ **~ layer** capa *f* de ozono

ozone-friendly ['əʊzəʊn'frendlɪ] adj no perjudicial para la capa de ozono

p

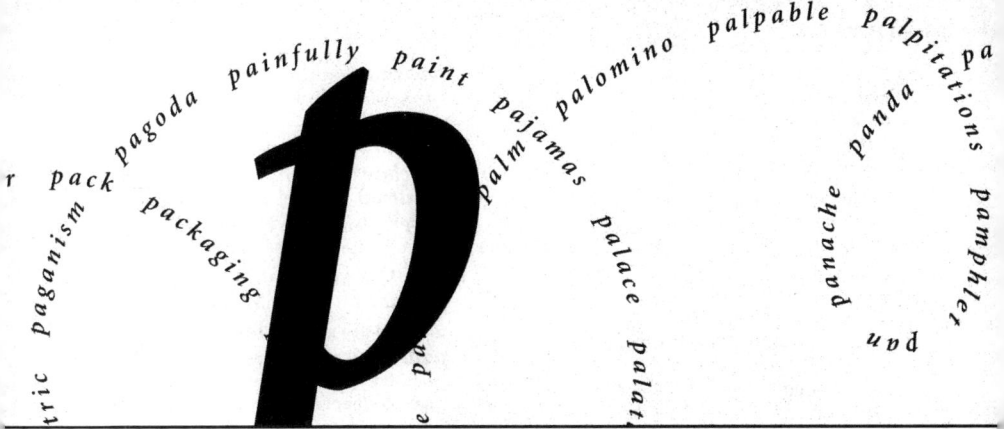

P, p [piː] n [letter] P, p *f* ▸ *Fam* **to mind one's P's and Q's** comportarse (con educación)

p [piː] n *BR* (abbr ***penny***) penique *m* / (abbr ***pence***) peniques *mpl*

PA ['piː'eɪ] n **1.** (abbr ***public address***) megafonía *f* ▸ **a message came over the PA (system)** dieron un mensaje por megafonía **2.** COM (abbr ***personal assistant***) secretario(a) *m,f* personal

pa [pɑː] n *US Fam* [dad] papá *m*

p.a. (abbr ***per annum***) anual, al año

PAC [piːeɪ'siː] n *US* POL (abbr ***Political Action Committee***) = *grupo de presión estadounidense para el apoyo de causas políticas*

pace [peɪs] ■ n **1.** [step] paso *m* ▸ *Fig* **to put sb through his paces** poner a alguien a prueba **2.** [speed] ritmo *m,* paso *m* ▸ **at a slow ~** lentamente ▸ **at a fast ~** rápidamente ▸ **to set the ~** marcar el paso, imponer el ritmo ▸ **to force the ~** forzar el ritmo ▸ **to keep ~ with sb** seguirle el ritmo a alguien
■ vt [room, street] caminar por ▸ **to ~ oneself** controlar el ritmo
■ vi caminar ▸ **to ~ up and down** caminar de un lado a otro

pacemaker ['peɪsmeɪkə(r)] n **1.** SPORT liebre *f* **2.** [for heart] marcapasos *m inv*

Pacific [pə'sɪfɪk] adj **the ~ (Ocean)** el (océano) Pacífico ▸ **the ~ Rim** = *los países que bordean el Pacífico, sobre todo los asiáticos* ▸ *US* **~ Standard Time** = *hora oficial de la costa del Pacífico en Estados Unidos*

pacifier ['pæsɪfaɪə(r)] n *US* [baby's dummy] chupete *m*

pacifism ['pæsɪfɪzəm] n pacifismo *m*

pacifist ['pæsɪfɪst] n & adj pacifista *mf*

pacify ['pæsɪfaɪ] vt [country] pacificar / [person] apaciguar

pack [pæk] ■ n **1.** [rucksack] mochila *f* ▸ **~ animal** bestia *f* de carga **2.** [small box] [of cigarettes] paquete *m* / *BR* [of playing cards] baraja *f* **3.** [group] [of thieves, photographers] pandilla *f* / [of runners, cyclists] pelotón *m* / [in rugby] delanteros *mpl* / [of wolves] manada *f* ▸ **a ~ of lies** una sarta de mentiras ▸ **~ ice** banco *m* de hielo
■ vt **1.** [put into box] empaquetar / [items for sale] envasar / [in cotton wool, newspaper] envolver ▸ **did you ~ my toothbrush?** ¿metiste mi cepillo de dientes (en la maleta)? **2.** [cram] [earth into hole] meter / [passengers into bus, train] apiñar ▸ **we were packed in like sardines** estábamos como sardinas en lata **3.** [fill] [hole, box] llenar (**with** de) ▸ **to ~ one's suitcase** hacer la maleta *or RP* valija ▸ *Fig* **to ~ one's bags** [leave] hacer las maletas *or RP* valijas **4. to ~ a punch** [fighter, drink] pegar duro
■ vi **1.** [prepare luggage] hacer el equipaje ▸ *Fam Fig* **to send sb packing** [send away] mandar a alguien a paseo **2.** [cram] **to ~ into a room** apiñarse en una habitación

◆ ***pack in*** *Fam* ■ vt [job, course] dejar ▸ **~ it in!** [stop complaining] ¡deja de protestar *or* de dar la murga!
■ vi *BR* [car, computer] estropearse, *ESP* escacharrarse, *MÉX* desconchinflarse

◆ ***pack off*** vt sep *Fam* [send] mandar

◆ ***pack up*** ■ vt sep [belongings] recoger
■ vi *BR* [before moving house] embalar, preparar la mudanza / [finish work] dejarlo, parar de trabajar

package ['pækɪdʒ] ■ n [parcel] paquete *m* / [pay deal, contract] paquete *m* ▸ COM **~ deal** acuerdo *m* global ▸ **~ holiday** paquete *m* turístico, viaje *m* organizado
■ vt [goods] envasar ▸ *Fig* **to ~ sb** [pop star, politician] vender a alguien

packaging ['pækɪdʒɪŋ] n [for transport, freight] embalaje *m* / [of product] envasado *m*

packed ['pækt] adj **1.** [crowded] abarrotado(a) **2. ~ lunch** comida *f* preparada de casa *(para excursión, trabajo, colegio)*

packer ['pækə(r)] n empaquetador(ora) *m,f,* embalador(ora) *m,f*

packet ['pækɪt] n **1.** [of tea, cigarettes] paquete *m* / [bag] bolsa *f* ▸ **~ soup** sopa *f* de sobre **2.** COMPTR paquete *m* ▸ **~ switching** conmutación *f* de paquetes

3. *Fam* [lot of money] **to make** *or* **earn a ~** ganar una millonada *or MÉX* un chorro de lana *or RP* una ponchada de guita ▸ **that'll cost a ~** costará un riñón

packhorse ['pækhɔːs] n caballo *m* de carga

packing ['pækɪŋ] n **1.** [packing material] embalaje *m* ▸ **~ case** cajón *m* **2.** [for holiday] **to do one's ~** hacer el equipaje

pact [pækt] n pacto *m* ▸ **to make a ~ with sb** hacer un pacto con alguien

pad [pæd] ■ n **1.** [for protection, of dog's feet] almohadilla *f* / [of cotton wool] tampón *m* / [for helicopters] plataforma *f* ▸ **(writing) pad** bloc *m* **2.** *Fam* [home] casa *f*, *ESP* queli *f*

■ vt (pt & pp **padded**) [stuff] acolchar *or* almohadillar (**with** con)

■ vi **to ~ about** caminar con suavidad

◆ ***pad out*** vt sep [speech, essay] rellenar

padded ['pædɪd] adj [door, wall] acolchado(a), almohadillado(a) ▸ **with ~ shoulders** con hombreras ▸ **~ cell** celda *f* acolchada

padding ['pædɪŋ] n [material] relleno *m* / [of cotton] guata *f* / *Fig* [in speech, essay] paja *f*, relleno *m*

paddle ['pædəl] ■ n **1.** [for canoe] canalete *m*, remo *m* / [of paddle boat] pala *f* ▸ **~ boat** barco *m* (de vapor) de ruedas **2.** *US* [for table tennis] pala *f* **3.** [walk in water] **to go for a ~** dar un paseo por el agua *or* la orilla

■ vt [canoe] remar en ▸ *Fig* **to ~ one's own canoe** arreglárselas solo(a)

■ vi **1.** [in canoe] remar **2.** [duck] nadar **3.** [walk in water] dar un paseo por el agua *or* la orilla

paddling pool ['pædlɪŋ'puːl] n [inflatable] piscina *f* hinchable, *MÉX* alberca *f or RP* pileta *f* inflable / [in park] piscina *f* para niños

paddock ['pædək] n [field] cercado *m*, potrero *m*

Paddy ['pædɪ] n *Fam* irlandés *m*

paddy ['pædɪ] n **~ (field)** arrozal *m*

padlock ['pædlɒk] ■ n candado *m*

■ vt cerrar con candado

padre ['pɑːdreɪ] n *Fam* [military chaplain] capellán *m*

paediatric, *US* ***pediatric*** [piːdɪ'ætrɪk] adj MED pediátrico(a)

paediatrician, *US* ***pediatrician*** [piːdɪə'trɪʃən] n MED pediatra *mf*

paediatrics, *US* ***pediatrics*** [piːdɪ'ætrɪks] n MED pediatría *f*

paedophile, *US* ***pedophile*** ['piːdəʊfaɪl] n pedófilo(a) *m,f*

paedophilia, *US* ***pedophilia*** [piːdə'fɪlɪə] n pederastia *f*

pagan ['peɪgən] n & adj pagano(a) *m,f*

paganism ['peɪgənɪzəm] n paganismo *m*

page[1] [peɪdʒ] n página *f* ▸ **on ~ 6** en la página 6 ▸ *Fig* **a glorious ~ in our history** una página gloriosa de nuestra historia

page[2] ■ n [servant, at wedding] paje *m*

■ vt [call] [by loudspeaker] avisar por megafonía / [by electronic device] llamar por el buscapersonas *or ESP* busca *or MÉX* localizador *or RP* radiomensaje

pageant ['pædʒənt] n [procession] desfile *m*, procesión *f* / [of historical events] representación *f* de escenas históricas

pageantry ['pædʒəntrɪ] n pompa *f*, esplendor *m*

pageboy ['peɪdʒbɔɪ] n [servant, at wedding] paje *m* ▸ **~ (haircut)** [hairstyle] corte *m* estilo paje

pager ['peɪdʒə(r)] n buscapersonas *m inv*, *ESP* busca *m*, *MÉX* localizador *m*, *RP* radiomensaje *m*

paginate ['pædʒɪneɪt] vt COMPTR paginar

pagination [pædʒɪ'neɪʃən] n COMPTR paginación *f*

pagoda [pə'gəʊdə] n pagoda *f*

paid [peɪd] ■ adj **1.** [person, work] remunerado(a) ▸ **~ holidays** vacaciones *fpl* pagadas **2. to put ~ to sb's chances/hopes** truncar las posibilidades/esperanzas de alguien

■ pt & pp *of* ***pay***

paid-up ['peɪdʌp] adj [member] con las cuentas al día

pail [peɪl] n [bucket] cubo *m*

pain [peɪn] ■ n **1.** [physical] dolor *m* / [mental] sufrimiento *m*, pena *f* ▸ **to cause sb ~** [physical] dolerle a alguien / [mental] afligir *or* hacer sufrir a alguien ▸ **to be in ~** estar sufriendo ▸ **I have a ~ in my leg** me duele una pierna **2.** [trouble] **to take pains to do sth, to be at great pains to do sth** tomarse muchas molestias para hacer algo ▸ **for my pains** por mi esfuerzo **3.** *Formal* **on ~ of death** so pena de muerte **4.** [idioms] *Fam* **he's a ~ (in the neck)** es un plomazo *or* pelmazo *or MÉX* sangrón ▸ *Vulg* **it's a ~ in the** *BR* **arse** *or US* **ass** es *ESP* un coñazo *or MÉX* una chingadera *or RP* un embole ▸ *Fam* **cooking can be a ~** a veces resulta una lata cocinar

■ vt afligir, hacer sufrir

pained [peɪnd] adj [look, expression] afligido(a), de pena

painful ['peɪnfʊl] adj [physically, mentally] doloroso(a) / [part of body] dolorido(a) ▸ **is it ~ here?** ¿te duele aquí? ▸ **it's ~ to watch them** resulta penoso mirarlos

painfully ['peɪnfʊlɪ] adv [walk, move] con dolor / *Fig* [extremely] tremendamente ▸ **she fell ~** tuvo una caída dolorosa

painkiller ['peɪnkɪlə(r)] n analgésico *m*

painless ['peɪnlɪs] adj [not painful] indoloro(a) / *Fig* [easy] fácil, muy llevadero(a)

painstaking ['peɪnzteɪkɪŋ] adj [person, research] meticuloso(a), concienzudo(a) / [care] esmerado(a)

paint [peɪnt] ■ n pintura *f* ▸ **wet ~** [sign] recién pintado ▸ **~ gun** pistola *f (para pintar)* ▸ **~ remover** decapante *m*

■ vt [picture, person, room] pintar ▸ *Fam* **to ~ one's face** [put on make-up] pintarse ▸ **to ~ one's nails** pintarse las uñas ▸ *Fig* **to ~ a favourable picture (of)** dar una visión favorable (de) ▸ *Fig* **to ~ the town red** irse de juerga

■ vi pintar

paintball ['peɪntbɔːl] n paintball *m* , juegos *mpl* de guerra con pintura

paintbox ['peɪntbɒks] n caja *f* de acuarelas

paintbrush ['peɪntbrʌʃ] n [of artist] pincel *m* / [of decorator] brocha *f*

painter ['peɪntə(r)] n [artist] pintor(ora) *m,f* / [decorator] pintor(ora) *m,f* (de brocha gorda)

painting ['peɪntɪŋ] n [picture] cuadro *m,* pintura *f* / [activity] pintura *f* ▸ ~ **and decorating** pintura y decoración

paintwork ['peɪntwɜːk] n [of car, room] pintura *f*

pair [peə(r)] ■ n [of shoes, gloves] par *m* / [of people, cards] pareja *f* ▸ **a ~ of glasses** unas gafas ▸ **a ~ of scissors** unas tijeras ▸ **a ~ of trousers** unos pantalones ■ vt [people, animals] emparejar (**with** con)

◆ ***pair off*** ■ vt sep [people] emparejar ■ vi [people] emparejarse

◆ ***pair up*** vi hacer pareja, emparejarse

pajamas *US* ➤ ***pyjamas***

Pakistan [pɑːkɪ'stɑːn] n Paquistán

Pakistani [pɑːkɪ'stɑːnɪ] n & adj paquistaní *mf*

PAL [pæl] n TV (abbr ***phase alternation line***) (sistema *m*) PAL *m*

pal [pæl] n *Fam* amiguete(a) *m,f, ESP* colega *mf* ▸ **look here, ~!** ¡mira, *ESP* tío *or AM* compadre!

palace ['pælɪs] n palacio *m*

palatable ['pælətəbəl] adj [food] apetitoso(a) / *Fig* [suggestion] aceptable

palate ['pælɪt] n [in mouth] paladar *m*

palatial [pə'leɪʃəl] adj suntuoso(a), señorial

palaver [pə'lɑːvə(r)] n *BR Fam* [fuss] lío *m, ESP* follón *m* ▸ **what a ~!** ¡vaya lío *or ESP* follón!

pale[1] [peɪl] ■ adj [skin] pálido(a) / [colour] claro(a) ▸ **to turn ~ (with fright)** palidecer (de miedo) ▸ *Fig* **a ~ imitation of sth** un pálido remedo de algo ▸ *BR* **~ ale** = *cerveza del tipo "bitter" pero más rubia* ■ vi [person] palidecer ▸ **to ~ into insignificance** reducirse hasta la insignificancia

pale[2] n [of fence] estaca *f* ▸ *Fig* **to be/go beyond the ~** pasarse de la raya

paleness ['peɪlnɪs] n palidez *f*

Palestine ['pælɪstaɪn] n Palestina

Palestinian [pælɪ'stɪnɪən] n & adj palestino(a) *m,f*

palette ['pælɪt] n ART paleta *f* ▸ **~ knife** espátula *f*

paling ['peɪlɪŋ] n [fence] cerca *f,* estacada *f*

palisade [pælɪ'seɪd] n [fence] empalizada *f*

pall[1] [pɔːl] n [of smoke] cortina *f,* manto *m*

pall[2] vi [become uninteresting] decaer

pallbearer ['pɔːlbeərə(r)] n portador(ora) *m,f* del féretro

pallet[1] ['pælɪt] n [bed] jergón *m*

pallet[2] n IND [wooden platform] palet *m,* palé *m*

palliative ['pælɪətɪv] n paliativo *m*

pallid ['pælɪd] adj pálido(a)

pallor ['pælə(r)] n lividez *f*

pally ['pælɪ] adj *Fam* **to be ~ with sb** comportarse amistosamente con alguien

palm[1] [pɑːm] n **~ (tree)** palmera *f* ▸ **~ (leaf)** palma *f* ▸ **Palm Sunday** Domingo *m* de Ramos

palm[2] n [of hand] palma *f* ▸ *Fig* **to have sb in the ~ of one's hand** tener a alguien en el bolsillo

◆ ***palm off*** vt sep **to ~ sth off onto sb** endilgar algo a alguien

palmistry ['pɑːmɪstrɪ] n quiromancia *f*

palmtop ['pɑːmtɒp] n COMPTR palmtop *m,* asistente *m* personal

palomino [pælə'miːnəʊ] (pl **palominos**) n [horse] = *caballo alazán de crin y cola blancas*

palpable ['pælpəbəl] adj palpable

palpate [pæl'peɪt] vt MED explorar

palpitate ['pælpɪteɪt] vi [heart] palpitar ▸ **to ~ with fear/excitement** estar estremecido(a) de miedo/ emoción

palpitations [pælpɪ'teɪʃənz] npl palpitaciones *fpl*

paltry ['pɔːltrɪ] adj miserable

pamper ['pæmpə(r)] vt [person] mimar, consentir ▸ **to ~ oneself** darse lujos

pamphlet ['pæmflɪt] n [informative] folleto *m* / [controversial] panfleto *m*

pan[1] [pæn] ■ n **1.** [for cooking] cacerola *f,* cazuela *f* / [frying pan] sartén *f* / [of scales] platillo *m* **2.** *BR* [of lavatory] taza *f* ▸ *Fam Fig* **to go down the ~** echarse a perder, irse al carajo *or ESP* al garete ■ vi (pt & pp **panned**) **to ~ for gold** extraer oro

pan[2] (pt & pp **panned**) vt *Fam* [criticize] vapulear, *ESP* poner por los suelos

◆ ***pan out*** vi *Fam* [turn out] salir ▸ **let's see how things ~ out** a ver cómo salen las cosas

panacea [pænə'sɪə] n panacea *f*

panache [pə'næʃ] n gracia *f,* garbo *m*

Pan-African [pæn'æfrɪkən] adj panafricano(a)

Panama ['pænəmɑː] n Panamá ▸ **the ~ Canal** el canal de Panamá ▸ **~ (hat)** (sombrero *m*) panamá *m*

Panamanian [pænə'meɪnɪən] n & adj panameño(a) *m,f*

Pan-American [pænə'merɪkən] adj panamericano(a)

pancake ['pænkeɪk] n crepe *f,* torta *f* ▸ **Pancake Day** *or* **Tuesday** Martes *m inv* de Carnaval

pancreas ['pæŋkrɪəs] n ANAT páncreas *m inv*

panda ['pændə] n (oso *m*) panda *m* ▸ *BR* **~ car** coche *m or AM* carro *m or CSUR* auto *m* patrulla

pandemic [pæn'demɪk] n MED pandemia *f*

pandemonium [pændɪ'məʊnɪəm] n **there was ~, ~ broke out** se armó un auténtico pandemónium ▸ **to cause ~** sembrar el caos

pander ['pændə(r)] vi **to ~ to sb** complacer a alguien ▸ **to ~ to sb's views** someterse a la opinión de alguien

pane [peɪn] n **~ (of glass)** hoja *f* de vidrio *or ESP* cristal

panel ['pænəl] n **1.** [on wall, of door] panel *m* / [of switches, lights] panel *m,* tablero *m* ▸ *BR* **~ beater** [in car industry] chapista *mf* **2.** [at interview, of experts] panel *m,* equipo *m* ▸ **~ discussion** debate *m,* mesa *f* redonda

panelling, *US* ***paneling*** ['pænəlɪŋ] n [on wall] paneles *mpl*

panellist, *US* ***panelist*** ['pænəlɪst] n [on radio, TV programme] participante *mf (en un debate)*

pan-fry ['pæn'fraɪ] vt freír a la sartén

pang [pæŋ] n [of hunger, jealousy] punzada *f*

panic ['pænɪk] ■ n pánico *m* ▸ **in a ~** aterrorizado(a) ▸ **to get into a ~ (over sth)** aterrorizarse (por algo) ▸ **the**

crowd was thrown into a ~ cundió el pánico entre la multitud ▸ **~ attack** ataque *m* de pánico ▸ **~ button** botón *m* de alarma ▸ FIN **~ buying/selling** compra *f*/ venta *f* provocada por el pánico ▸ *Fam* **it was ~ stations** cundió el pánico
■ vt (pt & pp **panicked**) aterrorizar ▸ **to ~ sb into doing sth** aterrorizar a alguien para que haga algo
■ vi aterrorizarse ▸ **don't ~!** ¡que no cunda el pánico!

panicky ['pænɪkɪ] adj *Fam* [reaction] de pánico ▸ **she got ~** le entró el pánico

panic-stricken ['pænɪkstrɪkən] adj aterrorizado(a) ▸ **to be ~** estar aterrorizado(a)

pannier ['pænɪə(r)] n [on animal, bicycle] alforja *f*

panoply ['pænəplɪ] n boato *m*

panorama [pænə'rɑːmə] n panorama *m*

panoramic [pænə'ræmɪk] adj panorámico(a)

panpipes ['pænpaɪps] npl MUS siringa *f*, flauta *f* de Pan

pansy ['pænzɪ] n **1.** [flower] pensamiento *m* **2.** *Fam* [effeminate man] mariposón *m*, mariquita *m*

pant[1] [pænt] vi jadear ▸ **to ~ for breath** resollar *(intentando recobrar el aliento)*

pant[2] adj *US* **~ leg** pernera *f*

pantheon ['pænθɪən] n *also Fig* panteón *m*

panther ['pænθə(r)] n pantera *f*

panties ['pæntɪz] npl *esp US ESP* bragas *fpl*, *CHILE, COL, MÉX* calzones *mpl*, *ECUAD* follones *mpl*, *RP* bombacha *f*

pantihose ➤ ***pantyhose***

pantomime ['pæntəmaɪm] n *BR* THEAT = *obra de teatro musical para niños basada en un cuento de hadas y representada en Navidad*

pantry ['pæntrɪ] n despensa *f*

pants [pænts] ■ npl **1.** *BR* [men's underwear] calzoncillos *mpl*, *CHILE* fundillos *mpl*, *COL* pantaloncillos *mpl*, *BOL, MÉX* calzones *mpl* / [women's underwear] *ESP* bragas *fpl*, *ANDES, MÉX, RP* calzones *mpl*, *ECUAD* follones *mpl*, *RP* bombacha *f* **2.** *US* [trousers] pantalones *mpl* ▸ *Fam* **to scare the ~ off sb** hacer que a alguien le entre el canguelo *or MÉX* mello
■ adj *BR Fam* [of poor quality] **to be ~** ser una porquería ▸ **he's a nice guy but as a teacher he's just ~** es un buen tipo pero como maestro no vale nada

panty ['pæntɪ] n **~ liner** protege-slips *m inv*, *RP, VEN* protector *m* diario

pantyhose, pantihose ['pæntɪhəʊz] n *US* medias *fpl*, pantis *mpl*

pap [pæp] n *Fam Pej* [nonsense] bobadas *fpl*

papa n **1.** [pə'pɑː] *BR Old-fashioned* papá *m* **2.** ['pɑːpə] *US* papá *m*, papi *m*

papacy ['peɪpəsɪ] n papado *m*

papal ['peɪpəl] adj papal

papaya [pə'paɪə], ***papaw*** ['pɔːpɔː] n [fruit] papaya *f* / [tree] papayo *m*

paper ['peɪpə(r)] ■ n **1.** [material] papel *m* ▸ **a piece of ~** un papel ▸ *Fig* **on ~** [in theory] sobre el papel ▸ **~ aeroplane** avión *m* de papel ▸ **~ bag** bolsa *f* de papel ▸ **~ cup** vaso *m* de papel ▸ COMPTR **~ feed** sistema *m* de alimentación de papel ▸ **~ mill** fábrica *f or AM* planta *f* de papel, papelera *f* ▸ **~ money** papel *m* moneda ▸ **~ towel** toallita *f* de papel ▸ COMPTR **~ tray** bandeja *f* del papel **2. papers** [documents] papeles *mpl*, documentación *f* **3.** [examination] examen *m* **4.** [scholarly study, report] estudio *m*, trabajo *m* ▸ **to read** *or* **give a ~** leer *or* presentar una ponencia **5.** [newspaper] periódico *m* ▸ **~ boy/girl** repartidor(ora) *m,f* de periódicos ▸ **to do a ~ round** hacer el reparto de periódicos a domicilio ▸ *BR* **~ shop** ≃ quiosco *m* de periódicos
■ vt [wall, room] empapelar

◆ ***paper over*** vt sep *Fig* **to ~ over the cracks** poner parches

paperback ['peɪpəbæk] n libro *m or* edición *f* en rústica

paperclip ['peɪpəklɪp] n clip *m*

paperknife ['peɪpənaɪf] n abrecartas *m inv*

paperless ['peɪpəlɪs] adj **the ~ office** la oficina completamente informatizada

paper-thin ['peɪpə'θɪn] adj muy fino(a)

paperweight ['peɪpəweɪt] n pisapapeles *m inv*

paperwork ['peɪpəwɜːk] n papeleo *m*

papery ['peɪpərɪ] adj apergaminado(a)

papier-mâché ['pæpjeɪ'mæʃeɪ] n cartón *m* piedra

paprika ['pæprɪkə] n pimentón *m*, paprika *f*

Papuan ['pæpjʊən] n & adj papú *mf*, papúa *mf*

Papua New Guinea ['pæpjʊə'njuː'gɪniː] n Papúa Nueva Guinea

papyrus [pə'paɪrəs] n papiro *m*

par [pɑː(r)] n **1.** [equality] **to be on a ~ with** estar al mismo nivel que **2.** [in golf] par *m* ▸ **a ~-three (hole)** un (hoyo de) par tres ▸ *Fig* **that's about ~ for the course** es lo que cabe esperar **3.** FIN **above ~** sobre la par ▸ **below ~** bajo par ▸ *Fig* **to feel below ~** no encontrarse muy allá

parable ['pærəbəl] n parábola *f*

parabola [pə'ræbələ] n parábola *f*

parabolic [pærə'bɒlɪk] adj parabólico(a)

paracetamol [pærə'siːtəmɒl] n paracetamol *m*

parachute ['pærəʃuːt] ■ n paracaídas *m inv* ▸ **~ jump** salto *m* en paracaídas
■ vt [person, supplies] lanzar en paracaídas
■ vi saltar en paracaídas

parachuting ['pærəʃuːtɪŋ] n paracaidismo *m* ▸ **to go ~** hacer paracaidismo

parachutist ['pærəʃuːtɪst] n paracaidista *mf*

parade [pə'reɪd] ■ n [procession] desfile *m* ▸ **on ~** [troops] pasando revista ▸ **a ~ of shops** una hilera de tiendas ▸ **~ ground** plaza *f* de armas
■ vt [troops] pasar revista a / [riches, knowledge] ostentar
■ vi [troops] desfilar ▸ **to ~ about** *or* **around** desfilar

paradigm ['pærədaɪm] n paradigma *m*

paradise ['pærədaɪs] n paraíso *m* ▸ **bird of ~** ave *f* del Paraíso

paradox ['pærədɒks] n paradoja *f*

paradoxical [pærə'dɒksɪkəl] adj paradójico(a)

paraffin ['pærəfɪn] n queroseno *m* ▸ **~ heater** estufa *f* de petróleo ▸ ~ **lamp** lámpara *f* de queroseno ▸ ~ **wax** parafina *f*

paragon ['pærəgən] n dechado *m* ▸ **a ~ of virtue** un dechado de virtudes

paragraph ['pærəgræf] n párrafo *m*

Paraguay ['pærəgwaɪ] n Paraguay

Paraguayan [pærə'gwaɪən] n & adj paraguayo(a) *m,f*

parakeet ['pærəkiːt] n periquito *m*

paralegal [pærə'liːgəl] n *US* ayudante *mf* de un abogado, *RP* procurador(ora) *m,f*

parallel ['pærəlel] ■ n MATH (línea *f*) paralela *f* / GEOG paralelo *m* / *Fig* [analogy] paralelismo *m* ▸ **to draw a ~ between two things** establecer un paralelismo entre dos cosas ▸ **without ~** sin parangón
■ adj paralelo(a) ▸ **to be** *or* **run ~ to sth** ser *or* ir paralelo(a) a algo ▸ ~ **bars** barras *fpl* paralelas ▸ COMPTR ~ **cable** cable *m* paralelo ▸ ELEC ~ **circuits** circuitos *mpl* en paralelo ▸ ~ **lines** líneas *fpl* paralelas / COMPTR ~ **port** puerto *m* paralelo ▸ COMPTR ~ **processing** procesado *m* en paralelo ▸ ~ **turn** [in skiing] giro *m* en paralelo
■ vt [be similar to] asemajarse a

parallelogram [pærə'leləgræm] n paralelogramo *m*

paralyse, *US* ***paralyze*** ['pærəlaɪz] vt paralizar ▸ **to be paralysed by fear** estar paralizado(a) por el miedo

paralysis [pə'ræləsɪs] n parálisis *f inv*

paralytic [pærə'lɪtɪk] adj MED paralítico(a) ▸ *BR Fam* **to be ~** [very drunk] estar como una cuba *or MÉX* hasta atrás

paralyze *US* ➤ ***paralyse***

paramedic [pærə'medɪk] n auxiliar *mf* sanitario(a)

parameter [pə'ræmɪtə(r)] n parámetro *m*

paramilitary [pærə'mɪlɪtrɪ] adj paramilitar

paramount ['pærəmaʊnt] adj primordial, vital ▸ **it is of ~ importance** es de capital *or* suma importancia

paranoia [pærə'nɔɪə] n paranoia *f*

paranoid ['pærənɔɪd] adj paranoico(a) (**about** por *or* con)

paranormal [pærə'nɔːməl] ■ n **the ~** lo paranormal
■ adj paranormal

parapet ['pærəpet] n parapeto *m*

paraphernalia [pærəfə'neɪlɪə] npl parafernalia *f*

paraphrase ['pærəfreɪz] ■ n paráfrasis *f inv*
■ vt parafrasear

paraplegic [pærə'pliːdʒɪk] n & adj parapléjico(a) *m,f*

parasailing ['pærəseɪlɪŋ] n = *especie de parapente con esquís acuáticos y a remolque de una lancha motora*

parascending ['pærəsendɪŋ] n parapente *m (a remolque de lancha motora)*

parasite ['pærəsaɪt] n *also Fig* parásito *m*

parasitic [pærə'sɪtɪk] adj *also Fig* parásito(a)

parasol ['pærəsɒl] n sombrilla *f*

paratrooper ['pærətruːpə(r)] n (soldado *m*) paracaidista *m*

parboil ['pɑːbɔɪl] vt cocer a medias, sancochar

parcel ['pɑːsəl] n [package] paquete *m* / [of land] parcela *f* ▸ ~ **bomb** paquete *m* bomba ▸ ~ **post** (servicio *m* de) paquete *m* postal *or ANDES, RP* encomienda *f*

◆ ***parcel out*** vt sep (pt & pp **parcelled,** *US* **parceled**) [land] parcelar / [money] dividir en lotes

◆ ***parcel up*** vt sep [wrap up] embalar, empaquetar

Parcheesi® [pɑː'tʃiːzɪ] n *US* ≃ parchís *m*

parchment ['pɑːtʃmənt] n pergamino *m* ▸ ~ **paper** papel *m* pergamino

pardon ['pɑːdən] ■ n [forgiveness] perdón *m* / LAW indulto *m* ▸ **(I beg your) ~?** [what did you say?] ¿cómo dice? ▸ **I beg your ~!** [in apology] ¡discúlpeme!
■ vt [action, person] perdonar, excusar / LAW indultar ▸ **~ me?** [what did you say?] ¿cómo dice? ▸ **~ me!** [in apology] ¡discúlpeme!

pardonable ['pɑːdənəbəl] adj [mistake, behaviour] perdonable, excusable

pare [peə(r)] vt [vegetable] pelar / [nails] cortar / [expenses] recortar

◆ ***pare down*** vt sep [expenses] recortar

parent ['peərənt] n [father] padre *m* / [mother] madre *f* ▸ **parents** padres *mpl* ▸ ~ **company** empresa *f* matriz ▸ **~-teacher association** = *asociación de padres de alumnos y profesores,* ≃ *APA f*

> CAREFUL! / ¡CUIDADO!
> ***parent***
>
> Although **padres** is the translation for *parents*, a woman would only ever refer to herself as a **madre** - so *as a parent* would have to be translated as **como madre.**

parentage ['peərəntɪdʒ] n origen *m,* familia *f*

parental [pə'rentəl] adj de los padres

parenthesis [pə'renθəsɪs] (pl **parentheses** [pə'renθəsiːz]) n paréntesis *m inv* ▸ **in parentheses** entre paréntesis

parenthood ['peərənthʊd] n [fatherhood] paternidad *f* / [motherhood] maternidad *f* ▸ **the joys of ~** las satisfacciones que trae tener hijos

parenting ['peərəntɪŋ] n ~ **skills** capacidad *f* para cuidar de los hijos

pariah [pə'raɪə] n paria *mf*

Paris ['pærɪs] n París

parish ['pærɪʃ] n parroquia *f,* feligresía *f* ▸ ~ **church** parroquia, iglesia *f* parroquial ▸ ~ **council** concejo *m*

parishioner [pə'rɪʃənə(r)] n feligrés(esa) *m,f,* parroquiano(a) *m,f*

Parisian [pə'rɪzɪən] n & adj parisino(a) *m,f*

parity ['pærɪtɪ] n paridad *f* ▸ **to achieve ~** [of pay, output] equipararse

park [pɑːk] ■ n parque *m* ▸ *BR* ~ **keeper** guarda *m,* guardesa *f*
■ vt estacionar, *ESP* aparcar ▸ *Fam* **to ~ oneself in front of the TV** apoltronarse *or AM* echarse enfrente de la televisión
■ vi estacionar, *ESP* aparcar, *AM* estacionarse, *AM salvo RP* parquearse

parka ['pɑːkə] n parka *f*

park-and-ride ['pɑːkən'raɪd] n = *sistema de estacionamientos en la periferia de una ciudad conectados con el centro por transporte público*

parking ['pɑːkɪŋ] n estacionamiento *m, ESP* aparcamiento *m, COL* parqueadero *m* ▸ **no ~** [sign] prohibido estacionar *or ESP* aparcar, estacionamiento prohibido ▸ **~ attendant** vigilante *mf* de estacionamiento *or ESP* aparcamiento ▸ **~ bay** área *f* de estacionamiento *or ESP* aparcamiento *(señalizada)* ▸ **~ lights** [on car] luces *fpl* de estacionamiento ▸ *US* **~ lot** *ESP* aparcamiento *m, RP* playa *f* de estacionamiento, *COL* parqueadero *m* ▸ **~ meter** parquímetro *m* ▸ **~ space** estacionamiento *m, ESP* aparcamiento *m*, sitio *m or* hueco *m* para estacionar ▸ **~ ticket** multa *f* de estacionamiento

Parkinson's disease ['pɑːkɪnsənzdɪ'ziːz] n (síndrome *m* de) Parkinson *m*

parkland ['pɑːklænd] n zonas *fpl* verdes, parque *m*

parkway ['pɑːkweɪ] n *US* bulevar *m*, avenida *f*

parlance ['pɑːləns] n **in scientific/political ~** en la jerga científica/política ▸ **in common ~** en el habla común

parley [pɑːlɪ] vi parlamentar (**with** con)

parliament ['pɑːləmənt] n **1.** [law-making body] parlamento *m* **2.** [period between elections] legislatura *f*

parliamentarian [pɑːləmen'teərɪən] n parlamentario(a) *m,f*

parliamentary [pɑːlə'mentərɪ] adj parlamentario(a) ▸ *BR* **Parliamentary privilege** inmunidad *f* parlamentaria

parlour, *US* ***parlor*** ['pɑːlə(r)] n [in house] salón *m* ▸ **beauty ~** salón *m* de belleza

Parmesan [pɑːmɪ'zæn] n **~ (cheese)** queso *m* parmesano

parochial [pə'rəʊkɪəl] adj REL parroquial / *Fig Pej* [narrow-minded] provinciano(a), corto(a) de miras

parochialism [pə'rəʊkɪəlɪzəm] n *Pej* [of mentality] provincialismo *m*, estrechez *f* de miras

parody ['pærədɪ] ■ n parodia *f* (**of** de)
■ vt parodiar

parole [pə'rəʊl] ■ n LAW libertad *f* bajo palabra ▸ **to be (out) on ~** estar en libertad bajo palabra ▸ **~ board** junta *f* de libertad condicional ▸ **~ officer** = *asistente social que supervisa a un preso en libertad bajo palabra y ante quien se presenta periódicamente*
■ vt LAW poner en libertad bajo palabra

paroxysm ['pærəksɪzəm] n [of anger, guilt, jealousy] arrebato *m*, ataque *m* ▸ **to be in paroxysms of laughter** tener un ataque de risa

parquet ['pɑːkeɪ] n **~ (floor)** (suelo *m* de) parqué *m*

parrot ['pærət] ■ n loro *m*
■ vt repetir como un loro

parrot-fashion ['pærətfæʃən] adv [repeat, learn] como un loro

parry ['pærɪ] vt [blow] parar, desviar / [question] esquivar, eludir

parse [pɑːz] vt **1.** GRAM [word] analizar gramaticalmente **2.** COMPTR & LING [sentence] analizar sintácticamente

parser ['pɑːzə(r)] n COMPTR analizador *m* sintáctico

parsimonious [pɑːsɪ'məʊnɪəs] adj [mean] tacaño(a), mísero(a)

parsley ['pɑːslɪ] n perejil *m*

parsnip ['pɑːsnɪp] n pastinaca *f*, chirivía *f*

parson ['pɑːsən] n párroco *m*

parsonage ['pɑːsənɪdʒ] n casa *f* parroquial

part [pɑːt] ■ n **1.** [portion, element] parte *f* / [of machine] pieza *f* ▸ **the parts of the body** las partes del cuerpo ▸ **parts of speech** categorías *fpl* gramaticales ▸ **(spare) parts** recambios *mpl*, piezas *fpl* de recambio, *AM* refacciones *fpl*, *COL, CUBA, RP* repuestos *mpl* ▸ **~ two** [of TV, radio series] segunda parte ▸ **in that ~ of the world** en esa parte del mundo ▸ **in these parts** por aquí ▸ **good in parts** bueno(a) a ratos ▸ **the worst ~ was when she started laughing** lo peor fue cuando empezó a reírse ▸ **the difficult ~ is remembering** lo difícil es acordarse ▸ **for the best** *or* **greater ~ of five years** durante casi cinco años ▸ **the greater ~ of the population** la mayor parte de la población ▸ **to be** *or* **form ~ of sth** ser *or* formar parte de algo ▸ **it's all ~ of growing up** forma parte del proceso de crecimiento ▸ **it is ~ and parcel of...** es parte integrante de... ▸ **in ~** en parte, parcialmente ▸ **for the most ~** en su mayor parte ▸ **in ~ exchange** como parte del pago ▸ **~ owner** copropietario(a) *m,f* **2.** [role] papel *m* ▸ THEAT **to play a ~** interpretar un papel ▸ **to take ~ (in sth)** participar *or* tomar parte (en algo) ▸ **to have** *or* **play a large ~ in sth** tener un papel importante en algo ▸ **I want no ~ of** *or* **in it** no quiero tener nada que ver con eso **3.** [side] **to take sb's ~** tomar partido por *or* ponerse de parte de alguien ▸ **on the ~ of...** por parte de... ▸ **for my ~** por mi parte **4.** *US* [in hair] raya *f*, *COL, MÉX, VEN* carrera *f*
■ adv **she's ~ Spanish** es medio española ▸ **it's ~ silk, ~ cotton** es de seda y algodón
■ vt [fighters, lovers] separar / [curtains] abrir, descorrer ▸ **to ~ one's hair** hacerse raya *or COL, MÉX, VEN* carrera (en el pelo) ▸ **to ~ company** separarse
■ vi [separate] separarse ▸ **to ~ (as) friends** quedar como amigos ▸ **to ~ with sth** desprenderse de algo

partake [pɑː'teɪk] (pt **partook** [pɑː'tʊk], pp **partaken** [pɑː'teɪkən]) vi *Formal* **1.** [drink] **to ~ of** tomar, ingerir **2.** [have quality] **to ~ of** participar de, tener parte de

partial ['pɑːʃəl] adj **1.** [incomplete, biased] parcial ▸ ASTRON **~ eclipse** eclipse *m* parcial **2.** [fond] **she is ~ to wine** le gusta el vino

partially ['pɑːʃəlɪ] adv [in part, with bias] parcialmente ▸ **~ sighted** con visión parcial

participant [pɑː'tɪsɪpənt] n & adj participante *mf*

participate [pɑː'tɪsɪpeɪt] vi participar (**in** en)

participation [pɑːtɪsɪ'peɪʃən] n participación *f* (**in** en)

participatory [pɑːtɪsɪ'peɪtərɪ] adj participativo(a)

participle ['pɑːtɪsɪpəl] n GRAM participio *m* ▸ **past ~** participio pasado *or* pasivo ▸ **present ~** participio de presente *or* activo

particle ['pɑːtɪkəl] n partícula *f* ▸ **~ accelerator** acelerador *m* de partículas ▸ **~ physics** física *f* de partículas

particular [pə'tɪkjʊlə(r)] ■ n **1.** detalle *m,* pormenor *m* ▸ **alike in every ~** iguales en todos los aspectos ▸ **to go into particulars** entrar en detalles ▸ **to take down sb's particulars** tomar los datos de alguien
■ adj **1.** [specific] particular, específico(a) ▸ **which ~ person did you have in mind?** ¿en quién pensabas en concreto? ▸ **for no ~ reason** por ninguna razón en particular *or* en especial **2.** [special] particular, especial ▸ **he is a ~ friend of mine** es un amigo mío muy querido ▸ **to take ~ care over sth** tener especial cuidado con algo **3.** [exacting] exigente ▸ **to be ~ about sth** ser exigente con algo ▸ **I'm not ~** me da lo mismo
◆ ***in particular*** adv [specifically] en particular ▸ **I didn't notice anything in ~** no noté nada de particular

particularly [pə'tɪkjʊləlɪ] adv [especially] particularmente, especialmente ▸ **not ~** no especialmente ▸ **it's cold here, ~ at night** aquí hace frío, sobre todo por la noche

parting ['pɑːtɪŋ] n **1.** [leave-taking] despedida *f,* partida *f* ▸ **they had come to the ~ of the ways** había llegado la hora de despedirse *or* el momento de la despedida ▸ **~ shot** = *comentario hiriente a modo de despedida* ▸ **~ words** palabras *fpl* de despedida **2.** *BR* [in hair] raya *f,* *COL, MÉX, VEN* carrera *f*

partisan [pɑːtɪ'zæn] ■ n [during 2nd World War] partisano(a) *m,f* / [supporter] partidario(a) *m,f* (**of** de)
■ adj [biased] parcial

partition [pɑː'tɪʃən] ■ n [in room] tabique *m*
■ vt [country] dividir
◆ ***partition off*** vt sep [room] dividir con un tabique *or* con tabiques

partly ['pɑːtlɪ] adv en parte, parcialmente

partner ['pɑːtnə(r)] ■ n [in company] socio(a) *m,f* / [in tennis] compañero(a) *m,f* / [in dancing] pareja *f* / [lover] compañero(a) *m,f,* pareja *f* ▸ **~ in crime** cómplice *mf*
■ vt [in games, in dancing] hacer pareja con

partnership ['pɑːtnəʃɪp] n asociación *f,* sociedad *f* ▸ **to enter** *or* **go into ~ (with sb)** formar sociedad *or* asociarse (con alguien)

partridge ['pɑːtrɪdʒ] n perdiz *f*

part-time [pɑːt'taɪm] adj & adv a tiempo parcial

part-timer [pɑːt'taɪmə(r)] n trabajador(ora) *m,f* a tiempo parcial

partway ['pɑːtweɪ] adv **I'm ~ through it** [book, task] voy por la mitad ▸ **this will go ~ towards covering the costs** esto sufragará parte de los gastos

party ['pɑːtɪ] ■ n **1.** [political] partido *m* ▸ **a ~ member, a member of the ~** un miembro del partido ▸ **to follow** *or* **toe the ~ line** seguir la línea del partido ▸ *BR* **~ political broadcast** espacio *m* televisivo/radiofónico asignado a un partido **2.** [celebration] fiesta *f* ▸ **to have** *or* **throw a ~** dar *or* celebrar una fiesta ▸ *Fig* **the party's over** se acabó la fiesta ▸ *Fam* **he's a ~ animal** le gustan *or* *ESP* van las fiestas ▸ *BR* **~ piece** numerito *m* habitual *(para entretener a la gente)* ▸ *Fam* **~ pooper** aguafiestas *mf inv* **3.** [group] grupo *m* ▸ TEL **~ line** línea *f* compartida, party-line *f* ▸ **~ wall** [in house] pared *f* medianera **4.** LAW [participant] parte *f* ▸ **I would never be ~ to such a thing** nunca tomaría parte en algo semejante
■ vi *Fam* [celebrate] estar de marcha

partygoer ['pɑːtɪgəʊə(r)] n **the streets were full of partygoers** las calles estaban llenas de gente que acudía a fiestas

PASCAL ['pæskæl] n COMPTR PASCAL *m*

pass[1] [pɑːs] n [over mountains] paso *m,* desfiladero *m*

pass[2] ■ n **1.** [permit] pase *m* ▸ **rail/bus ~** abono *m* de tren/autobús **2.** [in examination] **to obtain** *or* **get a ~** aprobar ▸ *BR* **~ mark** nota *f* mínima para aprobar **3.** [in sport] pase *m* **4. the aircraft made two low passes over the village** el avión pasó dos veces sobre el pueblo a baja altura ▸ *Fam* **to make a ~ at sb** tirar los tejos a alguien
■ vt **1.** [go past] [person] pasar junto a / [destination] pasarse, saltarse / [frontier] pasar / [car, runner] pasar, adelantar ▸ **I often ~ him in the street** me cruzo con él a menudo en la calle **2.** [exam, candidate, bill] aprobar **3.** [give] & SPORT pasar ▸ **~ me the salt, please** ¿me pasas la sal? **4. to ~ the time** [person] pasar el tiempo ▸ **it passes the time** sirve para matar el tiempo **5.** LAW **to ~ sentence** dictar sentencia ▸ **to ~ judgement on sb** juzgar a alguien **6. to ~ water** orinar ▸ **to ~ wind** ventosear, expulsar ventosidades
■ vi **1.** [go past] pasar / [overtake] adelantar, pasar ▸ **to let sb ~, to allow sb to ~** dejar pasar a alguien ▸ **to ~ from one person to another** pasar de una persona a otra ▸ **to ~ unobserved** pasar desapercibido(a) ▸ **let it ~!** ¡no hagas caso! ▸ **~!** [when answering question] ¡paso! ▸ **I think I'll ~ on the potatoes** no voy a tomar patatas **2.** [time] pasar, transcurrir **3.** [go away] pasar **4.** *Literary* [take place] **it came to ~ that...** aconteció que... **5.** [in exam] aprobar
◆ ***pass away*** vi *Euph* fallecer
◆ ***pass down*** vt sep [knowledge, tradition] pasar, transmitir
◆ ***pass for*** vt insep pasar por
◆ ***pass off*** ■ vt sep **to ~ sth off as sth** hacer pasar algo por algo ▸ **to ~ oneself off as** hacerse pasar por ▸ **he tried to ~ it off as a joke** intentó hacer ver que había sido una broma
■ vi **everything passed off well** todo fue bien
◆ ***pass on*** ■ vt sep [object] pasar, hacer circular / [news, information] pasar, transmitir / [disease] contagiar
■ vi *Euph* fallecer
◆ ***pass out*** vi **1.** [faint] desvanecerse, desmayarse **2.** [military cadet] graduarse
◆ ***pass over*** vt sep **to ~ sb over (for promotion)** olvidar a alguien (para el ascenso)
◆ ***pass through*** ■ vt insep [city, area] pasar por
■ vi **I was just passing through** pasaba por aquí
◆ ***pass up*** vt sep [opportunity] dejar pasar

passable ['pɑːsəbəl] adj **1.** [of acceptable quality] pasable, aceptable **2.** [road, bridge] practicable, transitable

passage ['pæsɪdʒ] n **1.** [journey] viaje *m,* travesía *f* ▸ **the ~ of time** el paso del tiempo ▸ **to work one's ~** [on ship] = *costearse el pasaje trabajando durante la travesía* **2.** [corridor] corredor *m,* pasillo *m* / [alley]

pasaje *m,* callejón *m* **3.** [from book, piece of music] pasaje *m*

passageway ['pæsɪdʒweɪ] n [corridor] corredor *m,* pasillo *m* / [alley] pasaje *m,* callejón *m*

passé [pɑː'seɪ] adj pasado(a) de moda

passenger ['pæsəndʒə(r)] n pasajero(a) *m,f* ▸ **~ seat** asiento *m* del copiloto

passer-by ['pɑːsə'baɪ] (pl **passers-by** ['pɑːsəz'baɪ]) n viandante *mf*

passing ['pɑːsɪŋ] ■ n **1.** [going past] paso *m* ▸ **in ~** de pasada ▸ **~ place** [on road] apartadero *m (en la carretera)* **2.** [of time] paso *m,* transcurso *m* **3.** [death] fallecimiento *m*

■ adj [car] que pasa / [remark] de pasada / [whim, fancy] pasajero(a)

passion ['pæʃən] n [emotion, desire] pasión *f* / [anger, vehemence] ira *f* ▸ **to have a ~ for sth** sentir pasión por algo ▸ **in a fit of ~** [anger] en un arrebato de ira ▸ **she hates him with a ~** lo odia con toda su alma ▸ LAW **crime of ~** crimen *m* pasional ▸ REL **the Passion (of Christ)** la Pasión (de Cristo) ▸ **~ fruit** granadilla *f,* fruta *f* de la pasión

passionate ['pæʃənɪt] adj [lover, embrace] apasionado(a) / [speech, advocate] vehemente, apasionado(a)

passive ['pæsɪv] ■ n GRAM (voz *f*) pasiva *f*

■ adj pasivo(a) ▸ **~ resistance** resistencia *f* pasiva ▸ **~ smoking** el fumar pasivamente

passive-aggressive ['pæsɪvə'gresɪv] adj pasivo(a)-agresivo(a)

passively ['pæsɪvlɪ] adv pasivamente

passkey ['pɑːskiː] n llave *f* maestra

Passover ['pɑːsəʊvə(r)] n REL Pascua *f* judía

passport ['pɑːspɔːt] n pasaporte *m*

pass-the-parcel ['pɑːsðə'pɑːsəl] n BR = *juego infantil en el que, al son de la música, los participantes se pasan un paquete que van desenvolviendo paulatinamente hasta descubrir el regalo que contiene*

password ['pɑːswɜːd] n MIL & COMPTR contraseña *f*

past [pɑːst] ■ n pasado *m* ▸ **in the ~** en el pasado / GRAM en pasado ▸ **it is a thing of the ~** es (una) cosa del pasado ▸ **to live in the ~** vivir en el pasado

■ adj pasado(a) ▸ **those days are ~** esos días han pasado ▸ **in times ~** en otros tiempos, en tiempos pasados ▸ **to be a ~ master at sth** ser un/una maestro(a) consumado(a) en algo ▸ **the ~ week** la última semana ▸ GRAM **~ participle** participio *m* pasado *or* pasivo ▸ **~ perfect** pasado pluscuamperfecto

■ prep [beyond] **a little ~ the bridge** poco después del puente, justo pasado el puente ▸ **to walk ~ the house** pasar por delante de la casa ▸ **it is ~ four (o'clock)** son más de las cuatro ▸ **half ~ four** las cuatro y media ▸ **a quarter ~ four** las cuatro y cuarto ▸ **twenty ~ four** las cuatro y veinte ▸ **I'm ~ caring** ya me trae sin cuidado ▸ *Fam* **to be ~ it** estar para el arrastre ▸ *Fam* **I wouldn't put it ~ her** ella es muy capaz (de hacerlo)

■ adv **to walk** *or* **go ~** pasar (caminando) ▸ **to run ~** pasar corriendo

pasta ['pæstə] n pasta *f*

paste [peɪst] ■ n **1.** [smooth substance] pasta *f,* crema *f* **2.** BR [sandwich spread] **fish/meat ~** = *paté barato de pescado/carne* **3.** [glue] [for paper] pegamento *m* / [for wallpaper] engrudo *m,* cola *f*

■ vt [glue] pegar

pastel ['pæstəl] ■ n [crayon] pastel *m* / [drawing] dibujo *m* al pastel

■ adj pastel

pasteurization [pɑːstjəraɪ'zeɪʃən] n pasteurización *f*

pasteurize ['pæstəraɪz] vt pasteurizar ▸ **pasteurized milk** leche *f* pasteurizada

pastiche [pæ'stiːʃ] n pastiche *m*

pastille ['pæstɪl] n pastilla *f*

pastime ['pɑːstaɪm] n pasatiempo *m,* afición *f*

pasting ['peɪstɪŋ] n *Fam* [beating] paliza *f,* tunda *f* ▸ **to give sb a ~** dar una paliza a alguien

pastor ['pɑːstə(r)] n REL pastor *m*

pastoral ['pɑːstərəl] adj **1.** [rural] pastoril, pastoral **2.** [work, activities] pastoral ▸ **~ care** tutoría *f* y orientación *f* individual

pastry ['peɪstrɪ] n [dough] masa *f* / [cake] pastel *m,* COL, CSUR torta *f* ▸ **~ cook** pastelero(a) *m,f*

pasture ['pɑːstʃə(r)] n pasto *m* ▸ *Fig* **to put sb out to ~** jubilar a alguien ▸ *Fig* **to move on to pastures new** ir en busca de nuevos horizontes

pasty ['peɪstɪ] adj [face, complexion] pálido(a), descolorido(a) ▸ **~-faced** pálido(a)

pat [pæt] ■ n **1.** [tap] palmadita *f* ▸ *Fig* **to give sb a ~ on the back** felicitar a alguien **2.** [of butter] porción *f*

■ adj [answer, explanation] fácil, rápido(a)

■ adv **to know** *or* **have sth off ~** saber algo de memoria ▸ **his answer came ~** respondió sin vacilar

■ vt (pt & pp **patted**) [tap] **to ~ sb on the head** dar palmaditas a alguien en la cabeza ▸ *Fig* **to ~ sb on the back** dar a alguien unas palmaditas en la espalda

Patagonia [pætə'geʊnɪə] n la Patagonia

patch [pætʃ] ■ n **1.** [of cloth] remiendo *m* ▸ **(eye) ~** parche *m* (en el ojo) ▸ *Fam* **his last novel isn't a ~ on the others** su última novela no le llega ni a la suela de los zapatos a las anteriores **2.** [of colour, light] mancha *f* ▸ **a ~ of blue sky** un claro ▸ BR *Fam* **to be going through a bad** *or* **rough ~** estar pasando por un bache **3.** [of land] parcela *f,* terreno *m* **4.** BR [of prostitute, salesperson] zona *f* ▸ *Fam* **keep off my ~!** ¡fuera de mi territorio!

■ vt [hole, garment] remendar, poner un parche en

◆ ***patch up*** vt sep *Fam* [wounded person] hacer una cura *or* MÉX, RP curación de urgencia a / [marriage, friendship] arreglar ▸ **we've patched things up** [after quarrel] hemos hecho las paces

patchwork ['pætʃwɜːk] n [in sewing] labor *f* de retazo, patchwork *m* / [of ideas, policies] mosaico *m* ▸ **~ quilt** edredón *m* de retazos *or* de patchwork

patchy ['pætʃɪ] adj [novel, economic recovery] desigual

pâté ['pæteɪ] n paté *m*

patent ['pætənt, BR 'peɪtənt] ■ n patente *f* ▸ **to take out a ~ on sth** patentar algo ▸ COM **~ applied for, ~ pending** patente solicitada, en espera de patente

■ adj **1.** [patented] patentado(a) ▸ **~ leather** charol *m* ▸

~ **medicine** específico *m*, especialidad *f* farmacéutica **2.** [evident] patente, evidente
■ vt patentar

patently [*BR* 'peɪtəntlɪ, *US* 'pætəntlɪ] adv evidentemente, patentemente

paternal [pə'tɜːnəl] adj [feelings] paternal / [duty, responsibilities] paterno(a)

paternally [pə'tɜːnəlɪ] adv paternalmente

paternity [pə'tɜːnɪtɪ] n paternidad *f* ▸ LAW ~ **suit** juicio *m* para determinar la paternidad ▸ ~ **test** prueba *f* de (la) paternidad

path [pɑːθ] n [route] camino *m*, sendero *m* / [of rocket, planet, bird] trayectoria *f* / [of inquiry, to success] vía *f*, camino *m* ▸ **he killed everyone in his** ~ mató a todo el que encontró a su paso ▸ **their paths had crossed before** sus caminos ya se habían cruzado antes

pathetic [pə'θetɪk] adj [feeble] penoso(a) / [touching] patético(a), conmovedor(ora)

pathetically [pə'θetɪklɪ] adv [feebly] penosamente, lastimosamente / [touchingly] patéticamente, conmovedoramente ▸ ~ **bad** penoso(a)

pathological [pæθə'lɒdʒɪkəl] adj patológico(a)

pathologist [pə'θɒlədʒɪst] n [forensic scientist] forense *mf*, médico(a) *m,f* forense

pathology [pə'θɒlədʒɪ] n patología *f*

pathos ['peɪθɒs] n patetismo *m*

pathway ['pɑːθweɪ] n camino *m*

patience ['peɪʃəns] n **1.** [quality] paciencia *f* ▸ **to try** *or* **tax sb's** ~ poner a prueba la paciencia de alguien ▸ **to exhaust sb's** ~ acabar con *or* agotar la paciencia de alguien ▸ **to lose one's** ~ **(with sb)** perder la paciencia (con alguien) ▸ **I've no** ~ **with him** me exaspera **2.** *BR* [cardgame] solitario *m* ▸ **to play** ~ hacer un solitario

patient ['peɪʃənt] ■ n paciente *mf*
■ adj paciente ▸ **to be** ~ **with sb** ser paciente con alguien, tener paciencia con alguien

patiently ['peɪʃəntlɪ] adv pacientemente

patio ['pætɪəʊ] (pl **patios**) n = *área pavimentada contigua a una casa, utilizada para solazarse o comer al aire libre*

patriarch ['peɪtrɪɑːk] n patriarca *m*

patriarchal [peɪtrɪ'ɑːkəl] adj patriarcal

patriarchy ['peɪtrɪɑːkɪ] n patriarcado *m*

patrician [pə'trɪʃən] ■ n patricio *m*
■ adj **1.** [upper-class] patricio(a) **2.** [haughty] altanero(a)

patrimony ['pætrɪmənɪ] n patrimonio *m*

patriot ['pætrɪət, 'peɪtrɪət] n patriota *mf*

patriotic [pætrɪ'ɒtɪk, peɪtrɪ'ɒtɪk] adj patriótico(a)

patriotically [pætrɪ'ɒtɪklɪ, peɪtrɪ'ɒtɪklɪ] adv patrióticamente

patriotism ['pætrɪətɪzəm, 'peɪtrɪətɪzəm] n patriotismo *m*

patrol [pə'trəʊl] ■ n patrulla *f* ▸ **to be on** ~ patrullar ▸ ~ **car** coche *m or AM* carro *m or CSUR* auto *m* patrulla
■ vt (pt & pp **patrolled**) [area, border] patrullar
■ vi patrullar ▸ **to** ~ **up and down** ir y venir

patrolman [pə'trəʊlmæn] n *US* patrullero *m*, policía *m*

patron ['peɪtrən] n **1.** [of artist] mecenas *mf inv* / [of charity] patrocinador(ora) *m,f* ▸ ~ **saint** patrón(ona) *m,f*, santo(a) *m,f* patrón(ona) **2.** [of shop] cliente(a) *m,f*

patronage ['pætrənɪdʒ] n **1.** [of arts] mecenazgo *m* / [of charity] patrocinio *m* ▸ **under the** ~ **of...** bajo *or* con el patrocinio de... **2.** *Pej* clientelismo *m* ▸ **political** ~ clientelismo político

patronize ['pætrənaɪz] vt **1.** [artist] patrocinar / [shop, restaurant] frecuentar **2.** [treat condescendingly] tratar con condescendencia *or* paternalismo

patronizing ['pætrənaɪzɪŋ] adj condescendiente, paternalista

patronizingly ['pætrənaɪzɪŋlɪ] adv con condescendencia

patter[1] ['pætə(r)] ■ n [of footsteps] correteo *m* / [of rain] repiqueteo *m*
■ vi [rain] repiquetear, tamborilear ▸ **he pattered along the corridor** pasó correteando por el pasillo

patter[2] n *Fam* [talk] labia *f*

pattern ['pætən] ■ n **1.** [design] dibujo *m* / [on dress, cloth] estampado *m*, dibujo *m* ▸ ~ **book** muestrario *m* **2.** [of events] evolución *f* / [of behaviour] pauta *f* ▸ **the evening followed the usual** ~ la noche transcurrió como de costumbre **3.** [in sewing, knitting] patrón *m* **4.** [norm] pauta *f*, norma *f* ▸ **to set a** ~ marcar la pauta
■ vt [model] **to** ~ **sth on sth** imitar algo tomando algo como modelo

patterned ['pætənd] adj estampado(a)

paunch [pɔːntʃ] n barriga *f*, panza *f*, *CHILE* guata *f* ▸ **to have a** ~ tener barriga

pauper ['pɔːpə(r)] n indigente *mf* ▸ **pauper's grave** fosa *f* común

pause [pɔːz] ■ n [in music, conversation] pausa *f* / [rest] pausa *f*, descanso *m*
■ vi [when working] parar, descansar / [when speaking] hacer una pausa ▸ **to** ~ **for breath** hacer una pausa *or* detenerse para tomar aliento

pave [peɪv] vt [road] pavimentar ▸ *Fig* **to** ~ **the way for sth/sb** preparar el terreno para algo/alguien

pavement ['peɪvmənt] n **1.** *BR* [beside road] acera *f*, *CSUR* vereda *f*, *CAM, MÉX* banqueta *f* ▸ ~ **artist** = *dibujante que pinta con tiza sobre la acera* ▸ ~ **cafe** café *m* con terraza **2.** *US* [roadway] calzada *f*

pavilion [pə'vɪlɪən] n pabellón *m*

paving ['peɪvɪŋ] n [surface] pavimento *m* ▸ ~ **stone** losa *f*

paw [pɔː] ■ n [of cat, lion, bear] garra *f*, pata *f* / [of dog] pata *f* ▸ *Fam* **paws off!** ¡no se toca!
■ vt [of animal] tocar con la pata ▸ **to** ~ **the ground** piafar

pawn[1] [pɔːn] ■ n **to put sth in** ~ empeñar algo ▸ ~ **ticket** resguardo *m* de la casa de empeños
■ vt empeñar

pawn[2] n [chesspiece] peón *m* / *Fig* títere *m*

pawnbroker ['pɔːnbrəʊkə(r)] n prestamista *mf (de casa de empeños)*

pawnshop ['pɔːnʃɒp] n casa *f* de empeños

pawpaw ➤ ***papaya***

pay [peɪ] ■ n sueldo *m,* paga *f* ▸ **the pay's good/bad** el sueldo es bueno/malo ▸ **to be in sb's ~** estar a sueldo de alguien ▸ **~** *BR* **cheque** *or US* **check** cheque *m* del sueldo ▸ *BR* **~ packet** sobre *m* de la paga ▸ **~ phone** teléfono *m* de monedas ▸ **~ rise** aumento *m* de sueldo ▸ **~ slip** nómina *f (documento)* ▸ **~ talks** negociación *f* salarial
■ vt (pt & pp **paid** [peɪd]) **1.** [person, money, bill] pagar ▸ **I paid £5 for it** me costó 5 libras ▸ **to be well/badly paid** estar bien/mal pagado(a) ▸ **I wouldn't do it if you paid me** no lo haría ni aunque me pagaras ▸ **he insisted on paying his way** se empeñó en pagarlo de su propio dinero *or* costeárselo él mismo ▸ **to ~ cash** pagar en efectivo ▸ **to ~ money into sb's account** *ESP* ingresar *or AM* depositar dinero en la cuenta de alguien **2.** [give] **to ~ attention** prestar atención ▸ **to ~ sb a compliment** hacerle un cumplido a alguien ▸ **to ~ sb a visit** hacer una visita a alguien ▸ **to ~ homage to sb** rendir homenaje a alguien ▸ **she paid her respects to the President** presentó sus respetos al presidente **3.** [profit] **it will ~ you to do it** te conviene hacerlo
■ vi **1.** [give payment] pagar ▸ **to ~ for sth** pagar algo ▸ **to ~ through the nose** pagar un ojo de la cara *or ESP* un riñón ▸ **who's paying?** ¿quién paga? ▸ **to ~ by cheque** pagar con un cheque **2.** [be profitable] **it wouldn't ~** no sería rentable, no merecería la pena ▸ **it pays to be honest** conviene ser honrado

◆ ***pay back*** vt sep [person] devolver el dinero a / [money] devolver / [loan] amortizar ▸ *Fig* **I'll ~ you back for this!** [take revenge] ¡me las pagarás por esto!

◆ ***pay in*** vt [cheque, money] *ESP* ingresar, *AM* depositar

◆ ***pay off*** ■ vt sep **1.** [debt] saldar, liquidar / [mortgage] amortizar, redimir ▸ *Fam* **to ~ sb off** [bribe] sobornar *or* untar a alguien, *MÉX* dar una mordida a alguien, *RP* coimear a alguien **2.** [worker] hacer el finiquito a
■ vi [efforts] dar fruto

◆ ***pay out*** ■ vt sep **1.** [money] gastar **2.** (pt **payed**) [rope] soltar poco a poco
■ vi pagar

◆ ***pay up*** vi pagar

payable ['peɪəbəl] adj pagadero(a) ▸ **to make a cheque ~ to sb** extender un cheque a favor de alguien

pay-and-display ['peɪəndɪs'pleɪ] adj *BR* **~ car park** estacionamiento *m or ESP* aparcamiento *m* de pago *(en el que hay que colocar el justificante de pago en la ventanilla)*

pay-as-you-earn [peɪæzjuː'ɜːn] n retención *f* del impuesto sobre la renta

pay-as-you-go ['peɪəzjʊ'gəʊ] n [with mobile phone] prepago *m*

payback ['peɪbæk] n **1.** FIN recuperación *f,* reembolso *m* ▸ **~ period** periodo *m* de amortización *or* reembolso **2.** *US Fam* [revenge] venganza *f,* revancha *f*

payday ['peɪdeɪ] n día *m* de pago

PAYE [piːeɪwaɪ'iː] n *BR* (abbr ***pay-as-you-earn***) retención *f* del impuesto sobre la renta

payee [peɪ'iː] n beneficiario(a) *m,f*

paying ['peɪɪŋ] adj **~ guest** huésped(eda) *m,f* de pago

paying-in ['peɪɪŋ'ɪn] adj *BR* **~ slip** talón *m* de pago, *RP* boleta *f* de depósito

payload ['peɪləʊd] n [of vehicle, spacecraft] carga *f* útil / [of missile] carga *f* explosiva

paymaster ['peɪmɑːstə(r)] n oficial *m* pagador ▸ **the terrorists' ~** la mano negra que financia a los terroristas

payment ['peɪmənt] n [act of paying, amount paid] pago *m* ▸ **to make a ~** efectuar un pago ▸ **to stop ~ on a cheque** revocar un cheque ▸ **non ~** impago *m* ▸ **on ~ of £100** previo pago de 100 libras ▸ **~ by instalments** pago a plazos ▸ **~ in full** liquidación *f*

payoff ['peɪɒf] n *Fam* **1.** [bribe] soborno *m, MÉX* mordida *f, RP* coima *f* **2.** [reward] compensación *f*

pay-per-view ['peɪpə'vjuː] ■ n pago *m* por visión
■ adj **~ channel** canal *m* de pago por visión ▸ **~ television** televisión *f* a la carta

payroll ['peɪrəʊl] n COM plantilla *f,* nómina *f (de empleados)* ▸ **to be on the ~** estar en plantilla *or* nómina

PC ['piː'siː] ■ n **1.** *BR* (abbr ***Police Constable***) agente *mf* de policía **2.** (abbr ***personal computer***) PC *m,* ordenador *m or AM* computadora *f* personal
■ adj (abbr ***politically correct***) políticamente correcto(a)

pc (abbr ***postcard***) (tarjeta *f*) postal *f*

PDQ [piːdiː'kjuː] adv *Fam* (abbr ***Pretty Damn Quick***) por la vía rápida, rapidito

PE ['piː'iː] n SCH (abbr ***physical education***) educación *f* física

pea [piː] n *ESP* guisante *m, AM* arveja *f, CARIB, MÉX* chícharo *m* ▸ **like two peas in a pod** como dos gotas de agua

peace [piːs] n paz *f* ▸ **at ~** en paz ▸ **to make (one's) ~ with sb** hacer las paces con alguien ▸ **~ and quiet** paz y tranquilidad ▸ **for the sake of ~ and quiet** para tener la fiesta en paz ▸ **~ of mind** tranquilidad *f* de espíritu, sosiego *m* ▸ LAW **to keep/disturb the ~** mantener/alterar el orden (público) ▸ **~ campaigner** pacifista *mf* ▸ **Peace Corps** = *organización gubernamental estadounidense de ayuda al desarrollo con cooperantes sobre el terreno* ▸ **~ movement** pacifismo *m,* movimiento *m* pacifista ▸ **~ negotiations** negociaciones *fpl* de paz ▸ **~ offering** oferta *f* de paz ▸ **~ talks** conversaciones *fpl* de paz ▸ **~ treaty** tratado *m* de paz

peaceable ['piːsəbəl] adj pacífico(a)

peaceful ['piːsfʊl] adj [calm] tranquilo(a), sosegado(a) / [non-violent] pacífico(a)

peacekeeper ['piːskiːpə(r)] n [soldier] soldado *m* de las fuerzas de pacificación / [country, organization] fuerza *f* de pacificación

peacekeeping ['piːskiːpɪŋ] n mantenimiento *m* de la paz ▸ **~ forces** fuerzas *fpl* de pacificación *or* interposición

peace-loving ['piːslʌvɪŋ] adj amante de la paz

peacetime ['piːstaɪm] n tiempo *m* de paz

peach [piːtʃ] n [fruit] melocotón *m, AM* durazno *m* ▸ *Fam* **she's a ~** es monísima ▸ **~ melba** copa *f* Melba, = *postre a base de melocotón, helado de vainilla y jarabe de frambuesa* ▸ **~ tree** melocotonero *m, AM* duraznero *m*

peacock ['piːkɒk] n pavo *m* real

peak [piːk] ■ n **1.** [summit of mountain] cima *f,* cumbre *f* / [mountain] pico *m* **2.** [of price, inflation, success] punto *m* máximo, (máximo) apogeo *m* ▸ **in ~ condition** en condiciones óptimas ▸ **~ period** horas *fpl* punta ▸ **~ season** temporada *f* alta **3.** [of cap] visera *f*
■ vi alcanzar el punto máximo

peaky ['piːkɪ] adj *BR Fam* pachucho(a), *AM* flojo(a) ▸ **to be ~** estar pachucho(a)

peal [piːl] n [of bells] repique *m* ▸ **~ of thunder** trueno *m* ▸ **peals of laughter** risotadas *fpl*, carcajadas *fpl*

◆ ***peal out*** vi [bells] repicar

peanut ['piːnʌt] n cacahuete *m, ANDES, CARIB, RP* maní *m, CAM, MÉX* cacahuate *m* ▸ *Fam Fig* **peanuts** [small sum of money] calderilla *f* ▸ **~ butter** mantequilla *f or* crema *f* de cacahuete *or ANDES, CARIB, RP* maní *m or CAM, MÉX* cacahuate ▸ **~ oil** aceite *m* de cacahuete *or ANDES, CARIB, RP* maní *or CAM, MÉX* cacahuate

pear [peə(r)] n [fruit] pera *f* ▸ **~ tree** peral *m*

pearl [pɜːl] n **1.** perla *f* ▸ **~ diver** pescador(ora) *m,f* de perlas ▸ **~ necklace** collar *m* de perlas **2.** [idioms] **pearls of wisdom** perlas de sabiduría ▸ **it was like casting pearls before swine** era como echar margaritas a los cerdos

pearly ['pɜːlɪ] adj perlado(a) ▸ **the Pearly Gates** las puertas del cielo

pear-shaped ['peəʃeɪpt] adj **1.** [figure] en forma de pera **2.** *BR Fam* **to go ~** irse a paseo *or COL, MÉX* al piso *or RP* en banda

peasant ['pezənt] n campesino(a) *m,f* / *Pej* [uncultured person] cateto(a) *m,f, ESP* paleto(a) *m,f*

peashooter ['piːʃuːtə(r)] n cerbatana *f*

peat [piːt] n turba *f* ▸ **~ bog** turbera *f*

pebble ['pebəl] n guijarro *m* ▸ **~ beach** playa *f* pedregosa

pebbledash ['pebəldæʃ] n *BR* enguijarrado *m (mampostería)*

pebbly ['peblɪ] adj pedregoso(a)

pecan [*BR* 'piːkən, *US* pɪ'kæn] n pacana *f*

peccary ['pekərɪ] n pecarí *m*

peck [pek] ■ n **1.** [of bird] picotazo *m* **2.** *Fam* [kiss] besito *m* ▸ **to give sb a ~ on the cheek** dar un besito a alguien en la mejilla
■ vt **1.** [of bird] picotear **2.** *Fam* [kiss] **to ~ sb on the cheek** dar un besito a alguien en la mejilla

peckish ['pekɪʃ] adj *BR Fam* **to be ~** tener un poco de hambre *or ESP* gusa

pecs [peks] npl *Fam* [pectoral muscles] pectorales *mpl*

pectin ['pektɪn] n CHEM pectina *f*

pectoral ['pektərəl] ANAT ■ npl **pectorals** pectorales *mpl*
■ adj pectoral

peculiar [pɪ'kjuːlɪə(r)] adj **1.** [strange] raro(a) ▸ **how ~!** ¡qué raro! ▸ **she is a little ~** es un poco rara ▸ **to feel ~** [unwell] sentirse mal **2.** [particular] **~ to** característico(a) *or* peculiar de ▸ **this species is ~ to Spain** es una especie autóctona de España

peculiarity [pɪkjuːlɪ'ærɪtɪ] n [strangeness] rareza *f* / [unusual characteristic] peculiaridad *f*

peculiarly [pɪ'kjuːlɪəlɪ] adv **1.** [strangely] extrañamente **2.** [especially] particularmente

pecuniary [pɪ'kjuːnɪərɪ] adj *Formal* pecuniario(a)

pedagogic(al) [pedə'gɒdʒɪk(əl)] adj pedagógico(a)

pedagogy ['pedəgɒdʒɪ] n pedagogía *f*

pedal ['pedəl] ■ n pedal *m* ▸ **~ bin** cubo *m or AM* bote *m* (de basura) con pedal ▸ **~ boat** patín *m* ▸ **~ car** cochecito *m* de pedales
■ vt (pt & pp **pedalled,** *US* **pedaled**) **to ~ a bicycle** dar pedales a la bicicleta
■ vi pedalear

pedalo ['pedələʊ] (pl **pedalos**) n patín *m,* hidropatín *m*

pedant ['pedənt] n puntilloso(a) *m,f,* = *persona excesivamente preocupada por los detalles*

pedantic [pɪ'dæntɪk] adj puntilloso(a)

pedantically [pɪ'dæntɪklɪ] adv puntillosamente

pedantry ['pedəntrɪ] n escrupulosidad *f,* meticulosidad *f* exagerada

peddle ['pedəl] vt [goods] vender de puerta en puerta / [ideas, theories] difundir ▸ **to ~ drugs** trapichear con drogas

peddler ['pedlə(r)] n [of goods] vendedor(ora) *m,f* ambulante, mercachifle *mf* / [of ideas, theories] divulgador(ora) *m,f,* propagador(ora) *m,f* / [of drugs] camello *m*

pederast ['pedəræst] n *Formal* pederasta *m*

pedestal ['pedɪstəl] n pedestal *m* ▸ *Fig* **to put sb on a ~** poner a alguien en un pedestal ▸ **~ lamp** lámpara *f* de pie

pedestrian [pɪ'destrɪən] ■ n peatón(ona) *m,f* ▸ **~ crossing** paso *m* de peatones ▸ **~ precinct** zona *f* peatonal
■ adj [unimaginative] prosaico(a), pedestre

pedestrianize [pɪ'destrɪənaɪz] vt **to ~ a road** hacer peatonal una calle

pediatric, pediatrician etc *US* ➤ ***paediatric, paediatrician*** etc

pedicure ['pedɪkjʊə(r)] n pedicura *f* ▸ **to have a ~** hacerse la pedicura

pedigree ['pedɪgriː] ■ n [of dog] *& Fig* pedigrí *m* / [ancestry] linaje *m* ▸ *Fig* **his ~ as a democrat is open to question** su pedigrí democrático es discutible
■ adj [dog] con pedigrí

pedlar ['pedlə(r)] n *BR* vendedor(ora) *m,f* ambulante, mercachifle *mf*

pedophile, pedophilia *US* ➤ ***paedophile, paedophilia***

pee [piː] *Fam* ■ n pis *m* ▸ **to have a ~** hacer pis, mear
■ vi hacer pis, mear

peek [piːk] ■ n vistazo *m,* ojeada *f* ▸ **to take** *or* **have a ~ (at sth)** echar un vistazo *or* una ojeada (a algo)
■ vi echar un vistazo *or* una ojeada (**at** a)

peel [piːl] ■ n [on fruit, vegetable] piel *f* / [after peeling] monda *f,* peladura *f*
■ vt [fruit, vegetable] pelar ▸ **to keep one's eyes peeled** tener los ojos bien abiertos

■ vi [paint] levantarse / [sunburnt skin, person] pelarse

◆ ***peel off*** ■ vt sep [skin of fruit, vegetable] pelar / [one's clothes] quitarse, despojarse de, *AM* sacarse

■ vi [paint] levantarse / [sunburnt skin] pelarse

peelings ['pi:lɪŋz] npl [of potato, carrot] mondas *fpl*, peladuras *fpl*

peep [1] [pi:p] ■ n [furtive glance] vistazo *m*, ojeada *f* ▸ **to have** *or* **take a ~ at sth** echar un vistazo *or* una ojeada a algo

■ vi echar una ojeada (**at** a) ▸ **to ~ through the keyhole** mirar *or* espiar por el ojo de la cerradura ▸ **to ~ out from behind sth** asomar por detrás de algo

peep [2] n [sound] pitido *m* ▸ *Fam* **I don't want to hear another ~ out of you** no quiero volver a oírte decir ni pío

peephole ['pi:phəʊl] n mirilla *f*

Peeping Tom ['pi:pɪŋ'tɒm] n *Fam* mirón(ona) *m,f*

peer [1] [pɪə(r)] n **1.** [equal] igual *m* ▸ *Formal* **without ~** sin igual, sin par ▸ **he started smoking because of ~ pressure** empezó a fumar por influencia de la gente de su entorno ▸ **his ~ group** (la gente de) su entorno **2.** *BR* [noble] par *m*

peer [2] vi **to ~ at sth/sb** mirar con esfuerzo algo/a alguien ▸ **to ~ over a wall** atisbar por encima de un muro

peerage ['pɪərɪdʒ] n [rank] título *m* de par ▸ **the ~** [peers] los pares

peerless ['pɪəlɪs] adj sin igual, sin par

peeve [pi:v] vt *Fam* fastidiar ▸ **to be peeved about sth** estar fastidiado(a) *or* molesto(a) por algo

peevish ['pi:vɪʃ] adj irritable, malhumorado(a)

peewit ['pi:wɪt] n avefría *f*

peg [peg] ■ n [pin for fastening] clavija *f* / [for coat, hat] colgador *m* ▸ *BR* **(clothes) ~** pinza *f* ▸ **(tent) ~** clavija *f*, estaquilla *f* ▸ **to buy clothes off the ~** comprar ropa prêt-à-porter ▸ **to take sb down a ~ (or two)** bajarle a alguien los humos

■ vt (pt & pp **pegged**) **1.** [fasten] **to ~ sth in place** fijar algo con clavijas ▸ **to ~ the washing on the line** tender la ropa (con pinzas) **2.** [prices] fijar ▸ **to ~ sth to the rate of inflation** ajustar algo al índice de inflación

◆ ***peg out*** vi *Fam* [die] estirar la pata, *MÉX, CAM* petatearse

pejorative [pɪ'dʒɒrətɪv] adj peyorativo(a)

Pekinese [pi:kɪ'ni:z] n (perro *m*) pequinés *m*

Peking [pi:'kɪŋ] n Pekín

pelican ['pelɪkən] n [bird] pelícano *m* ▸ *BR* **~ crossing** = *paso de peatones con semáforo accionado mediante botón*

pellet ['pelɪt] n [of paper, bread, clay] bolita *f* / [for gun] perdigón *m*

pell-mell ['pel'mel] adv desordenadamente, en tropel

pelmet ['pelmɪt] n [of wood] galería *f (para cortinas)* / [of cloth] cenefa *f*

pelt [1] [pelt] n [animal skin] piel *f*, pellejo *m*

pelt [2] ■ vt **to ~ sb with stones** lanzar a alguien una lluvia de piedras, apedrear a alguien

■ vi **1.** *Fam* [rain] **it was pelting down** diluviaba, *ESP* caían chuzos de punta **2.** [go fast] ir disparado(a) ▸ **he came pelting along the corridor** venía disparado por el pasillo

pelvic ['pelvɪk] adj pélvico(a)

pelvis ['pelvɪs] n pelvis *f inv*

pen [1] [pen] ■ n [for writing] pluma *f* (estilográfica) / [ballpoint] bolígrafo *m*, *CSUR* lapicera *f*, *COL, ECUAD* esferográfico *m*, *CARIB, MÉX* pluma *f*, *RP* birome *m* ▸ **to put ~ to paper** ponerse a escribir ▸ **~ friend** *or* **pal** amigo(a) *m,f* por correspondencia ▸ **~ name** seudónimo *m*

■ vt (pt & pp **penned**) escribir

pen [2] n [for sheep] redil *m* / [for cattle] corral *m*

pen [3] n *US Fam* [prison] *ESP* trullo *m*, *ANDES, COL, RP* cana *f*, *MÉX* bote *m*

◆ ***pen in*** vt sep [animals, people] encerrar

penal ['pi:nəl] adj penal ▸ **~ code** código *m* penal ▸ **~ colony** colonia *f* penitenciaria ▸ **~ servitude** trabajos *mpl* forzados

penalize ['pi:nəlaɪz] vt penalizar ▸ **to ~ sb for doing sth** penalizar a alguien por hacer algo

penalty ['penəltɪ] n **1.** [punishment] [fine] sanción *f* / [for serious crime] pena *f*, castigo *m* ▸ **to impose a ~ on sb** imponer un castigo a alguien ▸ **on** *or* **under ~ of death** so pena de muerte ▸ **to pay the ~** pagar las consecuencias ▸ COM **~ clause** cláusula *f* de penalización **2.** [in soccer] penalti *m*, penalty *m*, *AM* penal *m* ▸ SPORT **~ area** área *f* de castigo ▸ SPORT **~ kick** (lanzamiento *m* de) penalti *or AM* penal ▸ SPORT **~ shootout** lanzamiento *m or* tanda *f* de penaltis *or AM* penales

penance ['penəns] n *also Fig* penitencia *f* ▸ **to do ~ (for sth)** hacer penitencia (por algo)

pence [pens] pl *of* ***penny***

penchant ['pɒŋʃɒŋ] n inclinación *f*, propensión *f* ▸ **to have a ~ for (doing) sth** tener propensión a (hacer) algo

pencil ['pensəl] ■ n lápiz *m* ▸ **~ case** plumier *m* ▸ **~ drawing** dibujo *m* a lápiz ▸ **~ sharpener** sacapuntas *m inv*

■ vt (pt & pp **pencilled,** *US* **penciled**) [draw] dibujar a lápiz / [write] redactar *(con lápiz)*

◆ ***pencil in*** vt sep [provisionally decide] apuntar provisionalmente

pendant ['pendənt] n colgante *m*

pending ['pendɪŋ] ■ adj [unresolved] pendiente ▸ **to be ~** estar pendiente

■ prep a la espera de ▸ **~ the outcome** a la espera del resultado

pendulum ['pendjʊləm] n péndulo *m*

penetrate ['penɪtreɪt] ■ vt **1.** [object, body, wall] penetrar / [area, market, group] penetrar en, adentrarse en **2.** [enemy, rival group] infiltrarse en

■ vi penetrar

penetrating ['penɪtreɪtɪŋ] adj [sound, voice, cold] penetrante / [mind] perspicaz, penetrante

penetratingly ['penɪtreɪtɪŋlɪ] adv [loudly] [to scream, shout] ensordecedoramente / [acutely] perspicazmente

penetration [penɪ'treɪʃən] n penetración *f*

penetrative ['penɪtrətɪv] adj [sex] con penetración

penguin ['peŋgwɪn] n pingüino *m*

penicillin [penɪ'sɪlɪn] n penicilina *f*

peninsula [pɪ'nɪnsjʊlə] n península *f*

peninsular [pɪ'nɪnsjʊlə(r)] adj peninsular ▸ HIST **the Peninsular War** la Guerra de la Independencia (española)

penis ['pi:nɪs] (pl **penises** ['pi:nɪsɪz]) n pene *m*

penitence ['penɪtəns] n arrepentimiento *m*

penitent ['penɪtənt] ■ n penitente *mf*
■ adj arrepentido(a)

penitential [penɪ'tenʃəl] adj penitencial

penitentiary [penɪ'tenʃərɪ] n *US* prisión *f*, cárcel *f*

penknife ['pennaɪf] n navaja *f*, cortaplumas *m inv*

pennant ['penənt] n banderín *m*

penniless ['penɪlɪs] adj **to be ~** estar sin un centavo *or ESP* duro

Pennsylvania [pensɪl'veɪnɪə] n Pensilvania

penny ['penɪ] n **1.** *BR* [coin] (pl **pence** [pens]) penique *m* ▸ **a ten/fifty pence piece** una moneda de diez/cincuenta peniques ▸ **it was worth every ~** valía (realmente) la pena *(el precio pagado)* ▸ **it didn't cost them a ~** no les costó ni un centavo *or ESP* duro ▸ **~ farthing** velocípedo *m* ▸ **~ pinching** tacañería *f* ▸ **~ whistle** flautín *m* **2.** *US* [cent] centavo *m* **3.** [idioms] **they haven't a ~ to their name** no tienen ni una perra gorda *or ESP* ni un duro ▸ **she didn't get the joke at first, but then the ~ dropped** al principio no entendió el chiste, pero más tarde cayó ▸ **they're ten a ~** los hay a patadas ▸ **a ~ for your thoughts** dime en qué estás pensando ▸ **he keeps turning up like a bad ~** no hay forma de perderlo de vista *or* de quitárselo de encima

penny-pinching ['penɪpɪntʃɪŋ] adj [person] agarrado(a), tacaño(a) / [ways, habits] mezquino(a)

pension ['penʃən] n pensión *f* ▸ **to be on a ~** cobrar una pensión ▸ **~ fund** fondo *m* de pensiones ▸ **~ scheme** plan *m* de jubilación *or* de pensiones

◆ ***pension off*** vt sep jubilar

pensionable ['penʃənəbəl] adj **of ~ age** en edad de jubilación

pensioner ['penʃənə(r)] n pensionista *mf*, jubilado(a) *m,f*

pensive ['pensɪv] adj pensativo(a) ▸ **to be ~** estar pensativo(a)

pensively ['pensɪvlɪ] adv pensativamente

pentagon ['pentəgən] n pentágono *m* ▸ **the Pentagon** [building] el Pentágono

pentagonal [pen'tægənəl] adj pentagonal

pentathlon [pen'tæθlən] n pentatlón *m* (moderno)

Pentecost ['pentɪkɒst] n REL Pentecostés *m*

penthouse ['penthaʊs] n ático *m*

pent-up [pen'tʌp] adj contenido(a)

penultimate [pe'nʌltɪmɪt] adj penúltimo(a)

penury ['penjʊrɪ] n miseria *f*, penuria *f*

peony ['pi:ənɪ] n peonía *f*

people ['pi:pəl] ■ npl **1.** [plural of **person**] [as group] gente *f* / [as individuals] personas *fpl* ▸ **other ~** otras personas ▸ **most ~** la mayoría de la gente ▸ **old ~** los viejos, los mayores ▸ **young ~** los jóvenes ▸ **there were five ~ in the room** había cinco personas en la habitación ▸ **he's one of those ~ who...** es una de esas personas que... ▸ **~ say that...** se dice que... ▸ **~ mover** [car] monovolumen *m* **2.** [citizens] pueblo *m*, ciudadanía *f* ▸ **the common ~** la gente corriente *or* común ▸ **a man of the ~** un hombre del pueblo ▸ **~ power** poder *m* popular ▸ **People's Republic** República *f* Popular ▸ **the People's Republic of China** la República Popular China **3.** *Fam* [family] **my/his ~** mi/su gente
■ n [nation] pueblo *m* ▸ **the Scottish ~** el pueblo escocés
■ vt poblar

pep [pep] n *Fam* ánimo *m*, energía *f* ▸ **~ pill** estimulante *m* ▸ **she gave us a ~ talk** nos dirigió unas palabras de ánimo

◆ ***pep up*** (pt & pp **pepped**) vt sep *Fam* [person, event] animar / [dish] alegrar

pepper ['pepə(r)] ■ n [spice] pimienta *f* / [vegetable] pimiento *m*, *CAM, MÉX* chile *m*, *ANDES, RP* ají *m*, *COL, VEN* pimentón *m* ▸ **black/white ~** pimienta negra/blanca ▸ **green/red ~** pimiento verde/rojo ▸ **~ mill** molinillo *m* de pimienta ▸ *BR* **~ pot** pimentero *m*
■ vt [in cooking] sazonar con pimienta ▸ *Fig* **to ~ sth with bullets** acribillar a balazos algo

pepperbox ['pepəbɒks] n *US* pimentero *m*

peppercorn ['pepəkɔ:n] n grano *m* de pimienta

peppermint ['pepəmɪnt] n [plant] hierbabuena *f* / [flavour] menta *f* / [sweet] caramelo *m* de menta

peppery ['pepərɪ] adj **1.** [spicy] **to be too ~** tener demasiada pimienta **2.** [irritable] picajoso(a), irascible

peptic ulcer ['peptɪk'ʌlsə(r)] n MED úlcera *f* gastroduodenal

per [pɜ:(r)] prep por ▸ **~ day** al día, por día ▸ **100 km ~ hour** 100 km por hora ▸ *Formal* **as ~ your instructions** según sus instrucciones ▸ **as ~ usual** como de costumbre ▸ **~ annum** al año, por año ▸ **~ capita** per cápita ▸ **~ se** en sí, per se

perceive [pə'si:v] vt **1.** [notice] [sound, light, smell] percibir / [difference] apreciar, distinguir **2.** [understand] [truth, importance] apreciar, entender **3.** [view] **to ~ sth/sb as...** ver *or* juzgar algo/a alguien como...

per cent, percent [pə'sent] ■ n porcentaje *m*, tanto *m* por ciento ▸ **forty ~ of women** el cuarenta por ciento de las mujeres ▸ **a ten ~ increase** un aumento del diez por ciento
■ adv por ciento

percentage [pə'sentɪdʒ] n porcentaje *m*, tanto *m* por ciento ▸ **to receive a ~ on all sales** percibir un tanto por ciento de todas las ventas

perceptible [pə'septɪbəl] adj perceptible

perceptibly [pə'septɪblɪ] adv sensiblemente

perception [pə'sepʃən] n **1.** [with senses] percepción *f* **2.** [of difference, importance, facts] apreciación *f* **3.** [discernment] perspicacia *f*

perceptive [pə'septɪv] adj atinado(a), perspicaz

perceptiveness [pə'septɪvnɪs] n perspicacia *f*

perch¹ [pɜːtʃ] ■ n [for bird] percha *f* / *Fam* [seat, position] atalaya *f* ▸ *Fam Fig* **to knock sb off his ~** bajarle los humos a alguien
■ vi [bird] posarse ▸ **he perched on the edge of the table** [person] se sentó en el borde de la mesa

perch² n [fish] perca *f*

percolate ['pɜːkəleɪt] ■ vt [coffee] hacer *(con la cafetera)* ▸ **percolated coffee** café *m* de cafetera
■ vi filtrarse

percolator ['pɜːkəleɪtə(r)] n cafetera *f* (de filtro)

percussion [pə'kʌʃən] n MUS percusión *f* ▸ **~ instruments** instrumentos *mpl* de percusión

percussionist [pə'kʌʃənɪst] n MUS percusionista *mf*

peregrine falcon ['perɪgrɪn'fɔːlkən] n halcón *m* peregrino

peremptory [pə'remptərɪ] adj [person, manner, voice] imperioso(a) / [command] perentorio(a)

perennial [pə'renɪəl] ■ n BOT planta *f* perenne
■ adj [plant] (de hoja) perenne / [problems, beauty] eterno(a)

perfect ■ adj ['pɜːfɪkt] **1.** [excellent, flawless] perfecto(a) ▸ **no one's ~** nadie es perfecto ▸ **Tuesday would be ~** el martes me vendría muy bien ▸ MUS **to have ~ pitch** tener una entonación perfecta **2.** [complete] **it makes ~ sense** es del todo razonable ▸ **he's a ~ stranger to me** no lo conozco de nada ▸ **he's a ~ fool** es un perfecto idiota ▸ **he's a ~ gentleman** es un perfecto caballero **3.** GRAM perfecto(a) ▸ **future ~** futuro *m* perfecto ▸ **past ~** pretérito *m* pluscuamperfecto
■ vt [pə'fekt] perfeccionar

perfection [pə'fekʃən] n perfección *f*

perfectionism [pə'fekʃənɪzəm] n perfeccionismo *m*

perfectionist [pə'fekʃənɪst] n perfeccionista *mf*

perfectly ['pɜːfɪktlɪ] adv [faultlessly] perfectamente / [absolutely] completamente ▸ **it's ~ obvious** resulta totalmente evidente ▸ **she's ~ right** tiene toda la razón

perfidious [pə'fɪdɪəs] adj *Literary* pérfido(a)

perfidy ['pɜːfɪdɪ] n *Literary* perfidia *f*

perforate ['pɜːfəreɪt] vt perforar

perforated ['pɜːfəreɪtɪd] adj perforado(a) ▸ **~ line** línea *f* perforada ▸ MED **~ ulcer** úlcera *f* perforada

perforation [pɜːfə'reɪʃən] n [hole, on stamp] perforación *f*

perform [pə'fɔːm] ■ vt [miracle, operation, service] realizar, efectuar / [one's duty] cumplir / [play] representar / [role, piece of music] interpretar
■ vi [actor] actuar / [singer] interpretar, cantar / [machine, car] funcionar, comportarse

performance [pə'fɔːməns] n **1.** [of task] realización *f*, ejecución *f* / [of duty] cumplimiento *m* ▸ **~ appraisal** evaluación *f* del rendimiento **2.** [of actor, sportsperson] actuación *f* / [of pupil, economy] comportamiento *m* / [of machine, car] rendimiento *m*, prestaciones *fpl* **3.** [of play] representación *f* ▸ *Fam Fig* **to make a ~ (about sth)** [fuss] armar un escándalo *or* *ESP* montar una escena (por algo)

performance-enhancing [pə'fɔːmənsen'hɑːnsɪŋ] adj que mejora el rendimiento

performance-related [pə'fɔːmənsrɪ'leɪtɪd] adj según el rendimiento

performer [pə'fɔːmə(r)] n intérprete *mf*

performing [pə'fɔːmɪŋ] adj [dog, seal] amaestrado(a) ▸ **~ arts** artes *fpl* interpretativas

perfume ■ n ['pɜːfjuːm] [of flowers] aroma *m*, fragancia *f* / [for person] perfume *m* ▸ **~ counter** sección *f* de perfumería
■ vt [pə'fjuːm] perfumar

perfumed ['pɜːfjuːmd] adj perfumado(a)

perfumery [pə'fjuːmərɪ] n perfumería *f*

perfunctory [pə'fʌŋktərɪ] adj [glance, smile] rutinario(a), superficial / [letter, instructions, examination] somero(a)

perhaps [pə'hæps] adv quizá, quizás, tal vez, *AM* talvez ▸ **~ so/not** quizá sí/no ▸ **~ she'll come** quizá venga

peril ['perɪl] n peligro *m*, riesgo *m* ▸ **in ~ of her life** a riesgo de (perder) su vida ▸ **at your ~** por tu cuenta y riesgo

perilous ['perɪləs] adj peligroso(a)

perilously ['perɪləslɪ] adv peligrosamente ▸ **we came ~ close to a collision** estuvimos en un tris de chocar

perimeter [pə'rɪmɪtə(r)] n perímetro *m* ▸ **~ fence** valla *f* exterior

period ['pɪərɪəd] n **1.** [stretch of time] periodo *m*, período *m* ▸ **for a ~ of three months** durante un periodo de tres meses ▸ **within the agreed ~** dentro del plazo acordado ▸ **sunny periods** intervalos *mpl* de sol **2.** SCH clase *f* ▸ **a French ~** una clase de francés **3.** [menstruation] periodo *m*, regla *f* ▸ **to have one's ~** tener el periodo *or* la regla ▸ **~ pains** dolores *mpl* menstruales **4.** [historical age] época *f*, periodo *m* ▸ **~ dress/furniture** traje *m*/muebles *mpl* de época ▸ TV **~ drama** drama *m* (televisivo) de época **5.** *US* [full stop] punto *m*

periodic [pɪərɪ'ɒdɪk] adj periódico(a) ▸ CHEM **~ table** tabla *f* periódica

periodical [pɪərɪ'ɒdɪkəl] n publicación *f* periódica, boletín *m*

periodically [pɪərɪ'ɒdɪklɪ] adv periódicamente

peripheral [pə'rɪfərəl] ■ npl COMPTR **peripherals** periféricos *mpl*
■ adj [area, vision] periférico(a) / [issue, importance] secundario(a)

periphery [pə'rɪfərɪ] n periferia *f*

periphrasis [pə'rɪfrəsɪs] (pl **periphrases** [pə'rɪfrəsiːz]) n perífrasis *f inv*

periscope ['perɪskəʊp] n periscopio *m*

perish ['perɪʃ] vi **1.** [person] perecer ▸ **~ the thought!** ¡Dios no lo quiera! **2.** [rubber, leather] estropearse

perishable ['perɪʃəbəl] ■ npl **perishables** productos *mpl* perecederos
■ adj perecedero(a)

perishing ['perɪʃɪŋ] adj *BR Fam* [very cold] **it's ~** ¡hace un frío que pela!

peritonitis [perɪtə'naɪtɪs] n MED peritonitis *f inv*

perjure ['pɜːdʒə(r)] vt LAW **to ~ oneself** perjurar

perjurer ['pɜːdʒərə(r)] n LAW perjuro(a) *m,f*

perjury ['pɜːdʒərɪ] n LAW perjurio *m* ▸ **to commit ~** cometer perjurio

perk [pɜːk] n *BR Fam* ventaja *f* extra, remuneración *f* en especie

◆ ***perk up*** *Fam* ■ vt sep animar, levantar el ánimo a
■ vi animarse

perky ['pɜːkɪ] adj *Fam* animado(a) ▸ **to be ~** estar animado(a)

perm [pɜːm] ■ n [hairdo] permanente *f* ▸ **to have a ~** llevar una permanente
■ vt **to have one's hair permed** hacerse la permanente

permanence ['pɜːmənəns] n permanencia *f*

permanent ['pɜːmənənt] adj permanente / [employee, job] fijo(a) ▸ **~ address** domicilio *m* fijo, residencia *f* habitual ▸ **~ wave** [hairdo] permanente *f*

permeate ['pɜːmɪeɪt] ■ vt impregnar
■ vi **to ~ through sth** [liquid] filtrarse a través de algo / [fear, suspicion] extenderse por algo

permissible [pə'mɪsɪbəl] adj admisible, permisible

permission [pə'mɪʃən] n permiso *m* ▸ **to ask for ~ to do sth** pedir permiso para hacer algo ▸ **to give sb ~ to do sth** dar a alguien permiso para hacer algo ▸ **with your ~** con (su) permiso

permissive [pə'mɪsɪv] adj permisivo(a)

permit ■ n ['pɜːmɪt] [for fishing, imports, exports] licencia *f* / [for parking, work, residence] permiso *m* ▸ **~ holders only** [sign] estacionamiento reservado
■ vt [pə'mɪt] (pt & pp **permitted**) permitir ▸ **to ~ sb to do sth** permitir a alguien hacer algo
■ vi **weather permitting** si el tiempo lo permite

permutation [pɜːmjʊ'teɪʃən] n permutación *f*

pernicious [pə'nɪʃəs] adj pernicioso(a)

pernickety [pə'nɪkɪtɪ] adj *Fam* [person] quisquilloso(a) / [task] engorroso(a)

peroxide [pə'rɒksaɪd] n CHEM peróxido *m* ▸ **~ blonde** [woman] rubia *f* oxigenada *or ESP* de bote

perpendicular [pɜːpən'dɪkjʊlə(r)] ■ n perpendicular *f*
■ adj perpendicular

perpetrate ['pɜːpɪtreɪt] vt [crime, deception] perpetrar

perpetrator ['pɜːpɪtreɪtə(r)] n autor(ora) *m,f*

perpetual [pə'petjʊəl] adj [eternal] perpetuo(a) / [constant] continuo(a), constante ▸ PHYS **~ motion** movimiento *m* perpetuo

perpetually [pə'petjʊəlɪ] adv [eternally] perpetuamente / [constantly] continuamente, constantemente

perpetuate [pə'petjʊeɪt] vt *Formal* perpetuar

perpetuity [pɜːpɪ'tjuːɪtɪ] n *Formal* **in ~** a perpetuidad

perplex [pə'pleks] vt dejar perplejo(a)

perplexing [pə'pleksɪŋ] adj desconcertante

perplexity [pə'pleksɪtɪ] n perplejidad *f*, desconcierto *m*

persecute ['pɜːsɪkjuːt] vt [for political, religious reasons] perseguir / [harass] acosar, atormentar

persecution [pɜːsɪ'kjuːʃən] n persecución *f* ▸ PSY **~ complex** manía *f* persecutoria

persecutor ['pɜːsɪkjuːtə(r)] n perseguidor(ora) *m,f*

perseverance [pɜːsɪ'vɪərəns] n perseverancia *f*

persevere [pɜːsɪ'vɪə(r)] vi perseverar (**with** en) ▸ **to ~ in doing sth** seguir haciendo algo con perseverancia

Persia ['pɜːʒə] n *Formerly* Persia

Persian ['pɜːʒən] ■ n **1.** [person] persa *mf* **2.** [language] persa *m*
■ adj persa ▸ **the ~ Gulf** el Golfo Pérsico

persimmon ['pɜːsɪmən] n caqui *m (fruta)*

persist [pə'sɪst] vi [person] persistir, perseverar / [fog, fever] persistir / [belief] persistir, subsistir ▸ **to ~ in doing sth** empeñarse en hacer algo ▸ **to ~ in one's belief that...** empeñarse en creer que... ▸ **to ~ in one's efforts (to do sth)** no cejar en el empeño (de hacer algo)

persistence [pə'sɪstəns] n [of person] empeño *m*, persistencia *f* / [of pain, belief, rumours] persistencia *f*

persistent [pə'sɪstənt] adj [person] persistente, insistente / [rain, pain] pertinaz / [doubts, rumours] persistente ▸ **~ offender** delincuente *mf* habitual

persistently [pə'sɪstəntlɪ] adv [constantly] constantemente / [repeatedly] repetidamente

person ['pɜːsən] (pl **people** ['piːpəl], *Formal* **persons**) n persona *f* ▸ **in ~** en persona ▸ **to have sth on one's ~** llevar algo encima ▸ GRAM **in the first/second/third ~** en primera/segunda/tercera persona ▸ LAW **by a ~ or persons unknown** por uno o varios desconocidos

personable ['pɜːsənəbəl] adj agradable

personage ['pɜːsənɪdʒ] n personaje *m*

personal ['pɜːsənəl] adj personal ▸ **to make a ~**

HOW TO...

ask for and give permission

Asking for permission
¿Podría hacer una llamada desde su oficina? / Could I make a phone call from your office?
¿Puedo utilizar el ordenador? / Can I use the computer?
¿Puedo sentarme? / May I sit here?
¿Te importa si me voy ahora? / Do you mind if I leave now?
¿Le molesta que fume? / Do you mind if I smoke?
Quería saber si puedo... / I'd like to know if I can...
¿Me permite que... ? / Please may I... ?

Giving permission
No, no hay ningún problema. / No problem.
Por supuesto/claro. / Of course (you can).
Claro, adelante. / Yes, go ahead.
Preferiría que no lo hicieras. / I'd rather you didn't (do it).
Lo siento, está ocupado. / Sorry, it's taken.

appearance hacer acto de presencia ▸ **for ~ reasons** por motivos personales ▸ **don't be ~, don't make ~ remarks** no hagas comentarios de índole personal ▸ **it's nothing ~, but...** no es nada personal, pero... ▸ **she's a ~ friend of the president** es amiga personal del presidente ▸ **~ ad** [in newspaper, magazine] anuncio *m* personal (por palabras) ▸ **~ assistant** secretario(a) *m,f* personal ▸ **~ best** [in sport] plusmarca *f* (personal), récord *m* personal ▸ **~ column** [in newspaper, magazine] sección *f* de anuncios personales *or* de contactos ▸ COMPTR **~ computer** *ESP* ordenador *m or AM* computadora *f* personal ▸ **~ effects** efectos *mpl* personales ▸ **~ growth** desarrollo *m* personal ▸ **~ hygiene** aseo *m* personal ▸ **~ loan** préstamo *m or* crédito *m or MÉX* prestamiento *m* personal ▸ **~ organizer** agenda *f* ▸ GRAM **~ pronoun** pronombre *m* personal ▸ **~ stereo** walkman® *m* ▸ **~ trainer** preparador(ora) *m,f* físico(a) personal

personality [pɜːsə'nælɪtɪ] n personalidad *f* ▸ **~ cult** culto *m* a la personalidad ▸ PSY **~ disorder** trastorno *m* de la personalidad

personally ['pɜːsənəlɪ] adv [in my opinion] personalmente / [to visit, talk to, know] en persona ▸ **~, I think...** personalmente, creo... ▸ **don't take it ~** no te lo tomes como algo personal ▸ **I will hold you ~ responsible if she gets hurt** si se hace daño te pediré cuentas a ti personalmente

personification [pɜːsɒnɪfɪ'keɪʃən] n personificación *f* ▸ **to be the ~ of meanness** ser la tacañería personificada

personify [pɜː'sɒnɪfaɪ] vt personificar

personnel [pɜːsə'nel] n personal *m* ▸ **~ (department)** departamento *m* de personal ▸ **~ manager** director(ora) *m,f or* jefe(a) *m,f* de personal

perspective [pə'spektɪv] n perspectiva *f* ▸ **to see things in ~** ver las cosas con perspectiva ▸ **to put sth into ~** ver algo con perspectiva

Perspex® ['pɜːspeks] n perspex® *m*, plexiglás® *m*

perspicacious [pɜːspɪ'keɪʃəs] adj *Formal* perspicaz

perspicacity [pɜːspɪ'kæsɪtɪ] n *Formal* perspicacia *f*

perspiration [pɜːspə'reɪʃən] n transpiración *f*, sudor *m*

perspire [pə'spaɪə(r)] vi transpirar, sudar

persuade [pə'sweɪd] vt persuadir ▸ **to ~ sb to do sth** persuadir a alguien para que haga algo ▸ **to ~ sb not to do sth** disuadir a alguien de que haga algo

persuasion [pə'sweɪʒən] n **1.** [act, ability] persuasión *f* ▸ **powers of ~** poder *m* de persuasión **2.** [beliefs] convicciones *fpl*

persuasive [pə'sweɪzɪv] adj [person, argument] persuasivo(a)

persuasively [pə'sweɪzɪvlɪ] adv persuasivamente

persuasiveness [pə'sweɪzɪvnəs] n [of person, argument] persuasión *f*

pert [pɜːt] adj **1.** [young woman] pizpireta **2.** [nose, breasts, bottom] respingón(ona)

pertain [pə'teɪn] vi *Formal* **to ~ to** [be relevant to] concernir a / [belong to] pertenecer a

pertinent ['pɜːtɪnənt] adj pertinente ▸ **to be ~ to** concernir a

pertly ['pɜːtlɪ] adv [to reply] con descaro *or* atrevimiento

perturb [pə'tɜːb] vt inquietar, perturbar

perturbing [pə'tɜːbɪŋ] adj inquietante, perturbador(ora)

Peru [pə'ruː] n Perú

perusal [pə'ruːzəl] n *Formal* lectura *f*

peruse [pə'ruːz] vt [read carefully] leer con detenimiento / [read quickly] ojear

Peruvian [pə'ruːvɪən] n & adj peruano(a) *m,f*

perv [pɜːv] n *BR Fam* pervertido(a) *m,f* (sexual)

pervade [pɜː'veɪd] vt impregnar

pervasive [pɜː'veɪsɪv] adj [smell] penetrante / [influence] poderoso(a)

perverse [pə'vɜːs] adj **1.** [contrary] aberrante / [stubborn] terco(a), cabezota ▸ **he's just being ~** simplemente está llevando la contraria ▸ **she takes a ~ delight in causing harm** disfruta de lo lindo haciendo daño **2.** [sexually deviant] pervertido(a)

perversely [pə'vɜːslɪ] adv **~ enough, I quite enjoyed it** paradójicamente, me gustó

perverseness [pə'vɜːsnɪs] n **he did it out of sheer ~** lo hizo por llevar la contraria

perversion [*BR* pə'vɜːʃən, *US* pə'vɜːrʒən] n [sexual]

HOW TO...

persuade or dissuade someone

Persuading someone to do something

¿Estás segura de que no quieres venir? / Are you sure you don't want to come?

¿Por qué no se lo comentas a ella también? / Why don't you tell her too?

Le aseguro que no se arrepentirá. / I promise you, you won't regret it.

Le ruego conteste lo antes posible. / Please reply as soon as possible.

¡Venga, llámale! / Go on, give him a ring!

¡Anímate, seguro que te va a gustar! / Oh come on, I'm sure you'll like it!

Persuading someone not to do something

¿Lo has pensado bien? ¿Seguro que quieres ir? / Have you thought carefully about this? Are you sure you want to go?

¡No te vayas todavía, por favor! / Please don't go yet!

¿Estás seguro de que quieres hacerlo? / Are you sure you want to do it?

En tu lugar, me lo pensaría dos veces antes de aceptar. / If I were you, I'd think twice about it before accepting.

Sería mejor que lo consultases con la almohada. / I think you should sleep on it.

perversión *f* / [of the truth] deformación *f,* tergiversación *f* / [of justice] distorsión *f,* corrupción *f*

pervert ■ n ['pɜːvɜːt] **(sexual) ~** pervertido(a) *m,f* (sexual)

■ vt [pə'vɜːt] [corrupt] pervertir / [distort] tergiversar ▸ LAW **to ~ the course of justice** obstaculizar el curso de la justicia

peseta [pə'seɪtə] n *Formerly* peseta *f*

pesky ['peskɪ] adj *US Fam* plomo(a), latoso(a), *MÉX* sangrón(ona), *RP* hinchón(ona)

peso ['peɪseʊ] (pl **pesos**) n [Argentinian, Mexican currency] peso *m*

pessary ['pesərɪ] n MED pesario *m*

pessimism ['pesɪmɪzəm] n pesimismo *m*

pessimist ['pesɪmɪst] n pesimista *mf*

pessimistic [pesɪ'mɪstɪk] adj pesimista

pest [pest] n **1.** [vermin, insects] plaga *f* ▸ **~ control** métodos *mpl* para combatir las plagas **2.** *Fam* [nuisance] plomazo *m, ESP* latazo *m*

pester ['pestə(r)] vt molestar, *ESP* incordiar ▸ **to ~ sb to do sth** dar la lata *or* incordiar a alguien para que haga algo ▸ **to ~ sb into doing sth** conseguir que alguien haga algo a fuerza de darle le lata *or* incordiarle

pesticide ['pestɪsaɪd] n pesticida *m*

pestilence ['pestɪləns] n *Literary* pestilencia *f,* peste *f*

pestilential [pestɪ'lenʃəl] adj *Literary* pestilente

pestle ['pesəl] n mano *f* del mortero ▸ **~ and mortar** mortero *m,* almirez *m*

pet [pet] ■ n **1.** [animal] animal *m* doméstico *or* de compañía ▸ **~ food** comida *f* para animales domésticos ▸ **~ shop** pajarería *f* **2.** [favourite] **mother's/teacher's ~** preferido(a) *m,f* de mamá/del profesor ▸ **my ~!** ¡mi tesoro! ▸ **my ~ hate** lo que más odio ▸ **~ name** [diminutive] apelativo *m or* nombre *m* cariñoso ▸ **~ subject** tema *m* favorito

■ vt (pt & pp **petted**) [stroke, pat] [person, dog] acariciar

■ vi *Fam* [sexually] *ESP* darse *or* pegarse el lote, *AM* manosearse

petal ['petəl] n pétalo *m*

peter ['piːtə(r)] n *US Fam* [penis] pilila *f,* pito *m*

◆ ***peter out*** vi [conversation, enthusiasm] decaer, declinar / [path, stream] extinguirse, desaparecer

petite [pə'tiːt] adj menudo(a)

petition [pɪ'tɪʃən] ■ n [request, document] petición *f,* súplica *f* / [list of names] lista *f* de firmas recogidas ▸ LAW **~ for a divorce** demanda *f* de divorcio

■ vt [court, sovereign] presentar una petición *or AM* un pedido a

■ vi **to ~ for sth** solicitar algo ▸ LAW **to ~ for divorce** presentar una demanda de divorcio

petitioner [pɪ'tɪʃənə(r)] n peticionario(a) *m,f*

petrify ['petrɪfaɪ] vt GEOL petrificar / [with fear] petrificar, paralizar

petrochemical [petrəʊ'kemɪkəl] ■ npl **petrochemicals** productos *mpl* petroquímicos

■ adj petroquímico(a)

petrol ['petrəl] n *BR* gasolina *f, RP* nafta *f* ▸ **~ bomb** bomba *f* incendiaria, cóctel *m* Molotov ▸ **~ can** lata *f* de gasolina *or RP* nafta *f* ▸ **~ cap** tapón *m* del depósito de gasolina *or RP* de la nafta ▸ **~ engine** motor *m* de gasolina *or RP* nafta ▸ *BR* **~ gauge** indicador *m* de nivel de gasolina ▸ **~ pump** surtidor *m* de gasolina *or RP* nafta ▸ **~ station** gasolinera *f,* estación *f* de servicio, *ANDES* grifo *m* ▸ **~ tank** depósito *m* de la gasolina *or RP* de la nafta *or* del combustible ▸ **~ tanker** [lorry] camión *m* cisterna / [ship] petrolero *m*

petroleum [pə'trəʊlɪəm] n petróleo *m* ▸ **~ jelly** vaselina *f*

petticoat ['petɪkəʊt] n [from waist down] enaguas *fpl* / [full-length] combinación *f*

petty ['petɪ] adj **1.** [insignificant] insignificante ▸ **~ cash** caja *f* para gastos menores ▸ **~ crime** delitos *mpl* menores ▸ *US* LAW **~ larceny** = *delito de robo por un valor inferior a los 500 dólares* ▸ NAUT **~ officer** suboficial *mf* de marina **2.** [small-minded] mezquino(a)

petty-minded ['petɪ'maɪndɪd] adj mezquino(a)

petulance ['petjʊləns] n **a fit of ~** una rabieta

petulant ['petjʊlənt] adj [person] caprichoso(a) ▸ **with a ~ gesture** con un gesto de niño caprichoso

petulantly ['petjʊləntlɪ] adv caprichosamente

petunia [pɪ'tjuːnɪə] n petunia *f*

pew [pjuː] n banco *m* ▸ *BR Fam* **take a ~!** ¡siéntate!

pewter ['pjuːtə(r)] n peltre *m*

PFI [piːef'aɪ] n *BR* (abbr ***private finance initiative***) = *contrato entre un consorcio privado y la administración local por el que el primero construye, por ejemplo, una escuela o un hospital y se encarga de su funcionamiento a cambio de mantener su titularidad y percibir un alquiler de la administración*

PG [piː'dʒiː] n *BR* CIN (abbr ***parental guidance***) = *película para todos los públicos aunque se recomienda que los menores vayan acompañados de un adulto*

PGA [piːdʒiː'eɪ] n (abbr ***Professional Golfers' Association***) PGA *f,* asociación *f* de golfistas profesionales

pH [piː'eɪtʃ] n CHEM pH *m*

phalanx ['fælæŋks] n MIL & HIST falange *f* / *Fig* [of officials, journalists] pelotón *m*

phallic ['fælɪk] adj fálico(a) ▸ **~ symbol** símbolo *m* fálico

phallus ['fæləs] n falo *m*

phantasm ['fæntæzəm] n fantasma *m,* espectro *m*

phantom ['fæntəm] n fantasma *m* ▸ **~ pregnancy** embarazo *m* psicológico

Pharaoh ['feərəʊ] n faraón *m*

pharmaceutical [fɑːmə'sjuːtɪkəl] ■ npl **pharmaceuticals** productos *mpl* farmacéuticos

■ adj farmacéutico(a)

pharmacist ['fɑːməsɪst] n farmacéutico(a) *m,f*

pharmacological [fɑːməkə'lɒdʒɪkəl] adj farmacológico(a)

pharmacologist [fɑːmə'kɒlədʒɪst] n farmacólogo(a) *m,f*

pharmacology [fɑːmə'kɒlədʒɪ] n farmacología *f*

pharmacy ['fɑːməsɪ] n farmacia *f*

pharyngitis [færɪn'dʒaɪtɪs] n MED faringitis *f inv*

pharynx ['færɪnks] n faringe *f*

phase [feɪz] n fase *f*, etapa *f* ▸ **it's just a ~ (he's going through)** ya se le pasará ▸ **out of ~** desfasado(a)

◆ ***phase in*** vt sep introducir gradualmente *or* escalonadamente

◆ ***phase out*** vt sep eliminar gradualmente *or* escalonadamente

phased [feɪzd] adj [gradual] gradual / [in stages] escalonado(a)

phase-out ['feɪzaʊt] n eliminación *f* progresiva

PhD [piːeɪtʃ'diː] n UNIV (abbr ***Doctor of Philosophy***) [person] doctor(ora) *m,f* / [degree] doctorado *m*

pheasant ['fezənt] n faisán *m*

phenomenal [fɪ'nɒmɪnəl] adj fenomenal, extraordinario(a)

phenomenally [fɪ'nɒmɪnəlɪ] adv fenomenalmente, extraordinariamente

phenomenon [fɪ'nɒmɪnən] (pl **phenomena** [fɪ'nɒmɪnə]) n fenómeno *m*

pheromone ['ferəmeʊn] n feromona *f*

phew [fjuː] exclam ¡uf!

phial ['faɪəl] n ampolla *f*, vial *m*

Philadelphian [fɪlə'delfɪən] ■ n persona de Filadelfia

■ adj de Filadelfia

philanderer [fɪ'lændərə(r)] n *Pej* donjuán *m*

philandering [fɪ'lændərɪŋ] *Pej* ■ n líos *mpl* amorosos

■ adj mujeriego(a)

philanthropic [fɪlən'θrɒpɪk] adj filantrópico(a)

philanthropist [fɪ'lænθrəpɪst] n filántropo(a) *m,f*

philanthropy [fɪ'lænθrəpɪ] n filantropía *f*

philatelist [fɪ'lætəlɪst] n filatelista *mf*

philately [fɪ'lætəlɪ] n filatelia *f*

philharmonic [fɪlə'mɒnɪk] MUS ■ n filarmónica *f*

■ adj filarmónico(a)

Philippines ['fɪlɪpiːnz] npl **the ~** las Filipinas

philologist [fɪ'lɒlədʒɪst] n filólogo(a) *m,f*

philology [fɪ'lɒlədʒɪ] n filología *f*

philosopher [fɪ'lɒsəfə(r)] n filósofo(a) *m,f*

philosophic(al) [fɪlə'sɒfɪk(əl)] adj [person, attitude] filosófico(a) ▸ **to be ~ about sth** tomarse algo con filosofía

philosophically [fɪlə'sɒfɪklɪ] adv **1.** [argue] filosóficamente **2.** [calmly, dispassionately] con filosofía

philosophize [fɪ'lɒsəfaɪz] vi filosofar

philosophy [fɪ'lɒsəfɪ] n filosofía *f* ▸ **my ~ is...** mi filosofía es...

phlegm [flem] n [mucus, composure] flema *f*

phlegmatic [fleg'mætɪk] adj flemático(a)

phobia ['fəʊbɪə] n fobia *f*

phobic ['fəʊbɪk] adj **she's a bit ~ about spiders** le tiene fobia a las arañas

phoenix ['fiːnɪks] n fénix *m inv* ▸ **to rise like a ~** renacer de las propias cenizas

phone [fəʊn] ■ n teléfono *m* ▸ **to be on the ~** [talking] estar al teléfono / [have a telephone] tener teléfono ▸ **to give sb a ~** llamar a alguien (por teléfono) ▸ **~ bill** factura *f* del teléfono ▸ **~ book** guía *f* telefónica *or* de teléfonos, *AM* directorio *m* de teléfonos ▸ **~ booth** cabina *f* telefónica ▸ *BR* **~ box** cabina *f* telefónica ▸ **~ call** llamada *f* telefónica, *AM* llamado *m* telefónico ▸ **~ number** número *m* de teléfono

■ **vt to ~ sb** telefonear a alguien, llamar a alguien (por teléfono), *AM* hablar a alguien (por teléfono)

■ vi telefonear, llamar (por teléfono) ▸ **to ~ home** llamar a casa (por teléfono)

phonecard ['fəʊnkɑːd] n tarjeta *f* telefónica

phone-in ['fəʊnɪn] n RAD & TV **~ (programme)** = *programa con llamadas de los televidentes/oyentes*

phoneme ['fəʊniːm] n LING fonema *m*

phonetic [fə'netɪk] adj LING fonético(a) ▸ **~ alphabet** alfabeto *m* fonético

phonetically [fə'netɪklɪ] adv fonéticamente

phonetics [fə'netɪks] n LING fonética *f*

phoney, *US* ***phony*** ['fəʊnɪ] *Fam* ■ n (pl **phoneys,** *US* **phonies**) [person] falso(a) *m,f*, farsante *mf*

■ adj falso(a)

phonograph ['fəʊnəgrɑːf] n **1.** *US Old-fashioned* gramófono *m* **2.** [early form of gramophone] fonógrafo *m*

phosphate ['fɒsfeɪt] n fosfato *m*

phosphorescent [fɒsfə'resənt] adj fosforescente

phosphorus ['fɒsfərəs] n CHEM fósforo *m*

photo ['fəʊtəʊ] (pl **photos**) n foto *f* ▸ **~ album** álbum *m* de fotos ▸ **~ finish** [in race] foto-finish *f* ▸ **~ opportunity** = *ocasión de aparecer fotografiado dando una buena imagen*

photobooth ['fəʊtəʊbuːð] n fotomatón *m*

photocopier ['fəʊtəʊkɒpɪə(r)] n fotocopiadora *f*

photocopy ['fəʊtəʊkɒpɪ] ■ n fotocopia *f*

■ vt fotocopiar

photocopying ['fəʊtəʊkɒpɪɪŋ] n fotocopiado *m* ▸ **there's some ~ to do** hay que hacer algunas fotocopias

photoelectric [fəʊtəʊɪ'lektrɪk] adj fotoeléctrico(a) ▸ **~ cell** célula *f* fotoeléctrica

photogenic [fəʊtə'dʒenɪk] adj fotogénico(a)

photograph ['fəʊtəgræf] ■ n fotografía *f* ▸ **to take sb's ~** sacarle una fotografía a alguien ▸ **~ album** álbum *m* de fotografías

■ vt fotografiar

photographer [fə'tɒgrəfə(r)] n fotógrafo(a) *m,f*

photographic [fəʊtə'græfɪk] adj fotográfico(a) ▸ **to have a ~ memory** tener memoria fotográfica

photographically [fəʊtə'græfɪklɪ] adv fotográficamente

photography [fə'tɒgrəfɪ] n fotografía *f*

photosensitive [fəʊtəʊ'sensɪtɪv] adj fotosensible

Photostat® ['fəʊtəʊstæt] n (fotocopia *f* de) fotostato *m*

photosynthesis [fəʊtəʊ'sɪnθɪsɪs] n BOT fotosíntesis *f inv*

photosynthesize [fəʊtəʊ'sɪnθɪsaɪz] vt BOT fotosintetizar

phrasal verb ['freɪzəl'vɜːb] n GRAM verbo *m* regido por preposición/adverbio

phrase [freɪz] ■ n frase *f* ▸ **~ book** manual *m or* guía *f* de conversación
■ vt expresar / MUS frasear

phraseology [freɪzɪ'ɒlədʒɪ] n fraseología *f*

phrasing ['freɪzɪŋ] n **1.** [expressing] expresión *f* **2.** MUS fraseo *m*

phylum ['faɪləm] n BIOL & ZOOL fílum *m*, tipo *m*

Phys Ed ['fɪz'ed] n EDUC (abbr ***physical education***) educación *f* física

physical ['fɪzɪkəl] ■ n [examination] chequeo *m*, examen *m or* reconocimiento *m* médico
■ adj físico(a) ▸ **~ education** educación *f* física ▸ **~ exercise** *or* **training** ejercicios *mpl* físicos ▸ **~ fitness** buena forma *f* física ▸ **~ geography** geografía *f* física ▸ **a ~ impossibility** una imposibilidad física *or* material ▸ **~ sciences** ciencias *fpl* físicas ▸ **~ therapy** fisioterapia *f*

physically ['fɪzɪklɪ] adv físicamente ▸ **~ fit** en buena forma física ▸ **the ~ handicapped** los discapacitados físicos

physician [fɪ'zɪʃən] n médico(a) *m,f*

physicist ['fɪzɪsɪst] n físico(a) *m,f*

physics ['fɪzɪks] n física *f*

physiognomy [fɪzɪ'ɒnəmɪ] n *Formal* fis(i)onomía *f*

physiological [fɪzɪə'lɒdʒɪkəl] adj fisiológico(a)

physiologist [fɪzɪ'ɒlədʒɪst] n fisiólogo(a) *m,f*

physiology [fɪzɪ'ɒlədʒɪ] n fisiología *f*

physiotherapist [fɪzɪəʊ'θerəpɪst] n fisioterapeuta *mf*

physiotherapy [fɪzɪəʊ'θerəpɪ] n fisioterapia *f*

physique [fɪ'ziːk] n físico *m*

pi [paɪ] n MATH pi *m*

pianist ['pɪənɪst] n pianista *mf*

piano [pɪ'ænəʊ] (pl **pianos**) n piano *m* ▸ **~ concerto** concierto *m* para piano y orquesta ▸ **~ stool** escabel *m*, taburete *m* de piano ▸ **~ tuner** afinador(ora) *m,f* de pianos

pic [pɪk] n *Fam* foto *f*

piccolo ['pɪkələʊ] (pl **piccolos**) n flautín *m*, piccolo *m*

pick [pɪk] ■ n **1.** [tool] pico *m* **2.** [choice] **we had first ~** nos dejaron elegir los primeros ▸ **take your ~** escoge a tu gusto ▸ **the ~ of the bunch** el/la mejor de todos(as)
■ vt **1.** [choose] escoger, elegir / [team] seleccionar ▸ **to ~ a fight with sb** buscar pelea con alguien **2.** [flowers, fruit] recoger, *ESP* coger **3.** [other uses] **to ~ a lock** forzar una cerradura ▸ **to ~ a guitar** puntear ▸ **to ~ one's nose** meterse el dedo en *or* hurgarse la nariz ▸ **to ~ one's teeth** escarbarse los dientes ▸ **to ~ a spot/a scab** arrancarse un grano/una costra ▸ **to ~ sb's pocket** robar algo del bolsillo de alguien ▸ **she picked a hole in her jumper** se hizo un punto en el jersey (tirando) ▸ *Fig* **to ~ holes in sth** [in argument, theory] sacar fallos a algo, *AM* encontrar fallas a algo ▸ **to ~ sb's brains** aprovechar los conocimientos de alguien ▸ **to have a bone to ~ with sb** tener que ajustar cuentas con alguien
■ vi **we can't afford to ~ and choose** no podemos andar eligiendo

◆ ***pick off*** vt sep [remove] retirar / [of gunman, sniper] ir abatiendo (uno por uno)

◆ ***pick on*** vt insep [bully] meterse con

◆ ***pick out*** vt sep **1.** [remove] quitar, *AM* sacar **2.** [select] elegir, escoger **3.** [recognize] reconocer

◆ ***pick up*** ■ vt sep **1.** [lift up] recoger, *ESP* coger ▸ **to ~ up the phone** descolgar el teléfono ▸ **to ~ up survivors** rescatar supervivientes ▸ *Fig* **to ~ oneself up** [after defeat] recuperarse ▸ *Fig* **to ~ up the pieces** empezar de nuevo *(tras un fracaso)* ▸ *also Fig* **to ~ up the bill** *or US* **tab** pagar la cuenta **2.** [collect] recoger / [arrest] detener **3.** [acquire, learn] aprender ▸ **to ~ up speed** ganar velocidad **4.** [radio station] sintonizar / [message] captar, recibir **5.** [notice] percatarse de **6.** [discussion] reanudar **7.** [make better] **that will ~ you up** eso te reconfortará **8.** *Fam* **to ~ sb up** [find sexual partner] ligarse *or RP* levantar a alguien
■ vi **1.** [improve] mejorar ▸ **business is picking up** el negocio se va animando **2.** [continue] **let's ~ up where we left off** vamos a seguir por donde estábamos

pickaxe, *US* ***pickax*** ['pɪkæks] n pico *m*

picket ['pɪkɪt] ■ n **1.** [in strike, of guards] piquete *m* ▸ **~ line** piquete *m* **2.** [stake] estaca *f* ▸ **~ fence** cerca *f*, estacada *f*
■ vt [during strike] hacer piquetes en

pickings ['pɪkɪŋz] npl botín *m* ▸ **rich ~** pingües beneficios *mpl*

pickle ['pɪkəl] ■ n *BR* [sauce] = *salsa agridulce a base de trocitos de fruta y verduras* ▸ **pickles** variantes *mpl*, encurtidos *mpl* ▸ *Fam Fig* **to be in a bit of a ~** estar en un buen lío
■ vt encurtir ▸ **pickled cabbage/onions** col *f*/cebolletas *fpl* en vinagre

pick-me-up ['pɪkmɪʌp] n *Fam* reconstituyente *m*, tónico *m*

pickpocket ['pɪkpɒkɪt] n carterista *mf*

pick-up ['pɪkʌp] n **1. ~ (truck)** camioneta *f* ▸ **~ point** [for goods, passengers] lugar *m* de recogida **2.** *BR* **~ (arm)** [on record player] brazo *m* del tocadiscos **3.** *Fam* [improvement] recuperación *f*

picky ['pɪkɪ] adj *Fam* exigente, escrupuloso(a)

picnic ['pɪknɪk] ■ n picnic *m*, comida *f* campestre ▸ **to go on a ~** ir de picnic ▸ *Fam Fig* **it was no ~** [wasn't easy] tuvo bemoles, se las trajo ▸ **~ basket** *or* **hamper** cesta *f* de merienda
■ vi (pt & pp **picnicked**) ir de picnic

picnicker ['pɪknɪkə(r)] n excursionista *mf*

Pict [pɪkt] n HIST picto(a) *m,f*

pictorial [pɪk'tɔːrɪəl] adj gráfico(a), ilustrado(a)

picture ['pɪktʃə(r)] ■ n **1.** [painting] cuadro *m*, pintura *f* / [drawing] dibujo *m* / [in book] ilustración *f* / [photograph] fotografía *f* / [on TV, in mind] imagen *f* ▸ **he's the ~ of health** es la viva imagen de la salud ▸ **his face was a ~** puso una cara digna de verse ▸ *Fig* **the political/economic ~** el panorama político/económico ▸ *Fig* **to put sb in the ~** poner a alguien al tanto *or* en situación ▸ *Fam Fig* **I get the ~** ya veo, ya entiendo ▸ **~ book** libro *m* ilustrado ▸ **~ frame** marco *m* ▸ **~ gallery** pinacoteca *f* ▸ **~ messaging** mensajería *f* de imágenes ▸

~ postcard postal *f* ▸ **~ window** ventanal *m* **2.** *Fam* [film] película *f* ▸ *BR* **to go to the pictures** ir al cine
■ vt **1.** [imagine] imaginarse ▸ **I can't ~ him as a teacher** no me lo imagino (trabajando) de profesor **2.** [represent, portray] retratar

picturesque [pɪktʃə'resk] adj pintoresco(a)

pidgin ['pɪdʒɪn] n lengua *f* híbrida, (lengua *f*) pidgin *m* ▸ **~ English** = *mezcla de inglés con un idioma local*

pie [paɪ] n [of meat, fish] empanada *f,* pastel *m,* *COL, CSUR* torta *f* / [of fruit] tarta *f* ▸ *Fam* **~ in the sky** castillos *mpl* en el aire ▸ **~ chart** gráfico *m* de sectores

piece [pi:s] n **1.** [of paper, meat, cake] trozo *m,* pedazo *m* / [of cloth, music] pieza *f* / [newspaper article] artículo *m* ▸ **a ~ of advice** un consejo ▸ *Fig* **it was a ~ of cake** [very easy] estaba tirado *or* chupado ▸ **a ~ of carelessness** un descuido ▸ **a ~ of clothing** una prenda (de vestir) ▸ **a ~ of furniture** un mueble ▸ **a ~ of land** un terreno ▸ **that was a ~ of (good) luck!** ¡fue (una) suerte! ▸ **a ~ of luggage** un bulto (de equipaje) ▸ **a ~ of news** una noticia ▸ **~ rate** [pay] tarifa *f* a destajo **2.** [in games, of jigsaw puzzle] pieza *f* / [in dominoes, draughts] ficha *f* **3.** [coin] **five/fifty pence ~** moneda *f* de cinco/cincuenta peniques **4.** [of artillery] pieza *f* / *Fam* [gun] pipa *f,* *AM* fierro *m* **5.** [idioms] **they are all of a ~** están cortados por el mismo patrón ▸ **to be still in one ~** estar sano(a) y salvo(a) ▸ **to give sb a ~ of one's mind** cantar las cuarenta a alguien ▸ **he said his ~** dijo lo que pensaba ▸ **~ by ~** paso por paso, poco a poco ▸ *Fig* **to go to pieces** derrumbarse ▸ **to fall to pieces** caerse a pedazos ▸ **to take sth to pieces** desmontar algo

◆ ***piece together*** vt sep [parts] montar / [broken object] recomponer / [facts] reconstruir / [evidence] componer

piecemeal ['pi:smi:l] ■ adj deslavazado(a), poco sistemático(a)
■ adv deslavazadamente, desordenadamente

piecework ['pi:swɜ:k] n (trabajo *m* a) destajo *m*

pieceworker ['pi:swɜ:kə(r)] n trabajador(ora) *m,f* a destajo

pied-à-terre ['pjeɪdæ'teə(r)] n = *segunda vivienda, a menudo en una ciudad o un país diferente*

pier [pɪə(r)] n [landing stage] muelle *m,* embarcadero *m* / [with seaside amusements] malecón *m* / [of bridge] pilar *m*

pierce [pɪəs] vt perforar ▸ **to have one's ears pierced** hacerse agujeros en las orejas

piercing ['pɪəsɪŋ] ■ n [for body adornment] piercing *m*
■ adj [voice, sound, look] penetrante / [wind] cortante

piety ['paɪətɪ] n piedad *f*

pig [pɪg] ■ n **1.** [animal] cerdo *m,* puerco *m,* *AM* chancho *m* **2.** *Fam* [greedy person] comilón(ona) *m,f,* glotón(ona) *m,f,* *AM* chancho *m* / [unpleasant person] cerdo(a) *m,f,* asqueroso(a) *m,f,* *AM* chancho *m* **3.** *very Fam* [policeman] *ESP* madero *m,* *ANDES, PAN* paco *m,* *MÉX* tamarindo *m,* *RP* cana *m* **4.** *Fam* [idioms] **to buy a ~ in a poke** recibir gato por liebre ▸ *BR* **to make a pig's ear of sth** hacer un estropicio con algo ▸ **to make a ~ of oneself** ponerse hasta las orejas de comida ▸ **pigs might fly!** ¡que te crees tú eso!, *ESP* ¡y yo soy la reina de los mares!, *MÉX* ¡y yo soy el presidente de la República!, *RP* ¡y yo soy Gardel!
■ vt (pt & pp **pigged**) *Fam* **to ~ oneself** ponerse las botas (comiendo)

◆ ***pig out*** vi *Fam* ponerse las botas (comiendo)

pigeon ['pɪdʒɪn] n paloma *f*

pigeonhole ['pɪdʒɪnhəʊl] ■ n casillero *m,* casilla *f*
■ vt encasillar

piggy ['pɪgɪ] *Fam* ■ n cerdito(a) *m,f,* *AM* chanchito(a) *m,f* ▸ **~ bank** hucha *f,* *AM* alcancía *f (en forma de cerdito)*
■ adj **~ eyes** ojillos *mpl* de cerdo

piggyback ['pɪgɪbæk] n **to give sb a ~** llevar a alguien a cuestas

pigheaded [pɪg'hedɪd] adj cabezota, testarudo(a)

piglet [pɪglɪt] n cochinillo *m,* cerdito *m*

pigment ['pɪgmənt] n pigmento *m*

pigmentation [pɪgmən'teɪʃən] n pigmentación *f*

pigmy ['pɪgmɪ] n pigmeo(a) *m,f*

pigsty ['pɪgstaɪ] n *also Fig* pocilga *f*

pigtail ['pɪgteɪl] n [plaited] trenza *f* / [loose] coleta *f*

pike[1] [paɪk] n [weapon] pica *f*

pike[2] n [fish] lucio *m*

Pilates [pɪ'lɑ:teɪz] n Pilates *n*

pilchard ['pɪltʃəd] n sardina *f*

pile [paɪl] ■ n **1.** [heap] pila *f,* montón *m* ▸ **to put in(to) a ~, to make a ~ of** apilar ▸ *Fam* **she made her ~ in property** se forró *or MÉX* se llenó de lana *or RP* se llenó de guita con el negocio inmobiliario ▸ *Fam* **to have piles of** *or* **a ~ of work to do** tener un montón de trabajo que hacer ▸ *Fam Fig* **to be at the top/bottom of the ~** estar en lo más alto/bajo de la escala **2.** [of carpet] pelo *m* **3.** PHYS **(atomic) ~** pila *f* atómica **4.** [building] mansión *f* / [column, pillar] pilar *m*
■ vt amontonar, apilar ▸ **they piled food onto my plate** me llenaron el plato de comida
■ vi *Fam* **to ~ into a car** meterse atropelladamente en un coche *or AM* carro *or CSUR* auto

◆ ***pile in*** vi meterse atropelladamente

◆ ***pile on*** vt sep **to ~ on the pressure** aumentar la presión al máximo

◆ ***pile out*** vi salir atropelladamente

◆ ***pile up*** vi [dirty clothes, work] acumularse, apilarse

pile-driver ['paɪldraɪvə(r)] n [tool] martinete *m*

piles [paɪlz] npl [haemorrhoids] almorranas *fpl*

pile-up ['paɪlʌp] n *Fam* [of cars] choque *m* masivo

pilfer ['pɪlfə(r)] vt & vi hurtar, *ESP* sisar

pilgrim [pɪlgrɪm] n peregrino(a) *m,f*

pilgrimage ['pɪlgrɪmɪdʒ] n peregrinación *f,* peregrinaje *m* ▸ **to go on a ~, to make a ~** hacer una peregrinación

pill [pɪl] n pastilla *f,* píldora *f* ▸ **the ~** [contraceptive] la píldora ▸ **to be on the ~** tomar la píldora

pillage ['pɪlɪdʒ] ■ n pillaje *m,* saqueo *m*
■ vt & vi saquear

pillar ['pɪlə(r)] n [of building] pilar *m* / [of fire] columna *f* ▸ *Fig* **a ~ of society/the Church** uno de los pilares de la sociedad/la Iglesia ▸ **from ~ to post** de la

Ceca a la Meca ▸ **to be a ~ of strength** ser como una roca ▸ *BR* **~ box** buzón *m* (de correos)

pillion ['pɪljən] ■ n **~ (seat)** asiento *m* trasero
■ adv **to ride ~** ir de paquete

pillock ['pɪlək] n *BR very Fam ESP* gilipollas *mf inv, AM* pendejo(a) *m,f*

pillory ['pɪlərɪ] ■ n picota *f*
■ vt [ridicule] poner en la picota

pillow ['pɪləʊ] n almohada *f*

pillowcase ['pɪləʊkeɪs], ***pillowslip*** ['pɪləʊslɪp] n funda *f* de almohada

pilot ['paɪlət] ■ n [of plane, ship] piloto *mf* ▸ TV **~ (programme)** programa *m* piloto ▸ **~ light** piloto *m* ▸ **~ scheme/study** proyecto *m*/estudio *m* piloto
■ vt [plane, ship] pilotar

pimp [pɪmp] n proxeneta *m, ESP* chulo *m, RP* cafiolo *m*

pimple ['pɪmpəl] n grano *m*

pimply ['pɪmplɪ] adj lleno(a) de granos

PIN [pɪn] n FIN (abbr ***personal identification number***) ▸ **~ (number)** PIN *m*

pin [pɪn] ■ n [for sewing] alfiler *m* / [bolt] clavija *f* / [of grenade] seguro *m* / MED clavo *m* ▸ *BR* ELEC **two/three ~ plug** enchufe *m* de dos/tres clavijas ▸ **you could have heard a ~ drop** se oía el vuelo de una mosca ▸ *Fam* **pins and needles** hormigueo *m* ▸ **(firing) ~** percutor *m* ▸ **(safety) ~** [for fastening clothes] imperdible *m, AM* alfiler *m* de gancho, *CAM, MÉX* seguro *m* ▸ **~ money** dinero *m* extra
■ vt (pt & pp **pinned**) [fasten with pin] clavar / [hold still] sujetar, atrapar ▸ **to ~ sb against** *or* **to a wall** atrapar a alguien contra una pared ▸ **to ~ the blame on sb** cargar la culpa a alguien ▸ **he pinned his hopes on them** puso *or* cifró sus esperanzas en ellos

◆ ***pin down*** vt sep **1.** [trap] atrapar, sujetar **2.** [identify] identificar **3.** [force to be definite] **we tried to ~ him down to a date** intentamos que se comprometiera a dar una fecha

◆ ***pin up*** vt sep [notice] clavar / [hair] recoger / [hem] coger *or* prender con alfileres

pinafore ['pɪnəfɔː(r)] n [apron] delantal *m* ▸ **~ dress** *ESP* pichi *m, CSUR, MÉX* jumper *m*

pinball ['pɪnbɔːl] n **to play ~** jugar a la máquina *or* al flíper ▸ **~ machine** máquina *f* de bolas, flíper *m*

pincer ['pɪnsə(r)] n [of crab, insect] pinza *f* ▸ MIL **~ movement** movimiento *m* de tenaza

pincers ['pɪnsəz] npl [tool] tenazas *fpl*

pinch [pɪntʃ] ■ n **1.** [action] pellizco *m* / [small amount] pizca *f*, pellizco *m* ▸ **to give sb a ~** dar un pellizco a alguien **2.** [idioms] **to feel the ~** pasar estrecheces ▸ **at a ~** haciendo un esfuerzo ▸ **to take sth with a ~ of salt** no tomarse algo muy en serio, no dar demasiado crédito a algo
■ vt **1.** [nip] pellizcar ▸ **these shoes ~ my feet** estos zapatos me aprietan **2.** *BR Fam* [steal] afanar, *ESP* levantar
■ vi [shoes] apretar

pinch-hit ['pɪntʃ'hɪt] vi *US* **1.** [in baseball] = *sustituir a un bateador en un momento decisivo del partido* **2.** *Fig* [substitute] **to ~ for sb** sustituir a alguien *(en una emergencia)*

pincushion ['pɪnkʊʃən] n acerico *m*, alfiletero *m*

pine[1] [paɪn] n [tree, wood] pino *m* ▸ **~ cone** piña *f* ▸ **~ forest** pinar *m* ▸ **~ needle** aguja *f* de pino ▸ **~ nut** piñón *m*

pine[2] vi **to ~ for sth/sb** echar de menos *or* añorar algo/a alguien, *AM* extrañar algo/a alguien

◆ ***pine away*** vi consumirse de pena

pineapple ['paɪnæpəl] n piña *f, RP* ananá *m*

ping [pɪŋ] ■ n sonido *m* metálico
■ vi sonar

ping-pong ['pɪŋpɒŋ] n pimpón *m*, ping-pong *m*

pinhead ['pɪnhed] n *Fam* [stupid person] majadero(a) *m,f*

pinion ['pɪnjən] ■ n [cogwheel] piñón *m*
■ vt [restrain] inmovilizar, sujetar ▸ **to ~ sb to the ground** inmovilizar a alguien en el suelo

pink [pɪŋk] ■ n **1.** (color *m*) rosa *m* ▸ *Fam* **to be in the ~** [be well] estar como una rosa **2.** [flower] clavel *m*
■ adj rosa ▸ **to turn ~** sonrojarse ▸ **the ~** *BR* **pound** *or US* **dollar** = *el poder adquisitivo de los homosexuales* ▸ **~ gin** pink gin *m*, ginebra *f* con angostura

pinkeye ['pɪŋkaɪ] n *US* conjuntivitis *f inv*

pinkie ['pɪŋkɪ] n *US & SCOT* (dedo *m*) meñique *m*

pinnacle ['pɪnəkəl] n [of mountain, fame, career] cima *f*, cumbre *f*

pinpoint ['pɪnpɔɪnt] vt señalar, precisar

pinprick ['pɪnprɪk] n pinchazo *m*

pinstripe ['pɪnstraɪp] adj de raya diplomática ▸ **~ suit** traje *m* de raya diplomática

pint [paɪnt] n [measurement] pinta *f (0,57 litros)* ▸ *BR* **a ~** [of beer] una pinta ▸ **I'm going for a ~** voy a tomarme una cerveza

pinto bean ['pɪntəʊ'biːn] n alubia *f* pinta, *AM* frijol *m or CSUR* poroto *m* pinto

pint-size(d) ['paɪntsaɪz(d)] adj *Fam* diminuto(a), pequeñajo(a)

pin-up ['pɪnʌp] n *Fam* **1.** [poster] **pin-ups** posters *mpl* de chicas ligeritas de ropa **2.** [woman] modelo *f* de revista (erótica)

pioneer [paɪə'nɪə(r)] ■ n *also Fig* pionero(a) *m,f*
■ vt iniciar, promover

pioneering [paɪə'nɪərɪŋ] adj pionero(a)

pious ['paɪəs] adj pío(a), piadoso(a) ▸ **a ~ hope** una vana ilusión

piously ['paɪəslɪ] adv piadosamente

pip [pɪp] ■ n **1.** [of fruit] pepita *f* **2.** [on card, die] punto *m* / *BR* [on uniform] estrella *f* **3.** *BR* [sound] **the pips** [on radio] las señales horarias / [on public telephone] la señal *or* los tonos de fin de llamada *or AM* llamado **4.** *Fam* **it/he gives me the ~!** ¡me pone enfermo!
■ vt (pt & pp **pipped**) *BR Fam* **he was pipped at the post** lo superaron en el último momento

pipe [paɪp] ■ n **1.** [tube] tubería *f* / [musical instrument] flauta *f* ▸ **the pipes** [bagpipes] la gaita ▸ **~ band** grupo *m* de gaiteros **2.** [for smoking] pipa *f* ▸ **to smoke a ~** fumarse una pipa ▸ *Fam Fig* **put that in your ~ and smoke it!** *ESP* ¡toma del frasco, Carrasco!, *AM*

¡tómate esa! ▸ ~ **cleaner** desatascador *m* ▸ ~ **dream** sueño *m* imposible
■ vt [water, oil] conducir mediante tuberías ▸ *Fam* **piped music** hilo *m* musical
◆ ***pipe down*** vi *Fam* cerrar el pico, callarse
◆ ***pipe up*** vi hacerse oír

pipeline ['paɪplaɪn] n tubería *f,* conducto *m* ▸ **oil ~** oleoducto *m* ▸ *Fig* **there are several projects in the ~** hay en preparación varios proyectos

piper ['paɪpə(r)] n [bagpipe player] gaitero(a) *m,f* ▸ *Prov* **he who pays the ~ calls the tune** el que paga, manda

pipette [pɪ'pet] n pipeta *f*

piping ['paɪpɪŋ] ■ n **1.** [pipes] tuberías *fpl,* tubos *mpl* **2.** [sound of bagpipes] (sonido *m* de) gaitas *fpl* **3.** [on uniform] ribetes *mpl*
■ adj [sound] agudo(a) ▸ **a ~ voice** una voz de pito
■ adv **~ hot** caliente, calentito(a)

pipsqueak ['pɪpskwiːk] n *Fam* pelagatos *mf inv*

piquant ['piːkənt] adj fuerte, picante

pique [piːk] ■ n rabia *f* ▸ **in a fit of ~** en una rabieta
■ vt molestar

piracy ['paɪrəsɪ] n [gen] & COM piratería *f*

piranha [pɪ'rɑːnə] n piraña *f*

pirate ['paɪrɪt] n pirata *mf* ▸ **~ edition** edición *f* pirata ▸ **~ radio** radio *f* pirata

pirouette [pɪrʊ'et] ■ n pirueta *f*
■ vi hacer piruetas

Pisa ['piːzə] n Pisa

Pisces ['paɪsiːz] n [sign of zodiac] Piscis *m inv* ▸ **to be (a) ~** ser Piscis

piss [pɪs] *very Fam* ■ n [urine] meada *f* ▸ **to have a ~** mear, echar una meada ▸ *BR* **to take the ~ out of sth/sb** burlarse *or* *ESP* cachondearse de algo/alguien ▸ **~ artist** [useless person] puto(a) inútil *m,f* / [drunk] borrachuzo(a) *m,f,* *AM* borrachón(ona) *m,f*
■ vt **to ~ oneself,** *BR* **to ~ one's pants** mearse encima, mearse en los pantalones
■ vi mear
◆ ***piss about, piss around*** vi *very Fam* [behave foolishly] hacer el *ESP* gilipollas *or* *AM* pendejo / [waste time] tocarse los huevos
◆ ***piss off*** *very Fam* ■ vt sep [annoy] joder, cabrear, *MÉX* fregar ▸ **to be pissed off (with)** estar cabreado(a) (con), *MÉX* estar enchilado(a) (con)
■ vi [go away] largarse ▸ **~ off!** ¡vete al carajo!

pissed [pɪst] adj *very Fam* **1.** *BR* [drunk] *ESP, MÉX* pedo *inv,* *COL* caído(a), *RP* en pedo ▸ **to be ~** estar *ESP, MÉX* pedo *or* *COL* caído(a) *or* *RP* en pedo ▸ **to get ~** agarrarse un pedo *or* *COL* una perra **2.** *US* [angry] cabreado(a) ▸ **to be ~** estar cabreado(a)

pisshead ['pɪshed] n *very Fam* **1.** *BR* [drunkard] borrachuzo(a) *m,f,* *AM* borrachón(ona) *m,f* **2.** *US* [unpleasant person] *ESP* capullo(a) *m,f,* *AM* pendejo(a) *m,f*

piss-take ['pɪsteɪk] n *very Fam* vacilada *f,* *RP* joda *f*

piss-up ['pɪsʌp] n *BR very Fam* **to have a ~** *ESP* ponerse ciegos a privar, *COL* agarrarse una perra, *MÉX* ponerse una buena peda, *RP* ponerse requete en pedo

pistachio [pɪ'stɑːʃɪəʊ] (pl **pistachios**) n [nut] pistacho *m* / [tree] alfóncigo *m,* pistachero *m*

piste [piːst] n [ski slope] pista *f*

pistol ['pɪstəl] n [gun] pistola *f* ▸ **~ shot** disparo *m* (de pistola), pistoletazo *m*

piston ['pɪstən] n émbolo *m,* pistón *m*

pit[1] [pɪt] n **1.** [hole in ground] hoyo *m* / [coal mine] mina *f* ▸ **the news hit him in the ~ of his stomach** la noticia le dolió en lo más profundo ▸ *US Fam* **it's/he's the pits!** ¡es penoso! **2.** THEAT foso *m* (de la orquesta) ▸ **the pits** [in motor racing] los boxes **3.** [on metal, glass] marca *f* / [on skin] picadura *f* **4.** *US* ST EXCH corro *m*

pit[2] ■ n [of cherry] hueso *m,* pipo *m,* *RP* carozo *m* / *US* [of peach, plum] hueso *m,* *RP* carozo *m*
■ vt [cherry, olive] deshuesar

pit[3] (pt & pp **pitted**) vt **to ~ sb against sb** enfrentar a alguien con alguien ▸ **to ~ oneself against sb** enfrentarse con alguien ▸ **she pitted her wits against them** midió su ingenio con el de ellos

pit-a-pat ['pɪtə'pæt] ■ n [of rain] tamborileo *m,* repiqueteo *m* / [of feet, heart] golpeteo *m*
■ adv **to go ~** [rain] repiquetear / [feet, heart] golpetear

pitch[1] [pɪtʃ] n [tar] brea *f*

pitch[2] ■ n **1.** *BR* [for market stall] puesto *m* **2.** *esp BR* [for sport] campo *m* **3.** MUS [of note] tono *m* ▸ *Fig* **to reach such a ~ that...** llegar a tal punto que... ▸ **~ pipe** diapasón *m* **4.** [talk] **(sales) ~** charla *f* para vender **5.** [slope] [of roof, ceiling] pendiente *f*
■ vt **1.** [throw] lanzar **2.** [aim] **our new model is pitched to appeal to executives** nuestro nuevo modelo está diseñado para atraer a ejecutivos ▸ **he pitched the talk at the right level** le imprimió a la charla *or* *CAM, MÉX* plática el tono *or* nivel apropiado **3.** [set up] [tent] montar
■ vi [ship, plane] cabecear, tambalearse
◆ ***pitch in*** vi colaborar, echar una mano

pitch-black [pɪtʃ'blæk] adj oscuro(a) como boca de lobo

pitched [pɪtʃt] adj **1.** [sloping] en pendiente **2. ~ battle** batalla *f* campal

pitcher[1] ['pɪtʃə(r)] n [jug] jarra *f* / [large and made of clay] cántaro *m*

pitcher[2] n *US* [in baseball] lanzador(ora) *m,f*

pitchfork ['pɪtʃfɔːk] n horca *f*

piteous ['pɪtɪəs] adj penoso(a), patético(a)

pitfall ['pɪtfɔːl] n [danger] peligro *m,* riesgo *m*

pith [pɪθ] n [of orange] piel *f* blanca / [of argument, idea] meollo *m* ▸ **~ helmet** salacot *m*

pithy ['pɪθɪ] adj [style, story] sustancioso(a), enjundioso(a)

pitiable ['pɪtɪəbəl] adj lamentable

pitiful ['pɪtɪfʊl] adj [arousing pity] lastimoso(a) / [deplorable] lamentable, deplorable

pitifully ['pɪtɪfʊlɪ] adv [arousing pity] lastimosamente / [deplorably] deplorablemente, lamentablemente

pitiless ['pɪtɪlɪs] adj despiadado(a)

pitilessly ['pɪtɪlɪslɪ] adv despiadadamente

pitta bread ['pɪtəbred] n pan *m* (de) pitta, = *pan hindú sin levadura*

pittance ['pɪtəns] n miseria *f*

pituitary gland [pɪ'tju:ɪtərɪ'glænd] n ANAT hipófisis *f inv,* glándula *f* pituitaria

pity ['pɪtɪ] ■ n **1.** [compassion] piedad *f,* compasión *f* ▸ **to take** *or* **have ~ (on sb)** apiadarse *or* compadecerse (de alguien) ▸ **to show no ~** no mostrar compasión ▸ **for pity's sake!** ¡por el amor de Dios! **2.** [misfortune] **it's a ~ that...** es una lástima *or* una pena que... ▸ **what a ~!** ¡qué pena!, ¡qué lástima! ▸ **more's the ~** por desgracia
■ vt compadecer

pitying ['pɪtɪɪŋ] adj compasivo(a)

pityingly ['pɪtɪɪŋlɪ] adv compasivamente, con compasión

pivot ['pɪvət] ■ n [of turning mechanism] eje *m,* pivote *m* / [key person] eje *m*
■ vi [turning mechanism] pivotar (**on** sobre) / [plan] girar (**on** *or* **around** en torno a)

pivotal ['pɪvətəl] adj crucial

pixel ['pɪksəl] n COMPTR píxel *m,* elemento *m* de imagen

pixie ['pɪksɪ] n duende *m*

pizza ['pi:tsə] n pizza *f* ▸ **~ parlour** pizzería *f*

Pk (abbr ***Park***) parque *m*

pkt (abbr ***packet***) paquete *m*

Pl (abbr ***Place***) C/, calle *f*

placard ['plækɑ:d] n pancarta *f*

placate [plə'keɪt] vt aplacar

place [pleɪs] ■ n **1.** [location] lugar *m,* sitio *m* / [in street names] calle *f* ▸ **to move from one ~ to another** ir de un lugar a otro ▸ **a good ~ to meet people** un buen sitio para conocer (a) gente ▸ **I'm looking for a ~ to live** estoy buscando casa ▸ **can you recommend a ~ to eat?** ¿me puedes recomendar un restaurante? ▸ **this is no ~ for you** este no es lugar para ti ▸ **I can't be in two places at once!** ¡no puedo estar en dos sitios a la vez! ▸ *Fam* **she has worked all over the ~** ha trabajado en mil sitios ▸ *Fig* **his explanation was all over the ~** su explicación fue muy liosa ▸ *Fam* **my hair is all over the ~** llevo el pelo hecho un desastre ▸ **at the interview he was all over the ~** en la entrevista no dio pie con bola *or ESP* una a derechas ▸ *Fam Fig* **to go places** [be successful] llegar lejos ▸ **~ of birth/death** lugar de nacimiento/defunción ▸ **~ kick** [in rugby] puntapié *m* colocado ▸ **~ name** topónimo *m* ▸ **~ of work/ residence** lugar de trabajo/residencia ▸ **~ of worship** templo *m* **2.** [assigned to person] puesto *m* / [assigned to thing] sitio *m* / [at university, on course] plaza *f* ▸ **to find a ~ for sb** [job] encontrar colocación a alguien ▸ **there's a time and a ~ for everything** cada cosa a su tiempo ▸ **to hold sth in ~** sujetar algo ▸ **he had lost his ~** [in a book] había perdido la página por la que iba ▸ **to take ~** tener lugar ▸ **to take sb's ~** ocupar el puesto de alguien ▸ *Fig* **out of ~** [person, remark] fuera de lugar **3.** *Fam* [residence] casa *f* ▸ **a little ~ in the country** una casita en el campo ▸ **your ~ or mine?** ¿en tu casa o en la mía? **4.** [seat] sitio *m,* asiento *m* ▸ **to keep sb's ~ in a** *BR* **queue** *or US* **line** guardarle a alguien el sitio en una cola ▸ **to set** *or* **lay an extra ~ at table** poner un cubierto *or* servicio más en la mesa ▸ **to change places with sb** cambiarle el sitio a alguien / *Fig* cambiarse por alguien ▸ *Fig* **put yourself in my ~** ponte en mi lugar ▸ **~ mat** mantel *m* individual **5.** [in competition, society] puesto *m,* lugar *m* ▸ **in first/second ~** en primer/ segundo lugar ▸ **in the first ~...** en primer lugar... ▸ **in the second ~...** en segundo lugar... ▸ **I don't know why they gave him the job in the first ~** no sé cómo se les ocurrió darle el trabajo ▸ **you have to know your ~** hay que saber estar (en su sitio) ▸ **to put sb in his ~** poner a alguien en su sitio **6.** MATH **to three decimal places** con tres (cifras) decimales
■ vt **1.** [put] colocar, poner ▸ **the house is well placed** la casa está bien situada ▸ **to be well placed to do sth** estar en una buena posición para hacer algo ▸ **I know his face but I can't ~ him** conozco su cara, pero no sé de qué **2.** COM & FIN **to ~ an order (with sb)** hacer un pedido (a alguien) ▸ **to ~ a contract with sb** conceder un contrato a alguien ▸ **to ~ a bet (on sth)** hacer una apuesta (por algo) **3.** [find a job for] colocar **4.** [classify] situar, colocar ▸ **to be placed third** clasificarse en tercer lugar

placebo [plæ'si:bəʊ] (pl **placebos**) n *also Fig* placebo *m*

placement ['pleɪsmənt] n [for trainee, student] colocación *f* en prácticas

placenta [plə'sentə] (pl **placentas** *or* **placentae** [plə'senti:]) n placenta *f*

placid ['plæsɪd] adj plácido(a)

placing ['pleɪsɪŋ] n [act of putting] colocación *f* / [situation, position] ubicación *f,* posición *f*

plagiarism ['pleɪdʒərɪzəm] n plagio *m*

plagiarize ['pleɪdʒəraɪz] vt plagiar

plague [pleɪg] ■ n [disease] peste *f* / [of insects, frogs] plaga *f* ▸ **to avoid sb like the ~** huir de alguien como de la peste
■ vt [of person] molestar, fastidiar / [of problem] fastidiar ▸ **to ~ sb with questions** asediar a alguien a *or* con preguntas

plaice [pleɪs] (pl **plaice**) n [fish] solla *f,* platija *f*

plaid [plæd] n [fabric] tela *f* escocesa

plain [pleɪn] ■ n llanura *f*
■ adj **1.** [clear, unambiguous] claro(a) ▸ **to make sth ~ to sb** dejar claro algo a alguien ▸ **I'll be quite ~ with you** voy a ser claro con usted ▸ *Fam* **it's as ~ as the nose on your face** está más claro que el agua ▸ **in ~ English** en lenguaje llano ▸ **a ~ answer** una respuesta directa *or* clara ▸ *Fig* **it was ~ sailing** fue pan comido ▸ **~ speaking** franqueza *f* ▸ **the ~ truth** la verdad pura y simple **2.** [simple] [style, garment] sencillo(a) ▸ *Fam* **that's just ~ foolishness** es pura tontería ▸ **one ~, one purl** [in knitting] uno del derecho, uno del revés ▸ **~ chocolate** chocolate *m* amargo ▸ **in ~ clothes** [policeman] de paisano ▸ **~ flour** harina *f* sin levadura **3.** [not beautiful] feo(a) ▸ **a ~ Jane** un patito feo

plainly ['pleɪnlɪ] adv **1.** [clearly] claramente ▸ **to speak ~** hablar con franqueza **2.** [simply] [to live, dress] con sencillez

plainness ['pleɪnnɪs] n [of style, expression, food] sencillez *f* / [of looks] falta *f* de atractivo

plain-spoken [pleɪn'spəʊkən] adj franco(a), directo(a)

plaintiff ['pleɪntɪf] n LAW demandante *mf*

plaintive ['pleɪntɪv] adj lastimero(a)

plaintively ['pleɪntɪvlɪ] adv lastimosamente

plait [plæt] ■ n trenza *f*
■ vt trenzar

plan [plæn] ■ n 1. [proposal, intention] plan *m* ▸ **a change of ~** un cambio de planes ▸ **everything went according to ~** todo fue según lo previsto ▸ **the best ~ would be to...** lo mejor sería... ▸ **what are your plans for the summer?** ¿qué planes tienes para el verano? ▸ **to have other plans** tener otras cosas que hacer **2.** [of building, town] plano *m* / [of essay, novel] esquema *m*
■ vt (pt & pp **planned**) **1.** [arrange] planear ▸ **to ~ to do sth** planear hacer algo ▸ **it all went as planned** todo fue según lo previsto **2.** [design] [building] proyectar / [economy] planificar
■ vi hacer planes ▸ **to ~ for the future** hacer planes para el futuro

◆ ***plan out*** vt sep planificar

plane[1] [pleɪn] n [surface, level] plano *m*

plane[2] n [aeroplane] avión *m* ▸ **by ~** en avión ▸ **~ ticket** billete *m or AM* boleto *m or AM* pasaje *m* de avión

plane[3] ■ n [tool] cepillo *m*
■ vt cepillar

plane[4] n ~ **(tree)** plátano *m*

planet ['plænɪt] n planeta *m*

planetarium [plænɪ'teərɪəm] (pl **planetariums** *or* **planetaria** [plænɪ'teərɪə]) n planetario *m*

planetary ['plænɪtərɪ] adj planetario(a)

plank [plæŋk] n [of wood] tablón *m* / *Fig* [central element] punto *m* principal

plankton ['plæŋktən] n plancton *m*

planner ['plænə(r)] n encargado(a) *m,f* de la planificación / [town planner] urbanista *mf*

planning ['plænɪŋ] n planificación *f* / [town planning] urbanismo *m* ▸ **it's still at the ~ stage** aún está en fase de estudio ▸ *BR* **~ permission** licencia *f* de obras

plant [plɑ:nt] ■ n **1.** [living thing] planta *f* ▸ **~ life** flora *f* **2.** IND [equipment] maquinaria *f* / [factory] fábrica *f*, planta *f* ▸ **~** *BR* **hire** *or US* **leasing** alquiler *m* de equipo ▸ **~ maintenance** mantenimiento *m* de la planta
■ vt [tree, flower] plantar / [crops, field] sembrar / [bomb] colocar ▸ **to ~ an idea in sb's mind** inculcar una idea a alguien ▸ *Fam* **to ~ sth on sb** endosar algo a alguien

plantain ['plæntɪn] n **1.** [wild plant] llantén *m* **2.** [similar to banana] [fruit] plátano *m*, *RP* banana *f* / [tree] platanero *m*

plantation [plæn'teɪʃən] n plantación *f*

planter ['plɑ:ntə(r)] n [person] plantador(ora) *m,f* / [machine] sembradora *f*

plaque [plɑ:k] n **1.** [bronze, marble] placa *f* **2.** [on teeth] placa *f* dental (bacteriana)

plasma ['plæzmə] n plasma *m* ▸ COMPTR **~ screen** pantalla *f* de plasma

plaster ['plɑ:stə(r)] ■ n **1.** [on wall] yeso *m* ▸ **~ of Paris** escayola *f* ▸ **to put a leg in ~** escayolar una pierna ▸ **~ cast** escayola **2.** *BR* **(sticking) ~** tirita *f*, *AM* curita *f*
■ vt **1.** [wall] enyesar, enlucir **2.** [cover] cubrir (**with** de) ▸ **plastered with mud** embarrado(a), cubierto(a) de barro ▸ **his name was plastered over the front pages** su nombre aparecía en los titulares *or MÉX, RP* encabezados de todas las portadas

plasterboard ['plɑ:stəbɔ:d] n pladur® *m*

plastered ['plæstəd] adj *Fam* [drunk] trompa ▸ **to be ~** estar trompa

plasterer ['plɑ:stərə(r)] n enlucidor(ora) *m,f*

plastic ['plæstɪk] ■ n plástico *m*
■ adj [cup, bag] de plástico ▸ **~ bullet** bala *f* de goma ▸ **~ explosive** (explosivo *m*) plástico *m* ▸ **~ surgeon** cirujano(a) *m,f* plástico(a) ▸ **~ surgery** cirugía *f* plástica

plasticity [plæs'tɪsɪtɪ] n [of material] plasticidad *f* / *Fig* [of mind] ductilidad *f*, adaptabilidad *f*

plate [pleɪt] ■ n **1.** [for food] plato *m* / [for church offering] platillo *m* ▸ *Fam Fig* **she's got a lot on her ~** tiene un montón de cosas entre manos ▸ *Fam Fig* **to hand sth to sb on a ~** poner algo en bandeja a alguien ▸ **~ rack** escurreplatos *m inv* **2.** [sheet of metal, glass, plastic] placa *f* ▸ **gold/silver ~** oro *m*/plata *f* chapado(a) ▸ **~ glass** vidrio *m* para cristaleras
■ vt [with gold] dorar / [with silver] platear

plateau ['plætəʊ] n GEOG meseta *f* ▸ *Fig* **to reach a ~** [career, economy] estabilizarse

platform ['plætfɔ:m] n **1.** [raised flat surface] plataforma *f* / [in train station] [where passengers stand] andén *m* / [where train stops] vía *f* ▸ RAIL **~ 4** vía 4 ▸ **~ shoes** zapatos *mpl* de plataforma ▸ **~ soles** suelas *fpl* de plataforma **2.** [at meeting] tribuna *f* / [political programme] programa *m*

platinum ['plætɪnəm] n CHEM platino *m* ▸ **~ blond hair** pelo *m* rubio platino

platitude ['plætɪtju:d] n tópico *m*, trivialidad *f*

platonic [plə'tɒnɪk] adj platónico(a)

platoon [plə'tu:n] n MIL pelotón *m*

platter ['plætə(r)] n [serving plate] fuente *f*

platypus ['plætɪpəs] n ornitorrinco *m*

plausibility [plɔ:zɪ'bɪlɪtɪ] n plausibilidad *f*

plausible ['plɔ:zəbəl] adj [excuse, argument] plausible

play [pleɪ] ■ n **1.** [drama] obra *f* (de teatro) **2.** [of children] juego *m* ▸ **at ~** jugando ▸ **to make great ~ of sth** sacarle mucho jugo a algo ▸ **~ on words** juego de palabras **3.** [in sport] juego *m* ▸ **~ began at one o'clock** el juego comenzó a la una ▸ **in ~** en juego ▸ **out of ~** fuera del campo ▸ *Fig* **to come into ~** entrar en juego ▸ *Fig* **to make a ~ for sth** tratar de conseguir algo **4.** TECH juego *m*
■ vt **1.** [game, sport] jugar a / [opponent] jugar contra ▸ **to ~ centre forward** jugar de delantero centro ▸ **to ~ soccer/chess** jugar al fútbol/ajedrez ▸ **to ~ sb at sth** jugar contra alguien a algo ▸ **he decided not to ~ Sanders** decidió no sacar a Sanders ▸ **to ~ a shot** [in snooker, pool] dar un golpe, hacer un tiro ▸ **to ~ a card** jugar una carta ▸ *Fig* **stop playing games!** ¡basta ya de juegos! ▸ *Fig* **to ~ ball** [co-operate] cooperar ▸ **to ~ the**

Stock Exchange jugar a la bolsa ▸ **to ~ a joke** *or* **a trick on sb** gastarle una broma a alguien **2.** [in play, film] interpretar ▸ **to ~ Macbeth** interpretar a Macbeth ▸ *Fig* **to ~ an important part (in sth)** desempeñar un papel importante (en algo) ▸ *Fig* **to ~ no part in sth** [person] no tomar parte en algo / [thing, feeling] no tener nada que ver con algo ▸ *Fig* **to ~ the fool** hacer el tonto **3.** [musical instrument, piece] tocar / [record, CD, tape] poner

■ vi **1.** [children] jugar / [animals] retozar ▸ **to ~ with sth** [pen, hair] juguetear con algo ▸ *Fig* **to ~ with an idea** darle vueltas a una idea ▸ *Fig* **to ~ with fire** jugar con fuego ▸ *Fam Fig* **what's she playing at?** ¿a qué juega? **2.** [sportsperson] jugar ▸ **to ~ fair/dirty** jugar limpio/sucio ▸ **to ~ for money** jugar por *or* con dinero ▸ *Fig* **to ~ for time** intentar ganar tiempo ▸ *Fig* **to ~ into sb's hands** hacerle el juego a alguien, facilitarle las cosas a alguien ▸ *Fig* **to ~ safe** ir a lo seguro, no arriesgarse **3.** [musical instrument] sonar / [musician] tocar **4.** [actor] actuar / [film] exhibirse / [play] representarse

◆ ***play about, play around*** vi juguetear, jugar

◆ ***play along*** vi seguir la corriente (**with** a)

◆ ***play back*** vt sep **to ~ back a recording** reproducir una grabación

◆ ***play down*** vt sep restar importancia a

◆ ***play off*** vt sep **she played her two enemies off against each other** enfrentó a sus dos enemigos entre sí

◆ ***play on*** ■ vt insep [exploit] [feelings, fears] aprovecharse de

■ vi [continue to play] [musician] seguir tocando / [sportsperson] seguir jugando

◆ ***play out*** vt sep **the drama being played out before them** la tragedia que se desarrolla ante sus ojos

◆ ***play up*** vi *BR Fam* [car, child, injury] dar guerra

play-acting ['pleɪæktɪŋ] n teatro *m,* cuento *m*

playback ['pleɪbæk] n reproducción *f*

playboy ['pleɪbɔɪ] n vividor *m,* playboy *m*

player ['pleɪə(r)] n [sportsperson] jugador(ora) *m,f* / [musician] intérprete *mf* / [actor] actor *m,* actriz *f,* intérprete *mf*

playful ['pleɪfʊl] adj [person, animal, mood] juguetón(ona) / [remark] de *or* en broma

playfulness ['pleɪfʊlnɪs] n [of smile, remark, suggestion] carácter *m* juguetón

playground ['pleɪgraʊnd] n [at school] patio *m* de recreo / [in park] zona *f* de juegos

playgroup ['pleɪgru:p] n escuela *f* infantil, guardería *f*

playhouse ['pleɪhaʊs] n [theatre] teatro *m*

playing ['pleɪɪŋ] n **~ card** carta *f,* naipe *m* ▸ **~ field** campo *m* de juego

playmate ['pleɪmeɪt] n compañero(a) *m,f* de juegos

play-off ['pleɪɒf] n SPORT (partido *m* de) desempate *m*

playpen ['pleɪpen] n parque *m,* corral *m*

playroom ['pleɪru:m] n cuarto *m* de juegos

playschool ['pleɪsku:l] n *BR* escuela *f* infantil, guardería *f*

plaything ['pleɪθɪŋ] n juguete *m*

playtime ['pleɪtaɪm] n [at school] recreo *m*

playwright ['pleɪraɪt] n dramaturgo(a) *m,f,* autor(ora) *m,f* teatral

plaza ['plɑ:zə] n *US* [shopping centre] centro *m* comercial

PLC, plc [pi:el'si:] n *BR* COM (abbr ***public limited company***) ≃S.A

plea [pli:] n **1.** [appeal] petición *f,* súplica *f, AM* pedido *m* ▸ **to make a ~ for sth** suplicar algo **2.** [excuse] excusa *f* ▸ **on the ~ that...** alegando que... **3.** LAW declaración *f* ▸ **to enter a ~ of guilty/not guilty** declararse culpable/inocente ▸ *US* **~ bargaining** = *negociación extrajudicial entre el abogado y el fiscal por la que el acusado acepta su culpabilidad en cierto grado a cambio de no ser juzgado por un delito más grave*

plead [pli:d] (*US* pt & pp **pled**) ■ vt LAW **to ~ sb's case** [lawyer] defender a alguien ▸ LAW **to ~ insanity** alegar enajenamiento de las facultades mentales ▸ **to ~ ignorance** alegar desconocimiento

■ vi **to ~ with sb (to do sth)** implorar a alguien (que haga algo) ▸ LAW **to ~ guilty/not guilty** declararse culpable/inocente

pleading ['pli:dɪŋ] adj suplicante

pleadingly ['pli:dɪŋlɪ] adv [to look, ask] suplicantemente

pleasant ['plezənt] adj [remark, place, weather] agradable / [person] agradable, simpático(a) / [surprise] grato(a), agradable

pleasantly ['plezəntlɪ] adv [smile, behave] con simpatía ▸ **to be ~ surprised** estar gratamente sorprendido(a)

pleasantry ['plezəntrɪ] n [joke] broma *f* ▸ **to exchange pleasantries** [polite remarks] intercambiar cumplidos

please [pli:z] ■ adv por favor ▸ **~ don't cry** no llores, por favor ▸ **~ tell me...** dime... ▸ **may I? – ~ do** ¿puedo? – por favor *or* no faltaba más ▸ **~ sit down** tome asiento, por favor ▸ **~ don't interrupt!** ¡no interrumpas! ▸ **yes, ~!** ¡sí!

■ vt [give pleasure to] complacer, agradar ▸ **you can't ~ everybody** no se puede complacer a todo el mundo ▸ **~ yourself!** ¡como quieras! ▸ **to be easy/hard to ~** ser fácil/difícil de complacer ▸ **~ God!** ¡ojalá!

■ vi **1.** [like] **he does as he pleases** hace lo que quiere ▸ **this way, if you ~** por aquí, por favor ▸ **and then, if you ~, he blamed me for it!** ¡y luego, por si fuera poco, me echó la culpa a mí! **2.** [give pleasure] agradar, complacer ▸ **to be eager to ~** estar ansioso(a) por agradar

pleased [pli:zd] adj [happy] contento(a) ▸ **to be ~** [happy] estar contento(a) ▸ **to be ~ with sth/sb** [satisfied] estar satisfecho(a) *or* contento(a) con algo/alguien ▸ **to be ~ to do sth** alegrarse de hacer algo ▸ **to be ~ for sb** alegrarse por alguien ▸ **he was as ~ as Punch** estaba encantado de la vida ▸ **he's very ~ with himself** está muy satisfecho *or* pagado de sí mismo ▸ **~ to meet you** encantado(a) (de conocerle) ▸ **I'm ~ to say that...** tengo el gusto de comunicarles que...

pleasurable ['pleʒərəbəl] adj agradable, grato(a)

pleasure ['pleʒə(r)] n **1.** [contentment] satisfacción *f,* placer *m* ▸ **he took ~ in informing them that they had been sacked** disfrutó mucho comunicándoles que habían sido despedidos ▸ **it gave me great ~** fue un auténtico placer para mí ▸ **with ~** con (mucho) gusto ▸ **(it's) my ~!** ¡no hay de qué! ▸ *Formal* **I have ~ in informing you that...** tengo el gusto de *or* me complace informarles de que... **2.** [enjoyment] placer *m* ▸ **~ boat** barco *m* de recreo ▸ **~ trip** viaje *m* de placer **3.** [will] voluntad *f* ▸ **at sb's ~** según disponga alguien ▸ *BR* LAW **to be detained at** *or* **during Her Majesty's ~** ser encarcelado(a) a discreción del Estado

pleat [pli:t] n [in sewing] pliegue *m*

pleated ['pli:tɪd] adj [skirt] plisado(a)

pleb [pleb] n **1.** *BR Fam Pej* ordinario(a) *m,f* **2.** HIST **the plebs** la plebe

plebeian [plə'bi:ən] n & adj plebeyo(a) *m,f*

plebiscite ['plebɪsɪt] n plebiscito *m*

plectrum ['plektrəm] n MUS púa *f,* plectro *m*

pled [pled] *US* pt & pp *of* ***plead***

pledge [pledʒ] ■ n **1.** [promise] promesa *f* ▸ **the Pledge of Allegiance** la Jura de la Bandera *(en colegios estadounidenses)* **2.** [token] prenda *f*

■ vt [promise] prometer ▸ **to ~ one's allegiance to the king** jurar fidelidad al rey ▸ **to ~ money** [in radio, television appeal] prometer hacer un donativo (de dinero)

CULTURE / CULTURA

Pledge of Allegiance

La **Pledge of Allegiance** se originó en 1892 durante las celebraciones que sirvieron para conmemorar el 400 aniversario del descubrimiento de Ámerica por parte de Cristóbal Colón. Hoy en día forma parte del ritual diario que se lleva a cabo en todas las escuelas estadounidenses: los alumnos recitan la Pledge of Allegiance con la mano derecha sobre el corazón y prometen lealtad a la bandera y al gobierno americano: "I pledge allegiance to the flag of the United States of America, and to the Republic for which it stands: one nation under God, indivisible, with liberty and justice for all" ("Juro lealtad a la bandera de los Estados Unidos de América y a la república que representa, una nación bajo Dios, indivisible, con libertad y justicia para todos").

plenary ['pli:nərɪ] adj plenario(a) ▸ **~ assembly** asamblea *f* plenaria ▸ **~ (session)** sesión *f* plenaria

plenipotentiary [plenɪpə'tenʃərɪ] ■ n embajador(ora) *m,f* plenipotenciario(a)

■ adj plenipotenciario(a)

plentiful ['plentɪfʊl] adj abundante

plenty ['plentɪ] ■ n abundancia *f* ▸ **land of ~** tierra *f* de la abundancia

■ pron **~ of time/money** mucho tiempo/dinero ▸ **~ of food** mucha comida ▸ **~ of books** muchos libros ▸ **that's ~** es (más que) suficiente

■ adv *Fam* **it's ~ big enough** es grande más que de sobra

plethora ['pleθərə] n plétora *f*

pleurisy ['plʊərɪsɪ] n pleuresía *f*

Plexiglas® ['pleksɪglɑ:s] n *US* plexiglás® *m*

pliability [plaɪə'bɪlɪtɪ], ***pliancy*** ['plaɪənsɪ] n [of material] maleabilidad *f* / [of person] flexibilidad *f,* ductilidad *f*

pliable ['plaɪəbəl], ***pliant*** ['plaɪənt] adj [wood, plastic] flexible / [person] influenciable

pliancy ➤ ***pliability***

pliant ➤ ***pliable***

pliers ['plaɪəz] npl alicates *mpl* ▸ **a pair of ~** unos alicates

plight [plaɪt] n trance *m,* situación *f* comprometida

plimsoll ['plɪmsəl] n *BR* playera *f*

plinth [plɪnθ] n pedestal *m*

PLO [pi:e'ləʊ] n (abbr ***Palestine Liberation Organization***) OLP *f*

plod [plɒd] (pt & pp **plodded**) vi **1.** [walk] caminar con paso lento ▸ **to ~ on** seguir caminando *(con lentitud o esfuerzo)* **2.** [work] **to ~ (away)** trabajar pacientemente

plodding ['plɒdɪŋ] adj [walk, rhythm, style] lento(a) y cansino(a) / [worker] laborioso(a) pero lento(a)

plonk¹ [plɒŋk] *esp BR* ■ n [sound] golpe *m* (seco), ruido *m* (sordo)

■ vt *Fam* **to ~ sth down** dejar *or* poner algo de golpe ▸ **to ~ oneself down in an armchair** dejarse caer (de golpe) en una butaca

plonk² n *BR Fam* [cheap wine] vino *m* peleón *or RP* cualunque

plonker ['plɒŋkə(r)] n *BR very Fam* **1.** [idiot] *ESP* gilipollas *mf inv, AM* pendejo(a) *m,f* **2.** [penis] verga *f, ESP* picha *f, CHILE* pico *m, MÉX* pájaro *m, RP* pija *f*

plop [plɒp] ■ n glu(p) *m,* = *sonido de algo al hundirse en un líquido*

■ vi (pt & pp **plopped**) caer haciendo glup

plot [plɒt] ■ n **1.** [conspiracy] trama *f,* complot *m* **2.** [of play, novel] trama *f,* argumento *m* ▸ *Fig* **the ~ thickens** el asunto se complica **3.** [land] terreno *m* ▸ **(vegetable) ~** huerta *f,* huerto *m*

■ vt (pt & pp **plotted**) **1.** [plan] tramar, planear ▸ **to ~ to do sth** tramar *or* planear hacer algo ▸ **to ~ a film/novel** trazar el argumento de una película/novela **2.** [draw] [curve] trazar / [progress, development] representar ▸ **to ~ a course** planear *or* trazar una ruta (en el mapa)

■ vi [conspire] confabularse, conspirar

plotter ['plɒtə(r)] n [conspirator] conspirador(ora) *m,f*

plotting ['plɒtɪŋ] n [conspiring] tramas *fpl,* complots *mpl*

plough, *US* ***plow*** [plaʊ] ■ n arado *m* ▸ **the Plough** [constellation] la Osa Mayor

■ vt [field, furrow] arar, labrar ▸ *Fig* **to ~ profits back into a company** reinvertir beneficios en una empresa

■ vi arar, labrar ▸ *Fig* **to ~ through sth** [work, reading] tomarse el trabajo de hacer algo ▸ *Fig* **to ~ into sth** [of vehicle] estrellarse contra algo

◆ ***plough on*** vi esforzarse en seguir adelante (**with** con)

◆ ***plough up*** vt sep [field] roturar ▸ **the park had been**

ploughed up by vehicles los vehículos dejaron el parque lleno de surcos

ploughman ['plaʊmən] n labrador *m* ▸ *BR* **ploughman's lunch** = *almuerzo a base de pan, queso, ensalada y encurtidos*

plover ['plʌvə(r)] n chorlito *m*

plow *US* ➤ ***plough***

ploy [plɔɪ] n estratagema *f*

pluck [plʌk] ■ n [courage] coraje *m,* valor *m*
■ vt [hair, feathers] arrancar / [flower] coger / [chicken] desplumar ▸ **to ~ one's eyebrows** depilarse las cejas ▸ **they were plucked from danger by a helicopter** un helicóptero les sacó del peligro ▸ **to ~ a guitar** puntear (a la guitarra)
■ vi **to ~ at sb's sleeve** tirar a alguien de la manga

◆ ***pluck up*** vt sep **to ~ up the courage to do sth** armarse de valor para hacer algo

pluckily ['plʌkɪlɪ] adv valientemente

plucky ['plʌkɪ] adj valiente

plug [plʌg] ■ n **1.** [for sink] tapón *m* **2.** [electrical] enchufe *m* ▸ AUT **(spark) ~** bujía *f* ▸ *Fam Fig* **to pull the ~ on sth** acabar con algo **3.** [of tobacco] rollo *m* (de tabaco de mascar) **4.** *Fam* [publicity] publicidad *f* ▸ **to give sth a ~** hacer publicidad de *or* promocionar algo
■ vt (pt & pp **plugged**) **1.** [block] tapar, taponar ▸ **to ~ a leak** tapar una fuga **2.** *Fam* [promote] hacer publicidad de, promocionar

◆ ***plug away*** vi *Fam* trabajar con tesón (**at** en)

◆ ***plug in*** vt sep enchufar

plug-and-play ['plʌgən'pleɪ] adj COMPTR para enchufar y usar

plughole ['plʌghəʊl] n desagüe *m* ▸ *Fam Fig* **to go down the ~** echarse a perder

plug-in ['plʌgɪn] n COMPTR dispositivo *m* opcional

plum [plʌm] ■ n [fruit] ciruela *f* ▸ *BR* **~ pudding** = *pudín con pasas y otras frutas típico de Navidad* ▸ **~ tree** ciruelo *m*
■ adj **1.** [colour] morado(a) **2.** *Fam* [very good] **a ~ job** un *ESP* chollo *or MÉX* churro (de trabajo), *RP* un laburazo

plumage ['plu:mɪdʒ] n plumaje *m*

plumb [plʌm] ■ n **~ (line)** plomada *f* ▸ **out of ~** torcido(a)
■ adv [exactly] de lleno, directamente ▸ **~ in the centre** en todo *or* justo en el centro
■ vt [sea] sondar ▸ *Fig* **to ~ the depths of** abismarse *or* sumergirse en las profundidades de

◆ ***plumb in*** vt sep *BR* **to ~ in a washing machine** instalar una lavadora *or RP* un lavarropas (en la red de agua)

plumber ['plʌmə(r)] n fontanero(a) *m,f, MÉX, RP, VEN* plomero(a) *m,f*

plumbing ['plʌmɪŋ] n **1.** [job] fontanería *f, MÉX, RP, VEN* plomería *f* **2.** [system] cañerías *fpl*

plume [plu:m] n [single feather] pluma *f* / [on hat] penacho *m* / [of smoke] nube *f,* penacho *m*

plummet ['plʌmɪt] vi *also Fig* desplomarse, caer en picado, *AM* caer en picada

plummy ['plʌmɪ] adj *Fam* [voice, accent] engolado(a) *(propio de la clase alta británica)*

plump [plʌmp] ■ adj rechoncho(a)
■ vt **to ~ oneself into an armchair** dejarse caer en una butaca

◆ ***plump down*** vt sep dejar *or* poner de golpe ▸ **she plumped herself down on the sofa** se dejó caer en el sofá

◆ ***plump for*** vt insep *Fam* [choose] decidirse por

plunder ['plʌndə(r)] ■ n [action] saqueo *m,* pillaje *m* / [loot] botín *m*
■ vt saquear, expoliar

plunge [plʌndʒ] ■ n [dive] zambullida *f* / *Fig* [decrease] desplome *m* ▸ *Fam Fig* **to take the ~** dar el paso (decisivo)
■ vt sumergir (**into** en) ▸ **to ~ a knife into sb's back** hundir a alguien un cuchillo en la espalda ▸ **to ~ sb into despair** sumir a alguien en la desesperación
■ vi [into water] zambullirse (**into** en) *Fig* [decrease] desplomarse ▸ **she plunged to her death** murió tras caer al vacío

plunger ['plʌndʒə(r)] n [of syringe] émbolo *m* / [for clearing sink] desatascador *m*

plunging ['plʌndʒɪŋ] adj [prices] en picado, *AM* en picada ▸ **~ neckline** escote *m* pronunciado

pluperfect [plu:'pɜ:fɪkt] n GRAM pluscuamperfecto *m*

plural ['plʊərəl] n & adj GRAM plural *m*

pluralism ['plʊərəlɪzəm] n pluralismo *m*

pluralist ['plʊərəlɪst] n & adj pluralista *mf*

plurality [plʊə'rælɪtɪ] n **1.** [variety] pluralidad *f* **2.** *US* **a ~ of** la mayoría relativa de

plus [plʌs] ■ n (pl **plusses** ['plʌsɪz]) **1.** [sign] signo *m* más **2.** [advantage] ventaja *f*
■ adj **on the ~ side the bicycle is light** esta bicicleta tiene la ventaja de ser ligera ▸ **fifteen ~** de quince para arriba, más de quince ▸ **I got a C ~** saqué un aprobado alto
■ prep más ▸ **seven ~ nine** siete más nueve ▸ **two floors ~ an attic** dos pisos y una buhardilla

plush [plʌʃ] ■ n TEX felpa *f*
■ adj *Fam* lujoso(a), *ESP* muy puesto(a)

Pluto ['plu:təʊ] n [planet, god] Plutón

plutonium [plu:'təʊnɪəm] n CHEM plutonio *m*

ply[1] [plaɪ] n **three-~** [wood, paper handkerchief] de tres capas

ply[2] ■ vt **to ~ one's trade** ejercer su oficio ▸ **to ~ sb with questions** acribillar a alguien a preguntas ▸ **to ~ sb with drink** ofrecer bebida insistentemente a alguien
■ vi **to ~ between** cubrir la ruta entre

plywood ['plaɪwʊd] n contrachapado *m*

PM [pi:'em] n (abbr ***Prime Minister***) primer(era) ministro(a) *m,f*

p.m. [pi:'em] adv (abbr ***post meridiem***) p.m., post meridiem ▸ **6 p.m.** las 6 de la tarde

PMT [pi:em'ti:] n MED (abbr ***premenstrual tension***) (síndrome *m* de) tensión *f* premenstrual

pneumatic [nju:'mætɪk] adj neumático(a) ▸ **~ drill** martillo *m* neumático ▸ **~** *BR* **tyre** *or US* **tire** neumático *m*

pneumonia [njuː'məʊnɪə] n pulmonía *f,* neumonía *f*

PO [piː'əʊ] n **1.** *BR* (abbr ***Post Office***) oficina *f* de correos ▸ **PO Box** apartado *m* de correos, *CAM, CARIB, MÉX* casilla *f* postal, *ANDES, RP* casilla *f* de correos, *COL, ECUAD* apartado *m* aéreo **2.** *BR* (abbr ***postal order***) giro *m* postal

poach[1] [pəʊtʃ] vt CULIN [eggs] escalfar / [fish] cocer ▸ **poached eggs** huevos *mpl* escalfados

poach[2] vt **1.** [catch illegally] **to ~ fish/game** pescar/cazar furtivamente **2.** [employee] robar

poacher ['pəʊtʃə(r)] n [of fish] pescador *m* furtivo / [of game] cazador *m* furtivo

pocket ['pɒkɪt] ■ n **1.** [in trousers, jacket] bolsillo *m, CAM, MÉX, PERÚ* bolsa *f* ▸ **to go through sb's pockets** buscar en los bolsillos de alguien ▸ **prices to suit every ~** precios para todos los bolsillos ▸ **to be out of ~** haber perdido dinero ▸ **I paid for the presents out of my own ~** pagué los regalos de mi propio bolsillo ▸ *Fig* **to line one's pockets** llenarse los bolsillos, forrarse ▸ *Fig* **to have sb in one's ~** tener a alguien metido en el bolsillo ▸ **~ calculator** calculadora *f* de bolsillo ▸ **~ money** [for buying things] dinero *m* para gastos / [given by parents] paga *f,* propina *f* **2.** [in snooker, pool] agujero *m,* tronera *f* **3.** [of air, gas] bolsa *f* / [of resistance, rebellion] foco *m*

■ vt [put in pocket] meter en el bolsillo / *Fam* [steal] afanar, *ESP* embolsarse

pocketbook ['pɒkɪtbʊk] n *US* [wallet] cartera *f* / [handbag] *ESP* bolso *m, COL, CSUR* cartera *f, MÉX* bolsa *f*

pocketknife ['pɒkɪtnaɪf] n navaja *f,* cortaplumas *m inv*

pockmarked ['pɒkmɑːkt] adj [face] picado(a) (de viruelas) / [surface] acribillado(a)

pod [pɒd] n [of plant] vaina *f*

podgy ['pɒdʒɪ] adj *BR* gordinflón(ona)

podiatrist [pə'daɪətrɪst] n *US* podólogo(a) *m,f*

podiatry [pə'daɪətrɪ] n *US* podología *f*

podium ['pəʊdɪəm] (pl **podiums** *or* **podia** ['pəʊdɪə]) n podio *m*

poem ['pəʊɪm] n poema *m*

poet ['pəʊɪt] n [male] poeta *m* / [female] poetisa *f,* poeta *f*

poetic [pəʊ'etɪk] adj poético(a) ▸ **it was ~ justice that she should be replaced by someone she herself had sacked** fue una ironía del destino que la reemplazaran por alguien a quien ella había despedido anteriormente ▸ **~ licence** licencia *f* poética

poetical [pəʊ'etɪkəl] adj poético(a)

poetically [pəʊ'etɪklɪ] adv de manera poética, poéticamente

poetry ['pəʊɪtrɪ] n poesía *f* ▸ **~ in motion** poesía en movimiento ▸ **~ reading** recital *m* de poesía

po-faced ['pəʊfeɪst] adj *Fam* [reaction, attitude] demasiado(a) serio(a) ▸ **she was wearing a ~ expression** tenía cara de pocos amigos

poignancy ['pɔɪnjənsɪ] n patetismo *m*

poignant ['pɔɪnjənt] adj patético(a), conmovedor(ora)

poignantly ['pɔɪnjəntlɪ] adv de modo conmovedor

point [pɔɪnt] ■ n **1.** [in space] punto *m* ▸ **~ of contact** punto de contacto ▸ **~ of sale** punto de venta ▸ **~ of view** punto de vista **2.** [in time] instante *m,* momento *m* ▸ **at this ~ in time** en este preciso instante ▸ **at this ~ the phone rang** en ese instante sonó el teléfono ▸ **to be on the ~ of doing sth** estar a punto de hacer algo ▸ **to reach the ~ of no return** llegar a un punto sin retorno ▸ **outspoken to the ~ of rudeness** franco(a) hasta lindar con la grosería **3.** [of argument, discussion] punto *m* ▸ **the ~ is,...** la cuestión es que... ▸ **I take your ~** estoy de acuerdo con lo que dices ▸ **she has a ~** no le falta razón ▸ **he made several interesting points** hizo varias observaciones *or* puntualizaciones muy interesantes ▸ **to get to the ~** ir al grano ▸ **that's beside the ~** eso no viene al caso ▸ **that's not the ~** no es esa la cuestión ▸ **what's the ~?** ¿para qué? ▸ **to make a ~ of doing sth** preocuparse de *or* procurar hacer algo ▸ **there is no ~ in waiting any longer** no vale la pena seguir esperando ▸ **in ~ of fact** en realidad ▸ **her remarks were very much to the ~** sus comentarios fueron muy pertinentes ▸ **it has its good points** tiene sus cosas buenas ▸ **up to a ~** hasta cierto punto ▸ **not to put too fine a ~ on it...** hablando en plata... ▸ **a ~ of grammar/law** una cuestión gramatical/legal ▸ **~ of order** cuestión *f* de procedimiento *or* de forma **4.** [punctuation mark] punto *m* ▸ MATH **(decimal) ~** coma *f* (decimal) ▸ **three ~ five** tres coma cinco **5.** [in game] punto *m,* tanto *m* / [in exam] punto *m* ▸ **to win on points** ganar por puntos **6.** [on compass, thermometer] grado *m* / FIN [on stockmarket] entero *m,* punto *m* **7.** [of needle, pencil, sword] punta *f* ▸ **to end in a ~** acabar en punta **8.** *esp BR* [electric socket] toma *f* de corriente **9.** [of land] punta *f,* cabo *m* **10.** RAIL **points** agujas *fpl*

■ vt [aim] dirigir ▸ **to ~ a gun at sb** apuntar con un arma a alguien ▸ *Fig* **to ~ the finger at sb** [accuse] señalar (con el dedo) a alguien ▸ *Fam* **just ~ me in the right direction** [show how to do] basta con que me digas cómo hacerlo más o menos ▸ **to ~ the way** indicar el camino / *Fig* indicar el rumbo a seguir

■ vi **to ~ at sth/sb** [with finger] señalar algo/a alguien ▸ **to ~ north** señalar al norte ▸ **the hour hand is pointing to ten** *ESP* la manecilla horaria *or AM* el horario indica las diez ▸ **to be pointing towards sth** estar mirando hacia algo, estar en dirección a algo ▸ **this points to the fact that...** esto nos lleva al hecho de que... ▸ **all the evidence points to suicide** todas las pruebas sugieren que se trata de un suicidio

◆ ***point out*** vt sep [error] hacer notar, indicar / [fact] recalcar ▸ **to ~ sth/sb out (to sb)** señalar algo/a alguien (a alguien) ▸ **to ~ out to sb the advantages of sth** mostrar a alguien las ventajas de algo ▸ **might I ~ out that...?** ¿puedo hacer notar que...?

◆ ***point up*** vt sep [highlight] subrayar

point-blank ['pɔɪnt'blæŋk] ■ adj [refusal, denial] rotundo(a), tajante ▸ **at ~ range** a bocajarro, a quemarropa

■ adv [fire] a bocajarro, a quemarropa ▸ **he asked me ~ whether...** me preguntó de sopetón si... ▸ **to deny sth ~** negar algo en redondo ▸ **to refuse ~** negarse en redondo *or* de plano

pointed ['pɔɪntɪd] adj **1.** [sharp] puntiagudo(a) **2.** [remark] intencionado(a)

pointedly ['pɔɪntɪdlɪ] adv intencionadamente, con intención

pointer ['pɔɪntə(r)] n **1.** [indicator] indicador *m* / [stick] puntero *m* **2.** *Fam* [advice] indicación *f* **3.** [dog] perro *m* de muestra, pointer *m*

pointless ['pɔɪntlɪs] adj sin sentido ▸ **to be ~** no tener sentido

pointsman ['pɔɪntsmən] n *BR* RAIL guardagujas *m inv*

poise [pɔɪz] n [balance] equilibrio *m* / [composure] compostura *f,* aplomo *m*

poised [pɔɪzd] adj **1.** [composed] equilibrado(a) **2.** [ready] **to be ~ to do sth** estar preparado(a) para hacer algo **3.** [suspended] suspendido(a)

poison ['pɔɪzən] ■ n veneno *m* ▸ *Fam* **what's your ~?** ¿qué tomas? ▸ **~ gas** gas *m* tóxico ▸ **~ ivy** zumaque *m* ▸ **~ pen letter** anónimo *m* malicioso

■ vt **1.** [person, food] [intentionally] envenenar / [accidentally] intoxicar ▸ **to ~ sb's mind (against sb)** enemistar *or* encizañar a alguien (con alguien) **2.** [pollute] contaminar

poisoning ['pɔɪzənɪŋ] n **1.** [of person, food] [intentional] envenenamiento *m* / [accidental] intoxicación *f* ▸ **to die of ~** [intentional] morir envenenado(a) / [accidental] morir por intoxicación **2.** [pollution] contaminación *f*

poisonous ['pɔɪzənəs] adj [snake, plant, mushroom] venenoso(a) / [chemical, fumes] tóxico(a) / [remark] envenenado(a) / [rumour, doctrine] nocivo(a), dañino(a)

poke [pəʊk] ■ n golpe *m (con la punta de un objeto)* ▸ **she gave him a ~ with her umbrella** le dio con la punta del paraguas

■ vt **to poke sb with one's finger/a stick** dar a alguien con la punta del dedo/de un palo ▸ **to ~ sb in the ribs** [with elbow] dar a alguien un codazo en las costillas ▸ **to ~ a hole in sth** hacer un agujero en algo ▸ **to ~ the fire** atizar el fuego ▸ *Fig* **to ~ one's nose into other people's business** meter las narices en asuntos ajenos ▸ **to ~ fun at sth/sb** reírse de algo/alguien

■ vi **to ~ at sth (with one's finger/a stick)** dar un golpe a algo (con la punta del dedo/de un palo)

◆ ***poke about, poke around*** vi [search] rebuscar / [be nosy] fisgonear, fisgar

◆ ***poke out*** ■ vt sep **to ~ one's head out (of) the window** asomar la cabeza por la ventana ▸ **to ~ one's tongue out** sacar la lengua ▸ **be careful! you nearly poked my eye out!** ¡ten cuidado! ¡casi me sacas un ojo!

■ vi [protrude] asomar, sobresalir

poker[1] ['pəʊkə(r)] n [for fire] atizador *m*

poker[2] n [cardgame] póquer *m*

poker-faced ['pəʊkəfeɪst] adj con cara de póquer

poky ['pəʊkɪ] adj **a ~ room** un cuchitril, un cuartucho

Poland ['pəʊlənd] n Polonia

polar ['pəʊlə(r)] adj polar ▸ **~ bear** oso *m* polar *or* blanco

polarity [pəʊ'lærɪtɪ] n polaridad *f*

polarization [pəʊləraɪ'zeɪʃən] n polarización *f*

polarize ['pəʊləraɪz] ■ vt polarizar

■ vi polarizarse

Polaroid® ['pəʊlərɔɪd] n [camera] polaroid® *f* / [photo] foto *f* instantánea

Pole [pəʊl] n polaco(a) *m,f*

pole[1] [pəʊl] n [for supporting] poste *m* / [for jumping, punting] pértiga *f* / [for flag, tent] mástil *m* ▸ SPORT **~ vault** salto *m* con pértiga

pole[2] n ELEC & GEOG polo *m* ▸ **North/South Pole** Polo Norte/Sur ▸ *Fig* **to be poles apart** estar en polos opuestos ▸ **Pole Star** estrella *f* polar

poleax(e) ['pəʊlæks] vt [physically] noquear, tumbar de un golpe / [emotionally] dejar anonadado(a)

polecat ['pəʊlkæt] n turón *m*

polemic [pə'lemɪk] n [controversy] polémica *f* / [speech, article] diatriba *f*

polemical [pə'lemɪkəl] adj polémico(a)

polemicist [pə'lemɪsɪst] n polemista *mf*

police [pə'liːs] ■ npl **the ~** la policía ▸ **two hundred ~** doscientos policías ▸ *US* **~ academy** academia *f* de policía ▸ **~ car** coche *m or AM* carro *or CSUR* auto de policía ▸ **~ chief** jefe *m* de policía ▸ *US* **~ commissioner** = *ciudadano que preside un consejo civil encargado de supervisar la actuación de la policía* ▸ *BR* **~ constable** (agente *mf* de) policía *mf* ▸ *US* **~ department** jefatura *f* de policía ▸ **~ dog** perro *m* policía ▸ **~ force** cuerpo *m* de policía ▸ *BR* **~ inspector** inspector(ora) *m,f* de policía ▸ **~ officer** (agente *mf* de) policía *mf* ▸ **~ record** antecedentes *mpl* policiales ▸ **~ state** estado *m* policial ▸ **~ station** comisaría *f* de policía

■ vt vigilar, custodiar / *Fig* vigilar, supervisar ▸ **the streets are not properly policed these days** no hay suficientes policías en la calle hoy en día

policeman [pə'liːsmən] n policía *m*

policewoman [pə'liːswʊmən] n (mujer *f*) policía *f*

policy ['pɒlɪsɪ] n **1.** [of government, personal] política *f* ▸ **foreign ~** política exterior ▸ **it's a matter of ~** es una cuestión de política ▸ **it's a good/bad ~** es/no es conveniente ▸ **~ statement** declaración *f* de principios **2.** FIN **(insurance) ~** póliza *f* (de seguros) ▸ **~ holder** asegurado(a) *m,f*

polio ['pəʊlɪəʊ] n poliomielitis *f inv,* polio *f*

Polish ['pəʊlɪʃ] ■ n [language] polaco *m*

■ adj polaco(a)

polish ['pɒlɪʃ] ■ n **1.** [finish, shine] brillo *m* ▸ **to give sth a ~** dar *or* sacar brillo a algo **2.** [for shoes] betún *m,* crema *f* (para calzado) / [for furniture, floors] cera *f* / [for metal] abrillantador *m* / [for nails] esmalte *m,* laca *f*. **3.** [refinement] acabado *m,* refinamiento *m*

■ vt **1.** [wood, metal, stone] pulir / [shoes] dar brillo a, limpiar / [floor] encerar **2.** [improve] pulir, perfeccionar

◆ ***polish off*** vt sep *Fam* [food] zamparse / [drink] cepillarse, *ESP* pimplarse, *RP* mandarse / [work, opponent] acabar con, *ESP* cepillarse

polished ['pɒlɪʃt] adj [wood, metal, stone] pulido(a) / [shoes] brillante, limpio(a) / [floor] encerado(a) / [manners] refinado(a) / [style] acabado(a), pulido(a)

polite [pə'laɪt] adj educado(a), cortés ▸ **to be ~ to sb**

ser amable *or* educado(a) con alguien ▸ **it's not ~ to...** no es de buena educación... ▸ **in ~ society** entre gente educada

politely [pə'laɪtlɪ] adv educadamente, cortésmente

politeness [pə'laɪtnɪs] n educación *f*, cortesía *f*

politic ['pɒlɪtɪk] adj *Formal* prudente

political [pə'lɪtɪkəl] adj político(a) ▸ **he isn't very ~** no le va mucho la política ▸ **~ asylum** asilo *m* político ▸ **~ correctness** lo políticamente correcto ▸ **~ prisoner** preso(a) *m,f* político(a) ▸ **~ science** ciencias *fpl* políticas, politología *f*

CULTURE / CULTURA

political correctness

Lo políticamente correcto nació en los campus de las universidades estadounidenses en la década de los años 80, en un clima más liberal con respecto al multiculturalismo y la enseñanza de las humanidades. Se recomendaba un nuevo código lingüístico en el que no tuvieran cabida los términos que pudieran parecer racistas, sexistas u ofensivos para determinadas minorías sociales y étnicas. Así pues, expresiones como "American Indian" o "Black" fueron sustituidas por "Native American" y "African American" respectivamente. No obstante, ciertas expresiones políticamente correctas –"physically challenged" ("con necesidades físicas especiales") en lugar de "disabled" ("discapacitado")– han suscitado polémica por su naturaleza excesivamente eufemística, y el movimiento de lo políticamente correcto ha sido objeto de burlas y críticas por el carácter extremista e intolerante de alguno de sus postulados.

politically [pə'lɪtɪklɪ] adv políticamente ▸ **~ motivated** por motivos políticos ▸ **~ correct** políticamente correcto(a)

politician [pɒlɪ'tɪʃən] n político(a) *m,f*

politicization [pəlɪtɪsaɪ'zeɪʃən] n politización *f*

politicize [pə'lɪtɪsaɪz] vt politizar

politics ['pɒlɪtɪks] ■ n política *f*
■ npl **1.** [views] ideas *fpl* políticas **2. office ~** intrigas *fpl* de oficina

polka ['pɒlkə] n polca *f* ▸ **a ~ dot tie** una corbata de lunares

poll [pəʊl] ■ n [voting] votación *f* ▸ **(opinion) ~** [survey] sondeo *m or* encuesta *f* (de opinión) ▸ **to go to the polls** acudir a las urnas
■ vt [votes] obtener / [people] sondear

pollen ['pɒlən] n polen *m* ▸ **~ count** concentración *f* de polen en el aire

pollinate ['pɒlɪneɪt] vt polinizar

polling ['pəʊlɪŋ] n votación *f* ▸ **~ booth** cabina *f* electoral ▸ **~ day** jornada *f* electoral ▸ **~ station** colegio *m* electoral

pollster ['pəʊlstə(r)] n encuestador(ora) *m,f*

pollutant [pə'lu:tənt] n (sustancia *f*) contaminante *m*

pollute [pə'lu:t] vt contaminar

polluter [pə'lu:tə(r)] n [company] empresa *f* contaminante / [industry] industria *f* contaminante

pollution [pə'lu:ʃən] n contaminación *f*

polo ['pəʊləʊ] n [sport] polo *m* ▸ *BR* **~ neck (sweater)** suéter *m* or *ESP* jersey *m or COL* saco *m or RP* pulóver *m* de cuello alto *or* de cisne

poltergeist ['pɒltəgaɪst] n espíritu *m or* fuerza *f* paranormal, poltergeist *m*

poly ['pɒlɪ] n *BR Fam Formerly* [polytechnic] (escuela *f*) politécnica *f*

poly bag ['pɒlɪ'bæg] n *BR Fam* bolsa *f* de plástico

polyester [pɒlɪ'estə(r)] n poliéster *m*

polyethylene [pɒlɪ'eθəli:n] n *US* polietileno *m*

polygamous [pə'lɪgəməs] adj polígamo(a)

polygamy [pə'lɪgəmɪ] n poligamia *f*

polyglot ['pɒlɪglɒt] n & adj políglota(a) *m,f*

polygon ['pɒlɪgən] n polígono *m*

polymer ['pɒlɪmə(r)] n CHEM polímero *m*

Polynesia [pɒlɪ'ni:zɪə] n Polinesia

Polynesian [pɒlɪ'ni:zɪən] n & adj polinesio(a) *m,f*

polyp ['pɒlɪp] n MED pólipo *m*

polyphonic [pɒlɪ'fɒnɪk] adj MUS polifónico(a)

polysemy [pə'lɪsɪmɪ] n LING polisemia *f*

polystyrene [pɒlɪ'staɪri:n] n poliestireno *m*

polytechnic [pɒlɪ'teknɪk] n *BR Formerly* (escuela *f*) politécnica *f*

polythene ['pɒlɪθi:n] n *BR* polietileno *m* ▸ **~ bag** bolsa *f* de plástico

polyunsaturated [pɒlɪʌn'sætjʊreɪtɪd] adj poliinsaturado(a)

polyurethane [pɒlɪ'jʊərɪθeɪn] n poliuretano *m*

pom ➤ ***pommie***

pomegranate ['pɒmɪgrænɪt] n [fruit] granada *f* ▸ **~ (tree)** granado *m*

pommie, pommy ['pɒmɪ], ***pom*** [pɒm] n *Fam Pej* = *término utilizado en Australia para referirse a los ingleses*

pomp [pɒmp] n pompa *f*, boato *m* ▸ **~ and circumstance** pompa y circunstancia

pompom ['pɒmpɒm] n [on hat] pompón *m*

pomposity [pɒm'pɒsɪtɪ] n pretenciosidad *f*, pedantería *f*

pompous ['pɒmpəs] adj [person] pretencioso(a), pedante / [language, remark] altisonante, grandilocuente / [style, speech] pomposo(a), altisonante

pompously ['pɒmpəslɪ] adv pomposamente

ponce [pɒns] n *BR* **1.** *Fam* [effeminate man] maricón *m*, marica *m* **2.** [pimp] proxeneta *m*, *ESP* chulo *m*, *RP* cafiolo *m*

◆ ***ponce about, ponce around*** vi *BR Fam* **1.** [waste time] perder el tiempo **2.** [effeminate man] hacer el mariquita

poncho ['pɒntʃəʊ] (pl **ponchos**) n poncho *m*

pond [pɒnd] n estanque *m*

ponder ['pɒndə(r)] ■ vt considerar
■ vi **to ~ over** *or* **on sth** reflexionar sobre algo

ponderous ['pɒndərəs] adj [person, movement] pesado(a), cansino(a) / [progress] ralentizado(a), muy lento(a) / [piece of writing] cargante, pesado(a)

pong [pɒŋ] *BR Fam* ■ n [smell] tufo *m,* peste *f*
■ vi atufar, apestar

pontiff ['pɒntɪf] n pontífice *m*

pontificate[1] [pɒn'tɪfɪkət] n *REL* pontificado *m*

pontificate[2] [pɒn'tɪfɪkeɪt] vi pontificar

pontoon[1] [pɒn'tu:n] n [float] pontón *m* ▸ **~ bridge** puente *m* de pontones

pontoon[2] n *BR* [card game] veintiuna *f*

pony ['pəʊnɪ] n poni *m* ▸ **to go ~ trekking** hacer recorridos en poni

ponytail ['pəʊnɪteɪl] n [hairstyle] coleta *f*

poo, pooh [pu:] (pl **poos**) n *Fam* caca *f* ▸ **to do** *or BR* **have a ~** hacer caca

pooch [pu:tʃ] n *Fam* chucho *m*

poodle ['pu:dəl] n caniche *m*

poof [pʊf], ***poofter*** ['pʊftə(r)] n *BR Fam* maricón *m,* marica *m*

poofy ['pʊfɪ] adj *BR Fam Pej* amariconado(a)

pooh[1] [pu:] exclam [at a smell] ¡puaj! / [scornful] ¡bah!

pooh[2] ➤ ***poo***

pooh-pooh ['pu:'pu:] vt **to ~ a suggestion** despreciar una sugerencia

pool[1] [pu:l] n [pond] charca *f* / [puddle, of blood] charco *m* ▸ **(swimming) ~** piscina *f, MÉX* alberca *f, RP* pileta *f*

pool[2] ■ n **1.** [group] conjunto *m* / [of money] fondo *m* común ▸ **car ~** parque *m* móvil, flota *f* de automóviles **2.** *BR* **the pools** ≃ las quinielas, *ARG* ≃ el Prode, *COL, CRICA* ≃ el totogol
■ vt [ideas, resources] poner en común

pool[3] n [game] billar *m* americano ▸ **~ table** mesa *f* de billar americano

poop [pu:p] n *US Fam* ■ n [faeces] cacas *fpl* ▸ **to take a ~** hacer caca
■ vi hacer(se) caca

pooped [pu:pt] adj *Fam* hecho(a) migas *or* polvo

poor [pʊə(r)] ■ npl **the ~** los pobres
■ adj **1.** [not rich] pobre ▸ **the abacus is the ~ man's calculator** el ábaco es la calculadora de los pobres **2.** [inferior] malo(a) / [chances, reward] escaso(a) ▸ **to be in ~ health** estar mal de salud ▸ **to have a ~ memory** tener mala memoria ▸ **to be ~ at maths** no ser bueno(a) en matemáticas ▸ **to be a ~ sailor** marearse siempre en los barcos ▸ **the light is ~** hay poca luz ▸ **to be a ~ loser** ser un/una mal perdedor(ora) ▸ **in ~ taste** de mal gusto **3.** [expressing pity] **~ creature** *or* **thing!** ¡pobrecillo(a)! ▸ **~ (old) Tim!** ¡pobre Tim!

poorly ['pʊəlɪ] ■ adv mal ▸ **~ dressed** mal vestido(a) ▸ **to be ~ off** ser pobre
■ adj enfermo(a) ▸ **to be ~** estar enfermo

pop[1] [pɒp] ■ n [music] (música *f*) pop *m*
■ adj **~ art** arte *m* pop ▸ **~ group** grupo *m* (de música) pop ▸ **~ music** música *f* pop ▸ **~ singer** cantante *mf* pop ▸ **~ song** canción *f* pop

pop[2] n *US* [father] papá *m*

pop[3] ■ n **1.** [sound] pequeño estallido *m* **2.** *Fam* [fizzy drink] gaseosa *f*
■ vt (pt & pp **popped**) **1.** [burst] hacer explotar **2.** *Fam* [put quickly] **to ~ sth into a drawer** poner *or* echar algo en un cajón ▸ **to ~ one's head out of the window** asomar la cabeza por la ventana ▸ *Fam* **he decided to ~ the question** decidió pedirle que se casara con él ▸ **to ~ pills** atiborrarse de pastillas
■ vi **1.** [burst] estallar, explotar / [cork] saltar ▸ **my ears popped** se me destaponaron los oídos **2.** *Fam* [go quickly] **we popped over to France for the weekend** el fin de semana hicimos una escapada a Francia

◆ ***pop in*** vi *Fam* pasarse un momento *(por casa de alguien)*

◆ ***pop off*** vi *Fam* [die] estirar la pata, *ESP* irse al otro barrio, *MÉX* patatearse

◆ ***pop out*** vi *Fam* [go out] salir

pop. (abbr ***population***) población *f*

popcorn ['pɒpkɔ:n] n palomitas *fpl* de maíz, *RP* pochoclo *m*

pope [pəʊp] n papa *m*

pop-eyed ['pɒpaɪd] adj *Fam* de ojos saltones

popgun ['pɒpgʌn] n pistola *f* de juguete *(de aire comprimido)*

poplar ['pɒplə(r)] n álamo *m*

poplin ['pɒplɪn] n [cloth] popelina *f,* popelín *m*

popper ['pɒpə(r)] n *BR Fam* [fastener] automático *m,* corchete *m*

poppet ['pɒpɪt] n *BR Fam* **she's a ~** es una ricura ▸ **my ~!** ¡mi tesoro!, ¡mi vida!

poppy ['pɒpɪ] n amapola *f* ▸ **~ seed** semilla *f* de amapola

poppycock ['pɒpɪkɒk] n *Fam* [nonsense] *ESP* majaderías *fpl, AM* zonceras *fpl*

Popsicle® ['pɒpsɪkəl] n *US* polo *m, AM* paleta *f* helada, *ARG* palito *m* de agua

populace ['pɒpjʊləs] n *Formal* **the ~** el pueblo, la plebe

popular ['pɒpjʊlə(r)] adj [in general] popular / [newspapers, TV programmes] de masas ▸ **you won't make yourself very ~ doing that** no va a sentar nada bien que hagas eso ▸ **she is ~ with her colleagues** cae bien a sus compañeros ▸ **by ~ demand** a petición *or AM* pedido popular *or* del público ▸ **contrary to ~ belief** en contra de lo que comúnmente se cree

popularity [pɒpjʊ'lærɪtɪ] n popularidad *f* ▸ **~ rating** índice *m* de popularidad

popularization [pɒpjʊləraɪ'zeɪʃən] n popularización *f*

popularize ['pɒpjʊləraɪz] vt [make popular] popularizar / [make easy to understand] divulgar

popularly ['pɒpjʊləlɪ] adv comúnmente, popularmente ▸ **it is ~ believed that...** todo el mundo cree que...

populate ['pɒpjʊleɪt] vt poblar ▸ **sparsely populated** [region] poco poblado(a)

population [pɒpjʊ'leɪʃən] n población *f* ▸ **~ explosion** explosión *f* demográfica

populism ['pɒpjʊlɪzəm] n populismo *m*

populist ['pɒpjʊlɪst] n & adj populista *mf*

populous ['pɒpjʊləs] adj populoso(a)

pop-up menu ['pɒpʌp'menju:] n COMPTR menú *m* desplegable

porcelain ['pɔ:slɪn] n porcelana *f* ▸ **~ ware** porcelana

porch [pɔ:tʃ] n *BR* [entrance] zaguán *m* / *US* [veranda] porche *m*

porcupine ['pɔ:kjʊpaɪn] n puerco *m* espín

pore [pɔ:r] n poro *m*

◆ ***pore over*** vt insep leer atentamente, estudiar con detenimiento

pork [pɔ:k] n (carne *f* de) cerdo *m or AM* chancho *m* ▸ **~ chop** chuleta *f* de cerdo ▸ **~ pie** empanada *f* de carne de cerdo

porn [pɔ:n] n *Fam* porno *m* ▸ **soft/hard ~** porno blando/duro

porno ['pɔ:nəʊ] adj *Fam* porno

pornographer [pɔ:'nɒgrəfə(r)] n pornógrafo(a) *m,f*

pornographic [pɔ:nə'græfɪk] adj pornográfico(a)

pornography [pɔ:'nɒgrəfɪ] n pornografía *f*

porosity [pɔ:'rɒsɪtɪ] n porosidad *f*

porous ['pɔ:rəs] adj poroso(a)

porpoise ['pɔ:pəs] n marsopa *f*

porridge ['pɒrɪdʒ] n gachas *fpl* de avena ▸ **~ oats** copos *mpl* de avena

port [1] [pɔ:t] n [harbour, town] puerto *m* ▸ **in ~** en puerto ▸ *also Fig* **~ of call** escala *f* ▸ *Prov* **any ~ in a storm** en casos extremos, se olvidan los remilgos ▸ **Port of Spain** Puerto España

port [2] n NAUT [left-hand side] babor *m*

port [3] n [drink] (vino *m* de) oporto *m*

port [4] n COMPTR puerto *m* ▸ **parallel/serial ~** puerto paralelo/(en) serie

portable ['pɔ:təbəl] adj portátil

portal ['pɔ:təl] n **1.** *Formal* [entrance] pórtico *m* **2.** COMPTR [Web page] portal *m*

Port-au-Prince [pɔ:təʊ'prɛ̃s] n Puerto Príncipe

portcullis [pɔ:t'kʌlɪs] n rastrillo *m (reja)*

portend [pɔ:'tend] vt *Formal* augurar

portent ['pɔ:tent] n *Formal* [omen] augurio *m*

portentous [pɔ:'tentəs] adj *Formal* [significant] decisivo(a), relevante / [threatening] de mal agüero

porter ['pɔ:tə(r)] n [at station] mozo *m* de equipaje / *esp BR* [at hotel] portero(a) *m,f,* conserje *mf* / [in hospital] celador(ora) *m,f*

portfolio [pɔ:t'fəʊlɪəʊ] (pl **portfolios**) n [for documents, drawings] cartera *f* / [of person's work] carpeta *f* ▸ FIN **share ~** cartera de valores

porthole ['pɔ:thəʊl] n NAUT portilla *f,* ojo *m* de buey

portion ['pɔ:ʃən] n [share] parte *f,* porción *f* / [of food] ración *f,* porción *f*

◆ ***portion out*** vt sep repartir

portly ['pɔ:tlɪ] adj corpulento(a)

portrait ['pɔ:treɪt] n *also Fig* retrato *m* ▸ **he had his ~ painted** le pintaron un retrato ▸ **~ gallery** galería *f* de retratos ▸ COMPTR **~ (orientation)** formato *m* vertical *or* de retrato ▸ **~ painter** retratista *mf*

portray [pɔ:'treɪ] vt [of painting, writer, book] retratar, describir / [of actor] interpretar (el papel de)

portrayal [pɔ:'treɪəl] n [description] descripción *f,* representación *f* / [by actor] interpretación *f*

Portugal ['pɔ:tjʊgəl] n Portugal

Portuguese [pɔ:tjʊ'gi:z] ■ n **1.** (pl **Portuguese**) [person] portugués(esa) *m,f* **2.** [language] portugués *m*
■ adj portugués(esa)

POS [pi:əʊ'es] n COM (abbr ***point of sale***) punto *m* de venta

pose [pəʊz] ■ n **1.** [position] postura *f,* posición *f* **2.** *Pej* [affectation] pose *f* ▸ **it's just a ~** no es más que una pose
■ vt [problem, question] plantear / [danger, threat] suponer
■ vi [for portrait] posar / *Pej* [behave affectedly] tomar *or* hacer poses ▸ **to ~ as** [pretend to be] hacerse pasar por

poser ['pəʊzə(r)] n *Fam* **1.** *BR Pej* [affected person] afectado(a) *m,f* **2.** [difficult question] rompecabezas *m inv*

posh [pɒʃ] *BR Fam* ■ adj [person, accent] *ESP* pijo(a), *MÉX* fresa, *RP* (con)cheto(a) / [restaurant, area, clothes] elegante
■ adv **to talk ~** hablar con acento *ESP* pijo *or MÉX* como una fresa *or RP* como un concheto

position [pə'zɪʃən] ■ n **1.** [physical posture] posición *f* ▸ **in a horizontal/vertical ~** en posición horizontal/vertical ▸ **in the on/off ~** [switch, lever] (en la posición de) encendido *or AM* prendido/apagado **2.** [opinion] postura *f,* posición *f* **3.** [place] posición *f,* lugar *m* / [in sport] posición *f* ▸ **in ~** en su sitio ▸ **out of ~** fuera de su sitio **4.** [situation] posición *f,* situación *f* ▸ **to be in a strong ~** estar en una buena posición ▸ **put yourself in my ~** ponte en mi lugar *or* situación ▸ **to be in a ~ to do sth** estar en condiciones de hacer algo ▸ **to be in no ~ to do sth** no estar en condiciones de hacer algo **5.** *Formal* [job] puesto *m,* empleo *m* ▸ **a ~ of responsibility** un puesto de responsabilidad
■ vt [place] [object] colocar, situar / [troops] apostar ▸ **to ~ oneself** colocarse, situarse ▸ **to be well/poorly positioned to do sth** estar en una buena/mala posición para hacer algo

positioning [pə'zɪʃənɪŋ] n COM posicionamiento *m*

positive ['pɒzɪtɪv] adj **1.** [answer] afirmativo(a) / [evidence, proof] concluyente ▸ MED **the test was ~** la prueba ha dado positivo ▸ **on the ~ side** como aspecto positivo **2.** [constructive] [person, philosophy] positivo(a) ▸ *BR* **~ discrimination** discriminación *f* positiva ▸ **~ thinking** actitud *f* positiva **3.** [certain] (completamente) seguro(a) ▸ **to be ~ about sth** estar completamente seguro(a) de algo **4.** [for emphasis] **it's a ~ disgrace** es una verdadera vergüenza **5.** MATH & ELEC positivo(a)

positively ['pɒzɪtɪvlɪ] adv **1.** [answer] afirmativamente / [think, react] positivamente **2.** [for emphasis] verdaderamente, realmente ▸ *Fam* **~ not** de ninguna manera

posse ['pɒsɪ] n [to catch criminal] partida *f or* cuadrilla *f* (de persecución) / *Fig* [group] banda *f,* cuadrilla *f*

possess [pə'zes] vt **1.** [property, quality, faculty] poseer

2. possessed by fear/rage embargado(a) por el miedo/ la rabia ▸ **what possessed you to do that?** ¿qué te impulsó a hacer eso?

possession [pəˈzeʃən] n [ownership, thing possessed] posesión *f* ▸ **to be in ~ of sth** estar en posesión de algo ▸ **in full ~ of his senses** *or* **faculties** en plena posesión de sus facultades (mentales)

possessive [pəˈzesɪv] ■ n GRAM posesivo *m*
■ adj [parent, lover] & GRAM posesivo(a) ▸ **to be ~ of** *or* **about sth/sb** ser posesivo con algo/alguien

possessor [pəˈzesə(r)] n poseedor(ora) *m,f*

possibility [pɒsɪˈbɪlɪtɪ] n posibilidad *f* ▸ **to be within/outside the bounds of ~** entrar/no entrar dentro de lo posible ▸ **that is a distinct ~** es una posibilidad real ▸ **to allow for all possibilities** prepararse para cualquier eventualidad

possible [ˈpɒsɪbəl] ■ n [person] candidato(a) *m,f* posible
■ adj posible ▸ **to make sth ~** hacer posible algo ▸ **if ~** si es posible ▸ **it is ~ that he will come** es posible que venga ▸ **as much as ~** cuanto sea posible ▸ **I want you to try, as much as ~, to behave** quiero que, en la medida de lo posible, intentes portarte bien ▸ **as soon as ~** cuanto antes ▸ **whenever/wherever ~** cuando/donde sea posible ▸ **anything's ~** todo es posible

possibly [ˈpɒsɪblɪ] adv **1.** [perhaps] posiblemente ▸ **will you go? – ~** ¿irás? – puede *or* quizá ▸ **~ not** puede que no **2.** [for emphasis] **I can't ~ do it** me resulta de todo punto imposible hacerlo ▸ **I'll do all I ~ can** haré todo lo que esté en mi mano ▸ **how could you ~ do such a thing?** ¿cómo se te ocurrió hacer semejante cosa?

post[1] [pəʊst] ■ n **1.** [wooden stake] poste *m* **2.** [job, military position] puesto *m* ▸ **to be/die at one's ~** estar/morir al pie del cañón
■ vt *BR* [assign] destinar

post[2] vt [affix] poner, pegar / [on bulletin board] anunciar, pegar / COMPTR enviar a ▸ **~ no bills** [sign] prohibido fijar carteles

post[3] *esp BR* ■ n [mail] correo *m* ▸ **by ~** por correo ▸ **the first ~** el correo de (primera hora de) la mañana ▸ **to miss the ~** llegar tarde para la recogida del correo ▸ **it's in the ~** ha sido enviado por correo ▸ **~ office** oficina *f* de correos ▸ **the Post Office** [government department] *ESP* Correos *m inv*, *AM* Correo *m*
■ vt [letter] enviar *or* mandar (por correo) ▸ *Fam Fig* **I'll keep you posted** te mantendré informado(a)

postage [ˈpəʊstɪdʒ] n franqueo *m* ▸ *BR* **~ and packing,** *US* **~ and handling** gastos *mpl* de envío ▸ **~ paid** franqueo pagado ▸ **~ stamp** sello *m* (de correos), *AM* estampilla *f*

postal [ˈpəʊstəl] adj postal ▸ *BR* **~ order** giro *m* postal ▸ **~ vote** voto *m* por correo

postbag [ˈpəʊstbæg] n *BR* [bag] saca *f* de correos

postbox [ˈpəʊstbɒks] n *BR* buzón *m* (de correos)

postcard [ˈpəʊstkɑːd] n (tarjeta *f*) postal *f*

postcode [ˈpəʊstkəʊd] n *BR* código *m* postal

postdate [pəʊstˈdeɪt] vt extender con fecha posterior

poster [ˈpəʊstə(r)] n [for advertising] cartel *m,* póster *m* / [of painting, pop group] póster *m* ▸ **~ paint** témpera *f*

posterior [pɒsˈtɪərɪə(r)] n *Hum* [buttocks] trasero *m,* posaderas *fpl*

posterity [pɒsˈterɪtɪ] n posteridad *f*

post-feminism [pəʊstˈfemɪnɪzəm] n pos(t)feminismo *m*

post-feminist [pəʊstˈfemɪnɪst] n & adj pos(t)feminista *mf*

postgraduate [pəʊstˈgrædjʊɪt] ■ n estudiante *mf* de posgrado
■ adj de posgrado ▸ **~ studies** estudios *mpl* de posgrado

posthaste [ˈpəʊstˈheɪst] adv a toda prisa

posthumous [ˈpɒstjʊməs] adj póstumo(a)

posthumously [ˈpɒstjʊməslɪ] adv póstumamente

postimpressionism [ˈpəʊstɪmˈpreʃənɪzəm] n postimpresionismo *m*

postimpressionist [ˈpəʊstɪmˈpreʃənɪst] n & adj postimpresionista *mf*

posting [ˈpəʊstɪŋ] n **1.** MIL destino *m* **2.** COMPTR destino *m*

Post-it® [ˈpəʊstɪt] n **~ (note)** post-it® *m*

postman [ˈpəʊstmən] n *BR* cartero *m*

postmark [ˈpəʊstmɑːk] n matasellos *m inv*

postmaster [ˈpəʊstmɑːstə(r)] n funcionario *m* de correos

postmistress [ˈpəʊstmɪstrɪs] n funcionaria *f* de correos

post-modern [pəʊstˈmɒdən] adj posmoderno(a)

post-modernism [pəʊstˈmɒdənɪzəm] n posmodernismo *m*

post-modernist [pəʊstˈmɒdənɪst] n & adj posmoderno(a) *m,f*

postmortem [pəʊstˈmɔːtəm] n autopsia *f*

postnatal [pəʊstˈneɪtəl] adj MED posparto, puerperal ▸ **~ depression** depresión *f* puerperal *or* posparto

post-operative [pəʊstˈɒpərətɪv] adj MED pos(t)operatorio(a)

postpone [pəʊstˈpəʊn] vt aplazar, posponer

postponement [pəʊstˈpəʊnmənt] n aplazamiento *m*

postscript [ˈpəʊsskrɪpt] n posdata *f*

post-traumatic stress disorder [ˈpəʊsttrɔːˈmætɪkˈstresdɪsˈɔːdə(r)] n MED síndrome *m* de estrés postraumático

postulate [ˈpɒstjʊleɪt] vt postular

posture [ˈpɒstʃə(r)] ■ n postura *f* ▸ **to have good/bad ~** tener (una) buena/mala postura
■ vi tomar *or* hacer poses

postwar [ˈpəʊstˈwɔː(r)] adj de posguerra ▸ **the ~ period** la posguerra

posy [ˈpəʊzɪ] n ramillete *m,* ramo *m*

pot [pɒt] ■ n **1.** [container] bote *m* / [for cooking] cacerola *f,* olla *f* / [for tea] tetera *f* / [for coffee] cafetera *f* ▸ **pots and pans** cazos *mpl* y ollas ▸ **I'd like a ~ of tea** quiero un té (de tetera) ▸ *Fam* **pots of money** montones de dinero ▸ *Fam* **to go to ~** irse al garete *or AM* al diablo ▸ *BR* **to take a ~ shot at sth** disparar al

tuntún a algo ▸ **~ plant** planta *f* de interior **2.** *Fam* [marijuana] maría *f*
■ vt (pt & pp **potted**) **1.** [butter, meat] envasar / [plant] plantar (en tiesto) **2.** [in snooker] meter

potash ['pɒtæʃ] n potasa *f*

potassium [pə'tæsɪəm] n potasio *m*

potato [pə'teɪtəʊ] (pl **potatoes**) n *ESP* patata *f*, *AM* papa *f* ▸ *BR* **~ crisps,** *US* **~ chips** *ESP* patatas *fpl* or *AM* papas *fpl* fritas *(de bolsa)* ▸ **~ peeler** *ESP* pelapatatas *m inv*, *AM* pelapapas *m inv* ▸ **~ salad** ensalada *f* de *ESP* patatas *or AM* papas

potbellied [pɒt'belɪd] adj [from over-eating] barrigón(ona) / [from malnourishment] con el vientre hinchado

potency ['pəʊtənsɪ] n potencia *f*

potent ['pəʊtənt] adj potente

potentate ['pəʊtənteɪt] n soberano *m* absoluto

potential [pə'tenʃəl] ■ n potencial *m* ▸ **to have ~** tener potencial ▸ **she failed to fulfil her ~** no llegó a explotar todo su potencial
■ adj potencial

potentially [pə'tenʃəlɪ] adv en potencia

pothole ['pɒthəʊl] n [cave] cueva *f* / [in road] bache *m*

potholer ['pɒthəʊlə(r)] n espeleólogo(a) *m,f*

potholing ['pɒthəʊlɪŋ] n espeleología *f* ▸ **to go ~** hacer espeleología

potion ['pəʊʃən] n poción *f*

potluck ['pɒt'lʌk] n *Fam* **to take ~** aceptar lo que haya

potpourri [pəʊ'pʊərɪ] n [of flowers, music] popurrí *m*

potted ['pɒtɪd] adj **1.** [food] en conserva **2. a ~ version** una versión condensada

potter[1] ['pɒtə(r)] n alfarero(a) *m,f*, ceramista *mf* ▸ **potter's wheel** torno *m* (de alfarero)

potter[2] vi *BR* **to ~ about** *or* **around** entretenerse

pottery ['pɒtərɪ] n [art, place] alfarería *f* / [objects] cerámica *f*, alfarería *f*

potty[1] ['pɒtɪ] n orinal *m* ▸ **~ training** = *proceso de enseñar a un niño a usar el orinal*

potty[2] adj *BR Fam* [mad] pirado(a), *CSUR* rayado(a), *AM* zafado(a) ▸ **to go ~** volverse loco(a) *or ESP* majara, *CSUR* rayarse ▸ **to be ~ about sth/sb** estar loco(a) por algo/alguien

potty-train ['pɒtɪtreɪn] vt enseñar a utilizar el orinal a

potty-trained ['pɒtɪtreɪnd] adj **he/she is ~** ya no necesita pañales

pouch [paʊtʃ] n **1.** [for money] saquito *m* / [for tobacco] petaca *f* / [for ammunition] cebador *m* **2.** [of marsupial] marsupio *m*

pouf(fe) [puːf] n puf *m*

poulterer ['pəʊltərə(r)] n pollero(a) *m,f*

poultice ['pəʊltɪs] n cataplasma *f*

poultry ['pəʊltrɪ] n [birds] aves *fpl* de corral / [meat] carne *f* de ave *or* pollería ▸ **~ farm** granja *f* avícola ▸ **~ farmer** avicultor(ora) *m,f*

pounce [paʊns] vi abalanzarse (**on** sobre)

pound[1] [paʊnd] n **1.** [unit of weight] libra *f* (= *0,454 kg*) **2.** [British currency] libra *f* (esterlina) ▸ **~ coin** moneda *f* de una libra ▸ **~ sign** símbolo *m* de la libra ▸ **~ sterling** libra esterlina

pound[2] n [for dogs] perrera *f* / [for cars] depósito *m* de coches

pound[3] ■ vt [crush] machacar / [with artillery] atacar ▸ **to ~ sth to pieces** destrozar algo a golpes ▸ **to ~ sb into submission** someter a alguien por la fuerza
■ vi [drum] redoblar / [heart] latir, palpitar ▸ **to ~ at** *or* **on sth** aporrear algo ▸ **my head is pounding** tengo la cabeza a punto de estallar

-pounder ['paʊndə(r)] suffix **a fifteen~** [fish] un ejemplar de quince libras ▸ **a six/twenty-five~** [gun] una pieza de seis/veinticinco libras

pounding ['paʊndɪŋ] n **to give sb a ~** dar una buena tunda a alguien

pour [pɔː(r)] ■ vt verter (**into** en) ▸ **to ~ sb a drink** servir una bebida a alguien ▸ **to ~ money into a project** invertir un dineral en un proyecto
■ vi brotar, fluir ▸ **it's pouring (with rain)** llueve a cántaros ▸ **sweat was pouring off him** le chorreaba el sudor ▸ **tourists were pouring into the palace** entraban al palacio turistas a espuertas

◆ ***pour in*** ■ vt sep [liquid] verter
■ vi [liquid] entrar a raudales / [people, letters] llegar a raudales

◆ ***pour out*** ■ vt sep [tea, coffee] servir / *Fig* [anger, grief] desahogar
■ vi [liquid] salirse / *Fig* [people] salir a raudales

pouring ['pɔːrɪŋ] adj [rain] torrencial

pout [paʊt] ■ n [in annoyance] mohín *m* / [seductive] mueca *f* seductora (con los labios)
■ vi [in annoyance] hacer un mohín, ponerse de morros / [seductively] fruncir los labios con aire seductor

POV [piːəʊ'viː] n TV & CIN (abbr ***point of view***) punto *m* de vista

poverty ['pɒvətɪ] n pobreza *f* / *Fig* [of ideas] escasez *f*, pobreza *f* ▸ **to live in ~** vivir en la pobreza ▸ **~ line** umbral *m* de pobreza

poverty-stricken ['pɒvətɪstrɪkən] adj empobrecido(a), depauperado(a)

POW [piːəʊ'dʌbəljuː] n (abbr ***prisoner of war***) prisionero(a) *m,f* de guerra

powder ['paʊdə(r)] ■ n polvo *m* ▸ **(face) ~** polvos *mpl* ▸ *Fig* **~ keg** polvorín *m* ▸ **~ puff** borla *f* ▸ **~ room** [toilet] baño *m or ESP* servicios *mpl or CSUR* toilette *m* de señoras
■ vt **to ~ sth with sugar** espolvorear azúcar sobre algo ▸ **to ~ one's face** empolvarse la cara ▸ *Euph* **to ~ one's nose** ir al tocador

powdered ['paʊdəd] adj [milk] en polvo

powdery ['paʊdərɪ] adj [substance] arenoso(a) / [snow] en polvo / [apple, potato] harinoso(a)

power ['paʊə(r)] ■ n **1.** [authority] poder *m* ▸ **to come to ~** subir al poder ▸ **to be in/out of ~** estar/no estar en el poder ▸ **to be in sb's ~** estar en poder de alguien ▸ **he had them in his ~** los tenía en su poder ▸ **~ base** bastión *f* de popularidad ▸ **~ struggle** lucha *f* por el poder **2.** [capacity] capacidad *f*, facultad *f* ▸ **to have the ~ to do sth** tener la facultad de hacer algo ▸ **she did**

everything in her ~ to help hizo todo lo que estuvo en su mano para ayudar ▸ **it is beyond my ~** no está en mi mano ▸ **to be at the height** *or* **peak of one's powers** estar en plenas facultades ▸ *Fam* **that'll do you a ~ of good** eso te sentará estupendamente ▸ **powers of concentration** capacidad *f* de concentración ▸ **powers of persuasion** poder *m* de persuasión ▸ **the ~ of speech** la facultad del habla ▸ **~ of life and death over sb** poder para decidir sobre la vida de alguien **3.** [physical strength] potencia *f* ▸ AUT **~ steering** *ESP* dirección *f* asistida, *ESP* servodirección *f*, *AM* dirección *f* hidráulica **4.** [powerful person] autoridad *f* / [powerful group, nation] potencia *f* ▸ **the great powers** las grandes potencias ▸ *Fig* **the ~ behind the throne** el/la que maneja los hilos ▸ **the powers that be** las autoridades **5.** LAW competencia *f* ▸ **~ of attorney** poder *m* (notarial) **6.** [electricity] electricidad *f* / [energy] energía *f* ▸ **wind ~** energía eólica ▸ **~ cut** corte *m* de corriente *or* del fluido eléctrico ▸ **~ pack** alimentador *m* de corriente ▸ **~ plant** central *f or ANDES, RP* usina *f* eléctrica ▸ *BR* **~ point** toma *f* de corriente ▸ **~ station** central *f or ANDES, RP* usina *f* eléctrica ▸ **~ tool** herramienta *f* eléctrica **7.** MATH potencia *f* ▸ **three to the ~ of ten** tres elevado a diez
■ vt [provide with power] propulsar ▸ **powered by two engines** con dos motores

power-assisted steering ['paʊərəsɪstɪd'stɪərɪŋ] n AUT *ESP* dirección *f* asistida, *ESP* servodirección *f*, *AM* dirección *f* hidráulica

-powered ['paʊəd] suffix **steam~** de *or* a vapor, accionado(a) por vapor de agua ▸ **wind~** de viento, alimentado(a) por el viento

powerful ['paʊəfʊl] adj [muscles, engine, voice] potente / [country, politician] poderoso(a) / [drug, smell] fuerte / [speech, image] conmovedor(ora)

powerfully ['paʊəfʊlɪ] adv [with great strength] con fuerza / [to argue] convincentemente / [to speak] de forma conmovedora

powerhouse ['paʊəhaʊs] n *Fam* [person] motor *m*

powerless ['paʊəlɪs] adj impotente ▸ **to be ~ to react** no tener capacidad para *or* no ser capaz de reaccionar

p & p [piːən'piː] n *BR* (abbr ***postage and packing***) gastos *mpl* de envío

PR [piː'ɑ(r)] n **1.** (abbr ***public relations***) relaciones *fpl* públicas **2.** POL (abbr ***proportional representation***) representación *f* proporcional

practicability [præktɪkə'bɪlɪtɪ] n [feasibility] viabilidad *f*

practicable ['præktɪkəbəl] adj [feasible] factible, viable

practical ['præktɪkəl] ■ n [lesson] (clase *f*) práctica *f* / [exam] examen *m* práctico
■ adj **1.** [mind, solution] práctico(a) ▸ **he's very ~** es muy práctico ▸ **for all ~ purposes** a efectos prácticos ▸ **~ joke** broma *f* (pesada) ▸ **to play a ~ joke on sb** gastar una broma a alguien ▸ **~ joker** bromista *mf* **2.** [virtual] **it's a ~ certainty** es prácticamente seguro

practicality [præktɪ'kælɪtɪ] n [of suggestion, plan] viabilidad *f* ▸ **practicalities** aspectos *mpl* prácticos

practically ['præktɪklɪ] adv prácticamente

practice ['præktɪs] ■ n **1.** [action, exercise] práctica *f* / [in sport] entrenamiento *m* ▸ **in ~** en la práctica ▸ **to put an idea into ~** poner en práctica una idea ▸ **to be out of ~** estar desentrenado(a) ▸ *Prov* **~ makes perfect** se aprende a base de práctica ▸ **~ match** partido *m* de entrenamiento **2.** [of profession] ejercicio *m*, práctica *f* ▸ **medical ~** [place] consulta *f* médica, consultorio *m* médico / [group of doctors] = *grupo de médicos que comparten un consultorio* ▸ **legal ~** [place, legal firm] bufete *m* de abogados **3.** [custom] práctica *f* ▸ **to make a ~ of doing sth** tomar por costumbre hacer algo ▸ **it's the usual ~** es el procedimiento habitual ▸ **to be good/bad ~** ser una buena/mala costumbre
■ vt & vi *US* ➤ ***practise***

practiced, practicing *US* ➤ ***practised, practising***

practise, *US* ***practice*** ['præktɪs] ■ vt **1.** [musical instrument, language] practicar **2.** [medicine, law] ejercer **3.** [religion, custom] practicar ▸ **to ~ what one preaches** predicar con el ejemplo
■ vi **1.** [musician] practicar / [sportsperson] entrenar **2.** [doctor, lawyer] ejercer

practised, *US* ***practiced*** ['præktɪst] adj experto(a) (**at** en)

practising, *US* ***practicing*** ['præktɪsɪŋ] adj [doctor, lawyer] en ejercicio, en activo / [Christian] practicante

pragmatic [præg'mætɪk] adj pragmático(a)

pragmatics [præg'mætɪks] n LING pragmática *f*

pragmatism ['prægmətɪzəm] n pragmatismo *m*

pragmatist ['prægmətɪst] n pragmático(a) *m,f*

Prague [prɑːg] n Praga

prairie ['preərɪ] n pradera *f* ▸ **~ dog** perro *m* de las praderas ▸ *US* **~ schooner** = *carromato típico de los colonos del oeste americano*

praise [preɪz] ■ n elogio *m*, alabanza *f* ▸ **in ~ of** en alabanza de ▸ **to sing the praises of** prodigar alabanzas a ▸ **I have nothing but ~ for him** no tengo más que elogios para él
■ vt elogiar, alabar ▸ **to ~ God** alabar a Dios ▸ **to ~ sb to the skies** poner a alguien por las nubes

praiseworthy ['preɪzwɜːðɪ] adj encomiable

pram [præm] n *BR* cochecito *m* de niño, carricoche *m*

prance [prɑːns] vi [horse] encabritarse / [person] dar brincos, brincar ▸ **to ~ in/out** entrar/salir dando brincos

prank [præŋk] n broma *f* (pesada), jugarreta *f* ▸ **to play a ~ on sb** gastarle una broma a alguien

prat [præt] n *BR Fam* soplagaitas *mf inv*

prate [preɪt] vi *Formal* perorar

prattle ['prætəl] ■ n charla *f*, parloteo *m*
■ vi charlar, parlotear (**about** de *or* acerca de)

prawn [prɔːn] n gamba *f*, *AM* camarón *m* ▸ **~ cocktail** cóctel *m* de gambas ▸ *BR* **~ cracker** corteza *f* de gambas, = *especie de corteza ligera y crujiente con sabor a marisco*

pray [preɪ] vi rezar, orar ▸ **to ~ to God** rezar a Dios ▸ **to ~ for sth/sb** rezar por algo/alguien ▸ *Fig* **to ~ for good weather/rain** rezar para que haga buen tiempo/llueva

prayer [preə(r)] n oración *f* ▸ **to say one's prayers** rezar las oraciones ▸ **to say a ~** rezar una oración ▸ **her**

~ **had been answered** sus súplicas habían sido atendidas ▸ *Fam Fig* **he doesn't have a ~** [has no chance] no tiene ninguna posibilidad, no tiene nada que hacer ▸ **~ beads** rosario *m* ▸ **~ book** devocionario *m* ▸ **~ mat** = *esterilla que utilizan los musulmanes para el rezo* ▸ **~ meeting** = *reunión de creyentes, generalmente protestantes, para rezar en grupo*

praying mantis ['preɪɪŋ'mæntɪs], *US* ***mantis*** ['mæntɪs] n mantis *f inv* religiosa

preach [priːtʃ] ■ vt predicar
■ vi predicar ▸ *Fig* **you're preaching to the converted** estás evangelizando en un convento

preacher ['priːtʃə(r)] n predicador(ora) *m,f*

preamble ['priːæmbəl] n *Formal* preámbulo *m*

prearranged [priːə'reɪndʒd] adj acordado(a) de antemano

precancerous [priː'kænsərəs] adj MED precanceroso(a)

precarious [prɪ'keərɪəs] adj precario(a)

precariously [prɪ'keərɪəslɪ] adv precariamente ▸ **~ balanced** [object, situation] en equilibrio precario

precariousness [prɪ'keərɪəsnɪs] n precariedad *f*

precaution [prɪ'kɔːʃən] n precaución *f* ▸ **to take precautions** tomar precauciones / [use contraceptive] usar anticonceptivos ▸ **as a ~** como (medida de) precaución

precautionary [prɪ'kɔːʃənərɪ] adj preventivo(a)

precede [prɪ'siːd] vt [in time, space, importance] preceder a ▸ **in the weeks preceding her departure** durante las semanas previas a su partida

precedence ['presɪdəns] n prioridad *f*, precedencia *f* ▸ **in order of ~** por orden de precedencia ▸ **to take ~ over** tener prioridad sobre

precedent ['presɪdənt] n precedente *m* ▸ **to create** *or* **set a ~** sentar (un) precedente ▸ **without ~** sin precedentes

preceding [prɪ'siːdɪŋ] adj precedente, anterior

precept ['priːsept] n precepto *m*

precinct ['priːsɪŋkt] n **1.** *BR* [area] **(shopping) ~** zona *f* comercial ▸ **within the precincts of** dentro de los límites de **2.** *US* [administrative, police division] distrito *m* / [police station] comisaría *f* (de policía)

precious ['preʃəs] ■ n [term of endearment] **my ~!** ¡mi cielo!
■ adj **1.** [valuable] precioso(a), valioso(a) / [secret, possession] preciado(a) ▸ **this photo is very ~ to me** esta foto tiene mucho valor para mí ▸ *Ironic* **you and your ~ books!** ¡tú y tus dichosos libros! **2.** *Pej* [affected] afectado(a)
■ adv *Fam* [for emphasis] **~ little** poquísimo(a) ▸ **~ few** poquísimos(as)

precipice ['presɪpɪs] n precipicio *m*

precipitate ■ n [prɪ'sɪpɪtɪt] CHEM precipitado *m*
■ adj *Formal* precipitado(a)
■ vt [prɪ'sɪpɪteɪt] [hasten] precipitar

precipitately [prɪ'sɪpɪtətlɪ] adv precipitadamente

precipitation [prɪsɪpɪ'teɪʃən] n MET precipitaciones *fpl* ▸ **annual ~** pluviosidad *f* anual

precipitous [prɪ'sɪpɪtəs] adj [steep] empinado(a)

precipitously [prɪ'sɪpɪtəslɪ] adv [steeply] abruptamente, pronunciadamente

précis ['preɪsiː] (pl **précis** ['preɪsiːz]) n resumen *m*

precise [prɪ'saɪs] adj **1.** [exact] preciso(a) ▸ **to be ~** para ser exactos ▸ **at the ~ moment when...** en el preciso momento en que... **2.** [meticulous] meticuloso(a)

precisely [prɪ'saɪslɪ] adv precisamente ▸ **at six (o'clock) ~** a las seis en punto ▸ **~!** ¡exactamente!

precision [prɪ'sɪʒən] n precisión *f* ▸ MIL **~ bombing** bombardeo *m* de precisión ▸ **~ instrument** instrumento *m* de precisión

preclude [prɪ'kluːd] vt excluir ▸ **to ~ sb from doing sth, to ~ sb's doing sth** impedir a alguien hacer algo

precocious [prɪ'kəʊʃəs] adj precoz

precociousness [prɪ'kəʊʃəsnɪs], ***precocity*** [prɪ'kɒsɪtɪ] n precocidad *f*

preconceived [priːkən'siːvd] adj [idea] preconcebido(a)

preconception [priːkən'sepʃən] n idea *f* preconcebida / [prejudice] prejuicio *m*

precondition [priːkɒn'dɪʃən] n condición *f* previa

precooked [priː'kʊkt] adj precocinado(a)

precursor [prɪ'kɜːsə(r)] n precursor(ora) *m,f*

predate [priː'deɪt] vt **1.** [precede] preceder a, anteceder a **2.** [put earlier date on] antedatar

predator ['predətə(r)] n [animal] predador(ora) *m,f*, depredador(ora) *m,f* / [person] aprovechado(a) *m,f*, buitre *mf*

predatory ['predətərɪ] adj [animal] predador(ora), depredador(ora) / [person] aprovechado(a)

predecessor ['priːdɪsesə(r)] n predecesor(ora) *m,f*

predestination [priːdestɪ'neɪʃən] n predestinación *f*

predestine [priː'destɪn] vt predestinar ▸ **to be predestined to do sth** estar predestinado(a) a hacer algo

predetermine [priːdɪ'tɜːmɪn] vt predeterminar

predicament [prɪ'dɪkəmənt] n [unpleasant situation] aprieto *m*, apuro *m* / [difficult choice] dilema *m*, conflicto *m* ▸ **to be in an awkward ~** estar en un brete

predicate ■ n ['predɪkət] GRAM predicado *m*
■ vt ['predɪkeɪt] **to be predicated on sth** fundarse *or* basarse en algo

predict [prɪ'dɪkt] vt predecir

predictability [prɪdɪktə'bɪlɪtɪ] n predicibilidad *f*

predictable [prɪ'dɪktəbəl] adj predecible, previsible / [unoriginal] poco original ▸ *Fam* **you're so ~!** ¡siempre estás con lo mismo!

predictably [prɪ'dɪktəblɪ] adv previsiblemente ▸ **~, he arrived an hour late** como era de prever, llegó con una hora de retraso *or AM* demora

prediction [prɪ'dɪkʃən] n predicción *f*

predispose [priːdɪs'pəʊz] vt predisponer ▸ **I was not predisposed to believe her** no estaba predispuesto a creerla

predisposition [priːdɪspə'zɪʃən] n predisposición *f* (**to** *or* **towards** a)

predominance [prɪ'dɒmɪnəns] n predominio *m*
predominant [prɪ'dɒmɪnənt] adj predominante
predominantly [prɪ'dɒmɪnəntlɪ] adv predominantemente
predominate [prɪ'dɒmɪneɪt] vi predominar
pre-eminence [prɪ'emɪnəns] n preeminencia *f*
pre-eminent [prɪ'emɪnənt] adj preeminente
pre-eminently [priː'emɪnəntlɪ] adv [mainly] sobre todo, por encima de todo
pre-empt [prɪ'empt] vt adelantarse a ▸ **he was pre-empted by a rival** se le adelantó uno de sus rivales
pre-emptive [prɪ'emptɪv] adj FIN **~ bid** licitación *f or* oferta *f* preferente ▸ MIL **~ strike** ataque *m* preventivo
preen [priːn] vt **to ~ itself** [bird] atusarse las plumas ▸ **to ~ oneself** [person] acicalarse
pre-established [priːɪs'tæblɪʃt] adj preestablecido(a)
prefab ['priːfæb] n *Fam* [house] casa *f* prefabricada
prefabricated [priː'fæbrɪkeɪtɪd] adj prefabricado(a)
preface ['prefɪs] ■ n [of book] prefacio *m,* prólogo *m* / [to speech] preámbulo *m*
■ vt **she prefaced her speech with an anecdote** abrió su discurso con una anécdota
prefect ['priːfekt] n SCH monitor(ora) *m,f*
prefer [prɪ'fɜː(r)] (pt & pp **preferred**) vt **1.** [favour] preferir ▸ **I ~ wine to beer** prefiero el vino a la cerveza ▸ **I ~ her to her sister** me cae mejor ella que su hermana ▸ **I would ~ to stay at home** preferiría quedarme en casa **2.** LAW **to ~ charges** presentar cargos
preferable ['prefərəbəl] adj preferible
preferably ['prefərəblɪ] adv preferiblemente
preference ['prefərəns] n preferencia *f* ▸ **to give sb ~, to give ~ to sb** dar preferencia a alguien ▸ **I have no ~** me da lo mismo ▸ **in ~ to...** antes que..., en lugar de... ▸ **in order of ~** por orden de preferencia ▸ *BR* ST EXCH **~ shares** acciones *fpl* preferentes *or* privilegiadas
preferential [prefə'renʃəl] adj preferente
preferred [prɪ'fɜːd] adj preferido(a), favorito(a) ▸ *US* ST EXCH **~ stock** acciones *fpl* preferentes *or* privilegiadas
prefigure [priː'fɪgə(r)] vt prefigurar
prefix ['priːfɪks] n prefijo *m*
pregnancy ['pregnənsɪ] n embarazo *m* ▸ **~ test** prueba *f* de embarazo
pregnant ['pregnənt] adj **1.** [woman] embarazada / [animal] preñada ▸ **to be ~** [woman] estar embarazada / [animal] estar preñada ▸ **she's three months ~** está (embarazada) de tres meses **2.** *Literary* **~ with** [situation, remark] preñado(a) *or* cargado(a) de ▸ **a ~ silence** un silencio significativo
preheat [priː'hiːt] vt precalentar
prehensile [prɪ'hensaɪl] adj prensil
prehistoric [priːhɪs'tɒrɪk] adj prehistórico(a)
prehistory [priː'hɪstərɪ] n prehistoria *f*
prejudge [priː'dʒʌdʒ] vt prejuzgar
prejudice ['predʒʊdɪs] ■ n **1.** [bias] prejuicio *m* **2.** LAW **without ~ to** sin perjuicio *or* menoscabo de
■ vt **1.** [bias] predisponer (**against/in favour of** en contra de/a favor de) **2.** [harm] perjudicar
prejudiced ['predʒʊdɪst] adj **to be ~** tener prejuicios ▸ **to be ~ against/in favour of** estar predispuesto(a) en contra de/a favor de
prejudicial [predʒʊ'dɪʃəl] adj perjudicial (**to** para)
preliminary [prɪ'lɪmɪnərɪ] ■ n preludio *m* ▸ **preliminaries** [to investigation, meeting] preliminares *mpl*
■ adj preliminar
prelude ['preljuːd] n preludio *m* (**to** de *or* a)
premarital [priː'mærɪtəl] adj prematrimonial
premature ['prematjʊə(r)] adj prematuro(a) ▸ *Fam* **you're being a bit ~!** ¡te estás adelantando un poco! ▸ **~ ejaculation** eyaculación *f* precoz
prematurely ['premətjʊəlɪ] adv prematuramente
premeditated [priː'medɪteɪtɪd] adj premeditado(a)
premeditation ['priːmedɪ'teɪʃən] n premeditación *f*
premenstrual [priː'menstrʊəl] adj MED **~ syndrome** síndrome *m* premenstrual ▸ **~ tension** tensión *f* premenstrual
premier ['premɪə(r)] ■ n [prime minister] jefe(a) *m,f* del Gobierno, primer(era) ministro(a) *m,f*
■ adj primero(a)
premiere ['premɪeə(r)] n [of play, film] estreno *m*
premise ['premɪs] ■ n [of argument, theory] premisa *f*
■ vt **to be premised on...** partir del supuesto *or* de la premisa de que...
premises ['premɪsɪz] npl [of factory] instalaciones *fpl* / [of shop] local *m,* locales *mpl* ▸ **business ~** locales comerciales ▸ **on/off the ~** dentro/fuera del establecimiento ▸ **to see sb off the ~** sacar a alguien del establecimiento
premium ['priːmɪəm] n **1.** FIN [for insurance] prima *f* / [additional sum] recargo *m* ▸ **to sell sth at a ~** vender algo por encima de su valor ▸ FIN **~ bond** = *bono numerado emitido por el Gobierno británico, cuyo comprador entra en un sorteo mensual de premios en metálico otorgados informáticamente al azar* **2.** *US* [fuel]

HOW TO...
say what you prefer

Prefiero ir en avión que en tren. / I'd rather fly than go by train.
El martes me vendría mejor. / Tuesday would suit me better.
Preferiría que fueras por mí. / I'd rather you went instead of me.
Para mí, sería mejor si... / It would be better for me if...
Me gusta más ir al cine que ver la televisión. / I prefer going to the cinema to watching television.
Si pudiese escoger entre todos estos, me quedaría con el rojo. / If I could choose between all of these, I'd take the red one.

gasolina *f* súper **3.** [idioms] **to be at a ~** [be scarce] estar muy cotizado(a) ▸ **to put a ~ on sth** conceder una importancia especial a algo

premium-rate ['pri:mɪəm'reɪt] adj TEL [call] de tarifa superior

premonition [pri:mə'nɪʃən] n presentimiento *m*, premonición *f* ▸ **to have a ~ that...** tener el presentimiento de que...

prenatal [pri:'neɪtəl] adj prenatal

prenuptial ['pri:'nʌpʃəl] adj prenupcial ▸ **~ agreement** acuerdo *m* prenupcial

preoccupation [pri:ɒkjʊ'peɪʃən] n preocupación *f* (**with** por)

preoccupied [pri:'ɒkjʊpaɪd] adj preocupado(a) ▸ **to be ~ with** *or* **by sth** estar preocupado(a) por algo

preoccupy [pri:'ɒkjʊpaɪ] vt preocupar

prep [prep] n *BR Fam* [schoolwork] deberes *mpl* ▸ **~ school** = *colegio privado para alumnos de entre siete y trece años*

prepaid [pri:'peɪd] adj [envelope] franqueado(a), con franqueo pagado

preparation [prepə'reɪʃən] n **1.** [act of preparing] preparación *f* ▸ **preparations** [for ceremony, party] preparativos *mpl* **2.** [medicine] preparado *m*

preparatory [prɪ'pærətərɪ] adj preparatorio(a) ▸ *Formal* **~ to (doing) sth** antes de (hacer) algo ▸ **~ school** *BR* = *colegio privado para alumnos de entre siete y trece años* / *US* = *escuela privada de enseñanza secundaria y preparación para estudios superiores*

prepare [prɪ'peə(r)] ■ vt preparar
■ vi prepararse (**for** para) ▸ **to ~ to do sth** prepararse *or AM* alistarse para hacer algo

prepared [prɪ'peəd] adj **1.** [willing] **to be ~ to do sth** estar dispuesto(a) a hacer algo **2.** [ready] **to be ~ for sth** estar preparado(a) para algo **3.** [made in advance] **a ~ statement** una declaración preparada (de antemano)

preparedness [prɪ'peərɪdnɪs] n preparación *f*

prepayment [pri:'peɪmənt] n pago *m* (por) adelantado

preponderance [prɪ'pɒndərəns] n preponderancia *f*, predominio *m*

preposition [prepə'zɪʃən] n preposición *f*

prepositional [prepə'zɪʃənəl] adj preposicional

prepossessing [pri:pə'zesɪŋ] adj atractivo(a), agradable

preposterous [prɪ'pɒstərəs] adj absurdo(a), ridículo(a)

preposterously [prɪ'pɒstərəslɪ] adv absurdamente, ridículamente

preppy, preppie ['prepɪ] adj *US Fam ESP* pijo(a), *MÉX* fresa, *RP* (con)cheto(a)

preprogrammed [pri:'prəʊgræmd] adj COMPTR preprogramado(a)

prequel ['pri:kwəl] n CIN = *película o libro que desarrolla una historia o se refiere a eventos que preceden a otros contenidos en una obra ya existente*

prerecord [pri:rɪ'kɔ:d] vt pregrabar

prerecorded [pri:rɪ'kɔ:dɪd] adj pregrabado(a)

prerequisite [pri:'rekwɪzɪt] n requisito *m* previo (**of/for** para)

prerogative [prɪ'rɒgətɪv] n prerrogativa *f*

Pres. (abbr ***president***) presidente(a) *m,f*

presage ['presɪdʒ] *Literary* ■ n presagio *m*
■ vt presagiar

Presbyterian [prezbɪ'tɪərɪən] n & adj presbiteriano(a) *m,f*

presbytery ['prezbɪt(ə)rɪ] n presbiterio *m*

preschool [pri:'sku:l] adj preescolar

preschooler ['pri:'sku:lə(r)] n *US* niño(a) *m,f* en edad preescolar

prescribe [prɪ'skraɪb] vt **1.** [medicine] recetar **2.** [punishment, solution] prescribir ▸ **in the prescribed manner** de la forma prescrita

prescription [prɪ'skrɪpʃən] n receta *f* ▸ **available only on ~** sólo con receta médica ▸ **~ charge** precio *m* de un medicamento con receta

preselect ['pri:sə'lekt] vt [tracks, channels] preseleccionar

presence ['prezəns] n presencia *f* ▸ **in the ~ of** en presencia de ▸ **to have ~** tener mucha presencia ▸ **she made her ~ felt** hizo sentir su presencia ▸ **~ of mind** presencia de ánimo

present[1] ['prezənt] ■ n **the ~** el presente ▸ **up to the ~** hasta la fecha, hasta ahora ▸ **at ~** [now] en estos momentos / [these days] actualmente ▸ **for the ~** de momento, por el momento
■ adj **1.** [in attendance] presente ▸ **to be ~ (at)** estar presente (en) ▸ **those ~** los presentes **2.** [current] actual ▸ **at the ~ time** *or* **moment** en estos momentos ▸ **in the ~ case** en este caso ▸ GRAM **~ perfect** pretérito *m* perfecto ▸ GRAM **the ~ tense** el (tiempo) presente ▸ **~ participle** participio *m* de presente *or* activo

present[2] ■ n ['prezənt] [gift] regalo *m* ▸ **to give sb a ~** regalar algo a alguien ▸ **birthday/Christmas ~** regalo de cumpleaños/Navidad
■ vt [prɪ'zent] **1.** [introduce, put forward] presentar ▸ **if the opportunity presents itself** si se presenta la ocasión **2.** [give] entregar ▸ **to ~ sth to sb, to ~ sb with sth** [gift] regalar algo a alguien / [award, certificate] otorgar *or* entregar algo a alguien **3.** MIL **~ arms!** ¡presenten armas!

presentable [prɪ'zentəbəl] adj presentable ▸ **to make oneself ~** ponerse presentable

presentation [prezən'teɪʃən] n **1.** [of person] presentación *f* **2.** [of gift, award] entrega *f* ▸ **to make a ~ to sb** [give present] hacer (entrega de) un obsequio a alguien / [give award] otorgar *or* entregar un premio a alguien **3.** [formal talk] **to give a ~** hacer una exposición, dar una charla *(con la ayuda de gráficos, diapositivas, etc)* **4. on ~ of** [passport, coupon] con la presentación de, presentando

present-day [prezənt'deɪ] adj actual

presenter [prɪ'zentə(r)] n [on radio, TV] presentador(ora) *m,f*

presentiment [prɪ'zentɪmənt] n premonición *f*, presentimiento *m*

presently ['prezəntlɪ] adv **1.** [soon] pronto / [soon afterwards] poco después **2.** US [now] actualmente

preservation [prezə'veɪʃən] n **1.** [maintenance] conservación *f*, mantenimiento *m* **2.** [protection] [of species, building] conservación *f*, protección *f* ▸ *BR* ~ **order** orden *f* de conservación *(de un monumento o edificio de valor histórico-artístico)*

preservative [prɪ'zɜːvətɪv] n conservante *m*

preserve [prɪ'zɜːv] ■ n **1.** [jam] confitura *f*, mermelada *f* **2.** [in hunting] coto *m* de caza **3.** [area of dominance] territorio *m* ▸ **engineering is no longer a male ~** la ingeniería ya no es un reducto masculino
■ vt **1.** [maintain] conservar, mantener **2.** [leather, wood] conservar **3.** [fruit] confitar, poner en conserva **4.** [protect] conservar, proteger (**from** de) ▸ **saints ~ us!** ¡que Dios nos proteja *or* ampare!

preshrunk [priː'ʃrʌŋk] adj lavado(a) previamente

preside [prɪ'zaɪd] vi presidir ▸ **to ~ over a meeting** presidir una reunión ▸ **he presided over the decline of the empire** él estuvo al mando durante el declive del imperio

presidency ['prezɪdənsɪ] n presidencia *f* / US [of university] rectorado *m*

president ['prezɪdənt] n [of country, company] presidente(a) *m,f* / US [of university] rector(ora) *m.f*

presidential [prezɪ'denʃəl] adj presidencial

press [pres] ■ n **1.** [act of pushing] **at the ~ of a button...** al pulsar un botón... ▸ HIST ~ **gang** = *grupo de marineros que se encargaba de reclutar por la fuerza a gente para la Armada* ▸ ~ **stud** automático *m*, corchete *m* **2.** [newspapers] **the ~** la prensa ▸ **to get a good/bad ~** tener buena/mala prensa ▸ ~ **agency** agencia *f* de noticias ▸ ~ **box** tribuna *f* de prensa *or* periodistas ▸ US ~ **clipping** recorte *m* de prensa ▸ **Press Complaints Commission** = *organismo británico que actúa de árbitro en casos de quejas contra la prensa* ▸ ~ **conference** rueda *f or* conferencia *f* de prensa ▸ *BR* ~ **cutting** recorte *m* de prensa ▸ ~ **kit** carpeta *f or* dossier *m* de prensa ▸ ~ **officer** jefe(a) *m,f* de prensa ▸ ~ **photographer** fotógrafo(a) *m,f* de prensa ▸ ~ **release** comunicado *m or* nota *f* de prensa ▸ ~ **secretary** secretario(a) *m,f* de prensa **3.** [machine] prensa *f* ▸ **(printing) ~** imprenta *f* ▸ **to go to ~** [newspaper] entrar en prensa
■ vt **1.** [button, switch] apretar / [into clay, cement] presionar (**into** sobre) ▸ **he pressed the note into my hand** me puso el billete en la mano **2.** [squeeze] apretar / [juice, lemon] exprimir / [grapes, olives, flowers] prensar **3.** [iron] planchar **4.** [pressurize] presionar ▸ **to ~ sb to do sth** presionar a alguien para que haga algo ▸ **to be pressed for time/money** estar apurado(a) de tiempo/dinero **5.** [force] **to ~ sth on sb** obligar a alguien a aceptar algo ▸ **to ~ home one's advantage** sacar (uno) el máximo partido a su ventaja ▸ **to ~ one's attentions on sb** prodigar excesivas atenciones a alguien **6.** LAW **to ~ charges (against sb)** presentar cargos (contra alguien)
■ vi [push] empujar / [crowd] apelotonarse

◆ ***press ahead*** ➤ ***press on***

◆ ***press for*** vt insep [demand] exigir

◆ ***press on*** vi seguir adelante

press-gang ['presgæŋ] vt **to ~ sb into doing sth** forzar a alguien a hacer algo

pressing ['presɪŋ] adj [urgent] apremiante

pressman ['presmən] n *BR* periodista *m*

press-up ['presʌp] n *BR* [exercise] flexión *f* (de brazos) ▸ **to do press-ups** hacer flexiones

pressure ['preʃə(r)] ■ n presión *f* ▸ **to put ~ on sb (to do sth)** presionar a alguien (para que haga algo) ▸ **to be under ~** estar presionado(a) ▸ ~ **of work** estrés *m* laboral ▸ ~ **cooker** olla *f* a presión ▸ ~ **gauge** manómetro *m* ▸ ~ **group** grupo *m* de presión ▸ MED ~ **point** punto *m* de presión
■ vt **to ~ sb to do sth** presionar a alguien para que haga algo

pressurize ['preʃəraɪz] vt **1.** TECH [container] presurizar **2.** [person] **to ~ sb (into doing sth)** presionar a alguien (para que haga algo)

pressurized ['preʃəraɪzd] adj TECH presurizado(a)

prestige [pres'tiːʒ] n prestigio *m*

prestigious [pres'tɪdʒəs] adj prestigioso(a)

presumably [prɪ'zjuːməblɪ] adv presumiblemente, según cabe suponer ▸ ~ **she'll come** cabe suponer que vendrá

presume [prɪ'zjuːm] ■ vt **1.** [suppose] suponer ▸ **I ~ so** supongo (que sí) **2. to ~ to do sth** tomarse la libertad de hacer algo
■ vi [be cheeky] pasarse de listo(a) ▸ **I don't want to ~ on you** no quiero abusar de su generosidad

presumed [prɪ'zjuːmd] adj **twenty people are missing, ~ dead** han desaparecido veinte personas, por cuyas vidas se teme ▸ **everyone is ~ innocent until proven guilty** todo el mundo es inocente hasta que no se demuestre lo contrario

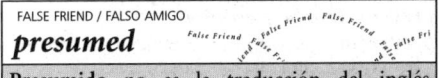

FALSE FRIEND / FALSO AMIGO
presumed

Presumido no es la traducción del inglés *presumed*. **Presumido** se traduce por *vain*.

presumption [prɪ'zʌmpʃən] n **1.** [assumption] suposición *f*, supuesto *m* ▸ LAW ~ **of innocence** presunción *f* de inocencia **2.** [arrogance] presunción *f*, osadía *f*

presumptuous [prɪ'zʌmptjʊəs] adj presuntuoso(a), osado(a)

presuppose [priːsə'pəʊz] vt presuponer

presupposition [priːsʌpə'zɪʃən] n supuesto *m*, suposición *f*

pretence [prɪ'tens] n fingimiento *m* ▸ **he says... but it's all a ~** dice que... pero es mentira ▸ **to make a ~ of doing sth** aparentar hacer algo ▸ **he made no ~ of his scepticism** no trató de ocultar su escepticismo

pretend [prɪ'tend] ■ vt **1.** [feign] fingir, simular ▸ **to ~ to be ill** fingir que se está enfermo(a) ▸ **to ~ to do sth** fingir hacer algo ▸ **they pretended that nothing had happened** hicieron como si no hubiera pasado nada **2.** [claim] pretender
■ vi [put on an act] fingir
■ adj *Fam* de mentira ▸ ~ **money** dinero *m* de mentira ▸ **a ~ slap** un amago de bofetada

pretension [prɪ'tenʃən] n pretensión *f*

pretentious [prɪ'tenʃəs] adj pretencioso(a)

pretentiousness [prɪ'tenʃəsnəs] n pretenciosidad *f*

preterite ['pretərɪt] n GRAM **the ~** el pretérito

pretext ['priːtekst] n pretexto *m* ▸ **under** *or* **on the ~ of doing sth** con el pretexto de hacer algo

Pretoria [prɪ'tɔːrɪə] n Pretoria

prettiness ['prɪtɪnɪs] n lo bonito

pretty ['prɪtɪ] ■ adj [person, thing] bonito(a), *AM* lindo(a) ▸ **it's not a ~ sight** es un espectáculo lamentable ▸ *Fam* **to cost a ~ penny** costar un riñón
■ adv **1.** [fairly] bastante ▸ **they're ~ much the same** son poco más o menos lo mismo **2.** *Fam* **to be sitting ~** encontrarse en una situación ventajosa

pretzel ['pretzəl] n palito *m* salado *(alargado o en forma de 8)*

prevail [prɪ'veɪl] vi **1.** [be successful] prevalecer (**over** sobre) ▸ **let us hope that justice prevails** esperemos que se imponga la justicia **2.** [persuade] **to ~ upon sb to do sth** convencer a alguien para que haga algo **3.** [predominate] predominar ▸ **in the conditions now prevailing** en las circunstancias actuales

prevailing [prɪ'veɪlɪŋ] adj predominante

prevalent ['prevələnt] adj frecuente, corriente

prevaricate [prɪ'værɪkeɪt] vi dar rodeos, andar con evasivas

prevarication [prɪværɪ'keɪʃən] n rodeos *mpl,* evasivas *fpl*

prevent [prɪ'vent] vt evitar, impedir ▸ **to ~ sb from doing sth** evitar *or* impedir que alguien haga algo ▸ **to ~ sth from happening** evitar *or* impedir que pase algo

preventable [prɪ'ventəbəl] adj evitable

preventative ➤ ***preventive***

prevention [prɪ'venʃən] n prevención *f* ▸ *Prov* **~ is better than cure** más vale prevenir que curar

preventive [prɪ'ventɪv], ***preventative*** [prɪ'ventətɪv] adj **~ medicine** medicina *f* preventiva ▸ **~ measures** medidas *fpl* preventivas

preview ['priːvjuː] ■ n [of play, film] preestreno *m* / [of TV programme] avance *m*
■ vt **the film was previewed** hubo un preestreno de la película

previous ['priːvɪəs] ■ adj previo(a), anterior ▸ **the ~ day** el día anterior ▸ **~ engagement** compromiso *m* previo ▸ LAW **~ convictions** antecedentes *mpl* penales
■ adv **~ to** con anterioridad a

previously ['priːvɪəslɪ] adv anteriormente ▸ **three days ~** tres días antes

prewar ['priː'wɔː(r)] adj de preguerra

prey [preɪ] n presa *f* ▸ *Fig* **to be a ~ to** ser presa (fácil) para *or* de ▸ **to fall ~ to** caer *or* ser víctima de

◆***prey on, prey upon*** vt insep [of animal] alimentarse de / [of opportunist] aprovecharse de, cebarse en ▸ **something is preying on his mind** está atormentado por algo

price [praɪs] ■ n precio *m* ▸ **to rise** *or* **increase in ~** subir de precio ▸ **at any ~** a toda costa ▸ **not at any ~** por nada del mundo ▸ *Fig* **to pay the ~ (for sth)** pagar el precio (de algo) ▸ *Fig* **it's too high a ~ (to pay)** es un precio demasiado alto *or* caro ▸ **to put** *or* **set a ~ on sb's head** poner precio a la cabeza de alguien ▸ *Fig* **everyone has his ~** todos tenemos un precio ▸ *Fam* **what ~ patriotism now?** ¿de qué ha servido tanto patriotismo? ▸ **~ cut** reducción *f* de precios ▸ **~ freeze** congelación *f* de precios ▸ **~ increase** subida *f* de precios ▸ **~ index** índice *m* de precios ▸ **~ list** lista *f* de precios ▸ **~ range** escala *f* de precios ▸ **that's outside my ~ range** eso no está a mi alcance ▸ **~ tag** etiqueta *f* del precio ▸ **~ war** guerra *f* de precios
■ vt [decide cost of] poner precio a ▸ **the toy is priced at £10** el precio del juguete es de 10 libras ▸ **to ~ oneself out of the market** perder mercado por pedir precios demasiado elevados

price-cutting ['praɪs'kʌtɪŋ] n COM reducción *f* de precios

-priced [praɪst] suffix **high~** caro(a) ▸ **low~** barato(a)

price-fixing ['praɪs'fɪksɪŋ] n COM fijación *f* de precios

priceless ['praɪslɪs] adj **1.** [invaluable] de valor incalculable **2.** *Fam* [funny] graciosísimo(a)

pricey ['praɪsɪ] adj *Fam* carillo(a)

prick [prɪk] ■ n **1.** [of needle] pinchazo *m* ▸ **pricks of conscience** remordimientos *mpl* de conciencia **2.** *Vulg* [penis] *ESP* polla *f, AM* verga *f, CHILE* pico *m, CHILE* penca *f, MÉX* pito *m, RP* pija *f* **3.** *Vulg* [person] *ESP* gilipollas *mf inv, AM* pendejo(a) *m,f, RP* forro *m*
■ vt [make holes in] pinchar ▸ **to ~ one's finger** pincharse el dedo ▸ **to ~ a hole in sth** hacer un agujero en algo

◆***prick up*** vt sep **to ~ up one's ears** [dog] aguzar las orejas / [person] aguzar el oído *or* los oídos

prickle ['prɪkəl] ■ n **1.** [of hedgehog] púa *f* / [of plant] espina *f,* pincho *m* **2.** [sensation] hormigueo *m*
■ vi [skin] hormiguear

prickly ['prɪklɪ] adj **1.** [animal] cubierto(a) de púas / [plant] espinoso(a) / *Fig* [person] susceptible, irritable ▸ **~ pear** [tree] chumbera *f,* nopal *m* / [fruit] higo *m* chumbo, *AM* tuna *f* **2.** [sensation] hormigueante ▸ **~ heat** = *erupción cutánea producida por el calor*

pride [praɪd] ■ n **1.** [satisfaction] orgullo *m* / [self-esteem] amor *m* propio / *Pej* [vanity] soberbia *f,* orgullo *m* ▸ **to take ~ in sth** enorgullecerse de algo **2.** [person, thing] **he is the ~ of the family** es el orgullo de la familia ▸ **the ~ of my collection** la joya de mi colección ▸ **she's his ~ and joy** ella es su mayor orgullo ▸ **to have ~ of place** ocupar el lugar preferente **3.** [of lions] manada *f*
■ vt **to ~ oneself on sth** enorgullecerse de algo

priest [priːst] n sacerdote *m*

priestess ['priːstɪs] n sacerdotisa *f*

priesthood ['priːsthʊd] n sacerdocio *m* ▸ **to enter the ~** ordenarse sacerdote

prig [prɪg] n puritano(a) *m,f,* mojigato(a) *m,f*

priggish ['prɪgɪʃ] adj puritano(a), mojigato(a)

prim [prɪm] adj **~ (and proper)** remilgado(a)

primacy ['praɪməsɪ] n primacía *f*

prima facie ['praɪmə'feɪʃɪ] ■ adj LAW ~ **case** caso *m* prima facie
■ adv a primera vista

primarily [praɪ'mərɪlɪ] adv principalmente

primary ['praɪmərɪ] ■ n [in US election] elecciones *fpl* primarias
■ adj **1.** [main] principal ▸ ~ **colours** colores *mpl* primarios **2.** [initial] ~ **education** enseñanza *f* primaria ▸ ~ **school** escuela *f* primaria

CULTURE / CULTURA

primaries

Las primarias estadounidenses son elecciones (directas o indirectas, según los estados) a las que se presentan los candidatos que entrarán en liza para representar a los dos grandes partidos nacionales (demócratas y republicanos) durante la elección presidencial. Aunque el congreso nacional del partido tiene la última palabra para decidir quién será su candidato, los comicios primarios desempeñan un papel fundamental a la hora de evaluar la popularidad de los futuros candidatos a la presidencia, y determinar su capacidad para recaudar fondos.

primate ['praɪmeɪt] n **1.** [animal] primate *m* **2.** REL primado *m*

prime [praɪm] ■ n [best time] **the ~ of life** la flor de la vida ▸ **she was in her ~** estaba en sus mejores años ▸ **she is past her ~** su mejor momento ha pasado
■ adj **1.** [principal] principal, primordial / [importance] capital ▸ ~ **minister** primer(era) ministro(a) *m,f* ▸ ~ **ministership** *or* **ministry** mandato *m* de primer ministro ▸ MATH ~ **number** número *m* primo ▸ ~ **time** [on TV] franja *f* (horaria) de máxima audiencia **2.** [excellent] óptimo(a), excelente ▸ **a ~ example (of)** un ejemplo palmario (de) ▸ ~ **quality** calidad *f* suprema
■ vt **1.** [prepare] [engine, pump] cebar / [surface] imprimar **2.** [provide with information] **to ~ sb for sth** preparar *or* instruir a alguien para algo

primer[1] ['praɪmə(r)] n [paint] tapaporos *m inv*

primer[2] n [textbook] texto *m* elemental

primeval [praɪ'miːvəl] adj primigenio(a), primitivo(a) ▸ ~ **forests** bosques *mpl* vírgenes

primitive ['prɪmɪtɪv] adj primitivo(a)

primly ['prɪmlɪ] adv con remilgo

primordial [praɪ'mɔːdɪəl] adj primigenio(a), primitivo(a) ▸ ~ **soup** sustancia *f* primigenia

primrose ['prɪmrəʊz] n [plant] primavera *f* ▸ ~ **yellow** amarillo *m* claro

primula ['prɪmjʊlə] n prímula *f*

Primus® (stove) ['praɪməs('stəʊv)] n infiernillo *m*, camping-gas *m inv*, *AM* primus *m inv*

prince [prɪns] n príncipe *m* ▸ **the Prince of Wales** el Príncipe de Gales ▸ **Prince Charming** príncipe *m* azul ▸ ~ **regent** príncipe *m* regente

princely ['prɪnslɪ] adj [splendid] magnífico(a) ▸ *also Ironic* **a ~ sum** una bonita suma

princess [prɪn'ses] n princesa *f* ▸ *BR* **the Princess Royal** = *hija mayor del monarca*

principal ['prɪnsɪpəl] ■ n [of school] director(ora) *m,f* / [of university] rector(ora) *m,f*
■ adj principal

principality [prɪnsɪ'pælɪtɪ] n principado *m* ▸ **the Principality** Gales

principle ['prɪnsɪpəl] n principio *m* ▸ **in ~** en principio ▸ **on ~** por principios

principled ['prɪnsɪpəld] adj [person, behaviour] ejemplar, de grandes principios

print [prɪnt] ■ n **1.** [of fingers, feet] huella *f* **2.** [printed matter] **in ~** impreso(a) ▸ **out of ~, no longer in ~** agotado(a) ▸ **to appear in ~** aparecer impreso(a) ▸ ~ **run** [of books, newspapers] tirada *f*, *AM* tiraje *m* **3.** [characters] caracteres *mpl* ▸ *Fig* **the small ~** [in contract] la letra pequeña **4.** [engraving] grabado *m* / [photographic copy] copia *f* / [textile] estampado *m*
■ vt **1.** [book] imprimir / [newspaper] publicar ▸ **the image had printed itself on her memory** se le quedó la imagen grabada en la memoria **2.** [write clearly] escribir claramente *(con las letras separadas)* **3.** [in photography] **to ~ a negative** sacar copias de un negativo
■ vi [write clearly] escribir con claridad

◆ ***print out*** vt sep COMPTR imprimir

printed ['prɪntɪd] adj impreso(a) ▸ ELEC ~ **circuit** circuito *m* impreso ▸ ~ **matter** impresos *mpl*

printer ['prɪntə(r)] n [person] impresor(ora) *m,f* / [machine] impresora *f*

printing ['prɪntɪŋ] n [process, action] impresión *f* / [industry] imprenta *f*, artes *fpl* gráficas ▸ **first/second ~** primera/segunda impresión ▸ ~ **error** errata *f* (de imprenta) ▸ ~ **press** imprenta

printout ['prɪntaʊt] n COMPTR listado *m*, copia *f* en papel

prior[1] ['praɪə(r)] ■ adj previo(a) ▸ **to have ~ knowledge of sth** tener conocimiento previo de algo
■ adv ~ **to** con anterioridad a

prior[2] n REL prior *m*

prioritize [praɪ'ɒrɪtaɪz] vt dar prioridad a

priority [praɪ'ɒrɪtɪ] n prioridad *f* ▸ **to have** *or* **take ~ over sth/sb** tener prioridad respecto a algo/alguien ▸ **we need to get our priorities right** tenemos que establecer un orden de prioridades ▸ **you should get your priorities right!** ¡tienes que darte cuenta de lo que es verdaderamente importante!

priory ['praɪərɪ] n REL priorato *m*

prise, *US* ***prize*** [praɪz], *US* ***pry*** [praɪ] vt **to ~ sth off** arrancar algo ▸ **to ~ sth open** forzar algo ▸ **to ~ sth out of sb** [secret, truth] arrancarle algo a alguien

prism ['prɪzəm] n prisma *m*

prison ['prɪzən] n cárcel *f*, prisión *f* ▸ ~ **camp** campo *m* de prisioneros ▸ ~ **officer** funcionario(a) *m,f* de prisiones

prisoner ['prɪzənə(r)] n [in jail] recluso(a) *m,f* / [captive] prisionero(a) *m,f* ▸ **to hold/take sb ~** tener/hacer prisionero(a) a alguien ▸ *Fig* **to take no prisoners** no andarse con chiquitas ▸ ~ **of war** prisionero(a) *m,f* de guerra

prissy ['prɪsɪ] adj *Fam* remilgado(a)

pristine ['prɪstiːn] adj prístino(a), inmaculado(a)

privacy ['prɪvəsɪ, 'praɪvəsɪ] n intimidad *f* ▸ **in the ~ of one's own home** en la intimidad del hogar

private ['praɪvɪt] ■ n **1.** **in ~** en privado **2.** [soldier] soldado *m* raso ▸ *US* **~ first class** = *rango del ejército de los Estados Unidos que se encuentra entre soldado raso y cabo*

■ adj **1.** [personal] privado(a), personal ▸ **~ life** vida *f* privada ▸ PARL **~ member's bill** = *proyecto de ley propuesto de forma independiente por un diputado* ▸ *Fam* **~ parts** partes *fpl* pudendas **2.** [secret] privado(a) ▸ **~ and confidential** privado y confidencial ▸ **can we go somewhere ~?** ¿podemos ir a un lugar donde estemos a solas? **3.** [for personal use] particular ▸ **a ~ house** una casa particular ▸ **~ lessons** clases *fpl* particulares ▸ TEL **~ line** línea *f* privada ▸ **~ office** oficina *f* particular ▸ **~ secretary** secretario(a) *m,f* personal **4.** [not state-run] privado(a) ▸ **~ detective** *or* **investigator** *or Fam* **eye** detective *mf or* investigador(ora) *m,f* privado(a) ▸ **~ education** enseñanza *f* privada ▸ **~ enterprise** empresa *f* privada ▸ **~ school** colegio *m* privado **5.** [not for the public] **a ~ party** una fiesta particular *or* privada ▸ **~ property** propiedad *f* privada ▸ **~ road** carretera *f* particular

CULTURE / CULTURA

private education

Hay más de 2.000 colegios privados en el Reino Unido que son independientes del gobierno, por lo que no tienen que seguir el programa de estudios nacional y suelen ofrecer una educación tradicional que incluye muchas actividades extraescolares, principalmente deportes. La educación en ellos no es gratuita y para atraer a los mejores alumnos algunos ofrecen becas o premios a méritos académicos, musicales o artísticos. Sin embargo, la mayoría de estas becas no cubren la matrícula del colegio. En Inglaterra y Gales algunos de estos centros, como por ejemplo Eton y Harrow, gozan de gran prestigio, pues han sido hasta hace poco los encargados de formar a la élite política, y reciben numerosas solicitudes de ingreso. Son los llamados "public schools". En EE. UU., y hasta hace poco también en Escocia, el término "public school" se utiliza para designar una escuela pública.

privately ['praɪvɪtlɪ] adv [in private] en privado ▸ **she was ~ educated** fue a un colegio privado ▸ **~ owned** en manos privadas

privation [praɪ'veɪʃən] n privación *f*

privatization [praɪvɪtaɪ'zeɪʃən] n privatización *f*

privatize ['praɪvɪtaɪz] vt privatizar

privet ['prɪvɪt] n alheña *f*

privilege ['prɪvɪlɪdʒ] ■ n privilegio *m* ▸ **to have the ~ of doing sth** tener el privilegio de hacer algo

■ vt **to be privileged to do sth** tener el privilegio de hacer algo

privy ['prɪvɪ] ■ n *Old-fashioned* [toilet] retrete *m*, excusado *m*

■ adj **1.** *Formal* **to be ~ to sth** estar enterado(a) de algo **2.** *BR* POL **the Privy Council** el consejo privado del monarca, = *grupo formado principalmente por ministros y antiguos ministros del gabinete que asesora al monarca*

prize[1] [praɪz] ■ n [award] premio *m* ▸ **to win a ~** ganar un premio ▸ *Fig* **no prizes for guessing who did it** es evidente quién lo hizo ▸ **~ day** día *m* de la entrega de premios ▸ **~ draw** rifa *f* ▸ **~ money** (dinero *m* del) premio ▸ **he won ~ money of £60,000** ganó un premio en metálico de 60.000 libras

■ vt [value] apreciar

prize[2] *US* ➤ ***prise***

prizefight ['praɪzfaɪt] n combate *m* profesional de boxeo

prizefighter ['praɪzfaɪtə(r)] n boxeador *m* profesional

prizegiving ['praɪzgɪvɪŋ] n entrega *f* de premios

prizewinner ['praɪzwɪnə(r)] n premiado(a) *m,f*

prizewinning ['praɪzwɪnɪŋ] adj premiado(a)

pro[1] [prəʊ] (pl **pros**) n *Fam* [professional] profesional *mf*, *MÉX* profesionista *mf*

pro[2] ■ n (pl **pros**) **the pros and cons** los pros y los contras

■ prep **to be ~ sth** estar a favor de algo

proactive [prəʊ'æktɪv] adj **to be ~** tomar la iniciativa

pro-am ['prəʊ'æm] n SPORT torneo *m* abierto para profesionales y aficionados

probability [prɒbə'bɪlɪtɪ] n probabilidad *f* ▸ **in all ~** con toda probabilidad

probable ['prɒbəbəl] adj probable

probably ['prɒbəblɪ] adv probablemente

probation [prə'beɪʃən] n [in job] periodo *m* de prueba / LAW libertad *f* condicional ▸ **on ~** [in job] a prueba / LAW en libertad condicional ▸ **~ officer** = *asistente social que ayuda y supervisa a un preso en libertad condicional*

probationary [prə'beɪʃənərɪ] adj de prueba

probationer [prə'beɪʃənə(r)] n [in job] trabajador(ora) *m,f* en periodo de prueba

probe [prəʊb] ■ n **1.** [instrument] sonda *f* ▸ **(space) ~** sonda espacial **2.** *Fam* [enquiry] investigación *f*

■ vt **1.** MED sondar / [feel] tantear **2.** [investigate] investigar

■ vi **to ~ into** [past, private life] escarbar en

probity ['prəʊbɪtɪ] n *Formal* probidad *f*

problem ['prɒbləm] n problema *m* ▸ **he's a ~** es problemático ▸ *Fam* **no ~!** ¡claro (que sí)! ▸ **~ area** [in town] zona *f* problemática / [in project] asunto *m* problemático ▸ **~ child** niño(a) *m,f* problemático(a) *or* difícil ▸ **~ page** consultorio *m* sentimental

problematic(al) [prɒblɪ'mætɪk(əl)] adj problemático(a)

problem-solving ['prɒbləmsɒlvɪŋ] ■ n resolución *f* de problemas

■ adj **~ skills** habilidades *fpl* para la resolución de problemas

procedure [prə'siːdʒə(r)] n procedimiento *m*

proceed [prə'siːd] ■ vt **to ~ to do sth** proceder a hacer algo, ponerse a hacer algo
■ vi **1.** [go on] proseguir ▸ **to ~ with sth** seguir adelante con algo ▸ **to ~ with caution** proceder con cautela ▸ **how shall we ~?** ¿cómo hemos de proceder? **2.** [result] **to ~ from** proceder de

proceedings [prə'siːdɪŋz] npl **1.** [events] acto *m* **2.** LAW proceso *m,* pleito *m* ▸ **to start ~ against sb** entablar un pleito contra alguien

proceeds ['prəʊsiːdz] npl recaudación *f*

process[1] ['prəʊses] ■ n proceso *m* ▸ **by a ~ of elimination** por eliminación ▸ **he failed, and lost all his money in the ~** al fracasar, perdió todo su dinero ▸ **to be in the ~ of doing sth** estar haciendo algo
■ vt [raw material, waste, information] procesar / [request] tramitar / [film] revelar ▸ **processed** *or US* **~ cheese** queso *m* fundido ▸ **processed food** alimentos *mpl* manipulados *or* procesados

process[2] [prə'ses] vi [walk in procession] desfilar

processing ['prəʊsesɪŋ] n [of raw material, waste, information] procesamiento *m* / [of request] tramitación *f* / [of photographs] revelado *m* ▸ COMPTR **~ language** lenguaje *m* de programación ▸ COMPTR **~ speed** velocidad *f* de proceso

procession [prə'seʃən] n procesión *f* ▸ **in ~** en fila

processor ['prəʊsesə(r)] n COMPTR procesador *m*

pro-choice ['prəʊ'tʃɔɪs] adj = *en favor del derecho de la mujer a decidir en materia de aborto*

proclaim [prə'kleɪm] vt [one's innocence, guilt] proclamar ▸ **to ~ a state of emergency** declarar el estado de emergencia

proclamation [prɒklə'meɪʃən] n proclamación *f*

proclivity [prəʊ'klɪvɪtɪ] n *Formal* propensión *f,* proclividad *f* (**for** a)

procrastinate [prəʊ'kræstɪneɪt] vi andarse con dilaciones, retrasar las cosas

procrastination [prəʊkræstɪ'neɪʃən] n dilaciones *fpl,* demora *f*

procreate ['prəʊkrɪeɪt] vi *Formal* reproducirse, procrear

procreation [prəʊkrɪ'eɪʃən] n *Formal* procreación *f*

procure [prə'kjʊə(r)] vt obtener, conseguir ▸ **to ~ sth for sb** procurarle algo a alguien ▸ **to ~ sth for oneself** hacerse con algo

procurement [prə'kjʊəmənt] n obtención *f*

prod [prɒd] ■ n **to give sth/sb a ~** dar un empujón a algo/alguien ▸ *Fig* **he needs a ~** necesita que lo espoleen
■ vt (pt & pp **prodded**) [poke] empujar ▸ *Fig* **to ~ sb into doing sth** espolear a alguien para que haga algo

prodigal ['prɒdɪgəl] adj pródigo(a)

prodigious [prə'dɪdʒəs] adj prodigioso(a)

prodigy ['prɒdɪdʒɪ] n prodigio *m*

produce ■ n ['prɒdjuːs] [food] productos *mpl* del campo ▸ **agricultural/dairy ~** productos agrícolas/lácteos ▸ **~ of Spain** producto de España
■ vt [prə'djuːs] **1.** [create] [food, goods] producir / [effect, reaction] producir, provocar **2.** [present] [ticket, passport] presentar, mostrar / [documents, alibi] presentar ▸ **she produced a £10 note** sacó un billete de 10 libras **3.** [play] montar / [film, radio, TV programme] producir

producer [prə'djuːsə(r)] n **1.** [of crops, goods] productor(ora) *m,f* **2.** [of film, play, radio or TV programme] productor(ora) *m,f*

product ['prɒdʌkt] n producto *m* ▸ COM **~ development** desarrollo *m* del producto

production [prə'dʌkʃən] n **1.** [manufacture] producción *f* ▸ **to go into ~** empezar a fabricarse ▸ **it went out of ~ years ago** hace años que dejó de fabricarse ▸ **~ costs** costos *mpl or ESP* costes *mpl* de producción ▸ **~ line** cadena *f* de producción ▸ **~ manager** jefe(a) *m,f* de producción ▸ MKTG **~ placement** colocación *f* de producto ▸ **~ process** proceso *m* de producción ▸ **~ target** objetivo *m* de producción **2.** [of document, ticket] presentación *f* ▸ **on ~ of one's passport** al presentar el pasaporte **3.** [play] montaje *m* / [film, radio or TV programme] producción *f*

productive [prə'dʌktɪv] adj productivo(a)

productivity [prɒdʌk'tɪvɪtɪ] n IND productividad *f* ▸ **~ agreement** acuerdo *m* sobre productividad ▸ **~ bonus** plus *m* de productividad ▸ **~ drive** campaña *f* de productividad

Prof n *BR* (abbr ***Professor***) catedrático(a) *m,f*

profane [prə'feɪn] ■ adj **1.** [language] blasfemo(a) **2.** REL [secular] profano(a)
■ vt profanar

profanity [prə'fænɪtɪ] n **1.** [oath] blasfemia *f* **2.** [blasphemous nature] grosería *f*

profess [prə'fes] vt **1.** [declare] manifestar **2.** [claim] proclamar ▸ **he professes to be a socialist** se dice socialista ▸ **I don't ~ to be an expert, but...** no pretendo ser un experto, pero...

professed [prə'fest] adj **1.** [self-declared] declarado(a) **2.** [pretended] supuesto(a), pretendido(a)

profession [prə'feʃən] n **1.** [occupation] profesión *f* ▸ **by ~** de profesión ▸ **the teaching ~** el profesorado **2.** [declaration] manifestación *f*

professional [prə'feʃənəl] ■ n profesional *mf, MÉX* profesionista *mf*
■ adj [paid, competent] profesional / [soldier] de carrera / [army] profesional ▸ **they made a very ~ job of the repair** hicieron la reparación con gran profesionalidad ▸ **to turn** *or* **go ~** [sportsperson] hacerse profesional *or MÉX* profesionista ▸ **to take ~ advice on sth** pedir asesoramiento sobre algo a un profesional *or MÉX* profesionista ▸ **~ misconduct** violación *f* de la ética profesional

professionalism [prə'feʃənəlɪzəm] n **1.** [professional approach] profesionalidad *f* **2.** [in sports] profesionalismo *m*

professor [prə'fesə(r)] n *BR* UNIV catedrático(a) *m,f* / *US* profesor(ora) *m,f*

proffer ['prɒfə(r)] vt *Formal* [advice] brindar / [opinion] ofrecer, dar / [thanks] dar / [hand, object] tender

proficiency [prə'fɪʃənsɪ] n competencia *f* (**in** *or* **at** en), aptitud *f* (**in** *or* **at** para)

proficient [prə'fɪʃənt] adj competente (**in** *or* **at** en)

profile ['prəʊfaɪl] ■ n **1.** [side view, outline] perfil *m* ▸ **to keep a low ~** mantenerse en un segundo plano **2.** [description] retrato *m*

■ vt [describe] retratar

profit ['prɒfɪt] ■ n **1.** [of company, on deal] beneficio *m* ▸ **at a ~** con beneficios ▸ **to make a ~** obtener *or* sacar beneficios ▸ COM **~ centre** centro *m* de beneficios ▸ **~ and loss account** cuenta *f* de pérdidas y ganancias ▸ **~ margin** margen *m* de beneficios **2.** [advantage] provecho *m*

■ vi **to ~ by** *or* **from** sacar provecho de

profitability [prɒfɪtə'bɪlɪtɪ] n rentabilidad *f*

profitable ['prɒfɪtəbəl] adj [company, deal] rentable / [experience] provechoso(a)

profitably ['prɒfɪtəblɪ] adv [trade, operate] con beneficios / [use one's time] provechosamente

profiteer [prɒfɪ'tɪə(r)] *Pej* ■ n desaprensivo(a) *m,f,* especulador(ora) *m,f*

■ vi especular

profit-making ['prɒfɪtmeɪkɪŋ] adj con ánimo de lucro, lucrativo(a)

profit-sharing ['prɒfɪt'ʃeərɪŋ] n COM participación *f* en los beneficios

profligate ['prɒflɪgət] adj *Formal* derrochador(ora)

profound [prə'faʊnd] adj profundo(a)

profundity [prə'fʌndɪtɪ] n profundidad *f*

profuse [prə'fju:s] adj profuso(a) ▸ **he offered ~ apologies/thanks** se prodigó en disculpas/agradecimientos

profusely [prə'fju:slɪ] adv [apologize, thank] cumplidamente / [sweat, bleed] profusamente

profusion [prə'fju:ʒən] n profusión *f*

progeny ['prɒdʒɪnɪ] n *Formal* progenie *f,* prole *f*

prognosis [prɒg'nəʊsɪs] (pl **prognoses** [prɒg'nəʊsi:z]) n MED *& Fig* pronóstico *m*

program[1] ['prəʊgræm] COMPTR ■ n programa *m*

■ vt & vi (pt & pp **programmed**) programar

program[2] *US* ➤ ***programme***

programmable [prəʊ'græməbəl] adj programable ▸ **~ calculator** calculadora *f* programable

programme, *US* ***program*** ['prəʊgræm] ■ n [on TV, for play, of political party] programa *m* ▸ **what's the ~ for today?** ¿qué programa tenemos para hoy? ▸ **~ seller** vendedor(ora) *m,f* de programas

■ vt programar ▸ **to ~ sth to do sth** programar algo para que haga algo

programmed ['prəʊgræmd] n EDUC **~ instruction** *or* **learning** enseñanza *f* programada

programmer ['prəʊgræmə(r)] n COMPTR programador(ora) *m,f*

progress ■ n ['prəʊgres] **1.** [improvement] progreso *m* ▸ **to make ~ (in sth)** hacer progresos (en algo) **2.** [movement] avance *m,* progreso *m* ▸ **in ~** en curso ▸ **a ~ report on the project** un informe *or AM* reporte sobre la marcha del proyecto

■ vi [prə'gres] **1.** [improve] progresar ▸ **the patient is progressing satisfactorily** el paciente evoluciona satisfactoriamente **2.** [advance] avanzar

progression [prə'greʃən] n evolución *f,* progresión *f*

progressive [prə'gresɪv] ■ n progresista *mf*

■ adj **1.** [increasing] progresivo(a) ▸ **~ disease** enfermedad *f* degenerativa **2.** [forward-looking] progresista

progressively [prə'gresɪvlɪ] adv progresivamente

prohibit [prə'hɪbɪt] vt [forbid] prohibir ▸ **to ~ sb from doing sth** prohibir a alguien que haga algo ▸ **smoking prohibited** [sign] prohibido fumar ▸ **it is prohibited by law** lo prohíbe la ley

prohibition [prəʊɪ'bɪʃən] n prohibición *f* ▸ HIST **Prohibition** la Ley Seca

prohibitive [prə'hɪbɪtɪv] adj prohibitivo(a)

prohibitively [prə'hɪbɪtɪvlɪ] adv **~ expensive** de precio prohibitivo

project ■ n ['prɒdʒekt] [undertaking, plan] proyecto *m* / [at school, university] trabajo *m* ▸ COM **~ manager** jefe(a) *m,f* de proyecto

■ vt [prə'dʒekt] **1.** [plan] proyectar, planear **2.** [propel] proyectar ▸ **to ~ one's voice** proyectar la voz

■ vi [protrude] sobresalir, proyectarse

projected [prə'dʒektɪd] adj proyectado(a)

projectile [prə'dʒektaɪl] n proyectil *m*

projection [prə'dʒekʃən] n **1.** [of film, in mapmaking, psychological] proyección *f* ▸ CIN **~ room** sala *f* de proyección **2.** [prediction] estimación *f,* pronóstico *m* **3.** [protruding part] proyección *f,* saliente *m*

projectionist [prə'dʒekʃənɪst] n proyeccionista *mf*

projector [prə'dʒektə(r)] n proyector *m*

prolapse ['prəʊlæps] n MED prolapso *m*

proletarian [prəʊlɪ'teərɪən] n & adj proletario(a) *m,f*

proletariat [prəʊlɪ'teərɪət] n proletariado *m*

pro-life ['prəʊ'laɪf] adj pro vida, antiabortista

proliferate [prə'lɪfəreɪt] vi proliferar

proliferation [prəlɪfə'reɪʃən] n proliferación *f*

prolific [prə'lɪfɪk] adj prolífico(a)

prolix ['prəʊlɪks] adj *Formal* prolijo(a)

HOW TO...

say what is prohibited

Está prohibido fumar en la sala. / Smoking is not allowed in the auditorium.

Te prohibo que se lo cuentes. / I forbid you to tell her.

No nos está permitido acceder a Internet. / We're not allowed to use the Internet.

No tiene derecho a hablarle de esa manera. / You've no right to talk to him like that.

No te permito que le hables así. / I won't have you talking to him like that.

No se puede salir de la sala durante la ponencia. / You may not leave the room during the talk.

prologue ['prəʊlɒg] n prólogo *m*
prolong [prə'lɒŋ] vt prolongar
prolongation [prəʊlɒŋ'geɪʃən] n [of life, time] prolongación *f*
prolonged [prə'lɒŋd] adj prolongado(a)
prom [prɒm] n **1.** *BR Fam* [at seaside] paseo *m* marítimo **2.** *BR Fam* [concert] = *concierto sinfónico en el que parte del público está de pie* **3.** *US* [school dance] baile *m* de fin de curso
promenade ['prɒmənɑːd] ■ n *BR* [at seaside] paseo *m* marítimo ▸ **~ deck** [on ship] cubierta *f* de paseo
■ vi pasear
prominence ['prɒmɪnəns] n **1.** [of land, physical feature] prominencia *f* **2.** [of issue, person] relevancia *f*, importancia *f* ▸ **to give sth ~** destacar algo ▸ **to come to ~** empezar a descollar *or* sobresalir ▸ **to occupy a position of some ~** ocupar un puesto de cierto relieve
prominent ['prɒmɪnənt] adj **1.** [projecting] prominente **2.** [conspicuous] visible, destacado(a) / [important] renombrado(a), prominente
prominently ['prɒmɪnentlɪ] adv visiblemente ▸ **to figure ~ in sth** tener un papel relevante *or* destacar en algo
promiscuity [prɒmɪs'kjuːɪtɪ] n promiscuidad *f*
promiscuous [prə'mɪskjʊəs] adj promiscuo(a)
promise ['prɒmɪs] ■ n **1.** [pledge] promesa *f* ▸ **to make a ~** hacer la promesa ▸ **to keep/break one's ~** mantener/romper la promesa **2.** [potential] buenas perspectivas *fpl* ▸ **to show ~** ser prometedor(ora) ▸ **she never fulfilled her early ~** nunca llegó tan lejos como parecía prometer
■ vt prometer ▸ **to ~ to do sth** prometer hacer algo ▸ **to ~ sth to sb, to ~ sb sth** prometerle algo a alguien ▸ **he promised me he'd do it** me prometió que lo haría ▸ **it promises to be hot** promete hacer calor
promising ['prɒmɪsɪŋ] adj prometedor(ora)
promisingly ['prɒmɪsɪŋlɪ] adv de manera prometedora
promontory ['prɒməntərɪ] n promontorio *m*
promote [prə'məʊt] vt **1.** [raise in rank] ascender ▸ **to be promoted** [officer, employee] ser ascendido(a) / [soccer team] ascender **2.** [encourage] fomentar, promover ▸ **to ~ sb's interests** favorecer los intereses de alguien **3.** COM promocionar
promoter [prə'məʊtə(r)] n [of theory, cause, boxing match] promotor(ora) *m,f* / [of show] organizador(ora) *m,f*
promotion [prə'məʊʃən] n **1.** [of employee, officer, soccer team] ascenso *m* **2.** [of product, plan] promoción *f*
promotional [prə'məʊʃənəl] adj [literature, campaign] promocional
prompt [prɒmpt] ■ n **1. to give an actor a ~** dar el pie a un actor **2.** COMPTR [short phrase] mensaje *m* (al usuario) ▸ **return to the C:\ ~** volver a C:\
■ adj **1.** [swift] rápido(a) ▸ **~ payment** pronto pago *m* **2.** [punctual] puntual
■ adv **at three o'clock ~** a las tres en punto
■ vt **1.** [cause] provocar, suscitar ▸ **to ~ sb to do sth** provocar que alguien haga algo, impulsar a alguien a hacer algo **2.** THEAT apuntar **3.** [encourage] [interviewee] ayudar a seguir
prompter ['prɒmptə(r)] n THEAT apuntador(ora) *m,f*
prompting ['prɒmptɪŋ] n [persuasion] persuasión *f*, insistencia *f* ▸ **to do sth at sb's ~** acceder a hacer algo ante la insistencia de alguien ▸ **the promptings of his conscience** los dictados de su conciencia
promptly ['prɒmptlɪ] adv [rapidly] sin demora / [punctually] con puntualidad / [immediately] inmediatamente
prone [prəʊn] adj **1.** [inclined] **to be ~ to (do) sth** ser propenso(a) a (hacer) algo **2.** *Formal* [lying face down] boca abajo
prong [prɒŋ] n [of fork] diente *m*
pronghorn ['prɒŋhɔːn] n *US* antílope *m* americano
pronoun ['prəʊnaʊn] n GRAM pronombre *m*
pronounce [prə'naʊns] ■ vt **1.** [word] pronunciar ▸ **this letter is not pronounced** esta letra no se pronuncia **2.** [declare] [opinion] manifestar ▸ **to ~ that...** manifestar que... ▸ **to ~ oneself for/against sth** pronunciarse a favor de/en contra de algo ▸ **he was pronounced dead/innocent** fue declarado muerto/inocente ▸ LAW **to ~ sentence** dictar sentencia
■ vi **to ~ on** pronunciarse sobre ▸ **to ~ for/against sb** emitir un dictamen a favor de/en contra de alguien
pronounced [prə'naʊnst] adj pronunciado(a), acusado(a)
pronouncement [prə'naʊnsmənt] n *Formal* declaración *f*, manifestación *f*
pronto ['prɒntəʊ] adv *Fam* enseguida, ya
pronunciation [prənʌnsɪ'eɪʃən] n pronunciación *f*
proof [pruːf] ■ n **1.** [evidence] prueba *f* ▸ **to give ~ of sth** probar algo ▸ **~ of identity** documento *m* de identidad ▸ **~ of purchase** tíquet *m or* justificante *m* de compra ▸ **to put sth to the ~** poner algo a prueba ▸ *Prov* **the ~ of the pudding is in the eating** el movimiento se demuestra caminando *or ESP* andando **2.** TYP prueba *f* **3.** [of alcohol] **40 degrees ~** de 40 grados
■ adj [resistant] **to be ~ against sth** ser resistente a algo
proofread ['pruːfriːd] vt TYP corregir pruebas de
proofreader ['pruːfriːdə(r)] n TYP corrector(ora) *m,f* de pruebas
proofreading ['pruːfriːdɪŋ] n TYP correción *f* de pruebas
prop [prɒp] ■ n **1.** [physical support] puntal *m* / [emotional support] apoyo *m*, sostén *m* **2.** [in theatre] accesorio *m* ▸ **props** atrezo *m*
■ vt (pt & pp **propped**) apoyar (**against** contra)
◆ ***prop up*** vt sep [building, tunnel] apuntalar / *Fig* [economy, regime] apoyar ▸ **to ~ sth up against sth** apoyar algo contra *or* en algo
propaganda [prɒpə'gændə] n propaganda *f*
propagate ['prɒpəgeɪt] ■ vt [plant, theory] propagar
■ vi [plant] propagarse
propagation [prɒpə'geɪʃən] n propagación *f*
propane ['prəʊpeɪn] n CHEM propano *m*
propel [prə'pel] (pt & pp **propelled**) vt propulsar ▸ **to**

~ **sth/sb along** propulsar algo/a alguien ▸ **propelled by ambition** impulsado(a) por la ambición

propellant, propellent [prə'pelənt] n [for rocket] propulsante *m,* combustible *m* / [for aerosol] propelente *m*

propeller [prə'pelə(r)] n hélice *f*

propelling pencil [prə'pelɪŋ'pensəl] n *BR* portaminas *m inv*

propensity [prə'pensɪtɪ] n tendencia *f,* propensión *f*

proper ['prɒpə(r)] adj **1.** [correct] correcto(a) / [real] verdadero(a) ▸ **he isn't a ~ doctor** no es médico de verdad ▸ **to get a ~ night's sleep** dormir bien toda la noche ▸ **we're still not in London ~** todavía no estamos en Londres propiamente dicho ▸ GRAM **~ name** nombre *m* propio ▸ GRAM **~ noun** nombre *m* propio **2.** [appropriate] [time, place] adecuado(a), apropiado(a) **3.** [characteristic] **~ to** propio(a) de **4.** *BR Fam* [for emphasis] **we're in a ~ mess** estamos en un buen lío ▸ **he's a ~ fool** es un idiota de tomo y lomo

properly ['prɒpəlɪ] adv **1.** [correctly] bien **2.** [suitably] apropiadamente

property ['prɒpətɪ] n **1.** [possessions] propiedades *fpl* / [land, house] propiedad *f,* inmueble *m* ▸ **~ bubble** burbuja *f* inmobiliaria ▸ **~ developer** promotor(ora) *m,f* inmobiliario(a) ▸ **~ market** mercado *m* inmobiliario ▸ **~ tax** impuesto *m* sobre el patrimonio **2.** [quality] propiedad *f*

prophecy ['prɒfɪsɪ] n profecía *f*

prophesy ['prɒfɪsaɪ] vt profetizar

prophet ['prɒfɪt] n profeta *m*

prophetic [prə'fetɪk] adj profético(a)

prophylactic [prɒfɪ'læktɪk] MED ■ n profiláctico *m* / [condom] preservativo *m,* profiláctico *m*
■ adj profiláctico(a)

propitiate [prə'pɪʃɪeɪt] vt *Formal* propiciar

propitious [prə'pɪʃəs] adj *Formal* propicio(a)

proportion [prə'pɔːʃən] ■ n **1.** [relationship] proporción *f* ▸ **in ~** proporcionado(a) ▸ **out of ~** desproporcionado(a) ▸ **in ~ to...** en proporción a... ▸ **the payment is out of all ~ to the work involved** lo que se paga no es proporcional al trabajo que supone ▸ **to lose all sense of ~** perder el sentido de la medida ▸ **to get sth out of ~** exagerar algo **2.** [part, amount] proporción *f,* parte *f* **3. proportions** [dimensions] proporciones *fpl*
■ vt proporcionar

proportional [prə'pɔːʃənəl] adj proporcional (**to** a) ▸ POL **~ representation** representación *f* proporcional

proportionally [prə'pɔːʃənəlɪ] adv proporcionalmente

proportionate [prə'pɔːʃənɪt] adj proporcional (**to** a)

proportionately [prə'pɔːʃənɪtlɪ] adv en proporción

proposal [prə'pəʊzəl] n [offer] propuesta *f* / [plan] proyecto *m* ▸ **~ (of marriage)** propuesta *or* proposición *f* de matrimonio

propose [prə'pəʊz] ■ vt proponer ▸ **to ~ to do sth, to ~ doing sth** [suggest] proponer hacer algo / [intend] proponerse hacer algo ▸ **to ~ a toast** proponer un brindis
■ vi **he proposed to her** le pidió que se casara con él

proposition [prɒpə'zɪʃən] ■ n **1.** [offer] propuesta *f* ▸ *Fam* **it's not a paying ~** no es rentable **2.** [in logic, argument] proposición *f*
■ vt hacer proposiciones a

propound [prə'paʊnd] vt *Formal* exponer

proprietary [prə'praɪɪtərɪ] adj [air, attitude] de propietario(a), posesivo(a) / COM [brand] registrado(a)

proprietor [prə'praɪətə(r)] n propietario(a) *m,f*

propriety [prə'praɪətɪ] n decoro *m* ▸ **the proprieties** [etiquette] las convenciones

propulsion [prə'pʌlʃən] n propulsión *f*

pro rata ['prəʊ'rɑːtə] ■ adj prorrateado(a)
■ adv de forma prorrateada

prosaic [prəʊ'zeɪɪk] adj prosaico(a)

prosaically [prəʊ'zeɪɪklɪ] adv prosaicamente

proscribe [prəʊ'skraɪb] vt proscribir, excluir

prose [prəʊz] n prosa *f* / [translation in exam] (prueba *f* de) traducción *f* inversa

prosecute ['prɒsɪkjuːt] LAW ■ vt procesar
■ vi [lawyer] ejercer de acusación

prosecuting attorney ['prɒsɪkjuːtɪŋə'tɜːnɪ] n *US* fiscal *m*

prosecution [prɒsɪ'kjuːʃən] n LAW [proceedings] proceso *m,* juicio *m* ▸ **the ~** la acusación

prosecutor ['prɒsɪkjuːtə(r)] n LAW fiscal *mf* ▸ **public ~** fiscal *mf* (del Estado)

prospect ■ n ['prɒspekt] **1.** [expectation, thought] perspectiva *f* **2.** [chance, likelihood] posibilidad *f* ▸ **there is very little ~ of it** es muy poco probable ▸ **there is no ~ of agreement** no hay posibilidad *or* perspectivas de acuerdo ▸ **future prospects** perspectivas *fpl* de futuro ▸ **a job with prospects** un trabajo con buenas perspectivas (de futuro) **3.** [view] vista *f,* panorámica *f*
■ vi [prə'spekt] **to ~ for gold** hacer prospecciones en busca de oro

prospective [prə'spektɪv] adj [future] futuro(a) / [potential] posible, potencial

prospector [prə'spektə(r)] n **oil/gold ~** buscador(ora) *m,f* de petróleo/oro

prospectus [prə'spektəs] n folleto *m,* prospecto *m*

prosper ['prɒspə(r)] vi prosperar

prosperity [prɒs'perɪtɪ] n prosperidad *f*

prosperous ['prɒspərəs] adj próspero(a)

prostate ['prɒsteɪt] n ANAT **~ (gland)** próstata *f*

prosthesis ['prɒs'θiːsɪs] (pl **prostheses** [prɒs'θiːsiːz]) n prótesis *f inv*

prosthetic [prɒs'θetɪk] adj artificial ▸ **~ limb** prótesis *f*

prostitute ['prɒstɪtjuːt] ■ n prostituta *f* ▸ **male ~** prostituto *m*
■ vt *also Fig* **to ~ oneself** prostituirse

prostitution [prɒstɪ'tjuːʃən] n prostitución *f*

prostrate ■ adj ['prɒstreɪt] [lying down] postrado(a), tendido(a) boca abajo ▸ *Fig* **~ with grief** postrado(a) por el dolor
■ vt [prə'streɪt] **to ~ oneself (before)** postrarse (ante)

protagonist [prə'tægənɪst] n [main character] protagonista *mf* / [of idea, theory] abanderado(a) *m,f,* promotor(ora) *m,f*

protect [prə'tekt] vt proteger (**from** *or* **against** de *or* contra) ▸ **a protected species** una especie protegida

protection [prə'tekʃən] n protección *f* ▸ **~ money** extorsión *f or* impuesto *m (a cambio de protección)* ▸ **~ racket** red *f* de extorsión

protectionism [prə'tekʃənɪzəm] n ECON proteccionismo *m*

protective [prə'tektɪv] adj protector(ora) ▸ **~ custody** detención *f* cautelar *(para protección del detenido)*

protectively [prə'tektɪvlɪ] adv [to behave, act] de manera protectora

protector [prə'tektə(r)] n [device] protector *m* / [person] protector(ora) *m,f*

protégé ['prɒteʒeɪ] n protegido(a) *m,f*

protein ['prəʊti:n] n proteína *f*

protest ■ n ['prəʊtest] protesta *f* ▸ **to make a ~** protestar ▸ **to do sth under ~** hacer algo de mal grado ▸ **she resigned in ~** dimitió en señal de protesta ▸ **~ song** canción *f* protesta ▸ **~ vote** voto *m* de castigo

■ vt [prə'test] **1.** *US* [protest against] protestar en contra de **2.** [one's innocence, love] declarar, manifestar ▸ **to ~ that...** declarar *or* manifestar que...

■ vi protestar (**about/against** por/en contra de)

Protestant ['prɒtɪstənt] n & adj protestante *mf*

Protestantism ['prɒtɪstəntɪzəm] n protestantismo *m*

protestation [prɒtes'teɪʃən] n declaración *f,* manifestación *f*

protester [prə'testə(r)] n manifestante *mf*

protocol ['prəʊtəkɒl] n protocolo *m*

proton ['prəʊtɒn] n PHYS protón *m*

prototype ['prəʊtətaɪp] n prototipo *m*

protracted [prə'træktɪd] adj prolongado(a)

protractor [prə'træktə(r)] n transportador *m*

protrude [prə'tru:d] vi sobresalir

protruding [prə'tru:dɪŋ] adj [ledge] saliente / [jaw, teeth] prominente

protuberance [prə'tju:bərəns] n *Formal* protuberancia *f*

protuberant [prə'tju:bərənt] adj *Formal* protuberante

proud [praʊd] ■ adj [in general] orgulloso(a) / [arrogant] orgulloso(a), soberbio(a) / [noble] orgulloso(a), digno(a) ▸ **to be ~ of (having done) sth** estar orgulloso(a) de (haber hecho) algo ▸ **a ~ moment** un momento de gran satisfacción ▸ **to be as ~ as a peacock** estar orgullosísimo(a)

■ adv **you've done us ~** lo has hecho muy bien ▸ **to do oneself ~** hacerlo muy bien

proudly ['praʊdlɪ] adv orgullosamente, con orgullo / [arrogantly] con soberbia

prove [pru:v] (pp **proven** ['pru:vən, 'prəʊvən] or **proved**) ■ vt [demonstrate] demostrar, probar ▸ **to ~ sb wrong/guilty** demostrar que alguien está equivocado(a)/es culpable ▸ **she wanted a chance to ~ herself** quería una oportunidad para demostrar su valía

■ vi **to ~ (to be) correct** resultar (ser) correcto(a)

provenance ['prɒvənəns] n *Formal* procedencia *f,* origen *m*

proverb ['prɒvɜ:b] n refrán *m,* proverbio *m*

proverbial [prə'vɜ:bɪəl] adj proverbial

provide [prə'vaɪd] vt **1.** [supply] suministrar, proporcionar / [service, support] prestar, proporcionar ▸ **to ~ sb with sth** suministrar *or* proporcionar algo a alguien **2.** [stipulate] establecer

◆ ***provide against*** vt insep [danger, possibility] prepararse *or AM* alistarse para

◆ ***provide for*** vt insep **1.** [support] mantener **2.** *Formal* [allow for] prever

provided [prə'vaɪdɪd] conj **~ (that)** siempre que, a condición de que

providence ['prɒvɪdəns] n providencia *f*

provident ['prɒvɪdənt] adj [foresighted, thrifty] previsor(ora)

providential [prɒvɪ'denʃəl] adj *Formal* providencial

providently ['prɒvɪdəntlɪ] adv *Formal* previsoramente

provider [prə'vaɪdə(r)] n proveedor(ora) *m,f,* abastecedor(ora) *m,f*

providing [prə'vaɪdɪŋ] conj **~ (that)** siempre que, a condición de que

province ['prɒvɪns] n **1.** [of country] provincia *f* ▸ **in the provinces** en provincias **2.** [domain] terreno *m,* campo *m* de acción

provincial [prə'vɪnʃəl] adj provincial / *Pej* [parochial] provinciano(a)

provision [prə'vɪʒən] n **1. provisions** [supplies] provisiones *fpl* **2.** [supplying] [of money, water] suministro *m,* abastecimiento *m* / [of services] prestación *f* **3.** [allowance] **to make ~ for sth** prever algo, tener en cuenta algo ▸ **the law makes no ~ for a case of this kind** la ley no contempla un caso de este tipo **4.** [in treaty, contract] estipulación *f,* disposición *f*

provisional [prə'vɪʒənəl] adj provisional

provisionally [prə'vɪʒənəlɪ] adv provisionalmente

proviso [prə'vaɪzəʊ] (pl **provisos,** *US* **provisoes**) n condición *f* ▸ **with the ~ that...** a condición de que...

provocation [prɒvə'keɪʃən] n provocación *f* ▸ **at the slightest ~** a la menor provocación ▸ **without ~** sin mediar provocación

provocative [prə'vɒkətɪv] adj [polemical] provocador(ora) / [sexually] provocativo(a)

provoke [prə'vəʊk] vt [incite] provocar ▸ **to ~ sb into doing sth** empujar a alguien a hacer algo ▸ **to ~ sb to anger** provocar la ira de alguien

provoking [prə'vəʊkɪŋ] adj [irritating] irritante, enojoso(a)

provost ['prɒvəst] n **1.** *BR* UNIV [head of college] decano(a) *m,f* **2.** *SCOT* [mayor] alcalde(esa) *m,f*

prow [praʊ] n [of ship] proa *f*

prowess ['praʊɪs] n [skill] proezas *fpl*

prowl [praʊl] ■ n **to be on the ~** [person, animal] merodear ▸ **to be on the ~ for sth** andar a la caza de algo

■ vt [streets, area] merodear por
■ vi merodear

prowler ['praʊle(r)] n merodeador(ora) *m,f*

proximity [prɒk'sɪmɪtɪ] n cercanía *f,* proximidad *f* ▸ **in close ~ to** muy cerca de

proxy ['prɒksɪ] n [person] apoderado(a) *m,f* / [power] poder *m* ▸ **to vote by ~** votar por poderes

Prozac® ['prəʊzæk] n Prozac® *m*

prude [pru:d] n mojigato(a) *m,f*

prudence ['pru:dəns] n prudencia *f*

prudent ['pru:dənt] adj prudente

prudery ➤ ***prudishness***

prudish ['pru:dɪʃ] adj mojigato(a), pacato(a)

prudishness ['pru:dɪʃnɪs], ***prudery*** ['pru:dərɪ] n mojigatería *f*

prune[1] [pru:n] n [fruit] ciruela *f* pasa

prune[2] vt [bush, tree] podar / *Fig* [article] recortar

pruning ['pru:nɪŋ] n [of bush, tree] poda *f* / [of article, budget, staff] recorte *m,* reducción *f* ▸ **~ knife** podadera *f*

prurient ['prʊərɪənt] adj procaz, lascivo(a)

Prussia ['prʌʃə] n Prusia

Prussian ['prʌʃən] n & adj prusiano(a) *m,f*

pry[1] [praɪ] vi entrometerse, husmear ▸ **to ~ into sth** entrometerse en algo

pry[2] *US* ➤ ***prise***

prying ['praɪɪŋ] adj entrometido(a)

PS [pi:'es] n (abbr ***postscript***) P.D.

psalm [sɑ:m] n salmo *m*

pseud [sju:d] n *BR Fam* pretencioso(a) *m,f*

pseudo- ['sju:dəʊ] prefix seudo-, pseudo-

pseudonym ['sju:dənɪm] n seudónimo *m*

psoriasis [sə'raɪəsɪs] n soriasis *f*

PST [pi:es'ti:] n *US* (abbr ***Pacific Standard Time***) = *hora oficial de la costa del Pacífico en Estados Unidos*

psyche ['saɪkɪ] n psique *f,* psiquis *f inv*

◆ ***psyche out*** [saɪk] vt sep *Fam* [unnerve] hacer guerra psicológica a, poner nervioso(a)

◆ ***psyche up*** vt sep *Fam* **to ~ sb up** mentalizar a alguien ▸ **to ~ oneself up (for sth)** mentalizarse (para algo)

psychedelic [saɪkə'delɪk] adj psicodélico(a)

psychiatric [saɪkɪ'ætrɪk] adj psiquiátrico(a)

psychiatrist [saɪ'kaɪətrɪst] n psiquiatra *mf*

psychiatry [saɪ'kaɪətrɪ] n psiquiatría *f*

psychic ['saɪkɪk] ■ n médium *mf inv*
■ adj [phenomena, experiences] paranormal, extrasensorial / [person] vidente ▸ **to have ~ powers** tener poderes paranormales ▸ *Fam* **I'm not ~!** ¡no soy un adivino!

psycho ['saɪkəʊ] (pl **psychos**) n *Fam* [crazy person] psicópata *mf*

psychoanalysis [saɪkəʊə'nælɪsɪs] n psicoanálisis *m inv*

psychoanalyst [saɪkəʊ'ænəlɪst] n psicoanalista *mf*

psychoanalyze [saɪkəʊ'ænəlaɪz] vt psicoanalizar

psycholinguistics ['saɪkəʊlɪŋ'gwɪstɪks] n psicolingüística *f*

psychological [saɪkə'lɒdʒɪkəl] adj psicológico(a) ▸ **I have a ~ block about driving** conducir me produce un bloqueo psicológico ▸ **~ warfare** guerra *f* psicológica

psychologically ['saɪkə'lɒdʒɪklɪ] adv psicológicamente

psychologist [saɪ'kɒlədʒɪst] n psicólogo(a) *m,f*

psychology [saɪ'kɒlədʒɪ] n psicología *f*

psychometric [saɪkə'metrɪk] adj **~ test** prueba *f* psicométrica

psychopath ['saɪkəʊpæθ] n psicópata *mf*

psychopathic ['saɪkəʊ'pæθɪk] adj psicopático(a)

psychosis [saɪ'kəʊsɪs] (pl **psychoses** [saɪ'kəʊsi:z]) n psicosis *f inv*

psychosomatic [saɪkəʊsə'mætɪk] adj psicosomático(a)

psychotherapist [saɪkəʊ'θerəpɪst] n psicoterapeuta *mf*

psychotherapy [saɪkəʊ'θerəpɪ] n psicoterapia *f*

psychotic [saɪ'kɒtɪk] n & adj psicótico(a) *m,f*

PT [pi:'ti:] n (abbr ***physical training***) educación *f* física

PTA [pi:ti:'eɪ] n SCH (abbr ***Parent-Teacher Association***) = *asociación de padres de alumnos y profesores,* ≃ APA *f*

ptarmigan ['tɑ:mɪgən] n perdiz *f* nival

Pte *BR* MIL (abbr ***private***) soldado *m* raso

PTO [pi:ti:'əʊ] (abbr ***please turn over***) sigue

pub [pʌb] n *BR* pub *m,* = *típico bar de las islas Británicas donde a veces se sirve comida además de bebidas alcohólicas* ▸ **~ quiz** = *concurso de preguntas y respuestas que se celebra regularmente en algunos pubs británicos y en el que participan varios equipos*

pub-crawl ['pʌbkrɔ:l] n *BR Fam* **to go on a ~** ir de copas

puberty ['pju:bətɪ] n pubertad *f*

pubic ['pju:bɪk] adj pubiano(a)

public ['pʌblɪk] ■ n **the (general) ~** el público en general, el gran público ▸ **in ~** en público
■ adj público(a) ▸ **to go ~** [company] pasar a cotizar en Bolsa ▸ **to go ~ with sth** [reveal information] manifestar públicamente algo ▸ **to make sth ~** hacer público(a) algo ▸ **to make a ~ appearance** hacer *or* efectuar una aparición pública ▸ **to be in the ~ domain** ser del dominio público ▸ **at ~ expense** con dinero público ▸ **to be in the ~ eye** estar expuesto(a) a la opinión pública ▸ **in the ~ interest** en favor del interés general ▸ *US* **~ access television** = *sistema de televisión que permite a sus usuarios emitir sus propios programas* ▸ **~ address system** (sistema *m* de) megafonía *f* ▸ *US* **~ assistance** ayudas *fpl* estatales ▸ *BR* **~ call box** cabina *f* telefónica ▸ *BR* **~ convenience** servicios *mpl or ESP* aseos *mpl* públicos ▸ *US* **~ debt** deuda *f* pública ▸ COM **~ enterprise** empresa *f* pública ▸ **~ health** salud *f* pública ▸ **~ holiday** día *m* festivo *or AM* feriado ▸ *BR* **~ house** = *típico bar de las Islas Británicas donde a veces se sirve comida además de bebidas alcohólicas* ▸ **~**

inquiry investigación *f (de puertas abiertas)* ▸ **~ limited company** sociedad *f* anónima ▸ **~ opinion** la opinión pública ▸ LAW **~ prosecutor** fiscal *mf* (del Estado) ▸ **~ relations** relaciones *fpl* públicas ▸ **~ school** *BR* colegio *m* privado / *US* colegio *m* público ▸ **~ sector** sector *m* público ▸ **~ speaking** oratoria *f* ▸ **~ spending** gasto *m* público ▸ **~ transport** transporte *m* público ▸ COM **~ utility** (empresa *f* de) servicio *m* público

CULTURE / CULTURA

public access television

En EE. UU., se llama **Public Access Television** a las cadenas de televisión por cable no comerciales, puestas a disposición de organizaciones sin ánimo de lucro y de los ciudadanos en general. En 1984 el Congreso adoptó el "Cable Communications Policy Act" (Ley de Comunicación por Cable) con el fin de hacer frente al problema de la monopolización de las cadenas por un número reducido de operadores de cable. Esta ley exige a los propietarios de las cadenas por cable que pongan una cadena a disposición de las comunidades locales, así como el correspondiente estudio y material de grabación, y también que contemplen asistencia técnica en caso de ser necesaria.

publican ['pʌblɪkən] n *BR* dueño(a) *m,f* de un "pub"

publication [pʌblɪ'keɪʃən] n publicación *f*

publicity [pʌb'lɪsɪtɪ] n publicidad *f* ▸ **~ campaign** campaña *f* publicitaria *or* de publicidad ▸ **~ stunt** artimaña *f* publicitaria

publicity-seeking [pʌb'lɪsɪtɪ'siːkɪŋ] adj en busca de publicidad

publicize ['pʌblɪsaɪz] vt hacer público(a) ▸ **a much publicized dispute** un enfrentamiento muy aireado por los medios de comunicación

publicly ['pʌblɪklɪ] adv públicamente ▸ **~ owned** de titularidad pública

public-spirited ['pʌblɪk'spɪrɪtɪd] adj cívico(a)

publish ['pʌblɪʃ] vt publicar

publishable ['pʌblɪʃəbl] adj publicable

publisher ['pʌblɪʃə(r)] n [person] editor(ora) *m,f* / [company] editorial *f*

publishing ['pʌblɪʃɪŋ] n industria *f* editorial ▸ **~ house** editorial *f*

pucker ['pʌkə(r)] ▪ vt **to ~ one's lips** fruncir los labios
▪ vi [face] arrugarse / [lips] fruncirse

pudding ['pʊdɪŋ] n **1.** *BR* [dessert] postre *m* ▸ **what's for ~?** ¿qué hay de postre? **2.** [dish] [sweet] budín *m*, pudín *m* / [savoury] pastel *m*, *COL, CSUR* torta *f* ▸ **~ basin** *or* **bowl** bol *m*

puddle ['pʌdəl] n charco *m*

pudgy ['pʌdʒɪ] adj rechoncho(a), regordete(a)

puerile ['pjʊəraɪl] adj *Pej* pueril

Puerto Rican [pweətəʊ'riːkən] n & adj puertorriqueño(a) *m,f*

Puerto Rico [pweətəʊ'riːkəʊ] n Puerto Rico

puff [pʌf] ▪ n [of breath] bocanada *f* / [of air] soplo *m* / [of smoke] nube *f* / [of cigarette] chupada *f*, *ESP* calada *f*, *AM* pitada *f* ▸ *BR Fam* **to be out of ~** resoplar, estar sin aliento ▸ **~ pastry** hojaldre *m*
▪ vt **to ~ smoke into sb's face** echar una bocanada de humo a la cara de alguien
▪ vi [person] resoplar, jadear ▸ **to ~ along** [steam engine] avanzar echando humo ▸ **to ~ on a cigarette** dar chupadas *or ESP* caladas *or AM* pitadas a un cigarrillo

◆ ***puff out*** vt sep [cheeks, chest] inflar, hinchar

◆ ***puff up*** vt sep [cheeks] inflar, hinchar ▸ **he was puffed up with pride** no cabía en sí de orgullo

Puffa jacket® ['pʌfə'dʒækɪt] n chaqueta *f* de rapero

puffin ['pʌfɪn] n frailecillo *m*

puffy ['pʌfɪ] adj hinchado(a)

pug [pʌg] n [dog] dogo *m* ▸ **~-nosed** chato(a)

pugnacious [pʌg'neɪʃəs] adj combativo(a)

puke [pjuːk] *Fam* ▪ n papa *f*, vomitona *f*
▪ vt devolver
▪ vi echar la papa, devolver

pukka ['pʌkə] adj *BR Fam* **1.** [posh] de clase alta **2.** [genuine, proper] como Dios manda **3.** [excellent] de primera

pull [pʊl] ▪ n **1.** [act of pulling] tirón *m*, *AM salvo RP* jalón *m* / [of water current] fuerza *f* ▸ **to give sth a ~** dar un tirón *or AM salvo RP* un jalón a algo ▸ **to take a ~ at a bottle** echar un trago de una botella **2.** *Fam* [influence] influencia *f* ▸ **to have a lot of ~** ser muy influyente
▪ vt **1.** [tug] tirar de / [trigger] apretar ▸ **to ~ sth open/shut** abrir/cerrar algo de un tirón *or AM salvo RP* un jalón ▸ **to ~ a muscle** sufrir un tirón en un músculo ▸ *also Fig* **to ~ sth to pieces** hacer trizas algo **2.** [attract] atraer **3.** [extract] [tooth, cork] sacar ▸ **to ~ a pint** tirar *or* servir una cerveza (de barril) ▸ **to ~ a gun on sb** sacar un arma y apuntar a alguien **4.** *BR Fam* [sexually] ligarse a, *RP, VEN* levantarse a **5.** [idioms] *Fam* **to ~ a bank job** atracar un banco ▸ **to ~ a face** hacer una mueca ▸ *Fam* **to ~ sb's leg** tomarle el pelo a alguien ▸ *Fam* **talking to her is like pulling teeth** hay que sacarle las cosas con sacacorchos ▸ *Fam* **~ the other one! (it's got bells on!)** ¡no me vengas con ésas!, *ESP* ¡a otro perro con ese hueso!, *MÉX* ¡no mames! ▸ **she's not pulling her weight** no arrima el hombro (como los demás) ▸ *Fam* **to ~ a fast one on sb** hacer una jugarreta *or* engañar a alguien
▪ vi tirar, *AM salvo RP* jalar (**at** *or* **on** de) ▸ **to ~ clear of sth** dejar algo atrás

◆ ***pull about*** vt sep [handle roughly] zarandear, maltratar

◆ ***pull ahead*** vi [in race, election] tomar la delantera, ponerse en cabeza

◆ ***pull apart*** vt sep *also Fig* hacer trizas

◆ ***pull away*** vi [from station] alejarse / [from kerb, embrace] apartarse

◆ ***pull back*** ▪ vt sep [curtains] descorrer
▪ vi [person] echarse atrás / [troops] retirarse

◆ ***pull down*** vt sep [demolish] demoler, derribar

◆ ***pull in*** ▪ vt sep **1.** [rope, fishing line] recoger **2.** [money] sacar ▸ **to ~ sb in for questioning** detener a alguien para interrogarlo **3.** [attract] atraer

■ vi **1.** [car] parar / [train, bus] llegar

◆ ***pull off*** vt sep **1.** [clothes] quitar, *AM* sacar ▸ **she pulled off her T-shirt** se quitó *or AM* sacó la camiseta **2.** *Fam* [succeed in doing] sacar adelante ▸ **he pulled it off** lo consiguió

◆ ***pull on*** vt sep [clothes] ponerse

◆ ***pull out*** ■ vt sep [tooth] sacar, arrancar ▸ *Fam Fig* **to ~ out all the stops** tocar todos los registros

■ vi **1.** [train] salir ▸ **he pulled out into the stream of traffic** se incorporó al tráfico **2.** [race, agreement] **to ~ out (of sth)** retirarse (de algo)

◆ ***pull over*** vi [driver] parar en *ESP* el arcén *or CHILE* la berma *or MÉX* el acotamiento *or RP* la banquina *or VEN* el hombrillo

◆ ***pull through*** vi [recover] recuperarse, salir adelante

◆ ***pull together*** ■ vt sep **to ~ oneself together** serenarse

■ vi juntar esfuerzos

◆ ***pull up*** ■ vt sep **to ~ sb up (short)** [stop] parar a alguien en seco ▸ *Fig* **to ~ one's socks up** espabilar

■ vi [car] parar

pull-down menu ['pʊldaʊn'menju:] n COMPTR menú *m* desplegable

pullet ['pʊlɪt] n polla *f*, gallina *f* joven

pulley ['pʊlɪ] n polea *f*

pull-out ['pʊlaʊt] n [in newspaper, magazine] suplemento *m*

pullover ['pʊləʊvə(r)] n suéter *m*, pulóver *m*, *ESP* jersey *m*

pulmonary ['pʌlmənərɪ] adj pulmonar

pulp [pʌlp] ■ n [of fruit] pulpa *f*, carne *f* ▸ **to reduce sth to (a) ~** reducir algo a (una) pasta ▸ *Fam* **to beat sb to a ~** hacer picadillo *or* papilla a alguien ▸ **~ fiction** literatura *f* barata *or* de baja estofa, novelas *fpl* de tiros

■ vt hacer pasta de papel con

pulpit ['pʊlpɪt] n púlpito *m*

pulsate [pʌl'seɪt] vi palpitar

pulse[1] [pʌls] n [of blood] pulso *m* / [of light, sound] impulso *m* ▸ **to feel** *or* **take sb's ~** tomar el pulso a alguien

pulse[2] n [pea, bean, lentil] legumbre *f*

pulverize ['pʌlvəraɪz] vt pulverizar ▸ *Fam Fig* **to ~ sb** [beat up, defeat heavily] dar una paliza a alguien

puma ['pju:mə] n puma *m*

pumice ['pʌmɪs] n **~ (stone)** piedra *f* pómez

pummel ['pʌməl] (pt & pp **pummelled,** *US* **pummeled**) vt aporrear

pump[1] [pʌmp] n [ballet shoe] zapatilla *f* de ballet / *US* [flat shoe] zapato *m* de salón / *BR* [plimsoll] playera *f*

pump[2] ■ n [machine] bomba *f* / [at petrol station] surtidor *m*

■ vt bombear ▸ **to ~ sb's stomach** hacer un lavado de estómago a alguien ▸ *Fig* **to ~ money into sth** inyectar una gran cantidad de dinero en algo ▸ *Fam* **to ~ sb for information** sonsacar a alguien ▸ **to ~ sb's hand** dar un enérgico apretón de manos a alguien ▸ *Fam* **to ~ iron** [do weightlifting] hacer pesas

■ vi [heart, machine] bombear

◆ ***pump out*** vt sep [music, information] emitir

◆ ***pump up*** vt sep inflar

pumpkin ['pʌmpkɪn] n calabaza *f*, *ANDES, RP* zapallo *m*, *CARIB, COL* ahuyama *f*

pun [pʌn] n juego *m* de palabras

punch[1] [pʌntʃ] ■ n [tool] punzón *m* ▸ **(ticket) ~** canceladora *f* de billetes

■ vt [metal] perforar / [ticket] picar

■ vi *US* **to ~ in/out** [at work] fichar *or AM* marcar tarjeta (a la entrada/salida)

punch[2] ■ n **1.** [blow] puñetazo *m* ▸ *Fig* **he didn't pull his punches** no tuvo pelos en la lengua, se despachó a gusto **2.** [energy] garra *f* ▸ **~ line** [of joke] final *m* del chiste *m*, golpe *m* ▸ **he had forgotten the ~ line** había olvidado cómo acababa el chiste

■ vt [hit] dar *or* pegar un puñetazo a ▸ **to ~ sb in the face/on the nose** pegarle a alguien un puñetazo en la cara/en la nariz

punch[3] n [drink] ponche *m*

Punch and Judy show ['pʌntʃən'dʒu:dɪ'ʃəʊ] n = *espectáculo de títeres de la cachiporra representado en una feria o junto al mar*

punchbag ['pʌntʃbæg] n saco *m* (de boxeo)

punchball ['pʌntʃbɔ:l] n *BR* punching-ball *m*

punch-drunk ['pʌntʃdrʌŋk] adj [dazed] aturdido(a) / [boxer] sonado(a)

punch-up ['pʌntʃʌp] n *Fam* pelea *f*

punchy ['pʌntʃɪ] adj *Fam* con garra

punctilious [pʌŋk'tɪlɪəs] adj puntilloso(a)

punctual ['pʌŋktjʊəl] adj puntual

punctuality [pʌŋktjʊ'ælɪtɪ] n puntualidad *f*

punctually ['pʌŋktjʊəlɪ] adv puntualmente

punctuate ['pʌŋktjʊeɪt] vt [sentence, writing] puntuar ▸ *Fig* **her speech was punctuated with applause** su discurso se vio interrumpido en ocasiones por aplausos

punctuation [pʌŋktjʊ'eɪʃən] n puntuación *f* ▸ **~ mark** signo *m* de puntuación

puncture ['pʌŋktʃə(r)] ■ n [in tyre] pinchazo *m*, *CAM, CARIB, MÉX* ponchadura *f* / [in skin] punción *f* / [in metal] perforación *f* ▸ **to have a ~** tener un pinchazo *or CAM, CARIB, MÉX* una ponchadura

■ vt [tyre] pinchar, *CAM, CARIB, MÉX* ponchar / [metal, lung] perforar / [blister, abscess] punzar

pundit ['pʌndɪt] n experto(a) *m,f*

pungent ['pʌndʒənt] adj [smell, taste] acre / [style, wit] mordaz

punish ['pʌnɪʃ] vt castigar ▸ **to ~ sb for doing sth** castigar a alguien por hacer algo

punishment ['pʌnɪʃmənt] n castigo *m* ▸ **to make the ~ fit the crime** hacer que el castigo guarde proporción con el delito ▸ **to take a lot of ~** [boxer] recibir muchos golpes / [clothing, paint] aguantar mucho trote

punitive ['pju:nɪtɪv] adj de castigo, punitivo(a)

punk [pʌŋk] n punk *mf*, punki *mf* ▸ **~ (rock)** (música *f*) punk *m*

punnet ['pʌnɪt] n *BR* cestita *f (para fresas, bayas, etc)*

punt[1] [pʌnt] ■ n batea *f (impulsada con pértiga)*

■ vi **to go punting** pasear en batea por un río

punt[2] [pʊnt] n *Formerly* libra *f* irlandesa

punter ['pʌntə(r)] n *Fam* [gambler] apostante *mf* ▸ **the punters** [the public] el personal, el público / [regulars in bar] los parroquianos

puny ['pju:nɪ] adj enclenque

pup [pʌp] n [of dog] cachorro *m* / [of seal] cría *f*

pupil[1] ['pju:pəl] n [student] alumno(a) *m,f*

pupil[2] n [of eye] pupila *f*

puppet ['pʌpɪt] n *also Fig* títere *m,* marioneta *f* ▸ *Fig* ~ **government** gobierno *m* títere ▸ ~ **show** (espectáculo *m* de) guiñol *m*

puppetry ['pʌpɪtrɪ] n arte *m* del titiritero *or* marionetista

puppy ['pʌpɪ] n cachorro *m* ▸ ~ **fat** obesidad *f* infantil ▸ ~ **love** amor *m* de adolescente

purchase ['pɜ:tʃɪs] ■ n **1.** [action, thing bought] adquisición *f,* compra *f* ▸ ~ **price** precio *m* de compra **2.** [grip] **to get a ~ on sth** agarrarse *or* asirse a algo

■ vt adquirir, comprar

purchaser ['pɜ:tʃəsə(r)] n comprador(ora) *m,f*

purchasing ['pɜ:tʃəsɪŋ] n ~ **manager** jefe(a) *m,f* de compras ▸ ~ **power** poder *m* adquisitivo

pure [pjʊə(r)] adj puro(a) ▸ ~ **silk** pura seda *f* ▸ ~ **wool** pura lana *f* virgen ▸ ~ **mathematics** matemáticas *fpl* puras

pure-bred ['pjʊəbred] adj [dog] de raza / [horse] purasangre

purée ['pjʊəreɪ] ■ n puré *m*

■ vt hacer puré

purely ['pjʊəlɪ] adv puramente ▸ ~ **by chance** por pura casualidad ▸ ~ **and simply** lisa y llanamente

purgatory ['pɜ:gətərɪ] n REL purgatorio *m*

purge [pɜ:dʒ] ■ n purga *f*

■ vt purgar

purification [pjʊərɪfɪ'keɪʃən] n purificación *f* / [of water] depuración *f*

purify ['pjʊərɪfaɪ] vt purificar / [water] depurar

purist ['pjʊərɪst] n purista *mf*

puritan ['pjʊərɪtən] n puritano(a) *m,f*

puritanical [pjʊərɪ'tænɪkəl] adj puritano(a)

purity ['pjʊərɪtɪ] n pureza *f*

purl [pɜ:l] ■ n punto *m* del revés

■ vi hacer punto del revés

purloin [pɜ:'lɔɪn] vt sustraer

purple ['pɜ:pəl] ■ n morado *m*

■ adj morado(a) ▸ **to turn** *or* **go ~** [with embarrassment, anger] enrojecer ▸ ~ **prose** prosa *f* recargada

purport *Formal* ■ n ['pɜ:pɔ:t] sentido *m,* significado *m*

■ vt [pɜ:'pɔ:t] **to ~ to be sth** pretender ser algo

purportedly [pə'pɔ:tɪdlɪ] adv *Formal* supuestamente

purpose ['pɜ:pəs] n **1.** [object, aim] propósito *m,* objeto *m* ▸ **on ~** adrede, a propósito ▸ **to be to no ~** ser en vano ▸ **what is the ~ of your visit?** ¿cuál es el objeto de su visita? ▸ **they have a real sense of ~** saben lo que quieren (conseguir) **2.** [use] finalidad *f* ▸ **to serve a ~** tener una utilidad *or* finalidad ▸ **to serve no ~** no servir para nada ▸ **to serve sb's purpose(s)** ser útil a los propósitos de alguien ▸ **for all practical purposes** a efectos prácticos ▸ **for the purposes of** a efectos de

purpose-built ['pɜ:pəs'bɪlt] adj construido(a) al efecto

purposeful ['pɜ:pəsfʊl] adj decidido(a)

purposefully ['pɜ:pəsfʊlɪ] adv [determinedly] resueltamente

purposeless ['pɜ:pəslɪs] adj [life] sin objetivo / [act, violence] gratuito(a)

purposely ['pɜ:pəslɪ] adv adrede, a propósito

purr [pɜ:(r)] ■ n [of cat] ronroneo *m* / [of machine] rumor *m,* zumbido *m*

■ vi [cat] ronronear

purse [pɜ:s] ■ n *BR* [for coins] monedero *m* / *US* [handbag] *ESP* bolso *m, COL, CSUR* cartera *f, MÉX* bolsa *f* ▸ **the public ~** el erario público ▸ *Fig* **to hold the ~ strings** llevar las riendas del gasto

■ vt **to ~ one's lips** fruncir los labios

pursue [pə'sju:] vt **1.** [person, animal] perseguir / [pleasure, knowledge, happiness] buscar **2.** [studies, enquiry] proseguir, continuar / [course of action] seguir / [profession] ejercer

pursuer [pə'sju:ə(r)] n perseguidor(ora) *m,f*

pursuit [pə'sju:t] n **1.** [of person, animal] persecución *f* / [of pleasure, knowledge, happiness] busca *f,* búsqueda *f* ▸ **to be in ~ of** ir en busca de ▸ **he came with two policemen in hot ~** venía con dos policías pisándole los talones **2.** [activity] ocupación *f* ▸ **(leisure) pursuits** aficiones *fpl*

purvey [pə'veɪ] vt *Formal* [goods] proveer, abastecer / [lies, rumours] difundir

purveyor [pə'veɪə(r)] n *Formal* proveedor(ora) *m,f*

pus [pʌs] n pus *m*

push [pʊʃ] ■ n **1.** [act of pushing] empujón *m, CAM, MÉX* aventón *m* ▸ **to give sth/sb a ~** dar un empujón a algo/alguien ▸ *BR Fam* **to give sb the ~** [of employer] poner en la calle a alguien / [of lover] dejar a alguien ▸ *Fam* **at a ~** apurando mucho ▸ *Fam* **when ~ comes to shove..., if it comes to the ~...** a la hora de la verdad... **2.** MIL [attack] ofensiva *f* ▸ **sales ~** campaña *f* de ventas ▸ **to make a ~ for sth** tratar de conseguir algo

■ vt **1.** [in general] empujar / [button] apretar, pulsar ▸ **to ~ the door shut/open** cerrar/abrir la puerta empujándola ▸ **Push** [sign] empujar, empuje ▸ **to ~ sb out of the way** apartar a alguien de un empujón *or CAM, MÉX* aventón ▸ **to ~ one's way through the crowd** abrirse paso a empujones entre la gente ▸ *Fig* **don't ~ yourself too hard** no te pases en el esfuerzo ▸ *Fig* **to ~ sb into doing sth** forzar a alguien a hacer algo ▸ **to ~ one's luck** tentar a la suerte ▸ **don't ~ your luck!** [said in annoyance] ¡no me busques!, *ESP* ¡no me busques las cosquillas! ▸ **to be pushed for time** estar apurado(a) *or RP* corto(a) de tiempo **2.** [sell, promote] [goods] promocionar / [theory] defender **3.** *Fam* [drugs] pasar, trapichear con, *RP* transar **4.** *Fam* **he's pushing sixty** ronda los sesenta

■ vi [in general] empujar / [move forward] avanzar (a empujones) ▸ **he pushed past me** se me coló a empujones ▸ **to ~ forward** empujar hacia delante

◆ ***push about, push around*** vt sep *Fam Fig* [bully] abusar de

◆ ***push ahead*** vi seguir adelante (**with** con)

◆ ***push aside*** vt sep apartar (de un empujón) / *Fig* [reject] dejar a un lado

◆ ***push in*** vi [in queue] colarse

◆ ***push off*** vi *Fam* **~ off!** ¡lárgate!

◆ ***push on*** vi [continue] seguir, continuar ▸ **to ~ on with sth** seguir adelante con algo

◆ ***push over*** vt sep derribar

◆ ***push through*** vt sep [reform, law] hacer aprobar *(con urgencia)*

push-bike ['pʊʃbaɪk] n *BR Fam* bici *f*, bicicleta *f*

push-button ['pʊʃ'bʌtən] adj de teclas, de botones

pushchair ['pʊʃtʃeə(r)] n *BR* [for baby] silla *f or* sillita *f* de niño

pusher ['pʊʃə(r)] n *Fam* **(drug) ~** camello *m*, *AM* dealer *m*

pushover ['pʊʃəʊvə(r)] n *Fam* **it's a ~** es pan comido ▸ **I'm a ~** no sé decir que no

push-up ['pʊʃʌp] n flexión *f* (de brazos)

pushy ['pʊʃɪ] adj *Fam* avasallador(ora)

puss [pʊs] n *Fam* [cat] gatito *m*, minino *m*

pussy ['pʊsɪ] n *Fam* **~ (cat)** gatito *m*, minino *m* ▸ **~ willow** sauce *m* blanco

pussyfoot ['pʊsɪfʊt] vi *Fam* **to ~ around** *or* **about** andarse con rodeos

pustule ['pʌstju:l] n pústula *f*

put [pʊt] (pt & pp **put**) ■ vt **1.** [place] poner / [carefully] colocar ▸ **to ~ sth into sth** meter algo en algo ▸ **to ~ one's arms around sth/sb** rodear algo/a alguien con los brazos ▸ **she put her head round the door** asomó la cabeza por la puerta ▸ **to ~ a man on the moon** enviar un hombre a la Luna ▸ **to ~ a limit on sth** poner un límite a algo ▸ *Fam BR* **~ it there!**, *US* **~ 'er there!** [shake hands] ¡choca esos cinco!, ¡chócala! ▸ *Fig* **to ~ oneself into sb's hands** ponerse en manos de alguien ▸ *Fig* **to ~ sb in his place** poner a alguien en su sitio ▸ *Fig* **~ yourself in my position** ponte en mi lugar ▸ **to ~ a matter right** arreglar una cuestión ▸ **to ~ money on a horse** apostar a un caballo ▸ **to ~ a lot of work into sth** trabajar intensamente en algo ▸ **to ~ a stop to sth** poner fin a algo ▸ **to ~ a child to bed** acostar a un niño ▸ **to ~ sb to the test** poner a alguien a prueba ▸ *Fam Fig* **I didn't know where to ~ myself** no sabía dónde meterme **2.** [present] **to ~ a question to sb** hacer una pregunta a alguien ▸ **to ~ a proposal to sb** presentar una propuesta a alguien ▸ **I ~ it to you that...** [in court case] ¿no es cierto que...? **3.** [express] **to ~ sth well/badly** expresar algo bien/mal ▸ **I couldn't have put it better myself** nadie lo hubiera dicho mejor ▸ **to ~ it bluntly** hablando claro ▸ **to ~ it mildly** por no decir otra cosa ▸ **how shall I ~ it?** ¿cómo lo diría? **4.** [estimate] calcular (**at** en) ▸ **I would ~ her age at forty** yo diría que tiene unos cuarenta años

■ vi **to ~ to sea** zarpar

◆ ***put about*** ■ vt sep [rumour] difundir ▸ **to ~ it about that...** difundir el rumor de que...

■ vi [ship] cambiar de rumbo

◆ ***put across*** vt sep [message, idea] transmitir, hacer llegar ▸ **to ~ oneself across well/badly** hacerse entender bien/mal

◆ ***put aside*** vt sep **1.** [reserve] apartar ▸ **we'll ~ it aside for you** [in shop] se lo dejamos apartado **2.** [save] [money] ahorrar **3.** [problem, fact] dejar a un lado

◆ ***put away*** vt sep **1.** [tidy away] ordenar, recoger ▸ **~ your money/wallet away** guarda tu dinero/cartera **2.** *Fam* [imprison] encerrar **3.** *Fam* [eat, drink] **he can really ~ it away!** ¡cómo traga!

◆ ***put back*** vt sep **1.** [replace] devolver a su sitio **2.** [postpone] aplazar, posponer / [clock] retrasar, atrasar / [schedule] retrasar ▸ *Fig* **that puts the clock back ten years** esto nos devuelve a la misma situación de hace diez años

◆ ***put by*** vt sep [save] ahorrar

◆ ***put down*** vt sep **1.** [set down] dejar ▸ **I couldn't ~ the book down** [book] no me podía despegar del libro **2.** [revolt, opposition] reprimir, ahogar **3.** [write] poner por escrito ▸ **to ~ sth down in writing** poner algo por escrito ▸ **to ~ one's name down for sth** apuntarse a *or* inscribirse en algo **4.** [attribute] **to ~ sth down to sth** achacar *or* atribuir algo a algo **5.** [animal] sacrificar ▸ **to have a cat/dog put down** sacrificar a un gato/perro **6.** [criticize] **to ~ sb down** dejar a alguien en mal lugar ▸ **to ~ oneself down** menospreciarse

◆ ***put forward*** vt sep **1.** [plan, theory, candidate] proponer / [proposal] presentar **2.** [clock, time of meeting] adelantar

◆ ***put in*** ■ vt sep **1.** [install] poner, instalar **2.** [claim, protest] presentar ▸ **to ~ in a (good) word for sb** decir algo en favor de alguien **3.** [time, work] invertir, dedicar

■ vi [ship] atracar, hacer escala

◆ ***put off*** vt sep **1.** [postpone] aplazar, posponer ▸ **to ~ off doing sth** dejar algo para más tarde **2.** [cause to dislike] desagradar, resultar desagradable a ▸ **that meal ~ me off seafood** después de aquella comida dejó de gustarme el marisco **3.** [distract] distraer **4.** [discourage] **to ~ sb off doing sth** quitarle *or AM* sacarle a alguien las ganas de hacer algo **5.** [make wait] tener esperando

◆ ***put on*** vt sep **1.** [clothes] ponerse ▸ **he put his trousers on** se puso el pantalón ▸ **to ~ on one's make-up** ponerse el maquillaje, maquillarse ▸ **to ~ on an act** fingir ▸ **to ~ on an accent** poner *or* simular un acento ▸ **to ~ on weight** engordar **2.** [light, TV, heating] encender, *AM* prender / [music, videotape] poner ▸ **to ~ the kettle on** poner el agua a hervir *(en el hervidor de agua)* **3.** [play, show] representar, hacer

◆ ***put out*** vt sep **1.** [fire, light] apagar **2.** [place outside] sacar **3.** [extend] **to ~ out one's hand** tender la mano **4.** [arrange for use] dejar preparado(a) **5.** [report, statement] emitir **6.** [annoy] **to be put out** estar disgustado(a) **7.** [inconvenience] molestar ▸ **to ~ oneself out (for sb)** molestarse (por alguien) **8.** [dislocate] **to ~ one's shoulder/knee out** dislocarse el hombro/la rodilla

◆ ***put through*** vt sep **1.** [on phone] **to ~ sb through to sb** poner *or* pasar a alguien con alguien **2.** [subject to] **to ~ sb through sth** someter a alguien a algo ▸ **he put**

her through hell le ha hecho pasar las de Caín

◆ ***put together*** vt sep [machine, furniture] montar / [file, report, meal, team] confeccionar ▸ **she's more intelligent than the rest of them put together** ella es más lista que todos los demás juntos ▸ *Fig* **to ~ two and two together** atar cabos

◆ ***put up*** vt sep **1.** [ladder] situar / [tent] montar / [building, barricade, fence] levantar, construir / [painting, notice] colocar, poner / [statue] erigir, poner / [umbrella] abrir ▸ **to ~ up one's hand** levantar la mano ▸ **to ~ one's hair up** recogerse el pelo **2.** [increase] elevar, subir **3.** [provide accommodation for] alojar **4.** [provide] [money] aportar / [candidate] presentar ▸ **to ~ sth up for sale** poner algo a la venta ▸ **to ~ up a fight** *or* **struggle** ofrecer resistencia

◆ ***put upon*** vt insep **to feel put upon** sentirse utilizado(a)

◆ ***put up to*** vt sep **to ~ sb up to doing sth** animar a alguien a hacer algo

◆ ***put up with*** vt insep aguantar, soportar

putative ['pju:tətɪv] adj *Formal* presunto(a), supuesto(a) / LAW [father] putativo(a)

put-down ['pʊtdaʊn] n *Fam* desaire *m*

put-on ['pʊtɒn] ■ n *Fam* **is that one of your put-ons?** ¿me estás tomando el pelo *or* *ESP, CARIB, MÉX* vacilando?
■ adj fingido(a), simulado(a)

putrefy ['pju:trɪfaɪ] vi pudrirse

putrid ['pju:trɪd] adj putrefacto(a), pútrido(a)

putsch [pʊtʃ] n pronunciamiento *m* (militar)

putt [pʌt] ■ n [in golf] golpe *m* corto *(con el putter)*
■ vi [in golf] golpear en corto *(con el putter)*

putter ['pʌtə(r)] n [golf club] putter *m*

putty ['pʌtɪ] n masilla *f* ▸ *Fig* **he's ~ in her hands** hace lo que quiere con él

put-up job ['pʊtʌp'dʒɒb] n *Fam* pufo *m,* apaño *m*

puzzle ['pʌzl] ■ n **1.** [game] rompecabezas *m inv* / [mental] acertijo *m* ▸ **~ book** libro *m* de pasatiempos **2.** [mystery] enigma *m*
■ vt [person] desconcertar, dejar perplejo(a)

◆ ***puzzle out*** vt sep desentrañar

◆ ***puzzle over*** vt insep dar vueltas a

puzzled ['pʌzəld] adj perplejo(a)

puzzling ['pʌzlɪŋ] adj desconcertante

PVC [pi:vi:'si:] n (abbr ***polyvinyl chloride***) PVC *m*

pygmy ['pɪgmɪ] n pigmeo(a) *m,f*

pyjamas, *US* ***pajamas*** [pə'dʒɑ:məz] npl pijama *m, AM* piyama *m or f* ▸ **a pair of ~** un pijama *or AM* piyama

pylon ['paɪlən] n torre *f* (de alta tensión)

pyramid ['pɪrəmɪd] n pirámide *f*

pyre ['paɪə(r)] n pira *f*

Pyrenean [pɪrə'nɪən] adj pirenaico(a)

Pyrenees [pɪrə'ni:z] npl **the ~** los Pirineos

Pyrex® ['paɪreks] n pyrex® *m* ▸ **~ dish** fuente *f* de pyrex®

pyromaniac [paɪrəʊ'meɪnɪæk] n pirómano(a) *m,f*

pyrotechnics [paɪrəʊ'teknɪks] ■ n [science] pirotecnia *f*
■ npl [fireworks display] fuegos *mpl* artificiales / *Fig* [in speech, writing] malabarismos *mpl,* virguerías *fpl*

python ['paɪθən] n (serpiente *f*) pitón *m or f*

Q, q [kjuː] n [letter] Q, q *f*

Qatar [kæ'tɑː(r)] n Qatar

Qatari [kæ'tɑːrɪ] ■ n persona de Qatar
■ adj de Qatar

QC [kjuː'siː] n *BR* LAW (abbr ***Queen's Counsel***) = *título honorífico que la Reina concede a algunos abogados eminentes*

QED [kjuːiː'diː] (abbr ***quod erat demonstrandum***) QED, lo que había que demostrar

Q-tip® ['kjuːtɪp] n *US* bastoncillo *m* (de algodón)

qty COM (abbr ***quantity***) cantidad *f*

quack¹ [kwæk] ■ n [of duck] graznido *m*
■ vi [duck] graznar

quack² n *BR, AUSTR Pej or Hum* [doctor] matasanos *m inv*

quad [kwɒd] n **1.** *Fam* [of school, college] patio *m* **2.** **~ bike** moto *f* de rally *(con tres ruedas gruesas)*

quadrangle ['kwɒdræŋgəl] n **1.** [shape] cuadrilátero *m,* cuadrángulo *m* **2.** [of school, college] patio *m*

quadrant ['kwɒdrənt] n cuadrante *m*

quadraphonic, quadrophonic [kwɒdrə'fɒnɪk] adj cuadrafónico(a)

quadratic equation [kwɒ'drætɪkɪ'kweɪʒən] n MATH ecuación *f* de segundo grado

quadrilateral [kwɒdrɪ'lætərəl] ■ n cuadrilátero *m*
■ adj cuadrilátero(a)

quadriplegic [kwɒdrɪ'pliːdʒɪk] n & adj tetrapléjico(a) *m,f*

quadrophonic ➤ ***quadraphonic***

quadruped ['kwɒdrʊped] n cuadrúpedo *m*

quadruple [kwɒ'druːpəl] ■ adj cuádruple, cuádruplo(a)
■ vt cuadruplicar
■ vi cuadruplicarse

quadruplet [kwɒ'druːplɪt] n cuatrillizo(a) *m,f*

quaff [kwɒf] vt *Literary* trasegar, ingerir a grandes tragos

quagmire ['kwægmaɪə(r)] n [bog] barrizal *m,* lodazal *m* / *Fig* [difficult situation] atolladero *m*

quail¹ [kweɪl] (pl **quail**) n [bird] codorniz *f*

quail² vi [person] amedrentarse, amilanarse

quaint [kweɪnt] adj [picturesque] pintoresco(a) / [old-fashioned] anticuado(a) y singular

quaintly ['kweɪntlɪ] adv [in a picturesque way] pintorescamente / [in an old-fashioned way] de forma anticuada y singular

quake [kweɪk] ■ n *Fam* [earthquake] terremoto *m*
■ vi temblar, estremecerse ▸ **to ~ in one's boots** temblar de miedo

Quaker ['kweɪkə(r)] n REL cuáquero(a) *m,f*

qualification [kwɒlɪfɪ'keɪʃən] n **1.** [diploma] título *m* / [skill] aptitud *f*, capacidad *f* **2.** [completion of studies] **after ~** después de obtener el título **3.** [modification] condición *f,* reserva *f* **4.** [for competition] clasificación *f*

qualified ['kwɒlɪfaɪd] adj **1.** [having diploma] titulado(a) / [competent] capaz, capacitado(a) ▸ **to be ~ to do sth** [have diploma] tener el título exigido para hacer algo / [be competent] estar capacitado(a) para hacer algo **2.** [modified] limitado(a), parcial

qualifier ['kwɒlɪfaɪə(r)] n **1.** [person, team] clasificado(a) *m,f* / [match] partido *m* de clasificación, eliminatoria *f* **2.** GRAM calificador *m,* modificador *m*

qualify ['kwɒlɪfaɪ] ■ vt **1.** [make competent] **to ~ sb to do sth** capacitar a alguien para hacer algo **2.** [modify] matizar
■ vi **1.** [in competition] clasificarse **2.** [complete studies] **to ~ as a doctor** obtener el título de médico(a) **3.** [be eligible] **to ~ for sth** tener derecho a algo

qualifying ['kwɒlɪfaɪɪŋ] adj **1.** [round, match] eliminatorio(a) **2.** [exam] de ingreso

qualitative ['kwɒlɪtətɪv] adj cualitativo(a)

qualitatively ['kwɒlɪtətɪvlɪ] adv cualitativamente

quality ['kwɒlɪtɪ] n **1.** [excellence, standard] calidad *f* ▸ **of good/poor ~** de buena/mala calidad ▸ **~ of life** calidad de vida ▸ **~ circle** círculo *m* de calidad ▸ **~ control** control *m* de calidad ▸ **~ goods** artículos *mpl*

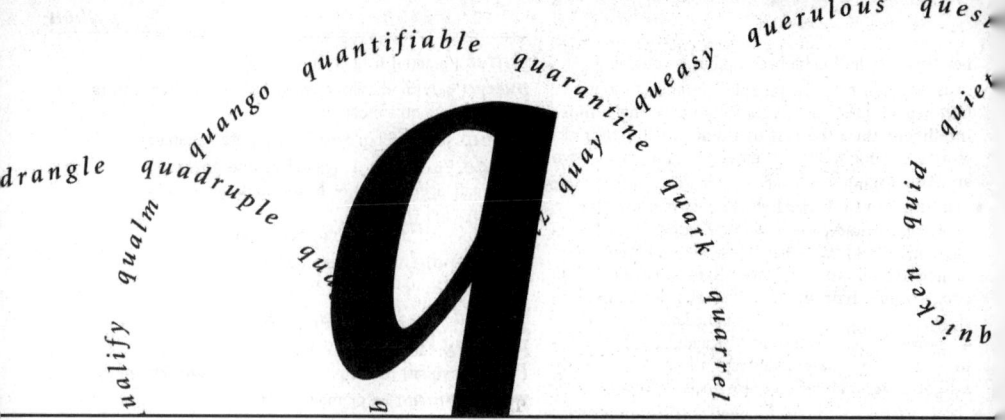

de calidad ▸ *BR* ~ **newspapers** prensa *f* no sensacionalista ▸ ~ **time** = *tiempo que uno reserva para disfrutar de la pareja, la familia, los amigos, etc., y alejarse de las preocupaciones laborales y domésticas* **2.** [characteristic, feature] cualidad *f*

qualm [kwɑːm] n escrúpulo *m,* reparo *m* ▸ **to have no qualms about doing sth** no tener ningún escrúpulo *or* reparo en hacer algo

quandary ['kwɒndərɪ] n dilema *m* ▸ **to be in a ~ (about sth)** estar en un dilema (acerca de algo)

quango ['kwæŋgəʊ] (pl **quangos**) n *BR* POL (abbr ***quasi-autonomous non-governmental organization***) = *organismo público semiindependiente*

quanta ['kwɒntə] pl *of* ***quantum***

quantifiable [kwɒntɪ'faɪəbəl] adj cuantificable ▸ **a ~ amount** una cantidad cuantificable

quantifier ['kwɒntɪfaɪə(r)] n MATH cuantificador *m*

quantify ['kwɒntɪfaɪ] vt cuantificar

quantitative ['kwɒntɪtətɪv] adj cuantitativo(a)

quantity ['kwɒntɪtɪ] n cantidad *f* ▸ ~ **surveyor** aparejador(ora) *m,f*

quantum ['kwɒntəm] (pl **quanta** ['kwɒntə]) n PHYS cuanto *m* ▸ *Fig* ~ **leap** paso *m* de gigante ▸ ~ **mechanics** mecánica *f* cuántica ▸ ~ **theory** teoría *f* cuántica

quarantine ['kwɒrəntiːn] ■ n cuarentena *f* ▸ **to be in ~** estar en cuarentena

■ vt poner en cuarentena

quark [kwɑːk] n PHYS quark *m*

quarrel ['kwɒrəl] ■ n **1.** [argument] pelea *f,* discusión *f* ▸ **to have a ~** pelearse ▸ **to pick a ~ with sb** buscar pelea con alguien **2.** [disagreement] discrepancia *f,* desacuerdo *m* ▸ **to have no ~ with sb** no tener discrepancia alguna con alguien

■ vi (pt & pp **quarrelled,** *US* **quarreled**) **1.** [argue] pelearse, discutir (**with** con) **2.** [disagree] **to ~ with sth** discrepar de algo

quarrelling, *US* ***quarreling*** ['kwɒrəlɪŋ] n peleas *fpl,* discusiones *fpl*

quarrelsome ['kwɒrəlsəm] adj peleón(ona)

quarry[1] ['kwɒrɪ] n [prey] *& Fig* presa *f*

quarry[2] ■ n [for stone] cantera *f*

■ vt [hill] excavar / [stone] extraer

quart [kwɔːt] n [liquid measurement] cuarto *m* de galón *(UK = 1,136 l, US = 0,946 l)*

quarter ['kwɔːtə(r)] ■ n **1.** [fraction, of orange, of moon] cuarto *m* ▸ **he ate a ~ of the cake** se comió una *or* la cuarta parte del pastel ▸ **a ~ of a century** un cuarto de siglo ▸ **a ~ of an hour** un cuarto de hora ▸ **a ~ (of a pound)** un cuarto de libra *(= 113,5 g)* ▸ **three quarters** tres cuartos ▸ **three quarters of all women** las tres cuartas partes de las mujeres ▸ **three and a ~ (litres)** tres (litros) y cuarto ▸ **the bottle was still a ~ full** quedaba aún un cuarto de botella **2.** [in telling time] *BR* **it's/at a ~ to six,** *US* **it's/at a ~ of six** son/a las seis menos cuarto ▸ **it's a ~ to** son menos cuarto ▸ *BR* **it's/at a ~ past six,** *US* **it's/at (a) ~ after six** son/a las seis y cuarto ▸ *BR* **it's a ~ past,** *US* **it's (a) ~ after** son y cuarto **3.** [three-month period] trimestre *m* **4.** [area] barrio *m* **5.** [group] **in some quarters** en algunos círculos ▸ **help came from an unexpected ~** la ayuda llegó por el lado que menos se esperaba **6.** MIL **quarters** [lodgings] alojamiento *m* ▸ **officer quarters** residencia *f* de oficiales **7.** [mercy] **to give no ~** no dar cuartel **8.** *US* [coin] cuarto *m* de dólar **9.** *US* MUS ~ **note** negra *f*

■ vt **1.** [divide into four] dividir en cuatro partes **2.** MIL [troops] acantonar, alojar

quarterback ['kwɔːtəbæk] n *US* quarterback *m (en fútbol americano, jugador que dirige el ataque)*

quarterdeck ['kwɔːtədek] n [of ship] alcázar *m,* cubierta *f* de popa

quarterfinal [kwɔːtə'faɪnəl] n [match] enfrentamiento *m* de cuartos de final ▸ **the quarterfinals** los cuartos de final

quarterfinalist ['kwɔːtə'faɪnəlɪst] n cuartofinalista *mf*

quarterly ['kwɔːtəlɪ] ■ n publicación *f* trimestral

■ adj trimestral

■ adv trimestralmente

quartermaster ['kwɔːtəmɑːstə(r)] n MIL oficial *m* de intendencia ▸ *US* **Quartermaster Corps** ≃intendencia *f*

quartet [kwɔː'tet] n cuarteto *m*

quarto ['kwɔːtəʊ] (pl **quartos**) n pliego *m* en cuarto

quartz [kwɔːts] n cuarzo *m* ▸ ~ **watch** reloj *m* de cuarzo

quasar ['kweɪzɑː(r)] n ASTRON cuásar *m,* quasar *m*

quash [kwɒʃ] vt [revolt] sofocar / [objection] acallar / LAW [sentence] revocar, anular

quaver ['kweɪvə(r)] ■ n **1.** MUS corchea *f* **2.** [in voice] temblor *m*

■ vi [voice] temblar

quay [kiː] n muelle *m*

quayside ['kiːsaɪd] n muelles *mpl*

queasiness ['kwiːzɪnɪs] n mareo *m*

queasy ['kwiːzɪ] adj **to feel ~** estar mareado(a), tener mal cuerpo

Quebec [kwɪ'bek] n (provincia *f* de) Quebec ▸ ~ **City** Quebec (capital)

queen [kwiːn] n **1.** [of country] reina *f* / [in cards, chess] dama *f,* reina *f* ▸ ~ **bee** abeja *f* reina ▸ *BR* **Queen's Counsel** = *abogado de alto rango* ▸ **the Queen's English** el inglés estándar ▸ **the Queen Mother** la reina madre **2.** *Fam Pej* [homosexual] marica *m,* maricón *m*

CULTURE / CULTURA

Queen's Speech

Se trata del discurso pronunciado por la Reina durante la apertura anual del parlamento británico, que habitualmente se lleva a cabo en noviembre, y constituye la ceremonia oficial más importante del año parlamentario en Westminster. En el discurso, pronunciado ante la Cámara de los Lores, se resumen los proyectos legislativos que el gobierno tiene previstos para el año parlamentario que está a punto de comenzar. Aunque el discurso lo pronuncia la Reina, sus contenidos están redactados por una comisión del gobierno y aprobados por el Consejo de Ministros.

queer ['kwɪə(r)] ■ n *Fam Pej* [male homosexual] marica *m,* maricón *m*
■ adj **1.** [strange] raro(a), extraño(a) **2.** [suspicious] raro(a), sospechoso(a) **3.** *Fam* [unwell] **to feel ~** encontrarse mal ▸ **to come over** *or* **to be taken ~** ponerse malo(a) **4.** *Fam Pej* [homosexual] marica, maricón ▸ **~ cinema** cine *m* gay
■ vt *Fam* **to ~ sb's pitch** aguarle la fiesta a alguien

queer-bashing ['kwɪə'bæʃɪŋ] n *BR Fam* = *ataques físicos o verbales contra homosexuales*

quell [kwel] vt [revolt] sofocar / [doubt, worry, passion] apagar

quench [kwentʃ] vt [thirst, fire] apagar

querulous ['kwerʊləs] adj lastimero(a), quejumbroso(a)

query ['kwi:ərɪ] ■ n duda *f,* pregunta *f* / [on phone line, to expert, at information desk] consulta *f* ▸ **to raise a ~ about sth** [call into question] poner en duda algo ▸ COMPTR **~ language** lenguaje *m* de consulta (estructurado)
■ vt [question] [invoice] reclamar contra / [decision] cuestionar ▸ **to ~ if** *or* **whether...** poner en duda si...

quest [kwest] *Literary* ■ n búsqueda *f* (**for** de) ▸ **to go** *or* **be in ~ of sth** ir en búsqueda *or ESP* busca de algo
■ vi **to ~ after** *or* **for sth** ir en búsqueda *or ESP* busca de algo

question ['kwestʃən] ■ n **1.** [interrogation] pregunta *f* ▸ **to ask (sb) a ~** hacer una pregunta (a alguien) ▸ **~ mark** signo *m* de interrogación ▸ *Fig* **a ~ mark hangs over the future of the project** el futuro del proyecto está en el aire ▸ *BR* POL **~ time** = *sesión de control parlamentario en la que los ministros responden a las preguntas de los diputados* **2.** [doubt] duda *f* ▸ **there is no ~ about it** no cabe duda (al respecto) ▸ **to call sth into ~** poner algo en duda ▸ **beyond ~** fuera de (toda) duda ▸ **to be open to ~** ser cuestionable ▸ **without ~** sin duda **3.** [matter] cuestión *f* ▸ **it is a ~ of...** se trata de... ▸ **there is no ~ of our agreeing to that** en ningún caso vamos a estar conformes con eso ▸ **that's out of the ~!** ¡es imposible! ▸ **it's only a ~ of time** sólo es cuestión de tiempo ▸ **the matter/person in ~** el asunto/individuo en cuestión
■ vt **1.** [ask questions to] [for inquiry] interrogar / [for survey] encuestar ▸ **she was questioned on her views** [in interview] le pidieron su opinión **2.** [cast doubt on] cuestionar, poner en duda

questionable ['kwestʃənəbəl] adj cuestionable, dudoso(a)

questioning ['kwestʃənɪŋ] ■ n [interrogation] interrogatorio *m* ▸ **he was held for ~ by the police** la policía lo detuvo para interrogarlo
■ adj [look, mind] inquisitivo(a)

questioningly ['kwestʃənɪŋlɪ] adv inquisitivamente

questionnaire [kwestʃə'neə(r)] n cuestionario *m*

queue [kju:] ■ n *BR* [line] cola *f* ▸ **to form a ~** hacer cola ▸ **to jump the ~** colarse
■ vi hacer cola

queue-jump ['kju:dʒʌmp] vi *BR* colarse, saltarse la cola

quibble ['kwɪbəl] ■ n pega *f* insignificante, pequeñez *f*
■ vi poner pegas (**about** *or* **over** a) ▸ **let's not ~** no vamos a discutir por una tontería

quiche [ki:ʃ] n quiche *m or f*

quick [kwɪk] ■ n **to bite one's nails to the ~** morderse las uñas hasta hacerse daño ▸ *Fig* **to cut sb to the ~** herir a alguien en lo más profundo
■ adj **1.** [rapid] rápido(a) ▸ **to have a ~ bath** darse un baño rápido ▸ **to have a ~ drink** tomarse algo rápidamente ▸ **that was ~!** ¡qué rápido! ▸ **be ~!** ¡date prisa!, *AM* ¡apúrate! ▸ **to be ~ to do sth** no tardar *or AM* demorar en hacer algo ▸ **to be ~ to criticize** apresurarse a criticar ▸ **to be ~ off the mark** [to act] no perder el tiempo / [to understand] ser muy espabilado(a) ▸ **to have a ~ temper** tener mal genio **2.** [clever] listo(a), despierto(a)
■ adv *Fam* [to run, talk, think] rápido ▸ **as ~ as a flash** en un suspiro, *ESP* como una exhalación

quicken ['kwɪkən] ■ vt **1.** [make faster] acelerar ▸ **to ~ one's pace** apretar *or* acelerar el paso **2.** [imagination] estimular / [interest] despertar
■ vi **1.** [pace] acelerarse ▸ **his pulse quickened** se le aceleró el pulso **2.** [imagination] estimularse / [interest] despertarse

quickfire ['kwɪkfaɪə(r)] adj rápido(a)

quickie ['kwɪkɪ] *Fam* ■ n **to have a ~** [drink] tomar una copa rápida / [sex] echar uno rápido
■ adj **~ divorce** divorcio *m* por la vía rápida

quicklime ['kwɪklaɪm] n cal *f* viva

quickly ['kwɪklɪ] adv rápidamente, rápido, deprisa ▸ **I ~ realized that...** enseguida me di cuenta de que...

quickness ['kwɪknɪs] n [speed] rapidez *f* / [of mind] agudeza *f*

quicksand ['kwɪksænd] n arenas *fpl* movedizas

quicksilver ['kwɪksɪlvə(r)] n *Old-fashioned* [mercury] azogue *m*

quick-tempered ['kwɪk'tempəd] adj irascible ▸ **to be ~** tener mal genio

quick-witted ['kwɪk'wɪtɪd] adj agudo(a)

quid [kwɪd] (pl **quid**) n *BR Fam* [pound] libra *f*

quiescent [kwɪ'esənt] adj *Literary* inactivo(a), pasivo(a)

quiet ['kwaɪət] ■ n silencio *m,* tranquilidad *f* ▸ **the ~ of the countryside** la paz del campo ▸ *Fam* **to do sth on the ~** hacer algo a escondidas *or ESP* a la chita callando
■ adj **1.** [not loud] [person, music] tranquilo(a) / [voice] bajo(a) / [engine] silencioso(a) ▸ **to keep sb ~** hacer callar a alguien ▸ **to keep ~** [make no noise] no hacer ruido / [say nothing] estar callado(a) ▸ **to keep ~ about sth** guardar silencio *or* no decir nada sobre algo ▸ **to keep sth ~** mantener algo en secreto ▸ **be ~!** ¡cállate! ▸ **~ please!** ¡silencio, por favor! ▸ **as ~ as a mouse** [person] callado(a) como un muerto **2.** [discreet] discreto(a) ▸ **to have a ~ laugh at sth/sb** reírse para sus adentros de algo/alguien **3.** [peaceful] tranquilo(a) ▸ **a ~ wedding** una boda íntima *or* discreta **4.** [business, market] inactivo(a), poco animado(a)

◆ ***quiet down*** ➤ ***quieten down***

quieten ['kwaɪətən] vt tranquilizar

◆ ***quieten down*** ■ vt sep [make silent] hacer callar / [make calm] tranquilizar, calmar

■ vi [become silent] callarse / [become calm] tranquilizarse, calmarse

quietly ['kwaɪətlɪ] adv **1.** [silently] silenciosamente, sin hacer ruido **2.** [discreetly] discretamente ▸ **to be ~ determined** estar interiormente resuelto(a) ▸ **to be ~ confident** estar íntimamente convencido(a)

quietness ['kwaɪətnɪs] n [of place] silencio *m,* calma *f* / [of person, manner] tranquilidad *f*

quiff [kwɪf] n *BR* [of hair] tupé *m*

quill [kwɪl] n [feather, pen] pluma *f* / [of porcupine] púa *f*

quilt [kwɪlt] ■ n edredón *m*

■ vt [garment] acolchar ▸ **quilted jacket** chaqueta *f* acolchada

quince [kwɪns] n membrillo *m* ▸ **~ jelly** dulce *m* de membrillo

quinine ['kwɪniːn] n quinina *f*

quintessence [kwɪn'tesəns] n *Formal* quintaesencia *f*

quintessential [kwɪntɪ'senʃəl] adj *Formal* arquetípico(a), prototípico(a) ▸ **Holmes is the ~ Englishman** Holmes es el inglés por excelencia, Holmes es la quintaesencia de lo inglés

quintessentially [kwɪntɪ'senʃəlɪ] adv *Formal* prototípicamente, esencialmente

quintet [kwɪn'tet] n quinteto *m*

quintuplet [kwɪn'tjuːplɪt] n quintillizo(a) *m,f*

quip [kwɪp] ■ n broma *f,* chiste *m*

■ vi (pt & pp **quipped**) bromear

quirk [kwɜːk] n **1.** [of character] manía *f* **2.** [of fate, nature] capricho *m* ▸ **by a ~ of fate** por un capricho del destino

quirky ['kwɜːkɪ] adj peculiar

quisling ['kwɪzlɪŋ] n traidor(ora) *m,f*

quit [kwɪt] ■ vt (pt & pp **quit** *or* **quitted**) [person, place] abandonar, dejar / COMPTR salir de ▸ **to ~ one's job** dejar el trabajo ▸ **to ~ doing sth** dejar de hacer algo

■ vi [give up] abandonar / [resign] dimitir / COMPTR salir

■ adj **to be ~ of** librarse *or* deshacerse de

quite [kwaɪt] adv **1.** [entirely] completamente, totalmente ▸ **that's not ~ true** no es del todo cierto ▸ **I'm not ~ ready** no estoy del todo listo ▸ **it's not ~ what I wanted** no es exactamente lo que yo quería ▸ **I can't ~ see what you mean** no alcanzo a ver qué quieres decir ▸ **~ enough** más que suficiente ▸ **that's ~ enough of that!** ¡ya es más que suficiente! ▸ **~ apart from the fact that...** sin mencionar el hecho de que... ▸ **~!** ¡efectivamente! ▸ **that's ~ all right** [it doesn't matter] no importa / [you're welcome] no hay de qué ▸ **you know ~ well what I mean!** ¡sabes muy bien lo que quiero decir! ▸ **I ~ understand** lo entiendo perfectamente **2.** [fairly] bastante ▸ **I ~ like him** me gusta bastante ▸ **~ a lot of problems** bastantes problemas **3.** [for emphasis] **it was ~ a surprise** fue toda una sorpresa ▸ **it's been ~ a day!** ¡menudo día! ▸ **that film is ~ something** ¡menuda película!

quits [kwɪts] adj **to be ~ (with sb)** estar en paz (con alguien) ▸ **let's call it ~** vamos a dejarlo así

quiver [1] ['kwɪvə(r)] n [for arrows] carcaj *m,* aljaba *f*

quiver [2] ■ n [tremble] estremecimiento *m*

■ vi [tremble] estremecerse (**with** de)

quivering ['kwɪvərɪŋ] adj tembloroso(a), trémulo(a)

quixotic [kwɪk'sɒtɪk] adj quijotesco(a)

quiz [kwɪz] ■ n (pl **quizzes**) **1.** [competition, game] concurso *m* ▸ **~ (show)** programa *m* concurso **2.** *US* [test] examen *m,* control *m*

■ vt (pt & pp **quizzed**) interrogar

quizzical ['kwɪzɪkəl] adj [look, air] interrogador(ora), de interrogación

quizzically ['kwɪzɪklɪ] adv con aire dubitativo

Quorn® [kwɔːn] n = *tipo de proteína vegetal utilizada como sustituto de la carne*

quorum ['kwɔːrəm] n quórum *m inv*

quota ['kwəʊtə] n [share] cupo *m,* cuota *f*

quotable ['kwəʊtəbəl] adj [remark, writer, book] que se presta a ser citado(a)

quotation [kwəʊ'teɪʃən] n **1.** [from author] cita *f* ▸ **~ marks** comillas *fpl* **2.** COM [for work] presupuesto *m*

quote [kwəʊt] ■ n *Fam* **1.** [from author] cita *f* ▸ **in quotes** [in quotation marks] entre comillas **2.** COM [for work] presupuesto *m*

■ vt **1.** [author, passage] citar ▸ **he was quoted as saying that...** se le atribuye haber dicho que... ▸ **in reply please ~ this number** en su contestación por favor indique este número **2.** COM [price] dar un presupuesto de ▸ **he quoted me a price of £100** me dio un presupuesto de 100 libras, fijó un precio de 100 libras ▸ FIN **quoted company** empresa *f* cotizada en Bolsa

quotient ['kwəʊʃənt] n MATH cociente *m*

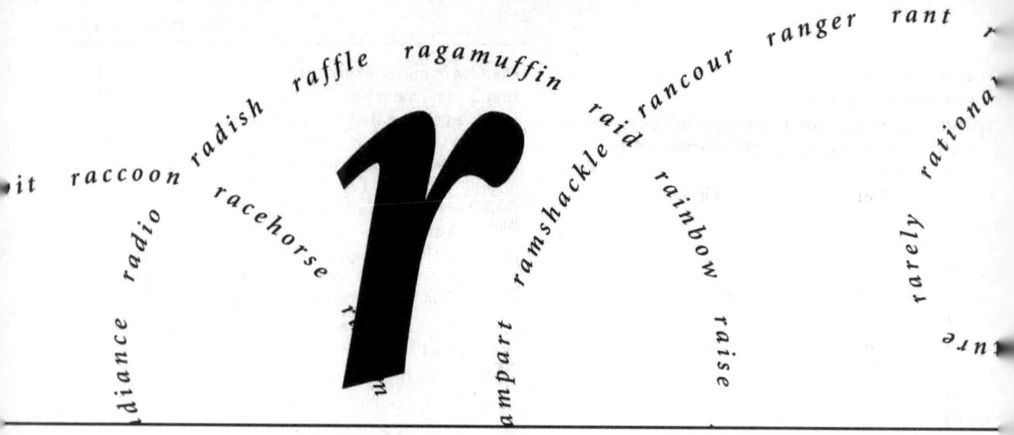

R, r [ɑː(r)] n [letter] R, r *f* ▸ *Fam* **the three R's** lectura, escritura y aritmética

R *US* POL (abbr ***Republican***) republicano(a)

RA [ɑːˈreɪ] n *BR* (abbr ***Royal Academy***) = *academia británica de las artes*

rabbi [ˈræbaɪ] n REL rabino *m*

rabbit [ˈræbɪt] n conejo *m* ▸ **~ hole** madriguera *f* ▸ **~ hutch** conejera *f*

◆ ***rabbit on*** vi *Fam* parlotear, *ESP* cascar

rabble [ˈræbəl] n multitud *f* ▸ **~ rouser** agitador(ora) *m,f* (de masas)

rabid [ˈræbɪd] adj **1.** [animal] rabioso(a) **2.** [person, emotion] furibundo(a)

rabies [ˈreɪbiːz] n rabia *f,* hidrofobia *f*

RAC [ɑːreɪˈsiː] n (abbr ***Royal Automobile Club***) *ESP* ≃ RACE *m, ARG* ≃ ACA *m* , = *organización británica de ayuda al automovilista*

raccoon [rəˈkuːn] n mapache *m*

race[1] [reɪs] ■ n [contest] carrera *f* ▸ **the hundred metres ~** los cien metros lisos ▸ *Fig* **a ~ against time** una carrera contrarreloj ▸ **the races** [horseraces] las carreras ▸ **~ meeting** [for horseraces] concurso *m* de carreras de caballos

■ vt **1.** [athlete] correr con *or* contra ▸ **I'll ~ you home!** ¡te echo una carrera hasta casa! **2.** [horse] hacer correr (en carreras)

■ vi **1.** [athlete, horse] correr, competir **2.** [move quickly] correr ▸ **to ~ in/out** entrar/salir corriendo ▸ **to ~ down the street** correr calle abajo ▸ **to ~ by** [time] pasar volando **3.** [engine] acelerarse / [pulse, heart] palpitar aceleradamente

race[2] n [of people, animals] raza *f* ▸ **the human ~** la raza humana ▸ **~ relations** relaciones *fpl* interraciales

racecourse [ˈreɪskɔːs] n hipódromo *m*

racehorse [ˈreɪshɔːs] n caballo *m* de carreras

racer [ˈreɪsə(r)] n [person] corredor(ora) *m,f* / [bicycle] bicicleta *f* de carreras

racetrack [ˈreɪstræk] n [for athletes] pista *f* / [for cars] circuito *m* / *US* [for horses] hipódromo *m*

racial [ˈreɪʃəl] adj racial ▸ **~ discrimination** discriminación *f* racial

racially [ˈreɪʃəlɪ] adv racialmente ▸ **~ prejudiced** con prejuicios raciales

racing [ˈreɪsɪŋ] ■ n carreras *fpl*

■ adj **~ bicycle** bicicleta *f* de carreras ▸ **~ car** coche *m or AM* carro *m or CSUR* auto *m* de carreras

racism [ˈreɪsɪzəm] n racismo *m*

racist [ˈreɪsɪst] n & adj racista *mf*

rack [ræk] ■ n **1.** [for bottles] botellero *m* / [for plates] escurreplatos *m inv* / [for magazines] revistero *m* / [for goods in shop] expositor *m* / [for luggage] portaequipajes *m inv* ▸ TECH **~ and pinion** engranaje *m* de piñón y cremallera **2.** [for torture] potro *m* ▸ *Fig* **to be on the ~** estar contra las cuerdas **3.** [idioms] **to go to ~ and ruin** venirse abajo

■ vt [torment] torturar, atormentar ▸ **to be racked with pain** estar atormentado(a) por el dolor ▸ **to ~ one's brains** devanarse los sesos

racket[1] [ˈrækɪt] n [for tennis] raqueta *f*

racket[2] n **1.** *Fam* [noise] estruendo *m, ESP* jaleo *m* ▸ **to make a ~** armar alboroto *or ESP* jaleo **2.** [criminal activity] negocio *m* mafioso / [swindling] estafa *f*

racketeer [rækɪˈtɪə(r)] n [criminal] mafioso(a) *m,f* / [swindler] estafador(ora) *m,f*

racketeering [rækɪˈtɪərɪŋ] n negocios *mpl* mafiosos / [swindling] estafas *fpl*

racquet [ˈrækɪt] n [for tennis] raqueta *f*

racy [ˈreɪsɪ] adj [risqué] atrevido(a) / [lively] vívido(a)

RADA [ˈrɑːdə] n *BR* (abbr ***Royal Academy of Dramatic Art***) = *academia británica de arte dramático*

radar [ˈreɪdɑː(r)] n radar *m* ▸ **~ operator** operador(ora) *m,f* de radar ▸ **~ screen** pantalla *f* de radar

radial [ˈreɪdɪəl] ■ n [tyre] neumático *m or COL, MÉX* llanta *f or ARG* goma *f* (de cubierta) radial

■ adj radial

radiance ['reɪdɪəns] n [of light] resplandor *m* / [of person, smile] esplendor *m*

radiant ['reɪdɪənt] adj [light, person, smile] radiante, resplandeciente ▸ **to be ~ (with)** [person, smile] estar radiante (de)

radiantly ['reɪdjəntlɪ] adv [to shine, glow] radiantemente ▸ **~ beautiful** de una belleza radiante

radiate ['reɪdɪeɪt] ■ vt [heat, light] irradiar / *Fig* [happiness, enthusiasm] irradiar / [health] rebosar
■ vi irradiar (**from** de *or* desde)

radiation [reɪdɪ'eɪʃən] n radiación *f*

radiator ['reɪdɪeɪtə(r)] n [heater] radiador *m*

radical ['rædɪkəl] n & adj radical *mf*

radicalism ['rædɪkəlɪzəm] n radicalismo *m*

radii ['reɪdɪaɪ] pl of ***radius***

radio ['reɪdɪəʊ] ■ n (pl **radios**) radio *f* ▸ **~ cassette (recorder** *or* **player)** radiocasete *m* ▸ **~ station** emisora *f* de radio ▸ **~ wave** onda *f* de radio
■ vt [information] transmitir por radio / [person] comunicar por radio con
■ vi **to ~ for help** pedir ayuda por radio

radioactive [reɪdɪəʊ'æktɪv] adj radiactivo(a) ▸ **~ waste** residuos *mpl* radiactivos

radioactivity [reɪdɪəʊæk'tɪvɪtɪ] n radiactividad *f*

radio-controlled [reɪdɪəʊkən'trəʊld] adj teledirigido(a)

radiograph ['reɪdɪəʊgrɑːf] n radiografía *f*

radiographer [reɪdɪ'ɒgrəfə(r)] n técnico(a) *m,f* especialista en rayos X

radiography [reɪdɪ'ɒgrəfɪ] n radiografía *f*

radiologist [reɪdɪ'ɒlədʒɪst] n radiólogo(a) *m,f*

radiology [reɪdɪ'ɒlədʒɪ] n radiología *f*

radiotherapy [reɪdɪəʊ'θerəpɪ] n radioterapia *f*

radish ['rædɪʃ] n rábano *m*

radium ['reɪdɪəm] n CHEM radio *m*

radius ['reɪdɪəs] (pl **radii** ['reɪdɪaɪ]) n radio *m* ▸ **within a ~ of** en un radio de

radon ['reɪdɒn] n CHEM radón *m*

RAF [ɑːreɪ'ef] n (abbr ***Royal Air Force***) RAF *f*, fuerzas *fpl* aéreas británicas

raffia ['ræfɪə] n rafia *f*

raffish ['ræfɪʃ] adj pícaro(a)

raffle ['ræfəl] ■ n rifa *f* ▸ **~ ticket** boleto *m* de rifa
■ vt rifar

raft [rɑːft] n balsa *f*

rafter ['rɑːftə(r)] n viga *f* (de tejado) / CONSTR cabrio *m*

rafting ['rɑːftɪŋ] n rafting *m* ▸ **to go ~** hacer rafting

rag[1] [ræg] n **1.** [piece of cloth] trapo *m* ▸ **rags** [clothes] harapos *mpl* ▸ **to go from rags to riches** salir de la miseria y pasar a la riqueza ▸ **~ doll** muñeca *f* de trapo ▸ *Fam* **the ~ trade** la industria de la moda **2.** *Fam Pej* [newspaper] periodicucho *m*

rag[2] *BR Old-fashioned* ■ n [prank] broma *f* ▸ UNIV **~ week** = *semana en que los estudiantes colectan dinero para obras de caridad*
■ vt (pt & pp **ragged**) [tease] pitorrearse de

ragamuffin ['rægəmʌfɪn] n golfillo(a) *m,f*, pilluelo(a) *m,f*

rag-and-bone man [rægən'bəʊnmæn] n *BR* trapero(a) *m,f*

ragbag ['rægbæg] n batiburrillo *m*

rage [reɪdʒ] ■ n **1.** [fury] cólera *f*, ira *f* ▸ **to be in a ~** estar hecho(a) una furia **2.** *Fam* [fashion] **to be all the ~** [music, style] hacer furor
■ vi **1. to ~ about sth** despotricar contra algo ▸ **to ~ against** *or* **at sb/sth** encolerizarse con alguien/algo **2.** [sea] embravecerse, encresparse / [epidemic, war] recrudecerse

ragged ['rægɪd] adj [clothes] raído(a) / [edge] irregular / [person] andrajoso(a) ▸ *Fam* **she had run herself ~** se había quedado molida

raging ['reɪdʒɪŋ] adj **1.** [person] furioso(a) ▸ **to be in a ~ temper** estar hecho(a) una furia **2.** [sea] embravecido(a), encrespado(a) / [fire] pavoroso(a) / [fever, thirst, headache] atroz

ragwort ['rægwɜːt] n hierba *f* cana

raid [reɪd] ■ n [on bank] atraco *m* / [by army] incursión *f* / [by police] redada *f*
■ vt [of robbers] atracar, asaltar / [of army] hacer una incursión en / [of police] hacer una redada en ▸ *Fig* **to ~ the fridge** saquear la nevera *or RP* la heladera *or MÉX* el refrigerador

raider ['reɪdə(r)] n [criminal] atracador(ora) *m,f*

rail[1] [reɪl] n **1.** [of stairway, balcony] baranda *f*, *ESP* barandilla *f* **2.** [train system] ferrocarril *m*, tren *m* / [track] riel *m*, carril *m* ▸ **by ~** en tren ▸ *BR Fig* **to go off the rails** [person, economy] desencaminarse, perder el norte ▸ **~ network** red *f* ferroviaria ▸ **~ strike** huelga *f* ferroviaria *or* de trenes

rail[2] vi **to ~ at** *or* **against sth** protestar airadamente contra algo

railcar ['reɪlkɑː(r)] n *US* vagón *m*

railcard ['reɪlkɑːd] n *BR* **family/young person's ~** = *tarjeta familiar/juvenil para obtener billetes de tren con descuento*

railings ['reɪlɪŋz] npl verja *f*

railroad ['reɪlrəʊd] ■ n *US* ➤ ***railway***
■ vt *Fam* **to ~ sb into doing sth** avasallar a alguien para que haga algo ▸ **to ~ a bill through Parliament** utilizar el rodillo parlamentario para que se apruebe un proyecto de ley

railway ['reɪlweɪ], *US* ***railroad*** ['reɪlrəʊd] n [system] (red *f* de) ferrocarril *m* / [track] vía *f* férrea ▸ *US* **~ car** vagón *m* (de tren) ▸ *BR* **~ carriage** vagón *m* (de tren) ▸ **~ crossing** paso *m* a nivel ▸ **~ line** [track] vía *f* (férrea) / [route] línea *f* de tren ▸ **~ network** red *f* ferroviaria ▸ **~ station** estación *f* de trenes *or* de ferrocarril ▸ **~ system** red *f* ferroviaria ▸ **~ track** vía *f* (férrea) ▸ **~ worker** ferroviario(a) *m,f*

railwayman ['reɪlweɪmən] n *BR* ferroviario *m*

rain [reɪn] ■ n lluvia *f* ▸ **in the ~** bajo la lluvia ▸ **it looks like ~** parece que va a llover ▸ **the rains** las lluvias ▸ **come ~ or shine** [whatever the weather] llueva o truene / [whatever the circumstances] sea como sea, pase lo que pase ▸ ~ **cloud** nube *f* de lluvia, nubarrón *m* ▸ ~ **dance** danza *f* de la lluvia

■ vt **to ~ blows/gifts on sb** hacer llover los golpes/los regalos sobre alguien

■ vi llover ▸ **it's raining** está lloviendo ▸ *Fam* **it's raining cats and dogs** está lloviendo a cántaros *or* a mares ▸ *Prov BR* **it never rains but it pours,** *US* **when it rains, it pours** las desgracias nunca vienen solas

rainbow ['reɪnbəʊ] n arco *m* iris ▸ ~ **coalition** = *coalición de partidos minoritarios* ▸ ~ **trout** trucha *f* arco iris

raincoat ['reɪnkəʊt] n impermeable *m*

raindrop ['reɪndrɒp] n gota *f* de lluvia

rainfall ['reɪnfɔːl] n pluviosidad *f*

rainforest ['reɪnfɒrɪst] n selva *f* tropical

rainproof ['reɪnpruːf] adj impermeable

rainstorm ['reɪnstɔːm] n aguacero *m*

rainwater ['reɪnwɔːtə(r)] n agua *f* de lluvia

rainy ['reɪnɪ] adj lluvioso(a) ▸ *Fig* **to save sth for a ~ day** guardar algo para cuando haga falta ▸ **the ~ season** la estación de las lluvias

raise [reɪz] ■ n *US* [pay increase] aumento *m* (de sueldo)

■ vt **1.** [lift] levantar ▸ **to ~ one's voice** alzar *or* levantar la voz ▸ **to ~ one's glass to one's lips** llevarse el vaso a los labios ▸ *also Fig* **to ~ one's hat to sb** quitarse *or AM* sacarse el sombrero ante alguien ▸ *Fig* **the audience raised the roof** [in theatre] el teatro (literalmente) se vino abajo **2.** [price, standard] aumentar, elevar ▸ *Fig* **to ~ the stakes** forzar la situación **3.** [problem, subject] plantear **4.** [smile, laugh] provocar / [fears, doubts] levantar, sembrar ▸ **I don't want to ~ your hopes** no quisiera darte falsas esperanzas ▸ **to ~ the alarm** dar la voz de alarma ▸ **to ~ hell** *or* **Cain** poner el grito en el cielo **5.** [money] reunir, recaudar **6.** [children, cattle] criar / [crops] cultivar **7.** [blockade, embargo] levantar **8.** [statue] erigir

raised [reɪzd] adj **1.** [elevated] [ground, platform] elevado(a) **2.** [embossed] con relieve

raisin ['reɪzən] n (uva *f*) pasa *f*

rake [reɪk] ■ n **1.** [garden tool] rastrillo *m* ▸ **to be as thin as a ~** estar en los huesos **2.** [dissolute man] crápula *m,* calavera *m*

■ vt [leaves, soil] rastrillar ▸ **to ~ one's memory** escarbar en la memoria

◆ ***rake about, rake around*** vi [search] rebuscar

◆ ***rake in*** vt sep *Fam* [money] amasar ▸ **she's raking it in!** ¡se está forrando!, *MÉX* ¡se está llenando de lana!

◆ ***rake off*** vt sep *Fam* [money] llevarse

◆ ***rake over*** vt sep [subject, the past] remover

rakish ['reɪkɪʃ] adj [dissolute] licencioso(a), disoluto(a) / [charm, smile] desenvuelto(a) ▸ **to wear one's hat at a ~ angle** llevar el sombrero ladeado con un aire de desenfado

rally ['rælɪ] ■ n **1.** [protest gathering] concentración *f* (de protesta) **2.** [in tennis] intercambio *m* de golpes, peloteo *m* **3.** [car race] rally *m* ▸ ~ **driver** piloto *m* de rallys

■ vt [troops] reagrupar / [support] reunir, recabar ▸ **to ~ sb's spirits** elevar el ánimo a alguien ▸ **rallying cry** consigna *f,* grito *m* de guerra

■ vi [recover] recuperarse ▸ **to ~ to sb's defence** salir en defensa de alguien

◆ ***rally round*** ■ vt insep agruparse en torno a

■ vi agruparse

RAM [ræm] n COMPTR (abbr ***random access memory***) (memoria *f*) RAM *f,* memoria *f* de acceso aleatorio

ram [ræm] ■ n **1.** [animal] carnero *m* **2.** [implement] **(battering) ~** ariete *m*

■ vt (pt & pp **rammed**) **1.** [crash into] embestir / [of ship] abordar **2.** [force into place] embutir, apretar ▸ *Fam* **she's always ramming her views down my throat** siempre está tratando de inculcarme a la fuerza sus ideas

Ramadan [ræmə'dæn] n REL ramadán *m*

ramble ['ræmbəl] ■ n [walk] excursión *f,* caminata *f*

■ vi **1.** [walk] caminar, marchar **2.** [digress] divagar

◆ ***ramble on*** vi divagar constantemente ▸ **to ~ on about sth** divagar sobre algo

rambler ['ræmblə(r)] n [walker] excursionista *mf,* senderista *mf*

rambling ['ræmblɪŋ] ■ n **1.** [walking] **to go ~** ir de excursión, hacer senderismo **2. ramblings** [words] divagaciones *fpl,* digresiones *fpl*

■ adj **1.** [letter, speech] inconexo(a) **2.** [house] laberíntico(a) ▸ ~ **rose** rosal *m* trepador

ramification [ræmɪfɪ'keɪʃən] n ramificación *f*

ramp [ræmp] n rampa *f* / [to plane] escalerilla *f* / *BR* [on road] resalto *m,* bache *m (de moderación de velocidad)*

rampage ■ n ['ræmpeɪdʒ] **to go on the ~** ir arrasando con todo

■ vi [ræm'peɪdʒ] **to ~ about** ir en desbandada

rampant ['ræmpənt] adj incontrolado(a)

rampart ['ræmpɑːt] n muralla *f*

ram-raiding ['ræm'reɪdɪŋ] n *BR* alunizaje *m,* = *robo en una tienda embistiendo contra el escaparate con un vehículo*

ramrod ['ræmrɒd] n [for rifle] baqueta *f* ▸ *Fig* ~ **straight** con la espalda recta

ramshackle ['ræmʃækəl] adj destartalado(a)

ran [ræn] pt *of* ***run***

ranch [rɑːntʃ] n rancho *m*

rancher ['rɑːntʃə(r)] n ranchero(a) *m,f*

rancid ['rænsɪd] adj rancio(a) ▸ **to go ~** ponerse rancio(a)

rancour ['ræŋkə(r)] n acritud *f,* resentimiento *m*

rand [rænd] n rand *m*

random ['rændəm] ■ n **at ~** al azar

■ adj [choice, sample] al azar ▸ COMPTR ~ **access memory** memoria *f* de acceso aleatorio ▸ ~ **sampling** muestreo *m* aleatorio, pruebas *fpl* aleatorias

randy ['rændɪ] adj *BR Fam* caliente, *ESP, MÉX* cachondo(a)

rang [ræŋ] pt *of* ***ring***[2]

range [reɪndʒ] ■ n **1.** [of weapon, telescope, hearing] alcance *m* / [of ship, plane] autonomía *f* ▸ **out of ~** fuera del alcance ▸ **within ~** al alcance **2.** [of prices, colours, products] gama *f* / [of instrument, voice] registro *m* / [of knowledge] amplitud *f* / [of research] ámbito *m* **3.** [of hills, mountains] cordillera *f* **4.** [practice area] **(shooting) ~** campo *m* de tiro **5.** [cooker] fogón *m,* cocina *f or COL, MÉX, VEN* estufa *f* de carbón

■ vt **1.** [arrange in row] [troops, books] alinear ▸ **to ~ oneself with/against sb** alinearse con/en contra de alguien **2.** [travel] recorrer

■ vi **1.** [extend] **ages ranging from ten to ninety** edades comprendidas entre los diez y los noventa años ▸ **during the summer temperatures ~ from 21 to 30 degrees** durante el verano las temperaturas oscilan entre los 21 y los 30 grados **2. to ~ over** [include] abarcar, comprender

rangefinder ['reɪndʒfaɪndə(r)] n telémetro *m*

ranger ['reɪndʒə(r)] n [in forest] guardabosques *mf inv* / *US* MIL comando *m*

Rangoon [ræn'gu:n] n Rangún

rangy ['reɪndʒɪ] adj [limb] largo(a) / [person] patilargo(a)

rank[1] [ræŋk] ■ n **1.** [status] rango *m* ▸ *Fig* **she pulled ~ on him** le recordó quién mandaba (allí) **2.** [row] fila *f* ▸ MIL **the ranks** la tropa ▸ *Fig* **to rise from the ranks** ascender de soldado a oficial ▸ *Fig* **the ranks of the unemployed** las filas del paro ▸ *Fig* **to break ranks (with)** desmarcarse (de) ▸ *Fig* **to close ranks** cerrar filas ▸ *BR* **(taxi) ~** parada *f* de taxis

■ vt clasificar (**among** entre *or* dentro de) ▸ **to ~ sth/sb as** catalogar algo/a alguien como

■ vi figurar (**among** entre *or* dentro de) ▸ **that ranks as one of the best films I've seen** es una de las mejores películas que he visto ▸ **to ~ above/below sb** tener un rango superior/inferior al de alguien ▸ **this ranks as a major disaster** esto constituye un desastre de primer orden

rank[2] adj **1.** [foul-smelling] pestilente **2.** [absolute] total ▸ **she's a ~ outsider** no es más que una comparsa, no tiene muchas posibilidades

rank-and-file [ræŋkən'faɪl] n **the ~** [in army] la tropa / [of political party] las bases

ranking ['ræŋkɪŋ] n [classification] clasificación *f*

rankle ['ræŋkəl] vi **to ~ with sb** dolerle *or* escocerle a alguien

ransack ['rænsæk] vt [house, desk] revolver, poner patas arriba / [shop, town] saquear

ransom ['rænsəm] ■ n rescate *m* ▸ **to hold sb to ~** pedir un rescate por alguien ▸ *Fig* **to be held to ~ by sb** estar a merced de alguien

■ vt rescatar, pagar el rescate de

rant [rænt] vi *Fam* despotricar (**about/at** acerca de/contra) ▸ **to ~ and rave (about sth/at sb)** poner el grito en el cielo (por algo/ante alguien)

rap [ræp] n ■ **1.** [sharp blow] golpe *m* ▸ *Fig* **to give sb a ~ over the knuckles** echar un *ESP* rapapolvo *or MÉX* un buen regaño *or RP* un buen reto a alguien ▸ *Fam* **to take the ~ for sth** [blame, punishment] pagar el pato por algo **2.** [music] rap *m*

■ vt (pt & pp **rapped**) [strike] dar un golpe a ▸ *Fig* **to ~ sb's knuckles, to ~ sb over the knuckles** echar un *ESP* rapapolvo *or MÉX* un buen regaño *or RP* un buen reto a alguien

■ vi *US* [chat] charlar, *CAM, MÉX* platicar

rapacious [rə'peɪʃəs] adj rapaz

rapaciousness [rə'peɪʃəsnɪs], ***rapacity*** [rə'pæsɪtɪ] n [of person] rapacidad *f* / [of appetite] voracidad *f*

rape[1] [reɪp] ■ n [crime] violación *f* / *Fig* [of countryside, environment] destrucción *f*

■ vt violar

rape[2] n [crop] colza *f*

rapid ['ræpɪd] adj rápido(a) ▸ PHYSIOL **~ eye movement** movimientos *mpl* oculares rápidos ▸ **~ reaction force** fuerza *f* de intervención rápida

rapidity [rə'pɪdɪtɪ] n rapidez *f,* celeridad *f*

rapidly ['ræpɪdlɪ] adv rápidamente

rapids ['ræpɪdz] npl [in river] rápidos *mpl*

rapier ['reɪpɪə(r)] n estoque *m*

rapist ['reɪpɪst] n violador *m*

rapper ['ræpə(r)] n rapero(a) *m,f*

rapport [ræ'pɔ:(r)] n buena relación *f* ▸ **to have a good ~ (with sb)** entenderse *or* llevarse muy bien (con alguien)

rapt [ræpt] adj [attention, look] extasiado(a) ▸ **to be ~ in contemplation** estar absorto(a) en la contemplación

rapture ['ræptʃə(r)] n gozo *m* ▸ **to be in raptures** estar encantado(a) ▸ **to go into raptures over** estar embelesado(a) con

rapturous ['ræptʃərəs] adj [cries, applause] arrebatado(a) / [reception, welcome] clamoroso(a)

rapturously ['ræptʃərəslɪ] adv [to praise, applaud] con entusiasmo

rare [reə(r)] adj **1.** [uncommon] raro(a) ▸ **to have a ~ gift (for sth)** tener un don especial (para algo) **2.** [steak] muy poco hecho(a)

rarefied ['reərɪfaɪd] adj [air, gas] rarificado(a), enrarecido(a) / *Fig* [atmosphere, ideas] exclusivista, encopetado(a)

rarely ['reəlɪ] adv raras veces, raramente

raring ['reərɪŋ] adj **to be ~ to do sth** estar deseando hacer algo ▸ **to be ~ to go** estar deseando empezar

rarity ['reərɪtɪ] n rareza *f* ▸ **to be/become a ~** ser/convertirse en una rareza *or* un caso especial ▸ **~ value** rareza

rascal ['rɑ:skəl] n [child] pillo(a) *m,f* / *Old-fashioned or Hum* [scoundrel] bribón(ona) *m,f*

rash[1] [ræʃ] n **1.** [on skin] erupción *f,* sarpullido *m* **2.** [of complaints, letters] alud *f,* avalancha *f*

rash[2] adj [person] impulsivo(a) / [action, remark] imprudente

rasher ['ræʃə(r)] n *BR* **~ (of bacon)** loncha *f* de tocino *or ESP* beicon

rashly ['ræʃlɪ] adv impulsivamente, precipitadamente

rasp [rɑ:sp] ■ n **1.** [tool] lima *f* gruesa, escofina *f* **2.** [sound] chirrido *m*

■ vt [say hoarsely] bufar, carraspear

raspberry ['rɑ:zbərɪ] n [fruit] frambuesa *f* / [plant] frambueso *m* ▸ *Fam Fig* **to blow a ~ at sb** hacerle una pedorreta a alguien ▸ **~ jam** mermelada *f* de frambuesa

Rastafarian [ræstə'feərɪən], *Fam* ***Rasta*** ['ræstə] n & adj rastafari *mf*

rat [ræt] ■ n **1.** [animal] rata *f* ▸ **~ poison** matarratas *m inv*, raticida *m* ▸ **~ trap** ratonera *f*, trampa *f* para ratas **2.** *Fam* [scoundrel] miserable *mf*, canalla *mf* **3.** *US Fam* [informer] soplón(ona) *m,f*, *ESP* chivato(a) *m,f* **4.** [idioms] **I smell a ~** aquí hay gato encerrado ▸ **to get out of the ~ race** huir de la lucha frenética por escalar peldaños en la sociedad ▸ *US very Fam* **I don't give a rat's ass** me importa un huevo, *ESP* me la suda
■ vi (pt & pp **ratted**) *Fam* [inform] cantar ▸ **to ~ on sb** delatar a alguien

rat-arsed ['rætɑːst] adj *BR very Fam ESP, MÉX* pedo *inv*, *COL* caído(a), *RP* en pedo ▸ **to get ~** agarrarse un pedo

ratbag ['rætbæg] n *BR Fam* miserable *mf*, *ESP* borde *mf*

ratchet ['rætʃɪt] n trinquete *m* ▸ **~ (wheel)** rueda *f* de trinquete

rate [reɪt] ■ n **1.** [of inflation, crime, divorce, unemployment] índice *m*, tasa *f* / [of interest] tipo *m*, *AM* tasa *f* ▸ FIN **~ of return** tasa *f* de rentabilidad **2.** [speed] ritmo *m* ▸ **at this ~** a este paso ▸ **at any ~** [anyway] en cualquier caso / [at least] por lo menos **3.** [price, charge] tarifa *f* **4.** *BR* **(business) rates** [local tax] contribución *f* municipal *(para empresas)*
■ vt **1.** [classify] clasificar (**among** entre *or* dentro de) ▸ **to ~ sth/sb as** catalogar algo/a alguien como ▸ **to ~ sb/sth highly** tener una buena opinión de alguien/algo ▸ **I don't really ~ their chances** no les doy muchas posibilidades **2.** [deserve] merecer ▸ **to ~ a mention** ser digno(a) de mención
■ vi **to ~ as** figurar como

rateable value ['reɪtəbəl'væljuː] n *BR* ≃ valor *m* catastral

rather ['rɑːðə(r)] adv **1.** [preferably] **I'd ~ stay** preferiría quedarme ▸ **I'd ~ not go** preferiría no ir ▸ **~ you than me!** ¡no quisiera estar en tu lugar! **2.** [more exactly] más bien ▸ **he seemed tired or, ~, bored** parecía cansado o, más bien, aburrido **3.** [quite] bastante / [very] muy ▸ **I ~ liked it** me gustó mucho **4.** [instead of] **~ than him** en vez *or* lugar de él ▸ **~ than staying** en vez *or* lugar de quedarse

ratification ['rætɪfɪkeɪʃən] n ratificación *f*

ratify ['rætɪfaɪ] vt ratificar

rating ['reɪtɪŋ] n [classification] puesto *m*, clasificación *f* ▸ **the ratings** [for TV, radio] los índices de audiencia

ratio ['reɪʃɪəʊ] (pl **ratios**) n proporción *f*, razón *f* ▸ **in a ~ of four to one** en una proporción de cuatro a uno

ration ['ræʃən, *US* 'reɪʃən] ■ n ración *f* ▸ **rations** [supplies] (raciones *fpl* de) víveres *mpl* ▸ **~ book** cartilla *f* de racionamiento
■ vt racionar

rational ['ræʃənəl] adj [sensible] racional / [sane] lúcido(a)

rationalism ['ræʃənəlɪzəm] n racionalismo *m*

rationalist ['ræʃənəlɪst] n racionalista *mf*

rationalistic [ræʃənə'lɪstɪk] adj racionalista

rationality [ræʃə'nælɪtɪ] n racionalidad *f*

rationalization [ræʃənəlaɪ'zeɪʃən] n racionalización *f*

rationalize ['ræʃənəlaɪz] vt racionalizar

rationally ['ræʃənəlɪ] adv [sensibly] racionalmente / [sanely] lúcidamente

rationing [ræʃənɪŋ] n racionamiento *m*

rattle ['rætəl] ■ n **1.** [for baby] sonajero *m* **2.** [noise] [of train] traqueteo *m* / [of gunfire] tableteo *m* / [of chains] crujido *m* / [of glass, coins, keys] tintineo *m* / [of door, window] golpeteo *m*
■ vt **1.** [chains, keys] hacer entrechocar / [door, window] sacudir **2.** *Fam* [make nervous] **to be rattled by sth** perder la calma a causa de algo
■ vi [chains] crujir / [glass, keys, coins] tintinear / [door, window] golpetear

◆ ***rattle off*** vt sep *Fam* [say quickly] soltar de un tirón / [write quickly] garabatear

◆ ***rattle on*** vi *Fam* parlotear, *ESP* cascar

◆ ***rattle through*** vt insep *Fam* [work, book] despachar, terminar rápidamente

rattlesnake ['rætəlsneɪk] n serpiente *f* de cascabel

rattling ['rætlɪŋ] n [noise] [of train] traqueteo *m* / [of chains] crujido *m* / [of door, window] golpeteo *m*

ratty ['rætɪ] adj *BR Fam* [annoyed] mosqueado(a) / [irritable] susceptible, *ESP* picajoso(a)

raucous ['rɔːkəs] adj [voice, laughter, cry] estridente / [rowdy] ruidoso(a)

raucously ['rɔːkəslɪ] adv estridentemente

raunchy ['rɔːntʃɪ] adj *Fam* [lyrics, film, novel] picante, procaz / [dress] provocativo(a), sexy

ravage [rævɪdʒ] vt arrasar ▸ **the city had been ravaged by war** la ciudad había sido arrasada *or* asolada por la guerra ▸ **his face was ravaged by illness** la enfermedad había hecho estragos en su cara

◆ ***ravages*** npl estragos *mpl*

rave [reɪv] ■ n [party] macrofiesta *f* (tecno)
■ adj **~ notice** *or* **review** [for play] crítica *f* entusiasta
■ vi [deliriously] desvariar ▸ **to ~ about sb/sth** [enthusiastically] deshacerse en elogios sobre alguien/algo

raven ['reɪvən] ■ n [bird] cuervo *m*
■ adj [colour] azabache

ravenous ['rævənəs] adj [animal, person] hambriento(a) *m,f* ▸ **to be ~** tener un hambre canina

raver ['reɪvə(r)] n *BR Fam* [who goes to lots of parties] juerguista *mf* / [who goes to raves] *ESP* aficionado(a) *m,f* al bakalao, *AM* raver *mf*

rave-up ['reɪvʌp] n *BR Fam* juerga *f*, farra *f*, *AM* pachanga *f*

ravine [rə'viːn] n barranco *m*

raving ['reɪvɪŋ] adj **1.** [delirious] **to be ~ mad** estar como una cabra ▸ **a ~ lunatic** un loco de atar **2.** [success] clamoroso(a) / [beauty] arrebatador(ora)

ravish ['rævɪʃ] vt **1.** *Literary* [delight] deslumbrar, cautivar **2.** *Old-fashioned* [rape] forzar, violar

ravishing ['rævɪʃɪŋ] adj deslumbrante, cautivador(ora) ▸ **she's a ~ beauty** es de una belleza deslumbrante

ravishingly ['rævɪʃɪŋlɪ] adv **~ beautiful** de una belleza deslumbrante

raw [rɔː] adj **1.** [food, silk] crudo(a) / [sugar] sin refinar / [statistics] en bruto ▸ **to be ~** [meat, vegetables] estar crudo(a) ▸ **~ materials** materias *fpl* primas ▸ **~ recruit** recluta *m* novato **2.** [skin] agrietado(a) ▸ *Fig* **to get a ~ deal** ser tratado(a) injustamente ▸ *Fig* **to touch a ~ nerve** dar en lo más vivo **3.** [weather, wind] crudo(a)

ray [1] [reɪ] n [of light, sun] rayo *m* ▸ **a ~ of hope** un rayo de esperanza

ray [2] n [fish] raya *f*

rayon ['reɪɒn] n [fabric] rayón *m*

raze [reɪz] vt arrasar ▸ **to ~ sth to the ground** arrasar totalmente algo

razor ['reɪzə(r)] n navaja *f* de afeitar / [electric] maquinilla *f* de afeitar ▸ **~ blade** cuchilla *f* de afeitar

razor-sharp ['reɪzəʃɑːp] adj [knife] muy afilado(a) / *Fig* [intelligence] agudo(a) / [wit] afilado(a)

razor-shell ['reɪzəʃel] n navaja *f (molusco)*

razzmatazz ['ræzmətæz] n *Fam* oropel *m*, fastuosidad *f*

R & B ['ɑːrən'biː] n (abbr ***rhythm and blues***) rhythm and blues *m*

RC [ɑː'siː] n & adj (abbr ***Roman Catholic***) católico(a) *m,f* romano(a)

R & D [ɑːrən'diː] n COM (abbr ***research and development***) I+D, investigación *f* y desarrollo

Rd (abbr ***Road***) C/, calle *f*

RDA [ɑːdiː'eɪ] n (abbr ***recommended daily allowance***) cantidad *f* diaria recomendada

RE [ɑː'riː] n *BR* (abbr ***Religious Education***) (asignatura *f* de) religión *f*

re [1] [riː] prep con referencia a ▸ **re your letter...** con referencia a *or* en relación con su carta... ▸ **re: 1997 sales figures** REF: cifras de ventas de 1997

re [2] [reɪ] n MUS re *m*

reach [riːtʃ] ■ n **1.** [accessibility] alcance *m* ▸ **within ~** al alcance ▸ **out of ~** fuera del alcance **2. the upper reaches of a river** la cabecera *or* el curso alto de un río ▸ **the furthest reaches of the empire** los últimos confines del imperio

■ vt **1.** [manage to touch] alcanzar / [conclusion, decision, destination] llegar a / [agreement, stage, level] alcanzar, llegar a ▸ **the news didn't ~ him** no le llegó la noticia **2.** [contact] [by phone] contactar con *or AM* a ▸ **to ~ a wider audience** llegar a un público más amplio **3.** [stretch as far as] [one's shoulder, waist] llegar a

■ vi [forest, property] extenderse / [noise, voice] oírse ▸ **to ~ for sth** (tratar de) alcanzar algo ▸ *Fig* **to ~ for the sky** *or* **the stars** apuntar a lo más alto

◆ ***reach out*** vi **to ~ out for sth** extender el brazo para agarrar *or ESP* coger algo

reachable ['riːtʃəbəl] adj [place] accesible / [goal, objective] asequible, alcanzable

react [rɪ'ækt] vi reaccionar (**against/to** contra/ante)

reaction [rɪ'ækʃən] n reacción *f*

reactionary [rɪ'ækʃənərɪ] n & adj reaccionario(a) *m,f*

reactivate [rɪ'æktɪveɪt] vt reactivar

reactive [rɪ'æktɪv] adj reactivo(a)

reactor [rɪ'æktə(r)] n reactor *m*

read [riːd] ■ n **to have a ~ of sth** leer algo ▸ **this book's a good ~** este libro se lee muy bien *or* es muy entretenido

■ vt (pt & pp **read** [red]) **1.** [book, newspaper, letter] leer ▸ **to ~ Italian** leer en italiano ▸ **do you ~ me?** [on radio] ¿me recibes? ▸ *Fig* **to take sth as read** dar por hecho *or* por sentado algo **2.** [interpret] interpretar ▸ **to ~ sb's mind** adivinar los pensamientos a alguien ▸ **it can be read in two ways** tiene una doble lectura ▸ **to ~ the future** adivinar el futuro **3.** [say aloud] [letter, poem] leer (en voz alta) **4.** *BR* UNIV [study] estudiar **5.** [of dial, thermometer] marcar ▸ **the sign read "No Entry"** el letrero decía "prohibida la entrada"

■ vi **1.** [person] leer ▸ **to ~ aloud** leer en alto *or* en voz alta ▸ *Fig* **to ~ between the lines** leer entre líneas **2.** [text] **to ~ well/badly** estar bien/mal escrito(a)

◆ ***read out*** vt sep leer (en voz alta)

◆ ***read up on*** vt insep empaparse de, leer mucho sobre

readable ['riːdəbəl] adj [book] ameno(a) / [handwriting] legible

reader ['riːdə(r)] n **1.** [person] lector(ora) *m,f* **2.** [reading book] libro *m* de lectura

readily ['redɪlɪ] adv [willingly] de buena gana / [easily] fácilmente

reading ['riːdɪŋ] n **1.** [action, pastime] lectura *f* ▸ **~ age** nivel *m* de lectura ▸ **~ glasses** gafas *fpl* para leer ▸ **~ list** lista *f* de lecturas **2.** [measurement] **to take a ~ from the gas meter** leer el contador del gas **3.** [interpretation] interpretación *f*, lectura *f*

readjust [riːə'dʒʌst] ■ vt reajustar / [clothing, device, object] ajustar

■ vi adaptarse de nuevo

readjustment [riːə'dʒʌstmənt] n reajuste *m*

readme file ['riːdmiː'faɪl] n COMPTR (documento *m*) léeme *m*

readmit [riːəd'mɪt] vt readmitir (**to** en)

read-only ['riːd'əʊnlɪ] adj COMPTR **~ file** archivo *m* de sólo lectura ▸ **~ memory** memoria *f* de sólo lectura

readvertise [riː'ædvətaɪz] vt **to ~ a post** volver a anunciar una oferta de empleo

ready ['redɪ] ■ n **1. at the ~** a mano **2.** *BR Fam* **readies** [cash] dinero *m* contante y sonante

■ adj **1.** [prepared] listo(a), preparado(a) ▸ **to be ~ (to do sth)** estar listo(a) *or* preparado(a) (para hacer algo) ▸ **we were ~ to give up** estuvimos a punto de darnos por vencidos ▸ **to get (oneself) ~** [prepared] prepararse *or AM* alistarse / [smarten up] arreglarse ▸ **to get sth ~** preparar algo ▸ **~!, steady!, go!** preparados, listos, ¡ya! ▸ **~ cash** dinero *m* en efectivo **2.** [willing] dispuesto(a) ▸ **to be ~ to do sth** estar dispuesto(a) a hacer algo **3.** [quick] rápido(a) ▸ **to have a ~ wit** ser muy despierto(a)

■ vt [prepare] preparar ▸ **to ~ oneself for action** prepararse *or AM* alistarse para la acción

ready-made [redɪ'meɪd] adj [clothes] de confección, confeccionado(a) ▸ **~ food** platos *mpl* precocinados ▸ **a ~ phrase** una frase hecha

ready-to-wear ['redɪtə'weə(r)] adj de confección

reaffirm [riːə'fɜːm] vt reafirmar

reafforestation [riːəfɒrɪ'steɪʃən] n *BR* reforestación *f*, repoblación *f* forestal

real [rɪəl] ■ adj **1.** [danger, fear, effort] real / [authentic] [gold, leather] auténtico(a) ▸ **~ flowers** flores *fpl* naturales ▸ **the ~ reason** el verdadero motivo ▸ **a ~ friend** un amigo de verdad ▸ **~ ale** = *cerveza tostada de elaboración tradicional y con presión natural* **2.** [actual] real ▸ **the ~ world** el mundo real ▸ **what does that mean in ~ terms?** ¿qué significado tiene a efectos prácticos? ▸ COM **~ estate** bienes *mpl* inmuebles ▸ *US* **~ estate agent** agente *mf* inmobiliario(a) ▸ *US* **~ estate developer** *ESP* promotor(ora) *m,f* inmobiliario, *AM* constructor(ora) *m,f* ▸ *US* **~ property** bienes *mpl* inmuebles **3.** [for emphasis] **a ~ idiot** un tonto de remate ▸ **a ~ disaster** un perfecto desastre

■ adv *US Fam* [very] muy ▸ **it's ~ good** es superbueno(a)

realism ['rɪəlɪzəm] n realismo *m*

realist ['rɪəlɪst] n realista *mf*

realistic [rɪə'lɪstɪk] adj realista

reality [rɪ'ælɪtɪ] n realidad *f* ▸ **in ~** en realidad ▸ **~ TV** la televisión de los reality-shows

realization [rɪəlaɪ'zeɪʃən] n **this ~ frightened her** al darse cuenta se asustó ▸ **the ~ of what he meant was slow in coming** tardó *or AM* demoró en darse cuenta de lo que quería decir

realize ['rɪəlaɪz] vt **1.** [become aware of] darse cuenta de ▸ **I ~ he's busy, but...** ya sé que está ocupado, pero... **2.** [ambition, dream] realizar ▸ **our fears were realized** nuestros temores se vieron confirmados

real-life ['rɪəllaɪf] adj de la vida real ▸ **his ~ wife** su mujer en la vida real

really ['rɪəlɪ] adv [truly] de verdad / [very] realmente, verdaderamente ▸ **is it ~ true?** ¿es eso verdad *or* cierto? ▸ **~?** ¿de verdad?, ¿en serio? ▸ **this is ~ not all that bad** esto no está pero que nada mal

realm [relm] n **1.** [kingdom] reino *m* **2.** [field] ámbito *m*, dominio *m* ▸ **within/beyond the realms of possibility** dentro de/fuera de lo posible

realtor ['rɪəltə(r)] n *US* agente *mf* inmobiliario(a)

realty ['rɪəltɪ] n *US* bienes *mpl* inmuebles

ream [riːm] n [of paper] resma *f* ▸ *Fig* **reams of** toneladas *fpl* de

reanimate [riː'ænɪmeɪt] vt reanimar

reap [riːp] vt recolectar, cosechar ▸ **to ~ the benefits (of)** cosechar los beneficios (de)

reaper ['riːpə(r)] n [machine] cosechadora *f*

reappear [riːə'pɪə(r)] vi reaparecer

reappearance [riːə'pɪərəns] n reaparición *f*

reapply [riːə'plaɪ] vi [for job] volver a presentar solicitud *or* presentarse

reappoint [riːə'pɔɪnt] vt volver a nombrar

reappraise [riːə'preɪz] vt reconsiderar

rear [1] [rɪə(r)] n **1.** [back part] parte *f* trasera / [of military column] retaguardia *f* ▸ **at the ~ of** [inside] al fondo de / [behind] detrás de ▸ **in the ~** detrás, en la parte de atrás ▸ **to bring up the ~** [in race] ser el farolillo rojo ▸ **~ admiral** contralmirante *m* ▸ **~ entrance** puerta *f* trasera ▸ **~ legs** [of animal] patas *fpl* traseras ▸ **~ lights** [of car] luces *fpl* traseras ▸ **~ window** [of car] luneta *f*, ventana *f* trasera **2.** *Fam* [buttocks] trasero *m*

rear [2] vt **1.** [child, livestock] criar **2.** [one's head] levantar ▸ **fascism has reared its ugly head** el fascismo ha levantado su repugnante cabeza

◆ ***rear up*** vi [horse] encabritarse

rearguard ['rɪəgɑːd] n MIL retaguardia *f* ▸ *Fig* **to fight a ~ action** emprender un último intento a la desesperada

rearm [riː'ɑːm] ■ vt rearmar

■ vi rearmarse

rearmament [riː'ɑːməmənt] n rearme *m*

rearrange [riːə'reɪndʒ] vt [books, furniture] reordenar / [appointment] cambiar

rear-view mirror ['rɪəvjuː'mɪrə(r)] n (espejo *m*) retrovisor *m*

rear-wheel drive ['rɪəwiːl'draɪv] n tracción *f* trasera

reason ['riːzən] ■ n **1.** [cause, motive] razón *f*, motivo *m* (**for** de) ▸ **for reasons of health** por razones de salud ▸ **for one ~ or another** por un motivo u otro ▸ **for no particular ~** sin *or* por ningún motivo en especial ▸ **that's no ~ for giving up!** ¡eso no es motivo para darse por vencido! ▸ **I don't know the ~ why** no sé por qué ▸ *Ironic* **for reasons best known to himself** por razones que a mí se me escapan ▸ **give me one good ~ why I should!** ¿y por qué razón debería hacerlo? **2.** [sanity, common sense] razón *f* ▸ **to listen to** *or* **see ~** atender a razones, *AM* atender razones ▸ **it stands to ~** es lógico *or* evidente ▸ **within ~** dentro de lo razonable

■ vt **to ~ that...** argumentar que...

■ vi razonar (**about** sobre) ▸ **to ~ with sb** razonar con alguien

reasonable ['riːzənəbəl] adj [fair, sensible, moderate] razonable / [acceptable] aceptable, razonable ▸ **the weather/meal was ~** el tiempo/la comida fue aceptable ▸ **be ~!** ¡sé razonable!

reasonably ['riːzənəblɪ] adv **1.** [behave, act] razonablemente **2.** [quite] bastante, razonablemente

reasoning ['riːzənɪŋ] n [thinking] razonamiento *m*

reassemble [riːə'sembəl] ■ vt [people] reagrupar / [machine] volver a montar

■ vi [people] reagruparse

reassert ['riːə'sɜːt] vt [authority] reafirmar, volver a imponer ▸ **her distrust of men reasserted itself** se reafirmó su desconfianza de los hombres

reassess [riːə'ses] vt **1.** [policy, situation] replantearse **2.** FIN [tax] revisar / [property] volver a tasar

reassign [riːə'saɪn] vt [employee] destinar (**to** a) / [work, project] reasignar (**to** a)

reassurance [riːə'ʃʊərəns] n [comfort] consuelo *m* / [guarantee] garantía *f*

reassure [riːə'ʃʊə(r)] vt confortar, tranquilizar ▸ **to feel reassured** sentirse más tranquilo(a) ▸ **he reassured them that he would be there** les aseguró que estaría allí

reassuring [riːə'ʃʊərɪŋ] adj tranquilizador(ora), confortante

reassuringly [riːəˈʃʊərɪŋlɪ] adv de modo tranquilizador ◗ **a ~ solid keyboard** un teclado bien sólido

reawaken [riːəˈweɪkən] ■ vt volver a despertar
■ vi [person] volver a despertarse

reawakening [riːəˈweɪkənɪŋ] n [of interest, curiosity] renacimiento *m* ◗ **the ~ of national pride** el rebrote del orgullo nacionalista

rebate [ˈriːbeɪt] n FIN [refund] devolución *f,* reembolso *m* / [discount] bonificación *f*

rebel ■ n [ˈrebəl] rebelde *mf* ◗ **~ leader** cabecilla *mf* rebelde *or* de la rebelión
■ vi [rɪˈbel] (pt & pp **rebelled**) rebelarse (**against** contra)

rebellion [rɪˈbeljən] n rebelión *f*

rebellious [rɪˈbeljəs] adj rebelde

rebirth [riːˈbɜːθ] n [renewal] resurgimiento *m*

reboot [riːˈbuːt] vt & vi COMPTR reinicializar

reborn [riːˈbɔːn] adj **to be ~** renacer

rebound ■ n [ˈriːbaʊnd] [of ball] rebote *m* ◗ *Fig* **she married him on the ~** se casó con él después de una decepción amorosa
■ vi [rɪˈbaʊnd] [ball] rebotar ◗ *Fig* **to ~ on sb** [joke, lie] volverse en contra de alguien

rebuff [rɪˈbʌf] ■ n [slight] desaire *m,* desplante *m* / [rejection] rechazo *m* ◗ **to meet with a ~** [person, suggestion] ser rechazado(a)
■ vt [slight] desairar / [reject] rechazar

rebuild [riːˈbɪld] (pt & pp **rebuilt** [riːˈbɪlt]) vt & vi reconstruir

rebuke [rɪˈbjuːk] ■ n reprensión *f,* reprimenda *f*
■ vt reprender

rebut [rɪˈbʌt] (pt & pp **rebutted**) vt refutar

rebuttal [rɪˈbʌtəl] n refutación *f*

recalcitrant [rɪˈkælsɪtrənt] adj recalcitrante

recall ■ n [ˈriːkɔːl] [memory] memoria *f* ◗ **lost beyond ~** perdido(a) irremisiblemente
■ vt [rɪˈkɔːl] **1.** [remember] recordar ◗ **to ~ doing sth** recordar haber hecho algo **2.** [defective goods] retirar del mercado / [library book] reclamar ◗ *BR* POL **to ~ Parliament** convocar un pleno extraordinario del Parlamento (fuera del período de sesiones)

recant [rɪˈkænt] ■ vt [opinion] retractarse de
■ vi [change opinion] retractarse / REL abjurar

recap [ˈriːkæp] ■ n [summary] recapitulación *f*
■ vi (pt & pp **recapped**) recapitular

recapitulate [riːkəˈpɪtjʊleɪt] vt & vi recapitular

recapture [riːˈkæptʃə(r)] ■ n [of criminal] nueva captura *f,* segunda detención *f* / [of town, territory] reconquista *f* ◗ **he escaped ~ for nearly a year** no lo volvieron a capturar hasta pasado casi un año
■ vt **1.** [criminal] volver a detener / [town, territory] reconquistar **2.** [memory, atmosphere] recuperar / [one's youth] revivir

recede [rɪˈsiːd] vi [tide, coastline] retroceder ◗ **to have a receding chin** tener la barbilla hundida ◗ **to have a receding hairline** tener entradas

receipt [rɪˈsiːt] n **1.** [act of receiving] recibo *m* ◗ **to be in ~ of sth** haber recibido algo **2.** [proof of payment] recibo *m* ◗ **receipts** [at box office] recaudación *f*

receive [rɪˈsiːv] vt recibir ◗ **to ~ stolen goods** comerciar con *or* receptar bienes robados ◗ **it was well/badly received** [film, proposal] fue bien/mal acogido(a) ◗ **to ~ sb into the Church** recibir a alguien en el seno de la Iglesia

received [rɪˈsiːvd] adj [idea, opinion] común, aceptado(a) ◗ **~ pronunciation** pronunciación *f* estándar *(del inglés)*

receiver [rɪˈsiːvə(r)] n **1.** [of stolen goods] perista *mf* / LAW receptador(ora) *m,f* **2.** [of telephone] auricular *m,* *RP, VEN* tubo *m* ◗ **to pick up the ~** descolgar el teléfono ◗ **to replace the ~** colgar el teléfono **3.** [of radio set] receptor *m* **4.** FIN **to call in the receivers** declararse en quiebra, poner la empresa en manos de la administración judicial

receivership [rɪˈsiːvəʃɪp] n FIN **to go into ~** declararse en quiebra

receiving [rɪˈsiːvɪŋ] ■ n [of stolen goods] receptación *f*
■ adj *Fam* **to be on the ~ end (of sth)** ser la víctima (de algo)

recent [ˈriːsənt] adj reciente ◗ **in ~ months** en los últimos meses ◗ **in ~ times** recientemente ◗ **her most ~ novel** su última *or* su más reciente novela

recently [ˈriːsəntlɪ] adv recientemente, hace poco ◗ **as ~ as yesterday** ayer sin ir más lejos ◗ **until quite ~** hasta hace muy poco

receptacle [rɪˈseptəkəl] n receptáculo *m*

reception [rɪˈsepʃən] n **1.** [of guests, new members] recibimiento *m* / [of announcement, new film] recibimiento *m,* acogida *f* ◗ **to get a warm ~** ser acogido(a) calurosamente ◗ *BR* **~ centre** centro *m* de acogida **2.** [party] recepción *f* ◗ **(wedding) ~** banquete *m* de boda *or ANDES* matrimonio *or RP* casamiento **3.** [in hotel] **~ (desk)** recepción *f* **4.** [of radio, TV programme] recepción *f*

receptionist [rɪˈsepʃənɪst] n recepcionista *mf*

receptive [rɪˈseptɪv] adj receptivo(a)

recess [ˈriːses] n **1.** [of Parliament] período *m* vacacional / [in trial] descanso *m* **2.** [in wall] hueco *m* / [of mind, past] recoveco *m* **3.** *US* SCH [between classes] recreo *m*

recession [rɪˈseʃən] n ECON recesión *f*

recharge [riːˈtʃɑːdʒ] vt [battery] recargar ◗ *Fig* **to ~ one's batteries** recargar las baterías

rechargeable [riːˈtʃɑːdʒəbəl] adj recargable

recidivism [rɪˈsɪdɪvɪzəm] n LAW reincidencia *f*

recipe [ˈresɪpɪ] n *also Fig* receta *f* ◗ **a ~ for disaster/success** la receta para el desastre/el éxito ◗ **~ book** recetario *m* (de cocina)

recipient [rɪˈsɪpɪənt] n [of gift, letter] destinatario(a) *m,f* / [of cheque, award, honour] receptor(ora) *m,f*

reciprocal [rɪˈsɪprəkəl] adj recíproco(a)

reciprocate [rɪˈsɪprəkeɪt] ■ vt corresponder a
■ vi corresponder

reciprocity [resɪˈprɒsɪtɪ] n *Formal* reciprocidad *f*

recital [rɪˈsaɪtəl] n [of poetry, music] recital *m* / [of facts] perorata *f*

recitation [resɪ'teɪʃən] n [of poem] recitación *f*

recite [rɪ'saɪt] ■ vt [poem] recitar / [complaints, details] enumerar
■ vi recitar

reckless ['reklɪs] adj [decision, behaviour] imprudente / [driving] temerario(a) ▸ **~ driver** conductor(ora) *m,f* temerario(a)

recklessly ['reklɪslɪ] adv [to decide, behave] imprudentemente / [to drive] de modo temerario

reckon ['rekən] ■ vt **1.** [consider] considerar ▸ **he is reckoned to be...** está considerado como... **2.** [calculate] calcular **3.** *Fam* [think] **to ~ (that)** creer que
■ vi calcular

◆ ***reckon on*** vt insep contar con ▸ **you should ~ on there being about thirty people there** debes contar con que habrá por lo menos treinta personas

◆ ***reckon up*** vt sep [figures, cost] calcular ▸ **to ~ up a bill** calcular el importe de una factura

◆ ***reckon with*** vt insep contar con ▸ **she's someone to be reckoned with** es una mujer de armas tomar

reckoning ['rekənɪŋ] n **by my ~** según mis cálculos ▸ **day of ~** hora *f* de la verdad

reclaim [rɪ'kleɪm] vt [lost property, expenses] reclamar / [waste materials] recuperar ▸ **to ~ land from the sea** ganar terreno al mar

reclamation [reklə'meɪʃən] n [of waste materials] recuperación *f* ▸ **land ~ project** proyecto *m* para ganar terreno al mar

reclassify [riː'klæsɪfaɪ] vt reclasificar

recline [rɪ'klaɪn] vi reclinarse

reclining [rɪ'klaɪnɪŋ] adj **in a ~ position** reclinado(a) ▸ **~ seat** asiento *m* reclinable

recluse [rɪ'kluːs] n solitario(a) *m,f*

recognition [rekəg'nɪʃən] n reconocimiento *m* ▸ **to have changed beyond** *or* **out of all ~** estar irreconocible ▸ **in ~ of** en reconocimiento a

recognizable [rekəg'naɪzəbəl] adj reconocible

recognizably [rekəg'naɪzəblɪ] adv claramente

recognize ['rekəgnaɪz] vt reconocer

recognized ['rekəgnaɪzd] adj [government] legítimo(a) / [method] reconocido(a) / [qualification] homologado(a) ▸ **to be a ~ authority (on sth)** ser una autoridad reconocida (en algo)

recoil ■ n ['riːkɔɪl] [of gun] retroceso *m*
■ vi [rɪ'kɔɪl] [gun, person] retroceder

recollect [rekə'lekt] vt recordar

recollection [rekə'lekʃən] n recuerdo *m* ▸ **to the best of my ~** en lo que alcanzo a recordar

recommend [rekə'mend] vt **1.** [praise] recomendar ▸ **to ~ sth to sb** recomendar algo a alguien ▸ **the proposal has a lot to ~ it** la propuesta presenta muchas ventajas **2.** [advise] recomendar, aconsejar ▸ **to ~ sb to do sth** recomendar a alguien hacer algo ▸ COM **recommended retail price** precio *m* recomendado de venta al público

recommendable [rekə'mendəbəl] adj recomendable

recommendation [rekəmen'deɪʃən] n recomendación *f* ▸ **on my/her ~** recomendado(a) por mí/por ella

recompense ['rekəmpens] ■ n recompensa *f* ▸ **in ~ for** como recompensa por
■ vt recompensar (**for** por)

reconcilable [rekən'saɪləbəl] adj [people] reconciliable / [opinions, accounts] conciliable

reconcile ['rekənsaɪl] vt **1.** [people] reconciliar ▸ **to be reconciled with sb** reconciliarse con alguien ▸ **to be reconciled to sth** estar resignado(a) a algo **2.** [facts, differences, opinions] conciliar

reconciliation [rekənsɪlɪ'eɪʃən] n **1.** [of people] reconciliación *f* **2.** [of differences, opinions] conciliación *f*

reconditioned [riːkən'dɪʃənd] adj [TV, washing machine] reparado(a)

reconnaissance [rɪ'kɒnɪsəns] n MIL reconocimiento *m* ▸ **~ flight** vuelo *m* de reconocimiento

reconquer [riː'kɒŋkə(r)] vt reconquistar

reconquest [riː'kɒŋkwest] n reconquista *f*

reconsider [riːkən'sɪdə(r)] vt reconsiderar

reconsideration ['riːkənsɪdə'reɪʃən] n reconsideración *f*

reconstitute [riː'kɒnstɪtjuːt] vt [organization, committee] reconstituir / [dried food] rehidratar

reconstruct [riːkən'strʌkt] vt reconstruir

reconstruction [riːkən'strʌkʃən] n reconstrucción *f*

record ['rekɔːd] ■ n **1.** [account] registro *m* ▸ **to keep a ~ of sth** anotar algo ▸ **to put sth on ~** dejar constancia (escrita) de algo ▸ **the coldest winter on ~** el invierno más frío del que se tiene constancia ▸ **to be on ~ as saying that...** haber declarado públicamente que... ▸ **off the ~** [say] confidencialmente ▸ **(just) for the ~** para que conste ▸ **to put** *or* **set the ~ straight** poner las cosas en claro *or* en su sitio ▸ **~ office** (oficina *f* del) registro *m* **2.** [personal history] historial *m* / [of criminal] antecedentes *mpl* penales ▸ **to have a good/bad safety ~** tener un buen/mal historial en materia de seguridad ▸ **he has a ~** [of criminal] tiene antecedentes ▸ **academic ~** expediente *m* académico ▸ MED **case ~** historial *m* (clínico) **3.** [musical] disco *m* ▸ **to make a ~** grabar un disco ▸ **~ company** compañía *f* discográfica ▸ **~ player** tocadiscos *m inv* **4.** [best performance] récord *m* ▸ **to set a ~** establecer un récord ▸ **to hold the ~** tener el récord ▸ **to break** *or* **beat the ~** batir el récord **5.** COMPTR registro *m*
■ adj **in ~ time** en tiempo récord ▸ **unemployment is at a ~ high/low** el desempleo *or AM* la desocupación ha alcanzado un máximo/mínimo histórico
■ vt [rɪ'kɔːd] **1.** [on video, cassette] grabar **2.** [write down] anotar ▸ *BR* **recorded delivery** [of parcel, letter] correo *m* certificado

record-breaking ['rekɔːdbreɪkɪŋ] adj récord *inv* ▸ **to have ~ sales** batir todos los récords de ventas

recorded [rɪ'kɔːdɪd] adj **1.** [message, programme, tape] grabado(a) **2.** [documented] documentado(a) ▸ **throughout ~ history** a lo largo del periodo histórico del que se tienen documentos escritos ▸ *BR* **~ delivery** correo *m* certificado

recorder [rɪ'kɔ:də(r)] n **1.** **(tape)** ~ grabadora *f*, magnetófono *m* **2.** [musical instrument] flauta *f* dulce, flauta *f* de pico

record-holder ['rekɔ:dhəʊldə(r)] n plusmarquista *mf*

recording [rɪ'kɔ:dɪŋ] n [on tape] grabación *f* ▸ ~ **studio** estudio *m* de grabación

recount [rɪ'kaʊnt] vt [relate] relatar

re-count ['ri:kaʊnt] n [in election] segundo recuento *m*

recoup [rɪ'ku:p] vt recuperar, resarcirse de

recourse [rɪ'kɔ:s] n recurso *m* ▸ **to have ~ to** recurrir a

recover [rɪ'kʌvə(r)] ■ vt [gen] & COMPTR recuperar
■ vi (from illness, setback] recuperarse

recoverable [rɪ'kʌvərəbəl] adj recuperable

recovery [rɪ'kʌvərɪ] n **1.** [of lost object] recuperación *f* ▸ *BR* ~ **vehicle** (vehículo *m*) grúa *f* **2.** [from illness, of economy] recuperación *f* ▸ **to make a ~** recuperarse ▸ ~ **position** posición *f* de recuperación

re-create [ri:krɪ'eɪt] vt recrear

recreation [rekrɪ'eɪʃən] n [leisure] ocio *m*, esparcimiento *m* / SCH [break] recreo *m* ▸ **to do sth for ~** hacer algo como pasatiempo ▸ *BR* ~ **ground** patio *m* (de recreo) ▸ ~ **room** sala *f* de recreo

recreational [rekrɪ'eɪʃənəl] adj recreativo(a) ▸ ~ **drug** = *droga de consumo esporádico y por diversión* ▸ *US, CAN* ~ **vehicle** autocaravana *f*, casa *f* caravana

recrimination [rɪkrɪmɪ'neɪʃən] n recriminación *f*, reproche *m*

recruit [rɪ'kru:t] ■ n [soldier] recluta *mf* / [new employee, member] nuevo miembro *m*
■ vt [soldier] reclutar / [employee] contratar / [member] enrolar, reclutar

recruiting [rɪ'kru:tɪŋ] n reclutamiento *m* ▸ ~ **sergeant** sargento *m* encargado del reclutamiento

recruitment [rɪ'kru:tmənt] n [of soldier] reclutamiento *m* / [of employee] contratación *f* / [of new member] enrolamiento *m*, reclutamiento *m*

rectangle ['rektæŋgəl] n rectángulo *m*

rectangular [rek'tæŋgjʊlə(r)] adj rectangular

rectify ['rektɪfaɪ] vt rectificar

rectitude ['rektɪtju:d] n *Formal* rectitud *f*, integridad *f*

rector ['rektə(r)] n **1.** REL párroco *m* **2.** *SCOT* UNIV rector(ora) *m,f* / *SCOT* SCH [headmaster] director(ora) *m,f*

rectory ['rektərɪ] n REL rectoría *f*

rectum ['rektəm] n ANAT recto *m*

recumbent [rɪ'kʌmbənt] adj *Formal* yacente

recuperate [rɪ'ku:pəreɪt] ■ vt [one's strength, money] recuperar
■ vi [person] recuperarse

recuperation [rɪku:pə'reɪʃən] n recuperación *f*

recur [rɪ'kɜ:(r)] (pt & pp **recurred**) vi [event, problem] repetirse / [illness] reaparecer

recurrence [rɪ'kʌrəns] n [of event, problem] repetición *f* / [of illness] reaparición *f*

recurrent [rɪ'kʌrənt] adj recurrente

recurring [rɪ'kɜ:rɪŋ] adj [problem] recurrente, reiterativo(a) ▸ MATH **six point six ~** seis coma seis período *or* periódico (puro) ▸ **a ~ nightmare** una pesadilla recurrente

recycle [ri:'saɪkəl] vt reciclar ▸ **recycled paper/glass** papel *m*/vidrio *m* reciclado

recycling [ri:'saɪklɪŋ] n reciclaje *m*, reciclado *m* ▸ ~ **plant** planta *f* de reciclaje

red [red] ■ n [colour] rojo *m* ▸ *Fam Fig* **to see ~** [become angry] ponerse hecho(a) una furia ▸ **to be in the ~** [be in debt] estar en números rojos
■ adj rojo(a) ▸ **to have ~ hair** ser pelirrojo(a) ▸ **to turn** *or* **go ~** [sky] ponerse rojo / [person] ponerse colorado(a) ▸ **to be as ~ as a beetroot** estar más rojo que un tomate *or MÉX* jitomate ▸ ~ **alert** alerta *f* roja ▸ HIST **the Red Army** el Ejército Rojo ▸ ~ **card** tarjeta *f* roja ▸ **to be shown the ~ card** ser expulsado(a) del campo ▸ *Fig* **to roll out the ~ carpet for sb** recibir a alguien con todos los honores ▸ PHYSIOL ~ **corpuscle** glóbulo *m* rojo, hematíe *m* ▸ **Red Cross** Cruz *f* Roja ▸ *Fig* ~ **herring** [distraction] señuelo *m (para desviar la atención)* / [misleading clue] pista *f* falsa ▸ *Old-fashioned* **Red Indian** (indio(a) *m,f*) piel roja *mf* ▸ ~ **light** semáforo *m* (en) rojo ▸ **to go through a ~ light** saltarse un semáforo en rojo ▸ **~-light district** barrio *m* chino ▸ ~ **meat** carne *f* roja ▸ ~ **pepper** pimiento *m* rojo *or* colorado ▸ **mentioning her name to him was like a ~ rag to a bull** la sola mención de su nombre le ponía hecho una furia ▸ **(Little) Red Riding Hood** Caperucita *f* Roja ▸ **the Red Sea** el Mar Rojo ▸ ~ **tape** burocracia *f*, papeleo *m* (burocrático) ▸ ~ **wine** vino *m* tinto

CAREFUL! / ¡CUIDADO!

red

In Spain **rojo** is the general translation for *red* as a colour (with the important exception of wine), while **colorado** is less frequent and used especially of blushing; in Latin America **colorado** is used as a general colour term more often than in Spain.

red-blooded [red'blʌdɪd] adj **a ~ male** un macho de pelo en pecho

redbrick ['redbrɪk] adj [building] de ladrillo rojo ▸ ~ **university** = *por oposición a Oxford y Cambridge, universidad construida en alguna gran urbe británica, aparte de Londres, a finales del XIX o principios del XX*

redcurrant ['redkʌrənt] n grosella *f* (roja)

redden ['redən] ■ vt enrojecer
■ vi [sky] ponerse rojo(a) / [person] ponerse colorado(a)

reddish ['redɪʃ] adj [light, colour] rojizo(a)

redecorate [ri:'dekəreɪt] vt [repaint] pintar de nuevo / [repaper] empapelar de nuevo

redeem [rɪ'di:m] vt **1.** [pawned item] desempeñar / [bond] amortizar / [share] rescatar / [gift token, coupon] canjear ▸ **to ~ a mortgage** amortizar una hipoteca **2.** [sinner] redimir ▸ *Fig* **he redeemed himself by scoring the equalizer** subsanó su error al marcar el gol del empate

redeemable [rɪ'di:məbəl] adj **1.** [bond] amortizable / [share] rescatable **2.** [sinner] redimible

Redeemer [rɪ'di:mə(r)] n REL **the ~** el Redentor

redeeming [rɪ'di:mɪŋ] adj **he has no ~ features** no se salva por ningún lado, no tiene nada que lo salve

redemption [rɪ'dempʃən] n REL redención *f* ▸ *also Fig* **to be beyond** *or* **past ~** no tener salvación

redeploy [ri:dɪ'plɔɪ] vt [troops, resources] redistribuir, reorganizar

redeployment [ri:dɪ'plɔɪmənt] n redistribución *f*, reorganización *f*

redevelop [ri:dɪ'veləp] vt [land] reconvertir / [town] reedificar

red-eye ['redaɪ] n **1.** PHOT ojos *mpl* rojos **2.** *US Fam* [whisky] whisky *m* de poca calidad

red-eyed ['red'aɪd] adj **to be ~** tener los ojos rojos

red-faced ['red'feɪst] adj [naturally] sonrosado(a) / [with anger] sulfurado(a) / [with embarrassment] ruborizado(a)

red-handed ['red'hændɪd] adv **he was caught ~** lo *ESP* cogieron *or AM* agarraron con las manos en la masa

redhead ['redhed] n pelirrojo(a) *m,f*

redheaded [red'hedɪd] adj pelirrojo(a)

red-hot [red'hɒt] adj **1.** [very hot] al rojo vivo, candente **2.** *Fam* **to be ~ (on sth)** [very good] ser un genio para algo, *ESP, MÉX* ser un hacha (en algo) ▸ **~ news** noticias *fpl* de candente actualidad

redial TEL ■ n ['ri:daɪəl] **~ (feature)** (botón *m* de) rellamada *f*

■ vt [ri:'daɪəl] [number] volver a marcar *or ANDES, RP* discar

■ vi volver a marcar *or ANDES, RP* discar (el número)

redid [ri:'dɪd] pt *of* ***redo***

redirect [ri:dɪ'rekt, ri:daɪ'rekt] vt [letter] reexpedir / [plane, traffic] desviar ▸ **to ~ one's energies (towards sth)** reorientar los esfuerzos (hacia algo)

rediscover [ri:dɪs'kʌvə(r)] vt redescubrir

rediscovery [ri:dɪ'skʌvərɪ] n redescubrimiento *m*

redistribute [ri:'dɪstrɪbju:t] vt redistribuir

redistribution [ri:dɪstrɪ'bju:ʃən] n redistribución *f*

red-letter day ['red'letədeɪ] n jornada *f* memorable

redo [ri:'du:] (pt **redid** [ri:'dɪd], pp **redone** [ri:'dʌn]) vt rehacer

redolent ['redələnt] adj **to be ~ of** [smell of] oler a / [be suggestive of] tener reminiscencias de

redone [ri:'dʌn] pp *of* ***redo***

redouble [ri:'dʌbəl] vt redoblar ▸ **to ~ one's efforts** redoblar los esfuerzos

redraft [ri:'drɑ:ft] vt redactar de nuevo, reescribir

redress [rɪ'dres] ■ n [of grievance] reparación *f* ▸ **to seek ~** exigir reparación

■ vt [injustice, grievance] reparar ▸ **to ~ the balance** reestablecer el equilibrio

redskin ['redskɪn] n *Old-fashioned* piel roja *mf*

reduce [rɪ'dju:s] vt **1.** [make smaller, lower] reducir / [price, product] rebajar ▸ **to ~ a sauce** reducir una salsa ▸ **to ~ speed** reducir la velocidad **2.** [bring to a certain state] **to ~ sth to ashes/dust** reducir algo a cenizas/polvo ▸ **to ~ sb to silence** reducir a alguien al silencio ▸ **his words reduced her to tears** sus palabras le hicieron llorar ▸ **to be reduced to doing sth** no tener más remedio que hacer algo

reduced [rɪ'dju:st] adj [smaller] reducido(a) ▸ **on a ~ scale** a escala reducida ▸ **at ~ prices** a precios reducidos ▸ **to live in ~ circumstances** haber venido a menos

reduction [rɪ'dʌkʃən] n reducción *f* / [of price, product] rebaja *f*

reductive [rɪ'dʌktɪv] adj reductor(ora)

redundancy [rɪ'dʌndənsɪ] n *BR* [dismissal] despido *m* (por reducción de plantilla) ▸ **~ notice** notificación *f* de despido ▸ **~ pay** indemnización *f* por despido

redundant [rɪ'dʌndənt] adj **1.** *BR* IND **to make sb ~** despedir a alguien ▸ **to be made ~** ser despedido(a) **2.** [superfluous] superfluo(a), innecesario(a) / [words, information] redundante

reed [ri:d] n **1.** [plant] caña *f* **2.** MUS [of instrument] lengüeta *f*

reef [ri:f] n arrecife *m*

reek [ri:k] ■ n peste *f*, tufo *m*

■ vi *also Fig* apestar (**of** a)

reel [ri:l] ■ n **1.** [for tape, cable, fishing line] carrete *m*, bobina *f* / [of cinema film] rollo *m* / *BR* [for thread] carrete *m* **2.** [dance, music] = *danza escocesa o irlandesa*

■ vi [sway] tambalearse ▸ **my head is reeling** me da vueltas la cabeza

◆ ***reel off*** vt sep [names, statistics] soltar de un tirón

re-elect [ri:ɪ'lekt] vt POL reelegir

re-election [ri:ɪ'lekʃən] n reelección *f*

re-emerge ['ri:ɪ'mɜ:dʒ] vi [from water, room, hiding] reaparecer, salir ▸ **he has re-emerged as a major contender** ha reaparecido como un candidato de primera fila

re-emergence ['ri:ɪ'mɜ:dʒəns] n [from water, room, hiding] reaparición *f*, salida *f* ▸ **the ~ of this problem in recent years** la reaparición de este problema en los últimos años

re-enact [ri:ɪ'nækt] vt [crime, battle] reconstruir

re-enter [ri:'entə(r)] ■ vt [room, country] volver a entrar en ▸ **to ~ the job market** reinsertarse en el *or* reincorporarse al mercado de trabajo

■ vi volver a entrar ▸ **to ~ for an examination** volver a examinarse

re-establish [ri:ɪ'stæblɪʃ] vt restablecer

re-examination ['ri:ɪg'zæmɪneɪʃən] n **1.** [of question, case] reexamen *m* **2.** LAW [of witness] segundo interrogatorio *m*

re-examine [ri:ɪg'zæmɪn] vt **1.** [of question, case] reexaminar **2.** LAW [witness] interrogar por segunda vez

ref [ref] n **1.** (abbr ***reference***) **~ number** nº ref., número *m* de referencia **2.** *Fam* [referee] árbitro *m*

refectory [rɪ'fektərɪ] n [at university, school] comedor *m* / [in monastery] refectorio *m*

refer [rɪ'fɜ:(r)] (pt & pp **referred**) vt remitir ▸ **to ~ a matter to sb** remitir un asunto a alguien ▸ **to ~ a patient to a specialist** enviar a un paciente al especialista

◆ ***refer to*** vt insep **1.** [consult] consultar **2.** [allude to, mention] referirse a ▸ **who are you referring to?** ¿a quién te estás refiriendo? ▸ **referred to as...** conocido(a) como... ▸ **he never refers to it** nunca hace referencia al asunto **3.** [apply to] referirse a, ser aplicable a

referee [refə'riː] ■ n **1.** [in sport] árbitro *m* **2.** *BR* [for job] **please give the names of two referees** por favor dé los nombres de dos personas que puedan proporcionar referencias suyas
■ vt & vi arbitrar

reference ['refərəns] n **1.** [consultation] consulta *f* / [source] referencia *f* ▸ **for ~ only** [book] para consulta en sala ▸ **to keep sth for future ~** guardar algo para su posterior consulta ▸ **~ book/work** libro *m*/obra *f* de consulta ▸ **~ number** número *m* de referencia ▸ **~ point, point of ~** punto *m* de referencia **2.** [allusion] referencia *f,* alusión *f* ▸ **with ~ to...** con referencia a... **3.** *BR* [from employer] informe *m,* referencia *f*

referendum [refə'rendəm] n referéndum *m* ▸ **to hold a ~** celebrar un referéndum

refill ■ n ['riːfɪl] [for notebook, pen] recambio *m* ▸ **would you like a ~?** [of drink] ¿quieres otra copa?
■ vt [riː'fɪl] [glass] volver a llenar / [lighter, pen] recargar

refine [rɪ'faɪn] vt [sugar, petroleum] refinar / [technique, machine] perfeccionar

refined [rɪ'faɪnd] adj **1.** [petroleum, sugar] refinado(a) **2.** [person, taste] refinado(a), sofisticado(a)

refinement [rɪ'faɪnmənt] n **1.** [of manners, taste, person] refinamiento *m* **2.** [of technique] sofisticación *f* ▸ **to make refinements to sth** perfeccionar algo

refinery [rɪ'faɪnərɪ] n refinería *f*

refit ■ n ['riːfɪt] [of ship] reparación *f*
■ vt [riː'fɪt] (pt & pp **refitted**) [ship] reparar

reflate [riː'fleɪt] vt ECON reflacionar

reflation [riː'fleɪʃən] n ECON reflación *f*

reflect [rɪ'flekt] ■ vt **1.** [image, light] reflejar ▸ **to be reflected** reflejarse **2.** [mood, personality] reflejar **3.** [think] **to ~ that...** considerar que...
■ vi **1.** [think] reflexionar (**on** sobre) **2. to ~ well/badly on sb** dejar en buen/mal lugar a alguien

reflection, *BR* ***reflexion*** [rɪ'flekʃən] n **1.** [reflected image] reflejo *m* ▸ *Fig* **an accurate ~ of the situation** un fiel reflejo de la situación ▸ *Fig* **the termination of the project is no ~ on your own performance** la cancelación del proyecto no significa que tú no lo hayas hecho bien **2.** [thought] reflexión *f* ▸ **on ~** después de pensarlo

reflective [rɪ'flektɪv] adj **1.** [surface] reflectante **2.** [person] reflexivo(a)

reflector [rɪ'flektə(r)] n [on bicycle, vehicle] reflectante *m,* catadióptrico *m*

reflex ['riːfleks] ■ n reflejo *m*
■ adj reflejo(a) ▸ **~ action** acto *m* reflejo ▸ **~ camera** (cámara *f*) réflex *f inv*

reflexion ➤ ***reflection***

reflexive [rɪ'fleksɪv] adj GRAM reflexivo(a) ▸ **~ verb** verbo *m* reflexivo

reflexively [rɪ'fleksɪvlɪ] adv GRAM reflexivamente

reforestation [riːfɒrɪ'steɪʃən] n reforestación *f,* repoblación *f* forestal

reform [rɪ'fɔːm] ■ n reforma *f*
■ vt [improve] reformar ▸ **he's a reformed character** se ha reformado completamente
■ vi reformarse

re-form ['riː'fɔːm] vi [organization, pop group] volver a unirse

reformat ['riː'fɔːmæt] (pt & pp **reformatted**) vt COMPTR [disk] volver a formatear

reformation [refə'meɪʃən] n reforma *f* ▸ HIST **the Reformation** la Reforma

reformatory [rɪ'fɔːmətərɪ] n reformatorio *m*

reformer [rɪ'fɔːmə(r)] n reformador(ora) *m,f*

reformist [rɪ'fɔːmɪst] n & adj reformista *mf*

refract [rɪ'frækt] vt [light] refractar

refraction [rɪ'frækʃən] n PHYS refracción *f*

refrain [rɪ'freɪn] ■ n [musical] estribillo *m* / *Fig* [repeated comment] cantinela *f*
■ vi abstenerse (**from** de) ▸ **to ~ from comment** abstenerse de hacer comentarios ▸ **please ~ from talking/smoking** [sign] se ruega guardar silencio/no fumar

re-freeze [riː'friːz] vt volver a congelar

refresh [rɪ'freʃ] vt refrescar / COMPTR regenerar ▸ **to ~ oneself** refrescarse ▸ **to ~ one's memory** refrescar la memoria ▸ **to ~ sb's glass** [top up] llenarle el vaso a alguien

refreshing [rɪ'freʃɪŋ] adj [breeze, drink] refrescante

refreshingly [rɪ'freʃɪŋlɪ] adv **he's ~ honest** da gusto su honradez

refreshments [rɪ'freʃmənts] npl refrigerio *m*

refrigerate [rɪ'frɪdʒəreɪt] vt refrigerar, conservar en (la) nevera *or ESP* (el) frigorífico *or MÉX* (el) refrigerador *or RP* (la) heladera

refrigeration [rɪfrɪdʒə'reɪʃən] n **keep under ~** manténgase en la nevera *or ESP* el frigorífico *or MÉX* el refrigerador *or RP* la heladera

refrigerator [rɪ'frɪdʒəreɪtə(r)] n [domestic] nevera *f, ESP* frigorífico *m, RP* heladera *f, MÉX* refrigerador *m* / [industrial] cámara *f* frigorífica *m*

refuel [riː'fjʊəl] (*BR* pt & pp **refuelled,** *US* **refueled**)
■ vt [ship, aircraft] repostar combustible a
■ vi [ship, aircraft] repostar

refuelling, *US* ***refueling*** [riː'fjʊəlɪŋ] n repostaje *m* ▸ **~ plane/ship** avión *m*/barco *m* nodriza ▸ **~ stop** escala *f* técnica *or* de repostaje

refuge ['refjuːdʒ] n [from danger, weather] refugio *m* ▸ **to seek ~** buscar refugio ▸ **to take ~** refugiarse

refugee [refjʊ'dʒiː] n refugiado(a) *m,f* ▸ **~ camp** campo *m* de refugiados

refund ■ n ['riːfʌnd] reintegro *m,* reembolso *m*
■ vt [riː'fʌnd] reembolsar

refundable [riː'fʌndəbəl] adj reembolsable

refurbish [riː'fɜːbɪʃ] vt [flat, restaurant] remodelar

refusal [rɪ'fjuːzəl] n negativa *f* ▸ **to give a flat ~** negarse rotundamente ▸ **to meet with a ~** ser rechazado(a) ▸ **that's its third ~** [horse] ha rehusado por tercera vez ▸ **to have first ~ (on sth)** tener opción de compra (sobre algo)

refuse[1] [ˈrefjuːs] n [rubbish] basura *f* ▸ **~ collection** recogida *f* de basuras ▸ **~ disposal** eliminación *f* de basuras ▸ **~ dump** vertedero *m* (de basuras)

refuse[2] [rɪˈfjuːz] ■ vt [invitation, offer, request] rechazar ▸ **to ~ to do sth** negarse a hacer algo ▸ **to ~ sb sth** denegar algo a alguien
■ vi [person] negarse / [horse] rehusar

refutation [refjʊˈteɪʃən] n refutación *f*

refute [rɪˈfjuːt] vt [argument, theory] refutar / [allegation] desmentir, negar

regain [rɪˈgeɪn] vt **1.** [get back] recuperar ▸ **to ~ consciousness** recobrar *or* recuperar el conocimiento ▸ **to ~ the lead** [in contest] volver a ponerse en cabeza **2.** [reach again] [shore, seat] volver a alcanzar

regal [ˈriːgəl] adj regio(a)

regale [rɪˈgeɪl] vt divertir, entretener (**with** con)

regalia [rɪˈgeɪlɪə] npl galas *fpl* ▸ **in full ~** con toda la parafernalia

regard [rɪˈgɑːd] ■ n **1.** [admiration] admiración *f*, estima *f* ▸ **to hold sb in high/low ~** tener mucha/poca estima a alguien **2.** [consideration] consideración *f* ▸ **out of ~ for** por consideración hacia ▸ **without ~ to** [safety, rules] sin (ninguna) consideración por / [gender, race] independientemente de ▸ **don't pay any ~ to what she says** no hagas caso de lo que diga **3.** [connection] **in this ~** en este sentido ▸ **in all regards** en todos los sentidos *or* aspectos ▸ **with ~ to** en cuanto a, con respecto a **4. regards** [good wishes] saludos *mpl*, *CAM, COL, ECUAD* saludes *fpl* ▸ **give her my regards** salúdala de mi parte
■ vt **1.** [admire, respect] **I ~ him highly** tengo un alto concepto de él **2.** [consider] **to ~ sth/sb as...** considerar algo/a alguien... ▸ **to ~ sth/sb with suspicion** tener recelo de algo/alguien **3.** [concern] concernir ▸ **as regards...** en lo referente *or* concerniente a...

regarding [rɪˈgɑːdɪŋ] prep con respecto a, en cuanto a

regardless [rɪˈgɑːdlɪs] adv **1.** [despite everything] a pesar de todo **2. ~ of** [without considering] sin tener en cuenta ▸ **~ of the expense** cueste lo que cueste

regatta [rɪˈgætə] n regata *f*

regency [ˈriːdʒənsɪ] n regencia *f*

regenerate [rɪˈdʒenəreɪt] ■ vt regenerar
■ vi regenerarse

regeneration [rɪdʒenəˈreɪʃən] n regeneración *f*

regent [ˈriːdʒənt] adj regente

reggae [ˈregeɪ] n MUS reggae *m*

regime [reɪˈʒiːm] n [political] régimen *m*

regiment [ˈredʒɪmənt] ■ n [in army] regimiento *m*
■ vt someter a severa disciplina

regimental [redʒɪˈmentəl] adj [band, flag] de regimiento

regimentation [redʒɪmenˈteɪʃən] n severa disciplina *f*

region [ˈriːdʒən] n región *f* ▸ **in the ~ of** [approximately] alrededor de, del orden de

regional [ˈriːdʒənəl] adj regional

regionalism [ˈriːdʒənəlɪzəm] n regionalismo *m*

regionally [ˈriːdʒənəlɪ] adv regionalmente, por regiones

register [ˈredʒɪstə(r)] ■ n [record] & MUS, LING registro *m* ▸ SCH **to take the ~** pasar lista ▸ **~ of births, marriages and deaths** registro *m* civil ▸ **~ of voters** censo *m* electoral ▸ **(cash) ~** caja *f* registradora ▸ *BR* **~ office** registro *m* civil
■ vt **1.** [record] [member] inscribir / [student] matricular / [birth, marriage, death] registrar / [complaint, protest] presentar **2.** [show] [temperature, speed] registrar / [astonishment, displeasure] denotar, mostrar **3.** [realize] [fact, problem] darse cuenta de, enterarse de **4.** [achieve] [progress] realizar
■ vi **1.** [for course] matricularse / [at hotel] inscribirse, registrarse / [voter] inscribirse (en el censo) **2.** *Fam* [fact] **it didn't ~ with him** no se enteró

registered [ˈredʒɪstəd] adj *BR* **~ letter** carta *f* certificada *(con derecho a indemnización)* ▸ *US* **~ mail** correo *m* certificado *(con derecho a indemnización)* ▸ *BR* **Registered General Nurse** enfermero(a) *m,f* diplomado(a), *ESP* ≃ ATS *mf* ▸ *BR* **~ post** correo *m* certificado *(con derecho a indemnización)* ▸ **~ trademark** marca *f* registrada ▸ COMPTR **~ user** usuario(a) *m,f* registrado(a)

registrar [ˈredʒɪstrɑː(r)] n **1.** [record keeper] registrador(ora) *m,f* **2.** UNIV secretario(a) *m,f* **3.** *BR* [in hospital] doctor(ora) *m,f*, médico(a) *m,f*

registration [redʒɪsˈtreɪʃən] n [of student] matriculación *f* / [of voter] inscripción *f* (en el censo) / [of birth, death, marriage] registro *m* ▸ AUT **~ number** (número *m* de) matrícula *f*

registry office [ˈredʒɪstrɪˈɒfɪs] n *BR* registro *m* civil

regress [rɪˈgres] vi involucionar, sufrir una regresión

regression [rɪˈgreʃən] n regresión *f*

regressive [rɪˈgresɪv] adj regresivo(a)

regret [rɪˈgret] ■ n [remorse] remordimiento *m* / [sadness] pesar *m* ▸ **she sent her regrets** mandó sus disculpas *or* excusas
■ vt (pt & pp **regretted**) sentir, lamentar ▸ **to ~ doing** *or* **having done sth** arrepentirse de *or* lamentar haber

HOW TO...

make a refusal

No, lo siento. / No, sorry.
Lo siento, pero no puedo. / I'm sorry, but I can't.
No puedo aceptar sus condiciones. / I can't accept your conditions.
Me niego a ir. / I refuse to go.
¡Ni hablar! / No way!
No iré y no hay más que hablar. / I'm not going and that's final!
Me opongo totalmente. / I'm completely opposed to it.

hecho algo ▸ **I ~ to (have to) inform you that...** siento (tener que) comunicarte que...

regretful [rɪ'gretfʊl] adj [remorseful] arrepentido(a) / [sad] apesadumbrado(a), pesaroso(a)

regrettable [rɪ'gretəbəl] adj lamentable

regroup [riː'gruːp] ■ vt reagrupar
■ vi reagruparse

regular ['regjʊlə(r)] ■ n **1.** [in bar, restaurant] habitual *mf,* parroquiano(a) *m,f* **2.** *US* [petrol] súper *f*
■ adj **1.** [features, pulse, verb] regular ▸ **on a ~ basis** con regularidad, regularmente ▸ **as ~ as clockwork** como un reloj, con una regularidad cronométrica **2.** [normal, habitual] habitual / [in size] normal, mediano(a) **3.** [army] regular **4.** *Fam* [for emphasis] verdadero(a), auténtico(a)

regularity [regjʊ'lærɪtɪ] n regularidad *f*

regulate ['regjʊleɪt] vt regular

regulation [regjʊ'leɪʃən] ■ n **1.** [action] regulación *f* **2.** [rule] regla *f,* norma *f* ▸ **regulations** reglamento *m,* normas *fpl*
■ adj [size, dress] reglamentario(a)

regulator ['regjʊleɪtə(r)] n [device] regulador *m* / [regulatory body] organismo *m* regulador

regulatory [regjʊ'leɪtərɪ] adj regulador(ora)

regurgitate [rɪ'gɜːdʒɪteɪt] vt regurgitar

rehab ['riːhæb] n *Fam* rehabilitación *f* ▸ **~ centre** centro *m* de rehabilitación

rehabilitate [riːhə'bɪlɪteɪt] vt rehabilitar

rehabilitation [riːhəbɪlɪ'teɪʃən] n rehabilitación *f*

rehash ■ n ['riːhæʃ] refrito *m*
■ vt [riː'hæʃ] hacer un refrito con

rehearsal [rɪ'hɜːsəl] n ensayo *m*

rehearse [rɪ'hɜːs] vt & vi ensayar

reheat ['riː'hiːt] vt recalentar

rehouse [riː'haʊz] vt realojar

reign [reɪn] ■ n reinado *m*
■ vi reinar

reigning ['reɪnɪŋ] adj [monarch] reinante / [champion] actual

reimburse [riːɪm'bɜːs] vt reembolsar

rein [reɪn] n *also Fig* rienda *f* ▸ *Fig* **to give sb free ~ to do sth** dar carta blanca a alguien para hacer algo ▸ *Fig* **to give free ~ to one's imagination** dar rienda suelta a la imaginación ▸ *Fig* **to keep a tight ~ on sth** llevar algo muy controlado ▸ **to keep a tight ~ on sb** atar corto a alguien

reincarnate [riːɪn'kɑːneɪt] vt **to be reincarnated** reencarnarse

reincarnation [riːɪnkɑː'neɪʃən] n reencarnación *f*

reindeer ['reɪndɪə(r)] n reno *m*

reinforce [riːɪn'fɔːs] vt reforzar ▸ **reinforced concrete** hormigón *m or AM* concreto *m* armado

reinforcement [riːɪn'fɔːsmənt] n refuerzo *m* ▸ MIL **reinforcements** refuerzos *mpl*

reinsert [riːɪn'sɜːt] vt volver a introducir

reinstate [riːɪn'steɪt] vt [person in job] restituir (en el puesto) / [clause] reincorporar / [law, practice] reinstaurar

reinsurance [riːɪn'ʃʊərəns] n reaseguro *m*

reinsure [riːɪn'ʃʊə(r)] vt reasegurar

reintegrate [riː'ɪntɪgreɪt] vt reintegrar / [into society] reinsertar

reintegration [riːɪntə'greɪʃən] n reintegración *f* / [into society] reinserción *f* (social)

reinvent [riːɪn'vent] vt **to ~ the wheel** reinventar la rueda, = *perder el tiempo haciendo algo que ya está hecho*

reinvest [riːɪn'vest] vt reinvertir

reissue [riː'ɪʃuː] ■ n [of book, record] reedición *f* / [of bank note] nueva emisión *f*
■ vt [book, record] reeditar / [bank note] emitir de nuevo

reiterate [riː'ɪtəreɪt] vt reiterar

reiteration [riːɪtə'reɪʃən] n reiteración *f*

reject ■ n ['riːdʒekt] [object] artículo *m* con tara *or* defectuoso / *Fam* [person] inútil *mf,* inepto(a) *m,f*
■ vt [rɪ'dʒekt] rechazar ▸ **to feel rejected** sentirse rechazado(a)

rejection [rɪ'dʒekʃən] n rechazo *m* ▸ **to meet with ~** ser rechazado(a)

rejoice [rɪ'dʒɔɪs] vi alegrarse

rejoicing [rɪ'dʒɔɪsɪŋ] n regocijo *m,* alegría *f*

rejoin[1] [riː'dʒɔɪn] vt **1.** [join again] [party, firm] reincorporarse a **2.** [meet again] reunirse con

rejoin[2] [rɪ'dʒɔɪn] vt & vi [retort] replicar

rejoinder [rɪ'dʒɔɪndə(r)] n réplica *f*

rejuvenate [rɪ'dʒuːvɪneɪt] vt rejuvenecer

rekindle [riː'kɪndəl] vt [fire, enthusiasm, hope] reavivar

relapse MED ■ n ['riːlæps] recaída *f*
■ vi [rɪ'læps] recaer, sufrir una recaída

relate [rɪ'leɪt] ■ vt **1.** [narrate] relatar, narrar

HOW TO...

express regrets

Desgraciadamente, no hemos podido llegar a tiempo. / Unfortunately, we couldn't get there in time.

Siento muchísimo que no hayas podido venir. / I'm really sorry you couldn't come.

Siento haberte causado tantas molestias. / I'm sorry to have caused you so much trouble.

Me arrepiento de no haber hablado con ella antes. / I regret not talking to her earlier.

¡Ojalá se lo hubiera dicho antes! / If only I'd told her sooner!

Tenía que haber reaccionado antes. / I should have reacted sooner.

Qué pena que no lo haya conocido antes. / What a pity I didn't meet him sooner!

2. [connect] [two facts, ideas] relacionar
■ vi **1. to ~ to** [be relevant to] estar relacionado(a) con **2. to ~ to** [understand] comprender, entender ▸ **she doesn't ~ to other children very well** no se entiende mucho con los demás niños

related [rɪ'leɪtɪd] adj [linked] relacionado(a) ▸ **to be ~ to sb** [of same family] ser pariente de alguien

-related [rɪ'leɪtɪd] suffix **business~ activities** actividades de carácter empresarial ▸ **defence~ industries** industrias relacionadas con la defensa

relation [rɪ'leɪʃən] n **1.** [relative] pariente *mf* **2.** [connection] relación *f* ▸ **to bear no ~ to** no guardar relacion con ▸ **in ~ to** en relación a

relational [rɪ'leɪʃənəl] adj COMPTR **~ database** base *f* de datos relacional

relationship [rɪ'leɪʃənʃɪp] n **1.** [between people, countries] relación *f* / [kinship] parentesco *m* ▸ **to have a good/bad ~ with sb** llevarse bien/mal con alguien **2.** [connection] relación *f*

relative ['relətɪv] ■ n [person] pariente *mf*
■ adj [comparative] relativo(a) ▸ **~ to** con relación a ▸ GRAM **~ clause** oración *f* relativa

relatively ['relətɪvlɪ] adv relativamente

relativism ['relətɪvɪzəm] n PHIL relativismo *m*

relativist ['relətɪvɪst] n & adj relativista *mf*

relativity [relə'tɪvɪtɪ] n PHYS relatividad *f*

relax [rɪ'læks] ■ vt [person, muscles, discipline] relajar ▸ **to ~ one's grip** dejar de apretar
■ vi [person, muscles, discipline] relajarse ▸ **~!** [calm down] ¡tranquilízate!

relaxation [ri:læk'seɪʃən] n [of person, muscles, discipline] relajación *f* ▸ **a form of ~** una forma de relajarse

relaxed [rɪ'lækst] adj [atmosphere, person] relajado(a)

relaxing [rɪ'læksɪŋ] adj relajante

relay ■ n ['ri:leɪ] [of workers] relevo *m,* turno *m* ▸ **to work in relays** trabajar por turnos ▸ **~ (race)** carrera *f* de relevos ▸ RAD & TV **~ station** repetidor *m*
■ vt [rɪ'leɪ] RAD TV retransmitir / [information] pasar

release [rɪ'li:s] ■ n **1.** [of prisoner] liberación *f* / [of gas] emisión *f* / [from care, worry] alivio *m* **2.** [of book, record] publicación *f* / [of film] estreno *m* ▸ **new releases** [records] novedades *fpl* (discográficas) ▸ **to be on general ~** [film] estar en cartel
■ vt **1.** [prisoner] liberar, soltar / [gas, fumes] desprender, emitir / [balloon, bomb, brake] soltar / [funds] desbloquear ▸ **to ~ sb from an obligation** liberar a alguien de una obligación ▸ **to ~ sb's hand** soltar la mano a alguien **2.** [book, record] publicar / [film] estrenar / [news, information] hacer público(a)

relegate ['relɪgeɪt] vt relegar ▸ *BR* **United were relegated** el United bajó de categoría *or* descendió

relegation [relɪ'geɪʃən] n [of person] relegación *f* / *BR* [of team] descenso *m*

relent [rɪ'lent] vi [storm, wind] amainar / [person] ceder, ablandarse

relentless [rɪ'lentlɪs] adj implacable

relevance ['reləvəns] n pertinencia *f* ▸ **to have no ~ to sth** no tener nada que ver con algo

relevant ['reləvənt] adj pertinente ▸ **that's not ~** eso no viene al caso ▸ **the ~ chapters** los capítulos correspondientes ▸ **the ~ facts** los hechos que vienen al caso ▸ **the ~ authorities** la autoridad competente ▸ **her ideas are still ~ today** sus ideas siguen teniendo vigencia

FALSE FRIEND / FALSO AMIGO
relevant
Relevante no es la traducción del inglés *relevant.* **Relevante** se traduce por *outstanding, important.*

reliability [rɪlaɪə'bɪlɪtɪ] n fiabilidad *f,* AM confiabilidad

reliable [rɪ'laɪəbəl] adj [person, machine] fiable, *AM* confiable / [information] fidedigno(a), fiable, *AM* confiable ▸ **from a ~ source** de fuentes fidedignas

reliably [rɪ'laɪəblɪ] adv **to be ~ informed that...** saber de buena fuente que...

reliance [rɪ'laɪəns] n [dependence] dependencia *f* (**on** de) / [trust] confianza *f* (**on** en)

reliant [rɪ'laɪənt] adj **to be ~ on** depender de

relic ['relɪk] n REL & *Fig* reliquia *f*

relief [rɪ'li:f] n **1.** [in general] alivio *m* ▸ **to bring ~ to sb** aliviar a alguien ▸ **that's a ~!** ¡qué alivio! ▸ **much to my ~** para mi tranquilidad **2.** [help] ayuda *f,* auxilio *m* ▸ **~ fund** fondo *m* de ayuda **3.** [replacement] relevo *m* **4.** [of besieged city, troops] liberación *f* **5.** ART relieve *m* ▸ **in ~** en relieve ▸ **to throw sth into ~** poner algo de relieve ▸ **~ map** mapa *m* de relieve

relieve [rɪ'li:v] vt **1.** [alleviate] [pain, anxiety, problem] aliviar / [tension, boredom] atenuar, mitigar ▸ **to feel relieved** sentirse aliviado(a) ▸ *Euph* **he relieved himself** hizo sus necesidades **2.** [replace] relevar **3.** [liberate] [city] liberar ▸ **to ~ sb from a duty** liberar a alguien de una obligación ▸ *Hum* **to ~ sb of his wallet** birlarle a alguien la cartera

religion [rɪ'lɪdʒən] n religión *f*

religious [rɪ'lɪdʒəs] adj religioso(a)

religiously [rɪ'lɪdʒəslɪ] adv *also Fig* religiosamente

relinquish [rɪ'lɪŋkwɪʃ] vt renunciar a ▸ **to ~ one's hold on sth** renunciar a algo

relish ['relɪʃ] ■ n **1.** [pleasure] deleite *m,* goce *m* ▸ **to do sth with ~** hacer algo con gran deleite **2.** [pickle] salsa *f* condimentada
■ vt gozar con, deleitarse en ▸ **I didn't ~ the idea** no me entusiasmaba la idea

relive [ri:'lɪv] vt revivir

reload [ri:'ləʊd] ■ vt [gun, camera] volver a cargar
■ vi volver a cargar el arma, recargar

relocate [rɪ:ləʊ'keɪt] ■ vt trasladar
■ vi mudarse, trasladarse

relocation [ri:ləʊ'keɪʃən] n traslado *m*

reluctance [rɪ'lʌktəns] n resistencia *f,* reticencia *f* ▸ **to do sth with ~** hacer algo a regañadientes

reluctant [rɪ'lʌktənt] adj reacio(a), reticente ▸ **to be ~ to do sth** ser reacio(a) a hacer algo

rely [rɪ'laɪ] ◆ ***rely on, rely upon*** vt insep **1.** [count on] contar con ▸ **I'm relying on you to do it** cuento con que vas a hacerlo **2.** [be dependent on] depender de

REM [ɑːriː'em] n (abbr ***rapid eye movement***) (fase *f*) REM *m*, movimientos *mpl* oculares rápidos

remain [rɪ'meɪn] vi **1.** [stay behind] permanecer, quedarse **2.** [be left] quedar ▸ **it remains to be seen** queda *or* está por ver **3.** [continue to be] seguir siendo ▸ **to ~ silent** permanecer callado(a) ▸ **to ~ faithful to** permanecer fiel a

remainder [rɪ'meɪndə(r)] n resto *m*

remaindered [rɪ'meɪndɜːd] adj **~ books** libros *mpl* de saldo

remaining [rɪ'meɪnɪŋ] adj restante

remains [rɪ'meɪnz] npl [of meal] sobras *fpl*, restos *mpl* / [of civilization, fortune] restos *mpl* / [of old building] ruinas *fpl* / [of person] restos *mpl* (mortales) ▸ **human ~** restos *mpl* humanos

remake ['riːmeɪk] n [of film] nueva versión *f*

remand [rɪ'mɑːnd] ■ n LAW **to be on ~** [in custody] estar en prisión preventiva ▸ **~ home** = *centro de reclusión para delincuentes juveniles a la espera de juicio* ▸ **~ prisoner** preso(a) *m,f* preventivo(a)
■ vt LAW **to ~ sb in custody** poner a alguien en prisión preventiva

remark [rɪ'mɑːk] ■ n [comment] comentario *m* ▸ **to make** *or* **pass a ~** hacer un comentario
■ vt comentar, observar

remarkable [rɪ'mɑːkəbəl] adj [impressive] notable, excepcional / [surprising] insólito(a), sorprendente

remarkably [rɪ'mɑːkəblɪ] adv [impressively] excepcionalmente, extraordinariamente / [surprisingly] curiosamente, sorprendentemente

remarriage [riː'mærɪdʒ] n segundo matrimonio *m*, segundas nupcias *fpl*

remarry [riː'mærɪ] vi volver a casarse

remedial [rɪ'miːdɪəl] adj correctivo(a) ▸ **~ education** educación *f* especial ▸ **~ teacher** profesor(ora) *m,f* de educación especial

remedy ['remɪdɪ] ■ n remedio *m* ▸ **it's past ~** ya no tiene remedio
■ vt poner remedio a, remediar

remember [rɪ'membə(r)] ■ vt **1.** [recall] recordar, acordarse de ▸ **to ~ doing sth** recordar haber hecho algo ▸ **to ~ to do sth** acordarse de hacer algo ▸ **to ~ that...** recordar que... ▸ **a night to ~** una noche inolvidable ▸ **~ me to your father!** dale recuerdos a tu padre de mi parte **2.** [commemorate] recordar
■ vi recordar, acordarse ▸ **as far as I ~** según recuerdo, por lo que yo recuerdo

remembrance [rɪ'membrəns] n *Formal* [memory] recuerdo *m* ▸ **in ~ of** en recuerdo *or* conmemoración de ▸ *BR* **Remembrance Day, Remembrance Sunday** día *m* de homenaje a los caídos *(en las guerras mundiales)*

remind [rɪ'maɪnd] vt recordar (**of** a) ▸ **to ~ sb to do sth** recordar a alguien que haga algo ▸ **that reminds me – did you get the cheese?** eso me recuerda *or* ahora que recuerdo... ¿has comprado el queso?

reminder [rɪ'maɪndə(r)] n aviso *m*

reminisce [remɪ'nɪs] vi **to ~ about sth** rememorar algo

reminiscence [remɪ'nɪsəns] n rememoración *f*, remembranza *f*

reminiscent [remɪ'nɪsənt] adj **to be ~ of** evocar, tener reminiscencias de

remiss [rɪ'mɪs] adj negligente, descuidado(a) ▸ **it was very ~ of him** fue muy descuidado por su parte

remission [rɪ'mɪʃən] n **1.** LAW reducción *f* de la pena **2.** [of disease] **to be in ~** haber remitido

remit ■ n ['riːmɪt] cometido *m* ▸ **that goes beyond/comes within our ~** eso está fuera de/dentro de nuestro ámbito de actuación
■ vt [rɪ'mɪt] (pt & pp **remitted**) [payment] remitir, girar

remittance [rɪ'mɪtəns] n FIN giro *m*, envío *m* de dinero

remnant ['remnənt] n [of banquet, building] resto *m* / [of civilization, dignity] vestigio *m* / [of cloth] retal *m*

remonstrate ['remənstreɪt] vi quejarse, protestar ▸ **to ~ with sb** tratar de hacer entrar en razón a alguien ▸ **she remonstrated with him over his decision** trató de convencerle de que cambiara su decisión

remorse [rɪ'mɔːs] n remordimientos *mpl* ▸ **without ~** sin remordimientos ▸ **to feel ~** tener remordimientos

remorseful [rɪ'mɔːsfʊl] adj lleno(a) de remordimientos ▸ **to be ~** tener remordimientos

remorsefully [rɪ'mɔːsfʊlɪ] adv con remordimiento

remorseless [rɪ'mɔːslɪs] adj [merciless] despiadado(a) / [relentless] implacable

remortgage [riː'mɔːgɪdʒ] vt [house, property] volver a hipotecar

remote [rɪ'məʊt] adj **1.** [far-off] remoto(a), lejano(a) ▸ **~ control** telemando *m*, mando *m* a distancia **2.** [aloof] distante **3.** [slight] [chance, possibility] remoto(a) ▸ **I haven't the remotest idea** no tengo ni la más remota idea

remote-controlled [rɪ'məʊtkən'trəʊld] adj teledirigido(a)

remotely [rɪ'məʊtlɪ] adv **1.** [distantly] remotamente, lejanamente **2.** [slightly] remotamente ▸ **not ~** ni remotamente, ni de lejos

remould ['riːməʊld] n *BR* AUT neumático *m* recauchutado, *COL, MÉX* llanta *f or ARG* goma *f* recauchutada

removal [rɪ'muːvəl] n **1.** [of politician, official] destitución *f* / [of control, doubt, threat, stain] eliminación *f* **2.** [moving house] mudanza *f* ▸ *BR* **~ firm** empresa *f* de portes y mudanzas ▸ **~ van** camión *m* de mudanzas

remove [rɪ'muːv] vt **1.** [take away] [thing] quitar, retirar / [doubt] despejar / [control, threat] eliminar / [stain] quitar / [politician, official] destituir ▸ **to ~ a child from school** no llevar más a un niño al colegio **2.** [take off] [bandage, covering, tyre] quitar, *AM* sacar ▸ **to ~ one's coat** quitarse *or AM* sacarse el abrigo

remover [rɪ'muːvə(r)] n **1. paint ~** decapante *m* ▸ **nail varnish ~** quitaesmaltes *m inv* **2. (furniture) removers** [people] empleados *mpl* de mudanzas / [firm] (empresa *f* de) mudanzas *fpl*

remunerate [rɪ'mjuːnəreɪt] vt *Formal* remunerar, retribuir

remuneration [rɪmjuːnəˈreɪʃən] n *Formal* remuneración *f*, retribución *f* ▸ **~ package** paquete *m* de beneficios

remunerative [rɪˈmjuːnərətɪv] adj *Formal* remunerado(a)

renaissance [rɪˈneɪsəns] n renacimiento *m* ▸ **the Renaissance** el Renacimiento

renal [ˈriːnəl] adj ANAT renal

rename [riːˈneɪm] vt cambiar el nombre a

rend [rend] (pt & pp **rent** [rent]) vt *Literary* [tear] desgarrar ▸ **the country was rent by civil war** el país quedó destrozado por la guerra civil

render [ˈrendə(r)] vt **1.** *Formal* [give] **to ~ homage to sb** rendir homenaje a alguien ▸ **for services rendered** por los servicios prestados **2.** [cause to be] dejar ▸ **the news rendered her speechless** la noticia la dejó sin habla **3.** [translate] traducir ▸ **to ~ sth into French** traducir algo al francés

rendezvous [ˈrɒndɪvuː] ■ n (pl **rendezvous** [ˈrɒndɪvuːz]) [meeting] cita *f* / [meeting place] lugar *m* de encuentro
■ vi encontrarse, reunirse

rendition [renˈdɪʃən] n interpretación *f*

renegade [ˈrenɪgeɪd] n renegado(a) *m,f*

renege [rɪˈneɪg] vi **to ~ on a promise** incumplir una promesa

renew [rɪˈnjuː] vt [passport, membership] renovar / [attempts, calls, attacks] renovar, reanudar / [relations, friendship] reanudar

renewable [rɪˈnjuːəbəl] adj renovable ▸ **~ energy source** fuente *f* de energía renovable

renewal [rɪˈnjuːəl] n [of passport, membership] renovación *f* / [of attempts, calls, attacks] reanudación *f*

rennet [ˈrenɪt] n CULIN cuajo *m*

renounce [rɪˈnaʊns] vt renunciar a

renovate [ˈrenəveɪt] vt renovar, restaurar

renovation [renəˈveɪʃən] n renovación *f*, restauración *f*

renown [rɪˈnaʊn] n fama *f*, renombre *m*

renowned [rɪˈnaʊnd] adj célebre, renombrado(a)

rent[1] [rent] ■ n [on flat, house] alquiler *m* ▸ **for ~** en alquiler ▸ **how much ~ do you pay?** ¿cuánto pagas de alquiler? ▸ *BR Fam* **~ boy** [male prostitute] puto *m*, *ESP* chapero *m*
■ vt [house, video, car] alquilar, *MÉX* rentar

rent[2] pt & pp *of* ***rend***

rental [ˈrentəl] n alquiler *m*

rent-free [rentˈfriː] ■ adj exento(a) del pago de alquiler
■ adv sin pagar alquiler

reoccupy [riːˈɒkjʊpaɪ] vt ocupar de nuevo

reopen [riːˈəʊpən] ■ vt [frontier, investigation] reabrir / [talks] reanudar ▸ *Fig* **to ~ old wounds** abrir viejas heridas
■ vi [shop, theatre] volver a abrir ▸ **school reopens on the 21st of August** las clases se reanudan el 21 de agosto

reopening [riːˈəʊpənɪŋ] n [of shop, theatre, frontier, investigation] reapertura *f* / [of talks] reanudación *f*

reorder [riːˈɔːdə(r)] vt COM pedir de nuevo

reorganization [riːɔːgənaɪˈzeɪʃən] n reorganización *f*

reorganize [riːˈɔːgənaɪz] vt reorganizar

rep [rep] n *Fam* [salesman] representante *mf*, comercial *mf*

repackage [riːˈpækɪdʒ] vt [goods] reempaquetar, reembalar / *Fig* [renew image of] renovar la imagen de

repaid [riːˈpeɪd] pt & pp *of* ***repay***

repaint [riːˈpeɪnt] vt repintar

repair [rɪˈpeə(r)] ■ n [of watch, car, machine] reparación *f* / [of shoes, clothes] arreglo *m* ▸ **to be beyond ~** no poderse arreglar ▸ **to be in good/bad ~** estar en buen/mal estado ▸ **to be under ~** estar en reparación ▸ **~ shop** taller *m*
■ vt [watch, car, machine] reparar / [shoes, clothes, road] arreglar

repairman [rɪˈpeəmæn] n técnico *m*

reparation [repəˈreɪʃən] n **1.** *Formal* compensación *f*, reparación *f* ▸ **to make ~ for sth** compensar por algo **2.** [after war] **reparations** indemnizaciones *fpl* (de guerra)

repartee [repɑːˈtiː] n pulso *m* verbal a base de agudezas

repast [rɪˈpɑːst] n *Literary* colación *f*, comida *f*

repatriate [riːˈpætrɪeɪt] vt repatriar

repatriation [riːpætrɪˈeɪʃən] n repatriación *f*

repay [riːˈpeɪ] (pt & pp **repaid** [riːˈpeɪd]) vt **1.** [money] devolver / [person] pagar / [debt] saldar **2.** [person for kindness, help] recompensar / [kindness, loyalty] pagar

repayable [riːˈpeɪəbəl] adj [loan] pagadero(a), a devolver (**over** en)

repayment [riːˈpeɪmənt] n pago *m*, devolución *f* ▸ **~ plan** plan *m* de amortización

repeal [rɪˈpiːl] vt [law, regulation] derogar, abrogar

repeat [rɪˈpiːt] ■ n [of event, TV programme] repetición *f* ▸ COM **the success of a business depends on ~ orders** el éxito de un negocio depende de la renovación de pedidos
■ vt repetir ▸ **to ~ oneself** repetirse ▸ **don't ~ this, but...** no se lo cuentes a nadie, pero...

repeated [rɪˈpiːtɪd] adj repetido(a)

repeatedly [rɪˈpiːtɪdlɪ] adv repetidas veces, repetidamente

repel [rɪˈpel] (pt & pp **repelled**) vt [throw back] repeler, rechazar / [disgust] repeler, repugnar

repellent [rɪˈpelənt] ■ n [for insects] repelente *m* (antiinsectos)
■ adj repelente

repent [rɪˈpent] ■ vt arrepentirse de
■ vi arrepentirse (**of** de)

repentance [rɪˈpentəns] n arrepentimiento *m*

repentant [rɪˈpentənt] adj arrepentido(a) ▸ **to be ~** estar arrepentido(a)

repercussion [riːpəˈkʌʃən] n repercusión *f*

repertoire [ˈrepətwɑː(r)] n repertorio *m*

repertory ['repətərɪ] n THEAT **~ company** compañía *f* de repertorio

repetition [repɪ'tɪʃən] n repetición *f*

repetitious [repɪ'tɪʃəs] adj repetitivo(a)

repetitive [rɪ'petɪtɪv] adj [style, job] repetitivo(a) ▸ **~ strain** *or* **stress injury** lesión *f* por esfuerzo *or* movimiento repetitivo

rephrase [riː'freɪz] vt reformular, expresar de forma diferente

replace [rɪ'pleɪs] vt **1.** [put back] volver a poner, devolver ▸ **to ~ the receiver** colgar (el teléfono) **2.** [substitute for] sustituir, reemplazar (**with/by** por) / [tyre, broken part] (re)cambiar

replacement [rɪ'pleɪsmənt] n **1.** [act of putting back] devolución *f* / [act of substituting] sustitución *f* / [of tyre, broken part] (re)cambio *m* ▸ FIN **~ cost** costo *m or ESP* coste *m* de sustitución ▸ **~ parts** piezas *fpl* de recambio ▸ **~ value** valor *m* de reposición **2.** [for person] sustituto(a) *m,f*

replay ■ n ['riːpleɪ] [of soccer match] repetición *f* (del partido) ▸ (*BR* **action** *or US* **instant**) **~** [on TV] repetición *f* (de la jugada)
■ vt [riː'pleɪ] [match] jugar de nuevo

replenish [riː'plenɪʃ] vt [cup, tank] rellenar ▸ **to ~ one's supplies** surtirse de provisiones

replete [rɪ'pliːt] adj *Formal* repleto(a) (**with** de)

replica ['replɪkə] n réplica *f*

replicate ['replɪkeɪt] vt reproducir

reply [rɪ'plaɪ] ■ n respuesta *f,* contestación *f* ▸ **in ~** en *or* como respuesta ▸ **there was no ~** [to telephone] no contestaban, no había nadie
■ vi responder, contestar ▸ **to ~ to a letter** contestar a una carta

report [rɪ'pɔːt] ■ n **1.** [account] informe *m, AM* reporte *m* / [in newspaper, on radio, television] reportaje *m* ▸ **there are reports that...** circula el rumor *or* corre la voz de que... ▸ *US* SCH **~ (card)** boletín *m* de evaluación, *RP* carné *m* de notas *or* calificaciones **2.** [sound] estallido *m,* explosión *f*
■ vt [information] informar de / [accident, theft] dar parte de ▸ **the incident was reported in the local press** la prensa local informó del incidente ▸ **it is reported that the Prime Minister is about to resign** se ha informado *or CAM, MÉX* reportado de la inminente dimisión del primer ministro ▸ **to ~ sb missing** denunciar la desaparición de alguien ▸ **to ~ sb to the police** denunciar a alguien a la policía ▸ **she reported her findings to him** le informó de *or* le dio a conocer sus hallazgos
■ vi **1.** [present oneself] presentarse ▸ **to ~ for duty** presentarse para el servicio **2.** [give account] informar / [journalist] informar (**on** sobre) ▸ **she reported to her boss** informó a su jefe **3.** [be accountable] **to ~ to sb** ser responsable ante alguien

reported [rɪ'pɔːtɪd] adj **there have been several ~ sightings** se tienen noticias de varios avistamientos ▸ GRAM **~ speech** el estilo indirecto

reportedly [rɪ'pɔːtɪdlɪ] adv según se dice ▸ **he is ~ resident in Paris** según se dice, reside en París

reporter [rɪ'pɔːtə(r)] n reportero(a) *m,f*

repose [rɪ'pəʊz] *Formal* ■ n reposo *m*
■ vi reposar

repository [rɪ'pɒzɪtərɪ] n [for books, furniture] depósito *m* / [of knowledge] arsenal *m,* depositario(a) *m,f*

repossess [riːpə'zes] vt FIN embargar (definitivamente)

reprehensible [reprɪ'hensɪbəl] adj censurable, recriminable

reprehensibly [reprɪ'hensɪblɪ] adv de un modo censurable *or* recriminable

represent [reprɪ'zent] vt [depict, symbolize] representar / [describe] presentar, describir ▸ **to ~ a company** representar a una empresa ▸ **this represents a great improvement** esto representa una gran mejora

representation [reprɪzen'teɪʃən] n [of facts, in Parliament] representación *f* ▸ *Formal* **to make representations (to sb)** presentar una protesta (ante alguien)

representational [reprɪzen'teɪʃənəl] adj ART figurativo(a)

representative [reprɪ'zentətɪv] ■ n **1.** [of company, on committee] representante *mf* **2.** *US* POL representante *mf,* diputado(a) *m,f*
■ adj representativo(a)

repress [rɪ'pres] vt reprimir

repressed [rɪ'prest] adj **to be ~** estar reprimido(a)

repression [rɪ'preʃən] n represión *f*

repressive [rɪ'presɪv] adj represivo(a)

reprieve [rɪ'priːv] ■ n LAW indulto *m* ▸ *Fig* **to win a ~** [project, company] salvarse de momento
■ vt LAW indultar / *Fig* [project, company] salvar de momento

reprimand ['reprɪmɑːnd] ■ n reprimenda *f*
■ vt reprender

reprint ■ n ['riːprɪnt] reimpresión *f*
■ vt [riː'prɪnt] reimprimir

reprisal [rɪ'praɪzəl] n represalia *f* ▸ **to take reprisals** tomar represalias ▸ **in ~ for** en represalia por

reproach [rɪ'prəʊtʃ] ■ n reproche *m* ▸ **beyond** *or* **above ~** irreprochable, intachable
■ vt hacer reproches a ▸ **to ~ sb for (doing) sth** reprochar (el haber hecho) algo a alguien ▸ **to ~ oneself for sth** reprocharse algo

reproachful [rɪ'prəʊtʃfʊl] adj [tone, look] de reproche

reproachfully [rɪ'prəʊtʃfʊlɪ] adv de manera reprobatoria

reprobate ['reprəbeɪt] n granujilla *mf,* tunante *mf*

reprocess [riː'prəʊses] vt reprocesar, volver a tratar

reprocessing [riː'prəʊsesɪŋ] n reprocesado *m* ▸ **~ plant** planta *f* de reprocesado

reproduce [riːprə'djuːs] ■ vt reproducir
■ vi reproducirse

reproduction [riːprə'dʌkʃən] n reproducción *f* ▸ **~ furniture** reproducciones *fpl* de muebles antiguos

reproductive [riːprə'dʌktɪv] adj BIOL reproductor(ora) ▸ **~ organs** órganos *mpl* reproductores

reproof [rɪ'pru:f] n *Formal* reprobación *f*, desaprobación *f*

reprove [rɪ'pru:v] vt *Formal* recriminar, reprobar

reproving [rɪ'pru:vɪŋ] adj *Formal* de reprobación, reprobatorio(a)

reprovingly [rɪ'pru:vɪŋlɪ] adv de manera reprobatoria

reptile ['reptaɪl] n reptil *m*

reptilian ['reptɪlɪən] adj *also Fig* de reptil

republic [rɪ'pʌblɪk] n república *f*

republican [rɪ'pʌblɪkən] n & adj republicano(a) *m,f*

republicanism [rɪ'pʌblɪkənɪzəm] n republicanismo *m*

repudiate [rɪ'pju:dɪeɪt] vt *Formal* [offer] rechazar / [rumour, remark] desmentir

repudiation [rɪpju:dɪ'eɪʃən] n [of offer] rechazo *m* / [of rumour, remark] desmentido *m*

repugnance [rɪ'pʌgnəns] n repugnancia *f*

repugnant [rɪ'pʌgnənt] adj repugnante

repulse [rɪ'pʌls] vt [army, attack] rechazar ▸ **I am repulsed by your heartlessness** me repulsa tu crueldad

repulsive [rɪ'pʌlsɪv] adj repulsivo(a)

repulsively [rɪ'pʌlsɪvlɪ] adv de manera repulsiva

reputable ['repjʊtəbəl] adj reputado(a), acreditado(a)

reputation [repju:'teɪʃən] n [of person, shop] reputación *f* ▸ **to have a good/bad ~** tener buena/mala reputación *or* fama ▸ **to have a ~ for frankness** tener fama de franco(a) ▸ **they lived up to their ~** hicieron honor a su reputación

repute [rɪ'pju:t] ■ n *Formal* reputación *f*, fama *f* ▸ **of ~** de prestigio ▸ **to be held in high ~** estar muy bien considerado(a)

■ vt **to be reputed to be wealthy/a genius** tener fama de rico/de ser un genio ▸ **the reputed author of the work** el supuesto autor de la obra

reputedly [rɪ'pju:tɪdlɪ] adv según parece, según se dice

request [rɪ'kwest] ■ n petición *f*, solicitud *f*, *AM* pedido *m* ▸ **to make a ~ (for sth)** hacer una petición *or AM* un pedido (de algo) ▸ **available on ~** disponible mediante solicitud ▸ **by popular ~** a petición *or AM* pedido del público ▸ **~ stop** [for bus] parada *f* discrecional

■ vt pedir, solicitar ▸ **to ~ sb to do sth** pedir *or* solicitar a alguien que haga algo ▸ **passengers are requested not to smoke** se ruega a los señores pasajeros se abstengan de fumar ▸ **as requested** como se solicitaba

requiem ['rekwɪəm] n MUS réquiem *m* ▸ REL **~ (mass)** misa *f* de difuntos

require [rɪ'kwaɪə(r)] vt requerir, necesitar ▸ **you are required to...** se le pide que... ▸ **if required** si es necesario ▸ **when required** cuando sea necesario

requirement [rɪ'kwaɪəmənt] n requisito *m*

requisite ['rekwɪzɪt] adj necesario(a), requerido(a) ▸ **without the ~ care** sin el debido cuidado

◆ ***requisites*** npl [necessary conditions] requisitos *mpl* / [objects] accesorios *mpl*, artículos *mpl*

requisition [rekwɪ'zɪʃən] vt [supplies] requisar

rerelease ['ri:rɪ'li:s] ■ n [movie] reestreno *m* / [record] relanzamiento *m*

■ vt [movie] reestrenar / [record] relanzar

rerun ['ri:rʌn] n [on TV] reposición *f* / [of situation, conflict] repetición *f*

resale [ri:'seɪl] n reventa *f*

resat [ri:'sæt] pt & pp *of* ***resit***

reschedule [ri:'skedʒu:l, *BR* ri:'ʃedju:l] vt [meeting, flight] volver a programar / [debt] renegociar

rescind [rɪ'sɪnd] vt LAW [law] derogar / [contract] rescindir

rescue ['reskju:] ■ n rescate *m* ▸ **to come to sb's ~** acudir al rescate de alguien ▸ **~ services** servicios *mpl* de salvamento

■ vt rescatar

rescuer ['reskju:ə(r)] n salvador(ora) *m,f*

research [rɪ'sɜ:tʃ] ■ n investigación *f* ▸ **to do ~ into sth** investigar algo ▸ **~ and development** investigación y desarrollo ▸ **~ assistant** ayudante *mf* de investigación ▸ **~ laboratory** laboratorio *m* de investigación

■ vt investigar ▸ **a well researched book** un libro muy bien documentado

■ vi investigar ▸ **to ~ into sth** investigar algo

HOW TO...

make and reply to requests

Asking for someone's help

¿Puedes venir a ayudarme un momento? / Can you come and help me for a minute?

¿Me ayudas a ordenar estos documentos, por favor? / Can you help me sort these documents, please?

Necesito que me ayudes con esto... / I need your help with this...

¿Te importaría revisar esta carta? / Would you mind reading through this letter for me?

¿Me puedes hacer un favor? / Could you do me a favour?

¿Le puedo pedir un favor? / Can I ask you a favour?

Le agradecería que me llamase lo antes posible. / Please phone me back as soon as possible.

Replying to a request

Sí, por supuesto. / Yes, of course.

Sí, claro, ¿qué necesitas? / Of course, what can I do for you?

Desde luego. / Yes, of course.

Vale. (informal) / OK.

Lo siento, no tengo tiempo. / Sorry, I haven't got time.

Ahora mismo no puedo... / I can't do it right now...

researcher [rɪ'sɜːtʃə(r)] n investigador(ora) *m,f*

resemblance [rɪ'zembləns] n parecido *m*, similitud *f* ▸ **to bear a ~ to sb/sth** guardar parecido con alguien/algo

resemble [rɪ'zembəl] vt parecerse a

resent [rɪ'zent] vt sentirse molesto(a) por ▸ **I ~ his interference** me parece mal que se entrometa ▸ **I ~ being treated like an idiot** me molesta que me traten como a un imbécil ▸ **I ~ that!** ¡eso no me parece nada bien! ▸ **they obviously resented my presence** evidentemente, les molestaba mi presencia

resentful [rɪ'zentfʊl] adj resentido(a) ▸ **to be** *or* **feel ~** estar resentido(a)

resentment [rɪ'zentmənt] n resentimiento *m* ▸ **to feel ~ towards sb** tener resentimiento hacia alguien

reservation [rezə'veɪʃən] n **1.** [booking] reserva, *AM* reservación *f* ▸ **to make a ~** hacer una reserva ▸ **~ desk** mostrador *m* de reservas **2.** [doubt] reserva *f* ▸ **without ~** sin reservas **3.** **(Indian) ~** reserva *f* india

reserve [rɪ'zɜːv] ▪ n **1.** [supply] reserva *f* ▸ **to keep sth in ~** reservar algo, tener algo en reserva ▸ **he drew on his reserves** echó mano de sus reservas **2.** SPORT reserva *mf* ▸ MIL **the reserves** la reserva **3.** [for birds, game] reserva *f* ▸ **game ~** coto *m* de caza ▸ **nature ~** reserva natural **4.** [reticence] reserva *f* ▸ **without ~** sin reservas
▪ vt [book, keep] reservar ▸ **to ~ the right to do sth** reservarse el derecho a hacer algo ▸ **to ~ one's strength** ahorrar *or* reservar fuerzas ▸ **to ~ judgement (on sth)** reservarse la opinión (sobre algo)

reserved [rɪ'zɜːvd] adj reservado(a)

reservist [rɪ'zɜːvɪst] n MIL reservista *mf*

reservoir ['rezəvwɑː(r)] n [lake] embalse *m*, pantano *m* / *Fig* [of strength, courage] reserva *f*, cúmulo *m*

reset [riː'set] (pt & pp **reset**) vt [watch] ajustar / [counter] poner a cero / MED [bone] colocar en su sitio ▸ COMPTR **~ button** *or* **switch** botón *m* para reinicializar

reshape [riː'ʃeɪp] vt [plans, future] rehacer, reorganizar / [party, industry] reestructurar, remodelar

reshuffle ['riːʃʌfəl] n POL **(Cabinet) ~** reajuste *m or* remodelación *f* del Gabinete (ministerial)

reside [rɪ'zaɪd] vi **1.** [person] residir **2.** [power, quality] **to ~ in** residir en, radicar en

residence ['rezɪdəns] n **1.** [stay] estancia *f* ▸ **she took up ~ in London** fijó su residencia en Londres ▸ **place of ~** lugar *m* de residencia ▸ **~ permit** permiso *m* de residencia **2.** *Formal* [home] residencia *f* **3.** *BR* UNIV **(hall of) ~** colegio *m* mayor

resident ['rezɪdənt] ▪ n [of country, street] residente *mf* / [of hotel] residente *mf*, huésped *mf* ▸ **residents' association** asociación *f* de vecinos
▪ adj residente ▸ **to be ~ in Manchester** residir en Manchester

residential [rezɪ'denʃəl] adj residencial

residual [rɪ'zɪdjʊəl] adj residual

residue ['rezɪdjuː] n [remainder] resto *m*, residuo *m* / CHEM residuo *m*

resign [rɪ'zaɪn] ▪ vt [job, position] dimitir de, renunciar a ▸ **to ~ oneself to (doing) sth** resignarse a (hacer) algo
▪ vi dimitir

resignation [rezɪg'neɪʃən] n **1.** [from job] dimisión *f* ▸ **to hand in one's ~** presentar la dimisión **2.** [attitude] resignación *f*

resilience [rɪ'zɪlɪəns] n [of material, metal] elasticidad *f* / [of person] capacidad *f* de recuperación

resilient [rɪ'zɪlɪənt] adj [material, metal] elástico(a) ▸ **to be ~** [person, economy] tener capacidad de recuperación

resin ['rezɪn] n resina *f*

resist [rɪ'zɪst] ▪ vt resistir ▸ LAW **to ~ arrest** resistirse a la autoridad ▸ **I couldn't ~ telling him** no pude resistir la tentación de decírselo ▸ **I can't ~ chocolates** los bombones me resultan irresistibles
▪ vi resistir

resistance [rɪ'zɪstəns] n resistencia *f* ▸ **to put up** *or* **offer ~** oponer *or* ofrecer resistencia ▸ **to meet with no ~** no encontrar resistencia ▸ **to take the line of least ~** tomar el camino más fácil ▸ **~ fighter** miembro *m* de la resistencia

resistant [rɪ'zɪstənt] adj **to be ~ to sth** [change, suggestion] mostrarse remiso(a) a aceptar algo, mostrar resistencia a algo / [disease] ser resistente a algo

-resistant [rɪ'zɪstənt] suffix anti ▸ **rust~** antioxidante ▸ **stain~** antimanchas

resistor [rɪ'zɪstə(r)] n ELEC resistencia *f (componente)*

resit [riː'sɪt] (pt & pp **resat** [riː'sæt]) vt *BR* [exam, driving test] presentarse de nuevo a

resolute ['rezəluːt] adj resuelto(a), decidido(a)

resolution [rezə'luːʃən] n **1.** [decision] [of individual] determinación *f* / [of committee] resolución *f* **2.** [firmness] resolución *f*, decisión *f* **3.** [solution] resolución *f*, solución *f*

resolve [rɪ'zɒlv] ▪ n determinación *f* ▸ **to make a firm ~ to do sth** resolver firmemente hacer algo
▪ vt **1.** [decide] **to ~ to do sth** resolver hacer algo **2.** [solve] resolver, solucionar
▪ vi **to ~ on/against doing sth** tomar la resolución de hacer/no hacer algo

resonance ['rezənəns] n [of voice] resonancia *f*

resonant ['rezənənt] adj resonante

resonate ['rezəneɪt] vi resonar

resort [rɪ'zɔːt] ▪ n **1.** [recourse] recurso *m* ▸ **to have ~ to sth** recurrir a algo ▸ **as a last ~** como último recurso **2.** [holiday place] centro *m* turístico, lugar *m* de veraneo
▪ vi **to ~ to** recurrir a

resound [rɪ'zaʊnd] vi [voice] resonar, retumbar ▸ **the stadium resounded with applause** los aplausos resonaban en el estadio, el estadio resonaba con aplausos

resounding [rɪ'zaʊndɪŋ] adj [crash] estruendoso(a) / [applause] sonoro(a), clamoroso(a) / [success, failure] rotundo(a), clamoroso(a)

resoundingly [rɪ'zaʊndɪŋlɪ] adv [to defeat] rotundamente ▸ **to be ~ successful** tener un éxito rotundo

resource [rɪ'zɔːs] ▪ n recurso *m* ▸ **to be left to one's own resources** tener que arreglárselas solo(a) ▸ **~ management** gestión *f* de recursos
▪ vt [project] financiar

resourceful [rɪ'zɔ:sfʊl] adj ingenioso(a), lleno(a) de recursos

respect [rɪ'spekt] ■ n **1.** [admiration, consideration] respeto *m* ▸ **to have ~ for sth/sb** respetar algo/a alguien ▸ **out of ~ for...** por respeto hacia... ▸ **to treat mountains with ~** respetar la montaña ▸ **with all due ~...** con el debido respeto... ▸ **to pay one's last respects** decir el último adiós **2.** [aspect] sentido *m*, aspecto *m* ▸ **in some/certain respects** en algunos/ciertos aspectos ▸ **in all respects, in every ~** en todos los sentidos ▸ **with ~ to, in ~ of** con respecto a
■ vt respetar

respectability [rɪspektə'bɪlɪtɪ] n respetabilidad *f*

respectable [rɪ'spektəbəl] adj **1.** [honourable, decent] respetable **2.** [fairly large] considerable, respetable / [fairly good] decente

respectably [rɪ'spektəblɪ] adv **1.** [in a respectable manner] respetablemente **2.** [fairly well] decentemente, pasablemente

respected [rɪ'spektɪd] adj respetado(a)

respecter [rɪ'spektə(r)] n **death is no ~ of persons** la muerte no hace distinciones

respectful [rɪ'spektfʊl] adj respetuoso(a)

respective [rɪ'spektɪv] adj respectivo(a)

respectively [rɪ'spektɪvlɪ] adv respectivamente

respiration [respɪ'reɪʃən] n respiración *f*

respiratory [rɪ'spɪrɪtərɪ] adj ANAT respiratorio(a)

respite ['respaɪt] n respiro *m*, tregua *f* ▸ **to work without ~** trabajar sin tregua ▸ **they gave her no ~** no le concedieron un momento de respiro, no le dieron cuartel

resplendent [rɪ'splendənt] adj resplandeciente ▸ **to be ~** estar resplandeciente

respond [rɪ'spɒnd] vi responder ▸ MED **to ~ to treatment** responder al tratamiento

respondent [rɪ'spɒndənt] n **1.** LAW demandado(a) *m,f* **2.** [to questionnaire] encuestado(a) *m,f*

response [rɪ'spɒns] n respuesta *f* ▸ **in ~ to** en respuesta a ▸ **~ time** tiempo *m* de respuesta

responsibility [rɪspɒnsɪ'bɪlɪtɪ] n responsabilidad *f* (**for** de) ▸ **to take** *or* **accept full ~ for sth** asumir toda la responsabilidad de algo ▸ **answering the phone is his ~, not mine** contestar el teléfono le corresponde a él, no a mí

responsible [rɪ'spɒnsɪbəl] adj [trustworthy, accountable] responsable ▸ **to be ~ for** ser responsable de ▸ **to hold sb ~** considerar a alguien responsable ▸ **a ~ job** un puesto de responsabilidad

responsive [rɪ'spɒnsɪv] adj **to be ~** [to criticism, praise, idea, suggestion] ser receptivo(a), responder bien / [willing to participate] demostrar interés ▸ **to be ~ to treatment** responder (bien) al tratamiento

rest[1] [rest] ■ n **1.** [repose] descanso *m* ▸ **to have** *or* **take a ~** descansar, tomarse un descanso ▸ *Euph* **to be at ~** [be dead] descansar en paz ▸ **to put** *or* **set sb's mind at ~** tranquilizar a alguien ▸ *Fam* **give it a ~, will you!** ¿quieres parar de una vez?, *RP* ¡parala de una buena vez! ▸ **to come to ~** detenerse ▸ *US* **~ area** [on highway] área *f* de descanso ▸ *US* **~ room** baño *m*, *ESP* servicios *mpl*, *CSUR* toilette *m* **2.** [support] soporte *m*, apoyo *m* **3.** MUS [pause] silencio *m*
■ vt **1.** [cause to repose] **to ~ one's eyes/legs** descansar los ojos/las piernas ▸ **God ~ his soul!** ¡Dios lo tenga en su gloria! **2.** [lean] apoyar (**on** en) **3.** [base] [argument, theory] apoyar (**on** en), basar (**on** en) / [one's hopes, confidence] depositar (**on** en) ▸ *Fig* **I ~ my case!** ¡he dicho!
■ vi **1.** [relax] descansar ▸ **I won't ~ until...** no descansaré hasta... ▸ **to ~ on** [of structure, argument] descansar en *or* sobre, apoyarse en *or* sobre ▸ **~ in peace** [on gravestone] descanse en paz **2.** [remain] **there the matter rests** así ha quedado la cosa ▸ **I won't let it ~ at that** esto no va a quedar así ▸ **~ assured (that)** puedes estar seguro(a) (de que) ▸ **to ~ with sb** [decision, responsibility] corresponderle a alguien

rest[2] n **the ~** [remainder] el resto / [others] el resto, los demás ▸ **the ~ of us** los demás

restaurant ['restrɒnt] n restaurante *m* ▸ *BR* **~ car** [in train] coche *m* *or* vagón *m* restaurante

restful ['restfʊl] adj tranquilo(a), reposado(a)

restive ['restɪv] adj inquieto(a), nervioso(a)

restless ['restlɪs] adj [fidgety] inquieto(a), agitado(a) / [dissatisfied] descontento(a) ▸ **I've had a ~ night** he pasado una noche agitada

restlessness ['restlɪsnɪs] n [fidgeting, nervousness] inquietud *f*, agitación *f* ▸ **the audience was showing signs of ~** el público comenzaba a dar muestras de impaciencia

restoration [restə'reɪʃən] n [of building, furniture, monarchy] restauración *f* / [of communications, law and order] restablecimiento *m* / [of lost property, fortune] restitución *f*

restore [rɪ'stɔ:(r)] vt [building, furniture, monarchy] restaurar / [communications, law and order] restablecer / [confidence] devolver / [property, fortune] restituir ▸ **to ~ sb to health/strength** devolver la salud/la fuerza a alguien

restrain [rɪ'streɪn] vt [person, crowd, dog, one's curiosity] contener / [passions, anger] reprimir, dominar ▸ **to ~ sb from doing sth** impedir a alguien que haga algo ▸ **to ~ oneself** contenerse, controlarse

restrained [rɪ'streɪnd] adj [person] comedido(a) / [response, emotion] contenido(a)

restraint [rɪ'streɪnt] n **1.** [moderation] dominio *m* de sí mismo(a), comedimiento *m* ▸ **to urge ~** pedir moderación **2.** [restriction] restricción *f*, limitación *f* ▸ **without ~** sin restricciones

restrict [rɪ'strɪkt] vt [person, freedom] restringir, limitar ▸ **to ~ oneself to...** limitarse a...

restricted [rɪ'strɪktɪd] adj restringido(a), limitado(a) ▸ **~ area** zona *f* de acceso restringido ▸ **~ document** documento *m* confidencial

restriction [rɪ'strɪkʃən] n restricción *f*, limitación *f* ▸ **to place restrictions on sth** poner trabas a algo

restrictive [rɪ'strɪktɪv] adj restrictivo(a) ▸ IND **~ practices** prácticas *fpl* restrictivas

restroom ['restru:m] n *US* servicios *mpl*, aseo *m*

restructure [ri:'strʌktʃə(r)] vt reestructurar

restructuring [riːˈstrʌktʃərɪŋ] n IND reestructuración *f,* reconversión

restyle [ˈriːˈstaɪl] vt [car] rediseñar, cambiar el diseño de / [hair, clothes] cambiar el estilo de

result [rɪˈzʌlt] ■ n resultado *m* ▸ **as a ~** como consecuencia *or* resultado ▸ **as a ~ of...** como consecuencia *or* resultado de... ▸ **the ~ is that...** el caso es que... ▸ **to yield** *or* **show results** dar resultado ■ vi **to ~ from** resultar de ▸ **to ~ in sth** tener algo como resultado

resultant [rɪˈzʌltənt] adj resultante

resume [rɪzjuːm] ■ vt [relations, work] reanudar ■ vi continuar

résumé [ˈrezjuːmeɪ] n [summary] resumen *m* / *US* [curriculum vitae] currículum (vitae) *m*

resumption [rɪˈzʌmpʃən] n reanudación *f*

resurface [riːˈsɜːfɪs] ■ vt [road] rehacer el firme de ■ vi [submarine] volver a la superficie / *Fig* [person] reaparecer

resurgence [rɪˈsɜːdʒəns] n resurgimiento *m*

resurgent [rɪˈsɜːdʒənt] adj renaciente, resurgente

resurrect [rezəˈrekt] vt [the dead, fashion, argument] resucitar

resurrection [rezəˈrekʃən] n [of conflict, accusation] reavivamiento *m* ▸ REL **the Resurrection** la Resurrección

resuscitate [rɪˈsʌsɪteɪt] vt [person] reanimar, hacer revivir / [scheme, career] resucitar

retail [ˈriːteɪl] ■ n COM [selling, trade] venta *f* al por menor, *AM* menoreo *m* ▸ **~ outlet** punto *m* de venta ▸ *BR* **~ park** parque *m* comercial ▸ **~ price** precio *m* de venta (al público) ▸ *BR* ECON **~ price index** índice *m* de precios al consumo
■ vt [goods] vender al por menor / [gossip] contar
■ vi **it retails at £9,995** su precio de venta al público es 9.995 libras

retailer [ˈriːteɪlə(r)] n COM minorista *mf*

retain [rɪˈteɪn] vt **1.** [keep] conservar / [heat] retener **2.** [hold in place] sujetar ▸ **retaining wall** muro *m* de contención **3.** [remember] retener

retainer [rɪˈteɪnə(r)] n **1.** [fee] anticipo *m* **2.** [servant] criado(a) *m,f* (de toda la vida)

retake ■ n [ˈriːteɪk] **1.** [of exam] repesca *f* **2.** CIN [of scene] nueva toma *f* ▸ **to do a ~** repetir una toma
■ vt [riːˈteɪk] **1.** [exam] volver a presentarse a **2.** CIN [scene] volver a rodar

retaliate [rɪˈtælɪeɪt] vi desquitarse, tomarse la revancha

retaliation [rɪtælɪˈeɪʃən] n represalias *fpl* ▸ **in ~ (for sth)** como represalia (por algo)

retaliatory [rɪˈtælɪətərɪ] adj como *or* en represalia

retard [rɪˈtɑːd] vt [delay] retrasar

retardant [rɪˈtɑːdənt] ■ n retardador *m*
■ adj retardador(ora), retardante

retarded [rɪˈtɑːdɪd] adj **to be (mentally) ~** ser retrasado(a) mental

retch [retʃ] vi tener arcadas

retention [rɪˈtenʃən] n [of custom, practice] conservación *f,* preservación *f* / [of fact, impression] retención *f*

retentive [rɪˈtentɪv] adj [memory, person] retentivo(a)

rethink ■ n [ˈriːθɪŋk] **to have a ~ (about sth)** hacerse un replanteamiento (de algo)
■ vt [riːˈθɪŋk] (pt & pp **rethought** [riːˈθɔːt]) replantear(se)

reticent [ˈretɪsənt] adj reservado(a)

retina [ˈretɪnə] n ANAT retina *f*

retinue [ˈretɪnjuː] n comitiva *f,* séquito *m*

retire [rɪˈtaɪə(r)] ■ vt jubilar
■ vi **1.** [employee] jubilarse **2.** [withdraw] retirarse **3.** *Formal* [to bed] retirarse (a descansar)

retired [rɪˈtaɪəd] adj [from job] jubilado(a) / [from military] retirado(a) ▸ **to be ~** [from job] estar jubilado(a)

retiree [rɪtaɪəˈriː] n *US* jubilado(a) *m,f*

retirement [rɪˈtaɪəmənt] n [act] jubilación *f* / [period] retiro *m* ▸ **to take early ~** tomar la jubilación anticipada ▸ **he came out of ~** salió de su retiro ▸ **(of) ~ age** (en) edad *f* de jubilación ▸ **~ pension** pensión *f* de jubilación ▸ *US* **~ plan** plan *m* de jubilación

retiring [rɪˈtaɪərɪŋ] adj **1.** [reserved] retraído(a), reservado(a) **2.** [official] saliente *(por jubilación)*

retort [rɪˈtɔːt] ■ n [answer] réplica *f*
■ vt & vi replicar

retrace [rɪˈtreɪs] vt **they retraced their steps** volvieron sobre sus pasos

retract [rɪˈtrækt] ■ vt **1.** [statement, offer] retractarse de **2.** [claws] retraer / [undercarriage] replegar
■ vi **1.** [person] retractarse **2.** [claws] retraerse / [undercarriage] replegarse

retractable [rɪˈtræktəbəl] adj [antenna, tip of instrument] retráctil / [undercarriage] replegable

retrain [riːˈtreɪn] ■ vt [employee] reciclar
■ vi [employee] reciclarse

retraining [riːˈtreɪnɪŋ] n reciclaje *m* profesional

retread [ˈriːtred] n AUT neumático *m* recauchutado, *COL, MÉX* llanta *f or ARG* goma *f* recauchutada

retreat [rɪˈtriːt] ■ n **1.** [withdrawal] retirada *f* ▸ **to beat a ~** batirse en retirada **2.** [place] retiro *m,* refugio *m*
■ vi retirarse

retrial [riːˈtraɪəl] n LAW nuevo juicio *m*

retribution [retrɪˈbjuːʃən] n represalias *fpl*

FALSE FRIEND / FALSO AMIGO

retribution

Retribución no es la traducción del inglés *retribution.* **Retribución** se traduce por *payment.*

retrieve [rɪˈtriːv] vt (gen) & COMPTR recuperar

retriever [rɪˈtriːvə(r)] n [dog] perro *m* cobrador

retro [ˈretrəʊ] adj retro

retroactive [retrəʊˈæktɪv] adj *Formal* retroactivo(a)

retrograde [ˈretrəgreɪd] adj [movement, step] retrógrado(a)

retrospect [ˈretrəspekt] n **in ~** retrospectivamente

retrospective [retrəˈspektɪv] ■ n [exhibition] retrospectiva *f*
■ adj retrospectivo(a)

retry [riː'traɪ] ■ vt LAW volver a procesar a
■ vi COMPTR reintentar

return [rɪ'tɜːn] ■ n **1.** [of person, peace, season] vuelta *f*, regreso *m* / COM [of goods] devolución *f* / [of tennis service] resto *m* ▸ **on my ~** a mi vuelta *or* regreso ▸ **by ~ of post** a vuelta de correo ▸ **in ~** a cambio ▸ **to do sth in ~** corresponder con algo ▸ **many happy returns of the day!** ¡felicidades!, ¡feliz cumpleaños! ▸ **~ journey** viaje *m* de vuelta ▸ **~ match** partido *m* de vuelta ▸ *BR* **~ ticket** billete *m* de ida y vuelta **2.** FIN [profit] rendimiento *m* ▸ **to bring a good ~** proporcionar buenos dividendos ▸ **~ on investment** rendimiento de las inversiones
■ vt **1.** [give or send back] devolver ▸ **to ~ a compliment/favour** devolver *or RP* retribuir un cumplido/favor ▸ **to ~ sb's love** corresponder al amor de alguien ▸ **~ to sender** [on letter] devolver al remitente ▸ **to ~ service** [in tennis] restar, devolver el servicio ▸ **to ~ sb's call** devolver una llamada a alguien, *AM* llamar a alguien en respuesta a su llamado ▸ LAW **to ~ a verdict of guilty/not guilty** pronunciar un veredicto de culpable/inocente **2.** COM & FIN [profit] rendir, proporcionar
■ vi [come or go back] volver, regresar ▸ **to ~ to work** volver al trabajo

returnable [rɪ'tɜːnəbəl] adj [bottle] retornable ▸ **sale items are not ~** no se admite la devolución de artículos rebajados

reunification [riːjuːnɪfɪ'keɪʃən] n reunificación *f*

reunify [riː'juːnɪfaɪ] vt reunificar

reunion [riː'juːnɪən] n reunión *f*

reunite [riːjʊ'naɪt] ■ vt reunir ▸ **to be reunited (with sb)** reencontrarse *or* volver a reunirse (con alguien)
■ vi reunirse

reusable [reː'juːzəbəl] adj reutilizable

reuse [riː'juːz] vt volver a utilizar, reutilizar

Rev n REL (abbr ***Reverend***) **~ Gray** el reverendo Gray

rev [rev] AUT ■ n **~ counter** cuentarrevoluciones *m inv*
■ vt (pt & pp **revved**) **to ~ the engine** revolucionar *or* acelerar el motor

revalue [riː'væljuː] vt FIN revalorizar

revamp [riː'væmp] vt *Fam* renovar

reveal [rɪ'viːl] vt revelar ▸ **it has been revealed that...** se ha dado a conocer que...

revealing [rɪ'viːlɪŋ] adj [sign, comment] revelador(ora) / [dress] insinuante

revealingly [rɪ'viːlɪŋlɪ] adv [significantly] significativamente ▸ **~, not one of them speaks a foreign language** es significativo que ninguno (de ellos) hable otro idioma

revel ['revəl] (pt & pp *BR* **revelled,** *US* **reveled**) vi estar de juerga ▸ **to ~ in sth** deleitarse con algo

revelation [revə'leɪʃən] n revelación *f* ▸ **(the Book of) Revelations** el Apocalipsis

reveller ['revələ(r)] n juerguista *mf*

revenge [rɪ'vendʒ] ■ n venganza *f* ▸ **to take ~ (on sb)** vengarse (de alguien) ▸ **to do sth out of ~** hacer algo por venganza ▸ *Prov* **~ is sweet** la venganza es un placer de dioses
■ vt **to be revenged** vengarse

revenue ['revənjuː] n FIN ingresos *mpl*

reverberate [rɪ'vɜːbəreɪt] vi **1.** [sound] reverberar ▸ **the stadium reverberated with applause** el estadio resonaba con los aplausos **2.** [news, rumour] repercutir

reverberation [rɪvɜːbə'reɪʃən] n **1.** [sound] reverberación *f* **2.** [news, rumour] repercusión *f*

revere [rɪ'vɪə(r)] vt reverenciar, venerar

reverence ['revərəns] n reverencia *f*, veneración *f*

Reverend ['revərənd] REL n reverendo *m* ▸ **Right ~** reverendísimo

reverent ['revərənt] adj reverente

reverential [revə'renʃəl] adj reverente

reverently ['revərəntlɪ] adv con reverencia

reverie ['revərɪ] n ensoñación *f*

reversal [rɪ'vɜːsəl] n [of opinion, policy, roles] inversión *f* / LAW [of decision] revocación *f* ▸ **to suffer a ~** sufrir un revés

reverse [rɪ'vɜːs] ■ n **1.** [opposite] **the ~** lo contrario ▸ **quite the ~!** ¡todo lo contrario! **2.** [other side] [of coin] reverso *m* / [of fabric] revés *m* / [of sheet of paper] dorso *m* **3.** [defeat, misfortune] revés *m* **4.** AUT [gear] marcha *f* atrás ▸ **he put the car into ~** puso *or* metió la marcha atrás
■ adj contrario(a), inverso(a) ▸ **in ~ order** en orden inverso ▸ **the ~ side** [of fabric] el revés / [of sheet of paper] el dorso ▸ *BR* **~-charge call** llamada *f or AM* llamado *m* a cobro revertido ▸ AUT **~ gear** marcha *f* atrás
■ vt [order, situation, trend] invertir ▸ **the roles are reversed** se han invertido los papeles ▸ **she reversed the car into the road** salió a la carretera marcha atrás

reversible [rɪ'vɜːsəbəl] adj **1.** [jacket] reversible **2.** [decree, decision] revocable / [surgery] reversible ▸ **the decision is not ~** la decisión es irrevocable

revert [rɪ'vɜːt] vi **1.** [return] volver ▸ **he soon reverted to type** pronto volvió a su antiguo ser **2.** LAW [property] revertir

review [rɪ'vjuː] ■ n **1.** [of policy, situation] revisión *f* ▸ **to be under ~** estar siendo revisado(a) **2.** [of book, play, film] crítica *f*, reseña *f* **3.** MIL revista *f*
■ vt **1.** [policy, situation] revisar **2.** [book, play, film] hacer una crítica de, reseñar **3.** MIL [troops] pasar revista a

reviewer [rɪ'vjuːə(r)] n [of book, play, film] crítico(a) *m,f*

revile [rɪ'vaɪl] vt *Formal* denigrar, vilipendiar

revise [rɪ'vaɪz] ■ vt **1.** [text, law] revisar ▸ **to ~ one's opinion of sb** cambiar de opinión sobre alguien **2.** *BR* [for exam] [subject, notes] repasar
■ vi *BR* [for exam] repasar

revision [rɪ'vɪʒən] n **1.** [of text] revisión *f* **2.** *BR* [for exam] **to do some ~** repasar

revisionism [rɪ'vɪʒənɪzəm] n POL revisionismo *m*

revisionist [rɪ'vɪʒənɪst] n & adj revisionista *mf*

revisit [rɪ'vɪzɪt] vt volver a visitar

revitalize [rɪ'vaɪtəlaɪz] vt reanimar, revitalizar

revival [rɪ'vaɪvəl] n [of person] reanimación *f* / [of industry] reactivación *f* / [of hope] recuperación *f* / [of custom, fashion] resurgimiento *m* / [of play] reposición *f*, nuevo montaje *m*

revive [rɪ'vaɪv] ■ vt [person] reanimar / [industry] reactivar / [hopes] recuperar / [custom, fashion] hacer resurgir
■ vi [person] reanimarse / [industry] reactivarse / [hopes] renacer / [custom, fashion] revivir

revocation [revə'keɪʃən] n *Formal* revocación *f*

revoke [rɪ'vəʊk] vt *Formal* [law] derogar / [decision, privilege] revocar

revolt [rɪ'vəʊlt] ■ n rebelión *f* ▸ **to be in ~** rebelarse
■ vt [disgust] repugnar ▸ **to be revolted by sth** sentir asco por algo
■ vi [rebel] rebelarse

revolting [rɪ'vəʊltɪŋ] adj [disgusting] repugnante, asqueroso(a)

revoltingly [rɪ'vəʊltɪŋlɪ] adv [disgustingly] asquerosamente, repugnantemente

revolution [revə'lu:ʃən] n **1.** [radical change] revolución *f* **2.** [turn] vuelta *f*, giro *m*

revolutionary [revə'lu:ʃənərɪ] n & adj revolucionario(a) *m,f*

revolutionize [revə'lu:ʃənaɪz] vt revolucionar

revolve [rɪ'vɒlv] vi girar (**around** en torno a)

revolver [rɪ'vɒlvə(r)] n revólver *m*

FALSE FRIEND / FALSO AMIGO
revolve

Revolver no es la traducción del inglés *revolve.* Las traducciones de **revolver** son, entre otras, *to stir, to turn upside down* o *to rummage around in:*
añadir al caldo y revolver con cuidado *add to the broth and stir carefully*
lo han revuelto todo *they have turned the place upside down*
¿quién ha estado revolviendo en mis cajones? *who's been rummaging around in my drawers?*

revolving [rɪ'vɒlvɪŋ] adj giratorio(a)

revue [rɪ'vju:] n THEAT revista *f*

revulsion [rɪ'vʌlʃən] n repugnancia *f*

reward [rɪ'wɔ:d] ■ n recompensa *f*
■ vt recompensar

rewarding [rɪ'wɔ:dɪŋ] adj gratificante

rewind [ri:'waɪnd] (pt & pp **rewound** [ri:'waʊnd]) vt [tape, film] rebobinar

rewire [ri:'waɪə(r)] vt [house] renovar la instalación eléctrica de

reword [ri:'wɜ:d] vt reformular, expresar de otra manera

rework [ri:'wɜ:k] vt [idea, text] rehacer, reelaborar

reworking [ri:'wɜ:kɪŋ] n [of idea, text] reelaboración *f*

rewound [ri:'waʊnd] pt & pp *of* ***rewind***

rewrite [ri:'raɪt] (pt **rewrote** [ri:'rəʊt], pp **rewritten** [ri:'rɪtən]) vt reescribir

Reykjavik ['rekjəvɪk] n Reikiavik

RFU [ɑ:ref'ju:] n *BR* (abbr ***Rugby Football Union***) = *federación inglesa de "rugby union"*

rhapsodic(al) [ræp'sɒdɪk(əl)] adj [prose, description] enardecido(a)

rhapsodize ['ræpsədaɪz] vi deshacerse en elogios (**over** *or* **about** sobre)

rhapsody ['ræpsədɪ] n MUS rapsodia *f* ▸ **to go into rhapsodies over sth** deshacerse en elogios sobre algo

rhesus ['ri:səs] n **1.** MED **~ factor** factor *m* Rh ▸ **~ positive/negative** Rh *m* positivo/negativo **2. ~ monkey** macaco *m* (de la India)

rhetoric ['retərɪk] n *also Fig* retórica *f*

rhetorical [rɪ'tɒrɪkəl] adj retórico(a) ▸ **~ question** pregunta *f* retórica

rhetorically [rɪ'tɒrɪklɪ] adv retóricamente

rheumatic [ru:'mætɪk] adj MED reumático(a) ▸ **~ fever** fiebre *f* reumática

rheumatism ['ru:mətɪzəm] n reumatismo *m*, reúma *m*

rheumatoid arthritis ['ru:mətɔɪdɑ:'θraɪtɪs] MED n artritis *f inv* reumatoide

Rhine [raɪn] n **the ~** el Rin

rhinestone ['raɪnstəʊn] n diamante *m* de imitación

rhino ['raɪnəʊ] (pl **rhinos**) n *Fam* rinoceronte *m*

rhinoceros [raɪ'nɒsərəs] n rinoceronte *m*

rhizome ['raɪzəʊm] n BOT rizoma *m*

Rhodes [rəʊdz] n Rodas

rhododendron [rəʊdə'dendrən] n rododendro *m*

rhomboid ['rɒmbɔɪd] n romboide *m*

rhombus ['rɒmbəs] n rombo *m*

Rhone [rəʊn] n **the ~** el Ródano

rhubarb ['ru:bɑ:b] n ruibarbo *m* ▸ **~ jam** confitura *f* de ruibarbo

rhyme [raɪm] ■ n rima *f* ▸ **to speak in ~** hablar en verso ▸ **without ~ or reason** sin venir a cuento
■ vi rimar

rhythm ['rɪðəm] n ritmo *m* ▸ **~ guitar** guitarra *f* rítmica ▸ **~ method** [of contraception] método *m* (de) Ogino

rhythmic(al) ['rɪðmɪk(əl)] adj rítmico(a)

rhythmically ['rɪðmɪklɪ] adv rítmicamente, con ritmo

rib [rɪb] ■ n **1.** [of person, animal] costilla *f* **2.** [of umbrella] varilla *f*
■ vt (pt & pp **ribbed**) *Fam* [tease] tomar el pelo a

ribald ['rɪbəld, 'raɪbəld] adj [joke, song] procaz / [language] grosero(a)

ribbed [rɪbd] adj [pullover] acanalado(a)

ribbing ['rɪbɪŋ] n **1.** [on pullover] cordoncillos *mpl* **2.** *Fam* [teasing] tomadura *f* de pelo

ribbon ['rɪbən] n [for hair, typewriter] cinta *f* / [of land] franja *f*, faja *f* ▸ **torn to ribbons** hecho(a) jirones

ribcage ['rɪbkeɪdʒ] n caja *f* torácica

riboflavin(e) [raɪbəʊ'fleɪvɪn] n CHEM riboflavina *f*, vitamina *f* B2

rice [raɪs] n arroz *m* ▸ **~ field** *or* **paddy** arrozal *m* ▸ **~ pudding** arroz con leche ▸ **~ wine** vino *m* de arroz

rich [rɪtʃ] ■ npl **the ~** los ricos ▸ **riches** riquezas *fpl*

■ adj [person, country] rico(a) / [food] sustancioso(a) / [chocolate] extrafino(a) / [soil] fértil / [harvest, supply] abundante / [colour, voice] profundo(a) ▸ **to become ~** hacerse rico ▸ **to be ~ in...** ser rico en... ▸ **I'll only have a small piece, this cake's very ~** sólo tomaré un trocito de pastel porque llena mucho ▸ *Fam* **that's a bit ~!** ¡esa sí que es buena!

-rich [rɪtʃ] suffix **vitamin~ foods** alimentos ricos en vitaminas

richly ['rɪtʃlɪ] adv [furnished, ornamented] lujosamente ▸ **~ deserved** merecidísimo(a)

Richter Scale ['rɪktə'skeɪl] n escala *f* de Richter

rick[1] [rɪk] n [of hay, straw] almiar *m*

rick[2] vt *esp BR* **to ~ one's neck** torcerse el cuello ▸ **to ~ one's back** hacerse daño en la espalda

rickets ['rɪkɪts] npl MED raquitismo *m*

rickety ['rɪkɪtɪ] adj *Fam* [furniture, staircase] desvencijado(a) / [alliance, alibi] precario(a)

ricochet ['rɪkəʃeɪ] ■ n bala *f* rebotada
■ vi (pt & pp **ricochetted** ['rɪkəʃetɪd] or **ricocheted** ['rɪkəʃeɪd]) rebotar

rid [rɪd] (pt & pp **rid**) vt **to ~ sb of sth** librar a alguien de algo ▸ **to ~ oneself of sth, to get rid of sth** deshacerse de algo

riddance ['rɪdəns] n *Fam* **good ~!** ¡ya era hora (de que se fuera)!

ridden ['rɪdən] pp *of* ***ride***

-ridden ['rɪdən] suffix **flea~** infectado(a) de pulgas ▸ **a disease~ town** una población azotada por las enfermedades

riddle ['rɪdəl] ■ n [puzzle] acertijo *m,* adivinanza *f* / [mystery] enigma *m*
■ vt **to ~ sb with bullets** acribillar a alguien a balazos ▸ **riddled with mistakes** plagado(a) de errores

ride [raɪd] ■ n **1.** [on bicycle, in car, on horse] paseo *m* ▸ **to give sb a ~** [in car] llevar a alguien (en coche), *CAM, MÉX, PERÚ* dar aventón *or CUBA* botella *or PERÚ* una jalada *or VEN* cola a alguien ▸ **to go for a ~** ir a dar una vuelta (en coche/en bicicleta/a caballo) ▸ **it's only a short ~ away** está a poca distancia ▸ *Fig* **she was given a rough ~** [by interviewer, critics] se las hicieron pasar negras *or ESP* moradas ▸ *Fig* **to take sb for a ~** engañar a alguien como a un chino, tomar a alguien el pelo, *RP* venderle un buzón a alguien **2.** [attraction at funfair] atracción *f, AM* juego *m*
■ vt (pt **rode** [rəʊd], pp **ridden** ['rɪdən]) **to ~ a horse/a bicycle** montar *or AM* andar a caballo/en bicicleta ▸ *US* **to ~ the bus/train** viajar en autobús/tren
■ vi [on horse, bicycle] **can you ~?** ¿sabes *ESP* montar *or AM* andar? ▸ **I rode into town** fui a la ciudad en bicicleta/a caballo ▸ *Fig* **to be riding high** atravesar un buen momento ▸ *Fig* **to let sth ~** dejar pasar algo

◆ ***ride out*** vt sep [problem, crisis] soportar, aguantar ▸ **to ~ out the storm** capear el temporal

rider ['raɪdə(r)] n **1.** [on horse] [man] jinete *m* / [woman] amazona *f* / [on bicycle] ciclista *mf* / [on motorbike] motorista *mf* **2.** *BR* LAW [to document, treaty] cláusula *f* adicional

ridge [rɪdʒ] n [of mountain] cresta *f* / [of roof] caballete *m,* cumbrera *f* / [on surface] rugosidad *f* ▸ MET **~ of high pressure** zona *f* de altas presiones

ridicule ['rɪdɪkju:l] ■ n burlas *fpl,* mofa *f* ▸ **to hold sth/sb up to ~** poner algo/a alguien en ridículo
■ vt ridiculizar, poner en ridículo

ridiculous [rɪ'dɪkjʊləs] adj ridículo(a) ▸ **to make sb look ~** poner en ridículo *or* ridiculizar a alguien ▸ **to make oneself ~** hacer el ridículo

ridiculousness [rɪ'dɪkjʊləsnɪs] n lo ridículo

riding ['raɪdɪŋ] n equitación *f,* monta *f* ▸ **~ boots** botas *fpl* de montar ▸ **~ crop** *or* **whip** fusta *f* ▸ **~ school** escuela *f* hípica

rife [raɪf] adj **to be ~** reinar, imperar ▸ **the text is ~ with errors** el texto está plagado de errores

riffraff ['rɪfræf] n gentuza *f*

rifle[1] ['raɪfəl] n rifle *m,* fusil *m* ▸ **~ range** campo *m* de tiro ▸ **~ shot** disparo *m* de rifle

rifle[2] vt [house, office] revolver *(en busca de algo)* / [pockets, drawer] rebuscar en

rifleman ['raɪfəlmən] n fusilero *m*

rift [rɪft] n [in earth, rock] grieta *f,* brecha *f* / [in relationship] desavenencia *f* / [in political party] escisión *f*

rig [rɪg] ■ n **1.** [of ship] aparejo *m* **2.** **(oil) ~** [on land] torre *f* de perforación (petrolífera) / [at sea] plataforma *f* petrolífera **3.** *Fam* [outfit] vestimenta *f*
■ vt (pt & pp **rigged**) **1.** [ship] aparejar **2.** *Fam* [election] amañar

◆ ***rig out*** vt sep *Fam* **to be rigged out in...** estar vestido(a) con...

◆ ***rig up*** vt sep improvisar, *ESP* apañar

Riga ['ri:gə] n Riga

rigging ['rɪgɪŋ] n NAUT jarcias *fpl,* cordaje *m*

right [raɪt] ■ n **1.** [morality] bien *m* ▸ **to know ~ from wrong** distinguir lo que está bien de lo que está mal ▸ **to be in the ~** tener razón ▸ **to set things to rights** poner las cosas en orden **2.** [entitlement] derecho *m* ▸ **to have the ~ to do sth** tener derecho a hacer algo ▸ **to be within one's rights to do sth** tener todo el derecho a hacer algo ▸ **by rights** en justicia ▸ **by ~** por derecho propio ▸ **to be famous in one's own ~** ser famoso(a) por méritos propios *or* por derecho propio ▸ **the ~ to vote** el derecho al voto ▸ **~ of way** [on land] derecho de paso / [on road] prioridad *f* **3.** [right-hand side] derecha *f* ▸ **on** *or* **to the ~** a la derecha ▸ **on my ~** a mi derecha ▸ POL **the ~** la derecha ▸ **a ~ to the jaw** [in boxing] un derechazo en la mandíbula
■ adj **1.** [correct] correcto(a) ▸ **that was the ~ thing to do** eso es lo que había que hacer ▸ **are you sure that's the ~ time?** ¿seguro que es ésa la hora? ▸ **my watch is ~** mi reloj va *or AM* marcha *or RP* anda bien ▸ **to be ~** [person] tener razón ▸ **you were ~ not to say anything** hiciste bien en no decir nada ▸ **to stay on the ~ side of sb** seguir a buenas con alguien ▸ **to be on the ~ lines** ir bien encaminado(a) **2.** [morally good] **it's not ~** no está bien ▸ **to do the ~ thing** hacer lo (que es) debido **3.** [appropriate] [place, time, action] apropiado(a) ▸ **to wait for the ~ moment** esperar el momento oportuno ▸ **to know the ~ people** tener buenos contactos ▸ **to be**

in the ~ place at the ~ time estar en el lugar y en el momento adecuados **4.** [mentally, physically well] **I'm not feeling quite ~** no me siento muy bien ▸ **to be as ~ as rain** estar como una rosa ▸ **no one in his ~ mind...** nadie en su sano juicio... ▸ **he's not quite ~ in the head** no está muy bien de la cabeza **5.** *BR Fam* [as intensifier] **I felt a ~ fool** me sentí como un tonto de remate *or RP* como el rey de los bobos ▸ **the place was in a ~ mess** el lugar estaba todo patas arriba *or AM* para arriba **6.** [in titles] **the Right Honourable** ≃ su señoría, = *en el Reino Unido, tratamiento formal aplicado a ministros y ex ministros del gobierno y a ciertos miembros de la aristocracia* **7.** [right-hand] derecho(a) ▸ **on the ~ side** a la derecha ▸ **~ hand** mano *f* derecha ▸ POL **the ~ wing** la derecha **8.** MATH **~ angle** ángulo *m* recto

■ adv **1.** [straight] directamente ▸ **he drove ~ into the wall** chocó de frente *or* directamente contra la pared ▸ **to put things ~** arreglar las cosas ▸ **to put sb ~** sacar a alguien de su error **2.** [immediately] **~ away** en seguida, inmediatamente, *CAM, MÉX* ahorita, *CHILE* al tiro ▸ **I'll be ~ back** vuelvo en seguida ▸ **~ now** ahora mismo **3.** [completely] **the bullet went ~ through his arm** la bala le atravesó el brazo de parte a parte ▸ **to go ~ up to sb** acercarse justo hasta donde está alguien ▸ **he turned ~ round** se dio media vuelta, *RP* se dio vuelta ▸ **~ at the top/back** arriba/detrás del todo **4.** [exactly] **~ here/there** aquí/ahí mismo ▸ **~ behind/in the middle** justo detrás *or AM* atrás/en medio ▸ *Fig* **to be ~ behind sb** [support] apoyar plenamente a alguien **5.** [to answer, guess] correctamente, bien ▸ **to understand/remember ~** entender/recordar bien **6.** [well] **I'm sure it'll all come ~ for you** estoy seguro de que todo te saldrá bien ▸ **to see sb ~** asegurar el futuro de alguien ▸ **it was a mistake, ~ enough** de acuerdo, fue un error **7.** [to look, turn] a la derecha ▸ *Fig* **left, ~ and centre** por todas partes

■ vt **1.** [put upright] [boat, car] enderezar, poner derecho(a) **2.** [redress] **to ~ a wrong** terminar con una injusticia

■ exclam **1.** [expressing agreement] ¡de acuerdo!, *ESP* ¡vale!, *MÉX* ¡órale!, *RP* ¡está bien! **2.** [when ready to begin] *ESP* ¡venga!, *AM* ¡bueno!

right-angled ['raɪtæŋgəld] adj [triangle] rectángulo(a) / [corner, bend] en ángulo recto

right-click ['raɪtklɪk] COMPTR ■ vt hacer clic con el botón derecho en

■ vi hacer clic con el botón derecho (**on** en)

righteous ['raɪtʃəs] adj [person] virtuoso(a) / [indignation] justo(a)

rightful ['raɪtfʊl] adj legítimo(a)

right-hand ['raɪthænd] adj **on the ~ side** a la derecha ▸ AUT **~ drive** [vehicle] vehículo *m* con el volante a la derecha ▸ **to be sb's ~ man** ser la mano derecha de alguien

right-handed [raɪt'hændɪd] ■ adj diestro(a)

■ adv con la mano derecha

right-hander [raɪt'hændə(r)] n [person] diestro(a) *m,f*

rightly ['raɪtlɪ] adv correctamente ▸ **I don't ~ know why...** no sé muy bien por qué... ▸ **~ or wrongly** para bien o para mal ▸ **...and ~ so** ...y con razón ▸ **he was ~ angry** se *esp ESP* enfadó *or esp AM* enojó y con razón

right-minded [raɪt'maɪndɪd], ***right-thinking*** [raɪt'θɪŋkɪŋ] adj **any ~ person would have done the same** cualquier persona de bien hubiera hecho lo mismo

right-of-centre ['raɪtəv'sentə(r)] adj POL de centro derecha

right-thinking ▸ ***right-minded***

right-to-life ['raɪttə'laɪf] adj antiaborto *inv,* pro vida *inv*

right-wing [raɪt'wɪŋ] adj POL derechista, de derechas

right-winger [raɪt'wɪŋə(r)] n POL derechista *mf*

rigid ['rɪdʒɪd] adj rígido(a) ▸ **she's very ~ in her ideas** es de ideas muy rígidas ▸ *BR Fam* **to be bored ~** aburrirse como una ostra

rigidity [rɪ'dʒɪdɪtɪ] n rigidez *f*

rigmarole ['rɪgmərəʊl] n *Fam* [process] engorro *m, ESP* latazo *m* / [speech] rollo *m,* galimatías *m inv*

rigor mortis ['rɪgə'mɔːtɪs] n MED rigidez *f* cadavérica, rigor *m* mortis

rigorous ['rɪgərəs] adj riguroso(a)

rigour ['rɪgə(r)] n rigor *m*

rig-out ['rɪgaʊt] n *BR Fam* [outfit] vestimenta *f*

rile [raɪl] vt *Fam* [annoy] fastidiar, irritar, *AM* enojar

rim [rɪm] n [of cup, bowl] borde *m* / [of wheel] llanta *f* / [of spectacles] montura *f*

rimless ['rɪmlɪs] adj [spectacles] sin montura *(pero con patillas)*

-rimmed [rɪmd] suffix **gold/steel~** [spectacles] con montura dorada/de metal, *RP* con armazón dorado/de metal ▸ **to have red~ eyes** tener los ojos inyectados en sangre

rind [raɪnd] n [of fruit] cáscara *f* / [of cheese, bacon] corteza *f*

ring[1] [rɪŋ] ■ n **1.** [for finger] anillo *m* / [with gem] sortija *f* / [for keys] llavero *m* / [plain metal band] aro *m* / [for can of drink, bird, curtains] anilla *f* ▸ **the rings** [in gymnastics] las anillas ▸ **~ binder** archivador *m or* carpeta *f* de anillas ▸ **~ finger** (dedo *m*) anular *m* **2.** [of people, chairs] corro *m,* círculo *m* / [on stove] fuego *m,* quemador *m* / [stain] cerco *m* ▸ **to have rings under one's eyes** tener ojeras ▸ *Fig* **to run rings round sb** darle mil vueltas a alguien ▸ *BR* **~ road** carretera *f* de circunvalación **3.** [for boxing, wrestling] cuadrilátero *m,* ring *m* **4.** [of spies, criminals] red *f* **5.** *BR* ST EXCH corro *m*

■ vt [surround] rodear

ring[2] ■ n [sound] [of bell] timbrazo *m* / [of small bell, coins] tintineo *m* ▸ **there was a ~ at the door** sonó el timbre de la puerta ▸ *BR Fam* **to give sb a ~** [phonecall] dar un telefonazo *or RP* tubazo a alguien ▸ **to have the ~ of truth** ser verosímil ▸ **the name has a familiar ~ to it** el nombre me suena ▸ **~ tone** melodía *f*

■ vt (pt **rang** [ræŋ], pp **rung** [rʌŋ]) **1.** [bell, alarm] hacer sonar ▸ *Fig* **that rings a bell** [sounds familiar] eso me suena ▸ *Fig* **to ~ the changes** cambiar las cosas **2.** *BR* [on phone] llamar (por teléfono) a, telefonear a, *RP* hablar a

■ vi **1.** [bell, telephone] sonar ▸ **to ~ at the door** llamar al timbre de la puerta ▸ *Fig* **to ~ true/false** tener pinta de ser verdad/mentira **2.** *BR* [on phone] llamar (por teléfono), telefonear, *RP* hablar **3.** [resonate] [street, room] resonar ▸ **my ears were ringing** me zumbaban los oídos

◆ ***ring back*** vt sep *BR* [on phone] llamar más tarde

◆ ***ring off*** vi *BR* [on phone] colgar

◆ ***ring out*** vi [voice, shout] resonar

◆ ***ring up*** vt sep **1.** *BR* [on phone] llamar (por teléfono) a, telefonear a, *RP* hablar a **2.** [on cash register] teclear ▸ **the concert rang up a profit of...** el concierto recaudó unos beneficios de...

ring-fence ['rɪŋ'fens] ■ n [round field] cerca *f (que rodea una propiedad)*
■ vt FIN proteger

ringleader ['rɪŋli:də(r)] n cabecilla *mf*

ringlet ['rɪŋlɪt] n tirabuzón *m*

ringmaster ['rɪŋmɑ:stə(r)] n director *m* de circo

ring-pull ['rɪŋpʊl] n *BR* anilla *f (de lata)*

ringside ['rɪŋsaɪd] n **a ~ seat** [in boxing] un asiento de primera fila / *Fig* [close view] una visión muy cercana

ringworm ['rɪŋwɜ:m] n MED tiña *f*

rink [rɪŋk] n pista *f* de patinaje

rinse [rɪns] ■ n **to give sth a ~** enjuagar *or ESP* aclarar algo
■ vt [clothes, dishes] enjuagar, *ESP* aclarar ▸ **to ~ one's hands** enjuagarse las manos

◆ ***rinse out*** vt sep [cup] enjuagar / [clothes] enjuagar, *ESP* aclarar ▸ **to ~ out one's mouth** enjuagarse la boca

Rio (de Janeiro) ['ri:əʊ(dɪdʒə'neərəʊ)] n Río de Janeiro

riot ['raɪət] ■ n [uprising] disturbio *m,* algarada *f* ▸ **a ~ of colour** una explosión de colores ▸ **the children ran ~ while their parents were away** los niños se desmandaron cuando no estaban sus padres ▸ **her imagination was running ~** su imaginación se había desbocado ▸ **to read sb the ~ act** poner los puntos sobre las íes a alguien, *ESP* leerle la cartilla a alguien ▸ **~ police** policía *f* antidisturbios ▸ **~ squad** brigada *f* antidisturbios
■ vi [crowd] causar *or* provocar disturbios / [prisoners] amotinarse

rioter ['raɪətə(r)] n alborotador(ora) *m,f*

riotous ['raɪətəs] adj [party, occasion, living] desenfrenado(a) ▸ **a ~ success** un éxito arrasador

riotously ['raɪətəslɪ] adv **~ funny** de morirse de risa

RIP [ɑ:raɪ'pi:] (abbr ***Rest In Peace***) R.I.P., Q.E.P.D.

rip [rɪp] ■ n [in cloth, paper] desgarrón *m,* rasgadura *f*
■ vt (pt & pp **ripped**) [cloth, paper] rasgar ▸ **to ~ sth to pieces** hacer jirones algo / *Fig* [performance, argument] hacer añicos algo
■ vi **1.** [cloth, paper] rasgarse **2.** *Fam* **to let ~** [while driving] pisar a fondo / [in performance] darlo todo, entregarse ▸ **to let ~ (at sb)** [shout at] echar una bronca (a alguien)

◆ ***rip off*** vt sep **1.** [tear] arrancar ▸ **he ripped off his shirt** se desembarazó de su camisa **2.** *Fam* [swindle] **to ~ sb off** clavar *or ESP* timar a alguien ▸ **that sketch was ripped off from another comedian** ese sketch está copiado de otro humorista

◆ ***rip open*** vt sep abrir de un tirón

ripe [raɪp] adj [fruit] maduro(a) / [cheese] curado(a) ▸ **to be ~** estar maduro(a) ▸ **to live to a ~ old age** vivir hasta una edad avanzada ▸ **the time is ~ for...** ha llegado el momento de...

ripen ['raɪpən] vi madurar

rip-off ['rɪpɒf] n *Fam* timo *m* ▸ **what a ~!** ¡menudo robo!

riposte [rɪ'pɒst] n [reply] réplica *f*

ripple [rɪpəl] ■ n [on water] onda *f,* ondulación *f* / [of excitement] asomo *m* / [of applause] murmullo *m*
■ vi [water] ondular / [laughter, applause] extenderse

rise [raɪz] ■ n **1.** [in price, temperature, pressure] aumento *m,* subida *f* (**in** de) ▸ *BR* **(pay) ~** aumento (de sueldo) ▸ **to be on the ~** ir en aumento ▸ **the ~ and fall** el ascenso y la caída, el esplendor y la decadencia **2.** [of leader, party] ascenso *m* ▸ **her ~ to power** su ascenso *or* acceso al poder ▸ **to give ~ to sth** dar pie a algo ▸ *Fam* **to get a ~ out of sb** conseguir mosquear a alguien **3.** [in ground] subida *f,* cuesta *f*
■ vi (pt **rose** [rəʊz], pp **risen** ['rɪzən]) **1.** [get up] levantarse ▸ **to ~ early/late** levantarse temprano/tarde ▸ *Fam* **~ and shine!** ¡arriba! **2.** [road, ground] subir, elevarse / [smoke, balloon] ascender, subir / [sun, moon] salir / [in society] ascender ▸ **a murmur rose from the crowd** un murmullo se elevó entre la multitud ▸ **to ~ to the occasion** estar a la altura de las circunstancias ▸ **to ~ to power** ascender *or* acceder al poder ▸ **to ~ in sb's esteem** ganarse la estima de alguien **3.** [temperature, price] aumentar, subir / [voice] elevarse, subir / [hope] aumentar / [dough] fermentar, subir ▸ **my spirits rose** se me levantó el ánimo **4.** [revolt] levantarse ▸ **to ~ in arms** levantarse en armas ▸ **to ~ in protest (against sth)** alzarse en protesta (contra algo)

◆ ***rise above*** vt insep [problem, criticism] remontar, superar ▸ **he rose above his limitations** superó sus limitaciones

◆ ***rise up*** vi [revolt] levantarse ▸ **to ~ up in arms** levantarse en armas ▸ **to ~ up in protest (against sth)** alzarse en protesta (contra algo)

risible ['rɪzɪbəl] adj risible

rising ['raɪzɪŋ] ■ n [revolt] revuelta *f,* levantamiento *m*
■ adj [sun] naciente / [prices, temperature] en aumento, ascendente / [artist, politician] en alza ▸ *Fig* **~ star** valor *m* en alza, estrella *f* en ciernes

risk [rɪsk] ■ n riesgo *m,* peligro *m* ▸ **at ~** en peligro ▸ **at the ~ of...** a riesgo de... ▸ **to run the ~ of...** correr el riesgo de... ▸ **to take risks** arriesgarse, correr riesgos ▸ **~ assessment** evaluación *f* de riesgos ▸ FIN **~ capital** capital *m* (de) riesgo ▸ **~ management** gestión *f* de riesgos
■ vt poner en peligro ▸ **to ~ one's neck** jugarse el cuello ▸ **we can't ~ it** no podemos correr ese riesgo ▸ **to ~ defeat** correr el riesgo de *or* arriesgarse a ser derrotado(a)

risky ['rɪskɪ] adj arriesgado(a)

risotto [rɪ'zɒtəʊ] (pl **risottos**) n risotto *m,* = guiso *italiano a base de arroz, verduras, etc.*

risqué [rɪs'keɪ] adj [humour] atrevido(a), subido(a) de tono

rissole ['rɪsəʊl] n = *pequeña masa frita, generalmente redonda, de carne o verduras*

rite [raɪt] n REL rito *m* ▸ **the last rites** la extremaunción

ritual ['rɪtjʊəl] ■ n ritual *m*
■ adj ritual

ritualistic [rɪtjʊə'lɪstɪk] adj [following a pattern] ritual / REL ritualista

ritzy ['rɪtsɪ] adj *Fam* lujoso(a)

rival ['raɪvəl] ■ n & adj rival *mf*
■ vt (pt & pp **rivalled,** *US* **rivaled**) rivalizar con

rivalry ['raɪvəlrɪ] n rivalidad *f*

river ['rɪvə(r)] n río *m* ▸ **a ~ of blood** un río de sangre ▸ **~ traffic** tráfico *m* fluvial

riverbed ['rɪvəbed] n lecho *m* (del río)

riverside ['rɪvəsaɪd] n ribera *f,* orilla *f* (del río) ▸ **~ villa** mansión *f* a la orilla del río

rivet ['rɪvɪt] ■ n remache *m*
■ vt remachar ▸ **to be absolutely riveted** [fascinated] estar completamente fascinado(a) ▸ *Fig* **to be riveted to the spot** quedarse clavado(a)

riveting ['rɪvɪtɪŋ] adj [fascinating] fascinante

RN [ɑː'ren] *BR* (abbr ***Royal Navy***) armada *f* británica

RNA [ɑːren'eɪ] BIOL (abbr ***ribonucleic acid***) ARN *m,* ácido *m* ribonucleico

RNLI [ɑːrenel'aɪ] n *BR* (abbr ***Royal National Lifeboat Institution***) = *organización británica de voluntarios para operaciones marítimas de salvamento*

roach [rəʊtʃ] n **1.** [fish] rubio *m,* rutilo *m* **2.** *US Fam* [cockroach] cucaracha *f, CHILE* barata *f*

road [rəʊd] n [in general] carretera *f* / [in town] calle *f* / [path, track] camino *m* ▸ **they live across** *or* **over the ~** viven al otro lado de la calle, viven enfrente ▸ **by ~** por carretera ▸ **to be off the ~** [vehicle] estar averiado(a) ▸ **the ~ is up** la calle está en obras ▸ **down** *or* **up the ~** un poco más lejos, por *or* en la misma calle ▸ **a few years down the ~** dentro de unos años ▸ **after three hours on the ~** después de tres horas en la carretera *or* de camino ▸ **to be on the ~** [salesman] estar de viaje (de ventas) / [pop group] estar de gira ▸ *also Fig* **somewhere along the ~** en algún punto *or* momento ▸ *Fam* **let's have one for the ~** vamos a tomar la última *or* la espuela ▸ **to be on the ~ to recovery** estar en vías de recuperación ▸ **to be on the right ~** ir por (el) buen camino ▸ *Fam* **let's get this show on the ~!** ¡en marcha!, ¡vamos allá! ▸ **to come to the end of the ~** [relationship] acabar ▸ **~ accident** accidente *m* de carretera ▸ **~ conditions** estado *m* de las carreteras ▸ *Fam* **~ hog** conductor(ora) *m,f* temerario(a), loco(a) *m,f* del volante ▸ **~ manager** mánager *mf or* organizador(ora) *m,f* de una gira ▸ **~ map** mapa *m* de carreteras ▸ **~ rage** violencia *f* en carretera *or* al volante ▸ **~ repairs** obras *fpl* (en la calzada) ▸ **~ sign** señal *f* de tráfico ▸ **~ tax** impuesto *m* de circulación ▸ **~ works** obras *fpl* (en la calzada)

roadblock ['rəʊdblɒk] n control *m* de carretera

roadside ['rəʊdsaɪd] n borde *m* de la carretera ▸ **~ bar/hotel** bar *m*/hotel *m* de carretera

road-test ['rəʊdtest] vt [car] probar en carretera

road-user ['rəʊdjuːzə(r)] n *BR* usuario(a) *m,f* de la vía pública

roadway ['rəʊdweɪ] n calzada *f*

roadworthy ['rəʊdwɜːðɪ] adj [vehicle] en condiciones de circular

roam [rəʊm] ■ vt [streets, the world] vagar por, recorrer
■ vi **to ~ (about)** vagar

roar [rɔː(r)] ■ n [of person] grito *m,* rugido *m* / [of animal, sea, wind, crowd] rugido *m* / [of traffic, engine] estruendo *m*
■ vi [in general] rugir / [person] vociferar, rugir ▸ **to ~ with laughter** reírse a carcajadas

roaring ['rɔːrɪŋ] adj **a ~ fire** un fuego muy vivo ▸ **the shop was doing a ~ trade** el negocio iba viento en popa ▸ **it was a ~ success** fue un éxito clamoroso

roast [rəʊst] ■ n [piece of meat] asado *m*
■ adj asado(a)
■ vt **1.** [meat] asar / [nuts, coffee] tostar **2.** *Fam* [criticize] desollar

roasting ['rəʊstɪŋ] *Fam* ■ n **to give sb a ~** echar una regañina *or ESP* bronca a alguien / [criticize] poner a parir a alguien, *MÉX* viborear a alguien, *RP* dejar por el piso a alguien
■ adj **~(-hot)** abrasador(ora), achicharrante ▸ **it's ~ in here** aquí te achicharras

rob [rɒb] (pt & pp **robbed**) vt [person, bank] atracar / [house] robar ▸ **to ~ sb of sth** robar algo a alguien

robber ['rɒbə(r)] n atracador(ora) *m,f*

robbery ['rɒbərɪ] n atraco *m*

robe [rəʊb] n [of priest] sotana *f* / [of judge] toga *f* / *esp US* [dressing gown] bata *f,* batín *m*

robin ['rɒbɪn] n petirrojo *m*

robot ['rəʊbɒt] n robot *m*

robotic [rəʊ'bɒtɪk] adj de robot

robotics [rəʊ'bɒtɪks] n robótica *f*

robust [rəʊ'bʌst] adj [person] robusto(a) / [material, suitcase] resistente / [defence, speech] enérgico(a)

rock [rɒk] ■ n **1.** [substance, large stone] roca *f* ▸ *Fig* **to be on the rocks** [marriage, company] estar al borde del naufragio ▸ **on the rocks** [whisky] con hielo ▸ **to reach** *or* **hit ~ bottom** tocar fondo ▸ **the Rock (of Gibraltar)** el Peñón (de Gibraltar) ▸ **~ climbing** escalada *f* ▸ **~ face** pared *f* (de roca) ▸ **~ garden** jardín *m* de rocalla ▸ **~ pool** charca *f (en las rocas de la playa)* ▸ **~ salt** sal *f* gema ▸ **~ solid** [support, morale] inquebrantable **2.** *BR* **stick of ~** = *barra de caramelo de menta que se vende sobre todo en localidades costeras y lleva el nombre del lugar impreso* **3.** [rocking motion] **to give sth a ~** mecer algo **4.** [music] rock *m* ▸ **~ and roll** rock and roll *m* ▸ **~ concert** concierto *m* de rock ▸ **~ group** grupo *m* de rock ▸ **~ singer** cantante *mf* de rock
■ vt [boat, chair] mecer, balancear / [building] [of earthquake, explosion] sacudir ▸ **to ~ a baby to sleep** mecer a un niño hasta que se quede dormido ▸ *Fig* **to ~ the boat** [create problems] complicar el asunto ▸ **the country was rocked by these revelations** estas revelaciones conmocionaron al país

■ vi [sway] balancearse / [building] estremecerse ▸ **to ~ (backwards and forwards) in one's chair** mecerse en la silla ▸ **to ~ with laughter** reírse a carcajadas

rockabilly ['rɒkəbɪlɪ] n rockabilly *m*

rock-bottom ['rɒkbɒtəm] adj [prices] mínimo(a)

rocker ['rɒkə(r)] n **1.** [chair] mecedora *f* ▸ *Fam* **she's off her ~** le falta un tornillo **2.** [musician, fan] roquero(a) *m,f*

rockery ['rɒkərɪ] n [in garden] jardín *m* de rocalla

rocket ['rɒkɪt] ■ n cohete *m* ▸ *BR Fam* **to give sb a ~** [reprimand] echar una regañina *or ESP* bronca a alguien ▸ *Fam* **it isn't ~ science** no se trata de descubrir América ▸ **~ launcher** lanzacohetes *m inv*

■ vi [prices] dispararse

rockfall ['rɒkfɔːl] n desprendimiento *m* (de piedras)

rock-hard [rɒk'hɑːd] adj duro(a) como una piedra

Rockies ['rɒkɪz] npl **the ~** las Montañas Rocosas

rocking ['rɒkɪŋ] adj **~ chair** mecedora *f* ▸ **~ horse** caballo *m* de balancín

rock-solid ['rɒk'sɒlɪd] adj [support] sólido(a) como una piedra

rocky ['rɒkɪ] adj **1.** [path, soil] pedregoso(a) ▸ **the Rocky Mountains** las Montañas Rocosas **2.** [unstable] [marriage, relationship, economy] inestable

rod [rɒd] n [wooden] vara *f* / [metal] barra *f* / [for fishing] caña *f* (de pescar) ▸ *Fig* **to rule with a ~ of iron** gobernar con mano de hierro ▸ *Fig* **to make a ~ for one's own back** cavarse la propia tumba

rode [rəʊd] pt *of* ***ride***

rodent ['rəʊdənt] n roedor *m*

rodeo ['rəʊdɪəʊ] n rodeo *m*

roe[1] [rəʊ] n **~ (deer)** corzo *m*

roe[2] n [of fish] huevas *fpl*

roger[1] ['rɒdʒə(r)] exclam **~!** [in radio message] ¡recibido!

roger[2] vt *BR very Fam* tirarse a, *AM* cogerse a, *MÉX* chingarse a

rogue [rəʊg] n [dishonest] granuja *mf*, bribón(ona) *m,f* / [mischievous] truhán(ana) *m,f*, pícaro(a) *m,f* ▸ **~ elephant** elefante *m* solitario ▸ **~ state** estado *m* delincuente *or* canalla

roguish ['rəʊgɪʃ] adj [smile, look] pícaro(a), picarón(ona)

role [rəʊl] n CIN, THEAT *& Fig* papel *m* ▸ *Fig* **to play an important ~** desempeñar un papel importante ▸ **~ model** ejemplo *m*, modelo *m* a seguir

role-playing ['rəʊlpleɪɪŋ] n juego *m* de roles

roll [rəʊl] ■ n **1.** [of paper, film] rollo *m* / [of fat, flesh] *ESP* michelín *m*, *MÉX* llanta *f*, *RP* rollo *m* / [of banknotes] fajo *m* **2.** [bread] panecillo *m*, *MÉX* bolillo *m* ▸ **ham/cheese ~** *ESP* bocadillo *m or AM* sándwich *m* de jamón/queso **3.** [noise] [of drum] redoble *m* / [of thunder] retumbo *m* **4.** [movement] [of ship] balanceo *m* ▸ *Fam* **to be on a ~** llevar una buena racha **5.** [list] lista *f* ▸ **to take a ~ call** pasar lista ▸ MIL **~ of honour** lista de los caídos en la guerra

■ vt **1.** [ball] hacer rodar ▸ **to ~ sth along the ground** hacer rodar algo por el suelo ▸ **to ~ one's eyes** poner los ojos en blanco ▸ **to ~ one's r's** marcar las erres al hablar ▸ **the animal rolled itself into a ball** el animal se hizo una bola *or* se enroscó **2.** [road, lawn] apisonar / [metal] laminar **3.** [cigarette] liar / [paper, carpet] enrollar

■ vi **1.** [ball] rodar / [ship] balancearse / [cine camera] rodar ▸ *Fig* **heads will ~** van a rodar cabezas ▸ *Fam* **to be rolling in money, to be rolling in it** nadar en la abundancia, *ESP* estar montado(a) en el dólar ▸ *Fig* **to start the ball rolling** poner las cosas en marcha **2.** [thunder] retumbar

◆ ***roll back*** vt sep **to ~ back the enemy** hacer retroceder al enemigo

◆ ***roll on*** vi *BR Fam* **~ on Friday/Christmas!** ¡que llegue el viernes/la Navidad!

◆ ***roll over*** vi [several times] dar vueltas / [once] [person] darse la vuelta / [car] dar una vuelta (de campana)

◆ ***roll up*** ■ vt sep [map] enrollar / [trousers] remangar, arremangar / [blind, car window] subir ▸ **to ~ sth up in paper** envolver algo con papel ▸ **to ~ up one's sleeves** remangarse *or* arremangarse la camisa

■ vi *Fam* [arrive] llegar ▸ **~ up!, ~ up!** ¡acérquense!, ¡vengan todos!

rolled [rəʊld] adj **~ gold** metal *m* laminado en oro ▸ **~ oats** copos *mpl* de avena

rolled-up [rəʊl'dʌp] adj [sleeves, trousers] remangado(a), arremangado(a) / [umbrella] cerrado(a) / [newspaper] enrollado(a)

roller ['rəʊlə(r)] n [for paint, garden, in machine] rodillo *m* / [for hair] rulo *m*, *CHILE* tubo *m*, *RP* rulero *m*, *VEN* rollo *m* ▸ **~ blades** patines *mpl* en línea ▸ **~ coaster** montaña *f* rusa ▸ **~ skates** patines *mpl* (de ruedas)

roller-blading ['rəʊləbleɪdɪŋ] n **to go ~** patinar *(con patines en línea)*

roller-skate ['rəʊləskeɪt] vi patinar (sobre ruedas)

roller-skating ['rəʊləskeɪtɪŋ] n **to go ~** ir a patinar (sobre ruedas)

rolling ['rəʊlɪŋ] adj [hills, fields] ondulado(a) / [sea, waves] ondulante / [thunder] retumbante ▸ **~ mill** [for steel] laminadora *f* ▸ **~ pin** rodillo *m* (de cocina) ▸ RAIL **~ stock** material *m* móvil *or* rodante

rollneck ['rəʊlnek] adj [sweater] de cuello vuelto

roll-on ['rəʊlɒn] adj **1. ~ (deodorant)** desodorante *m* de bola **2.** NAUT **~ roll-off ferry** transbordador *m*, ferry *m (con trasbordo horizontal)*

roll-over ['rəʊləʊvə(r)] n [in UK national lottery] **~ (jackpot)** bote *m* acumulado ▸ **~ week** = *semana en la que hay bote acumulado*

roll-top desk ['rəʊltɒp'desk] n buró *m*

roll-up ['rəʊlʌp] n *BR Fam* [cigarette] pitillo *m* (liado a mano)

roly-poly ['rəʊlɪ'pəʊlɪ] adj *Fam* [plump] rechoncho(a)

ROM [rɒm] n COMPTR (abbr ***read only memory***) (memoria *f*) ROM *f*

Roman ['rəʊmən] ■ n romano(a) *m,f*

■ adj romano(a) ▸ **~ alphabet** alfabeto *m* latino ▸ REL **~ Catholic** católico(a) (romano(a)) ▸ **~ nose** nariz *f* aguileña ▸ **~ numerals** números *mpl* romanos

roman ['rəʊmən] n TYP (caracteres *mpl* en) redonda *f*

romance ['rəʊmæns, rə'mæns] n **1.** [book] novela *f* rosa / [film] película *f* romántica *or* de amor **2.** [love affair] romance *m,* aventura *f* (amorosa) **3.** [charm] encanto *m*

Romania, Rumania [rə'meɪnɪə] n Rumanía

Romanian, Rumanian [rə'meɪnɪən] ■ n **1.** [person] rumano(a) *m,f* **2.** [language] rumano *m*
■ adj rumano(a)

romantic [rə'mæntɪk] n & adj romántico(a) *m,f*

romantically [rə'mæntɪklɪ] adv de manera romántica ▸ **to be ~ involved with sb** tener un romance con alguien

romanticism [rəʊ'mæntɪsɪzəm] n [of person, in art] romanticismo *m*

romanticize [rə'mæntɪsaɪz] vt [idea, incident] idealizar ▸ **to ~ war** rodear la guerra de un halo romántico

Romany ['rəʊmənɪ] ■ n **1.** [person] romaní *mf,* gitano(a) *m,f* **2.** [language] romaní *m* / [in Spain] caló *m*
■ adj romaní, gitano(a)

rom-com ['rɒmkɒm] n comedia *f* romántica

Rome [rəʊm] n Roma ▸ *Prov* **~ wasn't built in a day** no se ganó Zamora en una hora ▸ *Prov* **when in ~(, do as the Romans do)** (allá) donde fueres haz lo que vieres

romp [rɒmp] ■ n **to have a ~** juguetear ▸ **the play is an enjoyable ~** la obra es un divertimiento agradable
■ vi **to ~ (about** *or* **around)** juguetear ▸ **to ~ through an examination** sacar un examen con toda facilidad

romper ['rɒmpə(r)] n **~ suit, rompers** pelele *m*

roof [ru:f] ■ n [of building] tejado *m* / [of car, tunnel, cave] techo *m* ▸ **to have a ~ over one's head** tener un techo *or* sitio donde dormir ▸ **to live under one** *or* **the same ~** vivir bajo el mismo techo ▸ *Fam* **to hit the ~** [person] ponerse hecho(a) una furia ▸ *Fam* **to go through the ~** [inflation, prices] ponerse por las nubes ▸ **the ~ of the mouth** el paladar, el cielo de la boca ▸ **~ garden** azotea *f* con jardín *or* ajardinada ▸ AUT **~ rack** baca *f*
■ vt techar, cubrir

roofing ['ru:fɪŋ] n **~ material** [for making roofs] techumbre *f* / [for covering roofs] revestimiento *m* de tejados

rooftop ['ru:ftɒp] n tejado *m* ▸ *Fig* **to shout sth from the rooftops** proclamar algo a los cuatro vientos

rook [rʊk] n [bird] grajo *m* / [in chess] torre *f*

rookery ['rʊkərɪ] n colonia *f* de grajos

rookie ['rʊkɪ] n *US Fam* novato(a) *m,f*

room [ru:m] n **1.** [in house] habitación *f,* cuarto *m* / [in hotel] habitación *f* / [bedroom] dormitorio *m, AM* cuarto *m, CAM, COL, MÉX* recámara *f* / [large, public] sala *f* ▸ **double/single ~** habitación doble/individual ▸ **~ and board** pensión *f* completa ▸ **~ service** servicio *m* de habitaciones ▸ **~ temperature** temperatura *f* ambiente **2.** [space] espacio *m,* sitio *m, AM* lugar *m, ANDES* campo *m* ▸ **there's no ~** no hay sitio *or AM* lugar *or ANDES* campo ▸ **to make ~ (for sb)** hacer sitio *or AM* lugar *or ANDES* campo (para *or* a alguien) ▸ **is there ~ for one more?** ¿cabe uno más? ▸ **there's no ~ for doubt** no hay lugar a dudas ▸ **there is ~ for improvement** se puede mejorar

-roomed [ru:md] suffix **two/three/four~** de dos/tres/cuatro habitaciones

roomful ['ru:mfʊl] n habitación *f* llena, cuarto *m* lleno

rooming house ['ru:mɪŋhaʊs] n *US* casa *f* de huéspedes, pensión *f*

roommate ['ru:mmeɪt] n compañero(a) *m,f* de cuarto *or* habitación

roomy ['ru:mɪ] adj espacioso(a)

roost [ru:st] ■ n percha *f,* palo *m* ▸ **to rule the ~** manejar el cotarro
■ vi estar posado(a) *(para dormir)* ▸ *Fig* **his actions have come home to ~** ahora está sufriendo las consecuencias de sus actos

rooster ['ru:stə(r)] n *esp US* gallo *m*

root [ru:t] ■ n **1.** [of plant, tooth, word] raíz *f* ▸ **to pull sth up by the roots** arrancar algo de raíz ▸ **to take ~** [plant, idea] arraigar ▸ **they destroyed the party ~ and branch** destrozaron el partido por completo ▸ *Fig* **to put down roots** echar raíces ▸ *Fig* **to get back to one's roots** volver a las raíces ▸ *US* **~ beer** = *bebida gaseosa sin alcohol elaborada con extractos de plantas* ▸ **~ crops** tubérculos *mpl* (comestibles) ▸ **~ vegetables** tubérculos *mpl* **2.** [origin] raíz *f* ▸ **the conflict has its roots in the past** el conflicto hunde sus raíces en el pasado ▸ *Prov* **money is the ~ of all evil** el dinero es la raíz de todos los males
■ vt **to be rooted to the spot** quedarse de una pieza
■ vi **1. to ~ about** *or* **around (for sth)** rebuscar (algo) **2.** *US* **to ~ for sb** apoyar a alguien

◆ ***root out*** vt sep [racism, crime] cortar de raíz

rope [rəʊp] ■ n **1.** [thick, for hanging] soga *f* / [thinner] cuerda *f* / NAUT cabo *m,* maroma *f* / [of pearls] sarta *f* ▸ **~ ladder** escalera *f* de cuerda **2.** [idioms] **to be on the ropes** estar contra las cuerdas ▸ **to learn the ropes** ponerse al tanto *(con un trabajo)* ▸ **to show sb the ropes** poner a alguien al tanto ▸ **to give sb plenty of ~** dar gran libertad de movimientos a alguien
■ vt [fasten] atar (**to** a) ▸ **they roped themselves together** [for climbing] se encordaron

◆ ***rope in*** vt sep *Fam* **to ~ sb in(to doing sth)** liar a alguien (para hacer algo)

◆ ***rope off*** vt sep acordonar

rop(e)y ['rəʊpɪ] adj *Fam* [unreliable] flojo(a) / [ill] pachucho(a), *AM* flojo(a)

rosary ['rəʊzərɪ] n REL rosario *m* ▸ **to say one's ~** rezar el rosario

rose [rəʊz] ■ n **1.** [flower] rosa *f* / [on watering can, shower] alcachofa *f* ▸ **~ (bush)** rosal *m* ▸ **~ bed** macizo *m* de rosas ▸ **~ garden** rosaleda *f,* jardín *m* de rosas, *MÉX, CSUR* rosedal *m* ▸ **~ grower** cultivador(ora) *m,f* de rosas ▸ ARCHIT **~ window** rosetón *m* **2.** [idioms] **life is not a bed of roses** la vida no es un lecho *or* camino de rosas ▸ **to come up roses** salir a pedir de boca
■ adj [colour] rosa
■ pt *of* ***rise***

rosé ['rəʊzeɪ] n [wine] rosado *m*

rosebud ['rəʊzbʌd] n capullo *m* de rosa

rose-coloured ['rəʊzkʌləd], ***rose-tinted*** ['rəʊztɪntɪd] adj rosado(a), color de rosa ▸ **to see things through ~ glasses** *or* **spectacles** ver las cosas de color de rosa

rosehip ['rəʊzhɪp] n escaramujo *m*

rosemary ['rəʊzmərɪ] n romero *m*

rose-tinted ➤ ***rose-coloured***

rosette [rəʊ'zet] n [badge of party, team] escarapela *f*

rose-water ['rəʊzwɔːtə(r)] n agua *f* de rosas

rosewood ['rəʊzwʊd] n palo *m* de rosa

roster ['rɒstə(r)] n lista *f*

rostrum ['rɒstrəm] n estrado *m*

rosy ['rəʊzɪ] adj [pink] rosa, rosado(a) / [cheeks, complexion] sonrosado(a) / *Fig* [future] (de) color de rosa

rot [rɒt] ■ n **1.** [in house, wood] podredumbre *f* ▸ *Fig* **the ~ has set in** el mal ha empezado a arraigar ▸ *Fig* **to stop the ~** impedir que la situación siga degenerando **2.** *BR Fam* [nonsense] sandeces *fpl*, *AM* pendejadas *fpl*

■ vt (pt & pp **rotted**) pudrir

■ vi pudrirse ▸ **to ~ in prison** pudrirse en la cárcel

rota ['rəʊtə] n *BR* horario *m* con los turnos

rotary ['rəʊtərɪ] ■ n *US* [roundabout] rotonda *f*

■ adj [movement] rotatorio(a), giratorio(a) ▸ **~ pump** bomba *f* rotatoria

rotate [rəʊ'teɪt] ■ vt **1.** [turn] hacer girar **2.** [alternate] [duties, crops] alternar

■ vi **1.** [turn] girar **2.** [in job] turnarse, rotar

rotating [rəʊ'teɪtɪŋ] adj **1.** [turning] giratorio(a) **2.** [alternating] **on a ~ basis** en forma rotativa *or* rotatoria

rotation [rəʊ'teɪʃən] n **1.** [circular movement] rotación *f* **2.** [in job] rotación *f*, alternancia *f* ▸ **by** *or* **in ~** por turno (rotatorio) ▸ **crop ~** rotación de cultivos

rote [rəʊt] n **~ learning** aprendizaje *m* memorístico ▸ **to learn sth by ~** aprender algo de memoria *or* de corrido

rotor ['rəʊtə(r)] n rotor *m*

rotten ['rɒtən] adj **1.** [wood, egg, fruit] podrido(a) ▸ **to be ~** estar podrido **2.** [bad, of poor quality] malísimo(a) ▸ **I feel ~** [ill] me siento *ESP* fatal *or AM* pésimo ▸ **I feel ~ about what happened** [sorry] siento en el alma lo que pasó ▸ **what ~ luck!** ¡qué mala pata! ▸ **a ~ trick** una canallada

rotter ['rɒtə(r)] n *BR Fam Old-fashioned* miserable *mf*, rufián *m*

rotting ['rɒtɪŋ] adj podrido(a), que se está pudriendo

rotund [rəʊ'tʌnd] adj orondo(a), rollizo(a)

rouble ['ruːbəl] n [Russian currency] rublo *m*

rouge [ruːʒ] n colorete *m*

rough [rʌf] ■ n **1.** [in golf] matojos *mpl* **2.** *Fam Old-fashioned* [hooligan] matón *m* **3.** [difficulty] **to take the ~ with the smooth** estar a las duras y a las maduras, *AM* estar para las buenas y las malas

■ adj **1.** [surface, skin] áspero(a) / [terrain] accidentado(a) **2.** [unrefined] [manners, speech] tosco(a) ▸ *Fig* **she is a ~ diamond** vale mucho, aunque no tenga muchos modales ▸ **~ draft** borrador *m* ▸ **~ sketch** bosquejo *m* **3.** [violent, not gentle] bruto(a) ▸ **to receive ~ treatment** ser maltratado(a) ▸ **a ~ crossing** una travesía difícil ▸ **~ sea(s)** mar *f* brava, mar *m* embravecido **4.** [harsh] [voice] ronco(a) / [wine] peleón(ona) / [spirits] de garrafa ▸ *Fam* **it was ~ on her** fue muy duro para ella ▸ **~ justice** injusticia *f* **5.** [approximate] [calculation, estimate] aproximado(a) ▸ **at a ~ guess** a ojo ▸ **I've got a ~ idea of what he wants** tengo una vaga idea de *or* sé más o menos lo que quiere **6.** *Fam* [ill] **to feel ~** sentirse mal ▸ **to look ~** tener mal aspecto

■ adv **to play ~** jugar duro ▸ *Fam* **to sleep ~** dormir a la intemperie *or ESP* al raso

■ vt *Fam* **we had to ~ it** nos las arreglamos *or ESP* apañamos como pudimos

◆ ***rough up*** vt sep *Fam* **to ~ sb up** dar a alguien una paliza

roughage ['rʌfɪdʒ] n fibra *f*

rough-and-ready [rʌfən'redɪ] adj rudimentario(a) / [person] basto(a), tosco(a)

rough-and-tumble [rʌfən'tʌmbəl] n riña *f*, rifirrafe *m* ▸ **the ~ of politics** la brega de la política

roughly ['rʌflɪ] adv **1.** [violently] brutalmente ▸ **to treat sb ~** tratar a alguien con brutalidad **2.** [crudely] groseramente **3.** [approximately] aproximadamente ▸ **~ (speaking)** aproximadamente

roughness ['rʌfnɪs] n **1.** [of surface, skin] aspereza *f* **2.** [of sea] embravecimiento *m*, agitación *f* **3.** [violent behaviour] brutalidad *f*

roughshod ['rʌfʃɒd] adv **to ride ~ over sth** pisotear algo

rough-spoken [rʌf'spəʊkən] adj malhablado(a)

roulette [ruː'let] n [game] ruleta *f* ▸ **~ table** mesa *f* de ruleta ▸ **~ wheel** ruleta *f*

round [raʊnd] ■ n **1.** [stage of match, tournament] vuelta *f*, ronda *f* (eliminatoria) / [in boxing] asalto *m*, round *m* / [of golf] recorrido *m* (del campo) ▸ **the first ~ of the elections** la primera vuelta de las elecciones ▸ **to get through to the next ~** pasar a la siguiente ronda **2.** *BR* [of bread] **a ~ of sandwiches** un sándwich *(cortado en dos o en cuatro)* ▸ **a ~ of toast** una tostada **3.** [of talks, visits] ronda *f* / [of drinks] ronda *f*, *AM* vuelta *f* ▸ **it's my ~** me toca pagar esta ronda *or AM* vuelta ▸ **a ~ of applause** una ovación, *AM* una salva de palmas **4. to do one's rounds** [doctor] [visit patients at home] hacer las visitas (a los pacientes) / [in hospital] hacer la ronda de visitas en sala ▸ **the daily ~** [of tasks] las tareas cotidianas ▸ **one of the rumours doing the rounds** uno de los rumores que corren **5.** MIL [bullet] bala *f* **6.** MUS canon *m*

■ adj **1.** [in shape] redondo(a) ▸ **to have ~ shoulders** tener las espaldas cargadas ▸ **~ table (conference)** mesa *f* redonda ▸ *US* **~ trip** viaje *m* de ida y vuelta **2.** [number] redondo(a) ▸ **a ~ dozen** una docena justa ▸ **in ~ figures** en números redondos

■ adv [surrounding] alrededor ▸ **all (the) year ~** durante todo el año ▸ **all ~, it was a good result** en conjunto, fue un buen resultado ▸ **to be the wrong/right way ~** [sweater] estar del *or AM* al revés/del *or AM* al derecho ▸ **to do sth the wrong/right way ~** hacer algo al revés/bien ▸ **the other way ~** al revés ▸ **to go ~ to sb's house** ir a casa de alguien ▸ **to invite sb ~** invitar a alguien a casa

■ prep **1.** [position] alrededor de ▸ **~ the table** en torno a la mesa ▸ **~ here** por aquí **2.** [motion] **to look ~ the room** mirar por toda la habitación ▸ **to travel ~ the world** viajar por todo el mundo ▸ **to go ~ an obstacle** rodear un obstáculo ▸ **to go ~ the corner** doblar la esquina ▸ **it's just ~ the corner** está a la vuelta de la esquina, *RP* queda a la vuelta ▸ *Fig* **to drive** *or* **send sb ~ the bend** volver loco(a) a alguien **3.** [approximately] **~ about** alrededor de, aproximadamente ▸ **~ about midday** a eso del mediodía ■ vt **1.** [make round] redondear **2.** [move round] [obstacle] rodear / [corner] doblar **3.** [figures] **to ~ up/down** redondear al alza/a la baja

◆ ***round off*** vt sep [conclude] rematar, concluir

◆ ***round up*** vt sep [cattle] recoger / [criminals, suspects] detener

roundabout ['raʊndəbaʊt] ■ n *BR* **1.** [at fairground] tiovivo *m,* carrusel *m, RP* calesita *f* **2.** [for cars] rotonda *f, ESP* glorieta *f*

■ adj [approach, route] indirecto(a) ▸ **to lead up to a question in a ~ way** preguntar algo después de un largo preámbulo

rounders ['raʊndəz] n *BR* [game] = *juego similar al béisbol*

round-eyed ['raʊndaɪd] adj [surprised] atónito(a), con los ojos muy abiertos *or* como platos

roundly ['raʊndlɪ] adv [praise, condemn] con rotundidad

round-trip ['raʊnd'trɪp] adj *US* [ticket] de ida y vuelta

round-up ['raʊndʌp] n [of criminals] redada *f* / [on TV, radio] resumen *m*

rouse [raʊz] vt [from sleep] despertar / [make more active] incitar ▸ **to ~ oneself (to do sth)** animarse (a hacer algo) ▸ **to ~ sb to action** empujar a alguien a la acción ▸ **to ~ sb to anger** encolerizar a alguien

rousing ['raʊzɪŋ] adj [music, speech] estimulante / [welcome, send-off, cheers] entusiasta

rout [raʊt] ■ n derrota *f* aplastante

■ vt arrollar, aplastar

route [ru:t] ■ n [of traveller] ruta *f,* itinerario *m* / [of plane, ship] ruta *f* / [of parade] itinerario *m* / [to failure, success] vía *f* (**to** hacia) ▸ **bus ~** línea *f* de autobús

■ vt hacer pasar, dirigir ▸ **the train was routed through Birmingham** hicieron pasar el tren por Birmingham

router ['ru:tə(r)] n COMPTR router *m,* direccionador *m*

routine [ru:'ti:n] ■ n **1.** [habit] rutina *f* ▸ **the daily ~** la rutina diaria **2.** [of performer, comedian] número *m* ▸ *Fam Fig* **don't give me that ~** no me vengas con ese cuento **3.** COMPTR rutina *f*

■ adj **1.** [normal] habitual ▸ **~ enquiries** investigación *f* rutinaria **2.** [dull] rutinario(a), monótono(a)

routinely [ru:'ti:nlɪ] adv habitualmente

roux [ru:] (pl **roux** [ru:z]) n CULIN roux *m,* = *espesante de salsas a base de harina y mantequilla*

rove [rəʊv] ■ vt vagar por

■ vi vagar ▸ **his eyes roved around the room** sus ojos recorrieron la habitación

row[1] [rəʊ] n hilera *f* / [of seats] fila *f* ▸ **in a ~** en hilera, en fila ▸ **two Sundays in a ~** dos domingos seguidos ▸ **in the front ~** [of seats] en primera fila ▸ *US* **~ house** casa *f* adosada

row[2] ■ n [in boat] paseo *m* en barca ▸ **to go for a ~** darse un paseo en barca

■ vt **to ~ a boat** llevar una barca remando ▸ **he rowed us across the river** nos llevó al otro lado del río en barca

■ vi remar

row[3] [raʊ] ■ n **1.** [noise] jaleo *m,* alboroto *m* / [protest] escándalo *m* **2.** [quarrel] bronca *f,* trifulca *f* ▸ **to have a ~ (with sb)** tener una bronca (con alguien)

■ vi discutir

rowan ['raʊən] n serbal *m*

rowboat ['rəʊbəʊt] n *US* bote *m or* barca *f* de remos

rowdy ['raʊdɪ] ■ n alborotador(ora) *m,f*

■ adj [noisy] ruidoso(a) / [disorderly] alborotador(ora)

rower ['rəʊə(r)] n remero(a) *m,f*

rowing ['rəʊɪŋ] n remo *m* ▸ *esp BR* **~ boat** bote *m or* barca *f* de remos ▸ **~ machine** banco *m* de remo

royal ['rɔɪəl] ■ n *Fam* **the Royals** la familia real

■ adj real / [splendid] magnífico(a) ▸ **His/Her Royal Highness** Su Alteza Real ▸ **~ blue** azul *m* real *(intenso y más claro que el marino)* ▸ **the Royal Family** la Familia Real ▸ **~ jelly** jalea *f* real

royalist ['rɔɪəlɪst] n & adj monárquico(a) *m,f*

royally ['rɔɪəlɪ] adv [entertain, welcome] con magnificencia

royalty ['rɔɪəltɪ] n **1.** [rank, position] realeza *f* **2. royalties** [for author, singer] derechos *mpl* de autor

RP [ɑ:'pi:] n LING (abbr ***received pronunciation***) pronunciación *f* estándar *(del inglés)*

RPI [ɑ:pi:'aɪ] n *BR* ECON (abbr ***retail price index***) IPC *m,* Índice *m* de Precios al Consumo

RPM [ɑ:pi:'em] n ECON (abbr ***resale price maintenance***) mantenimiento *m or* fijación *f* del precio de venta al público

rpm [ɑ:pi:'em] n AUT (abbr ***revolutions per minute***) rpm, revoluciones *fpl* por minuto

R & R [ɑ:rən'ɑ:(r)] n MIL (abbr ***rest and recreation***) permiso *m*

RRP COM (abbr ***recommended retail price***) P.V.P. *m* recomendado, precio *m* de venta al público recomendado

RS [ɑ:'res] n *BR* (abbr ***Royal Society***) = *academia británica de las ciencias*

RSA [ɑ:res'eɪ] n (abbr ***Republic of South Africa***) República *f* de Sudáfrica

RSPB [ɑ:respi:'bi:] n *BR* (abbr ***Royal Society for the Protection of Birds***) *ESP* ≃ SEO *f,* = *sociedad protectora de las aves*

RSPCA [ɑ:respi:si:'eɪ] n *BR* (abbr ***Royal Society for the Prevention of Cruelty to Animals***) ≃ Sociedad Protectora de Animales

RSVP [ɑ:resvi:'pi:] (abbr ***répondez s'il vous plaît***) [on invitation] se ruega contestación

Rt Hon *BR* PARL (abbr ***Right Honourable***) ≃ su

señoría, = *tratamiento que se da a los diputados en el Parlamento británico*

rub [rʌb] ■ n **to give sth a ~** frotar algo ▸ *Fig* **there's the ~!** ¡ahí está el problema!

■ vt (pt & pp **rubbed**) frotar ▸ **to ~ one's hands together** frotarse las manos ▸ *Fig* **to ~ shoulders with** codearse con ▸ *Fam* **to ~ sb up the wrong way** caer mal a alguien ▸ *Fam* **there's no need to ~ it in!** ¡no tienes por qué restregármelo por las narices!

■ vi [straps, shoes] rozar (**against** contra)

◆ ***rub along*** vi *Fam* **1.** [manage] arreglarse, defenderse, *ESP* apañarse **2.** [get on] llevarse bien, congeniar (**with** con)

◆ ***rub off*** ■ vt sep [dirt, stains] limpiar, eliminar *(frotando)* / [writing] borrar

■ vi borrarse ▸ *Fig* **to ~ off on sb** [manners, enthusiasm] influir en *or* contagiarse a alguien

◆ ***rub out*** vt sep **1.** [erase] borrar **2.** *US Fam* [murder] acabar con, *ESP* cepillarse a

rubber ['rʌbə(r)] n **1.** [substance] goma *f, AM* hule *m* ▸ **~ ball** pelota *f* de goma ▸ **~ band** goma (elástica) ▸ *US* **~ boot** bota *f* de agua *or* goma *or MÉX, VEN* caucho ▸ **~ dinghy** lancha *f* neumática ▸ **~ gloves** guantes *mpl* de goma ▸ **~ plant** ficus *m inv* ▸ **~ ring** [swimming aid] flotador *m (aro)* ▸ **~ stamp** tampón *m* de goma **2.** *BR* [eraser] goma *f* (de borrar) / [for blackboards] borrador *m* **3.** *Fam* [condom] goma *f, MÉX* impermeable *m, RP* forro *m*

rubber-stamp [rʌbə'stæmp] vt *Fig* [approve] dar el visto bueno a

rubbery ['rʌbərɪ] adj correoso(a)

rubbish ['rʌbɪʃ] ■ n **1.** [refuse, junk] basura *f* ▸ *BR* **~ bin** cubo *m or AM* bote *m* de la basura ▸ **~ collection** recogida *f* de basuras ▸ **~ dump** vertedero *m* (de basura) ▸ *Fig* **to throw sth/sb on the ~ heap** desahuciar algo/a alguien **2.** [nonsense] tonterías *fpl,* bobadas *fpl* ▸ **to talk ~** decir tonterías ▸ **that book is a load of ~** ese libro es una porquería

■ vt *BR Fam* [book, plan] poner por los suelos

rubble ['rʌbəl] n escombros *mpl*

rubella [ru:'belə] n MED rubeola *f*

rubric ['ru:brɪk] n [set of instructions] directrices *fpl,* normas *fpl*

ruby ['ru:bɪ] ■ n rubí *m*

■ adj [colour] rojo(a) intenso(a) *or* rubí

ruck[1] [rʌk] n [in rugby] melé *f* espontánea

ruck[2] n [in cloth] arruga *f*

◆ ***ruck up*** vi [sheet, dress] arrugarse

rucksack ['rʌksæk] n macuto *m,* mochila *f*

ructions ['rʌkʃənz] npl *Fam* bronca *f,* jaleo *m* ▸ **there'll be ~** se va a armar la gorda

rudder ['rʌdə(r)] n [on boat, plane] timón *m*

ruddy ['rʌdɪ] adj **1.** [complexion] rubicundo(a) / [sky] rojizo(a), arrebolado(a) **2.** *BR Old-fashioned Fam* [damned] condenado(a) ▸ **the ~ fool!** ¡el/la muy estúpido(a)!

rude [ru:d] adj **1.** [impolite] maleducado(a), grosero(a) **2.** *esp BR* [indecent] de mal gusto, ordinario(a) ▸ **a ~ joke** un chiste verde **3.** [primitive] tosco(a) **4.** [shock, surprise] duro(a) ▸ **to receive a ~ awakening** llevarse una desagradable sorpresa **5.** [vigorous] **to be in ~ health** estar rebosante de salud

rudeness ['ru:dnɪs] n **1.** [impoliteness] mala educación *f,* grosería *f* **2.** *esp BR* [indecency] [of joke, story] ordinariez *f,* mal gusto *m*

rudimentary [ru:dɪ'mentərɪ] adj rudimentario(a)

rudiments ['ru:dɪmənts] npl rudimentos *mpl,* fundamentos *mpl*

rue [ru:] vt *Formal* lamentar, deplorar

rueful ['ru:fʊl] adj compungido(a)

ruefully ['ru:fəlɪ] adv con arrepentimiento y pesar

ruff [rʌf] n [on costume] golilla *f*

ruffian ['rʌfɪən] n *Old-fashioned* rufián *m*

ruffle ['rʌfəl] vt [disturb] [water surface] rizar / [hair] despeinar ▸ **to ~ sb's feathers** hacer *esp ESP* enfadar *or esp AM* enojar a alguien ▸ **to ~ sb's composure** hacer perder la calma a alguien

ruffled ['rʌfəld] adj **the decision caused a few ~ feathers** la decisión molestó a unos cuantos

rug [rʌg] n **1.** [carpet] alfombra *f* ▸ *Fig* **to pull the ~ from under sb's feet** dejar a alguien en la estacada **2.** [blanket] manta *f*

rugby ['rʌgbɪ] n rugby *m* ▸ **~ league** = *modalidad de rugby con trece jugadores* ▸ **~ union** rugby *(de quince jugadores)* ▸ **~ tackle** placaje *m, AM* tackle *m*

rugby-tackle ['rʌgbɪ'tækəl] vt **to ~ sb** hacer un placaje a alguien, atrapar a alguien por las piernas, *AM* tacklear alguien

rugged ['rʌgɪd] adj **1.** [ground, country] irregular, accidentado(a) ▸ **~ features** rasgos *mpl* recios **2.** [manner] rudo(a), tosco(a)

rugger ['rʌgə(r)] n *BR Fam* [rugby] rugby *m*

ruin ['ru:ɪn] ■ n ruina *f* ▸ **to fall into ruin(s)** quedar en ruinas ▸ **it will be the ~ of him** será su ruina ▸ **~ is staring us in the face** estamos a punto de perderlo todo

■ vt arruinar ▸ **to ~ one's health/eyesight** arruinarse la salud/la vista ▸ **we're ruined** estamos arruinados ▸ **the meal's ruined** se ha echado a perder la comida ▸ **tourism has ruined the town** el turismo ha echado a perder la ciudad

ruined ['ru:ɪnd] adj [building] en ruinas

ruinous ['ru:ɪnəs] adj [expense] ruinoso(a) ▸ **in a ~ condition** en un estado ruinoso

ruinously ['ru:ɪnəslɪ] adv **~ expensive** extraordinariamente caro

rule [ru:l] ■ n **1.** [principle, regulation] regla *f,* norma *f* ▸ **as a ~** por norma, por regla general ▸ **to make it a ~ to do sth** tener por costumbre *or* norma hacer algo ▸ **rules and regulations** normativa *f,* reglamento *m* ▸ IND **to work to ~** hacer huelga de celo ▸ **it's against the rules** va contra las normas ▸ **as a ~ of thumb** por regla general ▸ **~ book** reglamento *m* **2.** [government] gobierno *m* ▸ **under British ~** bajo dominio *or* gobierno británico ▸ **the ~ of law** el imperio de la ley **3.** [for measuring] regla *f*

■ vt **1.** [country, people] gobernar ▸ **don't let him ~ your life** no le dejes que gobierne *or* controle tu vida **2.** [decide, decree] decretar, determinar **3.** [paper] rayar ▸

ruled paper papel *m* rayado *or* pautado
■ vi **1.** [monarch] reinar **2.** [judge] decidir, fallar ▸ **to ~ in favour of/against sb** fallar a favor de/en contra de alguien

◆ ***rule out*** vt sep descartar, excluir

ruler ['ru:lə(r)] n **1.** [of country] gobernante *mf* **2.** [for measuring] regla *f*

ruling ['ru:lɪŋ] ■ n [of judge, umpire] fallo *m*, decisión *f*
■ adj [passion, consideration] predominante, primordial / [party] gobernante, en el poder ▸ **the ~ classes** las clases dirigentes

rum[1] [rʌm] n [drink] ron *m*

rum[2] adj *BR Fam* [strange] raro(a)

Rumania ➤ ***Romania***

Rumanian ➤ ***Romanian***

rumble ['rʌmbəl] ■ n [of thunder, gunfire] rugido *m*, retumbo *m* / [of cart] fragor *m*, estrépito *m* / [of stomach] gruñido *m* ▸ **rumbles of discontent** murmullos *mpl* de insatisfacción
■ vt *BR Fam* [see through] pillar, descubrir (el juego a) ▸ **we've been rumbled** nos han pillado *or ESP* cogido *or AM* agarrado
■ vi [thunder] retumbar / [stomach] gruñir ▸ **to ~ past** pasar rugiendo

rumbling ['rʌmblɪŋ] n **there were rumblings of discontent among the workers** los trabajadores comenzaban a mostrar su descontento

rumbustious [rʌm'bʌstjəs] adj *BR* bullicioso(a)

ruminant ['ru:mɪnənt] n ZOOL rumiante *m*

ruminate ['ru:mɪneɪt] vi *Formal* **to ~ about** *or* **on sth** meditar acerca de algo

ruminative ['ru:mɪnətɪv] adj pensativo(a), meditabundo(a)

rummage ['rʌmɪdʒ] vi **he rummaged through my suitcase** rebuscó en *or* revolvió mi maleta *or AM* valija ▸ *US* **~ sale** [in store] liquidación *f* de saldos / [for charity] mercadillo *m or* rastrillo *m* benéfico

rumour, *US* ***rumor*** ['ru:mə(r)] ■ n rumor *m* ▸ **~ has it that...** según los rumores,... ▸ **there's a ~ going round that...** corren rumores de que...
■ vt **it is rumoured that...** se rumorea que... ▸ **he is rumoured to be about to resign** se rumorea que está a punto de dimitir

rump [rʌmp] n **1.** [of animal] cuartos *mpl* traseros / *Fam* [of person] trasero *m* ▸ **~ steak** filete *m* de lomo **2.** [of political party, assembly] resto *m (tras escisión)*

rumple ['rʌmpəl] vt [crease] arrugar / [hair] despeinar

rumpus ['rʌmpəs] n *Fam* [noise] jaleo *m*, bronca *f*, *ESP* follón *m* ▸ **to kick up** *or* **cause a ~** armar un jaleo *or* una bronca *or ESP* un follón

run [rʌn] ■ n **1.** [act of running] carrera *f* ▸ **at a ~** corriendo, *RP* a las corridas ▸ **to go for a ~** ir a correr ▸ **to be on the ~** [prisoner, suspect] estar fugado(a) *or* en fuga ▸ *Fig* **we've got them on the ~** los tenemos contra las cuerdas ▸ **to give sb the ~ of the house** poner la casa a disposición de alguien ▸ *Fam* **to make a ~ for it** salir corriendo *or ESP* por piernas ▸ *Fam* **to give sb a ~ for his money** hacer sudar (la camiseta) a alguien ▸ *Fam* **to have the runs** estar suelto(a), tener cagalera **2.** [trip] [in car] vuelta *f* ▸ **to go for a ~** ir a dar una vuelta (en coche) **3.** COM [of book] tirada *f* / [of product] partida *f*, tanda *f* **4.** [sequence, series] serie *f* / [in cards] escalera *f* ▸ **a ~ of good/bad luck** una racha de buena/mala suerte ▸ **in the long ~** a la larga, a largo plazo ▸ **in the short ~** a corto plazo ▸ **in the ordinary ~ of things** en condiciones normales **5.** FIN [on bank, stock exchange] retirada *f* masiva de fondos ▸ **a ~ on the dollar** una fuerte presión sobre el dólar **6.** [in cricket] carrera *f* **7.** [in stocking] carrera *f* **8.** [for skier] pista *f* **9.** [for chickens, rabbits] corral *m* **10.** MUS carrerilla *f*
■ vt (pt **ran** [ræn], pp **run**) **1.** [distance] correr, recorrer ▸ **to ~ a race** correr (en) una carrera ▸ **to ~ an errand** hacer un recado *or AM* mandado ▸ **to allow things to ~ their course** dejar que las cosas sigan su curso ▸ **to ~ sb close** quedarse a un paso de vencer a alguien ▸ *Fam* **we were run off our feet** no tuvimos ni un momento de descanso **2.** [drive] **to ~ sb to the airport** llevar a alguien al aeropuerto, dar *CAM, MÉX* aventón *or CUBA* botella a alguien hasta el aeropuerto **3.** [smuggle] [drugs, arms] pasar de contrabando **4.** [operate] [machine, engine] hacer funcionar / [test, experiment] hacer, realizar, *ESP* efectuar / COMPTR [program] ejecutar ▸ **this car is expensive to ~** este coche consume mucho **5.** [manage] [business, hotel] dirigir, llevar ▸ **stop trying to ~ my life for me!** ¡deja de dirigir mi vida! ▸ *Fig* **who's running the show?** ¿quién está a cargo de esto? **6.** [pass] [cables, pipes] hacer pasar ▸ **to ~ one's fingers over sth** pasar la mano por algo, *ESP* acariciar algo ▸ **he ran his fingers through his hair** se pasó los dedos entre los cabellos ▸ **she ran her eye over the page** echó una ojeada a la página **7.** [water] dejar correr ▸ **to ~ a bath** preparar un baño **8. to ~ a temperature** tener fiebre ▸ **to ~ a deficit** tener déficit ▸ **to ~ an article** publicar un artículo
■ vi **1.** [person] correr ▸ **to ~ up/down the street** subir/bajar la calle corriendo ▸ **to ~ about** correr de acá para allá ▸ **I'll just ~ across** *or* **round to the shop** voy en un momento a la tienda ▸ **to ~ after sb** correr detrás *or AM* atrás de alguien ▸ **to ~ for help** correr en búsqueda *or ESP* busca de ayuda ▸ **to ~ out** [exit] salir corriendo ▸ *Fig* **to ~ out on sb** abandonar a alguien **2.** [flee] escapar corriendo ▸ **~ for it!, ~ for your lives!** ¡corre!, *ESP* ¡huye!, *AM* ¡sálvese quien pueda! **3.** [compete in race] correr ▸ **to ~ for Parliament** presentarse a las elecciones parlamentarias **4.** [flow] correr ▸ **the river runs into a lake** el río desemboca en un lago ▸ **my nose is running** me moquea *or RP* chorrea la nariz, tengo mocos ▸ **my blood ran cold** se me heló la sangre en las venas **5. to ~ aground** [ship] encallar, embarrancar / *Fig* [project, economy] irse al traste, malograrse **6.** [last, extend] [contract, lease] durar / [play] estar en cartel ▸ **it runs in the family** es cosa de familia ▸ **a murmur ran through the crowd** se extendió un murmullo entre la multitud ▸ **that song keeps running through my head** no se me va esa canción de la cabeza ▸ **the total ran to £2,000** el total ascendió a 2.000 libras **7.** [bus, train] circular ▸ **to be running late** [bus, person] ir con retraso, *AM* estar atrasado(a) or demorado(a) **8.** [operate] [machine] funcionar (**on** con) ▸ **the engine's running** el motor está en marcha ▸ **the software won't ~ on this**

machine el programa no funciona en *ESP* este ordenador *or AM* esta computadora ▸ **to ~ off the mains** funcionar conectado(a) a la red ▸ **things are running smoothly** las cosas marchan bien **9.** [pass] [road, railway] ir ▸ **the line runs along the coast** la línea de tren discurre paralela a la costa **10. feelings** *or* **tempers are running high** los ánimos están revueltos ▸ **supplies are running low** se están agotando las reservas ▸ **the river had run dry** el río se había secado **11.** [colour, dye] desteñir

◆ ***run away*** vi [person] escapar, huir ▸ **to ~ away from home** escaparse de casa ▸ *Fig* **to ~ away from the facts** no querer ver los hechos ▸ *Fig* **don't ~ away with the idea that...** no vayas a pensar que...

◆ ***run down*** ■ vt sep **1.** [in car] atropellar **2.** [find] localizar, encontrar **3.** [criticize] menospreciar, criticar **4.** [reduce] [production, stocks] reducir, disminuir / [industry, factory] desmantelar

■ vi [battery] agotarse

◆ ***run in*** vt sep **1.** *Fam* [arrest] detener **2.** [engine] rodar

◆ ***run into*** vt insep **1.** [collide with] chocar con *or* contra ▸ **to ~ into difficulties** tropezar con problemas **2.** [meet by chance] encontrarse con

◆ ***run off*** ■ vt sep [print] tirar

■ vi echar a correr, salir corriendo ▸ **to ~ off with the cash** escapar con el dinero ▸ **to ~ off with sb** escaparse con alguien

◆ ***run on*** vi [meeting] continuar / *Fam* [talk a lot] hablar sin parar

◆ ***run out*** vi [lease, contract] vencer, cumplirse / [money, supplies] agotarse ▸ **to ~ out of sth** quedarse sin algo ▸ *Fig* **to ~ out of steam** [person] quedarse sin fuerzas / [project] perder empuje

◆ ***run over*** ■ vt sep [in car] atropellar

■ vt insep [rehearse, check] ensayar, repasar

■ vi [speech, TV programme] durar demasiado

◆ ***run to*** vt insep *BR* poder permitirse ▸ **I'm afraid we don't ~ to that kind of thing** me temo que el dinero no nos da para algo así

◆ ***run up*** vt sep **1.** [debts] acumular **2.** [flag] izar **3.** [clothes] hacerse, coser

run-around ['rʌnəraʊnd] n *Fam* **to give sb the ~** enredar a alguien

runaway ['rʌnəweɪ] ■ n fugitivo(a) *m,f*

■ adj [prisoner, slave] fugitivo(a) / [train, lorry] incontrolado(a) / [inflation] galopante / [victory, success] apabullante

rundown ['rʌndaʊn] n [summary] resumen *m,* informe *m, AM* reporte *m* ▸ **to give sb a ~** poner a alguien al tanto

run-down [rʌn'daʊn] adj [building] ruinoso(a) / [person] pachucho(a), débil

rung [rʌŋ] ■ n [of ladder] peldaño *m,* escalón *m* ▸ *Fig* **the bottom ~** [in organization] el escalón más bajo

■ pp *of* ***ring***[2]

run-in ['rʌnɪn] n *Fam* **to have a ~ with sb** tener una pelea *or* una riña con alguien

runner ['rʌnə(r)] n **1.** [athlete] corredor(ora) *m,f* / [messenger] mensajero(a) *m,f,* recadero(a) *m,f* **2.** *BR* **~ bean** *ESP* judía *f* verde, *BOL, RP* chaucha *f*, *CAM, MÉX* ejote *m*, *CARIB, COL* habichuela *f*, *CHILE* poroto *m* verde **3.** [on sleigh] patín *m* **4.** [carpet] alfombra *f* estrecha (para escaleras) **5.** *BR Fam* **to do a ~** salir corriendo *or* por piernas

runner-up [rʌnə'rʌp] (pl **runners-up**) n subcampeón(ona) *m,f*

running ['rʌnɪŋ] ■ n **1.** [competition, race] **to be out of/in the ~** no tener/tener posibilidades de ganar ▸ **to make all the ~** [in contest] ocupar el primer puesto desde el principio ▸ *US* POL **~ mate** candidato(a) *m,f* a la vicepresidencia ▸ **~ shoe** zapatilla *f* deportiva ▸ **~ track** pista *f* (de atletismo) **2.** [operation] [of machine, car] funcionamiento *m* ▸ **~ costs** costos *mpl or ESP* costes *mpl* de mantenimiento **3.** [management] [of hotel, restaurant] dirección *f,* gestión *f*

■ adj [battle, feud] continuo(a), constante ▸ *Fam* **he told them to take a ~ jump** los mandó a freír espárragos ▸ AUT **~ board** estribo *m* ▸ **~ commentary** comentario *m* en directo ▸ **~ repairs** arreglos *mpl* (momentáneos) ▸ **~ sore** llaga *f* supurante ▸ **~ total** total *m* actualizado ▸ **~ water** agua *f* corriente

runny ['rʌnɪ] adj [sauce, custard] demasiado líquido(a) / [honey] fluido(a) ▸ **to have a ~ nose** tener mocos, moquear

run-off ['rʌnɒf] n desempate *m*

run-of-the-mill [rʌnəvðə'mɪl] adj corriente y moliente

run-on ['rʌnɒn] n [in printed matter] texto *m* seguido *or* corrido

runt [rʌnt] n **1.** [of litter] cachorro *m* más pequeño **2.** [weak person] enano(a) *m,f,* pigmeo(a) *m,f*

run-up ['rʌnʌp] n [before jump] carrerilla *f* / [before event] período *m* previo

runway ['rʌnweɪ] n **1.** [for takeoff] pista *f* de despegue *or AM* decolaje / [for landing] pista *f* de aterrizaje **2.** *US* [at fashion show] pasarela *f*

rupee [ruː'piː] n [Indian currency] rupia *f*

rupture ['rʌptʃə(r)] ■ n [breaking] ruptura *f* / MED hernia *f*

■ vt [relations, container] romper ▸ MED **to ~ oneself** herniarse

■ vi [container, pipeline] romperse

rural ['rʊərəl] adj rural

ruse [ruːz] n artimaña *f,* ardid *m*

rush[1] [rʌʃ] n [plant] **rushes** juncos *mpl* ▸ **~ matting** estera *f* de junco

rush[2] ■ n **1.** [hurry] prisa *f, AM* apuro *m* ▸ **to be in a ~** tener prisa, *AM* estar apurado(a) ▸ **there's no ~** no hay prisa *or AM* apuro ▸ **to make a ~ for sth** apresurarse a alcanzar algo ▸ **to make a ~ at sb** abalanzarse hacia alguien ▸ **the ~ hour** *ESP* la hora *f* punta, *AM* la hora *f* pico ▸ **a ~ job** una chapuza **2.** [surge] [of air] ráfaga *f* / [of water] chorro *m* / [of requests] ola *f* **3.** [demand] demanda *f* ▸ **there's been a ~ on sugar** ha habido una fuerte demanda de azúcar **4.** CIN **rushes** primeras pruebas *fpl*

■ vt **1.** [hurry] [task] realizar a toda prisa / [person] apresurar ▸ **don't ~ me!** ¡no me metas prisa!, *AM* ¡no me apures! ▸ **to ~ sb into doing sth** meter prisa *or AM*

apurar a alguien para que haga algo ▸ **to be rushed off one's feet** no tener un momento de descanso **2.** [transport quickly] llevar apresuradamente ▸ **she was rushed to hospital** la llevaron al hospital a toda prisa **3.** [attack] arremeter contra
■ vi [move fast] precipitarse / [hurry] apresurarse, *AM* apurarse ▸ **I must ~** (me voy que) tengo mucha prisa *or* *AM* estoy muy apurado(a) ▸ **the blood rushed to his cheeks** se le subieron los colores ▸ **she rushed into marriage** se casó demasiado apresuradamente

◆ ***rush about, rush around*** vi trajinar (de acá para allá)

◆ ***rush in*** vi [enter] entrar a toda prisa

◆ ***rush off*** vi [flee] irse corriendo

◆ ***rush out*** ■ vt sep [book] sacar a toda prisa
■ vi [exit] salir apresuradamente

◆ ***rush through*** ■ vt sep **to ~ a bill/decision through** aprobar un proyecto de ley/tomar una decisión a toda prisa
■ vt insep [book, meal, work] despachar con rapidez

rusk [rʌsk] n = *galleta dura y crujiente para niños que comienzan a masticar*

russet ['rʌsɪt] ■ n [colour] castaño *m* rojizo
■ adj rojizo(a)

Russia ['rʌʃə] n Rusia

Russian ['rʌʃən] ■ n **1.** [person] ruso(a) *m,f* **2.** [language] ruso *m* ▸ **~ class/teacher** clase *f*/ profesor(ora) *m,f* de ruso
■ adj ruso(a) ▸ **~ roulette** ruleta *f* rusa

rust [rʌst] ■ n óxido *m,* herrumbre *f*
■ adj [colour] color teja *inv*
■ vi oxidarse

rusted ['rʌstɪd] adj oxidado(a)

rustic ['rʌstɪk] adj rústico(a)

rustle[1] ['rʌsəl] ■ n [of leaves] susurro *m* / [of paper] crujido *m*
■ vt [leaves] hacer susurrar / [paper] hacer crujir
■ vi [leaves] susurrar / [paper] crujir

rustle[2] vt [cattle] robar

◆ ***rustle up*** vt sep *Fam* [meal, snack] improvisar, *ESP* apañar ▸ **to ~ up support** reunir apoyo

rustler ['rʌslə(r)] n [cattle thief] cuatrero(a) *m,f,* ladrón(ona) *m,f* de ganado

rustproof ['rʌstpru:f] adj inoxidable

rusty ['rʌstɪ] adj **1.** [metal] oxidado(a) ▸ *Fig* **my French is a bit ~** hace mucho que no practico mi francés **2.** [colour] color teja *inv*

rut[1] [rʌt] n [groove] rodada *f* ▸ *Fig* **to be in a ~** [routine] estar apalancado(a) *or* estancado(a)

rut[2] ■ n [of stag] celo *m*
■ vi (pt & pp **rutted**) [stag] estar en celo

ruthless ['ru:θlɪs] adj despiadado(a) ▸ **with ~ efficiency** con rigurosa eficacia

rutted ['rʌtɪd] adj **a badly ~ road** una carretera llena de grandes surcos *or* rodadas

RV [ɑ:'vi:] n *US* (abbr ***recreational vehicle***) autocaravana *f,* casa *f or* coche *m* caravana

Rwanda [rə'wændə] n Ruanda

Rwandan [rə'wændən] n & adj ruandés(esa) *m,f*

rye [raɪ] n centeno *m* ▸ **~ bread** pan *m* de centeno

S

S, s [es] n **1.** [letter] S, s *f* **2.** (abbr ***south***) S

Sabbath ['sæbəθ] n [Jewish] Sabbat *m,* sábado *m* judío / [Christian] domingo *m* ▸ **(witches')** ~ aquelarre *m* ▸ ~ **day observance** cumplimiento *m* del descanso sabático/dominical

sabbatical [sə'bætɪkəl] UNIV ■ n **to be on** ~ estar en excedencia
■ adj ~ **year/term** año *m*/trimestre *m* sabático *or* de excedencia

sable ['seɪbəl] ■ n [animal] marta *f* cebellina ▸ ~ **coat** abrigo *m* de marta
■ adj *Literary* [black] prieto(a), negro(a)

sabotage ['sæbətɑːʒ] ■ n sabotaje *m*
■ vt sabotear

saboteur [sæbə'tɜː(r)] n saboteador(ora) *m,f*

sabre, *US* ***saber*** ['seɪbə(r)] n sable *m*

sabre-toothed tiger n ['seɪbətuːθt'taɪgə(r)] tigre *m* dientes de sable

sac [sæk] n BIOL bolsa *f,* saco *m*

saccharin ['sækərɪn] n sacarina *f*

saccharine ['sækərɪn] adj *Pej* [smile, film] empalagoso(a)

sachet ['sæʃeɪ] n sobrecito *m*

sack[1] [sæk] ■ n **1.** [bag] saco *m* ▸ *Fam* **to hit the** ~ [go to bed] meterse en el sobre, *ESP* irse a la piltra **2.** *Fam* [dismissal] **to give sb the** ~ echar a alguien ▸ **he got the** ~ lo echaron
■ vt *Fam* [dismiss from job] echar, despedir

sack[2] ■ n [plundering] saqueo *m*
■ vt [town] saquear

sacking ['sækɪŋ] n **1.** [textile] arpillera *f,* tela *f* de saco **2.** *Fam* [dismissal] despido *m*

sacrament ['sækrəmənt] n REL sacramento *m* ▸ **to take** *or* **receive the sacraments** tomar *or* recibir los sacramentos

sacred ['seɪkrɪd] adj [place, book] sagrado(a) / [duty, vow] solemne ▸ ~ **to the memory of...** consagrado(a) a la memoria de... ▸ **is nothing ~?** ¿es que ya no se respeta nada? ▸ *Fig* **to be a ~ cow** ser sacrosanto(a)

sacrifice ['sækrɪfaɪs] ■ n [act, offering] sacrificio *m* ▸ **to make sacrifices** sacrificarse, hacer sacrificios
■ vt sacrificar ▸ **to ~ oneself** sacrificarse

sacrificial [sækrɪ'fɪʃəl] adj de sacrificio ▸ *Fig* ~ **lamb** *or* **victim** chivo *m* expiatorio

sacrilege ['sækrɪlɪdʒ] n *also Fig* sacrilegio *m*

sacrilegious [sækrɪ'lɪdʒəs] adj *also Fig* sacrílego(a)

sacristan ['sækrɪstən] n REL sacristán *m*

sacrosanct ['sækrəʊsæŋkt] adj sacrosanto(a)

SAD [sæd] n MED (abbr ***Seasonal Affective Disorder***) trastorno *m* afectivo estacional

sad [sæd] adj **1.** [unhappy, depressing] triste ▸ **to become ~** entristecerse ▸ **to make sb ~** entristecer a alguien **2.** *Fam* [pathetic] lamentable, penoso(a)

sadden ['sædən] vt entristecer

saddle ['sædəl] ■ n [on horse] silla *f* (de montar) / [on bicycle] sillín *m* ▸ **in the ~** a caballo ▸ *Fig* **to be in the ~** [be in charge] llevar las riendas
■ vt [horse] ensillar ▸ *Fam Fig* **to ~ sb with sth** encajar *or* *ESP, MÉX* encasquetar algo a alguien

saddlebag ['sædəlbæg] n [for horse] alforja *f* / [for bicycle] cartera *f*

sadism ['seɪdɪzəm] n sadismo *m*

sadist ['seɪdɪst] n sádico(a) *m,f*

sadistic [sə'dɪstɪk] adj sádico(a)

sadly ['sædlɪ] adv [to reply, smile] tristemente ▸ **you're ~ mistaken** estás muy equivocado(a) ▸ **he is ~ missed** lo echamos mucho de menos, *AM* lo extrañamos mucho ▸ **~, this is so** así es, por desgracia

sadness ['sædnɪs] n tristeza *f*

sadomasochism [seɪdəʊ'mæsəkɪzəm] n sadomasoquismo *m*

sadomasochist [seɪdəʊ'mæsəkɪst] n sadomasoquista *mf*

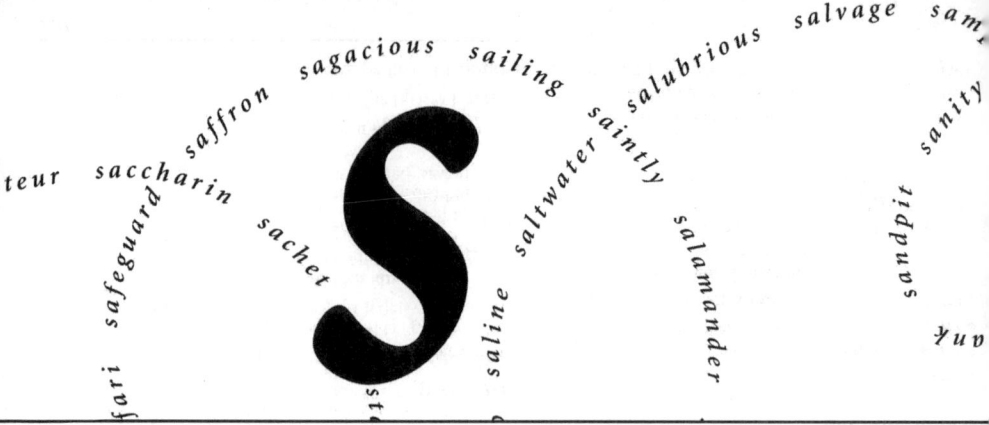

sadomasochistic ['seɪdəʊmæsə'kɪstɪk] adj sadomasoquista

SAE [eseɪ'iː] n *BR* (abbr **stamped addressed envelope**) sobre *m* franqueado con la dirección

safari [sə'fɑːrɪ] n safari *m* ▸ **on ~** de safari ▸ **~ jacket** sahariana *f* ▸ **~ park** safari park *m*

safe [seɪf] ■ n [for money] caja *f* fuerte
■ adj [house, activity] seguro(a) / [choice, topic of conversation] prudente ▸ **~ from sth** a salvo de algo ▸ **~ and sound** sano(a) y salvo(a) ▸ **as ~ as houses** completamente seguro ▸ **it is ~ to say that...** se puede decir sin temor a equivocarse que... ▸ **it's a pretty ~ assumption** *or* **bet that...** es prácticamente seguro que... ▸ **at a ~ distance** a una distancia prudencial ▸ **in ~ hands** en buenas manos ▸ **to wish sb a ~ journey** desear a alguien un feliz viaje *or* un viaje sin percances ▸ **to be on the ~ side** para mayor seguridad ▸ *Prov* **better ~ than sorry** más vale prevenir (que curar) ▸ **~ house** piso *m* franco ▸ **~ seat** [in Parliament] escaño *m* seguro ▸ **~ sex** sexo *m* seguro *or* sin riesgo
■ adv **to play (it) ~** ser precavido(a)

safe-conduct [seɪf'kɒndʌkt] n salvoconducto *m*

safeguard ['seɪfgɑːd] ■ n salvaguardia *f*, garantía *f*
■ vt [sb's interests, rights] salvaguardar
■ vi **to ~ against sth** salvaguardarse *or* protegerse de algo

safe-keeping [seɪf'kiːpɪŋ] n **in ~** bajo custodia

safely ['seɪflɪ] adv **1.** [without risk] sin riesgos ▸ **once we're ~ home** cuando estemos tranquilos en casa ▸ **drive ~!** ¡conduce *or AM* maneja con cuidado! ▸ **to arrive ~** llegar sano(a) y salvo(a) **2.** [with certainty] con certeza ▸ **I can ~ say that...** puedo decir sin temor a equivocarme que...

safety ['seɪftɪ] n seguridad *f* ▸ **for safety's sake** para mayor seguridad ▸ **she's very ~ conscious** tiene muy en cuenta la seguridad ▸ *Prov* **there's ~ in numbers** en compañía está uno más seguro ▸ **~ belt** cinturón *m* de seguridad ▸ **~ catch** [on gun] seguro *m* ▸ **~ glass** vidrio *m* de seguridad ▸ **~ helmet** casco *m* de seguridad ▸ **~ matches** fósforos *mpl or ESP* cerillas *fpl or AM* cerillos *mpl* de seguridad ▸ **~ measures** medidas *fpl* de seguridad ▸ **~ net** red *f* (de seguridad) / *Fig* red *f* asistencial (del Estado) ▸ *Fig* **to fall through the ~ net** quedar excluido(a) de la red asistencial ▸ **~ pin** imperdible *m*, *AM* alfiler *m* de gancho, *CAM, MÉX* seguro *m* ▸ *also Fig* **~ valve** válvula *f* de escape

saffron ['sæfrən] ■ n azafrán *m*
■ adj (de color) azafrán

sag [sæg] (pt & pp **sagged**) vi [roof, bridge] hundirse, ceder / [flesh, rope] colgar / [confidence, support] decaer

saga ['sɑːgə] n [story] saga *f* ▸ *Fig* **a ~ of corruption** una historia interminable de corrupción

sagacious [sə'geɪʃəs] adj *Formal* sagaz

sagacity [sə'gæsɪtɪ] n *Formal* sagacidad *f*

sage [1] [seɪdʒ] ■ n [wise man] sabio *m*
■ adj [person, conduct] sabio(a)

sage [2] n [herb] salvia *f*

saggy ['sægɪ] adj [mattress] hundido(a) / [bottom] flácido(a), fofo(a) / [breasts] caído(a)

Sagittarius [sædʒɪ'teərɪəs] n [sign of zodiac] Sagitario *m* ▸ **to be (a) ~** ser Sagitario

Sahara [sə'hɑːrə] n **the ~ (Desert)** el (desierto del) Sahara

said [sed] pt & pp *of* **say**

sail [seɪl] ■ n [on boat] vela *f* / [of windmill] aspa *f* ▸ **to set ~ (for)** zarpar (con rumbo a) ▸ **to go for a ~** hacer una excursión en velero
■ vt **1.** [boat] gobernar **2.** [ocean] navegar por
■ vi [ship, person] navegar / [start voyage] zarpar ▸ **the clouds sailed by** las nubes avanzaban suavemente ▸ *Fig* **to ~ close to the wind** adentrarse en terreno peligroso ▸ **his book sailed out of the window** su libro salió volando por la ventana ▸ *Fam* **to ~ through an examination** pasar un examen con mucha facilidad *or ESP* con la gorra *or RP* de taquito

sailboarder ['seɪlbɔːdə(r)] n windsurfista *mf*

sailboarding ['seɪlbɔːdɪŋ] n windsurf *m*

sailing ['seɪlɪŋ] n [activity] (navegación *f* a) vela *f* / [departure] salida *f* ▸ *BR* **~ boat** (barco *m*) velero *m* ▸ **~ ship** barco *m* de vela

sailor ['seɪlə(r)] n marinero *m* ▸ **to be a bad ~** no soportar bien los viajes por mar ▸ **~ suit** traje *m* de marinero

saint [seɪnt] n santo(a) *m,f* ▸ **All Saints' (Day)** día *m* de Todos los Santos ▸ **Saint Bernard** [dog] San Bernardo *m* ▸ **saint's day** onomástica *f*, santo *m*

sainthood ['seɪnthʊd] n santidad *f*

saintly ['seɪntlɪ] adj santo(a)

sake [seɪk] n **for the ~ of sb, for sb's ~** por (el bien de) alguien ▸ **for God's** *or* **goodness'** *or* **heaven's ~** por (el amor de) Dios ▸ **for the ~ of peace** para que haya paz ▸ **for old times' ~** por los viejos tiempos ▸ **this is talking for talking's ~** es hablar por hablar ▸ **for the ~ of argument...** como hipótesis...

salacious [sə'leɪʃəs] adj salaz

salad ['sæləd] n ensalada *f* ▸ **~ bar** [restaurant] bar *m* de ensaladas / [area] mostrador *m* de ensaladas ▸ **~ bowl** ensaladera *f* ▸ *BR* **~ cream** = *especie de mayonesa un poco dulce para ensaladas* ▸ *Fig* **~ days** tiempos *mpl* mozos ▸ **~ dressing** aderezo *m or ESP* aliño *m* para la ensalada

salamander ['sæləmændə(r)] n salamandra *f*

salami [sə'lɑːmɪ] n salami *m*, *AM* salame *m*

salaried ['sælərɪd] adj asalariado(a)

salary ['sælərɪ] n salario *m*, sueldo *m* ▸ **~ earner** asalariado(a) *m,f* ▸ **~ grade** nivel *m or* grado *m* salarial ▸ **~ scale** escala *f* salarial

sale [seɪl] n **1.** [action of selling] venta *f* ▸ **for ~** [available] en venta / [sign] se vende ▸ **to put sth up for ~** poner algo en venta ▸ **on ~** a la venta ▸ *BR* **sales assistant** dependiente(a) *m,f* ▸ **sales department** departamento *m* de ventas ▸ **sales drive** promoción *f* de ventas ▸ **sales force** personal *m* de ventas ▸ **sales manager** jefe(a) *m,f* de ventas ▸ **sales pitch** estrategia *f* de ventas ▸ **sales tax** impuesto *m* de venta **2.** [turnover] **sales** ventas *fpl* ▸ **sales figures** cifra *f* de ventas ▸ **sales forecast** previsión *f* de ventas ▸ **sales target** objetivo *m* de ventas **3.** [auction] subasta *f* ▸ **book ~** mercadillo *m* de libros **4.** [with reduced prices] rebajas *fpl* ▸ **the sales** las rebajas ▸ **~ price** precio *m* rebajado ▸ **there's a ~ on**

at **Woolworths** están de rebajas en Woolworths

saleable ['seɪləbəl] adj vendible

saleroom ['seɪlru:m] n [for auctions] sala *f* de subastas

salesclerk ['seɪlzklɜ:k] n *US* dependiente(a) *m,f*, vendedor(ora) *m,f*

salesgirl ['seɪlzgɜ:l] n dependienta *f*

salesman ['seɪlzmən] n [for company] comercial *m*, vendedor *m* / [in shop] dependiente *m*, vendedor *m*

salesmanship ['seɪlzmənʃɪp] n habilidad *f* para vender

salesperson ['seɪlzpɜ:sən] n [for company] comercial *mf*, vendedor(ora) *m,f* / [in shop] dependiente(a) *m,f*, vendedor(ora) *m,f*

saleswoman ['seɪlzwʊmən] n [for company] comercial *f*, vendedora *f* / [in shop] dependienta *f*, vendedora *f*

salient ['seɪlɪənt] adj [feature, fault] relevante, sobresaliente ▸ **~ points** puntos *mpl* más sobresalientes

saline ['seɪlaɪn] adj salino(a) ▸ MED **~ drip** gota a gota *m* de suero (fisiológico) ▸ **~ solution** solución *f* salina

saliva [sə'laɪvə] n saliva *f*

salivate ['sælɪveɪt] vi salivar, segregar saliva ▸ *Fig* **he was salivating** se le hacía la boca agua

sallow ['sæləʊ] adj [complexion] amarillento(a), demacrado(a)

sally ['sælɪ] ◆ ***sally forth*** vi *Literary* partir con determinación

salmon ['sæmən] (pl **salmon**) n salmón *m* ▸ **~ (pink)** color *m* salmón ▸ **~ trout** trucha *f* asalmonada

salmonella [sælmə'nelə] n [bacteria] salmonella *f* / [illness] salmonelosis *f inv*

salon ['sælɒn] n **(beauty) ~** salón *m* de belleza ▸ **(hairdressing) ~** (salón *m* de) peluquería *f*

saloon [sə'lu:n] n **1.** [room] sala *f*, salón *m* / *US* [bar] bar *m* **2.** *BR* **~ (car)** turismo *m*

SALT [sɔ:lt] n (abbr ***Strategic Arms Limitation Talks***) SALT *fpl*, negociaciones *fpl* para la limitación de armas estratégicas

salt [sɔ:lt] ■ n **1.** [substance] sal *f* ▸ **(bath) salts** sales *fpl* de baño ▸ **~ mine** mina *f* de sal, salina *f* ▸ *US* **~ shaker** salero *m* **2.** *Fam* [sailor] **an old ~** un lobo de mar **3.** [idioms] **to take a story with a pinch** *or* **grain of ~** no creerse del todo una historia ▸ **no journalist worth his ~ ...** ningún periodista que se precie... ▸ **to rub ~ in sb's wounds** removerle la herida a alguien ▸ **the ~ of the earth** la sal de la tierra

■ adj **~ beef** salazón *f* de ternera ▸ **~ cod** bacalao *m* (salado) ▸ **~ water** agua *f* salada

■ vt [food] salar / [roads] esparcir sal en

◆ ***salt away*** vt sep [money] ahorrar *or* guardar en secreto

saltcellar ['sɔ:ltselə(r)] n salero *m*

salt-free ['sɔ:ltfri:] adj sin sal

saltpetre [sɒlt'pi:tə(r)] n salitre *m*

saltwater ['sɔ:ltwɔ:tə(r)] adj **~ lake** lago *m* de agua salada ▸ **~ fish** pez *m* de agua salada

salty ['sɔ:ltɪ] adj salado(a)

salubrious [sə'lu:brɪəs] adj *Formal* [hygienic] salubre / [respectable] acomodado(a), respetable

salutary ['sæljʊtərɪ] adj saludable ▸ **to have a ~ effect on sb** tener un efecto saludable sobre alguien

salute [sə'lu:t] ■ n saludo *m* ▸ **a ten gun ~** una salva de diez cañonazos ▸ **to take the ~** pasar revista a las tropas (en desfile)

■ vt saludar ▸ *Fig* **to ~ sb's achievements** rendir homenaje a los logros de alguien

■ vi saludar

salvage ['sælvɪdʒ] ■ n **1.** [of ship] rescate *m*, salvamento *m* / [of waste material] recuperación *f* ▸ **~ vessel** buque *m* de salvamento **2.** [objects salvaged] material *m* rescatado

■ vt *also Fig* salvar, rescatar

salvation [sæl'veɪʃən] n salvación *f* ▸ **Salvation Army** Ejército *m* de Salvación

salve [sælv] vt **to ~ one's conscience** descargar la conciencia

salver ['sælvə(r)] n [tray] bandeja *f*, fuente *f*

salvo ['sælvəʊ] (pl **salvos** *or* **salvoes**) n *also Fig* salva *f*

Samaritan [sə'mærɪtən] n **the Good ~** el Buen Samaritano ▸ **the Samaritans** los Samaritanos, *ESP* ≃ el Teléfono de la Esperanza

same [seɪm] ■ adj **the ~ man** el mismo hombre ▸ **the ~ woman** la misma mujer ▸ **the ~ children** los mismos niños ▸ **the ~ one** el (la) mismo(a) ▸ **the house isn't the ~ without her** la casa no es la misma sin ella ▸ **in the ~ way** del mismo modo, de igual forma ▸ **to go the ~ way** ir por el mismo camino ▸ **the** *or* **that very ~ day** el *or* ese mismo día ▸ **it all amounts** *or* **comes to the ~ thing** todo viene a ser lo mismo ▸ **at the ~ time** [simultaneously] al mismo tiempo / [nevertheless] sin embargo

■ pron **the ~** lo mismo ▸ **it's the ~ everywhere** es igual en todas partes ▸ **if it's all the ~ to you** si no te importa ▸ *Fam* **(the) ~ again?** [in pub] ¿(otra de) lo mismo? ▸ *Fam* **~ here!** [I agree] estoy de acuerdo / [I did the same thing] yo también ▸ **(the) ~ to you!** ¡igualmente! ▸ **I would have done the ~** yo hubiera hecho lo mismo

■ adv **to think/taste the ~** pensar/saber igual ▸ **all the ~** [nevertheless] de todas maneras

same-day ['seɪmdeɪ] adj COM **~ delivery** entrega *f* en el día

sameness ['seɪmnɪs] n uniformidad *f*

Samoa [sə'məʊə] n Samoa

Samoan [sə'məʊən] ■ n **1.** [person] samoano(a) *m,f* **2.** [language] samoano *m*

■ adj samoano(a)

sample ['sɑ:mpəl] ■ n muestra *f* ▸ MED **to take a ~** tomar una muestra

■ vt **1.** [public opinion] sondear / [food, experience] probar **2.** MUS samplear

sampling ['sɑ:mplɪŋ] n MUS sampleado *m*

sanatorium [sænə'tɔ:rɪəm] (pl **sanatoria** [sænə'tɔ:rɪə]) n sanatorio *m*

sanctify ['sæŋ(k)tɪfaɪ] vt santificar

sanctimonious [sæŋ(k)tɪ'məʊnɪəs] adj mojigato(a)

sanction ['sæŋ(k)ʃən] ■ n **1.** [penalty] sanción *f* ▸

(economic) sanctions sanciones *fpl* económicas **2.** *Formal* [consent] sanción *f*
■ vt *Formal* [authorize] sancionar, autorizar

sanctity ['sæŋ(k)tɪtɪ] n [of life] carácter *m* sagrado / [of home] santidad *f*

sanctuary ['sæŋ(k)tj(ʊ)ərɪ] n REL santuario *m* / [for fugitive, refugee] asilo *m,* refugio *m* / [for birds, wildlife] santuario *m* ▸ **to seek ~** buscar refugio

sand [sænd] ■ n arena *f* ▸ **~ castle** castillo *m* de arena ▸ **~ dune** duna *f*
■ vt **1.** [smooth with sandpaper] lijar **2.** [cover with sand] enarenar

sandal ['sændəl] n sandalia *f, ANDES, CAM* ojota *f, MÉX* guarache *m*

sandbag ['sændbæg] n saco *m* terrero *or m* de arena, *RP* bolsa *f* de arena

sandbank ['sændbæŋk] n banco *m* de arena

sandblast ['sændblɑːst] vt limpiar con chorro de arena

sander ['sændə(r)] n acuchillador(ora) *m,f* de suelos

sandpaper ['sændpeɪpə(r)] ■ n (papel *m* de) lija *f*
■ vt lijar

sandpit ['sændpɪt] n *BR* [for children] recinto *m* de arena

sandstone ['sændstəʊn] n arenisca *f*

sandstorm ['sændstɔːm] n tormenta *f* de arena

sandwich ['sændwɪtʃ] ■ n [with sliced bread] sándwich *m* / [with French bread] *ESP* bocadillo *m, AM* sándwich *m, CSUR* sándwiche *m, COL* sánduche *m, MÉX* torta *f* ▸ *BR* **~ bar** sandwichería *f* ▸ EDUC **~ course** curso *m* teórico-práctico ▸ **~ filling** relleno *m*
■ vt intercalar ▸ **to be sandwiched (between)** estar encajonado(a) (entre)

sandy ['sændɪ] adj **1.** [earth, beach] arenoso(a) **2.** [hair] rubio(a) rojizo(a)

sane [seɪn] adj [not mad] cuerdo(a) / [sensible] juicioso(a), sensato(a)

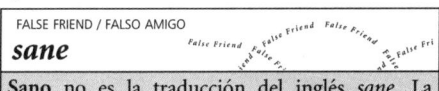

FALSE FRIEND / FALSO AMIGO

sane

Sano no es la traducción del inglés *sane.* La traducción principal de sano es *healthy.*

sanely ['seɪnlɪ] adv [sensibly] sensatamente

San Franciscan ['sænfrən'sɪskən] ■ n persona de San Francisco
■ adj de San Francisco

San Francisco ['sænfrən'sɪskəʊ] n San Francisco

sang [sæŋ] pt *of* ***sing***

sangfroid ['sɒŋ'frwɑː] n sangre *f* fría

sanguine ['sæŋgwɪn] adj *Formal* [optimistic] optimista

sanitary ['sænɪtərɪ] adj [clean] higiénico(a) / [relating to hygiene] sanitario(a) ▸ **~ inspector** inspector(ora) *m,f* de sanidad ▸ *US* **~ napkin,** *BR* **~ towel** compresa *f, AM* toalla *f* higiénica

sanitation [sænɪ'teɪʃən] n saneamiento *m,* instalaciones *fpl* sanitarias

sanitize ['sænɪtaɪz] vt [document, biography] mutilar, meter la tijera a ▸ **a sanitized account of events** un relato de los hechos demasiado aséptico

sanity ['sænɪtɪ] n cordura *f*

sank [sæŋk] pt *of* ***sink***

San Marino [sænmə'riːnəʊ] n San Marino

Santa (Claus) ['sæntə('klɔːz)] n Papá *m* Noel

Santiago [sæntɪ'ɑːgeʊ] n Santiago de Chile

São Tomé and Principe ['saʊtə'meɪən'prɪnsɪpeɪ] n Santo Tomé y Príncipe

sap[1] [sæp] n [of plant] savia *f*

sap[2] n *Fam* [gullible person] papanatas *mf inv, ESP* pardillo(a) *m,f*

sap[3] (pt & pp **sapped**) vt [undermine] & *Fig* minar, debilitar

sapling ['sæplɪŋ] n pimpollo *m,* árbol *m* joven

sapper ['sæpə(r)] n MIL zapador *m*

sapphire ['sæfaɪə(r)] n [precious stone] zafiro *m* / [colour] azul *m* zafiro

Saragossa [særə'gɒsə] n Zaragoza

Sarajevo [særə'jeɪveʊ] n Sarajevo

sarcasm ['sɑːkæzəm] n sarcasmo *m*

sarcastic [sɑː'kæstɪk] adj sarcástico(a)

sarcastically [sɑː'kæstɪklɪ] adv sarcásticamente

sarcophagus [sɑː'kɒfəgəs] (pl **sarcophagi** [sɑː'kɒfəgaɪ]) n sarcófago *m*

sardine [sɑː'diːn] n sardina *f* ▸ **packed in like sardines** como sardinas en lata

Sardinia [sɑː'dɪnɪə] n Cerdeña

Sardinian [sɑː'dɪnɪən] n & adj sardo(a) *m,f*

sardonic [sɑː'dɒnɪk] adj sardónico(a)

sardonically [sɑː'dɒnɪklɪ] adv sardónicamente

sari ['sɑːrɪ] n sari *m*

sarky ['sɑːkɪ] adj *BR Fam* socarrón(ona), sarcástico(a)

sartorial [sɑː'tɔːrɪəl] adj *Formal* del vestir ▸ **~ elegance** elegancia *f* en el vestir

SAS [eseɪ'es] n *BR* (abbr ***Special Air Service***) *ESP* ≃ GEO *m,* = *comando de operaciones especiales del ejército británico*

SASE [eseɪes'iː] n *US* (abbr ***self-addressed stamped envelope***) sobre *m* franqueado con la dirección del remitente

sash [sæʃ] n [on dress] faja *f,* fajín *m* ▸ **~ cord** cordón *m* (de las ventanas de guillotina) ▸ **~ window** ventana *f* de guillotina

Sassenach ['sæsənæχ] n *SCOT Pej* = *término peyorativo para referirse a un inglés*

SAT [sæt] **1.** *BR* (abbr ***standard assessment task***) = *tarea de la que se examina a un alumno para determinar si ha alcanzado el nivel de conocimientos correspondiente a su edad* **2.** *US* (abbr ***scholastic aptitude test***) = *examen que realizan al final de la enseñanza secundaria los alumnos que quieren ir a la universidad*

CULTURE / CULTURA

SAT

El SAT ("Scholastic Aptitude Test") es el examen de acceso a la universidad más extendido en Estados Unidos. Consta de dos partes: una matemática y una verbal, si bien a partir de

2005 pasará a contar de tres partes: una escrita, una lectura crítica y una matemática. Este examen tiene lugar varias veces al año y los estudiantes tienen la oportunidad de presentarse más de una vez para intentar mejorar la nota. Como criterio de admisión, las universidades estadounidenses tienen en cuenta los resultados del SAT, el expediente académico del alumno, sus actividades extraescolares, una carta de motivación escrita por él y, en ocasiones, referencias de profesores. En el Reino Unido, los SATs examinan a los alumnos al final de cada ciclo educativo (a los 7, 11 y 13 años) del programa de estudios a nivel nacional. En ellos se evalúa la escritura (caligrafía y ortografía), las matemáticas y las ciencias. Su introducción a la temprana edad de los 7 años es reciente y polémica.

Sat (abbr ***Saturday***) sábado *m*

sat [sæt] pt & pp *of* ***sit***

Satan ['seɪtən] n Satanás *m,* Satán *m*

satanic [sə'tænɪk] adj satánico(a)

Satanism ['seɪtənɪzəm] n satanismo *m*

Satanist ['seɪtənɪst] n practicante *mf* del satanismo

satchel ['sætʃəl] n cartera *f* (de colegial)

sate [seɪt] vt *Formal* saciar

satellite ['sætəlaɪt] n satélite *m* ▸ **~ dish** (antena *f*) parabólica *f* ▸ **~ (state)** estado *m* satélite ▸ **~ television** televisión *f* vía satélite ▸ **~ (town)** ciudad *f* satélite

satiate ['seɪʃɪeɪt] vt *Formal* saciar

satin ['sætɪn] n [cloth] satén *m,* raso *m* ▸ **~ finish** [of paper, paint] (acabado *m*) satinado *m*

satire ['sætaɪə(r)] n sátira *f*

satirical [sə'tɪrɪkəl] adj satírico(a)

satirically [sə'tɪrɪklɪ] adv satíricamente

satirist ['sætɪrɪst] n escritor(ora) *m,f* de sátiras

satirize ['sætɪraɪz] vt satirizar

satisfaction [sætɪs'fækʃən] n satisfacción *f* ▸ **it gives me great ~ to know that...** me satisface enormemente saber que...

satisfactorily [sætɪs'fæktrɪlɪ] adv satisfactoriamente

satisfactory [sætɪs'fæktərɪ] adj [result, standard, condition] satisfactorio(a) ▸ SCH **I got "~" for my work** saqué un aprobado en el trabajo

satisfied ['sætɪsfaɪd] adj satisfecho(a) ▸ **to be ~** estar satisfecho ▸ **I am satisfied that he is telling the truth** ahora estoy convencido de que dice la verdad

satisfy ['sætɪsfaɪ] vt [person, curiosity] satisfacer / [condition] satisfacer, cumplir ▸ **to ~ the examiners** aprobar el examen

saturate ['sætʃəreɪt] vt [soak] empapar (**with** de *or* en) / *Fig* saturar (**with** de) ▸ **to ~ the market** saturar el mercado ▸ **saturated fats** grasas *fpl* saturadas

saturation [sætʃə'reɪʃən] n [soaking] empapamiento *m* / *Fig* saturación *f* ▸ MIL **~ bombing** bombardeo *m* intensivo ▸ **to reach ~ point** llegar al punto de saturación

Saturday ['sætədɪ] n sábado *m* ▸ **this ~** este sábado ▸ **on ~** el sábado ▸ **on ~ morning/night** el sábado por la mañana/por la noche ▸ **on ~ afternoon/evening** el sábado por la tarde/noche ▸ **on Saturdays** los sábados ▸ **every ~** todos los sábados ▸ **every other ~** cada dos sábados, un sábado sí y otro no ▸ **last ~** el sábado pasado ▸ **the ~ before last** hace dos sábados ▸ **next ~** el sábado que viene ▸ **the ~ after next, a week on ~, ~ week** dentro de dos sábados, del sábado en ocho días ▸ **the following ~** el sábado siguiente ▸ **Saturday's paper** el periódico del sábado ▸ **the ~ film** la película del sábado

Saturn ['sætɜːn] n [planet, god] Saturno *m*

sauce [sɔːs] n **1.** [for food] salsa *f* ▸ **tomato/cheese ~** salsa de tomate *or MÉX* jitomate/de queso ▸ **~ boat** salsera *f* **2.** *BR Fam* [impudence] descaro *m*

saucepan ['sɔːspən] n cazo *m*

saucer ['sɔːsə(r)] n platillo *m*

saucy ['sɔːsɪ] adj *Fam* [impertinent] descarado(a) / [risqué] picante, subido(a) de tono

Saudi ['saʊdɪ] ■ n [person] saudí *mf* / *Fam* [country] Arabia Saudí
■ adj saudí

Saudi Arabia ['saʊdɪə'reɪbɪə] n Arabia Saudí

Saudi Arabian ['saʊdɪə'reɪbɪən] n & adj saudí *mf*

sauna ['sɔːnə] n sauna *f, AM* sauna *m or f*

saunter ['sɔːntə(r)] ■ n paseo *m* (con aire desenfadado)
■ vi **to ~ (along)** pasear (con aire desenfadado)

sausage ['sɒsɪdʒ] n salchicha *f* / [cured] ≃ salchichón *m,* ≃ chorizo *m* ▸ *Fam* **not a ~** [nothing] nada de nada ▸ *BR Hum* **you silly ~!** ¡mira que eres tontorrón(ona)! ▸ *Fam* **~ dog** perro *m* salchicha ▸ **~ meat** carne *f* de embutido ▸ *BR* **~ roll** salchicha *f* envuelta en hojaldre

sauté ['səʊteɪ] CULIN ■ adj salteado(a)
■ vt saltear

savage ['sævɪdʒ] ■ n *Old-fashioned* salvaje *mf*
■ adj [animal, person] salvaje / [attack] salvaje, feroz / [criticism] virulento(a)
■ vt [attack physically] atacar salvajemente / *Fig* [criticize] criticar con saña *or* virulencia

savagely ['sævɪdʒlɪ] adv [beat, attack] salvajemente / [criticize] con virulencia

savanna(h) [sə'vænə] n sabana *f*

save[1] [seɪv] prep *Formal* [except] salvo, a excepción de

save[2] ■ vt **1.** [rescue] [person, animal] salvar ▸ **to ~ sb's life** salvarle la vida a alguien ▸ *Fam* **she can't sing to ~ her life** no tiene ni idea de cantar ▸ *Fam* **to ~ one's (own) neck** *or* **skin** salvar el pellejo ▸ **to ~ sb from falling** evitar que alguien se caiga ▸ **to ~ a shot** parar un disparo ▸ **to ~ the situation** salvar la situación ▸ **to ~ one's soul** salvar el alma ▸ **God save the King/the Queen!** ¡Dios salve al Rey/a la Reina! **2.** [keep for future] guardar / [money] ahorrar / COMPTR guardar, salvar / [on screen] archivar, guardar ▸ **to ~ oneself for sth** reservarse para algo ▸ **I am saving my strength** estoy ahorrando fuerzas **3.** [not waste] [time, money, space] ahorrar ▸ **this will ~ us having to do it again** esto nos evitará *or* ahorrará tener que hacerlo de nuevo ▸ **~ your breath** no te esfuerces, ahórrate las palabras ▸ **I saved**

£10 by buying it there me ahorré 10 libras por comprarlo ahí
■ vi **to ~ for sth** ahorrar para algo ▸ **~ on heating costs by insulating your house** aísle su casa y ahorre en calefacción
■ n [goalkeeper] parada *f* ▸ **to make a ~** hacer una parada
◆ ***save up*** vi ahorrar (**for** para)

saver ['seɪvə(r)] n FIN ahorrador(ora) *m,f*, *RP* ahorrista *mf*

-saver [-'seɪvə] suffix **it's a real money~** sale bastante más barato

saving ['seɪvɪŋ] ■ n **1.** [economy] ahorro *m* ▸ **to make savings** ahorrar, economizar **2.** FIN **savings** ahorros *mpl* ▸ **she lived off her savings** vivía de sus ahorros ▸ **savings account** cuenta *f* de ahorros ▸ **savings bank** caja *f* de ahorros ▸ *US* **savings and loan association** ≃ caja *f* de ahorros
■ adj **her ~ grace** lo único que le salva

saviour, *US* ***savior*** ['seɪvjə(r)] n salvador(ora) *m,f*

savour, *US* ***savor*** ['seɪvə(r)] ■ n [interest, enjoyment] sabor *m*
■ vt saborear
■ vi **to ~ of** oler a

savoury, *US* ***savory*** ['seɪvərɪ] adj **1.** [food] [appetizing] sabroso(a) / [not sweet] salado(a) **2.** [conduct] **not very ~** no muy edificante

savoy [sə'vɔɪ] n **~ (cabbage)** col *f* rizada *or* de Milán, *CSUR* repollo *m* rizado *or* de Milán

saw[1] [sɔː] ■ n [tool] sierra *f*
■ vt (pp **sawn** [sɔːn] or **sawed**) serrar
◆ ***saw off*** vt sep serrar, cortar (con sierra)
◆ ***saw up*** vt sep serrar en trozos

saw[2] pt *of* ***see***

sawdust ['sɔːdʌst] n serrín *m*

sawed-off *US* = ***sawn-off***

sawmill ['sɔːmɪl] n aserradero *m*, serrería *f*

sawn [sɔːn] pp *of* ***saw***[1]

sawn-off ['sɔːnɒf], *US* ***sawed-off*** ['sɔːdɒf] adj ▸ **~ shotgun** escopeta *f* de cañones recortados, recortada *f*

sax [sæks] n *Fam* [saxophone] saxo *m*

Saxon ['sæksən] ■ n **1.** [person] sajón(ona) *m,f* **2.** [language] sajón *m*
■ adj sajón(ona)

Saxony ['sæksənɪ] n Sajonia

saxophone ['sæksəfəʊn] n saxofón *m* ▸ **~ player** saxofonista *mf*

saxophonist [sæk'sɒfənɪst] n saxofonista *mf*

say [seɪ] ■ n **he wasn't allowed to have his ~** no le dejaron expresar su opinión ▸ **I had no ~ in the matter** no tuve ni voz ni voto en el asunto
■ vt (pt & pp **said** [sed]) decir ▸ **to ~ sth to sb** decir algo a alguien ▸ **to ~ sth again** repetir algo ▸ **to ~ mass** decir misa ▸ **to ~ a prayer** rezar una oración ▸ **it says...** [text, sign] dice..., pone... ▸ **my watch says four o'clock** en mi reloj pone las cuatro en punto ▸ **"good morning", she said** "buenos días" dijo ▸ **he said that you were here** dijo que estabas aquí ▸ **to ~ hello (to sb)** saludar (a alguien) ▸ **to ~ goodbye (to sb)** despedirse (de alguien) ▸ **to ~ yes to an offer/a proposal** aceptar una oferta/una propuesta ▸ **to ~ no to an offer/a proposal** rechazar una oferta/una propuesta ▸ **I wouldn't ~ no to a cup of tea** me tomaría un té ▸ **he didn't ~ a word** no dijo nada ▸ **it's (not) for him to ~** (no) le corresponde a él decidir ▸ **there's no saying what might happen if...** es imposible decir lo que ocurriría si... ▸ **what have you got to ~ for yourself?** ¿qué tienes que decir a tu favor? ▸ **there's a lot to be said for...** hay mucho que decir a favor de... ▸ **you're honest, I'll ~ that for you** eres honrado, eso sí *or* eso hay que reconocerlo ▸ **it says a lot about her that...** dice mucho de ella que... ▸ **don't ~ you've forgotten already!** ¡no me digas que ya te has olvidado! ▸ **you can ~ that again!** ¡y que lo digas! ▸ **need I ~ more?** está claro ¿no? ▸ **they ~ that..., it is said that...** dicen que..., se dice que... ▸ **it is difficult to ~ (when/where/which...)** es difícil decir (cuándo/dónde/cuál...) ▸ **if I had, ~, £100,000** si yo tuviera, digamos, 100.000 libras ▸ **countries such as Germany, ~, or France** países como Alemania, por poner un caso *or* ejemplo, o Francia
■ vi **I'm not saying** no te lo digo ▸ **as they ~, as people ~** como se dice, como dice la gente ▸ **I ~!** [expressing surprise] ¡caramba! / [to attract attention] ¡oiga! ▸ **I'll ~!** ¡ya lo creo! ▸ *Fam* **you don't ~!** ¡no me digas!

saying ['seɪɪŋ] n dicho *m* ▸ **as the ~ goes** como dice el refrán

S/C (abbr ***self-contained***) independiente

scab [skæb] n **1.** [on skin] costra *f*, postilla *f* **2.** *Fam* [strikebreaker] esquirol *m*, *AM* rompehuelgas *mf inv*, *RP* carnero *m*

scabbard ['skæbəd] n vaina *f*

scabies ['skeɪbiːz] n sarna *f*

scaffold ['skæfəld] n [outside building] andamio *m* / [for execution] patíbulo *m*

scaffolding ['skæfəldɪŋ] n andamiaje *m*

scalawag *US* ➤ ***scallywag***

scald [skɔːld] ■ n escaldadura *f*
■ vt escaldar

scalding ['skɔːldɪŋ] adj **to be ~ (hot)** estar ardiendo, escaldar

scale[1] [skeɪl] ■ n **1.** [on fish, reptile] escama *f* **2.** [in pipes, kettle] incrustación *f* (de cal)
■ vt **1.** [fish] escamar, descamar **2.** [teeth] limpiar, quitar *or AM* sacar el sarro a / [boiler, pipe] desincrustar

scale[2] n **1.** [instrument, pay rates] escala *f* ▸ **on a ~ of one to ten** en una escala de uno a diez **2.** [of problem, changes] escala *f*, magnitud *f* / [of map, drawing] escala *f* ▸ **to ~** a escala ▸ **~ model** modelo *m* a escala, maqueta *f* **3.** MUS escala *f* **4. scales** [for weighing] balanza *f* ▸ **a pair** *or* **set of (kitchen) scales** una balanza (de cocina) ▸ **(bathroom) scales** báscula *f* (de baño)
◆ ***scale down*** vt sep [demands, expectations] reducir
◆ ***scale up*** vt sep [prices, demands] aumentar

scale[3] vt [climb] escalar

scallion ['skælɪən] n *US* [spring onion] cebolleta *f*

scallop ['skæləp, 'skɒləp] n **1.** [shellfish] vieira *f* **2.** [in sewing] festón *m*

scallywag ['skælɪwæg], *US* ***scalawag*** [skæləwæg] n *Fam* granuja *mf*

scalp [skælp] ■ n [skin of head] cuero *m* cabelludo / [as war trophy] cabellera *f*
■ vt [in war] cortar la cabellera a

scalpel ['skælpəl] n MED bisturí *m*

scaly ['skeɪlɪ] adj [fish] con escamas / [skin] escamoso(a)

scam [skæm] n *Fam* chanchullo *m*, *ESP* pufo *m*

scamp [skæmp] n [rascal] granuja *mf*

scamper ['skæmpə(r)] vi ir dando brincos

◆ ***scamper away, scamper off*** vi salir dando brincos

scampi ['skæmpɪ] n gambas *fpl* rebozadas

scan [skæn] ■ vt (pt & pp **scanned**) **1.** [examine closely] [face, crowd] escrutar, escudriñar / [the horizon] otear, escudriñar / MED hacer un escáner a **2.** [glance at] [newspaper, list] ojear **3.** COMPTR escanear
■ n **1.** MED escáner *m* **2.** COMPTR escaneo *m*

scandal ['skændəl] n **1.** [outrage] escándalo *m* ▸ **sex/financial/political ~** escándalo sexual/financiero/político ▸ **it's a ~!** ¡es un escándalo! ▸ **to create** *or* **cause a ~** provocar *or* ocasionar un escándalo **2.** [gossip] chismorreo *m*, *ESP* cotilleo *m*

scandalize ['skændəlaɪz] vt escandalizar

scandalous ['skændələs] adj escandaloso(a)

scandalously ['skændələslɪ] adv escandalosamente

Scandinavia [skændɪ'neɪvɪə] n Escandinavia

Scandinavian [skændɪ'neɪvɪən] n & adj escandinavo(a) *m,f*

scanner ['skænə(r)] n COMPTR & MED escáner *m*

scant [skænt] adj escaso(a)

scantily ['skæntɪlɪ] adv apenas ▸ **~ dressed** *or* **clad** ligero(a) de ropa

scanty ['skæntɪ] adj [dress] exiguo(a) / [information] escaso(a)

scapegoat ['skeɪpgəʊt] n chivo *m* expiatorio

scar [skɑ:(r)] ■ n cicatriz *f* / *Fig* [emotional] cicatriz *f*, huella *f* ▸ **~ tissue** tejido *m* cicatrizal
■ vt (pt & pp **scarred**) dejar cicatrices en ▸ *also Fig* **to be scarred for life** quedar marcado(a) de por vida
■ vi [wound] cicatrizar

scarce ['skeəs] adj escaso(a) ▸ *Fam* **to make oneself ~** esfumarse, poner (los) pies en polvorosa

scarcely ['skeəslɪ] adv apenas ▸ **she could ~ speak** apenas podía hablar ▸ **~ ever/any/anyone** casi nunca/ninguno/nadie ▸ **it is ~ likely that...** es muy improbable que...

scarcity ['skeəsɪtɪ], ***scarceness*** ['skeəsnɪs] n escasez *f*

scare ['skeə(r)] ■ n **a safety/pollution ~** una alarma (social) por razones de seguridad/contaminación ▸ **you gave me an awful ~** me has dado un susto tremendo
■ vt asustar ▸ *Fam* **to ~ the life out of sb, to ~ the living daylights out of sb** pegarle un susto de muerte a alguien
■ vi asustarse

◆ ***scare away, scare off*** vt sep ahuyentar

scarecrow ['skeəkrəʊ] n espantapájaros *m inv*

scared [skeəd] adj asustado(a) ▸ **to be ~** estar asustado(a) ▸ **to be ~ of** tener miedo de ▸ **to be ~ stiff, to be ~ to death** estar muerto(a) de miedo

scaremongering ['skeəmʌŋgərɪŋ] n alarmismo *m*

scarf [skɑ:f] (pl **scarves** [skɑ:vz]) n [woollen] bufanda *f* / [of silk, for head] pañuelo *m*

scarlet ['skɑ:lɪt] ■ n (color *m*) escarlata *m*
■ adj escarlata ▸ *Fig* **to go** *or* **turn ~** [with anger, embarrassment] ponerse colorado(a) ▸ **~ fever** escarlatina *f*

scarper ['skɑ:pə(r)] vi *BR Fam* abrirse, *ESP* darse el piro, *ANDES, CARIB, RP* rajarse

SCART [skɑ:t] n ELEC euroconector *m* ▸ **~ cable** cable *m* (de) euroconector ▸ **~ plug** enchufe *m* (de) euroconector ▸ **~ socket** entrada *f* de euroconector

scarves [skɑ:vz] pl *of* ***scarf***

scary ['skeərɪ] adj *Fam* [noise, situation] aterrador(ora), espantoso(a) / [film, book] de miedo

scat [skæt] exclam *Fam* ¡lárgate!, *ESP* ¡largo!

scathing ['skeɪðɪŋ] adj [remark, sarcasm] mordaz, cáustico(a) ▸ **she was ~ about the security arrangements** criticó con mordacidad las medidas de seguridad

scathingly ['skeɪðɪŋlɪ] adv [remark, speak] con mordacidad

scatological [skætə'lɒdʒɪkəl] adj escatológico(a)

scatter ['skætə(r)] ■ vt [clouds, demonstrators] dispersar / [corn, seed] esparcir ▸ **to ~ crumbs/papers all over the place** dejar todo lleno *or* sembrado de migas/papeles
■ vi [crowd] dispersarse

scatterbrain ['skætəbreɪn] n *Fam* despistado(a) *m,f*

scatter-gun ['skætəgʌn] n escopeta *f*

scatty ['skætɪ] adj *BR Fam* despistado(a)

scavenge ['skævɪndʒ] ■ vt rebuscar (entre los desperdicios)
■ vi **to ~ for sth** rebuscar algo entre los desperdicios ▸ **to ~ in the dustbins** rebuscar en los cubos de basura

scavenger ['skævɪndʒə(r)] n [animal] (animal *m*) carroñero *m*

scenario [sɪ'nɑ:rɪəʊ] (pl **scenarios**) n **1.** [of movie] argumento *m* **2.** [situation] situación *f* hipotética ▸ **a likely ~ is...** puede muy bien ocurrir que...

scene [si:n] n **1.** THEAT & CIN escena *f* ▸ *also Fig* **a touching/terrifying ~** una escena conmovedora/aterradora ▸ *Fig* **behind the scenes** entre bastidores ▸ **a ~ of devastation** una escena de destrucción ▸ **I can picture the ~** me puedo imaginar la escena ▸ THEAT **~ shifter** tramoyista *mf* **2.** [event] escenario *m* ▸ **a change of ~ would do him good** un cambio de aires le vendría bien ▸ **to arrive** *or* **come on the ~** aparecer (en escena) ▸ **the ~ of the crime/accident** el escenario *or* lugar del crimen/accidente **3.** [fuss] **to make a ~** hacer una escena, *ESP* montar un número **4.** [world] **the political/sporting ~** el panorama político/deportivo ▸ *Fam* **it's not my ~** no me va mucho

scenery ['siːnərɪ] n **1.** [in play] decorado *m* **2.** [landscape] paisaje *m* ▸ *Fam* **you need a change of ~** necesitas un cambio de aires

scenic ['siːnɪk] adj [picturesque] pintoresco(a) ▸ **~ railway** [train] tren *m* turístico ▸ **~ route** ruta *f* turística

scent [sent] ■ n **1.** [smell] aroma *m*, olor *m* **2.** [perfume] perfume *m* **3.** [in hunting] rastro *m* ▸ **to pick up the ~** seguir el rastro ▸ **to be on the ~ of** seguir el rastro de ▸ **to lose the ~** perder el rastro ▸ **he threw his pursuers off the ~** despistó a sus perseguidores

■ vt **1.** [smell] olfatear, localizar el rastro de ▸ *Fig* **to ~ danger** olerse el peligro **2.** [perfume] perfumar

sceptic ['skeptɪk] n escéptico(a) *m,f*

sceptical ['skeptɪkəl] adj escéptico(a)

sceptically ['skeptɪklɪ] adv escépticamente, con escepticismo

scepticism ['skeptɪsɪzəm] n escepticismo *m*

sceptre ['septə(r)] n cetro *m*

schedule ['skedjuːl, *BR* 'ʃedjuːl] ■ n **1.** [plan] programa *m*, plan *m* ▸ **on ~** [train, bus] de acuerdo con el horario previsto ▸ **behind/ahead of ~** detrás de/por delante de lo programado *or* previsto ▸ **everything went according to ~** todo fue según las previsiones ▸ **I work to a very tight ~** tengo que cumplir unos plazos muy estrictos **2.** COM [list of prices] lista *f or* catálogo *m* de precios

■ vt programar ▸ **we're scheduled to arrive at 21.45** está previsto que lleguemos a las 21:45

scheduled ['skedjuːld, *BR* 'ʃedjuːld] adj [services] programado(a) ▸ **~ flight** vuelo *m* regular ▸ **at the ~ time** a la hora prevista

schematic [skɪ'mætɪk] adj esquemático(a)

scheme [skiːm] ■ n [arrangement, system] sistema *m*, método *m* / [plan] plan *m*, proyecto *m* / [plot] intriga *f* ▸ **in the (greater) ~ of things** desde una perspectiva general, en un plano global ▸ **(housing) ~** plan *m* de vivienda

■ vi *Pej* intrigar

schilling ['ʃɪlɪŋ] n *Formerly* [Austrian currency] chelín *m*

schism ['s(k)ɪzəm] n cisma *m*

schizoid ['skɪtsɔɪd] n & adj esquizoide *mf*

schizophrenia [skɪtsəʊ'friːnɪə] n esquizofrenia *f*

schizophrenic [skɪtsəʊ'frenɪk] n & adj esquizofrénico(a) *m,f*

schmaltzy ['ʃmɔːltsɪ] adj *Fam* sensiblero(a), *ESP* ñoño(a)

scholar ['skɒlə(r)] n [learned person] erudito(a) *m,f*

scholarly ['skɒləlɪ] adj erudito(a)

scholarship ['skɒləʃɪp] n **1.** [learning] erudición *f* **2.** EDUC [grant] beca *f*

scholastic [skə'læstɪk] adj *Formal* académico(a)

school[1] [skuːl] ■ n **1.** [for children] [up to 14] colegio *m*, escuela *f* / [from 14 to 18] instituto *m* / [of dance, languages etc] [private] escuela *f*, academia *f* ▸ **to go to ~** ir al colegio ▸ **I went to** *or* **was at ~ with him** fuimos juntos al colegio ▸ **there is no ~ tomorrow** mañana no hay colegio *or* clase ▸ **when does ~ start?** ¿cuándo empiezan las clases? ▸ **~ of art** escuela *f* de bellas artes ▸ **of ~ age** en edad escolar ▸ *BR* **~ board** consejo *m* escolar ▸ **~ book** libro *m* de texto (escolar) ▸ **~ bus** autobús *m* escolar ▸ **~ day** día *m* de colegio ▸ **~ friend** amigo(a) *m,f* del colegio ▸ **~ holidays** vacaciones *f* escolares ▸ **~ hours** horas *fpl* de clase ▸ **~ leaver** = *alumno que ha finalizado sus estudios* ▸ **~ uniform** uniforme *m* escolar ▸ **~ year** año *m* escolar *or* académico **2.** *US* [college, university] universidad *f* **3.** [university department] facultad *f* **4.** [of artists, thinkers] escuela *f* ▸ **~ of thought** corriente *f or* escuela de pensamiento ▸ *Fig* **he's one of the old ~** es de la vieja escuela

■ vt [educate] educar / [train] [child, mind] instruir, adiestrar ▸ **to ~ sb in sth** instruir a alguien en algo

> CAREFUL! / ¡CUIDADO!
> **school**
>
> When translating *school*, note that **escuela** is the most general term, and can be used of institutions teaching dance, languages or music, while **colegio** would refer to a primary or secondary school.

school[2] n [of fish] banco *m*

schoolbag ['skuːlbæg] n cartera *f*

schoolboy ['skuːlbɔɪ] n colegial *m*

schoolchild ['skuːltʃaɪld] n colegial(ala) *m,f*

schoolfellow ['skuːlfeləʊ] n compañero(a) *m,f* de colegio

schoolgirl ['skuːlgɜːl] n colegiala *f*

schooling ['skuːlɪŋ] n enseñanza *f or* educación *f* escolar

schoolmaster ['skuːlmɑːstə(r)] n *Formal* [primary] maestro *m* / [secondary] profesor *m*

schoolmate ['skuːlmeɪt] n compañero(a) *m,f* de colegio

schoolmistress ['skuːlmɪstrɪs] n *Formal* [primary] maestra *f* / [secondary] profesora *f*

schoolroom ['skuːlruːm] n aula *f*, clase *f*

schoolteacher ['skuːltiːtʃə(r)] n [primary] maestro(a) *m,f* / [secondary] profesor(ora) *m,f*

schooner ['skuːnə(r)] n **1.** [ship] goleta *f* **2.** [glass] catavino *m*, copa *f* (de jerez)

sciatic [saɪ'ætɪk] adj ciático(a) ▸ **~ nerve** nervio *m* ciático

sciatica [saɪ'ætɪkə] n MED ciática *f*

science ['saɪəns] n ciencia *f* ▸ **~ class** clase *f* de ciencias ▸ **~ fiction** ciencia ficción *f* ▸ **~ teacher** profesor(ora) *m,f* de ciencias

scientific [saɪən'tɪfɪk] adj científico(a)

scientifically [saɪən'tɪfɪklɪ] adv científicamente

scientist ['saɪəntɪst] n científico(a) *m,f*

sci-fi ['saɪfaɪ] *Fam* ■ n ciencia *f* ficción

■ adj de ciencia ficción

Scilly ['sɪlɪ] n **the ~ Isles, the Scillies** las Islas Scilly *or* Sorlingas

scimitar ['sɪmɪtə(r)] n cimitarra *f*

scintillating ['sɪntɪleɪtɪŋ] adj [conversation] chispeante / [performance] brillante

scissors ['sɪzəz] npl tijeras *fpl* ▸ **a pair of ~** unas tijeras

sclerosis [sklɪə'rəʊsɪs] n MED esclerosis *f inv*

scoff [skɒf] ■ vt *BR Fam* [eat] zamparse
■ vi [mock] mofarse (**at** de)

scold [skəʊld] vt reñir, regañar

scone [skɒn, skəʊn] n = *bollo pequeño, redondo y bastante seco, a veces con pasas*

scoop [sku:p] ■ n **1.** [utensil] [for flour, mashed potato] paleta *f* / [for ice cream] pinzas *fpl* de cuchara / [for sugar] cucharilla *f* plana **2.** [portion] [of ice cream] bola *f* / [of mashed potato] paletada *f* **3.** JOURN primicia *f*
■ vt **to ~ a story** obtener una primicia

◆ ***scoop up*** vt sep [with hands] recoger ahuecando las manos / [with spoon] tomar una cucharada de ▸ **he scooped up the papers in his arms** recogió los papeles entre sus brazos

scoot [sku:t] vi *Fam* **to ~ (off** *or* **away)** salir disparado(a)

scooter ['sku:tə(r)] n [for child] patinete *m* ▸ **(motor) ~** escúter *m*, Vespa® *f*

scope [skəʊp] n ámbito *m*, alcance *m* ▸ **to give ~ for...** [interpretation, explanation] permitir (la posibilidad de)... ▸ **to give free ~ to one's imagination** dar rienda suelta a la imaginación

scorch [skɔ:tʃ] ■ n **~ (mark)** (marca *f* de) quemadura *f*
■ vt chamuscar ▸ **scorched earth policy** [retreating army] política *f* de tierra quemada

scorcher ['skɔ:tʃə(r)] n *Fam* [hot day] día *m* (de calor) abrasador

scorching ['skɔ:tʃɪŋ] adj abrasador(ora)

score [skɔ:(r)] ■ n **1.** [total] [in sport] resultado *m* / [in quiz] puntuación *f* ▸ **there was still no ~** no se había movido el marcador ▸ **what's the ~?** ¿cómo van? ▸ **to keep the ~** llevar el tanteo ▸ *Fam Fig* **to know the ~** conocer el percal ▸ **~ draw** [in football] empate *m* con goles **2.** [line] arañazo *m* **3.** [quarrel] **to have a ~ to settle with sb** tener una cuenta que saldar con alguien **4.** [reason, grounds] **don't worry on that ~** no te preocupes en ese aspecto ▸ **on that ~ alone** sólo por eso **5.** MUS partitura *f* / [for film] banda *f* sonora original **6.** *Old-fashioned* [twenty] **a ~** una veintena ▸ *Fam* **scores** [a lot] montones *mpl*
■ vt **1.** [in sport] [goal] marcar / [point, run] anotar / *Fig* [success, victory] apuntarse ▸ **to ~ a hit** [hit target] hacer blanco / *Fig* [person, film] acertar ▸ *Fig* **to ~ points off sb** [in debate] anotarse puntos a costa de alguien **2.** [cut line in] marcar con una raya *or* estría ▸ **she scored her name on a tree** grabó su nombre en un árbol **3.** *Fam* [buy] **to ~ drugs** conseguir *or ESP* pillar droga
■ vi **1.** [get a goal] marcar ▸ *Fig* **her proposal scores on cost** el punto fuerte de su propuesta son los costes **2.** *Fam* [sexually] ligar / [buy drugs] conseguir *or ESP* pillar droga

◆ ***score off*** vt sep [delete] tachar

◆ ***score out*** vt sep [delete] tachar

scoreboard ['skɔ:bɔ:d] n marcador *m*

scorecard ['skɔ:kɑ:d] n tarjeta *f* de puntuación

score-line ['skɔ:laɪn] n SPORT marcador *m*

scorer ['skɔ:rə(r)] n [in soccer] goleador(ora) *m,f*

scoring ['skɔ:rɪŋ] n **1.** [of goals, tries] **to open the ~** abrir el marcador **2.** [orchestration] orquestación *f*

scorn [skɔ:n] ■ n desprecio *m*, desdén *m* ▸ **to pour ~ on sth** hablar de algo con desdén
■ vt despreciar, desdeñar ▸ **to ~ to do sth** no dignarse a hacer algo

scornful ['skɔ:nfʊl] adj despreciativo(a), desdeñoso(a) ▸ **to be ~ of sth** despreciar *or* desdeñar algo

scornfully ['skɔ:nfʊlɪ] adv con desdén, con aire despreciativo

Scorpio ['skɔ:pɪəʊ] n [sign of zodiac] Escorpio *m*, Escorpión *m* ▸ **to be (a) ~** ser Escorpio *or* Escorpión

scorpion ['skɔ:pɪən] n escorpión *m*, alacrán *m*

Scot [skɒt] n escocés(esa) *m,f*

Scotch [skɒtʃ] ■ n [whisky] whisky *m* escocés
■ adj **~ broth** = *caldo típico escocés* ▸ *US* **~ tape®** cinta *f* adhesiva, *ESP* celo *m*, *CAM, MÉX* Durex® *m* ▸ **~ whisky** whisky *m* escocés

scotch [skɒtʃ] vt [rumour] desmentir

scot-free ['skɒt'fri:] adj *Fam* **to get off ~** quedar impune

Scotland ['skɒtlənd] n Escocia

Scots [skɒts] ■ n [dialect] (dialecto *m*) escocés *m*
■ adj escocés(esa)

Scotsman ['skɒtsmən] n escocés *m*

Scotswoman ['skɒtswʊmən] n escocesa *f*

Scottie dog ['skɒtɪ'dɒg] n *Fam* terrier *m* escocés

Scottish ['skɒtɪʃ] adj escocés(esa) ▸ **~ terrier** terrier *m* escocés

scoundrel ['skaʊndrəl] n [wicked person] bellaco(a) *m,f*, canalla *mf* / *Fam* [rascal] granujilla *mf*

scour ['skaʊə(r)] vt **1.** [pot, surface] restregar **2.** [area] peinar / [house] registrar, rebuscar en

scourer ['skaʊərə(r)] n estropajo *m*

scourge [skɜ:dʒ] n azote *m*

scouring pad ['skaʊərɪŋpæd] n estropajo *m*

scout [skaʊt] ■ n **1.** MIL [person] explorador(ora) *m,f* ▸ **(boy) ~** boy-scout *m*, escultista *m* ▸ **(talent) ~** cazatalentos *mf inv* **2.** [action] **to have a ~ around (for sth)** buscar (algo)
■ vi **to ~ ahead** reconocer el terreno ▸ **to ~ for talent** ir a la caza de talentos

scoutmaster ['skaʊtmɑ:stə(r)] n jefe *m* de boy-scouts *or* escultistas

scowl [skaʊl] ■ n **to give sb a ~** mirar a alguien con cara de *esp ESP* enfado *or esp AM* enojo
■ vi fruncir el ceño, poner cara de *esp ESP* enfado *or esp AM* enojo

scowling ['skaʊlɪŋ] adj [look] severo(a)

scrabble ['skræbəl] vi **to ~ about** *or* **around for sth** buscar algo a tientas

scraggy ['skrægɪ] adj raquítico(a), esquelético(a)

scram [skræm] (pt & pp **scrammed**) vi *Fam* largarse, *ESP, RP* pirarse ▸ **~!** ¡fuera!, ¡largo!

scramble ['skræmbəl] ■ n [rush] desbandada *f* / [struggle] lucha *f* (**for** por) ▸ **it was a short ~ to the top** para alcanzar la cumbre había que trepar un poco
■ vt TEL [signal] codificar
■ vi **to ~ for sth** luchar por algo ▸ **to ~ up a hill** trepar por una colina

scrambled eggs ['skræmbəld'egz] npl huevos *mpl* revueltos

scrambling ['skræmblɪŋ] n **1.** [sport] motocross *m* **2.** [in rock climbing] ascenso *m* trepando

scrap [1] [skræp] ■ n **1.** [of material] trozo *m* / [of information] fragmento *m* ▸ **a ~ of evidence** un indicio ▸ **to tear sth into scraps** hacer trizas algo ▸ **scraps** [of food] sobras *fpl* ▸ **there isn't a ~ of truth in what she says** no hay ni rastro de verdad en lo que dice ▸ **~ paper** papel *m* usado **2. ~ (metal)** chatarra *f* ▸ **to sell sth for ~** vender algo para chatarra ▸ **~ merchant** *or* **dealer** chatarrero(a) *m,f*
■ vt (pt & pp **scrapped**) [car] mandar a la chatarra / [submarine, missile] desmantelar / [project] descartar, abandonar

scrap [2] *Fam* ■ n [fight] bronca *f*, pelea *f* ▸ **to have a ~, to get into a ~** pelearse
■ vi (pt & pp **scrapped**) [fight] pelearse

scrapbook ['skræpbʊk] n álbum *m* de recortes

scrape [skreɪp] ■ n **1.** [action] rascada *f* / [mark] arañazo *m* / [on skin] arañazo *m*, rasguño *m* / [sound] chirrido *m* ▸ **to give sth a ~** rascar algo **2.** *Fam* **to get into a ~** meterse en un lío *or* *ESP* fregado
■ vt **1.** [scratch] [side of car] rayar, arañar / [dirt, wallpaper] rascar, arrancar / [vegetables] raspar ▸ **to ~ one's knee** arañarse *or* rasguñarse la rodilla ▸ **to ~ one's shoes** restregar los zapatos ▸ **to ~ one's plate clean** rebañar el plato ▸ *Fig* **to ~ the bottom of the barrel** tener que recurrir a lo peor **2.** [barely obtain] **I just ~ a living** me gano la vida como puedo ▸ **to ~ a pass** [in exam] aprobar por los pelos
■ vi **1.** [make sound] chirriar ▸ **she was scraping away on her fiddle** rascaba el violín con un sonido chirriante **2.** [barely manage] **to ~ home** [in contest] ganar a duras penas ▸ **to ~ into college** entrar en la universidad por los pelos

◆ ***scrape through*** vt insep [exam] aprobar por los pelos

◆ ***scrape together*** vt sep [money, resources] reunir a duras penas

scraper ['skreɪpə(r)] n [tool] rasqueta *f*

scrapheap ['skræphi:p] n montón *m* de chatarra ▸ *Fig* **to be on the ~** [person] estar excluido(a) del mundo laboral / [idea] quedar descartado(a)

scrappy ['skræpɪ] adj [knowledge, performance] deslavazado(a)

scratch [skrætʃ] ■ n **1.** [on skin, record, furniture] arañazo *m* ▸ **it's just a ~** no es más que un rasguño *or* arañazo ▸ **he came out of it without a ~** salió sin un rasguño **2.** [action] **to give one's nose a ~** rascarse la nariz **3.** *Fam* [idioms] **to start from ~** partir de cero ▸ **to come up to ~** dar la talla ▸ **to bring sth/sb up to ~** poner algo/a alguien a punto
■ adj [meal, team] improvisado(a), de circunstancias
■ vt **1.** [skin] arañar / [glass, record] rayar ▸ **to ~ oneself** rascarse ▸ **to ~ one's nose** rascarse la nariz ▸ **he scratched his name on the card** garabateó su nombre en la tarjeta ▸ *Fig* **you ~ my back and I'll ~ yours** hoy por ti y mañana por mí ▸ *Fig* **we've only scratched the surface of the problem** no hemos hecho más que empezar a tratar el problema **2.** [remove] **to ~ sb's name from a list** quitar *or* *AM* sacar a alguien de una lista
■ vi [oneself] rascarse / [thorns] picar / [new clothes] rascar, raspar ▸ **the dog was scratching at the door** el perro estaba arañando la puerta

◆ ***scratch out*** vt sep [number, name] tachar ▸ *Fig* **to ~ sb's eyes out** arrancarle a alguien los ojos

scratchcard ['skrætʃkɑ:d] n tarjeta *f* de rasca y gana, boleto *m* de lotería instantánea, *AM* raspadito *m*, *ARG* raspadita *f*

scratchy ['skrætʃɪ] adj [garment, towel] áspero(a) / [record] con muchos arañazos

scrawl [skrɔ:l] ■ n garabatos *mpl*
■ vt garabatear
■ vi hacer garabatos

scrawny ['skrɔ:nɪ] adj esquelético(a), raquítico(a)

scream [skri:m] ■ n **1.** [of person] grito *m*, chillido *m* ▸ **to let out a ~** soltar un grito ▸ **screams of laughter** carcajadas *fpl* **2.** *Fam* [good fun] **it was a ~** fue para morirse de risa *or* *ESP* para mondarse ▸ **he's a ~** es la monda
■ vt gritar ▸ **to ~ abuse** lanzar improperios *or* insultos ▸ **the headlines screamed "guilty"** los titulares *or* *MÉX, RP* encabezados clamaban "culpable"
■ vi gritar, chillar ▸ **jets screamed overhead** los reactores pasaron con estruendo ▸ **to ~ in pain** gritar de dolor ▸ **to ~ with laughter** reírse a carcajadas

screaming ['skri:mɪŋ] n gritos *mpl*, chillidos *mpl*

screamingly ['skri:mɪŋlɪ] adv *Fam* **~ funny** *ESP* para mondarse de risa, *AM* chistosísimo(a)

scree [skri:] n pedruscos *mpl*

screech [skri:tʃ] ■ n [of bird, person] chillido *m* / [of brakes] chirrido *m* ▸ **a ~ of laughter** una carcajada
■ vt chillar ▸ **to ~ an order** dar una orden con un chillido
■ vi [bird, person] chillar / [brakes] chirriar, rechinar ▸ **the car screeched to a halt** el coche se detuvo chirriando

screen [skri:n] ■ n **1.** [barrier] mampara *f* / [folding] biombo *m* **2.** [of TV, cinema, computer] pantalla *f* ▸ **the big/small ~** la gran/pequeña pantalla ▸ **~ actor/actress** actor *m*/actriz *f* de cine ▸ COMPTR **~ memory** memoria *f* en pantalla ▸ CIN **~ test** prueba *f* (de cámara)
■ vt **1.** [protect] proteger ▸ **to ~ sth from view** ocultar algo a la vista **2.** [show] [film] proyectar **3.** [filter] [staff, applicants] examinar, controlar / [information] filtrar

screening ['skri:nɪŋ] n **1.** [of movie] proyección *f* ▸ **first ~** estreno *m* **2.** [of staff, applicants] examen *m*, control *m*

screenplay ['skri:npleɪ] n CIN guión *m*

screensaver ['skri:nseɪvə(r)] n COMPTR salvapantallas *m*

screenwriter ['skri:nraɪtə(r)] n CIN guionista *mf*

screw [skru:] ■ n **1.** [for fixing] tornillo *m* ▸ *Fam Fig* **she's got a ~ loose** le falta un tornillo ▸ *Fam Fig* **to put the screws on sb** apretar las clavijas a alguien ▸ **~ top** [of bottle, jar] tapón *m* de rosca **2.** [propeller] hélice *f* **3.** *Fam* [prison officer] carcelero *m*, *ESP* boqueras *m inv* **4.** *Vulg* [sexual intercourse] polvo *m* ▸ **to have a ~** echar un polvo, *AM* coger
■ vt **1.** [fix] atornillar (**on** *or* **onto** a) ▸ **to ~ one's face into a smile** sonreír forzadamente ▸ *Fam* **they'll ~ you for every penny you've got** van a sacarte hasta el último céntimo **2.** *Vulg* [have sex with] *ESP* follar, *AM* coger ▸ **~ you!** *ESP* ¡que te den por culo!, *MÉX* ¡vete a la chingada!, *RP* ¡andate a la puta que te parió!
■ vi *Vulg* [have sex] joder, *ESP* follar, *AM* coger

◆ ***screw around*** vi *Vulg ESP* follar *or AM* coger con todo el mundo

◆ ***screw on*** ■ vt sep [with screw] atornillar / [lid, top] enroscar ▸ *Fam* **he's got his head screwed on** tiene la cabeza en su sitio
■ vi [lid, top] enroscarse

◆ ***screw up*** ■ vt sep **1. to ~ up a piece of paper** arrugar un trozo de papel ▸ **to ~ up one's face** contraer *or* arrugar la cara ▸ **to ~ up one's courage** armarse de valor **2.** *Fam* [spoil] jorobar ▸ **his parents really screwed him up** sus padres lo dejaron bien tarado
■ vi *Fam* [fail] **don't ~ up this time** esta vez no vayas a jorobarla

screwdriver ['skru:draɪvə(r)] n *ESP, CARIB, RP* destornillador *m*, *ANDES, CAM* desatornillador *m*, *MÉX* desarmador *m*

screwed-up ['skru:d'ʌp] adj *Fam* trastornado(a), hecho(a) polvo

scribble ['skrɪbəl] ■ n garabatos *mpl* ▸ **I can't read this ~** no entiendo estos garabatos
■ vt **to ~ sth (down)** garabatear algo
■ vi hacer garabatos

scribbling ['skrɪblɪŋ] n **scribblings** *Fam* [inferior writings] garabatos *mpl* ▸ **~ pad** bloc *m* de borrador

scribe [skraɪb] n escribano(a) *m,f*, amanuense *mf*

scrimmage ['skrɪmɪdʒ] n tumulto *m*, alboroto *m*

scrimp [skrɪmp] vi **to ~ (and save)** economizar, hacer economías

scrip [skrɪp] n **1.** ST EXCH resguardo *m* provisional ▸ **~ issue** emisión *m* de acciones liberadas **2.** *Fam* [prescription] receta *f*

script [skrɪpt] n **1.** [for play, film] guión *m* / [in exam] ejercicio *m* (escrito), examen *m* **2.** [handwriting] caligrafía *f*, letra *f*

scriptural ['skrɪptʃərəl] adj bíblico(a)

Scripture ['skrɪptʃə(r)] n **(Holy) ~, the Scriptures** la Sagrada Escritura

scriptwriter ['skrɪptraɪtə(r)] n TV & CIN guionista *mf*

scroll [skrəʊl] ■ n **1.** [of paper, parchment] rollo *m* **2.** ARCHIT voluta *f*
■ vi COMPTR desplazar el cursor ▸ **to ~ through** [text] recorrer

◆ ***scroll down*** vi COMPTR bajar el cursor

◆ ***scroll up*** vi COMPTR subir el cursor

scrolling ['skrəʊlɪŋ] n COMPTR desplazamiento *m* por la pantalla

scrotum ['skrəʊtəm] n escroto *m*

scrounge [skraʊndʒ] *Fam* ■ n **to be on the ~** andar gorreando *or ESP, MÉX* gorroneando *or RP* garroneando
■ vt **to ~ sth from** *or* **off sb** gorrear *or ESP, MÉX* gorronear *or RP* garronear algo a alguien
■ vi **to ~ off sb** vivir a costa de alguien, *ESP, MÉX* vivir de alguien por la gorra

scrounger ['skraʊndʒə(r)] n *Fam* gorrero(a) *m,f*, *ESP, MÉX* gorrón(ona) *m,f*, *RP* garronero(a) *m,f*

scrub [skrʌb] ■ n **1.** [bushes] maleza *f*, matorral *m* **2.** [wash] **to give sth a (good) ~** fregar (bien) algo
■ vt (pt & pp **scrubbed**) **1.** [floor, pots] fregar ▸ **to ~ one's hands** lavarse bien las manos **2.** *Fam* [cancel] borrar

◆ ***scrub up*** vi MED lavarse bien las manos

scrubber ['skrʌbə(r)] n [for dishes] estropajo *m*

scrubbing brush ['skrʌbɪŋ'brʌʃ] n cepillo *m* de fregar

scrubland ['skrʌblænd] n monte *m* bajo, matorral *m*

scruff [skrʌf] n **1. the ~ of the neck** el cogote **2.** *Fam* [unkempt person] andrajoso(a) *m,f*, zarrapastroso(a) *m,f*

scruffily ['skrʌfɪlɪ] adv **to be ~ dressed** vestir andrajosamente *or* con desaliño

scruffy ['skrʌfɪ] adj [person] desaliñado(a), zarrapastroso(a) / [clothes] andrajoso(a)

scrum [skrʌm] n [in rugby] *ESP* melé *f*, *AM* scrum *f* ▸ *Fig* **there was a ~ at the door** hubo apretujones en la puerta ▸ **~ half** *ESP* medio (de) melé *mf*, *AM* medio scrum *mf*

scrumptious ['skrʌm(p)ʃəs] adj *Fam* [food] riquísimo(a), de chuparse los dedos

scrunch [skrʌn(t)ʃ] ■ vt [paper] estrujar / [can] aplastar
■ vi [make sound] crujir

scruple ['skru:pəl] ■ n escrúpulo *m* ▸ **to have no scruples** no tener escrúpulos
■ vi **not to ~ to do sth** no tener escrúpulos en hacer algo

scrupulous ['skru:pjʊləs] adj escrupuloso(a)

scrupulously ['skru:pjʊləslɪ] adv escrupulosamente

scrutineer [skru:tɪ'nɪə(r)] n POL escrutador(ora) *m,f*

scrutinize ['skru:tɪnaɪz] vt [document, votes] escrutar

scrutiny ['skru:tɪnɪ] n [of document, votes] escrutinio *m* ▸ **to come under ~** ser cuidadosamente examinado(a)

scuba ['sku:bə] n **~ diver** submarinista *mf* buceador(ora) *m,f (con botellas de oxígeno)* ▸ **to go ~ diving** hacer submarinismo

scuff [skʌf] ■ n **~ mark** rozadura *f*, rasguño *m*
■ vt rozar

scuffle ['skʌfəl] ■ n riña *f*, reyerta *f*
■ vi reñir, pelear

scullery ['skʌlərɪ] n *BR* fregadero *m*, trascocina *f*

sculpt [skʌlpt] vt & vi esculpir

sculptor ['skʌlptə(r)] n escultor(ora) *m,f*

sculptural ['skʌlptʃərəl] adj escultórico(a)

sculpture ['skʌlptʃə(r)] ■ n escultura *f*
■ vt esculpir

scum [skʌm] n **1.** [layer of dirt] capa *f* de suciedad / [froth] espuma *f* **2.** [worthless people] escoria *f* ▸ **the ~ of the earth** la escoria de la sociedad

scumbag [skʌmbæg] n *very Fam* [person] cerdo(a) *m,f,* mamón(ona) *m,f*

scummy ['skʌmɪ] adj *Fam* [dirty, worthless] asqueroso(a)

scupper ['skʌpə(r)] vt [ship, project] hundir

scurrilous ['skʌrɪləs] adj ultrajante, denigrante

scurry ['skʌrɪ] vi [dash] corretear apresuradamente

◆ ***scurry away, scurry off*** vi escabullirse

scurvy ['skɜːvɪ] n MED escorbuto *m*

scuttle[1] ['skʌtəl] ■ n **(coal) ~** cajón *m* para el carbón
■ vt [ship] barrenar, taladrar / [plan] hundir

scuttle[2] vi [run] corretear

◆ ***scuttle away, scuttle off*** vi escabullirse

scuzzball ['skʌzbɔːl] n *US Fam* [filthy person] piojoso(a) *m,f*

scythe [saɪð] ■ n guadaña *f*
■ vt segar

SDLP [esdiːel'piː] n *BR* (abbr ***Social Democratic and Labour Party***) = *partido norirlandés que propugna la reintegración en la República de Irlanda por medios pacíficos*

SE [e'siː] n (abbr ***south east***) SE

sea [siː] n mar *m or f* ▸ **by the ~** junto al mar ▸ **to go by ~** ir en barco ▸ **to go to ~** [become a sailor] enrolarse de marinero ▸ *Fig* **a ~ of people** un mar de gente ▸ **heavy** *or* **rough seas** mar *f* gruesa ▸ **on the high seas, out at ~** en alta mar ▸ **to find** *or* **get one's ~ legs** acostumbrarse al mar *(no marearse)* ▸ *Fig* **to be all at ~** estar totalmente perdido(a), no saber uno por dónde anda ▸ **~ air** aire *m* del mar ▸ **~ anemone** anémona *f* de mar ▸ **~ bass** lubina *f* ▸ **~ battle** batalla *f* naval ▸ **~ bream** besugo *m* ▸ **~ breeze** brisa *f* marina ▸ *Fam* **(old) ~ dog** (viejo) lobo *m* de mar ▸ NAUT **~ lane** ruta *f* marítima ▸ **~ level** nivel *m* del mar ▸ **~ lion** león *m* marino ▸ **~ monster** monstruo *m* marino ▸ **~ power** [country] potencia *f* naval ▸ **~ salt** sal *f* marina ▸ **~ urchin** erizo *m* de mar ▸ **~ voyage** travesía *f*, viaje *m* por mar

seaboard ['siːbɔːd] n litoral *m,* costa *f*

seaborne ['siːbɔːn] adj marítimo(a)

seafarer ['siːfeərə(r)] n marino(a) *m,f,* marinero(a) *m,f*

seafaring ['siːfeərɪŋ] adj marinero(a)

seafood ['siːfuːd] n marisco *m,* *AM* mariscos *mpl*

seafront ['siːfrʌnt] n paseo *m* marítimo

seagoing ['siːgəʊɪŋ] adj marítimo(a)

seagull ['siːgʌl] n gaviota *f*

seahorse ['siːhɔːs] n hipocampo *m,* caballito *m* de mar

seal[1] [siːl] n [animal] foca *f*

seal[2] ■ n **1.** [stamp] sello *m* ▸ **to give one's ~ of approval to sth** dar el visto bueno a algo ▸ **to set the ~ on sth** [alliance, friendship, defeat] sellar algo / [fate] determinar algo **2.** [on machine, pipes, connection] junta *f* / [on bottle, box, letter] precinto *m*
■ vt [with official seal] sellar / [close] [envelope, frontier] precintar, cerrar / [jar, joint] precintar, cerrar herméticamente / [fate] determinar ▸ **my lips are sealed** soy una tumba

◆ ***seal in*** vt sep encerrar

◆ ***seal off*** vt sep impedir el paso a

sealing ['siːlɪŋ] n [hunting of seals] caza *f* de focas

sealing wax ['siːlɪŋ'wæks] n lacre *m*

sealskin ['siːlskɪn] n piel *f* de foca

seam [siːm] n **1.** [of garment] costura *f* / [in metalwork] unión *f,* juntura *f* ▸ **to be coming apart at the seams** [clothing] estar descosiéndose / *Fig* [plan, organization] estar desmoronándose **2.** [of coal] filón *m,* veta *f*

seaman ['siːmən] n NAUT marino *m*

seamanship ['siːmənʃɪp] n NAUT náutica *f,* navegación *f*

seamstress ['semstrɪs] n costurera *f*

seamy ['siːmɪ] adj sórdido(a)

seance ['seɪɒns] n sesión *f* de espiritismo

seaplane ['siːpleɪn] n hidroavión *m*

seaport ['siːpɔːt] n puerto *m* de mar

sear [sɪə(r)] vt [skin] quemar, abrasar ▸ *Fig* **the image was seared on his memory** la imagen le quedó grabada a fuego en la memoria

search [sɜːtʃ] ■ n búsqueda *f* ▸ **to be in ~ of** ir en búsqueda *or* *ESP* busca de ▸ **to make a ~ of** rastrear ▸ COMPTR **to do a ~** hacer una búsqueda ▸ COMPTR **~ engine** motor *m* de búsqueda ▸ **~ party** equipo *m* de búsqueda ▸ LAW **~ warrant** orden *f* de registro
■ vt [person, place] registrar / COMPTR [file, directory] buscar en ▸ *Fam* **~ me!** ¡ni idea!, ¡yo qué sé!
■ vi buscar ▸ **to ~ after** *or* **for sth** buscar algo ▸ COMPTR **~ and replace** buscar y reemplazar

searching ['sɜːtʃɪŋ] adj [gaze] escrutador(ora) / [question] incisiva

searchingly ['sɜːtʃɪŋlɪ] adv [to gaze] con mirada escrutadora / [to question] de manera incisiva

searchlight ['sɜːtʃlaɪt] n reflector *m*

searing ['sɪərɪŋ] adj [pain] punzante / [heat] abrasador(ora) / [criticism, indictment] incisivo(a)

seascape ['siːskeɪp] n ART marina *f*

seashell ['siːʃel] n concha *f*

seashore ['siːʃɔː(r)] n orilla *f* del mar

seasick ['siːsɪk] adj **to be ~** estar mareado(a) ▸ **to get ~** marearse

seasickness ['siːsɪknɪs] n mareo *m* *(en barco)*

seaside ['siːsaɪd] n playa *f* ▸ **at the ~** en la playa ▸ **~ resort** centro *m* turístico costero

season[1] ['siːzən] n [period of year] estación *f* / [for sports, activity] temporada *f* / [of movies] ciclo *m* ▸ **Season's Greetings** Felices Fiestas ▸ **in ~** [food] en temporada ▸ **the high ~** [for tourism] la temporada alta ▸ **~ ticket** abono *m*

season[2] vt **1.** [dish] condimentar, sazonar **2.** [wood] curar

seasonable ['si:zənəbəl] adj **1.** ~ **weather** tiempo *m* propio de la época **2.** [help, advice] oportuno(a)

seasonal ['si:zənəl] adj [changes] estacional / [commerce] de temporada ▸ ~ **adjustment** fluctuación *f* *or* ajuste *m* estacional ▸ ~ **worker** temporero(a) *m,f*, trabajador(ora) *m,f* temporero(a)

seasonally ['si:zənəlɪ] adv ~ **adjusted** desestacionalizado(a), con ajuste estacional

seasoned ['si:zənd] adj **1.** [food] condimentado(a), sazonado(a) **2.** [wood] curado(a) **3.** [person] experimentado(a) ▸ **a** ~ **soldier** un soldado veterano

seasoning ['si:zənɪŋ] n CULIN condimento *m*

seat [si:t] ■ n **1.** [chair, on bus, train, plane] asiento *m* / [in theatre, cinema] butaca *f* / [in stadium] localidad *f*, asiento *m* / [in Parliament] escaño *m* ▸ **to take a** ~ tomar asiento, sentarse ▸ ~ **belt** cinturón *m* de seguridad **2.** [part] [of chair, toilet] asiento *m* / [of trousers] parte *f* del trasero **3.** [centre] [of government] sede *f* ▸ **a** ~ **of learning** un centro de enseñanza ▸ **country** ~ [of aristocrat] casa *f* de campo

■ vt **1.** [cause to sit] sentar ▸ **to remain seated** permanecer sentado(a) ▸ *Formal* **please be seated** por favor, tome asiento **2.** [accommodate] **the bus seats thirty** el autobús tiene capacidad *or* cabida para treinta pasajeros sentados ▸ **this table seats twelve** en esta mesa caben doce personas

seating ['si:tɪŋ] n [seats] asientos *mpl* ▸ ~ **capacity** [at cinema, stadium] aforo *m (de personas sentadas)* / [on bus, plane] número *m* de plazas (sentadas)

SEATO ['si:təʊ] n (abbr ***Southeast Asia Treaty Organization***) OTASE *f*, Organización *f* del Tratado del Sudeste Asiático

seaway ['si:weɪ] n ruta *f* marítima

seaweed ['si:wi:d] n algas *fpl* marinas ▸ **a piece of** ~ un alga

seaworthy ['si:wɜ:ðɪ] adj [ship] en condiciones de navegar

sebaceous [sɪ'beɪʃəs] adj sebáceo(a)

sec[1] (abbr ***seconds***) s., segundos *mpl*

sec[2] [sek] n *Fam* [moment] **just a ~!** ¡un momentín!

secateurs [sekə'tɜ:z] npl podadera *f*, tijeras *fpl* de podar

secede [sɪ'si:d] vi escindirse, separarse (**from** de)

secession [sɪ'seʃən] n secesión *f*, escisión *f*

secluded [sɪ'klu:dɪd] adj apartado(a), retirado(a)

seclusion [sɪ'klu:ʒən] n retiro *m* ▸ **to live in** ~ vivir recluido(a)

second[1] ['sekənd] n [time] segundo *m* ▸ **I won't be a** ~ no tardo *or AM* demoro nada ▸ **just a** ~ un momento, un segundo ▸ ~ **hand** [of clock] segundero *m*

second[2] ■ n **1.** [in series] segundo(a) *m,f* ▸ **Edward the Second** [written] Eduardo II / [spoken] Eduardo segundo ▸ **she was** ~ quedó (en) segunda (posición) ▸ ~ **in command** segundo de a bordo **2.** [of month] **the** ~ **of May** el dos de mayo ▸ **we're leaving on the** ~ nos marchamos el (día) dos **3.** COM **seconds** [defective goods] artículos *mpl* defectuosos **4.** [in duel] padrino *m* / [in boxing] ayudante *m* del preparador **5.** *BR* UNIV **to get a** ~ [in degree] ≃ licenciarse con una media de notable **6.** ~ **(gear)** segunda *f* **7.** *Fam* [at meal] **anyone for seconds?** ¿alguien quiere repetir?

■ adj segundo(a) ▸ **the** ~ **century** el siglo dos *or* segundo ▸ **twenty-~** vigésimo segundo(a), vigésimo-segundo(a) ▸ *Fig* **to take** ~ **place (to sb)** quedar por debajo (de alguien) ▸ **to be** ~ **to none** no tener rival ▸ **the** ~ **largest city in the world** la segunda ciudad más grande del mundo ▸ **a** ~ **Picasso/Churchill** un nuevo Picasso/Churchill ▸ **on** ~ **thoughts** pensándolo bien ▸ **to have** ~ **thoughts (about sth)** tener alguna duda (sobre algo) ▸ *Fig* **to play** ~ **fiddle to sb** hacer de comparsa de alguien ▸ **lying is** ~ **nature to her** las mentiras le salen automáticamente ▸ **she got her** ~ **wind** le entraron energías renovadas, se recuperó ▸ ~ **chamber** [in Parliament] cámara *f* alta ▸ ~ **chance** segunda oportunidad *f* ▸ ~ **childhood** senilidad *f* ▸ ~ **class** [on train] segunda *f* (clase *f*) ▸ REL **the Second Coming** el Segundo Advenimiento ▸ ~ **cousin** primo(a) *m,f* segundo(a) ▸ ~ **floor** *BR* segundo piso *m* / *US* primer piso *m* ▸ ~ **language** segunda lengua *f* ▸ ~ **name** apellido *m* ▸ LAW ~ **offence** reincidencia *f* ▸ ~ **opinion** segunda opinión *f* ▸ GRAM **(in the)** ~ **person** (en) segunda persona *f* ▸ ~ **sight** clarividencia *f* ▸ ~ **violin** segundo violín *m* ▸ **the Second World War** la Segunda Guerra Mundial

second[3] vt [motion, speaker] secundar

second[4] [sɪ'kɒnd] vt [officer, employee] trasladar temporalmente ▸ **to be seconded** ser trasladado(a)

secondary ['sekəndərɪ] adj secundario(a) ▸ EDUC ~ **education** enseñanza *f* secundaria ▸ EDUC ~ **school** instituto *m (de enseñanza secundaria)*

second-best ['sekənd'best] ■ n segunda opción *f* ▸ **to be content with** ~ conformarse con una segunda opción

■ adv **to come off** ~ caer derrotado(a)

second-class ['sekənd'klɑ:s] ■ adj **1.** *BR* [ticket, carriage] de segunda (clase) ▸ UNIV **to get an upper** ~ **degree** = *licenciarse con la segunda nota más alta en la escala de calificaciones* ▸ **to get a lower** ~ **degree** = *licenciarse con una nota media* **2.** [postage] ~ **mail** = *en el Reino Unido, servicio postal de segunda clase, más barato y lento que la primera clase* **3.** [inferior] de segunda ▸ ~ **citizen** ciudadano(a) *m,f* de segunda (clase)

■ adv **to travel** ~ viajar en segunda

seconder ['sekəndə(r)] n **the** ~ **of a motion** la persona que secunda una moción

second-generation ['sekənddʒenə'reɪʃən] adj [immigrant, computer] de segunda generación

second-guess ['sekənd'ges] vt predecir, anticiparse a

second-hand ['sekənd'hænd] ■ adj [car, clothes] de segunda mano

■ adv [to buy] de segunda mano ▸ **to hear news** ~ enterarse de una noticia a través de terceros

secondly ['sekəndlɪ] adv en segundo lugar

secondment [sɪ'kɒndmənt] n **to be on** ~ estar trasladado(a) temporalmente / [in civil service, government department] estar en comisión de servicios

second-rate [sekənd'reɪt] adj de segunda (categoría)

secrecy ['si:krɪsɪ] n confidencialidad *f* ▸ **in** ~ en secreto ▸ **to swear sb to** ~ hacer jurar a alguien que guardará el secreto

secret ['siːkrɪt] ■ n secreto *m* ▸ **to do sth in ~** hacer algo en secreto ▸ **I make no ~ of it** no pretendo que sea un secreto ▸ **to let sb into a ~** revelar *or* contar un secreto a alguien

■ adj secreto(a) ▸ **to keep sth ~ from sb** ocultar algo a alguien ▸ **~ agent** agente *mf* secreto(a) ▸ **~ police** policía *f* secreta ▸ **the Secret Service** los servicios secretos ▸ *also Fig* **~ weapon** arma *f* secreta

secretarial ['sekrəˈteərɪəl] adj [work] administrativo(a) ▸ **~ college** escuela *f* de secretariado ▸ **~ course** curso *m* de secretariado

secretariat [sekrəˈteərɪət] n POL secretaría *f*

secretary ['sekrətərɪ] n **1.** [in office] secretario(a) *m,f* **2.** POL ministro(a) *m,f* ▸ *US* **Secretary of the Interior** ≃ Ministro(a) *m,f* del Medio Ambiente ▸ *US* **Secretary of State** secretario(a) *m,f* de Estado ▸ *BR* **the Secretary of State for...** el ministro de...

secretary-general ['sekrətərɪˈdʒenərəl] (pl **secretaries-general**) n POL secretario(a) *m,f* general

secrete [sɪˈkriːt] vt **1.** [discharge] secretar, segregar **2.** [hide] ocultar

secretion [sɪˈkriːʃən] n secreción *f*

secretive ['siːkrɪtɪv] adj reservado(a) ▸ **to be ~ about sth** ser reservado(a) respecto a algo

secretively ['siːkrɪtɪvlɪ] adv [behave] muy en secreto

secretly ['siːkrɪtlɪ] adv en secreto

sect [sekt] n secta *f*

sectarian [sekˈteərɪən] adj sectario(a)

sectarianism [sekˈteərɪənɪzəm] n sectarismo *m*

section ['sekʃən] ■ n sección *f* ▸ MUS **the brass/string ~** la sección de metal/cuerda ▸ **all sections of society** todos los sectores de la sociedad

■ vt [cut] seccionar

sectional ['sekʃənəl] adj **1.** [interests, rivalries] particular **2. a ~ drawing** una sección, un corte

sector ['sektə(r)] n sector *m* ▸ **public/private ~** sector *m* público/privado

secular ['sekjʊlə(r)] adj [history, art] secular / [music] profano(a) / [education] laico(a)

secularize ['sekjʊləraɪz] vt secularizar

secure [sɪˈkjʊə(r)] ■ adj **1.** [free from anxiety] seguro(a) ▸ **~ in the knowledge that...** con la conciencia tranquila sabiendo que... **2.** [investment, place, foothold] seguro(a) / [foundations] firme, seguro(a) ▸ **to make sth ~** asegurar algo ▸ *BR* **~ unit** [for offenders] = *en una cárcel o centro de detención, unidad dotada de medidas de seguridad especiales*

■ vt **1.** [make safe] [region] proteger / [future] asegurar **2.** [fasten] [load] asegurar, afianzar / [door, window] cerrar bien **3.** [obtain] [support, promise, loan] conseguir

secured [sɪˈkjʊəd] adj [debt, loan] garantizado(a)

securely [sɪˈkjʊəlɪ] adv **1.** [safely] a buen recaudo **2.** [firmly] firmemente ▸ **the door was ~ fastened** la puerta estaba firmemente cerrada

security [sɪˈkjʊərɪtɪ] n **1.** [stability, safety] seguridad *f* ▸ **~ of tenure** cargo *m* vitalicio ▸ **Security Council** Consejo *m* de Seguridad ▸ **~ forces** fuerzas *fpl* de seguridad ▸ **~ guard** guarda *mf* jurado(a) ▸ **~ officer** agente *mf* de seguridad ▸ **~ risk** peligro *m* para la seguridad del Estado *(persona)* **2.** FIN [for loan] garantía *f*, aval *m* **3.** FIN **securities** valores *mpl*

sedan [sɪˈdæn] n **1.** *US* AUT turismo *m* **2. ~ chair** silla *f* de manos

sedate [sɪˈdeɪt] ■ adj sosegado(a), sereno(a)

■ vt sedar

sedately [sɪˈdeɪtlɪ] adv sosegadamente

sedation [sɪˈdeɪʃən] n **under ~** sedado(a)

sedative ['sedətɪv] n sedante *m*

sedentary ['sedəntrɪ] adj sedentario(a)

sediment ['sedɪmənt] n sedimento *m*

sedition [sɪˈdɪʃən] n sedición *f*

seditious [sɪˈdɪʃəs] adj sedicioso(a)

seduce [sɪˈdjuːs] vt [sexually] seducir ▸ *Fig* **to ~ sb into doing sth** inducir a alguien a hacer algo

seducer [sɪˈdjuːsə(r)] n seductor(ora) *m,f*

seduction [sɪˈdʌkʃən] n seducción *f*

seductive [sɪˈdʌktɪv] adj seductor(ora) ▸ **a ~ offer** una oferta tentadora

seductively [sɪˈdʌktɪvlɪ] adv seductoramente

see[1] [siː] n REL sede *f* (episcopal)

see[2] (pt **saw** [sɔː], pp **seen** [siːn]) ■ vt **1.** [with eyes, perceive] ver ▸ **to ~ sb do** *or* **doing sth** ver a alguien hacer algo ▸ **did you ~ that programme last night?** ¿viste anoche ese programa? ▸ **now ~ what you've done!** ¡mira lo que has hecho! ▸ **to ~ the sights** hacer turismo ▸ **~ page 50** ver *or* véase pág. 50 ▸ **to be seeing things** [hallucinate] ver visiones ▸ **it has to be seen to be believed** hay que verlo para creerlo ▸ **I can't ~ a way out of this problem** no le veo solución a este problema ▸ **could you ~ your way to lending me the money?** ¿crees que podrías prestarme el dinero? ▸ **to ~ sense** *or* **reason** atender a razones ▸ **these years saw many changes** estos años fueron testigos de muchos cambios ▸ **I don't know what you ~ in her** no sé qué ves en ella ▸ **it remains to be seen whether...** está por ver si... ▸ **I can't ~ any** *or* **the sense in continuing this discussion** creo que no tiene sentido continuar esta discusión ▸ **this is how I ~ it** yo lo veo así **2.** [understand] ver, entender ▸ **I ~ what you mean** ya veo lo que quieres decir ▸ **I don't ~ the need for...** no veo qué necesidad hay de... ▸ **I don't ~ the point** no creo que tenga sentido **3.** [envisage, imagine] creer, imaginarse ▸ **what do you ~ happening next?** ¿qué crees que ocurrirá a continuación? ▸ **I can't ~ them accepting this** no creo que vayan a aceptar esto ▸ **I can't ~ you as a boxer** no te imagino como *or* de boxeador **4.** [investigate, enquire] **I'll ~ what I can do** veré qué puedo hacer ▸ **let's ~ what happens if...** veamos qué ocurre si... **5.** [make sure] **I shall ~ (to it) that he comes** me encargaré de que venga ▸ **~ (to it) that you don't miss the train!** ¡asegúrate de no perder el tren! ▸ *Fam* **he'll ~ you (all) right** él te echará una mano **6.** [meet] [person] ver / [doctor, solicitor] ver, visitar ▸ **I'm seeing Bill tomorrow** mañana voy a ver a Bill ▸ **~ you soon!** ¡hasta pronto! **7.** [escort, accompany] acompañar ▸ **to ~ sb home/to the door** acompañar a alguien a casa/a la puerta

■ vi **1.** [with eyes] ver ▸ **as far as the eye can ~** hasta donde alcanza la vista ▸ **~ for yourself** míralo tú mismo ▸ **we shall ~** ya veremos **2.** [understand] entender, ver ▸ **as far as I can ~** a mi entender ▸ **ah, I ~!** ¡ah, ya veo! **3.** [examine, consider] **let me ~, let's ~** veamos ▸ **can we go to the beach? – we'll ~** ¿podemos ir a la playa? – ya veremos **4.** [find out] **I'll go and ~** voy a ver

◆ ***see about*** vt insep **1.** [deal with] encargarse *or* ocuparse de **2.** [consider] ver, pensar ▸ *Fam* **we'll (soon) ~ about that!** ¡eso está por ver!

◆ ***see in*** vt sep **to ~ the New Year in** recibir el Año Nuevo

◆ ***see off*** vt sep **1.** [say goodbye to] despedir **2.** [in fight] deshacerse de

◆ ***see out*** vt sep [escort to door] acompañar a la puerta ▸ **I'll ~ myself out** ya conozco el camino (de salida), gracias

◆ ***see through*** ■ vt sep [project, policy] **to ~ sth through** sacar algo adelante

■ vt insep [not be deceived by] [person] ver las intenciones de / [plan, lies] percatarse de

◆ ***see to*** vt insep [deal with] ocuparse de ▸ **to get sth seen to** hacer que alguien se ocupe de algo ▸ **I'll ~ to it that you're not disturbed** me aseguraré *or* encargaré de que nadie te moleste

seed [si:d] ■ n **1.** [for sowing] semilla *f* / [of fruit] pepita *f* ▸ **the price of ~** el precio de los semillas ▸ **to go** *or* **run to ~** [plant] granar ▸ *Fig* **to sow (the) seeds of discord/doubt** sembrar la discordia/la duda ▸ **~ corn** simiente *f* de trigo / *Fig* inversión *f* de futuro ▸ **~ merchant** vendedor *m* de semillas ▸ **~ potatoes** *ESP* patatas *fpl or AM* papas *fpl* de siembra **2.** *Literary* [semen] semilla *f*, semen *m* **3.** SPORT [in tournament] cabeza *mf* de serie

■ vt **1.** [remove seeds from] despepitar **2.** SPORT [in tournament] **seeded players/teams** jugadores *mpl*/equipos *mpl* seleccionados como cabezas de serie ▸ **he's seeded 5** es el cabeza de serie número 5

■ vi [plant] dar semilla, granar

seedless ['si:dlɪs] adj sin pepitas

seedling ['si:dlɪŋ] n plantón *m*

seedy ['si:dɪ] adj **1.** [shabby] [person, appearance, hotel] miserable, cutre **2.** *Fam* [unwell] **to feel ~** estar malo(a) *or ESP* pachucho(a) *or COL* maluco(a)

seeing ['si:ɪŋ] ■ n **~ is believing** ver para creer

■ conj **~ that** *or* **as** *or* **how...** en vista de que..., ya que... ▸ **~ it's so simple, why don't you do it yourself?** ya que es tan sencillo, ¿por qué no lo haces tú mismo?

seeing-eye dog ['si:ɪŋaɪ'dɒg] n *US* perro *m* lazarillo

seek [si:k] (pt & pp **sought** [sɔ:t]) vt **1.** [look for] [thing lost, job] buscar / [friendship, promotion] tratar de conseguir ▸ **to ~ one's fortune** buscar fortuna **2.** [request] **to ~ sth from sb** pedir algo a alguien ▸ **to ~ sb's help/advice** pedir ayuda/consejo a alguien **3.** [try] **to ~ to do sth** procurar hacer algo

◆ ***seek out*** vt sep [person] ir en búsqueda *or ESP* busca de

seeker ['si:kə(r)] n buscador(ora) *m,f*

seem [si:m] vi parecer ▸ **to ~ tired** parecer cansado(a) ▸ **do what seems best** haz lo que te parezca mejor ▸ **it seemed like a dream** parecía un sueño ▸ **it doesn't ~ right** no me parece bien ▸ **I ~ to have dropped your vase** creo que he tirado tu jarrón ▸ **I can't ~ to get it right** no consigo que me salga bien ▸ **it seems (that)..., it would ~ (that)...** parece que... ▸ **it seems likely that...** parece probable que... ▸ **it seems to me that...** me parece que... ▸ **it seems** *or* **would ~ so** parece que sí ▸ **it seems** *or* **would ~ not** parece que no

seeming ['si:mɪŋ] adj aparente

seemingly ['si:mɪŋlɪ] adv aparentemente

seemly ['si:mlɪ] adj *Formal* correcto(a), apropiado(a)

seen [si:n] pp *of* ***see***[2]

seep [si:p] vi **to ~ into sth** filtrarse en algo

seepage ['si:pɪdʒ] n filtración *f*

seer [sɪə(r)] n *Literary* adivino(a) *m,f*, profeta *m*

seesaw ['si:sɔ:] ■ n balancín *m (columpio)*

■ vi [prices, mood] fluctuar

seethe [si:ð] vi [liquid] borbotar ▸ **to be seething (with anger)** estar a punto de estallar (de cólera)

see-through ['si:θru:] adj transparente

segment ■ n ['segmənt] [of circle, worm] segmento *m* / [of orange] gajo *m*

■ vt [seg'ment] segmentar

segmentation [segmen'teɪʃən] n ECON segmentación *f*

segmented [seg'mentɪd] adj ECON segmentado(a)

segregate ['segrɪgeɪt] vt segregar (**from** de)

segregated ['segrɪgeɪtɪd] adj [school, beach] segregado(a)

segregation [segrɪ'geɪʃən] n segregación *f*

segregationist [segrɪ'geɪʃənɪst] n & adj segregacionista *mf*

Seine [seɪn] n **the ~** el Sena

seismic ['saɪzmɪk] adj sísmico(a)

seismograph ['saɪzməgræf] n sismógrafo *m*

seismology [saɪz'mɒlədʒɪ] n sismología *f*

seize [si:z] vt **1.** [grab] agarrar, *ESP* coger ▸ **to ~ hold of sth** agarrar algo ▸ **to ~ the opportunity of doing sth** aprovechar la oportunidad de hacer algo **2.** [take for oneself] [city, territory] tomar / LAW [drugs, stolen goods] incautarse de

◆ ***seize on, seize upon*** vt insep aprovecharse de

◆ ***seize up*** vi [engine, machine] atascarse

seizure ['si:ʒə(r)] n **1.** [of land, city] toma *f* / LAW [of property, goods] incautación *f* **2.** MED ataque *m*

seldom ['seldəm] adv rara vez, raras veces

select [sɪ'lekt] ■ adj selecto(a) ▸ *BR* PARL **~ committee** comisión *f* parlamentaria

■ vt seleccionar

selected [sɪ'lektɪd] adj seleccionado(a) ▸ **~ works** obras *fpl* escogidas

selection [sɪ'lekʃən] n **1.** [act of choosing] selección *f* ▸ **to make a ~** realizar una selección **2.** [range] gama *f* **3.** [thing chosen] elección *f*

selective [sɪ'lektɪv] adj selectivo(a) ▸ **to be ~ (about sth)** ser selectivo (con algo)

selectively [sɪ'lektɪvlɪ] adv con un criterio selectivo

selector [sɪ'lektə(r)] n [of team] miembro *m* del comité seleccionador

self [self] (pl **selves** [selvz]) n **1. he's quite his old ~ again** ha vuelto a ser él mismo ▸ **she is a shadow of her former ~** no es ni sombra de lo que era ▸ **she was her usual cheerful ~** se mostró alegre como siempre **2.** PSY **the ~** el yo, el ser

self-absorbed ['selfəb'zɔːbd] adj ensimismado(a)

self-addressed envelope ['selfə'drest'envələʊp] n sobre *m* dirigido a uno mismo

self-appointed ['selfə'pɔɪntɪd] adj autodesignado(a), autoproclamado(a)

self-assured ['selfə'ʃʊəd] adj seguro(a) de sí mismo(a) ▸ **to be ~** estar seguro de sí mismo

self-awareness ['selfə'weənɪs] n conocimiento *m* de sí mismo(a)

self-catering ['self'keɪtərɪŋ] adj [holiday, accommodation] sin servicio de comidas

self-centred, US ***self-centered*** ['self'sentəd] adj egoísta

self-confessed ['selfkən'fest] adj confeso(a)

self-confidence ['self'kɒnfɪdəns] n confianza *f* en sí mismo(a)

self-confident ['self'kɒnfɪdənt] adj lleno(a) de confianza en sí mismo(a)

self-confidently ['self'kɒnfɪdəntlɪ] adv con gran confianza *or* seguridad

self-congratulatory ['selfkəngrætjʊ'leɪtərɪ] adj de autosatisfacción

self-conscious ['self'kɒnʃəs] adj cohibido(a)

self-consciously ['self'kɒnʃəslɪ] adv [with embarrassment] con inhibición, tímidamente / [affectedly] afectadamente, con afectación

self-contained ['selfkən'teɪnd] adj [person, apartment] independiente

self-contradictory ['selfkɒntrə'dɪktərɪ] adj contradictorio(a)

self-control ['selfkən'trəʊl] n autocontrol *m*

self-deception ['selfdɪ'sepʃən] n autoengaño *m*

self-defeating ['selfdɪ'fiːtɪŋ] adj contraproducente

self-defence, US ***self-defense*** ['selfdɪ'fens] n [judo, karate etc] defensa *f* personal / [non-violent action] autodefensa *f* ▸ **in ~** en defensa propia, en legítima defensa

self-denial ['selfdɪ'naɪəl] n abnegación *f*

self-deprecating ['self'deprɪkeɪtɪŋ] adj **he's famous for his ~ humour** siempre se ríe de sí mismo

self-destruct ['selfdɪ'strʌkt] vi autodestruirse

self-destructive ['selfdɪs'trʌktɪv] adj autodestructivo(a)

self-determination ['selfdɪtɜːmɪ'neɪʃən] n autodeterminación *f*

self-discipline ['self'dɪsɪplɪn] n autodisciplina *f*

self-disciplined ['self'dɪsɪplɪnd] adj autodisciplinado(a)

self-doubt ['self'daʊt] n falta *f* de confianza (en uno mismo)

self-effacing ['selfɪ'feɪsɪŋ] adj modesto(a), humilde

self-employed ['selfɪm'plɔɪd] adj autónomo(a)

self-esteem [selfɪ'stiːm] n **to have high/low ~** tener mucho/poco amor propio, tener mucha/poca autoestima

self-evident ['self'evɪdənt] adj evidente, obvio(a)

self-explanatory ['selfɪk'splænətərɪ] adj **to be ~** estar muy claro(a), hablar por sí mismo(a)

self-expression ['selfɪk'spreʃən] n autoexpresión *f*

self-fulfilling ['selffʊl'fɪlɪŋ] adj [prophecy, prediction] determinante

self-governing ['self'gʌvənɪŋ] adj autónomo(a)

self-government ['self'gʌvənmənt] n autogobierno *m*, autonomía *f*

self-help ['self'help] n autoayuda *f* ▸ **~ group** grupo *m* de apoyo

self-image ['self'ɪmɪdʒ] n imagen *f* de sí mismo(a)

self-importance ['selfɪm'pɔːtəns] n engreimiento *m*, presunción *f*

self-important ['selfɪm'pɔːtənt] adj engreído(a), presuntuoso(a)

self-improvement ['selfɪm'pruːvmənt] n autosuperación *f*

self-induced ['selfɪn'djuːst] adj [hysteria, illness] provocado(a) por uno mismo

self-indulgence ['selfɪn'dʌldʒəns] n autocomplacencia *f*

self-indulgent ['selfɪn'dʌldʒənt] adj autocomplaciente

self-inflicted ['selfɪn'flɪktɪd] adj autoinfligido(a)

self-interest ['self'ɪntrest] n interés *m* propio

self-interested ['self'ɪntrestɪd] adj egoísta

selfish ['selfɪʃ] adj egoísta

selfishness ['selfɪʃnɪs] n egoísmo *m*

self-justification ['selfdʒʌstɪfɪ'keɪʃən] n autojustificación *f*

self-knowledge ['self'nɒlɪdʒ] n conocimiento *m* de sí mismo(a)

selfless ['selflɪs] adj desinteresado(a), desprendido(a)

selflessly ['selflɪslɪ] adv desinteresadamente, de manera desinteresada

self-made man ['selfmeɪd'mæn] n hombre *m* hecho a sí mismo

self-pity ['self'pɪtɪ] n autocompasión *f*

self-pitying ['self'pɪtɪɪŋ] adj autocompasivo(a)

self-portrait ['self'pɔːtreɪt] n autorretrato *m*

self-possessed ['selfpə'zest] adj sereno(a), dueño(a) de sí mismo(a)

self-possession ['selfpə'zeʃən] n serenidad *f*, autocontrol *m*

self-preservation ['selfprezə'veɪʃən] n propia conservación *f* ▸ **instinct for ~** instinto *m* de conservación

self-raising flour ['selfreɪzɪŋ'flaʊə(r)], US ***self-rising flour*** ['selfraɪzɪŋ'flaʊə(r)] n ESP harina *f* con levadura, AM harina *f* con polvos de hornear, RP harina *f* leudante

self-reliant ['selfrɪ'laɪənt] adj autosuficiente

self-respect ['selfrɪ'spekt] n amor *m* propio, dignidad *f*

self-restraint ['selfrɪ'streɪnt] n autodominio *m*, autocontrol *m*

self-righteous ['self'raɪtʃəs] adj santurrón(ona)

self-righteousness ['self'raɪtʃəsnɪs] n santurronería *f*

self-rising flour *US* ➤ ***self-raising flour***

selfsame ['selfseɪm] adj mismísimo(a)

self-satisfied ['self'sætɪsfaɪd] adj satisfecho(a) *or* pagado(a) de sí mismo(a) ▸ **to be ~** estar satisfecho *or* pagado de sí mismo

self-service ['self'sɜːvɪs] ■ n autoservicio *m*
■ adj de autoservicio

self-starter ['self'stɑːtə(r)] n [person] persona *f* con iniciativa

self-styled ['selfstaɪld] adj [president, king] autoproclamado(a) / [philosopher, expert] pretendido(a), sedicente

self-sufficiency ['selfsə'fɪʃənsɪ] n autosuficiencia *f*

self-sufficient ['selfsə'fɪʃənt] adj autosuficiente

self-taught ['self'tɔːt] adj autodidacto(a)

sell [sel] (pt & pp **sold** [səʊld]) ■ vt vender ▸ **to ~ sb sth, to ~ sth to sb** vender algo a alguien ▸ **to ~ sth at a loss/a profit** vender algo con pérdida/ganancia ▸ **scandal sells newspapers** las noticias escandalosas venden bien ▸ *Fig* **to ~ oneself** venderse ▸ *Fig* **to ~ sb an idea** vender una idea a alguien ▸ *Fig* **to ~ sb down the river** traicionar *or* vender a alguien
■ vi [product] venderse (**for** a) ▸ **to ~ like hot cakes** venderse como rosquillas

◆ ***sell off*** vt sep [property, stock] liquidar

◆ ***sell out*** ■ vt sep **1. the concert is sold out** no quedan entradas *or AM* boletos para el concierto **2.** [betray] vender, traicionar
■ vi **1. they have sold out of tickets** se han agotado las entradas *or AM* los boletos **2.** [betray beliefs] venderse

◆ ***sell up*** vi [sell home, business] venderlo todo

sell-by date ['selbaɪdeɪt] n COM fecha *f* límite de venta

seller ['selə(r)] n vendedor(ora) *m,f* ▸ ECON **sellers' market** mercado *m* de vendedores

selling ['selɪŋ] n venta *f* ▸ **~ point** ventaja *f (de un producto)* ▸ **~ price** precio *m* de venta

sell-off ['selɒf] n [of state-owned company] privatización *f*

Sellotape® ['seləʊteɪp] n *BR* cinta *f* adhesiva, *ESP* celo *m*, *CAM, MÉX* Durex® *m*

sellout ['selaʊt] n **1.** [play, concert] lleno *m* **2.** [betrayal] traición *f*

semantic [sɪ'mæntɪk] adj semántico(a)

semantics [sɪ'mæmtɪks] n semántica *f* ▸ *Fig* **let's not worry about ~** dejemos a un lado los matices

semaphore ['seməfɔː(r)] n código *m* alfabético de banderas

semblance ['sembləns] n apariencia *f*

semen ['siːmen] n semen *m*

semester [sɪ'mestə(r)] n UNIV semestre *m*

semi ['semɪ] n *Fam* **1.** *BR* [semi-detached house] chalet *m* adosado **2.** *US* (abbr ***semitrailer***) semirremolque *m*

semiautomatic ['semɪɔːtə'mætɪk] adj semiautomático(a)

semibreve ['semɪbriːv] n *BR* MUS redonda *f*

semicircle ['semɪsɜːkəl] n semicírculo *m*

semicircular [semɪ'sɜːkjʊlə(r)] adj semicircular

semicolon ['semɪ'kəʊlən] n punto *m* y coma

semiconductor ['semɪkən'dʌktə(r)] n ELEC semiconductor *m*

semiconscious ['semɪ'kɒnʃəs] adj semiconsciente

semi-detached ['semɪdɪ'tætʃt] ■ n [house] chalet *m* semiadosado
■ adj semiadosado(a)

semifinal ['semɪ'faɪnəl] n semifinal *f*

semifinalist ['semɪ'faɪnəlɪst] n semifinalista *mf*

seminal ['semɪnəl] adj [very important] trascendental

seminar ['semɪnɑː(r)] n seminario *m*

seminary ['semɪnərɪ] n seminario *m*

semi-precious ['semɪ'preʃəs] adj **~ stone** piedra *f* fina *or* semipreciosa

semiquaver ['semɪkweɪvə(r)] n *BR* MUS semicorchea *f*

Semite ['siːmaɪt] n semita *mf*

Semitic [sɪ'mɪtɪk] adj semita, semítico(a)

semitone ['semɪtəʊn] n *BR* MUS semitono *m*

semitrailer ['semɪtreɪlə(r)] n *US* semirremolque *m*

semitropical ['semɪ'trɒpɪkəl] adj subtropical

semivowel [semɪ'vaʊəl] n semivocal *f*

semolina [semə'liːnə] n sémola *f*

senate ['senɪt] n **the Senate** el Senado

CULTURE / CULTURA

Senate

Es la cámara alta del Congreso estadounidense. Junto con la Cámara de Representantes forma el brazo legislativo del gobierno federal. El **Senate** está compuesto por 100 senadores, dos por cada estado independientemente de su población, que son elegidos por un periodo de seis años. En lugar de convocar elecciones para toda la cámara a la vez, éstas se convocan cada dos años para un tercio de la cámara exclusivamente.

senator ['senətə(r)] n senador(ora) *m,f*

send [send] (pt & pp **sent** [sent]) vt [letter, message, person] mandar, enviar ▸ **to ~ word to sb (that...)** mandar el recado a alguien (de que...) ▸ **to ~ sb to prison** enviar a alguien a prisión ▸ **to ~ sb on an errand** mandar a alguien a (hacer) un recado ▸ **to ~ sth/sb flying** mandar *or* lanzar algo/a alguien por los aires ▸ **that sent him into fits of laughter** aquello le provocó un ataque de risa

◆ ***send away*** ■ vt sep **to ~ sb away** mandar a alguien que se marche
■ vi **to ~ away for sth** pedir algo por correo

◆ ***send back*** vt sep [purchase, order of food] devolver

◆ ***send down*** vt sep *BR* **1.** UNIV [expel] expulsar **2.** *Fam* [send to prison] encarcelar, *ESP* enchironar, *ANDES, CUBA, RP* mandar en cana, *MÉX* mandar al bote

◆ ***send for*** vt insep [help, supplies] mandar traer / [doctor] mandar llamar

◆ ***send in*** vt sep [application, troops, supplies] enviar

◆ ***send off*** ■ vt sep **1.** [letter, order] mandar, enviar **2.** SPORT expulsar
■ vi **to ~ off for sth** pedir algo por correo

◆ ***send on*** vt sep **1.** [send ahead] **we had our belongings sent on** enviamos nuestras pertenencias a nuestro destino antes de partir **2.** [forward after use] enviar más tarde

◆ ***send out*** ■ vt sep [letters, invitations] mandar, enviar / [radio signals] emitir
■ vi **to ~ out for sth** pedir que traigan algo

◆ ***send up*** vt sep *BR Fam* [parody] parodiar, remedar

sender ['sendə(r)] n remitente *mf*

send-off ['sendɒf] n *Fam* despedida *f*

send-up ['sendʌp] n *BR Fam* parodia *f*, *ESP* remedo *m*

Senegal [senɪ'gɔːl] n Senegal

Senegalese [senɪgə'liːz] n & adj senegalés(esa) *m,f*

senile ['siːnaɪl] adj senil ◗ MED **~ dementia** demencia *f* senil

senility [sɪ'nɪlɪtɪ] n senilidad *f*

senior ['siːnjə(r)] ■ n **to be sb's ~** [in age] ser mayor que alguien / [in rank] ser el superior de alguien ◗ **she is three years his ~** ella es tres años mayor que él
■ adj **1.** [in age] mayor ◗ **Thomas Smith, Senior** Thomas Smith, padre ◗ **~ citizen** persona *f* de la tercera edad **2.** [in rank, position] superior ◗ **~ officer** oficial *m* superior ◗ **~ partner** [in company] socio *m* principal

seniority [siːnɪ'ɒrɪtɪ] n [in age, length of service] antigüedad *f* / [in rank] rango *m*, categoría *f*

sensation [sen'seɪʃən] n **1.** [feeling] sensación *f* ◗ **burning ~** quemazón *f* **2.** [excitement] **to be a ~** ser todo un éxito ◗ **to cause a ~** causar sensación

sensational [sen'seɪʃənəl] adj **1.** [exaggerated] tremendista, sensacionalista **2.** [excellent] extraordinario(a), sensacional

sensationalism [sen'seɪʃənəlɪzəm] n sensacionalismo *m*

sensationally [sen'seɪʃənəlɪ] adv **1.** [exaggeratedly] con sensacionalismo **2.** [excellently] de maravilla, *ESP* estupendamente ◗ **~ successful** de tremendo éxito

sense [sens] ■ n **1.** [faculty] sentido *m* ◗ **to come to one's senses** [recover consciousness] recobrar el conocimiento *or* sentido / [see reason] entrar en razón ◗ **~ of smell/hearing** sentido del olfato/oído ◗ **to lose all ~ of time** perder la noción del tiempo ◗ **~ of direction** sentido de la orientación ◗ **~ of duty** sentido del deber ◗ **~ of humour** sentido del humor **2.** [feeling] sensación *f* ◗ **a ~ of achievement** la sensación de haber logrado algo **3.** [rationality, common sense] sensatez *f*, buen juicio *m* ◗ **good ~** buen juicio ◗ **there's no ~ in staying** no tiene sentido quedarse **4.** [meaning] sentido *m* ◗ **to make (no) ~** (no) tener sentido ◗ **to make ~ of sth** entender algo ◗ **in a ~** en cierto sentido ◗ **in the ~ that...** en el sentido de que...
■ vt [perceive] notar, percibir ◗ **to ~ that...** tener la sensación de que...

senseless ['senslɪs] adj **1.** [unconscious] inconsciente **2.** [pointless] absurdo(a)

senselessly ['senslɪslɪ] adv [pointlessly] de forma absurda, sin sentido

sensibility [sensɪ'bɪlɪtɪ] n [of artist] sensibilidad *f* ◗ **to offend sb's sensibilities** [feelings] herir la sensibilidad de alguien

sensible ['sensɪbəl] adj **1.** [rational] [person, decision] sensato(a) ◗ **the ~ thing to do** lo sensato, lo que tiene sentido (hacer) **2.** [practical] [clothes, shoes] práctico(a) **3.** *Formal* [aware] **to be ~ of sth** ser consciente de algo

> FALSE FRIEND / FALSO AMIGO
> ***sensible***
>
> Sensible no es la traducción del inglés *sensible*. Sensible se traduce por *sensitive* o por *significant*, *perceptible*:
> **una persona muy sensible** *a very sensitive person*
> **pérdidas sensibles** *significant losses*

sensibly ['sensɪblɪ] adv [rationally] sensatamente

sensitive ['sensɪtɪv] adj [in general] sensible (**to** a) / [touchy] susceptible

sensitively ['sensɪtɪvlɪ] adv [tactfully] con delicadeza, con tacto

sensitivity [sensɪ'tɪvɪtɪ] n sensibilidad *f*

sensitize ['sensɪtaɪz] vt sensibilizar (**to** acerca de *or* ante)

sensor ['sensə(r)] n sensor *m*

sensory ['sensərɪ] adj sensorial ◗ **~ organs** órganos *mpl* sensoriales

sensual ['sensjʊəl] adj sensual

sensuality [sensjʊ'ælɪtɪ] n sensualidad *f*

sensuous ['sensjʊəs] adj sensual

sent [sent] pt & pp *of* ***send***

sentence ['sentəns] ■ n **1.** GRAM oración *f*, frase *f* **2.** LAW sentencia *f* ◗ **to pass ~** dictar sentencia
■ vt LAW sentenciar (**to** a)

sententious [sen'tenʃəs] adj *Formal* sentencioso(a)

sentient ['sentɪənt] adj sensitivo(a), sensible

sentiment ['sentɪmənt] n **1.** [opinion] parecer *m* ◗ **public ~** el sentir popular **2.** [sentimentality] sentimentalismo *m*

sentimental [sentɪ'mentəl] adj sentimental

sentimentalist [sentɪ'mentəlɪst] n sentimental *mf*

sentimentality [sentɪmen'tælɪtɪ] n sentimentalismo *m*

sentimentalize [sentɪ'məntəlaɪz] vt tratar con sentimentalismo

sentimentally [sentɪ'mentəlɪ] adv sentimentalmente ◗ **to be ~ attached to sb** tener una relación sentimental con alguien ◗ **to be ~ attached to sth** tener cariño a algo

sentry ['sentrɪ] n MIL centinela *m* ▸ **to be on ~ duty** estar de guardia ▸ **~ box** garita *f*

Seoul [səʊl] n Seúl

Sep (abbr ***September***) septiembre *m*

separable ['sepərəbəl] adj separable

separate ■ adj ['sepərət] [parts, box, room] separado(a) / [occasion, attempt] distinto(a) / [organization] independiente ▸ **the two issues are quite ~** son dos cuestiones bien distintas ▸ **fish and meat should be kept ~** hay que guardar la carne y el pescado por separado ▸ **to lead ~ lives** vivir separados(as) ▸ *also Fig* **they went their ~ ways** siguieron cada uno su camino
■ vt ['sepəreɪt] separar (**from** de)
■ vi separarse (**from** de)

separated ['sepəreɪtɪd] adj separado(a) ▸ **he is separated from his wife** está separado de su mujer

separation [sepə'reɪʃən] n separación *f*

separatism ['sepərətɪzəm] n POL separatismo *m*

separatist ['sepərətɪst] n POL separatista *mf*

sepia ['si:pɪə] n [colour] (color *m*) sepia *m*

sepsis ['sepsɪs] n MED sepsis *f inv,* infección *f*

Sept (abbr ***September***) septiembre *m*

September [sep'tembə(r)] n septiembre *m* / *see also* ***May***

septet [sep'tet] n MUS septeto *m*

septic ['septɪk] adj séptico(a) ▸ **to become ~** infectarse ▸ **~ tank** fosa *f* séptica

septicaemia, US ***septicemia*** [septɪ'si:mɪə] n MED septicemia *f*

sepulchre, US ***sepulcher*** ['sepəlkə(r)] n *Literary* sepulcro *m*

sequel ['si:kwəl] n **1.** [book, film] continuación *f* (**to** de) **2.** [result] secuela *f*

sequence ['si:kwəns] n **1.** [order] sucesión *f,* secuencia *f* ▸ **in ~** en sucesión *or* orden ▸ **out of ~** desordenado(a) **2.** [of numbers, events] serie *f* / [in movie] secuencia *f*

sequencer ['si:kwənsə(r)] n MUS secuenciador *m*

sequential [sɪ'kwenʃəl] adj secuencial

sequestrate ['sekwəstreɪt] vt LAW embargar

sequestration [si:kwe'streɪʃən] n LAW embargo *m*

sequin ['si:kwɪn] n lentejuela *f*

sequoia [sɪ'kwɔɪə] n sec(u)oya *f*

Serb [sɜ:b] n & adj serbio(a) *m,f*

Serbia ['sɜ:bɪə] n Serbia

Serbian ['sɜ:b(ɪən)] n & adj serbio(a) *m,f*

Serbo-Croat ['sɜ:bəʊ'krəʊæt] n [language] serbocroata *m*

serenade [serə'neɪd] ■ n serenata *f*
■ vt dar una serenata a

serendipity [serən'dɪpɪtɪ] n = *don para realizar hallazgos afortunados*

serene [sɪ'ri:n] adj sereno(a)

serenity [sɪ'renɪtɪ] n serenidad *f*

serf [sɜ:f] n HIST siervo(a) *m,f* (de la gleba)

serfdom ['sɜ:fdəm] n HIST servidumbre *f*

serge [sɜ:dʒ] n sarga *f*

sergeant ['sɑ:dʒənt] n MIL sargento *mf* / [in police] ≃ oficial *mf* de policía

sergeant-major [sɑ:dʒənt'meɪdʒə(r)] n MIL sargento *mf* primero

serial ['sɪərɪəl] ■ n [in magazine] novela *f* por entregas, folletín *m* / [on TV] serial *m*
■ adj en serie ▸ **~ killer** asesino(a) *m,f* en serie ▸ **~ killing** asesinato *m* en serie ▸ **~ number** número *m* de serie ▸ COMPTR **~ port** puerto *m* (en) serie

serialization [sɪərɪəlaɪ'zeɪʃən] n [in newspaper, magazine] publicación *f* por entregas / [on TV] serialización *f,* adaptación *f* al formato de serie

serialize ['sɪərɪəlaɪz] vt [in newspaper, magazine] publicar por entregas / [on TV] emitir en forma de serial

series ['sɪəri:z] n serie *f*

serious ['sɪərɪəs] adj **1.** [person] serio(a) ▸ **to be ~ about doing sth** estar decidido(a) a hacer algo ▸ **are you ~?** ¿lo dices en serio? ▸ **it wasn't a ~ suggestion** no lo decía en serio **2.** [grave] [situation, problem, injury] serio(a), grave **3.** *Fam* [for emphasis] **~ money** cantidad de dinero

seriously ['sɪərɪəslɪ] adv **1.** [in earnest] seriamente, en serio ▸ **to take sth/sb ~** tomar algo/a alguien en serio ▸ **to take oneself too ~** tomarse demasiado en serio **2.** [gravely] seriamente, gravemente ▸ **~ ill** seriamente *or* gravemente enfermo(a) **3.** *Fam* [very] cantidad de

sermon ['sɜ:mən] n *also Fig* sermón *m*

serpent ['sɜ:pənt] n *Literary* sierpe *f,* serpiente *f*

serpentine ['sɜ:pəntaɪn] adj *Literary* serpenteante, serpentino(a)

serrated [se'reɪtɪd] adj dentado(a)

serum ['sɪərəm] n MED suero *m*

servant ['sɜ:vənt] n [in household] criado(a) *m,f,* sirviente(a) *m,f* / [of leader, country] servidor(ora) *m,f*

serve [sɜ:v] ■ n [in tennis] servicio *m* ▸ **(it's) your ~!** ¡tú sacas!
■ vt **1.** [be faithful to] [master, cause] servir, estar al servicio de ▸ **to ~ one's own interests** actuar en interés propio **2.** [be useful to] servir ▸ **it doesn't ~ my purpose** no me sirve ▸ **it has served me well** me ha hecho un buen servicio *or* apaño ▸ **if my memory serves me right** si mal no recuerdo **3.** [complete] [prison sentence, term of office] cumplir / [apprenticeship] realizar, hacer **4.** [customer] atender ▸ **are you being served?** ¿le están atendiendo? **5.** [meal, drink] servir ▸ **to ~ lunch/dinner** servir el almuerzo/la cena ▸ **serves four** [on packet, in recipe] para cuatro raciones **6.** LAW **to ~ sb with a summons** citar a alguien **7. it serves her right!** ¡se lo merece!, ¡lo tiene bien merecido!
■ vi **1.** [carry out duty] servir ▸ **to ~ in a government** ser miembro de un gobierno **2. to ~ as...** [be used as] servir de... ▸ **to ~ as an example** servir de ejemplo **3.** [in shop] atender, despachar **4.** [with food, drink] **~ chilled** [on wine] sírvase bien frío **5.** [in tennis] servir, sacar

◆ ***serve up*** vt sep [food] servir / *Fig* ofrecer

server ['sɜ:və(r)] n **1.** [in tennis] jugador(ora) *m,f* al servicio **2.** [tray] bandeja *f* **3.** COMPTR servidor *m*

service ['sɜːvɪs] ■ n **1.** [with army, firm] servicio *m* ▸ MIL **the services** las fuerzas armadas ▸ **to do sb a ~** hacer un favor a alguien ▸ **to be at sb's ~** estar al servicio de alguien ▸ **to be of ~ to sb** serle a alguien de utilidad ▸ **he offered his services** ofreció sus servicios **2.** *Old-fashioned* [of servant] **to be in ~** servir ▸ **to go into ~** entrar a servir **3.** [in shop, restaurant] servicio *m* ▸ **~ is included** el servicio está incluido ▸ **~ not included** servicio no incluido ▸ **~ charge** (tarifa *f* por) servicio *m* ▸ **~ industry** industria *f* de servicios ▸ *BR* **~ lift** montacargas *m inv* **4.** [system] **postal/air/train ~** servicios *mpl* postales/aéreos/de ferrocarril **5.** [maintenance] revisión *f* ▸ **~ area,** *BR* **services** [on motorway] área *f* de servicio ▸ **~ station** [on motorway] estación *f* de servicio **6.** REL oficio *m,* servicio *m* **7. tea/dinner ~** servicio *m* de té/de mesa **8.** [in tennis] saque *m,* servicio *m* ▸ **~ line** línea *f* de saque *or* servicio
■ vt [car, computer, TV] revisar / FIN [loan, debt] amortizar los intereses de

serviceable ['sɜːvɪsəbəl] adj **1.** [in working order] en buen uso **2.** [useful] útil, práctico(a)

serviceman ['sɜːvɪsmən] n MIL militar *m*

servicewoman ['sɜːvɪswʊmən] n MIL militar *f*

servicing ['sɜːvɪsɪŋ] n [of heating, car] revisión *f* / [of loan, debt] servicio *m*

serviette [sɜːvɪ'et] n *BR* servilleta *f*

servile ['sɜːvaɪl] adj servil

serving ['sɜːvɪŋ] n [portion] ración *f* ▸ **~ hatch** ventanilla *f* (de cocina) ▸ **~ spoon** cuchara *f* de servir

servitude ['sɜːvɪtjuːd] n esclavitud *f*

servo ['sɜːvəʊ] ■ n (pl **servos**) *Fam* [servomechanism] servomecanismo *m*
■ adj AUT **~ brake** servofreno *m*

sesame ['sesəmɪ] n **~ oil** aceite *m* de sésamo *or* de ajonjolí ▸ **~ seeds** (semillas *fpl* de) sésamo *m* ▸ **open ~!** ¡ábrete, Sésamo!

session ['seʃən] n **1.** [period of activity] sesión *f* ▸ MUS **~ musician** músico *m* de sesión **2.** [meeting] reunión *f* ▸ **to be in ~** estar reunido(a) **3.** SCH & UNIV [term] trimestre *m* / [year] curso *m*

set [set] ■ n **1.** [of keys, boxes, chess pieces, pans] juego *m* / [of problems, rules, symptoms] & MATH conjunto *m* / [of stamps, picture cards, books] serie *f,* colección *f* ▸ **~ of teeth** dentadura *f* **2.** [of people] grupo *m,* círculo *m* **3.** SCH **top/bottom ~** = *grupo de los alumnos más/menos aventajados en cada asignatura a los que se enseña por separado* **4.** [TV, radio] aparato *m,* receptor *m* ▸ **television ~** televisor *m* **5.** THEAT & TV [scenery] decorado *m* / CIN plató *m* **6.** [in tennis] set *m* ▸ **~ point** punto *m* de set
■ adj **1.** [fixed] [ideas, price] fijo(a) ▸ **to be ~ in one's ways** tener hábitos fijos ▸ **~ lunch** menú *m* (del día) ▸ **~ phrase** frase *f* hecha ▸ **~ piece** [in play, film] = *escena clásica e impactante* / [in sport] jugada *f* ensayada (a balón parado) **2.** [ready] **to be (all) ~ for sth/to do sth** estar preparado(a) para algo/para hacer algo **3.** [determined] **to be (dead) ~ on doing sth** estar empeñado(a) en hacer algo ▸ **to be (dead) ~ against sth** oponerse totalmente a algo
■ vt (pt & pp **set**) **1.** [place] colocar / [jewel] engastar ▸ **to ~ the table** poner la mesa ▸ **to ~ a trap (for sb)** tender una trampa (a alguien) ▸ **the novel/film is set in Edinburgh** la novela/película transcurre *or* se desarrolla en Edimburgo **2.** [fix] [date, day, limit, price] fijar / [task, problem] dar, encargar / [record] establecer / [watch, clock] poner en hora ▸ **to ~ a value on sth** poner precio *or* asignar un valor a algo ▸ **~ the alarm clock for 8 a.m.** pon el despertador a las ocho ▸ **to ~ the scene for sb** poner a alguien en situación ▸ SCH **to ~ an essay** mandar (hacer) un trabajo **3.** [cause to start] **that set me thinking** eso me hizo pensar ▸ **to ~ sb free** dejar libre *or* poner en libertad a alguien ▸ **to ~ sth on fire** prender fuego a algo ▸ **her performance set people talking** su actuación dio que hablar (a la gente) **4.** MED [bone, fracture] recomponer
■ vi **1.** [sun, moon] ponerse ▸ **we saw the sun setting** vimos la puesta de sol **2.** [become firm] [jelly] cuajar / [concrete] endurecerse / [broken bone] soldarse

◆ ***set about*** vt insep **1.** [task, job] emprender / [problem, situation] abordar ▸ **to ~ about doing sth** empezar a hacer algo **2.** [attack] atacar

◆ ***set against*** vt sep **1.** [cause to oppose] **to ~ sb against sb** enemistar a alguien con alguien **2.** [compare] **to ~ sth against sth** comparar algo con algo **3.** [deduct] **to ~ expenses against tax** deducir gastos de los impuestos

◆ ***set apart*** vt sep distinguir (**from** de)

◆ ***set aside*** vt sep **1.** [job, task] dejar (a un lado) **2.** [save] [money] ahorrar / [time] reservar

◆ ***set back*** vt sep **1.** [delay] retrasar **2.** *Fam* [cost] costar

◆ ***set down*** vt sep [put down] [object] dejar / [passenger] dejar (bajar) ▸ **to ~ sth down in writing** poner algo por escrito

◆ ***set forth*** vi *Literary* [depart] partir

◆ ***set in*** vi [fog, winter] instalarse / [night] caer / [mood, infection] arraigar

◆ ***set off*** ■ vt sep **1.** [bomb, alarm] accionar / [argument, chain of events] desencadenar **2.** [enhance] [colour, feature] realzar
■ vi [depart] salir

◆ ***set out*** ■ vt sep [arrange] disponer / [ideas] exponer
■ vi **1.** [depart] salir **2.** [in job, task] empezar, comenzar **3.** [intend] **to ~ out to do sth** pretender hacer algo

◆ ***set to*** vi **1.** [start working] empezar *or* ponerse a trabajar **2.** *Fam* [start arguing] meterse *or* *ESP* enzarzarse en una pelea

◆ ***set up*** ■ vt sep **1.** [erect] [statue] erigir / [tent, barrier] montar **2.** [arrange, organize] [meeting, group] organizar / [system, company] establecer ▸ **to ~ up house** *or* **home** instalarse ▸ *Fam* **I've been set up!** [I've been framed] ¡me han tendido una trampa!
■ vi [establish oneself] establecerse (**as** de *or* como) ▸ **to ~ up in business** montar un negocio

◆ ***set upon*** vt insep [attack] atacar

setback ['setbæk] n contratiempo *m,* revés *m*

set-square ['setskweə(r)] n MATH [with angles of 45, 45 and 90°] escuadra *f* / [with angles of 30, 60 and 90°] cartabón *m*

settee [se'tiː] n sofá *m*

setter ['setə(r)] n [dog] setter *m*

setting ['setɪŋ] ■ n **1.** [of story, festival] escenario *m*, marco *m* **2.** [of sun] puesta *f* (de sol) **3.** [on machine] posición *f* ▸ **highest ~** máximo *m* ▸ **lowest ~** mínimo *m* **4. ~ lotion** fijador *m*
■ adj [sun, star] poniente

settle ['setəl] ■ vt **1.** [put in place] colocar, poner ▸ **she had settled herself in an armchair** se había instalado cómodamente en un sillón ▸ **to ~ the children for the night** acostar a los niños **2.** [nerves] calmar ▸ **I took something to ~ my stomach** tomé algo que me asentara el estómago **3.** [day, venue] fijar **4.** [problem, dispute] resolver / [account, debt] liquidar, saldar ▸ **she settled her affairs** resolvió sus asuntos ▸ *Fam* **that settles it!** ¡no se hable más! ▸ LAW **to ~ a matter out of court** llegar a un acuerdo extrajudicial **5.** [colonize] colonizar
■ vi **1.** [bird, insect, dust] posarse (**on** en *or* sobre) / [liquid, beer] reposar **2.** [person, family] asentarse (**in** en) / [crowd, situation] apaciguarse, tranquilizarse ▸ **to ~ into an armchair** instalarse en un sillón ▸ LAW **to ~ (out of court)** llegar a un acuerdo extrajudicial

◆ ***settle down*** ■ vt sep **1.** [make comfortable] acomodar **2.** [make calm] calmar, tranquilizar
■ vi **1.** [make oneself comfortable] acomodarse, instalarse ▸ **to ~ down to work** concentrarse en el trabajo **2.** [adopt regular life] sentar la cabeza **3.** [situation, excitement] tranquilizarse, calmarse

◆ ***settle for*** vt insep [accept] conformarse con

◆ ***settle in*** vi [become established] establecerse

◆ ***settle on*** vt insep [decide on, choose] decidirse por

◆ ***settle up*** vi [pay bill, debt] pagar

settled ['setəld] adj [stable] estable

settlement ['setəlmənt] n **1.** [of problem, dispute] resolución *f* / COM [of account, debt] liquidación *f* ▸ **to reach a ~** llegar a un acuerdo **2.** [town, village] [recently built] asentamiento *m* / [in isolated area] poblado *m*

settler ['setlə(r)] n colono *m*

set-to ['set'tu:] (pl **set-tos**) n *BR Fam* [argument, fight] pelea *f*, trifulca *f*

setup ['setʌp] n *Fam* [organization, arrangement] sistema *m*, montaje *m*

seven ['sevən] ■ n siete *m*
■ adj siete ▸ REL **the ~ deadly sins** los siete pecados capitales ▸ *Literary* **to sail the ~ seas** surcar los siete mares / *see also* ***eight***

seventeen [sevən'ti:n] n & adj diecisiete *m* / *see also* ***eight***

seventeenth [sevən'ti:nθ] ■ n **1.** [fraction] diecisieteavo *m*, decimoséptima parte *f* **2.** [in series] decimoséptimo(a) *m,f* **3.** [of month] diecisiete *m*
■ adj decimoséptimo(a) / *see also* ***eleventh***

seventh ['sevənθ] ■ n **1.** [fraction] séptimo *m*, séptima parte *f* **2.** [in series] séptimo(a) *m,f* **3.** [of month] siete *m*
■ adj séptimo(a) ▸ **to be in ~ heaven** estar en el séptimo cielo / *see also* ***eighth***

seventieth ['sevəntɪɪθ] n & adj septuagésimo(a) *m,f*

seventy ['sevəntɪ] n & adj setenta *m* / *see also* ***eighty***

sever ['sevə(r)] vt *also Fig* cortar

several ['sevərəl] ■ adj varios(as)
■ pron varios(as) *m,fpl* ▸ **~ of us/them** varios de nosotros/ellos

severance ['sevərəns] n ruptura *f* ▸ IND **~ pay** indemnización *f* por despido

severe [sɪ'vɪə(r)] adj **1.** [harsh] [person, punishment, criticism] severo(a) **2.** [pain] fuerte, intenso(a) / [illness] grave **3.** [austere] [style, architecture] sobrio(a)

severely [sɪ'vɪəlɪ] adj **1.** [harshly] con severidad **2.** [injured, ill] gravemente **3.** [austerely] con sobriedad

severity [sɪ'verɪtɪ] n **1.** [harshness] [of person, punishment, criticism] severidad *f* **2.** [of pain] intensidad *f* / [of illness] gravedad *f* **3.** [austerity] [of style, architecture] sobriedad *f*

Seville [se'vɪl] n Sevilla

sew [səʊ] (pp **sewn** [səʊn]) vt & vi coser

◆ ***sew up*** vt sep [hole, wound] coser ▸ *Fam* **it's all sewn up** está todo arreglado

sewage ['su:ɪdʒ] n aguas *fpl* residuales ▸ **~ disposal** depuración *f* de aguas residuales ▸ **~ works** depuradora *f* ▸ **~ system** alcantarillado *m*

sewer ['su:ə(r)] n [pipe] alcantarilla *f*, cloaca *f* ▸ **main ~** colector *m*

sewing machine ['səʊɪŋməʃi:n] n máquina *f* de coser

sewn [səʊn] pp *of* ***sew***

sex [seks] n sexo *m* ▸ **to have ~ with sb** hacer el amor con alguien, acostarse con alguien ▸ **~ appeal** atractivo *m* sexual ▸ **~ change** cambio *m* de sexo ▸ **~ education** educación *f* sexual ▸ **~ life** vida *f* sexual ▸ **~ maniac** obseso(a) *m,f* (sexual) ▸ **~ offender** autor(ora) *m,f* de un delito sexual ▸ **~ shop** sex shop *f* ▸ **~ symbol** símbolo *m* sexual, sex symbol *mf*

sexagenarian [seksədʒɪ'neərɪən] n sexagenario(a) *m,f*

sexism ['seksɪzəm] n sexismo *m*

sexist ['seksɪst] n & adj sexista *mf*

sexologist [sek'sɒlədʒɪst] n sexólogo(a) *m,f*

sextant ['sekstənt] n NAUT sextante *m*

sextet [seks'tet] n MUS sexteto *m*

sexton ['sekstən] n REL sacristán *m*

sexual ['seksjʊəl] adj sexual ▸ **~ abuse** abuso *m* sexual, abusos *mpl* deshonestos ▸ **~ discrimination** discriminación *f* sexual ▸ **~ harassment** acoso *m* sexual ▸ **~ intercourse** relaciones *fpl* sexuales, el acto sexual ▸ **~ reproduction** reproducción *f* sexual

sexuality [seksjʊ'ælɪtɪ] n sexualidad *f*

sexually ['seksjʊəlɪ] adv sexualmente ▸ **~ transmitted disease** enfermedad *f* de transmisión sexual

sexy ['seksɪ] adj sexy / *Fig* [car, idea, object] muy atractivo(a)

Seychelles [seɪ'ʃelz] npl **the ~** las (islas) Seychelles

Sgt MIL (abbr ***Sergeant***) sargento *mf*

sh [ʃ] exclam ¡chsss!, ¡sssh!

shabbily ['ʃæbɪlɪ] adv **1.** [furnished] cochambrosamente / [dressed] desaliñadamente, desastradamente **2.** [to behave] ruinmente, con mezquindad ▸ **he was treated very ~** lo trataron muy mal *or* *ESP* fatal

shabbiness ['ʃæbɪnɪs] n **1.** [of appearance] desaliño *m* / [of furniture] aspecto *m* cochambroso **2.** [of conduct, treatment] ruindad *f,* mezquindad *f*

shabby ['ʃæbɪ] adj **1.** [clothing] raído(a), desgastado(a) / [appearance] desaliñado(a), desastrado(a) / [furniture, house] cochambroso(a) **2.** [conduct, behaviour] ruin, mezquino(a) ▸ **~ trick** mala jugada *f or* pasada *f*

shack [ʃæk] n casucha *f,* *ESP* chabola *f,* *CSUR, VEN* rancho *m*

◆ ***shack up*** vi *Fam* **to ~ up with sb** arrejuntarse *or* vivir arrejuntado(a) con alguien

shackle ['ʃækəl] ■ n **shackles** grilletes *mpl*

■ vt [prisoner] poner grilletes a ▸ *Fig* **to be shackled by convention** ser prisionero(a) de los convencionalismos

shade [ʃeɪd] ■ n **1.** [shadow] sombra *f* ▸ **in the ~** a la sombra ▸ *Fig* **to put sb in the ~** hacer sombra *or* eclipsar a alguien ▸ **shades of 1968...** [reminders] esto recuerda a 1968... **2.** [nuance] [of colour] tono *m,* tonalidad *f* / [of opinion] matiz *m* ▸ **a ~ better/longer** ligeramente mejor/más largo(a) **3.** *Literary* [ghost] espíritu *m,* fantasma *m* **4.** *Fam* **shades** [sunglasses] gafas *fpl or AM* anteojos *mpl* de sol

■ vt [protect from sun] dar sombra a, proteger del sol

◆ ***shade in*** vt sep [part of drawing] sombrear

shaded ['ʃeɪdɪd] adj sombreado(a)

shading ['ʃeɪdɪŋ] n [on drawing, map] sombreado *m*

shadow ['ʃædəʊ] ■ n *also Fig* sombra *f* ▸ **to cast a ~** proyectar una sombra ▸ *Fig* **the news cast a ~ over the occasion** la noticia vino a ensombrecer el acto ▸ **without a ~ of doubt** sin sombra de duda ▸ **to have shadows under one's eyes** tener ojeras

■ adj *BR* POL **Shadow Cabinet** gabinete *m* en la sombra, = *el grupo de políticos de la oposición que formarían el gobierno en caso de que su partido estuviera en el poder* ▸ **Shadow Minister** = *político de la oposición que probablemente sería ministro en caso de que su partido formara gobierno*

■ vt [follow] seguir

CULTURE / CULTURA

Shadow Cabinet

El **Shadow Cabinet** es el conjunto de los dirigentes parlamentarios del partido mayoritario de la oposición. Todos los integrantes del **Shadow Cabinet** están al cargo de una cartera y su función principal es la de actuar como contrapunto a las propuestas y políticas de los ministros que ostentan dichas carteras en el gobierno.

shadowy ['ʃædəʊɪ] adj [vague] vago(a), impreciso(a) / [dark] oscuro(a), sombrío(a) ▸ **a ~ form** una figura en la oscuridad

shady ['ʃeɪdɪ] adj **1.** [garden, lane] sombreado(a), umbrío(a) **2.** *Fam* [suspicious] [person] sospechoso(a), siniestro(a) / [transaction] turbio(a), oscuro(a)

shaft [ʃɑːft] n **1.** [of spear] asta *f,* vara *f* / [of golf club] vara *f,* barra *f* / [of tool] mango *m* / [of light] rayo *m* **2.** [of mine] pozo *m* / [for lift] hueco *m* **3.** [in engine, machine] eje *m*

shag [1] [ʃæg] n [tobacco] picadura *f*

shag [2] *BR very Fam* ■ n [sexual intercourse] **to have a ~** echar un polvo, *AM* coger

■ vt (pt & pp **shagged**) [have sexual intercourse with] echar un polvo a, *AM* cogerse a

■ vi [have sexual intercourse] echar un polvo, *AM* coger

shaggy ['ʃægɪ] adj [hairy] peludo(a), *ESP* lanoso(a) ▸ *Fam* **~ dog story** chiste *m* interminable *(con final flojo)*

shah [ʃɑː] n sha *m*

shake [ʃeɪk] ■ n **1.** [action] sacudida *f* ▸ **a ~ of the head** [to say no] un movimiento negativo de la cabeza / [with resignation] un gesto de resignación con la cabeza ▸ *Fam* **he got the shakes** le entró el tembleque ▸ **with a ~ in his voice** con la voz temblorosa ▸ *Fam* **in two shakes** en un pispás ▸ *Fam* **to be no great shakes** no ser gran cosa **2. (milk) ~** batido *m*

■ vt (pt **shook** [ʃʊk], pp **shaken** ['ʃeɪkən]) [person, duster] sacudir / [branch, box, bottle] agitar / [building] sacudir, hacer temblar / [dice] menear, agitar / [shock emotionally] conmocionar ▸ *Fig* **to ~ sb's faith** quebrantar la fe de alguien ▸ **to ~ one's head** [to say no] negar con la cabeza / [in disbelief] hacer un gesto de incredulidad con la cabeza ▸ **to ~ one's fist at sb** amenazar a alguien con el puño ▸ **to ~ hands with sb** estrechar *or* dar la mano a alguien ▸ **to ~ hands on a deal** sellar un trato con un apretón de manos

■ vi **1.** [person, building, voice] temblar ▸ **to ~ with fear/rage** temblar de miedo/rabia ▸ **to be shaking like a leaf** temblar como un flan **2.** *Fam* **to ~ on it** cerrar el trato con un apretón de manos

◆ ***shake off*** vt sep [illness, depression] salir de, quitarse *or AM* sacarse de encima / [pursuer] librarse de

◆ ***shake up*** vt sep **1.** [upset] trastornar **2.** [reorganize] [system] reorganizar

Shakespearian [ʃeɪk'spɪərɪən] adj shakespeariano(a)

shake-up ['ʃeɪkʌp] n *Fam* [reorganization] reorganización *f*

shakily ['ʃeɪkɪlɪ] adv [to walk, write, speak] temblorosamente

shaky ['ʃeɪkɪ] adj [table, ladder] inestable, inseguro(a) / [handwriting, voice] tembloroso(a) / [health, position] débil, precario(a) ▸ **his English is ~** habla un inglés precario

shale [ʃeɪl] n [rock] esquisto *m*

shall [stressed ʃæl, unstressed ʃəl] modal aux v

En el inglés hablado, y en el escrito en estilo coloquial, el verbo **shall** se contrae de manera que **I/you/he** *etc* **shall** se transforman en **I'll/you'll/he'll** *etc.* La forma negativa **shall not** se transforma en **shan't.**

1. [with first person] [expressing intentions, promises, predictions] **I ~ be there if I can** si puedo, estaré allí ▸ **I shan't say this more than once** esto no lo voy a repetir ▸ **we ~ take note of your comments** tendremos en cuenta tus comentarios ▸ **as we ~ see**

como veremos **2.** *Formal* [with 2nd and 3rd person] [expressing determination] **you ~ pay for this!** ¡me las pagarás *or* vas a pagar! ▸ **they ~ not pass** no pasarán **3.** [making suggestions, offers] **~ I open the window?** ¿abro la ventana? ▸ **~ I make some coffee?** ¿preparo café? **4.** [indicating rule] **all members ~ be entitled to vote** todos los socios tendrán derecho al voto ▸ **the term "company property" ~ be understood to include...** se entiende que el término "propiedad de la empresa" comprende...

shallot [ʃə'lɒt] n chalota *f*

shallow ['ʃæləʊ] adj **1.** [water] poco profundo(a) / [dish] llano(a) **2.** [person, mind] superficial, poco profundo(a)

shallowness ['ʃæləʊnɪs] n **1.** [of water] poca profundidad f **2.** [of person, mind] superficialidad *f*

sham [ʃæm] ■ n [trial, election] farsa *f* / [person] farsante *mf*

■ adj [illness, emotion] fingido(a)

■ vt (pt & pp **shammed**) [feign] fingir, simular

■ vi fingir

shamble ['ʃæmbəl] vi **to ~ along** caminar arrastrando los pies

shambles ['ʃæmbəlz] n [disorder] desastre *m,* desorden *m* ▸ **this place is a ~!** ¡esto es un desorden! ▸ *Fam* **what a ~!** ¡qué desastre!

shambolic [ʃæm'bɒlɪk] adj *Fam* desastroso(a)

shame [ʃeɪm] ■ n **1.** [disgrace, guilt] vergüenza *f, AM salvo RP* pena *f* ▸ **to my ~** para mi vergüenza ▸ **to have no ~** no tener vergüenza ▸ **~ on you!** ¡debería darte vergüenza! ▸ **to put sb to ~** dejar a alguien en mal lugar **2.** [pity] pena *f* ▸ **it would be a ~ to...** sería una pena... ▸ **what a ~!** ¡qué pena!

■ vt **1.** [cause to feel ashamed] avergonzar, *AM salvo RP* apenar ▸ **to ~ sb into doing sth** avergonzar a alguien para que haga algo **2.** [bring shame on] deshonrar, dejar en mal lugar

shamefaced ['ʃeɪmfeɪst] adj avergonzado(a), *AM salvo RP* apenado(a)

shameful ['ʃeɪmfʊl] adj vergonzoso(a)

shamefully ['ʃeɪmfəlɪ] adv vergonzosamente

shameless ['ʃeɪmlɪs] adj desvergonzado(a) ▸ **he/she is ~ about doing it** no le da ninguna vergüenza *or AM salvo RP* pena hacerlo

shamelessly ['ʃeɪmlɪslɪ] adv con desvergüenza, con descaro

shammy ['ʃæmɪ] n **~ (leather)** gamuza *f*

shampoo [ʃæm'pu:] ■ n champú *m*

■ vt **to ~ one's hair** lavarse el pelo con champú

shamrock ['ʃæmrɒk] n trébol *m*

shandy ['ʃændɪ] n *BR* cerveza *f* con gaseosa, *ESP* clara *f*

shank [ʃæŋk] n [of person] espinilla *f* / [of horse] caña *f* / [of lamb, beef] pierna *f*

shan't [ʃɑ:nt] ➤ ***shall not***

shanty[1] ['ʃæntɪ] n [hut] casucha *f, ESP* chabola *f, CSUR, VEN* rancho *m* ▸ **~ town** *ESP* barrio *m* de chabolas, *AM* barriada *f, PERÚ* pueblo *m* joven, *ARG, BOL* villa *f* miseria, *CHILE* callampa *f, MÉX* ciudad *f* perdida, *URUG* cantegril *m*

shanty[2] n [song] saloma *f* (marinera)

shape [ʃeɪp] ■ n **1.** [form] forma *f* ▸ **what ~ is it?** ¿qué forma tiene? ▸ **to be the same ~ as...** tener la misma forma que... ▸ **to take ~** [plan] tomar forma ▸ **they won't accept change in any ~ or form** no aceptarán absolutamente ningún tipo de cambio ▸ *Fig* **in the ~ of...** en forma de... **2.** [condition] **to be in good/bad ~** [person] estar/no estar en forma / [company, economy] estar en buenas/malas condiciones ▸ **to get into/keep in ~** [person] ponerse/mantenerse en forma ▸ **to be out of ~** no estar en forma

■ vt **1.** [clay] modelar, moldear / [wood] tallar **2.** [character, attitude] moldear, modelar / [events] dar forma a

◆ ***shape up*** vi **how is she shaping up in her new job?** ¿qué tal se está adaptando a su nuevo trabajo? ▸ **he is shaping up well** va haciendo progresos

shapeless ['ʃeɪplɪs] adj informe

shapelessness ['ʃeɪplɪsnɪs] n falta *f* de forma

shapely ['ʃeɪplɪ] adj **she's very ~** tiene muy buen tipo

shard [ʃɑ:d] n [of pottery] fragmento *m* / [of glass] esquirla *f*

share [ʃeə(r)] ■ n **1.** [portion] parte *f* ▸ **in equal shares** en *or* a partes iguales ▸ **to have a ~ in sth** participar en algo ▸ **he doesn't do his ~** no hace lo que le corresponde ▸ **you've had your fair ~ of problems/luck** has tenido bastantes problemas/bastante suerte **2.** FIN acción *f* ▸ **~ capital** capital *m* social ▸ **~ certificate** título *m* de acción ▸ **~ price** cotización *f*

■ vt [secret, opinion, profit] compartir

■ vi compartir ▸ **to ~ in sth** participar de algo ▸ **~ and ~ alike!** ¡hay que compartir las cosas!

◆ ***share out*** vt sep repartir

shareholder ['ʃeəhəʊldə(r)] n FIN accionista *mf*

shareholding ['ʃeəhəʊldɪŋ] n FIN participación *f* accionarial

shark [ʃɑ:k] n **1.** [fish] tiburón *m* **2.** [ruthless person] buitre *mf*

sharp [ʃɑ:p] ■ n [in music] sostenido *m*

■ adj **1.** [knife, point, features] afilado(a), *AM* filoso(a) / [needle, pencil] puntiagudo(a) ▸ **to be ~** [knife] estar afilado ▸ *Fig* **to be at the ~ end of sth** tener que enfrentarse cara a cara con algo **2.** [angle, bend] cerrado(a) / [rise, fall] pronunciado(a) / [sight, hearing] agudo(a) **3.** [outline, focus, photograph] nítido(a) / [contrast] acusado(a), fuerte **4.** [intelligent] agudo(a), despierto(a) **5.** [harsh] [retort, words, person] mordaz, seco(a) ▸ **a ~ tongue** una lengua afilada *or* viperina **6.** [taste, sauce] ácido(a) / [sound, pain] agudo(a) / [wind, frost] cortante, intenso(a) **7.** [in music] sostenido(a) ▸ **C ~** do *m* sostenido

■ adv **1.** [punctually] en punto ▸ **at four o'clock ~** a las cuatro en punto **2.** [immediately] **to turn ~ left/right** girar repentinamente a la izquierda/derecha **3.** [idioms] *Fam* **look ~!** ¡espabila! ▸ **to pull up ~** detenerse en seco

sharpen ['ʃɑ:pən] vt **1.** [knife, tool] afilar / [pencil] sacar punta a **2.** [pain, desire] agudizar ▸ **to ~ one's wits** agudizar el ingenio

sharpener ['ʃɑ:pənə(r)] n [for knife] afilador *m* / [for pencil] sacapuntas *m inv,* afilalápices *m inv*

sharp-eyed [ˈʃɑːpaɪd] adj observador(ora)

sharply [ˈʃɑːplɪ] adv **1.** [contrast] acusadamente ▸ **to bring sth ~ into focus** enfocar algo nítidamente **2.** [rise, fall] pronunciadamente / [brake] en seco

sharpness [ˈʃɑːpnɪs] n **1.** [of knife] agudeza *f* **2.** [of contours, photograph] nitidez *f* / [of mind, hearing, sight] agudeza *f* **3.** [of voice, words] mordacidad *f* **4.** [of pain] agudeza *f* / [of wind] intensidad *f*

sharpshooter [ˈʃɑːpʃuːtə(r)] n tirador(ora) *m,f* de élite

sharp-sighted [ʃɑːpˈsaɪtɪd] adj observador(ora)

sharp-tongued [ʃɑːpˈtʌŋd] adj mordaz

shat [ʃæt] pt & pp *of* ***shit***

shatter [ˈʃætə(r)] ■ vt **1.** [glass, bone] hacer añicos **2.** [hopes] echar por tierra / [silence] romper / [health, nerves] destrozar
■ vi [glass, windscreen] hacerse añicos

shattered [ˈʃætəd] adj *Fam* **to be ~** [stunned] quedarse destrozado(a) / *BR* [exhausted] estar rendido(a), *MÉX* estar camotes

shattering [ˈʃætərɪŋ] adj **1.** [blow, defeat, news] demoledor(ora), devastador(ora) **2.** *Fam* [exhausting] agotador(ora), matador(ora)

shatterproof [ˈʃætəpruːf] adj inastillable

shave [ʃeɪv] ■ n afeitado *m* ▸ **to have a ~** afeitarse ▸ *Fig* **that was a close ~!** ¡ha faltado un pelo!
■ vt **1.** afeitar ▸ **to ~ one's face** afeitarse ▸ **to ~ one's legs** afeitarse las piernas **2.** [wood] cepillar
■ vi afeitarse

◆ ***shave off*** vt sep afeitar ▸ **he shaved his beard off** se afeitó la barba

shaven [ˈʃeɪvən] adj afeitado(a)

shaver [ˈʃeɪvə(r)] n maquinilla *f* (de afeitar) eléctrica

shaving [ˈʃeɪvɪŋ] n **1.** **~ brush** brocha *f* de afeitar ▸ **~ foam** espuma *f* de afeitar **2.** [piece of wood, metal] viruta *f*

shawl [ʃɔːl] n chal *m*, *AM* rebozo *m*

she [ʃiː] ■ pron ella [usually omitted in Spanish, except for contrast] ▸ **she's Scottish** es escocesa ▸ **SHE hasn't got it!** ¡ella no lo tiene!
■ n **it's a ~** (animal) es hembra

sheaf [ʃiːf] (pl **sheaves** [ʃiːvz]) n [of corn] gavilla *f* / [of papers] manojo *m*

shear [ʃɪə(r)] (pp **shorn** [ʃɔːn] or **sheared**) ■ vt [sheep] esquilar ▸ *Fig* **to be shorn of sth** verse despojado(a) de algo
■ vi [cut] **to ~ through sth** atravesar *or* cortar algo

shears [ʃɪəz] npl [for garden] tijeras *fpl* de podar

sheath [ʃiːθ] n **1.** [for cable, knife] funda *f* ▸ **~ knife** cuchillo *m* de monte **2.** [contraceptive] condón *m*

shed[1] [ʃed] n [in garden] cobertizo *m* / [in factory] nave *f*, *ANDES, CARIB, RP* galpón *m*

shed[2] (pt & pp **shed**) vt [leaves] perder / [tears, blood] derramar ▸ **to ~ light on sth** arrojar luz sobre algo ▸ **to ~ its skin** [snake] mudar la piel ▸ **to ~ weight** perder peso ▸ **a lorry has shed its load on the motorway** un camión ha perdido su carga por la autopista

she'd [ʃiːd] ➤ ***she had, she would***

sheen [ʃiːn] n lustre *m*, brillo *m*

sheep [ʃiːp] (pl **sheep**) n oveja *f* ▸ **~ farming** ganadería *f* ovina

sheepdog [ˈʃiːpdɒg] n perro *m* pastor

sheepfold [ˈʃiːpfəʊld] n redil *m*

sheepish [ˈʃiːpɪʃ] adj avergonzado(a), azarado(a)

sheepskin [ˈʃiːpskɪn] n piel *f* de oveja ▸ **~ jacket** zamarra *f*

sheer [ʃɪə(r)] adj **1.** [pure, total] puro(a), verdadero(a) ▸ **it's ~ madness** es una verdadera locura **2.** [steep] empinado(a), escarpado(a) **3.** [stockings, fabric] fino(a), transparente

sheet [ʃiːt] n [on bed] sábana *f* / [of paper, glass] hoja *f* / [of ice] capa *f* / [of metal] lámina *f* / [of flame] cortina *f* ▸ COMPTR **~ feeder** alimentador *m* de hojas sueltas ▸ **~ lightning** relámpagos *mpl* (difusos) ▸ **~ metal** chapa *f* (de metal) ▸ **~ music** partituras *fpl* sueltas

sheetfeed [ˈʃiːtfiːd] n COMPTR alimentador *m* de hojas sueltas

sheik(h) [ʃeɪk] n jeque *m*

shekel [ˈʃekəl] n [Israeli currency] shekel *m*

shelf [ʃelf] (pl **shelves** [ʃelvz]) n **1.** [in cupboard, bookcase] estante *m*, balda *f* ▸ **(set of) shelves** estantería *f* ▸ *Fig* **to be left on the ~** quedarse para vestir santos ▸ COM **~ life** [of goods] vida *f* útil, vida *f* en estantería *or* expositor **2.** [cliff, rock face] plataforma *f*, saliente *m*

shell [ʃel] ■ n **1.** [of snail, oyster, on beach] concha *f* / [of lobster, tortoise] caparazón *m* / [of egg, nut] cáscara *f* ▸ *Fig* **she soon came out of her ~** rápidamente salió de su concha *or* caparazón ▸ **~ suit** *ESP* chándal *m or MÉX* pants *mpl or RP* jogging *m or VEN* mono *m* de nylon **2.** [of building] esqueleto *m*, armazón *m or f* **3.** [bomb] proyectil *m* ▸ **~ shock** neurosis *f inv* de guerra
■ vt **1.** [nuts, eggs] pelar / [peas] desgranar **2.** [bombard] atacar con fuego de artillería

◆ ***shell out*** *Fam* ■ vt sep [money] poner, *ESP* apoquinar
■ vi poner, *ESP* apoquinar ▸ **to ~ out for sth** pagar algo

she'll [ʃiːl] ➤ ***she will, she shall***

shellfire [ˈʃelfaɪə(r)] n fuego *m* de artillería

shellfish [ˈʃelfɪʃ] n [crustacean] crustáceo *m* / [mollusc] molusco *m* / [food] marisco *m*, *AM* mariscos *mpl*

shelling [ˈʃelɪŋ] n ataque *m* de artillería

shellproof [ˈʃelpruːf] adj a prueba de bombas

shellshocked [ˈʃelʃɒkt] adj [soldier] que sufre neurosis de guerra ▸ *Fig* **to feel ~** sentirse traumatizado(a)

shelter [ˈʃeltə(r)] ■ n [place, protection] refugio *m* ▸ **to take ~** refugiarse
■ vt resguardar (**from** de), refugiar (**from** de)
■ vi resguardarse (**from** de), refugiarse (**from** de)

sheltered [ˈʃeltəd] adj resguardado(a) ▸ **he had a ~ childhood** fue un niño muy protegido ▸ *BR* **~ housing** = *hogares con atención especial para ancianos*

shelve [ʃelv] vt [postpone] aparcar, posponer

shelving [ˈʃelvɪŋ] n estanterías *fpl*

shepherd [ˈʃepəd] ■ n pastor *m* ▸ **shepherd's pie** = *pastel de carne picada y puré de ESP patatas or AM papas*
■ vt [sheep] pastorear / *Fig* [people] dirigir *(en grupo)*

shepherdess [ʃepə'des] n pastora *f*

sherbet ['ʃɜːbət] n *BR* [powder] polvos *mpl* para preparar un refresco / *US* [sorbet] sorbete *m*

sheriff ['ʃerɪf] n *BR* = *representante de la Corona* / *SCOT* ≃ juez *mf* de primera instancia / *US* sheriff *m*

sherry ['ʃerɪ] n (vino *m* de) jerez *m*

she's [ʃiːz] ➤ ***she is, she has***

Shetland ['ʃetlənd] n **the ~ Islands, the Shetlands** las Islas Shetland ▸ **~ pony** pony *m* de Shetland

shield [ʃiːld] ■ n [of knight] escudo *m* / [police badge, trophy] placa *f* / *Fig* [protection] protección *f*
■ vt [protect] proteger (**from** de) ▸ **to ~ one's eyes** protegerse los ojos

shift [ʃɪft] ■ n **1.** [change] cambio *m* ▸ **a ~ in meaning** un cambio de significado ▸ **a ~ to the right/left** [in politics] un desplazamiento hacia la derecha/izquierda ▸ **~ key** [on typewriter, computer] tecla *f* de mayúsculas **2.** IND turno *m* ▸ **to work (in) shifts** trabajar por turnos ▸ **~ worker** trabajador(ora) *m,f* por turnos **3. ~ (dress)** vestido *m* recto
■ vt **1.** [move] mover / [stain] eliminar ▸ **to ~ the blame onto sb** echar la culpa a alguien **2.** *Fam* [sell] vender, despachar
■ vi [move] moverse / [change] cambiar / *Fam* [move quickly] ir a toda máquina *or ESP* mecha

shiftless ['ʃɪftlɪs] adj holgazán(ana)

shiftwork ['ʃɪftwɜːk] n IND trabajo *m* por turnos

shifty ['ʃɪftɪ] adj [person] sospechoso(a) / [look] furtivo(a)

shilling ['ʃɪlɪŋ] n chelín *m*

shimmer ['ʃɪmə(r)] ■ n brillo *m* trémulo
■ vi rielar

shimmering ['ʃɪmərɪŋ] adj con brillo trémulo

shin [ʃɪn] n espinilla *f*, *RP* canilla *f* ▸ **~ guard** *or* **pad** espinillera *f*, *RP* canillera *f*

◆ ***shin up*** (pt & pp **shinned**) vt insep [climb] trepar por

shinbone ['ʃɪnbəʊn] n tibia *f*

shindy ['ʃɪndɪ] n *Fam* [din] *ESP* jaleo *m*, *ESP* follón *m*, *AM* lío *m* ▸ **to kick up a ~** armar un *ESP* jaleo *or AM* lío

shine [ʃaɪn] ■ n **1.** brillo *m*, lustre *m* ▸ **to give one's shoes a ~** sacar brillo a los zapatos **2.** [idioms] **to take the ~ off sth** empañar *or* deslucir algo ▸ *Fam* **to take a ~ to sb** tomar cariño a alguien
■ vt (pt & pp **shone** [ʃɒn]) **1. to ~ a torch on sth** enfocar una linterna hacia algo **2.** (pt & pp **shined** [ʃaɪnd]) [polish] lustrar, sacar brillo a
■ vi brillar ▸ *Fig* **to ~ at sth** destacar en algo ▸ **her face shone with joy** estaba resplandeciente de alegría

shiner ['ʃaɪnə(r)] n *Fam* [black eye] ojo *m* morado *or ESP* a la virulé

shingle ['ʃɪŋgəl] n **1.** [wooden tile] teja *f* de madera **2.** [pebbles] guijarros *mpl*

shingles ['ʃɪŋgəlz] n [disease] herpes *m inv* ▸ **to have ~** tener un herpes

shining ['ʃaɪnɪŋ] adj brillante, reluciente ▸ *Fig* **a ~ example (of)** un ejemplo señero *or* brillante (de)

shiny ['ʃaɪnɪ] adj brillante, reluciente

ship [ʃɪp] ■ n barco *m*, buque *m* ▸ **to go by ~** ir en barco ▸ *Fig* **when my ~ comes in** cuando me haga rico(a)
■ vt (pt & pp **shipped**) [transport by sea, rail] fletar, transportar / [take on board] cargar

◆ ***ship off*** vt sep *Fam* mandar

shipboard ['ʃɪpbɔːd] n NAUT **on ~** a bordo

shipbuilder ['ʃɪpbɪldə(r)] n constructor *m* naval *or* de buques

shipbuilding ['ʃɪpbɪldɪŋ] n construcción *f* naval ▸ **the ~ industry** la industria naval

shipload ['ʃɪpləʊd] n cargamento *m*, carga *f* ▸ *Fig* **by the ~** a montones

shipmate ['ʃɪpmeɪt] n NAUT compañero *m* de tripulación

shipment ['ʃɪpmənt] n flete *m*, cargamento *m*

shipowner ['ʃɪpəʊnə(r)] n armador(ora) *m,f*, naviero(a) *m,f*

shipping ['ʃɪpɪŋ] n [ships] navíos *mpl*, buques *mpl* ▸ **~ agent** [person] agente *mf* marítimo(a), consignatario(a) *m,f* / [company] compañía *f* naviera ▸ **~ lane** ruta *f* de navegación

shipshape ['ʃɪpʃeɪp] adj ordenado(a), en perfecto orden

shipwreck ['ʃɪprek] ■ n naufragio *m*
■ vt **to be shipwrecked** naufragar

shipwrecked ['ʃɪprekt] adj náufrago(a)

shipwright ['ʃɪpraɪt] n NAUT carpintero *m* de ribera

shipyard ['ʃɪpjɑːd] n astillero *m*

shire ['ʃaɪə(r)] n condado *m* ▸ **~ horse** (caballo *m*) percherón *m* ▸ **the ~ counties** los condados del centro de Inglaterra

shirk [ʃɜːk] ■ vt [obligation, task] eludir
■ vi [avoid work] gandulear

shirker ['ʃɜːkə(r)] n *Fam* vago(a) *m,f*, gandul(ula) *m,f*, *ANDES, MÉX* flojo(a) *m,f*, *RP* vagoneta *mf*

shirt [ʃɜːt] n camisa *f* ▸ *Fam* **keep your ~ on!** ¡no te sulfures!

shirtmaker ['ʃɜːtmeɪkə(r)] n camisero(a) *m,f*

shirtsleeves ['ʃɜːtsliːvz] npl **to be in ~** estar en mangas de camisa

shirt-tail ['ʃɜːtteɪl] n faldón *m* de la camisa

shirty ['ʃɜːtɪ] adj *BR Fam* **to be ~** estar mosqueado(a) *or ESP* de mala uva ▸ **to get ~ (with sb)** mosquearse (con alguien)

shit [ʃɪt] *Vulg* ■ n **1.** [excrement] mierda *f* / [mess] porquería *f*, mierda *f* ▸ **to** *BR* **have** *or US* **take a ~** cagar **2.** [nasty person] cabrón(ona) *m,f*, hijo(a) *m,f* de puta **3.** [idioms] **to talk ~** decir *ESP* gilipolleces *or AM* pendejadas ▸ **he's in the ~** está jodidísimo, *ESP* tiene un marrón que te cagas ▸ **he doesn't give a ~** le importa un huevo ▸ *US* **he doesn't do ~** se está tocando los huevos constantemente ▸ **to beat** *or* **kick the ~ out of sb** dar una paliza *or MÉX* chinga a alguien, *ESP* inflar a alguien a hostias ▸ **to scare the ~ out of sb** hacer cagarse de miedo a alguien, *ESP* acojonar a alguien, *MÉX* sacar un pedo a alguien, *RP* hacer que alguien se cague hasta las patas
■ vt (pt & pp **shitted** *or* **shat** [ʃæt]) **to ~ oneself**

[defecate] cagarse (encima) / [be scared] cagarse *or ESP* jiñarse de miedo
■ vi cagar
■ exclam **~!** ¡mierda!, *RP* ¡la puta!

shitless ['ʃɪtlɪs] adj *Vulg* **to scare sb ~** hacer cagarse de miedo a alguien, *ESP* acojonar a alguien, *MÉX* sacar un pedo a alguien, *RP* hacer que alguien se cague hasta las patas ▸ **to be scared ~** estar cagado(a) de miedo, *ESP* estar acojonado(a) ▸ **to be scared ~ (of sb/sth)** acojonarle a uno (algo/alguien)

shitload ['ʃɪtləʊd] n *Vulg* **he bought shitloads of** *or* **a (whole) ~ of books** compró una porrada *or ESP* un huevo *or MÉX* un chingo de libros

shit-scared ['ʃɪt'skeəd] adj *Vulg* **to be ~** estar cagado(a) de miedo, *ESP* estar acojonado(a)

shitty ['ʃɪtɪ] adj *Vulg* [weather, job] de mierda, *ESP* chungo(a), *RP* chotísimo(a) / [behaviour, remark] muy cabrón(ona) ▸ **to feel ~** sentirse de puta pena *or MÉX* de la chingada *or RP* para la mierda

shiver ['ʃɪvə(r)] ■ n [of cold, fear] escalofrío *m* ▸ **it sent shivers down my spine** me produjo *or* dio escalofríos
■ vi [with cold] tiritar (**with** de) / [with fear] temblar (**with** de)

shivery ['ʃɪvərɪ] adj [cold] tembloroso(a) / [feverish] con escalofríos

shoal [ʃəʊl] n [of fish] banco *m* / *Fig* [of people] manada *f*

shock[1] [ʃɒk] n **a ~ of hair** una mata de pelo, una pelambrera

shock[2] ■ n **1.** [impact] sacudida *f* / [of earthquake] temblor *m* ▸ **~ absorber** amortiguador *m* ▸ **~ tactics** [in campaign] táctica *f* sensacionalista ▸ MIL **~ troops** tropas *fpl* de choque ▸ *also Fig* **~ wave** onda *f* expansiva **2.** [surprise] susto *m* / [emotional blow] conmoción *f* ▸ **I got a real ~ when...** me quedé de piedra cuando... ▸ **to be in ~** estar conmocionado(a) **3.** [electric] calambrazo *m*, descarga *f* (eléctrica) ▸ **~ therapy** terapia *f* de electrochoque
■ vt [surprise, startle] dejar boquiabierto(a), dar un susto a / [scandalize] escandalizar ▸ **to ~ sb into doing sth** amedrentar a alguien para que haga algo

shocked [ʃɒkt] adj [startled] conmocionado(a), impactado(a) / [scandalized] escandalizado(a)

shocker ['ʃɒkə(r)] n [news, event] [surprising] bombazo *m*, escándalo *m* / [very bad] desastre *m*

shocking ['ʃɒkɪŋ] adj **1.** [scandalous] escandaloso(a) ▸ **~ pink** rosa *m* chillón **2.** [very bad] [weather] de perros / [pain] insoportable

shockingly ['ʃɒkɪŋlɪ] adv escandalosamente

shockproof ['ʃɒkpru:f] adj [watch] antichoque

shod [ʃɒd] pt & pp *of* ***shoe***

shoddy ['ʃɒdɪ] adj [goods] de pacotilla / [workmanship] chapucero(a) / [conduct] miserable

shoe [ʃu:] ■ n zapato *m* / [horseshoe] herradura *f* ▸ **a pair of shoes** unos zapatos, un par de zapatos ▸ *Fig* **I wouldn't like to be in his shoes** no me gustaría estar en su pellejo ▸ *Fig* **put yourself in my shoes** ponte en mi lugar ▸ **~ polish** betún *m*, crema *f* (para calzado) ▸ **~ shop** zapatería *f*
■ vt (pt & pp **shod** [ʃɒd]) [horse] herrar

shoebrush ['ʃu:brʌʃ] n cepillo *m (para zapatos)*

shoehorn ['ʃu:hɔ:n] n calzador *m*

shoelace ['ʃu:leɪs] n cordón *m* (de zapato)

shoemaker ['ʃu:meɪkə(r)] n zapatero(a) *m,f*

shoeshine ['ʃu:ʃaɪn] n *US* [person] limpiabotas *mf inv*

shoestring ['ʃu:strɪŋ] n **1.** *Fam* **on a ~** [cheaply] *ESP* con cuatro perras, *AM* sin mucha plata *or MÉX* lana, *RP* con dos mangos **2.** *US* cordón *m* (de zapato)

shone [ʃɒn] pt & pp *of* ***shine***

shoo [ʃu:] exclam **~!** ¡fuera!

◆ ***shoo away, shoo off*** vt sep espantar

shook [ʃʊk] pt *of* ***shake***

shoot [ʃu:t] ■ n **1.** [of plant] retoño *m*, vástago *m* **2.** [hunting party] cacería *f*
■ (pt & pp **shot** [ʃɒt]) vt **1.** [fire] [bullet] disparar / [arrow] lanzar, tirar ▸ **to ~ a glance at sb** lanzar una mirada a alguien **2. to ~ sb** [wound] disparar a alguien / [kill] matar de un tiro a alguien / [execute] fusilar a alguien ▸ **she was shot in the arm** le dieron un tiro en el brazo ▸ **to ~ rabbits/grouse** cazar conejos/urogallos ▸ *Fig* **to ~ oneself in the foot** tirar (uno) piedras contra su propio tejado **3.** [film, TV programme] rodar **4.** [pass rapidly] **to ~ the rapids** salvar *or* atravesar los rápidos ▸ **to ~ the lights** [in car] saltarse el semáforo **5. to ~ dice/pool** jugar a los dados/al billar americano
■ vi **1.** [with gun] disparar (**at** a) / [in soccer] tirar, chutar **2.** [move rapidly] ir a escape, ir como una exhalación ▸ **he shot into/out of the house** entró en/salió de la casa como una exhalación ▸ **the pain shot up his left side** le daban punzadas de dolor en el costado izquierdo
■ exclam *US Fam* ¡miércoles!, ¡mecachis!, *MÉX* ¡chin!

◆ ***shoot down*** vt sep [person] abatir (a tiros) / [plane] derribar

◆ ***shoot off*** vi [leave quickly] salir a escape

◆ ***shoot out*** vi [emerge quickly] aparecer de pronto

◆ ***shoot up*** vi **1.** [plants, children] crecer con rapidez / [buildings] levantarse con rapidez **2.** [rocket] elevarse a gran velocidad / [prices] dispararse **3.** *Fam* [inject drugs] pincharse, *ESP* chutarse

shooting ['ʃu:tɪŋ] ■ n **1.** [gunfire] tiroteo *m* / [incident] ataque *m* con disparos / [killing] asesinato *m* (con arma de fuego) **2.** [at targets] tiro *m* al blanco / [at birds, animals] caza *f* ▸ **~ stick** bastón *m* asiento **3.** [of movie, TV programme] rodaje *m*
■ adj **~ star** estrella *f* fugaz

shoot-out ['ʃu:taʊt] n [gunfight] tiroteo *m* ▸ **penalty ~** lanzamiento *m or* tanda *f* de penaltis *or AM* penales

shop [ʃɒp] ■ n **1.** [for goods] tienda *f* ▸ **~ assistant** dependiente(a) *m,f* ▸ **~ window** escaparate *m*, *AM* vidriera *f*, *AM* vitrina *f* **2.** *Fam* **to do a ~** [do shopping] hacer la compra **3.** [workshop] taller *m* ▸ *Fig* **the ~ floor** los trabajadores **4.** *Fam* [idioms] **to talk ~** hablar del trabajo *or ESP* del curro *or CAM, MÉX, PERÚ* de la chamba *or RP* del laburo ▸ **to be all over the ~** ser un caos total
■ vt (pt & pp **shopped**) *BR Fam* [betray] dar el soplo sobre

■ vi comprar, hacer compra(s) ▸ **to go shopping** ir de compras ▸ **to ~ around** comparar precios (en diferentes establecimientos)

shopaholic [ʃɒpə'hɒlɪk] n *Fam* consumista *mf*

shopfront ['ʃɒpfrʌnt] n *BR* fachada *f* de una tienda

shopgirl ['ʃɒpgɜːl] n dependienta *f*

shopkeeper ['ʃɒpkiːpə(r)] n tendero(a) *m,f*

shoplift ['ʃɒplɪft] vt & vi robar en las tiendas

shoplifter ['ʃɒplɪftə(r)] n ratero(a) *m,f (en comercios)*

shoplifting ['ʃɒplɪftɪŋ] n hurtos *mpl (en comercios)*

shopper ['ʃɒpə(r)] n comprador(ora) *m,f*

shopping ['ʃɒpɪŋ] n [activity] compra *f*, *AM* compras *fpl* / [purchases] compras *fpl* ▸ **to do the ~** hacer la compra *or AM* las compras ▸ **~ bag** bolsa *f* de la compra ▸ **~ basket** *or US* **cart** [in shop, for Internet shopping] cesta *f* de la compra ▸ **~ centre** centro *m* comercial ▸ **~ channel** canal *m* de compras, teletienda *f* ▸ **~ list** lista *f* de la compra ▸ *US* **~ mall** parque comercial ▸ **~ precinct** área *f* comercial ▸ **~ trolley** *BR* [in shop] carrito *m* (de la compra) / [for taking shopping home] carro *m* de la compra

shore [ʃɔː(r)] n [of sea, lake] orilla *f* ▸ **on ~** en tierra ▸ **to go on ~** [from ship] bajar a tierra

◆ ***shore up*** vt sep *also Fig* apuntalar

shoreline ['ʃɔːlaɪn] n orilla *f*

shorn [ʃɔːn] pp *of* ***shear***

short [ʃɔːt] ■ n *Fam* **1.** [short film] corto *m*, cortometraje *m* **2.** *BR* [drink] chupito *m* **3.** [short circuit] cortocircuito *m*

■ adj **1.** [physically] corto(a) / [person] bajo(a), *MÉX* chaparro(a), *RP* petiso(a) ▸ **Bill is ~ for William** Bill es el diminutivo de William ▸ **to have a ~ temper** *or* **fuse** tener el genio muy vivo ▸ **~ story** cuento *m* **2.** [in time] corto(a), breve ▸ **in ~** en resumen, en pocas palabras ▸ **the ~ answer is "no"** en pocas palabras, la respuesta es "no" ▸ **to make ~ work of sb/sth** dar buena cuenta de alguien/algo ▸ **~ and sweet** conciso(a) y al grano **3.** [abrupt] seco(a) ▸ **to be ~ with sb** ser seco con alguien **4.** [insufficient, lacking] escaso(a) ▸ **to be in ~ supply** [money, water] escasear ▸ **to be ~ of** andar escaso de ▸ **the change was 50 pence ~** faltaban 50 peniques en la vuelta *or AM* el vuelto ▸ **it's little** *or* **not far ~ of...** [almost] le falta poco para ser... ▸ **he's not far ~ of forty** anda cerca de los cuarenta ▸ **it was little ~ of miraculous that she survived** fue poco menos que un milagro que sobreviviera

■ adv **1.** [suddenly] **to stop ~** pararse en seco ▸ **to bring sb up ~** dejar paralizado(a) a alguien **2.** [in length, duration] **they stopped ~ of...** no llegaron a... ▸ **to cut sth/sb ~** interrumpir algo/a alguien **3.** [without] **to go ~** pasar privaciones ▸ **to go ~ of sth** andar escaso(a) de algo **4.** [to express insufficiency] **we are running ~ of coffee** se nos está terminando el café ▸ **to fall ~** quedarse corto(a) ▸ **to fall ~ of** [target, standard, expectations] no alcanzar ▸ *Fig* **to sell sb ~** [cheat] estafar a alguien ▸ **I was taken** *or* **caught ~** me entraron muchas ganas de ir al cuarto de baño

shortage ['ʃɔːtɪdʒ] n escasez *f*, carestía *f* ▸ **petrol/food ~** escasez de gasolina *or RP* nafta/alimentos ▸ **he has no ~ of ideas** no le faltan ideas

shortbread ['ʃɔːtbred] n ≃ mantecada *f*, = *especie de galleta elaborada con mantequilla*

shortcake ['ʃɔːtkeɪk] n **1.** *BR* [biscuit] ≃ mantecada *f*, = *especie de galleta elaborada con mantequilla* **2.** *US* [cake] = *bizcocho que generalmente lleva fruta y nata batida*

short-change ['ʃɔːt(t)ʃeɪndʒ] vt [in shop] devolver de menos a / *Fig* [cheat] timar

short-circuit [ʃɔːt'sɜːkɪt] ■ n cortocircuito *m*

■ vt [electrical] producir un cortocircuito en / *Fig* [bypass] saltarse

■ vi tener un cortocircuito

shortcomings ['ʃɔːtkʌmɪŋz] npl defectos *mpl*

shortcut ['ʃɔːtkʌt] n *also Fig* atajo *m*

shorten ['ʃɔːtən] vt [skirt, text] acortar / [visit, task] abreviar

shortfall ['ʃɔːtfɔːl] n déficit *m*

shorthaired ['ʃɔːtheəd] adj de pelo corto

shorthand ['ʃɔːthænd] n taquigrafía *f* ▸ **~ typist** taquimecanógrafo(a) *m,f*

short-haul ['ʃɔːthɔːl] adj de corto recorrido

shortlist ['ʃɔːtlɪst] ■ n lista *f* de seleccionados

■ vt **to be shortlisted (for sth)** estar seleccionado(a) (para algo)

short-lived [ʃɔːt'lɪvd] adj [success, rejoicing] efímero(a)

shortly ['ʃɔːtlɪ] adv **1.** [soon] en seguida, pronto ▸ **~ after(wards)** poco después **2.** [abruptly] secamente, bruscamente

short-range ['ʃɔːtreɪndʒ] adj [missile] de corto alcance

shorts [ʃɔːts] npl [short trousers] pantalones *mpl* cortos / *US* [underpants] calzoncillos *mpl*, *CHILE* fundillos *mpl*, *COL* pantaloncillos *mpl*, *MÉX* calzones *mpl*

short-sighted [ʃɔːt'saɪtɪd] adj miope, corto(a) de vista / *Fig* corto(a) de miras

short-sightedness ['ʃɔːt'saɪtɪdnɪs] n miopía *f* / *Fig* estrechez *f* de miras

short-sleeved ['ʃɔːt'sliːvd] adj de manga corta

short-stay ['ʃɔːtsteɪ] adj [car park] para estancias breves

shortstop ['ʃɔːtstɒp] n *US* SPORT = *jugador que intenta interceptar bolas entre la segunda y tercera base*

short-tempered [ʃɔːt'tempəd] adj **to be ~** tener mal genio

short-term ['ʃɔːttɜːm] adj [solution, loan] a corto plazo ▸ **~ contract** contrato *m* temporal

shorty ['ʃɔːtɪ] n *Fam* retaco(a) *m,f*, canijo(a) *m,f*, *MÉX* chaparrito(a) *m,f*, *RP* retacón(ona) *m,f*

shot [ʃɒt] ■ n **1.** [act of firing, sound] tiro *m*, disparo *m* ▸ **to fire a ~** disparar ▸ *Fig* **like a ~** [without hesitation] al instante ▸ *Fig* **my answer was a ~ in the dark** respondí al azar *or* a ciegas ▸ *Fig* **to call the shots** dirigir el cotarro ▸ **~ put** lanzamiento *m* de peso *or AM* de bala **2.** [marksman] **he is a good/bad ~** es un buen/mal tirador **3.** [in soccer] tiro *m*, chut(e) *m* / [in basketball] tiro *m*, lanzamiento *m* **4.** [photograph] foto *f* / [of

movie, TV programme] toma *f* **5.** *Fam* [injection] inyección *f* **6.** [attempt] intento *m,* intentona *f* ▸ **to have a ~ at sth/at doing sth** intentar algo/hacer algo **7.** [drink] chupito *m,* dedal *m*
■ pt & pp *of* ***shoot***

shotgun [ˈʃɒtgʌn] n escopeta *f* ▸ *Fam* **to have a ~ wedding** casarse por haber metido la pata, *ESP* casarse de penalti, *RP* casarse de apuro

should [ʃʊd] modal aux v

La forma negativa **should not** se transforma en **shouldn't**.

1. [expressing obligations, recommendations, instructions] **you ~ do it at once** deberías hacerlo inmediatamente ▸ **you shouldn't laugh at him** no deberías reírte de él ▸ **you ~ have come earlier** deberías haber venido antes ▸ **he shouldn't have told them** no debería habérselo dicho ▸ **a present?, oh you shouldn't have!** ¿un regalo? ¡no tenías que haberte molestado! ▸ **you ~ have seen the expression on his face!** ¡tendrías que haber visto la cara que puso! ▸ **you ~ read the instructions carefully** lea detenidamente las instrucciones **2.** [expressing probability] **the weather ~ improve from now on** a partir de ahora, el tiempo debería mejorar ▸ **she ~ have arrived by this time** a estas horas ya debe de haber llegado **3.** [in exclamations, in rhetorical questions] **why ~ you suspect me?** ¿por qué habrías de sospechar de mí? ▸ **who ~ I meet but Martin!** y ¿a quién me encontré? ¡a Martin! ▸ **he apologized – I ~ think so, too!** se disculpó – ¡es lo mínimo que podía hacer! **4.** [in subordinate clauses] **he ordered that they ~ be released** ordenó que los liberaran ▸ **she insisted that he ~ wear his hair short** insistió en que llevase el pelo corto **5.** [in conditional clauses] **if he ~ come** *or Formal* **~ he come, let me know** si viene, avísame ▸ **if you ~ have any difficulty, phone this number** si tuviera algún problema, llame a este número **6.** [expressing opinions, preferences] **I ~ like a drink** me gustaría *or ESP* apetecería tomar algo ▸ **we ~ want to know if there was anything seriously wrong** si algo va muy mal, nos gustaría saberlo ▸ **I ~ imagine he was rather angry!** ¡me imagino que estaría bastante *esp ESP* enfadado *or esp AM* enojado! ▸ **I shouldn't be surprised if...** no me sorprendería que...

shoulder [ˈʃəʊldə(r)] ■ n **1.** [of person] hombro *m* ▸ **~ to ~** hombro con hombro ▸ *Fig* **to rub shoulders with sb** codearse con alguien ▸ *Fig* **to be looking over one's ~** estar inquieto(a) ▸ *Fig* **to cry on sb's ~** coger a alguien de paño de lágrimas ▸ **~ bag** bolsa *f* de bandolera ▸ **~ blade** omóplato *m* ▸ **~ pad** hombrera *f* ▸ **~ strap** [of garment] tirante *m, CSUR* bretel *m* / [of bag] correa *f* **2.** [of meat] paletilla *f* **3.** [along road] *ESP* arcén *m, MÉX* acotamiento *m, RP* banquina *f, VEN* hombrillo *m*
■ vt **1.** [push] **to ~ one's way through a crowd** abrirse paso a empujones entre la multitud ▸ **to ~ sb aside** apartar a alguien de un empujón (del hombro) **2.** [put on shoulder] echarse al hombro / *Fig* [responsibility] asumir

shouldn't [ʃʊdnt] ➤ ***should not***

shout [ʃaʊt] ■ n grito *m* ▸ **shouts of laughter** carcajadas *fpl*
■ vt gritar ▸ **to ~ sth at sb** gritarle algo a alguien
■ vi gritar ▸ **to ~ at sb** gritar a alguien ▸ **to ~ for help** gritar pidiendo ayuda ▸ *Fig* **to have something to ~ about** tener algo que celebrar

◆ ***shout down*** vt sep **to ~ sb down** impedir con gritos que alguien hable

shouting [ˈʃaʊtɪŋ] n griterío *m,* gritos *mpl*

shove [ʃʌv] ■ n empujón *m* ▸ **to give sth/sb a ~** dar un empujón a algo/alguien
■ vt & vi empujar

◆ ***shove around*** vt sep *Fam* [bully] abusar de

◆ ***shove off*** vi *Fam* [leave] largarse

shovel [ˈʃʌvəl] ■ n pala *f*
■ vt (pt & pp **shovelled,** *US* **shoveled**) echar a paladas ▸ *Fam* **to ~ food into one's mouth** atiborrarse de comida

shovelful [ˈʃʌvəlfʊl] n palada *f*

show [ʃəʊ] ■ n **1.** [exhibition] exposición *f,* muestra *f* ▸ **to be on ~** exhibirse, estar expuesto(a) ▸ **to put sth on ~** exponer algo ▸ **~** *BR* **flat** *or US* **apartment** apartamento *m or ESP* piso *or ARG* departamento *m* piloto ▸ **~ house** casa *f* piloto ▸ **~ jumper** jinete *m*/amazona *f* de pruebas de saltos ▸ **~ jumping** prueba *f* de saltos (de equitación) ▸ *Pej* **~ trial** juicio *m* ejemplarizante **2.** [concert, play] espectáculo *m* / [on TV, radio] programa *m* ▸ *Fig* **to run the ~** dirigir el cotarro ▸ **~ business** el mundo del espectáculo ▸ **~ girl** corista *f* ▸ *Fam* **it was a real ~ stopper** fue una auténtica sensación **3.** [act of showing] demostración *f* ▸ **~ of hands** votación *f* a mano alzada ▸ **it's all ~** es pura fachada ▸ **to do sth for ~** hacer algo por alardear ▸ *Fam* **good ~!** [well done] ¡bien hecho!
■ vt (pp **shown** [ʃəʊn]) **1.** [display] mostrar, enseñar / [picture] exponer, exhibir / [courage, talent] mostrar, demostrar ▸ **to ~ sb sth, to ~ sth to sb** enseñar *or* mostrar algo a alguien ▸ *Fig* **to ~ one's cards** *or* **one's hand** mostrar las verdaderas intenciones ▸ **they had nothing to ~ for all their work** trabajaron mucho para nada ▸ **he won't ~ his face here again** no volverá a dejarse ver por aquí ▸ **to ~ oneself** dejarse ver ▸ **to ~ a profit/a loss** registrar *or* arrojar beneficios/pérdidas ▸ **you're showing your age** estás hecho un carcamal ▸ **to ~ oneself to be...** demostrar ser... **2.** [indicate] mostrar / [time, temperature] indicar, señalar **3.** [prove, demonstrate] mostrar, demostrar ▸ **it goes to ~ that...** eso viene a demostrar que... **4.** [teach] enseñar ▸ **to ~ sb how to do sth** enseñar a alguien a hacer algo **5.** [film] proyectar / [TV programme] emitir, poner ▸ **they are showing a Clint Eastwood film tonight** esta noche ponen *or* echan una película de Clint Eastwood **6.** [escort, lead] **to ~ sb the way** mostrar a alguien el camino ▸ **to ~ sb to his room** llevar a alguien a su habitación ▸ **to ~ sb round the town** enseñarle la ciudad a alguien
■ vi **1.** [be visible] notarse **2.** [film] **what's showing this week?** ¿qué ponen *or* echan esta semana? ▸ **"now showing at the Odeon"** "en pantalla en el cine Odeon"

◆ ***show in*** vt sep [escort in] acompañar hasta dentro

◆ ***show off*** ■ vt sep alardear de
■ vi alardear, fanfarronear

◆ ***show out*** vt sep [escort out] acompañar hasta la puerta

◆ ***show up*** ■ vt sep **1.** [reveal] descubrir, poner al descubierto **2.** [embarrass] poner en evidencia
■ vi **1.** [stand out] destacar ▸ **the marks ~ up under infra-red light** la luz infrarroja revela las marcas **2.** *Fam* [arrive] aparecer, presentarse

showbiz ['ʃəʊbɪz] n *Fam* la farándula, el mundo del espectáculo

showcase ['ʃəʊkeɪs] n [for displaying objects] vitrina *f* / *Fig* [for talents, work] escaparate *m*

showdown ['ʃəʊdaʊn] n discusión *f* cara a cara

shower ['ʃaʊə(r)] ■ n **1.** [of rain] chubasco *m*, chaparrón *m* / [of stones, insults] lluvia *f* **2.** [for washing] ducha *f*, *COL, MÉX, VEN* regadera *f* ▸ **to have** *or* **take a ~** ducharse, darse una ducha ▸ **~ cap** gorro *m* de baño ▸ **~ curtain** cortinas *fpl* de ducha ▸ **~ gel** gel *m* de ducha ▸ **~ head** alcachofa *f* (de ducha) **3.** *BR Fam* [group] **what a ~!** ¡qué pandilla!, *ESP* ¡menuda cuadrilla!
■ vt **to ~ sb with sth, to ~ sth on sb** colmar a alguien de algo
■ vi [take a shower] ducharse

showery ['ʃaʊərɪ] adj lluvioso(a)

showily ['ʃəʊɪlɪ] adv llamativamente

showing ['ʃəʊɪŋ] n [exhibition] exposición *f*, muestra *f* / [of movie] pase *m*, proyección *f*

showman ['ʃəʊmən] n [entertaining person] showman *m*

showmanship ['ʃəʊmənʃɪp] n espectacularidad *f*

shown [ʃəʊn] pp *of* ***show***

show-off ['ʃəʊɒf] n *Fam* fanfarrón(ona) *m,f*, *ESP* fantasma *mf*

showpiece ['ʃəʊpi:s] n pieza *f* principal *(de una colección)*

showroom ['ʃəʊru:m] n sala *f* de exposición

showy ['ʃəʊɪ] adj llamativo(a)

shrank [ʃræŋk] pt *of* ***shrink***

shrapnel ['ʃræpnəl] n metralla *f*

shred [ʃred] ■ n jirón *m* ▸ **in shreds** hecho(a) jirones ▸ *also Fig* **to tear sth to shreds** hacer trizas algo ▸ *Fig* **there isn't a ~ of evidence** no hay ni rastro de pruebas
■ vt (pt & pp **shredded**) [documents] hacer tiras, triturar / [food] cortar en tiras

shredder ['ʃredə(r)] n [for paper] trituradora *f* de documentos

shrew [ʃru:] n **1.** [animal] musaraña *f* **2.** [nagging woman] bruja *f*

shrewd [ʃru:d] adj [person] astuto(a) / [decision] inteligente, astuto(a)

shrewdly ['ʃru:dlɪ] adv astutamente

shriek ['ʃri:k] ■ n alarido *m*, chillido *m* ▸ **shrieks of laughter** carcajadas *fpl* ▸ **to give a ~** soltar un alarido *or* chillido
■ vt chillar
■ vi chillar ▸ **to ~ with laughter** reírse a carcajadas

shrift [ʃrɪft] n **to give sb short ~** prestar escasa atención a alguien

shrill [ʃrɪl] adj estridente, agudo(a)

shrimp [ʃrɪmp] n *BR* camarón *m*, quisquilla *f* / *US* [prawn] gamba *f*

shrine [ʃraɪn] n [tomb] sepulcro *m* / [place] *& Fig* santuario *m*

shrink [ʃrɪŋk] ■ n *Fam* [psychiatrist] psiquiatra *mf*
■ vt (pt **shrank** [ʃræŋk], pp **shrunk** [ʃrʌŋk]) encoger
■ vi **1.** [material] encoger(se) / [income, budget] reducirse, disminuir **2.** [move back] **to ~ from sth** retroceder ante algo ▸ **to ~ from doing sth** no atreverse a hacer algo

shrinkage ['ʃrɪŋkɪdʒ] n [of material] encogimiento *m* / *Fig* [in sales, profits] reducción *f*

shrink-wrapped [ʃrɪŋk'ræpt] adj empaquetado(a) con plástico (de polietileno) adherente

shrivel ['ʃrɪvəl] (pt & pp **shrivelled**, *US* **shriveled**) ■ vt marchitar
■ vi marchitarse

◆ ***shrivel up*** vi secarse

shroud [ʃraʊd] ■ n mortaja *f*, sudario *m* / *Fig* [of mystery] halo *m* / [of darkness] manto *m*
■ vt [obscure] envolver ▸ **to be shrouded in sth** estar envuelto(a) en algo

Shrove Tuesday ['ʃrəʊv'tju:zdɪ] n Martes *m inv* de Carnaval

shrub [ʃrʌb] n arbusto *m*

shrug [ʃrʌg] ■ n encogimiento *m* de hombros
■ vt (pt & pp **shrugged**) **to ~ one's shoulders** encogerse de hombros
■ vi **to ~** encogerse de hombros

◆ ***shrug off*** vt sep quitar importancia a

shrunk [ʃrʌŋk] pp *of* ***shrink***

shrunken ['ʃrʌŋkən] adj encogido(a)

shudder ['ʃʌdə(r)] ■ n [of person] estremecimiento *m* ▸ *Fam* **it gives me the shudders** me pone los pelos de punta
■ vi [person] estremecerse / [vehicle] dar una sacudida ▸ **I ~ to think of it** me estremezco sólo de pensarlo

shuffle ['ʃʌfəl] ■ n **1. to walk with a ~** caminar arrastrando los pies **2. to give the cards a ~** barajar *or* mezclar las cartas
■ vt [papers] revolver / [cards] barajar
■ vi [when walking] arrastrar los pies

shun [ʃʌn] (pt & pp **shunned**) vt rehuir, evitar

shunt [ʃʌnt] vt [train, carriages] cambiar de vía ▸ *Fam Fig* **we were shunted into another room** nos hicieron pasar a otra habitación

shush [ʃʌʃ] ■ vt hacer callar
■ exclam **~!** ¡chsss!, ¡sssh!

shut [ʃʌt] ■ adj cerrado(a) ▸ **to be ~** estar cerrado ▸ *Fam* **to keep one's mouth ~** no decir ni pío
■ vt (pt & pp **shut**) cerrar ▸ **to ~ the door on sb** dar a alguien con la puerta en las narices ▸ **to ~ one's finger in the door** pillarse un dedo con la puerta ▸ *Fam* **~ your mouth!** ¡cierra el pico!
■ vi [door] cerrarse / [shop] cerrar

◆ ***shut down*** ■ vt sep cerrar por completo / [production] suspender

■ vi cerrar por completo

◆ ***shut in*** vt sep [confine] encerrar

◆ ***shut off*** vt sep **1.** [electricity, water, funds, flow of arms] cortar / [engine] apagar **2.** [road, exit] cortar **3.** [isolate] **to ~ oneself off (from)** aislarse (de)

◆ ***shut out*** vt sep **1.** [exclude] [person] excluir / [light, view] tapar **2.** [keep outside] dejar fuera ▸ **to ~ oneself out** quedarse fuera sin llaves

◆ ***shut up*** ■ vt sep **1.** [confine] encerrar **2.** [close] cerrar **3.** *Fam* [silence] hacer callar

■ vi *Fam* [be quiet] callarse

shutdown ['ʃʌtdaʊn] n [of factory] cierre *m*

shut-eye ['ʃʌtaɪ] n *Fam* **to get some ~** echar un sueñecito *or* una cabezadita

shut-off ['ʃʌtɒf] n [device] válvula *f* de cierre / ELEC interruptor *m*

shutter ['ʃʌtə(r)] n **1.** [on window] contraventana *f* / [of shop] persiana *f* ▸ **to put up the shutters** [of shop] cerrar **2.** [of camera] obturador *m* ▸ **~ release** disparador *m* ▸ **~ speed** tiempo *m* de exposición

shuttered ['ʃʌtəd] adj [with shutters fitted] con contraventanas / [with shutters closed] con las persianas cerradas

shuttle ['ʃʌtəl] ■ n **1.** [train, bus] servicio *m* regular *(entre dos puntos)* / [plane] avión *m* (de puente aéreo) / [space vehicle] transbordador *m* espacial ▸ **~ service** [of planes] puente *m* aéreo / [of trains, buses] servicio regular **2.** [in badminton] volante *m*

■ vt **to ~ sb back and forth** trasladar a alguien de acá para allá

■ vi **to ~ between A and B** ir y venir entre A y B

shuttlecock ['ʃʌtəlkɒk] n volante *m*

shy [ʃaɪ] ■ adj tímido(a) ▸ **to be ~ of sb** tener miedo de alguien ▸ **to be ~ of doing sth** mostrarse remiso(a) a hacer algo

■ vi [horse] asustarse (**at** de)

◆ ***shy away*** vi **to ~ away from doing sth** no atreverse a hacer algo ▸ **to ~ away from sth** eludir algo

shyly ['ʃaɪlɪ] adv tímidamente, con timidez

Siamese [saɪə'mi:z] ■ n (pl **Siamese**) [cat] (gato *m*) siamés *m*

■ adj siamés(esa) ▸ **~ cat** gato *m* siamés ▸ **~ twins** hermanos(as) *m,fpl* siameses(esas)

Siberia [saɪ'bɪərɪə] n Siberia

Siberian [saɪ'bɪərɪən] adj siberiano(a)

sibling ['sɪblɪŋ] n [brother] hermano *m* / [sister] hermana *f* ▸ **~ rivalry** rivalidad *f* entre hermanos

sic [sɪk] adv sic

Sicilian [sɪ'sɪlɪən] n & adj siciliano(a) *m,f*

Sicily ['sɪsɪlɪ] n Sicilia

sick [sɪk] ■ n *BR Fam* [vomit] vómito *m*, *ESP* devuelto *m*

■ npl **the ~** los enfermos

■ adj **1.** [ill] enfermo(a) ▸ **to be ~** [be ill] estar enfermo / [vomit] vomitar, devolver ▸ **to feel ~** sentirse mal ▸ **to make oneself ~** [deliberately] provocarse el vómito ▸ **you're going to make yourself ~!** ¡te vas a empachar! ▸ *Fig* **it makes me ~!** ¡me pone enfermo(a)! ▸ *Fig* **to be worried ~** estar muerto(a) de preocupación ▸ **~ bay** enfermería *f* ▸ **~ leave** baja *f* por enfermedad ▸ **~ note** certificado *m* de baja (por enfermedad) ▸ **~ pay** paga *f* por enfermedad **2.** [fed up] **to be ~ of sb/sth** estar harto(a) de alguien/algo ▸ **to grow ~ of sth** hartarse de algo ▸ **to be ~ and tired of sb/sth, to be ~ to death of sb/sth** estar hasta la coronilla de alguien/algo **3.** [cruel] [humour, joke] morboso(a), macabro(a) / [person] retorcido(a) ▸ **to have a ~ mind** tener una mente retorcida, ser retorcido

> CAREFUL! / ¡CUIDADO!
> **sick**
>
> When translating *sick*, note that **estar enfermo** means *to be suffering from an illness*, not *vomit*, which is translated by **vomitar** or **devolver**.

◆ ***sick up*** vt sep *BR Fam* [vomit] devolver, vomitar

sicken ['sɪkən] ■ vt [make ill] (hacer) enfermar / [disgust] poner enfermo(a)

■ vi ponerse enfermo(a), enfermar ▸ *BR* **to be sickening for something** estar empezando a ponerse enfermo

sickening ['sɪknɪŋ] adj [disgusting] repugnante / *Fam* [annoying] irritante, exasperante

sickeningly ['sɪknɪŋlɪ] adv asquerosamente ▸ **~, she won all the prizes** qué asco, ganó todos los premios

sickle ['sɪkəl] n hoz *f*

sickly ['sɪklɪ] adj **1.** [person, complexion] enfermizo(a) / [plant] marchito(a) / [colour, light] pálido(a), desvaído(a) / [smile] falso(a) **2.** [taste, sentiment] empalagoso(a) ▸ **~ sweet** empalagoso(a), dulzarrón(ona)

sickness ['sɪknɪs] n [illness] enfermedad *f* / [nausea] mareo *m* ▸ **~ benefit** subsidio *m* por enfermedad

sickroom ['sɪkru:m] n habitación *f* del enfermo

side [saɪd] ■ n **1.** [of person] costado *m* / [of animal] ijada *f* ▸ **by sb's ~** al lado de alguien ▸ **~ by ~** uno al lado del otro ▸ *Fam* **to split one's sides (laughing)** partirse de risa **2.** [part] [of house, box, triangle, square] lado *m* / [of river] orilla *f*, margen *m or f* / [of road] borde *m*, margen *m or f* / [of mountain] ladera *f* ▸ **on the south ~ (of the city)** en la parte sur (de la ciudad) ▸ **~ door/entrance** puerta *f*/entrada *f* lateral **3.** [of record, paper] cara *f* **4.** [adjacent area] lado *m* ▸ **on this/that ~ (of)** a este/ese lado (de) ▸ **on the other ~ (of sth)** al otro lado (de algo) ▸ **on both sides** a ambos lados ▸ **on all sides, on every ~** por todos (los) lados ▸ **from all sides, from every ~** desde todas partes ▸ **to move from ~ to ~** moverse de un lado a otro ▸ **the left-hand ~** la izquierda ▸ **the right-hand ~** la derecha ▸ **to stand on** *or* **to one ~** mantenerse al margen ▸ **~ dish** plato *m* de acompañamiento *or* guarnición ▸ **~ salad** ensalada *f* de acompañamiento *or* guarnición ▸ **~ view** vista *f* lateral **5.** [of situation, argument, personality] lado *m*, aspecto *m* ▸ **to look on the bright/gloomy ~ (of things)** mirar el lado positivo/negativo (de las cosas) ▸ **to hear** *or* **look at both sides of the question** considerar las dos caras de una situación **6.** [in game] equipo *m* / [in dispute] parte *f*, bando *m* ▸ **to be on sb's ~** [defending] estar de parte de alguien / [in game] estar en el equipo de alguien ▸ **to take sides** tomar partido ▸ **he's on our ~** está de nuestro lado ▸ **to change sides** cambiar de bando ▸ **he let the ~ down** dejó en mal lugar a los suyos **7.** [secondary part] **~ effects** efectos *mpl* secundarios ▸ **~ issue** cuestión *f* secundaria ▸ **~ order** ración *f (como acompañamiento)* ▸ **~ road** carretera *f* secundaria ▸ **~ street** bocacalle *f* **8.** [idioms] **on his mother's ~** [of family] por línea materna ▸ **to put sth to one ~** dejar algo a un lado ▸ **to take sb to one ~** llevar a alguien aparte ▸ **to be on the wrong ~ of forty** pasar de los cuarenta ▸ **to get on the right ~ of sb** caer en gracia a alguien, complacer a alguien ▸ **to get on the wrong ~ of sb** ganarse la antipatía de alguien ▸ **it's a bit on the expensive/long ~** es un poco caro/largo ▸ **he does a bit of gardening on the ~** hace algunos trabajos extras de jardinería ▸ *Fam* **to have a bit on the ~** tener un lío (amoroso)

■ vi **to ~ with** ponerse del lado de ▸ **to ~ against** ponerse en contra de

sideboard ['saɪdbɔːd] n aparador *m*

sideburns ['saɪdbɜːnz], *BR* ***sideboards*** ['saɪdbɔːdz] npl patillas *fpl*

sidecar ['saɪdkɑː(r)] n sidecar *m*

-sided [-'saɪdɪd] suffix **three/many~** de tres/múltiples caras

sidekick ['saɪdkɪk] n *Fam* compinche *mf*

sidelight ['saɪdlaɪt] n AUT luz *f* de posición

sideline ['saɪdlaɪn] n **1.** [of soccer, rugby pitch] línea *f* de banda ▸ *Fig* **to sit on the sidelines** quedarse al margen **2.** COM [business] negocio *m* subsidiario / [job] segundo empleo *m*

side-saddle ['saɪdsædəl] ■ n jamugas *fpl,* silla *f* de amazona

■ adv **to ride ~** montar a mujeriegas

sideshow ['saɪdʃəʊ] n [at fair] barraca *f* (de feria) / *Fig* cuestión *f* menor *or* secundaria

side-splitting ['saɪdsplɪtɪŋ] adj *Fam* desternillante, divertidísimo(a)

sidestep ['saɪdstep] (pt & pp **sidestepped**) ■ vt [tackle] esquivar, evitar / [player] regatear / *Fig* [question] soslayar, eludir

■ vi [in boxing] esquivar

sideswipe ['saɪdswaɪp] n **to take a ~ at sb/sth** meterse de pasada con alguien/algo

sidetrack ['saɪdtræk] vt desviar

sidewalk ['saɪdwɔːk] n *US* acera *f, CSUR* vereda *f, CAM, MÉX* banqueta *f* ▸ **~ cafe** café *m* con terraza

sideways ['saɪdweɪz] ■ adj [look] de reojo / [movement] lateral

■ adv de lado

siding ['saɪdɪŋ] n [on railway] apartadero *m* / [not connected to main track] vía *f* muerta

sidle ['saɪdəl] vi **to ~ up to sb** [hesitantly] acercarse tímidamente a alguien / [furtively] acerarse furtivamente a alguien

siege [siːdʒ] n asedio *m,* sitio *m* ▸ **to lay ~ to a town** sitiar una ciudad ▸ **under ~** sitiado(a) ▸ **~ mentality** manía *f* persecutoria

Sierra Leone [sɪ'erəlɪ'əʊn] n Sierra Leona

sieve [sɪv] ■ n [with coarse mesh] criba *f,* cedazo *m* / [with fine mesh] tamiz *m* / [in kitchen] colador *m* ▸ *Fam* **to have a memory like a ~** tener una memoria pésima *or* de mosquito

■ vt [with coarse mesh] cribar, cerner / [with fine mesh] tamizar / [in kitchen] colar

sift [sɪft] ■ vt [flour, sugar] tamizar

■ vi [search] **to ~ through sth** examinar algo concienzudamente

sigh [saɪ] ■ n suspiro *m*

■ vi suspirar / [wind] susurrar

sight [saɪt] ■ n **1.** [faculty] vista *f* ▸ **to lose one's ~** perder la vista **2.** [act of seeing] **to catch ~ of sth/sb** ver algo/a alguien ▸ **to lose ~ of sth/sb** perder de vista algo/a alguien ▸ **I hate the ~ of him** no lo puedo ni ver ▸ **I can't stand the ~ of blood** no soporto ver la sangre ▸ **to shoot sb on ~** disparar contra alguien en cuanto se lo ve ▸ **at first ~** a primera vista ▸ **it was love at first ~** fue un flechazo ▸ **to know sb by ~** conocer a alguien de vista ▸ **to buy sth ~ unseen** comprar algo a ciegas **3.** [range of vision] **to come into ~** aparecer ▸ **to be within ~ (of)** [able to see] estar a la vista (de) / *Fig* [of victory, the end] estar a un paso (de) ▸ **to keep sb in ~** no perder de vista a alguien ▸ **to put sth out of ~** esconder algo ▸ **to keep out of ~** no dejarse ver ▸ *Prov* **out of ~, out of mind** ojos que no ven, corazón que no siente **4.** [of instrument] visor *m* / [of gun] mira *f* ▸ *Fig* **to have sth/sb in one's sights** tener algo/a alguien en el punto de mira ▸ *Fig* **to have** *or* **set one's sights on sth/sb** tener las miras puestas en algo/alguien **5.** [spectacle] espectáculo *m* ▸ *Fam* **you're/it's a ~ for sore eyes!** ¡dichosos los ojos que te/lo ven! ▸ *Fam* **you look a ~!** [mess] ¡mira cómo te has puesto! / [ridiculous] ¡vaya facha *or* pinta que tienes! ▸ **the sights** [of city] los lugares de interés **6.** *Fam* [for emphasis] **a (damn) ~ longer/harder** muchísimo más largo/duro

■ vt [see] avistar, ver

sighted ['saɪtɪd] ■ npl **the ~** las personas sin discapacidades visuales

■ adj [person] sin discapacidades visuales

sighting ['saɪtɪŋ] n **several sightings have been reported** ha sido visto(a) en varias ocasiones

sightless ['saɪtlɪs] adj ciego(a)

sight-read ['saɪtriːd] (pt & pp **sight-read** ['saɪtred]) vt & vi repentizar

sightseeing ['saɪtsiːɪŋ] n visitas *fpl* turísticas ▸ **to go ~** hacer turismo

sightseer ['saɪtsiːə(r)] n turista *mf*

sign [saɪn] ■ n **1.** [gesture] seña *f* ▸ **to make a ~ to sb** hacer una seña a alguien ▸ **~ language** lenguaje *m* por señas **2.** [indication] indicio *m,* señal *f* ▸ **it's a sure ~ that...** es un indicio inequívoco de que... ▸ **a good/bad ~** una buena/mala señal ▸ **a ~ of the times** un signo de los tiempos que corren ▸ **there's no ~ of an improvement** no hay indicios de mejoría ▸ **there is no ~ of him/it** no hay ni rastro de él/ello ▸ **he gave no ~ of having heard** no dio muestras de haberlo oído ▸ **all the signs are that...** todo parece indicar que... ▸ **the equipment showed signs of having been used** el equipo tenía aspecto de haber sido utilizado **3.** [notice]

cartel *m* / [of pub, shop] letrero *m,* rótulo *m* / [on road] señal *f* (de tráfico) ▸ **follow the signs for Manchester** sigue las indicaciones para Manchester **4.** [symbol] signo *m* ▸ **plus/minus ~** signo más/menos ▸ **~ of the zodiac** signo del zodíaco

■ vt **1.** [write signature on] firmar **2.** [in sign language] indicar (con señas) **3.** [in sport] fichar

■ vi **1.** [write signature] firmar **2.** [in sport] fichar (**for** por)

◆ ***sign away*** vt sep [rights] ceder (por escrito)

◆ ***sign for*** vt insep [delivery, equipment] firmar el acuse de recibo de

◆ ***sign in*** vi [in factory] fichar, *AM* marcar tarjeta / [in hotel] registrarse

◆ ***sign off*** vi **1.** [radio, TV presenter] despedir la emisión **2.** [close letter] despedirse, terminar

◆ ***sign on*** vi *BR Fam* [for unemployment benefit] [initially] *ESP* apuntarse al paro, = *registrarse para recibir el seguro de desempleo* / [regularly] ir a firmar *or ESP* sellar

◆ ***sign out*** ■ vt sep **to ~ sth out** [book, equipment] registrar *or* consignar el préstamo de algo

■ vi firmar a la salida

◆ ***sign up*** vi **1.** [register] apuntarse (**for** a) **2.** [soldier] alistarse

signal ['sɪgnəl] ■ n señal *f* ▸ *Fig* **to send the wrong signals** dar una impresión equivocada ▸ RAIL **~ box** sala *f* de agujas, puesto *m* de señales ▸ **~ flare** bengala *f* ▸ **~ rocket** cohete *m* de señales

■ vt (pt & pp **signalled**, *US* **signaled**) **1.** [send message to] indicar (mediante señales) a ▸ **to ~ sb to do sth** hacerle una señal a alguien de *or* para que haga algo **2.** [be sign of] señalar

■ vi **~ to me if you need help** hazme una seña si necesitas ayuda ▸ **she signalled for the bill** pidió la cuenta con una seña *or* haciendo señas ▸ AUT **he didn't ~ before he turned** no dio la indicación de que iba a torcer

signalling, *US* ***signaling*** ['sɪgnəlɪŋ] n RAIL señalización *f* ▸ **~ failure** *ESP* fallo *m or AM* falla *f* en el sistema de señales

signalman ['sɪgnəlmən] n RAIL guardavía *m*

signatory ['sɪgnətərɪ] n signatario(a) *m,f*

signature ['sɪgnətʃə(r)] n firma *f* ▸ **~ tune** [of radio, TV programme] sintonía *f*

signboard ['saɪnbɔːd] n letrero *m*

signet ring ['sɪgnɪt'rɪŋ] n sello *m (sortija)*

significance [sɪg'nɪfɪkəns] n **1.** [importance] importancia *f* ▸ **of no/of great ~** de ninguna/de gran importancia **2.** [meaning] significado *m*

significant [sɪg'nɪfɪkənt] adj [important] considerable, importante / [meaningful] significativo(a) ▸ **~ other** media naranja *f*

significantly [sɪg'nɪfɪkəntlɪ] adv **1.** [appreciably] sensiblemente **2.** [meaningfully] significativamente ▸ **~, no one mentioned it** es significativo que nadie lo mencionara

signify ['sɪgnɪfaɪ] vt **1.** [indicate] señalar / [constitute] suponer, representar **2.** [mean] significar

signpost ['saɪnpəʊst] ■ n *also Fig* señal *f,* indicación *f*

■ vt señalizar / *Fig* señalar

signwriter ['saɪnraɪtə(r)] n rotulista *mf*

Sikh [siːk] n & adj sij *mf*

silage ['saɪlɪdʒ] n forraje *m*

silence ['saɪləns] ■ n silencio *m* ▸ **to listen/watch in ~** escuchar/observar en silencio ▸ *Prov* **~ is golden** en boca cerrada no entran moscas

■ vt hacer callar

silencer ['saɪlənsə(r)] n [on gun] silenciador *m* / *BR* [on car] silenciador *m*

silent ['saɪlənt] adj [person, place] silencioso(a) / [not pronounced] [letter] mudo(a) ▸ **to be ~** [not talk] estar callado(a) ▸ **she's rather ~** [by nature] es muy callada ▸ **to fall ~** quedarse en silencio ▸ **to remain** *or* **keep ~** permanecer callado(a) ▸ **~ movie** *or BR* **film** película *f* muda ▸ **the ~ majority** la mayoría silenciosa ▸ COM **~ partner** socio(a) *m,f* capitalista ▸ **~ protest** protesta *f* silenciosa

silently ['saɪləntlɪ] adv [not speaking] en silencio / [without noise] sin hacer ruido, silenciosamente

silhouette [sɪluː'et] ■ n silueta *f*

■ vt **she was silhouetted against the light** la luz dibujaba su silueta, su silueta se recortaba al trasluz

silica ['sɪlɪkə] n sílice *f*

silicon ['sɪlɪkən] n silicio *m* ▸ **~ chip** chip *m* de silicio

silk [sɪlk] n seda *f* ▸ **~ screen printing** serigrafía *f*

silkworm ['sɪlkwɜːm] n gusano *m* de (la) seda

silky ['sɪlkɪ] adj sedoso(a) / [voice] meloso(a)

sill [sɪl] n [of window] alféizar *m*

silliness ['sɪlɪnɪs] n tontería *f,* estupidez *f* ▸ **stop this ~!** ¡ya basta de tonterías!

silly ['sɪlɪ] ■ adj tonto(a), estúpido(a) ▸ **the ~ thing is that...** lo más ridículo es que... ▸ **to make sb look ~** poner a alguien en ridículo ▸ **to say/do something ~** decir/hacer una tontería ▸ **to laugh/worry oneself ~** morirse de la risa/de preocupación ▸ **to knock sb ~** dejar a alguien atontado de un mamporro

■ n *Fam* idiota *mf*

silo ['saɪləʊ] (pl **silos**) n silo *m*

silt [sɪlt] n limo *m,* sedimentos *mpl* fluviales

◆ ***silt up*** vi encenagarse

silver ['sɪlvə(r)] ■ n **1.** [metal] plata *f* ▸ *Prov* **every cloud has a ~ lining** no hay mal que por bien no venga ▸ **~ haired** con el pelo blanco ▸ **~ (medal)** medalla *f* de plata ▸ *BR* **~ paper** papel *m* de plata ▸ **~ plate** [coating] baño *m* de plata / [articles] objetos *mpl* plateados ▸ **the ~ screen** la pantalla grande ▸ **~ wedding** bodas *fpl* de plata **2.** *BR* [coins] monedas *fpl* plateadas *(de entre 5 y 50 peniques)* **3.** [silverware] (objetos *mpl* de) plata *f*

■ adj **1.** [made of silver] de plata **2.** **~(-coloured)** plateado(a)

silver-plated [sɪlvə'pleɪtɪd] adj con baño de plata

silversmith ['sɪlvəsmɪθ] n platero(a) *m,f*

silverware ['sɪlvəweə(r)] n (objetos *mpl* de) plata *f*

silverwork ['sɪlvəwɜːk] n (trabajo *m* de) platería *f*

silvery ['sɪlvərɪ] adj [colour] plateado(a) / [sound] argentino(a)

SIM [sɪm] n (abbr ***subscriber identity module***) **~ card** [in mobile phone] tarjeta *f* SIM

simian ['sɪmɪən] adj simiesco(a)

similar ['sɪmɪlə(r)] adj parecido(a) (**to** a) ▸ **~ in appearance/size** de parecido aspecto/tamaño

similarity [sɪmɪ'lærɪtɪ] n parecido *m,* similitud *f*

similarly ['sɪmɪləlɪ] adv **1.** [in the same way] igual, de la misma manera **2.** [likewise] igualmente, del mismo modo

simile ['sɪmɪlɪ] n símil *m*

simmer ['sɪmə(r)] ■ n **at a ~** a fuego lento
■ vt cocer a fuego lento
■ vi cocerse a fuego lento / *Fig* [revolt, discontent] fraguarse ▸ **she was simmering with rage** estaba a punto de explotar

◆ ***simmer down*** vi calmarse, tranquilizarse

simper ['sɪmpə(r)] vi sonreír con afectación

simple ['sɪmpəl] adj **1.** [uncomplicated] sencillo(a) ▸ **it's as ~ as that** es así de sencillo ▸ **in ~ terms** sencillamente ▸ **the ~ truth** la pura verdad **2.** [naive] inocente, cándido(a) ▸ **he's a bit ~** es un poco simplón **3.** [not compound] FIN **~ interest** interés *m* simple ▸ GRAM **~ tense** tiempo *m* simple

simple-minded [sɪmpəl'maɪndɪd] adj [person] simplón(ona) / [ideas, belief] ingenuo(a)

simpleton ['sɪmpəltən] n simple *mf,* papanatas *mf inv*

simplicity [sɪm'plɪsɪtɪ] n sencillez *f* ▸ **it's ~ itself** es de lo más sencillo

simplification [sɪmplɪfɪ'keɪʃən] n simplificación *f*

simplify ['sɪmplɪfaɪ] vt simplificar

simplistic [sɪm'plɪstɪk] adj simplista

simplistically [sɪm'plɪstɪklɪ] adv simplísticamente

simply ['sɪmplɪ] adv **1.** [in simple manner] con sencillez **2.** [absolutely] sencillamente **3.** [just] sólo ▸ **it's ~ a question of time** sólo es una cuestión de tiempo ▸ **she ~ had to snap her fingers and...** sólo con chasquear los dedos...

simulate ['sɪmjʊleɪt] vt simular

simulated ['sɪmjʊleɪtɪd] adj [leather, marble] de imitación / [surprise, anger] fingido(a), simulado(a)

simulation [sɪmjʊ'leɪʃən] n simulación *f*

simulcast [*BR* 'sɪməlkɑːst, *US* 'saɪməlkæst] vt retransmitir simultáneamente

simultaneous [sɪməl'teɪnɪəs] adj simultáneo(a) ▸ **~ broadcast** retransmisión *f* simultánea ▸ **~ translation** traducción *f* simultánea

simultaneously [sɪməl'teɪnɪəslɪ] adv simultáneamente

sin [sɪn] ■ n pecado *m* ▸ *Old-fashioned or Hum* **to be living in ~** vivir en pecado ▸ *Fam* **it would be a ~ to...** sería un pecado...
■ vi (pt & pp **sinned**) pecar

since [sɪns] ■ prep desde ▸ **~ his death** desde su muerte ▸ **~ June/1993** desde junio/1993 ▸ **~ then** desde entonces
■ adv desde entonces ▸ **long ~** hace mucho
■ conj **1.** [in time] desde que ▸ **it's a long time ~ I saw her** ha pasado mucho tiempo desde que la vi **2.** [because] ya que

sincere [sɪn'sɪə(r)] adj sincero(a)

sincerely [sin'sɪəlɪ] adv sinceramente ▸ **Yours ~,** *US* **Sincerely yours** [ending letter] Atentamente

sincerity [sɪn'serɪtɪ] n sinceridad *f* ▸ **in all ~** con toda sinceridad

sinecure ['saɪnɪkjʊə(r)] n sinecura *f*

sinew ['sɪnjuː] n tendón *m*

sinewy ['sɪnjuːɪ] adj [person, muscles] fibroso(a) / [hands] nervudo(a)

sinful ['sɪnfʊl] adj [person] pecador(ora) / [act, life] pecaminoso(a) / [waste] escandaloso(a)

sing [sɪŋ] (pt **sang** [sæŋ], pp **sung** [sʌŋ]) ■ vt [song] cantar ▸ **to ~ sb to sleep** arrullar a alguien
■ vi [person, bird] cantar / [kettle] pitar

◆ ***sing out*** vi [sing loudly] cantar en voz alta

Singapore [sɪŋə'pɔː(r)] n Singapur

Singaporean [sɪŋə'pɔːrɪən] n & adj singapurense *mf*

singe [sɪndʒ] vt chamuscar

singer ['sɪŋə(r)] n cantante *mf* ▸ **~ songwriter** cantautor(ora) *m,f*

singing ['sɪŋɪŋ] n canto *m* ▸ **his ~ is awful** canta fatal ▸ **~ lessons** clases *fpl* de canto ▸ **to have a fine ~ voice** tener buena voz

single ['sɪŋgəl] ■ n **1.** [record] sencillo *m,* single *m* **2.** *BR* [ticket] *ESP* billete *m or AM* boleto *m* sencillo *or* de ida **3.** [hotel room] habitación *f* sencilla *or* individual **4. singles** [in tennis] (modalidad *f* de) individuales *mpl*
■ adj **1.** [just one] único(a), solo(a) ▸ **every ~ day** todos los días ▸ **not a ~ one** ni uno solo ▸ **I haven't seen a ~ soul** no he visto ni un alma ▸ **don't say a ~ word** no digas ni una (sola) palabra ▸ FIN **~ currency** moneda *f* única ▸ ECON **~ (European) market** mercado *m* único (europeo) **2.** [not double] **in ~ figures** por debajo de diez ▸ **in ~ file** en fila india ▸ **~ bed** cama *f* individual ▸ **~ cream** *ESP* nata *f or AM* crema *f* líquida ▸ **~ room** habitación *f* sencilla *or* individual **3.** [not married] soltero(a) ▸ **~ mother** madre *f* soltera ▸ **~ parent** padre *m*/madre *f* soltero(a) ▸ **~ parent family** familia *f* monoparental

◆ ***single out*** vt sep señalar, distinguir ▸ **she was singled out for special praise** fue distinguida con una mención especial

single-breasted ['sɪŋgəl'brestɪd] adj [jacket, suit] recto(a), no cruzado(a)

single-decker ['sɪŋgəl'dekə(r)] n autobús *m* de un piso

single-handed ['sɪŋgəl'hændɪd] adj & adv en solitario, sin ayuda

single-handedly ['sɪŋgəl'hændɪdlɪ] adv ➤ ***single-handed***

single-minded ['sɪŋgəl'maɪndɪd] adj resuelto(a), determinado(a)

single-mindedly ['sɪŋgəl'maɪndɪdlɪ] adv con determinación, con empeño

single-sex school ['sɪŋgəl'seks'skuːl] n [for girls] colegio *m* para niñas / [for boys] colegio *m* para niños

singlet ['sɪŋglɪt] n *BR* camiseta *f* (de tirantes *or AM* breteles)

single-track railway ['sɪŋgəl'træk'reɪlweɪ] n vía *f* única

singly ['sɪŋglɪ] adv individualmente, uno(a) por uno(a)

singsong ['sɪŋsɒŋ] ■ n **1.** [voice, tone] **he spoke in a ~** habló con voz cantarina **2.** *BR* [singing session] **to have a ~** ponerse a cantar
■ adj [voice, tone] cantarín(ina)

singular ['sɪŋgjʊlə(r)] ■ n GRAM singular *m* ◗ **in the ~** en singular
■ adj **1.** GRAM singular **2.** [remarkable] singular, excepcional

singularly ['sɪŋgjʊləlɪ] adv singularmente, excepcionalmente

Sinhalese [sɪnə'li:z] ■ n **1.** [person] cingalés(esa) *m,f* **2.** [language] cingalés *m*
■ adj cingalés(esa)

sinister ['sɪnɪstə(r)] adj siniestro(a)

sink[1] [sɪŋk] n [in kitchen] fregadero *m* / [in bathroom] lavabo *m*, *AM* lavamanos *m inv*

sink[2] (pt **sank** [sæŋk], pp **sunk** [sʌŋk]) ■ vt **1.** [ship] hundir ◗ **to be sunk in thought** estar abstraído(a) ◗ *Fam Fig* **to be sunk** [in trouble] estar perdido(a) **2.** [well] cavar / [shaft] excavar ◗ **to ~ one's teeth into sth** hundir *or* hincar los dientes en algo ◗ **to ~ money into a project** invertir mucho dinero en un proyecto ◗ *BR Fam* [drink] **to ~ a pint** *ESP* pimplarse *or AM* tomarse una pinta (de cerveza)
■ vi [in water, mud] hundirse ◗ **her heart sank** se le cayó el alma a los pies ◗ **his spirits sank** se desanimó ◗ **to ~ into sb's memory** quedar grabado(a) en la memoria de alguien ◗ **to ~ into oblivion** sumirse en el olvido ◗ **to ~ into a deep sleep** sumirse en un sueño profundo ◗ **to ~ into an armchair** hundirse en un sillón ◗ **to ~ to the ground** ir cayendo al suelo ◗ **he has sunk in my estimation** ha perdido gran parte de mi estima ◗ **how could you ~ so low?** ¿cómo pudiste caer tan bajo?

◆ ***sink in*** vi [liquid] penetrar, calar / [information] calar ◗ *Fig* **it hasn't sunk in yet** todavía no lo he *or* lo tengo asumido

sinking ['sɪŋkɪŋ] ■ n **1.** [of ship] hundimiento *m* **2.** FIN **~ fund** fondo *m* de amortización
■ adj **with a ~ heart** con creciente desánimo ◗ **to get that ~ feeling** empezar a preocuparse

sinner ['sɪnə(r)] n pecador(ora) *m,f*

sinuous ['sɪnjʊəs] adj sinuoso(a)

sinus ['saɪnəs] n seno *m* (nasal) ◗ **~ infection** sinusitis *f inv*

sinusitis [saɪnə'saɪtɪs] n sinusitis *f inv*

sip [sɪp] ■ n sorbo *m* ◗ **to take a ~ (of sth)** dar un sorbo (a algo)
■ vt (pt & pp **sipped**) sorber, beber a sorbos
■ vi **she sipped at her drink** bebió un sorbo

siphon, syphon ['saɪfən] ■ n sifón *m*
■ vt bombear

◆ ***siphon off*** vt sep [liquid] sacar a sifón / *Fig* [money, supplies] desviar

sir [sɜ:(r)] n **1.** [form of address] señor *m* ◗ **Dear Sir** [in letter] Estimado señor, Muy señor mío ◗ **Dear Sirs** Estimados señores, Muy señores míos **2.** [title] **Sir Cedric** sir Cedric *(título nobiliario masculino)*

sire ['saɪə(r)] ■ n **1.** [of animal] padre *m* **2.** *Old-fashioned* [address to sovereign] señor *m*, majestad *m*
■ vt engendrar

siren ['saɪərən] n sirena *f*

sirloin ['sɜ:lɔɪn] n **~ (steak)** solomillo *m*

sisal ['saɪzəl] n [plant] pita *f* / [material] sisal *m*

sissy ['sɪsɪ] n *Fam* [weak male] blandengue *m*, llorica *m* / [effeminate male] mariquita *m*

sister ['sɪstə(r)] n **1.** [sibling] hermana *f* ◗ **~ company** empresa *f* asociada ◗ **~ ship** buque *m* gemelo **2.** [nun] hermana *f* ◗ **~ Teresa** sor Teresa, la hermana Teresa **3.** [nurse] enfermera *f* jefe

sisterhood ['sɪstəhʊd] n **1.** [community of nuns] hermandad *f*, congregación *f* **2.** [solidarity] hermandad *f* (entre mujeres)

sister-in-law ['sɪstərɪn'lɔ:] (pl **sisters-in-law**) n cuñada *f*

sisterly ['sɪstəlɪ] adj de hermana

sit [sɪt] (pt & pp **sat** [sæt]) ■ vt **1. to ~ a child on one's knee** sentar a un niño en el regazo **2.** *BR* [exam] presentarse a
■ vi **1.** [person] [be seated] estar sentado(a) / [sit down] sentarse ◗ **~!** [to dog] ¡siéntate! ◗ **don't just ~ there!** ¡no te quedes ahí (sentado) sin hacer nada! ◗ *Fam* **to ~ tight** quedarse quieto(a) **2.** [assembly, court] reunirse ◗ **to ~ on a jury** formar parte de un jurado **3.** [object] **to be sitting on the radiator** estar encima del radiador

◆ ***sit about, sit around*** vi gandulear, holgazanear

◆ ***sit back*** vi **1.** [lean back] **to ~ back in one's chair** recostarse en la silla **2.** *Fam* [relax] relajarse / [not intervene] quedarse de brazos cruzados

◆ ***sit down*** ■ vt sep **to ~ sb down** sentar a alguien ◗ *Fam* **~ yourself down!** ¡siéntate!
■ vi sentarse ◗ **to be sitting down** estar sentado(a)

◆ ***sit in*** vi [at meeting] estar presente (**on** en) *(como observador)*

◆ ***sit on*** vt insep *Fam* **1.** [not deal with] no tocar **2.** [repress] hacer la vida imposible a

◆ ***sit out*** ■ vt sep [not participate in] saltarse
■ vi [in garden] sentarse fuera

◆ ***sit through*** vt insep aguantar

◆ ***sit up*** vi **1.** [straighten one's back] sentarse derecho(a) / [from lying position] incorporarse ◗ *Fig* **to make sb ~ up** hacer reaccionar a alguien **2.** [not go to bed] **to ~ up (late)** quedarse levantado(a) hasta tarde

sitar ['sɪtɑ:(r)] n MUS sitar *m*

sitcom ['sɪtkɒm] n TV telecomedia *f* (de situación)

site [saɪt] ■ n **1.** [position] lugar *m* / [archaeological] yacimiento *m* / [of monument, building, complex] emplazamiento *m* **2. (building) ~** obra *f*
■ vt emplazar, ubicar ◗ **to be sited** estar situado(a)

sit-in ['sɪtɪn] n encierro *m*

sitting ['sɪtɪŋ] ■ n [of committee, for portrait] sesión *f* / [for meal] turno *m* ◗ **at one ~** de una sentada ◗ *BR* **~ room** [in house] salón *m*, sala *f* de estar
■ adj **1.** [seated] sentado(a) ◗ *Fam Fig* **to be a ~ duck** *or* **target** ser un blanco fácil **2.** [current] PARL **the ~**

member el/la actual representante ▸ **~ tenant** inquilino(a) *m,f* titular *or* legal

situate ['sɪtjʊeɪt] vt situar, ubicar

situated ['sɪtjʊeɪtɪd] adj situado(a)

situation [sɪtjʊ'eɪʃən] n **1.** [circumstances] situación *f* ▸ **~ comedy** [on TV] telecomedia *f* (de situación) **2.** [job] colocación *f* ▸ **situations vacant/wanted** ofertas *fpl*/demandas *fpl* de empleo **3.** [location] situación *f*, ubicación *f*

sit-up ['sɪtʌp] n **to do sit-ups** hacer abdominales

six [sɪks] ■ n seis *m* ▸ *Fam* **it's ~ of one and half a dozen of the other** viene a ser lo mismo ▸ **at sixes and sevens** hecho(a) un lío ▸ *BR Fam* **to knock sb for ~** hacer polvo *or* picadillo a alguien
■ adj seis / *see also* ***eight***

six-figure ['sɪks'fɪgə(r)] adj **a ~ sum** una cantidad (de dinero) de seis cifras

six-pack ['sɪkspæk] n **1.** [beer] paquete *m or* pack *m* de seis cervezas **2.** *Fam* [stomach muscles] [of man] abdominales *mpl*

six-shooter ['sɪksʃuːtə(r)] n revólver *m* *(de seis disparos)*

sixteen [sɪks'tiːn] n & adj dieciséis *m* / *see also* ***eight***

sixteenth [sɪks'tiːnθ] ■ n **1.** [fraction] dieciseisavo *m*, decimosexta parte *f* ▸ *US* MUS **~ note** semicorchea *f* **2.** [in series] decimosexto(a) *m,f* **3.** [of month] dieciséis *m*
■ adj decimosexto(a) / *see also* ***eleventh***

sixth [sɪksθ] ■ n **1.** [fraction] sexto *m*, sexta parte *f* **2.** [in series] sexto(a) *m,f* **3.** [of month] seis *m*
■ adj sexto(a) ▸ *BR* SCH **the ~ form** = *últimos dos cursos del bachillerato británico previos a los estudios superiores* ▸ *BR* SCH **~ former** = *estudiante de los dos últimos cursos del bachillerato británico* ▸ **~ sense** sexto sentido *m* / *see also* ***eighth***

sixtieth ['sɪkstɪɪθ] n & adj sexagésimo(a) *m,f*

sixty ['sɪkstɪ] n & adj sesenta *m* / *see also* ***eighty***

sixty-fourth note ['sɪkstɪfɔːθ'nəʊt] n *US* MUS semifusa *f*

size [saɪz] n **1.** [of person] talla *f*, tamaño *m* / [of place, object] tamaño *m* / [of problem, undertaking] envergadura *f*, dimensiones *fpl* ▸ *Fam* **that's about the ~ of it** así están las cosas **2.** [of clothes] talla *f* / [of shoes] número *m* ▸ **what ~ do you take?, what ~ are you?** [of clothes] ¿qué talla usas *or* gastas? / [of shoes] ¿qué número calzas? ▸ **~ 10 shoes** ≃ zapatos del número 44 ▸ **to try sth (on) for ~** probarse algo para ver qué tal queda de talla

◆ ***size up*** vt sep [situation] calibrar / [person] analizar

sizeable ['saɪzəbəl] adj considerable

sizzle ['sɪzəl] ■ n crepitación *f*
■ vi crepitar

sizzling ['sɪzlɪŋ] adj **1.** [sputtering] chisporroteante **2.** *Fam* [hot] [day] achicharrante, abrasador(ora)

skate[1] [skeɪt] n [fish] raya *f*

skate[2] ■ n patín *m* ▸ *Fam Fig* **to get one's skates on** [hurry] ponerse las pilas, aligerar
■ vi patinar ▸ *Fig* **to ~ round sth** evitar algo

◆ ***skate over*** vt insep [deal with superficially] tocar muy por encima

skateboard ['skeɪtbɔːd] n monopatín *m*, skate(board) *m*

skateboarding ['skeɪtbɔːdɪŋ] n skate(board) *m*

skater ['skeɪtə(r)] n patinador(ora) *m,f*

skating ['skeɪtɪŋ] n patinaje *m* ▸ **~ rink** pista *f* de patinaje

skeletal ['skelɪtəl] adj esquelético(a)

skeleton ['skelɪtən] n [of person] esqueleto *m* / [of building] esqueleto *m*, estructura *f* ▸ *Fig* **a ~ in the cupboard** *or* **closet** un secreto vergonzante ▸ **~ crew** tripulación *f* mínima ▸ **~ key** llave *f* maestra ▸ **~ staff** personal *m* mínimo

sketch [sketʃ] ■ n **1.** [drawing, description] esbozo *m*, bosquejo *m* ▸ **~ map** esquema *m*, croquis *m inv* ▸ **~ pad** bloc *m* de dibujo **2.** [on stage, TV] episodio *m*, sketch *m*
■ vt *also Fig* esbozar

◆ ***sketch in*** vt sep *also Fig* esbozar

◆ ***sketch out*** vt sep hacer un esquema de

sketchbook ['sketʃbʊk] n cuaderno *m* de dibujo

sketchily ['sketʃɪlɪ] adv someramente, superficialmente

sketchy ['sketʃɪ] adj somero(a), vago(a)

skew [skjuː] ■ n **on the ~** ladeado(a), torcido(a)
■ vt [distort] distorsionar

skewed [skjuːd] adj [distorted] sesgado(a)

skewer ['skjuːə(r)] ■ n brocheta *f*
■ vt ensartar, espetar

skew-whiff ['skjuː'wɪf], *US* ***skew-gee*** ['skjuː'dʒiː] *Fam* ■ adj torcido(a)
■ adv de lado

ski [skiː] ■ n esquí *m* ▸ **a pair of skis** unos esquís ▸ **~ boots** botas *fpl* de esquí ▸ **~ instructor** monitor(ora) *m,f* de esquí ▸ **~ jump** salto *m* de esquí ▸ **~ jumper** saltador(ora) *m,f* de esquí ▸ **~ lift** remonte *m*, telesquí *m* ▸ **~ pants** pantalones *mpl* de esquí ▸ **~ resort** estación *f* de esquí ▸ **~ run** *or* **slope** pista *f* de esquí ▸ **~ stick** bastón *m* de esquí
■ vi (pt & pp **skied**) esquiar

skid [skɪd] ■ n **1.** [of car] patinazo *m* ▸ **to go into a ~** patinar **2.** [idioms] *Fam* **to put the skids under sth/sb** ocasionar la ruina de algo/alguien ▸ *Fam* **to be on the skids** estar yéndose a pique ▸ *US Fam* **to be on ~ row** pordiosear, vivir en la indigencia
■ vi (pt & pp **skidded**) patinar

skidmark ['skɪdmɑːk] n marca *f* de neumáticos

skier ['skiːə(r)] n esquiador(ora) *m,f*

skiing ['skiːɪŋ] n esquí *m* ▸ **to go ~** ir a esquiar ▸ **~ holiday** vacaciones *fpl* de esquí ▸ **~ instructor** monitor(ora) *m,f* de esquí

skilful, *US* ***skillful*** ['skɪlfʊl] adj hábil, habilidoso(a)

skilfully, *US* ***skillfully*** ['skɪlfʊlɪ] adv hábilmente

skill [skɪl] n [ability] destreza *f*, habilidad *f* / [talent] talento *m*, aptitud *f* / [technique] técnica *f*, capacidad *f*

skilled [skɪld] adj [person] experto(a), capacitado(a) / [work] especializado(a) ▸ **she's ~ in resolving such**

problems se le da muy bien resolver ese tipo de problemas ▸ ~ **worker** trabajador(ora) *m,f* cualificado(a)

skillful, skillfully *US* = ***skilful, skilfully***

skim [skɪm] (pt & pp **skimmed**) ■ vt **1.** [milk] *ESP* quitar la nata a, *AM* sacar la crema a / [soup] espumar **2.** [surface] rozar apenas ▸ **to ~ stones (on water)** hacer cabrillas *or* la rana (en el agua)
■ vi **to ~ along** *or* **over the ground** pasar rozando el suelo

◆ ***skim off*** vt sep [fat, cream] retirar / *Fig* [money] quedarse con

◆ ***skim through*** vt insep [novel, document] echar una ojeada a

skimmed milk ['skɪmd'mɪlk], *US* ***skim milk*** ['skɪm'mɪlk] n leche *f* desnatada *or* descremada

skimp [skɪmp] ■ vt escatimar
■ vi **to ~ on sth** escatimar algo

skimpily ['skɪmpɪlɪ] adv ~ **dressed** ligero(a) de ropa ▸ **the book deals rather ~ with the economic background** el libro trata de manera un tanto superficial el trasfondo económico

skimpy ['skɪmpɪ] adj [meal] exiguo(a), escaso(a) / [clothes] exiguo(a)

skin [skɪn] ■ n **1.** [of person, animal, fruit] piel *f* / [on milk, sauce] nata *f* ▸ **to be all ~ and bone** estar en los huesos ▸ *Fam* **I nearly jumped out of my ~** casi me muero del susto ▸ **by the ~ of one's teeth** por los pelos ▸ **to save one's (own) ~** salvar el pellejo ▸ *Fam* **to get under sb's ~** poner histérico(a) a alguien ▸ *Fam* **it's no ~ off my nose** me *ESP* trae *or AM* tiene sin cuidado *or* al fresco ▸ ~ **cancer** cáncer *m* de piel ▸ ~ **complaint** afección *f* cutánea ▸ ~ **cream** crema *f* para la piel ▸ ~ **disease** enfermedad *f* cutánea ▸ ~ **diving** buceo *m* a pulmón libre ▸ *US Fam* ~ **flick** [porn film] película *f* porno ▸ MED ~ **graft** injerto *m* de piel **2.** *Fam* [skinhead] cabeza *mf* rapada
■ vt (pt & pp **skinned**) [animal] despellejar, desollar / [tomato] pelar ▸ **to ~ one's knees** arañarse las rodillas

skinflint ['skɪnflɪnt] n *Fam* rata *mf*, roñoso(a) *m,f*

skinhead ['skɪnhed] n cabeza *mf* rapada

skinny ['skɪnɪ] adj flaco(a)

skint [skɪnt] adj *BR Fam* **to be ~** estar sin un centavo, *ESP* estar pelado(a)

skintight ['skɪntaɪt] adj muy ajustado(a)

skip [1] [skɪp] ■ n brinco *m*
■ vt (pt & pp **skipped**) [meal, page, stage] saltarse
■ vi [lambs, children] brincar / [with rope] saltar a la cuerda *or ESP* comba

skip [2] n *BR* [for rubbish] contenedor *m*

skipper ['skɪpə(r)] ■ n [of ship] patrón(ona) *m,f*, capitán(ana) *m,f* / [of team] capitán(ana) *m,f*
■ vt *Fam* capitanear

skipping ['skɪpɪŋ] n (saltos *mpl* a la) cuerda *f or ESP* comba ▸ *BR* ~ **rope** cuerda *f* (de saltar), *ESP* comba *f*

skirmish ['skɜːmɪʃ] ■ n MIL escaramuza *f* / *Fig* refriega *f*, trifulca *f*
■ vi pelear, luchar

skirt [skɜːt] ■ n falda *f*, *CSUR* pollera *f*
■ vt [village, hill] bordear, rodear

◆ ***skirt round,*** *US* ***skirt around*** vt insep [village, hill] bordear, rodear ▸ **to ~ round** *or* **around a problem** eludir *or* evadir un problema

skirting board ['skɜːtɪŋbɔːd] n *BR* zócalo *m*, rodapié *m*

skit [skɪt] n parodia *f*

skittish ['skɪtɪʃ] adj [person] locuelo(a), juguetón(ona)

skittle ['skɪtəl] n bolo *m*

skive [skaɪv] vi *BR Fam* [avoid work] zafarse, *ESP* escaquearse

◆ ***skive off*** vi *BR Fam* [off school] *ESP* hacer novillos, *COL* capar colegio, *MÉX* irse de pinta, *RP* hacerse la rata / [off work] zafarse, *ESP* escaquearse

skiver ['skaɪvə(r)] n *BR Fam* holgazán(ana) *m,f*, gandul(ula) *m,f*, *MÉX* flojo(a) *m,f*

skivvy ['skɪvɪ] n *BR Pej* fregona *f*, criada *f*

skulduggery [skʌl'dʌgərɪ] n tejemanejes *mpl*

skulk [skʌlk] vi [hide] esconderse / [move furtively] merodear

skull [skʌl] n cráneo *m* ▸ **the ~ and crossbones** la calavera y las tibias

skullcap ['skʌlkæp] n casquete *m* / [of priest] solideo *m*

skunk [skʌŋk] n [animal] mofeta *f* / *Fam Pej* [person] miserable *mf*, *ESP* perro *m*

sky [skaɪ] n cielo *m* ▸ *Fam* **the sky's the limit** podemos conseguir cualquier cosa que nos propongamos ▸ *Fam* **to praise sb to the skies** poner a alguien por las nubes ▸ ~ **high** [price, costs] altísimo(a)

sky-blue [skaɪ'bluː] adj azul celeste

skydiver ['skaɪdaɪvə(r)] n = *persona que practica la caída libre (en paracaídas)*

skydiving ['skaɪdaɪvɪŋ] n caída *f* libre (en paracaídas)

skylark ['skaɪlɑːk] n alondra *f*

skylight ['skaɪlaɪt] n claraboya *f*

skyline ['skaɪlaɪn] n [horizon] horizonte *m* / [of city] silueta *f*, contorno *m*

skyscraper ['skaɪskreɪpə(r)] n rascacielos *m inv*

slab [slæb] n [of stone, concrete] losa *f* / [of cake, meat] trozo *m* / [of chocolate] tableta *f* / [in mortuary] mesa *f* de amortajamiento

slack [slæk] ■ n **to take up the ~** [in rope] tensar la cuerda ▸ *Fig* **I'm fed up with having to take up your ~** estoy harto de tener que encargarme de tu trabajo
■ adj **1.** [not tight] flojo(a) ▸ **to be ~** estar flojo(a) ▸ **trade is ~** el negocio está flojo ▸ ~ **periods** períodos *mpl* de poca actividad **2.** [careless] dejado(a)
■ vi *Fam* vaguear

◆ ***slack off*** vi [diminish] aflojar

slacken ['slækən] ■ vt [pace, rope] aflojar
■ vi [person] flojear / [rope] destensarse / [speed] reducirse, disminuir / [storm, wind] amainar, aflojar / [energy, enthusiasm] atenuarse, disminuir

◆ ***slacken off*** vi [diminish] aflojar

slacker ['slækə(r)] n *Fam* vago(a) *m,f*, tirado(a) *m,f*, *MÉX* flojo(a) *m,f*

slackness ['slæknɪs] n **1.** [negligence, laziness] dejadez *f* **2.** [of rope] distensión *f* **3.** [of business] atonía *f*, inactividad *f*

slacks [slæks] npl [trousers] pantalones *mpl*

slag [slæg] n *BR* **1.** [from coalmine] escoria *f* ▸ **~ heap** escorial *m* **2.** *very Fam Pej* [woman] fulana *f*, *ESP* cualquiera *f*, *COL, MÉX* piruja *f*

◆ ***slag off*** vt sep *BR Fam* [criticize] criticar, *ESP* poner a parir a, *MÉX* viborear

slain [sleɪn] ■ npl **the ~** las bajas, los fallecidos
■ pp *of* ***slay***

slake [sleɪk] vt *Literary* **to ~ one's thirst** apagar *or* calmar la sed

slalom ['slɑ:ləm] n eslalon *m*

slam [slæm] ■ n [of door] portazo *m*
■ vt (pt & pp **slammed**) **1.** [door, lid, drawer] cerrar de un golpe ▸ **to ~ the door in sb's face** dar con la puerta en las narices a alguien ▸ **to ~ sth down** dejar caer *or* estampar algo de un golpe ▸ **to ~ on the brakes** pisar el freno de golpe **2.** *Fam* [criticize] criticar, poner verde a, *MÉX* viborear, *RP* verdulear
■ vi [door] cerrarse de golpe, dar un portazo

slam-dunk ['slæm'dʌŋk] n [in basketball] mate *m*

slander ['slɑ:ndə(r)] ■ n difamación *f*
■ vt difamar

slanderous ['slɑ:ndərəs] adj difamatorio(a)

slang [slæŋ] ■ n argot *m*
■ vt *BR Fam* [insult] criticar, poner verde, *MÉX* viborear, *RP* verdulear ▸ **slanging match** rifirrafe *m*, intercambio *m* de insultos

slant [slɑ:nt] ■ n **1.** [slope] inclinación *f* **2.** [emphasis, bias] sesgo *m*, orientación *f* ▸ **she put a favourable ~ on the information** le dio un cariz *or* sesgo favorable a la información
■ vt **1.** [set at angle] inclinar **2.** [bias] enfocar subjetivamente
■ vi [slope] estar inclinado(a)

slanting ['slɑ:ntɪŋ] adj inclinado(a)

slap [slæp] ■ n [with hand] bofetada *f*, cachete *m* ▸ *also Fig* **a ~ in the face** una bofetada ▸ *Fig* **a ~ on the wrist** [reprimand] un tirón de orejas
■ adv *Fam* **~ (bang) in the middle** en todo el medio
■ vt (pt & pp **slapped**) dar una palmada en ▸ **to ~ sb's face, to ~ sb in the face** abofetear a alguien ▸ **to ~ sb on the back** dar a alguien una palmada en la espalda ▸ *Fig* **to ~ sb down** hacer callar a alguien ▸ **to ~ some paint on sth** dar una mano de pintura a algo

slapdash ['slæpdæʃ] adj chapucero(a)

slapstick ['slæpstɪk] n **~ (comedy)** = *comedia visual disparatada*

slap-up ['slæpʌp] adj *BR Fam* **~ meal** comilona *f*, banquete *m*

slash [slæʃ] ■ n **1.** [cut] tajo *m*, corte *m* **2.** TYP barra *f* **3.** *BR very Fam* **to have/go for a ~** echar/ir a echar una meada
■ vt [cut] cortar / [reduce] recortar fuertemente ▸ **prices slashed** [sign] precios por los suelos

slat [slæt] n listón *m*, tablilla *f*

slate [sleɪt] ■ n **1.** [stone] pizarra *f* ▸ **(writing) ~** pizarra *f* ▸ **~ grey** gris *m* pizarra ▸ **~ quarry** pizarral *m* **2.** [idioms] *Fam* **put it on the ~** anótalo en mi cuenta ▸ **to wipe the ~ clean** hacer borrón y cuenta nueva
■ vt *Fam* [criticize] vapulear, *ESP* poner por los suelos, *MÉX* viborear, *RP* dejar por el piso

slaughter ['slɔ:tə(r)] ■ n [of animals] sacrificio *m* / [of people] matanza *f*
■ vt [animals] sacrificar / [people] matar / *Fam* [defeat heavily] dar una paliza a, *ESP* machacar

slaughterhouse ['slɔ:təhaʊs] n matadero *m*

Slav [slɑ:v] n eslavo(a) *m,f*

slave [sleɪv] ■ n esclavo(a) *m,f* ▸ *Fam Fig* **~ driver** negrero(a) *m,f*, tirano(a) *m,f* ▸ **~ labour** trabajo *m* de esclavos ▸ **~ trade** comercio *m or* trata *f* de esclavos
■ vi trabajar como un negro ▸ **I've been slaving over a hot stove all day!** ¡me he pasado el día bregando en la cocina!

slaver ['slævə(r)] vi babear

slavery ['sleɪvərɪ] n esclavitud *f*

Slavic ['slɑ:vɪk] adj eslavo(a)

slavish ['sleɪvɪʃ] adj servil

slavishly ['sleɪvɪʃlɪ] adv de un modo servil, servilmente ▸ **to copy sth ~** copiar algo punto por punto

Slavonic [slə'vɒnɪk] adj eslavo(a)

slay [sleɪ] (pt **slew** [slu:], pp **slain** [sleɪn]) vt *Literary* [kill] quitar la vida a, matar

sleaze [sli:z] n *Fam* corrupción *f*

sleazy ['sli:zɪ] adj *Fam* [place, bar, hotel] de mala muerte, *ESP* cutre, *MÉX* gacho(a) / [government, politician] corrupto(a) / [affair, reputation] escandaloso(a) y sórdido(a)

sledge [sledʒ], *US* ***sled*** [sled] ■ n trineo *m*
■ vi montar en trineo

sledgehammer ['sledʒhæmə(r)] n mazo *m*, maza *f* ▸ *Fig* **to use a ~ to crack a nut** matar moscas a cañonazos

sleek [sli:k] adj [hair] liso(a) y brillante / [manner] bien plantado(a)

◆ ***sleek down*** vt sep **to ~ down one's hair** alisarse el pelo

sleep [sli:p] ■ n **1.** [rest] sueño *m* ▸ **to go to ~** dormirse ▸ **to put sb to ~** [anaesthetize] dormir a alguien ▸ **to put an animal to ~** [kill] sacrificar a un animal *(para evitar que sufra)* ▸ **to send sb to ~** [bore] dar sueño *or* aburrir a alguien ▸ **I'm not losing any ~ over it** no me quita el sueño ▸ **to walk/talk in one's ~** caminar/hablar en sueños ▸ **my foot has gone to ~** se me ha dormido el pie **2.** [in eye] legañas *fpl*
■ vi (pt & pp **slept** [slept]) dormir ▸ **~ well!** ¡que duermas bien!, ¡que descanses! ▸ *Euph* **to ~ with sb** acostarse con alguien ▸ **I slept through the alarm** no oí el despertador ▸ **I'll ~ on it** lo consultaré con la almohada ▸ **to ~ rough** dormir a la intemperie
■ vt **the cottage sleeps four** la casa puede albergar a cuatro personas ▸ **I haven't slept a wink all night** no he pegado ojo en toda la noche

◆ ***sleep around*** vi *Fam* acostarse con unos y con otros

◆ ***sleep in*** vi quedarse durmiendo hasta tarde

◆ ***sleep off*** vt sep **to ~ off a hangover** dormir la mona

◆ ***sleep together*** vi acostarse juntos

sleeper ['sliːpə(r)] n **1. to be a light/heavy ~** tener el sueño ligero/profundo **2.** RAIL [train] tren *m* de literas / *BR* [on track] traviesa *f*

sleepily ['sliːpɪlɪ] adv soñolientamente

sleepiness ['sliːpɪnɪs] n somnolencia *f*

sleeping ['sliːpɪŋ] ■ n **~ arrangements** distribución *f* de (las) camas ▸ **~ bag** saco *m* de dormir, *COL, MÉX* sleeping (bag) *m*, *RP* bolsa *f* de dormir ▸ **~ car** [on train] coche *m* cama ▸ **~ pill** somnífero *m*, pastilla *f* para dormir
■ adj dormido(a) ▸ *Fig* **to let ~ dogs lie** no enturbiar las aguas ▸ *BR* **~ partner** [in company] socio *m* capitalista *or* comanditario ▸ *BR* **~ policeman** [in road] *ESP* resalto *m or* bache *m (de moderación de velocidad)*, *ARG* despertador *m*, *MÉX* tope *m*

sleepless ['sliːplɪs] adj **to have a ~ night** pasar una noche en blanco

sleepwalk ['sliːpwɔːk] vi caminar dormido(a) *or* sonámbulo(a)

sleepwalker ['sliːpwɔːkə(r)] n sonámbulo(a) *m,f*

sleepwalking ['sliːpwɔːkɪŋ] n sonambulismo *m*

sleepy ['sliːpɪ] adj adormilado(a), soñoliento(a) ▸ **to be** *or* **feel ~** tener sueño

sleet [sliːt] ■ n aguanieve *f*
■ vi **it's sleeting** está cayendo aguanieve

sleeve [sliːv] n **1.** [of shirt, jacket] manga *f* ▸ *Fig* **he's still got something up his ~** aún le queda algo escondido en la manga **2.** [of record] funda *f* ▸ *BR* **~ notes** notas *fpl* de la funda

sleeveless ['sliːvlɪs] adj sin mangas

sleigh [sleɪ] n trineo *m*

sleight [slaɪt] n **~ of hand** trucos *mpl*, juegos *mpl* de manos ▸ *Fig* **by ~ of hand** con tejemanejes, por arte de birlibirloque

slender ['slendə(r)] adj **1.** [person, waist, figure] esbelto(a) **2.** [hope] remoto(a) / [income, majority] escaso(a) ▸ **of ~ means** de pocos recursos

slept [slept] pt & pp *of* ***sleep***

sleuth [sluːθ] n *Fam* sabueso *m*, detective *mf*

slew [sluː] pt *of* ***slay***

slice [slaɪs] ■ n [of bread] rebanada *f* / [of cheese, ham] loncha *f* / [of beef] tajada *f* / [of salami, cucumber] rodaja *f* / [of cake] trozo *m*, porción *f* ▸ *Fig* **a ~ of the profits** un pedazo *or* una porción del pastel *or AM* de la torta
■ vt **1.** [bread] partir en rebanadas / [cheese, ham] partir en lonchas / [beef] partir / [salami, cucumber] partir en rodajas / [cake] trocear, dividir ▸ **to ~ sth in two** *or* **in half** dividir algo en dos *or* por la mitad **2.** [in golf] golpear mal

◆ ***slice off*** vt sep cortar

◆ ***slice through*** vt insep atravesar, cortar

◆ ***slice up*** vt sep repartir, dividir

sliced bread ['slaɪst'bred] n pan *m* de molde *or RP* pan *m* lactal en rebanadas ▸ *Fam* **it's the best thing since ~** es lo mejor del mundo

slick [slɪk] ■ n **(oil) ~** marea *f* negra
■ adj **1.** [campaign] hábil / [performance, production] perfecto(a) **2.** *Pej* [salesman] **to be ~** tener mucha labia **3.** [surface, tyre] resbaladizo(a)

◆ ***slick back*** vt sep **to ~ one's hair back** alisarse el pelo

slickly ['slɪklɪ] adv [marketed, organized] hábilmente

slide [slaɪd] ■ n **1.** [fall] [land] desprendimiento *m*, deslizamiento *m* / [in prices, popularity] caída *f*, desplome *m* **(in** de**)** ▸ MATH **~ rule** regla *f* de cálculo **2.** [in playground] tobogán *m* **3.** [photographic] diapositiva *f* / [for microscope] portaobjetos *m inv* ▸ **~ projector** proyector *m* de diapositivas / [gen] & COMPTR ▸ **~ show** proyección *f* de diapositivas **4.** *BR* [for hair] pasador *m*
■ vt (pt & pp **slid** [slɪd]) pasar, deslizar ▸ **to ~ the lid off** quitar *or AM* sacar la tapa corriéndola *or* deslizándola
■ vi **1.** [slip] resbalar ▸ **the door slid open** la puerta se abrió deslizándose ▸ **to ~ down a rope** deslizarse por una cuerda ▸ *Fig* **to let things ~** dejar que las cosas vayan a peor **2.** [move quietly] deslizarse

sliding ['slaɪdɪŋ] adj corredero(a) ▸ **~ door** puerta *f* corredera ▸ **~ scale** escala *f* móvil

slight [slaɪt] ■ n [affront] desaire *m*
■ adj **1.** [small, unimportant] ligero(a), pequeño(a) ▸ **not the slightest danger/interest** ni el más mínimo peligro/interés ▸ **not in the slightest** en lo más mínimo **2.** [person] menudo(a)
■ vt desairar

slightly ['slaɪtlɪ] adv **1.** [to a small degree] ligeramente, un poco **2. ~ built** menudo(a)

slily ➤ ***slyly***

slim [slɪm] ■ adj [person] delgado(a) / [book] fino(a), delgado(a) / [chance, hope] pequeño(a) / [majority] escaso(a)
■ vi (pt & pp **slimmed**) adelgazar

◆ ***slim down*** ■ vt sep [budget] reducir, recortar / [company] reducir plantilla en
■ vi **1.** [person] adelgazar, perder peso **2.** [company] reducir plantilla

slime [slaɪm] n [mud] lodo *m*, cieno *m* / [of snail, slug] baba *f*

slimline ['slɪmlaɪn] adj [dishwasher, diary, calculator] extraplano(a)

slimmer ['slɪmə(r)] n persona *f* que está a régimen

slimming ['slɪmɪŋ] n adelgazamiento *m* ▸ **~ can be bad for you** adelgazar puede ser perjudicial ▸ **~ diet** régimen *m* de adelgazamiento ▸ **~ product** producto *m* para adelgazar

slimy ['slaɪmɪ] adj [frog, snail] viscoso(a) / [person] pegajoso(a), empalagoso(a)

sling [slɪŋ] ■ n **1.** [for injured arm] cabestrillo *m* **2.** [weapon] honda *f*
■ vt (pt & pp **slung** [slʌŋ]) [throw] lanzar, arrojar ▸ **to ~ sth over one's shoulder** echarse algo a la espalda ▸ *BR Fam* **~ your hook!** ¡piérdete!

◆ ***sling out*** vt sep *Fam* [throw away] tirar, *AM* botar / [person] echar

slingshot ['slɪŋʃɒt] n *US* tirachinas *m inv*

slink [slɪŋk] (pt & pp **slunk** [slʌŋk]) vi **to ~ off** *or* **away** marcharse subrepticiamente

slinky ['slɪŋkɪ] adj **a ~ dress** un vestido que marca las curvas

slip [slɪp] ■ n **1.** [fall] resbalón *m* / [landslide] corrimiento *m,* deslizamiento *m* / [in prices, standards] derrumbamiento *m,* caída *f* **2.** [error] desliz *m* ▸ **~ of the pen** lapsus *m inv* (calami) ▸ **~ of the tongue** lapsus *m inv* (linguae) **3. to give sb the ~** dar esquinazo a alguien **4.** [paper] papeleta *f* / [form] hoja *f* **5. a ~ of a girl** una chavalina ▸ **a ~ of a lad** un chavalín **6.** *BR AUT* **~ road** [into motorway] carril *m* de incorporación *or* aceleración / [out of motorway] carril *m* de salida *or* deceleración **7.** [garment] combinación *f* ▸ **(pillow) ~** funda *f* (de almohada)

■ vt (pt & pp **slipped**) **1.** [leave] **his name has slipped my mind** se me ha ido su nombre de la cabeza ▸ **the ship slipped its moorings** el barco se soltó del amarre **2.** [put] deslizar ▸ **he slipped on/off his shoes** se puso/se quitó los zapatos ▸ **to ~ sth into the conversation** deslizar algo en la conversación **3. to have slipped a disc** tener una vértebra dislocada, tener una hernia discal

■ vi **1.** [slide] resbalar ▸ **his foot slipped** le resbaló un pie ▸ *also Fig* **to ~ from sb's hands** *or* **grasp** escapársele de las manos a alguien ▸ *Fig* **to ~ through sb's fingers** escapársele de las manos a alguien ▸ **to let one's guard ~** bajar la guardia ▸ **to let one's concentration ~** desconcentrarse **2.** [move quickly] **to ~ into sth** [bed] meterse en algo / [room] colarse en algo / [clothes, shoes] ponerse algo ▸ **to ~ out of** [clothes] quitarse, *AM* sacarse ▸ **I'll just ~ round to the post office** voy un momento a correos **3.** [make mistake] tener un desliz, cometer un error ▸ **you're slipping** estás fallando **4. she let ~ a few swear words** se le escaparon unas cuantas palabrotas ▸ **he let it ~ that he would be resigning** se le escapó que iba a dimitir

◆ ***slip away*** vi [leave] desaparecer, desvanecerse

◆ ***slip by*** vi [time, years] pasar

◆ ***slip out*** vi [escape] escaparse ▸ **to ~ out to the shop** salir un momento a la tienda

◆ ***slip through*** vi [mistake, saboteur] colarse

◆ ***slip up*** vi [make mistake] tener un desliz, cometer un error

slip-on ['slɪpɒn] ■ n *Fam* **slip-ons** zapatos *mpl* sin cordones

■ adj **~ shoes** zapatos *mpl* sin cordones

slipper ['slɪpə(r)] n zapatilla *f*

slippery ['slɪpərɪ] adj resbaladizo(a), escurridizo(a) / [person] tramposo(a) ▸ *Fig* **to be on a ~ slope** caer cuesta abajo

slippy ['slɪpɪ] adj resbaladizo(a), escurridizo(a)

slipshod ['slɪpʃɒd] adj chapucero(a)

slipstream ['slɪpstri:m] n estela *f*

slip-up ['slɪpʌp] n (pequeño) error *m,* desliz *m*

slipway ['slɪpweɪ] n *NAUT* grada *f*

slit [slɪt] ■ n [below door] rendija *f* / [of dress, in paper] corte *m,* raja *f*

■ vt (pt & pp **slit**) hacer una abertura en ▸ **to ~ sth open** abrir algo rajándolo ▸ **to ~ sb's throat** degollar a alguien

slither ['slɪðə(r)] vi deslizarse

sliver ['slɪvə(r)] n [of ham, cheese] lonchita *f* / [of glass] esquirla *f*

slob [slɒb] n *Fam* [untidy person] cerdo(a) *m,f, ESP* guarro(a) *m,f* / [lazy person] dejado(a) *m,f,* tirado(a) *m,f*

slobber ['slɒbə(r)] vi babear

sloe [sləʊ] n [fruit] endrina *f* ▸ **~ gin** licor *m* de endrinas, ≃ pacharán *m*

slog [slɒg] *Fam* ■ n **it was a bit of a ~** fue un aburrimiento *or ESP* tostonazo (de trabajo) ▸ **it's a long ~** [walk] hay un buen trecho *or ESP* una buena tirada

■ vi (pt & pp **slogged**) [work hard] trabajar como un/una negro(a), *ESP* dar el callo

slogan ['sləʊgən] n eslogan *m*

sloop [slu:p] n [ship] balandro *m*

slop [slɒp] ■ n **1.** [pig food] desperdicios *mpl* (para los cerdos) / *Pej* [bad food] bazofia *f* **2.** *Fam* [sentimentality] cursilerías *fpl*

■ vt (pt & pp **slopped**) derramar

■ vi derramarse

slope [sləʊp] ■ n cuesta *f,* pendiente *f*

■ vi caer, inclinarse

◆ ***slope off*** vi *BR Fam* escabullirse

sloping ['sləʊpɪŋ] adj [roof, ground] en cuesta, inclinado(a) / [handwriting] inclinado(a) / [shoulders] caído(a)

sloppily ['slɒpɪ] adv [work] chapuceramente / [dress] descuidadamente

sloppy ['slɒpɪ] adj **1.** [careless] chapucero(a), descuidado(a) **2.** *Fam* [sentimental] almibarado(a)

slosh [slɒʃ] vi [liquid] chapotear

sloshed [slɒʃt] adj *Fam* como una cuba, *ESP, RP* mamado(a), *COL* caído(a) (de la perra), *MÉX* ahogado(a)

slot [slɒt] ■ n [in box, machine, computer] ranura *f* / [in schedule, list] hueco *m* ▸ **~ machine** [for vending] máquina *f* expendedora / [for gambling] (máquina *f*) tragaperras *f inv*

■ vt (pt & pp **slotted**) [part] introducir

◆ ***slot in*** ■ vt sep [into schedule] hacer un hueco a

■ vi [part, into team] encajar

sloth [sləʊθ] n **1.** [laziness] pereza *f* **2.** [animal] perezoso *m*

slothful ['sləʊθfʊl] adj perezoso(a) *m,f*

slouch [slaʊtʃ] ■ n *Fam* **he's no ~ in the kitchen** es un hacha en la cocina

■ vi [on chair] repantigarse ▸ **he slouched out of the room** salió de la habitación caminando encorvado ▸ **don't ~!** ¡ponte derecho!

slough [slʌf] vt **to ~ its skin** [reptile] mudar de piel *or* de camisa

Slovak ['sləʊvæk] ■ n **1.** [person] eslovaco(a) *m,f* **2.** [language] eslovaco *m*

■ adj eslovaco(a)

Slovakia [sləʊ'vækɪə] n Eslovaquia

Slovakian [sləʊ'vækɪən] n & adj eslovaco(a) *m,f*

Slovene, Slovenian ['sləʊvi:n] ■ n **1.** [person] esloveno(a) *m,f* **2.** [language] esloveno *m*

■ adj esloveno(a)

Slovenia [sləʊ'viːnɪə] n Eslovenia

Slovenian [sləʊ'viːnɪən] ➤ ***Slovene***

slovenly ['slʌvənlɪ] adj [untidy] desastrado(a) / [careless] descuidado(a)

slow [sləʊ] ■ adj **1.** [not fast] lento(a) ▸ **to be ~ to do sth** tardar *or AM* demorar en hacer algo ▸ **business is ~** el negocio está flojo ▸ **my watch is ~** mi reloj va atrasado ▸ **to be ~ off the mark** [to start] tardar *or AM* demorar en arrancar / [to understand] ser un poco torpe ▸ CULIN **in a ~ oven** a horno moderado ▸ **we're making ~ progress** avanzamos muy poco ▸ **she's a ~ worker** trabaja despacio ▸ AUT **~ lane** carril *m* lento ▸ CIN & TV **(in) ~ motion** a cámara lenta ▸ **~ train** tren *m* lento **2.** [stupid] corto(a) *or* lento(a) de entendederas
■ adv despacio, lentamente
■ vi aminorar la velocidad ▸ **to ~ to a halt** ir aminorando la velocidad hasta detenerse

◆ ***slow down, slow up*** ■ vt sep retrasar
■ vi aminorar la velocidad

slowcoach ['sləʊkəʊtʃ] n *BR Fam* tortuga *f*

slowly ['sləʊlɪ] adv despacio, lentamente ▸ **~ but surely** lento, pero seguro

slow-moving ['sləʊ'muːvɪŋ] adj [person, car, queue, river] lento(a) / [film, plot] lento(a)

slowness ['sləʊnɪs] n lentitud *f*

slowpoke ['sləʊpəʊk] *US Fam* tortuga *f*

slow-witted ['sləʊ'wɪtɪd] adj torpe, obtuso(a)

slow-worm ['sləʊwɜːm] n lución *m*

SLR [esel'ɑː(r)] n PHOT (abbr ***single-lens reflex***) (cámara *f*) réflex *f inv* monoobjetivo

sludge [slʌdʒ] n fango *m*, lodo *m*

slug [slʌg] ■ n **1.** [mollusc] babosa *f* **2.** *Fam* [bullet] bala *f* **3.** *Fam* [of drink] trago *m*
■ vt (pt & pp **slugged**) *Fam* [hit] dar un tortazo *or ESP* castañazo a

sluggish ['slʌgɪʃ] adj [person] aletargado(a) / [response] lento(a), retardado(a) / [market, business] inactivo(a), flojo(a) ▸ **at a ~ pace** con paso cansino

sluggishly ['slʌgɪʃlɪ] adv [to move] lentamente, despacio / [to respond] con lentitud, con retardo

sluice [sluːs] ■ n **1.** [channel] canal *m* **2.** [sluicegate] esclusa *f*, compuerta *f*
■ vt **to ~ sth down** *or* **out** enjuagar algo

sluicegate ['sluːsgeɪt] n esclusa *f*, compuerta *f*

slum [slʌm] ■ n [district] barrio *m* bajo / [on outskirts] arrabal *m*, suburbio *m* / [house] tugurio *m* ▸ **~ landlord** casero *m* que alquila *or MÉX* renta tugurios
■ vt (pt & pp **slummed**) **to ~ it** ir de pobre, llevar vida de pobre

slumber ['slʌmbə(r)] ■ n **1.** *Literary* sueño *m* **2.** *US* **~ party** = *fiesta de adolescentes que se quedan a dormir en casa de quien la organiza*
■ vi dormir

slump [slʌmp] ■ n [in prices, sales] desplome *m*, caída *f* / [economic depression] crisis *f inv*, recesión *f*
■ vi [person] caer, desplomarse / [economy] hundirse / [prices] desplomarse

slung [slʌŋ] pt & pp *of* ***sling***

slunk [slʌŋk] pt & pp *of* ***slink***

slur [slɜː(r)] ■ n **1.** [insult] agravio *m*, injuria *f* ▸ **to cast a ~ on sb's reputation** manchar la reputación de alguien **2.** [in speech] **there was a ~ in her voice** hablaba arrastrando las palabras
■ vt (pt & pp **slurred**) pronunciar con dificultad

slurp [slɜːp] vt & vi sorber

slush [slʌʃ] n **1.** [snow] nieve *f* sucia *(medio derretida)* **2.** *Fam* POL **~ fund** fondos *mpl* para corrupción *or ESP* corruptelas **3.** *Fam* [sentimentality] sensiblería *f*

slut [slʌt] n *Fam* [promiscuous woman] puta *f* / [untidy, dirty woman] marrana *f*, *ESP* guarra *f*

sluttish ['slʌtɪʃ] adj [slovenly] desastrado(a)

sly [slaɪ] ■ n **on the ~** subrepticiamente, a hurtadillas
■ adj **1.** [cunning] astuto(a), artero(a) **2.** [dishonest] desaprensivo(a) **3.** [mischievous] malicioso(a)

slyly, slily ['slaɪlɪ] adv **1.** [cunningly] astutamente **2.** [nastily] de manera desaprensiva **3.** [mischievously] maliciosamente

S & M [esən'em], ***S/M*** [es'em] n (abbr ***sado-masochism***) sado *m*

smack [smæk] ■ n **1.** [blow] [on bottom] azote *m* / [in face] bofetada *f* / [sound] chasquido *m* ▸ **a ~ in the face** una bofetada **2.** *Fam* [heroin] caballo *m*
■ adv *Fam* **to bump ~ into a tree** chocar de lleno con un árbol
■ vt [hit] [on bottom] dar un azote a / [in face] dar una bofetada a ▸ **to ~ one's lips** relamerse

◆ ***smack of*** vt insep [suggest] oler a

smacker ['smækə(r)] n *Fam* **1.** [big kiss] besazo *m* **2. fifty smackers** [pounds] cincuenta libras *fpl* / [dollars] cincuenta dólares *mpl*

small [smɔːl] ■ n **1. the ~ of the back** la región lumbar, los riñones **2.** *BR Fam* **smalls** [underwear] ropa *f* interior
■ adj **1.** [not large] pequeño(a), *AM* chico(a) ▸ **to make sth smaller** empequeñecer algo ▸ **it made me feel ~** hizo que me sintiera muy poca cosa *or* me avergonzara de mí mismo ▸ **to have a ~ appetite** tener poco apetito ▸ **the ~ hours** la madrugada ▸ JOURN **~ ads** anuncios *mpl* breves *or* por palabras ▸ **~ arms** armas *fpl* cortas ▸ **~ business** pequeña empresa *f* ▸ **~ businessman** pequeño empresario *m* ▸ **~ letters** (letras *fpl*) minúsculas *fpl* ▸ **the ~ print** la letra pequeña ▸ **the ~ screen** la pequeña pantalla ▸ **~ talk** charla *f* insustancial **2.** [not important] pequeño(a) ▸ **it's ~ wonder that...** no es de extrañar que... ▸ **it's no ~ achievement** es un logro nada despreciable ▸ **in a ~ way** a pequeña escala ▸ *Fam* **it's ~ beer** *or US* **potatoes** es una nadería *or AM* zoncera, es cosa de niños ▸ **~ change** cambio *m*, suelto *m*, *AM* vuelto *m* ▸ **~ fry** gente *f* de poca monta
■ adv [write] con letra pequeña ▸ **to chop sth up ~** cortar algo en trozos pequeños ▸ **to think ~** plantearse las cosas a pequeña escala

smallholder ['smɔːlhəʊldə(r)] n *BR* minifundista *mf*

smallholding ['smɔːlhəʊldɪŋ] n *BR* minifundio *m*

small-minded [smɔːl'maɪndɪd] adj mezquino(a)

smallness ['smɔːlnɪs] n pequeñez *f*, pequeño tamaño *m*

smallpox ['smɔːlpɒks] n viruela *f*

small-scale ['smɔːlskeɪl] adj a pequeña escala

small-time ['smɔːltaɪm] adj *Fam* de poca monta

small-town ['smɔːl'taʊn] adj [parochial] provinciano(a), de pueblo

smarmy ['smɑːmɪ] adj *Pej* zalamero(a)

smart [smɑːt] ■ adj **1.** [clever] inteligente / [sharp] agudo(a), listo(a) ▸ **don't try to get ~ with me** no te hagas el listo (conmigo) ▸ **the ~ money is on Jones to win the election** los entendidos en la materia creen que Jones ganará las elecciones ▸ *Fam* **~ aleck** sabelotodo *mf*, *ESP* listillo(a) *m,f*, *MÉX, RP* vivo(a) *m,f* ▸ **~ bomb** bomba *f* teledirigida ▸ **~ card** tarjeta *f* inteligente **2.** [elegant] elegante ▸ **the ~ set** la gente guapa ▸ **to be a ~ dresser** vestir elegantemente **3.** [quick] rápido(a) ▸ **look ~ (about it)!** ¡date prisa!, *AM* ¡apúrate! **4.** *Fam* [excellent] genial, *ESP* molón(ona), *AM salvo RP* chévere, *COL* tenaz, *MÉX* padrísimo(a) / [pretty] mono(a)

■ vi [sting] [wound, graze] escocer / [person] resentirse, dolerse

smarten ['smɑːtən] ◆ ***smarten up*** ■ vt sep [place] arreglar ▸ **to ~ oneself up** acicalarse

■ vi [behave more cleverly] espabilarse

smartly ['smɑːtlɪ] adv **1.** [cleverly] con inteligencia **2.** [elegantly] elegantemente **3.** [quickly] rápidamente, con rapidez / [sharply] secamente

smarty-pants ['smɑːtɪpænts] (pl **smarty-pants**) n *Fam* sabelotodo *mf*, *ESP* listillo(a) *m,f*, *MÉX, RP* vivo(a) *m,f*

smash [smæʃ] ■ n [blow] golpe *m*, batacazo *m* / [noise] estruendo *m* / [collision] choque *m* / [in tennis] mate *m*, smash *m* ▸ **~ (hit)** [record, film] gran éxito *m*

■ vt **1. to ~ sth (to pieces)** hacer algo pedazos *or* añicos ▸ **to ~ sth against sth** destrozar algo contra algo ▸ **to ~ sth open** abrir algo de un golpetazo ▸ **to ~ down a door** derribar una puerta **2.** [ruin] [hopes, chances, resistance] acabar con ▸ **to ~ a drugs ring** desarticular una red de narcotraficantes ▸ **she smashed the world record** pulverizó el récord mundial

■ vi **1.** [collide] **to ~ into sth** empotrarse en algo, chocar contra algo **2. to ~ (into pieces)** estallar (en mil pedazos)

◆ ***smash up*** vt sep destrozar

smash-and-grab raid [smæʃən'græb'reɪd] n = *rotura de un escaparate para robar artículos expuestos en él*

smashed [smæʃt] adj *Fam* [drunk] como una cuba, *ESP, RP* mamado(a), *COL* caído(a) (de la perra), *MÉX* ahogado(a)

smasher ['smæʃə(r)] n *BR Fam* encanto *m*

smashing ['smæʃɪŋ] adj **1.** [blow] violento(a), potente **2.** *BR Fam* [excellent] genial, *MÉX* padre, *RP* bárbaro(a) ▸ **we had a ~ time** nos lo pasamos genial

smattering ['smætərɪŋ] n nociones *fpl*

smear [smɪə(r)] ■ n **1.** [stain] mancha *f* ▸ MED **~ test** citología *f* **2.** [slander] calumnia *f* ▸ **~ campaign** campaña *f* de difamación

■ vt **1.** [stain] embadurnar, untar / [smudge] emborronar **2.** [slander] difamar, calumniar

smell [smel] ■ n **1.** [odour] olor *m* ▸ **there's a bad ~** huele mal ▸ **to have a ~ of sth** oler algo **2.** [sense] olfato *m*

■ vt (pt & pp **smelled** *or* **smelt** [smelt]) oler / *Fig* [danger] oler, presentir ▸ *Fig* **I ~ a rat** aquí hay gato encerrado

■ vi oler / [stink] apestar ▸ **to ~ of sth** oler a algo ▸ **to ~ nice/horrible** oler bien/muy mal *or ESP* fatal

smelly ['smelɪ] adj apestoso(a) ▸ **to be ~** apestar

smelt [smelt] ■ vt [ore] fundir

■ pt & pp *of* ***smell***

smile [smaɪl] ■ n sonrisa *f* ▸ **to give sb a ~** sonreírle a alguien ▸ **she was all smiles** estaba muy contenta ▸ **to take** *or* **wipe the ~ off sb's face** borrarle la sonrisa a alguien

■ vi sonreír ▸ **to ~ at sb** sonreírle a alguien ▸ **fortune smiled on them** les sonrió la fortuna ▸ **~!** [for photograph] sonría, por favor

smiling ['smaɪlɪŋ] adj sonriente

smirk [smɜːk] ■ n sonrisa *f* complacida *(despreciativa)*

■ vi sonreír con satisfacción *(despreciativa)*

smite [smaɪt] (pt **smote** [sməʊt], pp **smitten** ['smɪtən]) vt **1.** *Literary* [strike] golpear **2. they were smitten with terror/remorse** les asaltó el pánico/el remordimiento

smith [smɪθ] n herrero *m*

smithereens [smɪðə'riːnz] npl **to smash sth to ~** hacer algo añicos ▸ **to blow sth to ~** hacer saltar algo en mil pedazos

smithy ['smɪðɪ] n [forge] fragua *f*

smitten ['smɪtən] ■ adj [in love] enamorado(a) (**with** de), colado(a) (**with** por)

■ pp *of* ***smite***

smock [smɒk] n blusón *m*

smog [smɒg] n niebla *f* tóxica, hongo *m* de contaminación

smoke [sməʊk] ■ n humo *m* ▸ **to have a ~** fumarse un cigarrillo ▸ *Fig* **to go up in ~** esfumarse, desvanecerse ▸ *Prov* **there's no ~ without fire** cuando el río suena, agua lleva ▸ **~ bomb** bomba *f* de humo ▸ **~ detector** detector *m* de humo ▸ *also Fig* **~ screen** cortina *f* de humo ▸ **~ signals** señales *fpl* de humo

■ vt **1.** [cigarette] fumar ▸ **to ~ a pipe** fumar en pipa **2.** [meat, fish] ahumar

■ vi **1.** [person] fumar **2.** [chimney, oil] echar humo

◆ ***smoke out*** vt sep [insects] ahuyentar con humo / *Fig* [rebels] sacar de su escondite

smoked [sməʊkt] adj ahumado(a) ▸ **~ glass** vidrio *m or ESP* cristal *m* ahumado

smokeless ['sməʊklɪs] adj **~ fuel** combustible *m* que no produce humos ▸ **~ zone** = *zona con restricción del uso de combustibles que producen humo*

smoker ['sməʊkə(r)] n fumador(ora) *m,f* ▸ **to be a heavy ~** ser un/una fumador(ora) empedernido(a) ▸ **smoker's cough** tos *f* de fumador

smoking ['sməʊkɪŋ] n **~ can damage your health** el tabaco perjudica seriamente la salud ▸ **no ~** [sign] prohibido fumar ▸ **~ compartment** compartimento *m* de fumadores ▸ **~ jacket** batín *m* ▸ **~ room** salón *m* de fumar

smoky ['sməʊkɪ] adj [atmosphere, room] lleno(a) de humo / [fire, lamp] humeante / [surface, taste] ahumado(a)

smolder, smoldering *US* ➤ ***smoulder, smouldering***

smooch [smuːtʃ] vi *Fam* besuquearse

smooth [smuːð] ■ adj **1.** [not rough] [paper, skin] liso(a), suave / [road, surface] llano(a), liso(a) / [sea] en calma / [sauce] homogéneo(a) / [wine, whisky] suave / [style] fluido(a) / [flight, crossing] tranquilo(a), cómodo(a) ▸ **a ~ shave** un afeitado suave **2.** [person, manner] meloso(a) ▸ **he's a ~ talker** tiene el don de la palabra ▸ **to be a ~ operator** ser un águila, saber cómo llevarse el gato al agua **3.** [without problems] sin contratiempos

■ vt alisar ▸ **to ~ the way for sb/sth** allanarle el camino a alguien/algo

◆ ***smooth back*** vt sep **to ~ back one's hair** alisarse el pelo hacia atrás

◆ ***smooth down*** vt sep alisar

◆ ***smooth out*** vt sep [map, sheets, crease] estirar, alisar / *Fig* [difficulty] allanar, resolver

◆ ***smooth over*** vt sep **to ~ over difficulties** mitigar las dificultades ▸ **to ~ things over** dulcificar las cosas

smoothie, smoothy ['smuːðɪ] n **1.** *Fam Pej* [person] zalamero(a) *m,f* **2.** [drink] = *zumo de fruta con yogur*

smoothly ['smuːðlɪ] adv **to go ~** transcurrir sin contratiempos

smoothness ['smuːðnɪs] n [of paper, skin, wine, whisky] suavidad *f* / [of road, surface] lisura *f* / [of sauce] homogeneidad *f*

smooth-talking ['smuːð'tɔːkɪŋ] n con mucha labia

smoothy ➤ ***smoothie***

smote [sməʊt] pt *of* ***smite***

smother ['smʌðə(r)] vt **1.** [person] ahogar, asfixiar / [fire] ahogar / [cry, yawn] contener, ahogar ▸ **to ~ sb with kisses** colmar a alguien de besos **2.** [cover] **to ~ sth in sth** cubrir algo de algo

smoulder, *US* ***smolder*** ['sməʊldə(r)] vi [fire] arder con rescoldo ▸ *Fig* **to ~ with anger/passion** arder de ira/pasión

smouldering, *US* ***smoldering*** ['sməʊldərɪŋ] adj [fire] humeante, con rescoldo / [anger, passion] ardiente, encendido(a)

SMS [esem'es] n (abbr ***short message service***) [service] SMS *m* / [message] mensaje *m* SMS *or* de texto

smudge [smʌdʒ] ■ n mancha *f* / [of ink] borrón *m*

■ vt [ink, paper] emborronar / [lipstick] correr / [drawing] difuminar

■ vi [ink, lipstick] correrse

smug [smʌg] adj engreído(a), petulante

smuggle ['smʌgəl] vt [arms, drugs] pasar de contrabando ▸ **to ~ sth into/out of the country** introducir algo al país/sacar algo del país de contrabando ▸ **to ~ sb in/out** meter/sacar a alguien clandestinamente

smuggler ['smʌglə(r)] n contrabandista *mf*

smuggling ['smʌglɪŋ] n contrabando *m*

smugly ['smʌglɪ] adv con petulancia, con aires de suficiencia

smut [smʌt] n **1.** [soot] hollín *m,* carbonilla *f* **2.** [obscenity] cochinadas *fpl*

smutty ['smʌtɪ] adj **1.** [dirty] tiznado(a) **2.** [obscene] verde, cochino(a)

snack [snæk] ■ n tentempié *m, ESP* piscolabis *m inv, MÉX* botana *f* ▸ **~ bar** cafetería *f*

■ vi **to ~ (on sth)** tomarse un tentempié *or* piscolabis (de algo)

snaffle ['snæfəl] vt *BR Fam* [pinch] levantar, afanar

snag [snæg] ■ n [problem] problema *m,* inconveniente *m*

■ vt (pt & pp **snagged**) **to ~ one's dress on sth** engancharse el vestido en *or* con algo

snail [sneɪl] n caracol *m* ▸ **at a snail's pace** a paso de tortuga ▸ *Fam* **~ mail** correo *m* caracol, correo *m* tradicional

snake [sneɪk] ■ n [big] serpiente *f* / [small] culebra *f* ▸ *Fig* **a ~ in the grass** un judas ▸ *BR* **snakes and ladders** ≃ juego *m* de la oca ▸ **~ charmer** encantador(ora) *m,f* de serpientes

■ vi [road, river] serpentear

snakebite ['sneɪkbaɪt] n **1.** [of snake] mordedura *f* de serpiente **2.** [drink] = *cerveza rubia con sidra*

snakeskin ['sneɪkskɪn] n piel *f* de serpiente

snap [snæp] ■ n **1.** [bite] mordisco *m* al aire **2.** [sound] chasquido *m* **3.** [of weather] **cold ~** ola *f* de frío **4.** *Fam* [photograph] foto *f* **5.** [card game] = *juego de naipes que gana quien dice "snap" primero cuando aparecen dos cartas iguales* ▸ *Fam* [in identical situation] **I'm going to Paris – ~!** me voy a París – ¿de veras? *or ESP* ¡anda!, ¡yo también!

■ adj [judgement, decision] en el acto, súbito ▸ **to call a ~ election** adelantar las elecciones para aprovechar una circunstancia favorable

■ vt (pt & pp **snapped**) **1.** [break] romper, partir ▸ **to ~ sth in two** partir algo en dos **2.** [make noise with] **to ~ one's fingers** chasquear los dedos **3.** [say sharply] espetar **4.** *Fam* [take photograph of] fotografiar

■ vi **1.** [break cleanly] romperse, partirse / [break noisily] quebrarse, romperse (con un chasquido) **2.** [bite] **the dog snapped at him** el perro intentó morderle ▸ **to ~ shut** [jaws, lid] cerrarse de golpe **3.** [speak abruptly] **to ~ at sb** hablar en mal tono a alguien **4.** [idioms] **to ~ out of it** [depression, apathy] recuperar el ánimo ▸ **~ out of it!** [sulk] ¡alegra esa cara!, *ESP* ¡anímate, hombre!

◆ ***snap off*** ■ vt sep **1.** [break] partir, arrancar **2.** *Fam Fig* **to ~ sb's head off** soltarle un bufido a alguien, gruñir a alguien

■ vi partirse, desprenderse

◆ ***snap up*** vt sep **1.** [seize in jaws] agarrar, morder **2.** *Fam* [buy, take quickly] atrapar, *ESP* pillar, *ESP* hacerse con

snapdragon ['snæpdrægən] n (boca *f* de) dragón *m* *(planta)*

snappy ['snæpɪ] adj [style, prose] chispeante / [slogan] agudo(a), ingenioso(a) ▸ **to be a ~ dresser** vestirse muy bien ▸ *Fam* **make it ~!** [be quick] ¡rapidito!

snapshot ['snæpʃɒt] n *Fam* [photograph] foto *f*

snare [sneə(r)] ■ n *also Fig* trampa *f* ▸ **~ drum** [in military band] tambor *m* / [in rock music] caja *f*
■ vt [animal] cazar *(con trampa)* ▸ *Fig* **the police snared the criminals** la policía atrapó a los delincuentes *(tendiéndoles una trampa)*

snarl [snɑ:l] ■ n [of dog] gruñido *m* / [of lion, person] rugido *m*
■ vi [dog] gruñir / [lion] rugir ▸ **to ~ at sb** [person] gruñirle a alguien

◆ ***snarl up*** vi atascarse

snarl-up ['snɑ:lʌp] n *Fam* [of traffic] atasco *m*, embotellamiento *m* / [in system] lío *m*, jaleo *m*

snatch [snætʃ] ■ n [of music, conversation] retazo *m* ▸ **to sleep in snatches** dormir a ratos
■ vt **1.** [grab] **to ~ sth (from sb)** arrebatar algo (a alguien) ▸ **to ~ something to eat** comer algo apresuradamente ▸ **to ~ some sleep** aprovechar para dormir un poco **2.** [wallet, handbag] robar (con tirón) / [person] secuestrar
■ vi **to ~ at sth** intentar agarrar *or ESP* coger algo

◆ ***snatch away*** vt sep arrebatar

snazzy ['snæzɪ] adj *Fam* vistoso(a) y elegante, *ESP* chulo(a)

sneak [sni:k] ■ n *BR Fam* [telltale] soplón(ona) *m,f*, *ESP* chivato(a) *m,f*,
■ adj **to get a ~ preview of sth** tener un anticipo en exclusiva de algo
■ vt (pt & pp **sneaked,** *US* **snuck** [snʌk]) **to ~ sth past sb** pasar algo por delante de alguien sin que se dé cuenta ▸ **to ~ sb in/out** introducir/sacar a alguien a hurtadillas ▸ **to ~ a glance at sb** mirar furtivamente a alguien ▸ **she sneaked her boyfriend into her bedroom** coló a su novio en su dormitorio *or AM* cuarto
■ vi **1.** *Fam* [tell tales] ir con cuentos, *ESP* chivarse **2.** [move furtively] deslizarse ▸ **to ~ past sb** colarse sin ser visto(a) por alguien ▸ **to ~ in/out** entrar/salir a hurtadillas

◆ ***sneak away, sneak off*** vi escaparse, escabullirse

sneaker ['sni:kə(r)] n *US* [running shoe] playera *f*, zapatilla *f* de deporte

sneaky ['sni:kɪ] adj *Fam* ladino(a), artero(a)

sneer ['snɪə(r)] ■ n [expression] mueca *f* desdeñosa
■ vt decir con desprecio
■ vi **to ~ at sb/sth** burlarse de alguien/algo

sneering ['snɪərɪŋ] ■ n burlas *fpl*
■ adj burlón(ona)

sneeze [sni:z] ■ n estornudo *m*
■ vi estornudar ▸ *Fam Fig* **it's not to be sneezed at** no es moco de pavo

snicker ['snɪkə(r)] *US* ■ n risilla *f* burlona
■ vi burlarse, reírse

snide [snaɪd] adj malicioso(a)

sniff [snɪf] ■ n **to take a ~ at sth** olfatear algo ▸ **with a ~ of disgust** con un aire disgustado
■ vt **1.** [smell] oler, olfatear / [detect] olfatear, detectar **2.** [inhale] [air] aspirar / [cocaine, glue] esnifar
■ vi [inhale] inspirar / [disdainfully] hacer un gesto de desprecio ▸ *Fam* **it's not to be sniffed at** no es moco de pavo

◆ ***sniff out*** vt sep [of dog] encontrar olfateando / *Fig* [of investigator] descubrir, dar con

sniffer dog ['snɪfədɒg] n = *perro policía entrenado para detectar drogas o explosivos*

sniffle ['snɪfəl] ■ n [slight cold] **to have the sniffles** tener un ligero resfriado
■ vi **1.** [sniff repeatedly] sorber **2.** [cry quietly] gimotear

sniffy ['snɪfɪ] adj *Fam* [disdainful] desdeñoso(a) ▸ **to be ~ about sth** tratar algo con desprecio

snifter ['snɪftə(r)] n *Fam Old-fashioned* [drink] trago *m*, copita *f*

snigger ['snɪgə(r)] ■ n risilla *f* burlona
■ vi reírse burlonamente

sniggering ['snɪgərɪŋ] n risitas *fpl* burlonas

snip [snɪp] ■ n **1.** [cut] corte *m* **2.** *BR Fam* [bargain] *ESP* chollo *m*, *AM* regalo *m*
■ vt (pt & pp **snipped**) cortar

◆ ***snip off*** vt sep cortar

snipe[1] [snaɪp] (pl **snipe**) n [bird] agachadiza *f*

snipe[2] vi [shoot] disparar *(desde un escondite)* ▸ **to ~ at sb** disparar a alguien / *Fig* [criticize] criticar a alguien

sniper ['snaɪpə(r)] n [rifleman] francotirador(ora) *m,f*

snippet ['snɪpɪt] n [of information, conversation] retazo *m* ▸ **a ~ of news** un fragmento de una noticia

snitch [snɪtʃ] *Fam* ■ n **1.** [informer] soplón(ona) *m,f*, *ESP* chivato(a) *m,f* **2.** *BR* [nose] napias *fpl*
■ vi **to ~ on sb** *ESP* chivarse de alguien, *COL* sapear *or MÉX* soplar *or RP* botonear a alguien

snivel ['snɪvəl] (pt & pp **snivelled,** *US* **sniveled**) vi lloriquear, gimotear

snivelling, *US* ***sniveling*** ['snɪvəlɪŋ] adj llorica

snob [snɒb] n presuntuoso(a) *m,f*

snobbery ['snɒbərɪ] n presuntuosidad *f*

snobbish ['snɒbɪʃ] adj presuntuoso(a)

snog [snɒg] *BR Fam* ■ n **to have a ~** besuquearse, *ESP* morrear
■ vi (pt & pp **snogged**) besuquearse, *ESP* morrear

snooker ['snu:kə(r)] ■ n [game] snooker *m*, billar *m* inglés
■ vt **to ~ sb** [in game] = *dejarle la bola blanca al rival en una posición que impide golpear directamente a la bola* / *Fig* acorralar a alguien

snoop [snu:p] *Fam* ■ n **1.** [person] fisgón(ona) *m,f* **2.** [look] **to have a ~ (around)** fisgonear, *ESP* fisgar
■ vi fisgonear, *ESP* fisgar

snooper ['snu:pə(r)] n *Fam* fisgón(ona) *m,f*

snooty ['snu:tɪ] adj *Fam* presuntuoso(a)

snooze [snu:z] *Fam* ■ n *ESP* siestecilla *f*, *AM* siestita *f* ▸ **to have a ~** echarse una *ESP* siestecilla *or AM* siestita ▸ **~ button** [on alarm clock] = *botón para la función de dormitar*
■ vi echarse una *ESP* siestecilla *or AM* siestita

snore [snɔ:(r)] ■ n ronquido *m*
■ vi roncar

snoring ['snɔ:rɪŋ] n ronquidos *mpl*

snorkel ['snɔːkəl] ■ n snorkel *m*, tubo *m* para buceo
■ vi (pt & pp **snorkelled,** *US* **snorkeled**) bucear con tubo *or* snorkel

snort [snɔːt] ■ n [of person, horse] bufido *m*, resoplido *m*
■ vt *Fam* [drugs] esnifar
■ vi [person, horse] resoplar, bufar

snot [snɒt] n *Fam* mocos *mpl*

snotty ['snɒtɪ] adj *Fam* **1.** [nose, handkerchief] con mocos **2.** [arrogant] creído(a), petulante

snotty-nosed ['snɒtɪ'nəʊzd] adj *Fam* **1.** [child] mocoso(a) **2.** [arrogant] creído(a), petulante

snout [snaʊt] n [of animal] hocico *m*, morro *m* / *Fam* [of person] napias *fpl*

snow [snəʊ] ■ n nieve *f* ▸ **~ blindness** deslumbramiento *m* por la nieve ▸ **~ line** límite *m* de las nieves perpetuas ▸ *US* **~ pea** tirabeque *m*
■ vi nevar ▸ **it's snowing** está nevando

◆ ***snow in*** vt sep **to be snowed in** estar aislado(a) por la nieve

◆ ***snow under*** vt sep **to be snowed under** [with work] estar desbordado(a) / [with invitations, offers] no dar abasto

snowball ['snəʊbɔːl] ■ n bola *f* de nieve ▸ **~ fight** guerra *f* de bolas de nieve ▸ *Fam* **she hasn't a snowball's chance (in hell)** lo tiene muy crudo
■ vi [problems] multiplicarse / [project] crecer vertiginosamente

snowbike ['snəʊbaɪk] n motoesquí *m*

snowboard ['snəʊbɔːd] n snowboard *m*

snowboarder ['snəʊbɔːdə(r)] n persona *f* que practica el snowboard

snowboarding ['snəʊbɔːdɪŋ] n snowboard *m* ▸ **to go ~** hacer snowboard

snow-boot ['snəʊbuːt] n bota *f* de esquí

snowbound ['snəʊbaʊnd] adj aislado(a) a causa de la nieve

snowcapped ['snəʊkæpt] adj cubierto(a) de nieve

snowdrift ['snəʊdrɪft] n nevero *m*, ventisquero *m*

snowdrop ['snəʊdrɒp] n [flower] campanilla *f* de invierno

snowfall ['snəʊfɔːl] n nevada *f*

snowflake ['snəʊfleɪk] n copo *m* de nieve

snowman ['snəʊmæn] n muñeco *m* de nieve

snowmobile ['snəʊməbiːl] n motonieve *f*, moto *f* de nieve

snowplough, *US* ***snowplow*** ['snəʊplaʊ] n quitanieves *f inv*

snowshoe ['snəʊʃuː] n raqueta *f (de nieve)*

snowstorm ['snəʊstɔːm] n ventisca *f*, tormenta *f* de nieve

snowsuit ['snəʊsuːt] n traje *m* de esquí

Snow White ['snəʊ'waɪt] pr n **~ and the Seven Dwarfs** Blancanieves y los siete enanitos

snowy ['snəʊɪ] adj [landscape, field] nevado(a) / [weather, day] nevoso(a), de nieve

SNP [esen'piː] n (abbr ***Scottish National Party***) Partido *m* Nacionalista Escocés

Snr (abbr ***Senior***) **Ivan Fox ~** Ivan Fox padre

snub [snʌb] ■ n desaire *m*
■ vt (pt & pp **snubbed**) desairar

snub nose ['snʌb'nəʊz] n nariz *f* respingona

snub-nosed ['snʌb'nəʊzd] adj **1.** [person] de nariz respingona **2.** [revolver] corto(a)

snuck [snʌk] *US* pt & pp *of* ***sneak***

snuff [snʌf] ■ n rapé *m*
■ vt [candle] apagar ▸ *BR Fam* **to ~ it** [die] estirar la pata

◆ ***snuff out*** vt sep [candle] apagar / [life, opposition] truncar, cercenar

snuffbox ['snʌfbɒks] n tabaquera *f*, caja *f* para el rapé

snuffle ['snʌfəl] ■ n [sniff] resoplido *m*
■ vi [sniff] sorber

snug [snʌg] adj **1.** [cosy] **I'm nice and ~ by the fire** estoy muy a gusto delante de la chimenea ▸ **this bed's very ~** se está muy a gusto en esta cama **2.** [tight-fitting] ajustado(a)

snuggle ['snʌgəl] ◆ ***snuggle up*** vi **to ~ up to sb** acurrucarse contra alguien

snugly ['snʌglɪ] adv [comfortably] a gusto, confortablemente ▸ **to fit ~** quedar ajustado(a)

so [səʊ] ■ adv **1.** [to such an extent] tan ▸ **it isn't so very old** no es tan viejo ▸ **he's not so clever as she is** él no es tan listo como ella ▸ **so many children** tantos niños ▸ **so much money** tanto dinero ▸ **would you be so kind as to...?** ¿sería tan amable de...? ▸ **it was difficult – so much so that...** ha sido difícil – tanto (es así) que... ▸ **a little girl so high** una niña así de alta ▸ **I was so hungry I had three helpings** tenía tantísima hambre que me serví tres veces **2.** [intensive] **it's so easy** es facilísimo, es muy fácil ▸ **we enjoyed ourselves so much!** ¡nos hemos divertido muchísimo! ▸ **I was so disappointed** me llevé una decepción enorme ▸ **we're so pleased you could come!** ¡qué bien que hayas podido venir! **3.** [expressing agreement] **you're late – so I am!** llegas tarde – ¡pues sí! ▸ **that's Tony Blair! – so it is!** ¡mira, Tony Blair! – ¡anda, es verdad! **4.** [referring to statement already mentioned] **I hope/think/suppose so** espero/creo/supongo que sí, eso espero/creo/supongo ▸ **so I believe** eso creo ▸ **I'm not very organized – so I see!** no me organizo muy bien – ¡ya lo veo! ▸ **so be it!** ¡así sea! ▸ **is that so?** ¿ah, sí?, ¿de verdad? ▸ **if so,...** si es así,... **5.** [also] **so am I** yo también ▸ **so do we** nosotros también ▸ **so can they** ellos también (pueden) ▸ **so is my brother** mi hermano también **6.** [in this way] así ▸ **do it so** hazlo así ▸ **and so on, and so forth** y cosas así, etcétera
■ conj **1.** [because of this] así que ▸ **she has a bad temper, so be careful** tiene mal genio, así que ten cuidado ▸ **he wasn't there, so I came back again** como no estaba, me volví **2.** [introducing remark] **so that's what it is!** ¡así que es eso! ▸ **so you're not coming?** entonces ¿no vienes? ▸ **so what do we do now?** y ahora ¿qué hacemos? ▸ **so (what)?** ¿y (qué)?

◆ ***so as to*** conj para ▸ **we hurried so as not to be late** nos dimos prisa *or AM* nos apuramos para no llegar tarde

◆ ***so (that)*** conj para que ▸ **she sat down so (that) I could see better** se sentó para que yo viera mejor ▸ **we**

hurried so (that) we wouldn't be late nos dimos prisa *or AM* nos apuramos para no llegar tarde

soak [səʊk] ■ vt [leave in water] poner en remojo / [make very wet] empapar (**with** en *or* de)
■ vi [food, clothes] estar en remojo ▸ **to leave sth to ~** dejar algo en remojo

◆ ***soak in*** vi impregnarse

◆ ***soak up*** vt sep [liquid] absorber ▸ *Fig* **to ~ up the sun** tostarse al sol

soaked [səʊkt] adj empapado(a) ▸ **to be ~** estar empapado(a) ▸ **~ to the skin** calado(a) hasta los huesos

so-and-so ['səʊənsəʊ] (pl **so-and-sos**) n *Fam* **1.** [unspecified person] fulanito(a) *m,f* ▸ **Mr So-and-so** don fulanito de tal **2.** [unpleasant person] hijo(a) *m,f* de mala madre

soap [səʊp] ■ n jabón *m* ▸ **a bar of ~** una pastilla de jabón ▸ **~ (opera)** telenovela *f*, culebrón *m* ▸ **~ powder** detergente *m* en polvo
■ vt enjabonar

soapbox ['səʊpbɒks] n tribuna *f* improvisada

soapdish ['səʊpdɪʃ] n jabonera *f*

soapflakes ['səʊpfleɪks] npl jabón *m* en escamas

soapsuds ['səʊpsʌdz] npl espuma *f* (de jabón)

soapy ['səʊpɪ] adj [water] jabonoso(a) / [hands, face] enjabonado(a) / [taste, smell] a jabón

soar [sɔ:(r)] vi [bird, plane] remontarse, remontar el vuelo / *Fig* [building] elevarse, alzarse / *Fig* [hopes, prices] desorbitarse, dispararse

soaring ['sɔ:rɪŋ] adj [hopes, prices] desorbitado(a) / [building] altísimo(a)

sob [sɒb] ■ n sollozo *m* ▸ *Fam* **~ story** dramón *m*
■ vi (pt & pp **sobbed**) sollozar

s.o.b. [esəʊ'bi:] n *US Fam* (abbr ***son of a bitch***) hijo(a) *m,f* de su madre

sobbing ['sɒbɪŋ] n sollozos *mpl,* llanto *m*

sober ['səʊbə(r)] adj **1.** [not drunk] sobrio(a), sereno(a) **2.** [sensible] serio(a)

◆ ***sober up*** ■ vt sep quitar *or AM* sacar la borrachera a
■ vi **by the next day he had sobered up** al día siguiente ya se le había pasado la borrachera

sobering ['səʊbərɪŋ] adj **it's a ~ thought** da mucho que pensar

soberly ['səʊbəlɪ] adv con sobriedad

sobriety [səʊ'braɪətɪ] n seriedad *f*

Soc (abbr ***society***) asociación *f*

so-called [səʊ'kɔ:ld] adj [generally known as] (así) llamado(a) / [wrongly known as] mal llamado(a)

soccer ['sɒkə(r)] n fútbol *m* ▸ **~ match** partido *m* de fútbol

sociable ['səʊʃəbəl] adj sociable

social ['səʊʃəl] ■ adj social ▸ **~ class** clase *f* social ▸ **~ climber** arribista *mf* ▸ POL **~ democrat** socialdemócrata *mf* ▸ **~ exclusion** exclusión *f* social ▸ **~ life** vida *f* social ▸ **~ outcast** marginado(a) *m,f* ▸ **~ sciences** ciencias *fpl* sociales ▸ **~ security** seguridad *f* social ▸ **the ~ services** los servicios sociales ▸ **~ studies** (ciencias *fpl*) sociales *fpl* ▸ **~ work** asistencia *f or* trabajo *m* social ▸ **~ worker** asistente *mf or* trabajador(ora) *m,f* social
■ n [party] reunión *f,* fiesta *f*

socialism ['səʊʃəlɪzəm] n socialismo *m*

socialist ['səʊʃəlɪst] n & adj socialista *mf*

socialite ['səʊʃəlaɪt] n personaje *m* de la vida mundana

socialize ['səʊʃəlaɪz] vi alternar ▸ **to ~ with sb** tener trato *or* alternar con alguien

socializing ['səʊʃəlaɪzɪŋ] n trato *m* social, relaciones *fpl* sociales ▸ **they do a lot of ~** hacen mucha vida social

socially ['səʊʃəlɪ] adv socialmente ▸ **we don't see each other ~** no tenemos relación fuera del trabajo

society [sə'saɪətɪ] n [in general] sociedad *f* / [club] asociación *f,* sociedad *f* ▸ **(high) ~** la alta sociedad

socioeconomic [səʊsɪəʊi:kə'nɒmɪk] adj socioeconómico(a)

sociolinguistics ['səʊsɪəʊlɪŋ'gwɪstɪks] n sociolingüística *f*

sociological [səʊsɪəʊ'lɒdʒɪkəl] adj sociológico(a)

sociologist [səʊsɪ'ɒlədʒɪst] n sociólogo(a) *m,f*

sociology [səʊsɪ'ɒlədʒɪ] n sociología *f*

sock [sɒk] ■ n **1.** [garment] calcetín *m* ▸ *BR Fam Fig* **to pull one's socks up** esforzarse más, aplicarse **2.** *Fam* [blow] puñetazo *m*
■ vt *Fam* [hit] dar un puñetazo a ▸ *Fig* **~ it to them!** ¡a por ellos!, ¡valor y al toro!

socket ['sɒkɪt] n [of eye] cuenca *f* / [for plug] enchufe *m (toma de corriente)*

sod [1] [sɒd] n [of earth] tepe *m*

sod [2] *BR very Fam* ■ n **1.** [person] mamón(ona) *m,f, MÉX* mamila *mf, RP* choto(a) *m,f* ▸ **poor ~!** ¡pobre diablo! ▸ **Sod's law** la ley de Murphy **2.** [thing] **I got ~ all from them** no me dieron ni la hora ▸ **you've done ~ all today** no has dado golpe en todo el día
■ vt (pt & pp **sodded**) **~ it!** *ESP* ¡joder!, *MÉX* ¡chin!, *RP* ¡la puta! ▸ **~ you!** ¡vete a la mierda! ▸ **~ the party, I'm tired** a la mierda la fiesta, yo estoy cansado

◆ ***sod off*** vi *BR very Fam* abrirse, *ESP, RP* pirarse ▸ **~ off!** *ESP* ¡vete a tomar por saco!, *MÉX* ¡vete a la chingada!, *RP* ¡andate a la mierda!

soda ['səʊdə] n **1. ~ (water)** (agua *f* de) seltz *m*, soda *f* ▸ **~ siphon** sifón *m* **2.** *US* [fizzy drink] refresco *m (gaseoso)* ▸ **~ fountain** puesto *m* de helados y refrescos, *CARIB, CHILE, COL, MÉX* fuente *f* de soda **3.** CHEM sosa *f*

sodden ['sɒdən] adj empapado(a) ▸ **to be ~** estar empapado(a)

sodium ['səʊdɪəm] n CHEM sodio *m* ▸ **~ bicarbonate** bicarbonato *m* sódico *or* de sodio ▸ **~ chloride** cloruro *m* de sodio

sodomize ['sɒdəmaɪz] vt sodomizar

sodomy ['sɒdəmɪ] n sodomía *f*

sofa ['səʊfə] n sofá *m* ▸ **~ bed** sofá-cama *m*

Sofia [seʊ'fɪə] n Sofía

soft [sɒft] adj **1.** [in texture] [ground, rock, cheese] blando(a) / [pillow, carpet, fabric] suave ▸ *BR* **~ furnishings,** *US* **~ goods** = *artículos y materiales de decoración del tipo cortinas, cojines, alfombras, etc.* ▸ ANAT **~ tissue** tejido *m* blando ▸ **~ top** [car] descapotable *m*, *AM* convertible *m* ◗ **~ toy** peluche *m* *(muñeco)* **2.** [not harsh, not strong] [voice, rain, colour] suave ◗ **~ currency** divisa *f* débil ◗ **~ drinks** refrescos *mpl* ◗ **~ drugs** drogas *fpl* blandas ◗ PHOT **in ~ focus** ligeramente velado(a) *or* difuminado(a) ◗ FIN **~ loan** crédito *m* blando ◗ COM **~ sell** venta *f* no agresiva **3.** [not strict] blando(a) ◗ **to have a ~ spot for sb** tener debilidad por alguien ◗ **to have a ~ heart** ser muy blando(a) **4.** *Fam* [stupid] tonto(a) **5.** [easy] [job, life] fácil ◗ *Fam* **to be a ~ touch** ser un poco primo(a) *or AM* bobito(a) ◗ **~ option** opción *f* fácil **6.** COMPTR **~ copy** copia *f* en formato electrónico ◗ **~ return** retorno *m* automático

softback ['sɒftbæk] n libro *m* de tapa blanda *or* en rústica

softball ['sɒftbɔːl] n = *juego parecido al béisbol jugado en un campo más pequeño y con una pelota más blanda*

soft-boiled ['sɒftbɔɪld] adj [egg] pasado(a) por agua

soft-core ['sɒftkɔː(r)] adj [pornography] blando(a)

soften ['sɒfən] ■ vt [wax, butter, leather] ablandar, reblandecer / [light, contrast, skin] suavizar ◗ *Fig* **to ~ the blow** amortiguar el golpe
■ vi [wax, butter] ablandarse / *Fig* [person] ceder, ablandarse / *Fig* [opinions, resolve, stance] suavizarse

◆ ***soften up*** vt sep *Fam* [before attack] debilitar / [before request] ablandar

softener ['sɒfənə(r)] n suavizante *m*

softening ['sɒfnɪŋ] n [of attitude, expression, voice] relajamiento *m*

softhearted [sɒft'hɑːtɪd] adj bondadoso(a), de buen corazón

softie ➤ ***softy***

softly ['sɒftlɪ] adv [talk] suavemente / [walk] con suavidad ◗ **to be ~ lit** tener una iluminación tenue *or* suave

softly-softly ['sɒftlɪ'sɒftlɪ] adj *Fam* [approach, attitude] cauteloso(a)

softness ['sɒftnɪs] n [of ground] blandura *f* / [of skin, voice, fabric] suavidad *f*

soft-pedal [sɒft'pedəl] (pt & pp **soft-pedalled,** *US* **soft-pedaled**) vt [minimize] restar importancia a

soft-soap ['sɒft'səʊp] vt *Fam* dar coba a

soft-spoken [sɒft'spəʊkən] adj de voz suave

software ['sɒftweə(r)] n COMPTR soporte *m* lógico, software *m* ◗ **~ engineer** ingeniero(a) *m,f* de programas ◗ **~ package** paquete *m* de software

softy, softie ['sɒftɪ] n *Fam* [gentle person] buenazo(a) *m,f* / [coward] gallina *mf*

soggy ['sɒgɪ] adj empapado(a) ◗ **to be ~** estar empapado(a)

soh [səʊ] n MUS sol *m*

soil [sɔɪl] ■ n [earth] tierra *f* ◗ **the ~** el suelo, el terreno ◗ **on British ~** en suelo británico
■ vt [clothes, sheet] manchar, ensuciar ◗ *Fig* **to ~ one's hands** mancharse las manos

solace ['sɒləs] n *Literary* consuelo *m*

solar ['səʊlə(r)] adj [system, energy] solar ◗ **~ eclipse** eclipse *m* de sol ◗ **~ plexus** plexo *m* solar ◗ **~ power** energía *f* solar

solar-powered ['səʊlə'paʊəd] adj por energía solar, alimentado(a) por energía solar

sold [səʊld] pt & pp *of* ***sell***

solder ['səʊldə(r)] ■ n soldadura *f*
■ vt soldar

soldering iron ['səʊldərɪŋ'aɪən] n soldador *m*

soldier ['səʊldʒə(r)] ■ n soldado *m* ◗ **an old ~** un veterano, un excombatiente
■ vi servir como soldado

◆ ***soldier on*** vi seguir adelante pese a todo

sole[1] [səʊl] ■ n [of foot] planta *f* / [of shoe] suela *f*
■ vt [shoe] poner suelas a

sole[2] n [fish] lenguado *m*

sole[3] adj [only] único(a) ◗ COM **~ agent** agente *mf* en exclusiva

solely ['səʊllɪ] adv únicamente

solemn ['sɒləm] adj solemne

solemnity [sə'lemnɪtɪ] n solemnidad *f*

sol-fa [sɒl'fɑː] n MUS solfa *f*

solicit [sə'lɪsɪt] ■ vt *Formal* [request] solicitar
■ vi [prostitute] abordar clientes

soliciting [sə'lɪsɪtɪŋ] n [by prostitutes] ejercicio *m* de la prostitución en las calles

solicitor [sə'lɪsɪtə(r)] n *BR* = *abogado que hace las veces de notario para contratos de compraventa y testamentos o que actúa de procurador en juzgados administrativos o de primera instancia, pero no más altos* ◗ **Solicitor General** Fiscal *m* General del Estado

solicitous [sə'lɪsɪtəs] adj *Formal* solícito(a)

solid ['sɒlɪd] ■ n sólido *m* ◗ **solids** [food] alimentos *mpl* sólidos
■ adj **1.** [not liquid] sólido(a) / *Fig* [support] fuerte, sólido(a) ◗ *Fig* **he's a ~ worker** es un trabajador de fiar ◗ **~ fuel** combustible *m* sólido **2.** [not hollow] macizo(a) ◗ **~ gold** oro *m* macizo ◗ **~ silver** plata *f* maciza
■ adv **ten hours ~** diez horas sin interrupción ◗ **the hall was packed ~** la sala estaba atestada de gente

solidarity [sɒlɪ'dærɪtɪ] n solidaridad *f*

solidify [sə'lɪdɪfaɪ] vi solidificarse

solidity [sə'lɪdɪtɪ] n solidez *f*

solidly ['sɒlɪdlɪ] adv [firmly] sólidamente / [without interruption] sin interrupción / [vote] unánimemente

solid-state ['sɒlɪd'steɪt] adj ELEC de estado sólido, de componentes sólidos

soliloquy [sə'lɪləkwɪ] n soliloquio *m*

solitaire [sɒlɪ'teə(r)] n [game, jewellery] solitario *m*

solitary ['sɒlɪtərɪ] adj solitario(a) ◗ **~ confinement** aislamiento *m*, incomunicación *f* ◗ **to be in ~ confinement** estar incomunicado(a)

solitude ['sɒlɪtjuːd] n soledad *f*

solo ['səʊləʊ] ■ n (pl **solos**) [musical] solo *m*
■ adj [performance] en solitario ◗ **~ flight** vuelo *m* en solitario
■ adv en solitario ◗ **to go ~** [musician] iniciar una carrera en solitario / [business partner] montar el propio negocio

soloist ['səʊləʊɪst] n solista *mf*

Solomon Islands ['sɒləmən'aɪləndz] npl **the ~** las Islas Salomón

solstice ['sɒlstɪs] n solsticio *m*

solubility [sɒljʊ'bɪlətɪ] n solubilidad *f*

soluble ['sɒljʊbəl] adj soluble

solution [sə'lu:ʃən] n solución *f*

solve [sɒlv] vt resolver

solvency ['sɒlvənsɪ] n solvencia *f*

solvent ['sɒlvənt] ■ n disolvente *m* ▸ **~ abuse** inhalación *f* de disolventes *(pegamento y otros)*
■ adj [financially] solvente

Somali [sə'mɑ:lɪ] n & adj somalí *mf*

Somalia [sə'mɑ:lɪə] n Somalia

sombre, *US* ***somber*** ['sɒmbə(r)] adj [colour] oscuro(a) / [person, mood] sombrío(a)

some [sʌm] ■ pron **1.** [people] algunos(as) ▸ **~ believe that...** hay quien cree que... ▸ **~ of my friends** algunos amigos míos ▸ **they went off, ~ one way, ~ another** unos se fueron en una dirección y otros en otra **2.** [a certain number] unos(as), algunos(as) / [a certain quantity] algo ▸ **~ are more difficult than others** unos son más difíciles que otros ▸ **there is ~ left** queda algo ▸ **there are ~ left** quedan algunos ▸ **give me ~** [a few] dame unos(as) cuantos(as) / [a bit] dame un poco ▸ **~ of the time** parte del tiempo
■ adj **1.** [certain quantity or number] **there are ~ apples in the kitchen** hay manzanas en la cocina / [a few] hay algunas *or* unas pocas manzanas en la cocina ▸ **to drink ~ water** beber agua ▸ **I ate ~ fruit** comí fruta ▸ **would you like ~ wine?** ¿te apetece vino? / [a bit] ¿quieres un poco de vino? ▸ **I felt ~ uneasiness** sentí un cierto malestar ▸ **in ~ ways** en cierto modo ▸ **to ~ extent** hasta cierto punto **2.** [as opposed to other] **~ people say...** hay quien dice... ▸ **~ mornings I don't feel like getting up** algunas mañanas no me apetece levantarme **3.** [considerable] **for ~ time** durante un buen rato ▸ **~ distance away** bastante lejos ▸ **~ miles away** a bastantes millas **4.** [unspecified] algún(una) ▸ **for ~ reason or other** por una razón u otra, por alguna razón ▸ **he'll come ~ day** algún día vendrá ▸ **at ~ time in the future** en algún momento futuro ▸ **in ~ book or other** en no sé qué libro, en algún libro ▸ **~ fool left the door open** algún idiota dejó la puerta abierta **5.** *Fam* [intensive] **that was ~ storm/meal!** ¡qué *or ESP* menuda tormenta/comida! ▸ *Ironic* **~ hope** *or* **chance!** ¡ni lo sueñes!
■ adv [approximately] unos(as) ▸ **~ fifteen minutes** unos quince minutos

somebody ['sʌmbədɪ], ***someone*** ['sʌmwʌn] ■ n **she thinks she's ~** se cree alguien ▸ **I want to be ~** quiero ser alguien
■ pron alguien ▸ **~ told me that...** me dijeron que... ▸ **he's ~ you can trust** se puede confiar en él ▸ **~ else** otra persona

somehow ['sʌmhaʊ] adv **1.** [in some way or other] de alguna manera **2.** [for some reason or other] por alguna razón

someone ➤ ***somebody***

somersault ['sʌməsɔ:lt] ■ n [of person] salto *m* mortal
■ vi [person] dar un salto mortal/saltos mortales / [car] dar una vuelta de campana/vueltas de campana

something ['sʌmθɪŋ] ■ n **I've brought you a little ~** te he traído una cosilla
■ pron **1.** [in general] algo ▸ **~ or other** alguna cosa ▸ **there's ~ about him I don't like** hay algo en él que no me gusta ▸ **~ tells me she'll be there** algo me dice que estará allí ▸ **~ to drink/to read** algo de beber/para leer ▸ **~ to live for** una razón para vivir ▸ **I've got ~ else to do after I finish this** aún me queda algo que hacer después de esto ▸ **he's ~ in publishing** tiene un puesto importante en el mundo editorial ▸ **in the year eleven hundred and ~** en el año mil ciento y algo ▸ **she's eighty ~** tiene ochenta y tantos años ▸ **at least he apologized – that's ~!** al menos pidió disculpas – ¡eso ya es algo! ▸ **there's ~ in what you say** tienes algo de razón ▸ **she has ~ to do with what happened** está relacionada con lo que ocurrió ▸ **that was quite ~!** ¡fue impresionante! ▸ **she's got a cold or ~** tiene un resfriado o algo así **2.** [certain degree] **there's been ~ of an improvement** se ha producido una cierta mejora ▸ **she's ~ of a miser** es un poco tacaña ▸ **it's ~ like a guinea pig** es algo así como un conejillo de Indias
■ adv *Fam* [intensifying] **it hurt ~ awful** dolía horrores *or MÉX* un chorro, *ESP* dolía (una) cosa mala

sometime ['sʌmtaɪm] adv algún día, alguna vez ▸ **see you ~** ya nos veremos ▸ **~ last week** un día de la semana pasada ▸ **~ before Christmas** en algún momento antes de Navidad ▸ **~ soon** un día de estos ▸ **~ or other** tarde o temprano

sometimes ['sʌmtaɪmz] adv a veces

somewhat ['sʌmwɒt] adv un poco, un tanto

somewhere ['sʌmweə(r)] adv **1.** [in some place] en algún sitio, en alguna parte / [to some place] a algún sitio, a alguna parte ▸ **it must be ~ else** debe de estar en otra parte ▸ **why don't you go ~ else?** ¿por qué no te vas a otro sitio? ▸ **~ in Spain** en (algún lugar de) España ▸ **~ or other** en algún sitio ▸ *Fig* **now we're getting ~!** ¡ya parece que las cosas marchan! **2.** [approximately] **he is ~ around fifty** tiene unos cincuenta años ▸ **it costs ~ in the region of £500** cuesta alrededor de 500 libras ▸ **~ around four o'clock** a eso de las cuatro

somnolent ['sɒmnələnt] adj *Formal* somnoliento(a)

son [sʌn] n hijo *m* ▸ **youngest/eldest ~** hijo *m* menor/ mayor ▸ *US very Fam* **~ of a bitch** [person] hijo *m* de perra, *MÉX* hijo *m* de la chingada ▸ *US Fam Euph* **~ of a gun** [person] sinvergüenza, granuja

sonar ['səʊnɑ:(r)] n sonar *m*

sonata [sə'nɑ:tə] n sonata *f*

song [sɒŋ] n **1.** canción *f* ▸ **to burst** *or* **break into ~** ponerse a cantar ▸ **~ book** libro *m* de canciones **2.** [idioms] **to buy sth for a ~** comprar algo por cuatro perras gordas ▸ **to make a ~ and dance (about sth)** montar un número (a cuenta de algo)

songbird ['sɒŋbɜ:d] n pájaro *m* cantor

songwriter ['sɒŋraɪtə(r)] n compositor(ora) *m,f* / [of lyrics only] letrista *mf*

sonic ['sɒnɪk] adj [of sound] del sonido / [of speed of sound] sónico(a) ▸ AV ~ **boom** estampido *m* sónico *(al rebasar la barrera del sonido)*

son-in-law ['sʌnɪnlɔː] n (pl **sons-in-law**) yerno *m*

sonnet ['sɒnɪt] n soneto *m*

sonny ['sʌnɪ] n *Fam* hijo *m*, pequeño *m*

sonorous ['sɒnərəs] adj sonoro(a)

soon [suːn] adv **1.** [within a short time] pronto ▸ **it will ~ be Friday** pronto será viernes ▸ **see you ~!** ¡hasta pronto! ▸ **~ after(wards)** poco después ▸ **~ after four** poco después de las cuatro ▸ **no sooner had she left than...** en cuanto se fue... **2.** [early] pronto ▸ **must you leave so ~?** ¿tienes que irte tan pronto? ▸ **it's too ~ to tell** aún no se puede saber ▸ **none too ~** en buena hora ▸ **how ~ can you get here?** ¿cuánto tardarás *or AM* demorarás en llegar? ▸ **sooner or later** tarde o temprano ▸ **the sooner the better** cuanto antes mejor ▸ **as ~ as** tan pronto como ▸ **as ~ as possible** lo antes posible **3.** [expressing preference] **I would just as ~ stay** preferiría quedarme ▸ **I would sooner do it alone** preferiría hacerlo yo solo

soot [sʊt] n hollín *m*

soothe [suːð] vt [pain, burn] aliviar, calmar / [person, anger] calmar

soothing ['suːðɪŋ] adj [relaxing] relajante, sedante

soothsayer ['suːθseɪə(r)] n adivino(a) *m,f*

sooty ['sʊtɪ] adj [covered in soot] tiznado(a) / [black] negro(a)

sop [sɒp] n [concession] pequeña concesión *f* (**to** a)

sophist ['sɒfɪst] n sofista *mf*

sophisticated [sə'fɪstɪkeɪtɪd] adj sofisticado(a)

sophistication [səfɪstɪ'keɪʃən] n sofisticación *f*

sophistry ['sɒfɪstrɪ] n sofismas *mpl*, sofistería *f*

sophomore ['sɒfəmɔː(r)] n *US* UNIV = *estudiante de segundo curso*

soporific [sɒpə'rɪfɪk] adj *Formal* soporífero(a)

sopping [ʃɒpɪŋ] adj **to be ~ (wet)** estar empapado(a)

soppy ['sɒpɪ] adj *Fam* sensiblero(a), *ESP* ñoño(a)

soprano [sɒ'prɑːnəʊ] (pl **sopranos** *or* **soprani**) n [singer] soprano *mf* ▸ **~ voice** (voz *f* de) soprano *m*

sorbet ['sɔːbeɪ] n sorbete *m*

sorcerer ['sɔːsərə(r)] n brujo *m*, hechicero *m*

sorceress ['sɔːsərɪs] n bruja *f*, hechicera *f*

sorcery ['sɔːsərɪ] n brujería *f*, hechicería *f*

sordid ['sɔːdɪd] adj sórdido(a)

sore [sɔː(r)] ■ n [wound] llaga *f*, úlcera *f*

■ adj **1.** [painful] dolorido(a) ▸ **his feet were ~** tenía los pies doloridos ▸ **to have a ~ throat** tener dolor de garganta ▸ **I've got a ~ leg/back** me duele la pierna/la espalda **2.** *Fam* [annoyed] *esp ESP* enfadado(a) (**about** por), molesto(a) (**about** por), *esp AM* enojado(a) (**about** por) ▸ **it's a ~ point (with him)** es un tema delicado (para él)

sorely ['sɔːlɪ] adv [greatly] enormemente ▸ **she will be ~ missed** se la echará muchísimo de menos, *AM* se la extrañará muchísimo ▸ **to be ~ in need of sth** necesitar algo desesperadamente ▸ **~ tempted** enormemente tentado(a)

sorority [sə'rɒrɪtɪ] n *US* UNIV = *asociación femenina de estudiantes que suele funcionar como club social*

CULTURE / CULTURA

Sororities

Este tipo de asociaciones de estudiantes (las "Fraternities" para los hombres y las **Sororities** para las mujeres) se crearon en el s. XIX en las universidades del este de EE.UU., y se fueron extendiendo rápidamente por todo el país. Los nombres de las "Fraternities" y **Sororities** se forman con letras del alfabeto griego. Estas asociaciones reúnen a estudiantes de nivel cultural y social similares y permiten a sus integrantes trabar amistad fácilmente. Los estudiantes que deseen de formar parte de una hermandad deben ser apadrinados por miembros de la misma y someterse a numerosos ritos iniciáticos. A lo largo de los últimos años, el sistema de "Fraternities" y **Sororities** ha sido duramente criticado debido a vejaciones, actitudes racistas y a incidentes relacionados con el consumo excesivo de alcohol que han tenido lugar en su seno.

sorrow ['sɒrəʊ] n pesar *m*, pena *f* ▸ **to my great ~** con gran pesar mío

sorrowful ['sɒrəfʊl] adj afligido(a), apenado(a)

sorrowfully ['sɒrəflɪ] adv tristemente

sorry ['sɒrɪ] adj **1.** [regretful, disappointed] **to be ~ about sth** lamentar *or* sentir algo ▸ **I'm ~** [regretful] lo lamento, lo siento / [apology] lo siento ▸ **~ to keep you waiting** siento haberle hecho esperar ▸ **~!** [apology] ¡perdón! ▸ **~?** [what?] ¿perdón?, ¿cómo dice(s)? ▸ **to say ~ (to sb)** pedir perdón (a alguien) ▸ **she's ~ she did it** siente mucho haberlo hecho ▸ **I'm ~ to hear that...** lamento saber que... ▸ *Fam* **you'll be ~!** ¡te arrepentirás! **2.** [sympathetic] **to feel ~ for sb** sentir pena *or* lástima por alguien ▸ **he felt ~ for himself** se compadecía de sí mismo **3.** [pathetic] lamentable ▸ **to be a ~ sight** ofrecer un espectáculo lamentable

sort [sɔːt] ■ n **1.** [kind] clase *f*, tipo *m* ▸ **what ~ of tree is it?** ¿qué clase de árbol es éste? ▸ **all sorts of** todo tipo de ▸ **that ~ of thing** ese tipo de cosas ▸ **she's that ~ of person** ella es así ▸ **something of the ~** algo por el estilo ▸ **did you leave this window open? – I did nothing of the ~!** ¿has dejado la ventana abierta? – ¡qué va! ▸ **he's so arrogant! – he's nothing of the ~!** ¡es tan arrogante! – ¡qué va a ser arrogante! ▸ **it takes all sorts** de todo tiene que haber ▸ *Fam* **she's a good ~** es buena gente ▸ **she's not the ~ to give in easily** no es de las que se rinden fácilmente ▸ **we don't want your ~ here** no queremos gente como tú por aquí ▸ **to be out of sorts** no encontrarse muy allá ▸ **coffee of a ~** café, por llamarlo de alguna forma ▸ **he's a writer of sorts** se le podría llamar escritor **2.** [to organize] **to have a ~ through sth** revisar algo ▸ *BR* **~ code** [of bank] número *m* de sucursal

◆ ***sort of*** adv *Fam* [a little] un poco / [in a way] en cierto modo ▸ **this is ~ of embarrassing** esto es un poco embarazoso ▸ **I ~ of expected it** en cierto modo ya me lo esperaba ▸ **do you like it? – ~ of** ¿te gusta? – bueno, más o menos

■ vt [classify] ordenar, clasificar / COMPTR ordenar

◆ ***sort out*** vt sep **1.** [organize] ordenar ▸ **she sorted out the clothes she wanted to keep** separó la ropa que no quería tirar *or AM* botar ▸ **to ~ oneself out** reo rganizar (uno) su vida, aclararse las ideas **2.** [problem] arreglar ▸ *Fam* **to ~ sb out** [punish] poner a alguien en su sitio / [beat up] darle una paliza *or ESP* un repaso a alguien

sorta ['sɔːtə] *Fam* ➤ ***sort of***

sortie ['sɔːtiː] n MIL & *Fig* incursión *f*

sorting ['sɔːtɪŋ] n selección *f*, clasificación *f* ▸ **~ office** oficina *f* de clasificación de correo

SOS [esəʊ'es] n S.O.S. *m*

so-so ['səʊ'səʊ] adj regular ▸ **it was only ~** fue regularcillo

soufflé ['suːfleɪ] n suflé *m* ▸ **cheese ~** suflé de queso

sought [sɔːt] pt & pp *of **seek***

sought-after ['sɔːtɑːftə(r)] adj solicitado(a)

soul [səʊl] n **1.** [spirit] alma *f* ▸ **to sell one's ~** venderse, vender el alma ▸ *Fig* **she's the ~ of discretion** es la discreción en persona ▸ *Fig* **it lacks ~** le falta gancho *or* garra ▸ **All Souls' Day** el día de (los) difuntos **2.** [person] alma *f* ▸ **not a ~** ni un alma ▸ **he's a good ~** es (una) buena persona ▸ **poor ~!** ¡pobrecillo! **3.** [music] soul *m*

soul-destroying ['səʊldɪstrɔɪɪŋ] adj desmoralizador(ora)

soulful ['səʊlfʊl] adj emotivo(a), conmovedor(ora)

soulless ['səʊllɪs] adj [person] inhumano(a), desalmado(a) / [place] impersonal

soulmate ['səʊlmeɪt] n alma *f* gemela

soul-searching ['səʊlsɜːtʃɪŋ] n examen *m* de conciencia, reflexión *f*

sound[1] [saʊnd] ■ n [in general] sonido *m* / [individual noise] ruido *m* ▸ **not a ~ could be heard** no se oía nada ▸ **he likes the ~ of his own voice** le gusta escucharse a sí mismo ▸ **to turn the ~ up/down** [on TV, radio] subir/bajar el volumen ▸ *Fig* **I don't like the ~ of it** no me gusta nada como suena ▸ **he's angry, by the ~ of it** parece que está *esp ESP* enfadado *or esp AM* enojado ▸ **~ barrier** barrera *f* del sonido ▸ **~ bite** frase *f* lapidaria *(en medios de comunicación)* ▸ COMPTR **~ card** tarjeta *f* de sonido ▸ **~ effects** efectos *mpl* sonoros *or* de sonido ▸ **~ engineer** ingeniero(a) *m,f* de sonido ▸ **~ system** equipo *m* de sonido ▸ **~ wave** onda *f* sonora

■ vt **1.** [trumpet] tocar / [alarm] hacer sonar ▸ **to ~ one's horn** tocar el claxon *or* la bocina ▸ *Fig* **to ~ the alarm** dar la voz de alarma **2.** [pronounce] pronunciar ▸ **the "h" is not sounded** la "h" no se pronuncia

■ vi **1.** [make sound] [trumpet, bell] sonar **2.** [seem] parecer ▸ **she sounds French** suena francesa ▸ **that sounds like trouble!** eso suena a que puede haber problemas ▸ **that sounds like a good idea** eso me parece muy buena idea ▸ **from what people say, he sounds (like) a nice guy** por lo que dicen, parece buena gente *or ESP* un tío majo ▸ **it sounds like Mozart** suena a *or* parece Mozart ▸ **how does that ~ to you?** [referring to suggestion] ¿a ti qué te parece?

◆ ***sound off*** vi *Fam* despotricar (**about** de)

◆ ***sound out*** vt sep sondear, tantear (**about** acerca de)

sound[2] ■ adj **1.** [healthy] sano(a) / [solid] sólido(a) / [in good condition] en buen estado ▸ **he is of ~ mind** tiene pleno uso de sus facultades mentales **2.** [argument, reasoning] sólido(a) ▸ **a ~ piece of advice** un consejo sensato ▸ **it makes good ~ sense** parece de lo más razonable **3.** [reliable] [investment, business] seguro(a), sólido(a) / [person] competente

■ adv **to be ~ asleep** estar profundamente dormido(a)

-sounding [-'saʊndɪŋ] suffix **a foreign~ name** un nombre que suena extranjero

sounding board ['saʊndɪŋ'bɔːd] n [on pulpit, stage] tornavoz *m* ▸ *Fig* **I used John as a ~** puse a prueba mis ideas contándoselas a John

soundings ['saʊndɪŋz] npl *Fig* **to take ~** tantear *or* sondear el terreno

soundly ['saʊndlɪ] adv **1.** [solidly] sólidamente **2.** [logically] razonablemente **3.** [thoroughly] **to sleep ~** dormir profundamente ▸ **to thrash sb ~** dar a alguien una buena paliza

soundproof ['saʊndpruːf] ■ adj insonorizado(a)

■ vt insonorizar

soundproofing ['saʊndpruːfɪŋ] n insonorización *f*, aislamiento *m* acústico

soundtrack ['saʊndtræk] n banda *f* sonora

soup [suːp] n sopa *f* ▸ *Fam Fig* **to be in the ~** estar en un aprieto ▸ **~ kitchen** comedor *m* popular ▸ **~ ladle** cucharón *m* ▸ **~ plate** plato *m* hondo *or* sopero ▸ **~ spoon** cuchara *f* sopera

◆ ***soup up*** vt sep *Fam* [engine] trucar

sour ['saʊə(r)] ■ adj [fruit, wine] ácido(a), agrio(a) / [milk] agrio(a), cortado(a) / *Fig* [person] agrio(a), áspero(a) ▸ **to turn ~** [milk] cortarse, agriarse / *Fig* [situation, relationship] agriarse, echarse a perder ▸ **~ cream** *ESP* nata *f* agria, *AM* crema *f* de leche agria ▸ *Fig* **it's (a case of) ~ grapes** es cuestión de despecho

■ vt [milk] cortar, agriar / *Fig* [atmosphere, relationship] agriar, echar a perder

■ vi [milk] cortarse, agriarse / *Fig* [atmosphere, relationship] agriarse, echarse a perder

source [sɔːs] n [of river] nacimiento *m* / [of light, information] fuente *f* / [of infection, discontent] foco *m* ▸ COMPTR **~ program** programa *f* fuente

sourly ['saʊəlɪ] adv con acritud, agriamente

souse [saʊs] vt empapar

south [saʊθ] ■ n sur *m* ▸ **to the ~ (of)** al sur (de)

■ adj [direction, side] (del) sur ▸ **~ wind** viento *m* del sur ▸ **South Africa** Sudáfrica ▸ **South African** sudafricano(a) *m,f* ▸ **South America** Sudamérica, América del Sur ▸ **South American** sudamericano(a) *m,f* ▸ **South Carolina** Carolina del Sur ▸ **the South China Sea** el mar de China (meridional) ▸ **South Dakota** Dakota del Sur ▸ **South Korea** Corea del Sur ▸ **South Korean** surcoreano(a) *m,f* ▸ **the South Pole** el Polo Sur

■ adv hacia el sur, en dirección sur ▸ **to face ~** [house] estar orientado(a) al sur

southbound ['saʊθbaʊnd] adj [train, traffic] en

dirección sur ◗ **the ~ carriageway** la calzada en dirección sur

southeast [saʊθ'iːst] ■ n sudeste *m*, sureste *m*
■ adj [side] sudeste / [wind] del sudeste
■ adv al sudeste, en dirección sudeste

southeasterly [saʊθ'iːstəlɪ] ■ n [wind] viento *m* del sudeste
■ adj [direction] sudeste ◗ **~ wind** viento *m* del sudeste

southeastern [saʊθ'iːstən] adj [region] del sudeste

southerly ['sʌðəlɪ] ■ n [wind] viento *m* del sur
■ adj [direction] sur / [wind] del sur ◗ **the most ~ point** el punto más meridional

southern ['sʌðən] adj [region, accent] del sur, meridional ◗ **~ Spain** el sur de España, la España meridional ◗ **the ~ hemisphere** el hemisferio sur

southerner ['sʌðənə(r)] n sureño(a) *m,f*

southernmost ['sʌðənməʊst] adj más al sur, más meridional

south-facing ['saʊθ'feɪsɪŋ] adj orientado(a) al sur

south-southeast ['saʊθsaʊθ'iːst] adv en dirección sursudeste

south-southwest ['saʊθsaʊθ'west] adv en dirección sursudoeste

southward ['saʊθwəd] adj & adv hacia el sur

southwards ['saʊθwədz] adv hacia el sur

southwest [saʊθ'west] ■ n sudoeste *m*, suroeste *m*
■ adj [side] sudoeste / [wind] del sudoeste
■ adv hacia el sudoeste, en dirección sudoeste

southwesterly [saʊθ'westəlɪ] ■ n [wind] (viento *m* del) sudoeste *m*
■ adj [direction] sudoeste / [wind] del sudoeste
■ adv hacia el sudoeste

southwestern [saʊθ'westən] adj [region] del sudoeste

souvenir [suːvə'nɪə(r)] n recuerdo *m*

sovereign ['sɒvrɪn] n & adj soberano(a) *m,f*

sovereignty ['sɒvrəntɪ] n soberanía *f*

Soviet ['səʊvɪet] ■ n [person] soviético(a) *m,f*
■ adj soviético(a) ◗ *Formerly* **the ~ Union** la Unión Soviética

sow[1] [səʊ] (pt **sowed** [səʊd], pp **sown** [səʊn] or **sowed**) vt [seeds] *& Fig* sembrar ◗ **to ~ a field with wheat** sembrar trigo en un campo

sow[2] [saʊ] n [female pig] cerda *f*, puerca *f*, *AM* chancha *f*

sown [səʊn] pp *of* ***sow***[1]

soya ['sɔɪə], *esp US* ***soy*** ['sɔɪ] n soja *f*

soy sauce [sɔɪ'sɔːs] n (salsa *f* de) soja *f*

sozzled ['sɒzəld] adj *Fam* [drunk] **to be ~** estar como una cuba *or ESP* mamado(a) *or COL* caído(a) de la perra *or MÉX* ahogado(a) *or RP* en pedo ◗ **to get ~** agarrarse un pedo

spa [spɑː] n balneario *m*

space [speɪs] ■ n **1.** [room] espacio *m*, sitio *m* ◗ **to stare into ~** mirar al vacío ◗ **to take up a lot of ~** ocupar mucho espacio *or* sitio **2.** [individual place] sitio *m* / [on printed form] espacio *m* (en blanco) ◗ **wide open spaces** grandes extensiones *fpl* ◗ **a parking ~** un sitio para estacionar *or ESP* aparcar ◗ **~ bar** [on keyboard] barra *f* espaciadora **3.** [period of time] espacio *m*, intervalo *m* ◗ **in the ~ of a year** en el espacio de un año **4.** [outer space] espacio *m* ◗ **the ~ age** la era espacial ◗ *Fam* **he's a bit of a ~ cadet** está un poco colgado, anda siempre como alucinado ◗ **~ rocket** cohete *m* espacial ◗ **~ shuttle** transbordador *m* espacial ◗ **~ suit** traje *m* espacial ◗ **~ travel** viajes *mpl* espaciales **5.** [gap] [in timetable] hueco *m*
■ vt espaciar

◆ ***space out*** vt sep [arrange with gaps] espaciar, separar ◗ *Fam* **to be spaced out** [dazed] estar atontado(a)

space-age ['speɪseɪdʒ] adj de la era espacial

spacecraft ['speɪskrɑːft] n nave *f* espacial, astronave *f*

spaceman ['speɪsmæn] n astronauta *m*

space-saving ['speɪs'seɪvɪŋ] adj que ahorra *or* permite ahorrar espacio

spaceship ['speɪsʃɪp] n nave *f* espacial

spacing ['speɪsɪŋ] n espacio *m* ◗ TYP **double ~** doble espacio

spacious ['speɪʃəs] adj espacioso(a)

spade [speɪd] n **1.** [tool] pala *f* ◗ **to call a ~ a ~** llamar a las cosas por su nombre, llamar al pan pan y al vino vino **2.** [in cards] **spades** picas *fpl*

spaghetti [spə'getɪ] n espaguetis *mpl*

Spain [speɪn] n España

Spam® [spæm] n = *fiambre de cerdo en conserva*

spam [spæm] COMPTR ■ n correo *m* basura
■ vt enviar correo basura a
■ vi enviar correo basura

span[1] [spæn] ■ n **1.** [of hand] palmo *m* / [of wing] envergadura *f* **2.** [of arch] luz *f*, vano *m* / [of bridge] arcada *f*, ojo *m* **3.** [of time] período *m*, lapso *m* **4.** [of knowledge, interests] repertorio *m*, gama *f*
■ vt (pt & pp **spanned**) [of bridge] atravesar, cruzar / *Fig* [of life, knowledge] abarcar

span[2] pt *of* ***spin***

Spanglish ['spæŋglɪʃ] n spanglish *m*

Spaniard ['spænɪəd] n español(ola) *m,f*

spaniel ['spænjəl] n spaniel *m*

Spanish ['spænɪʃ] ■ npl [people] **the ~** los españoles
■ n [language] español *m*, castellano *m* ◗ **~ class/teacher** clase *f*/profesor(ora) *m,f* de español
■ adj español(ola) ◗ **the ~ Armada** la Armada Invencible ◗ **the ~ Civil War** la guerra civil española ◗ **the ~ Inquisition** la (Santa) Inquisición ◗ **~ omelette** tortilla *f* española *or* de *ESP* patatas *or AM* papas

spank [spæŋk] ■ n **to give sb a ~** darle un azote a alguien
■ vt dar unos azotes a, azotar

spanking ['spæŋkɪŋ] ■ n azotaina *f*, zurra *f* ◗ **to give sb a ~** dar a alguien una azotaina
■ adv *Fam* **~ new** flamante ◗ **they had a ~ good time** se lo pasaron bomba *or* en grande

spanner ['spænə(r)] n *BR* llave *f* plana *(herramienta)* ◗ *Fig* **to throw a ~ in the works** aguar la fiesta

spar[1] [spɑː(r)] n [on ship] palo *m*, verga *f*

spar[2] (pt & pp **sparred**) vi **to ~ with sb** [in boxing] entrenar con alguien como sparring / [argue] discutir en tono cordial con alguien

spare ['speə(r)] ■ n [spare part] (pieza *f* de) recambio *m* *or* repuesto *m* / [tyre] rueda *f* de repuesto *or* *RP* de auxilio, *MÉX* llanta *f* de refacción
■ adj **1.** [available] de más / [surplus] sobrante ▸ **do you have a ~ pen?** ¿tienes un bolígrafo de sobra? ▸ **to be going ~** sobrar ▸ **a ~ moment** un rato libre ▸ **~ parts** recambios *mpl*, piezas *fpl* de recambio ▸ **~ ribs** costillas *fpl* de cerdo *or* puerco *or* *AM* chancho ▸ **~ room** habitación *f* de invitados ▸ **~ time** tiempo *m* libre ▸ **~ tyre** rueda *f* de repuesto / *BR Fam Fig* [around waist] michelines *mpl*, *MÉX* llantas *fpl*, *RP* rollos *mpl* ▸ **~ wheel** rueda *f* de repuesto *or* recambio *or* *RP* auxilio, *MÉX* llanta *f* de refacción **2.** [frugal] [meal, style, room] sobrio(a), sencillo(a) **3.** *BR Fam* [angry] **to go ~** subirse por las paredes, *MÉX* ponerse como agua para chocolate, *RP* ponerse verde
■ vt **1.** [go without] **to have no time to ~** no tener ni un minuto libre, no poder entretenerse ▸ **they arrived with five minutes to ~** llegaron cinco minutos antes ▸ **can you ~ the time?** ¿tienes tiempo? ▸ **can you ~ me a few moments?** ¿tienes un rato?, ¿me puedes dedicar unos minutos? ▸ **could you ~ me some milk?** ¿puedes dejarme un poco de leche? ▸ **to ~ a thought for sb** acordarse de alguien **2.** [in negative constructions] **to ~ no expense/effort** no reparar en gastos/esfuerzos **3.** [save] **to ~ sb the trouble of doing sth** ahorrar a alguien las molestias de hacer algo ▸ **~ me the details!** ¡ahórrame los detalles! **4.** [show mercy towards] apiadarse de ▸ **to ~ sb's life** perdonarle la vida a alguien ▸ **to ~ sb's feelings** ahorrar sufrimientos a alguien

sparing ['speərɪŋ] adj parco(a) (**with** en)

sparingly ['speərɪŋlɪ] adv con moderación, parcamente

spark [spɑːk] ■ n [electrical, from fire] chispa *f* ▸ *Fig* **sparks flew** salían chispas ▸ *Fig* **he hasn't a ~ of imagination** no tiene ni gota *or* chispa de imaginación ▸ AUT **~ plug** bujía *f*
■ vi echar chispas

◆ ***spark off*** vt sep desencadenar

sparkle ['spɑːkəl] ■ n [of light, eyes, diamond] destello *m* / *Fig* [of person] chispa *f* ▸ *Fig* **the ~ had gone out of their marriage** su matrimonio ya no tenía ninguna chispa
■ vi [light, eyes, diamond] destellar / *Fig* [person, conversation] brillar, ser chispeante

sparkler ['spɑːklə(r)] n [firework] bengala *f*

sparkling ['spɑːklɪŋ] adj [light, eyes, diamond] centelleante, brillante / *Fig* [conversation] chispeante ▸ **~ wine** vino *m* espumoso

sparring ['spɑːrɪŋ] n **~ match** [debate] contienda *f* dialéctica amistosa ▸ **~ partner** [in boxing] sparring *m* / *Fig* contertulio(a) *m,f*

sparrow ['spærəʊ] n gorrión *m*

sparse [spɑːs] adj [population] disperso(a) / [information] somero(a), escaso(a) / [hair] ralo(a)

sparsely ['spɑːslɪ] adv [populated] poco, dispersamente / [covered] escasamente, someramente ▸ **~ furnished** poco amueblado(a)

Spartan ['spɑːtən] n & adj *also Fig* espartano(a) *m,f*

spasm ['spæzəm] n MED espasmo *m* / *Fig* [of coughing, jealousy] acceso *m* / *Fig* [of activity] arranque *m*

spasmodic [spæz'mɒdɪk] adj [irregular] intermitente, con altibajos / MED espasmódico(a)

spasmodically [spæz'mɒdɪklɪ] adv [irregularly] intermitentemente

spastic ['spæstɪk] n **1.** MED enfermo(a) *m,f* de parálisis cerebral **2.** *very Fam* [idiot] subnormal *m,f*

spat[1] [spæt] n *Fam* [quarrel] rifirrafe *m*, bronca *f*

spat[2] pt & pp *of* ***spit***[2]

spate [speɪt] n [of letters, crimes] oleada *f* ▸ **to be in full ~** [river] estar *or* bajar muy crecido / *Fig* [speaker] estar en plena arenga

spatial ['speɪʃəl] adj espacial

spatter ['spætə(r)] vt salpicar (**with** de)

spatula ['spætjʊlə] n espátula *f*

spawn [spɔːn] ■ n [of frog, fish] hueva *f*
■ vt [give rise to] generar
■ vi [fish] desovar

speak [spiːk] (pt **spoke** [spəʊk], pp **spoken** ['spəʊkən]) ■ vt **1.** [utter] pronunciar ▸ **she always speaks her mind** siempre dice lo que piensa ▸ **to ~ the truth** decir la verdad **2.** [language] hablar ▸ **to ~ Spanish** hablar español ▸ **Spanish spoken** [sign] se habla español
■ vi **1.** [talk] hablar, *esp AM* conversar, *MÉX* platicar ▸ **to ~ to sb (about)** hablar *or* *esp AM* conversar *or* *MÉX* platicar con alguien (de) ▸ **they're not speaking** [to each other] no se hablan ▸ **I'll ~ to him about it** hablaré con él al respecto ▸ **I know her to ~ to** la conozco lo bastante como para hablar con ella ▸ **legally/morally speaking** (hablando) en términos legales/morales ▸ **so to ~** por así decirlo ▸ **who's speaking?** [on phone] ¿con quién hablo? ▸ **Mr Curry? – yes, speaking** ¿el señor Curry? – sí, soy yo **2.** [give a speech] dar una charla ▸ **he spoke on the subject of...** el tema de su charla fue...
■ n **computer/advertising ~** jerga *f* informática/publicitaria

◆ ***speak for*** vt insep **to ~ for sb** [on behalf of] hablar en nombre de alguien ▸ **~ for yourself!** ¡no pluralices!, ¡eso lo dices tú! ▸ **the facts ~ for themselves** los hechos hablan por sí solos *or* mismos

◆ ***speak out*** vi hablar abiertamente (**against** en contra de)

◆ ***speak up*** vi hablar más alto, levantar la voz ▸ **to ~ up for sb** hablar en favor de alguien

speaker ['spiːkə(r)] n **1.** [person] [in conversation, on radio] interlocutor(ora) *m,f* / [at meeting] orador(ora) *m,f* / [at conference] conferenciante *mf*, orador(ora) *m,f*, *AM* conferencista *mf* / [of language] hablante *mf* ▸ **she's a good ~** es (una) buena oradora ▸ PARL **the Speaker** [in UK] el/la presidente(a) de la Cámara de los Comunes; [in US] el/la presidente(a) de la Cámara de Representantes **2.** [loudspeaker] altavoz *m*, *AM* altoparlante *m*, *AM* parlante *m*, *MÉX* bocina *f*

CULTURE / CULTURA

Speaker of the House

El **Speaker** de la Cámara de Representantes, una de las personalidades políticas más importantes de EE. UU., es escogido por el partido con mayoría en la cámara y se encuentra en segunda posición para reemplazar al presidente en caso de fuerza mayor. Entre sus responsabilidades cabe destacar la de moderar los debates y nombrar a los miembros de las comisiones parlamentarias. En el Reino Unido el **Speaker** de la Cámara de los Comunes es elegido por todos los parlamentarios y su función es por lo general la de moderar los debates.

speaking ['spiːkɪŋ] adj [doll, robot] parlante ▸ **~ clock** información *f* horaria ▸ THEAT & CIN **a ~ part** un papel con diálogo

-speaking [-'spiːkɪŋ] suffix **1.** [person] **they're both German/Spanish~** los dos son germanohablantes/hispanohablantes **2.** [country] **French/English~ countries** países francófonos/anglófonos

spear ['spɪə(r)] ■ n [for thrusting] lanza *f* / [for throwing] jabalina *f*
■ vt [food] pinchar

spearhead ['spɪəhed] ■ n *also Fig* punta *f* de lanza
■ vt [attack, campaign] encabezar

spearmint ['spɪəmɪnt] n [plant] hierbabuena *f* / [flavour] menta *f*

spec [spek] n *Fam* **to do sth on ~** hacer algo por si acaso

special ['speʃəl] ■ n [on menu] plato *m* del día
■ adj especial ▸ **it's nothing ~** no es nada del otro mundo ▸ **what's so ~ about the 19th of November?** ¿qué tiene de especial el 19 de noviembre? ▸ **~ agent** agente *mf* especial ▸ *BR* **Special Branch** servicio *m* de seguridad del Estado ▸ **~ delivery** envío *m* urgente, *ESP* ≃ postal exprés *m* ▸ CIN **~ effects** efectos *mpl* especiales ▸ **~ needs** necesidades *fpl* educativas especiales ▸ **~ offer** oferta *f* especial ▸ POL **~ powers** competencias *fpl* extraordinarias ▸ **the Special Relationship** la relación especial existente entre Gran Bretaña y Estados Unidos

CULTURE / CULTURA

the Special Relationship

Esta expresión se utiliza a menudo en el Reino Unido para designar los estrechos lazos que unen a este país con EE. UU., sobre todo en los ámbitos diplomático y político. Los lazos forjados por los dos países durante la Segunda Guerra Mundial y a lo largo de la guerra fría hicieron del Reino Unido el aliado privilegiado de la superpotencia americana. La **Special Relationship** vivió su apogeo durante los años 80, con Margaret Thatcher siguiendo una política decididamente proamericana, en detrimento de las relaciones con sus socios europeos. Tras la caída del comunismo, los líderes británicos han realizado esfuerzos para respaldar a EE. UU. en situaciones como las de la Guerra del Golfo de 1991, los ataques del 11 de septiembre de 2001, y la invasión de Iraq de 2003, en nombre de la **Special Relationship**.

specialism ['speʃəlɪzəm] n [subject] especialidad *f*

specialist ['speʃəlɪst] ■ n especialista *mf* ▸ MED **heart ~** cardiólogo(a) *m,f* ▸ MED **cancer ~** oncólogo(a) *m,f*
■ adj [knowledge] especializado(a) ▸ **~ subject** especialidad *f*

speciality [speʃɪ'ælɪtɪ] n especialidad *f*

specialization [speʃəlaɪ'zeɪʃən] n especialización *f*

specialize ['speʃəlaɪz] vi especializarse (**in** en)

specialized ['speʃəlaɪzd] adj especializado(a)

specially ['speʃəlɪ] adv [in particular] especialmente ▸ **they had a cake ~ made** les hicieron un pastel para la ocasión

specialty ['speʃəltɪ] n *US* especialidad *f*

species ['spiːʃiːz] (pl **species**) n especie *f*

specific [spɪ'sɪfɪk] ■ n **specifics** detalles *mpl*
■ adj [case, task, sequence] específico(a) / [command, instructions] preciso(a), concreto(a) ▸ **to be ~,...** para ser más precisos,... ▸ **to be ~ about sth** ser claro(a) respecto a algo ▸ **could you be more ~?** ¿podrías especificar *or* concretar más? ▸ PHYS **~ gravity** peso *m* específico

specifically [spɪ'sɪfɪkəlɪ] adv **1.** [expressly] específicamente **2.** [precisely] precisamente, concretamente

specification [spesɪfɪ'keɪʃən] n especificación *f* ▸ **specifications** [of machine] especificaciones *fpl* *or* características *fpl* técnicas

specify ['spesɪfaɪ] vt especificar

specimen ['spesɪmɪn] n [of mineral, handwriting, blood] muestra *f* ▸ *Fam* **he's an odd ~** es un bicho raro ▸ **~ copy** ejemplar *m* de muestra

specious ['spiːʃəs] adj engañoso(a), especioso(a)

speck [spek] n [of dust, dirt] mota *f* / [of paint, ink] gotita *f*

speckled ['spekəld] adj moteado(a)

specs [speks] npl *Fam* [spectacles] gafas *fpl* ▸ **a pair of ~** unas gafas

spectacle ['spektəkəl] n **1.** [show, sight] espectáculo *m* ▸ **to make a ~ of oneself** dar el espectáculo, dar el número **2. spectacles** gafas *fpl*, *AM* lentes *fpl*, *AM* anteojos *mpl* ▸ **a pair of spectacles** unas gafas ▸ **~ case** [hard] estuche *m* de gafas / [soft] funda *f* de gafas

spectacular [spek'tækjʊlə(r)] ■ n THEAT espectáculo *m* grandioso
■ adj espectacular

spectacularly [spek'tækjʊləlɪ] adj espectacularmente, de forma espectacular ▸ **to fail ~** fracasar estrepitosamente

spectator [spek'teɪtə(r)] n espectador(ora) *m,f* ▸ **the spectators** el público, los espectadores ▸ **~ sport** deporte *m* de masas

spectra ['spektrə] pl *of* ***spectrum***

spectre ['spektə(r)] n espectro *m*

spectrum ['spektrəm] (pl **spectra** ['spektrə]) n *also Fig* espectro *m*

speculate ['spekjʊleɪt] vi especular (**about** sobre)

speculation [spekjʊ'leɪʃən] n especulación *f*

speculative ['spekjʊlətɪv] adj especulativo(a)

speculator ['spekjʊleɪtə(r)] n FIN especulador(ora) *m,f*

sped [sped] pt & pp *of* ***speed***

speech [spi:tʃ] n **1.** [faculty] habla *f* ▸ **~ defect** *or* **impediment** defecto *m* del habla *or* de dicción ▸ **~ therapist** logopeda *mf* ▸ **~ therapy** logopedia *f* **2.** [language] habla *f,* lenguaje *m* **3.** [of politician, at conference] discurso *m* / THEAT parlamento *m* ▸ **to give** *or* **make a ~** dar *or* pronunciar un discurso ▸ *BR* SCH **~ day** ceremonia *f* de fin de curso **4.** GRAM **part of ~** categoría *f* gramatical ▸ **direct/indirect ~** estilo *m* directo/indirecto

speechless ['spi:tʃlɪs] adj sin habla ▸ **to be left ~** quedarse sin habla

speechmaking ['spi:tʃmeɪkɪŋ] n [public speaking] oratoria *f,* arte *m* de hablar en público

speechwriter ['spi:tʃraɪtə(r)] n redactor(ora) *m,f* de discursos

speed [spi:d] ■ n **1.** [rate of movement] velocidad *f* / [quickness] rapidez *f* ▸ **the ~ of light/of sound** la velocidad de la luz/del sonido ▸ **at ~** a gran velocidad ▸ **to gather** *or* **pick up ~** ganar *or* cobrar velocidad ▸ **to lose ~** perder velocidad ▸ **~ camera** cámara *f* de control de velocidad ▸ *Fam* **~ cop** policía *mf* de tráfico *or RP* caminera *(en carretera)* ▸ **~ dating** speed dating *m*, citas *fpl* rápidas ▸ **~ dialling** marcado *m* rápido ▸ **~ limit** límite *m* de velocidad ▸ **~ trap** radar *m* (de control de velocidad) **2.** [gear] marcha *f,* velocidad *f* ▸ **a five-~ gearbox** una caja de cambios de cinco marchas **3.** *Fam* [amphetamine] anfetas *fpl,* speed *m*

■ vi **1.** (pt & pp **sped** [sped] or **speeded**) [go fast] avanzar rápidamente / [hurry] precipitarse **2.** AUT [exceed speed limit] sobrepasar el límite de velocidad ▸ **I was caught speeding** *ESP* me cogieron conduciendo demasiado deprisa, *AM* me agarraron manejando demasiado deprisa **3.** *Fam* [be under effect of amphetamines] **to be speeding** estar *or* ir puesto(a) de speed

◆ ***speed off*** vi salir disparado(a)

◆ ***speed up*** ■ vt sep [process] acelerar / [person] apresurar

■ vi [car] acelerar / [process] acelerarse / [person] apresurarse, *AM* apurarse

speedboat ['spi:dbəʊt] n motora *f,* planeadora *f*

speedily ['spi:dɪlɪ] adv rápidamente

speeding ['spi:dɪŋ] n AUT **I was stopped for ~** me pararon por exceso de velocidad

speedometer [spi:'dɒmɪtə(r)] n AUT velocímetro *m*

speedway ['spi:dweɪ] n carreras *fpl* de motos

speedy ['spi:dɪ] adj rápido(a) ▸ **to wish sb a ~ recovery** desearle a alguien una pronta recuperación

spell[1] [spel] n hechizo *m,* encantamiento *m* ▸ **to cast a ~ over sb** hechizar *or* encantar a alguien ▸ *Fig* **to break the ~** romper la magia del momento ▸ *Fig* **to be under a ~** estar hechizado(a) ▸ *Fig* **to be under sb's ~** estar cautivado(a) *or* hipnotizado(a) por alguien

spell[2] n **1.** [period] período *m,* temporada *f* ▸ **a cold ~** una ola de frío ▸ **sunny spells** intervalos *mpl* soleados ▸ **a good/bad ~** una buena/mala racha **2.** [turn] turno *m* ▸ **she offered to do a ~ at the wheel** se ofreció para conducir *or AM* manejar un rato

spell[3] (pt & pp **spelt** [spelt] or **spelled**) ■ vt **1.** [write correctly] deletrear ▸ **how do you ~ it?** ¿cómo se escribe? **2.** [signify] suponer ▸ **to ~ disaster** suponer un desastre

■ vi escribir sin faltas ▸ **he can't ~** tiene muchas faltas de ortografía

◆ ***spell out*** vt sep [explain explicitly] explicar claramente ▸ **do I have to ~ it out for you?** ¿cómo te lo tengo que decir?

spellbinding ['spelbaɪndɪŋ] adj cautivador(ora), fascinante

spellbound ['spelbaʊnd] adj hechizado(a)

spell-checker ['speltʃekə(r)] n COMPTR corrector *m* ortográfico

speller ['spelə(r)] n *US* [book] manual *m* de ortografía

spelling ['spelɪŋ] n ortografía *f* ▸ **to be good/bad at ~** tener buena/mala ortografía ▸ **~ bee** concurso *m* de ortografía ▸ **~ mistake** falta *f* de ortografía

spelt [spelt] pt & pp *of* ***spell***[3]

spelunker [spɪ'lʌŋkə(r)] n *US* espeleólogo(a) *m,f*

spelunking [spe'lʌŋkɪŋ] n espeleología *f*

spend [spend] (pt & pp **spent** [spent]) vt **1.** [money] gastar (**on** en) **2.** [time] pasar ▸ **to ~ time on sth** dedicar tiempo a algo

spender ['spendə(r)] n **to be a high/low ~** gastar mucho/poco

spending ['spendɪŋ] n gasto *m* ▸ **consumer ~** gasto *m or* consumo *m* privado ▸ **public ~** gasto *m* público ▸ **~ money** dinero *m* para gastos ▸ **~ power** poder *m* adquisitivo ▸ **to go on a ~ spree** salir a gastar a lo loco

spendthrift ['spendθrɪft] n despilfarrador(ora) *m,f,* manirroto(a) *m,f*

spent [spent] ■ adj [fuel, ammunition] usado(a) ▸ **to be a ~ force** ser una fuerza devaluada

■ pt & pp *of* ***spend***

sperm [spɜ:m] n esperma *m,* semen *m* ▸ **~ bank** banco *m* de semen ▸ **~ donor** donante *m* de semen ▸ **~ whale** cachalote *m*

spermicide ['spɜ:mɪsaɪd] n espermicida *m*

spew [spju:] vt & vi *Fam* [vomit] devolver, vomitar

sphere [sfɪə(r)] n *also Fig* esfera *f* ▸ **that's outside my ~** eso está fuera de mi ámbito ▸ **~ of influence** ámbito *m* de influencia

spherical ['sferɪkəl] adj esférico(a)

sphincter ['sfɪŋktə(r)] n ANAT esfínter *m*

sphinx [sfɪŋks] n esfinge *f*

spice [spaɪs] ■ n [seasoning] especia *f* / *Fig* chispa *f* ▸ **~ rack** especiero *m*

■ vt [food] sazonar, especiar

◆ ***spice up*** vt [make more exciting] dar chispa a

spick[1] [spɪk] adj **~ and span** como los chorros del oro, impecable

spick[2] n *US very Fam* = *término ofensivo para referirse a un latino*

spicy ['spaɪsɪ] adj [food] [seasoned with spices] especiado(a), sazonado(a) / [hot] picante / *Fig* [story, gossip] jugoso(a), picante

spider ['spaɪdə(r)] n araña *f* ▸ *BR* **spider's** *or US* **~ web** tela *f* de araña, telaraña *f* ▸ **~ crab** centollo *m*, centolla *f* ▸ **~ monkey** mono *m* araña ▸ **~ plant** cinta *f*

spiel [spi:l] n *Fam* rollo *m*

spike [spaɪk] ■ n pincho *m* ▸ **spikes** [running shoes] zapatillas *fpl* de clavos
■ vt **to ~ sb's guns** [spoil plans] chafarle los planes a alguien ▸ **to ~ sb's drink** añadir licor a la bebida de alguien

spiked [spaɪkt] adj [shoes] con clavos

spiky ['spaɪkɪ] adj espinoso(a) ▸ **~ hair** pelo *m* de punta

spill [spɪl] ■ vt (pt & pp **spilt** [spɪlt] or **spilled**) [liquid, salt] derramar ▸ *Fig* **to ~ the beans** *ESP* descubrir el pastel, *AM* destapar la olla
■ vi [liquid] derramarse
■ n **to take a ~** [fall] tener una caída

◆ ***spill over*** vi [liquid] rebosar / *Fig* [conflict] extenderse (**into** a)

spillage ['spɪlɪdʒ] n derrame *m*

spilt [spɪlt] pt & pp *of* ***spill***

spin [spɪn] ■ n [turning movement] giro *m* / [on ball] efecto *m* / [on news story] sesgo *m* ▸ **to go into a ~** [car] dar vueltas / [plane] entrar en barrena ▸ **to go for a ~** [in car] ir a dar una vuelta ▸ **to put ~ on a ball** dar efecto a una pelota ▸ **~ doctor** asesor(ora) *m,f* político(a) *(para dar buena prensa a un partido o político)*
■ vt (pt **span** [spæn], pp **spun** [spʌn]) **1.** [wool, cotton] hilar **2.** [wheel, top] (hacer) girar ▸ **to ~ a coin** echar a cara o cruz *or CHILE, COL* cara o sello *or MÉX* águila o sol *or RP* cara o seca **3.** [spin-dry] centrifugar
■ vi [wheel, spinning top, dancer] dar vueltas, girar ▸ **my head's spinning** me da vueltas la cabeza ▸ **the room's spinning** todo me da vueltas

◆ ***spin out*** vt sep [speech, debate] alargar / [money] estirar

CULTURE / CULTURA

spin

El término **spin** se utiliza en el mundo de la política para referirse al acto de presentar la información desde un ángulo favorable con vistas a influir en la opinión pública. Se usa principalmente para describir la manera en que el gobierno presenta sus acciones ante los medios de comunicación. Este uso de **spin**, que sugiere la acción de dar el sesgo conveniente a la información, proviene probablemente del mundo del deporte: en el béisbol o en el billar **spin** hace relación al efecto que se da a la pelota para cambiar su dirección. En la misma línea, a los portavoces del gobierno en los medios de comunicación se les llama "spin doctors".

spinach ['spɪnɪtʃ] n espinacas *fpl*

spinal ['spaɪnəl] adj ANAT espinal ▸ **~ column** columna *f* vertebral ▸ **~ cord** médula *f* espinal ▸ MED **~ injury** lesión *f* de columna

spindle ['spɪndəl] n huso *m*

spindly ['spɪndlɪ] adj larguirucho(a)

spin-dry ['spɪn'draɪ] vt centrifugar

spin-dryer ['spɪn'draɪə(r)] n centrifugadora *f*

spine [spaɪn] n **1.** [backbone] columna *f* vertebral **2.** [book] lomo *m* **3.** [spike] [of plant, fish] espina *f*

spineless ['spaɪnlɪs] adj [weak] pusilánime, débil

spinney ['spɪnɪ] n *BR* bosquecillo *m*, boscaje *m*

spinning top ['spɪnɪŋ'tɒp] n peonza *f*

spinning wheel ['spɪnɪŋ'wi:l] n rueca *f*

spin-off ['spɪnɒf] n **1.** [by-product] (producto *m*) derivado *m*, subproducto *m* **2.** [TV programme] secuela *f* televisiva

spinster ['spɪnstə(r)] n solterona *f*

spiny ['spaɪnɪ] adj espinoso(a) ▸ **~ lobster** langosta *f*

spiral ['spaɪərəl] ■ n espiral *f* ▸ **~ staircase** escalera *f* de caracol
■ vi (pt & pp **spiralled**, *US* **spiraled**) [smoke] ascender en espiral / [prices] subir vertiginosamente

spire ['spaɪə(r)] n [of church] aguja *f*

spirit ['spɪrɪt] n **1.** [ghost, person] espíritu *m* ▸ **the Holy Spirit** el Espíritu Santo **2.** [mood, attitude] espíritu *m* ▸ **that was not the ~ of the agreement** ese no era el espíritu del acuerdo ▸ **she entered into the ~ of the occasion** se puso a tono con la ocasión, participó del acontecimiento ▸ *Fam* **that's the ~!** ¡eso es! **3.** [courage] valor *m*, coraje *m* / [energy] brío *m* ▸ **to show ~** mostrar valor *or* coraje ▸ **to break sb's ~** desmoralizar a alguien ▸ **to be in good/poor spirits** tener la moral alta/baja ▸ **to say sth with ~** decir algo con arrestos **4. spirits** [drinks] licores *mpl* ▸ **~ lamp** lámpara *f* de alcohol ▸ **~ level** [instrument] nivel *m* de burbuja

◆ ***spirit away, spirit off*** vt sep hacer desaparecer

spirited ['spɪrɪtɪd] adj [person] valeroso(a), con arrestos / [defence, reply] enérgico(a)

spiritual ['spɪrɪtjʊəl] ■ n MUS **(negro) ~** espiritual *m* negro
■ adj REL espiritual ▸ **France is my ~ home** Francia es mi patria espiritual

spiritualism ['spɪrɪtjʊəlɪzəm] n espiritismo *m*

spirituality [spɪrɪtjʊ'ælɪtɪ] n espiritualidad *f*

spiritually ['spɪrɪtjʊəlɪ] adv espiritualmente

spit[1] [spɪt] n **1.** [for cooking] espetón *m*, asador *m* ▸ **~ roast** espetón *m* de carne asada **2.** [of land] lengua *f*

spit[2] ■ n [saliva] saliva *f* ▸ *Fam* **~ and polish** limpieza *f*, pulcritud *f*
■ (pt & pp **spat** [spæt], *US* **spit**) vt escupir
■ vi [person, cat] escupir / [hot fat] saltar ▸ **it's spitting (with rain)** está chispeando

◆ ***spit out*** vt sep escupir ▸ *Fam* **~ it out!** [say what you want to] ¡suéltalo!

spite [spaɪt] ■ n **1.** [malice] rencor *m* ▸ **out of ~** por rencor **2. in ~ of...** a pesar de...
■ vt fastidiar

spiteful ['spaɪtfʊl] adj rencoroso(a)

spitefully ['spaɪtfʊlɪ] adv maliciosamente

spitting ['spɪtɪŋ] n *Fam Hum* **to be in** *or* **within ~ distance (of)** estar a un paso (de) ▸ *Fam* **he's the ~ image of his father** es el vivo retrato de su padre

spittle ['spɪtəl] n saliva *f,* baba *f*

spiv [spɪv] n *BR Fam* [flashy person] **he's a ~** tiene pinta de gánster

splash [splæʃ] ▪ n **1.** [of liquid] salpicadura *f* ▸ **there was a loud ~** se oyó un fuerte ruido de algo cayendo al agua ▸ **to fall into the water with a ~** caer al agua salpicando ▸ *Fam Fig* **to make a ~** causar sensación **2.** [of colour] mancha *f*

▪ vt salpicar ▸ **a photo was splashed across the front page** publicaron una gran foto en la portada

▪ vi [water, waves] salpicar / [children] chapotear

◆ ***splash down*** vi [spacecraft] amerizar

splashy ['splæʃɪ] adj *US Fam* llamativo(a), ostentoso(a)

splat [splæt] ▪ n ruido *m* sordo

▪ adv **to go ~ into the wall** hacer "plaf" contra la pared

splatter ['splætə(r)] ▪ n salpicadura *f*

▪ vt **to ~ sb with mud** salpicar a alguien de barro

splay [spleɪ] vt extender

spleen [spli:n] n **1.** ANAT bazo *m* **2.** *Formal* [anger] rabia *f,* ira *f* ▸ **she vented her ~ on him** descargó toda su rabia sobre él

splendid ['splendɪd] adj espléndido(a)

splendour, *US* ***splendor*** ['splendə(r)] n esplendor *m*

splice [splaɪs] vt **1.** [rope, tape, film] empalmar **2.** *Fam* **to get spliced** [marry] casarse

spliff [splɪf] n *Fam* porro *m,* canuto *m*

splint [splɪnt] n [for broken limb] tablilla *f* ▸ **in splints** entablillado(a)

splinter ['splɪntə(r)] ▪ n [of wood, bone] astilla *f* / [of glass] esquirla *f* ▸ POL **~ group** grupo *m* disidente

▪ vt astillar

▪ vi astillarse / *Fig* [political party] escindirse

split [splɪt] ▪ n [in wood] grieta *f* / [in group] escisión *f* / [in garment] raja *f* ▸ **to do the splits** abrirse totalmente de piernas

▪ adj partido(a) ▸ **~ ends** [in hair] puntas *fpl* abiertas ▸ **~ peas** guisantes *mpl or MÉX* chícharos *mpl* secos partidos, *AM* arvejas *fpl* secas partidas ▸ **~ personality** doble personalidad *f* ▸ **~ screen** pantalla *f* partida ▸ **in a ~ second** en una fracción de segundo

▪ vt (pt & pp **split**) [wood, cloth] rajar / [amount of money, group] dividir ▸ **to ~ one's head open** hacerse una brecha en la cabeza ▸ *Fam* **to ~ one's sides laughing** partirse *or ESP* troncharse de risa ▸ *Fig* **to ~ hairs** buscarle tres pies al gato ▸ **to ~ the vote** dividir el voto ▸ **to ~ the difference** dejarlo en la mitad

▪ vi **1.** [wood, cloth] rajarse / [political party] escindirse ▸ *Fam* **my head's splitting** me va a estallar la cabeza **2.** *Fam* [leave] abrirse, *ESP, RP* pirarse, *MÉX, RP* rajarse

◆ ***split up*** ▪ vt sep [money, work] dividir / [couple, people fighting] separar

▪ vi [couple] separarse

split-second ['splɪtsekənd] adj [decision] instantáneo(a) / [timing] al milímetro

splitting ['splɪtɪŋ] adj [headache] atroz

splodge [splɒdʒ] n *Fam* [stain] manchurrón *m*

splurge [splɜ:dʒ] *Fam* ▪ n derroche *m*

▪ vt derrochar

splutter ['splʌtə(r)] vi [person] farfullar / [engine, candle] chisporrotear

spoil [spɔɪl] ▪ vt (pt & pp **spoilt** [spɔɪlt] or **spoiled**) **1.** [ruin] estropear ▸ **to ~ sb's fun** aguarle la fiesta a alguien ▸ **to ~ sb's appetite** quitarle *or AM* sacarle las ganas de comer a alguien ▸ POL **spoilt ballot** voto *m* nulo, papeleta *f* nula, *MÉX, RP* boleta *f* nula **2.** [indulge] [person] mimar, consentir ▸ **a spoilt child** un niño/una niña mimado(a) ▸ **to be spoilt for choice** tener mucho donde elegir

▪ vi **1.** [fruit, fish] estropearse **2. to be spoiling for a fight** tener ganas de pelea

spoils [spɔɪlz] npl [of war, crime] botín *m* ▸ **to claim one's share of the ~** reclamar una parte del botín

spoilsport ['spɔɪlspɔ:t] n *Fam* aguafiestas *mf inv*

spoilt [spɔɪlt] pt & pp *of* ***spoil***

spoke[1] [spəʊk] n [of wheel] radio *m* ▸ *BR Fig* **to put a ~ in sb's wheel** poner trabas a alguien

spoke[2] pt *of* ***speak***

spoken ['spəʊkən] pp *of* ***speak***

spokesman ['spəʊksmən] n portavoz *m*

spokesperson ['spəʊkspɜ:sən] n portavoz *mf*

spokeswoman ['spəʊkswʊmən] n portavoz *f*

sponge [spʌndʒ] ▪ n esponja *f* ▸ *Fig* **to throw in the ~** tirar la toalla ▸ **~ bag** bolsa *f* de aseo ▸ **~ cake** bizcocho *m* ▸ **~ pudding** budín *m* de bizcocho (al baño María)

▪ vt **1.** [wash] limpiar *(con una esponja)* **2.** *Fam* [scrounge] **to ~ sth off** *or* **from sb** gorrear *or ESP, MÉX* gorronear *or RP* garronear algo a alguien

▪ vi *Fam* [scrounge] *ESP, MÉX* vivir de gorra, *RP* vivir de arriba

◆ ***sponge down*** vt sep [wash] lavar *(con una esponja)*

◆ ***sponge off*** vt insep *Fam* [scrounge from] vivir a costa de

sponger ['spʌndʒə(r)] n *Fam* gorrero(a) *m,f, ESP, MÉX* gorrón(ona) *m,f, RP* garronero(a) *m,f*

spongy ['spʌndʒɪ] adj esponjoso(a)

sponsor ['spɒnsə(r)] ▪ n [of team, exhibition] patrocinador(ora) *m,f* / [of student, club member] [man] padrino *m* / [woman] madrina *f*

▪ vt [team, exhibition] patrocinar, financiar / [student] subvencionar / [club member] apadrinar ▸ *BR* **sponsored walk** = *recorrido a pie con el fin de recaudar fondos para una organización benéfica*

sponsorship ['spɒnsəʃɪp] n [of athlete, team, festival] patrocinio *m,* financiación *f, AM* financiamiento *m* / [of candidate] apoyo *m* **(of** a) ▸ **~ deal** [of athlete, team] contrato *m* con un patrocinador

spontaneity [spɒntə'neɪɪtɪ] n espontaneidad *f*

spontaneous [spɒn'teɪnɪəs] adj espontáneo(a)

spoof [spu:f] n *Fam* **1.** [parody] parodia *f,* burla *f* **2.** [hoax] broma *f*

spook [spu:k] n *Fam* [ghost] fantasma *m*

spooky ['spu:kɪ] adj *Fam* espeluznante, escalofriante

spool [spu:l] n [of film, thread] carrete *m*

spoon [spu:n] ▪ n cuchara *f* / [spoonful] cucharada *f*

■ vt **to ~ sauce onto sth** rociar salsa sobre algo con una cuchara ▸ **he spooned the soup into the baby's mouth** dio la sopa al bebé con una cuchara

spoon-feed ['spu:nfi:d] (pt & pp **spoon-fed** ['spu:nfed]) vt [help too much] dar las cosas hechas *or* masticadas a

spoonful ['spu:nfʊl] n cucharada *f*

sporadic [spə'rædɪk] adj esporádico(a)

sporadically [spə'rædɪklɪ] n esporádicamente

spore [spɔ:(r)] n [of fungus] espora *f*

sporran ['spɒrən] n *SCOT = taleguilla de piel que cuelga por delante de la falda en el traje típico escocés*

sport [spɔ:t] ■ n **1.** [activity] deporte *m* ▸ **to be good at ~** ser buen/buena deportista **2.** *Fam* [person] **to be a (good) ~** *ESP* ser un(a) tío(a) grande, *AM* ser buena gente ▸ **to be a bad ~** [bad loser] ser mal perdedor, *ESP* tener mal perder

■ vt [wear] lucir, llevar

sporting ['spɔ:tɪŋ] adj [related to sport, fair] deportivo(a) ▸ **to give sb a ~ chance** dar una oportunidad seria a alguien

sports [spɔ:ts] adj **~ car** coche *m or AM* carro *m or CSUR* auto *m* deportivo ▸ **~ centre** polideportivo *m* ▸ SCH **~ day** día *m* dedicado a competiciones *or AM* competencias deportivas ▸ **~ ground** campo *m* de deportes ▸ *BR* **~ jacket** chaqueta *f or AM* saco *m* de sport ▸ *US* **~ lottery** quinielas *fpl* ▸ JOURN **~ page** página *f* de deportes ▸ **~ shop** tienda *f* de deportes

sportscast ['spɔ:tskɑ:st] n *US* retransmisión *f* deportiva

sportsman ['spɔ:tsmən] n deportista *m*

sportsmanlike ['spɔ:tsmənlaɪk] adj deportivo(a)

sportsmanship ['spɔ:tsmənʃɪp] n deportividad *f*

sportsperson ['spɔ:tspɜ:sən] n deportista *mf*

sportswoman ['spɔ:tswʊmən] n deportista *f*

spot [spɒt] ■ n **1.** [place] lugar *m,* sitio *m* ▸ *Fam* **to put sb on the ~** poner a alguien en un aprieto ▸ *Fam* **to be in a (tight) ~** estar en un aprieto ▸ **~ check** inspección *f* al azar ▸ FIN **~ price** precio *m* al contado **2.** [stain] mancha *f* **3.** [pimple] grano *m* **4.** [on shirt, tie, leopard] lunar *m* **5.** *BR Fam* [small amount] [of rain, wine] gota *f* ▸ **a ~ of lunch** algo de comer ▸ **a ~ of bother** una problemilla **6.** THEAT [spotlight] foco *m* **7.** TV & RAD [in schedule] espacio *m*

■ vt (pt & pp **spotted**) **1.** [stain, mark] salpicar **2.** [notice] [person, object, mistake] localizar, ver ▸ **to ~ sb doing sth** ver a alguien hacer algo ▸ **well spotted!** ¡buena observación!

spotless ['spɒtlɪs] adj *also Fig* inmaculado(a)

spotlessly ['spɒtlɪslɪ] adv inmaculadamente

spotlight ['spɒtlaɪt] n foco *m,* reflector *m* ▸ *Fig* **to be in the ~** estar en el candelero

spot-on ['spɒt'ɒn] adj *BR Fam* exacto(a), clavado(a)

spotter plane ['spɒtə'pleɪn] n avión *m* de reconocimiento

spotty ['spɒtɪ] adj [pimply] con acné

spouse [spaʊz] n cónyuge *mf*

spout [spaʊt] ■ n **1.** [of teapot, kettle] pitorro *m* ▸ *BR Fam* **to be up the ~** [plans, finances] haberse ido al *ESP* garete *or AM* carajo **2.** [jet of liquid] chorro *m*

■ vt [liquid] chorrear / *Fam Fig* [speech, nonsense] soltar

■ vi [liquid] chorrear / *Fam Fig* [person] largar, enrollarse

sprain [spreɪn] ■ n [injury] torcedura *f,* esguince *m*

■ vt **to ~ one's ankle/wrist** torcerse el tobillo/la muñeca

sprang [spræŋ] pt *of* ***spring***

sprat [spræt] n [fish] espadín *m*

sprawl [sprɔ:l] vi [person] despatarrarse / [town] extenderse

sprawling ['sprɔ:lɪŋ] adj [person] despatarrado(a) / [town] desperdigado(a)

spray[1] [spreɪ] n [of flowers] ramo *m*

spray[2] ■ n **1.** [liquid] rociada *f* / [from sea] rocío *m* del mar, roción *m* **2.** [act of spraying] rociada *f* ▸ **to give sth a ~** [flowers, crops] rociar algo / [room] rociar algo con ambientador **3.** [device] aerosol *m,* spray *m* / [for perfume] atomizador *m* ▸ **~ can** aerosol, spray ▸ **~ gun** [for paint] pistola *f* (pulverizadora)

■ vt [liquid, room, crops] rociar

spray-on ['spreɪɒn] adj en aerosol

spray-paint ['spreɪ'peɪnt] ■ n pintura *f* en aerosol

■ vt [with spray can] pintar con aerosol / [with spray gun] pintar a pistola

spread [spred] ■ n **1.** [of wings, sails] envergadura *f* **2.** [of products, ages] gama *f* **3.** [of doctrine] difusión *f* / [of disease] propagación *f* **4.** *Fam* [big meal] banquete *m,* comilona *f* **5.** [in newspaper] **a full-page ~** una plana entera ▸ **a two-page ~** una página doble **6.** [paste] **cheese ~** queso *m* para untar ▸ **chocolate ~** crema *f* de cacao

■ vt (pt & pp **spread**) **1.** [extend] **to ~ one's arms/legs** extender los brazos/las piernas ▸ *Fig* **to ~ one's wings** emprender el vuelo **2.** [distribute] [sand, straw] extender, esparcir / [terror] sembrar / [disease] propagar / [news, lies] difundir ▸ **to ~ work/payments over several months** distribuir el trabajo/los pagos a lo largo de varios meses **3.** [apply] [butter, ointment] untar ▸ **to ~ a surface with sth** untar algo en una superficie

■ vi [forest] extenderse / [news] difundirse / [disease] propagarse

◆ ***spread out*** ■ vt sep [map, newspaper] desplegar, extender

■ vi [person] [on floor, bed] estirarse / [search party] desplegarse

spreadsheet ['spredʃi:t] n COMPTR hoja *f* de cálculo

spree [spri:] n *Fam* **to go on a ~** [go drinking] ir de juerga ▸ **to go on a shopping/spending ~** salir a comprar/gastar a lo loco

sprig [sprɪg] n ramita *f*

sprightly ['spraɪtlɪ] adj vivaz, vivaracho(a)

spring [sprɪŋ] ■ n **1.** [of water] manantial *m* **2.** [season] primavera *f* ▸ **in (the) ~** en primavera ▸ **~ onion** cebolleta *f, RP* cebolla *f* de verdeo ▸ **~ roll** rollo *m or* rollito *m* de primavera, *RP* arrollado *m or* arrolladito *m* primavera ▸ **~ tide** marea *f* viva *(de primavera)* **3.** [leap] brinco *m,* salto *m* **4.** [elasticity] elasticidad *f* ▸ **he walked with a ~ in his step** caminaba con paso alegre **5.** [device] [in watch] resorte *m* / [in car] ballesta *f* / [in mattress] muelle *m*

■ vt (pt **sprang** [spræŋ], pp **sprung** [sprʌŋ]) **1.** [reveal unexpectedly] **to spring sth on sb** soltarle algo a alguien **2.** [develop] **to ~ a leak** [container] empezar a tener una fuga / [boat] empezar a hacer agua **3.** *Fam* **to ~ sb out of jail** ayudar a alguien a escapar de la cárcel
■ vi **1.** [jump] brincar, saltar ▸ **to ~ to one's feet** levantarse de un brinco ▸ **to ~ into action** entrar en acción ▸ **to ~ to sb's defence** lanzarse a la defensa de alguien ▸ **the lid sprang open** la tapa se abrió de pronto ▸ **to ~ to mind** venir(se) a la cabeza **2.** [originate, come into being] **to ~ from** provenir de, proceder de ▸ **to ~ into existence** aparecer de pronto ▸ *Fam* **where did you ~ from?** ¿de dónde has salido?

◆ ***spring up*** vi **1.** [jump to one's feet] levantarse de un brinco **2.** [appear suddenly] brotar, surgir (de la noche a la mañana)

springboard ['sprɪŋbɔːd] n *also Fig* trampolín *m*

spring-clean [sprɪŋ'kliːn] ■ n limpieza *f* a fondo
■ vt [house] limpiar a fondo

spring-cleaning [sprɪŋ'kliːnɪŋ] n limpieza *f* a fondo ▸ **to do the ~** hacer una limpieza a fondo

springtime ['sprɪŋtaɪm] n primavera *f*

springy ['sprɪŋɪ] adj [material] elástico(a) / [ground, mattress] mullido(a)

sprinkle ['sprɪŋkəl] vt [with liquid] rociar (**with** con) / [with salt, flour] espolvorear (**with** con)

sprinkler ['sprɪŋklə(r)] n [for lawns] aspersor *m* / [as fire prevention] rociador *m* antiincendios

sprinkling ['sprɪŋklɪŋ] n pizca *f*, poco *m* ▸ **there was a ~ of new faces** había unas cuantas caras nuevas

sprint [sprɪnt] ■ n [fast run] carrera *f* / [running race] carrera *f* de velocidad
■ vi [run fast] correr a toda velocidad

sprinter ['sprɪntə(r)] n velocista *mf*, esprínter *mf*

sprocket ['sprɒkɪt] n diente *m* (de engranaje) ▸ **~ (wheel)** rueda *f* dentada

sprout [spraʊt] ■ n [of plant] brote *m* ▸ **(Brussels) sprouts** coles *fpl or CSUR* repollitos *mpl* de Bruselas
■ vt *Fam* **to ~ a moustache/a beard** dejarse crecer el bigote/la barba ▸ **he's starting to ~ a beard** [for first time] le está saliendo barba
■ vi [leaves, hair] brotar

◆ ***sprout up*** vi [plant, child] crecer rápidamente / [new buildings, towns] surgir (de la noche a la mañana)

spruce[1] [spruːs] n [tree] picea *f*

spruce[2] adj [tidy] pulcro(a) / [smart] elegante

◆ ***spruce up*** vt sep [room] adecentar ▸ **to ~ oneself up** arreglarse, acicalarse

sprung [sprʌŋ] ■ adj de muelles
■ pp *of* ***spring***

spry [spraɪ] adj vivaz, vivaracho(a)

spud [spʌd] n *BR Fam* [potato] *ESP* patata *f*, *AM* papa *f*

spun [spʌn] ■ adj **~ silk** hilado *m* de seda
■ pp *of* ***spin***

spunk [spʌŋk] n **1.** *Fam* [courage] agallas *fpl*, arrestos *mpl* **2.** *BR Vulg* [semen] leche *f*, *ESP* lefa *f*

spur [spɜː(r)] ■ n **1.** [for riding] espuela *f* / *Fig* [stimulus] acicate *m*, incentivo *m* ▸ *Fig* **he won his spurs** demostró su valía ▸ **on the ~ of the moment** sin pararse a pensar **2.** [of land, rock] estribación *f*
■ vt (pt & pp **spurred**) [horse] espolear ▸ *Fig* **to ~ sb on (to do sth)** espolear a alguien (para que haga algo) ▸ *Fig* **to ~ sb into action** hacer que alguien pase a la acción

spurious ['spjʊərɪəs] adj falso(a), espurio(a)

spurn [spɜːn] vt desdeñar

spurt [spɜːt] ■ n [of liquid] chorro *m* / [of action, energy] arranque *m* / [of speed] arrancada *f* ▸ **to put on a ~** acelerar
■ vt lanzar chorros de
■ vi [liquid] chorrear

sputter ['spʌtə(r)] vi [fire, flame, candle] crepitar

spy [spaɪ] ■ n espía *mf* ▸ **~ plane** avión *m* espía *or* de espionaje ▸ **~ ring** red *f* de espionaje ▸ **~ satellite** satélite *m* espía *or* de espionaje
■ vt [notice] ver ▸ **she had spied a flaw in his reasoning** había captado un error en su razonamiento
■ vi espiar ▸ **to ~ on sb** espiar a alguien

◆ ***spy out*** vt sep **to ~ out the land** reconocer el terreno

Sq (abbr ***Square***) Pl., Plaza *f*

sq. MATH (abbr ***square***) cuadrado(a)

sq. ft. (abbr ***square foot*** or ***feet***) pie(s) *mpl* cuadrado(s)

squabble ['skwɒbəl] ■ n riña *f*, pelea *f*
■ vi reñir, pelear

squabbling ['skwɒblɪŋ] n riñas *fpl*, peleas *fpl*

squad [skwɒd] n **1.** [of workmen] brigada *f*, cuadrilla *f* **2.** [of athletes, footballers] [for national team] lista *f* de convocados ▸ **the first-team ~** el primer equipo **3.** [of soldiers] escuadra *f* / [of police force] brigada *f* ▸ **~ car** coche *m or AM* carro *m or CSUR* auto *m* patrulla

squadron ['skwɒdrən] n MIL [of planes] escuadrón *m* / [of ships] escuadra *f*

squalid ['skwɒlɪd] adj [dirty] mugriento(a), inmundo(a) / [sordid] sórdido(a)

squall [skwɔːl] ■ n [of wind] turbión *m*, ventarrón *m*
■ vi [cry] berrear

squalor ['skwɒlə(r)] n [dirtiness] inmundicia *f* / [poverty] miseria *f*

squander ['skwɒndə(r)] vt [money, time, talents] despilfarrar, malgastar / [opportunity] desperdiciar

square [skweə(r)] ■ n **1.** [shape] cuadrado *m* / [on chessboard] casilla *f* / [on map] recuadro *m* ▸ *Fig* **to be back at ~ one** haber vuelto al punto de partida **2.** MATH cuadrado *m* **3.** [of town, village] plaza *f* / [smaller] plazoleta *f* **4.** *Old-fashioned Fam* [unfashionable] carca *mf*
■ adj **1.** [in shape] cuadrado(a) ▸ **~ bracket** corchete *m* **2.** [right-angled] **~ corner** esquina *f* en ángulo recto **3.** MATH [metre, centimetre] cuadrado(a) ▸ **~ root** raíz *f* cuadrada **4.** *Old-fashioned Fam* [unfashionable] carca **5.** [idioms] **to be ~ with sb** [honest] ser claro(a) con alguien ▸ **that's us ~** [having settled debt] estamos en paz ▸ **she felt like a ~ peg in a round hole** se sentía fuera de lugar ▸ **a ~ deal** un trato justo ▸ **a ~ meal** una buena comida
■ adv directamente ▸ **she hit him ~ on the jaw** le dio de lleno en la mandíbula
■ vt **1.** [make square] cuadrar / MATH [number] elevar al

cuadrado ▸ **squared paper** papel *m* cuadriculado **2.** [settle] **to ~ accounts with sb** arreglar cuentas con alguien ▸ **how do you ~ it with your convictions?** ¿cómo lo haces encajar con tus convicciones?
■ vi [agree] cuadrar, concordar
◆ ***square up*** vi **1.** [settle debts] hacer *or* saldar cuentas **2.** [fighters] ponerse en guardia ▸ *Fig* **to ~ up to a problem/an opponent** hacer frente a un problema/un adversario
squarely ['skweəlɪ] adv **1.** [directly] directamente **2.** [honestly] con franqueza
squash[1] [skwɒʃ] ■ n **1.** [crush] apretones *mpl* ▸ **it was a ~, but everyone got into the taxi** nos tuvimos que apretar, pero entramos todos en el taxi **2.** *BR* [drink] **orange/lemon ~** (bebida *f* a base de) concentrado *m* de naranja/limón **3.** [sport] squash *m* ▸ **~ court** pista *f or* cancha *f* de squash
■ vt aplastar
■ vi **to ~ into a room/a taxi** apretujarse en una habitación/un taxi
◆ ***squash up*** vi apretujarse, apretarse
squash[2] n [vegetable] *US* calabacera *f,* cucurbitácea *f*
squat [skwɒt] ■ n *BR* [illegally occupied dwelling] casa *f* ocupada *(ilegalmente)*
■ adj [person] chaparro(a), achaparrado(a) / [object, building] muy bajo(a)
■ vi (pt & pp **squatted**) **1.** [crouch down] agacharse, ponerse de cuclillas **2.** [occupy dwelling illegally] ocupar una vivienda ilegalmente
squatter ['skwɒtə(r)] n ocupante *mf* ilegal
squaw [skwɔː] n mujer *f* india norteamericana
squawk [skwɔːk] ■ n [of bird] graznido *m*
■ vi [bird] graznar / *Fam* [person, baby] chillar
squeak [skwiːk] ■ n [of animal, person] chillido *m* / [of door, hinges] chirrido *m* ▸ *Fam* **I don't want to hear another ~ out of you** no quiero oírte decir ni pío
■ vi [animal, person] chillar / [door, wheel] chirriar, rechinar / [shoes] crujir
squeaky ['skwiːkɪ] adj [voice] chillón(ona) / [door, wheel] chirriante / [shoes] que crujen ▸ **~ clean** [person, image] impoluto(a)
squeal [skwiːl] ■ n chillido *m*
■ vt chillar
■ vi **1.** chillar ▸ *Fam* **to ~ about sth** [complain] quejarse de algo **2.** *Fam* [inform] **to ~ (on sb)** dar el soplo (sobre alguien)
squeamish ['skwiːmɪʃ] adj aprensivo(a), escrupuloso(a) ▸ **to be ~ about sth** ser (muy) aprensivo(a) con algo ▸ **I'm very ~ about blood** la sangre me da mucha aprensión
squeeze [skwiːz] ■ n apretón *m,* apretujón *m* ▸ **to give sb a ~** [hug] dar un achuchón a alguien ▸ **a ~ of lemon** un chorrito de limón ▸ *Fam* **we all got in but it was a tight ~** cupimos todos, pero tuvimos que apretujarnos bastante ▸ *Fam* **to put the ~ on sb** [pressurize] apretarle las tuercas a alguien
■ vt **1.** [in general] apretar / [sponge] estrujar / [lemon] exprimir ▸ **to ~ sb's hand** dar a alguien un apretón de manos ▸ **to ~ sth into a box** meter algo en una caja apretando ▸ **I think we can just ~ you in** creo que te podemos hacer un hueco **2.** *Fig* [put pressure on] presionar
■ vi **to ~ into a place** meterse a duras penas en un sitio ▸ **~ up a bit!** ¡apretaos *or* correos un poco más!
◆ ***squeeze out*** vt sep [juice] exprimir
squelch [skweltʃ] vi chapotear ▸ **to ~ through the mud** atravesar el lodo chapoteando
squib [skwɪb] n [firework] petardo *m* ▸ *Fig* **the party was a damp ~** la fiesta resultó decepcionante
squid [skwɪd] (pl **squid**) n [animal] calamar *m* / [food] calamares *mpl*
squidgy ['skwɪdʒɪ] adj blando(a) y húmedo(a)
squiggle ['skwɪgəl] n [scrawl, doodle] garabato *m* / [wavy line] línea *f* serpenteante
squiggly ['skwɪglɪ] adj ondulante, serpenteante
squint [skwɪnt] ■ n **1.** [eye defect] **to have a ~** tener estrabismo, ser estrábico(a) **2.** *BR* [quick look] ojeada *f,* vistazo *m* ▸ **to have a ~ at sth** echar una ojeada a algo
■ vi **1.** [have an eye defect] tener estrabismo **2.** [narrow one's eyes] entrecerrar *or* entornar los ojos ▸ **to ~ at sth/sb** [look sideways] mirar algo/a alguien de reojo
squire ['skwaɪə(r)] n [landowner] terrateniente *m* / HIST escudero *m*
squirm [skwɜːm] vi [wriggle] retorcerse / [with embarrassment] ruborizarse, avergonzarse, *AM* apenarse
squirrel ['skwɪrəl] n ardilla *f*
squirt [skwɜːt] ■ n **1.** [of liquid] chorro *m* **2.** *Fam* [insignificant person] mequetrefe *mf*
■ vt [liquid] lanzar un chorro de
■ vi [liquid] **to ~ out** chorrear
squishy ['skwɪʃɪ] adj [fruit, mess] blando(a) y húmedo(a) / [sound] de chapoteo
Sr (abbr ***Senior***) **Thomas Smith, Sr** Thomas Smith, padre
Sri Lanka [sriː'læŋkə] n Sri Lanka
Sri Lankan [sriː'læŋkən] n & adj esrilanqués(esa) *m,f*
SSE (abbr ***south-southeast***) SSE, sursudeste
SSW (abbr ***south-southwest***) SSO, sursudoeste
St **1.** (abbr ***Street***) c/, calle *f* **2.** (abbr ***Saint***) S., San *m,* Santa *f* ▸ **St Kitts and Nevis** [island group] San Cristóbal y Nevis ▸ **St Lucia** [island] Santa Lucía ▸ **St Vincent and the Grenadines** [island group] San Vicente y las Granadinas ▸ **St Petersburg** San Petersburgo
stab [stæb] ■ n [with knife] cuchillada *f,* puñalada *f* / *Fig* [of pain, envy] punzada *f* ▸ *Fam* **to have a ~ at sth/doing sth** intentar algo/hacer algo
■ vt (pt & pp **stabbed**) [with knife] acuchillar, apuñalar / [food] pinchar, ensartar ▸ **to ~ sb to death** matar a alguien a puñaladas ▸ *Fig* **to ~ sb in the back** darle a alguien una puñalada por la espalda
stabbing ['stæbɪŋ] ■ n [attack] apuñalamiento *m*
■ adj [pain] punzante
stability [stə'bɪlɪtɪ] n estabilidad *f*
stabilize ['steɪbɪlaɪz] ■ vt estabilizar
■ vi estabilizarse
stabilizer ['steɪbɪlaɪzə(r)] n [on bicycle] estabiciclo *m,* estabilizador *m* *(para bicicleta infantil)*

stable[1] ['steɪbəl] ■ n [for horses] cuadra *f,* establo *m* ▸ *Fig* **to lock the ~ door after the horse has bolted** tomar medidas demasiado tarde
■ vt [keep in stable] guardar en cuadra

stable[2] adj [marriage, job] estable / [person] equilibrado(a) / [object, structure, instrument] fijo(a), seguro(a) / [medical condition] estacionario(a)

stack [stæk] ■ n **1.** [of wood, plates] pila *f,* montón *m* / [of hay] almiar *m* ▸ *Fam* **stacks of time/money** un montón de tiempo/dinero **2.** [chimney] chimenea *f*
■ vt [wood, plates] apilar ▸ **the odds were stacked against them** tenían todo en contra de ellos

stadium ['steɪdɪəm] n estadio *m*

staff [stɑ:f] ■ n **1.** [stick] bastón *m* / [of shepherd] cayado *m* **2.** [personnel] personal *m,* plantilla *f* ▸ **teaching/nursing ~** personal docente/de enfermería ▸ MIL **general ~** estado *m* mayor ▸ MED **~ nurse** enfermero(a) *m,f* ▸ SCH **~ room** sala *f* de profesores **3.** MUS (pl **staves** [steɪvz]) pentagrama *m*
■ vt proveer de personal ▸ **the office is staffed by volunteers** la oficina se nutre de personal voluntario ▸ **the desk is staffed at all times** el mostrador está atendido en todo momento

staffer ['stæfə(r)] n *Fam* empleado(a) *m,f*

stag [stæg] n [animal] ciervo *m* ▸ **~ beetle** ciervo *m* volante ▸ **~ night** *or* **party** despedida *f* de soltero

stage [steɪdʒ] ■ n **1.** [platform] [in theatre] escenario *m* / [more generally] estrado *m* ▸ **to go on the ~** hacerse actor *m*/actriz *f* ▸ *Fig* **to set the ~ for sth** preparar el terreno para algo ▸ **~ designer** escenógrafo(a) *m,f* ▸ **~ directions** acotaciones *fpl* ▸ **~ door** entrada *f* de artistas ▸ **~ fright** miedo *m* escénico ▸ **~ manager** director(ora) *m,f* de escena, regidor(ora) *m,f* ▸ **~ name** nombre *m* artístico ▸ **~ whisper** aparte *m* **2.** [phase] etapa *f,* fase *f* ▸ **at this ~ in...** en esta fase de... ▸ **to do sth in stages** hacer algo por etapas ▸ **~ (coach)** diligencia *f*
■ vt [play] llevar a escena, representar / *Fig* [demonstration, invasion] llevar a cabo

stagehand ['steɪdʒhænd] n THEAT tramoyista *mf,* sacasillas *mf inv*

stage-manage ['steɪdʒ'mænɪdʒ] vt THEAT dirigir / *Fig* [event, demonstration] orquestar

stage-struck ['steɪdʒstrʌk] adj THEAT **to be ~** estar enamorado(a) de las tablas

stagflation [stæg'fleɪʃən] n ECON estanflación *f*

stagger ['stægə(r)] ■ vt **1.** [astound] dejar anonadado(a) **2.** [work, holidays] escalonar
■ vi [stumble] tambalearse ▸ **to ~ along** ir tambaleándose ▸ **to ~ to one's feet** levantarse tambaleándose

stagnant ['stægnənt] adj estancado(a)

stagnate [stæg'neɪt] vi estancarse

stagnation [stæg'neɪʃən] n estancamiento *m*

staid [steɪd] adj formal, estirado(a)

stain [steɪn] ■ n [mark] mancha *f* / [dye] tinte *m* ▸ **~ remover** quitamanchas *m inv*
■ vt [mark] manchar / [dye] teñir

-stained [-steɪnd] suffix **nicotine/sweat~** manchado(a) de nicotina/sudor

stained-glass ['steɪndglɑ:s] n vidrio *m* de colores ▸ **~ window** vidriera *f*

stainless steel ['steɪnlɪs'sti:l] n acero *m* inoxidable

stair ['steə(r)] n [single step] escalón *m,* peldaño *m* ▸ **stair(s)** escalera(s) *fpl*

staircase ['steəkeɪs] n escalera *f*

stake [steɪk] ■ n **1.** [piece of wood, metal] estaca *f* / [for plant] guía *f,* rodrigón *m* ▸ **to be burned at the ~** morir quemado(a) en la hoguera **2.** [bet] apuesta *f* ▸ **to be at ~** estar en juego **3.** [share] **to have a ~ in sth** [interest] tener intereses en algo / [shareholding] tener una participación (accionarial) en algo
■ vt **1.** [bet] [money] apostar (**on** a) / *Fig* [one's reputation, job] jugarse (**on** en) ▸ **I'd ~ my life on it** pondría la mano en el fuego por ello **2. to ~ a claim (to sth)** reivindicar el derecho (a algo)

stakeholder ['steɪkhəʊldə(r)] n parte *f* interesada, partícipe *mf* ▸ **~ pension** = *plan de pensiones regulado por el gobierno británico para complementar el estatal*

stakeout ['steɪkaʊt] n **to be on ~** montar vigilancia

stalactite ['stæləktaɪt] n estalactita *f*

stalagmite ['stæləgmaɪt] n estalagmita *f*

stale [steɪl] adj **1.** [bread] revenido(a), pasado(a) / [air] viciado(a) / [smell] rancio(a) **2.** [ideas, jokes] manido(a) / [social life, relationship] anquilosado(a) ▸ **to get ~** [person] anquilosarse

stalemate ['steɪlmeɪt] n [in chess, negotiations] tablas *fpl* ▸ **to reach a ~** llegar a un punto muerto

stalk[1] [stɔ:k] ■ vt [track] seguir con sigilo / [obsessively] acechar
■ vi [walk angrily] **she stalked out of the room** salió *esp ESP* enfadada *or esp AM* enojada de la habitación

stalk[2] n [of plant, flower] tallo *m* / [of fruit] rabo *m*

stalker ['stɔ:kə(r)] n = *persona que sigue o vigila obsesivamente a otra*

stall [stɔ:l] ■ n **1.** [in stable] casilla *f* **2.** [in market] puesto *m* **3.** *BR* CIN & THEAT **the stalls** el patio de butacas
■ vt [hold off] retener
■ vi **1.** [car] pararse, *ESP* calarse / *Fig* [campaign] estancarse, quedarse estancado(a) **2.** [delay] demorarse ▸ **to ~ (for time)** (intentar) ganar tiempo

stalling ['stɔ:lɪŋ] n evasivas *fpl,* rodeos *mpl* ▸ **~ tactics** tácticas *fpl* dilatorias

stallion ['stæljən] n (caballo *m*) semental *m*

stalwart ['stɔ:lwət] ■ n incondicional *mf*
■ adj enérgico(a)

stamen ['steɪmən] n BOT estambre *m*

stamina ['stæmɪnə] n resistencia *f,* aguante *m*

stammer ['stæmə(r)] ■ n tartamudeo *m*
■ vt balbucir
■ vi tartamudear

◆ ***stammer out*** vt insep balbucir, farfullar

stamp [stæmp] ■ n [on letter, mark] sello *m, AM* estampilla *f, CAM, MÉX* timbre *m* / [device] tampón *m* / [on legal documents] póliza *f*, timbre *m* ▸ *Fig* **to bear the ~ of genius** tener el sello *or* la marca inconfundible

del genio ▸ *Fig* ~ **of approval** aprobación *f*, beneplácito *m* ▸ ~ **album** álbum *m* de sellos ▸ ~ **collector** coleccionista *mf* de sellos ▸ FIN ~ *BR* **duty** *or US* **tax** póliza *f*, = *impuesto de transmisiones patrimoniales* ▸ ~ **machine** máquina *f* expendedora de sellos
■ vt **1.** [put mark on] estampar ▸ **a stamped addressed envelope** un sobre franqueado y con el domicilio **2. to ~ one's foot** patear
■ vi **to ~ upstairs** subir ruidosamente las escaleras ▸ **he stamped off in a rage** se marchó *esp ESP* enfadado *or esp AM* enojado

◆ ***stamp out*** vt sep [resistance, dissent] acabar *or* terminar con

FALSE FRIEND / FALSO AMIGO
stamp

Estampa no es la traducción del inglés *stamp*. **Estampa** se traduce por *picture, appearance* o *image*:
estampas de santos *pictures of saints*
su majestuosa estampa *its majestic appearance*
es la viva estampa de su padre *she's the spitting image of her father*

stampede [stæm'pi:d] ■ n estampida *f*, desbandada *f* ▸ **there was a ~ for the door** hubo una desbandada hacia la puerta
■ vt lanzar en estampida
■ vi salir de estampida

stance [stæns] n [physical position, view] postura *f*

stand [stænd] ■ n **1.** [view] postura *f* ▸ **to take a ~** adoptar una postura **2.** [of lamp] soporte *m* / [for books, postcards] expositor *m* **3.** [stall] [in open air] puesto *m*, tenderete *m* / [at exhibition] stand *m*, puesto *m* ▸ **newspaper ~** quiosco *m* (de periódicos) **4.** [grandstand] **stand(s)** gradas *fpl*, *ESP* graderío *m* **5.** *US* [witness box] estrado *m* ▸ **to take the ~** subir al estrado **6.** [taxi rank] parada *f* de taxis
■ vt (pt & pp **stood** [stʊd]) **1.** [place] colocar ▸ **he stood the ladder against the wall** apoyó la escalera contra la pared **2.** [endure] soportar ▸ **he can't ~ her** no la soporta ▸ **to ~ comparison with** poder compararse con ▸ **to ~ one's ground** mantenerse firme **3.** [pay for] **to ~ sb a drink** invitar a alguien a una copa **4.** [have] **to ~ a chance (of doing sth)** tener posibilidades (de hacer algo) ▸ **he doesn't ~ a chance!** ¡no tiene ninguna posibilidad! **5.** LAW **to ~ trial** ser procesado(a)
■ vi **1.** [person] [get up] ponerse de pie, levantarse, *AM* pararse / [be upright] estar de pie *or AM* parado(a) / [remain upright] quedarse de pie *or AM* parado(a) ▸ **to ~ on one's head** hacer el pino ▸ **I could hardly ~** casi no me tenía en pie ▸ **don't just ~ there!** ¡no te quedes ahí parado(a)! ▸ **to ~ fast** *or* **firm** mantenerse firme ▸ **to ~ still** [person] quedarse quieto(a) / [time] detenerse **2.** [building] estar situado(a) *or* ubicado(a) / [object] estar colocado(a) **3.** [be in situation] **the debt/inflation stands at...** la deuda/la inflación asciende a *or* se sitúa en... ▸ **to ~ in need of...** tener necesidad de... ▸ **you ~ in danger of getting killed** corres el peligro de que te maten ▸ **you ~ to lose/gain £5,000** puedes perder/ganar 5.000 libras ▸ **it stands to reason that...** se cae por su propio peso que... **4.** [remain motionless] [liquid] reposar **5.** [idioms] **we're standing right behind you** estamos de tu lado ▸ **to ~ on one's own two feet** ser autosuficiente ▸ **I don't know where I ~** no sé a qué atenerme ▸ **to know how things ~** saber cómo están las cosas ▸ **I ~ corrected** corrijo lo dicho ▸ **to ~ (as candidate) for Parliament** presentarse (como candidato) a las elecciones parlamentarias ▸ **the offer still stands** la oferta sigue en pie

◆ ***stand aside*** vi [move aside] hacerse a un lado

◆ ***stand back*** vi [move away] alejarse (**from** de)

◆ ***stand by*** ■ vt insep **1.** [friend] apoyar **2.** [promise, prediction] mantener
■ vi **1.** [be ready] estar preparado(a) (**for** para) **2.** [not get involved] mantenerse al margen, quedarse sin hacer nada

◆ ***stand down*** vi [retire] retirarse

◆ ***stand for*** vt insep **1.** [mean] significar, querer decir / [represent] representar **2.** [tolerate] aguantar, soportar

◆ ***stand out*** vi **1.** [be prominent] destacar ▸ *Fam* **it stands out a mile!** ¡se nota *or* se ve a la legua! **2. to ~ out against sth** [oppose] oponerse a algo

◆ ***stand up*** ■ vt sep *Fam* **to ~ sb up** [on date] dar plantón a alguien
■ vi **1.** [get up] levantarse, ponerse de pie, *AM* pararse / [be upright] estar de pie / [remain upright] quedarse de pie *or AM* parado(a) ▸ *Fig* **to ~ up for sth/sb** defender algo/a alguien ▸ *Fig* **to ~ up to sb** hacer frente a alguien **2.** [argument, theory] sostenerse ▸ **it'll never ~ up in court** eso no serviría como prueba en un juicio

stand-alone ['stændələʊn] adj COMPTR independiente, autónomo(a)

standard ['stændəd] ■ n **1.** [for weight, measurement] norma *f* / [to judge performance, success] criterio *m*, patrón *m* ▸ FIN **gold/dollar ~** patrón *m* oro/dólar **2.** [required level] nivel *m* ▸ **to be up to/below ~** estar al nivel/por debajo del nivel exigido ▸ **to have high/low standards** [at work] ser muy/poco exigente / [morally] tener muchos/pocos principios ▸ **~ of living** nivel *m* de vida **3.** [flag] estandarte *m* ▸ *also Fig* **~ bearer** abanderado(a) *m,f*
■ adj **1.** [length, width, measure] estándar ▸ MATH **~ deviation** desviación *f* típica *or* estándar ▸ **~ lamp** lámpara *f* de pie ▸ **~ size** tamaño *m* estándar *or* normal **2.** [usual] habitual ▸ **headrests are fitted as ~** los reposacabezas vienen con el equipamiento de serie ▸ **Standard English** inglés *m* normativo ▸ **it is ~ practice** es la práctica habitual

standardization [stændədaɪ'zeɪʃən] n normalización *f*, estandarización *f*

standardize ['stændədaɪz] vt normalizar, estandarizar

stand-by ['stændbaɪ] n **1.** [money, fuel, food] reserva *f* ▸ **to have sth as a ~** tener algo de reserva ▸ **to be on ~** [troops, emergency services] estar en alerta **2.** [for air travel] **to be on ~** estar en lista de espera ▸ **~ passenger** pasajero(a) *m,f* en lista de espera ▸ **~ ticket** billete *m or AM* boleto *m* de lista de espera

stand-in ['stændɪn] n suplente *mf*, sustituto(a) *m,f*

standing ['stændɪŋ] ■ n **1.** [position, status] posición *f*, reputación *f* **2. friends of long ~** amigos de hace mucho tiempo ▸ **an agreement of long ~** un acuerdo que viene de lejos

■ adj **1.** [upright] vertical, derecho(a) ▸ **~ ovation** ovación *f* cerrada (del público puesto) en pie ▸ **~ room only** [on train] sólo pasajeros de pie **2.** [permanent] permanente ▸ **~ army** ejército *m* permanente ▸ **you have a ~ invitation** estás invitado a venir cuando quieras ▸ **it's a ~ joke in the office** es una de las bromas de siempre en la oficina ▸ **~ charges** [on bill] tarifa *f* fija ▸ *BR* FIN **~ order** domiciliación *f* (bancaria)

stand-off ['stændɒf] n **1.** [deadlock] punto *m* muerto **2.** *US* SPORT [tie] empate *m*

stand-offish [stænd'ɒfɪʃ] adj *Fam* distante

standpoint ['stændpɔɪnt] n punto *m* de vista

standstill ['stændstɪl] n **to be at a ~** estar detenido(a) ▸ **to come to a ~** pararse, detenerse ▸ **to bring sth to a ~** paralizar algo

stand-up ['stændʌp] ■ n [comedy] = *humorismo que consiste en salir solo al escenario con un micrófono y contar chistes*

■ adj **1.** [comedian] de micrófono, = *que basa su actuación en contar chistes al público solo desde el escenario* **2.** [passionate] **a ~ argument** una violenta discusión ▸ **a ~ fight** una batalla campal, una pelea salvaje **3.** *US* [decent, honest] decente

stank [stæŋk] pt *of* ***stink***

stanza ['stænzə] n estrofa *f*

staple[1] ['steɪpəl] ■ n grapa *f*, *CHILE* corchete *m*, *RP* ganchito *m* ▸ **~ gun** grapadora *f or AM* engrapadora *f or CHILE* corchetera *f or RP* abrochadora *f* industrial

■ vt grapar, *AM* engrapar, *CHILE* corchetear, *RP* abrochar

staple[2] n [basic food] alimento *m* básico ▸ *Fig* **such stories are a ~ of the tabloid press** esas historias son el pan de cada día en la prensa amarilla

stapler ['steɪplə(r)] n grapadora *f*, *AM* engrapadora *f*, *CHILE* corchetera *f*, *RP* abrochadora *f*

star [stɑː(r)] ■ n **1.** [heavenly body, famous person] estrella *f* ▸ **the Stars and Stripes** la bandera americana ▸ **to reach for the stars** [aspire] apuntar al cielo ▸ **to see stars** [after blow to head] ver las estrellas ▸ **movie** *or BR* **film ~** estrella de cine ▸ **~ fruit** carambola *f (fruto)* ▸ **~ player** estrella *f or* figura *f* del equipo ▸ **~ sign** signo *m* del zodiaco ▸ **~ turn** atracción *f* principal, actuación *f* estelar **2.** *Fam* **stars** [horoscope] horóscopo *m*

■ vt (pt & pp **starred**) [actor] estar protagonizado(a) por

■ vi **to ~ in a film** protagonizar una película

CULTURE / CULTURA

Stars and Stripes

Es el apelativo con que se conoce a la bandera nacional estadounidense. Toma su nombre de las 50 estrellas, que representan a los 50 estados americanos, y de las 13 barras, que representan a las 13 colonias que lucharon por la independencia de EE. UU., y que forman el diseño de la misma. También se conoce a la bandera por el sobrenombre "Star-spangled banner" (bandera de estrellas centelleantes), que es además el título del himno nacional estadounidense.

starboard ['stɑːbəd] n NAUT estribor *m*

starch [stɑːtʃ] ■ n [for shirts] almidón *m* / [in food] fécula *f*

■ vt [shirt] almidonar

starchy ['stɑːtʃɪ] adj **1.** [food] feculento(a) **2.** *Fam* [person, manner] estirado(a), rígido(a)

stardom ['stɑːdəm] n estrellato *m*

stare [steə(r)] ■ n mirada *f* fija

■ vt **the answer was staring me in the face** tenía la solución delante de las narices

■ vi **to ~ (at sth/sb)** mirar fijamente (algo/a alguien) ▸ **to ~ into the distance** mirar al vacío ▸ **it's rude to ~** es de mala educación quedarse mirando (con descaro)

starfish ['stɑːfɪʃ] n estrella *f* de mar

staring ['steərɪŋ] adj **he had ~ eyes** tenía la mirada fija

stark [stɑːk] ■ adj [contrast] claro(a) / [light, colours] frío(a) / [truth, facts] crudo(a) / [landscape] desolado(a)

■ adv **~ naked** completamente desnudo(a) ▸ **~ staring mad** completamente loco(a)

starkers ['stɑːkəz] adj *BR Fam* en pelotas, en cueros, *CHILE* pilucho(a)

starkly ['stɑːklɪ] adv claramente, inequívocamente

starlet ['stɑːlɪt] n [young actress] actriz *f* incipiente

starlight ['stɑːlaɪt] n luz *f* de las estrellas

starling ['stɑːlɪŋ] n estornino *m*

starlit ['stɑːlɪt] adj iluminado(a) por las estrellas

starry ['stɑːrɪ] adj estrellado(a)

starry-eyed [stɑːrɪ'aɪd] adj cándido(a), idealista / [lovers] embelesado(a), embobado(a)

start [stɑːt] ■ n **1.** [beginning] principio *m*, comienzo *m* / [starting place, of race] salida *f* ▸ **for a ~** para empezar ▸ **at the ~** al principio ▸ **at the ~ of the month** a principios de mes ▸ **from the ~** desde el principio ▸ **from ~ to finish** de principio a fin ▸ **to make a ~ on sth** empezar con algo ▸ **he lent her £500 to give her a ~** le prestó 500 libras para ayudarla a empezar ▸ **to give sb a 60 metre(s) ~** [in race] dar a alguien una ventaja de 60 metros **2.** [sudden movement] susto *m*, sobresalto *m* ▸ **to wake with a ~** despertarse sobresaltado(a) ▸ **to give sb a ~** [frighten] sobresaltar a alguien, dar un susto a alguien

■ vt **1.** [begin] empezar, comenzar / [conversation, talks] entablar, iniciar / [fashion, rumour] promover, poner en circulación / [fire] ocasionar, provocar / [business] montar ▸ **to ~ school** empezar el colegio ▸ **to ~ doing sth, to ~ to do sth** ponerse *or* empezar a hacer algo ▸ **it's just started raining** acaba de ponerse *or* empezar a llover ▸ **to get started** empezar **2.** [cause to start] [machine, engine, car] arrancar, poner en marcha

■ vi **1.** [begin] empezar, comenzar ▸ **to ~ at the beginning** empezar por el principio ▸ **to ~ by doing sth** comenzar haciendo algo ▸ **she had started as a doctor** había comenzado trabajando como médica ▸ **to ~ with** para empezar ▸ **to ~ on sth** empezar algo ▸ **now don't YOU ~!** ¡no empieces!, ¡no empecemos! **2.** [be frightened] sobresaltarse ▸ **to ~ out of one's sleep** despertarse sobresaltado(a) **3.** [begin journey] salir, partir **4.** [car, engine] arrancar

◆ ***start off*** ■ vt sep [argument, debate] suscitar, provocar ▸ **to ~ sb off** [in business] dar un primer empujón a alguien / [on a subject] dar cuerda a alguien
■ vi [begin] empezar, comenzar / [on journey] salir ▸ **to ~ off by doing sth** comenzar haciendo algo

◆ ***start out*** vi [begin] empezar / [on journey] salir, partir

◆ ***start up*** ■ vt sep [car, machine] arrancar, poner en marcha / [business] montar, poner
■ vi [engine] arrancar, ponerse en marcha ▸ **to ~ up in business** poner *or* montar un negocio

starter ['stɑːtə(r)] n **1.** SPORT [competitor] competidor(ora) *m,f* / [official] juez *mf* de salida **2. to be a late ~** [child] llevar retraso *or AM* demora (en el aprendizaje) ▸ **to be a slow ~** tardar *or AM* demorar en ponerse en marcha **3.** [device] motor *m* de arranque **4.** [in meal] entrada *f,* primer plato *m* ▸ **for starters** [in meal] de primero / *Fig* [for a start] para empezar

starting ['stɑːtɪŋ] n SPORT **~ block** tacos *mpl or* puesto *m* de salida ▸ SPORT **~ line** línea *f* de salida ▸ SPORT **~ pistol** [gun] pistola *f* para dar la salida ▸ **~ point** *or* **place** punto *m* de partida ▸ **~ price** [in betting] precio *m* de las apuestas a la salida ▸ **~ salary** salario *m or* sueldo *m* inicial

startle ['stɑːtəl] vt sobresaltar

startled ['stɑːtəld] adj [look, cry] de sobresalto ▸ **to look/seem ~** parecer sobresaltado(a)

startling ['stɑːtlɪŋ] adj [noise] que sobresalta / [news, event] sorprendente

start-up ['stɑːtʌp] n COM puesta *f* en marcha ▸ **~ costs** gastos *mpl* de puesta en marcha

starvation [stɑː'veɪʃən] n inanición *f* ▸ **to die of ~** morir de inanición ▸ **~ diet** dieta *f* miserable ▸ **~ wages** salario *m* mísero

starve [stɑːv] ■ vt privar de alimentos ▸ **to ~ sb to death** matar a alguien de inanición ▸ *Fig* **to be starved of sth** estar privado(a) de algo
■ vi [lack food] pasar mucha hambre ▸ **to ~ (to death)** morir de inanición ▸ *Fam* **I'm starving** me muero de hambre

starving ['stɑːvɪŋ] adj famélico(a), hambriento(a)

stash [stæʃ] *Fam* ■ n alijo *m*
■ vt [hide] poner a buen recaudo

state [steɪt] ■ n **1.** [condition, situation] estado *m* ▸ **I am not in a fit ~ to travel** no estoy en condiciones de viajar ▸ **a ~ of emergency** un estado de emergencia ▸ **~ of health** estado *m* de salud ▸ **~ of mind** estado *m* anímico ▸ **in a ~ of terror** aterrorizado(a) ▸ **in a ~ of shock** en estado de shock ▸ **to be in a terrible ~** estar en un estado terrible ▸ **to lie in ~** [before funeral] yacer en la capilla ardiente ▸ *US* ▸ **the State of the Union Address** el discurso sobre el estado de la nación **2.** [country, administrative region] estado *m* ▸ *Fam* **the States** [the USA] (los) Estados Unidos ▸ **~ control** control *m* estatal ▸ *US* POL **State Department** Departamento *m* de Estado, = *Ministerio de Asuntos or AM Relaciones Exteriores estadounidense* ▸ *US* **~ highway** ≃ carretera *f* nacional ▸ **~ occasions** ceremonias *fpl* de gala ▸ **~ school** colegio *m* estatal *or* público ▸ **~ secret** secreto *m* de Estado ▸ **~ sector** sector *m* público ▸ **~ visit** viaje *m* oficial *or* de Estado
■ vt [declare] declarar / [one's name and address] indicar / [reasons, demands, objections] exponer ▸ **to ~ the obvious** decir una obviedad ▸ **as stated earlier/above** como se hizo constar antes/más arriba

CULTURE / CULTURA

State of the Union Address

La constitución estadounidense estipula que el presidente debe mantener informado al Congreso sobre el estado de la nación. Por ello, cada año el presidente pronuncia un discurso que es radiotelevisado, en el que recoge los puntos principales de su gestión y las medidas que su administración tiene previsto adoptar en el futuro.

CULTURE / CULTURA

state schools

En el Reino Unido hay dos tipos principales de centros públicos de educación secundaria: las "comprehensive schools" y las "grammar schools". Las primeras fueron introducidas en 1965 por los laboristas, con el fin de democratizar la enseñanza y garantizar la igualdad de oportunidades para todos los estudiantes, cualesquiera que fueran los ingresos de sus padres y su origen social. Hoy en día, el 90% de los alumnos de secundaria asisten a ellas. La calidad de la enseñanza varía enormemente según los centros y es bastante normal que ciertas familias se muden a una zona que tenga una buena escuela. Las "grammar schools", a las que asisten menos del 5% de los estudiantes, imparten una educación más tradicional y se centran en preparar a los alumnos que tienen previsto continuar sus estudios. Para acceder ellas, los alumnos tienen que hacer un examen a los 11 años.

stated ['steɪtɪd] adj [intentions] expreso(a) / [purpose, amount] indicado(a) / [date, time, price] fijado(a)

stateless ['steɪtlɪs] adj apátrida

stately ['steɪtlɪ] adj imponente, majestuoso(a) ▸ **~ home** casa *f* solariega

statement ['steɪtmənt] n [of opinion] declaración *f* / [from bank] extracto *m* (bancario) ▸ **a ~ of the facts** una exposición de los hechos ▸ **to make a ~** [spokesperson] hacer una declaración / [witness] prestar declaración / *Fig* [lifestyle, behaviour] decir algo de sí mismo(a)

state-of-the-art [steɪtəvðɪ'ɑːt] adj de vanguardia ▸ **~ technology** tecnología *f* punta

state-owned ['steɪt'əʊnd] adj público(a), estatal

state-run ['steɪtrʌn] adj estatal

statesman ['steɪtsmən] n estadista *m,* hombre *m* de Estado

statesmanlike ['steɪtsmənlaɪk] adj [behaviour, speech] digno(a) de un gran hombre de Estado ▸ **he's not very ~** le falta la gravedad propia de un hombre de Estado

static ['stætɪk] ■ n [electricity] electricidad *f* estática / [on radio, TV] interferencias *fpl*
■ adj estático(a) ▸ **~ electricity** electricidad *f* estática

station ['steɪʃən] ■ n **1.** [for trains, buses] estación *f* ▸ **~ master** jefe *m* de estación ▸ *US* **~ wagon** [car] ranchera *f* **2.** [post] puesto *m* ▸ **(police) ~** comisaría *f* (de policía) ▸ **(radio) ~** emisora *f* (de radio) ▸ **(television) ~** canal *m* (de televisión) ▸ *US* **~ house** [of police] comisaría *f* **3.** [social condition] posición *f* ▸ **to have ideas above one's ~** tener demasiadas aspiraciones
■ vt [person] colocar / [soldier, troops] apostar

stationary ['steɪʃənərɪ] adj [not moving] inmóvil ▸ **to remain ~** permanecer inmóvil

stationer ['steɪʃənə(r)] n **stationer's (shop)** papelería *f*

stationery ['steɪʃənərɪ] n [writing materials] artículos *mpl* de papelería / [writing paper] papel *m* de carta

statistic [stə'tɪstɪk] n estadística *f*, dato *m* estadístico ▸ **statistics** [facts] estadísticas *fpl* / [science] estadística *f*

statistical [stə'tɪstɪkəl] adj estadístico(a)

statistically [stə'tɪstɪklɪ] adv estadísticamente

statistician [stætɪs'tɪʃən] n estadístico(a) *m,f*

stats [stæts] n *Fam* estadísticas *fpl*

statue ['stætju:] n estatua *f*

statuesque [stætjʊ'esk] adj escultural

statuette [stætjʊ'et] n estatuilla *f*

stature ['stætjə(r)] n [physical build] estatura *f* / [reputation] talla *f*, estatura *f*

status ['steɪtəs] n [in society, profession] categoría *f*, posición *f* / [prestige] categoría *f*, prestigio *m* / LAW estado *m* ▸ COMPTR **~ line** línea *f* de estado ▸ **~ report** informe *m* de la situación ▸ **~ symbol** señal *f* de prestigio

status quo ['steɪtəs'kwəʊ] n statu quo *m*

statute ['stætju:t] n estatuto *m* ▸ **by ~** por ley ▸ **~ book** legislación *f*, código *m* de leyes

statutory ['stætjʊtərɪ] adj legal, reglamentario(a) ▸ **~ duty** obligación *f* legal ▸ **~ holidays** días *mpl* festivos oficiales

staunch[1] [stɔ:ntʃ] adj [resolute] fiel, leal

staunch[2] vt [blood] cortar / [wound] restañar

staunchly ['stɔ:ntʃlɪ] adv firmemente, fielmente

stave [steɪv] n **1.** [of barrel] duela *f* **2.** MUS pentagrama *m*

◆ ***stave in*** (pt & pp **staved** *or* **stove** [stəʊv]) vt sep romper, quebrar

◆ ***stave off*** vt sep [problem, disaster] aplazar, retrasar ▸ **to ~ off one's hunger** espantar el hambre

staves [steɪvz] pl of ***staff***

stay [steɪ] ■ n **1.** [visit] *ESP, MÉX* estancia *f*, *AM* estadía *f* **2.** LAW **~ of execution** aplazamiento *m* de sentencia
■ vt [endure] **to ~ the course** *or* **distance** aguantar hasta el final
■ vi **1.** [not move, remain] permanecer, quedarse ▸ **~ where you are!** ¡no te muevas de donde estás! ▸ *Fam* **to ~ put** no moverse ▸ **to ~ still** quedarse quieto(a) ▸ **it looks like mobile phones are here to ~** parece que los teléfonos móviles no son una moda pasajera ▸ **I can't ~ long** no puedo quedarme mucho tiempo **2.** [reside temporarily] quedarse ▸ **I'm staying at a hotel** estoy (alojado) en un hotel ▸ **to ~ with sb** estar (alojado) en casa de alguien **3.** *SCOT* [live] vivir

◆ ***stay away*** vi mantenerse alejado(a) (**from** de)

◆ ***stay in*** vi [not go out] quedarse en casa

◆ ***stay on*** vi [remain longer] quedarse

◆ ***stay out*** vi **1.** [stay outside] quedarse *or* permanecer fuera ▸ **to ~ out all night** estar fuera toda la noche **2.** [strikers] permanecer en huelga **3.** [not interfere] **to ~ out of sth** mantenerse al margen de algo ▸ **~ out of this!** ¡no te metas en esto!

◆ ***stay up*** vi [not go to bed] quedarse levantado(a)

staying power ['steɪɪŋ'paʊə(r)] n resistencia *f*

stead [sted] n **it will stand you in good ~** te será de gran utilidad ▸ **in sb's ~** en lugar de alguien

steadfast ['stedfɑ:st] adj firme

Steadicam® ['stedɪkæm] n CIN steadycam® *f*

steadily ['stedɪlɪ] adv [change, grow] constantemente / [work] a buen ritmo / [walk] con paso firme / [look] fijamente / [breathe] con regularidad

steady ['stedɪ] ■ adj **1.** [stable] firme, estable ▸ **in a ~ voice** con voz tranquila **2.** [regular] [rate, growth, pace] constante / [progress] continuo(a) / [income] regular / [pulse] constante, regular ▸ **~ girlfriend/boyfriend** novia *f*/novio *m* estable ▸ **to have a ~ job** tener un trabajo fijo ▸ **to drive at a ~ 95 km/h** conducir a una velocidad constante de 95 km/h
■ adv **they are going ~** son novios formales ▸ **~!** ¡tranquilo! ▸ *Fam* **~ (on)!** ¡calma!
■ vt estabilizar, afianzar ▸ **to ~ oneself** [physically] afianzarse / [mentally] reunir fuerzas ▸ **to ~ one's nerves** tranquilizarse

steak [steɪk] n [beef] filete *m*, bistec *m*, *RP* bife *m* / [of fish] filete *m* ▸ **~ and kidney pie** empanada *f* de carne de vaca y riñones

steal [sti:l] (pt **stole** [stəʊl], pp **stolen** ['stəʊlən]) ■ vt **1.** robar ▸ **to ~ sth from sb** robar algo a alguien **2.** [idioms] **to ~ a glance at sb** dirigir una mirada furtiva a alguien ▸ **to ~ the show** acaparar toda la atención
■ vi **1.** [rob] robar **2.** [move quietly] **to ~ away/in/out** alejarse/entrar/salir furtivamente ▸ **to ~ up on sb** acercarse furtivamente a alguien ▸ **middle age steals up on you** cuando te quieres dar cuenta, eres una persona de mediana edad

stealth [stelθ] n sigilo *m* ▸ **~ bomber** avión *m* *or* bombardero *m* invisible ▸ **~ tax** impuesto *m* oculto

stealthily ['stelθɪlɪ] adv subrepticiamente, furtivamente

stealthy ['stelθɪ] adj subrepticio(a), furtivo(a)

steam [sti:m] ■ n **1.** vapor *m* / [on window, mirror] vaho *m* ▸ **~ bath** baño *m* de vapor ▸ **~ engine** máquina *f* de vapor ▸ **~ iron** plancha *f* de vapor ▸ **~ shovel** excavadora *f* **2.** [idioms] **to run out of ~** [lose momentum] perder fuelle ▸ **to let off ~** desfogarse ▸ **she did it under her own ~** lo hizo por sus propios medios

■ vt CULIN cocinar al vapor ▸ **to ~ open an envelope** abrir un sobre exponiéndolo al vapor
■ vi [give off steam] despedir vapor

◆ ***steam up*** ■ vt sep **to get all steamed up (about sth)** [person] acalorarse
■ vi [window, glasses] empañarse

steamer ['sti:mə(r)] n **1.** [ship] barco *m* de vapor **2.** CULIN [pot] olla *f* para cocinar al vapor

steamroller ['sti:mrəʊlə(r)] ■ n CONSTR apisonadora *f*
■ vt **to ~ sb into doing sth** forzar a alguien a hacer algo

steamship ['sti:mʃɪp] n barco *m* de vapor

steamy ['sti:mɪ] adj **1.** [room] lleno(a) de vapor **2.** *Fam* [novel, film] erótico(a)

steel [sti:l] ■ n acero *m* ▸ **nerves of ~** nervios *mpl* de acero ▸ **the ~ industry** la industria del acero ▸ **~ band** [musical] = *grupo de percusión caribeño que utiliza bidones de metal* ▸ **~ mill** fundición *f* de acero ▸ **~ wool** estropajo *m* de acero
■ vt **to ~ oneself to do sth** armarse de valor para hacer algo ▸ **to ~ oneself against sth** armarse de valor para enfrentarse con algo

steelworker ['sti:lwɜ:kə(r)] n trabajador(ora) *m,f* del acero

steelworks ['sti:lwɜ:ks] n acería *f*

steep [1] [sti:p] adj **1.** [path, hill, climb] empinado(a) / [rise, fall] pronunciado(a) **2.** *Fam* [expensive] abusivo(a)

steep [2] vt [clothes] dejar en remojo / [food] macerar ▸ **to be steeped in history** rezumar historia

steeple ['sti:pəl] n [of church] torre *f*

steeplechase ['sti:pəltʃeɪs] n SPORT carrera *f* de obstáculos

steeplejack ['sti:pəldʒæk] n = *persona que arregla torres y chimeneas*

steer [1] [stɪə(r)] ■ vt [car] conducir, *AM* manejar / [ship] gobernar ▸ **to ~ sb out of trouble** sacar a alguien de un aprieto
■ vi [person] conducir, *AM* manejar / [ship, car] manejarse ▸ **to ~ for sth** llevar rumbo a algo ▸ **to ~ clear of sth/sb** evitar algo/a alguien

steer [2] n [bull] buey *m*

steering ['stɪərɪŋ] n [mechanism] dirección *f* ▸ AUT **~ column** columna *f* de dirección ▸ POL **~ committee** comisión *f* directiva ▸ AUT **~ wheel** volante *m*, *ANDES* timón *m*

stem [stem] ■ n [of plant] tallo *m* / [of glass] pie *m* / [of tobacco pipe] tubo *m* / [of word] raíz *f*
■ vt (pt & pp **stemmed**) [halt] contener
■ vi **to ~ from** derivarse de

stench [stentʃ] n pestilencia *f*

stencil ['stensəl] ■ n **1.** ART plantilla *f* **2.** [for typing] cliché *m*, clisé *m*
■ vt (pt & pp **stencilled**, *US* **stenciled**) estarcir

stenographer [stə'nɒgrəfə(r)] n *US* taquígrafo(a) *m,f*

step [step] ■ n **1.** [movement, sound] paso *m* ▸ **to take a ~** dar un paso ▸ **at every ~** a cada paso ▸ **~ by ~** paso a paso ▸ *also Fig* **to watch one's ~** mirar dónde se pone el pie ▸ **every ~ of the way** en todo momento ▸ **to keep (in) ~** [in dance] seguir el ritmo ▸ *Fig* **to be out of ~ (with sth)** no estar en consonancia (con algo) **2.** [action, measure] medida *f* ▸ **to take steps (to do sth)** tomar medidas (para hacer algo) ▸ **the next ~ is to...** el siguiente paso es... ▸ **a ~ in the right direction** un avance, un adelanto **3.** [of staircase] escalón *m*, peldaño *m* / [of stepladder] peldaño *m* / [on outside of building] escalón *m* ▸ **(flight of) steps** (tramo *m* de) escalera *f* ▸ **mind the ~** cuidado con el escalón **4.** [exercise] **~ (aerobics)** step *m*, aerobic *m* con escalón ▸ **~ class** clase *f* de step **5.** *US* MUS tono *m*
■ vi (pt & pp **stepped**) [take a step] dar un paso / [walk] caminar ▸ **to ~ on sb's foot** pisarle un pie a alguien ▸ **~ this way** pasa por aquí ▸ *Fam* **to ~ on it** [hurry up] aligerar, darse prisa, *AM* apurarse

◆ ***step back*** vi **to ~ back from a situation** dar un paso atrás para considerar una situación objetivamente

◆ ***step down*** vi [resign] dimitir

◆ ***step forward*** vi [volunteer] presentarse, ofrecerse

◆ ***step in*** vi [referee, government] intervenir

◆ ***step up*** vt sep [production, pace] aumentar

stepbrother ['stepbrʌðə(r)] n hermanastro *m*

step-by-step ['stepbaɪ'step] adj [guide, explanation] paso a paso / [approach] progresivo(a), gradual

stepchild ['steptʃaɪld] n hijastro(a) *m,f*

stepdaughter ['stepdɔ:tə(r)] n hijastra *f*

stepfather ['stepfɑ:ðə(r)] n padrastro *m*

stepladder ['steplædə(r)] n escalera *f* de tijera

stepmother ['stepmʌðə(r)] n madrastra *f*

step-parent ['steppeərənt] n [man] padrastro *m* / [woman] madrastra *f* ▸ **step-parents** padrastros *mpl*

steppe [step] n estepa *f*

stepsister ['stepsɪstə(r)] n hermanastra *f*

stepson ['stepsʌn] n hijastro *m*

stereo ['sterɪəʊ] ■ n (pl **stereos**) [equipment] equipo *m* de música / [sound] estéreo *m*, sonido *m* estereofónico ▸ **in ~** en estéreo
■ adj estéreo, estereofónico(a)

stereophonic [sterɪə'fɒnɪk] adj estereofónico(a)

stereoscopic [sterɪəʊ'skɒpɪk] adj [vision] estereoscópico(a)

stereotype ['sterɪətaɪp] n estereotipo *m*

stereotyped ['sterɪətaɪpt] adj estereotipado(a)

stereotypical [sterɪə'tɪpɪkəl] adj estereotipado(a)

sterile ['steraɪl] adj estéril

sterility [stə'rɪlɪtɪ] n esterilidad *f*

sterilization [sterɪlaɪ'zeɪʃən] n esterilización *f*

sterilize ['sterɪlaɪz] vt esterilizar

sterilized ['sterəlaɪzd] adj [germ-free] esterilizado(a)

sterling ['stɜ:lɪŋ] ■ n [British currency] libra *f* esterlina
■ adj **1.** [silver] de ley **2.** [effort, quality] admirable, excelente

stern [1] [stɜ:n] adj [person, look] severo(a) ▸ **we are made of sterner stuff** somos más duros de pelar de lo que parece

stern [2] n NAUT popa *f*

sternum ['stɜ:nəm] n ANAT esternón *m*

steroid ['stɪərɔɪd] n esteroide *m*

stethoscope ['steθəskəʊp] n MED fonendoscopio *m,* estetoscopio *m*

stevedore ['stiːvədɔː(r)] n estibador *m*

stew [stjuː] ■ n CULIN guiso *m* ▸ *Fam Fig* **to be in a ~** [person] estar hecho(a) un manojo de nervios
■ vt [meat] guisar, cocer / [fruit] cocer para compota
■ vi [meat] guisarse, cocer ▸ *Fam* **to let sb ~ (in his own juice)** dejar a alguien que sufra

steward ['stjʊəd] n [on estate] administrador *m* / [on plane] auxiliar *m* de vuelo / [on ship] camarero *m* / [at concert, demonstration] auxiliar *mf* de la organización / [in athletics] juez *mf*

stewardess [stjʊə'des] n [on plane] auxiliar *f* de vuelo, azafata *f, AM* aeromoza *f* / [on ship] camarera *f*

stewed [stjuːd] adj **this tea is ~** este té ha reposado demasiado ▸ **~ beef** carne *f* de vaca guisada ▸ **~ fruit** compota *f*

stick[1] [stɪk] n **1.** [of wood] palo *m* / [for walking] bastón *m* / [of chewing gum, glue, deodorant] barra *f* / [of dynamite] cartucho *m* / [of celery, rhubarb] tallo *m,* rama *f* ▸ *Fam Fig* **to get hold of the wrong end of the ~** coger el rábano por las hojas ▸ *Fam* **he lives out in the sticks** vive en el quinto infierno *or ESP* pino ▸ **~ insect** insecto *m* palo **2.** *BR Fam* [criticism] **to give sb ~ for sth** poner verde a alguien por algo ▸ **to take a lot of ~** llevarse muchos palos *or* críticas **3.** *US* AUT **~ shift** [system] palanca *f* de cambio manual

stick[2] (pt & pp **stuck** [stʌk]) ■ vt **1.** [insert] **to ~ sth in(to) sth** clavar algo en algo **2.** *Fam* [put] poner ▸ **~ your things over there** pon tus bártulos por ahí **3.** [attach with glue] pegar (**on** a) **4.** *Fam* [endure] aguantar, soportar ▸ **I can't ~ him** no lo trago
■ vi **1.** [adhere] pegarse ▸ **the name stuck** el nombre tuvo éxito, se quedó con el nombre ▸ *Fig* **to ~ to one's guns** mantenerse en sus trece ▸ **to ~ to the facts** atenerse a los hechos ▸ **she stuck to her principles** fue fiel a sus principios **2.** [become jammed] atascarse ▸ **it sticks in my throat** se me atraganta

◆ ***stick around*** vi *Fam* quedarse

◆ ***stick at*** vt insep [persevere with] perseverar en ▸ **to ~ at nothing** no reparar en nada

◆ ***stick by*** vt insep [friend] apoyar / [promise, statement] mantener

◆ ***stick out*** ■ vt sep **1.** [cause to protrude] sacar ▸ **she stuck her tongue out at me** me sacó la lengua ▸ *Fam* **to ~ one's neck out** arriesgar el pellejo **2.** *Fam* [endure] **to ~ it out** aguantar
■ vi **1.** [protrude] sobresalir **2.** *Fam* [be noticeable] verse a la legua, *ESP* cantar ▸ **it sticks out a mile** se ve a la legua ▸ **it sticks out like a sore thumb** se ve a la legua, *ESP* canta un montón

◆ ***stick together*** ■ vt sep pegar
■ vi **1.** [with glue] pegarse **2.** [friends] apoyarse

◆ ***stick up*** ■ vt sep [sign, poster] pegar ▸ *Fam* **~ 'em up!** ¡manos arriba!
■ vi [point upwards] [building] sobresalir ▸ **her hair sticks up** tiene el pelo de punta

◆ ***stick up for*** vt insep [person, rights] defender

◆ ***stick with*** vt insep [not give up] seguir con

sticker ['stɪkə(r)] n [with information, price] etiqueta *f* / [with slogan, picture] pegatina *f*

stickiness ['stɪkɪnɪs] n [of material] pegajosidad *f* / [of weather] bochorno *m*

sticking-plaster ['stɪkɪŋ'plɑːstə(r)] n *BR* [to cover wound] *ESP* tirita® *f, AM* curita *m or f* / [to keep bandage in place] esparadrapo *m*

sticking-point ['stɪkɪŋ'pɔɪnt] n escollo *m*

stick-in-the-mud ['stɪkɪnðəmʌd] n *Fam* carroza *mf*

stickleback ['stɪkəlbæk] n espinoso *m* (de agua dulce)

stickler ['stɪklə(r)] n **to be a ~ for sth** ser un/una maniático(a) de algo

stick-on ['stɪkɒn] adj adhesivo(a)

stick-up ['stɪkʌp] n *Fam* [robbery] atraco *m* (a mano armada)

sticky ['stɪkɪ] adj **1.** [substance] pegajoso(a) / [climate, weather] bochornoso(a) / [label] adhesivo(a) ▸ **~ tape** cinta *f* adhesiva **2.** *Fam* [awkward] problemático(a) ▸ **to come to a ~ end** tener un final sangriento ▸ *BR* **to be (batting) on a ~ wicket** estar en un atolladero

stiff [stɪf] adj **1.** [rigid] tieso(a), rígido(a) / [paste] consistente ▸ **as ~ as a board** tieso(a) como un palo ▸ **to be bored/scared/frozen ~** estar muerto(a) de aburrimiento/miedo/frío **2.** [joint] agarrotado(a), anquilosado(a) ▸ **to be ~** [person] tener agujetas ▸ **to have a ~ neck** tener tortícolis **3.** [handle, hinge, drawer] duro(a) **4.** [severe] [fine, competition, prison sentence] duro(a) / [exam, test] difícil / [breeze, drink] fuerte ▸ **~ resistance** gran resistencia *f* **5.** [formal] [person, manner] rígido(a), estirado(a) / [smile] forzado(a)

stiffen ['stɪfən] ■ vt [fabric, paper] aprestar, endurecer / [paste] espesar / [resolve, resistance] reforzar
■ vi [limb, joint, person] agarrotarse / [opposition] endurecerse

stiffly ['stɪflɪ] adv [to bow] con rigidez / [to answer, greet] forzadamente

stifle ['staɪfəl] vt [person] ahogar, asfixiar / [cries, yawn] ahogar, reprimir / [rebellion] sofocar

stifling ['staɪflɪŋ] adj sofocante, asfixiante

stigma ['stɪgmə] n [disgrace] estigma *m,* deshonra *f*

stigmata [stɪg'mɑːtə] npl [of saint] estigmas *mpl*

stigmatize ['stɪgmətaɪz] vt estigmatizar

stile [staɪl] n [in fence, hedge] escalones *mpl*

stiletto [stɪ'letəʊ] (pl **stilettos**) n [dagger] estilete *m* / [shoe] zapato *m* de tacón *or AM* taco de aguja ▸ **~ heels** tacones *mpl or AM* tacos *mpl* de aguja

still[1] [stɪl] ■ n **1. in the ~ of the night** en el silencio de la noche **2.** CIN fotograma *m*
■ adj [motionless] quieto(a) / [calm] sereno(a) / [silent] silencioso(a) / [orange juice] natural / [mineral water] sin gas ▸ ART **~ life** bodegón *m,* naturaleza *f* muerta ▸ *Prov* **~ waters run deep** tras una fachada silenciosa se ocultan fuertes emociones
■ adv **to be/stand ~** estar quieto(a)
■ vt [person] calmar, tranquilizar ▸ **to ~ sb's fears** ahuyentar los temores de alguien

still² adv **1.** [up to given point in time] todavía, aún, *AM* siempre ▸ **I ~ think/say that...** sigo creyendo/diciendo que... ▸ **I ~ have £50** aún me quedan 50 libras **2.** [even] todavía, aún ▸ **~ more/better** aún más/mejor **3.** [nonetheless] de todas formas, aún así

still³ n [distilling equipment] alambique *m*

stillbirth ['stɪlbɜːθ] n nacimiento *m* de un niño muerto

stillborn ['stɪlbɔːn] adj **the child was ~** el niño nació muerto

stillness ['stɪlnɪs] n calma *f*, quietud *f*

stilt [stɪlt] n [for walking] zanco *m* / [for building] poste *m*, pilote *m*

stilted ['stɪltɪd] adj [style, manner] forzado(a)

Stilton ['stɪltən] n **~ (cheese)** queso *m* Stilton

stimulant ['stɪmjʊlənt] n estimulante *m*

stimulate ['stɪmjʊleɪt] vt [person, mind, appetite] estimular / [enthusiasm, interest] suscitar

stimulating ['stɪmjʊleɪtɪŋ] adj estimulante

stimulation [stɪmjʊ'leɪʃən] n [action] estimulación *f* / [result] estímulo *m*

stimulus ['stɪmjʊləs] (pl **stimuli** ['stɪmjʊlaɪ]) n estímulo *m*

sting [stɪŋ] ■ n **1.** [of bee, scorpion] [organ] aguijón *m* / [wound] picadura *f* **2.** [sensation] escozor *m* **3.** [idioms] **to have a ~ in the tail** [story] tener un final sorpresa muy fuerte ▸ **to take the ~ out of sth** hacer algo menos traumático(a)

■ vt (pt & pp **stung** [stʌŋ]) [of bee] picar / [of nettle] pinchar / *Fig* [of remark] herir ▸ *Fig* **to ~ sb into action** espolear a alguien para que pase a la acción ▸ *Fam Fig* **they stung him for £10** le clavaron 10 libras

■ vi [eyes, skin] escocer

stinging ['stɪŋɪŋ] adj [pain] punzante / [remark, criticism] hiriente, despiadado(a) ▸ **~ nettle** ortiga *f*

stingray ['stɪŋreɪ] n pastinaca *f* *(pez)*

stingy ['stɪndʒɪ] adj [person] tacaño(a), rácano(a) / [portion] raquítico(a) ▸ **to be ~ with food/praise** ser tacaño(a) con la comida/los elogios

stink ['stɪŋk] ■ n [smell] peste *f*, hedor *m* ▸ *Fig* **to raise** *or* **make** *or* *BR* **kick up a ~ (about sth)** montar un escándalo (por algo)

■ vi (pt **stank** [stæŋk] or **stunk** [stʌŋk], pp **stunk**) apestar (**of** a) ▸ *Fam Fig* **this movie stinks!** ¡esta película no vale un pimiento *or* *AM* nada! ▸ *Fam Fig* **to ~ of corruption** apestar a corrupción

stinkbomb ['stɪŋkbɒm] n bomba *f* fétida

stinker ['stɪŋkə(r)] n *Fam* [person] mamón(ona) *m,f*, *MÉX* mamila *mf*, *RP* choto(a) *m,f* ▸ **to be a real ~** [question, exam] ser muy *ESP* chungo(a) *or* *AM* feo(a)

stinking ['stɪŋkɪŋ] ■ adj apestoso(a) ▸ **a ~ cold** un resfriado espantoso

■ adv *Fam* **to be ~ rich** estar podrido(a) de dinero, *MÉX* tener un chorro de lana

stint [stɪnt] ■ n [period] período *m* ▸ **to take a ~ at the wheel** tomar el relevo al volante ▸ **he had a two-year ~ in the army** sirvió por un período de dos años en el ejército

■ vt escatimar ▸ **to ~ oneself** privarse de algunas cosas *(en beneficio de otras personas)*

■ vi **to ~ on sth** escatimar algo

stipend ['staɪpend] n REL & UNIV estipendio *m*

stipulate ['stɪpjʊleɪt] vt estipular

stipulation [stɪpjʊ'leɪʃən] n estipulación *f*

stir [stɜː(r)] ■ n **1.** [action] **to give sth a ~** remover *or* revolver algo **2.** [excitement] **to cause a ~** causar (un gran) revuelo

■ vt (pt & pp **stirred**) **1.** [liquid, mixture] remover, revolver / [leaves] agitar ▸ *Fam* **~ yourself!** ¡muévete! **2.** [move emotionally] [person] conmover, emocionar **3.** [arouse] [emotion] provocar / [curiosity] despertar ▸ **to ~ sb to do sth** mover a alguien a hacer algo **4.** *BR* *Fam* **she's just stirring it!** [making trouble] ¡está venga a meter cizaña!

■ vi [move] moverse

◆ ***stir up*** vt sep **1.** [dust, leaves] levantar **2.** [incite] [rebellion, dissent, anger] provocar / [workers, crowd] agitar ▸ **to ~ things up** soliviantar los ánimos

stir-fry ['stɜːfraɪ] CULIN ■ n = *salteado de (carne y) verduras típico de la cocina china*

■ vt saltear, rehogar a fuego vivo

stirrer ['stɜːrə(r)] n *Fam* [trouble-maker] cizañero(a) *m,f*, *RP* metepúas *mf inv*

stirring ['stɜːrɪŋ] ■ n **the first stirrings of...** los primeros indicios de...

■ adj [speech, film] emotivo(a), emocionante

stirrup ['stɪrəp] n estribo *m*

stitch [stɪtʃ] ■ n **1.** [in sewing] puntada *f* / [in knitting] punto *m* / MED punto *m* (de sutura) ▸ *Fam* **she didn't have a ~ on** estaba en cueros *or* en pelotas ▸ *Prov* **a ~ in time saves nine** una puntada a tiempo ahorra ciento **2.** [sharp pain] **to have a ~** tener flato **3.** *Fam* **we were in stitches** [laughing] nos partíamos (de risa)

■ vt [clothing] coser / MED suturar, coser

◆ ***stitch up*** vt sep *Fam* [falsely incriminate] **they stitched him up** hicieron un montaje para que cargara con el muerto

stoat [stəʊt] n armiño *m*

stock [stɒk] ■ n **1.** [supply] reservas *fpl* / COM existencias *fpl* ▸ **the red ones are out of ~** los rojos están agotados ▸ **the red ones are in ~** nos quedan rojos en almacén ▸ *Fig* **to take ~** hacer balance ▸ COM **~ control** control *m* de existencias ▸ COM **~ list** inventario *m* **2.** [livestock] ganado *m* **3.** FIN [share] valor *m* / [total share value] (capital *m* en) acciones *fpl* ▸ **stocks and shares** valores *mpl* ▸ *Fig* **her ~ is going up/down** está ganando/perdiendo crédito ▸ *US* **~ certificate** título *m* de acción ▸ **~ exchange** bolsa *f* (de valores) ▸ **~ market** mercado *m* de valores ▸ **~ options** opciones *fpl* sobre acciones **4.** [descent] ascendencia *f*, origen *m* ▸ **she's of German ~** es de origen alemán **5.** [of rifle] culata *f* **6. stocks** [for punishment] picota *f* **7.** [in cooking] caldo *m* ▸ **~ cube** pastilla *f* *or* cubito *m* de caldo (concentrado)

■ adj [argument, excuse] tópico(a)

■ vt **1.** [have in stock] [goods] tener (existencias de) **2.** [supply] [shop] surtir (**with** de), abastecer (**with** de) ▸ **the shop is well stocked** la tienda está bien surtida

◆ ***stock up*** vi aprovisionarse (**with** de)

stockade [stɒ'keɪd] n empalizada *f*

stockbroker ['stɒkbrəʊkə(r)] n FIN corredor(ora) *m,f* de Bolsa

stockholder ['stɒkhəʊldə(r)] n FIN accionista *mf*

Stockholm ['stɒkhəʊm] n Estocolmo

stocking ['stɒkɪŋ] n media *f*

stockist ['stɒkɪst] n COM distribuidor(ora) *m,f*

stockpile ['stɒkpaɪl] ■ n reservas *fpl*
■ vt acumular, hacer acopio de

stockroom ['stɒkru:m] n almacén *m*

stock-still ['stɒk'stɪl] adv **to stand ~** quedarse inmóvil

stocktaking ['stɒkteɪkɪŋ] n COM inventario *m* (de existencias) ▸ *Fig* **a ~ exercise** un balance provisional

stocky ['stɒkɪ] adj chaparro(a)

stodge [stɒdʒ] n *Fam* [food] mazacote *m*

stodgy ['stɒdʒɪ] adj [food, book, person] pesado(a)

stoic ['stəʊɪk] n estoico(a) *m,f*

stoical ['stəʊɪkəl] adj estoico(a)

stoically ['stəʊɪklɪ] adv estoicamente

stoicism ['stəʊɪsɪzəm] n estoicismo *m*

stoke [stəʊk] vt [add fuel to] alimentar

STOL [stɒl] n AV (abbr ***short take-off and landing***) despegue *m or AM* decolaje *m* y aterrizaje rápido *or* en corto

stole[1] [stəʊl] n [garment] estola *f*

stole[2] pt *of* ***steal***

stolen ['stəʊlən] ■ adj [car, property] robado(a)
■ pp *of* ***steal***

stolid ['stɒlɪd] adj imperturbable

stomach ['stʌmək] ■ n estómago *m* ▸ **on an empty ~** con el estómago vacío ▸ *Fig* **it turns my ~** me revuelve el estómago ▸ *Fig* **to have no ~ for sth** no tener estómago para algo ▸ **to have (a) ~ ache** tener dolor de estómago ▸ MED **~ pump** sonda *f* gástrica
■ vt [tolerate] soportar

stomp [stɒmp] vi dar fuertes pisadas ▸ **to ~ in/out** entrar/salir airadamente

stone [stəʊn] ■ n **1.** [material, piece of rock] piedra *f* / [on grave] lápida *f* ▸ *Fig* **to leave no ~ unturned** remover Roma con Santiago ▸ *Fig* **a stone's throw from here** a un tiro de piedra (de aquí) ▸ **the Stone Age** la Edad de Piedra **2.** [of fruit] hueso *m, RP* carozo *m* **3.** [unit of weight] = *unidad de peso equivalente a 6,35 kg*
■ adj de piedra
■ vt **1.** [fruit] deshuesar **2.** [person] apedrear ▸ **he was stoned to death** murió lapidado

stone-cold ['stəʊn'kəʊld] adj helado(a)

stoned [stəʊnd] adj *Fam* [on drugs] colocado(a) ▸ **to be ~** estar colocado(a)

stone-dead ['stəʊn'ded] adj *Fam* **to be ~** estar tieso(a) *or* seco(a) ▸ **to kill sb ~** dejar a alguien tieso(a) *or* seco(a)

stone-deaf ['stəʊn'def] adj *Fam* sordo(a) como una tapia ▸ **to be ~** estar sordo(a) como una tapia

stonemason ['stəʊnmeɪsən] n cantero(a) *m,f (que labra la piedra)*

stonewall [stəʊn'wɔ:l] vi [in game] jugar a la defensiva / [in inquiry] entorpecer, andarse con evasivas

stoneware ['stəʊnweə(r)] n (cerámica *f* de) gres *m*

stonework ['stəʊnwɜ:k] n obra *f* de cantería

stonily ['stəʊnɪlɪ] adv con frialdad, insensiblemente

stony ['stəʊnɪ] adj [ground, beach] pedregoso(a) / *Fig* [look, silence] glacial ▸ *BR Fam* **to be ~ broke** estar sin un centavo *or ESP* duro

stony-faced ['stəʊnɪ'feɪst] adj impertérrito(a), impasible

stood [stʊd] pt & pp *of* ***stand***

stooge [stu:dʒ] n [comedian's fall-guy] comparsa *mf* / [minion] títere *m,* secuaz *mf*

stool [stu:l] n **1.** [seat] banqueta *f* / [with short legs] taburete *m* ▸ *Fig* **to fall between two stools** quedarse nadando entre dos aguas ▸ *Fam* **~ pigeon** soplón(ona) *m,f* **2.** MED [faeces] heces *fpl*

stoop[1] [stu:p] ■ n **to have a ~** ser cargado(a) de espaldas ▸ **to walk with a ~** caminar encorvado(a)
■ vi [bend down] agacharse, agachar el cuerpo ▸ *Fig* **to ~ to (doing) sth** rebajarse a (hacer) algo ▸ **I never thought they'd ~ so low as to...** nunca pensé que caerían tan bajo como para...

stoop[2] n *US* [verandah] porche *m*

stop [stɒp] ■ n **1.** [halt] parada *f* ▸ **to put a ~ to sth** poner fin a algo ▸ **to come to a ~** detenerse ▸ AUT **~ sign** (señal *f* de) stop *m* **2.** [pause] [in work, journey] parada *f* / [of plane] escala *f* ▸ **to make a ~** parar, detenerse ▸ **ten minutes' ~** una parada de diez minutos **3.** [stopping place] parada *f* **4.** [full stop] punto *m* / [in telegram] stop *m* **5.** MUS [on organ] registro *m* ▸ *Fig* **to pull out all the stops** tocar todos los registros
■ vt (pt & pp **stopped**) **1.** [halt] [person, vehicle] parar, detener / [conversation] interrumpir / [corruption, abuse] poner fin a / [cheque] bloquear ▸ **~, thief!** ¡al ladrón! **2.** [cease] parar ▸ **to ~ doing sth** dejar de hacer algo ▸ **to ~ smoking/drinking** dejar de fumar/de beber **3.** [prevent] impedir ▸ **to ~ sb (from) doing sth** impedir que alguien haga algo ▸ **I couldn't ~ myself** no podía parar **4.** [fill in] [hole, gap] taponar
■ vi **1.** [halt] [moving person, vehicle] parar(se), detenerse **2.** [cease] [speaker, worker] parar ▸ **the rain has stopped** ha dejado de llover ▸ **the pain has stopped** ya no me duele ▸ **she did not ~ at that** no se contentó con eso ▸ **he'll ~ at nothing** no se detendrá ante nada ▸ **to ~ short** *or* **dead** pararse en seco **3.** [stay] quedarse

◆ ***stop by*** vi [visit briefly] pasarse ▸ **I'll ~ by at your place tomorrow** me pasaré mañana por tu casa

◆ ***stop off*** vi [stay briefly] parar, hacer una parada

◆ ***stop over*** vi AV hacer escala

◆ ***stop up*** vt sep [hole] taponar, tapar / [sink, pipe] atascar

stopcock ['stɒpkɒk] n llave *f* de paso

stopgap ['stɒpgæp] n [thing] recambio *m,* repuesto *m (provisional)* / [person] sustituto(a) *m,f (temporal)* ▸ **~ measure** medida *f* provisional

stoplight ['stɒplaɪt] n *US* AUT semáforo *m*

stopover ['stɒpəʊvə(r)] n AV escala *f*

stoppage ['stɒpɪdʒ] n **1.** [of flow, traffic] retención *f,* detención *f* / [of work] interrupción *f* / [as protest] paro *m* **2.** FIN [deduction] retención *f*

stopper ['stɒpə(r)] n tapón *m*

stop-press ['stɒppres] adj JOURN ~ **news** noticias *fpl* de última hora

stopwatch ['stɒpwɒtʃ] n cronómetro *m*

storage ['stɔːrɪdʒ] n almacenamiento *m,* almacenaje *m* ▸ **in ~** en almacén ▸ **to put sth into ~** almacenar algo ▸ **~ charges** gastos *mpl* de almacenaje ▸ **~ heater** acumulador *m* de calor ▸ **~ space** sitio *m or* espacio *m* para guardar cosas ▸ **~ tank** depósito *m*

store [stɔː(r)] ■ n **1.** [supply] [of goods] reserva *f,* provisión *f* / *Fig* [of knowledge] caudal *m,* cúmulo *m* ▸ **stores** [supplies] reservas *fpl* **2.** [warehouse] almacén *m* **3.** [shop] tienda *f* ▸ **~ card** tarjeta *f* de compra (a crédito) ▸ **~ detective** vigilante *m* de paisano *(de establecimiento comercial)* **4.** [idioms] **to hold** *or* **keep sth in ~** tener algo guardado(a) *or* reservado(a) ▸ **I have a surprise in ~ for her** le tengo reservada *or* guardada una sorpresa ▸ **to set** *or* **lay great ~ by sth** dar mucha importancia a algo

■ vt [put in storage] almacenar / [electricity, heat] acumular / [keep] guardar ▸ **~ in a cool place** consérvese en lugar fresco

◆ ***store up*** vt sep acumular

storehouse ['stɔːhaʊs] n almacén *m*

storeroom ['stɔːruːm] n [in office, factory] almacén *m* / [at home] trastero *m*

storey, *US* ***story*** ['stɔːrɪ] (pl **storeys,** *US* **stories**) n piso *m,* planta *f* ▸ **a four-~ building** un edificio de cuatro plantas

stork [stɔːk] n cigüeña *f*

storm [stɔːm] ■ n **1.** [bad weather] tormenta *f* ▸ *Fig* **a ~ in a teacup** una tormenta en un vaso de agua ▸ **~ clouds** nubes *fpl* de tormenta ▸ **~ door** doble puerta *f,* contrapuerta *f* **2.** [scandal] tormenta *f* / [of insults, protest] aluvión *m* **3.** MIL **to take a town/a fortress by ~** tomar una ciudad/una fortaleza por asalto ▸ *Fig* **he took the audience by ~** tuvo un éxito arrasador entre el público ▸ **~ troops** tropas *fpl* de asalto

■ vt [town, fortress] asaltar

■ vi [person] enfurecerse ▸ **to ~ at sb** echar la bronca a alguien ▸ **to ~ in/out** salir/entrar airadamente

stormy ['stɔːmɪ] adj *also Fig* tormentoso(a)

story[1] ['stɔːrɪ] n **1.** [account] [fictional] cuento *m* / [factual] historia *f* ▸ *Fig* **to tell stories** [lie] contar cuentos **2.** [plot] [of novel, play] argumento *m* **3.** [in newspaper] artículo *m* **4.** [idioms] **that is quite another ~** eso ya es otra cosa ▸ **it's the same old ~** es la historia de siempre ▸ *Fam* **it's the ~ of my life!** ¡siempre me pasa lo mismo! ▸ **it's a long ~** es muy largo de contar ▸ **to cut a long ~ short, ...** para resumir, ...

story[2] *US* ➤ ***storey***

storybook ['stɔːrɪbʊk] n libro *m* de cuentos

storyline ['stɔːrɪlaɪn] n [of book, play, movie] argumento *m*

storyteller ['stɔːrɪtelə(r)] n narrador(ora) *m,f*

stout [staʊt] ■ n [beer] cerveza *f* negra

■ adj **1.** [fat] [person] rechoncho(a) **2.** [solid] [door, shoes] resistente **3.** [brave] [person, resistance] valeroso(a)

stouthearted [staʊt'hɑːtɪd] adj *Literary* denodado(a), valeroso(a)

stoutly ['staʊtlɪ] adv [resist] denodadamente / [maintain] a toda costa

stove[1] [stəʊv] n [for cooking] cocina *f, COL, MÉX, VEN* estufa *f* / [for heating] estufa *f*

stove[2] pt & pp *of* ***stave***

stow [stəʊ] vt [put away] guardar / NAUT estibar

◆ ***stow away*** vi [on ship] ir *or* viajar de polizón

stowaway ['stəʊəweɪ] n polizón *m*

straddle ['strædəl] vt sentarse a horcajadas en

strafe [streɪf] vt MIL ametrallar desde el aire

straggle ['strægəl] vi [lag behind] rezagarse / [spread untidily] desparramarse

straggler ['stræglə(r)] n rezagado(a) *m,f*

straggly ['stræglɪ] adj [hair] desordenado(a)

straight [streɪt] ■ n **1. to keep to the ~ and narrow** seguir por el buen camino **2.** [in sport] recta *f*

■ adj **1.** [not curved] [line, back] recto(a) / [hair] liso(a) / [tie, skirt, picture] derecho(a) ▸ **to keep a ~ face** contener la sonrisa ▸ **to put things** *or* **matters ~** aclarar las cosas ▸ **to put sb ~** aclararle las cosas a alguien **2.** [consecutive] consecutivo(a) ▸ **three ~ wins** tres victorias consecutivas ▸ **~ flush** [in cards] escalera *f* de color **3.** [honest] [person, answer] franco(a) ▸ **to be ~ with sb** ser franco(a) con alguien **4.** [conventional] convencional ▸ THEAT **~ man** actor *m* (con papel) serio **5.** *Fam* [heterosexual] heterosexual **6.** [undiluted] solo(a) ▸ **to drink ~ vodkas** beber vodka a palo seco

■ adv **1.** [in straight line] recto, en línea recta ▸ **sit up ~!** ¡siéntate derecho! ▸ **to look ~ ahead** mirar hacia adelante ▸ **go ~ on** sigue todo recto *or* derecho ▸ **to see/think ~** ver/pensar con claridad ▸ *Fig* **to go ~** [criminal] reformarse **2.** [immediately] inmediatamente, en seguida ▸ **~ away** *or* **off** inmediatamente **3.** [directly] directamente ▸ **to cut ~ through sth** atravesar algo ▸ **to come** *or* **get ~ to the point** ir directamente al grano ▸ **to come ~ out with sth** decir algo sin rodeos

straightaway ['streɪtəweɪ] adv inmediatamente, *MÉX* ahorita, *ANDES, CSUR* al tiro

straighten ['streɪtən] vt [bent nail, rod] enderezar / [picture, tie] poner derecho(a) ▸ **to ~ one's back** enderezar la espalda

◆ ***straighten out*** vt sep [problem] resolver / [one's affairs] poner en orden

straight-faced ['streɪt'feɪst] adj con la cara seria

straightforward [streɪt'fɔːwəd] adj [honest] franco(a) / [simple] sencillo(a)

straightforwardly [streɪt'fɔːwədlɪ] adv [honestly] con franqueza, claramente / [simply] de forma sencilla, con sencillez

strain[1] [streɪn] ■ n **1.** [on rope, beam] [from pressure, pushing] presión *f* / [from tension, pulling] tensión *f* / [on economy] tensión *f* / [on friendship] tirantez *f* / [of muscle] distensión *f* / [of ankle] torcedura *f* ▸ **to put**

a ~ on [economy, friendship] crear tensiones en **2.** [mental stress] agobio *m* ▸ **to be under a lot of ~** estar muy agobiado(a)

■ vt **1.** [put strain on] [rope] tensar / [economy, friendship] crear tensiones en ▸ **to ~ a muscle** distenderse un músculo ▸ **to ~ one's ankle** torcerse el tobillo ▸ **to ~ one's back** hacerse daño en la espalda ▸ **to ~ one's ears** aguzar el oído **2.** CULIN [liquid] colar / [vegetables] escurrir

■ vi **to ~ at a rope/door** tirar de una cuerda/puerta ▸ *Fig* **to be straining at the leash (to do sth)** estar impaciente (por hacer algo)

strain[2] n [variety] [of virus] cepa *f* / [of plant] variedad *f* ▸ **a ~ of madness** [streak] un toque de locura ▸ **in the same ~** en la misma línea

strained [streɪnd] adj [muscle] distendido(a) / [atmosphere, conversation, relations] tenso(a), tirante

strainer ['streɪnə(r)] n colador *m*

strait [streɪt] n estrecho *m* ▸ **the Straits of Gibraltar** el estrecho de Gibraltar ▸ *Fig* **to be in dire** *or* **desperate straits** estar en serios aprietos

straitlaced ['streɪt'leɪst] adj mojigato(a)

strand[1] [strænd] vt [ship] varar ▸ **to be stranded** quedar varado(a)

strand[2] n [of rope] cabo *m* / [of cotton] hebra *f* / [of hair] pequeño mechón *m* / *Fig* [of plot] hilo *m* (argumental)

strange [streɪndʒ] adj **1.** [odd] [person, behaviour] raro(a), extraño(a) ▸ **it felt ~ to be back in Scotland** se hacía raro estar de nuevo en Escocia **2.** [unfamiliar] [person, place] desconocido(a), extraño(a)

strangely ['streɪndʒlɪ] adv [behave, dress] de modo extraño ▸ **~ familiar** extrañamente familiar ▸ **~ enough,...** aunque parezca raro *or* extraño,...

strangeness ['streɪndʒnɪs] n **1.** [oddness] rareza *f* **2.** [unfamiliarity] lo desconocido

stranger ['streɪndʒə(r)] n [unknown person] desconocido(a) *m,f,* extraño(a) *m,f* / [person from other place] forastero(a) *m,f*

strangle ['stræŋgəl] vt [person, economy] estrangular

stranglehold ['stræŋgəlhəʊld] n [control] **to have a ~ on sb/sth** tener un control absoluto sobre alguien/algo

strangling ['stræŋglɪŋ] n **1.** [asphyxiation] asfixia *f* **2.** [case of murder by strangulation] estrangulamiento *m*

strangulation [stræŋgjʊ'leɪʃən] n estrangulamiento *m*

strap [stræp] ■ n [of watch, bag] correa *f* / [of shoe] tira *f* / [on dress, bra] tirante *m,* AM bretel *m*

■ vt (pt & pp **strapped**) **to ~ sth to sth** sujetar algo con correas a algo

◆ ***strap in*** vt sep abrocharse ▸ **to ~ oneself in** abrocharse *or* ponerse el cinturón (de seguridad)

strapless ['stræplɪs] adj [dress, bra] sin tirantes *or* AM breteles

strapping ['stræpɪŋ] adj fornido(a)

Strasbourg ['stræzbɜːg] n Estrasburgo

strata ['strɑːtə] pl *of* ***stratum***

strategic [strə'tiːdʒɪk] adj estratégico(a)

strategically [strə'tiːdʒɪklɪ] adv estratégicamente

strategist ['strætədʒɪst] n estratega *mf*

strategy ['strætɪdʒɪ] n estrategia *f*

stratification [strætɪfɪ'keɪʃən] n estratificación *f*

stratosphere ['strætəsfɪə(r)] n estratosfera *f*

stratum ['strɑːtəm] (pl **strata** ['strɑːtə]) n *also Fig* estrato *m*

straw [strɔː] n paja *f* / [for drinking] pajita *f,* MÉX popote *m* ▸ *Fig* **to clutch** *or* **grasp at straws** agarrarse a un clavo ardiendo ▸ *Fig* **that's the last ~** (eso) es la gota que colma el vaso ▸ **~ hat** sombrero *m* de paja ▸ *esp US Fig* **~ man** hombre *m* de paja ▸ **~ poll** sondeo *m* informal

strawberry ['strɔːbərɪ] n fresa *f,* CSUR frutilla *f* ▸ **~ jam** mermelada *f* de fresa *or* CSUR frutilla ▸ **~ blonde** rubio(a) bermejo(a)

straw-coloured ['strɔːkʌləd] adj pajizo(a)

stray [streɪ] ■ n [dog] perro *m* callejero / [cat] gato *m* callejero

■ adj [dog, cat] callejero(a) / [bullet] perdido(a)

■ vi **to ~ from** [person] desviarse de / [animal] descarriarse de ▸ **to ~ from the point** divagar

streak [striːk] ■ n [stripe] raya *f,* lista *f* / [in hair] mecha *f* ▸ **a ~ of lightning** un rayo ▸ **a ~ of luck** una racha de suerte ▸ **winning/losing ~** racha *f* de ganar/de perder ▸ **to have a cruel ~** tener un vena de crueldad

■ vt **streaked with dirt** manchado(a) ▸ **streaked with tears** cubierto(a) de lágrimas ▸ **his hair is streaked with silver** tiene mechones grises ▸ **to have one's hair streaked** hacerse mechas en el pelo

■ vi **1.** [move quickly] **to ~ off** salir disparado(a) ▸ **to ~ past** pasar a toda velocidad **2.** *Fam* [run naked] hacer streaking

streaker ['striːkə(r)] n *Fam* persona *f* que hace streaking

streaky ['striːkɪ] adj [surface, pattern] veteado(a) ▸ **~ bacon** tocino *m or* ESP bacon *m* entreverado

stream [striːm] ■ n **1.** [brook] arroyo *m,* riachuelo *m* **2.** [of light, blood, water] chorro *m* / [of tears, insults] torrente *m* / [of people] oleada *f* ▸ **to come on ~** [industrial plant] entrar en funcionamiento

■ vt **1.** [spurt] chorrear **2.** BR SCH **to ~ pupils** dividir en grupos a los alumnos según su capacidad

■ vi **1. the water streamed out** el agua salía a chorros ▸ **people streamed into the stadium** la gente entraba en masa al estadio ▸ **his eyes were streaming** le lloraban los ojos **2.** [hair, banner] ondear

streamer ['striːmə(r)] n serpentina *f*

streamline ['striːmlaɪn] vt [vehicle] hacer más aerodinámico(a) / [system, department] racionalizar

streamlined ['striːmlaɪnd] adj [vehicle] aerodinámico(a) / [system, department] racionalizado(a)

streamlining ['striːmlaɪnɪŋ] n [of vehicle] aerodinamismo *m* / [of system, department] racionalización *f*

street [striːt] n **1.** calle *f* ▸ **on** *or* BR **in the ~** en la calle ▸ **~ fighting** peleas *fpl* callejeras ▸ **~ lamp** farola *f* ▸ **~ map** plano *m* de calles / [book] callejero *m* ▸ **~ market** mercado *m* en la calle ▸ **~ sweeper** barrendero(a) *m,f* ▸ ~

theatre teatro *m* callejero ▸ **~ value** [of drugs] valor *m* en la calle **2.** [idioms] **to walk the streets** [prostitute] hacer la calle ▸ **the man in the ~** el hombre de la calle ▸ *Fam* **to be streets better than** dar mil vueltas a ▸ **that's right up my ~** eso es lo mío, *ESP* eso es lo que me va ▸ *Fam* **to have ~ cred** tener buena imagen en la calle

streetcar ['stri:tkɑ:(r)] n *US* tranvía *m*

streetwalker ['stri:twɔ:kə(r)] n prostituta *f*

streetwise ['stri:twaɪz] adj espabilado(a), *RP* canchero(a)

strength [streŋθ] n **1.** [power] [of person] fuerza *f* / [of nail, rope] resistencia *f* / [of currency] fortaleza *f* / [of emotion, light, sound] intensidad *f* / [of alcohol] graduación *f* ▸ **to be at full ~** [department, regiment] tener el cupo completo ▸ **to be under ~** [department, regiment] estar por debajo del cupo ▸ **in ~** en gran número ▸ **to go from ~ to ~** ir cada vez mejor ▸ **on the ~ of...** atendiendo a... **2.** [strong point] punto *m* fuerte

strengthen ['streŋθən] ■ vt [wall, building] reforzar / [muscles] fortalecer / [friendship] consolidar / [determination] reafirmar / [position] reforzar, afianzar
■ vi [friendship] consolidarse / [determination] reafirmarse / [currency] fortalecerse

strenuous ['strenjʊəs] adj [activity, lifestyle] agotador(ora) / [effort] denodado(a) / [opposition] enérgico(a) / [denial] tajante

strenuously ['strenjʊəslɪ] adv [campaign] enérgicamente / [resist] denodadamente / [deny] tajantemente

stress [stres] ■ n **1.** [tension] [physical] presión *f* / [mental] estrés *m* ▸ **to be under a lot of ~** estar sometido(a) a mucho estrés ▸ **a ~ factor** un factor de estrés **2.** [emphasis] énfasis *m* / LING acento *m* ▸ **to put ~ on sth** hacer hincapié en algo
■ vt [emphasize] subrayar, hacer hincapié en

stressed-out ['strest'aʊt] adj *Fam* agobiado(a), estresado(a)

stressful ['stresfʊl] adj estresante

stretch [stretʃ] ■ n **1.** [of body] **to have a ~** estirarse ▸ **by no ~ of the imagination** de ningún modo ▸ **~ marks** estrías *fpl* **2.** [of water, land] extensión *f* / [of road] tramo *m* / [of time, silence] período *m* ▸ **at one ~** de una vez **3.** [capacity] **at full ~** [factory] a pleno rendimiento
■ vt **1.** [extend] [elastic, belt] estirar / [arm, hand] estirar, extender ▸ **to ~ one's legs** estirar las piernas ▸ **to ~ the truth** apurar *or* forzar las cosas **2.** [put demands on] [person] exigir mucho a / [resources] mermar mucho / [sb's patience] abusar de ▸ **we're fully stretched at the moment** en este momento estamos trabajando al límite (de nuestras posibilidades) **3.** [make last] [income, supplies] estirar
■ vi **1.** [rope, elastic, person] estirarse **2.** [road, time] extenderse **3.** [resources, budget] dar de sí (**to** para)

◆ ***stretch out*** ■ vt sep **1.** [extend] **to ~ out one's arm** estirar el brazo ▸ **to ~ out one's hand** tender la mano **2.** [resources, budget] estirar
■ vi **1.** [person] tenderse **2.** [road, time] extenderse

stretcher ['stretʃə(r)] n camilla *f* ▸ **~ bearer** camillero(a) *m,f*

stretchy ['stretʃɪ] adj elástico(a)

strew [stru:] (pp **strewed** *or* **strewn** [stru:n]) vt [objects] dispersar (**over** *or* **around** por) / [surface] cubrir (**with** de)

stricken ['strɪkən] adj [with grief, guilt] afligido(a) (**with** por) / [with illness, by disaster] gravemente afectado(a) (**with/by** por)

strict [strɪkt] adj **1.** [person, instruction, discipline] estricto(a) ▸ **~ morals** moral *f* estricta ▸ **a ~ Moslem** un musulmán ortodoxo **2.** [meaning, minimum] estricto(a) ▸ **in strictest confidence** en el más riguroso secreto

strictly ['strɪktlɪ] adv **1.** [severely] estrictamente **2.** [exactly] rigurosamente ▸ **~ speaking** en un sentido estricto ▸ **not ~ true** no del todo *or* rigurosamente cierto

strictness ['strɪktnɪs] n [of discipline, rules] rigor *m*

stridden ['strɪdən] pp *of* ***stride***

stride [straɪd] ■ n **1.** zancada *f* **2.** [idioms] **to make great strides** progresar a pasos agigantados ▸ **to take sth in one's ~** asumir algo bien ▸ **to get into one's ~** agarrar *or* *ESP* coger el ritmo
■ vi (pt **strode** [strəʊd], pp **stridden** ['strɪdən]) **to ~ in/out/off** entrar/salir/alejarse a grandes zancadas

strident ['straɪdənt] adj estridente

strife [straɪf] n conflictos *mpl*

strike [straɪk] ■ n **1.** IND huelga *f* ▸ **teachers'/miners' ~** huelga de profesores/de mineros ▸ **to be on ~** estar en huelga ▸ **to go on ~** declararse en huelga ▸ **~ fund** caja *f* de resistencia ▸ **~ pay** subsidio *m* de huelga **2.** [discovery] [of ore, oil] descubrimiento *m* **3.** [blow] golpe *m* / MIL ataque *m*
■ vt (pt & pp **struck** [strʌk]) **1.** [hit] golpear ▸ **to ~ sb in the face** golpear a alguien en la cara ▸ **to ~ sb a blow** pegar un golpe a alguien ▸ *Fig* **to ~ a blow for freedom** romper una lanza a favor de la libertad ▸ **the clock struck ten** el reloj dio las diez ▸ *Fig* **to ~ the right note** [speech, remark] calar hondo ▸ *Fig* **to ~ the wrong note** [speech, remark] dar una nota discordante ▸ **to ~ terror into sb** aterrorizar a alguien ▸ **to be struck dumb** quedarse mudo(a), no poder articular palabra ▸ **he was struck dead by a heart attack** murió de un ataque cardíaco ▸ **the child/the tree was struck by lightning** el niño/el árbol fue alcanzado por un rayo **2.** [collide with] chocar contra ▸ **her head struck the floor** su cabeza chocó contra el suelo **3.** [match] encender, *AM* prender **4.** [mint] [coin, medal] acuñar **5.** [impress, surprise] chocar, sorprender ▸ **what struck me was her voice** lo que me chocó mucho fue su voz **6.** [occur to] **it strikes me that...** se me ocurre que... **7.** [seem to] parecer ▸ **it doesn't ~ me as being very difficult** no me parece muy difícil ▸ **he strikes me as a reasonable person** me da la impresión de que es una persona razonable **8.** [discover] [gold, oil] descubrir ▸ *Fam* **to ~ it rich** hacerse rico(a) ▸ *Fam* **to ~ it lucky** tener suerte **9.** [reach] **to ~ a bargain** *or* **deal** hacer un trato ▸ **to ~ a balance** encontrar un equilibrio
■ vi **1.** [attack] [enemy, criminal] atacar / [disaster, earthquake] sobrevenir / [clock] dar las horas ▸ **~ while the iron is hot** aprovecha ahora que estás a tiempo

2. [go on strike] hacer huelga, declararse en huelga / [be on strike] estar en huelga

◆ ***strike back*** vi [retaliate] devolver el ataque

◆ ***strike down*** vt sep [of disease] abatir, abatirse sobre / [of lightning, bullet] alcanzar

◆ ***strike off*** vt sep [doctor, lawyer] expulsar del colegio profesional

◆ ***strike out*** ■ vt sep [delete] tachar
■ vi **1.** [hit out] **to ~ out at sb** arremeter contra alguien **2.** [leave] partir (**for** hacia) ▸ **to ~ out in a new direction** tomar un nuevo rumbo ▸ **to ~ out on one's own** independizarse

◆ ***strike up*** vt sep [song] arrancar con / [friendship, conversation] trabar, iniciar

strikebreaker ['straɪkbreɪkə(r)] n esquirol *mf*

striker ['straɪkə(r)] n **1.** [striking worker] huelguista *mf* **2.** [in soccer] delantero(a) *m,f*

striking ['straɪkɪŋ] adj **1.** [noticeable, surprising] chocante, sorprendente / [impressive] deslumbrante **2.** [worker] en huelga

strikingly ['straɪkɪŋlɪ] adv [obvious, similar, original] sorprendentemente

string [strɪŋ] ■ n **1.** [substance] cuerda *f* ▸ **a (piece of) ~** una cuerda **2.** [of violin, tennis racket, bow] cuerda *f* / [of puppet] hilo *m* ▸ MUS **the strings** la sección de cuerda, las cuerdas ▸ *Fig* **to have more than one ~ to one's bow** tener varios recursos ▸ *Fig* **with no strings attached** sin compromiso ▸ *Fig* **to pull strings** mover hilos ▸ MUS **~ quartet** cuarteto *m* de cuerda ▸ *BR* **~ vest** camiseta *f* interior de rejilla **3.** [of onions] ristra *f* / [of pearls, beads] sarta *f* / [of islands] rosario *m* / [of words, shops, defeats] serie *f* / COMPTR cadena *f*
■ vt (pp & pt **strung** [strʌŋ]) **1.** [violin, tennis racket, bow] encordar **2.** [pearls, beads] ensartar

◆ ***string along*** vt sep *Fam* dar falsas esperanzas a

◆ ***string up*** vt sep *Fam* [criminal] ahorcar

stringed [strɪŋd] adj [instrument] de cuerda

stringent ['strɪndʒənt] adj riguroso(a), estricto(a)

strip[1] [strɪp] n **1.** [of cloth, paper, metal] tira *f* / [of land] franja *f* ▸ *Fam* **to tear sb off a ~** echar un rapapolvo a alguien, *MÉX* repelar a alguien, *RP* pegar un levante a alguien ▸ **~ cartoon** tira *f* cómica ▸ **~ lighting** iluminación *f* con fluorescentes **2.** *BR* [of sports team] indumentaria *f*

strip[2] ■ n **to do a ~** [undress] hacer un striptease ▸ **~ club** club *m* de striptease ▸ **~ poker** strip póquer *m* ▸ **~ show** (espectáculo *m* de) striptease *m*
■ vt (pt & pp **stripped**) [person] desnudar / [bed] deshacer / [paint, wallpaper] rascar, quitar, *AM* sacar ▸ **to ~ sb of sth** despojar a alguien de algo
■ vi [undress] desnudarse

◆ ***strip off*** ■ vt sep [paint, wallpaper] rascar, quitar, *AM* sacar
■ vi [undress] desnudarse, desvestirse

stripe [straɪp] n **1.** [on cloth, animal's coat] raya *f,* lista *f* **2.** [indicating rank] galón *m*

striped [straɪpt] adj a rayas

stripling ['strɪplɪŋ] n mozalbete *m*

stripper ['strɪpə(r)] n [striptease artist] artista *mf* de striptease

strip-search ['strɪpsɜːtʃ] ■ n registro *m* integral
■ vt **to ~ sb** someter a alguien a un registro integral

striptease ['strɪptiːz] n striptease *m*

strive [straɪv] (pt **strove** [strəʊv], pp **striven** ['strɪvən]) vi esforzarse ▸ **to ~ to do sth** esforzarse por hacer algo ▸ **to ~ for** *or* **after sth** luchar por algo

strobe [strəʊb] n PHYS estroboscopio *m* ▸ **~ lighting** luces *fpl* estroboscópicas (de discoteca)

strode [strəʊd] pt *of* ***stride***

stroke [strəʊk] ■ n **1.** [blow, tennis shot] golpe *m* / [in rowing] palada *f* / [movement in swimming] brazada *f* / [swimming style] estilo *m* ▸ ART **a brush ~** una pincelada / [of decorator] un brochazo ▸ **on the ~ of nine** al dar las nueve **2.** [caress] caricia *f* ▸ **to give sth/sb a ~** acariciar algo/a alguien **3.** MED derrame *m* cerebral, apoplejía *f* **4.** [idioms] **she hasn't done a ~ of work** no ha dado ni golpe ▸ **a ~ of luck** un golpe de suerte ▸ **a ~ of genius** una genialidad ▸ **at a ~** de un golpe
■ vt [caress] acariciar

stroll [strəʊl] ■ n paseo *m* ▸ **to go for a ~** ir a dar un paseo
■ vi caminar

strong [strɒŋ] ■ adj **1.** [physically or mentally powerful] fuerte / [friendship, argument] sólido(a) **2.** [intense] [colour, light] intenso(a) / [smell, drink, measures, language] fuerte / [resemblance, accent] marcado(a) / [belief, support] firme [possibility] serio(a) ▸ **~ point** (punto *m*) fuerte *m* **3.** [durable] [rope, cloth, shoes] fuerte, resistente **4.** [good] [candidate] firme / [team] fuerte ▸ **she's ~ at physics** la física es uno de sus fuertes
■ adv **to be still going ~** estar todavía en forma
■ npl **the ~** los fuertes

strong-arm tactics ['strɒŋɑːm'tæktɪks] npl mano *f* dura

strong-box ['strɒŋbɒks] n caja *f* fuerte

stronghold ['strɒŋhəʊld] n [fortress] fortaleza *f* / *Fig* [of political party, religion] baluarte *m,* bastión *m*

strongly ['strɒŋlɪ] adv [oppose, endorse] rotundamente, fuertemente / [believe] firmemente ▸ **~ built** sólidamente construido(a) ▸ **a ~ worded letter** una carta escrita en un tono fuerte ▸ **he feels very ~ about it** (es un tema que) le preocupa mucho

strongman ['strɒŋmæn] n [in circus] forzudo *m* / *Fig* [dictator] dictador *m*

strong-minded [strɒŋ'maɪndɪd] adj decidido(a), resuelto(a)

strongroom ['strɒŋruːm] n cámara *f* acorazada

strong-willed [strɒŋ'wɪld] adj tenaz, tozudo(a)

strontium ['strɒntɪəm] n CHEM estroncio *m*

strop [strɒp] n **1.** [leather strap] asentador *m* **2.** *BR Fam* [bad temper] **to be in a ~** estar de mal humor *or ESP* de mal café

stroppy ['strɒpɪ] adj *BR Fam* **to be ~** tener mal genio *or ESP* mal café / [in a mood] estar de mal humor *or ESP* de mal café

strove [strəʊv] pt *of* ***strive***

struck [strʌk] pt & pp *of* ***strike***

structural ['strʌktʃərəl] adj estructural ▸ **~ damage** daños *mpl* estructurales ▸ **~ survey** peritaje *m or* tasación *f* de estructuras

structuralism ['strʌktʃərəlɪzəm] n estructuralismo *m*

structuralist ['strʌktʃərəlɪst] n & adj estructuralista *mf*

structurally ['strʌktʃərəlɪ] adv estructuralmente

structure ['strʌktʃə(r)] ■ n **1.** [in general] estructura *f* **2.** [building, monument] construcción *f*
■ vt estructurar, articular

structured ['strʌktʃəd] adj estructurado(a) ▸ COMPTR **~ query language** lenguaje *m* estructurado de consulta

struggle ['strʌgəl] ■ n [effort] lucha *f* (**for** por) / [physical fight] forcejeo *m* ▸ **without a ~** sin oponer resistencia ▸ **life is a ~** la vida es una lucha constante
■ vi [try hard] luchar (**for** por) / [fight physically] forcejear ▸ **to ~ to do sth** luchar por hacer algo ▸ **to be struggling** [person, company] estar pasándolo muy mal

strum [strʌm] (pt & pp **strummed**) vt [guitar] rasguear

strung [strʌŋ] pt & pp *of* ***string***

strung-out ['strʌŋ'aʊt] adj *Fam* [tense] tenso(a), agobiado(a) / [addicted] enganchado(a) (**on** a)

strut[1] [strʌt] n [for frame] riostra *f* / AV montante *m*

strut[2] (pt & pp **strutted**) vi pavonearse ▸ **to ~ in/out** entrar/salir pavoneándose

strychnine ['strɪkni:n] n estricnina *f*

stub [stʌb] ■ n [of pencil] punta *f* final / [of cigarette] colilla *f* / [of cheque] matriz *f*
■ vt (pt & pp **stubbed**) **to ~ one's toe (on** *or* **against sth)** darse un golpe en el dedo gordo (contra algo)

◆ ***stub out*** vt sep [cigarette] apagar, aplastar

stubble ['stʌbəl] n **1.** [in field] rastrojo *m* **2.** [on face] barba *f* de unos días

stubbly ['stʌblɪ] adj [beard] de unos días / [chin] con pelillos

stubborn ['stʌbən] adj [person] testarudo(a), terco(a) / [determination, resistance] obstinado(a), pertinaz / [stain, infection] pertinaz ▸ **as ~ as a mule** terco(a) como una mula

stubbornness ['stʌbənnɪs] n [of person] testarudez *f* / [of determination, resistance] obstinación *f*

stubby ['stʌbɪ] adj regordete(a)

stucco ['stʌkəʊ] n estuco *m*

stuck [stʌk] ■ adj **to get ~** atascarse ▸ **to be ~ for sth** no tener algo ▸ *Fam* **to be ~ with sb/sth** tener que cargar con alguien/algo
■ pt & pp *of* ***stick***[2]

stuck-up ['stʌk'ʌp] adj *Fam* creído(a), engreído(a)

stud[1] [stʌd] n [fastener] automático *m*, corchete *m* / [for decoration] tachón *m* / [on soccer, rugby boots] *ESP* taco *m*, *RP* tapón *m* / [earring] *ESP* pendiente *m*, *AM* arete *m*

stud[2] n **1.** [farm] cuadra *f* / [stallion] semental *m* **2.** *Fam* [man] semental *m*

student ['stju:dənt] n [at university] estudiante *mf* / [at school] alumno(a) *m,f*, estudiante *mf* ▸ **law/medical ~** estudiante de derecho/medicina ▸ **~ card** carné *m* de estudiante ▸ **~ life** la vida estudiantil ▸ **~ loan** préstamo *m* para estudiantes ▸ **~ nurse** estudiante *mf* de enfermería ▸ **~ teacher** profesor(ora) *m,f* en prácticas ▸ **students' union** [association] = *en una universidad, asociación que organiza actividades, asesora y representa a los alumnos* / [place] = *edificio para los alumnos que cuenta con bares, discoteca, servicios y oficinas*

studied ['stʌdɪd] adj [manner, attitude] estudiado(a)

studio ['stju:dɪəʊ] (pl **studios**) n [of TV, film company] estudio *m*, plató *m* / [of artist, photographer, for recording music] estudio *m* ▸ TV **~ audience** público *m* en estudio ▸ **~ apartment** *or BR* **flat** (apartamento *m*) estudio *m*

studious ['stju:dɪəs] adj estudioso(a)

study ['stʌdɪ] ■ n **1.** [investigation] estudio *m*, investigación *f* / [written report] estudio *m*, informe *m*, *AM* reporte *m* ▸ **to make a ~ of sth** realizar un estudio sobre algo ▸ **~ group** grupo *m* de estudio ▸ **~ tour** viaje *m* de estudio **2.** [artist] estudio *m* **3.** [room] (cuarto *m* de) estudio *m*
■ vt & vi estudiar

stuff [stʌf] ■ n **1.** [substance] cosa *f* / [objects, possessions] cosas *fpl* ▸ **what's this ~?** ¿qué es esto? ▸ **he reads all that intellectual ~** se dedica a leer todas esas cosas de intelectuales ▸ *Fam* **this wine is good ~** es bueno este vino ▸ *Fam* **she writes good ~** escribe bien ▸ *Fam* **he knows his ~** conoce bien el tema ▸ *Fam* **that's the ~!** ¡sí señor!, ¡eso es! **2.** [cloth] tejido *m*
■ vt [fill] rellenar / [cushion] forrar, rellenar / [pockets] llenar / [dead animal] disecar ▸ **to ~ sth into sth** meter algo dentro de algo ▸ *Fam* **to ~ oneself** *or* **one's face** atiborrarse, *ESP* ponerse las botas ▸ *BR Fam* **get stuffed!** ¡que te den!

stuffily ['stʌfɪlɪ] adv [to say, reply] petulantemente, altaneramente

stuffing ['stʌfɪŋ] n [for furniture, chicken] relleno *m* ▸ *Fam* **to knock the ~ out of sb** [news, disappointment] dejar a alguien con la moral por los suelos, *AM* dejar a alguien los ánimos por el piso

stuffy ['stʌfɪ] adj **1.** [room] cargado(a) **2.** [person] estirado(a)

stultifying ['stʌltɪfaɪɪŋ] adj tedioso(a)

stumble ['stʌmbəl] ■ n tropezón *m*
■ vi [when walking] tropezar, toparse / *Fig* [when speaking] trastabillar

◆ ***stumble across*** vt insep [find] tropezar con, toparse con

stump [stʌmp] ■ n **1.** [of tree] tocón *m* / [of arm, leg] muñón *m* **2.** [in cricket] estaca *f* **3.** *Fam* **to be on the ~** [politician] estar de campaña electoral
■ vt [baffle] dejar perplejo(a) ▸ **to be stumped for an answer** no saber qué contestar

◆ ***stump up*** vi *BR Fam* [pay] poner dinero, *ESP* apoquinar

stumpy ['stʌmpɪ] adj rechoncho(a)

stun [stʌn] (pt & pp **stunned**) vt [make unconscious] dejar sin sentido / *Fig* [shock] dejar de piedra

stung [stʌŋ] pt & pp *of* ***sting***

stunk [stʌŋk] pt & pp *of* ***stink***

stunned [stʌnd] adj [person, expression] atónito(a) ▸ **they watched in ~ silence** miraban en silencio, estupefactos

stunner ['stʌnə(r)] n *BR Fam* [person] bombón *m* ▸ **the goal was a ~** fue un golazo

stunning ['stʌnɪŋ] adj [blow] contundente / [performance] soberbio(a) / [woman, outfit] imponente

stunningly ['stʌnɪŋlɪ] adv **a ~ good-looking man/ beautiful woman** un hombre/una mujer imponente

stunt [1] [stʌnt] vt [person, growth] atrofiar

stunt [2] n [in film] escena *f* peligrosa / [for publicity] truco *m* publicitario ▸ **~ man** especialista *m*, doble *m* ▸ **~ woman** especialista *f*, doble *f*

stupefaction [stju:pɪ'fækʃən] n estupefacción *f*

stupefied ['stju:pɪfaɪd] adj **1.** [tired, bored] hastiado(a) **2.** [amazed] estupefacto(a)

stupefy ['stju:pɪfaɪ] vt [of alcohol, drugs, news] aturdir, ofuscar / [of behaviour] dejar perplejo(a)

stupefying ['stju:pɪfaɪɪŋ] adj [boring] embotante / [amazing] asombroso(a)

stupendous [stju:'pendəs] adj estupendo(a), extraordinario(a)

stupid ['stju:pɪd] adj estúpido(a), idiota ▸ **don't be ~!** ¡no seas estúpido! ▸ **how ~ of me!** ¡qué tonto(a) soy! ▸ **what a ~ thing to do!** ¡menuda estupidez!

stupidity [stju:'pɪdɪtɪ] n estupidez *f*, imbecilidad *f*

stupidly ['stju:pɪdlɪ] adv tontamente

stupor ['stju:pə(r)] n aturdimiento *m*

sturdy ['stɜ:dɪ] adj [person] robusto(a) / [object] resistente / [opposition, resistance] firme, sólido(a)

sturgeon ['stɜ:dʒən] n esturión *m*

stutter ['stʌtə(r)] ■ n tartamudeo *m*
■ vi tartamudear

sty [1] [staɪ] n [pigsty] *& Fig* pocilga *f*

sty [2], ***stye*** [staɪ] n MED orzuelo *m*

style [staɪl] ■ n **1.** [manner, design, sophistication] estilo *m* ▸ **she has ~** tiene estilo ▸ **to live in ~** vivir con lujo **2.** [fashion] moda *f* ▸ **to be in ~** estar de moda
■ vt [design] diseñar / [hair] peinar

-style [-staɪl] suffix **a sixties~ haircut** un corte de pelo al estilo de los (años) sesenta

styli pl *of* ***stylus***

styling ['staɪlɪŋ] n diseño *m* ▸ **~ gel** gel *m* moldeador ▸ **~ mousse** espuma *f* (moldeadora)

stylish ['staɪlɪʃ] adj elegante

stylishly ['staɪlɪʃlɪ] adv [person, clothes, hotel, area] elegantemente, con estilo / [book, film] efectista

stylishness ['staɪlɪʃnɪs] n [of person, clothes, hotel, area] elegancia *f* / [of book, film] efectismo *m*

stylist ['staɪlɪst] n [hairdresser] peluquero(a) *m,f*, estilista *mf*

stylistic [staɪ'lɪstɪk] adj estilístico(a)

stylistically [staɪ'lɪstɪklɪ] adv desde el punto de vista estilístico

stylized ['staɪəlaɪzd] adj convencional, estereotipado(a)

stylus ['staɪləs] (pl **styluses** *or* **styli** [stɑɪlɑɪ]) n [for engraving] estilo *m*, punzón *m* / [on record player] aguja *f*

stymie ['staɪmɪ] vt *Fam* bloquear

Styrofoam® ['staɪrəfəʊm] n *esp US* espuma *f* de poliestireno

suave [swɑ:v] adj fino(a), cortés / *Pej* zalamero(a), lisonjero(a)

sub [sʌb] *Fam* ■ n **1.** [to newspaper, magazine] suscripción *f* / [to club] cuota *f* **2.** [substitute] suplente *mf* **3.** [submarine] submarino *m* **4.** JOURN redactor(ora) *m,f*
■ vt (pt & pp **subbed**) JOURN corregir
■ vi [substitute] **to ~ for sb** reemplazar *or* sustituir a alguien

subaltern ['sʌbəltən] n *BR* MIL (oficial *m*) subalterno *m* *(por debajo de capitán)*

subcommittee ['sʌbkəmɪtɪ] n subcomité *m*

subconscious [sʌb'kɒnʃəs] n & adj subconsciente *m*

subcontinent [sʌb'kɒntɪnənt] n subcontinente *m* ▸ **the (Indian) Subcontinent** el subcontinente asiático *or* indio

subcontract COM ■ n [sʌb'kɒntrækt] subcontrata *f*
■ vt ['sʌbkəntrækt] subcontratar

subcontracting ['sʌbkəntræktɪŋ] n subcontratación *f* ▸ **we do a lot of ~ for larger firms** hacemos muchas subcontratas para grandes empresas

subcontractor ['sʌbkəntræktə(r)] n COM subcontratista *mf*

subculture ['sʌbkʌltʃə(r)] n subcultura *f*

subcutaneous [sʌbkjʊ'teɪnɪəs] adj subcutáneo(a)

subdivision ['sʌbdɪvɪʒən] n subdivisión *f*

subdue [səb'dju:] vt [enemy] someter, subyugar / [resistance] doblegar / [emotions] dominar, controlar

HOW TO...

change the subject

Por cierto, ¿has tenido noticias de Luis? / By the way, have you heard from Luis?
A propósito, ¿cuándo es la reunión? / By the way, when is the meeting?
Hablando de dinero, no te habrás olvidado de que me debes 10 euros, ¿verdad? / Talking of money, you haven't forgotten that you owe me 10 euros, have you?
Ah, antes de que se me olvide, ¿dónde dices que vive? / Oh, before I forget, where did you say she lives?
Cambiando de tema, ¿has hablado con el agente? / To change the subject, have you spoken to the agent?
¿Y si hablamos de otra cosa? / Let's talk about something else!

subdued [səb'dju:d] adj [person, voice, tone] apagado(a) / [light, sound] tenue

subedit [sʌb'edɪt] vt JOURN corregir

subeditor [sʌb'edɪtə(r)] n JOURN redactor(ora) *m,f*

subentry [sʌb'entrɪ] n TYP subentrada *f*

subhuman [sʌb'hju:mən] ■ n bestia *mf*
■ adj infrahumano(a)

subject ['sʌbdʒɪkt] ■ n **1.** [of conversation, book, painting, photograph] tema *m* / [at school, university] asignatura *f,* materia *f* ▸ **while we are on the ~** ya que hablamos del tema ▸ **to change the ~** cambiar de tema ▸ **~ matter** [of letter, book] tema *m,* asunto *m* **2.** GRAM sujeto *m* **3.** [of monarch] súbdito(a) *m,f*
■ adj **1.** [state, country] sometido(a) **2.** [prone] **to be ~ to illness/jealousy/depression** ser propenso(a) a las enfermedades/los celos/la depresión ▸ **to be ~ to delay/a fine of £50** estar sujeto(a) a retrasos *or AM* demoras/una multa de 50 libras **3. ~ to** [dependent on] sujeto(a) a
■ vt [səb'dʒekt] **1.** [subjugate] [people, nation] someter, subyugar **2.** [force to undergo] **to ~ sb to sth** someter a alguien a algo

subjective [səb'dʒektɪv] adj subjetivo(a)

subjectivity [sʌbdʒek'tɪvɪtɪ] n subjetividad *f*

sub judice ['sʌb'dʒu:dɪsɪ] adj LAW sub iudice, sub júdice

subjugate ['sʌbdʒʊgeɪt] vt [people, nation] someter, subyugar

subjunctive [səb'dʒʌŋktɪv] GRAM ■ n subjuntivo *m*
■ adj subjuntivo(a)

sublet [sʌb'let] (pt & pp **sublet**) vt subarrendar

sublimate ['sʌblɪmeɪt] vt sublimar

sublimation [sʌblɪ'meɪʃən] n [of desire] sublimación *f*

sublime [sə'blaɪm] ■ n **from the ~ to the ridiculous** de lo sublime a lo ridículo
■ adj [beauty] sublime / *Ironic* [ignorance] supino(a), sumo(a)

subliminal [sʌb'lɪmɪnəl] adj PSY subliminal

submachine gun [sʌbmə'ʃi:ngʌn] n metralleta *f*

submarine [sʌbmə'ri:n] n submarino *m*

submerge [səb'mɜ:dʒ] ■ vt [immerse] sumergir / [flood] inundar ▸ *Fig* **to ~ oneself in one's work** encerrarse en el trabajo
■ vi [submarine, diver] sumergirse

submerged [səb'mɜ:dʒd] adj [field] anegado(a) / [submarine] sumergido(a) / [reef, volcano] submarino(a)

submersible [səb'mɜ:sɪbəl] n sumergible *m*

submersion [səb'mɜ:ʃən] n inmersión *f*

submission [səb'mɪʃən] n **1.** [to person's will, authority] sumisión *f* ▸ **to starve sb into ~** someter a alguien dejándole sin comer ▸ **to beat sb into ~** someter a alguien a golpes **2.** [of documents] entrega *f* **3.** [report] ponencia *f,* presentación *f*

submissive [səb'mɪsɪv] adj sumiso(a)

submissively [səb'mɪsɪvlɪ] adv de forma sumisa

submissiveness [səb'mɪsɪvnɪs] n sumisión *f*

submit [səb'mɪt] ■ vt presentar ▸ **to ~ sth for approval/inspection** presentar algo para su aprobación/inspección
■ vi [to person, authority] someterse (**to** a)

subnormal [sʌb'nɔ:məl] adj subnormal

subordinate [sə'bɔ:dɪnət] ■ n subordinado(a) *m,f*
■ adj [rank, role] secundario(a), inferior ▸ **to be ~ to sb** estar subordinado(a) a alguien ▸ GRAM **~ clause** oración *f* subordinada
■ vt [sə'bɔ:dɪneɪt] subordinar

subordination [səbɔ:dɪ'neɪʃən] n subordinación *f*

subplot ['sʌbplɒt] n trama *f* secundaria

subpoena [sə'pi:nə] LAW ■ n citación *f*
■ vt citar

subprogram ['sʌbprəʊgræm] n COMPTR subprograma *m*

subscribe [səb'skraɪb] vi **1. to ~ to** [newspaper, magazine] suscribirse a / [to charity] dar donativos a / [to telephone, Internet service] abonarse a **2. to ~ to** [opinion, theory] suscribir

subscriber [səb'skraɪbə(r)] n [to newspaper, magazine] suscriptor(ora) *m,f* / [to telephone, Internet service] abonado(a) *m,f* / [to charity] donador(ora) *m,f*

subscript ['sʌbskrɪpt] n TYP subíndice *m* ▸ **~ "a"** "a" escrita como subíndice

subscription [sʌb'skrɪpʃən] n [to newspaper, magazine] suscripción *f* / [to club] cuota *f* / [to charity] donativo *m*

subsection ['sʌbsekʃən] n apartado *m*

subsequent ['sʌbsɪkwənt] adj posterior

subservient [sʌb'sɜ:vɪənt] adj servil

subset ['sʌbset] n subconjunto *m*

subside [səb'saɪd] vi [ground, building] hundirse / [water] bajar (de nivel) / [blister, bump] bajar, deshincharse / [storm] amainar / [excitement, fever] calmarse

subsidence [səb'saɪdəns] n [of ground, building] hundimiento *m* / [of water] bajada *f*

subsidiarity [sʌbsɪdɪ'ærɪtɪ] n subsidiariedad *f*

subsidiary [sʌb'sɪdɪərɪ] ■ n [company] filial *f*
■ adj secundario(a)

subsidize ['sʌbsɪdaɪz] vt subvencionar

subsidy ['sʌbsɪdɪ] n subvención *f*

subsistence [səb'sɪstəns] n subsistencia *f* ▸ COM **~ allowance** dietas *fpl* ▸ **~ wage** salario *m* exiguo

subspecies ['sʌbspi:ʃi:z] n subespecie *f*

substance ['sʌbstəns] n **1.** [matter] sustancia *f* ▸ *Formal* **~ abuse** abuso *m* de narcóticos **2.** [essential element] [of article, argument] esencia *f* ▸ **I agree in ~** esencialmente, estoy de acuerdo **3.** [solidity, worth] consistencia *f* ▸ **the accusations lack ~** las acusaciones son inconsistentes

substandard [sʌb'stændəd] adj deficiente

substantial [səb'stænʃəl] adj **1.** [significant] [progress, difference] sustancial, significativo(a) / [reason, evidence] de peso ▸ **a ~ number of...** una cantidad considerable de... **2.** [meal] abundante / [structure] sólido(a) / [book] enjundioso(a) **3.** [sum of money, profit] sustancioso(a), considerable

substantially [səb'stænʃəlɪ] adv **1.** [considerably] [better, worse] significativamente, considerablemente

2. [for the most part] esencialmente **3.** [solidly] firmemente

substantiate [səb'stænʃɪeɪt] vt [statement, claim] probar

substantive ['sʌbstəntɪv] ■ n GRAM sustantivo *m*
■ adj [measures, issue] significativo(a)

substitute ['sʌbstɪtju:t] ■ n [thing] sustituto *m* / [person] sustituto(a) *m,f* / SPORT suplente *mf* ▸ **coffee ~** sucedáneo *m* de café ▸ *US, IRISH* **to do ~ teaching** hacer suplencias de profesor ▸ *US, IRISH* **~ teacher** profesor(ora) *m,f* suplente
■ vt sustituir, reemplazar (**for** por)
■ vi **to ~ for sb** sustituir *or* reemplazar a alguien

substitution [sʌbstɪ'tju:ʃən] n sustitución *f* / SPORT sustitución *f*, cambio *m*

subsume [sʌb'sju:m] vt *Formal* englobar, incluir

subterfuge ['sʌbtəfju:dʒ] n [trickery] subterfugios *mpl*

subterranean [sʌbtə'reɪnɪən] adj subterráneo(a)

subtitle ['sʌbtaɪtəl] TV & CIN ■ n subtítulo *m*
■ vt subtitular

subtitled ['sʌbtaɪtəld] adj [film] subtitulado(a)

subtitling ['sʌbtaɪtlɪŋ] n subtitulación *f*

subtle ['sʌtəl] adj sutil

subtlety ['sʌtəltɪ] n sutileza *f*

subtly ['sʌtlɪ] adv sutilmente

subtotal ['sʌbtəʊtəl] n subtotal *m*

subtract [səb'trækt] vt restar, sustraer

subtraction [səb'trækʃən] n resta *f*, sustracción *f*

subtropical [sʌb'trɒpɪkəl] adj subtropical

suburb ['sʌbɜ:b] n = *zona residencial en la periferia de una ciudad* ▸ **the suburbs** las zonas residenciales de la periferia

suburban [sə'bɜ:bən] adj [attitudes, life] aburguesado(a) ▸ **~ train** tren *m* de cercanías

suburbia [sə'bɜ:bɪə] n zonas *fpl* residenciales de la periferia

subversion [səb'vɜ:ʃən] n subversión *f*

subversive [səb'vɜ:sɪv] n & adj subversivo(a) *m,f*

subvert [səb'vɜ:t] vt subvertir

subway ['sʌbweɪ] n **1.** *BR* [underpass] paso *m* subterráneo **2.** *US* [underground railway] metro *m*, *RP* subte *m*

sub-zero [sʌb'zɪərəʊ] adj bajo cero

succeed [sək'si:d] ■ vt [follow] suceder a
■ vi **1.** [be successful] [person] tener éxito / [plan] tener éxito, funcionar / [in life] triunfar ▸ **to ~ in doing sth** conseguir *or* lograr hacer algo **2. to ~ to the throne** suceder al *or* en el trono

succeeding [sək'si:dɪŋ] adj [following] siguiente

success [sək'ses] n éxito *m* ▸ **to be a ~** ser un éxito ▸ **without ~** sin éxito ▸ **to meet with ~** tener éxito ▸ **~ story** éxito *m*

FALSE FRIEND / FALSO AMIGO

success

Suceso no es la traducción del inglés *success*. Suceso se traduce por *event*, *crime* o *incident*:
una vida llena de sucesos *an eventful life*
un trágico suceso *a tragic incident*

successful [sək'sesfʊl] adj [person] con éxito / [attempt, negotiations] fructífero(a) / [project, film, novel] exitoso(a) ▸ **one of Britain's most ~ authors** uno de los autores británicos de más éxito ▸ **~ applicants** los candidatos elegidos ▸ **to be ~** [person, project] tener éxito ▸ **to be ~ in doing sth** conseguir *or* lograr hacer algo

successfully [sək'sesfəlɪ] adv con éxito

succession [sək'seʃən] n sucesión *f* ▸ **for two years in ~** dos años consecutivos

successive [sək'sesɪv] adj sucesivo(a)

successively [sək'sesɪvlɪ] adv sucesivamente

successor [sək'sesə(r)] n sucesor(ora) *m,f*

succinct [sʌk'sɪŋkt] adj sucinto(a), escueto(a)

succulent ['sʌkjʊlənt] ■ n BOT planta *f* carnosa *or* suculenta
■ adj [delicious] suculento(a)

succumb [sə'kʌm] vi sucumbir (**to** a)

such [sʌtʃ] ■ pron **if ~ were the case** en tal caso ▸ **and ~** y otros(as) por el estilo ▸ **~ is life!** ¡así es la vida! ▸ **philosophy as ~ is not taught in our schools** la filosofía, como tal (asignatura), no se enseña en nuestros colegios ▸ **the text as ~ is fine but...** el texto en sí está bien pero... ▸ **I wasn't scared as ~** asustado, lo que se dice asustado, no estaba
■ adj tal ▸ **~ a man** un hombre así, semejante hombre ▸ **~ ignorance** tamaña *or* semejante ignorancia ▸ **animals ~ as the lion or the tiger** animales tales como el león o el tigre ▸ **did you ever see ~ a thing!** ¿has visto alguna vez algo parecido *or* semejante? ▸ **do you have ~ a thing as a screwdriver?** ¿no tendrás un destornillador? ▸ **how can you tell ~ lies?** ¿cómo puedes mentir de esa manera? ▸ **their problems are ~ that...** sus problemas son tales *or* de tal calibre que... ▸ **there's the church, ~ as it is** ahí está la iglesia, que *or* aunque no es gran cosa ▸ **there is no ~ thing** eso no existe ▸ **I said no ~ thing** yo no dije tal cosa *or* nada de eso ▸ **on ~ and ~ a day** tal día ▸ **in ~ a way that...** de tal forma *or* forma tal que... ▸ *Formal* **until ~ time as may be convenient** en tanto resulte conveniente
■ adv tan ▸ **I had never seen ~ a big house** nunca había visto una casa tan grande ▸ **I had never heard ~ good music** nunca había escuchado una música tan buena ▸ **it was ~ a long time ago** pasó hace tanto tiempo ▸ **we had ~ a good time!** ¡nos lo pasamos tan bien!

suchlike ['sʌtʃlaɪk] pron **and ~** y similares

suck [sʌk] ■ vt [lollipop] chupar / [liquid] succionar / [mother's milk] mamar / [air] aspirar ▸ **to ~ one's thumb** chuparse el dedo
■ vi *esp US very Fam* **that movie/idea sucks!** ¡esa película/idea es una caca!

◆ ***suck in*** vt sep [gas] aspirar / [liquid] succionar ▸ *Fig* **to get sucked into sth** [situation] caer en algo

◆ ***suck up*** ■ vt sep [liquid] succionar / [dust] aspirar
■ vi *Fam* **to ~ up to sb** *ESP* hacer la pelota a *or MÉX* lambisconear a *or CSUR* chuparle las medias a alguien

sucker ['sʌkə(r)] n **1.** [of octopus] ventosa *f* / [of plant] chupón *m*, vástago *m* **2.** *Fam* [gullible person] pringado(a) *m,f,* primo(a) *m,f* ▸ **he's a ~ for blondes** las rubias le chiflan

suckle ['sʌkəl] ■ vt [child, young] amamantar
■ vi [baby, animal] mamar

sucrose ['suːkrəʊs] n sacarosa *f*

suction ['sʌkʃən] n succión *f*

Sudan [suː'dæn] n Sudán

Sudanese [suːdə'niːz] n & adj sudanés(esa) *m,f*

sudden ['sʌdən] adj repentino(a), súbito(a) ▸ **all of a ~** de repente ▸ **it was all very ~** fue todo muy precipitado ▸ *Fig* **~ death** [in match, contest] muerte *f* súbita

suddenly ['sʌdənlɪ] adv de repente, de pronto

suddenness ['sʌdənnɪs] n **the ~ of her death/decision** lo repentino de su muerte/decisión

suds [sʌdz] npl [of soap] espuma *f* (de jabón)

sue [suː] ■ vt LAW demandar (**for** por)
■ vi **1.** LAW **to ~ for divorce** solicitar el divorcio **2. to ~ for peace** pedir la paz

suede [sweɪd] n ante *m*

suet ['suːɪt] n sebo *m,* unto *m*

Suez ['suːɪz] n **the ~ Canal** el Canal de Suez

suffer ['sʌfə(r)] ■ vt **1.** [loss, defeat, consequences] sufrir / [pain, sorrow] sufrir, padecer **2.** [tolerate] aguantar, soportar ▸ **she doesn't ~ fools gladly** no les da ningún cuartel a los tontos
■ vi sufrir (**from** de) ▸ **your health/work will ~** se resentirá tu salud/trabajo

sufferance ['sʌfərəns] n **to admit sb on ~** tolerar la presencia de alguien

sufferer ['sʌfərə(r)] n enfermo(a) *m,f* ▸ **a cancer ~** un enfermo de cáncer

suffering ['sʌfərɪŋ] n sufrimiento *m*

suffice [sə'faɪs] vi *Formal* bastar, ser suficiente

sufficiency [sə'fɪʃənsɪ] n *Formal* cantidad *f* suficiente

sufficient [sə'fɪʃənt] adj suficiente ▸ **to be ~** bastar, ser suficiente ▸ **£5 should be ~** debería bastar con 5 libras

sufficiently [sə'fɪʃəntlɪ] adv suficientemente, bastante ▸ **to be ~ big** ser (lo) suficientemente *or* lo bastante grande

suffix ['sʌfɪks] n GRAM sufijo *m*

suffocate ['sʌfəkeɪt] ■ vt asfixiar / *Fig* sofocar
■ vi asfixiarse

suffocating ['sʌfəkeɪtɪŋ] adj asfixiante

suffocation [sʌfə'keɪʃən] n asfixia *f*

suffrage ['sʌfrɪdʒ] n POL sufragio *m,* derecho *m* de voto ▸ **universal/women's ~** sufragio *m* universal/femenino

suffragette [sʌfrə'dʒet] n HIST sufragista *f*

suffuse [sə'fjuːz] vt *Literary* **suffused with light** bañado(a) de luz

sugar ['ʃʊgə(r)] ■ n **1.** [food] azúcar *m or f* ▸ **two sugars, please** dos (cucharaditas) de azúcar, por favor ▸ **~ almond** peladilla *f* ▸ **~ beet** remolacha *f* (azucarera), *MÉX* betabel *m* (azucarero) ▸ **~ bowl** azucarero *m* ▸ **~ cane** caña *f* de azúcar ▸ *Fam* **~ daddy** = *hombre maduro que tiene una joven mantenida* ▸ **~ lump** terrón *m* de azúcar, azucarillo *m* ▸ **~ plantation** plantación *f* de azúcar ▸ **~ refinery** azucarera *f,* refinería *f* de azúcar **2.** *Fam* [term of address] cielo *m,* cariño *m*
■ vt [coffee, tea] echar azúcar a ▸ *Fig* **to ~ the pill** dorar la píldora
■ exclam *BR Fam Euph* ¡miércoles!, ¡mecachis!, *MÉX* ¡chin!

sugar-coated [ʃʊgə'kəʊtɪd] adj [pills, sweets] azucarado(a) / [almonds] garrapiñado(a)

sugar-free [ʃʊgə'friː] adj sin azúcar

sugary ['ʃʊgərɪ] adj **1.** [containing sugar] azucarado(a) **2.** [smile, tone] almibarado(a)

suggest [sə'dʒest] vt **1.** [propose] sugerir ▸ **to ~ (that)...** sugerir que... ▸ **I ~ (that) we discuss it tomorrow** sugiero que lo discutamos mañana **2.** [insinuate, imply] sugerir, denotar ▸ **her expression suggested a lack of interest** su expresión denotaba falta de interés

suggestible [sə'dʒestɪbəl] adj sugestionable

suggestion [sə'dʒestʃən] n **1.** [proposal] sugerencia *f* ▸ **to make a ~** hacer una sugerencia ▸ **suggestions box** buzón *m* de sugerencias **2.** [insinuation, hint] indicio *m* ▸ **there is no ~ that he might be guilty** no hay indicios de que pueda ser culpable ▸ **she has just a ~ of a foreign accent** tiene un ligerísimo acento extranjero

suggestive [sə'dʒestɪv] adj **1.** [reminiscent, thought-provoking] sugerente ▸ **to be ~ of sth** sugerir algo **2.** [erotic] insinuante

suggestively [sə'dʒestɪvlɪ] adv [leer, move] de forma insinuante

suicidal [sʊɪ'saɪdəl] adj suicida

suicide ['sʊɪsaɪd] n suicidio *m* ▸ **to commit ~** suicidarse ▸ **~ mission** misión *f* suicida ▸ **~ note** = *nota que deja un suicida*

suit [suːt] ■ n **1.** [clothing] traje *m,* *ANDES, RP* terno *m* ▸

HOW TO...

make a suggestion

Yo sugiero/propongo que volvamos a hablar de esto mañana. / I suggest we talk about this again tomorrow.
Quería hacer una propuesta. / I'd like to make a suggestion.
¿Puedo hacer una sugerencia? / Can I make a suggestion?
¿Por qué no se lo cuentas? / Why don't you tell him?
Quizás podríamos comprarle un libro. / Maybe we could buy him a book.
¿Quieres que le llame yo? / Would you like me to call him?
¿Vamos a comer? / Shall we go for lunch?
¿Y qué me dices de ir a dar un paseo esta tarde? / What do you say we go for a walk this afternoon?

~ **of armour** armadura *f* **2.** [in cards] palo *m* ▸ *Fig* **to follow ~** seguir el ejemplo ▸ *Fig* **politeness is not his strong ~** la amabilidad no es su fuerte **3.** LAW pleito *m*, demanda *f*

■ vt **1.** [of clothes, colours] sentar bien a ▸ **blue/this hat suits you** el azul/este sombrero te sienta bien **2.** [of arrangement, time, job] convenir a, venir bien a ▸ **to be suited to** *or* **for sth** [purpose, job] ser indicado(a) para algo ▸ **they are well suited to each other** están hechos el uno para el otro ▸ *Fam* **that suits me down to the ground** (eso) me viene a pedir de boca ▸ **~ yourself** haz lo que quieras **3.** [adapt] adecuar

suitability [suːtəˈbɪlɪtɪ] n [of arrangement, comment] conveniencia *f*

suitable [ˈsuːtəbəl] adj adecuado(a), apropiado(a) ▸ **the film is not ~ for children** la película no es apta para menores

suitably [ˈsuːtəblɪ] adv [behave, dress] adecuadamente ▸ **she was ~ impressed** estaba impresionada como correspondía

suitcase [ˈsuːtkeɪs] n maleta *f*, MÉX petaca *f*, RP valija *f*

suite [swiːt] n **1.** [of rooms] suite *f* ▸ **(three-piece) ~** tresillo *m*, conjunto *m* de sofá y (dos) sillones **2.** MUS suite *f*

suitor [ˈsuːtə(r)] n **1.** [admirer] pretendiente *m* **2.** LAW demandante *mf*

sulfate, sulfide etc US ➤ ***sulphate, sulphide*** etc

sulk [sʌlk] ■ n **to be in a ~** estar enfurruñado(a)

■ vi enfurruñarse

sulkily [ˈsʌlkɪlɪ] adv enrabietadamente

sulky [ˈsʌlkɪ] adj enfurruñado(a), enrabietado(a)

sullen [ˈsʌlən] adj huraño(a), hosco(a)

sullenly [ˈsʌlənlɪ] adv hoscamente

sully [ˈsʌlɪ] vt *Literary* [reputation] manchar ▸ *Fig* **to ~ one's hands (with sth)** mancharse las manos (con algo)

sulphate, US ***sulfate*** [ˈsʌlfeɪt] n CHEM sulfato *m*

sulphide, US ***sulfide*** [ˈsʌlfaɪd] n CHEM sulfuro *m*

sulphur, US ***sulfur*** [ˈsʌlfə(r)] n CHEM azufre *m* ▸ **~ dioxide** dióxido *m* de azufre

sulphuric, US ***sulfuric*** [sʌlˈfjʊərɪk] adj CHEM sulfúrico(a) ▸ **~ acid** ácido *m* sulfúrico

sultan [ˈsʌltən] n sultán *m*

sultana [sʌlˈtɑːnə] n *esp BR* pasa *f* sultana

sultry [ˈsʌltrɪ] adj [heat, weather] bochornoso(a), sofocante / [look, smile] sensual

sum [sʌm] n [amount of money, mathematical problem] suma *f* ▸ **to do sums** hacer cuentas ▸ **in ~** en suma ▸ **the ~ of my efforts** el resultado de mis esfuerzos ▸ **~ total** (suma) total *m*

◆ ***sum up*** (pt & pp **summed**) ■ vt sep **1.** [summarize] resumir **2.** [assess quickly] evaluar

■ vi [summarize] resumir / [in debate, trial] recapitular

summarily [ˈsʌmərɪlɪ] adv sumariamente

summarize [ˈsʌməraɪz] vt resumir

summary [ˈsʌmərɪ] ■ n resumen *m* ▸ TV & RAD **news ~** resumen *m* de noticias

■ adj [brief] sumario(a) ▸ **~ dismissal** despido *m* inmediato

summer [ˈsʌmə(r)] ■ n verano *m* ▸ **in (the) ~** en verano ▸ **~ holidays** vacaciones *fpl* de verano ▸ **~ school** escuela *f* de verano

■ vi veranear

summerhouse [ˈsʌməhaʊs] n [in garden] glorieta *f*, cenador *m*

summertime [ˈsʌmətaɪm] n verano *m*

summery [ˈsʌmərɪ] adj veraniego(a)

summing-up [sʌmɪŋˈʌp] n LAW recapitulación *f*, conclusiones *fpl*

summit [ˈsʌmɪt] n **1.** [of mountain, career, power] cima *f*, cumbre *f* **2.** [meeting] cumbre *f* ▸ **to hold a ~** celebrar una (reunión en la) cumbre

summon [ˈsʌmən] vt [police, doctor] llamar / [help] pedir / [meeting] convocar / LAW [witness] citar

◆ ***summon up*** vt sep [courage] armarse de / [support] reunir ▸ **to ~ up one's strength** hacer acopio de fuerzas

summons [ˈsʌmənz] ■ n (pl **summonses** [ˈsʌmənzɪz]) citación *f*

■ vt LAW citar

sump [sʌmp] n **1.** AUT cárter *m* **2.** [cesspool] pozo *m* negro

sumptuous [ˈsʌm(p)tjʊəs] adj suntuoso(a)

sumptuously [ˈsʌm(p)tjʊəslɪ] adv suntuosamente

Sun (abbr ***Sunday***) domingo *m*

sun [sʌn] ■ n sol *m* ▸ **in the ~** al sol ▸ **you've caught the ~** te ha dado el sol ▸ **everything under the ~** todo lo habido y por haber ▸ **~ block** bloqueador *m* solar ▸ **~ lamp** lámpara *f* de rayos UVA ▸ **~ lotion** loción *f* bronceadora ▸ AUT **~ shield** *or* **visor** parasol *m*

■ vt (pt & pp **sunned**) **to ~ oneself** tomar el sol

sunbaked [ˈsʌnbeɪkt] adj abrasado(a), agostado(a)

sunbathe [ˈsʌnbeɪð] vi tomar el sol

HOW TO...

summarize

A modo de/Como conclusión, podemos decir que... / In conclusion, we can say that...
En definitiva, los resultados han sido muy positivos. / In short, the results were very positive.
Resumiendo, pretenden solicitar una indemnización. / To sum up, they want to claim compensation.
En resumen, ha decidido dejarlo para la semana que viene. / In short, she's decided to leave it till next week.
El caso es que no nos van a ayudar. / The bottom line is that they're not going to help us.
Vamos, que no lo ha hecho. / Basically, he hasn't done it.

sunbathing ['sʌnbeɪðɪŋ] n baños *mpl* de sol ▸ **to do some ~** tomar el sol

sunbeam ['sʌnbi:m] n rayo *m* de sol

sunbed ['sʌnbed] n cama *f* de rayos UVA

sunburn ['sʌnbɜ:n] n quemadura *f* (de sol)

sunburnt ['sʌnbɜ:nt], ***sunburned*** ['sʌnbɜ:nd] adj quemado(a) (por el sol)

sundae ['sʌndeɪ] n helado *m* con fruta y nueces

Sunday ['sʌndeɪ] n domingo *m* ▸ **~ best** traje *m* de los domingos ▸ **~ paper** periódico *m* dominical or del domingo ▸ REL **~ school** catequesis *f inv* dominical / *see also* ***Saturday***

sundial ['sʌndaɪəl] n reloj *m* de sol

sundown ['sʌndaʊn] n puesta *f* de sol, atardecer *m* ▸ **at ~** al atardecer

sun-drenched ['sʌndrenʃt] adj bañado(a) de sol

sun-dried ['sʌndraɪd] adj secado(a) al sol ▸ **~ tomatoes** tomates *mpl or MÉX* jitomates *mpl* secos

sundry ['sʌndrɪ] ■ n **1. all and ~** todo quisque **2. sundries** [items] artículos *mpl* varios / [costs] gastos *mpl* diversos

■ adj diversos(as)

sunflower ['sʌnflaʊə(r)] n girasol *m* ▸ **~ oil** aceite *m* de girasol ▸ **~ seeds** [as snack] pipas *fpl* (de girasol)

sung [sʌŋ] pp *of* ***sing***

sunglasses ['sʌnglɑ:sɪz] npl gafas *fpl or AM* anteojos *mpl* de sol

sunhat ['sʌnhæt] n pamela *f*

sunk [sʌŋk] pp *of* ***sink***[2]

sunken ['sʌŋkən] adj [ship, eyes] hundido(a) / [rock] sumergido(a)

sunlight ['sʌnlaɪt] n (luz *f* del) sol *m* ▸ **in the ~** al sol

sunlit ['sʌnlɪt] adj soleado(a)

sun-lounger ['sʌnlaʊndʒə(r)] n *BR* tumbona *f*

sunny ['sʌnɪ] adj **1.** [day, place] soleado(a) ▸ **it's ~** hace sol **2.** [face, personality] radiante

sunray lamp ['sʌnreɪ'læmp] n lámpara *f* de rayos UVA

sunrise ['sʌnraɪz] n amanecer *m* ▸ **at ~** al amanecer ▸ ECON **~ industry** industria *f* de tecnología punta

sunroof ['sʌnru:f] n AUT techo *m* solar

sunset ['sʌnset] n puesta *f* de sol, atardecer *m* ▸ **at ~** al atardecer

sunshade ['sʌnʃeɪd] n [for table] sombrilla *f*

sunshine ['sʌnʃaɪn] n sol *m* ▸ **five hours' ~** cinco horas de sol

sunspot ['sʌnspɒt] n **1.** ASTRON mancha *f* solar **2.** *Fam* [holiday resort] lugar *m* (costero) de veraneo

sunstroke ['sʌnstrəʊk] n MED insolación *f*

suntan ['sʌntæn] n bronceado *m* ▸ **~ lotion** loción *f* bronceadora

suntrap ['sʌntræp] n solana *f,* solanera *f (lugar)*

sup [sʌp] (pt & pp **supped**) vt beber a sorbos

super ['su:pə(r)] ■ n **1.** [petrol] (gasolina *f or RP* nafta *f*) súper *f* **2.** *US* [of apartment building] portero(a) *m,f*

■ adj *Fam* [excellent] genial, *AM salvo RP* chévere, *MÉX* padre, *RP* bárbaro(a)

superabundant [su:pərə'bʌndənt] adj superabundante

superannuated [su:pər'ænjʊeɪtɪd] adj **1.** [job, post] con plan de jubilación incluido **2.** [obsolete] anticuado(a), obsoleto(a)

superannuation [su:pərænjʊ'eɪʃən] n FIN pensión *f* (de jubilación)

superb [su:'pɜ:b] adj excelente

supercharger ['su:pətʃɑ:dʒə(r)] n AUT & AV sobrealimentador *m*

supercilious [su:pə'sɪlɪəs] adj arrogante, altanero(a)

superconductor [su:pəkən'dʌktə(r)] n PHYS superconductor *m*

super-duper ['su:pə'du:pə(r)] adj *Fam* genial, *ESP* superguay, *AM salvo RP* cheverísimo(a), *MÉX* padrísimo(a), *RP* regenial

superego ['su:pəri:gəʊ] (pl **superegos**) n PSY superyó *m,* superego *m*

superficial [su:pə'fɪʃəl] adj superficial

superficiality [su:pəfɪʃɪ'ælɪtɪ] n superficialidad *f*

superficially [su:pə'fɪʃəlɪ] adv superficialmente

superfluous [su:'pɜ:flʊəs] adj superfluo(a)

superhuman [su:pə'hju:mən] adj sobrehumano(a)

superimpose [su:pərɪm'pəʊz] vt superponer

superintend [su:pərɪn'tend] vt supervisar

superintendent [su:pərɪn'tendənt] n [supervisor] supervisor(ora) *m,f,* director(ora) *m,f* / [police officer] [in UK] comisario(a) *m,f* / [in US] comisario(a) *m,f* jefe / *US* [of apartment building] portero(a) *m,f*

superior [su:'pɪərɪə(r)] ■ n [senior] superior *m* ▸ **to be sb's ~** ser el superior de alguien

■ adj **1.** [better, more senior] superior **2.** [arrogant] arrogante ▸ **a ~ smile** una sonrisa (con aires) de superioridad

superiority [su:pɪərɪ'ɒrɪtɪ] n superioridad *f*

superlative [su:'pɜ:lətɪv] ■ n GRAM superlativo *m*

■ adj **1.** [excellent] excelente **2.** GRAM superlativo(a)

superlatively [su:'pɜ:lətɪvlɪ] adv extremadamente, extraordinariamente

superman ['su:pəmæn] n superhombre *m*

supermarket ['su:pəmɑ:kɪt] n supermercado *m*

supernatural [su:pə'nætʃərəl] ■ n **the ~** lo sobrenatural

■ adj sobrenatural

superpower ['su:pəpaʊə(r)] n superpotencia *f*

superscript ['su:pəskrɪpt] n TYP superíndice *m* ▸ **~ "a"** "a" escrita como superíndice

supersede [su:pə'si:d] vt sustituir

supersonic [su:pə'sɒnɪk] adj AV supersónico(a)

superstar ['su:pəstɑ:(r)] n superestrella *f*

superstition [su:pə'stɪʃən] n superstición *f*

superstitious [su:pə'stɪʃəs] adj supersticioso(a)

superstitiously [su:pə'stɪʃəslɪ] adv supersticiosamente

superstore ['su:pəstɔ:(r)] n COM hipermercado *m,* gran superficie *f*

superstructure ['su:pəstrʌktʃə(r)] n superestructura *f*

supertanker ['su:pətæŋkə(r)] n NAUT superpetrolero *m*

supervise ['su:pəvaɪz] vt [children] vigilar / [work, workers] supervisar

supervision [su:pə'vɪʒən] n [of children] vigilancia *f* / [of work, workers] supervisión *f*

supervisor ['su:pəvaɪzə(r)] n supervisor(ora) *m,f* / *US* [of apartment building] portero(a) *m,f*

supervisory [su:pə'vaɪzərɪ] adj de supervisión ▸ **in a ~ capacity** en calidad de supervisor(ora)

superwoman ['su:pəwʊmən] n *Fam* supermujer *f*

supine ['su:paɪn] *Formal* ■ adj tumbado(a) de espaldas / *Fig* [inactive] pasivo(a)
■ adv **to lie ~** yacer de espaldas

supper ['sʌpə(r)] n [evening meal] cena *f* / [snack before going to bed] = *refrigerio que se toma antes de ir a la cama;* ▸ **to have ~** cenar ▸ **we had fish for ~** cenamos pescado

suppertime ['sʌpətaɪm] n hora *f* de cenar

supplant [sə'plɑ:nt] vt desbancar ▸ **she supplanted her rival** arrebató el puesto a su rival

supple ['sʌpəl] adj flexible

supplement ['sʌplɪmənt] ■ n **1.** [addition] complemento *m* **2.** [extra charge] suplemento *m* **3.** [of newspaper, book] suplemento *m*
■ vt complementar

supplementary [sʌplɪ'mentərɪ] adj complementario(a), suplementario(a)

supplication [sʌplɪ'keɪʃən] n súplica *f*

supplier [sə'plaɪə(r)] n proveedor *m*

supply [sə'plaɪ] ■ n abastecimiento *m,* suministro *m* ▸ **a week's/a month's ~ (of sth)** reservas *fpl* (de algo) para una semana/un mes ▸ **petrol is in short ~** escasean los suministros de gasolina ▸ ECON **~ and demand** la oferta y la demanda ▸ MIL **~ lines** líneas *fpl* de abastecimiento ▸ NAUT **~ ship** buque *m* nodriza ▸ *BR* SCH **~ teacher** profesor(ora) *m,f* suplente *or* interino(a)
■ vt **to ~ sb with sth, to ~ sth to sb** suministrar algo a alguien ▸ **to ~ sb's needs** satisfacer las necesidades de alguien

support [sə'pɔ:t] ■ n **1.** [backing] apoyo *m* ▸ **to give ~ to sth/sb** apoyar algo/a alguien ▸ **in ~ of...** en apoyo de... ▸ **my son is my only means of ~** mi hijo es mi único sostén económico ▸ MUS **~ band** (grupo *m*) telonero *m* **2.** [person, thing supporting] soporte *m*
■ vt **1.** [hold up] sostener, soportar ▸ **I supported him with my arm** lo sujeté con mi brazo **2.** [encourage, aid] apoyar ▸ **to ~ a team** ser seguidor(ora) de un equipo ▸ **which team do you ~?** ¿de qué equipo eres? **3.** [sustain] mantener ▸ **to ~ oneself** ganarse la vida, mantenerse ▸ **supported accommodation** pisos tutelados

supporter [sə'pɔ:tə(r)] n [of opinion, party] partidario(a) *m,f* / [of team] seguidor(ora) *m,f*

supporting [sə'pɔ:tɪŋ] adj **~ band** teloneros *mpl* ▸ CIN **~ film** película *f* de acompañamiento ▸ CIN & THEAT **~ cast** actores *mpl* de reparto *or* secundarios

supportive [sə'pɔ:tɪv] adj **he was ~** apoyó mucho, fue muy comprensivo

suppose [sə'pəʊz] vt suponer ▸ **I ~ so** supongo (que sí) ▸ **I ~ not** supongo que no ▸ **~** *or* **supposing he came back** supongamos *or* suponiendo que volviera ▸ **I don't ~ you'd consider sharing it?** ¿considerarías la posibilidad de compartirlo? ▸ **~ we change the subject?** ¿qué te parece si cambiamos de tema?

supposed [sə'pəʊzd] adj **1.** [meant] **to be ~ to do sth** tener que hacer algo ▸ **you were ~ to wash the dishes** tenías que fregar los platos ▸ **you're not ~ to smoke in here** aquí dentro no se puede fumar ▸ **there's ~ to be a meeting today** se supone que hoy hay reunión **2.** [reputed] **the film's ~ to be very good** se supone que es una película muy buena

supposition [sʌpə'zɪʃən] n suposición *f* ▸ **on the ~ that...** dando por supuesto que...

suppository [sə'pɒzɪtrɪ] n MED supositorio *m*

suppress [sə'pres] vt [revolt] reprimir, sofocar / [fact, evidence] ocultar / [feelings, emotions, smile] reprimir / [cough] ahogar

suppressed [sə'prest] adj [emotion] reprimido(a)

suppression [sə'preʃən] n [of revolt, feelings, emotions] represión *f* / [of fact, evidence] ocultación *f*

suppurate ['sʌpjʊreɪt] vi MED supurar

supranational [su:prə'næʃenəl] adj supranacional

supremacy [sʊ'preməsɪ] n supremacía *f*

supreme [sʊ'pri:m] adj supremo(a) ▸ **to make the ~ sacrifice** dar *or* entregar la vida ▸ **to reign ~** [person] no tener rival / [justice, ideology] imperar ▸ MIL **Supreme Commander** comandante *m* en jefe ▸ *US* LAW **Supreme Court** Tribunal *m* Supremo, *AM* Corte *f* Suprema

supremely [sʊ'pri:mlɪ] adv sumamente

supremo [sʊ'pri:məʊ] (pl **supremos**) n *Fam* mandamás *mf, ESP* jefazo(a) *m,f*

surcharge ['sɜ:tʃɑ:dʒ] ■ n recargo *m*
■ vt cobrar con recargo a

sure [ʃʊə(r)] ■ adj seguro(a) ▸ **to be ~ of** *or* **about sth** estar seguro(a) de algo ▸ **she is very ~ of herself** está

HOW TO...

suppose

Pongamos por caso que.../Supongamos que... / Let's suppose.../Supposing...
Pongamos que empezamos mañana, ¿cumpliríamos el plazo? / Assuming we start tomorrow, will we meet the deadline?
Imaginemos que ella tiene razón y él dimite. / Suppose she's right and he does resign.
¿Qué pasaría si...? / What would happen if...?
¿Y si decide no vender? / What if he decides not to sell?
Tiene que haber ocurrido algo. / Something must have happened.

muy segura de sí misma ▸ **to make ~ of sth** asegurarse de algo ▸ **to make ~ (that)...** asegurarse de que... ▸ **she's ~ to win** ganará sin duda ▸ **for ~** con (toda) seguridad ▸ *Fam* **~ thing!** ¡desde luego!

■ adv **1.** *US Fam* [really] **it ~ is cold** menudo frío que hace ▸ **are you tired? – I ~ am** ¿estás cansado? – ya lo creo *or* y tanto **2.** [yes] claro

◆ ***sure enough*** adv **~ enough he was there** efectivamente estaba allí

surefooted [ʃʊə'fʊtɪd] adj **to be ~** moverse con paso seguro

surely ['ʃʊəlɪ] adv **1.** [certainly] seguramente, sin duda ▸ **~ you don't believe that!** ¡no me digas que te crees eso! ▸ **~ not!** ¡no me digas! **2.** [in a sure manner] **slowly but ~** lento pero seguro

sureness ['ʃʊənɪs] n **1.** [certainty] certeza *f*, certidumbre *f* **2.** [steadiness] [of aim] lo certero ▸ *Fig* **he handled the problem with great ~ of touch** se enfrentó al problema con gran aplomo

surety ['ʃʊərətɪ] n LAW [money] fianza *f*, garantía *f* ▸ **to stand ~ (for sb)** ser fiador(ora) *m,f or* garante *mf* (de alguien)

surf [sɜːf] ■ n oleaje *m*

■ vt COMPTR **to ~ the Net** navegar por Internet

■ vi SPORT hacer surf

surface ['sɜːfɪs] ■ n **1.** [exterior, face] superficie *f* ▸ *Fig* **on the ~** a primera vista ▸ **by ~ mail** por correo terrestre ▸ **~ area** área *f*, superficie *f* ▸ PHYS **~ tension** tensión *f* superficial ▸ **~ water** aguas *fpl* superficiales **2.** [area] área *f*, superficie *f*

■ vt [road] pavimentar, revestir

■ vi [submarine, whale] salir a la superficie / *Fig* [person, emotion] surgir, aparecer

surface-to-air missile ['sɜːfɪstʊeə'mɪsaɪl] n MIL misil *m* superficie-aire *or* tierra-aire

surface-to-surface missile ['sɜːfɪstə'sɜːfɪs'mɪsaɪl] n MIL misil *m* superficie-superficie *or* tierra-tierra

surfboard ['sɜːfbɔːd] n tabla *f* de surf

surfboarding ['sɜːfbɔːdɪŋ] n surf *m* ▸ **to go ~** hacer surf

surfeit ['sɜːfɪt] n exceso *m*

surfer ['sɜːfə(r)] n surfista *mf*

surfing ['sɜːfɪŋ] n surf *m*

surge [sɜːdʒ] ■ n [of electricity] sobrecarga *f* (temporal) / [of enthusiasm, support] oleada *f*

■ vi [electricity] experimentar una sobrecarga (temporal) / [sea] encresparse / [crowd] abalanzarse

surgeon ['sɜːdʒən] n cirujano(a) *m,f*

surgery ['sɜːdʒərɪ] n **1.** [operation] cirugía *f* ▸ **to perform ~ on sb** realizar una operación a alguien **2.** *BR* [of doctor] consulta *f*

surgical ['sɜːdʒɪkəl] adj quirúrgico(a) ▸ *Fig* **with ~ precision** con una precisión milimétrica ▸ **~ instruments** instrumental *m* quirúrgico ▸ **~ spirit** alcohol *m* desinfectante ▸ MIL **~ strike** ataque *m* controlado *(de objetivos específicos)*

surgically ['sɜːdʒɪklɪ] adv quirúrgicamente

Surinam [sʊrɪ'næm] n Surinam

surly ['sɜːlɪ] adj hosco(a), arisco(a)

surmise [sɜː'maɪz] vt presumir, figurarse

surmount [sɜː'maʊnt] vt [obstacle, difficulty] vencer, superar

surname ['sɜːneɪm] n apellido *m*

surpass [sɜː'pɑːs] vt [rival] aventajar, sobrepasar / [expectation, record] superar

surplice ['sɜːplɪs] n REL sobrepelliz *f*

surplus ['sɜːpləs] ■ n ECON [of goods] excedente *m* / [of trade, budget] superávit *m inv*

■ adj [items] excedente ▸ **to be ~ to requirements** sobrar

surprise [sə'praɪz] ■ n sorpresa *f* ▸ **to take sb by ~** *ESP* coger *or AM* agarrar a alguien por sorpresa ▸ **to give sb a ~** dar una sorpresa a alguien ▸ **what a ~!** ¡qué sorpresa! ▸ **it was no ~** no fue ninguna sorpresa ▸ **to my great ~, much to my ~** para mi sorpresa

■ adj [attack] (por) sorpresa / [defeat] sorpresivo(a) ▸ **~ party** fiesta *f* sorpresa

■ vt **1.** [astonish] sorprender ▸ **I was pleasantly surprised** me sorprendió gratamente ▸ **I'm not surprised that...** no me extraña que... **2.** [catch unawares] *ESP* coger *or AM* agarrar por sorpresa

surprising [sə'praɪzɪŋ] adj sorprendente

surprisingly [sə'praɪzɪŋlɪ] adv sorprendentemente ▸ **~ enough** sorprendentemente ▸ **not ~** como era de esperar

surreal [sə'rɪəl] adj surrealista

surrealism [sə'rɪəlɪzəm] n ART surrealismo *m*

surrealist [sə'rɪəlɪst] n & adj surrealista *mf*

surrealistic [sərɪə'lɪstɪk] adj surrealista

surrender [sə'rendə(r)] ■ n [of army] rendición *f* / [of weapons] entrega *f* ▸ **no ~!** ¡no nos rendiremos! ▸ FIN **~ value** valor *m* de rescate

■ vt [fortress, town] rendir, entregar / [right, possessions] renunciar a / [advantage] perder ▸ **to ~ control of sth** entregar el control de algo

■ vi rendirse

HOW TO...

express surprise

Para mi sorpresa, aceptó. / To my surprise, she accepted.

¡(Es) increíble! / It's unbelievable!

¡No me lo puedo/podía creer! / I can't/couldn't believe my eyes!

No me lo puedo ni imaginar. / I can't even imagine it.

¡No puede ser! / I don't believe it!

Si no lo veo, no lo creo. / It has to be seen to be believed.

¡No sé qué decir! / I'm speechless!

¡Madre mía! / Oh my God!

¡No me digas! / Never!

surreptitious [sʌrəp'tɪʃəs] adj subrepticio(a), clandestino(a)

surreptitiously [sʌrəp'tɪʃəslɪ] adv subrepticiamente, clandestinamente

surrogacy ['sʌrəgəsɪ] n MED alquiler *m* de úteros

surrogate ['sʌrəgət] n sustituto(a) *m,f* ▸ **~ mother** madre *f* de alquiler

surround [sə'raʊnd] ■ n marco *m*
■ vt rodear ▸ **surrounded by...** rodeado(a) de *or* por...

surrounding [sə'raʊndɪŋ] ■ adj circundante
◆ ***surroundings*** npl entorno *m*

surtax ['sɜːtæks] FIN ■ n impuesto *m* adicional
■ vt aplicar un impuesto adicional a

surveillance [sɜː'veɪləns] n vigilancia *f* ▸ **under ~** bajo vigilancia

survey ■ n ['sɜːveɪ] **1.** [of subject, situation] estudio *m* / [of opinions] encuesta *f* **2.** [of building] tasación *f*, peritaje *m* / [of land] estudio *m* topográfico
■ vt [sə'veɪ] **1.** [topic, subject] estudiar **2.** [building] tasar, peritar / [land] medir

surveying [sə'veɪɪŋ] n [building] tasación *f*, peritaje *m* / [land] agrimensura *f*

surveyor [sə'veɪə(r)] n [of building] tasador(ora) *m,f* or perito(a) *m,f* de la propiedad / [of land] agrimensor(ora) *m,f*

survival [sə'vaɪvəl] n **1.** [continued existence] supervivencia *f* ▸ *also Fig* **the ~ of the fittest** la supervivencia del más apto ▸ **~ kit** equipo *m* de supervivencia **2.** [relic] vestigio *m*

survive [sə'vaɪv] ■ vt sobrevivir a
■ vi sobrevivir ▸ **my pay is barely enough to ~ on** mi sueldo apenas llega para sobrevivir

surviving [sə'vaɪvɪŋ] adj superviviente

survivor [sə'vaɪvə(r)] n superviviente *mf*

susceptibility [səseptɪ'bɪlɪtɪ] n [to criticism, pressure] sensibilidad *f* (**to** a) / [to illness] propensión *f* (**to** a)

susceptible [sə'septɪbəl] adj [to criticism, pressure] sensible (**to** a) / [to illness] propenso(a) (**to** a)

sushi ['suːʃɪ] n sushi *m*

suspect ['sʌspekt] ■ n sospechoso(a) *m,f*
■ adj sospechoso(a)
■ vt [sə'spekt] **1.** [person] sospechar de ▸ **to ~ sb of having done sth** sospechar que alguien ha hecho algo **2.** [have intuition of] [motives] recelar de ▸ **to ~ the truth** sospechar (cuál es la verdad) **3.** [consider likely] **I ~ you're right** sospecho que tienes razón ▸ **I suspected as much!** ¡ya me lo imaginaba!

suspected [sə'spektɪd] adj supuesto(a) ▸ **a ~ murderer** un presunto asesino

suspend [sə'spend] vt **1.** [hang] suspender, colgar (**from** de) **2.** [service, employee] suspender ▸ **he was suspended from school** lo expulsaron temporalmente del colegio

suspended [sə'spendɪd] adj suspendido(a) ▸ **~ animation** muerte *f* aparente ▸ LAW **to give sb a ~ sentence** conceder a alguien una suspensión *or* remisión condicional de la pena

suspender [sə'spendə(r)] n **1.** *BR* [for stocking, sock] liga *f* ▸ **~ belt** liguero *m* **2.** *US* **suspenders** [for trousers] tirantes *mpl*

suspense [sə'spens] n [uncertainty] incertidumbre *f* / [in movie] *ESP* suspense *m*, *AM* suspenso *m* ▸ **to keep sb in ~** tener a alguien en suspenso

suspension [sə'spenʃən] n **1.** [of car] suspensión *f* ▸ **~ bridge** puente *m* colgante **2.** [of service, employee] suspensión *f* / [from school] expulsión *f* (temporal)

suspicion [sə'spɪʃən] n **1.** [belief of guilt] sospecha *f* ▸ **to be under ~** estar bajo sospecha ▸ **to be above ~** estar libre de sospecha ▸ **I have my suspicions about him** tengo mis sospechas sobre él ▸ **to arouse ~** despertar sospechas **2.** [small amount] asomo *m*

suspicious [sə'spɪʃəs] adj **1.** [arousing suspicion] [fact, behaviour, circumstances] sospechoso(a) **2.** [having suspicions] [person, mind] receloso(a) (**of** *or* **about** de) ▸ **his behaviour made me ~** su comportamiento me hizo sospechar

suspiciously [sə'spɪʃəslɪ] adv [behave] sospechosamente / [watch, ask] recelosamente, con suspicacia ▸ **~ similar** sospechosamente similares

suss [sʌs] ◆ ***suss out*** vt sep *BR Fam* [person] calar / [system] enterarse de ▸ **I haven't sussed out how it works yet** todavía no me he enterado *or ESP* coscado de cómo funciona

sustain [sə'steɪn] vt **1.** [weight, growth, life] sostener ▸ LAW **objection sustained** se admite la protesta **2.** [loss, attack] sufrir

sustainable [sə'steɪnəbl] adj sostenible ▸ **~ development** desarrollo *m* sostenible

sustained [sə'steɪnd] adj continuo(a) ▸ **~ applause** aplauso *m* prolongado

sustenance ['sʌstɪnəns] n sustento *m* ▸ **means of ~** medio *m* de vida

suture ['suːtʃə(r)] n MED sutura *f*

SUV [esjuː'viː] n (abbr ***sport-utility vehicle***) todoterreno *m*

SW n **1.** (abbr ***south west***) SO, sudoeste *m* **2.** RAD (abbr ***Short Wave***) SW, OC, onda *f* corta

swab [swɒb] ■ n MED [cotton wool] torunda *f*
■ vt (pt & pp **swabbed**) [clean] [wound] limpiar / [floor] fregar

swag [swæg] n *Fam* [of thief] botín *m*

swagger ['swægə(r)] ■ n pavoneo *m*
■ vi [strut] pavonearse ▸ **to ~ in/out** entrar/salir pavoneándose

swallow[1] ['swɒləʊ] ■ n [of drink] trago *m* / [of food] bocado *m*
■ vt **1.** [food, drink] tragar, tragarse ▸ **to ~ sth whole** tragar algo sin masticar ▸ *Fig* **to ~ one's pride** tragarse el orgullo **2.** *Fam* [believe] tragarse
■ vi tragar ▸ **to ~ hard** [when nervous, afraid] tragar saliva
◆ ***swallow up*** vt sep [company, country] absorber

swallow[2] n [bird] golondrina *f* ▸ *Prov* **one ~ doesn't make a summer** una golondrina no hace verano

swam [swæm] pt of ***swim***

swamp [swɒmp] ■ n pantano *m* ▸ **~ fever** [malaria] paludismo *m*, malaria *f*
■ vt [flood] anegar, inundar ▸ *Fig* **to be swamped with work** estar desbordado(a) de trabajo

swan [swɒn] ■ n cisne *m* ▸ *Fig* **~ song** canto *m* de cisne
■ vi (pt & pp **swanned**) *Fam* **to ~ in/out** entrar/salir despreocupadamente

◆ ***swan about, swan around*** vi *Fam* pasearse (por ahí) a la buena de Dios

swank [swæŋk] *Fam* ■ n [ostentation] fanfarronería *f* / [ostentatious person] fanfarrón(ona) *m,f*, figurón *m*
■ vi fanfarronear

swanky ['swæŋkɪ] adj *Fam* [person] [boastful] fanfarrón(ona) / [posh] *ESP* pijo(a), *MÉX* fresa / [restaurant, hotel] fastuoso(a), pomposo(a)

swap, swop [swɒp] ■ n trueque *m*, intercambio *m* ▸ **to do a ~** hacer un trueque
■ vt (pt & pp **swapped**) **to ~ sth for sth** cambiar algo por algo ▸ **to ~ places with sb** [change seat] cambiarse de sitio con alguien / *Fig* intercambiar papeles con alguien ▸ **to ~ insults/ideas** intercambiar insultos/ideas
■ vi hacer un intercambio

swarm [swɔːm] ■ n [of bees] enjambre *m* / [of people] nube *f*, enjambre *m*
■ vi [bees] volar en enjambre / [people] apelotonarse, ir en masa ▸ **Oxford was swarming with tourists** Oxford era un hervidero de turistas

swarthy ['swɔːðɪ] adj moreno(a), atezado(a)

swashbuckling ['swɒʃbʌklɪŋ] adj [hero] intrépido(a) / [film, story] de espadachines

swastika ['swɒstɪkə] n esvástica *f*, cruz *f* gamada

SWAT [swɒt] n *US* (abbr ***Special Weapons and Tactics***) *ESP* ≃ GEO *m*, = *unidad armada de la policía estadounidense especializada en intervenciones peligrosas*

swat [swɒt] (pt & pp **swatted**) vt aplastar

swathe [sweɪð] ■ n faja *f*, banda *f* ▸ *Fig* **the cannons had cut great swathes through the troops** los cañones hicieron estragos en las tropas
■ vt **to ~ sth in bandages** vendar algo, envolver algo en vendajes

sway [sweɪ] ■ n **1.** [movement] vaivén *m*, balanceo *m* **2.** [control, power] dominio *m* ▸ **he was under her ~** estaba bajo la férula *or* el yugo de ella ▸ **to hold ~ over sth** ejercer dominio sobre algo
■ vt [influence, persuade] hacer cambiar (de opinión)
■ vi balancearse ▸ **to ~ from side to side** balancearse de un lado a otro

Swazi ['swɑːzɪ] ■ n **1.** [person] suazi *mf* **2.** [language] suazi *m*
■ adj suazi

Swaziland ['swɑːzɪlænd] n Suazilandia

swear [sweə(r)] (pt **swore** [swɔː(r)], pp **sworn** [swɔːn])
■ vt [vow] jurar ▸ **to ~ to do sth** jurar hacer algo ▸ LAW **to ~ an oath** prestar juramento
■ vi [use swearwords] jurar, decir palabrotas ▸ **to ~ at sb** insultar a alguien

◆ ***swear by*** vt insep [have confidence in] confiar en

◆ ***swear in*** vt sep LAW [jury, witness] tomar juramento a

swearing ['sweərɪŋ] n palabrotas *fpl* ▸ **~ is naughty** decir palabrotas es de mala educación

swearword ['sweəwɜːd] n palabrota *f*, *ESP* taco *m*

sweat [swet] ■ n [perspiration] sudor *m* ▸ *BR Fam Fig* **to be in a ~ about sth** apurarse por algo ▸ *Fam* **no ~!** ¡no hay problema! ▸ **~ gland** glándula *f* sudorípara
■ vt sudar ▸ *Fam* **to ~ buckets** sudar a chorros ▸ *Fig* **to ~ blood** sudar tinta
■ vi **1.** [perspire] sudar ▸ *Fam* **to ~ like a pig** sudar como un cerdo **2.** *Fam Fig* [worry] sufrir, angustiarse ▸ **I'm going to make him ~** voy a dejarle que sufra

sweatband ['swetbænd] n [on head] banda *f (para la frente)* / [on wrist] muñequera *f*

sweater ['swetə(r)] n suéter *m*, *ESP* jersey *m*, *COL* saco *m*, *RP* pulóver *m*

sweating ['swetɪŋ] n transpiración *f*, sudoración *f*

sweatshirt ['swetʃɜːt] n sudadera *f*, *COL, RP* buzo *m*

sweatshop ['swetʃɒp] n = *fábrica donde se explota al trabajador*

sweaty ['swetɪ] adj sudoroso(a) ▸ **to be ~** estar sudoroso(a) ▸ **~ smell** olor *m* a sudor

Swede [swiːd] n [person] sueco(a) *m,f*

swede [swiːd] n *esp BR* [vegetable] colinabo *m*

Sweden ['swiːdən] n Suecia

Swedish ['swiːdɪʃ] ■ npl [people] **the ~** los suecos
■ n [language] sueco *m*
■ adj sueco(a)

sweep [swiːp] ■ n **1.** [action] barrido *m*, *AM* barrida *f* ▸ **to give the floor a ~** barrer el suelo ▸ *Fig* **at one ~** de una pasada ▸ *Fig* **to make a clean ~** [replace staff] quitar de en medio personal / [of prizes] arrasar **2.** [movement] **with a ~ of the arm** moviendo el brazo extendido **3.** [extent] [of land, knowledge] extensión *f* / [of road, river] curva *f*
■ vt (pt & pp **swept** [swept]) **1.** [floor, street] barrer / [chimney] deshollinar ▸ **a wave swept him overboard** lo arrastró una ola y cayó al mar **2.** [idioms] **to ~ sth under the carpet** soterrar algo ▸ **to ~ the board** [in competition] arrasar ▸ **the latest craze to ~ the country** la última moda que está haciendo furor en todo el país ▸ *Fig* **he swept her off her feet** se enamoró perdidamente de él
■ vi **1.** [with broom] barrer **2.** [move rapidly] **to ~ in/out** entrar/salir con gallardía ▸ **to ~ to power** subir al poder de forma arrasadora

◆ ***sweep aside*** vt sep [opposition] barrer / [criticism] hacer caso omiso de

◆ ***sweep away*** vt sep [remove] barrer

◆ ***sweep up*** ■ vt sep [dust, leaves] barrer
■ vi [clean up] limpiar

sweeper ['swiːpə(r)] n **1. (carpet) ~** cepillo *m* mecánico **2.** [footballer] líbero *m*

sweeping ['swiːpɪŋ] adj [gesture] amplio(a) / [statement] (demasiado) generalizador(ora) / [change] radical

sweepstake ['swiːpsteɪk] n porra *f (juego)*

sweet [swiːt] ■ n *BR* [confectionery] dulce *m*, caramelo *m* / [dessert] postre *m* ▸ **~ shop** confitería *f*
■ adj **1.** [taste, wine] dulce / [smell] fragante / [sound]

suave, dulce ▸ **to taste ~** saber dulce ▸ **as ~ as honey** dulce como la miel ▸ *Fig* **the ~ smell of success** las mieles del éxito ▸ **to have a ~ tooth** ser goloso(a) ▸ **~ chestnut** castaño *m* ▸ BOT **~ pea** guisante *m* de olor ▸ **~ potato** batata *f*, *ESP, CUBA, URUG* boniato *m*, *CAM, MÉX* camote *m* ▸ BOT **~ william** minutisa *f* **2.** [charming] rico(a), mono(a) ▸ **that's very ~ of you** eres muy amable ▸ **to whisper ~ nothings to sb** susurrar palabras de amor a alguien

sweet-and-sour ['swi:tən'saʊə(r)] adj agridulce ▸ **~ pork** cerdo *m* agridulce

sweetbreads ['swi:tbredz] npl mollejas *fpl*

sweetcorn ['swi:tkɔ:n] n maíz *m* tierno, *ANDES, RP* choclo *m*, *MÉX* elote *m*

sweeten ['swi:tən] vt [food] endulzar ▸ *Fig* **to ~ sb's temper** aplacar el mal humor de alguien

sweetener ['swi:tənə(r)] n **1.** [in food] edulcorante *m* **2.** *Fam* [bribe] propina *f*

sweetheart ['swi:thɑ:t] n novio(a) *m,f*

sweetie ['swi:tɪ] n *Fam* **1.** *BR* [confectionery] golosina *f* **2.** [darling] cariño *m* ▸ **he's such a ~** es un encanto

sweetly ['swi:tlɪ] adv [sing, smile] con dulzura

sweetness ['swi:tnɪs] n dulzura *f*, dulzor *m* ▸ **to be all ~ and light** estar de lo más amable

sweet-talk ['swi:t'tɔ:k] vt *Fam* **to ~ sb into doing sth** convencer a alguien con halagos de que haga algo

sweet-tempered [swi:t'tempəd] adj apacible

swell [swel] ■ vt (pp **swollen** ['swəʊlən] or **swelled**) [numbers, crowd] aumentar

■ vi [part of body] hincharse / [number, crowd] aumentar, crecer ▸ **to ~ with pride** henchirse de orgullo

■ n [of sea] mar *m* de fondo

■ adj *US Fam* [excellent] genial, *MÉX* padre, *RP* bárbaro(a)

◆ ***swell up*** vi [part of body] hincharse

swelling ['swelɪŋ] n hinchazón *f*

sweltering ['sweltərɪŋ] adj asfixiante, sofocante

swept [swept] pt & pp *of* ***sweep***

swerve [swɜ:v] ■ n [of car] giro *m* *or* desplazamiento *m* brusco / [of player] regate *m*

■ vi [car] desplazarse bruscamente / [driver] dar un volantazo / [player] regatear / [ball] ir con efecto

swift [swɪft] ■ n [bird] vencejo *m*

■ adj [runner, horse] veloz, rápido(a) / [reaction, reply] rápido(a), pronto(a)

swift-footed ['swɪftfʊtɪd] adj rápido(a)

swiftly ['swɪftlɪ] adv [move] velozmente, rápidamente / [react] con rapidez, con prontitud

swiftness ['swɪftnɪs] n [of movement, reply] rapidez *f*

swig [swɪg] *Fam* ■ n trago *m* ▸ **he took a ~ from the bottle** dio un trago de la botella

■ vt(pt & pp **swigged**) *ESP* pimplar, *AM* tomar

swill [swɪl] ■ n [food] [for pigs] sobras *fpl* para los cerdos *or* puercos *or* *AM* chanchos / *Pej* [for people] bazofia *f*, *ESP* bodrio *m*

■ vt *Fam* [drink] trasegar, tragar

◆ ***swill about, swill around*** vi [liquid] agitarse

◆ ***swill out*** vt sep [rinse] enjuagar, *ESP* aclarar

swim [swɪm] ■ n baño *m* ▸ **to go for** *or* **have a ~** ir a nadar, ir a darse un baño

■ vt (pt **swam** [swæm], pp **swum** [swʌm]) nadar ▸ **to ~ the breaststroke** *ESP* nadar a braza, *AM* nadar pecho ▸ **to ~ the Channel** atravesar el Canal de la Mancha a nado

■ vi **1.** [in water] nadar ▸ **to go swimming** ir a nadar ▸ **to ~ across a river** atravesar un río a nado ▸ *Fig* **to ~ with the tide** seguir la corriente **2.** [be dizzy] **my head is swimming** me da vueltas la cabeza

swimmer ['swɪmə(r)] n nadador(ora) *m,f*

swimming ['swɪmɪŋ] n natación *f* ▸ **~ costume** bañador *m*, traje *m* de baño, *ECUAD, PERÚ, RP* malla *f* ▸ **~ lesson** clase *f* de natación ▸ **~ pool** piscina *f*, *MÉX* alberca *f*, *RP* pileta *f* ▸ **~ trunks** traje *m* de baño *(de hombre)*, *ESP* bañador *m (de hombre)*, *ECUAD, PERÚ, RP* malla *f (de hombre)*

swimmingly ['swɪmɪŋlɪ] adv *Fam* como la seda

swimsuit ['swɪmsu:t] n traje *m* de baño, *ESP* bañador *m*, *RP* malla *f*

swimwear ['swɪmweə(r)] n moda *f* de baño

swindle ['swɪndəl] ■ n timo *m*, estafa *f*

■ vt timar, estafar ▸ **to ~ sb out of sth** estafarle algo a alguien

swindler ['swɪndlə(r)] n timador(ora) *m,f*, estafador(ora) *m,f*

swine [swaɪn] (pl **swine**) n **1.** *Literary* [pig] cerdo *m*, puerco *m*, *AM* chancho *m* ▸ **~ fever** peste *f* porcina **2.** *Fam* [unpleasant person] cerdo(a) *m,f*, canalla *mf*

swing [swɪŋ] ■ n **1.** [movement] [of rope, chain] vaivén *m*, balanceo *m* / [of pendulum] oscilación *f* / [in golf] swing *m* ▸ *Fam* **to take a ~ at sb** intentar darle un golpe a alguien ▸ **to be in full ~** ir a toda marcha ▸ *Fam* **everything went with a ~** todo fue sobre ruedas ▸ *Fam* **to get into the ~ of things** agarrar *or* *ESP* coger el ritmo **2.** [change] [in opinion, in mood] cambio *m* repentino (**in** de) **3.** [in playground] columpio *m* ▸ *Fam* **it's swings and roundabouts** lo que se pierde aquí, se gana allá

■ vt (pt & pp **swung** [swʌŋ]) [one's arms, racquet, axe] balancear ▸ **to ~ one's hips** menear las caderas ▸ **to ~ sth/sb onto one's shoulder** echarse algo/a alguien al hombro ▸ *Fam* **to ~ a deal** cerrar un trato ▸ *Fam* **to ~ it so that...** [arrange things] arreglar las cosas para que...

■ vi **1.** [move to and fro] balancearse / [on playground swing] columpiarse ▸ **to ~ open** [door] abrirse ▸ **to ~ into action** entrar en acción ▸ *Fam* **he should ~ for this** [be hanged] deberían colgarlo por esto ▸ *Fam* **the party was really swinging** la fiesta estaba muy animada **2.** [change direction] girar, torcer ▸ **to ~ round** dar media vuelta

swingeing ['swɪndʒɪŋ] adj *BR* drástico(a)

swipe [swaɪp] ■ n [with fist or stick] **to take a ~ at sb** dirigir un golpe a alguien ▸ *Fig* **the programme takes a ~ at the rich and famous** el programa dirige sus ataques contra los ricos y famosos

■ vt *Fam* [steal] afanar, birlar, *MÉX* bajar

■ vi **to ~ at sb/sth** intentar dar un golpe a alguien/algo

swirl [swɜ:l] ■ n [of cream] rizo *m* / [of smoke] voluta *f* / [of leaves, dust] remolino *m*

■ vt revolver
■ vi arremolinarse

swish [swɪʃ] ■ n [sound] [of cane, whip] silbido *m* / [of dress, silk] frufrú *m,* (sonido *m* del) roce *m*
■ adj *Fam* [elegant, smart] distinguido(a), refinado(a)
■ vt [cane, whip] hacer silbar ▸ **to ~ its tail** [animal] menear *or* agitar la cola
■ vi [dress, silk] sonar al rozar / [cane, whip] silbar

Swiss [swɪs] ■ npl **the ~** los suizos
■ adj suizo(a) ▸ **~ chard** acelga *f* ▸ **~ cheese** queso *m* suizo ▸ **~ cheese plant** costilla *f* de hombre *m* ▸ *BR* **swiss roll** brazo *m* de gitano

Switch® [swɪtʃ] n *BR* **to pay by ~** pagar con tarjeta de (débito) ▸ **~ card** tarjeta *f* de débito

switch [swɪtʃ] ■ n **1.** [electrical] interruptor *m* **2.** [in policy, opinion] cambio *m,* viraje *m* ▸ **to make a ~** hacer un cambio **3.** [stick] vara *f*
■ vt **1.** [change] cambiar (**to** a) / [transfer] trasladar ▸ **to ~ channels/jobs** cambiar de cadena/trabajo ▸ **they switched their attention to something else** dirigieron su atención a otra cosa **2.** [exchange] intercambiar
■ vi [change] cambiar (**to** a) ▸ **to ~ from gas to electricity** cambiar el gas por la electricidad, pasarse del gas a la electricidad

◆ ***switch off*** ■ vt sep [appliance, heating] apagar
■ vi **1.** [appliance, heating] apagarse **2.** *Fam* [person] desconectar

◆ ***switch on*** ■ vt sep [appliance, heating] encender, *AM* prender
■ vi [appliance, heating] encenderse, *AM* prenderse

◆ ***switch over*** vi [change TV channel] cambiar de cadena ▸ **to ~ over to gas** pasarse *or* cambiar al gas

switchback ['swɪtʃbæk] n [road] carretera *f* en zigzag

switchboard ['swɪtʃbɔːd] n centralita *f, AM* conmutador *m* ▸ **~ operator** telefonista *mf*

switcher ['swɪtʃə(r)] n *US* TV & CIN [machine] mezclador *m* de imagen

switch-hitter ['swɪtʃhɪtə(r)] n *US* **1.** [in baseball] bateador(ora) *m,f* ambidextro(a) **2.** *very Fam* [bisexual] bisexual *mf, RP* bi *mf*

switchman ['swɪtʃmən] n *US* RAIL guardagujas *m inv*

Switzerland ['swɪtsələnd] n Suiza

swivel ['swɪvəl] ■ n cabeza *f* giratoria ▸ **~ chair** silla *f* giratoria
■ vi (pt & pp **swivelled,** *US* **swiveled**) girar

swizz [swɪz] n *BR Fam* timo *m*

swollen ['swəʊlən] pp *of* ***swell***

swoon [swuːn] ■ n desmayo *m,* desvanecimiento *m*
■ vi desmayarse, desvanecerse

swoop [swuːp] ■ n [of bird, plane] (vuelo *m* en) picado *m* / [of police] redada *f*
■ vi [bird, plane] volar en *ESP* picado *or AM* picada / [police] hacer una redada

swop ➤ ***swap***

sword [sɔːd] n espada *f* ▸ **~ dance** danza *f* del sable

swordfish ['sɔːdfɪʃ] n pez *m* espada

swore [swɔː(r)] pt *of* ***swear***

sworn [swɔːn] ■ adj **~ enemy** enemigo(a) *m,f* encarnizado(a)
■ pp *of* ***swear***

swot [swɒt] *BR Fam* ■ n [studious pupil] *ESP* empollón(ona) *m,f, MÉX* matado(a) *m,f, RP* traga *mf*
■ vi (pt & pp **swotted**) [study hard] matarse estudiando, *ESP* empollar, *RP* tragar (**for** para)

◆ ***swot up on*** vt insep *BR Fam* [subject] matarse estudiando, *ESP* empollarse, *RP* tragarse

swum [swʌm] pp *of* ***swim***

swung [swʌŋ] pt & pp *of* ***swing***

sycamore ['sɪkəmɔː(r)] n **1.** *BR* plátano *m* falso, sicomoro *m* **2.** *US* [plane tree] plátano *m*

sycophant ['sɪkəfənt] n adulador(ora) *m,f*

sycophantic [sɪkə'fæntɪk] adj adulador(ora)

Sydney ['sɪdnɪ] n Sidney

syllable ['sɪləbəl] n sílaba *f*

syllabus ['sɪləbəs] n programa *m* de estudios, currículo *m*

sylph-like [sɪlflaɪk] adj *Hum* [woman] delgada / [figure] de sílfide

symbiosis [sɪmbaɪ'əʊsɪs] n simbiosis *f inv*

symbiotic [sɪmb(a)ɪ'ɒtɪk] adj simbiótico(a)

symbol ['sɪmbəl] n símbolo *m*

symbolic [sɪm'bɒlɪk] adj simbólico(a)

symbolically [sɪm'bɒlɪklɪ] adv simbólicamente, de forma simbólica

symbolism ['sɪmbəlɪzəm] n ART simbolismo *m*

symbolist ['sɪmbəlɪst] n & adj ART simbolista *mf*

symbolize ['sɪmbəlaɪz] vt simbolizar

symmetrical [sɪ'metrɪkəl] adj simétrico(a)

symmetrically [sɪ'metrɪklɪ] adv simétricamente

symmetry ['sɪmɪtrɪ] n simetría *f*

HOW TO...
express sympathy

Mi más sincero pésame. / Please accept my condolences.
Te acompaño en el sentimiento. / My condolences.
Siento muchísimo lo que ha ocurrido. / I'm so sorry about what happened.
Lo siento mucho. / I'm really sorry.
¡Qué pena! / What a shame!
¡Qué horror! / How dreadful!
Si hay algo que pueda hacer por ti, no dudes en pedírmelo. / If there's anything I can do for you, don't hesitate to ask.
Si necesitas algo... / If you need anything...
¡Pobre! / You poor thing!
¡Que te mejores! / Get well soon!

sympathetic [sɪmpə'θetɪk] adj comprensivo(a) ▸ **to be ~ to a proposal/cause** simpatizar con una propuesta/causa ▸ **a ~ audience** un público bien dispuesto

FALSE FRIEND / FALSO AMIGO
sympathetic

Simpático no es la traducción del inglés *sympathetic*. **Simpático** se traduce por *nice, friendly* o *amusing*:
es una persona muy simpática *he's a very nice person*
estuvo muy simpática conmigo *she was very friendly to me*
un anécdota simpática *an amusing anecdote*

sympathetically [sɪmpə'θetɪklɪ] adv [with understanding] comprensivamente / [in favourable light] con indulgencia

sympathize ['sɪmpəθaɪz] vi **1.** [show sympathy] compadecerse (**with** de) **2. to ~ (with sth/sb)** [understand] comprender (algo/a alguien) / [agree] estar de a favor (de algo/alguien)

sympathizer ['sɪmpəθaɪzə(r)] n [political] simpatizante *mf*

sympathy ['sɪmpəθɪ] n **1.** [pity, compassion] compasión *f* ▸ *Formal* **you have my deepest ~** le doy mi más sincero pésame **2.** [understanding] comprensión *f* / [support] apoyo *m*, solidaridad *f* ▸ **to feel ~ for sb** simpatizar con alguien ▸ IND **~ strike** huelga *f* de solidaridad *or* apoyo

symphony ['sɪmfənɪ] n MUS sinfonía *f* ▸ **~ orchestra** orquesta *f* sinfónica

symposium [sɪm'pəʊzɪəm] (pl **symposia** [sɪm'pəʊzɪə]) n simposio *m*

symptom ['sɪm(p)təm] n *also Fig* síntoma *m*

symptomatic [sɪm(p)tə'mætɪk] adj sintomático(a) (**of** de)

synagogue ['sɪnəgɒg] n sinagoga *f*

sync(h) [sɪŋk] n *Fam* sincronización *f* ▸ **to be in/out of ~ with...** estar/no estar en sintonía con...

synchronization [sɪŋkrənaɪ'zeɪʃən] n sincronización *f*

synchronize ['sɪŋkrənaɪz] vt sincronizar

syncopation [sɪŋkə'peɪʃən] n MUS síncopa *f*

syndicalism ['sɪndɪkəlɪzəm] n POL sindicalismo *m* (revolucionario)

syndicalist ['sɪndɪkəlɪst] n POL sindicalista *m* (revolucionario(a))

syndicate ■ n ['sɪndɪkət] COM agrupación *f* ▸ **crime ~** organización *f* criminal
■ vt ['sɪndɪkeɪt] JOURN sindicar, = *difundir conjuntamente en diferentes medios* ▸ **syndicated columnist** = *columnista que publica simultáneamente en varios medios*

syndication [sɪndɪ'keɪʃən] n JOURN sindicación *f* de contenidos

syndrome ['sɪndrəʊm] n MED *& Fig* síndrome *m*

synergy ['sɪnədʒɪ] n sinergia *f*

synod ['sɪnəd] n REL sínodo *m*

synonym ['sɪnənɪm] n sinónimo *m*

synonymous [sɪ'nɒnɪməs] adj sinónimo(a) (**with** de)

synopsis [sɪ'nɒpsɪs] (pl **synopses** [sɪ'nɒpsiːz]) n sinopsis *f inv*, resumen *m*

syntax ['sɪntæks] n LING sintaxis *f inv* ▸ COMPTR **~ error** error *m* de sintaxis

synth [sɪnθ] n *Fam* sintetizador *m*

synthesis ['sɪnθɪsɪs] (pl **syntheses** ['sɪnθɪsiːz]) n síntesis *f inv*

synthesize ['sɪnθəsaɪz] vt sintetizar

synthesizer ['sɪnθəsaɪzə(r)] n sintetizador *m*

synthetic [sɪn'θetɪk] ■ n **synthetics** fibras *fpl* sintéticas
■ adj sintético(a)

synthetically [sɪn'θetɪklɪ] adv sintéticamente

syphilis ['sɪfɪlɪs] n sífilis *f inv*

syphon ➤ ***siphon***

Syria ['sɪrɪə] n Siria

Syrian ['sɪrɪən] n & adj sirio(a) *m,f*

syringe [sɪ'rɪndʒ] ■ n jeringuilla *f*
■ vt MED [ears] destaponar

syrup ['sɪrəp] n [of sugar] almíbar *m* / [medicinal] jarabe *m*

syrupy ['sɪrəpɪ] adj [smile, music] almibarado(a)

SYSOP ['sɪsɒp] n COMPTR (abbr ***Systems Operator***) operador *m* de sistemas

system ['sɪstəm] n **1.** [structure, method] sistema *m* ▸ **the System** [established order] el sistema ▸ *Fam* **it was a shock to the ~** fue todo un trauma ▸ *Fam* **to get sth/sb out of one's ~** quitarse *or AM* sacarse algo/a alguien de la cabeza **2.** COMPTR **systems analysis** análisis *m inv* de sistemas ▸ **systems analyst** analista *mf* de sistemas ▸ **~ disk** disco *m* de sistema ▸ **~ error** error *m* del sistema

systematic [sɪstə'mætɪk] adj sistemático(a)

systematically [sɪstə'mætɪklɪ] adv sistemáticamente

systematize ['sɪstəmətaɪz] vt sistematizar

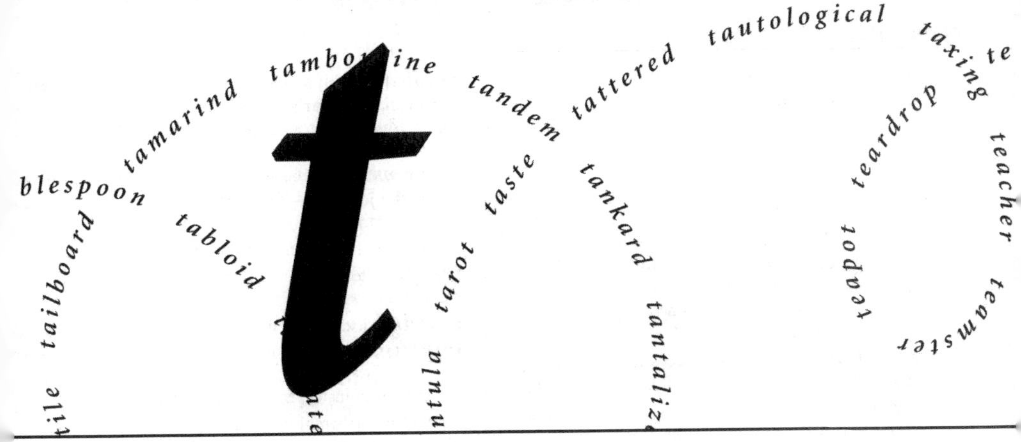

T, t [tiː] n **1.** [letter] T, t *f* **2.** [idioms] **that's you to a T** [of impersonation] es clavado a ti ▸ **it suits me to a T** me viene como anillo al dedo

t (abbr ***ton(s)***) tonelada(s) *fpl (BR = 1.016 kg, US = 907 kg)*

ta [tɑː] exclam *BR Fam* gracias

tab [tæb] n **1.** [on garment] etiqueta *f* ▸ *Fam* **to keep tabs on sth/sb** vigilar de cerca algo/a alguien **2.** [on typewriter, word processor] tabulador *m* ▸ **~ (key)** tecla *f* de tabular, tabulador *m* **3.** *US Fam* [bill] cuenta *f* **4.** *Fam* [of drug] pasti *f*, pastilla *f*

tabby ['tæbɪ] n **~ (cat)** gato *m* atigrado

tabernacle ['tæbənækəl] n [church] tabernáculo *m* / [on altar] sagrario *m*

table ['teɪbəl] ■ n **1.** [furniture] mesa *f* ▸ **to lay** *or* **set the ~** poner la mesa ▸ **to clear the ~** recoger la mesa ▸ **at ~** a la mesa ▸ **~ dancing** striptease *m (en el que las bailarinas se acercan a las mesas)* ▸ **~ lamp** lámpara *f* de mesa ▸ **~ linen** mantelería *f* ▸ **~ manners** modales *mpl* (en la mesa) ▸ **~ mat** salvamanteles *m inv* ▸ **~ salt** sal *f* de mesa ▸ **~ tennis** ping-pong *m*, tenis *m* de mesa ▸ **~ wine** vino *m* de mesa **2.** [of facts, figures] tabla *f* ▸ *BR* **(league) ~** (tabla *f* de) clasificación *f* (de la liga) ▸ **~ of contents** índice *m* ▸ MATH **twelve times ~** tabla *f* (de multiplicar) del doce **3.** [idioms] **the offer is still on the ~** la oferta está aún sobre la mesa ▸ **to turn the tables on sb** cambiarle *or* volverle las tornas a alguien

■ vt **to ~ a motion/proposal** *BR* [present] someter a discusión una moción/propuesta / *US* [postpone] posponer la discusión de una moción/propuesta

tablecloth ['teɪbəlklɒθ] n mantel *m*

tablespoon ['teɪbəlspuːn] n [utensil] cuchara *f* de servir ▸ **a ~ of flour** una cucharada (grande) de harina

tablespoonful ['teɪbəlspuːnfʊl] n cucharada *f* (grande)

tablet ['tæblɪt] n **1.** [pill] comprimido *m*, pastilla *f* **2.** [inscribed stone] lápida *f* **3.** *BR* [bar] [of soap] pastilla *f* / [of chocolate] tableta *f*

tableware ['teɪbəlweə(r)] n servicio *m* de mesa, vajilla *f*

tabloid ['tæblɔɪd] n [newspaper] diario *m* popular *or* sensacionalista (de formato tabloide) ▸ **the ~ press** la prensa popular *or* sensacionalista

CULTURE / CULTURA

tabloids

Los periódicos británicos y estadounidenses de formato pequeño o tabloide se consideran dirigidos a un público más popular que los periódicos de formato grande, tanto por su contenido como por su estilo. En el Reino Unido, el principal periódico de formato tabloide es el "Sun", con una tirada de más de tres millones de ejemplares diarios, seguido por el "Daily Mirror", con más de dos millones. En comparación, el periódico de gran formato con mayor tirada es el "Daily Telegraph", con algo más de un millón de ejemplares diarios. Los tabloides suelen dedicar muchas columnas a las vidas de personajes televisivos o del mundo del deporte, a pesar de lo cual se les considera muy influyentes políticamente, sobre todo durante las elecciones, por lo que algunos políticos escriben regularmente su propia sección en ellos. En EE. UU., los llamados "supermarket **tabloids**" son aún más sensacionalistas, y sus artículos incluyen desde la vida de los famosos a algunas historias totalmente absurdas. Un buen ejemplo es el "Weekly World News".

taboo [tə'buː] ■ n (pl **taboos**) tabú *m*

■ adj tabú

tabular ['tæbjʊlə(r)] adj **in ~ form** en forma tabular

tabulate ['tæbjʊleɪt] vt [arrange in table] tabular

tachometer [tæ'kɒmɪtə(r)] n AUT tacómetro *m*

tacit ['tæsɪt] adj tácito(a)

tacitly ['tæsɪtlɪ] adv tácitamente

taciturn ['tæsɪtɜːn] adj taciturno(a), retraído(a)

tack [tæk] ■ n **1.** [small nail] tachuela *f* **2.** NAUT

bordada *f* ▸ *Fig* **to change ~** cambiar de enfoque
■ vt **1.** [fasten] **to ~ (down)** clavar ▸ *Fig* **to ~ sth on** [add] añadir algo a posteriori **2.** [in sewing] **to ~ up a hem** hilvanar un dobladillo
■ vi NAUT dar bordadas

tackle ['tækəl] ■ n **1.** [equipment] equipo *m* ▸ **(fishing) ~** aparejos *mpl* de pesca **2.** [challenge] [in soccer] entrada *f* / [in rugby, American football] placaje *m*, *AM* tackle *m*
■ vt **1.** [deal with] abordar ▸ **to ~ sb about sth** [confront] abordar a alguien para tratar algo **2.** [in soccer] entrar a / [in rugby, American football] hacer un placaje a, *AM* tacklear

tacky ['tækɪ] adj **1.** [sticky] pegajoso(a) **2.** *Fam* [tasteless] chabacano(a), ordinario(a), *ESP* hortera, *MÉX* gacho(a), *RP* mersa

tact [tækt] n tacto *m*, discreción *f*

tactful ['tæktfʊl] adj discreto(a), diplomático(a)

tactic ['tæktɪk] n táctica *f*

tactical ['tæktɪkəl] adj táctico(a) ▸ POL **~ voting** voto *m* útil

tactically ['tæktɪklɪ] adv tácticamente

tactician [tæk'tɪʃən] n táctico(a) *m,f*

tactile ['tæktaɪl] adj táctil

tactless ['tæktlɪs] adj falto(a) de tacto, indiscreto(a)

tactlessly ['tæktlɪslɪ] adv indiscretamente, sin tacto alguno

tad [tæd] n *US Fam* **a ~ short** un poquitín *or ESP* pelín *or AM* chiquitín corto(a)

tadpole ['tædpəʊl] n renacuajo *m*

Tadzhikistan, Tajikistan [tɑːdʒɪkɪ'stɑːn] n Tayikistán

taffeta ['tæfɪtə] n tafetán *m*

tag [tæg] ■ n **1.** [label] etiqueta *f* ▸ GRAM **~ question** cláusula *f* final interrogativa **2.** [game] **to play ~** jugar a pillarse *or* al corre que te pillo
■ vt (pt & pp **tagged**) [label] etiquetar

◆ ***tag along*** vi pegarse ▸ **to ~ along with sb** pegarse a alguien

◆ ***tag on*** vt sep añadir (a posteriori)

Tagus ['teɪgəs] n **the ~** el Tajo

Tahiti [tə'hiːtɪ] n Tahití

Tahitian [tə'hiːʃən] n & adj tahitiano(a) *m,f*

tail [teɪl] ■ n **1.** [of bird, fish, plane] cola *f* / [of mammal, reptile] rabo *m*, cola *f* / [of shirt] faldón *m* ▸ **tails** [of coin] cruz *f*, *ANDES, VEN* sello *m*, *MÉX* sol *m*, *RP* ceca *f* ▸ **tails, ~ coat** frac *m* **2.** [idioms] **with his ~ between his legs** con el rabo entre las piernas ▸ *Fam* **to put a ~ on sb** ponerle a alguien un vigilante que le sigue a todas partes ▸ *Fam* **to turn ~** salir corriendo *or ESP* por piernas ▸ **~ end** [of conversation, film] final *m*
■ vt *Fam* [follow] seguir a todas partes

◆ ***tail away, tail off*** vi [attendance] decrecer / [performance] decaer / [voice] desvanecerse

tailback ['teɪlbæk] n *BR* AUT caravana *f*

tailboard ['teɪlbɔːd], ***tailgate*** ['teɪlgeɪt] n AUT puerta *f* trasera

tail-light ['teɪllaɪt] n *US* AUT faro *m* trasero

tailor ['teɪlə(r)] ■ n sastre *m* ▸ **tailor's dummy** maniquí *m* ▸ **tailor's (shop)** sastrería *f*
■ vt [suit] confeccionar / *Fig* [speech, policy] adaptar (**to** a)

tailor-made ['teɪləmeɪd] adj [suit] hecho(a) a medida ▸ *Fig* **the job was ~ for her** el trabajo parecía hecho a su medida

tailplane ['teɪlpleɪn] n AV plano *m* de cola

tailspin ['teɪlspɪn] n AV barrena *f* ▸ *Fig* **to go into a ~** entrar en barrena

tailwind ['teɪlwɪnd] n viento *m* de cola

taint [teɪnt] ■ n impureza *f*, contaminación *f* / *Fig* tara *f*
■ vt [contaminate] contaminar / *Fig* manchar

Taiwan [taɪ'wɑːn] n Taiwán

Taiwanese [taɪwə'niːz] n & adj taiwanés(esa) *m,f*

Tajikistan ➤ ***Tadzhikistan***

take [teɪk] ■ vt (pt **took** [tʊk], pp **taken** ['teɪkən]) **1.** [grasp] tomar, coger, *AM* agarrar ▸ **to ~ hold of sth** agarrar algo ▸ **to ~ sb by the arm** tomar *o* coger a alguien del brazo ▸ **to ~ sb in one's arms** tomar *o* coger en brazos a alguien ▸ **to ~ the opportunity to do sth** aprovechar la oportunidad para hacer algo **2.** [remove, steal] tomar, coger ▸ **to ~ sth away from sb** quitarle algo a alguien ▸ **to ~ sth out of sth** sacar algo de algo **3.** [tolerate] [heat, pressure] soportar, aguantar ▸ **she can't ~ a joke** no sabe aguantar una broma ▸ **I can't ~ (it) any more** no lo aguanto más **4.** [lead, carry] llevar ▸ **to ~ sb home/to the station** llevar a alguien a casa/a la estación ▸ **to ~ sb to court** llevar a alguien a juicio ▸ **to ~ flowers to sb, to ~ sb flowers** llevarle flores a alguien ▸ **to ~ the dog for a walk** sacar a pasear al perro ▸ **her job takes her all over the world** su trabajo le hace viajar por todo el mundo ▸ **if you can get the money we'll ~ it from there** si consigues el dinero, entonces veremos **5.** [get on] [bus, road] tomar ▸ **~ the first turning on the left** gira por la primera a la izquierda **6.** [require] [effort, dedication, strength] requerir ▸ **it took four of us to carry him** hicimos falta cuatro para llevarlo ▸ **it takes courage to...** hace falta valor para... ▸ **how long does it ~?** ¿cuánto tiempo lleva? ▸ **learning a language takes a long time** aprender un idioma lleva mucho tiempo ▸ **it took me an hour to get here** tardé una hora en llegar ▸ **that will ~ some explaining** eso va a ser complicado de explicar **7.** [adopt] [precautions, measures] tomar ▸ **to ~ legal advice** consultar a un abogado ▸ **to ~ sth as an example** tomar algo como ejemplo **8.** [record] [temperature, notes] tomar ▸ **to ~ sb's details** tomar los datos de alguien **9.** [capture] [town] tomar / [chess piece] comer(se) ▸ **to ~ power** hacerse con el poder ▸ **to ~ first prize** ganar el primer premio **10.** [assume] **I ~ it that...** supongo que... **11.** [accept] aceptar ▸ **will you ~ a cheque?** ¿se puede pagar con cheque? ▸ **I'll ~ the red one** me quedo con el rojo ▸ **does this machine ~ pound coins?** ¿esta máquina acepta monedas de una libra? ▸ **my car only takes diesel** mi coche sólo funciona con gasóleo ▸ **this bus takes fifty passengers** en este autobús caben cincuenta pasajeros ▸ **~ it or leave it!** ¡lo tomas o lo dejas! ▸ **to ~ sth well/badly** tomarse algo bien/mal ▸ **to ~ sth the wrong way**

malentender algo ▸ **you can ~ it from me that...** créeme cuando te digo que... **12.** [exam, subject, course] hacer ▸ *BR* **he takes them for English** [teaches them] les da inglés **13.** [in phrases] **to ~ a bath** darse un baño ▸ **to ~ drugs** tomar drogas ▸ **to ~ fright** asustarse ▸ **to be taken ill** ponerse enfermo(a) ▸ **to ~ a look at sth** echar un vistazo a algo ▸ **to ~ a photograph of sth/sb** hacer *or* sacar una fotografía a algo/alguien ▸ **to ~ a seat** sentarse, tomar asiento ▸ **to ~ a walk** dar un paseo

■ vi [be successful] [fire] prender / [plant cutting] arraigar / [innovation] cuajar / [dye] coger

■ n **1.** [recording] [of film, music] toma *f* **2.** [money] recaudación *f* ▸ *Fam* **to be on the ~** engordar el bolsillo

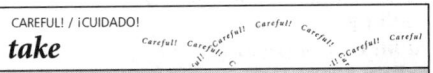

CAREFUL! / ¡CUIDADO!

take

When translating *take*, note that **tomar** has the general sense of *grasp, pick up*, while **llevar** is used when going somewhere else with a person or thing, and **sacar** implies something is being exposed or extracted. Note also that **coger**, a common synonym for **tomar** in Spain, is avoided in much of Latin America, where it has strong sexual connotations.

◆ ***take after*** vt insep [resemble] parecerse a

◆ ***take apart*** vt [machine, engine] desmontar / [argument] destrozar

◆ ***take away*** ■ vt sep [remove] quitar, *AM* sacar / MATH restar (**from** de) ▸ **the men are coming to ~ away the rubbish tomorrow** los hombres vendrán a llevarse la basura mañana ▸ **to ~ sth away from sb** quitar *or AM* sacar algo a alguien ▸ *BR* **to ~ away** [food] para llevar

■ vi **to ~ away from the pleasure/value of sth** restar placer/valor a algo

◆ ***take back*** vt sep **1.** [return] devolver ▸ **that takes me back to my childhood** eso me hace volver a la infancia **2.** [accept again] [former employee] readmitir / [faulty goods] admitir (devolución de) ▸ **she's a fool to ~ him back** es tonta por dejarle volver **3.** [withdraw] retirar ▸ **~ that back!** ¡retira eso!

◆ ***take down*** vt sep **1.** [remove] [from shelf] bajar / [poster, curtains] quitar, *AM* sacar **2.** [lower] **to ~ down one's trousers** bajarse los pantalones ▸ *Fam* **to ~ sb down a peg or two** bajarle los humos a alguien **3.** [dismantle] [tent, scaffolding] desmontar / [wall, barricade] desmantelar **4.** [record] anotar, apuntar / [notes] tomar

◆ ***take for*** vt sep **I took him for somebody else** lo tomé por *or* confundí con otro ▸ **what do you ~ me for?** ¿por quién me tomas?

◆ ***take in*** vt sep **1.** [lead, carry] [person] conducir dentro / [harvest, washing] recoger **2.** [orphan] recoger, adoptar / [lodgers] admitir **3.** [garment] meter **4.** [include] abarcar, cubrir ▸ **the tour takes in all the major sights** el recorrido cubre todos los principales puntos de interés **5.** [understand] asimilar ▸ **to ~ in the situation** hacerse cargo de la situación **6.** [deceive] engañar, embaucar

◆ ***take off*** ■ vt sep **1.** [remove] [clothes, make-up] quitarse, *AM* sacarse / [lid, sheets] quitar, *AM* sacar ▸ **~ your feet off the table!** ¡quita *or AM* saca los pies de la mesa! ▸ **he never took his eyes off us** no apartó la mirada de nosotros ▸ **he took £10 off (the price)** rebajó 10 libras (del precio) ▸ **to ~ sth off sb's hands** quitar *or AM* sacar algo de las manos a alguien ▸ **to ~ years off sb** [clothes, diet] quitar *or AM* sacarle a alguien años de encima **2.** [lead] [person] llevar ▸ **to ~ oneself off** retirarse **3.** [mimic] **to ~ sb off** imitar a alguien **4.** [not work] **to ~ the day off** tomarse el día libre

■ vi **1.** [leave] [plane] despegar, *AM* decolar / *Fam* [person] marcharse, irse **2.** *Fam* [succeed] empezar a cuajar ▸ **it never took off** nunca cuajó

◆ ***take on*** vt sep **1.** [task, responsibility] aceptar / [problem, opponent] enfrentarse a / [fuel] repostar / [supplies] reponer **2.** [hire] [worker] contratar **3.** [acquire] tomar, adquirir

◆ ***take out*** vt sep **1.** [remove] sacar ▸ **her job really takes it out of her** su trabajo la deja totalmente agotada ▸ **to ~ it out on sb** pagarla *or* desahogarse con alguien **2.** [person] sacar ▸ **to ~ sb out for a meal/to a restaurant** llevar a alguien a comer/a un restaurante **3.** [obtain] [licence] sacarse / [insurance policy] contratar, suscribir ▸ **to ~ out a subscription** suscribirse

◆ ***take over*** ■ vt sep **1.** [become responsible for] hacerse cargo de **2.** [take control of] [place] tomar / [company] absorber, adquirir

■ vi **1.** [assume power] tomar posesión **2.** [relieve] tomar el relevo (**from** de)

◆ ***take to*** vt insep **1.** [go to] **to ~ to one's heels** darse a la fuga ▸ **to ~ to one's bed** meterse en la cama ▸ **to ~ to the hills** echarse al monte **2.** [adopt habit] **to ~ to doing sth** adquirir la costumbre de hacer algo, empezar a hacer algo ▸ **to ~ to drink** darse a la bebida **3.** [like] **I took to them** me cayeron bien

◆ ***take up*** ■ vt sep **1.** [carry] subir **2.** [lead] [person] llevar, subir **3.** [lift] [carpet, floorboards, paving stones] levantar **4.** [shorten] [skirt, hem] subir, acortar **5.** [accept] [challenge, offer, suggestion] aceptar ▸ **to ~ sb up on an offer** aceptar una oferta de alguien **6.** [discuss] [subject, problem] discutir (**with** con) **7.** [assume] [position] tomar / [post, duties] asumir **8.** [hobby, studies] **she's taken up fencing/psychology** ha empezado a practicar esgrima/estudiar psicología ▸ **we ~ up the story just after...** retomamos la historia justo después de... **9.** [occupy] [space, time, attention] ocupar

■ vi **to ~ up with sb** trabar amistad con alguien

◆ ***take upon*** vt sep **she took it upon herself to tell him my secret** decidió por su cuenta contarle mi secreto

takeaway ['teɪkəweɪ] *BR* ■ n [food] comida *f* para llevar / [restaurant] establecimiento *m* de comida para llevar

■ adj [food] para llevar

take-home pay ['teɪkhəʊm'peɪ] n salario *m* neto

taken ['teɪkən] ■ adj **1.** [occupied] **is this seat ~?** ¿está ocupado este asiento? **2.** [impressed] **I was very ~ with him/it** me impresionó mucho

■ pp *of* ***take***

takeoff ['teɪkɒf] n **1.** [imitation] imitación *f* ▸ **to do a ~ of sb** imitar a alguien **2.** [of plane, economy] despegue *m, AM* decolaje *m*

takeout ['teɪkaʊt] *US* ■ n [food] comida *f* para llevar
■ adj [food] para llevar

takeover ['teɪkəʊvə(r)] n **1.** COM [of company] absorción *f,* adquisición *f* ▸ **~ bid** oferta *f* pública de adquisición (de acciones), OPA *f* **2.** POL ocupación *f*

taker ['teɪkə(r)] n **there were no takers** nadie aceptó la oferta

taking ['teɪkɪŋ] n **it's yours for the ~** está a tu disposición ▸ *BR* COM **takings** recaudación *f*

talc [tælk] n talco *m*

talcum powder ['tælkəm'paʊdə(r)] n polvos *mpl* de talco

tale [teɪl] n **1.** [story] historia *f* / [legend] cuento *m* ▸ **she lived to tell the ~** vivió para contarlo **2.** [lie] cuento *m,* patraña *f* ▸ **to tell tales (about sb)** contar patrañas (sobre alguien)

talent ['tælənt] n **1.** [ability] talento *m,* dotes *fpl* / [person with ability] talento *m* ▸ MUS & SPORT **~ scout** *or* **spotter** cazatalentos *mf inv* **2.** *BR Fam* [attractive people] ganado *m,* titis *mfpl*

talented ['tæləntɪd] adj con talento

talisman ['tælɪzmən] n talismán *m*

talk [tɔ:k] ■ n **1.** [conversation] conversación *f,* charla *f, CAM, MÉX* plática *f* ▸ **to have a ~ with sb** hablar con alguien ▸ *Fam* **to be all ~ (and no action)** hablar mucho (y no hacer nada) ▸ TV & RAD **~ show** programa *m* de entrevistas **2. talks** [negotiations] conversaciones *fpl* **3.** [gossip] habladurías *fpl* / [speculation] especulaciones *fpl* ▸ **there is some ~ of his returning** se dice que va a volver ▸ **it's the ~ of the town** es la comidilla local **4.** [lecture] conferencia *f,* charla *f*
■ vt **1.** [speak] [Spanish, German] hablar ▸ **to ~ nonsense** *or BR* **rubbish** decir tonterías ▸ **to ~ politics** hablar de política ▸ **to ~ (common) sense** hablar con sensatez ▸ **to ~ (some) sense into sb** hacer entrar en razón a alguien ▸ **she can ~ her way out of anything** sabe salir con palabras de cualquier situación **2.** [convince] **to ~ sb into/out of doing sth** persuadir a alguien para que haga/para que no haga algo
■ vi **1.** [speak] hablar (**to/about** con/de), *CAM, MÉX* platicar (**to/about** con/de) ▸ **to ~ to oneself** hablar solo(a) ▸ **to ~ of** *or* **about doing sth** hablar de hacer algo ▸ **talking of embarrassing situations,...** hablando de situaciones embarazosas,... ▸ **to ~ big** farolear ▸ *Fam* **now you're talking!** ¡así se habla! ▸ *Fam* **YOU can ~!** ¡mira quién fue a hablar! ▸ **to make a prisoner ~** hacer hablar a un prisionero ▸ **what are you talking about?** ¡pero qué dices! ▸ **I don't know what you're talking about** no sé de qué me hablas **2.** [gossip] cotillear, murmurar **3.** [give lecture] dar una conferencia (**on** sobre)

◆ ***talk back*** vi responder, replicar

◆ ***talk down*** vi **to ~ down to sb** hablar con aires de superioridad a alguien

◆ ***talk over*** vt sep hablar de, tratar de

talkative ['tɔ:kətɪv] adj hablador(ora), locuaz

talker ['tɔ:kə(r)] n hablador(ora) *m,f*

talking ['tɔ:kɪŋ] adj **~ book** audiolibro *m,* = *cinta grabada con la lectura de un libro* ▸ **~ point** tema *m* de conversación ▸ *BR Fam* **~ shop** = *sitio donde se habla mucho y se hace poco*

talking-to ['tɔ:kɪŋtu:] (pl **talking-tos**) n *Fam* sermón *m, ESP* rapapolvo *m* ▸ **to give sb a ~** echarle a alguien un buen sermón *or ESP* rapapolvo

tall [tɔ:l] ■ adj alto(a) ▸ **how ~ are you?** ¿cuánto mides? ▸ **I'm six foot ~** mido un metro ochenta ▸ *Fig* **that's a ~ order** eso es mucho pedir ▸ *Fig* **a ~ story** un cuento chino
■ adv **to walk** *or* **stand ~** andar con la cabeza bien alta

Tallin ['tælɪn] n Tallin(n)

tallness ['tɔ:lnɪs] n altura *f*

tallow ['tæləʊ] n sebo *m*

tally ['tælɪ] ■ n cuenta *f* ▸ **to keep a ~ of sth** llevar la cuenta de algo
■ vi [figures, report] encajar, concordar

talon ['tælən] n garra *f*

tamarind ['tæmərɪnd] n tamarindo *m*

tambourine [tæmbə'ri:n] n MUS pandereta *f*

tame [teɪm] ■ adj **1.** [not timid or vicious] manso(a) / [domesticated] domesticado(a) **2.** [unadventurous] soso(a)
■ vt [lion, tiger] domar / *Fig* [emotion] dominar

tamely ['teɪmlɪ] adv [accept, agree to] dócilmente ▸ **~ worded** pusilánime, blando(a)

Tamil ['tæmɪl] ■ n **1.** [person] tamil *mf* **2.** [language] tamil *m*
■ adj tamil

tamper ['tæmpə(r)] ◆ ***tamper with*** vt insep [lock] intentar forzar / [documents, records] manipular, falsear

tampon ['tæmpɒn] n tampón *m*

tan [1] [tæn] n MATH (abbr ***tangent***) tangente *f*

tan [2] ■ n [colour] marrón *m* claro / [from sun] bronceado *m, ESP* moreno *m*
■ adj [colour] marrón claro
■ vt (pt & pp **tanned**) [leather] curtir / [of sun] [skin] broncear, tostar ▸ *Fam* **to ~ sb, to ~ sb's hide** dar una paliza *or ESP* zurra a alguien
■ vi [person, skin] broncearse, ponerse moreno(a)

tandem ['tændəm] n [bicycle] tándem *m* ▸ *Fig* **to do sth in ~ (with sb)** hacer algo en conjunto *or ESP* al alimón (con alguien)

tang [tæŋ] n [taste] sabor *m* fuerte / [smell] olor *m* penetrante

tangent ['tændʒənt] n MATH tangente *f* ▸ *Fig* **to go off at a ~** salirse por la tangente

tangerine [tændʒə'ri:n] ■ n [fruit] mandarina *f* / [colour] mandarina *m*
■ adj [colour] naranja, mandarina

tangible ['tændʒɪbəl] adj tangible, palpable ▸ FIN **~ assets** (activo *m*) inmovilizado *m*

tangibly ['tændʒɪblɪ] adv claramente

Tangier(s) [tæn'dʒɪə(z)] n Tánger

tangle ['tæŋgəl] ■ n [of threads, hair] maraña *f,* lío *m* ▸ *also Fig* **to be in a ~** estar hecho(a) un lío ▸ **to get into a**

~ enredarse / *Fig* hacerse un lío
■ vt **to get tangled up (in sth)** quedarse enredado(a) (en algo) / *Fig* verse involucrado(a) (en algo)

◆ ***tangle with*** vt insep *Fam* [quarrel, fight with] buscarse un lío con

tangled ['tæŋgəld] adj enredado(a), enmarañado(a)

tango ['tæŋgəʊ] ■ n (pl **tangos**) [dance] tango *m*
■ vi bailar el tango ▸ *Fam* **it takes two to ~** tiene que haber sido cosa de dos

tangy ['tæŋɪ] adj [taste] ligeramente ácido(a) / [smell] penetrante

tank [tæŋk] n **1.** [container] depósito *m* / [on truck, train] cisterna *f* **2.** MIL tanque *m,* carro *m* de combate **3.** *BR* **~ top** [garment] chaleco *m* de lana

◆ ***tank along*** vi *Fam* ir a toda máquina *or ESP* pastilla

tankard ['tæŋkəd] n jarra *f,* bock *m*

tanked (up) ['tæŋkt'ʌp] adj *BR Fam* **to get ~** agarrarse *or ESP* cogerse un pedo, *MÉX* ponerse una peda

tanker ['tæŋkə(r)] n [ship] [in general] buque *m* cisterna / [for oil] petrolero *m* / [lorry] camión *m* cisterna

tanned [tænd] adj moreno(a), bronceado(a) ▸ **to be ~** estar moreno(a) *or* bronceado(a)

tanner ['tænə(r)] n curtidor(ora) *m,f*

tannery ['tænərɪ] n curtiduría *f,* tenería *f*

tannin ['tænɪn] n tanino *m*

tanning ['tænɪŋ] n **1.** [of skin] bronceado *m* ▸ **~ lotion** crema *f* bronceadora ▸ **~ studio** salón *m* de bronceado, solarium *m* **2.** [of hides] curtido *m*

tannoy® ['tænɔɪ] n *BR* (sistema *m* de) megafonía *f* ▸ **over the ~** por megafonía

tantalize ['tæntəlaɪz] vt poner los dientes largos a (**with** con)

tantalizing ['tæntəlaɪzɪŋ] adj sugerente

tantalizingly ['tæntəlaɪzɪŋlɪ] adv de forma sugerente

tantamount ['tæntəmaʊnt] adj equivalente ▸ **to be ~ to** equivaler a

tantrum ['tæntrəm] n rabieta *f* ▸ **to throw a ~** agarrar *or ESP* coger una rabieta

Tanzania [tænzə'nɪə] n Tanzania

Tanzanian [tænzə'nɪən] n & adj tanzano(a) *m,f*

tap [1] [tæp] ■ n **1.** *BR* [for water] *ESP* grifo *m, CHILE, COL, MÉX* llave *f, RP* canilla *f* ▸ **on ~** [of beer] de barril ▸ *Fig* **to be on ~** [person, thing] estar disponible ▸ **~ water** agua *f* del grifo *or CHILE, COL, MÉX* de la llave *or RP* de la canilla **2. to put a ~ on the phone** intervenir *or* pinchar el teléfono
■ vt (pt & pp **tapped**) [tree] sangrar / [resources] aprovechar, explotar / [phone] intervenir, pinchar ▸ *Fam* **to ~ sb for money** sacar dinero a alguien

tap [2] ■ n **1.** [light blow] golpecito *m* ▸ **to give sth a ~** darle un golpecito a algo ▸ **to give sb a ~ on the shoulder** darle un golpecito en el hombro a alguien **2. ~ dancing** claqué *m*
■ vt (pt & pp **tapped**) dar un golpecito a ▸ **I tapped him on the shoulder** le di un golpecito en el hombro
■ vi **to ~ at** *or* **on the door** llamar suavemente a la puerta

tape [teɪp] ■ n **1.** [ribbon] cinta *f* ▸ **(adhesive** *or Fam* **sticky) ~** cinta adhesiva ▸ SPORT **the (finishing) ~** la (cinta de) meta ▸ **~ (measure)** cinta *f* métrica **2.** [for recording, cassette] cinta *f* (magnetofónica) ▸ **~ head** cabezal *m* (de casete *or* cinta) ▸ **~ recorder** casete *m* ▸ **~ recording** grabación *f* (magnetofónica)
■ vt **1.** [stick with tape] pegar con cinta adhesiva ▸ *Fig* **I've got him/it taped** lo tengo controlado *or ESP* pillado **2.** [record] grabar

taper ['teɪpə(r)] ■ n [candle] candela *f*
■ vi estrecharse / [to a point] acabar en punta

◆ ***taper off*** vi [object] estrecharse / [production, numbers] disminuir

tape-record ['teɪprɪkɔ:d] vt grabar (en cinta)

tapestry ['tæpɪstrɪ] n [cloth] tapiz *m* / [art] tapicería *f*

tapeworm ['teɪpwɜ:m] n tenia *f,* solitaria *f*

tapioca [tæpɪ'əʊkə] n tapioca *f*

tapping ['tæpɪŋ] n [sound] golpeteo *m*

tar [tɑ:(r)] ■ n **1.** [substance] alquitrán *m* **2.** *Old-fashioned Fam* [sailor] marinero *m*
■ vt (pt & pp **tarred**) alquitranar ▸ **to ~ and feather sb** emplumar a alguien ▸ *Fig* **we have all been tarred with the same brush** nos han metido a todos en el mismo saco

tarantula [tə'ræntjʊlə] n tarántula *f*

tardily ['tɑ:dɪlɪ] adv *Formal* [late] tardíamente / [slowly] lentamente

tardy ['tɑ:dɪ] adj *Formal* [late] tardío(a) / [slow] lento(a)

target ['tɑ:gɪt] ■ n [of bullet, missile, joke] blanco *m,* objetivo *m* / *Fig* [aim, goal] objetivo *m,* meta *f* ▸ *Fig* **to set oneself a ~** trazarse una meta ▸ **to be on ~** ir según lo previsto ▸ **to be on ~ to do sth** ir camino de hacer algo ▸ TV & RAD **~ audience** audiencia *f* a la que está orientada la emisión ▸ **~ language** [in translating] lengua *f* de destino *or* llegada ▸ **~ market** mercado *m* objeto *or* objetivo ▸ SPORT **~ practice** prácticas *fpl* de tiro
■ vt **1.** [aim] **to ~ sth at sth** [missile] apuntar algo hacia *or* a algo / *Fig* [campaign, TV programme, benefits] destinar algo a algo **2.** [aim at] apuntar a, tener como objetivo

tariff ['tærɪf] n [tax] arancel *m* / [price list] tarifa *f* ▸ **~ barrier** barrera *f* arancelaria

tarmac® ['tɑ:mæk] ■ n asfalto *m* / AV [runway] pista *f*
■ vt (pt & pp **tarmacked**) asfaltar

tarnish ['tɑ:nɪʃ] ■ vt [metal, reputation] empañar
■ vi [metal] empañarse, deslucirse

tarot ['tærəʊ] n tarot *m*

tarpaulin [tɑ:'pɔ:lɪn] n lona *f* impermeable, hule *m*

tarragon ['tærəgən] n estragón *m*

tart [tɑ:t] ■ n **1.** [cake] [large] tarta *f,* pastel *m* / [small] pastelillo *m* **2.** *Fam Pej* [promiscuous woman] zorra *f* / [prostitute] fulana *f, MÉX* piruja *f*
■ adj [in taste] agrio(a) / [tone] áspero(a)

◆ ***tart up*** vt sep *BR Fam* [room, building] remozar ▸ **to ~ oneself up** emperifollarse

tartan ['tɑ:tən] n tartán *m,* tela *f* escocesa ▸ **~ tie/jacket** corbata *f* /chaqueta *f* de tela escocesa

Tartar ['tɑːtə(r)] n tártaro(a) *m,f*

tartar ['tɑːtə(r)] n [on teeth] sarro *m*

tartar(e) sauce ['tɑːtə'sɔːs] n salsa *f* tártara

tartly ['tɑːtlɪ] adv ásperamente

tarty ['tɑːtɪ] adj *Fam* [clothes] de fulana

task [tɑːsk] n tarea *f* ▸ **to take sb to ~ for (doing) sth** reprender a alguien por (haber hecho) algo

taskforce ['tɑːskfɔːs] n MIL destacamento *m* / *Fig* [committee] equipo *m* de trabajo

taskmaster ['tɑːskmɑːstə(r)] n **he is a hard ~** es muy exigente

Tasmania [tæz'meɪnɪə] n Tasmania

Tasmanian [tæz'meɪnɪən] n & adj tasmano(a) *m,f*

Tasman Sea ['tæzmən'siː] n **the ~** el Mar de Tasmania

tassel ['tæsəl] n borla *f*

taste [teɪst] ■ n **1.** [flavour] sabor *m,* gusto *m* ▸ **(sense of) ~** (sentido *m* del) gusto ▸ ANAT **~ bud** papila *f* gustativa **2.** [sample] **to have a ~ of sth** probar algo ▸ **a ~ of things to come** una muestra de lo que vendrá ▸ **to give sb a ~ of his own medicine** pagar a alguien con su misma moneda **3.** [liking] afición *f,* gusto *m* ▸ **to acquire** *or* **develop a ~ for sth** aficionarse a algo ▸ **add sugar to ~** añada azúcar a su gusto ▸ **it's a matter of ~** es una cuestión de gustos ▸ **violent films are not to my ~** las películas violentas no son de mi gusto **4.** [judgement] gusto *m* ▸ **in bad** *or* **poor ~** de mal gusto
■ vt **1.** [detect flavour of] notar (un sabor a) **2.** [sample] probar / [wine] catar ▸ *Fig* **to ~ success/despair** probar el éxito/la desesperación
■ vi saber, tener sabor (**of** a) ▸ **it tastes fine to me** a mí me sabe bien

tasteful ['teɪstfʊl] adj de buen gusto

tastefully ['teɪstfəlɪ] adv con buen gusto

tasteless ['teɪstlɪs] adj **1.** [food] insípido(a) **2.** [remark, clothes] de mal gusto

tastelessly ['teɪstlɪslɪ] adv [decorated] con poco gusto

taster ['teɪstə(r)] n **1.** [person] catador(ora) *m,f* **2.** [foretaste] muestra *f,* anticipo *m*

tasty ['teɪstɪ] adj [delicious] sabroso(a), rico(a) / *Fam* [good-looking] bueno(a), *ESP* apetitoso(a)

tat [tæt] n *Fam* porquerías *fpl, ESP* chorradas *fpl*

ta-ta [tæ'tɑː] exclam *BR Fam* ¡chao!, *AM* ¡chau!

tattered ['tætəd] adj andrajoso(a)

tatters ['tætəz] npl **to be in ~** [clothes] estar hecho(a) jirones / *Fig* [ruined] haber quedado arruinado(a)

tattle ['tætəl] ■ n habladurías *fpl,* chismes *mpl*
■ vi chismorrear, *AM* chismear, *COL, MÉX* chismosear

tattletale ['tætəlteɪl] n *US* [person] acusica *mf, ESP* chivato(a) *m,f*

tattoo[1] [tə'tuː] (pl **tattoos**) n **1.** [on drum] retreta *f* **2.** [military show] exhibición *f* militar

tattoo[2] ■ n (pl **tattoos**) [design] tatuaje *m*
■ vt tatuar

tatty ['tætɪ] adj *Fam* ajado(a), *ESP* sobado(a)

taught [tɔːt] pt & pp of ***teach***

taunt [tɔːnt] ■ n [words] pulla *f*
■ vt mofarse de, hacer mofa de

taunting ['tɔːntɪŋ] ■ n pullas *fpl*
■ adj hiriente, burlón(ona)

Taurus ['tɔːrəs] n [sign of zodiac] tauro *m* ▸ **to be (a) ~** ser tauro

taut [tɔːt] adj tenso(a)

tauten ['tɔːtən] ■ vt tensar
■ vi tensarse

tautness ['tɔːtnɪs] n tensión *f*

tautological [tɔːtə'lɒdʒɪkəl] adj tautológico(a)

tautology [tɔː'tɒlədʒɪ] n tautología *f*

tavern ['tævən] n *Literary* taberna *f*

tawdry ['tɔːdrɪ] adj [conduct, motive] oscuro(a), sórdido(a) / [decor, jewellery] de oropel

tawny ['tɔːnɪ] adj leonado(a) ▸ **~ owl** cárabo *m*

tax [tæks] ■ n impuesto *m,* tributo *m* / [taxation] impuestos *mpl* ▸ **to pay ~** ser un/una contribuyente, pagar impuestos ▸ *BR* **~ allowance** mínimo *m* exento, tramo *m* (de ingresos) libre de impuestos ▸ **~ avoidance** elusión *f* fiscal ▸ **~ bracket** banda *f* impositiva, tramo *m* impositivo ▸ **~ break** ventaja *f* fiscal ▸ **~ code** código *m* impositivo ▸ **~ collector** recaudador(ora) *m,f* de impuestos ▸ **~ cut** reducción *f* fiscal ▸ *BR* AUT **~ disc** pegatina *f* del impuesto de circulación ▸ **~ evasion** fraude *m or* evasión *f* fiscal ▸ **~ exile** [person] exiliado(a) *m,f* fiscal ▸ **~ form** declaración *f* de la renta ▸ **~ free** libre de impuestos ▸ **~ haven** paraíso *m* fiscal ▸ **~ incentive** incentivo *m* fiscal ▸ *BR* **~ inspector** inspector(ora) *m,f* de Hacienda ▸ **~ rebate** devolución *f* fiscal ▸ *BR* **~ reference number** número *m* de identificación fiscal ▸ **~ relief** desgravación *f* fiscal ▸ **~ return** declaración *f* de la renta ▸ **~ system** sistema *m* impositivo
■ vt **1.** FIN [goods, income] gravar / [people] cobrar impuestos a **2.** [resources, patience, knowledge] poner a prueba **3.** *Formal* [accuse] **he was taxed with having lied** se le imputó haber mentido

taxable ['tæksəbəl] adj gravable, imponible ▸ **~ income** ingresos *mpl* sujetos a gravamen, ≃base *f* imponible

taxation [tæk'seɪʃən] n [system] fiscalidad *f,* sistema *m* fiscal *or* tributario ▸ **an increase in ~** un aumento de los impuestos

tax-deductible [tæksdɪ'dʌktɪbəl] adj desgravable

tax-free ['tæks'friː] ■ adj libre de impuestos
■ adv sin pagar impuestos

taxi ['tæksɪ] ■ n taxi *m* ▸ **~ driver** taxista *mf* ▸ *BR* **~ rank** parada *f* de taxis ▸ *US* **~ stand** parada *f* de taxis
■ vi [aircraft] rodar

taxidermist ['tæksɪdɜːmɪst] n taxidermista *mf*

taxing ['tæksɪŋ] adj difícil, arduo(a)

taxonomy [tæk'sɒnəmɪ] n taxonomía *f*

taxpayer ['tækspeɪə(r)] n contribuyente *mf*

TB [tiː'biː] n [tuberculosis] tuberculosis *f inv*

te [tiː] n MUS si *m*

tea [tiː] n **1.** [plant, drink] té *m* / [herbal infusion] infusión *f,* té *m* ▸ **~ bag** bolsita *f* de té ▸ **~ caddy** lata *f* de té ▸ *BR* **~ cosy** cubretetera *m* ▸ **~ leaves** [dry] hojas *fpl* de té / [in bottom of cup] posos *mpl* de té ▸ **a ~ party** una reunión para tomar el té ▸ **~ service** *or* **set** servicio *m* de té ▸ **~ strainer** colador *m* *(pequeño)* ▸ *BR* **~ towel** trapo *m* *or* paño *m* de cocina, *RP* repasador *m* **2.** *BR* [evening meal] cena *f* ▸ **to ask sb to ~** invitar a alguien a cenar **3.** [afternoon meal] **(afternoon) ~** merienda *f*

teach [tiːtʃ] (pt & pp **taught** [tɔːt]) ■ vt enseñar ▸ **to ~ sb sth, to ~ sth to sb** enseñar algo a alguien ▸ **to ~ sb (how) to do sth** enseñarle a alguien a hacer algo ▸ **he taught me Spanish at school** me daba clase de español en el colegio ▸ **she taught herself to play the piano** aprendió (ella) sola a tocar el piano ▸ *US* **to ~ school** ser profesor(a) ▸ *Fig* **to ~ sb a lesson** darle una lección a alguien ▸ *Fam* **that'll ~ him!** ¡así aprenderá!
■ vi enseñar, dar clase(s)

teacher ['tiːtʃə(r)] n [at primary school] maestro(a) *m,f* / [at secondary school] profesor(ora) *m,f* ▸ **French ~** profesor(ora) *m,f* de francés ▸ *US* **teacher's college** escuela *f* de magisterio ▸ **teacher's pet** favorito(a) *m,f* del profesor ▸ **~ training** estudios *mpl* de magisterio, formación *f* pedagógica ▸ *BR* **~ training college** escuela *f* de magisterio

teaching ['tiːtʃɪŋ] n **1.** [profession, action] enseñanza *f*, docencia *f* ▸ **~ practice** prácticas *fpl* de enseñanza ▸ **~ staff** profesorado *m*, personal *m* docente **2.** [doctrine] enseñanza *f*

teacup ['tiːkʌp] n taza *f* de té

teak [tiːk] n teca *f*

team [tiːm] n [of players, workers] equipo *m* / [of horses] tiro *m* / [of oxen] yunta *f* ▸ **a ~ effort** una labor de equipo ▸ **~ game** juego *m* de equipo ▸ **~ player** buen(a) trabajador(ora) *m,f* en equipo ▸ **~ spirit** espíritu *m* de equipo

◆ ***team up*** vi unirse (**with** a)

team-mate ['tiːmmeɪt] n SPORT compañero(a) *m,f* de equipo

teamster ['tiːmstə(r)] n *US* [lorry driver] camionero(a) *m,f*

teamwork ['tiːmwɜːk] n trabajo *m* en *or* de equipo

teapot ['tiːpɒt] n tetera *f*

tear[1] [tɪə(r)] n lágrima *f* ▸ **in tears** llorando ▸ ANAT **~ duct** conducto *m* lacrimal ▸ **~ gas** gas *m* lacrimógeno

tear[2] [teə(r)] ■ n desgarrón *m* / [of muscle] desgarro *m*
■ vt (pt **tore** [tɔː(r)], pp **torn** [tɔːn]) [rip] rasgar / [snatch] arrancar ▸ **to ~ sth in two** *or* **in half** romper algo en dos ▸ *also Fig* **to ~ sth to pieces** hacer trizas algo ▸ *Fig* **to ~ sb to pieces** hacer trizas a alguien ▸ **she was torn between going and staying** tenía unas dudas tremendas sobre si irse o quedarse ▸ *BR Fam* **that's torn it!** ¡estamos *ESP* apañados *or* *AM* fritos!
■ vi **1.** [material] rasgarse / [muscle] desgarrarse **2. to ~ at sth** [rip] desgarrar algo **3.** [move quickly] **to ~ along/past/away** ir/pasar/alejarse muy deprisa

◆ ***tear apart*** vt sep [person] destruir / [party, country] desmembrar

◆ ***tear away*** vt sep **1.** [remove by tearing] arrancar **2. to ~ oneself away from sth** despegarse de algo

◆ ***tear down*** vt sep [building, statue] derribar / [poster] arrancar

◆ ***tear into*** vt insep **to ~ into sb** [physically] arrojarse sobre alguien / [verbally] arremeter contra alguien

◆ ***tear off*** ■ vt sep [detach by tearing] arrancar
■ vi [run away] salir pitando

◆ ***tear out*** vt sep arrancar ▸ *Fig* **to ~ one's hair out** tirarse de los pelos

◆ ***tear up*** vt sep [document, photo] romper, rasgar / [plant, floorboards] arrancar

tearaway ['teərəweɪ] n alborotador(ora) *m,f*, *ESP* elemento(a) *m,f*

teardrop ['tɪədrɒp] n lágrima *f*

tearful ['tɪəfʊl] adj [person] lloroso(a) / [goodbye, reunion] lacrimoso(a)

tearfully ['tɪəfəlɪ] adv entre lágrimas, lacrimosamente

tearing ['teərɪŋ] adj *Fam* **to be in a ~ hurry** tener muchísima prisa, *AM* tener muchísimo apuro

tearjerker ['tɪədʒɜːkə(r)] n *Fam* **to be a real ~** [movie, book] ser lacrimógeno(a)

tearoom ['tiːruːm] n salón *m* de té

tearstained ['tɪəsteɪnd] adj **her face was ~** tenía un rastro de lágrimas en la cara

tease [tiːz] ■ n [person] guasón(ona) *m,f*, bromista *mf*
■ vt tomar el pelo a (**about** por)
■ vi bromear ▸ **I was only teasing!** ¡sólo era una broma!

◆ ***tease out*** vt sep [information] sonsacar, extraer

teaser ['tiːzə(r)] n *Fam* [problem] rompecabezas *m inv*

teashop ['tiːʃɒp] n salón *m* de té

teasing ['tiːzɪŋ] n burlas *fpl*, pitorreo *m*

teaspoon ['tiːspuːn] n cucharilla *f* ▸ **a ~ of sugar** una cucharadita de azúcar

teaspoonful ['tiːspuːnfʊl] n cucharadita *f* (de las de café)

teat [tiːt] n [of animal] teta *f* / [of feeding bottle] tetina *f*, tetilla *f*

teatime ['tiːtaɪm] n *esp BR* [in afternoon] hora *f* del té / [in evening] hora *f* de la cena *or* de cenar

techie ['tekɪ] n *Fam* COMPTR [person] experto(a) *m,f* en informática

technical ['teknɪkəl] adj técnico(a) ▸ *BR* EDUC **~ college** escuela *f* de formación profesional ▸ SCH **~ drawing** dibujo *m* técnico ▸ **~ foul** [in basketball] (falta *f*) técnica *f* ▸ **~ hitch** fallo *m* técnico, *AM* falla *f* técnica

technicality [teknɪ'kælɪtɪ] n detalle *m* técnico

technically ['teknɪklɪ] adv técnicamente ▸ **~, they are still married** estrictamente hablando, siguen casados

technician [tek'nɪʃən] n técnico(a) *m,f*

technique [tek'niːk] n técnica *f*

technocrat ['teknəkræt] n tecnócrata *mf*

technological [teknə'lɒdʒɪkəl] adj tecnológico(a)

technology [tek'nɒlədʒɪ] n tecnología *f*

teddy ['tedɪ] n **1.** [toy] **~ bear** osito *m* de peluche **2.** [underwear] body *m*

tedious ['tiːdɪəs] adj tedioso(a)

tedium ['tiːdɪəm] n tedio *m*

tee [tiː] n [in golf] [peg] tee *m* / [area] salida *f* (del hoyo), tee *m*

◆ ***tee off*** vi [in golf] dar el primer golpe

teem [tiːm] vi **1.** [rain] **it was teeming (down)** llovía a cántaros **2. to ~ with** [insects, ideas] rebosar de

teeming ['tiːmɪŋ] adj [streets] atestado(a) / [crowds] numeroso(a)

teenage ['tiːneɪdʒ] adj adolescente

teenager ['tiːneɪdʒə(r)] n adolescente *mf*

teen idol ['tiːn'aɪdəl] n *Fam* ídolo *m* juvenil

teens [tiːnz] npl adolescencia *f* ▸ **to be in one's ~** ser (un) adolescente

teensy(-weensy) ['tiːnzɪ('wiːnzɪ)], ***teeny(-weeny)*** ['tiːnɪ('wiːnɪ)] adj *Fam* **a ~ bit of...** un poquitín *or AM* un chiquitín de...

teenybopper ['tiːnɪbɒpə(r)] n *Fam* = *quinceañera seguidora de la música pop y sus modas*

teeny(-weeny) ➤ ***teensy(-weensy)***

teeshirt ['tiːʃɜːt] n camiseta *f*, *CHILE* polera *f*, *RP* remera *f*

teeter ['tiːtə(r)] vi tambalearse ▸ *Fig* **to ~ on the brink of** tambalearse al borde de

teeth [tiːθ] pl *of* ***tooth***

teethe [tiːð] vi **to be teething** estar echando los dientes

teething ['tiːðɪŋ] n dentición *f* ▸ *Fig* **~ troubles** [of project] problemas *mpl* de partida

teetotaller, *US* ***teetotaler*** [tiː'təʊtələ(r)] n abstemio(a) *m,f*

TEFL ['tefəl] n (abbr ***Teaching of English as a Foreign Language***) enseñanza *f* del inglés como idioma extranjero

Teh(e)ran [teə'rɑːn] n Teherán

tel (abbr ***telephone***) tel, teléfono *m*

telecommunications [telɪkəmjuːnɪ'keɪʃənz] n telecomunicaciones *fpl*

telecommute ['telɪkəmjuːt] vi teletrabajar

telecommuting ['telɪkə'mjuːtɪŋ] n teletrabajo *m*

teleconference [telɪ'kɒnfərəns] n teleconferencia *f*

teleconferencing ['telɪ'kɒnfərənsɪŋ] n teleconferencias *fpl*

telegenic [telɪ'dʒenɪk] adj telegénico(a)

telegram ['telɪgræm] n telegrama *m*

telegraph ['telɪgrɑːf] ■ n telégrafo *m* ▸ **~ pole** poste *m* telegráfico ▸ **~ wire** tendido *m* telegráfico

■ vt telegrafiar

telegraphic [telɪ'græfɪk] adj telegráfico(a)

telemarketing [telɪ'mɑːkɪtɪŋ] n COM telemarketing *m*, ventas *fpl* por teléfono

telepathic [telɪ'pæθɪk] adj telepático(a)

telepathy [tɪ'lepəθɪ] n telepatía *f*

telephone ['telɪfəʊn] ■ n teléfono *m* ▸ **to be on the ~** [be subscriber] tener teléfono / [be speaking] estar hablando por teléfono ▸ **to speak to sb on the ~** hablar con alguien por teléfono ▸ COM **~ banking** telebanca *f*, banca *f* telefónica ▸ **~ book** guía *f* telefónica, listín *m* de teléfonos, *AM* directorio *m* de teléfonos ▸ *BR* **~ box** cabina *f* telefónica ▸ **~ call** llamada *f* telefónica ▸ **~ directory** guía *f* telefónica, listín *m* de teléfonos, *AM* directorio *m* de teléfonos ▸ **~ number** número *m* de teléfono ▸ *US* **~ pole** poste *m* de telégrafos

■ vt **to ~ sb** telefonear a alguien, llamar a alguien (por teléfono), *RP* hablar a alguien por teléfono

■ vi telefonear, llamar (por teléfono)

telephonist [tɪ'lefənɪst] n *BR* telefonista *mf*

telephoto lens [telɪ'feʊtəʊ'lenz] adj teleobjetivo *m*

teleprinter ['telɪprɪntə(r)] n teletipo *m*, teleimpresor *m*

telesales [telɪ'seɪlz] npl COM televentas *fpl*, ventas *fpl* por teléfono

telescope ['telɪskəʊp] ■ n telescopio *m* / NAUT catalejo *m*

■ vi plegarse (como un telescopio)

telescopic [telɪs'kɒpɪk] adj **1.** [relating to vision] telescópico(a) ▸ **~ sight** [of rifle] mira *f* telescópica **2.** [expanding] [ladder] extensible / [umbrella] plegable

teleshopping ['telɪʃɒpɪŋ] n COM telecompra *f*

teletext ['telɪtekst] n TV teletexto *m*

televangelist [telɪ'vændʒəlɪst] n predicador *m* evangelista televisivo

televise ['telɪvaɪz] vt televisar

television [telɪ'vɪʒən] n televisión *f* ▸ **on ~** en *or* por (la) televisión ▸ **to watch ~** ver la televisión ▸ **it makes good ~** es muy televisivo ▸ **~ camera** cámara *f* de televisión ▸ *BR* **~ licence** = *certificado de haber pagado el impuesto que autoriza a ver la televisión, con el que se financian las cadenas públicas* ▸ **~ programme** programa *m* de televisión ▸ **~ screen** pantalla *f* de televisión ▸ **~ set** televisor *m*

teleworking ['telɪwɜːkɪŋ] n teletrabajo *m inv*

telex ['teleks] ■ n télex *m inv*

■ vt [message] enviar por télex

tell [tel] (pt & pp **told** [təʊld]) ■ vt **1.** [say] decir / [story, joke, secret] contar ▸ **to ~ sb sth, to ~ sth to sb** contarle algo a alguien ▸ **to ~ the truth/a lie** decir la verdad/una mentira ▸ **to ~ you the truth...** a decir verdad... ▸ **can you ~ me the way to the station?** ¿me puede decir cómo se va a la estación? ▸ **we are told that...** se dice que... ▸ **I told you so!** ¡te lo dije! ▸ **you're telling me!** ¡a mí me lo vas a contar! ▸ **let me ~ you, I was frightened!** te confieso que estaba asustado ▸ **to ~ the time** [clock] indicar *or* dar la hora ▸ **to ~ sb the time** [person] decir la hora a alguien ▸ **his expression told us the answer** la expresión de su cara nos reveló la respuesta **2.** [discern] [attitude, mood] ver, saber ▸ **we couldn't ~ if he was angry or not** no se sabía si estaba *esp ESP* enfadado *or esp AM* enojado o no ▸ **you can ~ she's lived abroad** se nota que ha vivido en el extranjero ▸ **there's no telling what she'll do next** no hay manera de saber qué hará a continuación **3.** [distinguish] distinguir (**from** de) ▸ **to ~ two people/things apart** distinguir entre dos personas/cosas ▸ **to ~ right from wrong** distinguir lo que está bien de lo que está mal ▸ **I can't ~ the difference** no veo la diferencia **4.** [order] **to ~ sb to do sth** mandar a alguien hacer algo, decir a alguien que haga algo ▸ **do as**

you are told! ¡haz lo que te dicen *or* mandan! ▸ **I'm not asking you, I'm telling you!** no es una petición *or* *AM* pedido, ¡es una orden! ▸ **she wouldn't be told** no hacía caso de lo que le decían **5.** POL [count] escrutar ▸ **all told** en total

■ vi **1.** [say] **please don't ~!** ¡no te chives! ▸ **that would be telling!** ¡eso sería contar demasiado! **2.** [discern] **it's difficult** *or* **hard to ~** es difícil de saber ▸ **it's too early to ~** es demasiado pronto para saberlo ▸ **you never can ~** nunca se sabe **3.** [have effect] hacerse notar

> CAREFUL! / ¡CUIDADO!
>
> ***tell***
>
> When translating *tell*, note that although **decir** and **contar** can be used interchangeably in some contexts (e.g. **no se lo digas/cuentes a nadie**), **contar** is used where there is an element of narrative (e.g. gossip, an anecdote, a story), rather than a simple statement of fact.

◆ ***tell off*** vt sep *Fam* [scold] **to ~ sb off (for)** echar una reprimenda *or* *ESP* bronca a alguien (por), dar *MÉX* una jalada *or* *RP* un rezongo a alguien (por)

◆ ***tell on*** vt insep *Fam* [inform on] **he told on me to the teacher** le fue contando lo que yo había hecho al profesor

teller ['telə(r)] n **1.** [of votes] escrutador(ora) *m,f* **2.** [in bank] cajero(a) *m,f*

telling ['telɪŋ] ■ n [of story] narración *f*, relato *m* ▸ **it loses nothing in the ~** no pierde nada al contarlo

■ adj [blow, contribution] decisivo(a) / [argument] contundente

telling-off ['telɪŋ'ɒf] n *Fam* reprimenda *f*, *ESP* bronca *f*, *MÉX* jalada *f*, *RP* rezongo *m* ▸ **to give sb a ~** echar una reprimenda *or* *ESP* bronca a alguien, dar una *MÉX* jalada *or* *RP* un rezongo a alguien

telltale ['telteɪl] ■ n [person] acusica *mf*, *ESP* chivato(a) *m,f*

■ adj [sign, odour] revelador(ora)

telly ['telɪ] n *BR Fam* tele *f* ▸ **on ~** en *or* por la tele ▸ **~ addict** teleadicto(a) *m,f*

temerity [tɪ'merɪtɪ] n osadía *f*, atrevimiento *m* ▸ **to have the ~ to do sth** tener la osadía de hacer algo

temp [temp] *Fam* ■ n trabajador(ora) *m,f* temporal (administrativo(a)) ▸ **to be a ~** hacer trabajo temporal de administrativo(a)

■ vi hacer trabajo temporal de administrativo(a)

temper ['tempə(r)] ■ n [character] carácter *m* / [mood] humor *m* / [bad mood] mal humor ▸ **to be in a good/(bad) ~** estar de buen/mal humor ▸ **to keep one's ~** mantener la calma ▸ **to lose one's ~** perder los estribos ▸ **to have a short ~** tener mal genio ▸ **to fly into a ~** ponerse hecho(a) una furia ▸ *Fam* **~, ~!** ¡calma, calma! ▸ **~ tantrum** rabieta *f*

■ vt **1.** [steel] templar **2.** [action] moderar, mitigar

temperament ['tempərəmənt] n temperamento *m*

temperamental [tempərə'mentəl] adj [person] temperamental / *Fig* [machine] caprichoso(a)

temperamentally [temprə'mentəlɪ] adv de forma temperamental, temperamentalmente ▸ **to be ~ unsuited to sth** no tener el temperamento adecuado para algo, no tener madera de algo

temperance ['tempərəns] n **1.** [moderation] moderación *f*, sobriedad *f* **2.** [abstinence from alcohol] abstinencia *f* (del alcohol) ▸ HIST **~ movement** liga *f* antialcohólica

temperate ['tempərət] adj **1.** GEOG [climate, zone] templado(a) **2.** [language, criticism] moderado(a)

temperature ['tempərətʃə(r)] n temperatura *f* ▸ **to take sb's ~** tomar la temperatura a alguien ▸ **to have** *or* **to run a ~** tener fiebre

tempered ['tempəd] adj [steel] templado(a)

tempest ['tempɪst] n *Literary* tempestad *f* ▸ *US* **it was a ~ in a teapot** fue una tormenta en un vaso de agua

tempestuous [tem'pestjʊəs] adj tempestuoso(a), tormentoso(a)

template ['templɪt] n [gen] & COMPTR plantilla *f*

temple[1] ['tempəl] n [place of worship] templo *m*

temple[2] n [side of head] sien *f*

tempo ['tempəʊ] (pl **tempos**) n MUS tempo *m*

temporal ['tempərəl] adj **1.** [power] temporal, terrenal **2.** GRAM temporal

temporarily [tempə'rerɪlɪ] adv temporalmente, *AM* temporariamente

temporary ['tempərərɪ] adj [in general] temporal, *AM* temporario(a) / [office, arrangement, repairs] provisional, *AM* temporario(a) ▸ **~ job** trabajo *m* temporal

tempt [tem(p)t] vt tentar ▸ **to ~ sb to do sth** tentar a alguien a hacer algo ▸ **I'm tempted to accept** me siento tentado de aceptar ▸ **to ~ fate** tentar (a) la suerte

temptation [tem(p)'teɪʃən] n tentación *f*

tempting ['tem(p)tɪŋ] adj tentador(ora)

temptress ['tem(p)trɪs] n *Literary* seductora *f*, mujer *f* fatal

ten [ten] ■ n **1.** [number] diez *m* **2.** [idioms] **they're ~ a penny** los hay a patadas ▸ **~ to one he'll find out** me apuesto el cuello a que lo descubrirá

■ adj diez ▸ **the Ten Commandments** los Diez Mandamientos / *see also* ***eight***

tenable ['tenəbəl] adj sostenible

tenacious [te'neɪʃəs] adj tenaz

tenaciously [tə'neɪʃəslɪ] adv tenazmente, con tenacidad

tenacity [te'næsɪtɪ] n tenacidad *f*

tenancy ['tenənsɪ] n LAW [right] arrendamiento *m*, alquiler *m* / [period] periodo *m* de alquiler ▸ **~ agreement** contrato *m* de alquiler *or* arrendamiento

tenant ['tenənt] n [of house] inquilino(a) *m,f* / [of land] arrendatario(a) *m,f*

tend[1] [tend] vt [look after] cuidar (de)

tend[2] vi tender (**towards** hacia) ▸ **to ~ to do sth** soler hacer algo

◆ ***tend to*** vt insep [look after] atender a

tendency ['tendənsɪ] n [trend] tendencia *f* / [leaning] inclinación *f* ▸ **to have a ~ to (do) sth** tener tendencia a (hacer) algo

tendentious [ten'denʃəs] adj *Formal* tendencioso(a)

tender[1] ['tendə(r)] n NAUT barcaza *f* / RAIL ténder *m*

tender[2] adj **1.** [gentle, affectionate] cariñoso(a), afectuoso(a) **2.** [sensitive] muy sensible ▸ *Fig* **at the ~ age of...** a la tierna edad de... **3.** [meat] tierno(a)

tender[3] ■ n COM [bid] oferta *f* ▸ **to make** *or* **put in a ~** hacer *or* presentar una oferta
■ vt *Formal* [offer] [one's services, money] ofrecer ▸ **to ~ one's resignation** presentar la dimisión
■ vi COM **to ~ for a contract** presentarse a una licitación de contrata

tenderhearted [tendə'hɑːtɪd] adj bondadoso(a)

tenderly ['tendəlɪ] adv [affectionately] cariñosamente, afectuosamente

tenderness ['tendənɪs] n **1.** [affection] ternura *f*, cariño *m* **2.** [pain] dolor *m* **3.** [of meat] blandura *f*, terneza *f*

tendon ['tendən] n ANAT tendón *m*

tendril ['tendrɪl] n BOT zarcillo *m*

tenement ['tenɪmənt] n **~ (building)** bloque *m* de apartamentos *or ESP* pisos *or ARG* departamentos

tenet ['tenɪt] n principio *m*, postulado *m*

tenfold ['tenfəʊld] ■ adj **a ~ increase** un aumento por diez
■ adv diez veces

tenner ['tenə(r)] n *Fam* **1.** *BR* [ten-pound note] billete *m* de diez libras **2.** *US* [ten-dollar note] billete *m* de diez dólares

tennis ['tenɪs] n tenis *m* ▸ **to play ~** jugar al tenis ▸ **~ ball** pelota *f* de tenis ▸ **~ club** club *m* de tenis ▸ **~ court** pista *f or* cancha *f* de tenis ▸ MED **~ elbow** codo *m* de tenista ▸ **~ player** tenista *mf* ▸ **~ racquet** *or* **racket** raqueta *f* de tenis ▸ **~ shoe** zapatilla *f* de tenis

tenor ['tenə(r)] n **1.** MUS tenor *m* ▸ **~ sax(ophone)** saxo *m* tenor **2.** [content, sense] tenor *m*

tense[1] [tens] n GRAM tiempo *m* ▸ **in the present/future ~** en (tiempo) presente/futuro

tense[2] ■ adj tenso(a) ▸ **my neck was very ~** tenía el cuello muy tenso
■ vt tensar ▸ **to ~ oneself** ponerse tenso(a)
■ vi tensarse, ponerse tenso(a)

◆ ***tense up*** vi ponerse tenso(a)

tensely ['tenslɪ] adv [nervously] tensamente

tension ['tenʃən] n tensión *f*

tent [tent] n tienda *f* de campaña, *AM* carpa *f* ▸ **~ peg** piqueta *f*, clavija *f* ▸ **~ pole** mástil *m* (de tienda *or AM* carpa)

tentacle ['tentəkəl] n tentáculo *m*

tentative ['tentətɪv] adj [person] vacilante, titubeante / [arrangement, conclusions] provisional

tentatively ['tentətɪvlɪ] adv [hesitantly] con vacilación, con titubeo / [provisionally] provisionalmente

tenterhooks ['tentəhʊks] npl **to be on ~** estar sobre ascuas ▸ **to keep sb on ~** tener a alguien sobre ascuas

tenth [tenθ] ■ n **1.** [fraction] décimo *m*, décima parte *f* **2.** [in series] décimo(a) *m,f* **3.** [of month] diez *m*
■ adj décimo(a) / *see also* ***eighth***

tenuous ['tenjʊəs] adj [connection] vago(a), tenue / [argument] flojo(a), débil / [comparison] traído(a) por los pelos

tenuousness ['tenjʊəsnɪs] n [of connection] vaguedad *f* / [of argument] falta *f* de solidez / [of comparison] falta *f* de conexión

tenure ['tenjə(r)] n [of land] arriendo *m* / [of office] ocupación *f* / UNIV titularidad *f* ▸ **to have ~** ser profesor(ora) numerario(a) *or* titular

tepid ['tepɪd] adj *also Fig* tibio(a) ▸ **to be ~** [water] estar tibio(a)

term [tɜːm] ■ n **1.** [word, expression] término *m* ▸ **I told her in no uncertain terms** se lo dije en términos claros ▸ **in terms of salary/pollution** en cuanto a salario/contaminación **2.** [relations] **I'm on good/bad terms with her** me llevo bien/mal con ella ▸ **to be on friendly terms with sb** llevarse bien con alguien ▸ **not to be on speaking terms** no hablarse ▸ **to come to terms with sth** llegar a aceptar algo **3.** COM **terms** [of contract] términos *mpl*, condiciones *fpl* ▸ **terms of reference** [of commission] competencias *fpl* ▸ **terms of payment** condiciones *fpl* de pago **4.** SCH & UNIV [of three months] trimestre *m* / [of four months] cuatrimestre *m* ▸ **~ of office** [of politician] mandato *m* ▸ **a ~ of imprisonment** un periodo de reclusión ▸ **in the long/short ~** a largo/corto plazo ▸ **her pregnancy has reached (full) ~** (ella) ha salido de cuentas ▸ *US* UNIV **~ paper** trabajo *m* de fin de trimestre
■ vt denominar, llamar

terminal ['tɜːmɪnəl] ■ n **1.** ELEC [of battery] polo *m* **2.** [rail, bus, air] terminal *f* **3.** COMPTR terminal *m*
■ adj [phase, illness] terminal

terminally ['tɜːmɪnəlɪ] adv **to be ~ ill** estar en la fase terminal de una enfermedad ▸ **~ ill patient** enfermo(a) *m,f* terminal

terminate ['tɜːmɪneɪt] ■ vt **1.** [contract] rescindir / [project] suspender **2.** [pregnancy] interrumpir
■ vi **1.** [contract] finalizar **2.** [bus, train] **the train terminates here** esta es la última parada del tren

termination [tɜːmɪ'neɪʃən] n [of contract] rescisión *f* / [of project] suspensión *f* ▸ **~ (of pregnancy)** interrupción *f* (del embarazo)

terminology [tɜːmɪ'nɒlədʒɪ] n terminología *f*

terminus ['tɜːmɪnəs] n [of bus] última parada *f*, final *m* de trayecto

termite ['tɜːmaɪt] n termes *m inv*, termita *f*

tern [tɜːn] n charrán *m* común

Terr (abbr ***Terrace***) = *nombre que recibe una calle con casas adosadas*

terrace ['terɪs] n **1.** [outside cafe, hotel] terraza *f* **2.** [on hillside] terraza *f* **3.** *BR* **the terraces** [in soccer ground] las gradas **4.** *BR* [of houses] hilera *f* de casas adosadas

terraced ['terɪst] adj [hillside] en terrazas / *BR* [house, row] adosado(a)

terracotta ['terə'kɒtə] n terracota *f*

terrain [tə'reɪn] n terreno *m*

terrapin ['terəpɪn] n tortuga *f* acuática

terrestrial [tɪ'restrɪəl] adj terrestre

terrible ['terɪbəl] adj [shocking] horrible, terrible / [of poor quality] horroroso(a) ▸ **I'm ~ at French** se me da muy mal *or ESP* fatal el francés

terribly ['terɪblɪ] adv **1.** [badly] tremendamente mal, *ESP* fatal **2.** *Fam* [very] tremendamente

terrier ['terɪə(r)] n [dog] terrier *m* / *Fig* [persistent person] batallador(ora) *m,f*

terrific [tə'rɪfɪk] adj *Fam* **1.** [very good] [food, book, weather, performance] estupendo(a), genial, *AM salvo RP* chévere, *MÉX* padre, *RP* bárbaro(a) **2.** [very great] [amount, size, speed, shock] tremendo(a)

terrifically [tə'rɪfɪklɪ] adv *Fam* [very] tremendamente ▸ **it was ~ hot** hacía un calor tremendo

terrified ['terɪfaɪd] adj aterrorizado(a), aterrado(a) ▸ **to be ~ of** tener terror a

terrify ['terɪfaɪ] vt aterrar, aterrorizar

terrifying ['terɪfaɪɪŋ] adj aterrador(ora)

terrifyingly ['terɪfaɪɪŋlɪ] adv aterradoramente

territorial [terɪ'tɔːrɪəl] adj territorial ▸ *BR* **the Territorial Army** = *cuerpo militar de reservistas voluntarios que reciben instrucción en su tiempo libre* ▸ **~ waters** aguas *fpl* territoriales

territory ['terɪtərɪ] n territorio *m* / *Fig* [area of activity] ámbito *m*

terror ['terə(r)] n [fear] terror *m* ▸ **a reign of ~** un imperio del terror ▸ *Fam* **that child is a ~** ese niño es un demonio *or* diablo

terrorism ['terərɪzəm] n terrorismo *m*

terrorist ['terərɪst] n & adj terrorista *mf*

terrorize ['terəraɪz] vt aterrorizar

terror-stricken ['terəstrɪkən], ***terror-struck*** ['terəstrʌk] adj aterrado(a) ▸ **to be ~** estar aterrado(a)

terse [tɜːs] adj tajante, seco(a)

terseness ['tɜːsnɪs] n sequedad *f*

tertiary ['tɜːʃɪərɪ] adj *BR* EDUC superior ▸ **~ education** enseñanza *f* superior

TESL ['tesəl] n (abbr ***Teaching of English as a Second Language***) enseñanza *f* del inglés como segunda lengua

TESOL ['tiːsəl] n (abbr ***Teaching of English to Speakers of Other Languages***) enseñanza *f* del inglés a hablantes de otras lenguas

TESSA ['tesə] n *BR* FIN (abbr ***tax-exempt special savings account***) = *plan de ahorro que permite unos máximos anuales de inversión y de capitalización de intereses exentos de tributación fiscal*

test [test] ■ n **1.** [trial, check] prueba *f* ▸ **to put sth/sb to the ~** poner algo/a alguien a prueba ▸ **to pass the ~** superar la prueba ▸ **to stand the ~ of time** resistir la prueba del tiempo ▸ **~ ban** suspensión *f* de pruebas nucleares ▸ LAW **~ case** resolución *f* judicial que sienta jurisprudencia ▸ **~ drive** prueba *f* de carretera ▸ **~ flight** vuelo *m* de prueba ▸ **~ pilot** piloto *mf* de pruebas ▸ **~ run** [trial] prueba *f*, ensayo *m* ▸ **~ tube** probeta *f* ▸ **~ tube baby** niño(a) *m,f* probeta **2.** [examination] examen *m* ▸ **(driving) ~** examen *m* de *ESP* conducir *or AM* manejar ▸ **eye ~** revisión *f* de la vista ▸ **blood ~** análisis *m inv* de sangre ▸ **French ~** prueba *f or* control *m* de francés **3.** [in cricket] **~ (match)** encuentro *m* internacional de cinco días

■ vt **1.** [examine] [pupil] examinar / [sight, hearing] revisar ▸ **to ~ sb's knowledge** poner a prueba los conocimientos de alguien ▸ **to ~ sb for drugs/Aids** hacer a alguien la prueba antidoping/del sida **2.** [try out] [object, system] probar

■ vi **to ~ for Aids** hacerse la prueba del sida ▸ **to ~ positive/negative** [for drugs, Aids] dar positivo/negativo

◆ ***test out*** vt sep [idea, scheme] poner a prueba

testament ['testəmənt] n **1.** LAW [will] testamento *m* **2.** [tribute] testimonio *m* ▸ **to be a ~ to** dar testimonio de **3.** REL **the Old/New Testament** el Antiguo/Nuevo Testamento

test-bed ['testbed] n banco *m* de pruebas

test-drive ['testdraɪv] vt AUT probar en carretera

testicle ['testɪkəl] n ANAT testículo *m*

testify ['testɪfaɪ] LAW ■ vt **to ~ that...** testificar *or* atestiguar que...

■ vi testificar, declarar (**for/against** a favor de/en contra de) ▸ *Fig* **to ~ to sth** [be proof of] atestiguar algo

testily ['testɪlɪ] adv irritadamente

testimonial [testɪ'məʊnɪəl] n **1.** [character reference] referencias *fpl* **2.** SPORT **~ (match)** partido *m* de homenaje

testimony ['testɪmənɪ] n LAW testimonio *m* ▸ **to bear ~ to sth** atestiguar algo

testing ['testɪŋ] ■ n [of machine, bridge] prueba *f* ▸ **~ ground** campo *m* de pruebas

■ adj [problem] difícil, arduo(a)

testis ['testɪs] (pl **testes** ['testiːz]) n ANAT testículo *m*

testosterone [tes'tɒstərəʊn] n BIOL testosterona *f*

testy ['testɪ] adj [person, mood] irritable / [tone, manner] susceptible ▸ **to be ~** [by nature] ser irritable / [temporarily] estar irritable *or* irritado(a)

tetanus ['tetənəs] n MED tétanos *m inv*

tetchy ['tetʃɪ] adj *Fam* susceptible, irritable ▸ **to be ~** estar susceptible

tether ['teðə(r)] ■ n [for tying animal] correa *f*, atadura *f* ▸ *Fig* **to be at the end of one's ~** estar al borde de la desesperación

■ vt [animal] atar

Texan ['teksən] n & adj tejano(a) *m,f*

Texas ['teksəs] n Texas, Tejas

text [tekst] ■ n texto *m* ▸ COMPTR **~ editor** editor *m* de textos ▸ **~ message** [sent by mobile phone] mensaje *m* de texto ▸ **~ messaging** [on mobile phones] mensajería *f* de texto

■ vt [send text message to] enviar un mensaje de texto a

■ vi [send text messages] enviar mensajes de texto

textbook ['tekstbʊk] n libro *m* de texto ▸ *Fig* **a ~ example** un ejemplo modélico *or* de libro

textile ['tekstaɪl] ■ n tejido *m* ▸ **textiles** [industry] la industria textil

■ adj textil

textual ['tekstjʊəl] adj textual

texture ['tekstʃə(r)] n textura *f*

Thai [taɪ] ■ n **1.** [person] tailandés(esa) *m,f* **2.** [language] tailandés *m*
■ adj tailandés(esa)

Thailand ['taɪlænd] n Tailandia

Thames [temz] n **the ~** el Támesis

than [ðæn] unstressed [ðən] conj [in general] que / [with numbers, amounts] de ▸ **he's taller ~ me** es más alto que yo ▸ **he was taller ~ I had expected** era más alto de lo que me esperaba ▸ **she stands a better chance of winning ~ she did last year** tiene más posibilidades de ganar (de las) que (tuvo) el año pasado ▸ **he is more ~ a friend** es más que un amigo ▸ **more/less ~ ten** más/menos de diez ▸ **more ~ once** más de una vez

thank [θæŋk] vt dar las gracias a ▸ **I thanked everybody** se lo agradecí a todo el mundo ▸ **to ~ sb for sth** agradecer algo a alguien, dar las gracias a alguien por algo ▸ **to ~ sb for doing sth.** agradecer a alguien que haya hecho algo, dar gracias a alguien por haber hecho algo ▸ **~ God!** ¡gracias a Dios! ▸ **~ you** gracias ▸ **~ you very much** muchas gracias ▸ **no, ~ you** no, gracias ▸ **~ you for coming** gracias por venir ▸ *Ironic* **I'll ~ you to mind your own business!** te agradecería que te ocuparas de tus asuntos ▸ *Ironic* **we have Michael to ~ for this** esto se lo tenemos que agradecer a Michael

thankful ['θæŋkfʊl] adj agradecido(a) ▸ **to be ~ that...** dar gracias de que...

thankfully ['θæŋkfəlɪ] adv afortunadamente

thankless ['θæŋklɪs] adj ingrato(a)

thanks [θæŋks] npl gracias *fpl* ▸ **~!** ¡gracias! ▸ *Fam* **no ~** no, gracias ▸ **~ for coming** gracias por venir ▸ *Fam* **~ for nothing!** ¡gracias por nada! ▸ **to give ~ to sb for sth** darle a alguien las gracias por algo ▸ **give him my ~** dale las gracias de mi parte ▸ **~ to him/to his help** gracias a él/a su ayuda ▸ **no ~ to you/them!** a pesar de ti/ellos

thanksgiving [θæŋks'gɪvɪŋ] n agradecimiento *m* ▸ *US* **Thanksgiving (Day)** día *m* de acción de gracias *(el cuarto jueves de noviembre)*

CULTURE / CULTURA

Thanksgiving

Con la celebración del **Thanksgiving**, el cuarto jueves de noviembre, se conmemora el asentamiento de los primeros colonos en Norteamérica. Se suele celebrar con una cena en familia, que consiste tradicionalmente en un pavo asado con salsa de arándanos, acompañado de boniatos como guarnición, y una tarta de calabaza de postre.

thank you ['θæŋkjʊ] n agradecimiento *m* ▸ **to say ~ to sb** dar las gracias a alguien ▸ **~ letter** carta *f* de agradecimiento / *see also* ***thank***

that [ðæt] ■ demonstrative adj (pl **those** [ðəʊz]) [masculine] ese / [further away] aquel / [feminine] esa / [further away] aquella ▸ **~ man standing in front of you** ese hombre (que está) delante de ti ▸ **~ man right at the back** aquel hombre del fondo ▸ **compare ~ edition with these two** compara esa edición con estas dos ▸ **~ one** [masculine] ése / [further away] aquél / [feminine] ésa / [further away] aquélla ▸ **at ~ time** en aquella época ▸ **~ fool of a teacher** ese *or* aquel profesor tan tonto ▸ **well, how's ~ leg of yours?** a ver, ¿cómo va esa pierna? ▸ **what about ~ drink you owe me?** ¿qué pasa con esa copa que me debes?
■ demonstrative pron (pl **those**) [in near to middle distance] [indefinite] eso / [masculine] ése / [feminine] ésa / [further away] [indefinite] aquello / [masculine] aquél / [feminine] aquélla ▸ **give me ~** dame eso ▸ **this is new and that's old** éste es nuevo y ése es viejo ▸ **what's ~?** ¿qué es eso? ▸ **who's ~?** [pointing] ¿quién es ése/ésa? / [who are you?] ¿quién es? ▸ **who's ~ at the back in the blue coat?** ¿quién es aquél del fondo con el abrigo azul? ▸ **is ~ all the luggage you're taking?** ¿es ése todo el equipaje que llevas? ▸ **that's where he lives** ahí es donde vive ▸ **all ~ about my family** lo de *or* aquello de mi familia ▸ **~ was two years ago** eso fue hace dos años ▸ **that's strange!** ¡qué raro!, ¡es extraño! ▸ **with ~ she turned and left** con eso, dio media vuelta y se marchó ▸ **what do you mean by ~?** ¿qué quieres decir con eso? ▸ **it was a long journey and a tedious one at ~** fue un viaje largo y, encima, tedioso ▸ **can you run as fast as ~?** ¿puedes correr así de deprisa? ▸ **that's right!, that's it!** ¡eso es! ▸ **that's all** eso es todo ▸ **that's ~!** ¡ya está! ▸ **~ will do** eso valdrá ▸ **that's enough of ~!** ¡ya basta!
■ adv **1.** [in comparisons] así de ▸ **~ high** así de alto ▸ **can you run ~ fast?** ¿puedes correr así de deprisa? ▸ **~ many** tantos(as) ▸ **~ much** tanto **2.** [so, very] tan ▸ **is she ~ tall?** ¿tan alta es? ▸ *Fam* **he's ~ stupid he...** es tan estúpido que...
■ [unstressed ðət] relative pron

HOW TO...

thank and be thanked

Saying thank you
(Muchas) gracias. / Thank you (very much).
Muchísimas gracias. / Thank you so much.
No sé cómo darte las gracias/agradecértelo. / I don't know how to thank you.
Quisiera agradecerle su ayuda. / I would like to thank you for your help.
Me gustaría darte las gracias por haberme animado. / I'd like to thank you for your encouragement.
Te agradezco mucho lo que has hecho por mí. / I really appreciate what you've done for me.

Responding to thanks
De nada. / Don't mention it
No te preocupes. / Don't worry about it.
No hay nada que agradecer. / It was nothing.
No hay de qué. / Not at all.
Ha sido un placer. / My pleasure.

El pronombre relativo **that** puede omitirse salvo cuando es sujeto de la oración subordinada.

1. que ▸ **the letter ~ came yesterday** la carta que llegó ayer ▸ **the letter ~ I sent you** la carta que te envié ▸ **you're the only person ~ can help me** eres la única persona que puede ayudarme **2.** [with following preposition] que ▸ **the envelope ~ I put it in** el sobre en que lo guardé ▸ **the woman ~ we're talking about** la mujer de quien *or* de la que estamos hablando ▸ **the person ~ I gave it to** la persona a quien *or* a la que se lo di **3.** [when] que ▸ **the last time ~ I saw him** la última vez que lo vi ▸ **the day ~ I left** el día (en) que me fui

■ [unstressed ðət] conj

that se puede omitir cuando introduce una oración subordinada.

1. [introducing subordinate clause] que ▸ **she said ~ she would come** dijo que vendría ▸ **I'll see to it ~ everything is ready** me ocuparé de que todo esté listo **2.** *Literary* [in exclamations] **~ it should have come to this!** ¡que hayamos tenido que llegar a esto! ▸ **oh ~ it were possible!** ¡ojalá fuese posible!

thatch [θætʃ] ■ n [on roof] paja *f* / *Fam* [of hair] mata *f*

■ vt [roof] cubrir con paja ▸ **thatched cottage** casa *f* de campo con techo de paja ▸ **thatched roof** techo *m* de paja

thaw [θɔː] ■ n deshielo *m* ▸ *Fig* **a ~ in relations** una mejora de las relaciones

■ vt fundir, derretir / [food] descongelar

■ vi [snow, ice] derretirse, fundirse / [food] descongelarse / *Fig* [person, manner] relajarse

◆ ***thaw out*** vi [lake] deshelarse / [food] descongelarse / [person] [in front of fire] entrar en calor

the [before consonant sounds ðə, before vowel sounds ðɪ, stressed ðiː] definite art **1.** [singular] [masculine] el / [feminine] la / [plural] [masculine] los / [feminine] las ▸ **~ book** el libro ▸ **~ table** la mesa ▸ **~ books** los libros ▸ **~ tables** las mesas ▸ **to/from ~ airport** al/del aeropuerto ▸ **~ good/beautiful** [as concepts] lo bueno/bello ▸ **I'll see him in ~ summer** lo veré en verano ▸ **she's got ~ measles/the flu** tiene (el) sarampión/(la) gripe ▸ **~ best** el/la mejor ▸ **~ longest** el/la más largo(a) **2.** [specifying] **~ reason I asked is...** el motivo de mi pregunta es... ▸ **I was absent at ~ time** yo no estaba en ese momento ▸ **~ Europe of today** la Europa actual ▸ **~ minute I saw her** en cuanto la vi ▸ *Fam* **how's ~ knee?** ¿qué tal esa rodilla? **3.** [denoting class, group] **~ poor/blind** los pobres/ciegos ▸ **~ Wilsons** los Wilson **4.** [with titles] **Edward ~ Eighth** Eduardo octavo ▸ **Catherine ~ Great** Catalina la Grande **5.** [proportions, rates] **to be paid by ~ hour** cobrar por horas ▸ **15 kilometres to ~ litre** 15 kilómetros por *or* el litro **6.** [in exclamations] **~ arrogance/stupidity of it!** ¡qué arrogancia/estupidez! ▸ **£200 for a shirt – ~ man's mad!** ¡200 libras por una camisa! ¡ese tipo está loco! **7.** [stressed ðiː] **not THE Professor Branestawm?** ¿no será el famosísimo Profesor Branestawm? ▸ **it's THE diet for the new century** es el régimen del siglo veintiuno **8.** [in comparisons] **~ sooner ~ better** cuanto antes, mejor ▸ **~ less we argue, ~ more work we'll get done** cuanto menos discutamos, más trabajaremos ▸ **I was all ~ more puzzled by his calmness** lo que más me extrañaba era su tranquilidad ▸ **she felt all ~ better for having told him** se sentía mucho mejor por habérselo dicho **9.** [with dates] **~ sixties** los sesenta ▸ **~ eighteen hundreds** el siglo diecinueve

theatre, US ***theater*** [ˈθɪətə(r)] n teatro *m* ▸ *BR* MED **(operating) ~** quirófano *m* ▸ MIL **~ of war** escenario *m* de guerra ▸ **~ company** compañía *f* de teatro ▸ *BR* MED **~ nurse** instrumentista *mf*

theatre-goer, US ***theater-goer*** [ˈθɪətəgəʊə(r)] n aficionado(a) *m,f* al teatro

theatrical [θɪˈætrɪkəl] adj *also Fig* teatral ▸ **~ company** compañía *f* teatral

thee [ðiː] pron *Literary* & REL [plural] os / [singular] te / [after preposition] [plural] vos / [singular] ti

theft [θeft] n robo *m* / [not as serious] hurto *m*

theftproof [ˈθeftpruːf] adj [vehicle, door] a prueba de robo, antirrobo

their [ˈðeə(r)] possessive adj **1.** [singular] su / [plural] sus ▸ **we went to ~ house** [not yours or ours] fuimos a casa de ellos **2.** [for parts of body, clothes] [translated by definite article] **~ eyes are blue** tienen los ojos azules ▸ **they both forgot ~ hats** los dos se olvidaron el sombrero **3.** [indefinite use] su ▸ **somebody called but they didn't leave ~ name** ha llamado alguien, pero no ha dejado su nombre ▸ **someone's left ~ umbrella** alguien se ha dejado el paraguas

theirs [ˈðeəz] possessive pron **1.** [singular] el suyo/la suya / [plural] los suyos/las suyas ▸ **our house is big but ~ is bigger** nuestra casa es grande, pero la suya es mayor **2.** [used attributively] [singular] suyo/suya / [plural] suyos/suyas ▸ **this book is ~** este libro es suyo ▸ **a friend of ~** un amigo suyo **3.** [indefinite use] **if anyone hasn't got ~ they can use mine** si alguien no tiene el suyo, puede usar el mío

them [ðem unstressed, ðəm] pron **1.** [direct object] los/las ▸ **I hate ~** los odio ▸ **I can forgive their son but not THEM** puedo perdonar a su hijo, pero no a ellos **2.** [indirect object] les ▸ **I gave ~ the book** les di el libro ▸ **I gave it to ~** se lo di **3.** [after preposition] ellos/ellas ▸ **I'm thinking of ~** estoy pensando en ellos **4.** [as complement of verb **to be**] ellos/ellas ▸ **it's ~!** ¡son ellos! ▸ **it was ~ who did it** fueron ellos los que lo hicieron **5.** [indefinite use] **if anyone comes, tell ~ ...** si viene alguien, dile que...

thematic [θiːˈmætɪk] adj temático(a)

theme [θiːm] n **1.** [subject] tema *m,* asunto *m* ▸ **~ park** parque *m* temático **2.** [in literature, music] tema *m* ▸ TV & RAD **~ song** *or* **tune** sintonía *f*

themselves [ðəmˈselvz, stressed ðemˈselvz] pron **1.** [reflexive] se ▸ **they've hurt ~** se han hecho daño **2.** [emphatic] **they did all the work ~** hicieron todo el trabajo ellos mismos *or* ellos solos ▸ **they told me ~** me lo dijeron ellos mismos **3.** [after preposition] **they were all by ~** estaban ellos solos ▸ **they were talking about ~** estaban hablando de sí mismos ▸ **they were fighting among ~** se estaban peleando entre ellos

then [ðen] ■ adv **1.** [at that time] entonces ▸ **it was better ~** era mejor entonces ▸ **before ~** antes (de eso) ▸ **since/until ~** desde/hasta entonces ▸ **by ~** para entonces ▸ **~ and there** en aquel instante, al momento **2.** [next] luego ▸ **what ~?** y luego, ¿qué? ▸ **and ~ there's the cost** y luego está el coste **3.** [in that case] entonces ▸ **if you don't like it, ~ choose another one** si no te gusta, elige otro **4.** [therefore] entonces ▸ **you already knew, ~?** entonces, ¿ya lo sabías?
■ adj **the ~ President** el entonces presidente

thence [ðens] adv *Formal* **1.** [from there] de allí, de ahí ▸ **we went to Paris and ~ to Rome** fuimos a París y de ahí a Roma **2.** [because of that] de ahí

theologian [θiːəˈləʊdʒ(ɪ)ən] n teólogo(a) *m,f*

theological [θiːəˈlɒdʒɪkəl] adj teológico(a)

theology [θiːˈɒlədʒɪ] n teología *f*

theorem [ˈθɪərəm] n MATH teorema *m*

theoretical [θiːəˈretɪkəl] adj teórico(a)

theoretically [θiːəˈretɪklɪ] adv [relating to theory] en la teoría, teóricamente / [hypothetically] en teoría, teóricamente ▸ **it's ~ possible** en teoría es posible

theoretician [θiːərɪˈtɪʃən] n teórico(a) *m,f*

theorist [ˈθiːərɪst] n teórico(a) *m,f*

theorize [ˈθiːəraɪz] vi teorizar

theory [ˈθiːərɪ] n teoría *f* ▸ **in ~** en teoría

therapeutic [θerəˈpjuːtɪk] adj *also Fig* terapéutico(a)

therapist [ˈθerəpɪst] n terapeuta *mf*

therapy [ˈθerəpɪ] n terapia *f*

there [ðeə(r), unstressed ðə(r)] ■ pron **~ is, ~ are** hay ▸ **~ was, ~ were** había/hubo ▸ **~ will be** habrá ▸ **there's a page missing** falta una página ▸ **~ are** *or Fam* **there's two slices left** quedan dos lonchas ▸ **~ isn't any** no hay ▸ **~ are four of us** somos cuatro ▸ **~ comes a time when...** llega un momento en que...
■ adv **1.** [referring to place] ahí / [more distant] [at precise point] allí / [more vaguely] allá ▸ **the keys aren't ~** las llaves no están ahí/allí ▸ **who's ~?** [after knock on door] ¿quién es? ▸ **up/down ~** ahí arriba/abajo ▸ **I'm going ~ tomorrow** voy para allá mañana ▸ **we went to Paris and from ~ to Rome** fuimos a París, y de allí a Roma ▸ **somewhere near ~** por allí cerca ▸ **put it over ~** ponlo ahí ▸ **give me that book ~** dame ese libro de ahí ▸ **do we have time to get ~ and back?** ¿tenemos tiempo de ir (allí) y volver? ▸ **~ and then** en aquel instante, al momento ▸ **hey! you ~!** ¡oye, tú! ▸ **~ they are!** ¡ahí están! ▸ **~ she goes!** ¡va por ahí! ▸ **~ you are!** [when giving sb sth] ¡ahí tienes! ▸ *Fam* **he's not all ~** no está bien de la cabeza **2.** [at that point] **we'll stop ~ for today** lo dejamos aquí por hoy ▸ **there's the difficulty** ahí está la dificultad ▸ *Fam* **~ you have me!, you've got me ~!** [I don't know the answer] ¡ahí me has pillado!
■ exclam **~ now, that's done!** ¡hala, ya está! ▸ **~ (you are), I told you so** ¿ves?, ya te lo dije ▸ **~, ~! don't worry!** ¡venga, no te preocupes!

thereabouts [ˈðeərəˈbaʊts] adv **1.** [with place] **(or) ~** (o) por ahí **2.** [with number, quantity, distance] **or ~** más o menos, (o) por ahí

thereafter [ðeərˈɑːftə(r)] adv *Formal* en lo sucesivo, a partir de ahí

thereby [ˈðeəbaɪ] adv *Formal* así, de ese modo ▸ **~ hangs a tale!** y el asunto tiene miga

therefore [ˈðeəfɔː(r)] adv por (lo) tanto, por consiguiente ▸ **I think, ~ I am** pienso, luego existo

thermal [ˈθɜːməl] ■ n MET corriente *f* de aire ascendente, (corriente *f*) térmica *f*
■ adj térmico(a) ▸ **~ energy** energía *f* térmica ▸ COMPTR **~ paper** papel *m* térmico ▸ GEOL **~ springs** aguas *fpl* termales ▸ **~ underwear** ropa *f* interior térmica

thermodynamics [θɜːməʊdaɪˈnæmɪks] n PHYS termodinámica *f*

thermoelectric [θɜːməʊɪˈlektrɪk] adj termoeléctrico(a)

thermometer [θəˈmɒmɪtə(r)] n termómetro *m*

Thermos® [ˈθɜːməs] n **~ (flask)** termo *m*

thermostat [ˈθɜːməstæt] n termostato *m*

thesaurus [θɪˈsɔːrəs] n diccionario *m* de sinónimos

these [ðiːz] (plural *of* **this**) ■ adj estos(as) ▸ **~ ones** éstos
■ pron éstos(as) ▸ **~ are the ones I want** éstos son los que quiero

thesis [ˈθiːsɪs] (pl **theses** [ˈθiːsiːz]) n tesis *f inv*

thespian [ˈθespɪən] n *Literary* actor *m,* actriz *f*

they [ðeɪ] pron **1.** [personal use] ellos *mpl,* ellas *fpl* *(usually omitted, except for contrast)* ▸ **they're Scottish** son escoceses ▸ **THEY haven't got it!** ¡ellos no lo tienen! ▸ **~ alone know** sólo ellos lo saben **2.** [indefinite use] **nobody ever admits they've lied** la gente nunca reconoce que ha mentido ▸ **~ say that...** dicen que...

they'd [ðeɪd] ➤ ***they had, they would***

they'll [ðeɪl] ➤ ***they will, they shall***

they're [ðeə(r)] ➤ ***they are***

they've [ðeɪv] ➤ ***they have***

thick [θɪk] ■ n **in the ~ of the forest** en la espesura del bosque ▸ **in the ~ of it** *or* **of things** en primera línea ▸ **through ~ and thin** para lo bueno y para lo malo
■ adj **1.** [in size] grueso(a) ▸ **the wall is a metre ~** el muro tiene un metro de espesor **2.** [mist, smoke] denso(a) / [forest] espeso(a) / [hair] poblado(a) / [beard] poblado(a), tupido(a) / [accent] acusado(a), marcado(a) ▸ **a voice ~ with emotion** una voz quebrada por la emoción ▸ **the air was ~ with smoke** un humo espeso invadía el aire ▸ **the snow was ~ on the ground** había una espesa capa de nieve ▸ *Fig* **to be ~ on the ground** [plentiful] ser abundante **3.** [soup, sauce, paint] espeso(a) **4.** *Fam* [stupid] corto(a), lerdo(a) ▸ **to be as ~ as two short planks** *or* **a brick** no tener dos dedos de frente **5.** [idioms] **to have a ~ skin** tener mucha correa *or* mucho aguante *(ante críticas o insultos)* ▸ *Fam* **to give sb a ~ ear** dar a alguien un coscorrón ▸ *Fam* **they're as ~ as thieves** son uña y carne, *ESP* están a partir un piñón ▸ *BR Fam* **that's a bit ~!** ¡eso es un poco fuerte!
■ adv **to cut the bread ~** cortar el pan en rebanadas gruesas ▸ **to spread the butter ~** untar mucha mantequilla ▸ *Fam* **to lay it on a bit ~** cargar las tintas ▸ **to come ~ and fast** llegar a raudales

thicken ['θɪkən] ■ vt [sauce] espesar
■ vi [fog, smoke, sauce] espesarse ▸ *Hum* **the plot thickens** la cosa se complica

thickener ['θɪknə(r)] n espesante *m*

thicket ['θɪkɪt] n matorral *m*

thickly ['θɪklɪ] adv **1.** ~ **cut slices of cheese** lonchas de queso gruesas ▸ **to spread butter** ~ untar una gruesa capa de mantequilla **2.** [to speak] con la voz quebrada

thickness ['θɪknɪs] n **1.** [of wall, lips, layer] grosor *m* **2.** [of forest, hair, beard] espesura *f* **3.** [of sauce] consistencia *f*

thickset ['θɪk'set] adj [person] chaparro(a)

thick-skinned [θɪk'skɪnd] adj *Fig* **to be** ~ tener mucha correa *or* mucho aguante *(ante críticas o insultos)*

thief [θi:f] (pl **thieves** [θi:vz]) n ladrón(ona) *m,f*

thieve [θi:v] vt & vi robar

thieving ['θi:vɪŋ] ■ n robo *m*
■ adj ladrón(ona)

thigh [θaɪ] n muslo *m*

thighbone ['θaɪbəʊn] n fémur *m*

thimble ['θɪmbəl] n dedal *m*

thin [θɪn] ■ adj **1.** [not thick] delgado(a), fino(a) / [person, face, arm] delgado(a) / [paper, slice, layer] fino(a) / [blanket, clothing] ligero(a), fino(a) ▸ **to grow** *or* **become thinner** [person] adelgazar **2.** [sparse] [hair, beard] ralo(a), escaso(a) / [crowd, vegetation] escaso(a), disperso(a) / [fog, mist] ligero(a), tenue **3.** [soup] claro(a) / [paint, sauce] aguado(a) **4.** [voice] atiplado(a) **5.** [idioms] **to be as** ~ **as a** *BR* **rake** *or US* **rail** estar como un *or* hecho(a) un palillo ▸ **he had vanished into** ~ **air** había desaparecido como por arte de magia ▸ **they saw this demand as the** ~ **end of the wedge** consideraron que esta demanda era sólo el principio (y luego pedirían más) ▸ **to have a** ~ **skin** ser muy susceptible ▸ **to have a** ~ **time (of it)** estar en horas bajas ▸ **to be** ~ **on the ground** [scarce] ser escaso(a)
■ adv **to slice sth** ~ cortar algo en rodajas finas ▸ **to spread sth** ~ [butter, jam] untar una capa fina de algo ▸ **our resources are spread very** ~ los recursos que tenemos son insuficientes
■ vt (pt & pp **thinned**) [paint] diluir, aclarar / [sauce] aclarar, aguar
■ vi [crowd] dispersarse / [fog, mist] despejarse ▸ **his hair is thinning** está empezando a perder pelo

thine [ðaɪn] *Literary* & REL ■ adj tu
■ pron tuyo

thing [θɪŋ] n **1.** [object] cosa *f* ▸ *Fam* **what's that ~?** ¿qué es ese chisme? ▸ **my/your things** [clothes] mi/tu ropa / [belongings] mis/tus cosas **2.** *Fam* [person] **poor ~!** ¡pobre! ▸ **you lucky ~!** ¡vaya suerte que tienes! ▸ **you silly ~!** ¡qué bobo(a) eres! **3.** [action, remark, fact] cosa *f* ▸ **things are going badly** las cosas van mal ▸ *Fam* **how are things?, how's things?** ¿qué tal van las cosas?, ¿cómo te va? ▸ **that was a silly** ~ **to do/say** hacer/decir eso fue una tontería ▸ **you take things too seriously** te tomas las cosas demasiado en serio ▸ **for one** ~ para empezar ▸ **what with one** ~ **and another** entre unas cosas y otras ▸ **it's just one of those things** son cosas que pasan ▸ **the** ~ **is,...** el caso es que... ▸ **it's the only** ~ **we can do** es lo único que podemos hacer ▸ **the important** ~ **is that...** lo importante es que... ▸ **that's quite another** ~ eso es algo completamente distinto ▸ **I don't know a** ~ **about algebra** no tengo ni idea de álgebra ▸ **to know a** ~ **or two (about)** saber bastante (de) **4.** [idioms] **she has a** ~ **about...** [likes] le mola cantidad *or* le priva... / [dislikes] le tiene manía a... ▸ **she's got a** ~ **about tidiness/punctuality** es muy maniática con la limpieza/puntualidad ▸ **the latest** ~ **in shoes** lo último en zapatos ▸ **it's not the done** ~ esas cosas no se hacen

thingummy ['θɪŋəmɪ], ***thingumajig*** ['θɪŋəmɪdʒɪg], ***thingumabob*** ['θɪŋəmɪbɒb] n *Fam* [object] chisme *m, CAM, CARIB, COL* vaina *f, RP* coso *m* / [person] fulanito(a) *m,f,* mengano(a) *m,f*

think [θɪŋk] ■ vt (pt & pp **thought** [θɔ:t]) **1.** [have in mind] **to** ~ **that...** pensar que... ▸ **to** ~ **evil/kind thoughts** tener pensamientos malévolos/benévolos ▸ **what are you thinking?** ¿en qué estás pensando? ▸ **did you** ~ **to bring any money?** ¿se te ha ocurrido traer algo de dinero? **2.** [believe, have as opinion] creer, pensar ▸ **he thinks he knows everything** se cree que lo sabe todo ▸ **who do you** ~ **you are?** ¿quién te has creído que eres? ▸ **anyone would** ~ **she was asleep** cualquiera hubiera creído que está dormida ▸ **who'd have thought it!** ¡quién lo hubiera pensado! ▸ **all this is very sad, don't you ~?** todo esto es muy triste, ¿no crees? ▸ **it is thought that...** se cree que... ▸ **they were thought to be rich** se les creía *or* consideraba ricos ▸ **I** ~ **so** creo que sí ▸ **I** ~ **not** no creo ▸ **I thought so, I thought as much** ya me lo figuraba ▸ **I should** ~ **so too!** ¡menos mal! ▸ **I shouldn't** ~ **so** no creo ▸ *Fam* **that's what** YOU **~!** eso es lo que tú te crees **3.** [imagine] imaginarse ▸ **I (really) can't** ~ **what/where/why...** no se me ocurre qué/dónde/por qué... ▸ ~ **what we could do with all that money!** ¡imagínate lo que podríamos hacer con todo ese dinero! ▸ **to** ~ **that he's only twenty!** ¡y pensar que sólo tiene veinte años!
■ vi pensar ▸ **to** ~ **ahead** planear con anticipación ▸ **to** ~ **aloud** pensar en voz alta ▸ **to** ~ **(long and) hard** pensárselo muy bien ▸ *Fam* **to** ~ **big** ser ambicioso(a) ▸ **I did it without thinking** lo hice sin darme cuenta ▸ **if you** ~ **I'll help you do it, you can** ~ **again!** ¡vas listo si crees que te voy a ayudar! ▸ **it makes you** ~ da que pensar ▸ **to** ~ **on one's feet** improvisar, discurrir sobre la marcha
■ n **to have a** ~ pensárselo ▸ *Fam* **you've got another** ~ **coming!** ¡estás muy equivocado(a)!

◆ ***think about*** vt insep **1.** [in general] pensar en ▸ **to** ~ **about doing sth** pensar en hacer algo ▸ **it's quite cheap when you** ~ **about it** si lo piensas bien, sale bastante barato ▸ **I'll** ~ **about it** me lo pensaré ▸ **that will give them something to** ~ **about** eso les hará reflexionar ▸ **I'd** ~ **twice about that, if I were you** yo, en tu lugar, me lo pensaría dos veces **2.** [take into account] tener en cuenta ▸ **I've got my family to** ~ **about** debo tener en cuenta a mi familia **3.** [have opinion about] opinar de, pensar de

◆ ***think back to*** vt insep recordar

◆ ***think of*** vt insep **1.** [take into account] pensar en, tener en cuenta ▸ **I can't ~ of everything!** ¡no puedo ocuparme de *or* estar en todo! **2.** [have in mind] pensar en ▸ **to ~ of doing sth** pensar en hacer algo ▸ **what were you thinking of giving her?** ¿qué estabas pensando regalarle? ▸ **come to ~ of it, I DID see her that night** ahora que caigo *or* que lo pienso, sí que la vi aquella noche ▸ **just ~ of it – a holiday in the Caribbean!** ¡imagínate unas vacaciones en el Caribe! **3.** [recall] recordar ▸ **I can't ~ of the answer** no se me ocurre cuál es la respuesta **4.** [have opinion about] opinar de, pensar de ▸ **to ~ well/badly of sb** tener buena/mala opinión de alguien ▸ **I don't ~ much of the idea** la idea no me parece muy buena

◆ ***think out*** vt sep meditar

◆ ***think over*** vt sep reflexionar sobre, pensar sobre ▸ **I'll ~ it over** me lo pensaré

◆ ***think through*** vt sep pensar *or* meditar bien

◆ ***think up*** vt sep idear / [excuse] inventar

thinker ['θɪŋkə(r)] n pensador(ora) *m,f*

thinking ['θɪŋkɪŋ] ■ n **1.** [process of thought] pensamiento *m* ▸ **to do some ~** pensar un poco **2.** [opinion] opinión *f*, parecer *m* ▸ **to my (way of) ~** en mi opinión
■ adj **the ~ man's cover girl** una belleza con cerebro

think-tank ['θɪŋktæŋk] n grupo *m* de expertos, equipo *m* de cerebros

thinly ['θɪnlɪ] adv **to spread sth ~** extender una capa fina de algo ▸ **to slice sth ~** cortar algo en rodajas finas ▸ **~ populated** escasamente poblado(a)

thinner ['θɪnə(r)] n disolvente *m*

thinness ['θɪnnɪs] n **1.** [of person, face, arms] delgadez *f* / [of paper, slice, layer] finura *f* / [of blanket, clothing] ligereza *f* **2.** [of liquid] fluidez *f*

third [θɜːd] ■ n **1.** [fraction] tercio *m* **2.** [in series] tercero(a) *m,f* ▸ **Edward the Third** [written] Eduardo III / [spoken] Eduardo tercero **3.** [of month] tres *m* ▸ **the ~ of May** el tres de mayo ▸ **we're leaving on the ~** nos vamos el (día) tres **4.** MUS tercera *f* **5.** *BR* UNIV **to get a ~** [in degree] = *licenciarse con una media de aprobado raspado*
■ adj tercero(a) / [before masculine singular noun] tercer ▸ **the ~ century** el siglo tercero *or* tres ▸ **I was ~ in the race** llegué el tercero en la carrera ▸ MED **~ degree burns** quemaduras *fpl* de tercer grado ▸ *Fam* **to give sb the ~ degree** someter a alguien a un duro interrogatorio ▸ LAW **~ party** tercero *m* ▸ **~ party cover** seguro *m* a terceros ▸ **the Third World** el Tercer Mundo

thirdly ['θɜːdlɪ] adv en tercer lugar

third-rate ['θɜːd'reɪt] adj [mediocre] de tercera (categoría)

third-world ['θɜːd'wɜːld] adj del tercer mundo, tercermundista

thirst [θɜːst] ■ n sed *f* ▸ *Fig* **the ~ for knowledge** la sed de conocimientos
■ vi (for knowledge, revenge)tener sed (**for** de)

thirsty ['θɜːstɪ] adj sediento(a) (**for** de) ▸ **to be ~** tener sed ▸ *Fam* **all this talking is ~ work** tanto hablar da sed

thirteen [θɜː'tiːn] n & adj trece *m* / *see also* ***eight***

thirteenth [θɜː'tiːnθ] ■ n **1.** [fraction] treceavo *m*, treceava parte *f* **2.** [in series] decimotercero(a) *m,f* **3.** [of month] trece *m*
■ adj decimotercero(a) / [before masculine singular noun] decimotercer / *see also* ***eleventh***

thirtieth ['θɜːtɪɪθ] ■ n **1.** [in series] trigésimo(a) *m,f* **2.** [of month] treinta *m* ▸ **(on) the ~ of May** el treinta de mayo ▸ **we're leaving on the ~** nos vamos el (día) treinta
■ adj trigésimo(a)

thirty ['θɜːtɪ] n & adj treinta *m* / *see also* ***eighty***

thirty-first ['θɜtɪ'fɜst] ■ n **1.** [in series] trigésimo(a) *m,f* primero(a) **2.** [of month] treinta y uno *m*
■ adj trigésimo(a) primero(a) / [before masculine singular noun] trigésimo primer

thirty-one ['θɜtɪ'wʌn] ■ n treinta y uno *m*
■ adj treinta y uno(a) / [before masculine noun] treinta y un

this [ðɪs] ■ demonstrative adj (pl **these** [ðiːz]) este(a) ▸ **~ one** éste(a) ▸ **~ book** este libro ▸ **~ question** esta pregunta ▸ **I saw him ~ morning** lo he visto esta mañana
■ demonstrative pron (pl **these**) éste(a) / [indefinite] esto ▸ **who's ~?** ¿quién es éste? ▸ **what's ~?** ¿qué es esto? ▸ **~ is Jason Wallace** [introducing another person] te presento a Jason Wallace / [introducing self on telephone] soy Jason Wallace ▸ **~ is ridiculous!** ¡esto es ridículo! ▸ **~ is what she told me** eso es lo que ella me dijo ▸ **~ is where I live** aquí es donde vivo, vivo aquí ▸ **listen to ~** escucha esto ▸ **drink some of ~** toma un poco (de esto) ▸ **what's ~ I hear about you resigning?** ¿qué es eso de que vas a dimitir? ▸ **do it like ~** hazlo así ▸ **in a case like ~** en un caso así ▸ *Fam* **we talked about ~ and that** hablamos de todo un poco
■ adv **~ high/far** tan alto/lejos / [gesturing with hands] así de alto/lejos ▸ **~ much is certain,...** esto es cierto,...

thistle ['θɪsəl] n cardo *m*

thither ['ðɪðə(r)] adv **to run hither and ~** correr de aquí para allá

thong [θɒŋ] n **1.** [for fastening] correa *f* **2.** [underwear] tanga *m* **3.** *AUSTR, US* [sandal] chancleta *f*, chancla *f*

thorax ['θɔːræks] n ANAT tórax *m inv*

thorn [θɔːn] n espina *f* ▸ *Fig* **to be a ~ in sb's flesh** *or* **side** no dar tregua a alguien

thorny ['θɔːnɪ] adj *also Fig* espinoso(a)

thorough ['θʌrə] adj [search, person] minucioso(a) / [knowledge] profundo(a) ▸ **to do** *or* **make a ~ job of it** hacerlo con mucho esmero ▸ **a ~ scoundrel** un perfecto canalla

thoroughbred ['θʌrəbred] n & adj [horse] purasangre *m*

thoroughfare ['θʌrəfeə(r)] n vía *f* (pública)

thoroughgoing ['θʌrəgəʊɪŋ] adj [search, revision, inspection] minucioso(a), concienzudo(a) / [knowledge] profundo(a)

thoroughly ['θʌrəlɪ] adv **1.** [with thoroughness] minuciosamente, concienzudamente **2.** [entirely] completamente

thoroughness ['θʌrənɪs] n minuciosidad *f*

those [ðəʊz] (plural of **that**) ■ adj esos(as) / [further away] aquellos(as) ▸ **~ ones** ésos(as) / [further away] aquéllos(as)
■ pron ésos(as) / [further away] aquéllos(as) ▸ **~ of us who remember the war** aquéllos *or* los que recordamos la guerra ▸ **~ of us who were present** los que estuvimos presentes

thou [ðaʊ] pron *Literary* & REL tú

though [ðəʊ] ■ conj aunque ▸ **~ I say so myself** aunque no esté bien que yo lo diga ▸ **strange ~ it may seem** aunque parezca raro ▸ **even ~ you'll laugh at me** aunque te rías de mí ▸ **as ~** como si
■ adv sin embargo

thought [θɔːt] ■ n **1.** [thinking] pensamiento *m* / [idea] idea *f* ▸ **that's** *or* **there's a ~!** ¡qué buena idea! ▸ **it's quite a ~!** [pleasant] ¡sería genial! / [unpleasant] ¡sería horrible! ▸ **what a kind ~!** ¡qué detalle tan amable! ▸ **the mere ~ of it** sólo (de) pensar en ello ▸ **I didn't give it another ~** no me lo pensé dos veces ▸ **what are your thoughts on the matter?** ¿qué es lo que piensas del asunto? **2.** [reflection] reflexión *f* ▸ **after much ~** tras mucho reflexionar ▸ **to give a great deal of ~ to sth** reflexionar mucho sobre algo ▸ **she was deep** *or* **lost in ~** estaba sumida en sus pensamientos **3.** [intention] **I had no ~ of offending you** no tenía intención de ofenderte ▸ **you must give up all thought(s) of seeing him** olvida la idea de verlo
■ pt & pp *of* ***think***

thoughtful ['θɔːtfʊl] adj **1.** [pensive] [person] pensativo(a), meditabundo(a) / [book, writer] ponderado(a), concienzudo(a) **2.** [considerate] considerado(a), atento(a)

thoughtfully ['θɔːtfəlɪ] adv [considerately] consideradamente

thoughtless ['θɔːtlɪs] adj [inconsiderate] desconsiderado(a)

thoughtlessly ['θɔːtlɪslɪ] adv [inconsiderately] desconsideradamente, con falta de consideración

thought-out ['θɔːt'aʊt] adj **well/poorly ~** [plan, scheme] bien/mal meditado(a)

thought-provoking ['θɔːtprəvəʊkɪŋ] adj intelectualmente estimulante

thousand ['θaʊzənd] ■ n **a** *or* **one ~** mil ▸ **three ~** tres mil ▸ **thousands of people** millares *or* miles de personas ▸ **in thousands** a millares ▸ *Fam* **to have a ~ and one things to do** tener mil cosas que hacer ▸ **she's one in a ~** hay pocas como ella
■ adj mil ▸ **a ~ years** mil años

thousandth ['θaʊzən(t)θ] ■ n **1.** [fraction] milésima *f*, milésima parte *f* **2.** [in series] milésimo(a) *m,f*
■ adj milésimo(a)

thrash [θræʃ] vt *also Fig* dar una paliza a

◆ ***thrash about, thrash around*** ■ vt sep **to ~ one's arms and legs about** agitar con violencia los brazos y las piernas
■ vi [move furiously] agitarse *or* revolverse (con violencia)

◆ ***thrash out*** vt sep [solution] alcanzar por fin ▸ **they are still thrashing out an agreement** todavía están luchando por alcanzar un acuerdo

thread [θred] ■ n **1.** [of cotton, nylon] hilo *m* ▸ **a (piece of) ~** un hilo ▸ *Fig* **to hang by a ~** pender de un hilo ▸ **to lose the ~ of the conversation** perder el hilo de la conversación **2.** [of screw, bolt] rosca *f*
■ vt [needle] enhebrar / [beads] ensartar ▸ **to ~ one's way between the cars** avanzar sorteando los coches

threadbare ['θredbeə(r)] adj [clothes, carpet] raído(a) / *Fig* [argument, joke] trillado(a)

threat [θret] n amenaza *f*

threaten ['θretən] ■ vt amenazar ▸ **to ~ to do sth** amenazar con hacer algo ▸ **to ~ sb with sth** amenazar a alguien con algo
■ vi amenazar

threatening ['θretənɪŋ] adj amenazante, amenazador(ora)

threateningly ['θretənɪŋlɪ] adv [look] con aire amenazador / [say] en tono amenazador

three [θriː] n & adj tres *m* / *see also* ***eight***

three-cornered [θriː'kɔːnəd] adj triangular ▸ **~ hat** sombrero *m* de tres picos

three-course meal ['θriːkɔːs'miːl] n comida *f* de tres platos

three-dimensional [θriːdaɪ'menʃənəl] adj tridimensional

threefold ['θriːfəʊld] ■ adj triplicado(a), por tres
■ adv tres veces ▸ **to increase ~** triplicarse

three-legged [θriː'legɪd] adj [stool] de tres patas ▸ **~ race** = *carrera por parejas con un pie atado*

three-piece ['θriːpiːs] adj **~ suit** terno *m* ▸ **~ suite** tresillo *m*, sofá *m* y dos sillones

three-point turn ['θriːpɔɪnt'tɜːn] n AUT cambio *m* de sentido con marcha atrás

three-quarters [θriː'kwɔːtəz] ■ pron [amount] tres cuartos *mpl*, tres cuartas *fpl* partes
■ adv **~ full/finished** lleno(a)/terminado(a) en sus tres cuartas partes

threescore ['θriːskɔː(r)] adj *Literary* sesenta ▸ **~ (years) and ten** setenta (años)

HOW TO...

make threats

¡Salga de aquí o llamo a la policía! / Get out of here or I'll call the police!

Te lo advierto, más te vale no decir nada. / I'm warning you, you'd better not say anything.

¡Dame eso ahora mismo, o si no...! / Give me that right now, or else!

Estará listo mañana. — ¡Más te vale! / It'll be ready tomorrow. — It'd better be!

¡Te arrepentirás de esto! / You'll be sorry for this!

¡Como vuelvas a hacerlo,...! / If you ever do that again,...!

threesome ['θri:səm] n trío *m* ▸ **we went as a ~** fuimos los tres juntos

three-wheeler [θri:'wi:lə(r)] n [car] automóvil *m* de tres ruedas / [tricycle] triciclo *m*

thresh [θreʃ] vt trillar

threshold ['θreʃəʊld] n *also Fig* umbral *m* ▸ **to cross the ~** franquear el umbral ▸ **to be on the ~ (of)** estar en el umbral *or* en puertas (de)

threw [θru:] pt *of* ***throw***

thrice [θraɪs] adv *Literary* tres veces

thrift [θrɪft] n ahorro *m*, frugalidad *f*

thriftless ['θrɪftlɪs] adj derrochador(ora)

thrifty ['θrɪftɪ] adj [person] ahorrativo(a) / [meal] frugal

thrill [θrɪl] ■ n [excitement] emoción *f* / [trembling] estremecimiento *m* ▸ **he gets a ~ out of ordering people about** disfruta dando órdenes a la gente
■ vt encantar, entusiasmar
■ vi *Literary* estremecerse

thrilled [θrɪld] adj **he was ~ with his present** estaba entusiasmado con su regalo ▸ **I'm ~ for you** me alegro muchísimo por ti

thriller ['θrɪlə(r)] n [novel] novela *f* de *ESP* suspense *or AM* suspenso, thriller *m* / [movie] película *f* de *ESP* suspense *or AM* suspenso, thriller *m*

thrilling ['θrɪlɪŋ] adj apasionante, emocionante

thrive [θraɪv] (pt **thrived** *or* **throve** [θrəʊv]) vi [person, plant] medrar / [business] prosperar ▸ **to ~ on other people's misfortunes** aprovecharse de las desgracias ajenas ▸ **some people ~ on stress** algunas personas se crecen con el estrés

thriving ['θraɪvɪŋ] adj [plant] lozano(a) / [person] mejor que nunca / [business] próspero(a), floreciente

throat [θrəʊt] n **1.** garganta *f* ▸ **to grab sb by the ~** agarrar a alguien por el cuello ▸ **to clear one's ~** carraspear, aclararse la garganta **2.** *Fam* [idioms] **to ram** *or* **shove sth down sb's ~** hacerle tragar algo a alguien ▸ **there's no need to jump down my ~!** ¡no hay motivo para que me eches así los perros! ▸ **they're always at each other's throats** siempre se están tirando los trastos (a la cabeza)

throaty ['θrəʊtɪ] adj [cough, voice] ronco(a)

throb [θrɒb] ■ n [of heart] palpitación *f*, latido *m* / [of engine] zumbido *m*
■ vi (pt & pp **throbbed**) [heart] palpitar, latir / [engine] zumbar / [drums] retumbar ▸ **my head is throbbing** me late la cabeza de dolor

throbbing ['θrɒbɪŋ] adj [rhythm] vibrante, palpitante / [engine, machine] vibrante / [heart] palpitante / [pain] punzante

throes [θrəʊz] npl **the ~ of death, death ~** la agonía de la muerte ▸ **we're in the ~ of moving house** estamos pasando la agonía de mudarnos de casa

thrombosis [θrɒm'bəʊsɪs] n MED trombosis *f inv*

throne [θrəʊn] n trono *m*

throng [θrɒŋ] ■ n muchedumbre *f*, gentío *m*
■ vt atestar, abarrotar
■ vi [gather] aglomerarse, apelotonarse ▸ **to ~ round sb** apiñarse en torno a alguien ▸ **people thronged to the new cinemas** la gente acudió en masa a los nuevos cines

throttle ['θrɒtəl] ■ n AUT estrangulador *m* ▸ **at full ~** a toda velocidad
■ vt [strangle] estrangular

through [θru:] ■ prep **1.** [with place] a través de ▸ **to go ~ a tunnel** atravesar un túnel, pasar a través de un túnel ▸ **we went ~ Belgium** atravesamos Bélgica ▸ **to look ~ a hole** mirar por un agujero ▸ **she came in ~ the window** entró por la ventana **2.** [in the course of] **all ~ his life** durante toda su vida ▸ **halfway ~ a book/a film** a mitad de un libro/una película ▸ *Fam* **he's been ~ a lot** ha pasado mucho ▸ **to get ~ sth** [finish] terminar algo **3.** [by means of] por ▸ **to send sth ~ the post** mandar algo por correo ▸ **I found out ~ my brother** me enteré por mi hermano **4.** [because of] por ▸ **~ ignorance/carelessness** por ignorancia/descuido **5.** *US* **Tuesday ~ Thursday** desde el martes hasta el jueves inclusive
■ adv **1.** [to other side] **to go ~** [of bullet, nail] traspasar, pasar al otro lado ▸ **to let sb ~** dejar pasar a alguien ▸ **to get ~ to the final** llegar *or* pasar a la final **2.** [from start to finish] **to sleep all night ~** dormir de un tirón ▸ **to read a book right ~** leerse un libro de principio a fin ▸ **~ and ~** de la cabeza a los pies **3.** [in contact] **to get ~ to sb** [on phone] conseguir contactar *or* comunicar con alguien / *Fam* [make oneself understood] comunicarse con alguien ▸ **I'll put you ~ to him** [on phone] le pongo *or* paso con él
■ adj **1.** [finished] **to be ~ with sth/sb** haber terminado con algo/alguien **2.** [direct] **~ ticket** billete *m* directo ▸ **~ train** tren *m* directo

throughout [θru:'aʊt] ■ prep [place] por todo(a) / [time] durante todo(a), a lo largo de todo(a) ▸ **~ the country** por todo el país ▸ **~ her life** durante toda su vida
■ adv [place] en su totalidad / [time] en todo momento

throughput ['θru:pʊt] n COM rendimiento *m*

throve [θrəʊv] pt *of* ***thrive***

throw [θrəʊ] ■ vt (pt **threw** [θru:], pp **thrown** [θrəʊn]) **1.** [with hands] [in general] tirar, *AM* aventar / [ball, javelin] lanzar ▸ **the rioters began throwing stones** los alborotadores empezaron a arrojar piedras ▸ **to ~ sth at sth/sb** tirarle algo a algo/alguien ▸ **to ~ sth in sb's face** arrojar algo a alguien en la cara / *Fig* echar en cara algo a alguien ▸ **to ~ (sb) forwards/backwards** lanzar (a alguien) hacia delante/atrás ▸ **to ~ oneself into** [river] tirarse a / *Fig* [undertaking, work] entregarse a ▸ **to ~ oneself on sb's mercy** ponerse a merced de alguien ▸ **she threw herself at him** prácticamente se echó en sus brazos ▸ **to ~ sb into confusion** sumir a alguien en la confusión ▸ **to ~ a switch** dar al interruptor ▸ **to ~ open the door** abrir la puerta de golpe ▸ *Fam* **she tends to ~ her weight about** tiende a abusar de su autoridad **2.** [glance] lanzar **3.** [image, shadow] proyectar ▸ *Fig* **to ~ light on sth** arrojar luz sobre algo **4.** [have] **to ~ a fit** [get angry] ponerse hecho(a) una furia ▸ *Fam* **to ~ a party** dar una fiesta **5.** SPORT [in wrestling] derribar ▸ **the horse threw its rider** el caballo desmontó al jinete **6.** *Fam* [disconcert] desconcertar

■ n [of dice, darts] tirada *f* / [of ball, javelin, discus] lanzamiento *m* / [in wrestling] derribo *m*

◆ ***throw away*** vt sep **1.** [discard] tirar, *AM* botar **2.** [opportunity, life, money] desperdiciar

◆ ***throw in*** vt sep **1.** [into a place] echar, tirar ▸ *Fig* **to ~ in one's hand** *or* **one's cards** *or* **the towel** tirar la toalla ▸ *Fig* **he threw in his lot with the rebels** unió su destino al de los rebeldes **2.** [add] añadir / [include as extra] incluir (como extra)

◆ ***throw out*** vt sep **1.** [eject] [person] echar / [thing] tirar / [proposal] rechazar ▸ **to ~ sb out of work** echar a alguien del trabajo **2.** [emit] [light, heat] despedir

◆ ***throw together*** vt sep [assemble or gather hurriedly] juntar a la carrera / [make hurriedly] pergeñar ▸ **chance had thrown us together** el azar quiso que nos conociéramos

◆ ***throw up*** ■ vt sep **1.** [raise] **to ~ up one's hands** [in horror, dismay] echarse las manos a la cabeza **2.** [reveal] [facts, information] poner de manifiesto **3.** [abandon] [career] abandonar

■ vi *Fam* [vomit] devolver, echar la papilla

throwaway ['θrəʊəweɪ] adj [disposable] desechable ▸ **a ~ line** *or* **remark** un comentario insustancial *or* pasajero

throwback ['θrəʊbæk] n BIOL regresión *f*, salto *m* atrás / *Fig* retorno *m*

throw-in ['θrəʊɪn] n [in soccer] saque *m* de banda

thrown [θrəʊn] pp *of* ***throw***

thru [θru:] prep & adv *US Fam* ➤ ***through***

thrush[1] [θrʌʃ] n [bird] tordo *m*, zorzal *m*

thrush[2] n [disease] candidiasis *f inv*

thrust [θrʌst] ■ n **1.** [with knife] cuchillada *f* / [in fencing] estocada *f* / [of army] ofensiva *f* **2.** [of argument] sentido *m*, objetivo *m* ▸ **the main ~ of his argument was that...** lo que pretendía demostrar con su argumento era que... **3.** AV empuje *m*

■ vt (pt & pp **thrust**) hundir (**into** en) ▸ **she thrust the letter into my hands** me echó la carta en las manos ▸ **he was suddenly thrust into a position of responsibility** se vio de repente en un puesto de responsabilidad

◆ ***thrust aside*** vt sep rechazar, apartar

◆ ***thrust forward*** vt sep [push forward] empujar (hacia delante) ▸ *Fig* **to ~ oneself forward** [for job, to gain attention] hacerse notar

◆ ***thrust on*** vt sep **fame was thrust on him** la fama le cayó encima ▸ **he thrust himself on them** tuvieron que cargar con él

◆ ***thrust out*** vt sep [one's arm, leg] extender de golpe

◆ ***thrust upon*** ➤ ***thrust on***

thrusting ['θrʌstɪŋ] adj *BR* agresivamente ambicioso(a)

thruway ['θru:weɪ] n *US* AUT autopista *f*

thud [θʌd] ■ n golpe *m* sordo

■ vi (pt & pp **thudded**) hacer un ruido sordo

thug [θʌg] n matón *m*

thumb [θʌm] ■ n pulgar *m* ▸ *Fig* **she's got him under her ~** lo tiene completamente dominado ▸ *Fam* **he's all thumbs** es un torpe *or ESP* manazas ▸ *Fam* **to give sth/sb the thumbs up** dar el visto bueno a algo/alguien ▸ *Fam* **to give sth/sb the thumbs down** no dar el visto bueno a algo/alguien

■ vt **to ~ one's nose at sb** hacerle burla a alguien ▸ *Fam* **to ~ a lift** *or* **ride** hacer dedo, *CAM, MÉX, PERÚ* pedir aventón ▸ **I thumbed a ride to Glasgow** fui a Glasgow a dedo ▸ **a well thumbed book** un libro manoseado

■ vi **to ~ through sth** hojear algo

thumbnail ['θʌmneɪl] n uña *f* del pulgar ▸ **~ sketch** reseña *f*, descripción *f* somera

thumbprint ['θʌmprɪnt] n huella *f* del pulgar

thumbtack ['θʌmtæk] n *US ESP* chincheta *f*, *AM* chinche *m*

thump [θʌmp] ■ n [blow] porrazo *m* / [sound] ruido *m* seco

■ vt [hit] dar un porrazo a

■ vi **1.** [on table, door] golpear **2.** [walk heavily] **I could hear him thumping around upstairs** lo oía dar fuertes pisadas en el apartamento *or ESP* piso de arriba **3.** [heart] **my heart was thumping** el corazón me latía con fuerza

thumping ['θʌmpɪŋ] *Fam* ■ adj enorme, tremendo(a)

■ adv **a ~ great book/house** un pedazo de libro/casa, un libro/una casa de aquí te espero

thunder ['θʌndə(r)] ■ n truenos *mpl* ▸ **with a face like ~** con el rostro encendido por la ira

■ vi **1.** [during storm] tronar / [guns, waves] retumbar ▸ **to ~ along** [train, lorry] pasar con estrépito **2.** [speaker] tronar, vociferar

thunderbolt ['θʌndəbəʊlt] n rayo *m* / *Fig* [news] mazazo *m*

thunderclap ['θʌndəklæp] n trueno *m*

thundercloud ['θʌndəklaʊd] n nube *f* de tormenta

thundering ['θʌndərɪŋ] adj [very large] tremendo(a), enorme ▸ **to be in a ~ rage** estar hecho(a) una furia

thunderous ['θʌndərəs] adj [voice, applause] atronador(ora)

thunderstorm ['θʌndəstɔ:m] n tormenta *f*

thunderstruck ['θʌndəstrʌk] adj pasmado(a), atónito(a)

Thur (abbr ***Thursday***) jueves *m inv*

Thursday ['θɜ:zdeɪ] n jueves *m inv* / *see also* ***Saturday***

thus [ðʌs] adv *Formal* **1.** [in this way] así, de este modo **2.** [therefore] por consiguiente **3. ~ far** [up to now] hasta el momento / [up to here] hasta aquí

thwart [θwɔ:t] vt [person, plan] frustrar

thy [ðaɪ] adj *Literary* & REL tu ▸ **love ~ neighbour** amarás al prójimo

thyme [taɪm] n tomillo *m*

thyroid ['θaɪrɔɪd] ANAT ■ n (glándula *f*) tiroides *m inv*

■ adj tiroideo(a)

thyself [ðaɪ'self] pron *Literary* & REL tú mismo ▸ **for ~** para ti mismo(a)

tiara [tɪ'ɑ:rə] n [jewellery] diadema *f* / [of Pope] tiara *f*

Tibet [tɪ'bet] n (el) Tíbet

Tibetan [tɪ'betən] ■ n **1.** [person] tibetano(a) *m,f* **2.** [language] tibetano *m*
■ adj tibetano(a)

tibia ['tɪbɪə] n ANAT tibia *f*

tic [tɪk] n MED tic *m* ▸ **a nervous ~** un tic nervioso

tick[1] [tɪk] n [parasite] garrapata *f*

tick[2] n *BR Fam* [credit] **to buy sth on ~** comprar algo fiado

tick[3] ■ n **1.** [of clock] tictac *m* **2.** *BR Fam* [moment] momentín *m,* segundo *m* ▸ **I'll be with you in a ~!** ¡estoy contigo en un segundo! **3.** [mark] marca *f,* señal *f* de visto bueno
■ vi [clock] hacer tictac ▸ **the minutes are ticking by** *or* **away** los minutos pasan ▸ *Fam* **I don't know what makes him ~** no sé qué es lo que le mueve
■ vt [mark] marcar

◆ ***tick off*** vt sep **1.** [on list] marcar con una señal de visto bueno **2.** *BR Fam* [reprimand] echar *ESP* rapapolvo *or AM* regaño a **3.** *US Fam* [irritate] fastidiar

◆ ***tick over*** vi [engine] estar al ralentí / [business] ir tirando

ticket ['tɪkɪt] ■ n **1.** [for train, plane, lottery] billete *m, AM* boleto *m, esp AM* pasaje *m* / [for theatre, cinema] entrada *f, COL, MÉX* boleto *m* ▸ **(parking) ~** multa *f* de aparcamiento ▸ **I got a (parking) ~** me pusieron una multa (de aparcamiento) ▸ *BR* **~ inspector** revisor(ora) *m,f* ▸ **~ office** taquilla *f, AM* boletería *f* ▸ *BR* **~ tout** reventa *mf* ▸ **~ window** ventanilla *f* **2.** [label] **(price) ~** etiqueta *f* (de precio) **3.** POL [list of candidates] candidatura *f* ▸ **she ran on an anti-corruption ~** se presentó bajo la bandera de la anticorrupción **4.** *Fam* **it was just the ~!** ¡era justo lo que necesitaba!
■ vt [goods] etiquetar

ticking ['tɪkɪŋ] n **1.** [of clock] tictac *m* **2.** TEX terliz *m,* cutí *m (para colchones)*

ticking-off ['tɪkɪŋ'ɒf] n *BR Fam* [reprimand] *ESP* rapapolvo *m, AM* regaño *m* ▸ **to give sb a ~** echar *ESP* un rapapolvo *or AM* un regaño a alguien

tickle ['tɪkəl] ■ n cosquillas *fpl* ▸ **to have a ~ in one's throat** tener picor de garganta
■ vt **1.** hacer cosquillas a **2.** [amuse] divertir ▸ **to ~ sb's fancy** atraer *or ESP* apetecer *or CARIB, COL, MÉX* provocar *or MÉX* antojársele a alguien ▸ **to be tickled pink** estar encantado(a)
■ vi hacer cosquillas

tickling ['tɪklɪŋ] adj **I felt a ~ sensation in my feet** sentía cosquilleo en los pies

ticklish ['tɪklɪʃ] adj **1.** [person] **to be ~** tener cosquillas **2.** *Fam* [situation, problem] delicado(a), peliagudo(a), *MÉX* pelón(ona)

tickly ['tɪklɪ] adj *Fam* **a ~ blanket/beard** una manta/barba que pica ▸ **I've got a ~ throat** tengo la garganta tomada, me pica la garganta

tick-tack-toe [tɪktæk'təʊ] n *US* tres en raya *m*

tidal ['taɪdəl] adj **the river is ~ up to Stirling** la marea llega hasta Stirling ▸ **~ energy** energía *f* mareomotriz ▸ **~ wave** maremoto *m*

tiddler ['tɪdlə(r)] n *BR Fam* [small fish] pececillo *m* / [child] renacuajo(a) *m,f, MÉX* cosita *f, RP* piojo *m*

tiddly ['tɪdlɪ] adj *BR Fam* **1.** [small] minúsculo(a) **2.** [drunk] achispado(a)

tiddlywinks ['tɪdlɪwɪŋks] n (juego *m* de la) pulga *f*

tide [taɪd] n marea *f* / *Fig* [of events] rumbo *m,* curso *m* ▸ **high/low ~** marea alta/baja ▸ *Fig* **to go against the ~** ir contra (la) corriente ▸ *Fig* **the rising ~ of discontent** la creciente ola de descontento ▸ *Fig* **the ~ has turned** se han vuelto las tornas

◆ ***tide over*** vt sep **to ~ sb over** [of money] sacar a alguien del apuro ▸ **I lent him some money to ~ him over till payday** le presté un poco de dinero para que llegara hasta el día de cobro

tidemark ['taɪdmɑːk] n [mark left by tide] línea *f* de la marea / *BR Fam* [in bath] cerco *m* (de suciedad)

tidings ['taɪdɪŋz] npl *Literary* nuevas *fpl,* noticias *fpl*

tidy ['taɪdɪ] ■ adj **1.** [room, habits] ordenado(a) / [appearance] arreglado(a), aseado(a) / [mind] metódico(a) **2.** *Fam* [considerable] considerable
■ vt [room] ordenar / [garden, hair] arreglar

◆ ***tidy up*** vi recoger

tie [taɪ] ■ n **1.** [link] lazo *m,* vínculo *m* **2.** [item of clothing] corbata *f* **3.** SPORT [draw] empate *m* / [match] eliminatoria *f,* partido *m* de clasificación **4.** *US* RAIL traviesa *f*
■ vt [shoelace, piece of string] atar ▸ **to ~ sth to sth** atar algo a algo ▸ **to ~ a knot** atar *or* hacer un nudo ▸ *Fig* **to have one's hands tied** [have no alternative] tener las manos atadas ▸ *Fig* **he was tied to his desk** estaba atado a su trabajo ▸ *Fig* **she felt tied by a sense of duty** se sentía obligada por sentido del deber
■ vi [in race, contest] empatar

◆ ***tie back*** vt sep [hair, curtains] recoger

◆ ***tie down*** vt sep [immobilize] atar ▸ *Fig* **children ~ you down** los hijos atan mucho ▸ *Fig* **I don't want to be tied down to a specific date** no quiero comprometerme a una fecha concreta

◆ ***tie in*** vi [facts, story] encajar, concordar

◆ ***tie on*** vt atar

◆ ***tie up*** vt sep **1.** [animal, parcel] atar / [boat] amarrar / *Fig* [deal] cerrar ▸ **my capital is tied up in property** tengo mi capital invertido en bienes inmuebles **2. to be tied up** [busy] estar muy ocupado(a)

tie-break(er) ['taɪbreɪk(ər)] n [in tennis] tie-break *m,* muerte *f* súbita / [in quiz, competition] desempate *m*

tie-in ['taɪɪn] n **1.** [link] relación *f* (**with** con) **2. a film/TV ~** = *producto a veces promocional relacionado con una nueva película o programa televisivo*

tier [tɪə(r)] n [of theatre] fila *f* / [of stadium] grada *f* / [of wedding cake] piso *m* / [administrative] nivel *m*

TIFF [tɪf] n COMPTR (abbr ***Tagged Image File Format***) TIFF

tiff [tɪf] n *Fam* riña *f,* desavenencia *f*

tig [tɪg] n [game] **to play ~** jugar a pillarse *or* al corre que te pillo

tiger ['taɪgə(r)] n tigre *m*

tight [taɪt] ■ adj **1.** [clothes] ajustado(a), estrecho(a) / [knot, screw] apretado(a) / *Fig* [bend] cerrado(a) / *Fig* [restrictions] severo(a) ▸ **to be a ~ fit** [clothes] quedar

muy justo(a) ▸ **to keep a ~ hold on sth** tener algo bien agarrado(a) ▸ **we're a bit ~ for time** vamos un poco cortos *or* justos de tiempo ▸ *Fig* **to be in a ~ spot** *or* **corner** estar en un aprieto ▸ *Fig* **to run a ~ ship** llevar el timón con mano firme ▸ **to work to a ~ schedule** trabajar con un calendario estricto **2.** [race, finish] reñido(a) ▸ *Fam* **money's a bit ~ at the moment** ahora ando un poco justo de dinero **3.** *Fam* [mean] agarrado(a), roñoso(a) **4.** *Fam* [drunk] alegre, *ESP* piripi
■ adv [hold, squeeze] con fuerza / [seal, shut] bien ▸ **hold ~!** ¡agárrate fuerte! ▸ **sleep ~!** ¡que descanses!

tighten ['taɪtən] ■ vt [screw, knot] apretar / [rope] tensar / [restrictions, security] intensificar / [conditions, rules] endurecer ▸ **to ~ one's grip on** [rope, handle] asir con más fuerza ▸ *Fig* **he tightened his grip on the organization** incrementó su control sobre la organización ▸ *Fig* **to ~ one's belt** apretarse el cinturón
■ vi [knot] apretarse / [grip] intensificarse / [rope] tensarse

◆ ***tighten up*** vt sep [screw] apretar / [restrictions, security] intensificar

tight-fisted [taɪt'fɪstɪd] adj *Fam* agarrado(a), rata

tight-fitting ['taɪt'fɪtɪŋ] adj [item of clothing] ajustado(a), ceñido(a) ▸ **you need a ~ lid for the saucepan** te hace falta una tapa que encaje *or* ajuste bien en la cacerola

tightknit ['taɪt'nɪt] adj [community] muy integrado(a)

tight-lipped ['taɪt'lɪpt] adj **to be ~ (about sth)** [silent] no soltar prenda (sobre algo) / [angry] estar enfurruñado(a) (por algo)

tightly ['taɪtlɪ] adv [hold, squeeze] con fuerza / [seal, close] bien

tightness ['taɪtnɪs] n [of link, clothing] estrechez *f* / [of regulations, security] rigidez *f*

tightrope ['taɪtrəʊp] n cuerda *f* floja ▸ *Fig* **to be walking a ~** estar en la cuerda floja ▸ **~ walker** funambulista *mf*

tights [taɪts] npl *BR* [nylon, silk] medias *fpl*, pantis *mpl* / [woollen] leotardos *mpl*, *COL* medias *fpl* veladas, *RP* cancanes *mpl*

tigress ['taɪgrɪs] n tigresa *f*

'til [tɪl] ➤ ***until***

tile [taɪl] ■ n [on roof] teja *f* / [on floor] baldosa *f* / [on wall] azulejo *m*
■ vt [put tiles on] [roof] tejar / [floor] embaldosar / [walls] poner azulejos en, *ESP* alicatar

tiled [taɪld] adj [roof] de tejas / [floor] embaldosado(a) / [wall] con azulejos, *ESP* alicatado(a)

tiler ['taɪlə(r)] n [of roof] techador(ora) *m,f* / [of floor] solador(ora) *m,f* / [of wall] = *albañil que coloca azulejos*, *ESP* alicatador(ora) *m,f*

till [1] [tɪl] vt [field] labrar

till [2] n [cash register] caja *f* (registradora) ▸ *Fig* **to be caught with one's hand** *or* **fingers in the ~** ser atrapado(a) haciendo un desfalco

till [3] ➤ ***until***

tiller ['tɪlə(r)] n [on boat] caña *f* del timón

tilt [tɪlt] ■ n **1.** [angle] inclinación *f* **2.** [speed] **at full ~** a toda marcha
■ vt *also Fig* inclinar ▸ **to ~ one's head** inclinar la cabeza
■ vi **1.** [incline] inclinarse ▸ **to ~ forwards/backwards** inclinarse hacia delante/hacia atrás **2. to ~ at windmills** arremeter contra molinos de viento

◆ ***tilt over*** vi [fall] venirse abajo

timber ['tɪmbə(r)] n [wood] madera *f* (de construcción) ▸ **~!** ¡árbol va! ▸ *BR* **~ merchant** maderero *m*

time [taɪm] ■ n **1.** [in general] tiempo *m* ▸ **in ~** [eventually] con el tiempo ▸ **in ~ for sth/to do sth** a tiempo para algo/para hacer algo ▸ **in good ~** [early] con tiempo ▸ **she'll do it in her own good ~** lo hará a su ritmo ▸ **all in good ~!** cada cosa a su (debido) tiempo, todo se andará ▸ **he did it in his own ~** [out of working hours] lo hizo fuera de las horas de trabajo / [at his own pace] lo hizo a su aire *or* ritmo ▸ **when I have the ~** cuando tenga tiempo ▸ **now my ~ is my own** ahora tengo todo el tiempo del mundo ▸ **to take one's ~ (doing sth)** tomarse (uno) su tiempo (para hacer algo) ▸ **you took your ~!** ¡has tardado mucho! ▸ **it takes ~** lleva tiempo ▸ **I've no ~ for him** no me cae nada bien ▸ **in no ~ at all, in next to no ~** en un abrir y cerrar de ojos ▸ **~ is getting on** no queda mucho tiempo ▸ **time's up!** ¡se acabó el tiempo! ▸ *Fam* **to do ~** [go to prison] pasar una temporada a la sombra ▸ **if I had my ~ over again** si pudiera vivir otra vez ▸ **~ will tell** el tiempo lo dirá ▸ *Prov* **~ is money** el tiempo es oro ▸ **~ bomb** bomba *f* de relojería ▸ *Fig* **to be sitting on a ~ bomb** estar (sentado(a)) sobre un volcán ▸ **~ frame** plazo *m* de tiempo ▸ **~ travel** viajes *mpl* en el tiempo ▸ *Fig* **to be in a ~ warp** seguir anclado(a) en el pasado **2.** [period] **in a short ~** dentro de poco ▸ **in a long ~** desde hace (mucho) tiempo ▸ **in three weeks' ~** dentro de tres semanas ▸ **to take a long ~ over sth/to do sth** tomarse mucho tiempo para algo/para hacer algo ▸ **for some ~** durante bastante tiempo ▸ **for the ~ being** por ahora, por el momento ▸ **to have a good ~** pasárselo bien ▸ **to give sb a hard ~** hacer pasar a alguien un mal rato **3.** [age] época *f* ▸ **before my ~** antes de mi época ▸ **to be ahead of one's ~** estar por delante de su tiempo, ser un(a) adelantado(a) de su tiempo ▸ **she was a good singer in her ~** en sus tiempos fue una gran cantante ▸ **to move with the times** ir con los tiempos ▸ **she's seen a few things in her ~** ella ha visto unas cuantas cosas en su vida ▸ **~ capsule** = *recipiente que contiene objetos propios de una época y que se entierra para que futuras generaciones puedan conocer cómo se vivía entonces* **4.** [moment] momento *m* ▸ **I didn't know it at the ~** en aquel momento *or* entonces no lo sabía ▸ **at that ~** en aquel momento *or* entonces ▸ **at the present ~** en el momento presente ▸ **at one ~ it was different** hubo un tiempo en que era distinto ▸ **at no ~** en ningún momento ▸ **at the same ~** al mismo tiempo ▸ **at all times** en todo momento ▸ **this ~ next year** el año que viene por estas fechas ▸ **from that ~ (onwards)** desde entonces (en adelante) ▸ **at that ~ of (the) year** por aquellas fechas ▸ **the ~ for talking is past** la ocasión de hablar ya ha pasado ▸ *Fam* **not before ~!** ¡ya era hora! ▸ *Fam* **it's high ~!** ¡ya era hora! **5.** [on clock] hora *f* ▸ **what's the ~?** ¿qué hora es? ▸ **the ~ is six o'clock** son las seis (en punto) ▸ **to pass the ~ of day with sb** charlar un rato con alguien ▸ **this ~ tomorrow** mañana a estas horas ▸ **on ~** a la hora en punto ▸ **to be on ~**

llegar a la hora ▸ **I was just in ~ to see it** llegué justo a tiempo para verlo ▸ **it is ~ we left** es hora de que nos vayamos ▸ **there's a ~ check every five minutes** [on radio] dan la hora cada cinco minutos ▸ **~ difference** diferencia *f* horaria ▸ **~ lag** lapso *m* ▸ **~ lapse** lapso *m* (de tiempo) ▸ IND **~ sheet** ficha *f* de horas trabajadas ▸ **~ signal** señal *f* horaria ▸ **~ switch** temporizador *m* **6.** [occasion] vez *f* ▸ **at times** a veces ▸ **every ~** siempre ▸ **every ~ she looks at me** cada vez que me mira ▸ **from ~ to ~** de vez en cuando ▸ **~ and ~ again, ~ after ~** una y otra vez **7.** [in multiplication] **four times two is eight** cuatro por dos son ocho ▸ **three times as big (as)** tres veces mayor (que) **8.** MUS tiempo *m* ▸ **to keep ~** llevar el ritmo *or* compás

■ vt **1.** [meeting, visit] programar **2.** [remark, action] **well timed** oportuno(a) ▸ **badly timed** inoportuno(a) **3.** [person, race] cronometrar

time-consuming ['taɪmkənsju:mɪŋ] adj **a ~ task** una tarea que lleva mucho tiempo ▸ **to be ~** llevar mucho tiempo

time-honoured ['taɪmɒnəd] adj ancestral

timekeeping ['taɪmki:pɪŋ] n **1.** IND [in factory] control *m* de puntualidad **2.** *BR* [punctuality] puntualidad *f* ▸ **good/poor ~** mucha/poca puntualidad

timely ['taɪmlɪ] adj oportuno(a)

time-out ['taɪmaʊt] n SPORT tiempo *m* muerto / *Fig* descanso *m*

timepiece ['taɪmpi:s] n reloj *m*

timer ['taɪmə(r)] n [device] temporizador *m*

time-saver ['taɪmseɪvə(r)] n **the dishwasher is a great ~** el lavavajillas (te) ahorra mucho tiempo

time-saving ['taɪmseɪvɪŋ] adj [device, method] que ahorra tiempo

timescale ['taɪmskeɪl] n plazo *m* (de tiempo)

time-share ['taɪmʃeə(r)] n multipropiedad *f,* copropiedad *f*

timespan ['taɪmspæn] n plazo *m*

timetable ['taɪmteɪbəl] ■ n [for buses, trains, school] horario *m* / [for event, project] programa *m* ▸ **to work to a ~** tener un horario de trabajo

■ vt programar

time-wasting ['taɪmweɪstɪŋ] n pérdida *f* de tiempo

timid ['tɪmɪd] adj tímido(a)

timidity [tɪ'mɪdɪtɪ] n timidez *f*

timidly ['tɪmɪdlɪ] adv tímidamente

timing ['taɪmɪŋ] n **1.** [of announcement, election] (elección *f* del) momento *m,* oportunidad *f* ▸ **they questioned the ~ of the election** la fecha de las elecciones fue polémica **2.** [of remark, action] **how's that for ~! we've finished one day before the deadline** ¡qué te parece! hemos terminado un día antes de la fecha límite ▸ **her remarks were good/bad ~** sus comentarios vinieron en buen/mal momento **3.** [of musician] compás *m,* (sentido *m* del) ritmo *m* ▸ **the comedian's ~ was perfect** el humorista hizo un uso perfecto de las pausas y del ritmo

timorous ['tɪmərəs] adj timorato(a), temeroso(a)

TIN [ti:aɪ'en] n *US* (abbr ***taxpayer identification number***) = *número de identificación fiscal*

tin [tɪn] n **1.** [metal] estaño *m* ▸ **~ mine** mina *f* de estaño ▸ **~ plate** hojalata *f* ▸ **~ soldier** soldadito *m* de plomo ▸ **~ whistle** flautín *m* **2.** [mould] molde *m* ▸ **cake ~** molde *m (para bizcocho, plum-cake, etc)* **3.** *esp BR* [can] lata *f, AM* tarro *m* ▸ **~ opener** abrelatas *m inv*

tinder ['tɪndə(r)] n yesca *f*

tinderbox ['tɪndəbɒks] n [explosive situation] **the country is a ~** el país es un polvorín

tinfoil ['tɪn'fɔɪl] n papel *m* (de) aluminio

ting-a-ling ['tɪŋəlɪŋ] n & adv tilín *m*

tinge [tɪndʒ] ■ n [of colour, emotion] matiz *m*

■ vt **tinged with** [colour] con un matiz de / [emotion] teñido(a) de

tingle ['tɪŋgəl] ■ n [physical sensation] hormigueo *m* / [of fear, excitement] estremecimiento *m*

■ vi **my hands are tingling** siento un hormigueo en las manos ▸ **to ~ with fear/excitement** estremecerse de miedo/emoción

tingling ['tɪŋglɪŋ] n [of skin] hormigueo *m*

tinker ['tɪŋkə(r)] ■ n quincallero(a) *m,f,* chamarilero(a) *m,f*

■ vi enredar (**with** con)

tinkle ['tɪŋkəl] ■ n [of bell] tintineo *m* ▸ *BR Fam* **I'll give you a ~** [on phone] te daré un toque *or* telefonazo, *MÉX* te pego un grito

■ vi tintinear

tinned [tɪnd] adj *BR* [food] de lata

tinnitus [tɪn'aɪtəs] n MED zumbido *m* de oídos

tinny ['tɪnɪ] adj [sound] metálico(a)

tinsel ['tɪnsəl] n espumillón *m*

tint [tɪnt] ■ n [colour] matiz *m* / [in hair] tinte *m*

■ vt [hair] teñir

tiny ['taɪnɪ] adj diminuto(a), minúsculo(a) ▸ **a ~ bit** un poquitín

tip [1] [tɪp] ■ n [end] punta *f* ▸ **on the tips of one's toes** de puntillas ▸ **to have sth on the ~ of one's tongue** tener algo en la punta de la lengua ▸ *Fig* **the ~ of the iceberg** la punta del iceberg

■ vt (pt & pp **tipped**) **tipped with steel** con la punta de acero

tip [2] ■ n **1.** [payment] propina *f* **2.** [piece of advice] consejo *m*

■ vt (pt & pp **tipped**) **1.** [give money to] dar (una) propina a **2.** [predict] **to ~ a winner** pronosticar quién será el ganador ▸ **to ~ sb for promotion** pronosticar que alguien será ascendido(a)

tip [3] ■ n *BR* [for rubbish] vertedero *m* ▸ *Fam* **this room's a ~!** ¡esta habitación es una pocilga!

■ vt (pt & pp **tipped**) **1.** [pour] verter **2. to ~ the scales at 95 kg** pesar 95 kg ▸ *Fig* **to ~ the scales** *or* **balance (in sb's favour)** inclinar la balanza (a favor de alguien)

◆ ***tip off*** vt sep [warn] avisar, prevenir

◆ ***tip out*** vt sep vaciar

◆ ***tip over*** ■ vt sep volcar

■ vi volcarse

◆ ***tip up*** ■ vt sep inclinar

■ vi inclinarse

tip-off ['tɪpɒf] n soplo *m*

-tipped [tɪpt] suffix **a steel~ cane** un bastón con (la) contera de acero ▸ **the bird has black~ wings** el pájaro tiene alas de puntas negras, el pájaro tiene las alas negras por los extremos

Tippex® ['tɪpeks] ■ n Tippex® *m* , corrector *m*
■ vt **to tippex® sth out** borrar algo con Tippex®

tipple ['tɪpəl] *Fam* ■ n [drink] bebida *f* preferida ▸ **what's your ~?** ¿qué bebes *or AM* tomas?
■ vi beber, empinar el codo, *AM* tomar

tipsy ['tɪpsɪ] adj achispado(a) ▸ **to be ~** estar achispado(a)

tiptoe ['tɪptəʊ] ■ n **on ~** de puntillas
■ vi caminar *or ESP* andar de puntillas ▸ **to ~ in/out** entrar/salir de puntillas

tiptop ['tɪptɒp] adj inmejorable, perfecto(a) ▸ **in ~ condition** en inmejorables condiciones

tirade [taɪ'reɪd] n invectiva *f,* diatriba *f*

tire [1] ['taɪə(r)] ■ vt cansar, fatigar
■ vi cansarse, fatigarse ▸ **to ~ of (doing) sth** cansarse de (hacer) algo

◆ ***tire out*** vt sep [exhaust] agotar, fatigar

tire [2] *US* ➤ ***tyre***

tired ['taɪəd] adj cansado(a), fatigado(a) ▸ **to be ~** estar cansado(a) *or* fatigado(a) ▸ **to be ~ of (doing) sth** estar cansado(a) de (hacer) algo ▸ *Fig* **a ~ old cliché** un lugar común muy manido

tireless ['taɪəlɪs] adj incansable, infatigable

tirelessly ['taɪəlɪslɪ] adv incansablemente, infatigablemente

tiresome ['taɪəsəm] adj pesado(a)

tiring ['taɪərɪŋ] adj agotador(ora)

tissue ['tɪsjuː] n **1.** BIOL tejido *m* **2.** [paper handkerchief] kleenex® *m inv,* pañuelo *m* de papel ▸ *Fig* **a ~ of lies** una sarta de mentiras ▸ **~ paper** papel *m* de seda

tit [1] [tɪt] n [bird] herrerillo *m,* paro *m*

tit [2] n **~ for tat** donde las dan, las toman ▸ **to give sb ~ for tat** pagar a alguien con la misma moneda

tit [3] n *very Fam* **1.** [breast] teta *f, MÉX* chichi *f, RP* lola *f* ▸ *BR* **to get on sb's tits** hincharle las pelotas a alguien **2.** [idiot] *ESP* gilipollas *mf inv, AM* pendejo(a) *m,f, RP* boludo(a) *m,f*

titanic [taɪ'tænɪk] adj [conflict, struggle] titánico(a), descomunal

titanium [taɪ'teɪnɪəm] n CHEM titanio *m*

titbit ['tɪtbɪt] n [snack] tentempié *m,* refrigerio *m* ▸ *Fig* **a ~ of gossip** un chismorreo *or ESP* cotilleo ▸ **a ~ of information** una noticia

titch [tɪtʃ] n *BR Fam* [small person] renacuajo(a) *m,f*

titchy ['tɪtʃɪ] adj *BR Fam* diminuto(a), minúsculo(a)

tit-for-tat [tɪtfə'tæt] adj *Fam* como represalia

titillate ['tɪtɪleɪt] vt excitar

titillation [tɪtɪ'leɪʃən] n provocación *f,* excitación *f*

title ['taɪtl] ■ n **1.** [of book, chapter] título *m* ▸ **they publish ten titles a month** publican diez títulos al mes ▸ **~ page** portada *f* ▸ CIN & THEAT **~ rôle** papel *m* principal ▸ MUS **~ track** [of album] canción *f* que da título al disco **2.** [of person] título *m* **3.** SPORT título *m* ▸ **~ fight** combate *m* por el título **4.** LAW [to property] título *m* de propiedad **5.** CIN & TV **the titles** los títulos (de crédito)
■ vt titular

titled ['taɪtld] adj [person] con título nobiliario

titleholder ['taɪtlhəʊldə(r)] n SPORT campeón(ona) *m,f*

titter ['tɪtə(r)] ■ n risilla *f*
■ vi reírse tontamente

tittle-tattle ['tɪtltætl] *Fam* ■ n habladurías *fpl,* chismes *mpl*
■ vi chismorrear, *AM* chismear, *COL, MÉX* chismosear

titular ['tɪtjʊlə(r)] adj nominal

tizzy ['tɪzɪ] n *Fam* **to get into a ~** ponerse histérico(a)

TLC [tiːel'siː] n *Fam* (abbr ***tender loving care***) cariño *m*

TNT [tiːen'tiː] n CHEM (abbr ***trinitrotoluene***) TNT *m,* trinitrotolueno *m*

to [tuː, unstressed tə] ■ prep **1.** [towards] a ▸ **to go to France** ir a Francia ▸ **to go to church/to school** ir a misa/al colegio ▸ **to the front** hacia el frente ▸ **to the left/right** a la izquierda/derecha **2.** [until] hasta ▸ **to this day** hasta el día de hoy ▸ *BR* **it's ten to (six)** *ESP, RP* son (las seis) menos diez, *AM salvo RP* faltan diez para las seis ▸ **to count (up) to ten** contar hasta diez ▸ **a year to the day** hoy hace exactamente un año **3.** [expressing indirect object] a ▸ **to give sth to sb** dar algo a alguien ▸ **give it to me** dámelo ▸ **to speak to sb** hablar con alguien **4.** [with result] **to my surprise/joy** para mi sorpresa/alegría ▸ **to my horror, I discovered that...** cuál no sería mi horror al descubrir que... **5.** [expressing a proportion] a ▸ **by six votes to four** por seis votos a cuatro ▸ **there are 200 yen to the pound** la libra está a 200 yenes
■ particle **1.** [with the infinitive] **to go** ir ▸ **I have a lot to do** tengo mucho que hacer ▸ **I have nothing to do** no tengo nada que hacer ▸ **he came to help me** vino a ayudarme ▸ **she's old enough to go to school** ya tiene edad para ir al colegio ▸ **it's too hot to drink** está demasiado caliente para beberlo ▸ **I want him to know** quiero que lo sepa **2.** [representing verb] **I want to** quiero hacerlo ▸ **you ought to** deberías hacerlo ▸ **I was told to** me dijeron que lo hiciera

toad [təʊd] n [animal] sapo *m* / *Fam Pej* [person] gusano *m* ▸ *BR* CULIN **~ in the hole** [sausage in batter] = *masa al horno compuesta de salchichas rebozadas en harina, huevo y leche*

toadstool ['təʊdstuːl] n *ESP* seta *f* venenosa, *AM* hongo *m* venenoso

toady ['təʊdɪ] *Fam* ■ n *ESP* pelotillero(a) *m,f, AM* arrastrado(a) *m,f, COL* cepillero(a) *m,f, MÉX* lambiscón(ona) *m,f, CSUR* chupamedias *mf inv*
■ vi **to ~ to sb** *ESP* hacer la pelota a alguien, *MÉX* lambisconear a alguien, *CSUR* chupar las medias a alguien

toast [təʊst] ■ n **1.** [toasted bread] pan *m* tostado ▸ **a slice** *or* **piece of ~** una tostada ▸ **~ rack** portatostadas *m inv* **2.** [tribute] brindis *m inv* ▸ **to drink a ~ to sb** hacer un brindis a la salud de alguien

■ vt **1.** [bread] tostar ▸ **toasted cheese** tostada *f* de queso ▸ **toasted sandwich** sándwich *m* (caliente) **2.** [tribute] brindar a la salud de

toaster ['təʊstə(r)] n tostador *m*

tobacco [tə'bækəʊ] n tabaco *m* ▸ **~ pouch** petaca *f*

tobacconist [tə'bækənɪst] n estanquero(a) *m,f* ▸ *BR* **tobacconist's (shop)** estanco *m*, *CSUR* quiosco *m*, *MÉX* estanquillo *m*

toboggan [tə'bɒgən] ■ n tobogán *m (trineo)*
■ vi tirarse por el tobogán *(pista de nieve)*

today [tə'deɪ] ■ n hoy ▸ **today's date/paper** la fecha/el periódico de hoy
■ adv hoy ▸ **a week ago ~** hace (hoy) una semana

toddle ['tɒdəl] vi [infant] dar los primeros pasos ▸ *Fam* **he toddled off** se largó

toddler ['tɒdlə(r)] n niño(a) *m,f* pequeño(a) *(que aprende a caminar)*

to-die-for [tə'daɪfɔː(r)] adj *Fam* **it's ~** está que te mueres

to-do [tə'dʊ] (pl **to-dos**) n *Fam* revuelo *m*

toe [təʊ] n **1.** [of foot] dedo *m* del pie / [of sock, shoe] puntera *f* ▸ **big ~** dedo *m* gordo del pie ▸ **little ~** meñique *m* del pie **2.** [idioms] **to be on one's toes** estar alerta ▸ **to keep sb on his toes** no dar tregua a alguien

toehold ['təʊhəʊld] n [in climbing] punto *m* de apoyo ▸ *Fig* **to gain a ~ in the market** lograr introducirse en el mercado

toenail ['təʊneɪl] n uña *f* del pie ▸ **~ clipper(s)** cortaúñas *m inv*

toff [tɒf] n *BR Old-fashioned Fam ESP* pijo(a) *m,f*, *MÉX* fresa *mf*, *RP* copetudo(a) *m,f*

toffee ['tɒfɪ] n [small sweet] (caramelo *m* de) tofe *m* / [substance] caramelo *m* ▸ *BR Fam* **he can't sing for ~** no tiene ni idea de cantar ▸ **~ apple** manzana *f* de caramelo

tofu ['tɒfuː] n CULIN tofu *m*

together [tə'geðə(r)] ■ adv juntos(as) ▸ **~ with** junto con ▸ **all ~** todos(as) juntos(as) ▸ **to go** *or* **belong ~** ir juntos(as) ▸ **to act ~** obrar al unísono ▸ **to get ~ again** [couple, partners] volver a juntarse
■ adj *US Fam* equilibrado(a)

togetherness [tə'geðənɪs] n unidad *f*, unión *f*

toggle ['tɒgəl] ■ n [on coat] botón *m* de trenca ▸ COMPTR **~ key** *or* **switch** = *combinación de teclas que permite pasar de una aplicación a otra*
■ vi COMPTR = *abrir y cerrar una función o pantalla con la misma tecla* ▸ **you can ~ between the two applications** puedes pasar de una aplicación a otra pulsando una tecla

Togo ['təʊgəʊ] n Togo

Togolese [təʊgəʊ'liːz] n & adj togolés(esa) *m,f*

togs [tɒgz] npl *Fam* [clothes] ropa *f*

toil [tɔɪl] ■ n *Literary* esfuerzo *m*
■ vi [work hard] trabajar con afán ▸ **to ~ away at sth** esforzarse mucho en algo ▸ **to ~ up a hill** subir penosamente una montaña

toiler ['tɔɪlə(r)] n trabajador(ora) *m,f* incansable

toilet ['tɔɪlɪt] n **1.** *BR* [room] [in house] cuarto *m* de baño, retrete *m* / [in public place] baño(s) *m(pl)*, *ESP* servicio(s) *m(pl)*, *CSUR* toilette *f* / [object] váter *m*, inodoro *m* ▸ **to go to the ~** [in house] ir al baño / [in public place] ir al baño *or ESP* al servicio *or CSUR* a la toilette ▸ **~ humour** humor *m* escatológico ▸ **~ paper** papel *m* higiénico *or CHILE* confort ▸ **~ roll** rollo *m* de papel higiénico ▸ **~ seat** asiento *m* del váter **2.** *Old-fashioned* [washing and dressing] aseo *m* personal ▸ **~ bag** bolsa *f* de aseo ▸ **~ soap** jabón *m* de tocador

toiletries ['tɔɪlɪtrɪz] npl artículos *mpl* de tocador

token ['təʊkən] ■ n **1.** [indication] señal *f*, muestra *f* ▸ **as a ~ of respect** como señal *or* muestra de respeto ▸ **by the same ~** de la misma manera **2.** [for vending machine] ficha *f* / [paper] vale *m*
■ adj [resistance, effort] simbólico(a) ▸ **I don't want to be the ~ woman on the committee** no quiero estar en la comisión para cubrir el porcentaje femenino

Tokyo ['təʊkɪəʊ] n Tokio

told [təʊld] pt & pp *of* ***tell***

tolerable ['tɒlərəbəl] adj **1.** [pain, discomfort] soportable, tolerable **2.** [behaviour, effort] aceptable

tolerance ['tɒlərəns] n tolerancia *f* ▸ **to have a high/low ~ for sth** ser muy/poco tolerante con algo

tolerant ['tɒlərənt] adj tolerante

tolerantly ['tɒlərəntlɪ] adv con tolerancia

tolerate ['tɒləreɪt] vt tolerar

toleration [tɒlə'reɪʃən] n tolerancia *f*

toll [1] [təʊl] n **1.** [charge] peaje *m*, *MÉX* cuota *f* ▸ **~ bridge** puente *m* de peaje *or MÉX* cuota ▸ **~ road** carretera *f* de peaje *or MÉX* cuota **2.** [of dead, injured] **the disease had taken its ~** la enfermedad había hecho estragos ▸ **the death ~ has risen to a hundred** el número de víctimas ha ascendido a cien

toll [2] ■ vt [bell] tañer
■ vi [bell] doblar ▸ **to ~ for the dead** tocar a muerto

toll-free [təʊl'friː] *US* ■ adj **~ number** (número *m* de) teléfono *m* gratuito
■ adv [call] gratuitamente

Tom [tɒm] n *Fam* **every** *or BR* **any ~, Dick or Harry** cualquier mequetrefe

tom [tɒm] n *Fam* gato *m* (macho)

tomahawk ['tɒməhɔːk] n hacha *f* india

tomato [tə'mɑːtəʊ, *US* tə'meɪtəʊ] (pl **tomatoes**) n **1.** [fruit] tomate *m*, *MÉX* jitomate *m* ▸ **~ juice** *ESP* zumo *m or AM* jugo *m* de tomate *or MÉX* jitomate ▸ **~ ketchup** (tomate) ketchup *m*, catchup *m* ▸ **~ sauce** [for pasta] (salsa *f* de) tomate *or MÉX* jitomate / [ketchup] (tomate) ketchup *m*, catchup *m* ▸ **~ soup** crema *f* de tomate *or MÉX* jitomate **2.** *US Fam* [beautiful woman] **she's a real ~** está buenísima

tomb [tuːm] n tumba *f*

tomboy ['tɒmbɔɪ] n niña *f* poco femenina

tombstone ['tuːmstəʊn] n lápida *f*

tomcat ['tɒmkæt] n gato *m* (macho)

tome [təʊm] n *Formal* tomo *m*, volumen *m*

tomfoolery [tɒm'fuːlərɪ] n *Fam* tonterías *fpl*, *ESP* niñerías *fpl*

tomorrow [tə'mɒrəʊ] ■ n mañana *m* ▸ **the day after**

~ pasado mañana ▶ **~ is another day** mañana será otro día ▶ *Fam* **she was eating like there was no ~** comía como si se fuese a acabar el mundo

■ adv mañana ▶ **~ morning/evening** mañana por la mañana/tarde ▶ *Fig* **what will the world be like ~?** ¿cómo será el mundo en el futuro?

tom-tom ['tɒmtɒm] n MUS tam-tam *m inv*

ton [tʌn] n **1.** [weight] tonelada *f* (aproximada) *(Br = 1.016 kg, US = 907 kg)* **2.** [idioms] *Fam* **this suitcase weighs a ~** esta maleta pesa un quintal *or* una tonelada ▶ *Fam* **tons of...** [lots of] montones de... ▶ *Fam* **he'll come down on you like a ~ of bricks** te va a poner a caldo

tone [təʊn] n [sound, colour] tono *m* / [on phone] señal *f*, tono *m* / [quality of sound] timbre *m* ▶ **~ of voice** tono *m* de voz ▶ *Fig* **to raise/lower the ~** [of place, occasion] elevar/bajar el tono

◆ ***tone down*** vt sep [colour] rebajar el tono de / *Fig* [remarks] bajar el tono de

◆ ***tone up*** vt sep [muscles] tonificar, entonar

tone-deaf [təʊn'def] adj **to be ~** tener mal oído

toner ['təʊnə(r)] n [for printer] tóner *m*

Tonga ['tɒŋgə] n Tonga

Tongan ['tɒŋgən] ■ n **1.** [person] tongano(a) *m,f* **2.** [language] tongano *m*

■ adj de Tonga, tongano(a)

tongs [tɒŋz] npl [for coal, heavy objects] tenazas *fpl* / [for food, smaller objects] pinzas *fpl* ▶ **a pair of ~** unas tenazas/pinzas ▶ **(curling) ~** [for hair] tenacillas *fpl* de rizar

tongue [tʌŋ] n **1.** [in mouth, of land, flame] lengua *f* / [of shoe] lengüeta *f* / [language] idioma *m*, lengua *f* ▶ **to stick one's ~ out** sacar la lengua ▶ **~ twister** trabalenguas *m inv* **2.** [idioms] **hold your ~!** ¡calla la boca! ▶ **have you lost your ~?** ¿se te ha comido la lengua el gato? ▶ **to say sth ~-in-cheek** decir algo en broma

tongue-tied ['tʌŋtaɪd] adj mudo(a) ▶ **to be ~** quedarse mudo(a)

tonic ['tɒnɪk] n tónico *m*, reconstituyente *m* ▶ **~ (water)** (agua *f*) tónica *f*

tonight [tə'naɪt] n & adv esta noche

tonnage ['tʌnɪdʒ] n NAUT [of ship] tonelaje *m*

tonne [tʌn] n tonelada *f* (métrica)

tonsil ['tɒnsəl] n amígdala *f* ▶ **to have one's tonsils out** operarse de las amígdalas

tonsillitis [tɒnsɪ'laɪtɪs] n MED amigdalitis *f inv*

too [tu:] adv **1.** [excessively] demasiado ▶ **it's ~ difficult** es demasiado difícil ▶ **~ much** demasiado ▶ **I know her all** *or* **only ~ well** la conozco demasiado bien ▶ **you're ~ kind** es usted muy amable ▶ **he's not ~ well today** no se encuentra muy *or* demasiado bien hoy ▶ **~ bad!** [bad luck] ¡qué se le va a hacer! / [that's your problem] ¡mala suerte! ▶ **it's ~ bad you weren't here earlier** es una pena que no estuvieras aquí antes ▶ *Fam* **~ right!** ¡desde luego! **2.** [also] también **3.** [moreover] además

took [tʊk] pt *of* ***take***

tool [tu:l] n **1.** [implement] herramienta *f* ▶ **(set of) tools** herramienta *f* ▶ **~ bag** bolsa *f* de herramientas ▶ [gen] & COMPTR **~ box** paleta *f* de herramientas ▶ **~ kit** juego *m* de herramientas ▶ **~ shed** cobertizo *m* para los aperos **2.** [means, instrument] instrumento *m*

toot [tu:t] ■ n bocinazo *m*

■ vt [horn, trumpet] tocar

tooth [tu:θ] (pl **teeth** [ti:θ]) n **1.** [of person, saw] diente *m* / [molar] muela *f* / [of comb] púa *f* ▶ **(set of) teeth** dentadura *f* ▶ **to cut a ~** echar un diente ▶ **he had a ~ out** le sacaron una muela ▶ **~ decay** caries *f inv* **2.** [idioms] **to lie through one's teeth** mentir como un/una bellaco(a) ▶ **in the teeth of opposition** haciendo frente a la oposición ▶ **armed to the teeth** armado(a) hasta los dientes ▶ **to fight ~ and nail** luchar con uñas y dientes ▶ *Fam* **to get one's teeth into sth** hincar el diente a algo ▶ *BR Fam* **I'm fed up** *or* **sick to the back teeth with him** estoy hasta la coronilla de él ▶ *Fam* **long in the ~** entrado(a) en años

toothache ['tu:θeɪk] n dolor *m* de muelas

toothbrush ['tu:θbrʌʃ] n cepillo *m* de dientes

toothless ['tu:θlɪs] adj desdentado(a) / *Fig* inoperante, ineficaz

toothpaste ['tu:θpeɪst] n dentífrico *m*, pasta *f* de dientes

toothpick ['tu:θpɪk] n palillo *m* (de dientes)

toothy ['tu:θɪ] adj **a ~ grin** una sonrisa que enseña todos los dientes

top[1] [tɒp] n [spinning top] peonza *f*

top[2] ■ n **1.** [highest part] parte *f* superior, parte *f* de arriba / [of tree] copa *f* / [of mountain] cima *f* / [of bus] piso *m* superior / [of list] cabeza *f* ▶ **at the ~ of the stairs** en lo alto de la escalera ▶ **at the ~ of the street** al final de la calle ▶ **to be (at the) ~ of the class** ser el/la primero(a) ▶ **from ~ to bottom** de arriba abajo ▶ **at the ~ of one's voice** a grito pelado ▶ MIL **to go over the ~** entrar en acción / *Fig* pasarse de la raya ▶ *Fig* **over the ~** [excessive] exagerado(a) ▶ *Fig* **to make it to the ~** llegar a la cumbre **2.** [lid] tapa *f* / [of bottle] tapón *m* / [of pen] capucha *f* **3.** [upper surface] superficie *f* **4.** [garment] [T-shirt] camiseta *f* / [blouse] blusa *f* **5.** *Fam Old-fashioned* **it's (the) tops** [excellent] es pistonudo(a)

■ adj **1.** [highest] de más arriba, más alto(a) / [in pile] de encima ▶ **the ~ people** [in society] la flor y nata / [in an organization] los jefes ▶ *Fam* **the ~ brass** [army officers] los altos mandos ▶ **~ coat** [of paint] última mano *f* ▶ *BR* **~ deck** [of bus] piso *m* superior ▶ *Fam Fig* **~ dog** mandamás *mf* ▶ **to be on ~ form** estar en plena forma ▶ *BR* AUT **~ gear** [fourth] cuarta *f*, directa *f* / [fifth] quinta *f*, directa *f* ▶ **~ hat** sombrero *m* de copa ▶ *BR* **~ security prison** cárcel *f* de alta seguridad ▶ **~ speed** velocidad *f* máxima ▶ *Fig* **at ~ speed** a toda velocidad **2.** [best, major] mejor, más importante ▶ **the ~ ten** [in general] los diez mejores / [in music charts] el top diez, los diez primeros ▶ **she came ~ in history** fue la mejor en historia

■ vt (pt & pp **topped**) **1.** [place on top of] cubrir (**with** de) ▶ **to ~ it all** para colmo **2.** [exceed] superar, sobrepasar **3.** [be at top of] [list, class] encabezar ▶ **to ~ the bill** encabezar el cartel **4.** *BR Fam* **to ~ oneself** matarse, suicidarse

◆ ***on top*** adv encima ▸ *Fig* **to come out on ~** salir victorioso(a)

◆ ***on top of*** prep [above] encima de, sobre / [in addition to] además de ▸ *Fig* **to be on ~ of sth** tener algo bajo control ▸ **you mustn't let things get on ~ of you** no debes dejar que las cosas te agobien ▸ **to be on ~ of the world** estar en la gloria

◆ ***top up*** vt sep [glass, petrol tank] rellenar, llenar / [sum of money] complementar / [mobile phone] recargar

top-down [tɒp'daʊn] adj **a ~ management style** un estilo de dirección jerárquico

top-heavy [tɒp'hevɪ] adj [structure] sobrecargado(a) en la parte superior / *Fig* [organization] con demasiados altos cargos

topic ['tɒpɪk] n tema *m,* asunto *m*

> FALSE FRIEND / FALSO AMIGO
> **topic**
> Tópico no es la traducción del inglés *topic.* El sustantivo **tópico** se traduce por *cliché.*

topical ['tɒpɪkəl] adj actual, de actualidad

topless ['tɒplɪs] adj [person] en topless / [beach, bar] de topless

top-level ['tɒplevəl] adj de alto nivel

topmost ['tɒpməʊst] adj superior, más alto(a) / [in pile] de encima

top-of-the-range ['tɒpəvðə'reɪndʒ], *US* ***top-of-the-line*** ['tɒpəvðə'laɪn] adj de gama alta ▸ **it is our ~ model** es el modelo más alto de la gama

topography [tɒ'pɒgrəfɪ] n topografía *f*

topping ['tɒpɪŋ] n [for pizza] ingrediente *m* ▸ **cake with cream ~** pastel *m* con *ESP* nata *or AM* crema de leche encima

topple ['tɒpəl] ■ vt [person, structure, government] derribar
■ vi [person, government] derrumbarse

top-secret ['tɒp'si:krɪt] adj altamente confidencial

topsoil ['tɒpsɔɪl] n (capa *f* superficial del) suelo *m*

topsy-turvy [tɒpsɪ'tɜ:vɪ] adj [untidy] manga por hombro / [confused] enrevesado(a) ▸ **the whole world's turned ~** el mundo entero está patas arriba

top-up ['tɒpʌp] n *BR* [for drink] **can I give you a ~?** ¿quieres que te lo llene? ▸ **~ card** [for mobile phone] tarjeta *f* de recarga ▸ **~ fees** [charged by university] = *derechos de matrícula suplementarios*

torch [tɔ:tʃ] ■ n **1.** [burning stick] antorcha *f* ▸ *Fig* **to carry a ~ for sb** estar enamorado(a) *or* prendado(a) de alguien **2.** *BR* [electric light] linterna *f*
■ vt incendiar

torchlight ['tɔ:tʃlaɪt] n **by ~** con luz de linterna ▸ **~ procession** procesión *f* de antorchas

tore [tɔ:] pt *of* ***tear***

torment ■ n ['tɔ:ment] tormento *m* ▸ **to be in ~** sufrir
■ vt [tɔ:'ment] [cause extreme suffering] atormentar / [annoy] hacer rabiar a

tormentor [tɔ:'mentə(r)] n torturador(ora) *m,f*

torn [tɔ:n] pp *of* ***tear***

tornado [tɔ:'neɪdəʊ] (pl **tornadoes**) n tornado *m*

Toronto [tə'rɒnteʊ] n Toronto

torpedo [tɔ:'pi:dəʊ] ■ n (pl **torpedoes**) NAUT torpedo *m* ▸ **~ boat** (barco *m*) torpedero *m*
■ vt *also Fig* torpedear

torpid ['tɔ:pɪd] adj aletargado(a)

torpor ['tɔ:pə(r)] n letargo *m*

torrent ['tɒrənt] n torrente *m* ▸ **it's raining in torrents** llueve torrencialmente ▸ **a ~ of abuse** un torrente de insultos

torrential [tɒ'renʃəl] adj torrencial

torrid ['tɒrɪd] adj [weather] tórrido(a) / [affair] ardiente, apasionado(a)

torso ['tɔ:səʊ] (pl **torsos**) n torso *m*

tortoise ['tɔ:təs] n tortuga *f* (terrestre)

tortoiseshell ['tɔ:təsʃel] n carey *m* ▸ **~ (cat)** = *gato con manchas negras y marrones*

tortuous ['tɔ:tjʊəs] adj [path] tortuoso(a) / [explanation] enrevesado(a)

torture ['tɔ:tʃə(r)] ■ n tortura *f* ▸ *Fig* **it was sheer ~!** ¡fue una auténtica tortura!, ¡fue un tormento! ▸ **~ chamber** cámara *f* de torturas
■ vt torturar / *Fig* atormentar

Tory ['tɔ:rɪ] n & adj *BR* conservador(ora) *m,f*

tosh [tɒʃ] n *BR Fam ESP* chorradas *fpl, AM* huevadas *fpl* ▸ **don't talk ~!** ¡no digas *ESP* chorradas *or AM* huevadas!

toss [tɒs] ■ n **1.** [of ball] lanzamiento *m* / [of head] sacudida *f* ▸ **to decide sth on the ~ of a coin** decidir algo a cara o cruz *or CHILE, COL* cara o sello *or MÉX* águila o sol *or RP* cara o seca ▸ *BR* **to argue the ~** discutir inútilmente **2.** *BR very Fam* **he couldn't give a ~** le importa un carajo, *MÉX* le vale madre
■ vt [ball] lanzar / [salad] remover ▸ **to ~ sth to sb** echar algo a alguien ▸ **to ~ a coin** echar a cara o cruz *or CHILE, COL* cara o sello *or MÉX* águila o sol *or RP* cara o seca ▸ **to ~ one's head** sacudir la cabeza ▸ **to ~ a pancake** dar la vuelta a una crepe lanzándola por el aire ▸ **the ship was tossed by the sea** el mar sacudía *or* zarandeaba el barco
■ vi **to ~ (up) for sth** jugarse algo a cara o cruz *or CHILE, COL* cara o sello *or MÉX* águila o sol *or RP* cara o seca ▸ **to ~ and turn in bed** dar vueltas en la cama

◆ ***toss about, toss around*** vt sep [ball] lanzar / [ship] zarandear / *Fig* [idea] barajar

◆ ***toss off*** vt sep **1.** *Fam* [write quickly] escribir rápidamente **2.** *BR Vulg* [masturbate] **to ~ oneself off** hacerse una *or AM* la paja

◆ ***toss out*** vt sep tirar

toss-up ['tɒsʌp] n **to have a ~** decidir a cara o cruz *or CHILE, COL* cara o sello *or MÉX* águila o sol *or RP* cara o seca ▸ *Fam* **it's a ~ between the pub and the cinema** igual vamos al pub que vamos al cine ▸ **it's a ~ whether he'll say yes or no** lo mismo dice que sí o dice que no

tot [tɒt] n **1.** [child] niño(a) *m,f* pequeño(a) **2.** [of whisky, rum] dedal *m,* taponcito *m*

◆ ***tot up*** (pt & pp **totted**) vt sep sumar

total ['təʊtəl] ■ n total *m* ▸ **in ~** en total
■ adj total ▸ ASTRON **~ eclipse** eclipse *m* total ▸ **~ failure** rotundo fracaso *m*

■ vt (pt & pp **totalled,** *US* **totaled**) **1.** [amount to] ascender a **2.** [count up] sumar **3.** *Fam* [car] cargarse, *ESP* jeringar, *MÉX* dar en la madre, *RP* hacer bolsa

totalitarian [təʊtælɪ'teərɪən] adj totalitario(a)

totalitarianism [təʊtælɪ'teərɪənɪzəm] n totalitarismo *m*

totality [təʊ'tælɪtɪ] n totalidad *f,* conjunto *m*

totally ['təʊtəlɪ] adv totalmente, completamente

tote[1] [təʊt] n [in betting] totalizador *m*

tote[2] vt *Fam* [carry] pasear, cargar con / [gun] portar

totem pole ['təʊtəm'pəʊl] n tótem *m*

totter ['tɒtə(r)] vi [person, government] tambalearse ▸ **to ~ in/out** entrar/salir tambaleándose

tottering ['tɒtərɪŋ] adj tambaleante

toucan ['tu:kæn] n tucán *m*

touch [tʌtʃ] ■ n **1.** [act of touching] toque *m* / [lighter] roce *m* ▸ **I felt a ~ on my arm** noté que me tocaban el brazo ▸ **it was ~ and go whether...** no era seguro si... ▸ *Fam* **to be an easy** *or* **soft ~** [financially] ser desprendido(a), ser dadivoso(a) **2.** [sense, feel] tacto *m* ▸ **hard/soft to the ~** duro(a)/blando(a) al tacto **3.** [detail] toque *m* ▸ **there were some nice touches in the film** la película tenía algunos buenos detalles ▸ *Fig* **he's lost his ~** ha perdido facultades **4.** [small amount] toque *m,* pizca *f* ▸ **a ~ (too) strong/short** un poquito fuerte/corto(a) ▸ **a ~ of flu** una ligera gripe **5.** [communication] **to be/get in ~ with sb** estar/ponerse en contacto con alguien ▸ **to stay in/lose ~ with sb** mantener/perder el contacto con alguien ▸ **to lose ~ with reality** desconectarse de la realidad **6.** [in soccer, rugby] **the ball has gone into ~** la pelota se ha ido fuera

■ vt **1.** [physically] tocar / [affect] afectar ▸ **to ~ bottom** [ship, economy] tocar fondo ▸ *BR Fam* **~ wood!** ¡toquemos madera! ▸ **I never ~ wine** nunca pruebo el vino ▸ **the law can't ~ her** la ley no puede tocarla ▸ *Fig* **there's nothing to ~ it** no tiene rival **2.** [emotionally] conmover

◆ ***touch down*** vi [plane] aterrizar

◆ ***touch on*** vt insep tocar, mencionar

◆ ***touch up*** vt sep **1.** [picture] retocar **2.** *BR Fam* [molest] manosear, sobar

touchdown ['tʌtʃdaʊn] n **1.** [of plane] aterrizaje *m* **2.** [in American football] ensayo *m*

touché [tu:'ʃeɪ] exclam **~!** [in fencing] ¡touché! / *Hum* ¡touché!, ¡es verdad!

touched [tʌtʃt] adj **1.** [emotionally moved] conmovido(a) **2.** *Fam* [mad] *ESP* tocado(a) del ala, *AM* zafado(a)

touching ['tʌtʃɪŋ] adj [moving] conmovedor(ora)

touchingly ['tʌtʃɪŋlɪ] adv de un modo conmovedor

touchline ['tʌtʃlaɪn] n SPORT línea *f* de banda

touch-sensitive screen ['tʌtʃ'sensɪtɪv'skri:n] n COMPTR pantalla *f* táctil

touchstone ['tʌtʃstəʊn] n piedra *f* de toque

touch-tone telephone ['tʌtʃtəʊn'teləfəʊn] n teléfono *m* de tonos *or* de marcado por tonos

touchy ['tʌtʃɪ] adj [subject] espinoso(a), peliagudo(a) / [person] susceptible

tough [tʌf] ■ n matón *m*

■ adj **1.** [material, person] resistente, fuerte / [meat, rule, policy] duro(a) ▸ *Fam* **a ~ guy** un tipo duro ▸ **to get ~ (with sb)** ponerse duro(a) (con alguien) **2.** [difficult] difícil / [unfair] injusto(a) ▸ *Fam* **~ luck!** ¡mala suerte!

■ adv **to act ~** hacerse el/la duro(a)

toughen ['tʌfən] vt endurecer ▸ **toughened glass** vidrio *m* reforzado

toughness ['tʌfnɪs] n **1.** [of meat, task, skin, conditions] dureza *f* / [of material] resistencia *f* **2.** [of person] [strength] fortaleza *f* / [hardness] dureza *f*

toupee ['tu:peɪ] n bisoñé *m*

tour [tʊə(r)] ■ n [of tourist] recorrido *m,* viaje *m* / [by pop group, theatre company] gira *f* ▸ **to go on a ~** [tourist] hacer un recorrido turístico ▸ **to go on ~** [pop group, theatre company] irse de gira ▸ MIL **~ of duty** periodo *m* de servicio en el extranjero ▸ **~ of inspection** (recorrido *m* de) inspección *f* ▸ **~ guide** [person] guía *mf* turístico(a) ▸ **~ operator** tour operador *m,* operador *m* turístico

■ vt [country, hospital] recorrer / [of pop group, theatre company] ir de gira por

■ vi [tourist] hacer turismo / [pop group, theatre company] estar de gira

tour de force ['tʊədə'fɔ:s] n tour de force *m,* creación *f* magistral

tourism ['tʊərɪzəm] n turismo *m*

tourist ['tʊərɪst] n turista *mf* ▸ **~ attraction** atracción *f* turística ▸ AV **~ class** clase *f* turista ▸ **~ guide** [person] guía *mf* turístico(a) ▸ **~ (information) office** oficina *f* de turismo ▸ *Fam* **~ trap** sitio *m* para turistas

tournament ['tʊənəmənt], *US* ***tourney*** ['tʊənɪ] n torneo *m*

tourniquet ['tʊənɪkeɪ] n MED torniquete *m*

tousle ['taʊzəl] vt revolver ▸ **tousled hair** pelo *m* revuelto

tout [taʊt] ■ n *BR* **(ticket) ~** reventa *mf*

■ vt [goods] tratar de vender / *BR* [tickets] revender

■ vi **to ~ for custom** tratar de captar clientes

tow [təʊ] ■ n **to give sth/sb a ~** remolcar algo/a alguien ▸ *Fam* **to have someone in ~** llevar a alguien detrás ▸ **~ truck** grúa *f (automóvil)*

■ vt remolcar, llevar a remolque ▸ **the vehicle was towed away** la grúa se llevó el vehículo

toward(s) [tə'wɔ:d(z)] prep hacia ▸ **her feelings ~ me** sus sentimientos por *or* hacia mí ▸ **they behaved strangely ~ us** se comportaron de un modo extraño con nosotros ▸ **to contribute ~ the cost of...** contribuir al coste de... ▸ **15 percent of the budget will go ~ improving safety** el 15 por ciento del presupuesto estará dedicado a mejoras en la seguridad ▸ **this money can go ~ your new bicycle** este dinero puede ser para tu bicicleta nueva

towbar ['təʊbɑ:(r)] n [on car] barra *f* de remolque

towel ['taʊəl] ■ n toalla *f* ▸ *Fig* **to throw in the ~** tirar la toalla ▸ **~** *BR* **rail** *or US* **bar** toallero *m*

■ vt (pt & pp **towelled,** *US* **toweled**) **to ~ oneself (dry)** secarse (con la toalla)

towelling ['taʊəlɪŋ] n toalla *f* ▸ **~ bathrobe** albornoz *m*

tower ['taʊə(r)] ■ n torre *f* ▸ *Fig* **she's a ~ of strength** es un apoyo sólido como una roca ▸ *BR* **~ block** torre *f*, bloque *m* alto *(edificio)* ▸ COMPTR **~ system** torre *f*
■ vi **to ~ above** *or* **over sth** elevarse por encima de algo ▸ **to ~ above** *or* **over sb** verse mucho más alto que alguien

towering ['taʊərɪŋ] adj colosal

town [taʊn] n [big] ciudad *f* / [smaller] pueblo *m* ▸ **to go into ~** ir al centro (de la ciudad) ▸ **he's out of ~** está fuera (de la ciudad) ▸ *Fam Fig* **to go to ~** tirar la casa por la ventana / [in explanation, description] explayarse ▸ **~ centre** centro *m* urbano ▸ **~ clerk** secretario(a) *m,f* del ayuntamiento ▸ *BR* **~ council** ayuntamiento *m*, cabildo *m* ▸ **~ hall** ayuntamiento *m* ▸ **~ planner** urbanista *mf* ▸ **~ planning** urbanismo *m*

townsfolk ['taʊnzfəʊk] npl habitantes *mpl*, ciudadanos *mpl*

township ['taʊnʃɪp] n = *en Sudáfrica, área urbana en la que se concentra la población negra*

townspeople ['taʊnzpi:pəl] npl habitantes *mpl*

towrope ['təʊrəʊp] n cuerda *f* para remolcar

toxic ['tɒksɪk] adj MED tóxico(a) ▸ MED **~ shock syndrome** síndrome *m* del shock tóxico

toxicity [tɒk'sɪsɪtɪ] n toxicidad *f*

toxin ['tɒksɪn] n MED toxina *f*

toy [tɔɪ] ■ n juguete *m* ▸ **~ soldier** soldadito *m* de juguete ▸ **~ shop** juguetería *f*
■ vi **to ~ with sb** jugar con alguien ▸ **to ~ with an idea** darle vueltas a una idea ▸ **to ~ with sb's affections** jugar con los sentimientos de alguien

toyboy ['tɔɪbɔɪ] n *BR Fam* amiguito *m*, = *amante muy joven*

TQM [ti:kju:'em] n COM (abbr ***total quality management***) gestión *f* de calidad total

trace [treɪs] ■ n **1.** [sign] rastro *m*, pista *f* ▸ **without ~** sin dejar rastro **2.** [small amount] rastro *m*, huella *f* ▸ CHEM **~ element** oligoelemento *m*
■ vt **1.** [draw] trazar / [with tracing paper] calcar **2.** [track] [person] seguir la pista *or* el rastro a / *Fig* [development, history] trazar **3.** [find] localizar

traceable ['treɪsəbəl] adj localizable

trachea [trə'ki:ə] (pl **tracheae** [trə'kɪi:]) n ANAT tráquea *f*

tracheotomy [trækɪ'ɒtəmɪ] n traqueotomía *f* ▸ **to perform a ~ (on sb)** hacer una traqueotomía (a alguien)

track [træk] ■ n **1.** [single mark] huella *f* / [set of marks] rastro *m* ▸ **tyre tracks** rodada *f* ▸ **to be on the right/wrong ~** ir por (el) buen/mal camino ▸ **to keep ~ of sb** seguirle la pista a alguien ▸ **to keep ~ of** [movements, developments] estar al tanto de ▸ **I've lost ~ of her** le he perdido la pista ▸ **I've lost ~ of how much money I've spent** he perdido la cuenta del dinero que llevo gastado ▸ *Fam* **to make tracks** largarse, *ESP, RP* pirarse ▸ **to stop sb in his tracks** hacer que alguien se pare en seco **2.** [path] senda *f*, camino *m* / [for running] pista *f* ▸ SPORT **~ events** pruebas *fpl* en pista, carreras *fpl* de atletismo ▸ **~ record** [previous performance] historial *m*, antecedentes *mpl* ▸ **~ shoes** zapatillas *fpl* de deporte **3.** [on record, CD] corte *m*, canción *f* **4.** [of tank, tractor] oruga *f* **5.** [railway line] vía *f*
■ vt rastrear

◆ ***track down*** vt sep [locate] localizar

tracked [trækt] adj [vehicle] de oruga

tracker ['trækə(r)] n [person] rastreador(ora) *m,f* ▸ **~ dog** perro *m* rastreador ▸ *BR* FIN **~ fund** fondo *m* indexado *or* índice

tracking ['trækɪŋ] n **1.** [following] [of person, plane, satellite] seguimiento *m* ▸ **~ device** dispositivo *m* de seguimiento ▸ CIN **~ shot** travelling *m* ▸ **~ station** [for satellites] estación *f* de seguimiento **2.** *US* SCH = *sistema de división del alumnado en grupos por niveles de aptitud* **3.** COMPTR tracking *m*, espacio *m* entre palabras

tracksuit ['træks(j)u:t] n *ESP* chándal *m*, *MÉX* pants *mpl*, *RP* jogging *m* ▸ **~ bottoms** pantalones *mpl* de *ESP* chándal *or RP* jogging, *MÉX* pants *mpl* ▸ **~ top** chaqueta *f* de *ESP* chándal *or MÉX* pants *or RP* jogging

tract[1] [trækt] n **1.** [of land] tramo *m* **2.** ANAT **respiratory ~** vías *fpl* respiratorias ▸ **digestive ~** aparato *m* digestivo

tract[2] n [pamphlet] panfleto *m*

tractable ['træktəbəl] adj [person, animal] dócil, manejable

traction ['trækʃən] n [force] tracción *f* ▸ MED **to have one's leg in ~** tener la pierna en alto *(por lesión)* ▸ **~ engine** locomotora *f* de tracción

tractor ['træktə(r)] n [vehicle] tractor *m* ▸ COMPTR **~ feed** alimentación *f* automática de papel *(por arrastre)*

trade [treɪd] ■ n **1.** [commerce] comercio *m* (**in** de) ▸ **~ association** asociación *f* gremial ▸ **~ deficit** déficit *m* comercial ▸ *BR* **Trade Descriptions Act** = *ley que prohíbe a las empresas hacer uso de la publicidad engañosa* ▸ **~ discount** descuento *m* comercial ▸ **~ embargo** embargo *m* comercial ▸ **~ fair** feria *f* (de muestras) ▸ **~ gap** déficit *m* de la balanza comercial ▸ **~ name** [of product] nombre *m* comercial / [of company] razón *f* social ▸ **~ secret** secreto *m* de la casa ▸ GEOG **~ winds** vientos *mpl* alisios **2.** [swap] intercambio *m* ▸ **to do a ~** hacer un intercambio **3.** [profession] oficio *m* ▸ **he's a plumber by ~** su oficio es el de fontanero ▸ **~ union** sindicato *m* ▸ **~ unionism** sindicalismo *m* ▸ **~ unionist** sindicalista *mf*
■ vt **to ~ sth (for sth)** intercambiar algo (por algo) ▸ **to ~ places with sb** cambiarse de sitio con alguien ▸ **to ~ insults/blows** intercambiar insultos/golpes
■ vi comerciar

◆ ***trade in*** vt sep entregar como parte del pago

◆ ***trade on*** vt insep [exploit] aprovecharse de

trade-in ['treɪdɪn] n COM = *artículo de segunda mano que se entrega como parte del pago*

trademark ['treɪdmɑ:k] n COM marca *f* comercial *or* registrada / *Fig* sello *m* personal

trade-off ['treɪdɒf] n **a ~ between speed and accuracy** un término medio *or* una solución a medio camino entre la velocidad y la precisión

trader ['treɪdə(r)] n comerciante *mf*

tradesman ['treɪdzmən] n pequeño comerciante *m*,

tendero *m* ▸ **tradesmen's entrance** entrada *f* de servicio

trading ['treɪdɪŋ] n **~ floor** [in stock exchange] parquet *m* ▸ **~ partner** socio(a) *m,f* comercial ▸ **~ post** = *establecimiento comercial en zonas remotas o de colonos* ▸ **~ stamp** cupón *m*, vale *m*

tradition [trə'dɪʃən] n tradición *f*

traditional [trə'dɪʃənəl] adj tradicional

traditionalist [trə'dɪʃənəlɪst] n & adj tradicionalista *mf*

traffic ['træfɪk] n ■ **1.** [vehicles] tráfico *m* ▸ **road/air ~** tráfico *m* rodado/aéreo ▸ **~ calming measures** medidas *fpl* para reducir la velocidad del tráfico ▸ *US* **~ circle** rotonda *f*, *ESP* glorieta *f* ▸ **~ cone** cono *m* de señalización ▸ *Fam* **~ cop** policía *m or ESP* guardia *mf* de tráfico ▸ **~ island** refugio *m*, isleta *f* ▸ **~ jam** atasco *m*, embotellamiento *m* ▸ *BR* **~ lights** semáforo *m* ▸ *BR* **~ police** policía *f* de tráfico ▸ **~ policeman** policía *m* de tráfico ▸ **~ warden** = *agente que pone multa por aparcamiento indebido* **2.** [trade] [in drugs, slaves] tráfico *m* (**in** de)
■ vt traficar con
■ vi traficar

tragedy ['trædʒɪdɪ] n tragedia *f*

tragic ['trædʒɪk] adj trágico(a)

tragically ['trædʒɪklɪ] adv trágicamente

tragicomic [trædʒɪ'kɒmɪk] adj tragicómico(a)

trail [treɪl] ■ n **1.** [of smoke, blood] rastro *m* ▸ **to pick up the ~** encontrar el rastro ▸ **to be on the ~ of sth/sb** estar sobre la pista de algo/alguien **2.** [path] camino *m*, senda *f* ▸ **~ bike** moto *f* de trial *or* motocross
■ vt **1.** [drag] arrastrar **2.** [follow] seguir la pista de **3.** [in competition, game] ir por detrás de
■ vi **1.** [drag] arrastrar **2.** [move slowly] avanzar con paso cansino ▸ **to ~ in and out** entrar y salir con desgana **3.** [be losing] ir perdiendo

◆ ***trail away, trail off*** vi ir debilitándose

trailblazer ['treɪlbleɪzə(r)] n innovador(ora) *m,f*, pionero(a) *m,f*

trailer ['treɪlə(r)] n **1.** [vehicle] remolque *m*, tráiler *m* / *US* [caravan] caravana *f*, roulotte *f* **2.** CIN [for film] avance *m*, tráiler *m*

train [treɪn] ■ n **1.** [means of transport] tren *m* ▸ **by ~** en tren **2.** [series] concatenación *f*, serie *f* ▸ **~ of thought** pensamientos *mpl* **3.** [retinue] séquito *m* **4.** [of dress] cola *f*
■ vt **1.** [person] formar, adiestrar / [animal, ear] adiestrar, educar / [in sport] entrenar ▸ **to ~ sb for sth/to do sth** adiestrar a alguien para algo/para hacer algo **2.** [gun, telescope] dirigir (**on** hacia)
■ vi [athlete, soldier] entrenar(se) ▸ **to ~ as a nurse/teacher** estudiar para (ser) enfermero(a)/maestro(a)

trained [treɪnd] adj experto(a) ▸ *Hum* **her husband is very well ~!** ¡qué marido tan apañado tiene!

trainee [treɪ'ni:] n aprendiz(iza) *m,f* / [at lawyer's] pasante *mf* / [at accountant's] contable *mf or AM* contador(ora) *m,f* en prácticas

trainer ['treɪnə(r)] n **1.** [of athletes, soccer team, racehorses] entrenador(ora) *m,f* **2.** AV **~ (aircraft)** avión *m* de entrenamiento **3.** *BR* [shoe] zapatilla *f* de deporte

training ['treɪnɪŋ] n [for job] formación *f* / [in sport] entrenamiento *m* ▸ **to be in ~** estar entrenando ▸ **to be out of ~** estar desentrenado(a) ▸ MIL **~ camp** campamento *m* de instrucción ▸ **~ course** cursillo *m* de formación ▸ **~ officer** jefe(a) *m,f* de formación

trainload ['treɪnləʊd] n **a ~ of...** un tren cargado de...

traipse [treɪps] vi *Fam* dar vueltas y vueltas, *ESP* estar en danza ▸ **to ~ round the shops** patearse las tiendas

trait [treɪt] n rasgo *m*

traitor ['treɪtə(r)] n traidor(ora) *m,f*

trajectory [trə'dʒektərɪ] n trayectoria *f*

tram [træm] n *BR* tranvía *m*

tramline ['træmlaɪn] n *BR* [track] carril *m* de tranvía ▸ **tramlines** [in tennis] líneas *fpl* laterales

tramp [træmp] ■ n **1.** [vagabond] vagabundo(a) *m,f* **2.** *US Fam* [immoral woman] fulana *f*, *MÉX* piruja *f*, *RP* reventada *f* **3.** **~ (steamer)** carguero *m* **4.** [walk] caminata *f*
■ vt **to ~ the streets** recorrer a pie las calles
■ vi caminar con pasos pesados, marchar ▸ **she tramped up the road** subió la carretera caminando con pasos pesados

trample ['træmpəl] ■ vt pisotear
■ vi *also Fig* **to ~ on sth/sb** pisotear algo/a alguien

trampoline [træmpə'li:n] n cama *f* elástica

trance [trɑ:ns] n trance *m* ▸ **to go into a ~** entrar en trance

trannie, tranny ['trænɪ] n *BR Fam* (abbr ***transistor radio***) radio *f*

tranquil ['træŋkwɪl] adj tranquilo(a)

tranquillity, *US* ***tranquility*** [træŋ'kwɪlɪtɪ] n tranquilidad *f*

tranquillizer, *US* ***tranquilizer*** ['træŋkwɪlaɪzə(r)] n tranquilizante *m*

transaction [træn'zækʃən] n transacción *f*

transatlantic [trænzət'læntɪk] adj transatlántico(a)

transcend [træn'send] vt ir más allá de, superar

transcendental [trænsen'dentəl] adj trascendental ▸ **~ meditation** meditación *f* trascendental

transcontinental [trænzkɒntɪ'nentəl] adj transcontinental

transcribe [træn'skraɪb] vt transcribir

transcript ['trænskrɪpt] n transcripción *f*

transcription [træns'krɪpʃən] n **1.** [of speech, tapes] transcripción *f* **2.** *US* SCH & UNIV expediente *m* académico

transfer ■ n ['trænsfɜ:(r)] **1.** [move] [of employee, department, prisoners] traslado *m* / [of money, funds] transferencia *f* / [of footballer] traspaso *m* ▸ **~ of power** traspaso *m* de poderes ▸ SPORT **~ fee** (ficha *f* de) traspaso *m* ▸ SPORT **to be on the ~ list** ser transferible ▸ **~ lounge** [in airport] sala *f* de tránsito ▸ **~ passengers** pasajeros *mpl* en tránsito ▸ COMPTR **~ speed** velocidad *f* de transmisión **2.** [sticker] calcomanía *f*
■ vt [træns'fɜ:(r)] [employee, department, prisoners]

trasladar / [funds] transferir / [footballer, power] traspasar / [attention, affection] trasladar
■ vi [within organization] trasladarse / [between planes, trains] hacer transbordo

transferable [træns'fɜːrəbəl] adj transferible ▸ **not ~** intransferible

transfigure [træns'fɪgə(r)] vt transfigurar

transfix [træns'fɪks] vt [pierce] atravesar ▸ *Fig* **they were transfixed with fear** estaban paralizados por el miedo

transform [træns'fɔːm] vt transformar

transformation [trænsfə'meɪʃən] n transformación *f*

transformer [træns'fɔːmə(r)] n ELEC transformador *m*

transfusion [træns'fjuːʒən] n **(blood) ~** transfusión *f* (de sangre)

transgress [trænz'gres] *Formal* ■ vt [law] transgredir, infringir
■ vi [violate law] infringir la ley / [sin] pecar

transience ['trænzɪəns] n transitoriedad *f*

transient ['trænzɪənt] adj pasajero(a), transitorio(a)

transistor [træn'zɪstə(r)] n ELEC transistor *m*

transit ['trænsɪt] n tránsito *m* ▸ **in ~** en tránsito ▸ **~ camp** campo *m* provisional ▸ **~ visa** visado *m or AM* visa *f* de tránsito

transition [træn'zɪʃən] n transición *f* ▸ **~ period** periodo *m* de transición

transitional [træn'zɪʃənəl] adj de transición

transitive ['trænzɪtɪv] adj GRAM transitivo(a)

transitory ['trænsɪtərɪ] adj transitorio(a)

translate [træns'leɪt] ■ vt traducir (**from/into** de/a)
■ vi [person] traducir / [word, expression] traducirse (**as** por) ▸ **this word doesn't ~** esta palabra no tiene traducción

translation [træns'leɪʃən] n traducción *f*

translator [træns'leɪtə(r)] n traductor(ora) *m,f*

transliterate [trænz'lɪtəreɪt] vt LING transliterar

translucent [trænz'luːsənt] adj translúcido(a)

transmission [trænz'mɪʃən] n [action] transmisión *f* / TV & RAD [programme] programa *m*, emisión *f* ▸ AUT **~ shaft** árbol *m* de transmisión

transmit [trænz'mɪt] vt transmitir

transmitter [trænz'mɪtə(r)] n [emitter] emisora *f* / [relay station] repetidor *m*

transparent [træns'pærənt] adj transparente ▸ *Fig* **a ~ lie** una mentira flagrante

transpire [træns'paɪə(r)] ■ vt [become apparent] **it transpired that...** se supo que...
■ vi [happen] ocurrir, pasar

transplant ■ n ['trænsplɑːnt] MED transplante *m*
■ vt [træns'plɑːnt] **1.** MED [organ] transplantar **2.** [population] trasladar

transplantation [trænsplɑːn'teɪʃən] n trasplante *m*

transport ■ n ['trænspɔːt] transporte *m* ▸ **road/rail ~** transporte *m* por carretera/ferrocarril ▸ *BR* **~ café** bar *m* de carretera ▸ **~ costs** gastos *mpl* de transporte
■ vt [træns'pɔːt] transportar

transportation [trænspɔː'teɪʃən] n transporte *m* / HIST [as punishment] deportación *f*

transporter [træns'pɔːtə(r)] n [vehicle] camión *m* para el transporte de vehículos

transpose [træns'pəʊz] vt [words] invertir / TYP transponer / [music] transportar

transsexual [træn(z)'seksjʊəl] n transexual *mf*

Transvaal ['trɑːnzvɑːl] n **the ~** la región de Transvaal

transverse ['trænzvɜːs] adj transversal

transvestism [trænz'vestɪzəm] n travestismo *m*

transvestite [trænz'vestaɪt] n travestido(a) *m,f*, travesti *mf*, *ESP* travestí *mf*

trap [træp] ■ n **1.** [in hunting] *& Fig* trampa *f* ▸ **to set a ~** tender *or* poner una trampa (**for** a) ▸ **to walk** *or* **fall straight into the ~** caer en la trampa **2.** *Fam* [mouth] **shut your ~!** ¡cierra el pico!
■ vt (pt & pp **trapped**) [animal, person] atrapar ▸ **to ~ sb into saying/doing sth** engañar a alguien para que diga/haga algo

trapdoor ['træpdɔː(r)] n trampilla *f*

trapeze [trə'piːz] n trapecio *m* ▸ **~ artist** trapecista *mf*

trapezium [trə'piːzɪəm] (pl **trapeziums** or **trapezia** [trə'piːzɪə]) n GEOM **1.** *BR* [with two parallel sides] trapecio *m* **2.** *US* [with no parallel sides] trapezoide *m*

trapezoid ['træpəzɔɪd] n **1.** *BR* [with no parallel sides] trapezoide *m* **2.** *US* [with two parallel sides] trapecio *m*

trapper ['træpə(r)] n [hunter] trampero *m*

trappings ['træpɪŋz] npl [of power, success] parafernalia *f*

trash [træʃ] ■ n [worthless objects] bazofia *f*, basura *f* / *US* [refuse] basura *f* ▸ *Fam* **that book/film is a load of ~** ese libro/esa película es pura bazofia ▸ *US* **~ can** cubo *m* de la basura
■ vt *Fam* [vandalize] destrozar

trashy ['træʃɪ] adj *Fam* de pacotilla, *ESP* cutre, *MÉX* gacho(a), *RP* groncho(a)

trauma ['trɔːmə] n MED traumatismo *m* / PSY trauma *m*

traumatic [trɔː'mætɪk] adj traumático(a)

traumatize ['trɔːmətaɪz] vt traumatizar

travail ['træveɪl] n *Literary* penalidad *f*, calamidad *f*

travel ['trævəl] ■ n viajes *mpl* ▸ **on my travels** en mis viajes ▸ **~ agency** agencia *f* de viajes ▸ **~ agent** empleado(a) *m,f* de una agencia de viajes ▸ **~ documents** documentación *f* para el viaje ▸ **~ expenses** gastos *mpl* de viaje ▸ **~ insurance** seguro *m* de (asistencia en) viaje ▸ **~ sickness** mareo *m* ▸ **~ writer** autor(ora) *m,f* de libros de viajes
■ vt (pt & pp **travelled,** *US* **traveled**) [road, country] viajar por
■ vi [person] viajar / [vehicle] circular / [sound, light, electricity] propagarse ▸ **news travels fast round here** por aquí las noticias vuelan

travelator, travolator ['trævəleɪtə(r)] n tapiz *m* deslizante, pasillo *m* móvil

travelcard ['trævəlkɑːd] n abono *m* de transportes

traveller, *US* ***traveler*** ['trævələ(r)] n viajero(a) *m,f* ▸ *BR* **(new age) ~** = *persona que vive en una tienda o* *caravana sin lugar fijo de residencia y que lleva un estilo de vida contrario al de la sociedad convencional* ▸ *BR* **traveller's cheque** cheque *m* de viaje

travelling, *US* ***traveling*** ['trævəlɪŋ] ■ n viajes *mpl* ▸ **~ bag** bolsa *f* de viaje ▸ **~ companion** compañero(a) *m,f* de viaje ▸ **~ expenses** gastos *mpl* de viaje
■ adj [performer] ambulante ▸ **~ salesman** viajante *m* (de comercio)

travel-sick ['trævəlsɪk] adj *BR* mareado(a) ▸ **to feel ~** estar mareado(a)

traverse ['trævəs] vt *Literary* atravesar, cruzar

travesty ['trævəstɪ] ■ n parodia *f* burda
■ vt parodiar (burdamente)

travolator ➤ ***travelator***

trawl [trɔːl] ■ n **1.** [net] red *f* de arrastre **2.** [search] rastreo *m* ▸ **he had a ~ through the records** hizo un rastreo de los archivos
■ vt **1.** [sea] hacer pesca de arrastre en **2.** [search through] rastrear
■ vi **1.** [fish] hacer pesca de arrastre **2.** [search] **to ~ through sth** rebuscar en *or* rastrear algo

trawler ['trɔːlə(r)] n [ship] barco *m* arrastrero

tray [treɪ] n bandeja *f*

treacherous ['tretʃərəs] adj [person, road] traicionero(a)

treachery ['tretʃərɪ] n traición *f*

treacle [triːkəl] n melaza *f*

tread [tred] ■ n **1.** [sound of footstep] pisadas *fpl,* pasos *mpl* **2.** [of tyre] banda *f* de rodadura, dibujo *m* **3.** [of stair] huella *f* (del peldaño)
■ vt (pt **trod** [trɒd], pp **trodden** ['trɒdən]) [ground, grapes] pisar / [path] recorrer ▸ **to ~ sth underfoot** pisotear algo ▸ **to ~ sth into the carpet** ensuciar la *ESP* moqueta *or AM* alfombra con algo pegado al zapato ▸ **to ~ the boards** [appear on stage] pisar las tablas ▸ **to ~ water** flotar moviendo las piernas / *Fig* estar en un punto muerto
■ vi andar ▸ **to ~ on sth** pisar algo ▸ **to ~ on sb's toes** pisar (el pie) a alguien / *Fig* meterse en los asuntos de alguien ▸ *Fig* **to ~ carefully** *or* **warily** andar con pies de plomo

treadmill ['tredmɪl] n [in gym] cinta *f* de carreras *or* de correr, tapiz *m* rodante / HIST [in prison] noria *f* / *Fig* [routine] rutina *f*

treason ['triːzən] n traición *f*

treasonable ['triːzənəbəl] adj [offence, act] de alta traición

treasure ['treʒə(r)] ■ n *also Fig* tesoro *m* ▸ **~ hunt** juego *m* de las pistas
■ vt apreciar mucho, tener en gran estima ▸ **my most treasured possession** mi más preciado bien

treasurer ['treʒərə(r)] n tesorero(a) *m,f*

treasure-trove ['treʒətrəʊv] n LAW tesoro *m* encontrado / *Fig* tesoro *m*

treasury ['treʒərɪ] n tesorería *f* ▸ **the Treasury** [in UK] el tesoro (público), ≃ (el Ministerio de) Economía ▸ **the Department of the Treasury** [in US] el tesoro (público), ≃ (el Ministerio de) Economía ▸ FIN **~ bonds** bonos *mpl* del tesoro ▸ *US* **~ stock** autocartera *f*

CULTURE / CULTURA

Treasury

Este es el nombre que recibe el Ministerio de Economía británico, encargado de la fiscalidad y el gasto público. A la cabeza del ministerio se encuentra el "Chancellor of the Exchequer", aunque al primer ministro le corresponde también el título de "First Lord of the Treasury". En EE. UU., donde recibe la misma denominación que en Australia ("Department of the Treasury" o "Treasury Department"), este ministerio no sólo se encarga de la política económica y fiscal y de la emisión de monedas y billetes, sino que además es responsable de hacer cumplir la ley y de los servicios secretos que velan por la seguridad del presidente.

treat [triːt] ■ n [pleasure] placer *m* / [gift] regalo *m* ▸ **to give oneself a ~** darse un capricho ▸ **it's my ~** [I'm paying] yo invito ▸ **you've got a real ~ in store** te espera *or ESP* aguarda una agradable sorpresa ▸ *BR Fam* **it worked a ~** [plan] funcionó a las mil maravillas
■ vt **1.** [person, illness, metal] tratar ▸ **to ~ sth as a joke** tomarse algo a broma ▸ **you ~ this place like a hotel!** ¡te comportas como si esto fuera un hotel! **2.** [give as a present] **to ~ sb to sth** invitar a alguien a algo ▸ **I'll ~ you** te invito ▸ **to ~ oneself to sth** darse el capricho de comprarse algo ▸ *Ironic* **she treated us to one of her tantrums** nos deleitó con una de sus rabietas
■ vi *Formal* [negotiate] negociar (**with** con)

treatise ['triːtɪz] n tratado *m*

treatment ['triːtmənt] n [of prisoner] trato *m* / [of patient, machine, matter] tratamiento *m* ▸ **preferential ~** trato *m* de favor ▸ *Fam* **to give sb the ~** [beat up] dar una paliza *or ESP* un buen repaso a alguien

treaty ['triːtɪ] n [international] tratado *m* / [between individuals] pacto *m*

treble ['trebəl] ■ n MUS [person, voice] soprano *m,* tiple *m*
■ adj [triple] triple ▸ MUS **~ clef** clave *f* de sol
■ vt [value, number] triplicar
■ vi triplicarse

tree [triː] n árbol *m* ▸ *Fig* **to get to the top of the ~** llegar a lo más alto ▸ *US Fam* **to be out of one's ~** [be crazy] estar como una cabra ▸ **~ house** cabaña *f* en (la copa de) un árbol ▸ **~ trunk** tronco *m* (de árbol)

treetop ['triːtɒp] n copa *f* de árbol

trek [trek] ■ n [long walk] caminata *f* / [long journey] largo camino *m*
■ vi **to ~ over the hills** recorrer las montañas ▸ **to ~ home** recorrer el largo camino hasta casa ▸ *Fam* **to ~ to the shops** darse una caminata hasta las tiendas

trellis ['trelɪs] n espaldar *m,* guía *f*

tremble ['trembəl] ■ n temblor *m* ▸ *BR* **to be all of a ~** estar temblando como un flan
■ vi [vibrate] temblar

trembling ['tremblɪŋ] adj [body, hands] tembloroso(a)

tremendous [trɪ'mendəs] adj [amount, size, noise] tremendo(a) / [book, holiday, writer] extraordinario(a), estupendo(a), *AM salvo RP* chévere, *MÉX* padre, *RP* bárbaro(a)

tremendously [trɪ'mendəslɪ] adv [very] enormemente, tremendamente

tremor ['tremə(r)] n [of person] temblor *m* / [earthquake] temblor de tierra

tremulous ['tremjʊləs] adj trémulo(a)

trench [tren(t)ʃ] n [ditch] zanja *f* / MIL trinchera *f* ▸ **~ coat** trinchera ▸ **~ warfare** guerra *f* de trincheras

trenchant ['tren(t)ʃənt] adj mordaz

trend [trend] n tendencia *f* ▸ **to set/start a ~** establecer/iniciar una tendencia

trendily ['trendɪlɪ] adv [to dress] a la última (moda)

trendsetter ['trendsetə(r)] n pionero(a) *m,f*

trendy ['trendɪ] *BR Fam* ■ n *Pej* [person] modernillo(a) *m,f, RP* modernoso(a) *m,f*

■ adj [clothes, style] de moda / [person] moderno(a)

trepidation [trepɪ'deɪʃən] n *Formal* inquietud *f*, miedo *m*

trespass ['trespəs] vi LAW entrar sin autorización

trespasser ['trespəsə(r)] n LAW intruso(a) *m,f* ▸ **trespassers will be prosecuted** [sign] prohibido el paso (bajo sanción)

tresses ['tresɪz] npl *Literary* [hair] melena *f*, cabellera *f*

trestle ['tresəl] n caballete *m* ▸ **~ table** mesa *f* de caballetes

triage ['triːɑːʒ] n selección *f* de prioridades *(en la atención a víctimas de guerra, catástrofes, etc.)*

trial ['traɪəl] n **1.** LAW juicio *m* ▸ **to bring sb to ~** llevar a alguien a juicio ▸ **to be on ~** estar siendo juzgado(a) **2.** [test] ensayo *m*, prueba *f* ▸ **on ~** a prueba ▸ **~ and error** ensayo y error, tanteo *m* ▸ **by ~ and error** probando hasta dar con la solución ▸ **~ period** periodo *m* de prueba ▸ **~ run** ensayo *m* ▸ **~ separation** [of married couple] separación *f* de prueba **3.** [ordeal] dura prueba *f* ▸ **my boss is a real ~!** ¡aguantar a mi jefe es un verdadero calvario!

triangle ['traɪæŋgəl] n triángulo *m*

triangular [traɪ'æŋgjʊlə(r)] adj triangular

tribal ['traɪbəl] adj tribal

tribalism ['traɪbəlɪzəm] n POL tribalismo *m*

tribe [traɪb] n tribu *f*

tribesman ['traɪbzmən] n miembro *m* de una tribu

tribulation [trɪbjʊ'leɪʃən] n *Formal* tribulación *f*

tribunal [tr(a)ɪ'bjuːnəl] n LAW tribunal *m*

tributary ['trɪbjʊtərɪ] ■ n [of river] afluente *m*

■ adj tributario(a)

tribute ['trɪbjuːt] n [homage] tributo *m* ▸ **to pay ~ to** rendir tributo a

trice [traɪs] n **in a ~** en un santiamén

triceps ['traɪseps] n ANAT tríceps *m inv*

trick [trɪk] ■ n **1.** [ruse, deceitful behaviour, by magician] truco *m* / [practical joke] broma *f* ▸ **to play a ~ on sb** gastar una broma a alguien ▸ **to obtain sth by a ~** conseguir algo con engaños ▸ **a nasty ~** una jugarreta ▸ **~ photography** fotografía *f* trucada ▸ **~ question** pregunta *f* con trampa **2.** [in cardgame] mano *f*, baza *f* ▸ **to take** *or* **make a ~** ganar una mano **3.** [idioms] **he's been up to his old tricks again** ha vuelto a las andadas ▸ **that should do the ~** esto debería servir ▸ **she knows all the tricks** se las sabe todas ▸ **the tricks of the trade** los trucos del oficio ▸ **she doesn't miss a ~** no se le pasa una ▸ *Fam* **how's tricks?** ¿qué pasa?, *ESP* ¿cómo lo llevas?

■ vt [person] engañar ▸ **to ~ sb into doing sth** engañar a alguien para que haga algo ▸ **to ~ sth out of sb** quitar *or AM* sacarle algo a alguien a base de engaños

trickery ['trɪkərɪ] n engaños *mpl*, trampas *fpl* ▸ **by ~** con malas artes

trickle ['trɪkəl] ■ n [of blood, water] [thin stream] hilo *m*, reguero *m* / [drops] goteo *m* / *Fig* [of complaints, letters] goteo *m*

■ vt [liquid] derramar un hilo de

■ vi [liquid] **water/blood trickled down** corría un hilo de agua/sangre ▸ **to ~ in/out** [people] ir entrando/saliendo poco a poco ▸ **news is beginning to ~ through** la noticia está empezando a filtrarse

trickle-down theory [trɪkəl'daʊnθɪərɪ] n = *teoría según la cual la riqueza de unos pocos termina por revertir en toda la sociedad*

trickster ['trɪkstə(r)] n timador(ora) *m,f*

tricky ['trɪkɪ] adj [task, situation, subject] delicado(a) / [question] difícil ▸ *Fam* **he's a ~ customer** es un elemento de cuidado *or* un pájaro (de cuenta)

tricycle ['traɪsɪkəl] n triciclo *m*

trident ['traɪdənt] n tridente *m*

tried-and-tested ['traɪdən'testɪd] adj probado(a)

trier ['traɪə(r)] n *Fam* **to be a ~** tener mucho tesón

trifle ['traɪfəl] n **1.** [insignificant thing] nadería *f* ▸ **a ~ wide/short** un poquito ancho(a)/corto(a) **2.** *BR* CULIN = *postre de frutas en gelatina y bizcocho cubiertas de crema*

◆ ***trifle with*** vt insep jugar con ▸ **a person not to be trifled with** una persona que hay que respetar

trifling ['traɪflɪŋ] adj insignificante

trigger ['trɪgə(r)] ■ n [of gun] gatillo *m* / *Fig* [of change, decision] factor *m* desencadenante, detonante *m* ▸ *Fam* **to be ~ happy** tener el gatillo demasiado ligero

■ vt [reaction] desencadenar

◆ ***trigger off*** vt sep desencadenar

trigonometry [trɪgə'nɒmɪtrɪ] n MATH trigonometría *f*

trilby ['trɪlbɪ] n *BR* sombrero *m* flexible *or* de fieltro

trilingual [traɪ'lɪŋgwəl] adj [person] trilingüe / [document, conference] trilingüe, en tres idiomas

trill [trɪl] ■ n trino *m*

■ vi trinar

trillion ['trɪljən] n [million million] billón *m* / *BR* [million million million] trillón *m* ▸ *Fam* **I've got trillions of things to do!** ¡tengo millones de cosas que hacer!

trilogy ['trɪlədʒɪ] n trilogía *f*

trim [trɪm] ■ n **1.** [of hair, hedge] recorte *m* **2. to be/keep in ~** [keep fit] estar/mantenerse en forma

■ adj [neat] aseado(a) ▸ **to have a ~ figure** [person] tener buen tipo

■ vt (pt & pp **trimmed**) **1.** [cut] [hair, hedge, expenditure] recortar / [meat] quitar *or AM* sacar la grasa a **2.** [decorate] ribetear (**with** con)

◆ ***trim down*** vt sep [text, expenditure] recortar / [company] racionalizar

trimester ['traɪmestə(r)] n trimestre *m*

trimming ['trɪmɪŋ] n [on clothes] adorno *m* / [on edge] ribete *m* ▸ CULIN **turkey with all the trimmings** pavo *m* con la guarnición clásica *(patatas asadas, coles de bruselas, jugo de carne, etc)*

Trinidad and Tobago ['trɪnɪdædəntə'beɪgəʊ] n Trinidad y Tobago

Trinity ['trɪnɪtɪ] n REL trinidad *f*

trinket ['trɪŋkɪt] n baratija *f*, chuchería *f*

trio ['tri:əʊ] (pl **trios**) n trío *m*

trip [trɪp] ■ n **1.** [journey] viaje *m* **2.** *Fam* [on drugs] viaje *m*, *ESP* flipe *m* **3.** [causing stumble] zancadilla *f* ▸ **~ switch** interruptor *m* diferencial ▸ **~ wire** = *cable tendido para hacer tropezar a quien pase*

■ vt (pt & pp **tripped**) **1.** [cause to stumble] poner la zancadilla a **2.** [switch] hacer saltar

■ vi **1.** [stumble] tropezar **2.** [step lightly] brincar, danzar ▸ **to ~ off the tongue** [word, name] pronunciarse fácilmente **3.** *Fam* [on drugs] **to be tripping** ir puesto(a), *ESP* flipar, *COL* ir pingo(a), *MÉX* ir trabado(a), *RP* ir falopeado(a)

◆ ***trip over*** ■ vt insep tropezar con

■ vi tropezar

◆ ***trip up*** ■ vt sep [cause to fall] poner la zancadilla a / *Fig* [cause to make mistake] confundir

■ vi [stumble] tropezar

tripe [traɪp] n CULIN mondongo *m*, *ESP* callos *mpl*, *CHILE* chunchules *mpl* / *Fam* [nonsense] tonterías *fpl*, bobadas *fpl*

triple ['trɪpəl] ■ adj triple ▸ **~ jump** triple salto *m*

■ adv **~ the amount** el triple

■ vt triplicar, multiplicar por tres

■ vi triplicarse, multiplicarse por tres

triplet ['trɪplɪt] n **1.** [child] trillizo(a) *m,f* **2.** MUS tresillo *m*

triplicate ['trɪplɪkət] n **in ~** por triplicado

tripod ['traɪpɒd] n trípode *m*

Tripoli ['trɪpəlɪ] n Trípoli

trite [traɪt] adj manido(a)

triumph ['traɪəmf] ■ n triunfo *m* ▸ **in ~** triunfalmente

■ vi triunfar (**over** sobre)

triumphalist [traɪ'ʌmfəlɪst] adj triunfalista

triumphant [traɪ'ʌmfənt] adj triunfante

triumvirate [traɪ'ʌmvɪrɪt] n triunvirato *m*

trivet ['trɪvɪt] n [on table] salvamanteles *m inv* (de metal)

trivia ['trɪvɪə] npl trivialidades *fpl* ▸ **~ quiz** concurso *m* de preguntas triviales

trivial ['trɪvɪəl] adj trivial

trivialize ['trɪvɪəlaɪz] vt trivializar

trod [trɒd] pt *of* ***tread***

trodden [trɒdən] pp *of* ***tread***

Trojan ['trəʊdʒən] HIST ■ n troyano(a) *m,f*

■ adj troyano(a) ▸ **~ Horse** caballo *m* de Troya ▸ **the ~ War** la guerra de Troya

troll [trəʊl] n troll *m*, trasgo *m*

trolley ['trɒlɪ] n **1.** *BR* [in supermarket, for luggage] carro *m* / [for food, drinks] carrito *m* ▸ *Fam* **to be off one's ~** [mad] estar chalado(a) *or COL, MÉX* zafado(a) *or RP* rayado(a) **2.** *US* **~ (car)** tranvía *m*

trollop ['trɒləp] n *Old-fashioned or Hum* [promiscuous woman] fulana *f*, *ESP* pendón *m*

trombone [trɒm'bəʊn] n MUS trombón *m*

trombonist [trɒm'bəʊnɪst] n MUS trombonista *mf*

troop [tru:p] ■ n **1. troops** [soldiers] tropas *fpl* ▸ **~ carrier** vehículo *m* para el transporte de tropas **2.** [of people] grupo *m*, batallón *m*

■ vi **to ~ in/out** entrar/salir con paso cansino

trooper ['tru:pə(r)] n [soldier] soldado *m (de caballería o división acorazada)* / *US* [mounted policeman] policía *mf* a caballo ▸ *Fam* **to swear like a ~** jurar como un carretero

trophy ['trəʊfɪ] n trofeo *m*

tropic ['trɒpɪk] n trópico *m* ▸ **the tropics** los trópicos

tropical ['trɒpɪkəl] adj tropical

trot [trɒt] ■ n trote *m* ▸ **at a ~** al trote ▸ *BR Fam* **on the ~** [consecutively] seguidos(as), uno(a) detrás de otro(a)

■ vi (pt & pp **trotted**) [horse] trotar / [person] correr a paso lento

◆ ***trot out*** vt sep *Fam* [excuses, information] salir con

Trotskyism ['trɒtskɪɪzəm] n trotskismo *m*

Trotskyist ['trɒtskɪɪst], ***Trotskyite*** ['trɒtskɪaɪt] n & adj trotskista *mf*

trotter ['trɒtə(r)] n CULIN [of pig] pata *f*, manita *f*

trouble ['trʌbəl] ■ n **1.** [problem] problema *m* / [inconvenience] molestia *f* ▸ **to go to the ~ of doing sth** tomarse la molestia de hacer algo ▸ **what's** *or* **what seems to be the ~?** ¿cuál es el problema? ▸ **the ~ is that...** el problema es que... ▸ **to have ~ with sth/sb** tener problemas con algo/alguien ▸ **to have ~ doing sth** tener dificultades para hacer algo ▸ **it has been nothing but ~** no ha traído nada más que problemas ▸ **to be in ~** [in difficulty] tener problemas / [in bad books of] estar en un lío (**with** con) ▸ **to get into ~** meterse en líos ▸ **to get sb out of ~** sacar a alguien de un apuro ▸ **to keep out of ~** no meterse en líos ▸ **to make ~** causar problemas ▸ **it's more ~ than it's worth** no da más que problemas ▸ **her troubles are over** se han acabado sus problemas ▸ **it's not worth the ~** no merece la pena ▸ **(it's) no ~** no es molestia ▸ *Fam* **man/woman ~** mal *m* de amores **2.** [disorder, unrest] conflicto *m* ▸ **~ spot** punto *m* conflictivo

■ vt [worry] preocupar, inquietar / [inconvenience] molestar

■ vi **to ~ to do sth** tomarse la molestia de hacer algo

troubled ['trʌbld] adj [person, look] preocupado(a), inquieto(a) / [period, region] agitado(a)

trouble-free ['trʌbəlfri:] adj [installation, operation] sencillo(a), sin complicaciones / [stay, holiday, period] tranquilo(a)

troublemaker ['trʌbəlmeɪkə(r)] n alborotador(ora) *m,f*

troubleshooter ['trʌbəlʃuːtə(r)] n [for organizational problems] = *experto contratado para localizar y resolver problemas financieros, estructurales, etc* / [for machines] técnico(a) *m,f* (en averías)

troublesome ['trʌbəlsəm] adj problemático(a)

trough [trɒf] n **1.** [for food] comedero *m* / [for drink] abrevadero *m* **2.** [of wave] seno *m* / [on graph] depresión *f* **3.** [in weather front] banda *f* de bajas presiones

trounce [traʊns] vt aplastar, arrollar

troupe [truːp] n [of actors, dancers] compañía *f*

trouser press ['traʊzə'pres] n prensa *f* para pantalones, percha *f* planchadora

trousers ['traʊzəz] npl **1.** *BR* pantalones *mpl* ▸ **a pair of ~** unos pantalones **2.** [idioms] *Fam* **she's the one who wears the ~** ella es la que lleva los pantalones en casa ▸ *Fam* **he was caught with his ~ down** lo pillaron en bragas

trouser suit ['traʊzə'suːt] n traje *m* de chaqueta y pantalón *(para mujer)*

trousseau ['truːsəʊ] n ajuar *m*

trout [traʊt] (pl **trout**) n trucha *f*

trowel ['traʊəl] n [for gardening] pala *f* de jardinero, desplantador *m* / [for building] llana *f*, paleta *f*

truancy ['truːənsɪ] n ausentismo *or ESP* absentismo *m* escolar

truant ['truːənt] n niño(a) *m,f* que falta a clase *or ESP* hace novillos *or COL* capa clase *or MÉX* se va de pinta *or RP* se hace la rabona ▸ **to play ~** faltar a clase, *ESP* hacer novillos, *COL* capar clase, *MÉX* irse de pinta, *RP* hacerse la rabona

truce [truːs] n *also Fig* tregua *f* ▸ **to call a ~** hacer una tregua

truck [trʌk] ■ n **1.** [lorry] camión *m* ▸ **~ driver** camionero(a) *m,f*, *CAM, MÉX* trailero(a) *m,f* ▸ **~ stop** bar *m* de carretera **2.** *BR* [rail wagon] vagón *m* de mercancías **3.** *US* [produce] productos *mpl* ▸ **~ farm** explotación *f* agrícola ▸ *US* **~ farmer** horticultor(ora) *m,f* **4.** *Fam* **I'll have no ~ with him/it** no pienso tener nada que ver con él/ello

■ vt [goods] transportar en camión

■ vi *US* [drive a truck] *ESP* conducir *or AM* manejar un camión

trucker ['trʌkə(r)] n *US* [lorry driver] camionero(a) *m,f*, *CAM, MÉX* trailero(a) *m,f*

truckload ['trʌkləʊd] n **a ~ of...** un camión cargado de...

truculent ['trʌkjʊlənt] adj agresivo(a), airado(a)

trudge [trʌdʒ] ■ n [long walk] caminata *f*

■ vi caminar fatigosamente

true [truː] ■ adj **1.** [factually correct] cierto(a), verdadero(a) ▸ **it is ~ that...** es cierto *or* verdad que... ▸ **to come ~** [wish] hacerse realidad, realizarse ▸ **this also holds ~ for...** esto también vale para... ▸ **how ~!** ¡cuánta razón llevas! **2.** [real] [reason, feelings] verdadero(a) ▸ **~ north** norte *m* geográfico **3.** [faithful] leal, fiel ▸ **to be ~ to sb** ser leal a alguien ▸ **she was ~ to her principles** era fiel a sus principios ▸ **~ to life** fiel a la realidad ▸ **~ to form** *or* **type** como era de esperar ▸ **~ love** amor *m* verdadero **4.** [accurate] exacto(a) ▸ **his aim was ~** acertó, dio en el blanco

■ n **out of ~** torcido(a)

truffle ['trʌfəl] n [fungus, chocolate] trufa *f*

truism ['truːɪzəm] n perogrullada *f*

truly ['truːlɪ] adv verdaderamente, realmente ▸ **yours ~** [at end of letter] atentamente / *Fam* [myself] este menda, un servidor

trump [trʌmp] ■ n [in cards] triunfo *m*, pinta *f* ▸ **what's trumps?** ¿(en) qué pintan? ▸ **spades are trumps** pintan picas ▸ *Fig* **she played her ~ card** jugó su mejor baza *or* el as que escondía en la manga ▸ *Fam Fig* **she came up** *or BR* **turned up trumps** dio la sorpresa

■ vt [in cards] ganar arrastrando

◆ ***trump up*** vt sep [charge, accusation] inventar

trumpet ['trʌmpɪt] ■ n trompeta *f* ▸ *Fig* **to blow one's own ~** echarse flores

■ vt [success, achievements] pregonar

■ vi [elephant] barritar

trumpeter ['trʌmpɪtə(r)] n trompetista *mf*

truncate [trʌŋ'keɪt] vt truncar

truncated [trʌŋ'keɪtɪd] adj truncado(a) ▸ **it was published in a ~ form** fue publicado en una versión abreviada

truncheon ['trʌn(t)ʃən] *BR* n porra *f*

trundle ['trʌndəl] ■ vt [push] empujar lentamente

■ vi [vehicle] rodar

trunk [trʌŋk] n **1.** [of tree, body] tronco *m* ▸ *BR* TEL **~ call** llamada *f or AM* llamado *m* de larga distancia, *ESP* conferencia *f* ▸ *BR* AUT **~ road** carretera *f* troncal **2.** [case] baúl *m* **3.** *US* [of car] maletero *m*, *CAM, MÉX* cajuela *f*, *RP* baúl *m* **4.** [of elephant] trompa *f* **5. trunks** [swimming costume] bañador *m (de hombre)*

truss [trʌs] ■ n MED braguero *m*

■ vt [tie up] atar

◆ ***truss up*** vt sep atar

trust [trʌst] ■ n **1.** [belief] confianza *f* ▸ **he put his ~ in them** depositó su confianza en ellos ▸ **to take sth on ~** dar por cierto(a) algo **2.** LAW **in ~** en fideicomiso ▸ FIN **~ fund** fondo *m* en fideicomiso **3.** COM [group of companies] trust *m* **4.** *BR* MED **~ hospital** = *hospital estatal con autonomía económica*

■ vt **1.** [believe in] confiar en ▸ **to ~ sb to do sth** confiar en que alguien haga algo ▸ **to ~ sb with sth** confiar algo a alguien ▸ *Fam* **~ him to say that!** ¡típico de él! **2.** *Formal* **to ~ (that)...** confiar en que...

■ vi **to ~ in sth/sb** tener confianza *or* confiar en algo/alguien ▸ **to ~ to luck** confiar en la suerte

trusted ['trʌstɪd] adj de confianza ▸ COMPTR **~ third party** [for Internet transactions] tercero *m* de confianza

trustee [trʌs'tiː] n LAW [of fund, property] fideicomisario(a) *m,f* / [of charity] administrador(ora) *m,f*

trusting ['trʌstɪŋ] adj confiado(a)

trustworthiness ['trʌstwɜːðɪnɪs] n [of person] honradez *f*, *AM* confiabilidad *f* / [of source] fiabilidad *f*, *AM* confiabilidad *f*

trustworthy ['trʌstwɜːðɪ] adj [person] fiable, de

confianza, *AM* confiable / [source] fidedigno(a), fiable, *AM* confiable

trusty ['trʌstɪ] adj fiel

truth [tru:θ] n verdad *f* ▸ **to tell the ~** decir la verdad

truthful ['tru:θfʊl] adj [person] sincero(a) / [story] veraz, verídico(a)

truthfully ['tru:θfʊlɪ] adv con sinceridad, sinceramente

truthfulness ['tru:θfʊlnɪs] n verdad *f* ▸ **in all ~** con toda sinceridad

try [traɪ] ■ n **1.** [attempt] intento *m* ▸ **to give sth a ~** intentar algo ▸ **to have a ~ at doing sth** probar a hacer algo ▸ **it's worth a ~** merece la pena intentarlo **2.** [in rugby] ensayo *m*
■ vt **1.** [sample] probar ▸ **I'll ~ anything once** estoy dispuesto a probar todo una vez **2.** [attempt] intentar ▸ **to ~ to do sth,** *Fam* **to ~ and do sth** tratar de *or* intentar hacer algo ▸ **have you tried the chemist's?** ¿has probado en la farmacia? **3.** LAW [case] ver / [person] juzgar **4.** [test] [person, patience] poner a prueba
■ vi intentarlo ▸ **he didn't really ~** no lo intentó de veras ▸ **you must ~ harder** debes esforzarte más ▸ **just you ~!** ¡inténtalo y verás!

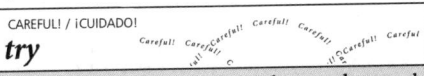

> CAREFUL! / ¡CUIDADO!
> ***try***
>
> When translating *try*, note that **probar** and **intentar** are synonymous when they mean *attempt*, but only **probar** is used of tasting food.

◆ ***try on*** vt sep **1.** [clothes] probarse **2.** *Fam* **the children tried it on with their teacher** los niños pusieron a prueba al profesor ▸ **stop trying it on with me!** ¡conmigo eso no va a colar!

◆ ***try out*** vt sep [method, machine] ensayar, probar ▸ **to ~ sth out on sb** probar algo con alguien

trying ['traɪɪŋ] adj [person, experience] difícil ▸ **these are ~ times** corren tiempos duros

tsar, tzar [zɑ:(r)] n zar *m*

tsarist, tzarist ['zɑ:rɪst] n & adj zarista *mf*

tsetse ['t(s)etsɪ] n **~ (fly)** mosca *f* tse-tsé

T-shirt ['ti:ʃɜ:t] n camiseta *f*, *CHILE* polera *f*, *MÉX* playera *f*, *RP* remera *f*

TTP [ti:ti:'pi:] n COMPTR (abbr ***trusted third party***) [for Internet transactions] tercero *m* de confianza

tub [tʌb] n **1.** [for washing clothes] tina *f* / [bath] bañera *f*, *AM* tina *f*, *AM* bañadera *f* **2.** [for ice-cream] tarrina *f* **3.** *Fam* [boat] cascarón *m*

tuba ['tju:bə] n MUS tuba *f*

tubby ['tʌbɪ] adj *Fam* [person] rechoncho(a)

tube [tju:b] n **1.** [pipe, container] tubo *m* ▸ *Fam* **to go down the tubes** irse a pique **2.** *BR Fam* **the ~** [underground railway] el metro, *RP* el subte **3.** *US Fam* [TV] **the ~** la tele

tuber ['tju:bə(r)] n BOT tubérculo *m*

tubercular [tjʊ'bɜ:kjʊlə(r)] adj MED tuberculoso(a)

tuberculosis [tjʊbɜ:kjʊ'ləʊsɪs] n tuberculosis *f inv*

tubing ['tju:bɪŋ] n [tubes] tuberías *fpl* ▸ **a piece of rubber/glass ~** un tubo de goma/vidrio

tubular ['tju:bjʊlə(r)] adj tubular ▸ MUS **~ bells** campanas *fpl* tubulares

TUC [ti:ju:'si:] n (abbr ***Trades Union Congress***) = *confederación nacional de sindicatos británicos*

tuck [tʌk] ■ n **1.** [in sewing] pinza *f*, pliegue *m* **2.** *BR Fam* [food] chucherías *fpl*, golosinas *fpl* ▸ **~ shop** [in school] puesto *m* de golosinas *(en el colegio)*
■ vt **to ~ one's trousers into one's socks** remeterse los pantalones en los calcetines ▸ **he tucked his briefcase under his arm** se encajó la cartera bajo el brazo ▸ **to ~ sb up in bed** arropar a alguien en la cama ▸ **to ~ sth into a drawer** guardar algo en un cajón

◆ ***tuck in*** ■ vt sep [sheets] remeter / [children in bed] arropar
■ vi *Fam* [eat] manducar *or ESP, VEN* papear sin cortarse ▸ **~ in!** ¡come, come!

◆ ***tuck into*** vt insep *Fam* [meal] manducar *or ESP, VEN* papear con ganas

Tudor ['tju:də(r)] ■ n HIST **the Tudors** los Tudor
■ adj Tudor

Tue(s) (abbr ***Tuesday***) martes *m inv*

Tuesday ['tju:zdɪ] n martes *m inv* / *see also* ***Saturday***

tuft [tʌft] n [of hair] mechón *m* / [of grass] mata *f*

tug [tʌg] ■ n **1.** [pull] tirón *m* ▸ **to give sth a ~** dar un tirón a algo ▸ **~ of war** [game] = *juego en el que dos equipos tiran de una soga* / *Fig* lucha *f* a brazo partido **2.** NAUT remolcador *m*
■ vt (pt & pp **tugged**) [rope, handle] tirar de / NAUT remolcar
■ vi **to ~ at sth** dar un tirón a algo

tuition [tjʊ'ɪʃən] n clases *fpl*

tulip ['tju:lɪp] n tulipán *m*

tum [tʌm] n [in children's language] tripita *f*, barriga *f*, *CHILE* guata *f*

tumble ['tʌmbəl] ■ n [fall] caída *f*, revolcón *m* ▸ **to take a ~** [person] caer, caerse / *Fig* [prices] caer en *ESP* picado *or AM* picada
■ vi [person] caer, caerse / *Fig* [prices] caer en *ESP* picado *or AM* picada

◆ ***tumble down*** vi desmoronarse

tumbledown ['tʌmbəldaʊn] adj [house] ruinoso(a), en ruinas

tumble-drier [tʌmbəl'draɪər] n secadora *f*

tumbler ['tʌmblə(r)] n vaso *m*

tumescent [tjʊ'mesənt] adj *Formal* tumefacto(a)

tummy ['tʌmɪ] n *Fam* tripita *f*, barriga *f*, *CHILE* guata *f* ▸ **to have (a) ~ ache** tener dolor de tripa

tumour, *US* ***tumor*** ['tju:mə(r)] n MED tumor *m*

tumult ['tju:mʌlt] n tumulto *m*

tumultuous [tjʊ'mʌltjʊəs] adj tumultuoso(a)

tuna ['tju:nə] n atún *m*

tundra ['tʌndrə] n tundra *f*

tune [tju:n] ■ n **1.** melodía *f* ▸ **I can't sing in ~** desafino al cantar ▸ **to be out of ~** [instrument] estar desafinado(a) / [person] desafinar **2.** [idioms] **to be in ~ with one's surroundings** estar a tono con el entorno ▸ **to call the ~** llevar la batuta ▸ **to change**

one's ~ cambiar de actitud ▸ **to the ~ of** por valor de
■ vt [musical instrument] afinar / [engine] poner a punto / [TV, radio] sintonizar

◆ ***tune in*** vi RAD & TV **to ~ in to sth** sintonizar (con) algo ▸ **make sure you ~ in next week** vuelva a sintonizarnos la próxima semana

tuneful ['tju:nfʊl] adj melodioso(a)

tunefully ['tju:nfʊlɪ] adv melodiosamente

tuneless ['tju:nlɪs] adj sin melodía

tunelessly ['tju:nlɪslɪ] adv sin melodía, desafinadamente

tuner ['tju:nə(r)] n RAD & TV sintonizador *m*

tungsten ['tʌŋstən] n CHEM tungsteno *m* ▸ **~ steel** acero *m* de tungsteno

tunic ['tju:nɪk] n túnica *f*

tuning ['tju:nɪŋ] n **1.** [of musical instrument] afinamiento *m,* afinación *f* ▸ **~ fork** diapasón *m* **2.** [of car engine] puesta *f* a punto

Tunis ['tju:nɪs] n Túnez *(ciudad)*

Tunisia [tju:'nɪzɪə] n Túnez *(país)*

Tunisian [tju:'nɪzɪən] n & adj tunecino(a) *m,f*

tunnel ['tʌnəl] ■ n túnel *m* ▸ *Fig* **~ vision** estrechez *f* de miras
■ vt (pt & pp **tunnelled,** *US* **tunneled**) **to ~ one's way out of prison** escapar de la cárcel haciendo un túnel
■ vi abrir un túnel

Tupperware® ['tʌpəweə(r)] n tupperware® *m*

turban ['tɜ:bən] n turbante *m*

turbine ['tɜ:baɪn] n turbina *f*

turbo-charged ['tɜ:bəʊtʃɑ:dʒd] adj turbo *inv*

turbo-charger ['tɜ:bəʊtʃɑ:dʒə(r)] n turbo *m,* turbocompresor *m*

turbojet ['tɜ:bəʊdʒet] n [engine, plane] turborreactor *m*

turboprop ['tɜ:bəʊprɒp] n [engine] turbopropulsor *m,* turbohélice *f* / [plane] avión *m* turbopropulsado

turbot ['tɜ:bət] n rodaballo *m*

turbulence ['tɜ:bjʊləns] n turbulencia *f*

turbulent ['tɜ:bjʊlənt] adj turbulento(a)

turd [tɜ:d] n *Fam* **1.** [excrement] cagada *f,* mierda *f* **2.** [person] *ESP* gilipollas *mf inv, AM* pendejo(a) *m,f, RP* boludo(a) *m,f*

tureen [tjʊə'ri:n] n sopera *f*

turf [tɜ:f] ■ n [surface] césped *m* / *Fam* [territory] territorio *m* ▸ **a piece of ~** un tepe ▸ *BR* **~ accountant** corredor *m* de apuestas
■ vt cubrir de césped

◆ ***turf out*** vt sep *BR Fam* [eject] echar

Turk [tɜ:k] n turco(a) *m,f*

Turkey ['tɜ:kɪ] n Turquía

turkey ['tɜ:kɪ] n **1.** [bird] pavo *m, MÉX* guajolote *m* / [meat] pavo *m* **2.** *Fam* [bad play, film] fracaso *m*

Turkish ['tɜ:kɪʃ] ■ n [language] turco *m*
■ adj turco(a) ▸ **~ bath** baño *m* turco ▸ **~ delight** delicias *fpl* turcas, = *dulce gelatinoso recubierto de azúcar en polvo*

Turkmenistan [tɜ:kmenɪ'stɑ:n] n Turkmenistán

turmeric ['tɜ:mərɪk] n cúrcuma *f*

turmoil ['tɜ:mɔɪl] n (estado *m* de) confusión *f or* agitación *f* ▸ **the country is in (a) ~** reina la confusión en el país ▸ **his mind was in ~** tenía la mente trastornada

turn [tɜ:n] ■ n **1.** [of wheel, screw] vuelta *f* ▸ **the meat is done to a ~** la carne está en su punto **2.** [change of direction] giro *m* / [in road] curva *f* ▸ **no right ~** [on sign] prohibido girar a la derecha ▸ *Fig* **at every ~** a cada paso ▸ **to take a ~ for the better/worse** cambiar a mejor/peor ▸ **events took an unexpected ~** los acontecimientos tomaron un cariz *or* rumbo inesperado ▸ **at the ~ of the year/century** hacia finales de año/siglo ▸ **the ~ of the tide** el cambio de marea / *Fig* el punto de inflexión ▸ *US* AUT **~ signal** intermitente *m, BOL* guiñador *m, CHILE* señalizador *m, COL, ECUAD, MÉX* direccional *m or f, URUG* señalero *m* **3.** [in game, queue] turno *m* ▸ **it's my ~** me toca a mí ▸ **to take turns (at doing sth),** *BR* **to take it in turns (to do sth)** turnarse (para hacer algo) ▸ **in ~** a su vez **4.** *Fam* [fit] ataque *m* ▸ *Fig* **it gave me quite a ~** me dio un buen susto **5.** THEAT número *m* **6.** [service] **to do sb a good ~** hacer un favor a alguien ▸ **one good ~ deserves another** amor con amor se paga **7. ~ of phrase** [way of expressing oneself] modo *m* de expresión
■ vt **1.** [cause to move] [wheel, handle] girar / [page] pasar / [key, omelette] dar la vuelta a ▸ **to ~ one's head/eyes** volver la cabeza/la vista ▸ *Fam Fig* **without turning a hair** sin pestañear ▸ *Fam Fig* **success has turned her head** el éxito se le ha subido a la cabeza ▸ **the sight/story turned my stomach** la visión/historia me revolvió las tripas **2.** [direct] **to ~ one's attention/one's thoughts to...** centrar la atención/los pensamientos en... ▸ **to ~ the conversation to...** encauzar la conversación hacia... **3.** [go round] **to ~ the corner** doblar *or AM* voltear la esquina / *Fig* superar la crisis ▸ **she's turned forty** ha cumplido cuarenta años **4.** [change, convert] **to ~ sth into sth** convertir algo en algo ▸ **to ~ sth green/black** poner *or* volver algo verde/negro(a) ▸ **to ~ sb against sb** volver a alguien contra alguien **5.** [on lathe] tornear
■ vi **1.** [rotate] [wheel] girar / [person] volverse ▸ **she turned to me** se volvió hacia mí ▸ *Fig* **to ~ to sb (for help/advice)** acudir a alguien (en busca de ayuda/consejo) ▸ **to ~ to the right/the left** torcer *or* doblar a la derecha/la izquierda ▸ **my thoughts often ~ to this subject** pienso en este asunto a menudo **2.** [change] **her luck has turned** ha cambiado su suerte ▸ **to ~ against sb** volverse contra alguien ▸ **to ~ nasty** [person] ponerse agresivo(a) / [situation] ponerse feo(a) ▸ **to ~ red** [sky, water] ponerse rojo(a), enrojecer / [person] ponerse colorado(a) ▸ **to ~ sour** [milk] cortarse, agriarse / *Fig* [relationship] deteriorarse

◆ ***turn away*** ■ vt sep [refuse entry] prohibir la entrada a / [reject] rechazar
■ vi [look away] desviar la mirada

◆ ***turn back*** ■ vt sep **to ~ sb back** hacer volver a alguien ▸ **to ~ the clocks back** atrasar los relojes / *Fig* retroceder en el tiempo, regresar al pasado
■ vi **he turned back** volvió sobre sus pasos ▸ **~ back to page 12** volvamos a la página 12

◆ ***turn down*** vt sep **1.** [volume, heat] bajar **2.** [request, application, person] rechazar

◆ ***turn in*** ▪ vt sep [lost property] entregar / [person] entregar a la policía
▪ vi *Fam* irse a dormir

◆ ***turn into*** vt insep convertirse en

◆ ***turn off*** ▪ vt sep **1.** [water, gas] cerrar / [light, TV] apagar **2.** *Fam* **to ~ sb off** cortar el rollo a alguien
▪ vi [leave road, path] salir

◆ ***turn on*** ▪ vt sep **1.** [water, gas] abrir / [light, TV, engine] encender, *AM* prender **2.** *Fam* [excite] entusiasmar / [sexually] excitar, *ESP, MÉX* poner cachondo(a) a
▪ vt insep **1.** [attack] volverse contra **2.** [depend on] **it all turns on...** todo depende de...

◆ ***turn out*** ▪ vt sep **1.** [eject] echar **2.** [pocket, container] vaciar **3.** [light] apagar / [gas] cerrar **4.** [produce] producir ▸ **to be well turned out** [person] ir muy arreglado(a)
▪ vi **1.** [appear, attend] acudir, presentarse **2.** [result] salir ▸ **to ~ out well/badly** salir bien/mal ▸ **he turned out to be a cousin of mine** resultó ser primo mío ▸ **it turns out that...** resulta que...

◆ ***turn over*** ▪ vt sep **1.** [turn] dar la vuelta a ▸ **to ~ sth over in one's mind** dar vueltas a algo ▸ *Fig* **to ~ over a new leaf** hacer borrón y cuenta nueva **2.** [hand in] **to ~ sth/sb over to sb** entregar algo/a alguien a alguien
▪ vi **1.** [person] darse la vuelta / [car] volcarse **2.** [change TV channels] cambiar de cadena

◆ ***turn round*** ▪ vt sep [car, table] dar la vuelta a / [economy, situation, company] enderezar
▪ vi [person] darse la vuelta

◆ ***turn up*** ▪ vt sep **1.** [trousers] meter (de abajo) ▸ **to ~ one's collar up** subirse el cuello **2.** [volume, heat] subir
▪ vi [person, lost object] aparecer ▸ **something is sure to ~ up** seguro que algo aparecerá

turnabout ['tɜːnəbaʊt] n [in situation, opinion] vuelco *m,* giro *m*

turnaround ['tɜːnəraʊnd] n **1.** [in situation, opinion] vuelco *m,* giro *m* **2.** COM **~ time** tiempo *m* de espera *(de pedidos)*

turncoat ['tɜːnkəʊt] n *ESP* chaquetero(a) *m,f, AM* oportunista *mf, RP* camaleón *m*

turning ['tɜːnɪŋ] n **1.** [off road] [in country] giro *m,* desviación *f* / [in town] bocacalle *f* **2. ~ circle** [of car] (capacidad *f* de) giro *m* ▸ *Fig* **~ point** punto *m* de inflexión

turnip ['tɜːnɪp] n nabo *m*

turn-off ['tɜːnɒf] n **1.** [on road] salida *f,* desviación *f* **2.** *Fam* **it's a ~** me corta el rollo

turn-on ['tɜːnɒn] n *Fam* **it's a ~ for him** [sexually] le vuelve loco, *ESP* le pone a cien

turnout ['tɜːnaʊt] n [attendance] concurrencia *f,* asistencia *f* / [for election] (índice *m* de) participación *f*

turnover ['tɜːnəʊvə(r)] n **1.** COM volumen *m* de negocio, facturación *f* **2.** CULIN **apple ~** = *especie de empanada de hojaldre rellena de compota de manzana*

turnpike ['tɜːnpaɪk] n *US* [road] autopista *f* de peaje

turnstile ['tɜːnstaɪl] n torniquete *m or* torno *m* (de entrada)

turntable ['tɜːnteɪbəl] n [for record] plato *m,* giradiscos *m inv*

turn(-)up ['tɜːnʌp] n **1.** *BR* [on trousers] vuelta *f* **2.** *Fam* **what a ~ for the books!** ¡eso sí que es una sorpresa!

turpentine ['tɜːpəntaɪn] n trementina *f*

turquoise ['tɜːkwɔɪz] ▪ n [colour] (azul *m*) turquesa *m* / [stone] turquesa *f*
▪ adj turquesa

turret ['tʌrɪt] n [on building] torrecilla *f* ▸ **(gun) ~** torreta *f*

turtle ['tɜːtəl] n *BR* tortuga *f* (marina) / *US* tortuga *f* ▸ **to turn ~** [ship] volcar ▸ **~ dove** tórtola *f* ▸ **~ soup** sopa *f* de tortuga

turtleneck ['tɜːtəlnek] n cuello *m* alto ▸ **~ sweater** suéter *m or ESP* jersey *m* de cuello alto

Tuscan ['tʌskən] adj toscano(a)

Tuscany ['tʌskənɪ] n (la) Toscana

tusk [tʌsk] n colmillo *m*

tussle ['tʌsəl] ▪ n pelea *f* ▸ **to have a ~ with sb** tener una pelea con alguien
▪ vi **to ~ (with sb for sth)** pelearse (con alguien por algo)

tutor ['tjuːtə(r)] ▪ n *BR* [at university] tutor(ora) *m,f* ▸ **private ~** profesor(ora) *m,f* particular
▪ vt **to ~ sb in French** dar clases particulares de francés a alguien

tutorial [tjʊ'tɔːrɪəl] n *BR* UNIV seminario *m*

Tuvalu [tuː'vɑːluː] n (las islas) Tuvalu

tuxedo [tʌk'siːdəʊ] (pl **tuxedos**) n esmoquin *m*

TV [tiː'viː] n [television] televisión *f* ▸ **TV dinner** = *menú completo precocinado y congelado que sólo necesita calentarse en el mismo envase* ▸ **TV programme** programa *m* de televisión

TVP [tiːviː'piː] n CULIN (abbr ***textured vegetable protein***) proteína *f* vegetal texturizada, = *alimento proteínico a base de soja texturizada que se utiliza como sustituto de la carne*

twaddle ['twɒdəl] n *Fam* tonterías *fpl,* sandeces *fpl*

twang [twæŋ] ▪ n [sound] sonido *m* vibrante ▸ **nasal ~** entonación *f* nasal
▪ vi [string] producir un sonido vibrante

tweak [twiːk] ▪ n **to give sb's ear a ~** dar a alguien un tirón de orejas ▸ *Fam* **to give sth a ~** [statistics, text] hacer un pequeño ajuste en algo
▪ vt [nose, ear] pellizcar

twee [twiː] adj *BR Fam Pej* cursi

tweed [twiːd] n TEX tweed *m* ▸ **tweeds** [suit] traje *m* de tweed

tweet [twiːt] ▪ n pío *m,* gorjeo *m*
▪ vi piar, gorjear

tweezers ['twiːzəz] npl pinzas *fpl* ▸ **a pair of ~** unas pinzas

twelfth [twelfθ] ▪ n **1.** [fraction] doceavo *m,* doceava parte *f* **2.** [in series] duodécimo(a) *m,f* **3.** [of month] doce *m*

■ adj duodécimo(a) ▸ **Twelfth Night** noche *f* de Reyes / *see also* ***eleventh***

twelve [twelv] n & adj doce *m* / *see also* ***eight***

twentieth ['twentɪɪθ] ■ n **1.** [fraction] veinteavo *m*, vigésima parte *f* **2.** [in series] vigésimo(a) *m,f* **3.** [of month] veinte *m*
■ adj vigésimo(a) / *see also* ***eleventh***

twenty ['twentɪ] n & adj veinte *m* / *see also* ***eighty***

twenty first ['twentɪ'fɜ:st] ■ n **1.** [in series] vigésimo(a) primero(a) **2.** [of month] veintiuno *m*
■ adj vigésimo(a) primero(a) / [before masculine singular noun] vigésimo primer

twenty one ['twentɪ'wʌn] ■ n veintiuno *m*
■ adj veintiuno(a) / [before masculine singular noun] veintiún

twerp [twɜ:p] n *Fam* lerdo(a) *m,f*, *ESP* memo(a) *m,f*

twice [twaɪs] adv dos veces ▸ **~ as big as...** el doble de grande que... ▸ **~ as slow** el doble de lento(a) ▸ **it would cost ~ as much** costaría el doble ▸ **~ over** dos veces ▸ **to think ~ before doing sth** pensárselo dos veces antes de hacer algo ▸ **he didn't have to be asked ~** no hubo que pedírselo dos veces

twiddle ['twɪdəl] ■ vt [knob, dial] dar vueltas a, girar ▸ *Fig* **to ~ one's thumbs** holgazanear
■ vi **to ~ with sth** juguetear *or* trastear con algo

twig[1] [twɪg] n [small branch] ramita *f*

twig[2] (pt & pp **twigged**) *BR Fam* ■ vt [realize] darse cuenta de, *ESP* coscarse de
■ vi [realize] darse cuenta, *ESP* coscarse ▸ **to ~ to sth** darse cuenta de algo, *ESP* coscarse de algo

twilight ['twaɪlaɪt] n crepúsculo *m*

twin [twɪn] ■ n gemelo(a) *m,f* ▸ **~ brother** hermano *m* gemelo ▸ **~ sister** hermana *f* gemela
■ adj [paired] parejo(a) ▸ **~ beds** camas *fpl* gemelas ▸ **~-engine(d) aircraft** (avión *m*) bimotor *m*
■ vt (pt & pp **twinned**) [towns] **Glasgow is twinned with...** Glasgow está hermanado con...

twine [twaɪn] ■ n [string] cordel *m*
■ vt **to ~ one's arms around sth/sb** rodear algo/a alguien con los brazos

twinge [twɪndʒ] n [of pain] punzada *f* ▸ **a ~ of conscience** un remordimiento (de conciencia)

twinkle ['twɪŋkəl] ■ n [of stars, lights] parpadeo *m* / [of eyes] brillo *m*
■ vi [star, light] parpadear / [eyes] brillar

twinkling ['twɪŋklɪŋ] n **in the ~ of an eye** en un abrir y cerrar de ojos

twirl [twɜ:l] ■ n [movement] giro *m*, vuelta *f*
■ vt hacer girar ▸ **he twirled his moustache** se retorció el bigote
■ vi [person] girar sobre sí mismo(a)

twist [twɪst] ■ n **1.** [action] **to give sth a ~** retorcer algo ▸ **with a ~ of the wrist** con un giro de muñeca **2.** [movement] **twists and turns** [of road] vueltas *fpl* y revueltas / *Fig* [of events] avatares *mpl* **3.** [in story, plot] giro *m* inesperado ▸ *BR Fam* **to be round the ~** estar *ESP* majara *or AM* zafado(a) *or CSUR* rayado(a) **4.** [piece] **a ~ of lemon** un trozo de peladura de limón **5.** [dance] twist *m*
■ vt [thread, rope] retorcer / [sb's words, meaning of text] tergiversar ▸ **to ~ one's ankle** torcerse el tobillo ▸ **to ~ sb's arm** retorcerle el brazo a alguien / *Fig* presionar a alguien ▸ *Fig* **to ~ the knife in the wound** remover la herida
■ vi **1.** [smoke] elevarse en espirales / [road] torcer ▸ **to ~ and turn** [road] serpentear **2.** [dance] bailar el twist

◆ ***twist off*** ■ vt sep [lid] desenroscar
■ vi [lid] desenroscarse

twisted ['twɪstɪd] adj *also Fig* retorcido(a)

twister ['twɪstə(r)] n **1.** *BR Fam* [dishonest person] embaucador(ora) *m,f* **2.** *esp US* [tornado] tornado *m*

twit [twɪt] n *BR Fam* lerdo(a) *m,f*, *ESP* memo(a) *m,f*

twitch [twɪtʃ] ■ n **1.** [pull] tirón *m* **2. to have a nervous ~** tener un tic nervioso
■ vt [pull] dar un tirón a
■ vi [face] contraerse

twitchy ['twɪtʃɪ] adj *Fam* tenso(a), nervioso(a)

twitter ['twɪtə(r)] ■ n [of birds] gorjeo *m* ▸ *Fam* **to be in a ~** [excited] estar agitado(a)
■ vi [bird] gorjear / *Fig* [person] parlotear

two [tu:] ■ n (pl **twos**) dos *m* ▸ **to break/fold sth in ~** romper/doblar algo en dos ▸ **to walk in twos, to walk ~ by ~** caminar de dos en dos ▸ *Fig* **to put ~ and ~ together** atar cabos ▸ *Fam* **that makes ~ of us** ya somos dos ▸ *US* **~ percent milk** leche *f* semidesnatada
■ adj dos / *see also* ***eight***

two-bit ['tu:'bɪt] adj *US Fam* [insignificant] de tres al cuarto, *RP* de morondanga

two-dimensional [tu:d(a)ɪ'menʃənəl] adj bidimensional / *Fig* [character, film] superficial, plano(a)

two-faced ['tu:feɪst] adj falso(a), hipócrita

twofold ['tu:fəʊld] adj doble ▸ **a ~ rise** una subida del doble, una duplicación

two-legged [tu:'legɪd] adj bípedo(a)

twopence ['tʌpəns] n *BR* moneda *f* de dos peniques ▸ *Fam* **it isn't worth ~** no vale un pimiento

two-piece ['tu:pi:s] adj **~ suit** traje *m* ▸ **~ swimsuit** biquini *m*

two-pin ['tu:pɪn] adj [plug, socket] de dos clavijas

twosome ['tu:səm] n dúo *m*

two-time ['tu:taɪm] vt *Fam* **to ~ sb** engañar *or ESP* pegársela a alguien

two-way ['tu:weɪ] adj **~ mirror** luna *f* de efecto espía *or* espejo ▸ **~ radio** aparato *m* emisor y receptor de radio

tycoon [taɪ'ku:n] n magnate *m*

type [taɪp] ■ n **1.** [kind] tipo *m*, clase *f* ▸ *Fam* **he's not my ~** no es mi tipo **2.** TYP tipo *m* (de imprenta) ▸ **in bold ~** en negrita
■ vt [with typewriter] mecanografiar / [with word processor] escribir *or* introducir en *ESP* el ordenador *or AM* la computadora
■ vi escribir a máquina

◆ ***type up*** vt sep [with typewriter] escribir a máquina / [with word processor] escribir en *ESP* el ordenador *or AM* la computadora

typecast ['taɪpkɑ:st] (pt & pp **typecast**) vt encasillar

typeface ['taɪpfeɪs] n tipo *m* de imprenta

typescript ['taɪpskrɪpt] n copia *f* mecanografiada

typesetter ['taɪpsetə(r)] n [person] tipógrafo(a) *m,f*

typesetting ['taɪpsetɪŋ] n composición *f* (tipográfica)

typewriter ['taɪpraɪtə(r)] n máquina *f* de escribir

typewritten ['taɪprɪtən] adj escrito(a) a máquina, mecanografiado(a)

typhoid ['taɪfɔɪd] n MED ~ **(fever)** fiebre *f* tifoidea

typhoon [taɪ'fu:n] n tifón *m*

typhus ['taɪfəs] n MED tifus *m inv*

typical ['tɪpɪkəl] adj típico(a) ▸ **isn't that ~ (of him/her)!** ¡típico (de él/ella)!

typify ['tɪpɪfaɪ] vt [exemplify] tipificar / [sum up] caracterizar

typing ['taɪpɪŋ] n [by typewriter] mecanografía *f* / [by word processor] introducción *f* (de datos) en *ESP* el ordenador *or AM* la computadora ▸ **~ error** error *m* mecanográfico ▸ **~ paper** papel *m* para escribir a máquina ▸ **~ pool** sección *f* de mecanografía ▸ **~ speed** velocidad *f* de mecanografiado

typist ['taɪpɪst] n mecanógrafo(a) *m,f*

typographic(al) [taɪpə'græfɪk(əl)] adj tipográfico(a)

typography [taɪ'pɒgrəfɪ] n tipografía *f*

tyrannical [tɪ'rænɪkəl] adj tiránico(a)

tyrannize ['tɪrənaɪz] vt tiranizar

tyranny ['tɪrənɪ] n tiranía *f*

tyrant ['taɪrənt] n tirano(a) *m,f*

tyre, *US* ***tire*** ['taɪə(r)] n neumático *m, AM* llanta *f, ARG* goma *f* ▸ **~ marks** rodada *f* ▸ **~ pressure** presión *f* de los neumáticos *or* de las ruedas

tzar, tzarist ➤ ***tsar, tsarist***

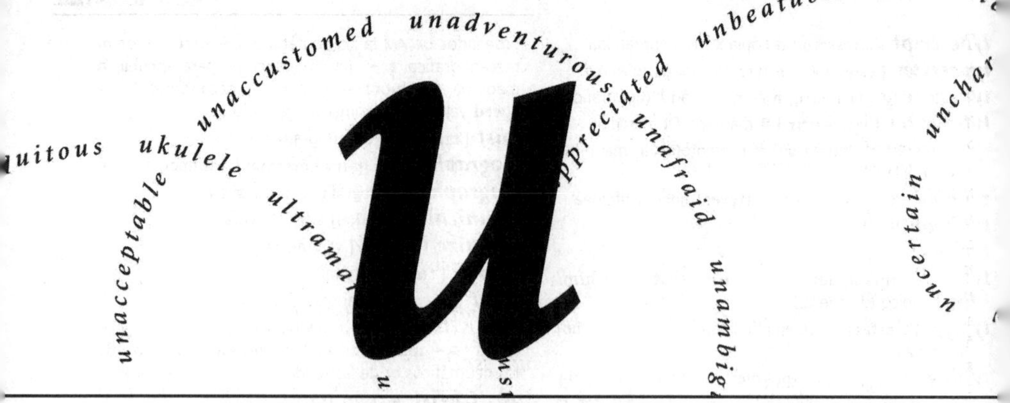

U, u [juː] n [letter] U, u *f* ▸ **U bend** sifón *m* ▸ **U boat** submarino *m (alemán)* ▸ **U turn** [in car] cambio *m* de sentido / *Fig* giro *m* radical *or* de 180 grados ▸ **to do a U turn** [in car] cambiar de sentido

UAE [juːeɪˈiː] n (abbr ***United Arab Emirates***) EAU *mpl,* Emiratos *mpl* Árabes Unidos

UB40 [juːbiːˈfɔːtɪ] n *BR* (abbr ***Unemployment Benefit form 40***) ≃ cartilla *f* de desempleado, *ESP* cartilla *f* del paro

ubiquitous [juːˈbɪkwɪtəs] adj ubicuo(a)

UDA [juːdiːˈeɪ] n *BR* (abbr ***Ulster Defence Association***) = *organización paramilitar norirlandesa partidaria de la permanencia en el Reino Unido*

udder [ˈʌdə(r)] n ubre *f*

UDI [juːdiːˈaɪ] n POL (abbr ***Unilateral Declaration of Independence***) declaración *f* unilateral de independencia

UEFA [juːˈeɪfə] n (abbr ***Union of European Football Associations***) UEFA *f*

UFO [ˈjuːfəʊ] (pl **UFOs**) n (abbr ***unidentified flying object***) OVNI *m*

Uganda [juːˈgændə] n Uganda

Ugandan [juːˈgændən] n & adj ugandés(esa) *m,f*

ugh [ʌχ] exclam ¡puaj!

ugly [ˈʌglɪ] adj **1.** [in appearance] feo(a) ▸ *Fig* **~ duckling** patito *m* feo **2.** [unpleasant] desagradable

UHF [juːeɪtʃˈef] n RAD (abbr ***ultrahigh frequency***) UHF *m or f*

uh-huh [ʌˈhʌ] exclam *Fam* **~!** ¡ajá!

UHT [juːeɪtʃˈtiː] adj (abbr ***ultra heat treated***) **~ milk** leche *f* uperisada *or* UHT

UK [juːˈkeɪ] n (abbr ***United Kingdom***) Reino *m* Unido

Ukraine [juːˈkreɪn] n Ucrania

Ukrainian [juːˈkreɪnɪən] ■ n **1.** [person] ucraniano(a) *m,f* **2.** [language] ucraniano *m*
■ adj ucraniano(a)

ukulele [juːkəˈleɪlɪ] n ukelele *m*

ulcer [ˈʌlsə(r)] n úlcera *f*

ulcerate [ˈʌlsəreɪt] ■ vt ulcerar
■ vi ulcerarse

ulna [ˈʌlnə] n ANAT cúbito *m*

Ulster [ˈʌlstə(r)] n el Ulster

ulterior [ʌlˈtɪərɪə(r)] adj **~ motive** motivo *m* encubierto

ultimate [ˈʌltɪmət] ■ n *Fam* **the ~ in hi-fi equipment** el último grito *or ESP* el no va más en alta fidelidad
■ adj **1.** [last] [responsibility, decision] final, último(a) **2.** [supreme, best] **the ~ deterrent** la medida disuasoria *or AM* disuasiva definitiva ▸ **the ~ holiday** las vacaciones soñadas

ultimately [ˈʌltɪmɪtlɪ] adv **1.** [finally] finalmente, en última instancia **2.** [basically] básicamente

ultimatum [ʌltɪˈmeɪtəm] n ultimátum *m*

ultra- [ˈʌltrə] prefix ultra-

ultramarine [ʌltrəməˈriːn] n azul *m* de ultramar

ultramodern [ʌltrəˈmɒdən] adj ultramoderno(a)

ultrasound [ˈʌltrəsaʊnd] n MED ultrasonido *m* ▸ **an ~ scan** una ecografía

ultraviolet [ʌltrəˈvaɪələt] adj ultravioleta

umbilical cord [ʌmˈbɪlɪkəlˈkɔːd] n cordón *m* umbilical

umbrage [ˈʌmbrɪdʒ] n **to take ~ (at sth)** sentirse ofendido(a) (por algo)

umbrella [ʌmˈbrelə] n paraguas *m inv, COL* sombrilla *f* ▸ *Fig* **under the ~ of...** al amparo de..., bajo la protección de... ▸ **~ organization** organización *f* aglutinante ▸ **~ stand** paragüero *m*

umpire [ˈʌmpaɪə(r)] ■ n [in tennis] juez *mf* de silla / [in cricket] árbitro(a) *m,f*
■ vt arbitrar

umpteen [ʌmpˈtiːn] adj *Fam* **to have ~ things to do** tener montones de cosas que hacer

umpteenth [ʌmpˈtiːnθ] adj *Fam* enésimo(a) ▸ **for the ~ time** por enésima vez

UN [juː'en] n (abbr ***United Nations***) ONU *f*

unabashed [ʌnə'bæʃt] adj descarado(a) ▸ **to be ~ (by** *or* **at)** no sentir vergüenza *or AM* pena (de *or* por)

unable [ʌn'eɪbəl] adj **to be ~ to do sth** [owing to lack of skill, knowledge] ser incapaz de hacer algo / [owing to lack of time, money] no poder hacer algo

unabridged [ʌnə'brɪdʒd] adj íntegro(a)

unacceptable [ʌnək'septəbəl] adj inadmisible, inaceptable

unacceptably [ʌnək'septəblɪ] adv inadmisiblemente

unaccompanied [ʌnə'kʌmpənɪd] ■ adj [child] no acompañado(a) / [violin, singer] solo(a), sin acompañamiento

■ adv **to travel ~** viajar solo(a) ▸ **to play/sing ~** tocar/cantar sin acompañamiento

unaccomplished [ʌnə'kʌmplɪʃt] adj [unimpressive] mediocre

unaccountable [ʌnə'kaʊntəbəl] adj **1.** [not answerable] **to be ~ (to sb)** no tener que rendir cuentas (a alguien) **2.** [puzzling] inexplicable

unaccustomed [ʌnə'kʌstəmd] adj **1. to be ~ to sth** no estar acostumbrado(a) a algo **2.** [not usual] inusual, desacostumbrado(a)

unacknowledged [ʌnək'nɒlɪdʒd] ■ adj no reconocido(a)

■ adv **to go ~** [talent, achievement] no ser reconocido(a)

unadulterated [ʌnə'dʌltəreɪtɪd] adj **1.** [food] natural, no adulterado(a) **2.** [joy] absoluto(a)

unadventurous [ʌnəd'ventʃərəs] adj [person] poco atrevido(a), convencional / [decision, choice] poco arriesgado(a)

unadvisable [ʌnəd'vaɪzəbəl] adj desaconsejable

unaffected [ʌnə'fektɪd] adj **1.** [sincere] [person, style, joy] espontáneo(a) **2.** [not touched] **he was ~** no se vio afectado

unaffiliated [ʌnə'fɪlɪeɪtɪd] adj no afiliado(a)

unafraid [ʌnə'freɪd] adj **to be ~ of sth/sb** no temer algo/a alguien

unaided [ʌn'eɪdɪd] adv sin ayuda

unaltered [ʌn'ɔːltəd] adj **to remain ~** [weather, opinion] permanecer igual

unambiguous [ʌnæm'bɪgjʊəs] adj explícito(a), claro(a)

unambitious [ʌnæm'bɪʃəs] adj [person, project] poco ambicioso(a)

unanimity [juːnə'nɪmɪtɪ] n unanimidad *f*

unanimous [jʊ'nænɪməs] adj unánime

unanimously [jʊ'nænɪməslɪ] adv unánimemente

unannounced [ʌnə'naʊnst] ■ adj [arrival] no anunciado(a)

■ adv **to arrive ~** llegar sin previo aviso

unanswerable [ʌn'ɑːnsərəbəl] adj incontestable

unanswered [ʌn'ɑːnsəd] ■ adj [question, letter] no contestado(a)

■ adv **to go ~** [question, letter] quedar sin respuesta

unappealing [ʌnə'piːlɪŋ] adj poco atractivo(a)

unappetizing [ʌn'æpɪtaɪzɪŋ] adj poco apetitoso(a)

unappreciated [ʌnə'priːʃɪeɪtɪd] adj [effort, contribution] no reconocido(a) ▸ **to feel ~** sentirse poco valorado(a)

unapproachable [ʌnə'prəʊtʃəbəl] adj [person, manner] inaccesible

unarguably [ʌn'ɑːgjʊəblɪ] adv indiscutiblemente

unarmed [ʌn'ɑːmd] adj desarmado(a) ▸ **~ combat** combate *m* sin armas

unashamed [ʌnə'ʃeɪmd] adj descarado(a) ▸ **he was completely ~ about it** no le dio ninguna vergüenza *or AM* pena

unashamedly [ʌnə'ʃeɪmɪdlɪ] adv [brazenly] descaradamente

unassailable [ʌnə'seɪləbəl] adj [castle, position] inexpugnable / [argument, theory] irrebatible

unassuming [ʌnə'sjuːmɪŋ] adj modesto(a)

unattached [ʌnə'tætʃt] adj suelto(a) ▸ **to be ~** [without partner] no tener pareja

unattainable [ʌnə'teɪnəbəl] adj inalcanzable

unattractive [ʌnə'træktɪv] adj poco atractivo(a)

unauthorized [ʌn'ɔːθəraɪzd] adj no autorizado(a)

unavailable [ʌnə'veɪləbəl] adj **to be ~** no estar disponible

unavailing [ʌnə'veɪlɪŋ] adj [effort] inútil, vano(a)

unavoidable [ʌnə'vɔɪdəbəl] adj inevitable

unaware [ʌnə'weə(r)] adj inconsciente ▸ **to be ~ of sth** no ser consciente de algo

unawares [ʌnə'weəz] adv **to catch sb ~** agarrar *or ESP* coger a alguien desprevenido(a)

unbalanced [ʌn'bælənst] adj [person] desequilibrado(a) / [report] sesgado(a), parcial

unbearable [ʌn'beərəbəl] adj insoportable

unbeatable [ʌn'biːtəbəl] adj [team, position] invencible, imbatible / [product, value, price] insuperable

unbeaten [ʌn'biːtən] adj invicto(a)

unbecoming [ʌnbɪ'kʌmɪŋ] adj [behaviour] impropio(a) (**to** de) / [dress] poco favorecedor(ora)

unbeknown(st) [ʌnbɪ'nəʊn(st)] adv **~ to me** sin mi conocimiento

unbelievable [ʌnbɪ'liːvəbəl] adj increíble

unbending [ʌn'bendɪŋ] adj inflexible

unbias(s)ed [ʌn'baɪəst] adj imparcial

unblock [ʌn'blɒk] vt [sink, pipe] desatascar / [road] desbloquear

unborn ['ʌnbɔːn] adj **~ child** niño *m* (aún) no nacido

unbounded [ʌn'baʊndɪd] adj ilimitado(a)

unbreakable [ʌn'breɪkəbəl] adj [plate, toy] irrompible / *Fig* [spirit, alliance] inquebrantable

unbridled [ʌn'braɪdəld] adj [passion, aggression] desatado(a)

unbroken [ʌn'brəʊkən] adj **1.** [not broken] intacto(a) **2.** [uninterrupted] ininterrumpido(a)

unburden [ʌn'bɜːdən] vt **to ~ oneself to sb** desahogarse con alguien

unbusinesslike [ʌn'bɪznɪslaɪk] adj poco profesional

unbutton [ʌn'bʌtən] vt desabrochar, desabotonar ▸ **to**

~ **one's shirt** desabrocharse la camisa

uncalled-for [ʌn'kɔːldfɔː(r)] adj **to be ~** [behaviour, remark] estar fuera de lugar

uncannily [ʌn'kænɪlɪ] adv asombrosamente ▸ **~ accurate** de una precisión asombrosa

uncanny [ʌn'kænɪ] adj [coincidence, similarity, resemblance] asombroso(a), extraño(a) / [knack, ability] inexplicable

uncaring [ʌn'keərɪŋ] adj desafecto(a), indiferente ▸ **an ~ mother** una madre poco afectuosa

unceasing [ʌn'siːsɪŋ] adj constante, incesante

uncensored [ʌn'sensəd] adj sin censurar, íntegro(a)

uncertain [ʌn'sɜːtən] adj [future] incierto(a) ▸ **to be ~ about sth** no estar seguro(a) de algo ▸ **it is ~ if...** no se sabe si... ▸ **in no ~ terms** en términos bien claros

uncertainly [ʌn'sɜːtənlɪ] adv [to smile, enter] de forma vacilante ▸ **...he said ~** ...dijo vacilante *or* inseguro

uncertainty [ʌn'sɜːtəntɪ] n **1.** [insecurity] incertidumbre *f* **2.** [doubt] duda *f*

unchallenged [ʌn'tʃælɪndʒd] ■ adj [assumption, accusation] no cuestionado(a)
■ adv **to let sth pass ~** dejar pasar algo

unchanged [ʌn'tʃeɪndʒd] adj igual, sin cambios ▸ **to remain ~** no haber cambiado

unchanging [ʌn'tʃeɪndʒɪŋ] adj inmutable

uncharacteristic [ʌnkærəktə'rɪstɪk] adj atípico(a), poco característico(a)

uncharacteristically [ʌnkærəktə'rɪstɪklɪ] adv **he was ~ generous/cheerful** mostraba una generosidad/alegría atípica *or* poco normal en él

uncharitable [ʌn'tʃærɪtəbəl] adj cruel

uncharted [ʌn'tʃɑːtɪd] adj desconocido(a), inexplorado(a)

unchecked [ʌn'tʃekt] ■ adj **1.** [not restrained] incontrolado(a) **2.** [not verified] sin comprobar
■ adv **to go ~** [corruption, epidemic] avanzar sin freno

uncivil [ʌn'sɪv(ɪ)l] adj maleducado(a), descortés

uncivilized [ʌn'sɪvɪlaɪzd] adj poco civilizado(a), incivilizado(a) ▸ **at an ~ hour** a una hora intempestiva

unclaimed [ʌn'kleɪmd] adj [money, baggage] no reclamado(a) ▸ **to go ~** [money, baggage] no ser reclamado por nadie

uncle ['ʌŋkəl] n tío *m* ▸ *US* **Uncle Sam** el Tío Sam

unclean [ʌn'kliːn] adj sucio(a)

unclear [ʌn'klɪə(r)] adj poco claro(a) ▸ **I'm still ~ about what happened** todavía no tengo muy claro lo que pasó

unclothed [ʌn'kləʊðd] adj desvestido(a), desnudo(a)

uncluttered [ʌn'klʌtə(d)] adj despejado(a)

uncoil [ʌn'kɔɪl] vt desenrollar

uncombed [ʌn'kəʊmd] adj despeinado(a)

uncomfortable [ʌn'kʌmfətəbəl] adj incómodo(a) ▸ **to be ~** [physically] estar incómodo(a) / [ill-at-ease] sentirse incómodo(a) ▸ **there was an ~ silence** se produjo un silencio embarazoso *or* incómodo

uncommitted [ʌnkə'mɪtɪd] adj [voter] indeciso(a) / [funds] no comprometido(a)

uncommon [ʌn'kɒmən] adj inusual

uncommunicative [ʌnkə'mjuːnɪkətɪv] adj reservado(a), poco comunicativo(a)

uncomplaining [ʌnkəm'pleɪnɪŋ] adj **she accepted the extra work with ~ resignation** aceptó el trabajo extra resignada y sin quejarse

uncomplicated [ʌn'kɒmplɪkeɪtɪd] adj sencillo(a)

uncomplimentary [ʌnkɒmplɪ'mentərɪ] adj poco elogioso(a)

uncomprehending [ʌnkɒmprɪ'hendɪŋ] adj **to be ~ of sth** no entender algo ▸ **with an ~ look** con cara de no haber comprendido

uncomprehendingly [ʌnkɒmprɪ'hendɪŋlɪ] adv con un gesto de incomprensión

uncompromising [ʌn'kɒmprəmaɪzɪŋ] adj [person, opposition] intransigente / [resolute] inquebrantable

uncompromisingly [ʌnkɒmprə'maɪzɪŋlɪ] adv sin concesiones, de manera inquebrantable

unconcealed [ʌnkən'siːld] adj indisimulado(a), manifiesto(a)

unconcerned [ʌnkən'sɜːnd] ■ adj indiferente ▸ **to be ~ about sth** no preocuparse por algo
■ adv **to watch/wait ~** mirar/esperar con indiferencia

unconditional [ʌnkən'dɪʃənəl] adj incondicional ▸ **~ surrender** rendición *f* incondicional

unconditionally [ʌnkən'dɪʃənəlɪ] adv [to support] incondicionalmente / [to surrender, accept] sin condiciones

unconfirmed [ʌnkən'fɜːmd] adj no confirmado(a)

HOW TO...

say you're uncertain

Aún no tenemos la certeza/seguridad de que se vaya a firmar el contrato. / We're still not sure whether the contract will be signed.

Dudo que lo consiga/lo haya hecho de buena fe. / I doubt that he'll manage / he acted in good faith.

Aún no se ha decidido nada. / Nothing has been decided yet.

No estoy segura de poder hacerlo. / I'm not sure I'll be able to do it.

No creo que pueda hacerlo. / I don't think he can do it.

Todavía no sé si ir o no. / I still don't know whether to go or not.

Quién sabe, quizás vuelva. / Who knows, maybe she'll come back.

A lo mejor te llama. / She'll probably call you.

¡Vete tú a saber! (informal) / It's anybody's guess!

unconnected [ʌnkə'nektɪd] adj inconexo(a), sin relación ▸ **two ~ facts** dos hechos independientes

unconscious [ʌn'kɒnʃəs] ■ n PSY **the ~** el inconsciente
■ adj **1.** [not awake] inconsciente ▸ **to be ~** estar inconsciente **2.** [unintentional] inintencionado(a) ▸ **to be ~ of sth** no ser consciente de algo

unconsciously [ʌn'kɒnʃəslɪ] adv inconscientemente

unconsciousness [ʌn'kɒnʃəsnɪs] n inconsciencia *f* ▸ **he lapsed into ~** perdió el conocimiento, se quedó inconsciente

unconstitutional [ʌnkɒnstɪ'tju:ʃənəl] adj inconstitucional, anticonstitucional

uncontaminated [ʌnkən'tæmɪneɪtɪd] adj sin contaminar

uncontested [ʌnkən'testɪd] adj [right, superiority] indisputado(a) ▸ POL **~ seat** escaño *m* con un solo candidato

uncontrollable [ʌnkən'trəʊləbəl] adj incontrolable

uncontrollably [ʌnkən'trəʊləblɪ] adv incontrolablemente ▸ **they laughed ~** no podían parar de reírse

uncontroversial [ʌnkɒntrə'vɜ:ʃəl] adj anodino(a), nada polémico(a)

unconventional [ʌnkən'venʃənəl] adj poco convencional

unconventionally [ʌnkən'venʃənəlɪ] adv de forma poco convencional

unconvinced [ʌnkən'vɪnst] adj **to be ~** no estar convencido(a) ▸ **I remain ~** sigo sin convencerme

unconvincing [ʌnkən'vɪnsɪŋ] adj poco convincente

unconvincingly [ʌnkən'vɪnsɪŋlɪ] adv [to argue, lie, perform] de forma poco convincente

uncooked [ʌn'kʊkt] adj crudo(a)

uncool [ʌn'ku:l] adj *Fam* [unfashionable] poco enrollado(a), *MÉX* nada suave, *RP* nada copado(a), *VEN* aguado(a)

uncooperative [ʌnkəʊ'ɒpərətɪv] adj **to be ~** no estar dispuesto(a) a cooperar

uncoordinated [ʌnkəʊ'ɔ:dɪneɪtɪd] adj [efforts] descoordinado(a) / [person] falto(a) de coordinación, torpe

uncork [ʌn'kɔ:k] vt descorchar

uncorroborated [ʌnkə'rɒbəreɪtɪd] adj no confirmado(a)

uncountable [ʌn'kaʊntəbəl] adj GRAM incontable

uncouth [ʌn'ku:θ] adj basto(a)

uncover [ʌn'kʌvə(r)] vt destapar / *Fig* [evidence, plot] descubrir

uncritical [ʌn'krɪtɪkəl] adj poco crítico(a) ▸ **to be ~ of sb/sth** no ser crítico(a) con alguien/algo

UNCTAD ['ʌŋktæd] n (abbr ***United Nations Conference on Trade and Development***) UNCTAD *f*

unction ['ʌŋkʃən] n **1.** [of manner] untuosidad *f*, empalago *m* **2.** REL unción *f* ▸ **extreme ~** extremaunción *f*

unctuous ['ʌŋktjʊəs] adj *Pej* untuoso(a), empalagoso(a)

uncultivated [ʌn'kʌltɪveɪtɪd] adj **1.** [land] sin cultivar **2.** [person] inculto(a)

uncultured [ʌn'kʌltʃəd] adj inculto(a)

uncut [ʌn'kʌt] adj [gem] en bruto / [text, film] íntegro(a)

undamaged [ʌn'dæmɪdʒd] adj intacto(a)

undated [ʌn'deɪtɪd] adj no fechado(a)

undaunted [ʌn'dɔ:ntɪd] adj imperturbable ▸ **to be ~ by sth** no amilanarse *or* arredrarse por algo

undecided [ʌndɪ'saɪdɪd] adj **1.** [question, problem] sin resolver ▸ **that's still ~** todavía está por decidir **2.** [person] indeciso(a) ▸ **to be ~ about sth** estar indeciso(a) sobre algo

undefeated [ʌndɪ'fi:tɪd] adj invicto(a)

undefended [ʌndɪ'fendɪd] adj indefenso(a)

undemanding [ʌndɪ'mɑ:ndɪŋ] adj [job] fácil, que exige poco esfuerzo / [person] poco exigente

undemocratic [ʌndemə'krætɪk] adj antidemocrático(a)

undemonstrative [ʌndɪ'mɒnstrətɪv] adj reservado(a)

undeniable [ʌndɪ'naɪəbəl] adj innegable

undeniably [ʌndɪ'naɪəblɪ] adv innegablemente

under ['ʌndə(r)] ■ prep **1.** [beneath] debajo de, bajo, *AM* abajo de / [with verbs of motion] bajo ▸ **~ the table/the stairs** debajo de la mesa/las escaleras ▸ **to walk ~ a ladder** pasar por debajo de una escalera ▸ *Fam* **to be/feel ~ the weather** [ill] estar/encontrarse pachucho(a) **2.** [less than] menos de ▸ **in ~ ten minutes** en menos de diez minutos ▸ **he's ~ thirty** tiene menos de treinta años ▸ **to be ~ age** ser menor de edad ▸ **children ~ five** niños de menos de cinco años **3.** [having control of] **he has a hundred men ~ him** tiene cien hombres a su cargo ▸ **Spain ~ Franco** la España de Franco **4.** [subject to] **to be ~ orders to do sth** tener órdenes de hacer algo ▸ **~ the terms of the agreement** según el acuerdo ▸ **~ these conditions/circumstances** en estas condiciones/circunstancias **5.** [in the process of] **~ construction/observation** en construcción/observación ▸ **the matter is ~ investigation** se está investigando el asunto ▸ **to get ~ way** [meeting, campaign] ponerse en marcha, arrancar ▸ **to be ~ way** [meeting, campaign] estar en marcha
■ adv **1.** [underneath] debajo, *AM* abajo / [underwater] bajo el agua, debajo *or AM* abajo del agua ▸ **to go ~** [ship, company] hundirse **2.** [less] **for £5 or ~** por 5 libras o menos ▸ **children of seven and ~** niños menores de ocho años

underachiever [ʌndərə'tʃi:və(r)] n persona *f* que rinde por debajo de sus posibilidades

under-age [ʌndər'eɪdʒ] adj **~ drinking** consumo *m* de alcohol por menores ▸ **~ sex** relaciones *fpl* sexuales entre menores

undercarriage ['ʌndəkærɪdʒ] n AV tren *m* de aterrizaje

undercharge [ʌndə'tʃɑ:dʒ] vt cobrar de menos

underclass ['ʌndəklɑ:s] n clase *f* marginal

underclothes ['ʌndəkləʊðz] npl ropa *f* interior

underclothing ['ʌndəkləʊðɪŋ] n ropa *f* interior
undercoat ['ʌndəkəʊt] n primera mano *f (de pintura)*
undercook [ʌndə'kʊk] vt **to be undercooked** no estar lo suficientemente hecho(a)
undercover ['ʌndəkʌvə(r)] ■ adj [agent, investigation] secreto(a)
■ adv **to work ~** trabajar en secreto
undercurrent ['ʌndəkʌrənt] n [in sea] corriente *f* submarina / *Fig* [of emotion, unrest] corriente *f* subyacente
undercut ['ʌndəkʌt] (pt & pp **undercut**) vt COM **to ~ the competition** vender a precios más baratos que los de la competencia
underdeveloped [ʌndədɪ'veləpt] adj [economy, country] subdesarrollado(a)
underdog ['ʌndədɒg] n **1.** [in contest] = *competidor o equipo considerado probable perdedor* ▸ **England are the underdogs** Inglaterra tiene menos posibilidades de ganar **2.** [in society] **the ~** los débiles y oprimidos
underestimate ■ n [ʌndər'estɪmɪt] infravaloración *f*
■ vt [ʌndər'estɪmeɪt] infravalorar, subestimar
underestimation [ʌndərestɪ'meɪʃən] n infravaloración *f*
underexposed ['ʌndərɪks'pəʊzd] adj PHOT subexpuesto(a)
underfed [ʌndə'fed] adj desnutrido(a), malnutrido(a)
underfoot [ʌndə'fʊt] adv **it's wet ~** el suelo está mojado ▸ **to trample sth ~** pisotear algo
underfunding [ʌndə'fʌndɪŋ] n escasez *f* de fondos
undergarment ['ʌndəgɑːmənt] n prenda *f* (de ropa) interior
undergo [ʌndə'gəʊ] (pt **underwent** [ʌndə'went], pp **undergone** [ʌndə'gɒn]) vi [change] experimentar / [test] ser sometido(a) a / [pain] sufrir ▸ **to ~ treatment** [patient] recibir tratamiento
undergraduate [ʌndə'grædjʊɪt] n estudiante *mf* universitario(a) *(sin licenciatura)*
underground ['ʌndəgraʊnd] ■ n **1.** *BR* [railway system] metro *m, RP* subte *m* **2.** [resistance movement] resistencia *f* (clandestina)
■ adj **1.** [cables, passage] subterráneo(a) **2.** [movement, newspaper] clandestino(a)
■ adv [to work, live] bajo tierra ▸ *Fig* **to go ~** pasar a la clandestinidad
undergrowth ['ʌndəgrəʊθ] n maleza *f*
underhand [ʌndə'hænd] adj turbio(a), poco honrado(a)
underlain [ʌndə'leɪn] pp *of* ***underlie***
underlay ['ʌndəleɪ] n [for carpet] refuerzo *m (debajo de las moquetas)*
underlie [ʌndə'laɪ] (pt **underlay** [ʌndə'leɪ], pp **underlain** [ʌndə'leɪn]) ■ vt subyacer tras *or* bajo
■ pt *of* ***underlie***
underline [ʌndə'laɪn] vt *also Fig* subrayar
underlying [ʌndə'laɪɪŋ] adj subyacente
undermanning [ʌndə'mænɪŋ] n IND insuficiencia *f* de personal
undermentioned ['ʌndəmenʃənd] adj *Formal* abajo mencionado(a) *or* citado(a)
undermine [ʌndə'maɪn] vt [weaken] minar, socavar
underneath [ʌndə'niːθ] ■ n parte *f* inferior *or* de abajo
■ prep debajo de, bajo / [with verbs of motion] bajo ▸ **he crawled ~ the fence** se arrastró por debajo de la valla
■ adv debajo
undernourished [ʌndə'nʌrɪʃt] adj desnutrido(a)
underpaid [ʌndə'peɪd] adj mal pagado(a)
underpants ['ʌndəpænts] npl calzoncillos *mpl, CHILE* fundillos *mpl, COL* pantaloncillos *mpl, MÉX* calzones *mpl, MÉX* chones *mpl*
underpass ['ʌndəpɑːs] n [for cars, pedestrians] paso *m* subterráneo
underperform [ʌndəpə'fɔːm] vi FIN rendir por debajo de sus posibilidades
underpin [ʌndə'pɪn] (pt & pp **underpinned**) vt [support] sustentar
underpopulated [ʌndə'pɒpjʊleɪtɪd] adj poco poblado(a)
underprivileged [ʌndə'prɪvɪlɪdʒd] adj desfavorecido(a)
underqualified [ʌndə'kwɒlɪfaɪd] adj **to be ~** no estar suficientemente cualificado(a)
underrate [ʌndə'reɪt] vt subestimar, infravalorar
under-secretary [ʌndə'sekrətrɪ] n **1.** [in UK] viceministro(a) *m,f* **2.** [in US] subsecretario(a) *m,f*
undershirt ['ʌndəʃɜːt] n *US* camiseta *f*
underside ['ʌndəsaɪd] n parte *f* inferior
undersized [ʌndə'saɪzd] adj demasiado pequeño(a)
underskirt ['ʌndəskɜːt] n enaguas *fpl*
understaffed [ʌndə'stɑːft] adj **to be ~** no tener suficiente personal
understand [ʌndə'stænd] (pt & pp **understood** [ʌndə'stʊd]) ■ vt **1.** [comprehend] entender, comprender ▸ **they ~ each other** se entienden mutuamente ▸ **what I can't ~ is why...** lo que no llego a entender es por qué... ▸ **is that understood?** ¿entendido? **2.** [believe, assume] **I ~ that...** tengo entendido que... ▸ **to give sb to ~ that...** dar a entender a alguien que... ▸ **are we to ~ that ...?** ¿quiere eso decir que...?, ¿debemos entender (con eso) que...? ▸ **it was understood that few of us would survive** se entendía *or* se daba por sabido que pocos sobreviviríamos
■ vi entender, comprender
understandable [ʌndə'stændəbəl] adj comprensible
understandably [ʌndə'stændəblɪ] adv comprensiblemente
understanding [ʌndə'stændɪŋ] ■ n **1.** [comprehension] comprensión *f* ▸ **it's beyond all ~** no tiene ninguna lógica, es incomprensible **2.** [sympathy] comprensión *f* **3.** [agreement] acuerdo *m* ▸ **to come to** *or* **to reach an ~** llegar a un acuerdo ▸ **on the ~ that...** a condición de que...
■ adj comprensivo(a)
understandingly [ʌndə'stændɪŋlɪ] adv **he smiled at me ~** me sonrió comprensivo

understated [ʌndə'steɪtɪd] adj [clothes, design] discreto(a)

understatement [ʌndə'steɪtmənt] n **that's an ~!** ¡eso es quedarse corto!

understood [ʌndə'stʊd] pt & pp *of* ***understand***

understudy ['ʌndəstʌdɪ] n THEAT suplente *mf*, actor(triz) *m,f* suplente

undertake [ʌndə'teɪk] (pt **undertook** [ʌndə'tʊk], pp **undertaken** [ʌndə'teɪkən]) vt emprender ▸ **to ~ to do sth** encargarse de hacer algo

undertaker ['ʌndəteɪkə(r)] n encargado(a) *m,f* de una funeraria

undertaking [ʌndə'teɪkɪŋ] n **1.** [enterprise] empresa *f*, proyecto *m* **2.** [promise] compromiso *m* ▸ **she gave me her ~ that she would do it** me dijo que se comprometía a hacerlo

undertone ['ʌndətəʊn] n [low voice] voz *f* baja / *Fig* [hint, suggestion] tono *m*

undertook [ʌndə'tʊk] pt *of* ***undertake***

undertow ['ʌndətəʊ] n resaca *f*

undervalue [ʌndə'vælju:] vt *also Fig* infravalorar

underwater ■ adj ['ʌndəwɔ:tə(r)] submarino(a) ■ adv [ʌndə'wɔ:tə(r)] **to swim ~** bucear

underway [ʌndə'weɪ] adj en marcha ▸ **to get ~** ponerse en marcha

underwear ['ʌndəweə(r)] n ropa *f* interior

underweight [ʌndə'weɪt] adj **to be ~** [person] estar muy flaco(a)

underwent [ʌndə'went] pt *of* ***undergo***

underworld ['ʌndəwɜ:ld] n **1.** [in mythology] **the Underworld** el Hades **2.** [of criminals] **the ~** el hampa

underwrite ['ʌndəraɪt] (pt **underwrote** [ʌndə'rəʊt], pp **underwritten** [ʌndə'rɪtn]) vt FIN asegurar / *Fig* [pay for] financiar

underwriter ['ʌndəraɪtə(r)] n FIN [in insurance] asegurador(ora) *m,f*

underwritten [ʌndə'rɪtən] pt *of* ***underwrite***

underwrote [ʌndə'rəʊt] pt *of* ***underwrite***

undeserved [ʌndɪ'zɜ:vd] adj inmerecido(a)

undeservedly [ʌndɪ'zɜ:vɪdlɪ] adv inmerecidamente

undeserving [ʌndɪ'zɜ:vɪŋ] adj indigno(a) ▸ **to be ~ of sth** no merecer algo

undesirable [ʌndɪ'zaɪərəbəl] n & adj indeseable *mf*

undetected [ʌndɪ'tektɪd] ■ adj no detectado(a) ■ adv **to go ~** no ser detectado(a)

undetermined [ʌndɪ'tɜ:mɪnd] adj indeterminado(a) ▸ **to be ~** [cause] no estar determinado(a)

undeterred [ʌndɪ'tɜ:d] ■ adj **to be ~ by sth** no desanimarse por algo ■ adv **he carried on ~** siguió sin arredrarse

undeveloped [ʌndɪ'veləpt] adj no desarrollado(a) / PHOT [film] sin revelar ▸ **~ land** tierra *f* sin explotar

undid [ʌn'dɪd] pt *of* ***undo***

undigested [ʌnd(a)ɪ'dʒestɪd] adj *also Fig* no digerido(a)

undignified [ʌn'dɪgnɪfaɪd] adj poco digno(a), indecoroso(a)

undiluted [ʌndaɪ'lu:tɪd] adj [liquid] no diluido(a) / *Fig* [pleasure] puro(a), absoluto(a)

undiminished [ʌndɪ'mɪnɪʃt] adj no disminuido(a) ▸ **to remain ~** no haber disminuido

undiplomatic [ʌndɪplə'mætɪk] adj poco diplomático(a)

undisciplined [ʌn'dɪsɪplɪnd] adj indisciplinado(a)

undisclosed [ʌndɪs'kləʊzd] adj no revelado(a)

undiscovered [ʌndɪs'kʌvəd] ■ adj sin descubrir ■ adv **to go/remain ~** estar/permanecer sin descubrir

undiscriminating [ʌndɪs'krɪmɪneɪtɪŋ] adj **to be ~** no hacer distinciones, no distinguir

undisguised [ʌndɪs'gaɪzd] adj no disimulado(a)

undisputed [ʌndɪs'pju:tɪd] adj indiscutible

undistinguished [ʌndɪs'tɪŋgwɪʃt] adj mediocre

undisturbed [ʌndɪs'tɜ:bd] adj [sleep] tranquilo(a) ▸ **she left his papers ~** dejó sus papeles tal como estaban

undivided [ʌndɪ'vaɪdɪd] adj **he gave me his ~ attention** me prestó toda su atención

undo [ʌn'du:] (pt **undid** [ʌn'dɪd], pp **undone** [ʌn'dʌn]) vt **1.** [mistake] corregir / [damage] reparar / COMPTR [command] deshacer **2.** [knot] deshacer / [button] desabrochar / [parcel, zip] abrir / [shoelaces] desatar

undoing [ʌn'du:ɪŋ] n perdición *f*

undone [ʌn'dʌn] ■ adj **1.** [loose] [jacket, buttons] desabrochado(a) / [laces] desatado(a) ▸ **to come ~** [jacket, buttons] desabrocharse / [laces] desatarse **2.** [incomplete] sin hacer ▸ **to leave sth ~** dejar algo sin hacer ■ pp *of* ***undo***

undoubted [ʌn'daʊtɪd] adj indudable

undoubtedly [ʌn'daʊtɪdlɪ] adv indudablemente

undreamed-of [ʌn'dri:mdɒv], ***undreamt-of*** [ʌn'dremtɒv] adj inimaginable

HOW TO...

say you have or haven't understood

Ah, sí, ahora lo entiendo. / Oh yes, now I understand.
Sí, ya veo adónde quieres llegar. / Yes, I see what you're getting at.
Sí, claro. / Yes, of course.
¡Ah, vale! (informal) / Oh, right!
Disculpe, pero no estoy seguro de haber entendido bien. / I'm sorry, but I'm not sure I quite understand.
Perdone, ¿me lo puede repetir? / Sorry. Would you mind repeating that?
No entiendo la pregunta. / I don't understand the question.

undress [ʌn'dres] ■ n **in a state of ~** desvestido(a), desnudo(a)
■ vt desvestir, desnudar ▸ **to get undressed** desvestirse, desnudarse
■ vi desvestirse, desnudarse

undrinkable [ʌn'drɪŋkəbəl] adj imbebible

undue [ʌn'djuː] adj excesivo(a)

undulate ['ʌndjʊleɪt] vi ondular

undulating ['ʌndjʊleɪtɪŋ] adj ondulante

undulation [ʌndjʊ'leɪʃən] n ondulación *f*

unduly [ʌn'djuːlɪ] adv excesivamente

undying [ʌn'daɪɪŋ] adj eterno(a)

unearned [ʌn'ɜːnd] adj [reward, punishment] inmerecido(a) ▸ FIN **~ income** rendimientos *mpl* del capital, renta *f* no salarial

unearth [ʌn'ɜːθ] vt [buried object] desenterrar / *Fig* [information, secret] descubrir

unearthly [ʌn'ɜːθlɪ] adj **1.** [supernatural] sobrenatural **2.** *Fam* **at an ~ hour** a una hora intempestiva ▸ **an ~ din** *or* **racket** un ruido espantoso ▸ **for some ~ reason** por algún motivo incomprensible

unease [ʌn'iːz] n inquietud *f*, desasosiego *m*

uneasily [ʌn'iːzɪlɪ] adv con inquietud

uneasy [ʌn'iːzɪ] adj [person] inquieto(a) / [sleep] agitado(a) ▸ **to be ~ (about sth)** estar inquieto(a) (por algo)

uneconomic [ʌniːkə'nɒmɪk] adj carente de rentabilidad, antieconómico(a)

uneconomical [ʌniːkə'nɒmɪkəl] adj [wasteful, inefficient] ineficaz desde el punto de vista económico, poco rentable

uneducated [ʌn'edjʊkeɪtɪd] adj inculto(a)

unelectable [ʌnɪ'lektəbəl] adj [party, person] inelegible

unemotional [ʌnɪ'məʊʃənəl] adj [person] frío(a), impasible

unemployable [ʌnɪm'plɔɪəbəl] adj **to be ~** no ser apto(a) para trabajar

unemployed [ʌnɪm'plɔɪd] ■ npl **the ~** los desempleados, *ESP* los parados, *AM* los desocupados
■ adj [person] desempleado(a), *ESP* parado(a), *AM* desocupado(a) ▸ **to be ~** estar desempleado(a) *or ESP* en (el) paro *or AM* desocupado(a)

unemployment [ʌnɪm'plɔɪmənt] n desempleo *m*, *ESP* paro *m*, *AM* desocupación *f* ▸ **~ stands at 10 percent** el índice or la tasa de desempleo *or ESP* de paro *or AM* la desocupación se sitúa en el 10 por ciento ▸ **~ benefit** *or US* **compensation** subsidio *m* de desempleo *or AM* de desocupación

unending [ʌn'endɪŋ] adj interminable

unendurable [ʌnɪn'djʊərəbəl] adj insoportable

unenlightened [ʌnɪn'laɪtənd] adj [person, decision] retrógrado(a)

unenlightening [ʌnɪn'laɪtnɪŋ] adj poco ilustrativo(a)

unenterprising [ʌn'entəpraɪzɪŋ] adj poco emprendedor(ora)

unenthusiastic [ʌnɪnθ(j)uːzɪ'æstɪk] adj [reaction, response] tibio(a) / [person] poco entusiasta

unenthusiastically [ʌnɪnθjuːzɪ'æstɪklɪ] adv sin entusiasmo

unenviable [ʌn'envɪəbəl] adj desagradable, nada envidiable

unequal [ʌn'iːkwəl] adj desigual ▸ **an ~ struggle** una lucha desigual ▸ **he was ~ to the challenge** no estuvo a la altura de lo exigido

unequalled [ʌn'iːkwəld] adj sin par

unequivocal [ʌnɪ'kwɪvəkəl] adj *Formal* inequívoco(a)

unequivocally [ʌnɪ'kwɪvəklɪ] adv *Formal* inequívocamente, de modo inequívoco

unerring [ʌn'ɜːrɪŋ] adj infalible

UNESCO [juː'neskəʊ] n (abbr ***United Nations Educational, Scientific and Cultural Organization***) UNESCO *f*

unethical [ʌn'eθɪkəl] adj poco ético(a)

uneven [ʌn'iːvən] adj [surface, road, breathing] irregular / [performance] desigual

unevenly [ʌn'iːvənlɪ] adv [divided, spread] de forma desigual ▸ **to be ~ matched** no estar de igual a igual, tener niveles muy distintos

uneventful [ʌnɪ'ventfʊl] adj sin incidentes

unexceptionable [ʌnɪk'sepʃənəbəl] adj irreprochable

unexceptional [ʌnɪk'sepʃənəl] adj mediocre ▸ **to be ~** no tener nada de especial

unexciting [ʌnɪk'saɪtɪŋ] adj anodino(a), insulso(a)

unexpected [ʌnɪks'pektɪd] adj inesperado(a)

unexplained [ʌnɪks'pleɪnd] adj inexplicado(a)

unexplored [ʌnɪks'plɔːd] adj inexplorado(a)

unfailing [ʌn'feɪlɪŋ] adj [hope, courage] firme, inconmovible / [punctuality] infalible / [patience, good humour] inagotable

unfailingly [ʌn'feɪlɪŋlɪ] adv indefectiblemente

unfair [ʌn'feə(r)] adj injusto(a) ▸ **to be ~ to sb** ser injusto(a) con alguien ▸ COM **~ competition** competencia *f* desleal

unfairly [ʌn'feəlɪ] adv injustamente

unfairness [ʌn'feənɪs] n injusticia *f*

unfaithful [ʌn'feɪθfʊl] adj **to be ~ (to sb)** ser infiel (a alguien)

unfamiliar [ʌnfə'mɪlɪə(r)] adj extraño(a), desconocido(a) ▸ **to be ~ with sth** no estar familiarizado(a) con algo ▸ **I'm ~ with that name** desconozco ese nombre

unfashionable [ʌn'fæʃənəbəl] adj **to be ~** no estar de moda ▸ **to become ~** pasar de moda

unfasten [ʌn'fɑːsən] vt [knot] desatar, deshacer / [door] abrir ▸ **to ~ one's belt** desabrocharse el cinturón

unfathomable [ʌn'fæðəməbəl] adj insondable

unfavourable, *US* ***unfavorable*** [ʌn'feɪvərəbəl] adj desfavorable

unfavourably, *US* ***unfavorably*** [ʌn'feɪvərəblɪ] adv desfavorablemente

unfeeling [ʌn'fiːlɪŋ] adj insensible

unfinished [ʌn'fɪnɪʃt] adj inacabado(a) ▸ **to leave**

sth ~ dejar algo sin terminar ▸ ~ **business** asuntos *mpl* pendientes

unfit [ʌn'fɪt] adj **1.** [unsuitable] inadecuado(a), inapropiado(a) ▸ **to be ~ for sth** no ser apto(a) para algo **2.** [in poor physical condition] bajo(a) de forma / [injured] lesionado(a)

unflagging [ʌn'flægɪŋ] adj infatigable

unflappable [ʌn'flæpəbəl] adj impasible, imperturbable

unflattering [ʌn'flætərɪŋ] adj poco favorecedor(ora)

unflinching [ʌn'flɪnʃɪŋ] adj [resolve, courage] a toda prueba / [loyalty, support] inquebrantable

unfold [ʌn'fəʊld] ■ vt **1.** [newspaper, map] desdoblar **2.** [story, proposal] revelar
■ vi [story, events] desarrollarse

unforced [ʌn'fɔːst] adj [natural] espontáneo(a) ▸ ~ **error** error *m* no forzado

unforeseeable [ʌnfə'siːəbəl] adj imprevisible

unforeseen [ʌnfɔː'siːn] adj imprevisto(a)

unforgettable [ʌnfə'getəbəl] adj inolvidable

unforgivable [ʌnfə'gɪvəbəl] adj imperdonable

unforgivably [ʌnfə'gɪvəblɪ] adv imperdonablemente

unforgiving [ʌnfə'gɪvɪŋ] adj implacable

unforthcoming [ʌnfɔːθ'kʌmɪŋ] adj reservado(a)

unfortunate [ʌn'fɔːtjənɪt] adj [person, choice, remark, mistake] desafortunado(a) / [accident, event] desgraciado(a)

unfortunately [ʌnfɔːtjənɪtlɪ] adv desgraciadamente

unfounded [ʌn'faʊndɪd] adj infundado(a)

unfriendly [ʌn'frendlɪ] adj [person] arisco(a), antipático(a) / [reception] hostil

unfulfilled [ʌnfʊl'fɪld] adj [promise] incumplido(a) / [desire, ambition] insatisfecho(a) / [potential] desaprovechado(a) ▸ **to feel ~** sentirse insatisfecho(a)

unfunny [ʌn'fʌnɪ] adj **to be ~** no tener ninguna gracia

unfurl [ʌn'fɜːl] ■ vt [flag, sails] desplegar
■ vi desplegarse

unfurnished [ʌn'fɜːnɪʃt] adj sin amueblar ▸ ~ **accommodation** vivienda *f* sin amueblar

ungainly [ʌn'geɪnlɪ] adj desgarbado(a), torpe

ungodly [ʌn'gɒdlɪ] adj impío(a), blasfemo(a) ▸ *Fig* **at an ~ hour** a una hora intempestiva

ungovernable [ʌn'gʌvənəbəl] adj [people, country] ingobernable / [feelings] incontrolable

ungracious [ʌn'greɪʃəs] adj descortés

ungrammatical [ʌngrə'mætɪkəl] adj incorrecto(a) (gramaticalmente)

ungrateful [ʌn'greɪtfʊl] adj desagradecido(a)

ungratefully [ʌn'greɪtfʊlɪ] adv con desagradecimiento

ungrudging [ʌn'grʌdʒɪŋ] adj **to be ~ in one's praise/support** no escatimar elogios/apoyo

unguarded [ʌn'gɑːdɪd] adj **1.** [place] desprotegido(a) **2.** [remark] imprudente ▸ **in an ~ moment** en un momento de despiste

unhampered [ʌn'hæmpəd] adj libre (**by** de)

unhappily [ʌn'hæpɪlɪ] adv **1.** [unfortunately] desgraciadamente **2.** [sadly] tristemente

unhappiness [ʌn'hæpɪnɪs] n infelicidad *f*, desdicha *f*

unhappy [ʌn'hæpɪ] adj **1.** [sad] [person, childhood, marriage] infeliz / [day, ending, face] triste ▸ **to be ~** [person] ser infeliz **2.** [worried] **I'm ~ about leaving the child alone** me preocupa dejar al niño solo **3.** [not pleased] **to be ~ with sth** estar descontento(a) *or* no estar contento(a) con algo **4.** [unfortunate] [choice, state of affairs] desgraciado(a), desafortunado(a)

unharmed [ʌn'hɑːmd] adj [person] indemne, ileso(a) / [object] intacto(a)

UNHCR [juːeneɪtʃsiː'ɑː(r)] n (abbr ***United Nations High Commission for Refugees***) ACNUR *m*

unhealthily [ʌn'helθɪlɪ] adv de forma poco saludable

unhealthy [ʌn'helθɪ] adj [ill] enfermizo(a) / [unwholesome] insano(a), malsano(a)

unheard-of [ʌn'hɜːdɒv] adj inaudito(a) ▸ **that was ~ in my youth** eso era impensable cuando yo era joven

unheeded [ʌn'hiːdɪd] adj desoído(a), desatendido(a) ▸ **to go ~** ser ignorado(a), caer en saco roto

unhelpful [ʌn'helpfʊl] adj [person] poco servicial / [criticism, advice] poco constructivo(a)

unhesitating [ʌn'hezɪteɪtɪŋ] adj [support] decidido(a) / [reply] inmediato(a)

unhindered [ʌn'hɪndəd] ■ adj **he was ~ by any doubts** no tuvo ninguna duda
■ adv **to work ~** trabajar sin estorbos

unhinged [ʌn'hɪndʒd] adj [mad] trastornado(a)

unholy [ʌn'həʊlɪ] adj profano(a) / [words] blasfemo(a) / [thoughts] impuro(a) ▸ *Fam* **an ~ mess/noise** un desorden/ruido espantoso ▸ ~ **alliance** alianza *f* contra natura

UNHRC [juːeneɪtʃɑː'siː] n (abbr ***United Nations Human Rights Commission***) UNHRC *f*

unhurt [ʌn'hɜːt] adj ileso(a) ▸ **to be ~** [after accident] salir ileso

unhygienic [ʌnhaɪ'dʒiːnɪk] adj antihigiénico(a)

UNICEF ['juːnɪsef] n (abbr ***United Nations International Children's Emergency Fund***) UNICEF *m or f*

unicorn ['juːnɪkɔːn] n unicornio *m*

unidentified [ʌnaɪ'dentɪfaɪd] adj no identificado(a) ▸ ~ **flying object** objeto *m* volador no identificado

unification [juːnɪfɪ'keɪʃən] n unificación *f*

uniform ['juːnɪfɔːm] ■ n uniforme *m*
■ adj [colour, size] uniforme / [temperature] constante

uniformity [juːnɪ'fɔːmɪtɪ] n uniformidad *f*

uniformly ['juːnɪfɔːmlɪ] adv uniformemente

unify ['juːnɪfaɪ] ■ vt unificar
■ vi unificarse

unilateral [juːnɪ'lætərəl] adj unilateral

unilaterally [juːnɪ'lætərəlɪ] adv unilateralmente

unimaginable [ʌnɪ'mædʒɪnəbəl] adj inimaginable

unimaginative [ʌnɪ'mædʒɪnətɪv] adj **to be ~** [person] tener poca imaginación / [book, meal, choice] ser muy poco original, no tener originalidad

unimpaired [ʌnɪm'peəd] adj indemne ▸ **her faculties remained ~** no había perdido facultades

unimportant [ʌnɪm'pɔːtənt] adj **to be ~** no importar

unimpressed [ʌnɪm'prest] adj **to be ~ by sth** no quedar convencido(a) con algo

uninformed [ʌnɪn'fɔːmd] adj desinformado(a) ▸ **to be ~ about sth** no estar informado(a) de algo

uninhabitable [ʌnɪn'hæbɪtəbəl] adj inhabitable

uninhabited [ʌnɪn'hæbɪtɪd] adj desierto(a)

uninhibited [ʌnɪn'hɪbɪtɪd] adj desinhibido(a)

uninitiated [ʌnɪ'nɪʃɪeɪtɪd] ■ npl **to the ~** para los profanos (en la materia)
■ adj no iniciado(a), profano(a)

uninspiring [ʌnɪn'spaɪərɪŋ] adj anodino(a)

unintelligible [ʌnɪn'telɪdʒɪbəl] adj ininteligible

unintended [ʌnɪn'tendɪd] adj no deseado(a)

unintentional [ʌnɪn'tenʃənəl] adj inintencionado(a) ▸ **it was ~** fue sin querer

uninterested [ʌn'ɪntərestɪd] adj poco interesado(a) ▸ **he was completely ~** no le interesaba en absoluto

uninteresting [ʌn'ɪntərestɪŋ] adj sin interés, anodino(a)

uninterrupted [ʌnɪntə'rʌptɪd] adj constante, ininterrumpido(a)

uninvited [ʌnɪn'vaɪtɪd] ■ adj [comment, advice] no solicitado(a) ▸ **there were a few ~ guests** algunos de los presentes no habían sido invitados
■ adv **to arrive ~** llegar sin haber sido invitado(a)

uninviting [ʌnɪn'vaɪtɪŋ] adj [place] inhóspito(a) / [food] nada apetitoso(a) / [prospect] desagradable

union ['juːnjən] n **1.** [of countries] unión *f* ▸ **Union Jack** bandera *f* del Reino Unido **2.** [marriage] enlace *m* **3.** IND sindicato *m*

unionism ['juːnjənɪzəm] n **1.** [trade unionism] sindicalismo *m* **2.** [in Northern Ireland] unionismo *m*

unionist ['juːnjənɪst] n **1.** [supporter of trade union] sindicalista *mf* **2.** [in Northern Ireland] unionista *mf* *(partidario de que Irlanda del Norte siga formando parte del Reino Unido)*

unionize ['juːnjənaɪz] vt sindicar

unique [juː'niːk] adj único(a) ▸ **to be ~ to** ser exclusivo(a) de ▸ **~ selling point** *or* **proposition** argumento *m* diferenciador

unisex ['juːnɪseks] adj unisex *inv*

UNISON ['juːnɪsən] n = *sindicato británico de funcionarios*

unison ['juːnɪsən] n **in ~** al unísono

unit ['juːnɪt] n [in general] unidad *f* / [in hospital] unidad *f*, servicio *m* / [in army] sección *f*, unidad *f* ▸ **(kitchen) ~** módulo *m* (de cocina) ▸ **~ of measurement** unidad *f* de medida ▸ COM **~ price** precio *m* por unidad ▸ FIN **~ trust** sociedad *f* de inversión mobiliaria

unitary ['juːnɪtərɪ] adj unitario(a)

unite [juː'naɪt] ■ vt unir
■ vi unirse

united [juː'naɪtɪd] adj unido(a) ▸ **the United Arab Emirates** los Emiratos Árabes Unidos ▸ **the United Kingdom (of Great Britain and Northern Ireland)** el Reino Unido (de Gran Bretaña e Irlanda del Norte) ▸ **the United Nations** las Naciones Unidas ▸ **the United States (of America)** los Estados Unidos (de América)

CULTURE / CULTURA

United Kingdom

Así se denomina en contextos oficiales a la entidad política que comprende Inglaterra, Gales, Escocia e Irlanda del Norte, a la que a menudo se hace referencia simplemente con la abreviatura UK. Su nombre completo es "**the United Kingdom** of Great Britain and Northern Ireland".

unity ['juːnɪtɪ] n unidad *f*

univ (abbr ***university***) univ., universidad *f*

universal [juːnɪ'vɜːsəl] adj universal ▸ **~ suffrage** sufragio *m* universal

universally [juːnɪ'vɜːsəlɪ] adv universalmente

universe ['juːnɪvɜːs] n universo *m*

university [juːnɪ'vɜːsɪtɪ] n universidad *f* ▸ **~ professor** *BR* catedrático(a) *m,f* de universidad / *US* profesor(ora) *m,f* de universidad ▸ **~ student** estudiante *mf* universitario(a)

UNIX ['juːnɪks] n COMPTR (abbr ***Uniplexed Information and Computing System***) UNIX *m*

unjust [ʌn'dʒʌst] adj injusto(a)

unjustifiable [ʌndʒʌstɪ'faɪəbəl] adj injustificable

unjustifiably [ʌn'dʒʌstɪfaɪəblɪ] adv injustificablemente, sin justificación

unjustified [ʌn'dʒʌstɪfaɪd] adj injustificado(a)

unjustly [ʌn'dʒʌstlɪ] adv injustamente

unkempt [ʌn'kem(p)t] adj [hair] revuelto(a) / [beard, appearance] descuidado(a)

unkind [ʌn'kaɪnd] adj [unpleasant] antipático(a), desagradable / [uncharitable] cruel ▸ **to be ~ (to sb)** ser antipático(a) *or* desagradable (con alguien)

unkindly [ʌn'kaɪndlɪ] adv [harshly] con dureza, duramente ▸ **to behave ~ towards sb** estar desagradable con alguien

unknowingly [ʌn'nəʊɪŋlɪ] adv inconscientemente, inadvertidamente

unknown [ʌn'nəʊn] ■ n [person] desconocido(a) *m,f* ▸ **the ~** [place, things] lo desconocido
■ adj desconocido(a) ▸ *Fig* **an ~ quantity** una incógnita ▸ **the Unknown Soldier** el soldado desconocido
■ adv **~ to the rest of us** sin que lo supiéramos los demás

unlace [ʌn'leɪs] vt desatar

unladylike [ʌn'leɪdɪlaɪk] adj impropio(a) de una señora

unlawful [ʌn'lɔːfʊl] adj ilegal, ilícito(a)

unlawfully [ʌn'lɔːfʊlɪ] adv ilegalmente, ilícitamente

unleaded [ʌn'ledɪd] ■ n gasolina *f or RP* nafta *f* sin plomo
■ adj **~** *BR* **petrol** *or US* **gasoline** gasolina *f or RP* nafta *f* sin plomo

unleash [ʌn'liːʃ] vt [dogs] soltar / *Fig* [forces, criticism] desencadenar

unleavened [ʌn'levənd] adj **~ bread** pan *m* ázimo

unless [ʌn'les] conj a no ser que, a menos que ▸ **~ I hear to the contrary** en tanto no se me indique lo contrario ▸ **~ I'm mistaken** si no me equivoco

unlike [ʌn'laɪk] prep **to be ~ sb/sth** no parecerse a alguien/algo ▸ **he's not ~ his sister** se parece bastante a su hermana ▸ **~ his father,...** a diferencia de su padre,... ▸ **it's ~ him to do such a thing** no es propio de él hacer algo así

unlikelihood [ʌn'laɪklɪhʊd] n improbabilidad *f*

unlikely [ʌn'laɪklɪ] adj improbable ▸ **it's ~ to happen** no es probable que suceda ▸ **he's ~ to do it** no es probable que lo haga ▸ **in the ~ event of an accident** en el hipotético caso de un accidente

unlimited [ʌn'lɪmɪtɪd] adj ilimitado(a), sin límites ▸ **to be ~** no tener límite ▸ **with ~ mileage** [hired car] sin límite de kilometraje

unlisted [ʌn'lɪstɪd] adj **1.** FIN **~ company** compañía *f* que no cotiza en bolsa ▸ **~ securities** títulos *mpl* no cotizados **2.** *US* [phone number] que no figura en la guía (telefónica)

unlit [ʌn'lɪt] adj [fire, cigarette] sin encender, *AM* sin prender / [place] sin iluminar

unload [ʌn'ləʊd] ■ vt [boat, gun, goods] descargar ▸ *Fig* **he always unloads his problems onto me** siempre me viene con sus problemas

■ vi [lorry, ship] descargar

unlock [ʌn'lɒk] vt [door] abrir / *Fig* [mystery] desvelar

unlovable [ʌn'lʌvəbəl] adj desagradable

unloved [ʌn'lʌvd] adj **to feel ~** no sentirse querido(a)

unlovely [ʌn'lʌvlɪ] adj poco atractivo(a), nada agraciado(a)

unlucky [ʌn'lʌkɪ] adj [person] sin suerte / [coincidence] desafortunado(a) / [day] funesto(a), aciago(a) / [number, colour] que da mala suerte ▸ **to be ~** [have bad luck] tener mala suerte / [bring bad luck] traer *or* dar mala suerte ▸ **I was ~ enough to miss the train** tuve la mala suerte de perder el tren

unmanageable [ʌn'mænɪdʒəbəl] adj [person] rebelde, díscolo(a) / [situation] ingobernable / [hair] rebelde

unmanly [ʌn'mænlɪ] adj [effeminate] poco viril / [cowardly] pusilánime

unmanned [ʌn'mænd] adj [spacecraft] no tripulado(a)

unmarked [ʌn'mɑːkt] adj **1.** [without scratches, cuts] [person] incólume / [object, surface] inmaculado(a) / [police car] camuflado(a) **2.** [uncorrected] sin corregir **3.** *BR* SPORT [player] desmarcado(a)

unmarried [ʌn'mærɪd] adj [person] soltero(a) ▸ **an ~ couple** una pareja no casada, una pareja de hecho

unmask [ʌn'mɑːsk] vt [criminal] desenmascarar / [plot] descubrir

unmentionable [ʌn'menʃənəbəl] adj [subject] vedado(a), innombrable

unmistakable [ʌnmɪs'teɪkəbəl] adj inconfundible

unmistakably [ʌnmɪs'teɪkəblɪ] adv indudablemente, sin lugar a dudas

unmitigated [ʌn'mɪtɪgeɪtɪd] adj [support, disaster] completo(a), absoluto(a)

unmoved [ʌn'muːvd] ■ adj **she was ~ by his appeal** su llamamiento no logró conmoverla

■ adv **to watch/listen ~** observar/escuchar impertérrito(a)

unnamed [ʌn'neɪmd] adj no mencionado(a)

unnatural [ʌn'nætjərəl] adj **1.** [abnormal] anormal, antinatural ▸ **it's ~ to...** no es normal... **2.** [affected] afectado(a)

unnaturally [ʌn'nætjərəlɪ] adv **1.** [abnormally] anormalmente **2.** [affectedly] con poca naturalidad

unnecessarily [ʌnnesɪ'serɪlɪ] adv innecesariamente ▸ **we don't want to worry them ~** no queremos preocuparles sin necesidad

unnecessary [ʌn'nesɪsərɪ] adj innecesario(a)

unnerve [ʌn'nɜːv] vt poner nervioso(a), desconcertar

unnerving [ʌn'nɜːvɪŋ] adj desconcertante

unnoticed [ʌn'nəʊtɪst] ■ adj inadvertido(a)

■ adv **to pass** *or* **go ~** pasar desapercibido(a) *or* inadvertido(a)

UNO [juːen'əʊ] n (abbr ***United Nations Organization***) ONU *f*

unobservant [ʌnəb'zɜːvənt] adj **to be ~** ser poco observador(ora)

unobserved [ʌnəb'zɜːvd] adv **to do sth ~** hacer algo sin ser visto(a)

unobstructed [ʌnəb'strʌktɪd] adj [exit, view] despejado(a)

unobtainable [ʌnəb'teɪnəbəl] adj **to be ~** no poderse obtener, ser inasequible / [on phone] no estar disponible

unobtrusive [ʌnəb'truːsɪv] adj discreto(a)

unoccupied [ʌn'ɒkjʊpaɪd] adj [seat] libre / [house, person] desocupado(a)

unofficial [ʌnə'fɪʃəl] adj extraoficial ▸ **to be ~** no ser oficial ▸ **in an ~ capacity** extraoficialmente, de forma oficiosa ▸ IND **~ strike** huelga *f* no apoyada por los sindicatos

unofficially [ʌnə'fɪʃəlɪ] adv extraoficialmente, de forma no oficial

unopened [ʌn'əʊpənd] adj sin abrir

unopposed [ʌnə'pəʊzd] ■ adj **to be ~** no tener oposición

■ adv **to go ~** no encontrar oposición

unorthodox [ʌn'ɔːθədɒks] adj poco ortodoxo(a)

unpack [ʌn'pæk] ■ vt [suitcase] deshacer, *AM* desempacar / [box, contents] desembalar

■ vi deshacer el equipaje

unpaid [ʌn'peɪd] adj **1.** [work, volunteer] no retribuido(a) **2.** [bill, debt] impagado(a)

unpalatable [ʌn'pælətəbəl] adj [food] intragable / *Fig* [truth] desagradable, crudo(a)

unparalleled [ʌn'pærəleld] adj [growth, decline] sin precedentes / [success] sin igual ▸ **a place of ~ beauty** un lugar de una belleza incomparable

unpardonable [ʌn'pɑːdənəbəl] adj imperdonable

unpatriotic [ʌnpeɪtrɪ'ɒtɪk] adj antipatriótico(a)

unperturbed [ʌnpə'tɜːbd] ■ adj **to be ~ by sth** no ser afectado(a) por algo
■ adv **to remain ~** permanecer impasible

unplanned [ʌn'plænd] adj espontáneo(a) / [result, visit] imprevisto(a) ▸ **an ~ pregnancy** un embarazo no planeado

unpleasant [ʌn'plezənt] adj desagradable

unpleasantly [ʌn'plezəntlɪ] adv desagradablemente

unpleasantness [ʌn'plezəntnɪs] n **the ~ of...** lo desagradable de... ▸ **to cause ~** provocar mal ambiente

unplug [ʌn'plʌg] (pt & pp **unplugged**) vt desenchufar

unplugged [ʌn'plʌgd] adj MUS desenchufado(a), acústico(a)

unpolished [ʌn'pɒlɪʃt] adj [shoes, surface] deslustrado(a) / *Fig* [performance] deslucido(a) / [style] tosco(a)

unpolluted [ʌnpə'luːtɪd] adj no contaminado(a), limpio(a)

unpopular [ʌn'pɒpjʊlə(r)] adj [politician, decision] impopular ▸ **he was ~ with his colleagues** sus compañeros no le tenían mucho aprecio

unpopularity [ʌnpɒpjʊ'lærɪtɪ] n impopularidad *f*

unprecedented [ʌn'presɪdentɪd] adj sin precedente(s)

unpredictable [ʌnprɪ'dɪktəbəl] adj imprevisible, impredecible

unpredictably [ʌnprə'dɪktəblɪ] adv de manera imprevisible *or* impredecible

unprejudiced [ʌn'predʒʊdɪst] adj [view, person] libre de prejuicios ▸ **to be ~** no tener prejuicios

unprepared [ʌnprɪ'peəd] adj [speech] improvisado(a) ▸ **to be ~ for sth** [person] no estar preparado(a) para algo

unprepossessing [ʌnpriːpə'zesɪŋ] adj poco atractivo(a)

unpresentable [ʌnprɪ'zentəbəl] adj impresentable

unpretentious [ʌnprɪ'tenʃəs] adj modesto(a), sencillo(a)

unprincipled [ʌn'prɪnsɪpəld] adj sin principios ▸ **to be ~** no tener principios

unprintable [ʌn'prɪntəbəl] adj [offensive] impublicable

unproductive [ʌnprə'dʌktɪv] adj [land, work] improductivo(a) / [meeting, conversation, effort] infructuoso(a)

unprofessional [ʌnprə'feʃənəl] adj poco profesional

unprofitable [ʌn'prɒfɪtəbəl] adj [company] poco rentable / [meeting] infructuoso(a), poco productivo(a)

unpromising [ʌn'prɒmɪsɪŋ] adj poco prometedor(ora)

unpronounceable [ʌnprə'naʊnsəbəl] adj impronunciable

unprotected [ʌnprə'tektɪd] adj desprotegido(a)

unprovoked [ʌnprə'vəʊkt] adj espontáneo(a), no provocado(a)

unpublished [ʌn'pʌblɪʃt] adj inédito(a)

unpunished [ʌn'pʌnɪʃt] ■ adj impune
■ adv **to go ~** quedar impune

unputdownable [ʌnpʊt'daʊnəbəl] adj *Fam* [book] absorbente, que se lee de una sentada

unqualified [ʌn'kwɒlɪfaɪd] adj **1.** [doctor, teacher] sin titulación ▸ **I'm quite ~ to talk about it** no estoy cualificado para hablar de ello **2.** [support, disaster] completo(a), absoluto(a)

unquestionable [ʌn'kwestjənəbəl] adj indiscutible, indudable

unquestionably [ʌn'kwestjənəblɪ] adv indiscutiblemente, indudablemente

unquestioning [ʌn'kwestjənɪŋ] adj [trust, obedience] ciego(a) / [support] incondicional

unravel [ʌn'rævəl] (pt & pp **unravelled,** *US* **unraveled**) ■ vt [wool] deshacer / *Fig* [plot, mystery] desentrañar
■ vi [wool] deshacerse / *Fig* [plan] desbaratarse / *Fig* [mystery] desentrañarse

unreadable [ʌn'riːdəbəl] adj ilegible

unreal [ʌn'rɪəl] adj irreal

unrealistic [ʌnrɪə'lɪstɪk] adj poco realista

unreasonable [ʌn'riːzənəbəl] adj [person] poco razonable, irrazonable / [demand] absurdo(a), disparatado(a) / [price] exorbitante, desorbitado(a)

unreasonably [ʌn'riːzənəblɪ] adv [to behave] de forma poco razonable / [to demand] de forma absurda ▸ **not ~** no sin razón

unrecognizable [ʌnrekəg'naɪzəbl] adj irreconocible

unrecognized [ʌn'rekəgnaɪzd] ■ adj [talent, government] no reconocido(a)
■ adv **to go ~** [talent, famous person] pasar desapercibido(a)

unrecorded [ʌnrɪ'kɔːdɪd] adj no registrado(a)

unrefined [ʌnrɪ'faɪnd] adj **1.** [sugar, petrol] sin refinar **2.** [person, taste] poco refinado(a)

unregistered [ʌn'redʒɪstəd] adj [worker, immigrant] sin papeles / [voter] no inscrito(a)

unrelated [ʌnrɪ'leɪtɪd] adj **1.** [events] inconexo(a) **2.** [people] no emparentado(a)

unrelenting [ʌnrɪ'lentɪŋ] adj implacable

unreliability ['ʌnrɪlaɪə'bɪlətɪ] n [of method, machine, statistics] falta *f* de fiabilidad / [of person] informalidad *f*

unreliable [ʌnrɪ'laɪəbəl] adj [method, machine] poco fiable / [statistics] poco fidedigno(a), poco fiable / [person] informal

unrelieved [ʌnrɪ'liːvd] adj [boredom, ugliness] absoluto / [pain] sin alivio

unremarkable [ʌnrɪ'mɑːkəbəl] adj corriente

unremitting [ʌnrɪ'mɪtɪŋ] adj incesante, continuo(a)

unrepentant [ʌnrɪ'pentənt] adj impenitente ▸ **to be ~ about** no arrepentirse de

unreported [ʌnrɪ'pɔːtɪd] ■ adj **an ~ incident/problem** un incidente/problema del que no se ha informado *or* *CAM, MÉX* reportado
■ adv **many crimes go ~** muchos delitos no se denuncian *or* *CAM, MÉX* reportan

unrepresentative [ʌnreprɪ'zentətɪv] adj no representativo(a)

unrepresented [ʌnreprɪ'zentɪd] adj no representado(a), sin representación

unrequited love ['ʌnrɪkwaɪtɪd'lʌv] n amor *m* no correspondido

unreserved [ʌnrɪ'zɜːvd] adj **1.** [praise, support] sin reservas **2.** [seat, table] libre, no reservado(a)

unreservedly [ʌnrɪ'zɜːvɪdlɪ] adv [to praise, support] sin reservas / [to apologize] profusamente

unresponsive [ʌnrɪ'spɒnsɪv] adj indiferente (**to** ante) ▸ **the patient was ~ to the treatment** el paciente no respondió al tratamiento

unrest [ʌn'rest] n [unease] malestar *m* / [disturbances] desórdenes *mpl*, disturbios *mpl* / [in labour relations] conflictividad *f*

unrestricted [ʌnrɪ'strɪktɪd] adj ilimitado(a), absoluto(a)

unrewarding [ʌnrɪ'wɔːdɪŋ] adj [financially] poco rentable / [intellectually] ingrato(a), poco gratificante

unripe [ʌn'raɪp] adj verde ▸ **to be ~** estar verde

unrivalled [ʌn'raɪvəld] adj [person, brilliance, beauty] incomparable ▸ **to be ~** ser inigualable

unroll [ʌn'rəʊl] vt desenrollar

unromantic [ʌnrə'mæntɪk] adj poco romántico(a)

unruffled [ʌn'rʌfəld] adj sereno(a), imperturbable

unruly [ʌn'ruːlɪ] adj [hair] rebelde / [children, mob, behaviour] revoltoso(a)

unsaddle [ʌn'sædəl] vt [horse] desensillar

unsafe [ʌn'seɪf] adj **1.** [dangerous] peligroso(a) **2.** [at risk] inseguro(a), en peligro

unsaid [ʌn'sed] adj **to leave sth ~** no decir algo ▸ **it's better left ~** mejor no decirlo

unsalted [ʌn'sɔːltɪd] adj sin sal

unsatisfactory [ʌnsætɪs'fæktərɪ] adj insatisfactorio(a)

unsatisfied [ʌn'sætɪsfaɪd] adj insatisfecho(a)

unsatisfying [ʌn'sætɪsfaɪɪŋ] adj [explanation] insatisfactorio(a) / [ending, meal] decepcionante / [experience] poco gratificante

unsavoury, *US* ***unsavory*** [ʌn'seɪvərɪ] adj [person, reputation] indeseable

unscathed [ʌn'skeɪðd] adj ileso(a)

unscheduled [ʌn'skedjuːld, *BR* ʌn'ʃedjuːld] adj no programado(a), imprevisto(a)

unscientific [ʌnsaɪən'tɪfɪk] adj poco científico(a)

unscramble [ʌn'skræmbəl] vt descifrar

unscrew [ʌn'skruː] ■ vt desatornillar
■ vi desatornillarse

unscrupulous [ʌn'skruːpjʊləs] adj poco escrupuloso(a)

unscrupulously [ʌn'skruːpjʊləslɪ] adv sin escrúpulos

unseat [ʌn'siːt] vt *also Fig* derribar

unseemly [ʌn'siːmlɪ] adj indigno(a)

unseen [ʌn'siːn] adj invisible ▸ **~ by the guards** sin ser visto por los guardias ▸ *BR* SCH **~ translation** traducción *f* directa sin preparación

unselfconscious [ʌnself'kɒnʃəs] adj natural

unselfish [ʌn'selfɪʃ] adj desinteresado(a), generoso(a)

unsentimental [ʌnsentɪ'mentəl] adj desapasionado(a)

unsettle [ʌn'setəl] vt [make nervous] desasosegar, intranquilizar

unsettled [ʌn'setəld] adj **1.** [restless] inquieto(a) **2.** [unresolved] sin resolver **3.** [unpaid] sin pagar

unshakeable [ʌn'ʃeɪkəbəl] adj [belief, determination] inquebrantable

unsightly [ʌn'saɪtlɪ] adj feo(a), horrible

unsigned [ʌn'saɪnd] adj [contract] sin firmar / [band] sin contrato

unskilful, *US* ***unskillful*** [ʌn'skɪlfʊl] adj torpe, desmañado(a)

unskilled [ʌn'skɪld] adj [worker] no cualificado(a) ▸ **he is ~ at such work** se le da mal ese tipo de trabajos

unskillful *US* = ***unskilful***

unsociable [ʌn'səʊʃəbəl] adj insociable

unsold [ʌn'səʊld] adj sin vender

unsolicited [ʌnsə'lɪsɪtɪd] adj no solicitado(a) ▸ **the advice was ~** nadie había pedido ese consejo

unsolved [ʌn'sɒlvd] adj sin resolver

unsophisticated [ʌnsə'fɪstɪkeɪtɪd] adj sencillo(a), simple

unsound [ʌn'saʊnd] adj **1.** [health] frágil ▸ LAW **to be of ~ mind** no estar en plena posesión de las facultades mentales **2.** [decision, advice] desacertado(a) / FIN [investment] poco seguro(a)

unsparing [ʌn'speərɪŋ] adj **to be ~ of one's time/in one's efforts** no escatimar tiempo/esfuerzo

unspeakable [ʌn'spiːkəbəl] adj [conditions, squalor] inefable / [pain] indecible

unspecified [ʌn'spesɪfaɪd] adj sin especificar

unspoilt [ʌn'spɔɪlt] adj intacto(a)

unspoken [ʌn'spəʊkən] adj [fear] oculto(a), no expresado(a) / [threat] velado(a) / [agreement] tácito(a)

unsporting [ʌn'spɔːtɪŋ], ***unsportsmanlike*** [ʌn'spɔːtsmənlaɪk] adj antideportivo(a)

unstable [ʌn'steɪbəl] adj [structure, government] inestable

unsteadily [ʌn'stedɪlɪ] adv [to move, walk] con paso inseguro / [to speak] con voz temblorosa

unsteady [ʌn'stedɪ] adj [table, chair] inestable, inseguro(a) / [hand, voice] tembloroso(a) ▸ **he was ~ on his feet** se tambaleaba

unstinting [ʌn'stɪntɪŋ] adj [praise, effort] generoso(a), pródigo(a) ▸ **to be ~ in one's praise (of sb/sth)** no escatimar elogios (a alguien/algo)

unstressed [ʌn'strest] adj LING no acentuado(a), sin acento

unsubstantiated [ʌnsəb'stænʃɪeɪtɪd] adj [accusation, rumour] no probado(a)

unsuccessful [ʌnsək'sesfʊl] adj [person] fracasado(a) / [attempt, project] fallido(a) ▸ **to be ~** [person, project] no tener éxito

unsuccessfully [ʌnsək'sesfəlɪ] adv sin éxito

unsuitable [ʌn's(j)uːtəbəl] adj [arrangement, behaviour, climate] inadecuado(a), inapropiado(a) (**for** para) / [time] inoportuno(a) (**for** para) ▸ **he's ~ for the job** no es la persona adecuada *or* apropiada para el trabajo ▸ **this movie is ~ for children** esta película no es apta para menores

unsuitably [ʌn'sju:təblɪ] adv inadecuadamente

unsuited [ʌn'su:tɪd] adj **to be ~ to sth** ser poco indicado(a) para algo

unsupported [ʌnsə'pɔ:tɪd] adj **1.** [statement, charges] infundado(a) **2.** [structure] **to be ~** no tener apoyo

unsure [ʌn'ʃʊə(r)] adj inseguro(a) ▸ **to be ~ of** *or* **about sth** tener dudas acerca de algo

unsurpassed [ʌnsə'pɑ:st] adj sin igual, insuperable ▸ **to be ~** ser insuperable

unsurprisingly [ʌnsə'praɪzɪŋlɪ] adv **~, this suggestion was rejected** lógicamente *or* como era de esperar, la sugerencia fue rechazada

unsuspected [ʌnsəs'pektɪd] adj insospechado(a) ▸ **her treason was ~ by her superiors** sus superiores nunca sospecharon de su traición

unsuspecting [ʌnsəs'pektɪŋ] adj confiado(a)

unsweetened [ʌn'swi:tnd] adj [without sugar] sin azúcar / [without sweeteners] sin edulcorantes

unswerving [ʌn'swɜ:vɪŋ] adj inquebrantable

unsympathetic [ʌnsɪmpə'θetɪk] adj poco comprensivo(a) (**to** con) ▸ **they are ~ to such requests** suelen rechazar ese tipo de peticiones

unsympathetically [ʌnsɪmpə'θetɪklɪ] adv [to speak, behave, react] de forma poco comprensiva

unsystematic [ʌnsɪstə'mætɪk] adj poco sistemático(a)

untainted [ʌn'teɪntɪd] adj impoluto(a) ▸ **~ by corruption** sin mancha de corrupción

untalented [ʌn'tæləntɪd] adj sin talento

untamed [ʌn'teɪmd] adj [animal] salvaje

untangle [ʌn'tæŋgəl] vt desenredar, desenmarañar

untapped [ʌn'tæpt] adj sin explotar

untenable [ʌn'tenəbəl] adj insostenible

untested [ʌn'testɪd] adj **to be ~** no haber sido puesto(a) a prueba

unthinkable [ʌn'θɪŋkəbəl] adj impensable

unthought-of [ʌn'θɔ:tɒv] adj **an ~ possibility** una posibilidad en la que no se había pensado

untidiness [ʌn'taɪdɪnɪs] n desorden *m*

untidy [ʌn'taɪdɪ] adj [person, place] desordenado(a) ▸ **to be ~** [place] estar desordenado(a)

untie [ʌn'taɪ] vt desatar ▸ **to ~ a knot** desatar *or* deshacer un nudo

until [ʌn'tɪl] ■ prep hasta ▸ **~ ten o'clock** hasta las diez ▸ **~ now** hasta ahora ▸ **not ~ tomorrow** hasta mañana, no

■ conj hasta que ▸ **~ she gets back** hasta que vuelva ▸ **we waited ~ the rain stopped** esperamos a que escampara ▸ **he won't come ~ he's invited** no vendrá mientras no lo invitemos

untimely [ʌn'taɪmlɪ] adj inoportuno(a) / [death] prematuro(a)

untiring [ʌn'taɪərɪŋ] adj incansable

untitled ['ʌn'taɪtəld] adj [painting] sin título

untold [ʌn'təʊld] adj [wealth, beauty] inconmensurable

untouchable [ʌn'tʌtʃəbəl] n & adj intocable *mf*

untouched [ʌn'tʌtʃt] adj intacto(a) ▸ **~ by human hand** no tocado(a) por la mano del hombre ▸ **he left the meal ~** dejó la comida intacta

untoward [ʌntə'wɔ:d] adj [unlucky] desafortunado(a) / [unusual] inusual, fuera de lo común

untrained [ʌn'treɪnd] adj [person] sin preparación / [animal] sin adiestrar

untranslatable [ʌntræns'leɪtəbəl] adj intraducible

untried [ʌn'traɪd] adj **1. to be ~** [system, person] no haber sido puesto(a) a prueba **2.** LAW [person, case] pendiente de juicio

untroubled [ʌn'trʌbəld] adj tranquilo(a), despreocupado(a) ▸ **to be ~ (by)** no estar afectado(a) (por)

untrue [ʌn'tru:] adj **1.** [false] falso(a) **2.** [unfaithful] desleal (**to** a)

untrustworthy [ʌn'trʌstwɜ:ðɪ] adj [person] indigno(a) de confianza / [information] poco fiable

untruth [ʌn'tru:θ] n falsedad *f*

untruthful [ʌn'tru:θfʊl] adj [person] embustero(a), mentiroso(a) / [story, reply] falso(a)

unusable [ʌn'ju:zəbəl] adj inutilizable, inservible

unused [ʌn'ju:zd] adj **1.** [not in use] sin usar **2.** [never yet used] sin estrenar **3.** [ʌn'ju:st] **to be ~ to sth** no estar acostumbrado(a) a algo

unusual [ʌn'ju:ʒʊəl] adj [not common] inusual / [strange] extraño ▸ **it's not ~ for him to take two hours for lunch** no es nada raro que tarde dos horas en almorzar ▸ **it's ~ of her not to notice** es raro que no se dé cuenta

unusually [ʌn'ju:ʒʊəlɪ] adv [abnormally] insólitamente / [very] extraordinariamente

unvaried [ʌn'veərɪd] adj monótono(a), uniforme

unvarnished [ʌn'vɑ:nɪʃt] adj sin barnizar ▸ *Fig* **the ~ truth** la verdad desnuda

unveil [ʌn'veɪl] vt [statue, plaque] descubrir / *Fig* [product, plan] revelar, desvelar

unverifiable [ʌn'verɪfaɪəbəl] adj inverificable

unvoiced [ʌn'vɔɪst] adj **1.** LING sordo(a) **2.** [unspoken] no expresado(a) ▸ **an ~ fear** un temor oculto

unwaged [ʌnweɪdʒd] *BR* ■ npl **the ~** los desempleados, *AM* los desocupados

■ adj [not earning money] desempleado(a), *AM* desocupado(a)

unwanted [ʌn'wɒntɪd] adj [attentions, responsibility, baby] no deseado(a) / [clothes, trinkets] desechado(a)

unwarranted [ʌn'wɒrəntɪd] adj injustificado(a)

unwary [ʌn'weərɪ] adj incauto(a)

unwavering [ʌn'weɪvərɪŋ] adj [loyalty, support] inquebrantable / [gaze] fijo(a) / [concentration] intenso(a)

unwelcome [ʌn'welkəm] adj [visit, visitor] inoportuno(a) / [news] desagradable ▸ **to make sb feel ~** hacer que alguien se sienta incómodo

unwell [ʌn'wel] adj indispuesto(a), enfermo(a) ▸ **to be ~** estar indispuesto(a) *or* enfermo(a)

unwholesome [ʌn'həʊlsəm] adj [food, climate] insalubre

unwieldy [ʌn'wi:ldɪ] adj [tool] poco manejable / [object] aparatoso(a) / *Fig* [system] aparatoso(a)

unwilling [ʌn'wɪlɪŋ] adj reacio(a) ▸ **to be ~ to do sth** ser reacio(a) a hacer algo

unwillingly [ʌn'wɪlɪŋlɪ] adv de mala gana

unwillingness [ʌn'wɪlɪŋnɪs] n mala gana *f*

unwind [ʌn'waɪnd] (pt & pp **unwound** [ʌn'waʊnd]) ■ vt desenrollar

■ vi **1.** [string, wool] desenrollarse **2.** *Fam* [relax] relajarse, desconectar

unwise [ʌn'waɪz] adj imprudente

unwisely [ʌn'waɪzlɪ] adv imprudentemente, con mal criterio

unwitting [ʌn'wɪtɪŋ] adj involuntario(a)

unworkable [ʌn'wɜ:kəbəl] adj impracticable

unworthy [ʌn'wɜ:ðɪ] adj indigno(a) (**of** de)

unwound [ʌn'waʊnd] pt *of* ***unwind***

unwrap [ʌn'ræp] (pt & pp **unwrapped**) vt desenvolver

unwritten [ʌn'rɪtən] adj [language, law] no escrito(a) / [agreement] tácito(a), verbal

unyielding [ʌn'ji:ldɪŋ] adj inflexible

unzip [ʌnzɪp] (pt & pp **unzipped**) vt abrir la cremallera *or AM* el cierre de / COMPTR [file] descomprimir ▸ **to ~ one's trousers** bajarse la cremallera *or AM* el cierre de los pantalones

up [ʌp] ■ adv **1.** [with motion] hacia arriba ▸ **to come/go up** subir ▸ **to put one's hand up** levantar la mano ▸ **to go up north** ir hacia el norte ▸ **to go up to sb** acercarse a alguien ▸ **to put a poster up** pegar un cartel ▸ *BR* **up the Rovers!** ¡ánimo Rovers!, *ESP* ¡aúpa Rovers!, *AM* ¡dale Rovers! **2.** [with position] arriba ▸ **up here/there** aquí/allí arriba ▸ **up above** arriba ▸ **further up** más arriba ▸ **the sun was up** ya había salido el sol ▸ **prices are up** los precios han subido **3.** [ahead] **to be one goal/five points up** ir ganando por *or* de un gol/cinco puntos

■ prep **1.** [with motion] **to go up the stairs** subir las escaleras ▸ **to walk up the street** caminar *or ESP* andar por la calle ▸ **to climb up a hill** subir *or* escalar una colina ▸ *Vulg* **up yours!** ¡vete a la mierda! **2.** [with position] **up a tree/ladder** en lo alto de un árbol/una escalera ▸ **she lives up the street from me** vive en mi misma calle ▸ **to be up against sth** [confronted with] enfrentarse a algo

■ adj **1.** [out of bed] **he isn't up** no está levantado ▸ **I was up all night** pasé toda la noche levantado ▸ **to be up and about** [in morning] estar levantado(a) / [after illness] estar recuperado(a) **2.** *Fam* [wrong] **what's up?** ¿qué pasa? ▸ **what's up with you/him?** ¿qué te/le pasa? ▸ **something's up** algo pasa *or* ocurre **3.** [finished] **your time's up** se te ha terminado el tiempo ▸ **the two weeks were nearly up** ya casi habían transcurrido las dos semanas **4.** [idioms] **to be up and running** [machine, project] estar en marcha

■ n *Fam* **life's ups and downs** los altibajos de la vida

■ vt (pt & pp **upped**) *Fam* [price] subir

■ vi *Fam* **to up and leave** *or* **go** *ESP* coger y marcharse, *AM* agarrar e irse

◆ ***up to*** prep **1.** [until, as far as] hasta ▸ **up to now** hasta ahora ▸ **up to £100 a week** hasta 100 libras semanales ▸ **up to the age of seven** hasta los siete años **2.** [equal to] **he's not up to the job** no está a la altura del puesto ▸ **I don't feel up to it** no me siento en condiciones de hacerlo ▸ *Fam* **it's not up to much** [not very good] no es gran cosa **3.** [doing] **what have you been up to?** ¿qué has estado haciendo? ▸ **I'm sure he's up to something!** ¡estoy seguro de que prepara algo! ▸ **what are the children up to?** ¿qué están tramando los niños? **4.** [indicating responsibility, decision] **it's up to you to do it** te corresponde a ti hacerlo ▸ **it's up to you whether you tell her** depende de ti si se lo dices o no

up-and-coming ['ʌpənd'kʌmɪŋ] adj prometedor(ora)

upbeat [ʌp'bi:t] adj [optimistic] optimista

upbraid [ʌp'breɪd] vt recriminar ▸ **to ~ sb for sth** recriminar algo a alguien

upbringing ['ʌpbrɪŋɪŋ] n crianza *f*, educación *f*

update ■ n ['ʌpdeɪt] actualización *f*

■ vt [ʌp'deɪt] actualizar ▸ **to ~ sb on sth** poner a alguien al corriente de algo

upend [ʌp'end] vt [turn upside down] poner boca abajo / [knock over] derribar

up-front [ʌp'frʌnt] ■ adj *Fam* [frank] claro(a), franco(a)

■ adv [to pay] por adelantado

upgradable [ʌp'greɪdəbəl] adj COMPTR [hardware, system] actualizable / [memory] ampliable

upgrade ■ n ['ʌpgreɪd] COMPTR actualización *f*

■ vt [ʌp'greɪd] [improve] modernizar / [promote] ascender

upheaval [ʌp'hi:vəl] n trastorno *m*, conmoción *f* ▸ **political ~** conmoción política ▸ **emotional ~** trastornos *mpl* emocionales

upheld [ʌp'held] pt & pp *of* ***uphold***

uphill ['ʌphɪl] ■ adj [road] cuesta arriba / *Fig* [struggle] duro(a), arduo(a)

■ adv cuesta arriba

uphold [ʌp'həʊld] (pt & pp **upheld** [ʌp'held]) vt [opinion, principle] defender / [decision] apoyar, corroborar ▸ **to ~ the law** hacer respetar la ley

upholstered [ʌp'həʊlstəd] adj tapizado(a)

upholstery [ʌp'həʊlstərɪ] n tapicería *f*

upkeep ['ʌpki:p] n mantenimiento *m*

uplift ■ n ['ʌplɪft] subida *f* de ánimo ▸ **to give sth/sb an ~** animar algo/a alguien

■ [ʌp'lɪft] vt [emotionally] animar, levantar el espíritu a

uplifting [ʌp'lɪftɪŋ] adj estimulante

upload ['ʌpləʊd] vt COMPTR cargar, subir

up-market ['ʌpmɑ:kɪt] adj de categoría

upon [ə'pɒn] prep en, sobre ▸ **~ realizing what had happened...** al darse cuenta de lo ocurrido... ▸ *Old-fashioned* **~ my word!** ¡caramba!

upper ['ʌpə(r)] ■ n [of shoe] empeine *m* ▸ *BR Fam* **to be on one's uppers** estar sin un centavo *or ESP* duro
■ adj superior ▸ TYP **~ case** mayúsculas *fpl* ▸ **~ class** clase *f* alta ▸ **to gain the ~ hand** tomar la delantera ▸ **the Upper House** la cámara alta ▸ **~ limit** límite *m* superior, tope *m* ▸ EDUC **~ sixth** = *el segundo de los dos últimos cursos del bachillerato en Inglaterra, Gales e Irlanda del Norte*

upper-class ['ʌpə'klɑːs] adj de clase alta

upper-crust [ʌpə'krʌst] adj *Fam* [person, accent] de clase alta

uppermost ['ʌpəməʊst] adj [in position] superior ▸ *Fig* **it was ~ in my mind** era una cuestión prioritaria para mí

uppity ['ʌpɪtɪ] adj *Fam* creído(a), engreído(a) ▸ **to get ~** darse aires

upright ['ʌpraɪt] ■ n [beam] poste *m*, montante *m*
■ adj **1.** [vertical] vertical, derecho(a) ▸ **~ piano** piano *m* vertical **2.** [honest] honrado(a)
■ adv **to put/place sth ~** poner/colocar algo derecho

uprising [ʌp'raɪzɪŋ] n levantamiento *m*

uproar ['ʌprɔː(r)] n [noise] alboroto *m* / [protest] escándalo *m*, polémica *f* ▸ **the meeting was in an ~** se armó un gran alboroto en la reunión

uproarious [ʌp'rɔːrɪəs] adj [noisy] escandaloso(a) / [funny] divertidísimo(a)

uproot [ʌp'ruːt] vt desarraigar

upscale ['ʌpskeɪl] adj *US* [neighbourhood, restaurant] elegante

upset ■ n ['ʌpset] [disturbance] trastorno *m* / [surprise] resultado *m* inesperado ▸ **to have a stomach ~** tener el estómago mal
■ vt [ʌp'set] (pt & pp **upset**) **1.** [liquid, container] tirar, volcar **2.** [person] disgustar / [plans, schedule] trastornar, alterar ▸ **the least thing upsets him** se disgusta por cualquier cosa
■ adj [ʌp'set] [unhappy] disgustado(a) ▸ **to be ~ about sth** estar disgustado por algo ▸ **to have an ~ stomach** tener el estómago mal

upsetting [ʌp'setɪŋ] adj desagradable

upshot ['ʌpʃɒt] n resultado *m*

upside down ['ʌpsaɪd'daʊn] ■ adj al *or* del revés
■ adv **to hang ~** [person, animal] colgar cabeza abajo ▸ **to turn sth ~** poner algo del revés / *Fig* poner algo patas arriba

upstage [ʌp'steɪdʒ] ■ adv THEAT [move] hacia el fondo de la escena ▸ **to be** *or* **stand ~ of sb** estar en segundo plano respecto a alguien
■ vt THEAT & *Fig* dejar en segundo plano

upstairs [ʌp'steəz] ■ n **the ~** el piso de arriba
■ adv arriba ▸ **I ran ~** subí (al piso de) arriba corriendo
■ adj **~ neighbours** vecinos *mpl* de arriba

upstanding [ʌp'stændɪŋ] adj [honest] honrado(a), recto(a)

upstart ['ʌpstɑːt] n advenedizo(a) *m,f*

upstream ['ʌpstriːm] adv río arriba

upsurge ['ʌpsɜːdʒ] n aumento *m*, incremento *m*

upswing ['ʌpswɪŋ] n [improvement] mejora *f*, alza *f*

uptake ['ʌpteɪk] n *Fam* **to be quick/slow on the ~** ser/no ser muy espabilado(a)

uptight [ʌp'taɪt] adj *Fam* [nervous] tenso(a) / [strait-laced] estrecho(a)

up-to-date [ʌptə'deɪt] adj [news, information] reciente, actual / [method, approach] moderno(a) ▸ **to bring sb ~ (on sth)** poner a alguien al día (sobre algo)

upturn ['ʌptɜːn] n mejora *f* (**in** de)

upturned ['ʌptɜːnd] adj [bucket, box] [face down] boca abajo / [on its side] volcado(a) / [nose] respingón(ona)

upward ['ʌpwəd] ■ adj hacia arriba ▸ **~ mobility** ascenso *m* en la escala social
■ adv ➤ ***upwards***

upward-compatible ['ʌpwədkəm'pætɪbəl] adj COMPTR compatible con versiones posteriores

upwardly mobile ['ʌpwədlɪ'məʊbaɪl] adj = *que va ascendiendo en la escala social*

upwards ['ʌpwədz] adv hacia arriba ▸ **to look ~** mirar hacia arriba ▸ **from £100 ~** a partir de 100 libras ▸ **~ of** por encima de

Urals ['jʊərəlz] npl **the ~** los Urales

uranium [jʊ'reɪnɪəm] n CHEM uranio *m*

Uranus [jʊ'reɪnəs, 'jʊrənəs] n [planet] Urano

urban ['ɜːbən] adj urbano(a) ▸ **~ legend** *or* **myth** leyenda *f* popular ▸ **~ renewal** remodelación *f* urbana ▸ **~ sprawl** aglomeración *f* urbana

urbane [ɜː'beɪn] adj cortés, comedido(a)

urbanization [ɜːbənaɪ'zeɪʃən] n [process] urbanización *f*

urchin ['ɜːtʃɪn] n [child] pilluelo(a) *m,f*, golfillo(a) *m,f*

urethra [jʊ'riːθrə] n ANAT uretra *f*

urge [ɜːdʒ] ■ n impulso *m*, deseo *m* irresistible ▸ **to have** *or* **feel an ~ to do sth** sentir la necesidad de hacer algo ▸ **sexual urges** impulsos *mpl* sexuales
■ vt **1.** [encourage] **to ~ sb to do sth** instar a alguien a hacer algo **2.** [recommend] rogar, pedir encarecidamente **3.** [goad, incite] **he urged his men into battle** incitó a sus hombres a entrar en batalla ▸ **to ~ a horse forward** espolear a un caballo

◆ ***urge on*** vt sep alentar, animar ▸ **to ~ sb on to do sth** animar a alguien a hacer algo

urgency ['ɜːdʒənsɪ] n urgencia *f* ▸ **it's a matter of ~** es muy urgente

urgent ['ɜːdʒənt] adj urgente ▸ **to be in ~ need of sth** necesitar algo urgentemente ▸ **this is ~** es urgente

urgently ['ɜːdʒəntlɪ] adv urgentemente

urinal [jə'raɪnəl] n urinario *m*

urinary ['jʊərɪnərɪ] adj ANAT urinario(a)

urinate ['jʊərɪneɪt] vi orinar

urine ['jʊərɪn] n orina *f*

urn [ɜːn] n urna *f* ▸ **(tea) ~** = *recipiente grande de metal con un grifo para el té*

urology [jʊ'rɒlədʒɪ] n MED urología *f*

Uruguay ['jʊərəgwaɪ] n Uruguay

Uruguayan [jʊərə'gwaɪən] n & adj uruguayo(a) *m,f*

US [juː'es] ■ n (abbr ***United States***) EE.UU. *mpl*
■ adj estadounidense

us [stressed ʌs, unstressed əs] pron **1.** [object] nos ▸ **she forgave our son but not** US perdonó a nuestro hijo, pero no a nosotros ▸ **she gave us the book** nos dio el libro ▸ **she gave it to us** nos lo dio **2.** [after preposition] nosotros **3.** [as complement of verb **to be**] nosotros ▸ **it's us!** ¡somos nosotros!

USA [juːes'eɪ] n **1.** (abbr ***United States of America***) EE.UU. *mpl* **2.** *US* (abbr ***United States Army***) ejército *m* de los Estados Unidos

usable ['juːzəbəl] adj utilizable ▸ **it's no longer ~** ya no sirve

USAF [juːeseɪ'ef] n (abbr ***United States Air Force***) fuerzas *fpl* aéreas de los Estados Unidos

usage ['juːsɪdʒ] n **1.** [use] & GRAM uso *m* **2.** [custom] uso *m*, costumbre *f*

USB [juːes'biː] n COMPTR (abbr ***Universal Serial Bus***) USB *m*

use ■ n [juːs] **1.** [utilization] uso *m*, utilización *f* ▸ **to make (good) ~ of sth** hacer (buen) uso de algo ▸ **to be in ~** estar en uso, usarse ▸ **not to be in ~, to be out of ~** [method, site] estar en desuso ▸ **out of ~** [sign] no funciona ▸ **directions** *or* **instructions for ~** instrucciones *fpl* de uso **2.** [ability, permission to use] **she has full ~ of her faculties** está en plena posesión de sus facultades ▸ **to have the ~ of the bathroom** poder usar el cuarto de baño **3.** [usefulness] **to be of ~** ser útil ▸ **can I be of any ~ to you?** ¿te puedo ser útil en algo? ▸ **it's not much ~** no sirve de mucho ▸ *Fam* **he's no ~** es un inútil ▸ **to have no ~ for sth** no tener necesidad de algo ▸ **it's no ~ crying** llorar no sirve de nada ▸ **it's no ~, I can't do it!** ¡es inútil, no puedo hacerlo! ▸ **what's the ~ of worrying?** ¿de qué sirve preocuparse?

■ vt [juːz] **1.** [utilize] usar, utilizar ▸ **to ~ force/diplomacy** hacer uso de la fuerza/la diplomacia ▸ **he used every means at his disposal** empleó todos los medios a su alcance ▸ **~ your head!** ¡piensa un poco! ▸ *Fam* **I could ~ some sleep** no me vendría mal dormir un poco **2.** [exploit] utilizar ▸ **I feel I've been used** me siento utilizado **3.** [consume] [drugs] consumir / [petrol, electricity] funcionar con ▸ **who has used all the coffee?** ¿quién ha gastado todo el café?

■ v aux **used to** ['juːstə]

> Como verbo auxiliar, aparece siempre en la forma **used to**. Se traduce al español por el verbo principal en pretérito imperfecto, o por el pretérito imperfecto de **soler** más infinitivo.

we used to live abroad antes vivíamos en el extranjero ▸ **I used not to** *or* **didn't use to like him** antes no me caía bien ▸ **I used to eat there a lot** solía comer allí muy a menudo ▸ **things aren't what they used to be** las cosas ya no son lo que eran ▸ **do you travel much? – I used to** ¿viajas mucho? – antes sí

◆ ***use up*** vt sep [food, fuel] acabar / [money, ideas] agotar

use-by date ['juːzbaɪdeɪt] n COM fecha *f* de caducidad

used [juːzd] adj **1.** [second-hand] usado(a) / [car, book] usado(a), de ocasión **2.** [juːst] [accustomed] **to be ~ to (doing) sth** estar acostumbrado(a) a (hacer) algo ▸ **to get ~ to sth/sb** acostumbrarse a algo/alguien **3.** [exploited] **to feel ~** sentirse utilizado(a) *or* manipulado(a)

useful ['juːsfʊl] adj útil ▸ *BR* **it will come in very ~** va a venir muy bien ▸ **to make oneself ~** ayudar

usefully ['juːsfəlɪ] adv [profitably] provechosamente

usefulness ['juːsfʊlnɪs] n utilidad *f* ▸ **it has outlived its ~** ha dejado de ser útil

useless ['juːslɪs] adj **1.** [not useful] inservible ▸ **to be ~** [system, method] no servir para nada ▸ **to be worse than ~** no servir de nada **2.** [incompetent] **to be ~ (at sth)** ser un/una inútil (para algo) **3.** [futile] inútil

uselessly ['juːslɪslɪ] adv inútilmente

user ['juːzə(r)] n [of road, dictionary, computer] usuario(a) *m,f* / *Fam* [of drugs] consumidor(ora) *m,f* ▸ COMPTR **~ interface** interfaz *m or f* de usuario ▸ COMPTR **~ name** nombre *m* de usuario

user-friendly [juːzə'frendlɪ] adj [gen] & COMPTR de fácil manejo

usher ['ʌʃə(r)] ■ n [in court] ujier *m* / [in theatre, cinema] acomodador *m* / [at wedding] = *persona encargada de indicar a los invitados dónde deben sentarse*

■ vt **to ~ sb in** hacer pasar a alguien ▸ **to ~ sb out** acompañar a alguien afuera

usherette [ʌʃə'ret] n CIN acomodadora *f*

USN [juːes'en] n (abbr ***United States Navy***) armada *f* estadounidense

USP [juːes'piː] n COM (abbr ***unique selling point*** or ***proposition***) argumento *m* diferenciador

USS [juːes'es] n NAUT (abbr ***United States Ship***) = *título que precede a los nombres de buques de la marina estadounidense*

USSR [juːeses'ɑː(r)] n *Formerly* (abbr ***Union of Soviet Socialist Republics***) URSS *f*

usual ['juːʒʊəl] ■ n *Fam* [in bar] **the ~** lo de siempre

■ adj habitual, acostumbrado(a) ▸ **at the ~ time** a la hora de siempre ▸ **you're not your ~ cheery self today** hoy no estás tan alegre como de costumbre ▸ **it's not ~ for him to be this late** no suele llegar tan tarde ▸ **earlier/later than ~** más pronto/tarde de lo normal ▸ **as ~** como de costumbre

usually ['juːʒʊəlɪ] adv habitualmente, normalmente ▸ **he was more than ~ polite** estuvo más amable que de costumbre

usurer ['juːʒərə(r)] n usurero(a) *m,f*

usurp [juː'zɜːp] vt usurpar

usurper [jʊ'zɜːpə(r)] n usurpador(ora) *m,f*

usury ['juːʒʊrɪ] n usura *f*

utensil [juː'tensəl] n utensilio *m* ▸ **kitchen utensils** utensilios *mpl* de cocina

uterus ['juːtərəs] n ANAT útero *m*

utilitarian [juːtɪlɪ'teərɪən] ■ n [in philosophy] utilitarista *mf*

■ adj **1.** [approach] pragmático(a) / [design] funcional, práctico(a) **2.** [in philosophy] utilitarista

utilitarianism [juːtɪlɪ'teərɪənɪzəm] n utilitarismo *m*

utility [juː'tɪlɪtɪ] n **1.** [usefulness] utilidad *f* ▸ COMPTR **~ program** utilidad *f* ▸ **~ room** = *cuarto utilizado para* *planchar, lavar, etc.* **2. (public) utilities** servicios *mpl* públicos **3.** *US* **utilities** [service charges] servicio *m*

utilization [juːtɪlaɪˈzeɪʃən] n utilización *f,* empleo *m*

utilize [ˈjuːtɪlaɪz] vt utilizar

utmost [ˈʌtməʊst], ***uttermost*** [ˈʌtəməʊst] ■ n **to the ~** al máximo ▸ **she did her ~ to persuade them** hizo todo lo que pudo para convencerlos

■ adj **1.** [greatest] sumo(a) ▸ **with the ~ contempt** con el mayor desprecio ▸ **it is of the ~ importance that...** es de suma importancia que... ▸ **with the ~ ease** con suma facilidad **2.** [furthest] **the ~ ends of the earth** los últimos confines de la tierra

utopia [juːˈtəʊpɪə] n utopía *f*

utopian [juːˈtəʊpɪən] n & adj utópico(a) *m,f*

utter[1] [ˈʌtə(r)] adj total, completo(a) ▸ **it's ~ madness** es una auténtica locura ▸ **the film is ~ rubbish** la película es una verdadera porquería

utter[2] vt [cry] lanzar, dar / [word] decir, pronunciar

utterance [ˈʌtərəns] n [act] pronunciación *f,* mención *f* / [words spoken] expresión *f* ▸ **to give ~ to sth** manifestar *or* expresar algo

utterly [ˈʌtəlɪ] adv completamente, totalmente

uttermost ➤ ***utmost***

UV [juːˈviː] adj PHYS (abbr ***ultra-violet***) ultravioleta ▸ **UV rays** rayos *mpl* ultravioleta

uvula [ˈjuːvjələ] n ANAT úvula *f*

Uzbekistan [ʊzbekɪˈstɑːn] n Uzbekistán

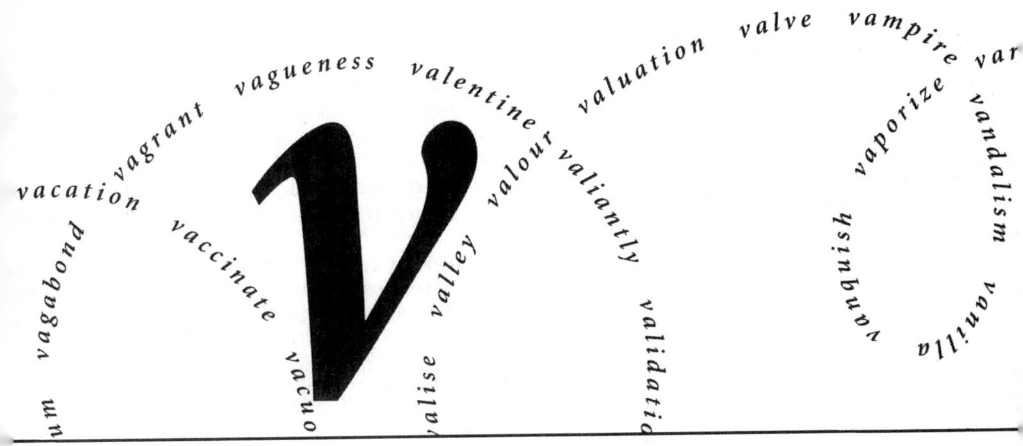

V, v [viː] n **1.** [letter] V, v *f* ▸**V sign** [for victory] uve *f* de la victoria / *BR* [as insult] = *gesto ofensivo que se forma mostrando el dorso de los dedos índice y corazón en forma de uve a la persona insultada* **2.** (abbr ***very***) muy **3.** (abbr ***versus***) contra **4.** (abbr ***verse***) (pl **vv**) versículo *m*

V ELEC (abbr ***volt***) V, voltio *m* ▸**240 V** 240 V

VA [viː'eɪ] n *US* (abbr ***Veterans Administration***) = *organismo estadounidense que se ocupa de los veteranos de guerra*

vacancy ['veɪkənsɪ] n **1.** [position, job] (puesto *m*) vacante *f* ▸**to fill a ~** cubrir una vacante **2.** [at hotel] habitación *f* libre ▸**no vacancies** [sign] completo

vacant ['veɪkənt] adj **1.** [seat, space] libre / [job] vacante ▸**to be ~** [seat, space] estar libre ▸**situations ~** [in newspaper] ofertas *fpl* de empleo **2.** [expression, look] vacío(a), inexpresivo(a)

vacantly ['veɪkəntlɪ] adv [absentmindedly] distraídamente

vacate [və'keɪt] vt [seat, flat] dejar libre / [one's post] dejar vacante

vacation [və'keɪʃən] ■ n *BR* UNIV *& US* vacaciones *fpl* ▸ *US* **to take a ~** tomarse unas vacaciones
■ vi *US* pasar las vacaciones / [in summer] veranear

vacationer [və'keɪʃənə(r)] n *US* turista *mf* / [in summer] veraneante *mf*

vaccinate ['væksɪneɪt] vt MED vacunar

vaccination [væksɪ'neɪʃən] n MED vacunación *f*

vaccine ['væksiːn] n MED vacuna *f*

vacillate ['væsɪleɪt] vi vacilar, titubear (**between** entre)

vacuous ['vækjʊəs] adj [remark, book, person] vacuo(a), vacío(a) / [look, expression] vacío(a), vago(a)

vacuum ['vækjʊm] ■ n PHYS vacío *m* ▸ *US* **~ bottle** termo *m* ▸**~ cleaner** aspiradora *f*, aspirador *m* ▸ *BR* **~ flask** termo *m*
■ vt pasar la aspiradora por

vacuum-packed [vækjʊm'pækt] adj envasado(a) al vacío

vagabond ['vægəbɒnd] n vagabundo(a) *m,f*

vagary ['veɪgərɪ] n **the vagaries of...** los avatares *or* caprichos de...

vagina [və'dʒaɪnə] n vagina *f*

vaginal [və'dʒaɪnəl] adj vaginal

vagrancy ['veɪgrənsɪ] n LAW vagabundeo *m*

vagrant ['veɪgrənt] n mendigo(a) *m,f*, vagabundo(a) *m,f*

vague [veɪg] adj [idea, feeling] vago(a) / [shape, outline] vago(a), borroso(a) ▸**I haven't the vaguest idea** no tengo ni la más remota idea ▸**he was rather ~ about it** no precisó mucho ▸**to bear a ~ resemblance to sth/sb** parecerse *or* recordar vagamente a algo/alguien

vaguely ['veɪglɪ] adv vagamente

vagueness ['veɪgnɪs] n vaguedad *f*

vain [veɪn] ■ n **in ~** en vano
■ adj **1.** [conceited] vanidoso(a), vano(a) **2.** [hopeless] vano(a)

vale [veɪl] n *Literary* valle *m* ▸ *Fig* **~ of tears** valle de lágrimas

Valencia [və'lensɪə] n Valencia

Valencian [və'lensɪən] n & adj valenciano(a) *m,f*

valency ['veɪlənsɪ] n CHEM valencia *f*

valentine ['væləntaɪn] n **~ (card)** = *tarjeta para el día de los enamorados* ▸**Valentine's Day** día *m* de San Valentín, día *m* de los enamorados

valet ['væleɪ] n ayuda *m* de cámara

valiant ['vælɪənt] adj *Literary* valeroso(a)

valiantly ['vælɪəntlɪ] adv valerosamente

valid ['vælɪd] adj válido(a) ▸**~ for six months** válido durante seis meses ▸**no longer ~** caducado(a)

validate ['vælɪdeɪt] vt validar

validation [vælɪ'deɪʃən] n validación *f*

validity [və'lɪdɪtɪ] n validez *f*

valise [væ'liːz] n *US* [small suitcase] maleta *f* de fin de semana

valley ['vælɪ] (pl **valleys**) n valle *m*

valour, US ***valor*** ['vælə(r)] n *Literary* valor *m*

valuable ['væljʊəbəl] ■ n **valuables** objetos *mpl* de valor
■ adj valioso(a)

valuation [væljʊ'eɪʃən] n **1.** [act] tasación *f* **2.** [price] valoración *f*

value ['vælju:] ■ n **1.** [worth] valor *m* ▸ **to be of ~** tener valor ▸ **of great/little ~** muy/poco valioso(a) ▸ **of no ~** sin valor ▸ **to be good/poor ~ (for money)** tener buena/mala relación calidad-precio ▸ **to set a ~ on sth** poner precio a algo ▸ **to the ~ of...** hasta un valor de... ▸ **to make a ~ judgement** hacer un juicio de valor **2.** [principle] **values** valores *mpl*
■ vt **1.** [evaluate] valorar, tasar ▸ **to get sth valued** pedir una valoración de algo **2.** [appreciate] apreciar

value-added tax ['vælju:ædɪd'tæks] n *BR* impuesto *m* sobre el valor añadido *or AM* agregado

valued ['vælju:d] adj [friend] estimado(a), apreciado(a) / [contribution] valioso(a)

valueless ['væljʊlɪs] adj sin valor

valve [vælv] n ANAT & TECH válvula *f* / MUS pistón *m*

vampire ['væmpaɪə(r)] n vampiro *m* ▸ **~ bat** vampiro *m*

van [væn] n **1.** AUT camioneta *f*, furgoneta *f* ▸ **~ driver** conductor(ora) *m,f* de camioneta **2.** *BR* RAIL furgón *m*

Vancouver [væn'ku:vər] n Vancouver

vandal ['vændəl] n vándalo *m*, *ESP* gamberro(a) *m,f*

vandalism ['vændəlɪzəm] n vandalismo *m*, *ESP* gamberrismo *m*

vandalize ['vændəlaɪz] vt destrozar

vane [veɪn] n [for indicating wind direction] veleta *f*

vanguard ['vængɑ:d] n vanguardia *f* ▸ **to be in the ~** ir en vanguardia, estar a la vanguardia

vanilla [və'nɪlə] n vainilla *f*

vanish ['vænɪʃ] vi desaparecer ▸ **to ~ into thin air** esfumarse

vanishing ['vænɪʃɪŋ] adj **to do a ~ act** [disappear] desaparecer ▸ **~ point** punto *m* de fuga

vanity ['vænɪtɪ] n vanidad *f* ▸ **~ case** bolsa *f* de aseo

vanquish ['væŋkwɪʃ] vt *Literary* vencer, derrotar

vantage point ['vɑ:ntɪdʒ'pɔɪnt] n atalaya *f* / *Fig* posición *f* aventajada

Vanuatu [vænu:'ætu:] n Vanuatu

vapid ['væpɪd] adj vacuo(a), insustancial

vaporize ['veɪpəraɪz] ■ vt evaporar
■ vi evaporarse

vaporizer ['veɪpəraɪzə(r)] n **1.** [for water] vaporizador *m* / [for perfume] pulverizador *m*, vaporizador *m* **2.** MED [inhaler] inhalador *m*

vapour ['veɪpə(r)] n vapor *m* ▸ **~ trail** [from plane] estela *f*

variable ['veərɪəbəl] ■ n variable *f*
■ adj variable ▸ IND **~ costs** costes *mpl* variables

variance ['veərɪəns] n **to be at ~ with sth/sb** discrepar de algo/alguien

variant ['veərɪənt] ■ n variante *f*
■ adj alternativo(a) ▸ **~ spelling** variante *f* ortográfica

variation [veərɪ'eɪʃən] n variación *f*

varicose vein ['værɪkəʊs'veɪn] n MED variz *f*, vena *f* varicosa

varied ['veəri:d] adj variado(a)

variegated ['veərɪgeɪtɪd] adj abigarrado(a), colorido(a)

variety [və'raɪətɪ] n **1.** [diversity] variedad *f* ▸ **a ~ of reasons** diversos motivos ▸ *Prov* **~ is the spice of life** en la variedad está el gusto **2.** [of plant] variedad *f* **3.** THEAT variedades *fpl* ▸ **~ show** espectáculo *m* de variedades

various ['veərɪəs] adj [different] diversos(as), diferentes / [several] varios(as) ▸ **at ~ times** en distintas ocasiones

variously ['veərɪəslɪ] adv **~ described as a hero or a bandit** descrito por unos como héroe y por otros como bandido

varnish ['vɑ:nɪʃ] ■ n [for wood, oil painting] barniz *m* / *BR* [for nails] esmalte *m* (de uñas)
■ vt [wood] barnizar ▸ *BR* **to ~ one's nails** darse esmalte en las uñas

◆ ***varnish over*** vt sep *Fig* maquillar

vary ['veərɪ] ■ vt variar
■ vi variar (**in** de) ▸ **opinions ~** hay diversas opiniones

varying ['veərɪɪŋ] adj diverso(a), variado(a)

vase [vɑ:z] n jarrón *m*

vasectomy [və'sektəmɪ] n MED vasectomía *f*

Vaseline® ['væsəli:n] n vaselina® *f*

vast [vɑ:st] adj [area] vasto(a) / [majority, number] inmenso(a)

vastly ['vɑ:stlɪ] adv enormemente

VAT [vi:eɪ'ti:] n *BR* (abbr ***value-added tax***) IVA *m*

vat [væt] n [container] tina *f*, cuba *f*

Vatican ['vætɪkən] n **the ~** el Vaticano ▸ **~ City** Ciudad *f* del Vaticano

vaudeville ['vɔ:dəvɪl] n *US* THEAT vodevil *m*

vault[1] [vɔ:lt] n **1.** ARCHIT bóveda *f* **2.** [cellar] sótano *m* / [for burial] cripta *f* / [of bank] cámara *f* acorazada, *AM* bóveda *f* de seguridad

vault[2] vt & vi saltar

vaulted ['vɔ:ltɪd] adj [ceiling] abovedado(a)

vaulting horse ['vɔ:ltɪŋ'hɔ:s] n plinto *m*

vaunt [vɔ:nt] vt cacarear ▸ **his much vaunted reputation as...** su cacareada reputación de...

VC [vi:'si:] n **1.** (abbr ***Vice-Chairman***) vicepresidente(a) *m,f* **2.** *BR* MIL (abbr ***Victoria Cross***) ≃ medalla *f* al mérito militar

VCR [vi:si:'ɑ:(r)] n (abbr ***video cassette recorder***) (aparato *m* de) vídeo *m or AM* video *m*

VD [vi:'di:] n (abbr ***venereal disease***) enfermedad *f* venérea

VDU [vi:di:'ju:] n COMPTR (abbr ***visual display unit***) monitor *m*

veal [vi:l] n (carne *f* de) ternera *f*

vector ['vektə(r)] n MATH & MED vector *m*

veer ['vɪə(r)] vi torcer, girar ▸ **to ~ to the left/right**

torcer a la izquierda/derecha ▸ *Fig* **the party has veered to the left** el partido ha dado un giro a la izquierda

◆ ***veer round*** vi [wind] cambiar de dirección

veg [vedʒ] n *BR Fam* verduras *fpl* ▸ **meat and two ~** carne *f* con dos tipos de verdura

vegan ['vi:gən] n vegetariano(a) *m,f* estricto(a) *(que no come ningún producto de origen animal)*

vegeburger ['vedʒɪbɜ:gə(r)] n hamburguesa *f* vegetariana

vegetable ['vedʒtəbəl] n **1.** [plant] hortaliza *f* ▸ **vegetables** verdura *f*, verduras *fpl* ▸ **eat up your vegetables** cómete la verdura ▸ **~ garden** huerto *m* ▸ **~ oil** aceite *m* vegetal **2.** [brain-damaged person] vegetal *m*

vegetarian [vedʒɪ'teərɪən] n & adj vegetariano(a) *m,f*

vegetate ['vedʒɪteɪt] vi vegetar

vegetation [vedʒɪ'teɪʃən] n vegetación *f*

vehemence ['vi:ɪməns] n vehemencia *f*

vehement ['vi:ɪmənt] adj vehemente

vehicle ['vi:ɪkəl] n *also Fig* vehículo *m*

vehicular [vɪ'hɪkjʊlə(r)] adj de vehículos ▸ **~ traffic** tráfico *m* de vehículos

veil [veɪl] ■ n velo *m* ▸ *Fig* **a ~ of smoke** una cortina de humo ▸ *Fig* **to draw a ~ over sth** correr un tupido velo sobre algo ▸ *Fig* **under a ~ of secrecy** rodeado(a) de un halo de secreto *or* misterio

■ vt cubrir con un velo ▸ *Fig* **veiled in secrecy** rodeado(a) de un halo de secreto *or* misterio

veiled [veɪld] adj **1.** [wearing veil] **to be ~** llevar velo **2.** [threat, allusion] velado(a)

vein [veɪn] n **1.** ANAT vena *f* / [of leaf] nervio *m* **2.** [in rock] filón *m*, veta *f* / [in wood, marble] veta *f* **3.** [idioms] **in a lighter ~** en un tono más ligero ▸ **in a similar ~** en la misma vena, en el mismo tono

Velcro® ['velkrəʊ] n velcro® *m*

vellum ['veləm] n pergamino *m*, vitela *f* ▸ **~ (paper)** papel *m* pergamino

velocity [vɪ'lɒsɪtɪ] n velocidad *f*

velvet ['velvɪt] n terciopelo *m* ▸ **~ jacket** chaqueta *f* de terciopelo

velveteen [velvɪ'ti:n] n pana *f* lisa

velvety ['velvɪtɪ] adj aterciopelado(a)

venal ['vi:nəl] adj corrupto(a)

vendetta [ven'detə] n **to carry on a ~ against sb** llevar a cabo una campaña para destruir a alguien

vending machine ['vendɪŋmə'ʃi:n] n máquina *f* expendedora

vendor ['vendɔ:(r)] n vendedor(ora) *m,f*

veneer [və'nɪə(r)] n laminado *m*, chapa *f* / *Fig* fachada *f*, pátina *f*

venerable ['venərəbəl] adj venerable

venerate ['venəreɪt] vt venerar

veneration [venə'reɪʃən] n veneración *f*

venereal [vɪ'nɪərɪəl] adj venéreo(a) ▸ **~ disease** enfermedad *f* venérea

Venetian [vɪ'ni:ʃən] ■ n veneciano(a) *m,f*

■ adj veneciano(a) ▸ **~ blind** persiana *f* veneciana

Venezuela [vene'zweɪlə] n Venezuela

Venezuelan [vene'zweɪlən] n & adj venezolano(a) *m,f*

vengeance ['vendʒəns] n venganza *f* ▸ **to take ~ on sb** vengarse de alguien ▸ *Fig* **the problem has returned with a ~** el problema se ha presentado de nuevo con agravantes

vengeful ['vendʒfʊl] adj vengativo(a)

venial ['vi:nɪəl] adj [sin] venial / [error] leve

Venice ['venɪs] n Venecia

venison ['venɪsən] n (carne *f* de) venado *m*

venom ['venəm] n *also Fig* veneno *m*

venomous ['venəməs] adj venenoso(a) / *Fig* [look, criticism] envenenado(a), ponzoñoso(a)

vent [vent] ■ n (orificio *m* de) ventilación *f* ▸ *Fig* **she gave ~ to her feelings** se desahogó, dio rienda suelta a sus sentimientos

■ vt **she vented her anger on him** descargó su ira sobre él

ventilate ['ventɪleɪt] vt ventilar

ventilation [ventɪ'leɪʃən] n ventilación *f*

ventilator ['ventɪleɪtə(r)] n ventilador *m*

ventriloquism [ven'trɪləkwɪzəm] n ventriloquía *f*

ventriloquist [ven'trɪləkwɪst] n ventrílocuo(a) *m,f* ▸ **ventriloquist's dummy** muñeco *m* de ventrílocuo

venture ['ventʃə(r)] ■ n [undertaking] aventura *f*, iniciativa *f* / [in business] empresa *f*, operación *f* ▸ FIN **~ capital** capital *m* de riesgo

■ vt [stake] arriesgar / [comment] aventurar ▸ **to ~ to do sth** aventurarse a hacer algo ▸ *Prov* **nothing ventured, nothing gained** el que no se arriesga no pasa la mar

■ vi aventurarse

◆ ***venture on, venture upon*** vt insep aventurarse en, meterse en

venue ['venju:] n [for meeting] lugar *m* / [for concert] local *m*, sala *f* / [for soccer match] estadio *m*

Venus ['vi:nəs] n [goddess] Venus *f* / [planet] Venus *m*

veracity [və'ræsɪtɪ] n *Formal* veracidad *f*

veranda(h) [və'rændə] n porche *m*, galería *f*

verb [vɜ:b] n verbo *m*

verbal ['vɜ:bəl] adj verbal ▸ **~ abuse** insultos *mpl*

verbalize ['vɜ:bəlaɪz] vt expresar con palabras

verbally ['vɜ:bəlɪ] adv de palabra

verbatim [vɜ:'beɪtɪm] ■ adj literal

■ adv literalmente

verbiage ['vɜ:bɪɪdʒ] n palabrería *f*, verborrea *f*

verbose [vɜ:'bəʊs] adj verboso(a), prolijo(a)

verbosity [vɜ:'bɒsɪtɪ] n verbosidad *f*, verborrea *f*

verdict ['vɜ:dɪkt] n LAW & *Fig* veredicto *m* ▸ **to return a ~ of guilty/not guilty** pronunciar un veredicto de culpabilidad/inocencia ▸ **what's your ~ on the play?** ¿qué te ha parecido la obra?

verge [vɜ:dʒ] n [edge] borde *m*, margen *m* / *BR* [of road] borde *m* ▸ *Fig* **on the ~ of...** al borde de... ▸ *Fig* **to be on the ~ of doing sth** estar a punto de hacer algo

◆ ***verge on*** vt insep rayar en ▸ **verging on...** rayano(a)

or rayando en ▸ **she was verging on hysteria** estaba al borde de la histeria

verger ['vɜːdʒə(r)] n [in Church of England] sacristán *m*

verifiable [verɪ'faɪəbəl] adj verificable

verification [verɪfɪ'keɪʃən] n verificación *f*

verify ['verɪfaɪ] vt verificar

verisimilitude [verɪsɪ'mɪlɪtjuːd] n *Formal* verosimilitud *f*

veritable ['verɪtəbəl] adj *Formal* verdadero(a)

vermilion [və'mɪljən] ■ n bermellón *m*
■ adj bermejo(a)

vermin ['vɜːmɪn] npl [insects] bichos *mpl,* sabandijas *fpl* / [bigger animals] alimañas *fpl* / *Fig* [people] escoria *f,* gentuza *f*

vermouth ['vɜːməθ] n vermú *m,* vermut *m*

vernacular [və'nækjʊlə(r)] ■ n LING lengua *f* vernácula / [spoken language] lenguaje *m* de la calle ▸ **in the local ~** en el habla local
■ adj vernáculo(a)

verruca [ve'ruːkə] n MED verruga *f (especialmente en las plantas de los pies)*

versatile ['vɜːsətaɪl] adj [person] polifacético(a), versátil / [object] polivalente, versátil

versatility [vɜːsə'tɪlɪtɪ] n [of person] carácter *m* polifacético, versatilidad *f* / [of object] polivalencia *f*

verse [vɜːs] n **1.** [poetry] poesía *f,* verso *m* **2.** [stanza] estrofa *f* **3.** [of Bible] versículo *m*

versed [vɜːst] adj **to be ~ in sth** estar versado(a) en algo

version ['vɜːʃən] n versión *f* ▸ **the economy/deluxe ~** [of car, computer] el modelo económico/de lujo

verso ['vɜːsəʊ] n TYP [of page] verso *m*

versus ['vɜːsəs] prep LAW & SPORT contra

vertebra ['vɜːtɪbrə] (pl **vertebrae** ['vɜːtɪbriː]) n ANAT vértebra *f*

vertebral column ['vɜːtɪbrəl'kɒləm] n ANAT [spine] columna *f* vertebral

vertebrate ['vɜːtɪbrɪt] n & adj vertebrado(a) *m,f*

vertex ['vɜːteks] (pl **vertices** ['vɜːtɪsiːz]) n MATH vértice *m*

vertical ['vɜːtɪkəl] n & adj vertical *f*

vertically ['vɜːtɪklɪ] adv verticalmente

vertices ['vɜːtɪsiːz] pl *of **vertex***

vertigo ['vɜːtɪgəʊ] n MED vértigo *m*

verve [vɜːv] n nervio *m,* energía *f*

very ['verɪ] ■ adv **1.** [extremely] muy ▸ **~ good/little** muy bueno/poco ▸ **~ much** mucho ▸ **it isn't ~ difficult** no es muy difícil ▸ **are you hungry? – yes, ~** ¿tienes hambre? – sí, mucha ▸ RAD **~ high frequency** frecuencia *f* muy alta **2.** [emphatic use] **the ~ first/best** el primero/el mejor de todos ▸ **at the ~ most** como muy mucho ▸ **at the ~ least/latest** como muy poco/muy tarde ▸ **the ~ same day** justo ese mismo día ▸ **I ~ nearly died** estuve en un tris de morir ▸ **the ~ next day** precisamente el día siguiente
■ adj [emphatic use] **in this ~ house** en esta misma casa ▸ **this ~ day** este mismo día ▸ **those were his ~ words** esas fueron sus palabras exactas ▸ **at the ~ beginning** al principio del todo ▸ **the ~ thought of it was enough to turn my stomach** sólo de pensarlo se me revolvía el estómago

vessel ['vesəl] n **1.** NAUT buque *m,* navío *m* **2.** [receptacle] vasija *f,* recipiente *m* **3.** ANAT vaso *m*

vest [vest] n *BR* [undershirt] camiseta *f* de tirantes *or AM* breteles / *US* [waistcoat] chaleco *m*

vested ['vestɪd] adj **to have a ~ interest in sth/in doing sth** tener intereses creados en algo/en hacer algo

vestibule ['vestɪbjuːl] n vestíbulo *m*

vestige ['vestɪdʒ] n vestigio *m*

vestments ['vestmənts] npl REL vestiduras *fpl* (sacerdotales)

vestry ['vestrɪ] n REL sacristía *f*

vet[1] [vet] n veterinario(a) *m,f*

vet[2] (pt & pp **vetted**) vt [person] someter a investigación / [application] investigar / [speech, book, film] inspeccionar, examinar

vet[3] n *US Fam* MIL [veteran] excombatiente *mf,* veterano(a) *m,f*

veteran ['vetərən] ■ n MIL excombatiente *mf,* veterano(a) *m,f* / *Fig* veterano(a) *m,f*
■ adj veterano(a)

veterinarian [vetərɪ'neərɪən] n *US* veterinario(a) *m,f*

veterinary ['vetərɪnərɪ] adj veterinario(a) ▸ **~ medicine** veterinaria *f* ▸ *BR* **~ surgeon** veterinario(a) *m,f*

veto ['viːtəʊ] ■ n (pl **vetoes**) veto *m* ▸ **right** *or* **power of ~** derecho *m* de veto ▸ **to impose a ~ on sth** vetar algo
■ vt vetar

vetting ['vetɪŋ] n investigación *f* (del historial) personal

vex [veks] vt [annoy] molestar, disgustar / [anger] *esp ESP* enfadar, *esp AM* enojar

vexation [vek'seɪʃən] n [annoyance] disgusto *m,* molestia *f* / [anger] *esp ESP* enfado *m, esp AM* enojo *m*

vexatious [vek'seɪʃəs] adj *Formal* molesto(a)

vexed [vekst] adj **1.** [annoyed] molesto(a), disgustado(a) / [angry] *esp ESP* enfadado(a), *esp AM* enojado(a) **2.** [much debated] **a ~ question** una cuestión controvertida

VHF [viːeɪtʃ'ef] adj RAD (abbr ***very high frequency***) VHF *f*

VHS [viːeɪtʃ'es] n TV VHS *m*

via ['vaɪə] prep [travel] vía / [using] a través de

viability [vaɪə'bɪlɪtɪ] n viabilidad *f*

viable ['vaɪəbəl] adj viable

viaduct ['vaɪədʌkt] n viaducto *m*

vibes [vaɪbz] npl *Fam* vibraciones *fpl, ESP* rollo *m, AM* onda *f* ▸ **good/bad ~** buen/mal rollo

vibrant ['vaɪbrənt] adj [scene, city] animado(a) / [colours] vivo(a), brillante / [personality] pujante

vibrate [vaɪ'breɪt] vi vibrar

vibration [vaɪ'breɪʃən] n vibración *f*

vibrator [vaɪ'breɪtə(r)] n vibrador *m*

vicar ['vɪkə(r)] n [in Church of England] párroco *m*

vicarage ['vɪkərɪdʒ] n [in Church of England] casa *f* del párroco

vicarious [vɪ'keərɪəs] adj indirecto(a)

vicariously [vɪ'keərɪəslɪ] adv indirectamente

vice [1] [vaɪs] n [immorality] vicio *m* ▸ **the Vice Squad** la brigada antivicio

vice [2] n [for wood or metalwork] torno *m or* tornillo de banco

vice-chairman [vaɪs'tʃeəmən] n vicepresidente *m*

vice-chairwoman [vaɪs'tʃeəwʊmən] n vicepresidenta *f*

vice-president [vaɪs'prezɪdənt] n **1.** [of country] vicepresidente(a) *m,f* **2.** *US* COM [of company] vicepresidente(a) *m,f*

viceroy ['vaɪsrɔɪ] (pl **viceroys**) n virrey *m*

vice versa [vaɪs'vɜːsə] adv viceversa

vicinity [vɪ'sɪnɪtɪ] n cercanías *fpl,* inmediaciones *fpl* ▸ **in the ~** en las cercanías ▸ **a sum in the ~ of £25,000** una cantidad que ronda las 25.000 libras

vicious ['vɪʃəs] adj **1.** [violent] [blow, kick, attack] brutal / [struggle, fight] feroz / [person] cruel **2.** [malicious, cruel] [comment, criticism] despiadado(a) / [gossip] malintencionado(a) / [person] cruel ▸ **a ~ circle** un círculo vicioso

FALSE FRIEND / FALSO AMIGO

vicious

Salvo en la expresión “vicious circle”, vicioso no es la traducción del inglés *vicious*. El adjetivo vicioso se traduce por *depraved*.

viciously ['vɪʃəslɪ] adv [to attack, kick] brutalmente, con saña / [to criticize] despiadadamente / [to gossip] con mala intención

vicissitude [vɪ'sɪsɪtjuːd] n *Formal* vicisitud *f*

victim ['vɪktɪm] n víctima *f* ▸ **to be the ~ of** ser víctima de ▸ **to fall ~ to sb's charms** caer rendido(a) ante los encantos de alguien

victimization [vɪktɪmaɪ'zeɪʃən] n persecución *f,* trato *m* injusto

victimize ['vɪktɪmaɪz] vt perseguir, tratar injustamente ▸ **he was victimized at school** en la escuela se metían con él

victor ['vɪktə(r)] n vencedor(ora) *m,f*

Victorian [vɪk'tɔːrɪən] n & adj victoriano(a) *m,f*

victorious [vɪk'tɔːrɪəs] adj victorioso(a) ▸ **to be ~ over sb** triunfar sobre alguien

victory ['vɪktərɪ] n victoria *f* ▸ **~ celebrations** celebración *f* de la victoria

victuals ['vɪtəlz] npl *Old-fashioned* [food] vituallas *fpl*

video ['vɪdɪəʊ] ■ n (pl **videos**) [medium] vídeo *m, AM* video *m* / [cassette] cinta *f* de vídeo / [recorder] (aparato *m* de) vídeo *m* ▸ **to have sth on ~** tener algo (grabado) en vídeo ▸ **~ camera** cámara *f* de vídeo ▸ **~ cassette** cinta *f* de vídeo ▸ **~ cassette recorder** aparato *m* de vídeo *m* ▸ **~ clip** videoclip *m,* vídeo *m* ▸ **~ recorder** (aparato *m* de) vídeo ▸ **~ game** videojuego *m*

■ vt **1.** [record] grabar (en vídeo *or AM* video) **2.** [film] hacer un vídeo *or AM* video de

videoconferencing ['vɪdɪəʊkɒnfrənsɪŋ] n videoconferencias *fpl*

videotape ['vɪdɪəʊteɪp] n cinta *f* de vídeo *or AM* video

vie [vaɪ] (pt & pp **vied** [vaɪd]) vi **to ~ with sb (for sth/to do sth)** rivalizar con alguien (por algo/para hacer algo)

Vienna [vɪ'enə] n Viena

Viennese [vɪə'niːz] n & adj vienés(esa) *m,f*

Vietnam [vɪet'næm] n Vietnam ▸ **the ~ War** la guerra de Vietnam

Vietnamese [vɪetnə'miːz] ■ n **1.** [person] vietnamita *mf* **2.** [language] vietnamita *m*

■ npl **the ~** los vietnamitas

■ adj vietnamita

view [vjuː] ■ n **1.** [sight] vista *f* ▸ **in ~** a la vista ▸ **in full ~ of** delante de, a la vista de ▸ **out of ~** fuera de la vista **2.** [scene, prospect] vista *f* ▸ **a room with a ~** una habitación con vistas ▸ **to have a good ~ of sth** tener una buena vista de algo ▸ *Fig* **in ~ of...** [considering] en vista de... **3.** [opinion] opinión *f* ▸ **in my ~** en mi opinión, a mi parecer **4.** [intention] **with this in ~** teniendo esto en cuenta ▸ **with a ~ to doing sth** con vistas a hacer algo

■ vt **1.** [inspect, look at] ver **2.** [consider] ver, considerar ▸ **she viewed it as a mistake** lo veía *or* consideraba un error ▸ **to ~ sth with horror/delight** contemplar algo con horror/placer

viewer ['vjuːə(r)] n **1.** TV telespectador(ora) *m,f,* televidente *mf* **2.** PHOT [for slides] visor *m*

viewfinder ['vjuːfaɪndə(r)] n PHOT visor *m*

viewing ['vjuːɪŋ] n **1.** [of movie, TV programme] **for home ~** para ver en casa ▸ **this programme is essential ~** no te debes/se debe perder este programa **2.** [of house] visita *f*

viewpoint ['vjuːpɔɪnt] n punto *m* de vista

vigil ['vɪdʒɪl] n vigilia *f* ▸ **to keep ~** observar vigilia

vigilance ['vɪdʒɪləns] n vigilancia *f*

vigilant ['vɪdʒɪlənt] adj alerta

vigilante [vɪdʒɪ'læntɪ] n miembro *m* de una patrulla de vecinos

vignette [vɪn'jet] n PHOT viñeta *f* / *Fig* [picture] escena *f* / [in writing] retrato *m*, semblanza *f*

vigor *US* ▸ ***vigour***

vigorous ['vɪgərəs] adj **1.** [strong and healthy] vigoroso(a) **2.** [energetic] enérgico(a) / [lifestyle] dinámico(a) / [exercise] intenso(a) **3.** [forceful] fuerte

vigorously ['vɪgərəslɪ] adv enérgicamente

vigour, *US* ***vigor*** ['vɪgə(r)] n [of person] vigor *m* / [of denial, criticism] rotundidad *f,* fuerza *f*

Viking ['vaɪkɪŋ] n & adj vikingo(a) *m,f*

vile [vaɪl] adj [despicable] vil / *Fam* [awful] horroroso(a), espantoso(a)

vilification [vɪlɪfɪ'keɪʃən] n vilipendio *m*

vilify ['vɪlɪfaɪ] vt vilipendiar, denigrar

villa ['vɪlə] n [in country] villa *f* / [in town] chalé *m*

village ['vɪlɪdʒ] n pueblo *m* / [smaller] aldea *f* ▸ **~ idiot** tonto(a) *m,f* del pueblo

villager ['vɪlɪdʒə(r)] n lugareño(a) *m,f*

villain ['vɪlən] n [scoundrel] canalla *mf,* villano(a) *m,f* / THEAT & CIN malo *m* ▸ *Hum* **the ~ of the piece** el malo de la película

villainous ['vɪlənəs] adj vil, infame

villainy ['vɪlənɪ] n villanía *f,* infamia *f*

Vilnius ['vɪlnɪʌs] n Vilna, Vilnius

vindicate ['vɪndɪkeɪt] vt [decision, action] justificar / [person] dar la razón a

vindication [vɪndɪ'keɪʃən] n [of decision, action] justificación *f* / [of person] rehabilitación *f*

vindictive [vɪn'dɪktɪv] adj vengativo(a)

vindictively [vɪn'dɪktɪvlɪ] adv de un modo vengativo

vine [vaɪn] n [in vineyard] vid *f* / [decorative] parra *f*

vinegar ['vɪnɪgə(r)] n vinagre *m*

vineyard ['vɪnjəd] n viñedo *m*

vintage ['vɪntɪdʒ] n [crop] cosecha *f* ▸ *Fig* **a ~ year for comedy** un año excepcional en cuanto a comedias ▸ **~ car** coche *m* antiguo *or* de época *(de entre 1919 y 1930)* ▸ **~ wine** vino *m* de buena cosecha

vinyl ['vaɪnɪl] n vinilo *m*

viola [vɪ'əʊlə] n viola *f*

violate ['vaɪəleɪt] vt [rule, law, agreement] violar

violation [vaɪə'leɪʃən] n [of rule, law, agreement] violación *f*

violence ['vaɪələns] n violencia *f*

violent ['vaɪələnt] adj violento(a) ▸ **to take a ~ dislike to sb** tomar *or ESP* coger una enorme antipatía a alguien

violently ['vaɪələntlɪ] adv violentamente ▸ **to be ~ ill** vomitar muchísimo

violet ['vaɪələt] ■ n [plant] violeta *f* / [colour] violeta *m*

■ adj **~(-coloured)** (de color) violeta

violin [vaɪə'lɪn] n violín *m*

violinist [vaɪə'lɪnɪst] n violinista *mf*

VIP [vi:aɪ'pi:] n (abbr ***very important person***) VIP *mf* ▸ **~ lounge** sala *f* VIP ▸ **to get ~ treatment** recibir tratamiento de persona importante

viper ['vaɪpə(r)] n víbora *f*

viral ['vaɪrəl] adj MED vírico(a), viral

virgin ['vɜ:dʒɪn] ■ n virgen *mf* ▸ **the (Blessed) Virgin** la (Santísima) Virgen ▸ **the Virgin Islands** las Islas Vírgenes

■ adj virgen

virginal ['vɜ:dʒɪnəl] adj virginal

Virginia [vɜ:'dʒɪnjə] n Virginia

virginity [və'dʒɪnɪtɪ] n virginidad *f*

Virgo ['vɜ:gəʊ] n [sign of zodiac] virgo *m* ▸ **to be (a) ~** ser virgo

virile ['vɪraɪl] adj viril

virility [vɪ'rɪlɪtɪ] n virilidad *f*

virology [vaɪ'rɒlədʒɪ] n MED virología *f*

virtual ['vɜ:tjʊəl] adj virtual ▸ **the ~ extinction of the wild variety** la práctica desaparición de la variedad silvestre ▸ **it's a ~ impossibility** es virtualmente imposible ▸ **the organization was in a state of ~ collapse** la organización se hallaba prácticamente al borde del hundimiento ▸ COMPTR **~ reality** realidad *f* virtual

virtually ['vɜ:tjʊəlɪ] adv virtualmente, prácticamente

virtue ['vɜ:tju:] n virtud *f* ▸ **by ~ of** en virtud de ▸ **to make a ~ of necessity** hacer de la necesidad una virtud ▸ **it has the added ~ of being quicker** cuenta con la virtud añadida de ser más rápido(a)

virtuosity [vɜ:tjʊ'ɒsɪtɪ] n virtuosismo *m*

virtuoso [vɜ:tjʊ'əʊzəʊ] (pl **virtuosos** *or* **virtuosi** [vɜ:tjʊ'əʊzi:]) n MUS virtuoso(a) *m,f*

virtuous ['vɜ:tjʊəs] adj virtuoso(a)

virulent ['vɪr(j)ʊlənt] adj virulento(a)

virus ['vaɪrəs] n MED & COMPTR virus *m inv* ▸ COMPTR **~ check** detección *f* de virus

visa ['vi:zə] n visado *m, AM* visa *f*

vis-à-vis ['vi:zɑ:vi:] prep [in comparison with] en comparación con, frente a / [in relation to] en relación con, con relación *or* respecto a

visceral ['vɪsərəl] adj visceral

viscount ['vaɪkaʊnt] n vizconde *m*

viscous ['vɪskəs] adj viscoso(a)

visibility [vɪzɪ'bɪlɪtɪ] n visibilidad *f* ▸ **~ was down to a few yards** no se veía más allá de unos pocos metros

visible ['vɪzɪbəl] adj visible

visibly ['vɪzɪblɪ] adv visiblemente

vision ['vɪʒən] n **1.** [eyesight] visión *f,* vista *f* ▸ **to have good/poor ~** estar bien/mal de la vista **2.** [plan] concepto *m,* imagen *f* ▸ **man/woman of ~** hombre *m*/mujer *f* con visión de futuro **3.** [apparition] visión *f,* aparición *f* ▸ **to have** *or* **see visions** ver visiones ▸ **I had visions of being left homeless** ya me veía en la calle

visionary ['vɪʒənərɪ] n & adj visionario(a) *m,f*

visit ['vɪzɪt] ■ n visita *f* ▸ **to pay sb a ~** hacer una visita a alguien ▸ **to be on a ~** estar de visita

■ vt visitar

■ vi **to be visiting** estar de visita

visiting ['vɪzɪtɪŋ] ■ n **~ card** tarjeta *f* de visita ▸ **~ hours** horas *fpl* de visita, horario *m* de visita(s) ▸ LAW **~ rights** [of divorced parent] derecho *m* de visita (a los hijos)

■ adj [team] visitante ▸ **~ lecturer** profesor(ora) *m,f* invitado(a)

visitor ['vɪzɪtə(r)] n [guest, in hospital] visita *f* / [tourist] turista *mf,* visitante *mf* ▸ **visitors' book** libro *m* de visitas

visor ['vaɪzə(r)] n [of helmet, cap] visera *f*

vista ['vɪstə] n vista *f,* panorama *m* / *Fig* horizonte *m*

visual ['vɪʒʊəl] adj visual ▸ **the ~ arts** las artes plásticas ▸ **~ aids** medios *mpl* visuales ▸ COMPTR **~ display unit** monitor *m*

visualize ['vɪʒʊəlaɪz] vt [imagine] visualizar / [foresee] prever

visually ['vɪʒʊəlɪ] adv visualmente ▸ **the ~ handicapped** las personas con discapacidades visuales

vital ['vaɪtəl] adj **1.** [essential] vital ▸ **~ organ** órgano *m* vital ▸ **~ statistics** *Hum* [of woman] medidas *fpl* **2.** [vigorous] vital, lleno(a) de vida

vitality [vaɪ'tælɪtɪ] n vitalidad *f*

vitally ['vaɪtəlɪ] adv **supplies are ~ needed** se necesitan suministros urgentemente ▸ **~ important** de importancia vital

vitamin ['vɪtəmɪn, *US* 'vaɪtəmɪn] n vitamina *f* ▸ **with added vitamins** enriquecido(a) con vitaminas

vitreous ['vɪtrɪəs] adj **~ enamel** esmalte *m* (vítreo) ▸ ANAT **~ humour** humor *m* vítreo

vitriol ['vɪtrɪəl] n [acid] vitriolo *m* / *Fig* [nasty remarks] causticidad *f*

vitriolic [vɪtrɪ'ɒlɪk] adj cáustico(a), corrosivo(a)

vituperative [vɪ'tju:pərətɪv] adj *Formal* injurioso(a)

viva ['vaɪvə] n UNIV **~ (voce)** examen *m* oral

vivacious [vɪ'veɪʃəs] adj vivaracho(a), vivaz

vivacity [vɪ'væsɪtɪ] n vivacidad *f*

vivid ['vɪvɪd] adj [description, memory, impression] vívido(a) / [imagination] muy vivo(a) / [colours] vivo(a)

vividly ['vɪvɪdlɪ] adv [remember, describe] vívidamente

vivisection [vɪvɪ'sekʃən] n vivisección *f*

vixen ['vɪksən] n zorra *f*

viz [vɪz] adv (abbr ***videlicet***) a saber

VOA [vi:əʊ'eɪ] n *US* (abbr ***Voice of America***) = *cadena de radio exterior estadounidense*

vocab ['vəʊkæb] n *Fam* vocabulario *m*

vocabulary [və'kæbjʊlərɪ] n vocabulario *m*

vocal ['vəʊkəl] ■ n MUS **vocals** voces *fpl* ▸ **on vocals** como vocalista
■ **1.** adj [music] vocal ▸ ANAT **~ cords** cuerdas *fpl* vocales **2.** [outspoken] vehemente, explícito(a) ▸ **to be very ~ in one's criticism** expresar las críticas muy a las claras

vocalist ['vəʊkəlɪst] n MUS vocalista *mf*

vocation [vəʊ'keɪʃən] n vocación *f* ▸ **to have a ~ (for sth)** tener vocación (para algo)

vocational [vəʊ'keɪʃənəl] adj [course, qualification] de formación profesional ▸ **~ training** formación *f* profesional

vocative ['vɒkətɪv] GRAM ■ n vocativo *m*
■ adj vocativo(a)

vociferous [və'sɪfərəs] adj ruidoso(a), vehemente

vociferously [və'sɪfərəslɪ] adv ruidosamente, vehementemente

vodka ['vɒdkə] n vodka *m*

vogue [vəʊg] n **to be in ~** estar en boga

voice [vɔɪs] ■ n **1.** [of person] voz *f* ▸ **to raise/lower one's ~** levantar/bajar la voz ▸ **at the top of one's ~** a voz en grito ▸ **to lose one's ~** quedarse afónico(a) ▸ **~ box** laringe *f* ▸ COMPTR **~ recognition** reconocimiento *m* de voz **2.** GRAM **active/passive ~** voz activa/pasiva **3.** [idioms] **the ~ of reason** la voz de la razón ▸ **with one ~** unánimemente ▸ **to make one's ~ heard** hacerse oír ▸ **to give ~ to one's feelings** expresar *or* manifestar los sentimientos ▸ **these reforms would give small parties a ~** estas reformas darían voz a los partidos minoritarios
■ vt **1.** [opinion, feelings] expresar **2.** LING [consonant] sonorizar

voiced [vɔɪst] adj LING sonoro(a)

voiceless ['vɔɪslɪs] adj LING sordo(a)

voice-over ['vɔɪsəʊvə(r)] n CIN & TV voz *f* en off

void [vɔɪd] ■ n vacío *m*
■ adj **1. ~ of** carente de **2.** LAW [deed, contract] **(null and) ~** nulo(a) y sin valor

volatile ['vɒlətaɪl] adj **1.** [person] temperamental / [situation, economy, market] inestable, muy cambiante **2.** CHEM volátil

volcanic [vɒl'kænɪk] adj volcánico(a)

volcano [vɒl'keɪnəʊ] (pl **volcanoes**) n volcán *m*

vole [vəʊl] n ratón *m* de campo

volition [və'lɪʃən] n *Formal* **of one's own ~** por propia voluntad

volley ['vɒlɪ] (pl **volleys**) n **1.** [of gunfire] ráfaga *f* / [of blows, stones] lluvia *f* / *Fig* [of insults] torrente *m* **2.** [in tennis, soccer] volea *f*

volleyball ['vɒlɪbɔ:l] n voleibol *m,* balonvolea *m*

volt [vəʊlt] n ELEC voltio *m*

voltage ['vəʊltɪdʒ] n ELEC voltaje *m*

volte-face ['vɒltfɑ:s] n viraje *m* *or* giro *m* radical

voluble ['vɒljʊbəl] adj locuaz

volubly ['vɒljʊblɪ] adv con locuacidad

volume ['vɒlju:m] n volumen *m* ▸ *Fig* **to speak volumes** decir mucho ▸ **to turn the ~ up/down** [on TV, radio] subir/bajar el volumen ▸ **~ control** mando *m* del volumen

voluminous [və'lju:mɪnəs] adj voluminoso(a)

voluntarily [vɔlʌn'teərɪlɪ] adv voluntariamente

voluntary ['vɒləntərɪ] adj voluntario(a) ▸ **~ redundancy** despido *m* voluntario ▸ **to do ~ work** trabajar como voluntario(a)

volunteer [vɒlən'tɪə(r)] ■ n voluntario(a) *m,f*
■ vt [information, advice] ofrecer (voluntariamente) ▸ **to ~ to do sth** ofrecerse a hacer algo
■ vi ofrecerse (voluntariamente)

voluptuous [və'lʌptjʊəs] adj voluptuoso(a)

vomit ['vɒmɪt] ■ n vómito *m*
■ vt & vi vomitar

voodoo ['vu:du:] n vudú *m*

voracious [və'reɪʃəs] adj voraz

voraciously [və'reɪʃəslɪ] adv [to eat, read] vorazmente

vortex ['vɔ:teks] (pl **vortices** ['vɔ:tɪsi:z]) n torbellino *m,* remolino *m* / *Fig* vorágine *f*

vote [vəʊt] ■ n [choice] voto *m* / [voting] votación *f* ▸ **to put sth to the ~, to take a ~ on sth** someter algo a votación ▸ **to have the ~** tener derecho de voto ▸ **they got 52 percent of the ~** obtuvieron un 52 por ciento de los votos ▸ **~ of confidence** voto de confianza ▸ **~ of no confidence** moción *f* de censura ▸ **to propose a ~ of thanks for sb** pedir el agradecimiento para alguien
■ vt **to ~ Communist** votar a los comunistas ▸ **to ~ to do sth** votar hacer algo ▸ **to ~ a proposal down** rechazar una propuesta en votación ▸ **to ~ sb in** elegir a alguien (en votación) ▸ **I ~ (that) we go** voto por ir ▸ **they voted the holiday a success** coincidieron en que

las vacaciones habían sido un éxito
■ vi votar (**for/against** por/en contra de) ◗ **to ~ yes/no** votar a favor/en contra ◗ **to ~ on sth** someter algo a votación

voter ['vəʊtə(r)] n votante *mf*

voting ['vəʊtɪŋ] ■ n votación *f* ◗ **~ booth** cabina *f* electoral
■ adj [member] con voto

votive ['vəʊtɪv] adj REL votivo(a)

vouch [vaʊtʃ] ◆ ***vouch for*** vt insep [person] responder de / [quality, truth] dar fe de

voucher ['vaʊtʃə(r)] n *BR* [for restaurant, purchase, petrol] vale *m,* cupón *m* ◗ **(gift) ~** vale *m* de regalo

vow [vaʊ] ■ n REL voto *m* / [promise] promesa *f* ◗ **to make a ~ to do sth** prometer solemnemente hacer algo ◗ **to take a ~ of poverty/silence** hacer voto de pobreza/silencio
■ vt prometer solemnemente, jurar ◗ **to ~ to do sth** jurar hacer algo

vowel ['vaʊəl] n vocal *f* ◗ **~ sound** sonido *m* vocálico

vox pop ['vɒks'pɒp] n *BR Fam* encuesta *f* en la calle

voyage ['vɔɪɪdʒ] n viaje *m (largo, marítimo o espacial)*

voyager ['vɔɪɪdʒə(r)] n viajero(a) *m,f*

voyeur [vɔɪ'jɜː(r)] n voyeur *mf*

voyeuristic [vɔɪjɜː'rɪstɪk] adj voyeurista

vs (abbr ***versus***) contra

VSO [viːes'əʊ] n *BR* (abbr ***Voluntary Service Overseas***) = *agencia de voluntariado para la cooperación con países en vías de desarrollo*

VTOL [viːtiːəʊ'el] n AV (abbr ***vertical take-off and landing***) despegue *m or AM* decolaje *m* (y aterrizaje) vertical

VTR [viːtiː'ɑː(r)] n TV (abbr ***video tape recorder***) (aparato *m* de) vídeo *m or AM* video *m*

vulgar ['vʌlgə(r)] adj [rude] vulgar, grosero(a) / [in poor taste] ordinario(a), chabacano(a) / [habit] grosero(a) ◗ **don't be ~!** ¡no seas grosero! ◗ MATH **~ fraction** fracción *f*, quebrado *m*

vulgarity [vʌl'gærɪtɪ] n [rudeness] vulgaridad *f,* grosería *f* / [poor taste] ordinariez *f,* chabacanería *f*

vulnerability [vʌlnərə'bɪlɪtɪ] n vulnerabilidad *f*

vulnerable ['vʌlnərəbəl] adj vulnerable

vulture ['vʌltʃə(r)] n buitre *m*

vulva ['vʌlvə] n vulva *f*

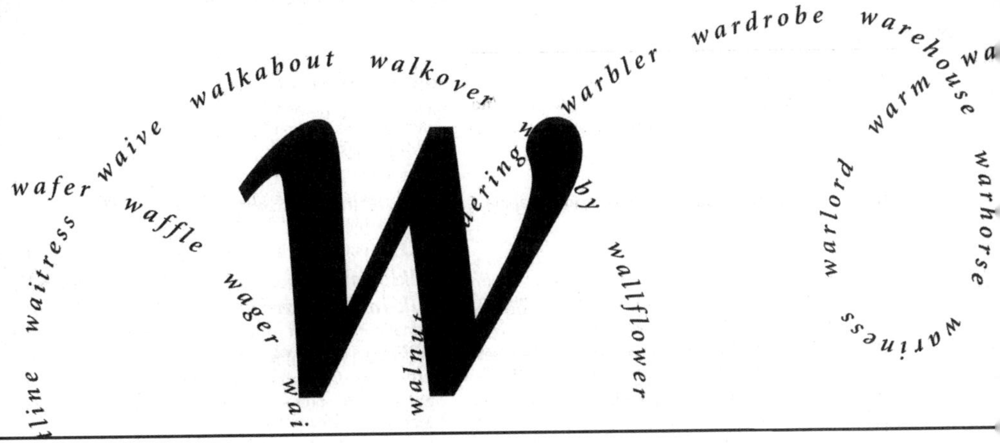

W, w ['dʌbəljuː] n **1.** [letter] W, w *f* **2.** (abbr ***west***) O, oeste *m*

W ELEC (abbr ***watts***) W, vatios *m*

WAAF [wæf] n HIST (abbr ***Women's Auxiliary Air Force***) = *sección femenina de las fuerzas aéreas británicas durante la Segunda Guerra Mundial*

wacky ['wækɪ] adj *Fam* [person, behaviour, dress sense] estrafalario(a) / [sense of humour, comedian] estrambótico(a)

wad [wɒd] n [of cotton] bolita *f* / [of paper] taco *m* / [of bank notes] fajo *m*

wadding ['wɒdɪŋ] n [for packing] relleno *m*

waddle ['wɒdəl] vi caminar *or ESP* andar como un pato, anadear

wade [weɪd] vi [in water] caminar en el agua ▸ **to ~ across a stream** vadear un riachuelo ▸ *Fig* **to ~ in** entrometerse

◆ ***wade into*** vt insep *Fig* [task] acometer / [person] arremeter contra

wader ['weɪdə(r)] n **1.** [bird] (ave *f*) zancuda *f* **2.** [boots] **waders** botas *fpl* altas de agua

wafer ['weɪfə(r)] n [biscuit] barquillo *m* / REL hostia *f*

wafer-thin [weɪfə'θɪn] adj muy fino(a) / *Fig* [majority] ajustado(a)

waffle[1] ['wɒfəl] n [food] *ESP* gofre *m* / *AM* wafle *m*

waffle[2] *BR Fam* ■ n [wordiness] verborrea *f*, [in written text] paja *f*, *AM* palabrerío *m*
■ vi enrollarse

waft [wɒft] ■ vt llevar, hacer flotar
■ vi flotar

wag[1] [wæg] ■ n [action] meneo *m* ▸ **with a ~ of its tail** meneando la cola
■ vt (pt & pp **wagged**) menear, agitar ▸ **to ~ one's finger at sb** advertir a alguien con el dedo
■ vi menearse ▸ *Fam* **tongues will ~** van a correr rumores

wag[2] n *Fam* [joker] bromista *mf*, guasón(ona) *m,f*

wage [weɪdʒ] ■ n [pay] **wage(s)** salario *m*, sueldo *m* ▸ **daily ~** jornal *m* ▸ **~ claim** reivindicación *f* salarial ▸ **~ cut** recorte *m* salarial ▸ **~ differential** diferencia *f* salarial ▸ **~ earner** asalariado(a) *m,f* ▸ **~ freeze** congelación *f* salarial ▸ **~ packet** [envelope] sobre *m* de la paga / [money] salario *m*
■ vt **to ~ war (on)** librar una guerra (contra) ▸ **to ~ a campaign against smoking** emprender una campaña contra el tabaco

wager ['weɪdʒə(r)] *Formal* ■ n apuesta *f*
■ vt apostar, apostarse

waggle ['wægəl] ■ vt menear
■ vi menearse

wag(g)on ['wægən] n [horse-drawn] carro *m* / *BR* RAIL vagón *m* ▸ *Fig* **to be on the ~** [alcoholic] haber dejado de beber *or AM* tomar

waif [weɪf] n niño(a) *m,f* abandonado(a) ▸ **waifs and strays** niños *mpl* desamparados

wail [weɪl] ■ n [of person] quejido *m*, gemido *m* / [of siren] sonido *m*, aullido *m*
■ vi [person] gemir / [siren] sonar, aullar

waist [weɪst] n cintura *f*

waistband ['weɪstbænd] n cinturilla *f*

waistcoat ['weɪskəʊt] n *BR* chaleco *m*

waist-deep ['weɪs'diːp] adj **she was ~ in water** le llegaba el agua por la cintura

-waisted ['weɪstɪd] suffix **a low/high~ dress** un vestido de cintura baja/alta, un vestido bajo/alto de cintura

waistline ['weɪstlaɪn] n cintura *f* ▸ **to watch one's ~** cuidar la línea

wait [weɪt] ■ n espera *f* ▸ **we had a long ~** esperamos mucho ▸ **it was worth the ~** mereció la pena esperar ▸ **to lie in ~ for sb** acechar a alguien
■ vt **you must ~ your turn** debes esperar tu turno
■ vi **1.** [in general] esperar ▸ **to ~ for sth/sb** esperar algo/a alguien ▸ **to ~ for sth to happen** esperar a que ocurra algo ▸ **to keep sb waiting** tener a alguien esperando ▸ **I can't ~ to see her** estoy impaciente por verla ▸ **repairs while you ~** [sign] arreglos en el acto ▸

we must ~ and see tendremos que esperar a ver (qué pasa) **2.** [serve] *BR* **to ~ at table** servir mesas

◆ ***wait about, wait around*** vi esperar

◆ ***wait on*** vt insep [serve] servir ▸ **to ~ on sb hand and foot** traérselo todo en bandeja a alguien

◆ ***wait up*** vi **to ~ up for sb** esperar a alguien levantado(a)

waiter ['weɪtə(r)] n camarero *m, ANDES, RP* mozo *m, CHILE, VEN* mesonero *m, COL, GUAT, MÉX, SALV* mesero *m*

waiting ['weɪtɪŋ] n espera *f* ▸ **they are playing a ~ game** están dejando que transcurra el tiempo a ver qué pasa ▸ **~ list** lista *f* de espera ▸ **~ room** sala *f* de espera

waitress ['weɪtrɪs] n camarera *f, ANDES, RP* moza *f, CHILE, VEN* mesonera *f, COL, GUAT, MÉX, SALV* mesera *f*

waive [weɪv] vt [rights, claim] renunciar a / [rule] no aplicar

wake[1] [weɪk] n [of ship] estela *f* ▸ *Fig* **in the ~ of sth** a raíz de algo ▸ *Fig* **to follow in sb's ~** seguir los pasos de alguien

wake[2] n [on night before funeral] velatorio *m, AM* velorio *m*

wake[3] (pt **woke** [wəʊk], pp **woken** ['wəʊkən]) ■ vt despertar

■ vi despertarse

◆ ***wake up*** ■ vt sep despertar

■ vi despertarse ▸ *Fig* **to ~ up to the truth** abrir los ojos a la realidad

wakeful ['weɪkfʊl] adj **1.** [sleepless] desvelado(a) ▸ **to be ~** estar desvelado(a) ▸ **to have a ~ night** pasar la noche en vela **2.** [vigilant] alerta ▸ **to be ~** estar alerta

waken ['weɪkən] vt despertar

wakey ['weɪkɪ] exclam *BR Fam* **~, ~!** ¡despierta ya!, ¡arriba!

waking ['weɪkɪŋ] adj de vigilia, sin dormir ▸ **~ hours** horas *fpl* que uno pasa despierto, horas *fpl* de vigilia

Wales [weɪlz] n (País *m* de) Gales

walk [wɔːk] ■ n **1.** [short] paseo *m* / [long] caminata *f* ▸ **it's a ten-minute ~ away** está a diez minutos de camino (de aquí) ▸ **to go for a ~** ir a dar un paseo **2.** [gait] andares *mpl,* manera *f* de caminar *or ESP* andar **3.** [speed] **at a ~** al paso, paseando **4.** [path] paseo *m,* sendero *m* **5.** [profession, condition] **people from all walks of life** gente de toda condición

■ vt **to ~ the dog** sacar *o* pasear al perro ▸ **to ~ sb home** acompañar a alguien a casa ▸ **to ~ the streets** caminar por las calles / *Euph* [prostitute] hacer la calle

■ vi [move on foot] caminar, *ESP* andar / [as opposed to riding, driving] ir andando *or* caminando / [for exercise, pleasure] pasear, caminar ▸ **to ~ home** ir caminando *or ESP* andando a casa

◆ ***walk away*** vi irse (caminando *or ESP* andando) ▸ *Fig* **to ~ away from trouble** evitar los problemas ▸ *Fig* **to ~ away with a prize** salir premiado(a), llevarse un premio

◆ ***walk in*** vi entrar

◆ ***walk into*** vt insep **1.** [enter] entrar en **2.** [collide with] chocar con

◆ ***walk off*** vi marcharse ▸ **to ~ off with sth** [steal, win easily] llevarse algo

◆ ***walk out*** vi salir / IND [go on strike] ponerse *or* declararse en huelga ▸ **to ~ out on sb** [leave] dejar *or* abandonar a alguien

◆ ***walk over*** vt insep *Fam* **to ~ all over sb** pisotear a alguien

walkabout ['wɔːkəbaʊt] n *BR* [of politician] paseo *m* entre la multitud

walker ['wɔːkə(r)] n caminante *mf*

walkie-talkie [wɔːkɪ'tɔːkɪ] n RAD walkie-talkie *m*

walk-in cupboard ['wɔːkɪn'kʌbəd] n [for clothes] armario *m* vestidor / [for food] despensa *f*

walking ['wɔːkɪŋ] ■ n **I like ~** me gusta caminar *or ESP* andar ▸ **we do a lot of ~** caminamos *or ESP* andamos mucho ▸ **~ frame** andador *m* ▸ **~ shoes** botas *fpl (de senderismo)* ▸ **~ stick** bastón *m*

■ adj **at ~ pace** al paso, paseando ▸ *Fam* **she's a ~ encyclopedia** es una enciclopedia ambulante *or* andante ▸ **the ~ wounded** los heridos que aún pueden andar

Walkman® ['wɔːkmən] n walkman® *m*

walk-on part ['wɔːkɒn'pɑːt] n CIN & THEAT papel *m* de figurante

walkout ['wɔːkaʊt] n [strike] huelga *f* / [from meeting] abandono *m* (en señal de protesta)

walkover ['wɔːkəʊvə(r)] n *Fam* **it was a ~** fue pan comido *or* un paseo

walkway ['wɔːkweɪ] n [between buildings] pasadizo *m,* pasaje *m*

wall [wɔːl] n **1.** [interior] pared *f* / [exterior, freestanding] muro *m* / [of garden, around building] tapia *f* / [of town, city] muralla *f* ▸ **the Great Wall of China** la Gran Muralla china ▸ **~ cupboard** alacena *f* ▸ **~ hanging** tapiz *m* **2.** [idioms] **a ~ of silence** un muro de silencio ▸ **to go to the ~** irse al traste ▸ *Fam* **to drive sb up the ~** hacer que alguien se suba por las paredes

◆ ***wall in*** vt sep [surround with wall] tapiar / [enclose] encerrar

◆ ***wall off*** vt sep separar con un muro

◆ ***wall up*** vt sep condenar, tapiar

wallaby ['wɒləbɪ] n wallaby *m,* valabí *m*

wallet ['wɒlɪt] n cartera *f*

wallflower ['wɔːlflaʊə(r)] n [plant] alhelí *m* ▸ *Fig* **to be a ~** no tener con quien bailar

Walloon [wɒ'luːn] n & adj valón(ona) *m,f*

wallop ['wɒləp] *Fam* ■ n tortazo *m, MÉX* madrazo *m*

■ vt dar un tortazo *or MÉX* madrazo a

walloping ['wɒləpɪŋ] *Fam* ■ n paliza *f*

■ adv [for emphasis] **a ~ great pay rise** *ESP* una subida de sueldo de aquí te espero, *AM* un aumento de sueldo que para qué te cuento

wallow ['wɒləʊ] vi revolcarse ▸ **to ~ in self-pity** recrearse *or* regodearse en la autocompasión

wallpaper ['wɔːlpeɪpə(r)] ■ n [on walls] papel *m* pintado / COMPTR papel *m* tapiz

■ vt empapelar

wall-to-wall ['wɔːltəwɔːl] adj **~ carpeting** *ESP* enmoquetado *m, ESP* moqueta *f, AM* alfombra *f* ▸ *Fig* **~ coverage** cobertura *f* total

wally ['wɒlɪ] n *BR Fam* [idiot] idiota *mf, ESP* chorra *mf*

walnut ['wɔːlnʌt] n [fruit] nuez *f* / [tree, wood] nogal *m*

walrus ['wɔːlrəs] n morsa *f*

waltz [wɔːls] ■ n vals *m*
■ vi bailar el vals ▸ *Fam* **she waltzed into the room** entró en la habitación como si tal cosa ▸ *Fam* **to ~ off with sth** largarse con algo

WAN ['dʌbəljuːeɪ'en] n COMPTR (abbr ***wide area network***) red *f* de área extensa

wan [wɒn] adj macilento(a), pálido(a)

wand [wɒnd] n varita *f*

wander ['wɒndə(r)] ■ n vuelta *f* ▸ **to go for a ~** ir a dar una vuelta
■ vt [streets, world] vagar por
■ vi **1.** [roam, stray] vagar (**around** por) ▸ **she had wandered from the path** se había alejado del camino **2.** [verbally, mentally] distraerse ▸ **to ~ from the subject** desviarse del tema, divagar ▸ **my thoughts were wandering** mi mente empezaba a divagar

wanderer ['wɒndərə(r)] n trotamundos *mf inv*

wandering ['wɒndərɪŋ] adj [person, life] errante, errabundo(a) / [tribe] nómada

wane [weɪn] ■ n **to be on the ~** [moon] ir menguando / *Fig* [popularity, enthusiasm, power] ir decayendo
■ vi [moon] menguar / [popularity, enthusiasm, power] ir decayendo

wangle ['wæŋgəl] vt *Fam* agenciarse ▸ **he wangled it so that...** se las arregló *or ESP* apañó para que... ▸ **could you ~ me a ticket?** ¿podrías comprarme *or ESP* pillarme una entrada?

wank [wæŋk] *BR Vulg* ■ n **to have a ~** hacerse una *or AM* la paja
■ vi hacerse una *or AM* la paja

wanker [wæŋkə(r)] n *BR Vulg ESP* gilipollas *mf inv, AM* pendejo(a) *m,f, RP* pelotudo(a) *m,f*

want [wɒnt] ■ vt **1.** [wish, desire] querer ▸ **to ~ to do sth** querer hacer algo ▸ **to ~ sb to do sth** querer que alguien haga algo ▸ **she knows what she wants** sabe lo que quiere ▸ **that's the last thing we ~!** ¡sólo nos faltaba eso! ▸ **I know when I'm not wanted** sé perfectamente cuándo estoy de más ▸ **what does he ~ with me?** ¿qué quiere de mí? **2.** [need] necesitar ▸ **the lawn wants cutting** hay que cortar el césped ▸ **you ~ to be careful with him** hay que tener cuidado con él **3.** [seek] **he's wanted by the police** lo busca la policía ▸ **you're wanted on the phone** te llaman por teléfono ▸ **wanted, a good cook** [advertisement] se necesita buen cocinero
■ vi **he wants for nothing** no le falta de nada
■ n **1.** [need] necesidad *f* **2.** [lack] falta *f*, carencia *f* (**of** de) ▸ **for ~ of anything better to do** a falta de algo mejor que hacer ▸ **it wasn't for ~ of trying** no será porque no lo intentamos

wanting ['wɒntɪŋ] adj **he is ~ in intelligence** le falta inteligencia ▸ **to be found ~** no dar la talla

wanton ['wɒntən] adj **1.** [unjustified] injustificado(a), sin sentido / [cruelty] gratuito(a) **2.** [unrestrained] descontrolado(a) / [sexually] lascivo(a)

WAP [wæp] n COMPTR (abbr ***Wireless Application Protocol***) WAP *m* ▸ **~ phone** teléfono *m* WAP

war [wɔː(r)] n guerra *f* ▸ **to be at ~ (with)** estar en guerra (con) ▸ **to go to ~ (with/over)** entrar en guerra (con/por) ▸ *Fig* **a ~ of words** una batalla dialéctica, un combate verbal ▸ *Fam Fig* **you look as if you've been in the wars** parece que volvieras de la guerra ▸ **~ criminal** criminal *mf* de guerra ▸ **~ cry** grito *m* de guerra ▸ **~ games** MIL maniobras *fpl* / [with model soldiers] juegos *mpl* de estrategia (militar) ▸ **~ memorial** monumento *m* a los caídos (en la guerra) ▸ *US* **~ veteran** excombatiente *mf*

warble ['wɔːbəl] ■ n trino *m*
■ vi trinar

warbler ['wɔːblə(r)] n curruca *f*

ward [wɔːd] n **1.** [in hospital] sala *f* **2.** [electoral division] distrito *m* electoral **3.** LAW **~ of court** pupilo(a) *m,f* bajo tutela

◆ ***ward off*** vt sep [blow] rechazar, parar / [danger] ahuyentar, prevenir

warden ['wɔːdən] n [of park] guarda *mf* / [of institution, hostel] guardián(ana) *m,f*, vigilante *mf*

warder ['wɔːdə(r)] n *BR* [in prison] vigilante *mf*

wardrobe ['wɔːdrəʊb] n **1.** [cupboard] armario *m*, ropero *m* **2.** [clothes] guardarropa *m* ▸ **to have a large ~** tener un amplio guardarropa **3.** THEAT [costumes] vestuario *m*

warehouse ['weəhaʊs] n almacén *m*

wares [weəz] npl mercaderías *fpl*, mercancías *fpl*

warfare ['wɔːfeə(r)] n guerra *f*

warhead ['wɔːhed] n ojiva *f*

warhorse ['wɔːhɔːs] n *Fig* **an old ~** un veterano, un perro viejo

warily ['weərɪlɪ] adv cautelosamente

wariness ['weərɪnɪs] n cautela *f*, precaución *f*

warlike ['wɔːlaɪk] adj agresivo(a), belicoso(a)

warlord ['wɔːlɔːd] n señor *m* de la guerra

warm [wɔːm] ■ adj [iron, oven, bath] caliente / [water, soup] templado(a) / [weather, welcome, colour] cálido(a) / [garment] de abrigo ▸ **it's ~** [weather] hace calor ▸ **to be ~** [person] tener calor / *Fig* [in personality] ser cálido(a) *or* afectuoso(a) ▸ **to get ~** [person] entrar en calor / [room, water] calentarse ▸ **you're getting warmer** [in guessing game] caliente, caliente
■ vt calentar ▸ **to ~ oneself by the fire** calentarse al lado del fuego
■ vi **to ~ to sb** [take liking to] tomar afecto *or* cariño a alguien

◆ ***warm up*** ■ vt sep [food] calentar
■ vi [dancer, athlete] calentar, hacer calentamiento / [engine, radio] calentarse

warm-blooded [wɔːm'blʌdɪd] adj de sangre caliente

warm-hearted [wɔːm'hɑːtɪd] adj cariñoso(a), amable

warmly ['wɔːmlɪ] adv **1. ~ dressed** abrigado(a) **2.** [to applaud] calurosamente / [to thank] de todo corazón

warmonger ['wɔːmʌŋgə(r)] n belicista *mf*

warmongering ['wɔːmʌŋgərɪŋ] ■ n [activities]

actividad *f* bélica / [attitude] belicismo *m*
■ adj belicista

warmth [wɔːmθ] n [heat] calor *m* / *Fig* [of welcome] calidez *f,* calor *m* / [of person's character] calidez *f,* afectuosidad *f* / [affection] cariño *m*

warm-up ['wɔːmʌp] n [of dancer, athlete] calentamiento *m*

warn [wɔːn] vt **1.** [caution] advertir ▸ **to ~ sb about sth** advertir a alguien de algo ▸ **to ~ sb against sth** prevenir a alguien contra algo ▸ **he warned her not to go** le advirtió que no fuese ▸ **you have been warned!** ¡quedas advertido! **2.** [alert, inform] avisar, advertir ▸ **she had been warned in advance** la habían avisado de antemano

warning ['wɔːnɪŋ] n **1.** [caution] advertencia *f,* aviso *m* ▸ **to give sb a ~** hacer una advertencia a alguien ▸ *Fig* **~ sign** señal *f* de alarma **2.** [advance notice] aviso *m* ▸ **without ~** sin previo aviso

warp [wɔːp] ■ vt **1.** [wood, metal] alabear, combar **2.** [person, mind] corromper, pervertir
■ vi [wood, metal] alabearse, combarse

warpath ['wɔːpɑːθ] n *Fam* **to be on the ~** estar en pie de guerra

warped [wɔːpt] adj **1.** [wood, metal] alabeado(a), combado(a) **2.** [person, mind] degenerado(a), pervertido(a)

warrant ['wɒrənt] ■ n LAW mandamiento *m or* orden *f* judicial ▸ MIL **~ officer** ≃ subteniente *mf*
■ vt [justify] justificar / [deserve] merecer

warranty ['wɒrəntɪ] n COM garantía *f* ▸ **under ~** en garantía

warren ['wɒrən] n [of rabbit] red *f* de madrigueras / *Fig* laberinto *m*

warring ['wɔːrɪŋ] adj beligerante

warrior ['wɒrɪə(r)] n guerrero(a) *m,f*

Warsaw ['wɔːsɔː] n Varsovia ▸ *Formerly* **~ Pact** Pacto *m* de Varsovia

warship ['wɔːʃɪp] n buque *m* de guerra

wart [wɔːt] n verruga *f* ▸ **a biography of Margaret Thatcher, warts and all** una biografía de Margaret Thatcher que muestra lo bueno y lo menos bueno

warthog ['wɔːthɒg] n facóquero *m*

wartime ['wɔːtaɪm] n tiempos *mpl* de guerra ▸ **in ~** en tiempos de guerra

wary ['weərɪ] adj cauteloso(a), precavido(a) ▸ **to be ~ of sth/sb** recelar de algo/alguien

was [wɒz] pt of ***be***

wash [wɒʃ] ■ n **1.** [action] lavado *m* ▸ **to have a ~** lavarse ▸ **to give sth a ~** lavar algo ▸ **give the floor a good ~** friega bien el suelo ▸ **your jeans are in the ~** [are going to be washed] tus vaqueros están para lavar / [are being washed] tus vaqueros están lavándose ▸ *Fig* **it will all come out in the ~** [be all right] todo se arreglará **2.** [of ship] estela *f*
■ vt **1.** [clean] lavar / [floor] fregar ▸ **to ~ oneself** lavarse ▸ **to ~ one's face/one's hands** lavarse la cara/las manos ▸ **to ~ the dishes** fregar *or* lavar los platos ▸ *Fig* **to ~ one's hands of sth** lavarse las manos en cuanto a algo **2. the cargo was washed ashore** el mar arrastró el cargamento hasta la costa ▸ **he was washed overboard** un golpe de mar lo tiró *or AM* botó del barco
■ vi [wash oneself] lavarse ▸ *Fam* **that won't ~!** [won't be believed] ¡eso no se lo cree nadie!, *ESP* ¡eso no va a colar!

◆ ***wash away*** vt sep **1.** [bridge] arrastrar **2.** [dirt] quitar, *AM* sacar

◆ ***wash down*** vt sep [food] regar, rociar

◆ ***wash off*** vt sep lavar, quitar *or AM* sacar lavando

◆ ***wash out*** vt sep **1.** [cup, bottle] enjuagar **2. to be completely washed out** [exhausted] estar completamente agotado(a)

◆ ***wash up*** ■ vt sep **1.** *BR* [clean] fregar, lavar **2.** [bring ashore] [of sea] arrastrar hasta la playa
■ vi **1.** *BR* [do dishes] fregar *or* lavar los platos **2.** *US* [have a wash] lavarse

washbasin ['wɒʃbeɪsən] n lavabo *m, AM* lavamanos *m inv*

washboard ['wɒʃbɔːd] n tabla *f* de lavar

washbowl ['wɒʃbəʊl] n *US* palangana *f*

washcloth ['wɒʃklɒθ] n *US* [face cloth] toallita *f* (para la cara)

washer ['wɒʃə(r)] n **1.** *Fam* [washing machine] lavadora *f, RP* lavarropas *m inv* **2.** [for screw] arandela *f* / [rubber] zapata *f,* junta *f*

wash(-)hand basin ['wɒʃhænd'beɪsən] n lavabo *m*

washing ['wɒʃɪŋ] n **1.** [action] **to do the ~** lavar la ropa ▸ **~ machine** lavadora *f, RP* lavarropas *m inv* ▸ **~ powder** jabón *m or* detergente *m* (en polvo) **2.** [dirty clothes] ropa *f* sucia / [clean clothes] ropa *f* limpia

Washington DC ['wɒʃɪŋtən'diː'siː] n Washington DC *(capital federal)*

washing-up [wɒʃɪŋ'ʌp] n *BR* **to do the ~** fregar *or* lavar los platos ▸ **~ bowl** palangana *f or ESP* barreño *m* para lavar los platos ▸ **~ liquid** lavavajillas *m inv (detergente)*

washout ['wɒʃaʊt] n *Fam* fracaso *m,* desastre *m*

washroom ['wɒʃruːm] n *US* lavabo *m,* baño *m, ESP* servicios *mpl, CSUR* toilette *f*

wasn't [wɒznt] ➤ ***was not***

WASP [wɒsp] n (abbr ***white Anglo-Saxon Protestant***) WASP *mf,* = *persona de raza blanca, origen anglosajón y protestante*

CULTURE / CULTURA

WASP

Este término se usa en Estados Unidos, a veces con tono despectivo, para referirse a una persona de raza blanca con antepasados protestantes originarios del norte de Europa, principalmente del Reino Unido. A pesar de la imagen de crisol de culturas que proyecta el país americano, los WASP han constituido tradicionalmente la élite social y política, manteniendo el monopolio del poder. De tal forma esto ha sido así que la victoria de John F. Kennedy, católico de origen irlandés, en las elecciones a la presidencia de 1962, fue vista como un hito histórico, signo de que las personas de un origen social o étnico distinto ya no eran ciudadanos de segunda.

wasp [wɒsp] n avispa *f*

waspish ['wɒspɪʃ] adj mordaz, hiriente

wastage ['weɪstɪdʒ] n desperdicio *m,* despilfarro *m*

waste [weɪst] ■ n **1.** [of money, time] pérdida *f,* derroche *m* / [of effort] desperdicio *m* ▸ **to go to ~** desperdiciarse **2.** [rubbish] desechos *mpl* / [radioactive, toxic] residuos *mpl* ▸ **household ~** basura *f* ▸ *BR* **~ bin** balde *m or ESP* cubo *m* de la basura ▸ *BR* **~ disposal unit** trituradora *f* de basuras ▸ **~ pipe** tubo *m* de desagüe **3. wastes** [desert] erial *m,* desierto *m*

■ adj [heat, water] residual / [fuel] de desecho ▸ **~ product** IND producto *m or* material *m* de desecho / PHYSIOL excrementos *mpl*

■ vt [squander] [money, energy] malgastar, derrochar / [time] perder / [opportunity, food] desperdiciar ▸ **she wasted no time (in) telling me** le faltó tiempo para decírmelo ▸ *Prov* **~ not, want not** no malgastes y nada te faltará

◆ ***waste away*** vi consumirse

wastebasket ['weɪstbɑːskɪt] n *esp US* papelera *f,* cesto *m* de los papeles, *ARG, MÉX* cesto *m, MÉX* bote *m*

wasted ['weɪstɪd] adj [effort, opportunity] desperdiciado(a), desaprovechado(a)

wasteful ['weɪstfʊl] adj **to be ~** [process, practice] ser un despilfarro / [person] ser despilfarrador(ora)

wasteland ['weɪstlænd] n yermo *m,* erial *m*

wastepaper [weɪst'peɪpə(r)] n papeles *mpl* viejos ▸ **~ basket** *or* **bin** papelera *f, ARG, MÉX* cesto *m, MÉX* bote *m*

waster ['weɪstə(r)] n *Fam* [idle person] inútil *mf*

wasting disease ['weɪstɪŋdɪ'ziːz] n = *enfermedad debilitante que consume los tejidos*

watch [wɒtʃ] ■ n **1.** [timepiece] reloj *m* **2.** [period of guard duty] turno *m* de vigilancia / [guard] guardia *f* ▸ **to be on ~** estar de guardia ▸ **to keep a close ~ on sth/sb** vigilar de cerca algo/a alguien

■ vt **1.** [observe] mirar, observar / [film, match, programme] ver ▸ **to ~ television** ver la televisión ▸ **to ~ sb doing sth** ver *or* observar a alguien hacer algo ▸ **we are being watched** nos están observando **2.** [keep an eye on] [children, luggage] vigilar **3.** [be careful of] tener cuidado con, vigilar ▸ **~ your language!** ¡cuidado con ese lenguaje! ▸ *Fam* **~ it!** ¡ojo (con lo que haces)!, ¡cuidado!

■ vi mirar, observar

◆ ***watch out*** vi tener cuidado ▸ **~ out!** ¡cuidado! ▸ **to ~ out for sth** estar al tanto por si aparece algo

◆ ***watch over*** vt insep vigilar

watchdog ['wɒtʃdɒg] n perro *m* guardián / *Fig* organismo *m* regulador

watchful ['wɒtʃfʊl] adj vigilante, alerta

watchmaker ['wɒtʃmeɪkə(r)] n relojero(a) *m,f*

watchman ['wɒtʃmən] n vigilante *m*

watchstrap ['wɒtʃstræp] n *BR* correa *f* del reloj

watchtower ['wɒtʃtaʊə(r)] n atalaya *f*

watchword ['wɒtʃwɜːd] n consigna *f*

water ['wɔːtə(r)] ■ n **1.** agua *f* ▸ **to pass ~** [urinate] orinar ▸ MED **~ on the brain** hidrocefalia *f* ▸ **~ bed** cama *f* de agua ▸ **~ biscuit** galleta *f* (cracker) sin sal ▸ **~ bottle** cantimplora *f* ▸ **~ chestnut** castaña *f* de agua ▸ *Old-fashioned* **~ closet** retrete *m* ▸ **~ cooler** refrigerador *m* del agua ▸ **~ heater** calentador *m* de agua ▸ **~ level** nivel *m* del agua ▸ **~ lily** nenúfar *m* ▸ **~ meter** contador *m* del agua ▸ **~ pistol** pistola *f* de agua ▸ **~ polo** waterpolo *m* ▸ **~ power** energía *f* hidráulica ▸ **~ rat** rata *f* de agua ▸ **~ skiing** esquí *m* acuático ▸ **~ wings** manguitos *mpl,* flotadores *mpl* **2. waters** [of country, river, lake] aguas *fpl* **3.** [of pregnant woman] **her waters broke** rompió aguas **4.** [idioms] **to spend money like ~** gastar dinero a manos llenas ▸ **the argument doesn't hold ~** ese argumento no se tiene en pie ▸ **to keep one's head above ~** mantenerse a flote ▸ **that's all ~ under the bridge now** todo eso es agua pasada

■ vt **1.** [fields, plants] regar **2.** [horse] dar de beber a

■ vi [eyes] llorar, empañarse ▸ **my eyes are watering** me lloran los ojos ▸ **it makes my mouth ~** me hace la boca agua

◆ ***water down*** vt sep [dilute] aguar, diluir / *Fig* [criticism, legislation] atenuar, dulcificar

waterborne ['wɔːtəbɔːn] adj [goods] [by sea] transportado(a) por mar / [by river] transportado(a) por río / [disease] transmitido(a) por el agua

watercolour ['wɔːtəkʌlə(r)] n ART acuarela *f*

watercourse ['wɔːtəkɔːs] n [river] curso *m* de agua

watercress ['wɔːtəkres] n berros *mpl*

waterfall ['wɔːtəfɔːl] n cascada *f,* catarata *f*

waterfowl ['wɔːtəfaʊl] (pl **waterfowl**) n ave *f* acuática

waterfront ['wɔːtəfrʌnt] n [promenade] paseo *m* marítimo ▸ **a ~ development** = *viviendas u oficinas frente al mar, a un río o a un lago*

watering can ['wɔːtərɪŋ'kæn] n regadera *f*

watering hole ['wɔːtərɪŋ'həʊl] n [for animals] bebedero *m* / *Fam* [bar] bar *m*

waterline ['wɔːtəlaɪn] n línea *f* de flotación

waterlogged ['wɔːtəlɒgd] adj [shoes, clothes] empapado(a) / [land] anegado(a) / [pitch] (totalmente) encharcado(a)

watermark ['wɔːtəmɑːk] n [in paper] filigrana *f*

watermelon ['wɔːtəmelən] n sandía *f*

waterproof ['wɔːtəpruːf] ■ n impermeable *m*

■ adj impermeable

■ vt impermeabilizar

water-resistant ['wɔːtərɪsɪstənt] adj [watch] sumergible / [fabric] impermeable

watershed ['wɔːtəʃed] n GEOG línea *f* divisoria de aguas / [turning point] punto *m* de inflexión

waterside ['wɔːtəsaɪd] n ribera *f,* orilla *f*

water-ski ['wɔːtəskiː] vi hacer esquí acuático

watertight ['wɔːtətaɪt] adj [seal] hermético(a) / [compartment] estanco(a) / *Fig* [argument, alibi] irrefutable

waterway ['wɔːtəweɪ] n curso *m* de agua navegable

waterworks ['wɔːtəwɜːks] n **1.** [for treating water] central *f* de abastecimiento de agua **2.** *BR Euph* [urinary system] aparato *m* urinario **3.** *Fam* [tears] **to turn on the ~** ponerse a llorar (a voluntad)

watery ['wɔːtərɪ] adj [soup, beer] aguado(a) / [eyes] lloroso(a), acuoso(a) / [colour] pálido(a), claro(a)

watt [wɒt] n ELEC vatio *m*

wattage ['wɒtɪdʒ] n ELEC potencia *f* en vatios

wave [weɪv] ■ n **1.** [of water] ola *f* / [of troops, crime] oleada *f* / [in hair] & PHYS onda *f* / [of emotion] arranque *m* ▸ *Fig* **to make waves** alborotar, armar jaleo ▸ **~ power** energía *f* de las olas **2.** [gesture] saludo *m* (con la mano)

■ vt **1.** [flag, stick] agitar ▸ **to ~ one's arms about** agitar los brazos ▸ **to ~ goodbye to sb** decir adiós a alguien con la mano **2. to have one's hair waved** ondularse el pelo

■ vi **1.** [person] saludar (con la mano) ▸ **to ~ to sb** saludar a alguien con la mano **2.** [flag] ondear

◆ ***wave aside*** vt insep [objection, criticism] rechazar, desechar

waveband ['weɪvbænd] n RAD banda *f* de frecuencias

wavelength ['weɪvleŋθ] n RAD longitud *f* de onda ▸ *Fig* **we're not on the same ~** no estamos en la misma onda

waver ['weɪvə(r)] vi [person] vacilar, titubear / [voice] temblar / [courage] flaquear

waverer ['weɪvərə(r)] n indeciso(a) *m,f*

wavy ['weɪvɪ] adj ondulado(a)

wax[1] [wæks] ■ n [for candles, polishing] cera *f* / [in ear] cera *f*, cerumen *m*

■ vt **1.** [polish] encerar **2. to have one's legs waxed** hacerse la cera en las piernas

wax[2] vi **1.** [moon] crecer **2.** [become] **to ~ lyrical** ponerse lírico(a)

waxed [wækst] adj [cloth, paper] encerado(a)

waxen ['wæksən] adj [complexion] céreo(a)

waxwork ['wækswɜːk] n **~ (dummy)** figura *f* de cera ▸ **waxworks** museo *m* de cera

way [weɪ] ■ n **1.** [route] *also Fig* camino *m* ▸ **to go the wrong ~** equivocarse de camino ▸ **the ~ to the station** el camino de la estación ▸ **to ask the ~** preguntar cómo se va ▸ **to show sb the ~** indicar el camino a alguien ▸ **to lose one's ~** perderse ▸ **to find one's ~ to a place** llegar a un sitio ▸ *Fig* **to find a ~ out of a problem** encontrar la solución a un problema ▸ **to know one's ~ about** conocer la zona ▸ **on the ~** en el camino ▸ *Fam* **they've got a baby on the ~** van a tener un bebé ▸ *Fig* **she is well on the ~ to success** va camino del éxito ▸ **he was on his ~ to Seville** iba camino *ESP* de *or AM* a Sevilla ▸ **I must be on my ~** debo irme ya ▸ **out of the ~** retirado(a), apartado(a) ▸ *Fig* **he went out of his ~ to help her** se esforzó por ayudarla ▸ **the ~ in** la entrada ▸ **the ~ out** la salida ▸ **to make one's ~ to a place** dirigirse a un lugar ▸ **to make one's ~ through the crowd** abrirse paso entre la multitud ▸ *Fig* **to make one's ~ in the world** abrirse camino en el mundo ▸ *also Fig* **to make ~ for sb/sth** dejar vía libre a alguien/algo ▸ **to lead the ~** mostrar el camino / *Fig* marcar la pauta ▸ **to stand in sb's ~** cerrar el paso a alguien / *Fig* interponerse en el camino de alguien ▸ *also Fig* **to be in the ~** estar en medio ▸ *also Fig* **to get in the ~** ponerse en medio ▸ *also Fig* **to get out of the ~** quitarse de en medio ▸ *also Fig* **to keep out of the ~** mantenerse alejado(a) **2.** [distance] **to go a part of/all the ~** hacer parte del/todo el camino ▸ *Fig* **I'm with you all the ~** tienes todo mi apoyo ▸ **to be a long ~ from** estar muy lejos de ▸ **we've still got a long ~ to go** todavía nos queda mucho camino por delante ▸ **to be a little/long ~ off** [in distance] estar un poco/muy lejos / [when guessing] andar un poco/muy descaminado(a) **3.** [direction] dirección *f* ▸ **which ~...?** ¿en qué dirección...? ▸ **this/that ~** por aquí/allí ▸ *Fig* **to look the other ~** [ignore sth] hacer la vista gorda ▸ *Fam* **down our ~** en mi tierra ▸ **if the chance comes your ~** si se te presenta la ocasión ▸ **trust should work both ways** la confianza debe ser mutua ▸ **we split the money three ways** dividimos el dinero en tres partes **4.** [manner] modo *m*, manera *f* ▸ **in this ~** de esta manera ▸ **this/that ~** así ▸ **she prefers to do things (in) her own ~** prefiere hacer las cosas a su manera ▸ **I don't like the ~ things are going** no me gusta cómo van las cosas ▸ **one ~ or another** de un modo u otro ▸ **to my ~ of thinking** para mí, a mi parecer ▸ **to find a ~ of doing sth** hallar un modo de hacer algo ▸ **to get into the ~ of doing sth** acostumbrarse a hacer algo ▸ **he has a ~ with children** se le dan bien los niños ▸ **he got his ~** se salió con la suya ▸ **to get used to sb's ways** acostumbrarse a la manera de ser de alguien **5.** [street] calle *f* ▸ **over** *or* **across the ~** enfrente **6.** [respect] sentido *m* ▸ **in a ~** en cierto sentido ▸ **in every ~** en todos los sentidos ▸ **in no ~** de ningún modo **7.** [state, condition] **to be in a good/bad ~** [business] marchar bien/mal ▸ **to be in a bad ~** [person] estar mal

■ adv *Fam* mucho ▸ **~ back in the 1920s** allá en los años 20 ▸ **we go ~ back** nos conocemos desde hace mucho (tiempo) ▸ **~ ahead** mucho más adelante ▸ **~ down south** muy al sur ▸ **your guess was ~ out** ibas muy desencaminado

◆ ***by the way*** adv a propósito, por cierto

◆ ***by way of*** prep [via] **we went by ~ of Amsterdam** fuimos por *or* vía Amsterdam, pasamos por Amsterdam ▸ **by ~ of an introduction/a warning** a modo de introducción/advertencia

wayfarer ['weɪfeərə(r)] n caminante *mf*

waylay [weɪ'leɪ] (pt & pp **waylaid** [weɪ'leɪd]) vt [attack] atracar, asaltar / *Fig* [stop] abordar, detener

way-out [weɪ'aʊt] adj *Fam* extravagante

wayside ['weɪsaɪd] n borde *m* de la carretera ▸ *Fig* **to fall by the ~** irse a paseo

wayward ['weɪwəd] adj rebelde, desmandado(a)

WBA ['dʌbəljuːbiː'eɪ] n (abbr ***World Boxing Association***) Asociación *f* Mundial de Boxeo

WBC ['dʌbəljuːbiː'siː] n (abbr ***World Boxing Council***) Consejo *m* Mundial de Boxeo

WC [dʌbəljuː'siː] n (abbr ***water closet***) váter *m*, retrete *m*

we [wiː] pron nosotros(as) (usually omitted, except for contrast) ▸ **we're Scottish** somos escoceses ▸ **WE haven't got it!** ¡nosotros no lo tenemos! ▸ **as we say in England** como decimos en Inglaterra ▸ **we Spanish are...** (nosotros) los españoles somos...

WEA ['dʌbəljuːiː'eɪ] n *BR* (abbr ***Workers' Educa-***

tional Association) = asociación para la educación de adultos

weak [wiːk] adj [person, currency, character, excuse] débil / [tea, coffee] flojo(a) ▸ **to grow ~** debilitarse ▸ **to have a ~ heart** estar mal del corazón ▸ **to be ~ at physics** estar flojo en física ▸ *Fig* **she went ~ at the knees** le empezaron a temblar las piernas ▸ *Fig* **~ spot** punto *m* débil

weaken ['wiːkən] ■ vt debilitar
■ vi debilitarse

weak-kneed [wiːk'niːd] adj *Fig* débil de carácter, pusilánime

weakling ['wiːklɪŋ] n enclenque *mf,* canijo(a) *m,f*

weakly ['wiːklɪ] adv débilmente

weakness ['wiːknɪs] n debilidad *f* / [weak point] punto *m* débil, defecto *m* ▸ **to have a ~ for sth/sb** sentir *or* tener debilidad por algo/alguien

weak-willed [wiːk'wɪld] adj sin fuerza de voluntad

weal [wiːl] n [mark on skin] señal *f,* verdugón *m*

wealth [welθ] n riqueza *f* / *Fig* abundancia *f,* profusión *f*

wealthy ['welθɪ] ■ npl **the ~** los ricos
■ adj rico(a), pudiente

wean [wiːn] vt [baby] destetar ▸ *Fig* **to ~ sb from** *or* **off a bad habit** quitar *or AM* sacarle una mala costumbre a alguien

weapon ['wepən] n arma *f*

wear [weə(r)] ■ n **1.** [clothing] ropa *f* ▸ **evening/casual ~** ropa de noche/de esport **2.** [use] uso *m* ▸ **to get a lot of ~ out of sth** aprovechar mucho algo ▸ *Fam* **to be the worse for ~** estar para el arrastre ▸ *Fam* **it was none the worse for ~** tampoco estaba tan mal ▸ **~ and tear** deterioro *m*, desgaste *m*
■ vt (pt **wore** [wɔː(r)], pp **worn** [wɔːn]) **1.** [garment, glasses] llevar ▸ **what are you going to ~?** ¿qué te vas a poner? ▸ **to ~ black** ir de negro ▸ **to ~ one's hair long** llevar el pelo largo **2.** [erode] desgastar ▸ **to ~ a hole in sth** terminar haciendo un agujero en algo **3.** *BR Fam* [accept] **she won't ~ it** por ahí no va a pasar
■ vi [clothing] **to ~ thin** [clothes] gastarse, desgastarse ▸ **my patience is wearing thin** se me está acabando la paciencia ▸ **that joke is wearing thin** esa broma ha dejado de tener gracia ▸ **that excuse is wearing thin** esa excusa ya no sirve ▸ **to ~ well** [clothing, person, film] envejecer bien

◆ ***wear away*** ■ vt sep gastar, desgastar
■ vi desgastarse

◆ ***wear down*** ■ vt sep gastar, desgastar ▸ *Fig* **to ~ sb down** agotar *or* extenuar a alguien
■ vi desgastarse

◆ ***wear off*** vi [pain, effect] pasar

◆ ***wear on*** vi [time] transcurrir, pasar

◆ ***wear out*** vt sep gastar, desgastar ▸ **to ~ oneself out** agotarse

wearily ['wɪərɪlɪ] adv [walk] cansinamente / [lean, sit down] con aire de cansancio / [sigh] fatigosamente

wearisome ['wɪərɪsəm] adj [boring] tedioso(a) / [tiring] fatigoso(a) / [annoying] exasperante

weary ['wɪərɪ] ■ adj cansado(a) ▸ **to be ~ of sth** estar hastiado(a) de algo ▸ **to grow ~ of sth** hartarse de algo
■ vt [tire] fatigar, cansar / [annoy] hartar
■ vi cansarse, hartarse (**of** de)

weasel ['wiːzəl] n comadreja *f*

weather ['weðə(r)] ■ n **1.** tiempo *m* ▸ **what's the ~ like?** ¿qué (tal) tiempo hace? ▸ **the ~ is good/bad** hace buen/mal tiempo ▸ **in this ~** con este tiempo ▸ **~ permitting** si el tiempo lo permite ▸ **~ chart** mapa *m* del tiempo ▸ **~ forecast** pronóstico *m* meteorológico *or* del tiempo ▸ **~ forecaster** meteorólogo(a) *m,f* ▸ **~ map** mapa *m* del tiempo ▸ **~ station** estación *f* meteorológica, observatorio *m* meteorológico **2.** [idioms] **to make heavy ~ of sth** hacer una montaña de algo ▸ **to be under the ~** estar pocho(a)
■ vt [rock] erosionar ▸ *Fig* **to ~ the storm** capear el temporal
■ vi [rock] erosionarse

weatherbeaten ['weðəbiːtən] adj [person, face] curtido(a) / [cliff, rock] erosionado(a)

weathercock ['weðəkɒk] n veleta *f*

weatherman ['weðəmæn] n hombre *m* del tiempo

weatherproof ['weðəpruːf] adj resistente (a las inclemencias del tiempo)

weave [wiːv] ■ n [pattern] tejido *m*
■ vt (pt **weaved** *or* **wove** [wəʊv], pp **weaved** *or* **woven** ['wəʊvən]) tejer ▸ *Fig* **a skilfully woven plot** una trama muy bien urdida
■ vi tejer ▸ *Fig* **to ~ through the traffic** avanzar zigzagueando entre el tráfico

weaver ['wiːvə(r)] n tejedor(ora) *m,f*

weaving ['wiːvɪŋ] n TEX tejeduría *f*

web [web] n **1.** [of spider] telaraña *f,* tela *f* de araña / *Fig* [of lies, intrigue] trama *f* **2.** [of duck, frog] membrana *f* interdigital **3.** COMPTR **the Web** la Web ▸ **~ page** página *f* web ▸ **~ site** sitio *m* Web

webbed [webd] adj [foot] palmeado(a)

webbing ['webɪŋ] n [on chair, bed] cinchas *fpl*

webcam ['webkæm] n cámara *f* web

web-footed [web'fʊtɪd] adj [bird] palmípedo(a) / [animal] con membrana interdigital

weblog ['weblɒg] n COMPTR weblog *m,* bitácora *f*

Wed (abbr ***Wednesday***) miércoles *m inv*

wed [wed] (pt & pp **wedded**) ■ vt casarse con ▸ *Fig* **to be wedded to** [an idea, principle] aferrarse a / [one's work] entregarse en cuerpo y alma a
■ vi desposarse, casarse

we'd [wiːd] ➤ ***we had, we would***

wedding ['wedɪŋ] n boda *f, ANDES* matrimonio *m, RP* casamiento *m* ▸ **~ breakfast** banquete *m* de bodas *or ANDES* matrimonio *or RP* casamiento ▸ **~ cake** tarta *f or* pastel *m* de boda, *ANDES* torta *f* de matrimonio, *RP* torta *f* de casamiento ▸ **~ day** día *m* de la boda *or ANDES* del matrimonio *or RP* del casamiento ▸ **~ dress** traje *m or* vestido *m* de novia ▸ **~ night** noche *f* de bodas ▸ **~ ring** alianza *f*, anillo *m* de boda *or ANDES* matrimonio *or RP* casamiento

wedge [wedʒ] ■ n [for door, wheel] cuña *f,* calzo *m* /

[of cake] trozo *m* ▸ *Fig* **it has driven a ~ between them** los ha enemistado

▪ vt [insert] encajar ▸ **to ~ a door open** calzar una puerta para dejarla abierta

wedlock ['wedlɒk] n LAW matrimonio *m* ▸ **to be born out of ~** nacer fuera del matrimonio

Wednesday ['wenzdɪ] n miércoles *m inv* / *see also* ***Saturday***

wee [1] [wi:] adj *SCOT Fam* pequeño(a) ▸ **a ~ bit** un poquito

wee [2] *BR Fam* ▪ n **to do a ~** [urinate] hacer pipí

▪ vi hacer pipí

weed [wi:d] ▪ n **1.** [plant] mala hierba *f* **2.** *BR Fam* [weak person] [physically] debilucho(a) *m,f* / [lacking character] blandengue *mf*

▪ vt [garden] escardar

◆ ***weed out*** vt sep *Fig* [people, applications] descartar / [mistakes] eliminar

weedkiller ['wi:dkɪlə(r)] n herbicida *m*

weedy ['wi:dɪ] adj *Pej* [person] enclenque

week [wi:k] n semana *f* ▸ **next ~** la semana que viene ▸ **last ~** la semana pasada ▸ **every ~** todas las semanas ▸ **once/twice a ~** una vez/dos veces a la semana ▸ **within a ~** en el plazo de una semana ▸ **in a ~, in a week's time** dentro de una semana ▸ **I haven't seen her for** *or* **in weeks** no la he visto desde hace semanas ▸ **~ in ~ out** semana tras semana ▸ **tomorrow/Tuesday ~** de mañana/del martes en ocho días

weekday ['wi:keɪ] n día *m* entre semana, día *m* laborable ▸ **weekdays only** sólo laborables

weekend [wi:k'end] n fin *m* de semana ▸ *BR* **at** *or US* **on the ~** el fin de semana ▸ **~ break** vacaciones *fpl* de fin de semana

weekly ['wi:klɪ] ▪ adj semanal

▪ adv semanalmente

▪ n [newspaper] semanario *m*

weeknight ['wi:knaɪt] n noche *f* de entre semana

weep [wi:p] ▪ n **to have a good ~** desahogarse llorando

▪ vt (pt & pp **wept** [wept]) **to ~ tears of joy/anger** llorar de alegría/rabia

▪ vi [person] llorar

weeping ['wi:pɪŋ] ▪ n llanto *m*

▪ adj lloroso(a) ▸ **~ willow** sauce *m* llorón

weepy ['wi:pɪ] adj *Fam* [book, film, ending] lacrimógeno(a), *CHILE* cebollero(a) ▸ **to be ~** [person] estar lloroso(a)

wee(-)wee ['wi:wi:] n *Fam* **to do a ~** [urinate] hacer pis *or* pipí

weft [weft] n TEX trama *f*

weigh [weɪ] ▪ vt **1.** [measure] pesar **2.** [consider] sopesar ▸ **he weighed his words carefully** midió bien sus palabras ▸ **to ~ one thing against another** sopesar una cosa frente a otra **3.** NAUT **to ~ anchor** levar anclas

▪ vi pesar ▸ **it weighs 2 kilos** pesa 2 kilos ▸ **how much do you ~?** ¿cuánto pesas? ▸ **it's weighing on my conscience** me pesa en la conciencia ▸ **her experience weighed in her favour** su experiencia inclinó la balanza a su favor

◆ ***weigh down*** vt sep cargar ▸ *Fig* **to be weighed down with grief** estar abrumado(a) por la pena

◆ ***weigh in*** vi **1.** [boxer, jockey] **to ~ in at...** dar un peso de... **2.** *Fam* [join in] meter baza

◆ ***weigh out*** vt sep pesar

◆ ***weigh up*** vt sep [situation, chances] sopesar

weighbridge ['weɪbrɪdʒ] n báscula *f* de puente

weight [weɪt] ▪ n **1.** [of person, object] peso *m* ▸ **they're the same ~** pesan lo mismo ▸ **to lose ~** adelgazar, perder peso ▸ **to put on ~** engordar, ganar peso ▸ **to have a ~ problem** tener un problema de peso **2.** [for scales, of clock] pesa *f* ▸ **weights and measures** pesos *mpl* y medidas ▸ **~ training** gimnasia *f* con pesas **3.** [load] peso *m,* carga *f* **4.** [idioms] **that's a ~ off my mind** me he quitado *or AM* sacado un peso de encima ▸ **to carry ~** influir, tener peso

▪ vt [bias] **the system is weighted in his favour** el sistema se inclina a su favor

◆ ***weight down*** vt sep sujetar *(con un peso)*

weighting ['weɪtɪŋ] n *BR* FIN ponderación *f* ▸ **London ~** [in salary] plus *m* salarial por residencia en Londres

weightless ['weɪtlɪs] adj ingrávido(a)

weightlifter ['weɪtlɪftə(r)] n levantador(ora) *m,f* de pesos

weightlifting ['weɪtlɪftɪŋ] n halterofilia *f,* levantamiento *m* de pesos

weightwatcher ['weɪtwɒtʃə(r)] n persona *f* a dieta

weighty ['weɪtɪ] adj [load, object] pesado(a) / *Fig* [problem, matter] grave / [reason] de peso

weir [wɪə(r)] n presa *f*

weird [wɪəd] adj extraño(a), raro(a)

weirdo ['wɪədəʊ] (pl **weirdos**) n *Fam* bicho *m* raro

welcome ['welkəm] ▪ n bienvenida *f*

▪ adj [person] bienvenido(a) / [news, change] grato(a) ▸ **to make sb ~** ser hospitalario(a) con alguien ▸ **I don't feel ~ here** siento que no soy bienvenido(a) aquí ▸ **you're always ~** siempre serás bienvenido ▸ **~ home!** ¡bienvenido a casa! ▸ **you're ~ to borrow it** tómalo *or ESP* cógelo prestado cuando quieras

▪ vt [person] dar la bienvenida a / [news, change] acoger favorablemente ▸ **we ~ this change** este cambio nos parece muy positivo ▸ **to ~ the opportunity to do sth** alegrarse de tener la oportunidad de hacer algo

welcoming ['welkəmɪŋ] adj [person, attitude] afable, hospitalario(a)

weld [weld] ▪ n soldadura *f*

▪ vt soldar

welder ['weldə(r)] n soldador(ora) *m,f*

welding ['weldɪŋ] n soldadura *f*

welfare ['welfeə(r)] n **1.** bienestar *m* ▸ *BR* **the Welfare State** el estado del bienestar ▸ **~ work** trabajo *m* social **2.** *US* [social security] **to be on ~** recibir un subsidio del Estado

well [1] [wel] n [for water, oil] pozo *m* / [for lift, stairs] hueco *m*

◆ ***well up*** vi [tears] brotar

well [2] (comparative **better** ['betə(r)] superlative **best** [best]) ▪ adj **to be ~** estar bien ▸ **to get ~** ponerse bien

▸ **how are you? – ~, thank you** ¿cómo estás? – bien, gracias ▸ **it is just as ~** menos mal ▸ **that's all very ~, but...** todo eso está muy bien, pero...

■ adv **1.** [satisfactorily] bien ▸ **to speak ~ of sb** hablar bien de alguien ▸ **I did as ~ as I could** lo hice lo mejor que pude ▸ **to be doing ~** [after operation] irse recuperando ▸ **~ done!** ¡bien hecho! ▸ **you would do ~ to say nothing** harías bien en no decir nada ▸ **to come out of sth ~** salir bien parado(a) de algo ▸ **he apologized, as ~ he might** se disculpó, y no era para menos ▸ **very ~!** [OK] ¡muy bien!, *ESP* ¡vale!, *MÉX* ¡órale! **2.** [for emphasis] bien ▸ **I know her ~** la conozco bien ▸ **it is ~ known that...** todo el mundo sabe que... ▸ **it's ~ worth trying** bien vale la pena intentarlo ▸ **she's ~ able to look after herself** es muy capaz de valerse por sí misma ▸ **I can ~ believe it** no me extraña nada ▸ **I am ~ aware of that** soy perfectamente consciente de eso ▸ **~ before/after** mucho antes/después ▸ **to leave ~ alone** dejar las cosas como están **3.** [also] **as ~** también ▸ **as ~ as** [in addition to] además de

■ exclam **~, who was it?** ¿y bien? ¿quién era? ▸ **~, here we are (at last)!** bueno, ¡por fin hemos llegado! ▸ **~, ~!** ¡vaya, vaya! ▸ **~ I never!** ¡caramba! ▸ **~, that's life!** en fin, ¡así es la vida!

we'll [wi:l] ➤ ***we will, we shall***

well-adjusted [welə'dʒʌstɪd] adj [person] equilibrado(a)

well-advised [weləd'vaɪzd] adj sensato(a), prudente ▸ **you'd be ~ to stay indoors today** hoy lo mejor sería no salir de casa

well-appointed [welə'pɔɪntɪd] adj *BR Formal* [house, room] bien acondicionado(a)

well-argued [wel'ɑ:gju:d] adj bien argumentado(a)

well-attended [welə'tendɪd] adj muy concurrido(a) ▸ **the meeting was ~** a la reunión acudió *or* asistió mucha gente

well-balanced [wel'bælənst] adj [person, diet] equilibrado(a)

well-behaved [welbɪ'heɪvd] adj (bien) educado(a) ▸ **to be ~** portarse bien

wellbeing ['welbi:ɪŋ] n bienestar *m*

well-built [wel'bɪlt] adj [building] bien construido(a) / [person] fornido(a)

well-chosen [wel'tʃəʊzən] adj acertado(a)

well-deserved [weldɪ'zɜ:vd] adj (bien) merecido(a)

well-disposed [weldɪs'pəʊzd] adj **to be ~ towards sb** tener buena disposición hacia alguien

well-dressed [wel'drest] adj elegante ▸ **to be ~** ir bien vestido(a)

well-earned [wel'ɜ:nd] adj (bien) merecido(a)

well-educated [wel'edjʊkeɪtɪd] adj culto(a), instruido(a)

well-fed [wel'fed] adj bien alimentado(a)

well-founded [wel'faʊndɪd] adj [suspicion, fear] fundado(a)

well-heeled [wel'hi:ld] adj *Fam* ricachón(ona), forrado(a), *ESP* con pelas, *AM* con plata

well-informed [welɪn'fɔ:md] adj (bien) informado(a)

wellington ['welɪŋtən] n *BR* **wellingtons, ~ boots** botas *fpl* de agua *or* goma *or MÉX, VEN* caucho

well-intentioned [welɪn'tenʃənd] adj bienintencionado(a)

well-kept [wel'kept] adj [garden] cuidado(a) / [secret] bien guardado(a)

well-known [wel'nəʊn] adj conocido(a), famoso(a)

well-loved [wel'lʌvd] adj muy querido(a)

well-made [wel'meɪd] adj bien hecho(a)

well-meaning [wel'mi:nɪŋ] adj bienintencionado(a)

well-meant [wel'ment] adj bienintencionado(a)

well-nigh ['welnaɪ] adv casi, prácticamente

well-off [wel'ɒf] adj [wealthy] acomodado(a), rico(a) ▸ *Fig* **you don't know when you're ~** no sabes lo afortunado que eres

well-paid [wel'peɪd] adj bien pagado(a)

well-read [wel'red] adj leído(a), = *que ha leído mucho*

well-spoken [wel'spəʊkən] adj bienhablado(a)

well-timed [wel'taɪmd] adj oportuno(a)

well-to-do [weltə'du:] adj acomodado(a), próspero(a)

well-versed [wel'vɜ:st] adj **to be ~ in sth** estar muy ducho(a) *or* versado(a) en algo

wellwisher ['welwɪʃə(r)] n simpatizante *mf*, admirador(ora) *m,f*

well-worn [wel'wɔ:n] adj [garment] gastado(a) / [argument] manido(a)

well-written [wel'rɪtən] adj bien escrito(a)

Welsh [welʃ] ■ npl [people] **the ~** los galeses

■ n [language] galés *m*

■ adj galés(esa) ▸ **~ Assembly** Asamblea *f* de Gales, Parlamento *m* de Gales ▸ **~ dresser** aparador *m*

welt [welt] n [mark on skin] señal *f*, verdugón *m*

welter ['weltə(r)] n **a ~ of...** un barullo de...

welterweight ['weltəweɪt] n SPORT peso *m* wélter *m*

wench [wentʃ] n *Old-fashioned or Hum* moza *f*

wend [wend] vt *Literary* **they wended their way homewards** con paso cansino pusieron rumbo a casa

went [went] pt *of* ***go***

wept [wept] pt & pp *of* ***weep***

were [wɜ:(r)] pt *of* ***be***

we're [wɪə(r)] ➤ ***we are***

weren't [wɜ:nt] ➤ ***were not***

werewolf ['wɪəwʊlf] n hombre *m* lobo

west [west] ■ n oeste *m* ▸ **to the ~ (of)** al oeste (de) ▸ **the West of Spain** el oeste de España ▸ **the West** Occidente

■ adj [side, coast] oeste, occidental ▸ **West Africa** África Occidental ▸ **West African** africano(a) *m,f* occidental ▸ **the West Bank** Cisjordania ▸ **the West Country** el suroeste de Inglaterra ▸ **the West End** [of London] = *zona de Londres famosa por sus comercios y teatros* ▸ *Formerly* **West Germany** Alemania Occidental ▸ **West Indian** antillano(a) *m,f* ▸ **the West Indies** las Antillas ▸ **the West Side** = *el barrio oeste de Manhattan* ▸ **West Virginia** Virginia Occidental ▸ **~ wind** viento *m* de poniente *or* del oeste

■ adv hacia el oeste, en dirección oeste ▸ **to face ~** dar *or* mirar al oeste ▸ *Fig* **to go ~** [TV, car] romperse, estropearse

westbound ['westbaʊnd] adj [train, traffic] en dirección oeste ▸ **the ~ carriageway** el carril que va hacia el oeste

westerly ['westəlɪ] ■ n [wind] viento *m* de poniente *or* del oeste
■ adj [direction] hacia el oeste ▸ **the most ~ point** el punto más occidental ▸ **~ wind** viento *m* de poniente *or* del oeste

western ['westən] ■ n [film] película *f* del oeste, western *m* / [novel] novela *f* del oeste
■ adj occidental ▸ **~ Spain** la España occidental ▸ **Western Europe** Europa occidental ▸ **the Western Isles** [of Scotland] las Hébridas

westernization [westənaɪ'zeɪʃən] n occidentalización *f*

westernized ['westənaɪzd] adj occidentalizado(a)

westernmost ['westənməʊst] adj más occidental

Western Samoa ['westənsə'məʊə] n Samoa Occidental

Western Samoan ['westənsə'məʊən] n & adj samoano(a) *m,f* occidental

Westminster [west'mɪnstə(r)] n [as seat of administration] Westminster, el parlamento británico

> CULTURE / CULTURA
> ## Westminster
> Este distrito de Londres fue en su origen una villa independiente situada al oeste de la ciudad y que fue creciendo en torno a una abadía medieval. En la actualidad, es el centro del gobierno británico, ya que en él se encuentran el parlamento y el palacio de Buckingham, por lo que el nombre de Westminster también se emplea para designar al propio parlamento. En él se encuentra además el "West End", que es la zona de treatros, museos y tiendas por excelencia de Londres.

west-northwest ['westnɔːθ'west] adv en dirección oesnoroeste

west-southwest ['westsaʊθ'west] adv en dirección oesuroeste

westward ['westwəd] adj & adv hacia el oeste

westwards ['westwədz] adv hacia el oeste

wet [wet] ■ adj **1.** [damp] húmedo(a) / [soaked] mojado(a) / [weather] lluvioso(a) ▸ **to be ~** [damp] estar húmedo(a) / [soaked] estar mojado(a) / [ink, paint] estar fresco(a) ▸ **to get ~** mojarse ▸ *Fig* **~ blanket** aguafiestas *mf inv* ▸ *Fam* **~ dream** polución *f* nocturna, *AM* orgasmo *m* nocturno ▸ **~ paint** [sign] recién pintado ▸ **~ suit** traje *m* de submarinismo **2.** *BR Fam* [feeble] blandengue, soso(a)
■ vt (pt & pp **wet** *or* **wetted**) [dampen] humedecer / [soak] mojar ▸ **to ~ the bed** mojar la cama, orinarse en la cama ▸ **to ~ oneself** mearse encima
■ n **1.** [dampness] humedad *f* / [rain] lluvia *f* **2.** *BR* POL conservador(ora) *m,f* moderado(a)

WEU [dʌbəljuːiː'uː] n (abbr ***Western European Union***) UEO *f*

we've [wiːv] ➤ ***we have***

whack [wæk] *Fam* ■ n **1.** [blow] porrazo *m, MÉX* madrazo *m* **2.** [share] parte *f*
■ vt **1.** [hit] dar un porrazo *or MÉX* madrazo a ▸ **to ~ sb on** *or* **over the head** dar un porrazo *or MÉX* madrazo a alguien en la cabeza **2.** *US Fam* [murder] liquidar, *ESP* cepillarse, *ESP* cargarse

whacked [wækt] adj *Fam* [exhausted] derrengado(a), molido(a)

whacking ['wækɪŋ] *Fam* adv **a ~ great increase/fine** un incremento/una multa bestial

whale [weɪl] n ballena *f* ▸ *Fam* **we had a ~ of a time** nos lo pasamos bomba

whaler ['weɪlə(r)] n [person, vessel] ballenero *m*

whaling ['weɪlɪŋ] n caza *f* de ballenas

wharf [wɔːf] (pl **wharves** [wɔːvz]) n embarcadero *m*

what [wɒt] ■ adj **1.** [in questions] qué ▸ **~ sort do you want?** ¿qué tipo quieres? ▸ **tell me ~ books you want** dime qué libros quieres ▸ **~ colour/size is it?** ¿de qué color/talla *or RP* talle es? ▸ **~ good is that?** ¿de qué sirve eso? **2.** [in relative constructions] **he took ~ little I had left** cogió lo poco que me quedaba ▸ **I'll give you ~ money I have** te daré todo el dinero que tengo
■ pron **1.** [in questions] qué ▸ **~ do you want?** ¿qué quieres? ▸ **~ are you doing here?** ¿qué haces aquí? ▸ **what's that?** ¿qué es eso? ▸ **what's that to you?** ¿a ti qué te importa? ▸ **what's to be done about this problem?** ¿qué podríamos hacer para resolver este problema? ▸ **~ did I tell you?** ¿qué te dije? ▸ **~ will people say?** ¿qué va a decir la gente? ▸ **what's the Spanish for "dog"?** ¿cómo se dice "dog" en español? ▸ **what's he/she/it like?** ¿cómo es? ▸ **~ about the money I lent you?** ¿y el dinero que te presté? ▸ **~ about a game of bridge?** ¿*ESP* te apetece *or CARIB, COL, MÉX* te provoca *or MÉX* se te antoja *or CSUR* querés echar una partida de bridge? ▸ **~ about me?** ¿y yo qué? ▸ **if that doesn't work, ~ then?** y si eso no funciona, ¿qué? ▸ *Fam* **so ~?, ~ of it?** ¿y qué? ▸ *Fam* **d'you think I'm mad or ~?** ¿te crees que estoy loco o qué? ▸ *Fam* **paper, pens, pencils, and ~ not** *or* **~ have you** papel, bolígrafos, lápices y toda la pesca **2.** [relative] qué ▸ **I don't know ~ has happened** no sé qué ha pasado ▸ **~ is most remarkable is that...** lo más sorprendente es que... ▸ **~ I like is a good detective story** lo que más me gusta son las novelas policíacas ▸ *Fam* **he knows what's ~** tiene la cabeza *ESP* sobre los hombros *or AM* bien puesta ▸ *Fam* **to give sb ~ for** darle a alguien para el pelo **3. ~ for?** [for what purpose] ¿para qué? / [why] ¿por qué? ▸ **what's that for?** ¿para qué es eso? ▸ **~ did he do that for?** ¿por qué hizo eso? ▸ **tell me ~ you're crying for** dime por qué lloras **4.** [in exclamations] **~ an idea!** ¡menuda idea! ▸ **~ a fool he is!** ¡qué tonto es! ▸ **~ a lot of people!** ¡cuánta gente!
■ exclam **~? you didn't check the dates?** ¿qué? ¿que no comprobaste las fechas? ▸ **~ next (I ask myself)!** ¡(me pregunto) con qué saldrán ahora!

what-d'ye-call-her ['wɒtjəkɔːlə(r)] n *Fam* [person] fulanita *f*, menganita *f*

what-d'ye-call-him ['wɒtjəkɔːlɪm] n *Fam* [person] fulanito *m*, menganito *m*

what-d'ye-call-it ['wɒtjəkɔ:lɪt] n *Fam* [thing] chisme *m, CAM, CARIB, COL* vaina *f, RP* coso *m*

whatever [wɒt'evə(r)] ■ pron **~ it is, ~ it may be** sea lo que sea ▸ **~ happens** pase lo que pase ▸ **do ~ you like** haz lo que quieras ▸ **~ you say** [expressing acquiescence] lo que tú digas ▸ **give him ~ he wants** dale lo que quiera ▸ **~ does that mean?** ¿y eso qué significa?
■ adj **1.** [no matter what] **I regret ~ harm I may have done** pido disculpas por el daño que pueda haber ocasionado ▸ **pay ~ price they ask** paga el precio que sea **2.** [emphatic] **for no reason ~** sin motivo alguno ▸ **none/nothing ~** absolutamente ninguno(a)/nada

what's-her-name ['wɒtsəneɪm], ***what's-his-name*** ['wɒtsɪzneɪm], ***what's-its-name*** ['wɒtsɪtsneɪm] n *Fam* ➤ ***what-d'ye-call-her/him/it***

whatsit ['wɒtsɪt] n *Fam* chisme *m, CAM, CARIB, COL* vaina *f, RP* coso *m*

whatsoever [wɒtsəʊ'evə(r)] adj **for no reason ~** sin motivo alguno ▸ **none/nothing ~** absolutamente ninguno(a)/nada

wheat [wi:t] n trigo *m* ▸ **~ germ** germen *m* de trigo

wheaten ['wi:tən] adj [loaf, roll] de trigo

wheatfield ['wi:tfi:ld] n trigal *m*

wheedle ['wi:dəl] vt sep **to ~ sth out of sb** sacar algo a alguien con halagos ▸ **to ~ sb into doing sth** hacerle zalamerías a alguien para que haga algo

wheel [wi:l] ■ n **1.** [on car, trolley] rueda *f* ▸ **the ~ of fortune** la rueda de la fortuna **2.** [for steering] volante *m, ANDES* timón *m* / [of boat] timón *m* ▸ **to be at** *or* **behind the ~** ir al volante
■ vt [push] empujar, hacer rodar
■ vi [turn] girar, dar vueltas

wheelbarrow ['wi:lbærəʊ] n carretilla *f*

wheelbase ['wi:lbeɪs] n AUT distancia *f* entre ejes, batalla *f*

wheelchair ['wi:ltʃeə(r)] n silla *f* de ruedas

-wheeled [wi:ld] suffix **two/three/***etc***~** de dos/tres/*etc* ruedas

wheelie bin ['wi:lɪbɪn] n *Fam* contenedor *m* de basura

wheeling ['wi:lɪŋ] n **~ and dealing** tejemanejes *mpl*

wheeze [wi:z] ■ n **1.** [noise] resuello *m*, resoplido *m* **2.** *BR Fam* [trick] truco *m*, trampa *f*
■ vi [breathe heavily] resollar, resoplar

whelk [welk] n bu(c)cino *m*

whelp [welp] n [dog] cachorro *m* / [person] mocoso(a) *m,f*

when [wen] ■ adv [in questions] cuándo ▸ **~ will you come?** ¿cuándo vienes? ▸ **tell me ~ it happened** dime cuándo ocurrió ▸ **until ~ can you stay?** ¿hasta cuándo te puedes quedar? ▸ *Fam* **say ~!** [when pouring drink] ¡dime basta!
■ conj **1.** [with time] cuando ▸ **I had just gone to bed ~ the phone rang** acababa de acostarme cuando sonó el teléfono ▸ **tell me ~ you've finished** avísame cuando hayas terminado ▸ **what's the good of talking ~ you never listen?** ¿de qué sirve hablarte si nunca escuchas? **2.** [whereas] cuando

whence [wens] adv *Literary* de dónde

whenever [wen'evə(r)] ■ conj **1.** [every time that] cada vez que ▸ **I go ~ I can** voy siempre que puedo **2.** [no matter when] **come ~ you like** ven cuando quieras
■ adv [referring to unspecified time] cuando sea ▸ **Sunday, Monday, or ~** el domingo, el lunes o cuando sea **2.** [in questions] cuándo ▸ **~ did you find the time to do all that?** ¿de dónde sacaste tiempo para hacer todo eso?

where [weə(r)] ■ adv [in questions] dónde ▸ **~ are you going?** ¿adónde *or* dónde vas? ▸ **~ does he come from?** ¿de dónde es? ▸ **~ am I?** ¿dónde estoy? ▸ **tell me ~ she is** dime dónde está ▸ **~ did I go wrong?** ¿en qué *or* dónde me equivoqué? ▸ **~ would we be if...?** ¿dónde estaríamos si...?
■ conj donde ▸ **I'll stay ~ I am** me quedaré donde estoy ▸ **go ~ you like** ve a donde quieras ▸ **that is ~ you are mistaken** ahí es donde te equivocas ▸ **the house ~ I was born** la casa donde nací ▸ **near ~ I live** cerca de donde vivo ▸ **they went to Paris, ~ they stayed a week** fueron a París, donde permanecieron una semana ▸ **~ there is disagreement, seek legal advice** en caso de disputa, pide asesoría jurídica

whereabouts ■ npl ['weərəbaʊts] [location] **nobody knows her ~, her ~ are unknown** está en paradero desconocido
■ adv [weərə'baʊts] [where] dónde

whereas [weə'ræz] conj **1.** [on the other hand] mientras que **2.** LAW considerando que

whereby [weə'baɪ] adv *Formal* por el/la cual

whereupon [weərə'pɒn] conj *Literary* tras lo cual

wherever [weə'revə(r)] ■ conj **1.** [everywhere that] allá donde, dondequiera que ▸ **I see him ~ I go** vaya donde vaya, siempre lo veo ▸ **~ possible** (allá) donde sea posible **2.** [no matter where] dondequiera que ▸ **we'll go ~ you want** iremos donde quieras
■ adv **1.** [referring to unknown or unspecified place] en cualquier parte ▸ **at home, in the office, or ~** en casa, en la oficina o donde sea ▸ **it's in Coatbridge, ~ that is** está en Coatbridge, dondequiera que quede eso **2.** [in questions] **~ can he be?** ¿dónde puede estar?

wherewithal ['weərwɪðɔ:l] n **the ~ (to do sth)** los medios (para hacer algo)

whet [wet] (pt & pp **whetted**) vt [tool, blade] afilar / [appetite] despertar, abrir

whether ['weðə(r)] conj **1.** [indirect question] si ▸ **I don't know ~ it's true** no sé si es verdad **2.** [conditional] **~ she comes or not we shall leave** nos iremos, venga ella o no ▸ **~ or not this is true** sea eso verdad o no

whew [hju:] exclam **1.** [relief, fatigue] ¡uf! **2.** [astonishment] ¡hala!

whey [weɪ] n suero *m*

which [wɪtʃ] ■ adj **1.** [in questions] qué ▸ **~ colour do you like best?** ¿qué color te gusta más? ▸ **~ way do we go?** ¿hacia dónde vamos? ▸ **~ one(s)?** ¿cuál(es)? **2.** [in relative constructions] **I was there for a week, during ~ time...** estuve allí una semana, durante la cual... ▸ **she came at noon, by ~ time I had left** llegó a mediodía, para entonces yo ya me había marchado

■ pron **1.** [in questions] [singular] cuál / [plural] cuáles ▸ **~ have you chosen?** ¿cuál has escogido? ▸ **~ of the two is prettier?** ¿cuál de las dos es más bonita? ▸ **~ of them is going?** ¿cuál de ellos va? ▸ **I can never remember ~ is ~** nunca me acuerdo de cuál es cuál **2.** [relative] [singular] que, el/la cual / [plural] que, los/las cuales ▸ **the house ~ is for sale** la casa que está en venta ▸ **the house, ~ has been empty for years** la casa, que lleva años vacía **3.** [referring back to whole clause] lo cual ▸ **he's getting married, ~ surprises me** se va a casar, lo cual *or* cosa que me sorprende ▸ **she was back in London, ~ annoyed me** estaba de vuelta en Londres, lo cual me molestó **4.** [with prepositions] **the house of ~ I am speaking** la casa de la que estoy hablando ▸ **the countries ~ we are going to** los países a los que vamos a ir ▸ **the town ~ we live in** la ciudad en (la) que vivimos ▸ **I was shocked by the anger with ~ she said this** me sorprendió el *esp ESP* enfado *or esp AM* enojo con (el) que dijo esto ▸ **after ~ he went out** tras lo cual, salió

whichever [wɪtʃ'evə(r)] ■ adj **take ~ book you like best** toma *or ESP* coge el libro que prefieras ▸ **~ way we do it there'll be problems** lo hagamos como lo hagamos habrá problemas

■ pron cualquiera ▸ **~ you choose, it will be a bargain** elijas el que elijas, será una ganga ▸ **the 30th or the last Friday, ~ comes first** el día 30 o el último viernes, lo que venga antes

whiff [wɪf] n [smell] olorcillo *m* (**of** a) ▸ **she caught a ~ of it** le llegó el olorcillo ▸ *Fig* **a ~ of scandal** un tufillo a escándalo

while [waɪl] ■ n **1.** [time] rato *m* ▸ **after a ~** después de un rato ▸ **for a ~** (durante) un rato ▸ **in a ~** dentro de un rato ▸ **a short** *or* **little ~ ago** hace un rato ▸ **a good ~, quite a ~** un buen rato ▸ **once in a ~** de vez en cuando **2. it's not worth my ~** no me merece la pena ▸ **I'll make it worth your ~** te recompensaré

■ conj **1.** [during the time that] mientras ▸ **~ reading I fell asleep** me quedé dormido mientras leía ▸ **it won't happen ~ I'm in charge!** ¡esto no ocurrirá mientras yo esté al cargo! **2.** [although] si bien ▸ **~ I admit it's difficult,...** si bien admito que es difícil,... **3.** [whereas] mientras que ▸ **one wore white, ~ the other was all in black** uno iba de blanco, mientras que el otro vestía todo de negro

◆ ***while away*** vt sep [time] matar, pasar

whilst [waɪlst] conj *BR* ➤ ***while***

whim [wɪm] n capricho *m* ▸ **to do sth on a ~** hacer algo por capricho

whimper ['wɪmpə(r)] ■ n gimoteo *m* ▸ *Fig* **without a ~** sin rechistar

■ vi gemir, gimotear

whimsical ['wɪmzɪkəl] adj [person, behaviour] caprichoso(a) / [remark, story] curioso(a), inusual

whine [waɪn] ■ n [of person, animal] gemido *m* / [of machine] chirrido *m*

■ vi [in pain] gimotear / [complain] quejarse (**about** de)

whinge [wɪndʒ] vi *BR Fam* [complain] quejarse

whinny ['wɪnɪ] ■ n relincho *m*

■ vi relinchar

whip [wɪp] ■ n **1.** [for punishment] látigo *m* / [for horse] fusta *f* **2.** PARL [person] = *encargado de mantener la disciplina de un partido político en el parlamento* / *BR* [document] = *despacho enviado a un diputado por su portavoz de grupo en el que se le insta a asistir al parlamento para votar en un asunto determinado*

■ vt (pt & pp **whipped**) **1.** [lash, hit] azotar / [horse] fustigar ▸ **whipped cream** *ESP* nata *f* montada, *AM* crema *f* batida ▸ *Fig* **he whipped the crowd into a frenzy** exaltó al gentío **2.** *Fam* [defeat] dar una paliza a **3.** *Fam* [steal] birlar, mangar

◆ ***whip off*** vt sep *Fam* [clothes] quitarse, *AM* sacarse

◆ ***whip out*** vt sep *Fam* sacar rápidamente

◆ ***whip round*** *Fam* vi *BR* [turn quickly] darse la vuelta rápidamente, *MÉX* voltearse rápidamente

◆ ***whip up*** vt sep **to ~ up one's audience** entusiasmar al público ▸ **to ~ up support (for sth)** recabar apoyo (para algo) ▸ *Fam* **I'll ~ you up something to eat** te prepararé algo de comer

whiplash ['wɪplæʃ] n **~ (injury)** esguince *m* cervical *(lesión cervical por acción de la inercia)*

whippersnapper ['wɪpəsnæpə(r)] n *Fam* mocoso(a) *m,f*

whippet ['wɪpɪt] n lebrel *m*

whipping ['wɪpɪŋ] n azotes *mpl* ▸ **to give sb a ~** [punish] azotar a alguien ▸ **~ boy** cabeza *mf* de turco ▸ **~ cream** *ESP* nata *f* para montar, *AM* crema *f* para batir

whipround ['wɪpraʊnd] n *BR Fam* **to have a ~ (for sb)** hacer una colecta (para alguien)

whirl [wɜːl] ■ n remolino *m* ▸ **a ~ of activity** un torbellino de actividad ▸ **the social ~** el torbellino de la vida social ▸ **my head's in a ~** tengo una gran confusión mental ▸ *Fam* **let's give it a ~** probémoslo

■ vt **to ~ sth/sb around** hacer girar algo/a alguien

■ vi [dust, smoke, leaves] arremolinarse / [person] girar vertiginosamente ▸ **my head's whirling** me da vueltas la cabeza

◆ ***whirl along*** vi [car, train] avanzar rápidamente

◆ ***whirl round*** vi volverse *or* darse la vuelta rápidamente

whirlpool ['wɜːlpuːl] n remolino *m*

whirlwind ['wɜːlwɪnd] n torbellino *m* ▸ **~ romance** romance *m* arrebatado ▸ **~ tour** visita *f* relámpago

whirr [wɜː(r)] ■ n zumbido *m*

■ vi zumbar

whisk [wɪsk] ■ n CULIN batidor *m* (manual)

■ vt **1.** [eggs] batir **2.** [move quickly] **he was whisked into hospital** lo llevaron al hospital a toda prisa

■ vi [move quickly] **she whisked past me** pasó zumbando a mi lado

◆ ***whisk away, whisk off*** vt sep llevarse rápidamente

whisker ['wɪskə(r)] n **whiskers** [of cat, mouse] bigotes *mpl* / [of man] patillas *fpl* ▸ *Fam* **to win by a ~** ganar por un pelo

whisky, *US* ***whiskey*** ['wɪskɪ] n whisky *m*

whisper ['wɪspə(r)] ■ n susurro *m* ▸ **to speak in a ~** hablar en voz baja *or AM* despacio ▸ **and remember, not a ~ of it to anyone!** y recuerda, ¡ni una palabra a nadie!

■ vt **to ~ sth to sb** susurrar algo a alguien ▸ *BR* **it is being whispered that...** se rumorea que...
■ vi susurrar ▸ **stop whispering at the back of the class!** ¡vale ya de cuchichear ahí atrás!

whist [wɪst] n [cardgame] whist *m*

whistle ['wɪsəl] ■ n **1.** [noise] silbido *m* **2.** [musical instrument] pífano *m,* flautín *m* / [of referee, policeman] silbato *m,* pito *m*
■ vt [tune] silbar
■ vi silbar ▸ **the bullet whistled past his ear** la bala le pasó silbando junto al oído ▸ *Fam* **he can ~ for his money** puede esperar sentado su dinero

whistle-blower ['wɪsəlbləʊə(r)] n [in company, government] denunciante *mf (de ilegalidades o corruptelas)*

whistle-stop tour ['wɪsəlstɒp'tʊə(r)] n **a ~ of Europe** un recorrido rápido por Europa

Whit [wɪt] n Pentecostés *m* ▸ **~ Sunday** domingo *m* de Pentecostés

whit [wɪt] n **not a ~** ni pizca ▸ **it won't make a ~ of a difference** va a dar exactamente igual

white [waɪt] ■ n **1.** [colour, of eyes] blanco *m* **2.** [person] blanco(a) *m,f* **3.** [of egg] clara *f*
■ adj blanco(a) ▸ **to turn** *or* **go ~** ponerse blanco(a), empalidecer ▸ **~ with fear** pálido(a) de miedo ▸ **~ as a ghost** *or* **sheet** blanco(a) como la nieve ▸ **~ chocolate** chocolate *m* blanco ▸ **~ coffee** café *m* con leche ▸ *Fig* **~ elephant** mamotreto *m* inútil ▸ **~ fish** pescado *m* blanco ▸ **~ flag** bandera *f* blanca ▸ **~ flour** harina *f* (refinada) ▸ **~ heat** calor *m* blanco, rojo *m* blanco ▸ *US* **the White House** la Casa Blanca ▸ **~ lie** mentira *f* piadosa ▸ **a ~ man** un hombre blanco ▸ **~ meat** carne *f* blanca ▸ PARL **~ paper** libro *m* blanco ▸ **~ sauce** (salsa *f*) bechamel *f, COL, CSUR* salsa *f* blanca ▸ *BR* **~ spirit** aguarrás *m* ▸ **~ stick** bastón *m* de ciego ▸ **~ tie** [formal dress] frac *m* y *ESP* pajarita blanca *or MÉX* corbata de moño blanca *or RP* moñito blanco ▸ *US Fam Pej* **~ trash** gentuza *f* blanca ▸ **~ wedding** boda *f or ANDES* matrimonio *m or RP* casamiento *m* de blanco

CULTURE / CULTURA

the White House

La Casa Blanca es lugar de trabajo y residencia oficial del presidente de Estados Unidos y su familia en Washington, DC. Se trata del edificio público más antiguo de la ciudad y el primer presidente en vivir en él fue John Adams a partir del año 1800. Tras haber sido incendiado por las tropas británicas en 1814, fue restaurado y pintado de blanco. Sin embargo, y al contrario de lo que muchos creen, la "Casa Blanca" ya recibía este nombre antes de que se pintara en esta ocasión. Su nombre se hizo oficial cuando Theodore Roosevelt lo hizo grabar en el membrete de sus cartas. Por extensión, el término **White House** se utiliza para referirse a la presidencia y la administración estadounidenses.

whitebait ['waɪtbeɪt] n **deep-fried ~** pescaditos *mpl* fritos

white-collar worker ['waɪt'kɒlə'wɜːkə(r)] n oficinista *mf,* administrativo(a) *m,f*

white-haired ['waɪt'heəd] adj canoso(a)

Whitehall ['waɪthɔːl] n = *calle de Londres donde se encuentra la administración central británica*

CULTURE / CULTURA

Whitehall

Esta calle londinense reúne numerosos organismos gubernamentales, como por ejemplo las sedes de los Ministerios de Economía, Asuntos Exteriores y Defensa. Además, una de sus bocacalles es Downing Street, cuyo número 10 es la residencia oficial del primer ministro británico. La palabra **Whitehall** se emplea a menudo para designar al propio gobierno.

white-hot ['waɪt'hɒt] adj candente

white-knuckle [waɪt'nʌkəl] adj **~ ride** atracción *f* que pone los pelos de punta

whiteness ['waɪtnɪs] n blancura *f*

whitewash ['waɪtwɒʃ] ■ n cal *f,* lechada *f* / *Fig* encubrimiento *m*
■ vt encalar / *Fig* encubrir

whither ['wɪðə(r)] adv *Literary* adónde

whiting ['waɪtɪŋ] n [fish] pescadilla *f*

whitish ['waɪtɪʃ] adj blancuzco(a), blanquecino(a)

Whitsun ['wɪtsən] n Pentecostés *m*

whittle ['wɪtəl] vt [carve] tallar / [sharpen] sacar punta a, pelar ▸ *Fig* **to ~ sth down** ir reduciendo algo

◆ ***whittle away*** vt sep **his savings had been gradually whittled away** sus ahorros se habían visto mermados gradualmente

whizz [wɪz] ■ n *Fam* [expert] genio *m* (**at** de) ▸ **~ kid** joven *mf* prodigio
■ vi [bullet] zumbar, silbar / [person, car] ir corriendo, ir zumbando ▸ **to ~ past** pasar zumbando ▸ **he whizzed through the work** hizo el trabajo a toda velocidad

WHO [dʌbəljuːeɪtʃ'əʊ] n (abbr ***World Health Organization***) OMS *f*

who [huː] pron **1.** [in questions] [singular] quién / [plural] quiénes ▸ **~ is it?** ¿quién es? ▸ **~ with?** ¿con quién? ▸ **~ is it for?** ¿para quién es? ▸ **who's speaking?** [on phone] ¿de parte de quién? ▸ **~ did you say was there?** ¿quién has dicho que estaba allí? ▸ **~ does he think he is?** ¿quién se cree que es? **2.** [relative] que ▸ **the people ~ came yesterday** las personas que vinieron ayer ▸ **those ~ have already paid can leave** los que ya hayan pagado pueden marcharse ▸ **Louise's father, ~ is a doctor, was there** estuvo allí el padre de Louise, que es médico

whodun(n)it [huː'dʌnɪt] n *Fam* [book] novela *f* de *ESP* suspense *or AM* suspenso / [film] película *f* de *ESP* suspense *or AM* suspenso *(centrada en la resolución de un caso de asesinato)*

whoever [huː'evə(r)] pron **1.** [anyone that] quienquiera ▸ **~ finds it may keep it** quienquiera que *or* quien lo encuentre, puede quedarse con ello **2.** [no matter who] **~ you are, speak!** habla, quienquiera que seas ▸ **~ wrote that letter** el que escribió esa carta ▸ *Fam* **ask**

Simon or Chris or ~ pregúntale a Simon, a Chris o a quien sea **3.** [in questions] **~ can that be?** ¿quién puede ser?

whole [həʊl] ■ n totalidad *f* ▸ **the ~ of the village** todo el pueblo ▸ **as a ~** en conjunto ▸ **on the ~** en general
■ adj **1.** [entire, intact] entero(a) ▸ **he swallowed it ~** se lo tragó entero ▸ **to tell the ~ truth** decir toda la verdad ▸ **the ~ world** todo el mundo ▸ **to last a ~ week** durar toda una semana ▸ **~ milk** leche *f* entera ▸ *US* MUS **~ note** semibreve *f*, *AM* redonda *f* **2.** *Fam* **the ~ lot of them** todos ellos ▸ **for a ~ lot of reasons** por un montón de razones

wholefood ['həʊlfu:d] n alimentos *mpl* integrales ▸ **~ restaurant** restaurante *m* macrobiótico

wholehearted [həʊl'hɑ:tɪd] adj [support, agreement] incondicional, sin reservas

wholeheartedly [həʊl'hɑ:tɪdlɪ] adv [to support, agree] incondicionalmente, sin reservas

wholemeal ['həʊlmi:l] adj *BR* **~ bread** pan *m* integral ▸ **~ flour** harina *f* integral

wholesale ['həʊlseɪl] ■ n COM compraventa *f* al por mayor, *AM* mayoreo *m*
■ adj [price, dealer] al por mayor / *Fig* [rejection] rotundo(a) / [slaughter] indiscriminado(a)
■ adv COM al por mayor / *Fig* [reject] rotundamente

wholesaler ['həʊlseɪlə(r)] n mayorista *mf*

wholesome ['həʊlsəm] adj sano(a), saludable

wholewheat ['həʊlwi:t] adj *esp US* integral

wholly ['həʊllɪ] adv enteramente, completamente

whom [hu:m] pron

> En la actualidad, sólo aparece en contextos formales. Whom se puede sustituir por who en todos los casos salvo cuando va después de preposición.

1. [in questions] [singular] quién / [plural] quiénes ▸ **~ did you see?** ¿a quién viste? ▸ **to ~ were you speaking?** ¿con quién estabas hablando? **2.** [relative] que ▸ **the woman ~ you saw** la mujer que viste ▸ **the man to ~ you gave the money** el hombre al que diste el dinero ▸ **somebody to ~ he could talk** alguien con quien pudiera hablar ▸ **the person of ~ we were speaking** la persona de la que hablábamos ▸ **the men, both of ~ were quite young,...** los dos hombres, que eran bastante jóvenes,...

whoop [wu:p] ■ n grito *m*, alarido *m*
■ vi [shout] gritar

whoopee [wʊ'pi:] ■ n *Fam* **to make ~** [have fun] pasarlo genial *or ESP* teta
■ exclam ¡yupi!, ¡yuju!

whooping cough ['hu:pɪŋ'kɒf] n tos *f* ferina

whoops [wʊps] exclam ¡huy!

whopper ['wɒpə(r)] n *Fam* [huge thing] enormidad *f*, *ESP* pasada *f* (de grande) / [lie] trola *f*, bola *f*

whopping ['wɒpɪŋ] *Fam* adj **~ (great)** enorme

whore [hɔ:(r)] n *Fam* puta *f* ▸ **~ house** casa *f* de putas, burdel *m*

whose [hu:z] ■ possessive pron [in questions] [singular] de quién / [plural] de quiénes ▸ **~ are these gloves?** ¿de quién son estos guantes? ▸ **tell me ~ they are** dime de quién son
■ possessive adj **1.** [in questions] [singular] de quién / [plural] de quiénes ▸ **~ daughter are you?** ¿de quién eres hija? ▸ **~ fault is it?** ¿de quién es la culpa? **2.** [relative] cuyo(a) ▸ **the pupil ~ work I showed you** el alumno cuyo trabajo te enseñé ▸ **the man to ~ wife I gave the money** el hombre a cuya esposa entregué el dinero

why [waɪ] ■ adv **1.** [in questions] por qué ▸ **~ didn't you say so?** ¿por qué no lo dijiste? ▸ **~ not?** ¿por qué no? ▸ **~ get angry?** ¿para qué *esp ESP* enfadarse *or esp AM* enojarse? **2.** [in suggestions] por qué ▸ **~ don't you phone him?** ¿por qué no lo llamas? ▸ **~ don't I come with you?** ¿y si voy contigo?
■ conj [relative] por qué ▸ **I'll tell you ~ I don't like her** te diré por qué no me gusta ▸ **that is ~ I didn't say anything** (es) por eso (por lo que) no dije nada ▸ **the reason ~...** la razón por la que...
■ n **the whys and wherefores (of sth)** el cómo y por qué (de algo)
■ exclam **~, it's David!** ¡vaya, si es David!

WI [dʌbəlju:'aɪ] n *BR* (abbr ***Women's Institute***) = *asociación de mujeres del medio rural que organiza diversas actividades*

wick [wɪk] n **1.** [of lamp, candle] pabilo *m* **2.** *BR Fam* **he gets on my ~** me saca de mis casillas

wicked ['wɪkɪd] adj **1.** [evil] perverso(a), malo(a) / [dreadful] horroroso(a), horrible ▸ **a ~ sense of humour** un sentido del humor muy pícaro **2.** *Fam* [excellent] genial, *ESP* guay, *AM salvo RP* chévere, *COL* tenaz, *MÉX* muy padre, *VEN* arrecho(a), *RP* bárbaro(a)

wickedness ['wɪkɪdnɪs] n maldad *f*, perversidad *f*

wicker ['wɪkə(r)] n mimbre *m* ▸ **~ chairs** asientos *mpl* de mimbre

wickerwork ['wɪkəwɜ:k] n [baskets] cestería *f*

wicket ['wɪkɪt] n [in cricket] [stumps] palos *mpl*

wicketkeeper ['wɪkɪtki:pə(r)] n [in cricket] cátcher *mf*

wide [waɪd] ■ adj **1.** [broad] ancho(a) ▸ **it's 4 metres ~** tiene 4 metros de ancho ▸ **how ~ is it?** ¿qué ancho tiene?, ¿cuánto mide de ancho? ▸ **in the whole ~ world** de todo el ancho mundo ▸ COMPTR **~ area network** red *f* de área extensa **2.** [range, experience, gap] amplio(a), extenso(a)
■ adv **to open sth ~** [eyes, mouth] abrir algo mucho / [door] abrir algo de par en par ▸ **to be ~ open to criticism** estar muy expuesto(a) a la crítica ▸ **~ apart** muy separado(a) ▸ **to be ~ awake** estar completamente despierto(a) ▸ **the shot went ~** el tiro salió desviado ▸ **his guess was ~ of the mark** su conjetura estaba totalmente descaminada

wide-angle ['waɪdæŋgəl] adj PHOT **~ lens** gran angular *m*

wide-eyed ['waɪdaɪd] adj con los ojos muy abiertos *or* como platos

widely ['waɪdlɪ] adv **1.** [generally] en general ▸ **she is ~ expected to resign** en general se espera que dimita ▸ **~ known** ampliamente conocido ▸ **it is ~ believed that...** existe la creencia generalizada de que... **2.** [at a distance] ~ **spaced** muy espaciado(a) **3.** [a lot] **to travel** ~ viajar mucho ▸ **opinions differ** ~ hay muchas y muy diversas opiniones

widen ['waɪdən] ■ vt [road, garment] ensanchar, ampliar / *Fig* [influence, limits] ampliar, extender
■ vi [river] ensancharse / [gap] acrecentarse

◆ ***widen out*** vi ensancharse

wide-ranging [waɪd'reɪndʒɪŋ] adj amplio(a), extenso(a)

widespread ['waɪdspred] adj extendido(a), generalizado(a)

widow ['wɪdəʊ] ■ n viuda *f* ▸ **she was left a ~ at the age of thirty** quedó viuda a los treinta (años) ▸ **widow's pension** pensión *f* de viudedad
■ vt **to be widowed** enviudar, quedarse viudo(a)

widowed ['wɪdəʊd] adj viudo(a)

widower ['wɪdəʊə(r)] n viudo *m*

width [wɪdθ] n anchura *f* / [in swimming pool] ancho *m*

wield [wiːld] vt **1.** [sword] blandir, empuñar / [pen] manejar **2.** [power, influence] ejercer

wife [waɪf] (pl **wives** [waɪvz]) n mujer *f*, esposa *f* ▸ *Fam* **the ~** *ESP* la parienta, *AM* la vieja, *RP* la doña

wifely ['waɪflɪ] adj de esposa, conyugal

wig [wɪg] n peluca *f*

wiggle ['wɪgəl] ■ n meneo *m*
■ vt menear
■ vi menearse

wiggly ['wɪglɪ] adj *Fam* [line] ondulado(a)

wigwam ['wɪgwæm] n tipi *m*, tienda *f* india

wild [waɪld] ■ adj **1.** [not domesticated] [plant] silvestre / [animal] salvaje / [countryside] agreste ▸ **~ flowers** flores *fpl* silvestres ▸ **a ~ goose chase** una búsqueda inútil ▸ *Fam* **~ horses wouldn't drag it out of me** no me lo sacarán *ESP* ni a tiros *or AM* ni que me maten ▸ *Fig* **to sow one's ~ oats** darse la gran vida de joven ▸ **the Wild West** el salvaje oeste (americano) **2.** [unrestrained] [wind] furioso(a) / [weather] desapacible, desabrido(a) / [person, enthusiasm] descontrolado(a), desenfrenado(a) / [promise, rumour] descabellado(a) ▸ **~ eyes** ojos *mpl* desorbitados ▸ **to drive sb ~** poner a alguien fuera de sí **3.** [random] [estimate] descabellado(a) ▸ **it was just a ~ guess** fue un intento de acertar al tuntún ▸ **~ card** COMPTR comodín *m* / SPORT invitado(a) *m,f* por la organización / *Fig* incógnita *f* **4.** *Fam* [enthusiastic] **to be ~ about sb/sth** estar loco(a) por alguien/algo ▸ **I'm not ~ about it** no me entusiasma mucho
■ adv **to grow ~** [plant] crecer silvestre ▸ **to run ~** [children, criminals] estar descontrolado(a) ▸ **the audience went ~** el público se desmelenó *or* enfervorizó
■ n **in the ~** [animal] en estado salvaje ▸ **in the wilds of Alaska** en los remotos parajes de Alaska

wildcat ['waɪldkæt] n **1.** gato *m* montés **2.** IND **~ strike** huelga *f* salvaje

wilderness ['wɪldənɪs] n desierto *m*, yermo *m* ▸ *Fig* **his years in the ~** los años que pasó en el ostracismo

wildfire ['waɪldfaɪə(r)] n **to spread like ~** extenderse como un reguero de pólvora

wildfowl ['waɪldfaʊl] (pl **wildfowl**) n aves *fpl* de caza

wildlife ['waɪldlaɪf] n fauna *f* ▸ **~ park** parque *m* natural ▸ TV **~ programme** programa *m* de animales

wildly ['waɪldlɪ] adv **1.** [behave] descontroladamente / [cheer, applaud] enfervorizadamente, vehementemente ▸ **to rush about ~** ir de aquí para allá como un/una loco(a) **2.** [at random] al azar **3.** [for emphasis] [expensive, funny, enthusiastic] enormemente, tremendamente ▸ **~ inaccurate** disparatado(a) ▸ **~ exaggerated** exageradísimo(a)

wildness ['waɪldnɪs] n **1.** [of country, animal] estado *m* salvaje **2.** [of wind, waves] furia *f*, violencia *f* / [of applause] fervor *m*, vehemencia *f* / [of ideas, words] extravagancia *f*, excentricidad *f*

wilful ['wɪlfʊl] adj **1.** [stubborn] obstinado(a), tozudo(a) **2.** [deliberate] premeditado(a), deliberado(a) ▸ LAW **~ murder** asesinato *m* premeditado

wilfully ['wɪlfəlɪ] adv **1.** [stubbornly] obstinadamente, tozudamente **2.** [deliberately] deliberadamente

will[1] [wɪl] ■ n **1.** [resolve, determination] voluntad *f* ▸ **at ~** a voluntad ▸ **the ~ to live** las ganas de vivir ▸ **to show good ~** demostrar tener buena voluntad ▸ **with the best ~ in the world** con la mejor voluntad del mundo ▸ **he imposed his ~ on them** les impuso su voluntad ▸ **this computer has a ~ of its own** *ESP* este ordenador *or AM* esta computadora hace lo que le da la gana ▸ *Prov* **where there's a ~ there's a way** quien la sigue, la consigue **2.** LAW testamento *m* ▸ **the last ~ and testament of...** la última voluntad de... ▸ **to make one's ~** hacer testamento
■ vt **1. he was willing her to win** deseaba vehementemente que ganara ▸ **she was willing herself to do it** apeló a toda su fuerza de voluntad para hacerlo **2.** [leave in one's will] **to ~ sth to sb** legar algo a alguien

will[2] modal aux v

> En el inglés hablado, y en el escrito en estilo coloquial, el verbo **will** se contrae de manera que **I/you/he** *etc* **will** se transforman en **I'll, you'll, he'll** *etc.* La forma negativa **will not** se transforma en **won't**.

1. [expressing future tense] **I'll do it tomorrow** lo haré mañana ▸ **it won't take long** no llevará *or AM* demorará mucho tiempo ▸ **persuading the parents ~ be difficult** va a ser difícil convencer a los padres ▸ **you'll write to me, won't you?** me escribirás, ¿verdad? ▸ **you won't forget, ~ you?** no te olvides, por favor ▸ **~ you be there? – yes I ~/no I won't** ¿vas a ir? – sí/no **2.** [expressing wish, determination] **I won't allow it!** ¡no lo permitiré! ▸ **~ you help me?** ¿me ayudas? ▸ **she won't let me see him** no me deja verlo ▸ **won't you sit down?** ¿no se quiere sentar? ▸ **be quiet for a minute, ~ you?** estate callado un momento, ¿quieres? ▸ **if she WILL insist on doing everything herself...** como insiste en hacerlo todo ella... ▸ **WILL you go away!** ¡quieres hacer el favor de irte! ▸ **it won't open** no se abre **3.** [expressing general truth] **the restaurant ~ seat a hundred people** el restaurante puede albergar a cien personas ▸ **these things ~ happen** son cosas que pasan **4.** [conjecture] **you'll be tired** debes de estar cansado ▸

they'll be home by now ya deben de haber llegado a casa

willie ['wɪlɪ] n *BR Fam* [penis] pito *m,* pilila *f*

willies ['wɪlɪz] npl *Fam* **to have the ~** tener canguelo ▸ **this place gives me the ~** este lugar me da canguelo

willing ['wɪlɪŋ] adj [assistant] muy dispuesto(a) / [accomplice] voluntario(a) ▸ **she was a ~ participant** participó de muy buena gana ▸ **to be ~ to do sth** estar dispuesto(a) a hacer algo, hacer algo de buena gana ▸ **God ~** si Dios quiere ▸ **to show ~** mostrar buena disposición

willingly ['wɪlɪŋlɪ] adv de buena gana, gustosamente ▸ **I would ~ help** ayudaría gustoso

willingness ['wɪlɪŋnɪs] n buena disposición *f*

will-o'the-wisp [wɪləðə'wɪsp] n [light] fuego *m* fatuo / *Fig* [elusive aim] quimera *f*

willow ['wɪləʊ] n **~ (tree)** sauce *m*

willpower ['wɪlpaʊə(r)] n fuerza *f* de voluntad

willy ['wɪlɪ] n *BR Fam* [penis] pito *m,* pilila *f*

willy-nilly ['wɪlɪ'nɪlɪ] adv [like it or not] a la fuerza, quieras o no / [haphazardly] a la buena de Dios

wilt [wɪlt] vi [plant] marchitarse / *Fig* [person] flaquear, resentirse

wily ['waɪlɪ] adj astuto(a), taimado(a)

WIMP [wɪmp] COMPTR n (abbr ***windows, icons, menus and pointing device*** or ***pointer***) **~ (interface)** interfaz *f* WIMP

wimp [wɪmp] n *Fam* [physically] debilucho(a) *m,f* / [lacking character] blandengue *mf*

wimpish ['wɪmpɪʃ] adj *Fam* blandengue

win [wɪn] ■ n victoria *f,* triunfo *m*

■ vt (pt & pp **won** [wʌn]) [battle, race, prize, election] ganar / [popularity, recognition] obtener, ganar / [confidence, love] ganarse / [parliamentary seat] obtener, sacar ▸ **to ~ an argument** salir victorioso(a) en una discusión ▸ **to ~ money off** *or* **from sb** ganarle dinero a alguien ▸ *Fam* **you can't ~ them all, you ~ some you lose some** a veces se gana y a veces se pierde

■ vi ganar ▸ *Fam* **you (just) can't ~** no hay forma de salir ganando ▸ **OK, you ~!** de acuerdo *or ESP* vale, tú ganas

◆ ***win back*** vt sep recuperar

◆ ***win out, win through*** vi [succeed] triunfar

◆ ***win over, win round*** vt sep convencer, ganarse (el apoyo de)

wince [wɪns] ■ n [of pain] mueca *f* de dolor / [of embarrassment] gesto *m* de bochorno

■ vi [with pain] hacer una mueca de dolor / [with embarrassment] hacer un gesto de bochorno

winch [wɪntʃ] ■ n torno *m,* cabrestante *m*

■ vt levantar con un torno *or* cabrestante

wind[1] [wɪnd] ■ n **1.** [air current] viento *m* ▸ **to sail into** *or* **against the ~** navegar contra el viento ▸ *Fig* **to sail close to the ~** lindar con lo prohibido ▸ **~ energy** energía *f* eólica ▸ **~ farm** parque *m* eólico, central *f* eólica ▸ **~ instrument** instrumento *m* de viento ▸ **~ power** energía *f* eólica ▸ **~ tunnel** túnel *m* aerodinámico **2.** [breath] aliento *m,* resuello *m* ▸ **let me get my ~ back** deja que recupere el aliento **3.** [abdominal] gases *mpl,* flatulencia *f* ▸ **to break ~** soltar una ventosidad ▸ **the baby's got ~** el bebé tiene gases **4.** [idioms] *Fam* **to put the ~ up sb** meter miedo a alguien ▸ **to take the ~ out of sb's sails** bajar la moral a alguien ▸ **to get ~ of sth** enterarse de algo

■ vt **to ~ sb** [with punch] dejar a alguien sin respiración

wind[2] [waɪnd] (pt & pp **wound** [waʊnd]) ■ vt **1.** [thread, string] enrollar **2.** [handle] dar vueltas a / [clock, watch] dar cuerda a ▸ **to ~ a tape on/back** pasar rápidamente/rebobinar una cinta

■ vi [path, river] serpentear, zigzaguear ▸ **the road winds up/down the hill** la carretera sube/baja la colina haciendo eses

◆ ***wind down*** ■ vt sep **1.** [car window] bajar, abrir **2.** [reduce] [production] ir reduciendo / [company] ir reduciendo la actividad de

■ vi **1.** [party, meeting] ir concluyendo **2.** *Fam* [person] relajarse

◆ ***wind round*** vt sep **to ~ sth round sth** enrollar algo alrededor de algo

◆ ***wind up*** ■ vt sep **1.** [car window] subir, cerrar **2.** [bring to an end] [meeting, business] concluir **3.** *BR Fam* [tease] tomar el pelo a, *ESP, CARIB, MÉX* vacilar / [annoy] mosquear

■ vi **1.** [end speech, meeting] concluir **2.** *Fam* [end up] terminar

windbag ['wɪndbæg] n *Fam* charlatán(ana) *m,f*

windbreak ['wɪndbreɪk] n pantalla *f* contra el viento

windcheater ['wɪndtʃi:tə(r)] n [jacket] cazadora *f, CSUR* campera *f, MÉX* chamarra *f*

windchill factor ['wɪndtʃɪlfæktə(r)] n índice *m* de enfriamiento (del aire)

winder ['waɪndə(r)] n [on watch] cuerda *f* / [on car door] manivela *f*

windfall ['wɪndfɔ:l] n [of fruit] fruta *f* caída / *Fig* [of money] dinero *m* caído del cielo ▸ FIN **~ profits** [of company] beneficio *m* inesperado

winding ['waɪndɪŋ] adj [path, stream] serpenteante, zigzagueante ▸ **~ staircase** escalera *f* de caracol

windmill ['wɪndmɪl] n molino *m* de viento

window ['wɪndəʊ] n **1.** [of house] & COMPTR ventana *f* / [of vehicle] ventana *f,* ventanilla *f* / [of shop] escaparate *m, AM* vidriera *f, CHILE, COL, MÉX* vitrina *f* / [at bank, ticket office] ventanilla *f* ▸ **~ box** jardinera *f* ▸ **~ cleaner** limpiacristales *mf inv* ▸ **~ frame** marco *m* de ventana ▸ **~ ledge** alféizar *m,* antepecho *m (cornisa exterior)* ▸ **~ seat** asiento *m* de ventana **2.** [idioms] **to provide a ~ on sth** dar una idea de algo ▸ **~ of opportunity** período *m* favorable ▸ *Fam* **that's my holiday out of the ~** ya me he quedado sin vacaciones

window-dressing ['wɪndəʊdresɪŋ] n [in shop] escaparatismo *m* / *Fig* presentación *f* engañosa de los hechos

windowpane ['wɪndəʊpeɪn] n vidrio *m or ESP* cristal *m* (de ventana)

window-shopping ['wɪndəʊʃɒpɪŋ] n **to go ~** ir a ver escaparates

windowsill ['wɪndəʊsɪl] n alféizar *m,* antepecho *m*

windpipe ['wɪndpaɪp] n tráquea *f*

windscreen ['wɪndskriːn], *US* ***windshield*** ['wɪndʃiːld] n parabrisas *m inv* ▸ **~ wiper** limpiaparabrisas *m inv*

windsock ['wɪndsɒk] n AV manga *f* (catavientos)

windsurf ['wɪndsɜːf] vi hacer windsurf, hacer tabla a vela

windsurfing ['wɪndsɜːfɪŋ] n **to go ~** ir a hacer windsurf *or* tabla a vela

windswept ['wɪndswept] adj [hillside, scene] azotado(a) por el viento ▸ **~ hair** pelo revuelto por el viento

wind-up ['waɪndʌp] n *BR Fam* vacilada *f*, tomadura *f* de pelo

windward ['wɪndwəd] adj de barlovento ▸ **the Windward Islands** las Islas de Barlovento

windy[1] ['wɪndɪ] adj [day] ventoso(a) / [place] expuesto(a) al viento ▸ **it's ~** hace viento

windy[2] ['waɪndɪ] adj [road] serpenteante, zigzagueante

wine [waɪn] ■ n vino *m* ▸ **red/white ~** vino tinto/blanco ▸ **~ bar** bar *m (de cierta elegancia, especializado en vinos y con una pequeña carta de comidas)* ▸ **~ bottle** botella *f* de vino ▸ **~ cellar** bodega *f* ▸ **~ grower** viticultor(ora) *m,f* ▸ **~ gum** pastilla *f* de goma, Esp ≃ gominola *f* ▸ **~ list** carta *f* de vinos ▸ **~ rack** botellero *m* ▸ **~ tasting** cata *f* de vinos ▸ **~ vinegar** vinagre *m* de vino
■ vt **to ~ and dine sb** agasajar a alguien

wineglass ['waɪnglɑːs] n copa *f* de vino

wing [wɪŋ] ■ n **1.** [of bird, plane] ala *f* ▸ *Fig* **to take sb under one's ~** poner a alguien bajo la propia tutela, apadrinar a alguien ▸ *Fig* **to spread** *or* **stretch one's wings** remontar el vuelo, echarse al ruedo ▸ **~ nut** palomilla *f* **2.** *BR* [of car] aleta *f* ▸ **~ mirror** (espejo *m*) retrovisor *m* lateral **3.** [of building, hospital] ala *f* **4.** [in soccer, rugby] [area] banda *f* / [player] extremo *mf*, lateral *mf* ▸ **~ forward** [in rugby] ala *m* delantero **5.** [in theatre] **the wings** los bastidores ▸ **to be waiting in the wings** [actor] esperar entre bastidores / *Fig* esperar su oportunidad **6.** POL **the left/right ~** la izquierda/derecha
■ vt **1.** [injure] [bird] herir en el ala / [person] herir en el brazo **2.** *Fam* [improvise] **to ~ it** improvisar **3.** [fly] [bird] **to ~ its way towards** volar hacia ▸ *Fig* **my report should be winging its way towards you** mi informe *or AM* reporte ya está en camino

winger ['wɪŋə(r)] n [in soccer, rugby] extremo *mf*, lateral *mf*

wingspan ['wɪŋspæn] n envergadura *f* (de alas)

wink [wɪŋk] ■ n guiño *m* ▸ **to give sb a ~** guiñarle un ojo a alguien ▸ **to tip sb the ~** poner sobre aviso a alguien ▸ *Fam* **I didn't sleep a ~** no pegué ojo
■ vi guiñar, hacer un guiño / [star, light] titilar

◆ ***wink at*** vt insep [person] guiñar a, hacer un guiño a / *Fig* [abuse, illegal practice] hacer la vista gorda ante

winkle ['wɪŋkəl] n [mollusc] bígaro *m*

◆ ***winkle out*** vt sep *Fam* **to ~ sth out of sb** sacarle algo a alguien

winner ['wɪnə(r)] n vencedor(ora) *m,f*, ganador(ora) *m,f* ▸ **this book will be a ~** este libro será un éxito ▸ **to be on to a ~** tener un éxito entre manos

winning ['wɪnɪŋ] ■ adj **1.** [victorious] [team, person] ganador(ora), vencedor(ora) / [goal] de la victoria / [ticket, number] premiado(a) ▸ **~ post** meta *f* ▸ **~ streak** racha *f* de suerte **2.** [attractive] encantador(ora), atractivo(a)
■ npl **winnings** ganancias *fpl*

winnow ['wɪnəʊ] vt [grain] aventar

wino ['waɪnəʊ] (pl **winos**) n *Fam* [alcoholic] borracho(a) *m,f*

winsome ['wɪnsəm] adj encantador(ora), atractivo(a)

winter ['wɪntə(r)] ■ n invierno *m* ▸ **in (the) ~** en invierno ▸ **~ break** vacaciones *fpl* de invierno ▸ **~ clothing** ropa *f* de invierno
■ vi pasar el invierno

wintertime ['wɪntətaɪm] n invierno *m*

wint(e)ry ['wɪntərɪ] adj [weather] invernal / *Fig* [smile] gélido(a), glacial

wipe [waɪp] ■ n **1.** [action] **to give sth a ~** limpiar algo con un paño, pasar el paño a algo **2.** [moist tissue] toallita *f* húmeda
■ vt **1.** [table, plate] pasar un paño por *or* a ▸ **to ~ one's nose** limpiarse la nariz ▸ **he wiped his hands on the towel** se secó las manos con la toalla ▸ **to ~ one's shoes on the mat** limpiarse los zapatos en el felpudo ▸ *Fam BR* **to ~ the floor with sb,** *US* **to ~ up the floor with sb** dar una paliza a alguien **2.** [recording tape] borrar

◆ ***wipe away*** vt sep [tears] enjugar / [mark] limpiar, quitar, *AM* sacar

◆ ***wipe off*** ■ vt sep limpiar ▸ *Fam* **that'll ~ the smile off his face!** ¡eso le borrará la sonrisa de la cara!
■ vi [stain] salir, quitarse

◆ ***wipe out*** vt sep **1.** [erase] [memory] borrar / [debt] saldar **2.** [destroy] [family, species] hacer desaparecer

◆ ***wipe up*** vt sep limpiar

wiper ['waɪpə(r)] n AUT limpiaparabrisas *m inv*

wire ['waɪə(r)] ■ n **1.** [in general] alambre *m* / [electrical] cable *m* ▸ **~ brush** cepillo *m* de púas metálicas ▸ **~ fence** alambrada *f* ▸ **~ mesh** malla *f or* tela *f* metálica ▸ **~ wool** estropajo *m* de aluminio **2.** *US* [telegram] telegrama *m* **3.** [idioms] *Fam* **we got our wires crossed** tuvimos un cruce de cables y no nos entendimos ▸ **the contest went right down to the ~** el desenlace del concurso no se decidió hasta el último momento
■ vt **1.** [house] cablear, tender el cableado de ▸ **to ~ sth to sth** [connect electrically] conectar algo a algo (con un cable) / [attach with wire] sujetar algo a algo con un alambre **2.** [send telegram to] mandar un telegrama a

wirecutters ['waɪəkʌtəz] npl cizallas *fpl* ▸ **a pair of ~** unas cizallas

wired [waɪəd] adj *Fam* **1.** [highly strung] tenso(a) **2.** [after taking drugs] muy acelerado(a), *ESP* espídico(a)

wireless ['waɪəlɪs] ■ n *Old-fashioned* **~ (set)** radio *f*
■ adj COMPTR wireless, inalámbrico(a)

wiretap ['waɪətæp] *US* ■ n escucha *f* telefónica
■ vt intervenir

wiretapping ['waɪətæpɪŋ] n TEL intervención *f* de la línea

wiring ['waɪərɪŋ] n [electrical] instalación *f* eléctrica

wiry ['waɪərɪ] adj **1.** [hair] basto(a) y rizado(a) *or MÉX* quebrado(a) **2.** [person] fibroso(a)

wisdom ['wɪzdəm] n [knowledge] sabiduría *f* / [judgement] sensatez *f,* cordura *f* ▸ **~ tooth** muela *f* del juicio

wise [waɪz] adj [knowledgeable] sabio(a) / [sensible] sensato(a), prudente ▸ **a ~ man** un sabio ▸ *Fam Pej* **a ~ guy** un sabelotodo ▸ **the Three Wise Men** los Reyes Magos ▸ **it wouldn't be ~ to do it** no sería aconsejable hacerlo ▸ **to be ~ after the event** verlo todo claro a posteriori ▸ **to be none the wiser** no haber sacado nada en claro ▸ *Fam* **to get ~ to a fact** percatarse de un hecho ▸ *Fam* **to get ~ to sb** calar a alguien

◆ ***wise up*** *Fam* vi **to ~ up to sb** calar a alguien ▸ **to ~ up to the fact that...** aceptar el hecho de que... ▸ **~ up!** ¡espabílate!

-wise [waɪz] suffix *Fam* [with reference to] **health/salary~** en cuanto a la salud/al salario

wisecrack ['waɪzkræk] *Fam* ■ n chiste *m,* salida *f* ingeniosa

■ vi soltar un chiste *or* una salida ingeniosa

wisely ['waɪzlɪ] adv [prudently] sensatamente

wish [wɪʃ] ■ n **1.** [desire] deseo *m* ▸ **to make a ~** pedir un deseo ▸ **to have no ~ to do sth** no tener ningún deseo de hacer algo ▸ **to do sth against sb's wishes** hacer algo en contra de los deseos de alguien **2.** [greeting] **(with) best wishes** [in letter, on card] un saludo cordial *or* afectuoso ▸ **they send you their best wishes** te envían saludos *or CAM, COL, ECUAD* saludes

■ vt **1.** [want] desear, querer ▸ **to ~ to do sth** desear hacer algo ▸ **it is to be wished that...** sería deseable que... ▸ **to ~ sb well** desearle a alguien lo mejor ▸ **to ~ sb luck/a pleasant journey** desear a alguien suerte/un buen viaje **2.** [want something impossible, unlikely] **I ~ I had seen it!** ¡ojalá lo hubiera visto! ▸ **I ~ I hadn't left so early** ojalá no me hubiera marchado tan pronto ▸ **~ you were here!** [on postcard] te echo de menos, *AM* te extraño

■ vi **to ~ for sth** desear algo ▸ **what more could you ~ for?** ¿qué más se puede pedir *or* desear? ▸ **as you ~** como quieras

wishbone ['wɪʃbəʊn] n espoleta *f (hueso de ave)*

wishful ['wɪʃfʊl] adj **that's just ~ thinking** no son más que ilusiones

wishy-washy ['wɪʃɪwɒʃɪ] adj *Fam* vacilante

wisp [wɪsp] n [of straw] brizna *f* / [of hair, wool] mechón *m* / [of smoke] voluta *f* / [of cloud] jirón *m*

wistful ['wɪstfʊl] adj nostálgico(a)

wistfully ['wɪstfʊlɪ] adv con nostalgia

wit [wɪt] n **1.** [intelligence, presence of mind] inteligencia *f,* lucidez *f* ▸ **he hasn't the ~ to see it** no tiene la lucidez suficiente para verlo ▸ **to have quick wits** tener rapidez mental ▸ **to have lost one's wits** haber perdido la razón ▸ **to have/keep one's wits about one** ser/estar espabilado(a) ▸ **to be at one's wit's end** estar al borde de la desesperación ▸ **to live by one's wits** ser un pícaro ▸ **to scare sb out of his wits** dar un susto de muerte a alguien **2.** [humour] ingenio *m,* agudeza *f* **3.** [witty person] ingenioso(a) *m,f*

witch [wɪtʃ] n bruja *f* ▸ **~ doctor** hechicero *m,* curandero *m*

witchcraft ['wɪtʃkrɑːft] n brujería *f*

witch-hunt ['wɪtʃhʌnt] n POL caza *f* de brujas

with [wɪð] prep con ▸ **~ me** conmigo ▸ **~ you** contigo ▸ **~ himself/herself** consigo ▸ **to travel/work ~ sb** viajar/trabajar con alguien ▸ **he is staying ~ friends** se queda con *or* en casa de unos amigos ▸ **a girl ~ blue eyes** una chica de ojos azules ▸ **I was left ~ nobody to talk to** me quedé sin nadie con quien hablar ▸ **this problem will always be ~ us** siempre tendremos este problema ▸ **she came in ~ a suitcase** entró con una maleta en la mano ▸ **I'm ~ you** [I support you] estoy contigo ▸ **I'm not ~ you** [I don't understand] no te sigo ▸ *Fam* **to be ~ it** [fashionable] [person] ser enrollado(a) *or MÉX* suave *or RP* copado(a) / [clothing] estar en la onda ▸ **~ a smile** con una sonrisa, sonriendo

withdraw [wɪð'drɔː] (pt **withdrew** [wɪð'druː], pp **withdrawn** [wɪð'drɔːn]) ■ vt retirar / [money] sacar (**from** de)

■ vi retirarse ▸ **to ~ in favour of sb** dejar paso a alguien ▸ **she withdrew into herself** se encerró en sí misma

withdrawal [wɪð'drɔːəl] n [of support, accusation] retirada *f* ▸ **to make a ~** [from bank] efectuar un reintegro ▸ **~ symptoms** síndrome *m* de abstinencia

HOW TO...

express wishes

Making wishes

¡Me encantaría que viniesen con nosotros! / I'd love them to come with us!

¡Ojalá tuviera un coche! / If only I had a car!

Daría lo que fuera por estar en Grecia. / I'd give anything to be in Greece.

¡Espero que diga que sí! / I hope she says yes!

Sería estupendo que aceptase. / It'd be great if he agreed.

Como me gustaría poder decírselo a la cara. / How I'd love to be able to tell her to her face.

Si pudiese, haría un viaje a Costa Rica. / If I could, I'd go to Costa Rica.

Wishing somebody something

¡Feliz cumpleaños!/¡Felicidades! / Happy birthday!

¡Feliz Navidad! / Happy/Merry Christmas!

¡Feliz año (nuevo)! / Happy New Year!

¡Felices fiestas! / Have a good holiday!

Que pases unas buenas vacaciones. / Have a good holiday.

Te deseo lo mejor. / I wish you all the best.

¡Que tengas mucha suerte! / Good luck!

¡Que te vaya bien! / All the best!

¡Que aproveche!/¡Buen provecho! / Enjoy your meal!

withdrawn [wɪð'drɔːn] ■ adj retraído(a)
■ pp *of* ***withdraw***

withdrew [wɪð'druː] pt *of* ***withdraw***

wither ['wɪðə(r)] vi [plant] marchitarse / [limb] atrofiarse

withered ['wɪðəd] adj [plant] marchito(a) / [limb] atrofiado(a)

withering ['wɪðərɪŋ] adj [look] fulminante / [tone] mordaz

withhold [wɪð'həʊld] (pt & pp **withheld** [wɪð'held]) vt [consent, help] negar (**from** a) / [money] retener (**from** a) / [information, the truth] ocultar (**from** a)

within [wɪð'ɪn] ■ prep **1.** [inside] dentro de ▸ **problems ~ the party** problemas en el seno del partido **2.** [not beyond] **he lives ~ a few kilometres of the city centre** vive a pocos kilómetros del centro ▸ **~ a radius of ten miles** en un radio de diez millas ▸ **~ limits** dentro de un orden, hasta cierto punto ▸ **~ reason** dentro de lo razonable ▸ **~ sight** a la vista ▸ *Fam* **to come ~ an inch of doing sth** estar en un tris de hacer algo ▸ **~ the law** dentro de la legalidad **3.** [time] en menos de ▸ **~ an hour** en menos de una hora ▸ **~ the next five years** [during] [in future] durante los próximos cinco años / [in past] durante los cinco años siguientes / [before end of] dentro de un plazo de cinco años ▸ **they died ~ a few days of each other** murieron con pocos días de diferencia
■ adv **from ~** desde dentro

without [wɪð'aʊt] ■ prep sin ▸ **~ any money/difficulty** sin dinero/dificultad ▸ **a journey ~ end** un viaje sin fin ▸ **~ doing sth** sin hacer algo ▸ **it goes ~ saying that...** huelga decir que... ▸ **to do** *or* **go ~ sth** pasar sin algo
■ adv **1. she went ~ so that her children would have enough to eat** ella se quedaba sin comer para que sus hijos tuvieran suficiente **2.** *Formal* **from ~** desde fuera *or AM* afuera

with-profits ['wɪθ'prɒfɪts] adj *BR* FIN con participación en los beneficios

withstand [wɪð'stænd] (pt & pp **withstood** [wɪð'stʊd]) vt soportar, aguantar

witless ['wɪtlɪs] adj [person, remark] necio(a), simple ▸ **to scare sb ~** helar la sangre en las venas a alguien

witness ['wɪtnɪs] ■ n **1.** LAW testigo *mf* ▸ **to call sb as ~** llamar a alguien a testificar ▸ **~ for the defence/prosecution** testigo de descargo/de cargo ▸ **~ box** estrado *m* del testigo **2.** [testimony] **to bear ~ (to sth)** dar testimonio (de algo)
■ vt [scene] ser testigo de, presenciar ▸ LAW **to ~ sb's signature** firmar en calidad de testigo de alguien
■ vi LAW **to ~ to sth** dar testimonio de algo

witter ['wɪtə(r)] vi *Fam* **to ~ (on)** parlotear

witticism ['wɪtɪsɪzəm] n ocurrencia *f,* agudeza *f*

wittily ['wɪtɪlɪ] adv ingeniosamente

wittingly ['wɪtɪŋlɪ] adv [intentionally] adrede, intencionadamente

witty ['wɪtɪ] adj ingenioso(a), agudo(a)

wives [waɪvz] pl *of* ***wife***

wizard ['wɪzəd] n brujo *m,* mago *m* / *Fig* genio *m*

wizened ['wɪzənd] adj marchito(a), arrugado(a)

wk (abbr ***week***) semana *f*

wobble ['wɒbəl] vi [chair, table] tambalearse, cojear / [jelly] temblar, agitarse

wobbly ['wɒblɪ] ■ n *BR Fam* **to throw a ~** ponerse como una fiera *or ESP* hecho(a) un basilisco *or MÉX* como agua para el chocolate
■ adj [chair, table] cojo(a) / [shelf, ladder] tambaleante ▸ **to be ~ (on one's legs)** tambalearse, andar con paso inseguro

woe [wəʊ] n *Literary* infortunio *m,* desdicha *f* ▸ **he gave me a tale of ~** me contó una sarta de desgracias

woebegone ['wəʊbɪgɒn] adj [look, expression] desconsolado(a)

woeful ['wəʊfʊl] adj **1.** [sad] apesadumbrado(a), afligido(a) **2.** [terrible] penoso(a), deplorable ▸ **~ ignorance** una ignorancia supina

woefully ['wəʊfʊlɪ] adv **1.** [sadly] apesadumbradamente, con pesadumbre **2.** [extremely] terriblemente, extremadamente

wog [wɒg] n *BR very Fam = término ofensivo para referirse a una persona que no es de raza blanca, especialmente afrocaribeños*

wok [wɒk] n wok *m, = sartén china con forma de cuenco*

woke [wəʊk] pt *of* ***wake***[3]

woken ['wəʊkən] pp *of* ***wake***[3]

wolf [wʊlf] (pl **wolves** [wʊlvz]) n **1.** lobo *m* ▸ **~ cub** lobezno *m,* lobato *m* **2.** [idioms] **to earn enough to keep the ~ from the door** ganar lo suficiente como para ir tirando ▸ **to throw sb to the wolves** arrojar a alguien a las fieras ▸ **a ~ in sheep's clothing** un lobo con piel de cordero ▸ **to cry ~** dar una falsa voz de alarma

◆ ***wolf down*** vt sep tragar, engullir

woman ['wʊmən] (pl **women** ['wɪmɪn]) n mujer *f* ▸ **don't be such an old ~!** [said to man] ¡no seas tan quejica! ▸ **the women's movement** el movimiento feminista ▸ **women's page** páginas *fpl* femeninas ▸ **women's magazine** revista *f* femenina ▸ **the women's movement** el movimiento feminista ▸ *Euph* **women's problems** [gynaecological] problemas *mpl* femeninos ▸ **women's refuge** centro *m* de acogida para mujeres (maltratadas) ▸ **~ driver** conductora *f*

womanizer ['wʊmənaɪzə(r)] n mujeriego *m*

womanly ['wʊmənlɪ] adj femenino(a)

womb [wuːm] n matriz *f,* útero *m*

women ['wɪmɪn] pl *of* ***woman***

womenfolk ['wɪmɪnfəʊk] n mujeres *fpl*

won [wʌn] pt & pp *of* ***win***

wonder ['wʌndə(r)] ■ n **1.** [miracle] milagro *m* ▸ **to work** *or* **do wonders** hacer milagros ▸ **it's a ~ (that) he hasn't lost it** es un milagro *or* es increíble que no lo haya perdido ▸ **no ~ the plan failed** no es de extrañar que el plan haya fracasado ▸ **~ drug** droga milagrosa **2.** [astonishment] asombro *m* ▸ **in ~** con asombro
■ vt preguntarse ▸ **one wonders whether...** me pregunto si... ▸ **I was wondering if you were free**

tonight se me ocurre que quizá no tengas nada que hacer esta noche
■ vi **1.** [be curious] tener curiosidad, pensar ▸ **to ~ about sth** preguntarse por algo ▸ **I ~ about her sometimes** hay veces que no la entiendo **2.** *Literary* [be amazed] asombrarse (**at** de)

wonderful ['wʌndəfʊl] adj maravilloso(a)

wondrous ['wʌndrəs] adj maravilloso(a)

wonky ['wɒŋkɪ] adj *BR Fam* [wheel, floorboards] flojo(a) / [table] cojo(a), *AM* chueco(a)

wont [wəʊnt] *Formal* ■ n costumbre *f* ▸ **as is his ~** como acostumbra
■ adj **to be ~ to do sth** ser dado(a) a hacer algo

won't [wəʊnt] ➤ ***will not***

woo [wu:] vt **1.** *Literary* [woman] cortejar **2.** [supporters, investors] atraer

wood [wʊd] n **1.** [material] madera *f* / [for fire] leña *f* ▸ **made of ~** de madera ▸ **~ carving** [object] talla *f* (en madera) **2.** [forest] bosque *m* ▸ **the woods** el bosque **3.** [idioms] **she can't see the ~ for the trees** los árboles no le dejan ver el bosque ▸ **we're not out of the woods yet** todavía no hemos salido del túnel

woodbine ['wʊdbaɪn] n [plant] madreselva *f*

woodchip ['wʊdtʃɪp] n = *papel pintado con trocitos de madera para dar textura*

woodcock ['wʊdkɒk] n becada *f*, chocha *f*

woodcut ['wʊdkʌt] n grabado *m* en madera, xilografía *f*

woodcutter ['wʊdkʌtə(r)] n leñador(ora) *m,f*

wooded ['wʊdɪd] adj cubierto(a) de árboles, boscoso(a)

wooden ['wʊdən] adj [made of wood] de madera / *Fig* [unexpressive] envarado(a), acartonado(a) ▸ **~ spoon** cuchara *f* de palo ▸ *Fig* **to get the ~ spoon** ser el farolillo rojo

woodland ['wʊdlənd] n bosque *m*

woodlouse ['wʊdlaʊs] (pl **woodlice** ['wʊdlaɪs]) n cochinilla *f*

woodpecker ['wʊdpekə(r)] n pájaro *m* carpintero

woodpile ['wʊdpaɪl] n montón *m* de leña

woodshed ['wʊdʃed] n leñera *f*

woodwind ['wʊdwɪnd] n MUS [section of orchestra] sección *f* de (instrumentos de) viento de madera ▸ **~ instrument** instrumento *m* de viento de madera

woodwork ['wʊdwɜ:k] n **1.** [craft] carpintería *f* **2.** [of house, room] madera *f*, carpintería *f* ▸ *Fig* **to come** *or* **crawl out of the ~** salir de las sombras, surgir de la nada

woodworm ['wʊdwɜ:m] n carcoma *f*

woof [wʊf] exclam [of dog] ¡guau!

wool [wʊl] n lana *f* ▸ *Fam* **to pull the ~ over sb's eyes** embaucar *or* *ESP* dar el pego a alguien

woollen, *US* ***woolen*** ['wʊlən] ■ adj [dress] de lana
■ npl **woollens** prendas *fpl* de lana

woolly, *US* ***wooly*** ['wʊlɪ] ■ adj [jumper] de lana / *Fig* [idea, theory] confuso(a)
■ npl *BR Fam* [garment] **woollies** ropa *f* de lana

wop [wɒp] n *very Fam* = *término despectivo para referirse a personas de origen italiano*

word [wɜ:d] ■ n **1.** [in general] palabra *f* ▸ **~ for ~** al pie de la letra ▸ **in a ~** en una palabra ▸ **in other words** en otras palabras ▸ **not in so many words** no con esas palabras ▸ **not a ~** ni una (sola) palabra ▸ **she said it in her own words** lo dijo con sus propias palabras ▸ **I can't put it into words** no lo puedo expresar con palabras ▸ **he's a man of few words** es hombre de pocas palabras ▸ **I couldn't get a ~ in (edgeways)** no pude meter baza ▸ **the ~ of God** la palabra de Dios ▸ **I'll take your ~ for it** daré por cierto lo que (me) dices ▸ **to take sb at his ~** no poner en duda lo que alguien dice ▸ **without a ~** sin mediar palabra ▸ **it was too ridiculous for words** no se puede imaginar nada más ridículo ▸ **my ~!** ¡Virgen Santa! ▸ COMPTR **~ processor** procesador *m* de textos **2.** [remarks, conversation] **to have a ~ with sb** hablar con alguien ▸ **to have words with sb** discutir con alguien ▸ **to give sb the ~** dar un aviso a alguien ▸ **you're putting words into my mouth** me estás atribuyendo cosas que no he dicho ▸ **you've taken the words (right) out of my mouth** me has quitado *or AM* sacado la palabra de la boca ▸ **to put in a good ~ for sb** decir algo en favor de alguien ▸ **he never has a good ~ for anyone** nunca tiene buenas palabras para nadie ▸ **a ~ of warning** una advertencia ▸ **a ~ of advice** un consejo **3.** [news] **to receive ~ from sb** tener noticias de alguien ▸ **to send sb ~ of sth** avisar a alguien de algo ▸ **the ~ is that...** se rumorea que... ▸ **by ~ of mouth** de palabra **4.** [promise] **~ of honour** palabra *f* de honor ▸ **she gave me her ~** me dio su palabra ▸ **I always keep my ~** yo siempre mantengo mi palabra ▸ **he broke** *or* **went back on his ~** no cumplió con su palabra **5. words** [lyrics] letra *f*
■ vt expresar / [in writing] redactar

word-for-word [wɜ:dfə'wɜ:d] adj literal

wording ['wɜ:dɪŋ] n **to change the ~ of sth** redactar algo de otra forma ▸ **the ~ was ambiguous** estaba redactado de forma ambigua

word-of-mouth [wɜ:dəv'maʊθ] adj boca a boca ▸ MKTG **~ advertising** publicidad *f* boca a boca

word-processing [wɜ:d'prəʊsesɪŋ] n COMPTR tratamiento *m* de textos

wordy ['wɜ:dɪ] adj verboso(a)

wore [wɔ:(r)] pt *of* ***wear***

work [wɜ:k] ■ n **1.** [labour] trabajo *m* ▸ **to be at ~ (on sth)** estar trabajando (en algo) ▸ **to get to ~** ponerse a trabajar ▸ **~ in progress** [sign] trabajos en curso ▸ **the ~ ethic** la ética del trabajo ▸ COMPTR **~ station** estación *f* de trabajo **2.** [employment] trabajo *m*, empleo *m* ▸ **to look for ~** buscar empleo *or* trabajo ▸ **to be out of ~** no tener trabajo, *ESP* estar parado(a) ▸ **~ experience** [previous employment] experiencia *f* laboral ▸ **~ permit** permiso *m* de trabajo ▸ *US* **~ week** semana *f* laboral **3.** [tasks] trabajo *m* ▸ **to have ~ to do** tener trabajo (que hacer) ▸ **it will take a lot of ~** costará mucho trabajo ▸ **to put a lot of ~ into sth** poner mucho esfuerzo en algo ▸ **let's get down to ~!** ¡manos a la obra! ▸ **to have one's ~ cut out** tenerlo bastante difícil ▸ **to make quick** *or* **short ~ of sth** despachar algo en seguida ▸ **it's all in a day's ~** es el pan nuestro de cada día ▸ **good** *or* **nice ~!** ¡buen trabajo! **4.** [product, achievement] obra *f* ▸ **a ~ of art** una obra de arte ▸ **is**

this all your own ~? ¿lo has hecho todo tú mismo? **5.** IND **works council** comité *m* de empresa ▸ **works outing** excursión *f* anual (de los trabajadores de una empresa) **6. works** [construction] obras *fpl* **7. works** [mechanism] mecanismo *m* **8.** *Fam* **the works** [everything] todo ▸ **to give sb the works** [beating] dar una paliza a alguien / [luxury treatment] tratar a alguien a cuerpo de rey

■ vt **1. to ~ sb hard** hacer trabajar mucho a alguien ▸ **to ~ oneself to death** matarse a trabajar ▸ **to ~ one's passage** pagarse el pasaje trabajando en el barco **2.** [operate] [machine] manejar, hacer funcionar **3.** [bring about] [miracle, cure] hacer, obrar ▸ **to ~ a change on sth/sb** operar un cambio en algo/alguien ▸ **I'll ~ it** *or* **things so that they pay in advance** lo arreglaré de forma que paguen por adelantado **4.** [move] **to ~ one's hands free** lograr soltarse las manos ▸ **to ~ one's way through a book** ir avanzando en la lectura de un libro **5.** [exploit] [mine, quarry] explotar / [land] labrar

■ vi **1.** [person] trabajar ▸ **to ~ for sb** trabajar para alguien ▸ **her age works against her/in her favour** la edad juega en su contra/en su favor ▸ IND **to ~ to rule** hacer huelga de celo **2.** [function] [machine, system] funcionar **3.** [have effect] [medicine] hacer efecto / [plan, method] funcionar

◆ ***work in*** vt sep [include] añadir, incluir

◆ ***work off*** vt sep **he worked off 5 kilos** perdió 5 kilos haciendo ejercicio ▸ **she worked off her anger** desahogó su enfado

◆ ***work on*** ■ vt insep **to ~ on sth** trabajar en algo
■ vi [continue to work] seguir trabajando

◆ ***work out*** ■ vt sep [cost, total] calcular ▸ **to ~ out the answer** dar con la solución ▸ **to ~ out how to do sth** dar con la manera de hacer algo ▸ **I'm sure we can ~ this thing out** estoy seguro de que lo podemos arreglar
■ vi **1.** [problem, situation] **it all worked out in the end** al final todo salió bien ▸ **to ~ out well/badly (for sb)** salir bien/mal (a alguien) **2.** [total] salir ▸ **it works out at £150 a head** sale a 150 libras por cabeza **3.** [exercise] hacer ejercicios

◆ ***work up*** vt sep **1.** [develop] **to ~ up enthusiasm/interest for sth** ir entusiasmándose con/interesándose por algo ▸ **he had worked up an appetite** ya le había entrado el apetito **2.** [excite] **to get worked up (about sth)** alterarse (por algo)

◆ ***work up to*** vt insep prepararse *or AM* alistarse para

workable ['wɜːkəbəl] adj factible

workaday ['wɜːkədeɪ] adj corriente, de todos los días

workaholic [wɜːkə'hɒlɪk] n *Fam* **to be a ~** estar obsesionado(a) con el trabajo

workbench ['wɜːkbentʃ] n banco *m* de carpintero

workday ['wɜːkdeɪ] n *US* jornada *f* laboral

worker ['wɜːkə(r)] n trabajador(ora) *m,f* ▸ **to be a fast/slow ~** trabajar rápido/lento ▸ **~ bee** abeja *f* obrera ▸ **~ participation** participación *f* (de los trabajadores) en la empresa

workforce ['wɜːkfɔːs] n [working population] población *f* activa / [employees] trabajadores *mpl,* mano *f* de obra

workhouse ['wɜːkhaʊs] n HIST = *institución pública en la que los pobres trabajaban a cambio de comida y albergue*

working ['wɜːkɪŋ] ■ n **1.** [operation] [of machine] funcionamiento *m* **2. workings** [mechanism] mecanismo *m*, maquinaria *f*
■ adj [person] con trabajo, trabajador(ora) ▸ **to have a ~ knowledge of French** tener un conocimiento básico de francés ▸ **to be in ~ order** funcionar bien ▸ **~ agreement** acuerdo *m* tácito ▸ **the ~ class** la clase trabajadora *or* obrera ▸ **~ clothes/conditions** ropa *f*/ condiciones *fpl* de trabajo ▸ **~ day** jornada *f* laboral ▸ **~ hours** horario *m* de trabajo ▸ **~ life** vida *f* laboral ▸ **~ lunch** almuerzo *m* de trabajo ▸ **~ majority** mayoría *f* suficiente ▸ **~ model** prototipo *m* ▸ **~ party** comisión *f* de trabajo ▸ **~ population** población *f* activa

CULTURE / CULTURA
working hours

La jornada laboral del Reino Unido es normalmente de 35 a 38 horas a la semana. El horario suele ser de 9 a 5, con una hora de descanso para comer. Hoy día a menudo las horas extras no son remuneradas en los trabajos de oficina. En sectores como la hostelería o los hospitales, se puede llegar a trabajar entre 50 y 60 horas a la semana. Ciertas empresas ofrecen un sistema de horarios flexibles (llamado "flexitime" en Reino Unido o "flextime" en Estados Unidos), que permite a los empleados distribuir con cierta libertad su horario de trabajo: pueden, por ejemplo, empezar o terminar más tarde, siempre y cuando estén presentes a unas horas determinadas por la empresa. En cuanto a las vacaciones, lo normal son 4 ó 5 semanas al año, incluyendo las vacaciones de Navidad. En Estados Unidos, los empleados trabajan entre 40 y 45 horas a la semana, generalmente de 8 a 5 con una hora de descanso. El "flextime" está menos extendido que en el Reino Unido y las horas extras tampoco se suelen remunerar. Las vacaciones varían entre 1 a 4 semanas y aumentan según la antigüedad del trabajador en la empresa.

working-class ['wɜːkɪŋ'klɑːs] adj de clase obrera

workload ['wɜːkləʊd] n cantidad *f* de trabajo

workman ['wɜːkmən] n obrero *m*

workmanlike ['wɜːkmənlaɪk] adj competente, profesional

workmanship ['wɜːkmənʃɪp] n confección *f,* factura *f* ▸ **a fine piece of ~** un trabajo excelente

work-out ['wɜːkaʊt] n sesión *f* de ejercicios

workplace ['wɜːkpleɪs] n lugar *m* de trabajo

worksheet ['wɜːkʃiːt] n [detailing work plan] hoja *f* de trabajo / [of exercises] hoja *f* de ejercicios

workshop ['wɜːkʃɒp] n *also Fig* taller *m*

workshy ['wɜːkʃaɪ] adj perezoso(a)

worktop ['wɜːktɒp] n [in kitchen] encimera *f*

work-to-rule [wɜːktə'ruːl] n IND huelga *f* de celo

world [wɜ:ld] n **1.** [the earth] mundo *m* ▸ **the best/biggest in the ~** el mejor/más grande del mundo ▸ **to go round the ~** dar la vuelta al mundo ▸ **the ~ over, all over the ~** en todas partes ▸ **the World Bank** el Banco Mundial ▸ **~ champion** campeón(ona) *m,f* mundial ▸ **the World Cup** el Mundial (de fútbol), los Mundiales (de fútbol) ▸ *US* **world's fair** exposición *f* universal ▸ **~ map** mapamundi *m* ▸ **~ music** música *f* étnica ▸ **~ record** récord *m* mundial *or* del mundo ▸ **World Series** = *final a siete partidos entre los dos campeones de las ligas de béisbol en Estados Unidos* ▸ **~ war** guerra *f* mundial ▸ **World War One/Two** la Primera/Segunda Guerra Mundial **2.** [sphere of activity] mundo *m* ▸ **the literary/business ~** el mundo literario/de los negocios **3.** [society] **a man of the ~** un hombre de mundo ▸ **to go up in the ~** prosperar ▸ **to come down in the ~** venir a menos ▸ **he's got the ~ at his feet** tiene el mundo a sus pies ▸ **~ view** visión *f* del mundo **4.** [for emphasis] **that will do you the ~ of good** te vendrá la mar de bien ▸ **there's a ~ of difference between the two parties** los dos partidos no tienen nada que ver (el uno con el otro) ▸ **she thinks the ~ of him** lo quiere como a nada en el mundo ▸ **they carried on for all the ~ as if nothing had happened** siguieron tranquilamente como si nada hubiera pasado **5.** [idioms] **he's not long for this ~** le queda poco, está con un pie en la tumba ▸ **to bring a child into the ~** traer un niño al mundo ▸ **he wants to have the best of both worlds** él quiere tenerlo todo (y eso no es posible) ▸ **she lives in a ~ of her own** vive en su propio mundo ▸ *Fam* **it's out of this ~** es una maravilla ▸ **not for (anything in) the ~** ni por todo el oro del mundo ▸ **it's a small ~!** ¡el mundo es un pañuelo! ▸ **what is the ~ coming to?** ¿adónde vamos a ir a parar?

world-beater ['wɜ:ldbi:tə(r)] n [sportsperson] fuera de serie *mf* / [product] producto *m* fuera de serie

world-famous ['wɜ:ld'feɪməs] adj mundialmente famoso(a)

worldly ['wɜ:ldlɪ] adj [pleasure] mundano(a), terrenal ▸ **~ goods** bienes *mpl* terrenales ▸ **~ wisdom** gramática *f* parda

worldly-wise ['wɜ:ldlɪ'waɪz] adj **to be ~** tener mucha experiencia de *or* en la vida

world-weary ['wɜ:ldwɪərɪ] adj hastiado(a) (del mundo)

worldwide ['wɜ:ldwaɪd] ■ adj mundial ▸ COMPTR **the Worldwide Web** la Web
■ adv en todo el mundo

worm [wɜ:m] ■ n gusano *m* / [earthworm] lombriz *f* (de tierra) ▸ MED **to have worms** tener lombrices ▸ *Fig* **he's a ~** es un miserable *or* un gusano ▸ *Fig* **the ~ has turned!** ¡finalmente el perro enseña los dientes!
■ vt **1.** [cat, dog] administrar vermífugos a **2. she wormed her way out of the situation** las ingenió para salir del paso ▸ *Pej* **to ~ oneself into sb's favour/confidence** ganarse el favor/la confianza de alguien ▸ **to ~ a secret out of sb** sonsacar un secreto a alguien

worm-eaten ['wɜ:mi:tən] adj [wood] carcomido(a) / [fruit] agusanado(a)

worn [wɔ:n] pp of ***wear***

worried ['wʌrɪd] adj preocupado(a) ▸ **to be ~ (about)** estar preocupado(a) (por)

worriedly ['wʌrɪdlɪ] adv con preocupación

worrier ['wʌrɪə(r)] n **to be a ~** preocuparse por todo

worry ['wʌrɪ] ■ n preocupación *f* ▸ **it's causing me a lot of ~** me tiene muy preocupado ▸ **that's the least of my worries** eso es lo que menos me preocupa
■ vt [cause anxiety to] preocupar ▸ **it doesn't ~ me** no me preocupa ▸ **to ~ oneself sick (about sth)** angustiarse (por algo)
■ vi preocuparse (**about** de) ▸ **not to ~!** ¡no pasa nada! ▸ **don't (you) ~ about me** no te preocupes por mí ▸ **there's** *or* **it's nothing to ~ about** no hay de qué preocuparse

worrying ['wʌrɪɪŋ] adj preocupante

worryingly ['wʌrɪɪŋlɪ] adv preocupantemente, de forma preocupante

worse [wɜ:s] ■ adj [comparative of **bad**] peor (**than** que) ▸ **there's nothing ~ than...** no hay nada peor que... ▸ **to get ~** empeorar ▸ **it could have been ~** podría haber sido peor ▸ **to make matters ~** empeorar las cosas ▸ **to go from bad to ~** ir de mal en peor ▸ **I'm none the ~ for it** no me afectó en nada ▸ **so much the ~ for them!** ¡peor para ellos! ▸ **she was the ~ for drink** estaba bastante bebida ▸ *Fam* **to be the ~ for wear** [car, book, drunk person] estar para el arrastre ▸ **I can't go, ~ luck!** ¡no puedo ir, qué fastidio!
■ adv [comparative of **badly**] peor ▸ **you could do (a lot) ~ than accept their offer** harías bien en aceptar su oferta ▸ **I don't think any ~ of her for it** no tengo peor concepto de ella por eso ▸ **he is ~ off than before** las cosas le van peor que antes
■ n **there was ~ to come** lo peor no había llegado aún ▸ **I've seen ~** he visto cosas peores ▸ **a change for the ~** un cambio a peor

worsen ['wɜ:sən] vt & vi empeorar

Worship ['wɜ:ʃɪp] n **His/Her ~** [referring to judge] Su Señoría ▸ **His ~ the Mayor** el excelentísimo señor alcalde

worship ['wɜ:ʃɪp] ■ n [of deity] adoración *f* (**of** de), culto *m* (**of** a) / [of person] adoración *f* (**of** por) ▸ **place of ~** templo *m*
■ vt (pt & pp **worshipped,** *US* **worshiped**) [deity] adorar, rendir culto a / [person] adorar / [money] rendir culto a

worst [wɜ:st] ■ adj [superlative of **bad**] peor ▸ **the ~ book** el peor libro ▸ **the ~ film** la peor película ▸ **his ~ mistake** su error más grave ▸ **the ~ thing was...** lo peor fue...
■ adv [superlative of **badly**] peor ▸ **~ of all,...** y lo que es peor,... ▸ **the elderly are the ~ off** los ancianos son los que peor están ▸ **he came off ~** (él) llevó la peor parte, él fue quien salió peor
■ n **he's the ~ of them all** es el peor de todos ▸ **the ~ that could happen** lo peor que podría suceder ▸ **the ~ of it is that...** lo peor de todo es que... ▸ **he's prepared for the ~** está preparado para lo peor ▸ **at the ~, if it comes to the ~** en el peor de los casos ▸ **the ~ is yet to come** lo peor está aún por llegar ▸ **do your ~!** ¡aquí te espero!, *ESP* ¡ven a por mí si puedes!

▸ **the ~ is over** ya ha pasado lo peor

worst-case scenario ['wɜ:stkeɪssɪ'nɑ:rɪeʊ] (pl **worst-case scenarios**) n **this is a ~** esto es lo que ocurriría en el peor de los casos

worsted ['wʊstɪd] n TEX estameña *f*

worth [wɜ:θ] ■ n valor *m* ▸ **give me $30 ~ of gasoline** póngame 30 dólares de gasolina *or RP* nafta ▸ **to get one's money's ~** sacar partido al *or* del dinero

■ prep **1.** [having a value of] **to be ~ a lot of money** valer mucho dinero ▸ **how much is it ~?** ¿qué valor tiene? ▸ **that's my opinion, for what it's ~** esa es mi opinión, si sirve de algo ▸ **he's ~ at least 50 million** tiene por los menos 50 millones ▸ **he was pulling for all he was ~** tiraba con todas sus fuerzas **2.** [meriting] **the museum is ~ a visit** merece la pena visitar el museo ▸ **this book is not ~ buying** no merece la pena comprar este libro ▸ **it is/isn't ~ it** merece/no merece la pena ▸ **it's ~ thinking about** es algo a tener en cuenta

worthless ['wɜ:θlɪs] adj **to be ~** [thing] no valer nada, no tener ningún valor ▸ **he's completely ~** es un perfecto inútil

worthlessness ['wɜ:θlɪsnɪs] n falta *f* de valor, insignificancia *f*

worthwhile [wɜ:θ'waɪl] adj **to be ~** merecer *or* valer la pena

worthy ['wɜ:ðɪ] ■ n **the town worthies** los notables *or* las fuerzas vivas de la ciudad

■ adj [person, life] virtuoso(a) ▸ **to be ~ of sth** merecer algo ▸ **~ of respect** digno(a) de respeto

would [wʊd] modal aux v

> En el inglés hablado, y en el escrito en estilo coloquial, el verbo **would** se contrae de manera que **I/you/he** *etc* **would** se transforman en **I'd, you'd, he'd** *etc.* La forma negativa **would not** se transforma en **wouldn't**.

1. [expressing conditional tense] **she ~ come if you invited her** si la invitases, vendría ▸ **had he let go** *or* **if he had let go, he ~ have fallen** si (se) hubiera soltado, se habría caído ▸ **they ~ never agree to such conditions** nunca aceptarían unas condiciones así ▸ **~ you do it? – yes I ~/no I wouldn't** ¿lo harías? – sí/no ▸ **you wouldn't do it, ~ you?** tú no lo harías, ¿verdad? **2.** [expressing wish, determination] **I wouldn't do it for anything** no lo haría por nada del mundo ▸ **she wouldn't let me speak to him** no me dejaba hablar con él ▸ **what ~ you have me do?** ¿qué quieres que haga? ▸ **the wound wouldn't heal** la herida no cicatrizaba ▸ **~ you pass the mustard please?** ¿me pasas la mostaza, por favor? ▸ **~ you like a drink?** ¿tienes ganas de *or ESP* te apetece *or ANDES, MÉX, VEN* te provoca *or MÉX* se te antoja tomar algo? ▸ **be quiet, ~ you!** haz el favor de callarte, ¿quieres? **3.** [for emphasis] **you WOULD insist on going!** ¡pero tú tenías que insistir en ir! ▸ **I forgot – you WOULD** se me olvidó – ¡cómo no! **4.** [expressing past habit] **she ~ often return home exhausted** solía volver agotada a casa ▸ **there ~ always be some left over** siempre sobraba algo **5.** [in reported speech] **she told me she ~ be there** me dijo que estaría allí ▸ **I said I ~ do it** dije que lo haría **6.** [conjecture] **~ that be my pen you're using?** ¿no será ese bolígrafo que estás usando el mío? ▸ **that ~ have been before your time** eso debe de haber sido antes de tu época ▸ **I wouldn't know** no sé

would-be ['wʊdbi:] adj **a ~ actor/politician** un aspirante a actor/político

wouldn't [wʊdnt] ➤ ***would not***

wound [1] [wu:nd] ■ n herida *f*

■ vt *also Fig* herir

wound [2] [waʊnd] pt & pp *of* ***wind***[2]

wounded ['wu:ndɪd] ■ npl **the ~** los heridos

■ adj herido(a) ▸ **to be ~** estar herido(a)

wounding ['wu:ndɪŋ] adj hiriente

wove [wəʊv] pt *of* ***weave***

woven ['wəʊvən] pp *of* ***weave***

wow [waʊ] *Fam* ■ vt encandilar

■ exclam ¡hala!, *RP* ¡uau!

WP [dʌbəlju:'pi:] n COMPTR **1.** (abbr ***word processor***) procesador *m* de textos **2.** (abbr ***word-processing***) tratamiento *m* de textos

WPC [dʌbəlju:pi:'si:] n *BR* (abbr ***woman police constable***) agente *f* de policía

wpm [dʌbəlju:pi:'em] (abbr ***words per minute***) palabras *fpl* por minuto

wrangle ['ræŋgəl] ■ n disputa *f*

■ vi pelear (**about** *or* **over** por), reñir (**about** *or* **over** por)

wrap [ræp] ■ n **1.** [shawl] chal *m* ▸ *Fig* **to keep sth under wraps** mantener algo en secreto **2.** [sandwich] wrap *m*, = *tortilla de harina rellena y enrollada*

■ vt (pt & pp **wrapped**) envolver (**in** con) ▸ **she wrapped the bandage round his head** le puso la venda alrededor de la cabeza ▸ *Fig* **wrapped in mystery** rodeado(a) de misterio

◆ ***wrap up*** ■ vt sep **1.** [parcel, present] envolver ▸ *Fig* **to be wrapped up in sth** [absorbed] estar absorto(a) en algo **2.** *Fam* [bring to an end] poner punto final a

■ vi [dress warmly] abrigarse

wraparound ['ræpəraʊnd] ■ n **1.** [skirt] falda *f or RP* pollera *f* cruzada **2.** COMPTR contorneo *m*

■ adj [skirt] cruzado(a)

wrapper ['ræpə(r)] n envoltorio *m*

wrapping ['ræpɪŋ] n envoltura *f*, envoltorio *m* ▸ **~ paper** papel *m* de envolver

wrath [rɒθ] n *Literary* ira *f*

wreak [ri:k] vt **to ~ havoc** causar estragos ▸ **to ~ vengeance on sb** vengarse de alguien

wreath [ri:θ] n [of flowers] corona *f* (de flores)

wreathe [ri:ð] vt coronar

wreck [rek] ■ n [ship] restos *mpl* del naufragio / [car, train, plane] restos *mpl* del accidente ▸ *Fig* **to be a physical ~** estar destrozado(a) físicamente ▸ *Fig* **to be a nervous ~** tener los nervios destrozados

■ vt [ship] hundir / [car, room, house] destrozar / *Fig* [plans, hopes, happiness] dar al traste con / *Fig* [marriage, career] destruir, arruinar ▸ **to ~ one's health** destrozarse la salud

wreckage ['rekɪdʒ] n [of ship] restos *mpl* del naufragio / [of car, train, plane] restos *mpl* del accidente

wrecker ['rekə(r)] n *US* [salvage vehicle] grúa *f*

wren [ren] n chochín *m*

wrench [rentʃ] ■ n **1.** [pull] tirón *m* / [to ankle, shoulder] torcedura *f* ▸ *Fig* **it was a ~ to leave** me partía el corazón tener que irme **2.** [spanner] llave *f* / [adjustable spanner] llave *f* inglesa
■ vt **to ~ one's ankle/one's shoulder** torcerse un tobillo/un hombro ▸ **to ~ sth out of sb's hands** arrancarle algo a alguien de las manos

wrest [rest] vt **to ~ sth from sb** arrebatar *or* arrancar algo a alguien

wrestle ['resəl] vi luchar ▸ *Fig* **to ~ with a problem** lidiar con un problema

wrestler ['reslə(r)] n luchador(ora) *m,f* (de lucha libre)

wrestling ['reslɪŋ] n lucha *f* libre ▸ **~ match** combate *m* de lucha libre

wretch [retʃ] n miserable *mf*

wretched ['retʃɪd] adj **1.** [very bad] horrible, inmundo(a) **2.** [unhappy] abatido(a) **3.** [for emphasis] **I can't find the ~ umbrella!** ¡no encuentro el maldito paraguas!

wriggle ['rɪgəl] ■ vt **to ~ one's way out of a situation** lograr escurrir el bulto (de una situación)
■ vi **to ~ (about)** menearse ▸ **to ~ out of sth/of doing sth** escaquearse de algo/de hacer algo

wring [rɪŋ] (pt & pp **wrung** [rʌŋ]) vt [clothes] escurrir, estrujar ▸ **to ~ one's hands** retorcerse las manos ▸ *Fam* **I'd like to ~ his neck** me gustaría retorcerle el pescuezo ▸ *Fig* **to ~ sth from sb** sacarle algo a alguien

wringer ['rɪŋə(r)] n escurridor *m* de rodillos ▸ *Fam Fig* **to put sb through the ~** hacer pasar un mal trago a alguien

wringing ['rɪŋɪŋ] adj **to be ~ (wet)** estar empapado(a)

wrinkle ['rɪŋkəl] ■ n arruga *f*
■ vi arrugarse

wrinkled ['rɪŋkəld] adj arrugado(a)

wrinkly ['rɪŋklɪ] adj arrugado(a)

wrist [rɪst] n muñeca *f*

wristwatch ['rɪstwɒtʃ] n reloj *m* (de pulsera)

writ [rɪt] n LAW mandato *m* judicial ▸ **to serve a ~ on sb** entregar un mandato judicial a alguien

write [raɪt] (pt **wrote** [rəʊt], pp **written** ['rɪtən]) ■ vt [answer, name, letter] escribir / [cheque] extender ▸ *US* **to ~ sb** escribir a alguien ▸ **she had guilt written all over her face** su rostro era el vivo retrato de la culpabilidad
■ vi escribir ▸ *BR* **to ~ to sb** escribir a alguien ▸ **to ~ for a newspaper** escribir *or* colaborar en un periódico ▸ *Fam* **that's nothing to ~ home about** eso no es nada del otro mundo

◆ ***write away for*** vt insep **to ~ away for sth** escribir pidiendo algo

◆ ***write back*** vi responder, contestar *(por carta)*

◆ ***write down*** vt sep escribir, anotar

◆ ***write in*** ■ vt sep [name, answer] escribir
■ vi [send letter] escribir

◆ ***write off*** ■ vt sep **1.** [debt] condonar **2.** *Fam* [car] cargarse, *MÉX* dar en la madre, *RP* hacer bolsa **3.** *Fam* [person] descartar ▸ **to ~ sb off as a has-been** considerar que alguien está acabado
■ vi **to ~ off for sth** escribir pidiendo algo

◆ ***write out*** vt sep [instructions, recipe] escribir, copiar / [cheque] extender

◆ ***write up*** vt sep [notes, thesis] redactar / [diary, journal] poner al día

write-off ['raɪtɒf] n **1.** [of debt] condonación *f* **2.** *Fam* [car] siniestro *m* total

write-protected ['raɪtprə'tektɪd] adj COMPTR protegido(a) contra escritura

writer ['raɪtə(r)] n [by profession] escritor(ora) *m,f* / [of article, book] autor(ora) *m,f* ▸ **writer's block** bloqueo *m* mental *(al escribir)*

write-up ['raɪtʌp] n [review] crítica *f*

writhe [raɪð] vi retorcerse

writing ['raɪtɪŋ] n **1.** [action] escritura *f* / [profession] literatura *f* ▸ **~ desk** escritorio *m* ▸ **~ paper** papel *m* de escribir **2.** [handwriting] letra *f,* escritura *f* **3.** [thing written] [literature] literatura *f* / [written words] escritura *f* ▸ **in ~** por escrito ▸ *Fig* **the ~ is on the wall for him** tiene los días contados

written ['rɪtən] ■ adj escrito(a) ▸ **~ consent** consentimiento *m* por escrito ▸ **~ examination** examen *m* escrito
■ pp *of* ***write***

wrong [rɒŋ] ■ n [immoral actions] mal *m* ▸ **to know right from ~** distinguir el bien del mal ▸ **he can do no ~** lo hace todo bien ▸ **to do sb ~** agraviar a alguien ▸ **to right a ~** deshacer un entuerto ▸ *Prov* **two wrongs don't make a right** vengándose no se consigue nada ▸ **to be in the ~** ser el/la culpable
■ adj **1.** [morally bad] malo(a) ▸ **stealing is ~** robar está mal ▸ **it was ~ of you not to tell me** hiciste mal en no decírmelo **2.** [incorrect, mistaken] incorrecto(a), erróneo(a) ▸ **to be ~** [person] estar equivocado(a), equivocarse / [answer] ser incorrecto(a) *or* erróneo(a) ▸ **my watch is ~** mi reloj va mal ▸ **you chose the ~ moment** no escogiste el momento oportuno ▸ **don't get the ~ idea** no te equivoques ▸ **I did/said the ~ thing** hice/dije lo que no debía ▸ **to drive on the ~ side of the road** conducir *or AM* manejar por el lado contrario de la carretera ▸ *Fig* **to catch sb on the ~ foot** *ESP* coger *or AM* agarrar a alguien desprevenido(a) ▸ *Fig* **to start** *or* **get off on the ~ foot** empezar con mal pie ▸ *Fig* **to go about it the ~ way** hacerlo mal ▸ *Fig* **to get on the ~ side of sb** ponerse a mal con alguien ▸ *Fig* **to back the ~ horse** apostar por el perdedor ▸ **you have the ~ number** [on phone] se ha equivocado de número **3.** [amiss] **what's ~?** ¿qué pasa? ▸ **what's ~ with you?** ¿qué te pasa? ▸ **is anything ~?** ¿pasa algo? ▸ *Fam* **to be ~ in the head** estar *ESP* chiflado(a) *or AM* zafado(a) *or RP* rayado(a) ▸ **there's something ~ with this machine** a este aparato le pasa algo
■ adv **1.** [morally] mal ▸ **he admitted he had done ~** admitió que había hecho mal **2.** [incorrectly] mal ▸ **to go ~** [plan] salir mal / [make mistake] equivocarse ▸ **to guess ~** no acertar, equivocarse ▸ **don't get me ~, I like her** no me malentiendas, (ella) me cae bien
■ vt agraviar, tratar injustamente

CAREFUL! / ¡CUIDADO!

wrong

When translating *wrong*, note that **estar mal** is used of an immoral act or factual error, but when referring to a person who is mistaken, **estar equivocado** or **equivocarse** are used.

wrongdoer ['rɒŋduːə(r)] n malhechor(ora) *m,f*

wrongdoing ['rɒŋduːɪŋ] n [immoral actions] desmanes *mpl* / [crime] delito *m,* delincuencia *f*

wrongful ['rɒŋfʊl] adj injusto(a) ▸ **~ dismissal** despido *m* improcedente

wrongfully ['rɒŋfʊlɪ] adv injustamente

wrong-headed [rɒŋ'hedɪd] adj empecinado(a)

wrongly [rɒŋlɪ] adv **1.** [unjustly] injustamente **2.** [incorrectly] erróneamente

wrote [rəʊt] pt *of* ***write***

wrought-iron ['rɔːt'aɪən] adj de hierro forjado

wrought-up ['rɔːt'ʌp] adj **to be ~ (about sth)** estar muy alterado(a) (por algo)

wrung [rʌŋ] pt & pp *of* ***wring***

wry [raɪ] adj irónico(a)

wt (abbr ***weight***) peso *m*

WTO ['dʌbəljuːtiː'eʊ] n (abbr ***World Trade Organization***) OMC *f*

WW (abbr ***World War***) **WWI/II** la Primera/Segunda Guerra Mundial

WWF ['dʌbəljuːdʌbəljuː'ef] n (abbr ***World Wildlife Fund, Worldwide Fund for Nature***) WWF *m,* Fondo *m* Mundial para la Naturaleza

WWW n (abbr ***Worldwide Web***) WWW *f*

WYSIWYG ['wɪzɪwɪg] n COMPTR (abbr ***What You See Is What You Get***) WYSIWYG, = *se imprime lo que ves*

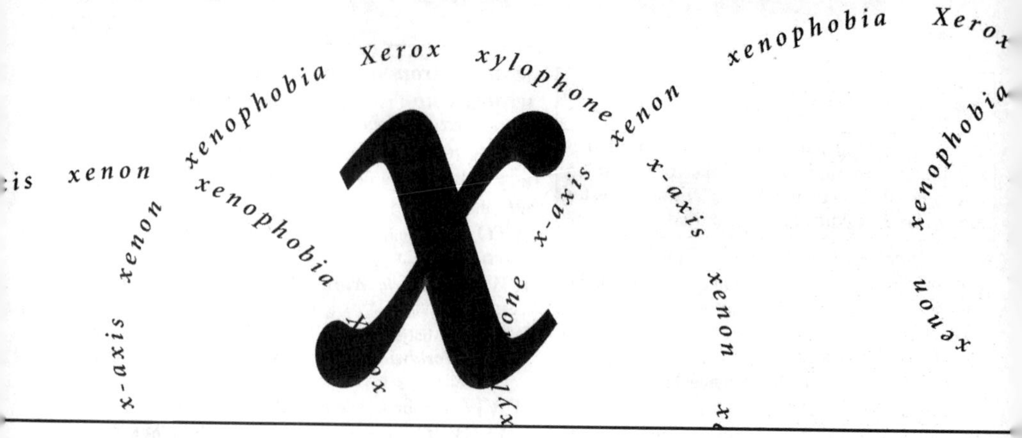

X, x [eks] n [letter] X, x *f* ▸ **for x number of years** durante un número x de años, durante x años ▸ *BR Formerly* **X (certificate) film** película *f* para mayores de 18 años

x-axis ['eksæksɪs] n MATH eje *m* de abscisas, abcisa *f*

X-chromosome ['ekskrəʊməsəʊm] n BIOL cromosoma *m* X

xenon ['zenɒn] n CHEM xenón *m*

xenophobia [zenə'fəʊbɪə] n xenofobia *f*

xenophobic [zenə'fəʊbɪk] adj xenófobo(a)

Xerox® ['zɪərɒks] ■ n fotocopia *f*, xerocopia *f*
■ vt fotocopiar

XL (abbr ***extra large***) XL, (talla *f*) muy grande

Xmas ['krɪsməs, 'eksməs] n (abbr ***Christmas***) Navidad *f*

X-rated ['eksreɪtɪd] adj *Fam* fuerte ▸ **~ movie** *or BR* **film** [pornographic] película *f* X / *Formerly* [with adult certificate] película *f* para mayores de 18 años

X-ray ['eksreɪ] ■ n (pl **X-rays**) [radiation] rayo *m* X / [picture] radiografía *f* ▸ **~ examination** examen *m* por rayos X ▸ **to have an ~** hacerse una radiografía
■ vt radiografiar

xylophone ['zaɪləfəʊn] n xilófono *m*, xilofón *m*

Y, y [waɪ] n [letter] Y, y *f* ▸ **Y-fronts**® slip *m*, eslip *m*

yacht [jɒt] n [sailing boat] velero *m* / [large private boat] yate *m* ▸ **~ club** club *m* náutico ▸ **~ race** regata *f*

yachting ['jɒtɪŋ] n (navegación *f* a) vela *f*

yachtsman ['jɒtsmən] n [in race] tripulante *m* / [round-the-world] navegante *m*

yak [jæk] n yak *m*, yac *m*

yam [jæm] n [vegetable] ñame *m* / *US* [sweet potato] batata *f*, *ESP* boniato *m*, *AM* camote *m*

Yank [jæŋk], ***Yankee*** ['jæŋkɪ] n *Fam BR* [person from the USA] yanqui *mf* / *US* [person from north-eastern USA] = *estadounidense procedente del nordeste del país*

yank [jæŋk] ■ n *Fam* **to give sth a ~** dar un tirón a algo ■ vt *Fam* **to ~ the door open** abrir la puerta de un tirón ▸ **to ~ sth out** arrancar algo de un tirón

yap [jæp] (pt & pp **yapped**) vi [dog] ladrar *(de forma aguda)* / *Fam* [person] chacharear, parlotear

yard [1] [jɑːd] n [measurement] yarda *f (0,914 m)*

yard [2] n **1.** [of house, school] patio *m* / [of farm] corral *m* / *US* [garden] jardín *m* **2.** [for working] taller *m (al aire libre)* ▸ **(ship) ~** astillero *m* **3.** [for storage] almacén *m*, depósito *m (al aire libre)* ▸ **(builder's) ~** almacén de materiales de construcción

yardstick ['jɑːdstɪk] n [standard] patrón *m* (de medida)

yarn [jɑːn] n **1.** TEX hilo *m* **2.** *Fam* [story] batallita *f* ▸ **to spin a ~** contar batallitas

yawn [jɔːn] ■ n bostezo *m* / *Fam* [boring thing] pesadez *f*, latazo *m*
■ vi **1.** [person] bostezar **2.** [chasm] abrirse

y-axis ['waɪæksɪs] n MATH eje *m* de ordenadas, ordenada *f*

Y-chromosome ['waɪkrəʊməsəʊm] n BIOL cromosoma *m* Y

yds (abbr ***yards***) yardas *fpl*

ye [jiː] ■ pron *Literary* ➤ ***you***
■ definite article *Hum* ➤ ***the***

yea [jeɪ] ■ n **yeas and nays** votos *mpl* a favor y en contra ■ adv *Literary* ➤ ***yes***

yeah [jeə] adv *Fam* sí ▸ **oh ~?** [in disbelief, challenging] ¿ah, sí?

year [jɪə(r)] n año *m* / [at school, university] curso *m* ▸ **in the ~ 1931** en el año 1931 ▸ **this ~** este año ▸ **last ~** el año pasado ▸ **next ~** el año que viene ▸ **every ~** todos los años ▸ **twice a ~** dos veces al año ▸ **to earn £20,000 a ~** ganar 20.000 libras al año ▸ **to be ten years old** tener diez años ▸ **he got five years** [prison sentence] le cayeron cinco años ▸ **for many years** durante muchos años ▸ **~ in ~ out** año tras año ▸ **over the years** con el paso de los años ▸ **years ago** hace años ▸ **it's years since I saw him, I haven't seen him for** *or* **in years** hace años que no lo veo ▸ **from his earliest years** desde temprana edad ▸ **to be getting on in years** empezar a hacerse viejo(a)

yearbook ['jɪəbʊk] n anuario *m*

> CULTURE / CULTURA
> ## yearbook
> Al final de cada año académico los centros de enseñanza de Estados Unidos publican un **yearbook** (anuario) que resume lo ocurrido a los alumnos del último curso e incluye sus respectivas fotografías y a menudo predicciones sobre su futuro. Últimamente los yearbooks han comenzado a aparecer en sitios web, con lo que se facilita su actualización y permite a los antiguos alumnos mantenerse en contacto.

year-end [jɪə'end] ■ n final *m or* fin *m* de año ▸ **at the ~** al final del año, a final(es) de año
■ adj FIN [accounts] de cierre de ejercicio / [profits, losses] al final del año, al cierre del ejercicio

yearlong ['jɪəlɒŋ] adj **a ~ wait** una espera de un año

yearly ['jɪəlɪ] ■ adj anual
■ adv anualmente, cada año ▸ **twice ~** dos veces al año

yearn [jɜːn] vi **to ~ for sth/to do sth** anhelar algo/hacer algo

yearning ['jɜːnɪŋ] n anhelo *m*

year-round ['jɪəraʊnd] ■ adj de todo el año
■ adv todo el año

yeast [jiːst] n levadura *f*

yell [jel] ■ n grito *m* ▸ **to give a ~** dar un grito
■ vt & vi gritar

yellow ['jeləʊ] ■ n amarillo *m*
■ adj **1.** [in colour] amarillo(a) ▸ **to turn** *or* **go ~** amarillear, ponerse amarillo ▸ **~ card** [in soccer] tarjeta *f* amarilla ▸ MED **~ fever** fiebre *f* amarilla ▸ TEL **the Yellow Pages®** las páginas amarillas ▸ **the Yellow River** el río Amarillo *or* Huango Ho **2.** *Fam* [cowardly] cagueta, gallina
■ vi amarillear, ponerse amarillo(a)

yelp [jelp] ■ n aullido *m*
■ vi aullar

Yemen ['jemən] n Yemen

Yemeni ['jemənɪ] n & adj yemení *mf*

yen[1] [jen] (pl **yen**) n [Japanese currency] yen *m*

yen[2] n **to have a ~ for sth/to do sth** tener muchas ganas de algo/de hacer algo

Yerevan [jerə'væn] n Ereván

yes [jes] ■ n sí *m*
■ adv sí ▸ **he said ~** dijo que sí ▸ **didn't you hear me? – ~, I did** ¿no me has oído? – sí ▸ **~?** [to sb waiting to speak] ¿sí? / [answering phone] ¿sí?, *ESP* ¿diga?, *ESP* ¿dígame?, *ANDES, CARIB* ¿aló?, *COL, MÉX* ¿bueno?, *RP* ¿hola?

yes-man ['jesmæn] n adulador(ora) *m,f,* cobista *mf*

yesterday ['jestədeɪ] ■ n ayer *m*
■ adv ayer ▸ **the day before ~** anteayer ▸ **~ morning/evening** ayer por la mañana/por la tarde

yet [jet] ■ adv **1.** [still] todavía, aún ▸ **I haven't finished ~** todavía no he terminado ▸ **don't go ~** no te vayas todavía ▸ **I'll catch her ~!** ¡ya la atraparé! ▸ **as ~** hasta ahora, por el momento ▸ **not ~** todavía no ▸ **~ again** una vez más ▸ **~ more** aún más ▸ **~ another mistake** otro error más **2.** [in questions] ya ▸ **have they decided ~?** ¿han decidido ya?
■ conj aunque, sin embargo ▸ **small ~ strong** pequeño aunque fuerte ▸ **and ~ I like him** y, sin embargo, me gusta

yeti ['jetɪ] n yeti *m*

yew [juː] n tejo *m*

YHA (abbr ***Youth Hostels Association***) Asociación *f* de Albergues Juveniles

Yiddish ['jɪdɪʃ] n & adj yiddish *m,* yídish *m*

yield [jiːld] ■ n [of field] cosecha *f* / [of mine, interest] rendimiento *m* / FIN [profit] beneficio *m*
■ vt **1.** [results, interest] proporcionar ▸ **to ~ a profit** proporcionar beneficios **2.** [territory] ceder / [right] conceder
■ vi **1.** [surrender] rendirse (**to** a) ▸ **to ~ to temptation** ceder a la tentación **2.** *US* **~** [traffic sign] ceda el paso

yippee [jɪ'piː] exclam ¡yupi!, ¡viva!

YMCA [waɪemsiː'eɪ] n (abbr ***Young Men's Christian Association***) ACJ *f,* Asociación *f* Cristiana de Jóvenes *(que regenta hostales económicos)*

yob [jɒb], ***yobbo*** ['jɒbəʊ] n *BR Fam* vándalo(a) *m, ESP* gamberro *m, PERÚ, RP* patotero *m*

yoga ['jəʊgə] n yoga *m*

yog(h)urt ['jɒgət] n yogur *m*

yoke [jəʊk] ■ n **1.** [for oxen] & *Fig* yugo *m* **2.** [for carrying] balancín *m*
■ vt [oxen] uncir (al yugo) ▸ *Fig* **to be yoked to...** estar uncido al yugo de...

yokel ['jəʊkəl] n *Pej or Hum* palurdo(a) *m,f, ESP* paleto(a) *m,f*

yolk [jəʊk] n yema *f* (de huevo)

yonder ['jɒndə(r)] adv **(over) ~** allá

yonks [jɒŋks] npl *BR Fam* **I haven't done that for ~** hace un montón de tiempo que no hago eso ▸ **~ ago** hace la tira *or MÉX* un chorro *or RP* un toco (de tiempo)

you [juː] pron

> In Spanish, the formal form **usted** takes a third person singular verb and **ustedes** takes a third person plural verb. In many Latin American countries, **ustedes** is the standard form of the second person plural and is not considered formal.

1. [subject] [usually omitted in Spanish, except for contrast] [singular] tú, *esp RP* vos, *Formal* usted / [plural] *ESP* vosotros(as), *AM or Formal* ustedes ▸ **~ seem happy** [singular] pareces feliz, *Formal* parece feliz / [plural] *ESP* parecéis felices, *AM or Formal* parecen felices ▸ **have YOU got it?** [singular] ¿lo tienes tú?, *Formal* ¿lo tiene usted? / [plural] *ESP* ¿lo tenéis vosotros?, *AM or Formal* ¿lo tienen ustedes? **2.** [direct object] [singular] te, *Formal* lo(la) / [plural] *ESP* os, *AM or Formal* los(las) ▸ **I can understand your son but not YOU** [singular] a tu hijo lo entiendo, pero a ti no, *Formal* a su hijo lo entiendo, pero a usted no / [plural] *ESP* a vuestro hijo lo entiendo, pero a vosotros no, *AM or Formal* a su hijo lo entiendo, pero a ustedes no **3.** [indirect object] [singular] te, *Formal* le / [plural] *ESP* os, *AM or Formal* les ▸ **I gave ~ the book** [singular] te di el libro, *Formal* le di el libro / [plural] *ESP* os di el libro, *AM or Formal* les di el libro ▸ **I told ~** [singular] te lo dije, *Formal* se lo dije / [plural] *ESP* os lo dije, *AM or Formal* se lo dije **4.** [after preposition] [singular] ti, *Formal* usted / [plural] *ESP* vosotros(as), *AM or Formal* ustedes ▸ **I'm thinking of ~** [singular] pienso en ti, *Formal* pienso en usted / [plural] *ESP* pienso en vosotros, *AM or Formal* pienso en ustedes ▸ **with ~** [singular] contigo, *Formal* con usted / [plural] *ESP* con vosotros, *AM or Formal* con ustedes **5.** [impersonal] **~ don't do that kind of thing** esas cosas no se hacen ▸ **~ never know** nunca se sabe ▸ **exercise is good for ~** es bueno hacer ejercicio ▸ **~ have to be careful with him** hay que *or* uno tiene que tener cuidado con él **6.** [as complement of verb **to be**] **oh, it's ~!** [singular] ¡ah, eres tú!, *Formal* ¡ah, es usted! / [plural] *ESP* ¡ah, sois vosotros!, *AM or Formal* ¡ah, son ustedes! ▸ **it was ~ who did it** [singular] fuiste tú quien lo hiciste, *Formal* fue usted quien lo hizo / [plural] *ESP* fuisteis vosotros quienes lo hicisteis, *AM or Formal* fueron ustedes quienes lo hicieron **7.** [with interjections] **poor old ~!** ¡pobrecito! ▸ **~ idiot!** ¡idiota! ▸ **don't ~ forget!** ¡no te olvides! **8.** [in apposition] **~ men are all the same!** ¡todos los hombres *ESP* sois *or AM* son iguales! **9.** [with imperative] **~ sit down here** [singular] tú siéntate aquí / [plural] *ESP* vosotros sentaos aquí, *AM* ustedes siéntense acá ▸ **don't ~ dare!** ¡ni se te ocurra!

CAREFUL! / ¡CUIDADO!

you

When translating *you*, note that it is becoming the norm in Spain to use **tu** when addressing someone (even on first acquaintance with a stranger) unless a note of formality is felt to be required. In Latin America usage is less informal, and **usted** is more widely used.

you'd [ju:d] ➤ ***you had, you would***

you-know-what [ju:nəʊ'wɒt] n *Fam Euph* **does he know about the ~?** ¿está al corriente de... ya sabes? ▸ **they were doing ~** estaban haciendo ya sabes qué *or* lo que te dije

you-know-who [ju:nəʊ'hu:] n **he was talking to ~** estaba hablando ya sabes con quién

you'll [ju:l] ➤ ***you will, you shall***

young [jʌŋ] ■ npl **1.** [people] **the ~** los jóvenes **2.** [animals] crías *fpl*

■ adj [person] joven / [appearance] juvenil ▸ **she's (two years) younger than me** es (dos años) menor que yo ▸ **you're only ~ once** sólo se es joven una vez en la vida ▸ **~ man** (chico *m*) joven *m* ▸ **~ woman** (chica *f*) joven *f* ▸ **when I was a ~ man** cuando era joven ▸ **in his younger days** en su juventud ▸ **the night is ~!** ¡la noche es joven! ▸ **~ people** los jóvenes, la gente joven ▸ **~ in spirit** *or* **at heart** joven de espíritu

youngster ['jʌŋstə(r)] n joven *mf*

your [jɔ:(r)] possessive adj **1.** [of one person] tu, *Formal* su ▸ **~ house** tu/su casa ▸ **~ books** tus/sus libros ▸ **it wasn't YOUR idea!** ¡no fue idea tuya! **2.** [of more than one person] *ESP* vuestro(a), *AM or Formal* su ▸ **~ house** *ESP* vuestra casa, *AM or Formal* su casa ▸ **~ books** *ESP* vuestros libros, *AM or Formal* sus libros ▸ **it wasn't YOUR idea!** *ESP* ¡no fue idea vuestra!, *AM or Formal* ¡no fue idea suya *or* de ustedes! **3.** [for parts of body, clothes] [translated by definite article] **did you hit ~ head?** ¿te has dado un golpe en la cabeza? ▸ **why did you put ~ hand in ~ pocket?** ¿por qué te has metido la mano en el bolsillo? **4.** [impersonal] **you should buy ~ ticket first** hay que comprar el billete antes ▸ **smoking is bad for ~ health** el tabaco perjudica la salud ▸ *Fam* **~ average Frenchman** el francés medio

you're [jɔ:(r)] ➤ ***you are***

yours [jɔ:z] possessive pron

In Spanish, the forms **tuyo(a)**, **suyo(a)** and **vuestro(a)** require a definite article in the singular and in the plural when they are the subject of the phrase.

1. [of one person] [singular] tuyo(a) *m,f* / [plural] tuyos(as) *m,fpl* / [formal: singular] suyo(a) *m,f* / [formal: plural] suyos(as) *m,fpl* ▸ **my house is big but ~ is bigger** mi casa es grande, pero la tuya/suya es mayor ▸ **this book is ~** este libro es tuyo/suyo ▸ **these books are ~** estos libros son tuyos/suyos ▸ **a friend of ~** un amigo tuyo/suyo ▸ **where's that brother of ~?** ¿dónde anda ese hermano tuyo? ▸ **~ (sincerely/faithfully)** atentamente **2.** [of more than one person] [singular] *ESP* vuestro(a), *AM or Formal* suyo(a) / [plural] *ESP* vuestros(as), *AM or Formal* suyos(as) ▸ **this book is ~** este libro es vuestro/suyo ▸ **these books are ~** estos libros son vuestros/suyos

yourself [jɔ:'self] pron **1.** [reflexive] te, *Formal* se ▸ **have you hurt ~?** ¿te has hecho daño?, *Formal* ¿se ha hecho daño? **2.** [emphatic] tú mismo *m,* tú misma *f, Formal* usted mismo *m,* usted misma *f* ▸ **did you do all the work ~?** ¿has hecho todo el trabajo tú solo?, *Formal* ¿ha hecho todo el trabajo usted solo? ▸ **you told me ~** me lo dijiste tú mismo, *Formal* me lo dijo usted mismo ▸ **you're not ~ today** hoy no se te nota nada bien **3.** [after preposition] ti, *Formal* usted ▸ **did you do this by ~?** ¿lo has hecho tú solo?, *Formal* ¿lo ha hecho usted solo? ▸ **do you live by ~?** ¿vives solo?, *Formal* ¿vive solo? ▸ **did you buy it for ~?** ¿te lo has comprado para ti?, *Formal* ¿se lo ha comprado para usted?

yourselves [jɔ:'selvz] pron **1.** [reflexive] *ESP* os, *AM or Formal* se ▸ **have you hurt ~?** *ESP* ¿os habéis hecho daño?, *AM or Formal* ¿se han hecho daño? **2.** [emphatic] *ESP* vosotros(as) mismos(as), *AM or Formal* ustedes mismos(as) ▸ **did you do all the work ~?** *ESP* ¿habéis hecho todo el trabajo vosotros solos?, *AM or Formal* ¿han hecho todo el trabajo ustedes solos? ▸ **you told me ~** *ESP* me lo dijisteis vosotros mismos, *AM or Formal* me lo dijeron ustedes mismos **3.** [after preposition] *ESP* vosotros(as), *AM or Formal* ustedes ▸ **did you do this by ~?** *ESP* ¿lo habéis hecho vosotros solos?, *AM or Formal* ¿lo han hecho ustedes solos? ▸ **did you buy it for ~?** *ESP* ¿os lo habéis comprado para vosotros?, *AM or Formal* ¿se lo han comprado para ustedes? ▸ **share the money among ~** *ESP* repartíos el dinero, *AM or Formal* repártanse el dinero

youth [ju:θ] n **1.** [period] juventud *f* ▸ **in his early ~** en su (primera) juventud **2.** [young man] joven *m* **3.** [young people] juventud *f* ▸ **~ club** club *m* juvenil ▸ *BR* **~ custody centre** = *centro preventivo y de formación para delincuentes juveniles* ▸ **~ hostel** albergue *m* juvenil

youthful ['ju:θfʊl] adj [person] joven / [looks, enthusiasm] juvenil

you've [ju:v] ➤ ***you have***

yowl [jaʊl] ■ n aullido *m,* chillido *m*

■ vi aullar, chillar

yo-yo® ['jəʊjəʊ] (pl **yo-yos**) n yoyó *m*

yr (abbr ***year***) año *m*

yuan [ju:'æn] n [Chinese currency] yuan *m*

yucca ['jʌkə] n yuca *f*

yuck [jʌk] exclam *Fam* ¡puaj!, ¡aj!

yucky ['jʌkɪ] adj *Fam* asqueroso(a)

Yugoslav ['ju:gəʊslɑ:v] n & adj yugoslavo(a) *m,f*

Yugoslavia [ju:gəʊ'slɑ:vɪə] n *Formerly* Yugoslavia

Yugoslavian [ju:gəʊ'slɑ:vɪən] adj yugoslavo(a)

yuletide ['juːltaɪd] n Navidad *f*

yummy ['jʌmɪ] adj *Fam* rico(a)

yuppie ['jʌpɪ] n yupi *mf* ▸ **a ~ restaurant** un restaurante de yupis ▸ *Fam* **~ flu** la gripe *or AM* gripa del yupi *(encefalomielitis miálgica)*

YWCA [waɪdʌbəljuːsiː'eɪ] n (abbr ***Young Women's Christian Association***) ACJ *f*, Asociación *f* Cristiana de Jóvenes *(que regenta hostales económicos)*

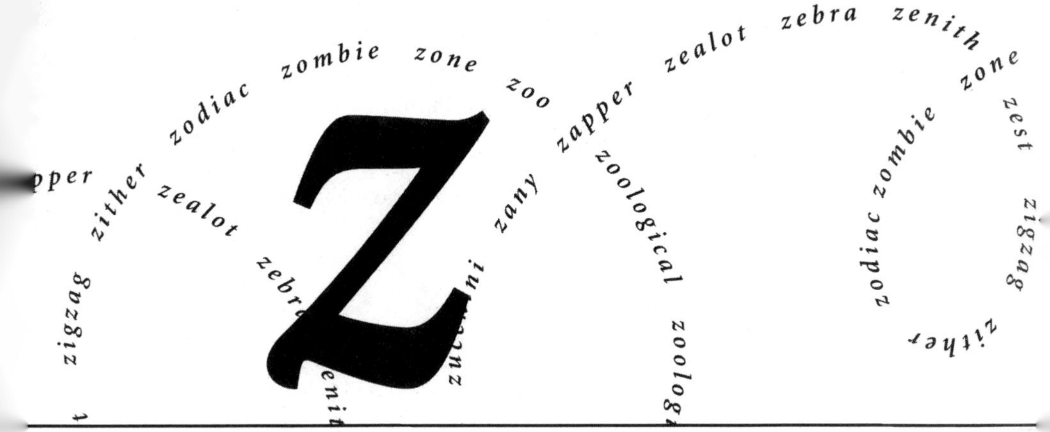

Z, z [zed, *US* zi:] n [letter] Z, z *f*

Zaire [zɑ:'ɪə(r)] n *Formerly* Zaire

Zairean [zɑ:'ɪərɪən] n & adj zaireño(a) *m,f*

Zambia ['zæmbɪə] n Zambia

Zambian ['zæmbɪən] n & adj zambiano(a) *m,f*

zany ['zeɪnɪ] adj *Fam* [humour, movie] disparatado(a) / [person] *ESP* chiflado(a), *AM* zafado(a), *RP* rayado(a)

zap [zæp] (pt & pp **zapped**) *Fam* vt **1.** [destroy, disable] fulminar **2.** COMPTR [delete] borrar

zapper ['zæpə(r)] n *Fam* [TV remote control] mando *m* a distancia, telemando *m*

zeal [zi:l] n celo *m*

zealot ['zelət] n fanático(a) *m,f*

zealous ['zeləs] adj celoso(a)

zealously ['zeləslɪ] adv celosamente

zebra ['zi:brə, 'zebrə] n cebra *f* ▸ *BR* AUT **~ crossing** paso *m* de cebra

zed [zed], *US* ***zee*** [zi:] n *Fam* **to catch some** *BR* **zeds** *or US* **zees** echar una cabezada *or* un sueñecito, echarse una siestecita

zenith ['zenɪθ] n ASTRON *& Fig* cenit *m* ▸ **she was at the ~ of her influence** su influencia estaba en el punto más alto

zephyr ['zefə(r)] n céfiro *m*

zero ['zɪərəʊ] ■ n (pl **zeros**) cero *m* ▸ **22 degrees below ~** 22 grados bajo cero ▸ MIL **~ hour** hora *f* cero *or* H ▸ **~ tolerance** tolerancia *f* cero, inflexibilidad *f* absoluta
■ adj *Fam* nulo(a) ▸ **to have ~ charm** no tener el más mínimo encanto
■ vi **to ~ in on sth** apuntar hacia algo

zero-rated ['zɪərəʊreɪtɪd] adj FIN [for VAT] con una tasa de IVA del 0 por ciento

zest [zest] n **1.** [enjoyment] goce *m,* deleite *m* **2.** CULIN [of orange, lemon] piel *f,* cáscara *f*

zigzag ['zɪgzæg] ■ n zigzag *m*
■ vi (pt & pp **zigzagged**) zigzaguear

zilch [zɪltʃ] n *Fam* nada de nada ▸ **there's ~ on TV** no hay nada de nada en la tele

Zimbabwe [zɪm'bɑ:bweɪ] n Zimbabue

Zimbabwean [zɪm'bɑ:bweɪən] n & adj zimbabuense *mf,* zimbabuo(a) *m,f*

zinc [zɪŋk] n cinc *m,* zinc *m*

Zionism ['zaɪənɪzəm] n sionismo *m*

Zionist ['zaɪənɪst] n & adj sionista *mf*

zip [zɪp] ■ n **1.** *BR* **~ (fastener)** cremallera *f, AM* cierre *m* **2.** *Fam* [vigour] nervio *m,* brío *m* **3.** *US* **~ code** código *m* postal **4.** COMPTR **Zip® disk** disco *m* Zip® ▸ **~ file** archivo *m* zip
■ vi (pt & pp **zipped**) **to ~ past** [car, bullet] pasar zumbando

◆ ***zip through*** vt insep *Fam* **I zipped through the last chapters** me cepillé en un momento los últimos capítulos

◆ ***zip up*** ■ vt sep [clothes, bag] cerrar la cremallera *or AM* el cierre de
■ vi cerrarse con cremallera *or AM* cierre

zipper ['zɪpə(r)] n *US* cremallera *f, AM* cierre *m*

zippy ['zɪpɪ] adj *Fam* animado(a)

zip-up ['zɪpʌp] adj [bag, coat] con cremallera *or AM* cierre

zither ['zɪðə(r)] n MUS cítara *f*

zodiac ['zəʊdɪæk] n zodiaco *m,* zodíaco *m*

zombie ['zɒmbɪ] n zombi *mf*

zone [zəʊn] ■ n zona *f*
■ vt [town, area] dividir en zonas

zonked (out) [zɒŋkt('aʊt)] adj *Fam* **to be ~** [exhausted] estar molido(a) *or* hecho(a) polvo / [drugged] estar colocado(a) *or COL* trabado(a) *or MÉX* pingo(a) *or RP* falopeado(a) / [drunk] estar mamado(a) *or ESP, MÉX* pedo

zoo [zu:] (pl **zoos**) n zoo *m,* zoológico *m*

zoological [zʊə'lɒdʒɪkəl] adj zoológico(a) ▸ **~ garden(s)** parque *m* zoológico

zoologist [zʊ'ɒlədʒɪst] n zoólogo(a) *m,f*

zoology [zʊ'ɒlədʒɪ] n zoología *f*

zoom [zu:m] ■ n **1.** [noise] zumbido *m* **2.** PHOT **~ lens** zoom *m*

■ vi **to ~ along/past** ir/pasar zumbando *or* a toda velocidad

◆ ***zoom in*** vi CIN TV enfocar en primer plano

zucchini [zu:'ki:nɪ] (pl **zucchini** *or* **zucchinis**) n *US* calabacín *m*

Zulu ['zu:lu:] n & adj zulú *mf*

zygote ['zaɪgəʊt] n BIOL zigoto *m*, cigoto *m*

Spanish Verbs

Verbos irregulares ingleses

Spanish Verbs

This guide to Spanish verbs opens with the three regular conjugations (verbs ending in -ar'', ''-er'' and ''-ir''), followed by the two most common auxiliary verbs: **haber**, which is used to form the perfect tenses, and **ser**, which is used to form the passive. These five verbs are given in full.

These are followed by a list of Spanish irregular verbs, numbered 3–72. A number refers you to these tables after irregular verbs in the main part of the dictionary.

The first person of each tense is always shown, even if it is regular. Of the other forms, only those which are irregular are given. An *etc* after a form indicates that the other forms of that tense use the same irregular stem, e.g. the future of **decir** is **yo diré** *etc*, i.e.: **yo diré, tú dirás, él dirá, nosotros diremos, vosotros diréis, ellos dirán**.

When the first person of a tense is the only irregular form, then it is not followed by *etc*, e.g. the present indicative of **placer** is **yo plazco** (irregular), but the other forms (**tú places, él place, nosotros placemos, vosotros placéis, ellos placen**) are regular and are thus not shown.

For the imperative, only the **tú** form is shown. The **vosotros** form is derived from the infinitive by replacing the final ''-r'' with a ''-d''. The other forms of the imperative (**usted**, **nosotros**, **ustedes**) are the same as the present subjunctive.

In Latin America the **vosotros** forms are rarely used, and the **ustedes** forms are used instead, even in informal contexts. In the imperative, the plural form is therefore not the ''-d'' form but instead the same as the third person plural of the present subjunctive, e.g. the plural imperatives of **ser** and **decir** are **sean** and **digan**.

	INDICATIVE Present	Imperfect	Preterite	Future	CONDITIONAL Present
Regular "-ar": amar					
	yo amo	yo amaba	yo amé	yo amaré	yo amaría
	tú amas	tú amabas	tú amaste	tú amarás	tú amarías
	él ama	él amaba	él amó	él amará	él amaría
	nosotros amamos	nosotros amábamos	nosotros amamos	nosotros amaremos	nosotros amaríamos
	vosotros amáis	vosotros amabais	vosotros amasteis	vosotros amaréis	vosotros amaríais
	ellos aman	ellos amaban	ellos amaron	ellos amarán	ellos amarían
Regular "-er": temer					
	yo temo	yo temía	yo temí	yo temeré	yo temería
	tú temes	tú temías	tú temiste	tú temerás	tú temerías
	él teme	él temía	él temió	él temerá	él temería
	nosotros tememos	nosotros temíamos	nosotros temimos	nosotros temeremos	nosotros temeríamos
	vosotros teméis	vosotros temíais	vosotros temisteis	vosotros temeréis	vosotros temeríais
	ellos temen	ellos temían	ellos temieron	ellos temerán	ellos temerían
Regular "-ir": partir					
	yo parto	yo partía	yo partí	yo partiré	yo partiría
	tú partes	tú partías	tú partiste	tú partirás	tú partirías
	él parte	él partía	él partió	él partirá	él partiría
	nosotros partimos	nosotros partíamos	nosotros partimos	nosotros partiremos	nosotros partiríamos
	vosotros partís	vosotros partíais	vosotros partisteis	vosotros partiréis	vosotros partiríais
	ellos parten	ellos partían	ellos partieron	ellos partirán	ellos partirían
[1]	***haber***				
	yo he	yo había	yo hube	yo habré	yo habría
	tú has	tú habías	tú hubiste	tú habrás	tú habrías
	él ha	él había	él hubo	él habrá	él habría
	nosotros hemos	nosotros habíamos	nosotros hubimos	nosotros habremos	nosotros habríamos
	vosotros habéis	vosotros habíais	vosotros hubisteis	vosotros habréis	vosotros habríais
	ellos han	ellos habían	ellos hubieron	ellos habrán	ellos habrían
[2]	***ser***				
	yo soy	yo era	yo fui	yo seré	yo sería
	tú eres	tú eras	tú fuiste	tú serás	tú serías
	él es	él era	él fue	él será	él sería
	nosotros somos	nosotros éramos	nosotros fuimos	nosotros seremos	nosotros seríamos
	vosotros sois	vosotros erais	vosotros fuisteis	vosotros seréis	vosotros seríais
	ellos son	ellos eran	ellos fueron	ellos serán	ellos serían
[3]	***acertar***				
	yo acierto	yo acertaba	yo acerté	yo acertaré	yo acertaría
	tú aciertas				
	él acierta				
	ellos aciertan				
[4]	***actuar***				
	yo actúo	yo actuaba	yo actué	yo actuaré	yo actuaría
	tú actúas				
	él actúa				
	ellos actúan				
[5]	***adquirir***				
	yo adquiero	yo adquiría	yo adquirí	yo adquiriré	yo adquiriría
	tú adquieres				
	él adquiere				
	ellos adquieren				
[6]	***agorar***				
	yo agüero	yo agoraba	yo agoré	yo agoraré	yo agoraría
	tú agüeras				
	él agüera				
	ellos agüeran				

SUBJUNCTIVE Present	Imperfect	IMPERATIVE	PARTICIPLE Present	Past
yo ame tú ames él ame nosotros amemos vosotros améis ellos amen	yo amara *or* amase tú amaras *or* amases él amara *or* amase nosotros amáramos *or* amásemos vosotros amarais *or* amaseis ellos amaran *or* amasen	ama (tú) ame (usted) amemos (nosotros) amad (vosotros) amen (ustedes)	amando	amado
yo tema tú temas él tema nosotros temamos vosotros temáis ellos teman	yo temiera *or* temiese tú temieras *or* temiese él temiera *or* temiese nosotros temiéramos *or* temiésemos vosotros temierais *or* temieseis ellos temieran *or* temiesen	teme (tú) tema (usted) temamos (nosotros) temed (vosotros) teman (ustedes)	temiendo	temido
yo parta tú partas él parta nosotros partamos vosotros partáis ellos partan	yo partiera *or* partiese tú partieras *or* partieses él partiera *or* partiese nosotros partiéramos *or* partiésemos vosotros partierais *or* partieseis ellos partieran *or* partiesen	parte (tú) parta (usted) partamos (nosotros) partid (vosotros) partan (ustedes)	partiendo	partido
yo haya tú hayas él haya nosotros hayamos vosotros hayáis ellos hayan	yo hubiera *or* hubiese tú hubieras *or* hubieses él hubiera *or* hubiese nosotros hubiéramos *or* hubiésemos vosotros hubierais *or* hubieseis ellos hubieran *or* hubiesen	he (tú) haya (usted) hayamos (nosotros) habed (vosotros) hayan (ustedes)	habiendo	habido
yo sea tú seas él sea nosotros seamos vosotros seáis ellos sean	yo fuera *or* fuese tú fueras *or* fueses él fuera *or* fuese nosotros fuéramos *or* fuésemos vosotros fuerais *or* fueseis ellos fueran *or* fuesen	sé (tú) sea (usted) seamos (nosotros) sed (vosotros) sean (ustedes)	siendo	sido
yo acierte tú aciertes él acierte ellos acierten	yo acertara *or* acertase	acierta (tú)	acertando	acertado
yo actúe tú actúes él actúe ellos actúen	yo actuara *or* actuase	actúa (tú)	actuando	actuado
yo adquiera tú adquieras él adquiera ellos adquieran	yo adquiriera *or* adquiriese	adquiere (tú)	adquiriendo	adquirido
yo agüere tú agüeres él agüere ellos agüeren	yo agorara *or* agorase	agüera (tú)	agorando	agorado

	INDICATIVE Present	Imperfect	Preterite	Future	CONDITIONAL Present
[7]	***andar*** yo ando	yo andaba	yo anduve tú anduviste él anduvo nosotros anduvimos vosotros anduvisteis ellos anduvieron	yo andaré	yo andaría
[8]	***argüir*** yo arguyo tú arguyes él arguye ellos arguyen	yo argüía	yo argüí él arguyó ellos arguyeron	yo argüiré	yo argüiría
[9]	***asir*** yo asgo	yo asía	yo así	yo asiré	yo asiría
[10]	***avergonzar*** yo avergüenzo tú avergüenzas él avergüenza ellos avergüenzan	yo avergonzaba	yo avergoncé	yo avergonzaré	yo avergonzaría
[11]	***averiguar*** yo averiguo	yo averiguaba	yo averigüé	yo averiguaré	yo averiguaría
[12]	***caber*** yo quepo	yo cabía	yo cupe tú cupiste él cupo nosotros cupimos vosotros cupisteis ellos cupieron	yo cabré *etc*	yo cabría *etc*
[13]	***caer*** yo caigo	yo caía	yo caí tú caíste él cayó nosotros caímos vosotros caísteis ellos cayeron	yo caeré	yo caería
[14]	***cazar*** yo cazo	yo cazaba	yo cacé	yo cazaré	yo cazaría
[15]	***cocer*** yo cuezo tú cueces él cuece ellos cuecen	yo cocía	yo cocí	yo coceré	yo cocería
[16]	***colgar*** yo cuelgo tú cuelgas él cuelga ellos cuelgan	yo colgaba	yo colgué	yo colgaré	yo colgaría
[17]	***comenzar*** yo comienzo tú comienzas él comienza ellos comienzan	yo comenzaba	yo comencé	yo comenzaré	yo comenzaría

SUBJUNCTIVE Present	Imperfect	IMPERATIVE	PARTICIPLE Present	Past
yo ande	yo anduviera *or* anduviese *etc*	anda (tú)	andando	andado
yo arguya *etc*	yo arguyera *or* arguyese *etc*	arguye (tú)	arguyendo	argüido
yo asga *etc*	yo asiera *or* asiese	ase (tú)	asiendo	asido
yo avergüence tú avergüences él avergüence nosotros avergoncemos vosotros avergoncéis ellos avergüencen	yo avergonzara *or* avergonzase	avergüenza (tú)	avergonzando	avergonzado
yo averigüe *etc*	yo averiguara *or* averiguase	averigua (tú)	averiguando	averiguado
yo quepa *etc*	yo cupiera *or* cupiese *etc*	cabe (tú)	cabiendo	cabido
yo caiga *etc*	yo cayera *or* cayese *etc*	cae (tú)	cayendo	caído
yo cace *etc*	yo cazara *or* cazase	caza (tú)	cazando	cazado
yo cueza tú cuezas él cueza nosotros cozamos vosotros cozáis ellos cuezan	yo cociera *or* cociese	cuece (tú)	cociendo	cocido
yo cuelgue tú cuelgues él cuelgue nosotros colguemos vosotros colguéis ellos cuelguen	yo colgara *or* colgase	cuelga (tú)	colgando	colgado
yo comience tú comiences él comience nosotros comencemos vosotros comencéis ellos comiencen	yo comenzara *or* comenzase	comienza (tú)	comenzando	comenzado

	INDICATIVE Present	Imperfect	Preterite	Future	CONDITIONAL Present
[18]	***conducir*** yo conduzco	yo conducía	yo conduje tú condujiste él condujo nosotros condujimos vosotros condujisteis ellos condujeron	yo conduciré	yo conduciría
[19]	***conocer*** yo conozco	yo conocía	yo conocí	yo conoceré	yo conocería
[20]	***dar*** yo doy	yo daba	yo di tú diste él dio nosotros dimos vosotros disteis ellos dieron	yo daré	yo daría
[21]	***decir*** yo digo tú dices él dice ellos dicen	yo decía	yo dije tú dijiste él dijo nosotros dijimos vosotros dijisteis ellos dijeron	yo diré *etc*	yo diría *etc*
[22]	***delinquir*** yo delinco	yo delinquía	yo delinquí	yo delinquiré	yo delinquiría
[23]	***desosar*** yo deshueso tú deshuesas él deshuesa ellos deshuesan	yo desosaba	yo desosé	yo desosaré	yo desosaría
[24]	***dirigir*** yo dirijo	yo dirigía	yo dirigí	yo dirigiré	yo dirigiría
[25]	***discernir*** yo discierno tú disciernes él discierne ellos disciernen	yo discernía	yo discerní	yo discerniré	yo discerniría
[26]	***distinguir*** yo distingo	yo distinguía	yo distinguí	yo distinguiré	yo distinguiría
[27]	***dormir*** yo duermo tú duermes él duerme ellos duermen	yo dormía	yo dormí él durmió ellos durmieron	yo dormiré	yo dormiría
[28]	***erguir*** yo irgo *or* yergo tú irgues *or* yergues él irgue *or* yergue nosotros erguimos vosotros erguís ellos irguen *or* yerguen	yo erguía	yo erguí él irguió ellos irguieron	yo erguiré	yo erguiría

SUBJUNCTIVE Present	 Imperfect	IMPERATIVE	PARTICIPLE Present	 Past
yo conduzca *etc*	yo condujera *or* condujese *etc*	conduce (tú)	conduciendo	conducido
yo conozca *etc*	yo conociera *or* conociese	conoce (tú)	conociendo	conocido
yo dé	yo diera *or* diese *etc* él dé	da (tú)	dando	dado
yo diga *etc*	yo dijera *or* dijese *etc*	di (tú)	diciendo	dicho
yo delinca *etc*	yo delinquiera *or* delinquiese	delinque (tú)	delinquiendo	delinquido
yo deshuese tú deshueses él deshuese ellos deshuesen	yo desosara *or* desosase	deshuesa (tú)	desosando	desosado
yo dirija *etc*	yo dirigiera *or* dirigiese	dirige (tú)	dirigiendo	dirigido
yo discierna tú disciernas él discierna ellos disciernan	yo discerniera *or* discerniese	discierne (tú)	discerniendo	discernido
yo distinga *etc*	yo distinguiera *or* distinguiese	distingue (tú)	distinguiendo	distinguido
yo duerma tú duermas él duerma nosotros durmamos vosotros durmáis ellos duerman	yo durmiera *or* durmiese *etc*	duerme (tú)	durmiendo	dormido
yo irga *or* yerga tú irgas *or* yergas él irga *or* yerga nosotros irgamos vosotros irgáis ellos irgan *or* yergan	yo irguiera *or* irguiese	irgue *or* yergue (tú)	irguiendo	erguido

	INDICATIVE Present	Imperfect	Preterite	Future	CONDITIONAL Present
[29]	***errar*** yo yerro tú yerras él yerra ellos yerran	yo erraba	yo erré	yo erraré	yo erraría
[30]	***estar*** yo estoy tú estás él está ellos están	yo estaba	yo estuve tú estuviste él estuvo nosotros estuvimos vosotros estuvisteis ellos estuvieron	yo estaré	yo estaría
[31]	***forzar*** yo fuerzo tú fuerzas él fuerza ellos fuerzan	yo forzaba	yo forcé	yo forzaré	yo forzaría
[32]	***guiar*** yo guío tú guías él guía ellos guían	yo guiaba	yo guié	yo guiaré	yo guiaría
[33]	***hacer*** yo hago	yo hacía	yo hice tú hiciste él hizo nosotros hicimos vosotros hicisteis ellos hicieron	yo haré *etc*	yo haría *etc*
[34]	***huir*** yo huyo tú huyes él huye ellos huyen	yo huía	yo huí él huyó ellos huyeron	yo huiré	yo huiría
[35]	***ir*** yo voy tú vas él va nosotros vamos vosotros vais ellos van	yo iba *etc*	yo fui tú fuiste él fue nosotros fuimos vosotros fuisteis ellos fueron	yo iré	yo iría
[36]	***jugar*** yo juego tú juegas él juega ellos juegan	yo jugaba	yo jugué	yo jugaré	yo jugaría
[37]	***leer*** yo leo	yo leía	yo leí tú leíste él leyó nosotros leímos vosotros leísteis ellos leyeron	yo leeré	yo leería

SUBJUNCTIVE Present	Imperfect	IMPERATIVE	PARTICIPLE Present	Past
yo yerre tú yerres él yerre ellos yerren	yo errara *or* errase	yerra (tú)	errando	errado
yo esté tú estés él esté ellos estén	yo estuviera *or* estuviese *etc*	está (tú)	estando	estado
yo fuerce tú fuerces él fuerce nosotros forcemos vosotros forcéis ellos fuercen	yo forzara *or* forzase	fuerza (tú)	forzando	forzado
yo guíe tú guíes él guíe ellos guíen	yo guiara *or* guiase	guía (tú)	guiando	guiado
yo haga *etc*	yo hiciera *or* hiciese *etc*	haz (tú)	haciendo	hecho
yo huya *etc*	yo huyera *or* huyese *etc*	huye (tú)	huyendo	huido
yo vaya *etc*	yo fuera *or* fuese *etc*	ve (tú)	yendo	ido
yo juegue tú juegues él juegue nosotros juguemos vosotros juguéis ellos jueguen	yo jugara *or* jugase	juega (tú)	jugando	jugado
yo lea	yo leyera *or* leyese *etc*	lee (tú)	leyendo	leído

	INDICATIVE Present	Imperfect	Preterite	Future	CONDITIONAL Present
[38]	***llegar*** yo llego	yo llegaba	yo llegué	yo llegaré	yo llegaría
[39]	***lucir*** yo luzco	yo lucía	yo lucí	yo luciré	yo luciría
[40]	***mecer*** yo mezo	yo mecía	yo mecí	yo meceré	yo mecería
[41]	***mover*** yo muevo tú mueves él mueve ellos mueven	yo movía	yo moví	yo moveré	yo movería
[42]	***nacer*** yo nazco	yo nacía	yo nací	yo naceré	yo nacería
[43]	***negar*** yo niego tú niegas él niega ellos niegan	yo negaba	yo negué	yo negaré	yo negaría
[44]	***oír*** yo oigo tú oyes él oye ellos oyen	yo oía	yo oí él oyó ellos oyeron	yo oiré	yo oiría
[45]	***oler*** yo huelo tú hueles él huele ellos huelen	yo olía	yo olí	yo oleré	yo olería
[46]	***parecer*** yo parezco	yo parecía	yo parecí	yo pareceré	yo parecería
[47]	***pedir*** yo pido tú pides él pide ellos piden	yo pedía	yo pedí él pidió ellos pidieron	yo pediré	yo pediría
[48]	***placer*** yo plazco	yo placía	yo plací él plació *or* plugo ellos placieron *or* pluguieron	yo placeré	yo placería
[49]	***poder*** yo puedo tú puedes él puede ellos pueden	yo podía	yo pude tú pudiste él pudo nosotros pudimos vosotros pudisteis ellos pudieron	yo podré *etc*	yo podría *etc*

SUBJUNCTIVE Present	 Imperfect	IMPERATIVE	PARTICIPLE Present	 Past
yo llegue *etc*	yo llegara *or* llegase	llega (tú)	llegando	llegado
yo luzca *etc*	yo luciera *or* luciese	luce (tú)	luciendo	lucido
yo meza *etc*	yo meciera *or* meciese	mece (tú)	meciendo	mecido
yo mueva tú muevas él mueva ellos muevan	yo moviera *or* moviese	mueve (tú)	moviendo	movido
yo nazca *etc*	yo naciera *or* naciese	nace (tú)	naciendo	nacido
yo niegue tú niegues él niegue nosotros neguemos vosotros neguéis ellos nieguen	yo negara *or* negase	niega (tú)	negando	negado
yo oiga *etc*	yo oyera *or* oyese *etc*	oye (tú)	oyendo	oído
yo huela tú huelas él huela ellos huelan	yo oliera *or* oliese	huele (tú)	oliendo	olido
yo parezca *etc*	yo pareciera *or* pareciese	parece (tú)	pareciendo	parecido
yo pida *etc*	yo pidiera *or* pidiese *etc*	pide (tú)	pidiendo	pedido
yo plazca tú plazcas él plazca *or* plegue nosotros plazcamos vosotros plazcáis ellos plazcan	yo placiera *or* placiese él placiera *or* placiese, pluguiera *or* pluguiese ellos placieran *or* placiesen	place (tú)	placiendo	placido
yo pueda tú puedas él pueda ellos puedan	yo pudiera *or* pudiese *etc*	puede (tú)	pudiendo	podido

	INDICATIVE Present	Imperfect	Preterite	Future	CONDITIONAL Present
[50]	***poner*** yo pongo	yo ponía	yo puse tú pusiste él puso nosotros pusimos vosotros pusisteis ellos pusieron	yo pondré *etc*	yo pondría *etc*
[51]	***predecir*** yo predigo tú predices él predice ellos predicen	yo predecía	yo predije tú predijiste él predijo nosotros predijimos vosotros predijisteis ellos predijeron	yo predeciré *or* prediré *etc*	yo predeciría *or* prediría *etc*
[52]	***proteger*** yo protejo	yo protegía	yo protegí	yo protegeré	yo protegería
[53]	***querer*** yo quiero tú quieres él quiere ellos quieren	yo quería	yo quise tú quisiste él quiso nosotros quisimos vosotros quisisteis ellos quisieron	yo querré *etc*	yo querría *etc*
[54]	***raer*** yo rao, raigo *or* rayo	yo raía	yo raí tú raíste él rayó nosotros raímos vosotros raísteis ellos rayeron	yo raeré	yo raería
[55]	***regir*** yo rijo tú riges él rige ellos rigen	yo regía	yo regí él rigió ellos rigieron	yo regiré	yo regiría
[56]	***reír*** yo río tú ríes él ríe ellos ríen	yo reía	yo reí él rió ellos rieron	yo reiré	yo reiría
[57]	***roer*** yo roo, roigo *or* royo	yo roía	yo roí él royó ellos royeron	yo roeré	yo roería
[58]	***saber*** yo sé	yo sabía	yo supe tú supiste él supo nosotros supimos vosotros supisteis ellos supieron	yo sabré *etc*	yo sabría *etc*
[59]	***sacar*** yo saco	yo sacaba	yo saqué	yo sacaré	yo sacaría

SUBJUNCTIVE Present	 Imperfect	IMPERATIVE	PARTICIPLE Present	 Past
yo ponga *etc*	yo pusiera *or* pusiese *etc*	pon (tú)	poniendo	puesto
yo prediga *etc*	yo predijera *or* predijese *etc*	predice (tú)	prediciendo	predicho
yo proteja *etc*	yo protegiera *or* protegiese	protege (tú)	protegiendo	protegido
yo quiera tú quieras él quiera ellos quieran	yo quisiera *or* quisiese *etc*	quiere (tú)	queriendo	querido
yo raa, raiga *or* raya *etc*	yo rayera *or* rayese *etc*	rae (tú)	rayendo	raído
yo rija *etc*	yo rigiera *or* rigiese *etc*	rige (tú)	rigiendo	regido
yo ría tú rías él ría nosotros riamos vosotros riáis ellos rían	yo riera *or* riese *etc*	ríe (tú)	riendo	reído
yo roa, roiga *or* roya *etc*	yo royera *or* royese *etc*	roe (tú)	royendo	roído
yo sepa *etc*	yo supiera *or* supiese *etc*	sabe (tú)	sabiendo	sabido
yo saque *etc*	yo sacara *or* sacase	saca (tú)	sacando	sacado

	INDICATIVE Present	Imperfect	Preterite	Future	CONDITIONAL Present
[60]	***salir*** yo salgo	yo salía	yo salí	yo saldré *etc*	yo saldría *etc*
[61]	***seguir*** yo sigo tú sigues él sigue ellos siguen	yo seguía	yo seguí él siguió ellos siguieron	yo seguiré	yo seguiría
[62]	***sentir*** yo siento tú sientes él siente ellos sienten	yo sentía	yo sentí él sintió ellos sintieron	yo sentiré	yo sentiría
[63]	***sonar*** yo sueno tú suenas él suena ellos suenan	yo sonaba	yo soné	yo sonaré	yo sonaría
[64]	***tender*** yo tiendo tú tiendes él tiende ellos tienden	yo tendía	yo tendí	yo tenderé	yo tendería
[65]	***tener*** yo tengo tú tienes él tiene ellos tienen	yo tenía	yo tuve tú tuviste él tuvo nosotros tuvimos vosotros tuvisteis ellos tuvieron	yo tendré *etc*	yo tendría *etc*
[66]	***traer*** yo traigo	yo traía	yo traje tú trajiste él trajo nosotros trajimos vosotros trajisteis ellos trajeron	yo traeré	yo traería
[67]	***trocar*** yo trueco tú truecas él trueca ellos truecan	yo trocaba	yo troqué	yo trocaré	yo trocaría
[68]	***valer*** yo valgo	yo valía	yo valí	yo valdré *etc*	yo valdría *etc*
[69]	***venir*** yo vengo tú vienes él viene ellos vienen	yo venía	yo vine tú viniste él vino nosotros vinimos vosotros vinisteis ellos vinieron	yo vendré *etc*	yo vendría *etc*
[70]	***ver*** yo veo	yo veía *etc*	yo vi	yo veré	yo vería
[71]	***yacer*** yo yazco, yazgo *or* yago	yo yacía	yo yací	yo yaceré	yo yacería
[72]	***zurcir*** yo zurzo	yo zurcía	yo zurcí	yo zurciré	yo zurciría

SUBJUNCTIVE Present	 Imperfect	IMPERATIVE	PARTICIPLE Present	 Past
yo salga *etc*	yo saliera *or* saliese	sal (tú)	saliendo	salido
yo siga *etc*	yo siguiera *or* siguiese *etc*	sigue (tú)	siguiendo	seguido
yo sienta tú sientas él sienta nosotros sintamos vosotros sintáis ellos sientan	yo sintiera *or* sintiese *etc*	siente (tú)	sintiendo	sentido
yo suene tú suenes él suene ellos suenen	yo sonara *or* sonase	suena (tú)	sonando	sonado
yo tienda tú tiendas él tienda ellos tiendan	yo tendiera *or* tendiese	tiende (tú)	tendiendo	tendido
yo tenga *etc*	yo tuviera *or* tuviese *etc*	ten (tú)	teniendo	tenido
yo traiga *etc*	yo trajera *or* trajese *etc*	trae (tú)	trayendo	traído
yo trueque tú trueques él trueque ellos truequen	yo trocara *or* trocase	troca (tú)	trocando	trocado
yo valga *etc*	yo valiera *or* valiese	vale (tú)	valiendo	valido
yo venga *etc*	yo viniera *or* viniese *etc*	ven (tú)	viniendo	venido
yo vea *etc*	yo viera *or* viese	ve (tú)	viendo	visto
yo yazca, yazga *or* yaga *etc*	yo yaciera *or* yaciese	yace *or* yaz (tú)	yaciendo	yacido
yo zurza *etc*	yo zurciera *or* zurciese	zurce (tú)	zurciendo	zurcido

Verbos irregulares ingleses

Infinitivo	Pretérito	Participio
arise	arose	arisen
awake	awoke	awoken
awaken	awoke, awakened	awakened, awoken
be	were/was	been
bear	bore	borne
beat	beat	beaten
become	became	become
begin	began	begun
bend	bent	bent
beseech	besought, beseeched	besought, beseeched
bet	bet, betted	bet, betted
bid	bade, bid	bidden, bid
bind	bound	bound
bite	bit	bitten
bleed	bled	bled
blow	blew	blown
break	broke	broken
breed	bred	bred
bring	brought	brought
build	built	built
burn	burnt, burned	burnt, burned
burst	burst	burst
bust	bust, busted	bust, busted
buy	bought	bought
cast	cast	cast
catch	caught	caught
chide	chided, chid	chided, chidden
choose	chose	chosen
cleave	cleaved, cleft, clove	cleaved, cleft, cloven
cling	clung	clung
clothe	clad, clothed	clad, clothed
come	came	come
cost	cost	cost
creep	crept	crept
crow	crowed, crew	crowed
cut	cut	cut
deal	dealt	dealt
dig	dug	dug
dive	dived, *US* dove	dived
do	did	done
draw	drew	drawn
dream	dreamt, dreamed	dreamt, dreamed
drink	drank	drunk

Infinitivo	Pretérito	Participio
drive	drove	driven
dwell	dwelt	dwelt
eat	ate	eaten
fall	fell	fallen
feed	fed	fed
feel	felt	felt
fight	fought	fought
find	found	found
flee	fled	fled
fling	flung	flung
fly	flew	flown
forget	forgot	forgotten
forgive	forgave	forgiven
forsake	forsook	forsaken
freeze	froze	frozen
get	got	got, *US* gotten
gild	gilded, gilt	gilded, gilt
gird	girded, girt	girded, girt
give	gave	given
go	went	gone
grind	ground	ground
grow	grew	grown
hang	hung/hanged	hung/hanged
have	had	had
hear	heard	heard
hew	hewed	hewn, hewed
hide	hid	hidden
hit	hit	hit
hold	held	held
hurt	hurt	hurt
keep	kept	kept
kneel	knelt	knelt
knit	knitted, knit	knitted, knit
know	knew	known
lay	laid	laid
lead	led	led
lean	leaned, *BR* leant	leaned, *BR* leant
leap	leapt, leaped	leapt, leaped
learn	learned, *BR* learnt	learned, *BR* learnt
leave	left	left
lend	lent	lent
let	let	let
lie	lay	lain
light	lit	lit
lose	lost	lost
make	made	made

Infinitivo	Pretérito	Participio
mean	meant	meant
meet	met	met
mow	mowed	mown
pay	paid	paid
plead	pleaded, *US* pled	pleaded, *US* pled
prove	proved	proved, proven
put	put	put
quit	quit, quitted	quit, quitted
read	read [red]	read [red]
rend	rent	rent
rid	rid	rid
ride	rode	ridden
ring	rang	rung
rise	rose	risen
run	ran	run
saw	sawed	sawn, sawed
say	said	said
see	saw	seen
seek	sought	sought
sell	sold	sold
send	sent	sent
set	set	set
sew	sewed	sewn
shake	shook	shaken
shear	sheared	shorn, sheared
shed	shed	shed
shine	shone	shone
shit	shitted, shat	shitted, shat
shoe	shod	shod
shoot	shot	shot
show	showed	shown
shrink	shrank	shrunk
shut	shut	shut
sing	sang	sung
sink	sank	sunk
sit	sat	sat
slay	slew	slain
sleep	slept	slept
slide	slid	slid
sling	slung	slung
slink	slunk	slunk
slit	slit	slit
smell	smelled, smelt	smelled, smelt
smite	smote	smitten
sneak	sneaked, *US* snuck	sneaked, *US* snuck
sow	sowed	sown, sowed

Infinitivo	Pretérito	Participio
speak	spoke	spoken
speed	sped, speeded	sped, speeded
spell	spelt, spelled	spelt, spelled
spend	spent	spent
spill	spilt, spilled	spilt, spilled
spin	span	spun
spit	spat, *US* spit	spat, *US* spit
split	split	split
spoil	spoilt, spoiled	spoilt, spoiled
spread	spread	spread
spring	sprang	sprung
stand	stood	stood
stave in	staved in, stove in	staved in, stove in
steal	stole	stolen
stick	stuck	stuck
sting	stung	stung
stink	stank, stunk	stunk
strew	strewed	strewed, strewn
stride	strode	stridden
strike	struck	struck
string	strung	strung
strive	strove	striven
swear	swore	sworn
sweep	swept	swept
swell	swelled	swollen, swelled
swim	swam	swum
swing	swung	swung
take	took	taken
teach	taught	taught
tear	tore	torn
tell	told	told
think	thought	thought
thrive	thrived, throve	thrived
throw	threw	thrown
thrust	thrust	thrust
tread	trod	trodden
wake	woke	woken
wear	wore	worn
weave	wove, weaved	woven, weaved
weep	wept	wept
wet	wet, wetted	wet, wetted
win	won	won
wind	wound	wound
wring	wrung	wrung
write	wrote	written